RÉPERTOIRE GÉNÉRAL.

Le RÉPERTOIRE GÉNÉRAL DU JOURNAL DU PALAIS est publié sous la direction de **M. LEDRU-ROLLIN**, docteur en droit, ancien avocat à la Cour de Cassation et au Conseil d'État, membre de la Chambre des Députés ;

ASSISTÉ DE MM.

J.-A. LEVESQUE, docteur en droit, avocat à la Cour royale de Paris;

F. NOBLET, avocat à la Cour royale de Paris;

AM. BOULLANGER, avocat à la Cour royale de Paris;

GOUJET, avocat à la Cour royale de Paris;

TH. GELLE, ancien magistrat, avocat à la Cour royale de Paris,

ET AVEC LA COLLABORATION DE

MM.

AD. BILLEQUIN, avocat à la Cour royale de Paris;

LIGNIER, avocat à la Cour royale de Paris;

BERTIN, avocat à la Cour royale de Paris;

EV. D'AUVILLIERS, avocat à la Cour royale de Paris;

X. BENOIT, avocat, auteur du *Traité de la Dot, etc.*;

CH. ROYER, avocat à Paris;

DOMENGET, docteur en droit, avocat à la Cour royale de Paris;

A. FABRE, ancien avocat, avoué à la Cour royale de Paris;

TIXIER DE LA CHAPELLE, docteur en droit, avocat à la Cour royale de Paris;

RÉQUÉDAT, docteur en droit, avocat à la Cour royale de Paris;

FAVERIE, avocat à la Cour royale de Paris;

J. BARNOUVIN, avocat à la Cour royale de Paris;

CAUCHOIS, avocat à la Cour royale de Paris;

PEYRUSSE, avocat à la Cour royale de Paris;

HECTOR LECONTE, avocat à la Cour royale de Paris:

C.V. RICHARD, avocat à la Cour royale de Paris;

F. HOUSSET, docteur en droit, avocat à la Cour royale de Paris;

A. GOUIFFÈS, docteur en droit, avocat à Paris;

MM.

GARNIER-DUBOURGNEUF, directeur des affaires civiles et du sceau au Ministère de la Justice;

MEYNARD DE FRANC, substitut du procureur général à la Cour royale de Paris;

JOUAUST, président du Tribunal civil de Rennes;

SOUËF, 1er avocat général à la Cour royale de Lyon;

MONGIS, substitut du procureur du roi, près le Tribunal de la Seine;

SULPICY, procureur du roi à Coulommiers;

MOURIER, procureur du roi à Vire;

CHEVILLOTTE, docteur en droit, substitut du procureur du roi à Philippeville (Algérie), ancien avocat à la Cour royale de Paris;

AD. HAREL, substitut du procureur du roi à Calvi (Corse);

O. LABBÉ, juge-suppléant au tribunal de première instance de Vannes;

AD. BEAUFILS, juge de paix, ancien avocat à Paris;

CAPMAS, professeur-suppléant à la Faculté de droit de Toulouse.

MAILHER DE CHASSAT, ancien magistrat, avocat à la cour royale de Paris, auteur de différens ouvrages;

Et plusieurs autres magistrats et jurisconsultes.

PARIS. — IMPRIMERIE LANGE LÉVY ET COMP., RUE DU CROISSANT, 16.

JOURNAL DU PALAIS.

RÉPERTOIRE GÉNÉRAL

CONTENANT

LA JURISPRUDENCE DE 1791 A 1847,

L'HISTOIRE DU DROIT,

LA LÉGISLATION ET LA DOCTRINE DES AUTEURS,

PAR

M. LEDRU-ROLLIN,

DOCTEUR EN DROIT, ANCIEN AVOCAT A LA COUR DE CASSATION ET AU CONSEIL D'ÉTAT,
MEMBRE DE LA CHAMBRE DES DÉPUTÉS.

PUBLIÉ PAR
MM. D'AUVILLIERS ET GIRAUDEAU,
Propriétaires du *Journal du Palais.*

TOME HUITIÈME.

G — J.

PARIS,

AU BUREAU DU JOURNAL DU PALAIS,
rue des Grands-Augustins, 7.

1848

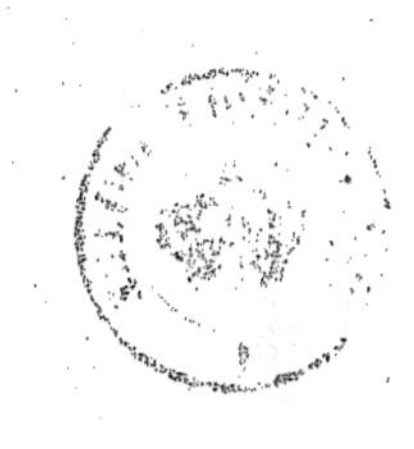

JOURNAL DU PALAIS.

RÉPERTOIRE GÉNÉRAL.

G

GABARE.

1. — Espèce de bateaux plats dont on se sert principalement pour transporter les marchandises lorsqu'on charge ou qu'on décharge un navire.

2. — Dans le prêt à la grosse, quand le temps des risques n'est point déterminé par le contrat, il court du jour où les marchandises ont été chargées dans le navire, ou dans les gabares pour les y porter, jusqu'au jour où elles sont délivrées à terre. — C. comm., art. 328. — V. PRÊT A LA GROSSE.

3. — Il en est de même au sujet du contrat d'assurance maritime. — C. comm., art 341. — V. ASSURANCE MARITIME.

4. — Les maîtres de gabares ou gabiers sont rangés, par la loi du 25 avr. 1844, dans la septième classe des patentables et soumis, en conséquence à : 1° un droit fixe basé sur la population, et 2° un droit proportionnel du quarantième de la valeur locative de tous les locaux qu'ils occupent, mais seulement dans les communes de 20,000 âmes et au-dessus. — V. PATENTE.

GABELLE.

1. — Ce mot (de l'hébreu *gab*, impôt, ou plutôt du saxon *gabel*, tribut, et en basse latinité, *gabella, gablum, gabullum*, et même par contraction *gaulum*) signifiait anciennement toute sorte d'imposition publique. — Ménage, *Origines de la langue française*.

2. — En France, il y avait autrefois la *gabelle des vins*, qui se payait pour la vente des vins au seigneur du lieu ou à la commune, et qui a été depuis appelée *droits d'aides*. On en trouve des exemples dans le *Spicilège* de d'Achery (t. 2, p. 576) et dans les ordonnances du duc de Bouillon, art. 572. — V. *Encyclopédie méthodique, jurisprudence*, v° *Gabelle*.

3. — Il y avait aussi la gabelle des draps. D'après un rouleau de l'an 1332, l'imposition de la gabelle des draps de la sénéchaussée de Carcassonne rendait 4,500 liv. tournois par an. Elle cessa d'exister l'an 1333. — *Ibid.*

4. — L'ordonnance du duc de Bouillon (art. 572) fait mention de la gabelle de *tonnieu* ou droit de *tonlieu, tributum telonei*, que les vendeurs et acheteurs payaient au seigneur pour la vente des bestiaux et autres marchandises. — *Ibid.*

5. — Enfin, on donna aussi le nom de gabelle à l'imposition établie sur le sel, et dans la suite ce terme est demeuré propre pour exprimer l'imposition du sel.

6. — L'origine de l'impôt du sel paraît remonter à Ancus Martius, quatrième roi de Rome, qui, par l'entremise des censeurs, M. Livius et C. Claudius, s'empara de toutes les salines particulières, et obligea le peuple à acheter le sel de ses fermiers, opération qui, selon Tite-Live et Denys d'Halicarnasse, fit donner à ces magistrats le nom de *salinatores*.

7. — Il ne paraît pas que nos rois de la première et de la seconde race se soient attribué aucun droit de ce genre. — Guyot, *Rép. de jurisprudence*, v° *Gabelle*.

8. — On n'est pas non plus d'accord sur le temps précis de cet établissement ni sur le roi de la troisième race qui a créé cet impôt. — *Ibid.*

9. — On cite cependant un ancien manuscrit qui s'exprime de la manière suivante : « En ce » même an 1342, mit le roi une exaction au sel, la- » quelle est appelée gabelle, dont le roi acquit » l'indignation et mal-grace des grands comme » des petits, et de tout le peuple. » — Ce serait donc Philippe de Valois qui aurait créé cet impôt. En 1355, les états accordèrent au roi Jean un impôt sur le sel qu'ils supprimèrent la même année; cependant, en 1359, on le trouve rétabli sans qu'on sache en vertu de quel titre, et, dès-lors, il paraît avoir été presque continuellement perçu. — V. Nouveau Denizart, v° *Gabelle*.

10. — La France était partagée, par rapport à l'impôt sur le sel, en six divisions principales : 1° les pays de grandes gabelles; — 2° les pays de petites gabelles; — 3° les pays de salines; — 4° les pays de Quart-Bouillon; — 5° les provinces rédimées; — 6° les provinces exemptes ou franches des gabelles.

11. — *Pays de grandes gabelles.* — Les provinces dites de grandes gabelles étaient l'Ile de France, le Maine, l'Anjou, la Touraine, l'Orléanais, le Berri, le Bourbonnais, la Bourgogne, la Champagne, à l'exception du Réthelois; la Picardie, à l'exception du Boulonnais et du Calaisis; la Normandie, à l'exception du pays de Quart-Bouillon et le Perche.

12. — Dans ces pays, le gouvernement était chargé de la vente exclusive du sel nécessaire à la consommation, et il y avait à cet effet, dans les lieux principaux, des greniers à sel où la distribution s'en faisait au public.

13. — La distribution en avait lieu sous le nom de *vente volontaire* et de *vente d'impôt*, mots qui diffèrent dans leur acception, mais qui, d'après les lois des gabelles, paraissent devoir être confondus sous celui de vente d'impôt, puisque personne n'était libre d'acheter ou de ne pas acheter. Il y avait cependant cette différence que, dans les pays de vente volontaire, l'habitant, quoique forcé de s'approvisionner au grenier, s'y approvisionnait pour ainsi dire volontairement, puisqu'il ne pouvait trouver que là le sel nécessaire à sa consommation; au lieu que, dans les pays de vente d'impôt, l'habitant qui pouvait s'approvisionner facilement de faux sel ou de sel de fraude, était forcé d'acheter en outre au grenier une denrée dont il n'avait pas besoin.

14. — *Pays de petites gabelles.* — On comprenait dans cette division le Mâconnais, la Bresse et le Bujey, le Lyonnais, Forez, Beaujolais et Dombes, le Dauphiné, le Briançonnais, la vallée de Barcelonnette, la Provence, le Velay, le Vivarais, la partie méridionale de l'Auvergne, le Rouergue, le Gévaudan, le Languedoc, le Pays de Sault, Chalabre et Roussillon.

15. — Le gouvernement avait le privilège exclusif de la vente du sel dans les petites gabelles, mais on n'y connaissait pas la vente d'impôt ni les devoirs de gabelles, en sorte que chacun était libre de s'approvisionner de la quantité de sel qu'il jugeait convenable, pourvu que ce fût du sel pris dans les greniers du roi.

16. — *Pays de salines.* — On donnait cette désignation à la partie du royaume approvisionnée du sel tiré des salines de Franche-Comté, de Lorraine et des Trois-Evêchés. Cette partie était composée de ces trois provinces, du Réthelois, du duché de Bar, d'une partie de l'Alsace et du Clermontois.

17. — Les ventes s'y faisaient encore au nom du roi.

18. — *Pays rédimés.* — On donnait ce nom aux provinces qui, pour une somme d'argent une fois payée, s'étaient libérées des gabelles. Ce rachat eut lieu sous Henri II, moyennant 1,750,000 livres. Les pays rédimés comprenaient le Poitou, l'Aunis, la Saintonge, l'Angoumois, le Limousin, une grande partie de l'Auvergne, le Périgord, le Quercy, la Guienne, le Pays de Foix, de Bigorre et de Comminges.

19. — *Provinces franches.* — C'étaient l'Artois, la Bretagne, la Flandre, le Hainault, le Calaisis, le Boulonnais, les principautés d'Arles, de Sedan et de Raucourt, le Nébousan, le Béarn, la Basse-Navarre, les Pays de Sault et de Labour, les îles d'Oléron et de Rhé, et les parties de l'Aunis, de la Saintonge et du Poitou qui avoisinent immédiatement les marais salans.

20. — *Pays de Quart-Bouillon.* — On donnait ce nom à une partie considérable de la Basse-Normandie, approvisionnée de sel par les saulneries particulières, où l'on faisait bouillir un sable imprégné d'eau salée. Comme chaque établissement devait, dans l'origine, donner au roi le quart de sa fabrication, cet usage avait fait donner le nom de Quart-Bouillon à ce pays, quoique le droit eût été converti en une somme d'argent équivalente.

21. — Les ordonnances et les édits royaux étaient très sévères en pareille matière, et souvent même odieux. Aussi les populations se soulevèrent elles contre l'impôt à la mort de Charles V, notamment; et plus tard, dans la Saintonge, le connétable de Montmorency ne put rétablir l'ordre qu'en se montrant impitoyable.

22. — Le produit des gabelles et autres droits, y compris le décime pour livre, créé en 1771, donnait, au moment de la révolution, un produit net de 54,000,000.

23. — Cette perception fut totalement abolie par la révolution, mais rétablie depuis, sauf le nom, par la loi du 24 avr. 1806, et comprise parmi les impositions indirectes.

V. CONTRIBUTIONS INDIRECTES, DOUANES, IMPOT, SALINES, SEL.

GAGE.

Table alphabétique.

Abus, 141. — de confiance, 98 s.
Acte, 19, 21, 23 s., 28, 30, 32 s., 35 s.
Actions au porteur, 126.
Attribution, 96, 110 s.
Bail, 47.
Bibliothèque, 40.

Capacité, 8 s.
Cession, 69.
Chose jugée, 93.
Commencement de preuve par écrit, 32.
Compétence, 105.
Conservation, 122, 124; 144 s.
Contrat de mariage, 24.
Contribution, 93 s.
Créance, 52, 54 s., 62 s. — hypothécaire, 125.
Dépenses, 81, 122, 146 s., 149.
Désignation, 38 s.
Dessaisissement, 145.
Détention, 70.
Détérioration, 123.
Détournement, 34.
Double créance, 76 s., 140. — original, 30 s.
Droit d'imprimer, 73.
Echange, 142 s.
Edition d'ouvrage, 49.
Effet public, 109.
Emphytéose, 6.
Enregistrement, 21, 25, 28, 33.
Faillite, 178.
Faute, 123 s.
Forclusion, 94.
Formalité, 8, 13, 15 s., 19, 35, 37 s., 47, 50.
Frais, 88 s., 130, 153.
Fraude, 114.
Fruit, 127 s.
Héritier, 18.
Hypothèque, 82.
Immeubles, 6.
Imputation, 82.
Indivisibilité, 80, 136 s.
Inscription, 125.
Intérêts, 84.
Inventaire, 23, 42.
Loi, 48.
Matière commerciale, 154.
Meubles, 6, 42. — incorporel, 50 s.
Mise en demeure, 106.
Mont-de-piété, 53, 66.
Opérations de Bourse, 155.
Option, 82.
Pacte commissoire, 110.
Perte, 72, 123, 129, 133, 129, 133, 147, 150.
Possession, 57, 60, 62, 69 s.
Prescription, 119, 121, 151 s.
Preuve, 16, 22, 33, 51, 54 — testimoniale, 21, 32, 34, 154.
Prix de vente, 130.
Reddition de compte, 130, 153.
Remise, 18. — de clés, 59 s., 87, 145.
Rente sur l'état, 109.
Responsabilité, 150.
Restitution, 9, 127, 129, 136, 141.
Rétention, 74 s., 81.
Revendication, 9, 72.
Saisie, 92 s.
Tiers, 7, 25, 28, 30, 75.
Titre, 22, 62. — exécutoire, 108.
Tradition, 57 s., 63, 66 s.
Transport de créance, 117.
Usage, 43, 141.
Vente, 109, 146, 148, 131. — au créancier, 114. — aux enchères, 97, 102, 153.
Vins, 39 s.
Vol, 132.

GAGE. — 1. — Ce mot a différentes significations. Dans l'acception la plus étendue, il désigne l'affectation résultant de la loi elle-même d'une chose soit mobilière, soit immobilière, au paiement d'une dette; c'est en ce sens que l'on dit que tous les biens d'un débiteur sont le *gage commun* de ses créanciers. — C. civ., art. 2092 et 2093. — Dans ce cas, le gage est imparfait, car il dépend de la volonté du débiteur de le dérober à ses créanciers par une aliénation postérieure.

2. — Dans un sens moins étendu, le gage est l'affectation faite par le débiteur ou par la loi elle-même d'une chose immobilière, en vertu d'un privilége ou d'une hypothèque, au paiement d'une dette, de telle sorte que le débiteur ne puisse en disposer au préjudice du créancier, et que le créancier puisse toujours, nonobstant le changement de volonté du débiteur, faire vendre cette chose pour obtenir le remboursement de sa créance. C'est en envisageant le gage sous ce rapport que la loi romaine a dit: *Inter pignus et hypothecam tantùm nomen differt.*

3. — Plus spécialement, et c'est dans cette dernière signification que ce mot est pris ici, le gage est un contrat synallagmatique par lequel un débiteur ou un tiers, en son nom, remet à un créancier une chose mobilière, corporelle ou incorporelle, pour sûreté du paiement de ce qui lui est dû, et qui donne naissance au profit de ce créancier soit à un droit de rétention, soit à un droit de privilége qui s'exercent, le premier sur la chose, et le second sur le prix. — C. civ., art. 2073 et 2082.

4. — Le mot *gage* se prend aussi quelquefois pour exprimer le droit qu'a le créancier de se faire payer, en vertu du contrat de gage, par privilége et préférence sur le prix de la chose qui lui a été remise.

5. — Quelquefois enfin ce mot s'emploie pour désigner la chose même qui a été donnée en gage.

SECT. 1re. — *Du gage en matière civile* (nº 6).
§ 1er. — *Constitution du gage. — Des conditions requises pour sa validité* (nº 6).
§ 2. — *Des droits du créancier gagiste, soit à l'égard du débiteur, soit envers les tiers* (nº 74).
§ 3. — *Des obligations du créancier gagis-giste* (nº 122).
§ 4. — *Des droits et obligations du débiteur* (nº 131).
SECT. 2e. — *Du gage en matière commerciale* (nº 154).

Sect. 1re. — *Du gage en matière civile.*

§ 1er. — *Constitution du gage. — Des conditions requises pour sa validité.*

6. — Le gage, étant le nantissement d'une chose mobilière, ne peut avoir pour objet une chose qui est reconnue pour avoir un caractère immobilier, par exemple un bail emphytéotique. — *Paris*, 3 fév. 1836, trésor public c. Testard.

7. — Le gage peut être constitué non seulement par le débiteur lui-même, mais encore par un tiers en son nom (C. civ., art. 2077), soit que ce tiers livre à ce titre sa propre chose, soit qu'il donne celle du débiteur.

8. — Le gage pouvant, comme nous le verrons ci-après, conduire à l'aliénation de l'objet engagé, il s'ensuit qu'il ne peut en principe être régulièrement donné que par le propriétaire ayant capacité d'aliéner. — Duranton, *Cours de dr. français*, t. 18, nº 532; Zachariæ, *Cours de dr. civ. français*, t. 3, p. 169, § 433.

9. — Si le débiteur donnait en gage une chose qui ne lui appartînt pas, le contrat aurait néanmoins pour effet de l'empêcher de la retirer (Pothier, *Du nantissement*, nº 7); et si le créancier lui-même était de bonne foi, et que la chose n'eût été ni perdue ni volée, il serait fondé à en refuser la restitution au véritable propriétaire qui la réclamerait, tant que le montant intégral de sa créanee ne lui aurait point été remboursé. — Duranton, nº 533, Zachariæ, *loc. cit.*; Troplong, *Des priviléges et hypothèques*, t. 1er, nº 171; Delvincourt, *Cours de C. civ*, t. 3, p. 208, note 3e.

10. — Après que le créancier a été payé, il ne peut se dispenser de rendre la chose à celui qui la lui a donnée en gage; sauf, s'il a appris que la chose était volée ou perdue, à se conformer à ce qui est prescrit pour le dépositaire par l'art. 1938, C. civ. — Delvincourt, t. 3, p. 208, note 4e.

11. — « S'il y a réclamation, ajoute M. Delvincourt (*loc. cit.*) et que le propriétaire prouve que la chose a été perdue ou qu'elle lui a été volée, il a pendant trois ans l'action en revendication contre le créancier. L'exception portée dans l'art. 2280 ne peut guère avoir lieu ici. »

12. — « Dans tous les cas, ajoute encore le même auteur, où le propriétaire revendique et a le droit de revendiquer sans rembourser le créancier, celui-ci peut exiger son remboursement de suite, quand même la créance serait à terme; il n'a voulu prêter que sur un gage assuré, et la créance devient exigible du moment que les sûretés du créancier sont diminuées ou anéanties. — Art. 1188. — Si cependant le débiteur n'avait pas été de mauvaise foi, et qu'il offrît un gage suffisant en remplacement, il pourrait réclamer le bénéfice du terme. »

13. — A l'égard du débiteur et du créancier, le contrat de gage n'est assujéti à aucune forme particulière; il est valable par le consentement suivi de la tradition de la chose. — Zachariæ, *ibid*; Bousquet, *Nouveau dict. de droit*, vº *Gage*.

14. — Les règles suivant lesquelles l'existence de ce contrat peut être établie entre les parties sont celles prescrites *par la loi des contrats ou des obligations conventionnelles en général.* — Gary, *Dict. au corps législ.*, séance du 25 vent. an XII. — On aura donc recours à la correspondance des parties, à l'aveu du débiteur, au refus de prêter le serment, et à la preuve testimoniale, dans le cas où la loi l'admet. — Duranton, t. 18, nº 512.

15. — Ainsi jugé que le droit d'exciper vis-à-vis du créancier gagiste de l'inobservation de l'art. 2074, C. civ., et de s'opposer par ce motif à l'exercice de son privilége, ne peut, dans tous les cas, appartenir qu'aux créanciers et non au débiteur. — *Cass.*, 13 juill. 1824, Hasser c. Heilmann.

16. —... Et qu'en conséquence, le seul fait de la possession du gage, lorsqu'elle est accompagnée de bonne foi et de tous les caractères qui peuvent la justifier, suffirait même pour établir à l'égard du débiteur la preuve de l'existence du contrat de gage. — Même arrêt.

17. — Jugé encore que, en matière de gage, la formalité de l'enregistrement du titre sous seing-privé n'a été établie que dans l'intérêt des tiers; et que c'est à eux seuls dès-lors qu'il appartient de se plaindre de l'inobservation de cette formalité, et que le débiteur ne saurait, sous prétexte qu'elle n'a pas été remplie, exiger du créancier gagiste la restitution des objets donnés en gage. — *Bordeaux*, 28 août 1840 (t. 1er 1844, p. 490), Vaz c. Gaussens.

18. — Jugé enfin que le défaut de remise au créancier du gage promis par le débiteur ne peut être invoqué par ce dernier ni par ses héritiers, même bénéficiaires, comme une cause de nullité du contrat. — *Bordeaux*, 8 juin 1832, Leydet.

19. — Mais, lorsque le contrat de gage doit être opposé à des tiers, et qu'il s'agit d'une valeur excédant 150 fr., le législateur a prescrit l'observation de formalités qui ont pour but d'enlever à un débiteur infidèle, dont les effets mobiliers vont être mis sous la main de la loi, le moyen de les soustraire, par des intelligences criminelles, à l'action de ses créanciers. — Gary, *loc. cit.*

20. — Ainsi, le contrat de gage n'est valable, à l'égard des autres créanciers du débiteur qu'autant qu'il résulte d'un acte public ou sous seing-privé, dûment enregistré, contenant la déclaration de la somme due, ainsi que l'espèce et la nature des choses remises en gage, ou un état annexé de leurs qualités, poids et mesures (art. 2074, § 1er; — *Paris*, 26 mai, 15 juin et 7 août 1841 [t. 2 1841, p. 172], Rigou, Gerdret, Paccard, Dufour et syndics Joly), quand ces choses ne sont pas des corps certains et déterminés.

21. — La rédaction d'un acte et l'enregistrement ne sont point exigés quand *la matière n'excède pas cent cinquante francs* (art. 2074, § 2), c'est-à-dire quand la valeur de l'objet remis en gage ou le montant de la créance pour laquelle le gage a été constitué sont inférieurs à cette somme. Dans ce cas, la preuve testimoniale est admissible pour établir la convention de gage. — Duranton, nº 511; Zachariæ, t. 3, p. 169, et ses annotateurs, *ibid.*, note 4e; Bousquet, *ubi suprà.*

22. — Dans le premier cas, c'est-à-dire lorsque la matière dépasse 150 fr., celui qui ne justifie ni d'un acte de nantissement, ni même d'un titre de créance, ne peut retenir des titres de propriété sous prétexte qu'ils lui ont été remis en gage. — *Rennes*, 30 mars 1815, Muller c. Creps et Billard.

23. — L'inventaire dressé à la requête du ministère public par suite des poursuites dirigées contre un prêteur sur gages en vertu de l'art. 411, C. pén., ne peut, quoique constatant les objets remis en gage, équivaloir au profit de celui-ci à l'acte authentique exigé par l'art. 2074. — *Metz*, 21 mars 1817, Nonon c. N...

24. — Il n'est pas nécessaire cependant que le gage soit constaté par un acte authentique isolé, séparé: par exemple, le contrat de gage est valablement stipulé entre époux dans leur contrat de mariage. — *Bordeaux*, 8 juin 1832, Leydet.

25. — Lorsque le contrat de gage est sous seing-privé, l'enregistrement est-il une condition tellement essentielle de sa validité, qu'en l'absence de cette condition il ne puisse acquérir date certaine à l'égard des tiers par aucune des circonstances énumérées dans l'art. 1328, C. civ.? — MM. Duranton (nº 514) et Zachariæ (t. 3, p. 170, note 5) se prononcent pour l'affirmative, attendu que tout est de rigueur en matière de privilége.

26. — M. Delvincourt (*ibid.*) soutient, au contraire, que l'enregistrement n'étant exigé que pour donner à l'acte une date certaine, si l'acte a d'ailleurs cette date certaine, *puta* par la mort d'un de ses signataires, le privilége a lieu. — Cet avis nous paraît préférable.

27. — Jugé, en tous cas, que l'enregistrement ne pourrait être suppléé par le timbre de la poste. — *Aix*, 27 mai 1845 (t. 2 1845, p. 749), Drapeiron c. Reveu. — Mais V., sur l'application de l'art. 132, vº ACTE SOUS SEING-PRIVÉ, nºs 102 et suiv., et 127.

28. — Mais en l'absence de tout délai de rigueur fixé par l'art. 2074, il n'est pas indispensable que le contrat de gage soit enregistré à l'époque même de sa passation; il suffit qu'il le soit avant que des tiers aient acquis des droits. — *Metz*, 22 déc. 1820, Emerique c. L...

29. — Jugé que l'acte par lequel les parties, pour réaliser un contrat de nantissement préexistant, ont simulé une vente, a pu, sans qu'il y ait ouverture à cassation, être considéré comme constituant avec ce dernier contrat une seule convention, et que, dès-lors, s'il a été enregistré, le nantissement a pu être déclaré régulier, bien que l'acte qui le constate spécialement n'eût pas été revêtu également de la formalité de l'enregistrement. — *Cass.*, 28 juill. 1844 (t. 2 1844, p. 682), Nicolas c. Hue.

30. — Le contrat de gage sous seing-privé doit être fait en double conformément à l'art. 1325, C. civ.; car, c'est un contrat synallagmatique, quoique imparfait; et l'art. 1325 ne distingue pas. Nous avons émis la même opinion à l'égard du contrat d'antichrèse. — V. ANTICHRÈSE, nº 35.

31. — Toutefois, M. Duranton (t. 18, nº 517) n'est pas de cet avis: « Qu'un écrit, dit-il, soit indispensable au créancier pour justifier de son privilége, et que le débiteur ait besoin aussi d'en avoir un pour pouvoir justifier de la remise qu'il a faite des objets et en réclamer la restitution après avoir payé sa dette, cela est vrai; mais cependant il n'en résulte pas que le contrat soit

réellement synallagmatique dans son but, qui est de conférer un privilége au créancier. Relativement à ce but, il n'a rien de synallagmatique, il n'y a même pas d'obligation ; il n'y a qu'un droit, et ce droit est entier du côté du créancier. Or, ce n'est que par rapport à la constitution du privilége que l'art. 2074 exige un écrit. Les autres créanciers ne pourraient donc prétendre que l'acte est nul pour n'avoir pas été fait en double original, ou parce que les deux originaux qui auraient été faits ne contiendraient pas la mention qu'il a été fait double. Mais l'on sent que l'écrit doit être remis au créancier, et que la prudence commande au débiteur d'en avoir un double pour se faire restituer les objets, ou du moins d'en tirer une reconnaissance d'une autre manière. »

32. — La convention de gage non constatée par un acte authentique ou sous seing-privé ne pourrait être prouvée par témoins, alors même qu'il y aurait déjà un commencement de preuve par écrit. L'art. 2074 prescrit la confection d'un acte comme forme substantielle, ce qui exclut également la preuve testimoniale ayant pour objet d'établir l'impossibilité où les parties se seraient trouvées de rédiger un acte. — Duranton, n° 515. — V. aussi *Nîmes*, 29 fév. 1828, Malachau c. Vedel.

33. — L'original d'un acte de gage ne peut pas davantage être remplacé par un extrait des registres de l'enregistrement, encore bien qu'il ait été transcrit en entier. — *Aix*, 21 fév. 1840 (t. 1er 1840, p. 622), Lançon c. Lafond.

34. — La preuve testimoniale n'étant point reçue lorsque la valeur du gage dépasse 150 fr., il en résulte que le détournement d'un gage excédant cette somme, par le créancier à qui on prétend qu'il a été remis, ne peut être prouvé par témoins devant le tribunal correctionnel, si l'existence du gage n'est pas dès-lors établie ou reconnue. — *Nîmes*, 29 fév. 1828, Malachau c. Vedel. — V. ABUS DE CONFIANCE.

35. — L'art. 2074, § 1er, exige, comme nous l'avons vu, que l'acte authentique ou sous seing-privé dont il prescrit la rédaction contienne seulement la déclaration de la somme due, c'est-à-dire du capital de la créance et des intérêts, s'il en est dû. Dès-lors, le défaut de la mention de la nature, de la cause et de la date de cette créance, ainsi que de l'époque de son exigibilité, ne saurait entraîner la nullité du contrat de gage. — Duranton, t. 18, n° 518, Zachariæ, t. 3, p. 170.

36. — Peu importe aussi, pour la validité du contrat, que les objets donnés en gage soient d'une valeur inférieure au montant de la créance. La loi ne prescrit point, en effet, qu'ils soient d'une valeur supérieure, ni même égale. — *Bordeaux*, 8 juin 1832, Leydet.

37. — La désignation des objets donnés en gage peut se faire, soit dans l'acte même de gage, soit par un acte séparé qui demeure annexé à l'acte principal. — Art. 2074. — Si la désignation a lieu par acte séparé, cet acte doit lui-même être authentique, ou enregistré s'il est sous seing-privé. —Duranton, n° 520 ; Zachariæ, *ubi suprà*.—Il doit être fait en double, comme l'acte de gage.

38. —La loi, en exigeant que la désignation portât sur l'*espèce* et la *nature* des choses remises en gage, ou sur leurs *qualités, poids et mesures*, a voulu prévenir les fraudes, trop faciles entre un créancier et un débiteur, en empêchant qu'on pût substituer aux objets donnés en gage d'autres objets de plus grande valeur. Par conséquent, toute désignation insuffisante, ne remplissant pas le but de la loi, peut être une cause de nullité du contrat de gage. — Duranton, n° 521 ; Zachariæ, t. 3, p. 170, note 6e.

39. — Spécialement, n'est pas valable pour défaut de désignation suffisante l'acte de nantissement d'un certain nombre de bouteilles de vins de Champagne, s'il n'indique pas à quelle année les vins appartiennent, s'ils sont bruts ou travaillés, mousseux ou non mousseux, si les bouteilles sont pleines ou couleuses, et l'énumération de chaque tas.—*Paris*, 26 mai et 15 juin 1841 (t. 2 1841, p. 172), Ricou et Gerdret, Paccard et Dufour.

40. — Il y a également nullité de l'acte par lequel un débiteur donne sa bibliothèque en gage à son créancier, lorsqu'il n'y est fait mention que du nombre des volumes, et non de la nature des ouvrages, non plus que des formats, éditions et autres signes caractéristiques de leur valeur, lorsque, enfin, un catalogue n'y est pas annexé. — *Paris*, 8 juin 1809, Trésor publ. c. Roger.

41. — La désignation, au contraire, est suffisante lorsque l'acte exprime que les objets remis en gage consistent en un certain nombre de bouteilles de vin blanc mousseux qui n'ont point encore reçu leur dernière préparation, lesquelles se trouvent dans des caves appartenant au créancier ou louées par lui, et dans ce cas l'acte doit être déclaré valable.—*Paris*, 7 août 1841 (t. 2 1841, p. 172), Joly c. Rey-Lebœuf.

42. —Il en est de même lorsque l'acte porte que le débiteur donne en gage au créancier tous les objets mobiliers qui lui appartiennent dans ceux portés en un inventaire fait précédemment.—*Bordeaux*, 8 juin 1832, Leydet.

43. — Lorsque, de plusieurs objets donnés en gage, quelques uns n'ont pas été désignés, conformément à l'art. 2074, C. civ., l'acte de nantissement peut-il être déclaré nul pour le tout?

44. —La cour de Cassation, saisie de cette question dans une espèce où plusieurs articles, et notamment le plus important des objets compris dans l'acte de nantissement, n'avaient pas été désignés suivant le vœu de l'art. 2074, C. civ., décida que, *d'après cela et les circonstances particulières*, la cour d'appel avait pu, sans violer aucune loi, déclarer nul pour le tout l'acte de nantissement. — *Cass.*, 4 mars 1811, Roger c. le Trésor public.

45. —En mentionnant cette décision, M. Duranton (t. 18, n° 522) dit « qu'on ne peut pas soutenir qu'il y ait eu de loi violée par la décision qui a déclaré nul l'acte de nantissement, puisque la cour d'appel avait pu apprécier *en fait, et d'après les circonstances particulières de la cause,* si la désignation était ou non suffisante, et si le contrat de gage n'était pas infecté de simulation dans son ensemble, *ce qui semblait résulter des circonstances particulières de la cause.* »

46.— Toutefois, le même auteur ajoute, et nous pensons comme lui, qu'en principe, l'insuffisance de désignation pour quelques objets ne saurait empêcher le gage d'être efficace pour ceux qui ont été désignés : *Utile per inutile non vitiatur*. — V. conf. Zachariæ, t. 3, p. 170.

47. — Au surplus, les formalités exigées par l'art. 2074 ne sont indispensables qu'autant qu'il s'agit d'un contrat de gage contracté d'une manière principale. Si le gage n'est qu'une conséquence nécessaire et accessoire d'un autre contrat qui le renferme implicitement, elles ne doivent plus être observées aussi rigoureusement. Ainsi, le locateur a un droit de gage légal sur tous les meubles déposés dans sa maison, encore bien que le bail ne soit que verbal. — Troplong, *Des privil. et hypoth.*, t. 1er, n° 170.

48. — Un arrêt de la cour de Bruxelles a jugé que les formalités prescrites par l'art. 2074 (et notamment l'obligation de la rédaction par écrit) n'avaient point été abolies par l'art. 24, L. de fin. 11 fév. 1816, qui a dispensé de l'enregistrement certains actes de prêt sur gage. — *Bruxelles*, 28 juill 1831, Assurances c. Carasco.

49. — Jugé que le contrat par lequel l'imprimeur qui, voulant éditer un ouvrage, emprunte à cet effet une somme d'argent et déclare reconnaître le prêteur pour propriétaire des caractères et du papier destinés à l'impression et de toute l'édition de l'ouvrage à éditer, constitue non une vente, mais un simple nantissement, lorsque l'imprimeur se réserve la vente du livre et stipule que la propriété cédée devra cesser soit par le remboursement qu'il fera de la somme prêtée, soit dans le cas où le produit de la vente couvrirait le prêteur de sa créance. — *Bourges*, 14 juin 1844 (t. 2 1845, p. 587), Simonin c. Syonnet.

50.— L'art. 2074 statue pour le cas où ce sont des meubles corporels qui sont donnés en gage ; mais le gage peut aussi avoir pour objet des choses incorporelles, telles que les créances mobilières du débiteur. Dans ce dernier cas, il ne suffit pas, pour l'efficacité du contrat de gage à l'égard des tiers, que ce contrat soit fait par acte authentique ou sous-seing privé dûment enregistré ; il faut encore qu'il soit signifié au débiteur de la créance.— Art. 2075.

51. — La rédaction d'un acte et la signification sont exigées, alors même que la valeur de la créance remise en gage et celle de l'obligation pour sûreté de laquelle elle a été donnée ne dépassent pas 150 francs. L'art. 2075 n'a point en effet reproduit la distinction établie par l'art. 2074, entre le cas où la matière excède ou non 150 fr. — Duranton, t. 18, n° 524 ; Zachariæ, t. 3, p. 171.

52.— Toutefois, la signification du contrat de gage au débiteur de la créance n'ayant d'autre objet que de saisir le créancier gagiste à son égard et à l'égard des tiers pourrait être valablement remplacée, conformément à l'art. 1690, C. civ., par l'acceptation que ferait ce débiteur, suivant acte authentique du contrat de gage.— Duranton, *loc. cit.*; Zachariæ, t. 3, p. 171, note 10.

53. — L'art. 2075 n'est point applicable dans le cas où le nantissement consiste en bons ou reconnaissances du mont-de-piété ; ce nantissement est dispensé de la signification. — *Metz*, 22 déc. 1820, Emerique c. L...

54.— La cour de Cassation a considéré comme constituant un nantissement et non une cession de créance, la stipulation par laquelle, dans un acte authentique de prêt, l'emprunteur avait cédé au prêteur tous ses droits à une créance, avec pouvoir d'en disposer comme de chose à lui appartenant, mais sous la réserve de reprendre tous ses droits en remboursant le montant de la créance. Il n'y avait là, en effet, ni dessaisissement entier de l'objet transporté, ni stipulation de prix. — *Cass.*, 13 juill. 1834, Lesage c. Paringueult.

55. — Jugé de même que l'on doit considérer comme renfermant une stipulation de gage et non un transport de créance l'acte par lequel un emprunteur cède au prêteur, pour *plus de sûreté* de l'exécution de son obligation, la créance ou l'action qu'il peut avoir sur un tiers, par exemple l'action en répétition qui lui appartient contre sa femme, à raison des améliorations faites à ses immeubles. — *Lyon*, 31 janv. 1839 (t. 1er 1844, p. 491), Guillon c. Durand Fortuné.

56.—Mais la cour de Cassation a également décidé que l'on pouvait voir les caractères d'une véritable cession de droits et non ceux d'un simple contrat de nantissement dans l'acte par lequel un débiteur déclarait *nantir son créancier, en représentation de sa dette, de la cession de plusieurs créances* ; et que dès-lors il en résultait pour le créancier le droit de poursuivre en son nom le recouvrement des créances. — *Cass.*, 8 juill. 1824, Mellis c. Carrière.

57.— Outre l'observation des formalités ci-dessus, la loi exige encore, pour la validité du contrat de gage et afin qu'il confère privilége, qu'il ait été mis et soit resté en la possession du créancier ou d'un tiers convenu entre les parties (art. 2076). Ce contrat est donc un contrat *réel*. — Pothier, n° 13.

58. — Il ne suffirait pas que le débiteur se fût obligé à déposer et remettre les objets entre les mains du créancier ou d'un tiers ; il faut qu'il y ait eu, à l'époque même du contrat, tradition réelle de ces objets. — *Aix*, 12 juin 1823, Paillasson, Tessier et Jouvencel c. Marabout ; *Paris*, 26 mai et 15 juin 1841 (t. 2 1841, p. 172), Ricou, Gerdret et Paccard, Dufour et comp.

59.— La tradition peut s'opérer non seulement par la translation des choses données en gage dans les bâtimens du créancier, mais encore par la remise des clés, si, pour éviter des frais considérables de transport, elles ont été laissées dans ceux du débiteur. – C. civ., art. 1606 ;— Duranton, n° 531. — V. aussi *Aix*, 21 fév. 1840 (t. 1er 1840, p. 623), Lançon c. Lafond.

60. — Lorsque les choses remises en gage se trouvent dans un lieu appartenant au créancier ou loué en son nom, et dont la clé est en sa possession, le contrat de gage ne cesse point de produire ses effets, par cela seul que, par confiance, la clé a été quelque temps en la possession du débiteur, si elle a été, en définitive, restituée au créancier. — *Paris*, 7 août 1841 (t. 2 1841, p. 172), Joly c. Rey-Lebœuf.

61. — La disposition de l'art. 2076 est générale (*Dans tous les cas*, est-il dit, le privilége ne subsiste, etc., etc.). D'où il faut conclure que la tradition est nécessaire, qu'il s'agisse d'une chose corporelle ou d'une créance.

62. — Ainsi jugé que si c'est une créance qui a été donnée en gage, il faut que le titre qui la constate soit remis entre les mains du créancier gagiste et reste en sa possession. — *Liége*, 15 mai 1810, Dotreppe c. Fallon ; — Duranton, n° 525 ; Zachariæ, t. 3, p. 171 ; Delvincourt, *Cours de code civil*, t. 3, p. 210, note 7e.

63. — Jugé en conséquence qu'une créance ou action qui n'est pas établie par titre n'étant pas susceptible de tradition réelle, ne peut être donnée en nantissement. — *Lyon*, 31 janv. 1839 (t. 1er 1844, p. 491), Guillon c. Durand Fortune.

64. — Jugé toutefois, par un jugement du tribunal de la Seine, qu'en cas de dation en gage d'une créance, la loi exige seulement un acte le constatant, et sa signification au débiteur de la créance ; et qu'il n'est pas nécessaire que le titre de la créance ainsi cédée soit remis au créancier gagiste. — V. sous *Paris*, 24 juill. 1843 (t. 2 1843, p. 339), Perrée et Sougère c. Pourcelt.

65. — La cour d'Orléans a décidé que le nantissement d'une créance mobilière n'est valable : 1° qu'autant qu'il est justifié par acte ayant date certaine que le créancier nanti a été mis en possession du titre de cette créance à l'instant même du nantissement, ou au moins avant toute mainmise de la part des tiers sur cette créance ; — 2° qu'autant qu'il a été notifié au débiteur de la créance donnée en nantissement avant toute opposition ou saisie-arrêt formée entre ses mains.— *Orléans*, 29 mai 1845 (t. 2 1845, p. 477), Pelissot c. Courton.

GAGE, sect. 1re.
GAGE, sect. 1re.

66. — La tradition du gage qui consiste en reconnaissances du mont-de-piété est valablement effectuée par la remise de ces reconnaissances dans les mains du créancier. — *Metz*, 22 déc. 1820, Emerique c. L...

67. — Lorsque c'est une créance assise sur un immeuble adjugé, par suite de licitation, à l'un des cohéritiers, qui a été donnée en gage, la tradition s'opère valablement par la remise au créancier gagiste du seul titre qui se trouve en la possession de l'emprunteur, et consistant dans l'extrait de liquidation avec l'extrait, à la suite, du jugement d'homologation, si, d'ailleurs, ce créancier est en même temps subrogé dans le droit de se faire délivrer d'autres titres, s'il y a lieu. — Il n'est pas nécessaire de remettre aussi le jugement d'adjudication, alors que ce titre commun est demeuré, du consentement de l'emprunteur, en la possession d'un de ses copartageans. — *Paris*, 9 nov. 1843 (t. 1er 1844, p. 53), Baudoin et Balancy c. Nitot.

68. — Il a été même décidé qu'il suffisait, pour la validité du nantissement d'une créance, que le titre eût été remis, au moment du contrat, au créancier gagiste, mais qu'il n'était pas nécessaire que la grosse du titre constitutif de cette créance fût restée en sa possession. — *Cass.*, 13 déc. 1837 (t. 1er 1838, p. 5), d'Espagnac.

69. — ... Et que par conséquent, la détention de cette grosse par un cessionnaire postérieur de la créance donnée en gage, quelle que fût la manière dont il se la serait procurée, n'altérait pas la possession légale acquise au créancier gagiste, surtout lorsque ce cessionnaire avait eu connaissance du nantissement et avait contracté sous la condition de son exécution. — Même arrêt.

70. — Mais ce dernier système paraît s'écarter des termes de l'art. 2076, qui exige, d'une manière absolue et sans distinction, que le *gage* ait été mis et soit resté en la possession du créancier. Néanmoins, les mots *resté en la possession* ne doivent pas être pris dans un sens trop restreint. Ainsi, il n'est pas indispensable que le créancier gagiste possède par lui-même; un tiers peut posséder en son nom l'objet engagé. — Zachariæ, t. 3, p. 171; Delvincourt, *Cours de code civil*, p. 210, note 8e.

71. — Mais cette possession de la part du tiers ne conserve le privilége qu'autant qu'elle a eu lieu *pour le compte du créancier gagiste*. — D'où la cour de Paris a conclu, en combinant ce principe avec celui suivant lequel la tradition est de l'essence du contrat de nantissement, que lorsqu'une chose a été donnée en nantissement à un créancier et remise en possession réelle, le débiteur ne peut attribuer sur cette chose un droit de gage à d'autres créanciers par ordre successif, pour en jouir après le paiement de celui qui la détient. — En ce cas, la signification des transports au créancier possesseur du gage ne vaut que comme opposition et ne confère d'autre droit que celui de participer à la contribution sur ledit gage. — *Paris*, 12 janv. 1846 (t. 1er 1846, p. 199), Dillon c. Martin.

72. — Si le créancier avait perdu son gage et qu'il eût été ressaisi par le débiteur, il pourrait le revendiquer. Il pourrait également le revendiquer, si, dans le cas de perte ou de vol, il le trouvait en la possession d'un tiers. Le créancier gagiste doit être assimilé à un propriétaire dont la chose a été perdue ou volée. Dès-lors, il y aura lieu d'appliquer ici les art. 2279 et 2280, C. civ. — Duranton, nº 529; Zachariæ, *ubi suprà*; Delvincourt, p. 209, note 3e.

73. — Jugé qu'on doit réputer nulle comme contraire à l'ordre public la stipulation par laquelle un imprimeur s'oblige à remettre, à titre de garantie, à un créancier, son brevet et sa démission en blanc. — *Paris*, 2 janv. 1843 (t. 1er 1843, p. 141), Breton c. Miril.

§ 2. — *Des droits du créancier gagiste, soit à l'égard du débiteur, soit envers les tiers.*

74. — Le contrat de gage confère au créancier le droit de retenir la chose qui lui a été donnée en nantissement pour sûreté de sa créance, jusqu'à ce qu'il ait été payé tant en principal qu'intérêts et frais. — Art. 2082; — Gary, *Disc. au corps législ.*; Pardessus, *Droit commercial*, t. 2, nº 487; Troplong, *Des privil. et hypoth.*, t. 1er, nº 256; Zachariæ, t. 3, p. 171, § 434.

75. — Ce droit de rétention est opposable aux autres créanciers du débiteur dont le titre n'a point une cause préférable à celle du créancier gagiste (V. ci-après nos 88 et s.), et lorsque les formalités prescrites pour l'efficacité du contrat de gage à l'égard des tiers, et que nous avons indiquées précédemment, ont été remplies. Dans le cas contraire, le créancier gagiste ne peut s'en prévaloir que vis-à-vis du débiteur.

76. — Le créancier peut même, à l'égard du débiteur, quoiqu'aucune des formalités ci-dessus n'ait été observée, retenir la chose pour une autre dette contractée envers lui par le débiteur postérieurement à la mise en gage, si cette dette est devenue exigible avant l'acquittement de la première, alors même qu'il n'y aurait eu aucune stipulation de gage. On présume que, dans ce cas, il a voulu conserver le gage pour la garantie de sa seconde créance. — Art. 2082; — Gary, *loc. cit.*; Duranton, t. 18, nos 546 et suiv.; Troplong et Zachariæ, *ubi suprà*.

77. — Mais cette supposition ne saurait être accueillie lorsque la nouvelle dette devenue exigible avant le paiement de la première, au lieu d'avoir été contractée personnellement par le même débiteur envers le créancier nanti du gage, l'a été envers un tiers duquel le créancier gagiste l'a reçue par voie de cession ou de subrogation. Le créancier gagiste se trouve à l'égard de cette seconde dette dans la position de son cédant. — Duranton, nº 566.

78. — De même, le créancier qui, nanti d'un gage pour la sûreté d'un premier prêt, a fait, sur un nouveau gage, un second prêt remboursable à une époque plus reculée que le premier, n'est point fondé à retenir le premier gage jusques après l'entier paiement de ses deux créances. — *Aix*, 21 fév. 1840 (t. 1er 1840, p. 622), Lançon c. Lafond; — Delvincourt, t. 3, p. 209, note 13; Duranton, *loc. cit.*

79. — L'art. 2082 serait également inapplicable au cas où le gage aurait été fourni par un tiers. — Zachariæ, t. 3, p. 172, note 3e.

80. — Le gage étant indivisible (art. 2083), le droit de rétention, lorsqu'il a lieu, peut être exercé sur tous les objets donnés en nantissement par le créancier remboursé d'une portion de sa créance, pour tout ce qui lui reste dû. — Zachariæ, p. 172. — V. ci-après § 4.

81. — Le créancier peut retenir la chose engagée non seulement pour sûreté de sa créance, en principal et intérêts, mais encore jusqu'au remboursement des dépenses nécessaires qu'il a faites pour la conservation de la chose, à laquelle l'art. 2080, comme nous le verrons ci-après, l'oblige à pourvoir. Quant aux dépenses simplement utiles ou d'amélioration, il n'a contre le débiteur qu'une action en répétition dans les limites que nous indiquerons également. — V. ci-après, nº 149.

82. — Le créancier qui a reçu pour sûreté de sa créance à la fois une hypothèque et un gage mobilier peut, avant tout paiement, renoncer au bénéfice du gage mobilier, alors même qu'il serait suffisant pour le désintéresser, pour s'en tenir à l'hypothèque, et les créanciers postérieurs en ordre hypothécaire sont non recevables à critiquer ce mode d'imputation. — *Paris*, 25 juin 1836 (t. 1er 1837, p. 393), Royer et Salleron c. Drevan.

83. — Lorsque le créancier conserve la chose qui lui a été remise en gage, il n'a pas le droit de s'en servir, à moins de stipulation contraire. Le gage n'est, en effet, qu'un dépôt entre ses mains. — Art. 2079; — Gary, *loc. cit.*; Duranton, nº 543; Zachariæ, p. 173; Delvincourt, *Cours de Code civil*, t. 3, p. 209, note 3e.

84. — Toutefois, si c'est une créance portant intérêt qui a été donnée en gage, il est autorisé à en toucher les intérêts; et ces intérêts, il les impute sur ceux qui peuvent lui être dus. Si, au contraire, la dette pour la sûreté de laquelle la créance a été donnée en gage ne produit pas d'intérêts, l'imputation se fait sur le capital. — Art. 2081; — Gary et Zachariæ, *ubi suprà*; Duranton, nº 564.

85. — Indépendamment du droit de rétention, le contrat de gage, revêtu des formalités auxquelles il est assujéti pour valoir à l'égard des tiers, confère en outre au créancier gagiste le droit de se faire payer *sur la chose* qui lui a été donnée en gage par privilége et préférence aux autres créanciers du débiteur. — Art. 2073 et 2102, § 2.

86. — L'enlèvement d'une partie des objets déposés en gage n'empêche pas le privilége du créancier de subsister sur ceux de ces objets qui restent et dont l'identité est bien constatée avec ceux désignés dans l'état annexé au contrat de nantissement. — *Cass.*, 11 août 1842 (t. 2 1842, p. 606), Morin c. Wieland et Hoffmann.

87. — Lorsque de deux créanciers à qui leur débiteur a donné les mêmes marchandises en gage, l'un a un titre antérieur et les véritables clés du magasin contenant le gage, et que l'autre, porteur d'un titre postérieur, n'a reçu que de fausses clés de ces mêmes magasins, le premier de ces créanciers est privilégié, à l'égard du second, sur le prix des marchandises; mais celui-ci est privilégié, après lui, à l'égard des autres créanciers du débiteur. — *Aix*, 21 fév. 1840 (t. 1er 1840, p. 622), Lançon c. Lafond.

88. — On s'est demandé à l'occasion du droit de privilége et de préférence que l'art. 2073 accorde au créancier gagiste si ce créancier doit primer les créanciers auxquels la loi (art. 2101 et 2102) donne privilége sur les meubles.

89. — MM. Grenier (*Des hypothèques*, t. 2, nº 509), et Duranton (t. 18, nº 509), pensent que le gagiste devrait être préféré à tous les créanciers privilégiés quelconques, même aux créanciers pour frais de justice et frais funéraires. Mais M. Troplong (*Des priviléges et hypothèques*, t. 1er, nos 74, 169 *bis* et 256), s'attachant à la cause de chaque privilége, considère celle de tous les priviléges de l'art. 2101 comme préférable au droit du gagiste, qui ne peut, par conséquent, suivant ces auteurs, s'exercer qu'après ceux-ci.

90. — Ajoutons que le privilége des frais faits pour la conservation du gage antérieurement à la constitution pourrait aussi, suivant les circonstances, par exemple, si le gagiste savait qu'ils étaient dus, passer avant le privilége de l'art. 2073. Ce dernier article n'a pu être rédigé que pour le cas où le gagiste se trouverait en concours avec des créanciers dont le titre serait égal au sien. Ce n'est qu'alors seulement, en effet, qu'on peut dire: *Melior est possidentis conditio.*

91. — Le gage peut-il être saisi entre les mains du créancier nanti par les autres créanciers du débiteur. Cette question semble faire difficulté.

92. — En effet, il a été jugé que la saisie ainsi pratiquée devait être déclarée nulle, si la chose n'excédait pas la valeur de la créance qu'elle garantit, si le saisissant n'avait pas désintéressé ou offert de désintéresser le créancier gagiste, et s'il avait perçu le prix de la vente. — *Cass.*, 31 juill. 1832, Cardomel c. Delfou. — Et cet arrêt est fondé en droit, sur ce que si la saisie est permise (art. 2092 et 2093), parce que le gage ne cesse pas de faire partie des biens du débiteur, cependant cette saisie ne peut en aucun cas nuire soit au dépôt, soit au privilége acquis au créancier en vertu de son contrat de gage.

93. — Mais on voit qu'il n'est guère possible de faire résulter de cet arrêt la consécration d'un principe absolu quant à la prohibition de saisir l'objet donné en gage avant que le créancier gagiste ne soit désintéressé. — Loin de là, la cour de Cassation a décidé qu'une contribution pouvait être ouverte avant que le créancier gagiste ne fût désintéressé. — *Cass.*, 8 juill. 1834, Lesage c. Paringuault.

94. — ... Et le même arrêt décide que le gagiste doit se présenter à la contribution *dans les délais sous peine de forclusion et de déchéance* de son droit de gage.

95. — Si un jugement passé en force de chose jugée avait reconnu à un créancier, contradictoirement avec le débiteur et quelques-uns de ses créanciers, un droit de gage sur des valeurs remises en nantissement, les autres créanciers, lors de la distribution des deniers provenant de la vente du gage, ne pourraient remettre ce privilége en question. — *Cass.*, 13 avr. 1841 (t. 2 1841, p. 19), Boisaubin c. Patron.

96. — Quoique l'art. 2073 porte que le droit de privilége et de préférence du gagiste s'exerce *sur la chose*, il ne faut pas cependant conclure de là que le créancier puisse jamais, à défaut de paiement à l'échéance, s'approprier le gage de plein droit ni en disposer à son gré. Autrement, un effet précieux eût souvent servi à acquitter une dette modique (Berlier, *Exposé des motifs*). Ses droits se bornent, pour obtenir le paiement de ce qui lui est dû, à faire ordonner en justice que le gage lui demeurera en propriété, et jusqu'à due concurrence d'après une estimation faite par experts, ou qu'il sera vendu aux enchères. — Art. 2078, § 1er.

97. — Jugé cependant que si le créancier vend lui-même la chose qu'il a reçue en gage (dans l'espèce, c'étaient des marchandises), le propriétaire ne peut la revendiquer entre les mains de l'acheteur de bonne foi, à l'égard de qui possession vaut titre, et qu'il n'a qu'une action en dommages-intérêts contre le créancier gagiste. — *Bordeaux*, 14 juill. 1832, Veillon c. Lartigue et Caillavet.

98. — On sait que, dans le dernier état de la jurisprudence de la cour de Cassation, la violation du contrat de nantissement résultant du refus de restituer l'objet remis en gage ne tombe pas sous l'application de l'art. 408, C. pén. — *Cass.*, 26 juill. 1844 (t. 2 1844, p. 243), Jérôme.

99. — Mais, en rapportant cet arrêt, nous avons exprimé le doute qu'il fît une juste application de la loi. — V. les observations rapportées *loc. cit.*,

de M. le procureur général près la cour d'Amiens, demandeur en cassation.

100. — V. au surplus, sur le point de savoir si le détournement et la vente d'un objet reçu en gage constituent un abus de confiance, v° ABUS DE CONFIANCE, n° 68, et sur celui de savoir si la revendication autorisée par les art. 2279 et 2280, en matière de choses volées est applicable au cas de détournement par abus de confiance, v° POSSESSION.

101. — De ce que l'art. 2078 accorde au créancier non payé le droit de faire ordonner en justice que le gage lui demeurera en paiement et jusqu'à due concurrence, d'après une estimation faite par experts, ou qu'il sera vendu aux enchères, Zachariæ (t. 3, p. 172, note 4e). conclut que le créancier peut se borner à demander la vente du gage, et que dans ce cas les tribunaux doivent lui adjuger sa demande.

102. — Jugé à cet égard que c'est au créancier seul et non au débiteur qu'appartient l'exercice du droit d'option conféré par l'art. 2078, et que, dès-lors, un créancier a le droit, malgré l'abandon du gage offert par le débiteur, jusqu'à concurrence du montant de la créance, de requérir la vente publique, aux enchères, de ce gage. — *Colmar*, 23 fév. 1828, Paravicini c. Petry.

103. — Mais Zachariæ (*loc. cit.*) ajoute que si le créancier forme une demande alternative dans les termes de l'art. 2078, il appartiendra aux juges d'ordonner celle des deux mesures qui leur paraîtra la plus avantageuse aux intérêts du débiteur.

104. — Quant à M. Duranton (t. 18, n° 536), il explique ainsi le droit du créancier : « Il a bien le droit de conclure à l'un ou l'autre des partis que lui offre l'art. 2078, à son choix; mais nous croyons que c'est à la justice à ordonner ce qui lui paraîtra le plus avantageux aux intérêts du débiteur : sauf, cependant, que si les frais de la vente aux enchères paraissaient devoir ne pas laisser une somme suffisante pour payer intégralement le créancier, le tribunal devrait accueillir la demande de celui-ci tendant à ce que le gage lui demeurera en paiement jusqu'à due concurrence, d'après l'estimation qui en sera faite par experts : autrement ce serait l'exposer à une perte, sans avantage réel pour le débiteur lui-même, dans le cas d'insolvabilité de celui-ci. »

105. — C'est devant le tribunal et non devant le juge des référés que le créancier gagiste doit porter la demande que l'art. 2078 l'autorise à former. — *Paris*, 8 oct. 1839 (t. 2 1839, p. 327), Sinoquet c. Van Waterschoodt.

106. — Pothier (*Tr. de nantissement*, n° 24) enseignait que la seule échéance du terme de paiement ne donnait pas au créancier le droit de faire vendre le gage; il fallait que le débiteur fût mis en demeure, et que le créancier obtînt une sentence qui ordonnât que, faute par le débiteur de payer dans un certain délai, il pourrait faire vendre les objets remis en gage. L'art. 2078, § 1er, a innové sur ce point. Le seul défaut de paiement à l'échéance paraît suffire, d'après cet article, pour que le créancier puisse former la demande que cet article autorise. Néanmoins, nous croyons utile de faire précéder cette demande de la signification d'une mise en demeure au débiteur.

107. — Dans tous les cas, cette demande étant dirigée contre le débiteur, il est indispensable qu'il soit présent, ou du moins qu'il ait été dûment appelé, puisqu'il serait possible soit que la créance n'existât plus en tout ou en partie, soit qu'une prolongation de terme eût été accordée par le créancier. — Duranton, n° 536.

108. — M. Duranton fait remarquer (*loc. cit.*) que le droit de gage ne fait pas préjudice au droit commun que le créancier pourrait avoir en sa faveur; et qu'en conséquence, s'il avait un titre en forme exécutoire, il ne serait pas plus obligé de s'adresser à la justice pour faire vendre les objets qu'il a reçus en gage, que pour faire vendre les autres meubles de son débiteur. Seulement, ajoute-t-il, il devrait remplir les formalités prescrites pour la saisie-exécution, c'est-à-dire faire un commandement au débiteur un jour au moins avant la saisie; et cette saisie, il pourrait tout aussi bien la faire faire que si les objets se trouvaient chez le débiteur ou dans les mains d'un tiers.

109. — Si les objets donnés en gage consistent en effets publics, la vente ne doit pas en être faite aux enchères, comme le prescrit l'art. 2078, mais en bourse publique. — *Bruxelles*, 8 janv. 1834, Gattie c. Devinck.

110. — L'art. 2078, § 2, déclare nulle toute clause qui autoriserait le créancier à s'approprier le gage ou à en disposer sans les formalités ci-dessus prescrites. Cette prohibition est la réprobation de ce que les Romains appelaient *pacte commissoire*, convention injuste et usuraire, que l'empereur Constantin avait lui-même abolie par la loi ultima, Cod., *De pactis pignor.*

111. — On peut cependant stipuler que, faute par le débiteur de payer dans un délai convenu la somme pour laquelle la chose est remise en gage, cette chose demeurera acquise au créancier en paiement de la dette, suivant estimation qui en sera faite par experts dont les parties conviendront, et sauf à elles à se faire respectivement raison de ce que la chose sera estimée plus ou moins que la somme due. Le créancier doit, en exécution de cette stipulation et à l'expiration dudit délai, assigner le débiteur, à fin de nomination d'experts chargés de faire l'estimation de la chose, et pour entendre dire que cette chose lui demeurera en paiement de sa créance jusqu'à due concurrence. — Pothier, n° 19; Merlin, *Répert.*, v° *Gage*, n° 8; Bousquet, *Nouveau dictionn. de droit*, v° *Gage*.

112. — Les parties ne seraient-elles pas aussi en droit de convenir qu'à défaut de paiement à l'échéance, le créancier pourra, sans jugement préalable, faire vendre le gage aux enchères publiques?

113. — La raison de douter peut venir du second paragraphe de l'art. 2078, qui déclare nulle toute clause qui autoriserait le créancier à disposer du gage *sans les formalités prescrites par le premier paragraphe*. Or, le premier paragraphe semble appeler le tribunal à constater le défaut de paiement et à ordonner ensuite la vente aux enchères. Toutefois Zachariæ (t. 3, p. 172, note 5) soutient l'affirmative.

114. — Il est dans tous les cas permis au débiteur de faire cesser l'obligation de vendre le gage aux enchères en vendant lui-même à son créancier, soit avant, soit après l'échéance de la dette, la chose qu'il lui avait primitivement engagée. — Berlier, discussion au conseil d'état, séance du 10 pluv. an XII. — Ce n'est pas que cela ne puisse donner lieu à la fraude de la part de certains créanciers qui pourront abuser de la situation du débiteur pour s'approprier le gage à un prix au dessous de sa valeur; mais ce sont de ces inconvéniens qu'il est à peu près impossible d'éviter. Il eût été si aisé, surtout en fait de meubles, d'éluder la prohibition qu'on a mieux fait de ne pas l'établir. — Delvincourt, *Cours de Code civil*, t. 3, n° 209, note 6e.

115. — Néanmoins, si cette vente cachait une fraude, les tribunaux devraient en prononcer la nullité. — Duranton, t. 18, n° 537; Zachariæ, t. 3, p. 172.

116. — Enfin, le débiteur a le droit, sauf les cas de fraude, de vendre à son créancier par le contrat même de gage, soit sous condition résolutoire (comme à réméré), soit sous condition suspensive, la chose qu'il lui donne en gage pour sûreté de sa créance. — Duranton, n° 528.

117. — Il a été jugé que le contrat de nantissement d'une créance n'était pas nul, parce que l'acte contiendrait en même temps le transport de cette créance au profit du créancier gagiste. — *Paris*, 9 nov. 1843 (t. 1er 1844, p. 53), Baudoin et Balaney c. Nitot.

118. — Mais la clause par laquelle le débiteur interdirait au créancier le droit, à défaut de paiement à l'échéance, de faire vendre le gage, serait nulle, comme contraire à la nature du contrat de gage. — Duranton, n° 539; Delvincourt, t. 3, p. 440.

119. — Le créancier gagiste ne possédant qu'à titre de dépositaire (art. 2079), et, par conséquent, pour le compte d'autrui, ne peut, tant que son titre n'est pas interverti, soit par une cause venant d'un tiers, soit par la contradiction opposée au débiteur propriétaire (art. 2238), acquérir par aucun laps de temps la propriété de la chose engagée (art. 2236 et 2237). — Merlin, *Rép.*, v° *Gage*, n° 5; Duranton, t. 18, n° 552; Troplong, *Prescriptions*, t. 2, n° 479; Vazeille. t. 1er, n° 137. — V aussi v° ANTICHRÈSE, nos 63 et 105 (le principe est le même).

120. — La possession du créancier gagiste n'est pas seulement un obstacle à l'acquisition de la propriété du gage par la prescription, mais elle empêche aussi que le débiteur puisse par le même moyen se libérer de sa dette. Cette possession constitue, en effet, de la part du débiteur une reconnaissance continuelle de la créance. Ainsi le créancier qui, nanti d'un gage, serait resté inactif pendant plus de trente ans, n'en aurait pas moins encore le droit de se faire payer de sa créance, soit en poursuivant en justice la vente du gage, soit en s'en faisant déclarer propriétaire jusqu'à due concurrence, conformément à l'art. 2078, § 1er, C. civ. — Troplong, *Prescript.*, t. 2, nos 618 et 628; Vazeille, t. 1er, n° 140.

121. — Mais si le débiteur, après avoir payé tout ce qu'il doit, ne retire pas le gage, le créancier le prescrira parce que, de ce moment, il ne possédera plus comme gagiste. — La cause de sa possession sera changée, et l'action pour retirer la chose, après avoir payé, est une action personnelle qui se prescrit par trente ans. — Troplong, *Prescript.*, t. 2, p. 480. — V. ANTICHRÈSE.

§ 3. — *Des obligations du créancier gagiste.*

122. — Détenteur du gage, le créancier doit veiller à sa conservation; il doit faire les dépenses utiles et nécessaires qu'exige cette conservation, sauf son recours contre le débiteur. — Berlier, *Exposé des motifs*; Gary, *Disc. au corps législatif.*

123. — L'art. 2080, § 1er, C. civ., veut qu'il réponde, selon la règle établie au titre *Des contrats et des obligations conventionnelles en général*, de la perte ou de la détérioration du gage qui serait survenue par sa négligence.

124. — Par la *négligence* dont parle cet article, il faut entendre la *faute légère*. Le contrat de gage étant, en effet, un contrat intéressé de part et d'autre, le créancier ne peut être tenu d'apporter à la conservation de l'objet engagé d'autres soins que ceux qu'un bon-père de famille a coutume d'apporter à ses propres affaires. — C. civ., art. 1137; — Gary, *ubi suprà*; Pothier, nos 31 et suiv.; Merlin, *Rép.*, v° *Gage*, n° 4; Duranton, t. 18, n° 541; Troplong, *De la vente*, t. 1er, n° 382; Zachariæ, t. 3, p. 173, § 435.

125. — Ainsi, si c'est une créance hypothécaire que le créancier a reçue en gage de son débiteur, il doit, sous sa responsabilité personnelle, pourvoir à la prise et au renouvellement des inscriptions; il doit aussi faire en temps utile, contre le débiteur de la créance engagée, tous actes propres à empêcher que la prescription ne s'accomplisse. — Proudhon, *De l'usufruit*, t. 4, nos 2231 et 2232.

126. — Mais celui qui reçu, à titre de gage ou nantissement, des actions au porteur pour la garantie d'avances faites, et qui, sans le consentement de son débiteur, a souffert qu'il fût fait mention, sur chacune de ces actions, des modifications apportées au statut primitif de l'établissement commercial auquel ces actions appartiennent, n'est pas responsable de la dépréciation qu'elles ont éprouvée, si le débiteur ne prouve pas que le dommage qui en est résulté soit la conséquence de ces modifications. — *Cass.*, 3 déc. 1834, Samuel Blum c. Caccia. — V. au surplus, sur la théorie des fautes, les principes développés v° FAUTE.

127. — La seconde obligation du créancier est celle de rendre la chose qui lui a été donnée en gage dès qu'il a été intégralement payé de sa créance; il doit la rendre non seulement avec les accessoires qui en dépendaient au moment du contrat, mais encore avec les fruits qu'elle a pu produire depuis, comme par exemple dans le cas où une vache ou une jument qu'il avait reçue en gage a mis bas chez lui. — Gary, *loc. cit.*; Pothier, nos 29, 35 et 36 : Duranton, n° 544, *in fine*; Zachariæ, p. 174; Delvincourt, t. 3, p. 211, note 1re.

128. — Le veau ou le poulain appartient au débiteur; mais le créancier peut le retenir pour sûreté de sa créance. — L. 13, ff., *De pignor. et hypoth.*: L. 3, Cod., *In quib. conf. pig.*; — Delvincourt, t. 3, p. 211, note 1re.

129. — Le créancier n'est affranchi de cette obligation que lorsque le gage est venu à périr sans sa faute (Gary, *ibid.*), par un cas fortuit dont il justifie. — Pothier, nos 30 et 31; Merlin, *Rép.*, v° *Gage*, n° 4. — Toutefois, si la chose principale seule a péri, il n'est point déchargé de l'obligation de restituer l'accessoire. — Duranton, n° 544.

130. — Une dernière obligation du créancier gagiste consiste, lorsqu'il a fait vendre la chose engagée, faute de paiement, à rendre compte au débiteur du prix provenant de la vente, et généralement de tout ce qu'il peut avoir perçu de la chose, mais sous la déduction des frais de vente. — *Cass.*, 22 mai 1813, Jourdeuil-Leautey; — Pothier, n° 37.

§ 4. — *Des droits et obligations du débiteur.*

131. — Le débiteur conserve la propriété de la chose donnée en gage, jusqu'à ce qu'il ait été exproprié ou qu'il ait lui même volontairement vendu cette chose à son créancier, ainsi qu'il en a la faculté, comme nous l'avons établi précédemment (n° 114). Le gage n'est dans les mains du créancier, qu'un *dépôt* dont l'objet est de lui assurer le paiement de sa créance. — Art. 2079.

132. — Il suit de là 1° que le débiteur qui enlève la chose qu'il avait remise en gage ne commet pas un vol. — *Cass.*, 29 oct. 1812, Van Esbeeck. — V. VOL.

133. — ...2° Que si cette chose vient à périr par cas fortuit, et sans la faute du créancier, elle pé-

rit pour le compte du débiteur : *res perit domino*. — Duranton, t. 18, n° 540.

134. — Il résulte aussi de ce que le gage a pour objet d'assurer au créancier le paiement de ce qui lui est dû, que le débiteur ne peut se le faire restituer qu'après avoir entièrement remboursé, tant en principal qu'intérêts et frais, la dette pour sûreté de laquelle il a été constitué. — Art. 2082, § 1er.

135. — La loi romaine voulait également qu'il n'y eût ouverture à l'action *pignoratitia directa*, pour la restitution du gage, que lorsque le créancier avait été totalement payé de la dette : *omnis pecunia exsoluta esse debet*. — L. 9, § 3, ff., *De pignor. act.*, tit. 7, liv. 13.

136. — Ainsi, pour peu qu'il reste quelque chose de dû de la créance, le débiteur n'est pas recevable à demander la restitution de l'objet qu'il a donné en gage, ni même de la moindre partie de cet objet : le gage est indivisible (art. 2083, § 1er). — V. Pothier, n° 43 ; Merlin, *Répert.*, v° *Gage*, n° 6 ; Bousquet, *nouveau Dictionn. de droit*, v° *Gage*. — V. *suprà* n° 80.

137. — C'est par la même raison que le législateur a érigé en règle que celui des héritiers du débiteur qui a payé sa portion de la dette ne peut demander la restitution de sa portion dans le gage, si la dette n'est pas entièrement acquittée. — Art. 2083, § 2.

138. — Réciproquement l'héritier du créancier qui a reçu sa portion de la dette ne peut remettre le gage au préjudice de ses cohéritiers qui ne sont pas payés. — C. civ., art. 2083, § 3.

139. — Si l'un des héritiers du débiteur payait la totalité de la dette et que la chose remise en gage fût divisible, il serait fondé à se faire restituer sa part dans cette chose. Si, au contraire, elle était indivisible, il ne pourrait en obtenir la restitution qu'autant qu'il serait muni d'un pouvoir de ses cohéritiers à l'effet de la retirer. — Duranton, t. 18, n° 550.

140. — La prohibition d'obtenir la restitution du gage, avant le paiement intégral du créancier, portée contre le débiteur et ses héritiers, s'étend même au cas d'une seconde dette contractée envers le créancier postérieurement à celle pour laquelle la chose a été donnée en gage et exigible avant elle ou au moins en même temps. — V. *suprà*, n° 76 et s.

141. — Le remboursement de la créance et de ses accessoires n'est pas le seul cas dans lequel le débiteur puisse obtenir la restitution du gage. Il peut la réclamer, avant même d'avoir désintéressé le créancier, lorsque celui-ci s'en sert sans autorisation, ou lorsque, autorisé à s'en servir, il en abuse. — Art. 2082, § 1er ; — Pothier, n° 51 ; Zachariæ, t. 3, p. 174.

142. — Il le peut encore lorsque le créancier consent à accepter à la place du gage d'autres sûretés, ou fait remise de ses droits de gage dans la chose qui lui a été donnée à ce titre. — Pothier, n° 49, § 2.

143. — Le débiteur ne peut, en principe, contraindre le créancier à recevoir en gage une autre chose en échange de celle qu'il lui avait primitivement remise. Mais si, par suite d'une circonstance imprévue lors du contrat, la chose engagée lui était devenue d'un besoin pressant et d'une nécessité absolue, et que, d'ailleurs, la nouvelle chose proposée au créancier fût suffisante pour mettre ses droits à l'abri, il y aurait peut-être de l'iniquité de la part de ce dernier à repousser la demande du débiteur ; et, alors, les tribunaux, appliquant la maxime *malitiis non est indulgendum*, contraindraient valablement le créancier à faire l'échange. — Delvincourt, t. 3, p. 209, n° 8.

144. — Nous avons vu plus haut que la conservation du gage est à la charge du créancier gagiste. Néanmoins, l'art. 2080, qui consacre ce principe, ne s'oppose point à ce que le débiteur s'oblige à donner des soins aux marchandises qui font l'objet du nantissement, alors surtout que ces marchandises ne cessent pas d'être en la possession du créancier, et que leur conservation exige des connaissances spéciales possédées par le débiteur seul (par exemple s'il s'agit d'une certaine espèce de vins). — *Cass.*, 11 août 1842 (t. 2 1842, p. 606), Morin c. Wieland et Hoffmann.

145. — ... Et, dans le cas d'une pareille stipulation, la remise momentanée entre les mains du débiteur des clés du lieu (par exemple de la cave), où se trouvent déposés les objets, étant une conséquence nécessaire de l'obligation prise par celui-ci, ne peut être considérée comme dessaisissement du gage de la part du créancier, de telle sorte que le débiteur soit fondé à en demander la restitution. — Même arrêt.

146. — Comme conséquence du principe d'après lequel le créancier gagiste est tenu de veiller à la conservation de la chose, la loi impose au débiteur l'obligation de lui tenir compte des dépenses *utiles et nécessaires* qu'il a faites pour cette conservation. — Art. 2080, § 2.

147. — Le débiteur devrait l'indemniser de ces dépenses alors même qu'il n'en aurait pas profité, la chose étant venue à périr ultérieurement par cas fortuit. — Merlin, *Rép.*, v° *Gage*, n° 5 *in fine*.

148. — Delvincourt est bien d'avis que le créancier a droit *en cas de perte* au remboursement des dépenses *nécessaires* qu'il a pu faire ; mais il prétend qu'à l'égard des dépenses simplement *utiles*, le créancier ne peut les répéter qu'autant que la chose existe. — Cette distinction n'est pas dans la loi.

149. — Toutefois il importe de faire une distinction entre les dépenses nécessaires et celles qui sont simplement utiles. Ainsi pour les dépenses nécessaires, le débiteur est obligé de les rembourser intégralement au créancier. Il n'est tenu, au contraire, en ce qui concerne les dépenses utiles et d'amélioration que jusqu'à concurrence de la plus-value qu'elles ont donnée à la chose. Au-delà elles ne sont plus utiles. — V. Pothier, n° 61 ; Duranton, t. 18, n° 542 ; Zachariæ, t. 3, p. 173 ; Delvincourt, t. 3, p. 209, note 11.

150. — Si la détention de la chose remise en gage a occasionné des pertes au créancier, le débiteur en est responsable. Il y a lieu de lui appliquer l'art. 1643, C. civ., duquel il résulte que le vendeur est tenu des vices cachés, alors même qu'il ne les a pas connus. — V. Zachariæ, *ubi suprà* ; Delvincourt, *loc. cit.*

151. — Nous avons dit que l'action en restitution de la chose engagée, imprescriptible tant que subsiste le contrat de gage, devient prescriptible par trente ans à partir du jour où le contrat s'est trouvé éteint par le paiement de la dette. M. Duranton (n° 551) enseigne même que la prescription de trente ans contre l'action en restitution courrait du jour de l'exigibilité de la créance, par la raison qu'il n'a tenu qu'au débiteur, en payant à cette époque, de retirer son gage.

152. — Lorsque la chose donnée en gage a été vendue aux enchères, faute de paiement à l'échéance, ou est venue à périr par la négligence du créancier, le droit qui appartient dans ce cas au débiteur de se faire rendre compte ou de réclamer des dommages-intérêts se prescrit également par trente ans, lesquels courent du jour de la vente ou du jour de la perte survenue. — Vazeille, *Des prescriptions*, t. 1er, n° 141.

153. — Enfin dans le compte que le débiteur est autorisé à se faire rendre, lorsque la vente du gage a eu lieu aux enchères, on doit faire déduction des frais de justice faits par le créancier gagiste pour parvenir à la vente, ces frais étant à la charge du débiteur, encore bien qu'assigné à cet effet il ne se soit pas opposé à la vente. — *Bruxelles*, 25 juin 1831, Hul... c. Cop....

Sect. 2e. — *Du gage en matière commerciale.*

154. — En matière commerciale comme en matière civile, le contrat de gage, considéré seulement dans ses rapports avec le débiteur et le créancier et alors même qu'il s'agit d'une valeur excédant 150 francs, n'est assujéti à aucune forme spéciale. L'existence peut en être prouvée tant par témoins que par de simples présomptions. — *Cass.*, 31 mai 1836, Vaissier-Four c. Deleuze ; — Pardessus, *Droit commercial*, n° 485, 5e édit., t. 2, p. 382.

155. — Il a été jugé, spécialement en matière d'opérations de bourse, qu'il n'était pas nécessaire pour la validité de la convention de gage entre les parties qu'elle fût constatée par écrit. — *Paris*, 22 mars 1832, Poisson c. Brun. — V. aussi Pardessus, p. 382.

156. — Ainsi, la remise d'une inscription de rentes à valoir sur le prix d'achat, bien qu'effectuée sans écrit, constitue dans ce cas un nantissement, de telle sorte que l'acheteur ne peut retirer ce gage des mains de l'agent de change qu'en remboursant les sommes dues pour l'opération. — *Paris*, 29 mars 1832, Verrier c. Loubers.

157. — Mais pour que le contrat de gage produise des effets contre les tiers, pour qu'il confère au commerçant nanti du gage un droit de privilége et de préférence, ne faut-il pas, lorsque l'objet donné en gage dépasse la valeur de 150 fr., que ce contrat soit constaté, comme en matière civile, par un acte authentique ou sous-seing privé dûment enregistré ? La difficulté naît de ce que l'art. 2084, C. civ., déclare les art. 2074 et suiv. inapplicables aux matières commerciales. Il s'agit donc de savoir quelle est la portée, l'étendue de cet article.

158. — La jurisprudence et les auteurs ont reconnu que les auteurs du Code civil ont entendu uniquement, dans l'art. 2084, dégager les principes du nantissement en matière civile de tout ce qui pouvait leur être étranger, et renvoyer au Code de commerce pour les règles qui devaient régir le nantissement en matière commerciale ; mais aussi que la loi commerciale ne s'étant point expliquée à cet égard, si ce n'est dans le cas spécial prévu par l'art 93, C. comm., il y a lieu de revenir au droit commun et d'appliquer à tous les autres cas les principes du droit civil. Combien, d'ailleurs, les fraudes ne seraient-elles pas plus faciles en matière commerciale ! — Il ne peut donc y avoir de nantissement valable, même entre commerçans, qu'autant qu'il est constaté dans les formes tracées par les art. 2074 et 2075. — *Cass.*, 5 juill. 1820, Pascal c. Fournier ; 31 mai 1836, Vaissier-Dufour c. Deleuze ; *Douai*, 18 avr. 1837 (t. 1er 1838, p. 117), Masquelier c. Delos ; *Paris*, 15 fév. 1842 (t. 1er 1842, p. 428), Torriani c. Dugoujon ; 21 juin 1842 (t. 2 1842, p. 61), Joly c. Launay et Haulin ; 3 juin 1844 (t. 2 1844, p. 10), Fleury c. Bouchard ; *Aix*, 27 mai 1845 (t. 2 1845, p. 749), Draperron c. Reven ; *Rouen*, 2 déc. 1843 (t. 2 1844, p. 13 ; Leblond c. Soldini ; — Pardessus, p. 391 ; Duranton, t. 18, n° 523. — V. cependant, en sens contraire, *Metz*, 5 fév. 1820, Bridier c. Mather ; *Toulouse*, 8 mai 1835, Saint-Paul et Decap c. Froment.

159. — Il résulte de là : 1° que les syndics d'une faillite sont fondés à critiquer le nantissement, alors même que la date de ce nantissement et la chose qui en était l'objet auraient été reconnues par eux d'après les livres et la correspondance du failli. — *Cass.*, 5 juill. 1820, Pascal c. Fournier.

160. — ... 2° Que la négociation faite, valeur en nantissement, à une maison de commerce, du connaissement de marchandises en cours de navigation, ne suffit pas pour lui conférer privilége à titre de gage, alors que les formalités prescrites par les art. 2074 et suiv. n'ont pas été remplies. — *Rouen*, 29 nov. 1838 (t. 2 1838, p. 577), Sarran, Bazile et Leroun c. J. Laffitte.

161. — ... 3° Que bien que le nantissement soit applicable à une ouverture de crédit, il faut que la limite du crédit soit fixée (la loi exigeant la déclaration de la chose due), et que les crédits supplémentaires, alors même qu'ils auraient été prévus dans l'acte de nantissement, ne peuvent donner lieu au privilége de l'art. 2082, C. civ., s'il n'existe aucun acte régulier déterminant leur limite, ainsi que la nature et l'espèce des choses livrées en supplément de gage. — *Paris*, 3 juin 1844 (t. 2 1844, p. 10), Fleury c. Bouchard.

162. — Ce n'est que sous l'accomplissement de ces formalités que des connaissemens peuvent être valablement donnés en nantissement. — *Bruxelles*, 28 juill. 1831, assurances c. Carasco.

163. — Il en est de même des billets à ordre. — *Paris*, 21 juin 1842 (t. 2 1842, p. 61), Joly c. Launay et Haulin.

164. — Jugé aussi que lorsqu'il est reconnu que l'endossement d'effets de commerce n'a servi qu'à déguiser un nantissement, lequel, par conséquent, n'a pas été revêtu des formalités prescrites par l'art. 2075, C. civ., ce nantissement doit être annulé. — *Rouen*, 2 déc. 1843 (t. 2 1844, p. 13), Leblond c. Soldini.

165. — ... Et il en est de même de tous effets de commerce payables au porteur, encore bien que la propriété de ces effets eût pu être transmise par un simple endossement. — Pardessus, t. 2, p. 395 ; Duranton, t. 18, n° 527.

166. — Il a été décidé, au contraire, que lorsque des actions sur un navire, transmissibles par voie d'endossement, sont remises à titre de gage d'une créance, il n'est pas nécessaire, pour que le créancier acquière privilége, qu'il soit, comme pour les meubles ou marchandises, dressé un acte écrit conforme aux dispositions des art 2074 et 2075, C. civ., et que le créancier est régulièrement saisi par l'endossement de ces actions souscrites à son profit. — *Rouen*, 29 avr. 1837 (t. 2 1837, p. 291), Porte c. Ballot.

167. — Mais jugé encore qu'un transfert en douanes, suffisant pour transporter la propriété, ne transmet point à un créancier la possession de marchandises données en nantissement. — *Aix*, 21 fév. 1840 (t. 1er 1840, p. 622), Lançon c. Lafond.

168. — ... Que l'imprimeur auquel des papiers ont été remis pour l'impression d'un livre, et qui n'a pas rempli les formalités prescrites pour le nantissement, ne peut prétendre, lorsqu'il a livré partie de ces papiers au propriétaire, après les avoir imprimés, exercer, pour ses frais d'impression, le privilége de gagiste sur les papiers blancs restés dans ses magasins. — *Paris*, 24 avr. 1827, Didot c. Dalibon.

169. — Jugé aussi que le propriétaire de marchandises par lui expédiées à un commissionnaire avec les connaissemens nécessaires pour en faire la vente peut, en cas de faillite de ce dernier, revendiquer ces connaissemens contre le tiers qui les a reçus en garantie de son acquisition, si ces connaissemens n'ont point été faits au porteur, ou passés à l'ordre du commissionnaire, et sans que ce tiers puisse s'autoriser de la détention de ces connaissemens pour réclamer les droits de gage et de privilége créés par l'art. 2073, C. civ., s'il n'a point rempli les formalités requises par l'art. 2074. — *Cass. belge*, 4 juin 1833, assurances marit. c. Carasco.

170. — Un nantissement déguisé sous la forme d'une vente devrait également, en matière de commerce, comme en matière civile, être déclaré nul. — *Paris*, 1er mars 1828, Delamarre c. Lainé.

171. — Lorsque, pour garantir son créancier de traites qu'il lui a souscrites, un débiteur lui a fait la remise d'autres traites qu'il a endossées à son profit, une cour a pu décider qu'il y avait là, non un nantissement, mais une véritable transmission de la propriété en cas de non paiement des premières traites; et cela quand bien même le créancier aurait déclaré par écrit que les traites ne lui auraient été remises qu'en nantissement et qu'il les rendrait après le paiement de celles souscrites par le débiteur. — *Cass.*, 17 mars 1829, Laussel c. Peyré.

172. — Toutefois, bien que le principe qui veut que le privilége n'existe sur le gage ou nantissement qu'autant qu'il y a un acte écrit, soit applicable en matière commerciale comme en matière civile, ce principe peut néanmoins en matière commerciale recevoir des modifications. —*Rouen*, 9 juin 1826, Pelletier c. Granché.

173. — Ainsi, l'artisan auquel une marchandise a été confiée afin qu'il lui donne un apprêt ou la perfectionne, peut, s'il n'est pas payé, valablement retenir cette marchandise comme nantissement de la somme qui lui est due; il n'est pas assujéti, pour conserver son privilége, à se conformer à l'art. 2074. — Même arrêt. — V. aussi en ce sens *Angers*, 6 juill. 1826, N... c. N...

174. — Mais le privilége doit être restreint au prix du travail et des soins qu'ont exigés les livraisons dont les marchandises actuellement retenues en gage faisaient partie, sans pouvoir être étendu au prix du travail d'autres marchandises précédemment livrées et que l'artisan aurait entièrement rendues au propriétaire ou fabricant. —*Rouen*, 9 juin 1826, Pelletier c. Granché; *Angers*, 6 juill. 1826, N... c. N...; *Paris*, 24 avr. 1827, Didot c. Dalibon; 31 mai 1827, Laffièche c. Gasse et Rousse; — Troplong, *Des privil. et Hypoth.*, t. 1er, no 178. — V. *contrà Colmar*, 7 mars 1812, Dollfus c. Haberstock; *Rouen*, 18 juin 1825, Langlois-Ferrand c. Cuit.

175. — Dans le cas de faillite et hors l'hypothèse qui précède, il ne suffit pas, pour la validité du nantissement qui a lieu dans les dix jours antérieurs à la cessation de paiement, que les formalités exigées par les art. 2074 et 2075 aient été remplies; il faut de plus que le nantissement ait été constitué au moment même où la dette a été contractée. — *Rouen*, 4 juill. 1842 (t. 2 1842, p. 117), Staub c. Houllier.

176. — Jugé, cependant, que lorsqu'un individu acquitte, sans y être obligé, pour le compte d'une maison de commerce, le montant d'un billet, en vue d'un nantissement qui doit lui être donné, on ne peut, en cas de faillite de la maison de commerce, considérer la dette contractée par elle au profit de celui qui a payé le billet, comme antérieure au nantissement, alors surtout que la remise de ce nantissement a suivi de deux jours seulement le paiement du billet. — Même arrêt.

177. — Mais, encore bien que celui qui a fait une avance de fonds à une maison de commerce ait exigé en échange des traites, protestées plus tard, faute d'acceptation, le nantissement qu'il reçoit ultérieurement comme garantie du reliquat que lui doit la maison de commerce, n'en a pas moins pour cause une créance antérieure à sa constitution, et rentre, dès-lors, dans le cas prévu par le dernier paragraphe de l'art. 446, C. comm. — Même arrêt.

178. — Il a été jugé que sous l'empire du nouveau Code de commerce, un acte de nantissement consenti long-temps avant la mise en faillite du débiteur est valable et saisit le créancier gagiste vis-à-vis de la masse, encore que la signification de cet acte n'ait pas eu lieu antérieurement à la cessation de paiement, si, d'ailleurs, elle a précédé l'époque du jugement déclaratif de la faillite. — *Cass.*, 4 janv. 1847 (t. 1er 1847, p. 227), Maury c. Odon Rech. — V. FAILLITE. — V. au surplus, sur les droits et la position du créancier gagiste en cas de faillite, vo FAILLITE.

179. — Dans le silence de la loi commerciale sur le mode à suivre pour procéder à la vente du gage, et afin de prévenir et d'empêcher les fraudes, on devra encore à cet égard se conformer à l'art. 2078, C. civ., pour l'attribution du gage au créancier, ou pour sa vente aux enchères.

180. — La demande à l'effet d'être autorisé à vendre l'objet donné en gage sera valablement portée devant le tribunal de commerce, alors surtout que le commerçant débiteur est en état de faillite. — *Paris*, 8 juill. 1840 (t. 2 1840, p. 742), Pesme c. Gaillot et Grilliat.

181. — Toutefois, l'art. 2078, C. civ., n'est point applicable à l'égard du créancier nanti qui, postérieurement à l'acte de nantissement, a été constitué par son débiteur procurateur *in rem suam*, à l'effet de vendre les objets du nantissement. — *Rennes*, 29 nov. 1820, Astier c. Rorset et Boudet.

182. — Nous avons dit précédemment que le Code de commerce avait lui-même, dans son art. 93, introduit une exception aux dispositions des art. 2074 et suiv., C. civ. Cette exception est relative au commissionnaire ou consignataire qui a *fait* des avances sur des marchandises à lui expédiées d'une autre place pour être vendues pour le compte d'un commettant. La loi lui donne privilége pour le remboursement de ses avances, intérêts et frais, sur la valeur desdites marchandises, si elles sont à sa disposition, dans ses magasins ou dans un dépôt public, ou si, avant qu'elles soient arrivées, il peut constater par un connaissement ou par une lettre de voiture, l'expédition qui lui en a été faite, sans qu'il soit tenu de remplir les formalités prescrites par les art. 2074 et suiv. — V. sur l'application de cet article vis COMMISSIONNAIRE et CONNAISSEMENT.

V. ASSURANCES TERRESTRES, ABUS DE CONFIANCE, ANTICHRÈSE, CAUTIONNEMENT, COMMISSIONNAIRE, CONNAISSEMENT, CONTRAT PIGNORATIF, FAILLITE, MONT-DE-PIÉTÉ, MAISON DE PRÊT SUR GAGE, PRÉSOMPTION, PREUVE TESTIMONIALE, PRIVILÉGE.

GAGE DE COMBAT OU DE BATAILLE.

1. — Nom donné au gant, gantelet, chaperon ou autre objet analogue que les contendans qui, autrefois, voulaient terminer leur différend par le duel ou par le combat judiciaire, se jetaient l'un à l'autre en signe de défi et ramassaient pour témoigner qu'ils acceptaient ce défi. — Guyot, *Rép.*, vo *Gage*.

2. — « Quand l'appelant, lit-on dans la règle 808, liv. 6, tit 1er, no 20, *Des institutes coutumières de Loysel* (édit. publiée par MM. Dupin et Laboulaye, t. 2, p. 185), ou celui qui accusait avait fait sa plainte en jugement et avait offert le duel, si l'appelé ou l'accusé niait le crime et acceptait l'offre, le juge ordonnait le duel : chacun jetait par terre un gantelet que l'autre levait, et le duel était ainsi accepté. Ces gantelets, ainsi jetés et levés, étaient appelés gages de bataille, et, à l'imitation de ces gages, les procédures en matière civile ont été nommés erremens du plaid, c'est-à-dire gages ou arrhes du plaid. »

3. — Le terme de *gage de bataille* avait même fini par s'entendre du duel même ou combat dont le gage assurait l'événement. — C'est en ce sens que l'on dit que saint Louis défendit, en 1290, les gages de bataille. — *Encyclopédie méthodique* (jurisprudence), vo *Gage*. — C'est encore ainsi qu'après avoir rappelé, dans une ordonnance du mercredi après la Trinité de l'an 1306, la défense qu'il avait précédemment faite de tous *gages de bataille*, le roi Philippe-le Bel ajoute : « Mais, pour oster aux malfaiteurs toute cause de mal faire, nous avons notre deffense dessus dite attrempée par ainsi : que là où il aperra évidemment homicide, trahison ou autre griefve, violence ou maléfice, excepté larrecin, par quoy peine de mort s'en peut ensuivir secrètement ou en repost; si que celuy qui l'auroit fait ne peut être convaincu par témoins, ou autre manière suffisante, nous voulons que, à deffaut d'autre point, celuy ou ceux qui par indices ou présomptions semblables à vérité, pour avoir ce fait, sont de tels faits suspicionez, appelez et citez à gaiges de batailles : et souffrons, quant à ce cas, les gaiges de bataille avoir lieu; et pour ce à celle justice tant seulement, nous attrempons notre deffence dessus dite, ès lieux et ès torres esquels les gaiges de bataille avoient lieu devant notredite deffence... »

4. — Le gage de bataille était un cas de haute justice, et de là vient, dit Eusèbe de Laurière (sur la règle 808e, liv. 6, tit. 1er, *Des institutes coutumières Loysel*), que les seigneurs marquaient leur haute justice, en leur auditoire, par les tableaux ou peintures de champions qui combattaient.

5. — Les art. 3 et 15, ch. 2, ord. de 1306 précitée, voulaient que si après les gages jetés et reçus l'une des parties se désistait ou ne se présentait pas au combat, elle fût tenue pour convaincue, et si (Guyot, *Rép.*, vo *Gage*) les parties s'accommodaient, elles devaient, de part et d'autre, payer une amende au seigneur.

6. — Le combat se terminait par la mort d'un des combattans ou par la mise hors de combat, ou par l'aveu du crime : « Dans l'un et dans l'autre cas, dit de Laurière (*loc. cit.*, règle 817e), le gage de bataille était *outré* (*exécuté*, c'est-à-dire que l'engagement résultant de l'échange des gages était exécuté, rempli). » — Celui des combattans qui était tué était réputé avoir eu tort, et son corps était traîné au gibet (*Formulaire des combats à outrance*), suivant l'ordonnance de 1306, art. 24. — C'est ce que Loysel exprimait d'une manière aussi concise qu'énergique en disant (règle 817e) : « *Le mort a le tort.* »

7. — Le gage de combat se donnait pour le duel comme pour les combats judiciaires; mais, bien que le duel ait survécu à l'abolition de ces derniers, l'usage du gage n'a pas lui-même tardé à disparaître.

V. COMBAT JUDICIAIRE, DUEL, ÉPREUVES JUDICIAIRES.

GAGES DES DOMESTIQUES.

On appelle ainsi le salaire payé aux domestiques pour prix de leurs services. — V. LOUAGE D'INDUSTRIE.

GAGE-MORT.

V. MORT-GAGE.

GAGEURE.

V. PARI.

GAGNAGES.

Ce terme, employé par l'art. 59 de la coutume de Paris, signifie les fruits tenant par la racine aux héritages; quelquefois aussi il signifie récolte. En matière féodale, il désignait les fruits pendans par racines que le seigneur faisait siens par faute d'hommes, droits et devoirs non faits et non payés.

GAIN.

1. — Se dit en général de tout profit que l'on tire de son travail, de son industrie, etc.; il est opposé à *perte*.

2. — Le gain dont le créancier a été privé par suite de l'inexécution d'une obligation est un des élémens des dommages-intérêts qu'il peut réclamer. — C. civ., art. 1149. — V. DOMMAGES-INTÉRÊTS. — V. aussi SOCIÉTÉ.

GAINS NUPTIAUX. — GAINS DE SURVIE.

1. — C'était le nom donné autrefois à des avantages accordés à raison du mariage à l'un ou à l'autre des époux.

2. — Lorsque ces avantages étaient faits sous la condition de la survie de celui des époux qui devait en profiter, on les nommait gains de survie.

3. — Les gains de survie étaient assurés au survivant des époux, soit par la loi ou coutume, soit par leur contrat de mariage. Ils n'étaient pas soumis à la condition de réciprocité.

4. — Dans les pays de droit écrit, où le mot gain de survie était principalement usité, il comprenait l'augment de dot, les bagues et joyaux et les autres avantages dont la femme profitait; il comprenait aussi le contre-augment qui appartenait au mari survivant.

5. — Dans les pays de coutumes, le préciput légal ou conventionnel qui appartenait au survivant des époux, devait être regardé comme constituant un gain de survie.

6. — La coutume de Paris contenait deux dispositions sur le gain de survie. Suivant les art. 230 et 314, lorsque le prédécédé des conjoints avait laissé des enfans, si tous les enfans décédaient sans laisser de descendans, le survivant avait droit de jouir de l'usufruit de la moitié des conquêts qui leur étaient échus par le partage de la communauté. Par son art. 238, la même coutume accordait au

survivant de deux conjoints nobles la faculté de prendre et accepter les meubles étant hors de la ville et faubourgs de Paris, à la charge de payer les dettes, les obsèques et les funérailles du trépassé.

7. — La loi du 17 niv. an II a aboli les coutumes qui de plein droit établissaient des gains de survie au profit des époux; mais elle n'en a pas moins laissé aux époux la faculté de stipuler par contrat de mariage et au profit du survivant tel avantage qu'ils jugeraient convenables.

8. — Le Code civil n'a pas rétabli au profit du survivant des époux aucun de ces avantages acquis en vertu de la seule force de la loi par le fait de la survie. Mais il a maintenu au profit des conjoints la faculté de se conférer par contrat de mariage des avantages qui participent de l'irrévocabilité des conventions dans lesquelles ils sont stipulés. — V. notamment COMMUNAUTÉ, nos 1647 et suiv.

9. — Les conjoints ont aussi durant le mariage la faculté de se conférer des libéralités, mais qui sont alors soumises à la révocation. — V. DONATION ENTRE ÉPOUX.

10. — Ces dernières libéralités sont limitées par les bornes que la loi a apportées à la quotité disponible et par les droits qu'elle a donnés aux héritiers réservataires. — V. QUOTITÉ DISPONIBLE. — Mais on comprend que les mêmes limites ne peuvent être opposées aux gains de survie qui, contenus dans le contrat de mariage, doivent être considérés non comme des libéralités, mais comme des conventions faites à propos du mariage.

11. — Un gain de survie stipulé dans un contrat de mariage ne peut être considéré comme faisant partie de la constitution dotale. En conséquence il est aliénable, et, par suite, sujet à saisie. — *Aix*, 19 janv. 1844 (t. 1er 1844, p. 771), Camet c. Magnand; — Tessier, *De la dot*, t. 1er, p. 15; Rolland de Villargues, *Rép.*, vo *Gain de survie*, no 25; Duranton, t. 15, no 334.

12. — Au surplus, les gains nuptiaux comme les gains de survie sont régis par la loi sous laquelle le mariage a été contracté, et non par la loi en vigueur à l'époque de la dissolution du mariage. — *Trèves*, 3 janv. 1807, Boudot.

13. — Pour les effets de la séparation de corps sur les gains nuptiaux et gains de survie, V. SÉPARATION DE CORPS.

V. CONTRAT DE MARIAGE, COMMUNAUTÉ, DONATION ENTRE ÉPOUX, DOUAIRE, FAILLITE, ENREGISTREMENT, SÉPARATION DE CORPS, SUCCESSION, SURVIE.

GAINIERS (Fabricans).

Gainiers (fabricans) pour leur compte et à façon. — Patentables, les premiers, de septième classe, et les seconds, de huitième classe. Droit fixe réglé sur la population et droit proportionnel du quarantième de la valeur locative de tous les locaux qu'ils occupent, mais seulement dans les communes de 20,000 ames et au-dessus.

GALÈRES, GALÉRIENS.

1. — On employait autrefois le mot *galères* pour désigner une peine afflictive et infamante analogue à celle connue aujourd'hui sous le nom de *travaux forcés*. On appelait *galérien* celui qui était condamné aux *galères*.

2. — A proprement parler, les galères étaient des bâtimens légers à rames et à voiles, qui devinrent, au moyen-âge, le lieu de la détention des forçats du royaume et c'est de là qu'étaient venus les mots *galères*, *galérien*.

3. — Considérées seules, et sans la marque ou flétrissure, les galères ne devaient point être regardées comme une peine corporelle: l'ordonnance de 1670, tit. 26, art. 6, distingue en effet les galères des peines corporelles. — Jousse, *Inst. crim.*, t. 1er, p. 47.

4. — Mais comme ceux qui étaient condamnés aux galères devaient être préalablement fustigés et flétris d'un fer chaud contenant ces trois lettres G A L, afin qu'on pût les connaître, si dans la suite ils étaient accusés de quelques crimes, on peut dire que les galères étaient une peine afflictive et infamante.

5. — Cette peine n'était pas seulement infligée aux forçats, elle l'était encore aux prisonniers, turcs qu'on assimilait aux criminels. Sous le règne de Louis XIV on achetait en secret des esclaves turcs et même hongrois, pour les envoyer sur les galères du roi.

6. — On a comparé la peine des galères à celle des mines chez les Romains; mais cette comparaison ne peut s'appliquer qu'aux galères perpétuelles: la condamnation aux mines ne se prononçait jamais, en effet, pour un temps limité, tandis qu'en France on condamnait aux galères pour un certain nombre d'années. D'ailleurs, aucun texte de loi ne prouve que la peine des galères ait été en usage chez les Romains. — Guyot, *Rép.*, vo *Galères*; *Encycl. méth.*, vo *Galères*.

7. — La première ordonnance qui fasse mention de la peine des galères est celle d'Orléans: « Enjoignons, dit Charles IX, par l'art. 104 de ladite ordonnance, à nos baillis et sénéchaux, leurs lieutenans et officiers, chacun en son endroit, faire commandement à tous ceux qui s'appellent Bohémiens ou Egyptiens, leurs femmes, enfans et autres de leur suite, de vuider dedans deux mois nos royaumes et pays de notre obéissance, à peine des galères et punition corporelle. »

8. — Bientôt après, le même roi, par un édit donné à Marseille au mois de nov. 1564, défendit tant aux cours souveraines qu'à tous autres juges de condamner *dorénavant* aux galères pour un temps moindre de dix années. — Guyot, *loc. cit.*; *Encycl. méth.*, *loc. cit.*

9. — Cette expresssion *dorénavant* indique, contrairement à l'opinion de quelques écrivains, que la peine des galères était appliquée avant l'édit de 1564; on la trouve, du reste, prononcée par plusieurs arrêts antérieurs à cette ordonnance. — V. dans les *Pandectes* de Charondas un arrêt de 1532; dans La Roche-Flavin un arrêt du parlement de Toulouse, 25 janv. 1535; et enfin dans Bouchel, t. 2, p. 154, un arrêt du 22 mai 1544. — *Encycl. méth.*, *Ibid.*

10. — On avait prétendu d'abord que les juges des seigneurs ne pouvaient pas condamner aux galères par le motif que l'exécution de cette peine se faisant hors du territoire des seigneurs, les officiers qui avaient le commandement des galères n'étaient pas tenus d'exécuter une sentence émanant de juges dont ils ne dépendaient en aucune façon. Mais on ne tarda pas à abandonner ce système pour reconnaître que si les juges des seigneurs pouvaient, ce qui n'était pas douteux, condamner à mort, à plus forte raison devaient-ils pouvoir condamner simplement aux galères. — Jousse, *ibid.*, p. 48.

11. — Le clergé ayant voulu obtenir le pouvoir de prononcer cette peine, la chambre ecclésiastique des états de 1614 émit le vœu que, pour contenir les clercs dans le devoir, les juges d'église pussent les condamner aux galères et elle adressa des remontrances dans ce but à Louis XIII, mais elles ne furent pas accueillies et l'on décida que si des juges d'église condamnaient aux galères, il y avait abus. — *Parlem. Paris*, 29 mai 1544; — Guyot, *Ibid.*

12. — Aux termes de l'ordonnance de 1670, la condamnation à la peine des galères était à temps ou à perpétuité. — Tit. 25, art. 13.

13. — Et malgré la disposition ci-dessus relatée de l'édit de 1564, qui fixait le *minimum* de la durée des galères à dix années, on y condamnait souvent pour trois, cinq, six ou neuf ans. — Guyot, *ibid.*; *Encycl. méthod.*, *ibid.*

14. — Les contrebandiers qui ne payaient pas l'amende prononcée contre eux, pouvaient, sur la demande du fermier, être condamnés en cinq années de galères. Toutefois ils ne devaient point être préalablement flétris du fer chaud, et ils pouvaient en tout temps recouvrer leur liberté en payant l'amende. — Guyot, *ibid.*

15. — La peine des galères à perpétuité emportait la mort civile et la confiscation des biens. — Jousse, *Inst. crim.*, t. 1er, p. 47.

16. — Mais il en était autrement lorsque la condamnation n'était prononcée que pour un temps limité. — *Encycl. méthod.*, *ibid.*

17. — Les juges ne devaient point ajouter à la peine des galères, soit à temps, soit à perpétuité, la condamnation à l'amende que l'on prononçait dans toutes les autres condamnations à une peine afflictive. — *Parlem. Paris*, 4, 12 et 16 avr. 1676; — Jousse, *ibid.*, p. 49.

18. — Une partie civile n'avait pas le droit de retenir en prison pour les dommages-intérêts qui lui avaient été alloués celui qui était condamné aux galères soit à temps, soit à perpétuité. — Jousse, *ibid.*, p. 49. — Mais elle pouvait le faire emprisonner après l'expiration de sa peine si elle avait obtenu la contrainte par corps. — *Parlem. Aix*, 30 mai 1673.

19. — Les accusés qui méritaient la peine des galères, mais qui étaient estropiés, manchots ou aveugles, ou qui étaient hors d'état de servir, n'en devaient pas moins être condamnés aux galères; et conduits avec leur chaîne au lieu de leur destination où l'on visitait les galériens. Si on les trouvait impropres au service, on les renfermait dans des hôpitaux spéciaux. — Edit. du mois d'août 1685.

20. — Cependant, d'après Jousse (*ibid*, p. 48), en cas d'infirmité des condamnés les cours étaient dans l'usage de commuer la peine des galères en celle du bannissement.

21. — Quant à ceux qui se mutilaient eux-mêmes pour être incapables de servir, ils étaient punis de mort. — Décl. 4 sept. 1677.

22. — Les femmes, à raison de la faiblesse de leur constitution, n'étaient jamais condamnées aux galères; on substituait à cette peine celle de la réclusion dans une maison de force à temps où à perpétuité, et on les flétrissait de la lettre V au lieu des lettres G A L.

23. — Passé l'âge de soixante-dix ans, les condamnés n'étaient plus envoyés aux galères, ils étaient renfermés pendant neuf années dans l'hôpital le plus prochain, et, en cas de récidive, à perpétuité. — Décl. 3 août 1764; — *Encycl. méth.*, *ibid.*

24. — Après leur condamnation, les galériens étaient enfermés jusqu'à leur départ; ensuite, on leur passait au cou un anneau de fer d'où pendait une chaîne au bout de laquelle était un autre anneau qui était attaché au bas d'une de leurs jambes; du milieu de ces liens sortait une autre chaîne avec un anneau à l'extrémité, qui était attaché au poignet opposé. Les galériens ainsi enchaînés étaient conduits jusqu'au port auquel ils étaient destinés. — *Encycl. méth.*, *ibid.*

25. — A leur arrivée au port, ils étaient visités avec soin, pour reconnaître s'ils étaient propres au service des galères.

26. — Ceux qui étaient reconnus valides, étaient placés dans la partie du bâtiment appelé *chiourme*. Chaque galère en contenait cent huit qui étaient enchaînés sur vingt-six bancs, dans un espace d'environ cent pieds. Ils couchaient la nuit sur ces bancs qui, le jour, leur servaient de siége et d'appui.

27. — La *chiourme* était surveillée par un chef ou *argousin* et dix *compagnons* ou gardiens, qui exerçaient sur les galériens un pouvoir brutal.

28. — Mal nourris et mal vêtus, ils ne pouvaient jamais quitter la place où ils étaient enchaînés; leur position était horrible. — Eugène Sue, *Hist. de la marine franç.*, t. 4, p. 420.

29. — L'art. 200 de l'ordonnance de Blois portait qu'il ne serait accordé aucun rappel de ban ou de galères à ceux qui auraient été condamnés par arrêt de cour souveraine. — Guyot, *ibid.*

30. — L'ordonnance de 1670, tit. 16, art. 51, voulait que les lettres de rappel de galères ne pussent être scellées qu'à la grande chancellerie. On les adressait aux juges naturels du condamné, l'arrêt ou jugement de condamnation était attaché sous ces lettres, et enfin ces lettres devaient être entérinées sans examiner les charges et informations. — Guyot, *ibid.*

31. — Il était interdit aux capitaines des galères ou à leurs lieutenans de retenir ceux qui y étaient conduits outre le temps porté par les arrêts ou sentences de condamnation, sous peine de privation de leur état. — Guyot, *ibid.*

32. — Les galériens ne pouvaient, à l'expiration de leur peine, sous aucun prétexte, ni en aucun temps, pas même à la suite de la cour, se retirer dans la ville, les faubourgs ou la banlieue de Paris. — Décl. 5 juill. 1722; 5 fév. 1731 et 8 janv. 1759. — Guyot, *ibid.*

33. — La peine des galères fit place en 1791 à celle des fers qui, elle-même, fut remplacée en 1810 par celle des travaux forcés.

V. BAGNE, FERS, TRAVAUX FORCÉS.

GALETTES, GAUFRES, BRIOCHES ET GATEAUX (Marchans de).

Marchands de galettes, gaufres, brioches et gâteaux, en boutique: patentables de septième classe; droit fixe basé sur la population, et droit proportionnel du quarantième de la valeur locative de tous les locaux qu'ils occupent, mais seulement dans les communes de 20,000 ames et au-dessus. — V. PATENTE.

GALIPOTS (Travail en grand des).

Etablissemens consacrés au travail en grand des galipots ou résine du pin, soit pour la fonte ou l'épuration de ces matières, soit pour en extraire la térébenthine. — Danger du feu et odeur très désagréable; première classe des établissemens insalubres. — V. ÉTABLISSEMENS INSALUBRES (nomenclature).

GALOCHIERS.

Patentables de septième classe, droit fixe basé sur la population, et droit proportionnel du quarantième de la valeur locative de tous les locaux qu'ils occupent, mais seulement dans les communes de 20,000 ames et au-dessus.—V. PATENTE.

GALONS ET TISSUS D'OR ET D'ARGENT (Brûleries en grand des).

Mauvaise odeur. — Deuxième classe des établissemens insalubres. — V. ÉTABLISSEMENS INSALUBRES (nomenclature).

GALONNIERS (Marchands et fabricans).

Galonniers (fabricans) pour leur compte et à façon : patentables, les premiers de septième classe, et les derniers de huitième classe; — droit fixe basé sur la population et droit proportionnel du quarantième de la valeur locative de tous les locaux qu'ils occupent, mais seulement dans les communes de 20,000 ames et au-dessus.—V. PATENTE.

Les marchands galonniers sont rangés dans la cinquième classe; — droit fixe, et droit proportionnel du vingtième de la valeur locative de l'habitation et des lieux servant à l'exercice de la profession. — PATENTE.

GANTIERS (Marchans, fabricans).

Gantiers (fabricans et marchands) : patentables, les premiers de troisième classe, et les seconds de cinquième classe; — droit fixe, basé sur la population, et droit proportionnel du vingtième de la valeur locative de l'habitation et des lieux servant à l'exercice de la profession. — V. PATENTE.

GARANTIE.

Table alphabétique.

Acquéreur, 11, 107, 147, 166.
Acquiescement, 45. — au jugement, 151. — tacite au jugement, 158 s.
Acte d'appel, 51. — d'appel (nullité), 43. — d'avoué, 209. — de commerce, 194, 197, 202. — de vente, 148.
Action distincte, 14. — hypothécaire, 5. — en délaissement, 169. — en dommages intérêts, 25 s., 54.
Adjudicataire, 36.
Administrateur, 85.
Affaire sommaire, 97.
Ajournement, 65.
Amende, 42.
Appel, 28, 96, 150. — (délai de l'), 156. — (effets de l'), 157. — (nullité de l'), 158. — (recevabilité de l'), 167. — incident, 154, 159. — tardif, 153.
Assignation, 154.
Assistance de cause, 54, 103, 112. — volontaire, 116.
Avantages matrimoniaux, 102.
Bœuf, 197.
Bonne foi, 138.
Cassation (demandeur en), 169. — (pourvoi en), 168.
Cause privilégiée, 84 s.
Caution, 141, 192, 203. — de la garantie, 32.
Cédant, 34.
Cédule, 175.
Cessionnaire, 34, 141.
Cheval, 202.
Chose jugée, 171.
Citation, 173. — (délai pour la), 178, — libellée, 175 — nouvelle, 178.
Commerçant, 194.
Commissionnaire, 193.
Compétence, 8, 175, 185 s., 191. — spéciale, 42, 51. — territoriale, 195. — d'attribution, 195.
Conclusions prises, 128, 132.
Connexité, 65.
Contestation en cause, 104.
Contrainte par corps, 148.
Contrariété de jugemens, 9.
Contre-sommation, 75.
Cour royale, 28.
Créance, 34.
Crédit ouvert, 192.
Débiteur pur et simple, 101. — à terme, 101.
Décès de l'avoué, 126. — du garant, 126.
Déchéance, 169, 171.
Déclaration affirmative, 101, — à l'audience, 209. — par acte d'avoué, 89.
Déclinatoire, 61.
Défaut-profit-joint, 92.
Défendeur, 7.
Degrés de juridiction, 28 s., 42.
Déguerpissement, 166.
Délai, 67 s., 84, 97, 173, 181 s., 208. — (point de départ du), 71. — expiré, 70, 78. — unique, 68. — de distance, 73, 183. — pour faire inventaire et délibérer, 81, 83.
Délaissement, 138, 143, 160.
Demande nouvelle, 29, 37, 135. — principale, 125. — tardive, 56. — en état, 79, 123. — en éviction, 147. — en intervention, 35.
Demandeur, 7.
Démission, 126.
Dépens, 109, 136, 140 s., 144, 146, 148 s. — compensés, 142.
Destitution de l'avoué, 126.
Disjonction de causes, 127, 129.
Dol, 207.
Dommages-intérêts, 42, 46, 109, 136, 144, 149, 207.
Droit personnel, 102. — de mettre garant en cause, 7.
Effet de commerce, 199.
Emprunteur, 15.
Endosseur, 199, 206.
Etablissemens publics, 85.
Eviction, 5, 102.
Exception dilatoire, 2, 66.
Exécution d'arrêt, 91.
Fait et cause, 103, 105.
Femme mariée, 102, 165. — séparée de corps, 164.
Frais civils, 201.
Fraude, 207.
Garant, 61, 82. — distrait de ses juges naturels, 59. — formel, 136. — simple, 142.
Garanti, 144.
Garantie déniée, 57 s. — formelle, 5, 103. — réservée, 133. — simple, 4, 121, 139.
Hospices, 85.
Huissier, 26, 42, 47 s., 51, 207.
Incident, 2.
Incompétence *ratione materiæ*, 10, 19, 59 s., 196. — *ratione personæ*, 60 s.
Indemnité, 139.
Inscription de faux, 56.
Insolvabilité du garant, 110, 136, 149.
Instance d'appel, 37. — d'ordre, 12. — sur l'appel, 32.
Interdiction de l'avoué, 126.
Intérêts, 139.
Intervention, 93, 114, 121.
Jonction de demandes, 80.
Juges naturels, 9 s., 187.
Jugement (exécution du), 136, 139. — (signification de), 151, 159. — définitif, 176. — interlocutoire, 96, 176. — premier, 104. — préparatoire, 176. — séparé, 125, 127, 174. — de jonction, 96. — de mise en cause, 16, 175, 178. — de remise, 119. — par défaut, 92, 189. — sur le tout, 128.
Justice de paix, 172.
Lettre de change, 204, 206.
Loi de 1790, 175.
Mandant, 15.
Mandataire, 160.
Marchandises, 193.
Mari, 164.
Métayer, 197.
Minorité, 84.
Mise en cause, 78, 155, 173 s., 181.
Mise hors de cause, 103, 119, 146.
Non commerçant, 194, 201, 203.
Notaire, 161.
Nullité couverte, 38, 45.
Obligation commerciale, 203.
Officier ministériel, 199.
Opposition du garant, 94 s.
Ordonnance de 1667, 6, 86.
Ordre, 164.
Partie au procès, 30.
Pétitoire, 166.
Plaidoirie au fond, 39.
Plusieurs garans, 68, 139.
Possessoire, 134, 166.
Poursuivant, 36.
Préliminaire de conciliation, 63.
Premiers juges, 31.
Premier jugement, 118.
Prêteur, 15.
Principal, 130.
Procédure, 2.
Prorogation de délai, 82 s.
Protêt, 199. — (nullité du), 207.
Règles spéciales, 17.
Remise de cause, 90 s.
Renonciation à l'action en sous-garantie, 77.
Renvoi, 14, 16, 70. — d'office, 41.
Requête motivée, 98. — en réponse, 99.
Responsabilité, 13.
Restitution, 42. — de sommes, 163.
Revente, 197.
Saisie-arrêt, 101.
Servitude, 107.
Signification, 136. — tardive, 44. — à avoué, 91. — d'acte, 115.
Sous-garant, 78, 82, 180.
Surenchère, 11.
Testament, 133, 161.
Tierce-opposition, 34, 36, 134.
Tiré, 206.
Tireur, 206.
Titre, 13, 138.
Tribunal de commerce, 20, 190.
Vendeur, 11, 167, 107, 166.
Vente, 202.

GARANTIE. — 1. — La garantie est l'obligation de faire jouir quelqu'un d'une chose ou d'un droit, et de l'indemniser de la perte qu'il éprouverait de cette chose ou de ce droit.

2. — L'une des exceptions dilatoires dont s'occupe le Code de procédure est celle que propose le défendeur lorsqu'il prétend avoir pour garant un tiers qu'il lui importe de mettre en cause. Les art. 175 à 185 de ce Code tracent quelques règles de procédure qui doivent être suivies lorsqu'un incident de cette nature est soulevé. C'est de cette procédure seulement qu'il est question dans cet article.

3. — La garantie se divise en garantie formelle et garantie simple.

4. — La garantie simple est celle qui est due à celui qui s'est mis dans le cas d'être poursuivi pour la dette d'un autre. — Carré, *loc. cit.*; Bioche, *Dict. de procéd.*, v° *Garantie*, n° 2.

5. — La garantie formelle est celle qui est due à tout acquéreur par son vendeur à raison de l'éviction que le premier pourrait souffrir, ou de l'action hypothécaire qui serait exercée sur la chose vendue. — Carré, *Lois de la procéd.*, sur l'art. 175, n° 133.

6. — L'exception de garantie, comme la plupart des autres matières de procédure, était régie, avant le Code de procédure, par l'ordonnance de 1667. — V. le tit. 5 de cette ordonn. — Nous indiquerons dans le cours de cet article quelles innovations ont été apportées par ce Code à l'ordonnance sous ce rapport.

7. — Le droit de mettre un garant en cause appartient aussi bien au demandeur qu'au défendeur. — *Cass.*, 2 mars 1846 (t. 1er 1846, p. 683). Thifaine Desauneaux c. de Rochefort.

SECT. 1re. — *De la garantie devant les tribunaux civils* (n° 8).

§ 1er. — *Compétence* (n° 8).

§ 2. — *Procédure jusqu'au jugement définitif* (n° 64).

§ 3. — *Du jugement et de ses suites* (n° 123).

SECT. 2e. — *De la garantie devant les justices de paix* (n° 172).

SECT. 3e. — *De la garantie devant les tribunaux de commerce* (n° 190).

—

Sect. 1re. — *De la garantie devant les tribunaux civils.*

§ 1er. — *Compétence.*

8. — Aux termes de l'art. 181, C. procéd., ceux qui sont assignés en garantie sont tenus de procéder devant les tribunaux où la demande originaire est pendante.

9. — Cette disposition a pour but d'éviter la contrariété de jugemens dans la même affaire. On a pensé, avec raison, qu'il valait mieux distraire l'appelé en garantie de ses juges naturels que de faire porter successivement la même question devant deux tribunaux différens qui pourraient la résoudre en sens opposé.

10. — Ce principe est général et ne souffre exception que dans le cas où le tribunal saisi de la demande principale est incompétent, *ratione materiæ*, pour statuer à l'égard du garant, ou bien lorsqu'il paraît par écrit, ou par l'évidence du fait, que la demande originaire n'a été formée que pour traduire le garant hors de son tribunal.

11. — En conséquence, la demande en garantie formée contre le vendeur par l'acquéreur en raison du trouble résultant de la surenchère est valablement portée devant le tribunal saisi de la validité de cette surenchère. — *Paris*, 30 août 1844 (t. 1er 1845, p. 150), de la Brillantais c. Pleyel.

12. — La demande en garantie doit être portée devant le juge saisi de l'action principale, encore bien que cette demande se produise dans une instance d'ordre : la loi ne fait aucune exception à cet égard. — *Bourges*, 20 nov. 1844 (t. 1er 1846, p. 623), Mutel c. Garilland.

13. — Toute demande en garantie, lors même qu'elle n'est fondée que sur un fait de responsabilité, et non sur un titre positif, doit être suivie devant le tribunal où la demande originaire est pendante. — *Grenoble*, 4 déc. 1824, Croisel c. Buffelon.

14. — Mais, lorsque, indépendamment de la demande en garantie, le défendeur originaire forme contre le prétendu garant une autre action principale absolument étrangère à la première, celui-ci est fondé à demander son renvoi devant les juges qui doivent connaître de cette dernière action. — *Bordeaux*, 30 mai 1829, Renateau c. Dupas.

15. — Le mandant à l'effet de prêter doit être considéré comme garant, et peut en conséquence être appelé devant le juge saisi de la demande formée contre l'emprunteur. — *Paris*, 12 fév. 1814, Bourrut c. Joinville.

16. — Le garant, mis en cause en vertu d'un jugement qui condamne le garanti, ne peut demander son renvoi devant ses juges naturels qu'en attaquant le jugement qui ordonne sa mise en cause. — *Rennes*, 27 fév. 1812, Carlay c. Letore.

17. — Toutefois, de ce que l'appelé en garantie est tenu de procéder devant le tribunal où la demande principale est pendante, il ne s'ensuit pas qu'il soit forcément soumis aux règles exceptionnelles qui peuvent régir cette demande touchant le fonds du droit — *Orléans*, 30 sept. 1832, Texier c. Bidault et Ernoult.

18. — Comme on l'a vu plus haut, le garant assigné devant le tribunal saisi de l'affaire principale peut demander et doit obtenir son renvoi lorsqu'il justifie que, s'il avait été assigné isolément, il aurait été justiciable d'un tribunal d'un ordre différent.

19. — Le désir d'éviter la contrariété des décisions et d'économiser les frais peut bien, en effet, faire fléchir les règles de compétence relative, mais il ne saurait modifier celles de la compétence absolue et faire attribuer à un tribunal la connaissance d'une nature de contestation pour laquelle il n'a pas juridiction.

20. — En conséquence, un individu qui n'a pas fait personnellement acte de commerce ne peut pas être appelé en garantie devant un tribunal de commerce, quoique ce tribunal soit saisi d'une demande principale introduite entre deux commerçans.

21. — C'est à tort que la cour de Colmar a décidé que la disposition de l'art. 181, C. procéd., est absolue, et que le garant est tenu de procéder devant le tribunal saisi de la demande principale si elle est sérieuse, lors même qu'à son égard il y

a incompétence à raison de la matière. — *Colmar*, 19 août 1844 et 10 fév. 1845 (t. 1er 1845, p. 553), préfet du Haut-Rhin c. Gautier et Garissey.

22. — La cour de Besançon a également jugé que le tribunal saisi de la demande en dommages-intérêts formée pour dégradations par le propriétaire contre les héritiers de l'usufruitier est compétent pour connaître de l'action en garantie dirigée par ceux-ci contre le fermier, alors même que cette action eût dû, si elle eût été intentée par voie de demande principale, être portée devant le juge de paix. — *Besançon*, 16 janv. 1845 (t. 1er 1846, p. 348), Rigoulot c. Callier.

23. — Mais il est à remarquer qu'il s'agissait, dans ce cas, d'étendre la compétence d'un tribunal civil de première instance qui est réputé avoir, en principe, la plénitude de juridiction.

24. — L'art. 9, L. 21 vent. an VII, relatif à la responsabilité des conservateurs des hypothèques et aux actions qui peuvent être dirigées contre eux, porte : « Les préposés à la conservation des hypothèques auront domicile dans le bureau où ils rempliront leurs fonctions, pour les actions auxquelles leur responsabilité pourrait donner lieu. Ce domicile est de droit : il durera aussi long-temps que la responsabilité des préposés ; toutes poursuites à cet égard pourront y être dirigées contre eux, quand même ils seraient sortis de place, ou contre leurs ayant-cause.

25. — La cour de Paris en a conclu qu'un conservateur des hypothèques n'est tenu de répondre des faits de sa gestion que devant le juge de l'arrondissement de son bureau, et qu'il n'en peut être distrait, sous prétexte d'une action en garantie qui n'est contre lui qu'une action principale en dommages-intérêts. — *Paris*, 28 mars 1814, de Jonsac c. Lecordier. — V. conf. Troplong, *Comment. sur les hypothèques*, t. 4, no 1003. — Mais cette opinion est combattue par MM. Carré et Chauveau, quest. 771 *bis*.

26. — Quoi qu'il en soit et quelque parti qu'on embrasse sur cette difficulté, il faut décider que l'action en dommages-intérêts dirigée contre un huissier à raison du retard apporté par lui dans la signification d'un transport ne peut pas être portée devant un autre tribunal que celui de sa résidence, bien qu'elle ait été formée par voie de garantie, et incidemment à une demande principale pendante entre le cédant et le cessionnaire. — *Paris*, 30 mai 1842 (t. 1er 1844, p. 646), Fleschelle c. Treifouse. — L'art. 73, décr. 14 juin 1813, dispose, en effet, d'une manière formelle et par des motifs d'ordre public, que toutes les actions en responsabilité dirigées contre les huissiers doivent être formées devant le tribunal de leur résidence. — V. HUISSIER.

27. — La cour royale de Bordeaux a également jugé, par un argument analogue tiré de l'art. 53, L. 25 août an XI, que l'action en garantie dirigée contre un notaire, à raison de la nullité d'un acte par lui reçu, doit être portée devant le tribunal du domicile du notaire et non devant le tribunal saisi de la demande en nullité de l'acte. — *Bordeaux*, 27 juin 1839 (t. 2 1839, p. 577), Merlin-Lacombe c. Thoureau. — V. NOTAIRE.

28. — La doctrine et la jurisprudence paraissent s'être accordées, après quelques hésitations, pour décider qu'une demande en garantie ne peut être formée pour la première fois devant une cour d'appel. — Merlin, *Rép.*, t. 5, p. 466, et *Quest. de droit*, t. 3, p. 282 ; Thomine-Desmazures, t. 1er, p. 337 ; Boncenne, t. 3, p. 405 ; Carré et Chauveau, t. 2, quest. 778 ; Favard, t. 2, p. 466 ; Lepage, p. 168 ; Pigeau, *Comment.*, t. 1er, p. 405 ; Bioche, no 62.

29. — En effet une cour royale ne saurait statuer sur les actions en garantie portées devant elle *de plano* sans violer la règle fondamentale des deux degrés de juridiction. — *Cass.*, 24 juin 1845 (t. 2 1845, p. 529), Albessart c. Borel. — V. DEGRÉS DE JURIDICTION, no 30, DEMANDE NOUVELLE, nos 345 et suiv. — *Cass.*, 12 nov. 1834, Remy c. Lambert ; *Paris*, 2 déc. 1813, Quenaud c. Chevalier ; *Cass.*, 31 janv. 1831, Dijonnel c. N... ; 18 fév. 1834, Caillot et Camion c. Jullion ; *Bordeaux*, 26 juin 1840 (t. 1er 1840, p. 489), Esbin c. Meunier et Bertin ; 1er mars 1826, Versaveau c. Brouillet.

30. — Une demande en garantie qui n'a pas été formée en première instance ne peut être soumise à la cour, quoique le prétendu garant fût partie au procès devant les premiers juges. — *Paris*, 7 fév. 1824, Marchais-Dussablon c. Delassaigne. — V. DEMANDE NOUVELLE, nos 347 et suiv.

31. — Jugé d'une manière moins absolue qu'une demande en garantie ne peut pas être formée pour la première fois sur l'appel lorsque d'ailleurs le recours aux premiers juges est encore possible. — *Cass.*, 27 fév. 1821, Saint-franque c. de Gestas.

32. — Le principe qu'on ne peut former une demande en garantie pour la première fois en cour d'appel fléchit cependant dans certains cas, notamment lorsque la cause du recours en garantie n'est née que depuis le commencement de l'instance sur l'appel. — V. Chauveau sur Carré, t. 2, quest. 771 *bis*, § 3, qui cite quelques espèces.

33. — Jugé, dans ce sens, qu'une demande en garantie est valablement formée pour la première fois devant la cour d'appel, si le fait qui donne lieu à la garantie prend naissance pendant le cours même du débat devant la cour, et n'est que la conséquence des dispositions infirmatives de son arrêt. — *Paris*, 15 janv. 1831, Baruchwell c. Mercey et Bailly.

34. — ... Que le cessionnaire d'une créance peut, sur l'appel, exercer une demande en garantie contre son cédant, dans le cas où le montant de cette créance aurait été réduit, parce que celui-ci aurait droit de former tierce-opposition à l'arrêt qui serait intervenu. — *Besançon*, 10 janv. 1820, N...

35. — ... Qu'une demande en intervention contre un garant ne peut être intentée *de plano* en appel qu'autant que la cause de la garantie serait postérieure au jugement de première instance. — *Toulouse*, 9 mai 1820, N...

36. — ... Que le poursuivant mis en cause sur l'appel et contre lequel l'adjudicataire prend des conclusions en garantie ne peut prétendre que la tierce-opposition lui est étrangère, que la demande en garantie est principale, et doit comme telle subir les deux degrés de juridiction ; qu'une semblable demande en garantie doit être accueillie par les tribunaux. — *Colmar*, 16 janv. 1817, Lincourt c. Ott et Rausch.

37. — La cour suprême a décidé également, avant le Code de procédure, que la demande en garantie incidemment formée pendant l'instance d'appel sur une requête civile, doit être portée directement devant les juges chargés de prononcer sur le rescisoire. — *Cass.*, 4 vent. an XI, Vialleau c. Blandel. — V. DEMANDE NOUVELLE, nos 354 et suiv.

38. — Dans tous les cas, la nullité résultant de ce que la demande en garantie n'a pas subi les deux degrés de juridiction peut être couverte par le consentement du garant. — Chauveau, quest. 773 *bis*.

39. — Celui qui a été appelé en garantie dans une contestation dont les juges d'appel étaient légalement saisis n'est pas recevable à se plaindre de ce que le premier degré de juridiction a été franchi à son préjudice, lorsqu'au lieu d'exciper de cette omission il a plaidé sur le fond. — *Cass.*, 16 juin 1824, Pasteur d'Etreillis c. Choisnard.

40. — Boncenne (t. 3, p. 402) est d'avis cependant que le silence ou l'adhésion du garant qui serait traduit devant une cour royale, *omisso medio*, ne couvrirait pas le vice résultant de l'incompétence de la cour, parce que cette incompétence est radicale et absolue.

41. — On peut invoquer à l'appui de cette opinion un arrêt de la cour de Cassation du 11 fév. 1819 (Sellier c. Heydet et Crave), qui décide que les juges d'appel peuvent, d'*office*, renvoyer devant les juges de première instance une demande en garantie qui n'a pas subi le premier degré de juridiction.

42. — Aux termes du décret du 14 juin 1813, art. 73, les huissiers, comme on l'a vu *suprà* no 26, ne peuvent être condamnés à l'amende, à la restitution et aux dommages-intérêts pour des faits relatifs à leurs fonctions que par le tribunal de première instance du lieu de leur résidence. — Il y a donc pour ces officiers ministériels une raison particulière de déclarer nuls les recours en garantie qui seraient formés contre eux *de plano* devant une cour royale.

43. — Décidé en conséquence que la cour royale est incompétente pour statuer sur l'action en garantie dirigée contre l'huissier dont l'exploit d'appel a été annulé pour un vice de forme, encore bien qu'il ait figuré dans l'instance pour soutenir la régularisation de son exploit. — *Bourges*, 22 déc. 1828, Robin c. Binet.

44. — ... L'action en dommages-intérêts dirigée contre un huissier à raison du retard apporté par lui dans la signification d'un transport doit être portée devant le tribunal de sa résidence, bien qu'elle ait été formée par voie de garantie, et incidemment à une demande principale pendante devant un autre tribunal entre le cédant et le cessionnaire. — *Paris*, 30 mai 1842 (t. 1er 1844, p. 646), Fleschelle c. Treifouse ; — Bioche, *Dict. de procéd.*, vo *Responsabilité*, no 82.

45. — Cependant, lorsqu'un huissier qui a notifié un acte d'appel argué de nullité a été appelé en garantie devant la cour d'appel, cette cour est compétente pour statuer sur la demande en garantie, si l'huissier n'a point réclamé son renvoi devant le tribunal de première instance du lieu de sa résidence. — *Cass.*, 20 juill. 1830, Baudiot c. Lesnoyer.

46. — Dans ce cas, l'arrêt qui condamne l'huissier à garantir l'appelant *des suites de l'exécution du jugement contre lequel l'appel était dirigé* ne préjuge rien sur le montant des dommages-intérêts ; il laisse à la justice l'appréciation du dommage, s'il existe, et à l'huissier tous les moyens de défense personnelle. — Même arrêt.

47. — Le saisi ne peut, en appel, demander des dommages-intérêts contre l'huissier intervenu devant les premiers juges, parce que des meubles non compris dans la saisie auraient été vendus, lorsqu'il s'est borné en première instance à en demander contre le saisissant. — *Rennes*, 21 avr. 1820, Legrand c. Auvinet.

48. — Celui qui a donné un mandat à un huissier de poursuivre le recouvrement d'une somme, ne peut, sur l'appel du jugement qui a déclaré valable le paiement fait à l'huissier, conclure, *de plano* devant la cour, par voie subsidiaire, à ce qu'il lui soit accordé un recours contre son mandataire. — *Bordeaux*, 19 fév. 1839 (t. 2 1839, p. 115), Joly c. Bidauchon.

49. — C'est à tort que la cour de Rennes a jugé sans distinction que l'huissier qui a commis une nullité dans un exploit d'appel peut être appelé en garantie *de plano* devant la cour royale. — *Rennes*, 20 fév. 1828, Philippe c. Crechiron. — V. cependant conf. *Bourges*, 1er avr. 1816, Bourbon c. Sime ; *Riom*, 17 mai 1820, Gagnon c. Viennoy ; *Bastia*, 31 mars 1835, Tomasi c. Vincenti et Mosca.

50. — On ne saurait approuver davantage un arrêt de la cour de Grenoble qui juge que la cour, en annulant un acte d'appel, est compétente pour prononcer des condamnations contre l'huissier qui a donné l'exploit. — *Grenoble*, 12 janv. 1829, Boulat c. Tourrette et Ville. — V. sur cet arrêt Chauveau sur Carré, t. 2, quest. 771 bis, § 4. — La même cour a reproduit cette doctrine dans un arrêt du 14 déc. 1832, Oriol c. Ferrot et Eynard.

51. — L'application de l'art. 73 du décret de 1813 conduit à une conséquence singulière lorsqu'il s'agit de la responsabilité d'un huissier à raison d'un acte d'appel signifié par lui, en ce que le tribunal de première instance étant seul compétent pour condamner l'officier ministériel, c'est ce tribunal qui sera juge de la validité d'un acte dirigé contre le jugement qu'il a rendu.

52. — Dans ce cas, voici quelle est la marche que Boncenne (*loc. cit.*) conseille de suivre. « Vous assignerez cet officier ministériel, dit-il, à comparaître devant la cour, non pour le faire immédiatement condamner à vous payer des dommages-intérêts au cas où la nullité serait admise, mais pour assister dans la cause, pour défendre la forme de son exploit, pour qu'il ne vienne pas vous objecter en définitive qu'à tort vous vous étiez chargé seul de ce soin, que vous vous en êtes mal acquitté ; vous conclurez aussi à ce que la cour veuille bien déclarer que le jugement dont vous aviez interjeté appel aurait été réformé si cet appel eût été régulier, et vous demanderez acte de la réserve de tous vos droits et actions de garantie, à raison de la nullité, pour les exercer devant les juges compétens. »

53. — M. Chauveau (sur Carré, t. 2, quest. 771 *bis*, § 1er) critique vivement l'expédient proposé par Boncenne, et il fait observer que la justice est appelée à rendre des décisions et non à faire de simples déclarations ; que, dès-lors, dans l'espèce, on ne saurait prendre valablement des conclusions dont le seul but serait de solliciter un arrêt qui n'aurait à l'égard de l'huissier que la valeur d'une consultation.

54. — Le système de Boncenne, malgré ses difficultés très réelles d'application, paraît cependant avoir été adopté par un arrêt de la cour de Riom, qui a jugé que l'huissier qui a signifié un acte d'appel peut être assigné en assistance de cause devant la cour royale, dans l'instance y pendante sur la nullité de l'exploit, mais qu'il ne peut être assigné en dommages-intérêts que devant le tribunal de son domicile. — *Riom*, 6 déc. 1830, Jurée c. Mencier.

55. — Jugé, par application du décret de 1813, que le demandeur en cassation menacé de déchéance par suite de la nullité de la signification de l'arrêt qui admet son pourvoi, ne peut porter devant la cour de Cassation son action en garantie contre l'huissier qui a fait la signification ; qu'il doit former sa demande devant les tribunaux ordinaires. — *Cass.*, 8 nov. 1820, Paris c. Chamois et Roze.

56. — En cas d'inscription de faux incident contre un acte d'appel, la demande en garantie formée contre l'huissier qui a signifié l'exploit est non recevable comme tardive si elle a été formée après deux arrêts dont l'un a admis l'inscription

de faux et l'autre déclaré les faits pertinens et admissibles, sauf au garanti à agir contre l'huissier par action principale. — *Cass.*, 2 avr. 1828, Mourgues c. Théron.

57. — L'appelé en garantie ne saurait décliner la compétence du tribunal saisi de l'instance principale par cela seul qu'il dénierait être garant. — C. procéd., art. 181. — S'il en était autrement, on conçoit, en effet, qu'il dépendrait du garant de se soustraire à son gré à la juridiction que la loi a voulu lui imposer.

58. — Les cas où la garantie est ordinairement déniée, dit Carré (sur l'art. 181, à la note), sont les suivans : 1° quand celui que l'on appelle en garantie n'est pas la personne qui a vendu au défendeur originaire; — 2° quand il n'est pas, comme le prétendrait celui-ci, héritier de celui qui a vendu, soit qu'il ne l'ait jamais été, soit qu'il ait renoncé à la succession; — 3° quand il a fait à celui qui veut l'appeler donation du fonds pour lequel ce dernier est inquiété; car dans cette circonstance il n'a reçu aucune indemnité. Il y a cependant trois exceptions à ce sujet; d'abord, s'il y a stipulation de garantie dans la donation; ensuite, lorsque le donateur a été de mauvaise foi; enfin, s'il a garanti les faits et promesses; — 4° quand il a reçu le fonds par legs (C. civ., art. 1024); — 5° quand il a vendu avec stipulation de non garantie, car il n'est alors obligé qu'à celle de ses faits personnels (C. civ., art. 1628); — 6° enfin, si le défendeur originaire s'est laissé condamner, comme il est dit en l'art. 1640, C. civ.; ou s'il n'a pas appelé son vendeur, et que celui-ci prouve qu'il existait des moyens de défense qui n'ont point été employés.

59. — Mais s'il paraît par écrit ou par l'évidence du fait que la demande originaire n'a été formée que pour distraire le garant de ses juges naturels, il est fondé à demander son renvoi devant qui de droit; le tribunal doit même l'ordonner d'office, s'il est incompétent *ratione materiæ*. — C. procéd., art. 181; — Favard, t. 2, p. 465; Carré et Chauveau, t. 2, quest. 774; Boncenne, t. 3, p. 402; Bioche, n° 59.

60. — Dans le cas où le tribunal n'est incompétent que *ratione personæ*, il n'y a lieu par lui d'ordonner le renvoi que si le garant prend des conclusions à cet effet, car les parties peuvent toujours proroger la juridiction du juge incompétent à raison du domicile. — Telle était l'opinion de Rodier et de Serpillon sur l'art 8, tit. 8, de l'ordonnance, et c'est par erreur que Jousse professait l'opinion contraire. — Delaporte (t. 1er, p. 185) et les auteurs du *Commentaire* inséré aux *Annales du notariat* estiment cependant que le tribunal peut, dans tous les cas, ordonner d'office le renvoi.

61. — On s'est demandé si, lorsque la demande originaire a été portée devant un tribunal incompétent à raison du domicile du défendeur, le garant traduit devant le même tribunal pourrait proposer le déclinatoire dans le cas où le défendeur ne pourrait ou ne voudrait pas le faire. — La cour de Cassation a décidé, avec raison, l'affirmative. — *Cass.*, 4 oct. 1808, Dervat c. Maisire.

62. — M. Chauveau, sur Carré (t. 2, quest. *774 bis*) adopte l'opinion contraire. Cet auteur pense que la loi a voulu que, dès qu'il y a contrat judiciaire formé entre le demandeur et le défendeur originaire par l'acceptation de la juridiction par ce dernier, le garant soit obligé de suivre cette juridiction, à moins qu'il ne s'agisse d'incompétence *ratione materiæ*; que dès-lors le déclinatoire que pourrait avoir à soulever le défendeur originaire assigné devant un tribunal autre que celui de son domicile, est complètement étranger au garant, qui n'a pas à s'en occuper.

63. — Nous croyons que c'est là une erreur. Le législateur, en permettant d'appeler le garant devant le tribunal saisi de la demande originaire, a supposé que ce tribunal serait compétent sous tous les rapports pour statuer sur cette demande, et le garant peut refuser de procéder devant le tribunal lorsque cette condition ne se rencontre pas. — V., dans ce sens, Pigeau, *Comment.*, t. 1er, p. 405 et 406, note 1re et 4e; Favard, t. 2, p. 466.

§ 2. — *Procédure jusqu'au jugement définitif.*

64. — La demande en garantie donne lieu à une double procédure, l'une dirigée contre l'appelé en garantie, l'autre formée contre le demandeur principal.

65. — La première constitue une véritable demande principale du garanti contre le garant; elle doit donc être introduite par ajournement dans la forme ordinaire. Toutefois, comme elle n'est pas introductive d'instance, elle est dispensée du préliminaire de conciliation. — V. CONCILIATION, n° 5. — Elle doit en outre, à raison de la connexité, être portée devant le tribunal saisi de la demande originaire au lieu d'être soumise au tribunal du domicile du garant. — V. *suprà* nos 8 et s.

66. — La seconde constitue une exception dilatoire. — Le garanti demande, en effet, avant de conclure au fond, un délai suffisant pour mettre son garant en cause. — V. EXCEPTION.

67. — Toutefois, comme la demande originaire ne saurait être paralysée pendant long-temps par un fait étranger au demandeur, un délai assez court est accordé au défendeur pour former sa demande en garantie.

68. — Celui qui prétendra avoir le droit d'appeler en garantie, porte l'art. 175, C. procéd., sera tenu de le faire dans la huitaine du jour de la demande originaire, outre un jour pour trois myriamètres. S'il y a plusieurs garans intéressés en la même garantie, il n'y aura qu'un seul délai pour tous, qui sera réglé selon la distance du lieu de la demeure du garant le plus éloigné.

69. — Ce délai de huitaine n'est établi que dans l'intérêt du demandeur originaire et pour empêcher le défendeur de retarder le jugement de l'affaire au moyen d'une action en garantie exercée par lui contre un tiers.

70. — Il en résulte que le garant n'est pas fondé à demander son renvoi par le motif que la demande en garantie aurait été formée après l'expiration de la huitaine depuis la demande originaire. — *Bruxelles*, 10 juill. 8019, Lebailly c. Lieds; — Favard, *Rép.*, t. 2, p. 464; Lepage, *Quest.*, p. 84; Carré et Chauveau, t. 2, *Quest.* 764; Berriat, p. 230, n° 55; Pigeau, *Comment.*, t. 1er, p. 397.

71. — En exigeant que l'action en garantie soit formée dans la huitaine de la demande originaire, l'art. 175 suppose que, dans la lecture de l'exploit introductif d'instance, le défendeur a trouvé des motifs d'exercer le recours contre son garant. Si ces motifs n'étaient fournis que par une demande incidente ou par des moyens explicatifs signifiés par le demandeur dans le cours de l'instruction, le délai pour appeler en garantie ne courrait que du jour où la demande incidente et où les moyens auraient été portés à la connaissance du défendeur. — Carré et Chauveau, t. 2, quest. 765; Favard, t. 2, p. 464.

72. — Jugé, en conséquence, que lorsque c'est en raison seulement d'une exception soulevée durant l'instance qu'il y a lieu d'exercer la garantie, on ne peut exiger que le garant soit appelé en cause dans la huitaine du jour de la demande originaire. — *Bruxelles*, 31 mai 1809, Destockhem c. Leboucher; — Bioche, n° 20.

73. — Quand il y a lieu d'accorder des délais de distance, aux termes de l'art. 1033, au défendeur originaire, ce dernier a le droit d'attendre, pour justifier qu'il a appelé garant, jusqu'à l'expiration de tous les délais. — Chauveau sur Carré, *loc. cit.*; Boitard, *Leçons sur la procéd. civ.*, t. 2, p. 92; Bioche, n° 18.

74. — Si le garant prétend avoir le droit d'en appeler un autre en sous-garantie, il est tenu de le faire dans le délai ci-dessus, à compter du jour de la demande en garantie formée contre lui, ce qui est successivement observé à l'égard du sous-garant ultérieur. — Art. 176.

75. — La demande formée par un garant contre un sous-garant s'appelle quelquefois contre-sommation.

76. — Tout garant doit être considéré comme défendeur à l'égard de celui qui le met en cause, et comme demandeur à l'égard de celui qu'il actionne en sous-garantie. Il y avait donc lieu de donner à chaque garant les délais accordés au défendeur originaire qui s'est trouvé placé dans les mêmes circonstances. — Carré, *Lois de la procéd.*, sur l'art. 176, n° 134.

77. — Le garant qui a lui-même une action en garantie ne peut y renoncer au préjudice du garanti; celui-ci peut exercer cette action en son lieu et place. — *Bordeaux*, 25 janv. 1826, Pidoux c. Ducou.

78. — On peut encore mettre des garans en cause après les délais prévus par l'art. 176. — Carré et Chauveau, t. 2, quest. 766.

79. — ... Et même juger ensemble la demande principale et la demande en garantie, si elles sont toutes deux en état. — Pigeau, *Comment.*, t. 1er, p. 402; Chauveau sur Carré, t. 2, quest. *768 bis*.

80. — Mais lorsque la demande en garantie a été formée après les délais, et qu'elle pourrait retarder le jugement de l'instance principale, le tribunal peut et doit même refuser de la joindre à l'instance principale. — Carré et Chauveau, *loc. cit.*; Rodier, sur les art. 2 et 5, tit. 8, de l'ordonnance de 1667.

81. — Dans le cas où le défendeur originaire est assigné dans les délais pour faire inventaire et délibérer, les délais ci-dessus fixés pour appeler garant ne commencent que du jour où ceux pour faire inventaire et délibérer sont expirés. — Art. 177.

82. — Le garant qui aurait à mettre un sous-garant en cause et qui se trouverait en même temps dans les délais pour faire inventaire et délibérer profiterait de la prorogation de délai accordée par l'art. 177, bien que cet article ne se soit expliqué à cet égard que relativement au défendeur originaire. Cet article est conçu de même que l'art. 8 du tit. 8 de l'ordonnance de 1667; et sur cette dernière disposition, Rodier résout affirmativement cette question; en sorte, dit-il, que le demandeur originaire est obligé d'attendre l'échéance de tous les délais qu'amènent les assignations en sous-garantie avant de pouvoir poursuivre contre le défendeur originaire. Tel est l'avis de MM. Pigeau, *Comm.*, t. 2, p. 167; Carré et Chauveau, t. 2, quest. 767, et des auteurs du *Praticien*, t. 2, p. 36.

83. — Si le défendeur originaire avait obtenu une prorogation de délai pour faire inventaire, le jour de départ du délai pour appeler son garant serait par cela même reculé. — Delaporte, t. 1er, p. 182; Bioche, v° *Garantie*, n° 30.

84. — Il n'y a pas d'autre délai pour appeler garant, en quelque matière que ce soit, sous prétexte de minorité ou autre cause privilégiée, sauf à poursuivre les garans, mais sans que le jugement de la demande principale en soit retardé. — Art. 178.

85. — Les causes privilégiées sont celles des hospices, des établissemens publics. Malgré la faveur qui leur est due, ces établissemens sont astreints aux délais ordinaires pour appeler garant. Mais si les délais étaient expirés sans que la demande en garantie fût formée par la faute des administrateurs, ces derniers seraient responsables des suites de leur négligence. — Carré, sur l'art. 178, à la note.

86. — L'art. 178 contient une innovation à l'art. 8 du tit. 7 de l'ordonnance de 1667. Cette disposition voulait, comme l'art. 178, que les délais pour appeler garant ne fussent pas augmentés en quelque matière que ce fût, sous prétexte de minorité ou d'autre cause privilégiée, sauf, ajoutait-elle, *après le jugement* de la demande principale, à poursuivre le garant. Sous l'empire du Code de procédure, il n'est pas nécessaire d'attendre, pour poursuivre le garant, que la demande principale soit jugée.

87. — Le rapporteur de la loi au corps législatif indiquait la raison de ce changement en disant : « Pourvu qu'on n'apporte aucun retard à la décision de la cause qui est en état d'être jugée, chacun doit avoir le droit de poursuivre le garant quand il le veut; souvent une poursuite tardive deviendrait inutile. » — Carré et Chauveau, sur l'art. 178, quest. 136.

88. — Si les délais des assignations en garantie ne sont pas échus en même temps que celui de la demande originaire, il n'est pris aucun défaut contre le défendeur originaire, lorsqu'avant l'expiration du délai il a déclaré, par acte d'avoué à avoué qu'il a formé sa demande en garantie, sauf si le défendeur, après l'échéance du délai pour appeler le garant, ne justifie pas de sa demande en garantie, à faire droit sur la demande originaire, même à le condamner à des dommages-intérêts si la demande en garantie par lui alléguée se trouve n'avoir pas été formée. — Art. 179.

89. — A la différence de l'ordonnance de 1667 (tit. 5, art. 8), qui voulait que le défendeur originaire donnât au demandeur copie de l'exploit de demande en garantie et des pièces justificatives, l'art. 179 n'impose au défendeur qu'une simple déclaration par acte d'avoué. Il pourrait se faire, en effet, qu'au moment où le demandeur veut prendre défaut, le défendeur eût formé le recours en garantie, sans néanmoins pouvoir en justifier immédiatement. — Carré, sur l'art. 179, quest. 137.

90. — Il a cependant été décidé que lorsqu'une affaire vient en ordre pour être jugée, la partie qui annonce l'intention de mettre garant en cause n'a pas nécessairement droit à une remise, par cela seul que la demande en garantie serait nécessitée par des conclusions signifiées par son adversaire, et qu'il se serait écoulé moins de huit jours depuis cette signification, alors qu'elle ne justifie pas avoir déjà formé cette demande en garantie. — *Cass.*, 14 mai 1838 (t. 2 1838, p. 205), Maurat c. Jourde.

91. — L'arrêt qui statue seulement sur une demande en remise présentée dans le but d'exercer une action en garantie, et qui ordonne de plaider au fond, est susceptible d'exécution valable,

même sans signification préalable à avoué.—Même arrêt.

92. — Lorsque le garant qui a été assigné dans les délais ne se présente pas, défaut doit être pris contre lui par le défendeur originaire. Le demandeur ne pourrait prendre un jugement de défaut profit joint contre le garant et le garanti, car l'art. 153, C. procéd., ne s'applique qu'au cas où deux défendeurs ont été assignés directement par le demandeur. — Boncenne, *Théorie de la procéd. civ.*, t. 3, p. 388 et suiv.; Carré et Chauveau, t. 2, quest. 769; Lepage, *Quest.*, p. 165; Bioche, nº 95. —V. JUGEMENT PAR DÉFAUT.

93. — Le garant qui n'a pas été assigné dans les délais pourrait intervenir dans l'instance, et le demandeur originaire ne pourrait faire rejeter son intervention si elle ne retardait pas le jugement de la cause principale. — Carré et Chauveau, t. 2, quest. 770; Lepage, *Quest.*, p. 166; Bioche, nº 44. — V. INTERVENTION.

94. — Le garant qui est en cause peut former opposition au jugement rendu par défaut contre lui et contradictoirement entre les autres parties. — *Cass.*, 11 mai 1830, Cheuzeville c. Ballandras.

95. — Il a même été décidé que l'opposition formée par un appelé en garantie défaillant a pour effet de faire revivre le débat à l'égard de toutes les parties en cause, de celles même qui ont été contradictoirement condamnées, de telle sorte que ces dernières n'ont pas besoin d'attaquer le jugement par voie d'appel. — *Lyon*, 11 juill. 1845 (t. 1er 1846, p. 205), Arnaud et compagnie c. Pernet. — V. JUGEMENT PAR DÉFAUT.

96. — Le jugement qui, sans avoir égard au déclinatoire proposé par l'appelé en garantie, ordonne, dans l'hypothèse, la jonction des instances, doit être réputé interlocutoire, en ce sens que l'appel peut en être valablement interjeté avant le jugement définitif. — *Bordeaux*, 30 mai 1829, Renateau c. Dupas.

97. — Si le demandeur originaire soutient qu'il n'y a lieu au délai pour appeler garant, l'incident doit être jugé sommairement. — Art. 180.

98. — Il s'introduit par une requête motivée signifiée par acte d'avoué, dans les termes de l'art. 75 du Tarif. — Delaporte, p. 184; Favard, t. 2, p. 465; Carré et Chauveau, t. 2, quest. 771; Boitard, t. 2, p. 94.

99. — Cet art. 75 du Tarif admet une requête en réponse; aussi le demandeur originaire ne peut-il poursuivre l'audience que huitaine après avoir signifié la première requête.

100. — Il résulte de cette disposition que le demandeur a le droit de contester la demande de sursis faite par le défendeur toutes les fois qu'il croit pouvoir prouver que ce dernier ne veut que gagner du temps. L'ordonnance de 1667, tit. 8, art. 5 et 6, énumérait certains cas dans lesquels le demandeur pouvait s'opposer au délai. Ces cas étaient : 1º celui où le garant n'avait pas été appelé dans les délais de la loi; — 2º celui où le défendeur originaire avait répondu à la demande sans avoir appelé son garant; — 3º celui où la personne appelée en garantie n'en devait aucune au défendeur originaire. — Carré, sur l'art. 180, quest. 138 et à la note.

101.—Jugé que le débiteur à terme qui, par suite d'une saisie-arrêt pratiquée entre ses mains, a été déclaré débiteur pur et simple de la somme saisie, comme n'ayant pas fait de déclaration affirmative, et s'est trouvé par là forcé de payer au saisissant avant le terme stipulé, n'a droit, à raison de cette anticipation de terme, à aucune garantie de la part de son créancier. — *Cass.*, 17 juin 1831, Laborde, c. Daguson.

102. — La femme qui intente une action en éviction contre les donataires des biens de son mari, pour arriver à l'exécution des avantages à elle consentis par son contrat de mariage doit être considérée comme agissant de son chef et pour l'exercice non des droits de son mari, mais de ses droits personnels; en conséquence, on ne peut repousser son action sous le prétexte qu'elle serait garante de l'éviction. — *Cass.*, 19 août 1840 (t. 1er 1843, p. 647), Ledieu c. Vasseur.

103. — En *garantie formelle* porte l'art. 182, C. proc., pour les matières réelles ou hypothécaires, le garant pourra toujours prendre le fait et cause du garanti, qui sera mis hors de cause, s'il le requiert, avant le premier jugement. Cependant le garanti, quoique mis hors de cause, pourra y assister pour la conservation de ses droits, et le demandeur originaire pourra demander qu'il y reste pour la conservation des siens.

104.—Cet article est presque identique aux art. 9 et 10 du tit. 8 de l'ordonnance de 1667. Cependant, il en diffère en ce qu'il permet au garanti de demander sa mise hors de cause jusqu'au premier jugement, tandis que l'ordonnance ne l'autorisait à le faire que jusqu'à la *contestation en cause*, expressions vagues qui avaient donné lieu à des difficultés. — Carré, sur l'art. 182, quest. 111.

105. — Selon la plupart des auteurs, de ce qu'il est dit que le garant formel pourra toujours prendre le fait et cause du garanti qui sera mis hors de cause, il ne faut pas conclure que ce dernier devra rester au procès si le garant ne prend pas son fait et cause. Il est de la nature de la garantie formelle que le garant supporte tout le poids de la défense contre le demandeur principal. — Berriat Saint-Prix, p. 238, notes 57e et 58e; Carré et Chauveau, t. 2, quest. 775; Favard, t. 2, p. 466

106. — Cependant le garanti n'est pas obligé de demander sa mise hors de cause, et la cour de Cassation décide que, en matière de garantie formelle, bien que le garant ait pris fait et cause du garanti, si celui-ci ne demande pas à être mis hors de cause, le demandeur principal doit agir tant contre le garant que contre le garanti, l'un n'étant pas, dans ce cas, représenté par l'autre.—*Cass.*, 17 nov. 1835, préfet du Doubs c. de Roussillon.

107. — Spécialement, dans le cas d'une instance à fin de réclamation d'un droit de servitude sur des biens vendus, quoique le vendeur ait pris fait et cause pour l'acquéreur, si celui-ci n'a pas demandé sa mise hors d'instance, il continue d'être, en sa qualité de détenteur des biens, le défendeur direct à l'action principale, et la servitude a pu être déclarée acquise, par suite d'une enquête à laquelle le vendeur, garant formel, n'a pas été régulièrement appelé. — *Cass.*, 13 août 1836 (t. 1er 1837, p. 398), de Puységur c. commune de Faffre et d'Hugon.

108.—Le garant formel aurait le droit de prendre le fait et cause du garanti, quand même ce dernier et le demandeur originaire s'y opposeraient. — Chauveau sur Carré, t. 2, quest. 775 *bis*; Boitard, t. 2, p. 111.

109. — L'effet de la mise hors de cause du garanti est de le mettre à l'abri de toute condamnation, soit aux dépens, soit à des dommages-intérêts, envers le demandeur originaire. — Boncenne, t. 3, p. 379; Carré et Chauveau, t. 2, quest. 779.

110. — Le droit du garanti d'être mis hors de cause est absolu; de telle sorte que l'état d'insolvabilité du garant formel n'empêcherait pas la mise hors de cause. Il faut remarquer, du reste, que, dans ce cas, le demandeur originaire ne serait pas bien venu à se plaindre, car il aurait été obligé de plaider contre le garant insolvable seul si celui-ci n'avait pas vendu ou transporté à un autre la chose qui fait l'objet de l'action principale. — Mêmes autorités.

111. — Il en était de même sous l'empire de l'ordonn. de 1667, qui portait que les jugemens, quant aux dépens et dommages-intérêts, ne seraient exécutoires que contre les garans seulement. — Rodier, sur l'art. 11, tit. 8 de l'ord.

112. — La position du garanti qui, après avoir été mis *hors de cause*, *assiste* cependant à la cause, est une véritable anomalie en procédure; Pothier (*Traité de la procédure*, chap. 2, sect. 6e, art. 2, § 3) l'expliquait ainsi : « Toute la procédure qui se fera sur la contestation n'aura lieu qu'entre le demandeur et le garant, et non avec le garanti mis hors de cause : néanmoins, si la cause se plaide, il peut y avoir sur le barreau un avocat pour plaider les moyens qui pourraient échapper à l'avocat de son garant; si la cause s'instruit en procès par écrit, il pourra signifier au demandeur originaire des écritures contenant des moyens contre sa demande, de peur qu'ils n'échappent à son garant. »

113. — L'*assistance* en cause nous paraît très bien définie par Boncenne (t. 3, p. 379), lorsqu'il dit : « Assister aux débats, ce n'est pas y conserver une part active, ce n'est pas *rester en cause*; c'est se réserver seulement la faculté d'entendre, de surveiller et de suggérer des moyens, sauf à se faire rouvrir la barrière, s'il en était besoin, rentrer dans la lice et reprendre la double qualité de défendeur originaire et de demandeur en garantie. »

114. — Le garanti mis hors de cause, et qui y assiste néanmoins, peut, en effet, intervenir dans le débat par un simple acte. — Chauveau sur Carré, *loc. cit.*

115.—Lorsque le garanti n'assiste dans la cause que sur la demande du demandeur originaire et pour la conservation des droits de ce dernier, aucune notification ou signification d'acte ne doit lui être faite. — Boitard, t. 1er, p. 115 et 116; Favard, t. 2, p. 466; Carré et Chauveau, t. 2, quest. 776 et 778.

116. — Mais il en est autrement lorsque l'assistance du garanti est volontaire et qu'elle n'a d'autre but que de lui donner les moyens de conserver ses droits.

117. — On peut, en effet, appliquer à ce cas ce que disait Rodier (sur l'art. 8, ordonn. de 1667, 1re quest.), en repoussant une opinion contraire de Jousse : « On se trompe quand on dit qu'on ne peut rien signifier au garanti ; car, puisque son objet, en assistant en cause, est, selon l'ordonnance, de veiller à la conservation de ses droits, il faut bien qu'il ait connaissance de tous les libelles et instructions qu'on fournira dans le procès afin de savoir s'il n'y a rien qui soit contraire à ses intérêts ; et si le demandeur principal se contente de les faire signifier au garant qui a pris fait et cause, celui-ci doit signifier au garanti tout ce que le demandeur dira et tout ce qu'il y répondra. » — V. conf. Carré, quest. 778. — *Contrà* Bioche, nº 51; Delaporte, t. 1er, p. 186.

118. — Il faut entendre *par premier jugement*, dans le sens de l'art. 183, toute décision qui forme un contrat judiciaire comme dans le cas où le garant opposerait une possession au demandeur orignaire, et où le tribunal aurait ordonné une enquête sur le fait de cette possession. — Boitard, t. 2, p. 113 et 114; Pigeau, *Procédure*, t. 1er, p. 180; Chauveau sur Carré, t. 2, quest. 778 *bis*; Lepage, t. 1er, p. 161.

119. — C'est à tort que Delaporte (t. 1er, p. 185) pense qu'après un jugement qui ordonnerait seulement une remise de l'affaire, le garanti serait déchu du droit de demander sa mise hors de cause.

120. — Lorsque, sur une demande en garantie, l'appelé n'a ni approuvé, ni formellement contesté la demande elle-même, mais qu'il a cependant conclu à sa mise hors de cause, il est recevable à repousser plus tard cette demande en garantie. — *Cass.*, 1er avr. 1839 (t. 2 1839, p. 314), Longpré c. de Clouet.

121. — En *garantie simple*, le garant peut seulement intervenir, sans prendre le fait et cause du garanti. — Art. 183.

122. — La raison de cette différence est facile à saisir. En garantie formelle on n'agit que contre un simple détenteur étranger aux débats qui peuvent s'agiter entre son garant et le demandeur originaire. Aussi ce détenteur peut-il s'effacer complétement et demander sa mise hors de cause. En garantie simple le demandeur agit contre son débiteur personnel qui doit discuter l'action, s'il la prétend mal fondée, et qui est nécessairement partie dans l'instance engagée contre lui, sauf à exercer son recours contre qui de droit. — Carré, t. 2, sur l'art. 183, quest. 141.

§ 3. — *Du jugement et de ses suites.*

123. — Si les demandes originaires et en garantie sont en état d'être jugées en même temps, il y est fait droit conjointement. — C. procéd., art. 184.

124. — Le tribunal saisi d'une demande principale et de l'action récursoire du garant doit statuer par un seul et même jugement sur l'une et l'autre demande. — *Cass.*, 18 janv. 1832, comm. d'Heilly c. Cordier.

125. — Si la demande principale seule est en état, le demandeur originaire peut la faire juger séparément. — C. procéd., art. 184.

126. — Le décès du garant, celui de son avoué, la destitution de ce dernier, son interdiction ou sa démission ne peuvent donc retarder le jugement de la demande principale qui est en état.

127. — Si l'un de ces événemens se réalise avant qu'il y ait conclusions respectivement prises par le garant et le garanti, rien n'empêcherait le demandeur principal de faire statuer séparément sur son action. — Carré, sur l'art. 184, quest. 780, à la note. — V. DISJONCTION DE CAUSES, nos 5, 13 et suiv.

128. — Lorsque au contraire les conclusions ont été prises respectivement à l'audience, le demandeur originaire ne peut, dans ces divers cas, faire prononcer séparément sur sa demande, et il doit être statué sur le tout. — Hautefeuille, p. 127; Favard, t. 2, p. 467; Chauveau sur Carré, t. 2, quest. 780; Berriat, p. 231; Bioche, nº 102.

129. — Dans le cas où il y a lieu de statuer uniquement sur la demande originaire, le même jugement prononce sur la disjonction, si les deux instances ont été jointes, sauf, après le jugement du principal, à faire droit sur la demande en garantie, s'il y a lieu. — C. procéd., art. 184.

130. — Pour qu'il en soit ainsi, il faut que le défendeur originaire ait succombé, et qu'il y ait eu contestation liée entre lui et le garant avant la disjonction; autrement le tribunal ne pourrait connaître de l'action en garantie qu'autant qu'il serait le juge naturel du garant.

131. — Le tribunal a-t-il le droit d'ordonner *d'office* la disjonction des causes dans le cas prévu par l'art. 184? — V. DISJONCTION DE CAUSE, nos 9 et s.

132. — Il n'y a de condamnation en garantie possible et valable qu'autant que la partie qui soutient y avoir droit y a expressément conclu, de telle sorte que les juges n'ont le pouvoir ni de l'accorder d'office, ni de la faire résulter implicitement de l'examen et du rapprochement des actes, faits et circonstances de la cause. — *Cass.*, 11 fév. 1840 (t. 1er 1840, p. 618), Girard c. Violot.

133. — Mais lorsque les héritiers, assignés en garantie, opposent pour défense que leur auteur a laissé un testament dont les dispositions ne sont point encore connues, une cour royale peut, sans violer la loi, réserver la garantie contre les héritiers, sauf à en suivre l'effet contre qui de droit. — *Cass.*, 2 mars 1830, Barbé c. Clarens.

134. — La tierce-opposition du garant au jugement rendu hors sa présence, dans une instance liée avec lui au possessoire, et son intervention sur l'appel de ce jugement, sont recevables. — *Cass.*, 18 janv. 1832, commune d'Heilly c. Cordier.

135. — Une partie appelée en garantie dans une instance peut y former de son chef une demande nouvelle contre l'une des parties en cause, lorsque cette demande, semblable à celle qui donne lieu à la garantie, et fondée en droit sur les mêmes moyens, rentre dans la défense du garant. — *Cass.*, 15 avr. 1833, Lacroix c. la commune de Rouffach.

136. — Les jugemens rendus contre les garans formels, porte l'art. 185, seront exécutoires contre les garantis. Il suffira de signifier le jugement aux garantis, soit qu'ils aient été mis hors de cause, ou qu'ils y aient assisté, sans qu'il soit besoin d'autre demande ni procédure. A l'égard des dépens, dommages et intérêts, la liquidation et l'exécution ne pourront en être faites que contre les garans. Néanmoins, en cas d'insolvabilité du garant, le garanti sera passible des dépens, à moins qu'il n'ait été mis hors de cause; il le sera aussi des dommages-intérêts, si le tribunal juge qu'il y a lieu.

137. — Cette disposition est encore une conséquence de la différence qui existe entre la garantie formelle et la garantie simple. — Les garantis formels n'étant que de simples détenteurs, on a dû simplifier la procédure à leur égard.

138. — La liquidation et l'exécution des dommages-intérêts et dépens ne peuvent être faites que contre le garant. — Le titre du garanti fait, en effet, présumer sa bonne foi dans sa possession, du moins jusqu'à la preuve contraire, et l'on n'a rien à lui demander après qu'il a fait le délaissement.

139. — Au contraire, en matière de garantie simple, le garanti reste toujours en cause, et les jugemens sont exécutoires contre lui tant pour le principal que pour les intérêts, sauf son recours contre le garant. Ce dernier doit donc, dans ce cas, l'indemniser de l'effet de ces condamnations, et s'il y avait plusieurs garans, ils seraient tenus de l'indemniser tous par égale portion. — Carré et Chauveau, t. 2, quest. 781.

140. — Jugé dans ce sens que le garant doit relever le garanti non seulement des condamnations principales qui ont été prononcées contre lui, mais encore de celles relatives aux dépens, à moins qu'il ne soit prouvé que ces dépens ont été occasionnés par la faute du garanti. — *Aix*, 31 janv. 1838 (t. 2 1838, p. 514), Regimbaud c. Boyer.

141. — Berriat-Saint-Prix (p. 232, note 69e) fait observer avec raison que par application des art. 2028 et 2032, C. civ., si le garanti avait été appelé comme caution du cessionnaire, le garant devrait l'indemniser de tous les dépens.

142. — Les garans simples qui auraient contesté mal à propos la garantie devraient évidemment supporter les frais auxquels ils auraient donné lieu. Dans le cas contraire, les dépens doivent être compensés entre eux, sauf ceux de l'exploit en garantie et de la demande originaire qui doivent être supportés par chacun *pro virili parte.*

143. — Il faut remarquer qu'il résulte de la première partie de l'art. 185 que le garanti est compris dans les termes de l'art. 2061, C. civ., qui autorise les tribunaux à prononcer la contrainte par corps contre celui qui se refuse à exécuter une condamnation en délaissement. — Demiau-Crouzilhac, p. 151.

144. — La règle d'après laquelle, en matière de garantie formelle, les dommages-intérêts et les dépens ne peuvent être liquidés que contre le garant n'est pas absolue. Si le garanti avait contesté et donné lieu à des frais avant d'avoir appelé son garant, ou si le défendeur originaire, étant condamné à des dépens ou dommages-intérêts, échouait dans son recours en garantie, c'est contre lui directement qu'on devrait poursuivre la condamnation. Tel était le sentiment de Rodier sur l'art. 11, ord. 1667, quest. 1re.

145. — L'art. 14 de l'ordonnance portait qu'à l'exception des frais de la demande originaire, la portion de condamnation aux dépens qui aurait précédé la mise en cause du garant ne devait pas être liquidée ni exécutée contre ce dernier. Cette disposition, dont la justice est incontestable, devrait encore être suivie sous l'empire du Code de procédure. — Rodier et Jousse, sur cet art. 14; Carré, sur l'art. 285, quest. 783; Delaporte, t. 1er, p. 190 et 191.

146. — L'appelé en garantie, qui conclut pour soutenir la demande du garanti, peut, quoique mis hors de cause, être condamné aux dépens faits à son égard par la partie qui a gagné son procès. — *Cass.*, 13 août 1819, Levavasseur c. Fremetz.

147. — Mais lorsque la demande en éviction est repoussée, l'acquéreur qui a mis le vendeur en cause comme garant n'a de recours contre lui ni pour les frais faits sur la demande principale, ni pour les frais de la demande en garantie. Il doit même être condamné aux frais exposés par le vendeur sur cette demande en garantie. — *Grenoble*, 30 nov. 1824, Rigollier c. Terry.

148. — Le demandeur qui a poursuivi l'exécution d'un acte de vente déclaré nul est tout à la fois passible des dépens faits par le défendeur et de ceux faits par les parties appelées en garantie et en arrière-garantie. — *Cass.*, 26 juill. 1832, Lassaux et Caron c. Templier.

149. — En cas d'insolvabilité du garant, le garanti formel peut être condamné aux dépens et à des dommages-intérêts *s'il y a lieu* (C. pén., art. 185), c'est-à-dire s'il résulte de quelques circonstances qu'il a participé à la cause qui donne lieu à ces dommages-intérêts. — Berriat-Saint-Prix, p. 233, note 72e; Boncenne, t. 3, p. 425; Carré et Chauveau, t. 2, quest. 784. — V. du reste VENTE, HYPOTHÈQUE.

150. — Le jugement rendu par le tribunal sur la demande principale et sur celle en garantie peut être frappé d'appel soit par le demandeur principal, soit par le défendeur, soit par le garant. — V. APPEL, nos 607, 616, 630 et suiv.

151. — Un défendeur en garantie peut appeler des jugemens rendus contre lui tant qu'ils ne lui ont pas été notifiés, lors même qu'ils l'auraient été au défendeur principal, et que celui-ci y aurait acquiescé. — *Cass.*, 2 déc. 1833, Ricard c. Delamarre.

152. — Lorsqu'un garant a conclu au rejet de l'action principale et de l'action en garantie, le demandeur principal doit interjeter appel tant contre le garant que contre le garanti. — *Lyon*, 14 déc. 1827, Morel c. Desarbes et Fannerot.

153. — Décidé que lorsqu'un appel n'a été interjeté par le demandeur originaire que trois mois après la signification du jugement qui lui a été faite par le garant, celui-ci ne peut opposer la tardiveté de cet appel, émis contre le défendeur originaire seulement, si le jugement n'a pas été signifié par ce dernier. — Mais que le garant peut s'emparer d'un moyen de nullité dont est vicié l'appel du demandeur originaire contre le garanti, et s'en prévaloir, même dans le silence de celui-ci, pour s'affranchir ainsi de l'action en garantie par le rejet de l'action principale. — *Colmar*, 7 mai 1845 (t. 1er 1846, p. 654), Borel c. Colin et Huguelin. — V. dans ce sens Chauveau sur Carré, t. 4, p. 1er; Boncenne, t. 3, p. 426.

154. — Quand un jugement de première instance, en renvoyant le garanti de la demande formée contre lui, dit *n'y avoir lieu à statuer sur la demande en garantie*, si le demandeur principal interjette appel, le défendeur peut, sans interjeter appel incident du chef de la garantie, reproduire devant la cour ses conclusions contre son garant, en l'appelant devant la cour par une simple assignation. — *Bordeaux*, 5 août 1828, Dulugat c. Pourrion.

155. — Le garanti qui n'a pas été mis hors d'instance par le premier juge, malgré la déclaration des ses garans qu'ils prenaient son fait et cause doit faire, dans le cours de la procédure, toutes les diligences nécessaires pour la conservation de ses droits à cet égard, et, en cas d'appel du jugement, c'est à lui à les remettre en cause si son intérêt l'exige. — *Cass.*, 9 janv. 1827, Flach. c. Forcioli.

156. — Il est de principe que l'appel interjeté par le garant donne au garanti le droit de se pourvoir par la même voie. Aussi a-t-il été jugé par la cour de Toulouse qu'en matière de garantie formelle, le garanti peut se rendre appelant après l'expiration du délai de trois mois lorsque le garant s'est pourvu en temps utile. — *Toulouse*, 16 nov. 1825, Imbert c. Gil.

157. — En effet, l'appel du garant ou du sous-garant remet le fond en question à l'égard de toutes les parties, encore que le garanti, ayant obtenu le recours qu'il demande, n'interjette pas appel. — *Cass.*, 11 mai 1830, Cheuzeville c. Ballandras.

158. — Jugé également que l'appel formé contre un jugement, par un garant, donne au garanti le droit d'appeler, bien qu'il ait acquiescé. — *Cass.*, 8 nov. 1831, comm. de Branger c. Germain et Malepye.

159. — Mais l'appel interjeté par le garant du jugement rendu contre lui ne relève pas le demandeur originaire de l'acquiescement tacite qu'il a donné à la partie du jugement relative au garanti resté en cause, en lui signifiant ce jugement, avec déclaration *que l'exécution en sera poursuivie;* ce demandeur ne peut interjeter appel incident contre le garanti, même en alléguant que les intérêts du garant et du garanti seraient indivisibles. — *Cass.*, 17 mai 1825, Bodin c. Vincent.

160. — Lorsqu'un mandataire s'est, en cette qualité, porté garant de la vente qu'il a faite des biens de son mandant, et que les acquéreurs ont été poursuivis en délaissement sans que ce mandataire ait figuré au procès devant le tribunal de première instance, autrement que comme appelé en garantie par l'un d'eux seulement, et non comme ayant pris fait et cause pour les autres, il ne peut appeler en qualité de garant du jugement qui a condamné ces derniers au délaissement. — *Cass.*, 19 août 1840 (t. 1er 1843, p. 646), Ledieu c. Vasseur. — V. APPEL, no 633.

161. — Toutefois, l'appel interjeté par le garant du jugement rendu à la fois contre lui et les garantis profite tant aux parties qui ont exercé un recours en garantie qu'à celles qui s'en sont abstenues, lorsque le garant a été implicitement déclaré responsable par ce jugement, et condamné aux dépens envers *toutes* les parties. — En conséquence, lorsque, sur l'appel interjeté par le notaire rédacteur d'un testament dont la nullité a été prononcée en première instance avec recours contre lui, la cour royale a reconnu la validité du testament, cet appel profite à tous les légataires, et l'exécution du testament doit être ordonnée en faveur même de ceux d'entre eux qui n'ont point exercé de recours contre le notaire. — *Cass.*, 16 janv. 1843 (t. 1er 1843, p. 648), Terrien c. Préau.

162. — On ne saurait opposer à cette décision l'arrêt de cassation du 19 août 1840 (qui précède); il suffit de comparer les deux espèces pour s'en convaincre. En effet, dans l'espèce jugée le 19 août 1840, la question était de savoir si le garant pouvait ou non interjeter appel; tandis qu'ici il s'agit d'examiner si l'appel du garant a pu profiter à tous les garantis. Il nous semble donc que c'est à tort que l'on a invoqué cet arrêt à l'appui du pourvoi.

163. — Le garant qui a été obligé de rembourser au garanti une somme dont la condamnation a été prononcée au profit du demandeur principal peut, lorsque le jugement de condamnation est infirmé sur l'appel, réclamer directement contre le demandeur principal la restitution des sommes par lui payées, sans être obligé de s'adresser au garanti. — *Bordeaux*, 9 janv. 1829, Sauvignon c. Moreau; — Bioche, no 116.

164. — Un mari peut appeler du jugement qui refuse de colloquer dans un ordre sa femme séparée de corps, si celle-ci l'a appelé en garantie, soit à raison de cession qu'il lui aurait faite, soit comme responsable de sa dot. — *Agen*, 5 janv. 1832, Labro c. Guary.

165. — ...Et la femme qui a appelé son mari en garantie dans une instance où celui-ci s'est rendu appelant peut conclure aux mêmes fins que lui, quoiqu'elle n'ait point elle-même appelé. — Même arrêt.

166. — L'appel formé par le vendeur contre le jugement au possessoire qui l'a condamné à la garantie ne ferait point obstacle à ce que l'acquéreur qui a succombé sur ce même possessoire à l'égard du détenteur ne pût, après s'être exécuté, agir au pétitoire, et assigner à cet effet le possesseur pour le déguerpissement, et le vendeur pour la garantie. — Dans cette instance au pétitoire, il peut conclure à la garantie contre son vendeur, sans être, sous prétexte du cumul du possessoire avec le pétitoire, tenu d'attendre qu'il ait été statué sur l'appel du jugement rendu sur la garantie possessoire. — *Bordeaux*, 16 août 1845 (t. 2 1846, p. 389), Souffron c. Manthé et Dupeyrat. — V. APPEL.

167. — Quant à la faculté de se pourvoir par voie d'appel, la demande en garantie est soumise

aux mêmes règles que la demande principale. — En conséquence, lorsque la demande principale a pour objet une condamnation à une somme supérieure à 1,500 fr., l'appel est recevable de la part du garant, bien qu'il n'y ait eu contre le défendeur principal, et par suite contre le garant, qu'une condamnation inférieure à 1,500 fr. — *Paris*, 20 avr. 1844 (t. 1er 1844, p. 574), Pauwels c. Archier. — V. DEGRÉ DE JURIDICTION.

168. — Les règles ordinaires sur les pourvois en cassation s'appliquent à ceux formés contre les jugemens ou arrêts qui statuent sur des demandes en garantie. — V. CASSATION.

169. — La déchéance encourue par le demandeur en cassation, à l'égard d'un défendeur non régulièrement assigné, et contre lequel il avait formé une action en délaissement d'un immeuble, profite au vendeur de cet immeuble régulièrement cité, qui ne figurait dans l'instance que comme garant du tiers détenteur. — *Cass.*, 8 nov. 1831, comm. de Branges c. Germain et Malcipye.

170. — Mais il n'est pas nécessaire, alors même qu'il y a eu garant en cause devant la cour royale, que le demandeur dirige son pourvoi en cassation à la fois contre le défendeur principal et contre le garant, si celui-ci n'a pas pris le fait et cause du garanti. — *Cass.*, 23 juin 1834, Honorat c. Artigues.

171. — Lorsque, par la faute du demandeur principal, et à raison de l'irrégularité de la procédure par lui suivie, la cassation d'un arrêt rendu au profit d'un garanti et d'un garant n'a été prononcée que contre ce dernier, l'arrêt de la cour de renvoi qui, tout en jugeant qu'il n'échet de statuer à l'égard du garanti, renvoie le garant des fins de la demande, peut (alors qu'il n'a pas déclaré prononcer d'une manière provisoire ou temporaire) avoir l'effet de la chose jugée à l'égard de la demande en garantie, et porter obstacle à ce qu'en cas de cassation ultérieure du premier arrêt à l'égard du garanti, le garant soit mis en cause devant la cour de renvoi. Dans ce cas, la perte du recours en garantie étant le résultat de la faute du demandeur originaire, celui-ci peut, à titre de réparation du préjudice qu'il cause ainsi au garanti, être déclaré déchu de son action principale contre lui. — *Cass.*, 28 déc. 1842 (t. 1er 1843, p. 396), préf. du Doubs c. Cugnolet. — V. d'ailleurs CASSATION, nos 1789 et suiv.

Sect. 2e. — *De la garantie devant les justices de paix.*

172. — Le titre 6, liv. 1er, 1re part., C. procéd., s'occupe de la mise en cause des garans devant les justices de paix. Les art. 32 et 33 dont se compose ce titre s'expriment de la manière suivante :

173. — Si, au jour de la première comparution, le défendeur demande à mettre garant en cause, le juge accordera délai suffisant en raison de la distance du domicile du garant. La citation donnée au garant sera libellée, sans qu'il soit besoin de lui notifier le jugement qui ordonne sa mise en cause. — Art. 32.

174. — Si la mise en cause n'a pas été demandée à la première comparution, ou si la citation n'a pas été faite dans le délai fixé, il sera procédé, sans délai, au jugement de l'action principale, sauf à statuer séparément sur la demande en garantie. — Art. 33.

175. — L'art. 32 consacre, quant à la compétence, le même principe que l'art. 181. La loi de 1790 voulait que la mise en cause du garant eût lieu en vertu d'une simple cédule délivrée par le juge de paix. D'autre part, cette loi n'exigeait pas que la citation donnée au garant fût libellée. Sous l'empire du Code de procédure, la mise en cause doit être ordonnée par un jugement, et la citation en garantie doit être libellée, c'est-à-dire explicative des causes de la demande principale et de celles du recours en garantie, de telle sorte qu'il n'est pas nécessaire de donner copie au garant de la demande originaire, ni des pièces à l'appui de l'action récursoire. — Pigeau, *Comment.*, t. 1er, p. 91; Biret, *Justices de paix*, t. 1er, p. 244.

176. — Le jugement qui accorde délai pour la mise en cause du garant n'est pas interlocutoire; car il ne préjuge rien; il est simplement préparatoire. L'appel ne pourrait donc, dans tous les cas, en être interjeté qu'après le jugement définitif. Il semble même qu'on doit considérer un pareil jugement comme non susceptible d'être frappé d'appel; car, d'une part, le demandeur principal ne peut avoir aucun intérêt à employer cette voie, et de l'autre, l'art. 32 ne paraît pas donner au juge de paix le droit de refuser de rendre ce jugement. — Carré et Chauveau, t. 1er, quest. 142; Demiau-Crouzilhac, p. 39.

177. — Cependant Delaporte (t. 1er, p. 32) estime que lorsque le demandeur a soutenu devant le juge de paix qu'il n'y avait pas lieu d'accorder le délai pour mettre garant en cause, il est recevable à appeler du jugement qui ordonne la mise en cause.

178. — Il n'est pas nécessaire que la citation en garantie soit signifiée postérieurement à un jugement qui ordonnerait une mise en cause. Le garanti pourrait exercer le recours dès que lui-même aurait été cité par le demandeur principal. Seulement, si le garant avait été cité pour un jour trop éloigné, le juge de paix pourrait, lors de la première comparution, fixer un délai plus rapproché, pour lequel une citation nouvelle lui serait délivrée. — Thomine-Desmazures, t. 1er, p. 103; Carré et Chauveau, t. 1er, quest. 143; Pigeau, *Comment.*, t. 1er, p. 90; Bioche, vo *Juge de paix*, no 377.

179. — Bien que l'art. 32 ne parle pas du cas où le demandeur principal voudrait lui-même exercer un recours en garantie, on ne saurait refuser à celui-ci le droit de procéder ainsi. Il faut seulement remarquer avec Pigeau (*Comment.*, t. 1er, p. 90) que le demandeur qui, avant d'engager l'instance, aurait connu le recours qu'il lui appartenait d'exercer, ne pourrait, après avoir cité le défendeur, retarder le jugement de l'affaire en mettant garant en cause. Il aurait alors à s'imputer d'avoir agi tardivement.

180. — L'art. 32 s'applique également au garant qui aurait à appeler un autre en sous-garantie. — Demiau-Crouzilhac, sur l'art. 33, p. 39.

181. — D'après Pigeau (*Comment.*, t. 1er, p. 90), malgré les termes impératifs de l'art. 32, le juge de paix pourrait refuser d'accorder un délai pour mettre garant en cause. Mais nous croyons, au contraire, avec Carré et Chauveau (t. 1er, quest. 143 *ter*) que cette opinion est inconciliable avec le texte de l'article précité. Le juge ne peut d'ailleurs préjuger en l'absence du garant ce qui doit être statué sur le recours en garantie.

182. — Pour la détermination du délai, le juge doit se conformer à l'art. 5 du Code de procéd., et accorder trois jours à partir du jugement. Tel paraît être au moins le vœu de la loi. — Carré et Chauveau, t. 1er, quest. 143 *ter*; Pigeau, *Comm.*, t. 1er, p. 91.

183. — Mais ce délai doit être augmenté d'un jour par trois myriamètres et il doit être doublé à raison de l'envoi et du retour, conformément à l'art. 1033. — Pigeau, t. 1er, p. 91.

184. — Les art. 178, 181 et 185 du Code procéd. (V. *suprà*) sont du reste applicables en justice de paix. — Pigeau, *loc. cit.*; Carré, quest. 143-4o.

185. — Dans le cas où la demande en garantie aurait été formée après les délais, le juge de paix saisi de l'action principale pourrait encore statuer sur cette demande en garantie si elle était en état avant le jugement de la première demande.

186. — M. Chauveau sur Carré (t. 1er, quest. 145) croit même qu'il suffirait que la demande en garantie eût été formée avant le jugement de la demande principale pour que le juge de celle-ci dût en connaître. Il infère cette conséquence des expressions de l'art. 33, *sauf à statuer séparément sur la demande en garantie.* — V. dans le même sens Bioche, *Dict. de procéd.*, vo *Justice de paix*, no 884.

187. — Mais il est incontestable que le recours en garantie formé après le jugement sur l'action principale ne pourrait être porté que devant le juge naturel du garant. — V. *suprà* l'art. 184. — V. *Comm. inséré aux annales du not.*, t. 1er, p. 68.

188. — Si le recours en garantie était exercé non par le défendeur originaire, mais bien par un créancier appelé en garantie, il y aurait lieu de procéder comme il est dit en l'art. 33.

189. — En conséquence, si au jour fixé par la citation, et conformément au jugement, le garant ne comparaissait pas, le juge de paix rendrait un jugement contradictoire entre le demandeur et le défendeur, et par défaut contre le garant qui pourrait y former opposition, conformément aux art. 20 et suiv., C. procéd. — Guichard, t. 2, p. 176.

Sect. 3e. — *De la garantie devant les tribunaux de commerce.*

190. — Les règles tracées pour la garantie devant les tribunaux de première instance sont, en général, applicables aux demandes en garantie formées devant les tribunaux de commerce.

191. — Ainsi, l'appelé en garantie est tenu de procéder devant le tribunal saisi de la demande originaire, quoiqu'il ne soit pas celui de son domicile.

192. — Par exemple, le négociant qui a cautionné un crédit en faveur d'un autre négociant peut être assigné devant le tribunal de commerce du lieu où ce crédit a été ouvert, bien qu'il soit domicilié ailleurs, si ce tribunal est compétent à l'égard du débiteur principal mis en cause avec lui. — *Cass.*, 26 juill. 1809, Lebrun c. Boursier.

193. — Le tribunal de commerce du lieu où les marchandises devaient être livrés est compétent pour connaître de la demande formée contre le commissionnaire chargé de les expédier, et qui ne les a pas expédiées, et aussi pour connaître de la demande en garantie formée par ce dernier contre le vendeur. — *Cass.*, 8 mars 1827, Rémond c. Bruzon. — V. COMPÉTENCE COMMERCIALE, no 685.

194. — Mais on ne saurait, sous prétexte d'une action en garantie, traduire devant un tribunal de commerce un individu non négociant, à moins que la demande dirigée contre lui ne soit relative à un acte qui, à son égard, ait un caractère commercial.

195. — On a vu, en effet (*suprà* nos 10 et s.), que si l'art. 181, C. procéd., modifie les principes ordinaires de la *compétence territoriale*, il respecte ceux de la *compétence d'attribution*. — Boitard, t. 2, p. 92; Boncenne, t. 8, p. 402; Thomine-Desmazures, t. 1er, p. 337; Chauveau sur Carré, t. 2, quest. 771 *bis*, § 1er; Pigeau, *Comment.*, t. 1er, p. 405; Berriat, p. 81; Favard, t. 2, p. 465; Bioche, no 76.

196. — En conséquence, lorsque le tribunal de commerce est incompétent, à raison de la matière, pour connaître par voie principale d'une vente faite par un individu non commerçant, il est également incompétent pour en connaître par voie récursoire de garantie. — *Paris*, 5 mai 1837 (t. 1er 1837, p. 545), Ernis c. Isaac; *Poitiers*, 9 fév. 1838 (t. 2 1838, p. 141), Inisan c. Turpault; *Rouen*, 23 janv. 1840 (t. 1er 1840, p. 438), Marie c. Mallouin.

197. — Spécialement, le métayer qui revend un bœuf qu'il a acheté pour son exploitation, et engraissé sur ses terres, ne fait pas acte de commerce. — En conséquence, il ne peut être assigné en garantie devant le tribunal de commerce, saisi d'une demande principale en résolution de vente; l'appelé en garantie n'étant tenu de procéder devant le tribunal saisi de la demande principale que lorsque le tribunal est compétent à raison de la matière pour statuer sur l'une et l'autre action. — *Paris*, 29 mai 1843 (t. 2 1843, p. 170), Bidel c. Maurille.

198. — L'art. 181, C. procéd. civ., ne saurait déroger au principe qui veut que nul ne soit distrait de ses juges naturels, ni à la règle posée dans l'art. 424 du même Code, d'après laquelle les tribunaux de commerce doivent prononcer d'office le renvoi lorsque l'incompétence existe à raison de la matière. — Ainsi, la vente d'un cheval faite par un notaire ne constituant pas un acte de commerce, toutes les actions auxquelles ce marché peut donner lieu contre le vendeur, même par voie de garantie, doivent être portées devant la juridiction ordinaire. — *Paris*, 20 juill. 1844 (t. 2 1844, p. 147), Marotte c. Testard; *Limoges*, 21 juin 1845 (t. 1er 1846, p. 323), Joyeux c. Rousseau. — V. d'ailleurs COMPÉTENCE COMMERCIALE, nos 683 et suiv.

199. — Le tribunal de commerce est également incompétent pour connaître incidemment à la demande récursoire formée contre l'endosseur d'un effet de commerce, de l'action en garantie du porteur contre l'officier ministériel, par la faute duquel le protêt a été déclaré nul. — *Cass.*, 20 juill. 1815, Dessaux c. Dalliphar. — V. COMPÉTENCE COMMERCIALE, nos 687 et 688.

200. — La jurisprudence peut être considérée comme fixée dans le sens que nous venons d'indiquer. Quelques cours ont cependant consacré par leurs décisions la doctrine contraire.

201. — Ainsi, la cour de Colmar a décidé qu'un tribunal de commerce saisi d'une demande principale est compétent pour connaître d'une demande en garantie formée à l'occasion de l'action principale, encore que cette garantie soit exercée contre un non-commerçant et résulte d'un fait purement civil. — *Colmar*, 18 juin 1835, Kalin c. Matter.

202. — La cour royale de Paris a jugé, dans le même sens, que, bien que le cultivateur qui vend un cheval ne fasse pas un acte commercial, il peut néanmoins être appelé en garantie devant le tribunal de commerce saisi d'une demande en nullité de la revente consentie par l'acheteur commerçant à un tiers. — *Paris*, 20 août 1842 (t. 1er 1843, p. 105), Picot c. Coffy. — Mais par les arrêts des 29 mai 1843 et 20 juill. 1844 (V. *suprà* nos 117 et 198), cette cour a embrassé depuis la doctrine opposée.

203. — Le non-commerçant qui a cautionné

une obligation commerciale peut-il être assigné devant les tribunaux de commerce? — La jurisprudence est divisée sur ce point; cependant on admet généralement que si la demande est dirigée tout à la fois contre le débiteur et contre la caution, celle-ci ne peut décliner la juridiction commerciale, parce qu'elle est réputée s'y être volontairement soumise. — Goujet et Merger, *Dict. du droit comm.*, v° *Caution*, n°s 20 et suiv. — V. conf. *Paris*, 6 juin 1831, Glatigny c. Milleret, et COMPÉTENCE COMMERCIALE, n°s 34, 37 et suiv., 127, 242 et 731.

204. — L'art. 164, C. comm., en donnant au porteur de la lettre de change le droit d'agir collectivement contre les signataires de la traite, attribue implicitement compétence au tribunal de commerce saisi de la demande principale contre le tiré pour connaître de cette action collective. Il y a donc là un principe analogue à celui de l'art. 181, et, dès-lors, une dérogation aux règles ordinaires de la compétence à raison du domicile. — V. COMPÉTENCE COMMERCIALE, n°s 206, 209, 215 et suiv.

205. — Toutefois, la jurisprudence a limité avec raison cette attribution de compétence exceptionnelle aux cas énumérés dans cette disposition.

206. — Ainsi, le tiré qui n'a pas accepté la lettre de change ne peut être assigné en garantie que devant le tribunal de son domicile. L'art. 104, C. comm., n'a dérogé au droit commun, en matière de compétence, qu'à l'égard des tireurs et endosseurs. — V. COMPÉTENCE COMMERCIALE, n°s 209 et suiv.

207. — Mais un tribunal de commerce saisi d'une demande en garantie formée contre un endosseur qui excipe de la nullité du protêt est compétent, quoiqu'il prononce la nullité du protêt, pour statuer sur l'action en dommages-intérêts que le demandeur en garantie a formée subsidiairement contre cet endosseur, en se fondant sur des faits de dol et de fraude qui auraient empêché l'huissier de procéder régulièrement. — *Cass.*, 2 août 1827, Lesueur c. Amiot et Asselin.

208. — Le porteur d'un effet de commerce qui a formé sa demande en paiement tout à la fois contre le tireur et l'un des endosseurs, peut, sans attendre l'issue du recours en garantie exercé contre qui de droit par ce dernier, requérir qu'il soit passé outre à la condamnation du tireur. — *Cass.*, 27 juin 1810, Berthelon c. Vincendon.

209. — Devant les tribunaux de commerce il est impossible de faire la déclaration d'appel en garantie par acte d'avoué, puisqu'il n'y a pas d'avoué près cette juridiction; une déclaration faite à l'audience par le défendeur originaire remplit le vœu de la loi. — *Bordeaux*, 9 janv. 1829, compagnie d'assurances c. Tauzin; — Chauveau sur Carré, t. 2, p. 769 bis; Bioche, n° 39.

GARANTIE (Vente).

1. — On appelle garantie (en matière de vente) l'obligation qui incombe au vendeur, soit en vertu de la loi, soit en vertu de la convention, de garantir la chose vendue.

2. — Suivant la loi (art. 1625), cette garantie a deux objets : 1° la paisible possession de la chose vendue; 2° les défauts cachés de cette chose ou les vices rédhibitoires.

3. — On distingue la garantie *de droit*, qui a lieu sans stipulation et par la seule force de la loi, et la garantie *de fait* ou *conventionnelle*, qui n'existe qu'autant qu'elle a été promise et qui est due dans les termes où elle a été convenue.

4. — La garantie de droit est écrite dans l'art. 1626 : c'est celle de garantir l'acquéreur de l'*éviction* qu'il souffre dans la totalité ou partie de l'objet vendu.

5. — Les parties peuvent, en matière de garantie, faire toutes les conventions que bon leur semble (C. civ., art. 1627), pourvu toutefois que ces conventions ne soient contraires ni aux bonnes mœurs ni à l'ordre public. — L'art. 1628, C. civ., donne un exemple de ces dernières conventions lorsqu'il défend de stipuler la non garantie de ses faits personnels.

6. — Voyez au surplus, sur la garantie en cas d'éviction, les effets et les modifications que peut subir l'obligation de garantir, v° VENTE.

7. — Quant à la garantie qui concerne les défauts cachés et vices rédhibitoires, V. VICES RÉDHIBITOIRES.

GARANTIE DES FONCTIONNAIRES.

V. FONCTIONNAIRES PUBLICS.

GARANTIE DES MATIÈRES D'OR ET D'ARGENT.

1. — On désigne ainsi l'ensemble des mesures à l'aide desquelles est constaté le titre des ouvrages et lingots d'or et d'argent.

2. — Les *droits de garantie* sont ceux que l'on perçoit à raison et à la suite de cette constatation.

3. — L'établissement dans lequel remplissent leurs fonctions les employés chargés de vérifier le degré de fin des matières d'or et d'argent, de percevoir le droit et d'apposer sur ces matières le poinçon dont l'empreinte garantit l'essai et le recouvrement du droit, prend le nom de *bureau de garantie*.

4. — Le droit de garantie représente les droits de marque et de contrôle établis en France par la déclaration du 31 mars 1672, et qui, après d'assez fréquentes fluctuations dans leur fixation, disparurent au mois d'avril 1791 lors de la suppression de tous les impôt indirects. — Ce droit aujourd'hui existe en vertu de la loi du 19 brum. an VI, qui forme la base de la législation actuelle sur les matières d'or et d'argent. — V. MATIÈRES D'OR ET D'ARGENT.

GARDE A VUE DE BESTIAUX.

1. — Le Code rural du 28 sept. et 6 oct. 1791 avait établi des peines différentes pour le fait d'avoir mené un troupeau sur le terrain d'autrui et celui de l'y avoir gardé à vue. — La raison de cette différence est que la garde à vue brave l'autorité du propriétaire, suppose une intention réfléchie, et a conséquemment plus de gravité que la simple conduite du troupeau sur le terrain d'autrui.

2. — Les mêmes motifs ont sans doute dirigé les législateurs de 1832, puisqu'ils ont réduit, par l'art. 479, C. pén., le délit d'introduction prévu par l'art. 24, tit. 2, L. 23 sept. 1791, aux proportions d'une simple contravention (V. ANIMAUX, n°s 62 et suiv.), tandis que les débats parlementaires qui ont précédé la loi du 28 avr. 1832 nous apprennent qu'il n'a été nullement question de l'art. 26 de la même loi de 1791 relatif à la garde à vue, lequel, par conséquent, continue à avoir force de loi, ainsi que cela résulte d'ailleurs d'une jurisprudence constante.

3. — Or, l'art. 26, tit. 2, L. 1791, est ainsi conçu : « Quiconque sera trouvé gardant à vue ses bestiaux dans les récoltes d'autrui sera condamné, en outre du paiement du dommage, à une amende égale à la somme du dédommagement, et pourra l'être, suivant la circonstance, à une détention qui n'excédera pas une année. » — V. au surplus à cet égard ANIMAUX, n°s 71 et suiv.

GARDE BOURGEOISE.

1. — On distinguait autrefois plusieurs espèces de gardes bourgeoises.

2. — La première, admise dans certaines coutumes, notamment dans celle d'Orléans, n'était autre chose qu'une tutelle légitime qui ne donnait au gardien aucun droit sur les biens des mineurs, puisqu'elle l'obligeait à rendre compte des revenus de la même manière que tout autre tuteur. — Pothier, *Traité de la garde-noble et bourgeoise*, n° 11.

3. — La coutume de Paris admettait une autre espèce de *garde bourgeoise*, qui était de même nature que la garde-noble et ne différait de cette dernière, comme le remarque Pothier (*loc. cit.*, n° 12), qu'en ce que la durée en était plus courte, et que le gardien bourgeois était obligé de donner caution.

4. — Pothier (*ibid.*) définissait cette dernière espèce de garde bourgeoise : « le droit que la loi municipale accorde au survivant de deux conjoints bourgeois de Paris de percevoir à son profit le revenu des biens que ses mineurs ont eu de la succession du prédécédé, jusqu'à ce qu'ils aient atteint un certain âge, sous certaines charges qu'elle lui impose, en récompense de l'éducation desdits enfans qu'elle lui confie. »

5. — Cette garde était régie par les mêmes règles que la garde noble. — V. ce mot.

6. — Enfin, quelques coutumes, autres que celles de Paris, par exemple, celle de Clermont, admettaient aussi une garde bourgeoise avec émolument pour le gardien, mais en la restreignant à la jouissance des biens des mineurs. — Pothier, n° 13.

GARDE-CANAUX.

1. — Agens préposés à la surveillance et à la conservation des canaux établis pour la navigation ou pour l'irrigation des propriétés riveraines.

2. — Les gardes préposés à la surveillance des simples canaux d'irrigation ont exactement le même caractère et les mêmes attributions que les garde-rivières. — V. GARDE-RIVIÈRE.

3. — Les gardes attachés à la surveillance des canaux de navigation ont nécessairement le caractère de préposés de la grande voirie de laquelle ces canaux dépendent.

4. — Ceux qui sont spécialement préposés à la garde ou au service des écluses reçoivent le plus souvent le nom d'éclusiers ou gardes éclusiers.

5. — Bien que les garde-canaux soient généralement choisis par les compagnies concessionnaires des canaux, ils n'ont évidemment de caractère public qu'autant qu'ils sont commissionnés par l'administration des ponts-et-chaussées.

6. — Il faut induire du même principe qu'ils doivent, avant d'entrer en fonctions, prêter serment conformément à l'art. 2 de la loi du 29 flor. an X, et à la loi du 31 août 1830.

7. — Aux termes de cette dernière loi, et ainsi que nous l'avons fait remarquer v° GARDE CHAMPÊTRE, c'est aujourd'hui devant le tribunal civil, exclusivement, que ce serment doit être prêté. — V. au surplus SERMENT DES FONCTIONNAIRES ET POLITIQUE.

8. — Les gardes attachés à la surveillance des canaux de navigation ont qualité pour constater sur ces canaux toutes les contraventions et tous les délits qui tombent sous l'application de la loi du 29 flor. an X.

9. — Leur mission est surtout de veiller à la conservation des canaux, rigoles et francs-bords, à celle des étangs, chaussées, ponts, pertuis, et en général de toutes les propriétés dépendantes des canaux.

10. — Ils doivent en outre également constater toutes les infractions aux réglemens arrêtés par l'autorité pour la police de ces canaux.

11. — L'art. 36, L. 15 avr. 1829, leur donne enfin qualité pour constater les délits de pêche, concurremment avec les garde-pêche, les gardes champêtres et autres officiers de police judiciaire.

12. — Aux termes du décret du 22 fév. 1813, portant réglement pour la police et la conservation des canaux de Loing et d'Orléans, il faut, quant à la forme et à l'effet des procès-verbaux des garde-canaux, distinguer les procès-verbaux constatant des contraventions à la police de la navigation de ceux qui constatent des délits susceptibles de porter atteinte à la propriété même des canaux.

13. — Les procès-verbaux qui constatent des contraventions purement de police dont la connaissance appartient aux tribunaux ordinaires doivent être affirmés devant le juge de paix ou devant les maires et adjoints de la commune où le délit a été commis. — Décr. 22 fév. 1813, art. 48.

14. — Les contraventions susceptibles de porter atteinte à la propriété des canaux, contraventions qui tombent sous la juridiction des conseils de préfecture, doivent être constatées comme en matière de grande voirie. — Même décret, art. 57.

15. — Les procès-verbaux qui constatent des délits de cette dernière catégorie font foi jusqu'à inscription de faux, toutes les fois qu'ils sont rédigés pour les cas et dans les formes prescrites par l'administration forestière. — *Ibid.*, art. 58.

16. — Dans le cas de tout délit commis contre la sûreté et la tranquillité publique, contre le maintien de l'ordre et la liberté de la navigation, et dont la répression est urgente, ainsi que dans le cas de désobéissance aux ordres des agens du canal, les garde-canaux sont autorisés à requérir main-forte. — *Ibid.*, art. 61.

17. — Mais, en cas d'abus de la part du garde dans l'usage de cette autorisation, il en est personnellement responsable, et la compagnie garante vis-à-vis de la partie lésée. — *Ibid.*, art. 62.

18. — Les citations et les significations des jugemens ou arrêtés prononcés en faveur des canaux (dans les affaires contentieuses qui les concernent) peuvent, lorsqu'il en est ainsi ordonné, être faites par les gardes des canaux, qui exercent dans ce cas les fonctions d'huissier. — *Id.*, art. 67.

19. — Les garde-canaux sont sous les ordres immédiats des ingénieurs et des conducteurs principaux des travaux relativement aux travaux et à la conservation des travaux en général. Ils reçoivent également les ordres des agens de la navigation et de l'approvisionnement de Paris (cette disposition spéciale aux canaux de Loing et d'Orléans ne semble pouvoir être étendue qu'aux canaux qui peuvent concourir à l'approvisionnement de Paris) pour le service du mouvement de la navigation; le tout sans préjudice de l'autorité que les compagnies concessionnaires ont nécessaire-

ment sur eux pour le bien du service. — *Id.*, art. 69, 70 et 74.

20. — Ils portent dans l'exercice de leurs fonctions la bandoulière aux armes de l'état. — *Id.*, art. 69.

21. — Les garde-canaux ne peuvent, en aucun cas, ni exiger, ni recevoir argent ou marchandises des voituriers, leurs facteurs ou mariniers, même à titre de paiement, sous peine d'être poursuivis comme concussionnaires. — *Id.*, art. 72.

22. — Un autre décret impérial du 12 août 1807 a réglé par des dispositions analogues le service et les attributions des gardes du canal du Midi.

GARDE CANTONNIER.

V. GARDE FORESTIER.

GARDE CHAMPÊTRE.

Table alphabétique.

Abus d'autorité, 142.
Acte inopportun, 126.
Adjudication, 145.
Administration forestière, 20. — municipale, 16, 165 s. — municipale de canton, 166. — de district, 26, 164.
Affirmation, 115, 182.
Affouages (adjudication des), 146. — (distribution des lots d'), 95. — (exploitation des), 146.
Age, 21.
Agent de l'autorité, 175. — de la force publique, 9, 93, 172.
Agrément, 20, 27, 164 s.
Allié, 116.
Amende, 34, 113.
Ancien militaire, 23 s.
Approbation, 27.
Armes, 48.
Arrestation, 80 s., 92, 99, 184. — arbitraire, 141, 187.
Arrêté municipal, 93.
Atelier, 78 s.
Attentat à la liberté, 140.
Attribution, 66 s., 171 s.
Autorité administrative, 63. municipale, 59, 124. — publique, 170, 180. — supérieure, 59.
Auxiliaire du procureur du roi, 8, 106 s.
Avertissement, 63.
Avis, 70.
Avoué, 180.
Balayage, 103.
Banavars, 2.
Bandier, 2.
Bangard, 2.
Bannar, 2.
Belgique, 14.
Bois, 19 s., 40 s. — des communes, 75. — des établissemens publics, 75.
Cabarets (fermeture des), 94.
Cartes à jouer, 44.
Cens électoral, 46.
Centimes additionnels, 34 s.
Chambre des députés, 11.
Changement, 25.
Chasse, 153. — (délit de), 109 s., 192 s.
Chasse (permis de), 50 s., 178.
Chemin public, 101.
Choix, 22 s.
Chose enlevée, 77, 183.
Circonstances aggravantes, 70.
Citation, 107.
Clameur publique, 80 s., 184.
Classes différentes de gardes, 13 s.
Code d'instruction criminelle, 7 s.
Commandant de gendarmerie, 60 s.
Commission, 20, 27.
Commune, 16 s., 31.
Compétence, 29, 45, 81, 83, 97 s., 100, 181.
Complaisance, 130.
Concession, 144.
Conscrit réfractaire, 92.
Conseil général de commune, 25 s., 164. — municipal, 27, 32, 168 s. — de discipline, 96.
Contributions indirectes, 114.
Corruption, 144, 188.
Costume, 47.
Crime, 69 s.
Crimes et délits (surveillance des), 149. — commis par les gardes champêtres, 133 s., 186. — contre les propriétés, 151.
Cumul de fonctions, 19, 137 s. — de propriétés à surveiller, 163.
Déclaration du roi, 4.
Dégât, 82.
Délinquant inconnu, 82.
Délit, 89. — étranger aux fonctions de garde champêtre, 98. — forestier, 72 s. — spécial, 108.
Délits et contraventions, 67 s.
Dénomination, 106.
Dépens, 127 s.
Dépense obligatoire, 31.
Déserteur, 92.
Désignation inexacte d'un prévenu, 131.
Destitution, 25, 147.
Détention arbitraire, 84.
Détenu évadé, 92.
Discipline, 64.
District, 26, 164.
Dommages-intérêts, 126.
Droit ancien, 2 s. — de constatation, 97 s., 108.
Election, 4.
Embrigadement, 11.
Enregistrement, 115.
Entreprise, 145.
Exécution, 98.
Exercice des fonctions, 94 s., 152 s., 191.
Exploitant, 34 s., 44.
Faux, 189.
Fermier, 46, 162.
Fêtes et dimanches, 104.
Flagrant délit, 80 s., 87, 99, 184.
Fonctionnaire public, 3, 139 188.
Fonds clos, 35, 38. — entourés de barrières, 39. — de fossés, 39. — non enclos, 35, 38.
Forçat évadé, 92.
Force publique, 85 s. — (réquisition de la), 143.
Forfaiture, 148.
Fraude à la vérité, 132.
Fusil de guerre, 48.
Garde, 2. — champêtre honoraire, 14. — communal, 15 s. — forestier, 19, 137 s.
Garde nationale, 49, 96, 176 s.
Garde particulier, 12, 15, 37, 161 s. — des ablais, 3. — de plusieurs communes, 18.
Gastier, 2.
Gendarmerie, 10, 58, 60 s., 91.
Gratification, 92, 110, 113.
Imposition spéciale, 34 s.
Incapacité, 175.
Indice, 76.
Individus étrangers à la localité, 90.
Information, 89 s.
Injonctions, 64.
Inscription de faux, 119.
Institution actuelle, 5.
Instruction criminelle, 135.
Interdiction, 147.
Introduction dans les maisons, 78.
Juge d'instruction, 135. — de paix, 55, 65, 154 s.
Liberté individuelle, 84.
Main forte, 85.
Maire, 27, 30, 124.
Maison de dépôt, 84.
Marché communal, 146.
Menace criminelle, 150.
Messier, 2.
Ministère public, 180.
Mise en jugement, 136 s.
Moralité, 22.
Négligence, 123, 125, 128.
Nombre, 17 s.
Nomination, 11, 25 s., 164 s. — d'office, 28.
Nullité, 57. — de forme, 120.
Obéissance, 129.
Officier de police judiciaire, 7, 62, 115, 155, 173.
Omission, 125.
Organisation, 6, 11.
Outrages et violences, 159.
Paiement, 33.
Parent, 116.
Partialité, 132.
Pêche (délit de), 111.
Peine (aggravation de), 139 s. — spéciale, 139 s.
Plainte, 106.
Plaque, 47.
Poids et mesures, 105.
Police rurale, 9. — urbaine, 102 s.
Poursuite, 133 s., 186. — des délits, 4.
Préfet, 28, 30.
Présentation, 26.
Preuve, 76, 121 s.
Procès-verbal, 76, 115 s., 182. — (foi due au), 118. — (remise du), 117.
Procureur général, 63, 134. — du roi, 62 s., 185.
Propriétaire, 35, 37, 46, 161.
Propriété rurale, 1, 66 s.
Rébellion, 158.
Recherche des délits et contraventions, 67.
Récolte, 1, 66 s.
Régie, 145.
Réparation civile, 71.
Réquisition, 91.
Résistance, 158.
Responsabilité, 123 s.
Révocation, 30, 147.
Rôles spéciaux, 36, 42.
Routes (plantation des), 112 et suiv.
Sabre, 48.
Saisie, 3, 88.
Séquestre, 77, 88, 183.
Sergent, 2.
Serment, 4, 52 s., 179 s. — (défaut de), 147. — spécial, 52 s.
Signification, 96.
Sous-préfet, 27, 167.
Suite (droit de), 77, 183.
Supérieur hiérarchique, 65.
Surveillance, 59 s., 126, 156, 185.
Suspension, 30, 147.
Tabac, 114.
Témoignage, 120 s.
Territoire, 29, 181.
Tournée, 61.
Traitement, 31 s.
Tranquillité publique, 1, 9, 66 s., 80 s.
Tribunal civil, 56.
Tribunaux, 64.
Vétéran, 23.
Vignier, 2.
Violation de domicile, 142.
Violences illégales, 142. — et outrages contre les gardes champêtres, 158, 190.
Visite domiciliaire, 78 s.
Voierie (grande), 112 s.
Voiture publique, 160.

GARDE CHAMPÊTRE. — 1. — Agent principalement commis à la conservation des récoltes, fruits de la terre et propriétés rurales de toute espèce, et chargé en même temps de concourir au maintien de la tranquillité publique.

2. — Des fonctions analogues étaient, dès avant 1789, confiées à divers préposés, désignés indifféremment, suivant les localités, sous les noms de *messiers*, *gardes*, *sergens*, *gastiers*, *bannars* ou *bangards*, *bandiers*, *banavars*, *vigniers* et autres.

3. — Ce fut Charles V qui éleva ces agens au rang de fonctionnaires publics. Par lettres du 19 juin 1369, « il permit aux maïeurs et échevins d'establir des gardes des ablais ou grains pendans par les racines, avec pouvoir de saisir les charrois et bestiaux qui causeraient du dommage dans les terres, et de condamner à l'amende ceux qui les conduiraient. »

4. — Les messiers ou autres agens étaient élus dans chaque paroisse suivant les usages, et d'après les règles tracées par la déclaration du roi du 11 juin 1709 (art. 16). — Ils devaient prêter serment devant le juge des lieux et faire leurs rapports au greffe de tous les délits qu'ils découvraient dans leurs visites. Ces délits étaient ensuite poursuivis par le procureur fiscal. — La Poix de Fréminville, *Pratique des terriers*, t. 3, chap. 11, sect. 4e.

5. — C'est, dans notre nouveau droit, à la loi du 28 sept. et 6 oct. 1791, que remonte l'institution actuelle des gardes champêtres.

6. — Une autre loi du 20 messid. an XIII, et bientôt après le Code du 3 brum. an IV en complétèrent l'organisation.

7. — Le Code d'instruction criminelle leur a donné la qualité d'officiers de police judiciaire. — C. instr. crim., art. 16.

8. — Mais il ne leur a point donné la qualité d'auxiliaires du procureur du roi. Nous verrons (*infrà*) quelles sont les conséquences de cette restriction.

9. — Dans l'exercice des attributions qui leur sont confiées, indépendamment de la police rurale, et pour le maintien de la tranquillité publique, on doit plutôt les considérer comme agens de la force publique. — V. AGENS DE LA FORCE PUBLIQUE.

10. — Les rapports qu'ils ont à cet effet avec la gendarmerie ont été réglés par un décret du 11 juin 1806 et par l'ordonnance royale du 29 oct. 1820.

11. — En 1843, une proposition a été soumise à la chambre des députés par M. de Saint-Priest, tendant à faire adopter pour les gardes champêtres une nouvelle organisation, par suite de laquelle ces agens seraient embrigadés et placés plus spécialement sous l'autorité des préfets, à qui d'ailleurs la nomination en serait remise. — Cette proposition, reproduite dans la session de 1845, n'a eu jusqu'à présent aucune suite.

12. — La loi du 20 messid. an III et le Code du 3 brum. an IV ont formellement autorisé les particuliers à avoir des gardes spéciaux pour la surveillance de leurs propriétés.

13. — Il y a donc en France deux sortes de gardes champêtres : les gardes champêtres communaux et les gardes champêtres particuliers.

14. — Il en est de même en Belgique, et la cour d'appel de Bruxelles a, d'ailleurs, jugé que l'autorité ne peut créer arbitrairement une troisième classe de gardes ; que les gouverneurs de province, par exemple, n'ont pas le droit de nommer des gardes champêtres honoraires. — *Bruxelles*, 17 mai 1834, M...

15. — Nous diviserons cet article en deux parties principales : la première, consacrée aux gardes champêtres des communes dont l'organisation et les attributions ont formé le principal objet des lois de la matière ; la seconde, consacrée aux gardes des particuliers.

SECT. 1re. — *Gardes champêtres des communes* (nº 16).

§ 1er. — *Institution, nomination, traitement, incapacité, serment, et surveillance des gardes champêtres communaux* (nº 16).

§ 2. — *Attributions* (nº 66).

§ 3. — *Procès-verbaux* (nº 115).

§ 4. — *Responsabilité* (nº 123).

§ 5. — *Crimes et délits commis par les gardes champêtres* (nº 133).

§ 6. — *Violences et outrages contre les gardes champêtres* (nº 158).

SECT. 2e. — *Gardes champêtres des particuliers* (nº 161).

—

Sect. 1re. — *Gardes champêtres des communes.*

§ 1er. — *Institution, nomination, traitement, incapacité, serment et surveillance des gardes champêtres communaux.*

16. — La création de gardes champêtres dans les communes resta d'abord facultative pour les administrations locales. — « Pour assurer les propriétés et conserver les récoltes, *il pourra*, est-il dit seulement dans la loi du 28 sept. 1791, tit. 1er, sect. 7e, art. 1er, être établi des gardes champêtres dans les municipalités... »

17. — Mais plus tard on en fit une obligation formelle aux administrations municipales, et il fut disposé qu'il y aurait au moins un garde champêtre par commune. — L. 20 messid. an III, art. 3; Code 3 brum. an IV, art. 38.

18. — Par là s'est trouvée abrogée la disposition de la loi précitée du 28 sept.-6 oct. 1791, qui portait que plusieurs municipalités pourraient choisir et payer le même garde champêtre.

19. — Dans les municipalités où il y a des gardes établis pour la conservation des bois, les gardes champêtres peuvent remplir les deux fonctions. — L. 28 sept.-6 oct. 1791, tit. 1er, sect. 7e, art. 2.

20. — Seulement, dans ce cas, comme dans celui où les communes ont un garde forestier spécial, il faut que le garde champêtre soit particulièrement agréé et commissionné en qualité de garde forestier, par l'administration forestière, conformément à l'art. 95, C. forest.

21. — Les gardes champêtres doivent être âgés au moins de vingt-cinq ans. — L. 28 sept.-6 oct. 1791, tit. 1er, sect. 7e, art. 5.

22. — Ils doivent être reconnus pour gens de bonnes mœurs et ne peuvent même être choisis

que parmi les citoyens dont la probité, le zèle et le patriotisme sont généralement reconnus. — Même disposition et L. 20 messid. an III, art. 2.

23. — Un arrêté consulaire du 25 fructid. an IX a ajouté qu'ils devaient en outre être choisis parmi les vétérans nationaux et autres anciens militaires.

24. — Mais cette disposition, que les lois ultérieures n'ont pas reproduite et qui manque d'ailleurs de sanction, d'après le mode actuel de nomination des gardes champêtres, doit être considérée aujourd'hui moins comme une obligation rigoureuse que comme une recommandation aux administrations locales de choisir de préférence des anciens militaires, et en effet ce choix est assurément préférable à tous autres.

25. — Dans le principe, les gardes champêtres étaient nommés exclusivement par le conseil général de la commune. Ils ne pouvaient être changés ou destitués que dans la même forme. — L. 28 sept.-6 oct. 1791, tit. 1er, sect. 7e, art. 1er.

26. — La loi du 20 messid. an III (art. 2) attribua plus tard le droit de nomination à l'administration de district et ne réserva plus aux conseils généraux de communes que la présentation.

27. — Aujourd'hui et aux termes de la loi du 18 juillet 1837 sur l'administration municipale, qui n'a fait du reste en ceci que reproduire les dispositions d'une ordonnance royale du 29 nov. 1820, « le maire nomme les gardes champêtres, sauf l'approbation du conseil municipal; ils doivent être agréés et commissionnés par le sous-préfet. » — L. 18 juill. 1837, art. 13.

28. — La question a été élevée de savoir si dans le cas où le maire et le conseil municipal ne seraient pas d'accord pour la nomination d'un garde champêtre, le préfet pourrait faire lui-même cette nomination, en vertu du droit que lui donne l'art. 15, L. 18 juill. 1837 de procéder d'office aux actes que les administrations locales négligent de faire. — Consulté sur ce point, le ministre de l'intérieur a répondu : « qu'il fallait user avec réserve de l'art. 15 de la loi du 18 juill. 1837, dont on pourrait justement contester l'application quand il s'agit du choix d'agens communaux à l'égard desquels un mode spécial de nomination a été déterminé par la loi elle-même; — que s'il y a dissentiment entre le conseil municipal et le maire, le préfet n'a pas le droit de trancher la difficulté; — qu'une loi attribue spécialement au maire, avec le concours du conseil municipal, le droit de nommer les gardes champêtres; — que le préfet ne peut donc que recourir au moyen de persuasion. » — Lettre du ministre de l'intérieur du 18 janv. 1839 (*Journal des conseillers municipaux*, t. 7, p. 180).

29. — L'art. 16, C. instr. crim., limitant la compétence des gardes champêtres au territoire pour lequel ils ont été assermentés, l'acte de leur nomination doit donc indiquer pour quel territoire ou pour quelles propriétés il sont institués.

30. — Les gardes champêtres peuvent être suspendus par le maire; mais le préfet peut seul les révoquer. — L. 18 juill. 1837, art. 13.

31. — Le traitement des gardes champêtres est au nombre des dépenses obligatoires des communes. — L. 18 juill. 1837, art. 30-7°.

32. — La quotité du traitement est fixée par le conseil municipal, en vertu de l'art. 19 de la même loi qui porte que ce conseil délibère sur... « 1° le budget de la commune, et en général, toutes les recettes et dépenses, soit ordinaires, soit extraordinaires. »

33. — Le mode de paiement de ce traitement a, jusqu'en 1832, soulevé plusieurs difficultés.

34. — La loi du 28 sept.-6 oct. 1791 (sect. 7, art. 3) avait disposé : — « Les gardes champêtres seront payés par la communauté ou les communautés suivant le prix déterminé par le conseil général; les gages seront prélevés sur les amendes qui appartiendront en entier à la communauté; dans le cas où elles ne suffiraient pas au salaire des gardes, la somme qui manquerait serait répartie au marc la livre de la contribution foncière, mais serait à la charge de l'exploitant... »

35. — Ultérieurement, un décret impérial du 23 fruct. an XIII modifia en ces termes la législation : « Dans toutes les communes, portait ce décret, où le salaire des gardes champêtres ne pourrait être acquitté sur les revenus communaux, en y comprenant le produit des amendes, et lorsque les habitans ne consentiront pas à former le traitement ou le complément de traitement de ces gardes par une souscription volontaire, la somme qui manquera sera, en conformité de l'art. 3, sect. 7, L. 6 oct. 1791, concernant les biens et usages ruraux et la police rurale, répartis sur les propriétaires ou exploitans de fonds non enclos, 1 centime le franc de la contribution foncière de chacun d'eux. » La loi de finances du 17 août 1822, art. 26, consacra cette disposition en ajoutant que les rôles dressés en conséquence seraient rendus exécutoires par les préfets.

36. — Depuis lors et dans la plupart des communes rurales dont les revenus ordinaires étaient insuffisans pour pourvoir au traitement du garde champêtre, il fut dressé des rôles spéciaux pour la répartition de cette dépense entre les contribuables désignés par le décret. De là, les difficultés dont nous parlions tout-à-l'heure.

37. — Il fut d'abord reconnu que, conformément à la loi du 20 mess. an III, art. 4, le droit qu'a tout propriétaire d'avoir pour ses domaines un ou plusieurs gardes champêtres, ne l'exemptait pas de contribuer au traitement du garde de la commune. — Inst. min. de l'int. du 21 avr. 1823.

38. — Puis, décidé que les lois des 23 fruct. an XIII et 17 août 1822 qui, par dérogation à celle du 6 oct. 1791, affranchissaient les fonds clos de l'imposition pour le salaire des gardes champêtres, ne considéraient comme tels que les fonds qui par la nature de leur clôture sont entièrement soustraits aux entreprises et aux infractions que les gardes champêtres sont chargés de constater. — *Cons. d'état*, 26 déc. 1830, min. int. c. Leprêtre et de Torcy.

39. — ... En conséquence, que l'imposition dont il s'agit devait porter sur des fonds entourés de fossés et fermés par des barrières cadenassées, l'art. 6, sect. 4, L. 6 oct. 1791 qui déclare closes les propriétés entourées de fossés, ne concernant pas le traitement des gardes champêtres, et étant exclusivement relatif à l'exercice du droit de parcours et de vaine pâture. — Même décision.

40. — D'après des instructions ministérielles, les propriétaires de bois, qui n'avaient pas d'autres propriétés non closes, et qui ne participaient en rien aux avantages des biens possédés à titre de jouissance commune, auraient dû être exceptés du rôle des impositions destinées au paiement des gardes champêtres. S'ils avaient d'autres propriétés non closes, leur concours au paiement du garde champêtre aurait dû être restreint et réglé sur le principal de la contribution dont ces propriétés étaient grevées. — Inst. min. des 18 sept. 1816 et 18 mai 1818.

41. — Cependant, le conseil d'état décidait que les lois des 6 oct. 1791 et 20 messid. an III, qui soumettaient tous les propriétaires au paiement des salaires des gardes champêtres proportionnellement au montant de leurs contributions foncières, ne faisant aucune exception, et les lois des 23 fructid. an XIII n'en faisant une qu'en faveur des propriétaires de fonds clos, il en résultait que le propriétaire d'une forêt située dans une commune était assujetti à ce paiement, encore bien qu'il eût des gardes particuliers. — *Cons. d'état*, 22 juill. 1829, Sosthène de Larochefoucauld.

42. — Aujourd'hui, la loi de finances du 21 avr. 1832, art. 19, a fait disparaître toutes ces distinctions, et établi un régime nouveau en disposant : « il ne sera plus fait de rôles spéciaux pour les impositions relatives au traitement des gardes champêtres. Ces impositions, votées dans les formes prescrites par les art. 39 et 40, L. 15 mai 1818, seront comprises à titre de centimes additionnels dans le rôle de la contribution foncière, et porteront, comme ces centimes, sur toutes les natures de propriété. »

43. — L'imposition extraordinaire établie pour le paiement des gardes champêtres est-elle à la charge du propriétaire ou de l'exploitant? — Cette question qui s'était déjà produite mais sans être résolue avant la loi de 1832, n'est pas aujourd'hui même sans difficulté. — On a vu, en effet, (*suprà* n° 34), que la loi du 28 sept.-6 oct. 1791 avait mis cette imposition exclusivement à la charge de l'exploitant. — Or, ni la loi du 20 messid. an III, ni le décret du 23 fructid. an XIII, ni la loi de finances du 17 août 1822 n'ont révoqué ce qu'avait dit la loi de 1791. En parlant de la répartition de cette dépense, ces lois disent, au contraire, qu'elle aura lieu entre *les propriétaires ou exploitans*, ce qui semble laisser subsister dans toute sa force la législation antérieure, et la loi de 1832 garde sur le même point un silence qui ne permet de résoudre la difficulté que par voie d'induction. — Néanmoins, nous n'hésitons pas à penser, d'après les termes généraux de cette dernière loi, que l'intention du législateur a été de faire rentrer de tous points la contribution dont il s'agit, sous l'empire du droit commun; c'est-à-dire, qu'elle doit suivre entièrement désormais le sort de la contribution foncière et peser indistinctement sur tous les contribuables fonciers comme sur toutes les propriétés. C'est en définitive seulement à l'usage des lieux ou aux baux des propriétés exploitées par d'autres que les propriétaires, baux qui font la loi des parties, qu'il faut se reporter pour décider si elle est à la charge du propriétaire ou de l'exploitant.

44. — Remarquons, toutefois, que d'après les principes que nous avons exposés (V° CONTRIBUTIONS DIRECTES), c'est sur l'exploitant que le paiement de cette contribution doit être poursuivi, sauf son recours, s'il y a lieu, contre qui de droit.

45. — La question de savoir par qui elle doit être en définitive supportée est, du reste, une question étrangère à la juridiction administrative et qu'il appartient aux tribunaux ordinaires de décider.

46. — L'imposition pour le salaire des gardes champêtres, étant comprise dans les supplémens d'impôt foncier connus sous le nom de centimes additionnels, profite pour le cens électoral au propriétaire et non au fermier. — *Paris*, 15 oct. 1845 (t. 2 1845, p. 787), Lesage.

47. — Les gardes champêtres n'ont point de costume déterminé. Ils doivent seulement, dans l'exercice de leurs fonctions, avoir sur le bras une plaque de métal ou d'étoffe portant ces mots, *la loi*, le nom de la municipalité et celui du garde. — L. 28 sept.-6 oct. 1791, tit. 1er, sect. 7, art. 4.

48. — La même disposition les autorise à porter, dans leur service, toutes sortes d'armes qui seraient jugées leur être nécessaires par le directoire du département, aujourd'hui par le préfet. Une ordonnance royale du 24 juill. 1816, art. 2, permet qu'ils aient un fusil de guerre, avec l'autorisation du sous-préfet; dans un grand nombre de communes, ils portent habituellement un sabre.

49. — Les gardes champêtres ne sont pas appelés au service de la garde nationale. — L. 22 mars 1831, art. 12, § 4.

50. — Il ne peut leur être délivré de permis de chasse. — L. 3 mai 1844, art. 7, § 4. — V. cependant quant aux gardes particuliers, *infrà* n° 178.

51. — Jugé que cette prohibition est absolue; en conséquence, que le permis de chasse qui aurait été délivré à des gardes champêtres, même par l'autorité compétente, ne pourrait empêcher les tribunaux de leur appliquer les peines édictées par la loi, si un délit de chasse était constaté à leur charge. — *Rouen*, 20 nov. 1844 (t. 2 1844, p. 663), Lenoble.

52. — Avant d'entrer en fonctions, les gardes champêtres doivent prêter le serment de veiller à la conservation de toutes les propriétés qui sont sous la foi publique et de toutes celles dont la garde leur est confiée par l'acte de leur nomination. — L. 28 sept.-6 oct. 1791, tit. 7, art. 5.

53. — Ils sont en outre tenus de prêter le serment politique prescrit à tous les fonctionnaires de l'ordre administratif et judiciaire par la loi du 31 août 1830.

54. — Jugé que le serment prêté par un garde champêtre en vertu de ladite loi de 1830, ne le dispense pas du serment prescrit par la loi de 1791, et qu'en conséquence, le procès-verbal dressé par un garde champêtre qui n'aurait pas prêté ce dernier serment est nul et ne peut faire foi en justice. — *Cass.*, 10 juin 1843 (t. 2 1843, p. 380), Delahaye.

55. — Aux termes de la disposition précitée de la loi de 1791, le serment spécial auquel sont soumis les gardes champêtres, devait être prêté devant le juge de paix de leur canton.

56. — Mais il a été jugé que la loi du 31 août 1830 a dérogé en ce point à la loi de 1791, et qu'en conséquence c'est devant le tribunal civil et non devant le juge de paix que doit être prêté simultanément le double serment spécial et politique imposé aux gardes champêtres comme officiers de police judiciaire. — *Cass.*, 16 nov. 1844 (t. 1er 1845, p. 776) (int. de la loi), Izard et Pelissier; 17 mars 1845 (t. 1er 1845, p. 580), Sallabéry; *Rennes*, 10 nov. 1846 (t. 1er 1847, p. 21), Lamy.

57. — Quant aux nullités qui peuvent résulter du défaut ou de l'irrégularité du serment des gardes champêtres, V. SERMENT DES FONCTIONNAIRES et POLITIQUE.

58. — Dans les huit jours de leur installation, les gardes champêtres doivent aussi se présenter à l'officier ou sous-officier de gendarmerie du canton dans lequel est située la commune à laquelle ils sont attachés. Cet officier ou sous-officier inscrit leur nom, leur âge, leur domicile, sur un registre à ce destiné. — Décr. 11 juin 1806, art. 1er; ord. royale 29 oct. 1820, art. 310.

59. — Comme agens communaux, les gardes champêtres sont placés en première ligne sous la surveillance de l'autorité municipale et, dans la hiérarchie, des autorités administratives supérieures, comme, par exemple, les sous-préfets et les préfets.

60. — Comme agens de la force publique, ils se

trouvent sous la surveillance des commandans des brigades de la gendarmerie. — Ord. royale 29 oct. 1820, art. 310.

61. — Les officiers et sous-officiers de gendarmerie s'assurent, en conséquence, dans leurs tournées, si les gardes champêtres remplissent bien les fonctions dont ils sont chargés; ils donnent connaissance aux sous-préfets de ce qu'ils ont appris sur la conduite et le zèle de chacun d'eux. — Décr., 11 juin 1806, art. 2; ord. 29 oct. 1820, art. 311.

62. — Comme officiers de police judiciaire, les gardes champêtres sont placés sous la surveillance du procureur du roi. — C. inst. crim., art. 117.

63. — Suivant Mangin, néanmoins, le procureur du roi n'a pas le droit de donner des avertissemens aux gardes champêtres; il ne peut que déférer leurs fautes à l'autorité administrative ou au procureur général, il est seulement chargé de les découvrir. — Mangin, *Traité des procès-verbaux*, n° 103.

64. — Mais les tribunaux n'ont, en aucun cas, sur eux un pouvoir de discipline; ils ne peuvent, en conséquence, ni censurer leurs actes, ni leur enjoindre d'être plus circonspects à l'avenir dans la rédaction de leurs procès-verbaux, ni les condamner aux dépens, sous le prétexte de l'inopportunité ou autres vices de ces actes. — *Cass.*, 10 juin 1824, Dedenou; 29 fév. 1828, Pagès. — V. encore, sur ce dernier point, *infrà*, nos 126 et s.

65. — Les juges de paix ne doivent pas non plus être considérés comme les supérieurs hiérarchiques des gardes champêtres dans l'ordre judiciaire. — Sol. impl. *Cass.*, 14 déc. 1843 (t. 1er 1844, p. 173), Léger. — *Contrà Paris*, 27 oct. 1843 (t. 2 1843, p. 788), même affaire. — V. du reste, encore sur ce dernier point, *infrà*, nos 154 et s.

§ 2. — *Attributions.*

66. — Les attributions des gardes champêtres consistent, comme nous l'avons déjà indiqué : — 1° A assurer la conservation des récoltes et des propriétés rurales; — 2° à concourir au maintien de la tranquillité publique.

67. — Comme chargés de la conservation des récoltes et des propriétés rurales, ils doivent spécialement rechercher, chacun d'eux dans le territoire pour lequel il est assermenté, les délits et contraventions de police qui auraient porté atteinte à ces propriétés. — C. inst. crim., art. 16.

68. — Les délits et contraventions de cette nature qu'ils ont à constater sont prévus notamment par le Code rural du 28 sept. - 6 oct. 1791 et par le Code pénal, liv. 3, t. 2, sect. 3, et liv. 4. — V. au surplus DÉLIT RURAL.

69. — Remarquons seulement à ce sujet que la compétence des gardes champêtres ne s'étend pas au delà des *délits et contraventions*, et qu'ils seraient sans qualité pour constater les *crimes* qui auraient porté atteinte aux propriétés qu'ils sont chargés de surveiller.

70. — « Ainsi, dit à ce sujet Mangin (*Traité des procès-verbaux*, n° 92), toutes les fois que le fait qui a porté préjudice à ces propriétés constitue un crime, soit en lui-même, soit à raison des circonstances aggravantes qui l'ont accompagné, les gardes champêtres doivent se borner à en donner avis au fonctionnaire compétent pour le constater. » — V. encore *infrà*, nos 98 et s.

71. — Par une conséquence du même principe, les gardes champêtres seraient sans pouvoir pour constater des dommages qui ne donneraient lieu qu'à de simples réparations civiles. Du moment qu'il s'agit de faits autres que ceux auxquels la loi attache le caractère de *délit* ou de *contravention*, leur procès-verbal ne fait pas foi en justice. — Merlin, *Quest. de droit*, v° *Gibier*, § 2; Mangin, *Tr. des procès-verbaux*, n° 92.

72. — Suivant Fournel (*Lois rurales de la France*, liv. 3, t. 1er, n° 8); Carnot (*C. inst. crim.*, t. 1er, p. 161, n° 15), et Mangin (*Tr. des procès-verbaux*, n° 91), la compétence des gardes champêtres pour constater les délits et contraventions, s'étendrait aux délits et contraventions commis en matière forestière, et ces auteurs fondent leur opinion sur la généralité des termes du premier paragraphe de l'art. 16, C. inst. crim., qui porte, en effet : « Les gardes champêtres et les gardes forestiers, considérés comme officiers de police judiciaire, sont chargés de rechercher chacun dans le territoire pour lequel ils auront été assermentés, les délits et contraventions de police qui auront porté atteinte aux propriétés rurales et forestières. » — Or, dit-on, cet article ne dispose pas que les gardes champêtres et forestiers rechercheront, *chacun en ce qui le concerne*, les délits et contraventions; il dit qu'ils les rechercheront, *chacun dans le territoire pour lequel ils auront été assermentés*.

73. — « Les gardes champêtres, ajoute Mangin (*loc. cit.*), sont assurément chargés plus spécialement de la surveillance des propriétés rurales, et les gardes forestiers le sont plus spécialement des propriétés forestières; mais leur concours, pour la conservation des unes et des autres, est éminemment utile. »

74. — Ces observations, quelque judicieuses qu'elles soient, laissent place néanmoins à de sérieuses objections. On dit, en effet, que le but de l'art. 16, C. inst. crim., n'a pas été de fixer les attributions des gardes champêtres et des gardes forestiers, mais uniquement de déterminer les formes dans lesquelles ces agens accompliraient leur mission respective, en la qualité qui leur est commune, d'officiers de police judiciaire; qu'en conséquence, on ne peut rien induire des termes généraux de cet article, quant à la compétence des gardes champêtres relativement aux délits forestiers, ou à la compétence des gardes forestiers relativement aux délits ruraux; — qu'il est de principe incontestable, ainsi que nous le dirons bientôt (V. *infrà* nos 97 et s.) que les gardes champêtres n'ont qualité pour constater les délits étrangers à leurs fonctions habituelles qu'autant qu'il y a une indication formelle de la loi; — enfin, que cette indication ne se trouve dans aucune des dispositions du Code forestier, tandis qu'au contraire on la rencontre inévitablement dans toutes les lois qui ont étendu la compétence du garde champêtre à des délits et contraventions autres que ceux qui concernent la police rurale, proprement dite, tels par exemple que les délits et contraventions en matière de chasse (L. 3 mai 1844, art. 22); en matière de pêche (L. 15 avr. 1829, art. 36), en matière de grande voirie (décr. 13 déc. 1811, art. 106); en matière de contributions indirectes (L. 28 avr. 1816, art. 169 et 223).

75. — Ainsi jugé qu'un garde champêtre est sans qualité pour dresser procès-verbal d'un délit forestier commis dans un bois communal, — « attendu, porte l'arrêt, que des lois spéciales ont chargé l'administration forestière de la surveillance des bois appartenant aux communes et aux établissemens publics; que ses officiers ont seuls qualité pour constater les délits qui se commettent dans ces bois comme dans ceux de l'état. » — *Metz*, 28 janv. 1822, Joseph Boul.

76. — Quoi qu'il en soit, dans l'exercice de la surveillance qui leur appartient, les gardes champêtres doivent dresser des procès-verbaux, à l'effet de constater la nature, les circonstances, le temps, le lieu des délits et des contraventions, ainsi que les preuves et les indices qu'ils auront pu en recueillir. — C. inst. crim., même art. 16.

77. — Ils doivent suivre les choses enlevées dans les lieux où elles auraient été transportées, et les mettre en séquestre. — *Ibid.*

78. — Ils ne peuvent néanmoins s'introduire dans les maisons, ateliers, bâtimens, cours adjacentes et enclos, si ce n'est en présence, soit du juge de paix, soit de son suppléant, soit du commissaire de police, soit du maire du lieu, soit de son adjoint; et le procès-verbal qui en est dressé doit être signé par celui en présence duquel il aura été fait. — *Ibid.*

79. — On a, du reste, formellement reconnu au conseil d'état, lors de la discussion de l'art. 16, C. inst. crim., 1° que les gardes ne pourraient suppléer à la présence des fonctionnaires ci-dessus dénommés, en se faisant assister de deux ou plusieurs citoyens domiciliés dans la commune; — 2° que ce ne sont pas seulement les gardes champêtres des particuliers qui doivent être assistés dans leurs recherches, ainsi qu'il vient d'être dit, que ce sont aussi les gardes champêtres des communes. — Locré, t. 24, p. 143; Mangin, *Tr. des procès-verbaux*, n° 98.

80. — Comme commis au maintien de la tranquillité publique, les gardes champêtres sont chargés d'arrêter et de conduire devant le juge de paix ou devant le maire tout individu qu'ils auraient surpris en flagrant délit ou qui serait dénoncé par la clameur publique, lorsque ce délit emporte la peine d'emprisonnement ou une peine plus grave. — C. inst. crim., même art. 16.

81. — Et ce droit d'arrestation s'étend même aux auteurs des délits que les gardes n'ont pas caractère pour constater. — Mangin, *Tr. des procès-verbaux*, n° 99.

82. — Ils en ont été investis surtout parce que l'arrestation est le seul moyen de faire cesser à l'instant les dégats qui peuvent être commis dans les campagnes, et encore parce que les auteurs des délits peuvent être des personnes non reconnues, et que réduire les gardes à ne dresser que des procès-verbaux, c'eût été créer une théorie vaine et illusoire. — Locré, t. 24, p. 144.

83. — Il importe, du reste, essentiellement d'observer que les gardes champêtres ne peuvent faire d'arrestation que dans les limites qui leur sont assignées par la loi. Ainsi, pour qu'ils aient ce pouvoir, il faut : 1° que l'individu soit surpris en flagrant délit ou dénoncé par la clameur publique; — 2° que ce délit soit de nature à emporter la peine d'emprisonnement ou une plus forte. — Mangin, *Tr. des procès-verbaux*, n° 99. — V. FLAGRANT DÉLIT.

84. — Les gardes doivent d'ailleurs se borner à arrêter le délinquant et à le conduire devant le juge de paix ou devant le maire; ils n'ont pas le droit de le détenir ou de l'écrouer dans une maison de dépôt ou d'arrêt, ils ne pourraient franchir ces limites sans se rendre coupables d'attentat à la liberté individuelle, crime prévu par l'art. 114, C. pén. — *Ibid.*

85. — Au besoin, les gardes champêtres se font donner main-forte par le maire, ou par l'adjoint du maire du lieu, qui ne peut s'y refuser. — C. inst. crim., même art. 16.

86. — Mais ils n'ont pas, comme on le voit, le droit de requérir directement la force publique.

87. — Suivant Carnot (*C. inst. crim.*, t. 1er, p. 155), les gardes champêtres n'ont le droit de demander l'assistance de la force publique que dans le cas où il s'agit d'arrêter un individu surpris en flagrant délit.

88. — Mangin nous paraît avoir, avec raison, réfuté cette proposition comme une erreur. — « Le dernier alinéa de l'art. 16, C. inst. crim., dit cet auteur, se rattache à tout ce qui le précède, et l'on ne comprend pas qu'un garde ne puisse se faire assister de la force publique pour saisir et séquestrer les choses enlevées, si elle lui est nécessaire, aussi bien que pour s'assurer de la personne d'un délinquant. » — Mangin, *Tr. des procès-verbaux*, n° 101.

89. — Indépendamment des attributions que nous venons d'énumérer, les gardes champêtres sont tenus d'informer les maires, et ceux-ci, les officiers et sous-officiers de gendarmerie de tout ce qu'ils découvriraient de contraire au maintien de l'ordre et de la tranquillité publique, comme de leur donner avis de tous les délits qui auraient été commis dans leurs territoires respectifs. — Décr. 11 juin 1806, art. 5; ord. 29 oct. 1820, art. 314.

90. — Ils doivent, d'ailleurs, prévenir les maires lorsqu'il s'établit dans leurs communes des individus étrangers à la localité. — Décr. 11 juin 1806, art. 5.

91. — Dans des cas urgens, ou pour des objets importans, les sous-officiers de gendarmerie peuvent mettre en réquisition les gardes champêtres d'un canton; et les officiers, ceux d'un arrondissement, soit pour les seconder dans l'exécution des ordres qu'ils ont reçus, soit pour le maintien de la police et de la tranquillité publique; mais ils sont tenus de donner avis de cette réquisition aux maires et aux sous-préfets, et de leur en faire connaître les motifs généraux. — Déc. 11 juin 1806, art. 8; ord. 29 oct. 1820, art. 312.

92. — Les gardes champêtres qui arrêtent, soit des conscrits réfractaires, des déserteurs, des hommes évadés des galères, ou autres individus, ont droit à la gratification accordée par les lois à la gendarmerie. — Déc. 11 juin 1806, art. 6.

93. — Enfin, en leur qualité d'agens de la force publique, les gardes champêtres peuvent être chargés de faire exécuter tous les arrêtés légalement pris par l'autorité municipale.

94. — Jugé notamment qu'ils agissent dans l'exercice de leurs fonctions en faisant exécuter l'arrêté du maire, qui prescrit la fermeture des cabarets et lieux publics à une certaine heure. — *Cass.*, 2 mai 1839 (t. 1er 1840, p. 173), Hubas.

95. — Jugé aussi qu'un garde champêtre est dans l'exercice de ses fonctions en surveillant l'évacuation ordonnée par le maire des lots d'affouage attribués aux habitans de la commune. — *Cass.*, 4 août 1826, Spettel.

96. — Il a été également jugé que les gardes champêtres, comme agens de la force publique, ont qualité nécessaire pour faire les significations relatives à la juridiction des conseils de discipline de la garde nationale. — *Cass.*, 28 déc. 1832, Duesme.

97. — Une différence essentielle caractérise les doubles attributions des gardes champêtres : c'est que le droit de constater les délits et contraventions ne leur appartient qu'en ce qui concerne la police rurale proprement dite, tandis que dans l'exercice des fonctions qu'ils ont en outre à remplir pour le maintien de la tranquillité publique, ou comme simples agens de l'autorité, leur action se borne au concours qui est déterminé par la loi;

GARDE CHAMPÊTRE, sect. 1re. GARDE CHAMPÊTRE, sect. 1re.

sans qu'ils puissent verbaliser sur les faits, quelque coupables qu'ils soient.

98. — Ainsi, on a vu (*suprà* nº 70) qu'en ce qui concerne les délits étrangers à leurs fonctions principales, leur mission consiste uniquement à en donner avis aux maires.

99. — Dans le cas même où la loi leur donne le droit d'arrêter des délinquans surpris en flagrant délit ou dénoncés par la clameur publique, à raison de crimes ou délits susceptibles d'entraîner l'emprisonnement ou une peine plus grave, ils ne peuvent, ainsi que nous l'avons vu, que conduire le délinquant devant le juge de paix ou devant le maire, et restent sans qualité pour constater le fait qui a donné lieu à l'arrestation, si ce fait est étranger à leurs fonctions habituelles. — Cod. inst. crim., art. 16; — Bourguignon, *Jurisp. des Cod. crim.*, t. 1er, p. 91; Mangin, *Traité des procès-verbaux*, p. 199; Carnot, *Cod. instr. crim.*, t. 1er, p. 161.

100. — Il suit donc de là qu'en principe, et à moins d'une indication formelle de la loi (indication qui existe relativement à certains délits ou contraventions dont nous parlerons tout à l'heure), les gardes champêtres sont absolument sans qualité pour constater juridiquement tous délits autres que ceux qui se rattachent à la police rurale.

101. — Ainsi, indépendamment des délits et contraventions que nous avons déjà indiqués, les gardes champêtres auraient bien qualité pour constater les embarras commis sur un chemin public dans la campagne. La raison en est que les art. 1er, 2, 3 et 40, C. rur. 1791, mettent au nombre des délits ruraux la détérioration ou l'usurpation des chemins publics dans les campagnes. — Il suffit donc qu'il soit constaté que la partie embarrassée du chemin n'est pas dans l'intérieur, mais hors du bourg, conséquemment dans la campagne, pour que le garde champêtre puisse légalement dresser procès-verbal de la contravention. — *Cass.*, 1er déc. 1827, Médard-Gourel; 24 avr. 1829 (intérêt de la loi), Geay.

102. — Mais ils seraient sans qualité pour constater les contraventions de police *urbaine*, et les procès-verbaux qu'ils dresseraient en cette matière ne feraient aucune foi des faits qui y seraient énoncés. — *Cass.*, 7 mai 1840 (t. 2 1841, p. 751), N...

103. ... Par exemple, le procès-verbal qu'un garde champêtre aurait dressé au sujet d'une contravention à un arrêté du maire concernant le balayage des rues de la commune. — Même arrêt.

104. — Jugé également que les gardes champêtres ne peuvent valablement constater les contraventions à la loi du 18 nov. 1814 sur l'observation des fêtes et dimanches. — *Cass.*, 13 fév. 1819, Langrais; 22 avr. 1820, Cosson; 21 mars 1828, Orgeret.

105. — Jugé aussi que les gardes champêtres n'ont point qualité pour assister les vérificateurs des poids et mesures dans l'exercice de leurs fonctions, ni pour dresser procès-verbal des infractions commises en cette matière. — *Cass.*, 4 déc. 1835, Martin; *Bruxelles*, 9 juin 1831, Grisart. — Cette jurisprudence intervenue sous l'empire de l'ordonnance du 18 déc. 1825, relative à la vérification des poids et mesures devrait, sans aucun doute, être également suivie depuis la loi du 4 juill. 1837 et l'ordonn. royale du 17 avr. 1839, qui, pas plus que l'ordonn. de 1825, n'investissent les gardes champêtres d'aucun pouvoir en cette matière.

106. — De ce que les gardes champêtres ne sont pas auxiliaires du procureur du roi, il suit qu'ils ne peuvent ni recevoir des plaintes et des dénonciations, ni faire les autres actes de la compétence du procureur du roi que le chap. 5, liv. 1er, C. inst. crim. (art. 48 et suiv.), attribue à certains officiers de police judiciaire.

107. — A plus forte raison, sont-ils sans qualité pour faire citer en simple police dans l'intérêt de la vindicte publique les prévenus des contraventions qu'ils ont constatées. — *Cass*, 15 déc. 1827 (intérêt de la loi), Michault.

108. — Mais la loi a fait, pour certains cas déterminés, exception au principe, et a investi les gardes champêtres du pouvoir de constater, avec la même autorité que pour les contraventions à la police rurale, quelques délits spéciaux.

109. — Ainsi les gardes champêtres ont qualité pour constater, concurremment avec les maires et adjoints, les commissaires de police, les maréchaux de logis ou brigadiers de gendarmerie et les gendarmes, les gardes forestiers, les garde-pêche, etc., tous les délits commis en matière de chasse. — LL. 22-30 avr. 1790, art. 8; 3 mai 1844, art. 22.

110. — Les gardes champêtres ont en conséquence droit aux gratifications qui sont accordées à tous les agens sur les procès-verbaux desquels des amendes sont prononcées pour infractions aux lois sur la chasse. — L. 3 mai 1844, art. 10; ord. royale, 5 mai 1845.

111. — Les gardes champêtres sont également tenus de constater les délits commis contre les lois relatives à la police de la pêche fluviale. — L. 15 avr. 1829, art. 36.

112. — Ils sont encore chargés, concurremment avec les cantonniers, les gendarmes, les agens et commissaires de police, et les maires des villes, de veiller à la conservation des plantations des routes. — Décr. 16 déc. 1811, art. 106.

113. — Ils ont droit, en conséquence, à l'attribution qui est faite par le même décret aux agens qui ont constaté les dégâts et les dommages causés aux plantations, du tiers des amendes prononcées contre les délinquans. — Même décret, art. 107.

114. — Les gardes champêtres ont, en outre, qualité pour constater la vente, le colportage et la circulation illégale du tabac et des cartes à jouer. — L. 28 avr. 1816, art. 169 et 223.

§ 3. — *Procès-verbaux.*

115. — Les procès-verbaux des gardes champêtres sont, en général, soumis aux mêmes règles que tous les procès-verbaux dressés par les officiers de police judiciaire. Ils sont soumis à l'affirmation et à l'enregistrement. Nous examinerons, au surplus, ces formalités dans leur ensemble, V. PROCÈS-VERBAL.

116. — Les gardes champêtres peuvent-ils valablement dresser des procès-verbaux contre leurs parens ou alliés? — Jugé que le procès-verbal dressé en un tel cas par un garde-champêtre doit avoir le même degré de foi que celui qu'il a dressé contre tout autre individu; que la prohibition d'entendre en témoignage les parens ou alliés des prévenus ou accusés n'a aucune application aux gardes champêtres, qui, en leur qualité d'officiers de police judiciaire, ont à remplir les devoirs imposés par la loi. — *Cass.*, 7 nov. 1817, Delpech. — V. au surplus OFFICIERS DE POLICE JUDICIAIRE.

117. — Les procès-verbaux des gardes champêtres doivent, lorsqu'il s'agit de simples contraventions, être remis par eux, dans les trois jours au plus tard, au commissaire de police de la commune chef-lieu de la justice de paix, ou au maire, dans les communes où il n'y a pas de commissaire de police; et lorsqu'il s'agit d'un délit de nature à mériter une peine correctionnelle, la remise doit être faite au procureur du roi. — C. instr. crim., art. 15 et 20.

118. — Les procès-verbaux des gardes champêtres font foi en justice des délits et contraventions qu'ils constatent dans les limites de leurs attributions, jusqu'à preuve contraire. — L. 28 sept. et 6 oct. 1791, tit. 7, art. 6; 3 mai 1844, art. 22.

119. — Ils peuvent donc toujours être débattus par des preuves contraires. — Jugé qu'ils ne font pas foi jusqu'à inscription de faux. — *Cass.*, 9 fév. 1815, Laurian Boité.

120. — Il a été jugé qu'on peut entendre, en qualité de témoin le garde champêtre dont le procès-verbal a été annulé pour vice de forme, quoiqu'il reçoive une prime pour chaque procès-verbal qu'il dresse. — *Metz*, 26 fév. 1821, Belvat et Bauvillers.

121. — Toutefois, il a été aussi jugé par la même cour que lorsqu'un procès-verbal constatant un délit rural ou forestier est nul à défaut de forme, le témoignage du garde qui l'a dressé ne suffit pas pour établir la preuve du délit. — *Metz*, 20 mars 1820, Parant.

122. — Mais la loi n'a déterminé ni le nombre ni la qualité des témoins nécessaires pour faire une preuve; elle s'en est rapportée à la sagesse des tribunaux. Cet arrêt a donc créé une exception qui n'existe pas dans la loi. — V. au surplus PROCÈS-VERBAL.

§ 4. — *Responsabilité.*

123. — Les gardes champêtres sont responsables des dommages résultant des délits qu'ils ont négligé de constater dans les vingt-quatre heures. — L. 28 sept.-6 oct. 1791, tit. 1er, sect. 7, art. 7.

124. — Jugé, en conséquence, qu'un garde champêtre peut être déclaré responsable envers la partie lésée, des délits qu'il n'a pas constatés, et cela alors même que cette négligence aurait été autorisée par le maire. — Trib. civ., *Troyes*, 16 mai 1839; sous *Cass.*, 29 mars 1841 (t. 2 1841, p. 150), maire de Villemaison et Bruley.

125. — Cette responsabilité ne doit pas être confondue avec celle que l'art. 6, C. forest., établit contre les gardes forestiers; cette dernière existe par cela seul que les gardes n'ont pas constaté les délits, en sorte que le fait de l'omission suffit seul pour la leur faire encourir. La responsabilité des gardes champêtres, au contraire, ne peut exister que par le concours de deux circonstances : 1º le fait de l'omission; — 2º un fait de négligence dont elle aurait été la suite. Cette responsabilité est donc réglée par les principes du droit civil. — Mangin, *Tr. des proc.-verb.*, nº 105.

126. — Là cesse, au surplus, la responsabilité du garde champêtre, et les tribunaux ne sauraient, sans excès de pouvoir, le condamner à des dommages-intérêts, à raison d'actes légalement faits par lui dans l'exercice de son ministère, sous le prétexte de l'inopportunité de ces actes, car ce serait empiéter sur le pouvoir de surveillance qui, ainsi que nous l'avons dit (*suprà* nº 64) n'appartient pas aux tribunaux en cette matière.

127. — Ainsi, par exemple, un tribunal ne pourrait condamner un garde champêtre aux dépens ou à une portion des dépens d'une poursuite, sous le prétexte que le fait constaté ne présentait pas les caractères d'une contravention ou d'un délit punissable. — *Cass.*, 26 juin 1812 (intérêt de la loi), Londre et Barbier; 14 juin 1822 (intérêt de la loi), Brucy; 29 fév. 1828, Pagès.

128. — ...Ou sous le prétexte que le garde champêtre n'aurait pas fait les diligences nécessaires pour constater le délit. — *Cass.*, 20 août 1812 (intérêt de la loi), Jacob.

129. — ...Ou sous le prétexte qu'il n'a verbalisé que pour obéir à son maître. — *Cass.*, 4 oct. 1811 (intérêt de la loi), Leroy.

130. — ...Ou par complaisance pour un tiers. — *Cass.*, 24 sept. 1819, Jacquet.

131. — ... Ou sur le motif qu'il a à tort désigné dans son procès-verbal un particulier comme l'un des auteurs de la contravention signalée. — *Cass.*, 17 sept. 1819 (intérêt de la loi), Farise.

132. — ... Ou encore, sous le prétexte qu'il n'a pas procédé comme il l'aurait dû, qu'il a caché une partie essentielle de la vérité et que son intention était tout à la fois d'accorder l'impunité à un autre délinquant et de se venger de celui qu'il a désigné. — *Cass.*, 10 juin 1824 (intérêt de la loi), Dedenon. — V. au surplus FRAIS ET DÉPENS.

§ 5. — *Crimes et délits commis par les gardes champêtres.*

133. — Les gardes champêtres ne peuvent, à raison de la qualité d'officiers de police judiciaire dont ils sont revêtus, être poursuivis pour crimes et délits commis dans l'exercice de leurs fonctions, que dans les formes tracées par les art. 483 et suiv. du C. d'instr. crim.

134. — Jugé, en conséquence, qu'il n'appartient qu'aux procureurs généraux de poursuivre les gardes champêtres, à raison des crimes, des délits ou des fautes qu'ils peuvent commettre dans l'exercice de leurs fonctions. — *Cass.*, 4 oct. 1811, Leroy.

135. — Jugé également que le juge d'instruction ne peut jamais procéder régulièrement à une instruction contre un garde champêtre (officier de police judiciaire), sans avoir préalablement reçu une délégation du premier président de la cour; qu'il ne peut faire que des actes tendant à constater le corps du délit. — *Paris*, 27 oct. 1843 (t. 2 1843, p. 787), Léger.

136. — Les gardes champêtres peuvent du reste être poursuivis sans autorisation du gouvernement. — *Cass.*, 19 août 1808, N...; 2 août 1809, Garuere; 4 juin 1812, Periquey. — *Cons. d'état*, 4 août 1819, Gingibre; 18 juin 1823, Jouvène.

137. — Comme il en est autrement à l'égard des gardes forestiers, si un garde remplissait en même temps les fonctions de garde champêtre et de garde forestier, il faudrait distinguer. L'autorisation nécessaire pour les faits relatifs aux fonctions de garde forestier, ne le serait pas pour les faits relatifs aux fonctions de garde champêtre. — *Cons. d'état*, 4 août 1819, Gingibre.

138. — Mais, si la division entre les inculpations relatives aux fonctions de garde champêtre et à celles de garde forestier n'était pas clairement établie, l'autorisation du conseil d'état serait nécessaire. — Même décision. — V. au surplus FONCTIONNAIRES PUBLICS; OFFICIERS DE POLICE JUDICIAIRE.

139. — En leur double qualité d'agens de l'autorité et d'officiers de police judiciaire, les gardes champêtres sont passibles des peines spéciales, ou de l'aggravation de peines, portées contre les fonctionnaires de l'ordre administratif ou judiciaire, à raison de certains délits.

140. — Ainsi, les peines portées contre les attentats à la liberté publique ou individuelle, commis par les fonctionnaires publics, les agens ou préposés du gouvernement, par l'art. 114, C. pén., peuvent, suivant les circonstances, leur être appliquées.

141. — Jugé dans ce sens, que les voies de fait et l'arrestation arbitraire commises par un garde champêtre dans l'exercice de ses fonctions constituent le crime prévu par l'art. 114, C. pén., de la compétence de la cour d'assises, et non du tribunal correctionnel. — *Cass.*, 25 mai 1827 (réglem. de juges), Zuber. — V. conf. Mangin, *Tr. des procès-verbaux*, p. 208, n° 98.

142 — Ils sont passibles des peines portées par les art. 184 et suiv., C. pén., contre les abus d'autorité, et notamment de celles portées par l'art. 184 contre la violation du domicile des citoyens; de celles de l'art. 186 relatif aux violences envers les personnes commises par les fonctionnaires dans l'exercice ou à l'occasion de l'exercice de leurs fonctions.

143. — Ils encourraient également les peines portées par les art. 188 et 189, en requérant ou ordonnant, en faisant requérir ou ordonner l'action ou l'emploi de la force publique, contre l'exécution d'une loi ou contre la perception d'une contribution légale, ou contre l'exécution soit d'une ordonnance ou mandat de justice, soit de tout ordre émané de l'autorité légitime.

144. — Ils sont passibles des peines portées contre les fonctionnaires publics coupables de concussion ou de corruption par les art. 174 et 177 C. pénal. — CONCUSSION, CORRUPTION DE FONCTIONNAIRES.

145. — Ils seraient sans aucun doute également passibles des peines portées par l'art. 175 contre les fonctionnaires qui, soit ouvertement, soit par actes simulés, soit par interposition de personnes, auraient pris ou reçu quelque intérêt que ce soit dans les actes, adjudications, entreprises ou régies dont ils auraient ou auraient eu au temps de l'acte, en tout ou en partie, l'administration ou la surveillance.

146. — Tel serait, par exemple, le cas du garde champêtre qui se serait intéressé, dans les termes qui viennent d'être fixés, à l'adjudication des affouages de sa commune, ou au marché passé pour leur exploitation, ou encore à la vente de récoltes provenant des biens communaux.

147. — Un garde champêtre pourrait aussi être poursuivi pour être entré en exercice de ses fonctions sans avoir prêté le serment voulu, ou pour les avoir continués après avoir été révoqué, destitué, suspendu ou interdit légalement. — C. pén., art. 196 et 197.

148. — Comme officiers de police judiciaire, ils encourent les peines portées contre la forfaiture par l'art. 127, C. pén., en arrêtant ou en suspendant l'exécution des lois, en excédant leurs pouvoirs, en s'immisçant dans les matières attribuées aux autorités administratives, en défendant d'exécuter les ordres émanés de l'administration, en se rendant coupable, en un mot, de tout empiétement illégal. — V. FORFAITURE.

149. — L'aggravation de peine prononcée par l'art. 198, Code pénal, contre ceux qui auraient participé à des crimes ou délits qu'ils seraient chargés de surveiller ou de réprimer, les atteint naturellement.

150. — Jugé, notamment, que cette aggravation de peine est applicable au garde champêtre qui a fait dans sa commune des menaces écrites d'incendie avec ordre ou sous conditions. — *Bruxelles*, 17 nov. 1818, Vanroobrouck.

151. — Lorsque, d'ailleurs, les gardes champêtres commettent un des délits de police correctionnelle dont il est parlé au chap. 2, tit. 2, C. pén. (*crimes et délits contre les propriétés*, art. 379 et suiv.), la peine d'emprisonnement dont ils sont passibles doit être d'un mois au moins, et d'un tiers au plus en sus de la peine la plus grave qui serait appliquée à un autre coupable du même délit. — C. pén., art. 462. — V. ANIMAUX, DESTRUCTION, DÉGRADATION ET DOMMAGE, FONCTIONNAIRES PUBLICS, VOL, CRIMES ET DÉLITS CONTRE LES PROPRIÉTÉS.

152. — Une remarque générale à faire en terminant ce paragraphe, c'est qu'il ne peut jamais y avoir lieu à l'aggravation de peines prononcée contre le garde champêtre à raison de sa qualité, non plus qu'au mode particulier de poursuite prescrit à son égard, qu'autant que le délit dont il se serait rendu coupable aurait été commis par lui dans l'exercice de ses fonctions.

153. — Ainsi, par exemple, le garde champêtre qui a été trouvé chassant en temps prohibé sur des terrains non soumis à sa surveillance ne peut être réputé avoir commis le délit de chasse dans l'exercice de ses fonctions et doit être conséquemment poursuivi devant la juridiction ordinaire. — *Bourges*, 13 fév. 1845 (t. 2 1846, p. 17), Durand. — V. CHASSE, nos 463 et suiv., 584 et 587.

154. — La question a été agitée de savoir à ce sujet si, dans les rapports que le garde champêtre peut avoir avec le juge de paix, dans les cas autres que ceux déterminés par le Code d'inst. crim., le garde champêtre ne doit pas, à raison de sa qualité d'officier de police judiciaire, être toujours considéré comme étant dans l'exercice de ses fonctions, par cette considération que le juge de paix serait son supérieur hiérarchique dans l'ordre judiciaire.

155. — La cour royale de Paris s'est prononcée pour l'affirmative, dans un cas où il s'agissait de violences commises par un garde champêtre contre un juge de paix auquel il était venu montrer un procès-verbal par lui rédigé, par ces motifs que « le caractère principal du garde champêtre étant d'être officier de police judiciaire, la disposition du Code d'instruction criminelle qui le met, non pas comme garde champêtre, mais comme officier de police judiciaire, sous la surveillance du procureur du roi, ne peut effacer ce caractère indélébile d'officier de police judiciaire et ne le dispense pas de la subordination à l'égard de ses autres chefs dans la hiérarchie administrative ou judiciaire. » — *Paris*, 27 oct. 1843 (t. 2 1843, p. 788), Léger.

156. — Mais cet arrêt a été cassé par la cour suprême, qui a décidé au contraire qu'un garde champêtre ne fait pas acte de ses fonctions d'officier de police judiciaire en *venant montrer* un procès-verbal qu'il a rédigé au juge de paix, l'art. 17, C. inst. crim. ne le plaçant comme officier de police judiciaire que sous la surveillance du procureur du roi, et l'art. 20 ne l'obligeant à déposer ses procès-verbaux qu'entre les mains soit du commissaire de police, soit du maire, soit du procureur du roi. — *Cass.*, 14 déc. 1843 (t. 1er 1844, p. 173), même affaire.

157. — Le même arrêt ajoute qu'un garde champêtre ne se trouve donc, comme officier de police judiciaire, en rapport de fonctions avec le juge de paix que dans les cas formellement spécifiés par la loi, tels que ceux prévus par l'art. 16, C. inst. crim., c'est-à-dire lorsqu'il y a lieu de conduire devant ce magistrat les individus surpris en flagrant délit ou dénoncés par la clameur publique, ou quand ces gardes sont dans la nécessité de s'introduire dans le domicile d'un citoyen. — On peut, du reste, consulter dans ce sens l'annotation dont nous avons accompagné l'arrêt de la cour royale de Paris dans notre t. 2 1843, p. 788. — V. au surplus sur les divers cas où un fonctionnaire public doit ou non être considéré comme étant dans l'exercice de ses fonctions, v° FONCTIONNAIRES PUBLICS.

§ 6. — *Violences et outrages contre les gardes champêtres.*

158. — Toute attaque, toute résistance avec violences et voies de fait envers les gardes champêtres agissant pour l'exécution des lois, des ordres ou ordonnances de l'autorité publique, des mandats de justice ou jugemens, est au nombre des crimes ou délits de rébellion prévus et punis par les art. 209 et suiv., C. pén. — V. RÉBELLION.

159. — De même, les outrages et les violences dont ils pourraient être l'objet dans l'exercice de leurs fonctions ou à l'occasion de cet exercice, tombent sous l'application des art. 222 et suiv. du même Code, et des lois des 17 mai 1819 et 25 mars 1822.

160. — Jugé, à cet égard, qu'encore bien que, relativement aux délits et contraventions autres que ceux qui portent atteinte aux propriétés rurales et forestières, les gardes champêtres soient sans qualité pour dresser des procès-verbaux qui fassent foi jusqu'à preuve contraire, ils agissent cependant dans l'ordre légal de leurs fonctions lorsqu'ils recherchent les délits et contraventions de toute autre nature commis dans leurs territoires respectifs, et notamment ceux relatifs aux réglemens sur les voitures publiques. — En conséquence, que l'outrage qui leur est adressé publiquement, pendant qu'ils sont à la recherche de ces contraventions ou délits, doit être considéré comme outrage fait à un fonctionnaire public à raison de ses fonctions, et tombe sous l'application de l'art. 6 de la loi du 25 mars 1822. — *Poitiers*, 11 mars 1843 (t. 2 1843, p. 825), Viaud. — V. au surplus AGENS DE L'AUTORITÉ PUBLIQUE, AGENS DE LA FORCE PUBLIQUE, BLESSURES ET COUPS, FONCTIONNAIRES PUBLICS, OUTRAGES, DIFFAMATION, INJURE.

Sect. 2e. — *Gardes champêtres des particuliers.*

161. — Tout propriétaire a le droit d'avoir pour ses domaines un garde champêtre. — L. 20 messid. an III, art. 4; Code, 3 brum. an IV, art. 40.

162. — Le fermier a, comme le propriétaire, le droit de nommer un garde particulier pour la surveillance de ses récoltes. — *Cass.*, 27 brum. an XI, Sinon Raye.

163. — Rien n'empêche, d'ailleurs, qu'un même garde soit chargé de la surveillance des propriétés qui appartiennent à différens particuliers.

164. — Aux termes de l'art. 4, précité, de la loi du 20 messid. an III, le propriétaire qui voulait avoir un garde particulier pour la surveillance de ses domaines, était tenu de le faire agréer par le conseil général de la commune et confirmer par le district.

165. — Le Code du 3 brum. an IV, art. 40, disposait également que les propriétaires seraient tenus de faire agréer leurs gardes par « l'administration municipale. »

166. — Mais il importe d'observer à cet égard que d'après la constitution de fructidor an III, qui avait concentré dans une administration unique, désignée sous le titre d'administration municipale de canton, la plupart des attributions exercées précédemment par les administrations de district et par les conseils généraux de commune, le mot *administration municipale* n'avait plus dès lors la même signification que dans la loi du 20 messid. an III.

167. — Et lorsque plus tard la loi du 28 pluv. an VIII disposa (art. 9) : « Le sous-préfet remplira les fonctions exercées maintenant par les administrations municipales, » il suivit évidemment du rapprochement de ces textes que le mode de nomination des gardes particuliers se trouva complétement changé, c'est-à-dire que cette nomination dut être exclusivement attribuée aux sous-préfets, sans aucune intervention des nouvelles administrations municipales.

168. — Toutefois, la jurisprudence a hésité à se prononcer dans ce sens, et il a d'abord été jugé, d'après la loi du 20 messid. an III, que les gardes champêtres des particuliers n'avaient point caractère pour dresser valablement procès-verbal des délits ruraux, s'ils n'avaient pas été agréés par les conseils municipaux, et cela alors même qu'ils auraient été agréés par le conservateur des forêts. — *Cass.*, 21 août 1823, Jacquet; *Bourges*, 16 juin 1825, Peschaud.

169. — Mais depuis il a été jugé, au contraire, que le garde champêtre d'un particulier, présenté par lui au sous-préfet, et agréé par ce magistrat, est régulièrement nommé sans qu'il soit besoin de l'agrément du conseil municipal. — *Cass.*, 8 avr. 1826, Joseph Corcinos; *Bourges*, 31 juill. 1829, Auriol c. Gounet.

170. — « On conçoit, dit à ce sujet Mangin (*Traité des procès-verbaux*, n° 96), que si l'autorité publique doit intervenir dans le choix des gardes champêtres des particuliers, c'est uniquement pour les investir du caractère d'officier de police judiciaire, et que ce droit d'intervention ne peut appartenir au conseil municipal, puisqu'il n'est pas une autorité constituée. S'il concourt à la nomination des gardes champêtres des communes, ce n'est que comme dépositaire des intérêts privés de cette commune, et ces intérêts sont étrangers à ceux d'un propriétaire qui, pour mieux assurer la conservation de ce qui lui appartient, fait choix d'un garde particulier. »

171. — Les gardes champêtres et forestiers des particuliers ont, en général, les mêmes droits et les mêmes attributions que les gardes des communes. — *Cass.*, 20 sept. 1823 (intérêt de la loi), Frilet.

172. — Ainsi, on doit les considérer comme étant, de même que les gardes communaux, au nombre des agens de la force publique. — V. AGENT DE LA FORCE PUBLIQUE.

173. — Jugé également qu'en déclarant que les gardes champêtres et forestiers sont officiers de police judiciaire, l'art. 16, C. inst. crim., ne fait aucune distinction entre les gardes des communes et ceux des établissemens publics ou ceux des particuliers. — *Cass.*, 9 sept. 1819, Robardet; 9 mars 1838 (t. 1er 1840, p. 255), Herbelot; 5 août 1841 (t. 2 1843, p. 738), Gillet; *Orléans*, 6 mars 1843 (t. 1er 1843, p. 641), Guillot et Fournier.

174. — La question a été au surplus discutée dans la séance du conseil d'état du 22 frim. an XIII. Quelques membres manifestaient de la répugnance à voir ériger en officiers de police judiciaire les gardes des particuliers, parce que leurs maîtres avaient sur eux trop d'influence. Mais la majorité du conseil se prononça pour leur attribuer ce caractère, à la condition qu'ils seraient assermentés en justice. — Locré, t. 24, p. 531.

175. — Toutefois, malgré cette assimilation aux gardes communaux, les gardes des particuliers ne sont pas en général atteints des mêmes incapacités que les gardes communaux. La raison en est surtout que si l'on peut les considérer, de même que ces gardes, comme agens de la force publique, on ne peut les considérer de même comme agens de l'autorité.

176. — Ainsi ils peuvent être appelés au service de la garde nationale. — L. 22 mars 1831, art. 12, § 4; instr. min. 5 août 1831; — *Cass.*, 15 sept. 1832, Pivalle.

177. — Jugé dans le même sens qu'un garde particulier qui a accepté la qualité de garde national et a été maintenu sur les contrôles par le jury de révision est tenu de faire le service. — *Cass.*, 14 juill. 1832, Aubry.

178. — Ils ne sont pas incapables d'obtenir des permis de chasse. — V. CHASSE, nos 208 et suiv.

179. — En leur qualité d'officiers de police judiciaire, les gardes champêtres des particuliers sont nécessairement soumis à l'obligation de prêter serment avant d'entrer en fonctions.

180. — Jugé à cet égard que c'est à la puissance publique seule, par l'organe du ministère public, qu'il appartient de présenter au serment les gardes particuliers et que les avoués n'ont pas qualité pour faire cette présentation. — *Cass.*, 20 sept. 1823 (intérêt de la loi), Frilet; 15 juill. 1836 (t. 1er 1837, p. 575) (int. de la loi), Sohier.

181. — De même que les gardes champêtres communaux, les gardes champêtres particuliers ne peuvent légalement verbaliser que dans les limites du territoire pour lequel ils sont assermentés. — *Cass.*, mars 1828, Ternaux; — Mangin, *Des procès-verbaux*, nos 11 et 96.

182. — De ce que les gardes champêtres particuliers sont officiers de police judiciaire il suit qu'ils doivent dresser des procès-verbaux des contraventions par eux constatées, dans les mêmes formes que les gardes communaux, les affirmer de la même manière et les remettre dans les mêmes délais soit au commissaire de police ou au maire, soit au procureur du roi; enfin que ces procès-verbaux ont la même autorité devant les tribunaux que ceux des gardes des communes. — C. instr. crim., art. 154; — Mangin, *Des procès-verbaux*, no 97.

183. — ... Qu'ils ont le même droit de suivre les choses enlevées dans les lieux où elles auraient été transportées et de les mettre en séquestre à la charge d'observer les conditions prescrites par l'art. 16, C. instr. crim. — V. *suprà* no 77.

184. — ... Qu'ils peuvent également conduire devant le juge de paix ou devant le maire tout individu qu'ils auraient surpris en flagrant délit ou qui serait dénoncé par la clameur publique. — V. *suprà* no 80.

185. — ... Enfin, qu'ils sont placés sous la surveillance du procureur du roi. — V. *suprà* no 62.

186. — Il suit également du même principe que les gardes particuliers ne sont justiciables que de la cour royale à raison des délits qu'ils commettent dans l'exercice de leurs fonctions. — *Cass.*, 16 fév. 1821 (int. de la loi), Loubet-Capera; 9 mars 1838 (t. 1er 1840, p. 254), Herbelot; 20 nov. 1840 (t. 1er 1841, p. 35), Vidot; *Orléans*, 6 mars 1843 (t. 1er 1843, p. 641), Guillot et Fournier; 16 sept. 1844 (t. 1er 1844, p. 421), Basset.

187. — ... Que les arrestations arbitraires qu'ils se permettaient sont passibles des peines de l'art. 114, C. pén., indiquées *suprà* no 141. — *Cass.*, 25 mai 1827 (règlem. de juges), Zuber; — Mangin, *Traité des procès-verbaux*, no 97.

188. — ... Qu'on doit les considérer comme fonctionnaires publics et les frapper de la même peine, à raison de corruption dont ils peuvent se rendre coupables. — *Cass.*, 19 août 1826, Rose.

189. — ... Que les faux qu'ils commettent dans leurs procès-verbaux sont punissables des peines prononcées par l'art. 146, C. pén., contre les fonctionnaires publics.

190. — Par les mêmes motifs, les violences exercées contre les gardes particuliers doivent être punies des peines portées aux art. 230 et 231, C. pén., contre les auteurs des violences dirigées contre les agens de la force publique. — *Cass.*, 9 sept. 1819, Nicolas Robardet; 16 déc. 1841 (t. 1er 1842, p. 604), Petit Jean et Goivre; 2 juill. 1846 (t. 1er 1847, p. 182), Roussinaux. — V. au surplus BLESSURES, COUPS, et *suprà* nos 158 et s.

191. — Du reste, de même que pour les gardes communaux, l'application des règles qui précèdent, relativement à la répression des délits commis par les gardes particuliers dans l'exercice de leurs fonctions, et relativement aux violences commises contre eux, est essentiellement subordonnée au point de savoir si, dans tel ou tel cas donné, on doit ou non les considérer comme étant dans l'exercice de leurs fonctions.

192. — Jugé qu'un garde particulier chassant sans permis de port d'armes sur le territoire dont la surveillance lui est confiée, commet un délit dans l'exercice de ses fonctions, attendu que, s'il rencontrait un délinquant, il pourrait et devrait dresser procès-verbal contre lui, et qu'en conséquence il doit, à raison de ce délit, être renvoyé devant la cour royale. — *Cass.*, 5 août 1841 (t. 2 1843, p. 738), Gillet.

193. — Jugé aussi que le garde qui est trouvé chassant sans permis de port d'armes *pendant qu'il accompagnait, comme garde particulier*, des amis de son maître qui étaient en chasse doit être réputé avoir commis le délit dans l'exercice de ses fonctions. — *Cass.*, 9 mars 1838 (t. 1er 1840, p. 254), Herbelot.

GARDE-CHASSE.

1. — C'est celui qui est chargé de veiller à la conservation du gibier et de tenir la main à ce que l'on ne chasse pas sans permission dans l'étendue du terrain confié à sa garde. — Guyot, *Répert.*

2. — Autrefois, cette qualité était ordinairement réunie à celle de garde-bois, excepté dans les capitaineries des chasses où elle en était nécessairement séparée.

3. — Depuis l'abolition des juridictions spéciales des chasses, il n'y a plus, à bien dire, d'office de garde-chasse, et ses fonctions se trouvent naturellement confondues avec celles de garde champêtre ou de garde forestier, selon qu'il s'agit de la surveillance de la chasse en plaine ou de la surveillance de la chasse dans les bois.

4. — La loi du 3 mai 1844, sur la chasse, semble au surplus avoir considéré l'office de garde-chasse comme n'existant plus, en ne comprenant pas cet agent au nombre de ceux à qui elle a donné le pouvoir de constater les contraventions en cette matière. — « Les procès-verbaux des maires et adjoints, porte cette loi (art. 22), commissaires de police, officier, maréchal-des-logis ou brigadier de gendarmerie, gendarmes, gardes forestiers, garde-pêche ou gardes assermentés des particuliers, feront foi jusqu'à preuve contraire. »

5. — En conséquence, tout au plus peut-on aujourd'hui donner ce titre particulier de garde-chasse aux gardes spéciaux assermentés que les propriétaires peuvent choisir uniquement pour la surveillance de la chasse sur leurs propriétés, en vertu de la disposition ci-dessus.

V. CHASSE, GARDE CHAMPÊTRE, GARDE FORESTIER.

GARDE A CHEVAL.

1. — Préposé de l'administration forestière chargé de la surveillance d'un canton de forêt surveillé déjà par un ou plusieurs gardes placés sous ses ordres.

2. — Les gardes à cheval étaient choisis parmi les gardes et brigadiers ayant au moins deux ans d'exercice. — Ord. 15 nov. 1832, art. 2.

3. — Un simple garde à cheval n'a pas la qualité d'agent forestier et n'est pas recevable à interjeter appel au nom de l'administration, d'un jugement de police correctionnelle. — *Cass.*, 11 juin 1829, Etienne Capiou; 2 sept. 1830, Pierre. — V. FORÊTS.

4. — « Indépendamment des fonctions communes aux gardes à cheval et aux gardes à pied, le directeur général peut attribuer aux gardes à cheval des fonctions de surveillance immédiate sur les gardes à pied » — Ord. réglem., art. 28.

5. — L'ord. du 25 juill. 1844 a supprimé les gardes à cheval et leur a substitué des gardes généraux adjoints dont elle a fait des agens, mais elle a maintenu dans leurs fonctions les gardes à cheval qui se trouvaient en exercice au moment de sa promulgation. — V. FORÊTS, nos 165 et suiv.

GARDES CHIOURMES.

V. ARGOUSINS, CHIOURMES, GALÈRES, TRIBUNAUX MARITIMES.

GARDE DU COMMERCE.

Table alphabétique.

Alimens, 32.
Amende, 52.
Arrestation provisoire, 23.
Attribution, 2, 4.
Avis, 21.
Bourse commune, 42.
Bureau, 14 s., 17.
Capacité, 13.
Cautionnement, 9.
Certificat, 20, 51.
Circonscription, 28.
Concussion, 40.
Consignation, 32.
Dépôt de pièces, 18, 22.
Destitution, 12, 45.
Discipline, 43.
Dommages-intérêts, 47 s.
Droit de présentation, 10.
Durée des fonctions, 8.
Erreur, 51.
Failli, 50.
Fonction, 28.
Garde du failli, 29.
Historique, 3, 5 s.
Homonyme, 48.
Huissier, 2, 4.
Incarcération, 29.
Interdiction, 44.
Juge de paix, 34.
Marque distinctive, 26.
Nombre, 7.
Nomination, 9.
Notification, 17.
Nullité, 46.
Officier ministériel, 11.
Opposition, 21, 24 s.
Organisation, 7.
Patente, 6.
Pouvoir spécial, 35. — de toucher, 31.
Prescription, 41.
Prorogation, 27.
Récépissé, 18.
Recommandation, 30.
Recors, 38.
Référé, 25.
Responsabilité, 22, 43, 46 s., 51.
Salaire, 36, 38 s.
Sauf-conduit, 50.
Serment, 9.
Successeur, 10.
Vérificateur, 14, 16, 18, 51.
Vérification, 22.
Visa, 19, 22.

GARDE DU COMMERCE. — 1. — Officier ministériel institué pour mettre à exécution, dans le département de la Seine, les jugemens et actes emportant contrainte par corps, ou pour garder le failli quand le jugement déclaratif de faillite prescrit cette mesure.

2. — *Historique.* — Les huissiers chargés de mettre à exécution les jugemens ont été naturellement investis par la loi du droit d'opérer l'arrestation du débiteur contraignable par corps. Toutefois, à raison du grand nombre d'arrestations qui s'opèrent à Paris, on a cru nécessaire d'enlever aux huissiers le droit de les faire, pour le confier à des officiers spéciaux, et exclusivement investis de cette fonction. — Coin-Delisle, *Contr. par corps*, sur l'art. 2069, no 3 et 4.

3. — Sous les règnes de Louis XV et de Louis XVI, les abus qui s'étaient glissés à Paris et dans la banlieue dans l'exercice de la contrainte par corps avaient déterminé à créer sous le nom de *gardes de commerce* des officiers chargés de mettre la contrainte par corps à exécution. — Edits de nov. 1772 et juill. 1778.

4. — Les gardes du commerce furent supprimés en 1791; autorisés à continuer provisoirement leurs fonctions par l'art. 9, L. 21 sept. 1791, et après avoir été rendus inutiles par l'abolition de la contrainte par corps en 1799, ils furent réduits par la loi du 15 germin. an VI, tit. 3, art. 2, à la concurrence avec les huissiers du département de la Seine. — Coin-Delisle, *ibid.*, no 4.

5. — L'art. 625, C. comm., portait qu'il serait établi, pour la ville de Paris seulement, des gardes du commerce pour l'exécution des jugemens emportant la contrainte par corps. La forme de leur organisation et leurs attributions devaient, aux termes de cet article, être déterminés par un règlement particulier. — Le décret du 14 mars 1808 a réalisé la promesse faite par cet article.

6. — Les gardes du commerce sont rangés par la loi du 25 avr. 1844 dans la quatrième classe des patentables et soumis en conséquence : 1o à un droit fixe basé sur la population; 2o et à un droit proportionnel du vingtième de la valeur locative de leur habitation.

7. — *Organisation.* — Le nombre des gardes du commerce est de dix. — Décr. 14 mars 1808, art. 1er.

8. — Leurs fonctions sont à vie. — *Ibid.*

9. — Ils sont nommés par le roi, fournissent un cautionnement de 6,000 francs, et prêtent serment entre les mains du président du tribunal de première instance. — Décr. 14 mars 1808, art. 2, 3 et 4.

10. — Ont-ils le droit de présenter leur successeur à l'agrément du roi? — La négative semble résulter de ce que l'art. 2, décr. 1808, porte que leur nomination a lieu sur la présentation de deux listes faites l'une par le tribunal civil, l'autre par le tribunal du commerce, et de ce que la loi de 1816 ne les a pas compris parmi les officiers ministériels dont elle a augmenté le cautionnement, et auxquels elle a conféré, comme indemnité, la faveur de transmettre leurs charges. — Néanmoins, l'administration leur accorde cet avantage. — Bioche, *Dict. procéd.*, vo *Garde du commerce*, no 3. — Un jugement du tribunal de la Seine du 8 avr. 1837 leur a encore reconnu cette faculté en droit : « attendu, porte en effet ce jugement, que les gardes du commerce sont compris dans la classe des officiers ministériels; que c'est ce qui résulte des règles générales de leur institution, des formes de leur présentation et de leur nomination; enfin *de la faculté dont ils jouissent incontestablement de présenter, ainsi que les notaires, avoués, etc., des successeurs à l'agrément du roi...* »

11. — Soit qu'on leur accorde, au surplus, ou qu'on leur refuse le droit de présenter leur successeur, il faut nécessairement leur reconnaître

la qualité d'officiers ministériels. — Bioche, nº 3; Goujet et Merger, *Dict. de dr. comm.*, vº *Garde du commerce*, nº 5.

12. — ...D'où il suit que les art. 102, 103 et 104 du décret du 30 mars 1808 leur sont applicables, et que lorsqu'ils ont subi une condamnation disciplinaire, ils peuvent être destitués par ordonnance royale, sur le rapport du procureur-général au ministère de la justice. — *Paris*, 27 mai 1837, Horliac.

13. — Quoique la loi garde le silence sur les conditions de capacité exigées des gardes du commerce, il faut, à raison des fonctions qu'ils exercent, les assimiler aux huissiers, et par conséquent ils doivent être Français, âgés de vingt-cinq ans et avoir satisfait à la loi du recrutement. — Bioche, nº 4.

14. — *Bureau*. — Les gardes du commerce ont un bureau établi au centre de Paris et qui doit rester ouvert tous les jours depuis neuf heures du matin jusqu'à trois, et depuis six heures du soir jusqu'à neuf. Les gardes du commerce sont tenus de s'y trouver alternativement, et aux jours nommés pour le service réglé entre eux. — *Ibid.*, art. 6.

15. — Le bureau des gardes du commerce est un lieu public, et il est d'usage à Paris d'y conduire le débiteur arrêté, afin que les personnes qui peuvent négocier un arrangement viennent s'y entendre avec lui. — Coin-Delisle, sur l'art. 2069, nº 58.

16. — Près de ce bureau est un vérificateur nommé par le ministre de la justice et soumis aux mêmes serment et cautionnement que les gardes du commerce. — Décr., art. 3.

17. — Tout débiteur dans le cas d'être arrêté peut notifier au bureau des gardes du commerce les oppositions ou appels ou autres actes par lesquels il entend s'opposer à la contrainte prononcée contre lui. Le vérificateur vise l'original des significations. — *Ibid.*, art. 10.

18. — Avant de procéder à la contrainte, les titres et pièces sont remis au vérificateur qui en donne récépissé. — *Ibid.*, art. 9.

19. — Il tient deux registres sur lesquels il inscrit jour par jour les titres et pièces remis pour parvenir à l'exécution de la contrainte par corps, et les oppositions ou significations faites par le débiteur. — *Ibid.*, art. 12.

20. — Les pièces, après leur examen, ne peuvent être remises au garde du commerce choisi par le créancier qu'autant qu'il n'est survenu aucune opposition ou empêchement à l'exercice de la contrainte, ce qui est attesté par un certificat joint aux pièces. — *Ibid.*, art. 12.

21. — Le vérificateur doit donner à l'instant avis au garde du commerce des oppositions survenues postérieurement à la délivrance de son premier certificat. Celui-ci est tenu de surseoir à l'exécution jusqu'à ce qu'il en ait été autrement ordonné. — Art. 13.

22. — Toutefois, le dépôt, la vérification et le visa des titres au bureau des gardes du commerce ne sont pas prescrites à peine de nullité, sauf la responsabilité du garde du commerce. — *Paris*, 5 déc. 1839, Palmart c. Violette. — Cadrès, *Code Manuel de la contrainte par corps*, p. 188; Goujet et Merger, nº 11.

23. — Dans tous les cas, ces mesures ne sont pas applicables en matière d'arrestation provisoire d'un étranger. — Cadrès, *ibid.*

24. — Les *oppositions* qui peuvent arrêter l'exercice de la contrainte sont uniquement les actes légaux qui remettent en question le titre du créancier, comme, par exemple, une opposition à un jugement par défaut, un appel. — *Paris*, 7 juin 1810, Perdonnet.

25. — La simple allégation d'une opposition serait insuffisante pour paralyser les poursuites, si l'on ne justifiait pas de l'existence de cet acte. Le garde du commerce devrait passer outre, à moins que le débiteur ne demandât à être conduit en référé. — Décr. 14 mars 1808, art. 17. — V. EMPRISONNEMENT.

26. — *Marque distinctive*. — Les gardes du commerce ont une marque distinctive, en forme de baguette, qu'ils sont tenus d'exhiber au débiteur lors de l'exécution de la contrainte. — Art. 8.

27. — *Prérogative*. — Dans l'exercice de leur ministère, les gardes du commerce sont protégés par toutes les dispositions des lois pénales, en faveur des fonctionnaires publics. — Ils ont le droit de requérir la force armée et de procéder, en sa présence, à l'arrestation du débiteur. — Art. 16.

28. — *Fonctions*. — Les fonctions des gardes du commerce ne s'exercent pas dans Paris seulement, mais dans tout l'arrondissement soumis à la juridiction spéciale du tribunal de la Seine. On ne peut donc, sur aucun point du département, faire exercer une contrainte par corps par un huissier. — Coin-Delisle, Add. fin. sur l'art. 2069, nº 4, p. 128.

29. — Ils sont exclusivement chargés de l'exécution des contraintes par corps. Ils peuvent de plus être commis par le tribunal de commerce à la garde du failli, conformément à l'art. 455, C. comm. — Décr. 14 mars 1808, art. 1er et 7. — V. FAILLITE.

30. — Ils sont aussi chargés *exclusivement* à Paris des recommandations. — Décr. 14 mars 1808, art. 7 et 19. — La recommandation faite par un huissier serait nulle. — Coin-Delisle, sur l'art. 2069, nº 5. — V. *contrà* Merlin, *Rép.*, vº *Recommandation*, nº 5; Carré, quest. 2481e.

31. — Si le débiteur lors de l'exercice de la contrainte offre de payer les causes de la saisie, le garde du commerce reçoit la somme offerte et doit dans les vingt-quatre heures la remettre au créancier ou, sur son refus de la recevoir, la déposer dans les vingt-quatre heures suivantes à la caisse des consignations.

32. — La consignation d'alimens doit être faite par le garde du commerce qui, cependant, n'est pas tenu d'en faire l'avance tant qu'il ne lui a pas été remis par le créancier des deniers suffisans pour opérer cette consignation. — *Ibid.* art. 18.

33. — *Forme de procéder*. — Les gardes du commerce doivent, en général, observer dans les actes qu'ils font les formalités prescrites aux huissiers pour l'emprisonnement. — V. EMPRISONNEMENT.

34. — Cependant ils n'ont pas besoin de l'autorisation et de l'assistance du juge de paix pour arrêter le débiteur dans son propre domicile si l'entrée ne leur en est pas refusée. — Déc. 14 mars 1808, art. 15. — V. EMPRISONNEMENT.

35. — Il n'est pas non plus nécessaire qu'ils soient porteurs d'un pouvoir spécial du créancier pour procéder à l'arrestation du débiteur. — *Ibid.*

36. — *Salaire*. — Le salaire des gardes du commerce qui procèdent à une arrestation ou à une recommandation est de 60 fr. Dans le cas où l'arrestation ne peut s'effectuer il en est dressé procès-verbal pour lequel il est dû seulement 20 fr. — Décr. 14 mars 1808, art. 20.

37. — Toutefois le droit de 60 fr. est dû dès que le débiteur a été placé sous la main de la justice quoique l'incarcération n'ait pas suivi parce que le débiteur a payé. — *Cass.*, 19 juill. 1841, Leroux c. Labriche.

38. — Le salaire du recors est compris dans celui des gardes du commerce. — *Trib. Seine*, 29 mai 1839, cité par Bioche, nº 27.

39. — Il est, en outre, alloué : pour le droit de garde au domicile d'un failli, 5 fr. ; — pour le dépôt des pièces par le créancier au bureau des gardes du commerce, 3 fr. ; — pour le certificat délivré par le vérificateur, droit de recherche compris, 2 fr. ; — pour le visa apposé sur chaque pièce produite ou signifiée par le créancier ou le débiteur, 25 cent. — Décr. 14 mars 1808, art. 20.

40. — Les gardes du commerce ne peuvent exiger des honoraires en sus du tarif. Toute convention contraire est nulle et il y aurait même concussion de la part du garde du commerce qui ferait de ces honoraires extraordinaires une condition de l'exercice de son ministère. — Cadrès, *C. man. de la contrainte par corps*, p. 192.

41. — Les salaires des gardes du commerce ne sont pas soumis à la prescription réglée par les art. 2272, 2273 et 2276, C. civ. — Cadrès, *ibid.*; Troplong, *De la prescr.*, t. 2, nº 960; Goujet et Merger, nºs 37 et 38.

42. — *Bourse commune*. Les gardes du commerce ont une bourse commune dans laquelle ils sont tenus de verser une partie des honoraires qu'on leur paie ; les fonds de cette bourse sont distribués tous les trois mois. Il n'est reçu d'opposition sur les fonds qui la composent que pour faits de charge, et encore l'opposition ne dure que trois mois après l'époque de la distribution, à moins qu'il n'en soit autrement ordonné par le tribunal. — Décr. 14 mars 1808, art. 22-26.

43. — *Responsabilité*. — Les personnes lésées dans leurs intérêts par un garde du commerce agissant dans l'exercice de ses fonctions peuvent porter leur réclamation au bureau, qui vérifie les faits et fait réparer le dommage. En cas de prévarication, le bureau doit en dresser procès-verbal et le transmettre au procureur du roi, pour être par lui pris tel parti qu'il avisera. — Décr. 14 mars 1808, art. 27.

44. — Le tribunal peut, sur les conclusions du ministère public, interdire le garde accusé pendant un an. — *Ibid.*

45. — Lorsqu'une peine disciplinaire a été prononcée contre lui, le procureur général peut même provoquer sa destitution. — V. *suprà* nº 12.

46. — Les gardes du commerce sont responsables de la nullité des arrestations provenant de vices de formes commis par eux ; en conséquence, ils doivent tenir compte au créancier des frais de l'arrestation annulée. — Déc. 14 mars 1808, art. 19.

47. — Ils peuvent, en outre, selon les circonstances, être condamnés à des dommages-intérêts ; les juges ont un pouvoir discrétionnaire pour fixer l'étendue de la responsabilité à cet égard. — *Paris*, 10 nov. 1834, Detape c. Moreau. — Cadrès, *Contrainte par corps*, p. 191.

48. — Le garde du commerce qui arrête l'homonyme du débiteur doit être condamné à des dommages-intérêts, surtout s'il a refusé d'écouter la justification qu'on lui offrait. — Cadrès, *ibid.*

49. — Il n'y a pas lieu, dans ce cas, d'accorder au garde du commerce un recours contre son mandant. — Cadrès, p. 192.

50. — Mais le garde du commerce n'est pas responsable du mauvais résultat des poursuites, par exemple, si le débiteur arrêté se trouve en faillite ou muni d'un sauf-conduit. Le garde, dans ce cas, conserve le droit d'exiger le salaire qui lui est dû pour l'arrestation du débiteur. — Cadrès, *Contrainte par corps*, p. 192.

51. — Le vérificateur est responsable des dommages-intérêts accordés au débiteur par suite d'erreur ou de fausse énonciation dans les certificats émanés de lui. — *Ibid.*, art. 19.

52. — *Amende*. — Dans le cas où la loi ne prononce pas la nullité de l'acte fait par le garde du commerce, il peut néanmoins, soit pour omission, soit pour contravention, être condamné à une amende de 5 francs à 100 francs. — C. procéd., art. 1030.

GARDE-COTES.

1. — Avant la révolution les côtes étaient défendues par le *guet de la mer* ou la *garde-côte*.

2. — Les habitans des paroisses riveraines de la mer étaient soumis au guet de la mer, c'est-à-dire à faire la garde sur la côte toutes les fois que cette garde était commandée. Ce service public était regardé comme une conséquence nécessaire de la position de ces habitans. — Beaussant, *Cod. marit.*, t. 1er, nº 545.

3. — Tout ce qui concernait l'organisation, l'armement et la discipline des miliciens garde-côtes fut successivement l'objet des édits de 1669, des ordonnances de 1681, 28 janv. 1716, 5 juin 1757, 9 et 14 avr. 1758, 13 déc. 1778 et 23 avr. 1780. — L'ordonnance du 13 déc. 1778 avait substitué au nom de *miliciens-garde-côtes* celui de *canonniers-garde-côtes*.

4. — Les canonniers-garde-côtes furent supprimés par le décret du 9-14 sept. 1792, qui autorisa les commandans, dans les départemens maritimes, à requérir la garde nationale pour la garde des forts, digues, châteaux et places des côtes et frontières maritimes.

5. — Mais, depuis, la loi du 23 fructid. an VII, qui organisa tout le personnel de la guerre, voulut qu'il y eût cent trente compagnies de canonniers-volontaires-garde-côtes, et trois bataillons de grenadiers-garde-côtes.

6. — Enfin, des compagnies de canonniers-garde-côtes furent organisées par un arrêté du 8 prair. an XI. Ces compagnies furent divisées en *canonniers-garde-côtes* et *canonniers-garde-côtes sédentaires*. Le service et le traitement furent réglés soit pour le temps de paix, soit pour le temps de guerre maritime.

7. — Jugé qu'en temps de guerre maritime les canonniers-garde-côtes étaient soumis à la même discipline et police et aux mêmes peines que le reste des troupes françaises qu'ils étaient conséquemment justiciables des tribunaux militaires et non des tribunaux ordinaires, à raison des délits qu'ils pouvaient commettre. — *Cass.*, 3 brum. an XIII, Stable. — V. conf. Merlin, *Rép.*, vº *Délit militaire*, nº 9.

8. — Lors de la restauration, les canonniers-garde-côtes furent supprimés par une ordonnance du 4 juin 1814, puis rétablis durant les cent jours le 21 avr. 1815, et enfin licenciés de nouveau par une ordonnance du 14 août 1815.

9. — Depuis lors, il ne fut plus question des canonniers-garde-côtes jusqu'en 1831. Il y eut seulement des compagnies de *canonniers-vétérans*, que l'on appela en 1818 *canonniers-sédentaires*, et qui furent affectés au service de l'artillerie dans les places et sur les côtes. — Beaussant, nº 546.

10. — En 1831, une ordonnance du 28 fév. ordonna la formation de compagnies d'artillerie tirées de la garde nationale des cantons voisins. Mais cette ordonnance fut rapportée par une autre du 21 juin 1833. — V. BATTERIES DES CÔTES, GARDE NATIONALE.

GARDE-DIGUES.

1.—Agens particulièrement préposés à la garde et conservation des digues établies soit sur les bords de la mer, soit le long des fleuves, rivières et canaux.

2.— En ce qui concerne le service dont ils sont chargés, ces agens ont naturellement les mêmes attributions et le même pouvoir que les garde-canaux ou les garde-rivières, dont ils ne se distinguent, du reste, que par la spécialité des fonctions qui leur sont confiées. — V. GARDE-CANAUX, GARDE-RIVIÈRES.

3.—Le décret du 16 déc. 1811, portant réglement pour la police des digues et polders de la Hollande, disposait que les contraventions à ce réglement seraient constatées et les délinquans arrêtés, s'il y avait lieu, « par les gardes champêtres, concurremment avec les *garde-digues*, ainsi que par tous les autres officiers de police judiciaire et administrative. » — Art. 49.

4.—L'ordonnance du 23 déc. 1816, relative aux digues de Saint-Vaast et Réville, département de la Manche, dispose que les délits et contraventions aux réglemens concernant la police de ces digues seront constatés soit par un conducteur spécial dûment assermenté à cet effet, soit par tout agent de police.—Art. 28.

5. — Celle du 15 juin 1818, contenant réglement sur les digues et dunes du département du Pas-de-Calais, dispose aussi que les délits et contraventions à ce réglement seront constatés « par les gardes champêtres, ainsi que par les officiers de police judiciaire.»—Art. 46.

6. — Bien que ces dernières dispositions n'aient pas employé l'expression de *garde-digues*, il est évident qu'elles s'appliqueraient de droit à tous les agens auxquels cette dénomination serait donnée et qui rempliraient les mêmes fonctions que les agens de surveillance indiqués.

7.—Une seule condition est, au surplus, nécessaire pour qu'ils aient un caractère officiel et qualité pour constater les contraventions : c'est qu'ils aient prêté le serment prescrit aux officiers de police judiciaire et en général à tous les autres gardes.

GARDE FAITE (Délit commis à).

On nomme ainsi le délit commis près du pâtre ou sous ses yeux.—On dit aussi en pareil cas délit *par garde à bâton planté*, parce que le pâtre en gardant ses bestiaux se tient ordinairement près de son bâton planté en terre.

GARDE FORESTIER.

Table alphabétique.

Absence, 53.
Acte de nomination, 170.
Adjudicataire, 75.
Administrateur d'établissement public, 154, 157, 161.
Administration forestière, 154, 158.
Affirmation, 96.
Affouage, 110.
Age, 42 s., 182.
Agent de la force publique, 196.
Allié, 66.
Amende, 34, 64.
Arbre de délit, 145.
Arme, 205.
Arrestation (droit d'), 147.
Arrêté de nomination, 175.
Assurance (frais d'), 45.
Atelier, 88, 142.
Attentat à la pudeur, 134.
Attributions, 13, 17 s., 32 s.
Auberge, 62 s.
Autorisation de poursuivre, 118 s.
Avancement, 31.
Bestiaux, 75, 137, 146, 197.
Blessures et coups, 79, 121.
Bois de délit, 59.
Bois des particuliers, 83 s., 86.
Borne, 76 s.
Brigadier, 16 s., 41, 51, 151.
Cabaret, 62 s.
Cartes à jouer, 35.
Caution, 7.
Cessation de fonctions, 72.
Chablis, 59.
Chaîne métrique, 60 s.
Chasse, 87 s., 115, 194.
Chauffage, 49.
Chemin, 76 s.
Citation, 126.
Clôture, 76 s.
Commerce de bois, 62 s.
Commissaire de police, 140.
Commission, 68 s., 187 s., 168, 181.
Commune, 110, 151 s.
Compétence, 116, 193, 202.
Concussion, 136.
Confiscation, 34.
Congé, 31.
Conseil municipal, 157, 161, 179 s., 190.
Conservateur des forêts, 43, 149
Constructions, 75.
Contravention, 117.
Contrebandier, 34.
Contributions, 45.
Corruption, 136.
Coupe, 164.
Cour d'assises, 136.—royale, 116 s.
Crimes, 126, 128.
Défrichement, 40.
Délinquant, 64.
Délit, 110, 117, 126, 128, 132, 164 s. — de chasse, 37 s., 81 s., 133 — forestier, 148, 200. — de pêche, 36. — rural, 80 s., 128.
Démission, 120.
Destitution, 64, 120, 150, 161 s.
Détournement, 146,
Directeur général, 14.
Discipline, 195.
Dispense, 165
Domaine privé, 208,
Domesticité, 30.
Douane, 34.
École forestière, 23.
Elagage, 48.
Emprisonnement, 147.
Enclos, 140.
Enregistrement, 70, 170 s.— au greffe, 181.
Etablissement public, 151.
Expédition, 175,
Exploit, 111.
Facteur, 66.
Faux, 107.
Fermier, 186, 188.
Feu, 75.
Fonctions, 73 s., 191 s.
Force publique, 148; 198.
Fossé, 76 s.
Frais et dépens, 177.
Franchise, 52.
Fusil, 205.
Garde affouager, 165. — des bois de l'état, 14. — cantonnier, 24 s. — champêtre, 148, 177, 189, 198, 209. — à cheval, 52, 74. — communal, 10, 38, 151 s. — de la couronne, 1.— général, 5, 51. — mixte, 11 s. — particulier, 153, 166 s. — à pied, 5, 16 s. — royal, 10. — sédentaire, 22 s.
Garde forestière, 33.
Garde nationale, 29.
Gardien, 146.
Gendarmerie, 33.
Gens suspects, 88.
Greffe, 68.
Habitant, 110.
Hangar, 142.
Herbe, 41, 48.
Historique, 1.
Incendie, 76 s.
Incompatibilité, 61, 65, 186 s.
Injure, 123.
Installation, 70 s.
Instrument, 137, 197.
Jardin, 46.
Juge de paix, 140.
Laie, 48.
Lait, 47.
Légumes, 47.
Limite, 75. — des triages, 52.
Livret, 58 s., 71.
Locataire de chasse, 185.
Loge, 142.
Maire, 103, 140 s., 148, 157, 190, 198. — et adjoint, 141.
Maison, 140. — forestière, 44 s.
Maître-garde, 2 s.
Majorat, 207.
Maladie, 53.
Marteau, 57, 60 s., 71, 89, 145.
Ministre des finances, 158. 160.
Mutation, 31, 49, 59.
Nomination, 9, 14, 154 s., 166 s. — (conditions), 15 s., 42.
Office, 6.
Officier de police judiciaire, 32, 77 s., 116 s., 125 s., 153, 192 s., 195,
Organisation militaire, 33.
Parent, 66.
Pêche, 115. — fluviale, 36.
Peine, 135, 147.
Pension de retraite, 50.
Permis de chasse, 55.
Perquisition, 140, 144, 199.
Plaque, 54, 66 s., 71.
Port d'armes, 115.
Préfet, 156 s., 182, 186 s.
Préposé, 27 s., 125 s.
Privilége de juridiction, 21.
Procès-verbal, 52, 58 s., 65 s., 74, 87, 92 s., 108 s., 113 s., 138 s., 151, 143 s., 164, 176 s., 182, 192, 201, 203.—d'installation, 71.
Produits du sol forestier, 41, 75, 164.
Prohibitions, 62 s.
Rapport, 52.
Rature, 95.
Rébellion, 196.
Régime forestier, 85, 166.
Registre, 58 s.
Renvoi, 95.
Réparation civile, 122.
Résidence, 43, 49.
Responsabilité, 35, 56, 116, 124, 164 s., 204.
Révocation, 157, 206.
Saisie, 137 s., 197.
Salaire, 158, 161 s.
Scierie, 89.
Séquestre, 137, 140, 145 s., 197.
Sergent, 1.
Serment, 67 s., 151, 167, 173, 180 s.
Serviteur, 200.
Signification, 59, 111.
Sous-préfet, 186 s.
Surcharge, 95.
Suspension de fonctions, 149, 161 s.
Tabac, 35 s.
Taxe, 112.
Témoin, 142.
Timbre, 175.
Traitement, 17.
Tribunal correctionnel, 116.
Uniforme, 54.
Usager, 75, 183.
Usine, 88, 142.
Usufruitier, 183.
Vache, 44 s.
Violence, 123, 196.
Visite, 74. — domiciliaire, 140 s., 198 s.
Voiture, 137, 197.
Vol, 200.

GARDE FORESTIER. — 1. — Agent inférieur de l'administration forestière. —V. FORÊTS, n° 140.— On nommait autrefois ces agens *gardes des bois* et *sergens*. Dans l'origine ils étaient appelés *regardatores quasi servientes*. — Merlin, *Rép.*, v° *Gardes des bois*. — Les *regardatores* étaient de plusieurs espèces. Il y en avait de subordonnés à d'autres gardes formant un tribunal connaissant des délits commis dans les forêts. En effet, une ordonnance du mois de nov. 1219 *renvoie, pour le jugement des délits de la forêt de Retz, aux gardes à Villiers-la-Malmaison*. — Merlin, *ibid.*

2. — Au nombre des gardes des bois se trouvait un maître-garde qui, indépendamment des visites qu'il était personnellement obligé de faire, avait sous lui, pour marcher dans les forêts journellement, deux sortes de sergens, savoir, des *sergens dangereux-routiers-traversiers*, et de simples *sergens*. — V. sur l'autorité attribuée à ces divers gardes, l'ordonnance de Saint-Germain-en-Laye, du 26 fév. 1598, portant *que les sergens ordinaires peuvent faire perquisition de filets et engins défendus, en l'absence des sergens dangereux*. — Merlin, *ibid.*

3. — Merlin (*loc. cit.*) nous apprend, en outre, que les sergens *dangereux-routiers* étaient des gardes-traversiers qui allaient autrefois faire des visites extraordinaires de forêts en forêts, pour examiner si les gardes ou sergens ordinaires faisaient leur devoir, et qui avaient droit de faire des visites domiciliaires, ce qui n'était permis aux sergens ordinaires qu'en leur absence. On les appelait *sergens dangereux* parce qu'ils avaient l'inspection sur les forêts où le roi avait le droit de tiers et danger. Ils devaient rendre compte de leurs visites au maître-garde.

4.—Celui-ci, qu'on nommait quelquefois *maître particulier de la garde*, avait une inspection immédiate sur les sergens ordinaires. qui étaient obligés de lui rendre compte des délits qu'ils avaient découverts, et qu'il avait droit de juger jusqu'à une certaine somme. L'édit de mai 1597 ordonne, en effet, art. 21, que *les rapports seront faits au maître particulier de la garde, ou au maître des eaux, au prorata de la somme dont chacun peut être compétent*. Il paraît résulter de là que ce maître-garde était du nombre des sergens qui n'avaient droit de connaître des délits que jusqu'à concurrence de 60 sols. — Merlin, *ibid.*

5. — A tous ces emplois divers l'ordonnance de 1669 substitua des gardes généraux à cheval et des sergens à garde ou gardes à pied. Les gardes forestiers se divisent aujourd'hui encore en gardes généraux et en simples gardes. Mais on n'entend par gardes forestiers que ces derniers, en d'autres termes, les *préposés* de l'administration forestière.

6. — Les places de gardes avaient été érigées en offices par l'édit du mois de nov. 1689. Mais cette mesure donnant lieu à de nombreuses prévarications de la part des gardes qui voulaient se dédommager de ce qu'ils avaient payé un prix pour remplir leurs fonctions, les offices de gardes furent supprimés par arrêt du conseil du 12 nov. 1719.

7. — Les gardes forestiers devaient anciennement donner une caution de 500 liv. pour sûreté des amendes, restitutions, dommages-intérêts dont ils pouvaient être responsables, ou auxquels il y aurait lieu de les condamner. — Ord. 1346, 1376 et 1554 ; réglem. 1602. — La loi du 15-29 sept. 1791, tit. 3, art. 11, exigeait, de son côté, que les gardes fournissent des cautionnemens en immeubles, jusqu'à concurrence de 300 liv. — Merlin, *Répert.*, v° *Gardes des bois*, sect. 1re, § 2, n° 4.—Mais le Code forestier ne prescrit rien de semblable.

8.— On distingue les gardes forestiers en gardes des bois de l'état, de la couronne, des communes et des établissemens publics et en gardes des bois appartenant à des particuliers.

9. — Les gardes des bois domaniaux sont nommés par l'administration forestière ; ceux des forêts communales ou appartenant à des établissemens publics sont nommés par les maires des communes ou les administrateurs des établissemens. Mais ils doivent être agréés par l'administration forestière.—Art. 94 et suiv.— Ceux des bois de la couronne, nommés par l'administration de la liste civile, sont en tout assimilés aux gardes de l'administration forestière, tant pour l'exercice de leurs fonctions que pour la poursuite des délits et contraventions. — Art. 85. — Les gardes des bois des particuliers, nommés par ces derniers, doivent être agréés par le sous-préfet, sauf recours au préfet, en cas de refus.— Art. 117.

10.— On nomme *garde communal* le garde forestier spécialement chargé de la surveillance des bois communaux, et *garde royal* celui auquel est confiée la surveillance des bois de l'état.

11. — Le garde chargé de veiller plusieurs cantons de bois dont les uns appartiennent à l'état et les autres à des communes ou à des établissemens publics, est appelé *garde mixte*.

12. — Les gardes mixtes sont nommés par l'administration forestière, qui règle leur salaire, et a seul le droit de les révoquer. Leur salaire est payé par le domaine et ses copropriétaires, chacun dans la proportion de ses droits. — C. forest., art. 115.

13. — Les gardes royaux, communaux, des établissemens publics et les gardes mixtes ayant les mêmes attributions et devoirs, nous examinerons dans un premier article les règles concernant les gardes commissionnés par l'administration forestière, et dans un second celles qui s'appliquent aux gardes des bois appartenant à des particuliers. L'administration commissionnant non seulement les gardes des forêts de l'état, mais aussi ceux des bois des communes et des établissemens publics, le premier article se trouvera par suite subdivisé en deux paragraphes.

SECT. 1re. — *Gardes forestiers préposés de l'administration des forêts* (n° 14).

§ 1er. — *Gardes forestiers des bois de l'état* (n° 14).

§. 2. — *Gardes des bois des communes et des établissemens publics* (n° 151).

SECT. 2e. — *Gardes forestiers des particuliers* (n° 166).

—

Sect. 1re. — *Gardes forestiers préposés de l'administration des forêts.*

§. 1er. — *Gardes forestiers des bois de l'état.*

14. — Les gardes forestiers des bois de l'état sont nommés par le directeur-général. — Ord. d'exécution du 1er août 1827, art. 11.

15. — De tout temps on a recherché, à raison de la facilité qu'ont les gardes de voler dans les bois confiés à leur surveillance, de n'attribuer ces fonctions qu'à des hommes d'une probité reconnue. Ainsi, d'après l'ord. de 1669, la réception d'un garde était toujours précédée d'une information de bonnes vie et mœurs. — Favard, v° *Gardes forestiers royaux*, n° 2. — La loi du 15-29 sept. 1791, tit. 3, art. 7, contenait des dispositions analogues; mais ces diverses conditions n'étant rappelées ni par le Code forestier, ni par l'ordonnance d'exécution, l'ord. de 1669 et l'article précité de la loi de 1791 doivent être considérés comme abrogés par l'art. 218, C. forest.

16. — Les gardes forestiers, d'après l'ord. du 1er août 1827, se divisaient en gardes à pied et gardes à cheval; mais, aux termes de l'ord. du 25 juill. 1844, les gardes à cheval ont été, pour l'avenir, remplacés par les gardes généraux-adjoints. V. FORÊTS, nos 165 et suiv. — Les gardes à pied, ou simplement gardes, se divisent en deux classes: les *brigadiers* et les *gardes simples*.

17. — Les attributions, le classement et le traitement des brigadiers sont fixés par un arrêté du directeur général du 8 janv. 1840. — *Réglem. forest.*, t. 6, p. 214.

18. — Ils ont, du reste, les mêmes attributions judiciaires et administratives et les mêmes droits que les gardes. Ils sont les intermédiaires entre ceux-ci et les gardes-généraux. — Inst. 20 sept. 1839 (*Réglem. forest.*, t. 6, p. 182).

19. — Indépendamment du triage spécial qui leur est confié, les brigadiers exercent leur surveillance sur les autres garderies dépendantes de leur brigade et sur la conduite administrative et privée des gardes. Ils peuvent, sous leur responsabilité, donner à ceux-ci tous ordres motivés par l'intérêt du service. — Même instruction.

20. — Les brigadiers fournissent aux gardes-généraux tous les renseignemens concernant le service. Ils demeurent personnellement responsables de toutes les irrégularités qu'il était de leur devoir de remarquer dans le service des préposés sous leurs ordres et qu'ils n'ont pas immédiatement signalées. — C. forest., art. 6; — même instruction.

21. — Le brigadier forestier est justiciable de la cour royale pour avoir pris intérêt, par interposition de personne, dans une adjudication d'herbages des bois confiés à sa surveillance. Ce fait constitue un délit à la charge de l'officier de police judiciaire. — *Cass.*, 10 sept. 1840, (t. 1er 1841, p. 50.) Ramel.

22. — Il existe, indépendamment des brigadiers et des gardes du service actif, une autre classe de brigadiers et de gardes appelés *sédentaires*, parce qu'ils sont employés dans les bureaux. On peut voir, en ce qui les concerne, un arrêté du 14 avr. 1840, et la circul. n° 487 (*Régl. forest.*, t. 6, p. 293 et 341).

23. — Les élèves de l'école forestière qui n'ont pas répondu d'une manière satisfaisante aux examens de sortie ou à ceux qu'ils doivent subir pour passer d'une division dans une autre (V. ÉCOLE FORESTIÈRE), peuvent être employés comme brigadiers sédentaires. L'administration est dans l'usage de leur accorder ce titre, sur leur demande.

24. — Indépendamment de ces divers gardes, il existe des *gardes cantonniers*, lesquels sont spécialement chargés d'exécuter dans les forêts de l'état, sous la direction des agens forestiers, les travaux nécessaires pour l'établissement, l'entretien et la réparation de certaines routes forestières.

25. — Les gardes cantonniers, institués par arrêté du 14 déc. 1839, sont commissionnés, assermentés et tenus de constater régulièrement tous les délits qu'ils ont occasion de reconnaître.

26. — Leurs fonctions toutes spéciales sont sans rapport avec l'exécution du Code forest., et de l'ordonnance réglementaire. — Les règles qui les concernent se trouvent dans les instructions et réglemens des 10 janv., 21 juin, 13 août et 2 déc. 1840 (*Régl. forest.*, t. 6, p. 214, 267, 268 et 340). On peut aussi consulter les circulaires nos 565 et 566, insérées au t. 2 des *Ann. forest.*, p. 289 et 290.

27. — Les brigadiers et gardes simples, en service actif ou sédentaires, et les gardes cantonniers constituent, avec les gardes à cheval qui ont conservé leur titre et leurs fonctions d'après l'ord. du 25 juill. 1844, la classe des *préposés*. Nous avons dit au mot FORÊTS quelle était la signification de ce mot employé par opposition à celui d'*agent*.

28. — Le mot *gardes* est souvent employé comme synonyme de *préposé* (C. forest., art. 6, 21, 87, 160 à 164, 173 et suiv.). D'autres fois le mot *garde* a une signification plus restreinte, comme dans les art. 165 et 166 C. forest., où il désigne seulement les gardes simples et les brigadiers du service actif, et par assimilation les gardes cantonniers. Le Code forest. ne se sert que deux fois du mot de *préposé*, dans les art. 5 et 207; il désigne dans le premier tous les gardes des différentes classes, et dans le second il est surabondamment écrit. Ce qui indiquerait encore que le mot *préposé* est synonyme de garde, c'est le titre du § 4. de la sect. 2e de l'ord., ainsi conçu: « Dispositions communes aux *agens* et *préposés*, » et que l'art. 31 emploie le mot *garde* par opposition à celui d'*agens*. Il eût été plus convenable que les rédacteurs du Code et de l'ordonnance ne se fussent servis que des mots *agens* et *préposés*. — Meaume, *Comm. du C. forest.*, t. 3, p. 12, *ad not.*

29. — La distinction entre les mots *agent* et *préposé* reçoit en outre son application quant au service de la garde nationale. L'art. 12 de la loi sur la garde nationale dispense du service les *gardes* champêtres et forestiers; mais les *agens* sont astreints à ce service. — Meaume, *loc. cit.*

30. — Les agens ne peuvent exiger des préposés aucun acte de domesticité. — Circul. 10 déc. 1844, n° 562.

31. — Un grand nombre de circulaires ont réglé les conditions d'avancement des préposés, leurs mutations, etc. — M. Meaume (t. 3, p. 13, note) cite celles portant les nos 36, 184 *ter*, 220, 381, 282, 412 *bis*, 414, 464, 467, 487, 496, 524, 525, 529, 540 *bis*, 540 *quinq.*, 543, 545 *bis*. — Quant aux congés et aux conditions auxquelles ils sont accordés, tant aux agens qu'aux préposés, V. les circul. nos 215, 223, 238 *bis*, 246, 272, 309, 330, 496, 525.

32. — Le titre de *préposé* de l'administration qui les commissionne résulte pour les gardes du fait seul de leur nomination. Leurs fonctions s'étendent à ce titre sur tous les bois sur lesquels l'état exerce un droit de propriété ou de tutelle. Ils sont aussi destinés pour garder la propriété forestière de l'état, des communes et des établissemens publics. — A cette qualité de préposés de l'administration les gardes forestiers joignent celle d'officiers de police judiciaire. Ce titre, inhérent à leurs fonctions, leur appartient par la seule force de la loi, et découle du fait de leur nomination. — C. inst. crim., art. 9 et 16.

33. — Les gardes des bois de l'état, des communes et des établissemens publics ne sont pas seulement agens isolés de la force publique, comme les gardes champêtres; ils font partie de la force armée; ils sont organisés en un seul corps, sous le titre de garde-forestière. Ce corps peut être employé comme celui de la gendarmerie et concurremment avec lui, pour tout le service de police et justice civile et militaire dans l'étendue du canton où chaque garde exerce ses fonctions. — L. 9 flor. an XI, art. 17 et 18; inst., 20 sept. 1839. — V. aussi l'ordonnance du 27 août 1831; l'instruction du 20 sept. 1839; — V. FORÊTS, n° 196.

34. — Les gardes forestiers doivent aussi prêter main-forte aux préposés des douanes pour la saisie des objets dont l'importation est défendue par les lois, et pour l'arrestation des contrebandiers: ils sont admis, dans ce cas, à la répartition du produit des amendes et confiscations. — Lettre du min. des fin. du 4 déc. 1808; instr. 20 sept. 1839; — Favard, v° *Gardes forestiers*, n° 11.

35. — Les gardes forestiers sont chargés par la loi du 28 avr. 1816 (art. 169, 223 et 224) de concourir à la répression de la fraude sur les tabacs et les cartes à jouer. — V. aussi circul. admin. forest. des 25 août 1829 et 13 sept. 1834. — Ils sont ainsi tenus de constater par procès-verbal les plantations frauduleuses de tabac faites dans les forêts, et ils sont responsables des plantations de ce genre qu'ils n'auraient pas constatées. — Instr. 20 sept. 1839.

36. — La loi de 1829 sur la pêche fluviale a, par son art. 36, investi les gardes du pouvoir de dresser procès-verbal des délits de pêche sur les rivières navigables et flottables, et même sur les cours d'eau appartenant à des particuliers. — V. PÊCHE; — Mangin, *Traité des procès-verbaux*, n° 135, p. 257.

37. — La loi du 3 mai 1844 (art. 22) a, en outre, conservé aux gardes forestiers le droit de constater les délits de chasse dans les bois et forêts soumis à leur surveillance.

38. — Les bois communaux étant, quant à la surveillance, soumis au même régime que les forêts de l'état, les gardes de ces forêts ont qualité pour constater les délits de chasse commis dans les bois des communes. — *Cass.*, 28 janv. 1808, Arnichaud.

39. — Mangin (*Traité des procès-verbaux*, p. 258) pense qu'il en est de même à l'égard des délits de chasse commis sur les propriétés rurales, il s'appuie sur l'art. 16, C. inst. crim. — Mais c'est là une opinion contraire aux vrais principes. — V. *infrà* nos 80 et s.

40. — Les gardes constatent aussi les défrichemens opérés dans les bois des particuliers, en contravention aux art. 219 et suiv., C. forest. — V. DÉFRICHEMENT.

41. — Un garde, fût-ce un brigadier, ne pourrait régulièrement autoriser l'enlèvement de produits du sol forestier, d'herbes notamment. Cette autorisation doit émaner nécessairement de l'administration supérieure. — Ord. d'exéc., art. 169, modifiée par l'ordonnance du 4 déc. 1844. — *Montpellier*, 20 déc. 1841 (t. 3 1844, à sa date), Phalipon; — Meaume, t. 2, n° 970.

42. — On ne peut être nommé garde forestier si l'on a plus de trente-cinq ans, et si l'on ne sait lire et écrire. — Ord. royale, 15 nov. 1832, art. 1er. — Le minimum de l'âge exigé est fixé à vingt-cinq ans. — C. forest., art. 3. — V. FORÊT, n° 199.

43. — Les gardes forestiers sont tenus de résider dans le voisinage des forêts ou triages confiés à leur surveillance. Le lieu de leur résidence est fixé par le conservateur. — Ord. d'exéc., art. 25; L. 15-29 sept. 1791, tit. 4, art. 1er.

44. — Les gardes des bois de l'état, logés ou non dans des maisons forestières, ont droit de faire paître deux vaches en forêt. — Circul. 4 août 1839 (*Régl. forest.*, t. 6, p. 165). — Mais seulement avec la surveillance des gardiens, dans les chemins et routes, ou dans des cantons tellement défensables que les jeunes taillis ne puissent en éprouver du dommage. Ces cantons doivent, en outre, avoir été préalablement désignés par l'inspecteur ou le sous-inspecteur, qui en font mention sur le carnet des gardes. — Circul. 28 oct. 1833, n° 341.

45. — Les gardes logés dans des maisons forestières sont tenus de faire toutes les réparations locatives (circul. 17 nov. 1830 (*Régl. forest.*, t. 4, p. 427)), et d'acquitter les frais de l'assurance contre l'incendie (circul. n° 79), et les contributions des portes et fenêtres. — L. 21 avr. 1832. — V. aussi instr. 20 sept. 1839.

46. — Les terrains abandonnés aux gardes ne peuvent avoir plus d'étendue qu'un jardin destiné à la culture des légumes nécessaires à la consommation habituelle d'une famille, et, en général, environ cinquante acres. — Circul. 28 août 1833.

47. — Il est expressément défendu aux gardes de faire le commerce soit de légumes, soit de lait ou de beurre; ces divers produits doivent être consommés par eux ou par leur famille. — Même circulaire.

48. — Les gardes entretiennent les laies sommières et les lignes séparatives des coupes, et ils profitent des herbes et de l'élagage. — Décis. min. 10 nov. 1835 (*Régl. forest.*, t. 5, p. 250).

49. — Quant à leur chauffage, on peut consulter les circul. des 3 juill. 1837 (*Régl. forest.*, t. 5, p. 520) et 21 mai 1838 (*Régl. forest.*, t. 6, p. 39); décis. min. fin. 23 juin 1837 (*Régl. forest.*, t. 3, p. 508. — Deux autres circulaires rapportées au tome 4, p. 528 et 644 des *Régl. forest.*, s'occupent des abus occasionnés par les tolérances accordées aux gardes. Enfin les circulaires nos 319, 395 et 496 s'appliquent aux changemens de résidence ou d'emploi des gardes.

50. — Les préposés forestiers ont droit à une pension de retraite après vingt-cinq ans de services rétribués par le trésor. — Instr. 20 sept. 1839, circul. n° 454.

51. — Les brigadiers et, à défaut des brigadiers, les gardes généraux sont les chefs immédiats des gardes, qui leur doivent obéissance et soumission pour tous les objets du service. — Inst. 20 sept. 1839.

52. — « Les gardes à cheval et les gardes à pied adressent leurs rapports à leur chef immédiat, et lui remettent leurs procès-verbaux revêtus de toutes les formalités prescrites. » — Ord. régl., art. 27. — Les gardes doivent adresser, en outre, tous les trois mois, à leurs supérieurs un rapport sur l'état des limites des bois confiés à leur surveillance. — Inst. du 16 niv. an X. — Ils correspondent en franchise, sous bandes, avec leurs supérieurs. — Inst. 20 sept. 1839.

53. — Ils ne peuvent quitter leur poste sans une permission du conservateur. — En cas d'empê-

chement par maladie, ils doivent en donner avis à leur supérieur immédiat, au plus tard dans les trois jours, afin qu'il soit suppléé à leur service.— Même inst.

54. — L'uniforme et l'armement des gardes sont déterminés par l'ord. du 1er août 1827, art. 29 et 30.

55. — Du reste, la loi du 3 mai 1844, art. 7, interdit la délivrance du permis de chasse aux gardes des bois de l'état, des communes et des établissemens publics. — V. CHASSE, nos 203 et suiv. — Une circul. du 2 sept. 1844, no 557, renouvelle aux gardes la défense expresse de chasser.

56. — L'art 6, C. forest., rend les gardes responsables des délits, dégâts, abus et abroutissemens qui ont lieu dans leurs triages, et passibles des amendes et indemnités encourues par les délinquans, lorsqu'ils n'auront pas constaté les délits par des procès-verbaux réguliers.—V. FORÊTS, nos 284 et suiv.

57. — L'art. 7, même Code, leur impose l'obligation de se servir de marteaux soit pour procéder aux opérations de balivage et de martelage, soit pour désigner les arbres de délit et les chablis. — V. FORÊTS, nos 246 et suiv.

58. — La loi du 29 sept. 1791, tit. 5, art. 15, enjoignait aux agens forestiers d'avoir un registre pour y porter les procès-verbaux ; cette disposition n'était qu'une mesure administrative ayant pour objet d'assurer la surveillance de l'administration. Il ne pouvait donc résulter du défaut de registre une nullité qu'il fût permis à un tiers d'invoquer. — V. Merlin (*Rép.*, vo *Récolement*, no 4), qui cite à l'appui de cette opinion un arrêt de *Cass.* du 8 avr. 1808.

59. — La disposition de la loi de 1791 a été reproduite par l'art. 26 de l'ord. d'exécution portant que « les gardes doivent tenir un registre d'ordre qu'il font coter et parapher par le sous-préfet de l'arrondissement. — Ils y transcrivent régulièrement leurs procès-verbaux par ordre de dates. Ils signent cet enregistrement et inscrivent en marge de chaque procès-verbal le folio du registre où il se trouve transcrit.—V. C. forest., art. 165 et suiv. — Ils font mention, sur le même registre et dans le même ordre, de toutes les significations et citations dont ils ont été chargés.—V. C. forest., art. 172 et 173. — Ils y font également mention des chablis et des bois de délit qu'ils ont reconnus, et en donnent avis, sans délai, à leur supérieur immédiat. — A chaque mutation, les gardes sont tenus de remettre ce registre à celui qui leur succède. »

60. — Les gardes doivent toujours, dans leurs tournées, être munis de la plaque qu'ils portent ostensiblement, de leur marteau, d'une chaîne métrique et de leur livret. — Leur marteau est employé à marquer les chablis, volis, les souches et bois provenant de délits.—Ord. régl., art. 37.— Leur livret, nous venons de le voir, est destiné à transcrire, jour par jour et sans lacune, les procès-verbaux de délit ; la reconnaissance des chablis; les délivrances dûment autorisées des productions du sol forestier ; les citations et significations, et les opérations auxquelles les gardes concourent. — Si, dans le cours de leur tournée journalière, les gardes n'ont rien remarqué qui intéresse le service, ils le disent sur le livret. — Inst. du 20 sept. 1839.

61. — Les fonctions de gardes sont incompatibles avec tous autres emplois soit administratifs, soit judiciaires. — C. forest., art. 4. — V. FORÊTS, nos 208 et suiv.

62. — Les gardes ne peuvent faire le commerce des bois; exercer une industrie où le bois est employé comme matière principale; prendre part aux diverses adjudications; tenir auberge ou vendre des boissons; rien recevoir pour objet relatif à leurs fonctions; disposer des bois chablis ou de délit gisant dans les forêts, ou d'aucun produit du sol forestier.—Ord. régl., art. 31 et 35; inst. 18 nov. 1831. — V. FORÊTS, nos 215 et suiv. — La défense de tenir auberge était déjà faite par l'ordonnance de 1669, et la loi du 15-29 sept. 1791, tit. 3, art. 14, établissait aussi les défenses reproduites par les articles précités de l'ordonnance d'exécution.

63. — Jugé dès avant le code que les gardes qui font le commerce des bois, et ceux qui enlèvent des bois abattus dans les laies et tranchées, commettent des délits punissables.—*Cass.*, 9 fév. 1811, Goyard.

64.—L'art. 12, tit. 10, ord. 1669, interdisait même aux gardes de boire avec les délinquans qui leur étaient connus, à peine de 100 liv. d'amende pour la première fois, et de plus grandes avec destitution, en cas de récidive.

65. — L'infraction aux défenses dont nous venons de parler n'ôte pas aux agens leur caractère de fonctionnaire public; leurs procès-verbaux sont valables tant qu'ils n'ont pas été révoqués de leur emploi. Il n'en est pas de même des actes des préposés qui cumulent avec leur emploi des fonctions publiques que l'art. 4, C. forest., déclare incompatibles : les actes qu'ils font dans cette position sont nuls comme le seraient ceux d'un préposé qui ne serait pas âgé de vingt-cinq ans et qui n'aurait pas obtenu de dispense d'âge, comme le serait une déclaration de jury si un fonctionnaire public dont les fonctions sont incompatibles avec celle de juré, y avait concouru, ou un jugement auquel auraient participé des personnes au degré prohibé. — Mangin, *Tr. des procès-verbaux*, p. 249 et 250.

66. — Les parens ou alliés d'un garde ne peuvent être facteurs des coupes de son triage.— Inst. 20 sept. 1839.— V. FORÊTS, nos 235, 510 et suiv.

67. — Les gardes forestiers, avant d'entrer en fonctions, prêtent devant le tribunal civil serment de fidélité au roi des Français, à la Charte constitutionnelle et aux lois du royaume. — L. 31 août 1830 ; — Vaudoré, *Droit civil des juges et des tribunaux d'arrondissement*, vo *Garde*, t. 2, p. 386.

68. — Ils ne peuvent commencer leurs fonctions que quand ce serment a été prêté devant le tribunal de leur résidence, et lorsqu'ils ont fait enregistrer leur commission et l'acte de prestation de leur serment au greffe des tribunaux dans le ressort desquels ils doivent exercer. — C. forest., art. 5. — V. FORÊTS, nos 247 et suiv.

69. — L'enregistrement de la commission au tribunal civil n'est pas nécessaire pour donner au garde le caractère légal qu'il tient de la seule prestation de son serment devant ce tribunal. — *Cass.*, 15 avr. 1808, Yvonneau.

70. — Lorsqu'un garde a prêté serment et fait enregistrer sa commission, il est installé dans ses fonctions par le garde général qui lui désigne les limites du triage confié à sa surveillance. Il est dressé procès-verbal de cette opération, et cet acte est signé tant par le garde général que par le simple garde (circul., no 529). Comme acte administratif, ce procès-verbal est exempt de l'enregistrement. — Meaume, t, 3, p. 48, note.

71. — Lorsque le procès-verbal d'installation est dressé et signé, le garde général remet au préposé son livret, précédé de l'instruction du 20 sept. 1839, comprenant les principales dispositions législatives relatives aux gardes, sa plaque et son marteau dont le prix est payé par le garde. Quant aux objets dont les gardes doivent se fournir, V. arrêté min. 20 août 1830.

72. — Les gardes sont tenus, en cessant leurs fonctions, de remettre au garde général leur livret, leur plaque, leur marteau, et en général tous les objets qu'ils ont reçus de l'administration. — Inst. 20 sept. 1839.

73. — Les gardes forestiers ont, quant à la surveillance des bois, des fonctions spéciales qu'ils exercent dans toute leur latitude sans avoir besoin d'être provoqués ou autorisés par leurs supérieurs dans la hiérarchie administrative ou judiciaire, sauf, bien entendu, la subordination hiérarchique.—C. inst. crim., art. 16; C. forest., art. 159 et 183.

74. — Les gardes à cheval et les gardes à pied sont plus spécialement chargés de faire des visites journalières dans les bois soumis au régime forestier, et de dresser procès-verbal de tous les délits et contraventions qui y ont été commis.— Ord. d'exéc., art. 24; C. forest., art. 160.

75. — Ils ont aussi mission pour constater les abus et contraventions commis par les adjudicataires, empêcher les abus que les usagers pourraient faire de leurs droits. Ils doivent s'opposer à toute extraction de produits du sol forestier, à l'introduction des bestiaux dans les bois non défensables, aux constructions de maisons à distance prohibée, ne pas laisser allumer du feu à une distance moindre de deux cents mètres de la forêt; veiller à la conservation des limites, etc. — V. FORÊTS.

76. — Ils exercent par suite une sorte de magistrature inférieure qui consiste dans la recherche et la constatation des délits et contraventions portant atteinte à la propriété forestière, et qui comprennent non seulement les infractions *spéciales* que prévoit le Code forestier, et que nous venons d'énumérer en partie, mais encore les infractions non prévues par ce Code, et qui se trouvent rangées dans la classe des *délits communs*, telles que les incendies dans les forêts, les dégradations ou destructions de chemins, clôtures, bornes, fossés, etc. — Meaume, *Comment. du C. forest.*, t. 3, p. 23, no 1er.

77. — Le droit de constater les délits portant atteinte à la propriété forestière peut aussi résulter implicitement de l'art. 16, C. inst. crim., combiné avec la nature de l'infraction, comme en cas de dégradations de chemins, clôtures, bornes, fossés, etc., existant dans les forêts ou sur leur lisière. Ils sont en ce cas investis du droit de constatation à raison de la qualité d'officiers de police judiciaire que leur attribue l'art. 16 précité. — Meaume, t. 3, p. 23, no 2.

78. — Comme officiers de police judiciaire, leurs fonctions sont toutes spéciales ; elles ne comprennent que la recherche et la constatation des délits portant directement ou indirectement atteinte à la propriété forestière. Ce droit peut leur être attribué par une loi spéciale, telle que le Code forestier (art. 160) ou la loi sur la chasse.

79. — On doit conclure de ces principes que les gardes forestiers n'auraient pas qualité pour constater, dans l'intérieur des bois, une infraction qui ne porterait ni sur le sol forestier ni sur ses produits, par exemple un délit de coups ou blessures. — Meaume, *loc. cit.*

80. — Il s'ensuit également qu'ils sont dépourvus de toute qualité pour reconnaître les infractions commises en dehors du sol forestier. Cette dernière proposition est contestée toutefois par Fournel (*Lois rurales de France*, liv. 3, tit. 1er, no 8), Carnot (*C. inst. crim.*, t. 1er, p. 151, no 15), Mangin (*Traité des procès-verbaux*, nos 91 et 135), qui prétendent que le Code d'instruction criminelle ayant placé les gardes forestiers sur la même ligne que les gardes champêtres, il existe entre ces officiers de police judiciaire une réciprocité de pouvoirs, quant au droit de recherche et de constatation; d'où il suit que les gardes forestiers peuvent dresser procès-verbal des délits ruraux commis en dehors du sol forestier, de la même manière qu'il appartient aux gardes champêtres de constater les atteintes portées à la propriété forestière ou à ses produits.

81. — Mais ce système, qui tendrait à accorder aux gardes champêtres et forestiers un droit de constatation réciproque en permettant aux premiers de reconnaître les délits commis en plaine, est repoussé par M. Meaume (t. 3, p. 25 et 82). Le garde champêtre doit bien, suivant lui, avoir le droit de constater tous les délits et contraventions portant atteinte aux propriétés rurales et forestières; mais il résulte de la loi du 29 sept. 1791, portant organisation de l'administration forestière, que les fonctions des gardes forestiers se réduisent à faire des visites journalières dans les forêts et triages confiés à leur garde, pour prévenir et constater les délits. Ils n'avaient donc, lors de la promulgation de l'art. 16, C. instr. crim., compétence que pour les terrains désignés dans leur commission. C'est cet état de choses qu'a maintenu l'art. 16 de ce Code, et auquel n'a pas dérogé le Code forestier.

82. — Aussi est-il généralement admis qu'un garde forestier n'a pas qualité pour constater un délit de chasse commis en plaine. — V. CHASSE, nos 561 et 562; FONCTIONNAIRE PUBLIC, nos 697 et suiv. ; — déc. min., 21 mai 1829 (*Rég. forest.*, t. 4, p. 248) ; instr. 20 sept. 1839, circul. no 454 ; — Baudrillart, *C. forest.*, art. 160; Petit, *Tr. du droit de chasse*, t. 1er, p. 412; Perève, p. 140 ; *Ann. forest.*, art. de M. Loiseau, an 1845, p. 307 ; — *Dijon*, 17 fév. 1830, arrêt inédit rapporté par M. Meaume, t. 2, p. 583, note.

83. — De même, le délit du garde forestier chassant dans un pré ou un champ ne peut être réputé commis dans l'exercice de ses fonctions, si ce pré ou ce champ n'était pas enclavé dans les forêts. — *Grenoble*, 13 sept. 1834, Joubert.

84. — Les gardes forestiers commissionnés par l'administration n'ont pas qualité pour constater les délits commis dans les bois non soumis au régime forestier ou appartenant à des particuliers. Ce droit, qui leur était conféré par la loi du 9 flor. an XI, se trouve abrogé par l'art. 218, C. forest. — Meaume, t. 3, p. 27, no 3 ; *Ann. forest.*, art. de M. Loiseau, an 1845, p. 307. — V. cependant Mangin, *Tr. des procès-verbaux*, p. 137, 204 et 205; Curasson, *Code forest.*, t. 2, p. 47.

85. — Cette question doit, au surplus, se présenter rarement dans la pratique, l'instruction placée en tête du livret que l'administration remet à chaque garde (V. *suprà* no 71) leur interdisant de se livrer à la surveillance des propriétés particulières, et cette défense leur ayant été renouvelée par cicul. du 7 mai 1844, no 545 *bis*.

86. — Mais la compétence des gardes forestiers s'étend à tous les bois soumis au régime forestier, quel qu'en soit le propriétaire, quand même la garde de ces bois ne leur serait pas spécialement confiée ; ainsi, les gardes des bois des communes ont le droit de constater les délits et les contraventions commis dans les bois de l'état, dans ceux de la couronne, dans ceux des établissemens publics ; et réciproquement, les agens de l'administration forestière ont le même droit dans les

bois des communes. — Ord. forest., art. 24; C. forest., art. 87 et 99.

87. — Suivant Mangin (*Tr. des procès-verbaux*) si le Code forest. refuse aux gardes de l'état et des communes le droit de constater les contraventions et les délits commis dans les bois des particuliers, l'art. 16, C. inst. crim., leur attribue cette compétence, puisqu'il appelle indistinctement tous les gardes forestiers à rechercher les délits et contraventions qui ont porté atteinte aux propriétés forestières situées dans le territoire pour lequel ils sont assermentés, tel qu'il est limité par l'art. 160, C. forest., c'est-à-dire dans tout l'arrondissement du tribunal devant lequel ils ont prêté serment. Mais cette opinion nous paraît en désaccord avec les principes tels que nous les avons posés plus haut.

88. — Mangin ajoute que dans ce cas, toutefois, les procès-verbaux des gardes forestiers ne font pas foi jusqu'à inscription de faux, comme le veut le Code forestier; ces procès-verbaux, quelque léger que soit le dommage, ne peuvent faire foi en justice que jusqu'à preuve contraire. — Mangin, *Tr. des procès-verbaux*, p. 246 et 247.

89. — Les gardes portent leur surveillance au dehors des forêts, dans un rayon de cinq cents mètres à deux kilomètres, afin d'assurer l'exécution des art. 151 à 155, C. forest., relatifs aux constructions de fours à chaux ou à plâtre, briqueteries, tuileries, maisons sur perches, loges, baraques ou hangars, maisons ou fermes, usines à scier le bois, et à l'établissement non autorisé d'ateliers à façonner le bois, ou de chantiers ou magasins pour faire le commerce des bois, dans les maisons ou fermes actuellement existantes, situées à cinq cents mètres des forêts. — Toute contravention aux articles précités du Code forest. est constatée par deux agens au moins. — Ils informent leur chef immédiat de l'apparition de gens suspects dans les forêts et de tout ce qui peut s'y passer de contraire à la sûreté publique. — Inst. 20 sept. 1839. — V. FORÊTS, nos 1848 et suiv.

90. — Aucun arbre, bille ou tronce ne peut être reçu dans les scieries situées à moins de deux kilomètres des bois et forêts soumis au régime forestier, sans avoir été préalablement reconnu par le garde forestier et marqué de son marteau. — C. forest., art. 158. — V. FORÊTS, nos 1856 et suiv.

91. — Toute contravention aux dispositions de cet art. 158, C. forest., doit être constatée par deux gardes au moins. — Inst. 20 sept. 1839.

92. — Les gardes forestiers constatent par des procès-verbaux les délits qu'ils reconnaissent dans tout l'arrondissement du tribunal près duquel ils sont assermentés. — C. forest., art. 160.

93. — Les gardes doivent écrire eux-mêmes leurs procès-verbaux, les clore et les signer, autant que possible, le jour de la reconnaissance du délit. — C. forest., art. 165. — V. l'instr. du 20 sept. 1839, quant aux mentions que doivent renfermer les procès-verbaux dressés par les gardes. — V. au reste FORÊTS, nos 1999 et suiv., et PROCÈS-VERBAL.

94. — Ils doivent les rédiger sur les feuilles qui leur sont remises numérotées et paraphées par le garde général, et dont le nombre est inscrit sur leur livret. — Instr. 23 mars 1821, art. 127. — Dans le cas où une de ces feuilles n'aurait pu être employée par l'effet d'un accident quelconque, le garde doit la représenter au garde général dans l'état où elle se trouve; s'il ne peut la représenter, il doit en justifier la cause. — Instr. 20 sept. 1839.

95. — Tout renvoi, rature ou surcharge doit être approuvé et paraphé par le rédacteur du procès-verbal, par l'officier public qui a reçu l'affirmation et par le receveur de l'enregistrement. — Instr. 20 sept. 1839.

96. — Sous la loi du 15-29 sept. 1791, le procès-verbal, en matière forestière, qui n'avait pas été affirmé dans les vingt-quatre heures de sa rédaction était nul, quoique l'affirmation eût été faite le lendemain. — *Cass.*, 5 janv. 1809, Lallemant.

97. — Les gardes forestiers doivent dresser jour par jour les procès-verbaux des délits et des contraventions qu'ils ont reconnus. — Ord. d'exécut., art. 181; L. 15-29 sept. 1791, art. 4, tit. 4.

98. — Faut-il conclure de cette prescription qu'on devait tenir pour nul le procès-verbal qui n'aurait pas été rédigé dans les vingt-quatre heures de la reconnaissance du délit? L'affirmative résulte de deux arrêts de la cour royale de Dijon. — *Dijon*, 26 fév. 1834, Lardin; 18 sept. 1839, Joly (V. ces deux arrêts t. 3 1844, à la date du dernier).

99. — Mais M. Meaume (t. 3, p. 321, no 3) prétend que la négative est évidente. L'art. 165, C. forest., autorisant les gardes entravés dans leur rédaction par un empêchement quelconque à faire écrire leurs procès-verbaux par un simple particulier, ou par le fonctionnaire qui doit recevoir leur affirmation, et celle-ci pouvant être reçue le 2 mai, à sept heures du soir, pour un procès-verbal constatant un délit reconnu le 1er à six heures du matin, il suit nécessairement, dit cet auteur, que la loi autorise la rédaction du procès-verbal le lendemain de la reconnaissance du délit, et même après les vingt-quatre heures. Toutefois, ajoute M. Meaume (p. 323 et 324), il ne faudrait pas appliquer ce principe d'une manière trop absolue; sans quoi l'on tomberait dans cette conséquence absurde, signalée par la cour de Dijon, que les gardes, pouvant reculer indéfiniment la rédaction de leurs procès-verbaux, seraient ainsi maîtres de reculer indéfiniment à leur gré les délais à compter desquels la prescription peut courir. On doit donc, dit cet auteur, faire la distinction suivante : si le procès-verbal a été rédigé plus de trois jours après la constatation du délit, et n'énonce pas la cause qui en a entravé la rédaction, il peut être déclaré nul. Mais si le procès-verbal fait connaître les motifs qui se sont opposés à sa rédaction; si, par exemple, le garde a été retenu par une inondation, séquestré par les délinquans, empêché enfin par un obstacle matériel quelconque, l'acte qui constate cet empêchement est évidemment valable, bien que rédigé plusieurs jours après la reconnaissance du délit. — Ainsi, suivant M. Meaume, le procès-verbal rédigé dans les trois jours de la constatation du délit ne sera jamais nul, et il ne le sera même pas après ce délai, si son auteur énonce les causes qui ont mis empêchement à la rédaction du rapport, soit dans le jour, soit dans les trois jours du délit.

100. — La jurisprudence de la cour de Nancy vient en aide à cette distinction. Cette cour a, en effet, jugé par arrêt du 7 juin 1843 (t. 3 1844, à sa date [Verniort]), que les gardes forestiers doivent rédiger leurs procès-verbaux sans délai, et les faire affirmer dans les vingt-quatre heures, à moins qu'ils ne soient forcés de prolonger, pour la constatation et la recherche des délits, leurs opérations et, par suite, la clôture de leurs procès-verbaux.

101. — Par un autre arrêt du 17 janvier 1844 (t. 3 1844, à sa date [Lallemand]), la cour de Nancy a décidé, dans le même sens, que l'agent ou garde forestier qui, après avoir immédiatement dressé procès-verbal du délit reconnu par lui, en ajourne cependant la clôture à un jour assez éloigné, afin de donner le temps de faire cesser l'état de choses qui produisait le délit, ne rend pas son procès-verbal nul comme ne l'ayant pas clos dans les délais prescrits par la loi.

102. — Suivant Baudrillart (*Comment. du Code forest.* sur l'art. 165), il n'y a aucune distinction à faire; le garde peut laisser son procès-verbal ouvert quand il le croit convenable. « On avait, dit-il, demandé que la loi fixât un délai dans lequel le garde aurait été obligé de clore son procès-verbal... Jamais ce délai n'a été et n'a pu être fixé. »

103. — La cour de Nîmes a jugé, de son côté, par un arrêt du 14 mars 1833, rapporté en note de celui précité de Nancy du 7 juin 1843, que le garde forestier qui aurait reconnu d'une manière précise le délit, et aurait, le même jour, déclaré procès-verbal à ses auteurs, objecterait en vain, pour défendre la régularité de ce procès-verbal, que s'il ne l'a pas fait affirmer dans les vingt-quatre heures, c'est qu'il a été empêché de le clôturer par ordre du maire.

104. — La nullité du procès-verbal dressé par un garde forestier ne devrait pas être prononcée par cela seul que ce préposé aurait, par une rédaction vicieuse, paru constater un délit au moment même où il a été commis. Dans ce cas, la présomption est que la rédaction du procès-verbal a suivi immédiatement la découverte du délit. — *Dijon*, 23 janv. 1833, Chalopin (cet arrêt est rapporté à la note de celui de Nancy du 17 janvier 1844. — V. conf. Meaume, t. 2, no 1175, p. 682.

105. — Les ratures, surcharges ou interlignes existant sur la date de la clôture d'un procès-verbal, ayant pour effet de faire considérer comme n'existant pas les faits raturés, surchargés ou interlignés, il s'ensuit nécessairement qu'on doit prononcer la nullité du procès-verbal, si la date n'est pas rétablie par d'autres énonciations de l'acte. — V. Meaume (t. 2, no 1175, p. 683) où il rapporte à la note, comme l'ayant ainsi décidé dans une espèce forestière, un arrêt de Dijon, en date du 24 juin 1835, Jacolot.

106. — Les gardes doivent faire la remise de leurs procès-verbaux dans les trois jours à leur supérieur immédiat après les avoir transcrits sur leur registre d'ordre, coté et paraphé par le préfet et le sous-préfet de leur arrondissement. — Art. 16, 22, 26, 27 et 160 de l'ordonn. forest. du 1er août 1827.

107. — Le faux commis avec mauvaise intention par un garde dans la rédaction du procès-verbal n'est point pallié par une irrégularité qui serait susceptible de faire annuler le procès-verbal. — *Metz*, 18 janv. 1820, Ch.... — V. FAUX, no 378.

108. — Le garde rédacteur du procès-verbal ne pourrait, par une déclaration postérieure, en opposition avec le contenu de cet acte, détruire la foi qui lui est due. — *Montpellier*, 19 nov. 1840, Louis Cron (cet arrêt est rapporté en note de celui de Metz qui suit). — V. conf. FORÊTS, no 2133.

109. — Toutefois, bien qu'un garde forestier ne puisse, en général, détruire par un second procès-verbal les faits allégués dans un acte antérieur constatant un délit forestier, il peut cependant dresser contre le délinquant qui a donné un faux nom lors du premier procès-verbal, une seconde citation indiquant les véritables noms et prénoms du prévenu. — *Metz*, 14 mai 1845 (t. 1er 1847, p. 717) Andrés. — V. aussi Mangin, *Traités des procès-verbaux*, p. 92; Meaume, t. 2, no 1259; t. 3, p. 421, add. — V. du reste, quant aux procès-verbaux des gardes forestiers, FORÊTS et PROCÈS-VERBAL.

110. — Lorsque la délivrance d'un affouage a été faite à une commune collectivement, les gardes forestiers peuvent, en constatant les délits commis dans les ventes, se contenter de signaler la commune, et ne sont pas tenus de faire des rapports séparés et nominatifs contre les habitans délinquans. — *Cass.*, 10 août 1821, comm. de Croix aux mines.

111. — L'art. 4, tit. 10, ord. 1669, reconnaissait aux gardes forestiers caractère pour faire toutes significations, en matière d'eaux et forêts, à la requête du ministère public, comme à la requête de l'administration forestière. C'est en ce sens qu'a prononcé un arrêt de Cassation du 26 juill. 1822, Clément. — V. cependant Curasson, *Code forest.*, t. 2, p. 83.

112. — Mais le Code forestier, par son art. 173, continuant la distinction que l'art. 159 avait faite entre la poursuite du ministère public et celle de l'administration forestière, a seulement ordonné que les gardes de l'administration forestière pourraient, dans les actions et poursuites exercées *en son nom*, faire toutes citations et significations d'exploits, etc., ce qui exclut les poursuites exercées par le ministère public. Pour justifier cette différence on peut dire que le législateur n'a pas voulu que le ministère public, qui a des huissiers à sa disposition, détournât les gardes forestiers de l'exécution des ordres de l'administration dont ils dépendent plus directement. — Leurs exploits étant des actes authentiques font foi jusqu'à inscription de faux. — V. EXPLOIT. — V. aussi FORÊTS, nos 2056 et suiv. — Les rétributions qui leur sont allouées pour citations et significations sont taxées comme pour les actes faits par les huissiers des juges de paix. — C. forest., art. 173.

113. — Leurs procès-verbaux font foi jusqu'à inscription de faux, mais seulement quand le délit ou la contravention n'entraîne pas une condamnation de plus de 100 francs, tant pour amende que pour dommages-intérêts. — C. forest., art. 176 et 177. — V. FORÊTS, nos 2128 et suiv., 2155 et suiv. — V. aussi *Metz*, 13 avr. 1842 (t. 3 1844, à sa date), Wittemann.

114. — La foi qui s'attache aux procès-verbaux dressés par les gardes forestiers s'applique aux procès-verbaux relatifs à la répression de tous délits et contraventions qui rentrent dans leurs attributions comme agens préposés à la garde des forêts, et de tout ce qui peut accessoirement en dépendre. — *Nancy*, 22 fév. 1843 (t. 2 1843 p. 168) Didier.

115. — Ainsi, elle s'applique à la constatation des délits de chasse commis dans les forêts de l'état et à celle des délits de pêche commis dans les rivières. Elle s'applique de même au délit de port d'armes inhérent au délit de chasse. — Même arrêt.

116. — Les gardes forestiers exercent leurs fonctions d'officiers de police judiciaire sous l'autorité des cours royales. — C. inst. crim., art. 9. — Ils sont, en la même qualité, placés sous la surveillance du procureur du roi, sans préjudice de leur subordination à l'égard de leurs supérieurs dans l'administration. — C. inst. crim., art. 17. — Le procureur général peut en outre exercer à leur égard le droit de surveillance et même de répression autorisé par les art. 280 et suiv., C. inst. crim. — Sur la juridiction extraordinaire à laquelle ils sont déférés pour les délits commis dans l'exercice de leurs fonctions, V. C. inst. crim., art. 479 et 483; décr. 6 juill. 1810, art. 4. — *Cass.*, 3 août 1833, Balavoine, et FONCTIONNAIRE PUBLIC, nos 945 et suiv. — V. aussi, quant à l'instruction à laquelle il peut être nécessaire de procéder et sur les magistrats compétens, FONCTIONNAIRE PUBLIC, nos 955 et suiv. — Et à l'égard des pour-

suites relatives à la responsabilité établie par l'art. 6, C. forest., V. FONCTIONNAIRE PUBLIC, no 953; FORÊTS, nos 296 et 297; Mangin, *Traité des procès-verbaux*, p. 251; Meaume, t. 3, p. 73, no 12.

117. — Les préposés peuvent invoquer le privilége de juridiction non seulement lorsqu'ils sont poursuivis pour *crimes* ou *délits*, aux termes des art. 483 et 484, C. inst. crim., mais aussi pour simples contraventions. Ainsi un garde forestier prévenu de différentes contraventions forestières commises dans l'exercice de ses fonctions ne peut être traduit que devant la chambre civile de la cour royale. — *Cass.*, 9 avr. 1842 (t. 2 1842, p. 452), Bernard; — Meaume, t. 3, p. 86, no 27.

118. — Les gardes forestiers ont aussi droit à la garantie préalable établie pour les agens du gouvernement par l'art. 75 de la constitution de l'an VIII et le décret du 28 pluv. an XI. — *Cass.*, 8 fév. 1838 (t. 2 1838, p. 493), Vignes et Duffard-Laroche; — Ach. Morin, *Droit crim.*, vo *Gardes forestiers*; Favard, *Rép.*, vo *Gardes forestiers royaux*, no 8; Lerat de Magnitot, *Dict. de droit admin.*, vo *Gardes forestiers*, sect. 4e. — V. FORÊTS, no 802.

119. — Ils ne peuvent être mis en jugement qu'après l'autorisation donnée par le chef de l'administration forestière conformément à l'art. 39, ord. 1er août 1827. — Même arrêt; *Cass.*, 4 oct. 1823, Grosperrin. — V. FONCTIONNAIRE PUBLIC, nos 411 et suiv., 426 et 523.

120. — Le garde forestier a donc droit à la garantie administrative pour tous les actes faits dans l'exercice de ses fonctions, et cela, lors même que les poursuites seraient dirigées contre lui après qu'il aurait été destitué ou qu'il aurait donné sa démission. — Meaume, t. 3, p. 73, no 11.

121. — Il suit du principe que « la garantie administrative est accordée aux gardes » que le préposé prévenu d'avoir, dans une forêt confiée à sa surveillance, fait des blessures à un individu par lui surpris en flagrant-délit, au lieu de verbaliser, ne peut être poursuivi, savoir : à raison de sa qualité de préposé de l'administration, que sur une autorisation préalable, et à raison de sa qualité d'officier de police judiciaire, que dans la forme prescrite par les art. 479 et 483, C. inst. crim. — *Cass.*, 24 déc. 1824, Augustin Bouvry.

122. — Un garde ne pourrait même être poursuivi sans autorisation, en cas d'acquittement, à raison des réparations civiles de la part du prévenu. — *Cass.*, 10 janv. 1827, Andrieu.

123. — Mais l'autorisation du gouvernement n'est pas nécessaire lorsqu'un garde forestier est poursuivi pour raison d'injures, de violences ou de voies fait commises hors de l'exercice de ses fonctions. — *Cass.*, 14 déc. 1810, N...; — Carnot, sur l'art. 18, C. inst. crim. — Cette décision est incontestable. — V. conf. Favard, *Rép.*, vo *Gardes forestiers*; no 8. — V. au surplus FONCTIONNAIRE PUBLIC, nos 523 et suiv., 694, 695, 697 et suiv.; FORÊTS, nos 301 et suiv.

124. — Une autorisation expresse n'est pas nécessaire non plus pour exercer contre un garde l'action en responsabilité résultant, au profit de l'administration forestière, des dispositions de l'art. 6, C. forest. Le garde ainsi poursuivi ne peut se prévaloir de la garantie administrative. — *Cass.*, 21 sept. 1837 (t. 3 1844, à sa date), Jacquin; — Meaume, t. 3, p. 73, no 12. — V. FONCTIONNAIRE PUBLIC, no 659; FORÊTS, nos 298 et suiv.

125. — Un garde peut, dans l'exercice de ses fonctions, agir de trois manières : — 1o comme préposé de l'administration forestière; — 2o comme officier de police judiciaire; — 3o il peut agir tout à la fois dans l'une et l'autre de ces qualités. — Meaume, t. 3, p. 81, no 22.

126. — Comme simple préposé de l'administration, le garde donne les citations, soit pour comparaître en justice, soit pour assister aux opérations de délimitation, barrage, réarpentage, récolement, etc. Il prend part à certaines opérations administratives dirigées par les agens, notamment à celles de balivage, martelage, récolement et autres. Dans ces différens cas, il n'est qu'un instrument administratif, et il n'agit nullement alors comme officier de police judiciaire. Il n'a droit, en conséquence, qu'à la garantie définie par l'art. 39 de l'ordonnance d'exécution (V. FORÊTS), et il ne saurait invoquer le privilége de juridiction, en cas de poursuite pour un crime ou délit qu'il aurait commis à l'occasion des actes mentionnés ci-dessus. — Meaume, t. 3, p. 81, no 23.

127. — Comme officier de police judiciaire, le garde constate les délits communs qu'il pourrait reconnaître dans les bois soumis au régime forestier, et situés dans l'étendue du ressort du tribunal près lequel il est assermenté. — C. inst. crim., art. 16; C. forest., art. 160. — Il peut constater, dans ces bois, toute espèce d'atteinte à la propriété forestière. — Meaume, t. 3, p. 81, no 24; Mangin, *Des procès-verbaux*, no 128; Legraverend, t. 1er, p. 225. — ... Quand même les propriétaires n'auraient pas requis son ministère. — *Cass.*, 5 nov. 1807, André Vieux.

128. — En sa qualité d'officier de police judiciaire, le garde forestier jouit du privilége de juridiction, s'il est prévenu d'avoir commis un crime ou un délit en constatant des délits communs ou des délits spéciaux dans les bois soumis au régime forestier. Mais, relativement aux délits ruraux ou aux délits forestiers commis dans des bois appartenant à des particuliers, le garde n'ayant aucun caractère public, n'a droit à aucune protection particulière, en cas de poursuite dirigée contre lui pour de pareils délits. — Meaume, t. 3, p. 82, no 24 *in fine*, p. 86, no 26.

129. — Si le garde agit dans sa double qualité de préposé de l'administration et d'officier de police judiciaire, il a droit et au privilége de juridiction et à la garantie administrative. — Meaume, t. 3, p. 86, no 26.

130. — Les gardes étant tenus de faire des visites journalières dans les bois soumis à leur surveillance, ils sont, dans le temps qu'ils parcourent ces bois, nécessairement dans leurs fonctions d'officiers de police judiciaire comme dans celles de gardes forestiers. Ils agissent, conséquemment alors, comme préposés de l'administration et comme officiers de police judiciaire. — *Cass.*, 12 mars 1830 (dans ses motifs), Renard. — Meaume, t. 3, p. 83. — Dès lors, le garde forestier qui se rend coupable d'un délit dans l'étendue du territoire pour lequel il est assermenté, est réputé l'avoir commis dans ses fonctions d'officier de police judiciaire, et doit être poursuivi devant la cour royale, conformément à l'art. 483, C. inst. crim. — Même arrêt.

131. — Jugé, avant le Code forestier, qu'un garde forestier est réellement dans l'exercice de ses fonctions, quand il s'y rend ou quand il en revient. En conséquence, sous la loi du 1er pluv. an XII, l'individu qui se permettait d'exercer des violences envers un garde forestier allant à ses fonctions ou en revenant était considéré comme coupable d'attaque envers une force armée, et devenait justiciable d'une cour spéciale. — *Cass.*, 16 mai 1806, Prost.

132 — ... Que le garde forestier qui commet un délit forestier dans l'étendue de sa garde est légalement réputé l'avoir commis dans l'exercice de ses fonctions; qu'en conséquence il doit être procédé contre lui dans la forme prescrite par les art. 379 et 383, C. instr. crim. — *Cass.*, 19 juill. 1822, Valentin Momey.

133. — Il a été jugé que le délit de chasse commis par un garde dans un bois soumis à sa surveillance ne peut être considéré comme commis dans l'exercice de ses fonctions et ne donne pas lieu conséquemment à la garantie administrative. — *Nancy*, 12 avr. 1845 (t. 2 1847, p. 91), Gasser. — Mais la cour de Cassation, avec plus de raison, selon nous, a jugé le contraire par arrêt du 5 août 1841 (t. 2 1843, p. 738), Gillet. — V. *infrà* no 194; — Meaume, t. 3, p. 84 et suiv. — V. au surplus CHASSE, FONCTIONNAIRE PUBLIC, nos 69 et suiv., et 376.

134. — Il n'y a lieu à procéder dans la forme établie par l'art. 484, C. inst. crim. contre un garde forestier prévenu d'attentat à la pudeur avec violence, qu'autant qu'il l'a commis dans l'exercice de ses fonctions. En conséquence, l'arrêt portant qu'il sera procédé dans la forme établie par ledit article doit mentionner cette circonstance, à peine de nullité. — *Cass.*, 6 juill. 1826, Servange.

135. — Sur l'aggravation de peine que l'art. 462, C. pén., attache à la qualité de garde forestier, V. FONCTIONNAIRE PUBLIC, nos 361 et suiv.

136. — Le garde forestier qui reçoit de l'argent d'un délinquant pour ne pas dresser procès-verbal contre lui, ou pour supprimer celui qu'il aurait rédigé, ou enfin pour lui laisser couper du bois en contravention aux lois forestières, se rend coupable du crime de concussion ou de corruption (C. pén., art. 177 et 405). — Meaume, t. 2, p. 989, no 1436; Bourguignon, *Jurisp. des Codes crim.*, t. 3, p. 177; Garnier-Dubourgneuf et Chanoine, sur l'art. 207, C. forest.; — *Cass.*, 16 sept. 1820, Warnet; 11 juin 1813, Fabbri; 1er oct. 1813, Ange Volpi. — Il doit donc être traduit, non en police correctionnelle, mais à la cour d'assises. — *Cass.*, 12 nov. 1812, Nicolas Badel. — V. au reste CORRUPTION DE FONCTIONNAIRES, nos 13, 18 et 42.

137. — L'art. 161, C. forest., autorise les gardes à saisir les bestiaux trouvés en délit, et les instrumens, voitures et attelages des délinquans et à les mettre en séquestre. — V. FORÊTS, nos 1946 et suiv.

138. — Toute saisie de bois, instrumens, bestiaux, attelages, etc., doit être constatée par procès-verbal. — Inst. 20 sept. 1839.

GARDE FORESTIER, sect. 1re.

GARDE FORESTIER, sect. 1re.

139. — Mais la saisie des bestiaux, des bois de délit et autres choses trouvées en contravention n'est pas nécessaire pour la validité des procès-verbaux, il suffit que le garde en fasse connaître le propriétaire. — Mangin, *Traité des procès-verbaux*.

140. — L'art. 161, C. forest., autorise, en outre, les gardes à suivre les objets enlevés par les délinquans jusque dans les lieux où ils ont été transportés, et à les mettre en séquestre. Ils ne peuvent, toutefois, s'introduire dans les maisons, bâtimens, cours et enclos, si ce n'est en présence soit du juge de paix ou de son suppléant, soit du maire du lieu ou de son adjoint, soit du commissaire de police. — V. FORÊTS, nos 1946, 1963 et suiv.

141. — Le maire et l'adjoint peuvent-ils, en cas d'absence ou d'empêchement, être valablement remplacés par un membre du conseil municipal, à l'effet d'assister un garde forestier dans une visite domiciliaire? — V. *Cass.*, 22 janv. 1829, Martin Boissy (lors duquel la question a été soulevée, mais non résolue). — L'affirmative puise une grande force dans l'art. 14, L. 18 juill. 1837. — V. toutefois Mangin, *Traité des procès-verbaux*, p. 55, no 19. — V. FORÊTS, no 1968.

142. — L'assistance prescrite par l'art. 161 n'est pas nécessaire : 1o pour les loges et autres établissemens ne formant pas un domicile ou des ateliers permanens, dont la loi garantit l'inviolabilité; 2o pour les usines, hangars et autres établissemens autorisés en vertu des art. 151, 152, 154 et 155. C. forest. Toutes perquisitions peuvent y être faites pourvu que les gardes se présentent au nombre de deux au moins, ou que le garde soit accompagné de deux témoins domiciliés dans la commune. — V. inst. 20 sept. 1839; — FORÊTS, nos 1946 et suiv.; — Favard de Langlade, t. 4, p. 595.

143. — En cas de refus des fonctionnaires requis par les gardes, ceux-ci doivent dresser procès-verbal du refus et l'adresser de suite à l'agent forestier pour qu'il en rende compte au procureur du roi. — V. Mangin, *Traité des procès-verbaux*.

144. — Pour qu'un procès-verbal de perquisition fasse foi en justice, il ne suffit pas qu'il énonce que les bois de délit ont été trouvés dans la maison du prévenu, il faut que le garde ait constaté l'identité entre ces bois et ceux pris en délit, c'est-à-dire que les bois pris en délit sont bien les *mêmes* que ceux trouvés chez le prévenu (C. forest. 176 et 177). En conséquence, les gardes qui reconnaissent que des bois ont été coupés et enlevés en délit doivent, avant de se livrer à des perquisitions, constater la dimension exacte de chaque souche, sa qualité, son essence, l'âge du bois, au moins par approximation, la qualité et la couleur de l'écorce, le temps présumé de la coupe, etc. Munis de ces renseignemens, ils font alors les perquisitions nécessaires et comparent les signes et indices qu'ils ont ainsi recueillis avec ceux que présentent les bois trouvés. Le procès-verbal de perquisition doit énoncer toutes ces circonstances. Le prévenu doit être interpellé d'assister au rapatronage; en cas de refus, le garde en fait mention au procès-verbal. Le rapatronage doit toujours être opéré en présence comme en l'absence du prévenu. — Inst. 20 sept. 1839. — V. FORÊTS, nos 2128 et suiv.

145. — Lorsqu'un arbre enlevé en délit a été retrouvé dans une perquisition, le garde doit le marquer de son marteau aux deux extrémités du tronc, de manière à ce qu'il soit impossible au séquestre ou gardien de modifier ultérieurement la *découpe* et d'enlever ainsi les signes de reconnaissance et de rapprochement propres à établir l'identité entre l'arbre saisi et celui dont la souche a été reconnue en forêt. Il doit avoir soin d'indiquer, dans le procès-verbal, les parties de l'arbre qu'il a marquées de son marteau, et le nombre des empreintes qu'il a apposées. — Inst. 20 sept. 1839.

146. — Le procès-verbal doit être fait sans déplacer, c'est-à-dire sur le lieu du séquestre; il est signé par le garde et par le gardien des objets saisis, en l'original et en l'expédition à déposer au greffe de la justice de paix. — C. forest., art 167. — Si le gardien ne sait pas signer, il en est fait mention, et il lui est laissé copie du procès-verbal. — Les gardes doivent apporter une grande circonspection dans le choix des personnes qu'ils établissent séquestres, et doivent s'attacher à ce qu'elles soient solvables. — Si la saisie a eu pour objet des animaux, ils doivent se livrer à toutes les recherches propres à en faire découvrir les propriétaires. — Si les objets saisis ont été détournés, le garde constate le détournement par un procès-verbal régulier dressé contre le séquestre. — Instr. 20 sept. 1839. — V. au surplus PROCÈS-VERBAL.

147. — L'art. 163, C. forest., donne aux gardes

le droit d'arrêter et de conduire devant le juge de paix ou devant le maire tout inconnu qu'ils auraient surpris en flagrant délit, quelle que soit la gravité de la peine encourue ; mais lorsqu'il ne s'agit pas de délits forestiers, le droit d'arrestation ne peut être exercé que dans les limites de l'art. 16, C. inst., c'est-à-dire quand le fait emporte la peine d'emprisonnement ou une peine plus grave. — Mangin, *Traité des procès-verbaux*, p. 255.—V. FORÊTS, nos 1988 et s.

148. — Aux termes de l'art. 164, C. forest., les agens et les gardes de l'administration des forêts ont le droit de requérir directement la force publique pour la répression des délits et contraventions en matière forestière, ainsi que pour la recherche et la saisie des bois coupés en délits, vendus ou achetés en fraude. — Sous ce rapport, ils ont plus de droits que les gardes champêtres; mais s'il s'agissait d'une autre matière, ils ne pourraient, comme ceux-ci, que s'adresser au maire pour obtenir main-forte. — V. FORÊTS, nos 1994 et s.

149. — Les gardes forestiers peuvent être suspendus de leurs fonctions d'après l'ordre du conservateur. — Ord. régl., art. 38.

150. — Lorsqu'ils ont encouru la révocation, elle n'est prononcée contre eux qu'après qu'ils ont été admis à présenter leurs moyens de justification, et, après une délibération du conseil d'administration, approuvée par le directeur général.—Ord. régl., art. 39; instr. placée en tête du livret.

§ 2. — *Des gardes des bois des communes et des établissemens publics.*

151. — Les dispositions concernant les brigadiers et gardes des bois domaniaux s'appliquent aux brigadiers et gardes des bois appartenant aux communes ou aux établissemens publics. — Ces derniers préposés sont en tout assimilés aux gardes des bois de l'état. — En conséquence, ils ne reçoivent d'ordres que des agens et préposés forestiers leurs supérieurs.—Instr. 20 sept. 1839 (*Régl. forest.*, t. 6, p. 182). — Ils prêtent serment dans les mêmes formes, et leurs procès-verbaux font également foi en justice pour constater les délits et contraventions commis même dans les bois soumis au régime forestier autres que ceux dont la garde leur est confiée. — C. forest., art. 99.

152. — Les gardes des bois des communes et ceux des établissemens publics peuvent donc, comme les gardes des forêts de l'état, dresser des procès-verbaux dans tous les bois de l'arrondissement du tribunal près duquel ils sont assermentés, l'art. 99, C. forest., les assimilant en tout à ces derniers gardes. — Curasson, *C. forest.*, t. 2, p. 43.

153. — En déclarant que les gardes forestiers sont officiers de police judiciaire, l'art. 16, C. instr. crim. ne fait aucune distinction entre les gardes des communes et ceux des établissemens publics ou des particuliers. — *Cass.*, 5 avr. 1841 (t. 2 1843, p. 738), Gillet.

154. — Bien que les gardes communaux soient assimilés aux gardes des bois de l'état, le mode de leur nomination diffère ainsi qu'on l'a vu au mot FORÊTS, no 1354. — Les communes ou établissemens publics entretiennent pour la conservation de leurs bois le nombre de gardes particuliers déterminé par le maire et les administrateurs des établissemens, sauf l'approbation du préfet, sur l'avis de l'administration forestière. — Ord. 1669, tit. 15, art. 14 et 15, L. 29 sept. 1791, tit. 12, art. 1er à 5. — Les chambres, en discutant le Code forestier, ont rejeté les propositions qui tendaient à attribuer à l'administration forestière la nomination des gardes des communes et établissemens publics.

155. — Mais des critiques furent élevées sur le mode suivi par les maires pour nommer les gardes des bois communaux. Ces nominations furent trouvées trop multipliées, et le salaire accordé aux gardes trop faible pour leur procurer une juste indemnité de leurs peines. On soutint que cette dernière circonstance influait défavorablement sur la conservation des bois, et un projet de loi modificatif des art. 94 et suiv., C. forest., fut présenté à la chambre des pairs le 8 janv. 1843, et adopté par elle le 30. Ce projet, porté à la chambre des députés, n'a pas encore été adopté par elle.

156. — Voici, au surplus, dans quels termes l'art. 94 se trouvait rédigé dans le projet soumis à la chambre des députés : « Les communes et les établissemens publics entretiendront, pour la surveillance et la conservation de leurs bois, le nombre de gardes déterminé par l'administration forestière, sur la proposition du conservateur et l'avis du préfet, d'après la circonscription réglée par elle pour les triages. »

157. — A l'art. 95, C. forest., qui porte : « Le choix de ces gardes sera fait, pour les communes, par le maire, sauf l'approbation du conseil municipal; et pour les établissemens publics, par les administrateurs de ces établissemens ; — ces choix doivent être agréés par l'administration forestière, qui délivre aux gardes leurs commissions ; — en cas de dissentiment, le préfet prononcera ; » — le projet de loi substituait la rédaction suivante : « Les gardes seront nommés par le préfet sur des listes triples de candidats présentés par le conservateur des forêts. Ils seront commissionnés par l'administration forestière, qui exercera sur eux la même autorité que sur les gardes domaniaux. Elle pourra les suspendre et, au besoin, les révoquer. »

158. — L'art. 96, C. forest., ainsi conçu : « A défaut par les communes ou établissemens publics de faire choix d'un garde dans le mois de la vacance de l'emploi, le préfet y pourvoira sur la demande de l'administration forestière, » était remplacé par l'article suivant : « Le salaire des gardes est fixé par le préfet, après avoir pris l'avis des conseils municipaux ou des administrateurs des établissemens propriétaires, ainsi que celui de l'administration forestière. — En cas de dissentiment entre le préfet et l'administration forestière, il en sera référé au ministre des finances. »

159. — « Si l'administration forestière et les communes ou établissemens publics, porte l'art. 97, C. forest., jugent convenable de confier à un même individu la garde d'un canton de bois appartenant à des communes ou établissemens publics, et d'un canton de bois de l'état, la nomination du garde appartient à cette administration seule. Son salaire sera payé proportionnellement par chacune des parties intéressées. » — Cet art. 97 était ainsi rédigé dans le projet : « Lorsqu'un triage comprendra des bois de l'état et des bois appartenant à des communes ou à des établissemens publics, la nomination du garde appartiendra à l'administration seule. — Le salaire de ce garde sera payé proportionnellement par chacune des parties intéressées. »

160. — La chambre des pairs a ainsi modifié le § 2 de l'article du projet : « Le salaire de ce garde sera réglé par l'administration forestière, sur l'avis des préfets, et payé proportionnellement par chacune des parties intéressées. — En cas de dissentiment, le ministre des finances prononcera. »

161. — L'art. 98, C. forest., accorde à l'administration la faculté de suspendre les gardes communaux. Il est ainsi conçu : « L'administration forestière peut suspendre de leurs fonctions les gardes des bois des communes et des établissemens publics : s'il y a lieu à destitution, le préfet la prononcera, après avoir pris l'avis du conseil municipal ou des administrateurs des établissemens propriétaires, ainsi que de l'administration forestière. — Le salaire de ces gardes est réglé par le préfet, sur la proposition du conseil municipal ou des établissemens propriétaires. » — Dans le projet de loi, l'art. 98 n'a qu'un objet (le droit de destitution et de suspension étant réglé par l'art. 95), celui de déclarer que les frais de garde des bois des communes et des établissemens publics seront avancés par le trésor. Le mode de paiement des gardes communaux était, antérieurement au Code, réglé par un arrêté du gouvernement du 17 niv. an XII et par la loi du 22 mars 1806.

162. — Le Code forestier décide, art. 108, que « le salaire des gardes particuliers restera à la charge des communes et des établissemens publics. » — Cet article reste ainsi modifié par le projet de loi : « Le salaire des gardes, réglé conformément aux art. 96 et 97, sera inscrit chaque année au chapitre des dépenses obligatoires du budget des communes et des établissemens publics, et versé au trésor en remboursement de ses avances. »

163. — La mesure consistant à charger le trésor du paiement des frais de gardes, sauf remboursement par les communes et les établissemens publics, a long-temps été pratiquée avec avantage. Aussi les auteurs du projet faisaient en partie reposer le succès de la loi sur cette mesure. Les gardes communaux comprendraient mieux, en effet, les rapports hiérarchiques qui les attachent à l'administration centrale, si elle payait elle-même leurs salaires. Le trésor serait remboursé de ses premières avances au moyen de la disposition qui maintient le salaire des gardes parmi les dépenses obligatoires des communes. — C. forest., art. 109 ; ord. réglem. du Code forest., art. 144 ; L. 18 juill. 1837, art. 30, § 7, et art. 39, § 4.

164. — Toute coupe de bois, toute extraction quelconque de productions du sol forestier, faite dans les bois communaux, sans délivrance légale ou sans autorisation émanée de l'administration des forêts, est un délit que les gardes de ces bois doivent, sous leur responsabilité, constater par procès-verbal, encore bien que la coupe ou l'extraction ait lieu dans l'intérêt de la commune propriétaire. — Instruct. 20 sept. 1839.

165. — La dispense accordée à une commune d'avoir un garde affouager n'a pas pour effet de la soustraire à la responsabilité des délits commis à l'ouïe de la coguée. — *Cass.*, 10 août 1821, comm. de Croix-aux-Mines.

Sect. 2e. — *Gardes forestiers des particuliers.*

166. — La surveillance des bois qui ne sont pas soumis au régime forestier est confiée exclusivement à des gardes particuliers nommés par les propriétaires.

167. — Les particuliers ont joui de tout temps de la faculté de faire surveiller leurs bois, comme leurs autres propriétés, par des gardes de leur choix; seulement la loi a toujours mis à ce droit la condition pour les propriétaires de faire agréer leurs choix par les représentans de l'autorité publique. — V. sur le choix, la nomination et le serment de ces gardes, FORÊTS, nos 1445 et suiv.

168. — « Les gardes des bois des particuliers ne sont admis à prêter serment qu'après que leurs commissions ont été visées par le sous-préfet de l'arrondissement. — Si le sous-préfet croit devoir refuser son visa, il en rend compte au préfet, en lui indiquant les motifs de son refus. — Ces commissions sont inscrites dans les sous-préfectures sur un registre où sont relatés les noms et demeures des propriétaires et des gardes, ainsi que la désignation et la situation des bois. » — Ord. 1er août 1827, art. 150.

169. — Les gardes particuliers peuvent être commissionnés par différens propriétaires de bois.

170. — La loi ne prescrit aucune forme spéciale pour les actes de nomination des gardes particuliers. Ils doivent seulement être inscrits sur papier timbré, et donnent lieu à la perception du droit fixe de 1 franc. — L. 22 frim. an XII, art. 11, et 68, § 1er, no 51.

171. — Toutefois, les receveurs prélèvent, conformément aux instructions de leur administration, un droit fixe de 2 francs; par le motif qu'ils regardent la *commission* donnée aux gardes pour surveiller les propriétés particulières comme devant être assimilée à un *pouvoir*.

172. — Lorsque plusieurs propriétaires se réunissent pour désigner un seul garde par un même acte, cet acte constituant un pouvoir, on doit exiger un droit particulier de 2 francs pour chaque mandant qui agit dans un intérêt distinct. En effet, lorsque le garde fera ses rapports, s'il y a lieu, il ne les fera pas à la requête de plusieurs propriétaires, mais à la requête de celui auquel appartiendra la pièce de terre sur laquelle il aura été commis un délit. — Décis. min. fin. 2 sept. 1830.

173. — Mais la perception de plusieurs droits sur la prestation de serment que ferait un garde en vertu d'une commission collective ne serait pas fondée. Dans ce cas il n'y a qu'un seul garde et un seul serment : il ne peut donc être exigé qu'un seul droit fixe de 3 francs. — Même décision.

174. — Le sous-préfet ne peut prendre l'arrêté par lequel il agrée le garde nommé par un particulier, sans que l'acte de nomination du garde, quelle que soit sa forme, ait été préalablement enregistré. — L. 22 frim. an VII, art. 47 ; décis. min. fin. 2 sept. 1830.

175. — L'agrément donné par le sous-préfet sur la commission ne donne lieu à aucun droit. — L. 15 mai 1811, art. 80 ; décis. min. fin. 20 juin 1888. — Les minutes des arrêtés par lesquels les sous-préfets agréent les gardes particuliers ne sont sujettes ni au timbre ni à l'enregistrement ; mais les expéditions ou extraits desdits arrêtés délivrés aux particuliers doivent être sur papier timbré. — Décis. min. fin. 2 sept. 1830.

176. — Une autre décision du ministre des finances rapportée t. 4, p. 75, *Des réglemens forestiers*, décide que les procès-verbaux des gardes particuliers ne peuvent jamais être enregistrés en débet, alors même qu'ils auraient pour objet de constater des délits de nature à être poursuivis d'office par le ministère public.

177. — Cette décision peut paraître en désaccord avec l'arrêt de la cour de cassation du 24 juin 1842 (t. 2 1842, p. 461, Bourge et Rouault), portant que les procès-verbaux des délits ruraux et forestiers sont, comme tous les actes ayant pour but la poursuite et la répression des délits et contraventions, soumis au visa pour timbre et à l'enregistrement en débet, et que le coût de ce visa et de cet enregistrement doit être compris dans la liquidation des frais.

178. — L'acceptation par le sous-préfet et la prestation de serment sont les seules conditions que

l'art. 117 impose aux gardes particuliers pour la validité de leurs procès-verbaux, si d'ailleurs ils ont l'âge compétent.

179. — Ainsi, les gardes forestiers des particuliers, présentés par eux et agréés par le sous-préfet, sont régulièrement nommés, sans qu'il soit besoin de l'agrément du conseil municipal. — *Cass.*, 8 avr. 1826, Corcinos; *Bourges*, 31 juill. 1829, Auriol; — Meaume, t. 2, n° 886. — Il existe des décisions contraires. — *Cass.*, 21 août 1823, Jacquet; *Bourges*, 16 juin 1825, Peschaud; — Baudrillart, surt l'art. 117. — Mais elles ne sauraient faire autorité en présence des arrêts plus récens. — Mangin, *Traité des procès-verbaux*, p. 205, n° 96.

180. — Les gardes particuliers doivent, ainsi que nous l'avons vu, indépendamment de leur acceptation par l'autorité administrative, prêter serment devant le tribunal de première instance de l'arrondissement sur le territoire duquel ils sont appelés à exercer leurs fonctions. Ils obtiennent, par cette prestation de serment, le droit de constater les délits et contraventions sur toutes les propriétés de leurs commettans situées dans l'étendue de l'arrondissement du tribunal, soit qu'elles fassent partie ou non de la commune habitée par le garde. — Meaume, t. 2, n° 888.

181. — Mais si la surveillance d'un garde particulier s'étendait sur des forêts situées sur le territoire de deux arrondissemens différens, devrait-il prêter serment devant les deux tribunaux? Nous pensons, avec M. Meaume (*loc. cit.*), que le double serment n'est pas nécessaire, et qu'il suffirait au garde particulier, ainsi que cela se pratique pour le garde de bois soumis au régime forestier, de faire enregistrer l'acte de sa prestation de serment au greffe du tribunal devant lequel ce serment n'aurait pas été prêté. — V. FORÊTS, nos 217, 227 et suiv. — Cependant, ainsi que l'ajoute M. Meaume, on pourrait, pour plus de régularité, faire prêter le serment devant les deux tribunaux. — Sur le droit de présenter les gardes au serment, V. FORÊTS, n° 218.

182. — Le garde institué par un particulier doit avoir vingt-cinq ans (V. FORÊTS, n° 1448), et si l'autorité avait agréé un garde n'ayant pas cet âge, et si ce garde était assermenté devant le tribunal, ses procès-verbaux ne feraient pas foi jusqu'à preuve contraire. — Meaume, t. 2, n° 889 *in fine*.

183. — L'art. 117, C. forest., ne parle que des propriétaires, mais le droit de nommer des gardes particuliers appartient à tous ceux qui ont un droit réel à exercer sur des forêts, aux usufruitiers et aux usagers, par exemple. Ces derniers ont en effet, comme le propriétaire, intérêt à faire réprimer les délits qui pourraient être commis dans ces forêts. — Meaume, t. 2, n° 891.

184. — Jugé, par suite de ce principe, que le fermier a, comme le propriétaire, le droit de nommer un garde particulier pour la surveillance de ses récoltes. — *Cass.*, 27 brum. an XI, Simon Rage; — Merlin, *Rép.*, v° *Garde champêtre*, n° 6.

185. — M. Meaume (*loc. cit.*) pense même que les locataires des chasses pourraient faire agréer et assermenter des gardes pour veiller à la conservation du gibier. En effet, par arrêt du 21 janv. 1837 (t. 1er 1837, p. 618), Dupré de Saint-Maure c. Liège-Andair), la cour de Cassation a décidé que les adjudicataires de la chasse, ayant intérêt à faire réprimer les délits, pouvaient poursuivre en leur nom les délits de chasse. M. Berriat-Saint-Prix (*Législ. de la chasse*, p. 230) enseigne la même doctrine. Or, si les adjudicataires ont le droit de poursuivre en leur nom, il faut en conclure qu'il peuvent également faire constater les délits, en leur nom personnel, par des gardes assermentés.

186. — Les préfets et sous-préfets peuvent-ils refuser d'accepter comme gardes particuliers les fermiers des propriétaires? MM. Leber et de Puibusque (*Code municipal*) font connaître à cet égard qu'un préfet, exerçant les fonctions de sous-préfet de l'arrondissement chef-lieu, n'a pas cru devoir agréer, en qualité de gardes particuliers, les fermiers désignés par leurs propriétaires, parce qu'il lui a semblé que leur qualité d'exploitans enlèverait à leurs procès-verbaux le caractère d'authenticité qui les rend dignes de foi, et que, comme partie civile, le même individu ne serait point apte à réclamer des indemnités, à raison des délits qu'il aurait lui-même constatés.

187. — Ces auteurs ajoutent que « l'incompatibilité entre les fonctions de garde particulier et la qualité d'exploitant d'un même fonds n'est établie textuellement par aucune loi; que cependant on ne peut considérer comme une vaine formalité l'agrément du sous-préfet auquel la loi a soumis la nomination; que la loi ne peut avoir exigé cet agrément que dans le but d'écarter des fonctions de gardes particuliers ceux qu'une incapacité quelconque y rendrait impropres; et que, en ne spécifiant pas les cas d'exclusion, elle semble avoir abandonné à la prudence de l'administration le soin de les apprécier. Ils pensent donc que les préfets sont fondés à refuser, pour l'arrondissement du chef-lieu, leur agrément aux fermiers que leurs propriétaires commissionnent comme gardes particuliers, et à prescrire aux sous-préfets des autres arrondissemens de suivre la même règle. » — Décis. min. 1838.

188. — Sans contester aux préfets leur pouvoir souverain en cette matière, M. Meaume (t. 2, n° 892) pense que les motifs qui viennent d'être allégués relativement aux fermiers, à l'égard des terres qu'ils exploitent, ne peuvent être invoqués en ce qui concerne les fermiers commissionnés pour la garde des bois, et que rien ne s'oppose à ce que les préfets et sous-préfets visent de semblables commissions.

189. — Une consultation insérée (t. 4, p. 15, du *Courrier des communes*) a résolu affirmativement la question de savoir si les gardes champêtres communaux peuvent être en même temps gardes des particuliers. Aucune loi ne défend, en effet, ce cumul, et ce que la loi ne défend pas est nécessairement permis. — Meaume, t. 2, n° 895.

190. — Il importe de remarquer toutefois que s'il y avait lieu de craindre que la fonction de garde particulier fît négliger celle de garde champêtre, il appartiendrait au maire et au conseil municipal de contraindre le titulaire de ce dernier emploi d'avoir à opter sous peine de voir provoquer sa destitution. — Meaume, *loc. cit.*

191. — Les gardes champêtres et forestiers des particuliers ont les mêmes droits et les mêmes attributions que les gardes des communes. — *Cass.*, 20 sept. 1823, Frilet.

192. — Les gardes particuliers forestiers étant, en outre, complétement assimilés aux gardes champêtres des communes, sont conséquemment officiers de police judiciaire dans les termes des art. 9 et 16, C. inst. crim., et les procès-verbaux qu'ils dressent en cette qualité font foi jusqu'à preuve contraire. — *Cass.*, 3 août 1833 (dans ses motifs), Balavoine; 9 mars 1838 (t. 1er 1840, p. 254), Herbelot; — Meaume, t. 2, n° 890. — V. aussi FORÊTS, nos 2337 et 2338.

193. — La qualité d'officiers de police judiciaire n'attribue pas aux gardes particuliers le droit qu'ont les gardes domaniaux d'invoquer, comme agens du gouvernement la garantie administrative, en vertu de l'art. 75, const. de frim. an VIII, et de l'art. 39; ord. réglem. du Code forest. Mais, ainsi que les préposés de l'administration forestière, ils ont droit au privilége de juridiction reconnu aux officiers de police judiciaire par les art. 479 et 483, C. inst. crim. — *Cass.*, 19 juill. 1822, Valentin Mormay; 9 mars 1838 (t. 1er 1840, p. 254), Herbelot; *Orléans*, 20 nov. 1840 (t. 1er 1841, p. 33), Vidot; — Meaume, *loc. cit.*

194. — Aussi a-t-il été jugé qu'un garde particulier chassant sans permis de port d'armes sur le territoire dont la surveillance lui est confiée, commet un délit dans l'exercice de ses fonctions, attendu que, s'il rencontrait un délinquant, il pourrait et devrait dresser procès-verbal contre lui; et qu'en conséquence, il doit, à raison de ce délit, être renvoyé devant la cour royale. — *Cass.*, 5 août 1841 (t. 2 1843, p. 738), Gillet.

195. — Comme officiers de police judiciaire, les gardes particuliers sont aussi, aux termes des art. 17, 279 à 282, C. inst. crim., soumis aux injonctions, réprimandes et condamnations des cours royales. — Meaume, t. 2, n° 893.

196. — Les gardes particuliers sont non seulement officiers de police judiciaire, mais aussi agens de la force publique. Cette qualité résulte pour eux des art. 16 et 20 C. inst. crim. Aussi les violences et voies de fait qui seraient exercées contre eux dans l'exercice de leurs fonctions seraient considérées comme actes de rébellion. — *Cass.*, 19 juin 1818, Philibert Menu; 20 sept. 1823, Frilet (dans ses motifs), et 8 avr. 1826, Joseph Corcinos; — Meaume, t. 2, n° 890.

197. — Ils ont le droit de saisir les bestiaux trouvés en délit, les instrumens et moyens de transport, et de les mettre en séquestre, avec cette restriction que quand les bestiaux saisis ont été vendus à défaut de réclamation du propriétaire, dans les cinq jours qui ont suivi le séquestre, le produit net de la vente doit être versé à la caisse des dépôts et consignations, au lieu de l'être dans celle du receveur des domaines. — C. forest., art. 189.

198. — Le même art. 189 autorise les gardes particuliers à exercer les mêmes droits de visite que les gardes des bois soumis au régime forestier. — Mais ils n'ont pas la faculté de requérir directement la force publique; ils sont obligés, comme les gardes champêtres, de s'adresser au maire ou à son adjoint. — V. FORÊTS.

199. — Les gardes des bois des particuliers peuvent, comme les gardes des bois de l'état, suivre les objets enlevés en délit dans les lieux où ils ont été déposés, et, avec l'assistance de l'adjoint au maire, faire toute perquisition dans le domicile des délinquans. — *Cass.*, 18 déc. 1845 (t. 2 1846, p. 698), Mordelat et Tondereau. — Alors même que le délit n'est plus flagrant. — *Orléans*, 9 fév. 1846 (t. 2 1846, p. 700), Mordelat et Tondereau.

200. — On ne peut, à raison de leur qualité d'officiers de police judiciaire, ayant un caractère public lors de la recherche des délits qu'ils ont mission de constater, confondre les gardes particuliers avec des serviteurs à gages dans le sens du Code pénal. Il en résulte que le fait, par un garde particulier, d'avoir frauduleusement soustrait du bois au préjudice de celui qui l'a nommé, constitue seulement un délit forestier, et non un vol domestique puni par l'art. 386 C. pén. — *Cass.*, 3 août 1833, Balavoine; — Meaume, t. 2, n° 894.

201. — Le garde forestier d'un particulier n'a pas qualité pour constater par des procès-verbaux, faisant foi jusqu'à preuve contraire, des délits commis au préjudice d'une autre personne. — *Bruxelles*, 31 mars 1825, S... c. vicomte de G...; — *Cass.*, 4 mars 1828 (dans ses motifs), Doucerain c. Ternaux.

202. — La compétence du garde comme officier de police judiciaire est en effet limitée, par son serment, aux propriétés de celui qui l'a fait assermenter. Il s'ensuit qu'il n'a pas qualité pour constater des délits commis sur des propriétés n'appartenant pas à celui dont il tient ses pouvoirs. — Meaume, t. 2, n° 896; Loiseau, *Dissertation insérée*, p. 314, année 1845 des *Annales forestières*.

203. — Les gardes particuliers doivent remettre leurs procès-verbaux dans le mois, à dater de l'affirmation, au procureur du roi ou au juge de paix, suivant la compétence respective. — C. forest., art. 191. — V. FORÊTS.

204. — La responsabilité créée par l'art. 6 du C. forest. contre les gardes de l'administration pour négligence dans l'exercice de leurs fonctions n'est pas applicable aux gardes particuliers qui ne sont responsables de leurs fautes que d'après les principes du droit civil sur les obligations que contractent les mandataires envers leurs mandans; cela résulte de l'art. 189, C. forest., qui ne déclare pas l'art. 6 applicable aux gardes particuliers.

205. — Les gardes particuliers n'ont pas le droit de porter un fusil, l'art. 30 de l'ordonnance paraît le leur avoir refusé. Mais ils peuvent porter toute autre arme pour leur défense.

206. — Les gardes particuliers ne peuvent, à moins de condamnation à une peine afflictive et infamante, être révoqués sans le concours des propriétaires qui les ont nommés. — Meaume, t. 2, n° 893.

207. — On doit assimiler aux gardes particuliers les gardes des bois faisant partie des apanages ou des majorats réversibles à l'état. Cela résulte, en effet, de la discussion de l'art. 89, C. forest., à la Chambre des députés. Un amendement ayant été présenté dans le but d'assimiler ces gardes à ceux des bois de l'état, il fut, malgré l'approbation que lui donna le gouvernement et l'appui que lui prêtèrent MM. Sébastiani et Borel de Brétizel, rejeté à la suite des considérations présentées par MM. Dudon, Hyde de Neuville et de Berthier, (séance du 27 mars 1827).

208. — Il faut décider de même relativement aux gardes du domaine privé du roi; ces gardes n'ayant en effet reçu de la loi aucun caractère spécial, on ne peut les considérer que comme ceux des simples particuliers. — Meaume, t. 2, n° 887.

209. — Un particulier ne peut, quel que soit le nombre des gardes qu'il entretient pour surveiller ses propriétés privées, être dispensé de contribuer, s'il y a lieu, au paiement du salaire des gardes champêtres communaux. — *Cons. d'état*, 22 juill. 1829, Larochefoucault; — Meaume, t. 2, n° 891 *in fine*.

GARDE DES FORTIFICATIONS ET DU GÉNIE.

1. — Ce sont des agens préposés par le gouvernement à la conservation des fortifications des places de guerre et en général de tout ce qui constitue le domaine militaire de l'Etat.

2. — La loi du 8-10 juill. 1791, en parlant de ces agens, les appelle *gardes des fortifications*; puis est venue la loi du 29 mars 1806, qui leur a donné le nom de *gardes du génie*. Depuis, la loi du 17 juill. 1819, en parlant d'eux, a dit les *gardes des fortifica-*

tions; enfin l'ordonnance du 1er août 1821 s'est servie, à leur égard, de l'expression de *gardes du génie.* On peut donc se servir indifféremment de l'une ou de l'autre qualification. — Delalleau, *Des servitudes pour la défense des places de guerre*, nº 582.

3. — Les gardes du génie doivent, lors de leur nomination et à chaque changement de résidence, faire enregistrer leur commission tant au greffe du tribunal de l'arrondissement qu'à la mairie du lieu de l'exercice actuel de leurs fonctions. — Ordonnance du 1er août 1821, art. 34.

4 — Jugé par suite que le procès-verbal de contravention aux lois sur les servitudes militaires est nul, faute d'avoir été dressé par un garde du génie assermenté près le tribunal du ressort. — *Cons. d'état*, 2 sept. 1829, Rund-Benninger.

5. — Tous les procès-verbaux que les gardes du génie dressent en matière de contravention pour la conservation des fortifications et de leurs dépendances, et en général de tout ce qui constitue le domaine militaire de l'état, doivent relater, afin d'être admis en justice, la date de leur commission ainsi que celle du jour et du lieu de l'enregistrement et de la prestation de serment. — L. 29 mars 1806, art. 3.

6. — Cette disposition a été développée par l'art. 34 de l'ordonnance du 1er août 1821, qui porte que les gardes du génie doivent mentionner exactement, en tête du procès-verbal, la date de leur commission, ainsi que celle du jour et du lieu de l'enregistrement de cette commission et de leur prestation de serment.

7. — Toutefois, un procès-verbal ne devrait pas être déclaré nul 1º parce qu'il ne mentionnerait pas la date de la commission; 2º ou parce qu'en tête ne se trouveraient pas les mentions exigées par l'art. 34 de l'ord. du 1er août 1821. — Delalleau, *Des servitudes pour les places de guerre*, nº 587.

8. — Les gardes du génie sont assimilés aux gardes forestiers et champêtres et aux autres agens conservateurs; leurs procès-verbaux font foi auprès de toutes les autorités jusqu'à inscription de faux. — L. 29 mars 1806, art. 2; ordonn. 1er août 1821, art. 31.

9. — Jugé en ce sens que les procès-verbaux par lesquels les gardes du génie constatent des contraventions font foi jusqu'à inscription de faux. — *Cons. d'état*, 18 janv. 1831, Gendarme; 27 nov. 1835, Defontaine.

10. — En conséquence, il ne peut être ordonné aucune vérification contraire, tant qu'il n'est pas attaqué par cette voie extrordinaire. — *Cons. d'état*, 27 nov. 1835, Defontaine.

11. — La demande en visite des lieux, formée devant le conseil de préfecture par un particulier contre lequel un procès-verbal de contravention a été dressé par les gardes du génie, ne constitue pas une demande en inscription de faux, sur laquelle le Conseil de préfecture a dû statuer, mais elle a seulement pour objet un moyen d'instruction qui peut être admis ou rejeté selon les circonstances. — *Cons. d'état*, 20 déc. 1836, Nel.

12. — Les gardes du génie étant assimilés aux gardes forestiers et champêtres, il s'ensuit qu'un seul garde peut dresser valablement un procès-verbal. — Delalleau, nº 588.

13. — Les procès-verbaux des gardes du génie doivent être visés pour timbre et enregistrés en débet. — L. 29 mars 1806, art. 3; ordonn. 1er août 1821, art. 33 et suiv. — V. ENREGISTREMENT; TIMBRE.

14. — Il paraît que quelques directeurs des fortifications font imprimer des formules de procès-verbaux qui ne laissent plus au garde du génie que quelques blancs à remplir. M. Delalleau (nº 591) blâme avec raison cet usage. En effet, plus on donne d'effet au procès-verbal, plus il est nécessaire que le garde l'écrive lui-même, afin qu'il en pèse mieux toutes les expressions avant de leur imprimer l'authenticité par sa signature.

15. — Pour ce qui concerne la rédaction des procès-verbaux des gardes du génie, il faut consulter les règles générales tracées en matière de procès-verbal. — V. PROCÈS-VERBAL (matière criminelle).

16. — Un procès-verbal n'est pas nul par cela qu'il ne constate pas le moment où la contravention a été commise. — *Cons. d'état*, 18 janv. 1831, Gendarme.

17. — Lorsque les gardes du génie ont connaissance d'une construction ou d'une réparation indûment faite dans l'intérieur d'un enclos ou d'un bâtiment, ils doivent en rendre compte sur-le-champ au chef du génie qui requiert soit le juge de paix ou son suppléant, soit le commissaire de police, soit le maire ou l'adjoint du lieu d'accompagner dans sa visite le garde chargé de constater la contravention. Le procès-verbal dressé à cette fin est signé par l'officier de police en présence duquel il a été dressé. — Ord. 1er août 1821, art. 32.

18. — Bien que ni les lois des 29 mars 1806 et 17 juill. 1819, ni l'ord. du 1er août 1821, n'exigent que les procès-verbaux des gardes du génie soient affirmés, cependant la nécessité de cette affirmation a été déclarée par une circulaire du ministre de la guerre du 15 mai 1823, par le motif qu'il y avait lieu d'appliquer en pareil cas l'art. 112 du décret du 16 déc. 1811 sur la répression des délits de grande voirie.

19. — Cette affirmation doit être faite dans les vingt-quatre heures par les gardes du génie, devant le maire ou l'adjoint du lieu de leur résidence, conformément aux règles prescrites pour l'affirmation des procès-verbaux de contravention aux lois et réglemens de grande voirie. — Même circul. — V. au surplus AFFIRMATION DE PROCÈS-VERBAL, PROCÈS-VERBAL (mat. crimin.)

20. — Le procès-verbal est nul faute d'avoir été affirmé dans les vingt-quatre heures. — *Cons. d'état*, 2 sept. 1829, Rund-Benninger.

21. — Toutefois, l'affirmation d'un procès-verbal faite devant le juge de paix le lendemain du jour où le procès-verbal a été dressé, est présumé avoir eu lieu dans les vingt-quatre heures, bien qu'elle ne porte pas l'indication de l'heure. — *Cons. d'état*, 9 juin 1830, Minist. de la guerre c. Labrosse-Béchet.

22. — Le procès-verbal n'est pas nul par cela qu'il n'indique pas la personne qui l'a affirmé. — *Cons. d'état*, 27 nov. 1835, Defontaine.

23. — Les procès-verbaux de contravention restent déposés entre les mains du chef du génie. Les gardes en dressent copie et la notifient au domicile du contrevenant avec sommation de rétablir l'ancien état des lieux dans le délai fixé par le chef du génie. — Ord. 1er août 1821, art. 35.

24. — La copie et la sommation sont expédiées à la suite l'une de l'autre sur du papier que les gardes du génie font préalablement viser pour timbre. — L. 29 mars 1806, art. 3; ord. 1er août 1821, art. 35. — V. TIMBRE.

25. — La signification du procès-verbal n'est pas nulle pour avoir été faite un jour férié. — *Cons. d'état*, 27 nov. 1835, Defontaine.

GARDE-GARDIENNE.

1. — On appelait ainsi des lettres accordées par le roi à des abbayes, chapitres, prieurés et autres églises, universités, colléges ou communautés, par lesquelles le roi déclarait qu'il prenait en sa garde spéciale ceux auxquels il les accordait; et, pour cet effet, leur assignait des juges particuliers, pardevant lesquels toutes leurs causes étaient commises. — Guyot, *Rép.*, vº *Garde-gardienne.*

2. — On entendait aussi par le terme de *garde-gardienne* le privilége résultant de ces lettres d'attributions. — V. nouveau Denisart, vº *Garde-gardienne*, § 1er, nº 1.

3. — Le privilége de la garde-gardienne a d'abord eu pour objet la conservation des fondations royales que les rois voulurent mettre hors de l'atteinte des justices seigneuriales. — Nouveau Denisart, *loc. cit.*, nº 2.

4. — Plus tard, au milieu de l'anarchie féodale, l'on vit se multiplier les gardes-gardiennes. Les rois en donnèrent non-seulement aux églises et aux communautés, mais encore à des particuliers qui leur portaient des aveux, souvent au préjudice des seigneurs directs, occupés à des guerres étrangères ou particulières. — Coquille, sur l'art. 152 de l'ord. de Blois.

5. — Les barons, les comtes et les autres seigneurs justiciers se plaignirent de cette multiplicité des gardes-gardiennes, et il fut fait droit à leurs réclamations par une ordonnance de Philippe de Valois de 1338, qui statua que dorénavant ce privilége ne serait accordé qu'en grande connaissance de cause, et en appelant les seigneurs intéressés, à l'exception des églises et des monastères qui, d'ancienneté, étaient sous la garde du roi. Une ordonnance de Charles VI de 1408 reproduisait à peu près les mêmes dispositions. — Nouveau Denisart, *loc. cit.*, nº 2.

6. — Les priviléges de gardes-gardiennes avaient été confirmés par l'art. 7 de l'édit de Crémieu de François Ier, qui voulait que les baillis et sénéchaux eussent la connaissance des causes et matières des églises de fondation royale, auxquelles *ont été et seront octroyées des lettres en forme de garde-gardienne, et non autrement.* — Guyot, *loc. cit.*

7. — Une disposition analogue avait été insérée dans l'art. 1er d'un édit du mois de juin 1559, qui restreignait cependant les priviléges des gardes-gardiennes, en ce qu'il voulait qu'il n'y eût que ceux qui étaient du corps commun de l'église à laquelle elles avaient été accordées qui en eussent la jouissance, et qu'elles ne s'étendissent pas aux bénéfices qui étaient de la collation de cette église. — Guyot, *loc. cit.*

8. — Quelques autres détails concernant les gardes-gardiennes avaient été réglés par les art. 34 ord. d'Orléans de Charles IX, de janv. 1560; 56 ord. Moulins de fév. 1566; 152 et 177 ord. de Blois de mai 1579; 19 et suiv. du tit. 4 ord. d'août 1669. — V. pour les détails Nouveau Denisart, *loc. cit.*, nº 4.

9. — Les art. 28 et suiv. titre 4 de cette dernière ordonnance s'occupaient spécialement du droit de garde-gardienne des universités. — V. pour les détails Nouveau Denisart, *loc. cit.*, § 2, nos 1 et suiv. — V. aussi UNIVERSITÉ.

10. — Remarquons aussi que, pour ne pas distraire de leurs fonctions un grand nombre de particuliers que ces fonctions retenaient à Paris, les rois avaient établi en leur faveur un droit de garde-gardienne au Châtelet de cette ville. — V. pour les détails Nouveau Denisart, *loc. cit.*, § 3, nos 1er et suiv.

11. — Le privilége de garde-gardienne ne s'étendait ordinairement que dans le ressort de la sénéchaussée ou du bailliage auquel la connaissance en était attribuée, à moins qu'il n'y eût dans les lettres de concession une clause qui augmentât le privilége; ce qui faisait que quelques communautés, comme le chapitre de la cathédrale d'Orléans, en jouissaient avec plus d'étendue. — Guyot, *loc. cit.* — V. conf. Nouveau Denisart, *loc. cit.*, nº 11.

12. — Ajoutons avec les auteurs du Nouveau Denisart (*ibid.*, nº 12) que, lorsque dans une ville où était établi un chapitre ou un monastère ayant droit de garde-gardienne, il n'y avait pas de bailliage royal ressortissant au parlement, la charte de concession du droit en attribuait l'exercice devant le bailliage royal plus prochain et que, lorsque la justice de cette ville, soit seigneuriale, soit royale inférieure, était érigée en bailliage royal ressortissant sans moyen au parlement, le droit de garde-gardienne était attribué devant ce nouveau bailliage royal. — V. dans ce sens Ord. de Blois, art. 152; arrêt du conseil du 12 sept. 1692; lettres-patentes du 24 juill. 1693; Loyseau, *Traité des Seigneuries*, chap. 12, nº 24.

13. — En principe, suivant l'art. 56 de l'ordonnance précitée, on ne devait faire usage du privilége que pour les affaires communes du chapitre et des églises. Toutefois presque tous les chapitres avaient obtenu l'extension du privilége aux membres pour les affaires et contestations de leur chef, et c'est ce qui résultait de la clause, tant en corps qu'en membres, *tàm conjunctim, quàm divisim*, insérée dans presque toutes les concessions et lettres confirmatives. — V. pour les détails Nouveau Denisart, *loc. cit.*, nº 13.

14. — A la différence des *committimus* dont on ne pouvait faire usage que pour les causes civiles, personnelles, possessoires et mixtes (V. COMMITTIMUS), le privilége de la garde-gardienne pouvait être invoqué pour les causes purement réelles. — V. dans ce sens un arrêt du parlement de Paris du 5 sept. 1742. — V. toutefois un arrêt du même parlement du 8 août 1781.

15. — La garde-gardienne étant un privilége, l'on comprend qu'aucun corps, aucun particulier ne pût en jouir qu'en vertu de lettres-patentes dûment vérifiées au parlement. — Nouveau Denisart, *loc. cit.*, nº 9.

16. — Les lettres de garde-gardienne se délivraient au greffe de la juridiction dans laquelle ceux qui avaient droit de garde-gardienne pouvaient traduire leurs adversaires. Elles étaient sujettes à surannation. — Nouveau Denisart, *ibid.*, nº 16.

17. — Ceux qui faisaient usage des lettres de garde-gardienne devaient en donner copie avec l'exploit, à peine de nullité. — Nouveau Denisart et Guyot, *loc. cit.* — Du reste, le renvoi de la cause devant le juge du privilégié ne se faisait pas de plein droit et par la première assignation, en vertu des lettres de garde-gardienne, comme il se faisait en vertu d'un *committimus*. La partie devait demander son renvoi au juge où la contestation avait été portée. — Nouveau Denisart, nº 17.

18 — Quand deux priviléges concouraient ensemble, le *committimus* et les lettres de garde-gardienne, le *committimus* l'emportait, sauf lorsqu'il s'agissait des universités. Enfin, quand deux privilégiés, en vertu de deux lettres de garde-gardienne avaient à plaider l'un contre l'autre, et s'assignaient devant deux juges conservateurs différens, les deux priviléges se détruisaient mutuellement, et les parties rentraient dans le droit commun. — Nouveau Denisart, *loc. cit.*, § 1er, nº 18, et § 2, nº 1er.

GARDE GÉNÉRAL.

1. — Agent forestier chargé de la direction générale locale dans chaque conservation forestière. — V. FORÊTS, nos 140 et suiv.

2. — Les gardes généraux n'exercent pas tous la même surveillance, il en est parmi eux qui ont des missions plus spéciales; l'art. 14, ord. forest. 1er août 1827, porte que chacun des agens fera, selon l'ordre hiérarchique, les opérations, vérifications et tournées qui lui seront prescrites, et surveillera le service des agens qui lui seront subordonnés.

3. — Les gardes généraux représentent les anciens sergens traversiers, maîtres-gardes, mi-gardes et sergens dangereux, supprimés par l'ord. de 1669 (V. GARDE FORESTIER). L'édit de nov. 1689 les avait érigés en titre d'office; mais un second édit de mars 1708 les supprima. Cet édit établit en leur place, en titre d'office héréditaire dans chaque maîtrise, un ou deux gardes généraux, receveurs des amendes, lesquels ont été supprimés par l'édit du mois d'août 1777. — Merlin, *Rép.*, vo *Gardes généraux des bois*, no 1er.

4. — La loi du 15-29 sept. 1791 ne disait rien des gardes généraux, mais celle du 16 niv. an IX les comprenait en termes exprès dans l'organisation forestière et permettait d'en porter le nombre à trois cents.

5. — Les gardes généraux se divisent en gardes généraux proprement dits et en gardes généraux adjoints.

6. — Ils ont sous leurs ordres immédiats les gardes particuliers; leurs supérieurs sont les conservateurs, inspecteurs et sous-inspecteurs. Leurs fonctions sont à peu près les mêmes que celles des gardes particuliers. Comme ceux-ci, ils veillent à la conservation des bois et dressent des procès-verbaux des contraventions.

7. — Les procès-verbaux dressés par les gardes généraux ne sont pas soumis à la formalité de l'affirmation, comme ceux des gardes ordinaires. — *Cass.*, 29 mars 1811, Vaugirard et Rondeau. — Cette décision se trouve confirmée par l'art. 166, Cod. forest. — V. FORÊTS, nos 2012 et 2013.

8. — Les lois des 15 sept. 1791, tit. 4, art. 10, et 28 pluv. an VIII, art. 9, leur prescrivaient d'avoir, comme les gardes particuliers, un registre d'ordre destiné à transcrire leurs procès-verbaux.

9. — Les gardes généraux qui, d'après l'édit de 1708, pouvaient être nommés à vingt-deux ans, ne peuvent l'être actuellement qu'à vingt-cinq. Les élèves sortant de l'école forestière peuvent néanmoins obtenir des dispenses d'âge. — V. FORÊTS, no 198. — Quant aux conditions qu'il faut remplir pour être nommé à cet emploi, V. FORÊTS, no 164.

10. — Sur le changement de résidence, le serment et l'enregistrement de la commission des gardes généraux, V. FORÊTS, nos 229 et suiv. — Sur l'uniforme qu'ils doivent porter, V. ord. d'exécution du 1er août 1827, art. 18.

11. — Aux termes de l'art. 182, C. inst. crim., les gardes généraux peuvent saisir les tribunaux correctionnels de la connaissance des délits forestiers.

12. — Devant le tribunal, ils exposent l'affaire, à défaut du conservateur, de l'inspecteur ou du sous-inspecteur forestier. — C. inst. crim., art. 190. — V. FORÊTS, nos 2103 et suiv. — Dans ce cas, ils occupent une place particulière à la suite des officiers du ministère public. Ils doivent se tenir découverts. — Décr. du 18 juin 1809.

13. — Aux termes du décret du 2 fév. 1811, « les gardes généraux sont chargés, chacun dans son arrondissement, et sous la surveillance directe des inspecteurs et sous-inspecteurs, du recouvrement des amendes pour délits forestiers... En cas d'insolvabilité notoire des délinquans, ils sont autorisés à dresser eux-mêmes des certificats de carence, à la charge de les faire viser par les maires du domicile des condamnés. »

14. — Malgré leur dénomination de *gardes* on ne saurait considérer les gardes généraux comme officiers de police judiciaire, jouissant en cette qualité du privilége de juridiction. Les dispositions de l'art. 16, C. inst. crim., ne concernent que les gardes proprement dits, c'est-à-dire les *préposés* et non les *agens*, parmi lesquels figurent les gardes généraux. — Meaume, *Comment. du C. forest.*, t. 3, p. 79, no 21. — V. *contrà* Mangin, *Traité des procès-verbaux*, no 115. — V. FORÊTS, no 163.

15. — Le fait de la part d'un garde général, d'avoir marqué des arbres dans une forêt placée sous sa surveillance, pour en faire son profit, n'est point qualifié crime par la loi. — *Cass.*, 16 janv. 1812, Camus.

16. — Le *garde général adjoint* est un agent forestier placé sous les ordres du garde général ou du sous-inspecteur, et qui peut au besoin les remplacer. Les gardes généraux adjoints ont remplacé les gardes à cheval. — V. FORÊTS, nos 165 et suiv.

17. — Un arrêté du ministre des finances du 20 avr. 1846 a déterminé les matières de l'examen à subir par tout garde général adjoint ne sortant pas de l'école forestière, et, d'après un arrêté du directeur général de l'administration des forêts du 25 du même mois, les gardes généraux adjoints sont choisis parmi les préposés du grade immédiatement inférieur, qui ont subi avec succès les épreuves prescrites.

18. — Les gardes généraux adjoints actuellement en fonctions ne peuvent, d'après les arrêtés précités, être promus au grade de garde général qu'après avoir satisfait aux épreuves ci-dessus mentionnées. — V. FORÊTS.

GARDE DU GÉNIE.

V. GARDE DES FORTIFICATIONS.

GARDE-MAGASIN.

1. — Le service des subsistances, du campement et de l'habillement des divers corps de l'armée est placé dans les attributions et sous la surveillance de l'intendance militaire. — Les garde-magasins forment une classe nombreuse des agens de ce service.

2. — En effet, lorsque les approvisionnemens pour les services publics sont formés, il est nécessaire de veiller à la conservation des denrées ou autres objets, jusqu'à leur distribution ou leur emploi. Ce soin a été confié aux garde-magasins, agens spéciaux qui sont responsables et qui doivent par une comptabilité régulière, dont les formes ont été déterminées par des réglemens administratifs, constater les objets dont ils sont constitués dépositaires, ainsi que les entrées et sorties de magasin.

3. — Aucun objet provenant d'achat, de démolition ou de toute autre cause, ne doit entrer en magasin sans un *ordre de recevoir* signé de l'officier qui fait le versement. Le garde-magasin donne son reçu au bas de chacune de ces pièces, qui sont conservées par l'officier qui a donné l'ordre, afin qu'on puisse par leur moyen vérifier les entrées en magasin. — Inst. min., 22 sept. 1826.

4. — Lorsqu'un garde-magasin a été chargé par le préfet de vendre et manutentionner les denrées de réquisition livrées par les communes pour la subsistance des troupes, ledit agent n'est comptable que des denrées dont le récépissé a été donné par lui ou par ses délégués. — *Cons. d'état*, 12 avr. 1829, Lemoine.

5. — Toutefois, si le garde-magasin, devenu fournisseur en vertu d'un marché avec le gouvernement a reconnu par un état signé de lui, qu'une fourniture de rations de fourrages a été effectuée par les communes, il doit compte desdites rations, soit en argent, soit en quittances régulières des paiemens qu'il aurait faits aux communes. — Même décision.

6. — Les garde-magasins pour les approvisionnemens, tant ordinaires qu'extraordinaires, sont, au moyen d'abonnemens pour conservation de manutention, responsables des denrées dont ils se sont chargés en recette. — *Cons. d'état*, 17 mars 1825, Godard-Desmarets.

7. — Lorsque la prime de conservation et de manutention qui pouvait être due au garde-magasin pour l'approvisionnement extraordinaire n'a pas été fixée d'avance, le ministre de la guerre doit la régler d'après les circonstances et les localités. Le comptable ne peut se plaindre de ce réglement lorsqu'il est équitablement arbitré.

8. — Lorsque des négocians ont remis des marchandises à un garde-magasin, et qu'il résulte des pièces comptables que la livraison et l'expédition de ces marchandises ont été faites en son nom et que le montant lui en a été alloué dans ses comptes par la direction générale des vivres, ces négocians ne peuvent être admis à réclamer la liquidation des marchandises à leur profit, alors surtout qu'ils ont reçu du garde-magasin un à-compte, et qu'ils l'ont reconnu pour leur débiteur. — *Cons. d'état*, 17 juill. 1822, Lesseps.

9. — C'est au garde-magasin expéditionnaire et non au garde-magasin expéditeur à répondre des sacs dont l'expédition et l'arrivée ont été constatées par des récépissés. — *Cons. d'état*, 18 nov. 1818, Goffart.

10. — Les matériaux ou autres objets restés en magasin ne peuvent plus en sortir que d'après des bons signés par l'officier chargé du détail d'un article. Ces bons demeurent entre les mains du garde-magasin pour servir à régler sa comptabilité en matières, soit à la fin de l'exercice, soit à telle autre époque qui peut être déterminée. — Magnitot et Delamarre, *Dict. de droit admin.*, vo *Garde-magasin*.

11. — Bien que le garde-magasin soit un agent du gouvernement, ses attributions et ses pouvoirs sont déterminés, et l'administration militaire ne saurait être engagée par les actes que le garde-magasin aurait faits en dehors des limites de ses fonctions.

12. — Ainsi, le fournisseur qui ne présente aucun marché passé avec l'administration militaire n'est pas fondé à réclamer contre elle l'exécution de conventions passées entre lui et un garde magasin. — *Cons. d'état*, 1er sept. 1825, Tourné-Laroche.

13. — Le garde-magasins comptable ne peut faire d'achats au nom et pour le compte du département de la guerre, qu'en vertu d'un ordre spécial du ministre de la guerre. — *Cons. d'état*, 26 août 1829, Laborde.

14. — Un négociant ne peut réclamer le prix d'une vente de pains qu'il a faite à un garde-magasin, lorsque le titre sur lequel il se fonde est un récépissé signé par le fils de ce comptable, lequel ne fait mention d'aucun ordre du ministre de la guerre relatif audit achat. — Même décision.

15. — Si l'arrêté du commandant de place qui nomme un garde-magasin avec un traitement fixe sur le pied de guerre et sur le pied de paix n'a pas été approuvé par le ministre de la guerre, le traitement réclamé par ce garde-magasin peut être réduit par le ministre. — *Cons. d'état*, 5 nov. 1823, Woirhaye.

16. — La comptabilité des garde-magasins, établie comme il a été dit ci-dessus, rentre, pour son examen et pour les contestations dont elle peut être l'objet, dans les attributions de la juridiction administrative.

17. — Le garde-magasin doit remettre à l'appui de son compte les quittances des parties prenantes, visées et vérifiées par le commissaire des guerres. — *Cons. d'état*, 5 nov. 1823, Woirhaye.

18. — L'administration de la guerre doit compter de clerc à maître avec un garde-magasin, qui n'a été chargé de la manutention et distribution des approvisionnemens d'un siége ni à titre d'abonnement, ni à titre d'entreprise. — Même décision.

19. — En conséquence de la liquidation de son compte, il doit être procédé à son examen article par article, sauf la diminution ou le rejet de ceux reconnus non admissibles, mais sans que le compte soit susceptible de subir une réduction en bloc. — Même décision.

20. — Les comptes d'un garde-magasin ne peuvent être réunis dans une seule liquidation. Ils doivent être rendus et apurés par exercices. — *Cons. d'état*, 18 nov. 1818, Goffart.

21. — Les déficits constatés du garde-magasin doivent être mis à sa charge, et la responsabilité doit en peser sur lui lorsque le procès-verbal de réception a été fait sans y appeler l'officier du gouvernement, qui aurait pu exercer un recours contre le conducteur dans le cas où le déficit proviendrait du fait même du conducteur. — Même décision.

22. — Lorsqu'à l'époque de la gestion du garde-magasin les réglemens allouaient un déchet déterminé pour l'évaporation des farines, ce garde-magasin ne peut invoquer des marchés passés postérieurement avec des meûniers et stipulant des déchets plus élevés, alors surtout qu'il ne justifie pas avoir tenu compte du taux de ces derniers déchets aux meûniers qu'il a employés. — Même décision.

23. — Un garde-magasin qui, en faisant confectionner le pain de munition, n'a obtenu que quatre-vingt-sept rations par quintal au lieu de quatre-vingt-dix, est responsable du déficit s'il a pris sur lui de faire le pain avec une quantité d'eau moindre que les réglemens n'ordonnaient. En vain alléguerait-il que la qualité des farines était mauvaise, il devait faire constater le fait et réclamer une autorisation; mais le déficit doit être calculé en quintaux de farines, et non en rations de pain. — Même décision.

24. — Un garde-magasin est responsable de l'incendie survenu au magasin dont la garde lui est confiée. C'est au ministre de la guerre à apprécier cette responsabilité, sauf recours par la voie contentieuse au conseil d'état. — *Cons. d'état*, 20 fév. 1815, Oubert.

25. — Un garde-magasin qui a négligé d'exécuter les ordres de ses supérieurs directs et ralenti volontairement l'évacuation de ses magasins, quelque considération qu'il fasse valoir, est responsable des enlèvemens faits par l'ennemi dans ses magasins. — *Cons. d'état*, 11 déc. 1816, Tintelin.

26. — D'après la loi du 13 brum. an V, art. 10

sont réputés attachés à l'armée et à sa suite les garde-magasins d'artillerie, les garde-magasins des vivres et fourrages pour les distributions soit au camp, soit dans les cantonnemens, soit dans les places en état de siége; dès-lors, ces garde-magasins sont soumis, pour les infractions qu'ils commettent dans l'exercice de leurs fonctions, à la juridiction des tribunaux militaires.

27. — Les garde-magasins des vivres, même dans les places ouvertes de l'intérieur et des divisions militaires, doivent, pour tous les faits relatifs à l'exercice de leurs fonctions, être traduits devant les tribunaux militaires. Cette disposition ne s'étend pas aux individus employés momentanément, sans commission du ministre, soit comme boulangers, soit de toute autre manière. Ils restent justiciables des tribunaux ordinaires. — Avis cons. d'état 25 janv. 1807.

28. — Un compte particulier est ouvert au trésor pour les cautionnemens des garde-magasins du campement et de l'administration de la guerre.

29. — Une nouvelle organisation a été donnée au service des subsistances de l'habillement et du campement, et à la dénomination de garde-magasin a été substituée celle d'officier d'administration comptable.—V., au surplus, l'ordonnance du 28 fév. 1838.

V. aussi ARMÉE, nos 223 et suiv., ABUS DE CONFIANCE, MARCHÉS ET FOURNITURES.

GARDE-MALADE.

La loi du 25 avr. 1844, art. 13, no 6, § dernier exempte les garde-malade de la patente. — V. PATENTES. — V. aussi DISPOSITION A TITRE GRATUIT, PRIVILÉGE.

GARDE-MARTEAU.

1. — Officier des eaux et forêts chargé, dans chaque maîtrise, de faire les martelages et balivages dans les bois dont on devait faire l'exploitation, et qui devait veiller sur le marteau pendant la durée des opérations, afin d'empêcher les gardes qui s'en servaient sous ses yeux pour marquer les réserves, d'en abuser. De là était venu à cet officier le nom de garde-marteau. — Merlin, *Rép.*, vo *Garde-marteau.*

2. — Avant la création en titre de cet office, les fonctions en étaient remplies par tous les officiers indistinctement, spécialement par les verdiers, gruyers, forestiers, châtelains-maîtres-sergens, segrayers et maîtres-gardes du marteau du roi, qui tous ne formaient anciennement, sous ces différens titres, qu'un seul et même office. — Les fonctions de garde-marteau étaient aussi remplies par les maîtres-particuliers, capitaines et leurs lieutenans. — Edit de janv. 1583, art. 22; — Merlin, *loc. cit.*

3. — Depuis la loi du 15-29 sept. 1791, tit. 3, les inspecteurs et sous-inspecteurs des forêts remplacent les garde-marteaux. — V. au reste FORÊTS, nos 246 et suiv., et surtout no 253.

GARDE MUNICIPALE.

Table alphabétique.

Administration, 8 s.
Admission (conditions d'), 20 s.
Age, 21.
Agent de la force publique, 47 s.
Avancement, 19, 26.
Cadre, 7.
Comptabilité, 12 s., 15, 46.
Congé, 43 s.
Congédiement, 42.
Conseil d'administration, 9 s.
Crédit, 8, 36.
Délit, 50.
Démission, 42.
Equipement, 17.
Fêtes publiques, 38.
Frais de bureau, 14.
Gardes auxiliaires, 22 s.
Garde nationale, 48.
Historique, 2 s.
Indemnités, 17. — de logement, 16.
Institution, 6.
Maître ouvrier, 24.
Maladie, 18.
Maréchal-ferrans, 24.
Mariage, 45.
Masse, 17 s.
Ministre de la guerre, 15, 27. — de l'intérieur, 15, 27.
Nomination, 27.
Officier de police judiciaire, 49.
Officier de santé, 29.
Organisation, 7.
Paris (ville de), 8, 16.
Pension, 32.
Permission de mariage, 45.
Police des lieux publics, 35 s.
Préfet de police, 6, 8 s., 27, 37.
Préséance, 41.
Récompense, 19, 33.
Recrutement, 19, 25.
Réforme, 42.
Réquisition des autorités, 40.
Retraite, 19.
Rétribution, 38.
Revue d'inspection, 46.
Serment, 28.
Service, 34 s. — (d'ordonnance), 36.
Solde, 17 s.
Sortie du corps, 42.
Sous-intendant militaire, 13.
Spectacles et concerts, 38.
Tambours, 24.
Trésorier, 9 s., 30. — (cautionnement), 31.
Trompettes, 24.
Troubles, 39.
Uniforme, 17.

GARDE MUNICIPALE. — 1. — Corps de troupes destiné au service d'ordre et de police dans l'intérieur de la capitale.

2. — *Historique.* — Ce corps de troupes fut créé à Paris par l'arrêté du 12 vendém. an XI, pour y faire le service qu'y faisait la garde nationale depuis le 14 juill. 1789.

3. — Son organisation, qui ne donnait pas au préfet de police l'administration suprême d'un corps destiné au maintien de l'ordre et de la sûreté, fut changée par un décret du 10 avr. 1813, portant *création et organisation d'un corps de gendarmerie pour la garde de Paris.*

4. — Le corps de la gendarmerie de Paris subsista, à travers certaines modifications que lui firent successivement subir les ordonnances des 31 mai et 14 août 1814, 14 avr. 1815, 10 janv. 1816, 2 sept. 1818, etc., etc. (V. GENDARMERIE), jusqu'au 16 août 1830 époque à laquelle il fut supprimé et remplacé par un corps spécial chargé du service de garde et de police de la capitale, et qui prit la dénomination de *garde municipale de Paris*, qu'il a conservée jusqu'à ce jour.

5. — Cette ordonnance du 16 août 1830, qui renfermait des dispositions relatives à l'organisation de la garde municipale dans la capitale, a été successivement modifiée et complétée par plusieurs autres. Celle du 24 août 1838, dont nous analyserons les principaux articles, a eu pour but, ainsi que le porte son préambule, « d'apporter à l'organisation de ce corps les modifications compatibles avec les divers services auxquels il demeure affecté, et de déterminer la nature de ces services d'une manière plus spéciale. »

6. — *Institution.* — L'art. 1er, ord. 24 août 1838, après avoir rappelé que la garde municipale de Paris est instituée pour le service d'ordre et de police dans la capitale, ajoute que ce corps *fait partie intégrante de la gendarmerie*, et qu'il est placé sous l'autorité du ministre de l'intérieur *et sous les ordres immédiats du préfet de police.*

7. — *Organisation.* — L'art. 2, sous le titre *force et organisation*, détermine le cadre et la composition du corps : il faut, à cet égard, indépendamment de cette ordonnance et de celles des 26 juill. 1839 et 1er juill. 1841 qui l'ont suivie, se reporter à celle du 8 sept. 1841, qui fixe le cadre de la garde municipale. — V. Durau-Lasalle, *Droit et législation des armées de terre et de mer*, t. 2, p. 63.

8. — *Administration.* — L'administration et les dépenses font l'objet du tit. 3. L'art 3 dispose que la ville de Paris est chargée de pourvoir aux dépenses de service et d'entretien de la garde municipale et qu'à cet égard il est ouvert au préfet de police un crédit annuel destiné à l'acquittement de toutes les dépenses du personnel et du matériel du corps.

9. — L'administration du corps, porte l'art. 4, est confiée, sous l'autorité du préfet de police, à un conseil composé de neuf membres ayant voix délibérative, savoir : le colonel (président), le lieutenant-colonel, un chef d'escadron, le major (rapporteur), deux capitaines, un lieutenant, le lieutenant d'habillement et le trésorier. Le trésorier remplit les fonctions de secrétaire du conseil.

10. — L'emploi de trésorier est occupé par un agent civil. — Ord. 24 août 1838, art. 2.

11. — Le mode de renouvellement du conseil et du remplacement des membres absens est réglé par l'art. 5. « Le trésorier, porte cet article, est suppléé par un officier présenté par lui, avec le consentement du colonel et agréé par l'administration. »

12. — Le préfet de police exerce un contrôle supérieur et permanent sur les opérations du conseil d'administration : il assiste aux séances du conseil lorsqu'il le juge convenable; il ordonne toutes les sommes affectées aux dépenses; il vérifie chaque année et arrête définitivement la comptabilité de la garde municipale. — Art. 6.

13. — Un sous-intendant militaire, employé à Paris, nommé par le ministre de la guerre, sur la présentation du préfet de police et sur la proposition du ministre de l'intérieur, est chargé de la surveillance administrative de la garde municipale. Il assure la stricte exécution des réglemens d'administration. — Art. 7.

14. — Les frais de bureau sont réglés chaque année par le préfet de police sur des états présentés par le conseil d'administration, et d'après l'avis du sous-intendant militaire. — Art. 8.

15. — La garde municipale de Paris est soumise, pour les revues d'effectif et pour la comptabilité, aux règles et formes déterminées par des réglemens de service intérieur et d'administration, arrêtés de concert entre les ministres de la guerre et de l'intérieur. — Art. 9.

16. — La garde municipale est casernée aux frais de la ville de Paris. — Art. 11. — V. aussi LL. du 18 juill. 1839 et 10 juin 1841. — C'est également la ville de Paris qui est chargée des indemnités de logement.

17. — Les art. 10, 11, 12, 13, 14, 15, 16, 17, 18 et 19 règlent ce qui concerne les soldes et indemnités attribuées aux officiers, sous-officiers et gardes; l'acquittement des dépenses, l'uniforme, l'équipement et son entretien, la formation et l'application des différentes masses. — V. aussi, sous le rapport des soldes, masses et indemnités, les ordonnances des 26 juill. 1839, 1er juill. 1841 et les tarifs y annexés.

18. — Aux termes de l'art. 16, les sous-officiers et gardes, quand ils sont malades, sont reçus et traités dans les hôpitaux militaires de Paris; pendant leur séjour dans ces établissemens, ils n'ont droit qu'à la solde affectée par le tarif à cette position, et la dépense de leur traitement est supportée par la masse d'hôpital.

19. — *Recrutement, avancement, retraites, récompenses.* — Le titre 4 de ladite ordonnance du 24 août 1838 traite du recrutement, de l'avancement, des retraites et récompenses militaires.

20. — Aux termes de l'art. 20, la garde municipale faisant partie intégrante de la gendarmerie, les dispositions des chap. 1er et 2, tit. 14, ordonn. 16 mars 1838, sur l'avancement dans l'armée, lui sont applicables quant aux conditions d'admission et d'avancement, sauf certaines modifications.

21. — De l'ordonnance du 16 mars 1838 et de celle du 24 août combinées il résulte que pour être nommé garde municipal il faut : 1o être âgé de vingt-cinq ans au moins et de quarante ans au plus, et que les anciens gardes municipaux seuls peuvent être réadmis jusqu'à l'âge de quarante-cinq ans, à moins qu'ils ne soient trop âgés pour pouvoir compléter à cinquante-cinq ans le temps de service exigé pour la retraite; 2o avoir au moins 1 m. 732 millim. pour les compagnies à cheval, et 1 m. 690 mill. (Ord. du 26 juill. 1839) pour les compagnies à pied; 3o avoir servi activement sous les drapeaux pendant trois ans au moins; 4o savoir lire et écrire correctement; 5o produire, s'il s'agit de militaires définitivement libérés du service ou envoyés dans la réserve, un certificat constatant leur bonne conduite jusqu'à l'instant de leur admission. — V. au surplus GENDARMERIE.

22. — En outre, il peut être entretenu dans l'infanterie du corps, sous la dénomination de gardes auxiliaires, des militaires âgés de vingt-trois ans accomplis, ayant au moins deux années de présence sous les drapeaux et réunissant d'ailleurs les autres conditions déterminées par l'ordonnance du 16 mars 1838. — Ces militaires font partie de l'effectif réglementaire, mais ils ne sont commissionnés en qualité de gardes titulaires que lorsqu'ils ont accompli leur vingt-cinquième année d'âge et le temps de service exigé. — Ord. 24 août 1838, art. 21, et 26 juill. 1839, art. 4, 27 nov. 1839.

23. — L'ordonnance de 1838 fixait le nombre de ces militaires à 200; celle du 26 juill. 1839 l'a élevé à 500. Enfin l'art. 1er de celle du 27 nov. 1839 a dérogé, mais d'une manière essentiellement transitoire, et jusqu'au complément d'un effectif déterminé, à cette dernière disposition, en ce qu'elle limitait le nombre des gardes auxiliaires.

24. — L'art. 22 de l'ordonnance du 24 août 1838 ajoute qu'il est dérogé aux conditions d'admission en faveur des sujets présentés pour emploi de trompette, de tambour, de maîtres-ouvriers et de maréchaux-ferrans; mais que ces militaires ne pourront prétendre à passer ultérieurement dans les rangs de la garde municipale qu'autant qu'ils satisferont complétement aux conditions d'admission.

25. — Enfin, aux termes de l'art. 28, en cas d'insuffisance dans le nombre des admissions, et sur la demande du ministre de l'intérieur, d'après celle du préfet de police, des militaires en activité dans les corps de l'armée active sont désignés d'office par le ministre de la guerre pour le recrutement de la garde municipale. Ces militaires ne sont rayés des contrôles des corps dont ils ont été extraits qu'après leur admission définitive dans la garde municipale.

26. — Quant aux conditions d'avancement dans la garde municipale, elles sont, ainsi qu'il a été dit plus haut, les mêmes que pour la gendarmerie, sauf certaines modifications contenues soit dans les art. 24 et suiv. de l'ordonnance du 24 août 1838, soit dans les ordonnances des 26 juill. 1839 et 1er juill. 1841.

27. — *Nomination.* — Les officiers sont nommés par le roi sur le rapport du ministre de la guerre et d'après la proposition du préfet de police approuvée par le ministre de l'intérieur. Les sous-officiers et gardes sont commissionnés par le ministre de la guerre sur la proposition du colonel approuvée par le préfet de police et par le ministre de l'intérieur. — Ord. 24 août 1838, art. 30.

28. — Aussitôt après leur réception dans les emplois auxquels ils sont nommés, les officiers, sous-officiers et gardes titulaires prêtent devant le tribunal civil de la Seine le serment prescrit par la loi du 21 juin 1836 (même ord., art. 31). Ce serment est ainsi conçu : « Je jure fidélité au roi des Français, obéissance à la charte constitutionnelle et aux lois du royaume; je jure en outre d'obéir à mes chefs en tout ce qui concerne le service auquel je suis appelé, et, dans l'exercice de mes fonctions, de ne faire usage de la force qui m'est confiée que pour le maintien de l'ordre et l'exécution des lois. »

29. — Les officiers de santé sont nommés par le ministre de la guerre sur la désignation du préfet de police approuvée par le ministre de l'intérieur; ils sont choisis parmi les officiers de santé dans l'armée d'un grade correspondant à celui de l'emploi vacant. — Même ord., art. 32.

30. — Le trésorier est nommé par le préfet de police sur la présentation du conseil d'administration; sa nomination est soumise à l'approbation du ministre de l'intérieur. — Même ord., art. 33.

31. — Avant son installation et pour garantie de sa gestion, le trésorier fournit un cautionnement de 40,000 francs, qui doit être réalisé au trésor soit en numéraire, soit en rentes inscrites au grand-livre de la dette publique. — Même art.

32. — *Pensions.* — Les dispositions de la loi du 11 avr. 1831 sur les pensions de l'armée de terre sont applicables aux militaires commissionnés et aux gardes auxiliaires de la garde municipale. — Même ord., art. 34. — V. PENSIONS MILITAIRES.

33. — *Récompenses.* — Les officiers, sous-officiers et gardes concourent en raison de leurs bons services pour les récompenses qui sont accordées à l'armée. — Même ord., art. 35.

34. — *Service.* — Le service de la garde municipale est réglé par le titre 5, dont voici les principales dispositions.

35. — (Art. 36.) « La garde municipale fait le service à la préfecture de police, aux spectacles, concerts, bals et fêtes publiques, à l'exclusion de toute autre troupe..... Elle est spécialement chargée de la police des ports, des halles, des marchés et autres établissemens municipaux. Toutefois le préfet de police, dans les cas extraordinaires et par suite d'une nécessité reconnue, peut employer momentanément la garde municipale à d'autres services dans la ville de Paris et même dans les communes du ressort de la préfecture de police. »

36. — Le même art. 36 ajoutait que la garde municipale fournit des ordonnances au ministre de l'intérieur et près du commandant en chef de la garde nationale de Paris; mais depuis les lois des 18 juill. 1839 et 10 juin 1841, qui ont ouvert des crédits extraordinaires au ministre de la guerre comme subvention à la ville de Paris pour l'augmentation de la garde municipale, cette garde est chargée du même service dans tous les ministères. — Durau-Lassalle, t. 2, p. 187.

37. — En cas d'insuffisance de la garde municipale, le préfet de police en informe le général commandant la place de Paris, qui donne des ordres pour que les troupes de la garnison participent, en tout ce qui peut intéresser l'ordre public dans la capitale, au service ainsi confié à la garde municipale. — Art. 37. — V. aussi art. 39 et 40.

38. — C'est le préfet de police qui réglemente la rétribution à payer à la garde municipale pour le service des spectacles, bals, concerts et fêtes publiques. — Art. 38.

39. — Dans les circonstances extraordinaires et lorsque la garde municipale est obligée d'intervenir pour dissiper des rassemblemens séditieux, ce corps passe sous les ordres de l'autorité investie du commandement général des troupes et de la direction des opérations militaires dans la capitale. Les rapports généraux de la garde municipale et ceux de l'autorité militaire sont aussi adressés au ministre de l'intérieur et au préfet de police. — Art. 41.

40. — L'art. 42 ajoute que le service de la garde municipale est indépendant de celui de la gendarmerie de la Seine; que cette dernière reste chargée de tout le service qui lui est attribué par les lois et ordonnances spéciales à cette arme; que toutefois la garde municipale est tenue de déférer à toute réquisition des autorités auxquelles la loi ou les ordonnances confèrent le droit de requérir; mais que les requérans sont tenus d'en donner immédiatement avis par écrit au préfet de police.

41. — La garde municipale a la droite sur la gendarmerie départementale. — Art. 44.

42. — *Police et discipline.* — Sous la rubrique *Police et discipline*, le tit. 6 (art. 46 et suiv.) règle ce qui concerne la sortie, le congédiement, la réforme et les démissions.

43. — Il est défendu aux militaires de la garde municipale, hors le cas de service commandé et prévu par l'art. 36, de s'absenter de Paris autrement qu'en vertu de congés spéciaux, lesquels sont accordés suivant qu'ils sont de huit jours ou au-dessous, de plus de huit jours, de plus de quinze jours ou de plus d'un mois, par le chef du corps, le préfet de police, le ministre de l'intérieur ou le ministre de la guerre. — Art. 48, 49, 50 et 51.

44. — Les sous-officiers et gardes qui ne rejoignent pas à l'expiration des congés et permissions et ceux qui quittent leur poste sans autorisation sont rayés des contrôles de la garde municipale purement et simplement. — Toutefois ceux qui n'auraient pas achevé le temps de service prescrit par la loi du 21 mars 1832 continuent en ce cas d'être assujétis jusqu'au jour de leur libération aux lois et ordonnances qui concernent les militaires de la troupe de ligne. — Art. 52.

45. — Les permissions de mariage pour les officiers sont accordées par le ministre de la guerre, sur la proposition du préfet de police approuvée par le ministre de l'intérieur. — Pour les sous-officiers et gardes, elles sont accordées par le préfet de police, sur l'avis du chef de corps. Les sous-officiers et gardes qui se marient sans avoir justifié d'une permission régulière encourent, tant pour eux que pour leurs veuves et leurs enfans, la perte de leurs droits à toute pension ou récompense militaire. En outre s'ils ont satisfait à la loi du recrutement, ils sont rayés des contrôles de la garde municipale, et s'ils ne sont pas entièrement libérés du service de l'armée active, ils sont mis à la disposition du ministre de la guerre pour être renvoyés, s'il y a lieu et comme simples soldats, dans les corps d'où ils ont été tirés. — Art. 53.

46. — La garde municipale est soumise à des revues d'inspection générale; mais l'art. 54, ord. 24 août 1838, porte que l'officier général chargé de l'inspection n'intervient pas dans l'examen de la comptabilité du corps.

47. — *Caractère.* — Les militaires de la garde municipale doivent, à raison même du but de leur organisation et de la nature de leurs fonctions, être rangés dans la classe des agens de la force publique. — V. AGENS DE LA FORCE PUBLIQUE.

48. — Aussi une instruction ministérielle du 31 mars 1831 leur reconnaît-elle qualité pour faire les significations en matière de garde nationale, lesquelles doivent, aux termes de l'art. 111, L. 22 mars 1831, être portées à domicile *par des agens de la force publique.* — V. GARDE NATIONALE.

49. — Mais les officiers de la garde municipale doivent-ils, comme les officiers de gendarmerie, être rangés parmi les officiers de police judiciaire? La difficulté vient de ce que d'une part, aux termes des ordonnances qui réglementent la garde municipale, il est dit que cette garde *fait partie intégrante de la gendarmerie*, tandis que d'autre part, l'art. 5 de l'ord. du 16 août 1830 et celle du 24 août 1838 ne déclarent expressément applicables à la garde municipale les dispositions relatives à la gendarmerie qu'en ce qui concerne l'avancement, les conditions d'admission, le rang dans l'armée et le droit aux récompenses militaires, mais sans mentionner aucunement ce qui a trait aux attributions des gendarmes — Malgré ce silence, M. Trébuchet (*Nouveau dict. de police*, v° *Garde munic.*) pense que la garde municipale est, même sous ce dernier rapport, assimilée à la gendarmerie. — Tel n'est pas l'avis de M. Morin, *Dict. dr. crim.*, v° *Garde munic.* — V. à cet égard OFFICIERS DE POLICE JUDICIAIRE.

50. — *Compétence.* — La garde municipale fait partie de l'armée. Les militaires qui la composent sont donc, tant qu'ils demeurent sous le drapeau, soumis aux lois militaires à raison des infractions dont ils peuvent se rendre coupables. — V. DÉLITS MILITAIRES, TRIBUNAUX MILITAIRES.

GARDE NATIONALE.

Table alphabétique.

Abandon des armes, 1520, 1670 s. — du poste, 1320, 1438, 1540, 1520, 1603, 1670 s., 1682 s. — des rangs, 1553, 1556 s.
Abrogation, 33.
Absence, 570 s., 820 s., 867. — (preuve), 571 s., — du poste, 1123, 1430 s., 1483, 1507, 1674 s., 1682 s., 1750. — non autorisée, 534. — prolongée, 534.
Abstension, 978 s., 1222.
Abus d'autorité, 1692 s. — de confiance, 164, 298.
Actes de l'autorité (immixtion), 177.
Adjoint, 140 s.
Adjudant-major, 346, 537, 613, 816, 874. — (nomination), 340, 689.
Adjudant sous-officier, 553. — (nomination), 341.
Administration, 390, 393. — sanitaire, 56.
Age, 35 s., 38 s., 84, 115 s., 433 s., 1068. — (appréciation), 1032.
Agent de la force publique, 809, 1369 s. — des mines, 239. — de police, 162, 912. — des ponts et chaussées, 239.
Aide-major, 346. — (nomination), 340, 348.
Amende, 498, 820 s., 867, 1205, 1382, 1414 s., 1705 s., 1727, 1744. — (fixation), 1723 s. — (nature), 1708 s.
Amnistie, 1393, 1728 s. — (effets), 1730 s.
Armes, 21, 294 s., 561. — (délivrance), 294. — (entretien), 294 s. — (inspection), 301. — (perte), 296. — (refus), 286 s., 1462 s., 1561 s. — (restitution), 297 s. — (retrait), 303 s. — (vente), 297 s.
Armement, 30 s., 694. — (officier d'), 307. — (personnel d'), 306. — (service d'), 299 s.
Arrêté du 1er août 1830, 24.
Arrêts, 567, 1489 s., 1727, — (durée), 1516. — de rigueur, 1517 s. — simples, 1517 s.
Arrivée tardive, 534 s., 547.
Artillerie, 27, 204, 233 s., 252, 708, 859, 984. 1597. — (dissolution), 238. — — (organisation), 236 s. — (uniforme), 262, 264.
Artilleur, 309, 1653.
Artisan, 124.
Atteinte à la discipline, 268, 281, 1479 s., 1484 s., 1520, 1588 s., 1599, 1601, 1687. — à l'ordre public, 281, 1588 s., 1597, 1687.
Attentat aux mœurs, 164.
Attroupement, 1761.
Audience, 898 s., 1141. — (police de l'), 1179 s. —
Autorité administrative, 376 s., 390. — judiciaire, 376. — militaire, 187. — municipale, 359 s., 390, 1694 s.
Avertissement, 538 s.
Aveu, 1185.
Avocat, 96. — (dispense), 585.
Avoué, 1412.
Banlieue, 456, 617.
Banqueroute, 164.
Bataillons (communes réunies), 212. — (état major), 215 s. — (formation des), 209 s., 218. — (nombre d'hommes), 240 s. — cantonaux, 31, 173 s.
Batteries des côtes, 235.
Batteur en grange, 462.
Bedeau, 1557.
Blessé, 636 s.
Blessures et coups, 1138 s., 1598.
Candidats (élection), 364. — (liste de), 389.
Canton maritime, 241.
Capitaine, 580, 837 s.
Cartouches, 305. — (distribution de), 190.
Cassation, 752 s., 774, 949, 1149, 1247, 1305 s.
Cavalerie, 13, 193, 228 s., 708, 984.
Cérémonie, 311, 314, 1656. — funèbre, 1657. — religieuse, 1659 s.
Chambres législatives, 84.
Chambre des pairs, 565 s.
Charretier, 462.
Chef, 273. — de bataillon, 837 s. — (élection), 336, 347. — de corps, 282, 290, 445, 531, 550, 560, 576 s., 716, 903, 1099, 1122 s., 1131, 1161, 1434 s., 1449. — de poste, 1427 s.
Chirurgien-major, 46, 222, 346. — (nomination), 340, 348.
Chose jugée, 432, 512 s., 1149.
Citation, 430, 901, 1163 s — (délai), 906 s. — (énonciation), 920 s. — (formalités), 905. — (formes), 911. — (indication des faits), 929 s. — (notification), 904, 909 s. — (rédaction), 902 s. — (signature), 928. — aux témoins, 1204. — irrégulière, 945 s.
Clerc minoré, 61.
Cocarde, 282 s.
Colonel, 889. — (élection), 339, 347. — (nomination), 370 s.
Comité consultatif, 30.
Commandant, 221, 283. — général, 25. — supérieur, 11, 158, 225 s.
Commis greffier, 85 s.
Commissaire de marine, 74.
Commission sanitaire, 157.
Commune, 295 s., 404.
Compagnie (formation), 192 s., 484. — (nombre de chefs), 196 s. — (nombre d'hommes), 199 s. — (répartition), 508. — de marins, 241. — communale, 173 s. — d'élite, 202, 206, 217. — (élection), 850. — (uniforme), 256. — spéciale, 204.
Comparution, 1228 s.
Compétence, 032, 935 s., 1115 s., 1133 s., 1438 s., 1633, 1692 s. — (faits nouveaux, 1147 s. — correctionnelle, 1743 s.
Composition, 35 s. — des cadres, 173 s.
Comptabilité, 890.
Concierge de maison d'arrêt, 162.
Conclusions, 1241 s.
Condamné, 164. — correctionnel, 172.
Conflit, 516.
Connexité, 1150 s.
Conseil d'administration, 893, 686. (composition), 394, 396.
Conseil de discipline, 23, 270 s., 347, 434, 467, 474, 595, 633 s., 700 s., 1118 s. — (absence), 741 s., 820 s. — (âge), 720 s., 790 s. — (aptitude), 784 s. — (artillerie), 708, 714, 987. — (attributions), 983 s. — (cavalerie), 708, 714, 987. — (compétence), 379, 446 s., 469, 935 s., 983, 1070, 1633. — (composition), 735 s., 784 s., 860, 1391. — (constitution), 1170. — (convocation), 1164, 1172. — (déni de justice), 1511.

(faits nouveaux), 936 s., 1249 s. — (formation), 711 s. — (incompatibilité), 803 s. — (installation), 882 s. — (jours d'audience), 898 s. — (jugement), 824 s. — (musicien), 800. — (nombre de juges), 824 s. — (parenté), 817 s. — (présidence), 837 s. — (président), 805, 837 s., 1172, 1254, 1441. — (président, attributions), 842 s. — (remplacement), 743. — (renouvellement), 779 s. — (répartition), 703 s. — (sapeurs-pompiers), 714. — (secrétaire), 778. — (serment), 885 s. — (tableau), 711 s. — (tambour), 801. — (uniforme), 802, 893 s.

Conseil de discipline supérieur, 713 s. — (composition), 756 s. (désignation), 763 s. — (nombre de juges), 827. — (président), 839 s. — (rapporteur), 866. — (renouvellement), 783. — (secrétaire), 866.

Conseil d'état, 180, 517, 521 s., 528, 1171.

— de famille, 405.

— de guerre, 699.

— municipal, 408, 418 s.

— de préfecture, 381 s.

— de recensement, 122, 201 s., 205, 231, 324, 418 s., 440, 450 s., 575, 1007 s., 1080. — (appel), 442 s. — (compétence), 437. — (délibération), 425 s. — (formation), 422. — (présidence), 412, 424. — (provisoire), 427. — (renouvellement), 423. — (tirage au sort), 423.

— de révision, 671 s. — (composition), 674. — (délibération), 444.

Conseil du prévenu, 1228 s.

Conseiller municipal, 146, 810. — de préfecture, 97 s., 147 s., 812.

Consignation d'amende, 1414 suiv.

Consigne, (40. — générale, 607 s., 1167.

Constitution 5 fructid. an III, 15. — 22 frim. an VIII, 16.

Consul, 110, 112.

Contrôle, 194, 201, 205, 430, 433. — de réserve, 333, 459 s., 489, 786 s., 998 s. — (inscription), 464. — (radiation), 464. — de service, 406 s., 450 s., 506, 519, 1065. — (ordinaire), 465 s., 784 s., 998 s.

Convocation (appréciation), 1064.

Corps constitué, 6.

Corps détachés, 619, 638, 1246. — (armement), 694. — (compétence), 670 s., 699. — (contingent), 695 s. — (discipline militaire), 697 s. — (équipement), 694. — (formation), 641 s. — (organisation), 685 s. — (remplacement), 677 s. — (service), 639 s. — (solde), 692. — (uniforme), 274, 693.

— municipaux, 8 s., 139.

— soldés, 56.

— spéciaux (élections), 361.

Correspondance (franchise), 1384.

Côtes maritimes, 235.

Cour de cassation, 386 s., 751 s., 774, 949.

Cours et tribunaux, 84 s.

Culte catholique, 57. — israélite, 57. — protestant, 57.

Cultes non reconnus, 58 s.

Cumul de peines, 1685, 1697, 1727, 1734 s.

Débats, 1159 s., 1173 s.

Déclaration, 414 s.

Décret 8 juin 1790, 11. — 22 frim. an III, 14. — 10 prair. an III, 14. — 8 vendém. an XIV, 19. — 6 nov. 1806, 19. — 13 mars 1812, 18. — 5 avr. 1813, 19. — 23 mars 1815, 20. — 10 avr. 1815, 21.

Défense, 1566. — (droit de), 932, 937, 1228 s., 1248 s. — du royaume, 638 s. — écrite, 1257.

Dégradation, 1704. — civique, 165.

Délégués, 320 s., 363, 365. — (département de la Seine), 326.

Délibération, 3. — (rapporteur), 1342 s. — (secret), 1341 s. — (secrétaire), 1350.

Délit d'audience, 1141, 1179 s., 1256.

Demande en radiation, 1072 s. — (délai), 1079. — (effets), 474 s., 1066 s.

Démission, 41, 275 s., 387, 993.

Département de la Seine, 324, 326, 347, 386, 413 s., 533 s., 616, 712 s., 760 s., 840, 994 s., 1646 s. — (élections), 330. — (uniforme), 271 s.

Dépens, 1744.

Dépenses, 391, 393, 397. — (répartition), 401 s.

Désertion, 680 s.

Désobéissance et insubordination, 258 s., 269, 284, 286, 1121, 1321 s., 1445, 1463, 1472 s., 1489, 1520, 1544 s., 1740, 1754.

Destination, 2, 4, 620 s.

Détachement, 619 s., 1426. — (formation), 624 s. — (marche), 629 s. — (réquisition), 622 s. — (solde), 630.

Discipline militaire, 697 s.

Dispense, 38 s., 56 s., 428, 434, 443, 1106. — (appréciation), 1009 s. — absolue, 575. — temporaire, 570 s., 575 s.

Dissolution, 174 s., 238, 427. — (effets), 180 s., 367.

Domestique, 461 s. — attaché à la maison, 462. — attaché à la personne, 462.

Domicile, 35, 42, 45, 568, 788, 910, 1144 s. — (changement de), 448 s., 1020 s., 1070, 1101, 1103 s., 1109.

Douanier, 56.

Drapeau, 219 s.

Ecclésiastique, 56.

Echange de tours de service, 129 s.

Ecole d'artillerie (répétition), 75.

Elections, 31, 179, 315 s., 318, 482. — (autorisation), 322, 350. — (chefs de bataillon), 336. — (colonels), 339. — (corps spéciaux), 361. — (délégués), 326. — (département de la Seine), 324, 330. — (durée), 352 s. — (mode), 332. — (nombre des votans), 329 s. — (officiers), 325. — (porte-drapeau), 336. — (réclamations), 362 s. — (scrutin), 328, 337. — (sous-officiers), 323, 327. — (suspension), 322.

Election (droit d'). — (atteinte), 371.

Elève de séminaire, 56, 61 s. — de théologie, 56, 63.

Emploi vacant, 356, 359 s.

Enregistrement, 905, 1374, 1383.

Enseignement primaire, 65.

Equipement, 22, 694.

Escroquerie, 164.

Etat-major, 215 s., 992. — (fixation), 226. — (nomination), 227.

Etranger, 47 s., 370, 789, 1017, 1036 s.

Exception, 161 s., 1107 s. — d'incompétence, 997.

Excès de pouvoir, 517, 519 s., 1075, 1089, 1515, 1727, 1729.

Exclusion, 38 s., 161 s., 435 s.

Excuse, 261, 458, 571, 590, 594, 1099. — (appréciation), 1008 s., 1038 s. — (maladie), 1035 s. — (preuve), 1041 s.

Exécution (délai), 1377. — (frais d'), 1380 s. — (mandat), 1373. (mode), 1376, 1378. — des jugemens, 1264, 1372.

Exemption, 56 s., 1004 s. — facultative (appréciation), 1028 s. — légale (appréciation), 1028 s.

Exercice, 302, 594, 609, 616, 1437, 1448 s., 1471 s., 1488, 1552, 1563 s., 1575, 1625 s., 1625 s., 1658 s., 1747, 1755 s. — (règlement), 1630 s. — (suspension), 611. — de théorie, 602 s.

Expéditionnaire de greffe, 88.

Facteur, 84.

Faction hors de tour, 1126, 1427 s., 1434 s., 1448, 1450, 1680 s.

Factionnaire, 1686.

Faillite, 168 s.

Fait (hors du service), 1121. — disciplinaire (appréciation), 1057 s.

Fête, 311.

Fête-Dieu, 1659 s.

Fête publique, 1657 s.

Fils d'octogénaire, 82. — de septuagénaire, 660. — de veuve, 660.

Fonction, 5.

Fonctionnaire public, 314, 588.

Force armée, 15. — publique, 7, 136, 149, 151 s.

Fourrier (nomination), 331.

Frais et dépens, 1154 s.

Frère des écoles chrétiennes, 64. — de Saint-Joseph, 65.

Galons (caporal), 291.

Garçon de cave, 463.

Garde champêtre, 56, 913. — forestier, 56. — général, 78. — municipal, 917. — particulier, 76 s.

Garde municipale, 56.

Garde nationale (composition), 1001 s. — (fêtes et cérémonies), 311. — (marche), 311. — (organisation), 569, 1015 s., 1252. — (réunion), 310 s.

— active, 15 s. — rurale, 19. — sédentaire, 15 s. — urbaine, 19.

— à cheval, 30, 219, 228, 248 s., 470 s., 617 s., 984, 1687. — (chefs), 229. — (organisation), 230. — (suppression), 231 s.

Garde hors de tour, 135, 287, 481, 550, 560, 1122, s., 1130, 1447 s., 1566, 1580, 1615, 1618 s., 1756 s.

Gendarme, 917.

Gens sans aveu, 164.

Geôlier, 162.

Giberne, 285.

Grade, 315 s., 1355.

Greffier de justice de paix, 89 s., 506.

Grenadiers, 202, 206, 217. — (élections), 350.

Guichetier, 162.

Habillement, 22.

Huis-clos, 1177.

Huissier, 163, 918 s., 1375, 1381.

Immixtion (fonctions militaires), 1139 s.

Imposition de la contribution personnelle, 36, 453 s.

Imprimerie nationale, 123.

Incident, 1113.

Incompatibilité, 81, 93, 101 s., 136 s. — (appréciation), 1022 s.

Incompétence, 517.

Incorporation, 194, 203, 467 s., 1000. — (effets), 486.

Infirmité, 121, 656 s., 1004, 1007, 1069, 1075 s.

Infraction au service, 293, 1425, 1427, 1458 s., 1489 s., 1493, 1750 s.

Injure, 1135 s., 1489, 1554, 1578 s., 1590, 1594 s., 1599 s.

Inscription, 411, 430 s., 438, 446, 506, 1065. — (délai), 414. — (effets), 465 s. — (validité), 1019. — sur le contrôle, 406 s. — irrégulière, 1002 s. — provisoire, 554 s. — spontanée, 413 s. — des armes, 301, 533, 1439, 1503, 1568, 1640 s., 1648 s.

Inscription de faux, 1232.

Instituteur, 124.

Institution, 10.

Instruction, 1159 s., 1228 s. — (huis-clos), 1177. — 1176 s.

Instruction ministérielle (19 mai 1831), 31. — (25 mai 1831), 31.

Insubordination (V. désobéissance).

Interrogatoire, 1175.

Ivresse, 1427 s., 1588 s.

Jours fériés, 898 s., 904.

Journée de travail, 1707 s., 1726.

Juge de paix, 491 s., 501, 675.

— suppléant, 91, 151 s., 814.

Jugement, 824 s., 1107 s., 1150 s. — (audition du rapporteur), 1339. — (chefs de conclusions), 1241 s. — (conclusions), 1283, 1287. — (délibération), 1250, 1340 s. — (dispositions réglementaires), 1152 s. — (énonciations), 1277 s. — (exécution), 1264, 1368, 1372. — (foi due), 1276 s. — (formalités), 1274 s. — (lecture des pièces), 1283, 1285 s. — (mentions, amende), 1718 s. — (mention de la défense), 1255. — (mention des faits), 1301 s., 1313 s., 1336 s., 1610 s. — (mention des grades), 755, 1355 s. — (mention de la récidive), 1542 s. — (modification), 1158. — (motifs), 1246, 1301 s., 1312. — (moyens de défense), 1258. — (nature de la contravention), 1329 s. — (nombre de juges), 1279. — (prononciation), 844 s., 1340, 1352. — (publicité), 1295 s. — (rapporteur), 834. — (renvoi des pièces), 1283 s. — (réplique), 1259. — (secrétaire), 834. — (serment), 1224 s., 1300. — (signature), 1351, 1364 s. — (signification), 1265, 1368 s. — (texte de loi), 1288 s.

Jugement par défaut, 1086, 1147, 1231, 1260 s., 1540 s. — (opposition), 1263, 1266 s.

Jury de révision, 208, 442 s., 570, 1007 s., 1089 s. — (absence), 498, 509 s. — (compétence), 362 s., 366, 457, 506 s. — (composition), 487 s. — (délibération), 501, 514. — (excès de pouvoir), 517, 519 s. — (incompatibilité), 500 s. — (incompétence), 517. — (parenté), 490. — (recours), 472 s., 515, 517. — (renouvellement), 505. — (tirage), 488, 504. — (violation de la loi), 518.

Justice de paix, 153.

Légions (état-major), 224. — (formation des), 223 s.

Listes (formation des), 431. — (modification), 432, 439. — (révision), 429.

— de recensement (dépôt), 412. — (formation), 412.

Loi 14 oct. 1791, 12. — 13 fév. 1792, 13. — 28 avr. 1792, 13. — 17 juin 1792, 14. — 22 mars 1831, 28 s. — 82, 45. — 14 juill. 1837, 271. — 7 mai 1846, 197.

Magistrat, 84 s., 136 s., 149 s., 814.

Maire, 140 s., 185 s., 283 s., 324, 372, 577 s., 599 s., 604, 626, 810, 1372.

Major, 346. — (droit d'élection), 335. — (nomination), 340.

Manœuvres, 1575, 1597, 1625. — du canon, 1653.

Manquement, 1486 s., 1443 s., 1489, 1547.

Marin, 56, 158, 241, 669.

Militaire, 56, 66. — (âge), 84, 115 s. — en activité de service, 67 s. — en congé, 70 s.

Mineur, 43.

Ministre de l'intérieur, 185.

Mise en état, 1413.

Mobilisation, 34, 410, 683 s. — (cadres), 647 s. — (exception), 661 s., 666 s. — (tableau), 664 s.

Monnaies, 123.

Mot d'ordre, 1586.

Munitions, 30, 305. — (distribution de), 490, 1702.

Musicien, 30, 131, 242 s., 246, 800, 967, 994 s., 1505.

Musique, 617 s.

Nomination, 182, 315 s., 357. — (préfet), 317. — royale, 440.

Note d'audience, 1206.

Notification (défaut de), 1085.

Obéissance, 279 s., 284 s., 354 s., 368, 445, 627, 1006, 1131. — au service, 465 s., 472, 485, 529 s., 1424. — provisoire, 550.

Obligation, 85 s., 125 s., 202. — de service, 354 s., 529 s. — personnelle, 589.

Octroi, 56, 81. — (directeur), 79.

Offense aux supérieurs, 1489, 1512 s.

Officier, 40 s., 196 s., 358, 380, 587, 602 s., 1453, 1455, 1489 s., 1689 s., 1692. — (activité), 158 s. — (aptitude), 351. — (disponibilité), 66, 72, 160. (droit d'élection), 334. — (élection), 325, 347, 349. — (fonctions), 198. — nomination), 23. — (rang), 313. — (reconnaissance), 372 s. — (refus d'obéir), 562 s., 566 s. — (service), 485. — (suspension), 384 s. — (uniforme), 275 s.

— d'armement, 307. — (nomination), 342 s.

— comptable (nomination), 689.

— démissionnaire, 993.

— d'état-major, 992. — (droit d'élection), 338 s.

Officier-général, 840.

Officier payeur (nomination), 342 s. — réformé, 73. — supérieur (nomination), 689 s.

Ordonnance 16 juill. 1814, 19. — 9 mars, 1815, 19. — 18 nov. 1815, 23. — 27 déc. 1815, 23. — 11 janv. 1816, 23. — 17 juill. 1816, 23. — 11 déc. 1816, 23. — 30 sept. 1818, 23. — 23 juin 1819, 23. — 30 janv. 1825, 23. — 23 août 1830, 25. — 28 fév. 1831, 26. — 12 avr. 1831, 30. — 22 avr. 1831, 27. — 20 juin 1831, 30. — 31 juill. 1831, 30. — 29 sept. 1831, 30. — 14 fév. 1832, 30. — 21 nov. 1832, 30. — 12 nov. 1833, 30. — 31 déc. 1836, 31. — 31 juill. 1837, 32.

Ordre de l'autorité civile, 563.

Ordre de service, 202, 594, 604, 612 s. — (absence), 542. — (appréciation), 1060 s., 1131. — (avertissement), 536 s. — (délivrance), 536 s. — (indication), 544. — (irrégulier), 543, 545 s. — (obéissance), 204 s. — (obligation), 548 s. — (refus), 1576 s., 1581. — (tardif), 541.

Ordre du jour, 286, 292, 596 s.

Organisation, 13, 16 s., 173 s., 183 s., 569.

Ouvrier, 124. — d'art, 239. — des manufactures d'armes, 56. — des ports, 56

Parenté, 817 s.

Pasteur protestant, 57.

Paris (ville de), 454 s., 495 s., 503, 521 s.

Peine, 631 s., 698, 1425, 1428, 1456, 1520 s. — (application), 1666 s. — (cumul), 1685, 1697, 1727, 1734 s. — (exécution), 135. — (réduction), 1457, 1476 s., 1482, 1509 s., 1522, 1524, 1688.

Pénalité, 416 s.

Percepteur des contributions, 813.

Pilote lamaneur, 83.

Piquet, 1506.

Place de guerre, 235.

Police d'audience, 843.

Pompe d'incendie, 1652.

Port de commerce, 241.

Porte-drapeau, 221, 991. — (élection), 336, 347.

Poste (abandon du), 1438. — (absence), 1430 s.

Poste aux lettres, 84. — (directeur), 120.

Postillon, 84.

Poursuite, 879 s. — (actes de), 1374 s. — (délai), 1165.

Pourvoi en cassation, 526 s., 1247, 1385 s., 1759. — (cause de), 1387 s. — (consignation d'amende), 1414 s. — (défaut d'intérêt), 1392. — (délai), 1395 s. — (effets), 1421 s. — (forme), 1403 s. — (mise en état), 1413.

Préfet, 185, 203, 373.

Prescription, 1740 s.

Préséance, 308 s.

Preuve, 1183 s. — (connaissance personnelle), 1190 s. — (élémens), 1192 s.

Principale habitation, 45.

Prise d'armes, 533, 616,

1574 s., 1583. — spontanée, 188, 598.
Prison, 635, 698, 1489, 1520. — (commutation), 1705 s. — (corps de garde), 1721 s. — (durée), 1524 s., 1666 s. — (local), 1705 s. — (peine de la), 567. — du poste, 1427 s.
Privation des droits civils, 170 s. — du grade, 633, 635, 1685, 1689 s., 1697.
Procédure, 1173.
Procès-verbal, 1247. — (impression), 1178.
Procession, 1585, 1659 s.
Professeur, 124.
Prud'homme, 101 s., 156.
Publicité, 1295 s.
Radiation, 437, 440, 466, 506, 731 s.
Rang des officiers, 313.
Rappel (non autorisé), 1485.
Rapport, 608, 1161, 1166, 1168. — (foi due), 1188 s. — (signature), 1186.
Rapporteur, 94, 151, 181, 321, 503, 807, 814 s., 834, 846 s., 874, 902 s., 1168, 1342 s., 1495. — (amende), 867. — (expiration des pouvoirs), 875. — (fonctions), 877, 879. — (nomination), 849. — (remplacement), 864 s., 872 s. — (révocation), 876.
Rassemblement spontané, 188.
Receveur des domaines, 124.
Récidive, 1337 s., 1423, 1520, 1525 s., 1579, 1790, 1700 s., 1762 s.
Réclamation, 362 s., 531.
Récompense, 637 s.
Reconnaissance, 372 s. — d'officiers, 1639.
Recours, 1082 s. — au conseil d'état (effets), 473 s.
Récusation, 950. — (effets de la), 955. — (forme de la), 968 s. — (jugement de la), 970 s. — (motifs de), 951 s. — (rédacteur du rapport), 956 s.
Réélection, 357, 385 s., 388, 1691.
Refus de service, 272, 368, 434, 470, 482, 1100, 1115, 1117, 1431, 1472, 1507 s., 1526 s., 1550 s., 1560, 1655.
Registre matricule, 406 s., 411, 429, 431, 439, 506, 1065. — (dépôt), 441.
Règlement, 579, 590, 1058, 1514, 1630 s., 1645, 1725. — (absence de), 591 s. — (appréciation), 1059, 1062 s. — (approbation), 609 s. — (uniforme), 264, 269. — de juges, 1142. — municipal, 283 s. — de service, 557 s., 564.
Réhabilitation, 166 s.
Remplacement, 14, 125, 358. — (responsabilité), 680 s.
Renvoi de cassation, 1149.
Réorganisation, 175.
Répartition des compagnies, 201 s., 208. — des dépenses, 401 s.
Réprimande, 293, 1725. — (avec mise à l'ordre), 1438, 1440, 1458 s., 1479 s., 1698. — (simple), 1440, 1458 s., 1601.
Réquisition, 8 s. — (refus), 1692, 1694. — légale, 188 s. — (résistance), 177.
Réserve, 233, 410, 459 s.
Résidence, 44.
Réunion commandée, 1467, 1634.
Révision des listes, 429, 432.
Révocation, 553.
Revue, 270, 302, 590, 594, 609, 616, 1129 s., 1439, 1445 s., 1448 s., 1455, 1469, 1471, 1496, 1502 s., 1554 s., 1563 s., 1566, 1575, 1597, 1611 s., 1626 s., 1636 s., 1725, 1747, 1755 s. — (règlement), 1680 s. — (suspension), 611. — d'armes, 1488. — d'armement, 1644. — extraordinaire, 1645.
Ronde de nuit, 605, 1442.
Sapeurs, 30, 233, 242 s., 617 s. — (élections), 350.
Sapeurs-pompiers, 239 s., 309, 617, 705, 984, 988, 1485, 1505, 1514, 1652, 1757. — (élections), 350.
Secrétaire, 181, 902, 990, 1350. — (amende), 867. — (expiration des pouvoirs), 875. — (fonctions), 877 s. — (nomination), 849. — (nomination provisoire), 861 s. — (remplacement), 864 s., 868 s. — (révocation), 876. — du conseil, 778, 808, 834, 846 s.
Sénatus-consulte 2 vendém. an XIV, 17, 19.
Sergent-major, 536 s., 566, 612 s., 989, 1209, 1216, 1454. — (nomination), 331. — (registres), 614.
Sergent de ville), 914, 1369 suiv.
Serment, 375, 887 s., 1211 s. — (absence de), 1390. — (constatation), 380. — (forme), 1219 s. — (mention au jugement), 1224. — (présomption), 378. — (procès-verbal), 1223.
Service, 14, 46, 437, 620 s., 682, 1481, 1651. — (caractères du), 1494 s. — (chambre des pairs, 565 s. — (corps détachés), 639 s. — (détachemens), 619 s. — (nature du), 529 s. — (ordre du), 529 s. — (prison), 1650. — (règlement), 557 s. — d'instruction, 1496, 1582, 1638. — d'ordre et de sûreté, 481, 546, 1436 s., 1440, 1443 s., 1467, 1470, 1604 s., 1617 s., 1660, 1668 s., 1749 s. — de la personne du roi, 1664 s. — de piquet, 1506. — de réserve, 410, 451. — de ronde, 1497, 1504. — de théorie, 1498 s. — extraordinaire, 592. — ordinaire, 191, 201, 247 s., 410, 451 s. — personnel, 125 s., 589.
Signes télégraphiques, 81, 119.
Signification (erreur), 1371. — des jugemens, 1369 s.
Soldat du génie militaire, 139. — remplacé, 676.
Solde, 13, 630, 691 s.
Sous-officier (élection), 525, 327. — (nomination), 331.
Suppléant (du juge de paix), 153 s., 502, 804 s. — (du tribunal de commerce), 1031.
Sûreté publique, 605.
Sursis, 1665 s., 1082, 1086, 1422.
Suspension, 174, 381 s. — (durée), 175 s. — (effets), 179, 385, 887. — (prolongation), 384. — (recours), 389. — légitime, 1394.
Tableau (affiche), 724. — (communication), 725 s. — (conseil de discipline), 711 s. — (conseil de discipline, dépôt), 722 s. — (radiation), 731 s. — (réclamation), 734. — (révision), 729.
Taille, 207, 666 s.
Tambour, 801, 915, 1585.
Tambour-maître, 916.
Taxe, 392, 1202 s.
Témoin, 1183 s. — (amende), 1205. — (note d'audience), 1206. — (notification), 1200 s. — (rédacteur du rapport), 1207 s. — (serment), 1211 s. — (taxe), 1202 s. — (à titre de renseignement), 1213 s.
Tierce-opposition, 525.
Timbre, 905, 1157, 1374.
Tribunal de commerce, 95. — correctionnel, 1183 s., 1692 s., 1748 s. — de police, 605.
Trouble, 1559 s., 1597.
Uniforme, 27, 30, 133, 251 s., 270, 293, 693, 802, 893 s., 1452, 1481, 1575, 1587, 1662, 1646 s. — compagnie d'élite), 256. — (département de la Seine), 271 s. — (modification), 273. — officier), 275 s. — (refus), 254, 266 s., 287. — (règlement), 264, 269.
Vacance d'emploi, 356, 359 suiv.
Vagabond, 164.
Vente des armes, 297 s.
Vétéran, 13.
Vol, 164.
Voltigeurs, 277, 217. — (élections), 350.

1. — GARDE NATIONALE. — La garde nationale est, en France, la partie de la force publique qui se compose de citoyens réunis en corps d'armée.

SECT. 1re. — *Destination de la garde nationale. — Historique. — Législation* (nº 2).
SECT. 2e. — *Composition* (nº 35).
ART. 1er. — *Obligation du service. — Conditions. — Age. — Domicile* (nº 35).
ART. 2. — *Exceptions à l'obligation du service* (nº 56).
§ 1er. — *Exemptions et dispenses* (nº 56).
§ 2. — *Remplacement* (nº 125).
ART. 3. — *Incompatibilités* (nº 136).
ART. 4. — *Exclusions* (nº 161).
SECT. 3e. — *Organisation et composition des cadres. — Suspension. — Dissolution* (nº 174).
ART. 1er. — *Formation des compagnies* (nº 192).
ART. 2. — *Formation des bataillons* (nº 209).
ART. 3. — *Formation des légions* (nº 223).
ART. 4. — *Légions de cavalerie, artilleurs, sapeurs, sapeurs-pompiers, musiciens, compagnies de marins et ouvriers de marine* (nº 228).
ART. 5. — *Costume, port des insignes, armes, préséances* (nº 251).
§ 1er. — *Costume, port des insignes*, (nº 251).
§ 2. — *Armes* (nº 294).
§ 3. — *Préséances* (nº 308).
ART. 6. — *Nominations aux grades, élections, reconnaissance des officiers, serment* (nº 315).
§ 1er. — *Nominations et élections* (nº 315).
§ 2. — *Reconnaissance, serment* (nº 372).
ART. 7. — *De l'administration* (nº 390).
SECT. 4e. — *De l'inscription sur les registres matricules et contrôles* (nº 406).
ART. 1er. — *De l'inscription sur les registres matricules. — Conseils de recensement* (nº 411).
ART. 2. — *De l'inscription sur les contrôles du service ordinaire et de la réserve* (nº 450).
ART. 3. — *Effets de l'inscription sur les contrôles du service ordinaire et de la demande en radiation* (nº 465).
ART. 4. — *Du jury de révision* (nº 487).
SECT. 5e. — *Du service* (nº 529).
ART. 1er. — *De la nature et de l'obligation du service. — Ordre du service. — Dispenses temporaires* (nº 529).
ART. 2. — *Service des corps détachés* (nº 619).
§ 1er. — *Des détachemens de la garde nationale* (nº 620).
§ 2. — *Des corps détachés proprement dits* (nº 638).
SECT. 6e. — *Des conseils de discipline* (nº 700).
ART. 1er. — *Répartition des conseils. — Tableau. — Installation. — Serment. — Costume. — Audience. — Publicité* (nº 703).
§ 1er. — *Répartition des conseils de discipline* (nº 703).
§ 2. — *Du tableau* (nº 711).
§ 3. — *Quelles personnes peuvent siéger au conseil de discipline* (nº 784).
§ 4. — *Nombre de juges nécessaire pour juger* (nº 824).
§ 5. — *Président, secrétaire, rapporteur* (nº 837).
§ 6. — *Formalités préliminaires, installation, serment des membres, costume, insignes* (nº 882).
§ 7. — *Jours d'audience* (nº 898).
ART. 2. — *Des citations* (nº 901).
ART. 3. — *Des récusations et abstentions* (nº 950).
ART. 4. — *Des attributions et de la compétence des conseils de discipline* (nº 983).
ART. 5. — *De l'instruction et des débats* (nº 1159).
§ 1er. — *Comment les conseils de discipline sont saisis* (nº 1159).
§ 2. — *Procédure devant les conseils de discipline* (nº 1173).
§ 3. — *De la preuve. — Témoins* (nº 1183).
§ 4. — *Comparution. — Droit de défense. — Jugemens par défaut. — Opposition* (nº 1228).
ART. 6. — *Des jugemens* (nº 1274).
ART. 7. — *De la signification et de l'exécution des jugemens* (nº 1368).
ART. 8. — *Du pourvoi en cassation* (nº 1385).
SECT. 7e. — *Des infractions et des peines* (nº 1425).
ART. 1er. — *Des peines applicables par les chefs de postes et par les chefs de corps* (nº 1427).
ART. 2. — *Des peines applicables par les conseils de discipline* (nº 1456).
§ 1er. — *Réprimande simple et réprimande avec mise à l'ordre du jour* (nº 1458).
§ 2. — *Des arrêts et de la prison en ce qui concerne les officiers* (nº 1489).
§ 3. — *De la prison en ce qui concerne les sous-officiers, caporaux et simples gardes nationaux* (nº 1520).
§ 4. — *De la privation du grade* (nº 1689).
§ 5. — *De l'amende* (nº 1705).
ART. 3. — *Des amnisties* (nº 1728).
ART. 4. — *Cumul des peines* (nº 1734).
ART. 5. — *Prescription* (nº 1740).
ART. 6. — *Compétence correctionnelle* (nº 1743).

—

Sect. 1re. — *Destination de la garde nationale. — Historique. — Législation.*

2. — La garde nationale est instituée pour défendre la royauté constitutionnelle, la charte et les droits qu'elle a consacrés, pour maintenir l'obéissance aux lois, conserver ou rétablir l'ordre et la paix publique, seconder l'armée de ligne dans la défense des frontières et des côtes, assurer l'indépendance de la France et l'intégrité de son territoire. — L. 22 mars 1831, art. 1er.

3. — Toute délibération prise par la garde nationale sur les affaires de l'Etat, du département et de la commune, est une atteinte à la liberté publique et un délit contre la chose publique et la constitution. — Même art.

4. — La garde nationale ne forme ni un corps militaire ni une institution de l'état; ce sont les citoyens eux-mêmes appelés au service de la force publique. — Const. 3 sept. 1791, tit. 4, art. 3.

5. — Jugé en ce sens que le service de la garde nationale n'est pas une fonction publique ni une fonction civile et militaire. — *Cass.*, 7 mai 1824, Loyer.

6. — C'est une classe de citoyens et non un corps constitué. — *Cass.*, 29 avr. 1831, Ragon.

7. — Mais la garde nationale, lorsqu'elle est en exercice, est partie intégrante de la force publique. — *Cass.*, 5 août 1831, Savary — V. AGENS DE LA FORCE PUBLIQUE.

8. — L'art. 52, Décr. 14 déc. 1789, sur la constitution municipale, donne aux corps municipaux le droit de requérir la garde nationale pour assurer l'exercice des fonctions déléguées aux municipalités. Cet article est encore applicable aujourd'hui. — V. AGENS DE LA FORCE PUBLIQUE.

9. — Les gardes nationales doivent déférer à la réquisition des municipalités et des corps administratifs ; mais leur zèle ne doit jamais la prévenir. — Instr. de l'assemblée const. 12 août 1790, chap. 1er, § 9, n° 7.

10. — L'institution des citoyens armés, réunis en garde nationale, remonte à 1789. Elle eut lieu à Paris le lendemain de la prise de la Bastille, le 15 juill. 1789. Lafayette fut le premier général en chef de la garde nationale parisienne. L'exemple de la capitale fut immédiatement imité par les provinces, qui organisèrent partout des gardes nationales.

11. — L'influence qu'exercerait nécessairement un commandant de gardes nationales a, dès l'origine, fait prendre des mesures contre les abus qui pourraient résulter d'une autorité trop étendue, et un décret du 8 juin 1790, antérieur à l'organisation régulière qui n'a eu lieu qu'au mois de septembre 1791, défendait d'avoir un commandement de gardes nationales pour plus d'un département. On sait qu'après la révolution de 1830 le général Lafayette avait été nommé général de toutes les gardes nationales de France, mais que cet emploi fut plus tard supprimé et réduit au commandement des gardes nationales du département de la Seine. — Décr. 8 juin 1790.

12. — La première loi générale qui soit intervenue sur la garde nationale est celle du 29 sept.—14 oct. 1791, dont les principales dispositions se retrouvent dans la loi du 22 mars 1831, qui forme aujourd'hui la loi principale de la matière.

13. — 28 déc. 1791 — 3 fév. 1792, décret qui règle la formation, l'organisation et la solde des gardes nationales volontaires ; — 28 avr. 1792, décret qui suspend provisoirement l'organisation de la garde nationale. Mais le 5 mai suivant on réorganisa des bataillons de gardes nationaux volontaires, et le 9 du même mois on créa, sous le nom de *vétérans de la garde nationale*, un corps armé dans lequel furent admis les citoyens âgés de plus de cinquante ans, limite d'âge prise par la loi d'organisation du 29 sept. 1791 ; — le 12 août 1792 le premier corps de cavalerie nationale fut organisé à Paris.

14. — Le 17 juin 1792, un décret intervient qui dispose que tous les citoyens seront tenus de faire en personne le service de la garde nationale sauf les exceptions établies par la loi ; — et le 22 frim. an III, un autre décret oblige les sexagénaires et infirmes dispensés par la loi à se faire remplacer à moins d'indigence constatée par un certificat de leur comité civil ; — 10 prair. an III, décret qui dispense du service les citoyens *les moins aisés parmi la classe des artisans, journaliers et manouvriers.*

15. — La constitution du 5 fructid. an III s'est occupée (art. 277 et suiv.) de l'organisation de la garde nationale comme force armée. — Elle l'a divisée en garde nationale *sédentaire* et en garde nationale *active*.

16. Cette distinction se retrouve dans l'art. 48 de la constitution du 22 frim. an VIII, qui soumet la garde nationale en activité aux réglemens d'administration publique, ajoutant que la garde nationale sédentaire n'est soumise qu'à la loi.

17. — Il a été dérogé à cette dernière disposition par le sénat.-cons. du 2 vend. an XIV. — V. Merlin, *Répert.* v° *Garde nationale* ; V. aussi *infrà* sur la garde nationale mobile, les lois des 22 mars et 19 avr. 1831. — Ce sénatus-consulte a confié au chef du gouvernement le soin de réorganiser les gardes nationales, et lui a accordé le pouvoir de nommer les officiers.

18. — Un décret du 13 mars 1812, rapporté par Merlin, *Répert.*, v° *Garde nationale*, établissait une autre distinction qui n'existe plus, et qui n'a d'analogue, dans la loi de 1831, art. 19, que la distinction entre le contrôle du service ordinaire et le contrôle de réserve. C'était la division de la garde nationale en premier ban, second ban et arrière-ban. Le premier ban se composait des jeunes gens de 20 à 26 ans échappés à la conscription ; le deuxième ban de tous les hommes valides depuis 26 ans jusqu'à 40 ans ; enfin l'arrière-ban, de tous les hommes valides de 40 à 60 ans.

19. — Le sénatus-consulte du 2 vend. an XIV, le décret du 8 du même mois et celui du 6 nov. 1806 avaient organisé sur de nouvelles bases les gardes nationales de France. Le décret du 5 avr. 1813 formait le dernier état de cette organisation sous l'empire, quand elle fut complètement changée par l'ordonn. du 16 juill. 1814, l'un des premiers actes de la restauration, et par l'ordonn. du 9 mars 1815, qui précéda de quelques jours le retour de l'empereur en France. — L'ordonn. de 1814 divisa la garde nationale en garde urbaine et garde rurale.

20. — Au début de la période des cent jours se place le décret du 23 mars 1815, qui ramena les gardes nationales au système d'organisation qu'elles avaient sous l'empire, créa un état-major des gardes nationales de France, dont il détermina les attributions, nomma des inspecteurs généraux et plaça la garde nationale dans les attributions du ministère de l'intérieur.

21. — On parut alors comprendre ce qu'avait d'important l'institution de la garde nationale. Un décret du 10 avr. 1815 portait que tout Français inscrit dans la garde nationale et sur un rôle de contribution avait le droit d'être armé ; ce décret obligeait tout citoyen payant plus de 50 fr. de contributions à avoir un fusil de calibre avec baïonnette et giberne.

22. — Un autre décret du même jour réglementa l'organisation, l'armement, l'habillement et l'équipement de la garde nationale, et accorda des récompenses aux citoyens qui se distingueraient dans le service.

23. — Avec la seconde restauration survinrent de nouveaux changemens pour lesquels on peut consulter les ordonn. des 18 nov. et 27 déc. 1815 ; 11 janv., 17 juill. et 11 déc. 1816 (cette dernière est spéciale à la garde nationale du département de la Seine) ; 30 sept. 1818 ; 23 juin 1819 et 30 janv. 1825 sur le service de la garde nationale de Paris, et une instruction du 15 mars 1822, aujourd'hui sans objet, sur la juridiction des conseils de discipline. Dans le système de ces diverses ordonnances, le choix des officiers fut abandonné au roi.

24. — On sait que la garde nationale n'existait plus à Paris au moment de la révolution de 1830. Elle fut reconstituée par un arrêté du 1er août 1830, de la commission municipale de la ville de Paris, et le même jour un arrêté de cette commission créa une garde nationale mobile, composée de vingt légions, destinée à être employée, hors Paris, « à la défense de la patrie. » — Arrêté du 1er août 1830.

25. — Le 28 août suivant, une ordonnance détermina provisoirement, pour le service de la garde nationale, les attributions de l'autorité administrative et du commandant général.

26. — La loi sur la garde nationale est une des premières qui aient été soumises aux chambres. Mais déjà une ordonn. du 28 fév. 1831 avait prescrit la formation, dans les départemens maritimes, de compagnies d'artillerie tirées de la garde nationale et destinées au service des côtes. Cette ordonnance réglait l'organisation de ces compagnies, les conditions d'admission, et le mode de nomination par élection, des officiers. Enfin elle allouait aux gardes nationaux une solde en cas de service actif.

27. — Une ordonn. du 22 avr. 1831 a réglé l'uniforme de ces compagnies, qui est le même que celui des compagnies d'artillerie des départemens et de Paris (lorsqu'il existait à Paris une artillerie de la garde nationale ; mais on sait que l'artillerie parisienne après avoir été dissoute par ordonn. du 10 févr. 1831, et réorganisée par ordonn. du 1er mars suivant a été définitivement dissoute par ordonn. du 6 juin 1832, rendue à la suite des événemens des 5 et 6 juin de cette année).

28. — Enfin est venue la loi générale du 22 mars 1831, qui forme l'objet principal des sections suivantes, et qui avec quelques autres lois postérieures forme le Code complet de la garde nationale.

29. — L'art. 162 de cette loi porte : Sont et demeurent abrogées toutes les dispositions des lois, décrets ou ordonnances relatifs à l'organisation et à la discipline des gardes nationales. Sont et demeurent abrogées les dispositions relatives au service et à l'administration des gardes nationales qui seraient contraires à la présente loi.

30. — Diverses ordonnances ont réglé quelques points spéciaux du service : on peut citer l'ordonn. du 12 avr. 1831, qui autorise le ministre de la guerre à délivrer les munitions nécessaires pour les exercices à feu de la garde nationale ; celle du 20 juin suivant sur l'uniforme de la garde nationale à cheval ; celle du 31 juill. suivant qui crée des sapeurs porte haches et des musiciens dans chaque légion ; celle du 29 sept. suivant, sur l'uniforme de la garde nationale à pied, modifié depuis par diverses ordonnances peu importantes à citer ; celle du 14 fév. 1832 sur le siége de l'état-major des bataillons cantonnaux ; celle du 21 nov. suivant, portant création d'un comité consultatif des gardes nationales du royaume ; enfin celle du 12 nov. 1833 qui a prescrit l'organisation dans chaque commune d'un service spécial de surveillance de l'armement de la garde nationale.

31. — On peut, en outre, citer : 1° une instruction sur la formation des bataillons cantonnaux et des légions (19 mai 1831) ; 2° une instruction sur les élections de la garde nationale (25 mai 1831) ; une ordonnance du 31 sept. 1836, concernant les vérificateurs et les contrôleurs de l'armement des gardes nationales.

32. — Enfin, a été rendue la loi du 14 juill. 1837, spéciale à la garde nationale de la Seine. Et cette loi a été suivie d'une ordonnance royale du 31 juill. 1837, relative aux élections triennales des gardes nationales des départemens autres que le département de la Seine.

33. — Les dispositions légales qui n'ont pas été abrogées par la loi du 22 mars 1831 sont indiquées dans le discours de M. Allent, commissaire du gouvernement. — Duvergier, *Collect. des Lois*, t. 31, p. 218. — On peut citer notamment : 1° la loi du 12-20 août 1790, qui règle les rapports des autorités administratives et des gardes nationales ; 2° la loi du 8-10 juill. 1791 et le décret du 24 déc. 1811, relatifs au service de la garde nationale dans les places de guerre et les postes militaires ; 3° la loi du 6-12 déc. 1790, qui renferme les principes constitutifs de la force publique ; 4° celle du 26, 27 juill. et 3 août 1791, relative à l'action de la force publique en cas d'attroupemens ; 5° celle du 29 sept. et 14 oct. 1791, en ce qu'elle contient défense aux gardes nationales de se former en corps délibérans, en ce qu'elle défend aussi aux gardes nationaux d'incorporer dans les troupes de ligne les corps ou détachemens de la garde nationale ; 6° enfin, la loi du 28 germ. an VI, qui règle les rapports de la garde nationale avec la gendarmerie dans le cas où son intervention est nécessaire pour protéger les personnes et les propriétés.

34. — La garde nationale peut être, dans certains cas et dans certaines proportions, mobilisée et appelée à servir hors de sa circonscription territoriale, dans les places fortes, et comme auxiliaire de l'armée active. — L. 19 avr. 1832.

Sect. 2e. — *Composition.*

ART. 1er. — *Obligation du service. — Conditions. — Age. — Domicile.*

35. — En général, la garde nationale se compose de tous les Français âgés de vingt à soixante ans, dans le lieu de leur domicile réel. — L. 22 mars, art. 2 et 9. — Les exclusions, les exemptions, les incompatibilités et les dispenses sont établies par la loi et ne peuvent être étendues. — V. *infrà* nos 56 et suiv.

36. — Si tous les Français doivent figurer sur les contrôles matricules de la garde nationale, il y a lieu de distinguer en ce qui touche le service ordinaire. Pour être inscrit sur le contrôle de ce service, il faut être imposé à la contribution personnelle ou être enfant âgé de vingt ans d'un citoyen ainsi imposé. — L. 22 mars, art. 19.

37. — Cet article a fait une exception pour les citoyens non imposés qui, ayant fait le service depuis le 1er août 1830, ont voulu le continuer.

38. — L'âge d'un citoyen n'est pas un motif d'exclusion, mais seulement un motif de dispense. Ainsi, une décision ministérielle a établi qu'un citoyen âgé de dix-huit ans seulement peut présider un conseil de discipline s'il a été nommé chef de bataillon. — L. 22 janv. 1833.

39. — Jugé également qu'un citoyen âgé de plus de soixante ans n'est pas pour cela incapable de figurer comme juge dans un conseil de discipline. — *Cass.*, 10 sept. 1831, Jegou ; 11 janv. 1833, Paris.

40. — Toutefois le citoyen âgé de moins de vingt ans ou de plus de soixante ans ne pourrait être nommé officier qu'autant qu'il serait porté sur le contrôle. — Solut. min. 15 avr. 1831 ; instr. min. 5 juill. 1831.

41. — Le droit de ne plus faire partie de la garde nationale à l'âge de soixante ans est un droit absolu qui existe pour les officiers comme pour les gardes nationaux ; en conséquence, un capitaine de la garde nationale qui a envoyé sa démission à l'autorité compétente, après avoir été rayé des contrôles comme garde national, vu son âge, ne peut être tenu de faire son service, bien que sa démission n'ait pas été acceptée, s'il est toutefois constant qu'elle n'a pas été rétractée. — *Cass.*, 27 août 1835, Delivet.

42. — Le domicile d'un citoyen, en ce qui concerne le service de la garde nationale, est le lieu où il a son domicile de fait avec une apparence de

durée. — Sol. min. 10 sept. 1832. — V. au surplus *infrà* nos 447 et suiv.

43. — Le mineur doit le service dans le lieu de son domicile de fait, et non dans le lieu du domicile de ses père et mère. — Solut. min. 31 mai 1831; 10 sept. 1832.

44. — Quant à ceux qui habitent alternativement la ville et la campagne, ils doivent le service là où il exige une coopération plus active. — Instr. min. 31 mai 1831.

45. — L'art. 1er, L. 14 juill. 1837, sur la garde nationale parisienne, porte que le service est obligatoire dans le département de la Seine : 1° pour toute personne qui y a son domicile réel; 2° pour celui qui y réside habituellement, et ce, nonobstant son inscription sur les registres matricules d'un autre département. Dans ces deux cas, ajoute l'article, le service est dû dans la commune ou, à Paris, dans l'arrondissement municipal où le garde national a sa principale habitation.

46. — Un garde national nommé par le roi chirurgien-major, dans un bataillon cantonnal hors de son domicile, reste régulièrement inscrit sur les contrôles de sa commune, mais il est dispensé d'y faire le service tant que durent ses fonctions. Il y aurait injustice de contraindre les chirurgiens-majors à faire un double service. — *Cass.*, 9 janv. 1836, Baudry.

47. — En principe, les étrangers non naturalisés ne font pas partie de la garde nationale. — Le but de l'institution suffit pour les écarter. — Art. 9, L. 22 mars 1831.

48. — Ainsi jugé pour un Belge non naturalisé Français et non admis à la jouissance des droits civils, alors même qu'il demeurerait en France depuis près de dix ans et qu'il y exploiterait un établissement. — *Cons. d'état*, 15 août 1839, Lhonneux.

49. — L'exception d'extranéité est péremptoire; elle n'est pas seulement un droit pour l'étranger, mais un empêchement légal. L'étranger non naturalisé ne saurait donc être condamné pour refus de service, encore qu'il n'aurait pas obtenu sa radiation des contrôles. — *Cass.*, 10 juill. 1834, Bazile. — V. aussi *infrà* nos 1036 et suiv.

50. — Jugé encore qu'un étranger non admis à la jouissance des droits civils en France, peut, malgré son inscription sur les contrôles, refuser de faire le service de la garde nationale et que son refus ne saurait donner lieu à aucune poursuite disciplinaire. — *Cass.*, 24 janv. 1835, Perpignan; 14 mai 1836, Lestienne.

51. — Il a été jugé cependant que cet étranger doit obéir provisoirement aux ordres de service, et que le conseil de discipline ne peut le renvoyer de la poursuite qu'autant qu'il rapporte un certificat constatant qu'il n'a pas été admis à jouir des droits civils en France. — *Cass.*, 13 fév. 1835, Meneghetti.

52. — Cette solution, conforme au principe qui veut que les ordres soient toujours provisoirement exécutés, n'est nullement contredite par la décision rendue dans l'arrêt précité du 14 mai 1836, qui considère la dispense dont il s'agit comme péremptoire. Elle n'a ce caractère qu'autant qu'elle est justifiée. Jusque-là, on doit obéissance aux ordres de service.

53. — Toutefois, les étrangers *peuvent* être appelés à faire le service s'ils sont admis à la jouissance des droits civils, conformément à l'art. 13, C. civ., lorsqu'ils ont acquis en France une propriété, ou qu'ils y ont formé un établissement. — Même loi, art. 10.

54. — Dans le cas prévu par l'art. 10, l'admission de l'étranger dans la garde nationale n'est encore que facultative. — Discuss. sur l'art. 10; — Duvergier, *Coll. des lois.*

55. — C'est au conseil de recensement et, par appel, au conseil de révision, qu'il appartient de décider quels sont ceux des étrangers qu'il convient de porter sur les contrôles. — *Cons. d'état*, 8 fév. 1833, Clopet.

ART. 2. — *Exceptions à l'obligation du service.*

§ 1er. — *Exemptions et dispenses.*

56. — L'art. 12 détaille ainsi qu'il suit les exceptions au service de la garde nationale. — Ne seront pas appelés au service de la garde nationale : 1° les ecclésiastiques engagés dans les ordres, les ministres des différens cultes, les élèves des grands séminaires et des facultés de théologie; — 2° les militaires des armées de terre et de mer en activité de service, ceux qui auront reçu une destination des ministres de la guerre ou de la marine, les administrateurs ou agens commissionnés des services de terre ou de mer également en activité, les ouvriers des ports, des arsenaux et des manufactures d'armes, organisés militairement (ne sont pas compris dans cette dispense les commis et employés des bureaux de la marine au-dessous du grade de sous-commissaire); — 3° les officiers, sous-officiers et soldats des gardes municipales et autres corps soldés; — 4° les préposés des services actifs des douanes, des octrois, des administrations sanitaires; les gardes-champêtres et forestiers.

57. — *Ministres du culte. — Elèves des séminaires*, etc. — L'exemption prononcée par l'art. 12 est applicable nécessairement aux ministres du culte protestant et à ceux du culte israélite.

58. — Mais elle ne s'applique qu'aux ministres des cultes reconnus par l'autorité publique; ainsi, elle ne peut être invoquée par les prétendus prêtres de la religion dite *saint-simonienne.* — *Cass*, 27 déc. 1831, Bazard.

59. — Un garde national ne peut non plus exciper devant la cour d'une qualité, par exemple, de celle de quaker, de laquelle il voudrait faire résulter son exemption du service, quand il n'a pas présenté cette exception dans le principe. — *Cass.*, 4 juill. 1834, Bennis.

60. — Cet arrêt ne décide qu'une question de forme, en rejetant comme tardive la cause d'exemption présentée par le garde national. Que devrait-on décider de cette cause elle-même? Il est évident qu'elle devrait être rejetée, car la religion des quakers n'est pas légalement reconnue. Il serait trop facile d'ailleurs, en se disant quaker, de se soustraire à un service qui doit, sauf des exceptions formelles, peser également sur tous les citoyens.

61. — La dispense du service de la garde nationale accordée par la loi aux élèves des grands séminaires et des facultés de théologie ne s'applique pas à un individu qui prend la qualité de *clerc minoré* comme ancien élève du grand séminaire, mais qui l'a quitté pour se livrer à des travaux étrangers au service des autels. — *Cass.*, 9 juill. 1835, Chanteau.

62. — Les élèves des petits séminaires âgés de vingt ans ne sont pas dispensés du service de la garde nationale. Ils doivent recevoir une dispense temporaire du conseil de recensement de leur domicile légal et ne sont pas justifiables du conseil de recensement de leur domicile momentané. — Instr. min. 5 juill. 1831.

63. — La cour de Cassation, précisant le sens de l'art. 12 en ce qui concerne les élèves de théologie, a décidé que la dispense n'existe que pour ceux qui suivent *réellement et sérieusement* les cours de théologie dans le but de se destiner aux fonctions de ministre de l'une des religions reconnues par l'état, mais qu'elle ne peut être invoquée par un individu qui, exerçant la profession d'avocat, n'a pris ses inscriptions d'élève en théologie que dans le but de se soustraire au service de la garde nationale. — *Cass.*, 24 janv. 1846 (t. 1er 1846, p. 663), Manchon.

64. — Les frères des écoles chrétiennes sont dispensés du service de la garde nationale. — Décis. min. 31 mars et 25 avr. 1831.

65. — Une instruction ministérielle du 31 mai 1831 a appliqué cette solution aux frères dits *de Saint-Joseph* chargés à Rouillé-sur-Loir (Sarthe) de l'enseignement primaire.

66. — *Militaires.* — Les officiers en disponibilité sont considérés comme étant en activité de service et exempts du service de la garde nationale, — *Cass.*, 23 déc. 1831, Seiglière; 6 janv., Laborie; 17 mai, Ribaut-Domancourt; 20 déc. 1832, Desudre.

67. — Sont réputés en activité de service et par suite exempts du service de la garde nationale les officiers ou militaires mis en solde de congé qui reçoivent à ce titre la solde d'activité d'absence. — *Cass.*, 7 sept. 1833, Debeauvol; 13 juin 1835, Saillard.

68. — En conséquence il y a lieu d'annuler le jugement qui les condamne à la prison pour manquement à un double service d'ordre et de sûreté. — Mêmes arrêts.

69. — ... Alors même que des décisions du conseil de révision les auraient maintenus sur les contrôles. — *Cass.*, 18 avr. 1835, Vidchen. — V. cependant *Cass.*, 14 juill. 1832, Aubry.

70. — Il en est de même des militaires porteurs d'un congé de semestre. — Circul. min. 29 avr. 1833.

71. — L'officier en congé illimité, qui touche en cette qualité la solde d'activité d'absence, étant censé en activité de service, est exempt du service de la garde nationale. — *Cass.*, 17 mai 1832, Picot de Buissaison.

72. — On doit assimiler aux officiers en disponibilité les hommes appelés en vertu de la loi du recrutement et laissés dans leurs foyers. — Circul. min. 29 avr. 1833.

73. — Quant aux officiers en état de réforme, ils sont sujets au service de la garde nationale. — *Cass.*, 11 janv. 1833, Paris.

74. — Un commissaire de marine employé dans les bureaux du ministère de la marine fait partie des administrateurs de service de mer, que la loi du 22 mars 1831 exempte de la garde nationale. Il ne saurait être classé parmi les simples commis et employés des bureaux du ministère, qui, comme tous les citoyens, doivent, aux termes du même article, être appelés au service de la garde nationale. — *Cass.*, 28 sept. 1833, Gerbidon.

75. — On doit considérer comme faisant partie de l'état-major particulier de l'artillerie et dès lors comme exempt du service un répétiteur de mathématiques à une école d'artillerie. — Décis. min. 5 août 1831.

76. — Nous avons dit que les exemptions en matière de service de la garde nationale sont de droit étroit; c'est donc avec raison qu'il a été jugé, conformément à l'esprit de la loi et conformément aussi à une instruction ministérielle du 5 août 1831, que les gardes champêtres des particuliers sont astreints comme les autres personnes au service de la garde nationale. — *Cass.*, 15 sept. 1832, Pivalle.

77. — Il en est de même du garde forestier d'un particulier, qu'on ne peut en aucune façon assimiler aux gardes champêtres dispensés par le § 4, art. 12, de la loi de 1831, du service de la garde nationale. — *Cass.*, 14 juill. 1832, Aubry.

78. — ...Et des gardes généraux des forêts. — Décis. minist., 31 mars 1831.

79. — Le directeur de l'octroi d'une commune est, comme faisant partie du service actif de l'octroi, exempt du service de la garde nationale. — *Cass.*, 13 août 1846 (t. 1er 1847, p. 184), Génot.

80. — Un avis du conseil d'état du 23 mars 1832 a décidé que les personnes désignées dans l'art. 12 ne peuvent se faire porter sur les contrôles tant qu'elles exercent leurs fonctions.

81. — Jugé toutefois que les employés de l'octroi sont dispensés du service de la garde nationale, mais qu'ils n'en sont pas exclus, leurs fonctions n'étant pas incompatibles avec ce service. — *Cass.*, 9 fév. 1833, Barbillas.

82. — Le fils d'un octogénaire n'est pas dispensé du service de la garde nationale. — *Cass.*, 15 juin 1832, Virot.

83. — Il en est autrement à l'égard des pilotes lamaneurs. — Circ. min., 5 janv. 1833.

84. — A côté de l'art. 12, il faut citer l'art. 28 de la même loi, aux termes duquel peuvent se dispenser du service de la garde nationale, nonobstant leur inscription, 1° les membres des deux chambres; — 2° les membres des cours et tribunaux; — 3° les anciens militaires qui ont cinquante ans d'âge et vingt années de service; — 4° les gardes nationaux ayant cinquante-cinq ans; — 5° les facteurs de poste aux lettres, les agens des lignes télégraphiques, et les postillons de l'administration des postes reconnus nécessaires au service.

85. — Une instruction ministérielle du 13 sept. 1831 indiquait que la dispense établie à l'égard des cours et tribunaux ne s'appliquait pas aux commis greffiers.

86. — Mais la cour de Cassation a reconnu que cette instruction n'était pas conforme à la loi, et elle a, en conséquence, décidé qu'aucune peine ne peut être infligée aux commis greffiers assermentés pour refus de service, bien que leur demande de radiation des contrôles eût été rejetée par le conseil de recensement et le jury de révision. — *Cass.*, 4 nov. 1841 (t. 1er 1842, p. 583), Johel.

87. — Jugé encore que les greffiers et commis greffiers assermentés des tribunaux sont compris dans les dispenses établies par l'art. 28 de la loi de 1831. — *Cass.*, 31 juill. 1841 (t. 2 1841, p. 329), Moralès.

88. — Mais les expéditionnaires et autres commis du greffe ne sont que de simples employés qui ne peuvent invoquer la dispense accordée par la loi.

89. — Les greffiers des justices de paix sont compris parmi les membres des cours et tribunaux, et peuvent, en conséquence, se dispenser du service de la garde nationale. — *Cass.*, 21 juill. 1832, Cordier; 21 mars 1854, Courte.

90. — Cette dispense peut être invoquée par eux devant les conseils de discipline, nonobstant leur inscription sur les contrôles. — Même arrêt.

91. — Il en est de même des juges suppléans des tribunaux de première instance. — *Cass.*, 28 sept. 1833, Hardouin.

92. — Des solutions et instructions ministérielles avaient au contraire décidé qu'ils n'avaient droit

qu'à une dispense temporaire. — Sol. min. 31 mai 1831. — Instr. min. 5 août 1831.

93. — Mais si les membres des cours et tribunaux peuvent se dispenser, ils ne sont pas exclus du service de la garde nationale. — V. *infrà* n° 150.

94. — C'est ce qui a été jugé notamment à l'égard d'un juge-suppléant qui avait figuré comme rapporteur du conseil de discipline. — V. *infrà* n° 151.

95. — Il en est de même des suppléans du tribunal de commerce. — *Cass.*, 16 août 1834, Desnos.

96. — Les avocats ne sont pas dispensés du service de la garde nationale. — *Cass.*, 31 déc. 1841 (t. 5 1842, p. 718), Jeandel.

97. — Il est reconnu par la jurisprudence que les conseillers de préfecture ne sont pas membres des cours et tribunaux, et qu'ils ne peuvent dès-lors se dispenser du service de la garde nationale. — *Cass.*, 27 avr. et 26 déc. 1843 (t. 1er 1844, p. 69), Garinet ; 12 avr. 1845 (t. 2 1845, p. 614), Crosnier.

98. — On s'appuyait dans l'opinion contraire sur les lois qui confèrent aux conseils de préfecture le pouvoir de juger certaines contestations, et l'on en concluait que, puisque ces conseils constituent une juridiction, les membres qui les composent doivent être assimilés aux membres des cours et tribunaux.

99. — Mais cette assimilation n'était pas acceptable en présence des termes limitatifs de la loi de 1831, et de cette considération que, dans la langue ordinaire et dans celle du droit, les magistrats de l'ordre administratif ne sont pas compris dans la dénomination générique *cours et tribunaux*. — La loi de 1831 a été, avec intention, avare d'exemptions ; les conseillers d'état eux-mêmes ne figurent pas dans la disposition de l'art. 28, ce qui explique suffisamment l'exclusion des conseillers de préfecture.

100. — Au surplus, ce qui semble trancher toute difficulté, c'est la combinaison des diverses dispositions législatives qui se sont succédé sur la garde nationale. On remarquera, en effet, que l'art. 27 de l'ordonnance du 17 juil. 1816, qui créait des catégories de dispenses facultatives, et dont l'art 28 de la loi de 1831 n'est que la reproduction partielle, comprenait dans deux paragraphes distincts *les membres des cours et tribunaux* et les *conseillers de préfecture*. Or, de ces deux paragraphes, la loi de 1831, dans son art. 28, n'a conservé que celui relatif aux *membres des cours et tribunaux* ; il n'a pas reproduit celui qui concerne les *conseillers de préfecture* : il est donc évident que ces conseillers ne peuvent invoquer la faculté ainsi réservée limitativement aux *membres des cours et tribunaux*. — A plus forte raison n'y a-t-il pas *incompatibilité* entre les fonctions de conseiller de préfecture et le service de la garde nationale. — V. *infrà* n° 147.

101. — La cour de Cassation a jugé qu'il n'y a pas incompatibilité entre les fonctions de membre du conseil de prud'hommes et le service de la garde nationale, mais que les prud'hommes peuvent se faire dispenser de ce service. — *Cass.*, 7 mars 1845 (t. 1er 1846, p. 352), Mancel.

102. — La question résolue par cet arrêt avait été l'objet de vives controverses entre les prud'hommes et les conseils de recensement, de discipline et les jurys de révision. — L'autorité supérieure a été plusieurs fois consultée sur cette question, et les solutions différentes émanées des différens ministres consultés n'ont pas été de nature à faire cesser les incertitudes.

103. — Ainsi, sur la réclamation des prud'hommes de Calais, le ministre de l'intérieur a rendu, à la date du 10 sept. 1831, la décision suivante : — « 1° On ne saurait, sans donner à la loi du 22 mars une extension qu'évidemment elle ne comporte pas, comprendre les membres des conseils de prud'hommes au nombre des magistrats qui ont le droit de requérir la force publique, et qui exercent par conséquent des fonctions incompatibles avec le service de la garde nationale. L'administration a pour jurisprudence de n'admettre dans cette catégorie exceptionnelle que les magistrats spécialement dénommés dans l'art. 27 de l'ordonnance du 17 juil. 1816, par le motif que les exceptions, étant de droit strict, ne peuvent être suppléées, et qu'en se contentant de reproduire mot pour mot dans son art. 11 le principe consacré par l'art. 27 de l'ordonnance précitée, la loi du 22 mars s'en est, sur ce point, évidemment référée au droit antérieur. — Au surplus, les membres des conseils de prud'hommes n'exercent que des fonctions de bienveillance et de paix. Ce n'est que dans les visites d'ateliers qu'ils pourraient avoir à requérir l'assistance de la force armée, et l'art. 29 de la loi du 18 mars 1806 ne les autorise à ces visites qu'une et au plus deux fois par an. Il est peut-être sans exemple qu'ils se soient trouvés dans la nécessité d'user de leur droit de réquisition. — 2° Le § 2 de l'art. 28 de la loi du 22 mars ne peut leur être applicable. — Les conseils de prud'hommes ne sont pas comptés au nombre des cours et tribunaux. Si les expressions même de la loi ne le prouvaient suffisamment, l'art. 11 de la loi du 21 mars 1831 sur l'organisation municipale en fournirait une démonstration décisive. Cet article porte : « Seront appelés à l'assemblée » des électeurs communaux : les membres des » cours et tribunaux, etc., ; les membres des con- » seils de prud'hommes. » Il résulte évidemment que l'acception des mots *cours et tribunaux* ne comprend pas les conseils de prud'hommes. La loi du 22 mars n'a fait de faveur à personne, et la dette du service de la garde nationale est généralement imposée à tous les citoyens ; seulement les exigences d'un service public d'un autre ordre ont nécessité des exceptions. De ce nombre sont celles que l'art. 28 accorde aux membres des cours et tribunaux, non pas en leur faveur, mais en faveur des justiciables, et afin de ne rien ajouter aux lenteurs des formes judiciaires. De ces principes il suit que l'exercice des fonctions de prud'homme ne donne aucun droit à la dispense. Le bureau particulier ou de conciliation s'assemble, il est vrai, tous les jours dans les villes où le conseil est formé de neuf à quinze membres, mais pendant deux heures seulement, et il n'est composé que de deux prud'hommes. En leur imposant le service de la garde nationale on ne risque donc en aucune manière d'entraver ce service public. »

104. — Cette solution ne fut pas acceptée par les différens conseils de prud'hommes, qui luttèrent pour faire décider qu'ils ne devaient pas faire partie de la garde nationale, ou du moins qu'ils devaient être dispensés du service. Mais une autre décision fut prise dans le même sens en 1833 par le ministre de l'intérieur.

105. — En mai 1842, les prud'hommes de Reims adressèrent sur le même sujet une pétition au ministre du commerce. Le ministre du commerce donna, sous forme d'avis, le 7 juin 1842, une réponse dans laquelle, après avoir rappelé les décisions émises par le ministre de l'intérieur, il continue en ces termes : « Dans les villes où les prud'hommes seraient occupés de manière à ne pouvoir sans compromettre l'utile service qui leur est confié, être distraits de leurs fonctions, ils devraient s'adresser au conseil de recensement qui sans doute n'hésiterait pas à leur accorder une dispense, aux termes de l'art. 29 de la loi du 22 mars. — Dans ce cas, je me ferais un plaisir d'appuyer de pareilles demandes dans toutes les occasions où mon département le jugerait nécessaire. — Je ne crois pouvoir mieux répondre à vos intentions qu'en vous annonçant que j'écris à M. le ministre de l'intérieur pour l'inviter à user de son influence pour faire dispenser les membres du conseil de prud'hommes de Reims du service de la garde nationale ; cette exemption me paraît d'autant plus facile à justifier qu'il est certain que les membres des conseils de prud'hommes exercent des fonctions qui, sous plusieurs rapports, ont une grande analogie avec les fonctions judiciaires ; que le temps qu'ils consacrent à ces fonctions gratuites est considérable ; enfin que les jugemens qu'ils sont appelés à rendre, n'étant valables qu'autant qu'il y a les deux tiers des membres présens, il en résulte que, si l'exemption du service de la garde nationale ne leur était pas accordée, en vertu de l'article 29, pour cause de service public, il serait à craindre que leurs jugemens ne fussent ou ajournés ou invalidés ; et dans les deux circonstances ce serait une chose d'autant plus fâcheuse que le législateur a voulu que toutes les affaires portées devant ces conseils fussent jugées sans le moindre retard et sans frais. — Je désire que cette réponse, qui ne peut être une décision, puisque les conseils de recensement sont seuls juges des exemptions qui leur sont soumises, soit du moins considérée par vous comme l'expression de mon opinion personnelle, et de mon intention bien formelle de réclamer auprès de mon collègue le ministre de l'intérieur le bénéfice de l'art. 29 en faveur des membres des conseils de prud'hommes. »

106. — M. Mollot (*Traité de la compétence des conseils de prud'hommes*, n° 117), sans s'expliquer formellement sur ces questions, en donne cependant la solution en déclarant que, dans l'état actuel de la législation, les prud'hommes n'appartiennent pas à l'ordre judiciaire, et que les conseils de prud'hommes ne constituent pas des tribunaux.

107. — M. Hippolyte Dieu a, dans le *Moniteur des conseils de prud'hommes* du 1er juill. 1842, discuté les deux questions, et il est arrivé à cette conséquence que les prud'hommes, ayant été investis par la loi du droit de juger les contestations attribuées à leur juridiction, et de requérir dans certains cas la force publique, devaient non seulement être, sur leur demande, dispensés du service de la garde nationale, mais déclarés non susceptibles de ce service, à raison de la nature de leurs fonctions.

108. — La cour de Cassation, comme il a été dit plus haut, a repoussé avec raison cette dernière prétention. En effet l'incompatibilité des fonctions de magistrats avec le service de la garde nationale n'existe évidemment dans la pensée de la loi que pour ceux qui ont pour mission principale et spéciale la réquisition de la force publique ; autrement il faudrait décider que l'incompatibilité existe pour tous les membres des cours et tribunaux, puisque tous, dans certains cas, ont le droit de requérir la force publique ; et cependant la loi du 22 mars 1831 a établi une distinction entre la position des différens magistrats de l'ordre administratif et judiciaire, et n'a admis l'incompatibilité que pour certains d'entre eux. Les prud'hommes étaient donc mal fondés à soutenir que le droit qu'ils peuvent avoir dans certaines circonstances exceptionnelles de requérir la force publique établissait entre leurs fonctions et le service de la garde nationale une incompatibilité légale.

109. — Mais c'était à bon droit qu'ils soutenaient qu'investis du droit de juger les contestations soumises à leur juridiction, ils pouvaient revendiquer le bénéfice de l'art. 28, L. 22 mars 1831, qui autorise les membres des cours et tribunaux à se faire dispenser du service de la garde nationale.

110. — La faveur et la protection dont les représentans des puissances étrangères ont toujours joui, la liberté dont ils ont besoin pour remplir les hautes fonctions qui leur sont confiées, la nature même de ces fonctions, sont évidemment incompatibles avec les obligations inhérentes au service de la garde nationale. Les consuls, comme les ambassadeurs, sont, en effet, des agens diplomatiques qui représentent leurs souverains, leurs nations ; leur mission est de veiller spécialement aux intérêts de ces mêmes nations qui, quelquefois, peuvent être opposés à ceux du gouvernement près duquel ils sont accrédités. Ils ne pourraient donc à la fois servir des intérêts contraires et entrer dans les rangs de la force armée d'un pays qui leur est étranger, et dont ils sont chargés de surveiller les actes.

111. — L'autorisation accordée à un consul d'établir son domicile en France, l'établissement de commerce qu'il vient à y former, ne sauraient faire obstacle à l'application de ces principes ; comme négociant et homme privé, il est sans doute soumis à la loi commune ; mais comme consul et fonctionnaire public, il a des devoirs à remplir ; ces devoirs le tiennent trop éloigné des intérêts de la France pour qu'il puisse prendre rang parmi ses défenseurs.

112. — Ainsi, c'est avec raison qu'il a été jugé que les consuls et vice-consuls étrangers reconnus en France, doivent être assimilés aux juges suppléans et dispensés du service de la garde nationale, alors même qu'autorisés à établir en France leur domicile, ils y auraient formé une maison de commerce. — *Cass.*, 25 août 1832, Hummel ; 29 août 1835, Fery.

113. — Jugé même qu'un citoyen français revêtu des fonctions de consul d'une puissance étrangère en France, doit être assimilé aux membres des cours et tribunaux, et peut, en conséquence, se dispenser du service de la garde nationale. — *Cass.*, 26 avr. 1834, Roisselin-Cavey.

114. — Les réserves énoncées dans l'ordonnance d'*exequatur* qui lui a été délivrée, qu'il ne pourra exercer aucun acte de juridiction en France, ou qu'il devra supporter toutes les charges royales et municipales, ne sauraient faire obstacle à l'exercice du droit inhérent à sa personne de se faire exempter du service de la garde nationale. — Même arrêt. — V. En outre, CONSUL, n° 116.

115. — Les anciens militaires ayant cinquante ans d'âge et vingt années de service, sont dispensés du service de la garde nationale. — *Cass.*, 9 fév. 1833, Barbillat.

116. — ... Mais il n'existe contre eux ni exclusion ni incompatibilité. — Même arrêt.

117. — Un garde national qui a plus de cinquante-cinq ans est donc apte à continuer son service, tant qu'il n'est pas rayé des contrôles. — *Cass.*, 17 mars 1832, Robert Cabrol.

118. — Mais il a droit, nonobstant son inscription sur les contrôles, à être exempté du service

de la garde nationale. — *Cass.*, 13 août 1841 (t. 2 1841, p. 338), Dupuis.

119. — Les inspecteurs, comme les autres employés du service des télégraphes, ont la faculté de se dispenser du service de la garde nationale; ils peuvent proposer pour la première fois cette exception devant le conseil de discipline, bien qu'ils ne l'aient pas fait valoir devant le conseil de recensement. — *Cass.*, 12 janv. 1837 (t. 1er 1838, p. 85), Dallez.

120. — Mais on doit réputer soumis au service de la garde nationale les directeurs des postes aux lettres, la loi ne dispensant que les facteurs des postes. — *Cass.*, 10 oct. 1832, Pichonnier.

121. — Sont dispensés du service ordinaire les personnes qu'une infirmité met hors d'état de faire le service. — Art. 29, L. 22 mars 1831.

122. — A Paris, les membres des conseils de recensement peuvent se dispenser du service pendant la durée de leurs fonctions. — L. 14 juill. 1837, art. 5.

123. — Par deux décrets des 22 août et 2 sept. 1792, les ouvriers des imprimeries nationales et des hôtels des monnaies avaient été dispensés du service personnel de la garde nationale. Ces exemptions ne sont pas reproduites par la loi de 1831.

124. — Il en faut dire autant de la dispense accordée par le décret du 10 prair. an III aux artisans, journaliers et manouvriers, et de celle établie au profit des instituteurs publics, des receveurs des domaines nationaux, des professeurs des écoles de santé (écoles de médecine) de Paris, Montpellier et Strasbourg. — V. Pour les dispenses temporaires de service, *infrà* nos 539 et s.

§ 2. — *Remplacement.*

125. — L'assemblée constituante avait dit que ceux qui, à cause de leur âge, de leur état ou profession, ou par quelque autre empêchement, ne pourraient servir en personne, se feraient remplacer, mais seulement par des citoyens actifs ou par des fils de citoyens actifs inscrits sur la liste de la garde nationale. — Instruct. du 12 août 1790, ch. 1er, § 9, no 4.

126. — Par un décret du 17 juin 1792, l'assemblée nationale décréta *comme principe* que tout citoyen est tenu de faire *personnellement* son service, sauf les exceptions établies par les lois.

127. — Ce principe est maintenu par l'art. 9, L. 22 mars 1831 qui porte : « Le service de la garde nationale étant *obligatoire et personnel*, le remplacement est interdit pour le service ordinaire, si ce n'est entre les proches parens, savoir : du père par le fils, du frère par le frère, de l'oncle par le neveu; et réciproquemment, ainsi qu'entre alliés aux mêmes degrés, à quelque compagnie ou bataillon qu'appartiennent les parens et les alliés. »

128. — Jugé, avant la loi de 1831, qu'il n'y a aucun délit dans le fait d'un individu étranger à la garde nationale, qui remplace un garde national dans son service. — *Cass.*, 7 mai 1824, Loyer.

129. — Les gardes nationaux de la même compagnie, qui ne sont ni parens ni alliés aux degrés ci-dessus désignés, peuvent seulement échanger leur tour de service. — Art. 9.

130. — Pour faire valoir l'échange d'un tour de garde, il faut en justifier et l'on peut invoquer à cet égard le témoignage du sergent-major. — *Cass.*, 9 fév. 1838, Barbillas.

131. — Jugé qu'un père ne peut être remplacé par son fils dans le service de la garde nationale, si ce dernier est musicien dans cette garde, les conditions d'admission dans la musique n'étant pas les mêmes que pour le service ordinaire. — *Cass.*, 30 déc. 1832, Nottret.

132. — Et, qu'un garde national ne peut se faire remplacer par son gendre ou son neveu que lorsqu'ils sont incorporés dans les compagnies ou bataillons de la même garde que celle où il est inscrit. — *Cass.*, 22 mars 1833, Brecourt.

133. — Mais on ne pourrait refuser le remplacement d'un frère par un frère sous prétexte que le remplaçant n'est pas habillé, tandis que le remplacé est habillé, surtout s'il ne fait pas partie d'une compagnie d'élite où l'uniforme est de rigueur. — *Cass.*, 18 avr. 1835, Lemarignier.

134. — Un garde national commandé de service, qui envoie à sa place un remplaçant qui n'a pas été et ne devait pas être reçu, a réellement et personnellement manqué à ce service. — *Cass.*, 18 fév. 1832, Bouvret.

135. — Les peines étant personnelles, un garde national auquel deux gardes hors de tour ont été infligées ne peut se faire remplacer pour les monter. — *Cass.*, 17 mai 1834, Bougoard. — Pas même par son fils. — *Cass.*, 6 juill. 1835, Belliard.

GARDE NATIONALE, sect. 2e.

Art. 3. — *Incompatibilités.*

136. — Le service de la garde nationale est incompatible avec les fonctions des magistrats qui ont le droit de requérir la force publique. — L. 22 mars 1831, art 11.

137. — L'exercice des fonctions de commandant de la garde nationale était incompatible avec celles de représentant au corps législatif pendant toute la durée de la législature. — Décr. 13 juin 1791, art. 8.

138. — Aujourd'hui il y a pour les députés et les pairs de France une dispense facultative. — L. 22 mars, art. 28. — V. *suprà* no 84.

139. — Suivant une instruction de l'Assemblée constituante du 12 août 1790, ch. 1er, § 9, no 15, les membres des corps municipaux et ceux des directoires ne pouvaient, pendant leur administration, exercer en même temps les fonctions de la garde nationale.

140. — Aujourd'hui, l'incompatibilité n'existe qu'à l'égard des fonctions de maire et d'adjoints, et encore dans les communes que ces magistrats administrent.

141. — La cour de Cassation, par deux arrêts, avait décidé que l'incompatibilité entre les fonctions de maire ou d'adjoint et le service de la garde nationale s'applique même au cas où les fonctions de maire ou d'ajoint s'exercent dans une autre commune que celle où le service de la garde nationale est demandé, et qu'en conséquence on ne pouvait poursuivre devant le conseil de discipline le citoyen appelé à un service de la garde nationale dans une commune voisine de celle où il exerce les fonctions d'adjoint. — *Cass.*, 1er juin 1832, Aventurier; 2 juin 1832, Zacharie.

142. — Mais la cour a cru, avec raison, devoir changer sa jurisprudence. L'art. 8, L. 21 mars 1831, sur l'organisation municipale, est en effet fondé sur le motif qu'un maire pouvant, par la nature de ses fonctions, requérir la force publique, ne saurait faire partie de la garde nationale. L'incompatibilité est évidente dans la commune où il exerce ses fonctions; mais dans la commune voisine, où il n'a pas le droit de requérir la garde nationale, rien ne s'oppose d'une manière absolue à ce qu'il y défère, comme tout autre citoyen, aux réquisitions qui lui sont faites en sa qualité de garde national. En d'autres termes, il ne lui arrivera pas dans cette commune d'être tout à la fois magistrat requérant et garde national requis.

143. — Au surplus, il est bien entendu qu'un maire n'est pas tenu au service de la garde nationale dans une commune voisine.

144. — Jugé, en conséquence, que l'incompatibilité entre les fonctions de maire et le service de la garde nationale n'existe que dans le cas où le service de la garde nationale devrait se faire dans la commune où l'individu qui en est requis exerce les fonctions de maire ou d'adjoint. — *Cass.*, 16 mars 1837 (t. 1er 1838, p. 83), Bérard.

145. — Toutefois, la nomination d'un adjoint à un grade ne peut être annulée, s'il se démet de ses fonctions d'adjoint. — Inst. min. 5 juill. 1831.

146. — Quant aux conseillers municipaux, n'ayant pas le droit de requérir la force publique, il n'y a aucune incompatibilité entre leurs fonctions et le service de la garde nationale. — *Cass.*, 9 mars, Langlois; 24 août, Amblard; 1er sept. 1832, Dumenildot; 9 fév. 1833, Barbillas.

147. — Il en est de même à l'égard des conseillers de préfecture. — *Cass.*, 12 oct. 1833, Meillet; — Instr. minist., 10 sept. 1831.

148. — Excepté dans le cas où ils remplacent le préfet. — Solut. minist., 19 mai 1831. — V. au reste *suprà* no 97.

149. — L'incompatibilité n'est absolue pour les membres de la magistrature qu'autant que, par la nature de leurs fonctions, ils sont dans le cas de requérir la force publique.

150. — Ainsi, en principe, les membres des cours et tribunaux peuvent se dispenser, mais ne sont pas exclus du service de la garde nationale. — *Cass.*, 8 juin 1832, Gazes.

151. — Ainsi, il n'y a pas incompatibilité entre les fonctions de juge suppléant d'un tribunal civil et le service de la garde nationale. — *Cass*, 22 oct. 1831, de Chauvenel; 12 mai 1832, Enouf.

152. — Il faudrait décider le contraire à l'égard des juges suppléans qui seraient attachés au parquet. En exécution de la loi du 10 déc. 1830, ils peuvent être appelés à requérir la force publique.

153. — Quant aux suppléans des juges de paix, ils ne jouissent pas, plus que ces derniers, d'une simple faculté de se dispenser du service. Se trouvant à chaque instant, comme officiers de police judiciaire, dans le cas de requérir la force publique, il y a une incompatibilité absolue entre leurs fonctions et le service de la garde nationale. — *Cass.*, 30 sept. 1831, Delestre; 20 oct. 1831, Dubruel; 7 janv. 1832, Bonnet; 24 fév. 1832, Polix; 12 mai 1832, Enouf; 29 sept. 1832, Maige; 29 nov. 1832, Morel.

GARDE NATIONALE, sect. 2e.

154. — Jugé, toutefois, que les ordres de service donnés à un suppléant de juge de paix, admis à faire partie de la garde nationale, sans réclamation, sont obligatoires tant qu'il demeure inscrit sur les contrôles. — *Cass.*, 12 mai 1832, Enouf.

155. — Mais outre les arrêts qui précèdent, divers arrêts cités *infrà* (nos 804 s. et 1028 s.) ont décidé que l'incompatibilité, en ce cas, étant péremptoire, peut être opposée devant le conseil de discipline, malgré toute décision du conseil de révision.

156. — V., à l'égard des prud'hommes et sur le point de savoir s'il y a incompatibilité entre l'exercice de leurs fonctions et le service de la garde nationale, *suprà* no 101.

157. — Les membres d'une commission sanitaire ayant le droit de requérir la force publique, il y a incompatibilité entre leurs fonctions et le service de la garde nationale. — *Cass.*, 22 août 1834, Renard.

158. — Aux termes de l'art. 67, L. 22 mars 1831, aucun officier *exerçant un emploi actif* dans les armées de terre et de mer ne peut être nommé officier ni commandant supérieur des gardes nationales en service ordinaire.

159. — Les mots *exerçant un emploi actif* ont été employés pour exprimer que c'était *l'activité réelle* qui seule était une cause d'exclusion. — « La commission, disait M. le rapporteur, ne voulant porter aucun motif d'exclusion ni contre les maréchaux de France, ni contre les officiers dans le cadre de l'activité, vous propose la rédaction suivante... »

160. — De ce que l'incompatibilité tient à l'activité réelle il résulte qu'elle n'existe pas à l'égard des officiers en disponibité. — *Cass.*, 23 déc. 1831, Seiglière.

Art. 4. — *Exclusions.*

161. — A côté des dispenses de service et des incompatibilités la loi a placé les *exceptions* et les *exclusions*. — La discussion prouve que le mot *excepté* a été pris dans un sens qui est quelque chose de plus que l'*exemption* facultative, sans être pourtant l'*exclusion* proprement dite. — Duvergier, *Collect. des lois*, sur l'art. 13, L. 22 mars 1831.

162. — Suivant l'art. 13, L. 22 mars 1831, sont *exceptés* du service de la garde nationale les concierges des maisons d'arrêt, les geôliers, les guichetiers, et autres agens subalternes de justice ou de police.

163. — Il est presque inutile de dire (bien que l'observation en ait été faite à la chambre des pairs) que les huissiers ne sont pas compris dans l'expression *agens subalternes de police et de justice.* Ce sont des officiers ministériels. — Au surplus, on ne les a jamais considérés comme exceptés de la garde nationale. — *Cass.*, 22 juin 1809, Temmermans; — Duvergier, *loc. cit.*

164. — *Exclusions.* — Sont exclus de la garde nationale : 1o les condamnés à des peines afflictives ou infamantes; — 2o les condamnés en police correctionnelle pour vol, escroquerie, banqueroute simple, abus de confiance, pour soustraction commise par des dépositaires publics, et pour attentats aux mœurs, prévus par les art. 331 et 334, C. pén.; — 3o les vagabonds ou gens sans aveu déclarés tels par jugement. — L. 22 mars, art. 13.

165. — La dégradation civique est une peine infamante. Celui qui l'a encourue doit être déclaré incapable de faire partie de la garde nationale, tant par application de l'art. 13 précité qu'en vertu de l'art. 34, no 5, C. pén., qui est formel à cet égard.

166. — D'après une instruction ministérielle du 5 juill. 1831, un individu qui, condamné en 1795 à dix ans de fers, avait tenu, depuis l'expiration de sa peine, une conduite irréprochable, ne pouvait figurer dans les rangs de la garde nationale tant qu'il n'aurait pas été réhabilité.

167. — Mais un avis du conseil d'état du 19 janv. 1832 a décidé : 1o que l'exclusion prononcée par l'art. 13 est perpétuelle; — 2o qu'il n'y a pas lieu de proposer de modification à cette disposition fondée sur de justes et impérieuses considérations, attendu que la réhabilitation ne peut rendre aux condamnés criminellement la faculté d'entrer dans la garde nationale.

168. — Dans la discussion qui a eu lieu à la chambre des députés sur l'art. 13 de la loi du 22 mars 1831, il a été fait deux propositions ayant pour objet d'ajouter à la liste des exclusions de la garde nationale *les faillis non réhabilités*, ou *les*

faillis déclarés non excusables par le tribunal de commerce; mais ces deux propositions ont été rejetées. — V. *Collection des lois* de M. Duvergier, t. 31, année 1831, p. 186, note 2e.

169. — C'est donc avec raison qu'il a été jugé que le droit de faire partie de la garde nationale appartient à tous ceux qui ont la jouissance des droits civils, et il ne peut être contesté au commerçant failli (même non réhabilité) qui a été remis par ses créanciers à la tête de ses affaires. — *Cass.*, 25 juill. 1839 (t. 2 1839, p. 491), Dematreux.

170. — Devrait-on exclure de la garde nationale celui qui aurait été privé des droits mentionnés dans l'art. 42, C. pén.? — L'affirmative n'est pas douteuse s'il s'agit d'une privation totale de ses droits ou de la privation des droits civiques ou civils. — L. 22 mars, art. 13. — Mais on ne saurait faire résulter une exclusion de ce que le garde national aurait encouru la privation des droits de famille.

171. — On ne comprend pas, en effet, qu'un citoyen privé du droit de vote et d'élection, concourût à la nomination des officiers comme garde national; que, privé de sa capacité d'éligible, il pût cependant être élu; qu'incapable d'être juré, il siégât cependant comme juge dans un conseil de discipline; que, privé du droit de port d'armes pour ses plaisirs, il pût cependant être armé comme garde national.

172. — Mais ces raisonnemens n'auraient plus d'application s'il s'agissait d'un individu privé du droit d'être tuteur d'un enfant autre que les siens, ou privé du droit de prendre part à une délibération d'un conseil de famille.

173. — Le projet du gouvernement (sur l'art. 92 de la loi de 1831, relatif à la compétence correctionnelle en matière de garde nationale) portait que celui qui, après avoir été condamné par le tribunal de police correctionnelle, refuserait de nouveau le service, serait rayé des contrôles. Mais cette disposition a été supprimée.

Sect. 3e. — *Organisation et composition des cadres. — Suspension. — Dissolution.*

174. — Les gardes nationales sont organisées par commune. Les compagnies communales d'un canton sont formées en bataillons cantonnaux lorsqu'une ordonnance du roi l'a prescrit. — L. 22 mars, art. 4.

175. — Aux termes de l'art. 5 cette organisation doit être permanente; toutefois le roi peut *suspendre* ou *dissoudre* la garde nationale en des lieux déterminés.

176. — Mais dans ces deux cas la garde nationale doit être remise en activité ou réorganisée dans l'année à compter du jour de la suspension ou de la dissolution, s'il n'est pas intervenu une loi qui prolonge ce délai. — Même article.

177. — Dans le cas où la garde nationale résisterait aux réquisitions légales des autorités, ou bien s'immiscerait dans les actes des autorités municipales, administratives ou judiciaires, le préfet peut provisoirement la suspendre. — L. 22 mars 1831, art. 5.

178. — Cette suspension n'a d'effet que pendant deux mois, si pendant cet espace de temps elle n'est pas maintenue, ou si la dissolution n'est pas prononcée par le roi. — Même article.

179. — La suspension laisse subsister l'organisation; elle n'a d'effet que quant au service, et elle n'empêche pas dès-lors les compagnies suspendues de procéder aux réélections triennales. — Solut. minist. 25 avr. 1834.

180. — La dissolution d'une garde nationale est une mesure administrative qui ne peut être déférée au conseil d'état par la voie contentieuse. — *Cons. d'état*, 8 mars 1833, Rondeau.

181. — En cas de dissolution d'un bataillon ou d'une légion, les rapporteurs et secrétaires du conseil de discipline sont compris dans la mesure. — Solut. minist. 30 oct. 1832.

182. — La dissolution d'une compagnie ou d'une garde communale laisse subsister le bataillon et n'annule pas les nominations effectuées. — Solut. minist. 19 nov. 1832.

183. — Un citoyen n'a pas le droit de critiquer le mode d'organisation du bataillon de garde nationale dont il fait partie. — *Cass.*, 9 fév. 1833, Barbillas.

184. — De même les gardes nationaux sont sans droit pour se faire un moyen de nullité contre un jugement du conseil de discipline de ce que la garde nationale du lieu ne serait pas organisée conformément à la loi; ils ne peuvent se pourvoir à cet égard que devant l'autorité administrative. — *Cass.*, 2 déc. 1831, Fabre; 12 mai 1832, Enouf; 29 déc. 1832, Genelle; 11 janv. 1833, Paris.

185. — Les gardes nationales sont placées sous l'autorité des maires, des sous-préfets, des préfets et du ministre de l'intérieur. — L. 22 mars 1831, art. 6.

186. — Lorsque la garde nationale est réunie en tout ou en partie au chef-lieu du canton, ou dans une autre commune que le chef-lieu du canton, elle sert sous l'autorité du maire de la commune où sa réunion a lieu d'après les ordres du sous-préfet ou du préfet. — Même article.

187. — Sont exceptés les cas déterminés par les lois où les gardes nationales sont appelées à faire dans leur commune ou leur canton un service d'activité militaire, et sont mises par l'autorité civile sous les ordres de l'autorité militaire. — Même article.

188. — Les citoyens ne peuvent ni prendre les armes ni se rassembler en état de gardes nationales sans l'ordre des chefs immédiats; ni ceux-ci donner cet ordre sans une réquisition de l'autorité civile dont il sera donné communication en tête de la troupe. — L. 22 mars 1831, art. 7.

189. — Ainsi, 1° les gardes nationales ne peuvent agir qu'en vertu d'une réquisition légale; — 2° cette réquisition doit leur être communiquée; — 3° on doit se référer pour les cas et les formes des réquisitions à la loi du 29 sept.-14 oct. 1791. — Duvergier, *Coll.*, t. 31, p. 80.

190. — Aucun officier ou commandant de poste de la garde nationale ne peut faire distribuer des cartouches aux citoyens armés si ce n'est en cas de réquisition précise; autrement il demeurerait responsable des évènemens. — L. 1831, art. 8.

191. — L'art. 15, sect. 4, L. 29 sept.-14 oct. 1791, était conçu à peu près dans les mêmes termes; seulement, il ajoutait: *dans le service ordinaire.* — M. Duvergier dit que c'est évidemment aussi pour le cas de service ordinaire que dispose l'art. 8 de la loi de 1831.

Art. 1er. — *Formation des compagnies.*

192. — La loi du 22 mars 1831 dispose ainsi qu'il suit: « La garde nationale sera formée, dans chaque commune, par subdivision de compagnie, par compagnies, par bataillons et par légions. » — L. 22 mars 1831, art. 30.

193. — « La cavalerie de la garde nationale sera formée, dans chaque commune ou dans le canton, par subdivision d'escadron et par escadron. » — Même article.

194. — « Les compagnies et subdivisions de compagnie sont formées sur les contrôles du service ordinaire; les citoyens inscrits sur les contrôles de réserve seront répartis à la suite desdites compagnies ou subdivisions de compagnie, de manière à pouvoir y être incorporés au besoin. » — L. 22 mars, art. 21.

195. — « Dans chaque commune, la formation en compagnies se fera de la manière suivante: dans les villes, chaque compagnie sera composée, autant que possible, des gardes nationaux du même quartier; dans les communes rurales, les gardes nationaux de la même commune forment une ou plusieurs compagnies ou une subdivision de compagnie. » — Même loi, art. 31.

196. — Les art. 33 et 35 déterminaient, suivant le nombre d'hommes, le nombre de chefs dont serait pourvue chaque compagnie.

197. — La disposition de l'art 35 a été révisée par la loi du 7 mai 1846 (Duvergier, *Collect.*, t. 46, p. 106), laquelle ajoute que « dans le département de la Seine, lorsque l'effectif d'une compagnie dépassera deux cents hommes définitivement inscrits sur le contrôle, il y aura, par chaque cinquante hommes d'excédant, un lieutenant ou un sous-lieutenant, deux sergens et quatre caporaux.

198. — En outre, les fonctions des capitaines, lieutenans et sous-lieutenans sont réglées par une instruction ministérielle du 15 sept. 1831.

199. — « La force ordinaire des compagnies sera de soixante à deux cents hommes; néanmoins, la commune qui n'aura que cinquante à soixante gardes nationaux formera une compagnie. » — Art. 34.

200. — « Les compagnies qui dépassent le maximum fixé par la loi ne recevront pas de nouvelles incorporations jusqu'à ce qu'elles soient rentrées dans les limites voulues par cette loi, à moins que toutes les compagnies du bataillon ne soient au complet. » — L. 22 mars, art. 126.

201. — « La répartition en compagnies ou en subdivisions de compagnie des gardes nationaux inscrits sur le contrôle du service ordinaire sera faite par le conseil de recensement. » — Art. 32.

202. — Ainsi, jugé que c'est au conseil de recensement de la garde nationale qu'appartient l'organisation des compagnies; qu'en conséquence, un garde national dûment inscrit sur le contrôle d'une compagnie de grenadiers, doit obéir aux ordres de service qui lui ont été adressés à ce titre. — *Cass.*, 21 juill. 1832, Levaillant.

203. — Le préfet qui prescrit la réincorporation d'un garde national dans la compagnie où il avait été placé précédemment par le conseil de recensement n'usurpe pas les attributions de ce conseil; ce garde national est tenu d'obéir aux ordres du capitaine de cette compagnie, lorsque antérieurement il a concouru à sa nomination. — *Cass.*, 18 août 1832, Benjade.

204. — Un garde national qui appartient à une compagnie spéciale (l'artillerie) doit obéir provisoirement aux chefs de cette compagnie jusqu'à ce qu'il ait été statué sur la demande qu'il a faite de passer dans une autre compagnie; tant qu'il n'a pas été fait droit à sa demande, il peut être poursuivi disciplinairement. — *Cass.*, 6 juill. 1832, Julbin.

205. — De même, un garde national inscrit sur les contrôles d'une compagnie, qui s'est pourvu devant le conseil de recensement pour faire partie d'une compagnie d'un autre bataillon, doit, jusqu'à ce qu'il ait été statué par le conseil de recensement, obéir provisoirement aux ordres de service qu'il reçoit. — *Cass.*, 13 juill. 1832, Leclerc.

206. — Les compagnies de grenadiers ne font pas partie des corps spéciaux de la garde nationale, dans lesquels nul ne peut être incorporé contre son gré. — *Cass.*, 17 fév. 1832, Legrand.

207. — Il résulte d'une réponse ministérielle que, quelle que soit la taille déterminée pour les compagnies de voltigeurs, les citoyens qui ont été admis sous le provisoire continuent d'en faire partie. — Rép. minist., 31 mai 1831.

208. — La répartition en compagnies faite par le conseil de recensement ne donne pas lieu à un recours devant le jury de révision. — *Cons d'état*, 28 déc. 1832, Buottourenville; 21 juin 1833, min. de l'intér.; 19 déc. 1834, garde nat. de Montbeliard; 18 avr. 1835, Huillard.

Art. 2. — *Formation des bataillons.*

209. — « Dans toutes les communes où le nombre des gardes nationaux inscrits sur le contrôle du service ordinaire s'élevera à plus de cinq cents hommes, la garde nationale sera formée par bataillons. » — L. 22 mars 1831, art. 45.

210. — Si la garde nationale d'une commune se compose de plus de cinq cents hommes, mais de moins de mille, il ne peut y avoir lieu à la formation que d'un bataillon. — Inst. min., 31 mai 1831.

211. — En cas de réduction d'un bataillon au-dessous du nombre d'hommes voulu par la loi, il n'y a pas lieu de désorganiser immédiatement ce bataillon pour le réduire en compagnies. — Décis. min. 29 avr. 1833.

212. — Lorsqu'une ordonnance du roi prescrit la formation en bataillons des gardes nationales de plusieurs communes, cette ordonnance doit indiquer les communes dont les gardes nationales doivent participer à la formation du même bataillon. — Même art. 45.

213. — La compagnie ou les compagnies d'une commune ne peuvent jamais être réparties dans des bataillons différens. — Même article.

214. — Le bataillon doit être formé de quatre compagnies au moins et huit au plus. — Art. 43.

215. — L'art. 44 dispose que l'état-major du bataillon doit être composé: d'un chef de bataillon, d'un adjudant-major capitaine, d'un porte-drapeau sous-lieutenant, d'un chirurgien aide-major, d'un adjudant sous-officier, d'un tambour-maître; et qu'à Paris, lorsque la force effective d'un bataillon sera de mille hommes et plus, il pourra y avoir un chef de bataillon en second et un deuxième adjudant sous-officier.

216. — A Paris, il y a deux chefs de bataillon par bataillon dans chaque légion, quel que soit le nombre d'hommes qui composent ce bataillon. — L. 14 juill. 1837, art. 9.

217. — Les bataillons formés par les gardes nationales d'une même commune peuvent seuls avoir chacun une compagnie de grenadiers et une de voltigeurs. — Art. 46.

218. — La garde nationale d'une commune, formée en bataillon avant la loi du 22 mars 1831, a pu conserver cette organisation depuis la promulgation de ladite loi, sans qu'une ordonnance royale l'y ait spécialement autorisée. — *Cass.*, 24 juin 1831, de Boishébert.

219. — Chaque bataillon, porte l'art. 30, doit avoir son drapeau, et chaque escadron son étendart.

220. — Le drapeau des bataillons communaux

est déposé à la maison commune de la municipalité où ils sont organisés; et celui des bataillons formés par plusieurs communes, à la municipalité choisie à la fois comme point central de la circonscription, et comme résidence de l'état-major et du conseil de discipline. — Avis cons. d'état 29 déc. 1831.

221. — Le commandant d'une garde communale ne peut être en même temps porte-drapeau du bataillon cantonnal. — Solut. minist. du 31 déc. 1833.

222. — L'aide chirurgien-major d'un bataillon cantonnal demeure, hors des réunions cantonnales, attaché en la même qualité à la fraction de bataillon auprès de laquelle il réside. — Solut. min. 31 déc. 1833.

ART. 3. — *Formation des légions.*

223. — La formation des légions est l'objet des dispositions qui suivent : « Dans les cantons et dans les villes où la garde nationale présente au moins deux bataillons de cinq cents hommes chacun, elle peut, d'après une ordonnance du roi, être réunie par légions. — Dans aucun cas, la garde nationale ne peut être formée par département ni par arrondissement de sous-préfecture. » — L. 22 mars, art. 48.

224. — L'art. 49 dispose que l'état-major d'une légion doit être composé d'un chef de légion colonel, d'un lieutenant-colonel, d'un major chef de bataillon, d'un chirurgien-major, d'un tambour major, et il ajoute qu'à Paris et dans les villes où la nécessité en sera reconnue, il pourra y avoir près des légions un officier payeur et un capitaine d'armement.

225. — Dans les communes où la garde nationale forme plusieurs légions, dit l'art. 64, le roi peut nommer un commandant supérieur, mais il ne peut être nommé de commandant supérieur des gardes nationales de tout un département, ou d'un même arrondissement de sous-préfecture. — Cette disposition n'est pas applicable au département de la Seine.

226. — Lorsque le roi a jugé à propos de nommer, dans une commune, un commandant supérieur, l'état-major doit être fixé, quant au nombre et aux grades des officiers qui doivent le composer, par une ordonnance du roi. — L. 22 mars 1831, art. 65.

227. — Les officiers d'état-major doivent être nommés par le roi, sur la présentation du commandant supérieur, qui ne peut choisir les candidats que parmi les gardes nationaux de la commune. — Même art.

ART. 4. — *Légions de cavalerie, artilleurs, sapeurs, sapeurs-pompiers, musiciens, compagnies de marins et ouvriers de marine.*

228. — Il peut être formé une garde à cheval dans les cantons ou communes où cette formation est jugée utile au service, et où se trouvent au moins dix gardes nationaux qui s'engagent à s'équiper à leurs frais, et à entretenir chacun un cheval. — L. 22 mars 1831, art. 36.

229. — L'art. 37 indique le nombre des chefs qui doivent composer les escadrons et subdivisions d'escadrons de la garde à cheval. — Cet article a été révisé par la loi du 7 mai 1846 (Duvergier, t. 46, p. 106), lequel ajoute que « dans le département de la Seine, lorsque l'effectif atteindra deux cents hommes définitivement inscrits sur le contrôle, le cadre des officiers sera augmenté d'un sous-lieutenant.

230. — Deux ordonn., l'une du 28 mai 1831, l'autre du 18 janv. 1838, ont réglé l'organisation de la légion de cavalerie à Paris. — Duvergier, t. 38, p. 4 et 5.

231. — Jugé que les conseils de recensement sont investis du droit de supprimer la garde nationale à cheval dont la formation est purement facultative, et de répartir ses membres sur les contrôles des autres compagnies. — *Cass.*, 6 déc. 1834, Rebier.

232. — ... Et qu'un garde national ainsi incorporé dans une autre compagnie doit, à peine d'être poursuivi disciplinairement, obéir aux ordres de service qui lui sont donnés. — Même arrêt.

233. — Un décret du 13 mars 1792 a créé des sapeurs et des canonniers dans les bataillons de gardes nationales, et a autorisé chacun de ces bataillons à avoir deux pièces d'artillerie.

234. — Une ordonn. du 28 fév. 1831 prescrivit la formation dans tous les départemens maritimes de compagnies d'artillerie tirées de la garde nationale et destinées à la construction et au service des batteries. — Mais cette ordonn. a été rapportée par celle du 21 juin 1833, qui ramène l'organisation de ces compagnies aux principes posés par l'art. 38 de la loi du 22 mars 1831.

235. — Cet art. 38 porte que dans toutes les places de guerre et dans les cantons voisins des côtes, il doit être formé des compagnies ou des subdivisions de compagnie d'artillerie.

236. — Le même article ajoute que : « à Paris et dans les autres villes une ordonnance du roi pourra prescrire la formation et l'armement de compagnies ou de subdivisions de compagnie d'artillerie et que l'ordonnance règlera l'organisation, la réunion ou la répartition des compagnies. »

237. — Et l'art. 39 dispose que : « les artilleurs seront choisis par le conseil de recensement parmi les gardes nationaux qui se présenteront volontairement, et qui réuniront, autant que possible, les qualités exigées pour entrer dans l'artillerie. »

238. — Ces dispositions n'ont plus d'exécution (quant à présent du moins) que pour les villes de département, l'artillerie de la garde nationale de Paris a été dissoute par ord. du 6 juin 1832.

239. — L'art. 40 porte que : « partout où il n'existe pas de corps soldés de sapeurs-pompiers il sera, autant que possible, formé par le conseil de recensement des compagnies ou subdivisions de compagnie de sapeurs-pompiers volontaires faisant partie de la garde nationale, et que ces compagnies seront composées principalement d'anciens officiers et soldats du génie militaire, d'officiers et agens des ponts et chaussées et des mines, et d'ouvriers d'art. »

240. — D'autres articles ajoutent : « que les compagnies de sapeurs-pompiers et de canonniers volontaires ne seront pas comprises dans la formation des bataillons de garde nationale et qu'elles seront cependant, ainsi que les compagnies de cavalerie, sous les ordres du commandant de la garde communale ou cantonnale. » — Même loi, art. 47.

241. — ... Et que dans les ports de commerce et dans les cantons maritimes il pourra être formé des compagnies spéciales de marins et d'ouvriers marins, ayant pour service ordinaire la protection des navires et du matériel maritime situé sur les côtes et dans les ports. — Même loi, art. 41.

242. — La loi du 22 mars 1831 ne contient aucune disposition qui permette ou défende l'organisation de sapeurs porte-haches et de musiciens près des légions et bataillons de la garde nationale; mais l'art. 125 en reconnaissant au pouvoir la faculté de maintenir l'organisation de la garde nationale telle qu'elle était au moment de la promulgation de cette loi, a permis de conserver l'existence de ces deux parties de la garde nationale.

243. — Aussi est-ce dans cet article que le pouvoir royal a puisé le droit de maintenir l'existence des sapeurs porte-haches et des musiciens par ord. du 31 juill. 1831 dont l'art. 1er fixe au 1er janv. 1832 l'existence légale. — Duvergier, *Coll.*, t. 31, p. 474.

244. — L'art. 2 de cette ordonnance attribue, ainsi que nous le verrons en traitant de la compétence des conseils de discipline, la connaissance des faits dont les sapeurs porte-haches et les musiciens seraient prévenus, au conseil de discipline du bataillon dont ils font partie.

245. — L'existence des sapeurs porte-haches et des musiciens a été définitivement reconnue et réglementée par l'ord. du 28 mars 1838. — Duvergier, *Coll.*, année 1838, p. 155.

246. — Cette ordonnance décide que les musiciens, soit gagistes, soit volontaires, sont exempts du service ordinaire dans le département de la Seine.

247. — Aux termes de l'art. 42, toutes les compagnies spéciales doivent concourir par armes et suivant leur force numérique au service ordinaire de la garde nationale.

248. — Jugé que les compagnies spéciales de la garde nationale, par exemple les gardes nationaux à cheval, peuvent être commandées pour faire le service ordinaire, concurremment avec les gardes nationaux des autres compagnies. — *Cass.*, 6 fév. 1832, Tramoy.

249. — Les compagnies et subdivisions de compagnies de la garde nationale à cheval, disséminées dans le canton, sont soumises au service ordinaire, sous les ordres du commandant le plus élevé en grade de la garde communale ou cantonnale à pied, dans la circonscription de laquelle elles se trouvent; en conséquence, c'est à cet officier supérieur à les commander, et le capitaine de chaque compagnie de cavalerie doit lui obéir, à peine d'être condamné disciplinairement, comme coupable de désobéissance et d'insubordination. — *Cass.*, 14 fév. 1834, Cottenest.

250. — Bien que certains corps de cavalerie de la garde nationale appelée à un service cantonnal aient à remplir des devoirs particuliers déterminés par un règlement spécial, les membres de ces corps n'en sont pas moins tenus du service communal dans leur circonscription respective; en conséquence, le chef de ce dernier service a le droit d'infliger une garde hors de tour aux membres composant ce corps de cavalerie pour manquement au service communal, et un capitaine de ces corps ne peut défendre à ces membres d'y déférer sans se rendre passible de la peine portée par l'art. 86, L. 22 mars 1831. — *Cass.*, 8 juin 1833, Dufour.

ART. 5. — *Costume, port des insignes, armes, préséance.*

§ 1er. — *Costume, port des insignes.*

251. — L'uniforme des gardes nationales est déterminé par ordonnance du roi. Les signes distinctifs des grades sont les mêmes que ceux de l'armée. — L. 22 mars 1831, art. 68.

252. — Une ordonnance du 22 avr. 1831 (Duvergier, *Coll.*, t. 31, p. 234) a réglé l'uniforme des compagnies d'artillerie garde-côtes de la garde nationale.

253. — L'uniforme de la garde nationale a été l'objet de plusieurs ordonnances des 29 sept. 1831, 4 mars 1841 et 20 mars 1846. — Cette dernière ordonnance est seule maintenant obligatoire pour la garde nationale de Paris et de la banlieue.

254. — *Simples gardes nationaux.* — Il a été jugé avant la loi du 22 mars 1831, que le fait de la part de grenadiers ou de chasseurs de ne pas se présenter en uniforme, équivaut à un refus de service. — *Cass.*, 18 nov. 1826, Mouille. — Mais maintenant, en règle générale, et sauf l'exception renfermée dans la loi de 1837, relativement à la garde nationale du département de la Seine, l'obligation de faire son service en uniforme n'est pas de rigueur. — *Cass.*, 12 nov. 1841 (t. 1er 1842, p. 636), Rouzé; 12 mars 1847 (t. 2 1847), Launay.

255. — ... Et l'ordonnance royale qui détermine l'uniforme pour une ville ne peut ajouter aux dispositions de la loi et rendre l'uniforme obligatoire pour les simples gardes nationaux. — Jugé, en conséquence, que le jugement d'une cause de discipline qui condamne aux peines de la désobéissance et de l'insubordination un garde national pour n'avoir pas revêtu l'uniforme, doit être cassé lorsqu'il n'est pas justifié que par un règlement volontaire les gardes nationaux de la compagnie se sont engagés à porter l'uniforme. — *Cass.*, 12 mars 1847 (t. 2 1847), Launay.

256. — Le principe que l'uniforme n'est pas obligatoire souffre, toutefois, exception pour les *compagnies d'élite*. — *Cass.*, 19 janv. 1826, Viel; 21 fév. 1833, Monroz; 29 août 1833, Martin; 17 janv. 1834, Benoît; 18 avr. 1835, Le Marignier; 30 mai 1835, Guérin; 10 juill. 1835, Heuzay; 2 juin 1838 (t. 2 1838, p. 499), Bouglier; 29 nov. 1838 (t. 1er 1839, p. 425), Vigneron; 12 nov. 1841 (t. 1er 1842, p. 636), Rouzé.

257. — Ces gardes nationaux, en se présentant pour faire leur service, sans être revêtus de l'uniforme prescrit, sont réputés refuser effectivement le service. — *Cass.*, 19 janv. 1826, Viel.

258. — En conséquence, ils peuvent être déclarés coupables de désobéissance et d'insubordination et condamnés à la prison, surtout lorsqu'ils persistent à faire leur service en habit bourgeois, lorsqu'il leur est commandé de le faire en habit d'uniforme. — *Cass.*, 21 fév. 1833, Monroz; 29 août 1833, Martin; 17 janv. 1834, Benoît; 30 mai 1835, Guérin; 10 juill. 1835, Heuzay; 2 juin 1838, (t. 2 1838, p. 499), Bouglier; 29 nov. 1838, (t. 1er 1839, p. 425), Vigneron.

259. — Ce dernier arrêt signale comme circonstance particulière à l'espèce qu'il juge, que le garde national s'était présenté *plusieurs fois* sans uniforme. Mais ce serait, selon nous, une erreur que de considérer comme constitutive de la désobéissance et de l'insubordination *la réitération* du fait de s'être présenté sans uniforme et sans armes. Il nous paraît résulter soit de l'art. 87, § 1er, soit de l'art. 89, § 1er, L. 22 mars 1831, que si le refus d'un service d'ordre et de sûreté n'est punissable qu'autant qu'il a été deux fois exprimé, la désobéissance et l'insubordination peuvent résulter d'un acte unique et isolé, dont l'appréciation et la qualification est laissée à la sagesse des juges.

260. — La peine de l'emprisonnement doit être

appliquée si le garde national ne prouve pas devant le conseil de discipline, soit qu'il manquait de l'uniforme obligé, soit qu'il était dans l'impossibilité de le revêtir. — *Cass.*, 29 août 1833, Martin.

261. — ...Et le garde national ainsi poursuivi ne saurait argumenter de ce que, antérieurement à l'ordre de service, il s'était pourvu devant le conseil de recensement pour obtenir sa radiation des contrôles de la compagnie, si, lors de ce service, le conseil de recensement avait repoussé sa demande, et s'il n'y avait pas eu de sa part pourvoi contre cette décision. — *Cass.*, 2 juin 1838 (t. 2 1838, p. 499), Bouglier.

262. — De même, des gardes nationaux appelés à former une subdivision d'artillerie, mais qui ne sont encore ni armés ni équipés, doivent se rendre aux revues et inspections d'armes légalement ordonnées en vertu d'un règlement local avec l'uniforme et l'équipement des compagnies dont ils faisaient primitivement partie; ils ne sauraient être excusés sous le prétexte que, faisant partie de l'artillerie, ils ne peuvent être tenus qu'aux revues et inspections propres à cette arme, et sont dispensés du service ordinaire de la garde nationale. — *Cass.*, 31 mars 1836, Dufour.

263. — De même encore, serait nul un jugement du conseil de discipline qui relaxerait le prévenu, sous le prétexte qu'il était un des premiers habillés et qu'à l'avenir il ne se présentera plus sans son uniforme. — *Cass.*, 10 juill. 1835, Heuzay.

264. — Est légal le règlement pris par l'autorité relativement au service d'une compagnie d'artillerie d'une ville, restreignant l'obligation de l'uniforme pour les simples artilleurs au seul cas de manœuvres et exercices à feu. — *Cass.*, 5 sept. 1846 (t. 1er 1847, p. 513), Pihan.

265. — Quant au garde national qui ne fait pas partie d'une compagnie d'élite, il ne peut être condamné à la prison pour, étant habillé depuis 1830, avoir cessé de paraître en uniforme, lorsque rien ne constate qu'il soit encore en possession de celui qu'il portait alors, et qu'il résulte au contraire d'un certificat du sergent-major de sa compagnie qu'il était inscrit sur les contrôles comme chasseur non habillé ni armé. — *Cass.*, 11 août 1836, Carfantan.

266. — Mais quand un garde national a un uniforme, le refus de le mettre, lorsqu'il en reçoit l'ordre, constitue évidemment un acte de désobéissance et d'insubordination.

267. — Jugé en conséquence qu'il peut être condamné, s'il est prouvé que, lorsqu'il a été commandé, il avait encore son habit d'uniforme. — *Cass.*, 26 juill. 1834, Cottigny.

268. — Jugé aussi qu'un garde national a pu être considéré comme ayant porté atteinte à la discipline et être puni comme tel, lorsqu'il a refusé d'obéir à l'ordre à lui donné par l'officier de service d'aller revêtir son uniforme un jour de garde, sous prétexte que cet uniforme n'était plus à sa disposition. — *Cass.*, 6 sept. 1833, Remond.

269. — Jugé encore qu'on doit considérer comme valable le règlement qui impose aux gardes nationaux *pourvus d'uniformes* l'obligation de s'en revêtir lors des revues, et que le garde national qui refuse d'obéir à ce règlement peut, suivant les circonstances, être déclaré coupable de désobéissance et d'insubordination. — *Cass.*, 29 mai 1845 (t. 2 1845, p. 569), Hauvel.

270. — ... Et qu'un conseil peut condamner à la prison un garde national à cheval qui a refusé d'obéir aux ordres à lui donnés par les officiers du poste, de revêtir son uniforme pour monter une garde hors de tour, lorsque le règlement faisait un devoir à tous les gardes nationaux habillés de monter la garde et de se trouver aux revues en habits d'uniforme et armés. — *Cass.*, 30 mai 1833, Mathieu; 27 juin 1835, Triquet.

271. — Ainsi que nous l'avons annoncé, tout ce qui précède s'applique à la garde nationale en général. Pour le département de la Seine, il y a des dispositions spéciales relatives à l'obligation du costume; elles résultent de la loi du 14 juill. 1837.

272. — Dans le département de la Seine, porte l'art. 19 de cette loi, l'uniforme et l'équipement sont obligatoires pour tout garde national qui n'en est pas dispensé par le conseil de recensement, dont les décisions peuvent être déférées, par voie d'appel, au jury de révision. L'infraction à cette disposition est considérée comme refus de service.

273. — Il est interdit à tout chef de légion, officier supérieur ou commandant quelconque, d'autoriser aucune modification à l'uniforme et à l'équipement réglés par ordonnance royale. — Même article.

274. — Pour les corps détachés, l'habillement, l'armement et l'équipement sont fournis par l'état aux gardes nationaux qui n'en sont pas pourvus et qui n'ont pas les moyens de se procurer ces objets à leurs frais. — L. 22 mars 1831, art. 160.

275. — *Officiers.* — A l'égard des officiers de tous grades, élus conformément à la loi, ils doivent, dans les deux mois de leur élection, être complètement armés, équipés et habillés, sous peine d'être considérés comme démissionnaires. — L. 22 mars 1831, art. 55.

276. — A leur égard l'uniforme est donc obligatoire. — *Cass.*, 12 nov. 1841 (t. 1er 1842, p. 636), Rouzé.

277. — L'art. 55, L. 22 mars 1831, portant que les officiers de la garde nationale qui, dans les deux mois, ne seront pas équipés et habillés, suivant l'uniforme, seront considérés comme démissionnaires et remplacés sans délai, n'est obligatoire que dans les lieux où, conformément à l'art. 68, l'uniforme a été réglé par une ordonnance royale.

278. — D'ailleurs, l'officier qui ne s'est pas muni d'un uniforme dans le délai, doit seulement être remplacé et continuer ses fonctions jusqu'à son remplacement. — *Cass.*, 12 mai 1832, Ducos; 1er juin 1832, Manau; 8 juin 1832, Gazel.

279. — ... Et un garde national ne peut refuser d'obéir aux ordres à lui donnés par un officier qui se trouve dans ce cas tant qu'il n'a pas été remplacé. — *Cass.*, 4 août 1832, Mounier; même jour, arrêt Sogot.

280. — C'est aux insignes que les gardes nationaux doivent obéissance. Ainsi, la qualité d'un officier de la garde nationale ne peut être méconnue sous les armes, s'il n'était pas revêtu de ses insignes. — *Cass.*, 12 oct. 1833, Bradu.

281. — L'uniforme impose à celui qui le porte des obligations rigoureuses. — Ainsi jugé qu'un officier, sous-officier ou garde national en uniforme, encore bien qu'il ne soit pas de service, est passible de la peine portée par les art. 86 et 88, L. 22 mars 1831, lorsqu'il tient une conduite propre à porter atteinte à la discipline de la garde nationale et à l'ordre public. — *Cass.*, 2 août 1832, Armand. — V. *infrà*.

282. — Les chefs de corps ont le droit d'ordonner que, pendant leur service, les gardes nationaux porteront la cocarde tricolore. — *Cass.*, 18 fév. 1832, Baudot.

283. — L'arrêté pris par un maire, de concert avec le commandant de la garde nationale et le sous-préfet, en vertu de l'art. 73, L. 22 mars 1831, qui prescrit aux gardes nationaux de service, en habit civil, de porter la cocarde nationale qui leur sera fournie gratuitement, est obligatoire. — *Cass.*, 14 janv. 1832, Bressoles.

284. — Le refus d'obéir à un tel arrêté peut constituer la désobéissance et l'insubordination prévues et punies par l'art. 89, § 1er, de ladite loi. — Même arrêt.

285. — Est aussi obligatoire pour les gardes nationaux, un règlement fait, en vertu de l'art. 73, L. 22 mars 1831, qui leur prescrit de porter une giberne pendant le service. — *Cass.*, 3 janv. 1834, Villette.

286. — De même un ordre du jour de l'état-major qui prescrit à des gardes nationaux de porter, étant en faction, un sabre-briquet et une giberne fournis par l'autorité, est obligatoire, bien que non revêtu de toutes les formes prescrites par l'art. 73, L. 22 mars 1831, comme rentrant dans les ordres de détail et les dispositions particulières énoncés au § 2 de cet article; le refus de s'y soumettre constitue la désobéissance et l'insubordination, passibles de la peine de la prison. — *Cass.*, 29 déc. 1832, Belmont.

287. — Le fait de s'être rendu au poste pour une garde hors de tour sans armes et sans uniforme (ainsi que nous l'avons dit *suprà*, no 270), constitue la désobéissance et l'insubordination punies de la prison par l'art. 89, L. 22 mars 1831. — *Cass.*, 11 mai 1832, Barthélemy.

288. — A plus forte raison si, venu au poste sans armes, sans uniforme, le garde national répond d'une manière inconvenante au chef du poste qui l'avait puni d'une heure de faction hors de tour. — *Cass.*, 22 oct. 1831, Rose des Ordous.

289. — Un garde national est de service pendant tout le temps pour lequel il a été requis, même pendant l'absence momentanée qu'il aurait faite en vertu de permission; il est donc tenu, même hors du poste, de garder ses insignes. — *Cass.*, 3 janv. 1834, Villette.

290. — Le chef de corps a également le droit de leur imposer cette obligation; ses ordres doivent être observés pendant le service, sauf à se pourvoir devant qui de droit. — Même arrêt.

291. — Est coupable de désobéissance et d'insubordination un caporal de la garde nationale qui refuse obstinément de prendre les galons, marque distinctive de son grade, dénie au chef de corps le droit de l'y contraindre, et refuse de monter la garde hors de tour qui lui a été infligée pour ce fait. — *Cass.*, 17 sept. 1833, Brière.

292. — Mais jugé que le refus fait par un garde national de revêtir l'uniforme offert par la commune, dans une localité où l'uniforme n'était pas déterminé par une ordonnance, ou de porter le fourniment qui lui est remis conformément à l'ordre du jour de l'état-major, se rend coupable seulement de désobéissance, mais non d'insubordination; et qu'il ne peut, en conséquence, pour ce fait, être condamné à la prison. — *Cass.*, 27 déc. 1834, Boussi; 11 nov. 1836, Poullet.

293. — Jugé aussi que le fait qualifié par le conseil de discipline *d'infraction aux règles du service*, ne donnant lieu à la peine de l'emprisonnement qu'autant que cette infraction a lieu de la part d'un officier, le garde national qui a fait son service sans être revêtu de son uniforme, et qui, à raison de ce fait, a été déclaré coupable *d'infraction aux règles du service*, est passible seulement de la peine de la réprimande, l'art. 87 n'étant applicable qu'aux officiers. — *Cass.*, 16 mars 1837 (t. 2 1840, p. 95), Bourdon.

§ 2. — *Des armes.*

294. — Lorsque le gouvernement jugera nécessaire de délivrer des armes de guerre aux gardes nationales, le nombre d'armes reçu sera constaté dans chaque municipalité, au moyen d'états émargés par les gardes nationaux à l'instant où les armes leur seront délivrées. L'entretien de l'armement est à la charge du garde national, et les réparations, en cas d'accident causé par le service, sont à la charge de la commune. — L. 22 mars 1831, art. 63.

295. — Les gardes nationaux et les communes sont responsables des armes qui leur auront été délivrées. Ces armes restent la propriété de l'état. Les armes seront numérotées et poinçonnées. — Même article.

296. — Quand la perte de l'arme confiée à un garde national résulte d'un cas de force majeure, indépendant du service, comme un incendie, elle est à la charge de la commune. — Avis cons. d'état, 1er juin 1832.

297. — L'art. 91, L. 22 mars 1831, porte que le garde national prévenu d'avoir vendu à son profit des armes de guerre ou les effets d'équipement qui lui ont été confiés par l'état ou par les communes, sera renvoyé devant le tribunal de police correctionnelle pour y être poursuivi à la diligence du ministère public, et puni, s'il y a lieu, de la peine portée en l'art. 408, C. pén., sauf l'application, le cas échéant, de l'art. 463 du même Code. Le jugement de condamnation doit prononcer la restitution, au profit de l'état ou de la commune, du prix des armes ou des effets vendus.

298. — L'application de cette disposition et la question de savoir si elle comprend le cas de refus de restitution après la dissolution de la garde nationale, ont donné lieu à plusieurs difficultés. — V. à cet égard ABUS DE CONFIANCE, nos 82 et suiv.

299. — Une ordonnance royale prescrit l'organisation dans chaque commune d'un service spécial de surveillance de l'armement de la garde nationale. — Ord. 24 oct. 1833.

300. — Jugé que l'ordonnance royale du 24 oct. 1833, rendue pour l'exécution des art. 69 et 81, L. 22 mars 1831, et relative à la conservation des armes, est étrangère au service de la garde nationale et des revues. — *Cass.*, 14 juill. 1838 (t. 1er 1840, p. 302), Briquet.

301. — Le droit de faire inspecter les armes s'étend aux armes de guerre que les gardes nationaux auraient achetées comme à celles que l'état leur a confiées. — Décis. min. 22 juill. 1833.

302. — Mais le garde national auquel il n'a pas été délivré d'armes de guerre ne peut être tenu de se présenter aux revues et exercices avec son fusil de chasse. — Décis. min. 29 avr. 1833.

303. — Les maires peuvent retirer les armes à un garde national condamné pour refus de service mais toujours porté sur le contrôle de service. — Instr. min. 18 fév. 1832.

304. — Il suffit qu'ils jugent qu'il y aurait un grave inconvénient à laisser des armes dans les mains d'un garde national pour que les maires puissent en opérer le retrait. — Décis. min. 10 sept. 1832.

305. — Une ordonnance du 12 avr. 1831 (Duvergier, *Coll.*, t. 31, p. 306) porte qu'il sera distribué des munitions aux corps dont l'instruction, dans les manœuvres et le maniement des armes, sera assez avancée pour comporter leur admission aux exercices à feu. — Art. 2. — V. aussi circul. min. 23 avr. 1831.

306. — Il existe dans chaque commune où se trouvent des armes de guerre appartenant à l'état un personnel d'armement. — Sol. min. 31 déc. 1833.

307. — Les fonctions d'officier d'armement sont compatibles avec celles de commandant d'une garde nationale, soit communale, soit cantonnale. — Sol. min. 31 déc. 1833.

§ 3. — *Des préséances.*

308. — Les diverses armes dont se compose la garde nationale sont assimilées, pour le rang à conserver entre elles, aux armes correspondantes des forces régulières. — L. 22 mars 1831, art. 70.

309. — Dans les revues, les canoniers, puis les sapeurs-pompiers doivent défiler avant la garde nationale à pied. — Instr. min. 10 sept. 1832.

310. — Toutes les fois que la garde nationale est réunie, les différens corps prennent la place qui leur est assignée par le commandant supérieur. — Même loi, art. 71.

311. — Dans tous les cas où les gardes nationales servent avec les corps soldés, elles prennent le rang sur eux. — Le commandement, dans les fêtes ou cérémonies civiles, appartient à celui des officiers de divers corps qui a la supériorité du grade, ou, à grade égal, à celui qui est le plus ancien. — Même loi, art. 72.

312. — Déjà une instruction de l'Assemblée constituante, 12 août 1790, chap. 1er, § 9, no 6, portait : « les gardes nationales ont, dans leur territoire, le pas sur les troupes de ligne. »

313. — Des instructions ministérielles des 25 mai 1831 et 9 juill. 1831 règlent le rang des officiers entre eux et des compagnies d'un même bataillon.

314. — Une décision ministérielle du 29 avr. 1829 a également disposé que si les chefs des administrations civiles et les employés sous leurs ordres sont convoqués en même temps comme gardes nationaux et comme fonctionnaires les jours de solennité publique, ils doivent suivre la loi de leur position spéciale.

ART. 6. — *Nominations aux grades, élections. — Reconnaissance des officiers — Serment.*

§ 1er. — *Nominations aux grades et élections.*

315. — Le principe de l'élection, en matière de garde nationale, a été posé dans la loi du 29 sept. 1791. Mais il disparut sous l'empire, et la nomination des officiers fut exclusivement réservée au chef de l'état. — Décis. 2 vendém. an XIV, art. 1er.

316. — Depuis cette époque, et jusqu'à la révolution de 1830, la nomination aux grades resta réservée au roi.

317. — Jugé qu'avant la loi du 22 mars 1831, dans les villes où la garde nationale avait été mise en activité de service par ordonnance du roi, la nomination provisoire des officiers faite par le préfet, devait avoir son effet jusqu'à une nomination définitive d'officiers faite par le roi. Les officiers nommés par le préfet pouvaient en conséquence faire légalement partie des conseils de discipline. — *Cass.*, 12 août 1827, Decour.

318. — Avec la révolution de juillet, le principe électoral a reparu, et l'art. 50, L. 22 mars 1831, porte que dans chaque commune les gardes nationaux appelés à former une compagnie ou subdivision de compagnie se réuniront sans armes et sans uniforme pour procéder, en présence du président du conseil de recensement, assisté par les deux membres les plus âgés de ce conseil, à la nomination de leurs officiers, sous-officiers et caporaux, suivant les tableaux des art. 33, 35 et 37.

319. — Le même article ajoute que si plusieurs communes sont appelées à former une compagnie, les gardes nationaux de ces communes se réuniront dans la commune la plus populeuse pour nommer leur capitaine, leur sergent-major et leur fourrier.

320. — En outre, chaque compagnie nomme des sous-officiers, caporaux et gardes nationaux qui, sous le nom de délégués, doivent concourir à la nomination des chefs de bataillon et porte-drapeaux, et à la présentation de la liste de candidats pour le grade de colonel et de lieutenant-colonel. — L. 22 mars 1831, art. 53. — Chaque délégué conserve ce pouvoir jusqu'au renouvellement triennal. — Avis cons. d'état, 30 nov. 1831.

321. — Les rapporteurs ayant le grade de capitaine ou de lieutenant ne peuvent faire partie des délégués. — *Cons. d'état*, 18 nov. 1838, Heroux.

322. — La loi du 22 mars 1831 portait comme disposition transitoire, dans son art. 123 : « Dans les trois mois qui suivront la promulgation de la présente loi, il sera procédé à une nouvelle élection d'officiers, sous-officiers et caporaux dans les corps de la garde nationale. Néanmoins le gouvernement pourra suspendre pendant un an la réélection des officiers dans les localités où il le jugera convenable. » — La nature de cette disposition dit assez qu'elle ne saurait être appliquée aujourd'hui.

323. — C'est au préfet ou au sous-préfet, par délégation expresse du préfet, à autoriser les élections. Les maires ne peuvent sans autorisation du préfet faire procéder aux élections soit générales soit partielles. — Solut. minist., 23 mars et 26 déc. 1832.

324. — Dans le département de la Seine, les élections sont faites sous la présidence du maire ou d'un adjoint, assisté de deux membres du conseil de recensement. — L. 14 juill. 1837, art. 16.

325. — L'élection des officiers a lieu pour chaque grade successivement, en commençant par le plus élevé, au scrutin individuel et secret, à la majorité absolue des suffrages. Les sous-officiers et caporaux sont nommés à la majorité relative. — L. 22 mars, art. 51.

326. — Dans le département de la Seine, les délégués sont élus sur bulletins de liste, c'est-à-dire comprenant, au plus, autant de noms qu'il y a de délégués à élire, et à la majorité relative, immédiatement après les officiers. — L. 14 juill. 1837, art. 13.

327. — Si plusieurs sous-officiers réunissent un nombre égal de voix, le plus âgé est préféré. — Inst. minist., 10 sept. 1831.

328. — Le scrutin est dépouillé par le président du conseil de recensement, assisté au moins par deux membres de ce conseil, lesquels remplissent les fonctions de scrutateurs. — Même article.

329. — La loi de 1831 n'a pas dit quel nombre de votans serait nécessaire pour la validité de l'élection. — Une instruction ministérielle, du 15 septembre 1831, a reconnu à l'administration supérieure le droit d'annuler les élections lorsque le nombre des votans n'est pas supérieur à celui des grades à conférer.

330. — Comme disposition spéciale au département de la Seine, la loi du 14 juill. 1837 porte, art. 14 : « Sauf le cas d'élection générale ou de dissolution, l'élection ne sera valable qu'autant que le tiers plus un des gardes nationaux convoqués y aura pris part. — Le scrutin sera clos immédiatement après l'appel et le réappel, et le bureau ne procédera au dépouillement que si le nombre des votes est égal au tiers plus un des inscrits.

331. — Si le nombre des gardes nationaux présens est inférieur au tiers plus un, il sera procédé à l'élection par les officiers, sous-officiers, caporaux et délégués existant dans la compagnie. Les sergens-majors ou fourriers seront élus sur bulletins individuels; les sergens et caporaux sur bulletins de liste; dans les deux cas, l'élection aura lieu à la majorité relative. — Même article.

332. — Dans les villes et communes qui ont plus d'une compagnie, chaque compagnie sera appelée séparément et tour à tour pour procéder à ses élections. — L. 22 mars, art. 52.

333. — Les citoyens portés sur le contrôle de réserve de la garde nationale ne peuvent pas concourir à la nomination des officiers ou sous-officiers, ni être appelés à faire partie du conseil de révision. — *Cass.*, 10 sept. 1831, Jégou; 22 oct. 1831, Delahaye; — Avis cons. d'état, 13 avr. 1831; instr. minist. 25 mai 1831.

334. — Les officiers d'un grade supérieur peuvent prendre part aux élections des officiers d'un grade inférieur, et à celles des sous-officiers et caporaux. — Décis. minist. 19 nov. 1832.

335. — Il n'y a d'exception que pour les gardes nationaux promus à des emplois d'état-major de bataillon ou de légion, et cela pendant la durée de leurs fonctions. — Avis cons. d'état, 1er juin 1832.

336. — La nomination des chefs de bataillon et porte-drapeaux se fait par tous les officiers du bataillon réunis à pareil nombre de sous-officiers, caporaux ou gardes nationaux, et formés en assemblée convoquée et présidée par le maire de la commune si le bataillon est communal, et par le maire, délégué du sous-préfet, si le bataillon est cantonnal. — L. 22 mars 1831, art. 53.

337. — Tous les scrutins d'élection sont, dans ce cas, individuels et secrets; il faut la majorité absolue des suffrages. — Même article.

338. — Les officiers d'état-major ne concourent pas à cette nomination. — Instr. minist. 31 déc. 1831.

339. — Le principe d'élection n'est pas absolu et appliqué directement à tous les grades. Pour les grades supérieurs, il est combiné avec le principe de nomination royale. Ainsi, les chefs de légion et les lieutenans-colonels sont choisis par le roi sur une liste de dix candidats présentés à la majorité relative par la réunion : 1° de tous les officiers de la légion ; — 2° de tous les sous-officiers, caporaux et gardes nationaux désignés dans chacun des bataillons de la légion, pour concourir au choix du chef de bataillon, comme il est dit art. 53. — L. 22 mars, art. 56. — Les officiers d'état-major ne participent pas non plus à cette élection. — Instr. minist. 31 déc. 1831.

340. — Pour d'autres grades, le pouvoir royal exerce son droit de nomination directement et sans se combiner avec l'élection. Ainsi, les majors, les adjudans-majors, chirurgiens-majors et aides-majors sont nommés par le roi. — L. 22 mars, art. 57.

341. — L'adjudant sous-officier est nommé par le chef de légion ou de bataillon. — Même article.

342. — Le capitaine d'armement et l'officier payeur sont nommés par le commandant supérieur ou le préfet sur la présentation du chef de légion. — Même article.

343. — ... Ou sur celle du plus ancien chef de bataillon s'il n'y a pas encore de colonel. — Solut. minist. 9 nov. 1832.

344. — Le préfet n'est pas tenu de choisir le capitaine d'armement ou l'officier payeur parmi les officiers d'un grade correspondant. — Instr. minist. 31 mars 1834.

345. — Il est nommé aux emplois, autres que ceux désignés ci-dessus, sur la présentation du chef de corps, savoir : par le maire, lorsque la garde nationale est communale ; et par le sous-préfet pour les bataillons cantonnaux. — Même loi, art. 58.

346. — Une instruction ministérielle du 9 juill. 1831 règle les conditions d'aptitude pour les emplois de majors, adjudans-majors, chirurgiens-majors, aides-majors des légions et bataillons.

347. — Dans le département de la Seine, les officiers de compagnie, les porte-drapeaux et chefs de bataillon, ne peuvent être choisis que dans la circonscription de la légion. Les chefs de légion et lieutenans-colonels peuvent l'être dans toute l'étendue du département. — L. 14 juill. 1837, art. 10.

348. — Les chirurgiens-majors de la garde nationale de la Seine doivent être choisis et résider dans la circonscription de la légion, et les chirurgiens aides-majors dans la circonscription du bataillon. — Même loi, art. 11.

349. — Les officiers d'une compagnie ne peuvent être choisis que parmi les gardes nationaux de cette compagnie ; ceux des bataillons, que parmi les gardes nationaux de ce bataillon, et les officiers supérieurs de la légion, que dans le sein même de la légion. — Instr. min. 25 mai 1831.

350. — Toutefois, la même instruction ministérielle contient une exception en faveur des compagnies d'élite, grenadiers et voltigeurs, des corps spéciaux, sapeurs et sapeurs-pompiers, qui peuvent prendre leurs officiers dans tout le bataillon.

351. — On peut être élu officier et même chef de corps, bien qu'on ne sache ni lire ni écrire. — Avis cons. d'état du 1er juin 1832.

352. — Sous la loi du 29 sept. 1791, les élections étaient faites pour un an. La durée des fonctions ainsi conférées a été étendue par la loi du 22 mars 1831, qui porte : « Les officiers, sous-officiers et caporaux seront élus pour trois ans. Ils pourront être réélus. » — Art. 60.

353. — Le délai de trois ans court du jour des élections générales, sans égard aux nominations faites dans l'intervalle. — Sol. min. 10 sept. 1832.

354. — Tant que les élections n'ont pas été faites, les officiers, sous-officiers et caporaux de la garde nationale doivent continuer leurs fonctions. — *Cass.*, 19 août 1837 (1. 2 1837, p. 196), Mezirard.

355. — Ainsi, lorsque l'élection des officiers et sous-officiers d'une compagnie a été annulée par le jury de révision dont la décision a été l'objet d'un recours au conseil d'état, un garde national ne peut, pour se justifier d'avoir manqué au service, alléguer pour sa justification, devant le conseil de discipline, que la compagnie à laquelle il appartenait était désorganisée et dépourvue de chefs, alors qu'un arrêté du préfet a ordonné que les officiers et sous-officiers de sa compagnie continueraient leurs fonctions jusqu'à la décision à intervenir du conseil d'état. — *Cass.*, 28 fév. 1835, Quenet.

356. — De même, il ne peut y avoir dans la garde nationale aucun grade sans emploi. — L. 22 mars, art. 66. — Il ne peut exister d'emploi vacant sans qu'il y soit immédiatement pourvu et selon les formes établies. — L. 22 mars 1831, art. 62.

357. — Les ordonnances qui prescrivent les réélections triennales de la garde nationale disposent également qu'à mesure desdites réélections il sera pourvu par de nouvelles nominations à tous les grades et emplois confiés par ordonnance royale ou autrement, et que néanmoins les titulaires de

ces grades continueront d'en exercer les fonctions jusqu'à ce qu'il ait été régulièrement pourvu aux nouvelles nominations.

358. — Le capitaine ou lieutenant en premier n'est pas de droit remplacé par le capitaine ou lieutenant en second. C'est par voie d'élection qu'il est pouvu à son remplacement. — Instr. min. 10 sept. 1831.

359. — En cas de vacance dans les grades, l'autorité municipale doit se concerter avec le chef du corps pour faire procéder aux élections devenues nécessaires. — Rép. min. 7 oct. 1833.

360. — Et si l'autorité municipale ne veut pas provoquer la réunion des gardes nationaux ou néglige de le faire, le chef du corps peut s'adresser au préfet. — Même rép. minist.

361. — Les corps spéciaux doivent suivre, pour leur formation et pour l'élection de leurs officiers, sous-officiers et caporaux, les règles prescrites par les art. 33 et suiv. — L. 22 mars, art. 65.

362. — Les réclamations élevées relativement à l'inobservation des formes prescrites pour l'élection des officiers et sous-officiers sont portées devant le jury de révision, qui décide sans recours. — Art. 54.

363. — Il en est de même des réclamations élevées contre les élections des délégués des compagnies. — *Cons. d'état*, 15 juill. 1832, Chopin; 3 mai 1833, Min. int. — V. cependant avis cons. d'état, 23 mars 1832.

364. — Le même avis du conseil d'état a également attribué à l'autorité administrative la connaissance des réclamations sur le choix des candidats à présenter au roi pour les grades de chefs de légions.

365. — Jugé que la désignation des délégués ne peut être attaquée devant le jury de révision après que ces délégués ont rempli leur mission. — *Cons. d'état*, 14 déc. 1832; 8 mars 1833, Schonen.

366. — La compétence du conseil de révision n'est pas bornée au cas où il s'agit d'inobservation de forme, mais elle s'étend à toute demande en nullité d'élections, sans distinction de forme ni de fond, et, par exemple, au cas où il s'agit de conditions d'éligibilité des officiers. — *Cons. d'état*, 20 juill. 1832, Min. int.; 10 août 1832, Min. int.; 15 oct. 1832, préfet Seine-et-Oise; 16 nov. 1832, préfet Haute-Saône; 20 avr. 1835, garde nat. Limoges et Brière; 15 juill. 1835, garde nat. Saint-Martin; 25 avr. 1833, Min. int.; 14 fév. 1839, Doazan; — Cormenin, 5e édit., t. 2, p. 260, no 5; Foucart, *Elém. dr. publ. et admin.*, t. 1er, no 512; Serrigny, *Tr. org. comp. et proc. en mat. cont. et admin.*, t. 2, no 1123.

367. — La dissolution d'une garde nationale rend sans objet le recours formé contre l'élection d'un officier. — *Cons. d'état*, 22 nov. 1833, Merlo; — Cormenin, vo *Garde nat.*, t. 2, p. 265.

368. — Le pourvoi relatif à l'élection des officiers formé devant le jury de révision par un garde national non maintenu dans son grade ne l'autorise pas à refuser le service. — *Cass.*, 17 mars 1832, Dodeman.

369. — Jugé que l'ordonnance de nomination des colonels et lieutenans-colonels ne peut être attaquée devant les jurys de révision. — *Cons. d'état*, 14 déc. 1832; 8 mars 1833, Schonen.

370. — Spécialement la nomination d'un colonel de garde nationale faite par le roi ne peut être attaquée sous prétexte qu'il ne serait pas Français. — *Cass.*, 14 juill. 1832, Bricourt.

371. — On s'est demandé si les dispositions pénales qui garantissent le libre exercice des droits politiques doivent aussi s'appliquer aux élections de la garde nationale. — MM. Chauveau et Hélie (*Théorie Code pén.*, t. 2, 2e édit., p. 216) et Morin (*Dict. droit crim.*, vo *Élections*) résolvent affirmativement cette question, attendu que ces élections ont lieu aussi en vertu de la charte (art. 69). — V. au surplus sur les questions que peuvent soulever les art. 111 à 113 du Code pén. vo ÉLECTIONS LÉGISLATIVES.

§ 2. — *Reconnaissance. — Serment.*

372. — Dans chaque commune, le maire doit faire reconnaître à la garde nationale assemblée sous les armes le commandant de cette garde. Celui-ci, en présence du maire, fait reconnaître les officiers. — L. 22 mars, art. 59.

373. — A Paris, c'est le préfet qui procède à la reconnaissance. — Même article.

374. — Pour les compagnies et bataillons qui comprennent plusieurs communes, le sous-préfet ou son délégué fait reconnaître l'officier commandant en présence de la compagnie ou du bataillon assemblé. — Même article.

375. — Lors de leur reconnaissance, les officiers prêtent serment de fidélité au roi des Français et d'obéissance à la charte constitutionnelle et aux lois du royaume. — Même article.

376. — Le droit de faire reconnaître les officiers élus et de provoquer leur prestation de serment n'appartient qu'à l'autorité administrative; l'autorité judiciaire ne doit s'arrêter qu'au fait et à la date de la reconnaissance et du serment. — *Cass.*, 27 avr. 1833, Bernard.

377. — Mais si des officiers ont à se plaindre du retard apporté par un maire à faire procéder à la reconnaissance et à la prestation de serment, ils peuvent se pourvoir devant l'autorité administrative. — Même arrêt.

378. — Il y a présomption légale que les officiers ont prêté le serment prescrit par la loi. — *Cass.*, 22 oct. 1831, Delahaye.

379. — Un conseil de discipline n'a pas qualité pour examiner si un officier a été légalement proclamé lors de son entrée en fonctions; ce droit n'appartient qu'à l'autorité administrative. — En conséquence un garde national prévenu d'insubordination envers un officier ne peut être acquitté sur le motif que ce chef n'aurait pas été légalement proclamé. — *Cass.*, 27 avr. 1835, Bonnemaison.

380. — La loi n'exige pas que les officiers consignent sur un procès-verbal le serment qu'ils ont prêté lors de leur reconnaissance ni que l'administration leur fasse parvenir leur brevet, qu'ils peuvent eux-mêmes réclamer; ils doivent faire leur service tant qu'ils ne justifient pas d'une démission donnée par eux et acceptée par l'autorité. — *Cass.*, 1er juin 1833, Dubois-Tailli.

381. — *Suspension.* — Sur l'avis du maire et du sous-préfet, tout officier de la garde nationale peut être suspendu de ses fonctions pendant deux mois, par arrêté motivé du préfet, pris en conseil de préfecture. — Même loi, art. 61.

382. — L'officier doit être préalablement entendu dans ses observations (même article), ou tout au moins appelé à jour et heure indiqués. — S'il ne comparaît pas, il peut être jugé par défaut. — Décis. min., 22 juill. 1833.

383. — L'arrêté du préfet est transmis immédiatement par lui au ministre de l'intérieur. — Même article.

384. — Sur le rapport du ministre, la suspension peut être prolongée par une ordonnance du roi. — Même article.

385. — Si dans le cours d'une année ledit officier n'a pas été rendu à ses fonctions, il est procédé à une nouvelle élection. — Même article.

386. — Le principe de réélection immédiate est modifié, pour le département de la Seine, par l'art. 15, L. 14 juill. 1837, qui porte : « Dans l'intervalle d'une élection générale à l'autre, le remplacement des officiers, sous-officiers, caporaux et délégués aura lieu selon les besoins du service. »

387. — Un officier ne peut échapper aux effets de la suspension prononcée par ordonnance royale en donnant sa démission; le préfet doit refuser cette démission. — Solut. min. 30 oct. 1832.

388. — En cas de réélection par suite de suspension, l'officier suspendu peut être réélu. — La loi ne dit pas le contraire, et, comme le dit M. Duvergier (*Collection*, t. 31, p. 196), le rapporteur à la chambre des pairs l'a formellement reconnu.

389. — La décision par laquelle un préfet, statuant dans les limites de ses pouvoirs et conformément à l'art. 61, L. 22 mars 1831, suspend un officier de ses fonctions, est un acte administratif qui ne peut être attaqué devant le conseil d'état par la voie contentieuse. — *Cons. d'état*, 20 fév. 1835, Léon.

ART. 7. — *De l'Administration.*

390. — La garde nationale est placée, pour son administration et sa comptabilité, sous l'autorité administrative et municipale. — L. 22 mars 1831, art. 79.

391. — Les dépenses de la garde nationale sont votées, réglées et surveillées comme toutes les autres dépenses municipales. — Même article.

392. — On avait proposé d'assujétir certaines personnes dispensées du service à une taxe destinée à pourvoir aux dépenses de la garde nationale, mais cette proposition a été rejetée. — L'ord. du 17 juill. 1816, en dispensant du service personnel les personnes âgées de plus de cinquante ans, les obligeait au paiement d'une indemnité si, d'après leur fortune, elles étaient jugées pouvoir la supporter. — Duvergier, *Collect. des lois*, t. 31, p. 198.

393. — Il doit y avoir, dans chaque légion ou dans chaque bataillon formé par les gardes nationaux d'une même commune, un conseil d'administration chargé de présenter annuellement au maire l'état des dépenses nécessaires et de viser les pièces justificatives de l'emploi fait des fonds. — L. 22 mars 1831, art. 80.

394. — Le conseil est composé du commandant de la garde nationale, qui présidera, et de six membres choisis parmi les officiers, sous-officiers et gardes nationaux. — Même article.

395. — De même, il doit y avoir par bataillon cantonnal un conseil d'administration chargé des mêmes fonctions, et qui doit présenter au sous-préfet l'état des dépenses résultant de la formation du bataillon. — Même article.

396. — Les membres du conseil d'administration seront nommés par le préfet sur une liste triple de candidats présentés par le chef de légion ou par le chef de bataillon dans les communes où il n'est pas formé de légion. — Même article.

397. — Dans les communes où la garde nationale comprend une ou plusieurs compagnies non réunies en bataillon, l'état des dépenses est soumis au maire par le commandant de la garde nationale. — Même article.

398. — Les dépenses ordinaires de la garde nationale sont : 1o Les frais d'achat des drapeaux, des tambours et des trompettes; — 2o La partie d'entretien des armes qui n'est pas à la charge individuelle des gardes nationaux; — 3o Les frais de registres, papiers, contrôles, billets de garde, et tous les menus frais de bureau qu'exige le service de la garde nationale. — Même loi, art. 81.

399. — Les dépenses extraordinaires sont : 1o Dans les villes qui, d'après l'art. 64, reçoivent un commandant supérieur, les frais d'indemnité pour les dépenses indispensables de ce commandant et de son état-major; — 2o Dans les communes et les cantons où sont formés des bataillons ou légions, les appointemens des majors, adjudans-majors et adjudans sous-officiers, si ces fonctions ne peuvent pas être exercées gratuitement; — 3o L'habillement et la solde des tambours et trompettes. — Même article.

400. — Les conseils municipaux sont juges de la nécessité de ces dépenses. — Même article.

401. — En cas de création de bataillons cantonnaux, la répartition de la portion afférente à chaque commune du canton, dans les dépenses du bataillon autres que celles des compagnies, doit être faite par le préfet en conseil de préfecture, après avoir pris l'avis des conseils municipaux. — L. 22 mars 1831, art. 81.

402. — Un avis du cons. d'état du 5 août 1831 a décidé que la répartition devait se faire entre ces communes en prenant pour base les contributions directes de chacune d'elles.

403. — C'est de la même manière que doivent être supportés les frais de bureau, d'éclairage et de chauffage des conseils de discipline, de recensement et de révision. — Avis cons. d'état 5 août 1831.

404. — Les frais auxquels donnent lieu les inspections et les radiations annuelles à faire sur les registres matricules et les contrôles sont aussi à la charge des communes. — Instr. min. 1er juin 1832.

405. — Il existe (à Paris du moins) dans chaque compagnie un conseil de famille composé d'officiers et simples gardes nationaux, présidé par le capitaine, dont les attributions consistent à contrôler l'état des recettes opérées par la compagnie par voie de cotisation volontaire ou autrement, et à pourvoir aux dépenses spéciales.

Sect. 4e. — *De l'inscription sur les registres matricules et contrôles.*

406. — Dans l'origine de l'institution de la garde nationale, l'inscription sur les registres matricules n'était pas seulement considérée comme un devoir, mais aussi comme un droit auquel étaient attachés certains avantages.

407. — Aussi, dans une instruction de l'Assemblée constituante du 12 août 1790, chap. 9, no 3, trouvons-nous : « Tous les citoyens qui veulent jouir du droit d'activité, et leurs fils âgés de dix-huit ans, doivent s'inscrire sur la liste de la garde nationale. »

408. — Cette disposition de l'instruction n'a pas tardé à être convertie en loi : « Ceux-là seuls jouiront du droit de citoyen actif qui, réunissant d'ailleurs les conditions prescrites, auront pris l'engagement de rétablir l'ordre au dedans, quand ils seront légalement requis, et de s'armer pour la défense de la liberté et de la patrie. » — Décr. 6 déc. 1790; 29 sept. 1791, art. 1er et 2.

409. — Aujourd'hui il y a deux sortes d'inscriptions en matière de garde nationale : l'une sur les registres matricules, qui comprend tous les citoyens qui *doivent* et qui *peuvent* faire partie de la garde nationale, et qui est faite par les conseils de

recensement; l'autre, sur les contrôles de service qui comprennent le service ordinaire et la réserve; cette inscription est faite par le conseil de recensement et par le jury de révision. — Ce sera l'objet des deux articles suivans.

410.— La loi du 22 mars 1831 ne prescrit la formation que de deux contrôles, l'un pour le service ordinaire, l'autre pour la réserve, desquels on devait extraire, au moment où le besoin s'en ferait sentir, les citoyens appelés à faire partie des corps détachés. Depuis (L. 19 avr. 1832), il a été créé un troisième contrôle des citoyens mobilisables. — V. *infrà*

ART. 1er. — *De l'inscription sur les registres matricules. — Conseils de recensement.*

411. — Les Français appelés au service de la garde nationale doivent être inscrits sur un registre matricule établi dans chaque commune. — L. 22 mars 1831, art. 14.

412. — A cet effet, les listes de recensement sont dressées par le maire, revisées par un conseil de recensement et déposées au secrétariat de la mairie; les citoyens sont avertis qu'ils peuvent en prendre connaissance. — Même article.

413. — Dans l'étendue du département de la Seine, tous les Français appelés par la loi au service de la garde nationale, et qui ne sont pas portés sur le registre matricule, sont tenus de se faire inscrire à la mairie de leur résidence.—L. 14 juill. 1837, art. 2.

414. — Cette inscription doit être faite dans les deux mois qui suivront l'accomplissement des conditions (d'âge ou de résidence) qui rendent obligatoire le service de la garde nationale. Ce délai ne court pour les Français âgés de moins de vingt-un ans que du jour où ils ont satisfait à la loi du recrutement. — L. 14 juill. 1837, art. 2.

415. — En cas de changement de résidence, la déclaration à fin d'inscription doit être faite dans le même délai, à la mairie de l'arrondissement municipal ou de la nouvelle résidence.—Même art.

416. — Tout Français qui ne se sera pas conformé aux dispositions précédentes, et dont l'inscription d'office au contrôle du service ordinaire sera devenue définitive, sera, par ce seul fait, constitué en état de refus de service, et renvoyé par le maire devant le conseil de discipline, qui pourra le condamner à un emprisonnement d'un jour au moins, de cinq jours au plus. — L. 14 juill. 1837, art. 2.

417.—Jugé que, dans tous les cas, l'emprisonnement ne peut être inférieur à un jour, minimum déterminé par l'art. 2.—*Cass.*, 21 sept. 1838 (t. 2 1838, p. 279), Charpentier.

418. — Il doit y avoir au moins un conseil de recensement par commune. Dans les communes rurales, et dans les villes qui ne forment pas plus d'un canton, le conseil municipal, présidé par le maire, remplit les fonctions de conseil de recensement. — L. 22 mars 1831, art. 15.

419. — Dans les villes qui renferment plusieurs cantons, le conseil municipal peut s'adjoindre un certain nombre de personnes choisies à nombre égal, dans les divers quartiers, parmi les citoyens appelés à faire le service de la garde nationale. — Même art.

420. — Le conseil municipal et les membres adjoints peuvent se subdiviser, suivant les besoins, en autant de conseils de recensement qu'il y aura d'arrondissemens. Dans ce cas, l'un des conseils est présidé par le maire; chacun des autres est présidé par l'adjoint ou le membre du conseil municipal délégué par le maire. Ces conseils seront composés de huit membres au moins. — Même art.

421. —Quand le conseil de recensement est uniquement formé du conseil municipal, il est permanent. — Instr. min., 17 av. 1831.

422.—L'art. 15 de la loi de 1831 se terminait par la disposition suivante : —« A Paris, il y aura par arrondissement un conseil de recensement, présidé par le maire de l'arrondissement, et composé de huit membres choisis par lui, comme il est dit au troisième paragraphe de cet article. » — Cette disposition finale se trouve abrogée par l'art. 4 de la loi du 14 juill. 1837, qui compose ces conseils de recensement de seize membres nommés par le maire, et choisis en nombre égal pour chaque bataillon parmi les officiers, sous-officiers, délégués et caporaux de la légion.

423.— Ce conseil (à Paris) doit être renouvelé tous les six mois par moitié. — Le renouvellement semestriel qui suit chaque composition intégrale du conseil doit s'opérer par un tirage au sort fait par le maire en conseil de recensement. Les membres sortans peuvent être nommés de nouveau. — L. 14 juill. 1837, art. 4.

424.— Le conseil est présidé par le maire ou par un adjoint. En cas de partage, la voix du président est prépondérante. — Même art.

425. — Le conseil ne peut délibérer qu'au nombre de neuf membres au moins, y compris le président. — Même art.

426. — Lorsque le maire le juge utile, le conseil de recensement est divisé en deux sections de huit membres chacune, qui ne peuvent délibérer qu'au nombre de cinq membres au moins, y compris le président.— Même art.

427. — En cas de dissolution de la légion, le maire désigne, pour la réorganisation, les membres d'un conseil de recensement provisoire, qui cesse ses fonctions au moment de l'entrée en exercice d'un conseil nommé dans les formes ordinaires. — Même art.

428. — A Paris, les membres du conseil de recensement peuvent se dispenser du service.—Après trois absences consécutives, ils sont considérés comme démissionnaires et immédiatement remplacés par le maire, s'ils ne justifient d'empêchemens légitimes. — L. 14 juill. 1837, art. 5.

429. —Le conseil de recensement procède immédiatement à la révision des listes et à l'établissement du registre matricule. — L. 22 mars 1831, art. 16.

430. — Jugé que la loi ne prescrit ni citation préalable à l'inscription sur le contrôle de la garde nationale ni notification de cette inscription. —*Cass.*, 31 déc. 1841 (t. 1er 1842, p. 718), Jeandel.

431. —Jugé aussi que de ce que les conseils de recensement de la garde nationale sont appelés *chaque année* à la révision des listes du registre-matricule, il résulte qu'un conseil peut, sans être réputé violer l'autorité de la chose jugée, rejeter, comme insuffisante pour dispenser du service, une cause qu'il avait, l'année précédente, considérée comme créant au profit du même citoyen une dispense légitime. — *Cass.*, 24 janv. 1846 (t. 1er 1846, p. 663), Manchon; 12 avr. 1845 (t. 2 1845, p. 614), Crosnier.

432. — L'art. 17, L. 22 mars 1831, portait, « Au mois de janvier de chaque année, le conseil de recensement inscrit au registre matricule les jeunes gens qui seront entrés dans leur vingtième année pendant le cours de l'année précédente, ainsi que les Français qui auront nouvellement acquis leur domicile dans la commune; il rayera dudit registre les Français qui seront entrés dans leur soixantième année pendant le cours de la même année, ceux qui auront changé de domicile, et les décédés. Toutefois, le service ne sera pas exigé avant l'âge de vingt ans accomplis. — L. 22 mars 1831, art. 17.

433. —Il a été jugé en vertu de cet article que les jeunes Français qui sont entrés dans leur vingtième année doivent être compris dans les contrôles de la garde nationale, mais qu'ils ne doivent ce service que lorsque ces vingt années sont accomplies. — *Cass.*, 3 déc. 1831, Simonnot.

434. Mais un conseil de discipline qui renvoie devant le jury de révision un jeune homme âgé de vingt ans, pour se faire rayer des contrôles et se faire dispenser du service pendant un certain temps, commet un excès de pouvoir, si ce jeune homme a été traduit devant le conseil pour refus de service.—Même arrêt;—Instr. minist., 25 avr. 1831.

435. — La loi des 30 avr. et 7 mai 1846 a reproduit la disposition de l'art. 17 de la loi de 1831 en se bornant à ajouter après les mots « rayera les Français qui seront entrés dans leur soixantième année... » ceux-ci : « *et qui en feront la demande formelle*; » précisant ainsi que la loi, en s'occupant des personnes âgées, a voulu leur accorder une faveur, et non pas les frapper d'une exclusion; qu'elle a mis à leur disposition, comme le disait le rapporteur près la chambre des pairs, une faculté dont elles sont libres d'user au gré de leur convenance; mais qu'elle n'a pas entendu assigner *un terme fatal* à leur dévoûment.

436. — C'était, au surplus, en ce sens que l'art. 17 de la loi de 1831 avait été entendu, et il avait été jugé que les sexagénaires sont dispensés et non exclus du service; qu'ainsi ils peuvent faire partie des conseils de discipline de la garde nationale. — *Cass.*, 10 sept. 1831, Jégou.

437. — Il résultait aussi d'une réponse ministérielle qu'il n'y a pas lieu de rayer les citoyens âgés de soixante ans qui désirent continuer leur service. — Rép. min., 31 mars 1831.

438. — L'inscription de nouveaux gardes nationaux dans un autre mois que celui de janvier n'est pas nulle. — *Cass.*, 31 déc. 1841 (t. 1er 1842, p. 718), Jeandel.

439. — Dans le courant de chaque année, le maire note, en marge du registre-matricule, les mutations provenant : 1° des décès; — 2° des changemens de résidence; — 3° des actes en vertu desquels les personnes désignées dans les art. 11, 12 et 13 auraient cessé d'être soumises au service de la garde nationale, ou en seraient exclues. — L. 22 mars 1831, art. 18.

440. — Le conseil de recensement, sur le vû des pièces justificatives, prononce, s'il y a lieu, la radiation. — Même article.

441. — Les registres-matricules sont déposés au secrétariat de chaque mairie, et communiqués à tout habitant sur sa demande.— L. 22 mars 1831, art. 18; L. 14 juill. 1837, art. 3.

442. — Les décisions des conseils de recensement, en matière d'inscription sur les registres-matricules, sont déférées par voie d'appel aux jurys de révision.— L. 22 mars 1831, art. 25.

443. — Ainsi, c'est au jury de révision et non au conseil de discipline qu'il appartient de connaître des décisions des conseils de recensement relatives aux dispenses de service.— *Cass.*, 6 mars 1835, Maréchal.

444. — Lorsqu'il y a partage d'opinions, le conseil de recensement s'adjoint trois membres qu'il doit choisir sur les contrôles du service ordinaire, et les débats doivent recommencer devant ce conseil ainsi complété. — Solut. min., 23 mars 1832.

445.—Les ordres des chefs de corps de la garde nationale n'étant obligatoires et n'emportant de sanction pénale qu'autant qu'ils ont été donnés conformément aux réglemens légalement établis, ou lorsqu'ils sont relatifs au service, les chefs de compagnie ne sont pas tenus de fournir des renseignemens nécessaires à l'élimination des contrôles de la garde nationale des individus qui ne doivent pas y figurer, ou à l'inscription de ceux qui doivent y être portés. — *Cass.*, 18 août 1838 (t. 2 1838, p. 580), Petit-Hardel.

446. — L'inscription d'un citoyen au registre matricule de la garde nationale est présumée légale, tant qu'il n'y a pas eu réclamation; le conseil de discipline n'est pas compétent pour juger de la légalité de la composition de la garde nationale. — *Cass.*, 2 déc. 1831, Fabre.

447. — La question de savoir où est le domicile du garde national est exclusivement de la compétence du conseil de recensement et du jury de révision. — *Cass.*, 31 déc. 1841 (t. 1er 1842, p. 718), Jeandel; 10 mars 1832, Beaucé-Porro. — V. CONSEIL DE DISCIPLINE, JURY DE RÉVISION et CONSEIL DE RECENSEMENT.

448. — Dès-lors, le citoyen maintenu sur le contrôle par le jury de révision, malgré sa déclaration de changement de domicile, ne peut argumenter de ce changement devant le conseil de discipline.— *Cass.*, 2 oct. 1840 (t. 1er 1847, p. 313), Brunet.

449.— Et réciproquement, le garde national qui a transféré son domicile dans la circonscription d'une légion autre que celle à laquelle il appartenait antérieurement, ne peut être condamné pour manquement au service dans cette légion s'il n'a point été rayé des contrôles de la compagnie dont il faisait partie avant sa translation de domicile, et s'il y a continué son service de garde national. — *Paris*, 5 avr. 1837 (t. 1er 1837, p. 348), Millon.

ART. 2. — *De l'inscription sur les contrôles du service ordinaire et de la réserve.*

450. — Tous les citoyens portés sur les registres matricules ne sont pas appelés au même titre et de la même manière au service de la garde nationale.

451. — Après avoir établi le registre-matricule, le conseil de recensement procède à la formation du contrôle du service ordinaire et du contrôle de réserve. — L. 22 mars 1831, art. 19.

452. — Le contrôle du service ordinaire comprend tous les citoyens que le conseil de recensement juge pouvoir concourir au service habituel. — Même article.

453. — Néanmoins, parmi les Français inscrits sur le registre-matricule, on ne peut porter sur le contrôle du service ordinaire que ceux qui sont imposés à la contribution personnelle, et leurs enfans, ayant l'âge fixé par la loi, ou bien, ajoutait la loi du 22 mars 1831, les gardes nationaux non imposés à la contribution personnelle, mais qui, ayant fait le service postérieurement au 1er août dernier 1830, voudront le continuer. — Même article.

454. — Cette dernière disposition n'est pas applicable à la ville de Paris. — L. 14 juill. 1837, art. 2.

455. — Cette exception a été motivée par la considération suivante. A Paris la ville achète la contribution personnelle de tous ceux qui ne paient que 200 francs de loyer, en sorte que plusieurs citoyens réclamaient devant les conseils de

recensement et les jugés de révision leur exemption du service ordinaire, en se fondant sur ce qu'ils ne payaient pas la contribution personnelle à cause de la quotité de leur loyer.—Cette prétention n'était pas accueillie; on y répondait que la loi, en parlant de ceux qui ne payaient pas la contribution personnelle, avait eu en vue les citoyens qui à raison de leur position ne pouvaient être imposés, mais qu'elle n'avait pas entendu comprendre ceux qui par une combinaison particulière se trouvaient affranchis du paiement de la contribution personnelle; ce raisonnement était juste; mais la loi a voulu faire cesser tous doutes à cet égard. — Duvergier, *Coll.* 1837, t. 37, p. 203, note 2.

456. — Mais la banlieue (Montmartre) n'est pas considérée comme Paris. Dès-lors, dans cette commune, le citoyen non imposé à la contribution personnelle ne doit pas être maintenu, contre son gré, sur le contrôle du service actif. — *Cons. d'état*, 4 juin 1841, Moutardier.

457. — C'est au conseil de recensement et au jury de révision, et non au conseil de discipline qu'il appartient de prononcer sur un moyen tiré du défaut d'imposition. — *Cass.*, 1er sept. 1832, Hervouel; 10 oct. 1832, Dufour.

458. — Un garde national ne peut s'excuser d'un manquement au service sur ce que tous les citoyens d'une localité qui devaient faire partie de la garde nationale n'étaient pas compris sur les contrôles. — *Cass.*, 18 nov. 1831, Delabigne.

459. — Le contrôle de réserve comprend tous les citoyens pour lesquels le service habituel serait une charge trop onéreuse; ces citoyens ne doivent être requis que dans les circonstances extraordinaires. — L. 22 mars 1831, art. 19.

460. — Jugé que l'inscription sur le contrôle de réserve n'impose aucun service habituel; qu'en conséquence un citoyen ainsi inscrit ne peut être condamné pour refus de service, à moins qu'il ne s'agisse d'ordres de service donnés dans des circonstances extraordinaires. — *Cass.*, 18 fév. 1832, Damour.

461. — On ne doit pas porter sur les contrôles du service ordinaire les domestiques attachés au service de la personne. — L. 22 mars 1831, art. 20.

462. — Des expressions de cet article il faut conclure qu'il ne s'applique pas aux domestiques attachés à la maison ou à une exploitation; qu'ainsi les charretiers, les batteurs en grange doivent être portés sur le contrôle du service ordinaire. — C. inst. min. août 1831.

463. — La même décision devrait être suivie pour un garçon de cave employé chez un marchand de vin. — *Cass.*, 1er mars 1834, Ballé.

464. — Les inscriptions et les radiations à faire sur les contrôles ont lieu d'après les règles suivies pour les inscriptions et les radiations opérées sur les registres-matricules. — L. 22 mars 1831, art. 22.

ART. 3.— *Effets de l'inscription sur les contrôles du service ordinaire et de la demande en radiation.*

465. — L'inscription d'un garde national sur les contrôles constitue une présomption de capacité en sa faveur jusqu'à preuve du contraire. — *Cass.*, 25 juill. 1839 (t. 2 1839, p. 491), Dematreux.

466. — Et, en principe, ce n'est qu'en vertu d'une radiation définitive des contrôles qu'un garde national peut être relevé des obligations que lui impose cette qualité. —*Cass.*, 26 juill. 1832, Lefort.

467. — Ainsi, dès qu'un citoyen est porté sur les contrôles de la garde nationale, il devient justiciable des conseils de discipline s'il a manqué aux services commandés; son état d'infirmité n'est pas une excuse; il doit se pourvoir en radiation devant le conseil de recensement et le jury de révision. — *Cass.*, 3 mai 1838 (t. 1er 1840, p. 189), Sauvagcot.

468. — De même encore un garde national incorporé sur sa demande dans une compagnie de sapeurs-pompiers doit, tant qu'il n'a pas fait annuler devant le jury de révision son incorporation, faire son service, à peine d'être poursuivi disciplinairement.—*Cass.*, 10 juill. 1834, Geoffroy.

469. — Jugé encore que tant qu'un citoyen n'a pas fait réformer, en l'attaquant régulièrement, son inscription sur les contrôles, il doit obéissance aux ordres de service et que le conseil de discipline ne peut être juge de ses motifs de radiation. — *Cass.*, 1er mars 1834, Ballé.

470. — Un garde national régulièrement inscrit sur les contrôles, et qui ne s'est pas pourvu contre son inscription, ne peut refuser de faire le service pour lequel il est commandé, sous le prétexte qu'il fait partie de la garde nationale à cheval. — *Cass.*, 21 avr. 1832, Vincent; 28 déc. 1822, Brescoud.

471. — Jugé encore que, bien qu'il soit établi qu'un garde national fait son service dans la garde nationale à cheval, il n'en doit pas moins son service dans la compagnie de la garde à pied, sur les contrôles de laquelle il est inscrit, tant qu'il n'en a pas été rayé par l'autorité compétente. — *Cass.*, 30 nov. 1837 (t. 1er 1840, p. 116), Hébert.

472. — Lorsque le jury de révision s'est déclaré incompétent sur l'appel d'une décision du conseil de recensement qui maintient un citoyen sur le contrôle, le recours au préfet formé contre cette déclaration d'incompétence n'est pas suspensif, et ne dispense pas le citoyen de faire provisoirement son service. — *Cass.*, 1er déc. 1832, Navarre.

473. — Jugé de même que, indépendamment de ce que les décisions du jury de révision, quant au fait de domicile des réclamans, sont souveraines, et ne peuvent dès lors être susceptibles d'un recours au conseil d'état, ce recours au conseil d'état, dans tous les cas, n'est point suspensif, et ne dispense pas le réclamant d'obéir aux ordres de service qu'il reçoit avant sa décision. — *Cass.*, 6 juin 1835, Châteaubriant; 30 mai 1835, de Bruslard.

474. — En conséquence, les conseils de discipline peuvent condamner un garde national maintenu sur les contrôles par décision du jury de révision, encore bien qu'il se soit pourvu devant le conseil d'état. — *Cass.*, 30 mai 1835, De Bruslard.

475. — On jugeait, avant la loi de 1831, que le garde national qui est depuis longtemps inscrit sur les contrôles ne peut se dispenser du service ni être exempté de la peine encourue pour infraction à la discipline, sous le prétexte qu'il sollicite sa radiation, et qu'il n'a pas encore été statué sur sa réclamation. — *Cass.*, 28 avr. 1827, Barbier.

476. — On jugeait même que le citoyen qui, après la décision du conseil de recensement qui maintenait son inscription, avait fait le service, se rendait par cela même non-recevable à attaquer cette inscription. — *Cass.*, 18 nov. 1826, Moulle.

477. — Aujourd'hui, il n'en serait plus ainsi sous la loi de 1831; il a seulement été jugé que lorsqu'un garde national est inscrit sur les contrôles et qu'il a reconnu son incorporation en se présentant au poste, il doit obéir provisoirement aux ordres de service, encore bien qu'il ait réclamé contre son inscription. — *Cass.*, 18 mai 1832, Maisan.

478. — Il est aussi de principe que le recours devant le conseil de recensement est suspensif tant que le garde national est en réclamation légalement formée avant d'avoir reçu un ordre de service; il ne peut encourir de condamnation devant le conseil de discipline. La jurisprudence est constante sur ce point. — *Cass.*, 13 oct. 1831, Sepmanville. — V. aussi *infrà* nos 1080 et s.

479. — Mais il est de principe aussi que le garde national ne peut se faire un moyen de ce qu'il est en instance devant le conseil de recensement, s'il ne justifie pas que sa réclamation est antérieure aux ordres de service qu'il a reçus. — V. *infrà* no 1087.

480. — Il ne faut pas qu'une réclamation évidemment mal fondée soit une cause d'exemption de service; ainsi, un garde national maintenu par le jury de révision sur les contrôles de la garde nationale peut être condamné pour des refus de service antérieurs à la décision du jury de révision. — *Cass.* 4 août 1832, Petit Colas.

481. — Les gardes hors de tour constituent un service d'ordre et de sûreté, auquel on doit obéir tant qu'on ne justifie pas avoir réclamé devant l'autorité. — *Cass.*, 12 mai 1832, Enouf.

482. — Un pourvoi formé devant le jury de révision contre la validité de l'élection des officiers n'autorise pas à refuser le service. — *Cass.*, 18 fév. 1831, Boisseau; 17 mars 1832, Dodeman.

483. — Le garde national inscrit par le conseil de recensement sur les contrôles d'une compagnie n'est pas tenu d'obéir aux ordres de service qui lui sont donnés pour une autre compagnie, s'il n'est justifié d'une décision de ce conseil qui autorise son changement de compagnie. — *Cass.*, 8 oct. 1836, Bourgoin.

484. — Il n'appartient qu'au conseil de recensement et, par appel, au jury de révision de décider du classement d'un garde national dans les compagnies soit du centre, soit des grenadiers. — *Cass.*, 17 fév. 1832, Legrand.

485. — Jugé qu'un citoyen nommé capitaine dans un canton voisin de son domicile n'en doit pas moins faire le service dans sa commune, s'il a été maintenu sur les contrôles par le conseil de recensement et le jury de révision. *Cass.*, 13 août 1835, Duperré Feuguerolles.

486. — Jugé aussi que la notification de la décision d'incorporation emporte exécution provisoire, et que tant que cette décision n'est pas révoquée le service est dû. — Même arrêt.

ART. 4. — *Du jury de révision.*

487. — L'art. 23, L. 22 mars 1831, dispose qu'il sera formé, à la diligence du juge de paix, dans chaque canton, un jury de révision composé du juge de paix, président, et de douze jurés désignés par le sort, sur la liste de tous les officiers, sous-officiers, caporaux et gardes nationaux sachant lire et écrire, et âgés de plus de vingt-cinq ans.

488. — Il est dressé une liste par commune de tous les officiers, sous-officiers, caporaux et gardes nationaux ainsi désignés. — Même art.

489. — Le tirage définitif des jurés est fait sur l'ensemble de ces listes pour tout le canton. — Même art.

490. — Les citoyens portés sur le contrôle de réserve ne peuvent pas faire partie du jury de révision. — *Cass.*, 10 sept. 1831, Jégou; 22 oct. 1831, Delahaye; — avis cons. d'état, 13 avr. 1831; inst. min., 25 mai 1831.

491. — C'est le juge de paix qui préside le jury de révision.

492. — Bien que ce magistrat doive présider sans costume (décis. minist. 7 nov. 1831), il n'y a cependant pas nullité s'il a présidé revêtu de ses insignes.

493. — Les juges de paix présidens des jurys de révision sont placés sous l'autorité du ministre de l'intérieur et non sous celle du garde-des-sceaux. — Inst. min., 31 déc. 1831.

494. — Une instruction ministérielle du 31 août 1831, modifiée en ce qui touche les jurys de révision à Paris, par la loi du 14 juill. 1837 (V. les nos suivans), a réglé ce qui est relatif à la formation des listes pour le tirage du jury, pour l'installation des jurys, leurs réunions ordinaires et extraordinaires, la circonscription de leur juridiction, etc.

495. — Ainsi à Paris, les douze membres des jurys de révision, et six suppléans, sont tirés au sort sur la liste des officiers, sous-officiers, caporaux et délégués en fonctions réunissant les conditions exigées par l'art. 23 de la loi du 22 mars 1831. — L. 14 juill. 1837, art. 6.

496. — Cette liste doit être réduite par le préfet à 200 noms, sur lesquels le tirage a lieu, à Paris par arrondissement, et dans la banlieue par canton. — Même art.

497. — Les membres désignés par le sort sont rayés de la liste et ne peuvent y être rétablis qu'après les élections générales. — Même art.

498. — En cas d'absence sans motif légitime, les membres du jury de révision sont passibles d'une amende de 5 à 15 fr., prononcée séance tenante par le président du jury. — Même art.

499. — Le service des jurés de révision est assimilé à un service public. La présence des jurés à chaque séance est comptée pour un tour de garde. (Décis. minis. 29 avr. 1833.) C'est une disposition analogue à celle que nous avons extraite, pour les conseils de recensement, de l'art. 5 de la loi du 14 juill. 1837.— V. *suprà* no 428.

500. — Nul ne peut, en même temps, faire partie d'un conseil de recensement et d'un jury de révision. — L. 14 juill. 1837, art. 6.

501. — Nous avons vu que le conseil municipal peut, dans certains cas, être constitué conseil de recensement. Or le juge de paix peut faire partie du conseil municipal. Dans ce cas devra-t-il être exclu de la présidence du jury de révision? Une solution ministérielle du 19 mai 1831 a décidé la négative; seulement, dans ce cas, il doit s'abstenir de prendre part à la délibération.

502. — Cette décision est applicable au suppléant du juge de paix, lorsqu'il se trouve dans cette position. — Décis. minis. 7 nov. 1831.

503. — Il y a près de chaque jury de révision un rapporteur ayant rang de capitaine, et un rapporteur adjoint ayant rang de lieutenant. Ces officiers sont nommés par le roi et pour trois ans; ils font partie de l'état-major de la légion. Le greffier du juge de paix y fait les fonctions de secrétaire. — L. 14 juill. 1837, art. 7.

504. — Le tirage des jurés est fait par le juge de paix en audience publique. — L. 22 mars 1831, art. 24.

505. — Les jurés sont renouvelés tous les six mois.—Même art.

506. — Le jury prononce sur les réclamations relatives : 1o à l'inscription ou à la radiation sur les registres matricules; 2o à l'inscription ou à l'omission sur le contrôle du service ordinaire; 3o sur les réclamations des tiers gardes nationaux sur qui retomberait la charge du service. — L. 22 mars, art. 25.

507. — C'est au jury de révision qu'il appartient de statuer sur un arrêté du conseil de recensement qui maintient sur le contrôle de son domicile actuel un citoyen qui était sous-lieutenant dans une autre légion, où il remplissait les fonctions de secrétaire-adjoint du conseil de discipline. — *Cons. d'état*, 21 juin 1833, Lairtuilier.

508. — Les jurys de révision doivent se renfermer étroitement dans leurs attributions ; ils ne peuvent connaître des décisions prises par les conseils de recensement sur la répartition en compagnies ou subdivisions de compagnies des citoyens portés sur les contrôles. — *Cons. d'état*, 28 déc. 1832, min. de l'intér.; 31 août 1837, min. de l'intér. c. Hulot; 14 déc. 1837, Moulins; 18 avr. 1835, Derley; 19 déc. 1835, garde nation. de Montbéliard; 18 oct. 1833, Tonnelier; 18 août 1833, min. de l'intér.; 23 juill. 1840, Maillay, et 30 juill. 1840, Bouglier; — Cormenin, vo *Garde nationale*, no 7.

509. — Les jurys de révision connaissant, par voie d'appel, des décisions des conseils de recensement, qu'arriverait-il si, dans une localité, le jury de révision n'était pas formé?

510. — Ce défaut de formation du jury de révision ne ferait pas obstacle à ce qu'on formât appel par les voies ordinaires, et même par une simple lettre au juge de paix, président de droit du jury de révision. — *Cass.* (motifs), 6 fév. 1832, Marenge; 6 janv. 1832, de Lostanges.

511. — Et le garde national qui a été invité par une décision interlocutoire du conseil de recensement à produire des certificats constatant son incapacité pour le service ne saurait, en se bornant à faire des réserves de se pourvoir devant le jury de révision, sous prétexte que ce jury ne serait pas encore formé, se dispenser d'obéir aux ordres de service. — *Cass.*, 6 janv. 1832, de Lostanges; 18 nov. 1831, Delabègue; — Mangin, *Tr. de l'act. publ.*, t. 1er, no 239.

512. — Un jury de révision peut, sans violer l'autorité de la chose jugée, rétablir sur les contrôles, après sa guérison, l'individu rayé des contrôles pour infirmités temporaires. — *Cons. d'état*, 8 juill. 1840, Lepelletier. — Cette décision est analogue à ce qui a été jugé en matière de décisions du conseil de recensement. — V. *suprà*, no 431.

513. — Ses décisions ne sont (sauf ce qui sera dit plus bas) susceptibles d'aucun recours. — *Cass.*, 30 mai 1835, de Bruslard; 6 juin 1835, Châteaubriand. — V *suprà*, no 431, 12 avr. 1845 (t. 2 1845, p. 614), Crosnier.

514. — Jugé spécialement que les décisions prises par le jury de révision, *en ce qui concerne le service de la garde nationale*, n'étant susceptibles d'aucun recours, il y a excès de pouvoir de la part du conseil de discipline qui renvoie un citoyen des poursuites exercées contre lui en se fondant sur ce que le jury de révision *n'a pu réformer ce qu'il avait décidé une première fois, et soumettre au service ce citoyen, qu'il en avait déclaré exempt par une première décision.* — *Cass.*, 12 avr. 1845 (t. 2 1845, p. 614), Crosnier.

515. — Le jury ne peut prononcer qu'au nombre de sept juges au moins, y compris le président. — Ses décisions sont prises à la majorité absolue. — L. 22 mars 1831, art. 6.

516. — Jugé que le conflit d'attributions ne peut être élevé par le préfet contre les décisions des jurys de révision, statuant sur des difficultés relatives à la garde nationale. — *Cons. d'état*, 24 août 1832, préf. de la Vienne; 15 juill. 1832, Chopin; 20 juill. 1832, min. de l'intér.; 15 oct. 1832, préf. de Seine-et-Oise; 16 nov. 1832, préf. de la Haute-Vienne.

517. — Quoique souveraines, les décisions de ces jurys peuvent être déférées au conseil d'état pour incompétence ou excès de pouvoir. — Mêmes ord., 9 mars 1836, Derly; 14 juin 1837, Bompierre. — C'est ce que décide aussi l'art. 26, L. 14 juill. 1837.

518. — Mais, sous la loi de 1831, ce recours n'était pas admis pour violation des formes ou de la loi. — *Cons. d'état*, 24 août 1832, préf. de la Vienne.

519. — Jugé qu'un jury de révision n'excède pas ses pouvoirs en maintenant sur les contrôles de la garde nationale d'une commune un citoyen qui ne justifie pas qu'auparavant, une décision définitive avait ordonné son inscription sur les contrôles d'une autre commune. La connaissance d'une pareille question rentre dans sa compétence. — *Cons. d'état*, 7 août 1836, Cottenet; 22 fév. 1837, Saint-Rémy; 12 juill. 1837, Doublet et Lemaire; 26 mai 1837, Paris; 31 août 1837, Baillet.

520. — De même, il n'y a pas excès de pouvoirs, ni incompétence, en ce que le jury de révision aurait fait à tort l'application d'un principe puisé dans la loi des élections. — *Cons. d'état*, 14 juin 1837, Bompierre.

521. — L'art. 26, L. 14 juill. 1837 (sur la garde nationale parisienne) porte que toute décision des jurys de révision pourra être déférée au conseil d'état pour incompétence, excès de pouvoir ou *violation de la loi*.

522. — Et l'art. 27 ajoute que ce recours sera également ouvert en cas de contrariété de décisions rendues en dernier ressort, en différens conseils de recensement ou jurys de révision, pour l'application de la « présente loi » ainsi que de la loi du 22 mars 1831. — L. 14 juill. 1837, art. 27.

523. — Il est à regretter que cette amélioration incontestable ait été restreinte à la garde nationale du département de la Seine. — Cormenin, *Quest.*, vo *Garde nat.*, t. 3, p. 175.

524. — La décision du conseil d'état qui maintient un garde national sur les contrôles n'a pas besoin pour être exécutoire d'être notifiée à celui qui l'a poursuivie. — *Cass.*, 6 juin 1835, Châteaubriant.

525. — Mais si le recours au conseil d'état formé par le ministre contre la décision du jury, n'a pas été communiqué aux gardes nationaux en cause, ceux-ci peuvent former tierce-opposition à l'ordonnance qui intervient. — *Cons. d'état*, 9 mars 1836, Derly.

526. — Dans aucun cas il n'y a lieu au pourvoi en cassation. — *Cass.*, 1er sept. 1832, Dumesnildot.

527. — Le recours en cassation contre la décision du jury de révision n'étant pas recevable, est par là même sans effet relativement à la question de domicile soulevée par un garde national. — Même arrêt.

528. — Jugé que le recours au conseil d'état contre les décisions du jury de révision n'est pas suspensif de l'exécution de ces décisions. — *Cass.*, 21 juin 1844 (t. 1er 1845, p. 146), Daussy.

Sect. 5e. — *Du service.*

ART. 1er. — *De la nature et de l'obligation du service. — Ordre du service. — Dispenses temporaires.*

529. — Le service de la garde nationale consiste: — 1o en service ordinaire dans l'intérieur de la commune; — 2o en service de détachemens hors du territoire de la commune; — 3o en service de corps détachés pour seconder l'armée de ligne dans les limites fixées par l'art. 1er. — L. 22 mars 1831, art. 2.

530. — Indépendamment de cette division, il y a lieu, quant au service ordinaire, de distinguer les services dits d'*ordre et de sûreté* d'avec ceux qui n'ont pas ce caractère. Tout ce qui est relatif à cette distinction est traité à la sect. 7e *Des infractions et des peines.*

531. — Tout garde national commandé pour le service doit obéir, sauf à réclamer, s'il s'y croit fondé, devant le chef du corps. — L. 22 mars 1831, art. 78.

532. — Tous les services auxquels on reconnaît le caractère de service d'ordre et de sûreté sont obligatoires d'une manière plus spéciale que les autres services, en ce sens que le garde national qui s'en dispense encourt des peines plus graves.

533. — Sont considérés, dans le département de la Seine, comme services commandés et obligatoires non seulement le service auquel on a été appelé en la forme ordinaire, mais encore les prises d'armes pour service d'ordre et de sûreté commandées par voie de rappel, ainsi que toutes réunions pour inspection d'armes. — L. 14 juill. 1837, art. 20.

534. — Dans le même département, l'arrivée tardive au poste, l'absence du poste sans autorisation et l'absence prolongée au-delà du terme fixé sont considérées et punies comme refus de service. — Même article.

535. — Mais dans les autres départemens l'arrivée tardive au poste ne peut être considérée comme un refus de service, mais seulement comme simple manquement puni par l'art. 82, L. 22 mars 1831. — *Cass.*, 2 juill. 1840 (t. 2 1841, p. 111), Lamarre.

536. — Les ordres de service sont délivrés par le sergent-major; ils sont obligatoires, bien que ce sergent-major soit aussi suppléant d'un juge de paix, si ce suppléant fait partie de la garde nationale sans réclamations. — *Cass.*, 12 mai 1832, Enouf.

537. — L'adjudant-major peut, en l'absence du sergent-major, signer les billets de garde. — *Cass.*, 10 juin 1842 (t. 2 1842, p. 441), Lajus.

538. — Il n'est pas nécessaire que le garde national soit averti à domicile du service commandé; il suffit que l'avertissement soit donné à sa personne. — *Cass.*, 2 mars 1832, Denise.

539. — Jugé cependant que l'invitation verbale donnée à un officier, par le sergent-major, de se rendre à une revue d'inspection d'armes, ne peut être considérée comme un commandement régulier. — *Cass.*, 23 juill. 1836, Ducorps.

540. — Il n'en est pas de même en matière de consigne. — Ainsi, il n'appartient pas à un chef de poste de la garde nationale de discuter le mérite d'une consigne qui lui a été donnée; il ne peut s'excuser sur ce qu'elle lui aurait été transmise sous forme d'invitation et non d'ordre par un officier d'état-major non revêtu de son uniforme. — *Cass.*, 15 sept. 1832, Lamarle.

541. — Est valable le jugement du conseil de discipline qui a déclaré non coupable de désobéissance et d'insubordination un officier de la garde nationale qui n'a manqué au service que parce qu'il en avait reçu l'ordre tardivement. — *Cass.*, 15 nov. 1834, Laroux.

542. — De même, il suffit que l'absence d'un officier de la garde nationale ait été constatée au moment de la remise à son domicile des ordres de service, pour qu'il y ait lieu à ne lui appliquer aucune peine. — *Cass.*, 21 fév. 1833, Véron.

543. — Un officier de la garde nationale qui a manqué à un service qui ne lui a pas été commandé personnellement et qu'il n'a appris que par la voie d'un journal n'est passible d'aucune peine. — *Cass.*, 14 juill. 1832, Najac.

544. — La loi n'exige pas la désignation du caractère de la revue dans le billet de service remis au garde national. — *Cass.*, 31 déc. 1841 (t. 1er 1842, p. 718), Jeandel.

545. — En règle générale, le garde national qui ne s'est pas rendu à un service pour lequel il n'avait pas été légalement commandé ne peut être condamné pour infraction aux règles de service. — *Cass.*, 23 juill. 1836, Ducorps.

546. — Ainsi, les ordres de service qui émanent des chefs de corps ne sont obligatoires que quand ils ont été donnés conformément aux réglemens, ou qu'il s'agit d'une prise d'armes pour service d'ordre et de sûreté. — *Cass.*, 21 juill. 1838 (t. 2 1838, p. 358), Govin.

547. — Il n'y a pas lieu en conséquence à l'application d'une peine quelconque contre le chef de poste qui, contrairement à un ordre du jour de son colonel, a infligé une garde hors de tour à un garde national qui était arrivé tardivement à son poste. — Même arrêt.

548. — Jugé cependant que le garde national commandé pour un service ne peut discuter la mesure des pouvoirs en vertu desquels agit l'officier qui l'a commandé. — *Cass.*, 10 juin 1842 (t. 2 1842, p. 441), Lajus.

549. — Jugé encore que les gardes nationaux ne peuvent refuser un service, sous prétexte qu'il aurait été commandé sans ordre de l'autorité, sauf la responsabilité des chefs et le droit de réclamer ultérieurement, s'il y a lieu. — *Cass.*, 30 mai 1835, Desurmont.

550. — De même, un garde national auquel il a été infligé par le chef de corps deux gardes disciplinaires, doit obéir provisoirement, encore bien qu'il prétende que les gardes lui ont été infligées mal à propos. — *Cass.*, 24 nov. 1832, Gauran; 29 oct. 1832, Maisonneuve.

551. — ... Et quelle que soit, dans son opinion, la légitimité de l'excuse qu'il a à faire valoir pour justifier l'infraction pour laquelle la garde hors de tour lui a été infligée. — *Cass.*, 22 oct. 1840 (t. 1er 1847, p. 300), Lenormand; même jour (*Ibid.*), Berrier.

552. — Jugé encore que le garde national qui a porté plainte contre le commandant, comme lui ayant illégalement commandé une garde hors de tour, n'en doit pas moins obéir provisoirement à cet ordre, et, s'il ne le fait pas, qu'il peut être condamné par le conseil de discipline. — *Cass.*, 16 mai 1839 (t. 1er 1839, p. 600), Allain.

553. — Un adjudant sous-officier, révoqué de ses fonctions et replacé dans les rangs comme simple garde national, doit obéir aux ordres de service qui lui sont donnés, quels que soient les motifs qu'il puisse faire valoir contre la validité de sa révocation. — *Cass.*, 6 juill. 1833, Corvisy.

554. — Un citoyen inscrit sur les contrôles, même provisoires, d'une compagnie, est tenu du service, surtout s'il a participé à l'élection des officiers de cette compagnie, et doit obéir aux ordres qu'il reçoit. Il peut donc être puni pour des infractions à ces ordres, alors même qu'il aurait été inscrit depuis sur les contrôles d'une autre compagnie. — *Cass.*, 12 avril 1831, Hagnié.

555. — L'excuse tirée de cette inscription dans

une nouvelle compagnie, alors même que ce serait une compagnie d'artillerie, serait surtout inadmissible, si cette compagnie avait été dissoute comme illégalement formée. — *Cass.*, 18 août 1832, Rengade.

556. — Mais un garde national n'est pas obligé d'obéir aux ordres qui lui sont donnés pour un bataillon sur les contrôles duquel il ne se trouve pas inscrit; dès-lors, le conseil de discipline de ce bataillon, dont il n'est pas justiciable, ne peut lui appliquer une peine pour manquement à de tels ordres. — *Cass.*, 25 nov. 1836, Richard.

557. — Dans un cas imprévu et extraordinaire, les chefs de corps peuvent, vu l'urgence, s'écarter des formes prescrites par le réglement adopté pour le service; les gardes nationaux doivent obéir, sauf la responsabilité des chefs qui ont donné les ordres. — *Cass.*, 24 août 1832, Amblard.

558. — L'absence-même du réglement prescrit par l'art. 73, L. 22 mars 1831, ne saurait dispenser de l'obéissance provisoire due à l'ordre des chefs immédiats. — *Cass.*, 30 mai 1835, Desurmont.

559. — Le recours devant le chef du corps, conformément à l'art. 78, L. 22 mars 1831, ne s'oppose pas à ce que celui-ci puisse, tout aussi bien qu'un officier d'un grade inférieur, imposer à un garde national une garde hors de tour pour manquement au service. — *Cass.*, 16 fév. 1833, Nogue.

560. — Dans ce cas, c'est à l'officier supérieur qui a donné l'ordre que le garde national doit adresser sa réclamation. — Même arrêt.

561. — Un garde national ne peut refuser de faire le service, lors même qu'il n'est point armé. — *Cass.*, 28 déc. 1832, Brescoud.

562. — Le refus d'un officier de déférer à un ordre de son chef le constitue en état flagrant d'indiscipline, quoiqu'il n'eût pas fait partie du service commandé. — *Cass.*, 26 janv. 1833, Tref-forest.

563. — Jugé par le même arrêt que lorsqu'il s'agit d'un ordre de l'autorité civile, il ne peut se prévaloir du défaut de communication à la tête de la troupe commandée, alors que c'était à lui à faire cette communication.

564. — L'ordre de service en vertu d'une réquisition formelle et permanente du maire, antérieurement à la loi du 22 mars 1831, quoique non approuvée par l'autorité administrative, est obligatoire. Le garde national commandé doit y obéir provisoirement, sauf à réclamer ensuite. — *Cass.* 22 oct. 1831, Godoffre.

565. Le service commandé pour la chambre des pairs constituée en tribunal, bien qu'elle n'ait pas encore prononcé sur sa compétence, est surtout obligatoire lorsqu'il a été commandé par suite des mesures prises par l'autorité municipale et en exécution des ordres donnés par le commandant général de Paris; ces ordres, n'étant relatifs qu'à un service de piquet, ne pouvaient être donnés en communication à la tête de la troupe, conformément à l'art. 7, L. 22 mars 1831. — *Cass.*, 18 sept. 1835, Mouchot.

566. — D'après le refus du capitaine de faire ce service, ses supérieurs ont pu s'adresser au sergent-major et ce sous-officier doit obéir, malgré l'ordre contraire qu'il a reçu de son capitaine. — Même arrêt.

567. — Les ordres donnés en pareille circonstance à l'officier, l'ayant constitué en état de service, son refus le rend passible de la peine des arrêts ou de la prison portée par l'art. 87, L. 22 mars 1831. — Même arrêt.

568. — L'individu inscrit sur les contrôles de la garde nationale du canton où il a son domicile réel ne peut, encore bien qu'il ait été nommé officier de la garde nationale d'un canton voisin, se dispenser de faire le service dans le lieu de son domicile réel, tant qu'il n'a pas été rayé des contrôles. — *Cass.*, 13 sept. 1835, Duperré.

569. — L'organisation de la garde nationale d'une commune par bataillon avant la loi de 1831, bien que non confirmée par une ordonnance royale postérieure à cette loi, est régulière, et les services commandés par le chef de bataillon sont obligatoires. — *Cass.*, 24 juin 1831, Boishébert.

570. — Suivant l'art. 29 de la loi du 22 mars 1831, les absences constatées sont un motif suffisant de dispense temporaire, et, en cas d'appel, le jury de révision doit statuer. — L. 22 mars 1831, art. 29.

571. — Ainsi un garde national peut valablement s'excuser d'un manquement à un ordre de service supplémentaire, en justifiant de l'absence où il était de son domicile au moment de la remise du billet, soit par témoins, soit par preuves écrites. — *Cass.*, 30 mars 1838 (t. 1er 1840, p. 206), Poupardin.

GARDE NATIONALE, sect. 5e.

572. — Mais cette preuve doit être faite devant le conseil de discipline. — Même arrêt.

573. — L'art. 29, L. 22 mars 1831, ne dit pas de quelle manière les absences devront être constatées. La preuve en est donc laissée à l'appréciation des conseils de discipline, d'après la nature des faits et les causes qui ont mis le prévenu dans la nécessité de s'absenter. C'est dans ce sens que la cour s'est prononcée dans les arrêts suivans. — *Cass.*, 21 fév. 1833, Véron; 17 mars 1832, Mercico.

574. — Jugé cependant que l'absence ne peut valoir comme excuse du service de la garde nationale qu'autant qu'elle est établie, non par un certificat du maire, mais par un avis préalable donné aux chefs avant l'ordre du service. — *Cass.*, 1er sept. 1832, de Roben.

575. — Toutes les dispenses absolues et les dispenses temporaires demandées pour cause d'un service public, sont prononcées par le conseil de recensement, sur le vu des pièces qui en constatent la nécessité. — L. 22 mars 1831, art. 29.

576. — Il est admis cependant que les chefs de corps ont le droit d'accorder la dispense d'un service commandé.

577. — Les maires ne peuvent donner des dispenses de service aux gardes nationaux; ces dispenses ne peuvent être accordées que par les chefs de corps. — *Cass.*, 28 déc. 1832, Le Gonidec.

578. — Ils ne peuvent dispenser temporairement du service les cultivateurs de leur commune. — *Cass.*, 11 oct. 1832, Bongrat.

579. — Jugé que bien qu'un réglement local attribue aux officiers de la garde nationale le droit d'accorder des dispenses de service, cela n'empêche pas que le capitaine puisse en accorder directement, sauf, en cas d'abus, à traduire cet officier devant le conseil de discipline. — *Cass.*, 29 août 1833, Roullée.

580. — Le capitaine a même, préférablement aux officiers supérieurs, le droit d'accorder ces dispenses. — Même arrêt.

581. — La dispense du service accordée par le capitaine, quelque faux ou supposés que soient les motifs sur lesquels elle est fondée, est irrévocable et affranchit le garde national de toute peine. — Même arrêt.

582. — Le garde national qui a obtenu du conseil de recensement une dispense temporaire ne peut pas être tenu, après le terme de cette dispense, d'exécuter les ordres de service qui lui ont été adressés pendant sa durée. — *Cass.*, 6 mars 1835, Maréchal.

583. — Il en serait de même des ordres de service adressés pendant la durée d'une dispense accordée par un supérieur hiérarchique, alors même qu'on observerait qu'il a outrepassé ses pouvoirs. Ce supérieur alors devrait seul être poursuivi. — *Cass.*, 6 juill. 1833, Lhoiry.

584. — La dispense du service à titre provisoire, mais non limitée, accordée par le conseil de recensement à un garde national, doit produire ses effets tant qu'elle n'a pas été révoquée. Ce garde national ne saurait donc être condamné pour manquement à des services antérieurs à la révocation. — *Cass.*, 30 janv. 1840 (t. 1er 1841, p. 10), Rigoult.

585. — Les avocats, qui ne sont pas dispensés du service de la garde nationale d'une manière générale (*Cass.*, 31 déc. 1841 [t. 1er 1842, p. 713], Jeandel), ne peuvent, pour excuser un manquement particulier, invoquer leur présence à la cour d'assises au moment du service, s'ils n'étaient chargés d'une défense d'office.

586. — Dans tous les cas, la dispense temporaire du service par suite d'absence dûment constatée ne peut être invoquée pour la première fois en cassation lorsqu'elle ne l'a été ni devant le conseil de recensement, ni, par appel, devant le jury de révision, ni devant le conseil de discipline. — Même arrêt.

587. — De même, les excuses présentées par un officier pour justifier le manquement à un service légalement commandé, ne peuvent être appréciées par la cour de Cassation. — *Cass.*, 12 août 1837 (t. 2 1839, p. 584), Champeaux; 30 mars 1838 (t. 1er 1840, p. 206), Poupardin.

588. — L'obligation imposée aux corps, autorités et fonctionnaires, par décret du 24 messid. an XII, d'assister aux cérémonies publiques qui ont lieu d'après les ordres du chef du gouvernement, constitue un service public et emporte nécessairement, pendant la durée de son accomplissement, dispense légale du service commandé au garde national qui se trouve tenu de paraître comme fonctionnaire dans la cérémonie. — *Cass.*, 21 sept. 1838, Lefrançois; 5 août 1841 (t. 2 1841, p. 531), de la Pelouze.

589. — Le service de la garde nationale est per-

GARDE NATIONALE, sect. 5e.

sonnel, sauf les cas de remplacement autorisés par la loi. — L. 22 mars 1831, art. 9.

590. — Le service des revues et des exercices se fait en vertu d'un réglement arrêté par le maire sur la proposition du commandant de la garde nationale, et approuvé par le sous-préfet. — L. 22 mars 1831, art. 73.

591. — L'absence d'un réglement de service n'empêche pas le service d'être obligatoire : la loi de 1831 n'a rien changé à l'obligation imposée avant elle pour le service de la garde nationale. — *Cass.*, 19 mai 1832, Beaupréau.

592. — Quand il s'agit d'un service imprévu et extraordinaire, le réglement de service n'est ni nécessaire ni possible. Les gardes nationaux doivent obéir provisoirement, sauf à réclamer plus tard, et sous la responsabilité de ceux qui les ont commandés. — *Cass.*, 24 août 1832, Amblard.

593. — Quand ces réglemens ont pour but de déterminer le lieu et l'heure des revues ou réunions, on doit y obéir provisoirement, sauf le recours à l'autorité supérieure. — *Cass.*, 17 mai 1834, Delafosse.

594. — Les chefs peuvent, en se conformant à ce réglement et sans réquisition particulière, mais après en avoir prévenu l'autorité municipale, faire toutes les dispositions et donner tous les ordres relatifs au service ordinaire, aux revues et aux exercices. — L. 22 mars 1831, art. 73.

595. — Il n'appartient pas aux conseils de discipline de connaître de la question de savoir si un réglement fait en exécution de l'art. 73, L. 22 mars 1831, a été suffisamment approuvé par l'autorité administrative. — *Cass.*, 23 mars 1832, Guibourg.

596. — En général, un ordre du jour qui n'est que l'exécution des mesures prises par le gouvernement et confiées au chef de la garde nationale rentre dans les dispositions particulières et de détail dont parle le second paragraphe de l'art. 73, et n'a pas besoin d'être revêtu de toutes les formes prescrites par cet article. — *Cass.*, 29 déc. 1832, Belmont.

597. — Mais les ordres du jour des commandans ne sont pas obligatoires lorsqu'ils prescrivent un service en dehors des dispositions du réglement arrêté par l'autorité. — *Cass.*, 21 juill. 1838 (t. 1er 1840, p. 303), Marchand.

598. — Dans les villes de guerre, la garde nationale ne peut prendre les armes ni sortir des barrières qu'après que le maire en a informé par écrit le commandant de la place. — L. 22 mars 1831, art. 73.

599. — Les ordres du maire à des officiers d'état-major doivent passer par l'intermédiaire du chef de la légion, à qui il doit en donner avis. — Décis. min. 7 oct. 1833.

600. — Un service commandé en vertu d'un arrêté du maire et non par la seule volonté du chef de corps est obligatoire. — *Cass.*, 28 déc. 1832, Brescoud.

601. — Jugé que la loi du 22 mars 1831 est une loi générale et complète sur le service de la garde nationale, qu'il ne peut être suppléé à son silence sur les détails du service que par des réglemens faits dans la forme déterminée par l'art. 73 de cette loi; et, qu'en aucun cas, tant que cette garde n'est pas mobilisée, il n'y a lieu de recourir, pour les règles à observer dans les détails du service, aux lois et réglemens qui régissent l'armée active, et notamment à l'ordonnance militaire de 1768; qu'ainsi, un garde national ne peut invoquer, pour justifier un acte de désobéissance ou d'insubordination, la violation à son égard de cette ordonnance. — *Cass.*, 8 nov. 1838 (t. 1er 1839, p. 322), Dufour Saint-Hilaire.

602. — Les réglemens faits en exécution de l'art. 73 de la loi du 22 mars 1831 peuvent contenir des dispositions spéciales pour l'instruction des officiers, et établir des exercices pour la théorie et pour la pratique du commandement, aussi bien que des revues d'inspection des armes et des services d'ordre et de sûreté pour les simples gardes nationaux. — *Cass.*, 21 juill. 1838 (t. 1er 1840, p. 303), Marchand.

603. — Les infractions à ces arrêtés sont punissables des arrêts ou de la prison, selon la gravité des cas, lorsque le service qu'ils prescrivent a été régulièrement commandé. — Même arrêt.

604. — Le maire ne peut donner à la garde nationale, placée sous son autorité, des ordres de service qu'en se conformant au réglement prescrit par la loi du 22 mars 1831, ou pour un motif extraordinaire fondé sur la nécessité de maintenir l'ordre et la sûreté publique. — *Cass.*, 28 mai 1840 (t. 1er 1840, p. 718), Roussel.

605. — Ainsi, dans une commune où la garde nationale, organisée selon la loi du 22 mars 1831, n'a pas été dissoute, le maire ne peut, sans excé-

GARDE NATIONALE, sect. 5e.

GARDE NATIONALE, sect. 5e.

der les pouvoirs conférés à l'autorité municipale, organiser des rondes de nuit, mettre les citoyens sous les ordres d'un garde de police, ni les soumettre à l'autorité du tribunal de simple police. — *Cass.*, 9 mai 1834, Malo.

606. — Les pouvoirs des maires, en matière de garde nationale, ont été définis par une circulaire du 29 avril 1833.

607. — La consigne générale de la garde nationale de Paris n'est qu'un réglement intérieur, obligatoire seulement pour les officiers, sous-officiers et gardes nationaux, mais qui ne saurait suppléer à la loi du 22 mars 1831, ni imposer des formes que cette loi n'a pas prescrites. — *Cass.*, 6 avr. 1833, Rodrigues.

608. — En conséquence, un rapport n'est pas nul lorsque, contrairement à cette consigne, l'adjudant-major n'a pas mentionné la contravention résultant de l'absence de la sentinelle sur la feuille du rapport déposée au corps de garde, lors de sa ronde, et l'a, au contraire, adressée lui-même directement au chef de bataillon qui l'a transmise au colonel. — Même arrêt.

609. — L'art. 74 porte que lorsque la garde nationale des communes sera organisée en bataillons cantonnaux, le réglement sur les exercices et revues sera arrêté par le sous-préfet, sur la proposition de l'officier le plus élevé en grade du canton, et sur l'avis des maires des communes.

610. — Le sous-préfet a le droit de faire au réglement proposé par le chef du corps et le maire pour les exercices et revues de la garde nationale toutes les modifications qu'il juge convenables; ce réglement ainsi modifié est obligatoire. — *Cass.*, 6 sept. 1833, Dabat.

611. — Le préfet peut suspendre les revues et exercices dans les communes et dans les cantons de son département, à la charge d'en rendre immédiatement compte au ministre de l'intérieur. — L. 22 mars 1831, art. 75.

612. — Pour l'ordre du service, il est dressé par les sergens-majors un contrôle de chaque compagnie, signé du capitaine, et indiquant les jours où chaque garde national aura fait un service. — L. 22 mars 1831, art. 76.

613. — Dans les communes où la garde nationale est organisée par bataillons, l'adjudant-major tient un état, par compagnie, des hommes commandés chaque jour dans son bataillon. Cet état sert à contrôler le rôle de chaque compagnie. — L. 22 mars 1831, art. 77.

614. — Le sergent-major peut être traduit devant le conseil de dicipline pour la tenue irrégulière de ses registres, contrôles et écritures. — Inst. min. 31 déc. 1831.

615. — V., sur ce qui touche la force obligatoire des réglemens à l'égard du costume et du port des insignes, *suprà* nos 264 et suiv. et 281 et suiv.

616. — La loi du 14 juill. 1837, art. 17, a réservé au domaine des ordonnances royales le réglement du service ordinaire, des revues, des exercices et des prises d'armes dans le département de la Seine.

617. — L'art. 18 de la même loi réservait au pouvoir royal le soin de régler par ordonnance l'organisation et l'ordre de bataille des sapeurs-pompiers et de la garde à cheval de la banlieue, ainsi que celle des sapeurs porte-haches et de la musique des légions du département de la Seine.

618. — V. ordonn. des 28 mai 1831 et 18 janv. 1838 sur l'organisation de la cavalerie de Paris; les ordonn. des 27 et 28 mars 1838 sur les sapeurs porte-hache et la musique des légions de Paris.

ART. 2. — *Service des corps détachés.*

619. — Le service de la garde nationale hors des circonscriptions territoriales ordinaires se fait de deux manières, qu'il importe de ne pas confondre par *détachemens* et par *corps détachés*. C'est l'objet des deux paragraphes suivans.

§ 1er. — *Des détachemens de la garde nationale.*

620. — La garde nationale doit fournir des détachemens dans les cas suivans : 1° fournir par détachement, en cas d'insuffisance de la gendarmerie et de la troupe de ligne, le nombre d'hommes nécessaire pour escorter d'une ville à l'autre les convois de fonds ou d'effets appartenant à l'état, et pour la conduite des accusés, des condamnés et autres prisonniers; 2° fournir des détachemens pour porter secours aux communes, arrondissemens et départemens voisins qui seraient troublés ou menacés par des émeutes ou des séditions, ou par l'incursion de voleurs, brigands et autres malfaiteurs. — L. 22 mars 1831, art. 127.

621. — Lorsqu'il faut porter secours d'un lieu dans un autre pour le maintien ou le rétablissement de l'ordre et de la paix publique, des détachemens de la garde nationale en service ordinaire sont fournis, afin d'agir dans toute l'étendue de l'arrondissement, sur la réquisition du sous-préfet; dans toute l'étendue du département, sur la réquisition du préfet; enfin s'il faut agir hors du département, en vertu d'une ordonnance du roi. — L. 22 mars 1831, art. 128.

622. — En cas d'urgence et sur la demande écrite du maire d'une commune en danger, les maires des communes limitrophes, sans distinction de département, peuvent néanmoins requérir un détachement de la garde nationale de marcher immédiatement sur le point menacé, sauf à rendre compte, dans le plus bref délai, du mouvement et des motifs à l'autorité supérieure. — Même article.

623. — Dans tous ces cas, les détachemens de la garde nationale ne cessent pas d'être sous l'autorité civile. L'autorité militaire ne prend le commandement des détachemens de la garde nationale pour le maintien de la paix publique que sur la réquisition de l'autorité administrative. — Même article.

624. — L'acte en vertu duquel, dans les cas déterminés par les deux articles précédens, la garde nationale est appelée à faire un service de détachement, fixe le nombre des hommes requis. — L. 22 mars 1831, art. 129.

625. — Lors de l'appel fait conformément aux articles précédens, le maire, assisté du commandant de la garde nationale de chaque commune, forme les détachemens parmi les hommes inscrits sur le contrôle du service ordinaire, en commençant par les célibataires et les moins âgés. — L. 22 mars 1831, art. 130.

626. — La décision du maire est définitive et sans appel au jury de révision. — Disc. à la ch. des pairs (Duvergier, *Coll.*, t. 31, p. 212).

627. — Et il est dû obéissance provisoire, alors même que l'on soutiendrait que le maire n'a pas dressé de liste de désignation ou que l'on voudrait attaquer cette liste. — Solut. min. 22 janv. 1833.

628. — La disposition finale de l'art. 130 doit être entendue en ce sens que, à moins de circonstances particulières, tous les célibataires doivent être désignés avant les hommes mariés, surtout à âge égal. — Discuss. à la ch. des pairs (Duvergier, t. 31, p. 212 et 213).

629. — Quand les gardes nationaux sont formés en simples détachemens, ils marchent avec leurs cadres et leurs officiers, et pour un temps qui ne peut excéder dix jours (sur la réquisition du sous-préfet), vingt jours (sur la réquisition du préfet), et soixante jours au plus, en vertu d'une ordonnance royale. — L. 22 mars 1831, art. 132.

630. — Lorsque les détachemens des gardes nationales s'éloignent de leur commune pendant plus de vingt-quatre heures, ils sont assimilés à la troupe de ligne pour la solde, l'indemnité de route et les prestations en nature. — L. 22 mars 1831, art. 131.

631. — Lorsque, conformément à l'art. 127, la garde nationale doit fournir des détachemens en service ordinaire, sur la réquisition du sous-préfet, du préfet, ou en vertu d'une ordonnance du roi, les peines de discipline sont fixées ainsi qu'il suit : pour les officiers, 1° les arrêts simples pour dix jours au plus; 2° la réprimande avec mise à l'ordre; 3° les arrêts de rigueur pour six jours au plus; 4° la prison, pour trois jours au plus. — Pour les sous-officiers, caporaux et soldats, 1° la consigne pour dix jours au plus; 2° la réprimande avec mise à l'ordre; 3° la salle de discipline, pour six jours au plus; 4° la prison, pour quatre jours au plus. — L. 22 mars 1831, art. 133.

632. — Les peines des arrêts de rigueur, de la prison et de la réprimande avec mise à l'ordre, ne peuvent être infligées que par le chef du corps : les autres peines peuvent l'être par tout supérieur à son inférieur, à la charge d'en rendre compte dans les vingt-quatre heures, en observant la hiérarchie des grades. — L. 22 mars 1831, art. 134.

633. — La privation du grade, pour les causes énoncées dans les art. 90 et 93, sera prononcée par un conseil de discipline, composé ainsi qu'il est dit *infrà*, nos 711 et s. — L. 22 mars 1831, art. 135.

634. — Il n'y a qu'un seul conseil de discipline pour tous les détachemens formés d'un même arrondissement de sous-préfecture. — Même article.

635. — Tout garde national désigné pour faire partie d'un détachement, qui refuse d'obtempérer à la réquisition, ou qui quitte le détachement sans autorisation, doit être traduit en police correctionnelle, et puni d'un emprisonnement qui ne peut excéder un mois; s'il est officier, sous-officier ou caporal, il doit en outre être privé de son grade. — L. 22 mars 1831, art. 136.

636. — Les gardes nationaux blessés pour cause de service ont droit aux secours, pensions et récompenses que la loi accorde aux militaires en activité. — L. 22 mars 1831, art. 137.

637. — Pour les pièces qui doivent accompagner les demandes de secours à former, en vertu de cet article, par les gardes nationaux blessés dans le service des détachemens, V. instr. min. 22 juill. 1833.

§ 2. — *Des corps détachés proprement dits.*

638. — La garde nationale doit fournir des corps détachés pour la défense des places fortes, des côtes et des frontières du royaume, comme auxiliaires de l'armée active. — L. 22 mars 1831, art. 138.

639. — Le service de guerre des corps détachés de la garde nationale ne pourra pas durer plus d'une année. — Même article.

640. — Il est toutefois bien entendu qu'en cas de circonstances extraordinaires, une loi pourrait augmenter cette durée. — Disc. à la ch. des députés (Duvergier, *Coll.*, t. 31, p. 214).

641. — Les corps détachés ne peuvent être tirés de la garde nationale qu'en vertu d'une loi spéciale, ou, pendant l'absence des chambres, par une ordonnance du roi, qui doit être convertie en loi lors de la première session. — L. 22 mars 1831, art. 139.

642. — L'acte en vertu duquel la garde nationale est appelée à fournir des corps détachés pour le service de guerre fixe le nombre des hommes requis. — L. 22 mars 1831, art. 140.

643. — Les corps détachés sont ordinairement composés d'un plus grand nombre d'hommes que les simples détachemens. Chargés d'une mission plus importante et plus longue, puisqu'ils agissent pour le service de guerre et comme auxiliaires de l'armée, ils sont organisés militairement. — Rapp. à la chambre des députés.

644. — Lors de l'appel fait en vertu d'une loi ou d'une ordonnance, conformément à l'art. 139, les corps détachés de la garde nationale se composent : 1° des gardes nationaux qui se présentent volontairement, et qui sont trouvés propres au service actif; 2° des jeunes gens de dix-huit à vingt ans qui se présentent volontairement, et qui sont également reconnus propres au service actif; 3° si ces enrôlemens ne suffisent pas pour compléter le contingent demandé, les hommes seront désignés dans l'ordre spécifié dans l'art. 143. — L. 22 mars 1831, art. 141.

645. — Les jeunes gens de dix-huit à vingt ans, enrôlés volontaires ou remplaçans dans les corps détachés de la garde nationale, resteront soumis à la loi du recrutement; mais le temps que les volontaires auront servi dans les corps détachés de la garde nationale leur comptera en déduction de leur service dans l'armée régulière, si plus tard ils y sont appelés. — L. 22 mars 1831, art. 142.

646. — La loi du 22 mars 1831 a été modifiée et simplifiée, en ce qui touche le service des corps détachés, par la loi du 19 avr. 1832. Ainsi, la loi de 1831 n'avait point déterminé si la sous-répartition du contingent des gardes nationaux appelés à faire partie des corps détachés se ferait par cantons ou par communes. La loi de 1832 décide que la sous-répartition s'arrêtera au canton et qu'elle aura lieu proportionnellement à la force des classes appelées à la mobilisation. — L. 19 avr. 1832, art. 1er.

647. — Cette loi du 19 avr. 1832 a ajouté un troisième contrôle, celui de la mobilisation, aux deux contrôles du service ordinaire et de la réserve, établis par la loi de 1831.

648. — Elle porte qu'il sera fourni, par les soins du sous-préfet, par chaque commune et par chaque canton, d'après les contrôles établis, un tableau général des citoyens mobilisables, inscrits par rang d'âge et par classes, suivant les dispositions de l'art. 143 de la loi du 22 mars 1831. — L. 19 avr. 1832, art. 2.

649. — Cet article, auquel renvoient la loi de 1832 et l'art. 141 précité de la loi de 1831, est ainsi conçu : « Les désignations des gardes nationaux pour les corps détachés seront faites par le conseil de recensement de chaque commune, parmi tous les inscrits du service ordinaire, et sur celui du service extraordinaire, dans l'ordre qui suit :

650. — 1° Les célibataires. — Seront considérés comme célibataires tous ceux qui, postérieurement à la promulgation de la présente loi, se marieraient avant d'avoir atteint l'âge de vingt-trois ans; 2° les veufs sans enfans; 3° les mariés sans enfans; 4° les mariés avec enfans. — Même article.

651. — La disposition qui veut que les individus mariés avant l'âge de vingt-trois ans soient assimilés aux célibataires doit être entendue en ce sens que jusqu'à cet âge on ne peut exciper de son mariage, mais qu'après vingt-trois ans on doit être classé parmi les hommes mariés. — Décis. min. 10 sept. 1832; — Duvergier, *Collect. des lois*, t. 31, p. 215.

652. — D'après la même décision ministérielle, on doit priver de la faveur attachée au mariage les Français appelés par le recrutement, qui se marieraient après avoir fourni un remplaçant, mais avant vingt-trois ans accomplis.

653. — Les jeunes gens de vingt ans accomplis, mais qui n'ont pas encore satisfait à la loi du recrutement, doivent être portés au tableau des mobilisables. — Décis. min. 1er août 1832.

654. — Pour la classe des célibataires, les contingens seront répartis proportionnellement au nombre d'hommes appartenant à chaque année, depuis vingt jusqu'à trente-cinq ans. — L. 22 mars 1831, art. 144.

655. — Dans chaque année, la désignation se fera d'après l'âge. — Même article.

656. — Pour chaque année, depuis vingt ans jusqu'à vingt-trois, les veufs et mariés seront considérés comme plus âgés que les célibataires de cette année, auxquels ils sont assimilés par l'art. 143, § 1er. — Même article.

657. — Dans chacune des autres classes successives les appels seront toujours faits en commençant par les moins âgés jusqu'à l'âge de trente ans. — Même article.

658. — Ainsi, il y a cette différence entre les célibataires et les gardes nationaux des autres classes, que ceux-ci ne sont mobilisables que jusqu'à trente ans, tandis que les premiers sont mobilisables jusqu'à leur trente-cinquième année. — Décis. minist. 10 sept. 1832.

659. — Quand les citoyens ne font pas sur leur âge, leur position, les déclarations qui permettent de les ranger dans la classe de mobilisables à laquelle ils doivent appartenir, les conseils de révision les classent suivant la notoriété publique, sauf vérification et justification ultérieure. — Décis. minist. 1er août 1832.

660. — L'aîné d'orphelins mineurs de père et de mère, le fils unique ou l'aîné des fils, ou, à défaut de fils, le petit-fils ou l'aîné des petits-fils d'une femme actuellement veuve, d'un père aveugle, ou d'un vieillard septuagénaire, prendront rang, dans l'appel au service des corps détachés, entre les mariés sans enfans et les mariés avec enfans. — L. 22 mars 1831, art. 145.

661. — Les citoyens dont parle cet article ne sont mobilisables que jusqu'à trente ans. — Décis. min. 10 sept. 1832.

662. — L'exception dont parle cet article n'est pas applicable aux enfans naturels. — Même décis.

663. — ... Ni au petit-fils unique d'une femme veuve, d'un père aveugle, ou d'un vieillard septuagénaire, lorsqu'à défaut du père, il existe un gendre. — Même décis.

664. — Les travaux relatifs à la confection des contrôles de mobilisation doivent être exécutés, même dans les communes où l'organisation de la garde nationale a été ajournée. — Décis. minist. 10 sept. 1832.

665. — Chaque année, au mois de janvier, ce tableau sera complété et rectifié, d'après les éliminations et accroissemens des diverses classes mobilisables. — L. 19 avr. 1832, art. 2.

666. — Ne sont point aptes au service des corps détachés : 1° les gardes nationaux qui n'auront pas la taille fixée par la loi du recrutement; — 2° ceux que des infirmités constatées rendront impropres au service militaire. — L. 22 mars 1831, art. 147.

667. — La première de ces exceptions doit s'entendre en ce sens, que si la loi du recrutement venait à changer, on devrait se référer à celle qui lui succéderait. — Duvergier, *Coll.*, t. 31, p. 216.

668. — On doit, malgré l'art. 147, porter sur le contrôle des mobilisables les citoyens même qu'une infirmité rend impropres au service des corps détachés. — Il n'appartient qu'aux jurys de révision (aujourd'hui les conseils de révision) d'apprécier leurs motifs. — Déc. minist. 6 oct. 1832.

669. — Les marins faisant partie de l'inscription maritime ne sont pas exempts du service des corps détachés. — Mais on avisera à ce qu'ils ne soient pas éloignés des côtes. — Discuss. ch. des dép. (Duvergier, *Coll.*, t. 31, p. 816).

670. — La loi du 22 mars 1831 attribuait aux conseils de recensement la désignation des citoyens appelés à faire partie des corps détachés (art. 146); aux jurys de révision le jugement des motifs d'exemption (art. 149); et au conseil de révision l'appréciation de l'aptitude au service (art. 148). — La loi du 19 avril a changé complétement ce système.

671. — Les attributions que la loi du 22 mars 1831 avait dévolues aux jurys de révision, en ce qui touche les corps détachés, sont transportées aux conseils de révision. — L. 19 avr. 1832, art. 3.

672. — Il y aura par arrondissement de sous-préfecture un conseil de révision. — Même article.

673. — Ce conseil aura pour président, au chef-lieu du département, le préfet ou un conseiller de préfecture délégué par celui-ci; au chef-lieu, de tout autre arrondissement, le sous-préfet. — Même article.

674. — Il sera composé de deux membres du conseil général, ou du conseil d'arrondissement, délégués par le préfet; de l'officier-général commandant la subdivision militaire, ou d'un officier supérieur délégué par lui, et de l'officier le plus élevé en grade dans la garde nationale. — Même article.

675. — M. de Monthoron avait proposé d'accorder voix consultative au juge de paix de chaque canton pour les hommes de son canton. — M. Duvergier (t. 32, p. 209) dit que cette proposition a été adoptée; cependant la loi du 19 avr. 1832 ne la reproduit pas.

676. — Les gardes nationaux qui ont des remplaçans à l'armée ne sont pas dispensés du service de la garde nationale dans les corps détachés; toutefois, ils ne prennent rang dans l'appel qu'après les veufs sans enfans. — L. 22 mars 1831, art. 150.

677. — Le garde national désigné pour faire partie d'un corps détaché peut se faire remplacer par un Français âgé de dix-huit à quarante ans. — Le remplaçant doit être agréé par le conseil de révision. — L. 22 mars 1831, art. 151.

678. — Le droit d'*agréer ou non* entraîne celui d'exiger du remplaçant toutes garanties de bonne moralité. — Duvergier, *Coll.*, t. 31, p. 217.

679. — Si le remplaçant est appelé à servir pour son compte dans un corps détaché de la garde nationale, le remplacé sera tenu d'en fournir un autre ou de marcher lui-même. — L. 22 mars 1831, art. 152.

680. — Le remplacé sera, pour le cas de désertion, responsable de son remplaçant. — L. 22 mars 1831, art. 153.

681. — Cette responsabilité est indéfinie, la chambre des députés ayant repoussé une disposition additionnelle, proposée par la chambre des pairs, et ainsi conçue : « *Pendant un an — il sera libéré si, dans l'année, le remplaçant est arrêté, en cas de désertion, ou s'il meurt sous les drapeaux.* »

682. — Lorsqu'un garde national, porté sur le rôle du service ordinaire, s'est fait remplacer dans un corps détaché de la garde nationale, il ne cesse pas pour cela de concourir au service de la garde nationale. — L. 22 mars 1831, art 154.

683. — Tout célibataire remplacé redevient mobilisable de première classe dès que son remplaçant a été congédié à l'expiration de son temps de service. — Décis. min. 10 sept. 1832.

684. — Néanmoins, s'il arrivait qu'un citoyen, âgé de plus de trente ans eût un remplaçant à l'armée, il ne devrait pas être rangé dans la première classe des célibataires mobilisables, et, par suite, il ne devrait pas être mobilisé jusqu'à trente-cinq ans. — Même décision.

685. — Les corps détachés de la garde nationale sont organisés par bataillons d'infanterie, et par escadrons ou compagnies pour les autres armes. Le roi peut ordonner la réunion de ces bataillons ou escadrons en légions. — L. 22 mars 1831, art. 155.

686. — Des ordonnances du roi déterminent l'organisation des bataillons, escadrons et compagnies; le nombre, le grade des officiers, la composition et l'installation des conseils d'administration. — L. 22 mars 1831, art. 156.

687. — La loi du 22 mars 1831 disait que, pour la première organisation, les caporaux et sous-officiers, les sous-lieutenans et lieutenans, seraient élus par les gardes nationaux, et que, néanmoins, les fourriers, les sergens-majors, maréchaux-des-logis-chefs et adjudans sous-officiers, seraient désignés par les capitaines et nommés par les chefs de corps. — L. 22 mars 1831, art. 157.

688. — Il résulte des mots *pour la première organisation* (art. 157) qu'une fois les corps formés, les choix des caporaux, sous-officiers et officiers qui deviendraient nécessaires devraient être faits par le roi. — Duvergier, *Coll.*, t. 31, p. 217.

689. — Les officiers comptables, les adjudans-majors, les capitaines et officiers supérieurs sont à la nomination du roi. — Même article.

690. — Les officiers à la nomination du roi peuvent être pris indistinctement dans la garde nationale, dans l'armée ou parmi les militaires en retraite. — L. 22 mars 1831, art. 158.

691. — L'art. 159, L. 22 mars 1831, porte que les corps détachés de la garde nationale comme auxiliaires de l'armée sont assimilés, pour la solde et les prestations en nature, à la troupe de ligne, et qu'une ordonnance du roi détermine les premières mises, les masses et les accessoires de la solde — L. 22 mars 1831, art. 159.

692. — Le même article ajoute que les officiers, sous-officiers et soldats jouissant d'une pension de retraite, la cumuleront, pendant la durée du service, avec la solde d'activité des grades qu'ils auront obtenus dans les corps détachés de la garde nationale. — Même article.

693. — L'uniforme et les marques distinctives des corps détachés sont les mêmes que ceux de la garde nationale en service ordinaire. — L. 22 mars 1831, art. 160.

694. — Le gouvernement fournit l'habillement, l'armement et l'équipement aux gardes nationaux qui n'en seraient pas pourvus ou qui n'auraient pas le moyen de s'équiper et de s'armer à leurs frais. — Même article.

695. — Le contingent de chaque canton formera, suivant sa force, une ou plusieurs compagnies ou subdivisions de compagnies; celui de l'arrondissement formera un ou plusieurs bataillons, ou subdivisions de bataillon. Dans ce dernier cas, les subdivisions seront agglomérées dans leurs départemens respectifs. — L. 19 avr. 1832, art. 5.

696. — Une ordonnance du roi désignera les arrondissemens et les cantons qui doivent former les bataillons. Un arrêté du préfet désignera les cantons et les communes qui doivent former les compagnies, d'après la force des gardes nationales à mobiliser. — Même article.

697. — Lorsque les corps détachés de la garde nationale seront organisés, ils seront soumis à la discipline militaire. — L. 22 mars 1831, art. 161.

698. — Néanmoins, lorsque les gardes nationaux refuseront d'obtempérer à la réquisition, ils seront punis d'un emprisonnement qui ne pourra pas excéder deux ans, et lorsqu'ils quitteront leurs corps sans autorisation hors de la présence de l'ennemi, ils seront punis d'un emprisonnement qui ne pourra excéder trois ans. — Même article.

699. — Jugé que les gardes nationaux et les soldats de la réserve ne sont réputés militaires et justiciables des conseils de guerre qu'autant qu'ils sont mis légalement en activité ou chargés d'un service militaire. — *Cass.*, 2 avr. 1819, Susbielle.

Sect. 6e. — *Des conseils de discipline.*

700. — L'organisation des conseils de discipline, réglée d'abord par la loi du 29 sept. 1791, a été complétement changée par le décret du 12 nov. 1806, qui a régi cette matière jusqu'à la loi du 22 mars 1831, dont nous allons faire connaître les dispositions dans les paragraphes suivans, en indiquant à mesure les modifications apportées, pour le département de la Seine, par la loi du 14 juill. 1837.

701. — Jugé qu'avant la loi de 1831, les conseils de discipline étaient régulièrement composés d'après le décret de 1806. — *Cass.*, 23 avr. 1831, Quesnel.

702. — Quant à la loi de 1831, on ne saurait la faire considérer comme contraire à la charte en ce qui concerne l'institution des conseils de discipline. — *Cass.*, 8 janv. 1834, Villelle.

ART. 1er. — *Répartition des conseils. — Tableau. — Installation. — Serment. — Costume. — Audience. — Publicité.*

§ 1er. — *Répartition des conseils de discipline.*

703. — Il y a un conseil de discipline : 1° par bataillon communal ou cantonnal; — 2° par commune ayant une ou plusieurs compagnies non réunies en bataillon; — 3° par compagnie formée de gardes nationaux de plusieurs communes. — L. 22 mars 1831, art. 94; inst. min. 5 avr. 1831.

704. — Dans les villes qui comprennent une ou plusieurs légions, il y a un conseil de discipline pour juger les officiers supérieurs de légion et officiers d'état-major non justiciables des conseils de discipline ci-dessus. — L. 22 mars 1831, art. 95.

705. — La loi du 22 mars 1831 prévoit, art. 106, le cas où la garde nationale d'une commune ou d'un canton, bien que formée de plusieurs compagnies, n'aura cependant qu'un conseil de discipline, et elle soumet à la juridiction de ce conseil les gardes nationaux qui font partie de l'artillerie, des sapeurs-pompiers et de la cavalerie. — V., quant aux sapeurs-pompiers, *Cass.*, 8 fév. 1833, Holot.

706. — S'il y a plusieurs bataillons dans le même canton, ces mêmes gardes nationaux sont justiciables du même conseil de discipline que les compagnies de leur commune. — L. 22 mars 1831, art. 95.

707. — Enfin, s'il y a plusieurs bataillons dans la même commune et plusieurs conseils de disci-

pline, le préfet détermine de quels conseils de discipline ces gardes nationaux sont justiciables. — Même article.

708. — Les corps d'artillerie et de cavalerie n'ont des conseils de discipline particuliers qu'autant que ces corps sont réunis en légion par une ordonnance royale. — Même article.

709. — Ainsi qu'on le voit, la loi n'a pas prévu le cas où une commune ne formant qu'une subdivision de compagnie, il pourrait y avoir lieu à donner à cette subdivision de compagnie un conseil de discipline. Une décision ministérielle du 25 oct. 1831 a refusé à ces fractions de compagnie un conseil de discipline, en se fondant sur la difficulté qu'il y aurait à le composer, et a placé ces subdivisions de compagnie sous la juridiction de l'un des conseils de discipline des communes voisines.

710. — Lorsqu'une compagnie sera formée des gardes nationaux de plusieurs communes, le conseil de discipline siégera dans la commune la plus populeuse. — L. 22 mars 1831, art. 99.

§ 2. — *Du tableau.*

711. — Le président du conseil de recensement, assisté du chef de bataillon, ou du capitaine commandant, si les compagnies ne sont pas réunies en bataillon, doit former, d'après le contrôle du service ordinaire, un tableau général, par grade et par rang d'âge, de tous les officiers, sous-officiers et caporaux, et d'un nombre double de gardes nationaux de chaque bataillon, ou des compagnies de la commune, ou de la compagnie formée de plusieurs communes. — L. 22 mars 1831, art. 105.

712. — Dans le département de la Seine, le tableau des membres du conseil de discipline est formé des officiers, de la moitié des sous-officiers, du quart des caporaux, et de pareil nombre de gardes nationaux, désignés par le maire en nombre égal dans chaque compagnie. Il est complété tous les ans en conservant le rang des premiers inscrits. — L. 14 juill. 1837, art. 24.

713. — L'art. 23 de cette loi détermine la composition du conseil supérieur destiné à juger les officiers (V. *infrà* no 756), et il dispose que pour la formation de ce conseil, il est dressé par le préfet deux tableaux, par grade, des colonels, lieutenans-colonels, chefs de bataillon ou d'escadrons et capitaines; l'un desdits tableaux pour les officiers des légions, et l'autre pour les officiers de l'état-major général. — L. 14 juill. 1837, art. 23.

714. — Lorsque la garde nationale d'une commune ou d'un canton n'a qu'un seul conseil de discipline, les gardes nationaux faisant partie des corps d'artillerie, de sapeurs-pompiers et de cavalerie, concourent à la formation du tableau du conseil de discipline. — L. 22 mars 1831, art. 106.

715. — Il en est de même s'il y a plusieurs bataillons dans le même canton ou dans la même commune. — Même article.

716. — Les ordres des chefs de corps n'étant obligatoires et n'emportant de sanction pénale qu'autant qu'ils ont été donnés conformément aux réglemens légalement établis, ou lorsqu'ils sont relatifs au service, les chefs de compagnies ne sont pas tenus de se conformer à l'ordre du jour qui leur enjoint de dresser des tableaux relatifs à la composition du conseil de discipline, cette opération étant imposée par l'art. 105, L. 22 mars 1831, au maire et au chef de corps. — *Cass.*, 18 août 1838 (t. 2 1838, p. 580), Petit-Hardel.

717. — Est valable le tableau dressé par le chef de bataillon seul, s'il a été affiché à la mairie, et qu'il ne soit pas possible de douter que le maire l'ayant connu y a donné son adhésion; par exemple, s'il existe une contiguïté entre le local de la mairie et celui des séances. — *Cass.*, 16 mai 1839 (t. 1er 1839, p. 600), Allain.

718. — Dans le cas de concours entre plusieurs conseils de recensement pour la formation du tableau du conseil de discipline des bataillons cantonaux, chaque maire, réuni à l'officier du grade le plus élevé de sa commune, doit former un tableau particulier de tous les gardes nationaux de sa commune et l'envoyer au sous-préfet, qui en extrait les noms destinés à former un tableau unique. — Décis. min. 19 mai 1831.

719. — Les capitaines en second doivent être placés sur ce tableau à la suite des capitaines en premier, et les sergens-majors après les sous-lieutenans et avant les sergens. — Décis. min. des 22 janv. 1833 et 7 oct. 1833.

720. — Les fourriers doivent figurer par rang d'âge dans la colonne des sous-officiers. — Même décis. du 7 oct. 1833.

721. — L'âge n'est un motif de préférence qu'entre les personnes du même grade; en conséquence, un conseil de discipline est régulièrement composé, quoiqu'on y ait appelé un lieutenant moins âgé qu'un sous-lieutenant. — *Cass.*, 11 janv. 1833, Maleine.

722. — Le tableau doit être déposé, signé par ceux qui l'ont formé, au lieu des séances des conseils de discipline, où chaque garde national pourra en prendre connaissance. — L. 22 mars 1831, art. 105.

723. — Dès-lors, si un garde national prétend que le conseil de discipline n'est pas composé suivant l'ordre du tableau, qu'il demande pour le prouver que le tableau soit représenté, le conseil ne peut, à peine de nullité de son jugement, se refuser à faire droit à sa demande, et statuer au fond, au lieu de surseoir, sous le prétexte que le tableau n'est pas actuellement à sa disposition. — *Cass.*, 6 sept. 1833, Chaigneau.

724. — Mais, il n'est pas nécessaire que ce tableau soit affiché; il suffit qu'il soit déposé dans l'auditoire du conseil et mis à la disposition des citoyens. — *Cass.*, 2 mars 1832, Denise. — Jugé de même qu'il ne résulte pas de nullité de ce que le tableau des gardes nationaux appelés par rang d'âge à siéger au conseil de discipline n'a pas été affiché dans le lieu des séances du conseil. — *Cass.*, 13 fév. 1847 (t. 2 1847), Bouchet.

725. — ... Et que le garde national qui, avant le jugement prononcé contre lui par le conseil de discipline, a reçu communication du tableau placardé dans le local de la mairie contigu à la salle d'audience, ne peut se plaindre de ce que ce tableau n'a pas été affiché dans la salle du conseil. — *Cass.*, 16 mai 1839 (t. 1er 1839, p. 600), Allain.

726. — Jugé encore qu'il ne suffit pas d'alléguer la non affiche du tableau et l'insuffisance prétendue de ce tableau; que cette assertion doit être appuyée de pièces et de présomptions qui en établissent la vérité. — *Cass*, 17 mars 1832, Robert c. Cabrol.

727. — Le prévenu peut demander communication du tableau; mais s'il ne la demande pas, il couvre toute exception, à raison de ce défaut de communication, par sa défense au fond. — *Cass.*, 22 oct. 1840 (t. 1er 1847, p. 201), Bernard.

728. — Mais le fait d'avoir décliné ses noms et qualités ne le rend pas non-recevable à se prévaloir de cette exception préjudicielle. — *Cass.*, 6 sept. 1833, Chaigneau.

729. — Les gardes nationaux doivent provoquer la révision annuelle du tableau; mais s'ils ne l'ont pas fait, et que le conseil de discipline ait été composé sur un tableau général non révisé, ils ne peuvent attaquer comme illégale la composition du conseil ainsi formé. — *Cass.*, 21 nov. 1840 (t. 1er 1847, p. 203), Lenormand.

730. — En tous cas, on ne peut opposer devant la cour Cassation le moyen tiré de ce que le conseil de discipline n'a pas été composé de gardes nationaux portés sur le tableau, si ce moyen n'a pas été proposé devant le conseil de discipline. — *Cass.*, 18 juill. 1840 (t. 1er 1847, p. 202), Lafond.

731. — Tout garde national qui aura été condamné trois fois par le conseil de discipline, ou une fois par le tribunal de police correctionnelle, sera rayé pour une année du tableau servant à former le conseil de discipline. — L. 22 mars 1831, art. 108.

732. — Il n'est pas nécessaire que la condamnation ait été prononcée pour refus de service; il suffit qu'il y ait eu condamnation pour quelque infraction que ce soit. — Duvergier, *Coll.*, t. 31, p. 206.

733. — La radiation est faite par le président du conseil de recensement assisté du chef de bataillon, ou, s'il n'en existe pas, du capitaine-commandant. Le rapporteur du conseil a le droit de la requérir sauf recours au jury de révision. — Duvergier, *loc. cit.*

734. — Suivant l'art. 109, L. 22 mars 1831, toute réclamation pour être réintégré sur le tableau ou pour en faire rayer un garde national doit être portée devant le jury de révision.

735. — Le conseil de discipline de la garde nationale d'une commune ayant une ou plusieurs compagnies non réunies en bataillon, et celui d'une compagnie formée de gardes nationaux de plusieurs communes, doivent être composés de cinq juges, savoir: un capitaine, président; un lieutenant ou un sous-lieutenant, un sergent, un caporal et un garde national. — L. 22 mars 1831, art. 96.

736. — Le conseil de discipline du bataillon doit être composé de sept juges, savoir: le chef de bataillon, président; un capitaine, un lieutenant ou un sous-lieutenant, un sergent, un caporal et deux gardes nationaux. — L. 22 mars 1831, art. 97.

737. — Les juges de chaque grade ou gardes nationaux sont pris successivement d'après l'ordre de leur inscription au tableau. — Même loi, art. 107.

738. — Et il a été jugé que les membres d'un conseil de discipline de la garde nationale doivent être pris suivant l'ordre du tableau dressé, par rang d'âge, à peine de nullité de leurs jugemens. — *Cass.*, 18 oct. 1833, Bouvet.

739. — Le conseil de discipline de la garde nationale ne peut être formé que d'officiers, sous-officiers et caporaux élus dans les formes prescrites et pris dans l'ordre d'ancienneté sur le tableau à ce destiné. — Dès-lors, le conseil de discipline est illégalement composé si un sous-officier qui y figure n'a pas reçu ce titre par élection. — *Cass.*, 10 nov. 1831, Pécriaux.

740. — L'ancienneté entre deux officiers de même grade se compte du jour de la reconnaissance par la garde nationale et de la prestation de serment. Peu importe que l'un d'eux ait été revêtu antérieurement du même grade ou même d'un grade supérieur; on ne doit reconnaître que les nouveaux grades conférés par les nouvelles élections; ceux qui avaient été donnés par une élection précédente sont entièrement effacés. — *Cass.*, 27 avr. 1833, Bernard.

741. — En cas d'absence, tout membre du conseil de discipline est remplacé par l'officier, sous-officier, caporal ou garde national qui doit être appelé immédiatement après lui. — L. 22 mars 1831, art. 114.

742. — Dans les conseils de discipline des bataillons cantonaux, le juge absent est remplacé par l'officier, sous-officier, caporal ou garde national du lieu où siége le conseil, qui doit être appelé d'après l'ordre du tableau. — Même article.

743. — Les remplacemens pour compléter les conseils de discipline de la garde nationale ne peuvent se faire que dans le même grade, suivant l'ordre du tableau; ainsi, un lieutenant ne peut être appelé pour remplacer un simple garde national. — *Cass.*, 16 nov. 1833, Beraud.

744. — Mais la circonstance qu'un sergent-major a fait partie du conseil au lieu d'un sergent n'est pas une cause de nullité. — *Cass.*, 18 avr. 1835, Dromont.

745. — En général, lorsqu'un membre d'un conseil de discipline siége hors son tour, il y a présomption jusqu'à preuve contraire que ceux qui devaient siéger avant lui étaient légalement empêchés. — *Cass.*, 14 juill. 1832, Bricourt; 29 déc. 1832, Roulph; 17 mars 1832, Cabrol; 21 fév. 1833, Lizendoux.

746. — Ainsi jugé : 1o dans le cas où l'officier plus ancien au tableau n'a pas fait partie du conseil de discipline. — *Cass.*, 28 déc. 1832, Maudot.

747. — ...2o Dans le cas où un caporal, dernier inscrit sur le tableau, a été appelé pour faire partie du conseil en remplacement d'un juge du même grade. — *Cass.*, 14 juill. 1832, Lemaire.

748. — Jugé encore que, lorsqu'un capitaine faisant partie d'un conseil de discipline de la garde nationale remplace le président de ce conseil qui s'est récusé, il est présumé de droit avoir été appelé dans l'ordre du tableau. — *Cass.*, 18 fév. 1832, Grandin.

749. — ... Et que le président remplacé par un capitaine est présumé avoir été légalement empêché. — *Cass.*, 4 juill. 1835, David.

750. — Il y a présomption que le garde national qui a concouru à un jugement, *même sans être porté sur le tableau*, n'a été appelé qu'en remplacement et par suite de l'empêchement du garde national qui devait être appelé par son inscription à ce tableau. — *Cass.*, 18 nov. 1840 (t. 1er 1847, p. 202), Lafond.

751. — Jugé que le moyen tiré de la composition irrégulière d'un conseil de discipline ne peut pas être présenté pour la première fois devant la cour de Cassation. — *Cass.*, 16 mars 1837 (t. 1er 1838, p. 82), Bérard.

752. — ... Qu'il doit être proposé devant le conseil lui-même avant toute défense au fond. — Même arrêt.

753. — Ainsi, le garde national qui ne s'est pourvu ni devant le conseil de recensement ni devant le jury de révision contre l'élection d'un officier signalé comme faisant indûment partie d'un conseil de discipline, et qui, d'ailleurs, n'a point excipé de ce moyen devant ce conseil, ne peut attaquer le jugement rendu contre lui comme l'ayant été par un conseil illégalement composé. — *Cass.*, 12 oct. 1833, Meillet.

754. — Toutefois, en ce qui concerne le droit de critiquer la composition du conseil de discipline désigné pour juger les officiers, V. *infrà* no 774.

755. — La composition légale du conseil de discipline au nombre voulu par la loi est suffisamment constatée, lorsque les noms et grades de

chaque membre se trouvent indiqués en marge du jugement.—*Cass.*, 22 oct. 1831, Godoffre.—V. *infrà* nos 831 et s.

756. — *Conseils de discipline des officiers.* — La loi du 22 mars 1831 dispose à cet égard ainsi qu'il suit : « Le conseil de discipline, pour juger les officiers supérieurs et officiers d'état-major, est composé de sept juges, savoir : d'un chef de légion, président ; de deux chefs de bataillon, deux capitaines, et deux lieutenans ou sous-lieutenans. » — L. 22 mars 1831, art. 98.

757. — Si le prévenu est officier, deux officiers du même grade que lui entrent dans le conseil de discipline et remplacent les deux derniers membres. — L. 22 mars 1831, art. 100.

758. — S'il n'y a pas dans la commune deux officiers du grade du prévenu, le sous-préfet les désigne par la voie du sort parmi ceux du canton, et s'il ne s'en trouve pas dans le canton, parmi ceux de l'arrondissement. — Même article.

759. — S'il s'agit de juger un chef de bataillon, le préfet désignera par la voie du sort deux chefs de bataillon des cantons ou des arrondissemens circonvoisins. — L. 22 mars 1831, art. 100.

760. — Dans le département de la Seine, le conseil supérieur de discipline est composé du commandant supérieur président, ou d'un officier général délégué par lui ; de deux colonels ou lieutenans-colonels ; de deux chefs de bataillon ou d'escadron ; de deux capitaines. — L. 14 juill. 1837, art. 23.

761. — Lorsqu'il s'agit de juger des officiers de l'état-major général, les colonels, lieutenans-colonels, chefs de bataillon ou d'escadron, et les capitaines composant le conseil sont pris dans l'état-major.—Même article.

762. — Quand il s'agit de juger les officiers des légions, les colonels, les lieutenans-colonels, chefs de bataillon ou d'escadron et les capitaines sont pris dans les légions.—Même article.

763.—Les juges de ce conseil supérieur sont désignés par la voie du sort sur le tableau dressé par le préfet, ainsi qu'il est dit ci-dessus. — Le tirage a lieu en séance publique par le préfet. — L. 1837, art. 23.

764.—Il a été jugé que, lorsqu'il s'agit de juger un chef de bataillon de la garde nationale dans une localité où il n'existe qu'un bataillon communal, le conseil de discipline doit être composé conformément à l'art. 100, § dernier, L. 22 mars 1831, et non d'après l'art. 98 de cette loi, qui ne s'applique qu'aux villes qui comprennent une ou plusieurs légions.—*Cass.*, 2 mars 1833, Quivy.

765.—En conséquence, est nul le jugement par lequel un conseil de discipline ordinaire, composé conformément à l'art. 100, se déclare incompétent, sur le motif que le chef de bataillon était un officier supérieur.—Même arrêt.

766.—La disposition de l'art. 100, L. 22 mars 1831, relative aux formes à suivre pour juger les officiers de la garde nationale doit être observée, à peine de nullité ; en conséquence, lorsqu'il ne se trouve pas dans la commune deux officiers du grade du prévenu pour entrer dans le conseil discipline, il y a nécessité d'en prendre hors de la commune. Le conseil de discipline est illégalement composé, et la décision par lui rendue est nulle si ces officiers n'ont pas été désignés par le sous-préfet, par la voie du sort, parmi ceux du canton ou de l'arrondissement.—*Cass.*, 18 janv. 1834, Vignes.

767.—Et un conseil de discipline appelé à juger un capitaine de la garde nationale est illégalement composé lorsqu'en l'absence du chef de bataillon, que la loi désigne pour présider, on a désigné, par la voie du sort, pour le remplacer, un autre chef de bataillon hors du canton. La présidence appartient dans ce cas au premier capitaine dans l'ordre du tableau ; ce n'est que lorsqu'il s'agit de juger un chef de bataillon qu'il y a lieu d'en appeler un autre étranger au bataillon.— *Cass.*, 19 mai 1836, Lavechin.

768. — Pour juger un capitaine, force est, conformément à l'art. 100, L. 22 mars 1831, d'appeler au conseil deux capitaines ; mais il ne résulte pas de cet article, combiné avec l'art. 97, qu'il faille en appeler trois. — *Cass.*, 1er juin 1833, Dubois-Tailli.

769. — Est nul le jugement d'un conseil de discipline de la garde nationale rendu contre un officier lorsque dans la composition de ce conseil il est entré un plus grand nombre de juges d'un grade supérieur, à celui du prévenu que celui fixé par la loi, et qu'il a manqué un des sous-officiers qui doivent nécessairement en faire partie. — *Cass.*, 27 août 1840 (t. 2 1845, p. 601), Maylen ; même jour, Morel.

770. — Mais jugé que lorsque le jugement d'un conseil de discipline appelé à juger un lieutenant de garde nationale constate que les deux gardes nationaux appelés ordinairement à composer le conseil n'ont pas siégé et que deux officiers du grade du prévenu y ont été appelés, il y a présomption suffisante que les deux officiers ont été appelés en vertu de l'art. 100 de la loi du 22 mars 1831 pour remplacer deux gardes nationaux. — *Cass.*, 3 fév. 1844 (t. 2 1844, p. 110), Bataille.

771. — Il est indispensable que les deux officiers du même grade, désignés pour entrer dans le conseil, y siégent réellement ; l'absence de l'un d'eux enlevant au prévenu la garantie que la loi lui accorde d'être jugé par deux officiers de son grade, vicie la composition du conseil de discipline, et le jugement qu'il rend est nul. — *Cass.*, 30 mai 1833, Sevestre.

772. — Ainsi est nul le jugement rendu contre un officier auquel deux simples gardes nationaux ont pris part. — *Cass.*, 26 déc. 1835, Durand.

773. — Au reste, le mode de composition des conseils de discipline prescrit par l'art. 100, L. 1831, pour juger les officiers de la garde nationale, étant d'ordre public, ceux-ci ne peuvent y renoncer et consentir à ce que les conseils soient composés différemment. — *Cass.*, 3 avr. 1835, Prempain.

774. — Le moyen tiré de l'illégalité de la composition du conseil de discipline désigné pour juger les officiers est d'ordre public, et peut en conséquence être produit pour la première fois devant la cour de Cassation. — *Cass.*, 27 août 1840 (t. 2 1845, p. 601), Maylen.

775. — L'art. 100, L. 22 mars 1831, et les art. 110 et 112 qui déterminent la manière dont le conseil de discipline doit être saisi souffrent nécessairement une exception dans le cas prévu par l'art. 114, qui donne au conseil de discipline sur ses propres membres absens un droit de juridiction dont le caractère essentiel est de l'exercer sur eux à l'instant même de leur absence. — *Cass.*, 30 juill. 1835, Vinet.

776. — La garantie dérivant de la présence dans le conseil de deux juges du même grade que le prévenu n'est établie que relativement aux officiers. — Ainsi la composition du conseil appelé à juger de simples gardes nationaux n'est pas viciée par l'absence de deux gardes nationaux.—*Cass.*, 31 mai 1833, Guendet.

777. — Un citoyen inscrit dans une commune en qualité de simple garde national ne peut être jugé pour les manquemens qui lui sont imputés en cette qualité par un conseil formé pour juger les officiers, alors même qu'il aurait été élu officier dans une autre localité.—*Cass.*, 9 fév. 1837 (t. 2 1840, p. 299), Vielmon.

778. — Un lieutenant secrétaire près le conseil de discipline est bien justiciable du conseil de discipline pour les infractions qu'il commet en sa qualité ; mais, n'étant pas officier d'état-major, il ne peut être jugé que par un conseil composé dans les formes ordinaires et non d'après celles établies par l'art. 98. — *Cass.*, 4 juill. 1835, David.

779. — Les conseils de discipline sont permanens. Les juges sont renouvelés tous les quatre mois. — L. 22 mars 1831, art. 104.

780. — Les pouvoirs des juges ne peuvent être prorogés lors même que ces juges n'auraient pas été convoqués pendant la période des quatre mois ; après ce temps, ils sont remplacés de plein droit par ceux qui viennent immédiatement après eux dans l'ordre du tableau. — *Cass.*, 19 juin 1834, Piat.

781. — Dès-lors un conseil de discipline ainsi formé ne peut se déclarer incompétent sans violer la loi. — Même arrêt.

782. — Lorsqu'il n'y aura pas d'officier du même grade que le président ou les juges du conseil de discipline, ceux-ci ne seront pas remplacés. — Même arrêt. — L. 22 mars 1831, art. 104.

783. — Dans le département de la Seine, les juges du conseil supérieur de discipline sont renouvelés tous les ans. — Les membres sortans sont rayés du tableau et ne peuvent être rétablis qu'après les élections générales, à moins d'épuisement des noms portés au tableau. — L. 14 juill. 1837, art. 23.

§ 3. — *Quelles personnes peuvent siéger au conseil de discipline.*

784. — Il suffit, pour pouvoir faire partie du conseil de discipline, d'être porté sur le contrôle du service ordinaire ; mais aussi cette inscription est nécessaire. — L. 22 mars 1831, art. 105.

785. — Ainsi est nul le jugement dans lequel a figuré comme juge un citoyen qui était rayé des contrôles. — *Cass.*, 3 juill. 1835, Couvaut.

786. — De même les citoyens portés sur le contrôle de réserve ne peuvent être appelés à faire partie du conseil.—*Cass.*, 22 oct. 1831, Delahaye de Prémorvan.

787. — Mais il faut que l'inscription de ces citoyens sur le contrôle de réserve soit établi : sans cela, ils ont pu valablement participer aux jugemens des citoyens compris sur le rôle du service ordinaire.— *Cass.*, 6 juill. 1833, Lhoiry.

788. — Il n'est pas nécessaire qu'un garde national appelé pour faire partie d'un conseil de discipline soit domicilié dans le lieu des séances du conseil ; il suffit qu'il fasse partie de la garde nationale de ce lieu. — *Cass.*, 14 juill. 1832, Bricourt.

789. — Du moment qu'un étranger est inscrit sur les contrôles de la garde nationale, ne fût-il même pas naturalisé, il est apte à siéger comme juge dans un conseil de discipline, lorsque le prévenu n'a pas contesté sa qualité devant le conseil de recensement. — *Cass.*, 29 déc. 1832, Roulph.

790. — Ainsi qu'il a déjà été dit plus haut, l'âge d'un garde national peut être une excuse, mais non un motif d'exclusion. — Ainsi un garde national âgé de plus de soixante ans peut siéger dans un conseil de discipline. — *Cass.*, 10 sept. 1831, Jegou ; 11 janv. 1833, Paris.

791.—Décidé d'après le même principe, qu'un citoyen âgé de dix-huit ans nommé chef d'un bataillon cantonal peut juger comme membre d'un conseil de discipline.—Décis. min. 22 janv. 1833.

792. — Au surplus, l'art. 1er, L. 16 vent. an XI, qui veut que pour être juge ou juge suppléant on soit âgé de vingt-cinq ans n'est point applicable à la composition des conseils de discipline, lesquels sont organisés par une loi postérieure et spéciale.— *Cass.*, 4 juill. 1835, Leblan.

793. — Le conseil de discipline de la garde nationale ne peut être formé que d'officiers, sous-officiers et caporaux élus dans les formes prescrites. — *Cass.*, 7 janv. 1832, Demanest ; 9 mars 1832, Langlois ; 10 nov. 1831, Pecriaux.

794.—Ainsi, est illégalement composé le conseil de discipline dans lequel figure comme sous-officier un garde national qui n'a pas reçu ce titre par élection. — *Cass.*, 7 janv. 1832, Demanest ; 10 nov. 1831, Pecriaux.

795.— De même, un conseil de discipline est illégalement composé, et les décisions qu'il rend sont nulles, lorsque parmi ses membres siége un capitaine adjudant-major non élu, mais nommé par le roi. — *Cass.*, 30 juin 1832, Luc.

796. — De même, les adjudans sous-officiers étant à la nomination exclusive des chefs de corps ne peuvent faire partie du conseil de discipline.— *Cass.*, 9 mars 1832, Langlois.

797.— ...Encore bien qu'ils aient été choisi parmi les officiers élus par les gardes nationaux. — *Cass.*, 15 sept. 1832, Rendu ; 10 oct. 1832, Richer.

798. — Mais les officiers, sous-officiers et caporaux de la garde nationale, bien qu'ils soient élus depuis plus de trois ans, et qu'ils n'aient pas été remplacés, ont qualité pour siéger comme membres des conseils de discipline. — *Cass.*, 19 août 1837 (t. 2 1837, p. 196), Mezirard.

799. — Un conseil de discipline est régulièrement composé, quoique les officiers et sous-officiers qui en font partie n'aient point été soumis à la réélection depuis la promulgation de la loi du 22 mars 1831, tant que le délai de trois mois assigné pour cette réélection, par l'art. 123, même loi, continue de subsister, alors surtout qu'une ordonnance a expressément maintenu l'organisation de la garde nationale du lieu.— *Cass.*, 22 oct. 1831, Viriville ; même jour, Godoffre.

800. — Un capitaine de musique et un musicien de la garde nationale, quand il n'est pas prouvé qu'ils sont salariés, peuvent faire partie d'un conseil de discipline. — *Cass.*, 2 août 1832, Couespel.— V. aussi *infrà* no 967.

801. — Mais les tambours étant salariés ne peuvent faire partie de ce conseil. — Décis. min. 7 oct. 1833.

802. — Il n'est pas nécessaire que les membres d'un conseil de discipline soient pris parmi les gardes nationaux qui ont l'habit d'uniforme. — *Cass.*, 12 oct. 1833, Bouvet.

803.—Toutes les incompatibilités que nous avons reconnues entre certaines fonctions et le service de la garde nationale, subsistent en ce qui touche le droit de siéger comme juge dans un conseil de discipline.

804. — Ainsi, pour les suppléans des juges de paix, dont les fonctions sont incompatibles avec le service de la garde nationale (*Cass.*, 30 sept., Delestre ; 20 oct. 1831, Dubruel ; 7 juin 1832, Bonnet), il a été décidé qu'ils ne pouvaient faire partie d'un conseil de discipline, à peine de nullité des jugemens auxquels ils auraient concouru.—Mêmes arrêts et *Cass.*, 29 nov. 1832, Morel.

805. — ...Soit que le suppléant y ait pris part comme président.— *Cass.*, 7 janv. 1832, Bonnet.

806. — ... Ou qu'il y ait figuré comme simple juge. — *Cass.*, 30 sept. 1831, Delestre.

807. — ...Qu'il ait rempli les fonctions de rapporteur. — *Cass.*, 20 oct. 1831, Dubruel, 14 mars 1834, Noël; 24 fév. 1832, Ploix; 15 fév. 1845 (t. 2 1845, p. 518), Habonneau; même jour (t. 1er 1846, p. 61), Kingaut.

808. — ... Ou celles de secrétaire — *Cass.*, 13 nov. 1835, Delplancq; 24 fév. 1832, Ploix.

809. — La fonction d'agent de la force publique chargé de porter les citations aux gardes nationaux est incompatible avec celle de juge dans le conseil de discipline; ainsi, est nul un jugement auquel a participé comme juge le garde champêtre même qui avait porté au prévenu la citation par suite de laquelle il a été condamné. — *Cass.*, 17 juill. 1835, Parat.

810. — L'incompatibilité existe encore à l'égard des maires, parce qu'ils ont le droit de requérir la force publique; mais elle n'existe pas à l'égard des conseillers municipaux, qui n'ont pas le même droit. — *Cass.*, 9 mars 1839, Langlois.

811. — Ainsi, il n'y a pas lieu d'annuler un jugement rendu par un conseil de discipline, sur le motif que l'officier rapporteur et le secrétaire étaient membres du conseil municipal. — Même arrêt.

812. — De même, un conseiller de préfecture peut valablement faire partie d'un conseil de discipline. — *Cass.*, 12 oct. 1833, Meillet; — inst. min. 10 sept. 1831.

813. — Les fonctions de percepteur des contributions directes et de receveur de l'enregistrement ne sont pas non plus incompatibles avec le service de la garde nationale et avec celles de membre du conseil de discipline. — *Cass.*, 9 fév. 1837 (t. 2 1840, p. 299), Vielmon.

814. — Les fonctions des présidens des tribunaux civils n'étant pas incompatibles avec le service de la garde nationale, un président de tribunal a donc pu, comme garde national, remplir les fonctions de capitaine rapporteur d'un conseil de discipline. — *Cass.*, 27 avr. 1833, Fournier.

815. — De même, le juge suppléant d'un tribunal peut remplir les fonctions de capitaine rapporteur. — *Cass.*, 12 mai 1832, Enouf.

816. — V. en ce qui concerne les adjudans majors, *infrà* no 874.

817. — L'incompatibilité tirée de la parenté prévue par l'art. 63, L. 20 avr. 1810, n'est applicable qu'aux juges des tribunaux ordinaires et non aux juges composant les conseils de discipline. — *Cass.*, 4 août 1832, Terme.

818. — Le conseil d'état a, le 23 mars 1832, émis un avis contraire. L'opinion admise par la cour de Cassation nous paraît plus rationnelle; l'on doit en effet assimiler les membres des conseils de discipline plutôt à des jurés qu'à des juges.

819. — Ainsi, deux beaux-frères peuvent siéger comme juges dans le même conseil de discipline et concourir à un même jugement. — *Cass.*, 29 déc. 1832, Roulph.

820. — En cas d'absence, tout membre du conseil de discipline non valablement excusé, est condamné à une amende de 5 fr. par le conseil de discipline. — L. 22 mars 1831, art. 114.

821. — Le conseil de discipline ne saurait admettre un empêchement dont il n'est pas justifié. — *Cass.*, 14 sept. 1833, Badel.

822. — Le manquement à une séance du conseil de discipline, de la part d'un garde national qui en fait partie, est régi exclusivement par l'art. 114, L. 22 mars 1831, et ne peut être considéré comme constituant une insubordination caractérisée, alors surtout que ce garde national ne refuse point le service en lui-même, et conteste seulement, en la forme, la régularité de la convocation. — *Cass.*, 17 juin 1836, Deverton.

823. — Cette disposition de l'art. 114 qui inflige une amende au membre du conseil de discipline de la garde nationale dans le cas où il n'obéit pas à la convocation, est impérative. — Toute autre peine appliquée dans l'espèce est arbitraire. — *Cass.*, 5 sept. 1840 (t. 1er 1841, p. 64), Wign.

§ 4. — *Nombre des juges nécessaires pour juger.*

824. — Avant la loi du 22 mars 1831, les conseils de discipline des bataillons de la garde nationale pouvaient juger au nombre de quatre juges, non compris le président. — *Cass.*, 19 janv. 1826, Viel; — décr. 12 nov. 1806, art. 32; régl. 15 juill. 1814, art. 57.

825. — Aujourd'hui, les conseils de discipline ne peuvent juger que lorsque cinq membres au moins sont présens dans les conseils de bataillon et de légion, et trois membres au moins dans les conseils de compagnie. — L. 22 mars 1831, art. 104.

826. — Jugé que les conseils de discipline de compagnies de la garde nationale doivent, à peine de nullité, être composés de cinq membres; mais qu'il suffit que trois de ces membres siégent pour rendre un jugement valable. — *Cass.*, 5 janv. 1833, Blanchais.

827. — La disposition de l'art. 104 s'applique au cas où il s'agit de juger un officier comme un simple garde national. — *Cass.*, 1er juin 1833, Dubois-Taillis.

828. — Lorsqu'il s'agit de juger de simples gardes nationaux, il suffit qu'il soit constaté que cinq des sept membres composant le conseil ont assisté au jugement et y ont pris part, sans qu'il soit nécessaire d'indiquer les grades de ces membres. — *Cass.*, 30 mai 1833, Gueudet. — V. *infrà* nos 1355 et suiv.

829. — L'art. 104 se servant de ces mots: cinq membres au moins, il en résulte qu'un conseil de discipline peut aussi juger au nombre de six membres. — *Cass.*, 1er juin 1833, Dubois-Taillis.

830. — Un jugement pourrait être rendu par sept juges, c'est-à-dire par le conseil complet. Rendu par plus de sept juges, il serait nul. — *Cass.*, 2 fév. 1833, Mégret; 22 mars 1833, Grosbois de Soulaine; 26 déc. 1835, Durand; 11 nov. 1836, Moulinié.

831. — ...Même s'il s'agissait d'une contravention commise par un officier. — *Cass.*, 1er juin 1833, Dubois-Taillis.

832. — Cette nullité est d'ordre public, et le prévenu ne peut y renoncer. — *Cass.*, 26 déc. 1835, Durand.

833. — Les jugemens des conseils de discipline des compagnies rurales ne peuvent être rendus par plus de cinq juges. — *Cass.*, 24 déc. 1831, Darodes.

834. — Le secrétaire du conseil et le rapporteur, n'ayant pas la qualité de juges, ne peuvent concourir au jugement; mais pour qu'il y ait nullité, il faut qu'il soit constant qu'ils ont pris part à la délibération. La cour s'est constamment prononcée en ce sens. — V. *infrà* nos 1342 et suiv.

835. — Un jugement rendu par quatre juges, non compris le secrétaire dans une commune où il n'existe que des compagnies et non une réunion de bataillon, est valable; c'est au prévenu à prouver que le conseil qui a décidé était un conseil de bataillon. — *Cass.*, 24 août 1832, Chéron.

836. — V. sur la mention au jugement du nombre et des noms des juges *infrà* nos 1355 et suiv.

§ 5. — *Président, secrétaire, rapporteur.*

837. — *Président.* — Les conseils de bataillons sont présidés par le chef de bataillon, les conseils de compagnies par un capitaine. — L. 22 mars 1831, art. 96 et 97.

838. — Quand le chef de bataillon, président du conseil de discipline, se récuse ou est forcé de s'abstenir par suite d'une récusation, il est remplacé à la présidence par le capitaine le plus ancien siégeant au conseil. — Lett. min. 7 oct. 1833. — V. *suprà* nos 741 et s.

839. — Quand il s'agit de juger des officiers supérieurs ou des officiers d'état-major, le conseil de discipline est présidé par le chef de légion. — L. 22 mars 1831, art. 98.

840. — Le conseil supérieur du département de la Seine est présidé par le commandant supérieur ou par un officier général délégué par lui. — L. 14 juill. 1837, art. 23.

841. — C'est devant l'autorité administrative qu'un garde national doit se pourvoir pour faire annuler l'élection du président d'un conseil de discipline. — *Cass.*, 12 mai 1832, Enouf.

842. — Le président convoque les membres du conseil sur la réquisition de l'officier rapporteur, toutes les fois que le nombre et l'urgence des affaires paraissent l'exiger. — L. 22 mars 1831, art. 113.

843. — La police de l'audience appartient au président, qui peut faire expulser ou arrêter quiconque troublerait l'ordre. — L. 22 mars 1831, art. 117.

844. — Le président prononce les jugemens rendus par le conseil. — L. 22 mars 1831, art. 118.

845. — Il n'est cependant pas nécessaire, à peine de nullité, que les jugemens portent la mention qu'ils ont été prononcés par le président. — *Cass.*, 22 oct. 1831, Rose des Ordous.

846. — *Rapporteur et secrétaire.* — Il y a par conseil de discipline de bataillon ou de légion un rapporteur ayant rang de capitaine ou de lieutenant, et un secrétaire ayant rang de lieutenant ou de sous-lieutenant. — L. 22 mars 1831, art. 101.

847. — Dans les villes où il se trouve plusieurs légions, il y a par conseil de discipline un rapporteur-adjoint et un secrétaire-adjoint, du grade inférieur à celui du rapporteur et du secrétaire. — Même article.

848. — Lorsque la garde nationale d'une commune ne forme qu'une ou plusieurs compagnies non réunies en bataillon, un officier ou un sous-officier remplit les fonctions de rapporteur, et un sous-officier celles de secrétaire du conseil de discipline. — L. 22 mars 1831, art. 102.

849. — Le sous-préfet choisit l'officier ou les sous-officiers rapporteurs et secrétaires du conseil de discipline, sur des listes de trois candidats désignés par le chef de légion, ou, s'il n'y a pas de légion, par le chef de bataillon. — L. 22 mars 1831, art. 103.

850. — Dans les communes où il n'y a pas de bataillon, les listes de candidats sont dressées par le plus ancien capitaine. — Même article.

851. — Il résulte de l'économie des art. 102 et 103 que le secrétaire et le rapporteur d'un conseil de discipline de bataillon ou de légion peuvent être pris parmi tous les gardes nationaux indistinctement. — *Cass.*, 10 nov. 1831, Larigaudie; 18 fév. 1832, Baudot; 2 mars 1832, Denise; 31 mars 1832, Gemain; 26 mai 1832, Vidal.

852. — La qualité du rapporteur n'a, dès-lors, pas besoin d'être énoncée dans le jugement rendu par le conseil de discipline. — *Cass.*, 31 mars 1832, Gemain.

853. — Mais il résulte aussi des mêmes articles qu'à l'égard des rapporteurs et secrétaires des compagnies rurales, le choix de l'autorité administrative est circonscrit aux officiers et sous-officiers élus par les compagnies. — *Cass.*, 26 mai 1832, Vidal.

854. — Il en est de même des rapporteurs près des conseils de discipline *de compagnies.* — *Cass.*, 20 sept. 1833, Carigilly.

855. — Dans ces derniers cas, le fait qu'un sous-lieutenant et non un sous-officier a rempli les fonctions de secrétaire dans un conseil de discipline de la garde nationale peut donner lieu à des réclamations devant l'autorité administrative. — *Cass.*, 3 janv. 1834, Roux.

856. — Mais il ne peut vicier la composition du conseil, un secrétaire n'ayant pas voix délibérative. — Même arrêt.

857. — Jugé aussi qu'un garde national ayant qualité d'officier dans le corps de la musique, avant la loi du 22 mars 1831, peut être secrétaire d'un conseil *de discipline de compagnie*, encore bien qu'il n'ait pas été nommé par élection, lorsque surtout les pouvoirs des officiers et autres membres de ce corps ont été prorogés par une ordonnance royale. — *Cass.*, 18 fév. 1832, Boisseau.

858. — Si, postérieurement à sa nomination aux fonctions de secrétaire ou de rapporteur, un garde national obtient par élection le grade que ses fonctions lui confèrent déjà, il peut remplir les deux fonctions à la fois, et ce n'est qu'en cas de renonciation volontaire à l'un ou à l'autre de ces emplois qu'il doit être pourvu à son remplacement. — Inst. min. 15 sept. 1831.

859. — Le garde national appartenant à une compagnie d'artillerie doit, s'il est nommé secrétaire d'un conseil de discipline, cesser de faire partie de cette compagnie et d'en porter l'uniforme. — Décis. min. 6 oct. 1832.

860. — Un conseil de discipline est illégalement composé si le secrétaire n'a pas été nommé par le sous-préfet. — *Cass.*, 3 juin 1832, Luc.

861. — En disant que le secrétaire du conseil de discipline sera nommé par le sous-préfet, l'art. 103, L. 22 mars 1831, entend parler d'une nomination définitive et non d'une simple nomination provisoire causée par l'absence momentanée du titulaire. — *Cass.*, 4 juill. 1835, Leblan.

862. — Cette nomination provisoire est valablement faite par le conseil de discipline, et il y a présomption, jusqu'à preuve contraire, qu'elle a été faite par le conseil plutôt que par le rapporteur. — Même arrêt.

863. — En exigeant la qualité d'officier dans la personne du secrétaire, l'art. 101, L. 22 mars 1831, n'entend parler que de celui qui est appelé d'une manière définitive à ces fonctions et non de celui qui ne les remplit que par intérim et en l'absence du titulaire. En ce dernier cas, un fourrier peut être admis provisoirement à en remplir les fonctions. — Même arrêt.

864. — Pour le remplacement du secrétaire et du rapporteur, on doit faire ce qui se pratique dans les tribunaux ordinaires pour le remplacement du greffier et de l'officier du ministère public. — Instr. min. 25 oct. 1831.

865. — Ainsi le rapporteur doit être remplacé par celui des juges dont le grade correspond à celui de ce rapporteur absent ou s'en rapproche le plus, et le secrétaire peut être remplacé par un garde national, qui doit préalablement prêter serment. — Même instr. min.

866. — Le rapporteur près le conseil supérieur de discipline a, aux termes de l'art. 23, L. 14 juill.

1837, rang de chef de bataillon, et le secrétaire rang de capitaine. — Ce rapporteur est nommé par le roi et pour trois ans; il fait partie de l'état-major général.

867. — Les secrétaires et les rapporteurs sont passibles de l'amende de 5 francs, comme les autres membres du conseil, lorsqu'ils manquent aux séances sans excuses légitimes. — Décis. min. 9 nov. 1832.

868. — Le secrétaire d'un conseil de discipline est censé avoir été remplacé légalement, sauf la preuve contraire. — *Cass.*, 28 déc. 1832, Brescoud.

869. — La cour de Cassation avait commencé par juger que le conseil de discipline peut appeler tout citoyen inscrit sur le contrôle pour remplir les fonctions *du secrétaire absent.* — *Cass.*, 29 déc. 1832, Chevolot.

870. — Mais depuis elle est revenue sur cette jurisprudence, en décidant qu'en cas d'absence du secrétaire, celui que choisit le conseil pour le remplacer provisoirement doit, à peine de nullité du jugement, être pris dans les grades indiqués par l'art. 101, L. 22 mars. — *Cass.*, 27 avr. 1833, Fournier; 12 oct. 1833, Baudré.

871. — Toutefois, il est assez difficile de comprendre comment un secrétaire pourrait être pris, ainsi que le reconnaît la cour de Cassation, parmi les simples gardes nationaux, et comment, en cas d'absence, il ne pourrait être remplacé par un citoyen pris dans la même position.

872. — Dans le cas d'empêchement de l'officier rapporteur de la garde nationale dont la nomination, comme officier du ministère public, appartient à l'autorité administrative, il ne peut être remplacé, à peine de nullité du jugement, que par l'un des membres du conseil de discipline. — *Cass.*, 21 fév. 1833, Linsendoux; 22 mars 1833, Tailhade; 22 mars 1834, Lavigne.

873. — Un conseil de discipline de la garde nationale ne peut nommer un officier pour remplacer l'officier rapporteur toutes les fois qu'il croira devoir s'absenter; le remplacement ne peut avoir lieu que chaque fois que le titulaire se trouve légalement empêché. — *Cass.*, 22 mars 1834, Lavigne.

874. — Un adjudant-major peut être rapporteur près d'un conseil de discipline, s'il ne reçoit pas un traitement à raison de son grade. — Décis. min. 26 déc. 1832. — V. en ce sens *Cass.*, 29 mai 1845 (t. 2 1845, p. 569), Hauvel.

875. — Les rapporteurs, rapporteurs adjoints, secrétaires et secrétaires adjoints sont nommés pour trois ans et peuvent être continués dans leurs fonctions à l'expiration de chaque période. — L. 22 mars 1831, art. 103.

876. — Le préfet, sur le rapport des maires et des chefs de corps, peut les révoquer; il est, dans ce cas, procédé immédiatement à leur remplacement. — Même article.

877. — Les fonctions des secrétaires correspondent à celles des greffiers des tribunaux. Celles des rapporteurs correspondent aux fonctions du procureur du roi. — Instr. min. 22 nov. 1831.

878. — Le secrétaire enregistre les plaintes, rapports et procès-verbaux qui sont adressés à l'officier rapporteur à raison des faits qui peuvent donner lieu à un jugement du conseil de discipline. — L. 22 mars 1831, art. 110 et 111.

879. — Les rapporteurs près les conseils de discipline ne peuvent poursuivre d'office les gardes nationaux pour les contraventions par eux commises; les conseils ne peuvent être saisis que sur l'ordre exprès des chefs de corps. — *Cass.*, 20 juill. 1832, Chaperon.

880. — Un officier rapporteur a qualité pour poursuivre sur un fait de manquement au service que son frère a constaté en sa qualité d'officier de la garde nationale. — *Cass.*, 1er sept. 1832, Dumesnildot.

881. — Sur la présence des rapporteurs et des secrétaires aux délibérations du conseil, et sur leur participation aux jugemens, V. *infrà* nos 1342 et suiv.

§ 6. — *Formalités préliminaires. — Installation. — Serment des membres. — Costume. — Insignes.*

882. — La formalité de l'installation du conseil de discipline n'est prescrite par aucune loi. — *Cass.*, 22 oct. 1831, Rose des Ordous.

883. — Cette formalité n'ayant rien de substantiel, on ne peut faire un moyen de nullité de ce qu'un jugement a été rendu par un conseil non régulièrement installé. — *Cass.*, 17 mars 1832, Forest.

884. — Un garde national n'a pas le droit de se plaindre de ce qu'un discours aurait été prononcé dans le conseil de discipline au moment de son installation, alors que ce discours aurait été antérieur aux débats de son affaire. — *Cass.*, 10 nov. 1831, Bonfils.

885. — De même, il ne peut se plaindre de ce que la lecture des pièces aurait commencé avant la prestation de serment du secrétaire, si, après ce serment prêté, la lecture de ces pièces a été recommencée. — *Cass.*, 4 juill. 1835, Leblan.

886. — ... Ni de ce qu'avant le serment de ce membre du conseil de discipline il a été statué sur l'absence du président. — Même arrêt.

887. — Les membres des conseils de discipline de la garde nationale ne sont pas des fonctionnaires de l'ordre judiciaire, et contraints, en cette qualité, à prêter le serment prescrit par la loi du 31 août 1830. — *Cass.*, 22 oct. 1831, Rose des Ordous; 10 sept. 1831, Jegeu.

888. — Ils n'ont d'autre serment à prêter que celui prescrit par l'art. 59, L. 22 mars 1831. — *Cass.*, 9 fév. 1837 (t. 2 1840, p. 299), Vielmon.

889. — Ainsi, les sous-officiers et simples gardes nationaux faisant partie des conseils de discipline ne sont pas soumis à l'obligation de prêter serment. — *Cass.*, 10 sept. 1831, Jégou.

890. — On ne saurait admettre comme moyen de cassation le défaut de prestation de serment par l'un des membres du conseil de discipline, s'il n'est pas établi que ce membre devait prêter serment, et qu'il ne l'a pas prêté. — *Cass.*, 17 mars 1832, Forest.

891. — ... Que, par exemple, ce soit un officier. Car l'officier qui n'a pas prêté le serment prescrit par l'art. 59, L. 22 mars 1831, n'a pas qualité pour siéger au conseil de discipline. — *Cass.*, 2 mars 1832, Cavrois.

892. — ... A moins que depuis son élection, cet officier ait déjà prêté serment. — Décis. min. 19 mai 1831.

893. — Aucune disposition de la loi sur la garde nationale n'a subordonné le droit et le devoir de siéger dans les conseils de discipline à la nécessité de s'y présenter en uniforme. — *Cass.*, 8 juin 1833, Devillers.

894. — En conséquence, des gardes nationaux appelés d'après le tableau à faire partie du conseil de discipline ne peuvent être exclus, sous le prétexte qu'ils ont refusé de se revêtir de leur uniforme. — Même arrêt, et *Cass.*, 12 oct. 1833, Bouvet.

895. — De même, il n'y a pas nullité du jugement rendu par un conseil de discipline en ce que le président portait les insignes de lieutenant-colonel, quoiqu'il ne fût que chef de bataillon. — *Cass.*, 12 mai 1832, Enouf.

896. — Mais un conseil de discipline de la garde nationale qui décide que deux officiers et un sous-officier ne pouvaient siéger au conseil sans être armés ou revêtus des signes distinctifs de leurs grades n'a violé ni l'art. 68, L. 22 mars 1831, ni empiété sur les droits réservés à l'autorité administrative par l'art. 55, même loi. — *Cass.*, 29 août 1833, Lavigne.

897. — Jugé encore qu'on ne peut, dans les localités où l'uniforme n'a pas encore été réglé, demander la nullité des jugemens rendus par un conseil de discipline, sous le prétexte que les membres de ce conseil ne seraient pas habillés et équipés dans les deux mois qui ont suivi leur nomination à leur grade. — *Cass.*, 1er juin 1832, Manan.

§ 7. — *Jours d'audience.*

898. — Les conseils de discipline peuvent-ils siéger et juger les jours fériés? — Plusieurs arrêts de cassation ont décidé l'affirmative. — *Cass.*, 28 déc. 1832, Montbrun; même jour, Mandet; 13 déc. 1833, Saleinne; 28 nov. 1838 (t. 1er 1839, p. 425), Vigneron d'Heuqueville.

899. — On peut dire à l'appui de cette solution que l'assimilation que l'on voudrait faire entre les conseils de discipline et les tribunaux ordinaires n'est exacte que sous le rapport des peines qui peuvent être prononcées par les deux juridictions, mais non en ce qui touche la nature des infractions poursuivies, et surtout en ce qui touche le caractère des citoyens qui rendent les jugemens, que les membres des conseils de discipline sont plutôt des jurés que des juges, puisque leurs fonctions sont temporaires, et qu'ils sont choisis sur un tableau dont les noms ont été connus à l'avance. Que de là on doit donc pouvoir dire des conseils de discipline ce qu'on dit des cours d'assises, que leurs décisions ne sont pas nulles pour avoir été rendues un jour férié. — V. COUR D'ASSISES.

900. — Toutefois, quand ils siégent un jour férié, les conseils de discipline de la garde nationale ne peuvent siéger qu'à des heures différentes de celles du service divin. — Arg. L. 26 oct. 1790, tit. 7, art. 2.

ART. 2. — *Des citations.*

901. — L'art. 3, L. 22 mars 1831, porte que sur les plaintes, rapports ou procès-verbaux qui lui seront adressés, l'officier rapporteur fera citer le prévenu à la plus prochaine des séances du conseil.

902. — Les citations doivent être rédigées par le rapporteur, et non par le secrétaire, qui n'est qu'un simple greffier. — Instr. min. 22 nov. 1831.

903. — Cependant une citation donnée à un garde national devant le conseil de discipline est valable, bien qu'elle ait été faite au nom d'un chef de corps et non à celui du rapporteur. — *Cass.*, 14 juill. 1832, Najac.

904. — La citation donnée à un garde national pour comparaître devant un conseil de discipline peut être notifiée un jour férié. — *Cass.*, 29 nov. 1838 (t. 1er 1839, p. 425), Vigneron d'Heucqueville.

905. — Les actes de poursuite et citations devant les conseils de discipline sont dispensés du timbre et enregistrés gratis. — L. 22 mars 1831, art. 121.

906. — Le délai pour la comparution ne peut être moindre de vingt-quatre heures, et doit être augmenté d'autant par trois myriamètres. — Instr. min. 25 oct. 1831.

907. — En effet, comme le dit la cour de Cassation dans un de ses arrêts, le conseil de discipline de la garde nationale remplit des fonctions analogues à celles des tribunaux de simple police. — *Cass.*, 26 mai 1831, Roy.

908. — Jugé que le garde national cité à onze heures du matin pour le lendemain à sept heures du soir est régulièrement cité. — *Cass.*, 24 août 1832, Chéron. — V. *suprà* no 1235.

909. — La citation doit être portée à domicile par un agent de la force publique. — L. 22 mars 1831, art. 111.

910. — La simple déclaration faite par un garde national de son intention de changer de domicile n'empêche pas de l'assigner valablement à ce domicile, s'il n'a changé de résidence et s'il n'a pas été rayé du contrôle. — *Cass.*, 21 juill. 1832, Levaillant.

911. — Les citations devant le conseil de discipline de la garde nationale ne sont assujéties à d'autres formes que d'être données par l'officier rapporteur, et portées au domicile du prévenu par un agent de la force publique. — *Cass.*, 18 mai 1832, Maisan; 7 sept 1833, Barthe.

912. — Elles peuvent être notifiées par les agens de police que la loi assimile aux agens de la force publique. — *Cass.*, 18 fév. 1832, Bouvrel.

913. — Au nombre des agens de la force publique autorisés à faire les significations en matière de garde nationale, sont 1° les gardes champêtres. — *Cass.*, 28 déc. 1832, Duesme.

914. — ... 2° Les valets ou sergens de ville. — *Cass.*, 12 mai 1832, David; 1er déc. 1832, Mothes.

915. — ... 3° Les tambours sergens de ville. — *Cass.*, 16 mars 1832, Lassuderie.

916. — ... 4° Les tambours-maîtres de la garde nationale. — *Cass.*, 7 mars 1834, Luce.

917. — Les gendarmes et les gardes municipaux ont aussi qualité pour remettre les citations devant les conseils de discipline de la garde nationale. — Instr. min. 31 mars 1831; — Impl. *Cass.*, 23 janv. 1840 (t. 1er 1841, p. 94), Béguin.

918. — Les huissiers ont aussi qualité pour faire ces citations, pourvu que leur intervention n'entraîne pas des frais pour le garde national cité par eux. — *Cass.*, 29 déc. 1832, Montbrun.

919. — Cependant une circulaire ministérielle du 5 juill. 1833 a décidé que les actes de juridiction des conseils de discipline étaient exclusivement placés en dehors des fonctions des huissiers. Mais nous croyons qu'avec la restriction posée dans la décision précédente, l'intervention d'un huissier dans un acte de ces conseils ne saurait en entraîner la nullité.

920. — L'agent de la force publique doit, en remettant la copie de la citation, mentionner la date de la remise sur la copie et sur l'original. — Instr. min. 25 oct. 1831.

921. — Jugé que le défaut de mention de la date dans une citation donnée à un garde national entraîne la nullité de cette citation, et, par suite, celle du jugement par défaut qui a suivi. — *Cass.*, 4 mars 1836, Godin.

922. — ... Et que le jugement d'un conseil de discipline est nul lorsque la citation sur laquelle il est intervenu ne mentionne ni la signature du gendarme qui l'a notifiée, ni le nom, la qualité ou

les rapports avec le prévenu de la personne à laquelle la copie de cette citation a été remise. — *Cass.*, 14 nov. 1839 (t. 1er 1841, p. 94), Desquilbet; 23 janv. 1840 (t. 1er 1841, p. 94), Béguin.

925. — La citation doit contenir, à peine de nullité, mention de la personne à laquelle la copie a été laissée. — *Cass.*, 23 oct. 1840 (t. 2 1840, p. 627), Dupont.

924. — Mais un garde national ne peut faire annuler un jugement contre lui prononcé par le seul motif que la copie qui lui en a été signifiée ne mentionne ni le nombre ni les noms des juges qui l'ont rendu, lorsqu'il n'allègue pas surtout que le conseil ait été illégalement composé. — *Cass.*, 10 mars 1836, Chapsal.

925. — Une citation n'est pas nulle par cela seul qu'elle contient des prénoms autres que ceux du cité, lorsqu'il n'existe dans le lieu où il demeure aucune autre personne portant le même nom patronymique. — *Cass.*, 11 janv. 1833, Cosseret.

926. — Elle est valable, quoique la citation contienne seulement son nom de famille avec la qualification d'aîné. — *Cass.*, 11 janv. 1833, Paris.

927. — Il n'est pas nécessaire d'énoncer dans la citation donnée devant un conseil de discipline le nom de l'agent qui l'a signifiée; en tout cas, le garde national qui reconnaît avoir reçu la citation et qui comparaît est non-recevable à tirer un moyen de nullité de cette omission. — *Cass.*, 10 sept. 1831, Jégou.

928. — Une citation donnée à un garde national devant le conseil de discipline n'a pas besoin d'être signée par l'officier rapporteur; il suffit qu'elle soit donnée à sa requête et signée de l'agent de la force publique qui en fait la remise. — *Cass.*, 18 août 1832, Louis Renjade.

929. — La citation doit spécifier les faits qui constituent la récidive; sans cette désignation, le prévenu n'est pas mis à même de se défendre. — *Cass.*, 30 juin 1836, Fleury.

930. — Il suffit que le fait servant de base à la poursuite soit articulé dans la citation; il est inutile de dire si les gardes commandés l'étaient à titre de discipline et d'après l'ordre du tableau de service. — *Cass.*, 24 nov. 1832, Gauran.

931. — Jugé encore qu'une citation devant le conseil de discipline et un jugement de ce conseil énoncent suffisamment les faits dans le sens des art. 183 et 195, C. inst. crim., lorsqu'ils sont motivés sur un rapport de service et sur un manquement itératif à un service d'ordre et de sûreté; qu'il n'est pas nécessaire qu'ils précisent la date et la nature des services commandés auxquels le prévenu a manqué. — *Cass.*, 31 déc. 1841 (t. 1er 1842, p. 718), Jeandel.

932. — Jugé même que le jugement qui condamne un garde national comme coupable de manquement à un service d'ordre et de sûreté n'est point annulable par cela qu'il aurait qualifié de revue d'inspection d'armes un service qui était simplement qualifié de revue dans la citation, cette dernière qualification ayant suffi pour mettre le prévenu à même de préparer et de proposer sa défense devant le conseil. — *Cass.*, 25 janv. 1845 (t. 1er 1845, p. 482), Bippert.

933. — L'erreur, dans la citation donnée à un garde national, sur la date du manquement qui lui est imputé, ne peut faire annuler sa condamnation, lorsque cette erreur n'est que d'un jour, et que, d'ailleurs, le jugement se réfère soit au manquement indiqué dans la citation, soit à celui qui est avoué par le prévenu. — *Cass.*, 30 mars 1838 (t. 1er 1840, p. 206), Poupardin.

934. — Lorsqu'un garde national a été cité devant le conseil de discipline par deux assignations distinctes relatives chacune à un manque de service, il suffit, pour la validité du jugement, que l'une de ces assignations ait été régulièrement donnée. — *Cass.*, 11 fév. 1837 (t. 2 1840, p. 16), Carpentier.

935. — Un conseil de discipline n'est pas tenu de prononcer sur d'autres faits que ceux énoncés dans la citation du prévenu. — *Cass.*, 6 juill. 1833, L'Hoiry.

936. — Jugé aussi qu'un garde national ne peut pas être condamné pour un fait autre que celui énoncé dans la citation qui lui a été donnée devant le conseil de discipline. — *Cass.*, 26 juill. 1832, de Montaigu.

937. — ... Et qu'un garde national ne peut, sans qu'il soit porté atteinte au droit de la défense, être condamné pour propos injurieux par lui tenus contre les membres du conseil de discipline depuis la citation qui lui a été donnée, et qui n'ont pu, par conséquent, y être énoncés. — *Cass.*, 15 mai 1835, Besse.

938. — Ces propos ne peuvent même être considérés comme une circonstance aggravante de l'infraction à raison de laquelle le garde national est cité devant le conseil de discipline. — Même arrêt.

939. — Jugé cependant que, quand un garde national est cité devant le conseil comme ayant simplement manqué à une revue, le conseil peut le condammer pour des faits d'insubordination. — *Cass.*, 14 juill. 1832, Lemaire.

940. — ... Surtout si la désobéissance ou l'insubordination sont des circonstances du fait principal énoncé dans la citation. — *Cass.*, 19 mai 1832, Beaupréau.

941. — De même, un garde national a pu être condamné, par application de l'art. 89, L. 22 mars 1831, à la prison, comme ayant manqué plusieurs fois à un service d'ordre et de sûreté, bien que la citation n'énonce qu'un manquement à un exercice et à une garde hors de tour. L'erreur, dans ce cas, ne porte que sur la nature de l'infraction. — *Cass.*, 13 avr. 1832, Mauger.

942. — Jugé, au contraire, que le garde national cité pour un manquement à un service extraordinaire ne peut, à peine de nullité, être condamné pour désobéissance et insubordination. — *Cass.*, 3 sept. 1835, Dieulonger.

943. — Un conseil de discipline de la garde nationale peut statuer par le même jugement sur l'opposition à un jugement par défaut et sur le fond. — *Cass.*, 6 avr. 1833, Lapillier.

944. — ... Lorsque, surtout dans la citation donnée sur l'opposition, le prévenu a été averti de se défendre au fond. — Même arrêt.

945. — Un garde national ne peut se plaindre qu'il a été irrégulièrement cité lorsqu'il ne représente pas la copie qui lui a été remise et qu'il est établi, en fait, qu'il a été légalement assigné. — *Cass.*, 16 mars 1832, Lassuderie.

946. — Lorsque le garde national comparaît sur la citation, il ne peut se faire un moyen de nullité de ce qu'il aurait été irrégulièrement mis en cause. — *Cass.*, 22 oct. 1831, de Prémorvan.

947. — Un garde national cité, qui comparaît devant le conseil et se défend au fond, sans arguer de l'irrégularité de la citation, ne peut opposer plus tard cette irrégularité. — *Cass.*, 18 fév. 1832, Bouvret; 7 sept. 1833, Barthe.

948. — Jugé encore que la nullité d'une citation résultant de ce que le *parlant à* n'a pas été rempli est couverte par l'opposition du prévenu au jugement par défaut rendu contre lui, et surtout par son absence lors du jugement de débouté d'opposition rendu sur citation régulière. — *Cass.*, 23 oct. 1840 (t. 2 1840, p. 627), Dupont.

949. — ... Et que le garde national auquel un jugement par défaut a été signifié, et qui, y ayant formé opposition, a reçu une nouvelle citation, ne peut opposer devant la cour de Cassation la nullité de la citation sur laquelle est intervenu le jugement par défaut. — *Cass.*, 15 fév. 1845 (t. 1er 1846, p. 28), Beauclaire.

ART. 3. — *Des récusations et abstentions.*

950. — La jurisprudence a reconnu que l'art. 378, C. procéd., § 8, sur les récusations, est, à défaut de dispositions spéciales, applicable en matière de garde nationale. — *Cass.*, 10 sept. 1831, Praulx; 3 mai 1834, Dagues; 22 août 1835, Valette; 21 janv. 1837 (t. 1er 1838, p. 23), Fortier; 22 fév. 1840 (t. 2 1840, p. 602), Lefrançois.

951. — Ainsi, l'officier qui a rédigé la plainte par suite de laquelle un garde national est traduit devant le conseil de discipline peut être récusé comme membre du conseil. — *Cass.*, 10 sept. 1831, de Praulx.

952. — A plus forte raison, il y a lieu d'admettre la récusation d'un membre qui a un intérêt personnel dans l'affaire, par exemple, si la poursuite est relative à la conduite que le prévenu aurait tenue à son égard, et s'il a lui-même dressé le rapport déféré au conseil. — *Cass.*, 31 mars 1832, Bertrand.

953. — .... Surtout si, en rédigeant ce rapport, il s'est porté garant des faits qu'il contient : il est considéré comme ayant donné son opinion. — *Cass.*, 22 août 1835, Valette.

954. — Ainsi, il y a lieu à récusation contre le chef de corps qui, au lieu de se borner à renvoyer au conseil de discipline un rapport qui lui aurait été adressé en sa qualité, à la charge d'un de ses subordonnés, a énoncé dans le rapport que plusieurs des faits y mentionnés *se sont passés en sa présence, et qu'il s'en rend garant.* — *Cass.*, 4 janv. 1837 (t. 1er 1838, p. 28), Fortier.

955. — Le chef de corps récusé par un garde national pour ne s'être pas borné à adresser son rapport à l'officier rapporteur auquel il a écrit en outre une lettre dans laquelle il reproche personnellement à ce garde national des faits d'insubordination, et qui a été appelé comme témoin par le prévennu, doit, à ce double titre, s'abstenir de siéger au conseil de discipline, dont sa présence vicie la composition. — *Cass.*, 14 juin 1839 (t. 1er 1840, p. 717), Roussel.

956. — Mais l'officier ou le sous-officier qui, en sa qualité de chef de poste, a rédigé le rapport en vertu duquel le garde national est cité devant le conseil, ne peut être considéré comme dénonciateur et récusé comme tel. — *Cass.*, 19 déc. 1832, Déluis; 25 janv. 1845 (t. 1er 1845 p. 482), Rippert.

957. — Jugé de même que la transmission faite au conseil de discipline par les chefs de corps des rapports qui doivent servir de base à la poursuite ne les rend pas inhabiles à siéger dans les conseils de discipline. — *Cass.*, 17 mars 1832, Dodeman.

958. — ....Que même la signature qu'ils auraient apposée sur les rapports ne peut les priver du droit de siéger, si aucune récusation n'a été exercée contre eux. — Même arrêt.

959. — ...Et que l'accomplissement des actes résultant de la qualité de chef de service ne peut mettre obstacle à l'exercice personnel du pouvoir disciplinaire; qu'ainsi un chef de bataillon qui, *par suite d'un ordre de l'autorité*, saisit le conseil de discipline d'une infraction à un service qu'il avait lui-même commandé ne saurait être assimilé à l'auteur d'un rapport et ne perd pas le droit de siéger au conseil. — *Cass.*, 26 janv. 1833, Trefforest.

960. — Il n'y a pas lieu à la récusation d'un membre du conseil de discipline, prévue par l'art. 378, C. procéd., lors même que ce membre aurait dit dans un lieu public *que le prévenu aurait beau se défendre, il n'en serait pas moins condamné*, lorsque par les explications données au conseil de discipline et par les circonstances qu'il lui appartenait d'apprécier, ces paroles ne paraissent point avoir le caractère de l'agression ou de la menace. — *Cass.*, 14 juill. 1832, Bricourt.

961. — Il en est de même lorsque ce membre du conseil a émis une opinion sur l'affaire, si le prévenu n'a pas présenté ce chef de récusation devant le conseil et a prétendu seulement que ce membre du conseil avait conversé dans l'audience avec l'officier rapporteur en présence de son défenseur, sans constater que cette conversation eût trait à la délibération. — Même arrêt.

962. — La récusation d'un membre d'un conseil de discipline, sous prétexte d'une rixe qui aurait existé entre ce membre et le garde national cité, ne peut être accueillie lorsque le conseil de discipline a déclaré que cette rixe n'avait point eu lieu, et que d'ailleurs le membre du conseil n'aurait point été l'agresseur. — *Cass.*, 24 août 1832, Cheron.

963. — Un membre du conseil de discipline qui a révélé à ses collègues des faits sur lesquels repose la condamnation d'un garde national doit se récuser; sa présence aux délibérations du conseil rend nul le jugement. — *Cass.*, 28 déc. 1832, Darroy.

964. — Un membre du conseil de discipline est récusable lorsqu'il est sous le coup d'une accusation semblable à celle imputée au prévenu. — *Cass.*, 3 mai 1834, Dagues.

965. — Le garde national traduit devant le conseil de discipline comme n'ayant pas fait un service commandé ne peut récuser le président de ce conseil, qui a donné l'ordre de faire ce service. — *Cass.*, 16 mai 1839 (t. 1er 1839, p. 600), Allain.

966. — Il ne peut le récuser non plus même après avoir formé contre lui une plainte en abus de pouvoirs. — Même arrêt.

967. — Un capitaine de musique et un musicien de la garde nationale qui ne sont pas salariés peuvent siéger comme juges dans un conseil de discipline, sans qu'ils puissent être récusés. — *Cass.*, 17 mars 1832, Robert Cabrol, 2 août 1832, de Couespel.

968. — La récusation dirigée contre des membres d'un conseil de discipline de la garde nationale ne doit pas être notifiée avant l'appel de l'affaire. — *Cass.*, 10 sept. 1831, Praulx.

969. — De même, l'art. 386, C. procéd., qui prescrit au juge récusé de s'expliquer, par une déclaration au greffe, n'est pas applicable aux membres du conseil de discipline de la garde nationale. — *Cass.*, 27 avr. 1833, Fournier.

970. — Par exception au droit commun, les membres d'un conseil de discipline, récusés par le prévenu, conservent leur qualité de juges, tant que la récusation n'est pas admise, et ont ainsi caractère pour statuer sur la récusation, même proposée contre eux. — *Cass.*, 26 janv. 1833, Trefforest; 10 sept. 1831, Praulx.

971. — En matière de garde nationale, est nul le jugement d'un conseil de discipline qui prononce au fond sans avoir statué sur les récusations proposées contre quelques uns de ses membres. — *Cass.*, 4 janv. 1835, Derly.

972. — ....Ou qui ne contient aucun motif sur le chef par lequel ce conseil a rejeté la récusation proposée par le prévenu contre le chef de bataillon, président dudit conseil.—*Cass.*, 28 sept. 1832, Dubois.

973.—... Ou qui a statué sur une récusation sans entendre le ministère public, dont l'audition est d'ordre public dans ces matières. — *Cass.*, 17 janv. 1834, Guillaume; 24 juil. 1840 (t. 2 1841, p. 123), Boulet.

974.— Les juges de la récusation doivent, après avoir apprécié la réalité et la gravité des faits allégués, examiner les différens chefs de récusation, et les rejeter s'il y a lieu, mais par des motifs séparés. — *Cass.* (motifs), 22 fév. 1840 (t. 2 1840, p. 602), Lefrançois.

975. — Lorsqu'un membre du conseil de discipline est récusé, que ce conseil statue sur l'exception et qu'immédiatement le prévenu présente et développe sa défense, les jugemens rendus sur l'exception et sur le fond sont à l'abri de toute critique. — *Cass.*, 27 avr. 1833, Fournier.

976. — Quand la récusation est admise, le président appelle, dans les formes indiquées par l'art. 114, L. 22 mars, les juges-suppléans nécessaires pour compléter le conseil. — L. 22 mars 1831, art. 118.

977. — Les causes de récusation n'étant pas d'ordre public, le conseil de discipline n'est pas tenu de suppléer d'office au silence de l'inculpé, et de prononcer sur les récusations dont ses membres peuvent être l'objet. — *Cass.*, 25 janv. 1845 (t. 1er 1845, p. 482), Rippert.

978. — Ainsi, lorsque l'inculpé n'articule devant le conseil de discipline aucune cause de récusation contre l'officier qui en fait partie, celui-ci n'est tenu ni de s'abstenir ni de faire statuer sur une cause quelconque de récusation. — Même arrêt.

979. — Mais il est certain que le membre du conseil de discipline qui a rédigé le procès-verbal constatant le fait qui a donné lieu aux poursuites peut légalement s'abstenir, car il pourrait être récusé. — *Cass.*, 8 nov. 1845 (t. 1er 1846, p. 374), Saffrey.

980. — Il n'est pas besoin au surplus qu'il soit par le ministère public conclu et par le conseil statué sur cette abstention. — Même arrêt.

981. — La demande d'abstention, par un membre du conseil de discipline de la garde nationale, peut être formée en tout état de cause. — *Cass.*, 8 oct. 1836, Blaye.

982.—Cette abstention n'empêche pas les membres du conseil de juger, s'ils sont encore en nombre suffisant. — Même arrêt.

ART. 4. — *Attributions et compétence des conseils de discipline.*

983. — Les conseils de discipline infligent aux prévenus, selon les infractions qui sont poursuivies, les peines autorisées par la loi.

984. — Aux termes de l'art. 106 de la loi du 22 mars 1831, lorsque la garde nationale d'une commune ou d'un canton n'aura qu'un seul conseil de discipline, les gardes nationaux faisant partie des corps d'artillerie, de sapeurs-pompiers et de cavalerie, seront justiciables de ce conseil.

985.— S'il y a plusieurs bataillons dans le même canton, les gardes nationaux ci-dessus désignés seront justiciables du même conseil de discipline que les compagnies de leur commune. — Même art.

986.— S'il y a plusieurs bataillons dans la même commune, le préfet déterminera de quels conseils de discipline les mêmes gardes nationaux seront justiciables. — Même art.

987. — Lorsqu'en vertu d'une ordonnance du roi les corps d'artillerie et de cavalerie seront réunis en légion, ils auront un conseil de discipline particulier. — Même art.

988. — Les infractions commises par les sapeurs-pompiers sont du ressort du conseil de discipline. — *Cass.*, 8 fév. 1833, Holot.

989. — Jugé que le conseil de discipline est compétent pour juger un sergent-major de la garde nationale, quoique prévenu d'un seul manquement au service, et que le jugement qui décide le contraire est nul. — *Cass.*, 14 mars 1834, Villart.

990. — Les fonctions d'un lieutenant secrétaire près un conseil de discipline, constituant la partie principale de son service dans la garde nationale, les infractions qu'il vient à commettre, en sa qualité de secrétaire, le soumettent à la juridiction du conseil de discipline, sauf le droit qu'a l'autorité administrative de le destituer. — *Cass.*, 4 juill. 1835, David.

991. — Dans les villes qui comprennent une ou plusieurs légions, les officiers porte-drapeau de la garde nationale sont, comme les autres officiers du bataillon, soumis à la juridiction du conseil de discipline du bataillon auquel ils appartiennent. — *Cass.*, 21 fév. 1835, Gelet Vital.

992. — Il n'en est pas de même des officiers de l'état-major pour lesquels un conseil spécial doit être créé en conformité de l'art. 95, L. 22 mars 1831. — Même arrêt.

993. — La démission donnée par un officier de la garde nationale, par suite d'une contravention dont il s'était rendu coupable, n'est pas un obstacle à ce que le conseil de discipline statue sur cette contravention. — *Cass.*, 15 juin 1832, Badin.

994. — Dans le département de la Seine, en vertu des art. 106, L. 22 mars, *in fine*, et 18 L. 14 juill. 1837, les infractions commises par les musiciens d'une légion de la garde nationale de la Seine sont de la compétence exclusive du conseil de discipline désigné par le préfet de la Seine. — *Cass.*, 2 déc. 1841 (t. 2 1842, p. 439), Carneaux.

995. — Est nul, en conséquence, le jugement de condamnation prononcé contre un musicien par le conseil de discipline du second bataillon de sa légion, lorsque l'arrêté du préfet porte que, dans chaque légion, les musiciens seront jugés par le conseil de discipline du premier bataillon. — Même arrêt.

996. — La compétence des conseils de discipline en matière de garde nationale peut être contestée soit à raison de la nature des infractions dont on poursuit devant eux la répression, soit à raison de la qualité des prévenus qui sont l'objet de ces poursuites.

997. — L'exception d'incompétence doit être proposée après les récusations, s'il y en a à exercer, et avant l'examen du fond. Le conseil statue d'abord sur cette exception, et renvoie devant qui de droit s'il reconnaît son incompétence. — L. 22 mars 1831, art. 118.

998. — En principe, on considère comme justiciables des conseils de discipline tous les individus inscrits sur les contrôles du service ordinaire. Les citoyens portés sur le contrôle de réserve ne sont pas soumis à cette juridiction. — *Cass.*, 12 août 1831, Hagnié; 25 mai, 1832, Niobbey; 21 avr. 1832, Vincent.

999. — Il n'y a donc à examiner, pour régler la compétence, quant à la qualité de garde national, qu'un fait matériel, l'inscription au registre-matricule et au contrôle de service ordinaire. — Circul. min. 25 oct. 1831.

1000. — Un conseil de discipline peut, sans empiéter sur les attributions de l'administration, considérer comme son justiciable un citoyen qui, au moment où il a été commandé, faisait partie de la garde nationale, bien qu'il ne fût pas incorporé définitivement dans une compagnie. — *Cass.*, 12 août 1831, Hagnié.

1001. — Divers arrêts ont été rendus en ce sens qu'un citoyen inscrit est présumé l'avoir été régulièrement, et que les conseils de discipline sont incompétens pour juger de la légalité de la composition de la garde nationale.—*Cass.*, 2 oct. 1831, Favre; 21 avr. 1832, Vincent, et 18 mai 1832, Maisan.

1002. — Jugé d'après ce principe qu'un conseil de discipline ne peut renvoyer un garde national cité devant lui pour manquement au service, en se fondant sur le motif *qu'il aurait été injustement inscrit sur les contrôles*, le jury de révision étant seul compétent pour juger cette question. —*Cass.*, 8 fév. 1833, Coffinal.

1003. — Jugé encore qu'un conseil de discipline ne peut, sans excès de pouvoir, renvoyer devant le jury de révision, pour se faire rayer des contrôles, un citoyen qui y a été inscrit par le conseil de recensement. — *Cass.*, 3 déc. 1831, Simonnot.

1004. — ... Et qu'il commet également un excès de pouvoir en relaxant un garde national, par le motif que le prévenu ignorait qu'il existât un jury de révision chargé de prononcer sur les infirmités et autres exemptions de service. — *Cass.*, 12 mai 1832, Vincent.

1005. — Jugé encore que les conseils de discipline ne pourraient, sans excès de pouvoir, dispenser un garde national de l'exécution d'un service commandé avant sa radiation des contrôles. — *Cass.*, 18 nov. 1831, Damonville.

1006. — ... Qu'un individu inscrit sur les contrôles de la garde nationale qui ne déclare s'être pourvu ni devant le conseil de recensement ni devant le jury de révision contre son inscription, doit obéir aux ordres de service; que le conseil de discipline qui le relaxe des poursuites, sur le motif allégué par le prévenu qu'il doit être assimilé à un domestique à gage en sa qualité de garçon de cave, viole la règle de la compétence et commet un excès de pouvoir. —*Cass.*, 1er mars 1834, Ballé.

1007. — ... Et que le conseil de recensement, et par appel, le jury de révision, ayant seuls droit de dispenser du service de la garde nationale pour cause d'infirmité, le conseil de discipline ne peut, sans excéder ses pouvoirs, renvoyer un garde national de la contravention par lui commise, sur le motif qu'il a justifié être atteint d'une infirmité qui le mettait hors d'état de faire le service. — *Cass.*, 6 oct. 1832, de Gironde.

1008.— Jugé aussi qu'un conseil de discipline est incompétent pour statuer sur les excuses prévues par l'art. 29, L. 22 mars 1831, lesquelles doivent être appréciées par le conseil de recensement. — *Cass.*, 18 oct. 1832, de Couespel.

1009. — ... Que c'est au conseil de recensement et au jury de révision, et non au conseil de discipline qu'appartient le droit de statuer sur les cas de dispenses. — *Cass.*, 10 oct. 1832, Pichonnier.

1010. — ... Qu'un maire n'ayant pas le droit de prendre un arrêté *qui dispense momentanément* du service de la garde nationale les cultivateurs de sa commune, il y a lieu d'annuler le jugement d'un conseil de discipline qui se fonde sur un pareil arrêté pour ne pas condamner les gardes nationaux cités devant lui. — *Cass.*, 11 oct. 1832, Bongrat.

1011. — ... Qu'un conseil de discipline qui acquitte des gardes nationaux cités devant lui pour avoir manqué le service, en motivant sa décision sur ce que leurs professions de tailleur, de chapelier et de chef de boulangerie ne leur permettaient pas de faire le service, viole la loi, comme créant des dispenses que le législateur n'a pas établies.—*Cass.*, 17 oct. 1832, Delmas.

1012. — ... Que ce n'est point devant le conseil de discipline qu'il faut se pourvoir contre les décisions du conseil de recensement relatives au service, mais devant le jury de révision. — *Cass.*, 5 mars 1835, Maréchal.

1013.—... Qu'un conseil de discipline de la garde nationale n'a pas qualité pour examiner si un officier a été légalement proclamé lors de son entrée en fonctions; que ce droit n'appartient qu'à l'autorité administrative. — *Cass.*, 27 avr. 1833, Bonnemaison.

1014. — ... Qu'en conséquence, un garde national prévenu d'insubordination ne peut être acquitté par le conseil de discipline, sur le motif que le chef auquel il a manqué n'aurait pas été légalement proclamé.—Même arrêt.

1015. — ... Que les conseils de discipline sont incompétens pour décider si la garde nationale d'une commune a été régulièrement organisée en bataillon.—*Cass.*, 29 déc. 1832, Genelle.

1016. — ... Que c'est devant l'autorité administrative que l'on doit se pourvoir pour faire décider que la garde nationale du lieu n'a pas été organisée ainsi que le veut la loi.—*Cass.*, 12 mai 1832, Enouf.

1017. — ... Que la nomination d'un colonel de la garde nationale, faite régulièrement par le roi, ne peut être attaquée devant le conseil de discipline, sous prétexte qu'il ne serait pas Français. — *Cass.*, 14 juill. 1832, Bricourt.

1018. — ... Qu'il n'appartient ni à un adjudant sous-officier révoqué de ses fonctions ni au conseil de discipline de la garde nationale de juger de la validité de la révocation qui a été faite dudit adjudant par le colonel et le préfet. — *Cass.*, 6 juill. 1833, Corvisy.

1019. — ... Que le conseil de discipline est incompétent pour statuer sur la validité de l'inscription des officiers sur les contrôles; et qu'en conséquence, un garde national ne peut se faire un moyen de ce que l'un des officiers, membre du conseil, ne pouvait, à raison de son domicile, faire partie de la garde nationale de la localité.—*Cass.*, 18 mai 1832, Maisan.

1020.—Les conseils de discipline sont incompétens pour statuer sur une question de domicile que le garde national vient à soulever pour sa défense; cette question est uniquement de la compétence du conseil de recensement, et en appel, du jury de révision.—*Cass.*, 10 mars 1832, Beaucé; 30 août 1833, Bond; 12 janv. 1837 (t. 2 1840, p. 94), Rousselle.

1021. — Et il a été jugé qu'un garde national traduit devant le conseil de discipline ne peut être admis à prouver par des certificats son changement de domicile tant qu'il demeure inscrit sur les contrôles; et qu'il doit provisoirement faire le service jusqu'à sa radiation, qui ne peut être prononcée que par l'autorité administrative. — *Cass.*, 17 mars 1832, Mercier.

1022. — Les conseils de discipline sont aussi incompétens pour connaître des exemptions invoquées pour cause d'incompatibilité de fonctions. — *Cass.*, 22 oct. 1831, de Chauvenet.

1023. — Toutefois, bien qu'il n'appartienne pas aux conseils de discipline de réformer les décisions des conseils de recensement et des jurys de révision, la cour de Cassation a reconnu qu'ils n'en ont pas moins le droit d'examiner la légitimité des exemptions légales proposées devant eux. — *Cass.*, 22 août 1834, Hénard; 9 janv. 1836, Baudry.

1024. — Il a même été jugé que les conseils de discipline de la garde nationale sont compétens pour décider si la qualité d'officier en disponibilité peut exempter du service de la garde nationale. — *Cass.*, 23 déc. 1831, Seiglière; 6 janv. 1832, Dupin, Laborie.

1025. — Jugé encore que *bien que le conseil ne puisse ordonner la radiation du contrôle* des officiers en disponibilité qui y sont portés, il est compétent pour prononcer sur l'exemption par eux proposée. — *Cass.*, 16 nov. 1833, Devillars.

1026. — ... Et encore, qu'il appartient aux conseils de discipline et à la cour de Cassation, malgré les décisions des conseils de révision qui ont maintenu sur les contrôles des officiers dans cette position, d'apprécier le moyen de dispense qui existe en leur faveur. — *Cass.*, 18 avr. 1835, Videhen.

1027. — ... Qu'en conséquence est nul un jugement d'un conseil de discipline, qui condamne disciplinairement un officier en disponibilité quoique maintenu sur les contrôles. — *Cass.*, 16 nov. 1833, Devillars; 18 avr. 1835, Videhen.

1028. — Au surplus la jurisprudence admet les conseils de discipline à connaître des exceptions proposées même en l'absence de toute décision des conseils de recensement ou malgré décisions contraires lorsqu'il s'agit d'exceptions *péremptoires.* Ainsi jugé qu'un conseil de discipline a le droit de statuer sur une exemption du service de la garde nationale qui ne saurait souffrir aucune difficulté devant les conseils de recensement ou de révision, telle que celle en faveur des membres des cours et tribunaux. — *Cass.*, 4 avr. 1835, Émonnin.

1029. — ... Alors même que le conseil de recensement et le jury de révision auraient rejeté cette exception. — *Cass.*, 21 juill. 1832, Cordier.

1030. — ... Qu'en conséquence, dès qu'un juge suppléant d'un tribunal civil excipe devant le conseil de sa qualité, il doit être renvoyé de la poursuite, bien qu'il soit inscrit sur les contrôles. — *Cass.*, 4 avr. 1835, Émonnin.

1131. — Jugé encore, en ce sens, qu'on doit considérer comme nul un jugement qui condamne disciplinairement un prévenu, juge suppléant d'un tribunal de commerce, alors que sa qualité, dont il a excipé devant le conseil, était constante. — *Cass.*, 16 août 1834, Desnos.

1032. — ... Et que les gardes nationaux âgés de plus de cinquante-cinq ans ayant le droit de se dispenser du service de la garde nationale, nonobstant leur inscription sur le contrôle ordinaire, il en résulte une exception péremptoire qui peut être proposée devant le conseil de discipline, lequel ne peut la repousser et se déclarer incompétent. — *Cass.*, 15 fév. 1845 (t. 1er 1846, p. 61), Kingant.

1033. — En tous cas, les conseils de discipline cessent d'être compétens s'il s'agit d'exceptions facultatives, dont les conseils de recensement et les jurys de révision sont seuls appelés à connaître. — *Cass.*, 22 août 1834, Renard.

1034. — Ainsi, le conseil de discipline n'est pas compétent pour statuer sur l'incompatibilité alléguée par un garde particulier, bien que celui-ci ait accepté la qualité de garde national et qu'il ait été en conséquence maintenu sur les contrôles par le jury de révision. — *Cass.*, 14 juill. 1832, Aubry.

1035. — Ce n'est pas là une incompatibilité ou une exemption évidente, comme serait celle qu'opposerait un garde champêtre en fonctions. — L. 22 mars, art. 12, § 4. — C'est donc devant le conseil de recensement que le garde particulier devrait se pourvoir.

1036. — La cour de cassation a décidé que l'exception d'extranéité peut être opposée en tout état de cause, et que cette exception n'étant pas uniquement l'exercice d'un droit, mais un empêchement péremptoire à l'admission dans la garde nationale, est nul un jugement qui refuse de l'admettre, sous le prétexte que le prévenu n'a pas obtenu sa radiation des contrôles. — *Cass.*, 10 juill. 1834, Basile.

1037. — Mais si cet étranger a déjà succombé dans son exception devant le conseil de recensement et le jury de révision qui ont reconnu qu'il a été admis à résider en France, à y jouir des droits civils, et qu'il y a un établissement de commerce, il ne peut pas présenter cette exception devant le conseil de discipline. — *Cass.*, 4 juill. 1834, Rennis.

1038. — Quant aux faits d'excuses présentées pour manque de service, c'est aux conseils de discipline et non à la cour de Cassation qu'appartient le droit de les apprécier. — *Cass.*, 24 août 1832, Cheron; 14 mars 1834, Plançon.

1039. — Jugé encore que ces conseils sont juges souverains à cet égard. — *Cass.*, 3 juill. 1835, Camard.

1040. — Ainsi jugé qu'à défaut de dispense temporaire pour cause d'absence constatée par le conseil de recensement, le conseil de discipline a un pouvoir souverain pour apprécier la légitimité de l'excuse fondée sur l'allégation d'absence au moment où l'ordre de service a été donné. — *Cass.*, 22 oct. 1840 (t. 1er 1847, p. 201), Parent; même jour (*ibid.*), Bernard.

1041. — C'est donc devant le conseil de discipline que la preuve de l'excuse doit être fournie, et la cour de Cassation ne peut admettre un fait d'excuse rejeté par ce conseil. — *Cass.*, 30 mars 1838 (t. 1er 1840, p. 206), Poupardin.

1042. — Jugé encore que l'excuse fondée sur une absence momentanée est un fait dont l'appréciation appartient au conseil de discipline, et ne peut être un moyen de cassation. — *Cass.*, 21 juill. 1832, Levaillant.

1043. — Dès-lors, le conseil peut refuser d'admettre comme excuse la circonstance relevée par un officier que les élections avaient eu lieu le jour où il avait été commandé. — *Cass.*, 29 mai 1835, Louis.

1044. — Au sujet des excuses proposées et admises ou rejetées, il a été jugé que lorsque des gardes nationaux sont prévenus d'avoir manqué à un service qui n'entraîne que la réprimande, le conseil de discipline peut les excuser en se fondant sur leur zèle habituel; mais que l'excuse tirée de ce que les prévenus avaient de l'ouvrage ne peut être admise que lorsque les travaux sont urgens et causés par des événemens imprévus. — *Cass.*, 9 janv. 1835, Pelletier.

1045. — .... Qu'un conseil de discipline ne peut, tout en reconnaissant l'existence des faits imputés à un garde national, le relaxer de la poursuite, par le motif qu'il ignorait la loi. — *Cass.*, 12 oct. 1833, Pernet.

1046. — ... Ni admettre l'excuse présentée par un garde national, qu'il ne savait pas à quelle compagnie il appartenait. — *Cass.*, 14 mars 1834, Plançon.

1047. — ... Mais qu'il peut admettre celle tirée de ce qu'il n'a pas été convoqué pour le service d'une manière régulière. — Même arrêt.

1048. — .... Et qu'on doit considérer comme nul le jugement d'un conseil de discipline qui condamne un capitaine de la garde nationale pour désobéissance et insubordination, alors qu'il est constant et reconnu par le conseil même que le prévenu n'a commis l'infraction à lui imputée que par erreur et par suite de la confusion qu'il a faite entre le service communal et le service cantonal. — *Cass.*, 27 sept. 1833, Ledard.

1049. — ... Que le jugement qui prononce la peine de l'emprisonnement contre un garde national pour des manquemens à des revues et exercices, et n'avoir point comparu sur la citation à lui donnée devant le conseil de discipline, est nul, alors d'ailleurs que d'autres gardes nationaux coupables des mêmes faits n'ont point été condamnés à la même peine, bien qu'aucune circonstance particulière ne soit articulée contre le premier. — *Cass.*, 17 août 1833, Gislain.

1050. — ... Que la loi sur la garde nationale n'exigeant pas que des ordres de service extraordinaires hors du territoire de la commune soient insérés dans les journaux, ni que la nature de ces services soient mentionnés dans les ordres donnés, est nul un jugement qui relaxe de toutes poursuites des gardes nationaux en se fondant sur l'omission de ces formalités. — *Cass.*, 18 avr. 1835, Grenier.

1051. — ... Qu'un conseil de discipline commet un excès de pouvoir en n'appliquant aucune peine à un garde national cité devant lui pour avoir quitté le poste sans autorisation, sur le motif qu'il *ferait mieux son service par la suite.* — *Cass.*, 31 mars 1832, Legrand.

1052. — ... Qu'on ne peut s'excuser d'un manquement au service, sur ce qu'il y aurait contre quelques citoyens inscrits sur les contrôles des causes d'exclusion prévues par l'art. 13, L. 22 mars 1831. — *Cass.*, 22 oct. 1831, Godoffre.

1053. — ... Que le fait qu'il n'y a pas eu d'appel nominal sur la place publique ne peut excuser un garde national d'avoir manqué à un service d'ordre et de sûreté ou à une revue. — *Cass.*, 6 sept. 1833, Drocourt.

1054. — ... Qu'un conseil de discipline peut, en appréciant les circonstances, déclarer valables les excuses présentées par un garde national qui ne s'est pas trouvé aux réunions auxquelles il avait été convoqué, sans que cette décision soit censurée par la cour de Cassation. — *Cass.*, 6 déc. 1834, Lequeux-Jorand.

1055. — Il a été jugé aussi qu'il appartient aux conseils de discipline, pour l'application de la peine, d'apprécier les faits d'excuse puisés par le prévenu dans son état de maladie. — *Cass.*, 21 fév. 1833, Linsendoux.

1056. — ... Et qu'il n'est pas nécessaire que la maladie, présentée comme excuse, soit certifiée par le médecin de la légion; qu'elle peut l'être par tous autres. — *Cass.*, 8 oct. 1836, Blaye.

1057. — En ce qui concerne les faits disciplinaires, la cour de Cassation a le droit d'examiner si les conseils de discipline n'ont pas excédé leur compétence et contrevenu à la loi en attribuant à ces faits un caractère qui ne pouvait leur être donné. — L. 22 mars 1831, art. 120.

1058. — De même, un conseil de discipline de la garde nationale n'a pas le droit de censurer les ordres donnés par le chef de corps, non plus que le concours d'un maire au réglement du service. — *Cass.*, 23 août 1834, Puyon.

1059. — En conséquence, est nul le jugement renvoyant de la poursuite un garde national qui a manqué au service à lui commandé par le chef de corps alors que le fait était constant. — Même arrêt.

1060. — Et, lorsqu'un garde national a été cité devant le conseil de discipline pour n'avoir pas monté une garde hors de tour, ce conseil ne peut, sans excéder ses pouvoirs, le renvoyer sous prétexte que cette garde avait été mal à propos infligée. — *Cass.*, 9 fév. 1833, Jourdain et Wolf; 24 nov. 1836, Hung.

1061. — Il ne peut non plus connaître d'une réclamation contre un service commandé, laquelle, suivant l'art. 78, L. 22 mars 1831, doit être portée devant le chef de corps. — *Cass.*, 18 oct. 1832, Couespel.

1062. — Jugé qu'un conseil de discipline de la garde nationale n'a pas le droit d'examiner si un réglement attaqué par un prévenu est valable ou non; que tant que ce réglement subsiste force est de s'y soumettre, et que le conseil peut se déclarer incompétent et n'est pas moins tenu à statuer sur la contravention qui lui est dénoncée. — *Cass.*, 4 avr. 1835, Fromantin.

1063. — ... Et qu'il n'appartient qu'à l'autorité administrative et non aux conseils de discipline de décider si un réglement pour le service de la garde nationale a été approuvé conformément à l'art. 73, L. 22 mars 1831; — *Cass.*, 23 mars 1832, Guibourg.

1064. — Il n'appartient ni à des officiers ni à des gardes nationaux de discuter le mérite et l'autorité obligatoire d'une convocation, d'ailleurs autorisée; le conseil de discipline qui juge le contraire viole la loi. — *Cass.*, 29 nov. 1832, Vigouroux.

1065. — La principale, on peut presque dire l'unique cause qui puisse obliger les conseils de discipline à surseoir à leurs jugemens, se puise dans les réclamations élevées par les gardes nationaux appelés devant ces conseils contre leur inscription au registre matricule ou au contrôle de service.

1066. — A cet égard, il convient de faire une distinction. Les conseils de discipline doivent surseoir à statuer sur un refus ou un manquement de service, si le prévenu oppose qu'il était en instance pour obtenir sa radiation, *avant de recevoir l'ordre de service.* — *Cass.*, 1er oct. 1831, de Sepmanville; 15 oct. 1831, de Crémoux; 20 oct. 1831, Petit-Colas; 24 fév. 1832, de Brossard; 10 mars 1832, Roullet; 15 juin 1832, Quandale; 15 sept 1832, Mauvoisin; 20 juin 1835, Jardel, Gouyon. — V. aussi Circ. min. 25 oct. 1831.

1067. — Ainsi, ils doivent surseoir, si le prévenu justifie avoir formé une demande en radiation comme officier en disponibilité. — *Cass*, 6 janv. 1832, Laborie, Dupin.

1068. — .... Ou une demande en exemption à raison de son âge. — *Cass.*, 28 sept. 1833, Billaut.

1069. — ... Ou bien une demande en radiation pour cause d'infirmité permanente. — *Cass.*, 7 janv. 1832, Vanquem.

1070. — Jugé encore que les conseils de discipline de la garde nationale ne peuvent repousser une exception tirée du changement de domicile, alors que la demande en radiation se trouvait formée antérieurement. — *Cass.*, 24 déc. 1831, Darodes.

1071. — Le conseil de discipline doit alors attendre la décision du jury de révision. — Même arrêt; *Cass.*, 1er sept. 1832, Dumesnildot; 29 déc. 1832, Darque; 22 mars 1833, Brecourt; 27 nov. 1841 (t. 2 1842, p. 499), Rabin.

1072. — Mais il ne suffit pas au garde national

d'opposer qu'il est en instance devant le conseil de révision; il faut qu'il en justifie complètement et en fournisse la preuve. — *Cass.*, 16 juin 1832, Roland; 23 avr. 1831, Quesnel; 17 fév. 1832, Roch.

1073. — .... Et cette preuve n'est pas légalement faite par le certificat du maire, lorsque ce certificat est combattu par l'attestation contraire du juge de paix, président du jury de révision. — Mêmes arrêts.

1074. — Jugé encore qu'un garde national peut être traduit devant le conseil de discipline pour refus de service, encore bien qu'il ait réclamé devant le conseil de recensement, s'il n'a pas fait devant ce conseil les justifications qui lui avaient été prescrites, et s'il ne s'est pas pourvu en outre devant le jury de révision. — *Cass.*, 15 juin 1832, Virot.

1075. — Mais jugé aussi que lorsqu'un garde national a demandé sa radiation pour cause d'infirmités, le conseil commet un excès de pouvoir en demandant la justification de ses infirmités, dont la connaissance ne lui est pas dévolue. — *Cass.*, 24 août 1832, Delamouroux.

1076. — ... Et qu'un conseil de discipline qui, par son jugement, accorde à un garde national un sursis, *pour faire preuve des infirmités par lui alléguées*, commet un excès de pouvoir, comme préjugeant une question dont la connaissance est dans les attributions exclusives du conseil de recensement et du jury de révision. — *Cass.*, 10 oct. 1832, Delboy.

1077. — Au surplus, dans le cas d'infirmités survenues depuis son inscription, le garde national ne doit pas moins obéir provisoirement aux ordres de service, sauf à se faire dispenser par le chef du corps. — *Cass.*, 15 juin 1832, Virot.

1078. — Lorsque la demande en radiation a été formée en temps utile, le conseil, au lieu de renvoyer le prévenu de l'action formée contre lui, doit surseoir à statuer, en fixant un délai pour rapporter la décision du jury de révision. — *Cass.*, 11 août 1832, Vanquem.

1079. — Mais jugé aussi que lorsque, par un jugement du conseil de discipline, il a été accordé à un garde national un délai pour faire statuer sur la demande qu'il a formée en radiation des contrôles, antérieurement aux services qui lui avaient été commandés, il ne peut être condamné pour manquement à ces services, tant qu'il n'a pas été statué sur sa demande, bien que le délai qui lui avait été accordé soit expiré. — *Cass.*, 5 nov. 1835, Bégué.

1080. — La cour de Cassation, par arrêt du 18 nov. 1826 (Adrien Moulle), a jugé que les décisions des conseils de recensement n'étant pas exécutoires par provision, le citoyen qui s'est pourvu contre la décision de ce conseil qui l'a maintenu sur le contrôle d'une compagnie, ne peut pas être condamné pour refus de service, tant qu'il n'a pas été statué sur son pourvoi.

1081. — Cette décision serait évidemment suivie sous l'empire de la nouvelle loi.

1082. — Ainsi, jugé qu'il y a lieu de surseoir après la décision du conseil de recensement, qui rejette la demande en radiation, quand le prévenu oppose et justifie qu'il a interjeté appel de cette décision devant le jury de révision. — *Cass.*, 13 oct. 1831, Sepmanville; 20 oct. 1831, Petit-Colas; 7 janv. 1832, Vanquem; 24 fév. 1832, de Brossard.

1083. — Jugé, de même, qu'un citoyen qui est en instance devant le jury de révision pour se faire rayer des contrôles de la garde nationale ne peut être condamné par le conseil de discipline pour manquement au service dans l'intervalle de son appel à la décision du jury, l'appel qu'il a interjeté étant suspensif. — *Cass.*, 22 mars 1833, Follin.

1084. — ... Alors même que la demande ne paraîtrait pas fondée au conseil de discipline. — *Cass.*, 13 oct. 1831, Sepmanville.

1085. — ... Ou que la décision du conseil de recensement n'aurait pas encore été notifiée au prévenu. — *Cass.*, 15 sept. 1832, Mauvezin. — Il est évident que le défaut de notification de la décision qui rejette sa demande ne peut priver le prévenu du droit de la frapper d'appel et du bénéfice qui est attaché à la justification de cet appel.

1086. — Si le jury de révision a confirmé par défaut la décision du conseil de recensement qui rejette la demande, le prévenu peut exiger un sursis du conseil de discipline, en justifiant qu'il a formé opposition à ce jugement par défaut. — *Cass.*, 22 mars 1833, Brécourt.

1087. — Mais, les conseils de discipline ne doivent pas surseoir à statuer, si l'ordre de service a été donné depuis le rejet de la demande par le conseil de recensement et avant le pourvoi devant le jury de révision. — *Cass.*, 30 déc. 1831, Colombe; 6 fév. 1832, Marenge; 17 fév. 1832, Legrand; 27 avr. 1833, Fournier; 8 juin 1832, Gazes.

1088. — ..., Alors même que le jury n'aurait pas encore été formé. — *Cass.*, 6 fév. 1832, Marenge; 8 juin 1832, Gazes.

1089. — En pareille circonstance, un conseil de discipline, en condamnant un garde national pour des infractions légalement constatées, n'excède pas ses pouvoirs et n'empiète pas sur les attributions du jury de révision qui reste dans la plénitude de son droit pour prononcer sur la décision du conseil de recensement, si elle lui est déférée. — *Cass.*, 27 avr. 1833, Fournier.

1090. — Jugé aussi que, lorsqu'un jury de révision se déclare incompétent sur l'appel d'une décision du conseil de recensement qui a maintenu un garde national sur les contrôles, et que, par suite, il y a recours devant le préfet, ce recours n'est pas suspensif, et que le conseil de discipline doit statuer sur les contraventions commises par ce garde national. — *Cass.*, 1er déc. 1832, Navarre.

1091. — Le conseil de discipline n'est pas obligé de surseoir à prononcer sur les refus de service imputés à *un garde national*, encore bien que ce dernier justifie s'être pourvu devant le conseil de révision, si son pourvoi n'est relatif qu'à de prétendues omissions ou irrégularités commises dans les contrôles, et non à l'élection des officiers. — *Cass.*, 17 mars 1832, Duplessis.

1092. — Un sursis ne peut être accordé par le conseil de discipline de la garde nationale, par le motif que le prévenu a contesté devant le jury de révision la qualité de l'officier rédacteur du rapport, qui a servi de base à la poursuite. — *Cass.*, 31 mars 1832, Germain.

1093. — ... Ou qu'il a demandé devant le jury de révision la nullité de l'élection des membres du conseil. — *Cass.*, 12 mai 1832, Ducos.

1094. — Mais le garde national qui, aussitôt son inscription, a réclamé devant le conseil de recensement, puis par appel devant le jury de révision, ne peut être condamné avant la décision de cet appel pour refus réitéré d'aller retirer l'arme qui lui était destinée. — *Cass.*, 5 juin 1835, Jardel.

1095. — De même lorsqu'un garde national inscrit sur les contrôles dans deux localités est cité devant le conseil de l'une d'elles pour refus de service, et qu'il décline cette juridiction, par le motif qu'il fait le service dans l'autre localité, ce conseil doit, à peine de nullité de son jugement, surseoir à statuer au fond jusqu'à ce que le jury de révision ait prononcé. — *Cass.*, 16 fév. 1833, Girouin.

1096. — Lorsqu'il existe deux conseils de discipline de garde nationale dans une ville, et que la cour de Cassation renvoie une affaire devant l'un de ces conseils, sans préciser lequel des deux, celui qui a pris connaissance de l'affaire sur ce renvoi ne doit pas se déclarer incompétent, mais surseoir seulement à statuer jusqu'à ce que la cour ait interprété son arrêt. — *Cass.*, 6 juill. 1832, Loisel.

1097. — Il est d'ailleurs certain que les conseils de discipline ne sont pas tenus de surseoir à statuer sur un refus de service et de renvoyer devant le jury de révision le garde national qui n'a formé sa demande d'exemption *que postérieurement au manquement de service*. — *Cass.*, 22 oct. 1831, de Chauvenet.

1098. — ... Et que, le garde national qui excipe de ce qu'il est en instance devant l'autorité administrative, doit, indépendamment de la preuve de ses réclamations, fournir la preuve que les ordres de service lui ont été donnés depuis qu'il a commencé cette instance. — *Cass.*, 6 janv. 1832, Delostanges; 17 mars 1832, Mercier; 28 déc. 1832, Brescoud; 7 janv. 1832, Clericeau; 12 mai 1832, Enouf.

1099. — ... Et que dès-lors un garde national qui reçoit un ordre de service avant d'avoir porté ses réclamations devant le conseil de recensement, doit obéir provisoirement ou faire valoir ses excuses devant le chef de corps. — *Cass.*, 20 oct. 1831, Fournier; 22 oct. 1831, Délahaye; 18 nov. 1831, Delabigne; 18 fév. 1832, Boisseau; 30 août 1833, Bond.

1100. — ... Qu'un garde national qui ne s'était pas pourvu en radiation devant l'autorité compétente avant la condamnation intervenue contre lui pour refus de service, ne peut se plaindre de cette condamnation. — *Cass.*, 7 janv. 1832, Calenge.

1101. — Jugé aussi que celui qui, à raison de son changement de domicile, croit ne devoir plus faire partie de la garde nationale et qui a même fait sa déclaration de changement, est néanmoins tenu de faire le service pour lequel il est commandé, tant qu'il reste inscrit sur les contrôles *et qu'il n'a pas porté sa demande en radiation au conseil de recensement*. — *Cass.*, 1er juin 1832, Manau. — V. aussi *Cass.*, 21 juill. 1832, Levaillant.

1102. — C'est également ce qui résulte des arrêts précités qui n'ont admis le sursis, même au cas

de recours préalable au conseil de recensement, qu'autant que l'appel au conseil de révision était antérieur aux ordres de service qui avaient suivi la décision du conseil de recensement.

1103. — Jugé de même que les conseils de discipline de la garde nationale peuvent rejeter une exception tirée du changement de résidence du prévenu, si celui-ci n'a fait aucunes diligences pour se faire rayer des contrôles par le conseil de recensement et ne justifie pas non plus d'un service actif dans la garde nationale du lieu de son nouveau domicile. — *Cass.*, 18 nov. 1831, Demonville.

1104. — Et, que le conseil de discipline peut repousser une exception tirée du changement de domicile du prévenu, si la réclamation de celui-ci devant le conseil de recensement est postérieure au refus de service. — *Cass.*, 18 fév. 1832, Vincent.

1105. — Jugé encore que les conseils de discipline peuvent et doivent examiner le moyen d'incompétence tiré du domicile du prévenu, tant que celui-ci ne justifie pas qu'il a saisi une autre juridiction, et que ces conseils statuent suffisamment sur une semblable exception en déclarant qu'il n'y avait lieu pour eux de s'abstenir. — *Cass.*, 12 mai 1832, Vielmont.

1106. — ... Et que, le conseil de recensement et le jury de révision étant seuls compétens pour statuer sur une dispense du service de la garde nationale fondée sur le défaut d'imposition, si le garde national ne justifie pas être en instance devant l'une de ces juridictions, antérieurement à l'ordre de service qu'il a reçu, le conseil de discipline peut, à raison de l'infraction par lui commise, lui appliquer la peine portée en l'art. 89, L. 22 mars 1831. — *Cass.*, 1er juill. 1832, Hervouet.

1107. — Lorsqu'une exception préjudicielle est présentée devant le conseil de discipline, il doit statuer sur cette exception par des motifs séparés. — *Cass.*, 16 juin, 1832, Rolland; 28 déc. 1832, Legonidec.

1108. — Jugé même que les conseils de discipline de la garde nationale doivent statuer par un jugement séparé sur une exception d'incompétence ou sur une demande à fin de sursis jusqu'à la décision du jury de révision sur une réclamation. — *Cass.*, 22 oct. 1831, de Blangermont.

1109. — ... Qu'ainsi il doit être statué par un jugement séparé sur l'exception résultant de ce qu'il y a demande en radiation pendante devant le conseil de recensement, pour changement de domicile. — *Cass.*, 24 déc. 1831, Darodes.

1110. — ... Et qu'un conseil de discipline de la garde nationale, devant lequel un officier rapporteur présente une exception préjudicielle en vertu de conclusions formelles, doit statuer sur cette exception par un jugement séparé, à peine de nullité. — *Cass.*, 20 sept. 1833, Turlure.

1111. — Toutefois, lorsque celui qui a proposé une exception préjudicielle d'incompétence du conseil de discipline a aussitôt abandonné ce moyen, en consentant à l'audition des témoins, pour être sur le tout statué par un seul et même jugement, il n'y a point de nullité de ce qu'il n'a pas été statué sur l'exception par un jugement distinct. — *Cass.*, 4 juill. 1835, Leblan.

1112. — Jugé aussi qu'un conseil de discipline peut statuer par un même jugement sur la demande en sursis et sur le fond, si l'exception proposée n'est pas de nature à faire disparaître la contravention. — *Cass.*, 23 déc. 1831, Bazard.

1113. — ... Et qu'on ne peut se plaindre de ce qu'un conseil de discipline n'a pas prononcé de sursis dans une affaire, ou de ce qu'il n'a pas statué par jugement séparé sur un incident, quand le prévenu n'a pris aucune conclusion formelle à cet égard. — *Cass.*, 24 nov. 1832, Gauran.

1114. — Jugé encore qu'un conseil de discipline de la garde nationale statue suffisamment sur une exception d'incompétence tirée de ce que le fait qui lui est dénoncé doit être jugé correctionnellement, par cela seul qu'il apprécie et punit le fait. — *Cass.*, 14 mai 1835, Lesacq.

1115. — Avant la loi du 22 mars 1831, le refus de service par un garde national rentrait dans les attributions du conseil de discipline. — *Cass.*, 19 déc. 1822, Déluis; 23 avr. 1831, Quesnel.

1116. — Et on jugeait qu'un maire ne pouvait, par un arrêté sur le service de la garde nationale, conférer au tribunal de simple police la connaissance des contraventions à cet arrêté, ni soumettre aux peines de simple police les gardes nationaux contrevenans. — *Cass.*, 30 août 1811, Dufour.

1117. — De même, le refus par un garde national de faire le service qui lui était commandé en sa qualité par l'autorité municipale dans l'une des circonstances énumérées en l'art. 475, no 12, C. pén., a dû être déféré au conseil de discipline et non au tribunal de police. — *Cass.*, 2 déc. 1831, Didelot.

1118. — Il en est de même, à plus forte raison, depuis la loi de 1831, art. 82, 94, 110 et suiv., alors même que le garde national serait en instance devant le conseil de révision, si les refus de service sont antérieurs au jour où ce conseil a été saisi, lors même que le prévenu n'aurait été poursuivi disciplinairement que postérieurement à son pourvoi devant le jury de révision. — *Cass.*, 10 oct. 1832, Loribois.

1119. — Les conseils de discipline sont compétens pour connaître de toutes infractions commises par les gardes nationaux, que ces infractions aient eu lieu avant ou pendant leur exercice, tant que l'action n'est pas prescrite. — *Cass.*, 3 juill. 1835, Camard.

1120. — Un garde national qui a manqué pour la seconde fois à un refus de service d'ordre et de sûreté, peut être traduit devant le conseil de discipline, quoique, pour le premier refus, il n'ait été puni, ni par une garde hors de tour, ni par la réprimande. — *Cass.*, 24 fév. 1832, Morel.

1121. — Les conseils de discipline de la garde nationale ne peuvent connaître que des faits de désobéissance et d'insubordination qui sont relatifs au service; ainsi, ils sont incompétens pour punir un garde national qui, *hors de son service*, a violé une consigne, menacé et injurié des gardes nationaux de service. Ces faits sont du domaine des tribunaux ordinaires. — *Cass.*, 6 janv. 1832, Martin.

1122. — L'art. 83, L. 22 mars 1831, dispose que « sur l'ordre du chef du corps, indépendamment du service régulièrement commandé, et que le garde national, le caporal ou le sous-officier doit accomplir, il sera tenu de monter une garde hors de tour lorsqu'il aura manqué pour la première fois au service. »

1123. — Jugé que l'absence du poste, sans autorisation, et pendant toute la nuit, est punissable d'une garde hors de tour et échappe à la juridiction des conseils de discipline. — *Paris*, 9 mai 1836, Guillet.

1124. — Toutefois, la cour de Cassation a décidé que, de la part du chef de corps, l'exercice du pouvoir que lui donne l'art. 83 n'est que facultatif. — *Cass.*, 6 déc. 1838 (t. 2 1839, p. 642), Crapier.

1125. — ... Et que, dès-lors, il peut, au lieu d'en user, renvoyer le garde national devant le conseil de discipline pour s'y voir infliger la peine de la réprimande. — Même arrêt.

1126. — Jugé même que la faction hors de tour, commandée par un chef de poste, ne porte point atteinte au droit du chef de corps de renvoyer devant le conseil de discipline le garde national qui s'est rendu coupable d'une grave infraction aux règles du service. — *Cass.*, 24 nov. 1836, Foulogne.

1127. — Mais le pouvoir d'infliger une garde hors de tour, appartenant exclusivement aux chefs du corps, échappe par là même à la censure des conseils de discipline; en conséquence, est nul le jugement qui renvoie un garde national convaincu d'avoir manqué à deux gardes hors de tour, sous prétexte que la première avait été infligée injustement. — *Cass.*, 17 juill. 1835, Carton.

1128. — D'un autre côté, un conseil de discipline qui renvoie à la discipline du chef du corps, sans lui appliquer aucune peine, un garde national qui n'a manqué qu'une première fois au service, se déclare réellement incompétent et ne viole aucune loi. — *Cass.*, 22 oct. 1831, de Chauvenet.

1129. — La mention dans un billet relatif à une revue, que le garde national qui ne s'y rendra pas sera traduit devant le conseil de discipline, ne peut avoir pour effet de priver le chef du corps de prononcer une garde hors de tour pour n'avoir pas assisté à cette revue. — *Cass.*, 10 oct. 1832, Scorbiac.

1130. — Lorsque, ensuite, le garde national est poursuivi pour avoir manqué à son service et spécialement à la revue et à la garde hors de tour prononcée par le chef du corps, le conseil de discipline devant lequel il est cité n'a pas le droit d'examiner, dans l'appréciation des faits qui lui sont soumis, si la garde hors de tour a été légalement prononcée contre lui. — Même arrêt.

1131. — Ainsi que nous venons de le dire, un conseil de discipline n'a pas le droit d'examiner si un chef de corps a justement condamné à une garde hors de tour, conformément à l'art. 83 L. 22 mars 1831; le garde national doit donc obéir provisoirement, sauf à réclamer s'il y a lieu. — *Cass.*, 29 nov. 1832, Maisonneuve.

1132. — V. au surplus sur les pouvoirs du chef de corps, *infrà* nos 1425 et suiv., et sur l'obéissance au service commandé par le chef de corps, nos 529 et suiv.

1133. — Le garde national qui, hors de son service, porte des coups ou fait des blessures à son capitaine doit être traduit devant les tribunaux ordinaires et non devant le conseil de discipline. — *Cass.*, 25 mai 1837 (t. 1er 1838, p. 361); Chennevières.

1134. — Jugé de même qu'un chef de poste dans la garde nationale, étant durant son service un agent de la force publique, les voies de fait exercées par un garde national contre son chef de poste ne caractérisent pas seulement la désobéissance et l'insubordination, mais bien le délit prévu par les art. 228 et 230 du C. pén., et sont, en conséquence, justiciables des tribunaux correctionnels. — *Cass.*, 9 sept. 1831, Peyrachon.

1135. — Jugé encore que l'outrage commis par un capitaine rapporteur de la garde nationale envers un officier de cette garde dans l'exercice de ses fonctions, est de la compétence du tribunal de police correctionnelle et non du conseil de discipline. — *Cass.*, 21 mars 1833, Buffet; 8 mars 1834, même affaire.

1136. — .... Et que la loi du 22 mars 1831 sur la garde nationale n'a apporté aucune modification aux lois générales sur les crimes, délits ou contraventions, notamment à celles sur la diffamation et sur l'injure; qu'en conséquence les gardes nationaux qui ont commis le délit de diffamation ou d'injures publiques envers un officier de la garde nationale dans l'exercice et à l'occasion de l'exercice de ses fonctions sont justiciables du tribunal correctionnel et non du conseil de discipline. — *Paris*, 19 avril 1843 (t. 1er 1843, p. 599), Penot.

1137. — Jugé, toutefois, que le fait de la part d'un garde national d'avoir proféré des propos outrageans contre le commandant du poste est dans les attributions du conseil de discipline, et non dans celles du tribunal correctionnel, attendu qu'il résulte de là une désobéissance et une insubordination. — *Cass.*, 16 nov. 1832, Delarue.

1138. — En tous cas, un conseil de discipline est incompétent pour statuer sur des injures proférées par un garde national contre un capitaine, lorsqu'elles n'ont pas eu lieu dans l'exercice ou à l'occasion de l'exercice du service de la garde nationale. — *Cass.*, 16 mars 1833, Blanc.

1139. — Les gardes nationaux qui, sans ordre de leurs chefs et sur la simple invitation du directeur d'une maison d'éducation, se sont rendus dans cette maison en uniforme et en armes un jour de distribution de prix, à l'effet d'y maintenir l'ordre, ne doivent pas être poursuivis comme s'étant immiscés sans droit dans des fonctions militaires, mais seulement comme ayant commis une infraction à la discipline. — *Poitiers*, 19 déc. 1836 (t. 2 1837, p. 485), Sémillon.

1140. — Ces gardes nationaux doivent, en conséquence, être traduits devant le conseil de discipline, et non devant le tribunal correctionnel. — Même arrêt.

1141. — Les conseils de discipline sont compétens pour connaître d'un délit commis à l'audience, et le punir des peines prévues par la loi, indépendamment de celles pour le refus de service imputé au prévenu. — *Cass.*, 24 août 1832, Cliéron.

1142. — Lorsque, après un premier conflit négatif entre un conseil de discipline de la garde nationale et une cour royale, l'affaire a été renvoyée devant un autre conseil de discipline, et qu'il s'est élevé un nouveau conflit négatif, si la détermination de la compétence dépend d'un point de fait à vérifier, il y a lieu par la cour de cassation, saisie du deuxième réglement de juges, de renvoyer devant une autre cour royale pour être le point de fait résolu, et, dans le cas où cette cour se trouverait compétente, être statué au fond. — *Cass.*, 25 janv. 1833, Bruneau.

1143. — Lorsqu'un individu a successivement fait partie de la garde nationale dans deux communes différentes, les infractions par lui commises avant sa radiation des contrôles de la première commune doivent être jugées par le conseil de discipline de cette commune. — *Cass.*, 26 juill. 1832, Trion.

1144. — Le jugement rendu pour refus de service imputé à un garde national à une époque où il se trouvait inscrit sur le contrôle d'une commune ne peut être annulé, sur le motif que le prévenu aurait été déclaré domicilié dans une autre commune par une décision postérieure du jury de révision. — *Cass.*, 1er sept. 1832, Dumesnildot.

1145. — Un citoyen, chef de bataillon d'un corps détaché, inscrit ensuite comme grenadier dans une localité voisine, ne peut, tant que sa nomination n'est pas révoquée, être appelé au service dans ce dernier lieu, l'obligation de faire le service à l'endroit même où l'on a son domicile n'étant pas absolue, et un garde national ne pouvant être assujéti à un double service; en conséquence, est nul le jugement d'un conseil de discipline qui condamne en pareille circonstance le prévenu pour refus de service à son domicile réel. — *Cass.*, 29 nov. 1832, Estancelin; 17 août 1833, même partie.

1146. — Un conseil de discipline, formé dans une commune où la garde nationale était organisée en bataillon avant la loi de 1831, bien que cette organisation ait été conservée sans autorisation spéciale par ordonnance, est compétent pour connaître des infractions aux services commandés par le chef de bataillon sous la présidence duquel il est formé. — *Cass.*, 24 juin 1831, de Boishébert.

1147. — Un conseil de discipline ne peut, sur l'opposition à un jugement par défaut qu'il a rendu, statuer sur des manquemens antérieurs à ce jugement, ni sur le manquement à une garde hors de tour imposée au prévenu par le jugement même auquel il s'était rendu opposant. — *Cass.*, 16 mars 1833, Dujardin.

1148. — Il doit juger la cause dans l'état où elle était lors de ce jugement; il ne peut, à peine de nullité, se fonder, pour l'application de la peine, sur des faits postérieurs au jugement par défaut qu'il a rendu. — *Cass.*, 22 mars 1833, Bulteau.

1149. — Un conseil de discipline devant lequel la cour de Cassation a renvoyé le garde national, *en l'état où il se trouve*, est nécessairement investi du droit d'examiner l'affaire sous tous ses rapports. — Il peut, en conséquence, et sans violer l'autorité de la chose jugée, apprécier les différens chefs de prévention tels qu'ils résultent des citations et rapports, alors même que plusieurs de ces chefs auraient été écartés par les premiers juges. — *Cass.*, 11 juill. 1840 (t. 1er 1846, p. 8), Mélin.

1150. — Les conseils de discipline de la garde nationale ont pouvoir de joindre et de juger en même temps plusieurs affaires connexes; l'un des condamnés ne peut se faire un moyen de cassation de cette jonction lorsque d'ailleurs il l'a requise. — *Cass.*, 24 nov. 1832, Gauran.

1151. — Jugé encore qu'un conseil de discipline peut joindre deux instances dont l'une a été suivie d'un jugement par défaut, et dont l'autre a été engagée par suite de faits postérieurs à ce jugement et que le prévenu ne saurait se plaindre de cette jonction, alors surtout que le maximum de la peine n'a pas été prononcé contre lui. — *Cass.*, 12 janv. 1837 (t. 2 1840, p. 94), Henry.

1152. — Les conseils de discipline ne doivent prononcer aucune injonction par voie réglementaire; ainsi, ils ne peuvent faire défense à un garde national de se présenter à l'*avenir*, dans sa compagnie, *coiffé d'un chapeau à cornes*. — *Cass.*, 31 mars 1832, Bertrand.

1153. — Est nulle également la décision d'un conseil de discipline de la garde nationale prise en chambre du conseil par voie de disposition réglementaire et générale pour les causes à venir sur les conclusions du capitaine rapporteur, par laquelle il déclare qu'il maintient irrévocablement sa jurisprudence sur le mode de preuve à faire pour établir les excuses pour cause de maladie, *et spécialement*, qu'il n'aura égard qu'aux exemptions délivrées par le médecin attaché au bataillon. — *Cass.*, 27 sept. 1833, (int. de la loi) conseil de discipline de la banlieue de Paris.

1154. — Les conseils de discipline ne peuvent prononcer aucune condamnation de dépens, la procédure qui a lieu devant eux étant gratuite. — *Cass.*, 31 mars 1832, Bertrand.

1155. — Ainsi, est nul un jugement qui a condamné un garde national à 3 fr. 50 c. de dépens, lorsque aucuns témoins n'ont été entendus. — *Cass.*, 6 août 1836, Provost.

1156. — Mais ils peuvent condamner à des dépens qui ne portent ni sur des droits perçus par le fisc, ni sur des émolumens qui se seraient attribués des agens d'un service public. — *Cass.*, 26 janv. 1833, Trefforest.

1157. — ...Par exemple, un garde national a pu être condamné à payer 35 c. de dépens, lorsqu'ils avaient pour objet du papier timbré employé dans le procès. — *Cass.*, 29 déc. 1832, Chevolot.

1158. — Un conseil de discipline, après avoir prononcé sa décision, ne peut, sur des conclusions par lesquelles l'inculpé prétend relever certaines irrégularités, rapporter cette décision et la modifier en aggravant la peine. — *Cass.*, 23 janv. 1840 (t. 1er 1841, p. 14), Blondin.

ART 3. — *De l'instruction et des débats.*

§ 1er. — *Comment les conseils de discipline sont saisis.*

1159. — L'art. 110 de la loi du 22 mars 1831 dispose que le conseil de discipline sera saisi, par le renvoi que lui fera le chef de corps, de tous rapports, ou procès-verbaux, ou plaintes constatant les faits qui peuvent donner lieu au jugement de ce conseil. — L. 22 mars 1831, art. 110.

1160. — Ils peuvent aussi être saisis par le renvoi devant eux d'une affaire déjà soumise à un premier conseil de discipline, par suite de l'annulation par la cour de Cassation du jugement de ce conseil.

1161. — Le chef de corps n'est pas tenu de faire parvenir au conseil toutes les plaintes qui lui sont adressées, à moins qu'elles n'émanent de tiers autres que ses subordonnés hiérarchiques. — Inst. min. 25 oct. 1831.

1162. — Quand il s'agit de plaintes et de rapports émanant de ces subordonnés, il peut les apprécier préalablement et les renvoyer devant le conseil, ou les annuler quand il s'agit de simples contraventions disciplinaires, afin que les gardes nationaux ne soient pas mis en prévention pour des fautes excusables ou légères.. — Même instr.

1163. — Suivant l'art. 111, les plaintes, rapports et procès-verbaux sont adressés à l'officier rapporteur, chargé de faire citer le prévenu à la plus prochaine des séances du conseil. Le secrétaire enregistre les pièces ci-dessus. — L. 22 mars 1831, art. 111.

1164. — Le chef de corps ne peut obliger le rapporteur, qui a dans ses mains un grand nombre de rapports et de plaintes et qui n'agit pas, à convoquer le conseil et à lui soumettre ces rapports et ces plaintes. Il peut seulement demander au préfet le remplacement de ce rapporteur. — Décis. min. 7 oct. 1833.

1165. — Il est convenable qu'il ne s'écoule pas plus de dix jours entre l'envoi des pièces par le chef de corps et le jugement des prévenus. — Inst. min, 25 oct. 1831.

1166. — Il n'est pas nécessaire qu'un rapport fait par un officier ou sous-officier de la garde nationale qui remplissait les fonctions de chef de poste en l'absence du titulaire soit attesté par ce dernier pour être valable; le jugement qui déclare le contraire est nul. — *Cass.*, 22 mars 1833, Arché.

1167. — De même, la consigne générale de la garde nationale de Paris n'étant qu'un réglement intérieur, obligatoire seulement pour les officiers, sous-officiers et gardes nationaux, qui ne saurait suppléer à la loi de 1831, ni imposer des formes que cette loi n'a pas prescrites, il en résulte qu'un rapport n'est pas nul lorsque, contrairement à cette consigne, l'adjudant-major n'a pas mentionné la contravention résultant de l'absence de la sentinelle sur la feuille du rapport déposée au corps de garde, lors de sa ronde, et l'a, au contraire, adressée directement au chef de bataillon qui l'a transmise au colonel. — *Cass.*, 6 avr. 1833, Rodrigues.

1168. — Un officier rapporteur n'a pas le droit pour traduire un garde national devant le conseil de discipline, d'exiger les originaux des rapports qui sont communs à deux bataillons. — Rég. min. 7 oct. 1833.

1169. — V. au surplus, sur l'initiative des rapporteurs en matière de poursuite, *suprà* nos 879 et suiv.

1170. — Les rapports, procès-verbaux ou plaintes constatant des faits qui donneraient lieu à la mise en jugement devant le conseil de discipline, du commandant de la garde nationale d'une commune, sont adressés au maire, qui en réfère au sous-préfet. Celui-ci procède à la composition du conseil de discipline, conformément à l'art. 100. — L. 22 mars 1831, art. 112.

1171. — La décision du ministre de l'intérieur qui approuve le refus fait par le colonel d'une légion de la garde nationale de soumettre au conseil de discipline la plainte portée contre un chef de bataillon par un adjudant-major est un acte administratif qui ne peut être attaqué devant le conseil d'état par la voie contentieuse. — *Cons. d'état*, 1 sept. 1836, Barre.

1172. — Le président du conseil peut convoquer les membres, sur la réquisition de l'officier rapporteur, toutes les fois que le nombre et l'urgence des affaires lui paraîtront l'exiger. — L. 22 mars 1831, art. 113.

§ 2. — *Procédure devant les conseils de discipline.*

1173. — Les débats devant le conseil ont lieu dans l'ordre suivant: le secrétaire appelle l'affaire. Il est statué sur les récusations, quand le prévenu veut en exercer, puis sur la compétence, si elle est contestée, ou toutes autres exceptions ou demandes de sursis, s'il en est proposé. — L. 22 mars 1831, art. 118.

1174. — Ces préliminaires une fois vidés, si le conseil retient l'affaire, ou si la compétence n'est pas contestée, le secrétaire lit le rapport en vertu duquel le prévenu est traduit devant le conseil; les témoins, s'il en a été appelé soit par le rapporteur soit par le prévenu, sont entendus; le prévenu présente ou fait présenter sa défense; le rapporteur résume l'affaire et donne ses conclusions, auxquelles le prévenu peut répondre ou faire répondre; enfin, le conseil se retire pour délibérer, et le président prononce le jugement. — Même article.

1175. — Lorsqu'un garde national est cité devant un conseil de discipline, il n'est pas nécessaire qu'il soit interrogé, il suffit que la plainte ou le rapport soit lu à l'audience. — *Cass.*, 29 déc. 1832, Genelle.

1176. — L'instruction de chaque affaire devant le conseil doit être publique, à peine de nullité. — L. 22 mars 1831, art. 117.

1177. — Néanmoins si les débats présentaient quelque danger pour l'ordre et les mœurs, le huis-clos pourrait être requis, conformément à l'art. 55 de la Charte. — V. Sur la matière de la publicité des débats *infrà* nos 1295 et s.

1178. — L'art. 372, C. inst. crim., qui défend d'imprimer à l'avance les procès-verbaux des séances des cours d'assises, n'est pas applicable aux jugemens des conseils de discipline de la garde nationale, lorsque d'ailleurs il n'est ni prouvé ni articulé que les formalités énoncées dans la partie imprimée n'ont réellement pas été accomplies. — *Cass.*, 20 déc. 1832, Tastet.

1179. — La police de l'audience appartient au président, qui peut faire expulser ou arrêter quiconque troublerait l'ordre. — L. 22 mars 1831, art. 117.

1180. — Si le trouble est causé par un délit, il en est dressé procès-verbal. L'auteur du trouble est jugé sur le champ par le conseil, si c'est un garde national, et si la faute n'emporte qu'une peine que le conseil puisse prononcer. — Même art.

1181. — Dans tout autre cas, le prévenu doit être renvoyé, et le procès-verbal transmis au procureur du roi. — Même art.

1182. — Nous nous sommes suffisamment expliqués sur les récusations et les exceptions qui peuvent précéder le débat au fond (V. *suprà* nos 950 et s., 983 et s., 1159 et s.). Il nous reste à parler de l'audition des témoins, du droit de défense et des jugemens par défaut.

§ 3. — *De la preuve. — Des témoins.*

1183. — En principe, les conseils de discipline peuvent puiser les élémens de leur conviction, soit dans les rapports qui leur sont adressés, soit dans les déclarations des prévenus, soit dans les attestations apportées aux débats par les témoins.

1184. — Il est en effet reconnu que les moyens établis par les art. 155 du C. inst. crim., et les art. 110, 111, 112, L. du 22 mars 1831 pour constater les contraventions ne sont pas exclusifs de tous autres. — *Cass.*, 18 avril 1835, Hunault.

1185. — Ainsi il suffit de l'aveu du prévenu pour qu'un fait à lui imputé soit avéré; toute autre preuve est inutile. — *Cass.*, 29 déc. 1832, Roulph.

1186. — Jugé également qu'il n'est pas nécessaire que le sergent-major ait signé les rapports faisant la base de la poursuite, lorsque le prévenu reconnaît lui-même que la contravention qui lui est imputée existe. — *Cass.*, 24 nov. 1832, Gauran.

1187. — ... Que le conseil de discipline peut même n'avoir aucun égard à l'absence prétendue par le garde national, lorsque la contravention est constante pour lui. — *Cass.*, 17 mars 1832, Mercier.

1188. — Quant aux rapports, ils ne font pas foi jusqu'à inscription de faux, et ils peuvent être détruits par la preuve testimoniale. — *Cass.*, 23 nov. 1833, Penguinias.

1189. — Il n'y a donc pas lieu de s'arrêter à une inscription de faux déclarée contre eux. — *Cass.*, 2 mars 1832, Denise.

1190. — Un conseil de discipline ne peut, sans excès de pouvoir, prendre pour base de sa décision *la connaissance personnelle* qu'il a du fait imputé au prévenu: c'est, en effet, réunir les fonctions de témoin à celles de juge. — *Cass.*, 26 juill. 1833, Dufit.

1191. — Ainsi, est nul le jugement qui a condamné un garde national, par le motif que l'un des membres siégeant savait que le prévenu était chez lui le jour qu'il devait faire le service. — *Cass.*, 11 janv. 1833, Grandin.

1192. — Le jugement doit encore être annulé s'il résulte que le président du conseil a fourni des explications à la charge de l'inculpé relativement à la question d'excuse invoquée par celui-ci, et sur des faits qui s'étaient passés entre eux hors de l'audience et avant la citation. — *Cass.*, 17 juin 1836, Drouillot.

1193. — Un rapport dressé par un officier contre un garde national pour des griefs personnels qu'il a à imputer à ce dernier ne suffit pas pour faire foi de son contenu, s'il n'est confirmé par des témoignages. — *Cass.*, 16 mars 1833, Blanc.

1194. — L'art 118, L. 22 mars 1831, qui admet en matière de discipline de la garde nationale la preuve par témoins, ne déroge pas au droit général qui permet aux juges de déterminer discrétionnairement les limites dans lesquelles doit être renfermée cette preuve; ainsi un conseil de discipline peut rejeter comme inutile une preuve par témoins. — *Cass.*, 26 janv. 1833, Trefforest.

1195. — Un conseil de discipline de la garde nationale peut, nonobstant le sursis réclamé, statuer au fond s'il croit la cause suffisamment éclairée. Le prévenu ne peut se faire un moyen de cassation de ce qu'il aurait demandé à faire entendre des témoins, lorsque rien ne constate dans le jugement qu'il ait fait une pareille demande. — *Cass.*, 21 fév. 1833, Hamard.

1196. — Un conseil de discipline, après avoir entendu les parties dans une première audience, peut, en renvoyant l'affaire à une audience suivante, comme il en a le droit, entendre, avant de prononcer son jugement, de nouveaux témoins pour éclairer sa religion. — *Cass.*, 7 sept. 1833, Barthe.

1197. — La partie qui veut invoquer des témoignages doit produire ses témoins; ainsi, la simple offre faite par un garde national devant le conseil de discipline de prouver son absence, lorsqu'il a reçu l'ordre de service, sans production de témoins ni indication de leurs noms, ne saurait arrêter le conseil. — *Cass.*, 17 mars 1832, Mercier.

1198. — De même, lorsqu'un officier rapporteur a offert la preuve testimoniale sans indiquer les témoins qu'il voulait faire entendre, le conseil a pu rejeter cette offre sans qu'il y eût nullité du jugement. — *Cass.*, 12 oct. 1833, Bradu.

1199. — Les témoins peuvent venir déposer devant le conseil de discipline sans qu'il soit besoin de citation, sauf à l'adversaire à demander la remise de la cause, s'il le juge à propos. — *Cass.*, 16 mars 1833, Blanc.

1200. — Il n'est pas nécessaire que la liste des témoins à charge ou à décharge soit signifiée vingt-quatre heures avant leur audition, ainsi que le prescrit l'art. 315, C. inst. crim. Cet article n'est pas applicable, en matière de garde nationale, les témoins étant admis à déposer, sans formalité aucune. — *Cass.*, 28 déc. 1832, Maudet.

1201. — Il n'y a pas lieu d'annuler un jugement rendu par un conseil de discipline de la garde nationale, sur le motif que tous les témoins assignés n'ont pas été entendus, lorsque surtout le prévenu n'a pas réclamé leur témoignage. — *Cass.*, 30 juin 1832, Saget.

1202. — La taxe des témoins est due conformément au réglement du 18 juin 1811. — Lett. min., 5 juill. 1833.

1203. — Jugé, en effet, que l'art. 121, L. 22 mars 1831, sur la garde nationale, qui dispense tous actes de poursuites et jugemens du timbre et de l'enregistrement, ne fait point obstacle à ce que les témoins qui ont été entendus soient indemnisés et payés par le condamné, d'après la taxe. — *Cass.*, 19 janv. 1833, Depreauly.

1204. — Cet arrêt ne s'explique que relativement à l'indemnité à payer aux témoins; quant aux citations qui leur sont données, une instruction ministérielle du 5 juill. 1833 décide qu'elles doivent être comprises parmi les actes de poursuites qui ne donnent lieu à aucun frais. — Le même principe a été consacré par plusieurs arrêts. — *Cass.*, 31 mars 1832, Bertrand; 29 déc. 1832, Chevolot; 26 janv. 1833, Trefforest; 6 août 1836, Prevost.

1205. — Les conseils de discipline de la garde nationale sont compétens pour condamner, conformément aux art. 80 et 157, C. inst. crim., les témoins qui ne comparaissent pas ou refusent de déposer. — *Cass.*, 16 nov. 1844 (t. 2 1844, p. 592), Joutel.

1206. — Jugé que les notes que l'art. 155, C. inst. crim., prescrit de tenir relativement aux dépositions des témoins, ne sont pas exigées à peine de nullité. — *Cass.*, 4 juill. 1835, Leblan.

1107. — On jugeait, avant la loi de 1831, que le lieutenant de service qui a constaté l'infraction, en sa qualité de chef de poste, n'est pas un dénonciateur, et qu'il peut être entendu comme témoin. — *Cass.*, 19 déc. 1822, Déluis.

1208. — Cette solution devrait être adoptée encore aujourd'hui.

1209. — De même le sergent-major, par l'intermédiaire duquel l'échange d'un tour de garde que veut prouver un garde national a été fait, peut être entendu en témoignage. — *Cass.*, 9 fév. 1833, Barbillon.

1210. — Un conseil de discipline de la garde nationale ne peut refuser d'entendre des témoins produits par le capitaine rapporteur, sous prétexte qu'ils ont pris part à la contravention imputée au prévenu. — *Cass.*, 20 sept. 1833, Bouches.

1211. — Les témoins cités devant les conseils de discipline de la garde nationale doivent, à peine de nullité, prêter serment avant d'être entendus. — *Cass.*, 22 oct. 1831, Viriville; 17 fév. 1832, Gauthier-Bureau; 2 mars 1832, Rigault; 17 mars 1832, Prault; 28 mars 1832, Guibourg; 14 avr. 1832, Rovillois; 18 oct. 1832, Bethford; 8 fév. 1833, Huart; 23 av. 1835, Marie Valence; 16 mai 1839 (t. 1er 1839, p. 600), Allain; 23 janv. (t. 1er 1841, p. 14), Blondin; 26 déc. 1840 (t. 1er 1841, p. 303), Léger; 2 déc. 1831, Laloux.

1212. — Mais les conseils de discipline ont-ils le droit d'entendre des témoins à titre de simple renseignement, et, par conséquent, sans prestation de serment? A cet égard la jurisprudence n'est pas uniforme.

1213. — Ainsi, d'une part, il a été jugé que les conseils de discipline peuvent entendre des personnes pour avoir d'elles des renseignemens et sans prestation de serment. — *Cass.*, 17 mars 1832, Forest.

1214. — ...Que celui qui a rédigé contre un garde national un rapport faisant foi de son contenu jusqu'à preuve contraire, ne peut plus être entendu *qu'à titre de renseignemens et non comme témoin assermenté.* — *Cass.*, 6 juill. 1833, L'hoiry.

1215. — ...Que celui qui est appelé non comme témoin mais pour compléter les renseignemens que, comme auteur du rapport, il a donnés dans l'affaire, n'est pas tenu de prêter serment. — *Cass.*, 4 juill. 1835, Leblan.

1216. — ... Que le sergent-major de la compagnie n'est pas tenu de prêter serment, lorsqu'il n'est entendu *qu'à titre de renseignemens, et non comme témoin.* — *Cass.*, 22 oct. 1831, de Chauvenet; 18 août 1835, Hunault.

1217. — Mais un arrêt plus récent a décidé que le pouvoir d'entendre, à titre de renseignemens et sans prestation de serment, les déclarations des personnes qui n'ont pas été citées, n'appartient qu'aux présidens des cours d'assises et non aux conseils de discipline. — *Cass.*, 7 juin 1838 (t. 1er 1840, p. 262), Bien.

1218. — Jugé aussi que le président d'un conseil de discipline ne peut pas dépouiller de la qualité de témoin une personne régulièrement appelée par le ministère public ou par le prévenu, et ordonner qu'elle ne sera entendue qu'à titre de renseignemens et sans prestation de serment. — *Cass.*, 25 fév. 1837 (t. 1er 1838, p. 86), Beaudouin.

1219. — Ce serment doit être prêté dans la forme prescrite par l'art. 155, C. inst. crim. — *Cass.*, 17 fév. 1832, Gauthier; 2 mars 1832, Bigault; 17 fév. 1832, Pracel; 28 mars 1832, Guibourg; 14 avr. 1832, Rovillois; 8 fév. 1833, Huart; 16 mai 1839 (t. 1er 1839, p. 600), Allain.

1220. — Ainsi, il y a nullité du jugement lorsque les témoins ont prêté serment de dire *la vérité.* — *Cass.*, 17 fév. 1832, Gauthier; 2 mars 1832, Bigault.

1221. — ... Ou *la vérité et toute la vérité.* — *Cass.*, 17 fév. 1832, Gauthier; 25 avr. 1835, Marie Valence.

1222. — Il n'y a pas nullité de ce que, avant le serment des témoins, le conseil de discipline a statué sur l'abstention de son président. — *Cass.*, 4 juill. 1835, Leblan.

1223. — Le secrétaire doit tenir note de la prestation du serment à peine de nullité. — *Cass.*, 8 fév. 1833, Huart.

1224. — Est nul tout jugement d'un conseil de discipline qui ne porte pas la mention de la prestation du serment prescrit aux témoins. — *Cass.*, 27 avr. 1833, Massion; 4 avr. 1835, Montamy.

1225. — ... Ou qui n'énonce pas les motifs pour lesquels le conseil a dispensé le témoin du serment. — *Cass.*, 2 déc. 1831, Laloux.

1226. — ...Ou si, ayant constaté cette formalité, la mention en a ensuite été rayée. — *Cass.*, 18 oct. 1832, Bethford.

1227. — Mais lorsque le jugement d'un conseil de discipline porte qu'un témoin a prêté le serment voulu par la loi, on ne peut en demander la cassation sous prétexte qu'il n'indique point quel serment a été prêté. Il constate suffisamment que le témoin a prêté le serment prescrit par l'art. 155, C. inst. crim., seul applicable aux conseils de discipline. — *Cass.*, 16 mai 1839 (t. 1er 1839, p. 600), Allain.

§ 4. — *Comparution. — Droit de défense. — Jugemens par défaut. — Opposition.*

1228. — L'art. 115, L. 22 mars 1831, dispose que le garde national cité comparaîtra en personne ou par un fondé de pouvoir, et qu'il pourra être assisté d'un conseil.

1229. — Les gardes nationaux ne sont pas tenus de donner un mandat par écrit pour se faire représenter devant les conseils de discipline. — *Cass.*, 6 déc. 1834, Lequeux.

1230. — Jugé, en tous cas, que lorsqu'un officier rapporteur n'a pas contesté devant le conseil de discipline le mandat en vertu duquel le défenseur du prévenu a été entendu, il ne peut le faire devant la cour de Cassation. — *Cass.*, 16 mars 1833, Blanc.

1231. — Lorsque le garde national cité a comparu et s'est défendu, il ne peut prétendre que le jugement rendu contre lui est par défaut. — *Cass.*, 16 fév. 1833, Lelièvre.

1232. — La mention qu'un jugement du conseil de discipline a été rendu contradictoirement doit être regardée comme constante, tant qu'elle n'est pas attaquée par la voie de l'inscription de faux. — *Cass.*, 6 mai 1837 (t. 2 1840, p. 284), Nouguier.

1233. — Les principes du droit de défense tels qu'ils sont écrits dans le Code d'instruction criminelle, sont applicables aux matières de la garde nationale. Ce droit est aussi étendu devant les conseils de discipline que devant les autres juridictions, et il y est soumis aux mêmes règles, aux mêmes restrictions.

1234. — De nombreux arrêts ont été rendus sur l'exercice du droit de défense en matière de garde nationale; il résulte de ces arrêts qu'un garde national ne peut prétendre qu'il n'a pas eu un délai suffisant pour se défendre devant le conseil de discipline, dès qu'il a comparu sur la citation, et qu'il a préparé sa défense, sans requérir aucune remise. — *Cass.*, 17 mars 1832, Robert-Cabrol.

1235. — ...Que la citation donnée à un garde national à onze heures du matin, pour comparaître le lendemain à sept heures du soir, lui donne un délai suffisant pour préparer sa défense, surtout lorsqu'il n'a pas demandé à faire entendre des témoins, ni un plus long délai. — *Cass.*, 24 août 1832, Chéron.

1236. — ... Qu'on doit réputer nul le jugement rendu par un conseil de discipline de la garde nationale, comme violant le droit de défense, lorsqu'il a refusé de donner lecture au prévenu du rapport dressé contre lui. — *Cass.*, 13 juin 1835, Dureau.

1237. — ... Mais aussi qu'un garde national a été suffisamment mis à même de se défendre quand, lors du jugement définitif, il est constaté que lecture lui a été donnée de la citation contenant les faits, objet de la poursuite et se référant à un jugement par défaut qui précisait la date de ces faits. — *Cass.*, 5 janv. 1833, Ducharaud.

1238. — Le droit de faire défaut fait partie de la défense. — *Cass.*, 14 juill. 1832, Chollet.

1239. — Mais lorsqu'un garde national ne s'est pas présenté pendant les débats, et n'a demandé la parole qu'au moment où le conseil avait délibéré et prononçait son jugement, elle a pu lui être refusée sans qu'il y ait nullité. — *Cass.*, 24 août 1832, Chéron.

1240. — A plus forte raison, des conclusions prises par un garde national devant le conseil de discipline, après la clôture des débats et l'ordre donné d'évacuer la salle, ne sont-elles pas recevables. — *Cass.*, 13 avr. 1832, Mauger.

1241. — Les conseils de discipline doivent comme tous les autres tribunaux statuer sur les diverses conclusions des parties, à peine de nullité de leurs jugemens. C'est un principe que la cour de Cassation, a constamment admis. — *Cass.*, 22 avr. 1831, Tessier; 2 août 1839 (t. 1er 1841, p. 80), Martin-Lecerf.

1242. — Ainsi, est nul un jugement rendu par le conseil de discipline de la garde nationale qui a statué au fond sans s'expliquer ni implicitement ni explicitement, sur les conclusions formelles du prévenu tendant à faire preuve de son absence à l'époque où il avait reçu les ordres du service. — *Cass.*, 3 oct. 1833, Corvisart.

1243. — Un garde national ne peut prouver par un acte de notoriété avoir pris valablement des conclusions dont il n'est pas fait mention dans le jugement contre lui rendu par le conseil de discipline. — *Cass.*, 14 juill. 1832, Lemaire.

1244. — Lorsqu'un jugement constate que le prévenu a été entendu dans ses réquisitions, on doit entendre par là non seulement les conclusions qu'il a prises, mais leur développement et les moyens de défense qu'il a présentés. — *Cass.*, 21 fév. 1833, Hamard.

1245. — Le jugement rendu par un conseil de discipline contre un garde national est nul, s'il ne fait pas mention que le prévenu, après une exception préjudicielle par lui présentée, a été entendu dans sa défense sur le fond. — *Cass.*, 14 juill. 1832, Girardot.

1246. — La déclaration insérée dans le jugement d'un conseil de discipline, que les faits sur lesquels un garde national fonde diverses exceptions sont mensongers, est un motif suffisant pour rejeter ces exceptions. — *Cass.*, 12 mai 1832, Vielmont.

1247. — Le garde national condamné par une cour d'assises pour attaque contre la dignité royale dans une plaidoirie prononcée devant un conseil de discipline, ne peut se faire un moyen de cassation de ce que le conseil de discipline n'aurait pas dressé procès-verbal des paroles incriminées, ni réservé l'action publique, s'il ne s'est pas pourvu contre l'arrêt de mise en accusation. — *Cass.*, 7 juin 1832, Desavignac.

1248. — Dire dans une défense présentée devant un conseil de discipline de la garde nationale, que l'ordre de choses actuel paraît funeste à la France, qu'on ne doit pas lui prêter volontairement appui; qu'en cas de guerre civile on se réunira aux partisans de la branche aînée des Bourbons, c'est faire abus du droit de la défense, et commettre le délit prévu par l'art. 1er, L. 29 nov. 1830. — même arrêt. — V. de Grattier, *Commentaire des lois de la presse*, t. 2, p. 228, n° 4.

1249. — Il y a violation de l'art. 182, Cod. inst. crim., et du droit de défense dans le cas de condamnation prononcée contre un garde national pour avoir manqué à divers ordres de service, alors qu'il n'a été cité que pour un fait d'insubordination. — *Cass.*, 14 juill. 1832, Biot.

1250. — Quand les circonstances d'injures qui ont accompagné le refus de service sont mentionnées dans le rapport lu devant le conseil de discipline, et que le prévenu a consenti à s'expliquer sur ces circonstances, il ne peut prétendre qu'il y a eu atteinte portée au droit de la défense. — *Cass.*, 24 août 1832, Amblard.

1251. — De même, le président du conseil de discipline qui rappelle le cité aux questions de la cause, et lui interdit de censurer les actes du jury de révision, ne porte point entrave à la défense. — *Cass.*, 22 oct. 1831, Delahaye.

1252. — Un garde national traduit devant le conseil de discipline n'a pas le droit de critiquer la composition de la garde nationale du lieu, en prétendant qu'elle devait être formée en compagnie et non en bataillon. — *Cass.*, 11 janv. 1833, Paris.

1253. — Il ne peut non plus se plaindre qu'il a été prononcé un discours dans la séance, alors que ce discours a eu lieu antérieurement aux débats. — *Cass.*, 10 nov. 1832, Bonfils.

1254. — Le président d'un conseil de discipline a le droit d'empêcher un prévenu de se servir dans sa défense d'expressions injurieuses et déplacées, soit à son égard, soit à l'égard des membres du conseil; ce n'est pas là entraver le prévenu dans sa défense, quand le jugement constate qu'il a été complétement entendu. — *Cass.*, 16 fév. 1833, Lelièvre.

1255. — Les allégations d'un garde national, qu'il a été entravé dans sa défense, ne peuvent prévaloir contre la mention faite dans un jugement qu'il a été entendu par l'organe d'un défenseur. — *Cass.*, 24 août 1832, Chéron.

1256. — Une défense répréhensible devant le conseil, de la part d'un officier, peut bien constituer une infraction d'audience, mais non un fait d'insubordination, ni donner ce caractère au fait incriminé. — *Cass.*, 6 juill. 1833, Amblard.

1257. — Le prévenu peut produire une défense écrite. — *Cass.*, 6 mai 1837 (t. 2 1840, p. 284), Nouguier.

1258. — Il n'est pas nécessaire qu'un jugement rapporte les moyens de défense du prévenu; il suffit qu'il fasse mention que ce dernier a été entendu. — *Cass.*, 6 avr. 1833, Lepillier.

1259. — Il ne résulte pas des termes de l'art. 118 de la loi sur la garde nationale que l'officier rapporteur près les conseils de discipline n'ait pas le droit de répliquer à la défense du prévenu, et que les débats soient nécessairement clos après cette défense, le rapporteur peut parler une deuxième fois; seulement, le prévenu a la parole le dernier; est nul le jugement qui décide le contraire. — *Cass.*, 23 mai 1835, Neyrac.

1260. — Si le prévenu ne comparaît pas au jour et à l'heure fixés par la citation, il est jugé par défaut. — L. 22 mars 1831, art. 116.

1261. — Le garde national cité, qui a comparu et présenté une exception préjudicielle, ne peut, en se retirant, ôter au conseil de discipline le droit de le juger par défaut. — *Cass.*, 12 oct. 1831, Delahaye de Prémorvan.

1262. — De ce que le jugement porte que le prévenu a produit une défense écrite il ne résulte pas qu'il a fait défaut. — *Cass.*, 6 mai 1837 (t. 2 1840, p. 284), Nougier.

1263. — Le condamné par défaut a le droit de former opposition au jugement; cette opposition doit être formée dans le délai de trois jours, à compter de la notification du jugement. — L. 22 mars 1831, art. 116.

1264. — L'exécution des jugemens rendus par les conseils de discipline étant déférés aux maires, aux termes d'une instruction ministérielle du 31 mars 1831, ces fonctionnaires sont évidemment sans qualité pour recevoir les actes de poursuites qu'ils sont chargés de signifier.

1265. — Ainsi, est nulle la signification d'un jugement par défaut d'un conseil de discipline, lorsqu'elle est faite en parlant au maire, faute d'avoir trouvé en son domicile le garde national auquel elle était adressée; elle est en conséquence sans effet pour faire courir contre le prévenu les délais d'opposition ou de recours en cassation. — *Cass.*, 13 mars 1834, De Boutin.

1266. — Le délai d'opposition ne court qu'à compter du jour de la signification de ce jugement au domicile réel du prévenu. — *Cass.*, 29 nov. 1832, de Pracomtal.

1267. — L'art. 116 ajoute que cette opposition *pourra* être faite par une déclaration au bas de l'original de la signification.

1268. — Mais ce n'est là qu'un mode facultatif, et il a été jugé qu'un garde national n'est pas absolument astreint à former opposition au jugement par défaut contre lui rendu, sur l'original de la signification de ce jugement, qu'il peut employer tout autre mode, même une simple lettre par lui remise au secrétaire du conseil de discipline; qu'il suffit qu'il manifeste sa volonté dans les trois jours de la notification du jugement. — *Cass.*, 28 déc. 1832, Villette.

1269. — L'opposition peut être formée par acte d'huissier. — *Cass.*, 11 janv. 1833, Hortel.

1270. — L'opposant doit être cité pour comparaître à la plus prochaine séance du conseil de discipline. — L. 22 mars 1831, art. 116.

1271. — S'il n'y a pas opposition, ou si l'opposant ne comparait pas à la plus prochaine séance, le jugement par défaut devient définitif. — Même art.

1272. — De ce que le droit de faire défaut fait partie de la défense, il résulte qu'on doit réputer nul le jugement du conseil de discipline de la garde nationale qui, indépendamment de la peine encourue par la contravention, en ajoute une deuxième, parce que le prévenu n'a pas comparu; la loi ne prononçant aucune peine contre l'inculpé qui fait défaut. — *Cass.*, 6 mars 1834, Charlot; 14 juill. 1832, Chollet.

1273. — On peut statuer par un seul jugement sur l'opposition et sur le fond. — *Cass.*, 6 avr. 1833, Lepillier.

ART. 6. — *Des jugemens.*

1274. — En principe, la juridiction des conseils de discipline n'emprunte au droit commun que les dispositions essentielles, sans lesquelles les jugemens seraient dépourvus des caractères nécessaires à la validité de tout acte émané de la justice. — *Cass.*, 30 mai 1835, de Bruslard.

1275. — Quand un tribunal s'aperçoit à l'audience qu'il a omis une formalité substantielle, il peut la réparer immédiatement, si les choses sont encore entières. — *Cass.*, 22 oct. 1831, Godoffre.

1276. — Les jugemens des conseils de discipline font foi de leur contenu jusqu'à inscription de faux. — même arrêt.

1277. — Ainsi, une allégation ne peut prévaloir sur les énonciations insérées dans un jugement du conseil de discipline; il n'y a pas lieu de s'arrêter à la simple allégation que l'un des juges mentionnés au jugement n'y a pris aucune part. — *Cass.*, 12 mars 1832, David; 8 juin 1832, Gazel.

1278. — Il en est de même de la mention mise dans la partie imprimée d'un jugement par défaut et d'un jugement définitif que les témoins ont été entendus; elle fait foi jusqu'à inscription de faux. — *Cass.*, 24 avr. 1832, Chéron.

1279. — La présence au nombre des membres du conseil de discipline d'un parent du prévenu n'est pas une cause de nullité du jugement, lorsqu'il est constant qu'il n'a pas pris part à la délibération, et qu'il y avait un nombre suffisant de juges. — *Cass.*, 12 mai 1832, Enouf.

1280. — Il n'y a que les membres non récusés et ayant assisté à tous les débats qui puissent concourir au jugement d'une affaire. — *Cass.*, 7 juill. 1832, Guillard.

1281. — Est nul le jugement rendu par un conseil de discipline de la garde nationale, lorsque plusieurs des membres siégeans n'ont pas assisté à tous les débats. — *Cass.*, 6 juill. 1833, Cottenet.

1282. — Ainsi, quand un membre du conseil arrive à l'audience pendant la lecture de la citation ou du rapport, ou que, quittant le siége, il est remplacé, il est indispensable de donner une nouvelle lecture de la citation et du rapport en présence du juge qui n'était pas au commencement de la séance, et le jugement doit, à peine de nullité, en faire mention. — Même arrêt.

1283. — Le jugement d'un conseil de discipline doit, à peine de nullité, faire mention que c'est par suite du renvoi des pièces par le chef du corps que le conseil a été saisi; que le secrétaire a donné lecture des pièces; que le rapporteur a résumé l'affaire et donné ses conclusions. — *Cass.*, 7 juill. 1832, Guillard.

1284. — Mais il n'est pas nécessaire que le renvoi des pièces devant le conseil de discipline soit constaté par écrit; dès que le rapport est aux pièces et que la citation a été régulièrement donnée, la transmission du rapport est présumée faite conformément à la loi. — *Cass.*, 27 avr. 1833, Bernard.

1285. — La lecture des rapports et autres pièces est inutile, quand le jugement est rendu sur l'opposition à un jugement par défaut. — *Cass.*, 5 janv. 1833, Ducharaud.

1286. — Jugé aussi que le jugement d'un conseil de discipline n'est pas nul par cela seul qu'il ne fait pas mention que lecture publique a été donnée au prévenu des rapports sur lesquels ce conseil a été saisi, à moins qu'il ne soit établi que le prévenu ne les a pas connus, ou qu'on lui en ait refusé la communication. — *Cass.*, 17 mars 1832, Forest.

1287. — Le jugement qui mentionne que le rapporteur a donné ses conclusions, constate suffisamment qu'il a résumé l'affaire. — *Cass.*, 21 nov. 1840 (t. 1er 1847, p. 203), Lenormand.

1288. — On jugeait, avant la loi du 22 mars 1831, qu'il suffisait de citer dans le jugement du conseil de la garde nationale, le réglement en vertu duquel la condamnation était prononcée, encore bien que la loi qui porte spécifiquement cette peine n'y fût pas insérée. — *Cass.*, 19 déc. 1822, Délius.

1289. — ...Alors surtout que le conseil de discipline prononce sur de simples manquemens, des peines de discipline laissées à son pouvoir discrétionnaire. — *Cass.*, 18 nov. 1826. Adrien Moulle.

1290. — ... Et que les conseils de discipline de la garde nationale n'étaient tenus d'insérer dans leurs jugemens le texte de la loi appliquée qu'autant que la contravention sur laquelle ils statuaient était prévue par une disposition particulière de la loi ou des réglemens d'administration publique gouvernant la matière. — *Cass.*, 19 janv., Viel; 18 nov. 1826, Adrien Moulle.

1291. — La question ne semble pas pouvoir se reproduire dans les mêmes termes, car, ainsi que tous les tribunaux, les conseils de discipline de la garde nationale ne peuvent prononcer des peines qu'en vertu d'une disposition législative qui les y autorise.

1292. — Au reste, sous l'empire de la loi du 22 mars, et malgré une instruction ministérielle du 25 oct. 1831, portant que les conseils de discipline de la garde nationale doivent être assimilés aux tribunaux de police, et obligés, comme ceux-ci, de donner lecture des textes appliqués et de les transcrire dans leurs jugemens, la cour de Cassation a constamment jugé que les jugemens des conseils de discipline de la garde nationale ne doivent pas, à peine de nullité, contenir la transcription des dispositions pénales appliquées, ni la mention de leur lecture par le président, cette formalité n'étant point substantielle. — *Cass.*, 2 mars 1832, Cavrois; 16 mars 1832, Lassuderie; 17 mars 1832, Matussier; 4 nov. 1832, Monnier; 29 déc. 1832, Maisonneuve; 12 oct. 1833, Gaffinel; 28 janv. 1837 (t. 1er 1838, p. 7), Dobelle.

1293. — Jugé encore que les conseils de discipline de la garde nationale ne sont pas tenus de se conformer à l'art. 195 du Code d'inst. crim.; que les formalités qu'il énonce, telles que la lecture du texte de la loi, son insertion dans le jugement et autres ne sont d'ailleurs pas prescrites à peine de nullité. — *Cass.*, 16 mars 1833, Bayard.

1294. — Le jugement contradictoire et définitif rendu par un conseil de discipline qui, confirmant un premier jugement par défaut, justifie par la citation du texte de loi la disposition par laquelle ce jugement avait prononcé la conversion de la prison en l'amende, ne saurait être annulé comme prononçant une peine nouvelle. — *Cass.*, 12 mai 1832, Ducos.

1295. — *Mention de la publicité.* — Les jugemens rendus par les conseils de discipline de la garde nationale doivent contenir, à peine de nullité, mention de la publicité de la séance. — *Cass.*, 22 avr. 1831, Tessier; 26 mai 1831, Roy; 13 mai 1831, de Maliverne; 14 oct. 1831, Hyardin; 2 oct. 1831, Mouronval; 24 déc. 1831, Darodès; 16 fév. 1832, Chamblant; 11 déc. 1832, Loisel; 19 déc. 1832, Délius.

1296. — Est nul un jugement du conseil de discipline de la garde nationale lorsque ni l'expédition de ce jugement ni sa signification ne font mention de la publicité de l'audience. — *Cass.*, 25 juill. 1834, Laurent.

1297. — La mention de publicité énoncée dans les jugemens des conseils de discipline de la garde nationale, qu'elle se trouve au commencement ou à la fin de l'acte, s'applique à toutes les parties des débats. — *Cass.*, 25 mai 1832, Niobbey.

1298. — Ainsi, cette mention mise au bas d'un jugement rendu par un conseil de discipline de la garde nationale, satisfait suffisamment au vœu de la loi. — *Cass.*, 1er déc. 1832, Mothès.

1299. — Il est suffisamment établi que l'instruction d'une affaire de garde nationale a eu lieu publiquement lorsqu'il est constaté par le jugement que le conseil s'est réuni dans le lieu ordinaire de ses séances, qu'il a entendu la lecture du rapport, les explications de l'avocat du prévenu, le résumé et les conclusions du rapporteur, la défense du prévenu, qu'il a délibéré en secret, et que le jugement se termine par ces mots : *Fait et jugé en séance publique.* — *Cass.*, 21 avr. 1832, Vincent; 24 nov. 1836, Lung.

1300. — *Mention du serment prêté par les témoins.* — Ainsi qu'on l'a vu plus haut (nos 1223 et s.) les témoins cités devant les conseils de discipline de la garde nationale doivent prêter serment avant d'être entendus, et les jugemens doivent faire mention de ce serment ou des motifs qui ont pu en dispenser, à peine de nullité. — *Cass.*, 2 déc. 1831, Laloux.

1301. — *Motifs, — articulation des faits.* — La jurisprudence est constante pour considérer comme nul le jugement rendu par un conseil de discipline de la garde nationale, qui ne contient aucuns motifs. — *Cass.*, 22 oct. 1831, Blangermont; 2 déc. 1831, Gelet; 17 mars 1832, Mathussière; 22 sept. 1832, Marquet.

1302. — ...Alors même qu'il n'est statué que sur une exception d'incompétence. — *Cass.*, 22 avr. 1831, Tessier.

1303. — La seule difficulté est donc de savoir quand une pareille décision peut être réputée motivée suffisamment. — A cet égard la jurisprudence fournit les indications suivantes.

1304. — Il a été jugé que les jugemens rendus par les conseils de discipline sont suffisamment motivés, lorsque les faits principaux de désobéissance et d'insubordination reprochés au prévenu y sont indiqués. — *Cass.*, 25 mai 1832, Niobbey.

1305. — ... Ou lorsqu'il déclare inadmissibles les moyens de défense du prévenu et s'en réfère aux motifs invoqués par l'officier rapporteur, transcrits dans le jugement — *Cass.*, 2 août 1832, Haguenier.

1306. — ... Ou lorsqu'il ordonne l'exécution d'un jugement par défaut qui contient des motifs suffisans, et en adoptant au surplus les conclusions de l'officier rapporteur, lorsque surtout le prévenu n'a pas présenté des moyens nouveaux. — *Cass.*, 28 déc. 1832, Montbrun.

1307. — ... Ou réciproquement, lorsqu'il déclare adopter la substance des moyens de défense de l'inculpé. — *Cass.*, 15 nov. 1834, Laroux.

1308. — ... Ou s'il constate qu'il a été donné lecture du jugement par défaut et des pièces à l'appui, ces mots *pièces à l'appui* ne pouvant se référer qu'aux divers rapports mentionnés dans le premier jugement rendu. — *Cass.*, 22 mars 1833, Brecourt.

1309. — Mais un jugement, même en matière de discipline de la garde nationale, n'est pas suffisamment motivé lorsqu'il se borne à dire que des conclusions qu'il rejette ne sont fondées ni en droit, ni en équité. — *Cass*, 22 août 1835, Rolland.

1310. — ... Ou que le moyen d'incompétence proposé *n'a pas le sens commun.* — *Cass.*, 14 juill. 1832, Dumont.

1311. — ... Ou s'il répond au moyen d'incompétence proposé par un garde national à l'effet d'être renvoyé devant l'autorité administrative, que le conseil de discipline est légalement composé. — *Cass.*, 13 mars 1834, Couillard.

1312. — Le conseil de discipline n'est pas tenu, comme dans le cas d'incompétence, de prononcer par un jugement séparé sur une question préjudicielle soulevée devant lui par un garde national; il suffit qu'il y soit statué par des motifs séparés. — *Cass.*, 16 juin 1832, Rolland.

1313. — Est nul le jugement d'un conseil de discipline qui ne contient pas de motifs sur la déclaration du fait qui a servi de base à l'application de la peine. — *Cass.*, 22 avr. 1831, Tessier; 17 oct. 1832, Gellet; 20 déc. 1832, Laloux; 28 déc. 1832, Grenet.

1314. — ... Surtout si, indépendamment de cette omission dans le jugement, le fait de la contravention n'est spécifié ni dans le visa du rapport, ni dans les conclusions du rapporteur. — *Cass.*, 6 juill. 1833, de Pierrefitte.

1315. — Mais un jugement rendu par un conseil de discipline n'est pas nul en ce qu'il ne relate pas la date du refus de service qu'il punit, si la citation contient cette date. — *Cass.*, 18 fév. 1832, Vincent.

1316. — Le vœu de la loi est suffisamment rempli lorsque la contravention est qualifiée dans les motifs d'un jugement, encore bien qu'il n'en soit pas fait mention dans le dispositif. — *Cass*, 24 août 1832, Amblard.

1317. — Ainsi, il n'est pas nécessaire que les faits reprochés au prévenu soient relatés dans le jugement rendu par le conseil de discipline; le jugement est suffisamment motivé lorsque leur existence y est déclarée constante. — *Cass.*, 29 déc. 1832, Roulph.

1318. — De même, il n'y a pas nullité, si la peine se trouve prononcée dans les motifs d'un jugement du conseil de discipline, au lieu de l'être dans son dispositif, lorsque l'application de la peine résulte évidemment des termes de ce jugement. — *Cass.*, 16 mars 1832, Lassuderie.

1319. — Un garde national ne peut se faire un moyen de nullité de ce que le jugement qui l'a condamné s'est fondé sur quelques faits inexacts, si ce jugement constate de plus l'existence d'autres faits suffisant seuls pour justifier la condamnation. — *Cass.*, 6 juin 1835, Chateaubriant.

1320. — L'abandon du poste, prévu par l'art. 89, L. 1831, est suffisamment qualifié par la mention insérée dans un jugement du conseil de discipline, que le prévenu a quitté le poste sans y reparaître. — *Cass.*, 17 mars 1832, Robert Cabrol.

1321. — Plusieurs arrêts avaient jugé que les caractères de la désobéissance et de l'insubordination n'ayant pas été déterminés par la loi sont, par là même, laissés à l'appréciation des conseils de discipline. — *Cass.*, 14 juill. 1832, Chatelin.

1322. — ... Et que lorsque le conseil de discipline a déclaré le prévenu coupable de désobéissance et d'insubordination, il n'appartient pas à la cour de Cassation de rechercher les élémens de cette déclaration en fait, et des circonstances qui ont pu la motiver à raison de la nature des services commandés. — *Cass.*, 10 nov. 1831, Bonfils; 10 nov. 1832, Bonfite.

1323. — ... Qu'ainsi, un conseil de discipline ne viole aucune loi, lorsqu'il se contente de déclarer en fait, dans son jugement, que par des circonstances particulières résultant d'un refus constant de faire aucun service, le prévenu s'est rendu coupable de désobéissance et d'insubordination. — *Cass.*, 18 mai 1832, Maisan.

1324. — ... Et que, de même, des manquemens réitérés à des revues, auxquels se lient des circonstances particulières de désobéissance et d'insubordination, sont susceptibles de la peine de la prison; qu'il suffit pour l'application de cette peine que tous les faits réunis soient énoncés et tenus constans par le conseil de discipline dans son jugement, encore bien que les considérans semblent limiter la condamnation au refus de service dégagé des circonstances aggravantes. — *Cass.*, 19 mai 1832, de Beaupréau.

1325. — Mais la cour de Cassation n'a pas persévéré dans cette jurisprudence, et aujourd'hui elle s'attribue le droit d'apprécier le caractère des faits d'où les conseils de discipline ont fait résulter la désobéissance et l'insubordination. De plus, elle décide constamment qu'un conseil de discipline ne peut se borner à déclarer un garde national coupable de désobéissance et d'insubordination, et qu'il doit, sous peine de cassation de sa décision, préciser les faits qui lui semblent constituer cette désobéissance et cette insubordination. — *Cass.*, 20 déc. 1832, Laloux; 8 fév. 1832, Lhôte; 6 juill. 1832, Auvray; 29 août 1833, Cornier; 7 déc. 1833, Boisseau d'Artige; 24 juin 1836, Rogère; 18 mai 1839 (t. 2 1839, p. 355), Stévenin; 29 nov. 1844 (t. 2 1845, p. 39), Regnard.

1326. — Jugé qu'un garde national condamné par un jugement par défaut, pour insubordination, indépendamment du refus à une garde hors de tour pour lequel il avait été seulement cité, a le droit de demander sur l'opposition à ce jugement, que les faits d'insubordination qui lui sont en outre reprochés, soient précisés, afin d'y répondre. — *Cass.* 28 déc. 1832, Grenet.

1327. — Jugé encore que le jugement qui condamne un garde national comme coupable de désobéissance et d'insubordination pour s'être présenté aux revues d'inspections d'armes sans être revêtu de son uniforme, et pour avoir tenu publiquement des propos de nature à nuire à l'organisation de la garde nationale, et à entraîner ses camarades à suivre son exemple, doit, à peine de nullité, énoncer quels sont ces propos. — *Cass.*, 12 nov. 1841 (t. 1er 1842, p. 636), Rouzé.

1328. — V. au surplus relativement aux faits qui constituent la désobéissance et l'insubordination, *infrà* nos 1544 et s.

1329. — Les jugemens des conseils de discipline de la garde nationale doivent, à peine de nullité, exprimer d'une manière formelle à quel genre de service le prévenu a été contrevenant. — *Cass.*, 11 fév. 1832, Laroche.

1330. — Ainsi il y a nullité lorsqu'un garde national est cité comme prévenu d'un refus de service, et que le conseil vise dans son jugement le règlement approuvé par l'autorité administrative pour le service ordinaire et les exercices de la garde nationale, sans exprimer d'une manière précise auquel de ces deux genres de service le prévenu a contrevenu. — Même arrêt.

1331. — Ainsi encore il y a lieu d'annuler le jugement d'un conseil de discipline qui condamne un garde national à la prison pour des manquemens successifs à des ordres de service, sans énoncer si c'étaient des services d'ordre et de sûreté et sans articuler aucun fait d'insubordination. — *Cass.*, 14 juill. 1832, Biot; 12 octobre 1833, Zhendre; 15 juill. 1836, Deschamps; 13 août 1836, Puvinel.

1332. — Il ne peut en aucune façon être suppléé à ce silence. — *Cass.*, 12 oct. 1833, Zhendre; 11 juin 1836, Mathey.

1333. — Mais comme l'officier qui manque à un service légalement commandé est passible des peines de l'emprisonnement et des arrêts, il n'est pas nécessaire dans ce cas d'énoncer dans le jugement que ce service est d'ordre et de sûreté. — *Cass.*, 12 août 1837 (t. 2 1839, p. 524), Champeaux.

1334. — Jugé cependant qu'un conseil de discipline ne doit pas se borner à dire dans son jugement qu'il y a eu de la part d'un officier manquement aux ordres de service, qu'il doit, à peine de nullité, spécifier les faits. — *Cass.*, 6 juill. 1833, Lemor.

1335. — De même est nul le jugement du conseil de discipline de la garde nationale qui inflige une peine d'emprisonnement au garde national convaincu d'avoir manqué à un service d'ordre et de sûreté, sans qu'il soit exprimé qu'il eût manqué à un ordre antérieur. — *Cass.*, 27 août 1831, Colin.

1336. — C'est qu'en effet, d'après l'art. 89, no 1er, L. 22 mars 1831, un simple garde national ne peut être condamné à la prison qu'autant qu'il a refusé pour la deuxième fois un service d'ordre et de sûreté.

1337. — Aussi est-il de jurisprudence constante que le jugement doit spécifier, à peine de nullité, les faits qui constituent la récidive. — *Cass.*, 17 mars 1832, Matussière; 30 juin 1836, Fleury.

1338. — La condamnation prononcée par un conseil de discipline sans que le ministère public ait été entendu est nulle. — *Cass.*, 23 août 1839 (t. 1er 1841, p. 80), Thomas.

1339. — *Mention du mode de délibération et de la prononciation.* — Aux termes de l'art. 118, L. 22 mars 1831, après les débats, le conseil délibère en secret et hors la présence du rapporteur, et le président prononce le jugement.

1340. — Bien que le secret de la délibération soit de rigueur, cependant la loi n'est pas violée en ce que le prononcé d'un jugemement rendu par un conseil de discipline ne porterait pas expressément que la délibération a eu lieu en secret. — *Cass.*, 22 oct. 1831, Rose des Ordous; 14 juill. 1832, Bricourt; 1er déc. 1832, Mothès.

1341. — Il suffit que le jugement constate que l'officier rapporteur n'a pas été présent au délibéré du jugement.

1342. — Cela prouve suffisamment que ce délibéré a eu lieu en secret, sans qu'il soit nécessaire d'en faire mention. — *Cass.*, 21 fév. 1833, Linsendoux.

1343. — De même, la mention insérée au jugement, que le conseil de discipline s'est retiré dans un appartement séparé de la salle d'audience

GARDE NATIONALE, sect. 6e.

pour délibérer hors la présence du rapporteur, prouve suffisamment que la délibération a été secrète. — *Cass.*, 28 janv. 1837 (t. 1er 1838, p. 7), Dobelle.

1344. — D'ailleurs la présomption que la délibération a eu lieu en secret ne cède que devant la preuve du contraire. — *Cass.*, 17 fév. 1832, Legrand.

1345. — Aussi a-t-il même été jugé qu'il suffit qu'il ne soit pas établi que le rapporteur a pris part à la délibération. — *Cass.*, 1er déc. 1833, Mothès.

1346. — ... Alors même qu'il serait constant qu'il y a assisté. — *Cass.*, 2 mars 1832, Mégret; 2 fév. 1833, Ducoudray.

1347. — A plus forte raison, le fait qu'un capitaine rapporteur a entrouvert la porte de la chambre des délibérations, et adressé la parole aux juges, ne peut être également une cause de nullité lorsqu'il est constant qu'il a parlé assez haut pour être entendu de l'auditoire, et qu'il n'a rien dit qui pût influencer les juges. — *Cass.*, 18 avr. 1835, Domont.

1348. — Ces solutions s'appliqueraient également au secrétaire.

1349. — C'est du reste, ce qu'ont décidé les arrêts suivans. — *Cass.*, 24 août 1832, Chéron; 26 mai 1832, Sevoy; 30 mai 1835, Descormont.

1350. — La présence de ces deux membres du conseil ne vicie les délibérations qu'autant qu'ils y prennent part.

1351. — Par suite, jugé encore que le simple fait de la signature apposée par le rapporteur sur la minute du jugement d'un conseil de discipline ne rend pas nul ce jugement, lorsqu'il y est formellement énoncé qu'il n'a pris aucune part à la délibération. — *Cass.*, 31 mars 1832, Gemain.

1352. — La mention que c'est le président du conseil qui a prononcé le jugement, n'est pas prescrite, à peine de nullité. — *Cass.*, 22 oct. 1831, Rose des Ordous.

1353. — Il n'y a pas nullité en ce qu'un conseil de discipline de la garde nationale a déclaré dans son jugement qu'il a été rendu à l'unanimité. — *Cass.*, 29 nov. 1832, Estancelin.

1354. — Mais l'opinion contraire de l'un des juges ne peut être exprimée dans le jugement. — *Cass.*, 7 janv. 1832, Bonnet.

1355. — *Mention des noms, du nombre et des grades des juges. — Signature.* — L'art. 7 de la loi du 20 avr. 1810 qui exige dans tous les jugemens la mention du nom des juges qui les ont rendus, est applicable aux décisions des conseils de discipline.

1356. — Ainsi les jugemens rendus par les conseils de discipline de la garde nationale doivent constater, à peine de nullité, le nombre des juges qui composent ces conseils. — *Cass.*, 2 déc. 1831, Mourenval; 24 déc. 1831, Darodes.

1357. — Jugé encore qu'il y a nullité des jugemens rendus par un conseil de discipline de la garde nationale lorsque ces jugemens ne contiennent pas les noms et grades des membres du conseil. — *Cass.*, 30 mai 1844 (t. 1er 1845, p. 670), Benoit; 12 déc. 1844 (t. 1er 1845, p. 671), Mezy.

1358. — Jugé néanmoins que le défaut d'énonciation des noms et grades des juges dans un jugement rendu par un conseil de discipline n'est pas une cause de nullité, lorsqu'il est suffisamment constaté que le conseil était composé des officiers, sous-officiers et gardes nationaux, au nombre requis. — *Cass.*, 21 nov. 1833, Vallière; 29 déc. 1832, Chevolot; 3 janv. 1834, Roux; 1er déc. 1832, Mothes.

1359. — Spécialement, est valable un jugement du conseil de discipline de la garde nationale, bien que le grade du président n'y soit pas énoncé. — *Cass.*, 10 juill. 1834, Geoffroy.

1360. — Les jugemens des conseils de discipline de la garde nationale ne sont pas nuls, en ce qu'ils ne contiendraient pas les noms des juges qui les ont rendus, lorsque leurs noms et leurs grades se trouvent en marge des jugemens. — *Cass.*, 11 mai 1832, Barthélemy; 22 oct. 1831, Godoffre.

1361. — L'art. 141, C. procéd. qui prescrit l'énonciation des noms de l'officier du ministère public dans les jugemens, n'est pas applicable en matière de garde nationale, et l'art. 17, L. 20 avr. 1810, qui contient les règles substantielles des jugemens, n'exige pas cette mention à peine de nullité. — *Cass.*, 6 juin 1835, Châteaubriant.

1362. — Ainsi il n'est pas nécessaire que le nom de l'officier rapporteur y soit énoncé. — *Cass.*, 30 mai 1835, Bruslard; 18 fév. 1832, Baudot.

1363. — Jugé encore que le rapporteur peut être choisi parmi les simples gardes nationaux et que sa qualité n'a pas besoin d'être énoncée dans le jugement rendu par le conseil de discipline. — *Cass.*, 31 mars 1832, Germain.

1364. — La loi du 22 mars 1831 n'exige pas que les jugemens rendus par les conseils de discipline soient signés par tous les juges qui y ont assisté; il suffit, pour leur authenticité et leur régularité, qu'ils l'aient été par le président et par le secrétaire-greffier. — *Cass.*, 10 sept. 1831, Jegou ; 22 oct. 1831, Godoffre; 24 déc. 1831, Darodes; 6 janv. 1832, Harric-Lamothe; 18 mai 1832, Lassuderic; 25 mai 1832, Niobey; 5 janv. 1833, Scorbiac; 14 mai 1835, Lesacq; 25 juill. 1839, (t. 2 1839, p. 491) Demateux.

1365. — Jugé cependant, une seule fois, et par erreur sans doute, que la signature du président suffit (*Cass.*, 12 mai 1832, Ducos). — Celle du secrétaire du conseil n'est pas moins nécessaire; il n'est pas juge, mais sa présence est indispensable pour imprimer au jugement le caractère d'authenticité.

1366 — Le jugement n'est pas vicié lorsqu'il contient la signature du rapporteur outre celles des juges, lorsque ces derniers étaient en nombre suffisant. — *Cass.*, 29 déc. 1832, Chevolot.

1367. — Le conseil de discipline n'est pas tenu de rendre son jugement le jour où il a été saisi et où le prévenu a comparu. La règle concernant les conseils de guerre qui doivent juger sans désemparer n'est pas applicable aux conseils de discipline. — *Cass.*, 13 fév. 1847 (t. 2 1847), Bouchet.

ART. 7. — *De la signification et de l'exécution des jugemens.*

1368. — Les jugemens définitifs des conseils de discipline doivent être notifiés aux condamnés dans la forme et par les agens indiqués pour les citations.

1369. — En général, la signification des actes de poursuites disciplinaires est valablement faite par les valets et sergens de ville, comme étant des agens de la force publique. — *Cass.*, 1er déc. 1832, Mothès.

1370. — La signification d'un jugement du conseil n'est pas nulle parce qu'elle aurait été faite par un concierge et non par un agent de la force publique, et que le mot *avril* aurait été écrit au lieu de *mai*. — *Cass.*, 3 janv. 1834, Roux.

1371. — Les maires sont chargés de l'exécution de ces jugemens. — Inst. min. des 31 mars et 25 août 1831.

1372. — L'art. 119 de la loi du 22 mars 1831 dispose que les mandats d'exécution de jugement des conseils de discipline seront délivrés dans la même forme que ceux des tribunaux de simple police. — L. 22 mars 1831, art. 119.

1373. — Tous actes de poursuites devant les conseils de discipline, tous jugemens, recours et arrêts rendus en vertu de la loi du 22 mars 1831 sont dispensés du timbre et enregistrés *gratis*. — L. 22 mars 1831, art. 121; — Inst. min. 16 avr. 1831.

1374. — Les huissiers ont qualité pour signifier les actes disciplinaires de la garde nationale, mais le coût de leur exploit ne peut être mis à la charge des condamnés, ceux-ci ne devant payer aucun frais. — *Cass.*, 28 déc. 1832, Montbrun.

1375. — Le rapporteur transmet au maire de la commune du condamné l'expédition du jugement. Ce fonctionnaire doit employer tous les moyens de ménagement compatibles avec l'exécution du jugement, afin d'amener le condamné à subir volontairement sa peine. — Même instr. min.

1376. — Tout garde national condamné à un emprisonnement doit avoir, sauf les cas d'urgence, un certain délai à partir de la notification du jugement, pour satisfaire au jugement — Instr. min. 25 oct. 1831.

1377. — Si, après ce délai, il ne se constitue pas prisonnier, il y a lieu de l'y contraindre par les voies ordinaires. — Même instr.

1378. — Dans le cas de refus, le maire remet le jugement aux agens de la force publique et les requiert d'en assurer l'exécution. Quand il l'a obtenue, il doit en informer le rapporteur. — Même instr.

1379. — Un adjudant-major de la garde nationale, quoiqu'il soit seul possesseur volontaire des clés de la maison d'arrêt, n'est passible d'aucune peine pour n'avoir pas tenu sous les écrous des gardes nationaux condamnés, ni fait exécuter les jugemens rendus par le conseil de discipline, cette exécution ne concernant que le capitaine rapporteur. — *Cass.*, 16 janv. 1834, Roy.

1380. — La capture des gardes nationaux qui se refusent à l'exécution volontaire des jugemens qui les condamnent, doit avoir lieu sans frais. — Lett. min. 5 juill. 1833.

1381. — ...A moins que l'arrestation soit faite par un huissier, auquel cas cet officier ministériel a droit à un émolument qui est à la charge de la commune. — Lett. min. 21 avr. 1832.

1382. — Quant aux amendes, les receveurs de l'enregistrement sont chargés de les recouvrer. Elles sont perçues au profit de la commune où la contravention a été commise. — C. pén., art. 466; instr. min. 25 oct. 1831; 15 juill. 1831; 31 mars 1831.

1383. — Les huissiers ne peuvent exiger, pour mettre à exécution les jugemens des conseils de discipline prononçant des amendes, que ces jugemens aient été soumis à la formalité de l'enregistrement. — Décis. min. 19 janv. 1833.

1384. — La correspondance relative au service de la garde nationale est admise à circuler en exemption de taxe, mais seulement dans l'étendue du département où elle prend naissance : mais la taxe est due : 1° lorsqu'un adjoint, en contre-signant pour le maire, oublie d'indiquer sur la dépêche que ce dernier est empêché; — 2° lorsque le maire négligeant de contresigner la lettre se contente d'y apposer son cachet; — 3° lorsque la largeur des bandes qui recouvrent la dépêche excède les proportions prescrites par les réglemens. — Instr. min. 31 déc. 1831; 9 nov. 1832.

1385. — *Du pourvoi en cassation, des causes qui donnent ouverture au pourvoi en cassation.* — Les jugemens définitifs des conseils de discipline ne sont susceptibles de recours que devant la cour de Cassation. — L. 22 mars 1831, art. 120.

1386. — D'après le même article, les causes d'ouverture à cassation sont l'incompétence, l'excès de pouvoir ou la contravention à la loi.

1387. — L'institution des conseils de discipline de la garde nationale étant conforme à la charte, on ne peut attaquer leurs décisions sous prétexte que la loi du 22 mars 1831 aurait été illégalement rendue. — *Cass.*, 3 janv. 1834, Villette.

1388. — L'absence alléguée par un garde national à l'époque des services à lui commandés n'est appréciable que par le conseil de discipline, et ne peut être une ouverture à cassation, surtout lorsque sa réalité n'est pas constatée. — *Cass.*, 30 mai 1835, de Bruslard.

1389. — Jugé aussi qu'il ne peut résulter une ouverture à cassation de ce qu'un jugement d'un conseil de discipline de la garde nationale aurait à tort qualifié de récidive un second manquement à un service d'ordre et de sûreté, si l'intention du conseil est manifeste. — *Cass.*, 3 juill. 1835, Thébault.

1390. — Le défaut de prestation de serment par l'un des membres du conseil de discipline ne donne pas ouverture à cassation s'il n'est pas établi qu'il devait prêter serment et qu'il ne l'a pas fait. — *Cass.*, 17 mars 1832, Forest.

1391. — Le moyen tiré de la composition irrégulière d'un conseil de discipline ne peut, au moins lorsqu'il s'agit de conseil ordinaire, être proposé pour la première fois devant la cour de Cassation, c'est au conseil lui-même qu'il doit être soumis. — *Cass.*, 16 mars 1837 (t. 1er 1838, p. 82), Bérard.

1392. — Les pourvois dirigés contre les décisions des conseils de discipline peuvent être repoussés pour défaut d'intérêt. Ainsi, un garde national ne peut se faire un moyen de Cassation de ce que pour un double refus de service d'ordre et de sûreté, il n'aurait été condamné qu'à la réprimande avec mise à l'ordre au lieu de la prison. — *Cass.*, 16 juin 1832, Rolland.

1393. — Il n'y a lieu de statuer sur le pourvoi en Cassation formé notamment contre un jugement de condamnation rendu par un conseil de discipline de la garde nationale, et qu'une ordonnance d'amnistie a mis au néant. — *Cass.*, 10 juin 1831, Corail. — V. AMNISTIE.

1394. — L'art. 544, C. inst. crim., relatif au renvoi d'une affaire devant un autre tribunal pour cause de suspicion légitime, est applicable à la juridiction de la garde nationale. — *Cass.*, 25 août 1832, Guérin.

1395. — Le garde national condamné aura trois jours francs, à partir du jour de la signification, pour se pourvoir en cassation. — L. 22 mars 1831, art. 122.

1396. — Lorsque le jugement est contradictoire, il peut être attaqué par un pourvoi en cassation avant sa signification. — *Cass.*, 26 déc. 1835, Durand.

1397. — Mais le pourvoi en cassation contre un jugement par défaut d'un conseil de discipline de la garde nationale est non-recevable, lorsqu'il est formé avant l'expiration du délai de l'opposition. — *Cass.*, 22 oct. 1831, de Chauvenet.

1398. — Au reste, la signification d'un jugement par défaut d'un conseil de discipline de la garde nationale fait courir le délai d'opposition comme celui du recours en cassation; ce dernier commence à partir du jour où l'opposition n'est plus recevable, sans qu'il soit besoin, en conséquence, d'une nouvelle signification. — *Cass.*, 17 janv. 1834, Bouchet.

1399. — Dès-lors, le délai pour se pourvoir contre un jugement par défaut rendu par un conseil de discipline de la garde nationale est de six jours francs, à compter du jour de la signification, dont trois jours pour l'opposition et trois jours pour le pourvoi. Ainsi, le pourvoi contre un jugement signifié le 17 doit être formé au plus tard le 24. — *Cass.*, 14 juill. 1832, Bellanger.

1400. — La signification au domicile d'un garde national du jugement qui le condamne disciplinairement est valable et fait courir contre lui le délai pour se pourvoir, quoiqu'il ait antérieurement fait signifier au secrétaire du conseil une déclaration de changement de domicile faite à la mairie et un acte constatant le paiement d'arrhes pour un voyage, s'il ne produit pas de décision du conseil de recensement ou du jury qui l'ait rayé des contrôles. — *Cass.*, 30 mai 1835, Guérin de Bruslard.

1401. — Mais est nulle et ne fait pas courir les délais du pourvoi en cassation la signification d'un jugement par défaut, en *parlant au maire*, faute d'avoir trouvé le garde national à son domicile. — *Cass.*, 13 mars 1834, de Boutin.

1402. — L'art. 122, L. 22 mars 1831, sur la garde nationale, qui n'a fait courir le délai du pourvoi contre les gardes nationaux condamnés qu'à compter du jour de la notification des jugemens qui les concernent, n'ayant pas statué sur le délai accordé au ministère public pour se pourvoir contre les mêmes jugemens, ne lui est pas applicable. En conséquence, le ministère public est soumis au droit commun, c'est-à-dire à l'art. 373, C. inst. crim., quant au délai qui lui est accordé pour se pourvoir contre les jugemens des conseils de discipline. — *Cass.*, 10 sept. 1831, Jegou; 17 mars 1832, Prault; 12 oct. 1833, Bajard; 8 nov. 1838 (t. 1er 1839, p. 320), Darson.

1403. — *Formes du pourvoi.* — Aux termes d'une circulaire ministérielle du 25 oct. 1831 (art. 51), la déclaration du pourvoi doit être faite au secrétaire du conseil de discipline par le garde national condamné, signée de lui et du secrétaire.

1404. — Ce mode a pour avantage d'éviter les frais. — *Cass.*, 11 janv. 1833, Cosseret.

1405. — Mais ce n'est là qu'une faculté, et il a été jugé que le pourvoi contre un jugement du conseil de discipline de la garde nationale peut être formé par acte d'huissier. — Même arrêt.

1406. — Jugé aussi qu'il suffit pour la régularité du pourvoi en cassation, que la volonté de se pourvoir ait été déclarée authentiquement dans les délais de la loi, et notifiée au rapporteur près le conseil de discipline. — *Cass.*, 7 janv. 1832, Calenge.

1407. — ... Et qu'on doit considérer comme recevable le pourvoi en cassation non déclaré devant le secrétaire du conseil de discipline ni inscrit sur son registre, conformément à l'art. 417, C. inst. crim., s'il y a eu manifestation authentique de la volonté de se pourvoir dans les trois jours de la signification. — *Cass.*, 12 août 1831, Hagnié.

1408. — Le secrétaire ne peut, sous aucun prétexte, refuser de recevoir la déclaration du pourvoi. — Même circulaire.

1409. — Si le déclarant ne peut ou ne veut signer, il doit en être fait mention. — Même circulaire.

1410. — Cette déclaration, faite dans une lettre qui contiendrait toutes les énonciations nécessaires et la volonté de se pourvoir, ne serait pas régulière et suffisante.

1411. — Ainsi il a été jugé que la lettre par laquelle un garde national annonce qu'il est dans l'intention de se pourvoir contre un jugement du conseil de discipline dont la date ne se trouve pas énoncée dans cette lettre, n'est pas suffisante pour saisir la cour de Cassation. — *Cass.*, 3 juin 1837 (t. 1er 1840, p. 417), de Margueritte.

1412. — Est régulièrement formé par l'avoué qui a présenté la défense le pourvoi d'un garde national contre un jugement du conseil de discipline. — *Cass.*, 11 juill. 1840 (t. 1er 1846, p. 8), Mélin. — V. CASSATION (mat. crim.).

1413. — *Mise en état.* — Aux termes de l'art. 120, L. 22 mars 1831, le garde national qui s'est pourvu en Cassation est dispensé de la mise en état. — V. CASSATION (mat. crim.) — Sauf le cas indiqué plus bas par l'arrêt de Cassation du 29 août 1833, Rivière.

1414. — *Consignation d'amende.* — Le garde national qui forme un recours en cassation contre une décision du conseil de discipline doit, à peine de déchéance, joindre à son pourvoi la quittance de consignation d'amende ou des certificats d'indigence. — *Cass.*, 3 déc. 1830, Hamart; 5 nov 1831, Lebon; 17 oct. 1832, de Beauville.

1415. — ... Ou un extrait du rôle des contributions constatant qu'il paie moins de 6 fr. de contribution. — Circ. min. 25 oct. 1831.

1416. — Dans tous les cas, dit l'art. 120, L. 22 mars 1831, le recours en cassation n'est assujéti qu'au quart de l'amende établie par la loi.

1417. — Jugé qu'un garde national qui succombe sur le pourvoi contre un jugement par défaut rendu par le conseil de discipline doit être condamné à une amende de 18 fr. 75 c. — *Cass.*, 19 sept. 1833, Morin.

1418. — ... Et qu'un garde national qui, après avoir été condamné par défaut, laisse prendre un second jugement par défaut sur l'opposition par lui formée au premier, doit consigner, à peine de déchéance de son pourvoi en cassation, l'amende entière de 41 fr. 25 c., et non la moitié. — *Cass.*, 29 mai 1835, Berard.

1419. — Mais un garde national qui se pourvoit contre un jugement du tribunal correctionnel par lequel il a été condamné à la prison pour refus persévérant de service d'ordre et de sûreté ne peut plus invoquer le bénéfice de l'art 120, L. 22 mars 1831; il doit, sous peine de déchéance, consigner non le quart de l'amende, conformément à cet article, mais la totalité de l'amende ordinaire de 150 fr., et se constituer prisonnier, ainsi que le prescrit l'art. 421, C. d'inst. crim. — *Cass.*, 29 août 1833, Rivière.

1420. — L'amende peut être déposée chez le receveur de l'enregistrement du domicile du garde national qui se pourvoit. S'il veut se choisir un défenseur, elle doit être consignée au bureau de l'enregistrement près la cour de Cassation. — Circ. min., 25 oct. 1831.

1421. — *Effets du pourvoi.* — Le pourvoi en cassation n'est suspensif qu'à l'égard des jugemens prononçant l'emprisonnement. — L. 22 mars 1831, art. 120.

1422. — De ce que le pourvoi est suspensif, il résulte que lorsqu'un garde national s'est pourvu en cassation contre des jugemens du conseil de discipline, qui l'ont condamné à la prison pour refus de service; si, à raison d'un troisième double refus postérieur, il est traduit devant le tribunal de police correctionnelle, ce tribunal doit, sa juridiction se trouvant ainsi incertaine, surseoir à statuer jusqu'à ce que la cour ait prononcé. — *Cass.*, 1er mars 1834, Schattenmann.

1423. — Mais un pourvoi en cassation contre le jugement d'un conseil de discipline rendu contre un garde national n'est point un obstacle à ce que le conseil de discipline prononce sur un autre fait semblable imputé au même prévenu; seulement, tant que le pourvoi n'est pas jugé, la décision attaquée ne peut servir de base pour appliquer la peine de la récidive. — *Cass.*, 12 mai 1832, Duclos.

1424. — Les pourvois formés par un garde national contre le jugement de condamnation suspendent l'exécution de la peine, mais ne dispensent pas le garde national d'obéir aux ordres de service. — *Cass.*, 22 nov. 1832, Duclos.

Sect. 7e. — *Des infractions et des peines.*

1425. — Les peines, en matière de garde nationale, peuvent être, selon les cas, appliquées par les chefs de poste, les chefs de corps, par les conseils de discipline et par les tribunaux de police correctionnelle.

1426. — V. en ce qui concerne les peines et la compétence pour les appliquer dans les cas où la garde nationale se forme en détachemens ou en corps détachés, *suprà* nos 631 et suiv.

ART. 1er. — *Des peines applicables par les chefs de poste et par les chefs de corps.*

1427. — Les chefs de poste peuvent employer contre les gardes nationaux de service les moyens de répression qui suivent: 1° une faction hors de tour contre tout garde national qui aura manqué à l'appel, ou se sera absenté du poste sans autorisation; 2° — la détention dans la prison du poste, jusqu'à la relevée de la garde, contre tout garde national de service en état d'ivresse, ou qui s'est rendu coupable de bruit, tapage, voies de fait, ou de provocation au désordre ou à la violence, sans préjudice du renvoi au conseil de discipline, si la faute emporte une punition plus grave. — L. 22 mars 1831, no 82.

1428. — Les moyens de répression énoncés en cet art. 82 sont laissés à la prudence du chef de poste qui, au lieu de les employer, peut se contenter de faire un rapport. — *Cass.*, 4 juill. 1834, Balzac.

1429. — En conséquence, est nul un jugement qui a condamné un chef de poste à la réprimande pour n'avoir pas usé du pouvoir disciplinaire indiqué par l'art. 82 contre des gardes nationaux, à raison des infractions par eux commises dans le service, et avoir seulement dressé contre eux un rapport. — Même arrêt.

1430. — L'absence du poste ne doit pas être confondue avec l'abandon du poste que l'art. 89, L. 22 mars 1831, punit de la prison.

1431. — Mais, par une disposition spéciale au département de la Seine, l'art. 20, L. 14 juill. 1837, assimile à des refus de service l'*absence du poste sans autorisation* et l'absence autorisée, mais prolongée au-delà du terme fixé.

1432. — Il a été jugé que cette disposition n'est point inconciliable avec les termes de l'art. 82, L. 22 mars 1831, qui permet aux chefs de poste, dans ces différens cas, d'infliger au délinquant une faction hors de tour. — *Cass.*, 21 juill. 1838 (t. 2 1838, p. 358), Govin.

1433. — Mais le pouvoir conféré dans ce cas aux chefs de poste n'étant pas pénal, mais de simple administration et de service, ne fait pas obstacle, lors même qu'il a été exercé, à l'application des peines déterminées par la loi du 14 juill. 1837, à raison même des faits qui ont donné lieu à la faction hors de tour. — Même arrêt.

1434. — L'art. 83, L. 22 mars 1831, dispose, d'un autre côté, que sur l'ordre du chef de corps, indépendamment du service régulièrement commandé, et que le garde national, le caporal ou le sous-officier doit accomplir, il sera tenu de monter une garde hors de tour lorsqu'il aura manqué pour la première fois au service.

1435. — Nous avons déjà donné, en parlant des attributions des conseils de discipline, diverses indications relatives à l'exercice, de la part des chefs de corps, des pouvoirs que l'art. 83 leur confère. Nous ajouterons les décisions suivantes.

1436. — Il n'appartient qu'au chef du corps et non au conseil de discipline d'infliger à un garde national la punition d'une garde hors de tour pour manque de service d'ordre et de sûreté. — *Cass.*, 18 fév. 1832, Messe; 18 août 1832, Renjade; 16 mars 1833, Dujardin; 15 nov. 1834, Marteau.

1437. — Ainsi, un conseil de discipline ne peut condamner un garde national qu'à la réprimande pour manquement à un service d'exercice; il n'a pas le droit, en lui infligeant cette peine, de le renvoyer en outre à la discipline du chef de corps. — *Cass.*, 9 avr. 1833, Brouard.

1438. — De même, la peine de la prison prononcée par l'art. 89, L. 23 mars 1831, étant facultative, un conseil de discipline peut ne condamner qu'à la réprimande avec mise à l'ordre un garde national qui a quitté le poste pendant la nuit. Mais en ajoutant à cette peine celle d'une garde hors de tour, le conseil usurpe sur les attributions du chef de corps et viole la loi. — *Cass.*, 3 janv. 1834, Brelet.

1439. — Jugé encore qu'il y a lieu d'annuler un jugement rendu par un conseil de discipline qui condamne un garde national à une garde hors de tour, pour avoir manqué à une revue et à une inspection d'armes, la peine d'une garde hors de tour ne pouvant être infligée que par le chef du corps. — *Cass.*, 17 mai 1834, Meunier.

1440. — ... Qu'un garde national ne peut être condamné qu'à la réprimande simple, et non à la réprimande, avec mise à l'ordre, pour avoir manqué à un service d'ordre et de sûreté qui lui avait été infligé en remplacement d'une garde qu'il n'avait pu monter, à cause d'une absence dont il avait prévenu le maréchal des logis chef. — *Cass.*, 16 nov. 1833, Truffet.

1441. — ... Et que le président du conseil de discipline qui, en pareille circonstance, outre la condamnation à la réprimande, inflige au prévenu une garde hors de tour, en se disant revêtu des pouvoirs à lui délégués par le chef du corps, commet un excès de pouvoirs, l'art. 83, L. 22 mars 1831 n'ayant accordé qu'au chef de corps le droit d'infliger une pareille peine, pour manquement au service, et celui-ci ayant renoncé à appliquer cet article, en traduisant le prévenu devant le conseil de discipline. — Même arrêt.

1442. — Le fait par un garde national de n'avoir pas obéi à l'ordre qui lui avait été donné pour une ronde de nuit n'est passible que d'une garde hors de tour ou de la réprimande, et non de la prison. — *Cass.*, 4 juill. 1834, Beauclos.

1443. — Un garde national qui n'a manqué qu'une seule fois à un service d'ordre et de sûreté ne peut être condamné qu'à une garde hors de tour et non à la prison. — *Cass.*, 10 oct. 1832, Garlopeau; *Paris*, 21 nov. 1833, Darlois.

1444. — Le délit n'existe que par le deuxième refus de service d'ordre et de sûreté; et dans ce cas, le conseil de discipline peut prononcer deux jours d'emprisonnement. — *Paris*, 21 nov. 1833, Darlois.

1445. — Ainsi, le manquement de la part d'un garde national à trois revues ne constitue pas la désobéissance et l'insubordination passibles de la prison et ne peut donner lieu qu'à la réprimande ou à des gardes hors de tour. — *Cass.*, 17 nov. 1832, Grandin.

1446. — De même il n'y a pas lieu d'infliger la peine de la prison à un garde national qui n'a manqué qu'à des revues dont une seule était commandée en vertu d'un réglement légal; c'est le cas de le condamner seulement à une garde hors de tour ou à la réprimande. — *Cass.*, 14 juill. 1832, Bey.

1447. — Le fait de la part d'un garde national d'avoir manqué à une garde hors de tour infligée par un chef de corps par suite d'absence à une revue, peut ne donner lieu à aucune peine de la part du conseil de discipline, lorsqu'il est constant que le prévenu a monté plus tard sa garde. On ne saurait prétendre, en ce cas, que le conseil a empiété sur les droits du chef de corps. — *Cass.*, 15 juin 1832, Vecque.

1448. — Les chefs de corps de la garde nationale peuvent ordonner une garde hors de tour pour le manquement aux revues et exercices légalement commandés; cette peine est indépendante de celles de la réprimande que les conseils de discipline ont le droit de prononcer pour le même fait. — *Cass.*. 14 avr. 1832, Sarcus; 8 juin 1833, Duparc.

1449. — Ce droit conféré aux chefs de corps continue à subsister malgré la disposition d'un réglement local qui attribue la connaissance des manquemens aux revues et exercices aux conseils de discipline. — Même arrêt.

1450. — Après une première garde hors de tour, le chef de corps peut encore en infliger une autre pour de nouveaux manquemens au service, au lieu de citer directement devant le conseil de discipline, la loi abandonnant entièrement à son appréciation la nécessité et l'opportunité des poursuites qu'il doit employer. — *Cass.*, 16 fév 1833, Nogue.

1451. — V. sur l'obéissance provisoire qui est due aux gardes hors de tour, infligée par le chef de corps, *suprà* nos 548 et suiv.

1452. — Quant au point de savoir quand le refus de se revêtir de l'uniforme peut être considéré comme refus de service, V. *suprà* nos 251 et suiv.

1453. — Du reste, il résulte du texte de l'art. 83 que cette peine ne s'applique qu'aux simples gardes nationaux. Il a été jugé, notamment, qu'elle ne saurait être appliquée aux officiers. — *Cass.*, 13 déc. 1833, Sallenne.

1454. — ... Ni à un sergent-major. — *Cass.*, 14 mars 1834, Villart-Dieudonné.

1455. — Mais si les officiers ne sont pas passibles, à titre de peine disciplinaire, d'une garde hors de tour, en vertu de l'art. 83, même loi, cette garde peut leur être commandée quand ils ont manqué à un service obligatoire, comme celui des revues, lorsqu'il a été légalement prescrit, les obligations des officiers, en ce qui concerne le service, étant plus étroites que celles des sous-officiers ou simples gardes nationaux. — *Cass.*, 15 déc. 1832, Sallenne.

ART. 2. — *Des peines applicables par les conseils de discipline.*

1456. — Les conseils de discipline peuvent infliger les peines suivantes: — 1° la réprimande: — 2° les arrêts pour *trois jours* au plus; — 3° la réprimande avec mise à l'ordre; — 4° la prison pour *trois jours* au plus; — 5° la privation du grade. — L. 22 mars 1831, art. 84.

1457. — Nous verrons plus bas plusieurs fois consacré le principe que les conseils de discipline de la garde nationale peuvent, comme les tribunaux correctionnels, lorsque le fait articulé par la citation est dépouillé de sa gravité par suite des débats, appliquer la peine moins forte encourue pour le fait ainsi réduit. — *Cass.*, 18 nov. 1843 (t. 1er 1844, p. 354), Gremonpou.

§ 1er. — *De la réprimande simple et de la réprimande avec mise à l'ordre du jour.*

1458. — *Réprimande simple.* — L'art. 85, L. 22 mars 1831, porte que l'officier qui aura commis une infraction, même légère, aux règles du service sera puni de la réprimande.

1459. — Et l'art. 88 ajoute que cette peine pourra, dans le même cas et suivant les circonstances, être appliquée aux sous-officiers, caporaux et simples gardes nationaux.

1460. — Ces articles, ainsi que le fait remarquer M. Duvergier dans ses notes sur ledit art. 88, ont pour objet de pourvoir à l'inconvénient résultant du silence qui pourrait exister dans la loi relativement à certains écarts de discipline méritant cependant une répression : « Il y aura en effet, dit-il, peu de fautes qu'on ne puisse faire rentrer sous les mots *infraction, même légère, aux règles du service.* »

1461. — Nous avons déjà expliqué (*suprà* nos 1433 et s.) que les faits qui motivent de la part du chef de corps l'application de la peine d'une garde hors de tour peuvent aussi motiver de la part des conseils de discipline l'application de la peine de la réprimande.

1462. — Il y a lieu à prononcer la réprimande simple contre le garde national qui ne s'est pas rendu chez son capitaine pour y recevoir son fusil. Ce n'est qu'une infraction aux règles du service. — *Cass.*, 10 juill. 1834, Portet; 4 juill. 1835, Roussigny.

1463. — De même est seulement passible de la peine de la réprimande le refus fait par un garde national de recevoir une arme envoyée par le maire à son domicile, un pareil refus ne constituant que la désobéissance et non l'insubordination. — *Cass.*, 9 mai 1835, Gamain.

1464. — Jugé encore que le fait de la part d'un garde national d'avoir refusé l'arme qui lui était destinée et de ne pas s'être rendu à une revue ne peut, alors qu'il n'existe aucune autre circonstance, donner lieu à la peine de la prison. — *Cass.*, 18 janv. 1834, Berbesson.

1465. — Mais il en serait autrement si, à raison de sa persévérance, le refus pouvait prendre le caractère de la désobéissance et de l'insubordination. — V. *infrà* no 1561.

1466. — Nous avons vu plus haut (nos 548 et suiv.) que le garde national puni de gardes disciplinaires par le chef du corps doit obéir provisoirement sauf réclamation, alors même qu'il considère cette garde comme illégalement infligée; il a été jugé en outre que, faute d'obéissance provisoire, le garde peut être condamné par le conseil de discipline à la réprimande. — *Cass.*, 22 oct. 1840 (t. 1er 1847, p. 200), Lenormand.

1467. — Lorsque des gardes nationaux ont manqué à une réunion légalement commandée comme service d'ordre et de sûreté, le conseil de discipline ne peut se dispenser de leur appliquer la peine de la réprimande. — *Cass.*, 23 sept. 1836, Breuil.

1468. — Un seul manquement à un service donne lieu à la réprimande et non à l'emprisonnement. — *Cass.*, 12 janv. 1837 (t. 2 1840, p. 94), Rousselle.

1469. — ...Jugé même que le premier refus d'un service d'ordre et de sûreté de la part d'un garde national n'est passible que de la simple réprimande et non de la réprimande avec mise à l'ordre. — *Cass.*, 16 fév. 1832, Jousse; 17 mai 1832, André.

1470. — Les revues et exercices constituent-ils des services d'ordre et de sûreté? — On sait que la jurisprudence s'est, sur ce point, prononcée pour la négative. — V. *infrà* nos 1625 et s.

1471. — Jugé en conséquence qu'un garde national poursuivi pour avoir manqué à trois revues ne peut être puni que de gardes hors de tour ou de la réprimande, encore bien qu'il soit établi que le prévenu n'assistait jamais aux revues, et qu'il ne s'y était pas rendu depuis trois mois. — *Cass.*, 29 août 1833, Cormier.

1472. — ...Et que les refus, quelque réitérés qu'ils soient, d'assister aux revues et exercices, lorsque d'ailleurs ils ne sont accompagnés d'aucuns faits particuliers de désobéissance et d'insubordination, ne doivent être punis que de la réprimande ou de gardes hors de tour, conformément aux art. 83, 84 et 85, L. 22 mars 1831, et non de la peine de la prison. — *Cass.*, 12 août 1831, Hagnié; 11 fév. 1832, Laroche; 26 juill. 1832, Triou; 7 sept. 1832, de Narp; 17 oct. 1832, Barbe.

1473. — Jugé encore que la peine d'emprisonnement ne pourrait être prononcée pour une double infraction de ce genre, en vertu de l'art. 89, no 1er, qu'autant qu'il serait déclaré qu'il y a désobéissance et insubordination. — *Cass.*, 12 août 1831, Hagnié.

1474. — Mais dans ce cas, le conseil de discipline ne pourrait pas se borner à appliquer la peine de la réprimande portée par l'art. 86. — *Cass.*, 15 oct. 1831, Colin. — V. au surplus *infrà* nos 1563 et s.

1475. — Il a été jugé que le fait par un garde national de quitter les rangs à l'exercice, sans permission, pour se rendre à l'église où il est chantre, s'il ne s'y joint aucune autre circonstance, ne constitue qu'une infraction au service, passible de la réprimande. — *Cass.*, 17 août 1833, Grand. — Mais V. *infrà* (no 1557) l'arrêt du 17 mai 1834, Delafosse.

1476. — Les conseils de discipline, dans les cas où ils sont autorisés à prononcer la peine de la prison, peuvent remplacer cette peine par la réprimande. — *Cass.*, 15 mai 1835, Denichaud. — V. *infrà*, nos 1520 et s.

1477. — Dans le cas où le conseil de discipline a ainsi modéré la peine pour un premier refus de service, il peut néanmoins prononcer la peine de la prison, conformément à l'art. 89 de la loi de 1831, à l'occasion d'un nouveau refus de service. — *Cass.*, 9 mai 1835, Gamain.

1478. — Il en serait de même alors que le premier manquement n'aurait pas été puni d'une garde hors de tour par le chef du corps. — *Cass.*, 2 déc. 1831, Fabre; 15 juin 1832, Virot.

1479. — *Réprimande avec mise à l'ordre du jour.* — Suivant l'art. 86, L. 22 mars 1831, la réprimande avec mise à l'ordre doit être infligée à l'officier qui, étant de service ou en uniforme, tiendra une conduite propre à porter atteinte à la discipline de la garde nationale ou à l'ordre.

1480. — Et l'art. 88 rend cet article applicable, comme l'art. 85, aux sous-officiers, caporaux et gardes nationaux.

1481. — Pour que l'art. 85 reçoive son application, il n'est pas indispensable que l'officier soit de service; il suffit qu'il soit en uniforme. — Merger, *Code du garde national*, sur l'art. 86.

1482. — Les conseils de discipline qui, ainsi que nous l'avons dit (*suprà* no 1476), peuvent, suivant les circonstances, substituer à la prison la réprimande simple, ont, à plus forte raison, le droit de substituer à cette peine la réprimande avec mise à l'ordre du jour. — *Cass.*, 16 août 1834, gardes nationales d'Alençon.

1483. — Jugé aussi que, bien qu'il y ait désobéissance et insubordination lorsqu'un caporal de la garde nationale refuse d'obéir au chef de poste et de relever la sentinelle, et s'absente pour boire au moment de faire la patrouille; néanmoins s'il existe en sa faveur des circonstances atténuantes, le conseil de discipline peut le condamner seulement à la réprimande avec mise à l'ordre. — *Cass.*, 28 juin 1832, Kieffes.

1484. — L'art. 86 n'est applicable qu'aux faits qui sont de nature à porter atteinte à la discipline ou à l'ordre public et qui sont commis pendant le service ou sous l'uniforme. — *Cass.*, 12 oct. 1833, Barbe; 14 déc. 1833, Lambin; 10 juill. 1834, Cormier.

1485. — Ainsi, un capitaine de pompiers qui, sans permission et contre les ordres du commandant, a fait battre le rappel, rassemblé sa compagnie, et traversé avec elle la ville en uniforme, peut être condamné à la réprimande avec mise à l'ordre, comme ayant porté atteinte à la discipline de la garde nationale et à l'ordre public. — *Cass.*, 8 fév. 1833, Lolot.

1486. — Jugé qu'un garde national qui n'a manqué qu'à un service d'ordre et de sûreté, sans aucune circonstance d'insubordination, ne peut être puni de la réprimande avec mise à l'ordre, mais seulement de la réprimande simple, indépendamment d'une garde hors de tour qui peut être infligée par le chef du corps. — *Cass.*, 12 oct. 1833, Bouxin; 17 mai 1832, André; 23 nov. 1833, Plessis; 14 déc. 1833, Lambin.

1487. — ...Alors surtout que ce service lui avait été infligé en remplacement d'une garde qu'il n'avait pu monter à cause d'une absence dont il avait prévenu le sergent-major ou le maréchal-des-logis. — *Cass.*, 16 nov. 1833, Truffet.

1488. — De même, le simple manquement à la revue d'armes et d'exercices, sans qu'il soit accompagné de circonstances d'insubordination, ne peut donner lieu à la peine de la réprimande avec mise à l'ordre. — *Cass.*, 14 juill. 1832, Girardot.

§ 2. — *Des arrêts et de la prison en ce qui concerne les officiers.*

1489. — « Sera puni des arrêts ou de la prison, suivant la gravité des cas, tout officier qui, étant de service, se sera rendu coupable des fautes suivantes : — 1o la désobéissance et l'insubordination; — 2o le manque de respect, les propos offensans et les insultes envers des officiers d'un grade supérieur; — 3o tout propos outrageant envers un subordonné, et tout abus d'autorité; — 4o tout manquement à un service commandé; — 5o toute infraction aux règles du service. » — L. 22 mars 1831, art. 87.

1490. — Il n'en est pas de cet art. 87 comme des deux articles précédens, qui, bien que ne mentionnant que les officiers, s'appliquent cependant aux sous-officiers, caporaux et simples gardes nationaux.

1491. — Ainsi, de simples gardes nationaux ou des sous-officiers ne peuvent être condamnés aux peines des arrêts ou de la prison portées par l'art. 87, L. 22 mars 1831 : ces peines ne sont applicables qu'aux officiers; en conséquence, est nul le conseil de discipline qui a fait l'application de cet article à un sergent-major. — *Cass.*, 25 juill. 1834, Roger Préban; même jour, Demonneville.

1492. — Est nul également le jugement qui a condamné un garde national aux peines portées par cet article. — *Cass.*, 25 juill. 1834, Demonneville.

1493. — Jugé encore que le fait qualifié par le conseil de discipline d'infraction aux règles du service, fait prévu par l'art. 87, ne donne lieu à la peine d'emprisonnement qu'autant que cette infraction a eu lieu de la part d'un officier. — *Cass.*, 16 mars 1837 (t. 2, 1840, p. 95), Bourdon.

1494. — Les mots *étant de service*, énoncés en l'art. 87, qui détermine les cas dans lesquels un officier sera punissable des arrêts ou de la prison, doivent s'entendre en ce sens que l'officier est moralement de service, dès que l'heure pour laquelle il a été commandé a sonné; il n'est pas indispensable qu'il ait revêtu son uniforme et les insignes de son grade. — *Cass.*, 1er juin 1833, Dubois-Tailli; — Merger, *Code du garde national*, sur l'art. 87.

1495. — L'officier rapporteur près d'un conseil de discipline de la garde nationale assistant à une revue en uniforme doit être considéré comme étant de service; en conséquence, les propos offensants qu'il profère pendant la revue contre le capitaine commandant de la compagnie le rendent justiciable du conseil de discipline et non du tribunal de police correctionnelle. — *Cass.*, 8 mars 1834, Buffet.

1496. — Un officier de la garde nationale qui vient assister à un service d'instruction ou de revue pour lequel il avait été régulièrement commandé et qui n'y prend aucune part se rend coupable de désobéissance et d'insubordination. — *Cass.*, 22 mars 1833, Dauphinot.

1497. — De même, deux manquemens consécutifs à un service de ronde de la part d'un officier constituent la désobéissance et l'insubordination qui le rendent passible des arrêts ou de la prison. — *Cass.*, 1er juin 1833, Dubois-Tailli.

1498. — Jugé qu'un officier de la garde nationale ne peut être puni pour avoir manqué à plusieurs réunions d'officiers pour l'étude de la théorie, lorsqu'il n'était pas de service. — *Cass.*, 16 fév. 1833, Chevallier.

1499. — Jugé que l'officier qui a manqué à un service de théorie pratique à lui commandé en vertu d'un réglement légal ne peut être puni de la réprimande avec mise à l'ordre. — *Cass.*, 6 juill. 1833, Amblard.

1500. — ...Que si on considère ce manquement comme une infraction légère, il n'est passible que de la réprimande, et que si on le regarde comme plus grave en raison de l'intention de désobéir qu'aurait eue l'officier, c'est une désobéissance et une insubordination passible de la prison ou des arrêts. — Même arrêt.

1501. — Le simple manquement à une revue de la part d'un officier de la garde nationale le rend passible de la peine des arrêts ou de la prison, conformément aux § 4 et 5, art. 87, L. 22 mars 1831. — *Cass.*, 13 déc. 1833, Salienne.

1502. — Le fait par un officier d'avoir négligé de commander sa compagnie pour une revue d'inspection d'armes, d'avoir manqué lui-même à cette revue, et d'y être venu se promener sans uniforme, ne constitue pas la simple infraction que l'art. 86 de la loi du 22 mars 1831 punit de la réprimande avec mise à l'ordre : une autre peine doit lui être appliquée. — *Cass.*, 6 juill. 1833, Lemor.

1503. — Un capitaine de la garde nationale qui, pendant sa garde, ne fait qu'une ronde au lieu de trois, est passible de la peine des arrêts ou de la prison, portée par l'art. 87, L. 22 mars 1831. — *Cass.*, 12 oct. 1833, Nobecourt.

1504. — ...Surtout lorsqu'il déclare devant le conseil que sa ferme résolution est d'abord de faire ses affaires personnelles avant celles de la garde nationale. — Même arrêt.

1505. — Un capitaine de pompiers qui défend à deux musiciens de la garde nationale de monter une garde hors de tour à eux infligée par le commandant, ne commet pas un abus d'autorité, dans le sens de l'art. 87, L. 22 mars 1831, mais une infraction grave aux règles du service, prévue par le même article. — *Cass.*, 8 fév. 1833, Lolot.

1506. — Un capitaine de la garde nationale qui, sans aucun ordre, a contremandé les hommes de sa compagnie légalement commandée pour un piquet, est passible des arrêts ou de la prison portée par l'art. 87, § 5, L. 22 mars 1831. — *Cass.*, 7 juin 1834, Nègre.

1507. — Le § 2, art. 87, L. 22 mars 1831, est applicable non seulement à l'officier qui, présent au poste, manque à un service de détail, mais encore à celui qui, étant régulièrement commandé, ne se rend point au poste. — *Cass.*, 16 mars 1837 (t. 1er 1838, p. 82), Bérard.

1508. — Le manquement au service étant plus grave de la part d'un officier que de celle d'un simple garde national, il en résulte que l'officier qui manque à son service est passible de la peine des arrêts ou de la prison, portée par l'art. 87, et non pas simplement de celle de la réprimande établie en l'art. 85, L. 22 mars 1831. — *Cass.*, 12 oct. 1833, Gaffinel.

1509. — Cependant les conseils de discipline qui peuvent remplacer la peine de la prison par la réprimande simple et par la réprimande avec mise à l'ordre peuvent aussi, dans certains cas, remplacer cette peine par les arrêts forcés.

1510. — Ainsi l'abandon du poste par un officier de la garde nationale peut n'être puni que des arrêts forcés, lorsqu'il existe en sa faveur des circonstances atténuantes, dont l'appréciation est laissée à la sagesse des conseils de discipline. — *Cass.*, 2 août 1832, Bernardeau.

1511. — Mais un conseil de discipline de garde nationale qui, tout en reconnaissant qu'un capitaine a refusé de conserver le commandement de son poste, ne lui applique aucune peine, sous le prétexte que c'est une première infraction, et se borne à le renvoyer à la discipline du chef du corps, commet un déni de justice et fait une fausse application de l'art. 83, L. 22 mars 1831. — *Cass.*, 3 déc. 1831, Burgaud.

1512. — Un officier de la garde nationale qui manque de respect à son chef pendant le service est punissable de la peine des arrêts ou de la prison, conformément à l'art. 87, L. 22 mars 1831, et non pas seulement de celle de la réprimande établie par l'art. 85, qui ne concerne que les infractions indéterminées. — *Cass.*, 14 sept. 1833, Varin.

1513. — Ainsi, est passible de la peine des arrêts ou de la prison portée par l'art. 87, L. 22 mars 1831, un lieutenant de la garde nationale qui étant sous les armes se permet d'adresser des représentations à son capitaine; il ne peut être excusé par le motif qu'il aurait pu se dispenser d'assister à cette réunion. — *Cass.*, 5 oct. 1833, Compagny.

1514. — Jugé que lorsqu'un réglement qui autorisait le commandant de la garde nationale à fixer les jours et heures d'exercice des compagnies spéciales, au nombre desquelles se trouvait la compagnie des sapeurs-pompiers, a été depuis modifié par un autre réglement dûment approuvé, en ce sens que cette dernière compagnie a été placée, même quant au service, dans les attributions du maire, et que le pouvoir du commandant a été restreint à la compagnie spéciale d'artillerie, les ordres de service transmis au capitaine des sapeurs-pompiers par le commandant de la garde nationale, en vertu du réglement modifié ou abrogé, ne sont pas obligatoires, et que dès lors le refus du capitaine d'y obtempérer ne peut être déclaré passible de la peine de la prison. — *Cass.*, 8 oct. 1842 (t. 1er 1843, p. 171), Mayer.

1515. — Ce qu'il y a d'excessif et de contraire à la discipline dans les ordres donnés par un chef peut être excusé en raison de l'intention qui était toute pour le bien du service. — *Cass.*, 12 oct. 1833, Bradu.

1516. — Les arrêts ne pouvant être infligés que pour trois jours au plus, il en résulte que doit être cassé pour excès de pouvoir et violation de l'art. 84, L. 22 mars 1831, le jugement par lequel un conseil de discipline condamne un officier de la garde nationale aux arrêts pendant quatre jours. — *Cass.*, 19 août 1843 (t. 2 1843, p. 573), Payen.

1517. — La chambre des députés, pour obtenir une gradation de peine plus satisfaisante, avait adopté, après une longue discussion, les arrêts simples et les arrêts de rigueur. La chambre des pairs a supprimé cette distinction : il ne s'agit donc que des arrêts simples.

1518. — On sait que les arrêts simples consistent seulement dans la peine infligée à un officier de ne pas sortir de chez lui pendant un temps déterminé, tandis que, dans les arrêts de rigueur, l'officier doit remettre son épée, et que, pour assurer leur exécution, un factionnaire est placé à sa porte. — Duvergier, sur l'art. 84, L. 22 mars 1831; Merger, *Code du garde national*, sur l'article 87.

1519. — On a objecté qu'il serait difficile de s'assurer si un officier condamné à la peine des arrêts la subissait réellement; mais on a répondu que dans beaucoup de villes les officiers de l'armée, logeant chez des bourgeois, avaient la même facilité pour rompre leurs arrêts, et que cependant cela ne se voyait pas. D'ailleurs, il y a un moyen facile de s'assurer si un officier condamné aux arrêts les garde réellement; on peut envoyer à son domicile pour lui faire signer une attestation de présence. C'est ce que fait l'adjudant de place à l'égard des officiers de la garnison mis aux arrêts. — Duvergier, sur l'art. 84, L. 22 mars 1831.

§ 3. — *De la prison en ce qui concerne les sous-officiers, caporaux et simples gardes nationaux.*

1520. — *Notions générales, récidive.* — L'art. 89, L. 22 mars, déclare punissable de la prison, pendant un temps qui ne pourra excéder deux jours, et en cas de récidive, trois jours : 1° tout sous-officier, caporal et garde national coupable de désobéissance et d'insubordination, ou qui aura refusé pour la seconde fois un service d'ordre et de sûreté; — 2° tout sous-officier, caporal et garde national qui, étant de service, sera dans un état d'ivresse, ou tiendra une conduite qui porte atteinte à la discipline de la garde nationale ou à l'ordre public; — 3° tout garde national qui, étant de service, aura abandonné ses armes ou son poste avant qu'il soit relevé.

1521. — Cet article dit : « *Pourra être puni*, » d'où il résulte que la peine de la prison est facultative. Ainsi, les conseils de discipline peuvent, quand ils reconnaissent qu'il existe des circonstances atténuantes, substituer à la peine de la prison la réprimande simple ou la réprimande avec mise à l'ordre du jour. — *Suprà* nos 1476 et s.

1522. — On jugeait de même, avant la loi de 1831, que les conseils de discipline de la garde nationale ont le droit de graduer les peines et d'apprécier les circonstances de la contravention. — *Cass.*, 19 mars 1826, Viel.

1523. — Nous verrons même que lorsqu'il n'existe pas de local convenable dans l'étendue de leur juridiction pour servir de prison, les conseils peuvent substituer à cette peine une amende. — *Infrà* nos 1705 et s.

1524. — De ce que le conseil de discipline peut graduer les peines, on a conclu que l'art. 465, C. pén., qui déclare que l'emprisonnement correctionnel ne peut être moindre d'un jour, n'est pas applicable en matière de garde nationale; ainsi, les conseils de discipline peuvent prononcer la peine d'emprisonnement pour une durée moindre de vingt-quatre heures. — *Cass.*, 22 oct. 1831, Delafargue.

1525. — Comme on l'a vu, la peine d'emprisonnement peut être portée à trois jours en cas de récidive.

1526. — Il a été jugé d'une manière générale que, pour les manquemens postérieurs au deuxième refus, il n'y a de récidive qu'autant que la première condamnation est intervenue à l'occasion d'un délit d'une gravité égale à celui qui donne lieu à la seconde, et emportant, comme ce dernier, la peine de l'emprisonnement. — *Cass.*, 9 mai 1835, Gamain.

1527. — Jugé plus spécialement que la récidive n'existe dans le sens de la loi que lorsque, après la condamnation à l'emprisonnement pour un deuxième manquement à un service d'ordre et de sûreté, il y a eu deux nouveaux refus de service d'ordre et de sûreté. — *Cass.*, 14 sept. 1833, Toqueville; *Paris*, 21 nov. 1833, Darlois; 18 oct. 1834, Langlois.

1528. — ... Et que des refus de service d'ordre et de sûreté peuvent seuls constituer la récidive en matière de garde nationale. Mais que la récidive ne peut résulter de faits d'insubordination, de désobéissance, ou pouvant porter atteinte à la discipline. — *Cass.*, 6 déc. 1838 (t. 2 1839, p. 642), Orapier; 13 mars 1834, Dajod.

1529. — La disposition de l'art. 483, C. pén., concernant la récidive en matière de police, s'applique aux infractions relatives au service de la garde nationale; en conséquence, un conseil de discipline ne peut prononcer la peine de la récidive contre un garde national qu'autant que la première condamnation par lui encourue pour refus de service a eu lieu dans les douze mois précédens. — *Cass.*, 5 mai 1836, Poujoulat; 13 mars 1834, Dajou.

1530. — En outre, il n'y a récidive que lorsque les nouvelles contraventions sont postérieures, non à la première contravention, mais à la condamnation à laquelle elle a donné lieu. — *Cass.*, 8 juin 1833, Dubois.

1531. — En effet, il faut, pour l'application des peines de la récidive, qu'il y ait eu condamnation précédemment prononcée pour un double refus de service. — *Cass.*, 24 juin 1831, de Boishébert; 30 juin 1836, Fleury.

1532. — Ainsi, il ne suffit pas qu'un garde national ait manqué deux fois à un service d'ordre et de sûreté, il faut qu'il y ait eu condamnation intervenue pour manquement à deux services d'ordre et de sûreté. — *Cass.*, 29 sept. 1832, Lefrot-Duferage.

1533. — La peine de la récidive ne peut également être appliquée que lorsque, par le premier jugement contre lui rendu, il a déjà été condamné à la prison. — *Cass.*, 18 oct. 1834, Laballe.

1534. — Il en serait autrement si, pour les refus antérieurs, le garde national n'avait été puni que de la réprimande, conformément à l'art. 85. — *Cass.*, 14 sept. 1833, Toqueville.

1535. — Jugé avec raison que la peine de la récidive ne peut être appliquée pour un manquement antérieur à celui qui a été puni par le premier jugement. — *Cass.*, 27 avr. 1833, Sicard.

1536. — Le refus d'un garde national de monter une garde hors de tour pour avoir manqué aux exercices ne peut constituer la récidive susceptible de la peine de l'emprisonnement, aux termes de l'art. 89, L. 22 mars 1831. — *Cass.*, 15 juin 1832, Rousseau.

1537. — Pour qu'il y ait récidive en matière de garde nationale, il faut, avons nous dit, qu'il y ait eu condamnation précédemment prononcée pour un double refus de service; de plus ce jugement doit être définitif et non susceptible d'opposition. — *Cass.*, 6 fév. 1832, Mareuge; 16 mars 1833, Dujardin; — Merger, *C. du garde national*, sur l'art. 89.

1538. — Cette récidive ne peut donc résulter que d'un jugement antérieur contre lequel on ne s'est pas pourvu, et qui est ainsi passé en force de chose jugée. — *Cass.*, 27 avr. 1833, Sicard; 30 août 1833, Rind; 5 oct. 1833, Compagny.

1539. — Ainsi, un jugement contre lequel un garde national s'est pourvu en cassation ne peut servir de base à la récidive, tant qu'il n'a pas acquis, par le rejet du pourvoi, l'autorité de la chose définitivement jugée. — *Cass.*, 20 déc. 1833 et 1er mars 1834, Schaltenmann.

1540. — Un jugement par défaut frappé d'opposition ne peut pas non plus servir de base à la récidive. — *Cass.*, 17 mai 1834, Bougourd de Lambert; 13 août 1836, Puvinel; 29 fév. 1844 (t. 1er 1845, p. 30), Courtellemont; 22 juin 1844 (t. 1er 1845, p. 55), Herz.

1541. — De même, le manquement à un service de la garde nationale jugé par un jugement par défaut, confirmé sur opposition par un jugement contradictoire, ne peut être joint à un manquement postérieur survenu entre lesdits jugemens pour servir de base à une nouvelle poursuite, et contribuer à établir une récidive légale. — *Cass.*, 22 juin 1844 (t. 1er 1845, p. 30), Couaillet.

1542. — Du reste, il n'y a ni excès de pouvoirs ni violation de la loi dans le jugement qui fait mention de la récidive, mais qui ne prononce aucune aggravation de peine et qui se renferme, au contraire, dans les limites des dispositions pénales. — *Cass.*, 19 janv. 1826, Viel.

1543. — Le jugement doit, à peine de nullité, spécifier les faits qui constituent la récidive. — *Cass.*, 30 juin 1836, Fleury.

1544. — *Désobéissance et insubordination.* — L'infraction que l'art. 89 punit de la prison est la désobéissance jointe à l'insubordination, d'où il suit que la désobéissance, isolée du fait d'insubordination, ne peut être punie de la prison. — *Cass.*, 6 sept. 1833, Nanin.

1545. — Ainsi que nous l'avons dit *suprà*, nos 1321 et suiv., dans les premiers temps de la mise à exécution de la loi de 1831, la cour suprême laissait aux conseils de discipline l'appréciation souveraine des faits disciplinaires; elle a depuis senti avec raison la nécessité de se livrer à l'examen du caractère légal des faits qualifiés par les conseils de discipline; il entrait en effet dans ses attributions de décider si l'appréciation faite par les conseils n'était pas en contravention formelle avec l'esprit de la loi.

1546. — Ainsi, on peut tenir pour constant que l'appréciation des faits disciplinaires n'appartient pas d'une manière absolue aux conseils de discipline; ils ne sont pas juges souverains à cet égard; leur décision est soumise à la cour de Cassation qui a mission pour examiner et apprécier les faits d'où les conseils de discipline font résulter les diverses peines qu'ils croient devoir appliquer aux gardes nationaux dans l'intérêt du service.

1547. — Il a été jugé que le manquement de service peut, d'après les circonstances, être considéré comme une désobéissance et une insubordination passible de la peine de la prison. — *Cass.*, 10 nov. 1832, Bonfite.

1548. — L'appréciation des faits pouvant constituer la désobéissance et l'insubordination, a donné lieu à diverses décisions. — Il a été jugé qu'un conseil de discipline appréciant l'ensemble des faits relatifs à la conduite d'un garde national peut, en déclarant qu'il est un des plus récalcitrans, qu'il ne s'est jamais présenté à aucun exercice, que sa conduite donne un mauvais exemple et porte essentiellement atteinte à la discipline, le considérer comme en état de désobéissance et d'insubordination et le condamner ainsi à la prison. — *Cass.*, 19 avr. 1833, Goetz.

1549. — ... Que lorsque des faits de désobéissance et d'insubordination ressortent des débats et sont l'accessoire de manquemens au service d'ordre et de sûreté pour lesquels le garde national a été cité, le conseil de discipline peut lui infliger la peine de la prison. — *Cass.*, 24 nov. 1832, Gauran.

1550. — ... Qu'il y a désobéissance et insubordination prévues par l'art. 89, L. 22 mars 1831, lorsqu'un garde national a protesté, tant contre les ordres de service qu'il a reçus que contre les jugemens de condamnation intervenus à son égard, qu'il a été vu se promenant en habit bourgeois pendant la revue, où l'on devait le mettre à l'ordre du jour, et qu'enfin il a plusieurs fois refusé le service. — *Cass.*, 17 mars 1832, Dodeman.

1551. — Le refus par un garde national de se rendre au poste qui lui est indiqué peut, suivant les circonstances, constituer le délit de désobéissance et d'insubordination, et non pas seulement un simple manquement. — Spécialement, lorsque après s'être rendus en armes au rendez-vous indiqué sous les ordres de leur officier, des gardes nationaux se dispersent au lieu d'aller au poste qui leur était assigné. — *Cass.*, 12 mai 1832, David; 28 janv. 1838 (t. 1er 1838, p. 7), Dobelle.

1552. — De même des gardes nationaux qui, au lieu de se rendre aux exercices, sont allés boire dans un cabaret voisin, ont pu, pour ce fait, et vu en outre leur position sociale, être déclarés coupables de désobéissance et d'insubordination, et punis, comme tels, de la peine portée par l'art. 89, L. 22 mars 1831. — *Cass.*, 22 sept. 1832, Paupe.

1553 — ... Il en est de même encore des gardes nationaux qui ont quitté brusquement les rangs de la compagnie et refusé d'y rentrer, malgré les ordres des officiers. — *Cass.*, 12 mai 1832, Ducos.

1554. — ... Ou du garde national qui, dans une revue, s'est obstiné à marcher les bras croisés sur la poitrine, malgré la défense réitérée que lui en faisait son officier, et a répondu à ce chef d'une manière grossière à cette occasion. — *Cass.*, 7 sept. 1833, Barthe.

1555. — Jugé de même à l'égard du garde national qui, ayant manqué à une revue pour laquelle il avait été commandé, est venu, en outre, au moment de cette revue se promener devant les rangs de sa compagnie. — *Cass.*, 10 mars 1836, Chapsal.

1556. — A plus forte raison, la désobéissance et l'insubordination peuvent-elles être déclarées, si le garde national affecte un air de dérision et s'il refuse d'entrer dans les rangs sur l'ordre qui lui en est donné par ses chefs. — *Cass.*, 17 mai 1832, Saint-Germain.

1557. — Le garde national employé dans une église (un bedeau), qui quitte les rangs de sa compagnie pour se rendre à l'église, sous prétexte que le réglement qui a fixé l'heure de la revue est contraire à la charte, peut être condamné par le conseil de discipline pour désobéissance et insubordination. — *Cass.*, 17 mai 1834, Delafosse. — Mais V. *suprà* no 1475; l'arr. du 17 août 1833, Grand.

1558. — Le fait de la part d'un garde national de n'avoir paru que deux fois dans les rangs de sa compagnie et de s'être, avec intention, éloigné de la ville au moment d'un rappel, après avoir été précédemment condamné à la réprimande avec mise à l'ordre, peut être considéré comme constituant la désobéissance et l'insubordination prévues par l'art. 89, L. 1831. — *Cass.*, 15 sept. 1832, de Bonne.

1559. — Il y a désobéissance et insubordination, de la part d'un garde national, dans le fait d'avoir résisté au chef de poste qui lui intimait l'ordre de se mettre en faction, par le motif que son tour n'était pas venu, et qu'il ne pouvait recevoir d'ordre à cet égard que du caporal de pose. — *Cass.*, 8 nov. 1838 (t. 1er 1839, p. 322), Dufour Saint-Hilaire.

1560. — ... Et dans cet autre fait d'avoir excité un factionnaire à abandonner son poste. — Même arrêt.

1561. — Il y a encore désobéissance et insubordination dans le fait du garde national qui refuse avec persévérance de recevoir l'arme qui lui est destinée (*Cass.*, 14 juill. 1832, Fourcade; 20 sept. 1833, Robert). Dans ce dernier arrêt, il semble même qu'il n'y avait qu'un refus simple, et non refus persévérant.

1562. — Mais, comme nous l'avons vu *suprà* no 1464, le simple refus de recevoir ou de prendre son arme ne constitue, de la part du garde national, qu'un manquement à la discipline passible de la réprimande.

1563. — Le refus plusieurs fois réitéré de se rendre aux revues et exercices peut être considéré et puni, d'après les circonstances particulières, comme la désobéissance et l'insubordination. — *Cass.*, 17 fév. 1831, Legrand; 18 fév. 1832, Boisseau; 26 mai 1832, Sevoy; 1er juin 1832, Manau; 14 juill. 1832, Aubry; 4 août 1832, Sagot; 1er sept. 1832, Dumesnildot; 10 oct. 1832, Renard.

1564. — Mais il faut, pour qu'il ait le caractère de la désobéissance et de l'insubordination, que le refus, même réitéré, de se rendre aux revues et exercices, l'emprunte aux circonstances qui accompagnent ce refus. — *Cass.*, 4 mai 1832, de Behr; 17 mai 1832, Monié et Dupront; 23 mai 1833, Frédureau; 8 juin 1833, Duparc; 6 juill. 1833, Auvray; 26 juill. 1833, Dumont; 8 nov. 1845 (t. 1er 1846, p. 552), Dumur.

1565. — Ainsi est nul le jugement qui condamne à la peine de la prison un garde national pour simple manquement à des revues et exercices, lorsqu'à ces manquemens ne se joignent aucuns faits caractéristiques de désobéissance et d'insubordination. — *Cass.*, 8 juin 1833, Dubois.

1566. — Jugé aussi que le fait d'avoir manqué à une revue et à une garde hors de tour ne constitue pas la désobéissance et l'insubordination, s'il ne s'y joint quelques circonstances propres à lui donner ce caractère, et que quelques expressions inconvenantes dans la défense ne sauraient changer le caractère du fait poursuivi, qui n'est autre qu'un refus de service. — *Cass.*, 7 nov. 1840 (t. 3 1844, suppl. à sa date), Pierre.

1567. — De même les manquemens à une revue et à des exercices ne sauraient constituer la désobéissance et l'insubordination qu'autant qu'il s'y joindrait des circonstances propres à en augmenter la gravité; et, bien que le jugement rendu contre un garde national articule que sa désobéissance a été accompagnée de circonstances propres à propager l'exemple de l'insoumission, les faits qu'il précise se réduisent néanmoins à de simples manquemens à des revues et exercices s'il ne spécifie point ces circonstances de manière à en faire apprécier le caractère. Dès-lors, l'art. 89, L. 22 mars 1831, est inapplicable. — *Cass.*, 27 sept. 1833, Delabenardière.

1568. — Jugé encore qu'un manquement à une revue d'inspection d'armes, isolé de tout autre acte, ne peut avoir le caractère de désobéissance et d'insubordination. — *Cass.*, 15 mai 1835, Besse.

1569. — Mais les refus d'assister à des revues et exercices peuvent être réputés constituer la désobéissance et l'insubordination, surtout si à ces refus on joint la déclaration qu'on n'y assistera jamais. — *Cass.*, 14 avr. 1832, Sarcus; 19 mai 1836, Rogère Préban.

1570. — ... Ou si le garde national inculpé a adressé au commandant des lettres où il dit qu'il ne veut point de l'honneur de faire partie de la garde nationale. — *Cass.*, 14 mars 1834, Camus.

1571. — ... Ou s'il a dit hautement devant les hommes de sa compagnie qu'il ne se présenterait jamais à aucun exercice ni revue, et si, en fait, depuis l'organisation de la garde nationale, il n'a paru à aucune revue ni exercice. — *Cass.*, 11 oct. 1834, Verville.

1572. — Jugé encore qu'un garde national qui, après avoir refusé de monter une garde hors de tour commandée pour un manquement à une revue, refuse ensuite de se rendre à des revues et exercices de rigueur, lorsqu'il a déjà été antérieurement condamné pour pareil refus, peut être considéré comme coupable d'insubordination et de désobéissance. — *Cass.*, 26 juill. 1832, Buisson. — V. conf. 4 août 1832, d'Argence; 14 juill. 1832, Aubry.

1573. — ... Et qu'un jugement qui condamne un garde national à la prison comme coupable de désobéissance et d'insubordination, à raison de quatre manquemens à des revues d'exercice, sans qu'il ait été présenté aucune excuse au chef de corps, et après qu'un jugement précédent l'avait déjà condamné pour une infraction du même genre, ne viole pas l'art. 89, L. 22 mars 1831. — *Cass.*, 14 juill. 1832, Chollet.

1574. — Jugé cependant que des manquemens constans et réitérés à des prises d'armes, de la part d'un garde national, une obstination persévérante dans cette résistance, des condamnations réitérées, et encore moins l'esprit d'insubordination manifesté dans une défense, ne sauraient constituer une désobéissance et une insubordination. — *Cass.*, 24 juin 1836, Rogère.

1575. — Mais jugé d'autre part qu'on considérer comme constituant suffisamment la désobéissance et l'insubordination les faits : 1o d'avoir manqué aux prises d'armes, revues et manœuvres de la garde nationale après avoir déjà été condamné pour des faits semblables; — 2o de s'être rendu au poste pour une garde hors de tour, sans armes et sans uniforme; — 3o et d'avoir refusé de signer l'état d'armement. — *Cass.*, 11 mai 1832, Barthélemy.

1576. — ... Celui d'avoir chassé le sergent-major qui porte un ordre de service, d'avoir déchiré cet ordre et parlé avec mépris de la garde nationale devant le conseil de discipline. — *Cass.*, 18 mai 1832, Bouisson.

1577. — ... Le fait d'avoir, après une condamnation à une garde hors de tour pour un nouveau manquement, écrit au chef du corps qu'on refuse de la monter, et de ne l'avoir pas montée. — *Cass.*, 25 mai 1832, Niobbey.

1578. — Lorsque le conseil de discipline a déclaré que le refus de service a été accompagné d'injures, et qu'il a considéré ces injures comme une désobéissance et une insubordination, il a pu infliger la peine de la prison. — *Cass.*, 24 août 1832, Amblard.

1579. — La récidive après un jugement acquiescé par un garde national, et une dérision des ordres à lui donnés, peuvent constituer la désobéissance et l'insubordination punies de la prison par l'art. 89, L. 22 mars 1831. — *Cass.*, 14 juill. 1832, Degors.

1580. — Le refus d'une garde hors de tour ne constituerait pas à lui seul la désobéissance et l'insubordination, ce sont les circonstances qui l'accompagnent qui peuvent lui donner ce caractère. — *Cass.*, 31 mars 1836, Domelier.

1581. — De même, un garde national qui manque à un service d'ordre et de sûreté, et refuse le billet qui commandait ce service, ne peut être condamné à la prison, en conformité de l'art. 89, L. 22 mars 1831, ne s'étant rendu coupable que d'un seul manquement, et le refus du billet ne suffisant pas pour le constituer en état d'insubordination. — *Cass.*, 17 août 1833, Dechievru.

1582. — Jugé encore que le manquement à un service d'instruction et le refus de monter une garde hors de tour, ne constituent pas par eux-mêmes et indépendamment de toute autre circonstance, la désobéissance et l'insubordination. — *Cass.*, 28 juin 1832, Hublin; 2 mars 1832, Guiraudon.

1583. — ... Et que des manquemens de la part d'un garde national à des prises d'armes dont l'objet n'est pas même indiqué ne peuvent, par eux-mêmes et indépendamment de toutes autres circonstances aggravantes, constituer la désobéissance et l'insubordination ni le double refus de service d'ordre et de sûreté que l'art. 89, L. 22 mars 1831, punit de la prison. — *Cass.*, 11 oct. 1834, Wéry.

1584. — ... Non plus que le refus de se présenter à une réunion qui n'avait pas pour objet un service d'ordre et de sûreté. — *Cass.*, 7 juin 1834, Gruau.

1585. — ... Ou le fait de la part d'un tambour de la garde nationale d'avoir, sans être autorisé, accompagné une procession au son du tambour et en uniforme; qu'il y a là seulement l'infraction prévue par les art. 85, 86 et 88. — *Cass.*, 6 sept. 1833, Delaunay.

1586. — Un garde national à qui l'on n'a pas donné le mot d'ordre ne se rend pas coupable de désobéissance par le refus de reconnaître et de laisser entrer au corps de garde l'officier qui se présente à lui. — *Cass.*, 11 janv. 1833, Rod.

1587. — V., sur la désobéissance et l'insubordination résultant du refus de revêtir l'uniforme, *suprà*, nos 251 et suiv.

1588. — *Ivresse, conduite attentatoire à la discipline ou à l'ordre pendant le service.* — L'art. 89, no 2, déclare encore passible de la prison tout sous-officier, caporal et garde national qui, étant de service, sera dans un état d'ivresse ou tiendra une conduite qui porte atteinte à la discipline de la garde nationale ou à l'ordre public. — Ce fait présente une grande analogie avec celui de désobéissance et d'insubordination.

1589. — Les conseils de discipline ont le droit d'apprécier les circonstances dans lesquelles ces infractions ont été commises. — *Cass.*, 6 avr. 1833, Lepillier.

1590. — Jugé à cet égard que lorsque des propos outrageans et des voies de fait de la part d'un garde national envers les gardes nationaux d'un poste peuvent être considérés comme constituant une atteinte à la discipline de la garde nationale, le conseil de discipline peut en connaître, mais qu'il ne doit prononcer la peine de trois jours de prison qu'autant qu'il y a récidive. — *Cass.*, 27 déc. 1834, Leroy.

1591. — Jugé aussi que l'on doit réputer valable un jugement du conseil de discipline qui condamne un garde national comme s'étant rendu coupable d'atteinte à la dignité de la garde nationale; que cette qualification, précédée de l'indication des faits et suivie de l'article de la loi appliquée, doit être considérée comme synonyme de celle d'atteinte à la discipline. — *Cass.*, 1er mars 1834, Loutreuil.

1592. — Il résulte d'un arrêt de la cour de Cassation qu'un conseil de discipline de la garde nationale qui, après avoir énoncé que le prévenu s'était présenté au poste dans un costume de nature à porter atteinte à la discipline, l'avait quitté et n'y était pas revenu, a qualifié ces faits de manquement à un service d'ordre et de sûreté, n'a pu prononcer la peine de l'emprisonnement, applicable seulement au refus itératif du service. — *Cass.*, 11 mars 1837 (t. 2 1840, p. 23), C....

1593. — La cassation dans cette espèce a été motivée sur la qualification inexacte donnée au fait. Mais il est évident que la décision du conseil de discipline aurait été maintenue s'il avait été déclaré que le prévenu avait, par les faits qui lui étaient reprochés, porté atteinte à la discipline de la garde nationale.

1594. — Jugé qu'un garde national, cité devant un conseil de discipline pour manquement à des revues, qui a tenu au porteur de la citation des propos injurieux et indécens contre les membres du conseil, est passible de la peine portée en l'art. 89, L. 1831, bien que ces propos n'aient pas été tenus dans le service, mais à l'occasion du service. — *Cass.*, 14 juill. 1832, Lemaire.

1595. — ... Que le fait de la part d'un garde national d'avoir proféré des propos injurieux contre la garde nationale, et d'avoir tenu devant le conseil de discipline où il était cité une conduite indécente, a pu être déclaré passible de la prison. — *Cass.*, 4 août 1832, Petit-Colas.

1596. — ... Qu'un garde national commandé pour un exercice, qui au lieu de se réunir à ses camarades vient au contraire *se targuer* devant eux *et les braver*, peut être condamné, pour ces faits, à la prison. — *Cass.*, 8 juin 1832, Gazes.

1597. — ... Qu'un conseil de discipline a le droit d'apprécier les circonstances dans lesquelles un garde national s'est absenté avant la fin d'une revue; et qu'il peut le condamner à la prison s'il résulte de ces circonstances qu'il ait voulu narguer les chefs et troubler l'ordre, et que d'ailleurs il soit habituellement animé d'un esprit d'insubordination. — *Cass.*, 6 avr., 1832, Lepilier.

1598. — Le fait par un sous-officier artilleur de la garde nationale d'avoir, dans une manœuvre à feu, quitté la place qui lui était assignée, et de s'être, malgré l'officier, arrogé le commandement, constitue une atteinte à la discipline et une désobéissance et insubordination de la compétence du conseil de discipline; encore bien que le fait ait donné lieu à une blessure par imprudence, susceptible d'être poursuivie devant les tribunaux. — *Cass.*, 5 janv. 1833, Roret.

1599. — Le fait, de la part d'un garde national, de s'être rendu coupable de propos offensans envers son chef, et d'avoir tenu une conduite portant atteinte à l'ordre et à la discipline, sinon dans le service, du moins à l'occasion de ce service, constitue la contravention définie par les art. 87 et 89, L. 22 mars 1831, encore que ni le garde national ni son supérieur ne fussent lors de ces manquemens revêtus de leur uniforme. — *Cass.*, 17 avr. 1845 (t. 2 1845, p. 620), Duros.

1600. — Mais le conseil de discipline n'est compétent pour connaître de propos de nature à nuire à l'organisation de la garde nationale, qu'autant que le garde national qui les a tenus était alors de service. — *Cass.*, 12 nov. 1841 (t. 1er 1842, p. 636), Rouzé.

1601. — Jugé qu'un garde national cité pour désobéissance et insubordination, et qui n'est déclaré coupable que d'avoir tenu une conduite propre à porter atteinte à la discipline de la garde nationale, peut être condamné à la simple peine de la réprimande. — *Cass.*, 18 nov. 1843 (t. 1er 1844, p. 354), Grimonpon.

1602. — Le fait d'avoir refusé de mettre l'uniforme peut, en certains cas, être réputé constituer une atteinte à la discipline. — V. *suprà* nos 251 s.

1603. — Nous verrons plus bas (no 1683) que le conseil de discipline ne peut ranger l'abandon momentané du poste parmi les atteintes à la discipline dont parle l'art. 89. — Toutefois il en serait autrement si le garde national s'était absenté du poste malgré la défense qui lui en avait été faite. Dans ce cas, il se rendrait coupable de désobéissance et d'insubordination. — *Cass.*, 19 déc. 1846 (t. 2 1847, p. 112), Beauchamp.

1604. — *Double refus d'un service d'ordre et de sûreté.* — Le second cas pour lequel le no 1er de l'art. 89 autorise les conseils de discipline à prononcer la peine de la prison est *le refus pour la seconde fois à un service d'ordre et de sûreté.*

1605. — Une observation générale qu'il importe de faire, c'est que, pour qu'il y ait refus de service, il n'est pas nécessaire que le prévenu ait déclaré ne pas vouloir faire le service: le refus existe, dans le sens de la loi, toutes les fois qu'il y a eu manquement à un service commandé. — Duvergier, notes sur l'art. 89, L. 22 mars 1831.

1606. — Avant la loi du 22 mars 1831, les conseils de discipline de la garde nationale pouvaient prononcer la peine de l'emprisonnement contre un garde national qui s'était rendu coupable d'un premier refus de service. — *Cass*, 19 déc. 1822, Déluis.

1607. — Mais il résulte des termes précis dont se sert l'art. 89 de la loi de 1831, qu'un seul refus à un service d'ordre et de sûreté ne suffit pas pour entraîner l'application de la peine de la prison. — *Cass.*, 8 juin 1832, Boisshebert; 21 juill. 1832, Justin; 26 juill. 1832, Lefort; 1er déc. 1832, Durande; 28 déc. 1832, Grenet; 5 janv. 1833, Sabou-reau; 11 mars 1837 (t. 2 1840, p. 23), C...; 12 janv. 1837 (t. 2 1840, p. 94), Roussel; 21 août 1845 (t. 1er 1846, p. 551), Vinet; 8 nov. 1845 (t. 1er 1846, p. 552), Dumas.

1608. — Jugé de même que le jugement d'un conseil de discipline qui ne constate à la charge d'un garde national qu'un seul manquement de service, sans aucune circonstance d'insubordination, fait une fausse application de la loi en le condamnant à la prison. — *Cass.*, 17 nov. 1832, Grandin, 6 août 1836, de Galard.

1609. — Un premier manquement à un service déjà réprimé par un jugement ne peut devenir l'élément d'une condamnation nouvelle, et donner lieu à l'application de la peine de l'emprisonnement, que si le premier jugement ne porte que sur un seul refus et ne prononce que la peine prévue par le § 1er de l'art. 84, L. 22 mars 1831. — *Cass.*, 8 nov. 1845 (t. 1er 1846, p. 552), Dumas.

1610. — Nous avons déjà dit que les jugemens des conseils de discipline devaient mentionner clairement les manquemens reprochés. Ils doivent donc nettement constater l'existence du double manquement à un service d'ordre et de sûreté.

1611. — Ainsi, est nul un jugement qui condamne à la prison un garde national pour manquement à plusieurs services d'ordre, cette expression pouvant comprendre de simples revues, et la prison ne devant être infligée que pour divers manquemens à des services d'ordre et de sûreté. — *Cass.*, 19 déc. 1833, Valadon.

1912. — Jugé encore que la peine de l'emprisonnement ne peut être appliquée par le conseil de discipline au garde national déclaré coupable d'avoir manqué deux fois à un service commandé: les mots *service commandé* comprenant aussi bien les *simples revues* que les services d'ordre et de sûreté. — *Cass.*, 22 mars 1833, Prétaraine.

1613. — ... Et que le conseil de discipline qui ne constate contre un garde national qu'un seul refus de service d'ordre et de sûreté, sans préciser aucun fait qui constitue la désobéissance et l'insubordination ne peut lui appliquer l'art. 89, L. 22 mars 1831, qui ne prononce la peine d'emprisonnement que pour le cas d'un refus pour la seconde fois d'un service d'ordre et de sûreté. — *Cass.*, 23 fév. 1835, Allain.

1614. — ... Qu'un conseil de discipline ne pouvant condamner à la prison un garde national sans spécifier la nature des manquemens qui lui sont imputés, le fait de s'être absenté de la réunion d'un bataillon sans déclarer expressément que le prévenu était convoqué *pour un service d'ordre et de sûreté* ne peut donner lieu à la peine de l'emprisonnement. — *Cass.*, 20 juin 1834, de Massougnes..

1615. — Il y a violation de la maxime *non bis in idem* lorsqu'il est rendu contre un garde national deux jugemens qui l'un et l'autre spécifient comme base de la poursuite et de la condamnation le même fait, savoir, le manquement à une garde hors de tour. — *Cass.*, 16 fév. 1883, Bénédicenti.

1616. — Est nul le jugement rendu contre un garde national qui l'a condamné d'abord par défaut à la prison pour manquement à un service d'ordre et de sûreté, et sur l'opposition, à la même peine comme prévenu de plusieurs autres manquemens sans que ces derniers manquemens aient été justifiés; l'accusation manquant de précision, le conseil de discipline ne s'est trouvé légalement saisi que d'un seul refus de service d'ordre et de sûreté, insuffisant aux termes de l'art. 89, L. 22 mars 1831, pour condamner à la prison. — *Cass.*, 31 mai 1833, Daubigny.

1617. — Quelques difficultés se sont élevées sur le point de savoir quand le garde national pouvait être réputé avoir manqué à un double service d'ordre et de sûreté, et quand la condamnation à la prison pouvait être prononcée contre lui. — Voici, à cet égard, les solutions fournies par la jurisprudence.

1618. — Jugé qu'on doit réputer valable le jugement qui a condamné un garde national à la prison pour manquement successif à deux gardes hors de tour. — *Cass.*, 3 juill. 1835, Belliard-Delisle.

1619. — Les gardes hors de tour constituent en effet un service d'ordre et de sûreté aussi bien que les gardes commandées à tour de rôle. — *Cass.*, 30 déc. 1831, Colombe et Bis; 17 fév. 1832, Roux; 12 mai 1832, Enouf; 7 nov. 1840 (t. 4 1844, à sa date), Pierre.

1620. — ... Qu'il y a lieu d'appliquer la peine de la prison établie par l'art. 89, L. 22 mars 1831, contre le garde national, lorsqu'il a refusé constamment le service et *spécialement* une garde *hors de tour*, qui lui avait été infligée pour un précédent refus de service. — *Cass.*, 21 avr. 1832, Vincent.

1621. — ... Que le garde national qui a manqué pour la seconde fois à un service d'ordre et de sûreté peut être puni de la prison, aux termes de l'art. 89, L. 22 mars 1831, quoique pour la première fois il n'ait point été condamné à une garde hors de tour. — *Cass*, 2 déc. 1831, Fabre; 15 juin 1832, Verot.

1622. — ... Que lorsqu'un garde national a manqué à deux services d'ordre et de sûreté, et qu'il a fait une garde hors de tour pour punition du premier manquement, cette garde n'ayant pas effacé le premier refus, le conseil de discipline a pu le condamner à la prison. — *Cass.*, 18 oct. 1832, de Couespel; 22 oct. 1840 (t. 1er 1847, p. 201), Parent.

1623. — ... Qu'ainsi, la peine de la prison à infliger à un garde national pour deux refus de service d'ordre et de sûreté doit lui être appliquée, soit que le premier refus ait été puni d'une garde hors de tour, ou de la réprimande, soit qu'il n'ait été atteint d'aucune de ces deux peines. — *Cass.*, 25 juill. 1834, Schalaben-Beaumont; 30 nov. 1837 (t. 1er 1840, p. 116), Hébert.

1624. — ... Qu'un garde national qui a manqué deux fois à un service d'ordre et de sûreté est passible de la peine portée par l'art. 89, L. 22 mars 1831, et que le conseil a pu, pour prononcer cette peine, invoquer une première condamnation à la réprimande avec mise à l'ordre subie par le prévenu, par jugement précédemment rendu, et auquel il avait acquiescé. — *Cass.*, 2 août 1832, de Couespel.

1625. — Les mots *service d'ordre et de sureté* ont été insérés dans l'art. 89, afin que cet article ne fût pas applicable au garde national qui, commandé pour une revue ou des manœuvres ou exercices y aurait manqué: en effet, la faute est moins grave et ne devait pas être punie avec la même sévérité. — Duvergier, *loc. cit.*

1626. — Aussi la jurisprudence est-elle constante en ce sens que la peine de la prison ne peut être appliquée à un garde national pour manquement à des revues et exercices. — *Cass.*, 12 août 1831, Matussier; 13 mars 1834, Dajat; 1er sept. 1832, Leroy; 30 nov. 1832, James; 2 juin 1832, Lezille; 22 mars 1833, Pretaraine; 8 fév. 1833, Lhote; 19 sept. 1833, Valadon; 11 fév. 1832, Laroche; même jour, Gignon; 12 août 1831, Hagnier; 26 juill. 1832, Trion; 25 avr. 1835, Delapalme; 17 oct. 1832, Barbe; 9 janv. 1835, Delauzon; 27 juin 1835, Marre.

1627. — ... Quelque réitérés que soient ces manquemens. — *Cass.*, 17 mai 1832, Moniés Dupront.

1628. — ... Alors qu'à ce fait ne se joint aucune circonstance qui lui donne le caractère de la désobéissance et de l'insubordination. — *Cass.*, 2 juin, Lezelle; 1er sept., Leroy; 30 nov. 1832, James. — V. *suprà* nos 1563 et suiv.

1629. — ... Et lorsque d'ailleurs le garde natio-

GARDE NATIONALE, sect. 7e.

GARDE NATIONALE, sect. 7e.

nal fait le service d'ordre et de sûreté. — *Cass.*, 1er sept. 1832, Leroy.

1630. — Peu importerait même qu'un réglement local assimilât ces revues et exercices à un service d'ordre et de sûreté, un réglement local ne pouvant attribuer aux faits disciplinaires un caractère que la loi n'a pas entendu leur donner. — *Cass.*, 23 août 1834, Dambry.

1631. — C'est au surplus ce qui a été solennellement reconnu par un arrêt des chambres réunies de la cour de Cassation qui juge que les manquemens, même réitérés, aux revues et exercices de la garde nationale ne peuvent, s'il ne s'y rattache des circonstances particulières de désobéissance et d'insubordination, donner lieu à la peine de la prison, encore bien que, par un réglement spécial, les revues et exercices aient été assimilés à un service d'ordre et de sûreté; que ces manquemens ne constituent par eux-mêmes que de simples infractions aux règles du service passibles de la réprimande. — *Cass.*, 5 janv. 1836, Marchand.

1632. — Et cette jurisprudence a été de nouveau appliquée le 19 mars 1836, Blavet.

1633. — Un conseil de discipline ne peut condamner un garde national à la prison pour manquement à une revue, en se fondant sur des faits antérieurs passés devant lui à une audience autre que celle pour laquelle il a été cité. — *Cass.*, 9 août 1834, Guérin.

1634. — Le refus de la part d'un garde national de se rendre à une réunion ordonnée par un réglement ne constitue pas le double manquement à un service d'ordre et de sûreté, exigé par l'art. 89, L. 1831, pour le rendre passible de la peine de l'emprisonnement. — *Cass.*, 18 mai 1833, Béliard.

1635. — De même un manquement à un exercice et à une garde, lorsqu'il n'existe aucun fait d'insubordination ou de désobéissance, ne peut être puni des peines portées par l'art. 89, L. sur la garde nationale, lequel n'est applicable qu'à un double manquement à un service d'ordre et de sûreté ou à des faits de désobéissance et d'insubordination. — *Cass.*, 18 août 1832, Ricaud.

1636. — Jugé encore qu'un garde national qui manque à une revue obligatoire et ensuite à une garde hors de tour qui lui avait été infligée pour ce manquement ne peut être passible de la peine de la prison portée par l'art. 89, L. 22 mars 1831. — *Cass.*, 17 nov. 1832, Delachère.

1637. — ... Et que le manquement à une garde hors de tour infligée à un garde national pour n'avoir pas assisté à une revue ne peut, par lui seul, être considéré comme passible de la prison. — *Cass.*, 6 avr. 1833, Guilleton.

1638. — De même, le double refus d'un service d'instruction de garde nationale ne peut être assimilé à un double refus de service d'ordre et de sûreté, ni passible de la peine de la récidive. — *Cass.*, 2 mars 1832, Guiraudou.

1639. — ... Non plus que le refus d'assister à une revue ayant pour objet la reconnaissance des officiers. — *Cass.*, 13 déc. 1834, Bernard.

1640. — Mais un manquement à deux revues d'inspection d'armes est assimilé à un double refus d'un service d'ordre et de sûreté, passible de la prison. — *Cass.*, 18 avr. 1835, Domont; 21 fév. 1833, Dobexy; 20 déc. 1833, Mace; 9 mai 1835, Gamain; 19 mars 1836, Blavet.

1641. — Il en serait autrement s'il n'y avait eu qu'un seul manquement à un service de ce genre. — *Cass.*, 5 août 1836, Lefèvre-Coin.

1642. — La déclaration par un conseil de discipline que ce manquement constitue la désobéissance et l'insubordination ne suffit pas, en l'absence de toute déclaration de circonstances aggravantes, pour donner à un simple manquement ce caractère et lui rendre applicable une peine qui autrement ne pourrait lui être appliquée. — Même arrêt.

1643. — Mais le manquement à une inspection d'armes joint à l'absence au défilé constituent un double refus de service et rendent un garde national passible de la prison. — *Cass.*, 12 janv. 1837 (t. 2 1840, p. 94), Henry.

1644. — Jugé encore qu'une revue d'armement est un service d'ordre et de sûreté; que dès-lors le garde national qui y manque ne peut être excusé sur ce qu'il n'aurait pris son arme à la mairie que quelques jours après, alors qu'il a pu le faire plus tôt. — *Cass.*, 31 déc. 1841 (t. 1er 1842, p. 718), Jeandal.

1645. — Jugé aussi qu'une revue extraordinaire ordonnée par le maire et le sous-préfet à l'occasion de la tournée d'un préfet est obligatoire pour les gardes nationaux, encore bien que cette revue ne soit pas comprise parmi celles prescrites par un réglement local. — *Cass.*, 2 fév. 1833, Dufour.

1646. — Dans le département de la Seine, ainsi que cela a été dit plus haut, l'infraction au premier paragraphe de la loi du 14 juill. 1837, qui rend l'uniforme et l'équipement obligatoire pour tout garde national qui n'en est pas dispensé par le conseil de recensement, est considérée comme refus de service d'ordre et de sûreté, et punie des mêmes peines.

1647. — Sur les explications provoquées lors de la discussion, il a été reconnu que le refus de se vêtir de l'uniforme ne serait considéré comme une infraction passible de la prison qu'après que le garde national aurait été prévenu une seconde fois.

1648. — Aux termes de la même loi, spéciale au département de la Seine sont considérés comme services commandés et obligatoires, sous les peines portées par l'art. 89, L. 22 mars 1831; non seulement le service auquel on aura été appelé dans la forme ordinaire, mais encore les prises d'armes pour service d'ordre et de sûreté annoncées par la voie de rappel, ainsi que toute réunion pour inspection d'armes.

1649. — En mentionnant ainsi spécialement la réunion pour inspection d'armes parmi les services d'ordre et de sûreté, on n'a pas entendu limiter à Paris la jurisprudence (V. *suprà* nos 1640 et suiv.) qui avait déjà consacré ce principe d'une manière absolue et générale, mais bien la consacrer d'autant plus. — Duvergier, notes sur la loi du 14 juill. 1837, art. 20.

1650. — Un service ordinaire dans une prison est un service d'ordre et de sûreté. — *Cass.*, 14 mai 1835, Bary; 28 janv. 1837 (t. 1er 1838, p. 7), Dobello.

1651. — Il en est de même d'une garde commandée à la porte d'un sous-préfet dans le lieu où il est en tournée. — *Cass.*, 14 mai 1835, Bary.

1652. — Les manœuvres et exercices de pompes à incendie sont pour les sapeurs-pompiers de la garde nationale un service d'ordre et de sûreté. — *Cass.*, 8 oct. 1835, Lange.

1653. — Jugé aussi que les exercices et manœuvres du canon doivent être réputés des services d'ordre et de sûreté pour les artilleurs de la garde nationale, de même que les inspections d'armes. — *Cass.*, 25 juill. 1839 (t. 2 1839, p. 491), Demantreux.

1654. — Mais le manquement à un exercice légalement prescrit à des gardes nationaux avant de se rendre au poste, le jour où ils doivent monter la garde, n'est passible que de la réprimande ou d'une garde hors de tour, même joint au refus de monter la garde qui doit suivre; il ne saurait constituer le double refus de service d'ordre et de sûreté passible de la peine de la prison. — *Cass.*, 4 juill. 1834, Gallard.

1655. — Les refus par un garde national de se rendre au poste établi près d'un conseil de discipline peuvent être considérés comme des refus d'ordre et de sûreté, et punis des peines prononcées par l'art. 89, L. 22 mars 1831. — *Cass.*, 18 avr. 1835, Delaunay.

1656. — La jurisprudence a considéré comme obligatoire un service commandé à la garde nationale pour l'anniversaire du 29 juillet, en vertu d'un arrêté du maire. — *Cass.*, 28 déc. 1832, Brescoud.

1657. — Elle a aussi considéré que le refus de la part d'un garde national de faire partie d'un détachement destiné à maintenir le bon ordre dans un service funèbre prescrit par l'autorité (par exemple, en l'honneur des victimes de juillet) est passible d'une peine, comme constituant le refus d'un service d'ordre et de sûreté. — *Cass.*, 19 nov. 1835, Collignon.

1658. — Jugé aussi que le service consistant à escorter les autorités municipales à une fête publique et à maintenir l'ordre et la tranquillité est un service d'ordre et de sûreté, et par conséquent obligatoire pour la garde nationale. — *Cass.*, 28 janv. 1837 (t. 2 1840, p. 95), Patedoie. — V. encore *Cass.*, 23 avr. 1847 (t. 2 1847), Bourgourd-Lambert.

1659. — ... Qu'ainsi, le service commandé à la garde nationale sur la réquisition de l'autorité municipale, à l'effet d'escorter la procession de la Fête-Dieu, ne porte aucune atteinte à la liberté de conscience et que le refus d'obéir doit être considéré et puni de la réprimande comme constituant un refus de service d'ordre et de sûreté. — *Cass.*, 4 juin 1836, Mury.

1660. — ... Et que le garde national qui refuse d'escorter la procession quand l'autorité municipale, jugeant cette procession nécessaire, a requis la garde nationale, manque à un service d'ordre et de sûreté, et est dès-lors passible des peines prononcées par la loi du 22 mars 1831. — *Cass.*, 3 fév. 1844 (t. 2 1844, p. 110), Bataille.

1661. — Jugé cependant qu'on ne peut casser le jugement d'un conseil de discipline qui reconnaît, en fait, que l'ordre donné à un garde national d'accompagner les autorités à la procession du Saint-Sacrement *n'avait qu'un but honorifique* et n'était pas un service d'ordre et de sûreté, et qui constate ainsi qu'il ne s'agissait pas de protéger une cérémonie religieuse contre un obstacle illégal qui lui aurait été opposé. — *Cass.*, 23 mai 1840 (t. 1er 1840, p. 718), Roussel.

1662. — ... Qu'ainsi, aucune peine ne peut être appliquée pour le manquement à l'ordre donné par un maire à la garde nationale d'accompagner les autorités à la procession du Saint-Sacrement, lorsqu'en fait cet ordre est déclaré avoir été donné dans un but honorifique, et n'avoir pas eu pour objet d'imposer une obligation de service d'ordre ou de sûreté. — Même arrêt.

1663. — V. au surplus, sur les diverses questions qui précèdent, vo CULTE.

1664. — Le service commandé auprès de la personne du roi est un service d'ordre et de sûreté, auquel doit satisfaire tout garde national lorsqu'il lui est imposé. — *Cass.*, 23 fév. 1833, Vilain.

1665. — Spécialement, un garde national de la banlieue de Paris, appelé à faire partie d'un détachement auprès de la personne du roi, à Saint-Cloud, ne peut se refuser d'obéir sous le prétexte que le détachement commandé ne se trouvait pas dans les cas prévus par les art. 127 et 128, L. 22 mars 1831. — Même arrêt.

1666. — Il a été jugé que lorsqu'un conseil de discipline n'a pas appliqué à un garde national le *maximum* de la peine, les contraventions antérieures au jugement de condamnation contre lui rendu ne sont pas expiées par ce jugement. — *Cass.*, 23 mai 1835, Domain.

1667. — ... Mais aussi qu'un garde national condamné à deux jours de prison, maximum de la peine pour manquement à des gardes hors de tour et à des revues, expie par cette condamnation tous les manquemens antérieurs. — *Cass.*, 17 mai 1834, Bougourd de Lambert.

1668. — ... Et que les manquemens dont les motifs ont été appréciés et admis par le conseil de discipline ne peuvent être considérés comme refus de service; qu'en conséquence, le manquement ou refus à un service d'ordre et de sûreté, commis postérieurement, ne constitue point un second refus de nature à motiver l'application de la peine de l'emprisonnement. — *Cass.*, 21 sept. 1833, Châteaubriant.

1669. — Jugé encore que lorsque après avoir subi un premier jugement pour divers refus de service d'ordre et de sûreté, un garde national est cité devant le conseil de discipline à raison d'un nouveau manquement de service, il n'y a pas lieu de lui appliquer la peine portée par l'art. 89, loi précitée, le premier jugement ayant purgé tous les autres refus antérieurs. — *Cass.*, 15 sept. 1832, Pivallo.

1670. — *Abandon du poste ou des armes.* — Le dernier fait prévu par l'art. 89, L. 22 mars 1831, comme pouvant entraîner l'application de la peine de la prison, consiste dans le fait de tout garde national qui, étant de service, a abandonné ses armes ou son poste avant d'être relevé.

1671. — Pendant longtemps la jurisprudence a hésité sur le point de savoir quelle différence pouvait être établie entre *l'absence du poste*, que l'art. 82, L. 22 mars 1831, déclare punissable d'une peine à infliger par le chef du poste, et *l'abandon du poste*, qui, aux termes de l'art. 89, est passible de la prison. — Divers arrêts ont même confondu ces deux infractions.

1672. — C'est ainsi qu'il a été successivement jugé que le fait par un garde national *d'avoir quitté son poste sans permission* et celui de ne s'être pas présenté pour monter une garde hors de tour à laquelle il avait été condamné, constituent un double refus de service d'ordre et de sûreté, passible de la prison. — *Cass.*, 17 fév. 1832, Roux.

1673. — ... Qu'il en est de même du fait de la part d'un garde national d'avoir manqué deux fois de se rendre au poste la nuit. — *Cass.*, 29 sept. 1832, Garnier.

1674. — Jugé d'un autre côté que le fait par un garde national de s'absenter du poste, même la nuit, sans autorisation, ne constitue pas l'abandon du poste, prévu par l'art. 89, L. 22 mars 1831, et n'est passible que d'une faction hors de tour, à prononcer par le chef du poste, conformément à l'art. 82. — *Cass.*, 12 mai 1832, Arlaud.

1675. — ... Qu'un garde national qui a manqué au poste dans la soirée, pour monter sa garde, ne peut être passible de la peine de l'emprisonnement. — *Cass.*, 4 mai 1832, Dabasty.

1676. — ... Et que si le simple fait d'un garde national d'avoir quitté le poste sans permission cons-

GARDE NATIONALE, sect. 7e.

tilue un manquement à un service d'ordre et de sûreté, il ne constitue nullement l'abandon du poste dont il est question en l'art. 89. — *Cass.*, 31 juill. 1834, Sanegon.

1677. — Deux arrêts de la cour de Cassation des 21 fév. 1833 (Liusendoux) et 21 nov. 1833 (Vallière) ont décidé qu'une absence prolongée pouvait être considérée comme un véritable abandon du poste et donner lieu à la peine de la prison.

1678. — Jugé encore que le garde national qui abandonne le poste sans permission est, comme celui qui abandonne la faction où il a été placé, passible de la peine de la prison. — *Cass.*, 30 mai 1835, Desurmont.

1679. — Mais, par un nouvel arrêt, la cour de Cassation précisant plus nettement la portée de l'art. 89, a décidé qu'il n'y a abandon du poste punissable de la peine de la prison que dans le cas où un garde national qui a quitté le poste n'y rentre pas ou prolonge son absence de manière à se soustraire aux peines disciplinaires du chef de poste; et qu'en conséquence le fait d'avoir quitté le poste après la faction, à onze heures et demie du soir, pour n'y rentrer qu'après la nuit écoulée, ne constitue qu'une absence momentanée du poste punissable soit par le chef du poste (art. 82), soit d'autres peines de discipline. — *Cass.*, 30 juill. 1835, Guillet; 29 janv. 1836 (chambres réunies), même affaire.

1680. — La cour royale de Paris, devant laquelle a été renvoyée l'affaire jugée par cet arrêt, a partagé l'opinion de la cour de Cassation sur le caractère propre de l'infraction commise par le prévenu; seulement, elle a pensé qu'aucune peine ne pouvait lui être appliquée, la seule qui aurait pu lui être infligée, aux termes de l'art. 89, L. 1831, étant celle d'une faction hors de tour, que le chef du poste n'avait pas cru devoir ordonner. — *Paris*, 9 mai 1836, Guillet.

1681. — Mais la cour de Cassation, rectifiant de nouveau, sur ce dernier point, la doctrine de la cour de Paris qui tendait à signaler une lacune grave dans la loi, a persisté à juger que si le fait par un garde national de s'être absenté du poste sans permission une partie de la matinée ne constitue pas l'abandon du poste que l'art. 89, § 3, L. 1831, punit de la prison, il constitue une infraction aux règles du service, passible de la réprimande, aux termes de l'art. 85, L. précitée. — *Cass.*, 11 juin 1836, Sasias.

1682. — Et depuis elle a jugé encore que le garde national qui s'absente du poste pendant un temps plus ou moins long, mais qui y revient avant la levée de la garde, ne peut être considéré comme ayant abandonné le poste; qu'il n'y a donc lieu de lui appliquer que les dispositions relatives à l'absence du poste, c'est-à-dire les art. 82, 83, 85 et 88, L. 22 mars 1831. — *Cass.*, 20 juill. 1838, (t. 2 1838, p. 356), D...; 29 avr. 1839 (t. 1er 1839, p. 429), Chatelain; — V. dans le même sens *Cass.*, 29 janv. 1836, Guillet; 30 nov. 1837 (t. 1er 1840, p. 133), Danglade; 12 déc. 1839 (t. 2 1839, p. 665), Delamotte; 15 fév. 1845 (t. 1er 1846, p. 28), Beauclaire.

1683. — Jugé encore que le conseil de discipline ne peut non plus voir dans cette absence une conduite propre à porter atteinte à la discipline et à l'ordre public et lui en appliquer la peine, cette dernière infraction ne pouvant résulter que de faits positifs. — *Cass.*, 12 déc. 1839 (t. 2 1839, p. 665), Delamotte. — V. cependant *suprà*, no 1603, pour le cas où un garde national quitte le poste, malgré la défense expresse qui lui en a été faite.

1684. — On sait au reste que par une disposition spéciale au département de la Seine l'art. 20, L. 14 juill. 1837, permet d'assimiler au refus de service l'arrivée tardive au poste, l'absence du poste sans autorisation, et l'absence autorisée prolongée au-delà du terme fixé. — V. *suprà* no 1431.

1685. — Jugé qu'un caporal de la garde nationale qui a abandonné le poste et refusé en outre d'y faire aucun service peut être condamné cumulativement à la prison et à la perte du grade. — *Cass.*, 14 mai 1835, Rollet.

1686. — L'art. 89, § 33, L. 22 mars 1831, qui prévoit et punit l'abandon de son poste par un garde national avant qu'il ait été relevé, n'est pas seulement applicable au factionnaire, mais à tous ceux qui composent le poste. — *Cass.*, 3 déc. 1831, Bienvenu.

1687. — Le fait, de la part d'un garde national à cheval, de s'être présenté au poste pour faire son service, et de s'être retiré immédiatement, sans même y entrer, par le motif qu'il n'y avait pas d'écurie pour son cheval, a pu être considéré comme un abandon du poste, et selon les circonstances, comme une atteinte à la discipline et à l'ordre public. *Cass.*, 6 fév. 1832, Tramoy.

1688. — Jugé que la peine de l'emprisonnement prononcée par l'art. 89, L. 22 mars 1831, étant facultative, le conseil de discipline peut n'infliger que la réprimande, au lieu de la prison, à un garde national qui a abandonné le poste sans autorisation. — *Cass.*, 15 mai 1835, Denichaud; 3 janv. 1834, Brelet.

§ 4. — *De la privation du grade.*

1689. — L'art. 90 dispose ainsi qu'il suit : « Sera privé de son grade tout officier, sous-officier ou caporal qui, après avoir subi une condamnation du conseil de discipline, se rendra coupable d'une faute qui entraîne l'emprisonnement, s'il s'est écoulé moins d'un an depuis la première condamnation. »

1690. — « Pourra également être privé de son grade tout officier, sous-officier et caporal qui aura abandonné son poste avant qu'il ne soit relevé. » — Même art.

1691. — « Tout officier, sous-officier et caporal privé de son grade par jugement, ne pourra être réélu qu'aux élections générales. » — Même art.

1692. — En outre, aux termes de l'article 93, tout chef de corps, poste ou détachement de la garde nationale, qui refuse d'obtempérer à une réquisition des magistrats ou fonctionnaires investis du droit de requérir la force publique, ou qui agit sans réquisition et hors les cas prévus par la loi, est poursuivi devant les tribunaux et puni conformément aux art. 234 et 258, C. pén. La poursuite entraîne la suspension, et, s'il y a condamnation, la perte du grade.

1693. — Il a été jugé que l'art. 93, L. 22 mars 1831, qui renvoie en police correctionnelle tous chefs de poste qui agissent sans réquisition, n'est pas applicable à des gardes nationaux qui se réunissent en uniforme et en armes, contrairement aux ordres de leurs chefs, pour fêter un de leurs camarades; que cette infraction n'est passible que de la peine de la réprimande avec mise à l'ordre. — *Cass.*, 14 mai 1835, Lesacq.

1694. — Sous les lois des 3 août et 14 oct. 1791, un capitaine de la garde nationale qui avait refusé d'obtempérer à une réquisition écrite et signée par l'agent municipal de la commune, pour une solennité extraordinaire, ne pouvait pas être acquitté par le tribunal correctionnel sous le prétexte que le délit rentrait dans le cas du service ordinaire et ne pouvait être poursuivi que comme intéressant le maintien de la discipline militaire. — *Cass.*, 21 vendém. an VIII, Lemonnier.

1695. — Il en serait de même aujourd'hui, et il a été jugé que le refus par un chef de la garde nationale d'obéir aux ordres d'un maire, à qui est conféré le droit de requérir la force publique, constitue un acte passible des peines établies par l'art. 93, L. 22 mars 1831, que l'ordre ait été donné verbalement ou par écrit, et qu'il ait eu pour objet la cessation comme l'organisation d'un service. — *Angers*, 8 juill. 1833, Faligan.

1696. — La destitution du grade, en matière de garde nationale, bien que facultative, dans le cas d'abandon du poste (V. *suprà* no 1690), doit être ordonnée, lorsque le prévenu, après une première condamnation, se rend de nouveau coupable d'une faute passible d'emprisonnement. — *Cass.*, 28 déc. 1832, Hilaire.

1697. — Elle doit, dès-lors, être cumulée avec la peine de la prison par lui encourue. — Même arrêt.

1698. — Jugé encore que les conseils de discipline ne peuvent se dispenser de prononcer la privation du grade contre un officier, sous-officier ou caporal de la garde nationale, condamné à la prison, après avoir subi dans l'année une première condamnation du conseil de discipline. — *Cass.*, 27 juin 1835, Gougniard.

1699. — ... En effet, la disposition de l'art. 90, L. 22 mars 1831, n'est point facultative, et la privation n'est que l'accessoire obligé de l'emprisonnement. — Même arrêt.

1700. — Il n'y a de récidive de la part d'un garde national que lorsqu'il a commis, dans la même année, deux fautes passibles de la peine de l'emprisonnement; ainsi, un fourrier qui, après avoir été condamné à la prison, n'a commis, dans le cours de l'année, qu'une simple infraction aux règles du service, punissable seulement de la réprimande, ne peut, sur le motif qu'il serait en récidive, être privé de son grade ni condamné à la prison. — *Cass.*, 31 mai 1833, Muguet.

1701. — Un officier déjà condamné à la réprimande par un jugement contradictoire dont il n'a pas appelé encourt, par une nouvelle condamnation à vingt-quatre heures de prison dans le cours de l'année, la privation de son grade. — *Cass.*, 1er juin 1833, Dubois-Tailli.

1702. — Est nul un jugement du conseil de discipline qui a condamné à la privation de son grade un capitaine de la garde nationale pour n'avoir pas distribué des cartouches à sa compagnie lorsqu'il en avait reçu l'ordre, ce fait ne se trouvant pas mentionné dans l'art. 90, L. 1831, parmi ceux qui entraînent la perte du grade. — *Cass.*, 31 juill. 1834, Lafon.

1703. — Est également nul le jugement d'un conseil de discipline qui s'abstient de condamner un capitaine de la garde nationale prévenu d'outrage envers son supérieur, par le motif que la peine qui devait lui être infligée entraînerait sa dégradation, la gravité plus ou moins grande d'une peine ne pouvant dispenser d'appliquer la loi. — *Cass.*, 3 avr. 1835, Bourgoin.

1704. — Un conseil de discipline ne peut, dans les cas prévus par l'art. 90, L. sur la garde nationale, condamner un officier ou sous-officier à être dégradé devant le bataillon; il ne peut que le priver de son grade. — *Cass.*, 29 sept. 1832, Duplex.

§ 5. — *De l'amende.*

1705. — La loi n'a pas adopté l'amende en principe, comme une peine applicable à la garde nationale. L'amende, en effet, n'est pas une punition pour l'homme riche, et elle serait une peine excessive pour celui qui n'est pas dans l'aisance. D'un autre côté si l'on eût voulu adopter un système d'amende proportionnel à la fortune des citoyens, on eût trouvé des difficultés inextricables pour appliquer la peine avec équité. — Duvergier, *Coll. sur l'art.* 84. L. 22 mars 1831.

1706 — Cependant dans la plupart des communes rurales il n'existe ni prison ni local pouvant en tenir lieu; les prisons les plus voisines sont assez éloignées, il faudrait une escorte pour y conduire les condamnés : les condamnations à la prison seraient donc d'une exécution difficile, et il en résulterait ou qu'il n'en serait pas prononcé ou qu'elles ne seraient pas exécutées.

1707. — Pour obvier à cet inconvénient, l'art. 84 a disposé que « si dans les communes où s'étend la juridiction du conseil de discipline, il n'existe ni prison, ni local pouvant en tenir lieu, le conseil pourra commuer la peine de la prison en une amende d'une journée à dix journées de travail. »

1708. — L'amende d'une à dix journées de travail, en laquelle on peut commuer la peine de la prison, aux termes de l'art. 84, L. 22 mars 1831 sur la garde nationale, doit s'entendre d'une peine en argent et non d'une peine en nature. — *Cass.*, 21 sept. 1833, Porchet.

1709. — Une question fort grave est celle de savoir si l'art. 84 contient pour le conseil de discipline une *obligation* ou seulement une *faculté* de commuer la peine de l'emprisonnement en une amende, lorsqu'il n'y a pas de prison dans le lieu où la condamnation a été prononcée.

1710. — A cet égard la jurisprudence de la cour de Cassation a varié.

1711. — Ainsi, d'une part, plusieurs arrêts ont décidé, en arguant du mot *pourra* de l'art. 84, qu'il n'existe à cet égard pour le conseil de discipline qu'une simple faculté et non une obligation. — *Cass.*, 12 mai 1832, Vielmon; 9 fév. 1837 (t. 2 1840, p. 299), Vielmon.

1712. — D'autres arrêts, plus nombreux, ont, au contraire, jugé qu'un conseil de discipline de la garde nationale est tenu de commuer la peine de la prison en une amende, lorsque, dans son ressort, il n'existe ni prison, ni local pouvant en tenir lieu; il ne peut ordonner que le garde national subira la prison dans un lieu voisin. — *Cass.*, 4 mars 1836, Leproux; 29 nov. 1844 (t. 2 1845, p. 89), Reguard; 11 oct. 1834, Verville; 9 janv., Ollivier; 3 sept. 1835, Angot; 3 mai 1838 (t. 1er 1840, p. 189), Sauvageot.

1713. — ... Qu'en effet, maintenir la peine de la prison dans ces circonstances, ce serait infliger au garde national une aggravation illégale de peine. — *Cass.*, 3 nov. 1836, Riblet.

1714. — Mais, par un dernier arrêt, rendu en chambres réunies, la cour a décidé que, bien qu'il n'existe pas de prison ni de local pouvant en tenir lieu dans la circonscription du conseil de discipline, ce conseil peut néanmoins prononcer la peine de l'emprisonnement contre les gardes nationaux traduits devant lui, et qu'il n'est pas tenu de commuer la peine en une amende : la disposition de l'art. 84 étant purement facultative. — *Cass.*, 5 déc. 1845 (t. 2 1847), Reguard.

1715. — Nous doutons que cette dernière jurisprudence soit conforme à l'esprit de la loi. Voici, en effet, ce que disait M. Portalis devant la chambre des pairs : « ... Je ne saurais supposer qu'on veuille l'aggraver (la peine de l'emprisonnement) par la manière même dont on l'exécutera en transférant le condamné dans une prison lointaine... Pour éviter ces inconvéniens, il faut autoriser les conseils de discipline à substituer une amende à la peine d'emprisonnement, lorsqu'ils jugeront que cette peine ne pourrait être exécutée *sans déplacement, sans dommages*, en un mot, sans une aggravation injuste et disproportionnée à l'infraction qu'il s'agit de punir. »

1716. — En tous cas, il est évident que les conseils de discipline ne devront user du droit que la cour de Cassation leur reconnaît de maintenir la peine d'emprisonnement qu'avec une extrême réserve.

1717. — Il n'y a pas lieu à commuer la peine de la prison en une amende lorsqu'il existe une prison dans la circonscription du conseil de discipline. — *Cass.*, 1er déc. 1832, Boursier.

1718. — Et il a été jugé avec raison que la disposition de l'art. 84 étant exceptionnelle, les conseils de discipline de la garde nationale ne peuvent, à peine de nullité, commuer la prison en une amende de plusieurs journées de travail qu'à la charge de constater dans leurs jugemens qu'il n'existe pas de prison, ni de local pouvant en tenir lieu, dans l'étendue de leur juridiction. —*Cass.*, 17 août 1833, Grand; 12 déc. 1835, Cauchin; 5 août, Lefebvre, et 6 août 1836, Prévost.

1719. — Ainsi, est nul un jugement du conseil de discipline qui a condamné un officier à une amende, au lieu de le condamner à la prison, lorsqu'il n'a pas déclaré qu'il n'existait ni prison ni local pouvant en tenir lieu.—*Cass.*, 12 oct. 1833, Gaffinel.

1720. —... Il ne suffit pas, pour commuer la peine de la prison en une amende, que le jugement porte qu'il n'y a pas de prison dans la commune; il doit déclarer en outre qu'il n'existe pas de local pouvant en tenir lieu. — *Cass.*, 3 janv. 1834, Villette.

1721. — Au reste, un corps-de-garde étant un lieu accessible au public ou destiné au séjour et à la libre circulation des gardes nationaux, ne peut être assimilé à une prison, ni en tenir lieu.—*Cass.*, 26 juill. 1833, Dumont.

1722. — Mais un garde national peut être condamné à subir l'emprisonnement pour infraction au service, dans un local disposé au-dessus du corps-de-garde et destiné pour les gardes nationaux qui subiraient des condamnations. — *Cass.*, 6 fév. 1832, Tramoy.

1723. — Il n'appartient qu'au conseil de discipline, et non à l'officier rapporteur, dans le cas où il y a lieu de commuer la peine de l'emprisonnement en celle de l'amende, de fixer le taux de cette amende, l'appréciation qu'il fait entraînant nécessairement un nouvel examen de la culpabilité du prévenu. — *Cass.*, 9 janv. 1835, Ollivier.

1724. — Les manquemens aux revues et exercices n'étant pas passibles de l'emprisonnement, et l'amende ne pouvant être prononcée que par commutation de la peine d'emprisonnement; (V. *suprà*, no 1707) il en résulte qu'on doit réputer nul un jugement qui condamne un garde national à l'amende pour manquement à des revues et exercices par commutation de la peine de la prison. — *Cass.*, 9 janv. 1835, Delauzon.

1725. — Jugé encore que les réglemens particuliers pour le service de la garde nationale ne peuvent infliger d'autre peine que celle établie par la loi; qu'en conséquence, est nul un jugement d'un conseil de discipline qui condamne à une amende établie par un réglement pour de simples manquemens à des revues, qui ne sont passibles que de la réprimande. — *Cass.*, 27 juin 1835, Marre.

1726. — La peine de la prison dans les communes où il n'y a ni prison ni local pour en tenir lieu, ne pouvant être commuée qu'en une amende d'une à dix journées de travail, il s'ensuit que toute autre commutation est interdite. — *Cass.*, 26 juill. 1833, Dumont; 27 juin 1835, Marre.

1727. — Un conseil de discipline viole la loi et commet un excès de pouvoir en condamnant un garde national, pour désobéissance et insubordination, à une amende de 3 fr. et aux arrêts forcés pendant deux jours avec deux soldats et un caporal à sa porte, à la charge de les payer à raison de 2 fr. par jour, une amende ne pouvant être prononcée que dans le cas où il y a lieu de commuer la peine de la prison, lorsqu'il n'existe pas dans la juridiction de local pouvant en tenir lieu, et la peine de la prison ne pouvant en outre être cumulée avec celle des arrêts. — *Cass.*, 18 sept. 1835, Moreau.

ART. 3. — *Amnisties.*

1728. — Le droit d'amnistie n'appartient qu'au roi (V. AMNISTIE). C'est donc avec raison qu'il a été jugé qu'une contravention aux règles de service de la garde nationale ne peut être amnistiée par les chefs de corps ni par les conseils de discipline. — *Cass.*, 14 avr. 1832, Brunet.

1729. —... Et qu'un maire et les officiers de la garde nationale n'ont pas le droit de décider que toutes les fautes disciplinaires commises avant telle époque resteront sans poursuites; une telle décision renfermant, quant au droit d'amnistie, un excès de pouvoir qui ne peut, en aucune manière, entraver l'exercice de la peine disciplinaire. — *Cass.*, 15 juin 1832, Badin.

1730. — Au sujet des amnisties prononcées en matière de garde nationale, nous avons rapporté divers arrêts qui décident que l'ordonnance royale qui amnistie les manquemens dans le service de la garde nationale s'applique aux faits qui, d'après l'art. 92 de la loi du 22 mars 1831, doivent être jugés et punis par les tribunaux correctionnels, aussi bien qu'à ceux qui sont de la compétence des conseils de discipline. — *Cass.*, 19 juill. 1839 (t. 2 1839, p. 552), Charasson.

1731. —... Qu'on ne peut renoncer au bénéfice d'une ordonnance d'amnistie.—*Cass.*, 10 juin 1831, Corail.

1732. —... Que la peine d'emprisonnement n'est pas applicable aux gardes nationaux à raison d'un second manquement à un service d'ordre et de sûreté lorsque le premier manquement a été couvert par une ordonnance d'amnistie. — *Cass.*, 21 sept. 1838 (t. 2 1844, p. 393), Mothey-Doré.

1733. —... Que l'ordonnance qui, ne se bornant pas à faire remise des peines encourues par suite de condamnations disciplinaires, abolit même les poursuites commencées, est une véritable amnistie. — *Cass.*, 19 juill. 1839 (t. 2 1839, p. 552), Charasson. — V. au surplus, sur les règles en matière d'amnistie et sur les effets de l'amnistie, Vo AMNISTIE.

ART. 4. — *Cumul des peines.*

1734. — Pendant long-temps la cour de Cassation a jugé que le principe, qu'en cas de conviction de plusieurs délits ou contraventions, la peine la plus forte doit seule être appliquée, est général, absolu, et ne souffre pas d'exception pour les conseils de discipline de la garde nationale. — *Cass.*, 4 juill. 1835, Châteaubriant; 5 août 1836 (t. 1er 1837, p. 498), Guérin; 6 mars 1835, Dubois.

1735. —... Et qu'en conséquence un garde national ne peut être condamné pour un manquement de service antérieur à ceux pour lesquels il a déjà été condamné au *maximum* de la peine. — *Cass.*, 5 août 1836 (t. 1er 1837, p. 498), Guérin.

1736. —... Que, de même, un conseil de discipline, saisi de deux plaintes contre un garde national pour refus de service, ne peut le condamner par un premier jugement à un jour de prison, et par un deuxième à quarante-huit heures de la même peine, ce qui excède le maximum fixé par l'art. 89, L. 22 mars 1831. — *Cass.*, 4 juill. 1835, Châteaubriant; 6 mars 1835, Dubois.

1737. — Qu'ainsi, dans le cas de deux contraventions, le conseil de discipline doit infliger la peine la plus forte. — *Cass.*, 8 fév. 1833, Lolot; 9 mai 1835, Gamain.

1738. — Mais, par un arrêt plus récent la même cour a décidé que l'art. 365, C. inst. crim., n'est point applicable en matière de garde nationale. — *Cass.*, 25 janv. 1845 (t. 1er 1845, p. 482).

1739. — Jugé en tous cas que la réprimande et l'emprisonnement prononcés cumulativement par un conseil de discipline ne peuvent donner ouverture à cassation; ces deux peines ne constituant en réalité qu'une seule et même peine. — *Cass.*, 12 janv. 1837 (t. 2 1840, p. 94), Henri.

ART. 5. — *Prescription.*

1740. — La jurisprudence de la cour de Cassation est fixée en ce sens que l'action publique pour les contraventions au service de la garde nationale est, à défaut de disposition spéciale dans la loi du 22 mars 1831, soumise à la prescription d'un an, établie en l'art. 640, C. inst. crim. — *Cass.*, 22 août 1834, Cartier Saint-René; 14 mai, Goupil, et 18 sept. 1835, Chenet; 21 juin 1844 (t. 1er 1845, p. 146), Daussy.

1741. — Jugé aussi que la disposition de cet article, qui fait courir la prescription du jour de la signification du jugement susceptible d'être réformé, s'applique aux jugemens par défaut comme aux jugemens contradictoires. — *Cass.*, 15 mai 1835, Goupil.

1742. — Des infractions au service éteintes par la prescription, ne peuvent être jointes à des manquemens postérieurs pour infliger la peine de la prison, en vertu de l'art. 89. — *Cass.*, 18 sept. 1835, Chenet.

ART. 6. — *Compétence correctionnelle.*

1743. — L'art. 92, L. 22 mars 1831, porte: « Tout garde national qui, dans l'espace d'une année, aura subi deux condamnations du conseil de discipline pour refus de service, sera, pour la troisième fois, traduit devant les tribunaux de police correctionnelle, et condamné à un emprisonnement qui ne pourra être moindre de cinq jours ni excéder dix jours. »

1744. — « Il sera en outre condamné aux frais et à une amende qui ne pourra être moindre de 6 fr., ni excéder 15 fr. » — Même article.

1745. — Sous les lois des 27 juill.-3 août et 29 sept.-14 oct. 1791, le refus de service par des gardes nationaux en état de réquisition permanente, était un délit de la compétence du tribunal de police correctionnelle. L'art. 4, sect. 5 de cette dernière loi, qui attribuait aux officiers municipaux le droit de soumettre à la taxe de remplacement les gardes nationaux récalcitrans, n'était applicable qu'au service ordinaire et ne dérogeait point à l'art. 43 de la loi précédente. — *Cass.*, 26 flor. an VII, habit. de Dax.

1746. — Cette solution est sans application possible sous l'empire de la loi de 1831. Aux termes de l'art. 92 de cette loi, il faut deux condamnations du conseil de discipline intervenues dans l'année pour que les manquemens postérieurs puissent être soumis à la juridiction correctionnelle.

1747. — Il faut pour qu'il y ait lieu à la compétence correctionnelle que les deux condamnations prononcées dans l'année l'aient été pour refus de service d'ordre et de sûreté; ainsi le tribunal correctionnel ne serait pas compétent si les premières condamnations n'avaient été prononcées que pour des manquemens à des revues et exercices. Sur ce point la jurisprudence de la cour de Cassation n'a jamais varié. — *Cass.*, 11 fév. 1832, Gignoux; 4 mai 1832, Burot; 11 mai 1832, Bruneau; 20 juill. 1832, Prévot; 23 août 1832, de Courçais; 11 oct. 1832, Hammel; 6 déc. 1832, Schuller; 4 juill. 1834, Lemale. — *Contrà Angers*, 6 fév. 1832, Gautier.

1748. — Jugé encore que, quelles qu'aient été les condamnations disciplinaires encourues par un garde national pour service d'ordre et de sûreté, il ne peut être traduit en police correctionnelle, conformément à l'art. 92, L. 22 mars, si l'infraction qu'il vient à commettre ensuite ne consiste que dans un simple manquement à une revue. — *Cass.*, 17 mai 1832, Monié, Duprout, Robin.

1749. —... Ou, encore, si des condamnations intervenues, une seule avait eu lieu pour refus de service d'ordre et de sûreté, et les autres pour désobéissance et insubordination. — *Cass.*, 11 oct. 1832, Hammel.

1750. — Ainsi, un garde national qui a subi une première condamnation pour abandon du poste, une deuxième pour manquement à deux services d'ordre et de sûreté, n'est, en cas de refus nouveau, justiciable que du conseil de discipline et non de la police correctionnelle, la première condamnation n'ayant point eu pour objet un refus d'un service d'ordre et de sûreté, mais une simple faute dans le service. — *Cass.*, 13 nov. 1835, Duchauffour.

1751. — De même, encore, une condamnation prononcée contre un garde national pour infraction au service ne saurait compter parmi les condamnations pour refus de service, qui donnent lieu à l'application de la compétence correctionnelle. — *Cass.*, 11 mai 1832, Quarré.

1752. — La cour de Cassation, précisant d'une manière fort nette la portée de l'art. 92, a décidé qu'en matière de garde nationale, il est nécessaire pour qu'il y ait lieu à la compétence du tribunal de police correctionnelle, non seulement que le garde national inculpé ait, dans le cours de la même année, subi deux condamnations pour refus de service (lesquelles reposent nécessairement sur quatre manquemens à des services d'ordre et de sûreté), mais encore qu'il y ait à sa charge deux autres manquemens dans le cours de la même année, à des services d'ordre et de sûreté. — Il ne suffirait donc pas d'un cinquième manquement après deux condamnations. — *Cass.*, 11 mai 1832, Bruneau; 6 déc. 1832, Schuller; 8 déc. 1832, Chesnay; 4 janv. 1833, Lemale; 25 janv. 1833, Bruneau; 17 août 1833, Grand; 4 juill. 1834, Lemale; 26 janv. 1837 (t. 1er 1838, p. 23), Vantelet.

1753. — Jugé encore qu'aux termes de l'art. 92, L. 22 mars 1831, la juridiction correctionnelle ne peut connaître des infractions au service de la garde nationale qu'autant qu'elles ont eu lieu pour un service d'ordre et de sûreté, et qu'elles ont été réitérées six fois. — *Cass.*, 5 juin 1835, Hébert.

1754. — ... Et qu'en conséquence est nul le jugement d'un conseil de discipline qui renvoie en police correctionnelle un garde national prévenu seulement de désobéissance et d'insubordination, après deux condamnations pour de simples manquemens à des revues. — Même arrêt.

1755. — Jugé aussi que lorsque, après deux condamnations du conseil de discipline, un garde national a été indûment traduit pour un premier refus de service devant le tribunal correctionnel et condamné à la prison, et qu'il a subi sa prison, il ne peut, pour le deuxième refus qu'il vient à commettre, être poursuivi que devant le conseil de discipline, le premier fait jugé ne pouvant être pris en considération et ne restant à la charge du prévenu qu'un seul refus de service, insuffisant pour établir la compétence de la juridiction correctionnelle. — *Paris*, 21 nov. 1833, Dartois.

1756. — ... Et qu'après deux condamnations du conseil de discipline pour refus de service d'ordre et de sûreté, un garde national ne peut être jugé correctionnellement que pour manquement à deux services de même nature postérieurs à ces condamnations; qu'en conséquence est incompétente une cour royale jugeant correctionnellement qui a condamné ce garde national pour simples manquemens à une garde hors de tour et à l'exercice. — *Cass.*, 27 juin 1834, Petit.

1757. — Les manœuvres et exercices des pompes à incendie de la part d'un sapeur pompier de la garde nationale constituent un service d'ordre et de sûreté. Il y a lieu de renvoyer en police correctionnelle un sapeur pompier qui après deux condamnations à la prison, rendues par le conseil de discipline, a de nouveau manqué à une garde et à un exercice de pompes. — *Cass.*, 8 oct. 1835, Lange.

1758. — Un garde national condamné deux fois à la prison dans l'année par le conseil de discipline pour refus d'un service d'ordre et de sûreté, s'il vient à commettre de nouveaux refus de cette nature dans le cours de la même année, est justiciable du tribunal de police correctionnelle, bien que, postérieurement à ces faits, il ait été porté sur les contrôles d'une autre localité. — *Cass.*, 2 juin 1836, Chesnaye.

1759. — Lorsqu'un garde national s'est pourvu en cassation contre deux jugemens rendus contre lui par un conseil de discipline pour manquement à deux services d'ordre et de sûreté, et qu'avant la décision de la cour, il commet deux nouveaux manquemens à un service de même nature, cette dernière infraction est de la compétence du tribunal correctionnel et non du conseil de discipline, aux termes de l'art. 92, L. 23 mars 1831, les pourvois qu'il a formés suspendant l'exécution de la peine, mais ne dispensant pas d'obéir aux ordres de service. — *Cass.*, 22 nov. 1832, Duclos.

1760. — Ce n'est qu'après l'expiration de l'année que le conseil de discipline, reprenant sa juridiction ordinaire, est compétent pour connaître des deux doubles refus de service que le prévenu a pu commettre avant tout renvoi en police correctionnelle. — *Cass.*, 15 fév. 1833, Lemale.

1761. — Un officier de la garde nationale qui étant en uniforme a fait partie d'un attroupement est justiciable du tribunal de police correctionnelle, conformément à la loi du 10 avr. 1831 sur les attroupemens, et non du conseil de discipline. — *Cass.*, 14 mars 1834, Simonot. — V. ATTROUPEMENT.

1762. — L'art. 92 ajoute que dans le cas qu'il prévoit, le garde national sera, s'il y a récidive, condamné à un emprisonnement qui ne pourra être moindre de 10 jours ni excéder 20 jours, et aux frais, ainsi qu'à une amende qui ne pourra être moindre de 15 francs ni excéder 50 francs.

1763. — On s'est demandé quand il pouvait y avoir lieu à récidive et par conséquent à l'application de cette disposition de l'art. 92.

1764. — Un premier arrêt de la cour de Cassation avait décidé que le jugement correctionnel qui condamne un garde national pour refus d'un service d'ordre et de sûreté ayant pour effet de purger toutes les infractions antérieures, ce n'est qu'après deux nouvelles condamnations prononcées par le conseil de discipline que ce garde national devient justiciable de la police correctionnelle et passible des peines de la récidive pour un nouveau *double* refus de service. — *Cass.*, 16 nov. 1832, Lemale.

1765. — Mais dans la même affaire, la cour est revenue sur cette jurisprudence en décidant que le garde national qui, après deux condamnations disciplinaires pour deux doubles refus de service d'ordre et de sûreté, et après une condamnation correctionnelle pour un troisième double refus de service, se rend coupable d'un nouveau double refus de service d'ordre et de sûreté dans le cours de la même année est passible des peines correctionnelles de la récidive. — *Cass.*, 15 fév. 1833, Lemale; 13 juin 1833, Talon.

1766. — Mais *un seul manquement* de la part d'un garde national à un service d'ordre et de sûreté postérieur à un jugement qui l'a déjà condamné pour double manquement à un service de même nature ne peut être puni de la peine de la prison comme constituant la récidive; il faut après la première condamnation *deux nouveaux manquemens*. — *Cass.*, 27 avr. 1833, Alemant; *Paris*, 21 nov. 1833, Dartois.

V. aussi ABUS DE CONFIANCE, AMNISTIE POLITIQUE, BLESSURES ET COUPS, CASSATION (crim.), SERMENT DES FONCTIONNAIRES.

GARDE-NOBLE.

1. — On définissait en général le *droit de garde-noble* le droit que la loi municipale accordait au survivant de deux conjoints de percevoir à son profit le revenu des biens que ses enfans mineurs avaient eu de la succession du prédécédé, jusqu'à ce qu'ils eussent atteint un certain âge, sous des charges qu'elle lui imposait, et en récompense de l'éducation desdits enfans qu'elle lui confiait. — Pothier, *Traité de la garde noble et bourgeoise*, n° 2; V. aussi nouveau Denisart, v° *Garde noble et bourgeoise*, § 1er, n° 1er.

2. — Cette définition ne pouvait, au surplus, convenir à toutes les coutumes; quelques unes étendaient ce droit, soit par rapport aux personnes auxquelles elles le déféraient, soit par rapport à ce qu'elles accordaient au gardien; d'autres, au contraire, le restreignaient. — Pothier, n° 4.

3. — Ce droit, dans la plupart des coutumes, s'appelait *garde*, dans d'autres, par exemple dans la coutume de Bretagne, *bail*, mot qui paraît venir de *bajulus*, lequel, dans la basse et dans la moyenne latinité, signifiait *gouverneur*, et dont on se servait, ainsi que du mot *baillistre*, pour désigner celui à qui ce droit était déféré. — V. Pothier, n° 5, et Demangeat, *Revue de droit français et étranger*, n° de sept. 1845, p. 657.

4. — Dans la coutume d'Orléans, l'on employait spécialement le mot *garde* pour désigner le gouvernement confié au survivant des père et mère ou autres ascendans des mineurs, et le mot *bail* pour désigner ce même gouvernement passé au beau-père des mineurs, par suite du mariage de celui-ci avec leur mère, pendant qu'elle avait la garde-noble. — Pothier, n° 7.

5. — Suivant les auteurs du Nouveau Denisart (*loc. cit.*, n° 2), on entendait anciennement par *bail*, dans le sens propre, un droit sur les biens, et par *garde* un droit sur la personne des mineurs.

6. — Duplessis (sur l'art. 265 de la *Coutume de Paris*) dit, en parlant de la garde-noble : « Son origine vient des fiefs, lesquels ne pouvant être anciennement possédés qu'à la charge de servir le seigneur en guerre, les mineurs en étant incapables, cela était cause que l'on donnait la garde et l'usufruit de leurs fiefs à leur proche parent, pour en faire la fonction d'eux, et à la charge de les nourrir jusqu'à ce qu'ils fussent en âge; ce qui attirait aussi l'usufruit de tous les autres immeubles, d'où est arrivé par la suite du temps qu'on a fait un droit certain et réglé par la coutume, sans plus considérer s'il y avait des fiefs ou non, ni cette ancienne cause, mais la seule minorité des enfans. »

7. — Pothier (nos 8 et s.) rattache également au droit des fiefs l'origine de la garde-noble. — V. conf. Guyot, *Rép.*, v° *Garde-noble*, sect. 2; Nouveau Denisart, même mot, § 1er, n° 4; V. aussi Demangeot, *loc. cit.* — Cette origine est, en effet, la plus rationnelle; notons, toutefois, que quelques anciens auteurs, comme Tronçon (sur l'art. 265 de la *Coutume de Paris*), ont voulu faire dériver la garde-noble de la tutelle légitime des Romains.

8. — Le droit de garde appartenait originairement au seigneur du fief noble dont le vassal venait à mourir laissant un héritier mineur. Ce seigneur pouvait être le prince, le premier de tous les seigneurs féodaux; ce pouvait être aussi un simple seigneur de fief.

9. — Comme le fait observer M. Demangeot (*loc. cit.*, p. 662 et s.), il y avait entre ces deux cas cette double différence, à savoir : 1° que le prince, quand il avait la garde comme seigneur d'un fief relevant nûment de la couronne, jouissait de cette prérogative particulière de pouvoir, de plein droit, comprendre dans sa garde tous les fiefs et biens quelconques échus au mineur; 2° que la garde royale se prolongeait jusqu'au moment où l'héritier avait accompli sa vingt et unième année, tandis que la garde seigneuriale ne durait que jusqu'à l'âge de vingt ans accomplis.

10. — Cette garde royale ou seigneuriale paraît avoir existé en Normandie dès qu'il y a eu des fiefs. Organisée déjà dans le *Grand-Coustumier*, qui, vraisemblablement, n'est pas postérieur au treizième siècle, consacrée de nouveau dans la *Coutume* à la fin du seizième siècle, elle n'a été abolie que par l'art. 12, tit. 1er, L. 15-28 mars 1790. — Demangeot, p. 663; — V. aussi Nouveau Denisart, *loc. cit.*, n° 4.

11. — En Bretagne le droit de bail avait été assez généralement remplacé dès 1275 par le droit de rachat qui consistait dans une espèce de convention aléatoire, par laquelle le seigneur renonçait à son droit de bail moyennant le droit qu'il se réservait de prendre, à la mort de chacun de ses vassaux, les revenus d'une année de tous les biens laissés par ce vassal, soit que l'héritier fût majeur ou mineur. — Demangeot, *ibid.*

12. — D'un autre côté, tous les anciens auteurs qui ont traité du droit de garde, notamment Pothier (*loc. cit.*, n° 9), présentent cette même garde seigneuriale comme ayant précédé dans les autres parties de la France féodale l'établissement de la garde-noble qui n'en a été que la transformation.

13. — On explique communément cette transformation par le désir qu'eurent les seigneurs de se débarrasser des charges, quelquefois très lourdes, que cette garde leur imposait, charges dont la principale résultait de ce que le seigneur qui prenait la garde était privé de son droit habituel de relief. — V. conf. Demangeot, *loc. cit.*, p. 664. — V. aussi dans le même sens Pothier, *loc. cit.*

14. — Notre ancien droit ne réglait pas d'une manière uniforme les personnes auxquelles était déférée la garde-noble. Sans remonter jusqu'à la législation des assises de Jérusalem, des établissemens de saint Louis, du vieux coutumier de Champagne et de Brie, et du coutumier de Beauvoisis, qui consacraient à cet égard trois systèmes différens, qu'a très clairement exposés M. Demangeot (*loc. cit.*, p. 665 et suiv.), nous nous bornerons à analyser brièvement les dispositions du coutumier, relatives au même objet.

15. — Ces dispositions étaient très diverses. On peut, à ce point de vue, distinguer avec Pothier (*loc. cit.*, nos 15 et suiv.) cinq classes de coutumes.

16. — La première classe comprenait les coutumes qui, comme celles du Maine, d'Anjou et de Loudunois, ne déféraient la garde-noble qu'au dernier survivant des conjoints, sans l'étendre, à son défaut ou à son refus, aux autres ascendans ni encore moins aux collatéraux.

17. — La seconde classe était celle des coutumes qui déféraient la garde-noble non seulement au père et à la mère, mais encore à l'aïeul ou l'aïeule, sans parler toutefois des autres ascendans. De ce nombre se trouvait la coutume de Paris qui, en appelant à la garde des mineurs leurs aïeuls et aïeules, ne distinguait pas, du reste, si ces derniers étaient du côté du prédécédé des conjoints par mariage, ou s'ils étaient du côté du survivant qui avait refusé la garde-noble ou qui en avait été exclu comme incapable.

18. — Lorsqu'il se trouvait des aïeuls ou aïeules nobles tant du côté du survivant que du côté du prédécédé, Tronçon et Tournet (*Sur la Coutume de Paris*, art. 265 et suiv.) pensaient, et leur avis était partagé par Lemaître (tit. 12, chap. 1er), que l'aïeul ou l'aïeule de la ligne paternelle devaient être préférés à l'aïeul ou l'aïeule de la ligne maternelle. Duplessis et Ferrière (*Sur la Coutume de Paris*, art. 265 et suiv.), Bourjon (t. 1er, p. 994) inclinaient, au contraire, pour la concurrence.

19. — Mais l'opinion qui nous paraît plus rationnelle est celle émise par Renusson. Cet auteur (*Traité du droit de garde-noble et bourgeoise*, chap. 2, nos 20 et suiv.) était d'avis qu'on devait, en ce cas, préférer l'aïeul ou aïeule du côté du prédécédé à ceux de l'autre côté; car le droit de garde-noble, s'exerçant sur les biens qui sont venus aux mineurs de la succession du conjoint prédécédé, il était plus naturel que le gouvernement et l'émolument de ces biens fussent déférés à un aïeul ou aïeule du côté duquel ils venaient, qu'à l'aïeul ou aïeule de l'autre côté, auxquels ces biens étaient étrangers. — C'est dans ce sens que la question avait été résolue par l'art. 330 de la coutume de Reims qui, non seulement, du reste, préférait la ligne de la succession échue à l'autre ligne, mais encore dans la même ligne l'aïeul à l'aïeule. — V. au surplus Guyot, *loc. cit.*, sect. 6e.

20. — Ainsi, dans ce système, comme le font observer les auteurs du Nouveau Denisart (*loc. cit.*, § 3, n° 3), il y avait deux ordres différens pour régler la préférence de la garde entre les aïe[illegible]

La garde et administration de la succession paternelle était déférée : 1° à l'aïeul paternel; — 2° à l'aïeule paternelle; — 3° à l'aïeul maternel; — 4° à l'aïeule maternelle. — La garde et administration de la succession maternelle était déférée : 1° à l'aïeul maternel; — 2° à l'aïeule maternelle; — 3° à l'aïeul paternel; — 4° à l'aïeule paternelle.

21. — Une troisième classe était celle des coutumes qui déféraient la garde noble non seulement aux aïeuls et aïeules, mais généralement à tous les ascendans, quel que fût leur degré. Cette classe comprenait les coutumes d'Orléans, de Melun et de Montfort.

22. — Une quatrième classe appelait à la garde noble ou bail, même avec émolument, les collatéraux des mineurs à défaut d'ascendans, sans accorder toutefois à ces collatéraux le même émolument. Telle était la disposition de la coutume du Berry.

23. — Il y avait enfin quelques coutumes qui, en appelant les collatéraux, à défaut d'ascendans, à la garde des mineurs, pour raison de leurs fiefs, la restreignaient aux seuls collatéraux qui étaient de la ligne d'où lesdits fiefs procédaient; la coutume d'Amiens statuait dans ce sens.

24. — La garde-noble ne pouvait être déférée qu'à des nobles d'extraction ou à des roturiers anoblis, pourvu qu'ils ne fussent ni morts civilement, ni interdits, soit pour cause de démence, soit pour cause de prodigalité. — Pothier, n°s 25 et suiv.; Nouveau Denisart, § 3, n° 5; Guyot, sect. 7e et 8e.

25. — Aucune exclusion ne devait résulter, quant à l'exercice du droit de garde-noble, de la sentence de condamnation à une peine infamante, ni du jugement qui, au lieu d'interdire pour cause de prodigalité, se serait borné à nommer un conseil pour les actes d'aliénation à la personne noble ou anoblie. — Pothier, n°s 27 et suiv.

26. — Les mineurs pouvaient aussi avoir la garde-noble de leurs enfans, même dans les coutumes qui, comme celle d'Orléans, unissaient la tutelle à la garde. Toutefois, il y avait quelques coutumes, telle que celle du Maine, qui refusaient au survivant mineur la garde-noble de ses enfans. — Pothier, n°s 27 et suiv.; nouv. Denisart, *loc. cit.*

27. — On a vu (V° GARDE BOURGEOISE) que la coutume de Paris accordait aux non nobles un droit de garde qui avait les mêmes émolumens que la garde-noble, mais elle ne l'accordait qu'au père ou à la mère des mineurs qui avait survécu.

28. — Ce droit de garde était un des priviléges de la bourgeoisie de Paris et avait été confirmée par des lettres-patentes de Charles V et de Charles VI, en date du 9 août 1371 et 5 août 1390. Les bourgeois des autres villes régies par la coutume de Paris, n'avaient pas le même privilége. Mais remarquons que, pour en jouir, il n'était pas nécessaire d'être à Paris; il suffisait d'y avoir son domicile lors de la mort du prédécédé qui donnait ouverture à cette garde. — Pothier, n°s 36 et s.; nouv. Denisart, § 1er, n° 6.

29. — Cette garde n'avait lieu que sur les impubères roturiers, et il fallait, du reste, pour en être investi toutes les autres qualités exigées pour la garde-noble, sauf qu'il n'était pas nécessaire d'être noble.

30. — Non seulement le droit commun coutumier ne déférait la garde-noble qu'aux nobles, mais il ne la déférait encore que sur les nobles. — V. pour les détails Pothier, n°s 31 et s.; nouv. Denisart, § 4, n°s 1er et s.; Guyot, *Rép.*, v° *Garde-noble*, sect. 3e.

31. — Toutefois l'art. 265 de la coutume de Paris ne distinguant pas, pour accorder l'exercice du droit de garde-noble, entre le cas où les enfans étaient nobles et celui où ils ne l'étaient pas, Auzanet (sur cet article), Renusson (*loc. cit.*, chap. 2, n° 51), Lemaitre (tit. 12, chap. 1er) pensaient qu'à Paris la femme noble, veuve d'un homme qui ne l'était pas, pouvait avoir la garde-noble de ses enfans qui étaient roturiers. Mais Duplessis (sur l'art. 265, *Cout. de Paris*) était d'avis contraire, et Pothier (n° 34) trouvait ce dernier sentiment plus régulier, comme étant, en effet, plus conforme à ce qui concerne l'origine de la garde-noble.

32. — Les personnes soumises au droit de la garde-noble ne devaient pas avoir atteint l'âge réglé par les coutumes, passé lequel la garde-noble ne pouvait pas avoir lieu. Or, à Paris, les garçons n'étaient plus sujets à la garde lorsqu'ils avaient l'âge de vingt ans, et les filles lorsqu'elles avaient l'âge de quinze ans accomplis. A Orléans, les garçons devaient avoir vingt ans et un jour, et les filles quatorze ans et un jour pour n'être plus sujets à la garde-noble. — Pothier, n° 35.

33. — La garde-noble se déférait par la mort du père ou de la mère des mineurs de l'âge prescrit pour cette garde, et qui n'étaient point mariés. Elle ne se déférait que cette fois, mais elle se déférait nécessairement sans que celui par la mort duquel il y avait ouverture à la garde-noble, pût empêcher par son testament que la garde-noble fût déférée aux ayant-droit. — V. Pothier, n°s 41 et s.; nouveau Denisart, § 5, n°s 1er et s., et § 6, n° 9. — V. aussi Renusson, *loc. cit.*, chap. 10; Bourjon, *Dr. commun de la France*, t. 1er, p. 828; Duplessis sur la *Cout. de Paris*, t. 1er, p. 264; Ricard sur cette même coutume, art. 268; Guyot, *Rép.*, *loc. cit.*, sect. 4e.

34. — L'on admettait toutefois que l'on pouvait stipuler par contrat de mariage que le survivant n'aurait pas la garde-noble de ses enfans. — Pothier, Nouv. Denisart, Bourjon, Guyot, *loc. cit.* — Lebrun (*Des Successions*, liv. 2, chap. 3, sect. 4, n° 22) pensait même qu'une mère pouvait laisser tous ses biens à son fils, à la charge que son père n'y aurait aucun droit de garde-noble, pourvu que la condition ne concernât que la chose donnée, et non la totalité du droit de garde en lui-même.

35. — La garde-bourgeoise de la coutume de Paris ne pouvait être déférée que par la mort du père ou de la mère des mineurs, puisqu'elle n'était pas déférée à d'autres qu'au survivant d'entre eux.

36. — Dans plusieurs coutumes, la garde-noble devait être acceptée, et même dans quelques-unes, telle que celle de Paris, il fallait que cette acceptation fût publique. — Pothier, n° 48.

37. — La publicité de l'acceptation était exigée dans l'intérêt des créanciers auxquels il importait, en effet, de savoir si le survivant avait accepté la garde-noble, afin de s'adresser à lui pour être payés de leurs créances que le gardien noble s'obligeait d'acquitter en acceptant la garde-noble. « Cela était d'autant plus nécessaire, ajoute Pothier (n° 49), qu'autrefois les créanciers des mineurs étaient obligés de se faire payer par le gardien durant la garde, faute de quoi ils étaient déchus et ne pouvaient plus rien demander aux mineurs après la garde. C'est ce qui paraît par une ordonnance de Philippe de Valois de 1330, rapportée par Laurière (tit. 12 sur l'art. 270 *in fine*). »

38. — La coutume de Paris, à la différence de quelques autres, par exemple de celle du Berry, ne fixait aucun temps pour l'acceptation de la garde; d'où Renusson (*Tr. de la Garde, etc.* chap. 8, n° 6) concluait 1° que ceux à qui la garde était déférée, se trouvaient toujours en temps utile pour l'accepter, tant que les mineurs n'avaient pas atteint l'âge auquel elle finissait, et qu'il ne paraissait qu'on y eût renoncé; — 2° que l'acceptation, en quelque temps qu'elle fût faite, avait un effet rétroactif, et devait faire gagner au gardien les fruits perçus, même avant son acceptation, conséquences admises aussi par Duplessis (*Tr. de la Garde*, chap. 4), mais dont Pothier (n°s 50 et s.), conformément à l'opinion de Lemaître (tit. 12, chap. 4) n'admettait que la première. — V. aussi Nouveau Denisart, § 6, n° 4.

39. — Dans les coutumes où la garde devait être acceptée, si le survivant, à qui elle était déférée, mourait avant que de l'avoir acceptée, elle se déférait à ceux qui y étaient appelés en second ordre. — Pothier, n° 41.

40. — L'acceptation de la garde devait se faire en personne, et non par procureur; c'était un usage suivi de tout temps, ainsi que l'avait constaté un acte de notoriété du Châtelet de Paris du 15 sept. 1753. C'est ainsi que Gaston, duc d'Orléans, frère de Louis XIII, avait été obligé d'accepter en personne la garde-noble de Mademoiselle de Montpensier, sa fille, à l'audience du Châtelet. — Nouv. Denisart, § 6, n° 3.

41. — Il y avait des coutumes du nombre desquelles était celle d'Orléans, qui faisaient, au contraire, acquérir de plein droit la garde soit noble, soit bourgeoise, au survivant ou aux autres personnes auxquelles elles la déféraient, sans qu'il fût besoin d'aucune acceptation de leur part. Mais ces personnes n'étaient point cependant investies du droit de garde malgré elles; elles pouvaient y renoncer, sous la condition de faire la renonciation au greffe, dans la quinzaine, et de pourvoir à leurs frais, dans la huitaine suivante, les mineurs, d'un tuteur, à peine de dommages-intérêts. — Pothier, n° 54.

42. — Dans les coutumes où la garde était ainsi acquise sans acceptation, le survivant qui était mort sans s'être expliqué, pouvait être censé avoir été gardien, et la garde-noble ayant été consommée ne pouvait plus avoir lieu. — Pothier, n° 44.

43. — Comme il y avait autant de droits de garde qu'il y avait d'enfans, les principes ne s'opposaient pas à ce que le survivant, à qui la garde-noble de ses enfans était déférée, pût l'accepter à l'égard de l'un de ses enfans, et y renoncer à l'égard des autres. Mais cela n'était pas admis dans l'usage, parce qu'une pareille distinction aurait au moins choqué la bienséance, des vues d'avarice ou quelque injuste prédilection pouvant seules y donner lieu. — Auzanet, sur l'art. 265 *Cout. de Paris*; Lemaitre, tit. 12, chap. 1er; Renusson, chap. 3, n°s 12 et suiv.; Pothier, n° 55. — V. aussi Bourjon, *Dr. comm. de la France*, tit. 19, chap. 7, n° 7; Merveilleux, *Tr. de la garde*, ch. 2, n° 9; nouveau Denisart, *loc. cit.*, § 6, n° 6; Guyot, sect. 9.

44. — Le gardien qui avait la faculté de renoncer tout d'abord à la garde pouvait aussi, après l'avoir acceptée, en remettre le bénéfice à ses mineurs. Seulement, en ce qui concerne les effets de cette remise, il fallait distinguer entre le cas où la remise était contenue dans le même acte que l'acceptation du gardien, et celui où elle était contenue dans un acte postérieur. Au premier cas, le gardien était déchargé du paiement des dettes mobilières qui restaient à la charge des mineurs, comme si la garde n'avait pas été acceptée; au second cas, la remise du bénéfice de la garde ne valait que pour l'actif à venir et les charges à venir, à moins que le gardien ne s'en fût expliqué autrement. — Nouveau Denisart, § 6, n°s 10 et suiv.

45. — Le droit de garde-noble consistait : 1° dans le droit de gouverner les personnes des mineurs, et de disposer de leur éducation; toutefois, dans certaines coutumes, par exemple dans celle de Paris, la garde-noble ne renfermait pas la tutelle. Seulement le gardien-noble pouvait, sur l'avis des parens, être nommé tuteur. — Pothier, n°s 56 et suiv.; nouveau Denisart, § 11, n°s 1er et suiv.

46. — ... 2° Dans différens droits par rapport aux biens sujets à la garde. Mais avant d'indiquer ces droits, il convient de préciser quels étaient les biens soumis à la garde.

47. — Dans l'origine, il n'y avait que les biens féodaux qui fussent l'objet de la garde-noble. Ce droit s'était même conservé dans quelques coutumes; mais, dans la plupart, au nombre desquelles étaient les coutumes de Paris et d'Orléans, la garde-noble s'étendait sur tous les biens de la succession du prédécédé du père ou de la mère des mineurs qui y avait donné ouverture. — Pothier, n°s 62 et suiv.; nouveau Denisart, *loc. cit.*, § 1er, n° 5; et § 8, n°s 1er et suiv.

48. — Dumoulin (*Cout. de Paris*, art. 32, n° 5), Bacquet (*Tr. des francs fiefs*, art. 1er, ch. 10, n° 10), l'Hoste (sur l'art. 27 de la *Cout. de Montargis*,) Chopin, (*Comment. sur Paris*, liv. 2, tit. 7, n° 6) et Guérin (*Cout. de Paris*, art. 267) avaient même décidé que le droit du gardien devait s'étendre indistinctement à tous les biens du mineur, à quelque titre qu'ils lui fussent advenus, soit par succession directe ou collatérale, soit par legs ou donation. Mais cette opinion n'avait pas prévalu. — V. pour les détails Guyot, *loc. cit.*, sect. 15.

49. — A l'égard des meubles compris dans cette succession, les coutumes variaient. Plusieurs, notamment celle de Paris, conféraient au gardien-noble un droit d'administration sur ces meubles; d'autres lui refusaient ce droit. — Pothier, n° 68 et suiv. — V. aussi nouveau Denisart, § 9, n°s 1er et suiv.; Guyot, sect. 14 et 17.

50. — La coutume d'Orléans et quelques autres attribuaient au gardien noble, en pleine propriété, tous les meubles de la succession du prédécédé. — Pothier, *ibid.*

51. — L'usage en avait toutefois excepté les créances qui appartenaient aux mineurs contre le survivant pour la reprise des deniers dotaux du prédécédé, stipulés propres, et pour le remploi des propres aliénés. — V. Pothier, n°s 74 et suiv.

52. — D'un autre côté, la loi qui donnait au gardien le mobilier qu'avaient les mineurs dans la succession du prédécédé, devait céder à la loi de la légitime; d'où Pothier (n° 77) concluait avec raison que si toute la succession du prédécédé consistait en mobilier, il fallait distraire de l'émolument de la garde-noble la moitié de ce à quoi montait le mobilier, toutes dettes et charges de la succession déduites pour la légitime des mineurs. Quant aux immeubles de la succession du prédécédé, le gardien noble avait le droit d'en percevoir tous les fruits, tant naturels que civils. — Pothier, n°s 65 et suiv.; nouveau Denisart, § 10, n°s 1 et suiv.

53. — Remarquons spécialement en ce qui concerne les fruits naturels, que le gardien avait le droit de les percevoir, quand même ils auraient déjà été mûrs lors de l'ouverture de la garde, pourvu qu'à cette époque, ils se fussent trouvés pendans par branches et racines, et sans qu'il fût

tenu d'ailleurs des frais de labour et semences faits par le prédécédé. Mais il ne devait percevoir les fruits que lorsqu'ils étaient en maturité, et aux époques où on avait coutume de les recueillir. — V. Pothier, *ibid.*

54. — Les amendes, les épaves, la part aux trésors trouvés dans l'étendue de la justice, et ce qui était advenu par droit de confiscation ou de deshérence, appartenaient irrévocablement au gardien-noble, qui avait aussi, entre autres droits, celui de nommer les officiers de justice des terres et seigneuries sujettes à la garde-noble.—Pothier, n° 72.

55. — Le droit de garde-noble consistait, dans différentes obligations et charges qui étaient imposées au gardien, par exemple, dans l'obligation de faire inventaire, de pourvoir aux alimens et à l'éducation des mineurs, d'entretenir leurs biens, d'acquitter les charges réelles dont ces biens étaient grevés, les frais funéraires du prédécédé dont la mort avait donné ouverture à la garde, etc. — V. pour les détails Pothier, n°s 78 et suiv.; nouveau Denisart, § 7, n°s 1 et suiv.; Guyot, sect. 9.

56. — Dans cette énumération figure l'obligation d'acquitter les *charges réelles* des biens des mineurs : Pothier entendait sans doute par ces mots les arrérages des rentes foncières, parce que, dans les anciens principes, c'était le fonds plutôt que la personne qui devait la rente. Le gardien-noble était, au reste, tenu d'acquitter non seulement les charges réelles échues durant le temps de la garde, mais même celles échues du vivant du prédécédé; la même obligation lui était imposée à l'égard des arrérages des rentes constituées dues par la succession du prédécédé.

57. — Quant aux dettes mobilières de la succession du prédécédé, le gardien en était tenu non seulement sous l'empire des coutumes qui lui donnaient la propriété des meubles des mineurs, mais même sous l'empire des coutumes qui ne la lui donnaient pas. Seulement, dans ces dernières, cette obligation avait beaucoup moins d'étendue. — V. pour les détails Pothier, n°s 84 et suiv.; et nouveau Denisart, § 12, n°s 1 et suiv. — V. aussi Guyot, sect. 21.

58. — La confusion, résultant de la réunion des qualités de créancier et de débiteur dans la même personne, opérant l'extinction de la dette, le gardien qui avait des créances mobilières à exercer contre la succession du prédécédé, ne pouvait les répéter contre les mineurs, puisque, comme nous venons de le voir, il était tenu, par sa qualité, d'acquitter toutes les dettes mobilières. Ce principe présentait surtout des difficultés lorsqu'on en voulait faire l'application aux créances que le survivant des conjoints pouvait avoir contre les héritiers de l'autre, en vertu de leurs conventions matrimoniales. — V., pour les détails, Guyot, sect. 24e et 25e.

59. — D'après quelques coutumes, le gardien n'était tenu des dettes et autres charges que jusqu'à concurrence de l'émolument qu'il retirait des biens des mineurs; mais dans les autres coutumes et notamment dans celles de Paris et d'Orléans, il en était tenu *ultrà vires*, parce qu'on y considérait la garde-noble comme une espèce de forfait ou marché par suite duquel le gardien, corrélativement à l'émolument qu'il percevait, était censé s'être obligé envers le mineur à tout ce qui lui était imposé par les coutumes. — V. Pothier, n°s 97 et suiv.

60. — La garde-noble finissait : 1° Lorsque le mineur avait atteint un certain âge qui, comme nous l'avons constaté (*suprà* n° 32), variait suivant les coutumes; — 2° par le mariage du mineur, quoiqu'il n'eût pas atteint cet âge; — lorsque le mineur était émancipé par lettres du prince, entérinées devant le juge, du consentement du gardien; — 4° par la mort naturelle ou civile du mineur ou du gardien; — 5° dans plusieurs coutumes, du nombre desquelles était celle de Paris, lorsque le gardien-noble se remariait; — 6° par le ministère du juge, lorsque le gardien, sur la plainte du tuteur ou des parens, était, pour des malversations, destitué de la garde. — V. Pothier, n°s 99 et suiv.

61. — Lorsqu'il y avait plusieurs frères et sœurs soumis à la garde, la mort de l'un d'eux faisait finir la garde pour sa portion, et quoique cette portion passât à ses frères et sœurs soumis à la même garde, elle n'était pas sujette, en leur personne, au droit de garde. — Nouveau Denisart, § 13, n° 2. — V. cependant Boullenois, *Des statuts*, tit. 2, part. 2, chap. 4, observ. 29.

62. — La garde-bourgeoise finissait plus tôt que la garde-noble, savoir : pour les garçons à quatorze ans, et pour les filles à douze ans accomplis. A cela près, elle finissait par suite des mêmes événemens que la garde-noble. — Pothier, n° 104.

63. — La garde comptable de la coutume d'Orléans, n'étant autre chose qu'une tutelle légitime, finissait comme la tutelle. — Pothier, *ibid.*

64. — Pothier (*loc. cit.*, n° 105) considérait les dispositions des coutumes touchant la garde-noble comme étant, à différens égards, statuts personnels et statuts réels : *statuts personnels*, en tant qu'elles déféraient la garde-noble, car elles avaient pour objet les personnes des mineurs, dont elles réglaient l'état; *statuts réels*, en tant qu'elles attribuaient aux gardiens un émolument dans les biens des mineurs, car elles disposaient de la propriété ou de la jouissance des biens sujets à la garde. — V. conf. Pocquet de Livonnière, *Règles du dr. franç.*, liv. 2, tit. 7, ch. 1er, n° 13. — Nouveau Denisart, *loc. cit.*, § 2, n°s 1er et suiv. — V. cependant Boullenois, *Statuts*, tit. 2, part. 2e, art. 4, observ. 29.

65. — Par application de cette doctrine, d'une part, la garde ne pouvait être déférée que par la coutume du lieu du domicile des mineurs, et d'autre part le gardien-noble ne pouvait avoir l'émolument de la garde-noble que sur les biens situés dans le territoire des coutumes, qui attribuaient cet émolument au gardien. De là suivait la décision d'une foule de questions qu'examine Pothier, n°s 106 et suiv.

66. — Les commentateurs du Code civil ont souvent comparé à la garde ancienne l'usufruit légal que notre législation accorde aux père et mère sur les biens de leurs enfans. Il ne nous sera pas difficile d'indiquer les principales différences qui existent entre ces deux espèces de droit.

67. — Nous avons vu d'abord (*suprà* n°s 47 et 48) que, suivant l'opinion commune, la jouissance du gardien était limitée aux biens de la succession du prédécédé, dont la mort avait donné ouverture à la garde. Au contraire, l'usufruit légal du Code civil s'applique en principe à tous les biens de l'enfant. — Valette sur Proudhon, t. 2, p. 270. — V. PUISSANCE PATERNELLE.

68. — De là cette autre différence, que l'usufruit du Code civil peut commencer du vivant des père et mère (V. art. 384), ce qui ne pouvait avoir lieu autrefois. — Valette, *ibid.*

69. — D'un autre côté, nous avons encore constaté (*suprà* n° 50) que, dans certaines coutumes, telles que celle d'Orléans, le gardien noble acquérait la pleine propriété des meubles du conjoint prédécédé; or cela n'a jamais lieu en matière d'usufruit légal, d'après le Code civil. — Valette, *ibid.* — V. PUISSANCE PATERNELLE.

GARDE-NOTE.

1. — Espèce d'office qui avait autrefois pour objet la conservation et la transmission des protocoles et minutes des actes notariés.

2. — Pendant de longues années, les fonctions de garde-note furent séparées de celles de notaire.

3. — Par un édit du mois de mai 1575, Henri III créa dans chaque juridiction royale des offices de *notaires garde-notes* dont les attributions consistaient à avoir le dépôt de tous les protocoles ou registres qui se trouveraient dans les études des notaires après leur mort ou démission, et à délivrer les grosses et expéditions des actes inscrits sur ces registres. Ces garde-notes avaient aussi, dans le ressort qui leur était assigné, le droit de recevoir les actes comme les autres officiers qui existaient sous la dénomination simple de notaires. — Rolland de Villargues, *Rép. du notariat.* v° *Garde-note*, n° 3.

4. — Henri IV, par un édit de mai 1597, ordonna que dans toute la France tous les notaires réuniraient les titres de *notaires garde-notes*.

5. — Au surplus, ces différentes dispositions ne concernèrent point les notaires de Paris, mais suivant lettres-patentes du 12 déc. 1777, ils furent formellement autorisés à réunir inséparablement le titre et l'office de garde-notes à leur office de notaire. — Rolland de Villargues, *ibid.*, n° 4.

6. — Les offices des notaires garde-notes ont été, comme les autres offices de notaires, supprimés par la loi du 29 sept.-6 oct. 1791 sur la nouvelle organisation du notariat.

7. — D'après la loi du 25 vent. an XI qui régit actuellement le notariat, les notaires ont dans leurs fonctions celles des anciens garde-notes, puisque cette loi porte dans son article premier que les notaires sont établis non-seulement pour recevoir tous les actes et contrats, mais encore « pour en conserver le dépôt, en délivrer des grosses et expéditions. » — V. NOTAIRE.

GARDE PARTICULIER.

V. GARDE CHAMPÊTRE, GARDE FORESTIER.

GARDE-PÊCHE.

Table alphabétique.

Adjudication du droit de pêche, 23 s.
Administration forestière, 3 s.
Age, 16.
Agens spéciaux, 5 s.
Alliés, 25
Amende, 26, 43, 45.
Aptitude, 16.
Arrestation, 34 s.
Assistance du juge de paix, 38. — du maire, 38.
Attributions, 1, 9 s.
Beaux-frères, 25.
Caractère, 11.
Changement de résidence, 12 s.
Citation, 62.
Commission (enregistrement), 17, 19.
Compétence, 27 s., 32.
Constatation des délits, 27 s., 32.
Contravention aux réglemens, 28.
Délit de chasse, 10.
Droit ancien, 3.
Engins prohibés, 33. — restitution), 44.
Emprisonnement, 35.
Exploit, 62.
Fermier de la pêche, 14, 31, 42.
Filets, 22, 33. — (dépôt au greffe), 44. — (remise des), 45. — prohibés, 37.
Flagrant délit, 34.
Frais d'actes, 64.
Frères, 25.
Gardes forestiers, 11.
— pêche particuliers, 7, 14, 30 s., 60. — royaux, 7, 11, 12, 23, 61.
Juré, 2.
Marque des filets, 22.
Ministère public, 61.
Mise en jugement, 13.
Nomination, 12, 14 s.
Officiers de police judiciaire, 8, 30, 36.
Parenté, 25.
Pêche maritime, 2. — sans permission, 29.
Pêcheur, 42.
Police de la pêche, 3 s., 42.
Porteurs de licences, 14, 31, 42.
Poursuite, 61 s.
Procès-verbal, 32, 47 s. — (dépôt), 49. — (enregistrement), 50 s. — (foi due), 57 s. — (rédaction), 47. — (remise du), 52 s.
Propriétaires riverains, 14, 31.
Récusation, 58.
Réquisition de la force publique, 46.
Responsabilité, 20, 21.
Rétribution, 64.
Saisie, 33, 46, 49.
Saisie-exécution, 63.
Serment, 17 s.
Signification, 62.
Surveillant, 2.
Syndic, 2.
Taxe, 64.
Visite des bateaux et équipages, 40 s. — domiciliaire, 37 s.

GARDE-PÊCHE. — 1. — Agent spécialement commis à la surveillance et à la police de la pêche dans les fleuves et rivières navigables ou flottables, les canaux, ruisseaux ou cours d'eau quelconques.

2. — Il existe aussi, pour la surveillance de la pêche maritime dans certains arrondissemens, des syndics, aides ou surveillans jurés, auxquels est particulièrement confiée l'exécution des réglemens qui concernent cette pêche; on peut voir à ce sujet un arrêt du conseil d'état du roi du 20 juill. 1787, renouvelé par un réglement spécial du 24 juil. 1816, les ordonnances royales des 14 août 1816 et 13 mai 1818 et enfin un arrêt de la cour de Cassation du 12 mars 1842 (t. 1er 1842, p. 520, Goguelin). — Ces agens n'étant pas ordinairement compris au nombre de ceux à qui l'on donne le nom de garde-pêches, nous ne nous en occuperons pas ici. — V. PÊCHE MARITIME.

3. — Sous l'empire de l'ordonnance de 1669, l'exécution des réglemens relatifs à la police de la pêche fluviale était confondue avec l'administration des forêts. — Ord. 1669, tit. 31, art. 23.

4. — La loi du 14 floréal an X a consacré le même système, en disposant : « la police, la surveillance et la conservation de la pêche seront exercées par les agens et préposés de l'administration forestière. » — L. 14 flor. an X, art. 17.

5. — Aujourd'hui, la loi du 15 avril 1829, qui forme le dernier état de la législation, sans séparer l'administration de la pêche de l'administration des forêts, appelle concurremment à la police de la pêche les agens forestiers, les gardes généraux et les gardes à cheval des forêts, les gardes champêtres, éclusiers des canaux et autres officiers de police judiciaire, avec des agens spéciaux institués à cet effet par le gouvernement. — L. 15 avril 1829, art. 36 et 45.

6. — Ce sont ces agens spéciaux à qui appartient particulièrement le nom de garde-pêches.

7. — On distingue, pour la surveillance de la pêche comme pour celle des bois ou des propriétés rurales en général, deux classes de gardes : les garde-pêche, nommés par l'administration, ou gardes royaux, et les garde-pêche nommés par des particuliers dans leur intérêt privé.

8. — Les uns et les autres sont officiers de police judiciaire comme les gardes champêtres et forestiers. — *Cass.*, 6 janv. 1827 (réglem. de juges), Lacaze.

9. — On doit, en conséquence, les considérer comme investis de toutes les attributions et des droits que le code d'instruction criminelle a ac

cordés, au même titre, aux gardes champêtres et aux gardes forestiers. — C. inst. crim., art. 16 et suiv.; art. 483 et suiv. — V. au surplus, OFFICIERS DE POLICE JUDICIAIRE.

10. — La loi du 3 mai 1844 sur la chasse, les a investis formellement (art. 22) du droit de constater les procès-verbaux en cette matière. — V. CHASSE.

11. — Les garde-pêche nommés par l'administration sont assimilés aux gardes forestiers royaux. — L. 15 avr. 1829, art. 38.

12. — Ils sont en conséquence nommés par le directeur général des forêts et sont en première ligne placés sous son autorité, ainsi que sous celle des agens forestiers qui leur sont supérieurs dans la hiérarchie, ils sont également soumis aux obligations imposées aux gardes forestiers par l'ordonnance réglementaire du 1er août 1827.

13. — Ils ne peuvent, par la même raison, être mis en jugement sans l'autorisation du directeur général des forêts et l'avis du conseil d'administration. — Ord. réglem. 1er août 1827, art. 39. — V. FONCTIONNAIRE PUBLIC, FORÊTS.

14. — Les gardes particuliers nommés par les fermiers de la pêche, les porteurs de licences et les propriétaires riverains sont assimilés aux garde-bois des particuliers.. — L. 15 avr. 1829, art. 65.

15. — Les personnes qui les nomment doivent en conséquence les faire agréer préalablement par le sous-préfet de l'arrondissement, sauf le recours au préfet, en cas de refus. — C. forest. art. 117.

16. — Nul ne peut exercer l'emploi de garde pêche, s'il n'est âgé de vingt-cinq ans accomplis. — L. 15 avr. 1829, art. 6.

17. — Les préposés chargés de la surveillance de la pêche ne peuvent entrer en fonctions qu'après avoir prêté serment devant le tribunal de première instance de leur résidence et avoir fait enregistrer leur commission et l'acte de prestation de leur serment au greffe des tribunaux dans le ressort desquels ils doivent exercer leurs fonctions. — *Ib.*, art. 7.

18. — Dans le cas d'un changement de résidence qui placerait les garde-pêche dans un autre ressort en la même qualité, il n'y a pas lieu à une nouvelle prestation de serment. — *Ib.*

19. — Dans ce cas, le garde fait seulement constater par le greffier sur sa feuille d'audience, à la date courante, son nom, la nature de ses fonctions, la date de la justification de son serment avec l'indication du tribunal qui l'a reçu; et il est fait mention par le greffier, sur la commission, de l'accomplissement de cette formalité. — Instr. de l'enreg., n° 438.

20. — Les garde-pêche peuvent être déclarés responsables des délits commis dans leurs cantonnemens, et passibles des amendes et indemnités encourues par les délinquans lorsqu'ils n'ont pas dûment constaté les délits. — L. 15 avr. 1829, art. 8.

21. — Mais cette responsabilité n'a pas lieu de plein droit, comme pour les gardes forestiers. La disposition ci-dessus porte seulement que les garde-pêche *pourront* être déclarés responsables. « Ces expressions (dit Mangin (*Tr. des procès-verbaux*, n° 184) révèlent d'autant mieux l'intention de la loi que dans le projet présenté par le gouvernement ils avaient été assimilés aux gardes forestiers sous le rapport de la responsabilité. Les chambres ont pensé que cette disposition était trop rigoureuse parce que les délits de pêche ne laissent pas après eux, comme les délits forestiers, des traces faciles à reconnaître et à constater; il fallait donner aux tribunaux toute latitude pour apprécier les faits et les causes que les garde-pêche auraient à faire valoir. »

22. — L'empreinte des fers dont les garde-pêche font usage pour la marque des filets doit être déposée au greffe des tribunaux de première instance. — L. 15 avr. 1829, art. 9.

23. — Les garde-pêche royaux ne peuvent, dans l'étendue du royaume, prendre part aux adjudications qui peuvent être faites du droit de pêche dans les divers cantonnemens, ni par eux-mêmes ni par personnes interposées, directement ou indirectement, soit comme parties principales, soit comme associés ou cautions. — L. 15 avr. 1829. art. 15.

24. — En cas de contravention à cette disposition, ils encourent une amende qui ne peut excéder le quart ni être moindre du douzième du prix de l'adjudication, et ils sont, en outre, passibles de l'emprisonnement et de l'interdiction qui sont prononcés par l'art. 175, C. pén., c'est-à-dire d'un emprisonnement de six mois au moins, et de deux ans au plus, et de l'interdiction des fonctions publiques. — Même article.

25. — La prohibition s'étend aux parens et alliés en ligne directe des gardes, à leurs frères et beaux-frères, oncles et neveux, mais seulement dans l'étendue du territoire pour lequel les gardes sont commissionnés. — *Ibid.*

26. — L'amende, dans ce dernier cas, est d'ailleurs égale à celle indiquée *suprà*, n° 24. — *Ibid.*

27. — Les garde-pêche royaux sont tenus conjointement avec les gardes champêtres, éclusiers des canaux et autres officiers de police judiciaire, de constater tous les délits spécifiés au titre 4, L. 15 avr 1829; en quelque lieu qu'ils soient commis. — L. 15 avr. 1829, art. 36.

28. — Aux délits formellement prévus par ce titre il faut nécessairement ajouter ceux commis contre les dispositions de l'ordonnance royale du 15 nov. 1830, rendue en exécution de la loi du 15 avr. 1829, ainsi que les infractions aux réglemens arrêtés en conséquence par les préfets, et homologués par ordonnance royale. — V. au surplus, quant à l'énumération des délits que les garde-pêche ont mission de constater, v° PÊCHE.

29. — Les mêmes agens peuvent également constater le délit spécifié par l'art. 5 de la loi précitée, et qui résulte du fait de pêche dans une rivière ou cours d'eau quelconque, sans la permission de celui à qui la pêche appartient. — L. 15 avr. 1829, art. 36.

30. — Les gardes particuliers, en leur qualité d'officiers de police judiciaire, ont évidemment le pouvoir de faire toutes les constatations que nous venons d'indiquer.

31. — Mais ils sont spécialement chargés de constater les délits qui peuvent porter préjudice aux fermiers de la pêche, aux porteurs de licence ou aux propriétaires riverains de qui ils tiennent leur nomination. — L. 15 avr. 1829, art. 65.

32. — Les garde-pêche royaux comme les garde-pêche particuliers recherchent et constatent par procès-verbaux les délits dans l'arrondissement du tribunal duquel ils sont assermentés. — L. 15 avr. 1829, art. 38.

33. — Ils sont autorisés à saisir les filets et autres instrumens de pêche prohibés, ainsi que le poisson pêché en délit. — *Ibid.*, art. 39.

34. — Mais ils ne sont pas autorisés, comme en matière forestière, à arrêter et à conduire devant le maire tout inconnu qu'ils auraient surpris en flagrant délit. — Mangin, *Traité des procès-verbaux*, n° 183.

35. — … A moins cependant, dit le même auteur, qu'il ne s'agisse du délit prévu par l'art. 25 (jet dans les eaux de drogues ou appâts de nature à enivrer le poisson ou à le détruire), lequel emporte la peine d'emprisonnement, parce qu'alors les garde-pêche puisent le droit d'arrestation dans l'art. 16, C. inst. crim.

36. — « En effet, ajoute Mangin, étant assimilés aux gardes forestiers, ils exercent tous les droits que le Code d'instruction criminelle, qui est la loi générale, donne à ceux-ci; mais ils ne peuvent user de celui que l'art. 163, C. forest., donne aux gardes, parce que la loi sur la pêche fluviale ne l'a pas mis au nombre de ceux qu'il a rendus communs aux gardes et agens spéciaux dont elle parle. »

37. — Ils ne peuvent non plus, sous aucun prétexte, s'introduire dans les maisons et enclos y attenant, pour la recherche des filets prohibés. — L. 15 avr. 1829, art. 40.

38. — « Cette prohibition, dit M. Daviel (*Cours d'eau*, n° 750), est toutefois limitée au cas où il s'agit de la recherche d'engins et de filets prohibés dont la possession ne constitue pas un délit flagrant. Que, s'il s'agit de constater un délit commis à l'intérieur d'un héritage clos, du moment que nous avons reconnu que les propriétaires de ces héritages sont soumis aux dispositions établies pour la conservation du poisson, il faut bien que les gardes aient le droit de pénétrer dans les enclos pour verbaliser; seulement, ils doivent être assistés du juge de paix du canton ou du maire de la commune, conformément à l'art. 16, C. inst. crim. » — V. aussi dans ce sens, discours de M. de Malleville à la chambre des pairs, séance du 5 mai 1828. — V. PÊCHE.

39. — Au surplus, quant aux autres contraventions auxquelles la pêche peut avoir donné lieu, la recherche des garde-pêche reste soumise aux règles du droit commun posées dans l'art. 16, C. inst. crim. Les garde-pêche peuvent donc procéder à des visites domiciliaires de la manière et sous les conditions établies dans cet article. — Mangin, *Traité des procès-verbaux*, n° 183.

40. — Ils ont le droit de visiter tous les bateaux et équipages qui fréquentent les fleuves, rivières et canaux navigables ou flottables aux lieux où ces bateaux et équipages abordent, afin de rechercher s'ils ne possèdent pas des filets ou autres engins de pêche, dont la possession leur est interdite. — L. 15 avr. 1829, art. 33.

41. — Ils ne peuvent toutefois faire cette visite qu'aux lieux où les mariniers *abordent*. Il résulte en effet clairement de la discussion qui a eu lieu à ce sujet à la chambre des députés dans la séance du 13 mars 1829, qu'ils n'ont pas le droit de requérir que les mariniers s'arrêtent sur leur réquisition, ni même qu'ils souffrent leurs visites lorsqu'ils ne font que stationner. — Daviel, *Des cours d'eau*, no 322; Mangin, *ubi suprà*, n° 183.

42. — Mais ils ont le droit de requérir des fermiers de la pêche et des porteurs de licences, et en général de tous pêcheurs, dans les rivières et canaux dépendant du domaine de l'état, qu'ils amènent leurs bateaux et fassent l'ouverture de leurs loges et hangars, bannetons, bûches et autres réservoirs ou boutiques à poissons sur leurs cantonnemens, à l'effet de constater les contraventions qui pourraient être par eux commises aux lois sur la police de la pêche. — L. 15 avr. 1829, art. 34.

43. — Ceux qui s'opposeraient à la visite ou refuseraient l'ouverture de leurs boutiques à poisson seraient, pour ce seul fait, punis d'une amende de 50 francs. — *Ibid.*

44. — Les garde-pêche ne peuvent, dans aucun cas, remettre sous caution les filets et engins qui auraient été saisis comme prohibés; ils doivent déposer ces objets au greffe où ils demeurent jusque après jugement. — L. 15 avr. 1829, art. 41.

45. — En cas de refus de la part des délinquans de remettre immédiatement le filet déclaré prohibé après la sommation du garde-pêche, ils sont passibles d'une amende de 50 francs. — *Ibid.*

46. — Les garde-pêche ont le droit de requérir directement la force publique pour la répression des délits en matière de pêche, ainsi que pour la saisie des filets prohibés et du poisson pêché en délit. — L. 15 avr. 1829, art. 42.

47. — Les garde-pêche doivent écrire eux-mêmes leurs procès-verbaux; ils les signent et les affirment, au plus tard le lendemain de leur clôture, pardevant le juge de paix du canton ou l'un de ses suppléans, ou pardevant le maire ou l'adjoint, soit de la commune de leur résidence, soit de celle où le délit a été commis ou constaté, le tout sous peine de nullité. — L. 15 avr. 1829, art. 44.

48. — Si, par suite d'un empêchement quelconque, le procès-verbal était seulement signé par le garde-pêche, mais non écrit en entier de sa main, l'officier public qui en recevrait l'affirmation, devrait lui en donner préalablement lecture, et faire ensuite mention de cette formalité, le tout sous peine de nullité du procès-verbal. — *Ibid.*

49. — Dans le cas où le procès-verbal d'un garde-pêche porte saisie, il en doit être fait une expédition qui est déposée dans les vingt-quatre heures au greffe de la justice de paix pour qu'il en puisse être donné communication à ceux qui réclameraient les objets saisis. — Le délai ne court que du moment de l'affirmation. — L. 15 avr. 1829, art. 46.

50. — Les procès-verbaux des garde-pêche doivent, sous peine de nullité, être enregistrés dans les quatre jours qui suivent celui de l'affirmation. — *Ibid.*, art. 47.

51. — Lorsqu'il s'agit de poursuites exercées au nom de l'administration, l'enregistrement se fait en débet. — *Ibid.*

52. — La loi du 15 avr. 1829 dispose que le procès-verbal du garde-pêche qui constate le délit spécifié par l'art. 5 (résultant du fait de pêche, sans permission de celui à qui le droit de pêche appartient) doit être remis au procureur du roi. — L. 15 avr. 1829, art. 36.

53. — Mais cette loi ne s'explique pas positivement sur le point de savoir à quelle autorité les procès-verbaux qui constatent d'autres contraventions doivent être remis.

54. — Les garde-pêche de l'administration étant, comme on l'a vu, assimilés aux gardes forestiers, il nous paraît évident que les procès-verbaux qu'ils dressent, en toute autre circonstance que celle qui vient d'être indiquée, doivent être remis par eux à leur chef immédiat, comme ceux des gardes forestiers, conformément à l'art. 27, ordonn. réglement., 1er août 1827.

55. — Quant aux procès-verbaux dressés par les garde-pêche particuliers, s'il s'agit de contraventions intéressant l'ordre public, nous pensons qu'ils doivent être remis au procureur du roi, conformément à l'art. 20, C. inst. crim., la connaissance de tous les délits commis en cette matière étant attribuée aux tribunaux correctionnels par l'art. 48, L. 15 avr. 1829.

56. — S'il ne s'agissait que de contraventions simplement préjudiciables au propriétaire ou fermier du droit de pêche, il suffirait évidemment

que le procès-verbal fût remis à ce propriétaire ou fermier, puisque, aux termes de l'art. 67 de la même loi, les poursuites et actions sont seulement exercées dans ce cas au nom et à la diligence des parties intéressées.

57. — Les procès-verbaux revêtus de toutes les formalités prescrites, et qui sont dressés et signés par deux agens ou garde-pêche royaux, font preuve jusqu'à inscription de faux des faits matériels relatifs aux délits qu'ils constatent, quelles que soient les condamnations auxquelles ces délits peuvent donner lieu. — L. 15 avr. 1829, art. 53

58. — Il n'est, en conséquence, admis aucune preuve outre et contre le contenu de ces procès-verbaux, à moins qu'il n'existe une cause légale de récusation contre l'un des signataires. — *Ibid.* — *Cass.*, 22 août 1835, Voyer-d'Argenson.

59. — Les procès-verbaux revêtus de toutes les formalités prescrites, mais qui ne sont dressés et signés que par un seul garde-pêche royal, font de même preuve suffisante jusqu'à inscription de faux, mais seulement lorsque le délit n'entraîne pas une condamnation de plus de 50 fr., tant pour amende que pour dommages-intérêts. — L. 15 avr. 1829, art. 54.

60. — Les procès-verbaux dressés par les garde-pêche particuliers font foi seulement jusqu'à preuve contraire. — *Ibid.*, art. 66. — V. au surplus PROCÈS-VERBAL.

61. — Les garde-pêche institués par l'administration exerçent, conjointement avec les officiers du ministère public, toutes les poursuites et actions en réparation des délits de pêche. — L. 15 avr. 1829, art. 36.

62. — Ils peuvent d'ailleurs, dans les actions et poursuites exercées au nom de l'administration, faire toutes citations et significations d'exploits. — *Ibid.*, art. 50.

63. — Mais ils ne peuvent procéder aux saisies-exécutions. — *Ibid.*

64. — Leurs rétributions pour les actes qu'ils peuvent signifier sont taxées comme pour les actes faits par les huissiers des juges de paix. — *Ibid.*

GARDE-PORT.

Table alphabétique.

Agens du gouvernement, 43. — de la navigation, 44.
Armes, 20.
Attributions, 1, 28.
Bascules de poissons, 31
Bateaux, 31.
Bois, 25, 29. — (marque), 26.
Canal de Bourgogne, 50, 51.
Canaux, 13.
Charbons, 29.
Commerce, 9, 27. — (prohibition), 33.
Commission, 16.
Compétence, 41.
Compteurs des ports, 3.
Concussion, 7, 34.
Contravention, 42, 44.
Crues d'eau, 31.
Délit, 7, 42.
Destitution, 34.
Droits, 6.
Empilage, 21, 24, 29.
Gare, 31.
Glaces, 31
Insignes, 19.
Inspecteurs de la navigation, 22.
Jurés compteurs, 2, 9, 10, 14, 15, 18. — (attributions), 21.
Lettres de voiture, 30.
Marchandises, 23, 24, 28.
Marteau, 26.
Mesurage, 21, 24, 29, 46.
Mise en jugement, 45 s.
Nomination, 16.
Organisation, 8.
Procès-verbaux, 42.
Registres, 28.
Rivières, 13. — navigables et flottables, 44.
Salaires, 34 s., 51.
Serment, 17.
Service des ports, 27.
Surveillance, 7.
Tarifs, 34 s.
Traitement, 9.
Uniforme, 18.

GARDE-PORT. — 1. — Agens établis sur les ports des différentes rivières affluentes à Paris, pour constater la réception et la livraison des marchandises et veiller à leur conservation.

2. — On ne faisait autrefois aucune distinction entre ces agens et les *jurés-compteurs*, qui ont aujourd'hui des attributions différentes, en ce sens du moins qu'ils sont les chefs du service auquel les garde-ports sont appelés, et que ceux-ci n'agissent que sous la surveillance et l'autorité des premiers.

3. — C'est ainsi que l'édit de déc. 1672, relatif à l'approvisionnement de Paris, désigne sous le nom de *compteurs des ports* les agens chargés de vérifier les piles de bois déposés sur le bord des rivières par les marchands, en attendant le moment de les charger sur bateaux ou de les mettre en train (édit de déc. 1672, chap. 17, art. 15), tandis que l'édit d'avr. 1704, l'arrêt du cons. d'état du 3 juin suivant et les lettres-patentes du 17 du même mois, en rappelant l'ancienne existence des compteurs, constatent leur réorganisation sous le nom de garde-ports.

4. — L'institution des garde-ports remonte à un édit de 1641, qui les établit d'abord à Saint-Leu, à Séran, à Sainte-Maxence et à Manicamp-sur-l'Oise.

5. — Un autre édit d'avr. 1704 créa plus tard de nouveaux officiers de même nature sur tous les autres ports situés le long des rivières de Seine, Oise, Yonne, Marne et autres affluentes à Paris.

6. — Les droits qui leur étaient alors attribués, tant à l'arrivage qu'à l'enlèvement des marchandises, furent réglés par un arrêt du cons. d'état du 3 juin 1704, confirmé par lettres-patentes du 17 du même mois. — Gagneraux, *C. forest.*, art. 31, § 5, t. 1er, p. 169.

7. — « Fait S. M., porte ce document, défenses auxdits officiers d'exiger de plus grands droits, à peine de concussion, et à la charge pour eux de veiller sans discontinuation à la conservation des marchandises qui seront apportées et exposées sur lesdits ports, et empêcher qu'il n'y soit commis aucun délit, et, en cas qu'il en arrive, ordonne S. M. que lesdits officiers en dresseront leurs procès-verbaux, arrêteront et constitueront prisonniers les délinquans, vagabonds et gens sans aveu qui se trouveront sur lesdits ports à heure indue, ou qui commettront quelques désordres. »

8. — Le service des garde-ports comme celui des jurés-compteurs se trouva désorganisé pendant la révolution; mais l'administration et le commerce s'entendirent bientôt pour le réorganiser.

9. — Sur un rapport fait par le commissaire général de la navigation le 8 germin. an IX (29 mars 1801), intervint le 2 messid. de la même année (21 juin 1801) une délibération des marchands fréquentant les rivières affluant à Paris, laquelle délibération, portant adhésion aux mesures proposées, indication du nombre des jurés à établir sur chaque rivière, et du traitement qui leur serait fait au compte du commerce, fut approuvée par une décision du ministre de l'intérieur du 6 thermid. an IX. — V. cette décision analysée t. 1er 1847, p. 534.

10. — Le même ministre publia, le 22 pluv. an X, une instruction destinée à régler définitivement le service des jurés-compteurs.

11. — Le 14 prair. an X, une autre décision ministérielle réorganisa le service des garde-ports.

12. — Enfin, par une décision du 9 mars 1807, les mêmes mesures furent étendues à la rivière de l'Allier, qui n'avait pas d'abord été comprise dans les divers actes que nous venons d'indiquer.

13. — Par suite de ces diverses décisions, des garde-ports ont été établis dans chacun des ports principaux des différentes rivières ou des canaux qui sont considérés comme affluant à Paris, savoir : l'Yonne, la Cure, l'Aisne, l'Oise, la Marne, la rivière de Morin, celle d'Ourcq, la Seine (de Montereau à Conflans), les canaux de Loing et de Briare, le canal d'Orléans, la rivière de l'Allier.

14. — Les jurés-compteurs ont chacun un arrondissement déterminé qui comprend un certain nombre de ports.

15. — Il y en a : — *sur la rivière d'Yonne*, un pour les ports de Clamecy jusqu'à Surgy inclusivement; un de Surgy à Cravant; un sur l'Yonne, de Cravant jusqu'à Montereau, y compris l'Armençon; un pour la rivière de Cure; — *sur les rivières de Seine, Marne, Morin, Aisne, Oise et Ourcq*, deux pour le service des rivières d'Aisne et Oise, un pour les rivières de Marne et de Morin, un pour la rivière d'Ourcq, un pour la Seine, de Montereau jusqu'à Conflans; — *sur les canaux de Briare, Orléans et Loing*, un pour les canaux de Loing et de Briare, un pour le canal d'Orléans; — *sur l'Allier*, un pour toute la rivière.

16. — Les garde-ports et les jurés-compteurs sont nommés et commissionnés par l'administration, sur la présentation du commerce, visée du commissaire général de la navigation d'approvisionnement. — Décis. min. 6 thermid. an IX; 14 prair. an X; 9 mars 1807.

17. — Ils doivent, avant d'entrer en fonctions, prêter serment devant les tribunaux, à l'instar des autres agens de la navigation d'approvisionnement. — *Ibid.*

18. — Les jurés-compteurs portent l'uniforme attribué aux simples agens ou chefs de service de la navigation. — Arr. gouvernement 13 vendém. an XII, art 2.

19. — Les garde-ports ne sont point tenus à l'uniforme: mais ils doivent porter une bandoulière écarlate bordée de blanc, avec une plaque de métal blanc au milieu, portant ces mots : *Surveillance sur les ports et rivières.* — *Id.*, art. 3 et 6.

20. — Conformément à l'arrêt du parlement du 23 fév. 1763, ils peuvent avoir des armes défensives, indépendamment du sabre ou de l'épée qu'ils ont le droit de porter. — *Id.*, art. 6.

21. — Les jurés-compteurs ont sous leurs ordres, chacun dans l'étendue de l'arrondissement qui lui est confié, les garde-ports, les directeurs des ports, tous ceux qui se mêlent de l'empilage des bois et réception des marchandises, en ce qui concerne l'empilage de ces bois et la mesure des marchandises. — Instr. du min. de l'int. du 22 pluv. an X.

22. — Ils sont spécialement chargés, sous la surveillance de l'inspecteur de la navigation, d'inspecter tous les garde-ports, la tenue de leurs registres et tout le service en général; de rendre à l'inspecteur de la navigation tous les comptes et de lui fournir tous les états qu'il pourrait leur demander. — Décis. min. des 6 thermid. an IX et 9 mars 1807.

23. — Ils dirigent l'arrivage et la sortie des marchandises, et exécutent les ordres qui peuvent leur être donnés à cet égard par le gouvernement. — Décis. min. 6 thermid. an IX.

24. — Ils reçoivent les bois, charbons et autres marchandises arrivant sur les ports d'approvisionnement, et doivent les faire empiler selon l'usage et la mesure propre à chaque espèce. — *Ibid.*

25. — Ils doivent reconnaître si les bois sont de la longueur et grosseur déterminées par l'art. 1er du chap. 17 de l'ord. de 1672, et veiller à ce que l'on n'introduise pas, dans les piles, des bois défectueux. — Instr. 22 pluv. an X.

26. — Il leur est délivré, aux frais du commerce de bois de Paris, un marteau particulier portant l'empreinte R. F. Toutes les piles reconnues en état doivent être frappées de ce marteau sur chaque bout; au même endroit, les piles sont numérotées à la rouanne, et à la suite du numéro il doit être marqué, également à la rouanne, la quantité de décastères que chaque pile contient. Il en est fait registre, ainsi que du nom du vendeur et de l'acheteur. — *Ibid.*

27. — Ils doivent enfin porter leur surveillance sur tout le service des ports compris dans leur arrondissement et veiller à l'exécution de toutes les mesures prescrites par les ordonnances et règlemens pour le commerce qui se fait sur ces ports.

28. — Les garde-ports sont tenus d'inscrire, jour par jour, et sans aucun blanc, sur un registre timbré, côté et paraphé par le juge de paix de l'arrondissement, toutes les marchandises qui arrivent et sortent des ports. — Décis. min. 14 prair. an X et 9 mars 1807.

29. — Ils sont tenus de faire empiler les bois, relier les échalas, traversins et lattes, de surveiller le mesurage des charbons tant de bois que de terre; ils doivent veiller à la conservation des marchandises et n'en laisser déposer aucune sur les chemins de halage. — *Ibid.*

30. — Ils visent toutes les lettres de voiture des marchandises arrivant sur les ports, soit par terre, soit par eau; ils visent pareillement les lettres de voiture des marchandises qui en sortent. — *Ibid.*

31. — Chaque garde-port et le juré-compteur, dans toute l'étendue de leur arrondissement, sont tenus, en cas de crues ou de glaces, de faire garer et fermer solidement, dans les endroits les plus convenables, tous les bateaux qui peuvent s'y trouver; même, en cas de danger préalablement constaté, de faire décharger lesdits bateaux et de mettre les marchandises en sûreté; ils ne doivent jamais laisser garer de bateaux chargés de charbon de terre, au-dessus des bascules de poissons. — *Ibid.*

32. — Les garde-ports doivent fournir tous les mois au juré-compteur l'état des marchandises entrées et sorties de leurs ports; le juré compteur en forme un état général qu'il adresse à l'inspecteur de navigation pour être transmis par lui au ministère de l'intérieur. — *Ibid.*

33. — Le juré-compteur et les gardes-ports ne peuvent commercer ni directement ni indirectement sur les marchandises confiées à leur surveillance sous peine de privation de leurs places. — *Ibid.*

34. — Ils doivent se renfermer, pour leur salaire, dans la fixation des tarifs arrêtés par l'autorité à peine de destitution et même d'être poursuivis comme concussionnaires. — *Ibid.*

35. — Jugé que les garde-ports et jurés-compteurs ont droit aux taxes réglées à leur profit d'accord avec le commerce des bois par l'acte du 6 thermid. an IX, confirmatif des tarifs établis par les ordonnances et arrêts du conseil de 1672 et 1704, lequel acte a été lui-même confirmé par la loi de finances du 16 juill. 1840, art. 9, et par toutes les lois de finances postérieures qui ont prescrit la continuation de la perception des

taxes imposées avec l'autorisation du gouvernement pour subvenir aux dépenses intéressant la communauté des marchands de bois. — *Cass.*, 6 avr. 1847, t. (1er 1847, p. 532), Marion c. Cagnat et Lechat.

36. — Au cas où il s'agirait de marchandises non indiquées dans les tarifs, les taxations à percevoir doivent être réglées de gré à gré ; et en cas de difficulté, selon le tarif de 1704, en réduisant à moitié les sommes exprimées à ce tarif. — Déc. min., 6 therm. an IX.

37. — Dans tous les cas, les taxes sont supportées par l'acheteur, à moins de convention contraire. — *Ibid.*

38. — C'est au moment même où les marchandises sont enlevées que les taxes doivent être exigées de celui qui fait procéder à l'enlèvement, sauf à lui à répéter contre qui de droit, s'il y a lieu. — *Ibid.*

39. — La taxe est due même pour des marchandises qui ont été transbordées presque immédiatement des voitures sur les bateaux de chargement, lorsqu'il est constant que le garde-port a surveillé l'arrivage et le chargement des marchandises. — *Cass.*, 6 avr. 1847 (t. 1er, 1847, p. 532), Marion c. Cagnat et Lechat.

40. — Les garde-ports et jurés-compteurs commissionnés par le gouvernement peuvent exiger le droit qui leur est dû pour la garde des bois déposés sur les dépendances des ports, alors même que l'on soutiendrait que ces dépendances forment une propriété privée. — *Cass.*, 18 fév. 1846 (t. 1er 1846, p. 513), Bourbon c. Landon.

41. — Dans l'espèce mentionnée au numéro qui précède, le garde-port avait saisi de sa réclamation le tribunal de commerce, dont la juridiction nous paraît compétente pour statuer sur une demande qui, formée contre un négociant, n'est de sa part que l'exécution d'une obligation légale.

42. — Les garde-ports et les jurés-compteurs doivent dresser procès-verbal de tous les délits et contraventions contre les lois et réglemens concernant la police de la navigation et l'approvisionnement de Paris qui viennent à leur connaissance. — Ils doivent adresser de suite ces procès-verbaux à l'inspecteur de la navigation. — Décis. min. des 6 therm. an IX, 14 prair. an X, 9 mars 1807.

43. — Il résulte de ce qui précède que les garde-ports et les jurés-compteurs, bien qu'établis primitivement dans l'intérêt du commerce des marchands qui fréquentent les rivières affluant à Paris, et, bien que salariés uniquement par ce commerce, n'en doivent pas moins être considérés comme des agens du gouvernement, qui les commissionne.

44. — Jugé, dans ce sens, que les gardes particuliers du commerce de bois sur les affluens de l'Yonne sont des agens de la navigation, et ont, en cette qualité, le droit de dresser procès-verbal des entreprises commises sur les rivières navigables ou flottables confiées à leur surveillance. — *Cons. d'ét.*, 26 déc. 1837, comp. du comm. de bois de la Nièvre c. Mouillot. — V. aussi dans ce sens Dufour, *Dr. adm.*, no 186.

45. — Jugé aussi que les garde-ports ne peuvent être mis en jugement sans autorisation préalable, à raison des délits par eux commis dans l'exercice de leurs fonctions. — *Cass.*, 1er juill. 1808 (int. de la loi), Blanchard ; — Gagneraux, *C. forest.*, art. 31, § 5, t. 1er, p. 169.

46. — Jugé également que les garde-ports commissionnés sur la Haute-Yonne agissent comme fonctionnaires publics, lorsqu'ils procèdent à l'expédition des bois et au mesurage préalable des décastères qui doivent être empilés, et qu'en conséquence, lorsqu'une compagnie les actionne en dommages-intérêts, à raison d'infidélités prétendues dans ces opérations, elle ne peut le faire sans avoir obtenu une autorisation préalable du conseil d'état. — *Bourges*, 24 mars 1840 (t. 2 1841, p. 719), Charbonneau c. Tenaille Lessy.

47. — De ce que les jurés-compteurs sont des agens directs d'une administration publique il résulte encore qu'ils ne sont pas soumis à la patente. — *Cons. d'état*, 30 juin 1824, Ragon. — Bien que rendue sous la loi du 1er brum. an VII, par suite du pourvoi formé par le ministre de l'intérieur, dans l'intérêt de la loi, cette décision devrait être appliquée sous la loi du 25 avr. 1844, dont l'art. 13 reproduit les dispositions contenues dans l'art. 29, L. 1er brum. an VII.

48. — La même solution devrait s'appliquer aux garde-ports ; c'est l'opinion émise par le ministre de l'intérieur dans le pourvoi sur lequel est intervenue la décision citée au numéro qui précède.

49. — Remarquons que les édits d'avril 1704, arrêt du conseil du 3 juin, même année, et les lettres-patentes du 17 du même mois, qui forment la base légale de l'établissement des garde-ports sur les rivières de Seine, Oise, Yonne, Marne et autres affluant à Paris, ont un caractère limitatif, et ne peuvent être appliquées qu'aux localités qu'ils indiquent. — *Cass.*, 14 déc. 1831, Bessonat c. Gourrier ; 4 nov. 1846 (t. 1er 1847, p. 83), Chevallier c. Billaudot.

50. — Jugé, notamment, qu'ils ne peuvent être appliqués au canal de Bourgogne, qui n'a été fait que depuis. — Mêmes arrêts. — Av. du cons. d'ét. du 23 juill. 1834 ; (V. cet avis rapporté t. 1er 1847, p. 536 à la note).

51. — Néanmoins, les tribunaux peuvent arbitrer la rétribution due à un garde-port ou juré compteur établi sur le bord de ce canal, et qui, non pas en cette qualité, mais à titre de mandataire, a surveillé, dans l'intérêt de l'expéditeur, le chargement des marchandises. — *Cass.*, 4 nov. 1846 (t. 1er 1847, p. 83), Chevallier c. Billaudot.

52. — Mais l'expéditeur pourrait se soustraire à ce salaire en déclinant formellement et par avance le mandat que voudrait s'arroger le garde-port ou juré-compteur.

53. — Les garde-ports et jurés-compteurs, ayant été créés et réinstitués tout à la fois pour les rivières de Seine, Oise, Yonne, Marne *et autres affluens de la Seine*, il en résulte que les taxes dont il s'agit peuvent être perçues sur le canal du Nivernais, soit que l'on considère ce canal comme un des affluens de la Seine, soit qu'on le considère comme n'étant en réalité que la rivière de l'Yonne améliorée, et comme s'identifiant avec elle. — *Cass.*, 6 avr. 1847 (t. 1er 1847, p. 532), Marion c. Cagnat et Lechat.

GARDE-RIVIÈRE.

1. — Agent établi dans quelques localités pour la surveillance et la distribution des eaux auxquelles ont droit tous les propriétaires riverains d'un même cours d'eau ou les usiniers qui y sont établis.

2. — Les garde-rivières sont établis soit par l'autorité, dans l'intérêt général et pour assurer l'exécution des lois concernant la police des eaux, soit par les particuliers ou les associations de propriétaires riverains et d'usiniers, pour assurer l'exécution des réglemens qu'ils adoptent dans l'intérêt de tous.

3. — « Les fonctions de ces agens, dit M. Daviel, (*Cours d'eau*, no 579), ne sont qu'un démembrement de celles de garde champêtre, ou, pour mieux dire, ils sont gardes champêtres en cette partie. D'où suit que la manière dont ils doivent recevoir leur commission, soit des particuliers, soit de l'administration, est réglée par les mêmes lois, comme aussi les conditions auxquelles ils sont soumis dans l'exercice de leurs fonctions. »

4. — Toutefois, comme l'autorité dont il sont investis n'est point, comme celle des gardes champêtres, limitée dans l'enceinte d'une seule commune, et qu'elle s'exerce sur toute l'étendue du cours d'eau dont ils ont la surveillance, même hors de l'arrondissement de sous-préfecture, leur nomination est faite directement par le préfet, sans aucune intervention des corps municipaux.

5. — L'observation de M. Daviel, en ce qui concerne le mode de nomination, doit être uniquement entendue en ce sens que c'est à l'autorité publique seule qu'il appartient de donner aux garde-rivières l'institution légale, et par conséquent que lorsqu'ils sont établis par les propriétaires intéressés eux-mêmes, ceux-ci doivent, comme tout propriétaire qui veut avoir un garde particulier, les faire commissionner par l'autorité, c'est-à-dire le préfet.

6. — Il a d'ailleurs été jugé que les garde-rivières relèvent, dans l'exercice de leurs fonctions, de l'autorité directe du préfet, et non de celle des maires des communes traversées par les cours d'eau, et qu'il n'est pas en conséquence nécessaire pour la validité de leurs procès-verbaux qu'ils aient été agréés par le conseil municipal de la commune sur laquelle ils ont instrumenté. — *Cass.*, 23 mars 1838 (t. 1er 1840, p. 304), Piedfé.

7. — En ce qui concerne la surveillance qui leur est confiée et la distribution des eaux, l'assimilation des garde-rivières aux gardes champêtres est incontestable. C'est ce qu'a reconnu la cour suprême, en décidant qu'ils peuvent suivre, dans toute leur étendue, le cours des eaux dont ils ont la surveillance, et même sur les terrains non clos des propriétaires autres que ceux qui les ont nommés. — *Cass.*, 10 juill. 1838 (t. 2 1838, p. 46), Ravanos c. Laurent.

8. — Mais, par le même motif, ils ne pourraient s'introduire dans les propriétés closes, sans l'assistance des officiers municipaux prescrite par l'art. 16, C. instr. crim. — Même arrêt.

9. — Cependant, malgré cette assimilation, il a été jugé qu'il n'est pas nécessaire que les procès-verbaux des garde-rivières soient affirmés dans les vingt-quatre heures de leur clôture comme ceux des gardes champêtres. — *Cass.*, 23 mars 1838 (t. 1er 1840, p. 304), Piedfé. — V. au surplus sur ce point PROCÈS-VERBAL.

10. — La dépense de traitement qu'entraîne l'établissement des garde-rivières est généralement mise à la charge des propriétaires et usiniers intéressés, chacun à raison de son intérêt. L'administration puise à cet égard son droit dans les dispositions des lois des 14 flor. an XI et 16 sept. 1807 qui l'autorisent à mettre les dépenses faites pour l'entretien des cours d'eau à la charge des intéressés et à en faire le recouvrement dans les mêmes formes que pour les contributions publiques.

11. — Et, bien que cette application des lois des 14 flor. an XI et 16 sept. 1807 ait été contestée par la raison assez spécieuse, du reste, que ces lois ne sont relatives qu'à des travaux dont la nécessité se présente accidentellement, et non à des dépenses permanentes, comme les salaires d'un garde, la jurisprudence a reconnu la légalité des mesures prises pour cet objet par l'autorité administrative. — *Rouen*, 14 août 1840 (t. 2 1842, p. 43), Patel ; *Cass.*, 4 août 1841 (t. 2 1841, p. 561), même aff. — V. au surplus COURS D'EAU, no 444.

12. — Mais il importe de remarquer qu'il n'appartient qu'au roi, en conseil d'état, d'imposer, lorsqu'il y a lieu, des taxes pour l'entretien ou la conservation des ouvrages destinés soit à faciliter le libre écoulement des eaux, soit à défendre les propriétés. — *Cons. d'état*, 23 août 1843, Arrosans de la Crau.

13. — En conséquence, est illégal l'arrêté d'un préfet approuvé seulement par le ministre, et qui impose aux riverains d'un canal l'obligation de contribuer au paiement d'un garde chargé de sa surveillance. — Même décision.

14. — C'est d'ailleurs à l'autorité administrative qu'il appartient exclusivement de désigner les propriétaires ou autres intéressés qui doivent contribuer à la dépense et de fixer la proportion dans laquelle ils doivent y concourir. — V. encore COURS D'EAU, no 462.

15. — Par suite, c'est aux conseils de préfecture qu'il appartient de statuer sur toutes les difficultés que peut soulever le recouvrement des taxes. — *Cons. d'état*, 4 sept. 1841, Marquis de Champigny.

16. — Ainsi, l'autorité judiciaire est incompétente pour connaître de la demande en paiement de salaires que forme contre divers propriétaires usant des eaux d'un canal le garde commis par le préfet à la surveillance de ce cours d'eau. — *Nîmes*, 27 juill. 1842 (t. 2 1842, p. 245), Arrosans de la Crau c. Gaspard.

GARDE-ROBES INODORES (Fabricant et marchand de).

Fabricans et marchands de garde-robes inodores, patentables de sixième classe ; droit fixe basé sur la population et droit proportionnel du vingtième de la valeur locative de l'habitation et des lieux servant à l'exercice de la profession.

GARDE DE SANTÉ.

1. — Préposé chargé de veiller à l'observation des lois et ordonnances sur la police sanitaire. — V. POLICE SANITAIRE.

2. — Les gardes de santé placés à bord des bâtimens par les autorités sanitaires sont responsables seulement envers leurs chefs et indépendans de l'autorité des commandans, sauf la soumission aux lois de police ordinaires à bord des vaisseaux, comme tout autre individu non marin embarqué, sans toutefois qu'ils puissent être empêchés dans l'exercice de leur surveillance. — *Cass.*, 3 déc. 1831 (réglem. de juges), Lapierre.

3. — Les violences et séquestrations exercées sur ces gardes pendant qu'ils exercent leurs fonctions sur un bâtiment sont de la compétence des tribunaux ordinaires, et non de celle des conseils de guerre maritimes. — Même arrêt.

4. — Jugé, au contraire, que l'injure faite à un garde sanitaire par le commandant d'un bâtiment sur lequel ce garde était placé pour y exercer ses fonctions, bien qu'elle ait eu lieu à l'occasion de la qualité du garde, ne peut être considérée que comme une infraction à la police ordinaire à bord des vaisseaux, si d'ailleurs elle n'a pas interrompu ou empêché le service du garde, et que par suite cette injure ne rend son auteur justiciable que du conseil de guerre maritime. — *Cass.*, 27 sept. 1828 (réglem. de juges), Vitroles.

GARDE-SCEL.

1. — C'était autrefois un officier qui avait la garde du sceau dont on scellait les actes passés devant notaires et les jugemens.

2. — Dans l'origine, c'était le juge qui scellait les contrats aussi bien que les jugemens. Mais les sceaux ayant été joints au domaine et donnés à ferme, le scel des contrats et des jugemens fut remis au fermier du sceau qui, par lui ou son commis, scellait tous les jugemens et contrats. — Edit de 1568. — Rolland de Villargues, *Rép. du notariat*, v° *Garde-scel*, n° 1.

3. — Ces officiers éprouvèrent par la suite divers changemens. Sous Louis XIV ils furent supprimés par un édit du mois de nov. 1696, qui créa des offices de *conseillers-garde-scels* pour remplir la même fonction. Une déclaration du 18 juin 1697 désunit ensuite les offices et droits des garde-scels des contrats et actes des notaires, et ceux des sentences et actes des juridictions pour être vendus séparément. Enfin, par une ordonnance du mois d'août 1706, tous les offices de garde-scels des contrats furent supprimés, et il fut ordonné que les notaires garde-notes auraient chacun un sceau aux armes du roi pour l'apposer eux-mêmes sur ceux de leurs actes qui y seraient sujets. — Rolland de Villargues, *ibid.*, n° 2.

4. — Depuis cette époque les notaires royaux (ils étaient connus sous ce nom) ont cumulé la fonction de garde-scel avec celles de garde-notes qu'ils avaient précédemment. — V. NOTAIRE, SCEAU.

GARDE DES SCEAUX.

1. — C'était un des grands officiers de la couronne dont la principale fonction était d'avoir la garde du grand sceau du roi. — V. *Encyclop. méthodique*, v° *Garde des sceaux*; Guyot, *Rép.*, *eod. verb.*

2. — L'anneau ou scel royal a toujours été regardé, chez la plupart des nations, comme un attribut essentiel de la royauté, et la garde et apposition de ce scel ou anneau comme une fonction des plus importantes. — Les rois de Perse avaient leur anneau ou cachet dont ils scellaient les lettres qu'ils envoyaient aux gouverneurs de leurs provinces. — L'antiquité nous fournit d'autres exemples. Ainsi, Alexandre le Grand remit à Perdiccas son anneau, en prononçant cette parole célèbre : *χρηστῷ*. Assuérus remit le sien au juif Mardochée quand il chassa le traître Aman, et Pharaon à Joseph, vice-roi d'Egypte : *Tulit annulum de manu suâ, et dedit in manu ejus.*

3. — Les Romains ne connaissaient pas l'usage des sceaux publics. — Les édits des empereurs n'étaient pas scellés ; ils étaient seulement écrits par eux avec une encre de couleur pourpre, appelée *sacrum encaustum*, composée avec le sang de la murène. Nul autre que l'empereur ne pouvait user de cette encre sans commettre un crime de lèse-majesté, et sans encourir la confiscation de corps et de biens.

4. — Dès les premiers temps de la monarchie franque, nos rois confièrent à des clercs ou à des religieux la garde de leur sceau, et ceux-ci en apposaient l'empreinte sur les lettres royales, ce qui équivalait à une signature.

5. — Sous les Mérovingiens, le dépositaire du scel royal était appelé *grand-référendaire*, parce qu'on lui faisait le rapport de toutes les lettres qui devaient être scellées, et comme sa principale fonction était de garder le scel royal, qu'il portait toujours sur lui, on le désignait aussi souvent sous le titre de *garde* ou porteur du scel royal, *gerulus annuli regalis*, *custos regii sigilli*.

6. — Le titre de *grand-référendaire* a été remplacé, sous les quatre premiers rois de la seconde race, par celui d'*archichancelier*, et sous les neufs derniers rois par celui de *grand-chancelier*. Ce ne fut que sous Hugues-Capet que ce dignitaire reçut celui de *chancelier*. — V. CHANCELIER, n° 8.

7. — Il paraît constant que tous ceux qui remplirent sous la première race les fonctions de *référendaire*, et sous la seconde, celles d'*archichancelier* et de *grand-chancelier*, furent chargés de la garde du scel royal.

8. — Sous la troisième race, la garde des sceaux du roi a été aussi le plus souvent jointe à l'office de chancelier, tellement que la promotion de plusieurs chanceliers des premiers siècles de cette race n'est désignée qu'en disant qu'on leur remit le sceau ou les sceaux, quoiqu'ils fussent tout à la fois *chanceliers* et *gardes des sceaux*.

9. — En parlant de plusieurs *chanceliers* démissionnaires ou destitués, les historiens du temps disent simplement qu'ils remirent les sceaux.

10. — Il est uniquement question ici des *gardes des sceaux*, c'est-à-dire de ceux qui, sans être pourvus de l'office de chancelier, ont tenu les sceaux, soit avec le titre de garde des sceaux, soit avec un autre titre.

11. — Depuis la troisième race, il y a eu plus de quarante gardes des sceaux ; les uns pendant la vacance de l'office de chancelier, les autres pendant que cet office était pourvu. — Des vice-chanceliers firent même fonctions de gardes des sceaux.

12. — Il n'existait sous la première et la deuxième race qu'un seul scel ou anneau royal. Le garde des sceaux, afin que personne ne pût s'en servir, le portait toujours pendu à son cou, usage qui passa de France en Angleterre. — Lorsque le nombre et la grandeur des sceaux furent augmentés, cette pratique n'étant plus possible, ce dignitaire se borna à porter sur lui les clés du coffre ou de l'armoire où les sceaux étaient renfermés.

13. — Ce fut sous les premiers rois capétiens que ces changemens s'effectuèrent. Le roi garda lui-même depuis ce temps son petit scel ou anneau, qu'on appelait *le petit signet du roi*. Il servait à signer toutes les lettres particulières qui devaient être closes ; tandis que les grands sceaux, confiés au garde des sceaux, servaient à sceller les lettres qui devaient être publiques. Elles étaient envoyées ouvertes : de là le nom de lettres patentes.

14. — Sous Louis XIII, Pierre Séguier, Mathieu Molé ; sous Louis XIV, d'Aguesseau et de Lamoignon illustrèrent cet office. D'Aguesseau notamment se vit retirer trois fois les sceaux pour avoir noblement résisté aux volontés du souverain.

15. — Le décret du 27 nov. 1790 (art. 31) supprima les fonctions de garde des sceaux.

16. — Le ministre de la justice fut désormais chargé, par l'art. 4, L. 27 avr. et 17 mai 1791, de la garde du sceau de l'état et du soin « de sceller les lois, les traités, lettres patentes de provisions d'offices, les commissions, patentes et diplômes du gouvernement. »

17. — Par l'art. 6 de cette loi, trois gardes et un officier furent créés pour veiller le sceau de l'état.

18. — Sous l'empire, le grand-juge avait la garde des sceaux de France, comme autrefois le chancelier. — V. GRAND-JUGE.

19. — L'office de garde des sceaux ne fut rétabli que par la restauration, sous le titre de chancelier garde des sceaux de l'état. — Art. 35, L. 29 juin 1815.

20. — L'art. 36 de cette loi porte que le ministère de la justice peut, selon la volonté du roi, être exercé par le chancelier ou confié à un autre.

21. — « Le chancelier, ajoute l'art. 37, appose le sceau de l'état sur les lois et sur les actes du gouvernement, contre-signés des ministres, et est chargé de leur promulgation. »

22. — M. Dambray, nommé chancelier de France, fut sous Louis XVIII le premier garde des sceaux ministre de la justice ; mais lorsqu'il quitta le ministère de la justice et fut appelé à la présidence de la chambre des pairs, il n'en conserva pas moins le titre de chancelier de France, et ceux qui lui ont succédé au ministère ont été à la fois gardes des sceaux et ministres de la justice. Ce sont MM. le prince de Cambacérès, baron Pasquier, Barbé-Marbois, marquis de Pastoret, de Serre, comte de Peyronnet, comte Portalis, Bourdeau, Courvoisier, comte de Chantelauze, Dupont (de l'Eure), Mérilhou, Barthe, Persil, Sauzet, baron Girod (de l'Ain), Teste, Vivien, Martin (du Nord) et Hébert. — V. au surplus MINISTRE DE LA JUSTICE.

GARDE-VENTE.

1. — On nomme *garde-vente* ou *facteur* le garde préposé par l'adjudicataire pour surveiller la coupe qu'il exploite.

2. — Ce garde, agréé par l'agent forestier local, et assermenté devant le juge de paix, a pour mission de constater par des procès-verbaux, qui font foi jusqu'à preuve contraire, tous les délits commis dans la coupe et à l'ouïe de la cognée. — V. FORÊTS, n°s 918 et suiv.

3. — L'obligation pour l'adjudicataire d'avoir un garde-vente est impérative : toutefois, pour qu'elle soit moins onéreuse, le cahier des charges l'autorise, surtout dans les coupes de peu d'importance, à prendre un garde parmi ses ouvriers. — Dufour, *Dr. adm. appl.*, t. 1er, p. 396.

GARDIEN JUDICIAIRE.

Table alphabétique.

Abus de confiance, 43 s.
Action publique, 35, 99.
Agent diplomatique, 10.
Autorisation maritale, 14.
Bris de scellés, 89.
Cas fortuit, 53.
Cession de biens, 58.
Chambre des vacations, 78.
Chargement, 67.
Compétence, 77.
Consentement, 23.
Contrainte par corps, 9, 13 s., 39 s.
Créancier opposant, 49, 76.
Décès, 84.
Décharge, 28, 57, 60 s., 70.
Dégâts, 33.
Déplacement des objets saisis, 26.
Détérioration, 38.
Détournement des objets saisis, 35, 43 s.
Dommages-intérêts, 39.
Enregistrement, 79.
Etranger, 11.
Faute, 38.
Femme, 12 s., 96.
Fonctions volontaires, 8.
Frais de garde, 34, 39, 54. 67 s., 76 s., 94 s. — pour la conservation de la chose, 82.
Fruits, 40.
Garde champêtre, 27 s., 33.
Gardien infidèle, 58.
Gérant à l'exploitation, 85.
Héritiers du gardien, 84.
Huissier, 2, 4 s., 48.
Matière sommaire, 78.
Mineur, 12.
Négligence, 99.
Obligations du gardien, 37 s., 52 s., 98.
Partie saisie, 2.
Peine, 42.
Poursuite criminelle, 99.
Président du tribunal, 72.
Privilége, 75, 82.
Procès-verbal (affirmation), 33. — (copie), 24, 29. — de saisie, 23.
Récolement, 49, 55, 63 s., 74.
Régie de l'enregistrement, 79.
Représentation des objets, 51, 59.
Responsabilité, 5, 37 s., 45 s., 49, 51, 56 s.
Revenus, 40.
Révocation, 36, 93.
Saisi, 20 s.
Saisie-brandon, 27 s.
Saisie-exécution, 2 s.
Saisie-gagerie, 2 s., 20 s.
Saisie nulle, 81. — d'animaux et d'ustensiles, 85 s.
Saisissans, 21, 36, 76.
Scellés, 87.
Second gardien, 31.
Signature, 24.
Solvabilité, 2 s.
Surveillance, 52 s.
Taxe, 71 s., 94 s., 97. — (opposition), 73.
Témoin de la saisie, 47.
Terroirs divers, 32.
Tribunal civil, 77.
Usage des objets saisis, 39.
Usine, 85.
Voies de fait, 35.

GARDIEN JUDICIAIRE. — 1. — On donne ce nom aux personnes chargées de la garde des objets mis sous la main de justice.

2. — En matière de saisie-exécution ou de saisie-gagerie, si la partie offre un gardien solvable, et qui se charge volontairement, et sur-le-champ, il doit être établi par l'huissier, aux termes de l'art. 596, C. procéd. — V. art. 821, C. procéd.

3. — La loi n'exige qu'une solvabilité apparente, présumable. — Thomine, t. 2, p. 112 ; Chauveau sur Carré, quest. 2051 *bis*.

4. — Si le saisi ne présente gardien solvable et de la qualité requise, il en est établi un par l'huissier. — C. procéd., art. 597.

5. — Le gardien établi d'office par l'huissier doit-il être solvable aussi bien que celui de la partie saisie ? En un mot, l'huissier est-il responsable des actes du gardien ? L'affirmative a été consacrée par un arrêt de la cour de Cassation du 13 avr. 1827, Gauthier c. Loison. — La négative est au contraire consignée dans un arrêt de Caen (et non de Colmar) du 12 déc. 1826, Roger c. Poitevin. — Thomine, t. 2, p. 113.

6. — Il nous semble qu'il serait injuste et déraisonnable de rendre indistinctement, et dans tous les cas, l'huissier responsable des insolvabilités du gardien, mais qu'il y aurait aussi les plus graves inconvéniens à le décharger trop légèrement de toute espèce de responsabilité. Tout dépend des circonstances. — *Poitiers*, 7 mars 1827, Augereau c. Adrien ; *Cass.*, 24 avr. 1833, Germain c. Lepelletier ; 25 janv. 1836, Pionnier c. Dumort ; — Chauveau sur Carré, quest. 2052 *bis* ; Pigeau, *Comment.*, t. 2, p. 189.

7. — Sous l'ordonnance de 1667, tous les commentateurs, entre autres Rodière, sur l'art. 6, tit. 19, Jousse, *ibid.*, Duparc-Poullain, t. 9, p. 163, Pothier, chap. 2, art. 5, § 1er, enseignaient que les fonctions de gardien comme celles de séquestre étaient publiques, et par conséquent forcées.

8. — Sous le Code de procédure, elles sont, au contraire, volontaires. — Carré et Chauveau, quest. 2052 ; Pigeau, *Comment.*, t. 2, p. 189 ; Thomine, t. 2, p. 112.

9. — Le gardien doit être : 1° contraignable par corps. — Art. 203, C. procéd.

10. — Un ambassadeur étranger n'est donc pas apte à remplir ces fonctions. — *Paris*, 19 mai 1829, de Lignerolles c. de Strogonnoff. — V. AGENT DIPLOMATIQUE.

11. — Mais il n'est pas nécessaire que le gardien soit Français. — Arg. art. 585 et 598, C. procéd. ; — Bioche, v° *Saisie-exécution*, n° 149.

12. — 2° Majeur, et du sexe masculin. — Art. 2064 et 2066, C. civ.

13. — Toutefois, une femme peut être constituée gardienne dans le cas où le saisissant renonce à la contrainte par corps. — Carré et Chauveau

quest. 2051 ; Lepage, p. 402 et 403; Favard, t. 5, p. 31 ; Thomine, t. 2, p. 112; Bioche, v° *Saisie-exécution*, n° 148.

14. — Jugé, sous l'empire de la loi du 15 germin. an VI, que la femme établie gardienne n'était pas contraignable par corps pour la représentation des objets confiés à sa garde.— *Paris*, 21 prair. an XIII, Deniset c. Receveur. — Cet arrêt n'a pas décidé, au surplus, comme le rapportent certains commentateurs, que la femme mariée n'eût pas besoin de l'autorisation de son mari pour être constituée gardienne.

15. — Ne peuvent être établis gardiens : le saisissant, son conjoint, ses parens ou alliés jusqu'au degré de cousin-germain inclusivement, et ses domestiques. Mais le saisi, son conjoint, ses parens, alliés ou domestiques le peuvent être, de leur consentement et de celui du saisissant. — Art. 598 et 821. — V. SAISIE-EXÉCUTION ET SAISIE-GAGERIE.

16. — Les prohibitions de la loi ne peuvent être étendues. L'huissier a donc le droit d'établir pour gardien toute personne qui n'est pas exclue par l'art. 598. — Carré-Chauveau, quest. 2053 ; Favard, t. 5, p. 31 ; Delaporte, t. 2, p. 181 ; *Pratic. français*, t. 4, p. 184 ; Bioche, n° 152.

17. —... Spécialement, le témoin qui assistait à la saisie. — *Metz*, 20 nov. 1818, Médard c. Maubard; *Rennes*, 19 mai 1820, de Kerouartz c. Coatzoen.

18. — « Mais on comprend, observe avec raison Carré, qu'il ne conviendrait pas que l'huissier se désignât lui-même. »

19. — La violation des prescriptions de l'art. 598 entraîne-t-elle la nullité du procès-verbal et de l'opération qu'il constate? — V. SAISIE-EXÉCUTION.

20. — En matière de saisie-gagerie, le saisi peut être établi gardien. — C. procéd., art. 821.

21. — Faut-il conclure des termes de l'art. 821 que le consentement du saisissant ne soit pas nécessaire comme dans le cas de saisie-exécution? — L'affirmative est enseignée par Berriat (p. 720, n° 6) et Carré (quest. 2806). Ce dernier auteur accorde cependant au saisissant le droit de s'opposer à cette nomination, s'il y a justes motifs de soupçonner la fidélité du saisi. Nous pensons que le saisissant a au contraire le droit de s'opposer à cette nomination. — Demiau, p. 499 ; Lepage, p. 349 ; Chauveau sur Carré, quest. 2806.

22. — En tout cas, le locataire saisi ne peut être établi gardien malgré lui. — Bioche, v° *Saisie-gagerie*, n° 25 ; Carré-Chauveau, quest. 2806 ; Pigeau, *Comment.*, t. 2, p. 511. — *Contrà* Thomine, n° 966; Rodière, t. 3, p. 315.

23. — La cour de Trèves avait demandé que le consentement du gardien fût constaté par acte séparé. Mais une simple mention au procès-verbal suffit. — Carré-Chauveau, quest. 2054 ; Bioche, n° 150. — *Contrà* Delaporte, t. 2, p. 182.

24. — Le gardien doit signer le procès-verbal de saisie, même dans le cas où il se charge volontairement des effets, ou s'il ne sait signer, il en est fait mention. Copie du procès-verbal lui est laissée. —Art. 599, C. procéd. civ. —V. SAISIE-EXÉCUTION.

25. — Le gardien judiciaire établi par suite d'un procès-verbal de saisie, conformément à l'art. 599, C. procéd. civ., est un véritable dépositaire, et le dépôt qui lui est confié est volontaire. D'où il suit que la preuve n'en peut être établie que d'après les règles posées par les art. 1341, 1347 et 1923, C. civ. — L'accomplissement des formalités prescrites par l'art. 599, C. procéd. civ., c'est-à-dire la signature du gardien sur l'original et la copie du procès-verbal de saisie, ou la déclaration faite par l'huissier des causes qui empêchent ce gardien de signer, peut seul constituer la preuve du contrat, de sorte qu'en l'absence de cette signature et de la mention qui doit y suppléer, le gardien ne peut être déclaré coupable du délit prévu par les art. 406 et 408, C. pén. — *Cass.*, 15 nov. 1844 (t. 1er 1845, p. 754), Eleuthert.

26. — Le gardien a le droit d'exiger le déplacement des objets saisis. Personne, en effet, ne voudrait se rendre responsable d'objets qu'on ne pourrait pas surveiller immédiatement, à moins de s'établir chez le saisi, et par conséquent de s'exposer à des altercations et à des dangers. — Carré-Chauveau, quest. 2055 ; Berriat, p. 532, n° 26; Duparc-Poullain, t. 10, p. 591 ; Demiau, p. 397 ; Pigeau, *Comment.*, t. 2, p. 190 ; Thomine, t. 2, p. 113 et 118. — V. SAISIE-EXÉCUTION.

27. — En matière de saisie-brandon, aux termes de l'art. 628, C. procéd. civ., le garde champêtre de la commune est établi gardien, à moins qu'il ne soit compris dans l'exclusion portée par l'art. 598, C. procéd. civ. — V. SAISIE-BRANDON.

28. — Le ministère du garde champêtre est forcé, en pareil cas. — Thomine, t. 2, p. 150. — Par conséquent, il ne peut demander sa décharge comme tout autre gardien judiciaire. — *Ibid.*

29. — S'il n'est pas présent, la saisie lui est signifiée. — *Ibid.*

30. — Un autre que le garde-champêtre peut-il être commis, sur la réquisition du saisissant? —Non. Le texte de l'art. 628 est précis. — Rodière, t. 3, p. 270 ; Bioche, v° *Saisie-brandon*, n° 31. — *Contrà* Thomine, t. 2, p. 150.

31. — Rien ne s'oppose toutefois à ce que le saisissant commette, en outre, un second gardien, à ses frais. — *Praticien français*, t. 4, p. 240 ; Carré-Chauveau, quest. 2117.

32. — Si les communes sur lesquelles les biens sont situés sont contiguës ou voisines, il est établi un seul gardien autre qu'un garde champêtre. — *Ibid.*

33. — Lorsque le gardien est garde champêtre, il doit dresser procès-verbal des dégâts commis sur les biens, et l'affirmer devant le juge de paix ou à son défaut devant le maire de la commune. — Pigeau, t. 2, p. 129.

34. — Quoique payé par la commune le garde champêtre a droit, comme gardien judiciaire, au salaire accordé par le tarif. — Bioche, v° *Saisie-brandon*, n° 38.

35. — Ceux qui, par voie de fait, empêchent l'établissement du gardien ou qui enlèvent ou détournent les objets saisis sont poursuivis conformément au Code criminel. — Art. 600, C. procéd. civ. et 209 et suiv., 379 et 400, C. pén. — V. SAISIE-EXÉCUTION.

36. — Il ne dépend pas de la volonté du saisissant de révoquer le gardien. — *Bordeaux*, 26 nov. 1828, Godefroy.

37. — Le gardien est tenu d'apporter à la conservation des objets qui lui sont confiés tous les soins d'un bon père de famille. — Art. 1962., C. civ.

38. — Toute détérioration survenue par sa faute demeure à sa charge. — *Cass.*, 31 janv. 1820, Luzet c. Hardy ; — Berriat, p. 535, n° 37.

39. — Il lui est défendu de se servir des choses saisies, les louer ou prêter, à peine de privation des frais de garde et de dommages-intérêts, du paiement desquels il est contraignable par corps (Art. 603, C. procéd. civ. et 2060-4°.) s'ils s'élèvent au moins à 300 fr. — Art. 2065.

40. — Si les objets saisis ont produit des fruits ou revenus, il en doit compte, même par corps. — Art. 604, C. procéd. civ.

41. — En tout cas, la contrainte ne peut être mise à exécution en vertu d'une ordonnance sur requête. Un jugement doit la prononcer. — *Nîmes*, 11 août 1812, Delauzun c. Dufour.

42. — Le gardien judiciaire n'est pas un *dépositaire d'effets* publics. En cas d'enlèvement des objets confiés à sa garde, on ne pourrait donc le frapper de la peine portée par l'art. 254, C. pén., contre le dépositaire d'effets publics *négligent*. — *Cass.*, 29 oct. 1812, Van Esbeeck ; — Merlin, *Rép.*, v° *Vol*, sect. 1re, n° 4 ; Faustin Hélie, *Théorie du C. pén.*, t. 4, p. 489.

43. — La soustraction des objets saisis faite par le gardien constitue un vol commis par abus de confiance, prévu et reprimé par les art. 406 et 408, C. pén., et non pas le crime prévu et reprimé par l'art. 253. — V. ABUS DE CONFIANCE, nos 73 et suiv.

44. — Le délit n'existerait pas moins, le gardien fût-il le fils, le conjoint du saisi, son père ou sa mère, les nouveaux art. 400 et 401, C. pén., punissant le détournement commis par le saisi lui-même. — Cette disposition a été ajoutée lors de la révision du Code pénal en 1832.

45. — Le gardien est responsable *in integrum* de la totalité de ce qui a été confié à sa garde. — Chauveau sur Carré, quest. 2063 *in fine*.

46. — Il est vrai que vis-à-vis du créancier sa responsabilité est limitée à la valeur de la créance pour le paiement de laquelle la saisie-exécution a été pratiquée. — *Rennes*, 19 nov. 1813, Nogues c. Coessavel.

47. — Jugé par le même arrêt que cette responsabilité ne s'étend pas aux sommes à raison desquelles le saisissant n'a fait que des réserves. — Même arrêt.

48. — Mais le gardien doit compte de l'excédant à la partie saisie ou à ses créanciers.

49. —... Quand bien même les créanciers se sont bornés à signifier une simple opposition à la délivrance des deniers, au lieu de faire un procès-verbal de récolement. En effet, tout créancier est subrogé aux droits de son débiteur (art. 1166, C. civ.), et peut les exercer. — Chauveau sur Carré, quest. 2063 *in fine* ; Bioche, v° *Saisie-exécution*, n° 160. — V. *contrà* Carré, *ibid.* ; Pigeau, t. 2, p. 161.

50. — En vain, pour échapper à la responsabilité, le gardien arguerait-il la saisie de nullité. Il ne serait pas recevable à proposer un tel moyen. — *Rennes*, 19 nov. 1813, Nogues c. Coessavel.

51. — S'il a été personnellement mis en possession des objets saisis, il est même tenu par corps à leur représentation, conformément au § 4, art. 2060, C. civ. ; mais s'il en est autrement, sa responsabilité, dit avec raison M. Chauveau (sur Carré, quest. 2063 *bis*), est beaucoup moins engagée. Il faut le convaincre de fraude et de collusion avec le saisi pour lui faire supporter les conséquences d'un détournement, car on ne peut l'obliger à établir sa résidence dans le local où sont les meubles pour les surveiller à toute heure.

52. — Jugé, en effet, que le gardien n'est pas tenu de surveiller jour et nuit les objets saisis. — *Toulouse*, 31 juill. 1832, Verines c. Cousy.

53. — En aucun cas, le gardien ne répond de la perte qui arrive par cas fortuit ; par exemple, il ne répondrait pas de l'enlèvement de bestiaux confiés à sa garde qu'il est obligé d'envoyer pacager dans les prés. — Chauveau sur Carré, quest. 2063 *bis*.

54. — Toutefois, les tribunaux peuvent trouver dans la perte arrivée par cas fortuit un motif de priver le gardien de ses frais de garde. — *Bordeaux*, 21 déc. 1827, Lacombe c. Dufaur ; — Chauveau, *ibid.*

55. — Le procès-verbal constatant la non reproduction par le gardien des effets saisis n'étant pas un exploit, mais un simple acte constatant le refus, ne doit pas lui être signifié dans la forme des exploits. Il n'est pas même nécessaire de le lui signifier. — *Besançon*, 22 mars 1809, N.

56. — Sous l'ordonnance de 1667, le délai de la durée des obligations du gardien était fixé à un an (art. 22, t. 19). Le parlement de Toulouse avait étendu le délai à trois ans. — *Bourges*, 16 fév. 1818, Lévy c. Heint. — V. Rodière, sur l'art. 21, t. 19, ordonn. 1667, quest. 1re ; et Soulage, *Style universel des saisies*, t. 1er, p. 119, 120 et 160, édit. de 1789.

57. — L'action du saisissant ou du saisi contre le gardien dure trente ans, sauf à celui-ci à en demander sa décharge dans les termes des art. 605 et 606. — *Nîmes*, 20 déc. 1820, Ladet c. Charrier.

58. — Le gardien infidèle ne peut invoquer le bénéfice de cession. — V. CESSION DE BIENS, n° 120.

59. — Il n'est pas tenu de faire la représentation des objets saisis sur le lieu où la vente doit s'opérer ; le soin de leur déplacement et de leur transport ne le regarde pas. — Carré sur Chauveau, quest. 2088 : Duparc-Poullain, t. 10, p. 603.

60. — Si la vente n'a pas été faite au jour indiqué par le procès-verbal de saisie, le gardien peut demander sa décharge, à moins que la vente n'ait été empêchée par quelque obstacle. — C. procéd., art. 605.

61. — En cas d'empêchement, il peut obtenir sa décharge après deux mois. — Art. 605.

62. — Toutefois, si des circonstances majeures, survenues dans l'intervalle, lui rendaient impossible l'accomplissement de ses devoirs, sa demande en décharge devrait être accueillie. — Chauveau sur Carré, quest. 2063-6° ; Thomine, t. 2, p. 120.

63. — La décharge est demandée contre le saisissant et le saisi par une assignation en référé devant le juge du lieu de la saisie. — Art. 606, C. procéd.

64. — L'assignation est signifiée au domicile réel du créancier, et non au domicile d'élection. — *Poitiers*, 25 fév. 1834, Seigneuret c. Leullier.

65. — La décharge accordée, il est préalablement procédé au récolement des effets saisis, parties appelées. — Art. 606. — Quant au mode de procéder à ce récolement, V. SAISIE-EXÉCUTION.

66. — Copie du procès-verbal de récolement est laissée à l'ancien gardien, ainsi qu'au nouveau. Ce dernier doit encore recevoir copie du procès-verbal de saisie. — Art. 35, Tarif ; — Bioche, n° 171 ; Berriat, p. 585 ; Carré sur Chauveau, quest. 2064 ; Chauveau, *Tarif*, t. 2, p. 127 ; — *contrà* Pigeau, t. 2, p. 97.

67. — Les frais de changement du gardien sont avancés par le saisissant. — Si le saisissant néglige de poursuivre l'établissement du nouveau gardien dans le délai fixé par l'ordonnance, l'ancien gardien peut poursuivre lui-même cet établissement à ses frais et avances. Il lui en est délivré exécutoire contre le saisissant, ainsi que des frais de garde. — Demiau, p. 402 ; Bioche, n° 172.

68. — Le salaire du gardien court du jour de la saisie, dans le cas où elle a lieu au domicile même du saisi. — Art. 602, C. procéd.

69. — ... Et seulement du jour de la dénonciation de la saisie au débiteur, quand elle est faite dans le délai légal, lorsque la saisie s'effectue hors du domicile du débiteur. — Art. 602.

70. — Les frais de garde sont dus au gardien jusqu'à sa décharge. — *Bourges*, 19 août 1825, Jouy c. Capitan. — V. *contrà* Carré, *De la taxe en matière civile*, p. 211, n° 364.

71.— ... Et doivent être taxés conformément au tarif, bien que la garde n'ait pas toujours été effective.—Même arrêt.—Nous pensons avec M. Bioche (nº 173) qu'en pareille circonstance il est permis de la réduire.

72. — Le soin de faire cette taxe est remis au président du tribunal ou au juge par lui commis.

73.—L'opposition à la taxe est portée, non devant le magistrat, mais devant le tribunal. — *Cass.*, 23 août 1836, Balançon c. enreg.

74.—Au surplus, les frais ne sont exigibles qu'après le récolement des objets mis sous la main de justice.

75.—Les frais de garde sont, comme les frais de justice, privilégiés sur le produit de la vente. — V. PRIVILÉGES.

76.— Si ce produit est insuffisant, le gardien a une action contre le saisissant et les créanciers opposans qui sont devenus parties dans la saisie. — Chauveau, *Tarif*, t. 2, p. 122 ; Bioche, nº 175.

77. — Cette action est de la compétence du tribunal du lieu de la saisie, le chiffre du salaire fût-il inférieur au taux de la compétence ordinaire.— *Cass.*, 28 mars 1816, Surugues c. Pinon ; — Chauveau, *Tarif*, t. 2, p. 123, nº 46.

78. — La demande est sommaire et peut être jugée en vacation, comme requérant célérité. — Même arrêt.

79.— Il a été jugé que l'instance engagée entre la régie et un gardien judiciaire, relativement à la taxe des frais de garde, était soumise aux règles de compétence et de procédure établies par l'art. 65, L. 22 frim. an VII, pour les instances relatives aux droits d'enregistrement ; et que les art. 61, 93 et 162, C. procéd., ne sont pas applicables en ce cas.— *Cass.*, 23 août 1830, Balançon c. enregistrement.

80.—Le gardien peut stipuler avec le saisissant un salaire plus élevé que celui du tarif. — En ce cas, l'excédant est à la charge de ce dernier. — Thomine, t. 2, p. 218. — Mais on comprend que, dans ce cas, il faut que la prétention du gardien puisse s'appuyer sur une convention antérieure à son établissement comme gardien et dont la preuve soit régulièrement faite.

81.— Lorsque la nullité de la saisie a été prononcée, le gardien n'a le droit de réclamer son salaire qu'au poursuivant ; car c'est dans le seul intérêt de celui-ci qu'il a été établi. — *Bordeaux*, 17 mars 1831, Avoustin c. Lafont ; — Chauveau, *Tarif*, t. 2, p. 282 ; Bioche, nº 179.

82. — Jugé même qu'en pareil cas, le gardien n'a pas non plus de privilége conformément à l'art. 2102, C. civ., pour les frais qui ont servi à la conservation de la chose saisie (même arrêt). Nous n'acceptons cette solution qu'autant que la dépense dérive de la saisie même ; mais si la partie saisie eût été elle-même dans l'obligation d'avancer ces frais, ce serait le cas d'appliquer la maxime que nul ne peut s'enrichir injustement aux dépens d'autrui et de l'obliger à payer les dépenses dont il s'agit.

83. — ...Et dans cette dernière hypothèse, le gardien aurait le droit de retenir les objets saisis jusqu'à parfait remboursement de ses avances.

84. — En cas de décès du gardien, ses héritiers sont tenus d'en donner avis au poursuivant, et de veiller, jusqu'à la nomination du nouveau gardien, à la conservation des objets saisis. (Arg. art. 2010, C. civ.) Au surplus, ils ne succèdent pas à leur auteur.

85. — En cas de saisie d'animaux et d'ustensiles servant à l'exploitation des terres, le juge de paix peut, sur la demande du saisissant, le propriétaire et le saisi appelés ou entendus, établir un gérant à l'exploitation. — Art. 594. C. procéd. — S'il s'agit d'usines, un gérant peut encore être nommé.—Sur la question de savoir si le juge de paix est compétent pour faire cette désignation, V. SAISIE-EXÉCUTION.

86. — Le gérant est soumis aux mêmes obligations que le gardien. — Carré-Chauveau, quest. 2040 ; Pigeau, *Comment.*, t. 2, p. 92 ; Bioche, nº 191.

87. — En cas d'apposition de scellés après décès, un gardien doit être préposé à leur conservation.— C. procéd., art. 914.

88. — Les parties ont le droit de présenter un gardien qui doit être établi, s'il a les qualités requises. — C. procéd., art. 914.

89. — S'il n'a pas les qualités requises, ou si les parties n'en présentent pas, le juge de paix en établit un d'office.— *Ibid.*

90. — La loi ne désigne pas les qualités requises de la part du gardien. L'art. 598, C. procéd. n'est donc pas applicable à l'espèce.

91.—En général, il est prudent, mais certainement il n'est pas nécessaire, de ne constituer que des individus qui réunissent les conditions exigées dans le cas de saisie-exécution. — Carré et Chauveau, quest. 3078 ; Thomine, art. 914 ; Bioche, nº 53.

92. — C'est au juge de paix à décider si le gardien présenté a ou non les qualités requises.

93. — On en a conclu que le juge de paix avait le droit de le destituer.—Carré, *Justice de paix*, t. 3, p. 360. — Mais le gardien une fois établi, la juridiction du juge de paix est épuisée. — Carou, nº 1022 ; Bioche, vº *Scellés*, nº 54.

94. — Les frais de garde sont taxés par le juge de paix, conformément à l'art. 26, décr. 16 fév. 1807.

95. — En matière criminelle et dans les cas prévus par les art. 16, 35, 38, 89 et 90, C. inst. crim., les scellés doivent être encore apposés et un gardien établi.

96.—Aux termes de l'art. 38, décr. 18 juin 1811, les femmes ne peuvent être établies gardiennes, conformément à la loi du 6 vendém. an III.

97.— La taxe du gardien est réglée conformément à l'art. 37 du décret précité.

98. — Les devoirs du gardien de scellés sont les mêmes que ceux du gardien à la saisie.

99.— Le bris de scellés commis par le gardien comme auteur ou complice, ou sa négligence en cas de bris de scellés, sont punis et réprimés par les art. 249 et suiv., C. pén. — V. BRIS DE SCELLÉS, nºs 5 et suiv.

GARE.

1. — Place réservée sur les rivières et canaux pour recevoir les bateaux en stationnement, de manière à ce qu'ils soient en sûreté et ne gênent point la navigation.

2. — C'est ce que les Romains appelaient *statio, id est locus accommodatus ad naves recipiendas, ut tutò illic possint stare adversus injuriam prædonum et tempestatum.* — L. 59, ff., *De verb. signif.*; L. 1, § 13, *De fluminibus.*

3. — « Les gares sont principalement utiles, disent MM. Magnitot et Delamarre (*Dict. de dr. adm.* vº *Eau*, ch. 7, § 12), pour mettre les bateaux à l'abri des glaces et débacles, d'où leur est venu leur nom. — C'est donc à tort qu'on l'a depuis quelque temps attribué à des ports ou bassins, où viennent se ranger les bateaux pendant le temps de leur chargement ou de leur déchargement. »

4. — Les gares dépendantes des rivières et canaux navigables font, comme les rivières et canaux, partie du domaine public. — Daviel, *Des cours d'eau*, nº 43.

5. — Elles appartiennent par cela même également à la grande voirie.

6. — Et il faut, par voie de conséquence, appliquer aux contraventions qui peuvent s'y commettre les règles de compétence que nous avons exposées vº COURS D'EAU, nºs 123 et suiv.— V. encore sur le même point CANAUX, GRANDE VOIRIE.

7. — Les entrepreneurs de gares sont rangés parmi les patentables et soumis à 1º un droit fixe de 100 fr. ; — 2º un droit proportionnel du quinzième de la valeur locative de l'habitation seulement.

8. — Quant aux gares établies sur les chemins de fer, V. CHEMIN DE FER.

GARENNE.

1. Dans l'ancien droit, on désignait sous cette dénomination générique tout héritage défensable, c'est-à-dire tout lieu dans lequel on ne pouvait entrer, et dont on ne pouvait user sans la permission de celui qui en était en possession. — Nouveau Denisart, vº *Garenne*, § 1er, nº 1. — V. conf. Merlin, *Rép.*, même mot, § 1er, nº 1.

2. — Plusieurs coutumes employaient ce terme à l'égard des eaux et des rivières ; ainsi l'on voit par les coutumes de Montargis (chap. 6, art. 1er), d'Anjou (art. 192), de Troyes (art. 179), de Chaumont (art. 110), du Maine (art. 210), de Bourgogne (chap. 13, art. 2), de Vitry (art. 121), du Nivernais (chap. 16, art. 1er et suiv.), qu'il existait dans leur territoire des rivières dites *en garenne*, *banales*, *défensables* ou *deffaix*, toutes expressions qui signifiaient également la défense faite aux propriétaires d'une rivière d'y pêcher, et la réserve exclusive de ce droit au seigneur du territoire dans lequel se trouvait le fief auquel cette rivière appartenait. — V. Championnière, *De la propriété des eaux courantes*, etc., nºs 30 et suiv.

3. — Les terres, aussi bien que les eaux, pouvaient être frappées de l'interdiction des *garennes* ; la prohibition avait alors la chasse pour objet, et l'on a indiqué (vº FÉODALITÉ) tous les abus et toutes les vexations qui en résultaient pour les vassaux.

4. — Delalande (sur le titre 7 de la coutume d'Orléans) tire la signification du mot *garenne* d'une épigramme de Martial ; mais ce mot, comme le fait observer M. Championnière (*loc. cit.*, nº 32) est plus probablement dérivé du germain *waren* (défense), et avait la même signification que *forestella*, diminutif de *foresta*, qui désignait une espèce de terres appartenant aux vassaux, où le seigneur s'était exclusivement réservé le droit de chasse et de pêche. — V. Ducange, *Glossaire*, vis *Foresta, Warenna* ; Dutillet, *Recueil des lois de France*, p. 212. — V. aussi plusieurs arrêts rapportés aux *Olim*, t. 1er, p. 105, nº 5, et p. 348, nº 1er ; *Enquêtes*, 1270.

5. — C'était, en effet, sur les terres de leurs sujets, et non dans leurs propres domaines, que les seigneurs avaient le droit de garenne. — V. notamment *Rég. des Olim*, t. 1er, p. 83, nº 16 ; *Enquêtes*, 1259. — Quant à l'origine des garennes qui, avant d'acquérir le caractère de droit aux yeux des populations, existèrent longtemps à l'état de fait brutal et violent, elle se trouve dans la continuation des ravages de la conquête.— V. pour les détails Championnière, nºs 36 et suiv. ; V. aussi FÉODALITÉ.

6. — Les *établissemens de Saint-Louis*, chap. CL (V. Ord. du Louvre, t. 1er, p. 231), consacraient formellement le droit de garenne en ces termes : « Hons coustumiers si fet soixante sols d'amende, se il brise la sesine son seigneur, ou il chasse *en ses garennes*, ou il pesche en ses étangs ou *en ses defois (deffens).* » D'un autre côté, une ancienne coutume citée par Ducange (vº *Feudum*) faisait de la violation de garenne un cas de *commise*.

7. — La reconnaissance et le maintien du droit de garenne étaient soumis à la condition d'une possession immémoriale. En l'absence de cette condition, les parlemens ordonnaient la déchéance et se joignaient ainsi à la royauté pour empêcher d'établir de nouvelles garennes ou d'étendre les anciennes. — V. pour les détails Championnière, nºs 38 et suiv.

8. — Dès le quinzième siècle, les garennes seigneuriales, dans le sens que nous venons d'indiquer, avaient généralement disparu ; sauf la garenne royale, si célèbre sous le nom de *plaisirs du roi*, et la garenne du comte d'Artois ; il est du moins certain que la garenne n'existait plus de fait longtemps avant la révolution de 1789. — Championnière, nº 43.

9. — « Le seigneur, ajoute M. Championnière (*ibid.*), réduit au droit commun à tous les propriétaires de chasser dans ses propres domaines, chercha du moins à y conserver le gibier. Ces parcs, clos ou non, étaient désignés sous le nom de *vivaria*. Une ordonnance de 1235 les distinguait expressément des garennes en réglant le mode d'évaluation du droit de relief. — Les *vivaria*, aussi nommés *leporaria*, renfermaient principalement des lapins. La plupart des coutumes les désignèrent sous le nom de *conninières*, *faux* ou *buissons à connils* ; plus communément, et dans le langage habituel, on leur donna la qualification de *garennes* parce que, d'après l'étymologie du mot, on appelait ainsi tout lieu, terre ou champ rendu défensable par des haies ou fossés, et que telle est la nature des conninières. »

10. — Le mot *garenne*, détourné de sa signification primitive, n'exprimait donc plus le droit de chasse sur le domaine des vassaux, mais la faculté qu'à défaut de prohibition de police, chacun peut avoir d'élever chez soi des lapins. Les jurisconsultes des dix-septième et dix-huitième siècles ont entièrement méconnu cette transformation du droit de garenne ; cependant, quelques dispositions des coutumes témoignaient, par le vague de leurs expressions, qu'un fait oublié demeurait caché derrière elles, et eussent pu leur faire soupçonner le vrai caractère des anciennes garennes.

11. — Ainsi, comme le remarque M. Championnière (nº 44), la coutume de Meaux rappelait l'histoire entière du droit des garennes. On retrouve, en effet, dans les articles 211 et suiv. de cette coutume la définition de la garenne, sa distinction du buisson à connils, le droit attribué au seul haut justicier, la nécessité d'une possession immémoriale ou d'une autorisation du roi, la défense d'y chasser, etc.

12. — Mais, en général, les coutumes, au seizième siècle, ne contenaient plus la définition exacte des garennes ; ce mot ne s'y trouvait même pas, ou, s'il s'y trouvait, c'était avec la signification de terriers, buissons à connils ou conninières, et c'est ce qui explique les doctrines erronées émises sur ce sujet par des jurisconsultes d'ordinaire si versés dans la science des origines du droit.

13. — Les garennes, prises dans l'acception que leur donnaient les coutumes modernes, se divisaient en deux espèces : les garennes ouvertes et les garennes fermées de murs ou de fossés rem-

plis d'eau. — Nouveau Denisart, v° *Garenne*, § 1er, n° 2; Merlin, *Rép.*, même mot, § 1er, n° 1er.

13. — Les Placards des Pays-Bas distinguaient deux sortes de garennes : les garennes franches et les garennes simples.

15. — On appelait *garenne franche* celle dont le seigneur avait obtenu la confirmation par des lettres-patentes du roi, et pour la conservation de laquelle ses officiers avaient toute juridiction et police. — La *garenne simple* était considérée comme un bien particulier, pour la conservation duquel le seigneur ne pouvait se pourvoir que devant les juges royaux, subrogés sur ce point aux officiers que le prince commettait autrefois pour connaître de toutes les matières d'eaux et forêts. — V. art. 4 et 5 du Placard de 1613; — Merlin, *loc. cit.*, § 1er, n° 18.

16. — Comme le remarque Merlin (*ibid.*), le Placard du 28 juin 1575, qui était particulier à l'Artois, établissait une autre différence entre les garennes franches et les garennes simples. Cette loi autorisait tous les gentilshommes à chasser dans toute l'étendue de la province, *à force de chiens et d'oiseaux* ; mais elle leur défendait d'entrer dans les garennes franches, ce qui renfermait implicitement la permission d'entrer dans les garennes simples.

17. — Les garennes fermées n'étaient pas interdites, ou du moins les défenses portées par les ordonnances ne les concernaient pas. — Merlin, *loc. cit.*, n° 1er.

18. — Remarquons toutefois que, bien que les garennes fermées n'entraînassent pas les mêmes inconvéniens que les garennes ouvertes, il n'était cependant pas loisible à un roturier d'en avoir lorsqu'il n'était pas seigneur du fief sur le terrain où devait être établie cette garenne, parce que c'eût été se former un canton de chasse, ce qui n'était permis qu'au seigneur du fief. — Merlin, *loc. cit.*, n° 9. — V. en sens contraire Hervé, *Théorie des matières féodales et censuelles*, t. 7, p. 58 et suiv.

19. — Quelques coutumes faisaient du droit de garenne un droit de justice, d'autres en faisaient un droit de fief. Les coutumes d'Anjou (art. 131), du Maine (art. 38), de Touraine (art. 37), de Normandie (art. 160), de Bretagne (art. 160), statuaient notamment dans ce dernier sens. Suivant Hervé (*Théorie des matières féodales et censuelles*, t. 7, p. 56), le droit de garenne était un droit féodal.

20. — Loysel (*Instit.* liv. 2, tit. 2, règl. 27) énonce comme une règle de l'ancien droit français *que le seigneur du fief, faisant construire une garenne, y peut enclore les terres de ses sujets*. Mais le président Bouhier (*Observations sur la coutume de Bourgogne*, chap. 63, n° 67) a contesté cette prétendue règle en remarquant qu'*aucune coutume du royaume ne portait une disposition aussi extraordinaire.*

21. — Suivant Merlin (*loc. cit.*, n° 11), à l'égard du silence des coutumes, l'assertion du président Bouhier n'était pas absolument exacte. La coutume de Touraine, après avoir dit (art. 37) que le *seigneur peut, en retenant l'eau* (de ses étangs), *submerger les domaines de ses sujets*, ajoutait de suite : *Aussi, peut le seigneur de fief faire garenne, si bon lui semble.* Or, dit-on, la liaison de cette dernière partie de l'article avec la première indiquait suffisamment que le seigneur avait pour sa garenne le même droit, les mêmes prérogatives que pour les étangs.

22. — D'autres auteurs soutenaient que cette liaison des deux parties de l'article précité de la coutume de Touraine n'était pas assez formelle pour que l'on pût, même dans cette coutume, admettre, en matière de garenne ouverte, un droit analogue à celui qu'avait le seigneur qui voulait faire construire un étang. — V. notamment, dans ce sens, Nouveau Denisart, *loc. cit.*, n° 6.

23. — En supposant fondée la règle de Loysel, il était du moins généralement admis qu'elle ne devait point recevoir d'application dans les coutumes qui n'avaient point de disposition semblable à celle de la coutume de Touraine. — De Laurière sur Loysel, *loc. cit.*; Nouveau Denisart et Merlin, *ubi suprà.*

24. — « C'est, dit Merlin (*loc. cit.*, n° 12), un principe adopté par tous les auteurs, et consigné dans plusieurs coutumes, que *les garennes sont de garde et de défense en toutes les saisons de l'année.* Cette défense est si générale, qu'encore que le seigneur dominant puisse exercer la chasse ordinaire sur toutes les terres de son vassal, il ne lui est pas néanmoins permis de chasser dans sa garenne. »

25. — Cette défense de chasser dans une garenne sans l'agrément du propriétaire devait être observée sous peine d'être puni comme voleur: — C'est ce qui résultait de l'art. 10, titre 30, ordonnance de 1669, et c'était la disposition expresse de plusieurs coutumes, telles que celles d'Orléans, art. 167; de Nivernais, tit. 18, art. 16; d'Etampes, art. 183; de Meaux, art. 215; de Dourdan, art. 147; de Merneton-sur-Cher, art. 13; de Tremblevy et Villebrosse, tit. 2, art. 8; de Saintonge, art. 14; de la Marche, art. 335; du Poitou, art. 198; d'Auvergne, tit. 28, art. 22, etc. — Merlin, *loc. cit.*, n° 8. — V. aussi, pour les détails, Nouveau Denisart, *loc. cit.*, § 3, nos 1er et s.

26. — Il y avait même des coutumes qui défendaient de chasser dans les enclos adjacens à la garenne et appartenant au même seigneur. Ainsi, l'art. 391 de la coutume de Bretagne statuait que « noble homme peut faire, en sa terre ou fief noble, faux à connils, au cas où il n'y aurait garenne à autres seigneurs ès-lieux prochains; et ne doit aucun y aller chasser, ni ès-clos adjacens, appartenant audit noble homme. »

27. — On allait encore plus loin, et l'on défendait de tuer des lapins, même au-delà des limites de la garenne, quand même ils eussent causé des dommages, sauf à la personne lésée de se pourvoir en justice pour ses dommages-intérêts. — V. Boucheul sur l'art. 198 de la coutume du Poitou. — V. aussi Bouhier, *Observ. sur la cout. de Bourgogne*, chap. 63, n° 70; *Additions de Livonière au Commentaire de Dupineau sur la coutume d'Anjou*, art. 32. — Merlin, *loc. cit.*, n° 12.

28. — Depuis l'ordonnance de 1669, il avait fallu, pour jouir du droit de garenne, en avoir la possession fondée sur des aveux et dénombremens, ou autres titres. C'est ce que décidait formellement l'art. 19 du tit. 30 de cette ordonnance. — V. Merlin, *loc. cit.*, n° 4; Nouveau Denisart, *ubi suprà*, n° 4.

29. — Merlin (*ibid.*) ajoute que dans la province d'Artois il fallait même quelque chose de plus, c'est-à-dire que, pour y avoir une garenne ouverte, il fallait justifier de ce droit par la représentation de la concession du souverain dûment enregistrée. — V., dans ce sens, une sentence du conseil provincial d'Artois, du 8 nov. 1719, et les arrêts des 8 juill. 1722 et 7 déc. 1731, rapportés par Merlin *ubi suprà.*

30. — ... *Sur des aveux ou dénombremens* ; mais combien en fallait-il ? — Suivant Harcher (*Traité des fiefs*, ch. 12, § 11), le droit de garenne devait avoir été reporté dans trois aveux.

31. — Il paraît, du reste, que la possession seule, quelque longue qu'elle fût, ne suffisait pas en général pour avoir une garenne ouverte. C'est du moins ce qui semble avoir été jugé par un arrêt du parlement de Paris du 4 sept. 1759.

32. — Il était défendu à toute sorte de personne d'établir une garenne sans titre, à peine de 500 livres d'amende, et de destruction de la garenne à leurs dépens. — V. Merlin, *loc. cit.*, n° 1er.

33. — Hervé (*loc. cit.*) était cependant d'avis que la possession considérée seule et en elle-même suffisait, pourvu qu'elle fût immémoriale. — V. dans le même sens Harcher (*loc. cit.*). — Cette doctrine était suivie dans la province du Hainaut. — V. Merlin, *loc. cit.*, n° 18.

34. — Les auteurs du Nouveau Denisart (*loc. cit.*) distinguaient entre les coutumes qui accordaient expressément le droit de garenne et celles qui gardaient un silence absolu sur ce droit. — Selon ces auteurs, dans les premières la possession seule suffisait, parce qu'elle se trouvait jointe à une espèce de titre résultant de la disposition de ces coutumes. Mais dans les autres coutumes la possession seule était insuffisante, à moins toutefois qu'elle ne fût immémoriale et centenaire.

35. — Etaient considérées comme titres suffisans pour établir une garenne, les permissions particulières que le roi pouvait accorder. Ces permissions données, on devait ensuite obtenir des lettres-patentes qu'on faisait enregistrer, après une information de *commodo aut incommodo*, à la table de marbre et à la chambre des comptes. — Merlin, *loc. cit.*, n° 4.

36. — Ajoutons que les concessions de garenne faites par le roi étaient susceptibles d'opposition de la part des habitans qui étaient exposés à en souffrir du dommage. C'est ce qu'avait jugé un arrêt du 6 mai 1614. — Merlin, n° 31. — V. aussi Brillon, v° *Garenne.*

37. — Des lettres-patentes de mai 1640 consacraient aussi le principe d'équité qui voulait que la permission d'établir une nouvelle garenne emportât la nécessité d'indemniser les propriétaires du territoire.

38. — De plus, comme le fait observer Merlin (*loc. cit.*, n° 5), le vœu de l'ordonnance et des arrêts était que celui qui avait une garenne eût de quoi nourrir les lapins sans causer de dommage à qui que ce fût. Il fallait donc qu'il eût des héritages en quantité suffisante pour cela. — V. aussi Salvaing, *De l'usage des fiefs*, chap. 62.

39. — D'un autre côté, il avait été jugé par un arrêt du parlement de Toulouse du 16 janv. 1586, rapporté par Larocheflavin (*Tr. des dr. seigneuriaux*, chap. 27, art. 5), que les possesseurs des garennes ouvertes étaient obligés d'indemniser les particuliers des dommages causés par les lapins dans les terres voisines. Quant à la manière de constater les dégâts, V. un arrêt de règlement du parlement de Paris, 21 juill. 1778, rapporté par Merlin, v° *Gibier.*

40. — Le droit exclusif de la chasse et des *garennes ouvertes* a été aboli par l'art. 3, L. 4 août 1789.

41. — Mais cette loi n'a nullement dépouillé les ci-devant seigneurs qui avaient, avant le 4 août 1789, des *garennes ouvertes*, de la propriété foncière de ces garennes. C'est ce qu'a décidé formellement un avis du comité féodal de l'assemblée constituante du 9 juin 1790. — Merlin, *loc. cit.*, § 2.

42. — Il est également incontestable qu'en abolissant le *droit exclusif* de garennes ouvertes, la loi du 4 août 1789 a permis à tout propriétaire de convertir son terrain en garenne, sans être pour cela tenu de le clore. — Merlin, *ibid.*

43. — Mais cette loi a-t-elle modifié la responsabilité dont l'ancienne jurisprudence chargeait les propriétaires de garennes ouvertes, à raison du dommage que leurs lapins causaient aux propriétés voisines? — V. LAPINS.

44. — Le Code civil, sans s'occuper spécialement des garennes, y fait toutefois allusion dans l'art. 524, qui déclare immeubles par destination *les lapins des garennes*, et dans l'art. 564, aux termes duquel le propriétaire d'une garenne perd la propriété des lapins qui en sont sortis pour passer dans une autre, pourvu qu'ils n'y aient point été attirés par fraude ou artifice. — V. BIENS, nos 95 et suiv., et ACCESSION, nos 107 et suiv.

GARGOTIER.

Gargotiers, patentables de septième classe. Droit fixe, basé sur la population, et droit proportionnel du quarantième de la valeur locative de tous les locaux qu'ils occupent, mais seulement dans les communes de 20,000 ames et au-dessus. — V. PATENTE.

GARNI.

V. HOTEL GARNI.

GARNISAIRE.

Agent employé, en matière de contributions directes, dans les poursuites exercées par la voie de la garnison contre les redevables en retard. — V. CONTRIBUTIONS DIRECTES, nos 782 et suiv., 867 et suiv.

GARNISSEUR D'ÉTUIS POUR INSTRUMENS DE MUSIQUE.

Garnisseurs d'étuis pour instrumens de musique, patentables de huitième classe. Droit fixe, basé sur la population, et droit proportionnel du quarantième de la valeur locative de tous les locaux qu'ils occupent, mais seulement dans les communes de 20,000 ames et au-dessus. — V. PATENTE.

GARNITURES DE PARAPLUIES ET CANNES (Fabricant de).

Fabricans de garnitures de parapluies et cannes, telles que bouts, anneaux, cannes, manches, patentables de huitième classe. Droit fixe, basé sur la population, et droit proportionnel du quarantième de la valeur locative de tous les locaux qu'ils occupent, mais seulement dans les communes de 20,000 ames et au-dessus. — V. PATENTE.

GARRIGUES.

Ce mot, dérivé du mot *garricæ*, *garriciæ*, dans la basse latinité, terres incultes, selon le *Glossaire* de Ducange, signifiait dans le midi de la France les terres vaines et vagues. — V. TERRES VAINES ET VAGUES.

GAST. — GASTES.

Dérivé du mot *wastum* ou *gastum*, dans la basse latinité : *wastum facere*, faire vast, détruire, ravager. D'après le *Glossaire* de Ducange, cette expression s'employait surtout pour désigner des terres incultes, abandonnées au pacage des bestiaux. — V. TERRES VAINES ET VAGUES.

GATEAUX ET GAUFRES (Marchands et fabricans de).

V. GALETTES (marchands de).

GAUFREUR D'ÉTOFFES, DE RUBANS, ETC.

Gaufreurs d'étoffes, de rubans, etc., patentables de septième classe. Droit fixe, basé sur la population, et droit proportionnel du quarantième de la valeur locative de tous les locaux qu'ils occupent, mais seulement dans les communes de 20,000 ames et au-dessus. — V. PATENTE.

GAULES ET PERCHES (Marchands de).

Marchands de gaules et perches, patentables de septième classe. Droit fixe, basé sur la population, et droit proportionnel du quarantième de la valeur locative de tous les locaux qu'ils occupent, mais seulement dans les communes de 20,000 ames et au-dessus. — V. PATENTE.

GAVITEAUX.

V. BOUÉE.

GAYVES.

Ce mot a la même signification que le mot *épaves*. — V. ÉPAVES.

GAZ.

GAZ. — 1. — Se dit en chimie et en physique de tout fluide aériforme, compressible, élastique, transparent, sans couleur, invisible, incondensable par le froid, miscible à l'air en toute proportion et ayant l'apparence de l'air, sans pouvoir en faire les fonctions.

2. — Il ne sera question ici que du gaz qu'on appelle en chimie le *gaz hydrogène carboné*, et que l'on emploie pour l'éclairage.

3. — Le gaz propre à l'éclairage se tire de l'huile, de la résine, de la tourbe; on le fabrique par la distillation et l'on amasse les quantités dont on a besoin au moyen d'un appareil appelé *gazomètre* dans lequel le gaz se comprime, pour être transmis, au moment convenable, par des tuyaux de fonte, dans les différentes directions où l'éclairage doit se faire de cette manière.

4. — La fabrication du gaz comporte trois genres différens d'établissemens : 1° ceux où le gaz se fait sur une grande échelle et s'approvisionne dans des gazomètres d'une capacité correspondante à l'étendue de la localité qu'ils doivent desservir: ce sont les établissemens de cette nature auxquels s'applique particulièrement le titre d'usines à gaz; 2° ceux où le gaz, extrait de l'huile au moyen d'un appareil appelé appareil *Lépine*, du nom de son inventeur, peut se fabriquer à volonté par toute personne au fur et à mesure de la consommation; 3° enfin, ceux où le gaz se fait au moyen d'*appareils* dits *domestiques*, qui, ainsi que l'indique leur nom, ne sont destinés qu'à subvenir aux besoins d'une consommation journalière.

5. — Jusqu'en 1824, les établissemens destinés à la fabrication du gaz pour l'éclairage sont, malgré les inconvéniens qu'ils peuvent présenter, restés en France sans classification légale. Jusqu'alors on n'avait point fait usage de ce procédé d'éclairage.

6. — Une compagnie s'étant présentée en 1823, pour former à Paris un établissement de cette nature, le préfet de police lui accorda l'autorisation qu'elle avait préalablement sollicitée.

7. — Mais, sur les réclamations des voisins du nouvel établissement, il a été jugé que le préfet de police avait excédé ses pouvoirs en autorisant ainsi un établissement de nature à offrir de graves inconvéniens, sans que cet établissement eût été légalement classé dans le nombre des divers ateliers dangereux, insalubres ou incommodes. — *Cons. d'état*, 3 sept. 1823, Guyot c. Pauwels.

8. — Ce fut une ordonnance royale du 20 août 1824 qui classa les établissemens destinés à la fabrication du gaz dans la seconde classe des établissemens dangereux, insalubres ou incommodes. Cette ordonnance prescrivit, tant par ses propres dispositions que par celles d'une instruction annexée à cette ordonnance, les mesures de sûreté, de précaution et de salubrité qui furent reconnues indispensables.

9. — Lorsque le gaz n'est fabriqué qu'au fur et à mesure de sa consommation, il ne peut jamais se produire en assez grande quantité pour compromettre la sûreté de l'appareil et faire craindre des accidens. — Clérault, p. 178, n° 61. — Aussi n'avait-on d'abord à ceux qui voudraient faire usage de l'appareil Lépine imposé d'autre formalité que celle d'en donner préalablement avis à la préfecture de police, qui devait seulement visiter le local, pour s'assurer qu'il se prêtait bien à sa destination. — Déc. min. comm. du 9 août 1828.

10. — Mais on reconnut plus tard que le procédé dont il s'agit, employé sur une grande échelle, présentait à peu près les mêmes inconvéniens que les usines à gaz. Les appareils Lépine, appliqués en grand, ont été en conséquence assimilés aux établissemens de deuxième classe, par une nouvelle décision ministérielle du 31 déc. 1830.

11. — Décidé cependant qu'une fabrique de gaz hydrogène dans laquelle on se borne à extraire le gaz de l'huile à l'exclusion de toute matière animale, ne peut donner lieu à des plaintes fondées. — *Cons. d'état*, 25 juillet 1834, Malteau.

12. — Les petits appareils domestiques pour fabriquer le gaz hydrogène, destinés à fournir *au plus à dix becs d'éclairage*, et tout gazomètre en dépendant, *d'une capacité de sept mètres cubes au plus*, ont été rangés dans la troisième classe des établissemens dangereux, insalubres ou incommodes. — Ord. roy. 26 avril 1838, art. 1er.

13. — Outre les précautions communes à tous les établissemens dangereux, incommodes ou insalubres de la troisième classe, les établissemens destinés à la fabrication du gaz au moyen des appareils domestiques étaient soumis à certaines mesures particulières de précaution qui sont déterminées par une instruction annexée à l'ordonnance précitée du 26 avril 1838.

14. — Mais les ordonnances des 20 août 1834 et 26 avril 1838 ont été abrogées et remplacées par l'ordonnance royale du 27 janv. 1846 qui, effaçant la distinction établie entre les divers modes d'établissemens d'appareils de gaz, leur impose des règles communes. — Cette dernière ordonnance est rapportée à sa date dans notre recueil de lois et ordonnances.

15. — D'après l'art. 1er de cette dernière ordonnance, les usines et ateliers où le gaz hydrogène est fabriqué et les gazomètres qui en dépendent demeurent rangés dans la deuxième classe des établissemens dangereux, insalubres ou incommodes.

16. — Toutefois, l'art. 2 range dans la troisième classe les petits appareils pour fabriquer le gaz pouvant fournir au plus en douze heures dix mètres cubes et les gazomètres qui en dépendent. Sont également, aux termes de l'art. 3, rangés dans la troisième classe les gazomètres non attenant à des appareils producteurs et dont la capacité excède dix mètres cubes. Ceux d'une capacité moindre peuvent être établis après déclaration à l'autorité municipale.

17. — Les ateliers de distillation, tous les bâtimens y attenant et les magasins de charbon dépendant des ateliers de distillation, même quand ils ne sont pas attenant à ces ateliers, doivent être construits et couverts en matériaux incombustibles. — Ord. 27 janv. 1846, art. 4.

18. — Il doit être établi à la partie supérieure du toit des ateliers pour la sortie des vapeurs une ou plusieurs ouvertures surmontées de tuyaux ou cheminées dont la hauteur et la section sont déterminées par l'acte d'autorisation. — Art. 5.

19. — Aucune matière animale ne peut être employée pour la fabrication du gaz, et le coke doit être éteint à la sortie des cornues (art. 6 et 7). Les art. 8, 9, 10, 11, 12 et 13 règlent ce qui concerne les appareils de condensation, d'épuration, et le dépôt dans des citernes, l'enlèvement ou la combustion de goudrons, eaux ammoniacales, et laits de chaux ou chaux solide.

20. — Le nombre et la capacité des gazomètres de chaque usine doivent être tels que dans le cas de chômage de l'un d'eux, les autres puissent suffire aux besoins du service. Chaque usine doit avoir au moins deux gazomètres. — Art. 14.

21. — Le mode de construction des bassins dans lesquels plongent les gazomètres, l'établissement de la cloche de chaque gazomètre, la ventilation des bâtimens contenant un gazomètre ainsi que des caves dans lesquelles sont placés des gazomètres de dix mètres cubes au plus sont déterminés par les art. 15 à 21 de la même ordonnance.

22. — Les récipiens portatifs pour le gaz comprimé doivent être en cuir ou en tôle de fer; ils sont essayés à une pression double de celle qu'ils doivent supporter dans l'usage journalier, et qui est déterminée par l'acte d'autorisation. — Art. 22.

23. — Le gaz fourni aux consommateurs doit être complétement épuré et sa pureté est constatée par les moyens prescrits par l'administration. — Art. 23.

24. — On complètera utilement les précautions techniques que nous venons d'indiquer en consultant l'instruction annexée aux ordonnances des 20 août 1824 et 26 avr. 1838.

25. — Enfin les usines et appareils dont il vient d'être parlé peuvent en outre être assujétis aux mesures de précaution et dispositions reconnues utiles dans l'intérêt de la sûreté ou de la salubrité publique. — Art. 24.

26. — Tous les établissemens d'éclairage pour le gaz, de quelque nature qu'ils soient, sont donc constamment soumis à la surveillance de la police. — Ord. roy. des 20 août 1824, art. 2; 26 avr. 1838, art. 4; ord. 27 janv. 1846, art. 24.

27. — Une ordonnance du préfet de police du 20 déc. 1824 a réglé pour Paris toutes les dispositions qui ont paru nécessaires, tant pour les précautions à prendre dans les établissemens destinés à la fabrication du gaz que pour la construction des conduits destinés à transmettre le gaz dans les locaux qui doivent être éclairés par ce procédé et la confection des appareils d'éclairage.

28. — Des mesures analogues ont été prises dans quelques grandes villes, et notamment à Lyon. Dans certaines localités, les administrations municipales ont d'ailleurs traité directement avec les entrepreneurs d'éclairage par le gaz, pour les charger, sous leur responsabilité, de tous les travaux relatifs à la conduite du gaz dans les édifices publics et même dans les maisons particulières, ainsi qu'à la pose des appareils d'éclairage.

29. — Les traités passés entre les communes et les compagnies qui entreprennent l'éclairage par le gaz déterminent en général les conditions et le prix moyennant lesquels chacun des habitans pourra obtenir le nombre de becs d'éclairage qui lui est nécessaire.

30. — Il a été jugé que la clause d'un traité intervenu entre une administration municipale et une compagnie pour l'éclairage au gaz de la ville portant que les personnes qui voudront s'abonner pour l'éclairage de leur maison ne pourront faire exécuter les travaux, même intérieurs, que par les entrepreneurs et fournisseurs de la compagnie est obligatoire pour les particuliers, sans que ces derniers puissent alléguer que cette disposition, motivée par des raisons de police et de sûreté publique, établit un monopole contraire au droit commun. — *Lyon*, 4 mai 1843 (t. 1er 1844, p. 732), comp. du gaz de Perrache c. Calvet.

31. — Mais, en l'absence de toute prohibition, lorsque l'abonné à l'éclairage au gaz justifie que les appareils qu'il prétend employer sont dans les conditions voulues et approuvées par l'autorité municipale, la compagnie ne peut d'elle-même refuser la livraison du gaz pour imposer des appareils de son choix. — *Paris*, 5 mars 1846 (t. 1er 1846, p. 656), Dubochet, Pauwels et comp. c. Giu.

32. — L'achat d'appareils à gaz, même par un commerçant, n'est pas un acte de commerce. — *Rouen*, 1er mars 1844 (t. 2 1844, p. 127), Gredig c. Gardin.

33. — Une ordonnance du préfet de police, du 31 mai 1842, a prescrit les mesures de surveillance à exercer sur les appareils d'éclairage par le gaz.

34. — Les compagnies d'éclairage par le gaz qui, n'étant point pourvues de l'autorisation préalable du préfet de police, fournissent du gaz sans que les appareils aient été visités par les agens de l'administration, sont responsables envers les abonnés des accidens occasionnés par ces appareils. — Dans ce cas, elles ne peuvent opposer comme moyen de défense que les appareils ne proviennent pas d'elles, et que l'abonné a à s'imputer de n'avoir pas fait lui-même les déclarations prescrites par les réglemens de police. — *Paris*, 23 avr. 1844 (t. 1er 1844, p. 649), comp. française d'éclairage par le gaz c. Nislois.

35. — Quant aux ateliers pour le grillage des tissus de coton par le gaz, V. GRILLAGE DES TISSUS. — V. aussi ÉTABLISSEMENS INSALUBRES (nomenclature).

36. — Les fabricans de gaz pour l'éclairage sont soumis à la patente et imposés : 1° à un droit fixe de 600 fr. pour les fabriques qui fournissent l'éclairage de tout ou partie de la ville de Paris ; de 400 fr. pour les villes de 50,000 ames et au-dessus ; de 200 fr. pour les villes de 30,000 ames et au-dessus ; de 150 fr. pour les villes de 15,000 à 30,000 ames ; de 75 fr. pour les villes au-dessous de 15,000 ames ; et 2° à un droit proportionnel du quinzième de la valeur locative de l'habitation et du quarantième des locaux servant à l'exercice de la profession.

37. — Les tuyaux servant à communiquer le gaz, de l'usine où il se produit aux établissemens qui

le consomment, ne doivent pas être compris parmi les objets servant à fixer la valeur locative des usines à gaz. —Lainné, *Manuel des patentés*, p. 155.

38.—Les fabricans d'appareils et ustensiles pour l'éclairage au gaz sont rangés dans la cinquième classe des patentables, et imposés : 1° à un droit fixe basé sur le chiffre de la population ; — 2° à un droit proportionnel du vingtième de la valeur locative de la maison d'habitation et des locaux servant à l'exercice de la profession.

GÉLATINE (Fabriques, fabricans de).

1. —Etablissemens destinés à la fabrication de la gélatine extraite des os par le moyen des acides et de l'ébullition. — Odeur assez désagréable quand les matières ne sont pas fraîches. — Troisième classe des établissemens insalubres. — V. ÉTABLISSEMENS INSALUBRES.

2. — Les fabricans de gélatine sont soumis à la patente et imposés : 1° à un droit fixe de 25 fr. pour un nombre d'ouvriers n'excédant pas cinq; plus 3 fr. par chaque ouvrier en sus, jusqu'au maximum de 200 fr.; — 2° à un droit proportionnel du vingtième de la valeur locative de l'habitation, des magasins de vente complétement séparés de l'établissement, et du vingt-cinquième de l'établissement industriel. — V. PATENTE.

GENDARME. — GENDARMERIE.

Table alphabétique.

Absence, 273.
Abus de pouvoir, 293.
Activité de service, 45.
Admission (conditions), 43 s.
Arrestation, 73, 78, 100, 145, 151 s., 206.
Attributions, 39, 68 s.
Attroupement, 122, 130, 167.
Aubergiste, 153 s.
Avancement, 39, 48.
Bac, 131. — et bateau, 173.
Bande armée, 148.
Blessures et coups, 299 s.
Brigade 198 s. — (service), 138.
Cadavre, 157.
Cartes à jouer, 160.
Casernement, 70.
Cavalerie, 46.
Chambre de sûreté, 193.
Chasse, 171, 231.
Chevaux, 47.
Citation, 110 s.
Clôture, 178.
Comité consultatif, 67.
Commandant de la force publique, 314 s. — militaire, 77 s., 120 s.
Commandement, 123 s.
Commerce, 182, 272.
Commissaire général de police, 93.
Communication, 90, 92, 101.
Commune (responsabilité), 331 s., 240 s.
Communication avec l'autorité civile, 86 s.
Compétence, 149, 248 s.
Comptabilité, 264 s.
Comptes mensuels, 75 s.
Conduite des prisonniers, 115, 191 s.
Congé, 57. — de réforme, 61. — militaire, 184 s.
Contravention de police, 251 suiv.
Contrebande, 158 s., 198.
Contributions, 198.
Corps mobiles, 38.
Correspondance, 102.
Corses (voltigeurs), 15, 18 s.
Cours d'eau, 173.
Cours spéciales, 299 s.
Crimes et délits, 144, 146. — contre la gendarmerie, 294 s.
Criminel, 152.
Culte, 168.
Dégradation, 174.
Démission, 59. — (forme), 261. — forcée, 60.
Dépêche, 83 s.
Déserteur, 184.
Désertion, 70, 74, 185, 261 s.
Desséchement, 173.
Destruction, 174, 178.
Détention arbitraire, 293.
Dettes, 276, 283 s.
Diffamation, 319.
Discipline, 70, 77, 275 s.
Dommage aux champs, 178.
Douane, 198.
Duel, 249
Echenillage, 179, 238.
Elections, 113.
Emeute, 118 s., 122.
Emprisonnement, 199 s., 222.
Engagement (durée), 58.
Enregistrement, 51, 210 s.
Epizootie, 196.
Escorte, 202.
Escroquerie, 195.
Etat-major, 79.
Etat de siége, 81.
Evasion, 193.
Evénement, 78, 205.
Exécution criminelle, 117.
Exercice de fonctions, 330 s.
Femmes et enfans, 274.
Fermeture des lieux publics, 155.
Fête, 183.
Flagrant délit, 151 s.
Foires et marchés, 183.
Forçat évadé, 74.
Forêt, 198.
Franchise et contre-seing, 102, 290.
Garde, 115.
Garde champêtre, 98 s., 128.
Garde municipale, 17.
Garde nationale, 113, 126.
Gendarme vétéran, 32, 35.
Gendarmes (audition en justice), 243 s.
Gendarmerie d'élite), 15 s. — départementale, 15, 20. — de Paris, 15, 17 s. — d'Afrique, 32 s. — des chasses et voyages, 16. — coloniale, 32, 34.
Grains et subsistances, 181.
Grande route, 172, 182. 239.
Hiérarchie, 39.
Historique, 2 s.
Homicide, 250.
Honneurs, 54.
Hôtelier, 153 s.
Huissier, 198.
Incendie, 145, 205 s., 242.
Infanterie, 46.
Injures, 319.
Inondation, 205.
Inspecteur des eaux et forêts, 97.
Inspecteurs généraux, 287.
Inspection générale, 41.
Institution, 1, 40.
Instruction criminelle, 147 s.
Ivresse, 285.
Jeu de hasard, 190.
Jury, 111.
Logement, 271, 273.
Loi militaire, 40.
Main-forte, 108, 125.
Mandement de justice, 109.
Maréchaussée, 3 s.
Mariage, 269.
Marin déserteur, 74.
Matériel du corps, 70.
Matière électorale, 112 s.
Menace, 311 s.
Mendiant, 189.
Messageries, 176, 202, 235.
Militaire, 184. — absent, 70.
Ministre de la guerre, 56 s., 69 s. — de l'intérieur, 69, 71 s. — de la justice, 69, 73. — de la marine, 69, 74.
Mise en jugement, 256 s.
Officier de gendarmerie, 75 s., 99. — (fonctions), 132 s. — de police auxiliaire, 134 s.
Ordre public, 118 s.
Organisation, 12 s., 21 s., 70.
Outrage, 296, 311 s.
Parade, 82.
Passeport, 194 s.
Patrouille, 142 s.
Peines disciplinaires, 275 s.
Pénalité, 261 s.
Pension, 62 s.
Personnel, 70.
Place de guerre, 81, 127.
Police judiciaire, 78.
Ports et arsenaux, 30 s.
Poste aux lettres, 165 s., 236.
Poudre de guerre, 202.
Préfet, 89, 118.
Premier président, 89.
Prescription, 42.
Préséance, 54.
Prévarication, 170.
Prisonnier, 115.
Procès-verbal, 137, 145, 204, 207 s.
Procès-verbaux (affirmation), 220 s. — (enregistrement), 210 s. — (foi due), 215, 221 s. — (forme), 209 s. — (signature), 217 s.
Procureur général, 89 s. — du roi, 89 s.
Quartier-maître, 265.
Rang, 52 s., 123.
Rapports, 75, 90 s., 95. — (avec l'autorité), 68.
Rébellion, 167, 298 s., 329 s.
Recette générale, 202.
Réforme, 61, 287 s.
Refus de service, 291 s.
Réglement de police, 197.
Remonte, 47.
Répartition, 21 s.
Réquisition, 86, 103 s., 203, 295. — (forme), 106 s., 121.
Résidence (changement de), 55 s.
Retraite, 62 s.
Revue, 82.
Salubrité, 196.
Serment, 49 s.
Service, 68 s. — (extraordinaire), 198 s. — (immixtion), 80. — (nature du), 43, 58. — (spécialité du), 116 s. — de brigade, 138. — ordinaire, 139 s. — d'ordonnance, 85. — de police et de sûreté, 72.
Signalement, 100.
Solde, 66.
Sous-officiers de gendarmerie, 99 s., 136.
Sous-préfet, 89, 94 s., 119.
Sûreté individuelle, 170. — publique, 172.
Surveillance, 70. — de la police, 189.
Tabac, 161 s., 230.
Tenue militaire, 270.
Tournée, 142 s.
Tranquillité publique, 168.
Transfèrement des prisonniers, 122, 289.
Transport de lettres, 165 s.
Trésorier, 29.
Tribunal militaire, 37, 117, 248 s.
Tribunaux ordinaires, 248 s.
Trouble, 38.
Troupe en marche, 187.
Uniforme, 326 s.
Vagabond, 150, 189.
Vétéran, 35.
Violence, 130, 169.
Visite domiciliaire, 156.
Voie de fait, 130, 169, 299 s.
Voie publique, 180.
Voiturier, 175 s.
Voyageur, 194 s.

GENDARME, GENDARMERIE. — 1. — « La gendarmerie est une force instituée pour veiller à la sûreté publique et pour assurer dans toute l'étendue du royaume, dans les camps et dans les armées, le maintien de l'ordre et l'exécution des lois. — Une surveillance continue et répressive constitue l'essence de son service. » — Ord. 29 oct. 1820, art. 1er.

CHAP. Ier. — *Historique* (n° 2).

CHAP. II. — *Organisation, personnel* (n° 15).

CHAP. III. — *Service et attributions* (n° 68).

SECT. 1re. — *Rapports généraux avec les autorités. — Communications. — Réquisitions* (n° 68).

SECT. 2e. — *Fonctions des officiers* (n° 132).

SECT. 3e. — *Service ordinaire et extraordinaire des brigades* (n° 138).

SECT. 4e. — *Procès-verbaux des opérations* (n° 207).

CHAP. IV. — *Police et discipline. — Ordre intérieur* (n° 248).

CHAP. V. — *Crimes et délits contre la gendarmerie* (n° 294).

—

CHAPITRE Ier. — *Historique*.

2. — La dénomination de gendarmerie, appliquée au corps militaire chargé de veiller au maintien de la paix publique et à la sûreté des citoyens, est d'origine assez moderne.

3. — Avant la révolution de 1789, ce corps portait le nom de *maréchaussée*. — « C'était, dit Merlin (*Rép.*, v° *Gendarmerie*), sous l'ancien régime un corps de cavalerie qui, dans son dernier état et suivant l'ordonnance de Louis XVI du 24 fév. 1776 était composé de huit compagnies, formant chacune un escadron. Ce qu'il y avait de particulier à ce corps, c'est que chaque gendarme avait le rang et les prérogatives de sous-lieutenant de cavalerie. »

4. — Un décret des 22 déc. 1790-16 janv. 1791 réunit la maréchaussée en un seul corps militaire sous le nom de *gendarmerie nationale*, et le plaça dans les attributions du ministre de la guerre.

5. — Postérieurement l'assemblée constituante rendit successivement divers autres décrets qui eurent pour objet de compléter ou de modifier le décret organique du 16 janv. 1791. — Décrets, 22 juin-20 juill. 1791, 26 et 27 juill.-3 août 1791.

6. — L'assemblée législative organisa à son tour et de nouveau, par le décret des 14-29 avr. 1792, le corps de la gendarmerie nationale, que bientôt, par décret du 26 août 1792 et en présence des dangers de l'invasion, elle appela à faire partie de l'armée active.

7. — Enfin, après la période révolutionnaire, fut rendue, sur l'organisation du corps de la gendarmerie, la loi du 28 germin. an VI, laquelle, abrogeant formellement, par son art. 235, toute la législation antérieure, est devenue et reste encore la loi organique de l'institution de la gendarmerie.

8. — Les divers décrets, lois ou ordonnances, qui sont survenus depuis, n'ont apporté à cette loi que des modifications secondaires, sans rien changer aux principes sur lesquels repose l'institution elle-même.

9. — C'est ainsi qu'on voit paraître successivement l'arrêté du 27 niv. an VII, qui détermine l'ordre des rangs dans le corps de la gendarmerie : la loi du 28 fructid. an VII, concernant l'organisation et la solde du corps; l'arrêté du 17 pluv. an VIII sur l'admission et l'avancement dans la gendarmerie; l'arrêté du 8 germin. an VIII, qui avait placé à la tête de ce corps un inspecteur général (le maréchal Moncey remplit et conserva ces fonctions pendant toute la durée de l'empire); l'arrêté du 12 thermid. an IX, portant modification dans l'organisation du corps.

10. — Le 24 brum. an XIII, la gendarmerie nationale prenait le titre de gendarmerie impériale, titre qui fut remplacé à la première restauration par celui de gendarmerie royale. — Ord. 11 juill. 1814.

11. — Après le gouvernement des Cent Jours, la gendarmerie dut subir une organisation nouvelle, en vertu de l'ordonnance du 10 sept. 1815, qui supprima les fonctions de l'inspecteur général.

12. — En exécution de cette ordonnance, fut rendue bientôt celle du 18 nov. suivant, aux termes de laquelle un jury, composé du préfet, du procureur du roi, du général et de deux officiers de gendarmerie, devait, dans chaque département, procéder à la formation des brigades et au choix des hommes composant le corps.

13. — Enfin une organisation presque complète de l'arme eut lieu sous le ministère du maréchal Gouvion Saint-Cyr, au rapport duquel fut rendue l'ordonnance des 29 oct.-29 nov. 1820, ordonnance qui, reproduisant la plupart des dispositions de la loi du 28 germin. an VI, sauf les modifications que l'expérience avait fait juger utiles, est encore aujourd'hui le code complet des droits et devoirs de la gendarmerie.

14. — Nous exposerons donc les dispositions de cette ordonnance, en mentionnant toutefois les modifications très-secondaires que des lois ou ordonnances ultérieures ont pu apporter.

CHAPITRE II. — *Organisation, personnel*.

15. — Aux termes de l'art. 4 de l'ordonnance du 29 oct. 1820, le corps de la gendarmerie se composait : 1° de la gendarmerie d'élite ; 2° de la gendarmerie départementale; 3° de la gendarmerie affectée spécialement au service de Paris. — Une ordonnance du 16 nov. 1822 créa depuis, en Corse, un corps de troupes auxiliaires de la gendarmerie, sous le nom de bataillon de voltigeurs corses.

16. — La gendarmerie d'élite faisait partie de la maison militaire du roi. La suppression de cette dernière institution, par l'ordonnance du 11 août 1830, a nécessairement entraîné celle de la gendarmerie d'élite. — Il faut en dire autant de la compagnie spéciale de gendarmerie des chasses et voyages du roi, placée sous les ordres d'un chef

d'escadron, et qu'avait créée l'ordonnance du 23 oct. 1817.

17. — Il n'y a plus non plus de corps portant le nom de gendarmerie spéciale de Paris. Cette gendarmerie, supprimée par ordonnance du 16 août 1830, a été remplacée par une garde municipale. — V. GARDE MUNICIPALE DE PARIS.

18. — Quant au bataillon de voltigeurs corses, il est encore existant. Ce corps a été, depuis l'ordonnance du 6 nov. 1822, réorganisé sur de nouvelles bases par l'ordonnance du 17 juin 1845. — V. CORSE, n° 33.

19. — Du reste, « le bataillon corse est classé dans l'armée comme corps d'infanterie. Il n'a été considéré que comme l'auxiliaire de la gendarmerie, et il n'en fait pas partie intégrante. Les hommes qui y sont admis ne sont pas obligés de remplir les mêmes conditions d'aptitude que les gendarmes; ils ne remplissent pas près des corps judiciaires les mêmes devoirs que les gendarmes. » — Paroles du ministre de la guerre à la chambre des députés, séance du 11 mars 1841.

20. — Nous n'avons donc à nous occuper ici que du corps de gendarmerie que l'ordonnance de 1820 qualifie de gendarmerie départementale.

21. — La gendarmerie départementale répartie sur le territoire continental de la France et en Corse se partage en légions, lesquelles se divisent en compagnies, les compagnies en lieutenances et les lieutenances en brigades.

22. —Le nombre des légions départementales fut long-temps de vingt-quatre; il a été, en 1841, porté à vingt-cinq. — Ord. 30 avr. 1841. — Les légions sont désignées par ordre de numéros; à l'exception de la légion dont le chef-lieu est à Bastia (Corse), chacune d'elles comprend plusieurs départemens.

23. — Le nombre des compagnies correspond exactement à celui des départemens; le chef-lieu de la compagnie est le même que celui du département, sauf par exception le seul département de la Corse, où se trouvent deux compagnies, dont les chefs-lieux sont à Ajaccio et à Bastia.

24.— Les lieutenances sont les subdivisions des compagnies; en général, elles correspondent aux subdivisions administratives du département, et ont le même chef-lieu. Toutefois, la nécessité d'une surveillance plus active dans certaines parties du territoire, notamment dans le département de la Seine et dans les contrées de l'Ouest, ont motivé la création de plusieurs lieutenances dans le même arrondissement.

25.—Chaque légion est placée sous le commandement d'un colonel ou lieutenant-colonel indistinctement.

26. — Chaque compagnie est commandée, soit par un chef d'escadron, soit par un capitaine de première classe.— La détermination est faite d'après les règles suivantes : toute compagnie placée dans un département, chef-lieu de légion de gendarmerie ou de cour royale, ou de division militaire, est commandée par un chef d'escadron; les autres compagnies obéissent à un capitaine de première classe, à l'exception de la seule compagnie de Seine-et-Oise, que son importance numérique et le voisinage de la capitale ont fait placer sous l'autorité d'un chef d'escadron.

27. — C'est dans les mêmes proportions que le commandement des lieutenances se trouve dévolu soit à des capitaines de deuxième classe, soit à des lieutenans et sous-lieutenans.— Les capitaines de deuxième classe sont affectés aux compagnies commandées par des chefs d'escadron, avec la restriction que s'il existe dans le département une cour royale qui ne soit pas le chef-lieu de la compagnie, le capitaine sera placé près de cette cour.

28.—Les brigades, subdivisions des compagnies, sont réparties entre les diverses parties de la lieutenance; suivant leur importance, elles ont pour chef un maréchal-des-logis ou un brigadier.

29.—En outre, et au chef-lieu de chaque compagnie, est placé un officier trésorier : l'emploi du trésorier dans le chef-lieu de la légion doit aujourd'hui être toujours occupé par un officier du grade de capitaine.—Ord. 30 avr. 1841, art. 2.

30. — L'ordonnance du 29 oct. 1820 comprenait dans le corps de la gendarmerie proprement dite les compagnies de gendarmerie placées dans les ports et arsenaux du royaume.

31. — Depuis l'ordonnance du 19 juin 1832, ces compagnies ont cessé d'appartenir au corps de la gendarmerie royale de France; classées parmi les troupes de marine, elles sont placées sous l'autorité directe du ministre de ce département. — V. PORTS ET ARSENAUX.

32. — Mais en dehors de la gendarmerie départementale, et comme faisant néanmoins partie du corps, il convient de mentionner la gendarmerie d'Afrique, la gendarmerie coloniale et les gendarmes vétérans.

33. — La gendamerie d'Afrique a été, en vertu de l'ordonnance du 31 août 1839, rendue en exécution de la loi de finances du 24 juill. 1839, organisée en une légion spéciale, sous le nom de *légion de gendarmerie d'Afrique*; son organisation est la même que celle de la gendarmerie départementale, avec cette seule différence que ses deux premières compagnies sont placées sous l'autorité supérieure d'un chef d'escadron, toutes les compagnies étant du reste commandées par des capitaines. — V. ALGÉRIE.

34. — La gendarmerie coloniale, organisée successivement par les ordonnances des 21 déc. 1828 et 17 août 1835, a été en dernier lieu l'objet d'une nouvelle ordonnance en date du 6 sept. 1840, laquelle détermine sa composition de la manière suivante: une compagnie à chacune des colonies de la Martinique, de la Guadeloupe, et de l'île Bourbon, les deux premières commandées chacune par un chef d'escadron; une demi-compagnie à la Guiane française, sous les ordres d'un capitaine, mais qui néanmoins peut être placée sous le commandement d'un lieutenant. Ces compagnies n'ont aucun rapport entre elles; les fonctions de trésorier y sont remplies par un lieutenant ou sous-lieutenant, sauf dans la demi-compagnie de la Guiane, où elles sont remplies par un maréchal-des-logis.

35. — Enfin, l'ordonnance du 25 avr. 1830 a déterminé la création de deux compagnies sédentaires de gendarmerie, auxquelles une ordonnnonce de 29 août 1832 a donné la dénomination de compagnies de gendarmes vétérans. Ces compagnies, placées à Riom, ont chacune deux capitaines et deux lieutenans. — Dans ces compagnies sont placés les officiers, sous-officiers et gendarmes qui, n'ayant plus l'activité nécessaire pour le service de la gendarmerie, n'ont pas encore acquis le droit à la retraite. — Ord. 29 oct. 1820, art. 36.

36. — En dehors de cette organisation que nous venons de résumer, des circonstances extraordinaires peuvent motiver dans certains cas la création de corps de gendarmerie spéciaux.

37. — Une force publique est, d'ordinaire, attachée à la suite des armées ou corps en campagne, pour l'exécution des jugemens militaires et le maintien de la police dans les camps. L'officier de gendarmerie placé à la tête de ce corps de troupes, dont l'importance varie suivant les circonstances, porte la dénomination de grand-prévôt ou prévôt de l'armée ou du corps d'armée. — V. TRIBUNAUX MILITAIRES.

38.—Enfin, à l'intérieur même et dans des temps de troubles, le gouvernement a cru devoir lever des corps mobiles de gendarmerie, corps d'une durée toujours temporaire, destinés à opérer dans les pays agités, et formés d'officiers, sous-officiers et gendarmes détachés à cet effet de leurs postes respectifs dans les diverses légions départementales. C'est ce qui a eu lieu dans les premières années qui suivirent l'établissement du gouvernement actuel, pour opérer d'une manière plus efficace la répression des agitations politiques qui avaient leur foyer dans les départemens de l'Ouest.

39. — Tout ce qui concerne la hiérarchie, l'avancement et les attributions spéciales de chaque grade est réglé par l'ordonnance du 29 oct. 1820, à laquelle il nous suffit de renvoyer, en nous bornant à quelques indications.

40. — Le corps de la gendarmerie est une des parties intégrantes de l'armée, et les dispositions générales des lois militaires lui sont applicables, sauf les modifications et exceptions que la nature mixte de son service rend nécessaires. — Ord. 29 oct. 1820, art. 2.

41.—C'est ainsi que, comme tous les autres corps de l'armée, la gendarmerie est soumise à des inspections générales, confiées, du reste, à des officiers généraux particuliers sortis en général de l'arme, ainsi que cela a lieu pour toutes les armes spéciales.

42. — Mais il a été jugé que les gendarmes ne font pas partie de l'armée, dans le sens de l'art. 2, L. 6 brum. an V; ce sont, relativement à leurs fonctions et à leur service intérieur, des officiers de police judiciaire; en conséquence, la prescription n'a pas été suspendue à leur égard pendant la durée des hostilités. — *Lyon*, 14 mai 1825, Jamet c. Duriez.

43. — Le service dans le corps de la gendarmerie est toujours volontaire; les art. 9 et suivans de l'ordonnance déterminent quelles conditions doivent remplir ceux qui veulent faire partie de cette arme.

44.—Ces conditions sont, entre autres : 1° d'être âgé de vingt-cinq ans au moins et de quarante ans au plus; — 2° d'avoir une taille déterminée pour le service soit de la cavalerie, soit de l'infanterie; — 3° de savoir lire et écrire correctement; — 4° de produire les attestations légales d'une bonne conduite soutenue; — 5° de justifier d'un rengagement ou congé en bonne forme. — Art. 9.

45. — Ce n'est que par exception, et à défaut d'hommes justifiant d'un rengagement ou congé en bonne forme que la loi autorise l'admission de soldats encore en activité de service, mais pourvu qu'ils aient au moins quatre années de service, vingt-cinq ans d'âge, qu'ils réunissent les autres conditions exigées, et qu'il soient reconnus par leurs chefs ou les inspecteurs généraux d'armes susceptibles de servir dans la gendarmerie. — Art. 10.

46. — L'arme de la gendarmerie compte des fantassins et des cavaliers, mais dans des proportions très inégales : la majeure partie des gendarmes sont à cheval; les gendarmes à pied ne sont guère employés que dans les localités importantes où le service n'oblige pas à des déplacemens plus ou moins étendus.

47. — Les gendarmes sont montés à leurs frais. Les art. 281 à 290, Ord. 29 oct. 1820, contiennent sur les remontes des prescriptions détaillées auxquelles il nous suffit de renvoyer en faisant remarquer seulement que, bien que propriétaire de son cheval, le gendarme qui vient à quitter le service (et il faut en dire autant des héritiers du gendarme décédé), ne peut disposer du cheval qu'avec l'autorisation du conseil d'administration de la compagnie, lequel, dans l'intérêt du service, peut exiger que le cheval passe à un autre gendarme, presque toujours au successeur, à charge d'en payer comptant, au gendarme cessionnaire, la valeur fixée par experts nommés par les parties intéressées.

48. — L'avancement a lieu dans l'arme même, sauf en ce qui concerne deux grades, celui de lieutenant-colonel et celui de colonel. Deux tiers des places de lieutenans sont réservées aux lieutenans de l'armée, l'autre tiers appartient aux sous-officiers de l'arme, promus d'abord sous-lieutenans, ce qui leur donne, du reste, même autorité et même solde; après quatre ans de service, ils reçoivent le brevet de lieutenant. La moitié des emplois de chefs de légion appartient aussi aux colonels de l'armée; l'autre moitié est réservée aux chefs d'escadron, promus d'abord lieutenans-colonels, ce qui leur donne même autorité et même solde, et qui reçoivent après quatre ans le brevet de colonel. — V. ARMÉE, n° 133.

49. — Avant d'entrer en fonctions, tout officier, sous-officier ou gendarme doit prêter, devant le tribunal de première instance, dans le ressort du quel il est ou sera employé, le serment dont la teneur suit : « Je jure fidélité au roi des Français, obéissance à la charte constitutionnelle et aux lois du royaume ; je jure, en outre, d'obéir à mes chefs pour tout ce qui concerne le service auquel je suis appelé, et dans l'exercice de mes fonctions, de ne faire usage de la force qui m'est confiée que pour le maintien de l'ordre et l'exécution des lois. »

50. — Cette prestation du serment n'a lieu qu'une fois pour chaque militaire pendant la même période d'activité (L. 21 juin 1839), et pour donner plus de solennité à ce serment, l'ord. du 29 oct. 1820 (art. 33) a voulu qu'il fût prêté, autant que le service le permettrait, en présence des officiers, sous-officiers ou gendarmes employés dans la résidence. — V. SERMENT DES FONCTIONNAIRES.

51. — Cette prestation de serment est exempte de l'enregistrement. — Décis. min. 21 sept. 1821 ; instr., 995.—V. ENREGISTREMENT, n° 936.

52.—Depuis et y compris le grade de lieutenant jusqu'à celui de chef d'escadron, les officiers de gendarmerie prennent rang d'après la date de la nomination dans cette arme, sans qu'ils puissent se prévaloir de leur ancienneté de grade dans la ligne, même des grades supérieurs dont ils auraient été précédemment pourvus dans d'autres corps. — Les colonels, chefs de légion, prennent rang selon l'ordre et l'ancienneté de ces grades. — Les maréchaux-de-logis et sous-officiers prennent rang entre eux en raison de l'ancienneté de leur nomination à ces grades dans la gendarmerie. — Quant aux simples gendarmes, le rang se détermine par l'époque d'admission dans l'arme, et à égalité de date d'après l'ancienneté des services. — Ord. 29 oct. 1820, art. 29 et 30.

53. —L'ordonnance du 29 oct. 1820 portait, dans son art. 31 : « Le corps de la gendarmerie prend rang dans l'armée immédiatement après notre garde royale. » La suppression de la garde royale a eu pour effet de lui conférer le premier rang. — L'art. 31 ajoute : « Les officiers, sous-officiers

et gendarmes ont le rang du grade immédiatement supérieur, mais ils n'en jouissent pour le commandement qu'après les titulaires du même grade dans l'armée. »

54. — L'ordonnance du 29 oct. 1820 (art. 95 à 107) règle avec soin tout ce qui a trait aux honneurs à rendre aux diverses autorités, soit par la gendarmerie en corps, soit par ses membres isolés, ainsi que ce qui concerne les cérémonies publiques et les préséances. — V. HONNEURS CIVILS ET MILITAIRES, PRÉSÉANCES.

55. — En général, les gendarmes, quel que soit leur grade, ne changent pas de résidence, sauf le cas d'avancement. En effet, le service auquel ils sont appelés exige des connaissances et des habitudes de localités que ne permettraient pas des mutations fréquentes.

56. — Néanmoins, les changemens de résidence peuvent être ordonnés, soit dans l'intérêt du service (ainsi pour faute disciplinaire), soit pour l'avantage personnel des officiers, sous-officiers et gendarmes : le ministre de la guerre prononce seul sur ces changemens. — Ord. 29 oct. 1820, art. 294.

57. — Ce n'est également que par le ministre, et pour un temps qui ne peut excéder trois mois, que, sur la proposition des chefs de légion, des congés avec demi-solde peuvent être accordés aux membres du corps de la gendarmerie pour leurs affaires personnelles. Cependant, en cas d'urgence, et pour huit jours au plus, le congé peut être accordé par le chef de légion, à charge d'en référer sans retard au ministre. — Ord. 29 oct. 1820, art. 298.

58. — A la différence de l'engagement volontaire qui a lieu dans l'armée, celui du gendarme ne le lie pas pour un temps déterminé; le gendarme (alors, bien entendu, qu'il ne s'agit pas d'un soldat admis exceptionnellement dans le corps) peut toujours cesser son service par une démission, soit volontaire, soit forcée.

59. — La démission ne peut être acceptée définitivement que par le ministre; elle est d'ordinaire offerte, au moment de l'inspection générale; l'inspecteur général examine la demande avant de la transmettre au ministre. Toutefois, dans l'intervalle des inspections, si quelques gendarmes se trouvent contraints, par d'impérieux motifs, de quitter sans retard le service, ils s'adressent, par voie hiérarchique, au colonel, lequel transmet la demande au ministre.

60. — La démission forcée est encourue soit par suite de la désertion dans certains cas, soit comme peine disciplinaire.

61. — Le ministre peut encore donner d'office des congés de réforme ou absolus aux gendarmes qui ne remplissent pas ou qui ont cessé de remplir les conditions nécessaires pour l'accomplissement du service. — Ord. 29 oct. 1820, art. 293.

62. — L'ordonnance du 29 oct. 1820 (art. 35) voulait que les officiers, sous-officiers et gendarmes eussent droit à la retraite du grade supérieur après dix années d'activité dans leur grade et dans la gendarmerie.

63. — Maintenant, et aux termes de l'ordonnance du 20 janv. 1841, les sous-officiers, caporaux et brigadiers des corps de l'armée admis dans la gendarmerie, soit comme brigadiers, soit comme gendarmes, doivent être considérés pour la retraite comme étant restés titulaires de leur ancien grade jusqu'à promotion à un grade supérieur à celui de la gendarmerie, et ils doivent compter comme activité dans leur ancien grade, pour le bénéfice de l'art. 11, L. 11 avr. 1831 (cinquième en sus), le temps de service pendant lequel ils en sont restés titulaires, en vertu de la disposition ci-dessus. — Ord. 1841, art. 1er.

64. — Il doit être fait application de cette disposition aux sous-officiers, caporaux, brigadiers admis dans la gendarmerie après une interruption de service. — Même ord., art. 2.

65. — Du reste, les pensions accordées aux membres du corps de la gendarmerie sont soumises aux règles ordinaires sur les pensions militaires. — V. PENSIONS.

66. — Les gendarmes ont droit à une solde et à diverses indemnités et gratifications, à raison des opérations et captures auxquelles ils concourent. — V. à cet égard : Décr. 12 janv. 1811; circ. 30 janv. 1811; décr. 18 juin 1811, sur les frais de justice criminelle; décr. 7 avr. 1813, sur les frais de justice criminelle, correctionnelle et de simple police; ord. 6 août 1823; circ. 16 mars 1827; circ. 15 sept. 1831, 6 juin 1835, 21 sept. 1836; le Tarif du 20 mai 1844 et l'ord. 23 janv. 1846. — V. le *Manuel de la gendarmerie.*

67. — Il existe, pour la gendarmerie, un comité consultatif dont la composition et les attributions sont réglées par l'ordonnance du 13 oct. 1845, quelle a été complétée par celle du 16 nov. suivant.

CHAPITRE III. — *Service et attributions.*

Sect. 1re. — *Rapports généraux avec les autorités. — Communications. — Réquisitions.*

68. — Bien qu'en principe la gendarmerie fasse partie intégrante de l'armée, néanmoins les attributions toutes spéciales qui lui sont conférées en constituent un corps à part et distinct, et la mettent en rapport continuel et direct avec un grand nombre de fonctionnaires publics.

69. — Et d'abord la gendarmerie est, quant à ses fonctions, placée dans les attributions de quatre ministres différens, dont l'ordonnance du 29 oct. 1820 répartit les pouvoirs respectifs.

70. — Ainsi, c'est au ministre de la guerre qu'appartient, outre l'organisation et le personnel, la discipline et le matériel du corps; la surveillance que la gendarmerie doit exercer sur les militaires absens de leurs corps est encore dans ses attributions; il lui est fait chaque mois un rapport spécial du service des brigades pour la recherche des déserteurs et la rentrée des militaires sous leurs drapeaux. — Ord. 29 oct. 1820, art. 38, 39 et 40.

71. — Le corps de la gendarmerie est placé dans les attributions du ministre de l'intérieur pour ce qui concerne les dépenses de casernement, le casernement de la gendarmerie étant à la charge des départemens. — Ord. 29 oct. 1820, art. 36. — V. CASERNE, DÉPARTEMENT, n° 162.

72. — C'est également dans les attributions du ministre de l'intérieur que se trouve placé tout ce qui concerne l'ordre public, et le service de police et de sûreté, qui fait la partie la plus essentielle du service de la gendarmerie; il doit lui être rendu compte de ses opérations en ce qui touche ce service. — Ord. 29 oct. 1820, art. 38 et 41.

73. — Le ministre de la justice a la gendarmerie dans ses attributions pour ce qui est relatif à l'exercice de la police judiciaire et à l'exécution des mandemens de justice; il doit lui être rendu compte des arrestations faites par les officiers de gendarmerie lorsqu'ils remplissent les fonctions d'officiers de police auxiliaires. — Ord. 29 juin 1820, art. 39 et 42.

74. — Enfin, aux termes de l'ordonnance de 1820, la gendarmerie était placée dans les attributions du ministre de la marine pour les dispositions relatives à la surveillance des gens de mer et des autres troupes de la marine, ainsi que pour le service des ports et arsenaux. — Rapport devait être adressé à ce ministre des arrestations faites par la gendarmerie des militaires et marins en état de désertion, ainsi que de la capture des forçats évadés. — Ord. 29 oct. 1820, art. 42. — Depuis que la gendarmerie maritime a été complétement détachée du corps de la gendarmerie (V. *suprà* n° 34), les rapports de cette arme avec le ministre de la marine demeurent nécessairement très modifiés, et se réduisent au rapport sur les arrestations des déserteurs et forçats évadés.

75. — Ces divers rapports, établis par extraits, sont régulièrement adressés chaque mois par les chefs de légion aux ministres : en outre, chaque année, le tableau sommaire du service annuel des brigades leur est transmis. Une expédition de chacun de ces comptes mensuels et annuels est toujours envoyée au ministre de la guerre. — Ord. 29 oct. 1820, art. 44.

76. — Indépendamment des comptes mensuels au ministre de l'intérieur, il lui est donné connaissance sur-le-champ de tous les événemens qui peuvent être de nature à compromettre la tranquillité publique. — Les rapports sont faits pour les événemens qui surviennent dans les arrondissemens chefs-lieux de préfecture par les commandans des compagnies; dans les autres cas, par les commandans de lieutenance. — Ord. 29 oct. 1820, art. 45.

77. — La gendarmerie faisant partie de l'armée, les officiers de ce corps sont subordonnés aux généraux commandant les divisions militaires et les départemens, ainsi qu'aux commandans de place, et, à cet effet, les commandans de gendarmerie doivent transmettre à ces officiers supérieurs, chaque mois, la situation numérique de la gendarmerie placée sous leurs ordres, ainsi que le rapport des fautes graves contre la discipline qui les auraient mis dans le cas d'infliger à leurs subordonnés les arrêts et la prison. — Ord. 29 oct. 1820, art. 77 et 87.

78. — Les colonels de gendarmerie doivent informer les lieutenans généraux et maréchaux de camp commandant les divisions et subdivisions militaires des événemens qui peuvent donner lieu à des dispositions particulières de service. — Ces événemens sont : les émeutes populaires et attroupemens armés ou non armés qualifiés séditieux par la loi; les attaques dirigées ou exécutées contre la force armée; les excursions et attaques de brigands réunis en bandes; les arrestations des provocateurs à la désertion, d'embaucheurs ou d'espions employés à lever le plan des places ou à se procurer des renseignemens sur la force ou le mouvement des troupes; les attaques de convois et munitions de guerre; le pillage des magasins militaires; tous délits ou crimes commis par des militaires, ou dont ils seraient soupçonnés d'être auteurs ou complices; les rixes des militaires entre eux ou avec des individus non militaires; les insultes et voies de fait de la part des militaires envers les citoyens. — Journellement, en outre, il doit être adressé aux maréchaux de camp compte des arrestations des militaires opérées par les brigades. — Ord. 29 oct. 1820, art. 82.

79. — De même, les officiers de gendarmerie, dans les places où il y a état-major, doivent faire connaître au commandant de place les événemens qui peuvent compromettre la tranquillité ou la sûreté de la place. — Ord. 29 oct. 1820, art. 83.

80. — Mais, d'un autre côté, les commandans des corps de ligne ou de la garde nationale ne peuvent s'immiscer en aucune manière dans le service de la gendarmerie. — Ord. 29 oct. 1820, art. 69.

81. — Et sauf la circonstance de l'état de siége, les officiers de gendarmerie ne sont tenus dans les places de guerre de rendre aucun compte du service spécial de la gendarmerie.

82. — La gendarmerie ayant des fonctions essentiellement distinctes du service purement militaire des troupes en garnison, l'état de siége excepté, elle ne peut être considérée comme portion de la garnison des places dans lesquelles elle est répartie, et être par conséquent appelée par les généraux aux revues et aux parades, ou réunie pour les objets étrangers à ses fonctions. — Même ordonn., art. 79.

83. — La gendarmerie ne doit pas être distraite de son service ni détournée de ses fonctions pour les dépêches des autorités militaires. — Même ordonn., art. 60.

84. — « Néanmoins, ajoute le même article, si des événemens d'un intérêt majeur exigeaient la transmission d'un avis urgent et officiel à l'autorité civile ou militaire, qui ne pourrait en être informée assez promptement par une autre voie, la gendarmerie sera tenue de porter les dépêches; mais il serait rendu compte de ce déplacement aux ministres de la guerre et de l'intérieur.

85. — A plus forte raison ne peut-elle être distraite de ces fonctions pour servir d'ordonnance ou employée à des services personnels : les officiers de gendarmerie ne peuvent non plus, pour les devoirs qui leur sont propres, interrompre les tours de service d'aucun sous-officier ou gendarme. — Même ordonn., art. 317.

86. — La gendarmerie doit communiquer sur-le-champ aux autorités civiles les renseignemens qu'elle reçoit et qui intéressent l'ordre public : les autorités civiles lui font les communications et réquisitions qu'elles reconnaissent utiles au bien du service. — Même ordonn., art. 61.

87. — Les communications entre les magistrats, les administrateurs et la gendarmerie s'établissent par écrit; elles sont signées et datées. — *Ibid.*, art. 62.

88. — Les communications par écrit ou verbales de la part des autorités civiles pour un objet déterminé sont toujours faites au commandant de la gendarmerie du lieu ou de l'arrondissement. Ces autorités ne peuvent s'adresser à l'autorité supérieure en grade que dans le cas où elles auraient à se plaindre du retard ou de la négligence. — *Ibid.*, art. 64.

89. — Les premiers présidens de cours royales, les procureurs généraux, les préfets et procureurs du roi peuvent appeler auprès d'eux le commandant de la gendarmerie du département chaque fois qu'ils jugent utile de conférer avec cet officier pour les objets du service. — Le même droit est accordé au sous-préfet à l'égard de l'officier en résidence dans le chef-lieu de leur sous-préfecture. — Il faut remarquer que si les cours royales ou cours d'assises ne siégent pas au chef-lieu du département, les premiers présidens, procureurs généraux et procureurs du roi ne peuvent appeler auprès d'eux que l'officier commandant la gendarmerie de l'arrondissement.

90. — En outre, les procureurs généraux et procureurs du roi doivent être informés immédiatement par les officiers de gendarmerie de tous les

faits qui sont de nature à donner lieu à des poursuites judiciaires. —*Ibid.*, art. 66.

91. — Lorsque les officiers de gendarmerie sont dans le cas de consulter les autorités, ils se rendent chez les fonctionnaires compétens. — *Ibid.*, art. 63.

92. — Les commandans des compagnies adressent chaque jour au préfet le rapport de tous les événemens qui peuvent intéresser l'ordre public; ils lui communiquent également les renseignemens que leur fournit la correspondance des brigades, lorsque ces renseignemens ont pour objet le maintien de l'ordre et qu'ils peuvent donner lieu à des mesures de précaution ou de répression. — *Ibid.*, art. 70.

93. — Les commandans de compagnies donnent pareillement connaissance aux commissaires généraux de police de tout ce qui peut intéresser l'ordre public. — Même article.

94. — Les mêmes rapports et communications sont adressés aux sous-préfets par les lieutenans de gendarmerie. — Même article.

95. — Tous les cinq jours, l'officier commandant l'arrondissement doit adresser au sous-préfet un tableau contenant une simple indication de tous les délits et de toutes les arrestations dont la connaissance leur est parvenue par les rapports des brigades. — Ce tableau, en ce qui concerne l'arrondissement du chef-lieu, est remis au préfet par le commandant de la compagnie. — *Ibid.*, art. 71.

96. — Les commandans et les lieutenans de gendarmerie ne sont pas tenus de fournir des rapports ou tableaux négatifs lorsque la correspondance des brigades ne donne lieu à aucune communication. — *Ibid.*, art. 72.

97. — Les gardes forestiers étant appelés à concourir, au besoin, avec la gendarmerie au maintien de l'ordre, et les brigades de la gendarmerie devant prêter main-forte pour la répression des délits forestiers, les inspecteurs ou sous-inspecteurs des eaux et forêts et les commandans de la gendarmerie se donnent réciproquement connaissance des lieux de résidence des gardes forestiers et des brigades et postes de la gendarmerie pour assurer de concert l'exécution des mesures et des réquisitions toutes les fois qu'ils doivent agir simultanément. — *Ibid.*, art. 309.

98. — Les gardes champêtres des communes sont placés sous la surveillance des commandans des brigades de gendarmerie, qui tiennent un registre particulier sur lequel ils inscrivent les noms, l'âge et le domicile de ces gardes. — *Ibid.*, art. 310.

99. — Les officiers et sous-officiers de gendarmerie s'assurent dans leurs tournées si les gardes champêtres remplissent bien leurs fonctions; ils en donnent connaissance aux sous-préfets. — *Ibid.*, art. 311.

100. — Les officiers et sous-officiers de gendarmerie adressent au besoin aux maires, pour être remis aux gardes champêtres, le signalement des individus qu'ils ont l'ordre d'arrêter. — *Ibid.*, art. 313.

101. — Les gardes champêtres sont tenus d'informer les maires, et ceux-ci les officiers, sous-officiers de gendarmerie, de tout ce qu'ils découvrent de contraire au maintien de l'ordre et de la tranquillité publique; ils leur donnent avis de tous les délits qui ont été commis dans leurs territoires respectifs. — Ord. 29 oct. 1820, art. 314. — V. GARDE CHAMPÊTRE.

102. — Il est, au surplus, accordé aux gendarmes, pour leur correspondance avec les diverses autorités, un droit de franchise et de contre-seing. — V. FRANCHISE ET CONTRE-SEING.

103. — *Réquisitions.* — Les rapports de la gendarmerie avec les diverses autorités militaires ne consistent pas toujours dans de simples communications; il existe, soit à l'égard de la gendarmerie de la part des autorités, soit au contraire de la part de la gendarmerie à l'égard de ces mêmes autorités et dans certaines limites, un droit de réclamer par voie de réquisition un concours nécessaire pour le maintien de l'ordre.

104. — L'action de l'autorité civile, en ce qui concerne l'emploi de la force publique, ne peut s'exercer que par des réquisitions. Ces réquisitions ne doivent contenir aucuns termes impératifs, tels que, ordonnons, voulons, enjoignons, mandons, etc. — Ordonn. 29 oct. 1820, art. 52.

105. — Les réquisitions sont toujours adressées au commandant de la gendarmerie du lieu où elles doivent recevoir leur exécution, et, en cas de refus, à l'officier sous les ordres duquel est immédiatement placé celui qui n'a pas obtempéré à ces réquisitions. — Elles ne peuvent être données ni exécutées que dans l'arrondissement de celui qui les donne ou qui les exécute. — *Ibid.*, art. 53.

106. — Les réquisitions doivent énoncer la loi qui les autorise, le motif, l'ordre, le jugement ou l'acte administratif en vertu duquel la gendarmerie est requise. — Elles peuvent même indiquer les moyens d'exécution; mais elles ne doivent s'immiscer en aucune manière dans les opérations militaires, dont la direction appartient au commandant de la gendarmerie. — *Ibid.*, art. 56 et 57.

107. — Les réquisitions sont faites par écrit, signées et datées, et dans la forme ci-après : « DE PAR LE ROI. — Conformément à l'ordonnance sur le service de la gendarmerie, et en vertu de (*loi, arrêté, règlement*), nous requérons le (*grade et lieu de résidence*) de *commander, faire, se transporter, arrêter*, etc.), et qu'il nous fasse part (*si c'est un officier*), et qu'il nous rende compte (*si c'est un sous-officier*) de l'exécution de ce qui est par nous requis au nom de Sa Majesté. » — « Fait à .... » — *Ibid.*, art. 58.

108. — La main-forte est accordée toutes les fois qu'elle est requise par ceux à qui la loi ou les ordonnances donnent le droit de requérir (Art. 54). Les cas où la gendarmerie peut être requise sont tous ceux prévus par les lois et réglemens, ou spécifiés par les ordres particuliers du service. — *Ibid.*, art. 56.

109. — Les mandemens de justice peuvent être notifiés aux prévenus et mis à exécution par des gendarmes. — Ordonn. 29 oct. 1820, art. 67.

110. — Mais la gendarmerie ne peut être employée à porter des citations qu'en cas de nécessité urgente et absolue. — *Ibid.*, art. 68.

111. — C'est ce qui se pratique à l'égard des notifications faites aux jurés désignés par le sort pour entrer en fonctions. — V. JURY.

112. — Et pour les notifications en matière électorale. — V. ÉLECTIONS LÉGISLATIVES, nos 1163 et suiv.

113. — Pendant la durée de la session des colléges électoraux, la gendarmerie est aux ordres des présidens et des vice-présidens pour la police et la sûreté des colléges. — A cet effet, le ministre de l'intérieur fait connaître au commandant de gendarmerie de chacun des départemens où ces colléges doivent se réunir les lieux et époques de la réunion. — *Ibid.*, art. 48 et suiv. — V. au surplus ÉLECTIONS DÉPARTEMENTALES, ÉLECTIONS LÉGISLATIVES, ÉLECTIONS MUNICIPALES.

114. — Les gendarmes sont requis pour signifier les jugemens en matière de garde nationale. — V. GARDE NATIONALE.

115. — Les gendarmes sont également requis pour la conduite et la garde des prisonniers, soit devant les juges d'instruction, soit à l'audience.

116. — Mais lorsque la gendarmerie est légalement requise pour assister l'autorité dans l'exécution d'un acte ou d'une mesure quelconque, elle ne doit être employée que pour assurer l'effet de la réquisition, et pour faire cesser, au besoin, les obstacles ou empêchemens. — *Ibid.*, art. 59.

117. — Ainsi, les détachemens de gendarmerie qui sont requis lors des exécutions des criminels condamnés par les cours d'assises ou les conseils de guerre ne doivent servir que comme garde de police et de main-forte à la justice, uniquement préposée pour maintenir l'ordre, prévenir et empêcher les émeutes, et garantir de trouble, dans leurs fonctions, les officiers de justice ou militaires chargés de faire mettre à exécution les arrêts ou jugemens. — Ord. 29 oct. 1820, art. 69 et 88. — V. EXÉCUTION DES JUGEMENS ET ARRÊTS (matière criminelle), TRIBUNAUX MILITAIRES.

118. — Si les rapports de service peuvent faire craindre quelque émeute populaire ou attroupement séditieux, les préfets, après s'être concertés avec l'officier général commandant le département, s'il est présent, et l'officier le plus élevé en grade de la gendarmerie en résidence au chef-lieu de département, peuvent ordonner la réunion sur le point menacé du nombre de brigades nécessaires pour le rétablissement de l'ordre. — Il doit être rendu compte sur-le-champ de ces réquisitions au ministre de la guerre et de l'intérieur. — Ord. 29 oct. 1820, art. 73.

119. — Dans les cas urgens, les sous-préfets peuvent même requérir l'officier commandant l'arrondissement de rassembler plusieurs brigades, à la charge d'en informer sur-le-champ le préfet, qui, pour les mesures ultérieures, agit comme il est dit dans l'article précédent. — *Ibid.*, art. 71.

120. — Un droit analogue à celui des préfets est concédé par l'art. 84 de l'ordonnance, aux lieutenans généraux et maréchaux de camp commandant les divisions et subdivisions militaires; ils peuvent, dans les cas que détermine cet article, et sur la réquisition du préfet, ordonner la formation de détachemens de gendarmerie, sans toutefois pouvoir, à moins d'ordres formels du ministre de la guerre concertés avec le ministre de l'intérieur, rassembler la totalité des brigades d'une compagnie pour les faire passer dans un autre département.

121. — Ces ordres, comme ceux adressés par les autorités civiles, doivent être donnés par écrit. Si l'officier de gendarmerie auquel ils sont adressés croit qu'ils sont de nature à compromettre le service de l'arme, il est autorisé à faire des représentations motivées. Si le général croit devoir maintenir son ordre, l'officier est tenu de l'exécuter; mais il en est rendu compte au ministre de la guerre. — *Ibid.*, art. 85 et 86.

122. — Si les officiers de gendarmerie reconnaissent qu'une force supplétive leur est nécessaire pour dissiper les émeutes populaires ou attroupemens séditieux, réprimer les délits, transférer un nombre trop considérable de prisonniers, enfin pour assurer l'exécution des réquisitions de l'autorité civile, ils préviennent sur-le-champ les préfets ou sous-préfets, lesquels avisent au moyen de faire appuyer l'action de la gendarmerie par un nombre suffisant de troupes de ligne. — Ord. 29 oct. 1820, art. 90.

123. — La même ordonnance (art. 91) voulait qu'alors qu'un détachement de troupes de ligne était employé concurremment avec la gendarmerie, le commandement, à grade égal, appartînt toujours à l'officier de gendarmerie; aujourd'hui, et en vertu d'une décision royale du 28 août 1837, il appartient à l'officier le plus ancien.

124. — Du reste, lorsque le détachement est commandé par l'officier des troupes de ligne celui-ci est obligé de se conformer aux réquisitions qui lui sont faites par écrit par l'officier de gendarmerie, lequel demeure responsable de l'exécution de son mandat lorsque l'officier auxiliaire s'est conformé à la réquisition. — Même art. 91.

125. — A défaut ou en cas d'insuffisance de la troupe de ligne, les commandans de la gendarmerie requièrent main-forte de la garde nationale par l'intermédiaire des autorités locales. — Art. 92.

126. — Les détachemens de la garde nationale requis sont toujours aux ordres du commandant de la gendarmerie qui a fait la réquisition. — Art. 93. — V. GARDE NATIONALE.

127. — Dans les places de guerre, les commandans de gendarmerie sont autorisés, pour les cas urgens et extraordinaires et lorsque les dispositions du service l'exigent, à demander l'ouverture des portes tant pour leur sortie que pour leur rentrée. — Même ordonnance, art. 81. — V. PLACES DE GUERRE.

128. — Dans les cas urgens et pour des besoins importans, les sous-officiers de gendarmerie peuvent mettre en réquisition les gardes champêtres d'un canton, et les officiers ceux d'un arrondissement, soit pour les seconder dans l'exécution des ordres qu'ils ont reçus, soit pour le maintien de la police et de la tranquillité publique; mais ils sont tenus de donner avis de cette réquisition aux maires et aux préfets et de leur en faire connaître les motifs généraux. — Même ordonnance, art. 80.

129. — Au surplus, et en règle générale, toutes les fois que la gendarmerie est dans l'exercice de ses fonctions, si elle est attaquée, elle peut requérir l'assistance de tous les citoyens présens, tant pour repousser les attaques dirigées contre elle que pour assurer l'exécution des lois. — *Ibid.*, art. 302.

130. — Mais il convient de remarquer que les militaires de la gendarmerie *requis* soit pour assurer l'exécution de la loi, des jugemens, ordonnances, mandemens de justice ou de police, soit pour dissiper des émeutes populaires ou attroupemens séditieux, soit pour en saisir les chefs, ne peuvent déployer la force des armes que dans les deux cas suivans : le premier, si des violences ou voies de fait sont exercés contre eux : le second, s'ils ne peuvent défendre autrement le terrain qu'ils occupent, les postes ou les personnes qui leur seraient confiées, ou enfin si la résistance était telle qu'elle ne pût être vaincue autrement que par la force des armes (*ibid.*, art. 303), et encore la gendarmerie ne peut-elle y recourir dans le cas d'émeute qu'après que l'autorité administrative du lieu a sommé *de par la loi* les personnes attroupées de se retirer. — Art. 304. — V. ATTROUPEMENT.

131. — Les officiers, sous officiers et gendarmes sont exempts des droits de péage et de passage de bacs, ainsi que les voitures, chevaux et personnes qui marchent sous leur escorte. — V. BACS ET BATEAUX, no 54, art 315. — Et ils peuvent requérir à cet égard. — V. aussi CHEMINS DE FER, no 115.

Sect. 2e. — *Fonctions des officiers.*

132. — Ainsi que nous l'avons déjà vu, c'est aux

officiers et principalement aux chefs de légion qu'il appartient d'entretenir la correspondance avec les divers ministres sous les attributions desquels la gendarmerie est placée; comme aussi ce sont eux qui, le plus ordinairement, exercent le droit de réquisition.

133. — Sans rappeler ici les règles détaillées contenues en l'ordonnance de 1820, et qui ont pour objet de déterminer avec soin les obligations imposées aux officiers de tout grade, nous devons néanmoins mentionner que, pour la constatation des crimes et délits, les officiers de gendarmerie sont investis des attributions particulières et spéciales réservées aux fonctionnaires investis par la loi des fonctions d'officiers de police auxiliaires.

134.—Comme tous officiers de police auxiliaires, les officiers de gendarmerie sont placés par la loi sous la surveillance des juges d'instruction, des procureurs du roi et des procureurs généraux et soumis aux mêmes obligations.

135. — Les prescriptions nombreuses que l'ordonnance du 29 oct. 1820 contient sur les droits et les devoirs, les obligations des officiers de gendarmerie considérés comme officiers de police auxiliaires, ne faisant que développer les règles applicables à tout officier de police auxiliaire, nous nous bornerons à renvoyer aux mots : FLAGRANT DÉLIT, OFFICIER DE POLICE AUXILIAIRE.

136.—En principe, les sous-officiers de gendarmerie n'ont pas le caractère d'officier de police auxiliaire, et il faudrait une loi formelle pour le leur conférer; c'est ainsi que la loi du 23 fév. 1834 a conféré le titre d'officiers de police auxiliaires aux sous-officiers et brigadiers de gendarmerie dans les départemens de l'Ouest.

137.—Du reste, le service de la gendarmerie ayant pour but spécial d'assurer le maintien de l'ordre et l'exécution des lois, les officiers de ce corps doivent, indépendamment des attributions qu'ils exercent en leur qualité d'officiers de police auxiliaires, transmettre sans délai au procureur général les procès-verbaux que les sous-officiers et gendarmes ont dressés dans l'exercice de leur service pour constater les crimes et les délits qui laissent des traces après eux; ils y joignent les renseignemens que ces militaires ont recueillis pour en découvrir les auteurs et complices. Ils transmettent pareillement aux commissaires de police et aux maires des lieux où de simples contraventions auraient été commises les procès-verbaux et renseignemens qui concernent les prévenus de ces contraventions. — Ord. 29 oct. 1820, art. 175.

Sect. 3e. — *Service ordinaire et extraordinaire des brigades.*

138. — L'ordonnance de 1820 distingue dans le service des brigades : le service ordinaire et le service extraordinaire.

139.—*Service ordinaire.* — Les fonctions constituant le service ordinaire des brigades de la gendarmerie sont exercées sans qu'il soit besoin d'aucune réquisition des officiers de la police judiciaire, ni d'aucun ordre spécial; il est fait mention du service habituel sur les journaux des brigades.— Ord. 29 oct. 1820, art. 180.

140. — Ces journaux ou feuilles de service leur sont adressés en nombre suffisant par le ministre de la guerre pour qu'un exemplaire soit déposé chaque mois au secrétariat de la compagnie, et qu'un autre reste entre les mains des commandans de brigade, qui sont tenus d'indiquer sur ces feuilles les jours où les lieutenans se sont présentés, soit dans les brigades, soit dans les lieux de correspondance, pour leurs tournées ou autres objets du service.

141. — L'article 179 de l'ordonnance entre dans les explications les plus détaillées sur le service ordinaire des brigades; nous parcourrons, dans leur ordre, les diverses dispositions qu'il renferme en les rapprochant, soit d'autres articles de l'ordonnance, soit de diverses ordonnances ultérieures, qui ont pu y apporter quelques modifications.

142. — Les fonctions habituelles et ordinaires des brigades de la gendarmerie sont donc de faire des tournées, courses et patrouilles sur les grandes routes, traverses, chemins vicinaux et dans tous les lieux de leurs arrondissemens respectifs, de les faire constater jour par jour, sur les feuilles mensuelles de service, par les maires, adjoints et autres personnes notables.

143. — Pour faciliter cette partie du service, les commandans de compagnie établissent, par département et arrondissement de sous-préfecture, l'état de la circonscription des brigades avec l'indication des communes, hameaux, routes, bois et forêts qu'elles doivent surveiller et visiter habituellement; de plus, les brigades voisines doivent, à des jours et sur des points déterminés, correspondre entre elles, correspondance qui a essentiellement pour objet le transfèrement des prisonniers (V. *infrà*), la communication des renseignemens que les gendarmes auraient pu recevoir touchant l'ordre public, et les mesures à exécuter pour prévenir les délits et arrêter les malfaiteurs. — Ordonn., 29 oct. 1820, art. 194 et 195.

144. — ... De recueillir et prendre tous les renseignemens possibles sur les crimes et délits de toute nature, ainsi que sur leurs auteurs et complices, et d'en donner connaissance aux autorités compétentes.

145.— ... De dresser immédiatement procès-verbaux des incendies, effractions, assassinats et de tous les crimes qui laissent des traces après eux.— V. INSTRUCTION CRIMINELLE. — Le tout sans préjudice du droit d'arrestation (V. *infrà*).

146. — A cet effet, les sous-officiers et gendarmes s'informent dans leurs tournées auprès des voyageurs s'il n'a pas été commis quelque crime ou délit sur la route qu'ils ont parcourue. Ils prennent les mêmes renseignemens dans les communes auprès des maires et de leurs adjoints. — Même ord., art. 196.

147. — Les fonctions ordinaires de la gendarmerie consistent encore à rechercher et poursuivre les malfaiteurs, saisir toutes personnes surprises en flagrant délit, ou poursuivies par la clameur publique; saisir tous gens trouvés avec des armes ensanglantées ou d'autres indices faisant présumer le crime; dresser des procès-verbaux des déclarations faites par les habitans, voisins, parens et autres personnes en état de fournir des indices, preuves et renseignemens sur les auteurs des crimes et délits et sur leurs complices.

148. — Si des brigands attroupés et organisés en bandes apparaissent sur quelque point, les officiers de gendarmerie doivent aussitôt se mettre à leur poursuite : ils peuvent réunir plusieurs brigades, et ils en rendent compte aux autorités civiles et militaires du département. — Art. 75.

149. — Dans le cas où des brigades, poursuivant de près des voleurs ou assassins, parviendraient aux extrémités du département sans les avoir arrêtés, elles doivent se porter sur le territoire du département limitrophe pour les atteindre, s'il est possible, ou prévenir les brigades les plus rapprochées de la direction qu'ils auraient prise, sauf à en rendre compte immédiatement aux préfets et aux commandans militaires de ces départemens. — Art. 76.

150. — Si on signale aux gendarmes quelques criminels, vagabonds ou gens sans aveu, ils se mettent aussitôt à leur poursuite pour les joindre et les arrêter. Après s'être assurés de l'identité des individus par l'examen sur leurs papiers et les questions qu'il leur font de leurs noms, état, domicile, lieux d'où ils viennent, ils se saisissent de ceux qui demeureraient prévenus de crimes, de délits ou de vagabondage, mais ils relâchent immédiatement ceux qui, étant désignés comme gens sans aveu, se justifieraient par le compte qu'ils rendraient de leur conduite, ainsi que par le contenu de leurs certificats ou passeports. — Art. 198.

151. — Les gendarmes, agens de la force publique, ont, en vertu des lois des 21 sept. 1791 et 28 germin. an VI, et dans les cas déterminés par ces lois auxquelles le Code d'instruction criminelle n'a pas dérogé, le droit de saisir sur la voie publique les délinquans, et de les conduire immédiatement près de l'officier de police judiciaire.— *Paris*, 27 mars 1827, Isambert — V. ARRESTATION, FLAGRANT DÉLIT.

152. — Les signalemens des brigands, voleurs, assassins, perturbateurs du repos public, évadés des prisons et des bagnes et ceux des déserteurs sont délivrés à la gendarmerie, qui, en cas d'arrestation, les conduit de brigade en brigade jusqu'à leur destination. — Art. 181.

153. — A l'effet d'opérer ces recherches et arrestations, les hôteliers et aubergistes sont tenus de communiquer leurs registres d'inscriptions des voyageurs à la gendarmerie toutes les fois qu'elle leur en fait la réquisition. — Art. 183.— V. HOTEL, HOTELIER.

154. — D'où il faut conclure que les gendarmes ont qualité pour se faire représenter, à toute réquisition, par les hôteliers et aubergistes, le registre prescrit par l'art. 475 du Code pénal, et, par conséquent, pour constater le refus qui leur aurait été fait et la contravention qui en résulte. — *Cass.*, 22 oct. 1831, Lamothe. — V. Carnot, *C. pén.*, t. 2, p. 600, n° 7.

155. — V. en ce qui concerne le droit que peut avoir la gendarmerie de pénétrer dans les lieux ouverts au public ou même dans les maisons des particuliers, FERMETURE DES LIEUX PUBLICS ET PARTICULIERS.

156. — Même dans le cas où elle ne peut pénétrer d'office, la gendarmerie peut investir et garder à vue une maison où elle soupçonne qu'un coupable s'est refugié, en attendant le mandat de perquisition ou le concours de l'autorité compétente, et même s'y introduire pendant la nuit, si le maître de la maison veut bien déférer à la réquisition qu'aucune loi ne défend de lui faire. — *Cass.*, 16 avril 1812, Clavié.

157. — La gendarmerie dresse les procès-verbaux de tous les cadavres trouvés sur les chemins, dans les campagnes ou retirés de l'eau; elle en prévient les autorités compétentes ou le lieutenant de gendarmerie de l'arrondissement, qui, dans ce cas, est tenu de se transporter en personne sur les lieux. — V. CADAVRE.

158. — Il entre aussi dans ses attributions de réprimer la contrebande, de saisir les marchandises transportées en fraude, de dresser des procès-verbaux de ces saisies, d'arrêter et de traduire devant les autorités compétentes les contrebandiers et autres délinquans de ce genre.—V. CONTREBANDE.

159. — Au surplus, l'ordonnance de 1820 n'a fait ici que confirmer la jurisprudence antérieure, qui décidait que la gendarmerie est chargée de concourir avec les autres pouvoirs constitués à la répression de la contrebande. — *Cass.*, 20 mars 1812, droits réunis c. Syriaque; 4 sept. 1813, droits réunis c. Durand.

160. — Aux termes des art. 169 et 223 de la loi du 28 avril 1816, sur les contributions indirectes, la gendarmerie a encore le droit de constater, par des procès-verbaux, la vente illicite, le colportage et généralement les fraudes sur le tabac et les cartes à jouer; ils ont, à cet égard, les mêmes droits que le commissaire de police. — V. CARTES A JOUER.

161. — Toutefois, l'étendue des attributions conferées aux gendarmes en ce qui concerne les contraventions aux lois a été restreinte par la jurisprudence dans les limites assez étroites du cas de flagrant délit.

162.—Jugé, par ce motif, que cette mission particulière ne peut être étendue ni appliquée aux plantations et à la culture du tabac, qui peuvent être constatées en tout temps, depuis le moment de la plantation jusqu'à la récolte. — *Cass.*, 28 nov. 1822, contr. indr. c. Kille.

163. — ... Que les gendarmes ont seulement le droit de constater la fraude sur le tabac, lorsqu'ils opèrent en dehors du domicile des particuliers, ou qu'ils procèdent à des visites domiciliaires, non pas directement, et en vertu de l'art. 223, L. 23 avr. 1816, mais accidentellement, par suite et en exécution des lois spéciales qui les régissent. — *Nancy*, 10 mars 1837 (t. 2 1837, p. 321), contr. indir. c. Miniselle.

164. — ... Et qu'ainsi les gendarmes ne peuvent, en cas de soupçon de fraude, s'introduire dans le domicile de simples particuliers pour y rechercher des tabacs de contrebande, lors même qu'ils seraient assistés du maire, et qu'il n'y aurait pas opposition de la part de celui chez lequel s'opère la perquisition; — qu'en conséquence, il y aurait lieu, dans ce cas, de prononcer la nullité de la saisie qui a été pratiquée. — Même arrêt. — V. TABAC.

165. — Aux termes de l'arrêté du 17 prair. an IX, art. 3, il est encore une autre fraude que les gendarmes sont appelés à constater, c'est celle qui consiste dans le transport illicite des lettres et autres objets, qui ne peuvent être transportés que par l'administration des postes.

166. — Les gendarmes ont donc le droit de poursuivre et de constater ces contraventions : néanmoins ils ne peuvent à cet effet et dans le seul intérêt de l'administration des postes fouiller les voyageurs. — *Cass.*, 24 avr. 1828 (int. de la loi), Lacaze. — V. POSTES.

167. — L'art. 179, ordonn. 29 oct. 1820, porte encore que les fonctions ordinaires de la gendarmerie sont : — de dissiper tout attroupement armé, et de saisir tous les individus coupables de rébellion; de dissiper tous les attroupemens qualifiés séditieux par les lois, et d'arrêter tous individus qui en feraient partie; —de dissiper tout attroupement tumultueux, même non armé, d'abord par les voies de persuasion, ensuite par le commandement verbal, et enfin, s'il est nécessaire, par le développement de la force armée, graduée suivant l'exigence des cas. — V. ATTROUPEMENT, RÉBELLION.

168. — ... De saisir tous ceux qui porteraient atteinte à la tranquillité publique en troublant les citoyens dans le libre exercice de leur culte.— V. CULTE.

169. — De saisir tous ceux qui seraient trouvés exerçant des voies de fait ou violences contre la sûreté des personnes et des propriétés.

170. — Une des principales obligations de la gendarmerie étant de veiller à la sûreté individuelle, elle doit assistance à toute personne qui réclame son secours dans un moment de danger. Tout militaire de ce corps qui ne satisferait pas à cette obligation se constituerait en état de prévarication dans l'exercice de ses fonctions. — Même ordonn., art. 295.

171. —... De constater toutes contraventions aux lois et réglemens sur la chasse, et de saisir les chasseurs masqués. — V. CHASSE.

172. — ... De faire la police sur les grandes routes, d'y maintenir les communications et les passages libres; à cet effet, de dresser des procès-verbaux des contraventions en matière de grande voirie, telles qu'anticipation, dépôts de fumiers et autres objets, et toute espèce de détérioration commise sur les grandes routes, sur les arbres qui les bordent, sur les fossés, ouvrages d'arts et matériaux destinés à leur entretien; de dénoncer à l'autorité compétente les auteurs de ces contraventions et délits. — *Cass.*, 10 mai 1839 (t. 1er 1840, p. 134), Tournaire. — V. CHEMINS DE FER, no 250.

173. — ... De surveiller l'exécution des réglemens sur la police des fleuves et rivières navigables et flottables, des bacs et bateaux de passage, des canaux de navigation ou d'irrigation, des desséchemens généraux ou particuliers, des plantations pour la fixation des dunes, des ports maritimes de commerce; de dresser des procès-verbaux des contraventions à ces réglemens, d'en faire connaître les auteurs aux autorités compétentes. — V. BACS ET BATEAUX, CANAUX, COURS D'EAU, DESSÉCHEMENT, DUNES, MARAIS, PORTS.

174. —... D'arrêter tous ceux qui seraient trouvés coupant ou dégradant d'une manière quelconque les arbres plantés sur les chemins vicinaux, promenades publiques, fortifications et ouvrages extérieurs des places, ou détériorant les monumens publics. — V. DÉGRADATION DE MONUMENS ET OBJETS D'UTILITÉ OU D'ORNEMENS PUBLICS, DESTRUCTION ET DÉVASTATION DE RÉCOLTES, ARBRES ET PLANTS, PLACES DE GUERRE.

175. — ... De contraindre les voituriers, charretiers ou tous conducteurs de voitures de se tenir à côté de leurs chevaux; en cas de résistance, de saisir ceux qui obstrueraient les passages, et de les conduire devant le maire ou l'adjoint du lieu. — ... D'arrêter tous individus qui, par imprudence, par négligence, par la rapidité de leurs chevaux ou de toute autre manière, auraient blessé quelqu'un ou commis quelques dégâts sur les routes, dans les rues ou voies publiques. — V. ANIMAUX, DIVAGATION (fous et animaux), POLICE RURALE, ROULAGE, VOITURE, VOIRIE.

176. — L'ordonnance du 13 fév. 1820 confère encore aux gendarmes le droit de constater les contraventions aux mesures par elle prescrites pour la police des diligences, messageries et autres voitures publiques. — *Cass.*, 14 mars 1825, Dolezac; 8 avr. 1825, Jailloux.

177. — Mais les gendarmes sont sans qualité pour constater les contraventions à la loi du 25 mars 1817, qui oblige les conducteurs de diligences à être toujours munis d'un *laissez-passer*; ces contraventions ne peuvent être constatées que par les employés des contributions indirectes. — *Cass.*, 26 août 1825, Delpech. — V. VOITURES PUBLIQUES.

178. — ... De protéger l'agriculture, et saisir tout individu commettant des dégâts dans les champs ou les bois, dégradant la clôture des murs, haies et fossés, encore que ces délits ne soient pas accompagnés de vols; de saisir pareillement tous ceux qui seraient surpris commettant des larcins de fruits ou d'autres productions d'un terrain cultivé. — V. CLOTURE, DESTRUCTION DE CLOTURES ET DÉPLACEMENT DE BORNES, DESTRUCTION ET DÉVASTATION DE RÉCOLTES, ARBRES ET PLANTS, DOMMAGES AUX CHAMPS, FORÊTS, POLICE RURALE, VOL.

179. — ... De dénoncer à l'autorité locale ceux qui auraient négligé d'écheniller. — A cet effet, ils peuvent, s'ils n'éprouvent aucune opposition dans l'accomplissement de leur mission, s'introduire dans les propriétés même closes, sans être accompagnés d'un officier de police judiciaire. — *Cass.*, 19 juill. 1838 (t. 1er 1839, p. 281), Grosjean. — V. ÉCHENILLAGE.

180. — ... De s'emparer et remettre sur-le-champ à l'autorité locale les coutres de charrue, pinces, barres, barreaux, échelles et autres objets, instrumens ou armes dont pourraient abuser les voleurs, et qui auraient été laissés dans les rues, chemins, places, lieux publics ou dans les champs; de dénoncer ceux à qui ils appartiennent. — V. INSTRUMENS ET ARMES LAISSÉS SUR LA VOIE PUBLIQUE OU DANS LES CHAMPS.

181. — ... D'assurer la libre circulation des subsistances et de saisir tous ceux qui s'y opposeraient par force. — V. GRAINS.

182. — ... De protéger le commerce intérieur en procurant toute sûreté aux négocians, marchands et artisans, et à tous les individus que leur commerce, leur industrie et leurs affaires obligent à voyager. — V. ROUTES, VOIRIE.

183. — ... De se tenir à portée des grands rassemblemens d'hommes, tels que foires, marchés, fêtes et cérémonies publiques, pour y maintenir le bon ordre et la tranquillité; et, sur le soir, faire des patrouilles sur les routes et chemins qui y aboutissent, pour protéger le retour des particuliers et marchands qui seraient allés à ces foires. — V. FÊTES PUBLIQUES, FOIRES ET MARCHÉS.

184. — ... D'arrêter les déserteurs et les militaires qui ne seraient pas porteurs de feuilles de route ou de congés en bonne forme; d'arrêter pareillement tout militaire absent de son corps et porteur d'une permission d'absence qui ne serait pas revêtue du visa du sous-intendant militaire.

185. — Il a été jugé à cet égard que la gendarmerie peut et doit habituellement, la nuit comme le jour, faire des tournées et des patrouilles dans les rues, sur les places publiques et sur les grands chemins, pour saisir et arrêter les déserteurs, sans avoir besoin d'aucune réquisition des autorités civiles. — *Cass.*, 16 avr. 1812, Clavié. — V. CONGÉ MILITAIRE, DÉSERTION.

186. — ... De faire rejoindre les sous-officiers et soldats absens de leur corps à l'expiration de leurs congés de semestre ou limités; et, à cet effet, les sous-officiers et soldats, porteurs de ces congés, sont tenus de les faire viser par le sous-officier de gendarmerie commandant la brigade de l'arrondissement, lequel en tient note pour forcer de rejoindre ceux qui seraient en retard. — V. CONGÉ MILITAIRE.

187. — ... De se porter en arrière et sur les flancs de tout corps de troupe en marche qui passerait dans leur arrondissement, d'arrêter les traînards et ceux qui s'écarteraient de leur route, de les remettre au commandant du corps, de même que ceux qui commettraient des désordres, soit dans les marches, soit dans les lieux de gîte et de séjour.

188. — En outre, les sous-officiers et gendarmes s'informent dans leurs tournées et courses si les militaires en congé ne commettent pas de désordres ou ne troublent pas la tranquillité publique; en cas de plainte, ils les arrêtent sur la déclaration par écrit des maires et adjoints, dont il est fait mention aux procès-verbaux qu'ils doivent dresser, et à charge de les conduire immédiatement devant l'officier de gendarmerie, qui ordonne de les conduire en prison, s'il y a lieu, et en rend compte sans délai au commandant de la compagnie. — Ord. 29 oct. 1820, art. 199.

189. — ... De surveiller les mendians, vagabonds et les gens sans aveu; (à cet effet, les maires et adjoints sont tenus de donner à la gendarmerie des listes sur lesquelles sont portés les individus que les brigades doivent plus particulièrement surveiller;) — d'arrêter les mendians dans les cas et circonstances qui les rendent punissables, à la charge de les conduire sur-le-champ devant le juge de paix pour être statué à leur égard, conformément aux lois sur la répression de la mendicité. — V. MENDICITÉ, SURVEILLANCE, VAGABONDAGE.

190. — ... De saisir ceux qui tiendraient sur les places publiques, dans les foires et dans les marchés, des jeux de hasard et autres jeux défendus par les lois et réglemens de police. — V. JEUX DE HASARD.

191. — ... De conduire les prisonniers prévenus ou condamnés, en proportionnant toujours la force au nombre des prisonniers et aux difficultés que leur transfèrement pourrait présenter. — L'ordonnance entre sur ce point, par ses art. 200 et suiv., dans les prescriptions les plus détaillées, sur les règles à suivre pour le transport des prisonniers, règles qui varient sur certains points, lorsqu'il s'agit d'un prévenu ou d'un condamné, ou encore suivant la qualité du prisonnier, par exemple, s'il est militaire, forçat évadé. — V. sur ce point PRISONS, TRANSFÈREMENT DE PRISONNIERS. — V. encore ÉVASION.

192. — Rappelons seulement ici qu'aux termes de l'art. 85, L. 28 germin. an VI, il existe, dans les lieux de résidence des brigades où il ne se trouve ni maison de justice ou d'arrêt, un local particulièrement affecté à recevoir les prisonniers, et qui prend le nom de chambre de sûreté. — V. aussi ordonn. 29 oct. 1820, art. 203.

193. — Jugé à cet égard que l'individu arrêté en flagrant délit dans une commune où il n'y a pas de maison d'arrêt, étant, jusqu'à ce qu'il puisse être conduit devant le juge d'instruction, légalement détenu dans la chambre de sûreté d'une caserne de gendarmerie, son évasion, par bris ou violence, le rend passible des peines portées par l'art. 245, C. pén. — *Cass.*, 28 avr. 1836, Solassol; — Chauveau et Hélie, *Th. du Code pén.*, t. 4, p. 438. — V. CHAMBRE DE SURETÉ, ÉVASION.

194. — ... De s'assurer de la personne de tout individu circulant dans l'intérieur du royaume sans passeport ou avec des passeports qui ne seraient pas conformes aux lois, à la charge de les conduire sur-le-champ devant le maire ou l'adjoint de la commune la plus voisine. En conséquence, les militaires de tout grade de la gendarmerie se font représenter les passeports des voyageurs, et nul ne peut en refuser l'exhibition (V. PASSEPORTS) lorsque l'officier, sous-officier ou gendarme qui en fait la demande est revêtu de son uniforme et décline sa qualité. Il est enjoint à la gendarmerie de se comporter dans l'exécution de ce service avec honnêteté, et sans se permettre aucun acte qui pourrait être qualifié de vexation ou d'abus de pouvoir.

195. — Jugé que le gendarme qui se fait remettre une somme d'argent par un voyageur dont le passeport est irrégulier, en lui inspirant la crainte d'être conduit par lui en prison, ne commet point le crime de concussion, ni celui de corruption, mais un simple délit d'escroquerie. — *Limoges*, 4 janv. 1836, Martial Lapland. — V. ESCROQUERIE.

196. — Il est expressément ordonné à la gendarmerie, dans ses tournées, courses et patrouilles, de porter la plus grande attention sur ce qui peut être nuisible à la salubrité, afin de prévenir autant que possible les ravages des maladies contagieuses et des épizooties. Les sous-officiers et gendarmes sont tenus, à cet effet, de surveiller l'exécution des mesures de police prescrites par les réglemens; ils constatent ces contraventions pour que les poursuites soient exercées. Spécialement, lorsqu'ils trouvent des animaux morts sur les chemins, ils en préviennent les autorités locales et les requièrent de les faire enfouir; en cas de refus ou de négligence, les chefs de gendarmerie, sur le rapport des commandans de brigades, en informent les sous-préfets et préfets pour qu'il soit pris des mesures à cet égard. — V. ANIMAUX, ÉPIZOOTIE.

197. — Enfin, il a été jugé, et en règle générale, que les gendarmes ont qualité pour constater toutes les infractions aux réglemens de police qu'ils découvrent dans la circonscription de leur brigade. — *Cass.*, 8 nov. 1838 (t. 2 1845, p. 601), Chireyre. — V. POUVOIR MUNICIPAL, RÈGLEMENT DE POLICE.

198. — *Service extraordinaire.* — Le service extraordinaire auquel peuvent être appelées les brigades de gendarmerie n'est point arbitraire. — Aux termes de l'art. 188, ord. 1820, il consiste à prêter main forte aux préposés des douanes pour la perception des droits d'importation et d'exportation, pour la répression de la contrebande ou de l'introduction sur le territoire du royaume de marchandises prohibées (V. DOUANES, CONTREBANDE), aux administrateurs et agens forestiers (V. FORÊTS), aux inspecteurs, receveurs et percepteurs de deniers royaux et autres préposés pour la rentrée des contributions directes et indirectes (V. CONTRIBUTIONS DIRECTES, CONTRIBUTIONS INDIRECTES), aux huissiers et autres exécuteurs des mandemens de justice, porteurs de jugemens ou de réquisitoires spéciaux dont ils peuvent justifier.

199. — Jugé que des gendarmes peuvent même être employés comme recors pour l'exécution des emprisonnemens en matière civile. — *Nîmes*, 12 juill. 1826, Hilaire c. Marcellin. — V. conf. Bioche, *Dict. de procéd.*, vo *Emprisonnement*, no 215.

200. — Jugé encore que la présence du créancier à l'arrestation de son débiteur, tout inconvenante qu'elle est, n'est prohibée par aucune loi; et que dès-lors, n'est pas nul l'emprisonnement auquel il a été procédé en présence d'un gendarme créancier du détenu pour dettes. — *Lyon*, 7 mai 1825, Chatelard c. Cavelier.

201. — Mais la translation d'un détenu dans la prison d'un arrondissement voisin ne pourrait, si elle était ordonnée, être effectuée par des agens de la force publique, tels que des gendarmes, qui ne peuvent ni faire arrêter ni arrêter eux-mêmes un débiteur soumis à la contrainte, et peuvent seulement être requis de prêter main-forte à l'officier ministériel, seul compétent pour arrêter et retenir un débiteur, et dresser les procès-verbaux d'arrestation et de conduite. — *Montpellier*, 31 juill. 1839 (t. 2 1839, p. 207), Girou c. de Brossard. — V. CONTRAINTE PAR CORPS.

202. — Le service extraordinaire consiste encore à fournir les escortes légalement demandées, notamment celles pour la sûreté des recettes gé-

nérales, convois de poudre de guerre, courriers des malles, voitures et messageries publiques chargées des fonds du gouvernement. — L'art. 226 de l'ordonnance trace en détail les obligations des gendarmes en pareil cas.

203. — Les réquisitions pour l'exécution du service extraordinaire sont adressées, savoir : dans les chefs-lieux de département, au commandant de la compagnie; dans les sous-préfectures, au lieutenant de l'arrondissement; et sur les autres points, aux commandans des brigades. — Même art. 188.

204. — Les sous officiers et gendarmes requis de prêter main-forte aux fonctionnaires et agens ci-dessus dénommés peuvent signer les procès-verbaux dressés par ces fonctionnaires après avoir pris connaissance de leur contenu. — Même ord., art. 189.

205. — En cas d'incendie ou d'inondation, la gendarmerie, au premier avis ou signal, se porte sur les lieux; s'il ne s'y trouve aucun officier de police, les officiers et même les commandans de brigade ordonnent et font exécuter toutes les mesures d'urgence; ils peuvent requérir le service personnel des habitans, qui sont tenus d'obtempérer à leur sommation et même de fournir les chevaux et les voitures nécessaires pour secourir les personnes et les propriétés. En cas de refus de leur part ou de retard, les gendarmes en dressent procès-verbal. — Même ord., art. 190.

206. — En cas d'incendie, la gendarmerie prend les renseignemens les plus exacts sur les causes qui l'ont occasionné; et si la clameur publique inculpe un individu et le signale comme coupable, elle s'en saisit et conduit le prévenu devant l'officier de police judiciaire de l'arrondissement. — Même article.

Sect. 4e. — *Procès-verbaux des opérations.*

207. — L'art. 307, ord. 29 oct. 1820, porte que toutes les fois que la gendarmerie est requise pour une opération quelconque, elle en dresse procès-verbal, même en cas de non réussite, pour constater son transport et ses recherches.

208. — Cette nécessité de rédiger un procès-verbal des opérations et recherches accomplies s'applique du reste non seulement au cas où la gendarmerie agit par voie de réquisition, mais encore même au cas où, opérant d'office, elle est appelée à constater une infraction aux lois, ou à faire une arrestation quelconque.

209. — Tous les procès-verbaux faits par les brigades sont établis en double expédition dont l'une est remise dans les vingt-quatre heures à l'autorité compétente, et l'autre est adressée à l'officier commandant de l'arrondissement qui, après avoir fait remarquer aux sous-officiers et gendarmes ce qu'il aurait trouvé de défectueux ou d'omis dans la rédaction de ces procès-verbaux, les transmet avec ses observations au commandant de la compagnie. — Même ord., art. 187.

210. — Les procès-verbaux des sous-officiers et gendarmes sont faits sur papier libre. Ceux de ces actes qui seraient de nature à autoriser des poursuites sont enregistrés en débet ou *gratis*, suivant les distinctions établies par la loi du 22 frim. an VII et l'ord. du 22 mai 1816. — Ils doivent être présentés à la formalité de l'enregistrement par les gendarmes lorsqu'il se trouve un bureau d'enregistrement dans le lieu de leur résidence; dans le cas contraire l'enregistrement a lieu à la requête du ministère public chargé des poursuites. — Même ord., art. 308.

211. — L'art. 70, § 3, n° 9, L. 22 frim. an VII, dont parle l'ordonnance porte en effet : « Sont exempts de la formalité de l'enregistrement les procès-verbaux concernant la police générale et de sûreté et la vindicte publique, excepté ceux des gendarmes et des huissiers, qui seront enregistrés gratis. » — « Ce rapprochement des actes des huissiers et des gendarmes fait assez connaître que la loi n'a entendu assujétir ceux des gendarmes à la formalité de l'enregistrement que dans le cas où ces actes sont de même nature que ceux des huissiers, c'est-à-dire des exploits ou notifications. Quant aux procès-verbaux destinés à constater les délits, ils rentrent dans la classe des actes concernant la police générale et la vindicte publique et sont à ce titre exempts de la formalité de l'enregistrement. » — Réquisitoire du procureur général, sous *Cass.*, 23 févr. 1827 (intérêt de la loi), Pain.

212. — Jugé en conséquence que les procès-verbaux de la gendarmerie ne peuvent pas être annulés pour défaut d'enregistrement lorsqu'ils concernent l'ordre public et la vindicte publique. — *Cass.*, 23 fév. 1827, Pain; 2 août 1828, Gary.

213. — ... Et que le tribunal saisi de la poursuite d'un délit constaté par le procès-verbal d'un gendarme ne peut, sans déni de justice, refuser d'y faire droit ni surseoir au jugement, sous le prétexte que cet acte n'aurait pas été soumis à l'enregistrement. — *Cass.*, 23 fév. 1827, Pain.

214. — « Il n'y a d'exception à cette règle (qui dispense de l'enregistrement les procès-verbaux faits dans l'intérêt de la police générale et de la vindicte et de la sûreté publiques), d'après l'ord. 22 mai 1816, art. 4, et L. 25 mars 1817, art. 74, qu'à l'égard des procès-verbaux destinés à constater des contraventions aux lois sur les contributions indirectes. » — Même réquisitoire précité, n° 211.

215. — Il avait été jugé auparavant que les formalités prescrites par le décret du 1er germin. an XIII pour les procès-verbaux de saisie en matière de droits réunis, n'étant relatives qu'aux procès-verbaux qui doivent faire foi jusqu'à inscription de faux, ne s'appliquent pas à ceux dressés par des gendarmes. — *Cass.*, 4 sept. 1813, Droits réunis c. Durand. — V. d'Agard, *Manuel des contributions indirectes*, v° *Gendarmerie*, p. 278.

216. — V. au surplus v° ENREGISTREMENT, nos 642, 676 et suiv., 678, 773, 861 et suiv.

217. — A part ce que nous venons de dire sur l'enregistrement, l'ord. du 29 oct. 1820 et la loi du 28 germin. an VI, relatives au service de la gendarmerie, n'ont point subordonné la validité des procès-verbaux des gendarmes à l'observation d'aucune forme particulière. En conséquence le procès-verbal rédigé et signé par un seul gendarme est régulier. — *Cass.*, 25 mars 1830, Maupas.

218. — Jugé encore que lorsqu'une contravention a été constatée par un brigadier et par un gendarme, le procès-verbal ne peut pas être déclaré nul sous prétexte qu'il n'a été signé que par le brigadier. — *Cass.*, 24 mai 1821 (intérêt de la loi), Genoudet.

219. — ... Et qu'aucune disposition de loi ou d'ordonnance n'exigeant le concours de deux gendarmes, le procès-verbal dressé par un seul gendarme est valable. — *Cass.*, 30 nov. 1827, Triquet; 10 mai 1839 (t. 1er 1840, p. 134), Tournaire.

220. — Aucune forme particulière n'ayant été prescrite pour la régularité des procès-verbaux dressés par les gendarmes dans l'ordre de leurs fonctions, ces procès-verbaux ne peuvent pas non plus être annulés sous le prétexte soit qu'il n'en aurait pas été donné lecture aux affirmans, soit qu'ils n'énonceraient pas l'heure de la rédaction. — *Cass.*, 11 mars 1825, Dolezac.

221. — Les procès-verbaux des gendarmes ne sont pas soumis à la formalité de l'affirmation. — *Cass.*, 24 mai 1821 (int. de la loi), Genoudet; 11 mars 1825 (int. de la loi), Dolezac; 30 juill. 1825, Walter.

222. — Un procès-verbal d'emprisonnement n'est pas nul, parce que deux gendarmes ont été appelés uniquement pour prêter leur assistance comme recors ou témoins, et non en la qualité d'agent de la force publique. — *Bordeaux*, 2 avr. 1833, Baudin c. Mariette; — Bioche, *Dict. de procéd.*, v° *Emprisonnement*, n° 215.

223. — Les procès-verbaux que les officiers de gendarmerie peuvent dresser des opérations qu'ils ont accomplies en vertu de leurs fonctions d'officiers de police auxiliaires, sont évidemment soumis aux mêmes conditions de validité et ont la même force que tous les procès-verbaux dressés par des officiers de police auxiliaires. — V. OFFICIER DE POLICE AUXILIAIRES.

224. — Mais en dehors de ce cas exceptionnel, quelle force convient-il d'attacher aux procès-verbaux dressés par les gendarmes, et quelle foi doivent-ils faire en justice?

225. — On reconnaît généralement que les procès-verbaux dressés par des gendarmes ne font point foi jusqu'à inscription de faux. — *Cass.*, 11 nov. 1808, Reysset.

226. — Mais ne doit-on pas du moins les considérer comme devant faire foi de leur contenu jusqu'à preuve contraire? — Dans l'origine, la jurisprudence de la cour de Cassation avait consacré l'affirmative. — *Cass.*, 4 sept. 1813, Droits réunis c. Durand; 31 juill. 1818, Mercier.

227. — Jugé spécialement que les procès-verbaux des gendarmes en matière de contrebande doivent faire foi jusqu'à preuve contraire des faits de contrebande qu'ils constatent. — *Cass.*, 20 mars 1812, Droits réunis c. Syriaque.

228. — Mais bientôt une nouvelle jurisprudence parut s'établir, et pendant plusieurs années la cour de Cassation décida que les procès-verbaux des gendarmes non seulement ne valaient pas jusqu'à inscription de faux, mais ne pouvaient pas même faire foi jusqu'à preuve contraire, et ne valaient que comme dénonciation officielle. — *Cass.*, 24 mai 1821 (int. de la loi), Genoudet.

229. — Ainsi il a été posé en principe que les sous-officiers de gendarmerie et gendarmes n'étant pas officiers de police judiciaire, leurs procès-verbaux ne font pas foi jusqu'à preuve contraire des contraventions de police qu'ils constatent; qu'ils ne valent que comme dénonciation officielle. — *Cass.*, 6 juill. 1821, Jusserand; 7 nov. 1823, Martin.

230. — Ainsi jugé à l'égard de procès-verbaux de gendarmes constatant une plantation illicite de tabacs. — *Cass.*, 28 nov. 1822, contr. indir. c. Kille.

231. — ... Ou de rapports faits par de simples gendarmes sur un délit de chasse. — *Cass.*, 3 févr. 1820, Blanc; 24 févr. 1820, Teilliers. — Il est vrai qu'avant l'ordonnance de 1820, les gendarmes n'étaient pas appelés à constater les délits de chasse.

232. — La doctrine de ces arrêts, est soutenue par Legraverend (t. 1er, chap. 5, § 4, p. 218) et Favard (v° *Procès-verbal*, § 4, n° 8), qui s'appuient également sur cette considération que les sous-officiers et gendarmes ne sont point officiers de police judiciaire; mais elle est combattue par Mangin (*Traité des procès-verbaux*, p. 192, n° 187), qui fait remarquer que l'art. 154 du Code d'inst. crim., en disposant que les procès-verbaux des officiers de police qui n'ont pas reçu le pouvoir de constater jusqu'à inscription de faux les délits ou contraventions peuvent être débattus par des preuves contraires, soit écrites, soit testimoniales, accorde évidemment la même autorité aux procès-verbaux dressés par de simples agens qu'à ceux dressés par des préposés ou officiers, pourvu qu'ils interviennent dans des matières où ils ont le droit de verbaliser.

233. — Et c'est en effet dans ce dernier sens que la cour de Cassation paraît s'être fixée par de nombreux arrêts intervenus depuis ceux que nous venons de citer, et qui toutes les fois qu'ils ont reconnu le droit de constatation de la contravention, ont admis que le procès-verbal dressé devait faire foi jusqu'à preuve contraire. — *Cass.*, 22 oct. 1831, Lamothe; 28 avr. 1836, Solussol.

234. — Ainsi jugé spécialement, que les procès-verbaux des gendarmes constatant des délits de chasse sans permis de port d'armes font foi jusqu'à preuve contraire. — *Cass.*, 30 juill. 1825, Walter; 2 août 1828, Gary. — V. conf. *Bordeaux*, 28 fév. 1833, Pichon.

235. — ... Et qu'il en est de même des procès-verbaux dressés par des gendarmes en matière de contravention à l'ordonn. du 4 fév. 1820, sur la police des diligences. — *Cass.*, 11 mars 1825, Dolezac; 8 avr. 1825, Jailloux; 26 août 1825, Delpech.

236. — ... Ou des procès-verbaux constatant des contraventions aux lois sur le service des postes. — *Cass.*, 22 avr. 1830, Pélisson.

237. — Jugé encore que les gendarmes ayant qualité pour constater toutes les infractions aux réglemens de police qu'ils découvrent dans la circonscription de leur brigade, le procès-verbal par eux dressé dans ces circonstances fait foi jusqu'à preuve contraire. — *Cass.*, 25 mars 1830, Maupas; 8 nov. 1838 (t. 2 1845, p. 601), Chireyre.

238. — Il en est spécialement ainsi pour la constatation des contraventions aux réglemens sur l'échenillage. — *Cass.*, 19 juill. 1838 (t. 1er 1839, p. 281), Grosjean.

239. — ... Ou pour celle des contraventions commises sur les grandes routes. — *Cass.*, 10 mai 1839 (t. 1er 1840, p. 134), Tournaire.

240. — Jugé, que les procès-verbaux dressés par des gendarmes et un lieutenant de gendarmerie ne peuvent avoir effet que comme procès-verbaux d'officiers de police de sûreté, mais ne peuvent servir de base à la responsabilité d'une commune. — *Cass.*, 30 brum. an XIII, commune de Massat.

241. — ... Et qu'en conséquence on ne peut regarder comme un procès-verbal, selon la loi du 10 vendém. an IV, un procès-verbal de l'adjoint de la commune qui ne porte que la dénonciation faite par les gendarmes qui se prétendent lésés, et ne présente aucunement la vérification et la constatation des faits de la part de ce fonctionnaire. — Même arrêt.

242. — A plus forte raison, un procès-verbal d'officier de gendarmerie ne fait pas preuve en matière civile; il peut seulement servir d'indice, notamment à l'effet d'établir qu'il y a faute ou négligence de la part du propriétaire d'une maison où a commencé un incendie qui s'est communiqué aux maisons voisines. — *Paris*, 27 janv. 1824, Toublant.

243. — C'est une jurisprudence constante qu'alors que le procès-verbal dressé par des gendarmes est insuffisant, le tribunal peut ordonner leur

audition, aucune loi ne défendant d'entendre les gendarmes rédacteurs d'un procès-verbal.—*Cass.*, 3 fév. 1820, Blanc; 21 juill. 1820, Meneret; 6 juill. 1821, Jusserand.

244. — Il est vrai que Carnot (sur l'art. 29, C. inst. crim., t. 1er, p. 219, no 3) restreint cette jurisprudence au cas où les gendarmes ne doivent pas être récompensés pécuniairement de leur dénonciation. — On pourrait, dans ce système, pour écarter leur témoignage, invoquer l'ordonnance du 17 juill. 1816, qui leur accorde une part dans le produit des condamnations intervenues en matière de chasse, sur les procès-verbaux par eux dressés. — Mais nous ferons remarquer que l'art. 323, C. inst. crim., qui défend l'audition des dénonciateurs récompensés par la loi, ne s'applique ni aux matières de simple police, ni aux matières correctionnelles.

245. — C'est même pour le tribunal un devoir de procéder à cette audition, et il excéderait sa compétence s'il n'obtempérait sur ce point aux réquisitions du ministère public.—*Cass.*, 24 mai 1821 (intérêt de la loi), Genoudet ; 6 juill. 1821, Jusserand ; 7 nov. 1823, Martin.

246. — Et il a été jugé que les gendarmes qui ont dressé procès-verbal des contraventions commises dans la circonscription de leurs brigades doivent, comme tous les officiers de police judiciaire, être entendus à l'appui de leurs procès-verbaux, si le ministère public le requiert; et qu'on ne saurait repousser leurs témoignages sous prétexte que ces procès-verbaux les constitueraient *dénonciateurs*. — *Cass.*, 30 sept. 1843 (t. 1er 1844, p. 86), Sénateur Vallée.

247. — Nous nous bornons, au surplus, pour ce qui concerne les procès-verbaux des gendarmes, à ces explications, renvoyant pour les détails au mot spécial PROCÈS-VERBAL.

CHAPITRE IV. — *Police et discipline. — Ordre intérieur.*

248. — Aux termes de l'art. 251, ord. 29 oct. 1820, qui n'a guère fait sur ce point que reproduire les prescriptions de l'art. 97, L. 28 germin. an VI, les officiers, sous-officiers et gendarmes, sont justiciables des tribunaux ordinaires et des cours d'assises pour les délits et les crimes commis hors de leurs fonctions relatives au service de la police administrative et judiciaire dont ils sont chargés, et des tribunaux militaires, pour les délits et les crimes relatifs au service et à la discipline militaire.

249. — Ainsi, un conseil de guerre est incompétent pour connaître de l'accusation portée contre un gendarme prévenu d'avoir tué en duel un particulier. — *Cass.*, 30 brum. an XII, Dubant et Houlet.

250. — Le gendarme prévenu d'avoir commis un homicide sur la personne d'un déserteur au moment où il l'arrêtait est justiciable de la juridiction ordinaire, et non de la juridiction militaire. — *Cass.*, 21 nov. 1844, Bournarel.

251. — Les gendarmes qui, en voulant arrêter un déserteur, sont entrés à cheval dans une pièce de terre ensemencée, sont justiciables du tribunal de simple police, et non de la juridiction militaire. — *Cass.*, 26 fév. 1825, Jouffreau.— V. conf. Merlin, *Quest.*, vo *Gendarmerie*, § 1er, no 2.

252. — Spécialement, c'est à la juridiction ordinaire, et non à la juridiction militaire qu'il appartient de connaître de la contravention de police commise par des gendarmes qui ont causé du dommage au terrain d'autrui ensemencé, en s'y introduisant avec leurs chevaux pour la constatation d'un délit de chasse. — *Cass.*, 6 mai 1830, Groote.

253. — Les gendarmes qui, hors de leur service, commettent des délits au préjudice des habitans, sont justiciables de la juridiction ordinaire, et non des conseils de guerre, encore bien qu'ils ne soient pas organisés en compagnies sédentaires, mais en un régiment détaché dans diverses garnisons d'une division militaire. — *Cass.*, 14 nov. 1833, Lugwig.

254. — Mais la disposition de la loi du 28 germin. an VI, qui déclare les gendarmes justiciables des tribunaux criminels, à raison des délits par eux commis dans le service de la police générale et judiciaire, ne doit pas être entendue en ce sens qu'on peut se dispenser d'observer à leur égard les formes de la procédure ordinaire, ni les traduire au tribunal criminel sans accusation préalablement admise. — *Cass.*, 27 frim. an X, Barbier.

255. — L'art. 251 de l'ordonnance du 29 oct. 1820, sur la gendarmerie, ayant, comme nous l'avons dit, reproduit en termes analogues l'art. 97, L. 28 germin. an VI, qu'aucune autre disposition n'a abrogée, cette décision fait pleine autorité en matière de délits passibles de peines afflictives ou infamantes.

256. — Les gendarmes ne sont pas agens du gouvernement; ils peuvent donc être mis en jugement sans l'autorisation préalable du conseil d'état. — *Cass.*, 21 août 1812, N...

257. — En effet, les gendarmes ne disposent d'aucune portion de l'autorité; ils sont placés sous la surveillance continue de leurs chefs, et n'agissent que comme force publique, en quelque sorte matérielle; quant aux officiers de gendarmerie, ils sont officiers de police judiciaire, et, comme tels, soumis à une forme particulière de procédure tracée par les art. 483 et suiv., C. inst. crim. — C'est une raison de plus pour décider qu'il est inutile de recourir au conseil d'état à l'effet de poursuivre de simples gendarmes. — V. FONCTIONNAIRES PUBLICS.

258. — Lorsqu'un membre de la gendarmerie est accusé à la fois d'un délit militaire et d'un délit non militaire, la connaissance du tout appartient à la cour d'assises, qui est autorisée, si le délit militaire emporte une peine plus forte, à appliquer les peines du Code pénal militaire.—*Cass.*, 12 juill. 1838 (t. 2 1843, p. 487), Klein; 23 janv. 1846 (t. 2 1846, p. 417), Tassy.

259. — Mais les délits relatifs uniquement au service, alors qu'ils sont seuls poursuivis, ne peuvent évidemment être déférés à la juridiction ordinaire.

260. — Tel est, par exemple, le cas de désertion. Toutefois, et à cet égard, des distinctions importantes sont à établir.

261. — Le gendarme, quel que soit son grade, n'est pas, en principe, dans la position d'un soldat ordinaire; dans cette arme, officiers ou soldats ne servent qu'en vertu d'un engagement toujours résiliable à leur volonté (V. *suprà* no 58). Le fait d'absence du poste sans autorisation, ou au-delà du temps permis, n'a pour effet, en principe, que de faire réputer le délinquant démissionnaire. — Ord. 29 oct. 1820, art. 253.

262. — Mais il serait réputé déserteur et poursuivi comme tel si, au moment de sa disparition, il était débiteur au corps, ou si cette disparition était accompagnée de circonstances aggravantes.

263. — Il est évident, du reste, que s'il s'agissait de militaires de l'armée active admis par exception dans le corps (V. *suprà* no 58) ils demeureraient, jusqu'à l'expiration du temps prescrit par la loi pour la durée du service militaire, assujétis aux lois et ordonnances qui concernent les militaires en activité de service, et qu'ils seraient en conséquence toujours réputés déserteurs. — V. DÉSERTION.

264. — On s'est demandé quelles sont les règles de compétence à l'égard des poursuites dont peuvent être l'objet les membres du corps de la gendarmerie comme comptables. Sur ce point, la jurisprudence de la cour de Cassation présente des variations.

265. — Ainsi, un premier arrêt décida que le quartier-maître ou trésorier d'une compagnie de gendarmerie est justiciable de la cour d'assises et non d'un conseil de guerre, à raison des abus, des infidélités et des faux commis par lui dans l'emploi des deniers de sa caisse, ces faits étant étrangers au service et à la discipline militaire. — *Cass.*, 5 fév. 1819, Benoît Arnaud.

266. — Mais bientôt il fut jugé, au contraire, que le maréchal-des-logis de gendarmerie qui déserte en emportant diverses sommes qu'il a reçues, soit pour la solde des gendarmes placés sous ses ordres, soit pour des gratifications accordées à sa brigade, soit pour des achats de fourrage, est justiciable d'un conseil de guerre, et non des tribunaux ordinaires. — *Cass.*, 23 déc. 1819, Chaudin.

267. — C'est à cette dernière solution qu'il convient de s'attacher. En effet, comme le fait remarquer Merlin (*Quest.*, vo *Gendarme*, § 1er), « l'une des principales règles auxquelles la *discipline militaire* assujétit un quartier-maître ou trésorier de gendarmerie est de n'employer les deniers de sa caisse qu'aux besoins du service, et d'après les ordres qui lui sont donnés légalement par ses supérieurs. — C'est donc d'un crime relatif à *la discipline militaire* qu'il se rend coupable, lorsqu'il dilapide les fonds de sa caisse par des infidélités, par des abus, par des faux, ou par des vols. — Il ne peut donc être jugé, à raison de ce crime, que par un conseil de guerre. »

268. — L'ordonnance de 1820 contient encore sur la police du corps de la gendarmerie des dispositions multipliées et fort sages ayant pour but d'assurer à ce corps la considération dont il a besoin pour l'exercice de ses fonctions, considération qui résulte avant tout de la dignité de conduite des membres qui le composent.

269. — Quelques unes de ces prescriptions sont communes à tous les militaires, telle est celle qui concerne l'autorisation que doit toujours obtenir préalablement l'officier, sous-officier, ou gendarme qui veut se marier. A cet égard, l'ord. du 29 oct. 1820, art. 271 et 272, dispose que l'autorisation doit être donnée, s'il s'agit d'officiers de tout grade de la gendarmerie, par le ministre de la guerre, et s'il s'agit de sous-officiers ou gendarmes, par le commandant de la compagnie et par le colonel de légion qui, en cas de refus, fait connaître ses motifs au ministre de la guerre, lequel prononce définitivement.

270. — D'autres injonctions sont plus ou moins spéciales. — C'est ainsi que les officiers de tout grade de la gendarmerie doivent être toujours en tenue militaire, lors de leurs revues et tournées, et toutes les fois qu'ils ont à conférer avec les autorités pour des objets de service. — Ord. 29 oct. 1820, art. 176.

271. — Il est expressément défendu aux officiers de tout grade de la gendarmerie, lors de leurs revues, d'accepter ni logement ni repas chez leurs inférieurs. — Même ordonnance, art. 177.

272. — Aucun sous-officier ou gendarme ne peut faire commerce, tenir cabaret, ni exercer aucun métier ou profession; les femmes ne peuvent non plus dans la résidence de leur mari tenir cabaret, billard, café ou tabagie. — Même ordonnance, art. 275.

273. — Les sous-officiers et gendarmes sont tenus de demeurer à la caserne, où ils doivent être rentrés, hors le cas de service, aux heures déterminées par les ordonnances et réglemens, sans pouvoir découcher, à moins de permission; ils ne peuvent même s'absenter dans le jour sans avoir prévenu le commandant de la brigade, et sans lui dire où ils vont, afin qu'on puisse les retrouver au besoin; il leur est enjoint d'être constamment dans une bonne tenue militaire. — Même ordonnance, art. 273, 276 et 277.

274. — Les femmes et les enfans des sous-officiers et gendarmes peuvent habiter les casernes; ils doivent y tenir une conduite régulière sous peine d'être renvoyés d'après les ordres du colonel de la légion. — Art. 275.

275. — Les fautes contre la discipline que peuvent commettre les gendarmes sont précisées par l'art. 254 de l'ordonnance, et les art. 255 et suivans déterminent les punitions auxquelles elles donnent lieu, et la manière dont elles doivent être infligées.

276. — Sont réputés fautes contre la discipline : « tout défaut d'obéissance quand il n'a pas le caractère d'un délit; tout murmure, mauvais propos et signe de mécontentement envers des supérieurs, tout manquement au respect qui leur est dû; tout propos humiliant ou outrage envers un inférieur, et tout abus d'autorité à son égard; toute négligence de la part des chefs à punir les fautes de leurs subordonnés et à en rendre compte aux supérieurs; toute violation des punitions de discipline; tout dérèglement de conduite, la passion du jeu et l'habitude de contracter des dettes; les querelles soit entre les hommes de la gendarmerie, soit avec d'autres militaires ou des habitans des villes et campagnes; l'ivresse, pour peu qu'elle trouble l'ordre public ou militaire; le manquement aux appels et toute absence non autorisée; toute contravention aux réglemens sur la police, la discipline, et sur les différentes parties du service; enfin, tout ce qui, dans la vie habituelle du militaire, s'écarte de la règle, de l'ordre, de l'esprit d'obéissance et de la déférence que le subordonné doit à ses chefs. » — Art. 254.

277. — Les officiers, sous officiers et gendarmes sont soumis, chacun en ce qui les concerne, aux réglemens de discipline militaire, et aux peines que les supérieurs sont autorisés à infliger pour les fautes et les négligences dans le service. — Art. 255.

278. — Les colonels de la gendarmerie peuvent, d'après le compte qui leur est rendu, infirmer, restreindre ou augmenter les punitions qui auraient été prononcées par les officiers ou commandans de brigade sous leurs ordres, sans pouvoir néanmoins s'écarter des règles relatives à la nature et à la durée des punitions. — Art. 256.

279. — Les punitions de discipline sont : pour les officiers, les arrêts simples, les arrêts forcés, la prison; — pour les sous-officiers et gendarmes, la consigne aux casernes, la chambre de police, la prison. — Art. 257. — V. aussi les art. 258 et suiv.

280. — La peine de la prison ne peut être infligée que par les officiers. — Celle de la consigne et de la chambre de police peut l'être par les commandans de brigade. — Art. 260.

281. — Les arrêts simples peuvent être ordonnés à chaque officier par son supérieur en grade ou celui qui en exerce l'autorité; les arrêts forcés et

GENDARME, GENDARMERIE, ch. 5.

GENDARME, GENDARMERIE, ch. 5.

la prison ne sont ordonnés que par le colonel de la légion. — Même article.

282. — Tout officier, sous-officier ou gendarme, lors même qu'il se croirait injustement puni et fondé à se plaindre, est tenu de se soumettre à la punition de discipline prononcée contre lui; mais il peut, après avoir obéi, faire ses réclamations près de l'officier du grade immédiatement supérieur à celui qui a ordonné la punition.— Art. 261.

283. — Les commandans de compagnie doivent tenir sévèrement la main à ce que leurs subordonnés ne se livrent point à des dépenses qui les mettent dans le cas de contracter des dettes; celles qui ont pour objet la subsistance des hommes ou des fournitures relatives au service sont payées au moyen d'une retenue jusqu'à concurrence de la solde proprement dite; ces retenues sont ordonnées par les colonels. — Art. 263.

284. — Tout officier de gendarmerie qui, s'étant laissé poursuivre judiciairement pour dettes contractées par billets, lettres de change, obligations ou mémoires arrêtés par lui, a été condamné par jugement définitif, ne peut rester au service, si dans le délai de deux mois il ne satisfait pas à ses engagemens : dans ce cas, le jugement porté contre lui équivaut après ce délai à une démission précise de son emploi.—Art. 264.

285.—L'habitude de s'enivrer, quand bien même elle n'est pas accompagnée de circonstances aggravantes, suffit pour motiver l'exclusion du corps de la gendarmerie; en conséquence, tout militaire de ce corps qui a subi des punitions de discipline à trois reprises différentes pour cause d'ivrognerie peut être réformé. — Art. 265.

286. — Si pour des faits particuliers à l'administration des compagnies de gendarmerie, les intendans ou sous-intendans militaires qui en ont la police avaient des punitions à imposer aux présidens des conseils d'administration et aux trésoriers, ils en formeraient la demande au colonel de la légion, qui serait tenu de les ordonner et de les faire subir. — Art. 266.

287. — Lors de leurs revues, les inspecteurs généraux doivent se faire représenter les registres de discipline tenus par les commandans de compagnies, et sur lesquels sont inscrites les actions remarquables, les opérations importantes, les fautes commises et les punitions infligées. Sur le vu de ces registres, ils peuvent décerner publiquement des éloges; quant aux réprimandes, elles ne peuvent avoir lieu qu'en particulier, ou, s'il est nécessaire, en présence de la troupe seule. Un pouvoir plus grave leur est encore conféré et consiste à provoquer de la part du ministre le changement de résidence, et même le renvoi de l'arme si les fautes de discipline leur paraissent trop réitérées.—Ord. 29 oct. 1820, art. 267 et suiv.

288.—Il est d'autres cas encore dans lesquels les membres du corps de la gendarmerie encourent la réforme, sans préjudice de l'application des peines qui peuvent être prononcées.

289.—Ainsi, tout sous-officier ou gendarme convaincu d'avoir, à quelque titre que ce soit, emprunté ou reçu de l'argent ou des effets des prévenus ou condamnés dont le transférement lui a été confié, est réformé sans préjudice des peines qui peuvent être portées contre lui.— Même ord., art. 221.—V. TRANSFÉREMENT DES PRISONNIERS.

290. — La réforme est encore prononcée contre le militaire du corps de gendarmerie qui aurait, étant en récidive, abusé du droit de franchise et contre-seing pour une correspondance étrangère au service; mais une première infraction ne motiverait qu'un changement de résidence.— Art. 316.— V. FRANCHISE ET CONTRE-SEING.

291. — L'ordonn. du 29 oct. 1820, art. 306, déclare qu'il y a lieu par le ministre de la guerre à prononcer la réforme de tout militaire du corps de gendarmerie qui aura refusé d'obtempérer aux réquisitions légales de l'autorité compétente. — V. *suprà* nos 103 et s.

292. — Quoique le texte de l'ordonnance ne soit pas aussi formel en ce qui concerne le refus d'assistance à toute personne qui le réclame en cas de danger, comme l'abstention du gendarme le constitue, aux termes de l'art. 295, en état de prévarication, il nous paraît incontestable que la réforme pourrait être motivée. — V. *suprà* no 170.

293. — A plus forte raison faut-il appliquer le même principe, alors qu'il s'agirait non plus d'un refus ou d'une abstention, mais d'un fait beaucoup plus grave, l'abus de pouvoir, et notamment la détention arbitraire. C'est ce que décide l'ordonnance, art. 296 et suiv.

HAPITRE V. — *Crimes et délits contre la gendarmerie.*

294. — Si les gendarmes sont soumis à une discipline sévère, qui a pour résultat de faire mieux respecter leur autorité en maintenant fortement la dignité de l'arme, d'autre part, il importe que l'exercice de cette autorité soit protégé par les lois qui assurent une répression efficace des crimes et délits dont les gendarmes pourraient être l'objet.

295. — Ainsi, aux termes de l'art. 302, ordonn. du 29 oct. 1820, si la gendarmerie est attaquée dans l'exercice de ses fonctions, elle requiert de *par la loi* l'assistance des citoyens présens, à l'effet de lui prêter main-forte, tant pour repousser les attaques dirigées contre elle que pour assurer l'exécution des réquisitions dont elle est chargée.

296. — En outre, suivant l'art. 301, tout individu qui outrage ou menace les militaires du corps de la gendarmerie dans l'exercice de leurs fonctions est arrêté et traduit devant l'officier de police dans l'arrondissement pour être jugé suivant la rigueur des lois.

297. — Bien que les gendarmes ne puissent être rangés dans la catégorie des fonctionnaires publics, en ce qui concerne la garantie constitutionnelle réservée à ceux-ci par l'art. 75 de la constitution de l'an VIII, ils n'en doivent pas moins, dans l'exercice de leurs fonctions, être considérés comme revêtus du caractère d'agens de la force publique. — V. AGENS DE L'AUTORITÉ PUBLIQUE, AGENS DE LA FORCE PUBLIQUE.

298. — Et l'on jugeait, en effet, sous l'empire du Code pénal de 1791, que les gendarmes agissant pour l'exécution d'un ordre légal étant des agens ou préposés dans le sens de la loi du 25 sept.-6 oct. 1791, tit. 1er, sect. 4, art. 1er, la résistance qui leur était opposée avec armes et attroupement dans l'exercice de leurs fonctions constituait un délit dont la connaissance appartenait au jury. — *Cass.*, 17 nov. an V, Commissaire du pouvoir exécutif près le tribunal de l'Yonne.

299. — Postérieurement, il est vrai, la loi du 19 pluv. an XIII, avait transféré aux cours spéciales, instituées par la loi du 23 flor. an X, la connaissance des violences et voies de fait dont les gendarmes pouvaient être l'objet. — L. 19 pluv. an XIII, art. 1er.

300. — Toutefois, cette attribution faite aux cours spéciales n'était pas absolue; il résulte au contraire du texte même de la loi, que pour établir la compétence de cette juridiction spéciale, l'existence de plusieurs circonstances était nécessaire. « Dans les cas prévus par les art. 2, 3, 4, 5, 6, 8, 9 et 10, tit. 1er, sect. 4e, de la seconde partie du Code pénal (celui de 1791), les violences et voies de fait *exercées avec armes*, ou par *deux ou plusieurs personnes même sans armes*, contre la gendarmerie dans l'exercice de ses fonctions.... seront jugées exclusivement par les cours spéciales. » — V. BLESSURES ET COUPS, nos 195 et suiv.

301. — Jugé que sous la loi du 19 pluv. an XIII, les violences et voies de fait *avec armes* contre des gendarmes agissant légalement et dans l'exercice de leurs fonctions étaient de la compétence des cours spéciales, sans distinction si ces violences ou voies de faits avaient été commises par une ou plusieurs personnes. — *Cass.*, 1er avr. 1808, Letourneau.

302. — Au contraire, alors que les violences et voies de fait avaient eu lieu *sans armes*, il importait de distinguer si elles avaient été exercées par deux ou plusieurs personnes ou par une seulement, les cours spéciales ne devenant compétentes que dans la première hypothèse. — *Cass.*, 28 frim. an XIV, Jullien.

303. — Mais le fait incriminé n'eût-il été qu'un simple délit de résistance, du moment où il avait été commis par plusieurs, il n'appartenait plus qu'aux cours spéciales d'en connaître. — *Cass.*, 2 juill. 1807, Nogard.

304. — Le Code pénal de 1810 en déterminant (liv. 2, ch. 3, sect. 4) les cas de résistance, désobéissance et manquement aux diverses autorités constituées, parmi lesquelles il comprend nommément la force publique, influa nécessairement sur les prescriptions particulières de la loi du 19 pluv. en XIII, en ce qui concerne la compétence des cours spéciales.

305. — La compétence de ces cours cessa d'être absolue du moment où il s'agissait d'une violence ou voie de fait commise par deux personnes au moins; *le crime de rébellion à force armée* leur devint seul déféré. — C. instr. crim., art. 554. — Or, aux termes des art. 210 et 211 du Code pénal, la rébellion de deux personnes même armées n'est plus qu'un délit.

306. — Jugé, en conséquence, que la résistance opposée avec armes à la gendarmerie par deux personnes qui avaient homicidé un gendarme et tenté d'en homicider un autre, n'était point de la compétence des cours spéciales; qu'il fallait, pour pour que la compétence leur en fût dévolue, ou que la rébellion eût été commise par plus de trois personnes armées, ou que l'assassinat eût été préparé par un attroupement armé, cas prévu par l'art. 554 du Code d'instr. crim. — *Cass.*, 6 août 1812, Redon et Brossin. — V. conf. *Cass.*, 27 mars 1812, Everaert; — Merlin, *Répert.*, vo *Rébellion*, § 3, no 18.

307. — Aujourd'hui que les cours spéciales sont supprimées et ne peuvent plus être rétablies (V. TRIBUNAUX SPÉCIAUX), c'est aux cours d'assises qu'il conviendrait de déférer la connaissance des crimes commis contre des gendarmes et qui était réservée aux cours spéciales.

308. — Mais, aussi bien sous l'empire du Code de 1791 et de la loi du 19 pluv. an XIII que sous celui du Code pénal, il convient toujours de distinguer la nature de l'attaque ou de la résistance dont les gendarmes ont pu être l'objet, de bien préciser si le fait incriminé constitue réellement la résistance avec violences et voies de fait que le Code pénal de 1810 a qualifié de rébellion, et qui peut devenir dans certaines circonstances un crime, ou le délit beaucoup moins grave d'outrage ou de violence.

309. — A cet égard il a été jugé que menacer d'un coup de fusil et coucher en joue un gendarme qui somme le porteur du fusil, sans permis, de lui en faire la remise, c'est se rendre coupable du délit de rébellion, quoique la loi défende de désarmer les chasseurs. — *Cass.*, 29 juill. 1808, Anglade; 16 mai 1817, Lafargue.

310. — ... Que le fait d'avoir mis en joue avec un fusil des gendarmes agissant pour l'exécuion d'une ordonnance de police constitue le délit de résistance avec armes, violences et voies de fait. — *Cass.*, 24 oct. 1806, Berard.

311. — ... Que ce n'est point comme inculpés de simples outrages ou menaces par paroles et gestes, mais comme inculpés de rébellion envers la gendarmerie, que doivent être poursuivis des individus qui ont opposé une résistance opiniâtre aux gendarmes, en se jetant sur eux, les prenant au collet, cherchant à les désarmer, et terrassant l'un d'eux. — *Cass.*, 19 déc. 1806, Leclerc.

312. — ... Que ce n'est point non plus comme prévenus de simples menaces verbales, mais comme coupables de rébellion armée, que doivent être poursuivis des individus qui, en se portant sur des gendarmes avec des fourches qu'ils tenaient levées sur eux, sans néanmoins les frapper, les ont empêchés de saisir un déserteur. — *Cass.*, 28 mai 1807, Couert. — V. du reste RÉBELLION.

313. — En ce qui concerne le délit d'outrage, on n'a jamais douté que les prescriptions de l'article 224, C. pén., sur l'outrage fait à un agent de la force publique, ne fussent applicables, quelle que fût la position du gendarme offensé, fût-ce même un simple gendarme. — *Bourges*, 27 nov. 1823, Chauvrat. — V. OUTRAGE.

314. — Mais c'est une question controversée que de savoir dans quelles limites il convient d'appliquer la disposition de l'art. 225 qui punit de peines plus fortes l'outrage commis envers un *commandant de la force publique*.

315. — MM. Chauveau et Hélie (*Théorie du Code pénal*, t. 4, p. 373) font remarquer que la disposition de l'art. 225, C. pén., n'existait pas dans le projet de loi, et ils soutiennent, après avoir analysé les discussions préparatoires, qu'elle n'y a été introduite qu'en faveur des officiers de gendarmerie; ils invoquent enfin l'art. 234, même code, qui énumère distinctement les commandans, les officiers et les sous-officiers de la force publique.

316. — Telle n'a point été sur ce point l'opinion de la cour de Cassation qui, au contraire, a décidé que l'outrage par paroles, gestes ou menaces envers un brigadier de la gendarmerie accompagné d'un gendarme, dans l'exercice de ses fonctions et sur le territoire assigné à sa brigade, doit être considéré et puni comme fait à un commandant de la force publique. — *Cass.*, 14 janv. 1826, Armentier.

317. — Nous n'hésitons pas à adopter cette opinion que déjà, au surplus, nous avons professée. — V. AGENS DE LA FORCE PUBLIQUE, no 48. — Les discussions du projet de loi indiquent bien que la disposition additionnelle avait principalement pour objet les officiers de gendarmerie, mais elles ne prouvent point que le législateur ait eu l'intention d'exclure les brigadiers ou autres sous-officiers commandant des détachemens. — La cour de Cassation a donc pu appliquer dans toute leur étendue les mots *commandant de la force publique* employés dans l'art. 225. — Elle y était d'autant plus fondée que l'ordonnance royale qui définit toutes les attributions de la gendarmerie, donne dans une foule d'articles le titre de *commandant* à ceux que la cour de Cassation a considérés comme

tels. — L'art. 234, C. pén., confirme pleinement notre opinion; il prononce des peines contre tout commandant, soit officier, soit sous-officier, qui aura refusé d'agir sur une réquisition légale. — Le mot *commandant* ne désigne pas un grade spécial, distinct de celui d'officier ou de sous-officier, c'est une expression générique qui les embrasse l'un et l'autre. D'ailleurs, de deux choses l'une : ou les sous-officiers sont des commandans de la force publique dans le sens de cet article, ou les officiers n'en sont point. — Aussi, forcés de le reconnaître, et cependant reculant devant les conséquences de leur propre système, MM. Hélie et Chauveau finissent par se retrancher dans la discussion du projet de loi pour faire jouir les officiers du bénéfice de l'art. 225, C. pén., preuve évidente que l'argument qu'ils prétendent tirer de l'art. 234, même code, manque de fondement. — V. aussi Coffinières, *Tr. de la liberté individuelle*, t. 2, p. 406, nº 18; Chassan, *Tr. des délits de la parole*, t. 1er, p. 399. — V COMMANDANT DE LA FORCE PUBLIQUE, nº 3.

318. — Sous l'empire de la législation antérieure au Code pénal, on jugeait encore que la déclaration mensongèrement faite à la gendarmerie d'un délit qui n'a pas été commis est un véritable outrage pour cette arme. — *Cass.*, 9 déc. 1808, Rocher; — Carnot, sur l'art. 148, C. inst. crim., t. 1er, p. 610, nº 1er. — Faudrait-il en dire autant aujourd'hui, V. OUTRAGE.

319. — Ajoutons, en outre, que le délit d'outrage pourrait encore indubitablement résulter des publications prévues et punies par la loi du 17 mai 1819. — V. DÉLITS DE PRESSE, DIFFAMATION, INJURE.

320. — Si la loi, par les prescriptions que nous venons d'indiquer, accorde aux gendarmes une protection sérieuse et une répression efficace contre les attaques dont ils peuvent être l'objet, il faut bien remarquer que cette protection ne leur est accordée, comme du reste à tous autres agens ou dépositaires de la force publique, qu'autant que le fait incriminé a eu lieu contre la gendarmerie dans l'exercice de ses fonctions. — L. 19 pluv. an XIII, art. 1er.

321. — Or, on ne peut douter que la gendarmerie ne doive être réputée avoir agi dans l'exercice de ses fonctions alors qu'elle agissait en vertu d'ordres de l'autorité auxquels elle est tenue d'obtempérer. — D'où il suit, par exemple, que, sous la loi du 19 pluv. an XIII, les violences et voies de fait exercées avec armes envers des gendarmes requis par un maire pour l'assister lors de l'enlèvement d'une cloche ordonné par arrêté du préfet étaient de la compétence exclusive des cours spéciales. — *Cass.*, 1er avr. 1808, maire de Magny.

322. — Jugé de même à l'égard des violences exercées contre des gendarmes requis de se rendre dans une auberge pour y séparer des gens qui se battent jusqu'à effusion de sang; ils sont évidemment dans l'exercice de leurs fonctions. — *Cass.*, 21 mai 1807, N...

323. — ... Ou de celles exercées contre des gendarmes intervenus pour ramener l'ordre et arrêter les individus contre lesquels ils jugeaient que le greffier du juge de paix appellerait du secours. — *Cass.*, 19 mars 1808, Laurent et Dersier.

324. — Des gendarmes qui, réunis pour prêter main-forte à un huissier porteur d'un jugement exécutoire par corps, ont investi la maison du débiteur, sont légalement dans l'exercice de leurs fonctions, encore bien que le soleil n'étant pas levé, l'huissier ne puisse pas mettre à exécution la contrainte, ni, par suite, les gendarmes être chargés de lui donner main-forte. — *Cass.*, 27 vendém. an XIV, Geneste.

325. — Au surplus, il n'est même pas besoin de la justification d'une réquisition. — La gendarmerie est, aux termes de son institution, dans un état permanent de surveillance et d'action de police. D'où l'on concluait, sous l'empire de la loi du 19 pluv. an XIII, que les violences et voies de fait envers la gendarmerie dans l'exercice de ses fonctions suffisaient pour déterminer la compétence exclusive des cours spéciales, encore bien que les gendarmes ne fussent munis d'aucune réquisition écrite d'une autorité compétente. Cette condition n'était relative qu'aux autres forces armées. — *Cass.*, 27 vent. an XIV, Jesencée; — Merlin, *Rép.*, vº *Rébellion*, § 3.

326. — Par les mêmes motifs (et il faudrait en dire autant aujourd'hui, sauf qu'il ne s'agit plus de renvoi à une cour spéciale), on décidait que le détachement qui se rend *en uniforme* au quartier général de l'armée d'observation est dans l'exercice de ses fonctions, et que, par suite, il appartenait aux cours spéciales de connaître de la rébellion exercée par un chasseur envers des gendarmes de ce détachement qui lui demandaient s'il avait le droit de porter une arme. — *Cass.*, 4 mars 1808, Pillion.

327. — Cet arrêt, comme on le remarque, mentionne cette circonstance que les gendarmes étaient *en uniforme*. — C'est qu'en effet le gendarme, alors qu'il n'est plus revêtu de son uniforme, qu'il est toujours obligé de porter, et qu'il ne peut quitter sans encourir des peines disciplinaires (V. *suprà* nº 273), ne peut plus être considéré comme le dépositaire et l'agent de la force publique. — Ord. 29 oct. 1820, art. 251.

328. — Aussi a-t-il été jugé avec raison que des gendarmes déguisés en bourgeois pour assister un huissier dans une exécution ne doivent pas être considérés comme étant dans l'exercice de leurs fonctions, et qu'en conséquence, sous la loi du 19 pluv. an XIII, une cour spéciale était incompétente pour connaître des voies de fait exercées envers eux dans cet état. — *Cass.*, 3 brum. an XIV, N...

329. — C'est une question très grave que celle de savoir si, alors que dans l'exercice de leurs fonctions les gendarmes dépassent les limites que les lois et ordonnances leur ont tracées, les actes de rébellion, violence ou outrage dont ils sont l'objet cessent d'être répréhensibles, alors qu'ils n'ont eu lieu que pour se refuser à obtempérer à une mesure illégale.

330. — Mais cette question n'étant pas spéciale à la gendarmerie et concernant tous les agens et dépositaires de la force publique, nous devons nous borner, comme nous l'avons déjà indiqué vº ABUS D'AUTORITÉ (nº 34), à en renvoyer l'examen au mot RÉBELLION. — V. RÉBELLION.

331. — Les prescriptions de la loi du 10 vendém. an IV, sur la responsabilité des communes, sont applicables en ce qui concerne les réparations qui peuvent être dues aux gendarmes pour le préjudice à eux causé. — *Rennes*, 8 vent. an X, comm. de Langonnet.

332. — Ainsi jugé que la responsabilité établie par la loi du 10 vendém. an IV pèse sur la commune dans le territoire de laquelle des gendarmes sont assaillis et blessés par un rassemblement de plus de cinquante hommes armés, retranchés dans une maison, quoique aucun de ces individus ne soit désigné comme habitant de cette commune. — Même arrêt.

333. — Cette commune, pour se soustraire à la responsabilité légale qui lui est imposée, devrait prouver que les gendarmes connaissaient ce rassemblement, et que, après l'avoir chassé d'une commune voisine, ils en faisaient la poursuite. — Même arrêt.

334. — Jugé encore que l'art. 1er, tit. 4, L. 10 vendém. an IV, sur la police des communes, s'applique en faveur des gendarmes qui, dans une révolte arrivée dans une commune, ont perdu leurs chevaux et leurs effets. — *Cass.*, 8 brum. an VII, comm. de Palluau. — V. COMMUNE.

V. aussi ARMÉE, DÉLIT MILITAIRE, DÉSERTION, EFFETS MILITAIRES, GARDE MUNICIPALE, OFFICIERS DE POLICE AUXILIAIRES, TRIBUNAL MILITAIRE.

GENDRE.

Degré d'alliance entre l'époux et les père et mère de son épouse. — V. ALLIANCE, ALIMENS.

GÊNE.

1. — La gêne, introduite dans notre système pénal par le Code pénal du 25 sept.-6 oct. 1791, était une peine afflictive et infamante, la plus grave après la mort, la déportation et les fers, qui pût être prononcée.

2. — Tout condamné à la peine de la gêne était enfermé seul, dans un lieu éclairé, sans fers ni liens, sans qu'il pût avoir pendant la durée de sa peine aucune communication avec les autres condamnés ou avec des personnes du dehors. — C. pén., 25 sept. 1791, art. 14, tit. 1er.

3. — Il ne lui était fourni que du pain et de l'eau, aux dépens de la maison; le surplus était pris sur le produit de son travail. — *Ibid.*, art. 15.

4. — Il lui était procuré, dans le lieu de sa détention, du travail à son choix, dans le nombre des travaux qui étaient autorisés par les administrateurs de ladite maison. — *Ibid.*, art. 16.

5. — Le produit du travail était employé ainsi qu'il suit : un tiers était appliqué à la dépense commune de la maison. Sur une partie des deux autres tiers, il était permis au condamné de se procurer une meilleure nourriture. Le surplus était réservé pour lui être remis au moment de sa sortie, après que le temps de sa peine était expiré. — *Ibid.*, art. 17.

6. — La peine de la gêne ne pouvait, dans aucun cas, être perpétuelle. — *Ibid.*, art. 19.

7. — La gêne n'ayant pas été comprise au nombre des peines édictées par le Code pénal de 1810, a, par cela même, été abolie et ne fait plus conséquemment partie, depuis ce Code, des peines que peuvent appliquer les tribunaux ordinaires.

8. — Mais la peine de la gêne n'était pas édictée seulement par le Code pénal de 1791; elle était également prononcée par l'art. 11, tit. 3, L. 20 sept.-12 oct. 1791, portant institution des cours martiales maritimes, pour cinq ans aux plus, aux officiers d'administration et tous autres employés dans le département de la marine convaincus de voies de fait commises envers l'ordonnateur, les chefs, sous-chefs et autres supérieurs.

9. — On s'est demandé si l'abolition de la gêne par le Code pénal de 1810 devait également entraîner son abolition quant au cas spécial prévu et réprimé par l'art. 11 précité de la loi du 20 sept.-12 oct. 1791, et faire considérer cette disposition dudit art. 11 comme sans application possible aujourd'hui.

10. — Nous ne le pensons point : le Code pénal de 1810 a, en effet, laissé intactes les législations spéciales, non seulement parce qu'il n'y a pas dérogé formellement, mais parce qu'il a dit précisément le contraire. Les art. 5 et 484 ne laissent aucun doute à cet égard, et il serait promptement détruit, si l'on pouvait en concevoir, par le rapport au corps législatif, dans lequel le rapporteur s'exprime en ces termes : « Mais il est un ordre de lois qui n'intéresse qu'une classe de citoyens, et tous les Codes d'exception doivent porter avec eux leur sanction particulière. Le sens du dernier article (484) est très précis sur cet objet, car il réserve seulement *les matières qui ne sont pas réglées par le présent Code*; nous venons de voir que ce Code a réglé toutes celles qui appartiennent au droit commun; il ne reste donc que celles qui font exception par elles-mêmes, et que l'on a jugées susceptibles d'être régies par des lois et réglemens particuliers. Au surplus, si l'on désirait une explication plus précise sur la nature des lois et réglemens d'exception qui sont l'objet de cet article, on la trouverait dans le grand nombre d'exemples que renferment les motifs présentés par l'orateur du gouvernement. On en conclura sans effort qu'il était convenable de réserver une classe de délits pour le Code militaire, une autre pour le Code maritime, une autre enfin pour le Code rural et pour celui qui concerne la chasse et la conservation des forêts. » — Locré, t. 31, p. 274.

11. — Ainsi jugé que de ce que le Code de 1810 a retranché de nos lois pénales, en ne la reproduisant pas, la peine de la gêne qui y avait été maintenue jusqu'à cette époque, il n'en résulte pas qu'on doive considérer cette peine comme abrogée pour les délits prévus par des lois spéciales. — *Cass.* (intérêt de la loi), 26 fév. 1847 (t. 1er 1847, p. 307) François. — V. aussi *Cass.* (intérêt de la loi), 16 mars 1844 (t. 2 1844, p. 317) Mondon.

12. — Spécialement, la disposition de l'art. 11, tit. 3, L. 20 sept. 1791, est applicable au fait, par un ouvrier employé dans un atelier de l'arsenal maritime, d'avoir frappé le maître de cet atelier. — *Cass.* (intérêt de la loi), 26 fév. 1847 (t. 1er 1847, p. 307), François.

GÉNÉALOGIE.

1. — Histoire ou plutôt tableau sommaire d'une maison ou famille, indiquant la filiation et les degrés de parenté entre les membres qui la composent.

2. — Pour établir régulièrement une généalogie, il faut prouver par des actes publics que chaque individu qui y prend place avait le droit de le faire. Ces actes sont principalement ceux qui constatent les naissances, les mariages et les décès des citoyens, lorsqu'ils sont revêtus de toutes les formes probantes. — Rolland de Villargues, *Rép. du not.*, vº *Généalogie*, nº 1er.

3. — Cette disposition a sa source dans le droit romain. — V. LL. 13 et 14, Cod., *De probat.* — Elle a été consacrée par le tit. 20, ordonn. 1667, ensuite par la déclaration, et enfin renouvelée par le Code civil. — V. ACTES DE L'ÉTAT CIVIL.

4. — On peut cependant suppléer au défaut des actes de naissance, de mariage et de décès par d'autres titres qui constatent la filiation et la possession d'état; mais il faut produire des titres. Les inductions tirées de la similitude des noms et armes, de la possession des mêmes biens et autres de cette espèce seraient insuffisantes pour établir une identité d'origine. — Merlin, *Rép.*, vº *Généalogie*.

5. — Les principales occasions où l'on est obligé

de justifier sa filiation et de présenter une généalogie devant les tribunaux sont lorsqu'on réclame l'état de descendant d'une maison et lorsqu'on se présente pour recueillir une succession.

6. — Mais les questions de généalogie et de parenté qui ont pour objet des droits de successibilité ne se jugent pas par les mêmes principes que les questions d'état. — *Cass.*, 18 déc. 1838 (t. 1er 1839, p. 121), Cadroy c. Desazars et Dellas.

7. — Ainsi, lorsque par suite de la perte d'anciens registres de l'état civil, ou, ces registres étant incomplets, une partie ne peut représenter les actes mêmes de filiation, la généalogie et par suite la parenté et la successibilité peuvent s'établir par actes authentiques de famille, tels que contrats de mariage, testamens, etc. — *Paris*, 2 mars 1814, Petitjean c. Lagille; *Cass.*, 8 nov. 1820, Petit c. Pourradier et d'Orléans; 14 janv. 1824, Delaunay c. de la Tribouille; 14 mars 1824, N.; *Paris*, 3 janv. 1825, Ratel c. Levraux; *Cass.*, 18 déc. 1838 (t. 1er 1839, p. 121), Cadroy c. Desazars et Dellas.

8. — En matière de généalogie, la présomption d'identité des personnes résultant de l'identité des noms et prénoms cesse en cas de coexistence, au même temps, de plusieurs personnes des mêmes nom et prénom; dans ce cas, c'est à celui qui allègue l'identité à la prouver. — *Bruxelles*, 26 mars 1829, Dewael c. Vanlecemputten.

9. — Lorsque, sur une contestation relative à une succession, un arrêt décide qu'un individu dont la parenté est méconnue et les titres généalogiques critiqués, est parent du défunt, et que les erreurs qui peuvent se trouver dans ces titres généalogiques sont corrigées par d'autres actes également dignes de foi, cet arrêt emporte entre les parties rectification contradictoire des actes de l'état civil constituant l'état de cet individu. — *Cass.*, 19 juill. 1809, Davost c. Bouvery.

V. PARENTÉ.

GÉNÉRATION.

1. — On appelle ainsi les descendans au même degré d'une personne de l'un ou de l'autre sexe.

2. — Ainsi les enfans forment ensemble la première génération, les petits-enfans la seconde génération, les arrière-petits-enfans la troisième, et ainsi de suite.

3. — La proximité de parenté s'établit par le nombre de générations; chaque génération s'appelle un *degré*. — C. civ., art. 735. — V. PARENTÉ, SUCCESSION.

GÉNIE MILITAIRE.

V. ARMÉE, COMPÉTENCE ADMINISTRATIVE, GARDE DU GÉNIE, PLACES DE GUERRE, TRAVAUX PUBLICS.

GENIÈVRE (Distilleries de).

Danger du feu. — Deuxième classe des établissemens insalubres. — V. ÉTABLISSEMENS INSALUBRES (nomenclature).

GENS SANS AVEU.

On appelle ainsi ceux qui n'ont ni domicile certain ni moyens de subsistance, et qui n'exercent habituellement ni métier ni profession. — Cette qualification est synonyme de celle de vagabond. — Art. 269, C. pén. — V. VAGABONDAGE.

GENS DE COULEUR OU HOMMES DE COULEUR.

1. — On appelle ainsi les nègres et les mulâtres.

2. — Les gens de couleur sont ou esclaves ou libres.

3. — Pour tout ce qui concerne les gens de couleur esclaves et ceux qui viennent de cesser de l'être, ou qui sont récemment affranchis, V. ESCLAVE.

4. — Par gens de couleur libres, nous n'entendons ici que les gens de couleur sortis depuis longues années de l'esclavage ou nés de père et mère libres.

5. — D'après les anciennes lois, les gens de couleur libres ne jouissaient pas de l'intégralité des droits appartenant aux blancs et restaient, à raison de leur origine, frappés de certaines incapacités.

6. — Ainsi, dans les quatre colonies de la Martinique, de la Guadeloupe, de Cayenne, de Bourbon, les donations ou legs faits par un blanc à un individu de couleur étaient déclarés de nul effet. — Rapport au roi 24 fév. 1831.

7. — A Bourbon seulement, la prohibition était en outre applicable aux donations et legs faits par des individus de couleur en faveur des blancs. — Edit, déc. 1723; même rapport.

8. — D'après les édits de 1685, 1723, 1724, et l'ordonnance de 1767, les mariages étaient prohibés entre les blancs et les gens de couleur.

9. — Jugé toutefois que ces dispositions prohibitives n'avaient pas pour effet d'entraîner la nullité des mariages lorsqu'ils avaient été contractés; et que par suite les enfans qui naissaient d'une pareille union étaient légitimes et capables de recevoir. — *Cass.*, 10 déc. 1838 (t. 2 1839, p. 270), Denis c. Guillaume. — V. aussi ESCLAVE, n° 54.

10. — Le décret du 15 mai-1er juin 1791 déclara que les gens de couleur nés de père et mère libres, seraient admis dans toutes les assemblées paroissiales et coloniales futures, s'ils avaient d'ailleurs les qualités requises.

11. — D'après le décret du 24-28 sept. 1791, les lois concernant l'état politique des hommes de couleur et nègres libres devaient être faites par les assemblées coloniales alors existantes. — Puis le décret du 28 mars-4 avr. 1792 (art. 2) déclara que les hommes de couleur et nègres libres devaient jouir, ainsi que les colons blancs, de l'égalité des droits politiques.

12. — La loi du 30 flor. an X ayant rétabli la traite des noirs et replacé le régime des colonies hors du droit commun (V. COLONIES, n° 21), un arrêté du gouvernement du 13 messidor suivant défendit l'entrée du territoire continental de la France à tout noir, mulâtre ou autres gens de couleur de l'un et de l'autre sexe : 1° soit amenés par des étrangers (art. 1er); — 2° soit n'étant pas au service, à moins, dans ce dernier cas, d'une autorisation spéciale des magistrats des colonies ou du ministre de la marine (art. 2).

13. — Une circulaire du ministre de la justice du 18 niv. an XI fit connaître l'intention du gouvernement qu'il ne fût reçu aucun acte de mariage entre des blancs et des négresses, ni entre des nègres et des blanches.

14. — En promulguant le Code civil dans les différentes colonies, les arrêtés coloniaux avaient restreint, à l'égard des personnes de couleur libres, la jouissance des droits civils et maintenu quelques unes des prohibitions antérieures.

15. — Par exemple, les articles du Code civil, relatifs au mariage et à l'adoption, à la reconnaissance des enfans naturels dans la succession de leurs pères et mères, aux tutelles officieuses ou datives, n'étaient exécutoires que des blancs aux blancs entre eux, et des affranchis entre eux. Ainsi le mariage ne pouvait être contracté que de blanc à blanc, et d'individu de couleur à individu de couleur. — Rapport au roi, 24 fév. 1831. — V. à cet égard COLONIES, n° 105.

16. — L'enfant issu d'un père blanc et d'une mère noire ou de couleur ne pouvait être reconnu par son père ni participer à sa succession. — Même rapport au roi.

17. — A Bourbon, les blancs ne pouvaient ni disposer à titre gratuit en faveur des personnes de couleur libres, ni profiter des dispositions faites par elles en leur faveur. — V. BOURBON (île), n°s 60 et suiv.

18. — L'adoption n'était permise qu'entre personnes de même classe; les blancs pouvaient seuls adopter des enfans blancs et en être tuteurs. A la Martinique et à la Guadeloupe, les blancs ne pouvaient être tuteurs d'enfans de couleur. Mais cette prohibition n'existait point ailleurs; à Cayenne, la tutelle pure et simple d'un enfant de couleur pouvait être déférée à un blanc. — Même rapport au roi, 24 fév. 1831.

19. — L'ordonnance royale du 24 fév. 1831 a déclaré abrogées ces dispositions des arrêtés coloniaux rendus à la Martinique, à la Guadeloupe, à la Guiane et à l'île Bourbon.

20. — Cette même ordonnance royale du 24 fév. 1831 a également abrogé les restrictions portées aux art. 51 et 58 de l'édit du mois de déc. 1723 relatif à l'île Bourbon, et la déclaration du 5 fév. 1828 concernant la Martinique et la Guadeloupe.

21. — Déjà une ordonnance royale du 7 sept. 1830 avait ordonné d'inscrire les actes de l'état civil de la population libre de couleur dans les colonies sur les mêmes registres que ceux de l'état civil de la population blanche.

22. — Enfin la loi du 24 avr. 1841 porte : « Toute personne née libre ou ayant acquis légalement la liberté jouit, dans les colonies françaises : 1° des droits civils; — 2° des droits politiques, sous les conditions prescrites par les lois. — Art. 1er.

23. — Sont abrogées toutes dispositions de lois, édits, déclarations du roi, ordonnances royales ou autres actes contraires à la présente loi, et notamment toutes restrictions ou exclusions qui avaient été prononcées, quant à l'exercice des droits civils et des droits politiques, à l'égard des hommes de couleur libres et des affranchis. — Même loi, art. 2.

V., au surplus, BOURBON (île), COLONIES, ENFANT NATUREL, ESCLAVE, NÈGRES.

GENS D'ÉQUIPAGE.

V. ÉQUIPAGE (gens d').

GENS DE MER.

1. — On comprend sous cette dénomination tous ceux qui font le service à bord d'un navire, ou d'un autre bâtiment de mer, depuis le capitaine jusqu'aux mousses.

2. — La dénomination de *gens de mer*, quoique souvent confondue avec celle de *gens d'équipage*, a un sens plus étendu. Elle désigne, en général, toutes les personnes qui font profession de servir à bord des navires ou autres bâtimens de mer, y compris le capitaine lui-même, tandis que par *gens d'équipage* on entend parler de ceux des gens qui promettent ou ont promis leurs services sur un navire en particulier, abstraction faite du capitaine sous les ordres duquel ils sont placés.

3. — Quelquefois la loi se sert du mot *gens de mer* comme synonyme de celui de *matelots*, dont la dénomination est également générique. — V. MATELOT.

4. — C'est ainsi que l'art. 319, C. comm., porte que nul prêt ne peut être fait aux matelots ou gens de mer sur leurs loyers ou voyages. — V. PRÊT A LA GROSSE.

5. — Comme la plus grande partie des droits et obligations des gens de mer résultent de leur qualité de gens d'équipage, c'est sous ce mot qu'on trouvera l'exposition de ces droits et obligations. — V. ÉQUIPAGE (gens d').

6. — Les gens de mer sont soumis à l'inscription maritime. — V. INSCRIPTION MARITIME.

7. — Les gens de mer ont une caisse dépendant du ministère de la marine. — V. CAISSE DES GENS DE MER, CAISSE DES MALADES DE LA MARINE.

GENS DU ROI.

1. — Sous ce titre, on désignait autrefois les membres du ministère public pris collectivement.

2. — Cette locution commence à vieillir.

3. — Bien que la justice s'exerce encore au nom du roi, la dignité et l'indépendance du ministère public répugnent de nos jours à une qualification qui éveille une idée de domesticité.

V. AVOCAT GÉNÉRAL, AVOCAT DU ROI, MINISTÈRE PUBLIC.

GENS DE SERVICE.

Ce sont ceux que l'on appelle aussi serviteurs-domestiques, tels que les valets, servantes, cuisiniers, et qu'on loue habituellement à l'année. — V. APPROBATION DE SOMME, DOMESTIQUE, LOUAGE D'OUVRAGE ET D'INDUSTRIE, PRIVILÉGE.

GENS DE TRAVAIL.

Ce sont les terrassiers, les moissonneurs, les vendangeurs, les faucheurs, et, en général, tous les journaliers. — V. APPROBATION DE SOMME, DOMESTIQUE, LOUAGE D'OUVRAGE ET D'INDUSTRIE.

GEOLE. — GEOLIER.

V. PRISON.

GÉORAMA (Directeur de).

V. DIORAMA (directeurs de).

GÉRANT.

V. ÉCRIT PÉRIODIQUE, SOCIÉTÉ.

GERMAIN.

1. — C'est une qualité qui, entre certains parens, indique la proximité du lien qui les unit.

2. — Ainsi l'on appelle *frères germains*, *sœurs germaines*, ceux qui sont nés d'un même père et d'une même mère, par opposition aux consanguins et aux utérins. — V. CONSANGUIN, UTÉRIN. — V. aussi PARENTÉ.

3. — On appelle *cousins germains*, *cousines germaines*, ceux qui sont nés des deux frères ou des deux sœurs, ou d'un frère et d'une sœur.

4. — Dans les successions, les parens germains

prennent part dans chacune des lignes paternelle et maternelle, tandis que les parens consanguins et utérins ne prennent part que dans la ligne à laquelle ils appartiennent. — C. civ., art. 733. — V. SUCCESSION.

GESTES.

V. OUTRAGE.

GESTION.

C'est l'accomplissement des obligations de celui qui a été chargé ou qui s'est chargé d'une ou de plusieurs affaires, et en général de tout administrateur. — V. MANDAT (*negotiorum gestor*), SOCIÉTÉ.

GESTION D'AFFAIRES.

Table alphabétique.

Acquisition, 6, 28.
Action, 22, 36 s., 101.
Administration (bonne), 121. — (bornes), 120.
Affaire d'autrui, 11 s. — commune, 18. — multiple, 7. — personnelle, 28.
Affection, 18, 36 s.
Alimens, 45.
Appréciation, 33, 38, 73.
Ascendant, 40.
Billet à ordre, 102.
Bonne foi, 76.
Canal, 12.
Capacité, 49 s.
Cas fortuit, 75.
Cassation, 28.
Chose indue, 86.
Codébiteur, 19.
Commis, 21.
Commissionnaire, 119.
Communication de pièces, 91 s., 107.
Compte (reddition de), 80 s., 83 s. — (reliquat de), 93.
Condition, 10 s.
Connaissance, 23, 59, 66, 118.
Construction, 98.
Continuation de gestion, 60 s.
Créance, 77.
Créancier, 101.
Décès du maître, 65.
Dépendances, 67 s.
Dépenses, 34, 37 s. — remboursement de), 104 s. — excessive, 112. — nécessaire, 104 s., 111. — utile, 104, 106, 108 s., 111.
Dette, 77. — commune, 19.
Digue, 13 s.
Dommages-intérêts, 73, 76, 121.
Donation, 86, 38.
Droit romain, 2, 74 s., 78, 93, 110.
Emploi, 77 s., 93, 117.
Enfant naturel, 39.
Engagement personnel, 95, 99, 103. — réciproque, 8 s.
Erreur, 5, 15.
Etat, 30.
Extension de gestion, 71.
Faute, 55, 74, 86 s.
Femme mariée, 53 s., 102.
Frais, 103.
Gouvernement, 56.
Héritier du gérant, 50, 89. — du maître, 65 s., 82.
Hypothèque, 94.
Ignorance, 23, 59.
Indemnité, 99.
Instituteur, 97.
Intérêt, 4, 20, 93, 117 s.
Mandat, 3, 16, 24 s., 27, 70. — excédé, 26. — tacite, 23.
Mandataire, 21, 58.
Mari, 54, 102.
Mauvaise foi, 41.
Mineur, 20, 55, 97, 100, 110.
Mise en demeure, 118.
Négligence, 72.
Negotiorum gestor, 2.
Notaire, 42.
Nourrice, 40.
Obligation, 30. — du gérant, 58 s. — du maître, 95 s.
Opposition, 31 s.
Ordre d'un tiers, 52.
Ouvrier, 98.
Paiement, 87, 101.
Personne fictive, 51.
Prescription, 69, 86, 89.
Présomption, 47 s.
Preuve, 42 s., 87, 108 s., 113 s. — testimoniale, 42 s., 90, 113 s.
Qualité, 22.
Quasi-contrat, 3 s.
Quittance, 90, 115.
Ratification, 29 s., 83, 121.
Recette, 85 s., 90.
Remplacement militaire, 96, 100.
Réparation, 98, 105.
Salaire, 119.
Silence, 35.
Soin, 73.
Solidarité, 79, 116.
Stipulation pour autrui, 6.
Succession (administration de), 68. — vacante, 51.
Tiers, 17, 27.

GESTION D'AFFAIRES. — 1. — C'est l'administration volontaire et sans mandat des affaires d'une autre personne.

2. — Ce quasi-contrat était connu, en droit romain, sous le nom de *negotiorum gestorum*; et on donnait le nom de *negotiorum gestor* à celui qui faisait l'affaire.

SECT. 1re. — *Nature, conditions et preuve de la gestion d'affaires* (no 3).
§ 1er. — *Nature de la gestion d'affaires* (no 3).
§ 2. — *Conditions de la gestion d'affaires* (no 10).
§ 3. — *Preuve de la gestion d'affaires* (no 42).
SECT. 2e. — *Entre qui elle peut avoir lieu* (no 49).
SECT. 3e. — *Obligations et actions résultant de la gestion d'affaires* (no 57).
§ 1er. — *Obligations du gérant. — Actions* (no 58).
§ 2. — *Obligations de celui dont on a géré l'affaire. — Actions* (no 95).

—

Sect. 1re. — *Nature, conditions et preuve de la gestion d'affaires.*

§ 1er. — *Nature de la gestion d'affaires.*

3. — Quand un individu fait l'affaire d'un autre sans aucun ordre de sa part, il n'intervient point entre eux de contrat de mandat; car, pour cela, il faudrait le consentement et le concours des volontés des deux parties. Toutefois, à défaut de contrat, cette gestion forme un quasi-contrat entre les parties et produit entre elles des obligations semblables à celles qui naissent d'un mandat exprès. — Pothier, *Mandat, appendice*; Toullier, t. 11, nos 21 et suiv.; Duranton, t. 13, p. 637; Rolland de Villargues, *Rép. du notariat*, vo *Gestion d'affaires*, no 1er.

4. — L'utilité de ce quasi-contrat est fondée sur ce que les absens seraient exposés à perdre, faute d'être défendus, la possession et même la propriété de leurs biens; à voir péricliter leurs intérêts sous d'autres rapports; à encourir des peines pécuniaires, et enfin à être ruinés injustement. — L. 1, ff., *De negot. gest.*; — Rolland de Villargues, no 2.

5. — En disant que le quasi-contrat de gestion d'affaires a lieu quand on gère *volontairement* l'affaire d'autrui, l'art. 1372, C. civ., a eu en vue d'établir la différence existant entre les obligations produites par la *loi seule* et celles que la loi fait naître à l'occasion d'un fait volontaire de l'homme. Cette constatation est utile à faire en ce qu'autrement l'expression employée par le Code aurait pu faire croire que celui qui aurait *par erreur* géré les affaires d'autrui pensant gérer les siennes ne rentrerait pas dans les termes ni dans l'esprit de la loi. — Toullier, t. 11, no 28.

6. — Le quasi-contrat *negotiorum gestorum* ne saurait exister sans une affaire dont la gestion soit la matière. — En conséquence, on ne peut considérer comme donnant lieu à ce quasi-contrat la déclaration faite par un acquéreur qu'il achète tant pour lui que pour un tiers qu'il désigne. — *Bordeaux*, 21 juill. 1827, Grellier.

7. — Le quasi-contrat existe, soit que le gérant se soit chargé d'une seule affaire, soit qu'il en ait entrepris plusieurs; *negotia sic accipe, sive unum, sive plura*. — L. 3, § 2, ff., *De neg. gest.*; — Toullier, no 29. — Mais qu'il y ait une ou plusieurs affaires, les obligations que la gestion impose au gérant ne s'étendent qu'à l'affaire ou aux affaires dont il s'est spécialement chargé. — Toullier, t. 11, nos 31 et 34.

8. — Les engagemens qui résultent de la gestion d'affaires sont réciproques. Celui dont les affaires ont été gérées a l'action *directe negotiorum gestorum* pour faire rendre compte, et le gérant a l'action *indirecte* pour répéter les impenses utilement faites. — Toullier, t. 11, no 27; Duranton, t. 13, nos 668 et 669.

9. — Ces dispositions résultent de ce double principe d'équité : 1o que celui qui s'ingère dans les affaires d'un autre, même sans son consentement, doit rendre compte de ce qu'il a fait; — 2o et que celui dont il a fait les affaires ne peut s'enrichir aux dépens du gérant.

§ 2. — *Conditions de la gestion d'affaires.*

10. — Pour qu'il y ait gestion d'affaires, il faut : 1o avoir fait l'affaire d'un autre; — 2o l'avoir faite sans mandat du propriétaire; — 3o l'avoir faite en vue, non seulement de lui être utile, mais aussi de l'obliger, du moins à l'effet d'avoir une action contre lui. — Duranton, t. 13, no 637. — V. aussi Pothier, *Mandat*, no 185; Toullier, t. 11, no 24.

11. — De ce qu'il faut avoir fait l'affaire d'autrui, il suit que si j'ai payé une dette que je croyais être la vôtre, et qui ne l'était pas, mais qui était la mienne ou celle d'un autre, ou qui n'existait pas du tout, il n'y a entre nous aucune obligation née de la gestion des affaires d'autrui. — L. 23, ff., *De neg. gest.*; — Pothier, *Gestion d'affaires* à la suite du *mandat*, no 169; Duranton, t. 13, no 638; Rolland, *Rép.*, vo *Gestion d'affaires*, no 8.

12. — Ainsi, le quasi-contrat *negotiorum gestorum* n'est point formé quand c'est dans son propre intérêt qu'un individu a fait des travaux tels que ceux d'ouverture d'un canal pour alimenter un moulin, bien que ces travaux profitent aussi à autrui, surtout si, antérieurement et de temps immémorial, celui qui a fait des ouvrages de cette nature et ses auteurs étaient exclusivement chargés de les confectionner. — *Cass.*, 30 avr. 1828, Virot c. Marguet et Drosne.

13. — Jugé encore que le propriétaire qui a construit une digue pour arrêter l'irruption de la rivière bordant sa propriété ne peut demander la cassation d'un arrêt qui, après avoir déclaré qu'il a fait cette digue sur son propre fonds, dans son intérêt personnel et sans le consentement d'autres riverains, ni en leur présence, décide qu'il n'a point contre ceux-ci l'action donnée au *negotiorum gestor* par l'art. 1375, C. civ. — *Cass.*, 6 nov. 1838 (t. 2 1838, p. 479), Primard c. Gérente.

14. — Merlin (*Rép.*, vo *Diguage*, no 9) cite un arrêté du directoire exécutif portant « qu'il est libre à des possesseurs de terres adjacentes de se cotiser comme bon leur semble, pour l'amélioration commune de leurs propriétés; que leurs délibérations à cet égard sont de véritables contrats qui les obligent par leur propre force et sans la sanction de l'autorité législative; qu'à la vérité ces délibérations *ne lient pas directement les absens ou refusans, mais que ceux-ci ne peuvent, d'après les principes sur lesquels est fondée l'action appelée en droit* NEGOTIORUM GESTORUM, *profiter du bénéfice des travaux faits pour la conservation et l'amélioration de leurs biens, sans supporter la quote-part de la dépense faite à cette fin.* »

15. — Si croyant agir pour mon compte, c'est votre affaire que j'ai faite, j'aurai contre vous l'action *negotiorum gestorum*, et, de mon côté, je serai soumis à toutes les obligations qui résultent de la gestion d'affaires. — L. ult., ff., *De neg. gest.*; — Toullier, t. 11, no 28; Duranton, t. 13, no 648.

16. — De même, si j'ai fait votre affaire croyant avoir reçu de vous mandat à cet effet, tandis que vous ne m'en aviez nullement donné, ou si celui que j'avais reçu était nul, j'ai seulement contre vous l'action *negotiorum gestorum*, et non celle *mandati*. — L. 5, ff., *De neg. gest.*; — Duranton, t. 13, no 645.

17. — Le gérant qui a fait pour lui seul ou dans l'unique intérêt d'un tiers une affaire qui lui était commune avec ce dernier, aura contre celui-ci l'action *negotiorum gestorum* pour être indemnisé de ses frais, relativement à la part qui concernait le tiers, et réciproquement celui-ci l'aura contre le gérant pour qu'il lui soit rendu compte de ce qui regarde sa part dans l'affaire. — L. 13, § 7, ff., *De neg. gest.*; — Duranton, t. 13, no 638; Rolland, *Rép. du not.*, vo *Gestion d'affaires*, no 5.

18. — Lorsque, par affection pour une personne, on gère une affaire qui lui est commune avec un autre, on a contre cet autre l'action *negotiorum gestorum* pour la part qui le concerne (L. 6, § 6, ff., *De neg. gest.*), encore qu'on ne connût pas l'existence de la communauté. — De même, si l'on gère l'affaire de l'un la prenant pour celle d'un autre, on a contre cet autre l'action *negotiorum gestorum*. — L. 5, § 1er ff., *De neg. gest.*; — Duranton, t. 13, no 647.

19. — Quand une dette était due par plusieurs et que l'un des débiteurs m'a chargé de la payer, ce que j'ai fait, j'aurai contre lui l'action du mandat pour le tout, que la dette fût ou non solidaire. Il n'en serait autrement que s'il ne m'avait ordonné que de payer sa part. J'aurais alors contre ses co-débiteurs l'action de gestion d'affaires pour leur part. Je l'aurais même pour le tout si la dette était solidaire. — L. 14, Cod., *De neg. gest.*; — Duranton, t. 13, no 650.

20. — Lorsqu'on a fait une affaire qui, sans être personnellement celle d'un individu, était telle cependant qu'il était obligé ou intéressé à la faire, si c'était celle, par exemple, d'un mineur dont il avait la tutelle, on a contre lui l'action *negotiorum gestorum*. — L. 6, ff., *De neg. gest.* — On aura même cette action contre le pupille, jusqu'à concurrence de ce dont il aura profité. — Duranton, t. 13, no 639; Rolland de Villargues, no 6.

21. — Il y a encore gestion de l'affaire d'un autre dans le cas où l'on prête, à son intention, de l'argent à son commis, à son mandataire, afin de procurer à ces personnes le moyen de faire une chose concernant celui qui les emploie. — Duranton, t. 13, no 640.

22. — Mais un tiers peut-il faire toute espèce d'affaires pour un autre? Non; car il ne saurait plaider pour quelqu'un ni en demandant ni en défendant, sans un mandat de celui qu'il voudrait représenter ou sans avoir qualité d'après la loi pour le faire; et alors c'est la personne pour laquelle il s'est chargé qui plaide réellement par son ministère. C'est de là qu'est venu l'adage : *Nul en France, hormis le roi, ne plaide par procureur.* — Duranton, t. 13, no 660.

23. — La gestion d'affaires existe que le propriétaire connaisse ou ignore la gestion (C. civ., art. 1372). — A Rome, si le propriétaire la connaissait, il en résultait un mandat tacite, un véritable contrat. Mais les rédacteurs de notre code se sont en cela éloignés de la loi romaine et de l'opinion de Pothier. — Toullier, t. 11, nos 25 et 26; Duranton, t. 13, no 644; Delvincourt, t. 3, p. 446 (notes); Rolland de Villargues, no 21.

24. — La gestion d'affaires renferme un mandat présumé. Voilà pourquoi la loi range cette gestion parmi les quasi-contrats. — Si l'on y trouvait la convention nécessaire pour que le véritable mandat existât, si le gérant avait agi en vertu d'un ordre, il n'y aurait pas gestion d'affaires, mais bien mandat. — L. 6, § 1er, ff., *Mandati.* — Duranton, t. 13, no 643.

25. — Mais, comme nous l'avons dit (*suprà* no 16), si le gérant a agi sans mandat, croyant cependant avoir reçu un ordre du propriétaire, c'est le quasi-contrat de gestion d'affaires qui s'est formé. — L. 5, ff., *De neg. gest.* — Rolland de Villargues, no 11.

26. — Quand le mandataire excède les bornes de son mandat, on le considère comme *negotiorum gestor* pour tout ce qui dépasse ce mandat. — Rolland de Villargues, no 12; Duranton, no 646.

27. — Si le mandat avait été donné par une personne étrangère à l'affaire, le gérant aurait l'action de mandat contre cette personne et l'action *negotiorum gestor* contre le propriétaire. — Le gérant aurait encore l'action produite par le quasi-contrat, si le mandat avait été donné à un autre qu'à lui. — L. 3 et 46, ff., *De neg. gest.* — Rolland de Villargues, nos 13 et 14; Duranton, no 651.

28. — Le mandataire qui a reçu une somme pour son mandant et qui a employé cette somme à payer le prix d'une acquisition qu'il a faite en son nom personnel peut être réputé avoir fait, en qualité de *negotiorum gestor*, cette acquisition au profit du mandant, sans que la décision qui le juge ainsi puisse tomber sous la censure de la cour de Cassation. — *Cass.*, 13 juill. 1831, Duchatenet c. de Megrignac.

29. — La gestion existe encore au cas où l'on a ratifié l'affaire, bien qu'elle ne nous regardât nullement. Par l'approbation qu'on lui a ainsi donnée on l'a rendue sienne. — Duranton, nos 641 et 642; Rolland de Villargues, no 7.

30. — Jugé ainsi que dans le cas où un individu gérant volontairement l'affaire d'autrui, voit sa gestion ratifiée par le propriétaire, celui-ci se trouve lié envers le gérant par sa ratification comme par un mandat exprès, notamment en ce qui concerce l'obligation solidaire de rembourser au mandataire ses frais et avances. (*Dijon*, 18 mars 1833, Dargaud c. Domaines.) Dans la décision recueillie, il s'agissait de l'approbation qu'avait donnée l'administration des domaines à des poursuites exercées par un tiers dans l'intérêt de l'état. — Le pourvoi contre cet arrêt fut rejeté le 11 fév. 1834.

31. — Qu'arriverait-il si celui dont l'affaire a été gérée s'était formellement opposé à la gestion, l'avait défendue? — Cette question avait fort divisé les jurisconsultes romains. Les uns pensaient que le gérant pouvait toujours réclamer ses frais de gestion et ses avances, sinon par l'action *negotiorum gestorum*, au moins par une action utile, prenant sa source dans l'équité, qui ne permet à personne de s'enrichir aux dépens d'autrui. Les autres refusaient au gérant toute espèce d'action. — Justinien, dans l'une des cinquante décisions qu'il rendit pour dissiper les doutes qu'avaient fait naître avant lui divers points de jurisprudence, consacra l'opinion de ces derniers, parmi lesquels brillaient les plus illustres jurisconsultes. — L. 24, Cod., *De neg. gest.*

32. — Pothier (no 184) se range à l'avis des autres jurisconsultes romains par un sentiment d'équité faussement exagéré. Si le gérant, en effet, éprouve de la perte, c'est à lui seul qu'il doit s'en prendre. Le propriétaire, en l'avertissant, a fait tout ce qu'il pouvait pour la lui faire éviter. Mais en agissant pour lui, malgré son refus, on ne peut être considéré que comme ayant voulu le gratifier. Il doit en être pour lui comme pour celui qui paie, sachant ne pas devoir. Il ne peut répéter plus tard, quand même, en payant, son intention eût été de le faire; et puis, en s'opposant à ce qu'on fît la dépense, le propriétaire pouvait avoir de graves motifs; il pouvait sentir qu'il lui serait impossible de faire face à cette dépense, utile, soit, mais dépassant ses forces. Or, peut-il appartenir à quelqu'un de le mettre dans la position d'être exproprié d'un bien auquel il pouvait tenir par d'honorables motifs, d'un bien de famille, par exemple, et cela, quoi qu'il ait fait pour en empêcher? Ce gérant officieux peut, en outre, n'avoir voulu qu'obliger le débiteur à son égard, afin de le poursuivre plus rigoureusement que le créancier. — Toullier, no 55; Zachariæ, *Dr. civ. franç.*, t. 3, § 441, note 15e; Duranton, t. 10, no 19, t. 11, no 653; Rolland, no 22. — V. cependant Favard, *Rép.*, vo *Quasi-contrat*, no 7, où il soutient l'avis de Pothier et combat celui de Toullier. *Suum cuique*, dit-il. Mais c'est là, nous le répétons, une opinion exagérée.

33. — Toutefois, les juges pourraient, d'après les circonstances, décider qu'il n'y a pas eu mauvaise foi, et accorder une action au gérant, s'il leur était démontré qu'on ne pourrait la lui refuser sans injustice. C'est là un droit dont ils devront néanmoins user avec la plus grande circonspection.

34. — Dans tous les cas, on ne refuserait l'action au gérant que pour les dépenses qu'il aurait faites postérieurement à la défense qui lui en aurait été notifiée. — Rolland de Villargues, no 23.

35. — Lorsqu'un négociant avertit son commettant qu'il a cru devoir faire certaine chose dans son intérêt, le silence de celui-ci est une approbation tacite de la gestion de son correspondant. Cette proposition est implicitement résolue par l'arrêt de cassation du 8 germ. an XI, (Varo-verstraeten c. Tourton et Ravel).

36. — Nous avons dit que la troisième condition nécessaire à l'existence du mandat était l'intention d'avoir le propriétaire pour obligé envers soi. Conséquemment, si j'ai géré *animo donandi*, je ne pourrai agir par l'action *negotiorum gestorum*. Ainsi, si par affection pour ma sœur, j'élève son enfant, quoique je fasse ainsi son affaire, je n'aurai pas d'action contre elle. — L. 27, § 1, ff., *De neg. gest.*; — Duranton, t. 13, no 654 et 656.

37. — Ainsi encore, si, par un attachement en quelque sorte paternel, *paterno affectu*, j'ai élevé les filles que ma femme avait eues d'un premier mariage, je n'aurai d'action pour mes dépenses ni contre ma femme, ni contre ses filles. Il en serait autrement si j'avais agi *animo repetendi*. — L. 15, Cod., *De neg. gest.*; L. 50, ff., *Familiæ erciscundæ*; — Duranton, no 654.

38. — Mais on ne supposera pas facilement que le gérant a agi sans intention de répéter. Il est de principe, en effet, que les dépenses, même pour alimens, et faites pour des parens très proches de celui qui a agi, ne sont pas présumées avoir eu lieu *animo donandi*. — L. 34, ff., *De neg. gest.* — C'est un point qui devra s'apprécier d'après les circonstances de la cause, comme, par exemple, la nature du lien qui unissait les parties, etc. — Pothier, nos 196 et 197; Rolland, nos 17 à 20; Duranton, nos 654 et 655.

39. — Ainsi, lorsqu'un enfant naturel, inscrit sur les registres de l'état civil sous le nom de sa mère seule, n'a point été reconnu par son père, et qu'un tiers s'est chargé volontairement de son entretien, sans aucune condition, la négligence du père à pourvoir à l'existence de son enfant peut être considérée comme un fait dommageable à la personne qui l'a recueilli. En conséquence, si le père reconnaît plus tard son enfant, cette reconnaissance l'oblige à rembourser au tiers qui s'en est chargé les frais par lui faits pour l'entretien de l'enfant antérieurement à la reconnaissance. — *Metz*, 8 janv 1833, Huet c. Baton (il s'agissait dans l'espèce d'un enfant recueilli par un proche parent de sa mère).

40. — La nourrice peut être considérée comme *negotiorum gestor* de ceux des parens qui doivent des alimens à l'enfant, à défaut des parens plus proches qui le lui ont confié. En conséquence, elle est fondée, en cas de disparition et d'insolvabilité des père et mère de l'enfant, à demander son paiement aux grand-pères et grand'mères. — *Lyon*, 25 août 1831, Giroux c. Lamy.

41. — Le quasi-contrat résultant du fait seul de la gestion d'affaires (L. 3, ff., *De neg. gest.*), il importe peu de rechercher quelle intention a pu avoir le gérant, s'il a agi de mauvaise foi ou s'il n'a voulu administrer que dans l'intérêt d'autrui. L'art. 1372 ne contient aucune distinction à cet égard. — Rolland, no 16; Duranton, t. 13, no 649, Toullier, t. 11, no 22 et 28. — V. aussi Pothier, nos 180 à 194.

§ 3. — *Preuve de la gestion d'affaires.*

42. — La preuve de la gestion peut se faire par témoins. En effet, le maître étant presque toujours dans l'impossibilité de se procurer une preuve par écrit, il eût été injuste de ne pas l'admettre à présenter la preuve testimoniale. — Pothier, *Obligations*, no 778; Delvincourt, t. 2, p. 625; Toullier, t. 9, no 141; Duranton, t. 13, no 356; Rolland de Villargues, no 73 et 74, vo *Preuve*, nos 89 et 90. — *Bruxelles*, 13 janv. 1820, Vanhoutte c. Carette.

43. — Jugé en conséquence que la gestion volontaire des affaires d'autrui, telle qu'elle est prévue et déterminée par l'art. 1372, C. civ., reposant uniquement sur des faits, ne peut être soumise, quant à la preuve de son existence, aux prohibitions prononcées par les art. 1341 et 1985, C. civ. — *Cass.* 19 mars 1845 (t. 1er 1845, p. 388), Becq c. Petitbon.

44. — On peut être admis à faire cette preuve, encore bien qu'il s'agisse d'une somme de plus de 150 francs. — *Bourges*, 10 déc. 1830, Grandvergne.

45. — Par la même raison, sous l'ordonnance de 1667, une fourniture d alimens pouvait, comme engendrant un quasi-contrat, être prouvée par témoins, bien que sa valeur excédât 100 livres. — *Cass.*, 3 prair. an IX, Bonnemond c. Limeyrat. — V. Conf. Danty, *De la preuve*, ch. 1er, addit., nos 3 et suiv.; Pothier, *Oblig.*, no 813; Pocquet de Livonnière, *Règ. du droit franç.*, p 460; Prévôt de la Jannès, *Principes de la jurisp. franç.*, nos 579, 580 et 670.

46. — Mais il en est autrement, ainsi qu'on le verra plus bas, de la preuve des articles portés en recettes ou en dépenses dont on peut se procurer des quittances. — V. *infrà* nos

47. — Si les faits de gestion peuvent être établis par la preuve testimoniale, ils peuvent également l'être par de simples présomptions.

48. — Ainsi les juges peuvent faire résulter, de la part d'un notaire, l'existence d'une pareille gestion volontaire de cette circonstance qu'il se serait interposé spontanément pour le placement des fonds d'un particulier en indiquant lui-même les emprunteurs et en attestant leur solvabilité. — *Cass.*, 19 mars 1845 (t. 1er 1845, p. 388), Becq c. Petitbon.

Sect. 2e. — *Entre qui elle peut avoir lieu.*

49. — Le quasi-contrat de gestion d'affaires peut se former entre toutes personnes. — L. 3, § 1, *De negot. gest.*

50. — L'héritier du gérant étant à ce titre tenu des obligations de son auteur, et par conséquent d'achever l'affaire commencée par celui-ci, il intervient un quasi-contrat entre cet héritier et celui dont il fait l'affaire. — Pothier, *Mandat*, no 216; Rolland de Villargues, no 57.

51. — Le quasi-contrat peut se former entre celui qui fait l'affaire et une personne même fictive, telle qu'une succession vacante; car une personne fictive peut contracter. — L. 3, § 6, ff., *De negot. gest.* — Pothier, no 26.

52. — Il peut avoir lieu non seulement quand un individu agit sans en avoir reçu l'ordre de personne, mais encore quand il agit d'après l'ordre d'un tiers. — Pothier, no 179.

53. — La femme mariée qui, sans autorisation de son mari, s'est ingérée dans les affaires d'autrui, est-elle soumise à toutes les obligations qui résultent du quasi-contrat de gestion d'affaires? — Plusieurs auteurs et notamment Domat, liv. 2, tit. 4, sect. 1re, no 10, p. 169; Toullier, t. 11, no 39; Duranton, t. 13, no 662; Vazeille, no 326; Bellot, *Contrat de mariage*, t. 1er, p. 462; ont soutenu l'affirmative, sur le motif que, si l'autorisation du mari était ici nécessaire, on donnerait à la femme mariée le privilége de causer du dommage à autrui, sans qu'il fût possible d'en obtenir la réparation. — Suivant eux, le mari ne pourrait même empêcher l'exécution des engagemens qu'aurait ainsi contractés sa femme; car il faut, avant tout, que le préjudice causé sans qu'on eût pu s'y opposer soit réparé. — Mais la négative était professée par Pothier; *Traité de la puissance maritale*, no 50); et c'est aussi l'opinion que nous avons admise: vo AUTORISATION DE FEMME MARIÉE, nos 181 et suiv.

54. — De plus, si le mari avait expressément ou tacitement approuvé cette gestion, par exemple si les deniers étaient entrés en communauté, il serait personnellement obligé. — Bellot, p. 463; Rolland de Villargues, no 28.

55. — Ce qui vient d'être dit de la femme mariée s'applique également au mineur, et cela sans préjudice de la responsabilité légale à laquelle sont tenus ses parens. — C. civ., art. 1384. — Toutefois, la responsabilité relative aux simples fautes serait généralement appliquée avec moins de sévérité à un mineur qu'à un majeur. — Toullier, t. 11, no 40; Duranton, t. 13, no 663; Favard, *Quasi-contrat*, no 8.

56. — Un gouvernement qui, dans un traité, insère une clause en faveur de particuliers, doit-il être considéré comme *negotiorum gestor* à l'égard de ceux-ci? Peut-il être obligé à payer, soit directement, soit à titre de garantie, aux individus dont, par ce traité, il a aliéné les biens, l'indemnité qu'il a stipulée pour prix de l'aliéna-

tion consentie? Ces questions qui ont été soulevées par suite du traité d'Haïti, peuvent paraître résolues dans un sens favorable par les discussions qu'ont suscitées dans les chambres diverses pétitions. — Chambre des pairs, 13 mai, 5 juillet 1828; 5 mars, 4 avr. 1829; Chambre des députés, 7 juin 1828; 22 janv. 1830. — L'affirmative a été résolue dans une consultation signée de MM. Dalloz, Hennequin, Delagrange, Ph. Dupin, Billecocq, Guichard père, Duranton, Nicod, Delacroix-Frainville, Odilon-Barot, Barthe, Berville, Toullier et Bernard (de Rennes).

Sect. 3e. — *Obligations et actions résultant de la gestion d'affaires.*

57. — Ainsi qu'on l'a vu (*suprà* no 9), les obligations qui résultent de la gestion d'affaires prennent leur source dans l'équité naturelle; l'individu qui s'ingère dans les affaires d'autrui lui doit compte de sa gestion; et, d'un autre côté, il y a obligation pour celui dont les affaires ont été administrées à tenir compte au gérant de ses déboursés. — Pothier, *Mandat*, no 67; Toullier, t. 11, no 19.

§ 1er. — *Obligations du gérant. — Actions.*

58. — Les obligations du gérant varient comme celles du mandataire; celui-ci peut avoir reçu un mandat général ou un mandat spécial. Le gérant peut de même s'être chargé de plusieurs affaires ou d'une seule; il peut même n'en avoir voulu gérer une que pour partie. Ses obligations seront donc différentes suivant la variété de ces cas. — Toullier, t. 11, no 29; Duranton, t. 13, no 658.

59. — Cependant, il est pour tous les gérans des obligations communes qui résultent des dispositions précises de la loi, et ces obligations sont les mêmes, soit que le propriétaire connaisse la gestion, soit qu'il l'ignore. — Arg. C. civ., art. 1372.

60. — Celui qui gère l'affaire d'autrui contracte l'engagement tacite de continuer la gestion qu'il a commencée et de l'achever jusqu'à ce que le propriétaire, soit en état d'y pourvoir lui-même. — C. civ. 1372.

61. — Cette obligation imposée au gérant de continuer sa gestion jusqu'à ce que l'affaire soit terminée, ou au moins jusqu'à ce que le propriétaire puisse y pourvoir fut vivement combattue au sein du conseil d'état. Il est par trop rigoureux, disait-on, d'exiger un engagement aussi considérable de celui qui, par pure bienveillance et dans une circonstance urgente, se serait chargé d'une affaire qu'on ne pouvait ajourner sans un grand inconvénient pour le propriétaire. Ainsi, parce qu'une personne bien intentionnée aurait fait la récolte d'un héritage appartenant à un militaire sous les drapeaux, faudrait-il la forcer à faire valoir cet héritage jusqu'à l'arrivée inconnue du maître, et cela quoique de nouvelles circonstances ne permettent plus au gérant de continuer sa gestion?

62. — L'obligation, fut-il répondu, devra toujours s'interpréter avec les tempéramens que commande l'équité. Ce qu'on veut par cette disposition, c'est empêcher l'abandon intempestif, préjudiciable d'un gérant qui, par son zèle inconsidéré, intéressé souvent, vient se mêler de ce qui ne le regarde pas, et peut éloigner ainsi d'autres personnes « qui, non moins généreuses, mais plus persévérantes, ainsi que le disait M. Tarrible, eussent achevé l'affaire commencée. » Cependant, était-il ajouté, la disposition ne doit pas s'interpréter avec trop de rigueur, et quelques circonstances de bon voisinage ne devraient pas assujétir une personne aux obligations du *negotiorum gestor*, et à cette responsabilité qui doit frapper celui qui s'est donné volontairement mandat, et qui ne doit pouvoir ensuite se décharger à contre-temps.

63. — Ces amendemens furent adoptés et renvoyés, pour la rédaction, à la section de législation. Néanmoins, la disposition fut reproduite sans qu'ils y eussent été introduits. Le rapporteur en donna pour raison que la section avait pensé que l'intention du conseil d'état y était suffisamment exprimée. — Il faut en conclure que les cas prévus dans les amendemens doivent être interprétés dans le sens de ceux-ci. — Favard de Langlade, *Rép.*, vo *Quasi-Contrat*, no 4.

64. — Il suit de ce qui précède que l'obligation pour le gérant de continuer la gestion commencée ne doit s'entendre que des cas où il y aurait [illegible] à l'abandonner. — Delvincourt, t. 3, p. 4[illegible] Favard, *Rép.*, vo *Quasi-Contrat*, no 5.

65. — Le gérant est obligé de continuer sa gestion, encore que le maître vienne à mourir avant que l'affaire soit consommée, jusqu'à ce que l'héritier ait pu en prendre la direction. — C. civ., art. 1373.

66. — L'héritier est réputé pouvoir prendre cette direction quand le gérant lui a donné connaissance de l'affaire. — L. 21, ff., *De neg. gest.* — Celui-ci doit donc faire connaître à l'héritier l'intention où il serait de ne pas continuer. — Toullier, t. 11, no 33; Rolland de Villargues, no 40.

67. — Le gérant doit se charger de toutes les dépendances de l'affaire gérée. — C. civ., art. 1372.

68. — Ainsi, les gérans qui ont commencé d'administrer une succession échue à une personne absente au moment de l'ouverture, doivent payer le droit de mutation dans les délais prescrits par la loi pour éviter le double droit.

69. — Ils sont également tenus d'empêcher la prescription des droits qu'ils ont connus. Ainsi, ils seraient responsables d'avoir laissé prescrire, par le non usage, un droit de passage dépendant de l'héritage qu'ils administraient. — L. 21, § 2, ff., *De neg. gest.*; — Toullier, t. 11, no 32; Rolland de Villargues, no 37.

70. — Le gérant se soumet à toutes les obligations qui résulteraient d'un mandat exprès que lui aurait donné le propriétaire. — C. civ., art. 1372.

71. — Mais il n'y a pas obligation pour le gérant, comme pour le mandataire général, d'étendre sa gestion à une affaire autre que celle dont il a bien voulu se charger. Il en serait ainsi quand bien même les intérêts de celui dont il gère une première affaire souffriraient de ce qu'une autre affaire n'aurait pas été faite. — L. 20, ff., *De neg. gest.*; — Toullier, t. 11, no 31; Duranton, t. 13, no 658; Rolland, no 35; Delvincourt, t. 3, p. 447.

72. — Cependant, s'il a négligé de gérer une affaire dont un autre offrait de se charger, il est responsable de la perte que le propriétaire a éprouvée par suite de cette négligence. Ainsi, si s'étant annoncé comme gérant général de toutes les affaires de l'absent, il a, de cette façon, détourné d'autres personnes de les gérer, il est tenu de la gestion de toutes ces affaires. — L. 6, § 12, ff., *De neg. gest.*; — Toullier, t. 11, no 34; Duranton, t. 13, no 666; Rolland de Villargues, no 36.

73. — Le gérant est tenu d'apporter à la gestion de l'affaire tous les soins d'un bon père de famille. — « Néanmoins les circonstances qui l'ont conduit à se charger de l'affaire, peuvent autoriser le juge à modérer les dommages-intérêts qui résulteraient des fautes ou de la négligence du gérant. » — C. civ., art. 1374.

74. — Le droit romain se montrait très sévère sur la responsabilité des personnes qui s'étaient ingérées dans les affaires d'autrui. *Culpa est se immiscere rei ad se non pertinenti*, disait la loi 36, ff., *De reg. jur.*; s'il n'y a pas faute, il y a, dans tous les cas, une grave imprudence à se charger volontairement d'une chose qu'on est incapable de mener à bonne fin. Aussi le *negotiorum gestor* était-il tenu de la faute la plus légère (Instit. *De oblig. quæ quasi ex contr. nasc.*). — Toullier, t. 11, no 38; Duranton, t. 13, no 666.

75. — Il n'y avait que les cas fortuits dont il ne répondait pas. — L. 22, Cod. *De neg. gest.* — Encore en était-il responsable, lorsque la perte arrivée par cas fortuit avait été amenée par quelque imprudence de sa part. Ainsi, s'il avait entrepris, pour l'absent, un commerce de mer, par exemple, auquel l'absent n'avait aucunement l'habitude de se livrer, il était tenu des pertes qui auraient pu, en ce cas, arriver par cas fortuit. — L. 11, ff., *De neg. gest.* — Seulement, il ne pouvait être permis alors au propriétaire de diviser la gestion pour agréer seulement les opérations avantageuses. Il devait compenser le gain avec la perte, ou abandonner toute l'entreprise au gérant. La gestion ne forme, en effet, qu'un seul contrat. — L. 16, ff., *De neg. gest.*

76. — Ces principes recevraient encore aujourd'hui leur application. — C. civ., art. 1374; — Pothier, *Mandat*; Toullier, t. 11, nos 36 et 38; Duranton, nos 666 et 673; Delvincourt, t. 3, p. 447 et 448; Rolland de Villargues, nos 41, 42, 43, 44, 45 et 46.

77. — Cependant, il pourrait se faire qu'il n'y eût lieu à prononcer contre le gérant aucune condamnation à des dommages-intérêts, par exemple, si, par pure bienveillance, il s'était chargé d'une affaire pénible et urgente. Il ne serait tenu alors que de gérer avec bonne foi. — L. 3, § 9, ff., *De neg. gest.*; — Toullier, t. 11, no 37; Duranton, t. 13, no 666; Favard, vo *Quasi-contrat*, no 6.

78. — La solidarité n'existe pas entre les diverses personnes qui, sans mandat, ont géré l'affaire [illegible] — L. 26, ff., *De neg. gest.*

79. — [illegible] solidarité n'existe, en effet, qu'autant que la [illegible] expressément déclarée. Or, non seulement la loi ne la prononce pas contre les gérans, mais elle ne l'accorde même pas contre les mandataires. — C. civ., art. 1995; — Toullier, t. 11, no 48; Rolland de Villargues, no 56.

80. — La principale obligation du gérant sans mandat est, comme celle du mandataire, de rendre compte de sa gestion.

81. — L'action en reddition de compte doit être dirigée contre le gérant. Elle peut l'être également contre celui qu'il aurait chargé de gérer. Il en est ici pour celui que le gérant a chargé de le suppléer comme il en est du tiers que le mandataire s'est substitué, tiers contre lequel le mandant peut diriger son action. — Toullier, t. 11, no 47; Duranton, t. 13, no 668; Rolland de Villargues, no 55.

82. — L'action en reddition de compte passe à l'héritier du propriétaire. — Pothier, *Mandat*, no 216; Rolland de Villargues, no 57.

83. — De ce que le maître en approuvant ou ratifiant la gestion se met dans l'impossibilité de la désavouer, il ne s'ensuit pas qu'il ne puisse exercer l'action pour se faire rendre compte (L. 7, ff. de *neg. gest.*) — Rolland de Villargues, no 59.

84. — La reddition du compte de gestion doit se faire comme pour tous les autres comptes. S'il est rendu en justice, il y a lieu à débats et soutènemens. — Rolland de Villargues, no 59.

85. — Le compte doit comprendre tout ce que le gérant a reçu à l'occasion de sa gestion.

86. — Il en serait ainsi quand bien même la chose qu'il aurait touchée n'était pas due au maître. Le gérant, au contraire, ne pourrait réclamer de ce dernier la somme qu'il aurait payée, si le maître ne la devait pas, si c'était une dette prescrite, par exemple. (L. 23, ff. *de neg. gest.*) La raison de cette différence, c'est que, dans le dernier cas, il a commis une faute qu'il doit s'imputer; tandis que dans le premier, le tiers, qui croyait devoir au propriétaire, a entendu payer à celui-ci et non au gérant. — Duranton, t. 13, nos 665 et 670; Toullier, t. 11, no 41; Rolland de Villargues, nos 71 et 77.

87. — Si, avant de rendre son compte, le gérant avait remis volontairement la somme à celui qui l'avait payée sans la devoir, il devrait prouver que cette somme n'était pas due à celui pour le compte duquel il gérait, et qu'il n'a pu se dispenser de la restituer; car le paiement volontaire fait présumer que la somme était due tant que le contraire n'a pas été établi. — L. 25, ff. *de probat.* — Toullier, t. 11, no 41; Rolland de Villargues, no 76.

88. — Le gérant devrait faire entrer dans son compte, non-seulement les choses qu'il a reçues, mais aussi celles qu'il devait recevoir et qu'il n'a pas touchées par sa faute, lorsqu'il a laissé devenir insolvable celui qui les devait. — Toullier, t. 11, no 41.

89. — Le compte devrait aussi comprendre tout ce que le gérant pouvait devoir à l'absent, contre lequel la prescription ne saurait courir en sa faveur, interrompue qu'elle est pendant tout le temps de la gestion. Si donc la prescription de l'obligation dont il est débiteur était venue à s'accomplir pendant sa gestion, il ne pourrait l'invoquer, parce qu'il était obligé d'exiger la dette de lui-même avant la prescription échue (L. 8, ff. *de neg. gest.*). — Il faudrait même y faire entrer une dette qui ne devait point passer aux héritiers du gérant, mais qui était devenue exigible avant sa mort (*ibid.* ff.). — Pothier, no 204; Toullier, t. 11, nos 42 et 43; Duranton, t. 13, no 666.

90. — La personne dont les affaires ont été gérées ne peut pas prouver par témoins les recettes qu'elle prétend avoir été faites par son *negotiorum gestor*, puisqu'elle peut s'en procurer une preuve par écrit au moyen des quittances qu'il a dû en délivrer à ceux qui lui auraient fait les paiemens contestés, paiemens dont ceux-ci seraient tenus de représenter la preuve écrite ou quittance, pour n'être pas astreints à payer deux fois. — *Bruxelles*, 13 janv. 1820, Vanhoutte c. Carette.

91. — Le maître a le droit de demander la communication de toutes les écritures qui peuvent donner des renseignemens sur les faits de la gestion. Ainsi, des titres pouvant être l'objet d'une action *ad exhibendum*, lorsqu'il s'agit de fonder une demande ou d'étayer une exception, il s'ensuit que celui dont on a géré les affaires a le droit d'exiger la communication des livres ou journaux qui ont été tenus pour cette gestion. — *Bruxelles*, 13 janv. 1820, Vanhoutte c. Carette.

92. — Le gérant ne doit les intérêts du reliquat de compte que du jour où il est mis en demeure. — C. civ., art. 1996 et 1372 comb. — A Rome, au contraire, le gérant était tenu de plein droit des intérêts de la somme due par lui du jour de l'exigibilité de la dette. — L. 6, § 12, L. 38, ff., *De neg.*

gest. — Quant aux sommes employées à son usage, il en doit l'intérêt à partir de cet emploi. — Art. 1996 et 1372 comb. — Toullier, t. 11, n° 44; Duranton, t. 13, n° 667.

93. — C'est, au surplus, celui dont on a géré l'affaire qui doit prouver que le gérant a fait servir à son usage les sommes qu'il a touchées. En droit romain, il en était autrement. C'était au gérant de prouver qu'il avait employé utilement, pour celui dont l'affaire avait été gérée, les sommes reçues par lui. — L. 38, ff., *De neg. gest.*; — Toullier, n° 45.

94. — Le gérant n'a pas ses biens hypothéqués de plein droit pour le fait de sa gestion. — Rolland de Villargues, n° 81.

§ 2. — *Obligations de celui dont on a géré l'affaire. — Actions.*

95. — Le maître dont l'affaire a été bien administrée doit remplir les engagemens que le gérant a contractés en son nom. — C. civ., art. 1375. — En pareil cas, l'obligation du gérant est réputée l'obligation du maître, et celui-ci en doit subir les conséquences.

96. — Jugé, par suite, que le conscrit remplacé est passible d'une action personnelle en paiement du prix de son remplacement, encore bien que son père ait seul stipulé dans le contrat. — *Paris*, 7 fév. 1814, Metzinger c. Thierry. — V. au surplus REMPLACEMENT MILITAIRE.

97. — ... Que les enfans sont, en cas d'insolvabilité de leur père, personnellement obligés envers l'instituteur chez lequel ils ont été placés durant leur minorité au paiement du prix de la pension dont leur père s'est reconnu débiteur direct, et cela, quelle que soit leur position de fortune. — Entre l'instituteur et ses élèves, auxquels il fournit la nourriture et tout ce qui est nécessaire pour leur éducation, il se forme un quasi-contrat, d'après lequel ces derniers sont tenus d'acquitter eux-mêmes le prix de cette fourniture, si leurs parens sont hors d'état d'y satisfaire. — *Aix*, 11 août 1812, Coulomb c. Daumont. — Duranton, t. 2, n° 391.

98. — ... Que les ouvriers qui, par ordre du mari, ont travaillé aux réparations et constructions d'un immeuble appartenant en propre à la femme ont, contre cette dernière, une action directe pour le remboursement de ce qui leur est dû, jusqu'à concurrence de la plus-value que ces réparations et constructions ont donnée à cet immeuble. — *Cass.*, 14 juin 1820, Groullebois c. Galand de Lisle. — V. Conf. Favard, *Rép.*, v° *Quasi-contrat*, n° 9.

99. — Le maître dont l'affaire a été bien administrée est tenu d'indemniser le gérant de tous les engagemens personnels qu'il a pris. — C. civ., art. 1375.

100. — Ainsi, le beau-père qui stipule seul dans le contrat de remplacement de son beau-fils mineur étant censé agir pour celui-ci, quoiqu'il ne soit point son tuteur, a droit de répéter contre ce beau-fils la somme qu'il a été obligé de payer au remplaçant. — *Colmar*, 6 déc. 1815, Dornstetter c. Vogel. — Conf. Delvincourt, t. 3, p. 447. — V. au surplus REMPLACEMENT MILITAIRE.

101. — Si le maître n'apportait pas quittance ou décharge des créanciers envers qui le gérant aurait contracté des obligations, celui-ci pourrait intenter une poursuite pour arriver au paiement de ces obligations. Toutefois, si le gérant avait obtenu un délai ou un terme des créanciers, le propriétaire en profiterait, en fournissant caution au gérant de payer la dette à son échéance. — Pothier, *Mandat*, n° 228; Toullier, t. 13, n° 54; Rolland de Villargues, n°s 68 et 69.

102. — Lorsqu'une femme, agissant au nom de son mari, a, pour le préserver des exécutions résultant du défaut de paiement, renouvelé des billets à ordre souscrits par lui, en y ajoutant les frais et accessoires nécessairement dus, le mari dont l'affaire a été ainsi administrée ne peut se refuser au paiement des billets, sous prétexte que sa femme aurait agi sans aucun pouvoir ni autorisation de sa part. — *Dijon*, 26 juin 1816, Sarrode c. Vincenot et Vinarier.

103. — En tout cas, soit que les engagemens pris par le gérant l'aient été en son nom, soit qu'ils l'aient été au nom du propriétaire, si le défaut d'exécution entraîne des frais contre le gérant, ce dernier aura l'action en indemnité contre le propriétaire. — L. 2, ff., *De neg. gest.*; — Duranton, t. 13, n°s 675 et 676.

104. — Le maître dont l'affaire a été bien administrée est tenu de rembourser au gérant toutes les dépenses utiles ou nécessaires qu'il a faites. — C. civ., art. 1375. — C'est là l'action appelée par les Romains *actio contraria negotiorum gestorum*, laquelle est fondée sur cette grande règle de justice naturelle que personne ne doit s'enrichir aux dépens d'autrui.

105. — Ainsi, lorsque le preneur, même sans en donner avis préalable à son propriétaire, a fait à l'immeuble loué une réparation nécessaire et indispensable, il a droit, en vertu du quasi-contrat de gestion d'affaire, de réclamer le remboursement de ses dépenses. — *Douai*, 23 mars 1842 (t. 2 1842, p. 128), N... — V. conf. Domat, *Lois civ.*, tit. *Du louage*, sect. 6, n° 3; Pothier, *Du louage*, n°s 129 et 130.

106. — Ainsi encore, celui qui s'est constitué le *negotiorum gestor* d'une partie, dans les termes de l'art. 1236, C. civ., a le droit d'exiger de celle-ci le remboursement des avances et des dépenses utiles faites dans l'intérêt du maître de l'affaire. — *Paris*, 14 janv. 1843 (t. 1er 1843, p. 252), De Grochart c. Sébastiani.

107. — Mais pour pouvoir exercer son action en remboursement, le gérant doit commencer par rendre le compte de sa gestion, et communiquer toutes les pièces justificatives. Ce n'est qu'ainsi qu'on peut savoir si l'affaire du maître a été bien administrée, et, par suite, ce que le gérant est en droit de réclamer pour les frais de sa gestion. — Pothier, *Mandat*, n° 226; Toullier, t. 11, n° 49; Rolland de Villargues, n°s 60 et 61.

108. — Le gérant doit d'abord prouver que les sommes réclamées par lui ont été employées utilement pour une dépense que le propriétaire n'eût pas manqué de faire lui-même, autrement, celui-ci pourrait désapprouver le gérant qui n'aurait contre le maître aucun recours pour ses imprudentes dépenses (L. 10, § 1er, ff., *De neg. gest.*); vainement dirait-il qu'il les croyait utiles. Ce serait là un prétexte trop facile pour lui. — Delvincourt, t. 3, p. 448; Toullier, t. 11, n° 50; Duranton, t. 13, n° 671.

109. — Il suffit que les dépenses aient été avantageuses au moment où elles ont été faites; et le gérant a droit à en être remboursé quand même l'utilité de ces dépenses aurait cessé depuis par des circonstances fortuites ou de force majeure; par exemple, si la maison à laquelle le gérant aurait fait des réparations nécessaires était venue à périr par le feu du ciel. En effet, le propriétaire eût fait ces mêmes dépenses pour les réparations de sa maison, s'il eût été sur les lieux. Il s'est donc enrichi en tant que *pecuniæ suæ pepercit*, il a épargné sa propre bourse par les réparations que le gérant a fait faire à une époque où elles étaient avantageuses. Or, *initium spectandum est*. — Delvincourt, *ub. suprà*; Toullier, n° 51; Rolland de Villargues, n° 65.

110. — Et cette obligation de rembourser les dépenses utiles au moment où elles ont été faites, mais devenues inutiles ensuite par cas fortuit, s'applique non seulement au tuteur, mais encore à celui qui sans son autorisation aurait fait des dépenses sur les biens des pupilles (L. 2, § 7, ff., *De contrariâ tutelæ actione*); quoique la loi 37, ff., *De neg. gest.*, décide que le pupille n'est astreint à payer les dépenses faites sans l'autorisation du tuteur, que jusqu'à concurrence de la plus-value qu'auront les biens à l'époque de la demande, et que c'est à ce moment qu'il faudra considérer l'utilité pour déterminer l'indemnité à laquelle ce gérant aura droit. — En effet, l'obligation du mineur ne vient pas de l'autorisation du tuteur; elle est ici produite par la loi seule qui la fait naître à l'occasion de l'affaire utilement gérée, sans qu'il intervienne aucune convention. — Art. 1370. — Or, cette obligation devenue parfaite et irrévocable par la gestion utile, ne peut être éteinte ensuite par un événement qu'il n'a pas été au pouvoir du gérant de prévenir ou d'empêcher. — V. conf. Pothier, *Mandat*, n° 228; Toullier, n° 52; Rolland de Villargues, n° 66. — V. cependant Duranton, t. 13, n° 672.

111. — Suivant ce dernier auteur, la règle *initium spectandum* souffrirait aussi exception à l'égard des dépenses simplement *utiles*, quelle que fut la qualité du propriétaire, car on ne peut pas dire avec la même probabilité que pour les dépenses nécessaires que le maître les eût également faites, en sorte que si celui-ci n'a pas purement et simplement approuvé la gestion, il ne devra payer au gérant que l'équivalent de l'utilité résultant pour lui des dépenses au moment de la demande.

112. — Si les dépenses du gérant étaient excessives, il ne pourrait réclamer évidemment que l'équivalent de ce que le propriétaire avait un intérêt réel à voir faire. — L. 25, ff., *De neg. gest.* — Il y aurait donc sur le plus ou moins des dépenses lieu à un débat, encore cependant que les termes de l'art. 1999 semblent le repousser. — Toullier, t. 11, n° 53; Rolland de Villargues, n° 67.

113. — La preuve des dépenses faites par le gérant doit-elle être faite par devis, ou peut-elle au contraire, comme celle du quasi-contrat de gestion lui-même (V. *suprà* n°s 43 et suiv.), être faite par témoins?

114. — Jugé que la preuve des dépenses faites par suite du quasi-contrat de gestion d'affaires peut être faite par témoins, bien que les sommes réclamées s'élèvent à plus de 150 francs. — *Douai*, 23 mars 1842 (t. 2 1842, p. 128), N... — Pothier, *Oblig.*, n° 778; Delvincourt, t. 2, p. 625, note; Toullier, t. 9, n° 141; Duranton, t. 13, n° 356.

115. — Jugé au contraire que celui qui a géré les affaires d'un absent ou d'un présent sans mandat ne peut prouver par témoins les avances et déboursés qu'il a faits, par la raison qu'il lui a été facile de tirer des quittances de ceux à qui il a fait des paiemens relatifs à son administration. — *Bruxelles*, 13 janv. 1820, Vanhoutte c. Carette.

116. — De même que la solidarité n'existe pas entre les diverses personnes qui sans mandat ont géré l'affaire d'autrui (V. *suprà* n° 79), de même aussi quand l'affaire est commune à plusieurs personnes, le gérant ne peut agir contre l'une d'elles pour être payé de toutes les dépenses qu'aurait entraînées pour lui la gestion. — Delvincourt, t. 3, p. 447, notes.

117. — Le *negotiorum gestor* a-t-il, comme le mandataire, droit aux intérêts de ses avances du jour où elles ont été faites? — Oui, car le gérant étant soumis aux mêmes obligations que le mandataire (C. civ., art. 1372) doit jouir des mêmes droits. — C. civ., art. 2001. — Du reste dès que le maître est tenu de rembourser les dépenses, c'est qu'on a reconnu qu'elles lui avaient été utiles: il en retire les fruits, il doit donc en payer les intérêts, et il le doit à partir de l'emploi, car c'est à dater de ce moment qu'il y a eu profit pour lui. — Décider autrement, ce serait permettre au propriétaire de s'enrichir injustement aux dépens du gérant, qui en plaçant son argent ailleurs aurait pu en retirer des intérêts; ce serait aller contre le but du quasi-contrat de gestion d'affaires, car la personne hors d'état de diriger ses affaires courrait grand risque de ne rencontrer personne qui voulût se charger de leur gestion. — L. 18, C. *De neg. gest.*; C. civ., art. 1153; — Delvincourt, t. 3, p. 447; Duranton, t. 13, n° 674. — Toutefois l'opinion contraire paraît résulter d'un des considérans d'un arrêt de la cour de Cassation du 9 déc. 1839 (t. 1er, 1840, p. 112), Robert c. Courtin et Delhan.

118. — En tout cas, jugé que bien que, sous certains rapports, le *negotiorum gestor* doive être assimilé au mandataire, l'art. 2001, C. civ., qui accorde à celui-ci l'intérêt de ses avances du jour des avances constatées, ne peut s'étendre au premier qu'autant qu'il s'est hâté, après les avances faites, d'en donner connaissance au maître de l'affaire et de le mettre en demeure de les acquitter. — *Paris*, 14 janv. 1843 (t. 1er 1843, p. 252), de Crochart c. Sébastiani.

119. — Mais le gérant ne pourrait réclamer aucun salaire, à moins que la gestion n'eût eu lieu pour une affaire dont le gérant faisait profession, comme serait, par exemple, la vente qu'aurait faite un commissionnaire de marchandises se trouvant en souffrance. — Duranton, t. 13, n° 669.

120. — Les différentes obligations dont nous venons de voir que le maître était tenu envers le gérant n'ont lieu qu'autant que l'affaire de celui-ci a été bien administrée (arg. C. civ., art. 1375), c'est-à-dire sagement entreprise et sagement conduite.

121. — Dans le cas contraire, le gérant, même après avoir fait des dépenses, pourrait être condamné à des dommages-intérêts envers le propriétaire. Tel serait le cas où il aurait détérioré plutôt qu'amélioré la chose du maître. Il ne pourrait non plus réclamer les dépenses qu'il aurait faites sur une chose qui n'en valait pas la peine. — L. 10, § 1er, ff., *De neg. gest.* — Tout au plus le maître pourrait-il être contraint à payer la plus-value. Il est bien entendu que cette disposition cesserait d'être applicable si le propriétaire avait ratifié les dépenses. — Duranton, t. 13, n° 650; Delvincourt, t. 3, p. 223; Favard, *Rép.*, n° 7.

V. ASSURANCES TERRESTRES, DOMMAGES-INTÉRÊTS, DONATION ENTRE-VIFS, MANDAT, RESPONSABILITÉ.

GIBERNES (Fabricant de).

1. — Fabricans de gibernes pour leur compte, patentables de sixième classe. — Droit fixe basé sur la population et droit proportionnel du vingtième de la valeur locative de l'habitation et des lieux servant à l'exercice de la profession.

2. — Les fabricans à façon sont rangés dans la huitième classe et imposés, outre le droit fixe à un

droit proportionnel du quarantième de la valeur locative de tous les locaux qu'ils occupent, mais seulement dans les communes de vingt mille âmes et au dessus.

GIBIER.

1. — On appelle ainsi les animaux que l'on prend à la chasse. — V. CHASSE.

2. — Pour la patente à laquelle sont soumis les marchands de gibier, V. VOLAILLES, (marchands de).

GLACE, GLACIÈRES, GLACIERS.

1. — Marchands de glace (eau congelée). — Glaciers. — Limonadiers. — Patentables les premiers de sixième classe, les seconds de cinquième classe, et les derniers de troisième classe. — Droit fixe établi sur la population. — Droit proportionnel du vingtième de la valeur locative de l'habitation et des lieux servant à l'exercice de la profession.

2. — Quant aux maîtres de glacières, ils sont également rangés au nombre des patentables et imposés à un droit fixe de 50 fr. et à un droit proportionnel du vingtième de la valeur locative de l'habitation, des magasins de vente complétement séparés de l'établissement et du vingt-cinquième de l'établissement industriel.

GLACES (Marchand, manufacturier).

1. — Les manufacturiers de glaces sont rangés parmi les patentables et imposés à 1° un droit fixe de 400 fr.; — 2° à un droit proportionnel du vingtième de la valeur locative de l'habitation, des magasins de vente complétement séparés de l'établissement et du quarantième de l'établissement industriel.

2. — Les marchands de glaces (miroitiers) sont rangés parmi les patentables de cinquième classe et soumis à un droit fixe basé sur la population, et à un droit proportionnel du vingtième de la valeur locative de l'habitation et des lieux servant à l'exercice de la profession.

3. — Les établissemens consacrés à l'étamage des glaces présentent de l'inconvénient pour les ouvriers seulement qui sont sujets au tremblement des doreurs, troisième classe des établissemens insalubres. V. ÉTABLISSEMENTS INSALUBRES (nomenclature).

GLACES ET NEIGES.

1. — Les maires sont tenus, dans l'intérêt de la sûreté et de la commodité du passage dans les rues, quais, places et voies publiques, et en vertu des pouvoirs qu'ils tiennent de l'art. 3, n° 1er, tit. 11, L. 24 août 1790, de prendre les mesures nécessaires pour l'enlèvement des glaces et neiges.

2. — Il a été rendu relativement aux glaces et neiges, pour le ressort de la préfecture de police, plusieurs ordonnances dont les diverses dispositions sont résumées dans l'ord. du 7 déc. 1842, publiée de nouveau le 4 déc. 1844, et dont il importe de faire connaître les termes (V. le recueil de M. Delessert, t. 3, p. 578).

3. — « Dans les temps de glaces, porte l'art. 1er, les propriétaires ou locataires sont tenus de faire casser les glaces au devant de leurs maisons, boutiques, cours, jardins et autres emplacemens jusqu'au milieu de la rue; ils mettront les glaces en tas; ces tas doivent être placés, savoir : dans les rues sans trottoirs, auprès des bornes; dans les rues à trottoirs, le long des ruisseaux, du côté de la chaussée, si la rue est à chaussée bombée; le long des trottoirs, si la rue est à chaussée fendue. »

4. — « Les habitans, ajoute le même article, doivent faire balayer et relever les neiges quand ils y sont invités par les commissaires de police et autres agens de l'administration : ils doivent, dans tous les cas, faire gratter et nétoyer, chacun au droit soi, les parties dallées des boulevards, et dans les rues, sur les places et sur les quais, les trottoirs ou les portions de la voie publique au devant des maisons, dans l'alignement des trottoirs, de manière à prévenir les accidens et à assurer la circulation. »

5. — « Les gargouilles établies sous les parties dallées des boulevards et sous les trottoirs des rues doivent être, chaque jour, dégagées des glaces ou de tous autres objets qui pourraient gêner l'écoulement des eaux. » — Même art.

6. — « En cas de verglas, les habitans doivent jeter au devant de leurs maisons des cendres, du sable ou du mâche-fer, et la même obligation est imposée aux concessionnaires des ponts soumis à un droit de péage. » — Même art.

7. — « Dans les rues à chaussée bombée, porte l'art. 2, chaque propriétaire ou locataire doit tenir libre le cours du ruisseau au devant de sa maison et faciliter l'écoulement des eaux : dans les rues à chaussée fendue, il y pourvoit conjointement avec le propriétaire ou locataire qui lui fait face. »

8. — « Pour prévenir les inondations par suite de pluie ou de dégel, les habitans devant la maison desquels se trouvent des bouches ou des grilles d'égouts doivent les faire dégager des ordures qui pourraient les obstruer. — Ces ordures sont déposées comme il est dit en l'art. 1er. » — Même art. 2.

9. — « Il est défendu de déposer des neiges et glaces auprès des grilles et des bouches d'égouts. — Il est également défendu de pousser dans les égouts les glaces et neiges congelées, qui, au lieu de fondre, interceptent l'écoulement des eaux. » — Art. 3.

10. — Défense est encore faite de déposer dans les rues aucunes neiges et glaces provenant des cours ou de l'intérieur des habitations. — Art. 4.

11. — « Les propriétaires et chefs d'établissemens, soit publics, soit particuliers, qui emploient beaucoup d'eau ne doivent pas laisser couler sur la voie publique les eaux de ces établissemens, pendant les gelées. — La même interdiction est faite aux concessionnaires des eaux de la ville, et les contrevenans sont tenus de faire briser et enlever les glaces provenant de leurs eaux; faute par eux d'opérer ce bris et cet enlèvement, il y est procédé d'office et à leurs frais, par le commissaire de police du quartier ou par le directeur de la salubrité, sans préjudice des peines encourues. » — Art. 5.

12. — « Il est expressément défendu de former des glissades sur les boulevards, les places, et autres parties de la voie publique. Les glissades doivent être détruites d'office, aux frais des contrevenans, et des cendres, terres, sables, etc., y être répandues pour prévenir les accidens. » — Art. 6.

13. — Enfin, l'art. 7 dispose que les concierges, portiers ou gardiens des établissemens publics et maisons domaniales sont personnellement responsables de l'exécution des dispositions ci-dessus, en ce qui concerne les établissemens et maisons auxquels ils sont attachés.

14. — Ces diverses dispositions, au surplus, ne dérogent ni ne préjudicient en rien à celles relatives au balayage et au nettoiement de la voie publique. — V. BALAYAGE ET NETTOIEMENT DE LA VOIE PUBLIQUE.

15. — L'infraction aux arrêtés municipaux et ordonnances de police pris en ce qui concerne les glaces et neiges constitue la contravention prévue et punie par le n° 15 de l'art. 471 du C. pén. — V. CRIMES, DÉLITS ET CONTRAVENTIONS.

V. en outre POUVOIR MUNICIPAL.

GLACIS.

1. — On appelle ainsi le terrain qui d'un côté sert de parapet au chemin couvert, et de l'autre va se perdre du côté de la campagne par une pente douce.

2. — Dans le chemin couvert, la crête du parapet est aussi la crête du glacis, et ces deux expressions s'emploient indifféremment l'une pour l'autre. — Lorsque le chemin couvert diminue au point que le glacis seul forme parapet, la crête du glacis et la crête du chemin couvert ne cessent pas d'être la même ligne mathématique. — Delalleau, *Des servitudes pour les places de guerre*, n° 164.

3. — Les glacis dépendant des fortifications font partie du domaine public. — L. 8-10 juill. 1791, tit. 1er, art. 13. — V. DOMAINE PUBLIC, V. aussi PLACES DE GUERRE.

GLAIVE (Droit de).

1. — Le glaive ou l'épée symbolisant autrefois la peine de mort, on donnait le nom de *droit de glaive* au droit de vie et de mort, c'est-à-dire au droit d'absoudre ou de condamner à mort l'accusé sous le coup de la peine capitale. — Guyot, *Rép.*, v° *Glaive (droit de)*.

2. — A Rome, le droit de glaive n'appartenait qu'aux magistrats qui, ayant le *merum imperium*, pouvaient prononcer souverainement et sans appel la peine de mort : les proconsuls et gouverneurs de province ne l'avaient point. — Merlin, *Rép.*, v° *Glaive (droit de)*.

3. — Le droit de glaive ne pouvait point être délégué par ceux à qui il appartenait. — ff., L. 70, *De regulis juris*.

4. — En France le droit de glaive était un droit de haute justice n'appartenant qu'à la puissance souveraine. — Merlin, *Rép.*, v° *Glaive (droit de)*.

5. — La puissance temporelle seule pouvait exercer le droit de glaive : les prétentions que le pouvoir spirituel avait élevées à ce sujet, constamment repoussées par nos rois et par les docteurs, avaient même fini par être abandonnées.

6. — Aujourd'hui, et depuis la révolution de 1789, le droit de glaive se confond dans les pouvoirs appartenant au pouvoir exécutif et est exercé pour le *droit de vie*, c'est-à-dire pour les grâces et commutations de peines par le souverain, et pour le *droit de mort* par les juges et dans les limites établies par la loi.

V. GRACE ET COMMUTATION DE PEINE, MORT (peine de).

GLANAGE. — RATELAGE. — GRAPPILLAGE. — CHAUMAGE.

Table alphabétique.

Arrêté municipal, 16.	Infirme, 7 s., 15.
Cession du droit, 35.	Moisson, 19 s., 27, 30.
Champ dépouillé, 22.	Peine, 21 s.
Chaumage, 41 s.	Permission, 33 s.
Droit ancien, 3 s.	Privilége, 33 s.
Enclos rural, 24.	Propriétaire, 31 s.
Enfant, 7 s., 15.	Râteau, 26, 32.
Enlèvement de fruits, 21.	Ratelage, 2.
Exercice, 14 s.	Temps permis, 19 s., 22 s.
Fourrage, 30.	Troupeau, 27 s., 36.
Glanage, 1.	Vendange, 47.
Grapillage, 2.	Vieillard, 7 s., 15.
Indigent, 7 s.	Vol, 47.

GLANAGE, RATELAGE, GRAPILLAGE, CHAUMAGE. —

1. — On appelle *Glanage* l'action de ramasser dans les champs, après l'enlèvement de la récolte, les épis abandonnés. Ce mot exprime aussi la faculté de glaner réservée par la loi aux pauvres et aux infirmes.

2. — Le *ratelage* est le glanage appliqué à la récolte des foins et prairies artificielles, comme le *grapillage* est le glanage appliqué aux petites grappes de raisin échappées aux vendangeurs.

3. — Le glanage remonte à la plus haute antiquité; les économistes modernes l'ont attaqué comme contraire au droit de propriété, et à raison des abus qu'il entraîne. Si leur opinion est fondée sur des motifs qu'il est difficile de combattre, il n'en faut que plus honorer le sentiment qui a porté les législateurs à convertir en loi pour les propriétaires l'obligation de souffrir un usage fondé seulement sur la bienveillance et la charité.

4. — Le premier de ces législateurs est Moïse. « *Cùm messueris segetes terræ tuæ, non tondebis usque ad solum superficiem terræ; nec remanentes spicas colliges. Neque in vineâ tuâ racemos et grana decidentia congregabis; sed pauperibus et peregrinis carpenda dimittes.* — *Lévitique*, chap. 19, vers. 9 et 10. — V. également *Lévitique*, chap. 23, vers. 22, et *Deutéronome*, chap. 24, vers. 19, 20 et 21.

5. — Godefroy interprète dans le sens de notre glanage la loi 30, § 1er, ff., lib. 50, tit. 16, *De verb. sig.* Cette loi est ainsi conçue : « Stipula illecta *est spicæ in messe dejectæ (nec dùm lectæ), quas rustici, dùm vacaverint, colligunt.* »

6. — Mais cette opinion nous paraît très contestable. Car *rustici* ne signifie pas les pauvres, mais les esclaves employés à la culture des champs, et les mots *nec dùm lectæ* indiquent qu'il ne s'agit pas d'épis abandonnés, mais d'épis coupés qui n'ont pas encore pu être recueillis. — Varron, d'ailleurs, *De re rusticâ*, lib. 1, cap. 53, enseigne que lorsque la moisson est faite il faut ramasser les épis restés sur le champ, ou, s'ils sont en petite quantité, les faire manger par les troupeaux, parce qu'on doit éviter dans cette opération *que la dépense excède le produit.*

7. — En France, le glanage a toujours été autorisé. Une ordonnance de Henri II, du 2 nov. 1550, défend de glaner aux personnes qui ont assez de force pour travailler à la moisson; mais elle le permet « aux gens vieils et débilités de membres, aux petits enfants ou autres personnes qui n'ont pouvoir ne force de seyer, après toutes fois que le seigneur ou laboureur aura prins et enlevé ses gerbes. »

8. — Plusieurs Coutumes, et notamment celles d'Estampes, de Melun et de Dourdan, contenaient des dispositions analogues. — V. Denisart, *Rép.*, v° *Glanage*.

9. — Un arrêt de règlement émané du parlement de Paris, le 7 juin 1779, consacre également le droit

de glanage en le réservant exclusivement aux vieillards, estropiés, petits enfans et autres personnes invalides. Et l'exercice de ce droit a fait encore l'objet d'un arrêt de règlement du même parlement du 11 juill. 1782.

10. — En outre, un autre arrêt de réglement du 16 fév. 1781, appliqué au bailliage d'Amiens, contient défenses à toutes personnes en état de travailler et de gagner leur vie pendant la moisson, de glaner, sous peine de 10 livres d'amende, et de plus grande peine en cas de récidive.

11. — L'instruction de l'assemblée constituante, du 16 août 1790, sur les fonctions des assemblées administratives, dispose qu'elles « porteront un regard attentif sur la police des campagnes, sur le *glanage, patrimoine du pauvre.* »

12. — Les art. 2, sect. 1re, tit. 1er, et 21 et 22, tit. 2, L. du 28 sept.-6 oct. 1791, reconnaissent aussi le droit de glanage.

13. — Enfin l'art. 471 (no 10) du C. pén. ne laisse aucun doute à cet égard, puisqu'il édicte une peine contre ceux qui auront glané, ratelé ou grapillé avant ou après une certaine époque.

14. — Le droit de glanage existe donc. Et, à défaut de dispositions spéciales qui en auraient déterminé complètement l'exercice, on doit se reporter, pour tous les points à l'égard desquels il n'y a pas eu de dérogation expresse, aux prescriptions des anciens réglemens, l'art. 484, C. pén., et l'avis du Conseil d'état du 4-8 fév. 1812 leur ayant conservé force de loi. — *Cass.*, 8 oct. 1840 (t. 2 1840, p. 521), Crochard.

15. — Ainsi il faut dire qu'aujourd'hui, comme sous l'édit de 1554 et sous l'empire de l'arrêt de règlement du 7 juin 1779, le glanage doit être exclusivement réservé aux vieillards, aux estropiés, aux enfans et aux personnes invalides. — Même arrêt.

16. — ... Et, en conséquence, que l'on doit réputer valable l'arrêté du maire qui défend de glaner dans sa commune sans être porteur d'une carte de lui, cet arrêté ayant évidemment pour but et devant avoir pour résultat de ne laisser profiter du glanage que les indigens de la commune, auxquels ce droit est réservé exclusivement. — Même arrêt. — V. aussi Merlin, *Rép.*, vis *Glanage* et *Maire*; Bost, *Traité de l'organisation municipale*, t. 1er, p. 379; Vaudoré, *Droit rural*, t. 1er, p. 112, nos 261 et suiv.

17. — Le parlement de Dijon, par arrêt du 26 avr. 1780, a défendu aux personnes admises au glanage de glaner hors de leurs paroisses à peine de prison, confiscation des grains qu'elles auraient amassés et de l'amende de 5 livres. Il a également défendu aux fermiers et habitans de loger ou retirer aucuns glaneurs étrangers. Cette disposition paraît devoir être encore en vigueur. — Rolland de Villargues, vo *Glanage*, no 15.

18. — En même temps que la loi proclame le droit des pauvres, elle prend les précautions nécessaires pour concilier l'exercice de ce droit avec les exigences de celui de propriété.

19. — Ainsi, un placard du 5 juin 1557, donné par Philippe II, roi d'Espagne, en sa qualité de souverain des Pays-Bas, avait aussi fait défense d'entrer dans les champs pour y glaner avant que les fruits ne fussent liés et mis en diseaux ou monts de dix gerbes, à peine d'être poursuivi pour larcin qualifié. Et cette disposition avait été renouvelée et étendue par une ordonnance du 13 août 1725. — V. Merlin, *Rép.*, vo *Glanage*. — V. en outre trois arrêts de réglement du parlement de Flandre des 22 juin 1694, 28 juin 1774 et 25 juill. 1778, contenant des dispositions analogues. — Merlin, *loc. cit.*

20. — La Coutume de Dourdan faisait défense de se transporter sur les terres d'autrui pour y glaner, dans le temps de la moisson, jusqu'à ce que les grains fussent enlevés et portés hors du champ à peine d'amende arbitraire. — V. Denisart, vo *Glanage*, nos 7 et suiv., qui cite divers arrêts de condamnations rendus pour infraction à de pareilles défenses.

21. — L'art. 21, tit. 2, L. 6 oct. 1791, ne permettait aux glaneurs, rateleurs et grappilleurs, dans les lieux où les usages de glaner, rateler et grappiller étaient reçus, d'entrer dans les champs, prés et vignes, récoltés et ouverts, *qu'après l'enlèvement entier des fruits*, à peine de confiscation des produits du glanage, ratelage ou grappillage, et, suivant les circonstances, de détention municipale. — V. aussi Ord. de police du 4 thermid. an XIII.

22. — Le Code pénal (art. 471, no 10), reproduisant en la modifiant sous certains rapports cette disposition pénale, punit d'amende depuis 1 franc jusqu'à 5 francs inclusivement ceux qui, sans autre circonstance, auront glané, ratelé ou grappillé dans les champs *non encore entièrement dépouillés et vidés* de leur récolte, ou *avant le moment du lever ou après celui du coucher du soleil*. Sous ce dernier rapport, la prohibition est renouvelée de l'arrêt précité du 25 juill. 1778 (V. aussi Ordonn. de police du 4 thermid. an XIII). L'art. 473 autorise en outre le juge à prononcer un emprisonnement pendant trois jours au plus.

23. — Comme on le voit, la loi du 6 oct. 1791 se trouve modifiée en ce que l'art. 471 ajoute contre les glaneurs la défense d'entrer dans les champs avant le lever et après le coucher du soleil, et en ce qu'il ne prononce pas la confiscation des produits du glanage, du ratelage ou du grappillage, confiscation qui se trouve ainsi abolie en vertu de l'art. 470 du même Code, sans doute à cause des rixes et des conflits violens que la saisie pouvait occasioner.

24. — En outre, aux termes de la loi de 1791, tit. 2, art. 21, la faculté de glaner, etc., est absolument interdite dans tout enclos rural. Cette prohibition est renouvelée par l'ordonnance de police du 4 thermid. an XIII. — V. CLOTURE.

25. — L'arrêt du 16 févr. 1781, précité, faisait défense aux glaneurs de se servir pour glaner dans les prairies et les terres ensemencées en luzerne, sainfoin et autres herbes de cette nature, de rateaux en dents de fer ni d'autres instrumens semblables où il pouvait y avoir du fer, sous peine d'une amende de 20 livres et même de poursuite extraordinaire, suivant l'exigence des cas.

26. — Il a été jugé que l'art. 471, C. pén., n'a point abrogé ces anciens usages et réglemens. — *Cass.*, 23 déc. 1818, Rigaud, Ménager c Chevalier.

27. — D'un autre côté, c'est pour maintenir au profit des pauvres la libre disposition du glanage qui leur est réservé, que la loi du 6 oct. 1791 (tit. 2, art. 22) défend de mener des troupeaux d'aucune espèce dans *les champs moissonnés* et ouverts que deux jours après l'enlèvement des récoltes. — *Cass.*, 19 brum. an VIII, habitans de Gondreville; 17 brum. an VII, Colin, Martin; même jour, six autres arrêts semblables.

28. — Denisart (vo *Glanage*, no 3), cite une ordonnance de saint Louis portant que « nul ne souffre mettre bêtes ou esteulles en autrui bled jusqu'au tiers jours que la warison sera amenée, et est le tiers entendu si comme le bled était porté hors le lundi, les bêtes y peuvent aller le mercredi après. »

29. — ... Cette défense est absolue, et il importerait peu que les prévenus se défendissent en disant qu'ils n'ont causé aucun dommage et que toute la commune y a envoyé ses troupeaux le lendemain. — *Cass.*, 17 brum. an VII, Colin, Martin.

30. — Jugé que les mots *champs moissonnés* employés par l'art. 22 de ladite loi du 6 oct. 1791 ne doivent pas être pris dans un sens restreint, et spécialement qu'ils s'entendent des prés, même cultivés en fourrage, comme des champs proprement dits, là où l'usage de rateler est reçu. — *Cass.*, 19 oct. 1836 (t. 1er 1837, p. 128), Fontaine.

31. — Si le propriétaire est tenu de souffrir le glanage, aucune restriction n'est accordée au droit qui lui appartient de faire sa récolte aussi complètement qu'il le juge convenable. Ainsi il est constant que l'art. 471, no 10, C. pén., qui défend le glanage dans les champs avant l'entier dépouillement de la récolte, ne concerne que les étrangers, et n'est pas applicable au propriétaire qui recueille par lui-même, par sa femme ou par ses ouvriers, des fruits à lui appartenant et que la loi laissait à sa disposition. — *Cass.*, 28 janv. 1820, Delsoz; 5 sept. 1835, Richard; 19 oct. 1836 (t. 1er 1837, p. 128), Fontaine; 20 oct. 1841 (t. 2 1841, p. 735), Traullé.

32. — ... Jugé même qu'il peut employer dans ce but des rateaux en fer. — *Cass.*, 20 oct. 1841 (t. 2 1841, p. 635), Traullé.

33. — Mais le droit ainsi réservé au propriétaire ne lui confère pas celui de déroger en faveur de certains individus aux règles établies pour l'exercice du glanage; et dès-lors les individus qui ont glané dans un champ avant qu'il fût entièrement dépouillé de sa récolte ne peuvent être renvoyés des poursuites sur le motif qu'ils ont agi avec la permission du propriétaire. — *Cass.*, 5 sept. 1835, Richard.

34. — De même, une fois la récolte enlevée, ce qui est resté sur le champ par l'abandon du propriétaire cesse de lui appartenir. « *Si res pro derelicto habita sit, statim nostra esse desinet et occupantis fit.* » (L. 1re, ff., lib. 41, tit. 7, *Pro derelicto*.) Les épis abandonnés deviennent *le patrimoine du pauvre*, suivant l'expression de l'Assemblée constituante; c'est une sorte d'épave dont la loi prend possession au profit de la classe indigente, et le propriétaire n'aurait pas le droit de conférer à certains individus le privilége exclusif de les recueillir.

35. — On lit également dans l'arrêt de réglement du parlement de Paris du 11 juill. 1782 la défense faite à tous laboureurs, fermiers ou propriétaires, de vendre le droit de glaner dans leurs champs, de donner aucune préférence aux femmes et enfans de leurs moissonneurs, et d'employer la violence ou tout autre moyen pour empêcher que les personnes à qui les réglemens ont permis de glaner puissent le faire, à peine de 20 livres d'amende contre les contrevenans.

36. — De même, il est reconnu que la défense faite par l'art. 22, tit. 2, de la loi du 6 oct. 1791 de mener paître les bestiaux avant les deux jours qui suivent la récolte entière s'applique aussi bien aux propriétaires du champ qu'à tous autres individus. — *Cass.*, 13 oct. 1836, Benuezon; 19 oct. 1836 (t. 1er 1837, p. 127 et 128), Fontaine; 18 oct. 1817, Anty.

37. — En effet, l'art. 22 ne se justifierait par aucun motif s'il n'avait pas en vue le maintien du droit réservé aux pauvres; il n'est que la reproduction des anciens réglemens sur le glanage; il s'applique si bien au propriétaire du champ comme aux étrangers dans sa première partie, que, dans la seconde où il s'agit de l'introduction des bestiaux dans un enclos rural où le glanage est toujours interdit, le législateur a soin de spécifier que cette introduction n'est punissable qu'à l'égard des bestiaux d'*autrui*; enfin, s'il ne comprenait pas le propriétaire dans ses prohibitions, il était inutile dans les pays non soumis au parcours et à la vaine pâture, puisqu'il n'y est permis en aucun temps d'y conduire ses troupeaux sur le terrain d'autrui, et cependant l'art. 22 déclare expressément qu'il s'applique aux pays affranchis de cette servitude comme à ceux qui y sont soumis.

38. — Au reste, l'art. 190 de la Coutume d'Etampes portait que « ... Lesdits laboureurs et fermiers ou autres ne peuvent mettre ou faire mettre par eux, leurs gens et serviteurs, le bétail dans lesdits champs, n'empêcher aucunement le glainage, en quelque manière que ce soit, sinon vingt-quatre heures après la vuidange d'iceux champs, sur peine de confiscation desdites bêtes et d'amende arbitraire... » Et diverses autres coutumes, telles que celles de Melun et de Dourdan, contenaient des dispositions analogues.

39. — Jugé même que le droit accordé au propriétaire d'un champ moissonné de recueillir et faire ramasser les épis épars, même après que la récolte est coupée, mais *tant que l'enlèvement entier des gerbes* n'a pas eu lieu, ne lui donne pas celui d'y introduire son troupeau : qu'autre chose, en effet, est cette sorte de glanage anticipé permis au propriétaire, et le droit de parcours et de pâturage pour ses bestiaux. — *Cass.*, 19 oct. 1836 (t. 1er 1837, p. 127), Fontaine.

40. — D'où il résulte que, pour le propriétaire, le droit de ramasser les épis épars *jusqu'à l'enlèvement des gerbes* n'entraîne pas celui de faire paître son troupeau avant cet enlèvement. On a eu pour but de concilier l'intérêt du propriétaire et celui du pauvre, pour lequel le glanage est une si grande ressource : sans priver le propriétaire de sa chose, ce qui aurait lieu si on ne lui permettait pas de ramasser les épis échappés à la main de ses moissonneurs, on n'a pas voulu cependant qu'il arrivât, par l'abus qu'il en ferait, à anéantir par avance le droit de glanage réservé à l'indigence; or tel serait évidemment le résultat de l'introduction des bestiaux avant que ce droit n'eût été exercé.

41. — *Chaumage.* — Les anciens réglemens s'occupent d'une espèce de glanage pratiqué dans un petit nombre de départemens sous le nom de *chaumage*, et qui consiste à arracher de terre la portion de paille qui y reste attachée après la fauchaison.

42. — Quelques-uns de ces réglemens allaient même jusqu'à établir une sorte de portion légitimaire en faveur des pauvres. Cette portion avait été fixée aux deux tiers du chaume, pour la Coutume de Senlis, par un réglement du parlement de Paris du 31 juill. 1780. Et ce parlement avait été jusqu'à défendre l'usage de la faux, au moment où il commençait à s'introduire, parce qu'il nuisait à l'exercice du chaumage en coupant la paille au ras de terre. — Arrêt du 13 juill. 1750.

43. — Ces anciens réglemens ont perdu leur force en ce sens que l'arrêté municipal qui ordonnerait que le chaume sera laissé pour les pauvres, à l'exception d'un certain nombre d'arpens réservés aux laboureurs par chaque charrue, devrait être réputé sans force comme contraire au droit de propriété. — V. implicitement *Cass.*, 29 thermid. an IX (intérêt de la loi), Bouchet et Berthelin.

44. — Mais le chaumage lui-même a-t-il été maintenu par la législation moderne? — La raison de douter vient de ce que notre glanage n'emporte pas, comme le glanage ancien fondé sur la loi de Moïse, le sacrifice par le propriétaire d'une partie quelconque de sa récolte; qu'il se borne à affecter aux indigens la faible portion de fruits qui a échappé à l'attention du maître, et qui par l'abandon qu'il en fait cesse d'appartenir à personne. Or, une pareille

présomption d'abandon peut-elle exister à l'égard du chaume à une époque où l'agriculture sait en tirer un si grand parti, soit en l'enfouissant comme engrais, soit en le conservant pour protéger les jeunes pousses des prairies artificielles?

45. — Cependant Fournel (*Lois rurales de la France*, t. 1er, p. 360) se prononce en faveur du chaumage. « Le droit de chaumage, dit-il, quoique réprouvé par plusieurs personnes, ne continue pas moins de figurer dans le système des lois rurales jusqu'à ce qu'il ait subi quelque innovation par des lois ultérieures. »

46. — Si le chaumage existe encore, il est nécessairement assujéti aux règles prescrites pour le glanage ordinaire et indiquées plus haut.

47. — L'abandon présumé du propriétaire faisant la base de la légitimité du glanage, des individus trouvés dans une vigne non vendangée, occupés à couper des raisins dont ils emplissent un panier, doivent être considérés comme coupables de vol de récolte avec paniers, et non pas d'une simple contravention à la police du grappillage. — *Cass.*, 19 déc. 1822, Ronnat. — V. VOL.

GLANDÉE.

C'est le droit d'introduire des porcs dans les bois et forêts pour faire consommer la surabondance des glands, faînes et autres productions des arbres. — Dans un sens plus restreint, il s'entend du droit de ramasser des glands; il n'emporte pas le droit de les abattre. — V. FORÊTS et USAGES (forêts).

GLOBES TERRESTRES ET CÉLESTES (Fabricans et marchands de)

Sont patentables de sixième classe : droit fixe, basé sur la population; et droit proportionnel du vingtième de la valeur locative, de l'habitation et des lieux servant à l'exercice de la profession.

GOBELETTERIE (Manufacturiers de).

1. — Les manufacturiers de gobeletterie sont rangés parmi les patentables et soumis : 1° à un droit fixe de 30 fr. par four de fusion jusqu'au maximum de 300 fr.; — 2° à un droit proportionnel du vingtième de la valeur locative de l'habitation, des magasins de vente complétement séparés de l'établissement, et du quarantième de celle de cet établissement.

2. — Quant aux marchands de gobeletterie, V. VERROTERIE.

V. aussi PATENTE.

GOËMON.

Ce mot (que l'Académie écrit *goëmon*) sert à désigner, en certains lieux, et notamment en Bretagne, les varechs ou herbes marines qui croissent le long des côtes, sur les rochers. — V. VARECH.

GOMMEUR D'ÉTOFFES.

Patentables de sixième classe; droit fixe basé sur la population et droit proportionnel du vingtième de la valeur locative de l'habitation et de lieux servant à l'exercice de la profession. — V. PATENTE.

GORD.

V. BARRAGE.

GORÉE.

V. SÉNÉGAL.

GOUDRON (Fabrication du).

1. — Etablissemens consacrés à la fabrication du goudron. — Très mauvaise odeur et danger du feu. — Première classe des établissemens insalubres.

2. — Fabriques de goudron à vases clos. — Danger du feu, fumée et un peu d'odeur. — Première classe des établissemens insalubres.

3. — Etablissemens pour le travail en grand des goudrons, soit pour la fonte et l'épuration de ces matières, soit pour en extraire la térébenthine. — Odeur insalubre et danger du feu. — Première classe des établissemens insalubres. — V. ÉTABLISSEMENS INSALUBRES, (nomenclature).

4. — Quant à la patente à laquelle sont imposés les fabricans de goudron, V. BRAIS ET GOUDRON (fabricant de).

GOURMETS-PIQUEURS DE VINS.

V. COURTIERS-GOURMETS-PIQUEURS DE VIN.

GOUTTIÈRE.

1. — Conduit placé sous les toits pour recevoir les eaux pluviales.

2. — Le propriétaire d'une maison peut y faire placer des gouttières pour recevoir les eaux pluviales du toit. Cette faculté est une conséquence du droit de propriété. — V. pour les difficultés auxquelles peut donner lieu l'existence de gouttières ainsi placées, le mot ÉGOUT.

3. — On peut posséder aussi des gouttières à titre de servitude sur l'héritage voisin. — V. ÉGOUT, SERVITUDES.

4. — Une ordonnance de police du 18 juill. 1704 prescrivait l'établissement dans la ville de Paris et ses faubourgs de gouttières saillantes. — V. cette ordonnance dans le recueil de M. Delessert, *Appendice*, t. 4, p. 97.

5. — Les dispositions de cette ordonnance furent renouvelées par celle du 1er sept. 1779, art. 4 et 5. — Delessert, *Appendice*, t. 4, p. 115.

6. — La loi du 16-24 août 1790 a confié à l'autorité municipale le soin de régler tout ce qui intéresse la sûreté et la commodité du passage sur la voie publique, ce qui comprend le droit de réglementer ce qui concerne les gouttières et cheneaux. — V. le tit. XI no 1 de cette loi. — V. aussi la loi du 19-22 juill. 1791, art. 46.

7. — Une ordonnance de police du 30 nov. 1831 a prescrit l'établissement de cheneaux et gouttières destinés à recevoir les eaux pluviales sous l'égout des toits dans la ville de Paris. — Delessert, t. 2, p. 645.

8. — Cette ordonnance est ainsi conçue : « Dans le délai de quatre mois, à partir de la publication de la présente ordonnance, les propriétaires des maisons bordant la voie publique, et dont les eaux pluviales des toits y tombent directement seront tenus de faire établir des cheneaux ou des gouttières sous l'égout de ces toits afin d'en recevoir les eaux qui seront conduites jusqu'au niveau du pavé de la rue au moyen de tuyaux de descente appliqués le long des murs de face, avec seize centimètres au plus de saillie. — Les gouttières ne pourront être qu'en cuivre, zinc ou tôle étamée, et soutenus par des corbeaux en fer. — Les tuyaux de descente ne pourront être établis qu'en fonte, cuivre, zinc, plomb ou tôle étamée et retenus par des colliers en fer à scellement. Une cuiller en pierre devra être placée sous le dauphin de ces tuyaux. — Art. 1er.

9. — Il ne sera perçu aucun droit de petite voirie pour les cheneaux, gouttières, tuyaux de conduite ou cuillers destinés à l'écoulement des eaux pluviales, et qui seront établis dans le délai fixé par l'article précédent, conformément à la délibération du conseil municipal de la ville de Paris, en date du 25 de ce mois. — Art. 2.

10. — Lors de la construction de nouveaux trottoirs, il sera pris les mesures nécessaires pour que les eaux pluviales s'écoulent sous les trottoirs, au moyen de gargouilles pratiquées à cet effet. — Art. 3.

11. — Les propriétaires qui ont fait construire des trottoirs, sans avoir pris la mesure prescrite par l'article précédent, seront tenus de s'y conformer dans le délai de quatre mois. — Art. 4.

12. — Par une ordonnance du 1er avr. 1832, et par une autre ordonnance subséquente, le délai fixé par celle du 30 nov. 1831 pour l'établissement des cheneaux et gouttières fut successivement prorogé au mois de sept. 1832. — Delessert, t. 3, p. 9.

13. — L'ordonnance du 30 nov. 1831 a été l'objet d'attaques à plusieurs reprises et sa légalité a été contestée. Mais cette légalité a été reconnue par la cour de Cassation, qui a jugé que le préfet de police de la ville de Paris, investi de tous les pouvoirs conférés aux autorités municipales en matière de police, peut prescrire, par un arrêté, aux propriétaires des maisons bordant la voie publique, d'établir des gouttières sous leur toit et d'en conduire les eaux jusqu'au niveau de la rue par des tuyaux de descente. — *Cass.*, 21 nov. 1834, Dupont.

14. — Le même principe avait été déjà consacré par cette cour. — V. *Cass.*, 14 oct. 1813, Fillières.

15. — Et un autre arrêt du 14 déc. 1826 avait également considéré comme obligatoire l'arrêté d'un maire portant que partout où il se trouverait encore des gouttières saillantes, elles seraient supprimées dans un délai fixé par ledit arrêté. — *Cass.*, 14 oct. 1826, Boitar.

16. — La cour suprême a décidé encore que l'arrêté d'un maire qui prescrit la suppression des gouttières saillantes et l'établissement de cheneaux ou tuyaux de descente est général et absolu. Qu'en conséquence, il s'applique aux propriétaires des maisons où il existe de ces gouttières comme aux propriétaires des maisons où il n'en existe point. — *Cass.*, 30 mai 1840 (t. 1er 1841, p. 81), Chaix.

17. — ... Et que lorsqu'un arrêté municipal a ordonné la suppression des gouttières saillantes et leur remplacement par des tuyaux de descente, celui qui n'a pas obéi à cet arrêté ne peut exciper pour sa défense de ce que sa gouttière se trouverait au delà du mur mitoyen séparatif de sa propriété et de celle de son voisin, alors qu'il est constant 1° que ce dernier ne fait aucun usage personnel de ladite gouttière pour l'écoulement des eaux pluviales de sa maison, et qu'il a satisfait à l'arrêté de police en établissant des cheneaux qui conduisent ses eaux du toit sur le pavé; — 2° que la gouttière ne sert qu'au prévenu par suite d'une ancienne communauté. — *Cass.*, 3 avr. 1841 (t. 2 1832, p. 284), Petit-Desrochettes.

GOUVERNEUR DES COLONIES.

Fonctionnaire public qui, dépositaire de l'autorité royale dans les colonies, réunit à ce titre des fonctions politiques, diplomatiques et administratives, et est investi de pouvoirs ordinaires et extraordinaires. — V. COLONIES.

GOUVERNEUR MILITAIRE.

V. ÉTAT DE SIÉGE, PLACES DE GUERRE.

GRACE ET COMMUTATION DE PEINE.

Table alphabétique.

Action civile, 83.
Amende, 80.
Amnistie, 3.
Audience solennelle, 63 s., 124.
Colonies, 65.
Commutation, 2, 103 s. — (refus), 106.
Condamnation (nature de la), 22. — nouvelle, 69.
Contravention, 22.
Contumace, 25 s., 99 s.
Cour royale, 63 s., 124.
Crime, 22.
Cumul de peines, 115 s.
Délit, 22. — militaire, 118 s.
Délits spéciaux, 108.
Délivrance, 59 s. — (forme), 124.
Demande en grâce, 35 s. — (collective), 51 s.
Déserteur, 122.
Détenu évadé, 68.
Discernement, 114.
Discipline, 24.
Droit ancien, 8 s.
Droit de grâce (délégation), 29 s. — (exercice du), 20 s., 103 s. — (nature du), 20 s.
Droits civiques, 87 s.
Effet, 76 s. — des lettres de grâce, 70. — rétroactif, 76, 99. — suspensif, 40 s.
Entérinement, 59 s. — (forme), 124.
Epidémie, 55.
Exposition, 79. — (refus), 107.
Famille du condamné, 39, 72.
Forçat, 50.
Frais, 81 s.
Grâce (refus de), 33 s.
Grâce conditionnelle, 117.
Historique, 4 s.
Incapacités, 88 s., 112.
Infamie, 79.
Insubordination, 123.
Jury, 46.
Lettres d'abolition, 13, 23. — de grâce (délivrance). 59 s. — (effets), 70. — entérinement), 59 s. — (lecture), 67. — interprétation), 78. — (publication), 59 s. — de pardon, 13. — de rappel de ban et de galères, 13. — de réhabilitation, 13. — de rémission, 13. — de révision, 13.
Magistrat, 39.
Matière correctionnelle, 71. — disciplinaire, 24. — de police, 71.
Militaire, 118 s.
Ministère public, 32, 39, 52.
Ministre, 27 s., 58.
Mort civile, 88 s., 110 s., 113. — du condamné, 72.
Partie civile, 74 s., 83.
Peine accessoire, 79, 107, 109. — expirée, 73.
Pièces justificatives, 58.
Président d'assises, 47.
Publication, 59 s.
Puissance législative, 29.
Récidive, 98.
Recommandation, 43 s., 119 s.
Recours en grâce (examen), 30. — (forme), 35 s. — (refus), 33 s., 105.
Refus, 33 s., 105.
Réhabilitation, 3.
Remontrance (droit de), 61 s.
Révision, 3, 31, 101 s.
Roi, 20 s.
Sceau, 60.
Succession, 100.
Sursis, 41 s., 121.
Surveillance de la haute police, 66.
Tiers, 84.
Tribunal, 20, 30, 44 s., 120. — militaire, 120.

GRACE ET COMMUTATION DE PEINE. — 1. La grâce, dans son acception la plus étendue, est un acte du souverain qui anéantit en tout ou en partie l'effet de la loi pénale, et en défend ou en fait cesser l'application. — Ainsi définie, la grâce comprend l'*amnistie* (V. ce mot.)

GRACE ET COMMUTATION DE PEINE.

GRACE ET COMMUTATION DE PEINE.

2. — Dans le sens propre et restreint, la grâce est la remise faite par le roi d'une peine *prononcée par jugement définitif.* — La commutation est la substitution d'une peine inférieure à une peine supérieure.

3. — La grace diffère de l'*amnistie*, de la *réhabilitation*, de la *révision de procès.* — V. ces mots.

§ 1er. — *Historique et législation* (n° 4).

§ 2. — *Nature et exercice de droit de grace* (n° 20).

§ 3. — *Recours en grace* (n° 35).

§ 4. — *Délivrance, entérinement ou publication des lettres de grace* (n° 59).

§ 5. — *Effets de la grace* (n° 76).

§ 6. — *Commutation de peine* (n° 103).

§ 7. — *Exercice du droit de grace relativement aux militaires* (n° 118).

—

§ 1er. — *Historique et législation.*

4. — L'utilité du droit de grace a été contestée par plusieurs publicistes, notamment par Barbeyrac, en présence du danger d'énerver les lois ; on l'a également présenté comme violant le grand principe de l'égalité devant la loi et devant la justice du pays. Mais il a été défendu par Puffendorf (*Devoirs de l'homme et du citoyen*, liv. 2, chap. 13, § 15) et Blackstone, et proclamé par presque tous les législateurs.

5. — En effet, dit M. Rauter (*Dr. crim.*, t. 2, n° 860, p. 569, note 1re), plusieurs motifs politiques se réunissent pour justifier cette prérogative. Tels sont : 1° la nécessité qui se présente quelquefois de mettre en harmonie le droit écrit avec la justice intime ou morale; — 2° la nécessité de préserver l'ordre social d'un danger plus grand et plus imminent que celui que produirait l'impunité du coupable (comme lorsqu'on promet la grace à un membre d'une conspiration contre l'état, pour le cas où il découvrira ses complices et procurera leur arrestation).

6. — Le droit de grace est utile surtout dans les états libres, où la loi régnant seule réclame, dans l'intérêt même de sa conservation, un tempérament à son inflexibilité. « C'est, dit Montesquieu (*Esp. des lois*, liv. 6, chap. 16, *in fine*), un grand ressort des gouvernemens modérés que les lettres de grace. Ce pouvoir que le prince a de pardonner, exécuté avec sagesse, peut avoir d'admirables effets. »

7. — « Si juste, si prévoyante, si modérée que soit une loi pénale, dit M. Trolley (*Dict. de droit administ.*, t. 1er, n° 109), elle finit toujours par se trouver en défaut sur un fait exceptionnel, sur une espèce placée en dehors du cours ordinaire des choses. Le juge, cependant, doit condamner : *dura sed scripta lex*. N'arrivera-t-il pas quelquefois que des doutes sérieux sur la culpabilité du condamné surgiront de faits inconnus aux juges qui condamnèrent. Il n'y a pas lieu à révision ; on ne se trouve pas dans l'une de ces rares hypothèses où la loi l'autorise, et d'ailleurs le fait nouveau conduit seulement au doute. — On s'occupe beaucoup, à notre époque, de l'amélioration morale des condamnés, et certes on a raison ; mais, alors, laissez-leur l'espérance, cette bonne conseillère des malheureux, et gardez-vous d'écrire sur la porte de la prison et du bagne ce mot terrible : *Jamais!* vous chasseriez la réhabilitation. — Permettez donc à la grace de suivre la justice humaine pour remettre ou modérer ces peines sévères qu'elle ne prononça qu'en gémissant, pour réparer ses erreurs possibles, pour appeler et encourager le repentir. »

8. — A Rome, le droit de grace fut toujours lié au droit de juger les affaires criminelles. Ainsi, il fut exercé d'abord par les rois, qui étaient également investis du pouvoir judiciaire, même en matière criminelle (sauf sous Servius Tullius). — Montesquieu, *Espr. des lois*, liv. 11, chap. 12. — Dans les premiers jours de la république romaine, le droit de grace fut exercé par les consuls, ainsi qu'on le voit par l'exemple de Brutus refusant au peuple la grace de ses fils ; puis par le peuple. D'après la loi valérienne, les consuls ne purent plus prononcer une peine capitale contre un citoyen romain que par la volonté du peuple. Enfin les empereurs l'exercèrent comme réunissant, en vertu de la prétendue loi *régia*, tous les pouvoirs qui avaient autrefois appartenu au peuple romain. La loi 12, Cod. *De sentent. passis et restitutis*, fait voir que la grace s'accordait par rescrit.

9. — Les Romains connaissaient deux sortes de pardon : l'un, *purgatio*, s'accordait au condamné qui démontrait que son fait était licite ou excusable; l'autre, *deprecatio*, remettait la peine sans effacer le crime. *Indulgentia principis, quos liberat, notat, nec infamiam criminis tollit, sed pœnæ gratiam facit* (L. 3, Cod. *de generali abolitione*; L. 7, Cod. et tit. ff., *De sentent. passis et restitutis*). Tel était l'effet de la grace pure et simple; mais le prince pouvait remettre l'infamie et réintégrer le condamné dans tous ses droits et honneurs. *Honoribus et ordini tuo et omnibus cæteris te restituo* (L. 1, Cod. *De sentent. passis et restitutis*). — Jousse, t. 11, p. 375; Bornier, *sur l'ord. de* 1670, art. 16; Ganse, *Hist. du dr. de succ.*, t. 3; Morin, *Dr. crim.*, v° *Grace*, p. 390.

10. — En Perse, l'empereur ne peut faire grace au meurtrier contre la volonté des parens de la victime. — *Voyage* de l'abbé Delaporte, t. 1er, p. 319.

11. — En France, les anciens rois jouissaient du droit de grace dans toute son étendue, sans être empêchés par les exceptions portées par les lois en haine de certains crimes, par exemple : ceux de lèse-majesté, de duel, d'assassinat, d'outrage envers les magistrats dans l'exercice de leurs fonctions. — Ord. des rois de France, t. 15, p. 112; ord. 1670, art. 4; mai 1579, art. 194 à 198; janv. 1571, art. 1er; août 1539, art. 172; mars 1356, art. 6. — Lebret, *De la souveraineté*, liv. 4, ch. 7; Bodin, liv. 1er, p. 173 et suiv.

12. — Quoique le droit de grace fût regardé comme la marque la plus considérable de la souveraineté (Lebret, *De la souveraineté*), des seigneurs, des légats et des évêques l'exercèrent abusivement : les rois le déléguèrent parfois à des princes du sang ; mais, en général, ces prétentions et délégations n'étaient pas admises par les parlemens. Enfin, des villes l'exerçaient lors de certaines solennités. — Des ordonnances de 1356, art. 6; 13 mai 1359, art. 5; 1449; août 1539, art. 172; janv. 1571, art. 1er; mai 1579, art. 194, tentèrent de remédier à ces abus. — Legraverend, t. 11, p. 748; Merlin, *Rép.*, v° *Grace*, § 1er; Morin, *Dr. crim.*, v° *Grace*, n° 390.

13. — Enfin, l'ord. de 1670, tit. 16, régularisa l'exercice de ce droit. Elle distinguait *les lettres d'abolition générale*, véritables amnisties; *les lettres d'abolition particulière*, qui s'accordaient avant jugement en faveur d'un accusé, et effaçaient le délit; *les lettres de réhabilitation*; celles-là s'obtenaient après un certain laps de temps écoulé depuis la peine subie, et la partie civile ayant été satisfaite; *les lettres de rémission*, pour homicide involontaire ou commis en cas de légitime défense; *les lettres de pardon*, pour les crimes n'entraînant pas la peine de mort, et excusables ; — *les lettres de rappel de ban et de galères*, qui remettaient la peine infamante et autorisaient le condamné à rentrer dans la société; *les lettres de commutation*; celles-là substituaient à une peine prononcée une peine d'un degré inférieur, mais ne remettaient pas l'infamie et ne rendaient pas le condamné à la vie civile; — enfin, les *lettres de révision* et celles pour *ester à droit*, qui se donnaient par jugemens, dans les cas prévus par la loi et dont l'effet était de rétablir les condamnés dans leurs droits civils. — Bornier, sur l'ord. de 1670, tit. 16, art. 5; Jousse, *Just. crim.*, tit. 2 et 20; Rousseaud de Lacombe, Muyart de Vouglans, Richer, p. 57, 516 à 525. — V. aussi Morin, *Dict. dr. crim.* — V. AMNISTIE.

14. — Le droit de grace fut aboli par l'art. 13, tit. 6, partie 1re, C. pén., art. 1791, ainsi conçu : « L'usage de tous actes tendant à empêcher ou suspendre l'exercice de la justice criminelle, l'usage *des lettres de grace, de rémission, d'abolition, de pardon et de commutation de peines*, sont abolis pour tout crime poursuivi par voie de jurés. »

15. — Il fut rétabli en l'an VIII, après avoir été, durant cet intervalle, exercé sous différentes formes, soit par arrêts de Cassation, soit par actes du pouvoir législatif. — Rauter, *Dr. crim.*, t. 2, n° 860, p. 569, note 1re.

16. — Le sénatus-consulte du 10 thermid. an X, art. 86, le confia au premier consul pour l'exercer en conseil privé, dont cet acte réglait ainsi la composition : le grand juge, deux ministres, deux sénateurs, deux conseillers d'état, deux membres de la cour de Cassation.

17. — Enfin, le droit de grace a été reconnu par la charte de 1814, par l'acte additionnel du 22 avr. 1815, qui le conférait à l'empereur, et par la charte constitutionnelle de 1830, art. 58.

18. — Une ordonnance du 6 fév. 1818 a spécialement déclaré à cet égard « que tous les ans, avant le 1er mai, les préfets adresseraient au ministre de l'intérieur la liste des détenus qui se seraient fait particulièrement remarquer par leur bonne conduite; que ce ministre transmettrait ces listes au garde des sceaux avec ses observations; que le garde des sceaux, après avoir recueilli des renseignemens auprès des procureurs généraux, devrait prendre, à l'égard des détenus recommandés, les ordres du roi, de manière à ce que la décision de sa majesté pût être rendue le 25 août, « jour fixé, dit l'ordonnance, en mémoire de Saint Louis, dont l'amour pour la justice a plus particulièrement rendu le nom à jamais vénérable. »

19. — Maintenant, outre les graces individuelles qui peuvent être accordées à des époques indéterminées, il est accordé des graces générales chaque année le jour de l'avénement de sa majesté.

§ 2. — *Nature et exercice du droit de grace.*

20. — Le droit de grace appartient au roi. Il n'appartient qu'à lui et non aux tribunaux. — *Cass.*, 16 pluv. an XIII (intérêt de la loi), Rouqueton.

21. — Le roi jouit du droit de grace dans toute sa plénitude et sans limites. — Legraverend, t. 2, p. 747 ; Carnot, *C. inst. crim.*, t. 3, p. 233; Rauter, *Dr. crim.*, t. 2, p. 570.

22. — Autrefois le droit de grace ne s'appliquait qu'au grand criminel, et encore les lois y avaient-elles apposé certaines restrictions. Aujourd'hui le droit de grace, comme celui d'amnistie, s'applique à tous les crimes, délits et contraventions; ainsi toutes peines, soit criminelles, correctionnelles ou de simple police peuvent être remises. — Massabiau, *Man. du proc. du roi*, t. 3, n° 2798.

23. — Néanmoins les *lettres d'abolition* particulière avant jugement n'existent plus. Leur usage, qui, sous l'ancienne législation, avait été signalé comme un abus grave, ne pourrait s'accorder ni avec les prescriptions de l'art. 13 de la charte de 1830, qui refuse expressément au roi la faculté de suspendre les lois ou de dispenser de leur exécution, ni avec les termes de l'art. 58, qui n'accorde au roi que le droit de grace et de commutation; car, qui dit grace dit condamnation antérieure. Aussi leur abrogation a-t-elle été expressément reconnue dans l'exposé des lettres de grâce accordées par Louis XVIII, le 10 août 1814, entérinées le 16 à la cour royale de Rouen. Il y est dit « que les lettres d'abolition avant jugement, contre lesquelles les magistrats les plus distingués n'ont cessé de réclamer autrefois sont contraires aux règles, entravent le cours de la justice, et nuisent à l'action des tribunaux ; mais qu'il n'en est pas ainsi de l'abolition après la condamnation. — Legraverend, t. 2, p. 749, note 4; Rauter, *Dr. crim.*, t. 2, nos 864. — V. AMNISTIE, n° 14 et suiv.

24. — Aux termes d'une décision du garde-des-sceaux du 12 avr. 1839, le droit de grace ne peut être exercé à l'égard des condamnations prononcées par les tribunaux contre les notaires en matière disciplinaire; ce qu'on appelle peines disciplinaires ne constituant pas en réalité des peines. — Mais il semble douteux que cette interprétation soit conforme au texte de l'art. 58 de la charte qui n'est nullement restrictif, et elle paraît en outre s'écarter de son esprit.

25. — La grace peut-elle être accordée au contumax? — Aucune loi n'ayant apposé de limites ni de conditions à l'exercice de la prérogative royale, on ne saurait dire d'une manière absolue que le contumax en fuite ne peut être gràcié. — Massabiau, *Man. du proc. du roi*, n° 2798 ; *Contrà* Morin, *Dict. dr. crim.*, v° *Grace*, p. 390. — Cependant il est de principe, en cette matière, que la grâce n'intervient qu'après une condamnation définitive, contre laquelle il n'y a plus aucun moyen de recours. — Merlin, *Rép.*, v° *Commutation*, n° 11. — « Par suite de ce principe, dit Legraverend (t. 2, p. 758), le roi n'accorde jamais de grace au contumax. On a considéré que le jugement de contumace se trouvant anéanti de plein droit par la représentation du condamné, il n'y a pas lieu à faire grace, puisqu'il n'existe plus de condamnation, et que la grace accordée dans ce cas serait une véritable abolition de délit, tandis qu'il a été dans l'intention du législateur de proscrire les actes d'abolition. »

26. — Sous l'ordonnance de 1670, un contumax pouvait obtenir grace ; mais l'obtention et la signification des lettres ne pouvaient empêcher l'exécution des décrets, ni l'instruction, le jugement et l'exécution de la contumace, jusqu'à ce que l'accusé se fût mis en état dans les prisons du juge, auquel les lettres avaient été adressées. — Jousse, art. 17, tit. 16, ord. 1670.

27. — Une lettre de grace étant un acte spontané de la volonté royale, non un acte de gouvernement, n'est pas nécessairement soumise au conseil des ministres. — Legraverend, t. 2, p. 747.

28. — Dès-lors les ministres ne sont pas responsables des graces accordées. — V. MINISTRE.

29. — Le roi ne peut déléguer à personne l'exercice du droit de grace; c'est une prérogative inhérente à la couronne, qui réside en entier et exclusivement dans la personne du roi. — Il n'en est pas comme du droit d'amnistie qui peut être délégué à la puissance législative. — V. AMNISTIE.

30. — Le roi ne pourrait charger les tribunaux d'examiner un recours en grace; car leurs attributions sont réglées par la loi, et la loi seule pourrait les étendre. D'autre part, les sentences des tribunaux ne peuvent être révisées que dans les cas et suivant les formes prescrites par le Code d'instruction criminelle, art. 443 et suiv. — V. RÉVISION DE PROCÈS. — La révision par *forme gracieuse* n'existe donc pas. Carnot (*C. inst. crim.*, t. 2, p. 459; t. 3, p. 237 et 266), en reconnaissant cette vérité, la déplore comme une lacune dans notre législation. — V. Ch. Const., art. 13; — Mémoire d'Odilon Barrot pour Wilfrid Renaut; rapport au roi sur la pétition en révision du procès du maréchal Ney (*Moniteur* 13 fév. 1832); Rauter, *Dr. crim.*, t. 11, n° 865.

31. — Le 20 déc. 1813, peu après le sénatus-consulte qui cassa la décision du jury d'Anvers, des lettres-patentes, adressées à la cour de Cassation, la chargèrent de pourvoir à la révision par forme gracieuse de la condamnation d'un nommé Ellenberg; mais cet ordre n'eut pas de suite. — Rauter, *loc. cit.*

32. — Mais, dans l'exercice de cette haute prérogative, le prince s'est associé le ministère public. — Ainsi, après avoir été chargée de poursuivre les coupables et d'attirer sur eux la sévérité de la loi, cette magistrature reçoit la mission de rechercher quels sont, parmi les condamnés, ceux qui paraissent dignes de la clémence du monarque, et de présenter leurs titres, de solliciter leur grace et, lorsqu'elle est accordée, d'en assurer l'exécution. — Ortolan, t. 2, n° 245; Massabiau, n° 2799.

33. — La grace peut-elle être refusée par le condamné? — M. de Peyronnet (*Pensées d'un prisonnier*, liv. 4, ch. *de la grace*) répond ainsi à cette question: « L'amnistie ne fait rien perdre à l'homme innocent; la grace lui fait tout perdre, jusqu'au droit de se dire tel. Quiconque a failli doit s'humilier; il doit demander grace et la recevoir. Qui n'a point failli faillirait en s'humiliant; il ne peut ni recevoir ni demander grace. — On consent à la sentence en consentant à la grace. — On se reconnait bien accusé et à bon droit condamné. — Souffrez la sentence et vous ne lui aurez rien accordé, puisque vous y êtes contraint. — Acceptez la grace qui contient au moins le passé, vous donnez, sans y être contraint, votre assentiment à tout ce qu'elle maintient. — Il n'est au pouvoir de personne de vous obliger à accepter ou à subir autre chose que votre sentence. Louis XIV l'entreprit contre Fouquet, mais l'histoire l'en a repris, et avec raison; ce fut un grand abus de la puissance. Il est encore des états où cet abus pourrait se renouveler; je le tiens impossible dans les états libres. » — Dans ce système, on ajoute: La grace est une faveur toute personnelle, et il est loisible à chacun de ne point profiter des avantages que la loi ou l'autorité lui accorde. — D'ailleurs la grace étant un acte de clémence, ne serait-ce pas une amère dérision que de l'imposer de force au condamné qui la repousse de toute l'énergie de ses convictions? Ne serait-ce pas déconsidérer, par un odieux abus de pouvoir, cette noble et sainte prérogative que d'en faire un instrument de torture morale?

34. — M. Trolley (*Cours de droit administratif*, t. 1er, p. 153) n'accepte pas cette thèse: « La grace, dit-il, est sans doute une faveur pour le condamné, mais elle intéresse aussi la société; elle importe à la moralité de la peine et à la dignité de la justice. Si l'on exécutait le malheureux auquel la clémence royale a fait merci de la vie, vous diriez vainement qu'il a refusé la grace, ce serait un suicide d'une part et un meurtre de l'autre. La peine est acquise à la société et non pas au coupable. Qu'il ne demande rien et qu'il proteste contre la sentence, voilà son droit; mais qu'il ne repousse pas la grace en disant: *invito beneficium non datur*; la grace, comme la peine, l'atteint malgré lui. »

§ 3. — *Du recours en grace.*

35. — Les demandes en grace, en modération ou en commutation de peine peuvent être faites ou par les condamnés ou par les commissions administratives des prisons, ou par le préfet, ou même par les juges et les jurés, ou par le ministère public, de son propre mouvement.

36. — Elles sont individuelles ou collectives.

37. — Les premières peuvent être présentées en tout temps et ne sont soumises à aucune forme spéciale. — Carnot, *C. inst. crim.*, p. 233, 243 et s. Rauter, n° 801; Massabiau, n° 2801. — Les autres sont fournies tous les ans, à des époques périodiques, et d'après les règles qui seront indiquées *infrà* nos 51 et suiv.

38. — Les demandes individuelles peuvent être adressées au roi, directement ou par l'entremise du ministre de la justice, qui en fait rapport à Sa Majesté. — Chaque demande se fait communément par une lettre adressée au ministre de la justice. — Merlin, *Rép.*, v° *Grace*; Massabiau, n° 2801.

39. — La demande peut être formée soit par le condamné, soit par les magistrats, par l'officier du ministère public ou par le conseil du condamné, ou par sa famille. — Une circulaire ministérielle du 28 juil. 1820 exige, il est vrai, que le signataire ait un mandat spécial du condamné; mais il ne paraît pas qu'elle ait été jamais observée. — Carnot, *C. inst. crim.*, t. 3, p. 243 et 244; Legraverend, t. 2, p. 750.

40. — Le simple recours du condamné ne suspend pas l'exécution de la sentence; car il ne peut dépendre de sa seule volonté d'arrêter le cours de la justice. — Circulaires minist., 20 vendém. an X et 13 messid. an XIII. — C'est donc à tort que Carnot (*C. inst. crim.*, t. 2, p. 787) attribue au recours en grace un effet suspensif. — Legraverend, t. 2, p. 758; Rauter, *Droit crim.*, t. 2, p. 861.

41. — Mais le ministre de la justice peut, s'il le juge convenable, faire surseoir à l'exécution de la condamnation, jusqu'à l'appréciation du recours en grace. — Legraverend, t. 2, p. 750.

42. — M. Rauter, il est vrai (*Droit crim.*, t. 2, n° 861, note 1re), refuse au ministre cette faculté, par le motif que l'efficacité des jugemens ne dépend pas de son consentement; ce qui est vrai en droit rigoureux. Mais ici l'humanité, la raison même veulent impérieusement que le ministre puisse accorder un sursis nécessaire pour l'examen du recours en grace; autrement, par suite de l'exécution rapide des jugemens et du délai des distances, le roi serait souvent privé de l'exercice de sa prérogative.

43. — Autrefois, l'art. 595, C. inst. crim., donnait aux cours spéciales le droit de recommander les condamnés à la clémence du souverain pour des motifs graves. L'art. 46 de la loi du 20 déc. 1815 accordait la même faculté aux cours prévôtales. — Ces recommandations suspendaient de plein droit l'exécution des arrêts, jusqu'à ce qu'elles eussent été appréciées par le chef de l'état. — Legraverend, *Lég. crim.*, t. 2, p. 753 et 754.

44. — Le droit de recommandation n'appartenait point aux autres tribunaux. « Il était inutile, dit Legraverend, de confier l'exercice de ce droit aux juges des cours d'assises, parce que leurs jugemens étant toujours soumis à la cassation, les délais qu'exige l'instruction devant cette cour suprême mettent entre le jugement et l'exécution un intervalle pendant lequel l'accusé, ses parens, ses amis peuvent recourir à la commisération du roi, tandis que l'accusé traduit devant la cour spéciale ou prévôtale était privé de tous ces avantages. — Aujourd'hui ce droit n'existe plus que pour les tribunaux militaires. En effet, cette faculté qui ôtait toute spontanéité à la décision gracieuse du souverain, ou qui faisait peser sur lui tout l'odieux d'un refus, ne tendait qu'à déconsidérer la prérogative royale.

45. — Aussi a-t-il été jugé « qu'un tribunal commet un excès de pouvoir tant en recommandant par son arrêt un condamné à la clémence du roi, qu'en ordonnant un sursis à la condamnation. — *Cass.*, 6 flor. an V, Loguin; 6 pluv. an XIII, Bouqueton et Martinet; 7 oct. 1826, Bacou; — Merlin, *Rép.*, v° *Grace*, n° 8; Legraverend, t. 2, p. 744.

46. — Néanmoins, les tribunaux et le jury peuvent recommander un condamné à la clémence royale; mais ils doivent le faire par un procès-verbal motivé, secret et purement officieux, et il ne doit en être question ni à l'audience ni dans le procès-verbal des séances de la cour d'assises. — Circul. min. 15 sept. 1817; — Massabiau, n° 2811.

47. — Lorsque les présidens d'assises désirent recommander un condamné à la commisération du roi, ils adressent au ministre une lettre séparée de leur compte-rendu de la session en la timbrant en marge de ces mots: *Bureau des graces.* — Même circulaire; — Massabiau, *ibid.*

48. — Il est certain, au surplus, que la grace peut être accordée par le roi de son propre mouvement. — Rauter, t. 2, n° 861.

49. — La demande en grace est, en général, communiquée au procureur du roi de l'arrondissement où le condamné est détenu, qui transmet au procureur général, outre des indications précises sur la cause de la condamnation, des renseignemens pour la précision et l'exactitude desquels il doit recourir aux directeurs des maisons de détention. — Déc. min. 19 avr. 1836.

50. — Les renseignemens sur la conduite que les forçats tiennent dans les bagnes étant adressés annuellement au ministre de la justice par les commissaires de marine chargés de l'administration de ces établissemens, il faut se borner, lorsqu'il s'agit de s'expliquer sur le mérite d'un recours en grace de la part d'un forçat, à l'analyse des faits qui ont motivé sa condamnation, et de ceux qui sont relatifs à sa conduite antérieure. Il n'est donc pas nécessaire de demander des renseignemens aux commissaires des chiourmes ni au ministre de la marine. — Circul. min. 7 fév. 1833; — Massabiau, n° 2803.

51. — A côté des demandes individuelles se placent les demandes collectives. — A cet égard, une circulaire ministérielle du 15 avr. 1820, rappelée par M. Massabiau (n° 2804), porte que tous les ans, avant le 1er avril, chaque procureur du roi est tenu d'envoyer d'office au procureur général du ressort une liste de tous les condamnés détenus dans son arrondissement qui, par leur repentir et leur bonne conduite, lui paraissent dignes d'obtenir leur grace ou une commutation de peine, et que, s'il n'a aucun détenu à présenter à la clémence du roi, il en informe également le procureur général par une lettre ou par un certificat négatif. Cette liste est adressée par le procureur général au ministre de la justice.

52. — D'autres circulaires ministérielles des 14 mars 1818, 9 août 1828, 20 janv. 1838, également indiquées par M. Massabiau, tracent, sur ce point, aux officiers du ministère public des règles qu'ils devront consulter.

53. — Ne doivent être compris sur la liste que les détenus qui se font remarquer par un repentir bien constaté, par une bonne conduite soutenue et par leur assiduité au travail; et la mesure d'indulgence dont chaque condamné paraît digne doit toujours être indiquée. — Mêmes circulaires.

54. — Il est encore recommandé de ne présenter: 1° les condamnés à temps que lorsqu'ils ont été frappés de plus d'une année d'emprisonnement, et qu'ils ont subi au moins la moitié de leur peine; 2° les condamnés à perpétuité que lorsqu'ils ont subi au moins dix ans de leur peine; 3° les condamnés à perpétuité qui ont déjà obtenu une commutation qu'après qu'ils ont subi la moitié au moins de la peine substituée à la première. — Mêmes circulaires.

55. — Quelquefois cependant, et dans des circonstances extraordinaires et générales, par exemple, en cas d'épidémie dans une prison, on a été autorisé à s'écarter de ces règles. — Circ. proc. gén. de Rennes, 18 avr. 1832, citée par M. Massabiau.

56. — Des présentations ou demandes en grace sont aussi faites à l'époque du 1er avril par les commissions administratives des prisons. Et M. Massabiau dit que les procureurs du roi, qui font toujours partie des commissions administratives, feront sagement d'attendre, avant d'envoyer leur travail particulier, que celui de la commission administrative soit arrêté, afin qu'il y ait autant que possible unité et harmonie entre toutes les autorités sur les demandes de cette nature.

57. — Une circulaire ministérielle du 5 janv. 1829 prescrit le silence sur les demandes en grace ou en commutation de peine: d'abord pour ne pas faire naître chez les condamnés un espoir qui pourrait être déçu, etc., ensuite pour ne pas faire connaître le refus du chef de l'état, refus qui peut être commandé par l'intérêt social.

58. — Les pièces qui accompagnent les recours en grace sont examinées dans un bureau spécial du ministère de la justice, et font l'objet d'un rapport au roi par le ministre. C'est à la suite de ce rapport que la demande est rejetée ou accueillie.

§ 4. — *Délivrance, entérinement ou publication des lettres de grace.*

59. — La grace, comme il vient d'être dit, est accordée par le roi soit spontanément, soit sur le recours et d'après le rapport que lui fait le garde des sceaux, après l'examen de toutes les pièces de la procédure, des mémoires du condamné, sur des renseignemens recueillis auprès des magistrats et des directeurs des maisons de détention.

60. — Les lettres de grace ou de commutation signées du roi, contresignées du ministre et scellées du petit sceau, sont adressées, quel que soit le tribunal qui a rendu le jugement, à la cour

royale, soit du domicile du condamné lors de sa condamnation, soit de sa résidence actuelle, pour y être enregistrées ou entérinées. — Décr. 6 juill. 1810, art. 20; 14 juill. 1813, art. 6; — Legraverend, t. 2, p. 751; Rauter, *Dr. crim.*, t. 2, nº 864.

61. — Autrefois, les juges avaient droit de remontrance sur ces lettres à raison soit de l'atrocité du crime ou de l'indignité du coupable, soit lorsque l'énoncé des lettres n'était pas conforme aux charges, parce qu'on présumait que le roi n'avait entendu remettre à l'accusé que le crime énoncé dans les lettres; en sorte qu'elles n'auraient pas été accordées si le roi avait été informé de la vérité. — On considérait qu'il y avait *subreptio* si l'exposé était mensonger, *obreptio* s'il contenait omission de faits ou circonstances. — Proc.-verb. des conf., sur l'art. 1er, 4e du projet de l'ordonnance de 1670.

62. — L'art. 21, tit. 16, ord. 1670, portait : « Les demandeurs en *lettres d'abolition, rémission et pardon*, seront tenus de les présenter à l'audience, tête nue et à genoux, et affirmeront, après qu'elles auront été lues en leur présence, qu'elles contiennent la vérité, qu'il ont donné charge de les obtenir et qu'ils veulent s'en servir; après quoi ils seront renvoyés en prison. » — Enfin, divers arrêts ont infligé des peines telles que le blâme, et même le bannissement à des individus qui avaient obtenu des lettres de grace. — Rousseaud de Lacombe, p. 515; Muyard de Vouglans, liv. 1er, t. 4, p. 608.

63. — Aujourd'hui, l'entérinement a lieu en cour royale, sans observations ni remontrance et en audience solennelle. — Aux termes du décret du 6 juill. 1810, art. 20, les chambres d'accusation et celle des appels correctionnels qui ne sont pas ordinairement convoquées pour la tenue des audiences solennelles, peuvent assister à celles-ci et doivent y être convoquées. — Pendant les vacances, on y réunit tous les membres de la cour présens, sous la présidence du premier président, ou, en son absence, sous celle du plus ancien des présidens de chambre. — Décis. min. 14 sept. et 1er oct. 1812; — Rauter, *Dr. cr.*, t. 2, p. 864; Legraverend, t. 2, p. 746.

64. — L'usage s'est néanmoins introduit dans plusieurs cours royales d'entériner les lettres-patentes en audience ordinaire de la chambre où siége le premier président, et, pendant les vacances, à la chambre des vacations. — Massabiau, nº 2814.

65. — Jugé que l'entérinement des lettres de grace pour les colonies est un acte urgent qui rentre dans les attributions conférées à la chambre permanente des cours royales de la Guadeloupe et de la Martinique, et que le décret du 21 frim. an XIV, relatif aux lettres de grace pour les colonies, ni aucune autre loi relative aux colonies, ne prescrivent une audience solennelle de la cour royale réunie pour cette formalité. — *Cass.*, 19 juin 1837 (t. 2 1837, p. 257), Int. de la loi.

66. — Il a été jugé, antérieurement à la révision de 1832 qu'une cour royale, en publiant des lettres de grace, était compétente pour fixer le cautionnement du gracié renvoyé sous la surveillance de la haute police. — *Grenoble*, 6 août 1817, Peyre. — V. SURVEILLANCE DE LA HAUTE POLICE.

67. — Le gracié doit être présent à la lecture et à l'entérinement des lettres de grace, accompagné de gardes, libre et sans fers. Il se tient debout et découvert. Puis, après le prononcé de l'entérinement par le président, il demeure en liberté et maître de se retirer, si la grace est pleine et entière et s'il n'est retenu pour autre cause.

68. — Si le gracié s'évade avant l'expédition des lettres de grace, les lettres ne peuvent être entérinées qu'après qu'il s'est remis sous la main de la justice. — Legraverend, *Lég. cr.*, t. 2, p. 758; Massabiau, *loc. cit.*

69. — Si un gracié commet un nouveau crime avant l'entérinement des lettres et qu'il soit condamné, celles-ci peuvent néanmoins être enregistrées; cependant il est convenable de retarder l'accomplissement de cette formalité jusqu'après l'expiration de la nouvelle peine.

70. — Au surplus, l'effet des lettres de grace ne dépend pas de leur enregistrement. — Rauter, *Dr. cr.*, nº 864.

71. — L'enregistrement n'est même pas d'usage pour les lettres de grace en matière correctionnelle ou de simple police. Elles sont exécutées d'après l'ordre qu'en donne le ministre de la justice aux procureurs du roi qui en font tenir note en marge des jugemens. — Legraverend, t. 2, p. 759; Rauter, *Dr. crim.*, t. 2, p. 575, nº 864, note 1re; — déc. min. 7 août 1836. — M. Massabiau (nº 2816), dit que le procureur du roi peut, s'il le juge convenable, se transporter à la prison et faire donner lecture de ces lettres aux détenus assemblés.

72. — Lorsqu'un gracié meurt avant l'entérinement des lettres de grace, celles-ci doivent être renvoyées au ministre et déposées aux archives. Cependant, s'il y a intérêt pour la mémoire ou la famille du gracié, par exemple si les lettres accordent la grace entière ou la commutation d'une peine infamante en une peine correctionnelle, la cour royale peut dresser procès-verbal relatant en entier ces lettres et constatant l'impossibilité où elle a été de procéder à l'enregistrement, pour une expédition en être remise à la famille du défunt, sur sa demande. — Legraverend, t. 2, p. 752; Massabiau, *loc. cit.*; Rolland de Villargues, vº *Grace*, nº 17.

73. — Quant aux lettres de grace accordées après l'expiration de la peine, elles sont déposées aux archives du ministère, et s'il y a réclamation de la part du gracié, elles peuvent être enregistrées. — Legraverend, t. 2, p. 752.

74. — La partie civile ne peut former opposition à l'entérinement des lettres de grace; car la grace n'a trait qu'à la peine, et la partie civile n'a aucun droit à l'exécution de celle-ci. — Rauter, t. 2, nº 864.

75. — L'ancienne formule « satisfaction préalablement faite à la partie civile, s'il y a lieu » avait fait naître la question de savoir si l'impétrant pouvait jouir du bénéfice de la grace, sans justifier que la partie civile avait été satisfaite. Pour la négative, on disait que cette satisfaction était une condition de la grace même; que l'impétrant ne pouvait jouir de celle-ci, sans remplir la condition que lui imposait la volonté royale. Pour l'affirmative, on répondait que cette formule était non une condition absolue, mais une réserve expresse des droits de la partie civile; que celle-ci avait le droit de recommander l'impétrant, s'il y avait lieu; mais qu'à défaut de cette recommandation, le gracié ne pouvait être retenu. — La formule actuellement en usage ne donne plus lieu à difficulté; elle est ainsi conçue : « Et sans que notre présente décision puisse nuire, ni préjudicier aux droits de la partie civile, s'il en existe une, lesquels demeurent expressément réservés. » — Legraverend, t. 2, p. 752.

§ 5. — *Des effets de la grace.*

76. — Quelle que soit l'étendue de la grace, il est de principe qu'elle n'a pas d'effet rétroactif et qu'elle prend le condamné dans l'état où il se trouve, en se bornant à le dispenser de la peine, mais sans effacer la condamnation. — Nous indiquerons plus bas les conséquences de ce principe.

77. — En général, l'étendue de la grace est déterminée par les termes de la concession elle-même; car la grace peut être pleine et entière, ou seulement partielle, absolue ou conditionnelle.

78. — Mais il est de règle qu'en cas d'obscurité des lettres de grace ou de commutation, le doute doit s'interpréter en faveur du condamné. — Legraverend, t. 2, p. 756.

79. — La grace entière survenue avant l'exécution de l'arrêt de condamnation remet non seulement la peine corporelle, mais encore l'infamie attachée à l'exécution, même partielle, de la condamnation dans la partie infamante de la peine; ainsi, par exemple, l'exposition; d'où il résulte que lorsque la commutation précède l'exécution, et que la peine nouvelle n'est pas infamante, il y a remise de l'infamie en faveur du condamné auquel grace est faite.

80. — La grace entière remet l'amende aussi bien que la peine corporelle, à moins que les lettres ne portent restriction à cet égard. — Néanmoins, comme elle n'a pas d'effet rétroactif, il en résulte qu'elle n'autorise pas le condamné à répéter ce qu'il a perdu ou payé. — Avis cons. d'état 25 janv. 1807, et décis. min. 6 mai 1825, cités par Massabiau, nº 2818; — Legraverend, t. 2, p. 755; Rauter, t. 2, nº 863; Merlin, *Répert.*, vº *Grace*, § 4.

81. — Quant aux frais de procédure dus à l'état, ils ne sont pas remis à moins d'une disposition spéciale dans les lettres de grace, car il serait absurde, dit Legraverend, que le condamné pût s'en faire un titre pour faire supporter à l'état des frais de poursuites que sa culpabilité reconnue constante avait rendu nécessaires. Cet auteur affirme que jusqu'au 1er janv. 1822, ces frais n'ont jamais été remis. — Lett. min. 27 juill. 1821; — Carnot, *C. inst. crim.*, t. 3, p. 243; Legraverend, t. 2, p. 755, note 3e.

82. — Mais ces frais de poursuites peuvent être remis en vertu de la prérogative royale, si les lettres l'expriment formellement.

83. — En général, comme nous l'avons dit plus haut, il est d'usage d'insérer dans toutes les lettres de grace une clause de réserve en faveur de la partie civile et des tiers. — Mais M. Rolland de Villargues (vº *Grace*, nº 11) dit avec raison que cette clause, alors même qu'elle se trouverait omise dans les lettres de grace, en serait encore la condition tacite.

84. — Ainsi jugé que la grace accordée par le roi ne peut être opposée aux droits des tiers résultant de contrats réguliers. — *Cass.*, 25 nov. 1817, Eymeric c. Demptos; — Rauter, *Droit crim.*, t. 2, nº 863.

85. — Ajoutons que, même par une disposition expresse insérée dans les lettres de grace, le roi ne pourrait porter atteinte aux droits des tiers. — Carnot, *C. inst. crim.*, t. 3, p. 343; Legraverend, t. 2, p. 750. — V. ce qui a été dit à cet égard vº AMNISTIE.

86. — Toutefois, M. Rauter pense que la grace pourrait remettre les effets de la condamnation civile vis-à-vis de l'état, à moins qu'ils n'eussent trait à ses droits immobiliers, lesquels ne peuvent être aliénés que par une loi. — L. 1er déc. 1790; — Rauter, *Dr. crim.*, t. 2, nº 863, note 1re.

87. — Nous avons vu (*suprà* nº 9), que dans le droit romain et sous l'ancien droit français, on distinguait deux espèces de grace : l'une pure et simple, remettant tout ou partie de la peine, mais laissant subsister tous les autres effets juridiques de la condamnation, toutes les incapacités et privations de droits qui en découlent; l'autre pleine et entière, remettant non seulement la peine, mais aussi l'infamie, restituant au gracié tous les droits, biens et honneurs qu'il avait avant le jugement.

88. — Sous le droit nouveau on a élevé la question de savoir, d'une part, si les lettres de grace peuvent relever le condamné des incapacités ou de la mort civile qu'il a encourues; d'autre part, si en admettant que l'exercice du droit de grace puisse aller jusque-là, la remise pure et simple de la condamnation entraîne avec elle remise des incapacités et de la mort civile; ou bien si les incapacités et la mort civile attachées à la peine principale ne peuvent disparaître qu'autant que le gracié a eu recours, dans les termes de l'art. 619, C. inst. crim., à la voie de la réhabilitation.

89. — En ce qui concerne le premier point, on admet généralement que les lettres de grace peuvent relever le condamné des incapacités ou de la mort civile. — Proudhon, *De l'usufruit*, t. 4, nº 2023; Coin-Delisle, *Comm. anal. C. civ.*, sur l'art. 32, nº 15; Marcadé, *Elém. du dr. civ.*, t. 1er p. 209, 2e édit.; Merlin, *Quest.*, vº *Grace*, § 1er et 2, 4e édit.; Duranton, nº 240, note, 4e édit.; Toullier, t. 1er, nº 291; Legraverend, t. 2, p. 769.

90. — ...Et c'est également ce que reconnaît, au moins implicitement, dans ses motifs un arrêt de la cour de Cassation du 6 juill. 1827, Jacquin.

91. — Tel n'est pas toutefois l'avis de M. Trolley (*Dr. adm.*, t. 1er, nº 109, p. 148), qui pose en principe que « la réhabilitation relève seule le condamné de la mort civile et des incapacités qu'il a encourues. » — Et cet auteur s'appuie sur un avis du conseil d'état du 8 janv. 1825, ainsi conçu : « Considérant que la prérogative royale ne s'étend pas jusqu'à dispenser les citoyens des obligations qui leur sont imposées en vertu des lois maintenues par la Charte, et dont ils ne pouvaient être relevés par la puissance législative..., est d'avis : *que les lettres de grace accordées après l'exécution du jugement ne peuvent contenir aucune clause qui dispense des formalités prescrites par le Code d'instruction criminelle pour la réhabilitation.* » (V. ledit avis du conseil-d'état dans l'ouvrage de M. Trolley et dans Merlin, *loc. cit.*). — MM. Demolombe (*Cours de dr. civ.*, t. 1er, p. 235), et Foucart (*Elém de dr. publ.*, nº 79, p. 104, 2e édit.), Favard de Langlade (*Rép.*, vº *Réhabilitation*) adhèrent également au système consacré par cet avis, que Merlin, de son côté (*loc. cit.*), déclare ne pas être obligatoire, et qui, en effet, ne paraît pas être suivi.

92. — Quant au point de savoir si, en admettant que le pouvoir royal ait le droit de remettre la mort civile et les incapacités, cette remise résulte nécessairement *et ipso facto* de celle formulée *purement* et *simplement* de la condamnation, M. Duranton le résout affirmativement (*loc. cit.*), et Toullier (t. 1er, nº 291) enseigne d'une manière plus absolue encore que la mort civile cesse par la grace du prince, lorsque le roi, usant de la prérogative que lui accorde la Charte constitutionnelle, juge à propos de faire grace au condamné.

93. — M. Coin-Delisle est d'une opinion contraire. « Avant la réformation des Codes criminels, en 1832, dit-il à ce sujet (*loc. cit.*), nous aurions penché pour cette opinion : il était convenable de donner à la grace pure et simple la force de ren-

dre le condamné à la capacité civile, puisque la voie de la réhabilitation lui était interdite; mais aujourd'hui, l'art. 619, C. inst. crim., ne se borne pas à faire entrevoir la possibilité de la réhabilitation à tout condamné à une peine afflictive et infamante qui aura subi sa peine, mais encore à celui qui aura obtenu, soit des lettres de commutation, soit des lettres de grace. C'est dire en termes formels que ni les lettres de grace, ni les lettres de commutation de peine n'ont par *elles-mêmes, du moins dans les cas ordinaires*, l'effet de relever les condamnés des incapacités résultant de la condamnation; c'est aussi donner au mort civilement dont la peine a été remise ou adoucie l'espérance de recouvrer, par sa bonne conduite, l'état dont sa peine l'avait privé. Or, puisque aujourd'hui le mort civilement a un moyen légal de recouvrer la vie civile, *quoiqu'il n'ait pas subi sa peine*, il n'est plus besoin d'interpréter en sa faveur les lettres de grace : autrement le condamné à des peines perpétuelles serait plus favorablement traité par la grace du prince que le condamné à des peines temporaires, et le plus coupable recouvrerait de plein droit ce qu'un homme moins criminel ne pourrait obtenir que par une conduite irréprochable. »

94. — Et il a été jugé par la cour de Cassation que les lettres de grace qui ne portent que la remise de la peine et ne contiennent pas la réintégration de l'individu gracié dans la jouissance de ses droits civils, ne le délient pas des incapacités qu'il a encourues par sa condamnation, et qu'en conséquence les juges peuvent refuser de l'entendre en témoignage sous la foi du serment, sans qu'il en résulte nullité. — *Cass.*, 6 juill. 1827, Jacquin.

95. — Jugé encore que la décision royale qui se borne à faire à un condamné remise de la peine corporelle des travaux forcés à perpétuité n'emporte pas comme conséquence nécessaire la remise de la mort civile. — *Rouen*, 23 avr. 1845 (t. 2 1846, p. 419), Malherbe c. Lefebvre.

96. — Faisons, au reste, observer qu'il n'est question ici que du cas où la grace intervient *après l'exécution du jugement*, puisque c'est par cette exécution seulement que la mort civile peut être réputée encourue. Quant à la grace antérieure à l'exécution, elle empêcherait la mort civile d'atteindre le condamné et n'aurait pas besoin dès-lors, de l'en relever. — Toullier, n° 291; Rauter, t. 2, n° 862; Merlin, *Quest.*, v° *Grace*, § 1er, n° 2, et *Rép.*, v° *Mort civile.*, § 1er, art. 6, n° 5. — Avis cons. d'état, 8 janv. 1823. — V. aussi *Toulouse*, 21 août 1820, Escoubès c. Négrié.

97. — De ce qui vient d'être dit, il résulte, et la plupart des auteurs enseignent, que la question de savoir quels sont les effets de la décision royale en ce qui touche la mort civile ou les incapacités encourues par le gracié, comme conséquence de sa condamnation et de l'exécution du jugement est, avant tout, une question de fait qui doit être résolue par l'examen et l'interprétation des lettres de grace elles-mêmes. — V. Proudhon, *de l'usufruit*, t. 4, n° 2025; Coin-Delisle, *Comm. anal. du C. civ.*, sur l'art. 32, n° 15; Marcadé, *Elém. de droit civ.*, t. 1er, p. 209; (2e éd.); Merlin, *Questions*, v° *Grace*, § 1er et 2.

98. — De ce que la grace, à la différence de l'amnistie, remet seulement la peine, mais n'anéantit pas le jugement de condamnation, il résulte que le gracié qui commet un nouveau délit peut être condamné aux peines de la récidive. — *Cass.*, 5 déc. 1811, Floriani; 5 juill. 1821, Benesech; 11 juin 1825, Clemencey, — ord. 14 oct. 1818, en matière de désertion; — Carnot, art. 56, *C. pén.*, t. 1er, p. 202, n° 17; Favard, *Rép.*, v° *Récidive*, n° 12; Legraverend, t. 2. p. 607; Chauveau et Hélie, *Théor. du C. pén.*, t. 1er, p. 415; Merlin, *Rép.*, v° *Récidive.* — V. AMNISTIE, n° 217.

99. — Ainsi encore la grace n'efface pas les effets de la mort civile courus jusqu'au jour de son obtention. Elle ne rétroagit pas même dans le cas de contumace lorsqu'elle intervient sur jugement prononcé après les cinq ans. — Voet sur le *Digeste*, liv. 48, tit. 23, n° 3; Merlin, *Rép.*, v° *Abolition*; Legraverend, t. 2, p. 755 et 756.

100. — Il a été jugé que la grace qui n'a porté que sur la rémission de la peine et la restitution au condamné, à partir de la demande en grâce, de la jouissance de ses biens, n'a pas effacé les effets de la mort civile courus dans le temps intermédiaire de la contumace, et n'a pas réhabilité le gracié à l'effet d'acquérir les successions auxquelles il pouvait avoir été appelé dans ce temps intermédiaire. — *Cass.*, 30 nov. 1810, Pio Bonelli; — Merlin, *Rép.*, v° *Révision de procès*, § 3, art. 4.

101. — Mais, par une conséquence naturelle des effets incomplets et non rétroactifs de la grace, le condamné conserve, malgré la grace qui lui est accordée, le droit de se pourvoir en révision de procès, dans le cas où cette voie lui est ouverte par la loi. — *Cass.*, 30 nov. 1810, Pio Bonelli, 27 juin 1811, Pio Bonelli; — Merlin, *Rép.*, v° *Révision de procès*, § 3, p. 232 et 243; Legraverend, t. 2, p. 744 et 756. — V. RÉVISION DE PROCÈS.

102. — Et s'il est reconnu en définitive que la première condamnation était injuste et le fruit d'une erreur, elle tombe avec toutes ses conséquences, et le prévenu absous recouvre tous les droits qu'elle lui avait fait perdre.

§ 6. — *De la commutation de peine.*

103. — Ainsi que nous l'avons dit, la grace peut n'être pas entière : elle peut consister soit dans la diminution de la durée de la peine principale elle-même, soit dans la suppression de quelques unes des peines accessoires qui y étaient attachées, soit dans la substitution d'une peine à une autre. C'est ce qu'on appelle *la commutation de peine.*

104. — Le droit de grace ne s'épuise pas par une première commutation; il peut s'exercer sur le même condamné jusqu'à ce que la peine ait entièrement cessé. — Rauter, *Dr. crim.*, t. 2, n° 862.

105. — La commutation de peine ne peut avoir lieu que d'une peine supérieure à une peine légalement inférieure. Le condamné ne pourrait donc obtenir, sur sa demande expresse, la commutation de la peine des travaux forcés à temps en celle de la déportation; car la gravité de la peine résulte de la loi, non de la manière de voir des particuliers, et une ordonnance royale ne peut aggraver la position légale d'un condamné. — Rauter, *Dr. crim.*, t. 2, n° 862; Carnot, *C. pén.*, t. 1er, p. 8. et *C. instr. crim.*, t. 3, p. 316. — Merlin, (*Rép.*, v° *Mort civile*, § 1er, art. 6, n° 5) paraît être d'un autre avis.

106. — La commutation de peine ne peut être refusée, non plus que la grace (V. ci-dessus n° 33). Ainsi le roi peut commuer la peine de mort en celle des travaux forcés à perpétuité, contre le gré du condamné. — Legraverend dans ses notes manuscrites semblait pencher pour l'opinion contraire; cependant, dit M. Duvergier (dans ses notes sur cet auteur, t. 2, p. 757), aux yeux de la loi, la peine capitale étant toujours la plus grave, on ne peut soutenir qu'il n'y a pas commutation; par conséquent la volonté du condamné ne peut mettre obstacle à l'exercice de la prérogative royale.

107. — La peine substituée a lieu avec tous les accessoires que la loi y attache. — Legraverend, t. 2, p. 756; Rauter, *Dr. crim.*, t. 2, n° 862; Morin, *Dr. crim.*, v° *Grace*. — A moins, toutefois, disons-nous, que ces accessoires eux-mêmes n'aient été écartés par le jugement de condamnation. — Le roi, en effet, ne peut rien ajouter à la peine prononcée, il ne peut que la réduire et l'on ne concevrait pas que sous prétexte de faire grace il fût loisible de substituer, par exemple, la peine des travaux forcés pendant cinq ans *avec exposition*, à celle *de dix années* de la même peine prononcée, *mais sans exposition.*

108. — Il semble également que le droit de faire grace ne peut aller jusqu'à substituer à une peine écrite dans la loi pour des délits spéciaux une peine, prise dans un ordre différent, et applicable aux délits ordinaires. — Ainsi la peine de la déportation ou de la détention applicable spécialement aux délits politiques (V. PEINE) ne pourrait être commuée en celles des travaux forcés ou de la réclusion.

109. — Mais les peines accessoires à la peine substituée peuvent être remises par les lettres de commutation, encore bien que les juges, s'ils avaient prononcé celle-ci, n'eussent pu se dispenser de prononcer ces peines accessoires. Ainsi la peine des travaux forcés à perpétuité entraîne nécessairement l'exposition publique, cependant si une condamnation capitale est commuée en la peine des travaux forcés à perpétuité, le roi peut dispenser de l'exposition.

110. — Lorsqu'à une peine entraînant la mort civile est substituée une peine à laquelle la loi n'a pas attaché cet effet, la mort civile cesse-t-elle? — On cite en sens négatif un arrêt du 14 août 1585 (Louet, let. E, somm. 8), et on se fonde sur ce que la grace ne fait que diminuer ce qu'il y a d'afflictif dans la peine et n'effase pas ce que l'exécution a eu d'infamant; mais on soutient en sens opposé que la mort civile étant un effet de la peine principale, doit cesser avec sa cause. — Merlin, *Rép.*, v° *Mort civile*, § 1er, art. 6, n° 5; Guichard, *Dr. civ.*, n° 332, qui invoque la maxime « *Cùm principalis causa non subsistit, nec ea quæ sequuntur locum habent.* » — L. 129, § 1er ff., *De reg. jur.*

111. — Il nous semble qu'il y a lieu d'appliquer les distinctions qui ont été indiquées plus haut en ce qui concerne l'effet de la grace, à l'égard tant des incapacités que de la mort civile attachées à la peine principale dont la remise est faite.

112. — En ce cas, une simple commutation de peine ne fait pas disparaître les incapacités résultant du jugement ou de l'arrêt, lorsque d'ailleurs les lettres de commutation réservent expressément tous les autres effets de la condamnation. — *Cass.*, 13 janv. 1838 (t. 1er 1840, p. 225), Radez; — Massabiau, t. 3, n° 2820.

113. — Si une peine entrainant la mort civile est commuée en une peine qui produit également cet effet, par exemple, si la peine de mort est commuée en celle des travaux forcés à perpétuité, évidemment la mort civile subsiste.

114. — L'emprisonnement substitué à une peine infamante dans le cas de l'art. 67, C. pén., lorsque le coupable a moins de seize ans, n'est pas infamant. Il ne s'agit pas là d'une commutation de peine, mais d'un tempérament à la peine, édicté par la loi en faveur de la faiblesse de l'âge. — Legraverend, t. 2, p. p. 758, note 4. — V. DISCERNEMENT.

115. — De la combinaison des art. 365 et 379, C. inst. crim., il résulte que si un individu a commis deux ou plusieurs crimes avant d'avoir subi une condamnation, il doit être jugé pour celui de ces crimes qui emporte la peine la plus grave, et que s'il est condamné pour ce crime, il n'y a pas lieu à lui faire subir un autre jugement. — V. CUMUL DE PEINES, nos 110 et suiv. — Dans ce cas, si la peine lui est remise par le roi, peut-on le juger à raison d'un autre crime emportant une peine inférieure? — Non, dit Legraverend (*Législ. crim.*, t. 2, p. 757); car le vœu de la loi a été satisfait; tout est consommé; la grace ne peut motiver un nouveau jugement sur un autre fait.

116. — Mais si le premier crime ayant donné lieu à une condamnation capitale qui a été remise par le roi, l'autre crime emportait la même peine, il y aurait lieu à un nouveau jugement sur le second fait, car il s'agirait de crimes emportant des peines égales, et l'on ne se trouverait plus dans les termes des art. 365 et 379, C. pén.

117. — Lorsque le roi accorde la grace à un condamné sous la condition qu'il paiera à titre d'aumône une somme déterminée à tel hôpital, ou aux pauvres de telle commune, il ne peut, sous prétexte d'indigence, être mis en liberté tant qu'il ne justifie pas du paiement intégral de ladite somme, parce que ce n'est qu'à cette condition que le souverain a daigné user envers lui de clémence. — Legraverend, t. 2, p. 755; Rolland de Villargues, n° 16.

§ 7. — *Exercice du droit de grace relativement aux militaires.*

118. — Ainsi que nous l'avons indiqué plus haut les juges peuvent, pour les délits militaires, user de la faculté énoncée en l'ancien art. 595, C. inst. crim., relatif aux cours spéciales, et ainsi conçu : « La cour, après la prononciation de l'arrêt, pourra, pour des motifs graves, recommander l'accusé à la commisération du roi. Cette recommandation ne sera point insérée dans l'arrêt, mais dans un procès-verbal séparé, secret, motivé, dressé en la chambre du conseil, le ministère public entendu, et signé comme la minute de l'arrêt de condamnation. » — L. 10 mars 1818, § 3, art. 25; 21 mars 1832, art. 46.

119. — De ce que les deux lois des 10 mars 1818 et 21 mars 1832 sont toutes deux relatives au recrutement, M. Rauter (t. 2, n° 876) estime que le droit de recommandation n'existe au profit des tribunaux militaires que pour les délits relatifs au recrutement; mais le texte de ces deux lois, qui est général et absolu, nous paraît répugner à cette interprétation. — D'ailleurs, en fait, les tribunaux militaires ont, jusqu'à ce jour, usé d'une manière illimitée du droit de recommandation, et ce droit ne leur a pas été contesté. — Legraverend, t. 2, p. 675.

120. — Mais cette faculté n'est accordée qu'aux tribunaux militaires, non aux tribunaux ordinaires jugeant des délits ou crimes commis par des militaires. — Legraverend, t. 2, p. 761, note 2 de M. Duvergier.

121. — Ces recommandations opèrent sursis à l'exécution de la sentence, comme autrefois les recommandations des cours spéciales ou prévôtales. — Legraverend, t. 2, p. 753.

122. — Aux termes de l'art. 49 de l'arrêté du 19 vendém. an XII « il doit être passé, chaque année, une revue des condamnés au boulet par un inspecteur délégué à cet effet par le ministre de la guerre; cet inspecteur, après avoir recueilli tous les renseignemens relatifs à la subordination, à la conduite et à l'activité dans les travaux de chacun des condamnés au boulet, doit désigner dans son rapport au ministre de la guerre ceux qui paraissent avoir des titres à l'indulgence du gouverne-

ment, et le ministre rend compte de ce rapport. » L'art. 53 a une disposition analogue à l'égard des déserteurs condamnés aux travaux publics ; les art. 81, 82 et 83 sont relatifs à la libération des déserteurs et aux formalités à suivre en cas de grace ou de commutation.

123. — Le décret du 16 mars 1807 a étendu les dispositions de cet arrêté aux condamnés aux fers pour insubordination.

124. — Jusqu'en 1813, les lettres de grace ont été délivrées et enregistrées pour les militaires en la même forme que pour tous autres citoyens. Les militaires étaient amenés à l'audience solennelle de la cour royale, revêtus de leurs uniformes, et recevaient des avis et exhortations du président. — Legraverend. t. 2, p. 760.

125. — Depuis, et d'après le décret du 14 juin 1813, les lettres de grace pour les militaires sont envoyées aux ministres de la guerre ou de la marine, lesquels donnent les ordres nécessaires pour que l'expédition en soit transcrite sur le registre des jugemens ou jointe à la minute. Mention en est faite en marge de la feuille du jugement et copie délivrée au gracié. — En outre lecture de la décision royale est faite, à la réquisition du commissaire du roi, en présence du conseil ou du tribunal permanent qui a rendu la sentence, et si le gracié rentre dans son corps, il en est également fait lecture en tête de ce corps, conformément aux anciens usages. — Legraverend, *Législ. crim.*, t. 2, p. 760.

126. — Ce mode ne s'observe que pour les délits militaires jugés par les tribunaux militaires, non pour les crimes ordinaires commis par des militaires et jugés soit par ces tribunaux, soit par des tribunaux de droit commun. — Décr. 14 juin 1813, art. 2, 3, 4 et 5 ; — Legraverend, t. 2, p. 761.

127. — Nonobstant les dispositions du décret du 14 juin 1813, les lettres de grace accordées aux militaires peuvent être entérinées en la forme ordinaire, et celle-ci est toujours observée dans la capitale pour les condamnés qui s'y trouvent détenus.

V. AMNISTIE, DÉGRADATION CIVIQUE.

GRACE (Délai de — Jours de).

V. DÉLAI DE GRACE, JOURS DE GRACE.

GRACIEUSE (Juridiction).

V. COMPÉTENCE ADMINISTRATIVE, COMPÉTENCE CIVILE, COMPÉTENCE COMMERCIALE.

GRAINS ET FARINES.

Table alphabétique.

Abondance, 23.
Accaparemens, 84.
Achats, 22, 36 s.
Acquits à caution, 145, 150.
Alarme, 22.
Algérie, 115, 128.
Alimens, 1.
Amende, 66. 77, 79 s.
Apport aux marchés, 19, 22, 33, 36, 44 s.
Approvisionnemens, 44, 69.
Arrivée des navires, 173.
Attentat contre la sûreté publique, 30.
Autorisation, 152.
Avoine, 1, 111, 121.
Bail, 45.
Baisse, 53, 84, 107 s.
Bateaux étrangers, 172.
Blatiers, 69 s.
Blé dur, 134. — froment, 1, 102 s., 116. — en vert, 83.
Blocus, 42.
Bons des municipalités, 69.
Bureaux de douane, 92, 98.
Cabotage, 142 s., 170 s.
Canaux, 167 s.
Capitulaires, 4.
Caution, 66, 136, 147 s.
Céréales, 2.
Certificat de la municipalité, 36.
Chemins de fer, 166.
Cherté des grains, 9 s., 17, 43, 48.
Circulation, 16, 29 s., 40. — (restriction de la), 72.
— intérieure, 7, 49, 51, 64.
Classe première de départemens, 94. — deuxième de départemens, 95. — troisième de départemens, 96. — quatrième de départemens, 97.
Classes de départemens (division en sections des), 90.
Commandans des divisions militaires, 79.
Commerce, 2 s., 61. — extérieur, 15 s., 23 s., 28 s., 85 s. — intérieur, 15 s., 65 s.
Commissaire, 5. — aux entrepôts, 132.
Commission spéciale, 138.
Communes, 33.
Concurrence, 16, 23.
Confiscation, 18, 73 s., 77, 79.
Conservation des récoltes, 62.
Consommateur, 8 s.
Consommation, 2, 13. — particulière, 86.
Coupe de grains, 82.
Cours des grains, 10, 12, 24, 53, 58, 71.
Crainte chimérique, 10.
Cultivateur, 35.
Culture, 2, 28, 61.
Déchet, 131.
Déclaration, 35, 37, 44. — d'entrepôt, 126.
Départ des navires, 163.
Départemens, 33. — frontières, 86 s.
Différence de productions, 14.
Disette, 9, 12, 32, 155.
Distraction de grains, 80.
Douanes, 7.
Droit ancien, 4 s. — intermédiaire, 29 s.
Droits, 52, 54, 59, 85, s., — (exemption de), 16, 156. — (modification des), 164 s. — (réduction des), 160 s. — permanens, 102. — de balance, 51. — d'exportation, 116 s., 169. — d'importation, 102 s. — de navigation extérieure, 167 s. — de tonnage, 162.
Echantillon des grains entreposés, 127.
Empire, 42 s.
Encombrement, 170.
Entraves à la liberté de la circulation, 66. — du commerce, 30.
Entrée des grains, 85, 92, 98.
Entrepôt, 55, 114, 124 s. — fictif, 55, 57, 125 s. — réel, 55. — réel de Marseille, 133 s.
Epeautre, 1, 116.
Experts, 139.
Exportation, 29 s., 34, 41, 49, 51, 53, 56, 58, 116 s. — (interdiction d'), 157. — frauduleuse, 143, 152.
Farines, 110.
Fécules, 161.
Fermier, 45.
Fonctionnaire public, 68.
France, 14.
Frontières, 72 s.
Gouvernement impérial, 42. — républicain, 41. — de 1830, 57. — de la restauration, 49.
Grains étrangers, 27, 124 s. — à battre, 35.
Gruaux, 161.
Hausse, 22, 53, 71, 84, 105, 117 s., 159.
Identité des grains réexportés, 126.
Importation, 23, 26, 41 s., 49, 51 s., 54, 56, 58, 102 s., 156. — (primes d'), 158. — par terre, 106, 114.
Instructions administratives, 61 s.
Intervention du gouvernement, 20 s., 48.
Législation, 15, 28, 41 s., 48, 50, 56, 58. — provisoire, 59.
Légumes secs, 161.
Liberté de la circulation, 16 s., 29 s., 40 s., 44, 64 s. — du commerce, 16 s., 29 s., 40
Lois de douane, 54.
Magasins, 18, 44.
Maïs, 1, 111, 121, 164 s., 169.
Manœuvres coupables, 84.
Marchands de grains, 18, 21, 35, 37, 44, 69 s.
Marchés, 19, 22, 46. — régulateurs, 91, 94 s., 99.
Maximum, 38, 40, 47.
Menaces, 81.
Mercuriales, 100 s.
Mesures exceptionnelles, 155 s. — extraordinaires, 43.
— provisoires, 32. — d'exécution, 11.
Méteil, 1, 116.
Meunier, 39.
Ministre du commerce, 141.
Monopole, 16, 23.
Moulins voisins des frontières, 151 s. — (interdiction des), 153.
Mouture des grains entreposés, 133 s., 141. — (permis de), 137.
Navigation, 25.
Navires étrangers, 103 s., 114, 170 s. — français, 25, 102.
Négociations, 22.
Orge, 111, 121.
Origine, 27.
Paiement en nature, 45.
Particuliers non marchands, 36, 69.
Passavant, 73 s.
Passeports, 5.
Patentes, 40, 70 s.
Pays voisins, 14. — de production, 54.
Peine d'emprisonnement, 66, 82. — de mort, 34. — des fers, 39. — des travaux forcés, 80.
Pénurie des subsistances, 156, 159.
Permis de cabotage, 144.
Pillage des grains, 80 s.
Police, 21.
Population, 9 s.
Ports, 42, 92, 98.
Poursuites, 30.
Préfets, 79.
Préservation des récoltes, 61.
Prix, 10, 12, 24, 81. — moyen, 86 s., 99 s.
Producteur, 8 s.
Production, 14.
Prohibition, 41, 52 s., 58, 85.
Propriétaire, 9, 45.
Provenance, 54, 57, 112, 114.
Provinces anciennes, 7.
Provocation, 80.
Recensement des grains, 33.
Réclusion, 80.
Récoltes, 12, 20, 61 s.
Réexportation, 27, 124 s. — (délai de), 136. — des farines provenant de grains entreposés, 135.
Représentation des grains entreposés, 127 s.
Réquisitions, 33, 44 s.
Restauration, 49.
Révolution de 1830, 57.
Richelles de Naples, 134.
Rivières, 167.
Riz, 1, 113 s., 122, 161.
Sarrasin, 1, 111, 121, 169.
Seigle, 1, 111, 121.
Son, 140.
Sortie des grains, 26, 85, 92, 98.
Sous-préfets, 79.
Spéculateur, 10, 71.
Subsistances, 9 s.
Surtaxe, 54, 103 s.
Suspension, 93.
Tarifs, 59.
Transports, 25.
Troubles, 32.
Taux des prix, 24, 51, 53, 86 s., 89, 107 s.
Taxe arbitraire, 81.
Vente dans les marchés, 19, 22, 36, 46.

GRAINS ET FARINES. — 1. — On désigne généralement ainsi tous les grains et farines destinés à servir d'alimens, tels que le blé froment, épeautre ou méteil, le seigle, le maïs, l'orge, le sarrasin, l'avoine, le riz.

2. — On donne aussi indifféremment aux mêmes produits agricoles le nom de *céréales*, qui toutefois semble être appliqué plus particulièrement aux grains considérés sous le seul rapport de la culture, tandis que la double dénomination de *grains et farines* s'entend nettement des produits qui sont livrés à la consommation et au commerce.

SECT. 1re. — *Historique, notions générales* (no 3).

SECT. 2e. — *Commerce et circulation intérieurs* (no 61).

SECT. 3e. — *Commerce extérieur* (no 85).

§ 1er. — *Notions communes* (no 85).

§ 2. — *Importations* (no 102).

§ 3. — *Exportations* (no 116).

SECT. 4e. — *Des entrepôts* (no 124).

SECT. 5e. — *Cabotage* (no 142).

SECT. 6e. — *Moulins dans le voisinage des frontières* (no 151).

SECT. 7e. — *Mesures exceptionnelles* (no 155).

Sect. 1re. — *Historique. — Notions générales.*

3. — De tous temps et dans tous les pays, le commerce des grains a éveillé la sollicitude des gouvernemens à l'égard des peuples.

4. — Pour ce qui concerne la France, on voit sur cette matière des capitulaires de Charlemagne, des ordonnances de Louis IX, de François Ier, de Charles IX et de Henri III s'occuper de venir en aide tantôt au producteur, tantôt au consommateur, selon que les prix des grains étaient bas ou élevés. — Merlin, *Rép.*, vo *Grains*.

5. — Dès le seizième siècle, on trouve huit commissaires chargés d'accorder ou de refuser des passeports pour la sortie des grains, suivant l'abondance ou la rareté des récoltes du royaume. — Magnitot et Delamarre, *Dict. de droit admin.*, vo *Céréales*.

6. — Pendant long-temps toutefois cette législation reste confuse et procède par des actes particuliers suivant les circonstances plutôt que par mesure générale.

7. — Des obstacles presque insurmontables s'opposaient, du reste, alors, à l'uniformité des lois sur cette matière. Ils venaient surtout de ce que les anciennes provinces, en se donnant à la France, s'étaient réservé leurs impôts et leurs douanes propres, qui étaient tels que, notamment, le blé devait acquitter des droits en passant de l'une à l'autre.

8. — Ce n'est à bien dire qu'à partir de 1763 que les mesures se généralisent et que commencent à se développer les différens systèmes à l'aide desquels on a successivement cherché à concilier ces deux intérêts continuellement en lutte du producteur et du consommateur, problème difficile et dont la solution est loin encore aujourd'hui de pouvoir être considérée comme certaine.

9. — « La culture des céréales, disait en effet le ministre du commerce dans l'exposé des motifs de la loi du 15 avr. 1832, qui forme le dernier état de la législation, est la plus grande industrie de la France : elle intéresse quatre millions de propriétaires ; elle occupe quinze millions de bras ; elle met le sol en valeur, elle en tire la subsistance qui nourrit la population. Elle a droit à toute la sollicitude du gouvernement, à toute la protection des lois. Mais la population a intérêt à ce que cette subsistance, qui lui est indispensable, ne s'élève point à des prix qui dépassent ses facultés. La cherté des grains, une disette prolongée peuvent compromettre son existence même. Cet autre intérêt n'est pas moins digne de sollicitude et de protection. » — *Moniteur* du 18 oct. 1831.

10. — « Les lois, poursuivait le ministre, doivent chercher à concilier, à combiner et à lier l'un à l'autre ces deux grands intérêts. Assurer au producteur un prix de vente suffisant, encourager l'agriculture, activer ses développemens, garantir au consommateur des prix modérés, favoriser les arrivages dans les temps de cherté, assurer à l'intérieur une sécurité complète dans tout ce qui concerne le mouvement des subsistances, préserver le commerce et la population de ces brusques secousses dans les cours qui portent la perturbation dans les spéculations commerciales et qui, en effrayant les esprits, transforment immédiatement en réalités menaçantes des appréhensions souvent chimériques, telle est la tâche que la législation doit s'efforcer de remplir. » — *Ibid.*

11. — Mais si tout le monde est d'accord sur ces prolégomènes, une divergence des plus prononcées se présente dès qu'il s'agit des mesures d'exécution à prendre pour arriver à un résultat

satisfaisant pour tous. Cette divergence provient surtout de ce que les élémens sur lesquels on peut s'appuyer sont essentiellement variables.

12.—Suivant M. Larréguy, une récolte ordinaire des céréales en France est de 120 millions d'hectolitres; une récolte abondante est de 180 millions; une récolte défectueuse est de 40 millions d'hectolitres au moins. D'où il résulterait bien évidemment que ce sont ces différences en plus ou en moins de 60 à 80 millions d'hectolitres qui font les hauts et bas prix du blé en France. — *Dict. du comm., de la banque et des manufactures*, vº *Grains*.

13. — La consommation, en y comprenant les quantités de grains réservés pour les semences, celles employées pour la subsistance publique ou pour la nourriture des chevaux, bestiaux, volailles et autres animaux domestiques et enfin celles qui sont absorbées pour d'autres usages indéterminés, tels que fabrication de bière, distillerie, etc., est évaluée à 155 millions d'hectolitres. — *Ibid.*

14. — Il faut rapprocher de ces premières données les différences que présente la production dans les diverses parties du territoire et en outre celle qu'il y a entre la production de la France et celle des pays voisins.

15. — En présence d'élémens aussi différens, sur quelles bases la législation doit-elle s'appuyer? quelle doit être son intervention tant au point de vue du commerce intérieur qu'à celui du commerce extérieur? Tel est en définitive le siége de la difficulté.

16. — Quant au commerce intérieur, dès 1763 fut posé le principe de la liberté entière du commerce des grains dans tout l'intérieur du royaume. La déclaration royale du 25 mai de cette année disposa expressément que les grains y circuleraient partout en exemption des droits « persuadés, est-il dit dans la circulaire, que rien n'est plus propre à arrêter les inconvéniens du monopole qu'une concurrence libre et entière dans le commerce des denrées...»

17. — Peu de temps après, néanmoins, un arrêt du parlement du 29 août 1770 et un arrêt du conseil du 23 déc. suivant vinrent, dans la pensée d'obvier à la cherté des grains qui signala cette époque, apporter des entraves à cette liberté.

18. — Il fut prescrit à tous ceux qui voudraient faire le commerce des grains de donner leurs noms, prénoms, demeure et ceux de leurs associés, et le lieu de leurs magasins, à peine de confiscation.

19. — Il fut fait défense de vendre des grains et farines ailleurs que dans les marchés publics.

20. — Mais quatre ans après, sous le ministère Turgot, un nouvel arrêt du conseil du 13 sept. 1774, considérant l'intervention du gouvernement dans le commerce des grains comme étant plus nuisible que profitable, déclara formellement que c'était par le commerce seul et par le commerce libre que l'inégalité des récoltes pouvait être corrigée.

21. —L'obligation précédemment imposée aux commerçans de grains de faire inscrire leurs noms sur les registres de la police fut abolie comme flétrissant et décourageant ce commerce par la défiance qu'une telle précaution suppose de la part du gouvernement, par l'appui qu'elle donne aux injustes soupçons du peuple, et surtout parce qu'elle tend à mettre continuellement la matière de ce commerce, et par conséquent la fortune de ceux qui s'y livrent sous la main de l'autorité.

22. — Des considérations non moins importantes motivèrent l'abolition de la prohibition de vendre ailleurs que dans les marchés; on vit justement dans une telle mesure: 1º une surcharge inutile de frais de voiture, de droits de hallage, magasinage et autres également nuisibles à l'acheteur et au vendeur dès qu'ils sont forcés; 2º une occasion de retarder souvent inopportunément les négociations, en forçant les acheteurs et les vendeurs de choisir et d'attendre, pour leurs opérations, les jours et les heures de marché; 3º enfin, une cause fréquente de renchérissement, vu l'impossibilité d'opérer dans les marchés aucun achat considérable sans y faire hausser extraordinairement les prix et sans y produire un vide subit qui, répandant l'alarme, soulève les esprits du peuple.

23.—En ce qui concerne le commerce extérieur, un édit de 1764 déclara également entièrement libres l'exportation et l'importation des grains et farines comme moyens propres à animer et à étendre la culture des terres, à entretenir l'abondance et à écarter tout monopole par la libre et entière concurrence.

24.—Seulement, pour ne laisser aucune inquiétude, le même acte fixa un prix au delà duquel toute exportation hors du royaume était interdite.

25.—Et, pour favoriser la navigation française, l'édit assura aux vaisseaux et équipages français, exclusivement à tous autres, le transport des grains exportés.

26.— Mais par arrêt du conseil du 14 juill. 1770 toute sortie des grains du royaume fut interdite; la liberté de l'importation fut seule maintenue.

27. — L'arrêt du conseil précité du 13 sept. 1774 maintint cet état de choses, et permit seulement la réexportation, sans droits, des grains étrangers qui auraient été importés, en justifiant de leur origine.

28. — Tel était, avant 1789, le dernier état de la législation française relativement au commerce des grains et farines intérieur et extérieur. On peut encore citer, comme consacrant cet état de choses, la déclaration royale du 5 fév. 1776 et celle du 23 nov. 1788.

29. — Par son décret du 29 août 1789, l'assemblée constituante décréta la liberté de la vente et de la circulation des grains et farines dans toute l'étendue du royaume.— Elle défendit provisoirement l'exportation à l'étranger.

30.—Le décret du 18 septembre suivant déclara que toute exportation des grains à l'étranger et toute opposition à leur vente et libre circulation dans l'intérieur du royaume seraient également considérées comme des attentats contre la sûreté et la sécurité du peuple et poursuivis extraordinairement.

31.— La liberté de la circulation des grains fut encore ultérieurement maintenue par les décrets des 3 oct. 1789, 2 juin et 15 sept. 1790, 26 sept. 1791, 28 janv. 1792.

32. —Mais ces premières mesures, qui n'étaient évidemment que provisoires, n'amenèrent aucun système définitif. Par suite de l'état de troubles et de disette qui signala les années suivantes, le commerce des grains et tout ce qui s'y rattachait se vit bientôt placé sous le régime le plus violent.

33.—Ainsi, un recensement général dans toutes les communes de tous les grains possédés par les marchands de blé ou autres, fut ordonné. — Il fut prescrit aux départemens d'assigner à chaque commune la quantité de grains qu'elle devrait faire porter aux marchés et d'en requérir le transport. — Décr. 16 sept. 1792.

34. — L'exportation hors du territoire français de tous les grains, farines et légumes secs fut défendue sous peine de mort. — L. 8 déc. 1792.

35. — On imposa à tout marchand, cultivateur ou propriétaire de grains et farines l'obligation de déclarer la quantité et la nature des grains ou farines qu'il possédait et, par approximation, de ce qui lui restait à battre. — L. 4 mai 1793.

36. — On interdit la vente et l'achat des grains et farines partout ailleurs que dans les marchés publics, excepté pourtant aux citoyens non marchands, mais seulement pour l'achat de leur consommation d'un mois, et moyennant qu'ils se feraient délivrer préalablement, à cet effet, un certificat de leur municipalité. — *Ibid.*

37.—On obligea tout individu qui voudrait faire le commerce des grains ou farines d'en faire déclaration préalable à la municipalité et de faire constater les quantités par les autorités. — *Ibid.*

38.—On établit un maximum au-dessus duquel il était défendu de vendre. — *Ibid.* — V. MAXIMUM.

39.—Il fut interdit à tout meunier, sous peine de dix ans de fers, de faire aucun commerce de grains et farines. — Décr. 10 sept. 1793.

40. — De telles mesures ne pouvaient être de longue durée. Le maximum fut aboli par la loi du 4 niv. an III, et la loi des patentes du 4 thermid. an III, en proclamant la liberté générale du commerce, rendit au commerce des grains l'indépendance dont, plus que tout autre, il a besoin. Enfin, la loi du 21 prair. an V, encore en vigueur aujourd'hui, et que nous examinerons tout à l'heure, rétablit formellement la liberté de la circulation des grains et farines.

41. — Le gouvernement républicain laissa, en résumé, les choses dans l'état où elles avaient été placées par l'édit de 1774 : liberté de circulation, liberté d'importation, interdiction d'exportation.

42. — Le même système traversa l'empire, pendant la durée duquel, du reste, les importations furent entièrement nulles, par suite du blocus de nos ports, ce qui fut une cause assez grave de souffrance pour le pays.

43.— On doit seulement signaler, pendant cette période, deux mesures extraordinaires qui furent occasionnées par le prix excessif auquel s'élevèrent les grains en 1812, mesures dont le but était de prévenir les manœuvres coupables qui pouvaient contribuer à l'enchérissement, mais qui, rappelant la malheureuse époque de 1793 et dépassant le but par leur violence même, sont, en réalité, restées sans exécution. Nous voulons parler des décrets des 4 et 8 mai 1812.

44. — Le premier de ces décrets, tout en rappelant le principe de la libre circulation des grains, enjoint : 1º à tout individu qui voudrait faire des achats aux marchés pour approvisionner d'autres contrées, de faire une déclaration préalable au préfet ou sous-préfet; 2º à tous ceux qui auraient en magasin des grains et farines, de déclarer également aux préfets et sous-préfets les quantités par eux possédées et les lieux où elles seraient déposées; comme aussi de conduire dans les halles et marchés qui leur seraient indiqués les quantités nécessaires pour les approvisionnemens. — Art. 2, 3, 4, 5 et 6.

45. — Le même décret dispose encore que les fermiers qui ont stipulé leur prix de ferme payable en nature pourront en faire les déclarations et justifications par la représentation de leurs baux, et qu'en ce cas, sur la quantité qu'ils seront tenus de porter aux marchés pour les approvisionnemens, une quote-part proportionnelle sera pour le compte des bailleurs, et que leur fermier leur en tiendra compte en argent, sur le pied du marché où il aura vendu et d'après la mercuriale; que les propriétaires qui reçoivent des prestations au prix des fermes en grains pourront obliger leurs fermiers habitant la même commune de conduire leurs grains au marché, moyennant une juste indemnité, s'ils n'y sont pas tenus par leurs baux. — Art. 6 et 7.

46. — Enfin, il veut que tous les grains et farines soient portés aux marchés, avec défense expresse d'en vendre ou acheter ailleurs. — Art. 7.

47. — Le second décret va plus loin encore et rétablit un *maximum* obligatoire sur arrêtés des préfets dans tous les départemens où le prix des grains dépasserait certaines limites.

48. — Bien que ces actes n'aient été abrogés par aucune disposition expresse, on doit évidemment les considérer comme abolis par la législation existante. Aussi, le gouvernement n'y a-t-il jamais eu recours et se borne-t-il, aux époques de crise ou de cherté, à prescrire aux préfets de redoubler de vigilance et de fermeté pour faire respecter, conformément à la loi de l'an V, la liberté du commerce des grains et celle des personnes qui s'y livrent.

49. — C'est à l'époque de la restauration que commence à s'établir le système qui régit encore aujourd'hui le commerce des grains et farines : système qui consiste à admettre, en principe, la liberté de l'exportation des grains et farines, de même que la liberté de l'importation et de la circulation intérieure, sauf quelques restrictions basées sur la hausse ou la baisse du prix des grains.

50. — Les lois principales de la combinaison desquelles est sorti le régime actuel, sont celles des 2 déc. 1814; 16 juill. 1819; 4 juill. 1821; 20 oct. 1830, et 15 avr. 1832, cette dernière qui n'était en partie que provisoire, a été maintenue et confirmée par la loi du 26 avr. 1833.

51. — La loi du 2 déc. 1814 a déclaré l'exportation des grains et farines libre, moyennant un simple droit de balance payable à la sortie, en se bornant, sans aucune mesure intermédiaire, à la prohiber lorsque le prix des grains aura atteint une certaine limite. — Elle a conservé sans aucune modification la législation existante, relativement aux importations, ainsi que celle concernant la circulation intérieure, laquelle n'a d'ailleurs depuis subi aucun changement.

52. — La loi du 16 juill. 1819 s'est occupée de mettre des limites à l'importation, en la frappant de droits, ou même en la prohibant complétement, selon la baisse du prix des grains.

53. — La loi du 4 juill. 1821 a eu pour objet d'établir, relativement à l'exportation, une mesure intermédiaire entre la complète liberté établie par la loi de 1814 et une prohibition absolue. — En conservant cette prohibition éventuelle pour le cas où les cours atteindraient un certain taux, elle a établi, à la sortie, des droits élevés progressivement, suivant la hausse du prix des grains.

54. — Dans l'intervalle, une loi de douanes, du 7 juin 1820, avait modifié sensiblement la base des droits établis à l'importation, en distinguant, quant à la fixation des droits à prélever, entre les lieux différens de la provenance des grains importés, ceux que l'on devait exclusivement considérer comme *pays de production*, des autres à l'égard desquels une surtaxe fut établie.

55. — Une autre loi du 15 juin 1825 apporta de nouvelles entraves au commerce extérieur des grains, en interdisant les entrepôts fictifs de ces produits pour n'autoriser que les entrepôts réels.

56. — Cette législation a été vivement critiquée comme tendant à empêcher les importations, tandis que d'un autre côté, et par le taux élevé de la limite de prix mise à l'exportation, la sortie des grains se trouvait favorisée.

57. — Aussi, l'un des premiers actes du gouvernement de 1830 fut-il de la modifier. La loi provisoire du 20 oct. 1830, entre autres dispositions, abolit la distinction des provenances et rétablit les entrepôts fictifs. Ces mesures ont été confirmées par la loi du 15 avr. 1832.

58. — Aux termes de cette dernière loi, le système auquel on s'est en définitive arrêté consiste à admettre indistinctement, et sans aucun cas éventuel de prohibition, l'exportation et l'importation, en frappant seulement l'une et l'autre de droits qui varient progressivement, et en sens inverse, suivant que le prix des grains s'élève ou s'abaisse.

59. — Cette loi de 1832 n'a été toutefois considérée que comme provisoire. Elle devait être révisée dans la session suivante, et une autre loi du 26 avr. 1833 l'a seulement maintenue en ces termes : « Les droits d'entrée et de sortie sur les grains et farines, établis par la loi du 15 avr. 1832, et dont la perception n'est autorisée que jusqu'au 1er juill. 1833, continueront à être perçus jusqu'à la révision des tarifs. » — On n'a donc point encore le dernier mot de la législation.

60. — Nous n'avons point à examiner ici les différentes théories auxquelles cet état de choses laisse la lice ouverte. Mais nous ne pouvons nous empêcher de regretter que, sur un objet aussi important et qui touche de si près aux premiers besoins des populations et aussi, par voie de conséquence, à la sûreté publique, la législation ne soit encore que dans le provisoire et l'incertitude. Les circonstances qui, après la récolte de 1846, ont motivé des mesures exceptionnelles, dont nous aurons à parler tout à l'heure, ne nous paraissent justifier que trop ce regret.

Sect. 2e. — *Commerce et circulation intérieurs.*

61. — Des instructions fréquentes, émanées de l'administration, tendent constamment à rendre le commerce des grains florissant en propageant les meilleures méthodes de culture et en indiquant les moyens de préserver les récoltes.

62. — Une commission de la société royale et centrale d'agriculture a aussi rédigé, à la date du 18 juin 1817, une instruction destinée à faire connaître par quelles précautions on peut prévenir jusqu'à un certain point les inconvéniens qui pourraient résulter de ce que, par suite de circonstances atmosphériques ou autres, on n'aurait pas attendu la parfaite maturité des grains pour les récolter, ou leur dessiccation complète pour les employer. Cette instruction est rapportée au Recueil des circulaires du ministère de l'intérieur, t. 3, p. 225.

63. — Les cultivateurs sont, du reste, entièrement libres (sauf l'exécution des réglemens de bans de moisson) de faire leurs récoltes de telle manière et à telle époque qu'ils jugent convenable. — « Chaque propriétaire, porte la loi du 28 sept.-6 oct. 1791, tit. 1er, sect. 5e, art. 1er, sera libre de faire sa récolte, de quelque nature qu'elle soit, avec un instrument et au moment qu'il lui conviendra, pourvu qu'il ne cause aucun dommage aux propriétaires voisins. » — V., au surplus, AGRICULTURE, BAN DE VENDANGE, DE MOISSON et autres.

64. — Mais c'est surtout au point de vue de la liberté de la circulation que la législation a dû s'occuper du commerce des grains et farines.

65. — « La circulation des grains, porte la loi du 21 prair. an V, sera entièrement libre dans l'intérieur de la république. »

66. — « Toute personne convaincue d'y avoir porté atteinte sera poursuivie et condamnée, outre la restitution, à une amende de la moitié de la valeur des grains arrêtés, pour le paiement de laquelle il sera donné caution ; faute de quoi, la peine de six mois d'emprisonnement sera prononcée. » — Art. 2.

67. — Jugé qu'il y a délit d'atteinte à la circulation des grains, et non pas seulement tentative, dans l'obstacle même momentané et cessant par la volonté de son auteur, apporté à cette circulation. — *Angers*, 23 nov. 1846 (t. 1er 1847, p. 468), Bondu.

68. — « Les officiers municipaux et autres fonctionnaires publics, soit civils, soit militaires, qui n'auraient pas fait tout ce qui est en leur pouvoir pour l'exécution de l'art. 1er, seront soumis aux peines portées par l'art. 2. » — Art. 3.

69. — La même loi du 21 prair. an V a aboli en termes formels, pour les marchands de grains et les blatiers, comme pour les particuliers, l'obligation qui avait été précédemment imposée aux uns et aux autres, de se munir de bons des municipalités pour pouvoir faire des approvisionnemens, soit dans les marchés, soit ailleurs. — Art. 4 et 5.

70. — Seulement elle rappelle particulièrement l'obligation imposée aux marchands et blatiers par la loi du 9 frim. précédent, d'être pourvus d'une patente. — Art. 4.

71. — Une circulaire du ministre de l'intérieur, du mois de nov. 1816, a rappelé cette disposition aux préfets, en les invitant expressément à veiller à son exécution et à faire poursuivre rigoureusement ceux qui seraient trouvés en contravention. Le ministre a vu dans cette mesure un moyen de parvenir à écarter des marchés et des greniers ceux qui les parcourent sans en avoir le droit, et souvent sans autre objet que de faire hausser la denrée, afin de servir, par des demandes exagérées d'approvisionnemens, les calculs de la cupidité.

72. — Antérieurement à la loi du 21 prair. an V, une loi du 26 vent. même année, en maintenant la défense d'exportation faite par la loi du 8 déc. 1792, a imposé les restrictions suivantes au transport des grains et farines dans le voisinage des frontières.

73. — « Tout transport de grains ou farines, porte cette loi, surpris de nuit, ou sans passavant, dans la distance de cinq kilomètres en-deçà des frontières de terre, et de vingt-cinq hectomètres des côtes maritimes, sera confisqué avec les voitures, bêtes de somme, bateaux ou navires servant au transport. » — L. 26 vent. an V, art. 2.

74. — « Sont exceptés de la formalité du passavant les grains portés de jour au moulin et les farines en revenant, dont le poids n'excédera pas six myriagrammes. » — *Ibid.*, art. 3.

75. — « Le passavant sera délivré par les préposés au bureau des douanes le plus voisin, ou par le président de l'administration municipale du domicile du propriétaire (aujourd'hui le maire), auquel cas il sera signé du commissaire du directoire administratif. » — *Ibid.*, art. 4.

76. — « Le passavant indiquera la quantité, le lieu de l'enlèvement et de destination, l'heure du départ, et la route à tenir. » — *Ibid.*, art. 5.

77. — « Les conducteurs ou propriétaires, outre la confiscation prononcée par l'art 2, seront condamnés par le tribunal de police correctionnelle à une amende de 10 fr. par cinq myriagrammes (un quintal) de grains, et de 12 fr. par cinq myriagrammes (un quintal) de farine. » — *Ibid.*, art. 6.

78. — La question a été élevée de savoir si ces dispositions étaient restées en vigueur, malgré la survenance de la loi du 21 prair., qui a rétabli sans réserves la liberté de la circulation ; il a été jugé qu'elles n'avaient été abrogées ni par la loi précitée du 21 prair. qui ne rend libre la circulation des grains que dans l'intérieur, ni par celle du 19 vend. an VI, qui n'a dispensé dans tous les cas de cette formalité que les transports de bestiaux, poissons, etc. — *Cass.*, 27 vend. an IX, Poupé ; 9 brum. et 25 germin. an IX, Syerans ; 6 frim. an IX, Vanderhée ; 28 niv. an X, Vanderhée ; 21 flor. an XII, Letyrran.

79. — Tout commandant des divisions militaires, des départemens ou des places et villes, tout préfet ou sous-préfet qui aurait, dans l'étendue des lieux où il a droit d'exercer son autorité, fait ouvertement ou par des actes simulés, ou par interposition de personnes, le commerce des grains, grenailles, farines, substances farineuses, etc., autres que ceux provenant de ses propriétés, est passible d'une amende de 500 fr. au moins, de 10,000 francs au plus, et de la confiscation des denrées appartenant à ce commerce. — C. pén., art. 176. — V. FONCTIONNAIRES PUBLICS, nos 316 et suiv.

80. — Tout pillage ou destruction de grains, grenailles ou farines, donne lieu contre les chefs, instigateurs ou provocateurs, au *maximum* des travaux forcés à temps, et à une amende de 5,000 francs. Tous ceux qui se seraient laissés entraîner aux mêmes violences sont passibles de la réclusion et même des travaux forcés à temps et d'une amende de 200 francs à 5,000 francs. — C. pén., art. 440, 441, 442.

81. — Il a été jugé que ces dispositions sont applicables aux individus faisant partie d'une bande armée, qui fixe arbitrairement le prix du blé et force par menaces les meuniers et marchands de blés à leur livrer leurs blés au prix qu'ils établissent. — *Cass.*, 24 juin 1830, Gand. — V. au surplus PILLAGE ET DÉGATS DE MARCHANDISES ET DENRÉES.

82. — La loi punit aussi ceux qui coupent des grains et des fourrages sur pied d'un emprisonnement de six jours à deux mois. Cette peine est portée de vingt jours à quatre mois quand on a coupé du grain en vert, et le *maximum* doit toujours être appliqué quand le fait a été commis pendant la nuit. — C. pén., art. 449 et 450. — V. DESTRUCTION ET DÉVASTATION DE RÉCOLTES, ARBRES ET PLANTS.

83. — Quant à la vente des blés sur pied et avant leur maturité, V. BLÉ EN VERT.

84. — Relativement aux accaparemens et à toutes les manœuvres susceptibles de faire hausser ou baisser le prix des grains et farines, V. ACCAPAREMENT, HAUSSE ET BAISSE DU PRIX DES MARCHANDISES.

Sect. 3e. — *Commerce extérieur.*

§ 1er. — *Notions communes.*

85. — Ainsi que nous l'avons déjà indiqué, d'après le dernier état de la législation, toutes les prohibitions, tant à l'entrée qu'à la sortie des grains, sont aujourd'hui abolies, et la loi se borne à élever ou à abaisser graduellement les droits d'importation ou d'exportation, suivant que le prix des grains hausse ou diminue.

86. — Comme les contrées qui avoisinent les frontières sont celles qu'atteignent naturellement le plus vite et le plus sensiblement les droits imposés à l'entrée et à la sortie des grains, on a adopté comme point de départ de la fixation des droits le prix moyen du blé froment dans les divers départemens qui forment ces contrées, d'après les cours de leurs principaux marchés.

87. — Avec une étendue de frontières aussi développée que celles de la France, ce prix moyen est loin d'être partout le même. Sur certains points, les céréales sont rares et par conséquent d'un prix toujours assez élevé ; sur d'autres, au contraire, elles sont abondantes et généralement à des prix modérés. On a donc dû aviser aux moyens de prévenir les inégalités et les injustices qu'aurait présentées l'adoption d'une base uniforme pour tous les départemens frontières.

88. — A cet effet on a divisé les départemens frontières en quatre classes : la première qui comprend les départemens où les grains sont habituellement plus chers que dans le reste du royaume ; la seconde, les départemens où ils se maintiennent à un prix moins élevé ; la troisième, ceux où ils descendent ordinairement au dessous du prix moyen, et enfin, la quatrième, ceux où ils sont ordinairement au prix le moins élevé. — LL. 2 déc. 1814 ; 16 juill. 1819 ; 4 juill. 1821.

89. — On a fixé pour ces quatre classes des taux différens de prix moyens d'après lesquels les droits établis s'élèvent ou s'abaissent, suivant que dans chaque classe les prix moyens sont inférieurs ou supérieurs au taux qui lui est particulier.

90. — Et chaque classe a été en outre divisée en sections dans chacune desquelles l'application des droits, en raison du taux de la classe à laquelle elle appartient, n'a lieu que d'après le prix moyen de ses marchés particuliers. — LL. 16 juill. 1819 ; 4 juill. 1821.

91. — Les marchés qui doivent servir de régulateurs pour l'établissement des prix moyens dans chaque classe ou dans chaque section ont été en même temps indiqués.

92. — Le gouvernement a enfin été chargé de désigner, par des dispositions réglementaires, les ports et les bureaux de douanes par lesquels l'entrée et la sortie des grains peuvent être permises. — L. 2 déc. 1814, art. 8.

93. — Nous rappellerons à ce sujet que le gouvernement tient d'ailleurs de la loi générale de douanes du 17 déc. 1814 (art. 34,) le droit de suspendre provisoirement les exportations soit généralement, soit par tels bureaux qu'il jugerait utile d'interdire momentanément.

94. — La première classe des départemens frontières comprend : — *section unique*, les Pyrénées Orientales, l'Aude, l'Hérault, le Gard, les Bouches-du-Rhône, le Var et la Corse. — Les marchés régulateurs sont ceux de Toulouse, Marseille, Gray et Lyon. — LL. 4 juill. 1821 ; 20 oct. 1830 art. 2 ; 15 avr. 1832, art. 6.

95. — La seconde classe comprend : — 1re *section*, les départemens de la Gironde, des Landes, Basses Pyrenées, Hautes-Pyrenées, Ariége et Haute-Garonne : *marchés régulateurs*, Marans, Bordeaux, et Toulouse ; — 2e *section*, les Basses-Alpes, Isère, Ain, Jura et Doubs : *marchés régulateurs*, Gray, Saint-Laurent près Mâcon, le Grand-Lemps.

96. — La troisième classe comprend : — 1re *section*, Haut-Rhin et Bas-Rhin ; *marchés régulateurs*, Mulhausen et Strasbourg ; — 2e *section*, Nord, Pas-de-Calais, Somme, Seine-Inférieure, Eure et Calvados : *marchés régulateurs*, Bergues, Arras, Roye, Soissons, Paris et Rouen ; — 3e *section*.

Loire-Inférieure, Vendée et Charente-Inférieure: *marchés régulateurs,* Saumur, Nantes, et Marans.

97. — La quatrième classe comprend : — 1re *section*, Moselle, Meuse, Ardennes et Aisne : *marchés régulateurs*, Metz, Verdun, Charleville et Soissons ; — 2e *section*, Manche, Ille-et-Vilaine, Côtes-du-Nord, Finistère et Morbihan : *marchés régulateurs*, Saint-Lô, Paimpol, Quimper, Hennebon et Nantes.

98. — Les ports et bureaux de douanes ouverts tant à l'entrée qu'à la sortie des grains et farines, dans les départemens qui composent les quatre classes, ont été indiqués par de nombreuses ordonnances royales qui se modifient journellement soit par l'addition de nouveaux bureaux, soit par la suppression de ceux établis. — On peut consulter le tableau général rectifié de ces bureaux, arrêté par l'ordonnance royale du 17 janv. 1830, et le tableau supplémentaire arrêté par l'ordonnance du 23 août, même année ; — mais ces deux tableaux se trouvent eux-mêmes aujourd'hui modifiés par un grand nombre d'ordonnances particulières — V. ord. des 5 avr. 1831 ; 27 janv., 10 et 24 mars 1832 ; 18 août 1833 ; 19 mars 1835 ; 28 oct. 1836 ; 24 mai 1839 ; 1er et 24 fév., 21 juin, 18 et 29 juill. 1840 ; 14 mai et 31 juill. 1842 ; 22 fév., 18 mai, 3 sept. et 2 et 27 oct. 1843 ; 17 mars, 9 juin, 10 nov., 1er et 25 déc. 1844 ; 10 fév. et 7 juin 1845, etc.

99. — Pour chaque classe et chaque section, le ministre de l'intérieur fait dresser et arrêter à la fin de chaque mois un état des prix moyens des grains vendus sur les marchés régulateurs. Cet état doit être publié au *Bulletin des lois* le 1er de chaque mois : il sert pendant le mois de sa publication à régler la perception des droits dont il sera parlé tout à l'heure. — L. 16 juill. 1819, art. 6 et 7.

100. — Le prix moyen dans chaque section est établi d'après le prix de ses marchés régulateurs, sur les mercuriales des deux premiers marchés du mois courant et du dernier marché du mois précédent. — *Ibid.*, art. 8.

101. — Le prix commun entre les marchés régulateurs de chaque classe ou section doit être établi sans égard aux quantités vendues dans chaque marché. — L. 4 juill. 1821, art. 8. — V. au surplus MERCURIALES.

§ 2. — *Importations.*

102. — En tout temps et quelle que soit la localité, l'introduction des grains et farines de blé froment importés de l'étranger donne lieu à la perception d'un droit permanent ainsi fixé, savoir : 25 cent. par hectolitre de grains, et 50 cent. par quintal métrique de farine, seulement lorsque l'importation a lieu par navires français. — L. 16 juill. 1819, art. 1er.

103. — Lorsque l'importation a lieu par navires étrangers, le droit est de 1 fr. 25 c. par hectolitre de grains, et de 2 fr. 50 c. par hectolitre de farine. — V. *Ibid.*

104. — Cette surtaxe sur les importations par navires étrangers ne peut, en aucun cas, être élevée au-dessus de 1 fr. 25 c. par hectolitre. — L. 15 avr. 1832, art. 4.

105. — Elle doit d'ailleurs cesser d'être perçue quand le prix moyen du froment s'élève à plus de 28 fr. dans les départemens de la première classe, 26 fr. dans ceux de la seconde, 24 fr. dans ceux de la troisième et 22 fr. dans ceux de la quatrième. — *Ibid.*

106. — Toute surtaxe imposée sur les importations par terre, par la loi de douanes, est abolie pour l'importation des grains et farines. — Même loi, art. 5.

107. — Lorsque le froment descend, savoir : dans les départemens de la première classe à 26 fr. l'hectolitre ; dans ceux de la seconde classe à 24 f. ; dans ceux de la troisième à 22 fr., et enfin dans ceux de la quatrième classe à 20 fr., l'importation donne lieu à un droit supplémentaire de 1 fr. par hectolitre de grains, indépendamment du droit permanent. — LL. 16 juill. 1819, art. 2 ; 4 juill. 1821, art. 6. — V. pour les farines *infrà* n° 110.

108. — Lorsque le prix du froment descend au-dessous de ces taux et jusqu'à ceux qui sont indiqués dans le numéro suivant, l'importation donne lieu à un nouveau droit supplémentaire de 1 fr. par hectolitre de grains, indépendamment de celui dont il a été parlé tout à l'heure, et du droit permanent. — LL. 16 juill. 1819, art. 3 ; 4 juill. 1821, art. 5. — V. pour les farines *infrà* n° 110.

109. — Enfin, lorsque le prix du blé froment descend dans les départemens frontières au-dessous de 24 fr. l'hectolitre pour la première classe, 22 fr. pour la seconde, 20 fr. pour la troisième et 18 fr. pour la quatrième, il est perçu à l'importation une surtaxe de 1 fr. 50 c. par hectolitre pour chaque franc de baisse dans le prix des grains indigènes, constaté par les mercuriales des marchés régulateurs. — LL. 4 juill. 1821, art. 3 ; 15 avr. 1832, art. 2 ; 26 avr. 1833.

110. — Dans tous les cas prévus par les trois numéros qui précèdent, il est perçu, pour les farines importées, indépendamment du droit permanent, une surtaxe par quintal métrique, triple de celle perçue par hectolitre de grains. — LL. 16 juill. 1819, art. 4 ; 15 avr. 1832, art. 2.

111. — Les droits d'entrée des grains d'espèce inférieure et de leurs farines sont fixés d'après les droits à prélever sur le blé froment et sa farine, dans la proportion suivante, savoir : — *Pour les grains*, — à raison de 1 fr. sur l'hectolitre de froment ; — le seigle, 60 cent, l'hectolitre ; — le maïs, 55 cent. ; — l'orge, 50 cent. ; — le sarrasin, 40 c. ; — l'avoine, 35 cent ; — *pour les farines*, — à raison de 1 fr. par quintal métrique de farine de froment : — le seigle, 65 cent. le quintal ; — le maïs, 60 cent. ; — l'orge, 60 cent. ; — le sarrasin, 50 cent. ; — l'avoine, 55 cent. — L. 15 avr. 1832, art. 3.

112. — Les divers droits dont il vient d'être parlé, tant en ce qui concerne le blé froment et sa farine qu'en ce qui concerne les autres grains et les farines indiqués dans le numéro précédent, ne subissent aujourd'hui aucune variation en raison des provenances, la distinction faite à cet égard par la loi du 7 juin 1820 ayant été abolie par la loi du 20 oct. 1830 et celle du 15 avr. 1832.

113. — Les riz paient seulement à l'entrée, par 100 kilogrammes, des droits qui sont diversement fixés selon les lieux d'où ils proviennent, et selon qu'ils sont importés, soit par terre, soit par navires français ou par navires étrangers.

114. — Ces droits sont fixés : 1° pour les riz arrivant des ports de premier embarquement des pays hors d'Europe, à 2 fr. 50 c., et d'Europe à 4 fr. ; 2° pour ceux provenant des entrepôts, ou du Piémont en droiture par terre, à 6 fr. ; 3° enfin pour ceux importés par navires étrangers et par terre, à 9 fr. — L. 15 avr. 1832, art. 8.

115. — Les grains et farines envoyés d'Algérie en France ne sont pas affranchis à l'entrée des droits déterminés par les tarifs généraux. — L. 9 juin 1845, art. 3.

§ 3. — *Exportations.*

116. — Le minimum des droits établis à l'exportation des blés froment, épeautre ou méteil est de 25 centimes par hectolitre de grains, et de 50 centimes par 100 kilog. de farine. — L. 15 avr. 1832.

117. — Ces droits se maintiennent ainsi tant que le prix du blé froment ou de sa farine ne dépasse pas dans les départemens frontières, savoir : — pour la première classe, 25 fr. l'hectol. de grains, ou les 100 kilog. de farine ; — pour la seconde, 23 fr. ; — pour la troisième, 21 fr., et pour la quatrième, 19 fr. — *Ibid.*

118. — Lorsque le prix du blé ou de sa farine s'élève dans les différentes classes au-dessus des taux qui viennent d'être indiqués, les droits sont de 2 fr. par hectol. de grain, et de 4 fr. par 100 kil. de farine. — *Ibid.*

119. — Lorsque les prix moyens sont portés, savoir : — pour la première classe, au dessus de 26 fr. l'hectol. de grains ou les 100 kilog. de farine ; — pour la seconde classe, au-dessus de 24 fr. ; pour la troisième, au-dessus de 22 fr. ; — et pour la quatrième, au-dessus de 20 fr., les droits sont de 4 fr. par hectol. de grains et de 8 fr. par 100 kilog. de farines. — *Ibid.*

120. — Enfin, au-dessus de ces derniers taux, chaque franc de hausse dans les prix moyens des marchés régulateurs donne lieu, pour chaque classe, à une surélévation de droits de 2 fr. par hectol. de grains, et de 4 fr. par 100 kilog. de farines. — *Ibid.*

121. — Les droits de sortie des grains inférieurs et de leurs farines sont fixés, d'après les droits à prélever sur le blé froment et sa farine, dans les proportions suivantes, savoir : — *Pour les grains*, à raison de 1 fr. sur l'hectolitre de froment ; — le seigle, 60 centimes ; — le maïs, 55 cent. ; — l'orge, 50 cent. ; — le sarrasin, 40 cent. ; — l'avoine, 35 cent. ; — *Pour les farines*, à raison de 1 fr. par quintal métrique de farine de froment ; — le seigle, 65 cent. ; — le maïs, 60 cent. ; — l'orge, 60 cent. ; — le sarrasin, 50 cent., — l'avoine, 55 cent. — L. 15 avr. 1832, art. 7.

122. — La sortie du riz a toujours lieu au droit fixe de 25 cent. par kilog. — Même loi, art. 8.

123. — L'exemption de droits établis à l'égard des marchandises expédiées de France en Algérie n'est pas applicable aux grains et farines. — L. 9 juin 1845, art. 4.

Sect. 4°. — ***Des entrepôts.***

124. — Les grains importés de l'étranger peuvent être mis en entrepôt, pour être ensuite réexportés. — LL. 18 sept. 1789 et 11 nov. 1790.

125. — Ils peuvent même être seulement placés en entrepôt fictif, la faculté de cette sorte d'entrepôt, un moment interdite, en ce qui les concerne, par la loi du 7 juin 1825 ayant été rétablie par les lois des 20 oct. 1830 et 15 avr. 1832.

126. — Les lois précitées des 18 sept. 1789 et 11 nov. 1790 se sont bornées à imposer à l'entreposeur, comme condition de la réexportation, l'obligation : 1° de faire une déclaration d'entrepôt ; 2° de faire constater à la sortie, par les officiers municipaux du lieu de l'entrepôt, l'identité des grains qu'ils veulent exporter.

127. — Une instruction du ministre de l'intérieur du 7 germin. an X a complété ces dispositions, en prescrivant aux préfets des départemens maritimes : 1° de requérir la désignation du magasin où l'entrepôt est formé, et la représentation instantanée des grains, toutes les fois qu'elle serait jugée utile ; — 2° d'exiger de l'entreposeur un échantillon de grains pour déposer sous trois cachets à la municipalité du lieu, savoir : le cachet de la municipalité, celui de la douane, et celui du propriétaire en présence duquel les cachets doivent être levés pour constater l'identité des grains à la réexportation.

128. — « Ceux qui, ayant mis en entrepôt fictif des grains étrangers, porte la loi du 27 juill. 1822, art. 14, ne les représenteront pas à toute réquisition, seront passibles d'une amende égale au double de la valeur des grains, ou du double droit d'entrée, selon qu'à l'époque où la soustraction sera constatée l'espèce de grains manquans se trouvera être, à l'entrée, prohibée ou assujétie à des droits. »

129. — Une partie de la disposition qui précède est devenue inapplicable, puisque aujourd'hui toute prohibition à l'entrée des grains et farines est levée ; mais elle n'en doit pas moins être considérée comme étant restée en vigueur pour le surplus ; c'est-à-dire que, dans le cas prévu, il y aurait toujours lieu au paiement du double droit d'entrée.

130. — La durée de l'entrepôt fictif des grains étrangers est fixée à deux ans. — L. précitée, 27 juill. 1822, art. 14.

131. — Nul déchet n'est admis pour dispenser de la réexportation intégrale qu'après avoir été reconnu provenir de la dessiccation naturelle des grains ou de force majeure. — *Ibid.*

132. — En cas de difficultés entre les propriétaires de grains entreposés et l'administration de la douane, il y est statué par les commissaires institués d'une manière générale à cet effet par la même loi du 27 juillet 1822, art. 19. — V. DOUANES, nos 221 et suiv.

133. — Deux ordonnances royales, du 28 sept. 1828 et 20 juill. 1835, ont d'ailleurs établi, pour les grains étrangers déposés à l'entrepôt réel de Marseille, la faculté de les convertir en farines, moyennant certaines précautions destinées à assurer l'intégralité de la réexportation et l'identité des farines exportées avec les grains retirés de l'entrepôt.

134. — Sont exceptés toutefois de cette faveur les richelles de Naples et généralement les blés durs, provenant de la Mer-Noire et du Danube, de l'Egypte et autres échelles du Levant, de la Barbarie, du royaume des Deux-Siciles, de la Sardaigne, de l'Espagne, et tous autres blés de la même essence non dénommés qui pourraient leur être assimilés. — Ord. 20 juil. 1835, art. 1er.

135. — La faculté de mouture pour les blés tendres est accordée à la charge de réexporter, pour cent kilogrammes de blé tendre, soixante-dix-huit kilogrammes de farine fraîche, blanche, blutée, de 30 à 32 %, de bonne qualité et bien conditionnée. — Par exception, l'administration de la guerre seule peut représenter, au lieu de soixante-dix-huit kilogrammes de farine blutée à 30 %, cent kilogrammes de farine brute, ou quatre-vingt-dix kilogrammes de farine blutée à 10 %. — *Ibid.*, art. 2.

136. — Les permis pour la sortie de l'entrepôt sont délivrés par la douane, en vertu d'engagemens dûment cautionnés, contenant soumission de rapporter à l'entrepôt dans le délai exprimé aux permis et d'exporter dans les deux mois suivans les farines en quantités et qualités conformes aux prescriptions ci-dessus indiquées. — *Ibid.*, art. 3.

137. — Les permis ne sont point délivrés pour moins de deux cents hectolitres à la fois. — *Ibid.*, art. 4.

138. — Une commission formée par le préfet du département des Bouches-du-Rhône, et composée du directeur des douanes, d'un des inspecteurs de cette administration et de douze personnes choisies parmi les plus expérimentées

dans le commerce et la manutention des blés, est chargée : 1° d'arbitrer le délai nécessaire pour opérer la conversion des blés en farines ; 2° de prononcer sur toutes les difficultés auxquelles peut donner lieu, à la représentation des farines, la connaissance de leur espèce et qualité, de leur degré de pureté, de leur conditionnement ; 3° d'approuver des échantillons de farine blutée, de 30 à 32 %, pour servir de types de comparaison au service des douanes. — Art. 5.

139. — L'intervention de cette commission n'exclut pas le droit de recours aux experts institués par la loi du 27 juill. 1822. — *Ibid.*

140. — Les droits d'entrée dus sur le son provenant de la mouture sont acquittés à raison de vingt-deux kilogrammes par quintal décimal des grains extraits de l'entrepôt. — *Ibid.*, art. 6.

141. — La faculté qui forme l'objet des diverses dispositions précédentes peut être appliquée, avec l'autorisation du ministre du commerce, aux grains entreposés dans les autres ports du royaume, où l'entrepôt réel offrirait les mêmes garanties et les mêmes moyens de surveillance. — Ord. 28 sept. 1828, art. 9.

Sect. 5e. — *Cabotage.*

142. — Aucune prohibition n'interdit le cabotage des grains, de côte à côte, du moins d'une manière générale et permanente. Ce genre de commerce est même formellement autorisé par la loi du 29 août 1789, à la charge seulement de faire à la municipalité du lieu de départ et de chargement déclaration exacte des grains ainsi transportés, et de justifier de leur arrivée et de leur déchargement au lieu de leur destination, par un certificat de la municipalité de ce lieu.

143. — Mais par arrêtés du 19 vent. an VIII et 4 frim. an IX, le gouvernement a réglé ce genre de commerce de grains, de manière à ce qu'il ne puisse devenir une occasion de fraude et un moyen de livrer à l'étranger les subsistances qui doivent être réservées pour les besoins des citoyens.

144. — Aux termes de l'arrêté de l'an VIII, les préfets des départemens maritimes, après avoir instruit le ministre de l'intérieur des ressources et des besoins de leurs départemens respectifs, peuvent, s'il y a lieu, permettre l'extraction des grains pour d'autres départemens, par la voie de la mer. Ces permis ne sont valables qu'après l'approbation du ministre de l'intérieur. — Arr. 19 vent. an VIII, art. 1er.

145. — Les négocians et marchands qui veulent faire les extractions sont tenus de prendre des acquits à caution et de les rapporter valablement déchargés dans les délais fixés. — *Ibid.*, art. 2.

146. — Jugé, à cet égard, que l'arrêté des consuls du 27 frim. an XI, relatif au cabotage en général, n'a trait qu'aux déclarations à faire aux bureaux de la douane lors de la sortie d'un port pour aller dans un autre, et aux marchandises assujéties à des droits de sortie, et qu'il ne s'applique point à des acquits à caution pour charger du blé, dont il devait être rapporté certificat de décharge. — *Cass.*, 4 fév. 1807, Alotte.

147. — Ils sont tenus, en outre, de donner un cautionnement d'une valeur égale à celle de la cargaison. — Arr. 4 frim. an IX, art. 2.

148. — Le cautionnement dont il vient d'être parlé consiste, ou en un dépôt en numéraire, ou dans l'engagement d'une personne reconnue solvable. — Arr. 19 vent. an VIII, art. 4.

149. — Le délai fixé pour la représentation de l'acquit à caution dûment déchargé une fois expiré, sans que la formalité ait été remplie, le cautionnement ou dépôt est acquis à l'état, et les cautions, s'il y en a, sont poursuivies pour en réaliser le montant. — *Ibid.*, art. 5.

150. — Tout acquit à caution, pour transporter des grains d'un port de France à un autre, doit garantir l'arrivée à destination, sous peine d'en payer la valeur avec amende de 20 fr. ou de 24 fr. par cent kilogrammes, selon la nature des objets. — L. 21 avr. 1818, art. 63. — V. au surplus CABOTAGE, DOUANES.

Sect. 6e. — *Moulins dans le voisinage des frontières.*

151. — La construction dans le voisinage et à moins de deux lieues des frontières de moulins destinés à moudre des grains est soumise à l'autorisation prescrite par l'art. 41, tit. 13, L. 22 août 1791.

152. — Cette autorisation n'est accordée dans toute l'étendue du territoire formant la ligne des douanes près la frontière de terre que sur le rapport des préfets et directeurs des douanes constatant que la position des moulins ne peut favoriser l'exportation frauduleuse des grains et farines. — Décr. 10 brum. an XIV, art. 1er.

153. — Les moulins situés à l'extrême frontière peuvent être frappés d'interdiction par mesure administrative et par décision des préfets, lorsqu'il sera justifié qu'ils servent à la contrebande des grains et farines, sauf recours devant le conseil d'état. — *Ibid.*, art. 2.

154. — Les faits susceptibles de donner lieu à la mesure dont il vient d'être parlé doivent être légalement constatés par procès-verbaux de saisie ou autres, dressés par les autorités locales, ou par les préposés des douanes. — *Ibid.*, art. 3. — V. au surplus USINES.

Sect. 7e. — *Mesures exceptionnelles.*

155. — Nous avons déjà indiqué (vo DISETTE) qu'il appartient au gouvernement de prendre toutes les mesures nécessaires pour assurer les subsistances sur tous les points du territoire où elles viennent à manquer. En plusieurs circonstances des mesures exceptionnelles sont devenues nécessaires.

156. — Ainsi, une ordonnance du 7 août 1816, dans le but de diminuer la pénurie qui signala cette année, exempta momentanément de tous droits à l'entrée, tant par terre que par mer, les grains et farines de toute sorte.

157. — L'exportation se trouvait déjà alors interdite provisoirement par une ordonnance du 8 août 1815.

158. — On alla plus loin encore, et une ordonnance du 22 nov. 1816 accorda pour un certain temps une prime d'importation à tous négocians français ou étrangers qui introduiraient des grains ou farines de froment, seigle ou orge venant des pays étrangers. — Cette prime était ainsi réglée : — 5 fr. par quintal métrique de froment ou de farine de froment ; — 3 fr. 50 c. par quintal métrique de seigle ou de farine de seigle ; — 2 fr. 50 c. par quintal métrique d'orge ou de farine d'orge.

159. — La hausse excessive qui s'est manifestée en 1846 et 1847 dans les cours des grains et farines a nécessité, en dernier lieu, les dispositions suivantes :

160. — « Les grains et farines importés, soit par terre, soit par navires français ou étrangers, et sans distinction de provenance, porte une loi du 28 janv. 1847, ne seront soumis jusqu'au 31 juill. 1847 qu'au minimum des droits déterminés par la loi du 15 avr. 1842. » — L. 28 janv. 1847, art 1er.

161. — « Les riz, les légumes secs, les gruaux et fécules, importés de la même manière et de quelque provenance que ce soit, ne seront soumis jusqu'à ladite époque du 31 juill. prochain, qu'à un droit de vingt-cinq centimes par cent kilogrammes. » — *Ibid.*

162. — « Jusqu'à la même époque, les navires de tous pavillons qui arriveront dans les ports du royaume avec des chargemens de grains ou farines, riz, légumes secs, gruaux et fécules seront exemptés des droits de tonnage. » — *Ibid.*, art. 2.

163. — « Les dispositions des articles précédens seront applicables à tout bâtiment français ou étranger dont les papiers d'expédition constateront que le chargement en grains, farines ou autres denrées comprises dans la présente loi aura été complété et le départ effectué d'un port étranger quelconque avant le 1er juillet, même dans le cas où il n'entrerait dans un port français qu'à une époque postérieure au 31 juillet 1847. » — *Ibid.*, art. 3.

164. — « L'autorisation accordée au gouvernement par l'art. 8 de la loi du 22 juin 1846 de modifier les droits d'importation et d'exportation des grains et farines de maïs est maintenue jusqu'au 31 juillet 1847. » — *Ibid.*, art. 4.

165. — « La même faculté de modifier les droits d'importation et d'exportation des grains et farines de sarrasin est accordée au gouvernement jusqu'à ladite époque. » — *Ibid.*

166. — « Les compagnies concessionnaires ou adjudicataires de chemins de fer, qui abaisseront leurs tarifs sur le transport des grains et farines et des pommes de terre d'ici au 31 juillet 1847 auront, après cette époque, la faculté de les relever dans les limites du maximum autorisé par les lois de concession, sans attendre les délais portés dans leurs cahiers des charges. » — *Ibid.*, art. 5.

167. — « Jusqu'au 31 juillet 1847, tout bateau chargé en entier de grains et farines, de riz, de pommes de terre ou de légumes secs, circulant sur les rivières ou sur les canaux non concédés, sera affranchi de tous droits de navigation intérieure perçus au profit de l'état. » — Art. 6.

168. — « Il en sera de même du droit établi sur les canaux soumissionnés et perçu par les agens de l'état ; dans le décompte du produit net desdits canaux à fournir annuellement aux compagnies soumissionnaires, conformément aux stipulations des traités, il sera fait état des sommes qui auraient été perçues, si la présente exemption n'avait pas été accordée. » — *Ibid.*

169. — En vertu de l'art. 4 de la loi qui précède, une ordonnance royale, rendue à la même date, a soumis les grains et farines de maïs et de sarrasin exportés par toutes les frontières de terre et de mer, jusqu'au 31 juill. 1847, au maximum des droits payés par ces produits en exécution de la loi du 15 avr. 1832.

170. — Les dispositions qui précèdent ont été complétées par une autre loi du 24 fév. 1847 qui appelle les navires étrangers à concourir au cabotage des grains et farines sur les côtes de France, concurremment avec les bâtimens français. On a eu en vue par là de prévenir l'encombrement, dans nos ports de Marseille et de l'Océan, des grains venant de l'étranger.

171. — « Les bâtimens étrangers, porte cette loi, pourront jusqu'au 31 juillet et sous toutes les garanties nécessaires pour assurer leur destination en France, concourir aux mêmes conditions que les navires français au transport, par cabotage de la Méditerranée dans l'Océan et de l'Océan dans la Méditerranée, des grains et farines, riz, légumes secs, gruaux, fécules et pommes de terre. » — L. 24 fév. 1847, art. 1er

172. — « Les bateaux étrangers pourront, jusqu'à la même époque et aux mêmes conditions ci-dessus énoncées, naviguer sur tous les fleuves et rivières de France. Leurs chargemens devront être exclusivement composés de céréales ou denrées alimentaires. » — *Ibid.*, art. 2.

173. — « Quelle que soit la date de leur arrivée au port de destination, les bâtimens étrangers ainsi chargés seront admis du moment que leurs papiers de bord et expéditions prouveront que leur départ de l'un de nos ports aura eu lieu dans le délai ci-dessus fixé du 31 juill. 1847. » — *Ibid.*, art. 3.

174. — Enfin, dans la crainte que la cherté des grains et farines ne se prolonge au-delà du terme que les lois ci-dessus reproduites ont cru pouvoir espérer, le gouvernement a présenté à la chambre des députés, dans la séance du 10 mai 1847, un projet de loi ayant pour but : 1° de proroger les lois des 28 janvier et 24 février jusqu'au 31 décembre de la même année 1847 ; 2° de donner au gouvernement la faculté de proroger encore ces délais, s'il y avait lieu, par des ordonnances royales qui devront être présentées aux chambres dans leur plus prochaine session pour être converties en lois

GRAINS, GRAINES, GRAINIERS, GRAINETIERS.

1. — Les marchands en gros de graines fourragères, oléagineuses et autres : patentables de première classe. — Droit fixe basé sur la population, et droit proportionnel du quinzième de la valeur locative de l'habitation et des lieux servant à l'exercice de la profession.

2. — Marchands de grains en gros ; marchands en demi-gros de graines fourragères ; grainetiers-fleuristes expéditeurs : patentables de quatrième classe. — Marchands de graines en détail ; marchands de graine de moutarde blanche ; grainetiers-fleuristes en détail : patentables de sixième classe. — Soumis tous à 1° un droit fixe basé sur la population ; 2° au droit proportionnel du vingtième de la valeur locative de l'habitation et des lieux servant à l'exercice de la profession.

3. — Marchands en détail de graines fourragères, oléagineuses et autres, grainiers ou grainetiers : patentables de septième classe. — Droit fixe également basé sur la population, et droit proportionnel du quarantième de la valeur locative de tous les locaux qu'ils occupent, mais seulement dans les communes de 20,000 ames et au-dessus.

GRAINS EN VERT.

V. BLÉS EN VERT.

GRAIRIE.

On entendait autrefois par bois en *grairie* ceux qui étaient possédés par indivis avec le roi, et qui, à ce titre, étaient soumis à la juridiction des officiers des eaux et forêts. — Sur la distinction à faire entre les mots *grairie* et *gruerie*, V. Merlin, *Rép.*, vo *Grairie.*

GRAISSES (Fonte des).

Établissemens destinés à la fonte des graisses à feu nu. — Très mauvaise odeur et danger du feu. — Première classe des établissemens insalubres.

V. ÉTABLISSEMENS INSALUBRES (nomenclature).

GRAMME.

Unité de poids, d'après le nouveau système.

V. POIDS ET MESURES.

GRAND'CHAMBRE.

1. — La grand'chambre du parlement qu'on appelait aussi chambre de plaid, chambre du plaidoyer ou chambre dorée, connaissait des procès civils, et notamment de ceux qui devaient être jugés sur plaidoiries.

2. — La grand'chambre était tenue par le président en chef du parlement, qui prenait la qualité de *premier président*. En son absence, c'était l'un des présidens, dits *présidens à mortier*, qui le remplaçait.

3. — La grand'chambre avait plusieurs audiences par jour, quelquefois trois; la première s'ouvrait à sept heures du matin, la deuxième à neuf heures, la troisième à deux heures de relevée jusqu'à cinq.

4. — Les membres de la grand'chambre devaient être réunis au palais une heure avant l'ouverture de l'audience, pour y entendre la messe à la chapelle placée à l'extrémité de la salle des Pas-Perdus.

5. — L'audience de la grand'chambre se tenait dans la salle qu'occupe aujourd'hui la chambre civile de la cour de cassation, et qui, sous le régime de la terreur, réservée au tribunal révolutionnaire, était appelée *salle de la liberté*.

6. — En 1464, sous Louis XI, pendant les plaidoiries d'un procès entre l'évêque d'Angers et un riche bourgeois de la même ville accusé d'hérésie, le plafond de la grand'chambre s'écroula avec fracas. Cet événement, exagéré par les craintes superstitieuses qui régnaient à cette époque, ne manqua pas d'être attribué à l'imprudence de l'avocat qui avait cru devoir répéter les blasphèmes attribués à son client, afin d'en faire mieux sentir l'énormité. « Dont cuidèrent tous mourir, dit Monstrelet, ceux qui estoient céans, et vuidèrent si impétueusement de la chambre, qu'aucuns y laissèrent leurs bonnets, et les autres leurs chaperons, leurs patins et autres choses, et ne plaida-t-on plus en cette chambre jusques à tant qu'elle fust bien refaite et rasseurée. » A quelque temps de là, cette salle fut restaurée et rafraîchie, mais ce fut à Louis XII qu'elle dut ses principaux embellissemens. Ce fut lui qui changea sa disposition, qui resta à peu près la même jusqu'en 1790.

7. — La salle se composait, comme aujourd'hui, de trois parties. La première formait une enceinte appelée *parc* ou *parquet*; à son extrémité supérieure était une place réservée pour le siége ou lit du roi; aux deux côtés du siége royal régnait un grand banc recouvert d'une tapisserie ornée de fleurs de lys et arrangée de manière à laisser au siége royal la vue sur toute la salle. C'était sur ce grand banc que siégeaient les présidens et conseillers.

8. — Au-dessous de ce banc s'en trouvait un autre moins élevé, appelé *premier banc*, et réservé aux gens du roi, baillis et sénéchaux, et aux anciens avocats. Les procureurs, ainsi que les jeunes membres du barreau, n'avaient pas le droit de s'y asseoir.

9. — Dans une encoignure se trouvaient deux bureaux, l'un pour le premier huissier chargé d'appeler les causes du rôle, et l'autre pour le greffier.

10. — La seconde partie de la grand'chambre était destinée aux avocats et aux procureurs, et elle était séparée du parquet et de la partie réservée au public par deux cloisons à hauteur d'appui.

11. — La grand'chambre, dont les plafonds s'abaissaient en culs-de-lampe dorés, était surmontée de deux tribunes angulaires, appelées *lanternes*, et qu'on réservait pour les grands personnages.

V. PARLEMENT.

GRAND CONSEIL.

1. — Juridiction qui, avant 1789, connaissait de certaines causes expressément réservées et de celles que le roi jugeait convenable d'y évoquer.

2. — Comme on le voit par cette définition, la juridiction du grand conseil n'avait point de territoire particulier, et s'étendait par toute la France. Aussi avait-il pris pour devise : *Unico universus.* — Guyot, *Rép.*, v° *Grand conseil.*

3. — Dans l'origine le grand conseil était, à proprement parler, le conseil d'état et privé du roi; c'était là que se portait la discussion des affaires d'état, du domaine et des finances; tout ce qui concernait la guerre, la marine, l'amirauté, les prises sur mer, les prisonniers, leur rançon, les dettes d'abolition pour défection au service du roi, ou pour rébellion, et la réintégration des coupables dans leurs biens et honneurs par la grace du prince; ce qui avait rapport aux tailles et au commerce, etc.

4. — Plus tard, les rois instituèrent divers officiers de la couronne, auxquels fut donnée la direction de certaines matières, dont le grand conseil avait coutume de connaître : on attribua aux connétables tout ce qui avait rapport au militaire; les gens des comptes, le grand trésorier de France et le grand-maître des eaux et forêts eurent chacun leur département.

5. — Mais le grand conseil ne cessa pas pour cela d'être en exercice. On y évoquait fréquemment les causes portées devant les officiers entre lesquels la direction des affaires intéressant l'état avait, comme nous venons de le dire, été répartie.

6. — On y portait en outre les demandes adressées au roi par les particuliers, demandes qui se multiplièrent surtout sous le règne de Charles VI, par suite du bouleversement que les guerres avec les Anglais avaient occasionné.

7. — La composition du grand conseil n'était pas alors bien nettement arrêtée. Les divers officiers de la couronne ci-dessus indiqués en faisaient partie; les grands baillis, qui sont devenus par suite des officiers ordinaires, y prenaient également séance, lorsqu'il s'agissait d'officiers de leur ressort.

8. — Ces différens fonctionnaires, étant fréquemment obligés par la nature de leurs attributions de s'absenter, pour remplir soit les devoirs de leurs charges, soit les missions qui leur étaient confiées, il en résulta souvent que les affaires restaient sans être jugées, et que, par suite, le conseil se trouvait surchargé.

9. — Pour obvier à cet état de choses, les états, assemblés à Tours en 1483, à l'avénement de Charles VIII à la couronne, demandèrent formellement que le roi eût auprès de lui son grand conseil de justice, auquel présiderait le chancelier, assisté d'un certain nombre de notables personnages de divers états et pays, bien renommés et experts au fait de la justice; que ces conseillers prêteraient serment et seraient raisonnablement stipendiés.

10. — Un édit de Charles VIII, du 2 août 1497, fit droit à cette requête, et de cette époque date la première organisation régulière du grand conseil. L'édit de Charles VIII fut confirmé par un autre édit de Louis XII, du 13 juillet 1498.

11. — Les attributions du grand conseil restèrent, du reste, ce qu'elles étaient déjà. Son occupation la plus ordinaire était celle du réglement des cours et des officiers. Il connaissait aussi de tous les dons et brevets du roi, de l'administration de ses domaines, de toutes les matières qui étaient sous la direction des grands et principaux officiers, et des affaires tant de justice que de la maison du roi et des officiers de la suite de la cour. — Beaucoup d'affaires particulières y étaient aussi introduites, soit par le renvoi que lui faisait le roi des placets qui lui étaient présentés, soit du consentement des parties. — Guyot, *Rép.*, v° *Grand conseil.*

12. — Compris dans la révolution qui bouleversa la magistature en 1771, le grand conseil cessa un moment d'exister; mais il fut rétabli par un édit de 1774, et continua de subsister jusqu'en 1789.

13. — Ses attributions et sa compétence ont été successivement réglées par l'ordonnance du 3 juill. 1498, l'édit de sept. 1555, la déclaration du 10 oct. suivant, l'édit de janv. 1768, et les lettres-patentes du 19 juin du même mois, et enfin par un édit de juill. 1775, dont nous croyons utile de reproduire ici les principales dispositions.

14. — « Avons gardé et maintenu, portait l'art. 1er de cet édit, notre grand conseil dans le droit de connaître des contestations nées et à naître, au sujet des indults accordés par les papes aux rois nos prédécesseurs; des brevets de joyeux avènement; du serment de fidélité; des nominations royales, autres que celles qui se font en vertu du droit de régale; des nominations qui se font à cause du litige, et de notre droit de garde en Normandie; de l'exécution des brevets de collation et nomination royales; des indults des cardinaux; de celui du parlement de Paris; des appels comme d'abus incidens aux contestations pendantes en notre grand conseil; des recélés des corps des bénéficiers; des contrariétés d'arrêts rendus par différentes cours de notre royaume; des réglemens de juges entre nos parlemens et les présidiaux, tant en matière civile que criminelle, seulement lorsqu'ils seront provoqués par les parties; des appels des sentences de la prévôté de l'hôtel et de la varenne du Louvre; des inscriptions de faux et des procès criminels incidens aux contestations pendantes en notre conseil; des instances d'ordre et distribution de deniers provenant de ventes des offices adjugés en la grande direction de nos finances ou en notre grand sceau; comme aussi des appels comme d'abus tant principaux qu'incidens, et autres contestations nées et à naître entre les religieux, abbés, prieurs-commendataires, bénéficiers, maisons et membres dépendans des ordres qui ont obtenu des lettres d'évocation générale en notre grand conseil, leurs fermiers ou régisseurs, leurs héritiers ou ayant-cause; les prétendans droit à la cotte-morte desdits religieux, à la réserve néanmoins des appels comme d'abus principaux qui seraient interjetés de l'émission des vœux ou d'actes d'après lesquels les appelans prétendraient n'être pas vraiment religieux et devoir être restitués au siècle : voulons néanmoins que lesdites évocations générales, accordées à des ordres religieux, ne puissent avoir lieu à l'égard des parties autres que celles dénommées ci-dessus, qu'autant qu'elles procèderont volontairement en notre grand conseil, en conséquence desdites évocations; et cependant autorisons ceux qui auront des actions à diriger contre les communautés, ou titulaires des bénéfices dépendans des ordres qui ont obtenu des lettres d'évocation générale en notre grand conseil, à les faire assigner en icelui pour y procéder en première instance, sans qu'audit cas, ceux desdits ordres, maisons ou communautés, puissent demander leur renvoi pardevant d'autres juges. — Edit de juill. 1775, art. 1er.

15. — Par les art. 3 et 4 du même acte, il était enjoint aux procureurs ès siéges présidiaux, ainsi qu'aux officiers des siéges et maréchaussées, d'envoyer au procureur général près le grand conseil des copies de tous les jugemens par lesquels les présidiaux ou les prévôts des maréchaux auraient été déclarés compétens pour connaître des affaires criminelles portées devant eux. — Dans le cas où le procureur général au grand conseil jugeait à propos de se pourvoir contre les jugemens de compétence, il était statué sur son rapport par trois conseillers nommés à cet effet par le premier président. — Même régl., art. 5.

16. — Les procureurs royaux près les présidiaux et les officiers des maréchaussées étaient également tenus d'envoyer au procureur général près le grand conseil copie des jugemens définitifs rendus par les présidiaux et les prévôtés, mais sans retarder pour cela l'exécution des jugemens, et à l'effet seulement par le procureur général près le grand conseil de faire telles observations qu'il aurait jugées convenables. — *Ibid.*, art. 7.

17. — Voulons, disait plus loin l'édit, que les arrêts, ordonnances et mandemens rendus dans les matières qui sont attribuées à notre grand conseil, et qui seront scellés de notre grand sceau, soient exécutés dans l'étendue de notre royaume, ainsi que les arrêts de nos cours le sont dans les limites de leur ressort, sans que les huissiers, sergens et autres exécutans desdits arrêts, ordonnances et mandemens soient tenus, avant de faire lesdites exécutions, de les présenter à nos cours ou autres juges, et leur demander à cet effet aucune permission. » — *Ibid.*, art. 13.

18. — Le grand conseil du roi s'est trouvé définitivement supprimé, ainsi que toutes les anciennes juridictions, par l'art. 13 de la loi du 7-11 sept. 1790, et, sauf quelques-unes de ses attributions qui se trouvent dévolues, les unes au conseil d'état, les autres à la cour de Cassation, n'est plus, à bien dire, représenté aujourd'hui par aucun corps judiciaire ou administratif.

V. au surplus CONSEIL D'ÉTAT, CONSEIL DU ROI.

GRAND ET PETIT CRIMINEL.

1. — On comprenait autrefois sous le nom de *grand criminel* les affaires relatives aux crimes emportant la mort ou une peine infamante. « On entend par grand criminel, dit Merlin (*Rép.*, v° *Grand et petit criminel*), les crimes qui ébranlent les fondemens de la société, qui attentent à la vie, à l'honneur ou à la sûreté de ses membres, et qui ne peuvent être expiés que par la mort ou la honte des coupables. »

2. — Et par opposition on désignait sous le nom

de *petit criminel* les simples délits emportant seulement une peine non infamante.

5. — Les termes de *grand* et de *petit criminel* ne sont point restés dans la langue légale; cependant les criminalistes les emploient encore parfois pour distinguer ce qui a rapport aux crimes de ce qui se rattache aux simples délits.

GRANDS JOURS.

1. — On appelait ainsi une assise ou séance extraordinaire que les parlemens et autres cours supérieures tenaient de temps en temps dans quelque ville de leur ressort, éloignée du lieu de leur séance ordinaire; pour entendre les plaintes que les habitans de la province pouvaient avoir à faire contre les juges et autres officiers de justice du pays, et aussi pour procurer, par leur présence, une prompte expédition des affaires les plus importantes, et particulièrement des procès criminels. — Guyot, *Rép.*, vº *Grands jours*.

2. — Les lettres-patentes portant établissement des grands jours nommaient ordinairement les juges et les autres officiers dont le tribunal était composé et détaillaient les matières dont ils devaient connaître. Ces lettres-patentes devaient être enregistrées au parlement. — V. les lettres-patentes d'août 1665, pour l'Auvergne, celles du 4 août 1688, portant pareil établissement à Limoges pour la réformation des abus dans les provinces de Limousin, Périgord, Angoumois, Poitou, etc.

3. — Louis XII, pour arrêter les entreprises qui se faisaient sur son autorité, enjoignit au parlement de Paris, par l'ordonnance de 1497, de tenir annuellement les grands jours dans son ressort, où il était d'usage de les tenir, et par l'art. 73 de celle de 1498, il ordonna aux parlemens de Toulouse et de Bordeaux de tenir les grands jours de deux ans en deux ans, chacun dans leur ressort et lieux qu'ils verraient être à faire pour le mieux.

4. — Il y a eu aussi des grands jours tenus à Nîmes, en Languedoc, en 1541 et en 1664.

5. — Avant les grands jours des parlemens, il y avait des *grands jours royaux*.

6. — Par suite d'un usage qui remontait au Code lombard (liv. 2, tit. 52, art. 17 et 21, et tit. 53, § 24), nos rois députaient, en effet, dans les provinces éloignées, quelques magistrats de leur conseil, sous le titre de *Missi dominici*, ou *Missi regales*, pour réformer les abus qui pouvaient se glisser dans l'administration de la justice. — V. MISSI DOMINICI.

7. — Sous la troisième race, lorsque l'on cessa de rédiger en latin les lettres royales, les *missi dominici* s'appelèrent députés, commissaires, visiteurs, réformateurs.

8. — Les intendans de justice, police et finance, établis dans chaque province du royaume, depuis Henri II, leur succédèrent.

9. — Ces plaids extraordinaires ne portèrent pas d'abord le nom de grands jours royaux. Ils ne furent appelés ainsi qu'à l'instar des grands jours que les comtes de Champagne et de Brie tenaient à Troyes, étant assistés de leurs sept pairs, dont le comte de Joigny était le doyen. — Brussel (*De l'usage des fiefs*, liv. 2, chap. 12) rapporte plusieurs jugemens rendus par la cour des grands jours de Champagne vers la fin du treizième siècle, et il donne sur cette institution des détails curieux. — Les derniers grands jours royaux sont ceux qui furent tenus en 1666 à Clermont, en Auvergne, et au Puy-en-Velay pour le Languedoc.

10. — Outre les grands jours tenus par le roi, on donnait aussi le nom de *grands jours* à des tribunaux établis par les princes et seigneurs pour juger l'appel des juges de leur ressort. — Tels furent les grands jours des reines, ceux des enfans et petits-enfans de France et de quelques seigneurs soit laïcs, soit ecclésiastiques. Philippe-le-Long fit au mois d'avr. 1317 une déclaration expresse de cette prérogative des reines. — Guyot, *ibid.*

11. — Les pairs de France, soit ducs ou comtes, tant laïcs qu'ecclésiastiques, avaient aussi le droit de tenir des grands jours dans quelque ville de leur territoire où ressortissaient les appels de tous les juges de leur pairie. Dans les comtés où se tenaient les grands jours, on les qualifiait souvent de *parlement*.

12. — Les duchés-pairies n'étaient pas non plus les seuls titres qui eussent des grands jours. Le roi accorda quelquefois cette prérogative à des seigneurs dont il érigea les terres en comté-pairie.

GRAND-JUGE, OU JUGE-MAGE, OU MAJE.

C'était autrefois le premier juge du tribunal. — Dans le Languedoc, cependant, on donnait ce nom au lieutenant des sénéchaux. — Enfin dans quelques villes, il y avait un juge-mage, qui était le premier officier de la juridiction, comme à Cluny. — *Encyclopédie méthodique*, vº *Juge-Mage* ou *Maje*.

GRAND-JUGE (Colonies).

C'était avant la restauration de 1814 un magistrat qui, dans les îles de la Martinique et de Sainte-Lucie, était à la tête de l'ordre judiciaire. — V. MARTINIQUE. — V. aussi COLONIES.

GRAND-JUGE, MINISTRE DE LA JUSTICE.

1. — Ce titre, créé sous le consulat par le sénatus-consulte du 16 thermid. an X (art. 78) et maintenu par l'empire, tomba en désuétude à la restauration. Il semble cependant que c'est à cette dignité que le garde des sceaux empruntait le titre de *sa grandeur*.

2. — Les attributions de ce haut dignitaire étaient celles du ministre de la justice actuel. De plus, il présidait la cour de cassation et la cour d'appel quand le gouvernement ou le souverain le jugeaient convenable. — Art. 80, L. 16 thermid. an X. — V. MINISTRE et MINISTÈRE DE LA JUSTICE.

3. — En consacrant l'inamovibilité des juges nommés par le roi, la charte constitutionnelle de 1814 fit naître la question de savoir si le ministre de la justice avait encore le droit de présider la cour de cassation et les cours royales. — Elle fut résolue affirmativement en ce qui concerne la cour de cassation, dont les audiences solennelles ont été fréquemment présidées par le garde des sceaux jusqu'à la loi du 30 juillet 1828. — V. COUR DE CASSATION, nºs 231 et suiv.; MINISTRE et MINISTÈRE DE LA JUSTICE.

GRAND LIVRE (De commerce).

V. LIVRES DE COMMERCE.

GRAND LIVRE DE LA DETTE PUBLIQUE.

1. — On appelle ainsi le registre tenu par les agens du trésor et sur lequel la dette publique est inscrite.

2. — La loi du 14 juill. 1819 a ouvert au chef-lieu de chaque département un livre auxiliaire de la dette publique et tracé des formes spéciales pour les négociations qui ont lieu dans les départemens, indépendamment des règles qui leur sont communes avec celles qui ont lieu à Paris.

V. AGENT DE CHANGE, CERTIFICAT DE PROPRIÉTÉ, DETTE DE L'ÉTAT, EFFETS PUBLICS, RENTE SUR L'ÉTAT.

GRAND-MAITRE DES EAUX ET FORÊTS.

On appelait ainsi des officiers supérieurs établis pour veiller à l'exécution des ordonnances concernant les eaux et forêts et à la conduite des officiers des maîtrises et de tous ceux qui avaient entrée dans les forêts. Ils étaient chargés également de l'exécution des lettres-patentes touchant les dons, l'administration et la vente des bois du roi ou de ceux des gens de main-morte, à l'exclusion de tous autres officiers. — Merlin, *Rép.*, vº *Grand-maître des eaux et forêts*. — Après diverses modifications, cette institution a disparu lors de la nouvelle organisation de l'administration forestière arrêtée en 1791. — V. FORÊTS.

GRAND-MAITRE DE L'UNIVERSITÉ.

1. — Dignitaire qui placé à la tête de l'université est chargé de tout gouverner et de tout régir dans cette vaste organisation de l'enseignement.

2. — Les fonctions, les attributions et les prérogatives du grand-maître de l'université, qui sont aujourd'hui confiées au ministre de l'instruction publique, ont été exposées au mot ENSEIGNEMENT, nºs 150 et suiv. Nous nous bornons à renvoyer à ce mot.

GRAPPILLAGE.

V. GLANAGE.

GRATIFICATION.

1. — Petit présent fait le plus souvent pour reconnaître un service rendu.

2. — Il est des cas où la loi permet ou autorise des gratifications. — V. entre autres CAISSE DES INVALIDES DE LA MARINE, CHASSE, ÉCOLE DE MARINE.

3. — Il en est d'autres au contraire où elle prohibe formellement toute espèce de gratifications. — V. entre autres CONCUSSION, FACTEUR DE LA POSTE AUX LETTRES, FONCTIONNAIRE PUBLIC. V. aussi COMMUNAUTÉ, COMPÉTENCE ADMINISTRATIVE.

GRAVATIERS.

Patentables de septième classe, droit fixe établi sur la population et droit proportionnel du quarantième de la valeur locative de tous les locaux qu'ils occupent, mais seulement dans les communes de 20,000 âmes et au-dessus.

GRAVEUR, GRAVURES.

1. — L'art du graveur était autrefois l'objet de priviléges spéciaux, et la profession de ceux qui s'y livraient était considérée comme libre. Cette liberté fut garantie notamment par un arrêt du conseil du 26 mai 1660, lequel « maintint et garda l'art de la gravure en taille douce, au burin ou à l'eau forte, ou autre manière, telle qu'elle fût, et ceux qui faisaient profession d'icelui, tant régnicoles qu'étrangers, en la liberté qu'ils avaient toujours eue de l'exercer dans le royaume, sans qu'ils pussent y être réduits en maîtrise ni corps de métier, ni sujets à autre règle ni contrôle, sous quelque prétexte que ce fût. »

2. — Quelques restrictions furent cependant apportées à cette liberté. — L'art. 112 du réglement du 28 fév. 1723 portait : « Défend Sa Majesté à tous graveurs, imagers et dominotiers d'imprimer ou faire imprimer, vendre et débiter aucunes cartes de géographie et autres planches, ni explications étant au bas d'icelles, sans privilége du grand sceau, ou permission du lieutenant-général de police, qui seront enregistrés sur le livre de la communauté des libraires et imprimeurs de Paris. »

3. — Un arrêt du conseil du 21 déc. 1667 fit défenses à tous graveurs, imprimeurs, etc. d'imprimer, graver les tables et planches des plans et élévations des maisons royales, tableaux, figures antiques, etc., s'ils n'avaient été nommés et choisis par le surintendant des bâtimens du roi, arts et manufactures de France.

4. — L'arrêt du conseil du 28 juin 1714 conféra le privilége à l'Académie royale de peinture et de sculpture et aux académiciens de faire imprimer et graver leurs ouvrages avec défense à tous imprimeurs et graveurs, ou autres personnes, excepté celui qui avait été choisi par l'académie, d'imprimer, graver ou contrefaire, vendre des exemplaires contrefaits, à peine de trois mille livres d'amende, confiscation de tous les exemplaires contrefaits, presses, etc.

5. — Les priviléges des graveurs sur bois furent attaqués en 1708 par la communauté des peintres, en 1729 par les syndics et adjoints des libraires, en 1732 et 1733 par les imprimeurs en taille douce; mais ce fut en vain, et les uns et les autres furent déboutés de leurs demandes. — Diderot, *Encyclopédie*, t. 16, p. 560; Bories et Bonassies, *Dict. de la presse*, vº *Graveur*, nº 4.

6. — L'arrêté des consuls du 8 germin. an IX, relatif aux permissions nécessaires pour l'établissement de presses, moutons, laminoirs, balanciers et coupoirs, a obligé les graveurs qui voulaient faire usage de ces appareils de se munir de ces permissions, qui devaient être délivrées à Paris, par le préfet de police, dans les villes de Bordeaux, Lyon et Marseille, par les commissaires de police, et dans les autres communes par les maires.

7. — Aux termes de l'art. 3 de cet arrêté, ceux qui voulaient obtenir cette permission ont été tenus de joindre à leur demande un plan figuratif de leurs machines ou ustensiles. Les dispositions de cet arrêté sont, du reste, renouvelées des lettres patentes du 28 juill. 1783.

8. — L'art. 49 du décret du 5 fév. 1810 indiquait qu'il serait statué par des réglemens particuliers sur ce qui concernait les graveurs. On sentait, en effet, qu'un art dont l'abus pouvait présenter de grands dangers devait être soumis à quelques mesures de police, mais les réglemens annoncés par ce décret n'ont jamais été faits. En l'absence de ces nouveaux réglemens, il y a lieu, selon M. Pic (*Code des imprimeurs-libraires, écrivains*, etc., t. 1er, nº 42), de soumettre les graveurs aux anciens principes en tant qu'ils ne sont pas contradictoires avec les dispositions de la législation actuelle.

9. — La profession de graveur n'est donc soumise à aucune condition ou justification d'apti-

tude, de moralité etc., préalable à son exercice. La *publication* des gravures a seule été soumise à la nécessité de l'autorisation préalable. Consacré par les lois des 31 mars 1820, art. 10, et 25 mars 1822, art. 12, puis aboli par la loi du 8 oct. 1830, le régime de la censure a été rétabli pour les produits de l'art du graveur par la loi du 9 sept. 1835, art. 20. — V. à cet égard DESSIN.

10. — L'ordonnance royale du 24 oct. 1814, modifiée par celle du 9 janv. 1828, contient sur la publication des gravures des dispositions qui sont encore en vigueur.

11. — L'art. 8 de cette ordonnance étend aux planches gravées, accompagnées de texte, l'application de l'art. 14 de la loi du 21 oct. précédent qui prescrit une déclaration et un dépôt préalables à la publication des imprimés. — V. IMPRIMERIE.

12. — L'art. 4 de la même ordonnance exigeait que le nombre des exemplaires déposés fût de cinq, répartis de la manière suivante : un pour la Bibliothèque royale, un pour le chancelier de France, un pour le ministère de l'intérieur, un pour le directeur général de la librairie et un pour le censeur.

13. — Quant aux planches gravées sans texte, l'art. 8 de l'ordonnance du 24 oct. 1814 exigeait qu'il en fût déposé à la Bibliothèque royale deux épreuves, dont une avant la lettre, ou en couleur s'il en avait été tiré ou imprimé de cette espèce. Il devait être, en outre, déposé trois épreuves, dont une pour le chancelier de France, une pour le ministère de l'intérieur et la troisième pour le directeur général de la librairie (maintenant le bureau de la librairie au ministère de l'intérieur).

14. — L'ordonnance royale du 9 janvier 1828 a réduit le nombre des épreuves à déposer à trois, savoir : deux épreuves pour la Bibliothèque royale, et la troisième pour la bibliothèque du ministre de l'intérieur.

15. — Le récépissé du dépôt opéré en vertu des ordonnances de 1814 et de 1828 est une des preuves de la propriété du graveur. — Art. 9, ord. 24 oct. 1814. — V. PROPRIÉTÉ LITTÉRAIRE.

16. — Le dépôt prescrit par les ordonnances précitées est indépendant de celui qu'exige l'ordonnance du 9 sept. 1835, rendue pour régler l'exécution de la loi du même jour.

17. — Les gravures sont comprises dans les moyens de publication qui, aux termes de la loi du 17 mai 1819, art. 1er, caractérisent les délits de presse et de publication. — V. DÉLITS DE PRESSE ET DE PUBLICATION.

18. — L'exposition ou distribution de gravures contraires aux bonnes mœurs est punie par l'art. 277, C. pén., d'une amende de 16 fr. à 500 francs, d'un emprisonnement d'un mois à un an et de la confiscation des planches et des exemplaires gravés.

19. — L'emprisonnement et l'amende sont réduits à des peines de simple police : 1° à l'égard des crieurs, vendeurs ou distributeurs qui auront fait connaître la personne qui leur aura remis l'objet du délit ; — 2° à l'égard de quiconque aura fait connaître le graveur ; — 3° à l'égard même du graveur qui aura fait connaître la personne qui l'a chargé de la gravure. — Art. 288.

20. — Les artistes graveurs ne vendant que le produit de leur art, ils sont exempts de la patente. — L. 25 avr. 1844, art. 13, n° 3, § 3.

21. — Graveurs sur cylindres ; — graveurs sur métaux fabricant des timbres secs et gravant sur bijoux : patentables, les premiers de quatrième et les seconds de sixième classe ; — droit fixe, basé sur la population, et droit proportionnel du vingtième de l'habitation et des lieux servant à l'exercice de la profession.

22. — Graveurs en caractères d'imprimerie ; — graveurs sur métaux, se bornant à graver des cachets ou des planches pour factures et autres objets dits *de ville* ; patentables de septième classe ; — graveurs sur bois ; — graveurs de musique : patentables de huitième classe. — Tous soumis au droit fixe également basé sur la population, et au droit proportionnel du quarantième de la valeur locative de tous les locaux qu'ils occupent, mais seulement dans les communes de 20,000 ames et au-dessus.

23. — Quant aux marchands de gravures, V. ESTAMPES. — V. aussi PATENTES.

GREFFE (Droits de).

Table alphabétique.

Acte de commerce maritime, 188. — de l'état civil, 127, 175 s. — du greffe, 71. — de notoriété, 216 s.
Adjudication, 49 s., 53, 61, 82.
Administration publique, 164.
Affaire correctionnelle, 129. — criminelle, 129.
Affiche, 159.
Agent du gouvernement, 164.
Algérie, 14.
Amende, 102, 142, 150. — (réduction), 151.
Appel, 22, 34, 108, 116, 130.
Arrêt, 238. — d'admission, 237. — définitif, 106 s.
Assistance du greffier, 213, 215 s.
Autorisation, 191.
Avis de parens, 111.
Avoué, 108.
Bail judiciaire, 108.
Bail emphytéotique, 52, 57.
Bilan (dépôt de), 111.
Bordereau de collocation, 49, 66.
Brevet, 73.
Bulletin de distribution, 178.
Capitaine de navire (rapport), 188.
Cautionnement, 126, 179.
Cédule, 200.
Certificat, 78, 189. — de non-opposition, 179.
Chiffre, 103 s.
Command, 63 s.
Commissaire délégué, 87.
Commission rogatoire, 123.
Communication, 157, 180. — de pièces, 88.
Conciliation, 204 s., 230.
Concussion, 142, 198, 227 s., 235.
Conflit, 239.
Conseil d'état, 13. — de famille, 213.
Contrainte, 152.
Contributions indirectes, 131.
Copie, 177.
Cour de cassation, 7, 236 s. — des comptes, 243. — royale, 20, 125, 167 s.
Décharge, 72.
Décime de guerre, 11, 162, 240.
Déclaration, 74, 219. — affirmative, 111.
Délibération, 111. — de chambre, 108.
Dépense, 165.
Dépôt d'acte, 68, 111. — de marque, 196. — de pièces, 72, 76, 91, 120 s.
Descente sur lieux, 170, 209.
Destitution, 102, 142.
Dispense d'âge, 118. — de parenté, 118.
Domaine, 31, 244.
Domicile politique, 137.
Douanes, 130.
Double droit, 146.
Droit acquis, 47.
Droit d'expédition, 161. — d'insinuation, 3, 6. — fixe, 48. — proportionnel, 48 s. — réservé, 6, — de scel, 3, 6.
Elections, 136.
Emolument, 4 s., 16, 166 s.
Emprisonnement, 212.
Enquête, 77 s., 111, 113, 170.
Enregistrement, 6, 84, 135, 143, 147. — (exemption), 127, 131.
Epices, 3, 6.
Etat de frais, 173 s., 197, 225, 241.
Etranger, 53.
Exécutoire de dépens, 114.
Exemption, 129 s.
Expédition, 96 s., 101, 105 s., 142 s., 171, 174 s., 196, 203, 205, 218, 231, 233, 237 s.
Expropriation pour utilité publique, 184 s., 181.
Extrait, 127, 218, 220.
Faillite, 187.
Faux incident, 120 s., 168.
Feuille d'audience, 145.
Folle-enchère, 54.
Garantie, 41.
Greffe, 131.
Greffier, 4 s.
Homologation, 108.
Huissier audiencier, 25.
Hypothèque (droit d'), 131.
Incident, 40.
Indigent, 172.
Insertion, 80 s. — dans les journaux, 189 s.
Interrogatoire, 111. — sur faits et articles, 113.
Intervention, 41.
Juge commissaire, 87. — de paix, 130.
Jugement, 186. — commun, 42. — par défaut, 30, 186. — définitif, 108. — d'instruction, 109. — interlocutoire, 109. — préparatoire, 109.
Justice de paix, 20, 22, 87, 193, 199 s.
Légalisation, 182.
Lettre d'avertissement, 202. — d'avis, 231. — circulaire, 189 s. — patente, 12. — de réception, 117.
Licitation, 55.
Ligne, 101 s., 142, 203, 231.
Lot, 58.
Marque (modèle de), 231.
Matière sommaire, 22 s.
Médecin, 117.
Mention, 29, 84, 204, 231.
Meubles, 52.
Minute, 45, 113, 119, 143, 145.
Mise au rôle, 18 s., 27 s.
Nomination (titres de), 117.
Notaire, 87, 117, 121.
Officier de santé, 117.
Opposition, 39, 116, 126, 220 s.
Ordonnance du juge, 124. — de *committitur*, 237.
Ordre, 68, 180.
Paiement, 38, 98, 140.
Papier timbré, 143 s., 145, 225, 233 s.
Paraphe, 75.
Perception, 2, 15, 23, 45 s., 56, 59 s., 97, 138 s., 163.
Placement de cause, 25.
Placet, 26.
Poursuite d'office, 132 s., 171 s.
Prescription, 147 s.
Prise à partie, 237.
Procès-verbal, 71, 87, 187. — du juge, 112.
Production, 70, 237.
Prompte expédition, 142.
Prorogation de juridiction, 201.
Prud'homme, 229.
Publication, 69, 80.
Quittance, 27 s., 46, 139, 154.
Radiation, 37.
Rapport, 71. — d'experts, 111, 223.
Receveur, 97. — d'enregistrement, 97, 138 s., 153, 156, 241.
Recherche, 237. — d'acte, 99, 167, 174, 176, 194.
Récusation, 83. — du juge, 206 s.
Rédaction, 44 s. — d'acte, 201.
Référé, 32 s., 210, 215. — (ordonnance de), 115.
Registre, 157 s., 197, 226. — de l'état civil, 89.
Réglement de juges, 239.
Remise, 16. — du greffier, 135, 155 s., 160 s., 192. — de pièces, 108.
Renonciation à communauté, 111. — à succession, 111.
Renvoi, 239.
Répertoire, 76, 144.
Représentation de pièces, 168, 183, 195, 222, 231.
Requête, 35. — civile, 43. — en cassation, 237 s.
Résiliation, 108.
Résolution de vente, 62.
Restitution, 61, 98, 128, 141.
Rôle d'écriture, 100, 203, 231.
Sage-femme, 117.
Saisie exécution, 211. — immobilière, 67, 69 s.
Scellés, 214, 218, 220 s.
Sentence arbitrale, 108.
Serment (prestation de), 92 s., 125.
Signature, 75, 237 s.
Succession vacante, 95.
Surenchère, 54, 70.
Syllabe, 101 s., 142, 203, 231.
Table décennale, 184.
Tierce-opposition, 43.
Timbre, 27, 46, 90, 104, 131, 158.
Traitement, 6, 16, 165.
Transcription, 44 s., 67 s., 84.
Transport, 169. — du greffier, 209 s.
Tribunal ancien, 119. — criminel, 9, 20 s., 110, 185 s., 234. — de police, 9. — de première instance, 174, 193.
Vacation, 208.
Vente judiciaire, 108. — publique de meubles, 166.
Vérification de créances, 85. — d'écriture, 168.
Versement des droits, 153 s.
Visa, 221, 241.

GREFFE (Droits de). — 1. — Droits perçus sur certains actes judiciaires et sur les actes passés ou reçus dans les greffes. — Ce mot s'emploie aussi pour désigner les émolumens propres aux greffiers.

SECT. 1re. — *Historique. — Dispositions générales* (n° 1).
SECT. 2e. — *Droits de greffe dans les cours royales et dans les tribunaux de première instance et de commerce* (n° 17).
§ 1er. — *Droit de mise au rôle* (n° 18).
§ 2. — *Droit de rédaction et de transcription* (n° 44).
§ 3. — *Droit d'expédition* (n° 96).
SECT. 3e. — *Affaires exemptes des droits de greffe* (n° 129).
SECT. 4e. — *Règles générales sur la perception des droits de greffe. — Obligations particulières des greffiers* (n° 138).
SECT. 5e. — *Remise accordée aux greffiers* (n° 160).
SECT. 6e. — *Émolumens des greffiers* (n° 166).
§ 1er. — *Greffiers des cours royales* (n° 167).
§ 2. — *Greffiers des tribunaux de première instance* (n° 174).
§ 3. — *Greffiers des tribunaux de commerce* (n° 185).
§ 4. — *Greffiers des justices de paix* (n° 199).
§ 5. — *Secrétaires des conseils de prud'hommes* (n° 229).
SECT. 7e. — *Droits de greffe à la cour de Cassation et à la cour des Comptes* (n° 236).

—

Sect. 1re. — *Historique. — Dispositions générales.*

2. — Les droits de greffe sont les plus anciens des droits perçus sur les actes judiciaires. — Bosquet (*Dict. des domaines*, v° *Droits de greffe*) cite une ordonnance de Philippe-le-Long de 1319, qui déclare que les greffes étaient du domaine royal, et que par conséquent il appartenait au roi d'en régler les émolumens et de s'en attribuer tout ou partie. — *Dict. des droits d'enreg.*, v° *Greffe* (*droits de*), n° 1er.

3. — Les droits de greffe n'étaient pas les seuls qui fussent perçus sur les actes judiciaires. Il y avait encore les droits de *scel*, ceux d'*insinuation* dans certains cas, enfin les *épices* des juges qui s'élevaient à une somme bien plus considérable que tous les autres droits ensemble, et sur lesquels on retenait une portion au profit du roi. — V. ces mots.

4. — Quant aux greffiers, ils furent jusqu'au commencement du XVe siècle rétribués par ceux de qui dépendaient les juridictions auxquelles ils étaient attachés. Depuis, ils furent payés par les parties, même dans les domaines du roi et au parlement de Paris, bien qu'une ordonnance de Charles VII, du mois d'avr. 1454, leur eût assigné un traitement fixe, et défendu de rien exiger pour la délivrance des arrêts et jugemens. — Fournel, *Histoire des avocats*, t. 2, p. 134 ; Legier, *Rapport au conseil des Cinq Cents*, 13 vendém. an VII. — V. *Moniteur*, 17 vendém.

5. — A partir de 1490, les droits à percevoir par les greffiers furent réglés par des ordonnances. Enfin, leurs fonctions furent érigées en titres d'of-

fice, moyennant finances. — Fournel et Legier, *ibid.*

6. — Les droits de greffe, de scel, d'insinuation, les épices, les droits réservés, furent tous supprimés par l'assemblée constituante (décr. 5-19 déc. 1790, art. 1er), qui voulait que la justice fût rendue gratuitement, et elle les remplaça par un seul droit d'enregistrement. Un traitement fixe fut assigné à tous les greffiers.

7. — Depuis, néanmoins, comme en instituant le tribunal de Cassation, on lui avait déclaré applicable le règlement du 28 juin 1738, sur la forme de procéder devant le conseil des parties que ce tribunal remplaçait, on se crut autorisé par là à percevoir au greffe du tribunal de Cassation les droits précédemment perçus à celui du conseil des parties, bien que ces droits fussent, pour la plupart, fixés non par le règlement de 1738, mais par celui du 12 sept. 1739. — La loi du 29 frim. an IV assigna aux frais du trésor un traitement au greffier, aux commis-greffiers et à tous les employés du greffe du tribunal de Cassation, puis elle ajouta (art. 4) que les droits et émolumens du greffe seraient perçus pour le compte de la nation. — Enfin, un arrêté du 19 vent. an XI a rendu applicable aux actes et jugemens concernant les affaires de la nature de celles mentionnées en l'art. 9, L. 1er déc. 1790, le droit d'expédition dû pour toutes celles de la compétence de ce tribunal.

8. — Cependant, le besoin d'impôts avait fait rétablir les droits de greffe. — La loi du 21 vent. an VII en ordonna la perception dans les greffes des tribunaux civils et de commerce. Pour repousser cette loi, on disait qu'elle violait la constitution de l'an III, dont l'art. 205 portait que la justice serait rendue gratuitement. Mais on répondit que cette disposition ne s'appliquait qu'aux juges qui ne pourraient rien recevoir des parties, et ne s'opposait pas plus à l'établissement des droits de greffe qu'elle n'avait empêché celui des droits de timbre et d'enregistrement. — *Monit.*, 21 et 24 niv. an VII. — La loi du 22 prair. an VII a complété celle du 21 vent. précédent et réglé les droits de greffe en matière de vente volontaire et d'expropriation forcée.

9. — Quant aux droits de greffe dans les tribunaux criminels et correctionnels, l'art. 27, L. 21 vent. an VII, portait qu'il serait statué à cet égard par une résolution particulière. Le projet présenté à ce sujet fut rejeté le 22 prair. an VII, et depuis il n'a pas été reproduit. Seulement, le décret du 18 juin 1811 a fixé les émolumens des greffiers en matière criminelle, correctionnelle et de police.

10. — Depuis la promulgation du Code civ. et du Code de procéd., qui apportaient des changemens à plusieurs des actes désignés par les lois des 21 vent. et 22 prair. an VII, les droits de greffe ont été de nouveau fixés en partie par le décret du 12 juill. 1808.

11. — Aux différens droits de greffe il doit être ajouté un décime par franc établi, à titre de subvention de guerre, par la loi du 6 prair. an VII, comme sur ceux d'enregistrement, de timbre, etc. — V. DÉCIME DE GUERRE.

12. — Des droits de greffe spéciaux ont été établis sur l'enregistrement dans les tribunaux des lettres patentes portant institution de majorats, ou conférant des titres de noblesse, ou accordant des dispenses d'âge ou de parenté pour mariage, etc. — V. LETTRES PATENTES.

13. — La loi du 21 avr. 1832, art. 7, prescrit que les droits perçus au conseil d'état en vertu de l'ord. du 18 janv. 1826, sous le titre de *frais de greffe* soient versés au trésor public.

14. — En Algérie, les droits de greffe et d'expédition fixés par les tarifs de France sont perçus au profit du trésor. — Ord. 10 août 1834, art. 23; 19 oct. 1841, art. 1, 3 et 7; 28 fév. 1841, art. 28; 26 1842, art. 28.

15. — Chaque année, la loi qui fixe le budget des recettes autorise la perception des droits de greffe, comme celle des droits d'enregistrement, de timbre, d'hypothèques, etc. — Ainsi, pour le budget de 1847, V. L. 3 juill. 1846, art. 7.

16. — Les greffiers des cours royales et des tribunaux civils et de commerce ont droit, indépendamment du traitement fixe qu'ils reçoivent du gouvernement : 1° à une remise sur les différens droits de greffe, 2° et à des émolumens. Cette seconde disposition est applicable aussi aux greffiers des justices de paix et aux secrétaires des conseils de prud'hommes.

Sect. 2e. — *Droits de greffe dans les cours royales et dans les tribunaux de première instance et de commerce.*

17. — En matière civile et commerciale, il y a trois sortes de droits de greffe proprement dits : 1° le droit de mise au rôle; 2° le droit de rédaction et de transcription; 3° et le droit d'expédition.

§ 1er. — *Droit de mise au rôle.*

18. — Le droit de mise au rôle « est la rétribution due pour la formation et la tenue des rôles et l'inscription de chaque cause sur le rôle auquel elle appartient. » — L. 21 vent. an VII, art. 3. — « Il semble, disent MM. Bioche et Goujet (*Dict. de procéd.*, v° *Greffe (droits de)*, n° 15), que l'on ait voulu ici dissimuler l'impôt; mais il suffit, pour le mettre en évidence, de faire observer que le greffier n'a qu'une faible remise sur ce droit. » —

19. — Depuis la publication du Code de procédure, ce droit a dû continuer d'être perçu conformément à la loi du 21 vent. an VII. — Décis. min. just. et fin., 30 juin et 14 juill. 1807; décr. 12 juill. 1808, art. 5.

20. — Le droit de mise au rôle est de 5 francs pour les causes sur appel des tribunaux civils et de commerce portées devant les tribunaux d'appel; — de 3 francs pour les causes ordinaires portées devant les tribunaux civils en première instance ou sur appel des juges de paix; — de 1 fr. 50 cent. pour les causes sommaires et provisoires et pour celles portées devant le tribunal de commerce. — L. 21 vent. an VII, art. 3.

21. — Lorsqu'à défaut de tribunal de commerce dans un arrondissement, les affaires sont portées devant le tribunal civil, le droit de mise au rôle est de 1 fr. 50 c. et non de 3 fr., parce qu'alors le tribunal civil fait les fonctions de tribunal de commerce. — Arg. C. comm., 640 et 641; — Circ. min., 11 prair. an VII, n° 1577.

22. — Bien que l'art. 404, C. procéd., répute matières sommaires les appels des juges de paix, ils doivent donner lieu au droit de 3 fr., car la loi de vent. an VII les y a nominativement soumis, quoique la loi du 24 août 1790, tit. 3, art. 12, les eût déjà rangés parmi les causes sommaires. — Déc. min. just. et fin., 30 juin et 14 juill. 1807.

23. — Mais le droit de 1 fr. 50 c. est seul applicable pour les causes déclarées sommaires par le Code, même pour celles non considérées comme telles auparavant, car c'est la nature de la cause, telle que la loi la fixe, qui détermine la quotité du droit dans tous les cas où il n'y a pas d'exception. — V. *Journ. enreg.*, art. 2814. — Il y a même raison de décider pour les causes désignées par l'art. 1er, L. 11 avr. 1838. — Bioche et Goujet, *Dict. de procéd.*, v° *Greffe (droits de)*, n° 19.

24. — Il suit de l'art. 404, C. procéd., qu'il n'est dû que le droit de 1 fr. 50 c. pour les causes qui n'excèdent pas 1,000 fr. (1,500 fr., L. 11 avr. 1838, art. 1er), qu'il y ait titre ou non. Quant à celles dont l'objet excède 1,000 fr. (1,500 fr.) lorsqu'il y a titre, la perception est aussi de 1 fr. 50 c.; mais le greffier doit exiger le supplément lorsque le titre est contesté. — Décis. min. just. et fin., 6 et 16 fév. 1813; instr. 626; — Roland et Trouillet, *Dict. d'enregistr.*, v° *Greffe (droits de)*, § 1, n° 3.

25. — Après avoir fixé les droits de mise au rôle, l'art. 3, L. 21 vent. an VII, ajoute : « Le tout sans préjudice du droit de 25 c. qui est accordé aux huissiers audienciers pour chaque placement de cause. » — Cette disposition n'a plus d'effet aujourd'hui, car ce sont les avoués qui font inscrire les causes aux rôles, et les huissiers audienciers n'ont un émolument que pour l'appel des causes à l'audience. — Tarif, 16 fév. 1807, art. 152 et 157; — Décr. 30 mars 1808, art. 19, 21, 56 et 59.

26. — Le même art. 3, L. 21 vent. an VII, ajoute : « L'usage des placets pour appeler les causes est interdit; elles ne pourront l'être que sur les rôles et dans l'ordre de placement. » — Néanmoins à Paris on a conservé l'usage des placets. Mais la loi n'a eu pour but que d'empêcher que des causes fussent soustraites au droit de mise au rôle; or, la prohibition de la loi n'est pas éludée, car, nonobstant les placets, les causes y sont portées sur le rôle général. — Bioche et Goujet, *Dict. de procéd.*, v° *Greffe (droits de)*, n° 21. — Les placets portent la mention de la mise au rôle.

27. — Le droit de mise au rôle est perçu par le greffier avant d'inscrire la cause au rôle; il en donne une quittance qui n'est assujétie à d'autre droit qu'à celui de timbre. — L. 21 vent. an VII, art. 4 et 24.

28. — Dès-lors est illégal l'usage où sont quelques greffiers de faire imprimer ces quittances et d'en faire supporter les frais aux parties, au moyen d'une légère rétribution. — Bioche et Goujet, *ibid.*, n° 23.

29. — A Paris, l'usage est de faire représenter, lors de la mise au rôle, l'original de l'exploit d'assignation, et d'y porter en marge une mention signée du greffier ou de son commis, indiquant seulement le numéro de la cause et la date de son inscription. — Bioche et Goujet, n° 23.

30. — Le droit de mise au rôle se perçoit pour les causes qui sont jugées par défaut, comme pour celles qui sont jugées contradictoirement. — Décis. min. fin., 30 juin–14 juill.-22 oct. 1807; inst. gén., 25 mars 1808, n° 368.

31. — Les causes intentées par les procureurs du roi en exécution de la loi du 4 vent. an IX, concernant les rentes et domaines usurpés, abandonnés aux hospices, sont passibles du droit de mise au rôle. — Avis cons. d'état, 5 niv. an XII; — Roland et Trouillet, *Dict. d'enregistr.*, v° *Greffe (droits de)*, § 1er, n° 7.

32. — Ne sont point assujétis au droit de mise au rôle : 1° les référés. — Décr. 12 juill. 1808, art. 5.

33. — ... 2° Les affaires renvoyées à l'audience en état de référé; car elles ne sont point portées au rôle. — Décr. 30 mars 1808, art. 66.

34. — ... 3° Les appels des ordonnances ou des jugemens de référé. — Décr. 12 juill. 1808, art. 5. — Car les affaires qui y donnent lieu ne changent pas de nature pour être soumises à un second degré de juridiction. — Bioche et Goujet, *ibid.*, n° 25.

35. — ... 4° Les demandes portées devant le juge par simple requête, et qui ont pour objet, soit de faire autoriser une femme mariée, à défaut de l'autorisation de son mari, à la poursuite de ses droits et actions, soit de faire procéder à une saisie d'effets mobiliers, soit de faire nommer un curateur à une succession vacante, etc. Car ces affaires ne présentant rien de contentieux et appartenant à la juridiction volontaire ne sont pas de nature à être inscrites sur le rôle. Toutefois si la demande est suivie d'opposition ou donne lieu à des débats judiciaires, elle doit être inscrite sur le rôle, et le droit acquitté avant l'appel de la cause. — Circul. 14 prair. an VII, n° 1577.

36. — Le droit de mise au rôle ne peut être exigé qu'une fois. — L. 21 vent. an VII, art. 3. — De ce principes découlent les conséquences suivantes :

37. — Si la cause a été rayée, elle doit être placée gratuitement à la fin du rôle avec mention du premier placement (L. 21 vent. an VII, art. 3), sauf à l'avoué à payer personnellement le coût de l'expédition du jugement de radiation dans le cas de l'art. 29, Décr. 20 mars 1808. — Bioche et Goujet, *ibid.*, n° 26.

38. — Les causes qui auraient acquitté le droit de mise au rôle dans un tribunal supprimé depuis, n'en devraient pas un autre au nouveau tribunal où elles seraient portées. — Décis. min. fin., 28 vendém. an IX.

39. — L'instance sur une opposition ne donne pas lieu à la perception du droit de mise au rôle, quand le droit a été acquitté pour la cause principale. — Circul. 14 prair. an VII, n° 1577.

40. — Il n'est pas dû non plus pour des demandes incidentes (arg. L. 21 vent. an VII, art. 3); car elles sont des accessoires de causes qui l'ont déjà acquitté.

41. — Il y a même raison de décider pour les demandes en intervention ou en mise en cause pour garantie. — Décis. min. fin. 2 fruct. an VII. — Quant aux demandes en garantie qui n'ayant pas été jointes à la demande principale sont instruites séparément, M. Dalloz (v° *Droits de greffe*, § 1er, n° 8) pense que le droit est dû. Mais, disent MM. Bioche et Goujet, cela suppose qu'il a été préalablement rendu un jugement déclarant qu'il n'y a pas lieu à la jonction des deux instances ou prononçant leur disjonction, sinon le greffier ne pourrait savoir s'il doit exiger le droit de mise au rôle. Il leur semble donc que le droit n'est pas dû quand la demande se rattache à une affaire déjà pendante devant le tribunal; mais qu'il en doit être autrement quand la demande en garantie est formée après le jugement de la contestation originaire. — *Dict. de procéd.*, v° *Greffe (droits de)*, n° 28.

42. — La même distinction est à faire pour les demandes en déclaration de jugement commun. — Bioche et Goujet, *ibid.*, n° 30.

43. — Le droit de mise au rôle n'est pas dû pour la requête civile et la tierce-opposition incidente; mais il doit être perçu pour la tierce-opposition principale; car c'est alors une nouvelle contestation qui s'élève. — Bioche et Goujet, *ibid.*, n° 27.

§ 2. — *Droit de rédaction et de transcription.*

44. — Le droit de rédaction et de transcription est dû pour les actes rédigés ou transcrits au greffe; il est le salaire de la formalité. Ce droit établi par les lois des 21 vent. et 22 prair. an VII a été réglé définitivement par le décret du 12 juill. 1808.

45. — La perception de ce droit se fait au profit

du trésor sur la minute des actes qui y sont sujets. — L. 21 vent. an VII, art. 5 et 10; décr. 12 juill. 1808, art. 1er.

46. — La perception a lieu par l'intermédiaire du greffier qui donne quittance aux parties. — L. 21 vent. an VII, art. 4; L. 23 juill. 1820, art. 2. — Cette quittance n'est soumise à aucun autre droit qu'à celui du timbre. — L. 21 vent. an VII, art. 24.

47. — Les greffiers étant censés avoir reçu le droit de rédaction et de transcription au moment où ils rédigent ou transcrivent les actes, ce droit est dès-lors même acquis au trésor. — Circ. enreg. 16 germin. an VII, no 1537.

48. — Les droits de rédaction et de transcription sont ou proportionnels ou fixes, et leur quotité varie suivant la nature des actes.

49. — 1o *Actes sujets au droit proportionnel de rédaction et de transcription.* — Les actes soumis au droit proportionnel de rédaction sont : 1o les adjudications faites en justice; — 2o les mandemens ou bordereaux de collocation. — Décr. 12 juill. 1808, art. 1er, no 2.

50. — *Adjudications faites en justice.* — Elles sont soumises à un droit de un demi pour cent sur les cinq premiers 1,000 fr. et de 25 cent. par 100 fr. sur ce qui excède 5,000 fr. — Décr. 12 juill. 1808, art. 1er, no 2.

51. — Le décret du 12 juill. 1808 n'a point distingué, comme l'avait fait la loi du 22 prair. an VII, les adjudications volontaires, les licitations, ni les expropriations. Par ces mots : *Adjudications faites en justice*, il les comprend toutes. — *Dict. des dr. d'enregistr.*, vo *Greffe (droits de)*, no 1 4.

52. — Les adjudications de biens meubles sont passibles des mêmes droits de rédaction que celles des immeubles. — *Dict. des droits d'enregistr.*, vo *Greffe* (droits de), no 201. — Il en est de même des adjudications de baux emphytéotiques. — Roland et Trouillet, *Dict. d'enregistr.*, vo *Greffe (droits de)*, § 2, no 63.

53. — Si les biens adjugés sont situés en pays étranger, il n'y a pas lieu à la perception du droit proportionnel d'enregistrement; mais il y a lieu à celle du droit proportionnel de rédaction. — *Cass.*, 11 déc. 1820, Enreg. c. Kohlaas.

54. — En cas de revente sur folle enchère, le droit n'est dû que sur ce qui excède la première adjudication. — Décr. 12 juill. 1808, art. 3. — Au contraire, le droit à percevoir sur une surenchère, par suite de vente volontaire, doit porter sur la totalité du prix. — Solut. 12 mars 1832; — Roland et Trouillet, *Dict. d'enregistr.*, vo *Greffe (droits de)*, § 2, nos 69 et 78.

55. — Pour les licitations, le droit n'est exigible que sur la valeur de la part acquise par le colicitant, s'il reste adjudicataire. — Décr. 12 juill. 1808, art. 3.

56. — Dans aucun cas, la perception ne peut être au-dessous du droit fixe de 1 fr. 25 c., déterminé, pour les moindres actes, par l'art. 5, L. 21 vent. an VII. — Décr. 12 juill. 1808, art. 3.

57. — Quant aux adjudications de jouissances emphytéotiques, créées par actes antérieurs au Code civil, il faut, pour la perception du droit de rédaction, établir le capital sur dix fois le prix annuel, pour tout bail dont la durée n'excède pas trente ans, et sur vingt fois pour ceux au-dessus de ce terme, en y joignant les deniers d'entrée. — Déc. min. fin., 5 mai 1812; — Roland et Trouillet, *Dict. d'enreg.*, vo *Greffe (droits de)*, § 2, no 64.

58. — Quand l'adjudication est faite en plusieurs lots, on avait d'abord pensé que le droit devait être perçu sur le prix cumulé des différens lots. — *J. enregistr.*, art. 925. — Mais depuis on a reconnu qu'il y avait autant d'adjudications particulières et indépendantes qu'il y avait de lots; qu'ainsi le droit doit être liquidé séparément, à raison de 50 c. pour 100 fr. sur les cinq premiers 100 fr. et de 25 cent. sur le surplus du prix de chaque lot; que toutefois on devait réunir les lots adjugés à la même personne. — *J. enregistr.*, art. 7404; *Dict. des dr. d'enreg.*, vo *Greffe (droits de)*, no 186.

59. — Le droit proportionnel de rédaction doit porter non seulement sur le prix de l'adjudication, mais encore sur les frais et autres charges, notamment sur la valeur de l'usufruit lorsqu'il est réservé. — Délib. 4 sept. 1822; — Roland et Trouillet, *Dict. d'enregistr.*, vo *Greffe (droits de)*, § 2, no 6.

60. — Le décret de 1808 et la décision du ministre des finances du 12 juill. 1810, voulant que les droits proportionnels de greffe soient perçus comme ceux d'enregistrement, on doit suivre les sommes de 20 fr. en 20 fr. inclusivement et sans fraction. — Roland et Trouillet, *Dict. d'enregistr.*, vo *Greffe (droits de)*, § 2, no 59.

61. — Lorsque, par suite d'appel, une adjudication est annulée, il y a lieu de restituer le droit proportionnel de rédaction. — Décr. 12 juill. 1808, art. 4.

GREFFE (Droits de), sect. 2e.

62. — Le droit de rédaction n'est pas dû sur un jugement portant résolution de vente pour défaut de paiement du prix, bien qu'il soit soumis au droit proportionnel de mutation comme opérant une rétrocession de propriété. La loi n'y soumet que les adjudications faites en justice, parce que c'est le greffier qui les rédige. — Décis. min. fin., 21 juill. 1820. — *Dict. des dr. d'enreg.*, vo *Greffe (droits de)*, no 205.

63. — Par la même raison, lorsqu'une déclaration de command est faite après le délai utile, le droit proportionnel de rédaction n'est point dû, bien que le droit proportionnel d'enregistrement soit exigible en pareil cas; car il n'y a pas lieu à la rédaction d'une seconde adjudication. — *Dict. des dr. d'enreg.*, vo *Greffe (droits de)*, no 195; Bioche et Goujet, *cod. verb.*, nos 45 et 46. — *Contrà Journ. Enreg.*, art. 3143.

64. — Si plusieurs lots ont été adjugés à un avoué, et qu'il nomme un command par lot, il est dû autant de droits qu'il y a de commands; mais s'il n'était adjudicataire que d'un lot, il ne serait dû qu'un droit, quoiqu'il déclarât plusieurs commands. — Solut., 7 déc. 1822. — *Dict. des dr. d'enreg.*, vo *Greffe (droits de)*, no 147.

65. — Si les droits de rédaction sur les adjudications n'ont pas été consignés dans les vingt jours entre les mains du greffier, le recouvrement en est poursuivi contre les parties par le receveur de l'enregistrement. — L. 22 frim. an VII, art. 37; 28 avr. 1816, art. 38. — *Dict. des dr. d'enreg.*, vo *Greffe (droits de)*, no 187.

66. — *Mandemens ou bordereaux de collocation.* — Il est dû sur chacun un droit de 25 c. par 100 fr. du montant de la créance colloquée. — Déc. 12 juill. 1808, art. 1er, no 2; décis. min. fin. 8 déc. 1842; inst. 1704, § 9.

67. — 2o — *Actes sujets au droit fixe de rédaction et de transcription.* — Sont soumis à un droit fixe de 3 fr.: 1o La transcription au greffe d'une saisie immobilière. — Décr. 12 juill. 1808, art. 1er, no 5.

68. — ...2o Le dépôt de l'extrait, certifié par le conservateur des hypothèques des inscriptions existantes, lequel doit être annexé au procès-verbal d'ordre. — C. procéd., art. 752. — Décr. 12 juill., 1808, art. 1er, no 2. — Dans l'usage, on annexe l'état des inscriptions au procès-verbal sans dresser d'acte de dépôt. — Bioche et Goujet, *Dict. de procéd.*, vo *Greffe (droits de)*, no 32.

69. — Si la transcription d'une saisie immobilière constate en même temps que l'extrait en a été inséré au tableau, il est dû 3 fr. pour la transcription et 1 fr. 25 pour publication. — *Dict. des dr. d'enreg.*, vo *Greffe (droits de)*, no 173. — Dans l'usage, on fait un acte de dépôt séparé pour l'extrait de la saisie. — Bioche et Goujet, no 52.

70. — Sont soumis au droit fixe de 1 fr. 50 c.: 1o l'acte de dépôt de titres pour la distribution de deniers par contribution ou par ordre, et ce pour chaque production. — L. 22 prairial an VII, art. 1er, no 4; décr. 12 juill. 1808, art. 1er, no 2; décis. min. fin. 8 déc. 1843; instr. 1707, § 3. — Mais il n'est pas exigible pour chacune des pièces produites. — Bioche et Goujet, *ibid.*, no 53. — Si le dépôt ou la production n'est constaté que sur le procès-verbal du juge-commissaire, c'est sur ce procès-verbal que le droit est perçu. — *Dict. des dr. d'enreg., cod. verb.*, no 134. — 2o La surenchère faite au greffe. — Décr. 12 juill. 1808, art. 1er, no 2. — 3o La radiation de saisie immobilière. — *Ibid.*

71. — Sont soumis au droit fixe de 1 fr. 25 c., dans tous les cas où un droit plus fort n'est pas exigé, tous les actes, procès-verbaux et rapports faits ou rédigés par le greffier (décr. 12 juill. 1808, art. 1er, no 1er). Cette disposition par sa généralité prévient toutes les objections tirées de ce que certains actes n'auraient pas été spécialement désignés par la loi (instr. gén. 3 sept. 1808, no 398). — Nous ne présenterons donc pas la nomenclature de tous les actes désignés ou non, qui sont assujétis au droit. Nous parlerons seulement de ceux à l'égard desquels la perception donne lieu à quelques observations.

72. — Les actes de dépôt doivent être transcrits à la suite les uns des autres sur un registre en papier timbré, coté et paraphé par le président du tribunal. — Les actes de décharge de ces mêmes dépôts sont portés sur le registre en marge de l'acte de dépôt. — Décr. 12 juill. 1808, art. 2.

73. — *Certificats délivrés en brevet.* — On avait d'abord pensé que ces actes étaient exempts du droit de rédaction que la loi prescrit de percevoir sur la minute (instr. gén. 3 sept. 1808, no 398). Mais, depuis, on a décidé qu'il y sont soumis, comme compris dans les termes généraux de l'art. 1er, décr. 12 juill. 1808. — Délib. 8 oct. 1832.

74. — *Déclarations faites au greffe, etc.* — Pour l'acte d'affirmation de voyage, il est dû autant de droits de rédaction qu'il y a d'individus. —

GREFFE (Droits de), sect. 2e.

Décis. min. fin. 18 niv. an VII; circul., no 1771

75. — *Dépôt de signatures et paraphes de notaires.* — Le droit est dû lors même que le dépôt est fait par le procureur du roi; mais il n'est dû qu'un seul droit, quoique la feuille déposée contienne la signature de plusieurs notaires de la même résidence. — Décis. min. fin. 11 thermid. an XII et 3 vendém. an XIII, Instr. gén. 3 fructid. an XIII et 3 sept. 1808, nos 290 et 398.

76. — *Dépôt de registres, répertoires et autres titres et pièces* de quelque nature et pour quelque cause que ce soit. — Le droit est applicable au dépôt que les notaires sont obligés de faire au greffe chaque année du double de leur répertoire. Il doit être dressé autant d'actes de dépôt qu'il y a de notaires déposans. — Instr. gén. 9 oct. 1806, 26 juill. et 3 sept. 1808, nos 318, 390 et 398, *J. Enreg.*, art. 3547.

77. — *Enquêtes.* — Outre le droit de 1 fr. 25 c. perçu pour les procès-verbaux, elles sont passibles d'un droit de 50 cent. pour chaque déposition de témoin. — L. 21 vent. an VII, art. 5; Décr. 12 juill. 1808, art. 1er, no 1er.

78. — En matière sommaire ou de commerce, pour affaires non suceptibles d'appel (C. pén., art. 410 et 432), les deux droits ne sont pas dus puisqu'il n'est pas rédigé de procès-verbal; et on ne peut les percevoir sur le jugement (*Dict. des dr. d'enreg.*, vo *Greffe (droits de)*, no 150). — Mais ils sont dus, dans les mêmes matières, pour les procès-verbaux qui sont dressés lorsqu'il s'agit d'affaires susceptibles d'appel. — Bioche et Goujet, *cod. verb.*, no 60.

79. — Le droit de 1 fr. 25 cent. n'est dû que sur l'ensemble du procès-verbal d'enquête et non par vacation. — Inst. gén. 30 déc. 1825, 1180, § 7, *Dict. des dr. d'enreg.*, vo *Greffe (droits de)*, no 149.

80. — *Insertions d'actes au tableau placé dans l'auditoire.* — Il n'est dû aucun droit de dépôt pour la remise au greffe des actes dont la publication est ordonnée par la loi : mais le droit de rédaction est dû pour leur publication. — Décr. 12 juill. 1808 art. 1er, no 1er.

81. — Les insertions doivent être constatées par un acte dont il reste minute. C'est sur cet acte, en quelque forme qu'il soit rédigé, que le droit est perçu. — Instr. gén. 3 sept. 1808, no 398; décis. min. fin. 19 oct. 1828; circul. min. just. 2 mars 1829.

82. — Dans le cas prévu par l'art. 2194, C. civ., pour la purge des hypothèques, il n'est pas dû plusieurs droits de greffe pour une adjudication consentie à plusieurs personnes (Délib. admin. enreg., 18 juill. 1828). — Il en serait autrement, si l'on avait réuni en un cahier les expéditions de plusieurs contrats de ventes faites séparément par le même individu à divers particuliers. — Décis. min. fin. 14 nov. 1829.

83. — *Récusations de juges.* — Il s'agit seulement ici des récusations régies par l'art. 384, C. procéd. (Instr. gén. 3 sept. 1808, no 398). Le droit n'est point applicable aux récusations de juges de paix. — Chauveau, *Comm. du tarif*, t. 1er, p. 40.

84. — *Transcription et enregistrement sur les registres du greffe d'oppositions et autres actes* désignés par les Codes (à l'exception de la saisie immobilière). — Le droit n'est dû qu'autant qu'il est délivré expédition de la transcription (Décr. 12 juill. 1808, art. 1er, no 1er). — Les simples mentions sur les registres du greffe sont considérées comme des enregistremens, et passibles du droit lorsqu'il en est délivré expédition. — Instr. gén. 3 sept. 1808, no 398.

85. — *Vérifications de créances.* — Le droit de 1 fr. 25 c. est dû pour les procès-verbaux de vérification de créances rédigés par le greffier sous la dictée du juge-commissaire. — En matière de faillite, la vérification des créances doit se faire par un seul procès-verbal (Arg. C. comm., 1838, art. 493). — Mais il n'est dû qu'un droit de rédaction pour un procès-verbal de vérification de plusieurs créances, affirmées par chacun des créanciers. — *J. Enreg.*, art. 1553.

86. — Le droit de rédaction n'est pas exigible dans les cas et pour les actes suivans:

87. — *Actes passés devant les juges de paix et leurs greffiers ou par les notaires*, en qualité de commissaires délégués par les tribunaux civils ou de commerce; car le droit représentant le salaire des greffiers de ces tribunaux ne peut être dû à ceux-ci pour des actes qu'ils n'ont pas rédigés (Décis. min. fin. 21 mars 1809; instr. 28 avr. 1809, no 429). — Décidé de même à l'égard des procès-verbaux des juges-commissaires ou délégués. — Décis. min. fin. et just. 10 et 17 nov. 1824; instr. gén. 1156, § 13.

88. — *Communication des pièces par la voie du greffe*; car elle ne donne lieu, de la part du greffier, à aucune rédaction ou transcription. — C. procéd., art. 106, 108, 109, 114 et 115; — *Dict. des dr. d'enreg.*, vo *Greffe (droits de)*, no 144.

89. — *Dépôt des registres de l'état civil.* — C'est là

une mesure d'ordre public qui ne doit pas être onéreuse pour les communes. — Décis. min. fin. 24 sept. 1808; instr. 10 nov. suiv., nº 405.

90. — *Dépôt de timbre.* — Ce dépôt est fait par mesure d'ordre public et dans l'intérêt du trésor. — *J. Enreg.*, nº 2386.

91. — *Dépôt des titres de créances à vérifier.* — Lorsque ces titres sont déposés au greffe (C. com., 491), le greffier en donne seulement récépissé, sans être tenu de dresser un acte de dépôt. — Inst. gén., 9 mars 1808, nº 420.

92. — *Prestation de serment.* — Les déclarations affirmatives dont parle le décret de 1808 ne doivent s'entendre que de celles faites au greffe par les tiers-saisis ou autres, et non des sermens qui se prêtent à l'audience par les parties ou par les fonctionnaires publics. — Déc. min. fin., 11 août 1807; *J. enregistr.*, art. 1062 et 2661.

93. — Il en est de même de la prestation de serment que font des experts devant le juge-commissaire, en vertu de l'art. 305, C. proc.; le juge ne fait alors que remplacer le tribunal. — *J. enreg.*, art. 2,599.

94. — Il n'est dû non plus aucun droit pour la mention faite sur la commission des employés appartenant à la régie des contributions indirectes et autres administrations, de la prestation de serment de ces employés. — Décis. min. just. et fin., 21 mai 1811.

95. — *Succession vacante.* — Les mandats ou ordonnances sont délivrés à des créanciers d'une succession vacante sur le produit des biens, sans qu'il y ait eu ordre ou distribution. — Décis. min. fin., 26 déc. 1809; *Dict. des droits d'enregistr.*, vº *Greffe (droits de)*, nº 207.

§ 3. — *Droit d'expédition.*

96. — Le droit d'expédition est la rétribution due pour l'expédition des jugemens et actes faits ou déposés au greffe. — La perception de ce droit, établie par les art. 7, 8 et 9 de la loi 21 vent. an VII, a été maintenue par l'art. 5 du décr. du 12 juill. 1808.

97. — Le droit d'expédition est perçu des parties ou de leurs représentans par l'intermédiaire du greffier. C'est le receveur d'enregistrement qui en donne quittance en marge des expéditions. — L. 21 vent. an VII, art. 10 et 24; L. 23 juill. 1820, art. 2.

98. — Le greffier ne peut délivrer aucune expédition que les droits n'aient été acquittés sous peine de restitution du droit et de 100 fr. d'amende, sauf, en cas de fraude et de malversation évidentes, à être poursuivi devant les tribunaux, conformément aux lois. — L. 21 vent. an VII, art. 11.

99. — Les greffiers ne peuvent exiger aucun droit de recherche des actes et jugemens dont ils font l'expédition, ni des actes et jugemens rendus dans l'année. — L. 21 vent. an VII, art. 14.

100. — Lorsqu'un rôle ne se trouve écrit qu'en partie, le droit est dû comme pour un rôle entier. — Circ. enreg. 16 germin. an VII, nº 1537; instr. gén. 3 sept. 1808, nº 398.

101. — Chaque expédition doit contenir vingt lignes à la page, et huit à dix syllabes à la ligne, compensation faite des unes avec les autres. — L. 21 vent. an VII, art. 6.

102. — La peine de 100 fr. d'amende et de la destitution est applicable aux greffiers qui délivrent des expéditions des jugemens qui ne contiennent pas le nombre de lignes à la page et de syllabes à la ligne prescrit par l'art. 5, L. 21 vent. an VII. — La destitution peut être prononcée par le tribunal qui constate la contravention. — *Cass.*, 16 mai 1806, Wauters.

103. — Dans les actes où il est permis d'énoncer les sommes et les dates en chiffres, pourvu que l'expédition ne contienne que le nombre de lignes voulues à la page, compensation faite des unes avec les autres, on peut insérer dans chaque ligne autant de chiffres qu'elle peut en comporter, indépendamment du nombre de syllabes fixé par la loi. — Inst. 20 juill. 1820, nº 942.

104. — Dans les expéditions des actes renfermant des tableaux de chiffres qui ne peuvent être syncopés, sans en détruire l'intelligence, on peut reproduire ces tableaux, sauf aux greffiers à établir à la fin, par une récapitulation certifiée, le nombre de lignes y contenue, pour qu'après vérification les droits de timbre et de greffe soient perçus à raison du nombre de lignes fixé par la loi. — Inst. 20 juill. 1820, nº 942.

105. — Les droits d'expédition sont de trois sortes: de 2 fr., de 1 fr. 25 c. ou de 1 fr. par rôle, suivant la nature des actes.

106. — *Sont soumises au droit de 2 fr. par rôle* les expéditions d'arrêts définitifs, soit contradictoires, soit par défaut rendus sur appel des tribunaux civils et de commerce. — L. 21 vent. an VII, art. 7.

107. — Lorsqu'un arrêt contient tout à la fois des dispositions préparatoires et d'autres qui sont définitives, les droits de greffe à percevoir sur l'expédition doivent être les mêmes que si l'arrêt était définitif. Il n'est pas permis de n'exiger que sur une moitié des rôles le droit de 2 fr. fixé pour les arrêts définitifs, et sur l'autre moitié celui de 1 fr. fixé pour les arrêts et jugemens préparatoires. — *Cass.*, 20 juin 1810, Enreg. c. Lambert.

108. — *Sont soumises au droit de 1 fr. 25 c. par rôle:* 1º Les expéditions des jugemens définitifs rendus par les tribunaux civils soit par défaut, soit contradictoires, en dernier ressort ou sujets à l'appel, en première instance ou sur appel des juges de paix. — L. 21 vent. an VII, art. 8. — On doit y comprendre celles des jugemens qui homologuent des délibérations des chambres de discipline (décis. min. fin. 3 janv. 1823) et des jugemens qui condamnent des avoués à des remises de pièces (*J. enreg.*, art. 2514); — 2º celles des décisions arbitrales; — 3º celles des ventes et baux judiciaires. — L. 21 vent. an VII, art. 8. — Dans le cas de leur résiliation par jugement, le même droit est dû. — Décis. min. fin. 3 mai 1812; *J. enreg.*, art. 4664.

109. — *Sont soumises au droit de 1 fr. par rôle:* 1º les expéditions des arrêts et jugemens interlocutoires, préparatoires et d'instruction. — L. 21 vent. an VII, art. 9.

110. — ... 2º Celles de tous les jugemens, quels qu'ils soient, des tribunaux de commerce (L. 21 vent. an VII, art. 9) ou des tribunaux de première instance lorsqu'ils en remplissent les fonctions. — *J. enreg.*, art. 2588. — Telles sont celles des jugemens qui déclarent l'ouverture de la faillite. — C. comm. 1838, art. 440; *J. enreg.*, art. 2920.

111. — ... 3º Celles des enquêtes, interrogatoires, rapports d'experts, délibérations, avis de parens, dépôts de bilan, pièces et registres, déclarations affirmatives, renonciations à communauté ou à succession, et généralement *de tous actes faits ou déposés au greffe*, pour lesquels il n'est pas exigé un droit d'expédition de 2 fr. ou de 1 fr. 25. — L. 21 vent. an VII, art. 9.

112. — Tous les procès-verbaux du ministère du juge assisté du greffier constituant des actes du greffe (C. procéd., art. 1040), les expéditions qui en sont délivrées sont passibles du droit de 1 fr. — Décidé ainsi au sujet des procès-verbaux de vérification de créances en matière de faillite. — Décis. min. fin. 30 oct. 1810.

113. — Les minutes des enquêtes et interrogatoires sur faits et articles ne doivent pas sortir du greffe pour être lues à l'audience; c'est aux parties à s'en faire délivrer des expéditions en forme. — Décis. min. fin. 17 thermid. an VII; circ. 14 vent. an IX, nº 1974; instr. gén. 3 sept. 1808, nº 398.

114. — Un exécutoire de dépens étant moins un jugement qu'une ordonnance, l'expédition rentre sous la disposition de l'art. 9, L. 21 vent. an VII, et n'est soumise qu'au droit de 1 fr. par rôle. — *J. enreg.*, art. 1053.

115. — Les ordonnances de référé étant de leur nature provisoires (C. procéd., art. 809), les expéditions qui en sont délivrées ne sont passibles que du droit de 1 fr. — Lorsque, dans le cas d'absolue nécessité, le juge ordonne l'exécution de son ordonnance sur la minute (C. procéd., art. 811), le receveur règle provisoirement le droit sur le nombre des rôles présumés, sauf la perception définitive sur l'expédition, qui est ensuite délivrée. — Décis. min. just. et fin. 12 juin 1810; instr. gén. 12 juill. suiv., nº 482. — Cela est applicable aux jugemens intervenus sur affaires renvoyées à l'audience en état de référé, et même aux arrêts qui statuent sur appel en cette matière. — Bioche et Goujet, *Dict. de procéd.*, vº *Greffe (droits de)*, nº 92.

116. — Le même droit est dû: 1º pour l'expédition de la mention sommaire de l'opposition à un jugement par défaut, ou de l'appel, sur le registre tenu au greffe. — C. procéd., art. 163 et 549. — *J. enreg.*, art. 2376.

117. — ... 2º Pour celles des actes de présentation et d'enregistrement au greffe des lettres de réception des médecins, officiers de santé et sages-femmes, et des titres de réception des notaires. — L. 19 et 25 vent. an XI; instr. gén. 28 pluv. an XII, nº 204; — *J. enreg.*, art. 1554.

118. — ... 3º Pour celles de l'enregistrement au greffe des dispenses d'âge ou de parenté pour mariage. — *Dict. des dr. d'enreg.*, vº *Greffe (droits de)*, nº 236.

119. — Les expéditions des jugemens et actes des anciens tribunaux supprimés en 1790 ou depuis, et dont les minutes sont déposées aux greffes des cours et tribunaux, sont passibles du droit suivant leur espèce. — *J. enreg.*, art. 418 et 2404.

120. — Dans le cas où, par suite d'une instance en faux incident civil, des actes et registres se trouvent déposés au greffe, les greffiers ne peuvent délivrer aucune copie ni expédition des pièces prétendues fausses, si ce n'est en vertu d'un jugement (C. procéd., art. 245); l'expédition est alors passible du droit de 1 fr. par rôle. — *J. enreg.*, art. 2905.

121. — Quant aux actes non argués de faux, les greffiers peuvent sans jugement en délivrer des expéditions aux parties qui ont droit d'en demander; mais ils ne peuvent prendre de plus grands droits que ceux qui seraient dus aux dépositaires des minutes et registres. — C. procéd., art. 245. — Le droit de 1 franc par rôle doit être encore perçu, et lorsqu'il s'agit d'actes de notaires, le droit est toujours moindre que celui attribué à ces officiers publics pour leurs expéditions. — *J. enreg.*, art. 2,905.

122. — S'il a été fait par les dépositaires des minutes des expéditions pour tenir lieu desdites minutes, en exécution de l'art. 203, C. procéd., ces actes ne peuvent être expédiés que par lesdits dépositaires. — C. proc., art. 245.

123. — Les expéditions que les greffiers des juges de paix délivreraient d'actes qu'ils auraient faits en vertu de commissions rogatoires des cours et tribunaux ne sont point passibles du droit de greffe dont il s'agit ici; mais si elles sont délivrées par le greffier du tribunal qui a délégué les pouvoirs, les droits sont exigibles suivant la nature de l'acte et la qualité du tribunal. — Décis. min. fin. 21 mars 1809.

124. — Ne sont point passibles du droit d'expédition: — 1º les ordonnances rendues par le juge sur requête des parties, car elles ne doivent point être expédiées. — Décis. min. just. et fin. 12 juin 1810; instr. gén. 12 juill. suiv., nº 482.

125. — ... 2º Les arrêts de délégation rendus par les cours royales à l'effet de commettre un tribunal civil pour recevoir le serment des juges de commerce. — C. comm., art. 629.

126. — ... 3º Les certificats de non-opposition au remboursement des cautionnemens. Il n'en reste pas de minute au greffe. — Décis. min. fin. 21 oct. 1806, circ. 11 déc. suiv.; déc. min. fin. et just. 1er et 8 avr. 1836.

127. — ... 4º Les extraits délivrés par les greffiers des actes de l'état civil; car ceux délivrés par l'autorité administrative n'y étant pas soumis, il y a identité de raison. D'ailleurs ils sont exempts de l'enregistrement. — *J. enreg.*, art. 1974; décis. min. fin. 2 janv. 1836.

128. — En aucun cas le droit d'expédition n'est restituable. — Déc. min. fin. 21 oct. 1806; décr. 12 juill. 1808, art. 4; — *Dict. des dr. d'enreg.*, vº *Greffe (droits de)*, nº 254.

Sect. 3e. — *Affaires exemptes des droits de greffe.*

129. — Ne sont point passibles des droits de greffe: — les affaires criminelles et correctionnelles. — Bioche et Goujet, *Dict. de procéd.*, vº *Greffe (droits de)*, nº 100.

130. — ... Les appels des décisions des juges de paix sur les contestations civiles en matière de douanes. — L. 4 germin. an II, tit. 6, art. 17. — Bioche et Goujet, *ibid.*, nº 104.

131. — ... Les instances relatives aux droits d'enregistrement (Loi 22 frim. an VII, art. 65, nº 5). Il en est de même, en raison de l'analogie, des instances civiles, concernant les droits de timbre, de greffe, d'hypothèques et de contributions indirectes, proprement dites. (Arg. L. 27 vent. an IX, art. 17, et L. 5 vent. an XII, art. 86); — Bioche et Goujet, *ibid.*, nº 103.

132. — ... Les affaires civiles qui doivent être poursuivies d'office par le ministère public, lors même que les parties sont solvables (Décr. 18 juin 1811, art. 2, nº 14, 118 et suiv.) Les frais doivent être taxés conformément à ce décret (*ibid.*). — Mais il en est autrement pour les affaires où le ministère public agit dans l'intérêt du domaine de l'état, ou de la couronne, ou d'un établissement public. — Avis cons. d'état, 5 niv. an XII; Instr. gén., 9 pluv. suiv., nº 201.

133. — ... Les copies ou expéditions des actes de procédure, jugemens et arrêts dont la production est nécessaire pour la célébration du mariage des personnes indigentes et pour la légitimation de leurs enfans. — Toutefois, les actes, extraits, copies ou expéditions ainsi délivrés ne peuvent servir que pour les causes ci-dessus indiquées. — L. 3 juill. 1846, art. 8.

134. — ... Tous les actes judiciaires faits en matière d'expropriation pour cause d'utilité publique, dans les cas prévus par les lois des 30 mars 1831

et 7 juill. 1833. L'ord. du 18 sept. 1833 contient pour eux un tarif particulier. — Bioche et Goujet, *ibid.*, no 107. — Il en doit être de même depuis la loi du 3 mai 1841.

135 — Il avait déjà été décidé que les adjudications faites au sénat, à la Légion-d'Honneur, ainsi que celles faites à l'administration de l'enregistrement par suite d'expropriation forcée étaient exemples des droits de greffe. (Instr. gén, 21 pluv. an XII, no 202). Toutefois cette décision, dans les cas où elle est encore applicable aujourd'hui, ne doit pas priver les greffiers des remises que la loi leur accorde sur les droits de greffe ; car ces remises sont pour eux le salaire de leurs actes.. — Bioche et Goujet, *ibid.*, no 107 et 108.

136. —...Les actes judiciaires, les arrêts des cours royales et de la cour de Cassation relatifs aux contestations concernant les inscriptions sur les listes pour l'élection des membres de la chambre des députés. — Décis. min. fin. 24 mai 1838 ; Instr. 24 déc. 1838.

137. — Mais les déclarations de translation du domicile politique sont passibles des droits de greffe. — Décis. min. fin. 23 mai 1831 ; circ. min. just. 29 juin 1831.

Sect. 4e. — *Règles générales sur la perception des droits de greffe.—Obligations particulières des greffiers.*

138. — Tous les droits de greffe sont, ainsi qu'on l'a vu, perçus par l'intermédiaire des greffiers, qui doivent ensuite en verser le produit entre les mains des receveurs de l'enregistrement. — L. 21 vent. an VII, art. 1er, 4, 10 et 24 ; L. 23 juill. 1820, art. 2.

139. — Les droits sont alloués aux parties dans la taxe des dépens, sur les quittances des receveurs de l'enregistrement mises aux bas des expéditions, et sur celles données par les greffiers, de l'acquit du droit de mise au rôle et de rédaction. — L. 21 vent. an VII, art. 24.

140. — Les droits sont avancés par la partie qui requiert soit la mise au rôle, soit la rédaction ou transcription, soit l'expédition des actes qui y sont sujets.

141. — L'art. 4, décr. 12 juill. 1808, porte : « Le droit fixe de rédaction et de transcription et celui d'expédition étant le salaire de la formalité, ne seront, en aucun cas, restituables. » — Il en est de même du droit de mise au rôle.—Bioche et Goujet, *Dict. de procéd.*, vo *Greffe (droits de)*, no 112.

142. — Il est défendu aux greffiers et à leurs commis d'exiger ni de recevoir d'autres droits de greffe, ni aucun droit de prompte expédition à peine de 100 fr. d'amende et de destitution. — L. 21 vent. an VII, art. 23 ; 22 prair. an VII, art. 5. — On a vu (no 102) que les mêmes peines étaient encourues par le greffier qui délivrait des expéditions ne contenant pas le nombre de lignes à la page et de syllabes à la ligne prescrit par l'art. 6 L. 21 vent. an VII.

143. — Après avoir parlé des droits de mise au rôle, de rédaction et transcription et d'expédition, la loi du 21 vent. an VII ajoute, art. 2 : « Ne sont pas compris dans les droits ci-dessus fixés, le papier timbré et l'enregistrement qui continueront d'être perçus conformément aux lois existantes. » — Ainsi les greffiers peuvent faire payer aux parties le papier timbré employé soit pour les expéditions qu'ils leur délivrent, soit pour les minutes d'actes et procès-verbaux qui ne sont pas portés sur les registres du greffe.

144. — Mais ils ne peuvent répéter des parties le coût du papier timbré des répertoires pour les actes qui y sont inscrits.—Déc. min. fin. 7 germin. an VII.

145. — Quant au papier timbré employé pour les feuilles d'audience et les minutes de jugemens, on avait d'abord pensé qu'il était à la charge des greffiers, vu la difficulté de déterminer exactement dans quelle proportion les parties en rembourseraient le prix. — Avis com. du content. *Cons. d'Etat*, 14 déc. 1822 ; Déc. min. just. 13 fév. 1823.—Mais décidé depuis « que les greffiers ne doivent pas supporter le prix du papier timbré employé aux feuilles d'audience ; qu'il convient de le mettre à la charge de la partie qui succombe, conformément à l'art. 130, C. procéd. » — Avis, *Cons. d'Etat*, 30 août 1828 ; Déc. min. just. 15 sept. et suiv.—En cela on s'est basé sur l'art. 12 précité de la loi du 21 vent. an VII, et sur l'art. 16 qui ne parle que du papier libre parmi les dépenses dont les greffiers sont chargés. — Dans un grand nombre de tribunaux, il est alloué au greffier, pour cet objet, un droit fixe par chaque jugement. Ce mode, malgré ses inconvéniens, a été adopté à cause de l'impossibilité de proportionner exactement le droit à la quantité de papier timbré réellement employé. Le droit fixe, ajoutent MM. Bioche et Goujet, ne devrait du reste s'élever nulle part au-dessus de 70 cent. — *Dict. de procéd.* vo *Greffe (droits de)*, no 117.

146. — D'après l'art. 11, L. 21 vent. an VII, ainsi qu'on l'a vu, les greffiers ne peuvent délivrer aucune expédition que les droits de greffe n'aient été acquittés sous peine de restitution du droit et de 100 fr. d'amende. Or, aucune peine n'étant prononcée pour défaut de paiement de ces droits, il en résulte que les actes judiciaires ne sont point passibles d'un double droit de greffe, quoiqu'ils soient sujets à l'enregistrement dans un délai fixé. — *J. enreg.*, art. 2,005.

147. — Les prescriptions établies par l'art. 61, L. 22 frim. an VII, sont applicables aux droits de greffe comme à ceux d'enregistrement. — Décr. 12 juill. 1808, art. 6.

148. — Antérieurement à ce décret, jugé que la prescription annale avait lieu, pour les poursuites en recouvrement de droits de greffe, de même que quand il s'agissait de droits d'enregistrement. — *Cass.*, 23 germin. an XI, Enreg. c. Minne ; 14 brum. an XIII, Enreg. c. Champas et Mesnage. — Inst. 398.

149. — Toutefois cette prescription ne saurait être applicable à une demande judiciaire portée devant un juge compétent, et interrompue pendant plus d'une année.—*Cass.*, 23 germin. an XI, Enreg. c. Minne.

150. — D'après l'art. 6 du décr. 12 juill. 1808, il y a lieu d'appliquer, par analogie, à l'amende prononcée par l'art. 11, L. 21 vent. an VII, pour la délivrance des expéditions avant le paiement des droits de greffe, l'art. 14, L. 16 juin 1824, relative à la prescription des amendes et de l'action pour les faire prononcer en matière d'enregistrement et de timbre, bien que cet article ne parle pas des droits de greffe.—Dalloz, vo *Droits d'enregistrement*, chap. 1er, sect. 17e, art. 1er, no 12. — Toutefois un greffier ne saurait invoquer la prescription biennale relativement au droit de mise au rôle dont il doit compte au trésor.—Déc. min. fin. 3 juin 1824 ; Inst. 1763. — Et la prescription ne peut non plus être appliquée au cas où d'autres droits que ceux fixés par la loi auraient été perçus (L. 21 vent. an VII, art. 23) ; car dans ce cas l'amende est la peine d'un délit, et doit être régie par les lois criminelles. — Dalloz, *ibid.*, no 13.

151. — Par la même raison, l'art. 10, L. 16 juin 1824, qui réduit à 20 fr. les amendes de 100 fr. prononcées par les lois sur l'enregistrement, le timbre et le notariat modifie l'art. 11, mais non l'art. 23, L. 21 vent. an VII.—Bioche et Goujet, *Dict. de proc.*, vo *Greffe (droits de)*, no 120.

152. — Les droits de greffe et les amendes encourues par les greffiers peuvent être recouvrées par la voie de contrainte. — *J. enreg.*, art. 7110, *Dict. des dr. d'enregistr.*, vo *Greffe (droits de)*, no 17.

153. — Les greffiers des cours royales et des tribunaux civils et de commerce sont tenus de verser, à la caisse du receveur de l'enregistrement : 1o Chaque mois, le montant des mises au rôle sur la représentation des rôles cotés et paragraphés par le président. (L. 21 vent. an VII, art. 4) ; — 2o le montant des droits de rédaction et de transcription, en représentant les minutes des actes qui y sont sujets ; — 3o enfin, le montant des droits d'expédition, en représentant les expéditions avant de les délivrer. (Id., art. 10). Ces versemens ont lieu déduction faite des remises accordées aux greffiers. — L. 23 juill. 1820, art. 2.

154. — Le receveur de l'enregistrement donne quittance pour le premier de ces droits sur le rôle, pour le second sur les minutes, et pour le troisième sur les expéditions. — L. 23 juill. 1820, art. 2.

155. — Avant la loi du 23 juill. 1820, les remises du greffier étaient versées au receveur de l'enregistrement, avec le droit perçu au profit du trésor. Le premier de chaque mois, le receveur de l'enregistrement comptait avec le greffier du produit des remises à lui accordées par la loi, il lui en payait le montant sur le mandat qui lui était délivré au bas du compte par le président du tribunal. — L. 21 vent. an VII, art. 21.

156. — Aujourd'hui, l'art 2, L. 23 juill. 1820, porte que les droits et remises des greffiers seront perçus par eux directement des parties qui en sont tenues. Mais les receveurs de l'enregistrement devront mentionner, en toutes lettres, dans la relation au pied de chaque acte : 1o Le montant des droits de greffe appartenant au trésor ; — 2o le montant de la remise qui revient au greffier pour l'indemnité qui lui est allouée par la loi. — Cette mesure, disent MM. Roland et Trouillet, n'a eu pour but que d'économiser sur la remise des receveurs de l'enregistrement, à raison des émolumens des greffiers, mais elle a l'inconvénient de compliquer davantage la perception et la comptabilité ; de plus, il s'agit de savoir si, comme le prétendent certains avoués, ce n'est pas à tort que l'on perçoit encore aujourd'hui le dixième sur la remise des greffiers, alors que cette remise n'entre plus dans les caisses du trésor. — *Dict. d'enreg.*, vo *Greffe (droits de)*, § 6, no 7. — Ces raisons, ajoutent MM. Bioche et Goujet (*Dict. de procéd.*, vo *Greffe (droits de)*, no 124), pourraient déterminer à rétablir l'ancien mode de perception des droits de greffe. Toutefois, les greffiers préfèrent le mode actuel qui leur procure l'avantage de toucher plus promptement le montant de leurs remises.

157. — Les greffiers des cours et des tribunaux civils et de commerce doivent tenir un registre coté et paraphé par le président, sur lequel ils inscrivent, jour par jour, les actes sujets aux droits de greffe, les expéditions qu'ils délivrent, la nature de chaque expédition, le nombre des rôles, le nom des parties, une mention de celle à laquelle l'expédition est délivrée. — Ils sont tenus de communiquer ce registre aux préposés de l'enregistrement, toutes les fois qu'ils en sont requis. — L. 21 vent. an VII, art. 13.

158. — Ce registre n'ayant pour objet que d'assurer le recouvrement des droits de greffe au profit de l'état, participe à l'exemption du timbre prononcée par l'art. 16, L. 13 brum. an VII (décis. min. fin., 6 frim. an VIII ; inst. gén. 398.) — Ce registre, qui doit toujours concorder avec celui du receveur de l'enregistrement, n'est pas aussi utile depuis que les greffiers perçoivent directement la remise qui leur est accordée. — Autrefois, il servait au greffier à dresser l'état de sa remise, et le receveur de l'enregistrement ne l'arrêtait qu'autant qu'il le trouvait d'accord avec le sien. — Bioche et Goujet, *ibid.*, no 126.

159. — L'art. 16, L. 21 vent. an VII, portait qu'elle devait être affichée dans tous les greffes des tribunaux civils et de commerce. Mais cette disposition n'ayant pas été répétée par celle du 22 prair. suivant et par le décret du 12 juill. 1808, a cessé d'être mise en pratique, ou du moins ne l'est pas généralement. — Bioche et Goujet, *ibid.*, no 127.

Sect. 5e. — *Remise accordée aux greffiers.*

160. — Il est accordé aux greffiers une remise : — 1o De 30 cent. par chaque rôle d'expédition ; — 2o et de 10 cent. ou 1 décime par franc sur le produit du droit de mise au rôle et de celui de rédaction et de transcription. — L. 21 vent. an VII, art. 19 ; L. 22 prair. suiv., art. 3.

161. — La remise de 30 cent. sur les droits des expéditions est réduite à 20 cent. pour toutes les expéditions que les agens du gouvernement demandent en son nom pour soutenir ses droits, et ils ne sont tenus à cet égard à aucune avance. Ces expéditions sont portées pour mémoire sur le registre du receveur de l'enregistrement, et il en est fait un compte particulier. — L. 21 vent. an VII, art. 20.

162. — Les remises des greffiers ne se prélèvent que sur le droit principal. Le décime par franc perçu à titre de subvention, d'après la loi du 6 prair. an VII, appartient en entier à l'état. — Solut. 6 vendém. an XI. — D'ailleurs, l'art. 2, L. 6 prair., porte que la subvention sera perçue en même temps que le principal et par les mêmes préposés, *sans donner lieu à aucune retenue pour ceux-ci.* — *J. enreg.*, art. 134. — *Contrà* Chauveau, *Comment. tarif*, t. 1er, introd., p. 104.

163. — Les droits et remises attribués aux greffiers par la loi du 21 vent. an VII sont perçus par eux directement des parties qui en sont tenues. — L. 20 juill. 1820, art. 2.

164. — On vient de voir (no 161) que, d'après l'art. 20, L. 21 vent. an VII, les agens du gouvernement n'étaient pas tenus d'avancer la remise des greffiers. Cependant, les préposés des douanes, des contributions indirectes doivent acquitter cette remise directement au greffier. Quant à celle due pour les actes délivrés au ministère public et à l'administration de l'enregistrement, il en est formé chaque mois un état dont le montant est payé sans attendre les événemens ultérieurs du recouvrement. — Déc. min. just. et fin. 12 août et 27 sept. 1806 ; Circ. 24 oct. 1809.

165. — Quant aux frais et charges que doivent supporter les greffiers au moyen de ces remises et de leur traitement fixe, V. GREFFIER.

Sect. 6e. — *Émolumens des greffiers.*

166. — On indique ici les honoraires alloués aux greffiers, sans aucune perception au profit du trésor, dans certaines parties de leurs fonctions. — A l'égard de la remise qui est faite aux

greffiers dans certains cas, V. *suprà* nos 160 et suiv. — Enfin, relativement aux honoraires auxquels ils ont droit lorsqu'ils procèdent comme officiers ministériels à une vente publique de meubles, V. VENTE PUBLIQUE DE MEUBLES.

§ 1er. — *Greffiers des cours royales.*

167. — *Recherche des actes.* — Les greffiers, ainsi qu'on l'a vu (no 99), ne peuvent exiger de droit de recherche pour les actes et jugemens dont il leur est demandé expédition, non plus que pour ceux faits et rendus dans l'année. — L. 21 vent. an VII, art. 14. — Par l'*année*, il faut entendre l'espace d'un an à partir du moment où l'acte est demandé, et non l'année civile ou judiciaire. — Déc. min. just. 12 nov. 1838. — Hors ces deux cas, le droit de recherche est de 50 cent. pour la première année indiquée, et de 25 cent. par chacune des années suivantes.

168. — *Représentation des pièces dont les greffiers sont dépositaires en matière de vérification d'écriture ou d'inscription de faux incident.* — Il est alloué, indépendamment des frais de voyage, par chaque vacation de trois heures, 12 fr. aux greffiers des cours royales de Paris, Lyon, Bordeaux et Rouen, et 10 fr. 80 c. à ceux des autres cours royales. — Décr. 16 fév. 1807, art. 166; 3e décr. *ibid.*, art. 1er.

169. — *Transport des greffiers hors de leur résidence.* — Lorsque ce transport a lieu en matière d'interdiction (C. civ. art. 196), il est dû par jour aux greffiers, pour tous frais de voyage, de nourriture et de séjour (Décr. 18 mai 1811, art. 88 et 89), 6 fr. s'ils se transportent à plus de cinq kilomètres, et 8 fr. s'ils se transportent à plus de deux myriamètres. — Ord. 4 août 1824.

170. — Quand le transport a lieu pour *enquête* ou *descente sur les lieux*, le Code ni le tarif ne fixant d'indemnité, elle varie suivant les lieux et la distance. — Favard, *Rép.*, vo *Descente sur les lieux*, no 6.

171. — *Expéditions des actes et jugemens dans les affaires poursuivies d'office par le ministère public.* — Il est dû pour ces expéditions 40 cent. par rôle de vingt-huit lignes à la page, et de quatorze à seize syllabes à la ligne. — Décr. 18 juin 1811, art. 48, qui déroge à l'art. 20 de la loi du 13 brum. an VII, sur le timbre.

172. — Mais il n'est dû aucun droit aux greffiers, quand les poursuites sont dirigées contre des indigens dont l'état est constaté par un certificat visé et approuvé par le sous-préfet et par le préfet. — Décr. 18 juin 1811, art. 120. — V. aussi *suprà* no 133.

173. — *Copies des états de liquidation dans ces mêmes affaires.* — Il est dû pour celles qui sont délivrées par les greffiers, cinq cent. par article. — Décr. 18 juin 1811, art. 51.

§ 2. — *Greffiers des tribunaux de première instance.*

174. — Ces greffiers ont droit aux mêmes honoraires et indemnités que les greffiers des cours royales pour *recherche des actes, transport hors du lieu de leur résidence, expéditions des actes et jugemens dans les affaires poursuivies d'office par le ministère public et copies des états de liquidation de frais dans ces sortes d'affaires.*

175. — *Actes de l'état civil.* — Les émolumens dus aux greffiers pour les extraits qu'ils délivrent des registres de l'état civil déposés au greffe, sont les mêmes que ceux fixés pour les officiers de l'état civil par le décret du 12 juillet 1807, savoir : — Dans les villes de moins de cinquante mille âmes, pour chaque expédition d'un acte de naissance, de décès, ou de publication de mariage, 0, 30 c. — Pour celles des actes de mariage, d'adoption et de divorce, 0,60 c. — Dans les villes de 50,000 âmes et au-dessus, pour chaque expédition d'un acte de naissance, de décès ou de publication de mariage, 0,50 c. — Pour celles des actes de mariage, d'adoption et de divorce, 1 fr. — A Paris, pour chaque expédition d'un acte de naissance, de décès et de publication de mariage, 0,75 c. — Pour celles des actes de mariage, de divorce et d'adoption, 1 fr. 50 c. — Il est défendu d'exiger d'autres taxes et droits à peine de concussion, sauf le remboursement du papier timbré employé pour les expéditions. — Décr. 12 juill. 1807, art. 4; L. 28 avr. 1816, art. 63.

176. — Toutefois MM. Bioche et Goujet (*Dict. de Procéd.*, vo *Greffe (droits de)*, no 148, pensent que, nonobstant cette défense, les greffiers ont droit d'exiger un droit pour la recherche des actes de l'état civil, lorsqu'ils n'en délivrent pas expédition. Car la même raison qui a fait considérer le décret du 12 juillet 1807 comme applicable aux expéditions délivrées par les greffiers, doit faire recourir à la loi générale pour les recherches dont ce décret ne parle pas. Il est dû un émolument à ces fonctionnaires, toutes les fois qu'une partie de leur temps est réclamée dans un intérêt privé en dehors de leurs fonctions auprès des juges. — Cependant il devrait y avoir une disposition spéciale à cet égard; car maintenant le droit de recherche se trouve le plus souvent égal ou même supérieur au droit d'expédition.

177. — Lorsque les greffiers délivrent des copies d'actes de l'état civil, en cas de perte de registres d'une commune, ils n'ont droit qu'à 20 cent. par acte, sans distinction. — Déc. min...., instr. 17 déc. 1817.

178. — *Bulletins de distribution.* — Dans certains tribunaux, les greffiers reçoivent 10 et 15 c. pour de pareils bulletins qu'ils remettent aux avoués. Le président Carré (*Taxe en matière civile*, nos 16 et 60) pense que ce faible droit doit être alloué en raison de l'utilité des bulletins. — Il est certain que dans une grande ville, et notamment à Paris, la multiplicité des affaires rend l'avertissement par bulletin nécessaire, indépendamment du rôle général, du rôle particulier et de l'affiche prescrits par les art. 55, 62 et 68 du décr. du 30 mars 1808. — Bioche et Goujet, *Dict. de procéd.*, vo *Greffe (droits de)*, no 142.

179. — *Certificats de non opposition aux cautionnemens des notaires, officiers ministériels et fonctionnaires publics.* — Il n'est dû aux greffiers aucun droit de recherche pour la délivrance de ces certificats. Ils ne peuvent exiger à cet égard que le droit de légalisation. — Déc. min. et just., 1er et 8 avr. 1836.

180. — *Communication du procès-verbal d'ouverture d'ordre, de l'extrait des inscriptions et des titres et pièces produits.* — Il est dû pour cette communication à chaque créancier 75 c. — L. 22 prair. an VII, art. 4.

181. — *Expropriation pour utilité publique.* — Il est attribué aux greffiers des émolumens particuliers dans ces instances. — V. EXPROPRIATION POUR UTILITÉ PUBLIQUE.

182. — *Légalisation.* — Il est dû pour chaque acte de légalisation 0 fr. 25 c. — L. 21 vent. an VII, art. 14.

183. — *Représentation devant un autre tribunal des pièces dont les greffiers sont dépositaires.* — Il est dû, pour chaque vacation de trois heures, aux greffiers des tribunaux de première instance de Paris, Lyon, Bordeaux et Rouen, 10 fr., et à ceux des autres tribunaux de première instance, 9 fr. — Décr. 9 fév. 1807, 3e Décr. id., art. 2.

184. — *Tables décennales.* — Il est dû aux greffiers pour l'expédition destinée à chaque commune et pour celle qui est envoyée à la préfecture, un centime par nom; chaque feuille doit contenir quatre-vingt-seize noms ou lignes. — Décr. 20 juill. 1807.

§ 3. — *Greffiers des tribunaux de commerce.*

185. — D'après l'art. 624, C. comm., les droits, vacations et devoirs des greffiers des tribunaux de commerce devaient être fixés par un réglement d'administration publique. Un décret du 6 juin 1814, rendu en conséquence, attribua des droits particuliers au greffier du tribunal de commerce de Paris. Postérieurement, une ordonnance du 9 nov. 1825, a abrogé ce décret et établi un tarif pour les greffiers de tous les tribunaux de commerce.

186. — Voici ce tarif avec les modifications rendues nécessaires par la loi du 28 mai 1838 sur les faillites : 1o *Jugement.* — No 1, pour chaque jugement interlocutoire et préparatoire porté sur la feuille d'audience, ceux de simple remise exceptés, 0, 50 c.; — pour chaque jugement expédié et dont les qualités se rédigent dans le greffe, savoir : s'il est par défaut, 1 fr., et s'il est contradictoire, 2 fr.

187. — 2o *Procès-verbaux.* — Pour chaque procès-verbal — no 2, de compulsoire (C. procéd., art. 849 et suiv.; C. comm., art. 15 et 16), 4 fr.; — no 3, d'interrogatoire sur faits et articles (C. procéd., art. 428), 2 fr.; — no 4, de l'assemblée des créanciers pour la composition de l'état des créances présumées et la nomination définitive des syndics (C. comm., art. 462), 2 fr.; — no 5 (sans objet depuis la nouvelle loi; — no 6, de vérification et affirmation des créances (C. comm., art. 493) pour chaque créancier, 0 fr. 50 c., et pour un contredit consigné au procès-verbal et sur lequel il y aurait renvoi à l'audience, 0 fr. 50 c.; — no 7 (sans objet); — no 8, de l'assemblée des créanciers dont les créances ont été admises pour passer au concordat ou au contrat d'union (C. comm., art. 504, 506), 4 fr.; — no 9, de reddition du compte définitif des syndics provisoires au failli, en cas de concordat (C. comm., art. 519), 4 fr.; — no 10, de reddition de compte des syndics qui ne seraient pas maintenus aux nouveaux syndics en cas d'union (C. comm., art. 529), 4 fr.; — no 11, de reddition du compte définitif des syndics aux créanciers de l'union (C. comm., art. 537), 4 fr.; — no 12, de l'assemblée des créanciers pour prendre une délibération quelconque non prévue par les dispositions précédentes, 3 fr.

188. — 3o *Actes spéciaux aux tribunaux de commerce des villes maritimes.* — No 13, pour la rédaction du rapport d'un capitaine de navire à l'arrivée d'un voyage de long-cours ou de grand cabotage (C. comm., art. 242 et 243), 3 fr.; — no 14, pour la rédaction de la déclaration des causes de relâche dans le cours d'un voyage (C. comm., art. 245), 2 fr.; — no 15, pour la rédaction du rapport du capitaine en cas de naufrage ou échouement, 3 fr.

189. — 4o *Formalités diverses.* — No 16, pour l'affiche et l'insertion à faire dans les journaux aux cas prévus par les art. 442, 492, 504 et 522, C. comm., 1 fr.; — no 17, pour la rédaction, l'impression et l'envoi des lettres individuelles de convocation aux créanciers d'une faillite, dans les cas prévus par les art. 462, 492, 504 et 522, C. comm., par chaque lettre, 0 fr. 20 c.; — no 18, pour la rédaction des certificats délivrés par le greffier, dans les cas prévus par les lois, réglemens ou jugemens, 1 fr.

190. — Le droit de 1 fr., alloué par le no 16 du tarif, n'est dû qu'une fois pour chacun des cas prévus par les articles du Code cités, et il s'applique à la fois à l'affiche et à toutes les formalités relatives à l'insertion dans les journaux; mais il suffit pour le percevoir qu'il y ait insertion dans les journaux, quoiqu'il n'y ait pas affiche. Il est juste aussi d'allouer le droit fixé par le no 17, dans tous les cas où doit avoir lieu aujourd'hui la convocation par lettres. — Bioche et Goujet, *Dict. de procéd.*, vo *Greffe (droits de)*, no 155.

191. — Relativement aux autorisations accordées par le juge-commissaire dans les cas prévus par les art. 470, 486, 487 et 535, C. comm., comme le tarif garde le silence à cet égard, il s'ensuit qu'il n'est dû aucun droit pour ces actes, qu'ils soient rédigés par le juge lui-même ou par le greffier. — Bioche et Goujet, *ibid.*, no 154.

192. — Les émolumens énoncés dans le tarif ci-dessus rapporté sont indépendans des droits et remises accordés aux greffiers des tribunaux de commerce par la loi du 21 vent. an VII et par le décret du 12 juill. 1808. — Ord. 9 oct. 1825, art. 1er.

193. — Ils ne sont pas dus aux greffiers des tribunaux civils qui exercent la juridiction commerciale, ni à ceux des justices de paix pour les actes spécifiés dans ce tarif, que les juges de paix sont autorisés à recevoir. — Ord. 9 oct. 1825, art. 3.

194. — *Recherche des actes.* — Les greffiers de tribunaux de commerce ont droit à cet égard aux mêmes honoraires que les greffiers des tribunaux de première instance. — V. *suprà* no 167.

195. — *Représentation devant un autre tribunal des pièces dont ils sont dépositaires.* — Il est dû par chaque vacation de trois heures, 6 fr. — Décr. 16 fév. 1807, art. 166, no 5.

196. — *Procès-verbal constatant le dépôt du modèle d'une marque.* — Il est dû aux greffiers pour l'expédition de ce procès-verbal, 3 fr. — Décr. 20 fév. 1810, art. 60.

197. — Les greffiers des tribunaux de commerce doivent inscrire le détail des déboursés et des droits auxquels chaque acte a donné lieu au pied des expéditions qu'ils délivrent aux parties, ou, à défaut d'expédition, sur des états signés d'eux et qu'ils remettent aux parties (Ord. 9 oct. 1825, art. 2). Ils doivent de plus porter sur le registre prescrit par l'art. 13, L. 21 vent. an VII, toutes les sommes qu'ils perçoivent, soit en vertu du tarif ci-dessus, soit en vertu des lois et réglemens antérieurs. — *Ibid.*

198. — Les greffiers des tribunaux de commerce sont passibles des peines prononcées par l'art. 23, L. 21 vent. an VII, dans le cas où, sous quelque prétexte que ce soit, ils recevraient d'autres ou de plus forts droits que ceux qui leur sont attribués. Les présidens des tribunaux de commerce sont tenus d'en informer immédiatement le procureur général, et il en doit être fait rapport au garde des sceaux. — *Ibid.*, art. 5.

§ 4. — *Greffiers des justices de paix.*

199. — Les émolumens des greffiers des justices de paix sont réglés par le décret du 16 fév. 1807 contenant le tarif des frais et dépens, en matière civile, pour le ressort de la cour royale de Paris. Ce tarif a été, par un autre décret du même jour, rendu commun aux cours royales de Lyon, Bordeaux et Rouen (art. 2). Toutes les sommes portées au tarif doivent être réduites d'un dixième pour les justices de paix dans les villes où siége une cour royale, ou dont la population excède 30,000 âmes (*ibid.*). Enfin dans toutes les autres

justices de paix, le tarif est le même que celui des justices de paix du ressort de la cour royale de Paris, autres que celles établies dans cette même ville. — Art. 3.

200. — Il n'est dû aucun émolument aux greffiers, non plus qu'aux juges de paix eux-mêmes, pour la délivrance d'une cédule. — Tarif, art. 7. — Chauveau, *Comment. tarif*, t. 1er, p. 7.

201. — En règle générale, il n'est attribué aux greffiers aucun émolument pour la rédaction des minutes d'actes du greffe, et spécialement pour celle de la déclaration des parties qui demandent à être jugées par le juge de paix. — Tarif, C. procéd., art. 7; Tarif, art. 11.

202. — Les parties devant être appelées sans frais devant le juge de paix (L. 25 mai 1838, art. 17), le greffier ne peut, quand il est chargé de délivrer les lettres d'avertissemens préalables, en faire l'objet d'aucune rétribution à son profit. Ainsi l'usage contraire qui existait avant la loi de 1838 ne peut plus être toléré. — Lett. min just. 30 août 1838.

203. — Il est dû aux greffiers des justices de paix (Nous indiquerons les uns à la suite des autres et dans l'ordre du tarif les droits dus : 1o à Paris; 2o dans les villes où il y a un tribunal de première instance; 3o dans les autres villes et cantons ruraux), par chaque rôle d'expédition qu'ils délivrent et qui doivent contenir vingt lignes à la page et dix syllabes à la ligne : 50 c., — 40 c., — 40 c. — Tarif, art. 9.

204. — Dans le cas de citation ou conciliation pour l'expédition du procès-verbal qui constate sommairement que les parties n'ont pu s'accorder (C. procéd., art. 54) : 1 fr., — 80 c., — 80 c. — Tarif, art. 10. — Il n'est rien alloué pour la mention sur le registre du greffe et sur l'original ou la copie de la citation en conciliation quand l'une des parties ne comparaît pas. — C. procéd., art. 58; Tarif, art. 12.

205. — Si, après s'être conciliées, les parties demandent une expédition du procès-verbal qui le constate, elles doivent acquitter le droit fixé par l'art. 9 du tarif pour les expéditions de tous autres actes. — Chauveau, *Comm. du tarif*, t. 1er, p. 43; Vervoort, p. 10, note A; Sudraud, no 68, § 2.

206. — Dans le cas de récusation, pour la transmission au procureur du roi de l'acte de récusation et de la réponse du juge (C. procéd., art. 45 et 47), tous frais de port compris : 5 fr., — 5 fr., — 5 fr. — Tarif, art. 14.

207. — Indépendamment de cette allocation, il est dû au greffier, pour l'expédition qu'il doit faire (C. procéd., art. 9), l'émolument fixé par l'art. 9 du tarif. — De plus, le greffier a le droit, avant de faire l'envoi, d'exiger que le requérant lui remette le montant des émolumens qui lui sont alloués et consigne une somme pour les frais du jugement à intervenir et du renvoi des pièces. — Chauveau, *Comment. du tarif*, t. 1er, p. 39.

208. — Les greffiers ont droit à des vacations comme les juges de paix; ces vacations doivent, pour les uns comme pour les autres, être de trois heures au moins.

209. — Il est alloué aux greffiers les deux tiers de la taxe des juges de paix, savoir : pour transport sur les lieux contentieux (C. procéd., art. 30 et 38), 3 fr. 35., — 2 fr. 50 c., — 1 fr. 67 c. — Tarif, art. 8 et 12.

210. — ... Pour transport devant le président du tribunal de première instance, par chaque myriamètre, 1 fr. 35 c.; autant pour le retour; et par journée de cinq myriamètres, 6 fr. 65 c. — Il n'est alloué qu'une seule journée quand la distance n'est pas de plus de deux myriamètres et demi, y compris la vacation devant le président du tribunal. Si la distance est de plus de deux myriamètres et demi, il est payé deux journées pour l'aller, le retour et la vacation devant le président. — Tarif, art. 3 et 16, alin. 7.

211. — ... Pour transport à l'effet d'être présent à l'ouverture des portes, en cas de saisie-exécution (C. procéd. 587) par chaque vacation 3 fr. 35 c., — 2 fr. 50 c., — 1 fr. 67 c. — Tarif, art. 6 et 16, alin. 7.

212. — ... Pour transport à l'effet d'être présent à l'arrestation d'un débiteur condamné par corps dans le domicile où celui-ci se trouve (C. procéd. 781), par chaque vacation, 6 fr. 65 c., — 5 fr., — 3 fr. 25 c. — Tarif, art. 6 et 16, alin. 7.

213. — ... Pour assistance aux conseils de famille (C. procéd. 406), par chaque vacation, 3 fr. 35 c., — 2 fr. 50 c., — 1 fr. 67 c. — Tarif, art. 1er et 16.

214. — ... Pour assistance aux appositions, reconnaissances et levées de scellés (C. procéd. 909 et 932), par chaque vacation, 3 fr. 35 c., — 2 fr. 50 c., — 1 fr. 67 c. — Dans la première vacation sont compris les temps du transport et du retour; s'il n'y a qu'une seule vacation, elle est payée comme complète, encore qu'elle n'ait pas été de trois heures. — Tarif, art. 1er et 16.

215. — ... Pour assistance aux référés (C. procéd. 916, 921 et 935), les vacations sont les mêmes que ci-dessus. — Tarif, art. 2 et 12.

216. — ... Pour assistance aux actes de notoriété destinés à remplacer l'acte de naissance en cas de mariage, et qui sont dressés sur la déclaration de sept témoins (C. procéd. 70 à 71), 3 fr. 35 c., — 2 fr. 50 c., — 1 fr. 67 c. — Tarif, art. 5 et 16.

217. — ... Pour assistance à tous autres actes de notoriété délivrés par le juge de paix, 0, 70 c., 0, 50 c., — 0, 37 c. — Tarif, art. 5 et 16.

218. — Les greffiers ne peuvent délivrer d'expéditions entières des procès-verbaux d'apposition, reconnaissance et levée de scellés qu'autant qu'ils en sont expressément requis par écrit. — Ils sont tenus de délivrer les extraits qui leur sont demandés, quoique l'expédition entière n'ait été ni demandée, ni délivrée. — Tarif, art. 16, alin. 8 et 9.

219. — Il est, en outre, alloué au greffier du juge de paix pour la déclaration de l'apposition des scellés au greffe du tribunal de première instance, dans les villes où elle est prescrite (C. procéd. 925), les deux tiers d'une vacation du juge de paix, c'est-à-dire 3 fr. 25 c., — 2 fr. 50 c., — 1 fr. 67 c. — Tarif, art. 1er, 12 et 17.

220. — ... Pour chaque opposition aux scellés formée par déclaration sur le procès-verbal de scellés (C. procéd. 926), — 0, 50 c., — 0, 40 c., — 0,40 c. — Tarif, art. 18. — La même taxe est allouée pour chaque extrait des oppositions, et par chaque opposition. — Tarif, art. 20.

221. — Il n'est rien alloué pour les oppositions formées par le ministère des huissiers et visées par le greffier. — C. procéd., art. 1039; Tarif, art. 19.

222. — ... Pour représentation devant un autre tribunal des pièces dont il est dépositaire (V. *suprà* no 183) pour chaque vacation, 6 fr. — Tarif, art. 166, no 5.

223. — En cas d'expertise, si tous les experts ne savent pas écrire, la rédaction du rapport doit être écrite et signée par le greffier de la justice de paix du lieu où ils auront procédé. — C. procéd., art. 317. — Dans ce cas, celui-ci a droit aux deux tiers des vacations allouées à un expert. — Tarif, art. 15. — Ces dispositions sont applicables, bien que les experts sachent écrire, si aucun d'eux n'est capable de le faire d'une manière correcte et lisible. — Chauveau, *Comment. tarif*, t. 1er, p. 35.

224. — Les greffiers ont droit de faire payer aux parties le papier timbré qu'ils emploient pour les expéditions, procès-verbaux, certificats et autres actes qui ne sont pas portés sur les registres du greffe. Ils peuvent également se faire rembourser par les parties le papier timbré des feuilles d'audience. — Toutefois, les juges de paix doivent veiller à ce que les greffiers ne fassent pas de cet objet un moyen de bénéfice et de spéculation. — Chauveau, *Comment. tarif*, t. 1er, p. 3 et 14; Bioche et Goujet, *Dict. de procéd.*, vo *Greffe (droits de)*, no 176.

225. — Aucuns frais ni émolumens ne peuvent être perçus par les greffiers des justices de paix que sur des états dressés par eux, et qui sont vérifiés et visés par le juge de paix. Ces états sont écrits au bas de l'expédition délivrée par le greffier. A défaut d'expédition, il est fait un état séparé. — Ord. 17 juill. 1825, art. 1er.

226. — Ces greffiers doivent tenir un registre sur lequel ils inscrivent, par ordre de date et sans aucun blanc, toutes les sommes qu'ils reçoivent pour les actes de leur ministère. Les déboursés et les émolumens sont inscrits dans des colonnes séparées. — Même ord., art. 2. — Ce registre est exempt du timbre, comme n'ayant pour objet qu'une mesure d'ordre et de discipline. — Circul. min. inst. 20 janv. 1827. — Il doit être coté et paraphé par le juge de paix, et tenu sous la surveillance de ce magistrat qui, à chaque trimestre, et plus souvent, s'il le juge convenable, le vérifie, l'arrête et en dresse un procès-verbal dans lequel il consigne ses observations. Ce procès-verbal est envoyé au procureur du roi près le tribunal civil qui en rend compte au procureur-général près la cour royale. — Même ord., art. 3. — Les procureurs du roi peuvent, en outre, lorsqu'ils l'ont reconnu nécessaire, procéder à cette vérification par eux-mêmes ou par leurs substituts. — Art. 4. — En cas d'infraction aux règles ci-dessus, il en est fait rapport au garde des sceaux pour être pris, à l'égard des contrevenans, telle mesure qu'il appartiendra. — Art. 5.

227. — Si les greffiers ou leurs commis reçoivent, sous quelque prétexte que ce soit, d'autres ou plus forts droits que ceux qui leur sont attribués par les lois et réglemens, il est enjoint aux juges de paix d'en informer les procureurs du roi, et il en doit être fait rapport au garde de sceaux. — Même ord., art. 6.

228. — Les contrevenans sont, selon la gravité des circonstances, destitués de leur emploi, traduits devant la police correctionnelle pour être condamnés aux amendes déterminées par les lois ou poursuivis extraordinairement en vertu de l'art. 174, C. pén., sans préjudice, dans tous les cas, de la restitution des sommes indûment perçues, et des intérêts quand il y a lieu. — *Ibid.*

§ 5. — *Secrétaires des conseils de prud'hommes.*

229. — Leurs émolumens sont fixés par le décret du 20 fév. 1810, qui rectifie celui du 11 juin 1809. — Ses dispositions sont limitatives; c'est surtout pour cette juridiction que l'on a eu en vue d'économiser les frais. — Bioche et Goujet, *Dict. de procédure*, vo *Greffe (droits de)*, no 181.

230. — Les secrétaires des conseils de prud'hommes ne peuvent rien réclamer des parties pour la déclaration de celles-ci, qu'elles se présentent volontairement devant les prud'hommes à l'effet d'être conciliées par eux. — Décr. 20 fév. 1810, art. 58.

231. — Il leur est alloué : pour la lettre d'invitation de se rendre au conseil, 0 fr. 30 cent; — pour chaque rôle d'expédition qu'ils délivrent et qui doit contenir vingt lignes à la page et dix syllabes à la ligne, 0 fr. 40 cent.; — pour l'expédition du procès-verbal constatant par une mention sommaire que les parties n'ont pu se concilier, 0 fr. 80 cent.; — pour l'expédition du procès-verbal constatant le dépôt du modèle d'une marque, 3 fr. (décr. 20 fév. 1810, art. 59); pour représentation devant un tribunal des pièces dont ils sont dépositaires (V. *suprà*, no 183), par chaque vacation de trois heures, 6 fr. — Tarif, 16 fév. 1807, art. 166, no 5.

232. — L'art. 62, décr. 20 fév. 1810, porte : « Au moyen de la taxation dont il est question dans les art. 56, 60 et 61, les frais de papier, de registre et d'expédition seront à la charge des secrétaires des conseils des prud'hommes et des greffiers des tribunaux de commerce. » — Il est évident, par la ponctuation seule, que les greffiers et secrétaires ne sont pas tenus de fournir le papier des expéditions. — Chauveau, *Comment. tarif*, t. 1er, intr., p. 55; Vervoort, p. 237, note *a*.

233. — Mais de quel papier l'article entend-il parler? M. Chauveau, *ibid.*, pense qu'on n'a pas pu mettre à la charge de ces greffiers le papier timbré nécessaire pour les feuilles d'audience, les minutes des procès-verbaux, etc. « Nous pencherions, dit-il, à croire, avec M. Vervoort, qu'il ne s'agit que du papier des lettres d'invitation dont parle l'art. 9. » — Cette disposition, ajoutent MM. Bioche Goujet, s'applique d'abord au papier libre, pour quelque objet qu'il soit employé; quant au papier timbré, elle ne peut être expliquée, à raison de l'analogie par les art. 12 et 16, L. 21 vent. an VII. Du reste, on ne sait ce que l'art. 62 veut dire par les *frais d'expédition*, à moins qu'il ne faille entendre par là le salaire du copiste; mais cela était inutile à exprimer. — *Dict. de procéd.*, vo *Greffe (droits de)*, no 184.

234. — En faisant mention des greffiers des tribunaux de commerce, l'art. 62, décr. 20 fév. 1810, n'a trait qu'au cas prévu par l'art. 60, où ils reçoivent le dépôt du modèle d'une marque, et non pas, comme paraît le supposer M. Chauveau (*loc. cit.*) aux affaires qui, après avoir été soumises aux conseils de prud'hommes, sont portées en appel devant les tribunaux de commerce; ces affaires rentrant dans la classe de celles jugées en première instance par ces tribunaux donnent lieu aux mêmes droits de greffe et aux mêmes émolumens par les greffiers. — Bioche et Goujet, *ibid.*, no 185.

235. — Tout secrétaire de conseils de prud'hommes convaincu d'avoir exigé une taxe plus forte que celle qui lui est allouée, est puni comme concussionnaire. — Décr. 20 fév. 1810, art. 63.

Sect. 7e. — *Droits de greffe à la cour de Cassation et à la cour des Comptes.*

236. — Les droits suivans sont perçus à la cour de Cassation conformément aux réglemens des 18 juin 1738 et 12 sept. 1739. — *Dict. de dr. d'enreg.*, vo *Greffe (Droits de)*, nos 266 et 268.

237. — Savoir. . . . .

Enregistrement de chaque production,	1 fr. 00 c.
On y a ajouté le droit attribué par le réglement de 1738 au secrétaire du rapporteur pour entrée des pièces,	3
Port de production....................	1
Retrait de chaque production à la chambre des requêtes....................	3
Id. à la chambre civile....................	1

Ordonnance de *committitur* ou de *subrogatur* d'un rapporteur...........	3
Signature de l'expédition d'un arrêt sur demande en Cassation ou en prise à partie............	12
Droit de recherche....................	3 fr. 00 c.
Certificats de toute nature...........	4
Contrôle des requêtes et des arrêts d'admission; par chaque rôle.......	« 20
Droit d'expédition par chaque rôle....	« 50

— Bioche et Goujet, *Dict. de procéd.*, v° *Greffe (droits de)*, n° 10; *Dict. des dr. d'enreg.*, *eod. verb.*, n° 270.

238. — En matière criminelle, il est dû un droit de signature d'arrêt, de 12 fr., pour les expéditions requises par les parties. Mais ce droit n'est dû que par les parties civiles. — Délib. cons. d'admin., 17 juin 1827. — *Dict. des dr. d'enreg.*, v° *Greffe (droits de)*, n° 270.

239. — Bien que les demandes en renvoi, les conflits de juridiction et les réglemens de juges doivent être jugés sans frais (L. 27 nov.-1er déc. 1790, art. 9), les expéditions des arrêts sont passibles, comme les autres, du droit de 50 cent. par rôle. — Arrêté du gouvernement 19 vent. an XI. — *Dict. des dr. d'enreg.*, v° *Greffe (droits de)*, n° 269.

240. — Il faut en outre à chacun des droits ci-dessus énoncés ajouter le décime pour franc. — L. 6 prair. an VII. — *Dict. des dr. d'enreg.*, *ibid.*, *(droits de)*, n° 270.

241. — Les droits et émolumens sont perçus pour le compte de l'état; le greffier est tenu d'en arrêter l'état à l'expiration de chaque mois, de le faire viser par le premier président de la cour et d'en verser, sans délai, le montant entre les mains du receveur de l'enregistrement. — L. 29 frim. an IV.

242. — La plupart des règles générales concernant les droits de greffe perçus dans les cours royales et dans les tribunaux civils et de commerce sont applicables aux droits perçus à la cour de Cassation. — Bioche et Goujet, *Dict. de procéd.*, v° *Greffe (droits de)*, n° 13.

243. — Les premières expéditions des actes et arrêts de la cour des comptes sont délivrées gratuitement aux parties; les autres sont soumises à un droit d'expédition de 75 cent. par rôle (décr. 28 sept. 1807, art. 51). Le produit de ce droit est compté tous les mois au receveur de l'enregistrement sur un état qui lui est remis par le greffier de la cour. — *Dict., des dr. d'enreg.*, v° *Greffe (droits de)*, nos 273 et 274.

GREFFIER, GREFFE.

Table alphabétique.

Acte déposé au greffe, 130. — du juge, 47, 61, 102. — de juridiction volontaire, 102. — judiciaire non expédié, 133. — judiciaire de discipline, 134 s.
Action en remboursement, 81 s.
Adjoint au maire, 35.
Adjudication de biens par le tribunal, 142.
Affirmation, 104.
Age, 24 s., 153, 157.
Agent du gouvernement, 73 s.
Alliance, 39.
Amende, 117, 119 s., 137 s.
Assemblée générale, 96.
Assiduité, 97.
Assistance du greffier, 47 s., 102.
Auberge, 41.
Audience, 1, 96. — solennelle, 96.
Authenticité, 45.
Autorisation de poursuivre, 73 s.
Avertissement, 103.
Avocat, 36.
Avoué, 36.
Bureau de bienfaisance, 38.
Cabaret, 41.
Café, 41.
Cahier des charges, 2.
Cautionnement, 31, 33.
Censure, 144
Cérémonie publique, 66.
Citoyen français, 26.
Clerc de notaire ou d'avoué, 36.
Collection de lois, 108.
Colonies, 23.
Commerce, 40.
Commis expéditionnaire, 4, 100, 148, 169. — greffier, 4, 78, 148 s. — (nombre), 149 s. — (vente de meubles), 155 s.
Commissaire-priseur, 89.
Communication, 133. — aux préposés de l'enregistrement, 118.
Comptable, 37.
Compulsoire, 130.
Congé, 99.
Conseil d'arrondissement, 38. — d'état, 20. — général, 38. — de guerre, 22. — municipal, 38.
Conservation des actes du juge. 102. — des minutes, 47.
Contrainte par corps, 40, 131.
Copie, 129, 134.
Corruption de fonctionnaires, 101.
Costume, 90 s.
Cour d'assises, 49, 56, 125. — de Cassation, 17, 94, 157, 160. — des comptes, 18, 30, 33, 80 — royale, 17
Déclarations faites à l'audience, 46. — des avoués, 2.
Délivrance de mandemens de collocation, 104.
Demande, 34.
Dépenses du greffe, 78, 100.
Dépositaire public, 75 s.
Dépôt, 2. — au greffe, 62.
Désaveu, 63.
Descente sur lieux, 2.
Destitution, 87, 138, 147.
Détournement de sommes, 76. — de titres et actes, 77.
Discipline, 143 s., 162 s.
Dispense pour parenté ou alliance, 39. — d'âge, 25.
Douanes, 35.
Droit ancien, 5 8 s. — grec, 6. — intermédiaire, 13 s. — romain, 7.
Droit de présentation, 15, 86 s.
Droits civils, 26. — litigieux, 141.
Droits d'expédition, 78. — de greffe, 78. — de prestation de serment, 153. — illégaux, 101.
Effets mobiliers (vente), 110
Empêchement, 96, 166.
Enquête, 2, 51.
Enregistrement au greffe, 107.
Exécutoire de dépens, 60, 81.
Expédition, 1, 55, 62, 102, 111 s., 129 s., 135. — inexacte, 137. — irrégulière, 138 s.
Expertise, 85.
Expropriation pour utilité publique, 48.
Extraits, 129. — à afficher, 2. — de jugement, 119 s.
Faux, 113. — (fraude), 114.
Feuille d'audience, 106, 123 s.
Fonctions, 1 s., 42 s. — de l'ordre administratif, 35. — de l'ordre judiciaire, 35.
Frais de la procédure nouvelle, 126 s.
Garde nationale, 67, 151.
Garde des pièces et papiers du greffe, 108 s.
Gérant d'affaires, 40.
Greffier du conseil de guerre, 22. — de justice de paix, 22. — du tribunal de commerce, 22, 69, 124. — en chef, 4, 17 s.
Historique, 6.
Huissier, 36.
Incompatibilité, 35 s., 152.
Inscription de faux, 64 s.
Institution primaire, 36.
Interrogatoire des accusés, 49.
Juge, 35.
Jugement, 47. — d'indication de jour, 136. — de remise de cause, 136.
Jugemens et arrêts, 1.
Jury, 68 s.
Justice de paix, 22.
Licencié en droit, 28, 157.
Maire, 35.
Mandataire, 83.
Membres de l'administration forestière, 35. — des tribunaux, 66.
Mention de la présence du greffier, 52 s,
Messageries, 35.
Ministère public, 134 s., 143.
Ministre de la justice, 145 s.
Minute, 1, 47, 112, 133.
Mission judiciaire, 84.
Nomination, 14.
Notaire, 36, 88.
Notification destinée au juge, 103.
Obligation emportant contrainte par corps, 40.
Office, 10.
Officier ministériel, 71. — public, 45.
Ordonnance d'*exequatur*, 57. — sur requête, 61 s.
Ordre, 57.
Ouverture du greffe, 93 s.
Papier timbré, 123 s.
Parenté, 39, 63,
Patente, 72, 140.
Peine disciplinaire, 139.
Pension de retraite, 79.
Percepteur, 37.
Postes, 35.
Poursuites criminelles, 70.
Préfet, 35.
Prescription, 121.
Présens, 101.
Présentation, 28 s.
Président, 146.
Présomption légale, 32.
Prix de charge, 168.
Procédure nouvelle, 126 s.
Procès-verbal d'expertise, 2.
Procureur du roi, 35.
Prud'homme, 21.
Rang, 66.
Receveur des contributions indirectes, 35. — de l'enregistrement, 35.
Recrutement, 27.
Récusation, 63. — de juges, 104.
Registres, 105. — de l'état civil, 128.
Registre des délibérations, 105. — d'émolumens, 111.
Répertoire, 115 s. — des notaires, 122.
Réprimande, 147, 163.
Résidence, 97 s.
Responsabilité, 158 s.
Restitution de pièces, 109.
Retenue, 161.
Révocation, 87, 144, 159 s., 163.
Rôle, 105.
Secrétaire du conseil de prud'hommes, 21. — de mairie, 35. — de préfecture, 35. — de sous-préfecture, 35. — général, 20.
Serment, 31, 152 s., 165.
Signature, 47, 112 s.
Soumission de caution, 104.
Sous-préfet, 35.
Stage, 28, 88.
Substitut du procureur du roi, 35.
Surveillance, 143 s., 162.
Suspension, 147.
Tabagie, 41
Taxe des dépens, 58 s.
Traitement, 78, 161, 167. — (retenue), 79.
Transcriptions de saisies immobilières, 104.
Tribunal civil de la Seine, 19. — de commerce, 22. — de police, 50.
Vacance de place, 164.
Vente de meubles, 89. — (commis greffier), 155 s
Vérification d'écriture, 104.
Visa, 104.

GREFFIER, GREFFE. — 1. — On donne le nom de greffier (du grec γραφειν, écrire) à un officier public établi près de chaque tribunal pour tenir la plume à l'audience, écrire les jugemens ou arrêts, en garder minute et en délivrer expédition.

2. — Les greffiers ont également d'autres fonctions accessoires; ainsi, ils assistent le juge ou le tribunal lors des enquêtes ou descentes sur les lieux; ils reçoivent, en certains cas, les déclarations et les dires des avoués; ils constatent le dépôt des procès-verbaux d'expertise, des cahiers de charges, des extraits à afficher pour les purges légales, etc.

3. — Le greffe est le lieu où le greffier conserve les minutes des jugemens et arrêts et de certains actes judiciaires dont la garde lui est confiée. — C'est au greffe aussi que se délivrent les expéditions.

4. — Le personnel d'un greffe se compose de trois espèces d'employés : 1° Le greffier en chef; 2° les commis-greffiers; 3° les commis expéditionnaires.

5. — Dans l'ancien droit, indépendamment du greffe attaché à chaque juridiction, il y avait des greffes pour des objets particuliers, tels que greffes pour les présentations, pour les insinuations, pour les hypothèques, les conciergeries, etc.

§ 1er. — *Historique* (n° 6).
§ 2. — *Différentes classes de greffiers. — Conditions d'admission. — Incompatibilités* (n° 16).
§ 3. — *Fonctions des greffiers* (n° 42).
§ 4. — *Droits et prérogatives des greffiers. — Costume* (n° 66).
§ 5. — *Devoirs et obligations des greffiers. — Discipline* (n° 93).
§ 6. — *Commis greffiers* (n° 148).

—

§ 1er. — *Historique.*

6. — L'origine des charges de greffier remonte à une antiquité très reculée; on peut la reporter à la première création des tribunaux. — Chez les Grecs, on n'admettait en qualité de greffiers que des personnes d'une fidélité et d'une capacité reconnues. — V. Guyot, *Rép.*, v° *Greffe*; Larochefiavin, *Des parlemens*, ch. 8 et 9.

7. — A Rome, la profession de greffier fut d'abord exercée par des esclaves, puis par des affranchis; on les appelait indistinctement *scribæ*, *tabularii*. Ce ne fut qu'à dater du règne des empereurs Honorius et Arcadius que les places de greffier furent occupées par des personnes libres.

8. — En France, sous les rois de la troisième race, les juges avaient coutume de donner les commissions de greffier à leurs clercs; de là vint le mot de *clergie*, que l'on trouve dans plusieurs anciennes ordonnances, et qui fut remplacé par celui de *greffe*, par une ordonnance de Charles V, du mois de mars 1356.

9. — Dans le principe, les greffes n'étaient que de simples commissions révocables *ad nutum*. Philippe-le-Bel défendit aux justiciers de délivrer à l'avenir de semblables commissions dans les juridictions royales; Philippe-le-Long, quelques années après, déclara que les commissions de greffiers faisaient partie du domaine; puis ces emplois furent donnés à ferme.

10. — Dans la suite (1521), les greffes furent constitués par François Ier en titre d'office; ainsi, après n'avoir été d'abord que de simples secrétaires, les greffiers devinrent de véritables fonctionnaires ayant un caractère public.

11. — L'édit de François Ier, qui érigea les greffes en titre d'office, ne fut pas d'abord bien sérieusement exécuté; on continua pendant long-temps encore de donner les greffes à ferme; mais, sous Henri III, on réunit ces offices au domaine, et on les vendit avec faculté de rachat; enfin on les rendit héréditaires.

12. — Par suite des charges et des besoins de l'état et des malheurs du temps, le gouvernement fut forcé d'avoir recours à la création d'offices nouveaux de greffiers et à la vente et revente des anciens; les abus à cet égard furent poussés aussi loin que possible. Sans entrer dans de plus longs détails sur ce point, il nous suffira de rappeler que, dans le dernier état de la législation qui précéda la révolution de 1789, on divisait en général tous les greffes en deux classes : les uns casuels et les autres domaniaux; ces derniers seuls étaient héréditaires. — V. OFFICE.

13. — Les offices de greffiers furent supprimés, avec les anciens tribunaux, par la loi du 7 sept. 1790; mais les fonctions de greffier furent maintenues dans les nouveaux tribunaux, et notamment lors de la réorganisation de l'an VIII.

14. — Constatons seulement que d'abord la loi du 16-24 août 1790 voulut que les greffiers fussent élus par les juges, tenus de fournir un cautionnement et nommés à vie, sans pouvoir être destitués, si ce n'est pour cause de prévarication jugée (tit. 9, art. 1er, 3 et 4). — Les lois postérieures des 19 mai et 16 sept. 1791 voulurent que les greffiers des tribunaux criminels fussent élus à vie par les assemblées électorales : c'est la loi du 27 vent. an VIII qui confia la nomination des greffiers au choix du chef du gouvernement.

15. — La loi du 28 avr. 1816, art. 91, a compris

les greffiers dans la classe des fonctionnaires et officiers publics qui peuvent transmettre leur charge et exercer le droit de présentation. — V. OFFICE.

§ 2. — *Différentes classes de greffiers. — Conditions d'admission. — Incompatibilités.*

16. — A chaque juridiction, à chaque tribunal est attaché un greffier dont le titre varie quelquefois, mais dont les fonctions sont d'une nature identique.

17. — Ainsi près de la cour de Cassation et de chaque cour royale se trouve un greffier, qui prend le titre de *greffier en chef*. — V. COUR DE CASSATION, COURS ROYALES.

18. — Il en est de même à la cour des comptes. — V. COUR DES COMPTES.

19. — ... Ainsi qu'au tribunal civil de la Seine. — V. TRIBUNAUX.

20. — Au conseil d'état, les fonctions de greffier sont remplies par un *secrétaire général* ayant titre et rang de maître des requêtes. — V. CONSEIL D'ÉTAT, n° 189.

21. — Près la juridiction des prud'hommes, le greffier est désigné sous le nom de *secrétaire du conseil des prud'hommes*. — V. PRUD'HOMMES.

22. — Partout ailleurs, le greffier joint à son titre la dénomination du tribunal auquel il est attaché. Ainsi il y a les *greffiers de justice de paix*, les *greffiers des tribunaux de commerce, des conseils de guerre*. — V. GREFFIER DE JUSTICE DE PAIX, GREFFIER DU TRIBUNAL DE COMMERCE, TRIBUNAUX MILITAIRES.

23. — Pour les greffiers des colonies, V. COLONIES.

24. — Pour être greffier, il faut : — 1° être âgé de vingt-cinq ans accomplis, s'il s'agit d'une place de greffier près d'un tribunal civil ou de commerce (L. 16 vent. au XI, art. 1er) ou près d'une justice de paix (V. GREFFIER DE JUSTICE DE PAIX); — de vingt-sept ans accomplis s'il s'agit d'une place de greffier en chef de la cour de Cassation (ord. 15 janv. 1826, art. 73) ou d'une cour royale (L. 20 avr. 1810, art. 65); — de trente ans enfin pour la charge de greffier en chef de la cour des comptes (décr. 28 août 1807, art. 45).

25. — Autrefois on accordait en certains cas des dispenses d'âge; mais aujourd'hui la chancellerie n'en délivre plus.

26. — ... 2° Indépendamment de la condition d'âge, il faut encore, pour être admissible aux fonctions de greffier, jouir de l'exercice des droits civils et de citoyen.

27. — ... 3° Avoir satisfait aux lois sur le recrutement. — L. 25 mai 1832, art. 2 et 48.

28. — ... 4° Etre licencié en droit, s'il s'agit des fonctions de greffier en chef près la cour de Cassation ou une cour royale, et de plus, dans ce dernier cas, avoir suivi le barreau pendant deux ans. — L. 20 avr. 1810, art. 64 et 65. — Mais le grade de licencié n'est pas exigé pour les autres places de greffier : il suffit alors d'avoir travaillé soit dans un greffe, soit dans une étude d'avoué ou de notaire, soit chez un receveur de l'enregistrement. — Joye, *Almanach de la magistrat. et du barreau*, p. 132.

29. — ... 5° Etre présenté à la nomination du roi par le titulaire, sa veuve ou par ses héritiers. — L. 28 avr. 1816, art. 91. — V. OFFICE.

30. — A la cour des comptes, le candidat est présenté par le premier président. — V. COUR DES COMPTES.

31. — Il faut en outre que le greffier, avant d'entrer en exercice, dépose le cautionnement attaché à ses fonctions et prête serment devant le tribunal près duquel il doit exercer. — L. 31 août 1830. — V. CAUTIONNEMENT (comptables, officiers ministériels, etc.), SERMENT DES FONCTIONNAIRES ET POLITIQUE.

32. — Du reste, il a été jugé que l'exercice des fonctions de greffier est une présomption légale que cet officier public a justifié de l'accomplissement des conditions exigées, et que dès-lors la cour de Cassation n'a pas à rechercher s'il réunit les qualités nécessaires pour exercer ses fonctions. — *Cass.*, 8 mars 1816, Beaumann. — V. aussi Carnot, *Instr. crim.*, sur l'art. 252, n° 15.

33. — Quoique, aux termes de la loi du 28 avril 1816, tous les greffiers soient assujétis à fournir un cautionnement, il existe cependant une exception en faveur du greffier en chef de la cour des comptes. En effet, ce fonctionnaire, qui est nommé sur la proposition du ministre des finances, et qui n'a aucun maniement de fonds, ne participe ni aux charges ni aux bénéfices attachés à l'exécution de la loi de 1816. — V. COUR DES COMPTES, OFFICE.

34. — Le candidat fait parvenir à la chancellerie sa demande et les pièces à l'appui par l'intermédiaire du procureur général, s'il s'agit de la place de greffier à la cour de Cassation ou d'une cour royale. Pour tout autre greffe, on s'adresse au procureur du roi, qui fait l'instruction et l'envoie au garde des sceaux par l'intermédiaire du procureur général de son ressort. — Joye, *ibid.*, 132; Bioche, n° 28.

35. — Un greffier ne peut remplir aucune fonction de l'ordre administratif ou judiciaire. Ainsi, il ne peut être préfet, sous-préfet, maire, adjoint (L. 24 vendém. an III et 21 mars 1831) ni juge, procureur du roi ou substitut (L. 20 mars 1791, 24 vendém. an III, 24 messid. an V et 25 vent. an II), ni être secrétaire de mairie, de préfecture ou de sous-préfecture; ni membre d'une administration forestière, ni receveur de l'enregistrement ou des contributions indirectes, ni employé dans le service des postes, douanes et messageries. — Décis. min. 19 mars 1825. — Joye, *ibid.*, n° 63.

36. — Il y a encore incompatibilité entre les fonctions de greffier et celles d'avocat (ordon. 20 nov. 1822, art. 412); de notaire (L. 25 vent. an XI); d'avoué (L. 20 mars 1791, art. 5); d'huissier (Merlin, *ibid.*, § 3; — *Cass.*, 6 prair. an X); d'instituteur primaire communal, et de clerc de notaire ou d'avoué. — Décis. min. 28 mai 1824. — Joye, *ibid.*, n° 64.

37. — La même incompatibilité existe en ce qui concerne les fonctions de percepteur ou comptable. — V. PERCEPTEUR.

38. — Les greffiers peuvent être membres des conseils de département ou d'arrondissement, des conseils municipaux, des bureaux de bienfaisance, etc.

39. — Nul ne peut, sans une dispense du roi, être greffier d'une cour ou d'un tribunal, s'il est parent ou allié d'un membre de cette cour ou de ce tribunal, jusqu'au degré d'oncle et de neveu inclusivement. Il n'est accordé aucune dispense pour les tribunaux composés de moins de huit juges. — L. 20 avril 1810, art. 63. — En cas d'alliance survenue depuis la nomination, celui qui l'a contractée ne peut continuer ses fonctions sans une dispense. — *Ibid.*

40. — Les greffiers ne doivent faire aucun négoce ou commerce incompatible avec la qualité de fonctionnaire public et de membre de l'ordre judiciaire. Ils ne doivent pas non plus se constituer gérans salariés d'affaires ou de propriétés, ni souscrire des obligations emportant contrainte par corps. — Morin, *Discipline*, t. 1er, p. 90.

41. — Le décret du 14 juin 1813 défend aux huissiers de tenir auberge, cabaret, café, tabagie, sans une autorisation (art. 41); la même prohibition serait applicable *à fortiori* aux greffiers, quoique aucun texte ne s'explique sur ce point; il y a des sentimens de dignité et de convenance qui commandent plus impérieusement que ne le font des dispositions législatives ou réglementaires. — Du reste, un arrêt du parlement de Dijon du 29 mars 1768 portait des défenses expresses à ce sujet pour les greffiers des justices royales et seigneuriales du ressort. — Merlin, *Rép.*, v° *Greffiers*, n° 10; Bioche, v° *Greffiers*, n° 62.

§ 3. — *Fonctions des greffiers.*

42. — Les fonctions des greffiers ont une véritable importance. Le greffier est de tous les officiers publics, auxiliaires de la justice, celui dont le concours est le plus indispensable.

43. — « De toutes les fonctions qui entrent dans l'ordre de l'administration de la justice, dit Domat (*Droit public*, liv. 2, tit. 5, sect. 1re), il n'y en a point qui aient autant de liaison aux fonctions de juges que celles des greffiers; car ils doivent écrire ce qui est dicté ou prononcé par les juges, et demeurer dépositaires des arrêts, jugemens et autres actes qui doivent subsister, et en délivrer des expéditions aux parties; c'est leur seing qui fait la preuve de la vérité de ce qu'ils signent. »

44. — Bacon comprenait si bien l'utilité et l'importance de ces fonctions, qu'il ne craint pas de dire « qu'un greffier ancien, instruit, exercé dans tous les actes de son ministère, possédant bien les précédens de sa juridiction, soigneux dans la tenue et la garde de ses minutes, est vraiment le doigt de la cour (*digitus est curiæ egregius*), et que ses avertissemens sont souvent utiles aux magistrats. »

45. — Le greffier, étant officier public, imprime le caractère de l'authenticité aux actes qu'il reçoit dans la sphère de ses attributions.

46. — Les greffiers étant rédacteurs et dépositaires exclusifs des déclarations faites à l'audience, toute copie de ces déclarations tirée par un autre que par le greffier ne peut servir que de commencement de preuve. — Arg. *Cass.*, 3 juin 1812, Caroillon-Destillières c. Séguin.

47. — Les jugemens et en général tous les actes du juge dont il doit rester minute doivent être signés du président et du greffier. Le greffier qui les écrit est responsable de leur conservation; ils seraient nuls s'ils étaient faits sans son assistance ou s'ils n'étaient signés de lui. — Boncenne, *Th. procéd.*, introduct., t. 1er, p. 569.

48. — En matière d'expropriation pour cause d'utilité publique, le greffier doit assister le magistrat remplissant les fonctions de directeur du jury, à peine de nullité. — *Cass.*, 3 avr. 1844 (à sa date, t. 3 1844, suppl.).

49. — Le greffier fait essentiellement partie de la cour d'assises, et sa présence à tous les actes de la procédure qui concerne l'examen et le jugement est une condition substantielle de leur régularité. Dès-lors il y a nullité des débats lorsqu'il est établi que le greffier n'était pas présent au moment où un arrêt d'excuse concernant un témoin a été prononcé. — *Cass.*, 13 avr. 1837 (t. 1er 1838, p. 327), Nicolle. — V. aussi, quant à la signature de l'interrogatoire que doit subir tout accusé à son arrivée dans la maison de justice, *Cass.*, 20 nov. 1846 (t. 1er 1847, p. 519), Cotinat.

50. — Jugé encore que le greffier faisant partie intégrante du tribunal de simple police, ce tribunal ne peut, à peine de nullité, procéder à un jugement sans l'assistance du greffier. — *Cass.*, 25 fév. 1819, hospices de Pouilly.

51. — Le moyen de nullité tiré de ce que l'ordonnance du juge-commissaire fixant l'ouverture d'une enquête a été rendue sans l'assistance du greffier est non-recevable lorsqu'il n'est pas proposé avant toute défense au fond. — Ce n'est pas là une nullité d'ordre public qui ne puisse pas être couverte. — *Cass.*, 19 août 1841 (t. 2 1843, p. 150), Gaujoux.

52. — Toutefois, il n'est pas nécessaire que l'acte mentionne la présence du greffier, elle résulte suffisamment de sa signature. — *Cass.*, 19 nov. 1835, Baratchard c. Carraondo, Urruela; 19 août 1834, Macuson; 8 janv. 1846 (t. 2 1846, p. 120), Boullet.

53. — Ainsi jugé que quoique l'assistance du greffier aux actes de jugement soit exigée par l'art. 1040, C. procéd., la mention de cette assistance n'est prescrite, à peine de nullité, ni par cet article ni par aucune autre disposition de la loi; qu'il suffit que la présence du greffier à l'arrêt soit certaine pour qu'il n'y ait, sous ce rapport, aucune violation de la loi; et que cette présence est suffisamment constatée par la signature du greffier sur la minute de l'arrêt. — *Cass.*, 18 déc. 1837 (t. 1er 1838, p. 48), Taté.

54. — De même en matière correctionnelle, le défaut de signature du greffier sur la minute du jugement n'emporte pas nullité. Il n'est pas non plus nécessaire, à peine de nullité, que la présence du greffier soit mentionnée dans le jugement, si, d'ailleurs, cette présence résulte suffisamment des documens produits devant la cour de Cassation. — *Cass.*, 8 fév. 1839 (t. 2 1839, p. 457), messageries de l'Aigle.

55. — Jugé encore qu'il n'est pas nécessaire, à peine de nullité, que l'expédition du jugement mentionne la présence du greffier à l'audience. — *Cass.*, 3 janv. 1838 (t. 1er 1838, p. 58), Bérit c. Bonne et Barrière.

56. — Lorsqu'un procès-verbal spécial et distinct de celui des débats de la cour d'assises constate le tirage au sort du jury dans la chambre du conseil, lorsque chacun de ces actes a un intitulé qui lui est propre, que celui du tirage au sort est terminé par cette formule : *Et a le président signé avec le greffier*, il y a nullité lorsque ce procès-verbal ne porte pas la signature du greffier. Peu importe qu'à la suite et sur la même feuille se trouve le procès-verbal des débats portant la signature du greffier. — *Cass.*, 21 sept. 1840 (t. 1er 1841, p. 91), Bertrand.

57. — L'art. 1040, C. procéd., qui exige le concours du greffier à tous les actes émanés d'un juge seul, spécialement d'une ordonnance de clôture d'ordre, n'exige point, à peine de nullité, la signature du greffier sur la minute. — *Toulouse*, 19 avr. 1839 (t. 2 1839, p. 332), Mulet. — V. aussi, quant à l'ordonnance d'exécution d'une sentence arbitrale, *Paris*, 17 avr. 1847 (t. 1er 1847, p. 491), Pauzat c. Boussaton.

58. — Selon MM. Chauveau (*Comment. du tarif*, t. 2, p. 64), et Bioche (v° *Greffier*, n° 44), la signature du greffier serait nécessaire comme celle du juge sur la taxe des dépens.

59. — Jugé au contraire qu'il n'est pas nécessaire, à peine de nullité, que l'ordonnance de taxation soit revêtue de la signature du greffier. — *Grenoble*, 30 août 1838 (t. 1er 1839, p. 423), Ancillon.

60. — Quant à l'exécutoire, la signature du greffier doit accompagner celle du président; c'est ce qui avait déjà lieu sous l'ordon. de 1667, tit. 31,

qui assimilait l'exécutoire à un jugement.—*Rome*, 11 juin 1811, Barberini; — Bioche, n° 45; Boucher d'Argis, *Dict. de la taxe*, p. 362. — V. cependant *Rome*, 1er mars 1811, Rosphigosi, et *Bourges*, 9 janv. 1832, Girard de Villesaison c. Rossi.

61 — Toutes les fois que le juge délivre, dans son hôtel, des ordonnances qu'il rend au pied des requêtes que lui présentent les parties, dans leur intérêt personnel, l'assistance du greffier est entièrement inutile.—Arg. C. procéd., art. 1040; —Boncenne, t. 1er, p. 569.

62. —Dans le cas où une ordonnance rendue sur requête est destinée à recevoir son exécution hors du ressort du tribunal, la partie qui l'a obtenue peut en faire le dépôt au greffe et en obtenir une expédition en forme exécutoire. — Debelleyme, *Référés*, t. 1er, p. 88.

63. — Les greffiers ne sont sujets ni au désaveu pour les énonciations mensongères que les actes qu'ils ont rédigés pourraient contenir, ni à la récusation pour cause de parenté : l'art. 378 ne leur est pas applicable. — Merlin, v° *Greffier*, n° 17; Bioche, nos 67 et 68. — V. RÉCUSATION.

64. — Si une partie voulait attaquer les actes, expéditions et jugemens délivrés par le greffier, elle devrait employer la voie de l'inscription de faux. — *Cass.*, 9 nov. 1835, Baralchard c. Carraondo et Urruela. — V. FAUX INCIDENT.

65.— Ainsi lorsque le procès-verbal des délibérations du jury ne constate pas que le greffier soit entré dans la chambre du conseil et y soit resté pendant la délibération du jury d'expropriation, une partie n'est pas recevable à attaquer devant la cour de Cassation, par des certificats émanés du magistrat-directeur, des jurés et du greffier lui-même, un procès-verbal contre lequel il n'a point été fait d'inscription de faux.—*Cass.*, 23 juin 1840 (t. 2 1840, p. 480), Mareau.

§ 4. — *Droits et prérogatives des greffiers. — Costume.*

66. — Les greffiers en chef des cours souveraines étaient, sous l'ancien droit, réputés membres de ces cours, et prenaient rang après les gens du roi. Il en est de même aujourd'hui des greffiers de tous les tribunaux. — L. 20 avr. 1810, art. 63; — Merlin, *Rép.*, v° *Greffier*, n° 11; Carré, *L. de l'organ.*, t. 1er, p. 302.

67. — D'où il résulte qu'ils peuvent se dispenser du service de la garde nationale. — *Cass.*, 21 juill. 1832, Cordico; 21 mars 1834, Courte. — V. GARDE NATIONALE.

68. — Ils sont également dispensés du service du jury. — Morin, *Discipline*, t. 1er, p. 89.

69. — Mais jugé qu'il n'y a pas d'incompatibilité entre les fonctions de greffier du tribunal de commerce et celles de juré. — *Cass.*, 8 janv. 1846 (t. 2 1846, p. 120), Boullet.

70. — Toutefois, les greffiers ne sont pas magistrats : ils ne sont donc pas compris dans les dispositions des art. 479 et suiv., C. inst. crim., relativement aux crimes et délits qu'ils ont commis dans ou hors l'exercice de leurs fonctions ; à cet égard, ils sont justiciables des tribunaux ordinaires. — V. FONCTIONNAIRES PUBLICS, nos 882 et s. — V. cependant *Montpellier*, 21 nov. 1842 (à sa date, t. 3 1844, supplém.), Thomassin c. Giral.

71. — Les greffiers sont fonctionnaires publics et ne doivent par conséquent point être rangés dans la classe des officiers ministériels.

72. — Ils ne sont pas assujétis à la patente. — L. 25 avr. 1844, art. 13-2°.

73. — Mais il ne sont pas agens du gouvernement, et ne jouissent pas, dès-lors, du privilége de ne pouvoir être poursuivis pour faits relatifs à leurs fonctions qu'après l'autorisation du conseil d'état. — L'art. 75, constit. 22 frim. an VIII, ne leur est donc pas applicable.

74. — Jugé en ce sens que les greffiers des tribunaux, de même que les notaires, les huissiers et les autres fonctionnaires nommés par le chef de l'état, ne sont point des agens du gouvernement et peuvent être poursuivis sans autorisation du conseil d'état, à raison des délits par eux commis dans l'exercice de leurs fonctions. — *Cass.*, 26 déc. 1807, Zolezzi. — V. FONCTIONNAIRES PUBLICS, n° 545.

75. — Ils doivent être considérés comme dépositaires publics relativement aux fonds qui leur sont remis, notamment pour l'enregistrement des jugemens, ou pour consignation de frais par les parties civiles, etc.

76. — Jugé, en conséquence, que le greffier qui s'est approprié des sommes à lui remises, en sa qualité, pour le paiement de droits d'enregistrement par ceux qui en étaient redevables envers la régie, se rend coupable du crime prévu et puni par les art. 169 et 170, C. pén., et non de ceux réprimés soit par les art. 254 et 255, soit par l'art. 408 du même Code. — *Cass.*, 14 fév. 1846, (t. 1er 1846, p. 639,) Lechevalier.

77. — A titre de dépositaires publics, les greffiers seraient encore passibles des travaux forcés à temps, s'ils détruisaient, supprimaient, enlevaient ou détournaient les titres et actes dont ils sont détenteurs en cette qualité.— C. pén. art. 173.

78. — Les greffiers, indépendamment d'un traitement fixe, qui leur est alloué par l'état (L. 27 vent. an VIII, art. 92), obtiennent certains émolumens pour les expéditions qu'ils délivrent et des remises sur les droits de greffe; ce sont eux qui sont chargés du traitement des commis expéditionnaires et de toutes les dépenses du greffe. — L. 27 vent. an VIII; décr. 30 janv. 1811, art. 8.

79. — Ils ne supportent pas de retenue sur leur traitement; c'est pourquoi ils n'ont aucun droit à une pension de retraite.

80. — Le greffier de la cour des comptes n'a qu'un traitement fixe; il ne lui est alloué aucun droit de greffe. — Joye, *Almanach de la magistrature*, p. 135.

81. — Les greffiers ont contre les parties une action sinon solidaire, du moins *in solidum* en remboursement des avances qu'ils ont faites et des émolumens auxquels ils ont droit. — Ils peuvent se faire délivrer un exécutoire par le président du tribunal pour assurer ce remboursement.

82.—Et cette action, purement personnelle, doit être portée non devant le tribunal où le greffier exerce ses fonctions, mais devant celui du domicile des parties : l'art 60, C. procéd., applicable seulement aux officiers ministériels, ne saurait être invoqué par les greffiers.—Du reste, les greffiers ayant presque toujours affaire aux avoués et, lorsqu'ils ont affaire directement aux parties, exigeant d'elles la consignation préalable du coût des actes qu'ils réclament, on sent que de semblables difficultés ne pourront s'élever que fort rarement et lorsque seulement les greffiers auront suivi la foi de ceux qui deviendraient leurs débiteurs.

83.—Ils peuvent être mandataires d'une partie près le tribunal auquel ils sont attachés —*Rennes*, 16 (et non 6) avr. 1817, N...; — Bioche, v° *Greffier*, n° 65.

84. — Ils sont quelquefois chargés par les magistrats d'une mission judiciaire en dehors de leurs fonctions ordinaires; par exemple, c'est devant eux que le tribunal ou la cour renvoie souvent les parties à compter.

85. — Peuvent-ils être chargés d'une expertise? aucune loi ne le défend; cependant il est peu convenable qu'une semblable mission soit donnée au greffier par le tribunal près duquel il exerce ses fonctions.

86. — Les greffiers ont droit, ainsi que leurs héritiers et ayant-cause, de présenter un successeur à l'agrément du roi.—L. 28 nov. 1816, art. 91. —V. OFFICE.

87. — Mais ce droit ne peut plus être exercé lorsqu'ils cessent leurs fonctions par suite d'une révocation ou destitution.—Dans ce cas, le successeur est nommé par le roi sur la présentation du tribunal, à la charge de consigner la somme à laquelle a été évalué l'office du greffier destitué. — V. OFFICE.

88.—Les greffiers qui se présentent pour être notaires peuvent être dispensés de la justification du temps de stage exigé par la loi organique. — Arg. L. 25 vent. an XI, art. 42; décis. min. 31 janv. 1836.

89.—Les greffiers des tribunaux civils et de commerce ont, comme ceux des justices de paix, le droit de procéder aux ventes mobilières, concurremment avec les autres officiers publics dans les lieux où il n'existe pas de commissaires-priseurs. — La loi ne fait aucune distinction. — L. 25 juin 1841, art. 4; — Bioche, n° 57 et 58. — V. *contrà* Carré (*Comp.*, t. 1er, quest. 151e), qui restreint ce droit aux greffiers des justices de paix.

90.—Les greffiers en chef des cours royales portent le même costume que celui des conseillers, mais sans galons à la toque. — Les commis greffiers tenant la plume portent, aux audiences ordinaires, la toge noire, sans simarre, et la toque noire, sans galons; aux grandes audiences et cérémonies, la toge noire, avec simarre et ceinture. — Décr. 2 niv. an XI, art. 3.— Quant aux greffiers de la cour de Cassation et de la cour des comptes, V. ces mots.

91. — Les greffiers des tribunaux civils portent le même costume que les juges, mais sans bord à la toque.—Les commis-greffiers tenant la plume portent la toge fermée, sans simarre.—*Ibid.*, art. 5.

92. — Les greffiers doivent porter leur costume officiel toutes les fois qu'ils sont dans l'exercice de leurs fonctions, à l'audience, au parquet, aux comparutions et aux séances particulières devant les commissaires.

§ 5. — *Devoirs et obligations des greffiers. — Discipline.*

93. — Les greffiers des tribunaux et des cours doivent tenir le greffe ouvert tous les jours, excepté les dimanches et fêtes, aux heures réglées par la cour ou par le tribunal, de manière néanmoins qu'il soit ouvert au moins huit heures par jour.—Décr. 30 mars 1808, art. 90.

94.—Le greffe de la cour de Cassation est également ouvert tous les jours, excepté les dimanches et fêtes, pendant les heures fixées par la cour. — Ord. 15 janv. 1826, art. 78.

95.—Jugé qu'on peut faire valablement des actes au greffe après l'heure fixée pour sa fermeture.—*Cass.*, 27 fév. 1815, Gihoul.

96. — Le greffier ou l'un des commis assermentés tient la plume aux audiences depuis leur ouverture jusqu'à ce qu'elles soient terminées. Le greffier en chef assiste aux audiences solennelles et aux assemblées générales.—Décr. 30 mars 1808, art. 91; L. 6 juill. 1810, art. 56 et 57.—En cas d'empêchement légitime, il est remplacé par un commis greffier.

97. — L'obligation de la résidence et de l'assiduité était imposée aux greffiers dans l'ancien droit (Daguesseau, *Maximes tirées des ordonnances*, t. 13, p. 327); la même obligation pèse encore sur eux aujourd'hui comme sur tous les membres du tribunal dont ils font partie.

98. — « Les greffiers et leurs commis de service aux audiences sont tenus de résider dans la ville où est établi la cour ou le tribunal. Le défaut de résidence est considéré comme absence, porte le décret du 30 mars 1808, art. 100. »

99. — Pour les congés qu'ils peuvent demander, les greffiers sont soumis à toutes les règles qui concernent les autres membres des cours et tribunaux. — Joye, *ubi suprà*, p. 133; Morin, *Discipline*, t. 1er, p. 82.

100. — Les greffiers sont tenus de subvenir au traitement des expéditionnaires et autres employés, ainsi qu'à tous les frais et dépenses du greffe. — L. 21 vent. an VII, art. 16; L. 27 vent. an VIII, art. 92.

101. — Les greffiers ne doivent accepter aucun présent, même indirect, relativement à leurs fonctions, sans s'exposer aux peines prononcées contre la corruption des fonctionnaires; ils ne doivent recevoir aucun droit en dehors du tarif, tel que celui de prompte expédition, sans s'exposer à des poursuites pour corruption ou concussion.

102. — Les greffiers sont expressément chargés d'écrire, conserver et expédier les actes du juge qui, ainsi que nous l'avons vu, doit toujours être assisté d'eux, à moins qu'il ne s'agisse d'actes de juridiction volontaire ou non contentieuse. — C. procéd., art. 1030.

103. — Ils reçoivent et transmettent aux juges, dans les cas déterminés par la loi, les notifications qui les intéressent directement.— C. procéd., art. 138 et 139.

104. — Les greffiers sont chargés de présider à certains actes judiciaires d'instruction et d'exécution, tels que vérification d'écritures, affirmation des parties, soumission des cautions, délivrance des mandemens de collocation, transcription de saisies immobilières, récusations de juges, visa, etc.

105. — Ils doivent tenir dans le meilleur ordre les rôles et les différens registres qui sont prescrits par la loi, et celui des délibérations de la cour ou du tribunal. — Décr. 30 mars 1808, art. 92.

106. — Les art. 72 et 33, § 2, décr. 30 mars 1808, qui veulent que les greffiers portent les conclusions des parties sur la feuille d'audience, ne sont applicables qu'au cas où, après avoir remis des premières conclusions aux mains du greffier, conformément à l'art. 71 et au § 1er de l'art. 33, les avoués changent ces conclusions et en prennent de nouvelles. — *Douai*, 27 fév. 1847 (t. 1er 1847, p. 460), Flament.

107. — La question de savoir si les affaires doivent être préalablement enregistrées au greffe ne concerne que le service intérieur de la cour, et les difficultés élevées à ce sujet doivent être levées par l'autorité du ministre de la justice, sous l'approbation duquel les réglemens sur un tel objet doivent être pris. — *Cass.*, 10 août 1838 (t. 2 1838, p. 394), procureur général d'Aix c. Barthélemy Roux.

108. — Ils doivent conserver avec soin les collections des lois et autres ouvrages à l'usage de la cour ou du tribunal; veiller à la garde des pièces qui leur sont confiées et de tous les papiers du greffe. — Décr. 30 mars 1808, art. 93.

109. — Lorsque, par suite de poursuites pour crime de faux, des pièces sont restées déposées au greffe de la cour, le greffier ne peut livrer les pièces aux personnes qui les réclament, sans avoir appelé les parties intéressées. — *Rennes*, 18 août 1823, de Cintré c. Bilheust.

110. — Aux termes d'une ordonnance du 22 fév. 1829, les greffiers, dépositaires d'effets mobiliers déposés à l'occasion des procès civils ou criminels définitivement jugés, et qu'il serait nécessaire de vendre, soit à raison de leur détérioration, soit pour toute autre cause, doivent présenter requête au président du tribunal civil pour être autorisés à faire remise desdits objets aux préposés de l'administration des domaines, qui procèdent à la vente dans les formes suivies pour l'aliénation des objets non réclamés et sur lesquels l'état a un droit éventuel. — Ces dispositions sont applicables aux greffiers des conseils de guerre et tribunaux maritimes. — Art. 1er. — Les sommes provenant desdites ventes sont versées à la caisse des dépôts et consignations, pour être réclamées par les ayant-droit dans les délais fixés par l'art. 2262, C. civ. — Art. 2.

111. — Les greffiers doivent porter avec exactitude sur un registre spécial, comme sur les expéditions qu'ils délivrent, toutes les sommes par eux perçues pour chaque expédition.

112. — Aucune expédition de jugement ou de tout autre acte ne peut être délivrée par un greffier avant que la minute ait été signée par le président; Aucune ne peut l'être avant l'enregistrement et l'acquit des droits de greffe, ni sans qu'elle ait été collationnée et signée, avec indication détaillée de son coût.

113. — Le greffier qui délivre expédition d'un jugement avant qu'il ait été signé du juge se rend coupable de faux, et doit être traduit devant une cour d'assises. — C. pén., art. 139.

114. — Il en est ainsi, alors même que ledit greffier n'aurait pas agi frauduleusement. — *Cass.*, 22 août 1817, Goulay.

115. — Ils doivent avoir un répertoire à colonnes, sur lequel ils inscrivent, jour par jour, sans blanc ni interligne, et par ordre de numéros, tous les actes et jugemens qui sont enregistrés sur les minutes, à peine de 5 fr. d'amende pour chaque omission. — L. 22 frim. an VII, art. 49; L. 16 juin 1824.

116. — Ils sont tenus de porter sur leurs répertoires même des certificats délivrés en brevet et dont il ne reste pas minute. — *Cass.*, 14 nov. 1837 (t. 2, 1837, p. 611), enreg. c. Chauchot; — décis. min. 19 janv. 1824; — Rolland et Trouilhet, *Dict. de l'enrég.*, v° *Répertoire* § 4 n° 24; Masson-Delongpré, *C. annoté de l'enreg.* n° 1118.

117. — Jugé que les tribunaux ne peuvent décharger un greffier des amendes qu'il a encourues pour défaut d'inscription des jugemens sur son répertoire, lors même que ces jugemens ont été revêtus de la formalité de l'enregistrement. — *Cass.*, 28 juin 1807, Enreg. c. Viguier.

118. — Le répertoire, qui est coté et paraphé par le président de la cour ou du tribunal, doit être communiqué, à toute réquisition, aux préposés de l'enregistrement, à peine d'une amende de 50 fr., en cas de refus. — L. 22 frim. an VII, art. 52 et 53. — V. RÉPERTOIRE.

119. — Le greffier doit être condamné à l'amende établie par l'art. 37, L. 22 frim. an VII, lorsqu'il n'a pas remis dans les dix jours au receveur de l'enregistrement les extraits des jugemens rendus à l'audience, et pour lesquels les parties n'ont pas consigné entre ses mains le montant des droits. La présentation au receveur de son répertoire, sur lequel sont inscrits ces jugemens, ne supplée pas à la remise de ces extraits. — *Cass.*, 22 juill. 1807, enreg. c. Vernet.

120. — Le greffier satisfait aux obligations qui lui sont imposées lorsqu'il remet au receveur, dans le délai prescrit, un extrait de ces jugemens rendus à l'audience, pour raison desquels le montant des droits ne lui a pas été consigné, afin que le receveur puisse en même temps percevoir les droits de ces jugemens. — Déc. min. 24 avr. 1819.

121. — Les amendes encourues par les greffiers qui négligent de faire enregistrer sur la minute les jugemens soumis à cette formalité, se prescrivent par deux ans, encore bien qu'ils aient omis de porter sur leurs répertoires les jugemens à l'égard desquels le défaut d'enregistrement leur est imputé. — *Cass.*, 4 janv. 1814, Enreg. c. Ferrand. — V. ENREGISTREMENT.

122. — Les greffiers doivent tenir registre de la remise qui leur est faite annuellement par les notaires du double de leur répertoire en exécution des lois des 6 oct. 1791 et 16 flor. an IV. — Lettre du minist. de la justice, 27 juin 1808.

123. — Les greffiers sont obligés de n'employer que du papier timbré pour la tenue de leurs feuilles d'audience. — Décis. min. 7 juin 1808. — Il en est de même pour le registre prescrit par l'art. 108, C. procéd.

124. — Les greffiers des tribunaux de commerce doivent, comme les greffiers des tribunaux civils, avoir une feuille d'audience timbrée pour y inscrire tous les jugemens. — Décis. min. 31 oct. 1809. — V. GREFFIER DU TRIBUNAL DE COMMERCE.

125. — Le greffier d'une cour d'assises doit être condamné à l'amende lorsqu'il n'a pas signé le procès-verbal de la séance, comme s'il n'y avait pas eu de procès-verbal dressé. — V. COUR D'ASSISES.

126. — Le greffier qui a négligé de signer un procès-verbal pour lequel sa signature était nécessaire commet une faute grave qui peut faire mettre à sa charge les frais de la procédure nouvelle dans le cas où la première a été annulée par suite de sa négligence. — *Cass.*, 13 mars 1845 (t. 2 1845, p. 527), Duchêne.

127. — Un greffier qui a omis de signer la déclaration du jury peut être condamné à supporter les frais de la procédure à recommencer, si cette omission procède de son incurie et d'une négligence extrême. — *Cass.*, 23 avr. 1835, Robineau.

128. — Les greffiers des tribunaux civils de première instance sont dépositaires de l'un des doubles des registres de l'état civil de toutes les communes de l'arrondissement, ainsi que des procurations et des autres pièces qui doivent y être annexées. — C. civ., art. 43 et 44.

129. — Les greffiers doivent délivrer à tous requérans, à la charge de leurs droits, mais sans qu'il soit besoin d'ordonnance de justice, expédition, copie ou extrait des registres publics, dont ils sont dépositaires, à peine de dépens et dommages-intérêts. — C. procéd., art. 853.

130. — Ils sont tenus également de délivrer expédition des jugemens ou autres actes déposés dans leur greffe, sans qu'il soit besoin de compulsoire. — *Colmar*, 14 juin 1814, Grodwhol c. Morel; — Pigeau, t. 2, p. 396.

131. — Il suffit de demander lesdites expéditions au greffier qui, en cas de refus, peut être contraint par corps à les délivrer. — *Colmar*, 14 juin 1814, précité; *Poitiers*, 1er juill. 1831, Leuzon.

132. — En cas de refus, de la part des greffiers, de délivrer une expédition ou un extrait de leurs registres, ce n'est pas à la cour de Cassation, mais aux tribunaux ordinaires qu'il faut s'adresser. — *Cass.*, 23 nov. 1829, Schermer c. Reibell.

133. — Mais les greffiers peuvent se refuser à donner communication des minutes des jugemens ou autres actes judiciaires dont l'expédition n'a pas encore été délivrée à celui surtout qui veut en prendre copie. — Arg. L. 21 vent. an VI, article 11.

134. — Quant aux actes judiciaires de pure discipline, les greffiers ne sont pas tenus d'en donner copie ou même communication, à moins que ce ne soit au procureur du roi, agissant en vertu de l'ordre du garde des sceaux.

135. — Ainsi jugé que le ministère public peut exiger l'expédition de l'avis donné par un tribunal au garde des sceaux, sur le point de savoir si un notaire doit être remplacé pour défaut de résidence dans le lieu où il est établi. — *Poitiers*, 1er juill. 1831, Leuzon.

136. — Les jugemens portant remise de cause ou indication de jour ne doivent point être levés; ainsi un greffier ne peut copier les jugemens de renvoi en tête des expéditions de jugemens qu'il délivre. — *Rennes*, 28 mai 1819, Laporte c. N...

137. — Lorsque la différence qui existe entre le procès-verbal des débats et l'expédition de l'arrêt de condamnation, sur les noms des juges qui ont assisté à l'instruction orale et au prononcé de l'arrêt, a motivé l'annulation de la procédure, le greffier qui a commis cette erreur doit être condamné à l'amende de 500 fr. et aux frais de la nouvelle procédure. — *Cass.*, 1er sept. 1826, Zimmermann.

138. — La cour de Cassation a jugé, le 16 mai 1806, que la peine de 100 fr. d'amende et de destitution prononcée par l'art. 23, L. 21 vent. an VII, est applicable aux greffiers qui délivrent des expéditions de jugemens qui ne contiennent pas le nombre de lignes à la page et de syllabes à la ligne prescrit par l'art. 5 de la même loi et que la destitution peut être prononcée par le tribunal qui constate la contravention. — *Cass.*, 16 mai 1806, Wauters.

139. — Jugé au contraire et avec plus de raison, puisque l'action est toute disciplinaire et n'a nullement un caractère correctionnel, que le fait de la part d'un greffier d'avoir délivré des expéditions qui n'ont pas le nombre de lignes et de syllabes voulu par la loi ne pouvant donner lieu qu'à des peines de discipline, le tribunal correctionnel est incompétent pour en connaître. — *Metz*, 6 juin 1821, A...

140. — Les greffiers ne doivent pas omettre, sous peine d'amende, de mentionner la patente dans les actes relatifs au commerce, à la profession ou à l'industrie des parties soumises à la patente. — L. 25 avr. 1844, art. 29.

141. — Les greffiers ne peuvent devenir cessionnaires des procès, droits et actions litigieux, qui sont de la compétence du tribunal dans le ressort duquel il exercent leurs fonctions, à peine de nullité, de dépens et de dommages-intérêts. — C. civ. art. 1597.

142. — Il leur est pareillement défendu de se rendre adjudicataires des biens dont la vente se poursuit au tribunal près duquel ils exercent leurs fonctions. — C. procéd. art. 713.

143. — Le greffier est placé, comme tous les officiers publics, sous la surveillance du chef du parquet, qui doit veiller à ce qu'il remplisse ses droits professionnels, qui peut exiger toutes justifications utiles par la représentation notamment de ses registres, et le dénoncer au chef du tribunal en cas d'infraction disciplinaire. — Morin, *Discipline*, t. 1er, p. 81.

144. — Indépendamment des droits de surveillance et de censure, la loi du 27 vent. an VII donnait au chef du gouvernement le droit de révoquer les greffiers de leurs fonctions. C'est une faculté dont il a été rarement fait usage. Cette faculté existe-t-elle encore? a-t-elle été détruite par la loi du 28 avr. 1816, qui a attribué aux greffiers le droit de présentation? — Sur cette question grave, et qui se reproduit aussi en ce qui concerne les huissiers, avoués et autres officiers ministériels, V. OFFICIER MINISTÉRIEL.

145. — L'art. 81 du sénatus-consulte du 16 thermid. an X porte que le grand-juge, ministre de la justice, a sur les tribunaux, les justices de paix et les membres qui les composent le droit de les surveiller et de les reprendre. Cette disposition s'applique incontestablement aux greffiers. — V. DISCIPLINE.

146. — Les greffiers des principales juridictions ont été soumis au pouvoir disciplinaire immédiat des présidens, par l'art. 62 de la loi organique du 20 avril 1810, ainsi conçue: « Les greffiers seront avertis et réprimandés par les présidens de leurs cours et tribunaux respectifs; ils seront dénoncés, s'il y a lieu, au grand-juge ministre de la justice. » — V. aussi réglem., 4 prair. an VIII, art. 38; ordon., 5 nov. 1823 et 10 mars 1825; ord. 15 janv. 1826, § 7; ord. 30 sept. 1827 et 24 sept. 1828.

147. — Les greffiers peuvent être destitués mais non suspendus, comme peuvent l'être les autres membres des cours et tribunaux. « A leur égard, dit M. Pascalis, (*Encyclopédie des juges de paix*, v° *Greffier*), il n'existe pas de peine intermédiaire entre la réprimande et la destitution.

§ 6. — *Commis-Greffiers.*

148. — Le greffier ne pouvant seul suffire à l'exercice de ses fonctions, a besoin du concours de commis-greffiers assermentés, indépendamment des commis expéditionnaires; ainsi les commis-greffiers sont de véritables greffiers suppléans.

149. — Les greffiers présentent au tribunal et font admettre au serment le nombre de commis-greffiers nécessaires pour les suppléer dans l'exercice de leurs fonctions. — L. 27 vent. an VIII, art. 92; décr., 18 août 1810, art. 24.

150. — Il doit y avoir près de chaque cour et tribunal de première instance, composé de plusieurs chambres, un nombre de commis assermentés égal à celui des chambres de la cour ou du tribunal, et un commis-greffier près de chaque cour d'assises; ils sont salariés par l'Etat. — Décr. 30 janv. 1811, art. 6, 7, 8, 12 et 16.

151. — Les commis-greffiers sont, comme les greffiers, membres des cours et tribunaux; ils peuvent donc réclamer les mêmes prérogatives et, notamment, se dispenser du service ordinaire de la garde nationale. — *Cass.*, 31 juill. 1841 (t. 2 1841, p. 329), Moralès; 4 nov. 1841 (t. 1er 1842, p. 583), Johel; — Bioche, v° *Greffier*, n° 96.

152. — Les commis assermentés sont assujétis en général aux mêmes obligations que les greffiers titulaires et sont soumis aux mêmes incompatibilités (Carré, *Organis. judic.*, t. 1er, n° 149; Joye, p. 132; Bioche, nos 99 et 103); ils doivent être âgés de vingt-cinq ans, au moins. — L. 24 août 1790, tit. 9, art. 2.

153. — Les commis-greffiers sont passibles du

même droit d'enregistrement pour leur prestation de serment que les greffiers en chef. — *Cass.*, 21 janv. 1806, Malbec; 17 fév. 1806, Ferrier; — Trouillet, *Dict. de l'enreg.*, v° *Serment*, § 2, n° 12.

154. — Les actes faits avec le concours d'un commis-greffier non assermenté sont nuls. — Carré, *Comp.*, n° 148.

155. — Il avait été jugé par la cour de Montpellier que les commis-greffiers assermentés (spécialement les commis-greffiers de justices de paix) pouvaient, comme remplaçant les greffiers, procéder aux ventes publiques de meubles concurremment avec les notaires et les huissiers dans les lieux où il n'existe pas de commissaire-priseur. — *Montpellier*, 11 sept. 1843 (t. 2 1845, p. 237), huissiers de Limoux c. Rivals.

156. — Mais, sur le pourvoi en cassation, la cour suprême a décidé avec plus de raison que les attributions des commis-greffiers, fixées par la loi du 24 août 1790 et les autres lois ou décrets relatifs à l'organisation des cours et tribunaux, se rapportent exclusivement aux actes qui ont un caractère judiciaire; — mais que les commis-greffiers ne peuvent, comme suppléant les greffiers, procéder aux ventes, aux enchères de bien meubles, ce droit étant conféré aux greffiers, concurremment avec les notaires et les huissiers, en leur qualité d'officiers publics, et par des lois spéciales qui ne rappellent nullement la faculté de remplacement. — *Cass.*, 8 déc. 1846 (t. 1er 1847, p. 5), huissiers de Limoux c. Rivals.

157. — Nul ne peut être commis-greffier près la cour de Cassation s'il n'est licencié en droit et âgé de vingt-cinq ans. — Ordonn. 15 janv. 1826, art. 75.

158. — Le greffier en chef de chaque cour ou tribunal est solidairement responsable de toutes amendes, restitutions, dépens et dommages-intérêts résultant des contraventions, délits ou crimes dont ses commis pourraient se rendre coupables dans l'exercice de leurs fonctions, sauf son recours contre eux, ainsi que de droit. — Décr. 6 juill. 1810, art. 59; 18 août même année, art. 27.

159. — Décidé que le greffier en chef d'une cour royale étant seul responsable des faits de ses commis assermentés dans l'exercice de leurs fonctions, a le droit de les renvoyer quand il ne les juge plus dignes de sa confiance; que dans ce cas la cour n'a point à apprécier les motifs du renvoi du commis-greffier, mais qu'elle doit seulement examiner si elle agréera celui que le greffier en chef présente en remplacement. — *Orléans*, 4 janv. 1823, N...; — Carré, *Compét.*, t. 1er, quest. 145, p. 392; Foucher, sur Carré, *loc. cit.*, note *a*.

160. — Cependant, le greffier en chef près la cour de Cassation ne peut révoquer ses commis assermentés qu'avec l'agrément de la cour. — Ord. 15 janv. 1826, art. 75. — V. COUR DE CASSATION.

161. — Le greffier ne peut toutefois faire subir au traitement des commis-greffiers une retenue. — Décis. minist. just., 30 déc. 1819.

162. — Le droit qu'ont tous les greffiers de renvoyer et de remplacer à leur gré leurs commis assermentés ne fait pas obstacle au droit de surveillance du ministère public et de la cour ou du tribunal au greffe duquel ils sont attachés. Les tribunaux ont le même pouvoir disciplinaire sur les commis assermentés que sur les greffiers titulaires. — Carré, *Compét.*, t. 1er, p. 304.

163. — Ils peuvent donc être avertis ou réprimandés par le tribunal qui, après une seconde réprimande, peut, sur la réquisition du ministère public, l'inculpé entendu ou dûment appelé, ordonner qu'il cessera ses fonctions sur-le-champ; le greffier est alors tenu de le remplacer dans le délai fixé par le tribunal. — Morin, *Discipline*, t. 1er, p. 82.

164. — En cas de vacance de la place de greffier, le premier commis assermenté ne la remplit pas de plein droit pendant la vacance; mais les tribunaux peuvent le commettre lui ou tout autre jusqu'à la nomination du nouveau titulaire. — Carré, *Compét.*, t. 1er, n° 147; Bioche n° 105.

165. — Jugé que celui qui a prêté serment comme greffier provisoire, mais dont les fonctions ont cessé par la nomination du titulaire, doit prêter un nouveau serment, s'il est attaché au greffe en qualité de commis. — *Caen*, 5 mai 1829, Toutain c. Brière; — Carré, *Compét.*, t. 1er, n° 148.

166. — Les cours et tribunaux peuvent, en cas d'empêchement des greffiers et commis-greffiers, les remplacer par un citoyen auquel ils font prêter serment. — Favard, v° *Greffier*; Bioche n° 106. — C'était une règle déjà admise dans l'ancienne jurisprudence, et elle a été souvent appliquée depuis la réorganisation des tribunaux.

167. — Celui qui remplit par *intérim* les fonctions de greffier, en cas de vacance du titulaire, jouit du traitement ainsi que des émolumens qui y sont attachés, à la charge de pourvoir à toutes les dépenses du greffe. — Décr. 30 janv. 1811, art. 32.

168. — Les commis-greffiers n'étant point titulaires d'offices, ne peuvent, même avec l'assentiment du greffier qui les choisit et les fait agréer, promettre ni stipuler aucun prix pour leur nomination ou démission.

169. — Les commis expéditionnaires n'ont aucun caractère officiel, et ne peuvent remplir aucune des fonctions attribuées au greffier. — Ce sont de simples copistes appelés uniquement par le greffier à écrire les expéditions qu'il délivre.

V. ACTES DE L'ÉTAT CIVIL, ALGÉRIE, CAUTIONNEMENT (fonctionnaire, officier ministériel), COLONIES, COUR DE CASSATION, COUR DES COMPTES, COURS ROYALES, DÉPOT PUBLIC, GREFFE (Droits de), GREFFIER DU TRIBUNAL DE COMMERCE, PRUD'HOMMES, SERMENT DES FONCTIONNAIRES ET POLITIQUE, TRIBUNAUX, TRIBUNAUX MILITAIRES.

GREFFE DES ARBRES.

1. — Se dit d'une petite branche ou d'une bande d'écorce détachée d'un arbre en sève et entée dans un autre arbre pour faire produire à celui-ci les fruits du premier.

2. — La destruction d'une ou de plusieurs greffes est un délit. — V. ARBRES ET PLANTES, nos 16, 21 et suiv., DESTRUCTION ET DÉVASTATION DE RÉCOLTES.

GREFFIER DES BATIMENS OU DE L'ECRITOIRE.

1. — La fonction de ces greffiers, consistait à rédiger, garder minute et délivrer copie des rapports des jurés-experts.

2. — L'usage des experts était de se faire assister de ces greffiers dans leurs opérations, quoique l'ordonnance de 1567 le leur défendît.

3. — Les greffiers étaient tenus de fournir aux jurés experts le bureau dit *de l'écritoire* qui leur était commun.

4. — Il y avait à Paris vingt greffiers des bâtimens; deux dans les villes où siégeaient un parlement, une chambre des comptes ou une cour des aides, et un dans chaque ville ayant bailliage, présidial, bureau des finances, sénéchaussée, viguerie ou tout autre juridiction royale.

5. — Le salaire des greffiers des bâtimens était le même que celui attribué aux experts. Ils avaient droit, en outre, à cinq sols par chaque rôle des grosses de leur rapport.

6. — Ils ne devaient communiquer leurs rapports qu'aux parties, et ne pouvaient délivrer qu'à elles les grosses et extraits de ces rapports. C'était un devoir de leurs charges. — Ferrière, *Cout. de Paris*, t. 2, p. 1513.

7. — Il est encore aujourd'hui des personnes qui prennent le titre de greffier des bâtimens et qui assistent dans leurs opérations les experts commis par justice; mais ces personnes n'ont aucun caractère public officiel, et le salaire qui peut leur être dû pour leur coopération est réglé de gré à gré entre eux et les experts qu'ils ont assistés.

GREFFIER DU GROS.

On appellait ainsi, dans certains pays, les tabellions chargés de délivrer les grosses des actes notariés. — TABELLION.

GREFFIER DE JUSTICE DE PAIX.

Table alphabétique.

Absent, 77.
Acte civil, 37. — de dépôt, 39 s., 82. — non enregistré, 80 s.
Amende, 80.
Apposition des bandes, 65. — du sceau, 65.
Assistance du greffier, 55 s.
Cautionnement, 8 s.
Citation, 44.
Clefs, 62.
Clôture de registres, 43.
Commis greffier, 19, 24 s., 32.
Commissaire-priseur, 17 s., 71 s.
Comparution volontaire, 45.
Compétence, 87 s.
Conciliation, 49 s.
Consignation, 76, 82.
Contravention, 81.
Costume, 21.
Déboursés, 104.
Déclaration des scellés, 66 s.
Dénonciation, 33.
Déplacement des registres, 90.
Dépôt des minutes, 88 s.
Destitution, 34.
Discipline, 30 s.
Dommages-intérêts, 70.
Droit d'avertissement, 30 s. — d'enregistrement, 75, 78 s., 83. — de réprimande, 30 s.
Emolumens, 104.
Enquête, 58.
Enregistrement en débet, 77, 84 s.
Estimation mobilière, 71 s.
Exécutoire, 102 s.
Expédition, 91 s.
Expertise, 59, 61.
Faillite, 73 s., 79.
Feuille d'audience, 46, 52 s.
Fonctions du greffier, 35, 55 s.
Format, 52.
Frais d'enregistrement, 76. — de scellés, 74, 76.
Garde des minutes, 87. — des sceaux, 33 s., 107.
Greffier, 2. — temporaire, 28 s.
Honoraires, 71 s.
Intention frauduleuse, 111.
Juge de paix, 2, 5, 7, 22, 30 s., 40 s., 48, 54, 92 s., 101, 105 s.
Jugement, 83. — civil, 37.
Lieux contentieux, 57, 59.
Mineur, 77.
Nomination de greffier, 5 s.
Non conciliation, 110 s.
Nullité, 56.
Opposition à scellés, 64.
Paiement des frais, 95 s., 104 s.
Papier timbré, 52 s.
Paraphe, 41.
Parent, 7.
Perception illégale, 108, 110.
Plumitif, 46 s.
Président du tribunal, 33, 101.
Privilége, 74.
Procès-verbal, 58 s., 61.
Procureur du roi, 54, 105 s.
Résolement, 54.
Récusation, 60.
Référé, 63.
Registre, 36 s., 43 s., 49 s., 54, 104 s.
Résidence, 23 s.
Scellés, 14 s., 62 s., 65, 73 s., 77 s., 94.
Serment, 22, 27, 29.
Signature, 92 s.
Solidarité, 96.
Suppléant, 40.
Tarif, 14 s.
Taxe, 101.
Timbre, 42, 48.
Traitement, 13, 26.
Translation de domicile politique, 51.
Transport, 14 s., 57.
Tribunal de première instance, 31. — de simple police, 3 s., 10, 38.
Vacations, 14 s., 67, 71 s., 78.
Vente mobilière, 17 s.
Visa, 40, 64.

GREFFIER DE JUSTICE DE PAIX. — 1. — Officier public institué auprès des tribunaux de paix, et dont la principale fonction consiste à écrire les sentences et les autres actes du ministère du juge, à en garder minute, et à en délivrer des expéditions.

2. — Un greffier est attaché à chaque justice de paix. — L. 6 mars 1791.

3. — Dans les villes où il existe plusieurs justices de paix, le tribunal de simple police est distinct de ces tribunaux, et a son greffier particulier. — L. 28 flor. an X. art. 12 et 14, — V. au surplus TRIBUNAL DE SIMPLE POLICE.

4. — A part ce cas, le greffier de la justice de paix est nécessairement greffier du tribunal de simple police. Nous ne nous occuperons du greffier que relativement à ses fonctions civiles. Tout ce qui est relatif à ses fonctions en matière de simple police sera traité v° TRIBUNAL DE SIMPLE POLICE.

5. — Diverses lois avaient attribué aux juges de paix la nomination de leurs greffiers (16 et 24 août 1790, tit. 3, art. 9; 6-27 mars 1791, art. 4; 28 frim. an V, et 27 germin. an VII). — Cette nomination ne leur appartient plus. Elle a été déférée au chef de l'état par l'art. 3, L. 28 flor. an X. C'est donc le roi qui nomme aujourd'hui les greffiers de justice de paix.

6. — Les conditions requises pour l'admission à ces fonctions sont les mêmes que celles exigées des greffiers des tribunaux de première instance. — V. GREFFIER, nos 24 et suiv.

7. — Un juge de paix peut avoir pour greffier son parent au-delà du degré d'oncle et de neveu. — Arg. art. 63, L. 20 avr. 1810.

8. — Le cautionnement des greffiers de justice de paix, fixé d'abord par l'art. 3, L. 23 flor. an X, à 4,800 fr. à Paris; 3,600 fr. à Bordeaux, Lyon, Marseille, puis déclaré variable suivant la population dans toutes les autres localités, depuis 2,400 fr. jusqu'à 400, élevé d'un tiers par la loi du 2 vent. an XIII, est aujourd'hui déterminé par la loi du 28 juin 1816.

9. — Il est de 10,000 fr. pour Paris, 6,000 fr. pour Bordeaux, Lyon, Marseille, 4,000 fr. dans les communes de 50,001 habitans à 100,000, 3,000 fr. dans les communes de 30,001 à 50,000 habitans, 2,400 fr. dans les communes de 10,001 à 30,000 habitans, 1,800 fr. dans les communes de 3,001 à 10,000 habitans, et enfin 1,200 fr. dans les communes de 3,000 habitans et au-dessous.

10. — Les greffiers des tribunaux de police doivent un supplément de cautionnement supérieur du quart en sus à celui que doivent fournir les greffiers des justices de paix de leur résidence. — Art. 1er, ord. 9 et 14 oct. 1816; art. 14, L. 28 flor. an X.

11. — Pour tout ce qui est relatif au versement du cautionnement, aux intérêts, aux droits des créanciers et au remboursement du cautionnement, V. CAUTIONNEMENT DES FONCTIONNAIRES,

nos 80 et suiv., 119 et suiv., 140 et suiv., 268 et suiv.

12. — Les greffiers de justice de paix jouissent, comme ceux des tribunaux de première instance, d'un traitement fixe et de diverses remises ou vacations.

13. — Le traitement fixe a été réglé à 500 fr. par la loi du 21-24 juin 1845. Les remises et vacations sont déterminées par le tarif de 1807.

14. — L'art. 1er, L. 21 juin 1845, a supprimé les droits et vacations alloués par le tarif aux juges de paix. Il ne leur est plus accordé de transport que quand ils se rendent à plus de cinq kilomètres du chef-lieu de canton. Une ordonnance du 12 déc. 1845 règle l'indemnité du transport.

15. — Mais cette loi n'a pas modifié l'art. 16 du tarif de 1807, d'après lequel il est alloué au greffier les deux tiers des vacations du juge de paix pour assistance aux conseils de famille, appositions de scellés, et les deux tiers des frais de transport dans les mêmes cas où ils sont alloués aux juges de paix. Ce point a été formellement reconnu à la chambre des députés, lors de la discussion.

16. — Par conséquent, le transport pour l'apposition, la reconnaissance ou la levée des scellés étant rétribué comme vacation par le tarif de 1807, et suivant la distance par l'ordonnance de 1845, c'est le tarif que l'on doit appliquer au greffier, bien que M. le garde des sceaux ait dit à la chambre des députés : « Il est un dernier paragraphe qu'il faut conserver, c'est celui qui porte qu'une ordonnance royale déterminera le montant de l'indemnité de transport; il faut bien l'accorder aux greffiers puisque l'art. 1er l'accorde aux juges de paix. » — *Monit.* du 25 mai 1845, p. 1437; — Jay, *Des scellés*, p. 195.

17. — Les fonctions de greffier sont, en général, incompatibles avec toutes autres fonctions soit judiciaires, soit administratives, soit notariales. — L. 30 janv.-20 mars 1791, art. 5 et 7; ord. roy. 22 nov. 1822. — Toutefois, l'art. 11, L. 26 juin 1816, portant que les fonctions de commissaires-priseurs sont compatibles, dans toutes les résidences autres que la ville de Paris, avec les fonctions de notaire, de greffier de la justice de paix ou du tribunal de police et d'huissier, il faut admettre cette exception en leur faveur.

18. — De même, de ce que les fonctions de greffier sont incompatibles avec celles de notaire, il ne résulte pas que les greffiers des justices de paix ne puissent procéder aux actes de ventes publiques de meubles. Ils partagent ce droit avec les notaires et les huissiers dans les lieux où il n'a pas été établi de commissaires-priseurs. — L. 26 juill. 1790.

19. — Mais il est à remarquer que les commis-greffiers, comme suppléant les greffiers, sont sans qualité pour procéder aux ventes mobilières, ce droit étant conféré aux greffiers en leur qualité d'officiers publics, par des lois spéciales qui ne rappellent nullement la faculté de remplacement. — *Cass.*, 8 déc. 1846 (t. 1er 1847, p. 1re), Huissiers de Limoux c. Rivals.

20. — Pour tout ce qui est relatif au droit des greffiers de justice de paix de procéder aux ventes mobilières, V. COMMISSAIRE-PRISEUR, nos 12, 18, 22, 31, 58, 88, 90, 92, 111, 178 et suiv.

21. — Les greffiers de justice de paix portent le même costume que celui des greffiers des tribunaux de première instance. — Art. 7, Décr. 2 niv. an XI. — V. GREFFIER, no 91.

22. — Ils prêtent serment devant le juge de paix du canton où ils sont attachés. L'art. 5, tit. 9, L. 16-24 août 1790, qui le voulait ainsi, n'a pas été abrogé par la loi du 28 flor. an X, ni par les lois postérieures. — Carré, *Just. de paix*, t. 1er, no 331.

23. — Ils doivent résider au chef-lieu même du canton. — L. 12 sept. 1791; décision du ministre de la justice du 27 oct. 1827; — *Encyclop. des juges de paix*, vo *Greffier*, § 2, no 1er; Carou, *Juridict. civ. des juges de paix*, t. 1er, no 9.

24. — Cette obligation s'étend même aux commis-greffiers. — Décr. 30 mars 1808; — Carré, *Just. de paix*, t. 1er, no 339.

25. — Chaque greffier a le droit d'avoir « un commis-greffier, révocable suivant son bon plaisir, pour tenir la plume aux audiences, signer les expéditions, et généralement pour remplir toutes ses fonctions. » — Lettre du grand-juge du 24 pluv. an XII.

26. — Le traitement du commis est à la charge du greffier, qui est responsable de tout ce qui concerne sa gestion. — V. GREFFIER.

27. — Avant d'entrer en fonctions, les commis-greffiers doivent prêter serment devant le juge de paix comme le greffier. — Lettre du grand-juge, 24 pluv. an XII; — Carou, t. 1er, no 10.

28. — En cas d'absence ou d'empêchement du greffier et du commis-greffier, le juge de paix peut confier temporairement à un commis-greffier de son choix celles des fonctions qui ne peuvent être remplies par eux. — *Cass.*, 6 nov. 1817, N...; — Carré, t. 1er, no 334.

29. — Les fonctions du commis-greffier ainsi nommé par le juge de paix sont essentiellement temporaires. Il y a lieu à nouveau serment de sa part toutes les fois qu'un empêchement nouveau du greffier et de son commis oblige le juge de paix à les remplacer. — Carou, t. 1er, no 11.

30. — Le droit de réprimander ou d'avertir le greffier appartient au juge de paix. — Art. 62, L. 20 avr. 1810; — Carou, t. 1er, no 12; Carré, t. 1er, no 521.

31. — Ainsi, le fait d'un greffier d'avoir forcé les produits de son greffe et manqué de respect à son juge de paix ne peut faire l'objet d'une action disciplinaire portée devant le tribunal de première instance. — *Cass.*, 4 nov. 1823, Petit. — V. au surplus DISCIPLINE, nos 228 et suiv.

32. — Le juge de paix exerce les mêmes droits à l'égard du commis-greffier. Il y a même raison. — V. d'ailleurs l'art. 58, décr. 6 juill. 1810.

33. — M. Carou (*ibid.*) pense cependant que le juge de paix, au lieu de dénoncer, le cas échéant, son greffier au ministre de la justice, comme le prescrit la dernière partie de l'art. 62, L. 20 avr. 1810, en ce qui concerne les présidens des cours et des tribunaux par rapport à leurs greffiers, peut et même doit adresser sa dénonciation au président du tribunal civil, qui la porte, s'il y a lieu, à la connaissance du ministre de la justice.

34. — Le ministre peut prononcer la destitution du greffier. — Art. 92, L. 27 vent. an VIII, et 91, L. 28 avr. 1816. — V. GREFFIER.

35. — Les greffiers de justices de paix, ont ne ce qui concerne les affaires civiles, des devoirs analogues à ceux des greffiers de première instance. — V. GREFFIER.

36. — Ils sont, en outre, obligés de tenir certains registres, pour lesquels la plus grande exactitude leur est recommandée.

37. — Ainsi, chaque greffier de justice de paix doit tenir les registres suivans : 1o un répertoire en matière civile, contenant mention jour par jour de tous les actes et jugemens qui, aux termes de la loi du 22 frim. an VII, doivent être enregistrés sur les minutes, à peine d'une amende de 10 fr. pour chaque omission. — Art. 49, L. 22 frim. an VII. — V. GREFFIER.

38. — Quant au répertoire en matière de simple police, V. TRIBUNAL DE SIMPLE POLICE.

39. — ... 2o Un registre des actes de dépôt, sous peine d'une amende de 10 fr. — Art. 43, L. 22 frim. an VII; et 10, 16 et 17 juin 1824.

40. — Quant aux actes rédigés par les suppléans, s'ils n'ont été déposés au greffe que postérieurement à leur date, le juge de paix doit les viser, le jour de leur remise, et ils sont alors portés sur le répertoire par le greffier, avec la mention de leur visa. — Décis. min. fin. 31 juill. 1808.

41. — Le répertoire est coté et paraphé par le juge de paix. — Art. 53, L. 22 frim. an VII.

42. — Il est soumis au timbre. — Art. 12, no 2, L. 13 brum. an VII. — S'il n'était pas timbré, le juge de paix devrait refuser de le coter et parapher. — Art. 24, *ibid.*

43. — Il doit, de plus, conformément à l'art. 8, L. 26 brum. an VI, être clos, chaque année, par ce magistrat, dans la deuxième quinzaine de septembre.

44. — ... 3o Un registre sur lequel chaque affaire portée sur citation devant le juge de paix est enregistrée et numérotée. Il y est fait mention de la date de chaque enregistrement.

45. — Le greffier doit également porter sur ce registre les affaires dans lesquelles les parties se présentent volontairement sans citation. — Art. 1er et 2, tit. 8, L. 18 oct. 1790.

46. — Ce registre s'appelle *plumitif*; il ne faut pas le confondre avec la feuille d'audience. — V. PLUMITIF et FEUILLE D'AUDIENCE.

47. — Il est tenu note sur le plumitif de tout ce qui se passe à l'audience. — V. GREFFIER.

48. — Le plumitif est coté et paraphé par le juge de paix. — L. 18 oct. 1790. — Il n'est pas sujet au timbre, non plus que les deux autres registres dont il est question ci-après.

49. — ... 4o Un registre des affaires soumises au juge de paix en conciliation. — Circ. min. 30 déc. 1840.

50. — ... 5o Un registre des non comparutions, en matière de conciliation, conformément à l'art. 58, C. procéd.

51. — ... 6o Un registre des déclarations de translation de domicile politique pour les élections communales et départementales. — L. 22 juin 1833, art. 29. — V. ÉLECTIONS MUNICIPALES et ÉLECTIONS LÉGISLATIVES.

52. — Quant aux feuilles d'audience, elles sont en papier timbré de même format, et réunies chaque année en forme de registre. — Décr. 1808, art. 39; décis. min. just. 9-22 mars 1808.

53. — Le greffier fait l'avance du papier timbré des feuilles d'audience. Il en est remboursé par les parties.

54. — Aux termes de l'art. 3, ordonn. royale du 5 nov. 1823, les juges de paix doivent, dans les cinq jours de chaque mois, faire le récolement des minutes sur les répertoires, et constater par un procès-verbal l'état matériel et la situation des feuilles d'audience et de toutes autres minutes d'actes reçus et passés au greffe durant le mois précédent. Ce procès-verbal est transmis dans les cinq jours suivans au procureur du roi.

55. — En principe, le greffier assiste le juge de paix dans tous les actes de ce magistrat relatifs à ses fonctions. — C. procéd., art. 1040.

56. — L'acte fait par le juge de paix sans l'assistance du greffier est nul. — Carou, t. 1er, p. 11, no 13; *Encyclopédie des juges de paix*, § 2, no 5.

57. — Spécialement, le greffier doit, 1o accompagner le juge de paix toutes les fois qu'il se transporte sur les lieux contentieux, et y apporter la minute du jugement préparatoire. — C. procéd., art. 30.

58. — ... 2o Dresser sous sa signature et sous celle du juge le procès-verbal de l'audition des témoins. — C. procéd., art. 39.

59. — ... 3o Dresser aussi procès-verbal de la visite des lieux contentieux par le juge accompagné des experts. — C. procéd., art. 45.

60. — ... 4o Recevoir et communiquer au juge les actes de récusation. — C. procéd., art. 45.

61. — ... 5o Écrire et signer la rédaction du rapport des experts qui ont opéré dans le canton, s'ils ne savent pas tous écrire. — C. procéd. civ., art. 317.

62. — ... 6o Garder jusqu'à la levée des scellés les clefs des serrures sur lesquelles ils sont apposés, à charge de mentionner dans le procès-verbal la remise qui en a été faite, et sous la prohibition également faite au juge d'aller dans la maison à peine d'interdiction, à moins qu'il n'en soit requis ou que son transport n'ait été précédé d'une ordonnance motivée. — C. procéd. civ., art. 915.

63. — ... 7o Assister le juge dans les référés en matière de scellés. — Décis. min. 27 sept. 1808.

64. — ... 8o Recevoir et viser les exploits d'opposition aux levées de scellés qui lui sont notifiés, dans le cas où les parties ne l'auraient pas fait par déclaration sur le procès-verbal. — C. procéd. civ., art. 926 et 1039.

65. — En matière d'apposition de scellés, le juge de paix peut confier au greffier le soin de placer les bandes et d'y apposer l'empreinte du sceau. La loi veut seulement que ce magistrat préside à l'opération. — *Metz*, 6 juin 1821, A...; — Jay, *Traité des scellés*, p. 91.

66. — C'est le greffier, et non le juge de paix, qui est tenu de faire, dans les vingt-quatre heures de leur apposition, la déclaration au greffe du tribunal de première instance de l'arrondissement, dans les communes où la population est de 20,000 ames et au-dessus, que les scellés ont été apposés à un domicile, conformément à l'art. 925. — Jay, *Traité des scellés*, p. 112.

67. — L'art. 17 du tarif accorde, en effet, une vacation au greffier pour cette déclaration.

68. — La déclaration comprend 1o les noms et demeures des personnes sur les effets desquelles le scellé a été apposé; 2o le nom et la demeure du juge qui a fait l'apposition; 3o le jour et l'heure où elle a été faite. — C. procéd. civ., art. 925.

69. — Le délai de vingt-quatre heures est purement comminatoire. Le scellé ne serait donc pas vicié par suite d'un retard dans la déclaration. — Jay, *Traité des scellés*, p. 113.

70. — Nul doute, cependant, que les parties lésées par ce retard ne soient en droit d'actionner le greffier en garantie, et même, si l'omission était fréquente, des poursuites disciplinaires seraient fondées. — Jay, *ibid.* — V., du reste, SCELLÉS.

71. — Les juges de paix sont dans l'habitude de faire ajouter par les greffiers à l'état descriptif des meubles une estimation, soit en masse, soit détaillée. Les greffiers, en pareil cas, dans les lieux où il n'y a pas de commissaires-priseurs, peuvent percevoir en même temps leurs vacations comme greffiers et comme priseurs. — Jay, *Traité des scellés*, p. 109 et 110.

72. — Dans les lieux où il y a des commissaires-priseurs, ce n'est qu'autant que les objets ont peu d'importance, et qu'il s'agit d'éviter des frais, que

le greffier peut ajouter à la description une prisée quelconque. Il ne saurait se faire rétribuer sans empiéter sur les attributions des commissaires-priseurs. — Jay, *ibid.*

73. — En cas d'apposition de scellés par suite de faillite, ce sont les syndics qui dressent l'inventaire. — C comm., art. 480. — Ils ont le droit de se faire aider, pour la rédaction comme pour l'estimation des objets, par qui ils le jugent convenable (*ibid*). Des termes même de cet article il faut conclure que le greffier peut les aider dans ce travail, et que sa coopération doit être rétribuée. — Jay, *Traité des scellés*, p. 179 et 180.

74. — Les frais de scellés sont priviligiés comme tous les frais de justice. — C. comm., art. 2102. — V. INVENTAIRE, PRIVILÉGE, SCELLÉS.

75. — Aux termes de l'art. 29, L. 22 frim. an VII, c'est le greffier qui est chargé d'avancer les droits d'enregistrement du procès-verbal d'apposition, de reconnaissance ou de levée de scellés.

76. — Mais, comme il peut arriver que les forces d'une succession soient insignifiantes, le greffier, lorsque les scellés sont apposés sur réquisitoire, peut exiger qu'une somme soit consignée d'avance entre ses mains, pourvu toutefois que le réquisitoire n'ait pas lieu en cas de minorité, ou pour sauvegarder les droits des absens, c'est-à-dire que l'avance ne peut être exigée que si des héritiers créanciers, présens et maîtres de leurs droits, réclament l'apposition dans leur seul intérêt.

77. — Sont, au surplus, enregistrés en débet les actes d'apposition et de levée de scellés dans lesquels les juges de paix agissent d'office, quand des successions sont ouvertes au profit d'héritiers absens et non représentés ou de mineurs qui n'ont ni tuteur ni curateur. — Décis. min. fin. 20 fructid. X et 1er prair. an XIII; inst. 290, no 3.

78. — Chaque séance successive d'un procès-verbal de scellé n'est sujette à l'enregistrement que dans le délai de vingt jours (L. 22 frim. an VII, art. 20), et il peut être procédé à une autre séance avant que la précédente soit enregistrée. — *Cass.*, 11 sept. 1811, Enreg. c. Malo. — V. ENREGISTREMENT, no 1133.

79. — En matière de faillite, la première est sujette au droit fixe de 2 fr. Les vacations ultérieures ne donnent plus lieu à la perception d'aucun droit pour leur enregistrement. — V. ENREGISTREMENT, no 1135.

80. — Les greffiers ne doivent, sous peine d'amende, relater que des actes enregistrés. — L. 22 frim. an VII, art. 41. — Ainsi, le greffier de justice de paix qui reçoit et signe un procès-verbal de levée de scellés, en conséquence d'un acte de nomination de tuteur non enregistré est passible d'une amende de 40 fr., quoique la levée de scellés soit le fait du juge de paix. — *Cass.*, 11 nov. 1811, Enreg. c. Lanisaon. — V. ENREGISTREMENT, nos 1284 et suiv.

81. — Il y a également contravention de la part du greffier qui, dans un procès-verbal de délibération d'un conseil de famille convoqué pour consentir au mariage d'une fille dont le père est absent, relate, avant qu'il soit enregistré, le certificat du maire constatant l'absence du père de la future. — *Cass.*, 10 oct. 1813, enregistr. c. Fraiche.

82. — Le greffier est encore responsable vis-à-vis de l'administration des droits d'enregistrement des actes de dépôt, la loi l'autorisant à exiger la consignation des droits entre ses mains. — V. GREFFIER.

83. — Quant à l'enregistrement des jugemens, il est à la charge des parties. Elles en font l'avance et supportent les doubles droits.

84. — Doivent être enregistrés en débet les actes et procès-verbaux des juges de paix pour faits de police. — L. 22 frim. an VII, art. 70, § 1er, no 1er.

85. — Décidé de même à l'égard des procès-verbaux dressés pour constater les morts violentes ou présumées telles, et contenant l'inventaire des effets trouvés sur les personnes décédées. — Décis. min. fin. 18 vent. an X, inst. 72. — Quant aux procès-verbaux qui ont pour objet de constater uniquement la mort violente, ils sont exempts de l'enregistrement. — V. ENREGISTREMENT, no 858 et suiv.

86. — ... Et des actes du juge de paix agissant d'office, soit pour une nomination de subrogé-tuteur antérieure au Code, soit pour provoquer le retrait de la tutelle dans le cas de l'art. 421, C. civ. — Décis. min. fin. 28 juin 1808; 28 juill. 1808, art. 390, no 1er.

87. — Le greffier a la garde et le dépôt de toutes les minutes des actes, procès-verbaux et jugemens faits et rendus par les juges de paix. — Art. 1er, L. 28 oct. 1790.

88. — Il doit, tous les ans, déposer, dans le local de la maison de l'administration municipale qui est désigné par ladite administration, les minutes des actes de justice de paix, en matière civile. Les juges de paix sont chargés de veiller, sous leur propre responsabilité, à ce que ce dépôt ait lieu. — Art. 4, L. 28 frim. an IV, et 1er, L. 28 frim. an VI.

89. — Il est à remarquer que cette formalité n'est exigée que pour les actes civils; en matière de simple police, les minutes restent déposées au greffe.

90. — S'il y a lieu au déplacement des registres, minutes ou autres papiers du greffe, les frais d'emballage et de transport sont acquittés comme frais généraux de justice, avec les formalités prescrites par le décr. du 18 juin 1811. En pareil cas, il est dressé sans frais, par le greffier, et à son défaut, par le juge de paix, un état des registres et des papiers à transporter. — Art. 129 et 130 du décret.

91. — Les expéditions des jugemens ou des actes sont délivrées par le greffier. — C. procéd. civ., art. 1040.

92. — Il suffit qu'elles soient signées par lui.

93. — Aux termes de l'art. 7, L. 18 oct. 1790, *les délivrances des jugemens* devaient être signées du juge de paix et du greffier, et M. Carou (t. 1er, p. 12, no 18) pense qu'il en doit être encore de même aujourd'hui. Mais l'opinion contraire est enseignée, avec raison, selon nous, par l'auteur de l'*Encyclopédie des juges de paix* (vo *Expéditions*, no 1er). — Dans la pratique, le greffier se borne toujours à apposer sur les expéditions qu'il délivre sa signature et le sceau du tribunal.

94. — Il est défendu au greffier de délivrer des expéditions entières des procès-verbaux d'apposition, reconnaissance et levée de scellés qu'autant qu'il en est expressément requis par écrit. Il est tenu de délivrer les extraits qui lui sont ainsi demandés, quoique l'expédition entière n'ait été ni demandée ni délivrée. — Décr. 16 fév. 1807, art. 16.

95. — Le greffier a incontestablement une action en justice pour le paiement de ses émolumens et pour le remboursement des avances faites pour les actes de son ministère. — *Cass.*, 7 mai 1823, Coquoin c. Devillère.

96. — Cette action peut-elle s'exercer solidairement contre toutes les parties? — V. GREFFIER, nos 81 et suiv.

97. — Quel est le tribunal compétent pour en connaître? — Divers systèmes se sont produits. — Carré (*Just. de paix*, t. 1er, p. 350) considère l'action du greffier comme personnelle et mobilière, et par conséquent comme appartenant au tribunal du défendeur; savoir, au juge de paix au-dessous de 200 fr., et au tribunal civil au-dessus de cette somme.

98. — M. Lesguadier, juge de paix à Béziers, admet un système mixte, fondé sur les art. 60, C. procéd. civ., et 9 du décr. du 16 fév. 1807. — Selon lui c'est le juge de paix devant lequel les frais ont été faits qui doit connaître de la contestation jusqu'à concurrence de 200 fr. — Au-dessus, l'affaire redevient personnelle et mobilière et appartient au tribunal du défendeur. — *Encyclopédie des juges de paix*, vo *Honoraires*.

99. — M. Chauveau, sur Carré (*Lois de la procéd. civ.*, quest. 276 bis) se prononce pour la compétence exclusive du juge de paix, quel que soit le taux de la somme réclamée, et il invoque l'opinion de Thomine (t. 1er, p. 152), et de Boncenne (t. 1er, p. 234).

100. — Quant à nous, nous pensons que c'est devant le tribunal civil de l'arrondissement que l'action doit être portée. — Carou, no 99; Bioche, vo *Compétence des tribunaux civils*, no 50; *Encyclopédie des juges de paix*, t. 3, p. 231.

101. — Il importe de remarquer que le juge de paix n'a pas le droit de taxer les frais du greffier. Il est vrai que l'ord. du 17 juill. 1825, contenant réglement sur les frais et émolumens à percevoir par les greffiers de justices de paix, dispose dans son art. 1er: « qu'aucun frais ni émolumens ne pourront être perçus par les greffiers que sur les états dressés par eux, qui seront vérifiés et visés par le juge de paix. Ces états sont écrits au bas de l'expédition délivrée par le greffier; à défaut d'expédition, il est fait un état séparé. » Mais ce n'est là, comme l'observe judicieusement M. Carou, qu'un réglement de discipline et de surveillance. C'est donc le président du tribunal de l'arrondissement qui a plénitude de juridiction pour cette taxe.

102. — Au surplus, le greffier peut prendre exécutoire du juge de paix pour le remboursement des frais de timbre et d'enregistrement qu'il a avancés. — L. 22 frim. an VII, art. 29 et 30; 28 avr. 1816, art. 76; — Rolland de Villargues, *Rép. du notar.*, vo *Exécutoire délivré par le juge de paix*, no 10.

103. — Il est hors de doute qu'un juge de paix peut accorder exécutoire pour avances relatives aux assemblées de famille, aux appositions et levées de scellés, et généralement pour toutes celles que le greffier aurait faites. — Bousquet, *Fonct. des juges de paix*, no 628; Carré, *Just. de paix*, t. 3, no 2376. — V. au surplus, pour tout ce qui est relatif à l'exécutoire, GREFFIER.

104. — Aux termes de l'art. 2, de l'ordonn. de 1825, les greffiers de justice de paix doivent tenir un registre sur lequel ils inscrivent, par ordre de date et sans aucun blanc, toutes les sommes qu'ils reçoivent pour les actes de leur ministère. Les déboursés et les émolumens sont, du reste, dans des colonnes séparées.

105. — Ce registre est coté et paraphé par le juge de paix. Il est tenu sous la surveillance de ce magistrat, qui, à chaque trimestre, le vérifie, l'arrête et en dresse procès-verbal dans lequel il consigne ses observations. Ce procès-verbal est envoyé au procureur du roi, qui en rend compte au procureur général. — Art. 3 de l'ordonnance

106. — Peuvent les procureurs du roi, quand ils l'ont reconnu nécessaire, procéder par eux-mêmes ou leurs substituts à cette vérification. — Art. 4.

107. — En cas d'infraction aux règles prescrites par l'ordonnance, il en est fait rapport au garde des sceaux. — Art. 5.

108. — Si les greffiers ou leurs commis reçoivent, sous quelque prétexte que ce soit, d'autres ou plus forts droits que ceux qui leur sont attribués par les lois et réglemens, il est enjoint aux juges de paix d'en informer les procureurs du roi; il en est fait rapport au garde des sceaux. — Art. 6.

109. — Les contrevenans sont, suivant la gravité des circonstances, destitués de leur emploi, traduits devant la police correctionnelle, pour être condamnés aux amendes déterminées par la loi, ou poursuivis extraordinairement en vertu de l'art. 174, C. pén., sans préjudice, dans tous les cas, de la restitution des sommes perçues et des dommages-intérêts, quand il y a lieu. — Art. 6.

110. — Jugé que le greffier ne peut réclamer pour l'expédition d'un procès-verbal de non conciliation que le droit fixe déterminé par l'art. 10 du tarif, et non le droit proportionnel déterminé par l'art. 9. — *Orléans*, 7 avr. 1838 (t. 1er 1838, p. 601), Métévier. — V. CONCILIATION.

111. — Quand il perçoit un droit plus fort que celui alloué par le susdit art. 10, il contrevient à l'art. 4 de la loi du 21 prairial an VI, laquelle est seule applicable aux greffiers de justice de paix, et néanmoins il n'est passible de peines correctionnelles qu'autant qu'aux termes de cet article, la perception a été frauduleuse. — Même art. — V. d'ailleurs CONCUSSION, nos 41, 42 et 67.

GREFFIER A PEAU.

Commis en titre d'office, chargés dans l'ancienne organisation judiciaire d'expédier les arrêts sur parchemin. Ce fut en 1674 que furent créés les offices de commis greffiers à peau.

GRÊLE.

V. BAIL, ASSURANCES TERRESTRES.

GRENIERS D'ABONDANCE.

1. — Edifices consacrés à conserver des grains pour subvenir, en cas de disette, aux besoins publics.

2. — C'est dans la Bible qu'on trouve les premières traces des greniers d'abondance; chacun sait, à cet égard, l'histoire de Joseph en Egypte. On sait aussi qu'à Athènes il y avait des dépôts publics de grains dans l'Odéon, au Pompéion, dans le Long-Portique, à l'Arsenal maritime. Dans les temps de famine, ces dépôts étaient ouverts au peuple qui y trouvait, soit moyennant un prix fixe, soit même quelquefois gratuitement, les grains nécessaires à sa subsistance.

3. — Rome, qui faisait payer en blé les tributs des provinces fertiles de l'empire, dut nécessairement avoir de nombreux greniers pour resserrer ses approvisionnemens. C'était d'immenses édifices dont l'intérieur formait une grande cour environnée de portiques à colonnades, et parmi lesquels on distinguait les greniers d'Anicitas, de Vargunteius et ceux de Domitien. Ces magasins renfermaient les blés apportés de la Sicile, de la Sardaigne, de l'Attique et de l'Egypte. On en tirait les grains que l'on donnait tous les mois aux citoyens inscrits sur les rôles des contributions gratuites, et ceux que, dans des occasions critiques, on distribuait au peuple soulevé.

4. — On voit, au moyen-âge, les châteaux et les

monastères renfermant avec soin, dans les années fertiles, les grains excédant les besoins des populations de leurs domaines, pour les leur distribuer aux époques de famine.

5. — Plus tard, les progrès du commerce, l'établissement de marchés périodiques et la multiplication des voies de communication, rendirent moins nécessaires les greniers d'abondance. Les grandes villes pensèrent toujours néanmoins à se ménager des ressources, en renfermant dans des édifices publics une certaine quantité de grains destinés à faire face aux nécessités imprévues.

6. — En 1793, la convention décréta que « il serait formé dans chaque district un grenier d'abondance. » — Décr. 9 août 1793, art. 1er.

7. — Il était recommandé à cet effet aux conseils généraux de district de choisir parmi les maisons d'émigrés ou autres maisons nationales celles qui seraient les plus sûres et les plus propres à ce genre d'établissement. — *Ibid.*, art. 2.

8. — Ces greniers devaient être approvisionnés au moyen : 1o d'achats faits sur les fonds du trésor; 2o des blés livrés par les citoyens autorisés à cet effet à payer en nature leurs contributions. — *Ibid.*, art. 1er, 3 et 4.

9. — Les citoyens qui avaient besoin d'une avance en grains, pour leur subsistance seulement, pouvaient se présenter devant la municipalité de leur résidence qui, après s'être assurée de la réalité de ce besoin et du degré de la solvabilité de ceux qui demandaient l'avance, délivrait un bon pour se présenter au grenier public de l'arrondissement où la quantité de grains spécifiée sur le bon leur était délivrée à crédit. — Décr. 10 sept. 1793, art. 1er.

10. — La municipalité qui avait délivré le bon était garante du prêt en grains et devait en tenir compte à l'administration du grenier public, lorsqu'elle serait remboursée en argent ou en nature par celui à qui l'avance avait été faite. — *Ibid.* art. 2.

11. — Ces mesures sont tombées en désuétude, et il n'y a plus à bien dire aujourd'hui de greniers d'abondance autres que les magasins destinés à renfermer les quantités de farines qui, dans certaines localités, doivent être placées en réserve dans ces magasins par les boulangers, à titre de dépôt de garantie. Tels sont, à Paris, les magasins de Sainte-Elisabeth. — Arr. du 19 vend. an X; ord. roy. 21 oct. 1818. — V. au surplus BOULANGERS.

12. — On peut néanmoins considérer aussi comme des sortes de greniers d'abondance les entrepôts de grains et farines existant dans l'intérieur, et, par exemple, l'entrepôt de grains et farines de la Villette, près Paris, ouvert au commerce en 1837.

13. — L'utilité des greniers d'abondance au compte du gouvernement a, du reste, été contestée par quelques économistes. Il est évident cependant que de tels établissemens, largement organisés, fourniraient un des moyens les plus efficaces de parer à une disette momentanée, et s'il était besoin de justifier le décret ci-dessus analysé du 9 août 1793, il suffirait de rappeler qu'à cette époque les habitans de Paris se trouvaient réduits à deux onces de pain par jour.

14. — Les greniers d'abondance pourraient produire encore un résultat non moins important: ce serait de contribuer à maintenir les céréales à un prix modéré, et d'éviter ces hausses subites qui ne se produisent souvent que par les craintes que l'on conçoit sur la lenteur des approvisionnemens.

15. — Mais, d'un autre côté, il a été reconnu que la gestion des grains présente un grand nombre de détails difficiles à pratiquer par une administration, et l'expérience a démontré que lorsque les greniers d'abondance ont été au compte du gouvernement, il y a eu perte pour l'état.

16. — Il faudrait donc, en résumé, sans abandonner ce système, que le gouvernement prît les mesures nécessaires pour éviter les inconvéniens de la gestion. Avec un contrôle et une surveillance bien organisés, il y aurait certainement pour l'état, au lieu de perte, les mêmes avantages que présentent les réserves faites constamment par les agriculteurs dans les années fertiles, lorsque leurs ressources leur permettent de ne pas vendre immédiatement; la spéculation alors, au lieu de profiter exclusivement à l'intérêt privé, tournerait ainsi au profit de l'intérêt public.

GRENIER A SEL.

1. — On donnait autrefois ce nom aux lieux destinés à la garde, à la vente et à la distribution du sel, puis, par extension, on le donna à la juridiction royale où se jugeaient en première instance les contraventions commises en matière de gabelles. — *Encyclop. méthodique* (jurisprudence), vo *Grenier à sel*; — Nouveau Denisart, *eod. verb.*

2. — L'appel de la juridiction du grenier à sel était porté devant la cour des aides. — V. COUR DES AIDES, no 2.

3. — On sait que les rois de France avaient, avant la révolution, le monopole du commerce du sel, et qu'une législation rigoureuse punissait toute atteinte portée aux droits royaux.

4. — La juridiction du grenier à sel était composée d'un président, d'un grenetier, d'un contrôleur, d'un procureur du roi et d'un greffier. Il n'était pas nécessaire d'être gradué pour exercer un de ces offices. — Déclar. du roi, 31 oct. 1717. — Il y avait aussi des notaires établis près de quelques greniers.

5. — Le président de chaque grenier à sel pouvait préférablement aux autres officiers du siége, ordonner les informations, les poursuites, rendre les jugemens à l'extraordinaire et les jugemens préparatoires et en général faire toute l'instruction des procès.

6. — Les émolumens de la procédure appartenaient pour deux tiers au président ou à l'officier qui l'avait remplacé; le surplus appartenait à la bourse commune.

7. — La compétence des greniers à sel portait sur les questions occasionnées par les naufrages des bateaux de sel, sur l'infidélité des voituriers, les contraintes pour devoirs de gabelles, le faux saunage et l'usage de faux-sel, la nomination des collecteurs de l'impôt du sel et tout ce qui avait trait à l'impôt. — Ils étaient chargés encore de l'inspection des poids et balances des regrattiers exclusivement même aux juges de police. — Nouveau Denisart, vo *Grenier à sel.*

8. — Les officiers des greniers à sel connaissaient en dernier ressort, tant en principal que dépens, de la restitution des droits de gabelles, jusqu'à la concurrence d'un minot de sel et de dix livres d'amende, quand bien même le fermier aurait conclu à une plus forte amende.

9. — Cette institution a disparu avec l'impôt des gabelles lors de la révolution.

GREVÉ.

V. SUBSTITUTION.

GRIEFS D'APPEL.

1. — Moyens sur lesquels une partie se fonde pour faire réformer, infirmer ou annuler un jugement rendu en premier ressort. — V. APPEL, nos 492, 493, 504, 528, 530, 537, 660, 1359 et 1569.

2. — L'appelant n'est pas tenu de formuler ses griefs contre le jugement dans l'acte *d'appel* (V. ce mot, nos 1342 et suiv.); mais il doit le signifier dans la huitaine de la constitution d'avoué par l'intimé. — C. procéd., art. 462. — V. *Ibid.*, nos 1699 et suiv.

3. — L'avoué de l'intimé ne peut pas prendre l'initiative en signifiant le premier des défenses; car l'appel est ou n'est pas motivé : dans le premier cas, l'avoué s'expose à discuter des griefs qui n'avaient pas été relevés sérieusement et qui devaient être abandonnés plus tard; dans le second, et c'est le cas le plus ordinaire, il est obligé de créer lui-même les griefs de l'appelant pour les combattre ensuite. — Boucher d'Argis, *Dict. de la taxe*, vo *Griefs d'appel*, no 2; Chauveau, *Comm. tar.*, t. 1er, p. 484. — V. *contrà* délibér. de la cour royale de Paris, 25 nov. 1822.

4. — Jugé, par application de ce principe, que les écritures, même les conclusions motivées, signifiées par l'intimé avant aucune communication de la part de l'appelant, ne doivent pas être passées en taxe. — *Grenoble*, 20 mai 1817 N...

GRIFFE.

V. SIGNATURE.

GRILLAGE DE TISSUS.

Ateliers de grillage de tissus de coton par le gaz, peu d'inconvéniens, l'opération se faisant en petit. — Troisième classe des établissemens insalubres. — V. ÉTABLISSEMENS INSALUBRES (nomenclature).

GRILLAGEURS.

V. ÉPINGLIER, GRILLAGEUR.

GROS CENS.

1. — On désignait par cette expression ou encore par le mot *cher cens* celui pour lequel une métairie ou autre héritage avait été donné en bloc. — Pothier, *Introduction au tit. 2 de la coutume d'Orléans*, no 7.

2. — Dans la coutume d'Orléans (art. 135), le mot *Gros cens* ou *Cher cens* avait une autre signification : il se prenait pour le cens qui excédait dix sols. — Pothier, *loc. cit.*

3. Le gros-cens n'était donc qu'une des variétés qui se rencontraient dans la prestation du cens, suivant les coutumes ou les titres d'accensement. Mais toutes ces variétés dans le mode de prestation n'affectaient pas la nature du cens qui consistait toujours dans une redevance due au seigneur. — V. conf. Guyot, *Rép.*, vo *Cens*, § 7; — *Encyclop. méthodique* (jurisprudence), vo *Cens.*

V. au surplus BAIL A CENS, CENS, FÉODALITÉ, FRANC-ALLEU.

GROSSE.

Table alphabétique.

Abréviation, 43.
Acte authentique, 6 s., 96. — exécutoire, 5 s., 20, 108 s. — imparfait, 11.
Ampliation, 31, 62, 92.
Annexe, 84.
Archives, 80.
Ayant-cause, 13, 98.
Ayant-droit, 35.
Billet à ordre, 10.
Brevet (acte en), 9.
Bureau de tabellionage, 28.
Chambre des contrats, 28.
Changement, 41.
Chose certaine, 12, 15. — liquide, 12 s.
Citation, 80.
Compulsoire, 74.
Consentement, 76, 95 s.
Contrat de mariage, 41.
Contre-lettre, 41.
Copie, 40 s.
Créances distinctes, 37 s., 61.
Décès, 27.
Défaut, 73 s.
Délai, 71, 74, 80.
Délivrance, 18 s. — (mention de la), 57 s.
Dépositaire public, 7.
Détérioration, 60.
Empêchement, 26.
Etat, 92.
Expédition, 4, 16, 40, 98.
Extrait, 42.
Foi, 110.
Formalité, 86 s., 93, 106.
Forme, 40, 42.
Formule exécutoire, 46 s.
Frais, 32, 99 s., 115.
Greffier, 18, 29, 52.
Grossoyer, 3.
Héritier, 13, 39, 65, 98.
Huissier, 70, 116.
Hypothèque, 114.
Initiales, 59.
Inscription de faux, 7.
Jugement, 49, 101 s.
Légalisation, 21.
Lettre de chancellerie, 20.
Majeur, 95.
Mention, 64, 88 s., 97.
Minute, 57, 90, 109. — (double), 24. — (possession de la), 22 s.
Notaire, 18 s., 63 s., 69, 71, 73, 81, 115. — en second, 44 s., 85.
Nullité, 54, 86 s., 94, 107.
Opposition, 76 s.
Ordonnance du juge, 63, 101. — de référé, 8.
Ordre, 113.
Paiement, 82 s., 111 s.
Paraphe, 59.
Partie, 107.
Partie intéressée, 33 s., 69.
Permission du juge, 26, 51.
Perte, 60, 110, 114.
Pouvoir, 116.
Président du tribunal, 66 s., 70, 78, 101.
Présomption, 82, 111.
Procès-verbal, 75 s., 84 s.
Référé, 78 s.
Remise de la dette, 111.
Représentation de la grosse, 112 s.
Requête, 66, 68. — d'avoué, 2.
Saisie immobilière, 87.
Sceau, 55 s.
Seconde grosse, 60 s.
Secrétaire du conseil, 18.
Signature, 59.
Sommation, 69, 71, 107.
Tabellion, 20.
Témoin instrumentaire, 85.
Testament, 16.
Titre nouvel, 39. — prescrit, 17.
Tribunal de commerce, 102 s.

GROSSE. — 1. — C'est la copie d'un acte authentique revêtue de la forme exécutoire.

2. — On donne encore, mais improprement, le nom de *grosse* à l'original des requêtes signifiées par les avoués.

3. — Ce terme de grosse vient de ce que ces sortes de copies sont écrites en lettres grosses ou allongées. De là l'expression de *grossoyer* ou action d'écrire de cette manière, c'est le contraire de *minuter*.

4. — Il ne faut pas confondre les *grosses* avec les *expéditions*: Celles-ci n'étant pas revêtues de la formule exécutoire ne donnent que le droit d'agir en justice ou le simple droit d'action, au lieu que les grosses autorisent à exécuter directement, comme après avoir obtenu un jugement. Toute grosse est une expédition ; mais toute expédition n'est pas une grosse. — Toullier, t. 8, no 418; Duranton, t. 13, no 60; Rolland de Villargues, *Rép. du not.*, vo *Grosse*, nos 4 et suiv.

§ 1er. — *Actes qui peuvent être délivrés en forme de grosse* (no 5).

§ 2. — *Qui a droit de délivrer les grosses* (no 18).

§ 3. — *A qui les grosses peuvent être délivrées* (no 33).

§ 4. — *Formes des grosses* (nº 40).
§ 5. — *Seconde grosse* (nº 60).
§ 6. — *Effets des grosses* (nº 108).

—

§ 1er. — *Actes qui peuvent être délivrés en forme de grosse.*

5. — Les actes qui peuvent être délivrés en forme de grosse sont en général tous ceux que la loi déclare exécutoires de plein droit. — V. à ce sujet EXÉCUTION DES ACTES ET JUGEMENS, nº 159 et suiv.

6. — On a vu (*eod. loc.*) que pour qu'un acte puisse être revêtu de la formule exécutoire ou délivré sous la forme de grosse, il faut : 1º *que cet acte soit authentique.*

7. — Quand par suite du déplacement d'une pièce authentique pour une instruction de faux il en a été laissé au dépositaire une copie collationnée, ce dépositaire, s'il est une personne publique, peut délivrer des grosses de cette copie collationnée. — C. inst. crim., art. 455.

8. — Une ordonnance de référé rendue par le président du tribunal civil et consignée sur un procès-verbal reçu par un notaire peut être délivrée par celui-ci en forme de grosse. — Stat. des not. de Paris, 29 sept. 1814 ; — Rolland de Villargues, nº 14.

9. — L'acte délivré en brevet ne peut pas être rédigé sous la forme d'une grosse (V. BREVET nº 48 ; V. aussi Carré, *Organis. judic.*, nº 613 ; Massé, *Parf. notaire*, liv. 12, chap. 20) ; mais il en est autrement quand cet acte ayant été rapporté pour minute il est délivré copie du tout. — V. EXÉCUTION DES ACTES ET JUGEMENS, nº 201.

10. — Ainsi des billets à ordre passés devant notaire et ensuite déposés pour minute, pourraient être déclarés en forme de grosses. — *Dict. not.*, *ibid.*, nºs 23 et 24 ; — Rolland de Villargues, *ibid*, nº 20.

11. — Un acte imparfait ne saurait être expédié en forme exécutoire, même en vertu d'une ordonnance du président du tribunal, auquel l'art. 841, C. procéd., ne confère que le pouvoir d'autoriser une simple copie. En effet, l'acte imparfait ne lie aucune des parties, s'il n'est pas signé par toutes celles dont les signatures sont nécessaires pour sa validité : il n'a que force d'obligation privée, si l'imperfection résulte du défaut de signature du notaire ou du témoin. — L. 25 vent. an XI, art. 68 ; C. civ., art. 1318. — Enfin, c'est un acte litigieux, et le notaire qui en délivrerait une grosse empiéterait en quelque sorte sur le pouvoir judiciaire auquel seul il appartient de donner à l'acte le caractère exécutoire dont il peut être susceptible. — *Dict. not.*, vº *Grosse*, nº 27 ; — Rolland de Villargues, vº *Grosse*, nº 12.

12. — Il faut : 2º *que l'acte contienne obligation de choses liquides et certaines.* — A l'égard des actes dont il ne résulte aucun engagement de cette nature, et qui ne renferment que des obligations de faire ou de ne pas faire, ou de souffrir une chose, etc., les notaires n'en peuvent délivrer aux parties que des copies dans la forme de simples expéditions. C'est là un principe fort ancien. — Loyseau, *De la garantie des rentes*, ch. 12 ; — C. procéd., art. 551 ; C. civ., art. 2213 ; Délib. ch. des notaires de Paris ; délib., 22 mai 1811 ; — Rolland de Villargues, nºs 15 et 16.

13. — La *liquidité* de l'obligation ne doit porter, dans notre législation actuelle, que sur la *chose* même qui fait l'objet de l'obligation. L'exécution peut se faire non seulement sur les personnes qui ont figuré à l'acte, mais encore sur leurs héritiers et ayant-cause ; et il n'est plus nécessaire de faire déclarer le contrat exécutoire contre eux, sauf toutefois la disposition de l'art. 877, C. civ. — Loyseau, *ibid.*, nºs 8 et 9 ; Rolland de Villargues, nº 17.

14. — Il faut que l'obligation consiste à donner et non à faire, parce que les obligations de cette dernière espèce se résolvent en dommages-intérêts (C. civ., art. 1142) qu'il faut auparavant liquider. — Loyseau et Rolland de Villargues, *ibid.*

15. — Quant à la qualité de *certaine* que doit avoir l'obligation, c'est-à-dire à sa *forme et manière*, d'après les expressions de Loyseau (nº 7 et 12), « il faut qu'elle soit pure, simple et claire, non suspendue ni modifiée par aucune condition, bref, qu'il ne puisse s'élever aucune difficulté sur l'exécution d'icelle. » — Rolland de Villargues, nºs 20 et suiv.

16. — De même, ce n'est pas sous la forme d'une grosse, mais sous celle d'une expédition que doit être délivrée la copie d'un testament au légataire ; car le légataire n'est investi que du droit de demander, soit amiablement, soit judiciairement, la délivrance de la somme léguée. — C. civ., art. 1014. Le légataire ne doit donc demander de grosse que celle du jugement qui ordonne la délivrance du legs, ou celle de l'acte par lequel les parties intéressées y ont volontairement consenti. — *Dict. not.*, *ibid.*, nº 17 ; — Rolland de Villargues, nº 25.

17. — Peut-on délivrer la grosse d'un titre prescrit ? — Pour l'affirmative, on dit qu'un titre ne doit être réputé prescrit que lorsqu'un jugement l'a déclaré tel ; que, par suite, jusqu'à ce qu'un tel jugement ait été rendu, le notaire ne peut refuser de délivrer la grosse demandée. Toutefois, lorsque le titre a plus de trente ans de date, lorsque surtout ce n'est pas au notaire même qui a reçu la minute, mais à son successeur que la demande de la grosse est faite, il paraît juste que le notaire puisse refuser de demander la grosse délivrée, autrement qu'en présence des parties intéressées. — *Dict. not.*, nº 20 ; — Rolland de Villargues, nº 28.

§ 2. — *Qui a droit de délivrer les grosses.*

18. — Le droit de délivrer les grosses appartient exclusivement : 1º aux notaires ; 2º aux greffiers ; 3º et aux secrétaires des conseils de préfecture, ou du conseil d'état, en supposant que les décisions des tribunaux administratifs doivent, pour être mises à exécution, être revêtues de la formule exécutoire. — V., à ce sujet, EXÉCUTION DES JUGEMENS ET ACTES, nºs 211 et suiv.

19. — Les notaires sont chargés de délivrer les grosses des actes et contrats de leur ministère. — L. 25 vent. an XI, art. 1er.

20. — Telle n'a pas toujours été la règle suivie en France. — Il y avait, en effet, anciennement des officiers chargés exclusivement de mettre en grosses les actes que les notaires recevaient. Ces officiers s'appelaient *tabellions* (V. ce mot). — Dans le ressort du parlement de Bordeaux, il était d'usage et de jurisprudence qu'il fallait obtenir des lettres de chancellerie pour rendre les actes exécutoires.

21. — La loi du 29 sept.-6 oct. 1791 fut la première disposition législative qui généralisa dans toute la France le droit accordé aux notaires de délivrer des grosses de leurs actes sans scel ni *visa*, à la condition seulement de les faire légaliser par l'un des juges du tribunal d'immatriculation du notaire. — Puis, vint la loi du 25 vent. an XI, dont on vient de parler.

22. — Le droit de délivrer des grosses n'appartient qu'au notaire, possesseur de la minute. — L. 25 vent. an XI, art. 21.

23. — Suivant Toullier (t. 8, nº 421) ce pouvoir de délivrer des grosses n'appartient qu'au notaire qui a reçu l'acte. — Mais on répond avec raison que la conséquence de ce système serait qu'après la mort de l'officier public qui aurait reçu l'acte, la partie serait privée du droit d'avoir un titre exécutoire que la loi accorde cependant à tout créancier qui traite par acte devant notaire. Ainsi, cette disposition de l'art. 21, L. 25 vent. an XI, qui parle du notaire *possesseur de la minute*, doit s'entendre du notaire qui se trouve en possession de l'acte, et non pas de celui qui l'a reçu. — Loret, t. 1er, p. 341.

24. — Lorsqu'un acte est passé en double minute, pour prévenir tout inconvénient au sujet d'une double grosse, il est nécessaire de déterminer dans l'acte par quel notaire la seule grosse qui doive exister sera délivrée. Dans le silence des parties, il est indispensable de suivre les bases adoptées pour la conservation des minutes. Ainsi, dans le cas d'un contrat de vente, le notaire de l'acquéreur délivrera la grosse ; dans le cas d'une obligation, ce sera celui du prêteur. — Rolland de Villargues, vº *Grosse*, nº 41.

25. — La règle que les notaires ne peuvent délivrer des grosses que lorsqu'ils sont possesseurs des minutes, souffre exception dans plusieurs cas.

26. — ... 1º Lorsqu'un notaire est empêché, par exemple pour cause de maladie, d'absence, de parenté. — Toutefois la permission du juge paraît alors nécessaire. — Rolland de Villargues, nº 43 ; *Dict. not.*, nº 64.

27. — ... 2º Lorsqu'un notaire est décédé, pendant la vacance de l'office. — Arg. L. 25 vent. an XI, art. 61.

28. — ... 3º Les grosses des actes compris dans les *chambre des contrats*, *bureaux de tabellionage* et autres ne peuvent être délivrées que par un notaire de la résidence des dépôts ou à défaut par un notaire de la résidence la plus voisine. — L. 25 vent. an XI, art. 60.

29. — Toutefois si ces dépôts de minutes ont été remis au greffe d'un tribunal, les grosses peuvent, dans ce cas seulement, être délivrées par le greffier. — L. 25 vent. an XI, même art.

30. — Les notaires peuvent délivrer des grosses des actes notariés déposés aux archives d'une préfecture. — Décis. min. fin. 18 avr. 1809 ; — Rolland de Villargues, nº 46.

31. — ... 4º Enfin, pour les grosses délivrées par ampliation, V. AMPLIATION.

32. — Le notaire peut refuser la première grosse au créancier, lorsque les frais et déboursés, soit de la minute, soit de cette grosse, lui sont dus. — Arg., C. procéd. civ., art. 851 ; — Rolland de Villargues, nº 47.

§ 3. — *A qui les grosses peuvent être délivrées.*

33. — Les grosses d'un acte doivent être délivrées à chacune des parties intéressées. — L. 25 vent. an XI, art. 26. — Telle était également la disposition de l'art. 178, ordonn. d'août 1539.

34. — Il ne doit être délivré à la partie qui n'a pas le droit d'exécution, c'est-à-dire au débiteur, qu'une simple expédition ou un extrait dépourvu de la formule exécutoire. La grosse, formant un titre actif par le droit d'exécution qu'elle confère, elle ne peut, sous ce rapport, appartenir qu'au créancier. Si elle était délivrée au débiteur, elle ne changerait pas pour cela de nature ; tellement que si elle venait à tomber entre les mains du créancier qui aurait perdu la sienne ou qui serait payé, il pourrait en faire usage. — Rolland de Villargues, nº 36.

35. — *Les parties intéressées* sont celles qui ont le droit de poursuivre l'exécution de l'acte, ou leurs ayant-droit. Ainsi, par exemple, la grosse d'un contrat de vente, dont le prix n'est point payé, doit être délivrée au vendeur ; celle d'un bail, au bailleur ; celle d'une constitution de rente ou d'une obligation, au prêteur, etc. — Toullier, p. 8, nº 420 ; Loret, t. 1er, p. 387 ; Massé, liv. 1er, ch. 29 ; *Dict. not.*, *ibid.*, nº 30 ; Rolland de Villargues, *ibid.*, nºs 30 et 31.

36. — De ce que l'art. 26, L. de vent., dit que la grosse sera délivrée à *chacune* des parties intéressées il ne faut pas conclure que dans tous les cas où il y a plusieurs co-vendeurs, co-propriétaires ou créanciers, le notaire doive remettre indistinctement une grosse de l'acte à chacun d'eux. Il est nécessaire, dans ces divers cas, que la grosse ne soit délivrée à chacune des parties intéressées que pour la somme qui lui est due. — Loret, p. 387 ; Augan, t. 1er, p. 177 ; *Dict. not.*, nº 31 ; Rolland de Villargues, nº 32.

37. — Il est même bon, lorsque différentes parties, *créancières distinctes*, demandent chacune une grosse, d'énoncer le nom de celle à qui elle a été délivrée, tant sur la grosse même que sur la minute. — *Dict. not.*, nº 32.

38. — Lorsque la créance n'a pas été divisée dans le titre, il est d'usage que le notaire prenne la précaution de se faire autoriser à délivrer plusieurs grosses. — Rolland de Villargues, nº 33.

39. — Mais, il ne peut être délivré autant de grosses d'un titre nouvel qu'il y a d'héritiers copropriétaires. La créance ne change pas de nature à l'égard du débiteur sur le fait du titre nouvel. Ce débiteur devait un *seul titre* au créancier originaire ; il en est de même vis-à-vis de ses héritiers. Si plusieurs des héritiers voulaient avoir chacun une grosse du titre nouvel, ils pourraient y parvenir en observant toutes les formalités prescrites pour la délivrance des ampliations, et en supportant d'ailleurs les frais. — *Dict. not.*, nº 33 ; Rolland de Villargues, nº 34.

§ 4. — *Forme des grosses.*

40. — La grosse doit, sauf l'addition de la formule exécutoire (V. *infrà*, nº 46), être la copie littérale de la minute (V. COPIE DE TITRES ET ACTES, nºs 13 et suiv.), et se délivrer dans la même forme que l'expédition. — V. EXPÉDITION, nºs 44 et suiv.

41. — De plus, quand des changemens ou contre-lettres ont été rédigés à la suite de la minute d'un contrat de mariage, le notaire ne peut, à peine de dommages-intérêts envers les parties et même sous plus grande peine s'il y a lieu, délivrer de grosse du contrat de mariage sans transcrire à la suite le changement ou la contre-lettre. — C. civ., art. 1397. — V. CONTRAT DE MARIAGE, nºs 134 et suiv.

42. — Toutefois il arrive dans certains cas, lorsqu'un acte contient de longs détails et des clauses étrangères les unes aux autres, que les notaires délivrent des grosses par extrait. Cette méthode, qu'aucun texte ne désapprouve formellement, est nécessaire dans beaucoup de circonstances. Par exemple, lorsqu'il s'agit d'adjudications faites partiellement et à raison de quelques-unes d'elles pour lesquelles seulement le vendeur aurait à faire des

poursuites, il ne serait pas juste que pour faire payer l'adjudicataire d'un de ces lots, le vendeur fût obligé de se faire délivrer la grosse entière de cette foule de procès-verbaux étrangers à l'obligation de l'adjudicataire resté débiteur de son prix. Cependant, pour prévenir toute contestation, on ne saurait trop conseiller aux notaires d'insérer dans les actes une clause qui autorise le notaire à délivrer les grosses par extrait. Mention serait faite de cette autorisation dans le style de la délivrance. — *Dict. not.*, nos 53 et 54; Rolland de Villargues, no 52.

43. — Il était d'usage autrefois que les abréviations faites dans les formes de *etc.* fussent développées dans les grosses. — V. ABRÉVIATION, nos 23 et suiv. — Nous ne pensons pas que cet usage doive être aujourd'hui suivi. — Rolland de Villargues, no 51; *contrà* Loret, t. 1er, p. 345.

44. — On est généralement d'accord que pour la délivrance de la première grosse, le notaire n'a pas besoin d'être assisté du second notaire ou des témoins. C'est là une suite directe de son ministère dans la réception de l'acte. — Duranton, t. 8, no 63; *Dict. not.*, no 56; Rolland de Villargues, no 117.

45. — Il n'est pas même nécessaire que le nom du notaire en second soit indiqué dans la grosse, quand il ne l'est pas dans la minute. — Rolland de Villargues, no 53; *Dict. not.*, no 55.

46. — Les grosses doivent être revêtues de la formule exécutoire.

47. — Relativement à la teneur de cette formule et aux conséquences qui résultent soit de son irrégularité, soit de son absence, V. ce que nous avons dit successivement vis ACTE EXÉCUTOIRE, EXÉCUTION DES ACTES ET JUGEMENS, nos 283 et suiv.; FORMULE EXÉCUTOIRE.

48. — Toutefois, aux décisions qui sont rapportées sous ces différens mots nous devons ajouter les suivantes :

49. — Jugé que sous la constitution du 3 sept. 1791, les grosses ou expéditions des jugemens devaient être revêtues de la formule exécutoire établie par cette constitution. — *Cass.*, 22 mars 1792 (intérêt de la loi), fabrique d'Hennebon.

50. — ... Qu'ainsi qu'on l'a vu (vo EXÉCUTION DES ACTES ET JUGEMENS, no 250), lorsqu'une grosse a été délivrée par un notaire dans l'intervalle du 21 sept. 1792, époque de l'abolition de la royauté, à la publication de la loi du 25 vent. an XI, il n'a pas été nécessaire pour que l'acte pût être mis à exécution que cette grosse fût revêtue de la formule substituée généralement dans l'usage à celle établie par l'art. 14, tit. 2, L. 6 oct. 1791. — *Cass.*, 21 vendém. an XI, de Beauveau c. Choquet; 25 mai 1807, Paris c. Ladoux.

51. — ... Que durant la législation intermédiaire, et jusqu'à la loi du 25 vent. an XI, sur le notariat, les grosses des actes notariés ont été exécutoires sans formule ni permission du juge. — *Cass.*, 8 août 1808, Mazelier c. Foucaud.

52. — ... Que l'ancienne formule exécutoire dont étaient revêtues les grosses des jugemens émanés des tribunaux qui rendaient la justice dans les pays faisant partie de la France avant la restauration, n'a pu être rectifiée conformément à l'ordonnance royale du 30 août 1815, lorsqu'on a voulu exécuter ces jugemens en France; que les greffiers des tribunaux français ont été fondés au contraire à refuser de faire cette rectification. — *Paris*, 26 août 1825, Grossemy.

53. — ... Que la formule exécutoire apposée à un acte en l'an IX, et rectifiée, conformément à l'ordonnance du 30 août 1815, dans la partie seule qui devait l'être, n'a pas besoin de l'être dans le mandement fait au nom de l'autorité dans les termes tracés par la loi de 1791. — *Nîmes*, 8 juin 1838 (t. 2 1838, p. 419), Rivière c. Mazon.

54. — ... Qu'on doit déclarer irrégulière et nulle l'exécution faite en vertu de la grosse d'un acte notarié qui n'est pas revêtue de la formule royale tout à la fois au commencement et à la fin. — *Metz*, 31 déc. 1819, Quinard c. Boucher.

55. — La grosse doit porter l'empreinte du sceau du tribunal ou du notaire.

56. — Mais, à défaut de cette empreinte, pourrait-elle être considérée comme exécutoire? — V. EXÉCUTION DES ACTES ET JUGEMENS, nos 287 et suiv., SCEAU.

57. — Pour que le créancier ne puisse pas obtenir une seconde grosse, il doit être fait mention sur la minute de la délivrance de la première. — L. 25 vent. an XI, art. 26.

58. — Il n'est pas d'usage que le notaire se fasse remettre une décharge de la première grosse; la foi est due à la mention qu'il fait de la délivrance sur la minute. — Rolland de Villargues, no 79.

59. — Mais la mention de la délivrance ne saurait résulter des simples initiales F. G. (fait grosse). Ce n'est pas d'ailleurs la mention que la grosse a été faite que la loi prescrit, mais bien la mention de sa délivrance. Le notaire doit y apposer sa signature, ou tout au moins la parapher. — Rolland de Villargues, *ibid.*, no 78.

§ 5. — *Seconde grosse.*

60. — En cas de perte ou de détérioration de la première grosse d'un acte ou d'un jugement, le créancier peut en demander une nouvelle. C'est ce qui a été de tout temps reconnu. — Ord. de juill. 1304; ord. de Villers-Cotterets, août 1539; — nouv. Denisart, vo *Grosse*; Toullier, t. 8, no 455; Ferrière, *Parf. not.*, liv. 1er, ch. 25; Rolland de Villargues, no 81.

61. — Il en est de même lorsque la créance portée en la première grosse, et appartenant à un seul, se trouve ensuite appartenir à plusieurs, par l'effet de la division des dettes entre héritiers ou autrement. — Nouveau-Denisart et Pigeau, *ibid.*; Toullier, t. 8, no 456; Duranton, t. 13, no 62; Rolland de Villargues, *ibid.*, no 82.

62. — Les ampliations délivrées sur grosses, déposées avec l'autorisation du juge, sont aussi des sortes de secondes grosses. — Dans l'usage du notariat on donne même le nom d'*ampliation* à la délivrance de toute seconde grosse en général. — V. AMPLIATION.

63. — Un notaire ne peut délivrer une seconde grosse, à peine de destitution, sans une ordonnance du président du tribunal, laquelle doit demeurer jointe à la minute. — L. 25 vent. an XI, art. 26. — La raison de cette disposition, renouvelée des art. 178 et 179 de l'ordonnance précitée de 1539, est que l'existence d'une grosse entre les mains du débiteur est une présomption légale de paiement. — C. civ., art. 1283. — Nouveau Denisart, *ibid.*, *Dict. not.*, *ibid.*, no 67; Rolland de Villargues, *ibid.*, nos 84 et 85.

64. — La peine que prononce la loi ne serait pas applicable au notaire *successeur* qui délivrerait une grosse, sans ordonnance préalable, ignorant que son prédécesseur en avait délivré une, *dont la minute ne porterait pas la mention.* — Locré, t. 1er, p. 389, *Dict. not.*, *ibid.*, no 68; Rolland de Villargues, *ibid.*, no 88.

65. — Mais elle serait applicable au notaire qui, après avoir délivré une grosse à la partie, en délivrerait une autre à son cessionnaire ou aux héritiers de cette partie. — Rolland de Villargues, *ibid.*, no 87.

66. — La partie qui veut se faire délivrer une seconde grosse doit présenter à cet effet requête au président du tribunal de première instance. — C. procéd., art. 844.

67. — C'est au président du tribunal civil dans l'arrondissement duquel réside le notaire dépositaire de la minute, que doit être présentée cette requête. — Toullier, t. 8, no 455; Demiau, *Procéd.* sur l'art. 844; Rolland de Villargues, *ibid.*, no 94; Augan, t. 1er, p. 181.

68. — La requête se fait par le ministère d'un avoué. — Rolland de Villargues, *ibid.*, no 95.

69. — En vertu de l'ordonnance qui intervient sur la requête, le requérant fait *sommation* au notaire pour faire la délivrance à jour et heure indiqués, et aux parties intéressées, *pour y être présentes.* — C. procéd., art. 844.

70. — A Paris, le président indique l'huissier qui fera la sommation. — Debelleyme, *Ordonn.*, p. 43.

71. — Il n'y a pas de délai de rigueur pour sommer le notaire de faire la délivrance et les parties d'y être présentes. Le demandeur peut donc n'indiquer que celui de vingt-quatre heures. Ce délai doit être augmenté, si les parties intéressées sont éloignées, d'un jour par trois myriamètres de distance. — C. procéd. civ., art. 1033. — Carré, sur l'art. 845; Rolland de Villargues, *ibid.*, no 99.

72. — Il n'est pas nécessaire que l'original de la sommation donnée au notaire soit visée par lui. — L'art. 1039 est ici inapplicable. — Rolland de Villargues, *ibid.*, no 100; *contrà* Carré, *ibid.*

73. — Si les parties ne se présentent pas chez le notaire au jour et à l'heure indiqués, le notaire donne défaut contre elles et délivre la grosse en leur absence. — Toullier, t. 8, no 461; Carré, *ibid.*; Rolland de Villargues, *ibid.*, no 101; *Dict. not.*, *ibid.*, no 78.

74. — L'on pourrait à la rigueur donner défaut, lorsqu'il s'est écoulé une heure depuis celle indiquée par la sommation. — Arg., ordonn. de 1667, tit. 12, art. 2. — V. COMPULSOIRE, no 49. — Toutefois, il est d'usage de ne donner défaut qu'après avoir laissé écouler trois heures. — *Dict. not.*, *ibid.*, no 77; Rolland de Villargues, *ibid.*, no 102.

75. — Le défaut de comparution du débiteur et la délivrance de la grosse sont constatés par procès-verbal. — Rolland de Villargues, *ibid.*, no 103.

76. — Si le débiteur comparaît sur la sommation, il n'est pas moins nécessaire de dresser procès-verbal pour constater, soit son consentement, soit son opposition. — Rolland de Villargues, *ibid.*, no 104.

77. — En cas d'opposition, le notaire consulte les moyens d'opposition du débiteur, les réponses du créancier; et il délaisse les parties à se pourvoir, s'abstenant de délivrer la grosse *jusqu'à la décision à intervenir.* — Carré, *ibid.*; Rolland de Villargues, *ibid.*, no 106. — V. *Contrà Dict. not.*, *ibid.*, no 79.

78. — Les parties doivent se pourvoir en référé (C. procéd. civ., art. 845). Ce référé se porte devant le président, sauf renvoi à l'audience, s'il y a lieu. — Carré, *ibid.*; Rolland de Villargues, *ibid.*, no 109.

79. — Lorsque le notaire et le défendeur sont domiciliés dans des arrondissemens différens, le référé peut être porté devant le président du tribunal du domicile du défendeur. — *Pau*, 31 août 1837 (t. 1er 1839, p. 518) Raval c. Laporte.

80. — En pareil cas, la citation en référé est valablement donnée, même sans autorisation du juge, pour la première audience de référé indiquée par le président, pourvu qu'il ait été accordé au défendeur un délai moral dont le président doit apprécier la suffisance. Il n'est pas nécessaire que les délais ordinaires des ajournemens soient observés. — Même arrêt.

81. — Le notaire reste étranger au référé. — Pigeau, t. 2, p. 332; Rolland de Villargues, no 108.

82. — La délivrance d'une seconde grosse ne saurait être repoussée par des présomptions de paiement non établies par la loi. — Ferrière, liv. 1er, ch. 25; De Belleyme, *Ord.*, part. 2e, p. 185.

83. — Ainsi, l'expédition d'une seconde grosse d'un acte authentique ne peut être refusée qu'autant que l'extinction de l'obligation est légalement prouvée. — *Cass.*, 20 mars 1826, Audiguier c. Cadell.

84. — Lorsque la contestation en référé est vidée, il suffirait sans doute d'annexer à la minute de l'acte dont il est délivré une seconde grosse, l'ordonnance ou jugement qui autorise cette délivrance, ainsi que les exploits de sommation et de signification faits au notaire, de faire mention sur la minute de ces différens actes, en même temps que de la délivrance de la seconde grosse. — Art. 26, L. 25 vent. an XI; — Loret, t. 1er, p. 388. — Toutefois, il est d'usage que le notaire dresse dans ce cas un procès-verbal dans lequel comparaît le créancier, et qui contient l'analyse des procédures par suite desquelles la seconde grosse est délivrée. A ce procès-verbal, qui est rédigé à la suite de la minute du titre, sur une feuille de papier séparée, sont annexées l'ordonnance et les significations qui l'ont préparée. — Rolland de Villargues, *ibid.*, nos 113 et suiv.

85. — Les procès-verbaux à dresser dans les cas qui viennent d'être rappelés, doivent être revêtus de toutes les formalités prescrites pour les actes notariés; un second notaire ou deux témoins doivent y figurer. — Toullier, t. 8, no 458; *Dict. not.*, *ibid.*, no 79; Rolland de Villargues, *ibid.*, no 117.

86. — L'inobservation des formalités prescrites par la loi pour la délivrance des secondes grosses, doit avoir pour résultat de faire considérer comme nuls tous les actes d'exécution faits en conséquence. — V. EXÉCUTION DES ACTES ET JUGEMENS, nos 271 et suiv.

87. — Jugé cependant que la saisie immobilière pratiquée en vertu d'une seconde grosse, qui n'a pas été délivrée suivant les formalités prescrites par l'art. 844, C. procéd., ne peut être déclarée nulle, lorsque la minute de l'acte existe et que l'obligation n'est pas méconnue. — *Metz*, 6 juin 1817, Caourze c. Pierret.

88. — La seconde grosse doit porter mention de l'ordonnance, ainsi que de la somme pour laquelle on pourra l'exécuter, si la créance est acquittée ou cédée en partie. — C. procéd., art. 844.

89. — Elle doit aussi porter mention du procès-verbal de délivrance, qui a pu en être dressé. Il paraît même convenable que le notaire expédie avec la grosse le procès-verbal de délivrance, puisque c'est de ce procès-verbal ou plutôt des actes qui y sont relatés que la seconde grosse tire toute sa force, et que ce n'est que quand un acte est ancien que l'on est dispensé de prouver que les solennités ont été observées. — Toullier, t. 8, nos 458 et suiv.; Rolland de Villargues, *ibid.*, no 119; *contrà* Pigeau, t. 2, p. 329.

90. — Mais la loi n'exige point qu'il soit fait mention sur la minute de la délivrance d'une seconde grosse. D'ailleurs cette délivrance résulte suffisamment du procès-verbal qui la constate, et qui est rédigé en suite de la minute. — Massé, *Parf.*

notaire, liv. 1er, ch. 29; Rolland de Villargues, *ibid.*, n° 120.

91. — Les formalités prescrites pour obtenir délivrance d'une seconde grosse s'appliquent aux grosses subséquentes, ainsi qu'aux secondes grosses délivrées par ampliation. — Loret, t. 1er, p. 390; *Dict. du notar., ibid.*, n° 83; Rolland de Villargues, *ibid.*, nos 122 et 123.

92. — Elles s'appliquent également aux secondes grosses ou ampliations demandées dans l'intérêt de l'état, avec cette différence, cependant, que la demande se fait sur simple mémoire, sans avoué, suivant les règles de procédure concernant les affaires de la régie de l'enregistrement. — L. 27 vent. an IX, art. 17; Av. cons. d'état, 12 mai 1807; Instr. gén. 4 juill. 1809, n° 436; — *Dict. du notar.*, *ibid.*, n° 82; — Rolland de Villargues, *ibid.*, n° 124.

93. — Cependant, il est certains cas où les formalités qu'on vient de retracer n'ont pas besoin d'être suivies pour la délivrance des secondes grosses.

94. — Ainsi, quand la première grosse a été déclarée nulle par jugement passé en force de chose jugée, comme manquant des formalités qui constituent véritablement une grosse, le notaire peut en délivrer une seconde sans l'observation des formalités prescrites. — *Cass.*, 24 mars 1835, Maillard c. Ruffier; — Rolland de Villargues, *ibid.*, n° 86.

95. — Le notaire peut également délivrer une seconde ou troisième grosse sans l'autorité du magistrat, lorsque les parties, majeures et capables, y consentent. — Ferrière, *Parfait notaire*, liv. 1er, chap. 25; Toullier, t. 8, nos 453 et 454; Delvincourt, t. 2, p. 619, note 6e; Duranton, t. 13, n° 62; Pigeau, t. 2, p. 330; Bioche, *Dict. de procéd.*, v° *Copie*, n° 38; Billiard, *Tr. des réf.*, p. 133; *Annales du notar.*, t. 8, p. 386; Augier, t. 1er, p. 180; *Dict. du notar.*, *ibid.*, n° 81; Rolland de Villargues, n° 89.

96. — Mais il est nécessaire, dans le but de prévenir des contestations, que ce consentement qui remplace l'ordonnance du président soit donné par acte authentique, et qu'il soit joint à la minute de l'acte. — Toullier, t. 8, n° 453; *Ann. du notar.*, *ibid.*; *Dict. du notar.*, *ibid.*; Rolland de Villargues, *ibid*, nos 89 *bis* et 90.

97. — Il faut, de plus, que mention soit faite de ce consentement au bas de la seconde grosse, ainsi que cela doit être fait pour l'ordonnance du président, dans le cas où elle est nécessaire. — C. procéd., art. 844; — *Dict. du notar.*, *ibid*.

98. — Les demandes en délivrance de seconde grosse par les héritiers, représentans ou ayant-cause, à quelque titre que ce soit, des parties contractantes dans un acte, sont soumises aux formalités prescrites par les art. 844 et 845, C. procéd., et non pas aux dispositions de l'art. 839, qui ne statue que sur le cas de refus de délivrer expédition ou copie d'un acte. — *Toulouse*, 20 mars 1838 (t. 1er 1839, p. 160), Lacanal c. Besson; — Rolland de Villargues, *ibid.*, n° 93.

99. — Les frais occasionnés par la demande en délivrance de la seconde grosse sont à la charge de celui qui l'obtient. — Arg. ord. 30 août 1815, art. 4. — Rolland de Villargues, n° 125.

100. — Le demandeur en délivrance d'une seconde grosse, lors même que ce serait un tiers cessionnaire, est tenu de rembourser au notaire ce qui lui reste dû sur les frais et honoraires de la minute de l'acte. — *Paris*, 27 nov. 1834, Prost c. Andrieux.

101. — Une seconde expédition exécutoire, c'est-à-dire une seconde grosse d'un jugement ne peut être délivrée à la même partie qu'en vertu d'ordonnance du président du tribunal où ce jugement a été rendu. — C. procéd., art. 854.

102. — Mais *quid* s'il s'agit de la délivrance d'une seconde grosse d'un jugement du tribunal de commerce? — Jugé que l'ordonnance doit être rendue non par le président de ce tribunal, mais par le président du tribunal civil. — *Paris*, 25 août 1845 (t. 1er 1846, p. 630), Berton c. Ruffin.

103. — En effet, dit M. de Belleyme (ord. *loc. cit.*), la délivrance d'une seconde grosse est un acte ou tout au moins un moyen d'exécution; et dès-lors elle ne saurait être ordonnée par une juridiction qui ne peut connaître de l'exécution de ses décisions.

104. — Jugé dans le même sens que les tribunaux de commerce ne sont point compétens pour ordonner la délivrance d'une seconde grosse de jugemens par eux rendus, si l'opposition à cette délivrance est fondée sur des motifs dont l'appréciation appartient aux juges ordinaires. — *Colmar*, 10 nov. 1833, Munius c. Hemerdinger.

105. — Cependant, il paraît qu'un usage contraire est suivi à Rouen, à Lyon et à Bordeaux; et on oppose dans ce dernier sens deux jugemens du tribunal de commerce de la Seine des 9 mai 1828 et 25 mai 1837. Mais, dans ces deux espèces, il s'agissait non pas seulement d'une simple requête à présenter au président, mais d'une contestation élevée entre les parties sur le point de savoir s'il y avait lieu ou non à la délivrance; alors le tribunal se déclara compétent par le motif que cette délivrance n'était pas un acte d'exécution et que l'action ne tendait qu'à remettre les parties au même état où elles étaient auparavant.

106. — On doit observer, pour les secondes grosses des jugemens, les formalités prescrites pour la délivrance des secondes grosses des actes devant notaires. — C. procéd., art. 854.

107. — Et même, avant le Code de procédure, on a déclaré nulle l'ordonnance du juge qui permettait à une partie de se faire délivrer une seconde grosse du jugement sans appeler l'autre partie. — *Paris*, 17 thermid. an XIII, Lussault c. Gravier.

§ 6. — *Effet des grosses.*

108. — L'effet des grosses, lorsqu'elles sont régulières, est de rendre l'acte exécutoire sans qu'il soit besoin de recourir aux tribunaux. — V. EXÉCUTION DES ACTES ET JUGEMENS, nos 159 et suiv.

109. — Ainsi, la grosse a, sous ce rapport et pour l'ordinaire, un avantage que n'a pas la minute même, si l'on excepte cependant les jugemens dont les magistrats, dans quelques circonstances, ordonnent l'exécution sur minute. — Bretonnier, *Quest. de droit*, v° *Grosse*, p. 153 et 154; Toullier, t. 8, n° 420; Rolland de Villargues, n° 130.

110. — Quand le titre original n'existe plus, la grosse fait la même foi que l'original. — C. civ., art. 1335-1°. — V. COPIES DE TITRES ET ACTES, nos 21 et suiv.

111. — La remise volontaire de la grosse du titre fait présumer la remise de la dette ou le paiement, sauf la preuve contraire. — C. civ., art. 1283. — V. PAIEMENT et REMISE DE LA DETTE.

112. — Le défaut de représentation de la grosse par le créancier ne légitime pas le refus de paiement de la part du débiteur. — Rolland de Villargues, n° 135.

113. — Jugé même que lorsque, dans un ordre, un créancier ne peut représenter la grosse de son contrat, il n'en doit pas moins être colloqué à son rang d'hypothèque, sur la représentation d'une simple expédition de cet acte; qu'un créancier contestant opposerait vainement que la grosse non représentée peut porter quittance, ou que de sa remise au débiteur peut résulter l'extinction de la dette. — *Cass.*, 13 mars 1828, Lemarrois c. Gallien.

114. — On décidait anciennement, au parlement de Paris, que le créancier qui avait perdu la première grosse de son titre, ne devait plus avoir d'hypothèque que du jour de la délivrance de la seconde grosse. Mais cette jurisprudence avait fini par être abandonnée. — V. Nouveau Denisart, v° *Grosse*. — Aujourd'hui la question ne pourrait être soulevée, puisque le Code civil n'a pas compris la perte de la grosse dans les modes d'extinction des priviléges et hypothèques. — Delvincourt, t. 2, p. 619, note 6e; Loret, t. 1er, p. 386; Massé, liv. 1, chap. 29; Rolland de Villargues, n° 137.

115. — La demande formée par une partie contre une autre à fin de remboursement des droits d'enregistrement dus par cette dernière pour un acte commun, est suffisamment justifiée par cela que la première a entre les mains la grosse de l'acte, et que le notaire qui a passé cet acte déclare avoir reçu de la demanderesse le montant des droits. — *Agen*, 24 janv. 1814, Lannes.

116. — La remise de la grosse à l'huissier vaut pouvoir pour toutes les exécutions autres que la saisie-immobilière et l'emprisonnement, pour lesquels il faut un pouvoir spécial. — C. procéd., art. 556.

V. en outre ANNEXE DE PIÈCES, COMPULSOIRE, EXTRAIT, PRÉSOMPTION, PREUVE TESTIMONIALE.

GROSSE (Procédure).

On donne le nom de *grosses* aux originaux des requêtes d'avoués, quand ces actes doivent être grossoyés (tarif de 1807, art. 72), et aux cahiers des charges rédigés pour les ventes judiciaires. — Tar. 10 oct. 1841, art. 14.

V. TARIF.

GROSSE AVENTURE.

V. PRÊT À LA GROSSE.

GROSSESSE.

1. — C'est l'état d'une femme enceinte.

2. — Autrefois, les filles et veuves enceintes étaient obligées de déclarer leur grossesse, sous peine d'être condamnées comme complices d'infanticide, par cela seul qu'elles auraient célé leur grossesse et leur accouchement, et que l'enfant aurait disparu. Mais nous avons vu (v° DÉCLARATION DE GROSSESSE) que l'édit qui disposait en ces termes avait été abrogé par les lois nouvelles. — V. aussi INFANTICIDE.

3. — Quant aux effets, sous le droit actuel, de la déclaration de grossesse quant à l'état de l'enfant, V. ENFANT NATUREL et DÉCLARATION DE GROSSESSE.

4. — On connaissait aussi autrefois ce qu'on appelait le *recèlement de grossesse*. — V. à cet égard ENFANT (crimes et délits contre l'), n° 16 et suiv. — V. aussi INFANTICIDE.

5. — La grossesse peut, suivant les circonstances, être rangée parmi les motifs graves pour lesquels la dispense d'âge exigée par l'art. 145, au titre du mariage, ou la dispense de seconde publication sont demandées. — V. DISPENSES POUR LE MARIAGE et MARIAGE. — En outre, elle peut, dans certains cas, fournir à la femme un moyen de repousser la demande en nullité de son mariage fondée sur le défaut d'âge compétent. — V. MARIAGE. — Enfin, elle peut encore servir, en matière de demande en séparation de corps, à établir le fait de la réconciliation. — V. SÉPARATION DE CORPS. — Mais, dans ces divers cas et autres analogues, il est certain que les juges, quoique maîtres de choisir le genre de preuve qu'ils estimeront le plus convenable pour contrôler l'exactitude du fait allégué, ne peuvent ordonner une visite dans le but d'arriver à cette vérification. « Cette mesure, dit Locré, répugnerait à la décence et à nos mœurs. »

6. — Il est cependant un cas où la loi prescrit la vérification, c'est celui où une femme condamnée à mort se déclare enceinte. L'art. 27, C. pén., dit, en effet, que *s'il est vérifié* qu'elle est enceinte, elle ne subira sa peine qu'après sa délivrance.

7. — Autrefois, sous la loi du 23 germ. an III, l'état de grossesse était même un obstacle à la mise en jugement de la femme prévenue d'un crime emportant peine de mort. — Aujourd'hui, comme on le voit, cette circonstance n'empêche pas le jugement, mais seulement suspend l'exécution de la peine jusqu'après l'accouchement. — V. FEMME, MORT (peine de).

8. — Ajoutons que la vérification doit avoir lieu, alors même que la femme condamnée serait parvenue à un âge qui exclurait, selon la règle ordinaire, la faculté de concevoir. « Déclarer en principe la grossesse impossible, disent MM. Briand et Chaudé (*Manuel complet de médecine légale*, p. 137), ce serait s'exposer à renouveler des erreurs dont plusieurs auteurs nous ont transmis de tristes exemples. » — Il existe, en effet, des cas de fécondité tardive. — V. les mêmes auteurs, *loc. cit.*

9. — L'état de grossesse n'est pas un obstacle à l'exercice de la contrainte par corps dans les cas où les femmes sont soumises à cette voie d'exécution. — V. CONTRAINTE PAR CORPS. — La loi de 1792 (31 août) disposait que les femmes condamnées à la peine du carcan, et qui seraient trouvées enceintes au moment de leur condamnation, ne subiraient point cette peine et ne seraient pas exposées en public; mais qu'elles garderaient prison pendant un mois à compter du jour du jugement, qui serait imprimé, affiché et attaché à un poteau planté à cet effet sur la place publique. — Mais nous avons dit (v° EXPOSITION PUBLIQUE, nos 35 et suiv.) que cette disposition, non reproduite par les lois nouvelles, a cessé d'être en vigueur. — La vérification de l'état de grossesse peut paraître quelquefois nécessaire aussi dans les instructions judiciaires, par exemple, s'il s'agit d'arriver à constater un infanticide. Et cependant M. Trébuchet (*Jurisp. de la médecine*) hésite, même dans ce cas, à reconnaître aux magistrats le droit d'ordonner des explorations corporelles sans le consentement de la femme. « Personne n'ignore, dit-il (p. 175), les graves accidens qui sont quelquefois résultés de ces opérations, et on n'a pas oublié ce qui arriva en 1829, et que rapporte la *Gazette des Tribunaux*: on trouve dans la rue un enfant mort; la justice informe, et les soupçons se dirigent sur une jeune fille dont la conduite était cependant sans reproches, mais qui avait été l'objet du bavardage des commères du quartier. Elle est enfermée, et le juge d'instruction ordonne qu'elle soit visitée par des gens de l'art : ceux-ci se présentent dans la prison, et il paraît qu'ils se disposent sans aucun ménagement à remplir leur mission. Effrayée des manières un peu brusques dont elle est l'objet, la jeune fille tombe dans le délire ; le médecin la visite dans cet état et reconnaît qu'elle est vierge. Il s'empresse d'en rendre compte au juge d'instruction qui ordonne sur-le-champ sa mise en liberté. Il n'était plus temps ! la raison de cette malheureuse était tout-à-fait aliénée. On la transporta à la Salpétrière, où elle expira quelques jours après..... »

10. — La déclaration de grossesse faite par une femme mariée, après le décès de son mari, suffit pour motiver la nomination d'un curateur au ventre. — V. DÉCLARATION DE GROSSESSE et CURATEUR AU VENTRE.

11. — La grossesse est-elle une maladie ? — La question a été agitée dans l'ancienne jurisprudence, et il a été reconnu qu'une femme grosse, même dans le terme de son accouchement, n'est pas en état de maladie qui, naturellement, ait trait à la mort ; qu'ainsi une donation entre-vifs faite pendant la grossesse ne tombait pas dans la disposition de l'art. 277, cout. de Paris ; qu'elle n'était pas censée faite *in contemplatione mortis*, à moins que la libéralité n'eût pour date les momens toujours critiques des travaux ou la suite de l'accouchement.

12. — Cette distinction est aujourd'hui sans objet. — V. DONATION ENTRE-VIFS et DON MUTUEL.

13. — Mais la question peut présenter de l'intérêt en matière de rente viagère, l'art 1975 déclarant nul le contrat par lequel la rente a été créée sur la tête d'une personne *atteinte de la maladie* dont elle est décédée dans les vingt jours de la date du contrat.

14. — A cet égard, M. Troplong (*des contrats aléatoires*, sur l'art. 1975, est d'avis que la grossesse étant un état *naturel*, si une femme enceinte avait acheté une rente viagère dans le temps de sa grossesse, et qu'elle décédât dans les vingt jours, en accouchant, on ne pourrait appliquer au vendeur de la rente l'art. 1975. — Ricard, *Donat.*, part. 1re, no 188 et suiv.

15. — MM. Delvincourt (t. 3, p. 424) et Duranton (t. 18, no 147) expriment la même opinion. — Toutefois, le premier de ces auteurs la modifie pour le cas où la femme serait contrefaite au point de faire craindre que l'accouchement ne fût périlleux. — Cette distinction est repoussée par M. Duranton, attendu que ce n'est pas là non plus un état de maladie, et que ce serait trop laisser à l'arbitraire des femmes contrefaites enfantant souvent heureusement.

16. — Quant à M. Troplong (*loc. cit.*), il se borne à excepter le cas où la grossesse serait compliquée d'un état maladif qui compromît les jours de la femme, et eût rendu l'accouchement mortel. — V. au surplus RENTE VIAGÈRE.

17. — On s'est demandé, et cette question physiologique présente un intérêt réel sous le rapport pénal, si la grossesse peut déterminer des penchans irrésistibles à ce point, qu'une femme soit entraînée malgré elle à commettre des actes contraires à l'ordre social, notamment le délit de vol.

18. — MM. Briant et E. Chaudé, dans leur *Man. compl. de médec. légale* (p. 139), disent qu'il existe, à l'appui de l'affirmative, des faits qu'on ne peut révoquer en doute, et que le médecin ne doit jamais perdre de vue la possibilité de semblables aberrations. « Citerons-nous, disent-ils, cette femme des environs de Cologne, qui, désirant manger de son mari, l'assassina pour satisfaire son appétit, et en sala une partie pour prolonger son féroce plaisir ? » « J'ai vu, dit Vivès dans ses *Comment. sur la cité de Dieu*, par saint Augustin, une femme sur le point d'avorter, si elle n'eût satisfait son désir de mordre au cou un jeune homme, à qui cette morsure causa les plus vives douleurs. »

19. — Aussi, ajoutent-ils, la faculté de médecine de Halle a-t-elle décidé que la question doit être résolue d'une manière affirmative (surtout lorsqu'il s'agit de vol), parce que le raisonnement et l'expérience établissent que la grossesse est susceptible de déranger l'imagination des femmes, de dépraver leur volonté. — Et que cet effet doit avoir lieu de préférence chez les personnes d'un tempérament très-irritable, mélancolique, etc., etc. — Alberti, *Syst. jurispr. médec.*, t. 6, p. 756.

20. — M. Capuron (*Médec. lég. relative aux accouchemens*) émet plus que des doutes sur ces aberrations de la volonté, sur ces penchans irrésistibles. « On ne croira pas facilement, dit-il, que la grossesse dérange ou altère la raison au point de faire méconnaître à la femme les lois les plus sacrées de la nature, les lois fondamentales de toute civilisation, l'humanité, la justice, la propriété... En vain on objectera les envies extraordinaires des femmes enceintes, leurs appétits désordonnés, bizarres, dépravés. — Qu'une femme enceinte ait envie de manger des fruits verts, du poivre, du sel, du plâtre, qu'elle boive plus qu'à l'ordinaire du vin pur, de l'eau-de-vie, du café ; qu'elle *dérobe* des friandises, il y a loin de là jusqu'au désir de *voler*, de mordre un jeune homme, de tuer un mari. » — On voit néanmoins, par les termes mêmes dont il se sert, que M. Capuron admet, sous certains rapports, la possibilité du penchant irrésistible à prendre la chose d'autrui. »

21. — Quant à M. Orfila (*Leçons de médec. légale*, t. 1er, p. 235), il déclare incontestable qu'on doit admettre, dans quelques cas de grossesse, la possibilité et même la réalité d'un trouble de l'imagination assez marqué pour qu'il puisse servir d'excuse à la femme ; mais il ajoute qu'il serait contraire à l'ordre social d'établir que cela doit avoir lieu constamment, puisqu'on assurerait l'impunité à des femmes de mauvaise conduite, qui savent aussi bien soustraire la propriété d'autrui quand elles ne sont pas enceintes que lorsqu'elles sont grosses. — « Si la lésion de l'imagination est évidente, dit-il, l'homme de l'art ne balancera pas à excuser la femme ; dans le cas contraire, il engagera le magistrat à chercher ailleurs que dans la médecine, les moyens de résoudre la question. En effet, les juges seront beaucoup plus éclairés quand ils sauront que la personne accusée jouit d'une bonne ou mauvaise réputation, qu'elle est dans l'aisance ou dans la détresse, que lorsqu'on leur dira que le tempérament de la femme est très irritable, mélancolique, etc. »

22. — Il est possible qu'en réalité les juges, dans le sein de leurs délibérations, aient quelquefois eu égard, entre autres moyens de justification, à l'excuse de grossesse, lorsqu'il leur paraissait complétement démontré que cet état avait pu influer sur la liberté d'action de l'inculpée ; mais on comprend que l'énonciation d'un pareil motif ne saurait, sans danger, se trouver dans une décision judiciaire.

23. — Aussi MM. Briant et E. Chaudé (p. 141) rapportent-ils qu'en 1818 la nommée A... ayant, malgré ses aveux, été acquittée par la cour d'assises de la Seine, par suite d'une déclaration faite avec l'accent de la sincérité, qu'elle n'avait pas été maîtresse de sa volonté, *et qu'elle avait succombé à une envie de femme grosse*, et les journaux ayant publié que l'excuse de grossesse avait été admise, ces journaux reçurent l'ordre de publier que c'était à son repentir et à sa jeunesse que A... avait dû l'indulgence de la cour. — *Journ. de Paris du* 18 *juin* 1818.

24. — V. aussi ACCOUCHEMENT, AVORTEMENT, CHIRURGIE, CONCEPTION, MÉDECINE.

GRUE (Maitre de).

Maîtres de grue. — Patentables de sixième classe. — Droit fixe réglé sur la population, et droit proportionnel du vingtième de l'habitation et des lieux servant à l'exercice de la profession.

GRUEURS.

Patentables de septième classe. — Droit fixe, basé sur la population, et droit proportionnel du quarantième de la valeur locative de tous les locaux qu'ils occupent, mais seulement dans les communes de 20,000 âmes et au-dessus.

GRUERIE.

1. — Le droit de *gruerie* consistait dans la faculté qu'avait le roi de prendre une part du produit des coupes.

2. — On appelle bois en *gruerie* ou *grume* le bois qu'on amène sans être écorcé, qui est encore avec son écorce.

3. — On donnait aussi autrefois le nom de *gruerie* à la juridiction des *gruyers*, officiers des eaux et forêts établis pour veiller à la conservation des forêts éloignées des maîtrises, et connaître en première instance des moindres délits qui s'y commettaient (ord. 1669, tit. 9). — Merlin, *Rép.*, vo *Gruyers*.

4. — Cette juridiction fut supprimée dans toute la France par l'art. 10, L. 7-12 sept. 1790.

GUADELOUPE (Ile de la).

Table alphabétique.

Absent, 27.
Administration, 59, 86, 91.
Affiche, 38.
Agent de change, 66.
Anglais, 12. — (gouvernement), 6 s., 47, 71 s.
Annulation d'actes, 13.
Appel, 72.
Armée, 68.
Arrêté consulaire, 18.
Assignation, 38.
Avoué, 82.
Bannissement, 15.
Budget, 52 s.
Bureau de consultation, 83.
Capitaine général, 4.
Caution, 28.
Change, 57.
Chef d'administration, 87. — d'établissement, 86 s.
Code civil, 25 s. — de commerce, 39 s. — d'instruction criminelle, 41 s. — pénal, 45 s. — de procédure, 32 s.
Codes français, 9.
Colonies, 19, 24.
Comité de conciliation, 8.
Commandant militaire, 60.
Commerce étranger, 49.
Commissaire de justice, 4.
Commission des prises, 81.
Comptabilité, 52.
Conseil colonial, 64. — de guerre, 81. — privé, 63, 81, 90. — supérieur, 9, 11.
Contrôle administratif, 89.
Correspondance, 87.
Cour d'assises, 80. — royale, 79. — supérieure, 72.
Courtier, 66.
Déguerpissement, 33.
Dépendances, 85 s.
Déporté, 16.
Désirade (la), 75, 85.
Directeur de l'intérieur, 61.
Douanes, 49 s.
Emolumens, 35.
Enregistrement, 48.
Esclavage, 76.
Expropriation pour utilité publique, 36.
Francisation, 51.
Gendarmerie, 68.
Gens de couleur, 31.
Gouvernement, 20 s., 59.
Gouverneur, 59, 86, 88
Historique, 1 s.
Huissier, 84.
Hypothèques, 47 s.
Impôts des routes, 55.
Imprimerie, 17.
Inspecteur colonial, 62.
Jeu, 67.
Justice (administration de la), 22, 73, 75.
Légalisation, 28.
Législation, 24.
Mariage, 31.
Marie-Galante, 85.
Martinique, 24.
Monnaies, 56, 58.
Navigation (droits de), 52.
Nègres, 10 s.
Occupation étrangère, 6 s.
Ordonnateur, 61.
Organisation judiciaire, 22, 70 s.
Préfet apostolique, 65. — colonial, 4.
Procureur général, 61.
Rapport, 88.
Régime législatif, 23.
Reprise de possession, 2 s., 9, 14.
Saint-Martin, 77, 85, 91.
Saintes (les), 85.
Secours, 54.
Succession, 29.
Sursis à poursuites, 8.
Traitement, 69.
Transcription des lois, 5.
Tribunaux de paix, 75 s. — de première instance, 78.

§ 1er. — *Historique* (no 1).
§ 2. — *Législation* (no 24).
§ 3. — *Gouvernement et administration* (no 59).
§ 4. — *Organisation judiciaire* (no 70).
§ 5. — *Dépendances* (no 85).

—

§ 1er. — *Historique.*

GUADELOUPE (Ile de la). — 1. — La Guadeloupe, une de nos plus importantes colonies des Antilles françaises, fut découverte en 1493 par Christophe Colomb. Les Espagnols la nommèrent ainsi du nom de *N.-D. de Guadelupe*, l'une des madones les plus révérées de l'Estramadure.

2. — Le premier établissement des Français à la Guadeloupe remonte à 1635. En 1646, le roi y établit un conseil souverain pour rendre la justice. En 1675, la Guadeloupe fut réunie au domaine de l'état. Prise par les Anglais en 1759, elle fut restituée en 1763.

3. — La révolution française eut son contre-coup à la Guadeloupe ; les noirs s'insurgèrent, mais leur révolte fut promptement comprimée. On y envoya, en 1791, des commissaires du gouvernement, qui eurent à lutter contre les autorités coloniales. — A l'aide de ces troubles et de la guerre qui s'ensuivit, les Anglais s'en emparèrent de nouveau (1794), mais elle leur fut presque aussitôt reprise. — V. au surplus, vo COLONIES.

4. — Les nègres s'étant encore révoltés, et l'île n'ayant pu être pacifiée qu'un an après, un arrêté du 29 germin. an IX détermina la manière dont serait régie la Guadeloupe ; on y établit à cet effet un capitaine-général, un préfet colonial et un commissaire de justice.

5. — Le 7 fév. 1808, lettres des administrateurs concernant la transcription des lois et arrêtés pendant les intervalles des sessions de la cour.

6. — Le 6 fév. 1810, capitulation de la Guadeloupe aux Anglais, avec stipulation du maintien des lois civiles. — Depuis, et par le traité du 3 mars 1813, l'Angleterre la céda à la Suède, mais celle-ci n'eut pas le temps d'en prendre possession.

7. — Pendant l'occupation de l'île par les Anglais, plusieurs ordonnances ou arrêtés furent rendus par le gouverneur tant dans l'intérêt général que dans l'intérêt des conventions privées.

8. — Ainsi, 1° ordonnance du gouverneur anglais, du 14 janv. 1812, accordant sursis à toutes poursuites de rigueur contre les planteurs jusqu'au 1er juill.; — 2° ordonnance du même, du 23 nov. 1812, portant établissement d'un comité de conciliation.

9. — En 1814, la Guadeloupe ayant été rendue à la France, proclamation du gouverneur provisoire, du 7 déc. de cette année, qui rétablit le conseil supérieur et les institutions existantes en 1789, relatives à l'administration et au service; le Code français restant néanmoins en vigueur, sauf les modifications apportées lors de sa proclamation.

10. — Le 23 janv. 1815, arrêté des administrateurs sur les nègres épaves, portant qu'ils seront vendus tous les trois mois, et réglement à ce sujet. — Le 20 mars suivant, arrêté des mêmes, contre les recéleurs des nègres marrons.

11. — Le 1er juin 1815, arrêté du gouverneur qui annulle un arrêt du conseil supérieur, concernant les nègres justiciés. — L'intendant ayant refusé d'y concourir, le gouverneur le fit enregistrer de force au conseil supérieur, qui, présidé par l'intendant, délibéra des remontrances au roi.

12. — Le 10 août 1815, capitulation de la Guadeloupe aux Anglais.

13. — Le 31 août 1815, proclamation qui annulle tous les actes faits à la Guadeloupe depuis le 18 juin jusqu'à l'occupation.

14. — Les 12 et 25 juillet 1816, reprise de la possession de la colonie au nom du roi de France.

15. — Le 28 juillet 1816, arrêté du gouverneur qui maintient les bannissemens faits par le gouvernement anglais.

16. — Le 31 juillet 1816, autre arrêté portant des peines contre les déportés qui entreprendraient de rentrer sans la permission du gouvernement.

17. — Ordonnance du 28 décembre 1816, sur la police de l'imprimerie.

18. — Ordonnance du 15 février 1820, qui remet en vigueur les arrêtés consulaires des 14 vent. an XI, 17 flor. an IX et 29 prair. an X.

19. — Indépendamment de ces mesures, concernant spécialement la Guadeloupe, il avait été déjà pris d'autres dispositions concernant les colonies en général, ainsi qu'il a été dit v° COLONIES. — Il faut donc se reporter à ce mot pour voir quelles ont été ces dispositions et celles qui les ont suivies.

20. — Une ordonnance royale du 15 mars 1826 avait réglé provisoirement le gouvernement civil et militaire de la Guadeloupe.

21. — Mais ce qui concerne le gouvernement a été depuis réglé par une ordonn. du 9 fév. 1827, modifiée ensuite par celles du 31 août 1830 et du 22 août 1833.

22. — L'organisation judiciaire et l'administration de la justice ont été spécialement l'objet d'une ord. royale du 24 sept. 1828, modifiée depuis sur quelques points par deux autres ord. des 10 oct. 1829 et 20 janv. 1846.

23. — La loi du 24 avr. 1833 sur le régime législatif des colonies (V. COLONIES, n°s 67 et suiv.), a été promulguée à la Guadeloupe le 1er juill. suivant.

§ 2. — *Législation.*

24. — On a vu (v° COLONIES, n°s 85 et suiv.) l'analyse des diverses dispositions de lois obligatoires pour les colonies en général, et des applications qui en ont été faites par les tribunaux. Nous ne rappellerons ici sommairement que ce qui concerne spécialement la Guadeloupe en particulier. — De plus, nous ferons remarquer que la Guadeloupe et la Martinique ont été presque toujours et simultanément l'objet des mêmes dispositions législatives.

25. — *Code civil.* — Lettres des administrateurs du 1er avril 1803, concernant le divorce, les enfans naturels, les successions, codicilles et donations, la majorité civile, les tutelles et curatelles.

26. — Le Code civil a été publié à la Guadeloupe le 18 brum. an XIV (9 nov. 1805), sauf le titre 19 du liv. 3, et les art. 2168 et 2169 relatifs à l'expropriation forcée. — V. COLONIES, n°s 86 et suiv.

27. — Arrêté du gouverneur du 2 janv. 1825, portant que toutes les pièces reçues par suite du réglement avec le régisseur des biens des absens, seront remises à un notaire commis par le gouvernement.

28. — Le 8 du même mois, arrêté du gouverneur sur la légalisation des pièces venant de France, et qui soumet les fondés de pouvoirs à fournir caution pour la sûreté des parties intéressées.

29. — Ordonnance du 12 déc. 1816, concernant la succession des employés et officiers militaires.

30. — L'ordonnance du 24 sept. 1828 a déclaré que la Guadeloupe serait régie par le Code civil, modifié et mis en rapport avec les besoins de la colonie.

31. — S'il existe dans les réglemens coloniaux des dispositions qui prohibent le mariage entre *blancs* et *gens de couleur*, il n'y en a point, au moins à la Guadeloupe, qui prononcent la nullité de tels mariages. — *Cass.*, 27 juin 1838 (t. 2 1838, p. 122), Rodrigues c. Beguin. — V. GENS DE COULEUR.

32. — *Code de procédure.* — Arrêté du 8 août 1804, portant réglement sur différens points de procédure et modification au tarif de 1771 en soixante deux articles.

33. — Le 26 juill. 1806 ordonnance des administrateurs sur les déguerpissements.

34. — Le 10 août 1808, publication du Code de procédure avec modifications, mais il n'a dû être mis en activité que le 1er nov. 1808 dans les tribunaux de première instance, et le 1er janv. 1809 à la cour d'appel. — Arr. 12 sept. 1808. — V. au surplus, COLONIES, n°s 123 et suiv.

35. — Ordonnance du 22 août 1817 sur les honoraires et émolumens des officiers de justice, contenant diverses dispositions sur la procédure.

36. — Ordonnance du 23 juin 1820, qui promulgue la loi du 8 mars 1810, sur les expropriations pour cause d'utilité publique.

37. — L'ord. du 24 sept. 1828, art. 7, a déclaré que la Guadeloupe serait régie par le Code de procédure civile, modifié et mis en rapport avec les besoins de la colonie. — Ces modifications ont eu lieu par l'ordonnance royale du 19 oct. suivant.

38. — A la Guadeloupe et sous l'empire de l'ord. du 19 oct. 1828, qui a modifié l'art. 69, C. procéd. civ., il suffit que la personne assignée devant un tribunal de la colonie n'ait ni domicile ni résidence connus dans la colonie, pour que, indépendamment de la remise au procureur du roi, cet exploit doive, à peine de nullité, être affiché en seconde copie à la principale porte de l'auditoire du tribunal où la demande est portée, alors même que cette personne aurait un domicile ou une résidence connus hors de la colonie. — *Cass.*, 18 juin 1845 (t. 2 1845, p. 136), Butler c. Baré et Bodet-Kroux.

39. — *Code de commerce.* — Le Code de commerce a été promulgué, avec modifications, les 10 août et 15 sept. 1808. — Toutefois, la mise à exécution fut prorogée jusqu'au 1er janv. 1809, par un arrêté du 12 sept. 1808.

40. — D'après l'ordonnance du 24 sept. 1828 (art. 7), la Guadeloupe doit être régie par le Code de commerce modifié et mis en rapport avec les besoins de la colonie. — V., au surplus, COLONIES, n°s 152 et suiv.

41. — *Code d'instruction criminelle.* — Un arrêté du gouverneur de la Guadeloupe du 3 (selon d'autres du 15) janv. 1827 avait établi les droits de la défense et la publicité des débats en matière criminelle.

42. — Une ordonnance royale du 4 juill. suivant déterminait le mode de procéder en matière criminelle pour la Guadeloupe.

43. — Postérieurement, le Code d'instruction criminelle a été déclaré applicable à la Guadeloupe (ord. 24 sept. 1828, art. 7), avec les modifications commandées par les besoins de la colonie. — Ord. 12 oct. 1828.

44. — Les modifications apportées au Code d'instruction criminelle par la loi du 28 avr. 1832 ont été déclarées applicables à la Guadeloupe, sauf quelques changemens et suppressions. — L. 22 juin 1835, art. 1er. — V. au surplus COLONIES, n°s 157 et suiv.

45. — *Code pénal.* — Le Code pénal a été déclaré applicable à la Guadeloupe. — Ord. 24 sept. 1828, art. 7. — Toutefois, avec les modifications commandées par les besoins de la colonie. — Ord. 29 oct. 1828 et 19 nov. 1831. — V. COLONIES, n°s 282 et suiv.

46. — Il en a été de même de la loi du 28 avr. 1832, contenant des modifications au Code pénal. — L. 22 juin 1835, art. 1er. — V. COLONIES, n°s 299 et suiv.

47. — *Enregistrement et hypothèques.* — Un bureau d'hypothèques avait été établi par une ordonnance du gouverneur anglais, du 15 janv. 1811, et organisé ensuite par deux réglemens des 26 janv. et 22 avr. suivans.

48. — Pour ce qui concerne actuellement la conservation des hypothèques et l'enregistrement, V. COLONIES, n°s 348 et suiv.

49. — *Douanes et commerce étranger.* — Pour les douanes et le commerce étranger, il y a lieu de se reporter à ce que nous avons dit v° COLONIES, n°s 238 et suiv. De plus, il faut consulter les lois des 12 juill. 1837, 3 juill. 1840 et 29 avr. 1845, ainsi que les ordonnances royales des 5 fév. 1826, 25 oct. 1829, 26 nov. 1830, 22 sept. et 21 oct. 1832, 15 avr. et 10 oct. 1835, 4 et 31 août 1838, 30 juin, 9 juill. et 8 déc. 1839, 18 mars, 18 juill. et 5 août 1840, 18 juin 1842, 18 oct. et 2 déc. 1846. Toutes les dispositions de ces lois et ordonnances sont, en outre, communes à la Martinique.

50. — Il faut, en outre, voir sur la matière deux arrêtés du gouverneur de la Guadeloupe en date des 9 juill. 1823 et 16 déc. 1828.

51. — De plus, ordonnances des gouverneurs et intendans de la Guadeloupe du 6 déc. 1816 concernant les actes de francisation et congés de navigation, les droits y relatifs, et les rôles d'armement et de désarmement des bâtimens de commerce.

52. — *Budget et comptabilité.* — Pour ce qui regarde le budget et la comptabilité de la colonie, V. COLONIES, n°s 308 et suiv. — A quoi il faut ajouter :

53. — ...1° Ordonnance royale du 10 oct. 1830, qui règle le budget de la colonie.

54. — ...2° Loi du 19 mars 1843, qui accorde des secours à la colonie par suite du tremblement de terre qu'elle a éprouvé.

55. — ...3° Décret colonial du 18 déc. 1844, qui règle le mode à suivre et les impôts à payer pour la confection des routes et chemins de la colonie. — Ce décret rendu exécutoire, attendu l'urgence, par le gouverneur, a depuis été sanctionné par le roi le 10 juin 1845.

56. — *Monnaies.* — Aux dispositions concernant les monnaies (V. COLONIES, n°s 354 et suiv.), il faut ajouter en ce qui concerne la Guadeloupe : — 1° ordonnance du gouverneur du 28 mars 1817, qui démonétise les makos; — 2° ordonnance du 28 mars 1820 portant que le système numéraire de France sera seul employé.

57. — Autre ordonnance du 22 avr. 1817 qui fixe le cours du change de l'argent colonial au taux de 165 %.

58. — Le système monétaire a été définitivement établi par l'ordonnance du 30 août 1826 (rectifiée dans son art. 12, par ord. du 17 oct. 1839) et par celle du 16 août 1832. — V. COLONIES, n°s 354 et suiv.

§ 3. — *Gouvernement et administration.*

59. — Le commandement général et la haute administration de la Guadeloupe sont confiés à un gouverneur. — Ord. 9 fév. 1827, art. 1er. — V. COLONIES, n°s 366 et suiv.

60. — Un commandant militaire est chargé, sous les ordres du gouverneur, du commandement des troupes et autres parties du service militaire que le gouverneur lui délègue. — Même ord., art., 2. — V. COLONIES, n° 444.

61. — Trois chefs d'administration, savoir : un ordonnateur, un directeur général de l'intérieur et un procureur général du roi dirigent, sous les ordres du gouverneur, les différentes parties du service. — Même ord., art. 3. — V. COLONIES, n°s 445 et suiv.

62. — Un inspecteur colonial (autrefois un contrôleur colonial) veille à la régularité du service administratif et requiert à cet effet l'exécution des lois, ordonnances, décrets coloniaux et réglemens. — Même ord., art. 4, modifié par l'ord. 22 août 1833. — V. COLONIES, n°s 455 et suiv.

63. — Un conseil privé placé près du gouverneur éclaire ses décisions ou participe à ses actes, dans les cas déterminés. — Ord. 9 fév. 1827, art. 5. — V. COLONIES, n°s 462 et suiv., 576 et suiv.; CONSEIL PRIVÉ (colonies).

64. — Un conseil colonial, qui a remplacé le conseil général (ord. 9 fév. 1827, art. 5; L. 24 avr. 1833, art. 1er), règle par des décrets rendus sur la proposition du gouverneur les matières qui lui sont attribuées par les lois (L. 24 avr. 1833, art. 5 et 6; L. 25 juin 1841, art. 1er), et de plus donne son avis ou fait connaître ses vœux sur les objets déterminés par ces mêmes lois. — L. 24 avr. 1833, art. 7 et 10. — V. COLONIES, art. 70 et suiv.; CONSEIL COLONIAL.

65. — La Guadeloupe a un préfet apostolique. — Ord. 31 oct. 1821. — V. COLONIES, n°s 824 et suiv.

66. — Des individus sans caractère officiel et reconnu s'étaient arrogé le droit d'exercer le ministère d'agens de change et de courtiers à la Guadeloupe. En 1816, une ordonnance du gouverneur du 25 déc. décida qu'il serait nommé des officiers publics pour exercer ces professions selon les règles particulières qui furent alors prescrites. — Cette ordonnance a depuis été modifiée dans quelques-unes de ses dispositions par un

arrêté local du 17 déc. 1830. — Mollot, *Bourses de commerce*, nos 644, 649 et 650.

67. — Le 3 août 1816, ord. du gouverneur contre le jeu.

68. — Aux dispositions concernant l'armée indiquées vo COLONIES (nos 303 et suiv.) il faut ajouter, en ce qui concerne la Guadeloupe : 1o une ordonnance du 22 avr. 1817 sur l'organisation des milices, et une du 9 août 1826 sur le mode d'avancement dans les troupes d'infanterie; 2o une autre ordonnance royale du 17 août 1835, relative à l'organisation de la gendarmerie coloniale.

69. — De plus, à ce qui a été dit vo COLONIES, (nos 645 et suiv.) relativement aux traitemens des fonctionnaires il faut ajouter : — 1o deux ordonnances royales des 31 août et 4 oct. 1830 qui fixent, la première le traitement du procureur général et la seconde ceux des autorités de la colonie; — 2o une ordonnance royale du 18 sept. 1832 qui fait des réductions sur les traitemens de divers fonctionnaires.

§ 4. — *Organisation judiciaire.*

70. — Durant l'occupation de la colonie par les Anglais, différentes dispositions furent établies relativement à l'organisation judiciaire.

71. — Ainsi, 15 déc. 1810 et 21 oct. 1812, ordonnances du gouvernement anglais sur l'ordre judiciaire.

72. — Déjà une proclamation du gouverneur anglais, du 12 sept. 1810, avait permis d'appeler au conseil de Sa Majesté britannique de toute cause jugée par la cour supérieure, dont l'objet montait à plus de 300 liv. sterlings.

73. — Le 22 nov. 1819, ordonnance royale relative à l'administration de la justice.

74. — Aujourd'hui la justice est administrée à la Guadeloupe et dans ses dépendances : 1o par des tribunaux de paix. — Ord. 24 sept. 1828, art. 1er. — V. COLONIES, nos 516 et suiv.

75. — Ces tribunaux étaient d'abord au nombre de six (même ord., art. 10 et suiv.); mais ils ont été portés à dix. — Ord. 26 sept. 1846, art. 1er. — La Désirade, oubliée d'abord dans l'ordonnance du 24 sept. 1828, a été depuis classée dans le canton du Moule par ordonnance du 19 juill. 1829.

76. — Outre les matières ordinaires dont ils doivent connaître, les juges de paix sont appelés à concourir aux tournées et aux inspections prescrites pour le patronage des esclaves. — Ord. 26 sept. 1846, art. 2. — V. ESCLAVAGE.

77. — De plus, comme à différentes époques de l'année, il existe beaucoup de difficultés et de longueurs pour les communications entre la Guadeloupe et l'île Saint-Martin dont la partie française est au nombre de ses dépendances, il y a eu quelques modifications tant dans les règles de compétence du tribunal de cette île que dans les diverses attributions du juge de paix. — Ordonn. 26 oct. 1828.

78. — ... 2o Par trois tribunaux de première instance siégeant, l'un à la Basse-Terre, l'autre à la Pointe-à-Pître, et le troisième à Marie-Galante. — Ord. 24 sept. 1828, art. 27. — V. COLONIES, nos 518 et suiv.

79. — ... 3o Par une cour royale dont le siége est à la Basse-Terre. — Même ord., art. 40. — V. COLONIES, nos 529 et suiv.

80. — ... 4o Par deux cours d'assises siégeant, l'une à la Basse-Terre et l'autre à la Pointe-à-Pître. — Même ord., art 65. — V. COLONIES, nos 555 et suiv.

81. — De plus, le conseil privé, la commission des prises et les conseils de guerre connaissent des matières qui leur sont spécialement attribuées par l'ord. du 9 fév. 1827, et par les lois, ordonnances et réglemens en vigueur dans la colonie. — Ord. 24 sept. 1828, art. 2.

82. — Le nombre des avoués est de huit pour le tribunal de la Basse-Terre, dix pour le tribunal de la Pointe-à-Pitre, et quatre pour le tribunal de Marie-Galante. — Même ord., art. 187. — Les avoués postulent et plaident exclusivement près du tribunal auquel ils sont attachés; ils plaident concurremment près de la cour royale et près des cours d'assises. — Art. 188. — V. COLONIES, nos 633 et suiv.

83. — Il y a près de chaque tribunal de première instance et près de la cour royale un bureau de consultation pour les pauvres. — Même ord., art. 191.

84. — Les huissiers sont au nombre de dix-huit; et ils sont répartis entre la cour royale, les tribunaux de première instance et les justices de paix, par le gouverneur, en conseil, et après avoir pris l'avis de la cour. — Même ord., art. 215. — V. COLONIES, nos 643 et suiv.

§ 5. — *Dépendances de la Guadeloupe.*

85. — Les dépendances de l'île de la Guadeloupe sont : l'île de Marie-Galante, les îles des Saintes, l'île de la Désirade et la partie française de l'île Saint-Martin. — Ord. 9 fév. 1827, art. 206.

86. — Les chefs de ces divers établissemens sont placés sous l'autorité du gouverneur. Ils reçoivent ses ordres et lui rendent compte. — Même ord., art. 207, § 1er.

87. — Ils correspondent avec les chefs d'administration qui leur transmettent les ordres du gouverneur sur les différentes parties du service dont ils sont respectivement chargés. — Même article, § 2.

88. — Ils adressent au gouverneur à la fin de chaque semestre un rapport détaillé sur la situation des établissemens qu'ils administrent. Ce rapport est transmis au ministre de la marine après examen préalable du conseil privé. — Même article, § 3.

89. — L'action du contrôle s'étend sur le service administratif des dépendances de l'île de la Guadeloupe. — Même article, § 4.

90. — Le conseil privé connaît de toutes les affaires de sa compétence qui ont rapport à ces établissemens. — Même ord., art. 208.

91. — Une ordonnance spéciale préparée par le gouverneur en conseil et adressée au ministre de la marine qui devait prendre les ordres du roi, a été promise comme devant régler tout ce qui concerne le commandement et l'administration des dépendances de la Guadeloupe. — Même ord., art. 209. — En attendant, une ordonnance royale du 26 oct. 1828 a, comme on l'on vu (*suprà* no 77), établi des dispositions particulières relativement à la justice de paix de l'île Saint-Martin.

V. aussi CABOTAGE, CASSATION (mat. civ.), CASSATION (mat. crim.), CHAMBRE DES MISES EN ACCUSATION, ÉTRANGER, EXÉCUTION DES ACTES ET JUGEMENS.

GUERRE.

1. — C'est l'état dans lequel se trouvent, l'une vis-à-vis de l'autre, deux nations qui, ayant entre elles un sujet de mésintelligence, ont eu recours à la voie des armes pour amener, par la force, la conclusion qu'elles désirent.

2. — L'origine de la guerre remonte à l'origine même des nations. Dès que les peuples se sont individualisés, en effet, la différence d'intérêts et le sentiment de leur conservation personnelle les ont placés les uns vis-à-vis des autres dans une position de rivalité qui devait nécessairement amener entre eux des conflits que la force seule pouvait vider.

3. — « La vie des états, dit à ce sujet Montesquieu, est comme celle des hommes. Ceux-ci ont droit de tuer dans le cas de la défense naturelle ; ceux-là ont droit de faire la guerre pour leur propre conservation. » — Montesquieu, *Esprit des lois*, liv. 10, chap. 2.

4. — D'après les principes du droit des gens, la guerre n'est jamais légitime qu'à la condition d'être juste.

5. — « Toute guerre juste se fait, ou pour nous conserver et nous défendre contre les insultes de ceux qui tâchent ou de nous faire du mal en notre personne, ou de nous enlever et de détruire ce qui nous appartient, ou pour contraindre les autres à nous rendre ce qu'ils nous doivent en vertu d'un droit parfait que l'on a de l'exiger d'eux ; ou enfin, pour obtenir réparation du dommage qu'ils nous ont injustement causé, et pour leur faire donner des sûretés à l'abri desquelles on n'ait rien à craindre désormais de leur part. » — Puffendorf, *Droit de la nature et des gens*, liv. 8, chap. 6.

6. — Toute guerre entreprise contrairement à ces principes et dans un pur esprit d'envahissement et de conquête doit être considérée comme une atteinte manifeste au droit des gens.

7. — Nous avons indiqué vo DÉCLARATION DE GUERRE, comment le droit de déclarer la guerre est aujourd'hui réglé en France, et par qui il s'exerce. Il ne nous reste plus ici qu'à examiner quelles sont les conséquences de l'état de guerre entre deux nations.

8. — Dans les temps anciens le droit de la guerre ne connaissait d'autres limites que celles que pouvait lui donner la modération du vainqueur.

9. — La domination la plus absolue était considérée alors comme le résultat inséparable de la victoire. Les prisonniers de guerre étaient mis à mort, et l'on regarda plus tard comme un progrès de les réduire seulement à l'esclavage.

10. — « Les esclaves ont été appelés *servi*, disent les Institutes de Justinien, de l'usage où sont les généraux de vendre les prisonniers, et par là de les conserver au lieu de les tuer. On les nomme aussi *mancipia*, à cause de la main qui les enlève à l'ennemi. » — Institut., liv. 1er, tit. 3, no 3.

11. — D'après le nouveau droit des gens qu'a fondé la religion chrétienne, la victoire laisse aujourd'hui aux peuples vaincus la vie, la liberté, les lois, les biens et toujours la religion. — Montesquieu, *Esprit des lois*, liv. 24, chap. 3.

12. — La guerre est offensive ou seulement défensive, selon que la nation qui y prend part attaque celles avec lesquelles elle est en mésintelligence ou se borne à la défense de ses droits. — Il importe d'examiner quelles sont, sous ces deux points de vue, les conséquences différentes qu'elle entraîne.

13. — L'invasion du territoire ennemi est l'un des premiers résultats de la *guerre offensive*.

14. — Elle transfère momentanément à l'occupant l'exercice de la souveraineté. Le vainqueur puise dans sa force même le droit de suspendre ou de modifier les lois, de confier l'autorité à des fonctionnaires de son choix, de percevoir des impôts.

15. — Mais toutes les lois qu'il peut rendre pendant son occupation n'ont qu'un effet essentiellement subordonné à la durée de son pouvoir. Au retour de l'autorité légitime, elles doivent être considérées comme non avenues.

16. — Ainsi il a été jugé que les actes de souveraineté faits par un prince étranger dans un pays qu'il a occupé momentanément, soit par droit de conquête, soit comme allié de l'ancien souverain et dans l'intérêt de ce dernier, cessent d'avoir leur effet aussitôt que l'occupation elle-même a cessé. — *Cass.*, 30 avr. 1812 (intérêt de la loi), Pisani.

17. — ... Et par exemple, que l'amnistie accordée en 1800 par le roi de Naples dans les états Romains, qu'il avait repris sur la France, n'a plus eu aucun effet par la retraite de ses armées et n'a pas pu être appliquée par les tribunaux français établis ensuite dans ce pays. — Même arrêt.

18. — Il a été décidé également qu'on doit considérer comme sans autorité et comme non avenues sur le territoire français les décisions rendues en France par les commissions ennemies dans le temps de l'occupation. — *Cons. d'état*, 20 nov. 1815, Guaz c. comm. de Farges.

19. — ... Spécialement, la décision rendue par une de ces commissions entre une commune de France et un de ses habitans sur le rétablissement d'un chemin vicinal. — Même décision.

20. — Lorsque l'invasion se prolonge et que le vainqueur, après avoir établi son autorité, manifeste l'intention de conserver l'étendue de pays dont il s'est rendu maître, son occupation prend le nom de *conquête*.

21. — La conquête n'est toutefois légitimée que lorsque le nouvel état de choses qu'elle crée a été sanctionné par des traités passés avec le souverain ou la nation qui ont été dépossédés; autrement elle ne constitue qu'une simple occupation et n'a pas des effets plus étendus.

22. — Dans l'un comme dans l'autre cas, il est de principe que le changement momentané ou définitif de souveraineté qui peut être le résultat de la guerre n'a aucun effet quant au sort des propriétés privées.

23. — Les nécessités de la guerre entraînent toutefois de fréquentes exceptions à ce principe, et souvent il arrive que le vainqueur, soit pour les besoins de son occupation, soit pour réprimer la résistance qu'il peut rencontrer, s'empare des propriétés particulières, les confisque ou au moins les met en séquestre.

24. — Et si, relativement au peuple vaincu, ces actes peuvent n'être considérés que comme des voies de fait dont l'effet cesserait avec l'occupation, relativement à l'occupant, on les regarde tellement comme licites, que l'on n'admet pas qu'ils ouvrent aucun droit à une indemnité, le gouvernement restant d'ailleurs seul maître d'en déterminer discrétionnairement les effets.

25. — Ainsi il a été jugé que lorsque la prise de possession de la maison d'un particulier dans un pays conquis est un fait d'occupation militaire qui se rattache à la conquête de ce pays, cette prise de possession ne donne aucun droit à une indemnité, et qu'en conséquence si le ministre de la guerre a jugé convenable d'accorder une indemnité, sa fixation est un acte de haute administration qui ne peut être attaqué par la voie contentieuse. — *Cons. d'état*, 30 août 1842, Roux.

26. — Il a été jugé également que la mise en séquestre des propriétés privées, lors de l'occupation militaire d'un pays conquis, a cet effet que, tant que la main-levée n'en a pas été obtenue, aucun des actes administratifs auxquels cette mise en séquestre a donné lieu ne peut être attaqué par la voie contentieuse. — *Cons. d'état*, 5 sept. 1842, Négroni.

27. — Relativement à la *guerre défensive*, on a à

se demander si les citoyens sur lesquels retombent directement les dommages qu'elle entraîne presque inévitablement pour les propriétés privées ont droit à être indemnisés par l'état pour la défense duquel ils ont eu à souffrir.

28. — Le principe de l'indemnité a été consacré particulièrement par la loi du 10 juill. 1791 au profit des citoyens dont les propriétés auraient été détruites ou endommagées pour la défense d'une place de guerre.

29. — Aux termes de la loi du 11 août 1792, le même droit à une indemnité ou au moins à un secours a été généralisé et étendu indistinctement à tous les citoyens qui auraient, pendant la durée de la guerre, souffert dans leurs biens, par le fait des ennemis extérieurs, à la seule exception de ceux qui auraient refusé d'obéir aux réquisitions légales et qui ne se seraient pas opposés, lorsqu'ils le pouvaient, aux ravages de l'ennemi.

30. — L'assemblée nationale, porte l'art. 9 de la même loi, pourra seule déterminer la nature et la quotité des secours et indemnités.

31. — Les secours et indemnités, ajoute l'art. 10, seront proportionnés à la fortune qui reste aux citoyens après la dévastation, à leurs besoins et aux pertes qu'ils auraient éprouvées.

32. — Enfin, l'art. 14 dispose que les citoyens revêtus d'une fonction publique et ceux qui portent les armes pour le service de la patrie recevront toujours une indemnité égale aux pertes qu'ils auront souffertes dans leurs propriétés.

33. — La loi du 16 messid. an II, en confirmant cette faveur accordée aux citoyens qui auraient pu souffrir pour la défense du territoire, disposa que les indemnités ne seraient définitivement accordées dans tous les cas que sur un décret de la convention.

34. — Ces dispositions doivent être considérées comme étant en vigueur, en ce sens que l'équité indiquant évidemment que les malheurs de la guerre doivent être répartis aussi également que possible entre tous les citoyens d'une même nation, on doit toujours regarder comme un devoir de la part de l'état de ne pas laisser entièrement à la charge de ceux qui, par leur position ou le hasard des circonstances, ont eu plus à souffrir que les autres, les dommages qu'ils ont pu éprouver pour la défense commune.

35. — Mais c'est là un principe dont le pouvoir souverain peut seul faire l'application. Dans l'état actuel des choses, c'est aux chambres, d'accord avec le gouvernement, qu'il appartient exclusivement d'arbitrer les indemnités qui pourraient être réclamées pour pertes ou dommages résultant de la guerre.

36. — Au point de vue de la stricte application de la loi, et sauf les dispositions particulières qui concernent la défense des places de guerre, les citoyens n'ont aucun droit absolu dont ils puissent se prévaloir, du moins par la voie contentieuse.

37. — Aussi le conseil d'état a-t-il souvent jugé que les pertes résultant d'un fait de guerre ne peuvent donner lieu à aucune demande en indemnité. — *Cons. d'état*, 10 août 1825, Deschères; 15 mars 1826, Dassy.

38 — ... Soit contre la commune dans laquelle le pillage a eu lieu, soit contre l'état. — *Cons. d'état*, 11 fév. 1824, Moget.

39. — ... Spécialement que lorsque les maires de plusieurs communes, agissant par suite des réquisitions des armées ennemies qui ont envahi le territoire, ont fait effectuer un enlèvement de bois dans une forêt, c'est là un fait de guerre dont les charges ne peuvent retomber à la charge ni de l'état, ni du département, ni des communes. — *Cons. d'état*, 16 nov. 1825, Schœngrunn c. min. de l'intérieur.

40. — En ce qui concerne même la défense des places de guerre, la jurisprudence du conseil d'état tend constamment à restreindre le droit absolu à une indemnité aux démolitions qui peuvent avoir lieu par mesure précautionnelle seulement, en vertu des ordres du roi ou du conseil de défense. — *Cons. d'état*, 7 févr. 1834, Gervaise c. min. de la guerre; 7 août 1835, Forcalère.

41. — On n'accorde pas d'indemnité aux citoyens dont les bâtimens ont été détruits pour la défense d'une place pendant qu'elle était assiégée par l'ennemi. — Mêmes décisions.

42. — ... Ou, en général, par un fait de guerre et par force majeure. — *Cons. d'état*, 22 janv. 1824, Desèvre c. min. de la guerre.

43. — En conséquence, des travaux de défense ordonnés par un général d'armée, qui ont pour objet de s'opposer à l'envahissement du territoire français, et qui sont exécutés tandis que l'armée manœuvre en présence de l'ennemi ne sauraient donner lieu à aucune indemnité. — *Cons. d'état*, 26 mars 1823, Glairet.

44. — De même, une réquisition de bois faite par un général de l'armée de la Loire pour la défense d'une place ne constitue pas une charge du département de la guerre. — *Cons. d'état*, 21 mai 1823, Rigolet. — V., au surplus, PLACES DE GUERRE.

45. — Quant au point de savoir quel est l'effet de la survenance d'une guerre entre deux nations, relativement à l'exécution des traités qui intéressent soit les droits civils, soit le commerce des citoyens des deux pays, V. TRAITÉS POLITIQUES.

V. aussi ASSURANCES MARITIMES, ASSURANCES TERRESTRES, AUBAINE, DROITS CIVILS, ÉTRANGER, FORCE MAJEURE, FRANÇAIS, PRESCRIPTION, etc.

GUERRE (Subvention de).

V. DÉCIME DE GUERRE.

GUERRE CIVILE.

1. — L'art. 91 du Code pénal range parmi les crimes contre la sûreté de l'état l'attentat dont le but est d'exciter à la guerre civile en armant ou en portant les citoyens ou habitans à s'armer les uns contre les autres.

2. — Nous avons, sous le mot CRIMES CONTRE LA SURETÉ DE L'ÉTAT, n° 176, expliqué ce qu'on doit entendre par *guerre civile*. — V. ce mot. — V. aussi ATTROUPEMENT, COMPLOT, CRIMES CONTRE LA SURETÉ DE L'ÉTAT, DÉLIT DE PRESSE, MOUVEMENT INSURRECTIONNEL, RÉBELLION.

GUET-APENS.

1. — Le guet-apens consiste à attendre plus ou moins de temps, dans un ou divers lieux, un individu, soit pour lui donner la mort, soit pour exercer sur lui des actes de violence. — C. pén., art. 298.

2. — Le guet-apens, lorsqu'il se joint à des actes de violence exercés contre les personnes, devient une circonstance aggravante de ces actes. — V. au surplus à cet égard, comme aussi sur les caractères du guet-apens, v^is ASSASSINAT, BLESSURES ET COUPS.

GUET ET GARDE (Droit de).

1. — On appelait ainsi un droit que chaque habitant d'une seigneurie, à l'exception des nobles et des ecclésiastiques, payait au seigneur, au lieu du service que celui-ci pouvait primitivement exiger qu'ils fissent pour garder son château. — Guyot, *rép.* v° *Guet et garde*. — V. CHATEAU.

2. — L'origine du droit de guet remonte aux *guerres privées*, c'est-à-dire à l'époque de l'anarchie féodale où les seigneurs se faisaient la guerre les uns aux autres. Les vassaux de chaque fief étaient alors obligés de faire le guet pour éviter toute surprise.

3. — On distinguait deux espèces de droits de *guet et garde*; l'un était *réel* et purement seigneurial; l'autre était *personnel* et de police militaire en même temps que seigneurial.

4. — Le droit de guet et garde *personnel* consistait dans l'obligation imposée à des tenanciers ou à des justiciables de garder le château de leur seigneur en temps de guerre et dans les cas où les ennemis étaient dans le pays, pour l'utilité commune du seigneur et de ses vassaux. Cette espèce de droit ne pouvait pas être convertie en redevances pécuniaires. — Denisart, v° *Guet et garde*.

5. — Le droit de guet et garde *réel* consistait, soit dans un service personnel imposé à des tenanciers pour la garde d'un château, soit dans une redevance pécuniaire qui tenait lieu de ce service.

6. — Cette seconde espèce de droit ne pouvait résulter que d'une convention faite entre le seigneur et ses tenanciers, lors de la concession du fonds. Dans le doute, le droit de guet et garde était présumé personnel, parce que le droit réel était plus onéreux que celui-ci. — V. d'Argentré, sur la *Coutume de Bretagne*, art. 92.

7. — Le service personnel auquel le droit réel assujétissait pouvait avoir pour objet tant l'honneur que l'utilité, d'où il résultait que le seigneur pouvait l'exiger en temps de paix comme en temps de guerre. — V. Bouvet, t. 2, v° *Guet*; Catelan et d'Argentré, sur la *Coutume de Bretagne*, art. 92; Freminville, *Pratique des droits seigneuriaux*, t. 1er, ch. 2.

8. Le droit de guet et garde personnel avait été établi pour l'utilité commune des seigneurs et des habitans des fiefs. Il avait pour but de protéger leurs personnes et leurs biens en temps de guerre.

9. — Cette utilité, qui s'était surtout fait sentir à l'époque où les guerres intestines désolaient la France féodale, cessa dès que le théâtre de la guerre fut reculé jusqu'aux frontières et que nos rois augmentèrent le nombre des troupes réglées.

10. — Cependant, les seigneurs, qui avaient été accoutumés à voir garder leurs châteaux en temps de guerre sans qu'il leur en coûtât rien, abusèrent de leur autorité pour obliger les guettables à en faire de même, en temps de paix, et ensuite ils les engagèrent insensiblement à se rédimer de cette vexation, en leur payant tous les ans une redevance soit en argent, soit en denrées. — Président Bouhier, *Observations sur la Coutume de Bourgogne*, t. 1er, ch. 50.

11. — Le roi Charles V essaya, mais inutilement, de réprimer cet abus de l'autorité seigneuriale, par une ordonnance du 6 déc. 1373. Des ordonnances de Louis XI et de Louis XII, des années 1473 et 1514, autorisèrent l'abus que leur prédécesseur avait essayé de faire disparaître.

12. — Le droit de guet et garde ne fut aboli que par la loi du 15-28 mars 1790, avec toutes les institutions féodales.

GUÊTRIERS.

Guêtriers, patentables de 7e classe. Droit fixé, basé sur la population, et droit proportionnel du quarantième de la valeur locative de tous les locaux qu'ils occupent, mais seulement dans les communes de 20,000 âmes et au-dessus.

GUIANE.

Table alphabétique.

Acte législatif, 9 s.
Agent de change, 25.
Armée, 44.
Avoué, 62.
Blancs, 14 s.
Budget, 37.
Bureau de consultation, 63.
Cassation, 12.
Cayenne, 4, 53, 56, 58, 60.
Code civil, 18 s. — de commerce, 23 s. — d'instruction criminelle, 28 s. — pénal, 32 s. — de procédure, 24 s.
Colonies, 8.
Commission des prises, 61.
Commissionnaire, 27.
Conseil colonial, 43. — de guerre, 64. — privé, 42, 61.
Cour d'assises, 60. — royale, 58.
Déportation, 2.
Donation, 17.
Douanes, 36.
Enfant naturel, 15.
Enregistrement, 35. — des lois, 9.
Esclave, 45, 55.
Etranger, 46.
Faillite, 26.
Frais, 51.
Gens de couleur, 15 s.
Gouvernement, 5, 39.
Gouverneur, 39.
Historique, 1 s.
Huissier, 64.
Hypothèques, 35.
Inspecteur colonial, 41.
Législation, 8 s.
Limites, 4.
Mariage, 14.
Ministère public, 54.
Monnaies, 38.
Notariat, 20.
Ordonnateur, 40.
Organisation judiciaire, 6, 49.
Poids et mesures, 47.
Portugais, 3, 10.
Procureur général, 40.
Publication des lois, 11.
Régime législatif, 7.
Substitut du procureur général, 59. — du roi, 57.
Succession vacante, 18.
Traitement, 48.
Tribunal d'appel, 50. — de paix, 52 s. — de première instance, 50, 56.
Tutelle, 16. — officieuse, 15.

§ 1er. — *Historique* (n° 1).
§ 2. — *Législation* (n° 8).
§ 3. — *Gouvernement et administration* (n° 39).
§ 4. — *Organisation judiciaire* (n° 49).

§ 1er. — *Historique*.

GUIANE. — 1. — Les Français commencèrent à s'établir à la Guiane en 1626 et l'abandonnèrent en 1654; les Anglais l'occupèrent depuis. En 1674, la colonie rentra sous la domination immédiate du roi, et fut réunie au domaine de l'état.

2. — En 1790, la Guiane française forma un département. — Plus tard, elle fut choisie par le gouvernement républicain pour lieu de déportation. — V. DÉPORTATION, n°s 23 et suiv. — V., au surplus, COLONIES.

3. — Le 12 janvier 1809, la Guiane tomba au pouvoir des Portugais, et ne fut restituée à la France qu'en 1814. — Toutefois, ce ne fut que par suite d'un traité du 28 sept. 1817 avec le Portugal qu'eut lieu la reprise définitive de possession.

4. — Les limites de la Guiane ont été successivement déterminées par les traités d'Utrecht (1713), et d'Amiens (1802), et par le congrès de

Vienne (1815). — Indépendamment de la partie continentale, cette colonie comprend une douzaine de petites îles, dont la plus remarquable est celle de Cayenne, où se trouve la ville de ce nom, siége du gouvernement de la Guiane française.

5. — Le gouvernement de la Guiane française fut d'abord réglé par une première ordonnance royale du 17 oct. 1826. Ultérieurement, il l'a été d'une manière définitive par une autre ordonnance du 27 août 1828, modifiée depuis par deux autres du 13 oct. 1831 et du 22 août 1833.

6. — L'organisation judiciaire et l'administration de la justice ont été réglées par une ordonnance royale du 21 déc. 1828, modifiée depuis par deux autres ordonn. des 11 avr. 1830 et 20 janv. 1846.

7. — La loi du 24 avr. 1833 sur le régime législatif des colonies (V. COLONIES, nos 67 et suiv.) a été promulguée à la Guiane, le 9 juill. suivant.

§. 2. — *Législation.*

8. — On a vu vo COLONIES, (nos 86 et suiv.) l'analyse des diverses dispositions de lois obligatoires pour les colonies en général, et les applications qui en ont été faites par les tribunaux. Nous ne rappellerons ici sommairement que ce qui concerne spécialement la Guiane en particulier.

9. — Ordonnance du 23 septembre 1819, portant que tout acte législatif a force de loi du jour de son enregistrement.

10. — Ordonnance du 13 février 1820, qui maintient les décisions et actes passés pendant l'occupation portugaise, la prescription et la péremption demeurant néanmoins suspendues pendant cette occupation.

11. — Ordonnance du 3 avr. 1820, sur la publication des lois; elles seront exécutoires du jour où elles auront été insérées dans la feuille de la Guiane.

12. — Ordonnance du 1er août 1820 qui casse un arrêt de la cour royale.

13. — *Code civil.* — Le Code civil a été publié à la Guiane le 1er vend. an XIV (13 sept. 1805). — V. COLONIES, nos 86 et suiv.

14. — Mais cette publication n'eut lieu qu'avec quelques modifications, notamment en ce qui touchait l'état des personnes. — Ainsi le mariage ne pouvait être contracté que de blanc à blanc. — Art. 6.

15. — La reconnaissance des enfans naturels ne pouvait être faite que par un père et une mère blancs, en la personne d'un enfant blanc, ou par un père et une mère de couleur, en faveur d'un enfant de couleur. — Art. 7. — Les mêmes rapports s'appliquaient à la tutelle officieuse. — Art. 8 et 9.

16. — Quant à la tutelle pure et simple d'un enfant de couleur, elle pouvait être donnée à un blanc, quand le juge qui recevait l'acte le trouvait convenable. — Art. 10.

17. — Les blancs ne pouvaient, à peine de nullité, faire de donations en faveur des gens de couleur. — Art. 12.

18. — Une ordonnance du gouverneur, du 16 janv. 1820, chargeait le directeur du domaine de la curatelle aux successions vacantes, et lui attribuait un traitement particulier. — V. aujourd'hui COLONIES, no 108.

19. — L'ordonnance du 21 déc. 1828, art. 7, a déclaré que la Guiane serait régie par le Code civil modifié et mis en rapport avec ses besoins.

20. — Le 24 fév. 1820, ordonnance portant promulgation de la loi du 25 vent., an XI, sur le notariat, sauf quelques modifications.

21. — *Code de procédure.* — Le Code de procédure a été promulgué à la Guiane le 25 janv. 1818, et modifié ensuite par un acte local du 25 août 1821. — V. COLONIES, nos 124 et suiv.

22. — Puis, l'ordonnance du 21 déc. 1828, art. 7, a déclaré applicable à cette colonie le Code de procédure civile, modifié et mis en rapport avec ses besoins.

23. — *Code de commerce.* — Le Code de commerce a été publié à la Guiane les 1er oct. et 15 nov. 1820. — V. COLONIES, nos 152 et suiv.

24. — Puis, l'art. 7 de l'ord. du 21 déc. 1828 a déclaré que la colonie serait régie par le Code de commerce modifié et mis en rapport avec ses besoins.

25. — Entre autres modifications, on remarque que les contraventions aux dispositions de l'art. 85 sont punies conformément aux dispositions de l'art. 87, et qu'en ce cas, le *minimum* de l'amende est fixé à 500 fr., point sur lequel le Code de commerce est muet en France.

26. — ... Que, dans les cas de guerre, de blocus ou de convulsions quelconques de la nature faisant des ravages dans la colonie, l'art. 1er, tit. 3, portant que *tout commerçant qui cesse ses paiemens est en état de faillite*, peut être suspendu dans son application, pendant un temps limité, en vertu d'une ordonnance délibérée en conseil spécial.

27. — Le privilége accordé au commissionnaire par l'art. 117, C. comm., modifié pour la Guiane, en raison des avances faites à l'habitation pour faisances-valoir, est restreint, quant à son exercice, aux produits et récoltes de l'année où les avances ont été faites. — *Cass.*, 8 fév. 1837 (t. 1er 1837, p. 321), administration coloniale de la Guiane c. Cebron.

28. — *Code d'instruction criminelle.* — L'ordonnance locale du 10 mai 1821 avait mis en vigueur le Code d'instruction criminelle, uniquement en ce qui était relatif aux affaires correctionnelles.

29. — Puis, une ordonnance royale du 20 juill. 1828 a statué sur les formes générales de la procédure en matière criminelle, et établi la liberté de la défense et la publicité des audiences.

30. — Enfin, le Code d'instruction criminelle a été déclaré applicable à la Guiane avec certaines modifications, par les ordonnances des 21 déc. 1828 et 10 mai 1829.

31. — Les modifications apportées au Code d'instruction criminelle par la loi du 28 avr. 1832 ont été déclarées applicables à la Guiane avec quelques changemens et suppressions. — L. 22 juin 1835, art. 1er. — V. COLONIES, nos 157 et suiv.

32. — *Code pénal.* — Une ordonnance locale du 10 mai 1821 avait mis en vigueur le Code pénal uniquement en ce qui était relatif aux affaires correctionnelles.

33. — Le Code pénal a été déclaré applicable à la Guiane. — Ord. 21 déc. 1828, art. 7. — Toutefois avec les modifications commandées par les besoins de la colonie. — Ord. 15 fév. 1829. — V. COLONIES, nos 282 et suiv.

34. — Il en a été de même de la loi du 28 avr. 1832 contenant des modifications au Code pénal. — L. 22 juin 1835, art. 1er. — V. COLONIES, nos 299 et suiv.

35. — *Enregistrement et hypothèques.* — Ils ont été établis à la Guiane, ainsi qu'il est dit vo COLONIES, nos 348 et suiv.

36. — *Douanes.* — V. ce que nous avons dit à ce sujet vo COLONIES, nos 328 et suiv.; à quoi il faut ajouter, en ce qui concerne la Guiane spécialement : le 2 janv. 1820, promulgation d'un Code des douanes extrait des lois françaises.

37. — *Budget et comptabilité.* — Il faut se reporter, à cet égard, à ce qui a été dit vo COLONIES, nos 308 et suiv. — A quoi il faut ajouter : deux ordonnances royales du 18 oct. 1846 qui ouvrent un crédit extraordinaire pour les dépenses d'une mission qu'un inspecteur de finances doit remplir à la Guiane.

38. — *Monnaies.* — Aux dispositions sur les monnaies (vo COLONIES, nos 354 et suiv.) il faut ajouter, en ce qui concerne spécialement la Guiane : ord. du 20 février 1820 qui introduit les nouvelles monnaies.

§ 3. — *Gouvernement et administration.*

39. — Le commandement général et la haute administration de la Guiane française sont confiés à un gouverneur. — Ord. 27 août 1828, art. 1er. — V. COLONIES, nos 366 et suiv.

40. — Les différentes parties du service sont dirigées, sous les ordres du gouverneur, par deux chefs d'administration, savoir : un ordonnateur et un procureur général. — Même ord., art. 2. — Il y avait, en outre, d'abord un directeur de l'intérieur, mais il a été supprimé. — Ord. 24 sept. 1831, art. 1er; 22 août 1833, art. 2. — V. COLONIES, nos 445 et suiv.

41. — Un inspecteur colonial (autrefois un contrôleur colonial) veille à la régularité du service administratif, et requiert à cet effet l'exécution des lois, ordonnances, décrets coloniaux et réglemens. — Ord. 27 août 1828, art. 3, modifié par l'ord. 22 août 1833, même art. — V. COLONIES, nos 455 et suiv.

42. — Un conseil privé placé près du gouvernement, éclaire ses décisions ou participe à ses actes dans les cas déterminés. — Ord. 27 août 1828, art. 4. — V. COLONIES, nos 462 et suiv., 576 et suiv., CONSEIL PRIVÉ (Colonies).

43. — Un conseil colonial qui a remplacé le conseil général (ord. 27 août 1828, art. 4; L. 24 avr. 1833, art. 1er) règle par des décrets rendus sur la proposition du gouverneur les matières qui lui sont attribuées par les lois (L. 24 avr. 1833, art. 5 et 6; L. 25 juin 1841, art. 1er), et de plus donne son avis ou fait connaître ses vœux sur les objets déterminés par ces mêmes lois. — L. 24 avr. 1833, art. 7 et 10. — V. COLONIES, nos 70 et suiv., CONSEIL COLONIAL.

44. — A ce qui a été dit relativement à l'armée (vo COLONIES, nos 303 et suiv.) il faut ajouter, en ce qui concerne la Guiane : 1o ordonnance royale du 9 août 1826, relativement au mode d'avancement dans les troupes d'infanterie en garnison à la Guiane; — 2o autre ordonnance royale du 24 mai 1840, portant organisation des milices.

45. — En ce qui concerne les esclaves et les affranchissemens, il faut ajouter à ce qu'on a dit (vis COLONIES, nos 851 et suiv., et ESCLAVAGE), une ordonnance du 29 nov. 1818, sur les affranchissemens à la Guiane.

46. — Ordonnance du 29 sept. 1819, sur la naturalisation des étrangers.

47. — Ordonnance du 3 sept. 1820, portant que le poids métrique français sera seul suivi.

48. — Aux différentes dispositions concernant les traitemens des fonctionnaires et rapportées vo COLONIES (nos 645 et suiv.) il faut ajouter, en ce qui concerne spécialement la Guiane, une ordonnance royale du 30 avr. 1846, sur les pensions de retraite des employés des douanes.

§ 4. — *Organisation judiciaire.*

49. — Arrêté du 2 nov. 1802 sur l'organisation des tribunaux de la Guiane.

50. — Arrêté des consuls du 25 fév. 1803, qui établit un tribunal de première instance et d'appel.

51. — Ordonnance du gouverneur du 26 janv. 1820, qui défend aux tribunaux de connaître des réglemens de frais d'avoué.

52. — Aujourd'hui, la justice est administrée à la Guiane française : 1o par des tribunaux de paix. — Ord. 21 déc. 1828, art. 1er. — V. COLONIES, nos 516 et suiv.

53. — Il n'y en avait d'abord qu'un à Cayenne. — Ord. 21 déc. 1828, art. 8. — Depuis, il en a été établi un second à Sinnamary (ord. 31 oct. 1832) et un troisième à Approuage. — Ord. 19 mai 1842 — Enfin, le nombre a été porté à six. — Ord. 2 déc. 1846, art. 1er.

54. — Le juge de paix a deux suppléans à Cayenne. — Les fonctions du ministère public, ordinairement remplies par le commissaire de police, et, à son défaut, par l'officier de l'état civil, le sont à Sinnamary par le commissaire commandant du quartier ou par son lieutenant, et, à leur défaut, par un notaire du quartier, nommé par le gouverneur. — Ord. 21 déc. 1828, art. 9; 31 oct. 1832, art. 2 et 3.

55. — Indépendamment de leurs attributions civiles et de police telles qu'elles sont déterminées par les ordonnances des 21 déc. 1828, 31 oct. 1832 et 19 mai 1842, les juges de paix sont appelés à concourir aux tournées et aux inspections prescrites pour le patronage des esclaves. — Ord. 2 déc. 1846, art. 2. — V. ESCLAVAGE.

56. — ... 2o Par un tribunal de première instance siégeant à Cayenne. — Ord. 21 déc. 1828, art. 20. — V. COLONIES, nos 518 et suiv.

57. — Il n'y avait pas d'abord de substitut du procureur du roi; mais il en a été créé un par ordonnance royale du 6 juill. 1846.

58. — ... 3o Par une cour royale siégeant à Cayenne. — Ord., 21 déc. 1828, art. 33. — V. COLONIES, nos 529 et suiv.

59. — Il n'y avait pas d'abord de substitut du procureur général, mais il en a été établi un par l'ordonn. royale du 6 juill. 1846.

60. — ... 4o Par une cour d'assises siégeant à Cayenne. — Ord., 21 déc. 1828, art. 57. — V. COLONIES, nos 555 et suiv.

61. — De plus, le conseil privé, la commission des prises et des conseils de guerre connaissent des matières qui leur sont spécialement attribuées par l'ord. du 27 août 1828 et par les lois, ordonnances et réglemens en vigueur dans la colonie. — Ord. 21 déc. 1828, art. 2.

62. — Les avoués sont au nombre de six; ils postulent et plaident exclusivement près de la cour et du tribunal de la colonie. — Même ord., 21 déc. 1828, art. 174 et 175. — V. COLONIE, nos 633 et suiv.

63. — Il y a à Cayenne, près du tribunal de première instance et près de la cour royale, un bureau de consultation pour les pauvres. — Même ord., art. 177.

64. — Le nombre des huissiers est fixé à cinq; deux sont attachés à la cour royale, deux au tribunal de première instance, et un pour le tribunal de paix de Cayenne (même ord., 21 déc. 1828, art. 200). Ultérieurement, l'ord. du 31 oct. 1832, art. 2, a également attaché un huissier au tribunal de paix de Sinnamary. Mais une nouvelle répartition est évidemment nécessaire depuis l'ord. du 2 déc. 1846, qui augmente le nombre des tribunaux de paix. — V. COLONIES, nos 643 et suiv.

V. aussi CABOTAGE.

 HABITATION (Droit d').

GUICHET. — GUICHETIER.

V. PRISON.

GUIDON DE LA MER.

1. — Recueil d'anciennes décisions sur les contrats maritimes et principalement sur les assurances.

2. — Le guidon de la mer a été composé en France et publié vraisemblablement vers la fin du seizième siècle. Presque toutes ses décisions ont servi de base aux dispositions de l'ordonnance sur la marine du mois d'août 1681. — De Miltilz, *Manuel des consuls*, liv. 1er, ch. 3, sect. 10e.

GUILLOCHEURS.

Patentables de septième classe, droit fixe basé sur la population, et droit proportionnel du quarantième de la valeur locative de tous les locaux qu'ils occupent, mais seulement dans les communes de 20,000 ames et au-dessus.

GUIMPIERS.

Guimpiers, patentables de septième classe, droit fixe basé sur la population et droit proportionnel du quarantième de la valeur locative de tous les locaux qu'ils occupent, mais seulement dans les communes de 20,000 ames et au-dessus.

GUINDAGES.

1. — On appelle ainsi les cordages qu'on emploie pour charger les marchandises sur un navire, ou pour les décharger.

2. — Les dommages arrivés aux marchandises faute par le capitaine d'avoir fourni de bons guindages, sont des avaries particulières. — C. comm., art. 405. — V. AVARIES, no 139.

GUYANE.

V. GUIANE.

H

HABILE.

1. — Qualification qu'on donne à celui qui est capable, qui a droit ou peut avoir droit.

2. — Ainsi, on dit qu'une personne est *habile à succéder* pour exprimer qu'aucune incapacité ne l'empêche de succéder.

3. — Ainsi encore on dit qu'un individu est *habile à se dire et porter héritier* pour indiquer qu'il a droit à une succession ouverte.

4. — Celui qui est appelé à une succession et qui veut se réserver le droit d'y renoncer doit, au lieu de prendre qualité dans les actes conservatoires ou d'administration qu'il fait, avoir soin de déclarer qu'il n'agit que comme habile à se porter héritier. — V. HÉRITIER, SUCCESSION.

HABITANT.

1. — On désigne par cette expression ceux qui demeurent dans un lieu, ville, commune, village ou hameau.

2. — Dans son acception générale le mot *habitant* n'implique aucune qualité de nationalité, mais seulement le fait de la résidence, de la demeure.

3. — Considéré dans ses rapports avec les avantages résultant de la qualité de membre d'une commune, il suppose chez le particulier auquel cette désignation s'applique la qualité de Français. — V. décis. 20 juin 1806 ; avis du cons. d'ét. 20 juill. 1807 et 24 avr. 1808.

4. — Les habitans d'une commune, (en prenant le mot *habitant* dans le sens précisé au no 3), participant d'après le mode déterminé par la loi aux charges imposées à la commune, participent, aussi sous l'accomplissement des conditions légales, aux droits et avantages qui appartiennent à cette commune et qui, par leur nature et la détermination de la loi, doivent se répartir entre les particuliers individuellement. — V. AFFOUAGE, COMMUNE, nos 1124, 1137 et suiv., USAGE (droit d'), VARECH.

5. — Les diverses distinctions auxquelles peut donner naissance le droit par les habitans d'exercer des actions judiciaires appartenant à la commune dont ils font partie ont été exposées au mot COMMUNE nos 569 et suiv.

6. — L'habitant qui à cette qualité réunit celle de contribuable peut exercer à ses risques et périls les actions qui compètent à la commune, lorsqu'il a mis les représentans de la commune en demeure de les exercer eux-mêmes. — L. 18 juill. 1847, art. 49, § 3. — V. COMMUNE nos 642 et suiv.

7. — La responsabilité spéciale des communes fait aussi parfois peser certaines charges sur une partie des habitans. — V. COMMUNES, no 1632.

8. — Sur le point de savoir si les habitans d'une commune peuvent être entendus comme témoins dans une enquête ordonnée dans un procès qui intéresse la commune, V. ENQUÊTE, nos 817 et suiv.

HABITATION (Droit d').

Table alphabétique.

Absence, 105 s. — de titres, 79.
Abus de jouissance, 132.
Accroissement, 75. — de la famille, 97 s.
Acte entre-vifs, 48. — de partage (appréciation), 64.
Action possessoire, 10. — en revendication, 12.
An de deuil, 37.
Beau-père et belle-mère, 93.
Cassation, 64.
Cautionnement, 39, 107 s., 112 s., 115.
Cave, 81.
Cellier, 81.
Cens électoral, 128.
Changement de domicile, 104, 134.
Charges annuelles, 121.
Colombier, 81.
Communauté, 14.
Compétence, 13.
Complainte, 12.
Concierge, 77.
Consistance de la famille, 89.
Contrat commutatif, 109 s. — de mariage, 44.
Contributions, 121.
Contribution aux charges et réparations, 122 s.
Conventions matrimoniales, 40, 50. — (interprétation), 51 s.
Coupe de bois de haute-futaie, 78.
Cour et jardin, 81.
Coutume du lieu, 89.
Cumul, 38.
Dégradations, 132.
Délai pour faire inventaire, 36.
Démembrement de la propriété, 11.
Dispense du cautionnement, 108 s.
Disposition de dernière volonté, 65. — testamentaire, 43.
Domestique, 91.
Droit ancien, 60. — de mutation, 15 — d'option, 54, 57. — personnel, 11. — romain, 5 s., 66. — d'usage, 80. — de la veuve, 39.
Eau de fontaine, 81. — de puits, 81.
Effet rétroactif, 41, 55.
Enclos, 83, 85.
Enfant, 91.
Epoux, 92.
Etablissement du droit d'habitation, 21 s.
Etat, 117.
Expropriation forcée, 17.
Femme mariée, 112 s., 115.
Fixation d'indemnité, 47.
Gendre et belle-fille, 93.
Grenier, 81.
Grosses réparations, 129.
Habitation communale, 3. — conventionnelle, 32. — légale, 35 s. — seigneuriale, 2.
Hypothèque, 16.
Impôt, 39.
Incessibilité du droit, 102 s.
Inscription hypothécaire, 19.
Interprétation, 50 s. — du contrat de mariage, 61 s.
Inventaire, 117.
Jardin contigu à la maison, 84. — potager, 85.
Jouissance partielle, 82.
Legs, 38.
— de l'habitation, 71. — (cautionnement), 111. — (indirect), 69. — sous la condition de viduité, 100 s. — dans sa maison, 70. — d'une maison pour l'habiter, 74 s. — de propriété, 71. — d'usage, 67 s. — d'usufruit, 67 s.
Maison meublée, 86.
Mariage de celui qui a un droit d'habitation, 96. — de la femme, 96.
Modes d'extinction, 130 s.
Mort naturelle, 135.
Nature immobilière, 12.
Non usage, 105, 134.
Objet et mesure du droit, 88.
Parc, 83.
Partage, 63.
Pays de droit coutumier, 9. — de droit écrit, 9, 32, 45.
Personnes que l'usager peut loger, 94 s.
Prescription, 42.
Prestation en argent, 46, 49.
Purge, 19.
Qualité de la personne, 89.
Rapport à succession, 20.
Régime dotal, 37.
Renonciation, 133.
Réparation d'entretien, 121.
Réserve du droit, 136 s.
Responsabilité, 118 s. — en cas d'incendie, 120.
Restriction du droit aux besoins de l'usager, 87. — à la liberté d'option, 58.
Revendication, 19, 48.
Second mariage de la veuve 99.
Servitude personnelle, 10.
Statuts réels, 33 s.
Survenance d'enfans, 98 s.
Suspension du droit, 105.
Titre constitutif, 76.
Usage des bâtimens, 11.
Usufruit, 42.
Vente de la maison, 136.
Veuve commune, 36.
Vivier, 81.

HABITATION (Droit d'). — 1. — C'est la faculté accordée à une personne de jouir, suivant l'étendue de ses besoins, par elle-même et avec sa famille, de tout ou partie d'une maison appartenant à une autre personne, ainsi que des aisances et dépendances qui y ont été annexées pour l'agrément et la commodité de l'habitant. — Proudhon, *Traité des droits d'usufruit*, etc., t. 5, no 2796. — V. conf. Salviat, *Traité de l'usufruit, de l'usage et de l'habitation*, t. 2, 3e partie, art. 152; Boucher d'Argis, *Traité des gains nuptiaux*, chap. 5, no 1er; Duranton, *Droit français*, t. 5, no 44; Zachariæ, *Cours de droit civil français*, t. 2, § 233, p. 30; Rolland de Villargues, *Rép.*, vo *Habitation*.

2. — Dans une autre acception dont on n'a plus à s'occuper depuis la loi du 15-28 mars 1790 (tit. 2, art. 9), on entendait par droit d'habitation le droit qu'avaient les seigneurs d'accorder ou de refuser leur autorisation à ceux qui voulaient prendre une habitation dans leurs seigneuries. — V. Merlin, *Rép.*, vo *Habitation*, sect. 2, no 1er.

3. — Enfin, dans une dernière acception qui n'existe plus également depuis les lois nouvelles, l'on désignait par cette même dénomination le droit que certaines communes étaient en possession de faire payer par les personnes qui nées hors de leur territoire venaient y prendre une résidence. — Merlin, *loc. cit.*, no 2.

§ 1er. — *Nature du droit d'habitation* (no 4).

§ 2. — *Comment s'établit le droit d'habitation* (no 4).

§ 3. — *Des droits et des obligations de celui qui jouit de l'habitation* (no 76).

§ 4. — *Comment le droit d'habitation prend-il fin* (no 130)?

—

§ 1er. — *Nature du droit d'habitation.*

4. — D'après le Code civil, le droit d'habitation et celui d'usage ne diffèrent que sous le rapport des objets auxquels ils s'appliquent : car, du reste, le législateur les assimile l'un à l'autre, notamment quant aux charges et aux applications qui y sont inhérentes (V. C. civ., art. 626 et 635), aux événemens par suite desquels ils s'établissent et se perdent (art. 625), à la prestation des fautes (art. 627) et à l'étendue des avantages qui en résultent (art. 630 et suiv.). — V. conf. Zachariæ, *loc. cit.*, note 1re. — V. aussi Domat, *Lois civiles*, liv. 1er, tit. 2, sect. 2.

5. — Dans la législation romaine, au contraire, le droit d'habitation qui, dans l'origine, n'était même pas envisagé comme une servitude personnelle, ne se confondait pas avec le droit d'usage, et spécialement avec l'usage des bâtimens, *usus ædium*. — V. Instit. Justin., § 5, *De usu et habit.*

6. — A la différence de ce dernier droit, l'habitation, comme le disait le jurisconsulte Modestin (L. 10, ff, *De cap. min.*), *potius in facto quàm in jure consistit*, c'est-à-dire, en d'autres termes, qu'on la considérait plutôt comme un avantage quotidien se traduisant par des actes répétés, que comme constituant un droit, et qu'elle n'était pas, ainsi que l'usufruit et l'usage, une création du droit civil dont, dès-lors, elle ne devait pas subir les conséquences rigides. — V. conf. Du Caurroy, *Instit. nouv., expl.*, t. 1er, no 445 ; Etienne, *Instit. de Justin.*, t. 1er, p. 278 ; Proudhon, *loc. cit.*, no 2805.

7. — Aussi, tandis que l'usufruit et l'usage prenaient fin par la prescription, et en outre, avant Justinien, par la petite *capitis diminutio* (V. USAGE, USUFRUIT), le droit d'habitation était soustrait à ces causes d'extinction, aux termes des LL 10, ff, *De usu et habit.*, 10, ff, *De cap. min.* — V. Etienne, *loc. cit.*; Cæpola, *De servit.*, cap. 6 ; Salviat, art. 163 ; Proudhon, *loc. cit.*

8. — D'un autre côté, l'usager ne pouvait ni vendre, ni donner, ni louer son droit à un autre (V. *Instit. Justin.*, § 1er, *loc. cit.* — V. au surplus USAGE), et Ulpien (L. 10, ff, *De us. et hab.*), conformément à l'avis de Papinien, déclarait expressément qu'il fallait aussi habiter par soi-même. Mais Justinien (*Instit.*, § 5, *eod. tit.*, et L. 13, C, *De us. et hab.*), préférant l'opinion du jurisconsulte Marcellus, avait permis de louer, décision qui rapprochait le droit d'habitation de l'usufruit autant que l'opinion contraire le rapprochait de l'usage. — V. Du Caurroy, *loc. cit.*, no 446.

9. — Ces principes devaient être suivis dans les pays de droit écrit (Nouv. Denisart, *Collect. de Ju-*

risp., v° *Habitation*, n° 2). Plusieurs auteurs, notamment Lebrun (*Comm.*, liv. 3, chap. 2, sect. 1re, distinct. 12), pensaient même qu'on devait s'y conformer dans les pays coutumiers.

10. — Vinnius (sur le § 5, *Instit. Justin.*, *De us. et hab.*) a démontré que l'habitation, comme le droit d'usage, était, en Droit romain, une espèce de servitude personnelle, grevant le domaine d'un droit réel, et donnant ainsi l'action *confessoire* aussi bien contre les tiers détenteurs que contre le concédant ou son héritier. — V. conf. Duranton.

11. — C'est surtout ce qui ne saurait faire doute dans notre Code où le droit d'habitation est confondu avec l'usage des bâtimens. Ce droit n'est personnel que considéré dans celui qui en jouit, et en ce sens qu'on ne le transmet point à ses héritiers, ni qu'on ne peut même le céder ou le louer à d'autres de son vivant (V. C. civ., art. 634); mais considéré dans l'objet auquel il s'applique, il confère un *jus in re* et constitue, aussi bien que l'usufruit, un véritable démembrement de la propriété; l'on ne peut pas dire, en effet, que le domaine soit plein et entier entre les mains du maître tant que le droit d'habitation ou celui d'usufruit existe entre les mains d'un tiers. — Proudhon, nos 2796 et suiv.; Duranton, *loc. cit.*; Salviat, art. 160; Rolland de Villargues, nos 1 et 2.

12. — Non seulement le droit d'habitation est un démembrement du droit de propriété, donnant lieu par conséquent à l'action en revendication et à la complainte en cas de trouble, mais il faut encore le classer parmi les immeubles. — V. conf. Proudhon, n° 2797; Zachariæ, t. 1er, § 187, note 6; Duranton, *loc. cit.*, et t. 4, n° 72. — V. aussi BIENS, n° 150.

13. — D'où il suit; 1° que, dans l'action en revendication d'un droit d'habitation, c'est par la situation de la maison qu'on doit déterminer la compétence du tribunal, comme s'il s'agissait de la revendication d'un fonds. — V. C. civ., art. 59. — Proudhon, *loc. cit.*

14. — ... 2° Qu'il n'entrerait pas dans l'actif de la communauté, du chef de celui à qui il serait concédé, si ce n'est pour la jouissance seulement, pendant le mariage. — Duranton, *loc. cit.*

15. — ... 3° Que le legs ou la donation qui en serait fait devrait, suivant sa valeur estimative, être passible du droit proportionnel de mutation immobilière. — Proudhon, *loc. cit.*

16. — Mais remarquons que le droit d'habitation, quoique ce soit un immeuble, n'est pas susceptible d'hypothèque. — C. civ., art. 2118. — V. HYPOTHÈQUE.

17. — ... Ni d'expropriation forcée. — C. civ., art. 2204. — V. EXPROPRIATION FORCÉE.

18. — Et puisque le droit d'habitation n'est pas susceptible d'expropriation forcée, il s'ensuit que les créanciers hypothécaires, au préjudice desquels le débiteur a constitué sur l'immeuble un droit d'habitation, n'ont pas, comme dans les cas d'aliénation ordinaire, la ressource, en vertu de leur droit de suite, de saisir et faire vendre aux enchères ce qui a été aliéné par leur débiteur. — V. HYPOTHÈQUE, SAISIE IMMOBILIÈRE.

19. — Nul doute, au surplus, que, comme le droit d'habitation n'est point une simple créance, mais une portion même du domaine, il n'est pas nécessaire, pour le conserver, de le faire inscrire au bureau des hypothèques; et, d'autre part, qu'il peut être revendiqué sur le tiers acquéreur, quand même celui-ci aurait accompli toutes les formalités prescrites pour la purge des hypothèques. — Rolland de Villargues, *loc. cit.*

20. — Il a été jugé que l'héritier donataire qui, en affermant l'immeuble donné, s'est réservé le droit d'habitation, est tenu d'en rapporter la valeur estimative, à compter du jour de l'ouverture de la succession du donateur. — *Paris*, 6 juill. 1826, Rey c. Dumoutier.

§ 2. — *Comment s'établit le droit d'habitation.*

21. — Aux termes de l'art. 625, C. civ., le droit d'habitation s'établit de la même manière que celui d'usufruit; or l'usufruit, suivant l'art. 579, est établi par la loi ou par la volonté de l'homme.

22. — Dans l'ancienne jurisprudence, la loi faisait naître quelquefois le droit d'habitation. Quelques coutumes, en effet, accordaient à la veuve, outre le douaire, le droit d'habiter pendant sa vie, ou du moins pendant sa viduité, dans une des maisons de la succession de son mari. Cette habitation était appelée *coutumière*, par opposition à l'habitation *conventionnelle*, qui était celle que l'on stipulait dans les contrats de mariage. — V. Pothier, *Du droit d'habitation*, n° 1er. — V. aussi Boucher d'Argis, n° 2.

23. — Il y avait beaucoup de variété dans les coutumes sur la qualité des veuves à qui elles accordaient un droit d'habitation.

24. — Plusieurs ne l'accordaient qu'à la veuve noble : c'étaient les coutumes du Maine, art. 322, d'Anjou, art. 309, de Vermandois, art. 24, de Noyon, art. 30, de Saint-Quentin, art. 95, de Châlons, art. 33, de Ribemont, art. 97. — Pothier, *loc. cit.*, n° 7; Merlin, *Rép.*, v° *Habitation*, sect. 1re, § 1er, n° 1er.

25. — D'autres l'accordaient aussi à la veuve roturière, et cela parce qu'elles le faisaient entrer dans le douaire; c'étaient celles de Bretagne, art. 457, de Vitry, art. 86, d'Amiens, art. 120, de la gouvernance de Douai, chap. 4, art. 4, d'Artois, art. 179. — Mêmes auteurs, *ibid.* — V. aussi Proudhon, n° 2728.

26. — Un certain nombre de coutumes, enfin, permettaient à la femme de demeurer dans la maison du mari, mais seulement pendant tout le délai qu'elle avait pour délibérer si elle accepterait ou non la communauté. Les chartes générales du Hainaut accordaient même au survivant des époux indistinctement un droit d'habitation pendant un délai de quarante jours dans la maison du prédécédé. — V. Merlin, *loc. cit.*

27. — Les dispositions des coutumes sur ce qui devait faire l'objet du droit d'habitation qu'elles accordaient à la femme étaient aussi très diverses.

28. — Ainsi, la plupart des coutumes donnaient à la veuve, pour son habitation, une des maisons qui se trouvaient dans la succession de son mari, sans distinguer si elles faisaient partie ou non des biens sujets au douaire coutumier; quelques-unes, au contraire, ne lui donnaient qu'une des maisons comprises dans ce douaire. Celles-ci, quand il y avait plusieurs maisons dans la succession, donnaient à la femme le choix entre ces maisons, celles-là le lui refusaient; mais s'il n'y avait qu'une seule maison, elles étaient assez généralement d'accord pour n'en donner que la moitié à la veuve, et unanimes, lorsqu'il n'y avait pas de maison dans la succession, pour faire défaillir le droit d'habitation. — V. pour les détails Pothier, *loc. cit.*, nos 11 et suiv.

29. — Ce droit d'habitation légale ou coutumière comprenait généralement tout ce qui fait partie de la maison; par exemple, la coutume de Péronne, art. 141, statuait formellement que la femme devait avoir la maison *avec les jardins et fossés*, et la coutume de Ribemont, tit. 9, art. 91, disait également *avec toutes les aisances*, fût-ce hors la maison, pourvu qu'elles eussent été destinées à la commodité de cette maison, comme caves, greniers, celliers et autres. — V. Pothier, *loc. cit.*, nos 17 et suiv. — V. aussi Salviat, *loc. cit.*, art. 157, n° 1er.

30. — La veuve qui jouissait d'une maison pour son droit d'habitation devait, du reste, acquitter les charges foncières, ordinaires et extraordinaires de la maison, qui naissaient pendant tout le temps de la durée de son droit d'habitation; elle devait souffrir les servitudes auxquelles la maison était sujette; enfin elle devait faire les réparations d'entretien qui survenaient pendant la durée de la jouissance. — Pothier, nos 21 et suiv.

31. — L'habitation coutumière cessait 1° par la mort naturelle ou civile de la veuve; 2° par son second mariage; 3° par le non-usage; 4° par la destruction de la maison qui était l'objet du droit. — V. pour les détails, Pothier, nos 22 et suiv.

32. — Hors les coutumes dont on vient de parler, et particulièrement dans les pays de droit écrit, la veuve ne pouvait jouir d'un droit d'habitation qu'en vertu d'une convention expresse. — V. Arrêtés de Lamoignon, tit. *Du droit d'habitation*, art. 1er; Merlin, *loc. cit.*

33. — Les coutumes qui accordaient à la veuve un droit d'habitation, ayant pour objet les choses, étaient des statuts réels qui, par une conséquence forcée de leur nature, n'exerçaient leur empire que sur les choses situées dans leur territoire; mais elles régissaient, du reste, les choses, quelles que fussent les personnes à qui elles appartenaient. — Pothier, n° 29.

34. — Il résultait de cette règle, comme l'a fait observer Pothier (*ibid.*), qu'une veuve, quoique son mari fût domicilié sous une coutume qui accordait aux veuves un droit d'habitation, n'était pas fondée à le prétendre, si les maisons qui se trouvaient dans la succession étaient situées dans une coutume qui n'accordait pas le droit d'habitation aux veuves, et qu'au contraire la veuve d'un mari, domicilié sous une coutume qui ne l'accordait pas, était fondée à le prétendre dans l'une des maisons de la succession de son mari situées sous des coutumes qui accordaient ce droit aux veuves.

35. — Il n'est guère possible, sous l'empire du Code civil, de citer des cas où le droit d'habitation soit établi directement par la loi. Proudhon (nos 2799 et suiv.) considère toutefois comme tels ceux prévus aux art. 1465 et 1570 du Code civil. — V. conf. Zachariæ, *loc. cit.* — V. aussi Rolland de Villargues, n° 12.

36. — Suivant l'art. 1465, la veuve qui délibère sur l'acceptation de la communauté « ne doit aucun loyer à raison de l'habitation qu'elle a pu faire pendant ces délais dans une maison dépendante de la communauté ou appartenant aux héritiers du mari; et si la maison qu'habitaient les époux, à l'époque de la dissolution de la communauté, était tenue par eux à titre de loyer, la femme ne contribue point, pendant les mêmes délais, au paiement dudit loyer, lequel est pris sur la masse. » — V. COMMUNAUTÉ, nos 993, 997 et suiv., 1836.

37. — Lorsque le mariage a été contracté avec adoption du régime dotal et qu'il se trouve dissous par la mort du mari, la loi qui veut (art. 1565) que la veuve ne puisse exiger la restitution de sa dot mobilière qu'un an après la dissolution du mariage (V. DOT, nos 958 et suiv.), a dû lui être plus favorable sur le droit d'habitation qu'elle lui accorde en compensation de cette attente. En conséquence, l'art. 1570, C. civ., déclare que « l'habitation, durant cette année, et les habits de deuil doivent être fournis sur la succession et sans imputation sur les intérêts à elle dus. » — V. DOT, nos 372, 984 et 987.

38. — Jugé à cet égard que, si le mari avait légué à sa femme la maison qu'ils habitaient ensemble, la veuve ne serait pas admise à demander aux héritiers de son mari une autre habitation pendant l'an viduel, ni même à réclamer d'eux une indemnité en argent. — *Aix*, 2 mai 1839 (t. 1er 1839, p. 640), Talamel.

39. — Si l'on veut donner au droit sanctionné par les articles que l'on vient de citer la qualification d'*habitation légale*, au moins faut-il reconnaître que ce n'est qu'un droit particulier qui n'a que peu ou point de rapport avec le droit d'habitation proprement dite, tel que l'organisent les articles 625 et suiv. du Code civil. Les différences sont en effet saillantes, soit que l'on considère la durée de cette jouissance accordée à la femme, soit que l'on considère les charges dont l'usager est tenu et dont la veuve est généralement affranchie, notamment en ce qui touche l'obligation de fournir caution imposée à l'usager et à celui qui a un droit d'habitation, et qu'on ne saurait exiger de la veuve, et notamment aussi en ce qui concerne les impôts auxquels contribue celui qui a un droit d'habitation, et dont la veuve n'est point tenue. — Duranton, t. 5, n° 6. — V. conf. Duvergier sur Toullier, 2e vol., 1re part., n° 469, en note.

40. — Non seulement, du reste, l'habitation légale ou coutumière a été abolie par le Code civil, mais même on ne pourrait pas l'établir en se contentant de se référer d'une manière générale à l'une des anciennes coutumes sous l'empire desquelles elle avait lieu. — C. civ., art. 1390. — V. CONTRAT DE MARIAGE, nos 287 et suiv.

41. — Remarquons toutefois que ce droit d'habitation légale devrait encore avoir lieu aujourd'hui, au profit des femmes devenues veuves, sous l'empire de la législation nouvelle, mais qui se seraient mariées avant la publication de la loi du 17 nivôse an II, parce qu'il fut une des conditions tacites de leur contrat et qu'une loi nouvelle ne peut sans injustice modifier les effets que doit produire un contrat, dans l'intention des parties, et d'après la loi en vigueur à l'époque où il s'est formé. — V. conf. Proudhon, n° 2798.

42. — De la règle posée *suprà*, n° 21, à savoir que le droit d'habitation s'établit de la même manière que l'usufruit, l'on doit conclure que ce droit, dont la jouissance est continue, peut, comme l'usufruit, s'acquérir par prescription. — V. conf. Duranton, t. 5, n° 44; Duvergier sur Toullier, 2e vol., 1re part., n° 469, à la note. — V. pour les détails, PRESCRIPTION. USUFRUIT.

43. — Nous avons vu *suprà*, n° 21, que le droit d'habitation pouvait aussi être établi par la volonté de l'homme. Or cette volonté se manifeste de deux manières: par acte entre-vifs, ou par disposition testamentaire. — V. conf. Boucher d'Argis, n° 1er.

44. — L'habitation conventionnelle résulte surtout des contrats de mariage, lorsque le mari l'accorde à son épouse en cas qu'elle vienne à lui survivre.

45. — Cette stipulation en faveur de la femme survivante était autrefois très usitée dans les pays de droit écrit, surtout dans les provinces du Lyonnais, du Forez et du Beaujolais. Pour peu que les futurs conjoints eussent une certaine aisance, on ne manquait guère de stipuler que la femme, en cas de survie, aurait, outre son augment de dot, bagues et joyaux, et autres gains nuptiaux et de survie, son habitation dans quelqu'une des maisons du mari. — Boucher d'Argis, *loc. cit.*, n° 3.

46. — Si le contrat de mariage contient une pareille stipulation, et que le mari, lors de son décès, ne laisse point de maisons dans sa succession, ses héritiers sont tenus de payer une indemnité à la veuve. La raison en est qu'une chose qui est due en vertu d'un acte dont les dispositions sont inviolables doit être remplacée par estimation dès qu'elle ne peut être livrée en nature; d'autant mieux que le mari doit être censé avoir promis cette indemnité, en cas qu'il n'achetât pas de maison, s'il n'en avait point encore, ou qu'il vendît la sienne, s'il en avait déjà une lors de son mariage. — Pothier, n° 42; Proudhon, n° 2802; Rolland de Villargues, n° 15. — V. aussi Merlin, *Rép.*, v° *Habitation*, sect. 1re, § 1er, n° 3; Salviat, *loc. cit.*, art. 157, n° 6; Boucher d'Argis, *loc. cit.*

47. — Quant à la fixation de l'indemnité, elle devrait être réglée selon la condition de la veuve et le domicile qu'elle avait au temps de la mort du mari. — Merlin, *loc. cit.*

48. — Si, dans le contrat de mariage, on ne s'était pas contenté de promettre en général un droit d'habitation à la femme, mais qu'on le lui eût assigné dans une maison spéciale et déterminée, et que cette maison eût été vendue par le mari, Proudhon (n° 2803) pense que la veuve pourrait revendiquer son droit d'habitation contre le tiers-acquéreur.

49. — Cette solution est, sans aucun doute, conforme au droit strict et rigoureux; mais, *utilitatis causâ*, on devrait facilement admettre l'héritier du mari à fournir un équivalent. — Pothier, *loc. cit.*, n° 38; Bugnet sur Pothier, *ibid.*, note 1re.

50. — Un contrat de mariage peut contenir l'une ou l'autre des deux clauses suivantes : *La veuve aura une telle maison pour son habitation*, ou *la veuve aura son habitation dans une telle maison.* Ces deux clauses produiraient-elles les mêmes effets?

51. — Telle n'était pas l'opinion de Pothier. Suivant cet auteur (n° 34), dans le premier cas, la veuve avait le droit de jouir de la maison entière, et même pouvait obliger l'héritier du mari à mettre la maison en bon état de réparations. Dans le second cas, au contraire, le droit d'habitation de la veuve se bornait à un logement convenable, sans même qu'elle eût le choix de l'appartement. — V. conf. Sérieux, *Traité des contrats de mariage*, chap. 5, § 20 *in fine*.

52. — D'après M. Bugnet, au contraire (sur Pothier, *loc. cit.*, note 2e), cette distinction est plus subtile que solide; dans les deux cas, c'est le droit d'habitation qui est concédé; dans les deux cas, la maison est indiquée comme devant être l'objet du droit, et il paraît contraire à l'intention des parties de faire dépendre l'étendue du droit d'une différence de rédaction aussi peu frappante.

53. — Nous croyons que les circonstances particulières de fait devraient exercer une grande influence sur l'interprétation d'une pareille clause, et qu'il serait difficile de se décider *à priori* d'une manière absolue. — Si, en effet, la maison dans laquelle il est dit que la veuve aura son habitation, était divisée en plusieurs appartemens distincts, loués du vivant du mari à diverses personnes, il serait impossible, selon nous, de décider que la jouissance de la maison entière pût être réclamée par la femme. — Si, au contraire, il s'agissait d'une propriété qui pût bien être divisée entre deux ou trois locataires, mais que les époux occupaient seuls, la femme serait recevable à exiger qu'on lui abandonnât la jouissance de la totalité de la maison; surtout si d'autres valeurs, relativement importantes, dépendaient de la succession du mari.

54. — Lorsque l'habitation a été promise en général par contrat de mariage, et que le défunt a laissé plusieurs maisons propres au logement de sa veuve, c'est à l'héritier du mari, en qualité de débiteur, que doit appartenir, sauf stipulation contraire, le choix de la maison. — C. civ., art. 1190; L. 71, ff., *De legatis* 1° — V. conf. Pothier, n° 39; Ranchin, *Décisions*, part. 1re, conclus. 330; Salviat, *loc. cit.*, n°s 2 et 4; Proudhon, n° 2804; Rolland de Villargues, n° 17. — V. aussi Merlin, *loc. cit.*, n° 4. — V. au surplus OBLIGATION.

55. — ... A moins toutefois qu'il ne fût question du droit d'habitation dû à une veuve qui aurait été mariée avant la publication de la loi du 17 niv. an II, sous l'empire de coutumes qui statuaient formellement sur cette question en déférant l'option à la femme; auquel cas on devrait se conformer aux dispositions de ces coutumes. — V. conf. Proudhon, *loc. cit.*

56. — D'un autre côté, la règle générale que nous venons d'établir pourrait encore être modifiée par les circonstances. Le droit d'habitation, en effet, est essentiellement relatif aux besoins de celui auquel il est dû, et doit, par conséquent, lui être délivré conformément à ce qu'exigent son état et sa condition : d'où il suit que si la veuve, domiciliée à la ville, y avait assez vécu pour en prendre les habitudes, on devrait, suivant les circonstances, lui céder plutôt son logement à la ville qu'à la campagne. — Proudhon, *loc. cit.*

57. — On devrait, par les mêmes raisons, avoir égard à l'état et à la condition de la veuve, s'il s'agissait du choix d'une maison entre plusieurs situées dans la même ville. — Même auteur, *ibid.*

58. — Que l'option appartienne à la veuve ou qu'elle appartienne à l'héritier du mari, la liberté du choix peut, au surplus, se trouver restreinte en certaines circonstances; par exemple, le mari a donné à sa femme le logement dans la maison qu'il habitait, il n'est pas censé l'avoir donné dans la maison de campagne où il ne résidait que de temps en temps. Par conséquent, la veuve ne pourra pas exiger ce logement, ni l'héritier la contraindre à l'accepter dans cette maison de campagne. — Mantica, liv. 9, tit. 2, n° 40; Salviat, *loc. cit.*, n° 3.

59. — Lorsque, la femme ayant stipulé dans son contrat de mariage un droit d'habitation en général, il ne se trouve qu'une maison dans l'hérédité du mari, comment faut-il régler les effets de la stipulation?

60. — Les coutumes du Maine et d'Anjou voulaient qu'en ce cas la veuve ne pût prendre que le tiers de cette maison; celles d'Artois, de Vitry, de Vermandois et de Châlons lui en donnaient la moitié; celles d'Amiens et de Noyon lui permettaient d'en prendre la totalité; tel paraissait être aussi l'esprit de l'art. 458 de la coutume de Bretagne. — Merlin, *loc. cit.*, n° 5.

61. — Les anciens auteurs n'avaient pas adopté sur ce point de règle fixe et uniforme. Suivant Merlin (*loc. cit.*), dont l'opinion nous paraît la plus plausible, il faudrait faire une distinction : si la maison est située dans une grande ville, telle que Paris, où il est d'usage que les personnes les plus riches n'aient qu'un appartement pour se loger, la veuve doit être réduite à un pareil logement; si la maison est, au contraire, située dans un endroit où, d'après l'usage général, les personnes des classes aisées occupent toute une maison, l'on doit alors, d'après la condition de la veuve, la lui abandonner tout entière.

62. — Cette solution de Merlin ne fait pas, du moins selon nous, disparaître toutes les difficultés. Ainsi, en supposant qu'il soit reconnu que la veuve ne doit pas occuper la maison tout entière, il peut arriver qu'elle ne puisse pas cohabiter avec l'héritier, soit parce que la maison n'est pas divisible, soit parce que cette cohabitation donnerait lieu à de trop fréquentes querelles. Dans cette hypothèse, nous croyons que l'héritier pourrait être reçu à fournir ailleurs à la veuve un logement aussi commode. Ce serait, au surplus, à la justice à régler les choses selon les circonstances. — Salviat, art. 157, n° 9.

63. — Le droit d'habitation peut résulter d'un acte entre-vifs autre qu'un contrat de mariage, par exemple d'un acte de partage.

64. — Un arrêt qui décide, par appréciation d'un acte de partage, qu'un père a un droit partiel d'habitation sur un immeuble porté sur la matrice du rôle sous le nom seul de son fils, échappe, comme statuant en fait, à la censure de la cour de Cassation. — *Cass.*, 1er juill. 1846 (t. 2 1846, p. 157), préfet de la Creuse c. Grosset.

65. — Le droit d'habitation peut aussi être établi par disposition de dernière volonté.

66. — Quand le testateur s'est expliqué d'une manière claire, il ne peut y avoir de difficulté; mais il n'en est pas toujours ainsi. On trouve à cet égard dans les lois romaines quelques décisions que nous ne croyons pas devoir ici entièrement omettre.

67. — Si un testateur léguait l'usufruit d'une maison avec l'addition *pour l'habiter*, la loi 10, § 2, ff, *De usu et habit.*, statuait que le legs devait se réduire à la simple habitation, malgré l'insertion du mot *usufruit*. Ce même texte ajoutait qu'à plus forte raison le legs devait être restreint dans ces limites si le testateur, au lieu du terme *usufruit*, n'avait mis que celui d'*usage*. — V. conf. Salviat, t. 2, part. 3e, art. 154, n° 1er.

68. — Du moment que ces expressions ne conféraient ni l'usufruit ni l'usage, il était naturel de décider qu'elles devaient encore moins conférer la propriété. C'est ce que portait la loi 13, C. *De us. et habit.*, laquelle ajoutait, toutefois, qu'il devrait en être autrement si le légataire prouvait que l'intention du testateur avait été de lui transférer la propriété. — V. conf. Salviat, *loc. cit.*

69. — Le droit d'habitation serait, du reste, évidemment compris sous ces mots : *Je donne à un tel tout ce que je lui donnais de mon vivant, quand il avait un logement gratuit dans ma maison.* C'est la disposition textuelle de la loi 33, ff., *De usu et habit.* — Salviat, *ibid.*, n° 4.

70. — Remarquons que si le testateur avait dit vaguement qu'il laissait un droit d'habitation dans sa maison, il serait censé l'avoir légué dans la maison où il avait son domicile. — Arg. L. 39, § 1er, ff., *De condit. et demonstr.*; — Salviat, art 257, n° 4.

71. — Il est, du reste, sans difficulté que si un testateur, après avoir légué l'habitation d'une maison, par exemple à sa femme, en léguait dans le même testament la propriété à un tiers, le premier legs ne se trouverait pas révoqué par le second, parce que, dit Cœpola (*De servit.*, cap. 6, n° 5), *legato generali ususfructus vel habitationis non derogatur per legatum speciale ipsius rei.* — Arg. L. 33, *De usu et usuf.*

72. — Il ne faut pas confondre le legs de l'habitation d'une maison avec le legs d'une maison pour l'habiter. Ce dernier legs comprendrait la propriété de la maison; en d'autres termes, l'objet légué ne serait pas le droit d'habiter la maison, mais la maison même. — Despeisses, t. 1er, part. 2e, art. 3, n° 4; Salviat, *loc. cit.*, n° 8; Nouveau Denisart, *loc. cit.*, n° 5; Merlin, *ubi suprà*, § 4.

73. — Le légataire ne serait même pas obligé d'habiter la maison léguée, et, faute par lui de l'habiter en personne, l'héritier du testateur ne pourrait prétendre que le legs est caduc pour défaut d'accomplissement de la condition sous laquelle il a été fait. — Nouveau Denisart, *ibid.*

74. — Sur l'hypothèse d'un pareil legs, remarquons avec Merlin (*loc. cit.*) que si, après les mots : *pour y habiter*, le testateur avait ajouté : *pendant sa vie*, le legs ne semblerait, au contraire, ne contenir qu'un simple droit d'habitation.

75. — Quant à la question de savoir s'il peut y avoir lieu à accroissement entre colégataires de l'habitation, V. LEGS.

§ 3. — *Des droits et des obligations de celui qui jouit de l'habitation.*

76. — Pour connaître l'étendue de l'habitation, il faut d'abord se référer au titre constitutif, par exemple au contrat de mariage. — V. C. civ., art. 628 et suiv. — C'est par application de cette règle que quelques anciens arrêts rapportés par Merlin (*loc. cit.*, § 2, n° 3), ont interprété en faveur des veuves le droit d'habitation plus largement que ne comporte sa nature intrinsèque.

77. — Mais quelque étendus que puissent être les effets de l'habitation accordée à une veuve par son contrat de mariage, ils ne peuvent cependant aller jusqu'à l'autoriser à empêcher l'héritier de mettre un concierge dans la maison. — L. 16, ff., *De usu et habit*; — Merlin, *loc. cit.*

78. — La veuve ne pourrait pas non plus empêcher l'héritier de faire abattre les arbres de haute futaie qui bordent les allées du château. C'est ce qui a été jugé par un ancien arrêt du 2 août 1612. — Merlin, *ibid.*

79. — Lorsqu'il n'y a pas de titre, l'étendue du droit d'habitation est directement réglée par la loi. — C. civ., art. 629. — Domat, *loc. cit.*; Nouveau Denisart, v° *Habitation*, n° 4.

80. — Nous avons vu que le droit d'habitation et le droit d'usage sont, dans notre législation, assimilés l'un à l'autre. Cette assimilation est telle que celui qui a un droit d'habitation est réellement usager, en tout ou en partie, de la maison sur laquelle le droit a été établi, suivant qu'il l'occupe en totalité ou en partie seulement. — Proudhon, n° 2806.

81. — D'où il suit : — 1° que celui qui occupe une maison à titre de droit d'habitation doit avoir la faculté de jouir des eaux de puits ou de fontaine qui s'y trouvent, du colombier et du vivier qui peuvent y être établis, du pressoir qui y aurait été construit, des cours et jardins, des caves, greniers et ateliers destinés à la desserte et aux aisances de la maison, parce que, d'une part, tous ces objets sont des accessoires, et que, d'autre part, le droit d'habitation n'est pas un simple droit de logement personnel, mais bien un droit d'usage sur l'immeuble. — L. 10, ff., *De usu et habit.* — Proudhon, *ibid*; Rolland de Villargues, n° 20. — V. aussi Merlin, *loc. cit.*, § 2, n° 3.

82. — ... 2° Que, si toute la maison est nécessaire à celui qui a le droit d'habitation, il aura sans doute la jouissance des objets accessoires dont nous venons de parler, mais que, dans le cas contraire, il devra seulement en profiter dans le rapport de sa jouissance sur l'objet principal. — Proudhon, *ibid.*; Rolland de Villargues, n°s 21 et suiv.

83. — ... 3° Que, s'il y avait un parc ou un vaste enclos attenant à la maison, et destiné à produire un certain revenu, le droit d'habitation n'en com-

prendrait aucunement la jouissance, parce qu'on ne pourrait pas dire que cette espèce de produit fût un accessoire de l'habitation.—Mêmes auteurs.

84. — Cœpola (*De servitud.*, cap. 6, nº 5) allait même jusqu'à soutenir que le droit d'habitation se restreignant à ce qui est nécessaire, ne devait pas comprendre le jardin contigu à la maison, à moins toutefois que, l'habitation ayant été léguée, le jardin n'eût été nominativement compris dans le legs. — V. LL. 4, ff., *de serv. urb. præd.*, 12, § 1, ff., *De usu et habit.*

85. — Mais cette opinion nous semble trop rigoureuse, au moins pour le cas où il s'agirait d'un simple jardin potager, ou même d'un enclos de peu d'étendue, joints à la maison pour servir à ses aisances, commodités ou agrémens. — V. en ce sens Proudhon, nº 2809; Salviat, *loc. cit.*, art. 156, nº 3. — V. *suprà* nºs 80 et 81.

86. — Quoi qu'il en soit, nous devons toutefois reconnaître qu'il n'est pas nécessaire que la maison soit garnie de meubles, lorsque le constituant ne l'a pas ordonné. — Ferrière, *Dict. de dr. et de prat.*, vº *Habitation en cas de survie.* — V. dans le même sens Salviat, art. 157, nº 5.

87. — Il est, du reste, bien entendu que « le droit d'habitation se restreint à ce qui est nécessaire pour l'habitation de celui à qui ce droit est concédé, et de sa famille. » — C. civ., art. 633.

88. — Par conséquent, ainsi que nous l'avons déjà supposé, lorsque la maison n'est que d'une étendue suffisante pour l'usage de celui qui a le droit d'habitation avec sa famille, il doit jouir de la totalité; et, si elle a plus d'étendue qu'il n'en faut pour ses besoins, eu égard à son état et à sa condition, conformément à la loi 10, § 1er, ff., *De usu et habit.*, il ne peut revendiquer que la jouissance d'une partie. — Proudhon, nº 2810. — V. conf. Salviat, *loc. cit.*, nºs 1, 2 et 10; Rolland de Villargues, nº 25.

89. — Ajoutons avec Proudhon (nº 2811) que, pour décider si une maison entière ou seulement une partie doit être considérée comme soumise au droit d'habitation, il ne faut pas seulement s'attacher à la qualité de la personne de l'usager ou à la consistance de sa famille, mais qu'il faut aussi avoir égard à la coutume du lieu où l'édifice est situé. — V. conf. Rolland de Villargues, nº 26.

90. — On s'est demandé ce qu'il fallait entendre par le mot *famille*, dont se sert le législateur dans l'art. 633 précité. — Suivant Proudhon (nº 2812), ce mot signifierait l'agrégation des personnes qui vivent ensemble sous la direction du même chef.

91. — D'après cette interprétation, le mot *famille* comprendrait donc, en premier lieu, les enfans et les domestiques qui demeurent avec la personne à laquelle on a légué le droit d'habitation, ou qui sont à son service. — Proudhon, *ibid.*

92. — Il faudrait encore y comprendre les époux, l'un à l'égard de l'autre, parce qu'ils sont censés ne faire qu'une seule personne, et qu'ils doivent avoir une habitation commune; en sorte que, soit que l'habitation ait été léguée au mari ou à la femme, les deux époux auront le droit d'en profiter ensemble.

93. — Mais faudrait-il comprendre sous le mot *famille* les pères et mères, beaux-pères et belles-mères, ou autres ascendans, les gendres et belles-filles de celui auquel appartient le droit d'habitation, et dire qu'il peut les loger avec lui?

94. — Proudhon (nº 2817) fait à cet égard une distinction qui nous semble devoir être admise: si le droit de celui qui a l'habitation s'étend à la maison entière, il peut y recevoir ses ascendans ou ses gendres et belles-filles, car en cela il n'anticipe nullement sur les droits du propriétaire, qui, dans tous les cas, serait également privé de toute participation à la jouissance de l'édifice. Mais, si la maison n'était pas nécessaire en totalité aux besoins de l'usager, celui-ci ne serait pas fondé à exiger, en retranchement sur la jouissance du propriétaire, ce qu'il faudrait pour loger les personnes dont il s'agit.

95. — A l'appui de cette dernière décision, Proudhon (*loc. cit.*) fait observer, premièrement, qu'elle est conforme au texte de l'art. 632 portant que celui qui a un droit d'habitation dans une maison, peut y demeurer avec *sa famille*, quand même il n'aurait pas *été marié* à l'époque où ce droit lui a été donné; d'où il résulte, en effet, que, dans la pensée du législateur, les expressions *sa famille* se réfèrent aux personnes qui sont constituées en famille par le mariage, c'est-à-dire aux personnes qui, en conséquence des liens opérés par le mariage, doivent avoir une habitation commune; en second lieu, que s'il était permis à celui qui a un droit d'habitation d'étendre ainsi sa jouissance, son droit n'aurait plus de bornes, tandis que la loi veut, au contraire, qu'il soit très borné; enfin, que l'on ne peut pas dire rigoureusement que les pères et mères, beaux-pères et belles-mères, ou autres ascendans, les gendres et belles-filles fassent partie de la famille de celui qui a un droit d'habitation.

96. — Remarquons que, quoique la femme soit destinée à suivre le sort du mari et à aller demeurer chez celui-ci, néanmoins, lorsqu'elle a un droit d'habitation acquis avant son mariage, loin d'en être déchue, elle peut, au contraire, amener avec elle son époux dans la maison qu'elle habite. —Proudhon, nº 2813. — C'est ce que décidait la loi 4, § 1er, ff., *De usu et habit.*, « *ne ei matrimonio carendum foret cum uti vult domo.* » — C'est aussi ce qui résulte des termes de l'art. 632, C. civ., ainsi conçu: « Celui qui a un droit d'habitation dans une maison peut y demeurer avec sa famille, quand même il n'aurait pas été marié à l'époque où ce droit lui a été donné. »

97. — De ce qui précède Proudhon (*loc. cit.*) tire cette conséquence, que si, par le mariage de celui qui a un droit d'habitation, son accroissement de famille se trouve tel que l'appartement qu'il occupait seul précédemment devienne insuffisant et qu'un plus vaste lui soit nécessaire, il a le droit de l'exiger, et que le propriétaire est obligé de souffrir cette extension, à moins, toutefois, que le droit d'habitation n'ait été constitué limitativement sur l'appartement précédemment occupé.

98. — Salviat (*loc. cit.*, art. 156, nº 1er) n'admet point cette solution, et pense, au contraire, que le mariage survenant ne doit pas empirer la condition du propriétaire. Cet auteur se fonde sur ce que l'art. 630, C. civ., accordant à l'usager la permission d'exiger une plus grande quantité de fruits pour les besoins des enfans qui lui sont survenus depuis la concession de l'usage, si la loi avait voulu étendre la même faveur sur celui qui a un droit d'habitation, elle l'aurait dit. — Or, c'est ce qu'elle n'a pas fait. « Au contraire, ajoute le même auteur (*ibid.*), l'art. 632, C. civ., semble refuser cette faveur à celui qui a un droit d'habitation, puisqu'il se contente de lui accorder le droit d'habiter dans la maison avec sa famille, quand même il n'aurait pas été marié à l'époque où le droit a été acquis, sans ajouter, comme à l'égard de l'usager, qu'il aura droit de demander un logement plus considérable, à mesure de la survenance des enfans. »

99. — Quoi qu'il en soit, l'art. 632, C. civ., décidant d'une manière générale que celui qui a un droit d'habitation dans une maison peut y demeurer avec sa famille, quand même il n'aurait pas été marié à l'époque où ce droit lui a été donné, l'on doit en tirer avec Proudhon (*loc. cit.*) cette conclusion, à savoir: que, conformément aux dispositions de quelques anciennes coutumes, et aussi à la jurisprudence des pays de droit écrit (V. Bretonnier, *sur Henrys*, liv. 4, quest. 5; Boucher d'Argis, *loc. cit.*), la veuve à laquelle son mari aurait légué un droit d'habitation, loin d'en être privée par son convol en secondes noces, jouirait, au contraire, du droit d'amener avec elle son second mari dans la maison dont l'usage lui aurait été donné par le premier. — V. conf. L. 4, § 1er, ff., *De usu et habit.* — Salviat, art. 157, nº 12; Merlin, *loc. cit.*, § 3, nº 4; Rolland de Villargues, nº 29.

100. — Toutefois, s'il s'agissait d'un droit d'habitation qui n'eût été légué que durant l'état de viduité de la veuve, ou d'un droit résultant de la disposition des anciennes coutumes qui lui assignaient ce terme, il serait éteint par le convol à secondes noces, comme légué seulement sous une condition qui n'a rien de contraire à nos lois actuelles. — Proudhon, *ibid*; Salviat, *loc. cit.*

101. — Jugé, en effet, que la clause qui assure à la femme un droit d'habitation *tant qu'elle restera dans l'état de viduité*, n'a rien de contraire à l'ordre public. — *Paris*, 18 niv. an XII, Lecherme c. Brosne.

102. — Aux termes de l'art. 634, C. civ., « le droit d'habitation ne peut être ni cédé ni loué. » Telle était aussi la règle suivie dans les pays coutumiers par dérogation à celle qu'établissait en droit romain la loi 13, Cod. *De usuf. et habit.*, ainsi que nous l'avons vu *suprà* nº 8. — Nouveau Denisart, *loc. cit.* — V. aussi Domat, *Lois civiles*, liv. 1er, tit. 11, sect 2e, nº 10.

103. — Bien que cette dernière loi ne parle que du cas où le droit d'habitation est donné par testament, nul doute qu'on ne doive étendre ce qu'elle décide au cas où ce droit dériverait d'un contrat. — Instit., § 5, *De usu et habit*; arr. 17 mai 1603; — Merlin, *loc. cit.*, § 2, nº 1er.

104. — Puisque, d'après l'article 634 précité, celui qui a un droit d'habitation n'a que la faculté d'en jouir personnellement avec sa famille, sans pouvoir jouir par autrui, l'on doit admettre qu'il ne pourrait conserver ce droit, s'il établissait son domicile ailleurs, bien qu'il laissât à demeure une partie de ses gens dans la maison soumise à son usage, parce que ce n'est pas aux différens membres de sa famille mais à lui que le droit appartient.

105. — D'où il suit, continue Proudhon (nº 2815), que le propriétaire serait en droit d'expulser de sa maison les personnes que l'usager y aurait placées, du moment où celui-ci aurait ensuite fixé son domicile ailleurs, et que, pendant tout le temps de cette absence, il y aurait suspension dans l'exercice du droit jusqu'à ce qu'il fût éteint par le non usage. — V. *infrà* nº 131.

106. — Du reste, la simple absence n'emportant point le changement de domicile, il ne suffirait pas que l'usager fût absent pour que le propriétaire fût en droit de revendiquer la jouissance de la maison, et d'expulser les membres de la famille de l'usager que celui-ci aurait établis, à demeure, conformément aux dispositions de la loi. — Proudhon, nº 2816.

107. — La première obligation de celui qui a un droit d'habitation est de donner caution avant de pouvoir entrer en jouissance. — C. civ., art. 626. — V. conf. L. 5, § ult., ff., *Usuf. quemadm. cav.*

108. — ... A moins toutefois qu'il n'ait été dispensé de cette obligation par l'acte constitutif du droit d'habitation. — Arg. C. civ., art. 626 et 601.

109. — Nous croyons même que celui qui aurait acquis un droit d'habitation par un contrat commutatif, comme un bail à vie, au moyen d'un intérêt annuel ou d'un capital une fois payé, ne devrait point fournir de cautionnement s'il ne s'y était pas soumis par son contrat.

110. — L'obligation de donner caution est, en effet, une charge que le législateur a pu imposer comme étant une condition tacite de la donation; sans que le donataire ou le légataire ait le droit de s'en plaindre; mais, quand il s'agit de contrats commutatifs, on ne saurait ajouter aux conditions exigées par les contractans, et il n'est pas probable qu'ils aient voulu cette charge, puisqu'ils ne l'ont pas stipulée. — V. conf. Proudhon, nº 2819; Rolland de Villargues, nº 38. — V. aussi Merlin, *loc. cit.*, nº 4.

111. — Remarquons au surplus que, quand le droit d'habitation est constitué à titre gratuit par acte de dernière volonté, comme alors la libéralité ne doit s'exécuter que sur l'héritier, et que celui-ci n'est pas présent pour veiller personnellement à ses intérêts, il y a, pour exiger le cautionnement, un motif qui n'existe pas en matière de contrats commutatifs, puisque, dans ce dernier cas, la personne sur laquelle doit s'exécuter la convention a été présente à la négociation, et a pu stipuler des garanties dans son intérêt.

112. — Nous avons *suprà* (nº 44) que le droit d'habitation est souvent stipulé dans le contrat de mariage; dans cette hypothèse, lorsque le droit s'ouvre, le cautionnement est-il exigible?

113. — Pour la négative, on fait observer que le contrat de mariage étant une convention synallagmatique, faite à titre onéreux de part et d'autre, il y a lieu d'appliquer la décision que l'on vient de porter pour le cas d'acquisition du droit d'habitation par contrat commutatif. — Boucher d'Argis, *loc. cit.*

114. — Dans le sens contraire, on peut dire avec Proudhon (nº 2820) que, quoique le contrat de mariage soit synallagmatique, cela n'empêche pas que la constitution du droit d'habitation qui y est consigné ne soit une véritable libéralité, comme toutes les autres dispositions faites entre époux par leur contrat de mariage, lesquelles sont classées au rang des dons ordinaires, et, sous ce rapport, sujettes au retranchement pour faire la réserve légale, quand elles sont excessives (C. civ., art. 1094; V. QUOTITÉ DISPONIBLE); d'où il résulte que cette constitution est, dans sa cause, totalement différente de celle qui aurait été acquise par contrat commutatif, et par suite que le même motif n'existe pas pour lui appliquer la dispense du cautionnement. — V. conf. Merlin, *loc. cit.*; Rolland de Villargues, nº 39.

115. — Salviat (*loc. cit.*, art. 155, nº 1er) pense également que la caution est exigible même pour l'habitation provenant des conventions matrimoniales, l'art. 626, C. civ., étant conçu en termes généraux; et c'est ainsi, ajoute cet auteur, que se trouve implicitement anéantie une ancienne distinction admise dans le ressort du ci-devant parlement de Bordeaux, et d'après laquelle la veuve ne devait pas donner caution à ses propres enfans, comme à un héritier étranger, à moins qu'elle ne convolât à de secondes noces.

116. — Cette dernière opinion nous paraît préférable.

117. — Suivant l'art. 626, C. civ. précité, celui qui a un droit d'habitation n'est point, au surplus, seulement tenu de donner caution : il doit encore faire des états et inventaires.

118. — Celui qui a un droit d'habitation étant obligé de conserver et de rendre, puisque c'est pour cet objet que la loi veut qu'il soit soumis à un cautionnement, il s'ensuit que, s'il occupe seul toute la maison, il est responsable des usurpations qu'il aurait laissé commettre sans les dénoncer au propriétaire, et de l'effet des prescriptions qu'il aurait laissé acquérir à des tiers. — Proudhon, nº 2821. — V. conf. Merlin, *loc. cit.*, Rolland de Villargues, nº 41.

119. — Mais s'il n'occupait pas seul toute la maison, et qu'une partie fût occupée par le propriétaire, ce serait à celui-ci à veiller à la conservation de ses droits. — Proudhon et Merlin, *loc. cit.*

120. — Quant à la responsabilité qui pèse, en cas d'incendie, sur celui qui a un droit d'habitation, elle est réglée par le même principe que celle de l'usufruitier, c'est-à-dire qu'elle n'est encourue qu'autant que l'on prouve qu'il y a eu faute. — V. pour les détails USUFRUIT.

121. — Si celui qui a un droit d'habitation occupe toute la maison, il est assujéti aux réparations d'entretien, au paiement des contributions, aux charges annuelles, comme l'usufruitier; et il n'y contribue qu'au *prorata de ce dont il jouit* s'il n'occupe pas l'édifice entier. — C. civ., art. 635.

122. — Mais quel est le sens précis de ces expressions *au prorata de ce dont il jouit?*

123. — Une première interprétation consisterait à dire que quand, par exemple, celui qui a un droit d'habitation n'occupe dans une maison qu'un seul des appartemens dont elle se compose, il n'est point tenu à d'autres réparations qu'à celles de cet appartement, de telle sorte qu'en réparant et entretenant la portion de maison qui suffit à ses besoins et à ceux de sa famille, il a satisfait là ce genre d'impenses au prorata de ce dont il jouit.

124. — Mais tel n'est pas le système admis par Proudhon. Suivant cet auteur (nº 2824), la loi doit être entendue en ce sens que celui qui a un droit d'habitation est tenu de sa quote-part de toutes les réparations de l'édifice en général, même de celles qui seraient faites dans les parties qu'il n'occupe pas, comme le propriétaire doit son contingent dans celles qu'il faudrait pour réparer l'appartement occupé par l'usager, à moins qu'il ne s'agisse de simples réparations locatives qui n'étant imputables qu'au fait de l'un d'eux ne devraient peser en rien sur l'autre.

125. — « D'où il suit, continue le même auteur (*ibid.*), que pour connaître le contingent à fournir par celui qui a un droit d'habitation et par le propriétaire, il faudrait commencer par estimer la valeur de la jouissance annuelle de l'usager comparativement à la valeur de la jouissance du surplus de l'édifice et répartir ensuite sur cette base les frais de réparations sans s'attacher à la question de savoir si elles doivent être appliquées à une partie plutôt qu'à l'autre. » — V. dans le même sens Salviat, *loc. cit.*, art. 155, nº 2.

126. — Cette interprétation se fonde sur ce que les mots *au prorata de ce dont il jouit*, pris dans leur acception naturelle, paraissent avoir un sens essentiellement différent de celui qu'aurait une disposition portant que l'usager fournirait aux réparations de l'appartement par lui occupé, et sur ce que d'ailleurs la plupart des réparations qui peuvent être à faire dans un édifice occupé par plusieurs personnes se rapportent également à toutes les parties. — Proudhon, *ibid.*

127. — On peut d'ailleurs remarquer, dans le même sens, que la loi statue sur la contribution aux frais de réparations, comme sur celle au paiement des impôts fonciers. Or, en ce qui concerne cette dernière espèce de charge, il est bien constant qu'on ne peut pas la répartir entre le propriétaire et l'usager autrement qu'en divisant la masse totale en deux portions proportionnelles à la valeur de la jouissance particulière de chacun d'eux, parce que c'est la maison en corps qui est imposée par une seule cote. — Même auteur.

128. — Jugé qu'un arrêt ne viole aucune loi et se conforme d'ailleurs à l'art. 608, C. civ., lorsque, par suite de l'appréciation d'un acte de partage, il décide que les contributions auxquelles l'immeuble grevé du droit d'habitation est imposé doivent être supportées par celui qui jouit de ce droit, proportionnellement à sa valeur, et que dès lors la portion de contributions qui grève la jouissance de l'usager doit figurer dans le cens électoral de celui-ci et non dans celui du propriétaire. — *Cass.*, 1er juill. 1846 (t. 2 1846, p. 157), préfet de la Creuse c. Grosset.

129. — Quoique régulièrement le droit d'habitation n'oblige pas aux grosses réparations, il y a néanmoins un cas où, comme quand il s'agit du droit d'usufruit, cette obligation a lieu : c'est lorsque les grosses réparations ont été occasionnées par le défaut de réparations d'entretien depuis l'ouverture du droit d'habitation. — C. civ., art. 605. — Rolland de Villargues, nº 44. — V. USUFRUIT.

§ 4. — *Comment le droit d'habitation prend fin.*

130. — Aux termes de l'art. 625, c. civ., le droit d'habitation prend fin comme celui d'usufruit.

131. — Or suivant l'art. 617 : « L'usufruit s'éteint : — par la mort naturelle et par la mort civile de l'usufruitier; — par l'expiration du temps pour lequel il a été accordé; — par la consolidation ou la réunion sur la même tête des deux qualités d'usufruitier et de propriétaire; — par le non usage du droit pendant trente ans; — par la perte totale de la chose sur laquelle l'usufruit est établi. »

132. — Cette énumération n'est pas, au surplus, complète. (V. pour les détails USUFRUIT). Ainsi, par exemple, l'habitation peut encore se perdre par abus de jouissance et pour dégradations commises dans la maison qui en est grevée. — Proudhon, nº 2828.

133. — ..... Ou par la renonciation de l'usager majeur et ayant la libre administration de ses droits, sans que, dans ce cas ni dans celui où l'extinction est demandée pour abus de jouissance, les créanciers de celui qui a un droit d'habitation soient recevables à intervenir pour demander leur subrogation, comme quand il s'agit d'un droit d'usufruit, puisque celui d'habitation est incessible. — Même auteur, nº 2829.

134. — Nous avons vu, *suprà* nº 105, que le droit d'habitation est suspendu dans son exercice lorsque l'usager se choisit ailleurs un domicile à perpétuelle demeure. C'est ici le lieu d'ajouter que si ce domicile avait duré trente ans, le droit d'habitation serait éteint.

135. — Quand celui qui jouissait de l'habitation meurt, le droit est complètement éteint, sans que son héritier puisse, par exemple, être admis à jouir de l'habitation pendant le reste de l'année qui est commencée. — V. cependant Despeisses, *De l'habitation*, nº 13.

136. — Suivant Salviat (art. 163, nº 5), si un particulier vendait sa maison avec réserve de l'habitation en faveur de ceux qui y demeurent, cette réserve générale profiterait bien aux habitans de la maison, mais non au vendeur, quoiqu'il y demeurât. — L. 55, § 2, ff. *De act. empt. et vend.* — La raison en est, suivant la glose et Mornac, cités par Salviat (*ibid.*), que *in generali sermone non continetur persona loquentis*; c'était au vendeur à se réserver nommément pour lui l'habitation.

137. — Salviat (*ibid.*) ajoute, en interprétant le texte de la loi romaine précitée, que cette réserve ne profiterait même qu'à ceux qui habitent la maison en vertu d'un titre onéreux, mais non à ceux auxquels le propriétaire aurait donné le logement gratuit.

HAIE.

1. — Clôture formée par des épines, ronces ou autres arbustes, ou par des branchages entrelacés.

2. — Les haies sont vives ou sèches. — Les haies *vives* ou *à pied* sont celles que forment des arbustes vivans, tels que épines, charmilles, églantiers, etc., qui par leur rapprochement et leur entrecroisement interceptent le passage. — Les haies *sèches* ou *mortes* sont faites seulement de bois, épines ou branchages secs, liés ensemble ou entrelacés.

3. — « Toute haie qui sépare des héritages, porte l'art. 670 C. civ., est réputée mitoyenne, à moins qu'il n'y ait qu'un seul des héritages en état de clôture, ou s'il n'y a titre ou possession suffisante du contraire. »

4. — Bien que l'art. 670 ne parle pas du cas où un bornage aurait attribué à l'un des voisins la propriété de la haie, la présomption de mitoyenneté n'existerait pas non plus dans cette hypothèse. — Duranton, *Cours de droit français*, t. 5, nº 367. — Ce que nous avons dit de l'influence des bornes sur la propriété des fossés à côté desquels elles ont été plantées retrouve ici son application.

5. — La règle écrite dans l'art. 690 s'applique à toutes les haies, qu'elles soient sèches ou vives et qu'elles existent à la ville ou à la campagne.

6. — Suivant la loi du 6 oct. 1791, et l'art. 391, C. pén., les fossés constituent un moyen de clôture. Cette dernière disposition range dans la même catégorie les pieux, les claies, les planches, les haies vives ou sèches. Ce n'est pas dans un sens aussi étendu qu'il faut prendre le mot *clôture* dans l'art. 670, C. civ., qui n'a dû avoir en vue que les clôtures faites au moyen des haies. Ainsi lorsque l'un des fonds est entouré de fossés de trois côtés, et du quatrième par une haie et que l'autre fonds est entouré de haies, de tous côtés, celle qui sépare les deux héritages est censée appartenir exclusivement au fonds qui est clos de haies de toutes parts, sauf preuve contraire. — Duranton, t. 5, nº 368 ; Solon nº 187. — V. cependant Pardessus nº 188 ; Delvincourt, t. 1er, p. 399, note ; Perrin, *Code des constructions*, nº 1676.

7. — De même, si deux fonds étant séparés par une haie vive, étaient entourés sur les autres côtés, l'un d'une haie vive et l'autre d'une haie sèche, la haie séparative serait présumée appartenir exclusivement au fonds clos de toutes parts par des haies vives. — Duranton, *loc. cit.*

8. — Si l'un des deux héritages seulement était clos et que le propriétaire de l'héritage non clos se mît en devoir de se clore, comme il acquerrait par là une présomption de mitoyenneté, le maître de l'héritage clos pourrait lui faire signifier un acte de protestation pour conserver la présomption de propriété exclusive qui résulte en sa faveur de ce que son héritage est seul en ce moment en état de clôture.

9. — Plusieurs coutumes autorisaient autrefois les maîtres d'héritages situés dans des villages à forcer leurs voisins à se clore par des haies vives. — Loysel, *Inst. cout.*, t. 1er, nº 287. — Cout. de Paris, art. 209, 210 ; cout. de Laon, art. 270, 272 ; cout. de Reims, art. 360 ; — Legrand sur l'art. 36 de la cout. de Troyes, glose 1re nº 20 ; Lhommeau, max. 434. — Cette règle n'a pas été consacrée par le Code civil.

10. — La présomption de mitoyenneté s'applique, selon M. Rolland de Villargues, *Rép. du not.* vº *Haie*, nº 12, aux haies qui bordent les grandes routes.

11. — Les haies (pouvant être acquises par prescription) sont par cela même susceptibles d'être possédées, et elles peuvent être l'objet des actions possessoires qui appartiennent au possesseur annal. — C. procéd., art. 3. — Il en était ainsi également avant le Code de procédure. — *Cass.*, 8 vend. an XIV, Jarnan c. Malquin.

12. — Jugé que le voisin copropriétaire d'une haie mitoyenne, qui, d'après l'usage du lieu, doit avoir sept pieds de largeur, peut exercer la complainte contre le voisin qui en enlevant des terres à quinze pouces du milieu de la haie a nui aux racines en les mettant à découvert, et a porté ainsi un trouble à la possession du complaignant. — *Cass.*, 14 avr. 1830, Clément c. Pommerais.

13. — On s'est demandé ce que l'art. 670 avait voulu exprimer lorsqu'il dit que toute haie séparative des héritages est réputée mitoyenne, s'il n'y a titre ou *possession suffisante* du contraire.

14. — Tous les auteurs sont d'accord pour enseigner qu'il faut entendre par là une possession suffisante pour faire présumer la propriété suivant les principes généraux, c'est-à-dire la possession annale. — Merlin, *Rép.*, vº *Haie*, nº 3 ; Vaudoré, *Dr. rural franç.*, t. 1er, p. 63, nº 141 ; Garnier, *Des actions possessoires*, p. 224 et 225 ; Brody, *Comment. sur les servitudes*, p. 82 ; Toullier, t. 3, nos 228 et 229 ; Duranton, t. 5, nos 370 et 371 ; Pardessus, *Servitudes*, nos 188 ; Pailliet, sur l'art. 670.

15. — Mais la jurisprudence s'est prononcée d'une manière non moins nette dans le sens opposé, et elle ne reconnaît, comme possession ayant pour effet de faire disparaître la présomption de mitoyenneté, que celle qui a fait acquérir la prescription, c'est-à-dire la possession trentenaire. — *Angers*, 7 juill. 1830, Geslain c. Laurent ; *Bourges*, 31 mars 1832, Sineau c. Philippe ; *Cass.*, 14 nov. 1833, de Choiseul c. Maratrat ; *Bourges*, 27 mars 1835, Alviser c. Laguié ; *Cass*, 13 déc. 1836, Thoreau-Lasalle c. Anyée ; *Bourges*, 31 mars 1837 (t. 1er 1837, p. 465), Mougne c. Lachot ; *Cass.*, 17 janv. 1738 (t. 1er 1838, p. 245), Gantheron c. Schmitz.

16. — Cette jurisprudence, et notamment l'arrêt de la cour suprême du 13 déc. 1836, se fonde principalement sur cette considération que l'art. 670, en déclarant les haies séparatives des héritages mitoyennes, *s'il n'y a titre ou possession suffisante du contraire*, a clairement exprimé qu'il exigeait un titre ou une possession qui équivalait à un titre, et qui ne peut s'entendre que de la possession de trente ans. — V. encore dans ce sens Perrin, nº 1682.

17. — L'ancienne jurisprudence décidait aussi que la possession trentenaire pouvait seule prévaloir contre la présomption de mitoyenneté. — Cout. du Grand-Perche, art. 218 ; Boucheul, sur

l'art. 193, cout. de Poitou, n° 20, de son *Commentaire*.

18. — Avant le Code civil, les haies qui séparaient des héritages non clos étaient, dans certains pays, réputées appartenir exclusivement à l'un des propriétaires voisins, lorsque l'un des deux fonds était cultivé d'une manière particulière; par exemple, lorsque la haie séparait une vigne d'un pré, elle était, selon les lieux, censée appartenir au maître de la vigne ou au maître du pré. Ces usages locaux sont abolis par l'art. 670, C. civ., à moins que les marques de non-mitoyenneté n'aient existé avant ce Code. — Pailliet, sur l'art. 670; Duranton, t. 5, n° 373; — *Bourges*, 30 nov. 1831, Lenoir c. de Choiseuil. — V., sur ces anciens usages, Loysel, *Inst. cout.*, t. 2, n° 290, édit. Laboulaye.

19. — S'il existe entre deux héritages une haie et un fossé contigus, il semble que le fossé doit être réputé appartenir au propriétaire de la haie, tant parce que cette dernière constitue une clôture plus durable que parce que le fossé peut être présumé avoir été creusé pour la conserver. Tel est l'avis de M. Duranton, t. 5, n° 375. — V. aussi Chabrol-Chamiane, v° *Fossé*. — Delvincourt (t. 1er, p. 399), enseigne, au contraire, que la haie est réputée appartenir au propriétaire dont elle touche immédiatement l'héritage, et que le fossé est mitoyen s'il n'y a titre ou marque du contraire. — V. dans le même sens Pardessus, n° 188, et Perrin, n° 1679.

20. — M. Duranton (t. 5, n° 381) pense que la haie ne peut être détruite par la volonté d'un seul des propriétaires mitoyens, bien que le fossé mitoyen puisse être comblé par un seul des voisins. La raison de cette différence vient, suivant cet auteur, de ce qu'il est toujours facile de rétablir ou d'élargir un fossé, tandis qu'il ne l'est pas également d'établir une nouvelle haie dont la croissance peut être très longue.

21. — Dans les lieux où la clôture est forcée, chacun des deux voisins peut demander la destruction ou le remplacement de la haie par un mur construit à frais communs. — *Cass.*, 22 avr. 1829, Bernard c. Lynier; *Amiens*, 15 août 1838 (t. 2 1839, p. 576), Gueule c. Piet.

22. — La jouissance et l'entretien d'une haie mitoyenne doivent avoir lieu en commun. L'un des copropriétaires ne pourrait s'affranchir de son obligation à cet égard qu'en abandonnant son droit de mitoyenneté. — Delvincourt, t. 1er, p. 563, note. — L'abandon doit être notifié au voisin; celui-ci peut exiger qu'il en soit dressé un acte public aux frais du renonçant. — Pardessus, n° 187; Favard, *Rép.*, v° *Servitudes*, sect. 2e, § 4, n° 12; Desgodets, sur l'art. 210, Cout. de Paris.

23. — Cet abandon entraîne, selon M. Solon (n° 205), celui du terrain sur lequel la haie est plantée, et d'un demi-mètre de terrain tout le long de la haie du côté du renonçant. — V. aussi Perrin, n° 1688.

24. — « Il n'est permis de planter de haies vives qu'à la distance prescrite par les réglemens particuliers actuellement existans, ou par les usages constans et reconnus, et, à défaut de réglemens et usages, qu'à la distance d'un demi-mètre de la ligne séparative des deux héritages. — C. civ., art. 671. — Le voisin peut exiger que les haies plantées à une moindre distance soient arrachées. » — Art. 672.

25. — Le propriétaire qui a fait planter une haie vive à un demi-mètre de distance de l'héritage voisin a nécessairement conservé la propriété du terrain qu'il a laissé de l'autre côté de la haie. Aussi le voisin ne peut-il le forcer à lui vendre la mitoyenneté de la haie. La loi n'a, du reste, permis les ventes forcées de la mitoyenneté que pour les murs. — Delvincourt, t. 1er, p. 563, note.

26. — Le propriétaire d'une haie vive peut être contraint par son voisin de tondre ou élaguer sa haie aux époques fixées par les usages locaux et réglemens de police. — Perrin, n° 1667.

27. — Il est également tenu d'élaguer les branches qui, s'étendant sur la voie publique, pourraient gêner la circulation. — Fournel, v° *Haie*; Pailliet, sur l'art. 670, n° 7.

28. — Les haies sèches peuvent se planter sur la ligne de séparation des héritages voisins sans observer aucune distance. En effet, ces haies ne poussant ni racines ni branches, il n'y a pas à craindre qu'elles anticipent sur le fonds voisin. C'est dans ce sens que disposaient la coutume du Boulonnais, art. 169, et celle d'Hesdin, tit. 2, art. 27. — Fournel, *Traité du voisinage*, v° *Haie*, t. 2, p. 170; Perrin, n° 1661; Duranton, t. 5, n° 384.

29. — « Les arbres qui se trouvent dans la haie mitoyenne sont mitoyens comme la haie, et chacun des deux propriétaires a droit de requérir qu'ils soient abattus. » — C. civ., art. 673.

30. — L'arbre qui se trouve pris dans une haie mitoyenne est mitoyen par cela seul, et abstraction faite de la partie de terrain dans laquelle les racines sont implantées. Suivant les principes du droit romain, l'arbre appartenait au propriétaire du sol dans lequel il était planté. — Institut., *De rer. divis.*, § 31. — Le Code civil consulte plutôt la position qu'occupe le tronc de l'arbre que celle de ses racines.

31. — Tant que l'arbre n'a pas été abattu, les deux voisins n'en sont pas copropriétaires par indivis, ils le possèdent *pro regione*; d'où il résulte que chacun d'eux doit recueillir seul les fruits produits par les branches qui sont de son côté. — L. 7, § *ult.*; L. 8, ff., *De acquir. rer. domin.*; L. 19, ff., *Commun. divid.*

32. — Mais lorsque l'arbre a été arraché sur la réquisition de l'un des voisins, en vertu de la disposition de l'art. 673, une copropriété indivise de l'arbre commence pour eux. Toutefois, si l'arbre avant son abattage penchait plus sur un des côtés de la haie que sur l'autre, on devrait tenir compte de cette circonstance pour le partage du bois. — L. 83, ff., *Pro socio*.

33. — La communauté imparfaite créée entre les deux propriétaires par l'art. 673 est exclusive de toute idée d'acquisition par l'un des associés sur l'autre. Aussi importerait-il peu que l'arbre eût plus de trente ans ou qu'il eût été placé dans la haie par destination du père de famille. Chacun des intéressés n'aurait pas moins le droit d'exiger qu'il fût abattu. — Duranton, t. 5, nos 377 et 378.

34. — Autrefois on considérait les fruits sauvages qui viennent aux haies comme étant la proie du premier occupant. Tel était le sens de la maxime : *Tout ce qui vient à la haie est proie.* — Loysel, *Institut. coutum.*, édit. Laboulaye, t. 1er, n° 282.

35. — Quant aux dégradations qui seraient faites à des haies, soit vives, soit sèches, v° DÉLIT RURAL, nos 82 et suiv.

36. — Pour ce qui concerne les haies placées sur ou près les chemins ruraux, vicinaux ou de halage, les routes et la voie publique, dans les cimetières, V. CHEMINS DE HALAGE, CHEMINS RURAUX, CHEMINS VICINAUX, CIMETIÈRE, ROUTES, VOIRIE. — V. aussi MITOYENNETÉ, SERVITUDES.

HAITI (Ile d').

V. SAINT-DOMINGUE.

HALAGE (Chemin de).

1. — Le chemin de halage, parfois appelé marchepied, est l'espace réservé sur les terres riveraines des cours d'eau pour le service de la navigation et spécialement pour le *halage* (tirage, action de tirer) des bateaux. — V. CHEMIN DE HALAGE.

2. — Les loueurs de chevaux pour le halage sont rangés, par la loi du 25 avr. 1844, dans la septième classe des patentables, et soumis en conséquence à un droit fixe basé sur la population, et au droit proportionnel du quarantième de la valeur locative de tous les locaux qu'ils occupent, mais seulement dans les communes de 20,000 ames et au-dessus. — V. PATENTE.

HALLAGE (Droit de).

Droit perçu par le roi ou les seigneurs sur les grains et denrées vendues dans les foires ou marchés et même parfois dans les maisons des particuliers, et aboli, comme entaché de féodalité, par la loi du 15-28 mars 1790, tit. 2, art. 19.

HALLES ET MARCHÉS.

1. — Emplacemens consacrés à l'exposition et à la vente des denrées et marchandises amenées de divers points pour l'approvisionnement d'une localité.

2. — Le mot *halle* s'entend plus particulièrement des bâtimens qui sont destinés à abriter les marchandises exposées en vente.

3. — Par l'expression *marché* on désigne indistinctement, soit le bâtiment, soit l'emplacement découvert où les marchandises sont exposées et vendues.

4. — Le mot *halle* s'emploie d'ailleurs aussi dans le même sens que le mot *foire*, pour désigner le concours même de vendeurs et d'acheteurs, la réunion qui constitue ce qu'on appelle un marché.

5. — Nous avons examiné v° FOIRES ET MARCHÉS tout ce qui concerne l'établissement et la police de ces sortes de réunions, ainsi que la perception des droits établis au profit des communes. Nous n'avons à nous occuper ici que des bâtimens ou emplacemens dans lesquels elles ont lieu.

6. — Dans l'ancienne législation, le droit d'établir des halles destinées à la tenue des marchés était considéré comme appartenant au seigneur haut-justicier de chaque localité. Comme compensation des dépenses de construction, d'entretien et des soins de police, le seigneur percevait dans les halles des droits diversement fixés sur les marchandises exposées en vente, et qui s'étaient excessivement multipliés.

7. — Nous avons dit v° FOIRES ET MARCHÉS, nos 38 et suiv., que ces droits avaient été compris au nombre de ceux supprimés sans indemnité par le décret du 15 mars 1790; que les seuls droits dont la perception puisse être encore autorisée font maintenant partie des recettes ordinaires des communes, et qu'à moins d'une subrogation consentie par l'autorité, les particuliers ne peuvent se les attribuer.

8. — Mais les propriétaires de halles ne furent pas pour cela dépossédés. — « En effet, les bâtimens et halles, porte le même décret du 15 mars 1790, tit. 2, art. 19, continueront d'appartenir à leurs propriétaires, sauf à eux à s'arranger à l'amiable, soit pour le loyer, soit pour l'aliénation, avec les municipalités des lieux; et les difficultés qui pourraient s'élever à ce sujet seront soumises à l'arbitrage des assemblées administratives. »

9. — L'instruction de l'assemblée nationale du 12-20 août 1790 a expliqué ainsi cette disposition : — « Ce sont, est-il dit dans cette instruction, les directoires qui doivent terminer, par voie d'arbitrage, toutes les difficultés qui pourraient s'élever entre les municipalités et les ci-devant possesseurs des droits dont on vient de parler, à raison des bâtimens, halles, étaux et autres objets qui ont servi jusqu'à présent au dépôt, à l'étalage ou au débit des marchandises et denrées au sujet desquelles les droits étaient perçus. » — « Les bâtimens, halles, étaux et bancs, poursuit le même acte, continuent d'appartenir à leurs propriétaires, mais ceux-ci peuvent obliger les municipalités de les acheter ou de les prendre à loyer; et réciproquement, ils peuvent être contraints par les municipalités à les vendre, à moins qu'ils n'en préfèrent le louage : cette faculté réciproque est le principe qui dirigera les directoires de département dans les difficultés qui leur seront soumises. » — « Si, dispose enfin l'instruction précitée, les municipalités et les propriétaires s'accordent, les unes à ne pas vouloir acheter, les autres à ne vouloir ni louer ni vendre, alors le directoire de département, après avoir consulté celui de district, proposera au corps législatif son avis sur la rétribution qu'il conviendrait d'établir à titre de loyer, au profit des propriétaires sur les marchands, pour le dépôt, l'étalage et le débit de leurs denrées et marchandises. »

10. — Il résulte de l'ensemble de ces dispositions qu'en principe le droit de posséder des halles en activité est un droit communal qui ne peut appartenir à des particuliers qu'à défaut des communes.

11. — Mais on voit aussi que, par respect pour la propriété et pour les droits privés, la loi a établi à cet égard, entre les communes et les propriétaires de halles, une sorte de réciprocité par suite de laquelle les communes elles-mêmes peuvent être contraintes soit d'acheter, soit de prendre à location les bâtimens servant de halles.

12. — Cette réciprocité est telle que l'option pour la vente ou pour la location doit toujours être laissée à celui des deux, de la commune ou du propriétaire, contre lequel l'application de la loi est réclamée. — Ainsi, lorsque c'est le propriétaire de la halle qui met lui-même la commune en demeure d'en prendre possession, il doit lui offrir le choix entre la vente ou la location. — Mais si c'est la commune qui réclame cette possession, elle doit laisser au propriétaire la même faculté d'option; elle ne peut le contraindre à vendre ou à louer, selon seulement qu'elle le jugerait convenable.

13. — L'option conférée aux propriétaires des halles de les louer ou de les vendre aux communes ne peut, du reste, être entendue en ce sens que les propriétaires puissent les vendre ou les louer en partie. S'il y a plusieurs copropriétaires, ils doivent s'entendre pour mettre à la disposition de la commune, d'une manière ou d'une autre, la jouissance de la halle dans son ensemble. Un seul des propriétaires ne pourrait exiger que sa portion soit achetée par la commune intéressée. — *Cons. d'état*, 10 mars 1843, commune de Brienon-Larchevêque c. Denis.

14. — De la disposition ci-dessus reproduite (n° 8) il suit que les particuliers peuvent eux-mêmes, au cas où ils s'accorderaient à cet effet avec les communes, conserver en activité les halles

par eux possédées, sauf à requérir l'autorisation du gouvernement quant à la *rétribution*, à percevoir des marchands, à titre de loyer.

15. — Il suit du même principe que les particuliers peuvent même ouvrir de nouvelles halles avec l'assentiment des communes et l'approbation de l'autorité; et c'est effectivement ce qui se pratique souvent, les communes trouvant dans des concessions de cette nature un moyen facile d'accroître leur prospérité intérieure sans engager leurs ressources dans des dépenses de construction quelquefois au-dessus de leurs forces.

16. — Mais il importe d'observer que, dans tous les cas, il n'y a là qu'une sorte de tolérance de la part des communes; que par conséquent l'assentiment exprès ou tacite qu'elles peuvent donner à ce qu'une halle reste ainsi entre les mains d'un particulier ne peut entraîner la prescription de leur droit, et qu'elles sont toujours à même d'user de la faculté que leur accorde la loi de 1790 dès que leurs ressources le leur permettent. — *Bordeaux*, 30 avril 1830, Maynard c. commune de Saint-Savin; *Cass.*, 25 mars 1844 (t. 2 1844, p. 148), commune de Bellou c. d'Orglande et Cotterel. — *Contrà Caen*, 11 août 1839, (t. 2 1839, p. 501), mêmes parties.

17. — ... Et cela, sans distinction entre les halles érigées ou possédées par des seigneurs et les halles érigées ou possédées par des particuliers. — *Bordeaux*, 30 avril 1830, Maynard c. commune de Saint-Savin.

18. — ... Et même entre les halles où les marchandises paient une redevance déterminée par des réglemens administratifs et celles où il n'en est perçu qu'accidentellement et par suite de conventions particulières avec le propriétaire ou le locataire de ces halles. — *Cass.*, 25 mars 1844, (t. 2 1844, p. 148), commune de Bellou c. d'Orglande et Cotterel. — *Contrà Caen*, 11 août 1839, (t. 2 1839, p. 501), mêmes parties.

19. — Il a été jugé également qu'une transaction passée entre une commune et un particulier, lorsqu'elle n'a été que provisoirement approuvée par le ministre de l'intérieur, ne prive pas la commune du droit que lui accorde la loi du 28 mars 1790 d'acquérir ou de louer les halles. — *Cons. d'état*, 22 fév. 1821, de Beaumont c. commune de Cany.

20. — En présence des divers changemens qui, depuis 1790, se sont successivement introduits dans notre législation, principalement en ce qui concerne l'expropriation pour cause d'utilité publique, on s'est plusieurs fois demandé si les formes indiquées par les lois précitées de 1790 pour la dépossession des propriétaires de halles doivent continuer d'être suivies, comment et par qui l'indemnité doit être réglée, et quelle est l'autorité compétente pour statuer sur les difficultés qui peuvent s'élever à cet égard entre les communes et les propriétaires.

21. — On a toujours été d'accord sur ce point que, si la propriété même de la halle est contestée entre une commune et un particulier, c'est aux tribunaux à statuer sur la difficulté. — *Cons d'état*, 9 juill. 1820, Vandeuvres c. comm. de Putange; 22 févr. 1821, Poret de Blosseville c. comm. de Buchy; même jour, Lepelletier c. comm. de Bacqueville.

22. — Mais il y a eu pendant long-temps plus d'incertitude quant au point de savoir comment, lorsque la propriété n'est point contestée, la dépossession doit être opérée au profit des communes, et comment l'indemnité due en ce cas au propriétaire doit être réglée.

23. — A une certaine époque l'on décidait généralement qu'il fallait suivre, à cet égard, les formes déterminées par les lois relatives à l'expropriation pour cause d'utilité publique, et cela sans aucune distinction entre le cas de vente et le cas de location, c'est-à-dire que, dans un cas comme dans l'autre, le prix de vente ou de location devait, à défaut de convention amiable entre les parties, être réglé par autorité de justice, conformément à la loi du 8 mars 1810 d'abord, et ensuite à celles du 7 juill. 1833 et 3 mai 1841. — V., à cet égard, EXPROPRIATION POUR UTILITÉ PUBLIQUE, nos 1292 et suiv.

24. — Toutefois, un avis du cons. d'état du 29 juin 1836 a distingué, relativement aux halles, deux cas différens de dépossession : 1° celui dans lequel les communes réclament l'abandon de ces édifices pour les consacrer à un usage nouveau, pour employer le terrain à une construction, à l'ouverture d'un chemin, etc., ou même, tout en conservant l'ancienne destination, pour opérer des travaux qui en modifient l'état matériel; — 2° le cas où les communes réclament les bâtimens des anciennes halles sans vouloir en rien modifier leur état, et dans la seule vue d'y percevoir les droits de hallage qu'elles sont autorisées à percevoir sur ces établissemens.

25. — Dans la première hypothèse, le conseil d'état a reconnu que les communes ne font qu'user du droit général qui leur appartient à l'égard de tout immeuble sans exception; qu'elles procèdent en vertu de la loi du 7 juill. 1833 (aujourd'hui 3 mai 1841); qu'elles doivent en accomplir toutes les formalités et notamment faire constater par enquête et déclarer par ordonnance royale l'utilité communale, et que, par voie de conséquence, les propriétaires des halles ne peuvent, en ce cas, opter pour la simple location, puisque les lois des 7 juill. 1833 et 3 mai 1841 ne leur laissent pas cette alternative.

26. — Dans la seconde hypothèse, le conseil d'état a pensé que les communes usent d'un droit spécial qui ne peut être exercé qu'à l'égard de la nature particulière de propriétés dont il s'agit ici; qu'elles agissent alors, non plus en vertu de la loi du 7 juill. 1833, mais en vertu des lois précitées des 15-28 mars et 12-20 août 1790; que, par conséquent, elles sont dispensées de la déclaration préalable d'utilité publique et peuvent se mettre immédiatement en possession des halles.

27. — Mais, dans ce second cas, comme les communes ne sauraient jouir de ces avantages sans se soumettre aux conditions qui y sont attachées, il faut reconnaître, d'après le même avis, qu'elles sont encore soumises aujourd'hui au droit d'option que les lois de 1790 ont réservé aux propriétaires des anciennes halles.

28. — Dans cette dernière hypothèse se présentait une autre difficulté, celle de savoir quelle est, dans l'état actuel de la législation, l'autorité compétente pour statuer, au cas de dissentiment entre les communes et les propriétaires des halles, sur l'indemnité due à ces derniers.

29. — Le conseil d'état a fait à cet égard une nouvelle distinction entre le cas où le propriétaire opte pour la vente et celui où il se décide seulement pour la location.

30. — Lorsque le propriétaire opte pour la vente, et que des difficultés s'élèvent sur le prix même de la vente, le conseil d'état considère que cette aliénation, exercée en vertu de la loi, a tous les caractères d'une expropriation pour cause d'utilité publique; qu'elle doit donc être réglée d'après les dispositions de la loi du 7 juill. 1833 (aujourd'hui L. 3 mai 1841) formant le droit commun en matière d'expropriation. — V. UTILITÉ PUBLIQUE.

31. — Lorsqu'au contraire le propriétaire opte pour la location, comme la discussion ne porte plus que sur une simple jouissance dont il s'agit seulement de déterminer la durée, les conditions et le prix, l'avis du conseil d'état est que, d'après les lois de 1790, les contestations doivent être renvoyées aux assemblées administratives, lesquelles sont remplacées aujourd'hui pour les matières contentieuses par les conseils de préfecture, et que c'est en conséquence, en cas de location, à ces conseils qu'il appartient de régler les conséquences de l'option.

32. — Le conseil d'état a jugé, dans le sens de cet avis, que les lois des 8 mars 1810 et 7 juill. 1833, qui ont renvoyé aux tribunaux les questions d'expropriation pour cause d'utilité publique n'ont pas dérogé aux dispositions des lois des 15-28 mars et 12-20 août 1790 pour les difficultés d'une autre nature qui peuvent s'élever sur l'exécution de ces dernières lois; en conséquence, que les conseils de préfecture sont seuls compétens pour en connaître. — *Cons. d'état*, 10 mars 1843, comm. de Brienon-Larchevêque c. Denis; 12 avr. 1844, Bézat c. comm. de Montet-aux-Moines.

33. — Ainsi, par exemple, lorsque la propriété d'un bâtiment consacré à l'usage de halle n'est point contestée par une commune à celui à qui ce bâtiment appartient, qu'il s'agit seulement de savoir s'il est dû des dommages-intérêts pour l'interdiction faite par le maire d'exposer en vente des marchandises sous cette halle moyennant une rétribution perçue par le propriétaire, c'est à l'autorité administrative et non à l'autorité judiciaire qu'il appartient de statuer sur la contestation. — *Cons. d'état*, 12 avr. 1844, Bézat c. comm. de Montet-aux-Moines.

34. — En soumettant à l'arbitrage de l'administration les difficultés qui peuvent s'élever entre les communes et les propriétaires de halles relativement à la location de ces établissemens, la loi n'a prescrit aucune formalité particulière; il n'est point par conséquent indispensable qu'une expertise préalable soit ordonnée. — Mais lorsque cette formalité a été jugée nécessaire, les conseils de préfecture ne peuvent s'affranchir des prescriptions légales soit pour la nomination, soit pour la prestation du serment des experts. — *Cons. d'état*, 31 juill. 1843, Poeze c. comm. de Sainte-Hermine.

35. — Aux termes d'un avis du conseil d'état du 6 août 1811, inséré au *Bulletin des lois* (IV. Bulletin CCCLXXXV, n° 7155), l'indemnité à laquelle les propriétaires de halles ont droit, soit au cas de vente, soit au cas de location, doit être renfermée dans l'estimation pure et simple de la valeur des bâtimens ou du terrain consacrés aux halles, sans confusion ou cumulation d'aucun droit ou redevance prétendu par le propriétaire, ces droits ayant été, comme nous l'avons déjà dit *suprà* n° 7), supprimés sans indemnité par les lois de 1790. — V. EXPROPRIATION POUR UTILITÉ PUBLIQUE, n° 1298.

36. — Lorsqu'il y a lieu à l'application pure et simple, en cette matière, des lois concernant l'expropriation pour cause d'utilité publique, les propriétaires de halles ne peuvent être dépossédés sans avoir été préalablement désintéressés. — V. EXPROPRIATION POUR UTILITÉ PUBLIQUE, n° 1296.

37. — Il a même été jugé que le conseil de préfecture ne peut ordonner le dépôt dans une caisse publique des revenus des halles avant que le propriétaire n'ait reçu une indemnité. — *Cons. d'état*, 22 fév. 1821, de Beaumont c. comm. de Cany.

38. — Il a encore été jugé dans ce sens que lorsqu'un décret spécial a renvoyé des parties devant le conseil de préfecture pour y procéder au réglement du prix de la location annuelle de halles et marchés appartenant à un particulier, le conseil de préfecture ne peut, avant que les bases de l'expertise ne soient définitivement réglées, priver les propriétaires des revenus de ces halles et en ordonner le dépôt dans une caisse publique. — *Cons. d'état*, 13 juin 1821, comm. de Boudeville c. Lescigneur.

39. — Mais dans la seconde hypothèse prévue ci-dessus (n° 24), la mise en possession des communes peut être immédiate. — Aussi a-t-il été jugé que lorsqu'un arrêté du conseil de préfecture, en maintenant une commune dans le droit de percevoir seule la taxe d'occupation des places dans une halle appartenant à un particulier, a laissé à ce dernier l'option entre la vente et la location de la halle moyennant un prix déterminé, pour l'un et l'autre cas, le particulier n'a droit de réclamer que le prix de location pour tout le temps qu'il a pu laisser s'écouler sans user de la faculté d'option à lui accordée. — *Cons. d'état*, 13 avr. 1836, Bégeon de Saint-Même c. comm. de Matha.

40. — Seulement il n'appartient qu'aux tribunaux, en un tel cas, soit de fixer le montant du décompte à établir, d'après la base déterminée par le conseil de préfecture, des sommes dues au propriétaire à titre de location et de celles qu'il a réellement touchées, soit de prononcer contre lui la condamnation en restitution de l'excédant qu'il aurait indûment perçu. — Même décision.

41. — Ce serait également encore aujourd'hui aux tribunaux et non à l'autorité administrative qu'il appartiendrait de statuer sur les demandes en provision que les parties intéressées se croiraient fondées à former. — *Cons. d'état*, 22 fév. 1821, Paret de Blosseville c. comm. de Buchy. — V. au surplus BAIL ADMINISTRATIF, COMMUNE, FACTEUR A LA HALLE, FOIRES ET MARCHÉS.

42. — Les fermiers ou adjudicataires des droits de halles, marchés et emplacemens sur les places publiques sont patentables de troisième classe, au droit fixe basé sur la population et droit proportionnel du vingtième de la valeur locative du loyer d'habitation seulement. — V. PATENTE.

HAMEAU.

1. — On désigne ainsi une agrégation peu nombreuse d'habitations.

2. — Cette réunion d'habitations bien qu'elle soit dans l'usage désignée par un nom qui lui est propre ne forme cependant pas une fraction spécialement déterminée dans la circonscription territoriale et administrative du territoire français.

3. — Toutefois, les hameaux ou les habitans qui les composent peuvent avoir des droits distincts et séparés de ceux de la commune dont ils font partie intégrante; dans ce cas, ils sont considérés comme des sections de commune, et leurs droits et actions sont exercés comme il est dit au mot COMMUNE, nos 65 et 657.

HAMEÇONS (Fabricans de).

Fabriquans d'hameçons : patentables de septième classe; droit fixe, basé sur la population et droit proportionnel du quarantième de la valeur locative de tous les locaux qu'ils occupent, mais seulement dans les communes de 20,000 ames et au dessus.

HARAS.

1. — Etablissemens destinés à entretenir des jumens ou des étalons pour favoriser l'amélioration des races de chevaux. On y entretient comme annexe l'espèce *ovine* et l'espèce *bovine*.

2. — C'est à Colbert que l'on doit l'institution et la propagation des haras en France. Ses essais furent continués sous les règnes de Louis XV et de Louis XVI, pendant lesquels on fit plusieurs tentatives, en même temps que l'on donna des encouragemens aux éleveurs pour propager les belles races.

3. — Malheureusement ces tentatives n'eurent pas tout le succès que l'on aurait pu en espérer, par suite du système que l'on avait cru devoir adopter, système d'après lequel le droit de posséder des haras appartenait exclusivement au gouvernement.

4. — L'assemblée constituante abolit ce régime prohibitif par le décret du 29 janvier-31 août 1790.

5. — Mais tombant bientôt dans un excès contraire à celui que l'on pouvait reprocher à l'ancien régime, et pensant qu'on pouvait s'en rapporter uniquement à l'intérêt particulier pour avoir de bons chevaux, elle ordonna la vente des étalons appartenant à la nation comme d'une propriété inutile et dispendieuse. — Décret des 12-19 nov. 1790.

6. — Les décrets des 19-23 janvier et 19-25 fév. 1791 complétèrent cette première mesure en ordonnant la résiliation des baux des immeubles qui servaient aux haras et en prescrivant la liquidation de l'ancienne administration.

7. — On ne tarda pas cependant à revenir à d'autres idées, et le décret du 2 germin. an III posa la première base du rétablissement des haras nationaux en prenant les dispositions nécessaires pour utiliser les étalons qui pouvaient se trouver à la disposition du gouvernement et en prescrivant que ceux de ces étalons qui seraient jugés susceptibles de produire des chevaux propres à la cavalerie fussent placés dans des dépôts nationaux pour la saillie gratuite des jumens de la plus belle espèce.

8. — Diverses autres mesures ultérieures ont complété la réorganisation de ces établissemens et en ont successivement amélioré le régime. Nous citerons notamment le décret du 4 juillet 1806; les ordonnances royales des 28 mai 1822, 12 nov. 1828 et 18 mai 1829; celles des 7 mai 1831, 19 juin 1832, 10 déc. 1833, et enfin, en dernier lieu, l'ordonnance du 24 oct. 1840.

9. — Les haras au compte de l'état se divisent en plusieurs classes : il y a le haras proprement dit qui est composé d'étalons, de jumens et de poulains; les simples dépôts d'étalons ou de poulains; enfin des dépôts de remontes.

10. — Le nombre et le classement des haras et dépôts d'étalons sont actuellement ainsi fixés : deux haras de première classe, un haras de seconde classe, sept dépôts de première classe, dix dépôts de seconde classe, et un dépôt de remontes à Paris, avec station. — Ord. royale, 24 oct. 1840, art. 1er.

11. — Ces divers établissemens sont divisés en six arrondissemens comprenant chacun un certain nombre de départemens, et dont la circonscription a été arrêtée par un tableau joint à l'ordonnance royale du 10 décembre 1833.

12. — Le personnel de l'administration est composé de : un inspecteur général chargé de la division de l'agriculture et des haras et de la vice-présidence du conseil, trois inspecteurs généraux, un inspecteur général adjoint, deux préposés aux remontes. — (Ordonn. royale, 24 oct. 1840, art. 2.) — 1° Au *haras du Pin*, il y a en outre un administrateur du domaine, un inspecteur particulier, un agent spécial chargé de la comptabilité, un vétérinaire (*ibid.*). 2° Au *haras de Pompadour*, un directeur, un inspecteur particulier, un agent spécial, un vétérinaire (*ibid.*). 3° Au *haras de Rozières* et aux *dépôts de Tarbes* et *de Langonnet*, un directeur, un agent spécial, un vétérinaire (*ibid.*). 4° Dans chaque autre *dépôt d'étalons*, un directeur et un agent spécial (*ibid.*). 5° Enfin, au *dépôt de remontes de Paris* il y a seulement un directeur. — *Ibid.*

13. — Les inspecteurs généraux, l'inspecteur général adjoint, les directeurs et les inspecteurs particuliers sont nommés par le roi, sur la proposition du ministre de l'agriculture et du commerce. Les autres officiers et employés des haras et dépôts sont nommés par le ministre. — Ordonn. royale 24 oct. 1840, art. 3.

14. — Une école des haras est établie au haras du Pin, sous la direction du chef de cet établissement. — Sur l'enseignement donné dans cette école et sur l'aptitude des élèves aux emplois d'officiers des haras, V. ÉCOLE DES HARAS.

15. — Il y a en outre près du ministre de l'agriculture et du commerce et sous sa présidence, ou à son défaut sous celle du sous-secrétaire d'état, un conseil des haras composé de l'inspecteur général chargé de la division de l'agriculture et des haras, vice-président, des inspecteurs généraux des haras, de l'inspecteur général adjoint et de l'inspecteur-général des écoles vétérinaires. Le directeur du dépôt des remontes et le chef du bureau des haras y sont admis avec voix consultative; ce dernier y remplit les fonctions de secrétaire. — Ordonn. royale 24 oct. 1840, art. 5.

16. — Les étalons des haras et dépôts sont répartis tous les ans, à l'époque de la monte, en un certain nombre de stations, suivant les besoins des localités. Ils sont placés autant que possible chez les propriétaires ou cultivateurs les plus habiles dans l'art d'élever les chevaux. — *Ibid.*, art. 8. — Magnitot et Delamarre, *Dict. de dr. admin.*, v° *Haras*, t. 2, p. 44.

17. — Tout propriétaire qui destine un cheval à la monte peut le soumettre à l'approbation. Si cet étalon est jugé capable d'améliorer l'espèce, il est, sur la proposition d'un inspecteur général, approuvé par le ministre. (*Ibid.*, art. 9.) Le propriétaire d'un étalon approuvé, qui a rempli les conditions prescrites par les réglemens, reçoit chaque année une prime de 300 à 500 fr. pour un étalon de pur-sang, 200 à 400 fr. pour un étalon de demi-sang, 100 à 200 fr. pour un étalon de gros trait. — *Ibid.*, art. 10.

18. — L'approbation est révocable dans le cas où quelque maladie héréditaire viendrait à se déclarer chez l'étalon approuvé. Chaque année, avant la monte, les étalons approuvés sont soumis à une inspection sévère. L'inspecteur général prononce la réforme de ceux qui se trouvent défectueux et les marque. — Décret, 4 juill. 1806; ordonn., 16 janv. 1825; — Magnitot et Delamarre, *Dict. de dr. admin.*, v° *Haras*, t. 2, p. 45.

19. — Pour assurer la conservation des belles races et empêcher les fraudes, le ministre de l'agriculture et du commerce a fait publier à partir de 1833, sous le titre de *Stud-Book français*, un registre des chevaux de pur-sang nés ou importés en France.

20. — Les jumens de pur-sang inscrites au *Stud-Book* français peuvent obtenir annuellement des primes de 200 à 400 fr., si elles réunissent à une taille de 1 mètre 49 centimètres, mesurés à la potence, les qualités exigées d'une bonne poulinière. Ces primes ne sont accordées que si la jument est suivie de son poulain de l'année, issu d'un étalon de pur-sang appartenant à l'administration ou approuvé. Il peut aussi être accordé des primes de 200 à 300 fr. aux jumens de demi-sang réunissant aux qualités exigées d'une bonne poulinière une taille de 1 mètre 52 centimètres, lorsque ces jumens seront suivies de leur poulain de l'année, provenant d'un étalon de race pure appartenant à l'administration ou approuvé. — Ordonn. royale 24 oct. 1840, art. 11. — Les diverses primes ci-dessus sont accordées, quand il y a lieu, par le ministre de l'agriculture et du commerce, sur la proposition des inspecteurs généraux. — *Ibid.*, art. 12.

21. — Indépendamment de ces divers encouragemens, dans chaque circonscription de haras ou dépôts, il est formé une commission de quatorze membres, qui est chargée d'examiner les progrès de l'élève des chevaux dans les différentes localités, et de présenter à ce sujet des observations qui sont transmises au ministre par le préfet. — Ordonn. royale, 10 déc. 1833, art. 14.

22. — Dans chaque département, les préfets soumettent au ministre, pour faire partie de cette commission, une liste de candidats choisis parmi les propriétaires ou cultivateurs qui s'occupent de l'élève des chevaux. — Art. 15. — Sont de droit présidens des commissions départementales les préfets des départemens dans lesquels sont situés les haras ou dépôts. — Les directeurs des haras ou dépôts assistent aux séances en qualité de commissaires du gouvernement. — Art. 16.

23. — Ces commissions ne peuvent délibérer que sur les points qui ont été spécifiés par le ministre et dont les préfets leur donnent connaissance. — *Ibid.*, art. 17. — Le ministre fixe l'époque et la durée des réunions. — *Ibid.*, art. 18.

24. — D'après le rapport de chaque commission, et sur la proposition du ministre, il est donné à titre de récompenses, suivant la nature et l'étendue des services rendus à cette branche de l'industrie agricole : 1° une belle poulinière; 2° un poulain ou une pouliche; 3° une médaille d'or ou d'argent. — *Ibid.*, art. 19 et 20.

25. — Le ministre de l'agriculture et du commerce assigne d'ailleurs des fonds pour les courses, et peut décerner des prix en concours public aux jumens de selle et de carrosse. Il arrête et publie les réglemens et instructions sur le régime des haras, les courses de chevaux et les primes d'encouragement. — Ordonn. royale du 24 oct. 1840, art. 13.

V. COURSES DE CHEVAUX.

HARDES.

V. LINGES ET HARDES.

HARENG.

1. — Tous les documens légaux concernant la pêche du hareng sont indiqués v° PÊCHE MARITIME.

2. — Les établissemens consacrés au saurage du hareng, eu égard à la mauvaise odeur qui s'en dégage, sont rangés dans la deuxième classe des établissemens insalubres. — V. ÉTABLISSEMENS INSALUBRES (nomenclature).

HARMONICAS (Facteurs d').

Facteurs d'harmonicas : patentables de huitième classe. Droit fixe, basé sur la population, et droit proportionnel du quarantième de la valeur locative de tous les locaux qu'ils occupent, mais seulement dans les communes de 20,000 ames et au-dessus. — V. PATENTE.

HARNAIS.

V. FORÊTS.

HARPES (Facteurs, marchands de) :

Facteurs et marchands de harpes, ayant boutique ou magasin; — facteurs n'ayant ni boutique ni magasin : — patentables, les premiers de troisième classe, et les derniers de sixième; — droit fixe basé sur la population, et droit proportionnel du vingtième de la valeur locative de l'habitation et des lieux servant à l'exercice de la profession. — V. PATENTE.

HARTS.

Pour lier les fagots et les trains de bois. — V. FORÊTS. — V. aussi BOUETTES (marchands de).

HASARD.

1. — Ce qui ne peut être prévu ou qui est incertain. — V. ACCIDENT, CAS FORTUIT.

2. — La découverte d'une chose par le pur effet du hasard est, dans certains cas, attributive de propriété. — C. civ., art. 716. — V. TRÉSOR.

3. — Le hasard peut faire l'objet d'une condition, laquelle prend alors le nom de *casuelle*. — C. civ., art. 1169. — V. CONDITION.

4. — Il peut également faire l'objet d'une convention. — C. civ., art. 1014 et 1964. — V. CONTRAT ALÉATOIRE.

5. — Le failli qui a consommé de fortes sommes à des opérations de pur hasard doit être déclaré banqueroutier simple. — C. comm., art. 585, n° 2. — V. BANQUEROUTE.

6. — Les jeux de hasard sont prohibés. — C. pén., art 410 et 475, n° 5. — V. JEU DE HASARD.

HAUSSE ET BAISSE DU PRIX DES DENRÉES ET MARCHANDISES.

Table alphabétique.

Accaparement, 3 s., 35 s.
Adjudication au rabais, 32.
Approvisionnement, 30.
Assurances, 27.
Auteurs dramatiques, 33.
Baisse, 37 s.
Bouchers, 30
Boulangers, 29.
Coalition, 12 s.
Commerce de bois, 18.
Copropriétaire, 16.
Denrées, 20.
Détenteur, 19. — de marchandises, 12 s.
Droit romain, 3 s.
Effets publics, 21, 42.
Entreprise de roulage, 23 s.
Etablissement collectif, 15 s.
— particulier, 31.
Fausse déclaration, 36.
Faux bruits, 2, 9 s.
Grains, 41.
Hausse, 37 s.
Intention, 9 s.
Interdiction de vendre, 28 s.
Jeux de bourse, 42.
Libre concurrence, 39.
Loi de 1791, 5 — de 1793, 5.
Marchandises, 20, 22 s.
Marchés à terme, 42.
Messageries, 23 s.
Moyens frauduleux, 2, 8 s., 34.
Paris, 42.
Pénalité, 40 s.
Préjudice, 34.
Réunion, 14 s.
Société, 15, 17.
Sur-offres, 2, 11.
Tentative, 38.

HAUSSE ET BAISSE DU PRIX DES DENRÉES ET MARCHANDISES. — 1. — La loi, après avoir, par les art. 414 et suiv., C. pén., puni les coalitions formées entre les maîtres contre les ouvriers, et celles formées entre les ouvriers contre les maîtres, dans le but d'amener la baisse des salaires ou d'en imposer l'augmentation (V. à cet égard v° COALITION ENTRE MAITRES ET ENTRE OUVRIERS), a eu en vue, par les art. 419 et suiv., d'empêcher les manœuvres de nature à introduire dans les négociations commerciales une concurrence déloyale et à faciliter des bénéfices fondés sur la ruine publique.

2. — En conséquence, l'art. 419 prononce des peines contre tous ceux qui, « par des faits faux ou calomnies semés à dessein dans le public, par des suroffres faites aux prix que demanderaient les vendeurs eux-mêmes, par réunion ou coalition entre les principaux détenteurs d'une même marchandise ou denrée, tendant à ne la pas vendre ou à ne la vendre qu'à un certain prix, ou qui, par des voies ou moyens frauduleux quelconques, auront opéré la hausse ou la baisse du prix des denrées ou marchandises, ou des papiers et effets publics au-dessus ou au-dessous des prix qu'aurait déterminés la concurrence naturelle et libre du commerce. »

3. — Déjà la loi romaine avait déclaré punissables ceux qui enchérissaient les denrées dans les marchés pour en faire augmenter le prix, et ceux qui gardaient et refusaient de vendre, pour les faire enchérir, les marchandises qu'ils avaient achetées. — L. 2, ff., *De lege Juliâ de annonâ*; L 6, ff., *De extraord. crim.*

4. — Dans l'ancien droit français, qui prononçait contre le monopole la peine de la confiscation des biens et du bannissement, on considérait comme monopole, entre autres faits analogues, le fait, par plusieurs marchands, de se rendre maîtres de toutes les marchandises d'une même espèce pour les vendre ensuite à un prix exorbitant : c'est ce que l'on désigne maintenant sous le nom d'*accaparement* (V. ACCAPAREMENT), et le fait, par des marchands, de convenir secrètement entre eux de ne vendre leurs marchandises que dans un certain temps et à un certain prix qu'ils ne pourraient diminuer. — V. Muyard de Vouglans, *Lois crim.*, p. 340 ; — Ord. 1355, art. 6 ; nov. 1508, art. 42 ; 20 juin 1539.

5. — La loi du 14 juin 1791, abolitive des corporations, prévit expressément les coalitions faites par les citoyens pour refuser, dans certains cas, le secours de leur industrie et de leurs travaux, mais non les manœuvres qui avaient pour but une spéculation exercée sur une marchandise, telle que l'accaparement. Cette lacune fut comblée par la loi du 26 juillet 1793, qui prononça la peine de mort contre « ceux qui déroberaient à la circulation des marchandises ou denrées de première nécessité qu'ils achèteraient et tiendraient renfermées dans un lieu quelconque, sans les mettre en vente journellement et publiquement. »

6. — C'est dans les lois de 1791 et 1793 que se trouve le principe de l'art. 419, C. pén., dont il nous reste à expliquer les dispositions.

7. — Le délit prévu par l'art. 419 se compose de deux élémens essentiellement distincts : les moyens frauduleux à l'aide desquels s'opère la hausse ou la baisse des marchandises ou des effets publics, et le résultat atteint par ces moyens, l'événement de cette hausse et de cette baisse.

8. — Quant *aux moyens*, l'article en indique trois principaux ; ce sont : bruits faux et calomnieux semés à dessein dans le public, les suroffres faites au prix demandé par le vendeur, les réunions ou coalitions entre les principaux détenteurs d'une même marchandise ou denrée ; mais cette indication est purement énonciative, ainsi qu'il résulte des mots qui la suivent : *ou qui, par des voies ou moyens frauduleux quelconques.* »

9. — L'élément du délit, qui consiste à avoir semé *à dessein* dans le public des bruits faux ou calomnieux, n'existe qu'autant que les bruits ont été répandus par l'agent avec intention frauduleuse. Il ne suffirait pas qu'après les avoir semés sans intention, il voulût profiter plus tard de la hausse ou de la baisse qu'ils auraient amenée. — Chauveau et Hélie, *Th. Code pén.*, p. 488. — On comprend, au surplus, que les juges ont plein pouvoir pour apprécier la question d'intention.

10. — Il résulte des motifs d'un arrêt de la cour de Cassation du 17 janv. 1818 (Desmortreux) que celui qui allègue publiquement avoir vendu un sac de grains plus cher qu'il ne l'a vendu réellement, avec le dessein de faire hausser cette marchandise, commet le délit prévu par l'art. 419.

11. — Quant *aux suroffres faites aux prix demandés par les vendeurs eux-mêmes*, elles ne constituent également un élément de délit qu'autant qu'elles ont eu lieu avec intention d'opérer la hausse. — Mêmes auteurs.

12. — Le troisième moyen de perpétration, consistant dans les *réunions ou coalitions entre les principaux détenteurs d'une marchandise ou denrée, tendant à ne pas la vendre ou à ne la vendre qu'à un certain prix*, a donné, dans son appréciation, naissance à plusieurs difficultés assez graves.

13. — Une première observation à faire, c'est que, pour l'existence du délit, il suffit qu'il y ait eu coalition dans le but indiqué par la loi, indépendamment des voies et moyens frauduleux quelconques. — *Trib. de la Seine*, 8 mars 1839, sous *Paris*, 16 mai 1839 (t. 1er 1839, p. 648), messag. royales c. messag. françaises.

14. — Une seconde observation, c'est que la simple réunion, même sans convention expresse, des détenteurs d'une même marchandise, agissant simultanément et dans le même but, suffit pour caractériser le délit, pourvu qu'ils procèdent sciemment et avec connaissance de leur concours mutuel. — Goujet et Merger, *Dict. dr. comm.*, v° *Coalition*, n° 22 ; Chauveau et Hélie, *loc. cit.*

15. — Mais comme il s'agit, dans les prévisions de la loi, d'une manœuvre *collective* destinée à forcer les consommateurs de subir la loi de plusieurs industriels coalisés, et non d'un acte individuel, il est évident qu'un seul établissement, quelque nombreux qu'en soient les copropriétaires, ne peut commettre le délit de coalition. — En effet, quelles que puissent être les conventions intervenues entre ces copropriétaires, la concurrence n'en continue pas moins de subsister.

16. — ... Et il a été jugé avec raison que la convention par laquelle les propriétaires d'une usine, après avoir réglé qu'ils en jouiraient l'un et l'autre alternativement, déterminent un prix au-dessous duquel ils s'engagent à ne pas faire les travaux de manufacture que leur usine a pour objet, ne porte atteinte ni à la liberté du commerce, ni aux lois qui prohibent les coalitions entre les détenteurs d'une même marchandise. — *Cass.*, 4 janv. 1842 (t. 2 1843, p. 86), Marrot c. Desbeaux.

17. — Jugé de même qu'une coalition ne pouvant se former qu'entre plusieurs personnes, et une société commerciale ne formant légalement, quel que soit le nombre des membres qui la composent, qu'une seule personne morale, il en résulte que les membres d'une pareille société qui, par la réunion de leurs capitaux et de leur industrie, amènent la baisse du prix des marchandises, même excessive, ne se rendent pas coupables du délit de coalition dans le sens de la loi. — *Cass.*, 26 janv. 1838 (t. 1er 1838, p. 258), Duroux c. Bimar ; *Toulouse*, 13 juin 1837 (t. 2 1837, p. 206), mêmes parties.

18. — Il a été jugé que l'association entre plusieurs marchands de bois dans le seul but d'acheter les bois qui sont offerts à la libre concurrence du commerce, ne constitue pas non plus une coalition, surtout s'il reste sur la place, entre les mains des autres marchands de bois, une quantité au moins égale à celle acquise par l'association. — *Trib. Paris*, 20 juillet 1842 ; *Paris*, 27 août 1842, Gally (*Gaz. des Trib.*, 21 juill. et 28 août 1842).

19. — Bien que la loi parle de la réunion ou coalition *des principaux détenteurs* d'une marchandise, il est évident qu'à plus forte raison la coalition *de tous les détenteurs* rentrerait dans ses prévisions. — De même, l'expression *détenteurs* comprend les fabricans aussi bien que les marchands qui débitent la marchandise ; car le fabricant est le premier détenteur de la marchandise qu'il a créée pour la vendre. — Ces deux points ont été consacrés par un arrêt de la cour de Cassation. — *Cass.*, 31 août 1838 (t. 2 1838, p. 391), Mille et autres, fabricans de soude de Marseille. — V. aussi Chauveau et Hélie, *loc. cit.*

20. — Le mot *denrées*, dans son acception légale, signifie tout ce qui sert à la nourriture et à l'entretien des hommes et des animaux. — *Cass.*, 19 avr. 1834, Lassus et Mora.

21. — Quant à la signification du mot *effets publics*, V. EFFETS PUBLICS.

22. — Mais on s'est demandé quel est le sens du mot *marchandises* écrit dans l'art. 419, C. pén. ; on a recherché si ce mot s'applique exclusivement aux choses mobilières susceptibles d'être achetées ou vendues, et qui se comptent, se pèsent ou se mesurent, ou s'il n'est également applicable à tout ce qui, étant l'objet des spéculations du commerce, a un prix courant habituellement déterminé par la libre et naturelle concurrence que la loi a eu pour objet de protéger.

23. — La question s'est élevée notamment au sujet de certaines coalitions organisées entre des entrepreneurs de roulage ou de messageries. Par un premier arrêt du 29 août 1833 (rapporté sous l'arr. de *Cass.* du 1er fév. 1834, Durand c. Levainville), la cour de Paris, a posé en principe qu'une industrie, et spécialement une entreprise de roulage, est considérée comme une marchandise dans le sens de l'art. 419, C. pén., en telle sorte que l'association de la part de presque tous les commissionnaires de roulage d'une ville, dans le but d'exclure du transport des marchandises toute personne qui ne ferait pas partie de l'association, constitue la coalition prévue par le susdit article du Code pénal.

24. — Puis les cours d'Amiens et de Cassation décidèrent que, si quelques entrepreneurs de messageries se coalisent ou se réunissent ou pratiquent des manœuvres frauduleuses pour opérer la hausse ou la baisse du prix des places des personnes ou du transport des marchandises sur une route déterminée, ou au-dessous des prix qui seraient résultés de la libre et naturelle concurrence, ils commettent l'infraction prévue par l'art. 419. — *Amiens*, 4 juill. 1836, sous *Cass.* 9 déc. 1836 (t. 1er 1837, p. 623). Messageries c. Guérin.

25. — Cette jurisprudence a été depuis confirmée 1° par un arrêt de la cour de Cassation qui, en rejetant le pourvoi dirigé contre une décision rendue en sens contraire par la cour de Toulouse le 13 juin 1837, se termine par ces mots : « Sans approuver le motif de l'arrêt attaqué pris de ce que l'art. 419, C. pén., ne serait pas applicable à ceux qui opèrent la hausse ou la baisse des transports. » (*Cass.*, 26 janv. 1838 (t. 1er 1838, p. 258), Duroux c. Bimar) ; — 2° par un autre arrêt plus récent de la même cour qui a posé en thèse, en cassant un arrêt de la cour de Paris du 16 mai 1839 (t. 1er 1839, p. 648) : « Que les dispositions de l'art. 419 s'appliquent à tout ce qui, étant l'objet des spéculations du commerce, a un prix habituellement déterminé par la libre et naturelle concurrence du trafic dont il s'agit, et qu'elles ne sont pas limitées aux marchandises corporelles... que l'usage des transports étant la marchandise objet du commerce des messagistes, des voituriers ou des entrepreneurs de transports, l'art. 419 s'applique donc aux personnes qui exploitent ces entreprises quand la hausse ou la baisse du prix de ces transports est opérée par les moyens et de la manière qu'il prévoit. » — *Cass.*, 9 août 1839 (t. 2 1839, p. 297), messageries françaises c. messageries royales. — V. sous ce dernier arrêt le rapport de M. le conseiller Rives. — V. dans le même sens *Lyon*, 24 déc. 1839 (t. 1er 1840, p. 17), mêmes parties ; — Chauveau et Hélie, p. 490.

26. — Ainsi, d'après les principes qui résultent de cette jurisprudence, tous les spéculateurs compris dans l'art. 632, C. comm., sont passibles des peines portées par l'art. 419 lorsqu'ils se coalisent pour ruiner une concurrence qui leur serait préjudiciable.

27. — Et il a été jugé, par application du même principe, qu'en matière d'assurance, les obligations des polices d'assurances constituant la marchandise objet du commerce des assureurs, l'art. 419 C. pén. s'applique aux personnes qui exploitent les entreprises d'assurances, lorsque la hausse ou la baisse du taux des assurances est opérée par les moyens et de la manière qu'il prévoit et spécifie. Et que spécialement, sont passibles des peines portées par cet article les assureurs maritimes qui font entre eux un accord pour fixer, chaque mois, le minimum du taux des primes d'assurances. — *Cass.*, 16 mai 1845 (t. 2 1845, p. 223), Adam et Mestre.

28. — Jugé encore qu'il y a coalition punissable et non pas seulement association défensive de la part des fabricans de soude d'une même place qui s'interdisent de vendre leurs produits autrement que par l'intervention d'un consignataire unique et exclusif, et à des prix déterminés au dessus de ceux qui seraient résultés de la concurrence libre et naturelle du commerce. — *Cass.*, 31 août 1838 (t. 2 1838, p. 391), Mille.

29. — Il y a également *coalition* dans le sens de l'art. 419 de la part des boulangers d'une ville qui s'engagent avec clause pénale à ne fournir qu'une certaine quantité de pain par chaque quantité de farine qui leur sera livrée par leurs pratiques. — *Cass.*, 29 mai 1840 (t. 2 1840, p. 585), Hourdault.

30. — .... Ou dans la convention en vertu de laquelle les bouchers d'une ville cessent de s'approvisionner de viande tant que la taxe n'en aura pas été élevée par l'autorité municipale, cette convention amenant ainsi une augmentation forcée. — *Cass.*, 8 juill. 1841 (t. 3 1844, suppl.), bouchers d'Avignon.

31. — Peu importe au surplus que la coalition n'ait pas pour conséquence une baisse ou une hausse *générale* sur le prix d'une marchandise,

et qu'elle n'ait été dirigée et n'ait atteint ce résultat que vis-à-vis *d'un seul établissement particulier.* — *Cass.*, 7 janv. 1837 (t. 1er 1837, p. 135), Baraton.

32. — Mais la convention par laquelle plusieurs individus s'entendent pour soumissionner dans une adjudication au rabais à un taux déterminé, et pour permettre seulement à l'un d'eux de proposer un prix inférieur, n'a pas les caractères constitutifs de la coalition. Ce fait, d'ailleurs, constitue un délit spécial. — V. ENTRAVES A LA LIBERTÉ DES ENCHÈRES, n° 12.

33. — De même on ne retrouve pas les caractères de la coalition punissable dans l'association par laquelle des auteurs se réunissent pour assurer leurs droits vis-à-vis des administrations théâtrales ou toutes autres, et s'engagent à ne faire représenter aucuns de leurs ouvrages sur un théâtre qui n'aurait pas traité avec leur société. — *Paris*, 7 nov. 1843 (t. 3 1844, à sa date), Delestre-Poirson c. Société des auteurs dramatiques.

34. — Indépendamment de la publication des faits faux, des suroffres et des coalitions, l'art. 419 incrimine encore *l'emploi de voies ou moyens frauduleux quelconques* pour produire la hausse ou la baisse, c'est aux magistrats qu'il appartient d'apprécier et de constater les faits de fraude.

35. — Au nombre de ces moyens on peut citer les accaparemens. « Vous savez, disait M. Louvet, rapporteur du corps législatif, combien les accaparemens, les jeux à la hausse et à la baisse, dangereux dans tous les temps, peuvent le devenir plus particulièrement au milieu de circonstances données, quand le corps politique est menacé de quelques secousses ou seulement de quelques embarras. — Eh bien, ces manœuvres de la cupidité, de l'intrigue et quelquefois de la haine contre le gouvernement et la patrie ne sont pas oubliés dans le projet, etc., etc. »

36. — Il résulte d'un arrêt de la cour de Cassation que le fait par un fermier d'avoir, lors du recensement des grains, produit une fausse déclaration dans le but d'en soustraire une certaine quantité à la connaissance de l'autorité, par l'effet de combinaisons d'une cupidité répréhensible, peut constituer le délit prévu par l'art. 419, si la hausse ou la baisse en a été la conséquence. — *Cass.*, 24 déc. 1812, Cousin.

37. — Le deuxième élément du délit consiste dans la *hausse ou la baisse du prix des denrées ou marchandises ou des papiers et effets publics, au-dessus ou au dessous des prix qu'aurait déterminés la concurrence naturelle et libre du commerce.* Il faut donc pour que le délit existe que la hausse ou la baisse ait été opérée.

38. — C'est ce que la cour de Cassation a formellement reconnu en jugeant dès-lors qu'en pareille matière la simple tentative n'équivaut pas au délit consommé. — *Cass.*, 24 déc. 1812, Cousin; 17 janv. 1818, Desmortreux; 1er fév. 1834, Durand c. Levainville; 29 mai 1840, (t. 2 1840, p. 585), Hourdault; — Merlin, *Rép.*, v° *Tentative*, n° 4; Chauveau et Hélie, t. 7, p. 500, t. 2, p. 57; Legraverend, t. 1er, p. 119, n° 4; Carnot, t. 2, p. 420, n° 8.

39. — « *La libre concurrence*, disent MM. Chauveau et Hélie (*Th. C. pén.*, t. 7, p. 502) est celle qui s'exerce par le travail et sans fraude; dès qu'elle emploie des manœuvres frauduleuses, ce n'est plus une concurrence, c'est un monopole. L'intérêt de la liberté de l'industrie en exige la répression. » — V. aussi Wolowski, *Revue de législation*, 1839, t. 2, p. 369.

40. — Le délit prévu par l'art. 419 entraîne contre ceux qui en sont déclarés coupables la peine de l'emprisonnement d'un mois à un an et d'une amende de 500 fr. à 1000 fr. — En outre l'art. 419 ajoute que « les coupables *pourront*, de plus, être mis par l'arrêt ou le jugement sous la surveillance de la haute police pendant deux ans au moins et cinq ans au plus. »

41. — La loi considère le délit comme plus grave s'il a eu pour objet les substances alimentaires de première nécessité, et spécialement le commerce des grains qui a toujours préoccupé le législateur (V. GRAINS). Aussi l'art. 420 porte-t-il que: « La peine sera d'un emprisonnement de deux mois au moins et de deux ans au plus, et d'une amende de 1000 à 20,000 fr. Si les manœuvres ont été pratiquées sur des grains, grenailles, farines, substances farineuses, pain, vin, ou toute autre boisson, et que la mise en surveillance qui sera prononcée sera de cinq ans au moins et de dix ans au plus.

42. — L'art. 421 C. pén., punit les paris qui seraient faits sur la hausse et la baisse des effets publics. — Il en sera traité, v^is PARI, JEUX DE BOURSE, MARCHÉS A TERME.

HAUTE COUR.

Table alphabétique.

Accusateur national, 46, 50, 60, 70.
Acquittement, 120.
Acte d'accusation, 52, 111 s.
Agent du pouvoir, 29.
Amende, 21.
Archichancelier, 96.
Attentat, 88.
Capitaine général, 90.
Cassation, 39, 75.
Commis, 81.
Commissaire du pouvoir exécutif, 60. — du roi, 28.
Commission rogatoire, 34, 71.
Compétence, 11, 29, 43 s., 85, 87 s., 100, 126.
Complot contre la sûreté de l'état, 29.
Composition, 46, 95.
Concussion, 92.
Condamnation afflictive, 121. — infamante, 121.
Conseiller à la cour de Cassation, 93. — d'état, 87, 89, 101.
Consulat, 84.
Contumace, 78.
Convocation, 53, 67.
Corps législatif, 11 s., 101.
Cour impériale, 93. — de justice criminelle, 93.
Débat, 118.
Décret d'accusation, 12 s.
Défenseur, 117. — d'office, 117.
Dénonciation, 101, 104 s.
Dépenses du greffe, 81.
Dépôt aux archives, 77.
Désobéissance, 91.
Détention arbitraire, 94.
Dilapidation, 92.
Dommages-intérêts, 119.
Droits de citoyen, 21.
Emprisonnement, 59.
Excuse, 18 s., 31, 35, 58 s.
Exécution, 121.
Famille impériale, 87.
Forfaiture, 29, 93.
Formation du jury, 28.
Frais, 122, 124. — de greffe, 82 s.
Général, 90 s.
Grand dignitaire, 87. — juge, 9, 16 — officier, 87.
Greffier, 61, 81, 98.
Haut-juge, 9.
— juré, 17 s., 22 s., 26 s., 31, 35, 46 s, 55, 79. — adjoint, 56 s. — suppléant, 23, 56.
Haute cour, 46. — impériale, 86 s. — de justice, 43 s. — nationale, 7 s.
Historique, 2 s.
Huissier, 61, 81, 123.
Indemnité, 27, 79 s.
Indication de témoins, 33, 68 s.
Instruction, 16, 100.
Inventaire des pièces, 77.
Juge, 46, 48, 79. — suppléant, 49.
Jugement, 118.
Lieu de réunion, 15, 45.
Mandat d'arrêt, 114.
Message, 104.
Ministère public, 99.
Ministre, 29, 85, 87, 89, 101.
Nombre de juges, 116. — de voix, 73, 118.
Organisation, 9 s., 32.
Pénalité, 119.
Poursuite, 99.
Préfet, 90, 92.
Président, 96.
Prévarication, 90.
Prise à partie, 93.
Procédure, 28, 32 s., 51 s., 62, 72, 74, 103, 107 s., 115.
Procureur général, 97. — syndic, 31.
Publicité, 118.
Recours, 121.
Recouvrement, 124.
Récusation, 24 s., 36 s., 68 s., 96, 116.
Renvoi, 100.
Responsabilité d'office, 89.
Sanction royale, 14.
Secrétaire d'état, 87.
Sénat, 95.
Sénateur, 87.
Séparation des membres de la haute cour, 76.
Surveillance, 120.
Taxe, 122.
Témoin, 71, 80.
Tribunal, 97. — criminel extraordinaire, 41. — révolutionnaire, 41 s.
Violation de la liberté de la presse, 94.

HAUTE-COUR. — 1. — Juridiction exceptionnelle instituée pour réprimer les attentats contre l'ordre politique.

2. — Tous les gouvernemens qui se sont succédé en France depuis 1789 ont reconnu la nécessité de constituer une juridiction tout exceptionnelle chargée de veiller au maintien de l'établissement politique.

3. — C'est à cette juridiction spéciale qu'il convient d'appliquer la qualification de *haute cour*, bien qu'elle ne lui ait pas été officiellement donnée à toutes les époques, et que notamment sous le régime actuel elle ne porte pas ce nom.

4. — De même que le nom, la composition et les attributions de cette juridiction particulière offrent des dissemblances, et il convient en conséquence de distinguer cinq périodes bien distinctes, savoir: 1° la période des *assemblées constituante et législative*, où fut établie la *haute-cour nationale*; — 2° la période de la *convention nationale* où fonctionne le *tribunal* révolutionnaire; — 3° la période du *directoire et du consulat*, ou de *la haute-cour de justice*; — 4° la période de *l'empire* ou de *la haute-cour impériale*; — 5° Enfin la période du *gouvernement constitutionnel*, ou de la *cour des pairs*.

5. — Mais si ces diverses juridictions se distinguent entre elles par des différences quelquefois importantes, elles présentent ce caractère commun et propre à elles seules, qu'elles ont toujours constitué un tribunal unique pour toute la France.

6. — C'est ce caractère particulier qui ne permet pas de les confondre avec les diverses juridictions spéciales qui ont existé à plusieurs époques sous le titre de commissions extraordinaires, cours prévôtales ou autres dénominations. — V. TRIBUNAUX SPÉCIAUX, TRIBUNAUX D'EXCEPTION.

§ 1. — *Haute cour nationale (Assemblées constituante et législative)* (n° 7).

§ 2. — *Tribunal révolutionnaire (Convention nationale)* (n° 41).

§ 3. — *Haute cour de justice (Directoire et Consulat)* (n° 43).

§ 4. — *Haute cour impériale (Empire)* (n° 86).

§ 5. — *Cour des pairs (Gouvernement constitutionnel)* (n° 127).

§ 1er. — *Haute-cour nationale (Assemblées constituante et législative).*

7. — La création d'une haute-cour nationale avait été arrêtée en principe par l'assemblée constituante, dans le décret du 9 nov. 1790; et le décret du 15 mars 1791, sur l'organisation des corps administratifs, faisait même mention expresse dans son article 78 du droit qu'avait le corps législatif de renvoyer devant la haute-cour nationale les ministres et autres agens du pouvoir.

8. — Néanmoins ce ne fut que par le décret du 10 mai 1791, que la haute-cour nationale fut instituée et organisée.

9. — La haute-cour dut être composé d'un haut-jury et de quatre grands-juges chargés de diriger l'instruction et d'appliquer la loi après la décision du jury sur le fait. — Décr. 10 mai 1791, art. 1er.

10. — Lors des élections pour le renouvellement d'une législature, les électeurs de chaque département, après avoir nommé les représentans au corps législatif, devaient élire au scrutin secret et à la pluralité absolue des suffrages deux citoyens ayant les qualités nécessaires pour être députés au corps législatif, lesquels demeuraient inscrits sur le tableau du haut-jury pendant tout le cours de la législature. — Même décret, art. 2. — Chaque nouvelle législature devait, après avoir vérifié les pouvoirs de ses membres, dresser la liste des jurés élus par chaque département et la faire publier.

11. — La haute-cour nationale connaissait de tous les crimes et délits dont le corps législatif pouvait se porter accusateur. — Même décret, art. 4. — Les art. 7, 8, 9 et 10 prescrivaient la marche à suivre en pareil cas par le corps législatif.

12. — La haute-cour ne pouvait se former que quand le corps législatif avait porté un décret d'accusation. — Même décret, art. 5. — A cet effet le corps législatif devait, en même temps qu'il se rendait accusateur, faire une proclamation solennelle à l'effet d'annoncer la formation de la haute-cour nationale. — Même décret, art. 10.

13. — En même temps, le corps législatif faisait rédiger l'acte d'accusation de la manière la plus claire et la plus formelle; il nommait deux de ses membres qui, sous le titre de grands procurateurs de la nation, étaient chargés de faire auprès de la haute-cour nationale la poursuite de l'accusation. — Même décret, art. 10.

14. — Le décret du corps législatif portant accusation n'avait pas besoin de la sanction royale, et impliquait prise de corps contre le prévenu. — Même décret, art. 7 et 8.

15. — Par une précaution fort sage, la haute-cour nationale ne pouvait se réunir qu'à une distance de quinze lieues au moins du lieu où la législature tenait sa séance; le corps législatif devait indiquer la ville où la haute-cour nationale devait s'assembler. — Même décret, art. 6. — En fait elle siégea à Orléans.

16. — Les quatre grands-juges présidant à l'instruction étaient pris parmi les membres du tribunal de cassation; en présence de deux commissaires que le roi était prié d'y envoyer, il devait être procédé au tirage au sort de leurs noms dans la salle où la législature tenait publiquement ses séances. — La présidence devait appartenir au plus ancien d'âge. — Même décret, art. 11.

17. — Les mêmes formalités devaient être observées pour la désignation de vingt-quatre hauts-jurés, nombre nécessaire pour le jugement, et de six hauts-jurés supplémentaires pris sur la liste dressée, ainsi qu'il a été dit ci-dessus. — V. *suprà* n° 10.

18. — Les hauts-jurés nommés par chacun des départemens pour être inscrits sur la liste générale, ne pouvaient proposer aucune excuse pour se dispenser d'être inscrits sur cette liste. — Même décret, art. 14.

19. — Toutefois, et après que la proclamation

du corps législatif avait fait connaître la formation d'une haute-cour nationale, ceux des hauts jurés inscrits sur la liste pouvaient, avant le tirage, faire parvenir avec les pièces à l'appui leurs demandes à fin d'excuses pour causes légitimes; l'appréciation de ces excuses était soumise aux grands-juges, et si elles étaient jugées légitimes, les noms des hauts-jurés excusés étaient pour cette fois retirés de la liste. — Même décret, art. 15 et 16.

20. — Mais, après que le haut-jury avait été déterminé, il n'y avait plus lieu, pour ceux qui devaient le composer, à proposer d'excuses, si ce n'est pour cause d'impossibilité physique, telle qu'une maladie grave, constatée par un rapport de médecin, et certifiée par le procureur général syndic du département, ou le procureur syndic du district, ou le procureur de la commune, suivant le domicile du citoyen. — Même décret, art. 17.

21. — Les hauts-jurés convoqués et qui n'avaient pas proposé d'excuses, ou dont les excuses avaient été rejetées, ne pouvaient se dispenser de se rendre au lieu désigné sous peine d'une amende égale aux contributions directes, tant foncière que personnelle, auxquelles il était imposé pour l'année, et d'être déchu pour six ans des droits de citoyen actif. — Même décret, art. 18.

22. — Quiconque avait rempli une fois les fonctions de haut-juré ne pouvait plus les remplir pendant le reste de sa vie; son nom était retiré de la liste, et on ne pouvait plus l'élire pour cette fonction. — Même décret, art. 19.

23. — Lorsqu'un ou plusieurs des hauts-jurés ne pouvaient, à raison de maladie, remplir leurs fonctions, ils devaient être suppléés par un ou plusieurs des six hauts-jurés suppléans, suivant leur ordre de désignation par le sort; et les adjoints ainsi entrés dans le haut-jury, par des jurés ordinaires pris au sort sur la liste du département, siége de la haute-cour nationale. — Même décret, art. 20.

24. — Les accusés devaient avoir quinze jours pour déclarer leurs récusations, pour lesquelles ils n'avaient pas besoin de donner de motifs; leur droit de récusation était en outre double de celui accordé à l'égard des jurés ordinaires. — Même décret, art. 22.

25. — Les grands procurateurs de la nation devaient au contraire faire connaître les motifs de leurs récusations; les grands-juges statuaient sur l'admissibilité de ces récusations. — Même décret, art. 23.

26. — Aussitôt les récusations proposées et le jury déterminé, les grands-juges devaient faire convoquer, au moyen de mandemens notifiés par l'entremise des procureurs généraux syndics de département, les trente hauts-jurés; et ceux-ci étaient tenus, dans la quinzaine de la notification, de se rendre dans la ville qui leur était déterminée. — Même décret, art. 24 et 25.

27. — Les hauts-jurés convoqués, attendu la nature de ce jury composé de membres appelés de toutes les parties du royaume, devaient à ce titre recevoir la même indemnité que la constitution accordait aux membres du corps législatif. — Même décret, art. 28.

28. — La forme de composer le jury et de procéder en matière ordinaire devait, au surplus, être suivie pour la formation du haut jury. — Les fonctions de commissaire du roi près la haute-cour étaient, quant à l'instruction et au jugement, confiées au commissaire du roi près le tribunal du district du lieu, siége de la haute-cour, dans la même étendue qu'auprès du tribunal criminel ordinaire. — Même décret, art. 26 et 27.

29. — La constitution du 3 sept. 1791 détermina que le droit d'accusation devant la haute cour nationale s'appliquerait: 1° à la responsabilité des ministres et autres agens principaux du pouvoir (tit. 3, chap. 3, sect. 3e, art. 1er); — 2° aux attentats, complots contre la sûreté générale de l'état ou contre la constitution (*ibid.*); — 3° aux faits de forfaiture imputés aux juges (tit. 3, chap. 5, art. 27). — La constitution de 1791 ne modifiait du reste en rien la composition de la haute-cour nationale.

30. — La formation de la haute cour nationale éprouva quelques retards par suite de la résistance du pouvoir royal, et ce fut pour activer sa mise en activité et accélérer ses fonctions qu'intervinrent successivement les décrets des 9 janv. et 29 mai 1792.

31. — Par un décret du 14 août 1792, les procureurs généraux syndics des départemens furent, attendu l'urgence des circonstances et tant que la patrie serait en danger, exemptés des fonctions de hauts-jurés.

32. — Le décret du 25 août 1792 vint introduire des règles nouvelles tant sur la procédure à suivre devant la haute-cour nationale que sur l'organisation même de cette cour. — L'abréviation des délais pour arriver à un jugement aussi prompt que possible paraît avoir été la pensée principale des réformes introduites.

33. — Ainsi les accusés étaient tenus par requête séparée ou réunie d'indiquer dans les trois jours qui suivaient leur interrogatoire les témoins qu'ils désiraient faire entendre. — Faute par eux d'avoir présenté leur requête dans ce délai, il ne pouvait leur en être accordé un nouveau. — Décret du 25 août 1792, art. 1er, 2 et 3.

34. — Les témoins pouvaient être entendus par l'un des grands-juges commis à cet effet par le tribunal. — Des commissions rogatoires pouvaient en outre être adressées aux tribunaux criminels et aux directeurs de jurys pour recevoir les déclarations des témoins non domiciliés dans l'étendue du département, siége de la haute-cour. — Même décret, art. 4 et 5.

35. — Si la liste des hauts-jurés se trouvait épuisée, elle pouvait être reprise pour la formation des tableaux subséquens, sans que le haut-juré déjà appelé une première fois à siéger pût s'excuser par ce motif. — Même décret, art. 6.

36. — Immédiatement après le premier interrogatoire, le tableau général des jurés devait être présenté à l'accusé, lequel était tenu dans les vingt-quatre heures suivantes de désigner les quarante jurés que la loi lui permettait de récuser, sans en expliquer les motifs. — Même décret, art. 7.

37. — Les noms des hauts-jurés ainsi récusés étaient exclus du tirage au sort; il était procédé à la formation du tableau dans les vingt-quatre heures suivantes; l'accusé était seulement admis à proposer des récusations contre les jurés inscrits sur ce tableau. — Même décret, art. 8.

38. — L'accusé n'avait plus qu'un délai de vingt-quatre heures pour préparer ses récusations; délai qui devait courir du moment où le tableau lui avait été notifié; de son côté le tribunal devait statuer sur l'admissibilité des moyens de récusation dans les vingt-quatre heures. — Même décret, art. 9.

39. — Les jugemens de la haute-cour nationale n'étaient pas susceptibles d'être attaqués par la voie du recours en cassation. — Décret 29 août 1792.

40. — Le décret du 25 août 1792 avait aussi prescrit de nouvelles assemblées électorales pour la formation d'une liste nouvelle de hauts-jurés; mais cette résolution n'eut pas de suite. Un mois après, la convention nationale qui siégeait depuis quatre jours seulement, déclarait en effet la haute-cour nationale supprimée. — Décret 25 sept. 1792.

§ 2. — *Tribunal révolutionnaire (Convention nationale).*

41. — A la haute-cour nationale succéda le *tribunal criminel extraordinaire*, appelé plus tard *tribunal révolutionnaire.*

42. — De nombreuses dispositions législatives modifièrent successivement l'organisation de ce tribunal qui, institué par le décret des 10-27 mars 1793, fut supprimé par le décret du 12 prair. an III. — V. TRIBUNAL RÉVOLUTIONNAIRE.

§ 3. — *Haute-cour de justice* (*Directoire et Consulat*).

43. — La constitution du 5 fructid. an III, qui établissait en France le gouvernement directorial, statua qu'il y aurait une haute-cour de justice pour juger les accusations admises par le corps législatif, soit contre ses propres membres, soit contre ceux du directoire exécutif. — Constitution du 5 fructid. an III, art. 265. — La loi du 24 messid. an IV étendit aux complices d'un membre de la représentation nationale ou du directoire la compétence de la haute-cour de justice.

44. — Cette juridiction offrait de nombreuses analogies avec la haute cour nationale qu'avait instituée l'assemblée constituante. Comme elle, elle n'avait pas d'existence permanente, et ne pouvait se former qu'en vertu d'une proclamation du corps législatif, rédigée et publiée par le conseil des cinq-cents. — Constit. du 5 fructid. an III, art. 267.

45. — Elle ne pouvait également se former et tenir ses séances que dans le lieu désigné par la proclamation du conseil des cinq-cents: ce lieu ne pouvait être plus près de douze myriamètres (c'est-à-dire trente lieues, distance double de celle établie à l'égard de la haute cour nationale [V. *suprà* n° 15]) du lieu où siégeait le corps législatif. — Même constitution, art. 268.

46. — La haute-cour se composait de cinq juges et de deux accusateurs nationaux tirés du tribunal de cassation, et de hauts-jurés nommés par les assemblées électorales des départemens. — Constit. 5 fructid. an III, art. 266.

47. — Les hauts-jurés étaient désignés, chaque année, par les assemblées électorales, et le directoire exécutif devait, un mois après l'époque des élections, en faire imprimer et publier la liste. — Même constit., art. 272 et 273.

48. — Lorsque le corps législatif avait proclamé la formation de la haute cour de justice, le tribunal de cassation tirait au sort quinze de ses membres dans une séance publique; il nommait de suite, dans la même séance, par la voie du scrutin secret, cinq de ces quinze membres; les cinq juges ainsi nommés devenaient les juges de la haute-cour de justice; ils choisissaient parmi eux leur président. — Même constit., art. 269.

49. — Plus tard, la loi du 11 pluv. an V prescrivit que le tribunal de cassation désignerait en outre deux juges suppléans chargés de remplacer les juges titulaires absens ou empêchés.

50. — Dans la même séance où il nommait les juges de la haute cour de justice, le tribunal de cassation nommait encore par scrutin, à la majorité absolue, deux de ses membres pour remplir à la haute-cour de justice les fonctions d'accusateurs nationaux. — Constit. 5 fructid. an III, art. 270.

51. — Il n'entre pas dans notre plan d'exposer ici quelle procédure était à suivre pour la mise en jugement devant la haute-cour de justice. Nous nous bornerons à remarquer que c'était le conseil des cinq-cents qui était appelé à délibérer le premier sur la mise en jugement, et qui était chargé de dresser et rédiger les actes d'accusation; mais que le conseil des anciens devait, si le corps législatif pensait qu'il y eût lieu à poursuites, statuer sur la mise en accusation qui saisissait la haute-cour de justice. — Même constit., art. 116 et suiv., 271.

52. — Le président et les secrétaires du conseil des cinq-cents devaient adresser en son nom à la haute-cour de justice les actes d'accusation et les pièces dont ils étaient tenus de dresser inventaire coté et paraphé. — L. 20 thermid. an IV, art. 29.

53. — Ils devaient également transmettre au tribunal de cassation et aux administrations centrales de chaque département la proclamation du corps législatif pour la convocation de la haute cour de justice, proclamation que les administrations centrales devaient faire publier et afficher sans délai. — Même loi, art. 29 et 30.

54. — Immédiatement après la réception de la proclamation du corps législatif, le tribunal de cassation devait exécuter les art. 269 et 270 de la constitution de l'an III (V. *suprà* n°s 48 et 50). — Même loi, art. 32.

55. — Le haut-jury devait être composé de seize membres (différence en moins du haut-jury de la haute-cour nationale (V. *suprà* n° 17). — L. 20 thermid. an IV, art. 1er.

56. — De plus, on devait tirer sur la liste, et au sort, quatre hauts-jurés pour servir d'adjoints, et en outre quatre hauts jurés dits suppléans, pour se rendre auprès de la haute-cour de justice. — Même loi, art. 2 et 3.

57. — Les hauts-jurés adjoints étaient appelés à siéger dans le sens et selon les formes déterminées alors par les lois sur le jury. — V. JURY. — L. 20 thermid. an IV, art. 2. — S'il manquait des hauts-jurés au jour indiqué, ils étaient remplacés par des adjoints, suivant leur ordre de nomination par le sort, et ceux-ci par les suppléans, d'après les mêmes règles. — Même loi, art. 8.

58. — Les art. 4, 5 et 6 sur le droit pour tout haut-juré de proposer des excuses, soit avant la détermination du haut-jury, soit après, ne sont que la reproduction exacte des prescriptions des art. 15, 16 et 17, décr. 10 mai 1791 (V. *suprà* n°s 19 et 20), à cela près que le certificat de maladie devait être toujours certifié par l'administration centrale du département.

59. — Les hauts-jurés défaillans, sans excuses légitimes ou après excuses rejetées, étaient punis d'un emprisonnement de trois mois, prononcé par les juges composant la haute-cour de justice. — L. 20 thermid. an IV, art. 7.

60. — Il n'y avait pas près de la haute cour de justice de commissaire du pouvoir exécutif; leurs fonctions y étaient remplies par les accusateurs nationaux. — Même loi, art. 25.

61. — Les juges de la haute-cour de justice nommaient un greffier qui, sous leur approbation, choisissait le nombre de commis, employés et expéditionnaires nécessaires. — Ils nommaient également quatre huissiers. — Même loi, art. 38 et 40.

62. — Immédiatement après le premier interrogatoire, le président de la haute-cour de justice devait présenter aux accusés la liste générale des hauts-jurés. — Leurs noms mis dans un vase étaient tirés au sort pour former le tableau, tant

des seize hauts-jurés que des quatre adjoints et des quatre suppléans. — L. 20 thermid. an IV, art. 9.

63. — Ce tableau ainsi formé était présenté à l'accusé, qui dans les cinq jours avait le droit d'exercer des récusations. — Jusqu'au nombre de trente, les récusations n'avaient pas besoin d'être motivées ; au-delà de ce nombre les juges de la haute-cour devaient apprécier la validité de leurs causes. — Les hauts-jurés récusés étaient remplacés par la voie du sort. — Même loi, art. 10 et 11.

64. — S'il y avait plusieurs accusés, ils pouvaient se concerter ou agir séparément, mais sans que, dans l'un ou l'autre cas, les récusations non motivées pussent dépasser pour tous les accusés réunis le nombre de trente. — Même loi, art. 12.

65. — Ces diverses récusations opérées, un nouveau tableau était formé dans les vingt-quatre heures. — Dans les cinq jours de la notification de ce tableau, l'accusé ou les accusés étaient admis à proposer de nouvelles récusations, mais toutes motivées, et sur l'admissibilité desquelles les juges étaient tenus de prononcer dans les vingt-quatre heures suivantes. — Même loi, art. 13 et 14.

66. — Les récusations proposées par les accusateurs nationaux devaient toujours être motivées et soumises à l'appréciation des juges de la haute-cour de justice. — Même loi, art. 16.

67. — Les récusations proposées et le jury déterminé, la convocation des hauts-jurés, des adjoints et suppléans avait lieu dans la même forme et dans les mêmes délais que pour les hauts-jurés de la haute-cour nationale (V. *suprà* n° 26), par l'intermédiaire des accusateurs publics du tribunal criminel de chaque département substitués aux procureurs généraux syndics supprimés. — Les originaux des notifications devaient être envoyés sans retard par les accusateurs publics aux accusateurs nationaux. — Même loi, art. 16 et 17.

68. — Les accusés devant la haute-cour de justice étaient tenus, dans le délai de cinq jours après leur interrogatoire, d'indiquer les témoins qu'ils désiraient faire entendre ; la requête pouvait être collective ou séparée ; mais jamais aucune prorogation de délai n'était accordée. — Même loi, art. 18 et 19.

69. — Faute par les accusés d'avoir présenté leur requête dans le délai ci dessus, ils ne pouvaient faire entendre leurs témoins qu'à l'époque désignée pour le débat, et il ne pouvait leur en être accordé de nouveaux. — Même loi, art. 20.

70. — Les accusateurs nationaux envoyaient les assignations à donner aux témoins, aux accusateurs publics des tribunaux criminels des départemens, chargés de les faire signifier, et d'envoyer de suite les originaux de ces significations aux accusateurs nationaux. — Même loi, art. 21.

71. — Les témoins pouvaient être entendus par un des juges seulement commis à cet effet par le président. — En outre, ils pouvaient également être entendus au moyen de commissions rogatoires adressées aux tribunaux criminels et aux directeurs du jury des départemens autres que celui siége de la haute-cour. — Même loi, art. 23 et 24.

72. — Dans le cas où des citoyens, autres que les représentans du peuple ou les membres du directoire exécutif, se trouvaient à raison de complicité (V. *suprà* n° 43) traduits devant la haute-cour de justice, les accusateurs publics des tribunaux criminels étaient tenus de faire réunir toutes les pièces, actes, procédures, jugemens et documens quelconques relatifs aux accusations, et de les adresser à la haute-cour de justice, ainsi que tous ceux qui pouvaient leur parvenir pendant l'instruction. — Même loi, art. 32.

73. — Sur chaque question l'opinion de quatre hauts-jurés suffisait en faveur de l'accusé. — Dans le cas de l'art. 415 du code du 3 brum. an IV, c'est-à-dire si la haute-cour estimait que le haut-jury s'était trompé, la nouvelle déclaration, à laquelle prenaient part les hauts-jurés adjoints, devait être donnée aux quatre-cinquièmes des voix. — Même loi, art. 26. — V. JURY.

74. — Les lois sur la composition du jury de jugement, la forme de procéder par devant lui, d'examiner, instruire et juger devaient au surplus être observées par la haute-cour de justice en tout ce qui n'était pas contraire à la loi spéciale. — L. 20 therm. an IV, art. 27.

75. — Les décisions de la haute-cour de justice étaient souveraines et ne pouvaient être soumises au recours en cassation. — L. 19 therm. an IV.

76. — L'objet de la convocation de la haute-cour de justice terminé, les juges et les jurés étaient tenus de se séparer et de quitter dans une décade le lieu où la haute-cour avait tenu ses séances. — L. 20 therm. an IV, art. 33.

77. — Après la cessation des fonctions de la haute cour de justice, les accusateurs nationaux devaient en leur présence et sans délai faire procéder par le greffier à un inventaire de toutes les pièces, actes, procédures et papiers existant au greffe, et les faire déposer aux archives de la république avec les jugemens. — Même loi, art. 34.

78. — La haute-cour dissoute, les accusés contumaces, autres que les représentans du peuple et membres du directoire exécutif, qui auraient été saisis ou se seraient présentés, devaient être traduits devant les tribunaux criminels ordinaires auxquels il était donné expédition des pièces déposées aux archives de la république et nécessaires à l'instruction. — Même loi, art. 35.

79. — Les juges de la haute-cour de justice, les hauts-jurés, leurs adjoints et suppléans, ainsi que les accusateurs nationaux recevaient pour leur voyage et retour une somme égale à celle accordée aux membres du corps législatif pour se rendre au siége de l'assemblée nationale, et en outre par chaque jour de séjour une indemnité de huit myriagrammes de blé froment. — L. 20 therm. an IV, art. 36 et 37.

80. — Les témoins avaient également droit à une indemnité dont la quotité et le mode de paiement étaient réglés par les lois du 20 therm. an IV et 12 niv. an V.

81. — Le greffier et les huissiers recevaient un traitement égal à celui du greffier et des huissiers près le tribunal de cassation. — L. 20 thermid. an IV, art. 39. — En outre, la même loi, par ses art. 41 et suiv., statuait que pour subvenir au traitement de ses commis et autres aides, ainsi qu'aux dépenses générales de greffe, il serait mis provisoirement à la disposition du greffier une somme de 100,000 francs.

82. — Les paiemens faits par le greffier étaient ordonnancés par les juges. — Chaque mois, le greffier devait en envoyer l'état, visé par les juges et avec les pièces à l'appui, à la trésorerie nationale. — Même loi, art. 42.

83. — Au surplus et postérieurement, la loi du 11 frim. an VII, art. 2, classa parmi les dépenses générales de l'état celles relatives à la haute-cour nationale.

84. — Le gouvernement consulaire ne modifia en rien l'organisation de la haute-cour de justice, qui ne prit fin qu'à l'époque de l'institution de la haute cour impériale par le sénatus-consulte organique du 28 flor. an XII.

85. — L'art. 75 de la constitution du 22 frim. an VIII déférait seulement à la haute-cour de justice le droit de statuer sur les poursuites dirigées contre les ministres, devenus responsables au lieu et place des directeurs sous le régime précédent.

§ 4. — *Haute-cour impériale (Empire).*

86. — La haute-cour impériale fut constituée par le sénatus-consulte organique du 28 flor. an XII en remplacement de la haute-cour de justice.

87. — La haute-cour impériale connaissait : 1° des délits personnels commis par des membres de la famille impériale, par des titulaires des grandes dignités de l'empire, par des ministres et par le secrétaire d'état, par des grands-officiers, par des sénateurs, par des conseillers d'état. — Sénatus-consulte, 28 flor. an XII, art. 101.

88. — ... 2° Des crimes et attentats contre la sûreté extérieure de l'état, la personne de l'empereur et celle de l'héritier présomptif de l'empire. — *Ibid.*

89. — ... 3° Des délits de responsabilité d'office commis par les ministres et les conseillers d'état chargés spécialement d'une partie d'administration publique. — *Ibid.*

90. — ... 4° Des prévarications et abus de pouvoir commis, soit par des capitaines généraux des colonies, des préfets coloniaux et des commandans des établissemens français hors du continent, soit par des administrateurs généraux employés extraordinairement, soit par des généraux de terre ou de mer, sans préjudice à l'égard de ceux-ci des poursuites de la juridiction militaire, dans les cas déterminés par les lois. — *Ibid.*

91. — ... 5° Du fait de désobéissance des généraux de terre ou de mer ayant contrevenu à leurs instructions. — *Ibid.*

92. — ... 6° Des concussions et dilapidations dont les préfets de l'intérieur se rendent coupables dans l'exercice de leurs fonctions. — *Ibid.*

93. — ... 7° Des forfaitures ou prises à partie pouvant être encourues par une cour impériale, ou par une cour de justice criminelle, ou par des membres de la cour de Cassation. — *Ibid.*

94. — ... 8° Des dénonciations pour cause de détention arbitraire ou de violation de la liberté de la presse. — *Ibid.*

95. — Le siége de la haute-cour impériale était dans le sénat. — Elle était composée des princes, des titulaires des grandes dignités et grands officiers de l'empire, du grand-juge ministre de la justice, de soixante sénateurs, des six présidens des sections du conseil d'état et de vingt membres de la cour de Cassation. — Les sénateurs, les conseillers d'état et les membres de la cour de Cassation étaient appelés par ordre d'ancienneté. — Sénat-cons., 28 flor. an XII, art 102 et 104.

96. — La haute-cour impériale était présidée de droit par l'archi-chancelier de l'empire, suppléé, en cas de maladie, d'absence ou d'empêchement légitime, par un autre titulaire d'une grande dignité de l'empire. — Le président ne pouvait jamais être récusé ; toutefois il était libre de s'abstenir pour causes légitimes. — Même sénatus-consulte, art. 103 et 107.

97. — Un procureur général nommé à vie par l'empereur exerçait le ministère public près la cour. Il était assisté de trois tribuns nommés chaque année par le corps législatif, sur une liste de neuf candidats présentés par le tribunat, et de trois magistrats nommés également chaque année, et par l'empereur, qui les choisissait parmi les officiers des cours impériales ou de justice criminelle. — Même sénatus-consulte. art. 107. — La suppression du tribunat, qui eut lieu le 19 août 1807 (V. TRIBUNAT), dut nécessairement modifier en ce point les dispositions du sénatus-consulte du 28 flor. an XII.

98. — Il y avait encore près la haute cour impériale un greffier en chef nommé par l'empereur. — Même sénat.-cons., art. 106.

99. — La haute cour impériale ne pouvait agir que sur les poursuites du ministère public dans les délits commis par ceux que leur qualité rendait ses justiciables. S'il y avait partie plaignante, le ministère public devenait nécessairement partie jointe et poursuivante. Il en était de même dans les cas de forfaiture ou de prise à partie. — Même sénat.-cons., art. 108.

100. — Les magistrats de sûreté et les directeurs du jury étaient tenus de s'arrêter et de renvoyer dans le délai de huitaine au procureur-général près la haute cour impériale toutes les pièces de la procédure lorsque, dans les délits dont ils poursuivaient la réparation, il résultait soit de la qualité des personnes, soit du titre de l'accusation, soit des circonstances, que le fait était de la compétence de la haute-cour impériale. — Néanmoins les magistrats de sûreté devaient continuer à recueillir les preuves et les traces du crime. — Même sénatus-consulte, art. 109. — Ces obligations devinrent plus tard applicables aux fonctionnaires que les changemens opérés dans la législation criminelle substituèrent à ceux que mentionne le sénatus-consulte.

101. — Les ministres et conseillers d'état chargés d'une partie quelconque de l'administration publique pouvaient être dénoncés par le corps législatif, s'ils avaient donné des ordres contraires aux constitutions et aux lois de l'empire. — Sénat.-cons., 28 flor. an XII, art. 110.

102. — Le corps législatif dénonçait pareillement les ministres ou agens de l'autorité, lorsqu'il y avait eu de la part du sénat déclaration de *fortes présomptions de détention arbitraire* ou de *violation de la liberté de la presse.*

103. — La procédure à suivre en pareil cas par le corps législatif était réglée par les art. 113 à 117 du sén.-cons. — V. aussi MINISTRE.

104. — L'acte de dénonciation arrêté par le corps législatif devait être adressé par un message à l'archi-chancelier de l'empire, lequel le transmettait au procureur général. — Sénat.-cons. 28 flor. an XII, art. 117.

105. — Avec l'accomplissement des mêmes formes, le corps législatif pouvait encore dénoncer les capitaines généraux des colonies, les préfets coloniaux, les commandans des établissemens français hors du continent, les administrateurs généraux ayant prévariqué ou abusé de leurs pouvoirs ; les généraux des armées de terre ou de mer ayant désobéi à leurs instructions ; les préfets de l'intérieur s'étant rendus coupables de dilapidation ou de concussion. — *Ibid.*, art. 111.

106. — Dans les mêmes circonstances et à l'égard des mêmes fonctionnaires, le droit de dénonciation au ministère public appartenait aux ministres, chacun dans ses attributions. — Si la dénonciation était faite par le grand-juge, ministre de la justice, il ne pouvait assister ,ou prendre part aux jugemens à intervenir sur sa dénonciation. — Même sénat.-cons., art. 118.

107. — Dans le cas de dénonciation par le corps législatif ou par un ministre, le procureur général devait, sous trois jours, informer l'archi-chancelier qu'il y avait lieu de réunir la haute-cour impériale ; de son côté, l'archi-chancelier, après

avoir pris les ordres de l'empereur, fixait dans la huitaine l'ouverture de la séance. — Même sénat.-cons., art. 119.

108. — Dans sa première séance, la haute-cour impériale devait juger sa compétence. — Même sénat.-cons., art. 120.

109. — Toutes les fois qu'il y avait plainte ou dénonciation, le procureur général devait examiner, de concert avec ses assistans (V. *suprà* n° 97), s'il y avait lieu à poursuites. — Même sénat.-cons., art. 121. — Il pouvait, du reste, charger un de ces mêmes assistans de diriger les poursuites. — *Ibid.*

110. — Si le ministère public estimait que la plainte ou la dénonciation ne devait pas être admise, il motivait en ce sens des conclusions sur lesquelles la cour statuait, après avoir entendu le magistrat chargé du rapport. — Si elle adoptait ces conclusions, elle terminait l'affaire par un jugement définitif. — Même sénat.-cons., art. 122.

111. — Que si, au contraire, ses conclusions étant rejetées, le ministère public était tenu de continuer les poursuites, comme aussi lorsqu'il estimait y avoir lieu à donner suite à la plainte en dénonciation, il devait dans la huitaine dresser l'acte d'accusation. — Même sénat.-cons., art. 123.

112. — Cet acte d'accusation devait être communiqué au commissaire et au suppléant, nommés par l'archi-chancelier parmi les membres de la cour de Cassation faisant partie de la haute-cour impériale et chargés (non pas simultanément, mais le suppléant à défaut du commissaire) de l'instruction et du rapport.

113. — Le rapporteur ou son suppléant soumettait l'acte d'accusation à douze commissaires de la haute-cour impériale choisis par l'archi-chancelier, six parmi les sénateurs et six parmi les autres membres de la haute-cour, qui ne pouvaient dès-lors prendre part au jugement à intervenir par la haute-cour. — Même sénat.-cons., art. 124.

114. — Si les commissaires jugeaient qu'il y avait lieu à accusation, le commissaire rapporteur rendait une ordonnance conforme, décernait les mandats d'arrêts et procédait à l'instruction. — Même sénat.-cons., art. 125.

115. — Si, au contraire, ils estimaient qu'il n'y avait pas lieu à une accusation, il en était référé par le rapporteur à la haute-cour impériale, qui prononçait définitivement. — Même sénat.-cons., art. 126.

116. — La haute-cour impériale ne pouvait juger à moins de soixante membres présens. Dix de la totalité des membres appelés à la composer pouvaient, à la différence du président (V. *suprà* n° 96), être récusés sans motifs déterminés par l'accusé, dix par le ministère public. — Même sénat.-cons., art. 127.

117. — Les accusés devaient être assistés de défenseurs; s'ils n'en présentaient point, l'archi-chancelier était tenu de leur en donner un d'office. — Même sénat.-cons., art 129.

118. — Les débats et le jugement étaient publics. — Même sénat.-cons., art. 128. — L'arrêt devait être rendu à la majorité absolue des voix. — Même sénat.-cons., art. 127.

119. — La cour impériale ne pouvait prononcer que des peines portées par le Code pénal. — Elle pouvait, s'il y avait lieu, prononcer la condamnation aux dommages-intérêts civils. — Même sénat.-cons., art. 130.

120. — Lorsqu'elle acquittait, elle pouvait mettre ceux qui étaient absens sous la surveillance ou à la disposition de la haute police de l'état pour le temps qu'elle déterminait. — Même sénat.-cons., art. 131.

121. — Les arrêts rendus par la haute-cour impériale n'étaient soumis à aucun recours. — Ceux qui prononçaient une condamnation afflictive ou infamante ne pouvaient être exécutés que lorsqu'ils avaient été signés par l'empereur. — Même sénat.-cons., art. 132.

122. — La taxe des frais devait être faite suivant les règles ordinaires par le procureur général chargé de régler les dépenses de parquet et de greffe, ainsi que les frais de séjour des magistrats du parquet obligés de se déplacer pour le service de la haute-cour. — Décr. 18 juin 1811, art. 180, 181, et 182.

123. — Les huissiers nommés par l'archi-chancelier pour le service de la haute-cour et de son parquet demeuraient soumis aux prescriptions du décret du 17 mars 1809. — Même décret, art. 183.

124. — Toutes les dépenses étaient acquittées sur mandats du procureur général, visés par le préfet du département de la Seine, et approuvés par le grand-juge ministre de la justice. — Le recouvrement en était fait suivant les règles et dans les formes ordinaires. — Même décr., art. 184 et 185.

125. — La haute-cour impériale prit fin avec l'empire; la charte constitutionnelle ne conserva point cette institution, dont le gouvernement des cent-jours déclara lui-même la suppression complète par l'art. 56 de l'acte additionnel aux constitutions de l'empire.

126. — Désormais donc tous les faits dont la connaissance était déférée à la haute cour impériale ont dû être portés devant les tribunaux ordinaires, à l'exception de ceux dont le jugement a été spécialement reservé à la juridiction exceptionnelle de la cour des pairs. — V. COUR DES PAIRS.

§ 5. — *Cour des pairs. (Gouvernement constitutionnel.)*

127. — La charte de 1814 et celle de 1830 ont conféré à la chambre des pairs le droit de juger, à l'exclusion de toute autre juridiction, les ministres mis en accusation par la chambre des députés, et de connaître des crimes de haute trahison et des attentats à la sûreté de l'état. — V. COUR DES PAIRS.

HAUTE POLICE.

V. SURVEILLANCE.

HAUTE TRAHISON.

V. CRIME CONTRE LA SURETÉ DE L'ÉTAT.

HAVRE.

1. — Petit port.

2. — Suivant Valin (*Comment. sur l'ord.* 1681), il faut distinguer le *havre* du *port*. On doit appeler proprement *havre* le lieu clos, ordinairement fermé par une chaîne, dans lequel les navires trouvent toute sécurité; et le *port*, qui comprendrait le havre, s'étendrait plus loin que celui-ci et en contiendrait les abords. — Ainsi, le havre serait plus particulièrement le lieu couvert d'eau où les navires se réfugient, et le port serait l'ensemble de l'établissement.

3. — Cependant, dit M. Beaussant (*Cod. maritime*, t. 1er, n° 482), on confond souvent les deux expressions : on appelle *havres* de petits ports; et on donne le nom de *port* à ce que Valin désignait spécialement sous le nom de *havre*.

4. — Les havres font partie du domaine public. — V. DOMAINE PUBLIC. — V. au surplus PORT.

HÉBERGE.

Point où le mur servant de séparation entre bâtimens de hauteurs inégales cesse de servir d'appui au moins élevé, et, par suite, d'être présumé mitoyen. — C. civ., art. 653. — V. MITOYENNETÉ, SERVITUDE.

HERBAGE. — HERBE.

1. — Herbage est le nom collectif qui signifie toute espèce d'herbes.

2. — On nomme également *herbage* une prairie que l'on fait dépouiller par les animaux, et *herbagement* la convention par laquelle une personne prend, moyennant un prix, l'engagement de nourrir et de soigner des animaux dans un herbage ou un pré, après l'enlèvement du foin. Ce contrat est un véritable bail à nourriture et il donne lieu à une action purement personnelle. — Vaudoré, *Droit civil des juges de paix et des tribunaux d'arrondissement*, v^is *Herbage et Herbagement*.

3. — Herbage désignait aussi un droit seigneurial qui se payait à cause du pâturage dans la seigneurie par les bestiaux appartenant aux vassaux. — Denizart, v° *Herbage*, n° 3.

4. — Le droit de faire dépouiller par des troupeaux l'héritage d'autrui des herbes qui y croissent peut être le résultat de la constitution d'une servitude ou d'un droit d'usage qui, dans certaines localités, se restreint aux secondes herbes ou herbes de la seconde pousse. — V. PARCOURS, PATURAGE, USAGE (DROIT D'), VAINE PATURE.

5. — Les herbes qui croissent dans la mer et qui sont propres à servir d'engrais appartiennent aux habitans des communes qui bordent les côtes. — V. VARECH.

6. — La destruction ou l'enlèvement de l'herbe dans les forêts constitue des délits réprimés par le Code forestier, art. 144. — V. FORÊTS.

7. — L'enlèvement de l'herbe qui croît sur les routes ou dans les rues d'une ville est un objet de voirie, et les maires ont le droit de prendre des arrêtés pour enjoindre aux propriétaires riverains de la voie publique de faire arracher l'herbe qui croît devant leurs propriétés. — *Cass.*, 17 déc. 1824, Vanderback. — V. POUVOIR MUNICIPAL.

8. — L'enlèvement non autorisé des herbes et gazons sur les chemins publics constitue une contravention punie par l'art. 479, n° 12, C. pén. — V. VOIRIE.

HERBORISTE.

1. — L'exercice de la profession d'*herboriste* a été l'objet de certaines dispositions législatives qu'il importe de signaler.

2. — Aux termes de l'art. 37, L. 21 germ. an XI, nul ne peut vendre des plantes ou des parties de plantes médicinales *indigènes*, fraîches ou sèches, ni exercer la profession d'herboriste, sans avoir subi dans une école de pharmacie ou par devant un jury de médecine un examen, et sans avoir payé une rétribution qui ne peut excéder 50 fr. à Paris, et 30 fr. dans les autres départemens, pour les frais de cet examen. — V. aussi ord. 9 flor. an XI, art. 13.

3. — Dans les départemens où sont établies des écoles de pharmacie, l'examen des herboristes est fait par le directeur, le professeur de botanique, et l'un des professeurs de médecine. — Devant les jurys, il est fait par l'un des professeurs de médecine et deux des pharmaciens adjoints au jury. — Il a pour objet la connaissance des plantes médicinales et les précautions nécessaires pour leur dessiccation et leur conservation. — Arr. 25 therm. an XI, art. 43 et 44. — V. aussi l'art. 37 précité de la loi de germinal.

4. — Il est délivré aux herboristes un certificat d'examen par l'école ou le jury par lesquels ils sont examinés : et le certificat doit être enregistré à la mairie du lieu où ils s'établissent. — Mêmes art. 37 de la loi du 21 germ. an XI et 45 de l'arrêté précité.

5. — A Paris, l'enregistrement de ce certificat a lieu à la préfecture de police. — Ordonn. 5 flor. an XI, art. 12.

6. — La défense ainsi faite à tous autres qu'aux herboristes légalement reçus de vendre en détail des plantes ou des parties de plantes médicinales indigènes fraîches ou sèches, n'est évidemment pas applicable aux pharmaciens, qui ont le droit de vendre toutes sortes de plantes médicinales exotiques et indigènes. — V. PHARMACIE.

7. — Il résulte des dispositions ci-dessus que l'herboriste doit se borner à vendre (concurremment avec les pharmaciens) des plantes médicinales indigènes, sèches ou fraîches, ou les parties usuelles (racines, feuilles, tiges, fleurs) de ces plantes ; mais aussi qu'il ne peut vendre aucune plante exotique ; qu'il ne peut également vendre les plantes ou parties de plantes qu'en nature, et que les compositions ou préparations les plus simples (tisanes quelconques, emplâtres, etc.) leur sont interdites, sous les peines applicables à l'exercice illégal de la pharmacie. — Briant et Em. Chaudé, *Manuel complet de Méd. lég.*, p. 888.

8. — Les mêmes auteurs estiment qu'en cas de pareille contravention ce n'est pas l'art. 36, L. 21 germ. an XI, qu'il convient d'appliquer aux herboristes, mais bien l'art. 6 de la déclaration du 25 avr. 1777 qui « défend à toutes personnes de fabriquer, vendre ou débiter aucune composition ou préparation entrant au corps humain en forme de médicament, sous peine de 500 livres d'amende, et de plus grande, s'il y écheoit... » Et ils citent comme ayant fait application de cette dernière disposition divers jugemens du tribunal correctionnel de la Seine des 8 févr. 1814 (aff. Mazurier); 3 déc. 1844 (Toussaint); 29 mars 1844 (Flade); 7 mai 1844 (Currivaud). — V. PHARMACIE.

9. — En réservant aux pharmaciens exclusivement la vente des substances vénéneuses, l'ordonnance du 29 oct. 1846 prise en exécution de la loi du 19 juill. 1845 a nécessairement interdit aux herboristes le droit de vendre des plantes indigènes vénéneuses. — V. SUBSTANCES VÉNÉNEUSES.

10. — Aucune loi n'a interdit aux herboristes la faculté de joindre à cette profession une autre industrie.

11. — Toutefois, à Paris, nul herboriste ne peut cumuler d'autre commerce que celui de grainetier : c'est ce que porte une ordonnance du 14 niv. an XII (art. 7), dont une ordonnance plus récente, du 15 sept. 1828, rapportée par M. Trébuchet (*Jurisp. de la médecine*, p. 621) a rappelé l'exécution.

12. — Les herboristes ont prétendu que la loi de 1791, sur les patentes, permettant d'exercer deux métiers, lorsqu'on payait le droit le plus élevé, l'ordonnance du 14 niv. an XII, contraire à ces dispositions, n'était pas obligatoire. —

V. aussi Laterrade, *C. des pharm.*, n° 231. — Mais cet argument n'a pas prévalu, et les herboristes ont toujours été condamnés par les tribunaux pour contravention à cette ordonnance.

13. — Il faut néanmoins remarquer, avec M. Trébuchet (*Nouv. Dict. pol.*, v° *Herboristes*), que ce cumul de profession n'est défendu que *dans le même local*; mais que si l'herboriste veut exercer un autre commerce dans un lieu entièrement séparé de sa boutique d'herboriste, on ne peut s'y opposer.

14. — La même ordonnance du 14 niv. an XII défend à tous autres qu'à ceux qui sont dans l'usage de cultiver ou de recueillir les plantes médicinales d'en exposer en vente sur le marché. — Art. 4.

15. — Ce qui concerne la police du marché aux plantes médicinales est réglé par une ordonnance de police du 8 nov. 1810, laquelle, entre autres dispositions, porte : 1° qu'il est défendu de mélanger dans les boites ou sachées des plantes, racines ou fleurs de différentes espèces (art. 5); 2° qu'il est défendu d'acheter au marché des plantes médicinales pour les y revendre soit en gros soit en détail (art. 6); 3° que les herboristes de Paris peuvent avoir place au marché en justifiant qu'ils font valoir en plantes médicinales au moins vingt-trois ares cinquante centiares de terrain (art. 10); 4° que les marchands forains et herboristes ayant des places sur le marché, sont tenus de les occuper par eux-mêmes, leurs femmes ou leurs enfans âgés au moins de dix-huit ans. — Art. 13.

16. — Il est fait annuellement des visites chez les herboristes de la même manière que chez les pharmaciens. — Arr. 25 therm. an XI, art. 46; L. 21 germ. an XI, art. 29 et 31. — V. PHARMACIE. — Mais MM. Bréant et Em. Chaudé (p. 889) font observer que les herboristes n'ont pas, comme les pharmaciens, à payer les frais de ces visites.

17. — Les herboristes sont soumis à la patente : ceux qui ne vendent que des plantes médicinales sont rangés dans la septième classe des patentables et imposés à un droit fixe basé sur la population, et à un droit proportionnel du quarantième de la valeur locative de tous les locaux qu'ils occupent, mais seulement dans les communes de vingt mille ames et au dessus.

18. — Quant aux herboristes expéditeurs et aux herboristes droguistes, ils sont rangés : les premiers dans la quatrième, et les derniers dans la sixième classe. — Droit fixe également basé sur la population, droit proportionnel du vingtième de la valeur locative de l'habitation et des locaux servant à l'exercice de la profession. — V. PATENTE.

HÉRÉDITÉ.

1. — Ce mot exprime également : 1° soit la succession à l'universalité des droits actifs et passifs d'un défunt, tels qu'ils existaient au moment de sa mort. — L. 62, ff., *De reg. juris*; — Merlin, *Rép.*, v° *Hérédité*. — V. ABSTENTION D'HÉRÉDITÉ, AVANCEMENT D'HOIRIE, HOIRIE, PÉTITION D'HÉRÉDITÉ, SUCCESSION.

2. — ...Ou à une dignité ou fonction quelconque. — V. CHAMBRE DES PAIRS, FONCTIONNAIRES PUBLICS, NOBLESSE, OFFICE.

3. — ... 2° Soit l'universalité ou la masse même des biens, des droits ou des charges laissés par le défunt. — L. 62, ff., *De reg. jur.*; Toullier, t. 4, n° 66.

4. — C'est dans ce dernier sens que celui qui vend une hérédité sans en spécifier en détail les objets n'est tenu de garantir que sa qualité d'héritier. — C. civ., art. 1696. — V. DROITS SUCCESSIFS.

HÉRITAGE.

1. — Se dit de ce qu'on recueille par succession. — V. SUCCESSION.

2. — On donne aussi le nom d'*héritage* à tout immeuble réel comme une maison, un jardin, un champ. — Ce terme est consacré notamment par le Code civil (art. 666) à l'égard des fossés qui séparent les *héritages* (V. BORNAGE), et par le Code de procédure (art. 64) à l'égard des exploits qui doivent énoncer la *nature de l'héritage*. — V. EXPLOIT.

HÉRITIER.

1. — C'est, dans l'acception la plus commune, celui qui recueille, à titre successif, tous les droits actifs et passifs qu'avait un défunt au moment de sa mort.

2. — Ce terme s'employait autrefois pour désigner un propriétaire à quelque titre que ce fût. — Ainsi, le verset 7 du psaume 36 se sert du mot *hériter* comme signifiant *acquérir la propriété*. — Justinien nous apprend (*Institutes*, tit. *De hæredum qualit. et different.*) que le mot *acte d'héritier* signifie la même chose que *acte de propriétaire*, et il en donne pour raison. *Veteres enim hæredes pro dominis appellabant.* — D'ailleurs, comme le remarque Cujas sur ce texte, *heres* est formé de *herus*, maître. — Enfin, dans plusieurs coutumes les mots *héritier* et *propriétaire* sont employés indistinctement. — Merlin, *Rép.*, v° *Héritier*. — Au surplus, le mot *héritage* est resté dans la langue du droit pour désigner non seulement ce qu'on recueille par succession, mais encore un immeuble quelconque. — V. HÉRITAGE.

3. — Les héritiers sont de différentes espèces; il y a des conditions nécessaires pour pouvoir en prendre la qualité; enfin des droits tant actifs que passifs sont attachés à cette même qualité.

4. — Relativement à leurs différentes espèces, les héritiers peuvent être considérés : 1° par rapport aux différens titres qui les forment; 2° par rapport aux différentes manières dont ils se comportent relativement aux successions qui leur sont déférées; 3° par rapport à la nature et à l'étendue des avantages qu'ils en retirent. — Merlin, *Rép.*, v° *Héritiers*, sect. 1re.

5. — Considérés par rapport aux différens titres qui les forment, les héritiers sont *institués* ou *légitimes*, c'est-à-dire qu'ils tiennent leurs droits de la volonté de l'homme ou de la loi. — Merlin, *Rép.*, *ibid.*

6. — Un héritier peut être institué de deux manieres, savoir par acte entre-vifs et par testament; dès-lors, on sous-divise les héritiers institués en héritiers *contractuels* et en héritiers *testamentaires*. — V. INSTITUTION CONTRACTUELLE, INSTITUTION D'HÉRITIER.

7. — Les héritiers testamentaires tirent tous leurs droits des actes de dernière volonté de ceux à qui ils succèdent. — Toutefois, cette dénomination d'héritiers testamentaires n'est pas exclusive. Elle a pour équivalent les autres dénominations de *légataires universels* ou de *légataires à titre universel*, lesquels sont aujourd'hui des héritiers institués. — C. civ., art. 967. — V. LEGS, TESTAMENT.

8. — Les héritiers institués, tant contractuels que testamentaires, se sous-divisent encore : 1° en héritiers libres; 2° en héritiers fiduciaires ou grevés; 3° en héritiers fidéicommissaires; 4° et en cohéritiers nommés ou élus. — Merlin, *Rép.*, v° *Héritiers*, sect. 1re, § 1er, n° 2.

9. — Les héritiers *libres* sont ceux qui ne sont pas chargés de substitutions, ou qui, en étant chargés contre la prohibition de la loi, sont dispensés de les exécuter. — Merlin, *ibid.*

10. — Les héritiers *fiduciaires* ou *grevés* sont ceux qui sont institués à la charge de rendre la succession à d'autres personnes.

11. — Toutefois, ces mots *fiduciaires* et *grevés*, bien qu'employés dans le même sens par les lois romaines, ont, dans notre usage, des acceptions différentes. — On donne la qualité d'*héritiers grevés* à ceux qui ont le droit de jouir, soit toute leur vie, soit pendant un certain temps, des biens compris dans l'institution, et qui sont seulement tenus de les laisser à leur mort ou après la révolution du temps fixé pour leur jouissance, à ceux qui sont appelés à la substitution, s'ils sont encore vivans à cette époque. — Et par *héritiers fiduciaires* on entend ceux qui sont institués uniquement pour avoir l'administration des biens de l'hérédité, et qui, en conséquence, sont obligés dans le temps marqué par l'institution de restituer ces biens avec les fruits qu'ils en ont perçus. — Merlin, *ibid.*

12. — Les héritiers *fidéicommissaires* sont ceux qui reçoivent des mains des héritiers grevés l'hérédité que ceux-ci avaient appréhendée à charge de la leur remettre. — Merlin, *ibid.*

13. — Enfin, on appelle héritier *nommé* ou *élu* tantôt l'héritier direct qui a été désigné par un tiers à qui le testateur en avait conféré le droit; tantôt celui d'entre plusieurs fidéicommissaires qui a été choisi par le grevé en conséquence du pouvoir que donnait à celui-ci le titre même de son institution. — Merlin, *ibid.*

14. — Bien que les héritiers institués recueillent en tout ou en partie une succession par l'effet de la volonté de l'homme, cependant ce n'est qu'improprement qu'on peut donner à quelques uns d'entre eux la qualité d'*héritiers*.

15. — D'après le principe toujours suivi en France que *le mort saisit le vif*, on ne reconnaît pour héritiers proprement dits que ceux qui sont saisis de plein droit par la mort du défunt de tous les biens possédés par celui-ci. Car du moment qu'on est obligé de demander la délivrance de ce à quoi l'on est appelé par la volonté du défunt, il est sensible qu'on ne représente pas immédiatement celui à qui il s'agit de succéder, et que, conséquemment, on ne peut être considéré comme son héritier. — Merlin, *ibid.*, sect. 1re, § 1er, n° 4.

16. — Autrefois, il existait à cet égard une grande différence entre les pays de droit écrit et les pays coutumiers. — Dans les pays de droit écrit, c'était en premier ordre la volonté de l'homme qui faisait les héritiers; les institutions d'héritier étaient le droit commun; les héritiers du sang n'étaient appelés qu'en second ordre, et seulement à défaut d'héritiers testamentaires. Ces derniers étaient saisis de plein droit de la succession. La présence même ou le concours des légitimaires ne faisait point cesser cette saisine. Les légitimaires n'avaient qu'à exercer une action en partage. — Domat, *Lois civ.*, liv. 3, tit. 4, sect. 3e, n° 2; Bigot de Préameneu, *Exp. des motifs*, p. 303; Toullier, *Dr. civ.*, t. 5, n° 492.

17. — Dans les pays de coutume, au contraire, la loi seule faisait les héritiers; elle n'en connaissait point d'autres que ceux du sang. L'institution d'héritier était proscrite, ou n'avait que la force d'un legs, quand même ce legs eût compris tous les biens du défunt. Les héritiers du sang étaient seuls saisis, seuls représentans de la personne du défunt. Ainsi, point d'héritiers testamentaires. — Toullier, n° 493.

18. — Entre ces deux législations, le Code a pris un parti moyen qui dérive des principes adoptés sur la disponibilité des biens. — Celui qui a des descendans ou des ascendans ne peut disposer que d'une partie de ses biens; en ce cas, les héritiers du sang sont les seuls héritiers, les seuls saisis par la loi avant la délivrance des legs. Il n'a paru ni juste ni convenable de diviser la saisine légale pour y faire participer des étrangers appelés seulement par la volonté du défunt. La disposition de la loi l'emporte sur la volonté de l'homme. — Bigot de Préameneu, *ibid.*, p. 204; Toullier, n° 494.

19. — Mais, si le testateur n'a ni descendans ni ascendans, il peut disposer de l'universalité de ses biens sans aucune réserve; en ce cas, les héritiers du sang ne sont appelés à la succession qu'en second ordre, et seulement à défaut d'un testament. Le testateur peut alors se nommer un successeur ou représentant universel, en un mot, un héritier proprement dit. — Si l'on prétendait que dans ce cas l'héritier testamentaire ou légataire universel n'est qu'un successeur aux biens et non le représentant de la personne du défunt, il faudrait dire que ce dernier demeure sans représentant; car certainement ses parens ne le représentent point, puisqu'ils ne sont pas ses héritiers. — Toullier, n° 495.

20. — Les héritiers *légitimes* qu'on appelle aussi héritiers *ab intestat* parce qu'ils sont appelés par la loi à défaut de testament de la part du défunt, se divisent en héritiers réguliers et héritiers irréguliers.

21. — Les héritiers *réguliers* qu'on appelle aussi héritiers *du sang* sont les parens légitimes du défunt.

22. — Ils se divisent en trois classes : 1° les descendans; — 2° les ascendans; — 3° les collatéraux. — C. civ., art. 731.

23. — C'était aussi là le dernier état du droit romain, suivant la *Novelle* 118e, qui a définitivement abrogé les différences qui existaient dans l'origine entre les héritiers *siens* qui étaient les enfans que le défunt avait en sa puissance au temps de sa mort; les *agnats* ou parens mâles, et les *cognats* ou parens du côté des femmes; différences dont le résultat était que les cognats étaient exclus par les agnats, comme ceux-ci l'étaient par les héritiers siens. — Merlin, *ibid.*, sect. 2e, § 2, n° 1er; Rolland de Villargues, *Répert. du notar.*, v° *Héritier*, n° 14.

24. — Les héritiers *irréguliers* sont ceux qui succèdent à l'universalité des biens d'un défunt sans néanmoins représenter sa personne, ce sont les enfans naturels, le conjoint survivant et l'état. — Merlin, *ibid.*, n° 3.

25. — Ces successeurs sont *héritiers* dans le sens qu'ils jouissent de l'effet de la maxime *le mort saisit le vif* (quoique, d'ailleurs, ils soient obligés de se faire envoyer en possession); et ils ne le sont pas en tant qu'ils ne représentent pas la personne du défunt, c'est-à-dire qu'ils ne sont tenus au paiement de ses dettes et à l'entretien de ses obligations que jusqu'à concurrence de ce qu'ils ont amendé de ses biens. Il y a donc dans ces successeurs un mélange de droits et de qualités qui seraient incompatibles dans toute autre personne; et c'est pour cela qu'on les appelle *héritiers irréguliers*. — Merlin, *ibid.*; Rolland de Villargues, *ibid.*, n° 16.

26. — Considérés par rapport aux différentes manières dont ils se comportent relativement aux

successions qui leur sont déférées, les héritiers se divisent en : 1° héritiers présomptifs, héritiers délibérans, héritiers immiscés et héritiers renonçans; — 2° en héritiers nécessaires, héritiers siens et nécessaires et héritiers étrangers; — 3° en héritiers purs et simples et héritiers bénéficiaires. — Merlin, *ibid.*, sect. 2e.

27. — L'héritier *présomptif* est celui qui se trouve dans le degré le plus apparent de successibilité et qui par cette raison est présumé devoir être héritier, mais ne l'est pas encore. On lui donne cette qualité, soit avant le décès de celui à qui il s'agit de succéder, soit après l'ouverture de sa succession, jusqu'à ce qu'il ait pris qualité ou renoncé. — Merlin, *ibid.*, § 1er, n° 1er.

28. — Dans ce dernier cas, l'héritier présomptif prend encore le nom d'héritier *délibérant*. — Merlin, *ibid.*, n° 2. — V. DÉLAI POUR FAIRE INVENTAIRE.

29. — L'héritier *immiscé* ou *déclaré* est celui qui a fait une acceptation expresse ou tacite de l'hérédité. — C. civ., art. 775 et suiv.

30. — L'héritier *renonçant* est celui qui a répudié la succession qui lui était déférée.

31. — D'après des principes du droit romain, il y avait des héritiers *nécessaires*; c'étaient les esclaves institués par leurs maîtres. Quelque obérées que fussent les successions qui leur étaient ainsi dévolues, les héritiers nécessaires ne pouvaient les répudier. Il en était de même des héritiers *siens* dont nous avons parlé (*suprà* n° 23), le tout à la différence des héritiers *étrangers*, c'est-à-dire des enfans émancipés, des agnats, des cognats, qui avaient pleine liberté d'accepter ou de répudier les successions. — Merlin, *ibid.*, § 2, n° 1er.

32. — Aujourd'hui, ces distinctions ne sont plus admissibles chez nous : 1° il n'y a plus d'héritier *nécessaire*, puisque nul n'est tenu d'accepter une succession qui lui est échue ; 2° et il n'y a plus d'héritier *sien*, puisqu'en disant que l'héritier qui renonce est censé n'avoir jamais été héritier (art. 785), le Code ne distingue nullement les héritiers en ligne directe d'avec les héritiers en ligne collatérale et les héritiers étrangers. — Merlin, *ibid.*, nos 2, 3 et 4.

33. — L'héritier *pur et simple* est celui qui a accepté une succession purement et simplement et qui, en cette qualité, est tenu de toutes les dettes du défunt, quand même elles excéderaient la valeur des biens dont il a hérité. — Merlin, *ibid.*, § 3, n° 1er.

34. — L'héritier *bénéficiaire* est celui qui n'a appréhendé la succession que sous la condition de ne répondre des dettes du défunt que jusqu'à concurrence de la valeur des biens de cette succession avec laquelle il ne confond pas ses biens personnels. — Merlin, *ibid.*, n° 2. — V. SUCCESSION BÉNÉFICIAIRE.

35. — A ces divisions il faut ajouter l'héritier *apparent* ou celui qui, à défaut par le véritable héritier de se présenter, appréhende la succession comme s'il y était appelé. — V. HÉRITIER APPARENT, PÉTITION D'HÉRÉDITÉ.

36. — Considérés par rapport à la nature et à l'étendue des avantages qu'ils retirent de la succession, les héritiers se divisent : 1° en héritiers universels; 2° et en héritiers particuliers ou portionnaires. — Merlin, *ibid.*, sect. 3e.

37. — L'héritier *universel* est celui qui succède seul à tous les biens et à tous les droits du défunt. — C. civ., art. 1003. — Autrefois on l'appelait quelquefois héritier *unique*, et cela par rapport aux coutumes qui n'admettaient qu'un seul héritier, même dans le cas où il s'en trouvait plusieurs au même degré de successibilité. — Merlin, *ibid.*, sect. 3e, § 1er, n° 1er.

38. — Les héritiers *particuliers* ou *portionnaires* sont ceux qui ne succèdent au défunt que dans une certaine quotité ou dans une certaine espèce de biens. On les appelle aussi héritiers *à titre universel*. — C. civ., art. 1010.

39. — Parmi cette sorte d'héritiers, on institue quelquefois un héritier *principal*; c'est celui d'entre plusieurs héritiers portionnaires qui est le plus avantagé. Cet avantage plus considérable résultait autrefois de certaines coutumes, et c'est de là que quelques uns appelaient le fils aîné *héritier principal*. — Merlin, *ibid.*, sect. 3e, § 2, n° 1er; Rolland de Villargues, n° 30.

40. — On divisait encore autrefois les héritiers en : 1° héritiers *mobiliers* : c'étaient ceux qui succédaient aux meubles ou biens réputés tels d'un défunt : 2° et héritiers *immobiliers*, qui succédaient à ses héritages et droits réels. — Merlin, *ibid.*, n° 15.

41. — Il y avait encore : 1° l'héritier *des acquêts*; 2° l'héritier *des propres*, suivant l'origine des biens recueillis, et ce dernier était, dans plusieurs coutumes, qualifié d'héritier *patrimonial*. — Merlin, *ibid.*

42. — De plus, on distinguait les héritiers des propres en : 1° héritiers *paternels*, qui recueillaient les propres qui étaient advenus au défunt du côté de son père ; 2° et héritiers *maternels*, qui succédaient aux propres venus du côté de la mère. — Merlin, *ibid.*, n° 16.

43. — Mais toutes ces dénominations *d'héritier mobilier* et *d'héritier immobilier*, *d'héritier des propres* et *d'héritier des acquêts*, etc., ont disparu devant les dispositions de la loi du 17 niv. an II et ensuite des art. 732 et 733, C. civ., qui, confondant tous les biens en une seule masse, ont voulu qu'à défaut d'enfans, chaque succession fût divisée en deux parts, dont l'une pour les parens de la ligne paternelle, l'autre pour les parens de la ligne maternelle. — Merlin, *ibid.*, n° 18.

44. — Quant aux conditions nécessaires pour être héritier et au détail des droits, tant actifs que passifs, qui sont attachés à cette qualité, V. SUCCESSION.

HÉRITIER AB INTESTAT.

V. AB INTESTAT (héritier).

HÉRITIER APPARENT.

1. — C'est celui qui, à défaut par le véritable héritier de se présenter, appréhende la succession comme s'il y était appelé.

2. — Tant que le véritable héritier ne se présente point, celui qui est entré en possession de l'hérédité représente le défunt aux yeux des tiers qui ont des droits à exercer sur la succession. Sa possession légitime donc jusqu'à un certain point les actes qu'ils peuvent passer avec lui.

3. — Les actes passés par l'héritier apparent avec des tiers de bonne foi sont-ils valables? Le sont-ils tous également? Comme ces questions sont presque toujours agitées par voie d'exception, lors de la demande en restitution de l'hérédité formée par le véritable héritier, V. PÉTITION D'HÉRÉDITÉ. — V. aussi PAIEMENT, PROPRIÉTAIRE APPARENT.

HÉRITIER BÉNÉFICIAIRE.

On appelle ainsi l'héritier qui n'accepte la succession que sous bénéfice d'inventaire. — V. BÉNÉFICE D'INVENTAIRE, SUCCESSION BÉNÉFICIAIRE.

HÉRITIER INSTITUÉ.

V. HÉRITIER, INSTITUTION D'HÉRITIER.

HÉRITIER PRÉSOMPTIF.

V. HÉRITIER, n° 27.

HERM. — HERMES.

1. — Ce mot, qui vient du latin *eremus*, désert, solitude, *erema terra inculta* (*Glossaire* de Ducange), s'applique à des terres en friche qui ne sont occupées par personne.

2. — Il désignait les terres vaines et vagues dans les coutumes d'Auvergne, chap. 28, art. 3; du Bourbonnais, art. 331; de la Marche, etc.

3. — Les terres hermes et vacantes, dit Fréminville (*Tr. du gouvernement des paroisses*, chap. 5) sont des terres que les anciens propriétaires ont laissées sans culture et ont insensiblement abandonnées, qu'on ne reconnaît plus leur appartenir, et dont souvent la commune s'empare.

4. — On trouve le mot *herema* employé de la même manière dans la loi 4, Cod. *De censibus*, et dans une foule de chartes. — Merlin, *Rép.*, v° *Herm.*

HERMAPHRODITE.

1. — On donnerait ce nom, s'il en existait réellement, aux personnes appartenant à la fois aux deux sexes. — Le mot *hermaphrodite* vient du grec ερμης *Mercurius* et αφροδιτη *Venus*.

2. — Mais si on a vu quelques rares exemples de personnes paraissant avoir les attributs physiques des deux sexes, et si les anciens recueils renferment à cet égard des décisions d'une étrange singularité (V. Merlin, *Rép.*, v° *Hermaphrodite*; Denizart, *eod. verb.*), les données de la science et les recherches des anatomistes constatent qu'il n'existe pas en réalité d'hermaphrodites, et que si les marques des deux sexes peuvent jusqu'à un certain point se rencontrer en apparence chez un même individu, elles y sont toujours incomplètes; d'où il résulte que les prétendus *cas d'hermaphrodisme* ne sont jamais que des vices de conformation, des monstruosités.

3. — Aussi, M. Orfila dit-il que le mot *hermaphrodite* devrait être rayé du langage médical toutes les fois qu'il serait question de l'espèce humaine. — V. *Leçons de médecine légale*, t. 1er, p. 159 ; Briand et Ern. Chaudé, *Manuel complet de médecine légale*.

4. — C'est à la science, lorsque des cas d'*hermaphrodisme* apparent se présentent, qu'il revient de constater, dans l'intérêt de l'état civil de la personne qui se trouve atteinte d'un pareil vice de conformation, de quel sexe cette personne est réellement; et, en cas de doute, c'est au sexe dont les attributs dominent en lui que le sujet est réputé appartenir. — L. 10, ff., *De statu hominum*; — Ferrière, *Dict. de droit*, v° *Hermaphrodite*.

5. — On s'est demandé si les *hermaphrodites*, ou les individus réputés tels, pouvaient contracter un mariage valable. Mais on comprend qu'une pareille question ne saurait être résolue en principe, et que les seules règles à appliquer ici sont celles relatives au cas d'impuissance alléguée ou constatée. — V. MARIAGE.

6. — Dans les cas d'*hermaphrodisme neutre* avec absence de sexe, MM. Briant et Ern. Chaudé (p. 105) disent que les individus doivent être regardés comme étant du sexe masculin, et ils en donnent certaines raisons scientifiques dont au surplus la science seule peut être juge.

7. — « Rien, disent les mêmes auteurs après M. Marc (*Dict. des sciences médicales*, v° *Hermaphrodisme*), ne conduirait plus aisément à des erreurs que de prétendre, dans tous les cas, déterminer peu de temps après la naissance le sexe d'enfans dont les parties génitales ne sont pas régulières. Lorsque la conformation de l'individu laisse le moindre doute sur le véritable sexe, il est convenable d'en avertir l'autorité, et d'employer, s'il le faut, des années à observer le développement progressif de son physique comme de son moral, plutôt que de hasarder sur son sexe un jugement que des phénomènes subséquens pourraient tôt ou tard renverser. »

HEURE.

1. — Subdivision du jour. — V. CALENDRIER.

2. — On a poussé la manie de la dispute, dit M. Berriat-Saint-Prix (p. 144), jusqu'à demander quand une heure est finie, si c'est au coup du prélude ou au premier ou dernier coup de l'heure suivante; et un grave tribunal a décidé, après avoir consulté des mathématiciens, que c'est au coup du prélude. — Voët, *Ad pand.*, tit. *De divers. temp.*, n° 1; Rolland de Villargues, *Rép. du notar.*, v° *Heure*, n° 7.

3. — Il y a des délais qui se comptent par heure. — V. DÉLAI. — V. aussi APPEL. — Quant à la prescription, elle se compte, non par heures, mais par jours. — C. civ., art. 2260. — V. PRESCRIPTION.

4. — En général, il n'est pas nécessaire d'indiquer l'heure à laquelle des actes sont passés; il y a cependant certaines exceptions que l'usage a consacrées. — V. DATE, nos 18 et suiv.

5. — De plus, dans certains cas, la loi elle-même enjoint expressément de faire mention de l'heure, par exemple en cas de mention de remise du procès-verbal de saisie-immobilière, qui ne peut être transcrit sur-le-champ. — C. procéd., art. 678. — V. SAISIE IMMOBILIÈRE.

6. — En matière de procédure, aucune signification ni exécution ne peut être faite depuis le 1er oct. jusqu'au 31 mars, avant six heures du matin et après six heures du soir, et depuis le 1er avr. jusqu'au 30 sept. avant quatre heures du matin et après neuf du soir. — C. procéd., art. 1037. — V. CONTRAINTE PAR CORPS, EMPRISONNEMENT.

7. — Toutefois on peut le faire en vertu de permission du juge, dans le cas où il y aurait péril en la demeure. — Même art. 1037. — Debelleyme, ordonn., 1re partie, p. 43; — *contrà* Berriat-Saint-Prix, p. 144.

8. — V. aussi BALS PUBLICS, BALAYAGE, BOISSONS, BOURSE DE COMMERCE, COUR D'ASSISES, ÉLECTIONS LÉGISLATIVES, ENQUÊTE, ENREGISTREMENT, EXPLOIT, FOIRES ET MARCHÉS, LETTRE DE CHANGE, PRESCRIPTION, PROTÊT.

HISTOIRE NATURELLE (Marchands d'objets d').

Marchands d'objets d'histoire naturelle; — patentables de sixième classe; droit fixe basé sur la population, et droit proportionnel du vingtième de la valeur locative de l'habitation et des lieux servant à l'exercice de la profession. — V. PATENTE.

HOIRS.

Synonyme d'héritier. — V. ce mot. — V. aussi APANAGE.

HOIRIE.

Synonyme d'hérédité, de succession. — V. ces mots. — V. aussi AVANCEMENT D'HOIRIE.

HOMICIDE.

Table alphabétique.

Abus d'autorité, 100.
Action civile, 26.
Agent de la force publique, 93 s.
Alimens, 51, 54.
Artifice (pièces d'), 204.
Assassinat, 117.
Atténuation, 122.
Attroupement, 80, 91, 98.
Blessures et coups, 65 s., 159 s., 205.
Castration, 119.
Chirurgien, 176 s., 189.
Circonstance aggravante, 64, 120 s. — atténuante, 157. — constitutive, 64.
Code pénal de 1791, 14 s., 75. — de 1810, 16 s.
Commandement de l'autorité légitime, 85 s.
Complicité, 154 s.
Conducteur de voitures, 186, 195.
Consentement de la victime, 74.
Contrainte, 123.
Contravention, 201.
Cour d'assises, 146 s.
Curiosités, 203.
Défense, 102 s.
Démence, 123.
Discernement, 21.
Divagation, 194.
Donation, 25.
Droit ancien, 9 s. — romain, 3 s.
Duel, 124.
Eclairage de la voie publique, 193.
Effraction, 108, 110.
Empoisonnement, 118.
Enfant mort-né, 45 s.
Erreur du meurtrier, 70.
Escalade, 108, 110.
Excavation, 193.
Excuse, 18 s., 122.
Exécuteur des hautes-œuvres, 101.
Exécution des arrêts criminels, 92, 97.
Fait matériel, 36 s.
Gendarme, 99.
Historique, 2 s.
Homicide, 19. — (conditions), 37 s. — excusable, 19, 22. — innocent, 19 s. — illégitime, 111. — involontaire, 84. — (avec faute), 135 s. — (casuel), 126 s. — légal, 84 s., 89 s. — non punissable, 19, 21. — prémédité, 29. — punissable, 19, 23. — simple, 29 s. — simplement légitime, 102 s. — volontaire, 34 s., 82 s.
Huissier, 99.
Impéritie, 173 s.
Imprudence, 135 s., 182 s.
Inattention, 197.
Individus malades, 53. — mis hors la loi, 44.
Infanticide, 115, 196.
Inobservation des réglemens, 198 s.
Intention, 63, 190. — de nuire, 71 s. 160 s.
Ivresse, 187 s.
Jury, 61 s., 145 s.
Légitime défense, 18, 20, 102, 104.
Loi 22 prair. an IV, 76. — 18 pluv. an X, 79 s.
Maladie, 53.
Maladresse, 135 s., 164 s.
Médecin, 176 s., 189.
Meurtre, 18 s., 112 s.
Mines, 140, 202.
Monstre, 39 s.
Négligence, 137 s., 191 s.
Nourrice, 185.
Officier de santé, 200.
Ordre de la loi, 85 s.
Parricide, 17, 114.
Peine accessoire, 24.
Pénalité, 27 s.
Préméditation, 63.
Préposé des douanes, 99.
Refus de secours, 55 s.
Régicide, 17, 116.
Réglement de police, 201.
Sage-femme, 198.
Séquestration, 51 s.
Soldat, 100 s.
Substance vénéneuse, 49.
Succession, 25.
Suicide, 125.
Tentative, 75 s.
Tortures et actes de barbarie, 120 — morales, 58.
Trahison, 95.
Tribunaux spéciaux, 81.
Vengeance, 91.
Volonté de tuer, 60 s.

HOMICIDE. — 1. Ce mot s'applique à l'action de tuer un homme (*hominem cædere*); il sert également à désigner l'auteur de cette action.

CHAP. Ier. — *Historique, pénalités et divisions* (no 2).
CHAP. II. — *Homicide volontaire* (no 36).
§ 1er. — *Fait matériel* (no 36).
§ 2. — *Volonté* (no 60).
SECT. 1re. — *Homicide légitime* (no 82).
§ 1er. — *Homicide légal* (no 84).
§ 2. — *Homicide simplement légitime* (no 102).
SECT. 2e. — *Homicide illégitime* (no 111).
§ 1er. — *Meurtre, parricide, assassinat etc., etc.*, (no 112).
§ 2. — *Duel* (no 124).
§ 3. — *Suicide* (no 125).
CHAP. III. — *Homicide involontaire* (no 126).
SECT. 1re. — *Homicide involontaire purement casuel* (no 126).
SECT. 2e. — *Homicide involontaire avec faute. — Maladresse. — Imprudence. — Négligence ou inattention. — Inobservation des réglemens* (no 135).

CHAPITRE Ier. — *Historique, pénalités et divisions.*

2. — Dans tous les temps et chez tous les peuples, l'homicide a été considéré comme un des crimes les plus graves, et réprimé avec la dernière rigueur; les Egyptiens, les Hébreux, les Grecs, le punissaient de mort. — *Exode*, cap. 21, § 12 à 30; *Lois de Dracon* (Sam. Petitus, *Lois attiques*, liv. 7, chap. 1er, L. 16).

3. — A Rome, la première loi sur l'homicide paraît remonter à Numa, et a été insérée dans le *Code papyrien*; elle prononçait la mort contre tout homicide volontaire; quant à celui résultant du hasard ou de l'imprudence, son auteur n'était tenu que d'immoler un bélier par forme d'expiation. Les décemvirs portèrent cette partie de la loi dans les douze tables. — Merlin, *Rép.*, vo *Homicide*.

4. — Tullus Hostilius fit aussi une loi sur cette matière; le coupable devait être fustigé dans la ville ou hors des murs, puis pendu à un arbre. — Terrasson; *Hist. Jur. Rom.*; *Cod. papyr.*, L. 16. — Vint ensuite la loi Sempronia *De homicidiis*, qui n'apporta aucun changement aux deux précédentes.

5. — Mais la loi Cornelia, *De sicariis* (de *sica*, petite épée recourbée que l'on portait sous la robe), rendue par Corn. Sylla, en l'an de Rome 673, les modifia quelque peu. Les coupables n'étaient punis que de la déportation *(aquæ et ignis interdictio)* quand ils étaient *honestiore loco positi vel in honore aliquo*; les hommes de la dernière classe *(humiliores)*, au contraire, subissaient le supplice de la croix ou étaient livrés aux bêtes; la décapitation était réservée aux personnes de la classe moyenne. — LL. *Ad leg. Cornel. De sicariis*; Pauli, *Sentent.*, L. 5, tit. 23, § 1er; Terrasson, *Hist. de la jurispr. romaine*; — *Cod. papyr.*, L. 16. — Constantin ayant aboli le supplice de la croix parmi les chrétiens, Tribonius y substitua celui des fourches.

6. — Dans la suite, pour faire disparaître l'injustice qu'il y avait à punir plus sévèrement les hommes du peuple que les personnes dignitaires, on appliqua la peine de mort indistinctement à tous les homicides. — Quant au texte primitif de la loi de Sylla, il a presque entièrement disparu sous les modifications successives qui y ont été introduites.

7. — La loi Cornelia frappait non seulement celui qui avait commis effectivement un homicide, mais celui qui s'était promené avec un dard, à dessein de tuer, ou qui avait préparé, ou eu en sa possession, ou vendu du poison. — L. 3 ff., *Ad leg. Cornel. De sicariis*.

8. — Les sénatus-consultes assimilaient aux homicides tous ceux qui faisaient des sacrifices contraires à l'humanité. — L. 13, ff., *Ad. leg. Cornel. De sicariis*. — Mais celui qui tuait un transfuge était excepté de la loi Cornelia, ainsi que l'homicide commis dans le cas de légitime défense. — *Cod. theod.*, lib. 9, tit. 14, art. 2.

9. — Chez les Germains et les Francs, le meurtrier était livré et abandonné aux parens du défunt, à moins qu'il ne pût leur payer une *composition* qui était l'estimation du dommage causé par l'homicide; cette *composition* variait suivant l'âge, le sexe, la condition et le rang de la victime et du meurtrier. Ce ne fut que sous le règne de Childebert que les compositions en argent furent abolies.

10. — En général, cependant, on tenait pour maxime en France que toute personne qui tue quelqu'un mérite la mort, et si le coupable avait quelque excuse à faire valoir, il devait se pourvoir auprès du prince pour en obtenir des lettres de grâce.

11. — La peine de mort fut même décrétée par un édit de Childebert Ier, daté de Cologne, an 532, renouvelé en 595 par Childebert II, et depuis par plusieurs capitulaires (Baluze, t. 17), puis, quelques siècles plus tard, par les établissemens de Saint-Louis.

12. — Mais c'est seulement à dater de l'ordonnance d'août 1539, et surtout de l'édit de juillet 1547, rendus par François Ier, que ces dispositions pénales devinrent réellement efficaces : cet édit de 1547 portait : « Dorénavant, toutes personnes indifféremment, tant gentilshommes que roturiers de quelque état et qualité qu'ils soient, ayant fait et commis meurtres, homicides de guet-apens et assassinemens seront effectuellement punis de la peine de mort sur la roue, sans autre commutation de peine, quelle qu'elle soit. »

13. — L'ordonnance d'Henri II, de juill. 1557, ne fit que reproduire ces dispositions, consacrées encore par l'ordonnance de Blois, qui ajouta la défense d'accorder pour ce crime des lettres de grâce, et par les édits postérieurs : « Les parlemens, dont le pouvoir à cet égard était fort étendu, joignaient même parfois à la peine de mort des accessoires et supplices plus ou moins cruels, selon le degré de gravité qu'ils trouvaient dans le crime.

14. — Le Code pénal de 1791 ne punissait de mort que le meurtre accompagné de circonstances aggravantes; quant au meurtre simple, il n'était passible que de vingt ans de fers. — Tit. 2, art. 8.

15. — Jugé, sous la loi précitée, que la peine de vingt ans de fers ne pouvait pas être prononcée pour un homicide non consommé; et qu'elle n'était applicable qu'au meurtre, c'est-à-dire à l'homicide consommé. — *Cass.*, 11 fructid. an VII, Cuinet.

16. — Le Code de 1810, tout en conservant la distinction faite par la loi de 1791, a rendu perpétuelle la peine des travaux forcés. — Art. 304.

17. — Dans quelque cas pourtant, l'atrocité du crime a fait ajouter à la peine quelques accessoires destinés à la rendre plus infamante et plus exemplaire, notamment au cas de régicide et de parricide. — V. ATTENTAT CONTRE LE ROI ET SA FAMILLE, PARRICIDE, RÉGICIDE.

18. — Dans d'autres, au contraire, l'homicide est accompagné de circonstances qui en adoucissent ou même en font disparaître la gravité; les peines se ressentent alors de ces atténuations et suivent une échelle proportionnellement décroissante ou sont complètement supprimées. — V. les mots EXCUSE, LÉGITIME DÉFENSE, MEURTRE.

19. — C'est ainsi que, d'après notre Code pénal, l'homicide aujourd'hui peut constituer un fait non imputable, ou un simple délit, ou un crime, ou enfin le plus grand des crimes, et est, par suite, *innocent*, *non punissable*, *excusable* ou *punissable*, même avec aggravation.

20. — Il est *innocent*, lorsqu'il est ordonné par la loi et commandé par l'autorité légitime (C. pén., art. 327); s'il a été commis pour la nécessité actuelle de la légitime défense de soi-même ou d'autrui (art. 328); ou en repoussant, *pendant la nuit*, l'escalade ou l'effraction des clôtures de maisons et appartemens habités ou leurs dépendances (art. 329); ou en se défendant contre les auteurs de vols ou de pillages exécutés avec violence. — *Ibid.*

21. — Il est *non punissable* quand il n'a été le résultat que d'un acte de démence ou d'une force majeure à laquelle on n'a pu résister (C. pén., art. 64), ou qu'il a été commis involontairement et sans aucune faute imputable à son auteur (art. 319), ou par un enfant ayant agi sans discernement. — Art. 65.

22. — On le répute *excusable* s'il a été commis en repoussant, *pendant le jour*, l'effraction ou l'escalade de sa maison (C. pén., art. 322); ou accompagné, bien qu'involontairement, de maladresse, imprudence, inattention, négligence ou infraction des réglemens (art. 319), ou provoqué par des violences graves envers les personnes ou par un outrage violent à leur honneur. — Art. 321 et s.

23. — Enfin, il est *punissable* sans atténuation ou même avec plus de rigueur lorsque, étant volontaire, il ne rentre dans aucune des catégories précédentes, ou est accompagné de circonstances que la loi considère comme aggravantes.

24. — Mais dans aucun cas et sous aucun prétexte il n'est plus permis aux juges, comme il l'était aux anciens parlemens, d'ajouter de leur chef à la peine des accessoires non autorisés par la loi, et qui en augmentent ou diminuent la rigueur. — Legraverend, *Législ. crim.*, t. 2, p. 121. — C'est, en effet, surtout en matière pénale que l'arbitraire est périlleux, et que les limites rigoureuses tracées par la loi pour le prévenir doivent être observées avec le plus de scrupule.

25. — Outre la peine criminelle prononcée contre l'homicide, la loi civile déclare révocables les donations lorsque le donataire a attenté à la vie du donateur (C. civ., art. 955), et indigne de succéder celui qui serait condamné pour avoir donné ou tenté de donner la mort au défunt. — C. civ., art. 727. — V. DONATION ENTRE VIFS, nos 887 et suiv.; SUCCESSION.

26. — La veuve, le mari, les enfans de l'homicidé et toutes les personnes intéressées ont, de plus, une action civile contre l'auteur de l'homicide, à raison du dommage qu'ils en ont éprouvé. — Cette action peut être par eux exercée soit principalement devant les tribunaux civils, soit accessoirement à l'action publique devant les juges criminels. — C. inst. crim., art. 3. — V. ACTION CIVILE, nos 63 et suiv.

27. — A Naples, l'homicide volontaire n'est, en général, puni que de vingt-cinq à trente ans de fers; au Brésil, la peine peut descendre jusqu'à six ans de galères · en Angleterre, il est passible d'une peine temporaire seulement; à la Louisiane, d'un emprisonnement d'un à cinq ans; dans l'état de Géorgie, d'un confinement laborieux de

deux à quatre ans dans un pénitencier. — Le code prussien ne punit le meurtrier que de dix ou même de six ans de détention, s'il ne s'est pas servi d'armes ou a tué dans un tumulte.— Chauveau et Hélie, *Th. C. pén.*, t. 5, p. 170.

28. — L'homicide puisant toute sa culpabilité dans les divers caractères de la volonté de celui qui le commet, dans les circonstances qui accompagnent sa perpétration, a, de tous temps, été soumis à des divisions dont cette volonté et ces circonstances forment la base invariable, et qui se sont reproduites jusqu'à nos jours.

29. — Les anciens auteurs qui ont écrit sous l'empire de la loi romaine (ff., *Ad leg. corneliam, De sicariis*; Cod., *eod. titul.*) distinguaient deux espèces d'homicides : l'homicide *simple*, c'est-à-dire commis sans préméditation, et l'homicide *délibéré* ou préparé, prémédité.

30. —Quatre circonstances pouvaient concourir avec l'homicide simple : 1° *dolus*, l'intention de tuer; — 2° *culpa*, la faute ou imprudence ; — 3° *casus*, l'accident fortuit ; — 4° *necessitas*, la légitime défense.

31. — L'homicide délibéré pouvait également s'exécuter de quatre manières différentes ; 1° *ex proposito*, avec préméditation ; —2° *ex insidiis*, à l'aide de guet-apens ; — 3° *proditore*, traîtreusement, à l'improviste ; — 4° enfin, *per assassinium* par l'intermédiaire d'un tiers.—Julius Clarus Sentent., L. 5, § *Homicidium*, n° 1.

32.—Damhouderius (*Praxis criminalis*, cap. 68) divisait les homicides délibérés en six sections ou chapitres, suivant qu'ils avaient été commis : 1° *manibus atque instrumento*; — 2° *linguâ*; — 3° *consensu vel permisso*; — 4° *signis*; — 5° *intantationibus*; — 6° *toxico ac veneno*.

33. — Plus tard, et dans notre ancienne jurisprudence, on reconnaissait quatre sortes d'homicides : 1° *volontaire* quand il y avait intention de tuer.—Cet homicide était *licite* (permis par la loi) ou *illicite* : il était encore commis *avec délibération* ou *sans délibération*, selon qu'il était prémédité ou non ; — *par imprudence* lorsqu'il était le résultat d'une négligence ou d'une faute quelconque ; — 3° *accidentel* s'il n'était dû qu'à un cas fortuit ; —4° *nécessaire* alors que la loi le permettait.—Farinacius, *Quæst.* 126, tit. 14, n° 8; Cavarrarius, *Var. res.*, L. 2, cap. 9, n° 2; Muyart de Vouglans, *Mat. cr.*, p. 171 : Jousse, *Just. crim.*, t. 2, p. 580.

34.—Les mêmes distinctions à peu près se retrouvent dans le Code de 1791 et dans celui de 1810 révisé en 1832.—Aujourd'hui donc, l'*homicide* se divise en *volontaire* et *involontaire*.—Volontaire, s'il est accompagné de l'intention de tuer ; involontaire s'il ne résulte que d'une faute ou d'un simple accident.

CHAPITRE II. — *Homicide volontaire.*

35.—L'homicide volontaire se compose de deux élémens distincts et inséparables : 1° le fait matériel ; — 2° la volonté de tuer.

§ 1er. — *Fait matériel.*

36.—Pour qu'il y ait homicide, il faut que la personne sur laquelle l'attentat a été commis soit vivante au moment de la perpétration.

37.—Il y aurait homicide si cette personne n'avait point encore cessé d'exister; quand même, mortellement blessée ou atteinte d'une maladie sans espoir, elle eût dû succomber quelques instans plus tard. — Chauveau et Hélie, *Th. C. pén.*, t. 5, p. 157.

38.—De même, celui qui soustrairait à l'exécution un condamné et le tuerait ensuite serait coupable d'homicide. — Rauter, *Dr. cr.*, t. 2, n° 440, p. 9, note 1re.

39.—Sous l'empire des lois romaines, on ne considérait point comme des hommes les *monstres* (*ostenta monstrosa*) dont la forme bizarre n'avait rien d'humain : aussi le meurtre n'en était point qualifié homicide, et non seulement il était licite, mais encore ordonné.

40. — Plus tard, on distingua deux espèces de monstres : ceux qui tenaient de la bête autant que de l'homme, et ceux qui n'étaient que contrefaits. —L. 38, ff., *De verb. signif.* — Les premiers seuls continuaient à pouvoir être mis à mort. — Damhouderius, ch. 84, n° 30 ; Farinacius, *Quæst.* 121, n° 91.

41. — En Allemagne, on peut encore tuer un monstre humain, mais il faut, sous peine de police, avoir obtenu la permission des magistrats. — Cocceji, *Jus controv. pand.* L. 1, t. 5, quæst. 6.

42.—Aujourd'hui, chez nous, ces distinctions ne sauraient plus être admises, et la mort donnée à tout être issu de l'homme, quelque contrefait ou monstrueux qu'on le suppose, rentrerait dans les prévisions de la loi relative à l'homicide—V. cependant *contrà* Rauter, t. 2, nos 440 et 448.

43. — Au reste, on peut à bon droit se demander ce que c'est qu'un monstre.—V. à cet égard MONSTRE, et une dissertation intéressante dans laquelle M. Eschbach (*Revue de législation*, de M. Wolowski, t. 1er 1847, p. 167), professeur à la faculté de Strasbourg, combat l'idée émise par divers auteurs anciens et modernes, (L. 13, C. *De posth.*; L. 14, ff., *Statu hominum*, 1, 5; L. 135, *De verb. signif.*;—Lebrun, *Traité des successions*, L. 4, ch. 1er ; Ricard, *Des disp. cond.*, t. 1er, ch. 5, n° 100; Bourjon, *Dr. commun de la France*; Chabot, *Commentaire des succ.*, t. 1er, p. 77; Duranton, t. 6, n° 75; Malpel, *Tr. des succ.*, liv. 1er, ch. 4, nos 18 et 19; Poujol, *Tr. des succ.*, t. 1er, p. 102) qu'il existe encore des monstres.

44. — Anciennement, le meurtre d'un individu *mis hors la loi* n'était pas considéré comme homicide; dans le moyen âge, les Zingaris (Bohémiens) étaient hors la loi de plein droit, et pouvaient par conséquent être tués impunément. — En France, plusieurs décrets de la convention mirent hors la loi un assez grand nombre de personnes, et cependant l'homicide commis sur elles n'aurait certes pas été considéré comme licite.—Rauter, *ibid.*, n° 440.

45.—L'enfant non encore né n'est point un être humain dans le sens de la loi pénale; dès-lors, la mort qu'on lui donnerait ne saurait constituer un homicide. — Ce serait un crime spécial prévu par des dispositions particulières. — V. AVORTEMENT.

46. — La destruction d'un enfant mort-né ou non-viable ne constitue pas non plus un homicide. — Carnot, t. 2, p. 28; Rauter, t. 2, n° 448.

47. — Du reste, l'expression *homme* (de laquelle est formé en partie le mot *homicide*) comprend dans sa généralité tout individu appartenant au genre humain, qu'il soit homme ou femme, enfant ou vieillard, nègre ou blanc, chrétien ou juif, libre ou esclave, etc.; et dans tous les cas le crime est le même. — L. 2, ff.. *Ad leg. Corn.*, *De sicariis*.

48. — Il faut, de plus, pour qu'il y ait homicide, que la mort soit le produit d'un acte matériel, ou du moins que cet acte matériel, s'il n'a pas donné la mort, ait pu l'occasionner. Ainsi celui qui, croyant à la vertu d'un sortilége, l'aurait employé dans le dessein de tuer, ne commettrait pas un homicide si la mort ne s'en était pas suivie.

49. — Il en serait de même de celui qui aurait fait prendre une substance innocente croyant administrer du poison. — Rauter, *Tr. de dr. crim.*, t. 2, n° 443.— V. EMPOISONNEMENT, nos 40 et suiv.

50. — Du reste, il n'est point indispensable que le fait matériel soit *actif* ou *positif*, il peut être simplement *passif* ou *négatif* et consister dans l'omission d'un acte tout aussi bien que dans sa perpétration.

51. — Ainsi celui, par exemple, qui, chargé par devoir ou par fonctions de porter des alimens à une personne séquestrée, s'abstiendrait de le faire et la laisserait mourir de faim, se rendrait coupable d'homicide. — *Cass.*, 7 frim. an X, Maguet et Chalus.

52. — De même, celui qui séquestrant illégalement un tiers le laisserait mourir de faim, commettrait le crime d'homicide. — Rauter, *ibid*, n° 339.

53. — On en pourrait dire autant, suivant les circonstances, de la personne qui priverait *exprès* un malade d'un remède prescrit qui devrait le rendre à la vie.— Chauveau et Hélie, *ibid.*, p. 160. — Toutefois, cette proposition est soumise à des appréciations tellement nombreuses et délicates qu'elle nous paraît d'une application à peu près impossible.

54. — Quant à l'omission seule de nourrir celui qu'on n'est pas obligé *juridiquement* d'alimenter, elle ne constitue pas l'homicide.

55. — En Egypte, celui qui, pouvant sauver un homme attaqué, ne le faisait point, était punissable comme l'assassin.

56. — Chez nous le refus de secours, même dans les cas graves et lorsque la vie d'un homme en dépend, ne pourrait guère, le plus souvent, quelqu'immoral qu'il soit, être considéré comme un homicide volontaire, alors même que les fonctions de celui qui refuse son aide lui en ferait un devoir, pourvu, toutefois, qu'il n'y eût de sa part aucune connivence.—Rauter, *ibid.*, n° 439 note.

57. — La seule présence d'une personne à un meurtre qu'elle n'a point empêché ne suffit pas pour l'en constituer complice.— Un semblable fait n'est pas même un délit auquel on puisse appliquer une loi pénale. — *Cass.*, 13 mars 1812 Broquet.

58. — Les actes purement intellectuels, les tortures morales à l'aide desquelles un homme parviendrait à faire mourir celui qui est dans sa dépendance ne pourraient, comme l'acte matériel, constituer un élément de l'homicide. Ils sont trop insaisissables, échappent trop à l'analyse pour que la preuve en soit possible; l'impuissance de la loi, fruit de l'imperfection humaine, a dû ici lui interdire une incrimination qu'elle n'aurait pu fonder que sur des conjectures.—C'est donc à tort, suivant nous, que M. Rauter (*Tr. de dr. crim.*, t. 2, n° 438) professe une opinion contraire, et soutient qu'un acte moral, c'est-à-dire non matériel, peut constituer un homicide coupable.

59. — Dans le nouveau Code pénal de la Louisiane l'homicide est défini « la destruction de la vie de l'homme, soit par des actions ou des omissions coupables, *soit en créant des combinaisons propres à amener la mort.* » Le vague de ces derniers mots et l'arbitraire qu'ils permettent rendent plus évidente que jamais la vérité de cette vieille maxime *omnis definitio periculosa*. — Mittermaïer, *Nouv. archiv. crim.*, t. 22, p. 138.

§ 2. — *Volonté de tuer.*

60. — La volonté n'est un élément de l'homicide qu'autant qu'elle a été entière et qu'elle est clairement établie. — Dans ce cas, elle contribue à rendre l'homicide criminel quand bien même le fait matériel serait resté inachevé.

61. — La circonstance de la volonté doit donc être soumise au jury et formellement déclarée par lui. — *Cass.*, 27 vend. an XIII, Darnal; 26 juin 1806, Garotti.

62. — Ainsi, il ne lui suffirait point de déclarer l'accusé coupable d'avoir porté des coups qui ont occasionné la mort, car cette réponse n'établit pas suffisamment la volonté de tuer. — *Cass.*, 19 sept. 1828, Neulander.

63. — Jugé encore que dans une accusation d'homicide occasionné par la privation d'alimens, il ne suffirait point de demander si l'accusé y a concouru *sciemment* et même *avec préméditation*; qu'il faut de plus demander s'il y a participé *dans l'intention du crime*. — *Cass.*, 7 frim. an X, Mazuel et Chalus.

64. — La volonté étant une circonstance *constitutive* et non *aggravante* du meurtre, ne doit point être posée par une question spéciale et séparée. — *Cass.*, 16 mai 1828, Jullian.

65. — Avant 1832, la cour de Cassation jugeait constamment qu'il y avait homicide *volontaire* par cela seul que des coups et blessures, desquels était résultée la mort, étaient volontaires.— V. notamment *Cass.*, 2 juill. 1819, Chevet, et 18 sept. 1828, Guibert.

66. — Elle réputait même non écrite la déclaration faite par les jurés *que l'accusé n'avait pas eu l'intention de donner la mort.*—*Cass.*, 16 juill. 1829, Bourlery.

67. — Mais, d'après le second alinéa de l'art. 309 C. pén., ajouté par la loi du 28 avr. 1832, la volonté n'est aujourd'hui constitutive du meurtre qu'autant qu'elle comprend l'intention explicite de donner la mort. — V. MEURTRE, BLESSURES ET COUPS.

68. — Dans l'ancien droit, la preuve de la *volonté de tuer* ne pouvait être faite par témoins : aussi agitait-on vivement la question de savoir à quels signes extérieurs pouvait se reconnaître cette volonté : on la présumait, en général, lorsque le coupable s'était servi d'armes meurtrières, lorsque les blessures avaient été faites à la tête, lorsque les coups avaient été répétés et que les blessures étaient nombreuses, ou que l'attaque avait été faite par plusieurs, ou qu'une inimitié capitale divisait la victime et le meurtrier, s'il y avait eu des menaces d'échangées, si le coupable avait pris la fuite, etc.

69. — Aujourd'hui, toutes ces circonstances ne constitueraient plus guère que des indices plus ou moins graves, mais insuffisans par eux-mêmes pour faire une preuve complète. D'ailleurs, la preuve testimoniale actuellement admise offre mille moyens d'éclairer ce point important.

70. — L'erreur du meurtrier sur la personne homicidée ne modifie en rien la criminalité du fait, l'intention de tuer n'en est pas moins constante. — *Cass.*, 8 sept. 1826, Amon; 31 janv. 1835, Chauveau; — Jul. Clarus, *De homicidiis*, n° 31 ; Perezius, *in lib.* 9, tit. 16, *C. ad leg. Cornel.*, *De sicariis*. — Chauveau et Hélie, *ibid.*, p. 165 et 166; Carnot, *C. pén.*, sous l'art. 295, n° 11. — V. ASSASSINAT, MEURTRE.

71. — Une question fort délicate est celle de savoir si la volonté de donner la mort suffit pour imprimer à un homicide le caractère d'un crime punissable, ou s'il faut en outre y joindre une

pensée frauduleuse, une intention de nuire. — D'après quelques auteurs, le seul fait de l'existence de la volonté renferme implicitement l'intention de nuire, et il n'y a pas lieu, par suite, à les distinguer; c'est même ce qu'a jugé la cour de Cassation le 6 vent. an VII (Carmillet).

72. — La cour de Cassation a pourtant jugé, sous le Code du 3 brum. an IV, que si la question de préméditation était décidée négativement en faveur de l'accusé, il devait être nécessairement posé une question sur la moralité qui donnait à l'homicide le caractère de crime. — *Cass.*, 1er pluv. an VII, Palavicini.

73. — Jugé, sous le Code pénal, que celui qui donne volontairement la mort à un individu sur sa demande, commet un homicide volontaire. — *Cass.*, 16 nov. 1827, Lefloch.

74. — Tel n'est pas l'avis de MM. Chauveau et Hélie (*Th. C. pén.*, t. 5, p. 228 et suiv.). Toutefois, ils exceptent le cas où le meurtre ayant eu lieu du consentement de la victime, ce consentement aurait été arraché par violence. — V., au surplus, vis BLESSURES ET COUPS, nos 84 et suiv., MEURTRE et SUICIDE.

75. — Le Code pénal de 1791 ne punissait que la tentative d'assassinat et d'empoisonnement; quant aux tentatives de vols, d'incendie et des autres crimes, notamment du meurtre simple, il ne s'en occupait nullement. — Aussi la question s'étant élevée de savoir si l'auteur d'une attaque à dessein de tuer ou tentative de meurtre était passible de la peine prononcée contre le meurtre lui-même, la cour de Cassation a jugé la négative. — *Cass.*, 9 pluv. an VII, Duffay.

76. — Ce n'est qu'à partir de la loi du 22 prairial an IV, qui punit comme le crime même toute tentative de crime, que la peine du meurtre a pu être appliquée à l'attaque à dessein de tuer, « lorsque toutefois, dit la cour de Cassation, cette attaque renferme les circonstances indiquées par ladite loi comme constitutives de la tentative. » — Même arrêt.

77. — Mais si le jury déclare qu'aucun homicide n'a été commis, c'est-à-dire que la mort ne s'en est pas suivie, la cour d'assises ne peut appliquer la peine du meurtre, alors qu'aucune question n'a été posée sur l'existence d'une tentative de ce crime. — *Cass.*, 19 messid. an VII, Martin.

78. — Le Code pénal de 1810 a recueilli la disposition de la loi du 22 prair. an IV, et porté également contre la tentative de crime la même peine que contre le crime; la question soulevée sous le Code de 1791 ne peut donc plus se représenter. — V. TENTATIVE.

79. — D'après la loi du 18 pluv. an X, qui établit des tribunaux spéciaux, les assassinats prémédités (art. 10) pouvaient leur être déférés concurremment avec les tribunaux ordinaires, et la connaissance des assassinats préparés par des attroupemens armés leur était exclusivement attribuée (art. 11). — Mais cette loi gardant le silence sur les homicides simples, ils restaient nécessairement dans le droit commun; aussi la cour de Cassation a-t-elle jugé le 17 brum. an XIII (Chevalier) que les tribunaux spéciaux étaient incompétens pour en connaître.

80. — Elle a également jugé que, sous la même loi du 18 pluv., l'homicide ne pouvait être soumis à un tribunal spécial, lorsqu'il n'était pas l'effet d'un projet concerté et préparé par un attroupement d'hommes armés, mais seulement le résultat d'une rixe. — *Cass.*, 17 frim. an X, Miou.

81. — Le Code d'instruction criminelle de 1808 déterminait dans ses art. 553 à 599 l'organisation et les attributions des cours spéciales; mais ces cours ayant été supprimées par l'art. 54 de la charte de 1830, tous les crimes sont aujourd'hui renvoyés indistinctement devant la cour d'assises qui est la juridiction ordinaire, sauf dans un très petit nombre de cas spécialement fixés. — V. TRIBUNAUX SPÉCIAUX.

Sect. 1re. — *Homicide légitime.*

82. — L'homicide volontaire est *légitime* quand la loi le tolère ou le commande, *illégitime* lorsqu'elle le défend.

83. — L'homicide volontaire légitime ne constitue ni crime ni délit; il n'est atteint par aucune loi pénale et ne peut même donner lieu à aucune action civile. — On nomme *homicide légal* celui que commande la loi, et plus spécialement *homicide légitime* celui qu'elle tolère.

§ 1er. *Homicide légal.*

84. — Il n'y a ni crime ni délit, porte l'art. 327, C. pén., lorsque l'homicide, les blessures et les coups étaient ordonnés par la loi *et* commandés par l'autorité légitime. »

85. — Il faut donc, pour que l'homicide *légal* soit complétement justifié, qu'il réunisse la double condition 1° de l'ordre de la loi, 2° du commandement de l'autorité légitime; à défaut de l'une d'elles, la loi ne le protége plus.

86. — Il en était de même sous le Code de 1791, part. 2e, sect. 1re, tit. 2, art. 4.

87. — Lors de la discussion du Code de 1810, la commission du corps législatif proposa d'isoler ces deux conditions et de susbtituer la particule *ou* à celle *et* employée dans l'article; mais son amendement fût rejeté, et, selon nous, avec raison, par le conseil d'état. — Procès-verbaux du cons. d'ét., séance du 18 janv. 1810.

88. — En effet, sans la première de ces conditions, la vie des citoyens serait abandonnée à la merci et à l'arbitraire des agens de l'autorité; sans la seconde, le premier venu pourrait faire de son chef l'application de la loi la plus abusive et la plus aveugle.

89. — L'homicide est légal lorsqu'il est commis en cas de guerre déclarée, alors même qu'il ne serait pas utile au succès, par exemple, si, dans le sac d'une ville ou dans l'emportement du combat, on tuait des femmes, des enfans, un ennemi sans défense. — Grotius, lib. 3, ch. 4, §§ 6 et 9.

90. — Mais l'homicide redeviendrait punissable, si, même dans ces circonstances, il avait pour but le désir de satisfaire une vengeance privée.

91. — Il y a encore homicide légal quand il résulte de l'emploi des armes dans une sédition ou un attroupement, après les sommations prescrites. — L. 21 oct. 1789, art. 7; 3 août 1791, art. 27; 10 avr. 1831, art. 1er. — V. ATTROUPEMENT.

92. — ... Ou de l'exécution d'une condamnation capitale devenue définitive. — V. EXÉCUTION DES ARRÊTS CRIMINELS.

93. — ... Lorsque des agens de la force publique repoussent des violences par la force, dans l'exercice de leurs fonctions.

94. — ... Ou qu'ils combattent la résistance opposée à l'accomplissement de leurs devoirs. — Ord. 1839, art. 4 et 5.

95. — ... Ou quand un général en chef tue ou fait tuer quiconque trahit ou prend la fuite devant l'ennemi. — Morin, *Dict. dr. crim.*, v° *Homicide*. — L'intérêt commun est ici trop gravement engagé pour ne point légitimer une mesure en quelque sorte de salut public. — V. TRAHISON, TRIBUNAUX MARITIMES.

96. — Toutefois, si les agens de la force publique excédaient la stricte limite de leurs devoirs, si l'emploi de la force n'était pas nécessaire, s'ils exerçaient des violences inutiles, même pour l'exécution d'un acte légal, ils seraient personnellement responsables, et leurs actes pourraient devenir coupables. — Chauveau et Hélie, *ibid.*, t. 4, p. 281 et t. 6, p. 65.

97. — Ainsi l'exécution capitale d'un condamné, malgré son recours, pourrait constituer un assassinat. — V. EXÉCUTION DES ARRÊTS CRIMINELS.

98. — Il en serait de même de l'usage des armes dans un attroupement, sans l'observation des formalités, et à défaut de légitime défense. — V. ATTROUPEMENT.

99. — ... De l'emploi de la force, sans nécessité, par des gendarmes, huissiers, préposés des douanes, dans et pour l'exercice de leurs fonctions. — *Cass.*, 21 nov. 1814, Bournarel. — V. LÉGITIME DÉFENSE et ABUS D'AUTORITÉ.

100. — Quant à l'homicide commis par les soldats ou des subordonnés sur l'ordre de leur chef ou supérieur, il pourrait, sans doute, être excusé (V. EXCUSE). — Mais, dans tous les cas, celui de qui l'ordre émane est responsable de son exécution, et punissable si cet ordre n'est pas suffisamment justifié par la loi. — V. ABUS D'AUTORITÉ.

101. — Des soldats ou l'exécuteur des hautes-œuvres ne pourraient même se refuser à marcher à l'ennemi ni à exécuter une sentence capitale, sous le prétexte que la guerre est injuste et la condamnation illégale : ce serait là le renversement de toute société.

§ 2. — *Homicide simplement légitime.*

102. — L'homicide est simplement légitime lorsqu'il est commandé par la nécessité actuelle de la légitime défense de soi-même ou d'autrui. — Alors, il ne constitue non plus ni crime ni délit. — C. pén., art. 329.

103. — C'est déjà ce que décidait le Digeste (L. 4, *Ad leg. aquil.*, L. 9, tit. 2), et ce qu'ont enseigné les auteurs et les publicistes de tous les temps. — V. notamment Jousse, *C. inst. crim.*, t. 3, p. 502; Puffendorf, *Dr. de la nature et des gens*, t. 2, ch. 5; Muyart de Vouglans, *L. crim.*, p. 82.

104. — Mais la loi romaine n'appliquait ce principe qu'au cas de défense de *soi-même ou des siens*. — L. 1, ff., § 4, *Ad leg. Corn.*, *De sicariis*. — La doctrine l'étendit insensiblement aux *hôtes, amis, voisins*, jusqu'à ce qu'enfin l'ancien droit en fit une exception générale pour tous les cas de légitime défense, non seulement de soi-même, *mais de toute autre personne*.

105. — Remarquons cependant que cette exception, recueillie par nos lois modernes, ne peut être admise qu'autant qu'elle réunit la triple condition : 1° que l'attaque a été dirigée contre la sûreté de la personne; 2° qu'elle est injuste; 3° que l'homicide était une nécessité de la défense. — En l'absence d'une de ces conditions, l'homicide reprend sa criminalité. — V. LÉGITIME DÉFENSE.

106. — La loi prévoit encore deux cas dans lesquels l'homicide n'est également susceptible d'aucune incrimination; ce sont, d'après l'art. 329, C. pén., les suivans : 1° si l'homicide a été commis en repoussant *pendant la nuit* l'escalade ou l'effraction des clôtures, murs ou entrée d'une maison ou d'un appartement habité ou de leur dépendance; 2° si le fait a eu lieu en se défendant contre les auteurs de vols ou de pillages exécutés avec violence.

107. — Ces dispositions, fondées sur la nécessité de la défense, ont été comprises par la loi dans les cas de légitime défense et ne sont guère que des applications différentes d'un principe unique.

108. — Aussi les mêmes règles sont-elles applicables et faut-il pour que l'homicide soit justifié, dans les circonstances prévues par l'art. 329, que l'escalade ou l'effraction aient pu inspirer des craintes sur la sûreté des personnes, que la défense ait été nécessaire et l'attaque illégale.

109. — Du reste ces règles ne sont pas restrictives du droit de défense, mais posent seulement les limites dans lesquelles il peut s'exercer légitimement. — V. pour plus amples détails le mot LÉGITIME DÉFENSE.

110. — Quant à l'homicide commis en repoussant *pendant le jour* l'escalade et l'effraction de sa propriété, il entre dans les prévisions de l'art. 322, C. pén., et est seulement *excusable*. — V. EXCUSE.

Sect. 2e. — *Homicide illégitime.*

111. — L'homicide volontaire est illégitime lorsqu'il a été commis hors les cas de justification légale. Il comprend le *meurtre* et toutes ses modalités, le *suicide* et le *duel*.

§ 1er. — *Meurtre, parricide, assassinat, etc.*

112. — Le meurtre n'est autre chose que l'homicide volontaire. — C. pén., art. 295. — V. MEURTRE.

113. — Le meurtre s'aggrave ou s'atténue selon le rapport qui existe entre l'agent et la victime, suivant l'état intellectuel de l'agent ou les circonstances dont le fait est accompagné. Le plus souvent il reçoit alors un nom spécial :

114. — Ainsi il est plus grave et on l'appelle *parricide* quand il est commis par un enfant sur ses ascendans. — C. pén., art. 299. — V. PARRICIDE.

115. — ... *Infanticide* lorsqu'il a pour objet un enfant nouveau-né. — *Ibid.*, art. 300. — V. INFANTICIDE.

116. — ... *Régicide* s'il a lieu sur la personne du souverain. — *Ibid.*, art. 86. — V. RÉGICIDE.

117. — ... *Assassinat* s'il est commis avec préméditation ou guet-apens. — *Ibid.*, art. 296. — V. ASSASSINAT.

118. — ... *Empoisonnement* quand il est produit par des substances mortelles. — *Ibid.*, art. 301. — V. EMPOISONNEMENT.

119. — En cas de castration, si la mort en est résultée avant l'expiration des quarante jours qui auront suivi le crime, le coupable encourt la peine de mort. — V. CASTRATION.

120. — Le meurtre s'aggrave encore lorsqu'il a lieu avec des tortures ou des actes de barbarie. — *Ibid.*, art. 303. — V. TORTURES ET ACTES DE BARBARIE.

121. — ... Ou s'il est précédé, accompagné ou suivi d'un autre crime. — *Ibid.*, art. 304.

122. — Mais le meurtre s'atténue lorsqu'il rentre dans un des cas d'excuse prévus par la loi, notamment, s'il a été provoqué ou s'il a été commis sans discernement de la part de son auteur. — C. pén., art. 65 et suiv., 321 et suiv. — V. EXCUSE.

123. — Enfin, il ne constitue ni crime ni délit quand son auteur était en état de démence au temps de sa perpétration, ou a été contraint par une force à laquelle il n'a pu résister. — C. pén., art. 64. — V. DÉMENCE et CONTRAINTE.

§ 2. — *Duel.*

124. — Pendant long-temps la cour de Cassation a décidé que la mort et les blessures qui pouvaient résulter du duel ne constituaient ni crime ni délit punissable; mais en 1837, elle a changé de jurisprudence, et aujourd'hui elle juge invariablement que la mort et les blessures faites en duel rentrent dans les prescriptions du Code pénal relatives à l'homicide et aux blessures volontaires. — V. DUEL.

§ 3. — *Suicide.*

125. — Quant au suicide, il est aussi un genre de meurtre, mais, à la différence de ce qui avait lieu autrefois et existe même encore aujourd'hui dans quelques pays, il n'est chez nous l'objet d'aucune disposition pénale : la loi l'a complétement passé sous silence. — V. SUICIDE.

CHAPITRE III. — *Homicide involontaire.*

Sect. 1re. — *Homicide involontaire purement casuel.*

126. — L'homicide involontaire est purement *accidentel* (*casuale*) lorsqu'il est produit par un événement que son auteur n'a pu prévoir ni empêcher. — Alors il ne constitue ni crime ni délit : l'absence de tout dol et de toute faute chez celui qui l'a commis ne permet pas en effet de lui infliger une peine (Instit., L. 4, tit. 3, § 4 et suiv; Code 1791, art. 1er, part. 2, tit. 2). *Ea, quæ ex improviso casu potius quàm fraude accidunt, facto plerumque, non noxa imputantur.* — Bartol, *in L. fin., De sicariis.*

127. — Ainsi ne serait passible d'aucune peine l'homicide commis involontairement par le couvreur qui laisserait tomber une tuile, s'il a pris soin de placer un signal pour avertir du danger. — Merlin, *Rép.*, vo *Homicide*, § 3.

128. — ...Par la personne qui tire à l'arc ou avec une arme à feu dans le lieu destiné à cet exercice. Merlin, *ibid.*

129. — ...Par celui qui écraserait du poids de sa personne un passant sur lequel il aurait été précipité par accident. — L. 7 ff., *ad leg. Cornel., De sicar.*

130. — ...Par les individus qui, mettant des cloches en mouvement pour les faire sonner, en ont causé la chute. — Carrerius, *Praxis crim., tr. de homic.*, § 14, exc. no 7.

131. — ... Par l'ouvrier qui, ébranchant un arbre dans les champs, loin du chemin, laisse tomber, même sans prévenir, une branche sur quelqu'un qui s'était réfugié sous cet arbre et qu'il n'avait pas vu. — L. 31 ff., *ad leg. aquil.*

132. — ...Par le barbier qui, rasant dans sa boutique, a été violemment poussé par un tiers. — Inst., *de leg. aquil*, § 4.

133. — Jousse (*Mat. crim.*, t. 3, p. 523) enseigne même que dans ces cas il ne serait dû aucune indemnité civile.

134. — Car en règle générale, dans l'ancien droit, si l'homicide était purement casuel, le prévenu était déchargé de toute peine, même pécuniaire. — Ord. 1670, tit. 26, art. 2; décl. 20 nov. 1683; 10 août 1686, 27 fév. 1703, 22 mai 1723; — Muyart de Vouglans, *Lois crim.*, p. 168; Serpillon, t. 1er, p. 751. — V. RESPONSABILITÉ.

Sect. 2e. — *Homicide involontaire avec faute : maladresse; imprudence; négligence ou inattention; inobservation des réglemens.*

135. — Lorsque l'homicide involontaire est le résultat d'une faute quelconque, bien qu'il n'y ait eu aucune intention de nuire, il est imputable à son auteur.

136. — Dans notre ancien droit, l'homicide commis par faute n'entraînait qu'une peine *satisfactoire* envers la partie qui en avait souffert; mais le prévenu devait solliciter des lettres de rémission près les chancelleries des parlemens. — Ces lettres accordaient le plus souvent des réparations civiles à la partie lésée.

137. — L'art. 2, tit. 2, C. de 1791, portait : « En cas d'homicide commis involontairement, mais par l'effet de *l'imprudence* ou de la *négligence* de celui qui l'a commis, il n'existe point de crime et l'accusé sera acquitté; mais, en ce cas, il sera statué par les juges sur les dommages-intérêts, et même sur les peines correctionnelles suivant les circonstances. » Et l'art. 15, tit. 2, L. 19-22 juill. 1791 : « En cas d'homicide dénoncé comme involontaire ou reconnu tel par la déclaration du jury, s'il est la suite de l'*imprudence* ou de la *négligence* de son auteur, celui-ci sera condamné à une amende qui ne pourra excéder le double de sa contribution mobilière, et, s'il y a lieu, à un emprisonnement qui ne pourra excéder un an. »

138. — Le Code de 1810 a étendu les cas de faute, et, aujourd'hui, l'homicide involontaire donne lieu à l'application d'une peine lorsqu'il a été commis avec l'une des cinq circonstances suivantes : par *maladresse*, par *imprudence*, par *inattention*, par *négligence*, ou par *inobservation des réglemens.* — La peine est, suivant l'art. 319 du Code pénal, d'un emprisonnement de trois mois à deux ans et d'une amende de 50 francs à 600 francs.

139. — Cet article est limitatif et n'admet aucune autre faute comme élément de délit. — Chauveau et Hélie, *ibid.*, t. 5, p. 472.

140. — Les homicides involontaires qui surviennent dans les mines sont également soumis à la règle posée par les art. 319 et 320 du Code pénal. — C'est la disposition formelle de l'art. 22 du décret du 3 janv. 1813, qui est ainsi conçu : « En cas d'accidens survenus dans les mines, qui auraient occasionné la perte ou la mutilation d'un ou plusieurs ouvriers, faute de s'être conformé à ce qui est prescrit par les réglemens, les exploitans, propriétaires et directeurs pourront être traduits devant les tribunaux pour l'application, s'il y a lieu, des dispositions des art. 319 et 320 du Code pénal, indépendamment des dommages-intérêts qui pourraient être alloués au profit de qui de droit. »

141. — Celui qui n'a été que *cause* d'un homicide involontaire est, aussi bien que l'*auteur* même, passible des peines portées par l'art. 319 du Code pénal, lorsqu'il est déclaré avoir agi par maladresse, imprudence, etc. — *Cass.*, 15 sept. 1825 (Intérêt de la loi), Desmée. — C'est, du reste, la disposition formelle de la loi.

142. — Ainsi, quand l'homicide involontaire n'est accompagné d'aucune des circonstances énumérées dans l'art. 319, il ne constitue ni crime, ni délit, ni contravention, et ne donne lieu à l'application d'aucune peine. — *Cass.*, 6 mars 1823, Tisserand; 9 oct. 1823, Lejeal; 6 avr. 1827, Perrin, 16 oct. 1828 (intérêt de la loi), Sabatier; 28 juin 1832, Saunier; 4 janv. 1833, Houet; 7 juill. 1827 (intérêt de la loi), Lecourt; 15 sept. 1825, Desmée.

143. — Et si, à la question de savoir si l'accusé est coupable d'homicide volontaire, le jury a répondu qu'il l'est d'homicide *involontaire*, mais sans ajouter qu'il y avait maladresse, imprudence, etc., il n'y a lieu d'appliquer l'art. 319 ni aucun autre du Code pénal. — *Cass.*, 28 juin 1832, Saunier.

144. — Il résulte de là que la faute qui a causé l'homicide involontaire doit nécessairement être constatée : — soit par le jugement si l'affaire est soumise au tribunal correctionnel, — soit par la déclaration du jury si elle est portée devant la cour d'assises, comme constituant, par exemple, un homicide volontaire, et que la faute résulte des débats. — *Cass.*, 6 mars 1823, Tisserand; 15 sept. 1825, Desmée; 6 avril 1827, Perrin; 7 juill. 1827 (intérêt de la loi), Lecourt; 16 oct. 1828 (intérêt de la loi), Sabatier; 4 janv. 1833, Houet.

145. — Le jury seul est compétent pour constater l'existence de la *maladresse*, de l'*imprudence*, etc., et la cour d'assises excéderait ses pouvoirs en décidant implicitement, par un arrêt de condamnation, que l'homicide involontaire a été accompagné de l'une de ces circonstances. — *Cass.*, 6 mars 1823, Tisserand; 10 déc. 1825, Negrel; 16 oct. 1828, Sabatier. — V. aussi *Cass.*, 30 mai 1812, Ribes, et 19 mars 1812, Best.

146. — Jugé encore que la cour d'assises excéderait ses pouvoirs si, délibérant dans le cas de l'art. 351, C. inst. crim., sur une question d'homicide volontaire, elle déclarait que l'homicide a été commis par imprudence, quoique aucune question n'ait été posée au jury à cet égard. — *Cass.*, 10 déc. 1825, Negrel.

147. — Aujourd'hui cette question ne pourrait pas se reproduire, parce que l'art. 351, C. inst. crim., a été abrogé par la loi du 4 mars 1831 (art. 4); néanmoins l'arrêt de la cour de Cassation conserve toujours de l'intérêt comme consacrant le principe que la cour d'assises ne peut jamais ajouter à la déclaration du jury.

148. — La cour d'assises ne pourrait suppléer une de ces circonstances, même par voie d'interprétation de la réponse du jury. — *Cass.*, 6 avr. 1827, Perrin.

149. — Et il suffit que la demande d'une question subsidiaire relative à la présence de la maladresse, l'imprudence, etc., etc., soit faite par l'accusé de meurtre, pour que la cour d'assises ne puisse refuser de la poser : — *Cass.*, 20 juin 1823, Heisser. — Bourguignon, *Jurispr. C. crim.*, t. 3, p. 298.

150. — Mais si, en déclarant une accusée non coupable d'avoir donné volontairement la mort à son enfant nouveau-né, le jury ajoute de lui-même et sans qu'aucune question lui ait été posée à cet égard, qu'elle a causé cette mort par imprudence, cette partie de la déclaration est entachée d'excès de pouvoir, et ne peut servir de base à l'application d'une peine. — *Cass.*, 8 déc. 1826, Angelin; 10 avr. 1829, Dubois.

151. — De même, lorsque, sur une question contenant les faits constitutifs d'un assassinat, le jury répond que l'accusé est coupable de meurtre, mais par imprudence, sans préméditation et involontairement, quoiqu'aucune question ne lui ait été soumise sur la circonstance de l'imprudence, cette partie de sa déclaration doit être considérée comme nulle et non avenue. — *Cass.*, 8 déc. 1826 (int. de la loi), Revel.

152. — Nous ferons remarquer sur cet arrêt que la déclaration du jury était encore nulle, comme contradictoire, puisqu'il ne peut y avoir de *meurtre involontaire.* — *Cass.*, 20 juin 1823, Heisser.

153. — La même cour a pourtant jugé le 29 avr. 1819 (Maurice) que le jury pouvait, sans que la question lui en eût été faite, déclarer qu'un accusé coupable de meurtre n'a agi que pour sa légitime défense. — Mais il y a entre ces deux solutions, qui pourraient paraître contradictoires, cette différence que la légitime défense ayant pour effet d'effacer entièrement le délit, les jurés peuvent l'examiner sans sortir de la question de meurtre dont il est impossible de l'isoler, tandis que l'imprudence ajoutée à l'homicide involontaire crée un nouveau délit qui peut exister et être examiné séparément.

154. — Le délit d'homicide involontaire admet très bien la complicité. — C'est à tort qu'on a prétendu que la complicité supposant un concert et, dès lors, la volonté, il devenait impossible de concevoir la complicité d'une négligence, d'une omission, d'un acte enfin qui suppose l'absence de toute volonté. — En effet, rien n'implique contradiction à déclarer un accusé complice par menaces, promesses, instructions, aide ou assistance, de l'imprudence ou de la négligence qui ont occasionné un homicide involontaire. — *Cass.*, 8 sept. 1831, Ott; — Chauveau et Hélie, *ibid.*, t. 5, p. 487.

155. — Ajoutons que ce n'est pas dans le résultat seulement de l'imprudence, dans ses effets qu'il faut voir un délit, mais plutôt dans l'imprudence même qui produira des blessures ou la mort. On conçoit dès-lors que celui qui, par ses ordres, ses menaces, etc., a provoqué l'imprudence, se rende complice du délit qu'elle contribue à caractériser. — V. néanmoins *Bourges*, 8 mars 1821, de Courvol.

156. — On jugeait avant la loi du 28 avr. 1832 que l'auteur d'un homicide involontaire par imprudence ou inobservation des réglemens pouvait invoquer le bénéfice de l'art. 463 relatif aux circonstances atténuantes, lequel n'était applicable qu'autant que le dommage n'excédait pas 25 fr. — *Cass.*, 29 fév. 1828, Vœlcklin.

157. — La cour d'Angers, au contraire, se fondant sur ce que le dommage résultant d'un homicide n'est pas appréciable en argent, avait, dans ce cas, déclaré inapplicable l'art. 463. — *Angers*, 19 fév. 1828, Moreau.

158. — La loi de 1832 ayant supprimé cette entrave apportée à l'application de l'art. 463, la question ne peut plus être douteuse, et le bénéfice de la déclaration de circonstances atténuantes ne saurait être refusé, quel que dût être en résultat le préjudice éprouvé. — V. CIRCONSTANCES ATTÉNUANTES.

159. — Il est une autre espèce d'homicide qui, avant 1832, offrait quelques difficultés dans sa qualification, c'est celui qu'occasionnent des coups portés volontairement, mais sans intention de donner la mort.

160. — Ce délit, assurément coupable, n'était point spécialement prévu par le Code pénal, et s'il ne pouvait être considéré comme homicide involontaire punissable dans le sens des art. 319 et 320 (*Cass.*, 2 juill. 1819, Chevet), peut-être n'était-ce qu'en forçant un peu le sens de la loi qu'on parvenait à lui rendre applicables les peines du

HOMICIDE, ch. 3, sect. 2e.

meurtre. — Rauter, ibid., nº 445. — C'est cependant ce que faisait la jurisprudence constante de la cour de Cassation. — *Cass.*, 2 juill. 1819, Chevet; 6 mars 1823, Tisserant; 8 sept. 1826, Amen; 28 janv. 1827, David; 16 juill. 1829, Bourlory; 12 mars 1831, Hervé-Ansquer; — Bourguignon, *Just. crim.*, t. 3, p. 262.

161. — Selon Merlin (*Rép.*, vº *Homicide*, § 3), celui qui frappe une personne et la tue sans en avoir eu le dessein doit être puni comme coupable d'un homicide commis par imprudence. Tel serait le cas où un coup de pied donné à quelqu'un lui aurait occasionné une chute dont il serait mort. — Ici la solution ne peut être douteuse, et n'implique aucune contradiction avec ce qui vient d'être dit; car si les coups sont en effet volontaires, la mort qui a suivi n'en est pas le résultat immédiat et n'est due qu'à la chute que les coups portés imprudemment ont occasionnée. — Dans le système de la cour de Cassation, la mort devait avoir été *directement* et *immédiatement* produite par les coups volontaires.

162. — Mais la loi de 1832 a coupé court à toute difficulté en introduisant dans l'art. 309, C. pén., une disposition spéciale pour ce cas. — Les arrêts de la cour de Cassation ont donc perdu tout intérêt. — V. MEURTRE, BLESSURES ET COUPS.

163. — La loi n'a pas défini ce qu'on doit entendre précisément par *maladresse*, *imprudence*, *inattention*, *négligence et inobservation des réglemens*, et a laissé à la jurisprudence le soin d'apprécier et constater, suivant les circonstances, le sens et la valeur de chacun de ces termes.

164. — *Maladresse.* — La maladresse peut être de deux sortes : purement matérielle, ou résultant de l'impéritie.

165. — Elle serait purement matérielle de la part de celui qui, émondant un arbre, jette une branche sur la voie publique et blesse un passant. — Inst. lib., 4, t. 3, § 5.

166. — ... 2º Du maçon qui laisse tomber une pierre de ses mains.

167. — L'art. 471, nº 6, C. pén., ne répute, il est vrai, que simple contravention de police le jet d'objets susceptibles de nuire par leur chute (V. JET et DOMMAGE); mais si le jet ou la chute de ces objets avait donné la mort, l'affaire sortirait des dispositions de l'art. 471 pour rentrer dans celles de l'art. 319. — *Cass.*, 20 juin 1812, Sarabbi; — Carnot, *C. pén.*, sous l'art. 319, nº 3.

168. — ... 3º De l'architecte dont l'échafaud mal assujéti s'écroule.

169. — ... 4º De l'individu qui, étant sur la défensive et voulant se défaire de celui qui l'attaque tue, au lieu de cet aggresseur, une autre personne qui, par exemple, s'est présentée pour séparer les combattans. — Merlin, *Rép.*, vº *Homicide*, § 3.

170. — ... 5º De la personne qui, lançant une pierre à un chien, atteint et tue un passant. — Jul. Clarus, § *Homicidium*, nº 4; Farinacius, *quest.* 87, nº 45.

171. — Sur ce dernier exemple, quelques auteurs distinguaient si la pierre avait été lancée dans le cas de légitime défense ou non, et ne voyaient de faute qu'autant qu'il n'y avait pas de nécessité. — Farinacius, *quest.* 126, nº 17; Mascardus, *De probationibus*, lib. 2, concl. 864, nº 4; Menochius, cas. 324, nº 4.

172. — Nous ne pensons pas qu'il y ait lieu d'admettre cette distinction : car si le jet de la pierre n'était pas nécessaire, il y aurait dans l'homicide tout à la fois imprudence et maladresse; si, au contraire, il y avait nécessité de se défendre, cette nécessité ne ferait pas disparaître la maladresse. — Chauveau et Hélie, *Théor. C. pén.*, t. 5, p. 475.

173. — Il y a maladresse par impéritie si, par exemple, un charpentier ayant mis des étais trop faibles a ainsi amené la chute d'un édifice et occasionné la mort d'une ou plusieurs personnes.

174. — ... Si un architecte ou un entrepreneur a élevé un bâtiment dont les vices de construction ont déterminé la chute, et, par suite, causé des blessures ou la mort de quelqu'un. — Jousse, *Mat. crim.*, t. 3, p. 523.

175. — « En effet, dit Domat (*L. civ.*, liv. 2, sect. 4, nº 5), il faut mettre au nombre des dommages causés par les fautes ceux qui arrivent par l'ignorance des choses que l'on doit savoir : ainsi, lorsqu'un artisan, pour ne pas savoir ce qui est de sa profession, fait une faute qui cause quelque dommage, il en sera tenu. »

176. — Doit-on comprendre dans ce genre de maladresses celle des médecins qui par leur impéritie et l'ignorance des règles de leur art ont été la cause d'accidens graves?

177. — La loi romaine le décidait affirmativement (Inst., lib. 4, tit. 3, *De lege aquil.*, § 6 et 7; ff., *Ad leg. aquil.*, lib. 7 cap. 8), « par la raison, dit-elle, que *unusquisque peritiam in arte suâ præstare debet.* » — L. 13, ff., *De reg. juris.*

178. — Montesquieu fait remarquer à ce sujet (*Esprit des lois*, liv. 29, ch. 14, § 2) qu'à Rome s'ingérait de la médecine qui voulait, tandis que chez nous les médecins, étant obligés de faire des études et de prendre certains grades, sont censés connaître leur art.

179. — Denisart et Ferrière (vº *Chirurgien*) citent plusieurs condamnations prononcées contre des médecins pour accidens résultant de leur impéritie. — Cette doctrine est pleinement adoptée par nos auteurs modernes. — Chauveau et Hélie, *ibid.*, t. 5, p. 479 et suiv.

180. — En effet l'expression *quiconque* dont se sert l'art. 319, C. pén., paraît tellement générale qu'elle semble comprendre *tous* les individus sans distinction et par conséquent les médecins, chirurgiens et sages-femmes. Il faudrait une disposition expresse pour qu'ils pussent réclamer une exception, et cette exception ne peut résulter suffisamment de l'art. 29, L. 19 vent. an XI, qui soumet en certains cas les officiers de santé à une indemnité, parce que la réparation du dommage n'exclut pas l'application d'une peine.

181. — Au reste, tout ce qui touche à la responsabilité médicale sera examiné vis MÉDECINE et CHIRURGIE.

182. — *Imprudence.* — Cette disposition s'appliquerait au barbier qui, allant raser au milieu de la foule, est poussé par un tiers et commet un homicide. — Farinacius, quest. 126, nº 17.

183. — ... Au soldat qui s'exerce aux armes dans un lieu autre que celui destiné à cet usage. — Instit., *De lege aquil.*, § 4.

184. — ... Au couvreur qui tombe par suite de son défaut de précaution du haut d'une maison ou à tout homme qui se précipite volontairement par une fenêtre et occasionne par sa chute des blessures ou la mort à autrui. — Jousse, t. 3, p. 521; Morin, *Dict. du droit crim.*, vº *Homicide*, p. 397.

185. — ... Aux mères ou nourrices qui étouffent leur enfant en dormant. — *Parlem. Toulouse*, 28 fév. 1566 (Carondas, L. 7, *Rép.*, p. 416).

186. — ... A des conducteurs de voitures ou cavaliers qui, précipitant la marche de leurs chevaux ou les engageant sans nécessité dans une grande foule, causent des accidens sur leur passage. — Inst. *De leg. aq.*, § 8; ff., L. 8, *Ad leg. aquil.*

187. — ... Et, suivant MM. Chauveau et Hélie (*ibid.*, t. 5, p. 483, t. 2, p. 237 et suiv.), à ceux qui, dans un état d'ivresse volontaire et complète, commettent un homicide ou des blessures. — V. également Pothier, *Obl.*, p. 1re, ch. 1er, sect. 2e, § 2.

188. — Mais cette proposition nous paraît susceptible d'une grave controverse. Que l'ivresse, même volontaire, soit une cause d'atténuation de la peine infligée à l'homicide qu'elle a déterminé, nous le concevons et l'admettons volontiers; mais en faire d'une manière absolue une cause exclusive de la volonté, c'est ce qui nous paraît plus contestable, et ouvrir un large champ à l'arbitraire. — V. au reste EXCUSE et IVRESSE.

189. — Il faudrait aussi, suivant la cour d'Angers, l'appliquer aux médecins et officiers de santé qui, par imprudence, ont occasionné la mort à leurs malades. — *Angers*, 1er avr. 1833, Chevalier. — Cet arrêt ne parle que de blessures, mais il s'applique évidemment à *fortiori* au cas de mort. — V. au reste MÉDECINE et CHIRURGIE.

190. — On ne peut considérer comme homicide volontaire par imprudence celui qui a été la suite de coups portés volontairement, mais sans intention de donner la mort. — *Cass.*, 2 juill. 1819, Chevet.

191. — *Négligence, inattention.* — On peut considérer comme coupable de négligence le maçon qui laisse tomber des matériaux sans avoir averti les passans du danger. — Inst., *De leg. aq.*, § 5; ff., L. 31, *Ad leg. aq.*

192. — Quelques auteurs voulaient que dans ce cas, pour être exempt de faute, le maçon prît la double précaution d'attacher un signal et de crier aux passans de s'éloigner. D'autres se contentaient d'une seule de ces deux conditions. — Chauveau et Hélie, *Th. du Code pén.*, t. 5, p. 484.

193. — ... Le propriétaire qui n'aurait pas éclairé les matériaux par lui déposés sur la voie publique, ou des excavations qu'il y a fait creuser. — V. ÉCLAIRAGE DE LA VOIE PUBLIQUE et EXCAVATIONS.

194. — ... Les personnes qui ont laissé vaguer des fous furieux dont ils ont la garde, ou des animaux malfaisans ou féroces, lorsqu'il en est résulté un homicide ou des blessures. — V. DIVAGATION (fous et animaux).

195. — ... Les conducteurs de voitures qui ne se tiennent pas à la portée de leurs chevaux. — V. VOITURIERS.

196. — Les personnes qui laissent mourir un enfant nouveau-né faute de soins nécessaires. — Rauter, *Dr. crim.*, t. 2, p. 25, note 2. — V. INFANTICIDE.

197. — Quant à l'inattention, elle se rapproche beaucoup de la négligence, et existe également lorsqu'il y a eu omission d'une précaution dictée par la prudence : les mêmes exemples peuvent donc servir aux deux élémens de délit, que la loi aurait pu, du reste, sans inconvénient aucun, se dispenser de distinguer.

198. — *Inobservation des réglemens.* — Jugé qu'il y a inobservation des réglemens de la part de la sage-femme qui aurait négligé d'appeler un médecin dans le cas d'accouchement laborieux (L. 19 vent. an II, art. 33), si cette négligence a entraîné la mort de la mère ou de l'enfant. — *Cass.*, 18 sept. 1817, David.

199. — Carnot, après avoir cité cet arrêt, ajoute : « La condamnation n'est pas de rigueur, car les circonstances peuvent avoir été tellement impérieuses que les secours de la sage-femme fussent devenus indispensables au risque de tout ce qui pouvait en arriver. — C. pén., sur l'art. 319, nº 4. — Mais évidemment ce serait là une question de fait qu'il n'appartiendrait qu'aux tribunaux de résoudre. — V. SAGE-FEMME.

200. — Il en serait de même à l'égard de l'officier de santé qui aurait procédé à des opérations difficiles sans s'être fait assister d'un docteur en médecine. — L. 19 vent. an II, art. 29; — Chauveau et Hélie, *Théor. C. pén.*, t. 5, p. 479 et 486. — V. au reste OFFICIER DE SANTÉ.

201. — ... De celui qui, en contravention aux réglemens de police, aurait vendu des alimens gâtés, corrompus et nuisibles, ou des boissons falsifiées, et aurait ainsi causé la mort de ceux qui les auraient mangés ou bus, encore bien qu'il y ait eu imprudence de la part des victimes. — *Bruxelles*, 4 nov. 1822, Vandeputte.

202. — ... Des propriétaires, exploitans et directeurs de mines qui, faute de s'être conformés aux prescriptions de la loi, auraient déterminé la perte ou la mutilation de leurs ouvriers. — Décr. 3 janv. 1813, art. 22.

203. — ... Des entrepreneurs de théâtres, de curiosités, qui auraient, en contravention avec les réglemens et autorisation de police, omis de prendre les précautions nécessaires pour que les animaux ou objets qu'ils exposent au regard du public ne puissent nuire. — V. CURIOSITÉS, nº 2.

204. — ... De ceux qui auraient employé des pièces d'artifice contrairement aux réglemens. — V. ARTIFICE, ARTIFICIERS.

205. — Les observations relatives aux homicides involontaires se réfèrent également aux blessures et aux coups réprimés par l'art. 320, C. pén. — V. au reste, pour ce qui les concerne plus spécialement, le mot BLESSURES ET COUPS.

V. ASSASSINAT, AVORTEMENT, BLESSURES ET COUPS, COMPLICITÉ, DUEL, EXCUSE, HOMICIDE, INFANTICIDE, INCENDIE, INFANTICIDE, MEURTRE, PARRICIDE, RÉGICIDE, TENTATIVE.

HOMMAGE (Foi et).

1. — C'était la reconnaissance solennelle que faisait le vassal de la supériorité de son seigneur à cause du fief qu'il tenait de lui, jointe à la promesse de remplir à son égard les devoirs qui en résultaient. — Nouveau Denisart, vº *Hommage* (*Foi et*), § 1er.

2. — La prestation de foi et hommage était au nombre des droits féodaux naturels ou ordinaires. Pour tout ce qui la concerne, V. FIEF, nos 39 et suiv.

HOMME.

1. — Ce mot comprend quelquefois les individus des deux sexes. — L. 152, ff., *De verb. signif.*

2. — C'est ainsi, par exemple, que les différentes dispositions des lois et ordonnances relatives aux *hommes de couleur* sont évidemment applicables aux femmes. — V. GENS DE COULEUR.

HOMME DE L'ART.

V. EXPERTISE, MÉDECIN.

HOMMES DE COULEUR.

V. GENS DE COULEUR.

HOMME-LIGE.

1. — On désignait par cette expression le vassal

tenu de servir son seigneur envers et contre tous, même contre le souverain. — Guyot, v° *Homme-lige*; — *Encyclopédie méthodique* (*jurisprudence*), même mot. — V. aussi Henrion de Pansey, *Introduction au traité des fiefs de Dumoulin*, p. 32 *in fine*.

2. — On reconnaissait aussi une autre espèce d'*homme-lige*, qui était également obligé de servir son seigneur envers et contre tous, mais à l'exception néanmoins des autres seigneurs dont il était auparavant homme-lige. — Mêmes auteurs.

3. — Il y avait cette différence entre le vassal lige et le vassal simple que le premier était obligé au service *personnellement* quand son seigneur en avait besoin, tandis que le second n'y était obligé qu'à raison du fief, c'est-à-dire que ce vassal pouvait mettre un homme à sa place. — Henrion de Pansey, *Tr. des fiefs de Dumoulin*, tit. 1er, note 4e, p. 39.

4. — Lorsque les guerres privées eurent été défendues, il n'y eut que le roi qui put avoir des hommes-liges. C'est ce qu'avait remarqué Dumoulin dans son commentaire sur le titre des fiefs de la coutume de Paris. — Même auteurs. — V. FÉODALITÉ, FIEF.

HOMME DE LOI.

1. — Cette dénomination était autrefois employée pour indiquer ceux qui faisaient profession, avec un caractère légalement reconnu et dans l'intérêt des plaideurs, de l'étude et de l'application des lois.

2. — Sous l'empire de l'art. 9, décr. 16 août 1790 sur l'organisation judiciaire, alors que les magistrats étaient nommés par les justiciables, nul ne pouvait être élu juge ou suppléant, ou chargé des fonctions du ministère public, s'il n'était âgé de trente ans accomplis et s'il n'avait été, pendant cinq ans, juge ou homme de loi exerçant publiquement auprès d'un tribunal.

3. — La qualité d'*homme de loi ayant exercé pendant cinq ans auprès des tribunaux* ne s'entendait que des gradués en droit qui avaient été admis au serment d'avocat et qui avaient exercé cette fonction dans les siéges de justice royale ou seigneuriale, en plaidant, écrivant ou consultant. — Décr. 2 sept. 1790, art. 5.

4. — Les hommes de loi, pour être admis à exercer leurs fonctions, étaient tenus de produire un certificat de civisme. — Décr. 26 janv. 1793.

5. — Aujourd'hui, le mot *homme de loi* n'est plus reçu que dans le langage du monde pour indiquer ceux dont la profession a rapport aux lois, et il n'y a plus guère que les agens d'affaires qui prennent la qualification d'hommes de loi. — V. au surplus AVOCAT, nos 78 et suiv.; 91 et suiv.; AVOUÉ, n° 47.

HOMOLOGATION.

Action d'homologuer, de confirmer un acte, un contrat, et d'en ordonner l'exécution. — Sur les actes auxquels s'applique l'homologation, et sur la différence qui sépare l'homologation de l'entérinement, V. ENTÉRINEMENT.

HONGREURS.

Patentables de septième classe; droit fixe basé sur la population, et droit proportionnel du quarantième de la valeur locative de tous les locaux qu'ils habitent, mais seulement dans les communes de 20,000 ames et au-dessus. — V. PATENTE.

HONGROYEURS OU HONGRIEURS.

1. — Patentables de quatrième classe; — droit fixe basé sur la population et droit proportionnel du vingtième de la valeur locative de l'habitation et des lieux servant à l'exercice de la profession. — V. PATENTE.

2. — Les ateliers des hongroyeurs sont rangés, eu égard à la mauvaise odeur qu'ils produisent, dans la deuxième classe des établissemens insalubres. — V. ÉTABLISSEMENS INSALUBRES.

HONNEURS CIVILS ET MILITAIRES.

Table alphabétique.

Agens diplomatiques, 34.
Amiraux, 48.
Archevêques, 35.
Armée de terre, 5, 61 s,
Bâtimens de l'état, 7, 70 s.
Capitaines de vaisseaux, 53.
Cardinaux, 35.
Chambre des députés, 28. — des pairs, 26.
Chefs de division, 56. — d'état-major, 42. — militaires, 52.
Colonies, 8, 58 s.
Commandans par intérim, 63, 71. — d'armes, 43.
Conseil d'état, 31.
Conseiller d'état, 32.
Contre-amiraux, 50.
Corps municipaux, 38.
Cours de justice, 33.
Député, 29.
Diane, 60.
Diverses espèces d'honneurs, 9, 16.
Etrangers, 79 s.
Evêques, 35.
Garde d'honneur, 65. — du roi, 67.
Gouverneurs des colonies, 57.
Honneurs funèbres, 15, 17 s.
Intendans militaires, 45.
Législation, 2.
Lieutenans-généraux, 41.
Majors, 55.
Maréchaux-de-camp, 41.
Maréchaux de France, 40.
Membres de la légion-d'honneur, 39.
Ministres, 30.
Navire de commerce, 77.
Officiers, 44, 54. — de santé, 46,
Ordres spéciaux, 14.
Pair de France, 27.
Personnes qui ont droit aux honneurs, 10 s.
Ports et arsenaux, 6, 68.
Préfets, 36. — maritimes, 51.
Préséance, 84 s.
Princes, 25.
Prince royal, 23.
Régent, 24.
Reine, 23,
Rencontre des vaisseaux, 74.
Résidence du roi, 43.
Retraite, 60.
Roi, 21.
Saint-sacrement, 20.
Saluts, 73, 75 s., 83.
Sous-préfets, 37.
Troupes en marche, 64. — de passage, 65.
Vedettes, 66.
Vétérinaires, 47
Vice-amiraux, 49.
Visites, 69, 72.

HONNEURS CIVILS ET MILITAIRES. — 1. — Marques extérieures de respect dues à certaines corporations ou à certaines personnes, à raison des fonctions, titres ou dignités dont elles sont revêtues.

2. — *Législation.* — Certaines personnes, certains corps constitués ont droit, d'après les lois, à des honneurs publics.

3. — Les règles sur les honneurs civils et militaires étaient contenues autrefois dans l'ordonnance du 1er mars 1768, sur le service intérieur des troupes (tit. 26), et dans l'ordonnance de la marine du 25 mars 1765, titre 16.

4. — Aujourd'hui, cette matière est régie principalement par les décrets des 24 mess. an XII, 6 frim. an XIII, et l'odonnance du 31 oct. 1827, tit. 18. — Chacun de ces décrets et ordonnances a trait à une classe d'honneurs distincts.

5. — Le décret du 24 mess. an XII, connu sous le nom de décret des honneurs et préséances, est relatif aux honneurs civils et aux honneurs militaires à rendre par l'armée de terre.

6. — Celui du 6 frim. an XIII règle tout ce qui concerne les honneurs militaires dans les ports et arsenaux.

7. — Enfin l'ordonnance du 31 oct. 1827, sur le service des officiers à bord des bâtimens de la marine, a déterminé par un titre spécial (tit. 18) quels honneurs doivent être rendus à bord des bâtimens du roi.

8. — Quelques autres décrets ou ordonnances sont intervenus sur les honneurs à rendre aux fonctionnaires publics, notamment dans les colonies. — Ord. 19 mars 1826. — Mais ils n'ont apporté aucun changement aux principes établis par les décrets de l'an XII et de l'an XIII et par l'ordonnance de 1827.

9. — *Des diverses espèces d'honneurs; en quoi ils consistent.* — « Il y a des honneurs qui sont communs à tous les membres d'un même corps; d'autres qui n'appartiennent qu'à une certaine classe de fonctionnaires, et d'autres qui sont particuliers à un seul. Il y en a aussi qui ne sont rendus aux fonctionnaires que dans certaines circonstances déterminées, et après des ordres spéciaux. » — Toussaint, *C. des honn. et préséances*, p. 139.

10. — C'est un principe constant que les honneurs sont personnels et ne sont dus qu'au titre, et que les honneurs accordés à un corps n'appartiennent pas individuellement aux membres qui le composent.

11. — Le décret du 24 messid. an XII a posé en principe qu'il est défendu à tout fonctionnaire, à toute autorité publique d'exiger qu'on lui rende d'autres honneurs que ceux attribués à sa dignité, à son corps ou à son grade; et à tout fonctionnaire civil et militaire, de rendre à qui que ce soit au-delà de ce qui est prescrit par les lois et réglemens. — Décr. 24 messid. an XII, tit. 25, art. 14; 6 frim. an XIII, art. 69.

12. — Les corps civils ou militaires ne peuvent décerner d'honneurs comme témoignage de reconnaissance publique sans l'autorisation du gouvernement. — Ord. 10 juill. 1816.

13. — Il n'est rendu aucuns honneurs ni civils ni militaires à aucun officier civil ou militaire à Paris et dans les lieux où se trouvera le roi, pendant tout le temps de sa résidence, et pendant les vingt-quatre heures qui précèdent son arrivée et les vingt-quatre heures qui suivent son départ. — Décr. 24 messid. an XII, tit. 3, art. 20.

14 — En règle générale encore, la plupart des honneurs, quelle qu'en soit la nature, ne sont rendus, si l'on excepte le cas où il s'agit du souverain ou de la reine, qu'en vertu d'ordres formels et exprès. — V. notamment décret du 6 frim. an XIII, art. 72.

15. — Les honneurs tant civils que militaires sont rendus à ceux qui y ont droit, tant pendant leur vie qu'au moment de leur décès. Ces derniers honneurs sont qualifiés d'*honneurs funèbres*.

16. — Les honneurs de la première espèce consistent dans des visites, des prises d'armes, des postes d'honneur, des escortes, des saluts et salves d'artillerie.

17. — Ceux de la seconde espèce consistent dans l'assistance aux obsèques, le port des coins du poële, des saluts, prises d'armes et salves d'artillerie ou de mousqueterie, enfin dans des vêtemens ou insignes de deuil.

18 — Ces honneurs sont rendus selon la dignité ou l'importance des fonctions de celui qui y a droit, tant pour l'armée de terre et l'armée de mer que pour les fonctionnaires de l'ordre administratif et de l'ordre judiciaire.

19. — Pour les détails de ces divers honneurs, il faut, au surplus, se reporter aux décrets et ordonnances précités.

20. — *Personnes auxquelles sont dus des honneurs.* — Des honneurs sont dus : 1° au saint-sacrement, dans les villes où les cérémonies religieuses peuvent avoir lieu hors l'enceinte des édifices consacrés au culte.

21. — ... 2° Au roi.

22. — ... 3° A la reine.

23. — ... 4° Au prince royal.

24. — ... 5° Au régent.

25. — ... 6° Aux princes français.

26. — ... 7° A la chambre des pairs

27. — ... 8° Au président et aux membres de la chambre des pairs individuellement.

28. — ... 9° A la chambre des députés.

29. — ... 10° Au président de la chambre des députés et aux députés isolément.

30. — ... 11° Aux ministres.

31. — ... 12° Au conseil d'état.

32. — ... 13° Aux membres du conseil d'état isolément.

33. — ... 14° Aux cours de justice et aux tribunaux, ainsi qu'à leurs présidens et autres membres qui en font partie.

34. — ... 15° Aux agens diplomatiques français et étrangers.

35. — ... 16° Aux cardinaux, aux archevêques et aux évêques.

36. — ... 17° Aux préfets.

37. — ... 18° Aux sous-préfets.

38. — ... 19° Aux corps municipaux.

39. — ... 20° Aux membres de la Légion-d'Honneur.

40. — ... 21° Aux maréchaux de France.

41. — ... 22° Aux lieutenans généraux et aux maréchaux de camp.

42. — ... 23° Aux chefs d'état-major des divisions militaires.

43. — ... 24° Aux commandans d'armes.

44. — ... 25° Aux officiers avec ou sans troupes.

45. — ... 26° Aux membres du corps de l'intendance militaire.

46. — ... 27° Aux officiers de santé militaires. — Circul. min. 20 juill. 1831.

47. — ... 28° Aux vétérinaires principaux attachés à l'armée. — Décis. royale 1er déc. 1843.

48. — ... 29° Aux amiraux.

49. — ... 30° Aux vice-amiraux.

50. — ... 31° Aux contre-amiraux.

51. — ... 32° Aux préfets maritimes.

52. — ... 33° — Aux chefs militaires.

53. — ... 34° Aux capitaines de vaisseaux.

54. — ... 35° Aux capitaines de corvette et aux autres officiers de la marine royale.

55. — ... 36° Aux majors généraux, majors, aides-majors et sous-aides majors.

56. — ... 37° Aux chefs de division.

57. — ... 38° Aux gouverneurs des colonies.

58. — ... 39° Aux commandans militaires, aux directeurs généraux de l'intérieur et aux procureurs généraux dans les colonies.

59. — ... 40° Aux conseillers coloniaux, aux cours de justice et aux tribunaux des colonies.

60. — *Honneurs rendus par l'armée de terre.* — On ne rend point d'honneur après la retraite ni avant la diane. — *Ibid.*, art. 3.

61. — Les gardes d'honneur ne rendent les honneurs militaires qu'aux personnes supérieures ou égales en grade ou en dignité à celles près desquelles elles sont placées, et alors les honneurs restent les mêmes. — *Ibid*, art. 4.

62. — Les honneurs militaires ne se cumulent point; on ne reçoit que ceux affectés à la dignité ou au grade supérieur. — *Ibid*, art. 5.

63. — Les officiers généraux qui ne commandent que par intérim ou que pendant l'absence des commandans titulaires, n'ont droit qu'aux honneurs militaires de leur grade ou de leur emploi. — *Ibid*, art. 6.

64. — Les gardes ou troupes quelconques qui se rencontrent en route se cèdent mutuellement la droite. — *Ibid*, art. 7.

65. — Les troupes qui passent dans les places ou qui n'y séjournent qu'un ou deux jours ne sont point tenues d'y fournir une garde d'honneur. — *Ibid*, art. 9.

66. — Au roi seul est réservé le droit d'avoir deux vedettes à la porte de son palais. — Toutefois il en était accordé une aux colonels-généraux des troupes à cheval, lorsqu'il y avait dans la place un régiment de leur arme. — Déc. 24 messid. an XII, art. 1er.

67. — Les détachemens et postes destinés à la garde de sa majesté ne prennent les armes pour rendre des honneurs militaires qu'à sa majesté elle-même, ou aux personnes à qui elle a accordé cette prérogative. — *Ibid*, art. 2.

68. — *Honneurs militaires dans les ports et arsenaux.* — Le décret du 6 frim. an XIII, dans ses art. 61 à 68, n'a fait que reproduire les prescriptions du décret du 24 messid. an XII.

69. — Toutefois il est un article de ce décret qui doit être mentionné parce qu'il contient sur les visites officielles des règles qui sont applicables à l'armée de terre. — Les visites d'obligation sont réglées ainsi qu'il suit : la première visite est toujours due par l'officier général ayant des lettres de service à l'officier général d'un grade supérieur également pourvu de lettres de service; celui-ci est tenu de rendre la visite dans les vingt-quatre heures. A grade égal, la première visite est faite par celui qui arrive, à moins que ce dernier ne soit conseiller d'état, auquel cas la première visite lui est due. — Ces dispositions sont réciproquement applicables aux officiers généraux de mer et aux officiers généraux de terre. — Art. 71.

70. — *Honneurs à rendre à bord des bâtimens de la marine royale* — Il n'est pas rendu d'honneurs, à bord des bâtimens du roi, avant le lever et après le coucher du soleil. — La manœuvre des voiles, les coups de canon d'heure en heure et les salves mentionnées dans l'ordonnance n'ont lieu qu'autant qu'il n'en pourrait résulter aucun inconvénient, eu égard à la position de l'armée ou à celle des bâtimens. — Ord. 31 oct. 1827, art. 718.

71. — Comme dans les places de guerre, les officiers qui commandent par intérim ou pendant l'absence des commandans militaires n'ont droit qu'aux honneurs militaires attribués à leur grade. — *Ibid*, art. 719.

72. — Les visites officielles entre les officiers sont réglées ainsi qu'il suit. — la première visite est toujours faite par l'officier d'un grade inférieur; la seconde est rendue dans les vingt-quatre heures. — Les officiers de la marine se conformeront à ces dispositions dans leurs rapports officiels avec les officiers de l'armée de terre. — *Ibid*, art. 724.

73. — Les saluts ne sont faits que lors d'une première visite ou d'une première rencontre, en rade ou à la mer; et ils ne peuvent être renouvelés qu'après un intervalle de six mois. — A l'exception des salves générales, les saluts sont toujours faits avec les bouches à feu du plus petit calibre.

74. — En cas de rencontre à la mer, dans les colonies françaises et dans les ports étrangers, les officiers généraux et les chefs de division commandant en chef sont salués par les bâtimens du roi qui ont des marques distinctives inférieures. — *Ibid*, art. 699.

75. — Les saluts entre officiers-généraux de la marine sont réglés, quant au nombre de coups de canon, ainsi qu'il est prescrit aux art. 680, 681 et 682 de l'ordonnance. — *Ibid.*, art. 700.

76. — Le salut fait par un chef de division, commandant en chef à un pavillon d'officier général, est rendu par *quatre* coups de canon. Il est rendu *trois* coups de canon au capitaine de tout bâtiment du roi portant flamme qui aura salué la marque distinctive d'un officier général ou d'un chef de division. — Les capitaines des bâtimens du roi ne saluent point entre eux. — *Ibid.*, art. 701.

77. — Lorsqu'un navire du commerce français a fait aux bâtimens du roi un salut de coups de canon, ce salut lui est rendu, mais par un nombre de coups de canon qui n'excède pas le tiers de ceux qui ont été tirés par ce navire. — *Ibid.*, art. 702.

78. — En armée, en escadre ou en division, le commandant en chef seul fait et rend les saluts, à moins qu'il n'en ordonne autrement. — *Ibid.*, art. 703.

79. — A la mer et en pays étranger, tout officier commandant un ou plusieurs bâtimens du roi peut saluer la marque distinctive des commandans en chef des bâtimens étrangers : il se conforme pour ces saluts aux usages suivis dans la marine militaire, à laquelle appartiennent ces bâtimens étrangers; il s'assure préalablement de la réciprocité. — Cet officier peut également saluer les agens supérieurs des puissances étrangères qui viennent à son bord; il règle ces saluts selon le rang de ces agens, et en se conformant aux usages de leur pays. — V. *infrà* n° 81. — *Ibid.*, art. 704.

80. — Dans les ports français, lorsqu'il est traité pour le salut personnel avec des officiers étrangers, les usages français sont seuls observés. — *Ibid.*, art. 705.

81. — A la mer, et dans les ports français ou étrangers, lorsque, sans convention préalable, les bâtimens du roi ont été salués les premiers par des bâtimens de guerre étrangers, ils rendent le nombre de coups de canon qu'ils ont reçu. S'ils sont salués par un navire du commerce étranger, ils rendent le salut par un nombre de coups de canon qui n'excédera pas le tiers de ceux qui auront été tirés par ce navire. — *Ibid.*, art. 706.

82. — Les commandans en chef des bâtimens du roi, en arrivant au mouillage en pays étranger, peuvent saluer la place, après s'être assurés que le salut sera rendu immédiatement, et coup pour coup. — Ils peuvent saluer ensuite les bâtimens de la rade. — Dans le premier cas, les voiles sont serrées; dans le second cas, une ou plusieurs voiles sont déferlées. Ces commandans rendent également, à leur arrivée, les premières visites d'usage aux autorités du lieu, ainsi qu'à l'officier commandant en rade, à grade égal; ils attendent les visites des officiers étrangers qui arrivent après eux. — *Ibid.*, art. 707.

83. — A la mer, les bâtimens de guerre qui doivent rallier d'autres bâtimens du roi portant des marques distinctives supérieures aux leurs, passent, après avoir salué, à la poupe et sous le vent du commandant. — Les navires du commerce dont la route les conduit à portée d'un bâtiment du roi passent à poupe et sous le vent de ce bâtiment; ils hissent leurs marques distinctives et saluent de leur pavillon. — *Ibid.*, art. 708.

84. — *Préséance.* — La place que doivent occuper dans les cortéges ou députations dont ils font partie les divers fonctionnaires appelés à rendre les honneurs, l'ordre dans lequel ils sont admis à rendre les visites prescrites constituent ce qu'on appelle la *préséance.*

85. — Nous exposerons sous ce mot les règles qui déterminent le droit de préséance. — V. PRÉSÉANCE.

HONORAIRES.

Table alphabétique.

Action de l'avoué, 57 s. — en paiement, 15 s., 23 s., 28, 37 s. — en restitution, 62 s.
Administration publique, 70.
Affirmation, 71.
Agréé, 99.
Appel, 73.
Arbitre, 100 s. — conciliateur, 107.
Architecte, 109.
Arrestation d'un débiteur, 93 s.
Avocat, 1, 7 s.
Avoué, 81 s.
Billet, 76.
Cause d'office, 51 s.
Chirurgien, 110 s.
Commissaire-priseur, 96.
Communauté, 78 s.
Compétence, 65 s., 76.
Conseil de l'ordre, 69, 72 s.
Déclaration des honoraires, 42.
Droit ancien, 7 s.
Ecclésiastique, 3, 114 s.
Emolument, 5.
Expert, 102 s.
Honoraires, 92. — anticipés, 44 s. — fixés d'avance, 75 s.
Huissier, 91 s.
Matière commerciale, 67.
Médecin, 110 s.
Mesure disciplinaire, 36, 39 s.
Ministère public, 41.
Notaire, 95.
Pacte d'honoraires, 24 s., 46 s. — *de quotâ litis*, 46 s.
Plaidoirie de l'avoué, 87.
Prescription, 27, 29 s., 64, 112
Privilége, 111
Profession libérale, 2.
Quittance, 21, 53 s.
Reçu des pièces, 80.
Restitution, 62 s.
Salaire, 4.
Solidarité, 77, 106
Tarif, 58 s.
Taux des honoraires, 13 s., 19, 25 s., 50, 58 s., 69, 71.
Traite (pour les honoraires), 43.
Tribunal de commerce, 67.
Tuteur, 113 s.
Voyage, 88.

HONORAIRES. — 1. — C'est la rétribution d'un service rendu. — Le mot *honoraires* vient de ce que anciennement, à Rome, les avocats étaient payés de leurs travaux par des *honneurs* et non par de l'argent.

2. — Il ne s'appliquait donc alors qu'aux seuls avocats; mais de nos jours, il est généralement employé vis-à-vis des personnes qui exercent une profession libérale.

3. — On en fait également usage pour désigner les rétributions qui appartiennent aux ecclésiastiques.

4. — L'honoraire implique toujours une idée de reconnaissance. — Quant à la rémunération d'un acte ou d'un travail quelconque, abstraction faite de toute reconnaissance, elle prend le nom de *salaire.*

5. — Le salaire d'un acte de procédure prend le nom d'*émolument.*

6. — Nous examinerons séparément les règles relatives aux honoraires dus soit aux avocats, soit à d'autres personnes exerçant certaines professions libérales.

§ 1er. — *Honoraires des avocats* (n° 7).

§ 2. — *Honoraires des officiers ministériels, des agréés, arbitres, experts, architectes, médecins, et chirurgiens, tuteurs, et ecclésiastiques* (n° 81).

—

§ 1er. — *Honoraires des avocats.*

7. — Dans l'origine, le ministère des avocats ou des orateurs était purement gratuit. — En Grèce et à Rome les honneurs publics étaient leur seule récompense. — On sait, en effet, que tous les grands hommes de l'antiquité préludèrent par le barreau à leur illustration.

8. — Antiphon fut le premier orateur grec qui reçut de ses cliens une récompense pour ses travaux. — Son exemple eut des imitateurs, mais le principal mobile des orateurs fut toujours l'honneur et non l'intérêt. — Aussi, tout orateur mercenaire était-il sévèrement réprimandé, comme le prouvent les oraisons d'Eschine et de Demosthènes. — Dupin, *Profession d'avocat*; Boucher d'Argis, *Histoire abrégée de l'ordre des avocats*, p. 28.

9. — Il en fut du barreau grec comme du barreau romain. Le ministère des patrons ou avocats fut donc d'abord gratuit : « *Vetitum quippe erat lege Cincia munerali, ne quis, ob causam orandam, pecuniam donumve acciperet.* — Tacite, liv. 2, 11, 13 et 15; Cicéron, *De oratore*, 2; le même, *Ad Atticum*, epist. ult.; Tite-Live, liv. 43 et 44; Antonius Augustinus, *De legibus et senatûs-consultis.* »

10. — On a donné pour raison de la loi Cincia que les orateurs appartenaient aux plus illustres et aux plus riches familles, mais ce ne fut pas là la véritable raison; elle était prise dans la nature même de la profession.

11. — Lorsque, sous les empereurs, les dignités furent accordées à la faveur du maître, et non plus au mérite, les avocats durent accepter les présens que leur faisaient leurs cliens.

12. — Alors seulement se répandit l'usage de récompenser le travail de l'avocat par des honoraires. Auguste renouvela, il est vrai, les défenses de la loi Cincia : mais vers la fin de son règne elles furent levées sous le consulat de Silius.

13. — Tibère maintint cet état de choses; mais quelques avocats abusèrent de cette liberté, en prenant des honoraires exagérés. — Le mal dut être grand, car l'empereur Claude crut faire beaucoup en réduisant le chiffre le plus élevé des honoraires à dix grandes sesterces, évaluées par les uns, dit Boucher d'Argis (p. 39) à 10,000 livres de notre monnaie, et par les autres à 3 ou 400 livres seulement.

14. — Néron révoqua l'édit de Claude. Sous Trajan, un sénatus-consulte le rétablit, en y ajoutant seulement que les dix grandes sesterces ne pourraient être reçues qu'après le jugement de la cause. — La loi d'Auguste fut révoquée. — Suétone, *Vie de Néron*, chap. 17, et Ulpien, L. 1, ff., *De extraordinariis cognitionibus.* — On ne connaît pas la date précise de ce sénatus-consulte, dont Pline le Jeune parle cependant dans ses lettres, liv. 5, litt. ult.; — Merlin, v° *Honoraires*, § 1er.

15. — Jusque-là, ni le sénatus-consulte, ni l'édit de Néron n'avaient accordé aux avocats une action pour le paiement des honoraires qui ne leur avaient pas été expressément promis par le client. — Merlin, *loc. cit.* — Ce furent les derniers Césars qui, après avoir érigé la profession d'avocat en une sorte d'office, leur concédèrent cette action. — Mollot, p. 16, nº 13.

16. — Toutefois, Merlin émet des doutes sur ce point historique, et il résume ainsi (vº *Honoraires*, § 1er) l'économie du droit romain sur les honoraires des avocats : « Permission de les recevoir de la main bénévole qui les offre, soit avant, soit après les plaidoiries ; — faculté de se les faire promettre, après la plaidoirie et le jugement, par des écrits qui produisaient une action en justice ; — ordre aux juges de les faire payer d'office dans le cas où le client voulait forcer un avocat ayant commencé sa défense à la terminer. » — V. en sens contraire Cujas et Brodeau, *Coutume de Paris*, art. 115.

17. — Au surplus, la concession de cette action ne porta aucune atteinte à l'honneur de la profession, comme le prouve le passage d'Ulpien : « *Si remunerandi gratiâ honor intervenerit, erit mandati actio.* — L. 1, ff., *Mandati.*

18. — Le vieux droit français offre quatre ordonnances principales sur cette matière : celle de Philippe-le-Hardi, du 23 oct. 1274 ; celle de Charles VII, du mois d'avr. 1453 (art. 45) ; celle de Blois, du mois de mai 1579 (art. 161) ; et enfin l'ordonnance de 1667, t. 31, art. 10.

19. — L'ordonnance de Philippe-le-Hardi fixait le salaire le plus élevé des avocats à 30 liv. tournois (*Pro totâ causâ triginta librarum Turonensium unius advocati salarium non excedat*), voulant que les avocats s'engageassent par serment à ne jamais rien recevoir au-delà, soit directement, soit indirectement, même à titre de pension, de présent, ou de gratification, à peine d'être parjures et infâmes de plein droit et interdits à perpétuité des fonctions du barreau, et même d'être punis des plus fortes peines. — Merlin, *Rép.*, vº *Honoraires*, § 1er, p. 471.

20. — A l'égard de l'ordonnance de Charles VII, voici ce que portait l'art. 45 : « .... Et ne voulons par les parties ou procureurs être fait payement aux avocats pour écritures, salvations et contredits, avant la cause plaidée et dument introduite, pour procéder aux écritures et autres choses nécessaires. Et pareillement voulons et ordonnons les salaires desdits avocats, tant pour plaidoiries, écritures que autrement, être réduits à telle modération et honnêteté en regard aux ordonnances et observations anciennes, et pauvreté de notre pauvre peuple, que nul n'ait cause de s'en plaindre envers nous ni notre dite cour. »

21. — L'art. 161 de l'ordonnance de Blois porte seulement que « les avocats, les procureurs, seront tenus de signer les délibérations, inventaires et autres écritures, et au-dessous de leur seing, écrire et parapher de leur main ce qu'ils auront reçu pour leur salaire, et ce, sous peine de concussion. »

22. — L'ordonnance de 1667 (art. 10, t. 31) ne fut que la répétition de l'ordonnance de Blois.

23. — On voit que ces textes sont muets sur la question de savoir si les avocats avaient alors une action en paiement de leurs honoraires. Cependant, il est incontestable que les traditions du droit romain étaient suivies en France, non pas qu'on puisse encore citer un texte précis, mais cela résulte implicitement de diverses dispositions.

24 — Ainsi, Beaumanoir, qui écrivait, sous Philippe-le-Hardi, peu de temps après l'ordonnance de ce prince, nous apprend, dans ses *Coutumes de Beauvoisis* (chap. 5), que de son temps on ne faisait aucune difficulté de regarder comme valables les pactes que les avocats faisaient avec leurs cliens pour leurs honoraires. — Merlin, *ibid.*

25. — Les termes dont se sert cet auteur sont précieux : « Li avocats, par cette coutume, puent prendre de la partie pour qui ils plaident, le salaire convenancé, ne mes (pourvu) qu'ils ne passent pour une querelle (pour un procès) 30 livres par l'établissement de notre roi Philippe. Et se ils ne font point de marchié à chaux (avec eux) pour qui il plaident, et doivent être payés par journées, selonc che que il vaut, selon leur estat, et che que la querelle est grant ou petite, car il n'est pas resons que l'avocat qui va à un cheval, doive avoir aussi grant journée comme chil qui va à deux chevaux ou à trois, ou à plus ; ni chil qui peu fet, ait autant comme chil qui fet assez, ne que chil qui plede pour petite querelle, comme chil qui plède pour la grant. Et quand plet est entre l'avocat et chely pour qui il a plédié, pour che que il ne se peut accorder don salaire qui ne fut pas convenancé, estimation doit être faite par le juge selonc che que y voie que i void resons est. » — V. Merlin, *ubi suprà.*

26. — On sait qu'à l'époque où vivait Beaumanoir, les avocats suivaient le parlement, qui était ambulatoire. Il paraît que leurs honoraires étaient proportionnés à leur état et au nombre de chevaux avec lesquels ils voyageaient, puisque cet auteur dit : « Il n'est pas reson que ung advocat qui va à un cheval doit avoir aussi grant journée que chil qui va à deux chevaux, ou à trois, ou à plus.

27. — L'art. 48 d'une ordonnance de Louis XII, de juin 1510, déterminait le temps pendant lequel les avocats devaient faire demande ou poursuite de leurs salaires (ce mot avait remplacé celui d'honoraires).

28. — Dumoulin, dans son commentaire sur la règle de chancellerie (*De verisimili notitiâ*, nº 53), rapporte que Jacques Maréchal, avocat sous les rois Charles VII, Charles VIII et Louis XII, obtint, par arrêt du parlement de Paris, 60 liv. parisis pour un mémoire de peu d'étendue : *habitâ ratione, non ad brevem, sed ad doctam et resolutariam scripturam, modumque litis et eminentem scientiam advocati.* — Merlin, *loc. cit.*

29. — L'art. 13, chap. 18, d'une ordonnance de François Ier, de 1535, était ainsi conçu : « Et quant aux salaires des vacations desdits greffiers, ils n'en pourront faire demande ou poursuite après un an d'iceux salaires réservés ; et le semblable des avocats... Et si ne pourront les vivans demander arrérage de leurs pensions de plus de trois ans passés, eu égard au temps de leur demande. »

30. — Cette règle fut constamment suivie par le parlement d'Aix. — V. l'arrêt du 18 mai 1626, rapporté par le président de Besieux, p. 135.

31. — Le président de Régusse, dans son *Recueil d'arrêts de règlement*, de la même cour (p. 8), écrivait, au sujet d'une déclaration du 15 déc. 1611, qui déchargeait les avocats, après cinq ans, de toute réclamation de sacs et de pièces : « Quel tort (cette loi) fait-elle aux parties ? Si les avocats doivent demander leurs honoraires dans un certain temps, après lequel temps ils sont non recevables, n'est-il pas juste aussi qu'ils ne soient pas tenus des sacs après cinq ans ? »

32. — Brodeau (sur l'art. 125 de la coutume de Paris), cite deux arrêts du parlement de Paris, du mois de sept. 1612 et du 15 sept. 1629, qui accueillirent l'action des avocats *La Caille* et *Arragon*, en paiement d'honoraires. — Merlin, *ibid.*

33. — Brillon, au mot *avocat* (nº 28), transcrit un mémoire publié de son temps, dans lequel sont cités trois autres arrêts sans date, le premier qu'on appelle *l'arrêt fameux de défunt Me Jacques Lambin, qui lui adjuge* 1200 *liv. pour* 12 *rôles d'écritures* ; le second *rendu en faveur de Me Fouassier, qui lui adjuge par préférence ses honoraires, sur le prix provenant des effets de la succession d'un gentilhomme de la maison de Rambures* ; le troisième, *qui adjugea à Me Jacques Lhommeau* 8,000 *liv. contre la succession de l'évêque de Langres.*

34. — En 1786, le parlement de Paris condamna encore le duc d'Aiguillon à payer 25,000 liv. d'honoraires à l'illustre Linguet.

35. — Telle était aussi la jurisprudence des parlemens de Bordeaux, de Grenoble et de Douai. Le parlement de Toulouse ne l'avait pas adoptée.

36. — Mais Boucher d'Argis, dans son *Histoire des Avocats* (p. 110), rapporte *qu'on ne souffrait pas qu'un avocat intentât une pareille action.* — Aussi Linguet fut-il rayé du tableau. — V. arrêt du 7 nov. 1737 ; — Camus, 1re lett., p. 273, édit. Dupin ; Nouveau Denizart, vº *Avocat*, § 3, nº 13 ; Jousse, p. 465 ; Philippe Dupin, *Encyclop. du droit*, vº *Avocat*, nº 70 ; Chollet, p. 77, note.

37. — Aujourd'hui, il est hors de doute que les avocats ont droit à des honoraires et peuvent exercer à cet égard une action en justice. Les art. 36, 43 et 44, décr. organ. du 14 déc. 1810, le prouvent surabondamment.

38. — Les cours royales se sont également prononcées dans le même sens. — *Bruxelles*, 12 déc. 1807, N... ; *Grenoble*, 30 juill. 1821, Accarias c. Boscq ; *Bordeaux*, 26 avr. 1830, Varennes ; 20 août 1829, Laurens c. Chassaignie ; *Aix*, 12 mars 1834, Fortoul c. Digue ; *Dijon*, 24 janv. 1842 (t. 1er 1842, p. 218), F... c. syndic T... ; — Favard, t. 1er, p. 284 ; Chauveau, *Tarif*, t. 1er, p. 154, nº 12.

39. — Mais le barreau de Paris a adopté la règle de l'ancien barreau, d'après laquelle toute demande judiciaire est interdite à l'avocat, à peine de radiation du tableau, et son exemple a été suivi par d'autres barreaux.

40. — « Devons-nous, dit à cette occasion M. Mollot (p. 77), maintenir cette vieille tradition, malgré quelques dissidences ? Pour mon compte, je n'hésite pas à le déclarer, elle est dans l'esprit du nouveau règlement (ord. 20 nov. 1822, art. 45) ; elle constitue essentiellement l'honneur de notre profession ; elle fait que cette profession ne ressemble à aucune autre. »

41. — Jousse (p. 465) pensait que, si les honoraires dus étaient assez considérables pour influer sur la position de l'avocat, le ministère public pouvait, d'office, en former la demande pour lui, et que la cour devait les adjuger d'après l'appréciation du bâtonnier ; mais nos lois sur la procédure n'admettraient pas une action ainsi introduite, *nul ne plaidant en France par procureur.* — Mollot, p. 78 et 79, note 3.

42. — L'avocat qui veut se renfermer rigoureusement dans la règle qui vient d'être posée doit porter le scrupule jusqu'à s'abstenir de réclamer ses honoraires au client par lettres ou de vive voix (Mollot, p. 79). — « Nous devons même éviter, disait un ancien bâtonnier, le 9 mai 1723, d'obliger nos cliens, par nos manières envers eux, pendant qu'ils ont besoin de nos secours, à nous récompenser au-delà de ce qu'ils ont résolu. » — Camus, lettre 1, p. 273, édit. Dupin.

43. — Aux termes de l'art. 36, décr. du 14 déc. 1810, l'avocat ne peut faire traite pour ses honoraires, même ceux que le client consent à lui payer, car c'est là un acte de commerce.

44. — En outre, le même article lui défend de forcer les parties à reconnaître ses soins avant les plaidoiries, sous peine de réprimande pour la première fois, et d'exclusion ou de radiation, en cas de récidive.

45. — Mais il est reconnu que, si l'on sollicite l'avocat d'abandonner son cabinet et ses affaires pour aller exercer un acte de son ministère au dehors du siége, il peut, sans manquer au désintéressement ni aux convenances, témoigner le désir que la rémunération soit remise ou au moins convenue à l'avance (Mollot, *ibid.*, nº 98). Ici, en effet, les choses changent : l'avocat, en abandonnant son cabinet, néglige ou perd d'autres cliens ; il s'impose extraordinairement des fatigues, des dépenses. Une exception devient donc légitime. La délicatesse la plus sévère ne lui commande pas d'injustes sacrifices. — V. en ce sens *Grenoble*, 2 mai 1838 (t. 1er 1839, p. 421), Narelle c. Ancillon ; *Cass.*, 30 avr. 1839 (t. 1er 1839, p. 546) mêmes parties.

46. — Toute convention dans laquelle l'avocat stipule qu'à titre d'honoraires il lui sera remis par son client une partie de l'objet en litige, ou de sa valeur, est sévèrement proscrite ; c'est le pacte *quota litis*, pacte honteux, puni de tous les temps et par toutes les lois. — Mollot, p. 82, nº 104 ; Boucher d'Argis, p. 44 et 398 ; Laroche Flavin, liv. 3, chap. 5, nº 18 ; Jousse, p. 462.

47. — Une convention qui ressemble au pacte de *quota litis* est celle par laquelle l'avocat accepterait un partage de valeurs qui lui serait offert par son client ou bien par lequel il ferait avec lui, pendant le cours du litige, un contrat quelconque tel qu'un achat d'immeubles, d'objets mobiliers, de créances, un emprunt de sommes d'argent. — Mollot, p. 83, nº 105, Jousse, p. 462 ; Fyot de la Marche, p. 223 ; Fournel, t. 1er p. 27.

48. — Jugé spécialement qu'un avocat ne peut s'associer avec son client pour acquérir conjointement des biens dont celui-ci poursuit l'expropriation ; qu'en ce cas, la société est réputée léonine et frauduleuse suivant la loi 7, § 9, ff., *De pactis.* — *Besançon*, 15 thermid. an XIII, Princt c. d'Affry ; — Chardon, *Traité du Dol et de la Fraude*, t. 3, nos 577 et 621.

49. — ... Et que la transaction faite entre les parties pour couvrir la nullité d'un tel pacte est nulle, si l'avocat n'a pas cessé d'être le conseil du client. — Même arrêt. — V. PACTE DE QUOTA LITIS.

50. — Il est encore contraire à la délicatesse de la profession de stipuler un honoraire plus ou moins considérable, selon le gain ou la perte du procès, et de recevoir les sommes provenant du procès, pour toucher plus facilement ses honoraires, ou, ce qui est la même chose, de les retenir entre ses mains. En un mot, tout pacte d'honoraires est défendu.

51. — Dans les causes d'office, il est défendu à l'avocat de recevoir les honoraires même offerts. Cette prohibition résulte implicitement de la loi. — Ord. 20 nov. 1822, art. 41.

52. — Un arrêté du conseil de l'ordre des avocats de Paris l'a particulièrement défendu devant les cours d'assises et les tribunaux correctionnels. — V. l'arrêté du 11 déc. 1816, rapp. par M. Mollot, nos 413 et 414.) Et M. Mollot ajoute à l'occasion de cet arrêté que le ministère des avocats d'office doit être également gratuit devant les conseils de guerre et les tribunaux civils.

53. — Les honoraires étant payés volontairement par le client à l'avocat, il s'ensuit que quittance ne doit pas lui être donnée. Tel est l'usage, bien que l'art. 44, décr. 1810, porte que les avocats

doivent faire mention de leurs honoraires au bas de leurs consultations, mémoires et autres écritures, et donner un reçu de leurs honoraires pour les plaidoiries. — Mollot, p. 80 n° 99; Camus, p. 15 lettre 1re; Boucher d'Argis; Nouveau Denisart, v° *Avocat*. § 3, n° 13; Jousse, p. 461.

54. — Ce fut une ordonnance de Henri III (dite ordonnance de Blois), qui, la première, prescrivit cette quittance, à peine de concussion; mais elle blessa la juste susceptibilité du barreau, qui refusa d'en tenir compte. — En 1602, le parlement de Paris, provoqué par Sully qui se plaignait que dans un procès les honoraires de son avocat lui avaient coûté trop cher, rendit un arrêté portant que l'ordonnance serait exécutée; les avocats se réunirent tous au nombre de trois cent sept, et résolurent tous de renoncer à leur profession; ce qui fut fait. — V. Pasquier ou le *Dialogue des avocats du parlement de Paris*, par Ant. Loisel, 1re conférence. — Le cours de la justice ayant été interrompu, Henri IV dut intervenir en confirmant l'arrêt pour la forme; par lettres-patentes du 25 mai 1602, il rétablit les avocats dans leurs fonctions, en les autorisant à les exercer *comme ils faisaient auparavant*. — Mollot, p. 141, n° 1579.

55. — Cependant, il est généralement admis que lorsque c'est l'avoué ou un comptable qui remet à l'avocat ses honoraires, il peut leur en être adressé réception par une simple lettre. — Mollot, p. 80, n° 99.

56 — « J'ai vu, dit M. Mollot (p. 80, n° 100), des avocats, sans avoir rien reçu, leur adresser de pareilles lettres pour leur donner le moyen de répéter obligeamment les honoraires comme ayant été avancés par eux. Un tel expédient est presque toujours sans utilité, car l'ingratitude lutte jusqu'à la fin. Après y avoir réfléchi, je ne l'approuve pas, parce qu'il est contraire à la vérité, parce qu'il amène une discussion judiciaire et de fâcheux abus. »

57. — Il est constant en jurisprudence que l'avoué qui a payé des honoraires à l'avocat de sa cause est fondé à en réclamer le remboursement de son client. — V. AVOUÉ, nos 570 et suiv.; — *Rouen*, 5 déc. 1844 (t. 1er 1845, p. 482), Cadot c. Lemasson; *Colmar*, 22 janv. 1846 (t. 1er 1846, p 754), Wegers c. Biehemann.

58. — Un arrêt de la cour d'Amiens, 17 nov. 1821 (Lenfant c. Beauvais), a jugé qu'en ce cas l'avoué n'avait pas d'action pour ce qu'il avait payé au-delà du tarif. Mais cette décision part d'un faux principe. — En effet, s'il est vrai que l'art. 80, § 6, L. 2, intitulé *plaidoirie et assistance aux jugemens* du décret du 16 fév. 1807 accorde, « pour honoraires de l'avocat qui a plaidé la cause contradictoirement à Paris 15 fr., dans le ressort 10 francs, et que l'art. 81 accorde pour honoraires de l'avocat qui a pris le jugement par défaut, à Paris, 5 francs, dans le ressort 4 francs », cette disposition n'a eu pour objet que de déterminer la somme que la partie qui a gagné son procès peut répéter contre l'autre partie, et nullement de réduire à un taux uniforme les honoraires dus à l'avocat par son client. — *Grenoble*, 30 juill. 1821, Accarias c. Boscq; *Limoges*, 10 août 1829, Jaudier c. Chaisemartin; *Bourges*, 26 avr. 1830, N. c. Varennes.

59. — Il avait été jugé que lorsque la plaidoirie d'une cause se continue pendant plusieurs jours, il était dû autant de droits qu'il y avait eu d'audiences de plaidoirie. — *Bourges*, 24 août 1829, Meunier c. Simon. — V. conf. Vervoot, *Comment. du Tarif*, p. 134; Rivoire, p. 384; Bioche, v° *Avocat*, n° 123.

60. — Mais la cour royale de Bourges a abandonné sa jurisprudence par arrêt du 14 juill. 1840 (t. 1er 1841, p. 292 [Millot]). Et c'est dans le même sens que la cour de Rouen s'était prononcée par arrêt du 11 fév. 1839 (t. 1er 1841, p. 293 [Roy c. Thierry]). — V. conf. Chauveau, *Tarif*, t. 1er p. 158 n° 20; Sudraud-Desisles, p. 346, n° 792, et 265, n° 669; Carré, *Taxe*, p. 67, n° 91.

61. — Dans la taxe des dépens au parlement, le droit de plaidoirie de l'avocat n'était que de trois livres, et six livres en cause d'appel. Si la cause durait plusieurs audiences, il était augmenté de trois livres par chaque audience.

62. — L'action en répétition d'honoraires *prétendus exagérés* ne nous paraît pas admissible, en principe, devant les tribunaux de même que devant les conseils de l'ordre. *Devant les tribunaux* : car les motifs qui ont déterminé le client à remettre telle ou telle somme à son avocat seraient difficilement appréciés. *Devant les conseils de l'ordre* : la raison en est différente. Si l'on tient sévèrement à la règle qui interdit la réclamation sous toutes les formes, il y a convenance, dit M. Mollot (p. 81 et 101), à repousser une répétition qui deviendrait arbitraire, ce qui ne veut pas dire assurément que ce ne soit un devoir pour l'avocat de ne pas remettre tout ou partie de ses honoraires dans le cas où la réclamation serait légitime; mais la conscience en est seule juge. » — V. aussi Jousse p. 463.

63. — Si l'avocat n'avait donné aucun soin, à l'affaire, les honoraires offerts à l'avance seraient évidemment sujets à restitution.

64. — L'action en paiement des honoraires dure trente ans. Elle n'est pas sujette à la prescription de deux ans, établie par l'art. 2273, C. civ., pour les avoués. — *Grenoble*, 30 juill. 1821, Accarias c. Boscq; *Pau*, 7 juin 1828, Petit c. Lalanne; *Rouen*, 10 juin 1834, sous *Cass.*, 22 juill. 1831, Lefèvre c. Sennichon; — Troplong, art 2273.

65. — Il a été jugé que cette action est personnelle et mobilière, et de la compétence du juge de paix ou des tribunaux civils, selon le taux de la demande; en un mot que l'art. 60, C. procéd., n'est pas applicable aux avocats. — *Cass.*, 6 avr. 1830, Lefèvre c. Pierrot; — Chauveau sur Carré, quest. 277, n° 4. — V. *contra Bruxelles*, 2 avr. 1825, N.; 30 oct. 1829, Bourwens c. Vanderboyen.

66. — Mais diverses cours ont reconnu que la demande en paiement d'honoraires dus à l'avocat qui a plaidé en appel peut être portée *de plano* devant la cour royale, *surtout si elle se rattache à l'action en paiement de frais formée par l'avoué*. — *Pau*, 7 juin 1828, Petit; *Toulouse*, 11 mai 1831, Laurens c. Roulleau.

67. — Quant aux tribunaux de commerce, ils sont incompétens pour en connaître, bien qu'il s'agisse d'une affaire commerciale. — *Cass.*, 5 sept. 1814, Delestre c. Parthon; *Colmar*, 5 août 1826, Haumann c. Spach.

68. — En un mot, toute demande en paiement d'honoraires est de la compétence des tribunaux ordinaires. — *Aix*, 12 mars 1834, Fortoul c. Digne.

69. — ..... Sauf à la partie à s'adresser au conseil de discipline des avocats, si elle trouve que les déboursés réclamés par son avoué sont excessifs. — *Rouen*, 17 mai 1828, Bignon c. de Wolodwich.

70. — C'est devant l'autorité administrative que l'avocat qui traite avec une administration publique du montant de ses honoraires doit se pourvoir pour faire exécuter cette convention. — *Cass.*, 18 niv., an XII, Gouiet-Deslandes c. Douanes.

71. — En principe, l'avocat doit être cru sur la fixation de ses honoraires; et tant que l'exagération n'en est pas alléguée, il peut les opposer en compensation, sans qu'il y ait nécessité de les faire préalablement évaluer par le conseil de l'ordre. — *Dijon*, 24 janv. 1842 (t. 1er 1842, p. 223), F. c. T.

72. — Mais lorsque l'avocat et son client ne sont pas d'accord sur le chiffre des honoraires, il y a lieu de les renvoyer devant le conseil de l'ordre, en conformité de l'art. 43 du décret de 1810. — *Grenoble*, 30 juill. 1821, Acarrias c. Bosq; *Limoges*, 10 août 1829, Jaudier c. Chaisemartin; *Bourges*, 26 avr. 1830, N.. c. Varennes.

73. — Le conseil ne donne qu'un simple avis; sa décision n'a rien de définitif. Elle n'est donc pas sujette à appel.

74. — Jugé spécialement que lorsque les fonctions du conseil de l'ordre sont remplies, aux termes de l'art. 32 du décret du 14 déc., 1810, par le tribunal même saisi de la contestation, la cause n'en doit pas moins revenir devant ce tribunal pour être jugée définitivement. Ce n'est qu'après que le tribunal a prononcé, en dernier lieu, que l'appel est permis. — *Bordeaux*, 20 août 1829, Laurens c. Chassaignac.

75. — Il est évident qu'il n'y a pas lieu à ordonner le renvoi lorsque les honoraires ont été réglés d'avance. — *Grenoble*, 2 mai 1838 (t. 1er 1839, p. 421), Havelle c. Ancillon; *Cass.*, 30 avr. 1839 (t. 1er 1839, p. 546), mêmes parties.

76. — Jugé par les mêmes arrêts que les tribunaux ordinaires sont compétens pour prononcer sur une demande en paiement d'un billet ayant pour cause des honoraires.

77. — Les honoraires sont dus solidairement ou *in solidum* à l'avocat par les cliens qui le chargent de leur défense, lorsqu'ils ont le même intérêt. — V. FRAIS ET DÉPENS EN MATIÈRE CIVILE.

78. — La circonstance que les frais faits dans une instance en divorce où la femme a succombé ont été néanmoins mis à la charge de la communauté n'autorise pas l'avocat de la femme à se pourvoir contre le mari et par voie de saisie-arrêt. — *Bruxelles*, 8 juill. 1807, N. c. Vanderen.

79. — Dans l'espèce ci-dessus la question de savoir si l'avocat peut se prétendre créancier direct du mari n'est pas un incident relatif à l'exécution du jugement, mais une instance principale. — Même arrêt.

80. — Il est de règle que l'avocat ne donne jamais de récépissé des pièces qui lui sont remises, soit par le client, soit par un confrère, en communication. — De même, il est cru sur sa simple affirmation, à l'égard de la remise des pièces qui lui ont été confiées. — *Parlem. Paris*, 28 déc. 1781; — Merlin, *Rép.*, v° *Avocat*, § 11, n° 5; Nouveau Denisart, v° *Avocat*, § 7, n° 13; Mollot, p. 73. — Mais cette honorable prérogative ne peut plus être invoquée par l'avocat s'il intente une action en justice pour ses honoraires. — *Aix*, 12 mars 1834, Fortoul c. Digne.

§ 2. — *Honoraires des officiers ministériels, des agréés, arbitres, experts, architectes, médecins et chirurgiens, tuteurs et ecclésiastiques.*

81. — *Avoués.* — On a vu v° FRAIS ET DÉPENS EN MATIÈRE CIVILE, nos 371 et suiv. que les frais se composaient: 1° de déboursés, 2° d'émolumens, et que ces émolumens étaient réglés par le tarif de 1807. — V. TARIF CIVIL.

82. — Quand les frais ont été exposés au cours d'un procès, l'avoué les réclame directement de son client, en cas de perte du procès, ou, dans le cas contraire, indifféremment de son client ou de la partie adverse, s'il a obtenu distraction des dépens. — V. FRAIS ET DÉPENS EN MATIÈRE CIVILE.

83. — Quant à la question de savoir si l'avoué a droit à des honoraires en dehors du tarif, elle a donné lieu à des doutes sérieux.

84. — Il est cependant un point incontesté, c'est que l'action de l'avoué est bien fondée lorsqu'il s'agit non pas d'honoraires réclamés à raison d'affaires judiciaires, mais d'honoraires réclamés pour affaires particulières, étrangères à son ministère, car, en ce cas, l'avoué n'a pas agi comme officier ministériel, mais comme *mandator ad negotia*. — V. AVOUÉ, nos 558 et suiv.

85. — De même, la promesse de rémunérer les soins extraordinaires donnés par un avoué *à un procès* est valable. L'avoué peut donc obtenir, en ce cas, des honoraires en justice. — *Cass.*, 16 déc. 1818, Delabriffe c. Bazin; 13 janv. 1819, Delahaye c. Teste; *Paris*, 9 juin 1831, Durand c. Teste; *Cass.*, 10 août 1831, comm. de la Neuville-au Pont c. Armand.

86. — Lorsque l'avoué agit comme *mandator ad lites*, et qu'il ne lui a été fait aucune promesse d'honoraires, il a été jugé qu'il ne pouvait rien demander au-delà de ce qui est alloué par le tarif. — *Cass.*, 13 juin 1837 (t. 1er 1837, p. 556), Seguin c. Drouin. — V. AVOUÉ, nos 553 et suiv.

87. — Mais il importe de remarquer qu'il est dû des honoraires à l'avoué qui, à défaut de l'avocat, a plaidé devant un tribunal civil. — V. AVOUÉ, nos 566 et 567.

88. — De même, il lui serait dû récompense dans le cas où il entreprendrait un voyage dans l'intérêt d'un procès dont il serait chargé.

89. — En un mot, le but du législateur a été d'empêcher qu'à l'occasion de soins spécialement donnés à la procédure, l'avoué réclamât d'autres droits que ceux du tarif.

90. — Par conséquent, le procès étant terminé, les soins que lui donnerait l'avoué devant une autre juridiction mériteraient récompense.

91. — *Huissiers.* — Leurs droits sont réglés par le tarif, art. 27 et suiv., 152 et suiv. — V. HUISSIER et TARIF.

92. — En ce qui concerne leurs honoraires, tout ce qui vient d'être dit pour les avoués est applicable aux huissiers.

93. — Il a même été jugé que la promesse d'un salaire supérieur à celui du tarif, faite par un créancier à l'huissier chargé de procéder à l'arrestation d'un débiteur, ne peut être déclarée valable, sous prétexte que l'arrestation nécessitait des démarches et des dépenses extraordinaires. — *Cass.*, 27 avr. 1831, Trinquet c. Brée.

94. — Dans l'espèce ci-dessus, la promesse rémunératoire avait été faite par anticipation, lors de la remise des pièces ou du pouvoir à l'huissier. Or, d'une part l'art. 66 du tarif défend aux huissiers de prendre de plus forts droits que ceux alloués, et de plus l'art. 53 porte qu'il ne pourra être passé aucun procès-verbal de perquisition pour lequel l'huissier n'aura pas de recours, même contre sa partie, la somme ci-dessus lui étant allouée en considération de toutes les démarches qu'il pourrait faire.

95. — *Notaires.* — En ce qui concerne les honoraires et vacations des notaires, V. NOTAIRE.

96. — *Commissaires-priseurs.* — Les droits et vacations des commissaires priseurs sont réglés aujourd'hui par la loi du 18 juin 1843. — V. COMMISSAIRE-PRISEUR, nos 149 et suiv.

97. — Ils n'ont droit à aucun honoraire extraordinaire pour les ventes qui leur sont confiées, toute perception directe ou indirecte autre que celle autorisée par la loi leur étant formellement interdite par l'art. 8 de cette loi, sous peine de suspension ou de destitution et sans préjudice de

l'action en répétition de la partie lésée, et des peines prononcées par la loi contre la concussion.

98. — Mais il a été jugé (avant la loi du 18 juin 1843) que le commissaire priseur qui a perçu de bonne foi, et sur la foi d'un usage constamment pratiqué par tous ses collègues, des honoraires volontairement payés par les parties n'est passible d'aucune peine ni blâme, et ne peut être condamné à les restituer, en l'absence de toute réclamation de la part des intéressés.—*Aix*, 30 juill. 1824, Charles.

99. — *Agréés.*—Les agréés ont droit à des honoraires.—V. AGRÉÉS, nos 61, 65, 68.—V. *contrà Colmar*, 22 mai 1844 (t. 2 1845, p. 149), Mederhauser c. Gerber.

100. — *Arbitres.* — Tout ce qui concerne les honoraires des arbitres est traité vo ARBITRAGE, nos 478 et suiv.

101. — Par un arrêt recueilli récemment, il a été jugé que les honoraires ne sont pas moins dus aux arbitres, quoique la sentence arbitrale ait été déclarée nulle, par exemple, pour avoir été rendue, après l'expiration des pouvoirs, lorsque, d'ailleurs, les arbitres se sont trompés de bonne foi.—*Agen*, 6 déc. 1844 (t. 1er 1846, p. 21), Molié c. Petit.

102. — *Experts.* — Leurs honoraires sont réglés par les art. 159 et suiv. du tarif en matière civile. — V. TARIF CIVIL.

103. — Avant la prestation du serment, l'expert peut se refuser à accepter la mission qui lui est confiée, jusqu'à ce que les frais de ses vacations aient été consignés; mais cette prétention ne serait plus fondée, une fois la mission acceptée.—V. EXPERTISE, nos 249 et suiv.

104. — ... Sauf dans le cas de l'art. 1080, C. civ.

105. — La taxe des honoraires est faite par le président du tribunal qui a rendu le jugement, sur la minute du rapport, et il en est délivré exécutoire. — V. EXPERTISE, nos 410 et suiv.; V. aussi nos 422, 428 et 432.

106. — Les experts ont une action solidaire contre les parties pour le paiement de leurs honoraires. — *Ibid.*, nos 417 et suiv.— Mais cette solidarité ne s'étend pas aux parties qui se sont opposées à l'expertise. —*Ibid.*, nos 424 et suiv.

107. — Quant à la mission des arbitres conciliateurs nommés en conformité de l'art. 429, C. comm., V. EXPERTISE, nos 540 et suiv.

108. — En matière criminelle, les honoraires des experts sont réglés par le décret du 18 juin 1811. — V. TARIF CRIMINEL.

109. — *Architectes.*— Nous avons exposé vo ARCHITECTE, nos 4, 24 et 27, ce qui concerne les honoraires dus aux personnes qui exercent cette profession.

110. —*Médecins et chirurgiens.*— Les honoraires dus aux médecins et chirurgiens pour leurs visites, consultations et opérations sont fixés à une somme plus ou moins forte, suivant les circonstances et la qualité des personnes. — V. sur ce point MÉDECINE ET CHIRURGIE.

111. — Les médecins et chirurgiens ont un privilége pour le paiement de leurs honoraires, en cas de dernière maladie.—V. *ibid.*, et PRIVILÉGE.

112. —Aux termes de l'art. 2272, C. civ., l'action des médecins et chirurgiens se prescrit par un an. — V. *ibid.*, et PRESCRIPTION.

113. — *Tuteurs.* — La tutelle est une charge gratuite: — Les tribunaux peuvent seulement allouer aux tuteurs une somme quelconque pour leurs frais, pourvu qu'elle ne soit pas excessive. — V. COMPTE DE TUTELLE, nos 73, 74 et suiv.

114. — *Ecclésiastiques.*— Les ministres de la religion catholique apostolique et romaine et ceux des autres cultes chrétiens reçoivent des traitemens du trésor public, aux termes de l'art. 6 de la Charte. — V. CLERGÉ, nos 13 et suiv.

115. — Indépendamment de ce traitement, ils ont droit à une certaine part dans les oblations, c'est-à-dire dans ce qui est désigné vulgairement sous le nom de *casuel*. — V. CULTE, no 328, FABRIQUE D'ÉGLISE, OBLATION.

HONORAIRE. — HONORARIAT.

1. — La qualité d'honoraire est donnée à certaines personnes qui, ayant exercé certaines fonctions, certaines charges, sont autorisées, même après leur retraite à en conserver les honneurs et les prérogatives. — Autrefois l'*honoraire* était aussi connu sous le nom de *vétérance*.

2. — L'usage des fonctionnaires ou officiers honoraires vient des Romains : ainsi les consuls, les préteurs qui avaient rempli le temps de leur magistrature, conservaient de droit un rang honorable dans le sénat. — Que ceux, disait la L. 1, Cod., *De quæstoribus et magistris officiorum*, qui ont été questeurs, maîtres d'offices, etc., etc., *acclamatione excipiantur solità, nec prætereantur ut incogniti.* —V. Loyseau, *Des offices*, liv. 1er, ch. 7, nos 86 et 87.

3. — C'est sous les mots MAGISTRAT, NOTAIRES, OFFICIERS MINISTÉRIELS que nous traiterons de l'honorariat en ce qui concerne chacune de ces corporations.

HOPITAL.

V. HOSPICES.

HORLOGERS, HORLOGERIE, HORLOGES.

1. — Marchands en gros de pièces d'horlogerie: patentables de première classe; — droit fixe basé sur la population; — droit proportionnel du quinzième de la valeur locative de l'habitation et des lieux servant à l'exercice de la profession.

2. — Horlogers, — marchands de fournitures d'horlogerie, — marchands horlogers rhabilleurs, — fabricans de pièces d'horlogerie pour leur compte : — patentables, les premiers de troisième classe; les deuxième de quatrième classe; et les troisième et quatrième de sixième classe. — Droit fixe basé spécialement sur la population; droit proportionnel, du vingtième de la valeur locative de l'habitation et des lieux servant à l'exercice de la profession.

3. — Horlogers rhabilleurs non marchands, — horlogers repasseurs, — fabricans de pièces d'horlogerie à façon, — fabricans ou marchands d'horloges en bois, — patentables de septième classe; droit fixe basé sur la population; droit proportionnel du quarantième de la valeur locative de tous les locaux qu'ils occupent, mais seulement dans les communes de 20,000 âmes et au-dessus.

HORS DE CAUSE.

V. HORS DE COUR; — V. aussi DÉBOUTÉ, *in fine*.

HORS LA CONSTITUTION (Mise).

1. — Mesure émanée du corps législatif ou du gouvernement, qui consistait à suspendre dans certains lieux l'empire de la constitution, et à y substituer un régime militaire.

2. — La mise hors la constitution a son origine dans l'acte constitutionnel du 22 frim. an VIII, dont l'art. 92, § 1er, était ainsi conçu : « Dans le cas de révolte à main armée ou de troubles qui menacent la sûreté de l'état, la loi peut suspendre dans les lieux et pour le temps qu'elle détermine l'empire de la constitution. » — Constitution du 22 frim. an VIII, art. 92, § 1er.

3. — D'après le § 2 du même article : « Cette suspension pouvait être provisoirement déclarée dans les mêmes cas par un arrêté du gouvernement, le corps législatif étant en vacances, pourvu que ce corps fût convoqué au plus court terme par un article du même arrêté. » — Constit. du 22 frim. an VIII, art. 92, § 2.

4. — Conformément à cet article, l'empire de la constitution fut suspendu par une loi du 13 niv. an VIII, pendant les trois mois qui suivraient sa publication, dans les lieux des douzième, quatorzième et vingt-deuxième divisions militaires, auxquels le gouvernement croirait nécessaire d'appliquer cette mesure. — L. 13 niv. an VIII.

5. — Le 22 frim. an IX, une loi vint suspendre l'empire de la constitution dans les départemens du Golo et de Liamone (formant l'île de Corse) jusqu'à la paix maritime et dans toutes les îles du territoire français européen distantes du continent de deux myriamètres et demi. — L. 22 frim. an IX.

6. — Ces deux départemens rentrèrent sous l'empire de la constitution à dater du 1er brum. an XI en vertu d'un arrêté du gouvernement du 27 fruc. an X.

7. — Aujourd'hui de pareilles dispositions ne sauraient plus avoir lieu; elles sont au nombre de ces mesures révolutionnaires dont la charte constitutionnelle de 1830 ne permet pas le retour.

HORS DE COUR.

1. — Le hors de cour que l'on exprime également par ces mots : *hors de cour et de procès, hors de cause*, est une forme de prononcer dont le juge se sert pour renvoyer les parties entre lesquelles il n'est pas possible de statuer sur l'objet soumis à sa décision. — Denisart, vo *Hors de cour.*

2 — On emploie les mots *hors de cour* lorsque l'affaire est portée devant une cour, et ceux *hors de cause* quand elle est pendante devant un tribunal. — Souquet, *Dict. des temps lég.*, vo *Hors de cour.*

3. — Le hors de cour était prononcé autrefois en matière civile et en matière criminelle.

4. — *En matière civile*, le hors de cour se prononçait souvent lorsqu'une demande ne présentait qu'un objet sans intérêt, ou peu digne de l'attention de la justice.

5. — Aujourd'hui le peu d'importance d'une contestation ne saurait motiver une pareille formule. Les juges sont obligés, sous peine de déni de justice, de statuer sur toutes les difficultés qui leur sont soumises.

6. — Chaque chef de conclusions des parties doit, en général, être l'objet d'une disposition du jugement. — V. JUGEMENT.

7. — On doit se borner à écarter par un *hors de cour* ou *hors de cause* les chefs de conclusions qui deviennent sans objet par suite de la décision donnée aux chefs principaux de la contestation. — V. JUGEMENT.

8. — Il résulte de ce principe qu'il faut bien se garder de confondre le *hors de cour* avec le *débouté*. Les juges prononcent, en effet, le hors de cour lorsque les demandes qui leur sont soumises leur paraissent sans objet; tandis qu'ils *déboutent* de la demande quand cette demande ne leur semble pas fondée. — V. DÉBOUTÉ.

9. — *Le débouté* entraîne toujours la condamnation aux dépens contre le demandeur, tandis qu'ils sont ordinairement compensés entre les parties dans le cas du *hors de cour*. — Souquet, *Dict. des temps lég.*, vo *Hors de cour.*

10. — *En matière criminelle*, le hors de cour était autrefois prononcé quand il n'y avait pas de preuves suffisantes pour asseoir une condamnation, ni une décharge d'accusation, ce qui laissait subsister dans l'esprit des soupçons sur l'innocence de l'accusé.

11. — D'où il résultait qu'il y avait une grande différence entre le jugement qui prononçait le hors de cour, et celui qui renvoyait l'accusé absous et le déchargeait de l'accusation, puisque dans le premier cas l'accusation n'était pas purgée, tandis que dans le second la décharge de l'accusation proclamait l'innocence de l'accusé. — Denisart, vo *Hors de cour*; Guyot, *Rép.*, même mot.

12. — Sous l'empire de notre législation criminelle, le hors de cour ne peut plus être prononcé. Les juges saisis d'un délit ou d'un crime se trouvent dans l'alternative, ou de prononcer une condamnation ou bien un acquittement. Ainsi donc, s'il n'y a pas de preuves suffisantes pour asseoir une condamnation, non plus que pour décharger le prévenu ou l'accusé de la prévention ou de l'accusation, les juges ne peuvent plus comme autrefois, à l'aide d'un moyen terme, échapper à l'alternative dont nous venons de parler, en mettant l'inculpé hors de procès, mais ils doivent prononcer son acquittement.

13. — Toutefois, si la formule *hors de cause* avait été employée dans le jugement de première instance, la partie civile serait non recevable à s'en prévaloir sur l'appel.—*Bordeaux*, 15 nov. 1832, Rhodes c. Bouvet).—Le prévenu seul, sur qui elle laisse planer un soupçon, aurait intérêt à s'en plaindre.

14. — Dans le cas où une cour se servirait de ces expressions, les motifs de l'arrêt expliqueraient, du reste, le sens que l'on devrait leur attribuer, et l'on ne pourrait les prendre dans leur ancienne acception qu'autant que l'intention des juges sortirait clairement de leur décision. Hors ce cas, la mise d'un prévenu *hors de cour* ne pourrait être considérée que comme un acquittement.

HORS LA LOI (Mise).

1. — Disposition législative par laquelle un ou plusieurs individus cessent d'être protégés par la loi et d'avoir droit aux garanties accordées à tous les citoyens.

2. — Un décret du 19 mars 1793 déclarait mis hors la loi ceux qui étaient ou seraient prévenus d'avoir pris part à des révoltes ou émeutes contre-révolutionnaires qui avaient éclaté ou qui pouvaient éclater à l'époque du recrutement dans les différens départemens de la république, et ceux qui avaient pris ou prendraient la cocarde blanche ou autre signe de rébellion. — Décr. 19 mars 1793, art. 1er.

3. — L'effet de cette déclaration était d'empêcher les personnes qu'elle atteignait de profiter des décrets concernant les procédures criminelles et de constitution des jurés, et de les faire livrer dans les vingt-quatre heures à l'exécuteur des jugemens criminels pour être mis à mort, après que le fait qui avait donné lieu à leur arrestation avait été reconnu et déclaré constant par une commission militaire composée de cinq personnes prises

parmi les officiers de chaque division employée contre les révoltés.

4. — Une autre loi du 27 mars de la même année mit hors de la loi les aristocrates et les ennemis de la révolution.

5. — Les décrets des 10-11 mai et 5 juill. 1793, explicatifs des deux précédens, établirent, le premier que la mise hors la loi ne serait applicable qu'aux chefs et instigateurs des révoltes ; le second, quelles personnes seraient réputées chefs de révolte.

6. — La confiscation, sous huitaine, au profit de la nation, des biens des personnes mises hors la loi, fut prononcée le 1er août suivant.

7. — Le 16 vendém. an II un décret plus révolutionnaire encore déclara qu'en cas d'arrestation d'une personne mise hors la loi, elle devait être traduite devant le tribunal du lieu pour faire exécuter la loi, c'est-à-dire pour l'envoyer à l'échafaud, sans aucun examen. — Merlin, *Rép.*, v° *Hors la loi*.

8. — Outre ces décrets généraux de mise hors la loi, un grand nombre de mises hors la loi individuelles avaient été prononcées à l'occasion des événemens des 31 mai et 2 juin 1793.

9. — Le système de la terreur avait pu seul donner naissance à de pareilles lois ; aussi elles tombèrent avec lui.

10. — La suspension provisoire de tous les décrets de mise hors la loi fut ordonnée par la convention, le 17 frim. an III.

11. — Le 22 germin. an III, le décret des 27-30 mars 1793 fut rapporté, et le même jour tous les décrets précités de mises hors la loi individuelles le furent également.

12. — Par une loi du 5 germin. an V le corps législatif leva le séquestre des biens des individus mis hors la loi par suite des conspirations et révoltes qui avaient éclaté le 19 thermid. an II.

13. — Enfin, une loi du 14 fructid. an V vint, d'une manière générale et définitive, annuler tous les actes législatifs prononçant des mises hors la loi.

HOSPICES.

Table alphabétique.

Abandon de biens, 214.
Abonnement, 200.
Acquiescement, 429 s. — tacite, 431.
Acquisitions, 171, 354 s.
Acte conservatoire, 376. — notarié, 214.
Actif, 258.
Action judiciaire, 419 s,
Adjoint au maire, 174.
Adjudicataire de travaux, 398, 405 s.
Adjudication, 404. — publique, 364.
Administrateurs, 340 s., 482.
Administration charitable, 30 s. — générale, 169 s. — municipale, 36.
Admission, 184, 186 s. — gratuite, 187.
Agent comptable, 134. — spécial, 453.
Aliénation, 171, 358 s. — de meubles, 370.
Apprentis, 243.
Approvisionnemens, 388 s.
Archevêques, 18.
Archives, 179.
Assistance du pauvre, 21.
Assurances contre l'incendie, 332 s.
Atelier, 236.
Aumônier, 162 s.
Autorisation de plaider, 171, 417. — préalable, 213.
Avances, 447.
Avoués, 421 s.
Bains, 245.
Baux, 334 s. — à l'amiable, 340.
Biens, 21 s., 252 s. — nationaux, 271, 287. — révélés, 291. — vendus, 271.
Bois, 346.
Bordereaux de situation, 455 s., 459.
Bourses de collèges, 268.
Budget, 171, 454, 460 s. — (approbation), 486. — (refus), 489. — (retard du), 488. — (vote), 462. — supplémentaire, 513.
Bureau de bienfaisance, 37, 263, 599. — de direction, 18.
Cahier des charges, 397. — de visites, 231.
Caisses de secours et de charité, 266.
Candidat, 140.
Capitaux, 214, 347.
Casuel, 235.
Cautionnement, 398, 405 s. — des adjudicataires de travaux et fournitures, 407 s. — des fermiers, 342. — du receveur, 69 s. — en immeubles, 78 s. — en numéraire, 75 s.
Certificat d'indigence, 190, 193, 195.
Chambre de sûreté, 208.
Chapelle, 234 s.
Charité publique, 1, 4.
Chirurgien, 136 s. — en chef, 138 s.
Comité consultatif, 379, 599.
Commissaire-priseur, 372.
Commission administrative, 31 s., 172, 184, 528 s. — (domicile), 45. — (incapacité), 42. — (incompatibilité), 37. — (membres), 39. — (nomination), 36. — (renouvellement), 52. — (révocation, suspension), 58.
Communautés religieuses, 11, 151.
Commune, 23, 199 s.
Communication au ministère public, 428. — de pièces, 180.
Compétence, 305, 308, 387, 392. — (matière civile), 286, 321. — administrative, 269, 318.
Compromis, 418.
Comptabilité, 125, 436 s., 599. — (matières), 241, 595 s.
Comptable, 118. — public, 134.
Compte, 171, 528 s. — d'administration, 496, 529 s. — de gestion, 545 s. — de l'économe, 565 s. — du receveur, 545 s.
Concession définitive, 293 s. — provisoire, 293 s.
Concurrence, 396, 402.
Condamnés, 207.
Congrégations hospitalières, 264. — religieuses, 148.
Conseil d'état, 309, 491. — municipal, 171, 483 s., 527. — de préfecture, 288.
Conseillers municipaux, 38. — de préfecture, 39.
Consignation, 321.
Consommations en nature, 478. — journalières, 390.
Constructions, 348, 384 s.
Contentieux, 187.
Contributions, 333.
Contrôleur. 133.
Copropriété, 151.
Cour des comptes, 556.
Créances, 214. — anciennes, 310, s. — de l'état, 281.
Crédits, 459, 461, 494. — (excédans), 510, 515 s., 525. — (insuffisance), 526. — annulés, 514. — supplémentaires, 523 s., 527.
Culte, 184, 234 s.
Curé, 168.
Débiteur, 42.
Décès, 229.
Déchéance, 280.
Décision ministérielle, 137.
Denrées, 125.
Département, 49.
Dépenses, 440 s., 461, 477 s. — extraordinaires, 442. — imprévues, 482. — ordinaires, 441. — supplémentaires, 523 s.
Dépôt de garantie, 406 s.
Déshérence, 226.
Désistement, 433.
Desservant, 168.
Détenus, 206.
Dettes anciennes, 310, 322 s. — non exigibles, 326.
Devis, 385.
Discipline, 184, 248 s.
Domaine, 226. — de l'état, 257, 313, 316.
Domicile de fait, 196. — de secours, 195.
Donateur inconnu, 375.
Donations, 212, 373.
Dons, 171.
Dotation, 307. — (excédant), 304. — ancienne, 252 s.
Droits de mutation, 380. — des pauvres, 438.
Eaux thermales, 340.
Echange, 171, 368 s.
Econome, 123 s., 134, 241, 565 s. — (cautionnement), 128. — (gestion), 130. — (nomination), 127. — (révocation), 132, — (serment), 129. — (traitement), 127.
Effets des décédés, 222 s.
Elections municipales, 61.
Emigrés, 292 s.
Emploi de fonds, 348 s.
Employés et servants, 160.
Emprunt, 353.
Enchères, 357, 364, 371.
Enregistrement, 182 s., 216 s., 599.
Envoi en possession, 279, 303.
Etablissemens généraux de bienfaisance, 25. — généraux de secours publics, 20. — industriels, 245. — royaux, 13.
Etat, 23, 318.
Evêques, 18, 379.
Eviction, 282.
Exclusion, 42.
Exercice, 492. — (clôture), 493, 495. — clos, 498 s.
Fermages en nature, 344.
Fondateurs, 34 s.
Fondations, 10 s., 268. — charitables, 265.
Forçats libérés, 209.
Forcement en recette, 111.
Fournitures, 398.
Garantie, 282.
Gens de service, 184.
Gestion des biens, 150, 327 s.
Héritiers, 225.
Historique, 2 s.
Hôpitaux militaires, 26.
Hospices communaux, 23, 28, 47. — départementaux, 27 s. — de Paris, 48. — à la charge de l'état, 25 s. — particuliers, 24, 48. — réunis, 126.
Hospice de Lyon, 10.
Hôtel-Dieu de Paris, 10.
Hypothèque, 337.
Incurables, 1, 192 s., 219 s.
Indemnité, 188.
Indigence, 220.
Indigens, 44, 187. 196. — malades, 189.
Indivision, 305.
Infirmes, 5, 210.
Infirmités, 184.
Immeubles, 74.
Inscription de rentes, 352.
Inspecteurs, 451.
Intérêts, 112.
Inventaire, 178, 365.
Jugement contradictoire, 309.
Légataire, 225, 874.
Légion-d'honneur, 60.
Législation, 8 s.
Legs, 171, 378 s.
Léproserie, 7.
Licitation, 305.
Liquidation, 284, 312.
Lits, 184, 197, 200.
Livres, 184.
Locataire, 42.
Magasins, 125.
Magistrat, 40.
Main mise par l'état, 254 s.
Maire, 172.
Malades, 1, 184, 191, 196, 210. — étrangers, 198.
Maladrerie, 7.
Mandats, 448. — territoriaux, 260.
Marchés de fournitures, 393 s. — de travaux 393, s. — à l'amiable, 394 s.
Marins, 26, 202 s.
Marnages, 343.
Médecin, 44, 136 s., 230. — en chef, 138 s.
Médicamens, 233,
Mercuriales, 344.
Militaires, 26, 202 s., 227.
Ministre de la guerre, 205. — de l'intérieur, 36, 58, 66, 490 s. — de la marine, 205.
Mise en jugement, 62.
Mobilier, 178.
Nomination, 135, 140, 162.
Notaire, 337, 366, 381.
Objets mobiliers, 370.
Officine, 142.
Offres à charge d'admission, 351.
Opposition, 309.
Ordonnance, 309.
Ordonnancement des dépenses, 446.
Organisation, 23 s. — administrative, 30.
Paiemens, 109, 344, 443 s.
Parenté, 41.
Passif, 258.
Patente, 145, 244 s.
Peines disciplinaires, 249.
Pension de retraite, 155, 413 s.
Pensionnaires payans, 210 s.
Pharmacie, 247.
Pharmacien, 136 s., 142 s,
Plans, 385.
Plantations, 343.
Population, 463 s.
Poste, 599.
Préfet, 58, 66, 491.
Préposé au mouvement, 124.
Présidence, 18.
Prêtre habitué, 168.
Prix de journée, 205, 467.
Procès-verbal d'adjudication, 403.
Propriété, 286.
Purge légale, 214.
Quêtes, 382 s.
Quinze-Vingts (hospice royal des), 228.
Rachat, 345.
Rébellion, 251.
Recettes, 109, 159, 436 s., 443 s., 461, 471 s. — extraordinaires, 476. — ordinaires, 472 s. — supplémentaires, 521 s.
Receveur, 63 s., 124, 134, 341, 443 s., 545 s. — (cautionnement), 69 s., 74, 131. — (débet), 97 s. (démission), 121. — (gestion), 92, 115. — (incompatibilité), 67 s. — (installation), 105 s. — (mutation), 116. — (nomination), 66. — (poursuites), 102. — (remboursement du cautionnement), 93 s. — (remises proportionnelles, 107 s. — (responsabilité), 113, 131, 444. — (révocation), 119. — (serment), 104. — (surveillance), 122, 449 s. — (suspension provisoire), 120. — (traitement), 107 s. — (vérifications), 450. — des finances, 452. — municipal, 64.
Recours au conseil d'état, 137.
Régie des biens, 327 s.
Régime alimentaire, 184, 231 s.
Registres, 182, 184. — d'entrées, 181. — de sorties, 181.
Réglemens, 154, 184 s.
Remboursemens, 314 s., 347.
Remplacement des biens vendus, 271 s.
Renonciation, 377.
Rentes, 282, 294, 599. — anciennes, 306. — nationales, 302. — sur l'état, 74, 86, 214, 348, 352. — viagères, 350.
Renvoi, 184, 220 s., 250.
Réparations, 343, 384 s.
Responsabilité, 432.
Restes à payer, 514, 517 s. — à recouvrer, 503 s.
Restitution, 22, 261 s., 289.
Revendication, 288.
Revenus en nature, 159, 473 s. — extraordinaires, 439. — ordinaires, 437.
Révocation, 141.
Salles militaires, 203.
Secours publics, 253, 257.
Secrétaire, 124, 179.
Serment, 51, 104.
Service de bienfaisance, 267. — intérieur, 158, 169 s., 184 s. — médical, 184, 230 s. — public, 60.
Services religieux, 166 s., 379.
Sœurs hospitalières, 125, 145 s., 233, 241.
Sommier des biens, rentes et revenus, 177.
Sorties, 218 s.
Soumissions cachetées, 400.
Subvention, 198.
Succession, 222 s. — irrégulière, 599.
Surveillance, 170.
Testament, 379, 381.
Théâtre, 438.
Tiers, 285.
Timbre, 182.
Titres, 255, 445. — de propriété, 181.
Traité, 150, 156 s.
Traitement de l'aumônier, 163 s.
Transaction, 171, 434 s.
Transport de créances, 214.
Travaux, 236 s., 386.
Troncs, 383.
Tutelle, 42.
Usine, 245.
Vaccine, 201.
Ventes, 287.
Ventes judiciaires, 321. — nationales, 21, 257 s., 285.
Vicaires, 168. — généraux, 18.
Vieillards, 1, 192, 194, 210, 220.

HOSPICES. — 1. — Etablissemens destinés à recevoir les indigens que la maladie, la vieillesse ou des infirmités incurables forcent à demander un asile à la charité publique, ainsi que les enfans trouvés et abandonnés. Tel est le sens propre du mot *hospice* qui cependant dans l'usage, comprend aussi les *hôpitaux*, c'est-à-dire spécialement les établissemens dans lesquels sont reçus et traités les indigens malades.

CHAP. Ier. — *Historique* (n° 2).

CHAP. II. — *De l'organisation des hospices* (n° 23).

SECT. 1re. — *Des différentes sortes d'hospices* (n° 23).

SECT. 2e. — *Organisation administrative* (n° 30).

§ 1er. — *Des commissions administratives* (n° 31).

§ 2. — *Du receveur* (n° 63).

§ 3. — *De l'économe* (n° 123).

§ 4. — *Contrôleur et autres agens comptables* (n° 133).

§ 5. — *Médecins, chirurgiens, pharmaciens* (n° 136).

§ 6. — *Sœurs hospitalières* (n° 145).

§ 7. — *Employés et servans* (n° 160).

§ 8. — *Aumôniers* (n° 162).

CHAP. III. — *Administration générale et service intérieur* (n° 169).

SECT. 1re. — *Administration générale* (n° 169).

SECT. 2e. — *Service intérieur* (n° 184).

§ 1er. — *Des réglemens du service* (no 184).
§ 2. — *Admission* (no 186).
§ 3. — *Sorties et décès* (no 218).
§ 4. — *Service médical et régime alimentaire* (no 230).
§ 5. — *De l'exercice du culte* (no 234).
§ 6. — *Du travail* (no 236).
§ 7. — *De la discipline* (no 248).
CHAP. IV. — *Des biens des hospices* (no 252).
SECT. 1re. — *Dotation ancienne* (no 252).
§ 1er. — *Main mise par l'état* (no 252).
§ 2. — *Restitution* (no 261).
§ 3. — *Remplacement des biens vendus* (no 271).
§ 4. — *Rentes et biens nationaux célés au domaine* (no 291).
§ 5. — *Effets, relativement aux hospices, de la réintégration des émigrés dans leurs biens* (no 292).
§ 6. — *Des anciennes créances, actives et passives des hospices* (no 310).
SECT. 2e. — *De la gestion des biens* (no 337).
§ 1er. — *Dispositions générales* (no 327).
§ 2. — *Des baux* (no 334).
§ 3. — *Des bois* (no 346).
§ 4. — *Des rentes et capitaux, des prêts et des emprunts* (no 347).
§ 5. — *Acquisitions, aliénations, échanges* (no 354).
§ 6. — *Legs et donations, quêtes* (no 373).
§ 7. — *Réparations et constructions* (no 384).
§ 8. — *Approvisionnement* (no 388).
§ 9. — *Marchés de travaux et de fournitures* (no 393).
§ 10. — *Pensions de retraite* (no 413).
§ 11. — *Actions judiciaires; compromis, transactions* (no 417).
CHAP. V. — *Recettes, dépenses et comptabilité* (no 436).
SECT. 1re. — *Recettes et dépenses* (no 436).
§ 1er. — *Recettes* (no 436).
§ 2. — *Dépenses* (no 440).
§ 3. — *Service et surveillance du receveur* (no 443).
SECT. 2e. — *Budget et crédits supplémentaires* (no 460).
SECT. 3e. — *Des comptes* (no 528).
§ 1er. — *Compte d'administration* (no 529).
§ 2. — *Compte du receveur* (no 545).
§ 3. — *Compte de l'économe* (no 565).

—

CHAPITRE Ier. — *Historique*.

2. — Dans l'antiquité le mot *hospitium*, loin d'avoir la signification attachée aujourd'hui aux mots qui en sont dérivés, était en quelque sorte synonyme d'hôtellerie.

3. — *Hospitium* signifiait l'exercice de l'hospitalité, qui était en si grand honneur à Rome que le plus puissant de ses dieux avait reçu le surnom d'hospitalier. Accompagné de l'adjectif *publicum*, le mot *hospitium* indiquait l'hospitalité que les nations et les villes accordaient réciproquement à leurs voyageurs, par suite des traités intervenus entre elles : accompagné de l'adjectif *privatum*, il indiquait celle qui s'accordait de famille à famille en vertu de conventions analogues. — Durieu et Roche, *Répert. des établissemens de bienfaisance*, vo *Hospices*, no 2.

4. — Les classes auxquelles sont principalement destinés nos établissemens actuels étaient alors en état d'esclavage, et chaque citoyen était tenu de prendre soin de ses esclaves, tant en santé qu'en maladie ; il n'était donc pas besoin que la charité publique vînt au secours des populations et ouvrît des asiles à l'infirmité et à la vieillesse. — Les hospices étaient donc simplement alors des maisons publiques où les voyageurs étrangers recevaient l'hospitalité.

5. — Lorsque dans la société devenue chrétienne l'esclavage fut aboli, le soulagement des pauvres et des infirmes devint l'une des premières préoccupations de la religion et de la loi; une destination toute nouvelle se trouva naturellement assignée à ces établissemens.

6. — Le nom d'hospice demeura, dans les monastères, affecté à une dépendance du couvent destinée à loger des hôtes ou étrangers, tantôt des pèlerins voyageant pour des motifs de piété, tantôt des religieux du même ordre qui avaient besoin d'y séjourner quelque temps.

7. — Mais en même temps, et soit sous le même nom d'*hospice*, soit sous le nom d'*hôpital*, de *maladrerie*, de *léproserie*, etc., on vit s'élever des établissemens consacrés à secourir le malheur sous toutes les formes, et que dotèrent bientôt la munificence des princes et les dons des particuliers.

8. — L'impulsion vint surtout du clergé, qui était législateur dans les conciles. Aussi le deuxième concile de Tours (en 567) avait-il prescrit à chaque cité d'avoir soin de ses pauvres, et le concile de Nantes (en 658) ordonna aux ecclésiastiques de partager avec eux, dans la proportion du quart, les dîmes et les offrandes qu'ils recevaient des fidèles.

9. — « Les évêques, dit plus tard le concile d'Aix-la-Chapelle (en 816), établiront un hôpital pour recevoir les pauvres et lui assigneront un revenu suffisant aux dépens de l'église. Les chanoines y donneront la dîme de leurs revenus, même des oblations, et un d'entre eux sera choisi pour gouverner l'hôpital, même au temporel. »

10. — Les premiers hôpitaux dont l'histoire fasse mention sont : l'hospice de Lyon fondé vers 549, par le roi Childebert et sa femme, et l'Hôtel-Dieu de Paris, fondé vers l'an 651 par saint Landry.

11. — Un grand nombre de communautés religieuses se vouant au soulagement des indigens et des malades, ouvrirent bientôt de nouveaux établissemens. Mais ce fut par édit du mois de juin 1662 que Louis XIV ordonna qu'il serait incessamment procédé à l'établissement d'un hôpital dans les villes et bourgs du royaume où il n'y en avait point encore.

12. — Fondés ainsi pour la plupart par le clergé, les hôpitaux ou hospices furent longtemps exclusivement administrés par des ecclésiastiques ; mais par suite du relâchement de la discipline, les clercs à qui cette administration était confiée ayant converti les établissemens hospitaliers en des sortes de bénéfices dont ils s'appliquaient les profits, une décision du concile de Vienne, tout en conservant aux évêques l'autorité qui leur avait été donnée sur ces établissemens, ordonna que l'administration en serait commise à des laïques qui prêteraient serment à l'ordinaire et lui rendraient compte tous les ans. Le concile de Trente confirma ces dispositions.

13. — En 793, Charlemagne, en déclarant les hôpitaux, établissemens royaux, s'était réservé de désigner les personnes qui devraient les diriger.

14. — De 806 à 814 le même prince défendit aux hospices et hôpitaux de vendre, d'aliéner leurs immeubles, soit maisons, champs, jardins, contrats de rentes, biens de ville ou de campagne. — Il défendit même de laisser prendre hypothèques sur ces immeubles, voire même de les engager par des contrats emphythéotiques. — Les acquéreurs de ces biens étaient tenus de les restituer avec tous les bénéfices qu'ils avaint pu faire pendant le temps de leur possession ; l'administrateur qui avait consenti à ces aliénations était destitué ; le notaire qui en avait fait les actes devait être exilé ; les magistrats qui les avaient reçus et les officiers qui les avaient fait enregistrer ou qui les avaient approuvés perdaient non seulement leur emploi, mais encore toutes leurs dignités. — De Watteville, *Législation charitable*, préface, p. 3.

15. — Malgré ces sages mesures, les abus finirent par se multiplier, à ce qu'il paraît, de telle sorte, que le pouvoir royal dut prescrire un nouveau mode d'administration. Ce fut l'objet d'un édit de Charles IX daté de Fontainebleau 1561. — « Après avoir été dûment informé, en notre conseil, dit le roi dans cet édit, que les hôpitaux et et autres lieux pitoyables de nostre royaume, ont esté cy-devant si mal administrés que plusieurs à qui cette charge a esté commise approprient à eux et appliquent à leur profit la meilleure partie des revenus d'iceux, et ont quasi aboli le nom d'hospital et d'hospitalité, etc., défraudant les pauvres de leur due nourriture... pour y remédier, comme vrais conservateurs des biens des pauvres, nous statuons et ordonnons que tous les hospitaux, maladreries, léproseries, et autres lieux pitoyables, soit qu'ils soient tenus à titre de bénéfices ou autrement ès villes, bourgades ou villages du royaume, seront désormais régis, gouvernez et le revenu d'iceux admininistrez par gens de bien, solvables et résidents deux au moins dans chacun lieu, lesquels seront élus et commis de trois ans en trois ans par les personnes ecclésiastiques ou laïques à qui, par les fondations, le droit de présentation, nomination, ou provision appartiendra. Ces administrateurs seront destituables, en cas de malversation, sans pouvoir être continuez après lesdits trois ans. »

16. — Ces premières réformes furent bientôt suivies de l'ordonnance de Moulins (1566) dont l'objet fut de renouveler toute la législation relative à l'administration des secours publics. En 1579 1599, 1612 et 1656, de nouveaux édits furent publiés, dans le même but.

17. — Enfin arriva la déclaration royale du 12 décembre 1698 qui forme le dernier état de notre législation ancienne relative à l'administration des hospices et hôpitaux.

18. — Aux termes de cette déclaration dans laquelle on retrouve la plupart des principes qui régissent encore aujourd'hui les administrations charitables, chaque hôpital était dirigé par un bureau ordinaire de direction composé partie de directeurs nés, partie de directeurs élus. — Art. 1er et 2. — On comptait comme directeurs nés le premier officier de la justice du lieu, ou son représentant, le procureur royal au siége ou le seigneur, le maire, l'un des échevins ou consuls, et le curé. — *Ibid.* — Les directeurs élus se composaient, suivant l'importance des localités, d'un certain nombre de principaux habitans qui avaient pendant trois ans entrée et séance au bureau de direction avec les directeurs nés. Ils étaient élus dans une assemblée générale composée, outre le bureau ordinaire, de ceux qui avaient été directeurs de l'hôpital, et des autres habitans ayant droit de se trouver aux assemblées de la communauté du lieu. — *Ibid.* — Les archevêques et évêques, et en leur absence leurs vicaires généraux, avaient entrée tant aux séances du bureau qu'aux assemblées générales et en avaient de droit la présidence. — *Ibid.*, art. 10 et 11.

19. — Le service et l'administration des hospices furent aussi modifiés après la révolution de 1789. Et d'abord, l'administration des hôpitaux était au nombre des objets que, par la déclaration royale du 23 juin 1789, le roi Louis XVI réservait aux assemblées provinciales dont la création formait l'une des principales réformes projetées par ce monarque. — Décl. 23 juin 1789, art. 22.

20. — La constitution du 3 sept. 1791 disposa, dans cette pensée, qu'il serait créé et organisé un établissement général de secours publics pour élever les enfans abandonnés, soulager les pauvres infirmes et fournir du travail aux pauvres valides qui n'auraient pas pu s'en procurer. — Const. 3 sept. 1791, tit. 1er.

21. — En déclarant plus tard que l'existence du pauvre était une dette nationale, la convention ordonna la vente au profit de la nation des biens appartenant aux hopitaux et autres établissemens de bienfaisance. — Décr. 19 mars 1793. — De nouvelles agences furent instituées, et une nouvelle organisation générale des secours publics fut décrétée. — Décr. préc. du 19 mars 1793 ; décr. 28 juin même année. — On attribua enfin formellement à la nation tout l'actif et le passif des hôpitaux. — Décr. 23 messid. an II.

22. — Ces diverses dispositions restèrent, pour la plupart, sans exécution et n'eurent guère d'effet qu'en ce qui concerne les biens des établissemens charitables, ainsi que nous le dirons plus loin, nos 257 et suiv. — Mais la loi du 16 vendém. an V, qui forme le point de départ de la législation nouvelle, a rendu aux hospices avec la possession de leurs biens, l'individualité que les lois précédentes avaient tenté de leur enlever, et a réorganisé enfin leur administration sur les bases qui sont encore aujourd'hui en vigueur.

CHAPITRE II. — *De l'organisation des hospices*.

Sect. 1re. — *Des différentes sortes d'hospices*.

23. — Il y a différentes sortes d'hospices, 1o ceux qui sont fondés et entretenus par l'état ; 2o les établissemens créés et entretenus par les départemens ; 3o et enfin, les hospices *communaux*, qui, sans être précisément à la charge de la commune, sont néanmoins considérés comme des établissemens qui lui sont propres.

24. — Nous ne parlons pas ici des hospices qui peuvent être fondés par des particuliers, avec une destination spéciale, et qui, ne répandant leurs bienfaits que dans un cercle restreint relativement à la généralité de la nation ; ils sont en dehors des

HOSPICES, ch. 2, sect. 2e.
HOSPICES, ch. 2, sect. 2e.

établissemens publics dont nous avons à nous occuper ici. — V. ÉTABLISSEMENS DE BIENFAISANCE. — Relativement aux conditions exigées pour la fondation d'hospices ou autres établissemens de bienfaisance, V. aussi ÉTABLISSEMENS DE BIENFAISANCE.

25. — Les principaux hospices qui sont à la charge de l'état, sont ordinairement désignés sous le nom d'établissemens généraux de bienfaisance. — V. ÉTABLISSEMENS GÉNÉRAUX DE BIENFAISANCE.

26. — Au nombre des hospices à la charge de l'état, il faut aussi ranger les hôpitaux militaires, qui, organisés militairement, sont entièrement sous la dépendance de l'administration de la guerre. — V. ARMÉE. — Relativement aux traitemens des militaires et marins dans les lieux où il n'existe pas d'hôpitaux militaires, V. *infrà* nos 202 et suiv.

27. — Quant aux établissemens départementaux, comme ils sont généralement destinés au traitement de maladies spéciales ou à servir de refuge à certaines infortunes déterminées, ils ont chacun une organisation particulière réglée par l'ordonnance d'institution. Parmi ces établissemens, les plus importans sont, du reste, les hospices d'aliénés. — V. ALIÉNÉS. — Pour ce qui concerne le service des enfans trouvés et abandonnés, V. ENFANS TROUVÉS.

28. — Nous nous occuperons donc principalement des hospices communaux proprement dits, en vue desquels ont été établies les règles qui servent de base à l'administration de tous les autres établissemens charitables. Quelle que soit d'ailleurs la destination des établissemens, il n'y a aucune distinction à faire en ce qui concerne l'administration des biens, le contentieux et la comptabilité. Nous signalerons les différences existant dans le service intérieur.

29. — Il existe en France 1,338 hôpitaux ou hospices, dans lesquels sont secourus des enfans, des vieillards, des malades, des femmes grosses, des aliénés, etc., et dont les revenus ordinaires s'élèvent annuellement à la somme de 53,632,992 fr. 77 c. — De Watteville, *Essai statistique sur les établissemens de bienfaisance* (1846). — Il n'existe pas un département sans hospice ou hôpital; mais quelques arrondissemens en sont dépourvus. — *Ibid.*

Sect. 2e. — *Organisation administrative.*

30. — L'organisation des hospices et hôpitaux comprend dans chaque localité: 1° une commission administrative, qui est chargée de l'administration et de la gestion des biens; 2° un receveur dont les principales attributions sont de recouvrer tous les revenus et de payer toutes les dépenses; 3° un économe qui a pour fonctions de gérer, emmagasiner et distribuer les denrées et autres objets de consommation; 4° dans quelques grands établissemens, un contrôleur chargé de contrôler les recettes et les dépenses, et quelquefois aussi d'autres agens comptables appelés à suppléer le receveur ou l'économe dans une partie de leur service; 5° les médecins, chirurgiens et pharmaciens nécessaires pour le service de santé; 6° presque généralement, des sœurs hospitalières, à qui sont confiés le soin des malades et tout le service intérieur; 7° des employés et servans qui font l'office d'infirmiers et de gens de peine; 8° enfin, un aumônier ou chapelain attaché spécialement à l'exercice du culte dans l'établissement.

§ 1er. — *Des commissions administratives.*

31. — Les commissions administratives chargées de l'administration des hospices, sont composées de cinq membres. — L. 16 vendém. an V; ord. roy. 31 oct. 1821, art. 1er.

32. — Il est de règle générale qu'une même commission administrative régit les divers hospices d'une même ville. — Instr. min. 8 fév. 1823.

33. — Si cependant il arrivait que, dans les très-grandes villes possédant plusieurs établissemens, il y eût nécessité à cause de la différence de leur destination et de leurs intérêts, de former deux commissions au lieu d'une, ou que l'importance et l'étendue du service de ces établissemens exigeassent la coopération de plus de cinq administrations, il pourrait être fait exception à la règle ci-dessus posée. Ainsi, à Paris, la commission administrative est composée de six administrateurs qui sont salariés; mais il faut que ces exceptions soient autorisées par ordonnance royale. — *Ibid.*

34. — Toutefois, ces dispositions ne sont pas exclusives du droit que se seraient réservé, soit pour eux seulement, soit pour eux et leurs héritiers, les fondateurs d'hospices, de concourir à la direction des établissemens par eux dotés, et d'assister avec voix délibérative aux séances de leurs administrations. — Décr. 31 juill. 1806; instr. min. 8 fév. 1823.

35. — Le ministre doit fixer dans ce cas, sur la proposition des préfets et l'avis des commissions administratives, les règles suivant lesquelles les droits des fondateurs seront exercés, et ceux-ci doivent se conformer aux réglemens qui régissent l'administration des hospices. — *Ibid.*

36. — La nomination des membres des commissions administratives appartient au ministre de l'intérieur, quant aux établissemens dont les budgets doivent être soumis à l'approbation de ce ministre (ord. roy. 6 fév. 1818, art. 2; 6 juin 1830, art. 1er), et aux préfets, quant aux établissemens dont ils règlent les budgets. — Ord. roy. 6 juin 1830, art. 1er.

37. — Les mêmes personnes peuvent être à la fois membres des commissions administratives et des bureaux de bienfaisance. — Ord. roy. 31 oct. 1821, art. 5. — Une seule administration peut régir le service des hospices et celui des bureaux de bienfaisance, et c'est ce qui a lieu avec avantage dans plusieurs départemens; il en résulte des économies, un meilleur emploi de fonds, des secours réciproques, et par conséquent plusieurs sortes d'avantages pour les pauvres. C'est, d'ailleurs, pour favoriser cette réunion, partout où elle peut être utile, que la règle ci-dessus a été établie. Mais c'est une faculté et non une obligation, et il n'y a lieu d'user de cette faculté que là où des convenances locales le réclament ou le permettent. — Instr. min. 8 fév. 1823.

38. — Les membres des conseils municipaux peuvent également faire partie des commissions administratives. Toutefois, les préfets doivent veiller avec soin à prévenir les inconvéniens qui pourraient résulter de cette cumulation de fonctions. — Circul. 16 sept. 1830.

39. — Les conseillers de préfecture étant appelés à statuer, soit par voie administrative, soit comme juges d'exception, sur les actes et les intérêts des pauvres et des hospices, il ne convient pas non plus de les investir des fonctions d'administrateurs de ces établissemens. — Circul. 13 fév. 1818.

40. — Par un motif analogue, il semblerait que l'on devrait aussi éloigner des fonctions d'administrateurs d'hospices les membres des cours et tribunaux, et c'est l'avis de MM. Durieu et Roche (v° *Commission administrative*, n° 9); mais la pratique est contraire à cette solution.

41. — Il convient d'éviter de placer dans les commissions plusieurs parens, du moins lorsqu'ils se trouvent à un degré trop rapproché. — Instr. min. 8 fév. 1823.

42. — Les causes d'incapacité, d'exclusion et de destitution, admises pour la tutelle (C. civ., art. 442 et suiv.), sont applicables aux administrateurs des hospices. — Durieu et Roche, v° *Commission administrative*, n° 13.

43. — La déclaration royale du 6 août 1713 voulait que les débiteurs, les locataires des hospices, etc., ne pussent pas être nommés administrateurs. Cette décision semble devoir encore être suivie comme règle de bonne administration. — Durieu et Roche, v° *Commission administrative*, n° 12.

44. — Il y a incompatibilité entre les fonctions d'administrateur d'hospice et celles de médecin gagé de l'établissement. — Décis. min. intér. 19 nov. 1828; — Durieu et Roche, *ibid.*

45. — Les membres des commissions administratives doivent avoir leur domicile réel dans le lieu où siégent ces administrations. — Ord. roy. 31 oct. 1821, art. 5.

46. — Le ministre de l'intérieur a décidé, en s'étayant sur cette disposition, que lorsqu'un hospice, par suite de la division de territoires primitivement réunis, devait recevoir les malades de deux communes, on ne pouvait pas composer la commission administrative de membres pris parmi les habitans de ces deux communes. Il a craint, d'ailleurs, qu'au sein d'une commission ainsi composée de représentans d'intérêts opposés, il ne s'élevât des conflits préjudiciables au bien général du service, et il a pensé que, si les deux communes ne pouvaient pas s'entendre pour que la commission de la situation de l'hospice en eût l'administration (sauf à y admettre le nombre d'indigens déterminé pour l'autre commune), on devrait procéder au partage, conformément à l'art. 6, L. 18 juill. 1837, sur l'administration municipale, c'est-à-dire que la commune de la situation devrait en conserver la propriété, à la charge d'indemniser l'autre commune, à laquelle l'établissement deviendrait alors totalement étranger. — Lett. au préf. du Cher, 6 nov. 1841; — Durieu et Roche, v° *Commission administrative*, n° 6.

47. — Ce qui vient d'être dit ne s'applique qu'à l'administration d'un hospice communal, proprement dit, qui est la propriété de la commune où il est situé.

48. — S'il s'agissait d'un établissement particulier, créé avec une destination spéciale étrangère à la localité, la gestion pourrait en être laissée à une administration charitable établie dans une autre commune, si telles étaient les conditions ou les conséquences naturelles de la fondation. C'est là la situation de plusieurs établissemens ressortissant à l'administration des hospices de Paris.

49. — Lorsqu'il s'agit d'un établissement situé dans un autre département, les règles de hiérarchie et de circonscription administrative sembleraient, il est vrai, s'opposer à ce qu'un préfet fît, comme représentant d'une commission administrative, acte de juridiction dans un département voisin; elles s'opposeraient à ce que le préfet du département voisin fût dépouillé du droit d'inspection et de police qui lui appartient de droit sur tous les établissemens de bienfaisance situés dans son département.

50. — Mais, ainsi que, d'après un avis du comité de l'intérieur du conseil d'état, du 9 déc. 1834, le font remarquer MM. Vuillefroy et Monnier, « ces règles ne seraient nullement violées par un partage d'attributions qui conserverait à l'un la surveillance de l'administration des hospices dont il est le chef, en réservant à l'autre tous les droits de l'autorité publique... Du reste, un réglement approuvé par le ministre de l'intérieur, qui maintiendrait une séparation nette entre les deux administrations, préviendrait toutes difficultés. » — Vuillefroy et Monnier, *Principes d'admin.*, p. 412.

51. — Les administrateurs des hospices doivent, avant d'entrer en fonctions, prêter le serment exigé par la loi du 31 août 1830. — Circ. min. 17 sept. 1830.

52. — Les commissions administratives sont renouvellées chaque année par cinquième. — Décr. 7 germ. an XIII, art. 1er; ord. roy. 6 fév. 1828, art. 4.

53. — Elles doivent en conséquence s'assembler le 15 août de chaque année pour procéder à la formation de la liste des trois candidats qu'elles doivent présenter pour le remplacement des membres sortans. — Circul. min. 13 fév. 1818, et 16 sept. 1830.

54. — Les membres sortans qui réunissent les conditions voulues pour faire partie de la commission sont rééligibles et peuvent en conséquence faire partie de la liste de présentation. — Décr. 7 germ. an XIII, art. 4.

55. — Lorsqu'une administration n'a point encore été soumise au renouvellement, la sortie des membres doit être déterminée pendant les quatre premières années par la voie du sort; mais ensuite c'est le cinquième des membres de l'administration qui se trouve le plus ancien en exercice qui doit être annuellement remplacé. — Décr. précité 7 germ. an XIII, art. 2; instr. min. 8 fév. 1823.

56. — Les vacances survenues dans le cours de chaque année, par mort ou démission, comptent pour la sortie périodique, il en résulte que lorsque le cinquième d'une administration est renouvelé par suite de la mort ou de la démission d'un membre, il n'y pas lieu à procéder dans la même année à d'autre renouvellement, et le membre ainsi nommé pour remplacer un administrateur décédé ou démissionnaire prend son tour d'ancienneté à dater de sa nomination, indépendamment de la durée d'exercice que le membre remplacé avait encore à remplir. — Décr. 7 germ. an XIII, art. 6; instr. min. 8 fév. 1823.

57. — Conformément a ce qui a été dit (n° 36), il est pourvu au remplacement de chaque membre sortant, soit par le ministre de l'intérieur, d'après l'avis des préfets, soit par le préfet directement sur une liste de trois candidats présentés par la commission administrative. — Décr. 7 germ. an XIII, art. 3; circul. 13 fév. 1818 et 16 sept. 1830.

58. — La révocation des membres des commissions administratives ne peut être prononcée que par le ministre de l'intérieur, soit que la nomination ait été faite par ce ministre, soit qu'elle émane des préfets. — L. 16 messid. an VII, art. 5; ord. roy. 6 fév. 1818, art. 8. — Les préfets peuvent seulement, pour de justes causes, provoquer la révocation des administrateurs par eux nommés, et, s'il y a urgence, en prononcer la suspension provisoire; dans l'un et l'autre cas, ils doivent en référer au ministre de l'intérieur qui statue définitivement. — Ord. roy. 6 juin 1830, art. 3.

59. — Les fonctions des administrateurs des hospices sont essentiellement gratuites. — L. 19-23 mars 1793, art. 7; ord. roy. 31 oct. 1821, art. 1er.

60. — Elles sont néanmoins considérées com-

me des services publics et comptent pour l'admission dans l'ordre de la légion d'honneur. — Ord. roy. 31 oct. 1821, art. 7.

61. — Les membres des commissions administratives sont électeurs communaux. — L. 24 mars 1831, art. 11. — V. ÉLECTIONS MUNICIPALES, n° 284 et suiv.

62. — Ils ne peuvent être poursuivis devant les tribunaux à raison d'actes relatifs à l'exercice de leurs fonctions, sans une autorisation du conseil d'état. — *Cons. d'état*, 19 brum. an XI, hospice de Bruxelles; 14 juill. 1812, bureau de bienfaisance de Paris. — V. FONCTIONNAIRES PUBLICS, nos 661 et suiv.

§ 2. — *Du receveur.*

63. — Les receveurs des hospices sont chargés de recouvrer tous les revenus, et de payer toutes les dépenses de ces établissemens. — L. 16 vendém. an V. — Il ne doit y avoir qu'un seul receveur pour les revenus de tous les hôpitaux et hospices situés dans la même commune. — L. 16 vendém. an V, art. 3; arr. 23 brum. an V.

64. — Lorsque, d'ailleurs, les recettes de l'hospice d'une commune n'excèdent pas 30,000 fr., elles doivent être réunies à celles du bureau de bienfaisance, et si ces recettes réunies n'excèdent pas elles-mêmes cette même somme, elles sont confiées de droit au receveur municipal. — Ord. roy. 31 oct. 1821, art. 24; 6 juin 1830, art. 2; 17 sept. 1837, art. 12; 31 mai 1838, art. 509; circul. min. 15 déc. 1837.

65. — Au-dessus de cette limite, le receveur municipal peut bien encore être appelé à gérer le revenu des établissemens de bienfaisance, mais seulement en vertu du consentement des administrations charitables qui peuvent, si elles le jugent utile, provoquer la nomination d'un receveur spécial. — *Ibid.*

66. — *Nomination.* — Les receveurs des hospices sont nommés par le ministre de l'intérieur pour les établissemens dont ce ministre règle les budgets, et par les préfets pour les autres établissemens, sur une liste de trois candidats présentés par la commission administrative. — Ord. roy. 31 oct. 1821, art. 22; 6 juin 1830, art. 2.

67. — Les receveurs ne peuvent être ni membres de l'administration, ni parens ni alliés d'aucun de ses membres jusqu'au degré de cousin germain inclusivement. — Instr. min. 8 fév. 1823, et 17 juin 1840, n° 1078.

68. — Il y a également incompatibilité entre leurs fonctions et celles de : maire ou adjoint; — membre des conseils de préfecture et des conseils municipaux; — juge et greffier des tribunaux ou des justices de paix; — notaire, avocat, avoué, huissier, commissaire-priseur, agent de change, courtier; — secrétaire de mairie ou de commission administrative; — commis de préfecture, de sous-préfecture, de recette générale, ou de recette particulière des finances. — *Ibid.*

69. — *Cautionnement.* — Les receveurs sont soumis à un cautionnement dont le taux est réglé sur les mêmes bases que celui imposé aux receveurs des communes et qui, en conséquence, doit être égal au dixième des recettes ordinaires portées au compte de l'année qui précède la nomination du comptable. — Arr. réglem. 16 germin. an XII, art. 1er; L. 28 avr. 1816, art. 83; ord. roy 31 oct. 1821, art. 22; instr. gén. 17 juin 1840, n° 1051.

70. — Sont seuls exempts de cette obligation, les receveurs dont le cautionnement, en le calculant dans les proportions qui viennent d'être indiquées, ne s'élèverait pas à 100 fr. — Ord. roy. 15 oct. 1823.

71. — Toute autre exception est formellement interdite par l'administration supérieure, même celle que l'on croirait pouvoir admettre par cette considération que le receveur exercerait gratuitement. — Circul. 16 sept. 1830.

72. — Le montant du cautionnement que les receveurs ont à fournir, est fixé sur les bases que nous avons indiquées *suprà* n° 69, soit par le ministre de l'intérieur, soit par les préfets, selon qu'ils sont nommés par l'une ou par l'autre de ces autorités. — Ord. roy. 31 oct. 1821, art. 22; 6 juin 1830, art. 2.

73. — Dans les localités où les revenus ordinaires des hospices auraient éprouvé, depuis la nomination du receveur, un accroissement considérable et permanent, il peut être procédé à une nouvelle fixation du cautionnement de ce comptable, sur la demande du préfet et du receveur général du département. — Ord. roy. 17 sept. 1837; circul. 30 du même mois; instr. gén. 18 juin 1840, n° 1051.

74. — Le cautionnement des receveurs des hospices peut être fourni soit en immeubles, soit en rentes sur l'état, soit enfin en numéraire. — Toutefois, la règle générale est aujourd'hui que ces cautionnemens soient fournis en immeubles ou en rentes. — Ord. roy. 6 juin 1830, art. 4.

75. — Ce n'est que par exception que la même disposition a autorisé le ministre de l'intérieur à permettre qu'ils soient fournis en numéraire.

76. — Tout en se montrant disposé à ne tolérer cette exception que dans des cas très-rares et pour de graves considérations (circul. 16 sept. 1830), le ministre a néanmoins décidé, d'une manière générale, que les receveurs pourraient toujours fournir en numéraire, sans y être spécialement autorisés, les cautionnemens qui ne s'élèveraient pas à 200 fr. Le motif de cette décision a été que n'étant pas délivré d'inscriptions de rentes au-dessous de 10 fr., il ne resterait plus de possible qu'un cautionnement en immeubles qui devenait, en définitive, trop onéreux pour les comptables en raison de sa modicité, par les difficultés et les frais qu'il pourrait occasionner. — Circul. 16 août 1831.

77. — Par cela même, d'ailleurs, que l'on a laissé aux receveurs la faculté de fournir leur cautionnement, soit en rentes sur l'état, soit en immeubles, les comptables peuvent les réaliser partie en immeubles et partie en rentes : il suffit qu'ils se conforment, pour chaque nature de cautionnement, aux règles et formalités qui leur sont indiquées. — Circul. 16 sept. 1830.

78. — Les cautionnemens immobiliers doivent être établis sur des immeubles libres de tous priviléges et hypothèques, et d'une valeur qui excède d'un tiers au moins les fixations en deniers du cautionnement. — Circul. 6 juin 1830, art. 5. — Les commissions administratives doivent toujours être appelées à délibérer sur l'acceptation des immeubles offerts à cet effet. — *Ibid.* — En conséquence de ces dispositions, les receveurs qui veulent fournir en immeubles tout ou partie du cautionnement auquel ils sont astreints, doivent présenter à l'administration de l'établissement, avec la désignation des immeubles qu'ils offrent en garantie, les pièces constatant que ces immeubles sont présentement libres de tous priviléges et hypothèques. Cette justification et les actes nécessaires pour y parvenir sont aux frais du comptable. — Circul. 16 sept. 1830.

79. — Sur le vu des pièces, la commission administrative délibère sur l'acceptation des immeubles offerts. — *Ibid.*

80. — Au cas où elle ne se croirait pas suffisamment éclairée sur le mérite des pièces produites et sur la situation hypothécaire des immeubles, elle devrait prendre l'avis du comité consultatif de l'établissement. — *Ibid.*

81. — Si la difficulté portait sur la valeur estimative des immeubles, le comptable pourrait demander une expertise contradictoire, à ses frais. — *Ibid.*

82. — Lorsque les immeubles ont été reconnus réunir toutes les conditions prescrites pour la garantie des établissemens et qu'ils ont été, en conséquence, acceptés, le receveur ou le tiers à qui les immeubles appartiennent, doit constater, pardevant notaire et dans la forme ordinaire des actes de cautionnement, l'affectation de l'immeuble à la garantie de la gestion des deniers, avec hypothèque spéciale sur ledit immeuble. A ces actes doivent être annexés le bordereau de non inscription hypothécaire et les autres pièces justificatives de la libération des immeubles. — *Ibid.*

83. — L'inscription hypothécaire est prise, au nom de l'établissement, à la diligence du receveur lui-même, qui doit en justifier avant son entrée en fonctions. — *Ibid.*

84. — Les délibérations des commissions administratives relatives à l'acceptation des cautionnemens en immeubles ne peuvent être exécutées sans avoir été préalablement soumises à l'approbation du préfet. — *Ibid.*

85. — Les cautionnemens en rentes sur l'état sont, à la volonté des receveurs qui les proposent, fournis soit en inscriptions 5 %, soit en rentes à 4 ou à 4 1/2 au pair, ou en 3 % à 75 fr., suivant la faculté consacrée par l'ordonnance du 19 juin 1825. — Ord. 6 juin 1830, art. 6.

86. — Ceux qui désirent réaliser leur cautionnement à Paris, doivent remettre, soit par eux-mêmes, soit par un mandataire spécial délégué à cet effet, leurs inscriptions de rentes au directeur du contentieux des finances, pour être déposées à la caisse du trésor royal. L'acte de cautionnement, fait double entre le directeur du contentieux des finances et les titulaires des inscriptions, est immédiatement dressé sur papier timbré. — Circul. 16 sept. 1830.

87. — Ceux qui veulent réaliser leur cautionnement en rentes départementales, remettent leurs inscriptions au directeur de l'enregistrement, qui a à remplir à cet égard les mêmes fonctions que le directeur du contentieux des finances. Une copie de l'acte de cautionnement passé dans la forme ci-dessus indiquée entre les titulaires des rentes et le directeur de l'enregistrement, est transmise par ce fonctionnaire au directeur du contentieux. — *Ibid.*

88. — Les bordereaux annuels en vertu desquels les titulaires des rentes affectées aux cautionnemens sont admis à toucher les arrérages desdites rentes sont envoyés aux préfets et remis par ces magistrats aux commissions administratives, auprès desquelles les parties intéressées peuvent les réclamer. — Ord. 6 juin 1830, art. 7; circul. 16 sept. 1830.

89. — Les cautionnemens en numéraire doivent être versés dans la caisse du mont-de-piété le plus voisin ou désigné dans l'autorisation, lequel en paie l'intérêt au comptable. — Ord. royale 31 oct. 1821, art. 23; circul. 16 août 1831.

90. — Lorsqu'un receveur d'hospice a cessé ses fonctions, et que ce comptable ou ses ayant-cause demandent le remboursement de son cautionnement, ou lorsque, nommé à une autre recette, le comptable désire faire appliquer le cautionnement qu'il a fourni pour son ancienne gestion à la garantie du nouveau service qui lui est confié, il doit justifier de sa libération par un certificat du préfet constatant que le dernier compte du titulaire, définitivement jugé par le conseil de préfecture ou la cour des comptes, est apuré et soldé; et, de plus, par un certificat spécial du receveur des finances exprimant que la libération du comptable résulte à la fois de la vérification de ses écritures et du jugement de ses comptes. — Instr. gén. 17 juin 1840, n° 1079.

91. — Ces productions doivent être accompagnées des certificats de privilége, s'il en existe; d'un certificat de non-opposition délivré par le greffier et visé par le président du tribunal de première instance de la résidence du titulaire, conformément à la loi du 6 vent. an XIII; d'un certificat de propriété conforme au modèle annexé au décret du 18 sept. 1806, si la demande est faite par les héritiers ou ayant-cause, à quelque titre que ce soit. — *Ibid.*

92. — Lorsqu'il s'agit de l'application du cautionnement d'une gestion à un autre service confié au même titulaire, le comptable doit justifier du consentement donné à ce transfert par le bailleur de fonds qui aurait fourni le cautionnement. — Instr. gén. 17 juin 1840, n° 1081.

93. — Les comptables doivent enfin établir que les arrêtés de comptes qui prononcent leur libération sont définitifs et ne sont pas susceptibles d'être attaqués par la voie du pourvoi. — Circul. 16 sept. 1830; instr. gén. 17 juin 1840, n° 1083.

94. — Sur le vu de ces justifications, les préfets peuvent autoriser, suivant les uns, la main-levée des inscriptions hypothécaires, la remise des inscriptions de rentes, ou la délivrance des fonds versés aux monts-de-piété. — Ord. 6 juin 1830, art. 9

95. — On a élevé la question de savoir, si le pouvoir donné au préfet par cette disposition d'autoriser la radiation des inscriptions hypothécaires prises au profit des établissemens charitables ne se trouvait pas en contradiction avec le décret du 11 thermid. an XII, qui ne permet en général la main-levée des oppositions ou des hypothèques prises pour la conservation des droits de ces établissemens qu'en vertu de l'autorisation du conseil de préfecture et sur l'avis du comité consultatif. — Mais, ainsi que le fait remarquer la circulaire précitée du 16 sept. 1830, il est évident que les formalités prescrites par ce décret n'étaient point ici nécessaires, puisque la radiation autorisée par le préfet ne s'opère pas seulement en vertu de cette autorisation, mais qu'elle résulte de l'arrêté de compte qui déclare le quitus, arrêté qui a la force des jugemens des tribunaux civils, aux termes des avis du conseil d'état des 16 thermid. an XII et 12 nov. 1811. C'est donc, à proprement parler, en vertu d'un jugement que la radiation de l'hypothèque est ordonnée, ce qui rentre dans l'exécution littérale du décr. du 11 thermid. an XII, qui n'exige les formalités dont il s'agit que lorsque la radiation des hypothèques n'a pas été ordonnée par jugement des tribunaux.

96. — Les arrêtés des préfets portant autorisation de remboursement des cautionnemens de receveurs d'établissemens de bienfaisance, doivent mentionner les diverses pièces constatant la libération des comptables au vû desquelles ils ont été pris; ainsi que l'avis des commissions administratives; il doit en être remis une expédition au comptable intéressé, afin que lui, ou le tiers qui l'a cautionné, puisse obtenir la restitution, soit des inscriptions de rentes, soit des fonds versés

aux monts-de-piété, ou faire opérer la radiation des inscriptions hypothécaires.—Instr. gén. 17 juin 1840, no 1083.

97. — Dans le cas de débet, et lorsqu'il y a lieu d'ordonner l'application du cautionnement au profit de l'établissement, l'administration doit faire d'abord signifier au receveur, ou à ses ayant-cause l'arrêté de compte qui fixe le débet, avec sommation d'en verser le montant à la caisse de l'établissement dans le délai de deux mois, conformément aux réglemens. — Circul. 16 sept. 1830.

98. — Faute par le comptable ou ses ayant-cause d'avoir satisfait à cette sommation dans le délai prescrit, le préfet doit ordonner les poursuites nécessaires pour parvenir à l'expropriation du débiteur en vertu des condamnations qu'il aurait encourues, et pour assurer l'exercice du droit acquis audit établissement sur le produit de la vente des immeubles ou rentes qui en dépendent —Ord. 6 juin 1830, art. 10; circul. précitée 16 sept. 1830.

99. — S'il s'agit de rentes sur l'état, l'arrêté pris par le préfet, dans le sens qui vient d'être indiqué, doit être transmis au directeur du contentieux des finances qui fait procéder à la vente des rentes jusqu'à concurrence des débets. — Circul. 16 sept. 1830.

100. — S'il s'agit de sommes déposées à la caisse du mont-de-piété, l'arrêté en prescrit le versement à la caisse de l'établissement charitable créancier. — *Ibid.*

101. — Enfin, s'il s'agit de cautionnemens en immeubles, l'expropriation en est poursuivie conformément au Code de procédure civile, en vertu de l'arrêté qui déclare le débet. — *Ibid.*

102. — Les poursuites auxquelles donnent lieu les applications des cautionnemens doivent, aux termes de l'arrêté du 19 vendém. an XII, être exercées à la diligence du nouveau receveur. — *Ibid.*

103. — Lorsque le receveur d'un établissement de bienfaisance est en même temps percepteur ou receveur municipal, les cautionnemens qu'il a fournis pour ces dernières fonctions peuvent être appliqués, si besoin est, au déficit que présenterait la comptabilité de l'établissement. — Cette règle, consacrée formellement aujourd'hui par l'art. 11 de l'ord. royale du 17 sept. 1837, n'est au surplus qu'une application de l'art. 2102, § 7, C. civ., et des lois des 25 niv. et 7 vent. an XIII, et avait été, antérieurement à l'ord. que nous venons de citer, appliquée par un arrêt de *Caen*, 30 mai 1837 (t. 1er 1838, p. 358), comm. de Vrétot c. Lefèvre.

104. — *Serment.* — Les receveurs des hospices sont soumis au serment déterminé par la loi du 31 août 1830. — Instr. gén. 17 juin 1840, no 1057. — V. au surplus SERMENT.

105. — *Installation.* — Les receveurs ne peuvent être installés qu'après avoir réalisé leur cautionnement et en justifiant de la prestation de leur serment. — Ord. 6 juin 1830, art. 8; instr. gén., 17 juin 1840, no 1057. — Il doit être fait mention de ces justifications dans le procès-verbal d'installation. — Circ. 16 sept. 1830.

106. — L'installation est faite par le maire; mais le receveur des finances doit assister à la prise du service pour prescrire ou provoquer toutes les mesures que l'ordre de la comptabilité rendrait nécessaires. — Circ. min. des fin. 6 fév. 1833; de Watteville, *C. de l'admin. charitable*, p. 67.

107. — *Traitement.* — Le traitement des receveurs des hospices consiste en remises proportionnelles tant sur les recettes que sur les paiemens effectués par les comptables pour le compte desdits établissemens. — Ord. roy. 17 avr. 1839. — Ces remises varient suivant l'importance des revenus dont les receveurs ont la gestion, dans des proportions qui ont été déterminées par les ord. des 17 avr. 1839 et 23 mai suiv.

108. — Les commissions administratives sont du reste toujours appelées à délibérer sur la fixation des remises de leurs receveurs, sans toutefois que les proportions du tarif sus-énoncé puissent être élevées ou réduites de plus d'un dixième et sauf décision de l'autorité supérieure. — Ord. préc. 17 avr. 1839, art. 3.

109. — Les comptables n'ont aucune remise sur les recettes et les paiemens qui ne constituent que des conversions de valeurs (*Ibid.*, art. 5) c'est-à-dire qui ne constituent véritablement qu'un déplacement ou une transformation de capitaux, au lieu d'une recette ou d'une dépense réelle. — Circ. 12 fév. 1840.

110. — Ainsi, sont considérés comme conversions de valeurs, par exemple, les placemens faits au trésor des fonds sans emploi, le retrait de ces fonds, les acquisitions de rentes sur l'état, la réalisation du capital des rentes dues par l'état ou par des particuliers, les ventes d'immeubles ou les placemens de fonds qui en proviennent en immeubles, la dépense résultant de l'emploi des produits en nature, le prix de vente de la partie de ces produits qui excède les besoins de l'établissement, la recette et le remboursement des emprunts contractés par les établissemens, la recette des fonds votés dans les budgets départementaux et communaux pour le service des enfans trouvés. — *Ibid.*

111. — Les receveurs n'ont pas non plus droit à des remises sur les forcemens de recettes prononcées contre eux lors de l'examen et du jugement de leurs comptes. — *Ibid.*

112. — Mais la recette *des intérêts produits* par les placemens de fonds au trésor et la dépense pour le paiement *des intérêts dus* sur les emprunts ne sont pas comprises dans les exceptions ci-dessus. — Circul. 15 avril 1839.

113. — *Responsabilité.* — Indépendamment de leur responsabilité en deniers, les receveurs sont tenus de faire, sous leur responsabilité, toutes les diligences nécessaires pour la recette et la perception des revenus, et pour le recouvrement des legs et donations et autres ressources; de faire faire contre tous les débiteurs en retard de payer, et à la requête de l'administration à laquelle ils sont attachés, les exploits, significations, poursuites et commandemens nécessaires; d'avertir les administrateurs de l'échéance des baux; d'empêcher les prescriptions; de veiller à la conservation des domaines, droits, priviléges et hypothèques; de requérir à cet effet l'inscription au bureau des hypothèques de tous les titres qui en sont susceptibles, et de tenir registre desdites inscriptions et autres poursuites et diligences. — Arr. du gouvern. du 19 vend. an XII, art. 1er.

114. — Pour faciliter l'exécution de ces obligations, les receveurs peuvent se faire délivrer par l'administration dont ils dépendent une expédition en forme de tous les contrats, titres nouvels, déclarations, baux, jugemens et autres actes concernant les domaines dont la perception leur est confiée, ou se faire remettre par tous dépositaires, lesdits titres et actes sous leur responsabilité. — *Ibid.*, art. 2.

115. — Sous ces différens rapports, comme sous ceux de leur comptabilité, les receveurs ne sont du reste responsables que de leur gestion personnelle. — Ord. roy. 23 avr. 1823, art. 13; 22 janv. 1831.

116. — En cas de mutation de receveurs, le compte de l'exercice est divisé suivant la durée de la gestion de chaque titulaire et chacun d'eux rend compte séparément des faits qui le concernent. — *Ibid.*

117. — Les receveurs des établissemens de bienfaisance sont tenus d'exercer *personnellement* leurs fonctions et ne peuvent se faire représenter que *temporairement* et dans le cas d'absence autorisée ou d'empêchement légitime; le fondé de pouvoirs doit être agréé par le receveur des finances et accrédité par le sous-préfet. — Instr. gén. 17 juin 1840, no 1074; — de Watteville, *C. de l'admin. charitable*, p. 66.

118. — Ils sont au surplus soumis aux dispositions des lois relatives aux comptables de deniers publics et à toute leur responsabilité. — Arr. 19 vend. an XII, art. 5. — V. COMPTABLES PUBLICS.

119. — *Révocation.* — La révocation des receveurs des hospices ne peut être prononcée que par le ministre de l'intérieur, sans qu'il y ait distinction à faire entre ceux nommés par le ministre et ceux nommés par les préfets. — Ord. roy. 31 oct. 1821, art. 31; 6 juin 1830, art. 3.

120. — Les préfets peuvent seulement provoquer cette révocation après avoir entendu la commission administrative, et dans les cas urgens, prononcer la suspension provisoire, à la charge d'en rendre compte au ministre qui statue définitivement sur leurs propositions. — *Ibid.*

121. — Mais quant aux simples remplacemens que des démissions acceptées rendraient nécessaires, il peut y être pourvu directement par le préfet dans tous les cas où la nomination lui appartient. — Ord. 6 juin 1830, art. 3.

122. — Relativement à la surveillance des receveurs des hospices et aux règles qui régissent leur comptabilité, V. *infrà* nos 449 et suiv.

§ 3. — *De l'économe.*

123. — Les fonctions générales des économes consistent : 1o à percevoir, emmagasiner et conserver les denrées et autres objets mobiliers appartenant aux établissemens charitables et qui proviennent soit des fermages et autres redevances qui leur sont dues, soit des achats faits pour leur compte; 2o à distribuer ces deniers et objets pour le service des établissemens conformément aux règles prescrites. — Ord. royale 29 nov. 1831; instr. min. 20 nov. 1836.

124. — Ces fonctions ne doivent pas être nécessairement confiées à un agent spécial. Dans les hospices peu considérables, on peut les réunir à d'autres attributions relatives au service intérieur, par exemple à celles de préposé au mouvement, de secrétaire, etc., ou même aux fonctions de receveur. — Instr. min. 20 nov. 1836.

125. — Dans les hospices dont les revenus ordinaires ne dépassent pas 10,000 francs, la possession des magasins ainsi que la conservation et la distribution des denrées peuvent même être laissées aux sœurs hospitalières chargées du service, mais à la condition toutefois que le receveur ou un autre agent comptable en titre, passera les écritures et constatera le mouvement de la consommation. — Circul. 6 août 1839.

126. — D'un autre côté, lorsque la même administration hospitalière comprend plusieurs établissemens, il suffit en général d'un seul économe pour tous les établissemens. Cependant si leur importance était telle que le service dût souffrir de la réunion de tous les magasins dans les attributions d'un seul employé, rien ne s'opposerait à ce que les fonctions d'économe fussent divisées entre plusieurs agens qui deviendraient responsables chacun de sa gestion. — Instr. min. 20 nov. 1836.

127. — Les économes sont nommés par les préfets sur la présentation de trois candidats faite par les commissions administratives. — Ord. royale 31 oct. 1821, art. 18; instr. min. 20 nov. 1836. — Leur traitement est également fixé par les préfets sur les propositions des commissions administratives. — *Ibid.*

128. — Dans les établissemens où la valeur des denrées et objets de consommation livrés aux économes s'élève annuellement à 20,000 francs et au-delà, ces agens sont assujétis à fournir un cautionnement qui est réglé d'après les mêmes bases que celui des receveurs. — Ord. royale 29 nov. 1831, art. 2. — V. *suprà* no 69.

129. — Les économes doivent être soumis au même serment que les receveurs. — Décis. min. 29 nov. 1831.

130. — La gestion des économes est soumise, aux termes de l'ord. du 29 nov. 1831 (art. 1er), à des règles de comptabilité déterminées par le ministre de l'intérieur dans sa circulaire du 20 nov. 1836. — Durieu et Roche, vo *Économe*, nos 26 et suiv.

131. — Malgré la nomination d'un économe dans un hospice, le receveur demeure responsable de la rentrée des revenus en nature appartenant à l'établissement; mais le cautionnement qu'il fournit pour cette partie de sa gestion est réduit de moitié à dater de l'époque où celui de l'économe a été réalisé. — Ord. royale 29 nov. 1831, art. 3.

132. — Les économes peuvent être révoqués par les préfets. Toutefois leur révocation n'est définitive qu'après avoir été approuvée par le ministre de l'intérieur. — Ord. royale 31 oct. 1821, art. 18.

§ 4. — *Contrôleur et autres agens comptables.*

133. — Dans les hospices dont les revenus présentent quelque importance, l'institution d'un préposé spécialement chargé de contrôler les recettes et les dépenses et qu'on nomme *contrôleur*, est recommandée par les réglemens. — Décr. 7 flor. an XIII; instr. min. 8 fév. 1823.

134. — En outre il existe dans certains établissemens importans des agens secondaires auxquels on donne aussi le nom d'*agens comptables* et qui sont chargés d'un maniement de deniers ou de matières. Tels sont, dans les hospices où des ateliers de travail sont organisés, les chefs d'atelier qui reçoivent en compte les matières premières destinées à la fabrication et qui réunissent les objets confectionnés pour les remettre à l'économe, ou encore qui distribuent aux indigens travaillant dans les ateliers, les sommes qui leur sont allouées. — Le plus souvent, ces agens ne fonctionnent que pour le compte du receveur ou de l'économe, suivant qu'ils sont chargés d'un maniement de deniers ou de matières. — Mais dans tous les cas et conformément aux principes que nous avons développés vo COMPTABLES PUBLICS, ils sont soumis à toutes les obligations et à la responsabilité imposées en général aux comptables.

135. — Le contrôleur et les agens comptables sont, comme les économes, nommés par les préfets sur la présentation de trois candidats faite par la commission administrative, qui fixe leur traitement. Leur révocation a lieu d'après les mêmes règles. — Ord. royale 31 oct. 1821, art. 18.

§ 5. — *Médecins, chirurgiens, pharmaciens.*

136. — Il ne peut être créé aucune place de médecin, chirurgien ou pharmacien dans les hospices sans l'autorisation du ministre de l'intérieur. — Décis. min. 15 mars 1816; instr. min. 8 fév. 1823.

137. — La décision ministérielle qui détermine le nombre de médecins et chirurgiens qui doivent être attachés à un hospice est d'ailleurs un acte de pure administration qui ne peut être attaqué par la voie contentieuse. — *Cons. d'état*, 6 juill. 1848, administration de l'hospice d'Auxerre.

138. — Les médecins et chirurgiens chargés en chef du service des hospices ne peuvent être pris que parmi des médecins et chirurgiens reçus suivant les anciennes formes ou par des docteurs reçus suivant les formes nouvelles. — L. 19 vent. an 11, art. 27.

139. — Cette règle ne peut recevoir d'exception que dans le cas où il ne se trouve pas de docteurs dans les lieux où les hospices sont situés, ou lorsque ceux qui s'y trouvent ne réunissent pas les qualités nécessaires pour que le service des hospices puisse leur être confié. — Instr. min. 8 fév. 1823.

140. — Les médecins, chirurgiens et pharmaciens des hospices sont nommés par les préfets sur la présentation de trois candidats désignés par la commission administrative. — Ord. royale 31 oct. 1821, art. 18.

141. — Leur révocation est également prononcée par les préfets. Toutefois, elle n'est définitive qu'après avoir été approuvée par le ministre de l'intérieur. — *Ibid.*

142. — Le pharmacien est soumis à la surveillance spéciale des médecins; il exécute, conformément au codex, les prescriptions ordonnées, et il tient la comptabilité des matières de son officine. — Circ. 31 janv. 1840.

143. — A la différence des médecins et chirurgiens, le pharmacien ne peut pas et ne doit même pas se faire une clientèle au dehors; tout son temps appartient aux établissemens auxquels il est attaché. — *Ibid.*

144. — Les médecins, chirurgiens et pharmaciens attachés aux hospices avaient été exemptés de la patente. — Décr. 25 therm. an XIII. — Cette exemption, prononcée en termes généraux pour tous les médecins par l'art. 13 de la loi du 25 avr. 1844, est restée applicable aux pharmaciens.

§ 6. — *Sœurs hospitalières.*

145. — Dans presque tous les hospices, le service intérieur est confié à des sœurs hospitalières appartenant aux diverses congrégations religieuses autorisées par le gouvernement.

146. — L'admission de ces religieuses dans les établissemens charitables est autorisée d'une manière générale par le décret du 18 fév. 1809, qui a rétabli leurs communautés.

147. — « Toutes les fois que des administrations des hospices ou des communes, porte l'art. 5 de ce décret, voudront étendre les bénéfices de cette institution aux hôpitaux de leurs communes ou arrondissemens, les demandes seront adressées par les préfets à notre ministre des cultes, qui, de concert avec les supérieures de congrégations, donnera des ordres pour l'établissement des nouvelles maisons, quand cela sera nécessaire; notre ministre des cultes soumettra l'institution des nouvelles maisons à notre approbation. »

148. — Cette disposition n'a reçu aucune modification de la loi du 24 mai 1825, relative aux congrégations religieuses, aux termes de laquelle, d'ailleurs, de simples ordonnances royales suffisent généralement pour l'établissement de toutes nouvelles maisons religieuses, lorsqu'il s'agit de maisons appartenant à une congrégation déjà légalement autorisée.

149. — Mais, en ce qui concerne les sœurs de charité placées dans les hospices, le gouvernement a adopté pour règle de ne les considérer comme formant un établissement susceptible d'être autorisé par le roi, qu'autant que l'engagement de la congrégation avec l'hospice serait à perpétuité. — Inst. min. des cultes, 17 juill. 1825, art. 7.

150. — Par suite, l'établissement des sœurs dans les hospices a lieu généralement sur de simples traités concertés entre les commissions administratives et les congrégations hospitalières, et qui sont seulement soumis, avec l'avis des préfets, à l'approbation du ministre. — Inst. min. 8 fév. 1823.

151. — Du reste, alors même que l'institution de religieuses dans un hospice est consacrée par un décret, ou par une ordonnance royale, il ne faut pas croire qu'elles soient identifiées avec l'établissement, de telle sorte qu'elles ne pourraient plus en être congédiées. — L'acte du gouvernement qui les institue n'a pour effet que de les constituer légalement en état de communauté particulière, séparée de la maison principale, et laisse intacts tous les droits de l'établissement auquel elles sont attachées, quant à la propriété des biens, ainsi que ceux de l'administration, quant à la faculté de modifier un état de choses qui pourrait ne plus lui convenir.

152. — Ainsi, jugé qu'une décision du 28 pluv. an X, qui avait accordé aux dames hospitalières de Saint-Joseph l'autorisation de créer un établissement à Avignon et d'y former des élèves, ainsi qu'un décret du 14 déc. 1810, qui avait approuvé les statuts de cette congrégation et lui avait conféré l'existence civile, n'avaient pu avoir pour objet que de donner à cette association l'existence légale comme communauté religieuse, et non point d'attacher spécialement la nouvelle congrégation au service des hôpitaux d'Avignon, et de modifier en sa faveur les droits généraux des commissions administratives. — *Cons. d'état*, 23 mars 1845, hospitalières de Saint-Joseph d'Avignon.

153. — ... Et le conseil d'état a, en conséquence, déclaré que les délibérations desdites commissions, approuvées par le préfet, qui avaient enjoint aux sœurs de Saint-Joseph 1° de quitter le service des malades qui leur avait été entièrement confié; 2° de remettre à la disposition de cette administration les bâtimens et dépendances alors habités par lesdites sœurs, avaient été prises dans la limite des pouvoirs qui appartiennent aux commissions administratives des hospices. — Même ordonnance.

154. — Dans tous les cas, les dames hospitalières sont, pour le service des malades, tenues de se conformer dans les hôpitaux aux règlemens de l'administration. — Décr. 18 fév. 1809, art. 16.

155. — Celles qui se trouvent hors de service par leur âge ou par leurs infirmités doivent être entretenues aux dépens de l'hospice dans lequel elles sont tombées malades ou dans lequel elles ont vieilli. — *Ibid.*

156. — Le ministre de l'intérieur a, du reste, fait adresser aux administrations charitables, par une circulaire du 26 sept. 1839, un modèle de traité concerté entre lui et la supérieure générale de la congrégation des filles de Saint-Vincent-de-Paul, qui dessert le plus grand nombre des établissemens charitables de France. Ce modèle de traité prévoit tout ce qui concerne le nombre des sœurs à attacher à l'hospice, le traitement qui doit leur être alloué, les obligations précises qu'elles auront à remplir, de même que celles de l'administration charitable envers elles, et enfin les délais qui devront être respectivement observés, au cas de retraite volontaire de la congrégation ou de résiliement du traité par la commission administrative.

157. — Ces traités doivent être passés en quintuple original, l'un pour la supérieure générale, le second pour la sœur qui doit être supérieure de l'hospice; le troisième pour la commission administrative; le quatrième pour le préfet et le cinquième pour le ministre de l'intérieur. — Même circ.

158. — Les fonctions des sœurs hospitalières embrassent en général, sous l'autorité de la commission administrative, tout le service intérieur de l'établissement; elles soignent les malades et les indigens; elles distribuent, après les avoir reçus de l'économe, les vêtemens, les alimens et tous les objets nécessaires au service; elles surveillent les ateliers de travail et donnent l'instruction primaire aux enfans de l'établissement. — Circ. 31 janv. 1840.

159. — Mais elles ne peuvent gérer aucun des biens, ni percevoir aucune des parties des revenus de l'administration hospitalière, même lorsque ce sont des revenus en nature. — *Ibid.*

§ 7. — *Employés et servans.*

160. — Les employés autres que ceux dont la nomination a fait l'objet de dispositions particulières, les servans, domestiques, infirmiers et gens de peine attachés à l'administration et au service des hospices, sont à la nomination de la commission administrative et révocables par elle. — Ord. roy. 31 oct. 1821, art. 18; instr. min. 8 fév. 1823.

161. — Le nombre et les traitemens des employés et gens de service sont seulement réglés par le préfet sur la proposition des commissions administratives. — Instr. min. 8 fév. 1823. — L'expérience a prouvé que dans les hôpitaux de malades il suffit en général que le nombre des employés et servans attachés au service direct des malades soit réglé à raison d'un pour dix malades, et que dans les services de valides il peut n'être que d'un pour quinze indigens. — *Ibid.*

§ 8. — *Aumôniers.*

162. — Les aumôniers des hospices sont nommés par les évêques diocésains sur la présentation de trois candidats désignés par les commissions administratives. — Ord. 31 oct. 1821, art. 18.

163. — Leur traitement ainsi que les frais du culte dans les établissemens auxquels ils sont attachés sont réglés par le préfet sur la proposition des commissions administratives et l'avis des sous-préfets. — Les arrêtés pris à cet égard par les préfets ne doivent être exécutés qu'après avoir été soumis à l'approbation du ministre de l'intérieur. — Arr. du gouv. du 11 fructid. an XI.

164. — Le droit de révocation n'appartient qu'à l'évêque; les commissions administratives ne pourraient pas la prononcer elles-mêmes, non plus que la suspension provisoire. Elles devraient la provoquer auprès de l'évêque, par l'intermédiaire du sous-préfet. — Durieu et Roche, v° *Culte*, n° 6.

165. — Suivant les mêmes auteurs (*ibid.*, n° 7), les commissions administratives ne pourraient même pas prononcer la suspension du traitement de l'aumônier. — « Le culte, disent à cet égard MM. Durieu et Roche, ayant été établi dans l'hospice en vertu d'une ordonnance du roi, et par suite d'une délibération de la commission administrative, celle-ci ne pourrait y renoncer de sa propre autorité; et comme il appartient, d'ailleurs, au ministre, de fixer les traitemens des aumôniers et les frais du culte dans les établissemens de bienfaisance, c'est devant le ministre que la commission administrative devrait porter sa demande en suppression ou en réduction de cette dépense, par l'intermédiaire du sous-préfet et du préfet. »

166. — Les aumôniers et chapelains attachés aux hospices sont tenus d'exécuter gratuitement les fondations pour services religieux dont ces établissemens se trouvent chargés. — Circul. 27 fructid. an XI et 31 janv. 1840.

167. — Il pourrait arriver cependant que le nombre de ces fondations fût trop considérable pour que l'aumônier seul pût les exécuter, ou que cette condition réduisît trop son traitement en le privant des messes qu'il pourrait dire; dans ce cas, on doit peser les charges de l'emploi, et pourvoir à ce que l'aumônier ne soit pas victime de son désintéressement. — Circul. min. 31 janv. 1840.

168. — A Paris, les chapelains ne peuvent cumuler leurs fonctions avec celles de curé, desservant, vicaire ou prêtre employé habituellement dans les paroisses du diocèse. — Code des hôpitaux de Paris, n° 2409.

CHAPITRE III. — *Administration générale et service intérieur.*

Sect. 1re. — *Administration générale.*

169. — Les commissions administratives sont exclusivement chargées de la gestion des biens appartenant aux hospices, de l'administration intérieure, de l'admission et du renvoi des indigens. — L. 16 messid. an VII, art. 6.

170. — Leur administration est spécialement placée sous la surveillance de l'autorité supérieure, et jusqu'à un certain point sous celle de l'administration municipale.

171. — Ainsi, le conseil municipal est toujours appelé à donner son avis sur les objets suivans: l'acceptation des dons et legs faits aux établissemens de charité et de bienfaisance; les autorisations d'emprunter, d'acquérir, d'échanger, d'aliéner, de plaider ou de transiger, demandées par ces établissemens; les budgets et les comptes des établissemens de charité et de bienfaisance. — L. 18 juill. 1837, art. 21.

172. — Le maire est président né des commissions administratives, et il ne doit pas être compté dans le nombre des cinq membres dont se composent ces administrations. — Circul. min. de flor. an IX; instr. 8 fév. 1823.

173. — Les commissions administratives élisent, en outre, tous les six mois, dans leur sein, un vice-président qui supplée, en cas d'absence, le maire président né. — L. 16 vendém. an V, art. 1er; instr. min. 8 fév. 1823.

174. — Cette disposition doit-elle être entendue en ce sens qu'en cas d'absence du maire, la présidence revient nécessairement au vice-président, sans que le maire puisse se faire remplacer par l'adjoint? — Il faut distinguer le cas où l'adjoint, en l'absence du maire, le remplace dans toute l'étendue des attributions municipales, de celui où il n'agirait qu'en vertu d'une délégation spéciale. Dans la première hypothèse, c'est le maire qui est présent dans la personne de l'adjoint, et la présidence appartient à ce dernier. Dans la seconde, l'adjoint serait sans qualité, car en déférant la vice-présidence à un membre des commissions administratives les réglemens ont interdit, par cela même, toute délégation spéciale. — Circul. 16 sept. 1830.

175. — Les commissions administratives des hospices ne doivent délibérer qu'à la majorité des membres qui les composent. — Instr. min. 8 fév. 1823.

176. — La circulaire ministérielle précitée de flor. an IX attribue, en cas de partage, voix prépondérante au maire, président né de chaque commission. — Mais cette solution est combattue par MM. Durieu et Roche (vo *Commission administrative*, no 18). Ces auteurs pensent que, bien que la loi du 18 juill. 1837 ait accordé la prépondérance au président du conseil municipal, une simple instruction ministérielle n'a pu, par analogie, et en l'absence d'un texte de loi formel, conférer au président des commissions administratives un droit qui est de sa nature exorbitant, et dont ne parlent pas la circulaire du 13 fév. 1818 et l'instruction ministérielle du 8 fév. 1823.

177. — L'administration des hospices de chaque commune doit faire tenir un sommier général des biens, rentes et revenus quelconques appartenant à ces hospices ; ce sommier doit être revu et rectifié chaque année, selon les changemens survenus dans la dotation des hospices. — Instr. min. 8 fév. 1823.

178. — Il doit être aussi dressé, dans chaque hospice, par les soins de la commission administrative, un inventaire exact et complet du mobilier de l'établissement. — Les objets mobiliers achetés dans le cours de l'année et ceux qui auront été mis hors de service doivent y être exactement notés, et à la fin de chaque année l'inventaire doit être soumis à un entier récolement. — *Ibid.*

179. — La garde des archives des hospices est remise au secrétaire de l'administration. — Durieu et Roche, vo *Archives*.

180. — On doit appliquer aux hospices l'art. 37, L. 7 messid. an II, qui permet de demander dans tous les dépôts, aux jours et aux heures fixés, communication des pièces qu'ils renferment. — Durieu et Roche, vo *Communication*.

181. — Mais, ainsi que le remarquent avec raison les mêmes auteurs, il ne faut pas induire de là que les administrations hospitalières soient tenues de communiquer à tous venans leurs titres de propriété, ou les actes qu'elles font avec des tiers. Leur obligation est restreinte aux actes et documens qui peuvent intéresser le public, tels que ceux, par exemple, qui constatent l'entrée ou la sortie des indigens, des aliénés, des enfans trouvés, ou leur décès dans les hospices, etc.

182. — Les dépositaires des registres et minutes d'actes concernant l'administration des biens des hospices sont tenus de communiquer, sans déplacer, à toute réquisition, aux préposés de l'enregistrement, leurs registres et minutes d'actes, à l'effet, par lesdits préposés, de s'assurer de l'exécution des lois sur le timbre et l'enregistrement. — Décr. 4 messid. an XIII, art. 1er.

183. — Toutefois, les préposés de la régie ne doivent pas fouiller tous les actes faits par les administrations charitables ; leurs investigations sont restreintes par la disposition qui précède, aux actes concernant l'administration de leurs biens, et qui, d'après les lois, sont soumis à l'enregistrement et au timbre. Ainsi, les actes dont les préposés peuvent demander la communication sont ceux translatifs de propriété, d'usufruit et de jouissance, les adjudications ou marchés de toute nature aux enchères, au rabais ou sur soumission, les cautionnemens y relatifs, et en général les pièces justificatives des comptes. — Instr. de la régie des domaines, no 834 ; — Durieu et Roche, vo *Communication*, no 4.

Sect. 2e. — *Service intérieur.*

§ 1er. — *Des réglemens du service.*

184. — Dans chaque établissement, le service intérieur doit être régi par un réglement particulier (ord. 31 oct. 1821) qui doit déterminer : — 1o le nombre et l'ordre des séances des commissions administratives ; — 2o la nature des maladies et des infirmités qui sont traitées dans chaque hospice ; — 3o le nombre de lits assignés à chaque espèce d'indigens ; — 4o le mode d'admission et de renvoi des indigens et des malades ; — 5o la tenue des livres et registres ; — 6o le nombre, la classification et les attributions des gens de service ; — 7o le service de santé ; — 8o le service hospitalier ; — 9o le service religieux ; — 10o le travail ; — 11o le régime alimentaire ; — 12o l'ordre et la discipline, la police intérieure. — *Ibid.* 31 janv. 1840.

185. — Les réglemens destinés aux hospices ou hôpitaux dont les revenus ordinaires s'élèvent à 100,000 fr. doivent être approuvés par le ministre de l'intérieur ; quant aux établissemens dont les budgets sont réglés par les préfets, l'approbation en est réservée à ces fonctionnaires qui doivent en transmettre une copie au ministre, à titre de renseignement. — *Ibid.*

§ 2. — *Admissions.*

186. — L'admission dans les hospices est gratuite ou rétribuée.

187. — L'admission des indigens est nécessairement gratuite. — Toutefois ce principe ne doit pas être entendu dans un sens tellement absolu que l'indigent qui est admis aux secours que sa position peut nécessiter doive être considéré comme dégagé de toute obligation envers l'établissement qui l'a reçu.

188. — Ainsi, il a été jugé que l'administration des hospices civils a droit d'exiger de celui qui a été logé et traité à titre d'indigent, lorsque sa position s'améliore, et par exemple lorsqu'il a recueilli une succession, une indemnité pour les secours qu'il a reçus pendant plusieurs années. — Et que si l'obligation de restituer n'a pas été formellement contractée on doit réputer le fait de l'admission comme n'ayant eu lieu que sous cette condition. — *Bruxelles*, 27 juill. 1822, Viron-Clément c. hospice de Saint-Pierre.

189. — L'admission des indigens malades est prononcée par l'administrateur de service.

190. — Cette admission ne peut être accordée, hors les cas d'urgence, que sur la présentation d'un certificat de l'autorité compétente, attestant l'indigence du malade et du certificat d'un médecin connu dans la localité. Ce certificat doit indiquer la nature de la maladie. — Instr. min. 31 janv. 1840.

191. — Dans le cas où le certificat dont il vient d'être parlé n'aurait pas été donné par le médecin de l'établissement, l'état du malade admis doit être vérifié dans les vingt-quatre heures par un praticien. — *Ibid.*

192. — L'admission des incurables et des veillards ne peut être prononcée que par une délibération de la commission administrative, car cette admission a pour effet de grever l'établissement d'une charge importante dont la durée est illimitée. — Instr. min. 31 janv. 1840 ; — Durieu et Roche, vo *Admission dans les hospices*, no 3.

193 — L'admission des incurables ne peut avoir lieu que sur la présentation : — 1o d'un certificat délivré par l'autorité compétente et constatant leur indigence et leur domicile de secours ; — 2o d'un certificat des médecins de l'établissement, attestant l'impossibilité où ils sont d'obtenir leur guérison complète et de travailler pour vivre. — Instr. min. 31 janv. 1840.

194. — Les veillards indigens et valides ne peuvent être en aucun cas admis avant l'âge de soixante-dix ans. — *Ibid.*

195. — Ils doivent en outre préalablement justifier par un certificat de l'autorité compétente de leur indigence et de leur domicile de secours. — *Ibid.* — Nous avons indiqué vo DOMICILE DE SECOURS, comment s'établit ce domicile et les droits qui en résultent pour les veillards et les malades obligés de recourir à la charité publique.

196. — On a vu aussi (*eod. verb.*) que les malades indigens, quel que soit leur domicile, doivent, aux termes de la loi du 24 vend. an II, être traités à leur domicile de fait ou dans l'hospice le plus voisin.

197. — Toutefois, le droit du pauvre quant à l'admission, est nécessairement subordonné aux possibilités de l'administration. Si le nombre de lits ne répond pas à celui des malades, si les ressources de l'établissement sont insuffisantes, la charité est forcée de s'abstenir ou de se restreindre dans les limites de ses facultés. — Durieu et Roche, vo *Admission dans les hospices*, no 5.

198. — Il importe seulement de ne pas perdre le principe de vue. Un hospice ne peut en conséquence refuser d'admettre les malades indigens des communes voisines, du moment qu'il s'y trouve des lits vacans, sauf à solliciter une subvention du conseil général.

199. — On a d'ailleurs reconnu qu'il convient que les communes qui n'ont pas d'hospice et qui profitent de celui d'une commune voisine, l'indemnisent du service qu'il ferait pour elles. Elles peuvent s'entendre avec lui pour qu'il reçoive leurs malades, leurs vieillards et leurs infirmes, moyennant des prix de journées fixées d'un commun accord. — Circul. min., 12 janv. 1829.

200. — Les communes peuvent encore, si elles veulent, s'assurer pour leurs indigens, un certain nombre de lits en tout temps, faire avec l'hospice un abonnement basé sur le nombre de lits. — Durieu et Roche, vo *Admission dans les hospices*, no 8.

201. — L'admission dans un hospice ne peut être refusée à un malade indigent, par le motif qu'il ne serait pas vacciné. — Circ. min. 4 sept. 1821.

202. — Dans les communes où il n'y a pas d'hôpital militaire, les militaires et les marins malades doivent être reçus dans les hospices civils. — Arr. 24 therm. an VIII. — Ils sont reçus sur l'ordre de l'autorité administrative. — Circul. 31 janv. 1840.

203 — Le service dans les hospices où l'on forme des salles militaires doit être établi sur les mêmes bases que dans les établissemens exclusivement destinés aux malades des corps armés. — Arrêté 9 frim. an XII.

204. — Les commissions administratives doivent informer de suite l'administration de la marine de l'admission des gens de mer, toutes les fois qu'ils paraîtront devoir être retenus au delà de huit jours, sauf à faire connaître ultérieurement l'époque de leur sortie ou de leur décès. — Circul. 1er juill. 1823.

205. — Les dépenses des journées de ces malades militaires et marins sont remboursées aux hospices sur les états des commissions administratives, par les ministres de la guerre et de la marine. Ces remboursemens sont faits au nom des receveurs des établissemens charitables. — Arrêté du gouv. 11 flor. an IX ; décr. 25 germ. an XIII ; circul. 6 nov. 1824, 23 juill. 1825 et 15 juill. 1826.

206. — Les magistrats chargés de la police des prisons peuvent aussi en certains cas faire transférer dans un hospice un détenu malade. — L. 4 vend. an VI, art. 15.

207. — Les condamnés malades ne doivent jamais être placés dans un hospice, lorsqu'il existe dans la prison même une infirmerie où ils peuvent recevoir les soins et les secours dont ils ont besoin. — Circul. 18 juin 1822.

208. — Il doit être établi, autant que faire se peut, dans les hospices, une chambre de sûreté destinée à recevoir les malades civils ou militaires en état d'arrestation. — Circul. 15 juill. 1810.

209. — Les forçats libérés qui tombent malades en route, rentrant dans la classe des indigens ordinaires, doivent être traités gratuitement par les administrations des hospices dans lesquels ils sont admis. — Décis. min. int. 22 août 1826.

210. — Indépendamment des indigens, les hospices peuvent recevoir, comme pensionnaires payans, les malades, les veillards et les infirmes, qui pouvant disposer de quelques ressources, demandent leur admission à ce titre, ou en faveur desquels, lorsqu'ils sont indigens, des personnes charitables feraient des offres.

211. — Pour les admissions indéfinies, et, par exemple, pour l'admission des vieillards et des incurables, le décret du 23 juin 1806 dispose : « Les sommes qui seront offertes pour l'admission des pauvres dans un établissement de charité pourront, lorsqu'elles seront au-dessous de 500 fr., être acceptées d'après la simple autorisation du préfet, et employées sous sa surveillance, de la manière la plus avantageuse à l'hospice. — Décr. 23 juin 1806, art. 4. — « Dans le cas où ces sommes excéderaient 500 fr., elles ne pourraient être acceptées que d'après l'autorisation du gouvernement. » — Art. 5.

212. — Les contrats de cette nature ne sont point des donations dans la véritable acception du mot, mais, en réalité, des contrats synallagmatiques qui sont faits autant dans l'intérêt du donateur que dans l'intérêt de l'hospice où celui-ci désire être reçu. C'est donc la forme de ces contrats qu'il convient d'adopter, en se reportant aux règles tracées pour les contrats de rente viagère, par les art. 1968 et suiv., C. civ. — Avis com. de l'int. 12 juin 1833 ; circul. min. 26 juill. 1833.

213. — L'autorisation *préalable*, exigée impérieusement pour les donations entre-vifs par l'art. 937, C. civ., n'est point nécessaire pour ces sortes de contrats que le gouvernement peut sanctionner en tout état de cause. — Circul. min. précitée du 26 juill. 1833.

214. — Les contrats dont il s'agit doivent être passés devant notaires, lorsque l'abandon consiste en biens immeubles ou en créances non recou-

vrées de suite. — *Ibid.* — Les commissions administratives ne doivent pas, dans ce cas, négliger les formalités soit de purge légale, soit de notification aux débiteurs. — *Ibid.*

215. — Quant aux offres de capitaux immédiatement réalisables ou de rentes sur l'état, dont le transfert peut être immédiatement opéré, il n'est pas nécessaire de recourir à un acte public dont les frais retombent le plus souvent à la charge des hospices, il suffit que les offres soient consignées avec les conditions d'admission dans les délibérations prises à cet effet par les commissions administratives. — *Ibid.*

216. — Dans tous les cas, les droits d'enregistrement dont sont passibles les conventions de cette nature doivent être fixés, non comme pour les donations, mais comme pour les contrats à titre onéreux dont elles ont en réalité le caractère. — S'il s'agit, en échange de l'admission, de l'abandon d'une somme d'argent ou d'une créance, les droits doivent être perçus comme pour un bail à nourriture, sur le pied de 20 centimes % si la durée de ce bail est limitée, et de 2 fr. % si la durée est illimitée. — S'il s'agit de l'abandon de la jouissance d'un immeuble, les droits doivent être perçus comme pour un bail à ferme ou à loyer, dont la nourriture est le prix, et dont la perception, suivant les mêmes distinctions que ci-dessus, est de 20 centimes %, ou de 4 fr. %. —L. 22 frim. an VII, art. 69; 16 juin 1824, art. 1er; décis. min. fin., 11 août 1807; instr. de la régie, 11 fév. 1808; — Championnière, *Dict. des droits d'enreg.*, v° *Hospice.*

217. — De quelque manière que soient fixés les droits d'enregistrement, ils sont à la charge du postulant, si ses ressources le comportent, à moins d'une compensation suffisante accordée par lui à l'hospice. — Durieu et Roche, v° *Admission dans les hospices*, n° 14. — V. ENREGISTREMENT, n° 1841.

§ 3. — *Sorties et décès.*

218. — Les malades convalescens doivent sortir de l'hôpital dès que le médecin a déclaré que cette sortie peut avoir lieu sans danger pour eux. — Circul. 31 janv. 1840.

219. — Les malades reconnus incurables doivent cesser de rester dans l'hôpital : si l'établissement contient des salles destinées à recevoir des incurables, ou s'il existe dans la commune un hospice spécial, les indigens renvoyés de l'hôpital peuvent y être admis, s'il s'y trouve des lits vacans.— *Ibid.*

220. — Les vieillards et les incurables indigens doivent être aussi renvoyés de l'hospice, lorsque l'état d'indigence ou d'infirmité qui avait motivé leur admission vient à cesser. — Circul. 31 janv. 1840.

221. — Le renvoi des vieillards et des incurables doit, dans tous les cas, être prononcé par la commission, puisque c'est elle qui prononce l'admission. — *Ibid.*

222. — Les effets mobiliers apportés par les malades décédés dans les hospices, et qui ont été traités gratuitement, appartiennent à ces hospices, à l'exclusion des héritiers et du domaine en cas de déshérence. — Edits de juillet 1566 et avril 1656, art. 44; lettres-pat. 18 sept. 1744; avis cons. d'état 3 nov. 1809.

223. — Jugé cependant que le Code civil ou la loi du 30 vent. an XII ont abrogé les lettres-patentes de 1729 qui conféraient à certains hospices, tels que celui de Lyon, le droit de succéder aux meubles et effets mobiliers des pauvres reçus dans ces hospices, à l'exclusion de leurs collatéraux, avec interdiction, même à ces pauvres, d'en disposer, par acte entre-vifs ou à cause de mort, au profit de tiers, si ce n'est du consentement des recteurs. — En conséquence, la donation entre-vifs d'une somme d'argent faite par un pauvre reçu dans un de ces hospices doit produire son effet au profit du donataire. — A cet égard, on se prévaudrait vainement de l'avis du conseil d'état du 3 nov. 1809. — *Cass.*, 20 juill. 1831, hospice de Lyon c. Vincent.

224. — A Paris, quand le défunt a laissé une veuve inscrite sur les registres des pauvres de son arrondissement, les effets sont rendus gratuitement à la veuve sur son certificat d'inscription au bureau de charité. — Rolland de Villargues, *Rép. du notariat*, v° *Hospices*, n° 25.

225. — A l'égard des malades ou personnes valides, dont le traitement et l'entretien ont été acquittés de quelque manière que ce soit, les héritiers et légataires peuvent exercer leurs droits sur tous les effets apportés dans les hospices par lesdites personnes malades ou valides. — Avis préc. cons. d'état 3 nov. 1809.

226. — Seulement, dans le cas de déshérence, les mêmes effets doivent appartenir aux hospices, au préjudice du domaine. — *Ibid.*

227. — Les règles qui précèdent ne s'appliquent pas aux effets laissés par les militaires décédés dans les hospices.—Même avis du cons. d'état.

228. — Sur la succession des individus décédés à l'hospice royal des Quinze-Vingts, V. QUINZE-VINGTS (Hospice royal des).

229. — Relativement aux formalités prescrites pour la constatation des décès dans les hôpitaux, V. ACTES DE L'ÉTAT CIVIL.

§ 4. — *Service médical et régime alimentaire.*

230. — Les médecins et chirurgiens doivent visiter les malades tous les jours, à des heures déterminées. — Circul. 31 janv. 1840.

231. — Ils doivent faire inscrire sur un cahier spécial leurs prescriptions et le régime alimentaire de chaque malade. A la fin de leurs visites, ils signent ce cahier, qui a pour but l'intérêt des malades, mais qui sert encore, pour la comptabilité en matières, à apprécier les consommations dont l'économe doit tenir compte. — *Ibid.*

232. — Le régime alimentaire des individus valides admis dans les hospices est réglé par la commission administrative, qui fixe les quantités d'alimens qui doivent être accordées à chaque individu.

233. — Les sœurs distribuent les médicamens aux malades lorsqu'il n'y a pas de pharmacien attaché à l'établissement. Mais alors les remèdes officinaux doivent être fournis par un pharmacien du dehors, car les sœurs ne peuvent préparer que les médicamens que l'on appelle magistraux, et dont la préparation est fort simple. — Délib. de l'école de Médecine de Paris, 9 pluv. an X; circul. min. int. 28 vent. an X; L. 21 germ. an X; circul. 31 janv. 1840.

§ 5. — *De l'exercice du culte.*

234. — Les administrations des hospices ne peuvent établir des chapelles ou des oratoires particuliers dans l'intérieur de ces établissemens qu'après en avoir obtenu l'autorisation du gouvernement, sur l'avis du préfet et celui de l'évêque diocésain. — L. 18 germ. an X; instr. min. 8 fév. 1823. — V., sur ces chapelles ou oratoires, CHAPELLE, n°s 20 et suiv.

235. — Tout le casuel provenant de l'exercice du culte, dans les chapelles ou oratoires des hospices, doit tourner exclusivement au profit de ces établissemens et rentrer dans la masse de leurs revenus. — Instr. min. 8 fév. 1823.

§ 6. — *Du travail.*

236. — Il peut être établi des ateliers de travail dans les hospices, et la loi du 16 mess. an VII a même fait de cet objet une obligation pour le gouvernement. — « Le directeur, porte cette loi (art. 18), fera introduire dans les hospices des travaux convenables à l'âge et aux infirmités de ceux qui y sont entretenus. »

237. — « Les deux tiers du produit du travail, ajoute l'art. 14, seront versés dans la caisse des des hospices. Le tiers restant sera remis en entier aux indigens, soit chaque décadi, soit à la sortie, suivant les réglemens qui seront faits par les commissions administratives. »

238. — Conformément à ces dispositions, le projet de réglement pour les hospices adressé par le ministre de l'intérieur aux préfets, avec sa circulaire du 31 janv. 1840, s'est occupé de l'organisation du travail dans ces établissemens.

239. — Le travail doit être déclaré obligatoire dans tous les hospices, sous peine, pour tout individu en état de travailler, et qui refuserait de se rendre à l'atelier, soit d'être réprimandé publiquement, soit d'être privé de ses sorties, soit d'être mis à la salle de discipline, soit enfin d'être renvoyé, suivant la gravité des cas. — Projet de réglem. préc., art. 44, 61 et 62.

240. — Les commissions administratives sont chargées de régler la nature, le nombre des occupations et les heures de travail. Les travaux doivent être appropriés à l'âge et aux infirmités constatés par le médecin. Le ministre recommande, d'ailleurs, d'éviter de fatiguer les indigens et les enfans. — Même projet de réglem., art. 45.

241. — L'économe est chargé de la direction des ateliers; il tient un compte spécial des matières fournies et des produits fabriqués. Des contre-maîtres tiennent note des travaux et rendent compte à l'économe. S'il n'y a pas de contre-maîtres, les religieuses les remplacent. — *Ibid.*, art. 46.

242. — Le produit intégral du travail doit être versé immédiatement par l'économe dans la caisse du receveur. Conformément à la loi du 16 mess. an VII, le tiers de ce produit doit être remis tous les mois aux indigens travailleurs, d'après un prix de journée fixé par le préfet, sur l'avis de la commission administrative. Quant au tiers revenant aux enfans, il doit être placé, pour leur compte, à la caisse d'épargne, pour le livret leur être remis lorsqu'ils auront accompli leur vingt-et-unième année. — *Ibid.*, art. 47.

243. — Il ne doit être alloué aucun salaire aux apprentis pendant le temps de l'apprentissage, dont la durée est fixée par la commission administrative. — *Ibid.* — V. au reste, pour de plus amples détails, cette circulaire rapportée dans le *Courrier des communes* (t. 12, p. 226).

244. — Les hospices ne sont pas soumis à la patente, à raison des ateliers de broderies, filatures, etc., dans lesquels ils occupent les indigens, alors même qu'ils en vendent les produits au dehors.

245. — Mais il en serait autrement s'ils exploitaient uniquement, dans des vues de profit, une usine ou un établissement industriel et, par exemple, un établissement de bains. Dans ce cas, ils seraient patentables.

246. — « La charité publique, quelque louable qu'elle soit, dit, à l'égard de ces deux solutions différentes, un avis du comité de l'intérieur du conseil d'état, ne doit être exercée au détriment de personne. Il ne saurait être établi de parité bien exacte entre un établissement de bains et les ateliers de broderies, filatures, etc., qui existent dans les établissemens de charité. Ceux-ci peuvent être considérés comme destinés à donner un enseignement ou seulement une occupation aux individus qui habitent ces maisons; la vente de leurs produits est une conséquence nécessaire du travail auquel doivent se livrer les indigens; tandis qu'une entreprise de bains est une spéculation tout-à-fait commerciale qui entre en concurrence avec les entreprises particulières. Sous ce rapport, la loi doit être égale pour tous. » — Avis com. de l'int. 31 août 1831; — Vuillefroy et Monnier, *Principes d'admin.*, p. 427.

247. — Il faudrait également, suivant MM. Durieu et Roche, soumettre à la patente les hôpitaux qui vendraient au public les médicamens préparés dans leurs pharmacies. — Durieu et Roche, v° *Contributions*, n° 5.

§ 7. — *De la discipline.*

248. — Toutes les personnes admises dans les hôpitaux ou hospices, à quelque titre que ce soit, sont tenues de se conformer aux mesures d'ordre et de discipline que la commission administrative croit devoir prescrire. — Circul. précitée 31 janv. 1840.

249. — Des peines disciplinaires sont autorisées contre ceux qui enfreindraient les réglemens arrêtés par les commissions administratives avec l'approbation de l'autorité supérieure ou qui troubleraient l'ordre de l'établissement.

250. — Ces peines sont la réprimande publique, la privation de sortie pendant un temps plus ou moins long, la mise à la salle de discipline, à moins que l'individu à qui cette peine serait infligée, s'il est majeur, ne déclare préférer sortir de l'hospice, et enfin le renvoi de l'établissement. — *Ibid.*

251. — Sont punies comme réunions de rebelles celles qui auraient été formées avec ou sans armes et accompagnées de violences ou de menaces contre l'autorité administrative, les officiers et les agens de police ou contre la force publique..... par les individus admis dans les hospices, etc. — C. pén., art. 219.

CHAPITRE IV. — *Des biens des hospices.*

Sect. 1re. — *Dotation ancienne.*

§ 1er. — *Main-mise par l'état.*

252. — En déclarant, par le décret du 2-4 nov. 1789, tous les biens ecclésiastiques à la disposition de la nation, l'assemblée nationale avait par cela même frappé les biens destinés au soulagement des pauvres, qui, malgré la différence d'administration, étaient en beaucoup de points confondus avec ceux du clergé.

253. — Aussi le même décret, en prenant l'engagement de pourvoir aux frais du culte et à l'entretien de ses ministres, promit-il également de pourvoir au soulagement des pauvres, sous la surveillance et d'après les instructions des provinces.

254. — L'assemblée nationale hésita toutefois à accomplir cette mesure à l'égard des établisse-

mens charitables, et lorsque, par le décret du 20-22 avr. 1790, elle s'empara définitivement des biens ecclésiastiques, elle excepta formellement de cette main-mise les hôpitaux, les maisons de charité et autres où sont reçus les malades, ainsi que les maisons de religieuses occupées à l'éducation publique et au soulagement des malades : « lesquels, porte ce dernier décret (art. 8), continueront, comme par le passé et jusqu'à ce qu'il en ait été autrement ordonné par le corps législatif, d'administrer les biens, etc. »

255. — Il leur fut seulement prescrit par le même décret (art. 12) de dresser inventaire de leur mobilier, titres et papiers.

256. — Les divers décrets des 28 oct. 1790, 5-11 fév. 1791, 19-22 janv. 1792, tout en rappelant que les biens des établissemens charitables étaient compris au nombre des biens nationaux, en laissa provisoirement l'administration et la jouissance à ces établissemens.

257. — Ce ne fut donc que par le décret des 19-24 mars 1793 (art. 5) qu'il fut résolu que les biens des hôpitaux, fondations et dotations en faveur des pauvres seraient vendus au profit de la nation. — Encore était-il dit par la même disposition que la vente n'aurait lieu qu'après l'organisation complète, définitive et en pleine activité des secours publics.

258. — Le décret du 23 messid. an II vint dépouiller définitivement les hospices, réunit leur actif et leur passif à l'actif et au passif de la nation et déclara que leurs biens seraient administrés et vendus comme les autres biens nationaux.

259. — Mais deux nouveaux décrets des 9 fruct. an III et 2 brum. an IV vinrent bientôt suspendre l'exécution de la loi du 23 messid. an II.

260. — Pour soustraire les hôpitaux aux effets de la loi du 28 vent. an IV, qui créa plus tard des mandats territoriaux avec hypothèque sur tous les biens nationaux, on déclara expressément que leurs biens seraient exceptés de cette affectation. — L. 28 germin. an IV.

§ 2. — *Restitution.*

261. — La loi du 16 vendém. an V complétée bientôt par une série d'autres mesures réparatrices remit définitivement les hospices en possession de leur patrimoine. « Les hospices civils, disposa cette loi (art. 5), sont conservés dans la jouissance de leurs biens et des rentes et redevances qui leur sont dues par le trésor public ou par des particuliers. »

262. — Cette disposition, en ne parlant positivement que des *hospices civils*, laissait quelques doutes quant au point de savoir si les autres établissemens également destinés au soulagement des pauvres devaient ou non participer à la même faveur.

263. — Une loi du 20 vent. an V déclara en termes exprès que « les art 5, 6, 7, 8, 9, 10, 11 et 12, L. 16 vendém. an V, qui avaient conservé aux hospices civils ceux de leurs biens non vendus et déterminé le mode de remplacement de ceux aliénés, lorsque le trésor public avait profité du produit de leur vente, seraient communs aux établissemens formés pour les secours à domicile. » — V. à cet égard BUREAU DE BIENFAISANCE.

264. — Plus tard, un arrêté consulaire du 27 prair. an IX, rendu en interprétation des mêmes lois, déclara également (art. 1er) « que les biens spécialement affectés à la nourriture, à l'entretien et au logement des hospitalières et des filles de charité attachées aux anciennes corporations vouées au service des pauvres et des malades, faisaient essentiellement partie des biens destinés aux besoins généraux de ces établissemens; qu'en conséquence, et conformément aux lois des 16 vendém. et 20 vent. de l'an V, l'administration en serait rendue aux commissions administratives des hospices et des établissemens de secours à domicile. »

265. — « Sont pareillement compris dans les dispositions qui précèdent, ajoutait l'art. 2 du même arrêté, les biens affectés à l'acquit des fondations relatives à des services de bienfaisance et de charité, à quelque titre et sous quelque dénomination que ce soit. »

266. — Il a été jugé, par application de cette dernière disposition, que les biens et revenus qui ont appartenu autrefois à des établissemens de bienfaisance sous le nom de *caisses de secours, de charité ou d'épargne*, et ayant généralement pour but le soulagement de la classe indigente ne sont pas devenus la propriété de l'état par la suppression des corporations qui en profitaient; mais qu'ils doivent être mis à la disposition des bureaux de bienfaisance dans l'arrondissement desquels ils sont situés, à la charge par ces administrations de se conformer au but institutif de chaque établissement. — *Cons. d'état*, 12 juill. 1807, bureau de bienfaisance de Maestricht.

267. — Jugé également que les biens qui, au moment de la promulgation de l'arrêté des consuls du 27 prair. an IX, n'étaient pas définitivement affectés à un service public, sont devenus la propriété des hospices par l'effet dudit arrêté qui leur a attribué les biens anciennement affectés à des services de bienfaisance et de charité. — *Cons. d'état*, 19 mai 1845, min. de la guerre c. hospices de Grenoble.

268. — Jugé encore que les rentes affectées à des fondations de bourses, telles que celles destinées au soulagement de pauvres ecclésiastiques et à l'éducation de pauvres écoliers, n'ont pas fait partie du domaine de l'état, mais ont été conservées aux établissemens de bienfaisance; qu'en conséquence, un émigré éliminé, débiteur de rentes de cette nature, n'est pas recevable à prétendre qu'elles ont été éteintes par confusion entre les mains de l'état. — *Cons. d'état*, 22 mai 1813, Veuillet d'Yenne c. hospice d'Annecy.

269. — C'est, du reste, à l'autorité administrative qu'il appartient de statuer sur les contestations relatives à ces attributions. — *Cass.*, 29 thermid. an XI, domaine c. Seheper.

270. — Ainsi, il n'appartient qu'au roi, en conseil d'état, de déterminer le sens et la portée des décrets de l'assemblée nationale et autres actes administratifs qui ont statué sur la destination de terrains et bâtimens faisant partie d'un hôpital militaire. — *Cons. d'état*, 19 mai 1845, min. de la guerre c. hospices de Grenoble.

§ 3. *Remplacement des biens vendus.*

271. — Malgré la courte durée de la loi du 23 messid. an II, les biens d'un grand nombre d'établissemens charitables se trouvèrent vendus nationalement. La loi du 16 vendém. an V s'occupa de réparer cette spoliation.

272. — « Ceux desdits biens, fut-il dit, qui ont été vendus en vertu de la loi du 23 messid. qui est définitivement rapportée par la présente en ce qui concerne les hospices civils, leur seront remplacés en biens nationaux du même produit. » — L. du 16 vend. an V, art. 6.

273. — Il fut en conséquence ordonné aux administrations centrales de département de se faire remettre l'état des biens vendus des hospices situés sur leur territoire et de désigner les biens nationaux du même produit à donner en remplacement. — *Ibid.*, art. 7.

274. — « Le travail des administrations centrales, était-il dit toutefois, ne sera que préparatoire et n'aura son effet définitif qu'en vertu d'une loi expresse. » — *Ibid.*, art. 8. — V. quant à l'application de cette disposition, qui s'est trouvée liée plus tard avec l'application des lois rendues en faveur des émigrés, *infrà*, nos 292 et suiv.

275. — Plus tard un arrêté du 14 niv. an X appela directement les commissions administratives des hospices, et à leur défaut les maires et les adjoints, à dresser l'état des biens nationaux attribués ainsi provisoirement aux hospices en remplacement de leurs biens aliénés et à transmettre ces états au ministre de l'intérieur, afin que ce ministre pût provoquer la loi nécessaire pour les mettre définitivement en possession.

276. — Le délai dans lequel ces états devaient être dressés, fixé d'abord au 1er germin. an XI, puis prorogé par un autre arrêté du 28 vent. an XII jusqu'au 1er thermid. suivant, fut enfin porté par un décret du 1er complémentaire an XIII jusqu'au 1er complémentaire an XIV, pour les établissemens indiqués sur les états remis par le ministre de l'intérieur au conseil d'état.

277. — Comme dans l'intervalle les fabriques avaient été rétablies dans leurs biens non vendus par l'arr. du 7 thermid. an XI, et que d'un autre côté les émigrés avaient obtenu, par le sénatus-consulte du 6 flor. an X, l'amnistie générale et la remise de ceux de leurs biens qui n'avaient été ni vendus ni affectés à des services publics, il importait de prévenir toute confusion dans ces affectations diverses. Il fut en conséquence disposé que « les commissions des hospices ne pourraient prétendre à obtenir la propriété des biens et rentes désignés en remplacement qu'autant qu'elles produiraient à l'appui de leurs demandes des certificats des directeurs de l'enregistrement constatant que les biens n'avaient point été aliénés comme domaines nationaux, ni compris dans la dotation d'aucun établissement public et qu'on n'avait pas disposé des rentes par affectation ou autrement. — Arr. du 28 vent. an XII, art. 4.

278. — Il fut d'ailleurs dit expressément que les hospices qui n'auraient point envoyé leurs états dans les délais fixés seraient censés avoir renoncé à tous droits, tant sur les biens dont ils jouissaient provisoirement que sur ceux qui n'auraient été que désignés en remplacement, et que lesdits biens rentreraient irrévocablement dans la classe des domaines dont l'administration est confiée par les lois à la régie de l'enregistrement. — Même arr. du 28 vent. an XII, art. 2.

279. — En conséquence de ces diverses dispositions tous les établissemens charitables qui avaient satisfait aux prescriptions qui leur avaient été imposées furent définitivement envoyés en possession des biens dont ils jouissaient déjà provisoirement ou qui avaient été désignés comme devant leur être attribués par plusieurs lois en date des 8 vent. an XII, 7, 9 et 17 sept. 1807.

280. — Aujourd'hui tout est consommé, et soit en vertu des lois précitées, soit par l'effet de la loi du 15 janv. 1810 et autres relatives au paiement des dettes de l'état, toutes les réclamations qu'auraient pu faire les établissemens hospitaliers de ce chef, se trouvent frappées de déchéance. — *Cass.*, 19 juill. 1826, hospice de Bourg.

281. — Il a d'ailleurs été jugé que la loi du 16 vend. an V est un acte de concession qui n'a ni reconnu ni conféré aux hospices la qualité de créanciers de l'état à raison des biens qui avaient été vendus sur eux en exécution de la loi du 23 messid. an II. — *Cons. d'état*, 11 avr. 1834, hospices d'Avranches c. ministre des finances.

282. — Et cette décision juge même par voie de conséquence qu'un hospice évincé d'une rente à lui concédée comme indemnité de ses biens confisqués, n'a, à raison de ce fait, aucune action en garantie contre l'état.

283. — Les biens abandonnés aux hospices en remplacement de leurs biens aliénés leur ont été transmis tels que l'état les possédait, c'est-à-dire francs et quittes de toutes charges et hypothèques qui n'auraient pu être invoquées contre l'état.

284. — Ainsi, le créancier à la garantie du paiement duquel un immeuble cédé aux hospices était autrefois affecté, mais qui, sur la réclamation par lui faite contre l'état, antérieurement à la cession, a été renvoyé à se pourvoir en liquidation, n'a aucune action contre l'hospice concessionnaire. — *Cons. d'état*, 14 août 1822, Tessereaux c. hospices de Paris.

285. — Mais les droits des tiers qui auraient été ou qui seraient susceptibles de réfléchir contre l'état, doivent dans tous les cas rester intacts. — Aussi a-t-il été jugé qu'on doit regarder comme nulle et non avenue une cession qui aurait été faite à un hospice d'un bien qui n'aurait pas appartenu à l'état lors de l'affectation. — *Cons. d'état*, 6 mars 1816, Léchalas et autres c. hospice d'Ivré. — ... Et, par exemple, qu'une loi n'a pu valablement concéder à des hospices un immeuble qui avait été précédemment vendu par l'état régulièrement et dont le prix avait été intégralement soldé. — *Cons. d'état*, 25 mars 1835, Mazon c. hospices de Marseille.

286. — C'est d'ailleurs aux tribunaux qu'il appartient de statuer sur les contestations relatives à la propriété de biens qui se trouvent dans ce cas. — Cons. d'ét. 6 mars 1816, Léchalas c. hospice d'Ivré.

287. — L'attribution de biens aux hospices faite en vertu de la loi du 7 sept. 1807 ne peut pas être considérée comme une vente de domaine national dont le contentieux a été réservé à l'autorité administrative. — *Douai*, 2 janv. 1843 (t. 2 1843, p. 266), hospices de Béthune c. Goudemetz.

288. — Lorsqu'il y a revendication fondée sur un acte de vente nationale pour un bien détenu par un hospice, le conseil de préfecture saisi de la contestation doit prononcer sur la validité et l'étendue de la vente, sauf aux parties à se retirer devant les tribunaux, pour faire statuer sur les questions de propriété et de servitude. — *Cons. d'ét.* 25 mars 1835, Mazon c. hospices de Marseille.

289. — Ainsi, la demande dont l'objet est d'obtenir la restitution d'immeubles attribués aux hospices par la loi du 7 sept. 1807, ou, subsidiairement, de faire déclarer que ces biens, malgré cette attribution, sont restés affectés au paiement d'une dette hypothécaire du propriétaire dépossédé, est de la compétence des tribunaux ordinaires...., et ce, nonobstant le recours en garantie exercé par les hospices contre l'état. — *Douai*, 2 janv. 1843 (t. 2 1843, p. 266), hospices de Béthune c. Goudemetz.

290. — Jugé encore que lorsqu'une action intentée contre des hospices a pour objet de les faire condamner à délaisser à des tiers la propriété et jouissance de moulins qui leur avaient été donnés en remplacement de biens aliénés par l'état, et que pour statuer sur cette action il faut se livrer à l'examen et à l'appréciation d'actes administra-

tifs, ce n'est qu'à l'autorité administrative que ce droit appartient et que l'arrêté de conflit pris en pareil cas doit être confirmé. — *Cons. d'ét.* 29 avr. 1843, Goudemetz c. hospice de Béthune.

§ 4. — *Rentes et biens nationaux célés au domaine.*

291. — Indépendamment des biens restitués ou attribués aux hospices en vertu de la loi du 16 vend. an V, la dotation de ces établissemens fut encore accrue par l'effet de la loi du 4 vent. an IX, dont l'art. 1er disposa que « toutes rentes appartenant à la république, dont la reconnaissance et le paiement se trouveraient interrompus, et tous domaines nationaux qui auraient été usurpés par des particuliers seraient affectés aux besoins des hospices les plus voisins de leur situation. » — V. BIENS RÉVÉLÉS.

§ 5. — *Effet relativement aux hospices de la réintégration des émigrés dans leurs biens.*

292. — La loi du 5 déc. 1814, qui en réintégrant les émigrés dans la possession de leurs biens non vendus exceptait de la remise qu'elle faisait les biens affectés à un service public, s'exprima (art. 8), en ce qui concerne les établissemens de charité, en ces termes : « Sont encore exceptés de la remise, les biens dont par des lois ou par des actes d'administration il a été définitivement disposé en faveur des hospices, maisons de charité et autres établissemens de bienfaisance, en remplacement de leurs biens aliénés ou donnés en paiement des sommes dues par l'état. Mais lorsque, par l'effet de mesures législatives, ces établissemens auront reçu un accroissement de dotation égal à la valeur des biens qui n'ont été que provisoirement affectés, il y aura lieu à remise de ces derniers biens en faveur des anciens propriétaires, leurs héritiers ou ayant-cause. — Dans le cas où les biens donnés soit en remplacement, soit en paiement, excéderaient la valeur des biens aliénés et le montant des sommes dues à ces établissemens, l'excédant sera remis à qui de droit. » — V. ÉMIGRÉS, n° 523 et suiv.

293. — Il est évident que dans l'intention de cette loi, les concessions qui avaient été *définitivement* faites aux établissemens charitables, devaient dans tous les cas être respectées, et que le droit créé en faveur des émigrés de revendiquer ceux de leurs biens qui se trouveraient en la possession d'établissemens dont la dotation aurait été accrue par des mesures législatives, ne pouvait s'appliquer qu'aux concessions restées provisoires ; c'est là du reste l'opinion qui a été émise par les jurisconsultes les plus recommandables. — Cormenin, *Droit adm.*, vis *Hospices* et *Émigrés* ; Duvergier, notes sur la loi du 5 déc. 1814 ; Pardessus, rapport sur la loi du 27 avr. 1825 ; Durieu et Roche, *Rép. des établiss. de bienf.*, v° *Biens*, n° 45. — V. ÉMIGRÉS, n° 625.

294. — Jugé dans ce sens qu'une rente séquestrée sur un particulier pendant son émigration et définitivement attribuée à un hospice par la loi du 9 sept. 1807, ne peut être réclamée en vertu du sénatus-consulte du 6 flor. an X. — *Cons. d'état*, 25 avr. 1820, Vacquier de la Motte c. hospice de Salignac.

295. — Il avait même été jugé antérieurement que la loi du 16 vendém. an V, qui veut que les désignations de domaines nationaux à donner aux hospices en remplacement de leurs biens aliénés n'aient un effet définitif qu'en vertu d'une loi, n'a pris cette sage précaution que dans l'intérêt de l'état et non dans celui des émigrés. — *Cons. d'ét.* 17 brum. an X, hospices d'Angers c. Soucelles.

296. — ... Et un avis du conseil d'état, en date du 1er flor. an XI, a formellement déclaré que les biens d'émigrés désignés pour remplacer les biens aliénés des hospices devaient être regardés comme affectés à un service public, par le fait seul de la désignation des biens par arrêtés des administrations centrales des départemens ou autres autorités compétentes pour remplacer les biens aliénés des hospices ; — que, conséquemment, soit que les hospices aient été mis en jouissance des biens désignés en remplacement d'après un arrêté, ou qu'on ait attendu pour les y faire entrer l'émission de la loi confirmative de la désignation et de l'affectation, le séquestre ne devait pas être levé ou devait être établi, s'il l'avait été, à moins que ce ne soit en vertu d'un arrêté du gouvernement ; qu'enfin ces biens devaient être compris dans l'état que l'arrêté du 14 niv. précédent, avait prescrit aux administrations des hospices de fournir. »

297. — Toutefois une ordonnance royale du 11 juin 1816, rendue pour l'exécution de la loi du 5 déc. 1814, étendit singulièrement le sens de cette loi, en disposant (art. 3) que : « Si les biens concédés à un établissement de charité, en exécution de la loi du 16 vendem. an V, en remplacement de son ancienne dotation, vendue en vertu de la loi de messidor an II, excédaient la valeur de ladite dotation, l'excédant serait restitué aux émigrés dont tout ou partie de ces biens serait provenu, *dans quelque forme que la concession ait été faite.* »

298. — ... Et la jurisprudence du conseil d'état a plusieurs fois sanctionné cette interprétation, en décidant que les hospices qui ont reçu des biens d'émigrés, en remplacement de ceux dont ils avaient été dépouillés, ne sont dispensés de rendre ces biens aux émigrés dont ils sont provenus, qu'autant que la valeur des biens qu'ils ont reçue n'excède pas la valeur de leur ancienne dotation. — *Cons. d'ét.* 21 oct. 1818, hospice de Limoges c. Lachat et Carbonnières ; 12 mai 1820, hospice de Laon ; 15 août 1821, hospice des Andelys ; 18 déc. 1822, hospice de Metz.

299. — Hâtons-nous d'ajouter que la loi du 27 avr. 1825, en indemnisant les émigrés, a mis un terme à cette jurisprudence, et ne permet plus de recours contre les hospices que relativement aux biens dont la concession serait restée *provisoire*, et sous la réserve d'ailleurs de faire participer l'établissement contre lequel ce recours serait exercé au bénéfice de l'indemnité. — V. ÉMIGRÉS, n° 625.

300. — Jugé, par application de l'art. 17 de la loi du 27 avr. 1825, que dès qu'il y a eu envoi en possession définitive, les anciens propriétaires n'ont droit qu'à l'indemnité. — *Cons. d'ét.*, 10 janv. 1832, de Montmort.

301. — Jugé d'ailleurs que la demande et l'obtention par l'ancien propriétaire de biens attribués à un hospice, de l'indemnité représentative de ces biens en vertu de la loi du 27 avril 1825, rend ce propriétaire non recevable à revendiquer les biens eux-mêmes contre l'hospice concessionnaire. — *Cons. d'état*, 5 nov. 1828, hospice de Metz c. duc d'Havré.

302. — La main-mise de fait n'a pas suffi pour conférer aux hospices la propriété de rentes nationales confisquées sur des émigrés. — *Cons. d'état*, 10 août 1828, hospices d'Issoire c. Laizet.

303. — Toutefois, lorsque l'envoi en possession d'une rente a été constamment envisagé comme définitif, qu'à ce titre, l'hospice n'a en aucun temps éprouvé de trouble dans sa jouissance de la part du domaine, et que la commission chargée de la remise des biens séquestrés a considéré cette rente comme étant hors des mains de l'état depuis l'arrêté d'envoi en possession, il n'y a pas lieu d'annuler cet arrêté. — *Cons. d'état*, 30 nov. 1830, hospices de Limoges c. Megrières.

304. — Dans le cas où il y a lieu à restitution, les hospices sont obligés, d'après les dispositions précitées de la loi de 1814 et de l'ordonnance de 1816, à remettre l'excédant *en nature* et non en rente égale à l'élévation du revenu des biens qu'ils ont reçus en échange de ceux vendus à leur préjudice. — *Cons. d'état*, 8 juill. 1829, Baudenet c. bureau de charité de l'île sur Serein.

305. — Si de cette restitution il résulte une indivision entre les anciens émigrés et les hospices, c'est aux tribunaux qu'il appartient de statuer sur la licitation. — Même décision.

306. — Jugé également que lorsqu'il s'agit entre un émigré et un hospice de vérifier si les rentes concédées à un hospice excèdent la valeur de ce que l'État lui devait pour services à sa charge, il y a lieu de capitaliser ces rentes sur le pied de quinze fois leur revenu conformément à la loi du 21 niv. an VIII. — *Cons. d'état*, 3 déc. 1823, Latourette c. hospices d'Auxerre.

307. — L'ordonnance précitée du 11 juin 1816 contenait encore une autre illégalité manifeste, car, tandis que la loi du 5 déc. 1814 n'avait accordé le droit de revendication aux émigrés que contre les établissemens dont la dotation nouvelle aurait été accrue de manière à balancer l'ancienne, *par l'effet de mesures législatives* elle faisait entrer en ligne de compte (art. 6) les accroissemens qui auraient pu provenir des donations ou legs faits à ces établissemens par des particuliers ; mais cette disposition avait été rapportée par une autre ordonnance du 12 août 1818.

308. — L'autorité administrative est compétente pour décider si les hospices ont été régulièrement saisis de rentes réclamées par des émigrés. — *Cons. d'état*, 10 août 1828, hospices d'Issoire c. Laizet.

309. — Une ordonnance rendue entre un hospice et un ancien émigré et qui a renvoyé celui-ci en possession des biens détenus par l'hospice, ne peut, si elle a été rendue contradictoirement, par exemple, après instruction et production d'un mémoire des administrateurs de l'hospice qui y a été mentionné, être attaqué par cet hospice devant le Conseil d'état. — *Cons. d'état*, 4 août 1824, hospices d'Arras ; 27 sept. 1827, hospices de Louviers ; 9 janv. 1828, hospices de Besançon.

§ 6. — *Des anciennes créances actives et passives des hospices.*

310. — Comme complément de la réintégration des hospices dans leurs biens, il fut disposé que « les redevances, de quelque nature qu'elles fussent, dont ils jouissaient sur les domaines nationaux vendus, ou sur des biens appartenant à des particuliers qui pour s'en libérer en auraient versé le prix au trésor public, seraient payées par le trésor public aux hospices. » — L. 16 vend. an V, art. 9.

311. — Et par réciprocité, il fut dit que « la trésorerie nationale était déchargée, pour l'avenir, du paiement des rentes perpétuelles et viagères dues par les hospices. — *Ibid.*, art. 12.

312. — Par suite de ces diverses dispositions, intervint le 29 pluv. an V une autre loi qui eut pour objet de faire opérer entre l'état et les administrations charitables la liquidation des créances actives et passives qui avaient été attribuées à l'état par la loi du 23 messid. an II, ou qui, en vertu de la même loi, avaient également, depuis cette époque jusqu'à la loi réparatrice du 16 vend. an V, fait partie de l'actif ou du passif national.

313. — Dans l'intervalle qui s'est écoulé entre la loi du 23 messid. an II et celle du 16 vendém. an V, les hospices s'étant trouvés dépouillés de tous leurs droits, ont été naturellement représentés par l'état dans tout ce qui concernait la gestion de leurs intérêts.

314. — Toutefois, comme la loi du 16 vendém. an V avait été en quelque sorte préparée par d'autres mesures et notamment par la loi du 9 fructid. an III, qui avait suspendu l'effet de la loi précédente du 23 messid. an II, la question s'est élevée de savoir jusqu'à quelle époque, dans cet intervalle, les débiteurs des établissemens charitables avaient pu valablement se libérer en remboursant leur dette dans les caisses de l'état.

315. — Aux termes d'un arrêté du gouvernement du 14 fructid. an X, on doit, sans aucune difficulté, regarder comme valables tous les remboursemens effectués dans les caisses de l'état pour le compte des hospices *antérieurement* à la loi du 9 fructid. an III.

316. — Cet arrêté a été un moment interprété en ce sens que l'on devrait, par exemple, regarder comme nul le remboursement fait dans la caisse de l'enregistrement *postérieurement* à cette loi du 9 fructid. an III, d'une créance due à un hospice. — *Cons. d'état*, 24 vent. an XII, Judicis c. hospices de Martel.

317. — Mais un avis du conseil d'état du 23 vent. an XIII a justement repoussé cette interprétation. — Cet avis, considérant que la république n'a réellement cessé d'exercer les droits appartenant aux hospices que par l'effet de la loi du 16 vendém. an V, qui a rendu à ces établissemens la pleine administration de leurs biens et revenus, dispose en résumé qu'il faut regarder comme valables tous les remboursemens faits jusqu'à cette époque et depuis la loi du 23 messid. an II, dans les caisses de l'état, de rentes ou obligations quelconques contractées au profit d'établissemens de bienfaisance. — Ces principes ont, depuis, été constamment suivis par la jurisprudence. — *Cons. d'état*, 6 fév. 1811, bur. de bienf. de Rhodez c. Albène ; 25 juin 1817, Minule ; 9 sept. 1818, bur. de bienf. de Bordeaux c. Molinier.

318. — C'est, au surplus, à l'autorité administrative qu'il appartient de statuer sur toutes les contestations qui peuvent s'élever en matière de remboursement de créances et rentes appartenant aux pauvres et aux hôpitaux. — Arrêté précité 14 fructid. an X, art. 2.

319. — Remarquons seulement, en terminant sur ce point, que cette règle de compétence n'est applicable qu'aux remboursemens qui se rattachent à l'appréhension par l'état des propriétés des hospices et à l'interprétation des lois des 23 messid. an II, 16 vendém. an V et autres intermédiaires.

320. — On ne doit pas l'étendre aux difficultés que peut faire naître le remboursement fait à un hospice dans toute autre circonstance.

321. — Jugé qu'on ne peut non plus l'appliquer à un autre objet qu'au remboursement, et, par exemple, aux contestations élevées sur la validité d'une consignation qui a été effectuée dans les caisses de l'état au profit d'un hospice, par suite d'une vente judiciaire. — Les tribunaux restent à cet égard seuls compétens. — *Cons. d'état*, 11 fév. 1820, hosp. de Mirande c. Laborde.

322. — En ce qui concerne particulièrement les dettes anciennes des hospices qui étaient devenues dettes nationales par l'effet de la loi du 23 messid. an II, elles ne cessèrent pas d'avoir ce caractère par l'effet de la restitution.

323. — « Le directeur général de la liquidation, disposa à cet égard la loi du 29 pluv. an V, continuera la liquidation de toute la dette exigible des hôpitaux, antérieure au 23 messid. an II. » — L. 29 pluv. an V, art. 3.

324. — « A l'égard de toutes les dettes exigibles postérieures à cette époque, jusqu'au 16 vendém. dernier, ajouta la même loi, elles seront acquittées sur les fonds particuliers qui y sont assignés. » — *Ibid.*, art. 4.

325. — Jugé, par application de ces dispositions, que les hospices réintégrés en vertu de la loi du 16 vendém. an V, dans les biens dont ils avaient été dépouillés au profit de l'état par le décret du 23 messid. an II, ne sont pas tenus au paiement de leurs dettes, exigibles avant le décret d'expropriation et non acquittées par l'état durant sa possession. — *Cass.*, 10 janv. 1826, hosp. de Mantes c. Lecomte; 20 avr. 1826, hosp. d'Orange c. Boissel.

326. — Mais jugé aussi que les dettes des hospices *non exigibles* avant la restitution des biens, sont demeurées à leur charge. — *Cass.*, 20 avr. 1826, hosp. d'Orange c. Boissel.

Sect. 2e. — *De la gestion des biens.*

§ 1er. — *Dispositions générales.*

327. — Il est plus conforme aux règles d'une bonne administration d'affermer les domaines des établissemens de charité que de les laisser régir par eux; c'est ce que prescrivent, en principe, les instructions de l'administration supérieure. — Avis cons. d'état, 7 oct. 1809; — instr. min. int., 8 fév. 1823.

328. — Toutefois, cette règle devait être soumise à beaucoup d'exceptions; par exemple, il serait évidemment préjudiciable aux hospices d'affermer les bois, les vignes, les champs, les prés qui sont à leur proximité et leur fournissent ou aident à leur procurer les légumes, grains, laitage, boisson et chauffage nécessaires à l'entretien, à la nourriture, au traitement des pauvres et des malades; — la location des manufactures serait encore plus contraire aux intérêts de ces établissemens; — et c'est en définitive aux autorités locales, chargées de surveiller les administrations, de décider quelles sont les propriétés qu'elles doivent être autorisées à régir, et celles qui doivent être affermées. — Avis précité du cons. d'état, 7 oct. 1809.

329. — Les commissions administratives peuvent donc être autorisées, en certaines circonstances, à régir par elles-mêmes les propriétés des hospices.

330. — Jusqu'en 1821 cette autorisation était accordée, savoir: par les préfets, lorsqu'il s'agissait de propriétés d'un revenu de 1,000 fr. et au-dessous; par le ministre de l'intérieur, lorsque le revenu était au-dessus de 1,000 fr. et au-dessous de 2,000 fr.; et enfin, par le roi, lorsque le revenu excédait 2,000 fr. — Avis cons. d'état, 7 oct. 1809.

331. — Aujourd'hui, il suffit que les délibérations des commissions administratives, tendant à obtenir l'autorisation d'exploiter leurs propriétés, soient soumises à l'approbation du préfet, quel que soit le revenu des biens à exploiter. — Ord. roy. 31 oct. 1821, art. 15; instr. min. 8 fév. 1823. — Il est seulement recommandé aux préfets de ne pas perdre de vue les principes qui avaient dicté l'avis du conseil d'état du 7 oct. 1809, et de n'accorder qu'avec beaucoup de réserve aux administrations charitables l'autorisation d'exploiter par elles-mêmes leurs propriétés. — Instr. min. 8 fév. 1823.

332. — Les commissions administratives ont la faculté de faire assurer contre l'incendie les établissemens qu'elles dirigent. — Circul. min. 14 juill. 1820 et 21 oct. 1826. — Mais elles doivent en général donner la préférence aux compagnies d'assurances à primes. — Circul. min. 10 août 1836. — Elles doivent d'ailleurs, avant de contracter aucune espèce d'assurance, être autorisées par le ministre. — Circul. préc. 14 juill. 1820. — A peine de voir mettre à la charge personnelle des administrateurs qui enfreindraient cette défense, soit le montant de la prime de l'assurance irrégulièrement contractée, soit la quote-part afférente à l'établissement charitable dans les sinistres, s'il s'agissait d'une assurance mutuelle. — Durieu et Roche, vo *Assurances contre l'incendie*, no 3.

333. — Relativement à l'obligation pour les hospices d'acquitter les contributions assises sur leurs propriétés, V. CONTRIBUTIONS DIRECTES.

§ 2. — *Des baux.*

334. — Dans l'ancien droit, les baux des biens et revenus des hôpitaux ne pouvaient être faits que dans le bureau ordinaire de direction, aux enchères et après plusieurs publications. — Décis. du roi, 12 déc. 1698, art. 12 et 13.

335. — Nous avons fait connaître au mot BAIL ADMINISTRATIF (nos 104 et suiv.) que le décret du 5-11 fév. 1791, qui maintint ce système d'enchères, interdisait aux hospices de faire des baux excédant neuf ans, et que cette loi fut modifiée par la loi du 16 messid. an VII, par l'arrêt du 7 germin. an IX et par la loi du 25 mai 1835. Aujourd'hui les baux des biens des hospices peuvent être rangés en deux classes: 1o l'une qui comprend les baux dont la durée n'excède pas neuf ans pour les propriétés urbaines, ou dix-huit ans pour les biens ruraux, et que les administrations hospitalières peuvent passer avec la seule réserve de l'approbation du préfet, ainsi qu'il sera dit tout à l'heure; 2o l'autre qui comprend tous les baux dont la durée excède neuf ans pour les propriétés urbaines, ou dix-huit ans pour les propriétés rurales, et, par conséquent, les baux emphytéotiques et les baux à vie, et qui ne peuvent être passés qu'avec l'autorisation préalable du gouvernement.

336. — On peut voir au mot BAIL ADMINISTRATIF (no 132) les formalités qui doivent être observées pour obtenir l'autorisation du gouvernement (no 112), la forme dans laquelle doivent être reçus par les notaires les baux dont il s'agit, ainsi que les garanties hypothécaires qui doivent y être stipulées (no 117), la rédaction du cahier des charges (no 118), les affiches indicatives de l'adjudication (nos 112, 114 et 120), le mode de réception des enchères (nos 122 et 126), ce qui concerne l'approbation du préfet (no 123), le délai pour l'enregistrement du procès-verbal d'adjudication, et enfin (nos 127 et 128) la nullité qui résulterait de l'inobservation de ces formalités.

337. — Quant à l'intervention d'un notaire, comme elle n'est point prescrite à peine de nullité, on peut soutenir qu'elle n'est point absolument nécessaire pour la validité des baux. — Nonobstant la prescription du décret du 12 août 1807, on devrait donc regarder comme valable un bail qui aurait été reçu seulement par la commission administrative. — Mais un pareil bail ne pourrait valoir que comme obligation sous seing-privé, il ne serait pas exécutoire, et l'hypothèque qui y aurait été stipulée serait évidemment sans effet, puisqu'aux termes de l'art. 2127, C. civ., l'hypothèque conventionnelle n'est valable qu'autant qu'elle est consentie par acte notarié.

338. — Un avis du conseil d'état, du même jour (12 août 1807), dispose néanmoins que « les baux *précédemment* passés aux enchères, soit devant les autorités administratives, soit devant les commissions des hospices, étant faits en vertu des lois existantes, à l'observation desquelles ces établissemens sont sujets, et dans les formes prescrites, emportent voie parée, sont exécutoires sur les propriétés mobilières et donnent hypothèque sur les immeubles; — qu'en conséquence, tous actes conservatoires ou exécutoires et toutes inscriptions faites ou qui se feront en vertu des expéditions desdits baux doivent avoir leur effet contre les débiteurs des hospices ou autres établissemens publics, comme si les actes avaient été faits par devant notaires. »

339. — Mais cet avis, publié le même jour que le décret qui établissait un droit nouveau sur le point dont il s'agit, n'a évidemment trait qu'aux baux passés par les hospices sous l'empire des lois antérieures, aux termes desquelles, ces baux pouvaient être passés dans les formes prescrites pour l'administration des biens nationaux, et ne doit être considéré que comme une disposition transitoire qui ne peut être étendue aux baux passés depuis le décret du 12 août 1807. — V. dans ce sens Durieu et Roche, *ubi suprà*, no 7. — V. *contrà* Dupin, *Précis de l'administration et de la comptabilité des revenus communaux*.

340. — Est-il interdit aux administrateurs des hospices de prendre à bail les biens de ces établissemens? — C'était le principe de la loi romaine à l'égard de tous les administrateurs en général. — V. ff., *Locat.*, L. 49. — Mais, suivant Pothier (*Du louage*, no 42), ces dispositions n'étaient pas observées en France, attendu qu'elles n'étaient pas nécessaires en présence des cautions exigées des fermiers. — Cependant, une déclaration du 6 août 1713 défendait spécialement aux administrateurs des hospices, sous peine de nullité, de prendre à loyer aucune maison leur appartenant, et voulait même que ceux qui en étaient locataires ne pussent être élus administrateurs, économes, syndics, receveurs, qu'après l'expiration de leurs baux. — Le Code civil s'est borné (art. 1596) à comprendre les administrateurs des établissemens publics au nombre de ceux à qui il est interdit *d'acquérir* les biens confiés à leurs soins; et en défendant (art. 450) au tuteur de prendre à ferme les biens du mineur, à moins que le conseil de famille n'ait autorisé le subrogé-tuteur à lui en passer bail, il garde le silence à l'égard des administrateurs des établissemens publics. — Nous n'en pensons pas moins avec MM. Durieu et Roche (*ubi suprà*, no 10) que la prohibition doit être étendue aux administrateurs des hospices. — On peut se guider à cet égard par analogie, sur ce que décide relativement aux établissemens d'eaux thermales appartenant à l'état, aux communes ou aux hospices, l'ordonnance royale du 18 juin 1823, qui défend en termes exprès (art. 28) aux administrateurs de ces établissemens de se rendre adjudicataires des fermes d'eaux thermales, ou même d'y être intéressés. — Une décision ministérielle du 24 août 1838 déclare que l'incapacité est générale et absolue, et s'applique aux baux à l'amiable comme aux baux aux enchères.

341. — Cette incapacité s'étend naturellement aux receveurs des établissemens charitables, auxquels il est défendu d'une manière générale « de se rendre adjudicataires des revenus qu'ils sont chargés de percevoir. » — Instr. gén. min. fin. 17 juin 1840, no 1078.

342. — Le cahier des charges doit imposer au concessionnaire de fournir un cautionnement. Le plus sûr moyen est de l'obliger à verser dans la caisse des hospices ou du Mont-de-Piété une somme déterminée, imputable par portion sur chacune des dix dernières années du bail. — Instr. min. 8 fév. 1823.

343. — Les grosses et menues réparations, les contributions de toute espèce doivent en général faire partie des charges imposées au preneur. — Les constructions, marnages, plantations et améliorations que les fermiers auront pu faire dans le cours de leurs baux, doivent profiter exclusivement aux hospices à l'expiration des baux, sans qu'ils aient à payer aux fermiers ou à leurs représentans aucune espèce d'indemnité. — Instr. min. 8 fév. 1823.

344. — Le mode de paiement du prix des baux doit être stipulé; et en général, pour mettre les hospices à l'abri des chances désavantageuses, il est préférable de stipuler le prix en nature rachetable au prix des mercuriales. — *Ibid.*

345. — D'après la jurisprudence du ministère de l'intérieur, la clause de rachat doit être stipulée facultative pour l'administration charitable. — Durieu et Roche, *ubi suprà*, no 19, *ad not.* — Sur la résiliation ou la modération du prix, V. BAIL ADMINISTRATIF, no 136.

§ 3. — *Des bois.*

346. — Les bois des hospices sont, comme ceux des communes et des autres établissemens publics, soumis aux règles déterminées par les art. 90 et suiv., C. forest. — V. FORÊTS, nos 1281 et suiv.

§ 4. — *Des rentes et capitaux, des prêts et des emprunts.*

347. — Le remboursement des capitaux dus aux hospices peut toujours avoir lieu quand les débiteurs se présentent pour se libérer; mais ceux-ci doivent avertir les administrations un mois d'avance, pour qu'elles avisent pendant ce temps aux moyens de placement, et requièrent les autorisations nécessaires. — Avis cons. d'état, 21 déc. 1808; — Instr. min. 8 fév. 1823.

348. — Les administrations des hospices peuvent employer, en rentes sur l'état, sans aucune autorisation, les capitaux qui leur sont remboursés. — *Ibid.*

349. — Mais elles ne peuvent faire aucun autre emploi de ces capitaux que sur l'autorisation du préfet, s'ils n'excèdent pas 500 fr.; sur l'autorisation du ministre s'ils s'élèvent de 500 fr. à 2,000 f.; sur l'autorisation du roi s'ils s'élèvent au-dessus de 2,000 fr. — Décr. 16 juill. 1810.

350. — Toutefois les administrations des hospices peuvent recevoir, sur la simple autorisation du préfet, jusqu'à 500 fr., les sommes offertes en placement à rentes viagères et à fonds perdu par les pauvres existant dans ces établissemens, sans que l'intérêt annuel de ces sommes puisse excéder 10 % du capital. — Décr. 23 juin 1806.

351. — Quant aux sommes offertes pour l'admission des pauvres dans les hospices, V. *suprà*, nos 241 et suiv.

352. — Les inscriptions de rentes sur l'état possédées par les établissemens de bienfaisance sont considérées comme si elles étaient immeubles;

leur aliénation est dès lors soumise aux règles prescrites pour les aliénations en général.— Instr. gén., 17 juin 1840, n° 838.

353.—Les établissemens de bienfaisance, quel que soit leur revenu, ne peuvent faire aucun emprunt sans y être autorisés par une ord. du roi.— Instr., 8 fév. 1823; instr. gén., régl. du 30 nov. 1840, art. 262. — Les demandes à fin d'obtenir cette autorisation doivent être appuyées de toutes les pièces propres à les justifier et en outre de l'avis du conseil municipal, de celui du sous-préfet et de celui du préfet. — Instr., 8 fév. 1823.

§ 5.—*Acquisitions, aliénations, échanges.*

354. — Toute acquisition de biens-fonds faite par les hospices doit être autorisée par une ordonnance rendue en conseil d'état. — Edit d'août 1669, art. 14 et 16; décr. des 5 et 18 fév., 5 et 10 août 1791; avis cons. d'état, 21 déc. 1808; décr. impér., 16 juill. 1810, art. 4; ord. roy., 31 oct. 1821, art. 14.

355. — Le défaut d'autorisation serait une cause de nullité, mais de nullité purement relative, c'est-à-dire que l'établissement par lequel l'acquisition aurait était faite serait en droit de s'en prévaloir, mais sans qu'on puisse la lui opposer. Il faut appliquer ici ce que nous avons dit et les arrêts ainsi que les autorités que nous avons cités v° COMMUNE, n° 250.

356. — L'autorisation est accordée sur les pièces suivantes, savoir : 1° Une délibération de la commission administrative indiquant la nécessité ou les avantages de l'acquisition projetée; 2° un procès-verbal d'estimation de l'objet à acquérir; 3° une soumission du propriétaire portant engagement de vendre au prix convenu avec la commission administrative; 4° l'avis du conseil municipal; 5° celui du sous-préfet ou du préfet.— Instr. min. int., 8 fév. 1823.

357. — Lorsque l'immeuble qu'il s'agit d'acquérir est vendu aux enchères publiques et que l'on n'a pas le temps d'obtenir l'ord. royale d'autorisation, le ministre autorise provisoirement, sur les mêmes délibérations et avis que ci-dessus, la commission administrative à enchérir jusqu'à un chiffre déterminé. L'autorisation définitive est ensuite accordée, s'il y a lieu, sur le vu d'une copie de l'adjudication.—Durieu et Roche, v° *Acquisition*, n° 7.

358.— Sous l'ancien droit, les hospices ne pouvaient aliéner leurs immeubles que dans le cas d'une nécessité absolue ou d'une évidente utilité; ainsi : 1° pour acquitter leurs dettes; 2° pour augmenter leurs moyens de secours dans des calamités extraordinaires; 3° lorsque les immeubles étaient onéreux ou ne présentaient pas un produit en rapport avec leur valeur vénale. L'autorisation était accordée par des lettres-patentes enregistrées dans les cours et conseils supérieurs après une information *de commodo et incommodo* faite à la requête du procureur général.— Despeisse, t. 1er, p. 2, n° 4; Denisart, *Dict.*, v° *Biens du clergé*; Ferrières, *ibid.*; Rousseau-Lacombe, v° *Aliénation*; Durieu et Roche, *eod. verb.*

359. — Aux termes de la loi du 2 prair. an V, qui a été déclarée applicable aux hospices de même qu'aux communes, les établissemens hospitaliers ne pouvaient faire aucune aliénation de leurs biens sans y être autorisés par une autorisation particulière.

360. — La règle fut bientôt abandonnée, du moins dans la pratique; et depuis l'empire on s'est constamment contenté, pour la vente des biens des hospices comme pour la vente des biens des communes, de simples décrets ou ordonnances royales délibérées en conseil d'état.

361. — Ce mode de procéder qui a été rendu légal pour les communes par la loi du 18 juill. 1837, art. 46, n'a pas été, à bien dire, régularisé jusqu'à présent en ce qui concerne les hospices, l'ord. royale du 31 oct. 1821 qui est la règle fondamentale de la matière, se bornant à disposer (art. 14) que « il continuerait d'être procédé, relativement à l'objet dont il s'agit, *conformément aux règles en vigueur.* » — On ne peut donc invoquer, en faveur de l'usage depuis long-temps suivi, que la désuétude dans laquelle paraît être tombée la loi du 2 prair. an V.

362. — Quoi qu'il en soit, comme en définitive l'autorisation dont les établissemens charitables ont besoin en pareil cas, n'est qu'un acte de tutelle qui appartient naturellement à l'administration supérieure, la marche suivie à cet égard semble se justifier d'elle-même.

363. — L'autorisation est accordée sur les pièces suivantes, savoir : 1° Une délibération de la commission administrative qui indique les avantages de l'aliénation projetée et l'emploi qui sera fait de son produit; 2° un procès-verbal d'estimation de l'objet à mettre en vente; 3° l'avis du conseil municipal; 4° celui du sous-préfet et du préfet. — Instr. min., 8 fév. 1823.

364. — Toute vente d'immeubles appartenant aux hospices doit être faite par adjudication publique, aux enchères, à moins que l'ordonnance du roi qui autorise l'aliénation ne fasse, à raison de circonstances particulières, une exception à ce principe. — Instr. min., 8 fév. 1823; LL. 5 et 10 août 1791; avis com. de l'int., 3 avr. 1833.

365. — L'administration supérieure n'admet généralement l'exception que dans les cas suivans : 1° Lorsque l'objet est d'une valeur minime; 2° lorsqu'il y a pour l'établissement un avantage évident que la formalité des enchères pourrait compromettre; 3° enfin lorsque l'aliénation est faite au profit de l'état, d'une commune ou d'un autre établissement public. — Durieu et Roche, v° *Aliénation*, n° 5.

366. — Quant au point de savoir si le ministère d'un notaire est indispensable, les règles sont les mêmes que pour les communes. — V. COMMUNE, nos 244 et 382.

367. — Les administrateurs et même les receveurs des hospices ne peuvent se rendre adjudicataires des biens appartenant à ces établissemens et qui sont confiés à leurs soins. — C. civ., art. 1596; C. pén., art. 175; instr. gén. min. des fin., 17 juin 1840, n° 1078.

368. — Les échanges sont soumis aux mêmes règles que les acquisitions et les aliénations dont elles réunissent le double caractère. Ils ne peuvent en conséquence avoir lieu sans l'autorisation du gouvernement.

369. — Cette autorisation est accordée sur : 1° une délibération de la commission administrative qui indique les avantages de l'échange projeté; 2° un procès-verbal d'estimation contradictoire des objets qu'il est question d'échanger; 3° une soumission de la personne qui consent à échanger; 4° une délibération du conseil municipal; 5° l'avis du sous-préfet et celui du préfet. — Instr. min., 8 fév. 1823.

370. — La vente des objets mobiliers qui proviennent soit des récoltes de l'hospice, soit de ses ateliers, soit des legs et donations, soit des successions des individus décédés dans l'établissement, ou enfin qui sont mis hors de service pour cause de vétusté, doit être autorisée par le préfet.—Ord. roy., 31 oct. 1821, art. 15; — Durieu et Roche, v° *Aliénation*, n° 12.

371.—Ces ventes se font en général aux enchères; mais le préfet peut autoriser la commission administrative, sur sa demande motivée, à les faire à l'amiable; dans ce dernier cas, la vente est faite par les soins de l'économe qui en verse immédiatement le prix au receveur, conformément à l'instruction du 20 nov. 1836 sur les économats. — Durieu et Roche, v° *Aliénation*, n° 13.

372. — Lorsque la vente a lieu aux enchères, il doit y être procédé par les commissaires priseurs ou autres officiers ministériels à qui la loi attribue le droit exclusif de vendre aux enchères. — *Ibid.*

§ 6. — *Legs et donations, quêtes.*

373. — Les legs et donations faits aux hospices tombent sous l'application des art. 910 et 937, C. civ., qui veulent que ces dispositions soient soumises à l'autorisation du gouvernement. — Nous avons exposé les règles principales qui régissent cette matière, v° DISPOSITIONS A TITRE GRATUIT, nos 482 et suiv.

374. — La nécessité de l'autorisation s'applique non seulement aux legs faits directement aux établissemens charitables, mais encore aux legs qui seraient faits à des personnes tierces sous la condition d'en appliquer le montant à ces établissemens. — Avis du com. de l'int. du cons. d'état, circul. 19 fév. 1817. — Toutefois, lorsqu'il y a nomination ou désignation de personne appelée par la confiance du donateur ou du testateur, à faire l'emploi de sa libéralité sans être tenue d'en rendre compte, l'acceptation du don ou du legs faite par l'administration, en vertu de l'autorisation du roi, du ministre ou du préfet, ne lui confère pas le droit de demander un compte dont le mandataire est exempt par la volonté du donateur; elle lui impose seulement le devoir de surveiller l'exécution de la disposition faite au profit des pauvres. — *Ibid.*

375. — Les donations faites à des établissemens de bienfaisance par des personnes qui désirent rester inconnues ne peuvent être autorisées. Il faut que le donateur consente à se faire connaître et à se laisser nommer dans l'acte notarié qui doit être passé à cet effet, sauf à lui à demander que son nom ne soit pas inscrit sur l'ordonnance royale à intervenir, ce qui lui est accordé sans difficulté. — Circul., 28 juill. 1827.

376. — En attendant l'acceptation des legs, les receveurs des hospices doivent faire tous actes conservatoires nécessaires. — Arr. 4 pluv. an XII.

377. — Les établissemens charitables doivent d'ailleurs réclamer l'autorisation, non pas seulement pour accepter les libéralités qui leur sont faites, mais encore pour y renoncer.—C'est ce qui est établi pour les communes par l'art. 48, § 2, L. 18 juill. 1837. Pour les établissemens de bienfaisance, il n'existe pas de disposition semblable; mais on peut dire que le refus d'accepter une libéralité serait une aliénation des droits qu'elle établit, et qu'à ce titre il devrait, comme toute aliénation, être autorisé par ordonnance royale.—Durieu et Roche, v° *Libéralités*, n° 13 *bis*.

378. — Toute demande en autorisation d'accepter un don ou un legs fait à un hospice exige la production des pièces suivantes : 1° un extrait du testament ou une expédition authentique de l'acte de donation; 2° la délibération de la commission administrative; 3° celle du conseil municipal; 4° l'avis du sous-préfet et celui du préfet qui doit faire connaître à l'administration supérieure si ces libéralités ont donné ou peuvent donner lieu à quelques réclamations. — Inst. min. 8 fév. 1823; L. 18 juill. 1837, art. 21.

379. — Si le testament paraît pouvoir donner lieu à quelques difficultés, le comité consultatif des hospices doit être consulté, et son avis doit être joint aux pièces ci-dessus indiquées. — *Ibid.* — Lorsqu'il y a charge de services religieux, il faut, en outre, l'approbation de l'évêque diocésain.—Ord. roy. 2 avr. 1817, art. 2.

380.—Le délai de six mois fixé pour le paiement des droits de mutation n'expire pas pour les établissemens de bienfaisance, six mois après l'ouverture des testamens où ces libéralités sont exprimées, mais bien six mois après le jour où l'ordonnance royale qui en autorise l'acceptation a été reçue à la mairie des communes où ils sont situés. — Circ. 10 nov. 1834; — de Watteville, *Code de l'administration charitable*, p. 49.

381. — Tout notaire dépositaire d'un testament contenant un legs au profit d'un hospice ou de tout autre établissement de bienfaisance est tenu de lui en donner avis lors de l'ouverture ou publication du testament.—Ord. roy. 2 avr. 1817, art. 5.

382. — Les administrateurs des hospices sont, comme ceux des bureaux de bienfaisance, autorisés à faire quêter dans tous les temples consacrés à l'exercice des cérémonies religieuses, et à confier la quête, soit aux filles de charité vouées au service des pauvres et des malades, soit à telles autres dames charitables qu'ils jugent convenable.—Décis. min. 5 prair. an XI, art. 1er.

383. — Ils sont pareillement autorisés à faire poser dans les temples, ainsi que dans les édifices affectés à la tenue des séances des corps civils, militaires et judiciaires, dans tous les établissemens d'humanité, auprès des caisses publiques et dans tous les autres lieux où l'on peut être excité à faire la charité, des troncs destinés à recevoir les aumônes et les dons que la bienfaisance individuelle voudrait y déposer.—*Ibid.*, art. 2.

§ 7. — *Réparations et constructions.*

384. — Les commissions administratives peuvent ordonner, sans autorisation préalable, les réparations et autres travaux dont la dépense n'excède pas 2,000 fr. — Ord. roy. 31 oct. 1821, art. 16.

385. — Au-dessus de cette somme et jusqu'à 20,000 francs, les réparations, reconstructions et constructions sont adjugées et exécutées sur l'approbation du préfet, soit qu'il soit pourvu à la dépense sur les revenus ordinaires des établissemens, soit qu'il doive y être fait face au moyen de ressources extraodinaires.— Ord. roy. 8 août 1821, art. 4; 31 oct. 1821, art. 14 et 15. — Lorsque la dépense doit s'élever au-dessus de 20,000 francs, les plans et devis doivent être soumis au ministre de l'intérieur. — *Ibid.* — V. l'instruction pratique du 5 sept. 1831 sur la construction et la distribution des édifices à bâtir ou à approprier à l'usage des hôpitaux et hospices, rapportée par M. de Watteville, *Code de l'administration charitable*, p. 221, et par MM. Durieu et Roche, *Répert. des établissemens de bienfaisance*, v° *Constructions*.

386. — Relativement aux formes dans lesquelles ces travaux doivent être adjugés et exécutés, V. *infrà* nos 393 et suiv.

387. — Quant au point de savoir si les travaux exécutés pour le compte des hospices doivent, en ce qui touche le jugement des contestations auxquelles ils peuvent donner lieu, être assimilés aux travaux publics, V. TRAVAUX PUBLICS.

§ 8. — *Approvisionnemens.*

388. — Les achats d'approvisionnemens, de four-

nitures, et en général de tous objets mobiliers ne sont soumis à aucune autorisation spéciale, en ce sens du moins qu'il suffit qu'ils soient portés au budget approuvé par l'autorité compétente, ou que l'autorité qui est chargée de régler ce budget ait alloué supplémentairement le crédit nécessaire pour en couvrir la dépense.

389. — Toutefois, suivant MM. Durieu et Roche, toute fourniture de denrées ou d'effets mobiliers doit être précédée d'un devis que l'administration charitable adresse à l'autorité supérieure avec la demande d'autorisation, et par lequel elle fait connaître à cette autorité la nature et la quantité des objets à acquérir et leur valeur approximative. — Durieu et Roche, vo *Fournitures*. no 2.

390. — Mais cette règle n'est applicable qu'au cas où il y a un marché à passer ; elle reçoit exception pour les denrées qui s'achètent au jour le jour. — *Ibid.*

391. — Aux termes de la loi du 16 messid. an VII (art. 8), tout marché pour fournitures d'alimens ou autres objets nécessaires aux hospices devait, sans exception, être adjugé au rabais, dans une séance publique de la commission, en présence de la majorité des membres, après affiches mises un mois avant l'adjudication, à peine de nullité. — Nous allons examiner tout à l'heure les règles qui régissent aujourd'hui ces marchés, et qui sont communes aux adjudications de travaux.

392. — Quant au point de savoir si, sous le rapport de la compétence, les marchés passés pour les hospices doivent être assimilés aux fournitures faites pour le compte de l'état, V. MARCHÉS DE FOURNITURES.

§ 9. — *Marchés de travaux et de fournitures.*

393. — Toutes les entreprises pour travaux et fournitures au nom des établissemens de bienfaisance doivent être données avec concurrence et publicité, sauf les exceptions ci-après. — Ord. roy. 14 nov. 1837, art. 1er.

394. — Il peut être traité de gré à gré, sauf approbation par le préfet, pour les travaux et fournitures dont la valeur n'excède pas 3,000 fr. — *Ibid.*, art. 2.

395. — Il peut aussi, d'après l'art. 2 de la même ordonnance, être traité de gré à gré, à quelque somme que s'élèvent les travaux et fournitures, mais avec l'approbation du ministre de l'intérieur : 1o pour les objets dont la fabrication est exclusivement attribuée à des porteurs de brevet d'invention ; 2o pour les objets qui n'auraient qu'un possesseur unique ; 3o pour les ouvrages et les objets d'art et de précision dont l'exécution ne peut être confiée qu'à des artistes éprouvés ; 4o pour les exploitations, fabrications et fournitures qui ne seraient faites qu'à titre d'essai ; 5o pour les matières et denrées qui, à raison de leur nature particulière et de la spécialité de l'emploi auquel elles sont destinées, doivent être achetées et choisies sur les lieux de production ou livrées sans intermédiaires par les producteurs eux-mêmes ; 6o pour les fournitures ou travaux qui n'auraient été l'objet d'aucune offre aux adjudications, ou à l'égard desquels il n'aurait été proposé que des prix inacceptables : toutefois, l'administration ne doit pas dépasser le maximum indiqué ci-après, no 401 ; 7o pour les fournitures et travaux qui, dans les cas d'urgence absolue et dûment constatée, amenés par des circonstances imprévues, ne pourraient pas subir les délais des adjudications.

396. — Les adjudications publiques relatives à des travaux, à des exploitations ou fabrications qui ne pourraient être sans inconvénient livrés à la concurrence illimitée, peuvent être soumises à des restrictions qui n'admettent à concourir que des personnes préalablement reconnues capables par l'administration, et produisant les titres justificatifs exigés par les cahiers des charges. — *Ibid.*, art. 3.

397. — Les cahiers des charges doivent déterminer et la nature et l'importance des garanties que les fournisseurs ou entrepreneurs ont à produire, soit pour être admis aux adjudications, soit pour répondre de l'exécution de leurs engagemens. Ils doivent déterminer aussi l'action que l'administration exerce sur ces garanties en cas d'inexécution de ces engagemens. — *Ibid.*, art. 4. — Il doit toujours et nécessairement être stipulé que tous les ouvrages exécutés par les entrepreneurs en dehors des autorisations régulières demeureront à la charge personnelle de ces derniers, sans répétition contre ces établissemens.

398. — Les cautionnemens à fournir par les adjudicataires sont réalisés à la diligence des receveurs des établissemens de bienfaisance. — *Ibid.*, art. 5.

399. — L'avis des adjudications à passer doit être publié, sauf les cas d'urgence, un mois à l'avance, par la voie des affiches et par tous les moyens ordinaires de publicité. — *Ibid.*, art. 6.

400. — Les soumissions doivent toujours être remises cachetées en séance publique. — *Ibid.*, art. 7.

401. — Un *maximum* de prix ou un *minimum* de rabais arrêté d'avance par l'autorité qui procède à l'adjudication doit être déposé cacheté sur le bureau à l'ouverture de la séance. — *Ibid.*

402. — Dans le cas où plusieurs soumissionnaires auraient offert le même prix, il doit être procédé, séance tenante, à une adjudication entre ces soumissionnaires seulement, soit sur de nouvelles soumissions, soit à extinction des feux. — *Ibid.*, art. 8.

403. — Les résultats de chaque adjudication doivent être constatés par un procès-verbal relatant toutes les circonstances de l'opération. — *Ibid.*, art. 9.

404. — Les adjudications sont toujours subordonnées à l'approbation du préfet, et ne sont valables et définitives à l'égard des établissemens qu'après cette approbation. — *Ibid.*, art. 10.

405. — De la disposition reproduite ci-dessus (no 397) il résulte que les fournisseurs ou entrepreneurs qui se présentent à une adjudication peuvent être soumis à deux sortes de cautionnemens, l'un pour être admis à l'adjudication, l'autre pour répondre de l'exécution de leurs engagemens.

406. — Le premier de ces cautionnemens n'est, en réalité, qu'un dépôt de garantie, qui a principalement pour objet de donner à l'administration l'espérance que l'adjudicataire qui se présente veut faire des offres sérieuses, et de répondre en tous cas des résultats de la folle-enchère, à laquelle il pourrait être nécessaire de recourir. Ce dépôt de garantie n'est pas, au surplus, indispensablement stipulé dans toutes les adjudications ; c'est aux administrations à juger, suivant l'importance des marchés ou des travaux, s'il convient ou non d'en faire une condition du cahier des charges pour l'admission des enchères. — Circul. 9 juin 1838.

407. — L'autre a tous les caractères du cautionnement ; il est destiné à garantir les faits de l'adjudicataire pendant toute la durée de ses opérations.

408. — Les cautionnemens des deux natures peuvent être fournis de trois manières différentes, savoir : 1o en numéraire ; 2o en inscriptions de rentes sur l'état ; 3o en immeubles.

409. — Relativement au versement en numéraire, s'il s'agit d'un simple dépôt de garantie qui doit être restitué, aussitôt l'adjudication tranchée, à ceux des concurrens qui ne sont pas devenus adjudicataires, le dépôt se fait simplement dans la caisse de l'établissement qui en demeure comptable. — Circul. 9 juin 1838.

410. — Lorsqu'il s'agit, non plus seulement d'un dépôt de garantie, mais du cautionnement fourni par l'adjudicataire pour sûreté de ses engagemens, le montant doit en être versé en compte-courant au trésor public, à fin qu'il produise intérêt. — Circul. 9 juin 1838.

411. — Quand les cautionnemens sont fournis en rentes sur l'état, les inscriptions doivent être remises au trésor public, comme il est réglé pour les cautionnemens des receveurs d'hospices. — Circul. 9 juin 1838. — V. *suprà* no 86. — S'il s'agit seulement d'un dépôt de garantie, l'affectation des rentes a lieu dans les mêmes formes ; seulement, l'acte de dépôt est passé avec l'administration charitable, et les inscriptions de rentes sont remises provisoirement entre les mains des receveurs. — Circul. 9 juin 1838.

412. — Enfin, lorsque ces garanties sont l'objet d'une hypothèque, l'inscription est prise au nom des administrations intéressées ; il est dans ce cas convenable de stipuler que les immeubles seront libres de tous priviléges et hypothèques, et de veiller à ce qu'il en soit régulièrement justifié.

§ 10. — *Pensions de retraite.*

413. — Il est entièrement facultatif aux administrations charitables d'accorder ou de refuser à leurs employés, en raison de leurs services, des pensions de retraite. Une seule exception est, en vertu d'un décret du 7 fév. 1809, faite en ce qui concerne les employés des hospices de Paris.

414. — Lorsque les administrations charitables croient devoir demander qu'il soit accordé des pensions aux employés de ces établissemens, la liquidation en est faite d'après les bases fixées par les art. 12 à 22, décr. 7 fév. 1809, relatif aux hospices de Paris. — Ord. roy. 6 sept. 1820, art. 1er.

415. — La liquidation doit être, au surplus, proposée par une délibération spéciale de la commission administrative.

416. — Cette délibération est soumise à l'avis du conseil municipal, puis adressée au préfet, qui transmet le tout, avec son avis, au ministre, lequel, s'il y a lieu, propose au roi d'accorder la pension. — Inst. min. 8 fév. 1823. — V. du reste, quant aux bases de la liquidation, vo PENSIONS.

§ 11. — *Actions judiciaires. — Compromis. — Transactions.*

417. — Les administrations charitables ne peuvent intenter une action judiciaire ou y défendre, sans y avoir été préalablement autorisées par le conseil de préfecture. — V. AUTORISASION DE PLAIDER, nos 317 et suiv.

418. — Les hospices sont, comme les communes et les autres établissemens publics, sous l'empire de la règle qui défend à ceux qui n'ont pas la libre disposition de leurs droits de compromettre. — V. COMPROMIS, nos 65 et suiv.

419. — Toutes les actions que les commissions administratives sont susceptibles d'exercer devant les tribuuaux, de même que les transactions qu'elles peuvent être dans le cas de passer, doivent être, en outre, préalablement soumises à l'examen d'un comité consultatif établi *ad hoc* dans chaque arrondissement communal. — Quant à la composition de ce comité et à sa manière de procéder, V. COMITÉS CONSULTATIFS.

420. — Les actions sont exercées par le maire de la commune agissant comme président de la commission administrative. — Circul. 30 germ. an XII ; inst. min. 8 fév. 1823. — On doit remarquer seulement que les receveurs des établissemens de bienfaisance peuvent, aux termes de l'arrêté précité, 19 vendém. an XII, faire sans aucune autorisation, contre les débiteurs en retard, les exploits, significations, commandemens et poursuites nécessaires. Ce n'est que lorsqu'il y a opposition de la part des débiteurs que l'action judiciaire est engagée et qu'il y a lieu de suivre les formalités ci-dessus rappelées. — Inst. 8 fév. 1823.

421. — Bien qu'aux termes de l'arrêté du gouvernement, du 13 frim. an IX, la chambre des avoués attachés à chaque tribunal doive « former dans son sein un bureau de consultations gratuites pour les citoyens indigens dont elle distribue les affaires aux divers avoués pour les suivre lorsqu'il y a lieu, » l'usage ne s'est pas établi que les avoués prêtent gratuitement leur ministère aux administrations charitables pour lesquelles ils peuvent occuper.

422. — Par un réglement particulier, en date du 18 oct. 1822, le conseil général des hospices de Paris, pour concilier les intérêts des indigens qu'il représente avec ceux des avoués, a déclaré que « l'administration ne paierait à l'avoué de première instance que ses déboursés, lorsqu'elle aurait été condamnée aux dépens ou que les dépens auraient été compensés. »

423. — « Dans le cas où l'exécution d'un acte ou d'un jugement contre un débiteur ne produirait qu'une somme insuffisante pour l'acquit de la créance en capital, intérêts et frais, les dépens dus à l'avoué seront payés par privilége, seulement quant à ses déboursés ; à l'égard du surplus, l'avoué n'en sera payé que par contribution et au prorata des sommes que l'administration recouvrera pour son compte. » — Art. 6, réglem. précité.

424. — « Lorsqu'une contestation sera terminée par transaction, et qu'une des conditions sera l'obligation pour l'administration d'acquitter les frais, il ne sera payé à l'avoué que ses déboursés. » — Art. 9.

425. — « Ces dispositions seront également exécutées par l'avoué de l'administration près la cour royale. Elles sont aussi applicables aux poursuites dirigées par le receveur. » — *Ibid.*

426. — « Lorsque l'administration aura été condamnée aux dépens dans une affaire, ou que les dépens seront compensés, les frais qui n'auront pu être taxés par le juge le seront à la diligence de l'avoué de l'administration, par sa chambre : à cet effet, le membre de la commission est autorisé à lui donner tout pouvoir nécessaire. » — Art. 11.

427. — « En cas de remplacement de l'un des avoués de l'administration par suite de décès, démission ou autrement, l'arrêté portant nomination ne sera transcrit au procès-verbal qu'après que l'officier désigné aura souscrit l'engagement de se conformer à toutes les dispositions du présent arrêté, et de renoncer à toute répétition d'émolumens autres que ceux qui lui seront alloués par les art. 7, 8, 9 et 10 ci-dessus. » — Art. 12.

428. — Toutes les causes qui intéressent les hos-

pièces doivent être communiquées au ministère public. — C. procéd., art. 83.

429. — Les administrations hospitalières ne peuvent acquiescer en termes exprès aux jugemens rendus contre les établissemens qu'elles dirigent, et qui sont susceptibles d'appel, sans y être autorisées.

430. — Mais il n'est pas besoin de l'autorisation royale comme pour aliéner des droits immobiliers ou pour transiger. Il suffit de celle du préfet, conformément à l'art. 15, ord. roy. 31 oct. 1821. — Durieu et Roche, v° *Acquiescement*, n° 3.

431. — On peut d'ailleurs toujours opposer aux établissemens charitables, sans qu'il y ait eu aucune autorisation, l'acquiescement tacite qui pourrait résulter des actes de la commission administrative, comme, par exemple, si elle avait exécuté les condamnations rendues sans protestation ni réserve, ou si elle avait laissé passer les délais utiles sans exercer le recours qui lui aurait été ouvert. — *Ibid.*

432. — Seulement, dans ce cas, les membres de la commission administrative deviennent personnellement responsables envers l'établissement des faits constitutifs de l'acquiescement, qui pourraient leur être reprochés comme étant le résultat de la négligence ou d'une mauvaise gestion.

433. — Le désistement d'une action intentée est soumis aux mêmes règles, dans ce cas comme dans le précédent; il en est de même, au surplus, que pour les communes. — V. COMMUNES, nos 442s.

434. — Les hospices ne peuvent, de même que tous les autres établissemens publics et les communes, transiger qu'avec l'autorisation expresse du gouvernement. — C. civ., art. 2045.

435. — Cette autorisation est accordée sur la remise des pièces suivantes, savoir : 1° une expédition authentique de la transaction ou du projet de transaction; 2° un avis du comité consultatif; 3° une délibération de la commission administrative; 4° une délibération du conseil municipal; 5° l'avis du sous-préfet; 6° l'avis du conseil de préfecture; 7° celui du préfet. — Arrêt 21 frim. an XII; instruct. 8 fév. 1823; L. 18 juill. 1837, art. 21.

CHAP. V. — *Recettes, dépenses et comptabilité.*

Sect. 1re. — *Recettes et dépenses.*

§ 1er. — *Recettes.*

436. — Les revenus des hospices et autres établissemens de bienfaisance sont divisés, comme les revenus des communes, en revenus ordinaires et revenus extraordinaires. — Ord. roy. 31 mai 1838, art. 499.

437. — Les revenus ordinaires se composent généralement ainsi : — Prix de ferme des maisons et des biens ruraux, — produit des coupes ordinaires de bois, — rentes sur particuliers, — fonds alloués sur les octrois municipaux, — produits des droits sur les spectacles, bals, concerts, etc., — journées de militaires, — prix de vente des objets fabriqués par les individus admis dans chaque établissement, — dons, aumônes et collectes, — fonds alloués pour le service des enfans trouvés et abandonnés, — amendes et confiscations, recettes en nature, — prix de vente des denrées ou grains récoltés par l'établissement et excédant les besoins. — *Ibid.*

438. — Relativement aux fonds alloués sur les octrois, aux droits sur les spectacles, bals et concerts, aux fonds alloués pour le service des enfans trouvés et abandonnés, au produit des amendes et confiscations, V. OCTROI, DROITS DES PAUVRES, ENFANS TROUVÉS, AMENDE.

439. — Les revenus extraordinaires sont généralement ceux ci-après, savoir : — excédant des recettes sur les dépenses de l'exercice antérieur, — intérêts de fonds placés au trésor public, — prix des coupes extraordinaires de bois, — legs et donations, — remboursemens de capitaux, — prix de vente d'inscriptions de rentes sur l'état, — emprunts, — recettes accidentelles. — *Ibid.*

§ 2. — *Dépenses.*

440. — Les dépenses des hospices sont divisées également en dépenses ordinaires et dépenses extraordinaires. — Ordonn. royale 31 mai 1838, art. 501.

441. — Les dépenses ordinaires consistent dans les articles suivans, savoir : — Traitemens divers, — gages des employés et servans, — réparations et entretien des bâtimens, — contributions assises sur ces bâtimens, — entretien du mobilier et des ustensiles, — dépenses du coucher, — linge et habillement, — achat de grains et denrées, — blanchissage, — chauffage, — éclairage, — achat de médicamens, — pensions ou rentes à la charge de l'établissement, — entretien et menues réparations des propriétés rurales, — contributions assises sur ces propriétés, — dépenses des mois de nourrice et pensions des enfans trouvés, — frais de layettes, vêtemens de ces enfans, — consommation de grains et denrées. — *Ibid.*

442. — Les dépenses extraordinaires ont en général pour objets : les constructions et grosses réparations, — les achats de terrains et bâtimens, — les frais de procédure, — les achats de rentes sur l'état. — *Ibid.*

§ 3. — *Service et surveillance du receveur.*

443. — Les receveurs des hospices ont seuls qualité pour recevoir et pour payer. — Ordonn. royal. 31 oct. 1831, art. 21. — Les recettes et les paiemens effectués sans leur intervention donneraient lieu à toutes répétitions et poursuites de droit. — Ord. 31 oct. 1831, art. 21.

444. — Ils sont personnellement responsables de tout paiement qui ne résulterait pas d'une autorisation régulière. — Ordonn. roy. 31 oct. 1821, art. 20.

445. — Les recettes tant ordinaires qu'extraordinaires sont effectuées en général sur les titres mêmes qui les établissent.

446. — En ce qui concerne les dépenses, les commissions administratives désignent un des membres de l'administration, lequel, sous le titre d'ordonnateur, est spécialement et uniquement chargé de la signature de tous les mandats à délivrer aux créanciers de l'établissement pour les dépenses régulièrement autorisées. — Ordonn. roy. 31 mai 1838, art. 506.

447. — Il est interdit aux receveurs des hospices, de même qu'aux receveurs des communes, d'être en avance sur leurs fonds personnels; ils ne peuvent payer que dans la proportion de leurs revenus et dans les limites établies par l'autorité pour chaque nature de dépenses. Ceux qui ont excédé les fonds de leur caisse, les revenus de l'établissement auquel ils sont attachés, et qui auraient par suite constitué cet établissement en débet sans autorisation, sont responsables du déficit. — Avis cons. d'état, 5 sept. 1810.

448. — Par une conséquence de ces principes, les receveurs sont autorisés à refuser d'acquitter les mandats qui leur sont présentés, au cas de l'insuffisance justifiée des fonds dans leur caisse. — Instr. min. 30 mai 1827.

449. — La surveillance des receveurs appartient en première ligne aux commissions administratives. Ces administrations s'assurent des diligences des comptables, et vérifient leur caisse et leurs écritures toutes les fois qu'elles le jugent utile. — Arr. 19 vendém. an XII, art. 4; ordonn. roy. 31 oct. 1821, art. 25.

450. — Les préfets sont tenus, en outre, de faire vérifier les receveurs au moins deux fois par an, et toujours à la fin de chaque année, et de transmettre au ministre de l'intérieur les procès-verbaux de la vérification. — Ordonn. roy. 31 oct. 1821, art. 25.

451. — Des vérifications extraordinaires sont confiées aux inspecteurs des finances et aux inspecteurs généraux des établissemens de bienfaisance. — Ord. roy. 31 oct. 1821, art. 26; arr. min. int. 14 juin 1839.

452. — Les receveurs généraux et particuliers des finances sont chargés de surveiller les caisses et la tenue des écritures des receveurs spéciaux des établissemens de bienfaisance situés dans leur arrondissement et généralement toutes les parties du service confié à ces comptables. — Ord. roy. 17 sept. 1837, art. 1er.

453. — Ils sont autorisés, lorsqu'ils constatent dans la gestion d'un receveur spécial des irrégularités graves, à placer un agent spécial près du comptable; ils peuvent requérir du maire sa suspension et son remplacement par un gérant provisoire ou, en cas d'urgence, y pourvoir d'office sous leur responsabilité, sauf à référer immédiatement de ces mesures au préfet du département. — Ord. roy. 17 sept. 1837, art. 3.

454. — Les receveurs sont tenus de remettre au receveur des finances de leur arrondissement des copies des budgets et autorisations supplémentaires de dépenses et extraits des baux, actes et titres de perception qu'ils ont entre les mains; ces copies ou extraits doivent être certifiés par les commissions administratives. — Ord. roy. 17 sept. 1837, art. 5.

455. — Ils doivent, aux termes de l'ordonnance royale du 17 sept. 1837 et d'une circulaire ministérielle du 15 déc. suivant, adresser tous les trois mois, au moins, aux receveurs des finances, sous la surveillance desquels ils sont placés, des bordereaux détaillés de situation, présentant le relevé pour chaque trimestre des additions des livres de détail et faisant connaître la situation des recettes et des dépenses sur chaque article du budget. — Inst. min. 30 mai 1827; inst. gén. min. fin. 17 juin 1840, nos 1293 et 1356.

456. — La marche à suivre pour établir les bordereaux détaillés de situation consiste à présenter le relevé des articles de recette et de dépense compris dans les budgets des deux exercices qui sont chaque année en cours d'exécution, et à reporter en regard de chaque article le montant des opérations faites et enregistrées sur les livres de détail. Le comptable, après avoir fait ces relevés, forme les totaux des diverses colonnes du bordereau, puis la récapitulation qui doit faire ressortir l'excédant des recettes sur les dépenses du trimestre précédent; il y ajoute les recettes faites pendant le trimestre sur les deux exercices ouverts, et il déduit ensuite du total de ces opérations les dépenses également effectuées pendant le trimestre sur les deux exercices ouverts. La différence qui en résulte représente le nouvel excédant des recettes au dernier jour du trimestre, et doit être justifiée par les valeurs matérielles de caisse ou de portefeuille existant, à cette époque, entre les mains du receveur, pour le compte de l'établissement au nom duquel est le bordereau. — Inst. gén. min. fin. 17 juin 1840, n° 1294.

457. — Les receveurs doivent en outre former à l'expiration de chaque mois une balance des comptes de leur grand-livre. A cet effet, après avoir arrêté leur journal au dernier jour du mois et reconnu l'existence du solde en caisse, ils font sur le grand-livre l'addition des sommes enregistrées au débit et au crédit de chaque compte, et en transportent le montant dans les colonnes correspondantes de la balance; ils forment les totaux généraux et présentent ensuite dans les cadres à ce destinés le développement des valeurs de caisse ou de portefeuille ainsi que des fonds placés qui représentent entre ses mains l'excédant des recettes sur les dépenses de chaque établissement. — Inst. 30 mai 1827; inst. gén. min. fin. 17 juin 1840, n° 1356.

458. — Enfin, ils doivent établir par dizaine un dernier état présentant la situation sommaire des dépenses effectuées pendant la dizaine, ainsi que le détail des valeurs de caisse. Ce document est, comme le précédent, transmis au receveur des finances qui doit, selon son résultat, prescrire le versement au trésor des sommes qui ne seraient pas nécessaires au paiement des dépenses consenties. — Inst. gén. 17 juin 1840, art. 1116 et 1355.

459. — Indépendamment de l'envoi de ces divers documens aux receveurs des finances, les receveurs des hospices doivent adresser à l'ordonnateur des dépenses de chaque établissement : 1° tous les trois mois le bordereau trimestriel de situation dont il a été parlé *suprà* n° 455; 2° tous les dix jours l'état de situation sommaire. — Cette mesure a pour but de mettre les ordonnateurs à même de se rendre incessament compte de la situation des crédits dont ils ont la disposition. — Inst. min. 16 mars 1836.

Sect. 2e. — *Budget et crédits supplémentaires.*

460. — Les hospices et autres établissemens de bienfaisance ont été, pendant long-temps sans avoir un budget spécial; leurs recettes et leurs dépenses étaient comprises, sous un titre particulier, dans les budgets des communes. — L'ordonnance du 31 oct. 1821, en désignant (art. 13) les autorités auxquelles appartiendrait le règlement des budgets de ces établissemens changea naturellement cet état de choses; et par suite, l'instruction du 8 fév. 1823 déclara, en termes exprès, que tous les hospices devraient présenter un budget de leurs recettes et de leurs dépenses.

461. — Le budget est pour les hospices, comme pour l'état, les départemens, les communes, etc., l'acte fondamental de la comptabilité; aucune dépense ne peut être faite qu'en vertu du budget et dans la limite de chacun des crédits spéciaux qui y sont portés, sauf les autorisations supplémentaires qui peuvent être accordées par l'autorité compétente; quant aux recettes, on ne peut pas dire qu'elles sont autorisées par le budget, car elles résultent des titres particuliers qui les constituent, et qui ont été antérieurement l'objet de décisions des autorités compétentes, comme, par exemple, les legs et donations, les rentes sur l'état ou sur particuliers, les subventions des communes, etc. Ces recettes, lors même qu'elles n'auraient pas été prévues par le budget, n'en devraient pas moins être faites par le receveur, en vertu du

titre primordial. — Durieu et Roche, vo *Budget*, no 2. — Les recettes figurent donc dans le budget, non pas comme les dépenses, pour recevoir une approbation qui leur est nécessaire, mais seulement pour justifier par la situation des ressources, de la possibilité de faire les dépenses. — *Ibid.*

462. — Le budget des recettes et des dépenses à effectuer pour chaque exercice est délibéré par les commissions administratives dans leur session annuelle d'avril, afin que les budgets des établissemens auxquels les communes fournissent des subventions sur leurs octrois ou sur toute autre branche de leurs revenus puissent être soumis aux conseils municipaux, dont la session a lieu du 1er au 15 mai, et que ces conseils puissent délibérer sur les subventions à accorder par les communes. — Ord. roy. 31 mai 1838, art. 502; inst. gén. 17 juin 1840, nos 715 et 894.

463. — En tête du budget et dans un cadre à ce destiné, les commissions administratives doivent présenter le tableau de la population de l'établissement. — Circul. 25 sept. 1841. — Ce tableau doit faire ressortir : 1o le nombre moyen des indigens qui doivent être admis aux secours, avec distinction de la classe et du sexe auxquels ils appartiennent ; malades civils, vieillards, infirmes, enfans, orphelins ou abandonnés qui n'ont pu être placés au dehors, aliénés (dans le cas où l'hospice a été autorisé à conserver un quartier consacré au traitement de l'aliénation mentale); 2o le nombre de malades militaires et marins ; 3o le nombre de malades ou vieillards et infirmes pensionnaires, s'il en existe dans l'établissement ; 4o le nombre des sœurs, préposés et servans attachés au service direct des malades ; 5o le nombre des personnes employées à des services autres que le service de santé, en indiquant spécialement la nature des fonctions de chacun ; 6o le nombre des médecins et chirurgiens ; 7o le nombre des employés de l'administration en désignant la nature de chaque emploi, et en faisant connaître aussi ceux qui sont nourris dans l'établissement ; 8o enfin, le nombre d'orphelins et d'enfans trouvés ou abandonnés, placés en nourrice ou en pension à la charge du département. — *Ibid.*

464. — Le détail de la population est divisé par hospice, lorsqu'il y en a plusieurs dans la même ville. — *Ibid.* — Les quartiers d'aliénés doivent toujours être considérés comme des établissemens séparés et être présentés à part. — *Ibid.*

465. — On fait ensuite ressortir dans une colonne particulière le nombre de journées, d'après le nombre moyen de chaque classe d'individus qui ont été présumés devoir former la population de l'établissement : résultat qui s'obtient en multipliant ce dernier nombre par celui de trois cent soixante-cinq jours. — *Ibid.*

466. — Une autre colonne est destinée à faire ressortir le prix de la journée pour chaque classe d'individus traités dans la maison et d'employés. Ce prix multiplié par le nombre des journées donne le montant total des dépenses de chacune des classes et, en résultat final, le total de la dépense générale des établissemens. — *Ibid.*

467. — L'évaluation du prix de journée a naturellement pour base, d'une part, les comptes, en matière, de l'économe pour la consommation journalière, qui comprend les denrées récoltées ou les objets confectionnés dans les établissemens, aussi bien que ceux qui ont été achetés, et, d'autre part, les comptes du receveur pour les dépenses générales et pour celles qui s'effectuent sans l'intervention de l'économe. — *Ibid.*

468. — Il convient de comprendre dans ce calcul toutes les dépenses ordinaires sans distinction, en y rattachant le montant de la consommation des produits récoltés en nature ; la division par hospice dont nous avons parlé ci-dessus permet, d'ailleurs, de déterminer facilement la part que prend spécialement chaque classe d'individus dans la dépense générale. — *Ibid.*

469. — Quant aux dépenses extraordinaires, comme de leur nature elles sont accidentelles et variables, qu'elles sont d'ailleurs destinées souvent à des acquisitions qui augmentent le patrimoine des pauvres, et qui en réalité ne constituent pas, à proprement parler, une dépense, il n'y pas lieu de les faire entrer dans l'évaluation ; et il convient de les placer hors ligne. — *Ibid.*

470. — En résumé, il faut que le chiffre total du prix de journée soit égal au montant réuni des dépenses ordinaires, y compris celui de la consommation des produits récoltés en nature ; et de plus, une bonne règle d'administration indique qu'il ne doit jamais excéder la somme totale des recettes ordinaires et des revenus en nature du même budget. — *Ibid.*

471. — Quant aux recettes, elles doivent être portées en masse, sans distinction des établissemens, à moins, toutefois, que l'un d'eux ne possède en propre des revenus provenant d'une dotation qui leur ait assigné un emploi spécial : alors ce revenu doit être distingué dans le budget, au moyen d'une annotation particulière. — Circ. min. 11 nov. 1826. — Le titre des recettes doit être d'ailleurs divisé en deux chapitres : le premier présentant les recettes ordinaires ; le deuxième les recettes extraordinaires. — Circ. 25 sept. 1841.

472. — Le chapitre des recettes ordinaires doit être subdivisé en deux sections, dont la première comprend les recettes en deniers, et la deuxième l'évaluation des produits récoltés en nature dans les propriétés ou les jardins des établissemens, ou qui proviennent de rentes et fermages. — *Ibid.*

473. — Le budget doit contenir l'évaluation en argent des revenus en nature de quelque espèce qu'ils soient. — Instr. min. 8 fév. 1821. — Cette évaluation est faite pour les principales denrées, suivant le prix moyen des mercuriales de l'année précédente, au marché le plus voisin ; une note annexée au budget doit faire connaître la quotité en nature de ces revenus et l'évaluation donnée à chaque espèce de produit. — *Ibid.*

474. — Les observations qui précèdent s'appliquent naturellement aux travaux au profit des hospices, faits par les indigens admis dans ces établissemens ; leur produit doit figurer dans le budget. — L'évaluation en argent de ces derniers produits se fait d'après le prix moyen des mercuriales de l'année précédente au marché le plus voisin ; une note jointe au budget fait connaître la quantité en nature de ces revenus et les bases de l'évaluation donnée à chaque espèce de produits. — La même règle s'applique aux produits des travaux faits par les indigens dans les établissemens, leur évaluation doit donc figurer aussi dans cette section des recettes ordinaires. — *Ibid.*

475. — Mais il faut observer que ces divers produits ne sont point toujours consommés en totalité dans les hôpitaux. Une partie se vend au dehors, et le prix réalisé en argent entre dès-lors nécessairement dans la section des recettes en deniers. — Pour éviter un double emploi, il faut avoir soin de distinguer la partie des produits destinée à être consommée dans les établissemens de celle qui est destinée à être vendue au dehors. La première est seule portée en recette effective pour le montant de son évaluation ; la seconde ne doit figurer que pour ordre, son évaluation se trouvant portée en recette effective dans la section des recettes en deniers. — *Ibid.*

476. — Le second chapitre du titre des recettes doit présenter le détail des recettes extraordinaires qui ne peuvent être prévues. Dans ce chapitre figure le produit des legs et donations, des coupes extraordinaires de bois, des ventes d'immeubles, des remboursemens de capitaux, etc ; en un mot des diverses recettes qui, de leur nature, ne se présentent qu'éventuellement et ne constituent pas un revenu annuel. — *Ibid.*

477. — Le titre des dépenses doit être divisé, comme celui des recettes, en deux chapitres, dont le premier, consacré aux dépenses ordinaires, se subdivise aussi en deux sections pour les dépenses en argent et pour la consommation des objets récoltés en nature par les établissemens, avec la destination indiquée ci-dessus pour les recettes, relativement aux produits en nature destinés à être vendus au dehors et à ceux qui doivent être consommés dans les établissemens. — *Ibid.*

478. — Par les mêmes motifs, on doit avoir soin de porter en dépense aux articles *blés, farine et pain, vin, comestibles et menus objets de consommation*, l'évaluation des grains, boissons, denrées, légumes, etc, qui sont recueillis en nature et consommés dans l'établissement. — *Ibid.*

479. — Dans les villes où il y a plusieurs hospices, il est nécessaire pour plus de clarté que le budget soit rédigé de manière à ce que les dépenses tant ordinaires qu'extraordinaires de chaque établissement soient présentées séparément et additionnées ensuite pour ne former qu'un seul total. — Circut. min. 11 nov. 1826.

480. — Cette règle demande toutefois quelques explications. — Les divers établissemens situés dans la même commune et dirigés par la même commission administrative, ont bien leurs dépenses spéciales qu'il est convenable et possible de présenter distinctement ; mais il est aussi des dépenses qui leur sont communes à tous, tels sont, par exemple, les traitemens du receveur et des employés de l'administration et celui même des médecins, quand ceux-ci sont chargés cumulativement du service des divers hospices, les frais des bureaux de l'administration générale, les frais de procédure, ceux d'exploitation, des propriétés rurales, etc., etc., et en un mot toutes les dépenses qui ne sont pas faites pour le service exclusif d'un établissement déterminé. On ne pourrait donc, qu'au moyen de divisions purement fictives et complétement arbitraires, attribuer telle ou telle portion de ces dépenses générales à tel ou tel établissement. — Pour obvier à cet inconvénient, on doit porter en dépenses tant ordinaires qu'extraordinaires, et avant la nomenclature des dépenses spéciales à chaque hospice, les dépenses communes à tous les établissemens ; ces dépenses sont totalisées comme celles afférentes à chaque hospice, et de ces totaux partiels on forme le total général des dépenses de chaque chapitre. — Circul. min. du 25 sept. 1841.

481. — En regard des colonnes destinées aux recettes et aux dépenses, les budgets des hospices doivent contenir une autre colonne dans laquelle on reproduit, pour chaque article, le chiffre exact des recettes et des dépenses portées au compte de l'exercice, afin de mettre l'autorité qui doit approuver le budget à même d'apprécier les changemens en augmentation ou en diminution qui sont proposés. — Circul. min. 11 nov. 1826 et 25 sept. 1841.

482. — Quant à la faculté pour les commissions administratives de porter au budget un crédit pour dépenses imprévues et à l'emploi de ce crédit, les règles sont les mêmes que pour les communes. — V. COMMUNES, nos 1310 et suiv.

483. — Tous les budgets comme les comptes des hospices doivent être soumis à l'examen du conseil municipal de la commune où ces établissemens sont situés. — L. 18 juill. 1837 ; ord. roy. 31 mai 1838, art. 503.

484. — Mais il importe d'observer que l'examen du conseil municipal est un simple contrôle des recettes et des dépenses de l'établissement charitable ; la délibération qu'il exprime n'est qu'un simple avis et non une approbation ; son vote, en définitive, ne sert qu'à éclairer l'autorité supérieure qui demeure toujours maîtresse d'approuver ou de rejeter la proposition de la commission administrative. — Durieu et Roche, vo *Budget*, no 20.

485. — Et il en est ainsi alors même que l'établissement charitable reçoit une subvention sur les fonds de la commune. Le conseil municipal a, il est vrai, le droit de refuser ou de réduire cette subvention ; mais dès qu'elle est votée, elle est employée aux dépenses suivant ce qui est réglé par l'autorité chargée d'arrêter le budget, sur la proposition de la commission administrative. — *Ibid.*

486. — Les budgets des hospices dont les revenus ordinaires s'élèvent à 100,000 et au-dessus sont soumis à l'approbation du ministre de l'intérieur. — Les budgets des hospices dont le revenu ordinaire ne s'élève pas à 100,000 fr. sont fixés par les préfets. — Les budgets des bureaux de bienfaisance sont également fixés par ces administrateurs, quelle que soit la quotité des revenus. — Ord. roy. 31 mai 1838, art. 504.

487. — Les budgets doivent être remis à l'autorité, qui doit les approuver assez tôt pour qu'ils puissent être renvoyés avant l'ouverture de l'exercice aux receveurs chargés de les mettre à exécution. — Inst. gén. 17 juin 1840, no 894.

488. — En cas de retard, les recettes et les dépenses ordinaires continuent, jusqu'à l'approbation du budget, à être faites conformément à celui de l'année précédente. — *Ibid.*

489. — Au cas de refus par une commission administrative de voter, soit le budget en entier, soit le crédit nécessaire pour couvrir une dépense jugée indispensable, le préfet pourrait-il, comme pour les communes, dresser lui-même le budget, ou inscrire d'office au budget voté le crédit que la commission administrative aurait refusé ? — MM. Durieu et Roche qui soulèvent cette question, (vo *Budget*, no 31), la résolvent, et avec toute raison, négativement. Il est évident, en effet, que le moyen coercitif que le préfet peut employer contre les communes s'appuie uniquement sur les art. 15 et 39 de la loi municipale du 18 juill. 1837, qui se sont expliqués à cet égard en termes exprès, en ce qui concerne les communes ; et que le même droit n'ayant été consacré par aucune loi en ce qui concerne les établissemens de bienfaisance, on ne saurait sans illégalité y recourir. Au surplus, et ainsi que le remarquent les mêmes auteurs, la disposition qui déclare qu'à défaut du budget les dépenses ordinaires continuent d'après les allocations du budget précédent, suffit pour assurer le service courant, et il reste toujours à l'autorité supérieure le droit de révoquer les administrateurs, droit qu'elle peut exercer avec une entière latitude et sans embarras, puisque les commissions administratives ne sont pas des corps électifs.

490. — Les décisions des préfets qui se rattachent aux budgets des établissemens charitables que ces fonctionnaires ont pouvoir de régler peuvent être déférées au ministre de l'intérieur.

491. — Mais en ce qui concerne les budgets arrêtés par le ministre de l'intérieur, on ne pourrait pas se pourvoir au conseil d'état contre la décision ministérielle, si ce n'est pour excès de pouvoir, attendu que le réglement du budget est une affaire de pure tutelle administrative qui ne saurait ressortir au contentieux. — Durieu et Roche, v° *Budget*, n° 34.

492. — De même que pour les communes, les recettes et dépenses des établissemens de bienfaisance doivent être effectuées pendant la durée de l'exercice du budget, l'exercice commence au 1er janv. et finit au 31 déc. de l'année qui lui donne son nom. — Ord. roy. 31 mai 1838, art. 432, 433 et 498.

493. — Toutefois, pour laisser aux administrations charitables le temps de compléter les opérations de chaque exercice, au moins pour la majeure partie, un délai leur est accordé et l'époque de la clôture de l'exercice pour toutes les recettes et dépenses qui s'y rattachent n'est définitivement fixée qu'au 31 mars de la seconde année de l'exercice. — Ord. roy. 1er mars 1835, art. 1er; 31 mai 1838, art. 433; 24 janv. 1843.

494. — Mais il est essentiel de remarquer que, malgré cette disposition, les crédits ouverts pour le budget d'une année ne peuvent être employés qu'à des dépenses effectuées dans l'année même, c'est-à-dire du 1er janv. au 31 déc., les mois de la seconde année ne sont accordés que pour payer les dépenses faites et non pour en faire de nouvelles. Tout crédit alloué pour une dépense qui n'a pas été entreprise dans le cours de l'année est donc annulé de droit au 31 déc., sauf ce que nous dirons tout à l'heure; et si la dépense a été faite en partie, il n'y a d'annulé que la portion de crédit qui excède le montant de la dépense effectuée. — Circul. min. 10 avr. 1835.

495. — Par suite de ces diverses dispositions, au moment où arrive la clôture de l'exercice, c'est-à-dire au 31 mars, l'ordonnateur doit, de concert avec le receveur, dresser un état des dépenses faites au 31 déc. précédent, et qui n'ont pas été payées, soit parce que les entrepreneurs ou fournisseurs n'ont pas produit en temps utile les pièces nécessaires pour la liquidation de leurs créances, soit parce qu'ils n'auraient pas réclamé avant le 31 mars le paiement des mandats qui leur ont été délivrés. Cet état, qui doit être certifié conforme aux écritures tant par le receveur que par l'ordonnateur, sous leur garantie et leur responsabilité respective, reste entre les mains du comptable, qui est provisoirement autorisé à solder sur les fonds de sa caisse les restes à payer constatés audit état, sans pouvoir toutefois dépasser la limite des crédits ouverts au budget primitif pour l'article de dépense qui reste à payer. — Circul. min. 10 avr. 1835.

496. — Le compte d'administration de l'exercice est alors préparé et résume les opérations de toute nature qui ont été effectuées jusqu'à l'époque ci-dessus indiquée. — V., quant à la formation de ce compte et aux développemens qu'il doit contenir, *infrà* nos 529 et suiv.

497. — Le receveur dresse d'après ses écritures un état de situation de l'exercice clos qui doit faire ressortir les recouvremens effectués et les restes à recouvrer, les dépenses faites et les restes à payer, ainsi que les crédits annulés et enfin l'excédant définitif des recettes. — Circul. min. 10 avr. 1835.

498. — Au moyen de ces documens, l'ordonnateur prépare le procès-verbal de réglement définitif qu'il soumet à la commission administrative. — Circul. min. 10 avr. 1835.

499. — La commission, pour vérifier l'exactitude de la situation qui lui est présentée, se fait remettre sous les yeux: 1° le budget de l'exercice clos et tous les titres et les autorisations supplémentaires qui s'y rattachent; 2° l'état des restes à payer dressé par l'ordonnateur et par le receveur, et dont il a été parlé ci-dessus no 495; 3° le compte d'administration préparé par l'ordonnateur et l'état de situation du receveur, indiqué ci-dessus no 497, et qui constatent en même temps les recouvremens et les paiemens effectués pendant le cours de l'exercice, les restes à recouvrer et les crédits annulés faute d'emploi. — Circul. min. 10 avr. 1835.

500. — Dans cet état de choses il ne reste plus qu'à procéder au réglement définitif de l'exercice clos et à en arrêter la situation, en recettes et en dépenses.

501. — Relativement aux *recettes*, la commission s'assure que les sommes portées au budget et qui n'étaient que des évaluations ont été ramenées dans le compte au chiffre des produits réels résultant des titres définitifs, tels que contrats de vente, baux, procès-verbaux d'adjudication de coupes de bois ou de toute autre nature de revenus; ensuite, rapprochant la somme de ces produits à recouvrer du montant des recouvremens opérés par le receveur, elle examine s'il reste encore des parties à recouvrer et a à apprécier les motifs du non recouvrement. — Circul. min. 10 avr. 1835.

502. — En général les receveurs étant responsables de toutes les sommes à recouvrer d'après les budgets aux époques fixées par les titres justificatifs des créances, les instructions leur prescrivent de se charger en recette, dans leurs écritures et avant la formation de leurs comptes, de tous les produits constatés. — Circul. min. 10 avr. 1835.

503. — Il ne saurait donc y avoir de restes à recouvrer justifiés que ceux qui proviendraient soit de non-valeurs, dans le cas de l'insolvabilité reconnue des débiteurs, soit des créances litigieuses et pour lesquelles des poursuites seraient entamées ou qui dépendraient, par exemple, d'une succession non liquidée, ou enfin de toute autre circonstance imprévue et accidentelle. — *Ibid.*

504. — Dans ces différens cas, la commission administrative, en arrêtant le chiffre des restes à recouvrer, exprime son avis sur les causes des retards et *propose*, s'il y a lieu, d'en mettre le montant en tout ou en partie à la charge du receveur. — *Ibid.*

505. — A l'égard des sommes qui seraient reconnues irrecouvrables par suite de l'insolvabilité constatée des débiteurs ou de la caducité des créances et sans qu'il puisse être reproché aucune négligence au receveur, elle peut en provoquer l'allocation en non valeurs. — *Ibid.*

506. — Mais dans aucune de ces circonstances la commission ne peut apporter des modifications au chiffre des comptes présentés, attendu qu'elle ne peut qu'exprimer des vœux à cet égard, le réglement définitif des comptabilités étant attribué par les réglemens soit à la cour des comptes, soit au conseil de préfecture. — *Ibid.*

507. — Pour constater les *dépenses*, la commission compare avec les crédits ouverts par le budget et par les autorisations supplémentaires le montant des dépenses effectuées sur chacun de ces crédits, et elle s'assure qu'elles n'en excèdent pas les limites; au contraire, elle en fait l'objet d'une observation pour que l'excédant de dépenses irrégulièrement payé soit laissé à la charge du receveur, conformément aux réglemens. — *Ibid.*

508. — Le résultat de ces différentes vérifications est de faire connaître d'une manière exacte: 1° les crédits ou portions de crédits demeurés sans emploi, faute par l'administration d'avoir fait la dépense qu'ils avaient pour objet, et qui dès-lors constituent un *boni* réel pour l'établissement; — 2° les *restes à recouvrer*, c'est-à-dire le montant des recettes définitivement arrêtées, mais non encore recouvrées au 31 mars; — 3° les *restes à payer*, c'est-à-dire le montant des dépenses qui, effectuées dans le cours de l'exercice, n'ont pu par telle ou telle circonstance être payées avant la même époque.

509. — La commission administrative consigne ces résultats dans une délibération spéciale, et l'exercice auquel ils se rattachent se trouve dès-lors irrévocablement clos.

510. — Mais en établissant ainsi une séparation complète entre les différens exercices, il fallait nécessairement donner aux administrations charitables le moyen d'utiliser aussi promptement que possible les excédans de crédits qui pouvaient rester à leur disposition et surtout de suivre sans interruption les opérations de recouvrement et de paiement restées incomplètes lors de la clôture de l'exercice.

511. — C'est ce à quoi a pourvu l'ordonnance précitée du 1er mars 1835, qui, après avoir déclaré que les comptes définitifs d'exercice ne comprendraient que les recettes et les paiemens effectués jusqu'au 31 mars de la seconde année, et que les crédits demeurés alors sans emploi seraient annulés, dispose que les restes à recouvrer et à payer, ainsi que l'excédant final que peut présenter le compte de l'exercice clos, doivent être reportés de droit et sous un titre spécial au budget de l'exercice pendant lequel la clôture a lieu. — Ord. royale 1er mars 1835, art. 1er.

512. — En même temps donc que les commissions administratives arrêtent définitivement la situation d'un exercice clos, elles doivent en rattacher les résultats au budget de l'exercice courant, avec les opérations duquel les opérations non achevées de l'exercice expiré se suivront désormais simultanément sans pourtant se confondre.

513. — C'est ce qui forme le principal objet des *budgets supplémentaires* ou *chapitres additionnels* au budget primitif, dont nous allons nous occuper.

514. — Remarquons seulement ici la différence essentielle que la disposition ci-dessus établit entre les *crédits demeurés sans emploi*, qui sont annulés purement et simplement par le fait même de la clôture de l'exercice, et les *restes à payer* ou crédits destinés à solder les dépenses effectuées, lesquels sont au contraire *reportés de droit* au budget courant.

515. — Il résulte de là que les crédits annulés faute d'emploi constituent un excédant disponible et ne peuvent plus être employés, même à leur destination primitive, que sur un nouveau vote de l'administration charitable et une nouvelle allocation de l'autorité supérieure, tandis qu'en ce qui concerne les restes à payer reportés de droit au budget courant, le service se continue sans interruption, sans même que l'administration charitable ait à délibérer de nouveau sur leur affectation et à en faire autoriser l'emploi. — Les raisons de cette différence sont faciles à saisir.

516. — En ce qui concerne les crédits restés sans emploi, il faut bien en effet que l'administration charitable ainsi que l'autorité supérieure apprécient les causes qui ont empêché la dépense et puissent, s'il y a lieu, décider ou que cette dépense sera ajournée, ou qu'elle sera reprise, ou bien enfin qu'on y renoncera au contraire définitivement, et par suite qu'il soit délibéré sur la nouvelle destination à donner aux crédits.

517. — Mais à l'égard des dépenses faites et qui restent seulement à payer, comme elles ont été effectuées en vertu du budget et qu'il ne s'agit plus que de solder les fournisseurs, il ne peut y avoir lieu de les examiner de nouveau ni de mettre le paiement en question. L'annulation des crédits n'est dans ce cas qu'une affaire de forme qui n'a pas pour effet de rendre aux commissions administratives la libre disposition des sommes provenant des crédits annulés, car ces sommes sont le gage des fournisseurs et n'appartiennent plus, à proprement parler, à l'établissement charitable. — Circul. min. 10 avr. 1835.

518. — Les commissions administratives doivent en conséquence, lorsqu'elles arrêtent le chiffre des excédans de crédits que présente la clôture de l'exercice, distinguer avec soin ceux de ces excédans qui sont de nature à être définitivement annulés, — parce que les dépenses auxquelles ils avaient été affectées, en tout ou en partie, n'ont pas été faites avant le 31 décembre de la première année de l'exercice, — des autres crédits qui, s'appliquant à des dépenses faites, mais non liquidées ou payées avant le 31 mars de la seconde année, ne sont annulés que pour ordre et doivent être immédiatement reportés au budget de l'exercice courant sous un titre spécial. — Circul. min 10 avr. 1835.

519. — Les budgets supplémentaires ou chapitres additionnels ont pour double objet: — 1° de rattacher les résultats de l'exercice clos au budget de l'exercice courant, ainsi que nous l'avons expliqué ci-dessus, tout en maintenant la séparation des deux exercices; — 2° de compléter le budget primitif de l'exercice courant par l'addition des recettes et des dépenses qui, non prévues lors de la formation de ce budget, viendraient à être autorisées supplémentairement dans le cours de l'année.

520. — Ces chapitres additionnels sont au nombre de deux, l'un pour les recettes, l'autre pour les dépenses. Chacun d'eux se divise en deux sections. — Circul. min. 10 avr. 1835.

521. — Relativement aux *recettes*, la première section contient: — 1° le report de l'excédant de l'exercice clos, dans lequel se trouve le montant des sommes provenant des crédits ou portions de crédits annulés faute d'emploi au budget précédent; — 2° les restes à recouvrer de l'exercice clos. — *Ibid.*

522. — La seconde section comprend toutes les recettes de quelque nature qu'elles soient et qui, non prévues au budget, seraient autorisées supplémentairement dans le cours de l'année, telles, par exemple, qu'un legs ou une donation, un secours extraordinaire, un remboursement de capitaux et, en un mot, tout recouvrement qui ne rentrerait pas par sa nature dans l'un des articles de recettes prévus au budget primitif. — *Ibid.*

523. — En ce qui concerne les *dépenses*, la première section contient les reports des crédits ou portions de crédits reportés du budget précédent pour restes à payer sur les crédits annulés de ce budget. Cette section, qui n'est au surplus que la reproduction littérale de l'état des restes à payer sur l'exercice courant (V. *suprà* n° 508), doit tou-

jours naturellement présenter des sommes égales à celles constatées par cet état. — *Ibid.*

524.—La seconde section reçoit : — 1° tous les crédits supplémentaires qui ont été ou viendraient à être autorisés sur l'exercice courant; — 2° les crédits de l'exercice clos annulés faute d'emploi dans les délais qui, sur la demande des administrations charitables, seraient alloués à nouveau par l'autorité supérieure; — 3° enfin tous les crédits nouveaux dont les administrations charitables demanderaient et obtiendraient également l'allocation dans les limites du boni resté libre sur l'exercice clos et compris à la section 1re des recettes supplémentaires et des autres sommes disponibles sur l'ensemble du budget. — *Ibid.*

525. — Les excédans restés libres sur les crédits ouverts par un budget ne peuvent être employés à d'autres dépenses qu'en vertu de décisions de l'autorité compétente comme lorsqu'il s'agit de crédits supplémentaires. — Circul. 10 avr. 1835.

526. — Lorsque les crédits ouverts par le budget d'un exercice sont reconnus insuffisans, ou s'il doit être pourvu à des dépenses imprévues lors de la formation de ce budget, les crédits supplémentaires doivent être ouverts par des décisions spéciales de l'autorité investie du droit de régler le budget. — Ord. 31 mai 1838, art. 505 ; inst. gén. 17 juin 1840, n° 894.

527. — Les conseils municipaux doivent être appelés à donner leur avis sur ces crédits supplémentaires de même que sur les budgets. — Instr. gén. 17 juin 1849, n° 894.

Sect. 3°. — *Des comptes.*

528. — Les comptes auxquels donne lieu le service des établissemens charitables comprennent : 1° les comptes d'administration; 2° le compte du receveur; 3° le compte de l'économe.

§ 1er. — *Compte d'administration.*

529. — Les comptes d'administration sont ceux que la commission administrative est appelée à rendre de sa gestion à l'autorité supérieure.

530. — Ces comptes, qui sont préparés par le maire, comme président de la commission administrative, sur les documens fournis par l'ordonnateur, le receveur et l'économe, sont présentés aux commissions administratives dans leur session ordinaire du 1er au 15 avril de chaque année. — Ord. roy. 31 mai 1838, art. 507.

531. — Ils sont divisés en deux parties; la première qui présente le compte matériel de toutes les opérations consommées dans le cours de l'exercice, et indique la situation exacte de l'établissement charitable à la fin de cet exercice; la seconde qui forme le compte moral explicatif et justificatif de ces opérations.

532. — Il importe de remarquer, à l'égard de la première partie du compte, que ce compte n'est pas, comme celui du receveur, dont il sera parlé ci-après, un compte de gestion qui embrasse tous les faits accomplis dans le cours de l'année, à quelque exercice qu'ils appartiennent ; c'est un compte d'exercice qui, partant du budget de l'année expirée, présente les opérations en recettes et en dépenses faites en exécution de ce budget, depuis le 1er janvier de l'année pour laquelle il a été fait, jusqu'au 31 mars de l'année suivante, en laissant d'ailleurs entièrement en dehors les opérations qui ont pu se faire simultanément sur le budget de cette dernière année pendant les trois derniers mois, de manière à ce qu'il n'y ait pas confusion d'exercices. — Circ. 10 avr. 1835.

533. — Le compte d'administration est formé par colonnes distinctes et suivant l'ordre des chapitres et des articles du budget.

534. — En *recette*, il doit indiquer, 1° la désignation de la nature de recette; 2° l'élévation admise par le budget; 3° la fixation définitive de la somme à recouvrer d'après les titres justificatifs; 4° les sommes recouvrées pendant l'année du budget et pendant les premiers mois de la seconde année; 5° la somme à recouvrer. — Circ. préc. 10 avr. 1835.

535. — En *dépense*, le compte doit présenter : 1° la désignation des articles de dépenses admises par le budget; 2° le montant des crédits; 3° le montant des sommes payées sur ces crédits, soit dans la première année, soit dans les premiers mois de la seconde; 4° les restes à payer à reporter au budget de l'exercice suivant; 5° les crédits ou portions de crédits à annuler, faute d'emploi dans les délais prescrits. — *Ibid.*

536. — La partie du compte administratif que l'on appelle compte moral, doit présenter toutes les observations que la commission administrative peut juger de nature à expliquer et à justifier la première partie du compte. Elle doit porter notamment sur les objets suivans :

537. — ... 1° Le mouvement de la population des hospices, quant aux malades, aux indigens, aux enfans admis dans ces établissemens et aux employés affectés à leur service, et les observations auxquelles ont pu donner lieu la population et la mortalité. — Instr. min. 8 fév. 1823.

538. — ... 2° Les augmentations ou diminutions survenues dans les revenus, les améliorations qui ont pu être introduites dans la régie des biens. — *Ibid.*

539. — ... 3° L'organisation du service de santé, les changemens qui y ont été opérés, les résultats des soins donnés à la population des hospices par les médecins et les chirurgiens de ces établissemens, les maladies qui ont été traitées et les cas particuliers qui offraient quelque intérêt. — *Ibid.*

540. — ... 4° L'état des bâtimens, sous les rapports de la distribution ; de la salubrité et de la facilité du service; les améliorations qui y ont été faites, et celles qu'ils exigent encore. — *Ibid.*

541. — ... 5° Les observations que peuvent suggérer les dépenses ordinaires et les dépenses extraordinaires de l'exercice, la masse des consommations qui ont eu lieu, le mode que l'administration a suivi pour pourvoir aux approvisionnemens ; le prix de chaque objet, et les approvisionnemens restant à la fin de l'année. — *Ibid.*

542. — Les divers objets que nous venons d'énumérer doivent d'être traités, dans l'ordre que nous venons d'indiquer, sous les titres suivans : 1° Population et mortalité; 2° Régie des biens; 3° Service sanitaire; 4° Bâtimens ; 5° Dépenses et consommation; 6° Régime alimentaire et prix de journées. — *Ibid.*

543. — Les comptes d'administration des commissions administratives, accompagnés des pièces justificatives et de la délibération du conseil municipal sont adressés au sous-préfet de l'arrondissement. — Ord. roy. 31 mai 1838, art. 508.

544. — Le sous-préfet transmet ces comptes et les pièces à l'appui avec son avis au préfet du département, qui arrête ceux concernant les établissemens dont il règle les budgets, et soumet les autres, avec son avis, au ministre de l'intérieur. — *Ibid.*

§ 2. — *Compte du receveur.*

545. — Indépendamment des écritures qui leur sont prescrites, les receveurs des établissemens de bienfaisance sont tenus de rendre chaque année un compte de gestion pour les opérations de l'année précédente. — L. 11 frim. an VII, art. 12; décr. 7 flor. an XIII ; ord. roy. 31 oct. 1821, art. 28; instr. gén. 17 juin 1840, n° 1312.

546. — Lorsqu'un receveur rend compte de sa gestion pour la première fois, il doit produire des copies, certifiées par le maire, de l'arrêté de sa nomination, du certificat d'inscription de son cautionnement et de l'acte de prestation de son serment. — Inst. gén., 17 juin 1840, n° 1332.

547. — Lorsqu'un compte est présenté par un autre que le receveur ou le préposé que l'administration aurait commis d'office à sa reddition, le signataire du compte doit justifier de la procuration spéciale à lui donnée par le receveur, ou, si celui-ci est décédé, par ses héritiers ou ayant-cause, lesquels auraient toutefois justifié de leurs qualités. — Instr. gén., 17 juin 1840, n° 1312.

548. — Chaque receveur n'étant, comme nous avons déjà eu occasion de le dire, comptable que de sa gestion personnelle, doit, en cas de mutation, rendre compte séparément des faits qui le concernent. — Ord. roy., 31 mai 1838, art. 476; instr. gén., 17 juin 1840, n° 1325.

549. — En conséquence, lorsque la mutation s'opère dans le cours d'une année, le compte de cette année doit être divisé suivant la durée de la gestion de chacun des titulaires. — *Ib.*

550. — Les comptes des receveurs doivent comprendre toutes les opérations que ces comptables ont effectuées dans le cours de l'année, du 1er janvier au 31 décembre.

551. — La période pendant laquelle les recettes et les dépenses appartenant à un exercice peuvent être effectuées, se prolongeant, ainsi qu'on l'a vu, *suprà* n° 493, jusqu'au 31 mars de l'année qui suit celle dont l'exercice prend le nom, il suit de là que les comptes annuels des receveurs embrassent nécessairement deux sortes différentes d'opérations : celles qui ne sont que le complément des opérations de l'exercice antérieur, et celles de l'exercice qui a commencé au 1er janvier de l'année dont il s'agit de rendre compte.

552. — En conséquence, les comptes de gestion annuelle doivent être divisés de manière à présenter, d'une part, le compte final de l'exercice qui a achevé sa période; de l'autre, le compte partiel de l'exercice dont les douze premiers mois sont écoulés. — Inst. gén., 17 juin 1840, n° 1318.

553. — Pour les articles qui composent le compte, leur classification et les pièces justificatives, V. l'instruction générale du ministre des finances, du 17 juin 1840.

554. — En cas de retard dans la présentation de leurs comptes, les receveurs des établissemens de bienfaisance peuvent être condamnés, par l'autorité chargée de les juger, à une amende de dix francs à cent francs, par chaque mois de retard, pour les receveurs justiciables des conseils de préfecture, et de cinquante francs à cinq cents francs, également par mois de retard, pour ceux qui sont justiciables de la cour des comptes. Ces amendes sont attribuées aux établissemens que concernent les comptes en retard; elles sont assimilées aux débets de comptables, et le recouvrement peut en être poursuivi par corps, conformément aux art. 8 et 9 de la loi du 17 avril 1832. — LL. 28 pluv. an III et 16 sept. 1807; ord. roy., 31 oct. 1821 et 23 avril 1823 ; ord., 31 mai 1838, art. 482; inst. gén., 17 juin 1840, n° 1336.

555. — Les comptes des receveurs des hospices sont soumis à l'examen de la commission administrative et aux délibérations du conseil municipal. — Ord. roy., 31 mai 1838, art. 511.

556. — Ils sont jugés par la cour des comptes pour les établissemens dont les revenus excèdent trente mille francs, et par les conseils de préfecture pour les établissemens dont les revenus n'excèdent pas trente mille francs, sauf recours à la cour des comptes. — L. 16 sept. 1807 ; ord. roy., 28 janv. 1815; 21 mars 1816; 31 oct. 1821; 23 avril 1823 ; 22 janv. 1831 ; instr. gén., 17 janv. 1840, n° 1329.

557. — Les comptes qui doivent être soumis à la cour des comptes sont transmis directement par les comptables eux-mêmes à la cour des comptes, avec les pièces à l'appui. — Ord. roy., 24 janv. 1843, art. 2. — Les autres sont adressés par les comptables au préfet pour être définitivement apurés par le conseil de préfecture. — Ord. roy., 31 mai 1838, art. 512.

558. — Il doit être statué sur ces comptes dans l'année où ils sont présentés. — *Ib.*

559. — L'autorité investie du jugement des comptes des receveurs n'apporte aucun changement au résultat général de chaque compte, à moins d'erreur d'addition ou d'inexactitude dans le report du reliquat fixé par un arrêt précédent. — Inst. gén., 17 juin 1840, n° 1337.

560. — Les modifications dont la recette et la dépense d'un compte sont susceptibles, se réalisent au moyen d'injonctions faites au comptable de comprendre dans le compte suivant des articles de recette ou dépense correspondant aux augmentations ou diminutions qui peuvent être faites sur le compte en jugement, tant en recette qu'en dépense. — *Ib.*

561. — Les augmentations de recette et les diminutions de dépense donnent lieu au versement en numéraire dans la caisse de l'établissement charitable des sommes mises à la charge du receveur. — *Ib.*

562. — Les diminutions de recette et les augmentations de dépense donnent lieu au paiement que le receveur est autorisé à se faire à lui-même sur les deniers de sa caisse, des sommes qu'il y avait versées de trop par suite d'erreurs reconnues. — *Ib.* ; — V. sur la signification et l'exécution des arrêts de la cour des comptes COUR DES COMPTES, nos 126 et suiv., 153 et suiv.

563. — S'il y a lieu d'exercer des poursuites contre un comptable en débet, ces poursuites doivent être suivies par le receveur en exercice, conformément à l'arrêté du 19 vend. an XII. — Instr. gén., 17 juin 1840, n° 1341.

564. — Les comptables, les administrations locales et les ministères de l'intérieur et des finances ont le droit de se pourvoir contre les arrêtés de compte. — Ce pourvoi a deux degrés : la demande en révision devant les premiers juges; l'appel devant une autre autorité. — LL. 28 pluv. an III et 16 sept. 1807 ; instr. gén., 17 juin 1840, n° 1345. — V. COUR DES COMPTES.

§ 3. — *Compte de l'économe.*

565. — L'ordonnance royale du 29 novembre 1831 a disposé que la gestion des économes dans les hospices serait soumise à des règles de comptabilité, déterminées par le ministre de l'intérieur. — Ces règles ont en conséquence fait l'objet d'une instruction du 20 novembre 1836, et de quelques autres circulaires ultérieures qui ont organisé la

comptabilité matière; nous nous bornerons à en analyser ici les principales dispositions.

566. — Une des premières obligations des économes est de faire le recouvrement des denrées et autres objets mobiliers destinés au service des établissemens charitables. — Instr. précitée.

567. — Ce sont eux en conséquence qui font rentrer celles des denrées qui proviennent de fermages ou de ventes en nature; ils correspondent avec les fermiers et débiteurs et font auprès d'eux les démarches nécessaires. — *Ibid.*

568. — Néanmoins, le receveur sur qui pèse, aux termes de l'arrêté du 19 vend. an XII, déjà cité, la responsabilité du recouvrement des revenus de toute nature appartenant aux établissemens charitables, ne doit pas rester étranger à ces opérations. Et comme dépositaire des titres, il a seul qualité pour libérer les débiteurs.

569. — C'est donc le receveur qui doit délivrer quittance définitive des versemens de denrées opérés par les débiteurs; comme aussi à défaut de paiement, s'il devenait nécessaire d'exercer contre eux des poursuites, c'est à lui qu'appartiendrait le droit de les suivre d'après les règles ordinaires.

570. — Pour l'ordre de la comptabilité, l'économe délivre à la partie versante un récépissé qui est détaché d'un livre à souches, et qui doit être échangé auprès du receveur contre une quittance en forme. — Instr. précitée.

571. — En ce qui concerne le recouvrement des produits manufacturés dans les établissemens, c'est une recette intérieure à laquelle le receveur n'a pas à concourir; il n'y a pas là de titre à mettre à exécution ni de créance à faire rentrer, l'économe perçoit donc seul ces produits, s'entend à cet effet avec les chefs d'ateliers, reçoit d'eux les objets provenant du travail des pauvres et des enfans et les conserve en magasin, pour en faire ensuite l'emploi déterminé par le réglement intérieur. — *Ibid.*

572. — L'économe est également seul chargé de la vente des produits du travail intérieur ou des objets récoltés dans les jardins ou enfin des effets mobiliers hors de service; il doit en verser immédiatement le prix dans la caisse du receveur. — *Ibid.*

573. — Il est chargé des achats à faire pour le compte des établissemens, en vertu des crédits ouverts par les budgets et d'après les ordres de la commission administrative. — *Ibid.*

574. — Enfin la distribution des objets de consommation dans l'établissement appartient nécessairement au même employé qui doit effectuer cette distribution d'après les réglements arrêtés par les administrations charitables.

575. — L'ensemble des écritures qui servent à constater ces diverses opérations comprend :

576. — ... 1° un *état des consommations* présumées pour l'année dans laquelle on va rentrer. Cet état que l'on peut appeler le budget de l'économe doit être formé par les commissions administratives en même temps que le budget de l'établissement, et soumis avec lui à l'approbation soit du préfet, soit du ministre, selon que le règlement du budget appartient à l'un ou à l'autre; il doit présenter par évaluation les consommations de toute nature qui sont présumées devoir s'effectuer dans l'année, d'après la population de l'établissement, avec l'indication en regard de leur évaluation en argent. — *Ibid.*

577. — ... 2° Un *état des restes en magasin* au 31 déc. de l'année qui expire. Cet état distinct de l'inventaire qui doit être fait chaque année ne doit présenter que les divers articles qui sont dans les magasins, sous la garde de l'économe. — *Ibid.*

578. — ... 3° Un *journal à souche* pour l'enregistrement des recettes en matières. Toutes les entrées de denrées ou d'objets mobiliers, de quelque source qu'ils proviennent, doivent être inscrits sur ce journal et donnent lieu à la délivrance à la partie versante d'un bulletin détaché de la souche et qui sert de récépissé. — *Ibid.*

579. — ... 4° Un *journal général* pour l'enregistrement journalier des entrées et des sorties. C'est comme pour la comptabilité en deniers, un livre qui constate jour par jour les entrées et les sorties en matière, au fur et à mesure qu'elles s'effectuent par les soins de l'économe.

580. — 5° Un *grand-livre* pour l'établissement du compte particulier des diverses natures de denrées. Ce livre est destiné principalement à présenter des comptes ouverts à chaque nature de denrées ou d'objets mobiliers tels que blé, riz, vin, paille, lits, chaises etc., où sont successivement indiquées les quantités entrées ou sorties et dont il a été passé écriture au fur et à mesure sur le journal général. Chacun des comptes doit faire ressortir, dans des colonnes distinctes quant à l'*entrée* ou *débit*, les quantités entrées et leur évaluation en argent; quant à la *sortie* ou *crédit*, les quantités sorties et les restes en magasin. — *Ibid.*

581. — ... 6° Des *bordereaux mensuels* de situation des comptes du grand-livre. Ces relevés doivent présenter la situation des entrées et des sorties au dernier jour du mois; ils ont surtout pour but de mettre sous les yeux de la commission administrative le mouvement des magasins, et pour l'économe lui-même, d'établir et d'arrêter sa situation à des époques rapprochées. — *Ibid.*

582. — ... 7° Un *carnet* d'enregistrement des mandats délivrés sur la caisse du receveur, pour le paiement des fournitures versées à l'économe. Ce carnet sert de contrôle entre les écritures de l'économe et celles des receveurs. Tout mandat délivré par l'ordonnateur des dépenses, pour le montant d'une fourniture, ne peut être acquitté par le receveur, sans qu'au préalable il ait été présenté par la partie prenante à l'économe, qui doit y apposer son visa. — *Ibid.*

583. — ... 8° Un *état des restes en magasin* au 31 déc. de l'année dans le cours de laquelle ont eu lieu les opérations. C'est le même état que celui qui a été indiqué sous le n° 2 et qui présentait la situation de l'année précédente. — *Ibid.*

584. — ... 9° Un *relevé* des articles du journal général, dont le montant en numéraire n'a pas été payé au 31 déc. de la même année. — Ce relevé est destiné à établir la déduction qu'il y a lieu d'opérer sur le carnet d'enregistrement des mandats lorsque, par une cause quelconque, les mandats délivrés pour le paiement des fournitures versées à l'économe, n'ont point été acquittés avant la fin de l'année. — *Ibid.*

585. — ... 10° Le compte de l'économe. — V. *infrà* nos 589 et suiv.

586. — ... 11°, 12°, 13° Différens états de développemens pour la justification de certains articles du compte.

587. — ... 14° Un bordereau de situation des quantités entrées pendant l'année. — *Ibid.*

588. — Le journal à souches, le journal général et le grand-livre doivent être cotés et paraphés avant le commencement de l'année par l'un des membres de la commission administrative.

589. — Le compte de l'économe reproduit les comptes du grand-livre; la justification des articles du compte est ainsi réglée par l'instruction précitée du ministre de l'intérieur.

590. — ... En *recette* ou pour les *entrées*, 1° un état de réception constatant mois par mois les quantités versées à l'économe, et visé par l'ordonnateur de l'établissement; 2° l'état des restes en magasin au 31 déc. de l'année expirée.

591. — ... En *dépense* ou pour les *sorties*, un état également visé par l'ordonnateur, et indiquant par mois et par nature de denrées les distributions faites dans l'établissement.

592. — Il doit être joint au compte, pour servir de point de comparaison et de contrôle, un état du mouvement de la population de l'hospice, présenté aussi par mois.

593. — Enfin, le compte doit être, en outre, accompagné d'une expédition de tous les marchés de fournitures et des copies certifiées des titres des ventes ou des fermages en nature, et en même temps d'un extrait du réglement de service intérieur, en ce qui concerne le régime alimentaire, et de l'original du cahier des visites, tenu, comme il a été dit, dans chaque salle de malades.

594. — Le compte ainsi formé, et accompagné des pièces justificatives ci-dessus énoncées, doit être remis par le comptable à la commission administrative, qui, aux termes de l'art. 1er, ord. royale du 29 nov. 1831, est chargée de l'apurer. Cette remise doit être faite aux mêmes époques que celle des comptes des receveurs, c'est-à-dire avant le mois de juillet.

595. — En cas de retard les économes peuvent, comme les receveurs, être poursuivis, et par les mêmes voies de droit. — Instruction précitée.

596. — Quant au jugement du compte, les commissions administratives procèdent à cet examen, délibèrent sur les divers articles, et enfin sur l'ensemble du travail, de la même manière et dans la même forme que sur toutes les autres affaires de l'hospice.

597. — La délibération prise est adressée au préfet, pour être approuvée, s'il y a lieu, conformément à la règle ordinaire, et en exécution de l'art. 1er, ord. 29 nov. 1831.

598. — D'après le principe qui assimile la gestion des économes à celles des receveurs, les injonctions prononcées contre le premier de ces comptables pour l'arrêté de son compte, doivent être exécutées par lui dans le délai de deux mois, sous peine d'y être contraint.

599. — Enfin, pour toutes les obligations que les économes encourent par le fait de leur qualité de comptables, on doit se référer entièrement aux dispositions qui régissent la comptabilité des receveurs.

V. BUREAU DE BIENFAISANCE, COMITÉ CONSULTATIF, COMPTABILITÉ, ENREGISTREMENT, POSTES, ROUTES, SUCCESSION IRRÉGULIÈRE.

HOSPITALIERES (Maisons).

Nous avons expliqué (Vo COMMUNAUTÉ RELIGIEUSE) tout ce qui concerne les maisons hospitalières de femmes. — V. ce mot.

HOTEL, HOTELIER.

Table alphabétique.

Action, 168 s., 204 s.
Admission des voyageurs, 125 s.
Bijoux, 192.
Bois, 148.
Boissons, 46.
Cabaret, 4.
Café, 4.
Caractères de la profession, 2 s.
Cessation de la profession, 62.
Chambre garnie, 30 s., 36.
Clés, 147, 160 s.
Comestibles, 46.
Commerçant, 48.
Compétence, 206 s.
Contrainte par corps, 169.
Contributions indirectes, 45.
Conventions, 167.
Décès du voyageur, 188 s.
Déclaration, 10 s. — (forme), 60 s. — à l'autorité, 52 s., 58 s.
Défense de l'autorité, 64 s.
Dépôt nécessaire, 149 s., 162.
Disparition du voyageur, 188 s.
Droit ancien, 53 s., 68 s., 78 s., 131 s., 147, 166 s., 190, 205, 212.
Eclairage, 76.
Effets appartenant à autrui, 196 s. — d'habillement, 190 s.
Enfant mineur, 204 s.
Enseigne, 68 s., 75.
Entrée, 26 s., 121.
Epidémie, 131.
Escroquerie, 165.
Etranger, 12, 33 s., 36, 169.
Faillite du voyageur, 185 s.
Femmes de mauvaise vie, 137 s.
Fermeture, 47, 50, 65, 74, 142 s.
Garde-champêtre, 93.
Gendarme, 92.
Gens sans aveu, 132 s.
Habitant, 10 s., 102 s., 105.
Ivrogne, 129.
Juge de paix, 206 s.
Liberté d'industrie, 57 s., 64 s., 125 s.
Lieu public, 4.
Livre de police, 77 s., 86 s. — (indication), 106 s. — (représentation), 90 s. — (tenue), 114 s.
Location en garni, 27 s., 38.
Logement de l'exécuteur, 24 s. — des militaires, 16 s. — gratuit, 9 s.
Logeur en garni, 5 s.
Lumière, 148.
Maison d'éducation, 40. — garnie, 5, 7, 27 s. — religieuse, 40. — de santé, 39.
Maître, 13.
Malfaiteur, 141.
Mendiant, 134 s.
Mesure de police, 47.
Militaire, 107.
Nom supposé, 122 s.
Numérotage des chambres, 146.
Obligations de l'hôtelier, 145 s. — du voyageur, 154 s.
Ouvrier, 13.
Paiement, 158.
Papiers, 154 s., 193 s. — de sûreté, 108, 136, 157.
Passant, 26 s.
Passeport, 95 s., 108 s.
Patente, 42 s.
Peine, 74, 118 s.
Pensionnaire, 40.
Permission, 54 s.
Personne masquée, 140.
Poids et mesures, 46.
Police de l'hôtel, 163 s.
Prescription, 153, 168.
Privilége, 170 s. (effets du), 201 s. — (exercice), 178 s. — (perte du), 180 s.
Propriétaire, 101.
Refus d'admission, 125 s., 129. — de payer, 165.
Registre, 62, 77 s., 86 s. — (indication), 106 s. — (représentation), 90 s. — (tenue), 114 s.
Réglement de police, 34 s., 72 s., 98, 103 s., 109, 185 s.
Réquisition, 92 s.
Responsabilité, 115, 122 s., 149 s., 154 s.
Restaurant, 4.
Rétention (droit de), 170 s. — (exercice), 178 s.
Rétribution, 9 s.
Roulier, 209.
Saisie, 184.
Salle de bal, 4.
Sergent de ville, 93.
Sortie, 121.
Sous-location, 37.
Table d'hôte, 4.
Tableau indicateur, 67 s.
Taxe, 45, 166 s.
Timbre, 60, 88.
Tribunal de commerce, 209, 217.
Vagabond, 134.
Visite, 45, 50, 66.
Vol, 152, 165.
Voyageur, 26 s., 125 s.

HOTEL, HOTELIER. — 1. — On entend par *hôtel* ou *hôtellerie* tout lieu où moyennant une rétribution les passans et les voyageurs sont reçus et logés. — Celui qui fait profession de cette industrie prend le nom d'*hôtelier*.

SECT. 1re. — *De la profession d'hôtelier* (no 2).
SECT. 2e. — *Devoirs et obligations de l'hôtelier dans l'intérêt public* (no 49).
SECT. 3e. — *Du contrat d'hôtellerie* (no 144).
§ 1er. — *Obligations de l'hôtelier* (no 145).
§ 2. — *Obligations du voyageur* (no 154).
§ 3. — *Recouvrement des dépenses d'hôtellerie* (no 166).

§ 4. — *Compétence en matière de fournitures d'hôtellerie* (n° 205).

—

Sect. 1re. — *De la profession d'hôtelier.*

2. — La profession d'hôtelier ne doit pas être confondue avec d'autres industries, analogues il est vrai, mais qui cependant peuvent en différer sur divers points, soit en ce qui a trait aux mesures de police dont les hôtelleries sont l'objet, soit quant aux conséquences civiles des obligations que le contrat d'hôtellerie peut engendrer.

3. — Ce qui constitue l'hôtellerie et l'exercice de la profession d'hôtelier c'est : 1° le fait du logement fourni; 2° la rétribution exigée pour cette prestation ; 3° le fait que le gîte est offert et donné aux *passans et voyageurs*.

4. — La première condition (à savoir *qu'il y ait logement fourni*) distingue l'hôtellerie des établissemens nombreux dans lesquels le public est reçu uniquement pour boire, manger ou jouer, tels que les cafés, cabarets, restaurans, tables d'hôte; tels encore que les établissemens publics destinés à des fêtes, bals et concerts.

5. — Toutefois, et le plus souvent, l'hôtelier en outre du logement, fournit aussi la nourriture, aussi distingue-t-on deux classes d'hôteliers : les logeurs en garni ou maîtres de maisons garnies ou hôtels garnis, et *les aubergistes* ; c'est à ces derniers principalement que l'usage, dans les villes surtout, a donné le nom *d'hôtelier* ou *maître d'hôtel*.

6. — On désigne généralement sous le nom de *logeur en garni* celui qui tient un de ces établissemens où moyennant une faible rétribution les voyageurs ou ouvriers peu aisés, et sans domicile fixe, se présentent pour un temps fort court, très souvent pour une seule nuit; ces établissemens, très connus sous le nom de *garnis*, sont l'objet de la surveillance toute particulière de la police, à raison de la facilité que les malfaiteurs ont de s'y retirer.

7. — Les maîtres d'hôtels garnis ou maisons garnies ne diffèrent en réalité des logeurs en garni qu'en ce qu'ils s'adressent aux personnes de condition plus aisée. Nous verrons néanmoins plus bas que la loi du 25 avr. 1844, sur les patentes, a rangé ces variétés d'une même profession dans des classes différentes.

8. — Du reste disons avec M. Agnel (*Code manuel des propriétaires et des locataires des maisons*) « que les expressions *hôtel*, *auberge*, *maisons garnies* qui, dans le langage ordinaire servent à indiquer des établissemens tenus avec plus ou moins de luxe sont, légalement parlant synonymes. » C'est ainsi qu'à Paris ceux qui exercent la profession de nourrir et loger les voyageurs et étrangers prennent le nom de maîtres d'hôtels garnis.

9. — Un autre caractère de la profession d'hôtelier, c'est que le *logement soit fourni moyennant rétribution*. Il est évident, en effet, que celui-là qui reçoit dans son domicile et pour un temps plus ou moins long un parent ou un ami, ne saurait être assimilé à un hôtelier et comme tel soumis aux règles imposées à cette profession.

10. — Aussi a-t-il été jugé avec raison que l'arrêté par lequel un maire appliquerait à tous les habitans de la commune les dispositions qui prescrivent aux aubergistes, hôteliers, logeurs ou loueurs de maisons garnies d'inscrire sur un registre les noms, qualité et demeure des personnes qui couchent chez eux, excéderait les limites du pouvoir municipal, en donnant à la loi une extension contraire à ses dispositions, et ne serait pas obligatoire pour les tribunaux. — *Cass.*, 4 juill. 1828, Pierre Dubuquet ; 14 déc. 1832, Maigne; 17 mai 1838, (t. 1er 1839, p. 9), Arbez.

11. — Cependant, il est arrivé que, par des motifs d'ordre public, l'autorité a cru pouvoir imposer certaines obligations à l'hospitalité purement gratuite, et c'est notamment ce qui se rencontre dans les ordonnances du 25 pluv. an XI, 10 juin 1820, 15 juin 1832, rendues par le préfet de police de la ville de Paris en vertu des prescriptions contenues en la loi du 7 vent. an IV.

12. — On lit en effet ce qui suit dans la plus récente de ces ordonnances : « Tous les habitans qui donneront à loger *à titre gratuit* dans leurs maisons ou portions de maison, seront tenus d'en faire la déclaration au commissaire de police du quartier; ils seront en outre soumis aux obligations imposées aux maîtres d'hôtels garnis et logeurs, en ce qui concerne les passeports ou permis de séjour. — Faute par eux de se conformer à ces prescriptions, ils encourront les peines de police correctionnelle prévues par la loi. » — (La loi du 27 vent. an IV prononce contre tout individu habitant de Paris qui aura logé un *étranger à cette commune* sans faire la déclaration prescrite, la peine de trois mois d'emprisonnement ou de six mois en cas de récidive, et celle de six mois d'emprisonnement ou d'un an de détention en cas de récidive contre celui qui aura fait un fausse déclaration.) Ord. 15 juin 1832, art. 13 et 14.

13. — La même ordonnance par son art. 15 étend les mêmes devoirs « aux maîtres, ouvriers et toutes autres personnes qui reçoivent à titre gratuit ou onéreux des ouvriers, journaliers, apprentis ou autres dans le logement qu'ils louent en leur nom. »

14. — Ces prescriptions ont été, principalement en ce qui concerne le logement purement gratuit, l'objet de critiques sévères, et M. Masson, (*Traité des locations en garni*, n° 29) les qualifie *d'inconstitutionnelles* autant que *vexatoires* alors qu'elles s'exerceraient contre des citoyens qui ne feraient pas profession d'hospitalité salariée; au reste, en fait, elles ne sont guère suivies, et l'autorité n'en réclame pas l'exécution.

15. — Quoi qu'il en soit, et à part ces mesures de police, dont la légalité est ainsi contestée, il est vrai de dire que les règles touchant le contrat d'hôtellerie et ses conséquences, soit civiles soit criminelles cessent d'être applicables, même à celui qui logerait habituellement, mais à titre gratuit, des parens ou amis.

16. — Du moment où le logement est fourni gratuitement, fût-ce même sans la volonté du maître du logis et contre son gré, il n'y a plus *hôtellerie* proprement dite. Tel est, par exemple, le cas où le logement est fourni gratuitement aux militaires en route, en vertu des lois des 7 avr. 1790, 10 juill. 1791, 23 mai 1792. — V. LOGEMENT DES GENS DE GUERRE.

17. — On sait toutefois que si pendant trois jours ce logement est gratuit, lorsqu'il se prolonge au-delà, il est dû une rétribution à celui qui le fournit : on s'est donc demandé si, le caractère de gratuité disparaissant dans ce cas, celui qui conserve chez lui le militaire doit dès-lors être considéré comme un hôte, et sa maison tenue pour hôtellerie, quant à celui qui y est reçu ? Il faut répondre négativement en principe : car la prolongation ne change pas la nature primitive du logement militaire, qui reste toujours une charge publique. En outre, il ne faut pas perdre de vue que même en pareil cas l'indemnité donnée à celui qui fournit le logement n'est pas le résultat d'un prix débattu ; que nulle convention n'intervient, même tacitement, entre lui et le militaire ; qu'enfin, c'est en vertu du mandement administratif qu'une indemnité est allouée et sera réglée administrativement. — Masson, n° 273.

18. — Ajoutons que l'aubergiste tenu, comme tout autre citoyen, de recevoir les militaires qui se présentent porteurs de billets de logement, ne peut, en ce cas, être considéré comme exerçant son industrie; il ne diffère en cela d'aucun autre citoyen, puisque c'est *gratuitement* qu'il fournit le logement.

19. — Et l'on doit le décider ainsi, soit que le maire ait délivré le billet de logement chez l'hôtelier et l'aubergiste sans considération de sa profession, soit qu'il l'ait délivré postérieurement et par suite de refus d'un autre habitant, ou par tout autre motif d'urgence, ou encore que le séjour, se prolongeant au-delà des trois jours, donne lieu à une rétribution.

20. — Mais que décider au cas où le logement est fourni par un individu aux militaires, non plus en vertu des réquisitions de l'autorité, mais par suite d'une convention avec un des habitans requis et moyennant une rétribution que lui paient ces habitans ?

21. — Un arrêt de la cour de Cassation a décidé qu'on ne peut considérer comme exerçant la profession d'hôtelier ou de logeur celui qui, moyennant une rétribution qu'il reçoit des habitans sur lesquels pèse la charge du logement des gens de guerre, se borne à loger pour eux les militaires qui lui sont assignés. — *Cass.*, 4 sept. 1812, Michel Tiercin.

22. — Toutefois il convient de remarquer que cet arrêt, rendu dans une espèce où il s'agissait de qualifier le vol commis par le militaire logé, n'a résolu la question qui nous occupe que pour un cas tout-à-fait spécial, et qu'il en résulte, non pas que l'hôtelier ordinaire fait ou ne fait pas un acte de son industrie en recevant le militaire qui lui est envoyé par l'habitant, mais que celui qui n'étant pas hôtelier a néanmoins l'habitude de recevoir chez lui les militaires en voyage qui lui sont envoyés par les habitans, ne peut être réputé hôtelier.

23. — Or, faut-il étendre cette solution à l'hôtelier proprement dit ? Cette question se lie à celle de savoir si l'hôtelier peut ou non refuser de recevoir chez lui le militaire qui lui est envoyé ou amené par l'habitant, sans aucune intervention de la part de l'autorité. — V. LOGEMENT DES GENS DE GUERRE.

24. — Le logement des gens de guerre n'est pas le seul qui soit obligatoire ; le décret du 18 juin 1811, art. 114, a voulu que le ministère public fût en droit de requérir, moyennant une juste indemnité, le logement pour l'exécuteur des arrêts de justice criminelle, qui ne trouve pas un propriétaire consentant à le loger volontairement. — V. EXÉCUTEUR DES ARRÊTS DE JUSTICE CRIMINELLE. — Or, il convient d'appliquer à ce cas les règles qui viennent d'être exposées, à savoir que si le logement fourni à l'exécuteur ne l'a été qu'en vertu de réquisitions, il ne saurait, malgré la rétribution donnée, être considéré comme constituant un fait d'hôtellerie, alors même que c'est à un hôtelier que cette réquisition est adressée, ce qui se présente toujours en fait.

25. — M. Masson (n° 277) est néanmoins d'un avis contraire; mais cet auteur se fonde principalement sur ce que, suivant lui, le logement de l'exécuteur ne peut être imposé à tout citoyen, mais seulement à celui qui exerce notoirement l'industrie d'hôtelier (V. aussi n° 275) : opinion erronée et basée sur la fausse interprétation d'un arrêt de la cour de Cassation en date du 28 déc. 1829, dont nous avons eu déjà occasion d'indiquer le véritable sens au mot EXÉCUTEUR DES ARRÊTS DE JUSTICE CRIMINELLE, n° 252.

26. — Le fait de recevoir pour loger, même à prix d'argent, ne constitue pas nécessairement, de la part de celui qui loue, l'exercice de la profession d'hôtelier, car, ainsi que nous l'avons déjà dit, un des caractères de l'hôtellerie est que la maison soit ouverte aux passans et voyageurs.

27. — Peut-on, sous ce rapport, réputer hôtellerie la maison où on loue au mois, à l'année, moyennant des conditions arrêtées et déterminées d'avance, et quelquefois pour un temps très long, à une personne connue et agréée, une partie plus ou moins considérable de cette maison ? En un mot, le contrat que l'usage a qualifié de location en garni est-il un acte qui doive faire considérer le locateur comme hôtelier ?

28. — Il semble juste de dire que la qualité d'hôtelier doit s'appliquer à celui qui, prenant à loyer une maison ou partie de maison, ou même simplement un appartement garni ou non, se propose de louer ensuite cet appartement garni et meublé à de tierces personnes pour en retirer un lucre.

29. — Au reste, nous verrons plus bas que la loi elle-même (art. 475, C. pén.) met sur la même ligne et assujétit aux mêmes obligations de police l'aubergiste, l'hôtelier, le logeur ou le *loueur de maisons garnies*.

30. — Mais la jurisprudence décide qu'on ne saurait assujétir aux obligations de police imposées aux hôteliers le propriétaire qui, *sans être hôtelier, logeur, ou loueur de profession*, loue en chambres garnies une partie de sa maison. — *Cass.*, 7 nov. 1827, Aubry. — V. encore *Cass.*, 16 avr. 1825, Hanser ; 15 juill. 1830, Karcher.

31. — Et un arrêt de la cour de Nîmes a décidé que le propriétaire qui, pendant un temps de foire, livre par suite de l'affluence extraordinaire tout ou partie de sa maison, ne peut être considéré par ce seul fait comme logeur. — *Nîmes*, 18 mai 1825, Valette c. Contestin.

32. — L'espèce qui a donné naissance à cet arrêt est d'autant plus remarquable que, en fait, la clé était restée aux mains du propriétaire, et que celui-ci avait pris l'engagement de faire lui-même les chambres ; toutefois il faut convenir que d'ordinaire cette double circonstance pourrait être de nature à faire considérer le propriétaire comme exerçant l'industrie de loueur de maisons garnies.

33. — A plus forte raison ne peut-on considérer comme hôtelier et comme soumis aux obligations de police celui qui loue des appartemens, non meublés, alors même que la location aurait été faite à des étrangers.

34. — Il est vrai que d'abord la cour de Cassation avait décidé que le réglement de police par lequel un maire défend aux propriétaires des maisons de la ville de les louer à des étrangers avant que ceux-ci se soient conformés aux formalités prescrites par les lois pour le changement de domicile, est obligatoire pour l'autorité judiciaire, quoiqu'il n'ait pas encore été approuvé par l'autorité administrative supérieure, et jusqu'à ce qu'il soit révoqué. — *Cass.*, 28 août 1807 (int. de la loi), Leidts.

35. — Mais cette décision avait été rendue sous l'empire d'une jurisprudence dont le but était de soumettre les tribunaux à la nécessité de punir les infractions à tous les arrêtés administratifs, quels qu'ils fussent, et sans examen de leur force

exécutoire, jurisprudence que les réclamations de tous les jurisconsultes et de nouvelles réflexions des magistrats ont bientôt fait abandonner.

36. — Et c'est aujourd'hui une jurisprudence constante qu'on doit tenir pour nul, comme pris en dehors des attributions municipales, l'arrêté du maire qui fait défense aux citoyens de louer des appartemens ou chambres non garnies aux étrangers qui ne justifieraient pas d'un permis de séjour. — *Cass.*, 6 août 1841 (t. 2 1841, p. 696), Allardet.

37. — Le locataire d'un appartement, qui le sous-louerait *en garni*, ne saurait être réputé hôtelier, alors que la location par lui faite pourrait s'expliquer par des circonstances tout à fait exceptionnelles; telle serait, par exemple, la position du locataire qui, devant s'absenter pendant un certain temps, ou obligé de quitter l'appartement qu'il occupe avant la fin de son bail, le louerait pendant son absence ou jusqu'à l'expiration du terme.

38. — La location en garni, alors même qu'elle est un acte habituel, n'a pas pour conséquence de faire réputer le locateur comme hôtelier et, à ce titre, de le soumettre aux obligations que la loi impose à tout hôtelier quand elle n'est que la conséquence d'une industrie ou profession principale exercée par ce locateur.

39. — C'est ainsi qu'il a été jugé que l'obligation imposée aux aubergistes et logeurs d'inscrire sur un registre toute personne ayant couché même une seule nuit dans leur maison, ne s'applique point aux officiers de santé qui traitent et logent des malades. — *Cass.*, 29 fructid. an X, Ovide Lallemand. — En effet, l'industrie de logeur, dans ce cas, n'est que l'accessoire de l'exercice d'une profession plus élevée, et pour laquelle la discrétion est un devoir si pressant que l'art. 378, C. pén., inflige une peine correctionnelle au médecin qui y manquerait.

40. — La solution donnée par cet arrêt, quant aux maisons de santé, peut s'appliquer à bien d'autres hypothèses; il faudrait en dire autant, par exemple, des maisons religieuses ou d'éducation, où moyennant un prix déterminé certaines personnes sont admises à titre de pensionnaires. — En effet, comme la maison de santé, la maison religieuse ou d'éducation n'est pas ouverte à tous; l'hospitalité n'y est point offerte au premier venu qui se présente; le propriétaire ou locateur n'entend recevoir que certaines personnes remplissant des conditions déterminées et par lui agréées; ce n'est donc pas un hôtel.

41. — En résumé, il faut distinguer la location en garni, qui ne diffère du bail ordinaire qu'en ce qu'au lieu de livrer un appartement ou maison nu et non meublé, le locateur s'engage à procurer tout à la fois et le logement et l'ameublement, et l'exercice de la profession de loueur de maison garnie, industrie qui ne diffère au fond de celle du logeur qu'en ce que les *appartemens meublés* offerts au public par le loueur sont plus riches et mieux disposés que ceux du *garni*. — Ce qui concerne spécialement la profession de logeur sera indiqué v° LOGEUR.

42. — Aux termes de la loi du 25 avr. 1844, les maîtres d'hôtel garni, tenant un restaurant à la carte, sont patentables de troisième classe et soumis: 1° à un droit fixe, basé sur la population; 2° à un droit proportionnel du vingtième de la valeur locative du loyer d'habitation et de la partie servant au restaurant, et du quarantième des locaux servant à l'exercice de la profession.

43. — Quant aux maîtres d'hôtel garni ne tenant pas restaurant et aux aubergistes, ils sont patentables de quatrième classe (droit fixe basé sur le chiffre de la population de la ville ou commune où est situé l'établissement, et droit proportionnel du vingtième de la valeur locative du loyer d'habitation, et du quarantième de la partie occupée par le garni). — A l'égard des aubergistes ne logeant qu'à cheval, V. AUBERGISTE, n° 3. — V. aussi LOGEUR et PATENTE.

44. — Ainsi il est évident que le mot *aubergiste* ne doit plus être pris dans le sens restreint de la loi du 9 frim. an IV qui ne l'appliquait qu'à ceux qui se bornaient à vendre du *vin à pot et à pinte*. L'aubergiste est bien celui qui donne la nourriture et le logement; il est dans la quatrième classe comme le maître d'hôtel garni: seulement, s'il ne loge qu'à cheval, il est dans la cinquième. — V. AUBERGISTE.

45. — Les aubergistes sont soumis, quant aux boissons qu'ils débitent, aux formalités, visites, et taxes imposées aux débitans de boissons. — V. BOISSONS, nos 363, 368, 381, 639, 645, 802. — V. aussi CONTRIBUTIONS INDIRECTES, n° 318. — V. encore ABONNEMENT.

46. — Ils sont également assujétis à toutes les obligations imposées par les lois et ordonnances à ceux qui tiennent des établissemens où le public est admis à boire et à manger. — Quant au débit et à la salubrité des comestibles, V. BOISSONS FALSIFIÉES ET NUISIBLES, COMESTIBLES ET DENRÉES CORROMPUS OU NUISIBLES, POIDS ET MESURES.

47. — De même, l'aubergiste qui exerce en même temps l'industrie d'hôtelier et celle de cabaretier, cafetier, restaurant ou autre analogue, est soumis aux prescriptions particulières de police qui régissent les établissemens de cette dernière nature, et spécialement à celles relatives à la fermeture. — V. FERMETURE DES LIEUX PUBLICS ET PARTICULIERS. — V., au reste, *infrà* n° 143.

48. — Les aubergistes et maîtres d'hôtel garni sont commerçans, d'où il résulte, entre autres conséquences, qu'ils peuvent être constitués en état de faillite et de banqueroute. — V. au reste, ACTE DE COMMERCE, n° 160, 324, 472, 514 et suiv.; COMMERÇANT, n° 194; APPROBATION DE SOMME, n° 75. — V. aussi CONTRAINTE PAR CORPS, n° 140.

Sect. 2e. — *Devoirs et obligations de l'hôtelier dans l'intérêt public.*

49. — Les obligations que les lois et règlemens de police imposent à l'hôtelier dans l'intérêt public sont nombreuses et variées; les unes lui sont communes avec toutes autres personnes tenant établissement public, les autres sont spéciales à son industrie.

50. — Au nombre des premières on doit indiquer tout d'abord celle qui l'oblige à tenir constamment son établissement ouvert aux visites de l'autorité quelle que soit l'heure où ses agens se présentent. — V. FERMETURE DES LIEUX PUBLICS ET PARTICULIERS. — V. au reste LIEUX PUBLICS.

51. — Quant aux obligations plus spéciales aux hôteliers, elles peuvent se résumer ainsi: 1° déclaration préalable à l'autorité de l'exercice de la profession; — 2° indication au public de l'existence de l'établissement; — 3° tenue d'un registre de police. — Nous examinerons en outre ce qui concerne l'obligation ou le refus de recevoir les passans et voyageurs.

52. — *Déclaration de l'existence de l'hôtel.* — La surveillance nécessaire que l'autorité est appelée à exercer sur les différens lieux où le public est reçu, et en particulier sur les hôtels ou autres établissemens de ce genre, suppose évidemment que l'exercice de cette industrie doit toujours être connu, et ne peut avoir lieu d'une manière clandestine. Aussi, bien qu'aucun texte de loi ne mentionne l'obligation pour celui qui veut tenir hôtellerie de faire à cet effet une déclaration préalable devant les autorités locales, néanmoins la nécessité de cette déclaration est imposée en fait par tous les règlemens municipaux, et en particulier par les ordonnances de police de la ville de Paris.

53. — Autrefois, et sous l'empire de l'ancienne législation, la déclaration préalable était aussi exigée; mais c'était moins dans le but d'assurer la surveillance de l'autorité publique que comme conséquence du système général qui soumettait toutes les industries, celle d'hôtelier comme les autres, aux maîtrises et jurandes.

54. — L'ordonnance de Moulins de février 1567 disposait même que nul ne pouvait tenir hôtellerie sans en avoir demandé la *permission* aux juges des lieux: cette permission, du reste, ne pouvait être refusée à tout individu jouissant de bonnes vie et mœurs et devait être donnée gratuitement aux pétitionnaires, qui étaient soumis à la prestation d'un serment d'obéissance à toutes les ordonnances du roi et de police, et à la prestation d'une caution pour garantie de leurs actes.

55. — Plus tard, l'édit de mars 1577 établit comme principe que nulle autre hôtellerie ne pouvait être ouverte *sans la permission* du roi, et défendit sous peine d'une amende de 100 livres parisis pour la première fois, qui serait doublée à la seconde, et par corps, de tenir hôtellerie sans cette autorisation.

56. — La profession d'hôtelier devint héréditaire, moyennant finance, sous Henri III et sous Louis XIII. Enfin en mars 1793, Louis XIV fit défendre à toutes personnes autres que celles qui auraient pris des lettres de permission de tenir hôtellerie à peine de 300 livres d'amende.

57. — Comme toutes les autres industries, celle de l'hôtelier devint libre en vertu de la loi du 2 mars 1791; mais cette liberté d'industrie devait se concilier avec les intérêts de la sureté publique et les règlemens que l'autorité locale pourrait prendre à cet égard. — L. 19 et 22 juillet 1791, art. 5.

58. — Spécialement les différentes ordonnances du préfet de police de Paris contiennent sur la nécessité de la déclaration préalable des dispositions fort sages et qui peuvent servir de modèles à tous les règlemens municipaux que les autorités locales pourraient prendre sur ce point.

59. — Ainsi, aux termes de l'ord. du 15 juin 1832, les personnes qui veulent exercer la profession d'aubergiste, de maître-d'hôtel garni ou logeur sont tenues d'en faire préalablement la déclaration à la préfecture de police. Acte leur en est donné. — Cette déclaration doit être renouvelée toutes les fois qu'elles viennent à changer de domicile. — Art. 2.

60. — La déclaration faite, dans l'usage, sur papier timbré, doit être complète, en ce sens qu'elle doit contenir l'indication parfaite de la situation et de la nature de l'établissement, comme aussi les noms et qualités de celui qui se propose de le gérer.

61. — Cependant il n'est pas nécessaire absolument que la déclaration soit faite par celui qui se propose d'exercer l'industrie; elle peut l'être par un mandataire régulièrement constitué. Ce qu'il importe c'est que l'autorité connaisse non seulement l'existence et la nature de l'établissement, mais encore le nom et les qualités de celui qui se propose de le tenir.

62. — De même « lorsqu'un aubergiste, maître d'hôtel en garni ou logeur cesse sa profession, il doit faire immédiatement au bureau du commissaire de police de son quartier le dépôt de ses registres avec l'acte de sa déclaration, qui lui a été donné par la préfecture de police. » — Ord. 15 juin 1832, art. 11.

63. — Mais il n'y a plus évidemment lieu d'appliquer les dispositions de la déclaration du 11 oct. 1540 suivant laquelle (art. 7 et 8) celui qui s'était établi hôtelier ne pouvait plus quitter son hôtel sans autorisation de justice.

64. — Une fois la déclaration faite régulièrement, l'acte doit être dressé incontinent. Le magistrat de police n'a rien à vérifier, à juger, sauf si l'impétrant est peu digne de confiance, à le surveiller de près: fût-ce même un repris de justice, encore sous la surveillance de la haute police, dès qu'il n'est pas en rupture de ban, il a le droit de vivre comme tout citoyen d'une industrie licite dans une localité dont il n'est point banni. Des certificats de bonnes vie et mœurs ne sont pas nécessaires. — C'est en ce sens que s'est prononcée la cour de Cassation, en annulant, comme illégal, un arrêté municipal qui disposait que les femmes qui ont été rayées de la liste des filles publiques ne pourraient tenir aucun établissement public, tels que cafés, estaminets, auberges et cabarets, ni être employées ou servantes dans un de ces établissemens. — *Cass.*, 1er oct. 1847 (t. 2 1847), Augier; — Masson, n° 46.

65. — A plus forte raison, il n'appartient pas à l'autorité municipale de retirer le bénéfice d'une déclaration régulièrement faite, quels que soient les justes griefs qu'elle puisse avoir contre le maître de l'établissement. — Au surplus l'étendue des pouvoirs de l'autorité municipale à cet égard étant la même à l'égard de tous les lieux publics, nous renvoyons au mot LIEUX PUBLICS, la question de savoir si un hôtel, après déclaration régulièrement faite, peut être fermé, par voie de mesure administrative ou judiciaire, comme aussi celle de savoir quelles sont les conséquences soit du défaut de déclaration, soit d'une déclaration irrégulière, et si l'autorité peut y voir un motif légitime de fermer l'établissement irrégulièrement ouvert au public.

66. — En tous cas, la clandestinité de l'hôtellerie ne serait pas un obstacle aux investigations de l'autorité, qui n'est que plus intéressée, à raison de cette circonstance même, à y exercer une surveillance active. — Delamarre, *Traité de la police*, t. 1er, p. 227.

67. — *Tableau indicateur.* — *Eclairage.* — L'hôtel ou auberge devant être (sauf les exceptions que nous verrons *infrà* nos 125 et suiv.) ouvert à tous et étant principalement destiné aux passans et étrangers, il est nécessaire que des indications extérieures indiquent son existence au public.

68. — Autrefois les hôteliers étaient obligés d'apposer à l'extérieur de leurs établissemens une enseigne ou écriteau. On lit, en effet, dans l'ordonnance de Moulins de 1567 que ceux qui veulent obtenir la permission de tenir auberge *sont tenus* de faire enregistrer au greffe de la justice du lieu, outre leurs noms, prénoms et demeurances, leurs *affutes et enseignes*.

69. — « Les pourvus de notre permission, dit aussi l'édit de 1577 (art. 6) *feront mettre* dans les lieux les plus apparens de leurs maisons une enseigne sous telle devise qu'ils aviseront, au dessus de laquelle sera écrit en grosses lettres: *hôtellerie par permission du roi*, et ce *à cette fin que personne ne prétende cause d'ignorance*.

70. — L'édit de mars 1693 s'exprimait, il est vrai, d'une manière moins absolue « *leur permettons*, y était-il dit, pour la commodité publique, de mettre *telles enseignes* que bon leur semblera,

avec une inscription qui contiendra les qualités portées en leurs lettres de permission sans que pour raison de ce nos voyers puissent prétendre aucun droit pour la première fois seulement. »

71. — Toutefois, ainsi que le fait remarquer M. Masson (nos 81 et 82), il ne faut pas voir là l'abrogation des édits précédens ; ce que l'édit de 1693 rendait facultatif, c'était l'enseigne faite dans le but d'intérêt privé de l'hôtelier pour attirer chez lui le public, et non le tableau « *mis pour la commodité du public* », et destiné à indiquer au voyageur un gîte sûr et honnête.

72. — Les lois nouvelles ne contiennent aucune prescription sur la nécessité du tableau indicateur de l'existence de l'hôtellerie, d'où il suit que partout où cette obligation ne sera pas imposée par l'autorité municipale l'absence du tableau indicateur ne constitue plus une contravention.

73. — Mais il rentre évidemment dans les attributions de l'autorité locale d'imposer cette obligation aux aubergistes. — C'est en particulier ce qui a lieu à Paris, où, aux termes de l'art. 2, ord. de police 15 juin 1832, les hôteliers, aubergistes, maîtres de garnis, logeurs sont tenus de placer extérieurement et conserver constamment sur la porte d'entrée de la maison un tableau indiquant que tout ou partie de la maison est louée en garni. Le même article ajoute que les lettres de ce tableau ne doivent pas avoir moins de huit centimètres de hauteur, et qu'elles doivent être noires sur un fond jaune. Observons toutefois que dans l'usage cette dernière prescription n'est pas rigoureusement suivie, et que la préfecture de police accepte tout autre mode d'indication, tel, par exemple, que l'application de lettres en métal ou en bois sur les murs extérieurs ou panneaux des portes.

74. — L'infraction à cette prescription est punie conformément aux règles ordinaires sur les contraventions aux arrêtés de police municipale. — Mais pourrait-elle dans certains cas autoriser la fermeture de l'établissement ? Question analogue à celle que nous avons indiquée en traitant de la déclaration préalable. — V. *suprà* no 65 et le renvoi.

75. — Remarquons qu'aujourd'hui comme sous l'empire de l'édit de 1693, il convient de distinguer entre le tableau exigé par l'autorité, et l'enseigne, qui reste toujours facultative, et qui peut même, surtout pour ce genre d'établissement, constituer une propriété exclusive.—V. ENSEIGNE.

76. — Les aubergistes sont obligés d'éclairer pendant la nuit la devanture de leur établissement. — Art. 471, no 3, C. pén. — V., à cet égard, vo ÉCLAIRAGE DE LA VOIE PUBLIQUE, nos 16 s., 22.

77. — *Livre ou registre de police.*—De tout temps on a jugé nécessaire que l'autorité fût informée le plus exactement et le plus promptement possible de la présence de gens étrangers à la localité et descendus dans les hôtelleries de toute nature.

78. — « Nous vous mandons, disait, dans un édit du 26 nov. 1407, Charles VI au prévôt de Paris, que... en notre bonne ville de Paris... vous fassiez crier et publier hastivement que nulz hosteliers... ne logent ou hébergent en leurs hostels aucunes gens de quelque état qu'ilz soient... sans le faire assavoir par chascun jour au soir à vous nostre dit prévost ou à vostre lieutenant. »

79. — Une sentence du Châtelet de Paris, en date du 30 mars 1635, allant plus loin, enjoignait « à toutes personnes qui s'entremettraient de loger et de relouer, soit en hôtellerie, en chambre garnie au mois, à la semaine et à la journée, de s'enquérir de ceux qui logeraient chez eux, de leurs noms; prénoms, qualités, conditions, demeurances, du nombre de leurs serviteurs, chevaux, le sujet de leur arrivée et le temps de leur séjour, *en faire registre*, le porter le même jour au commissaire de leur quartier, leur en laisser *autant par écrit*, sous peine de 48 livres parisis d'amende. »

80. — L'ordonnance de police du lieutenant-général de police de Paris, en date du 6 nov. 1778, reproduisit à peu près les prescriptions de la sentence du Châtelet de 1635 précitée, exigeant, en outre, que les registres fussent cotés et paraphés par les commissaires de police, et punissant l'infraction d'une amende de 200 fr.

81. — Enfin, deux années après, une nouvelle ordonnance de police, en date du 8 nov. 1780 (art. 5), édicta que ces registres devaient être tenus en double, dont un tous les mois serait remis entre les mains du commissaire de police, à l'effet d'être par lui visé et signé, l'autre serait destiné à être représenté à toutes visites des inspecteurs de police chargés de l'examiner et de le viser, en le datant à chacune de leurs visites, le tout à peine de 300 fr. d'amende contre l'hôtelier ou logeur par chaque contravention.

82. — Ces ordonnances, quoique spéciales à la ville de Paris, furent cependant étendues à d'autres localités, et considérées même comme constituant le droit commun.—Arr. parlem., 5 sept. 1788.

83. — Au reste, la loi du 22 juill. 1791 (tit. 1er, art. 5), généralisant et étendant à toute la France les principes posés par les ordonnances de police précitées imposa aux aubergistes, maîtres d'hôtels garnis et logeurs l'obligation d'inscrire de suite et sans aucun blanc sur un registre en papier timbré, et paraphé par un officier municipal ou un commissaire de police, les noms, qualités, domicile habituel, dates d'entrée et de sortie de tous ceux qui coucheraient chez eux, même une seule nuit ; de représenter ce registre tous les quinze jours, et, en outre, toutes les fois qu'ils en seraient requis, soit aux officiers municipaux, soit aux officiers de police, ou aux citoyens commis par la municipalité.

84. — Aux termes de la même loi, la contravention aux dispositions contenues audit art. 5, entraînait contre son auteur une amende du quart du droit de sa patente, sans que cette amende pût être au-dessous de 3 francs, et exposait, en outre, le défaillant à toutes les conséquences civiles des désordres et des délits commis par les individus logés dans sa maison. — Même loi, art. 6.

85. — On voit que tout en conservant en général les dispositions contenues en l'ancienne ordonnance de la ville de Paris, la loi de 1791 s'en écartait cependant en ce double point : 1o que le registre ne devait plus être tenu que simple; 2o que l'obligation de l'inscription devenait absolue, même pour les voyageurs ne couchant qu'*une seule nuit*.

86. — L'art. 479 (no 2), C. pén., dispose ainsi qu'il suit : « Les aubergistes, hôteliers, logeurs, ou loueurs de maisons garnies, qui auront négligé d'inscrire de suite et sans aucun blanc, sur un registre tenu régulièrement, les noms, qualités et domicile habituel, date d'entrée et de sortie de toute personne qui aurait couché et passé une nuit dans leurs maisons ; ceux d'entre eux qui auraient manqué à représenter ce registre aux époques déterminées par les réglemens, ou lorsqu'ils en auraient été requis, aux maires, adjoints, officiers ou commissaires de police, ou aux citoyens commis à cet effet, seront punis d'une amende de six francs à dix francs ; et, en cas de récidive, d'un emprisonnement de cinq jours au plus, sans préjudice des cas de responsabilité mentionnés en l'art. 73, C. Pén., relatifs aux crimes ou aux délits de ceux qui, ayant logé ou séjourné chez eux, n'auraient pas été régulièrement inscrits. — V. *infrà* nos 117 et suiv.

87. — Les dispositions de l'art. 475 doivent être rapprochées de celles de la loi de 1791. — Et d'abord cet art. 475 ne s'étant pas expliqué sur la manière dont le livre doit être tenu, il faut sur ce point se reporter encore à la loi de 1791, qui veut que le registre soit paraphé et timbré. — C'est, au surplus, ce que prescrit l'art. 3, ord. de police, 15 juin 1832, aux termes duquel le paraphe doit avoir lieu par le commissaire de police du quartier.

88. — Toutefois, en ce qui concerne le timbre, M. Masson (*loc. cit.*, no 60) fait observer que la loi de finances du 20 juill. 1837 ayant dispensé les livres de commerce de la nécessité du timbre, le livre de police étant nécessaire pour l'exercice d'une profession commerciale s'est trouvé compris dans la dispense, et que, depuis cette époque, il n'est pas timbré.

89. — Le registre doit être précédé d'un intitulé ou d'un procès-verbal constatant le nombre des feuillets et l'usage auquel il est destiné, et ce procès-verbal signé par le commissaire de police est soumis à la formalité de l'enregistrement, au droit fixe d'un franc par l'art. 7, L. 28 avr. 1816.

90. — Comme on peut le remarquer, à la différence de la loi de 1791 qui avait fixé elle-même l'époque de la présentation habituelle du registre aux autorités municipales, l'art. 75, C. pén., laisse aux autorités le soin de déterminer les époques de cette présentation. Et c'est par application de ce droit que les ordonnances de police de la ville de Paris en date des 8 nov. 1815, 22 juill. 1820 et 15 juin 1832 ont déterminé que le livre de police devait être présenté au commissaire de police chaque mois, et visé par ce fonctionnaire, et cela sans préjudice de tous autres réglemens que pouvait prendre à ce sujet l'autorité municipale, notamment en ce qui concerne les déclarations journalières à faire à l'autorité.

91. — Ainsi, l'autorité, indépendamment du droit qui lui appartient de fixer les époques de présentation des registres, peut, par elle ou ses agens, en requérir la communication chaque fois qu'elle le juge à propos, et cette communication ne doit jamais être refusée quelle que soit la qualité de l'agent, du moment où cette qualité est établie.

92. — Jugé spécialement que les gendarmes ont qualité pour se faire représenter à toute réquisition par les hôteliers et aubergistes le registre prescrit par l'art. 475, C. pén., et par conséquent pour constater le refus qui leur aurait été fait, et la contravention qui en résulte. — *Cass.*, 22 oct. 1831, Lamothe.

93. — Ce que cet arrêt dit des gendarmes, il faut l'appliquer aux gardes champêtres dans les communes rurales, aux sergens de ville ou agens de police dans les villes où il en existe.

94. — Mais jugé que le commissaire de police n'a pas le droit d'enjoindre d'une manière générale aux logeurs de lui représenter à une époque déterminée de chaque mois le registre qu'ils sont obligés de tenir. — Cette injonction ne constitue pas la réquisition dont parle l'art. 475, C. pén., mais un véritable réglement attribué par la loi à l'autorité municipale. — *Cass.*, 24 avr. 1845 (t. 1er 1846, p. 269), Esnault.

95. — L'ordonnance du 15 juin 1832 exige, par son art. 9, que les aubergistes, maîtres d'hôtels garnis et logeurs portent tous les jours, avant quatre heures, au commissaire de police de leur quartier les passeports des voyageurs français et une note des voyageurs étrangers qui seront descendus chez eux.

96. — En échange de chaque passeport, le commissaire de police leur rend un bulletin avec lequel les voyageurs doivent se présenter, dans les trois jours de leur arrivée, à la préfecture de police, pour y retirer leurs passeports et obtenir un visa ou un permis de séjour. — Même article.

97. — Jugé en conséquence que l'hôtelier est en contravention à un pareil arrêté s'il n'a pas remis le passeport d'un voyageur descendu chez lui depuis trois jours. — *Cass.*, 10 avr. 1841 (t. 3 1844 à sa date).

98. — L'ordonnance de police par laquelle un maire enjoint aux aubergistes, loueurs de chambres garnies et logeurs d'une ville de remettre chaque jour au commissaire de police le relevé par eux certifié de leur registre, rentre dans l'exercice légal du pouvoir administratif, et s'applique au cas où ces aubergistes, logeurs, etc., ont réellement reçu des étrangers, comme à celui où ils n'ont logé personne. — *Cass.*, 23 juill. 1830, Vaillant ; même jour, Skann et Borgolia.

99. — Une autre différence qui existe entre la loi de 1791 et le Code pénal, c'est que la loi de 1791 ne soumettait expressément à l'obligation du livre de police que les *aubergistes, maîtres d'hôtels garnis et logeurs* ; d'où l'on pouvait conclure que les loueurs de maisons garnies n'y étaient pas assujétis.— Et c'était, en effet, dans ce sens qu'avait été rendue l'ordonnance du 24 pluv. an XI du préfet de police de Paris.—Au contraire, l'art. 475, C. pén., mentionne, indépendamment des *aubergistes hôteliers, logeurs*, les *loueurs de maisons garnies*, ce qui indique d'une manière plus précise son intention de soumettre à l'obligation du registre tous ceux *qui, à quelque titre que ce soit*, exercent l'industrie de louer des appartemens garnis.

100. — En effet, le but de ces mesures est de permettre à la police de suivre la trace de tous ceux que la justice a intérêt à rechercher, soit comme prévenus ou condamnés, soit comme témoins. — La rapide succession des voyageurs dans une maison garnie, s'il n'en était pas tenu note, offrirait aux malfaiteurs le moyen facile de se soustraire à toute poursuite et la chance, en certains cas, d'échapper à la preuve de leurs méfaits par l'absence de témoins importans dont le domicile demeurerait inconnu.

101. — Du reste, comme nous l'avons déjà dit, le texte et l'objet de l'art. 475, (no 2) C. pén., ne permettent pas de confondre le propriétaire qui fait un acte d'administration en louant tout ou partie de sa maison meublée pour un terme de plusieurs mois ou d'un an à des personnes connues et domiciliées, avec l'aubergiste, l'hôtelier, le logeur ou loueur de maison garnie qui fait un acte d'industrie en tenant sa maison ouverte au premier venu et pour un terme qui souvent n'excède pas un jour. — V. conf. Carnot, sur l'art. 495, no 2, C. pén. ; Bort et Daussy, *Législation et jurisprudence des tribunaux de simple police.*

102. — A plus forte raison, cette obligation ne saurait-elle être imposée aux habitans d'une commune qui n'exercent pas la profession de logeur. — Nous nous sommes déjà expliqués sur ce point. —V. *suprà* nos 30 et suiv.

103. — Jugé, en conséquence, que celui qui est imposé au rôle des patentes, non comme logeur, mais comme cabaretier, et qui ne reçoit des étrangers ni pour coucher ni pour passer la nuit, n'est

HOTEL, HOTELIER, sect. 2e.
HOTEL, HOTELIER, sect. 2e.

pas soumis à l'obligation de tenir un registre ni d'y inscrire les personnes admises dans sa maison. — *Cass.*, 8 déc. 1832, Faivre.

104. — Mais le réglement par lequel un maire prescrit à tous les aubergistes, cabaretiers et logeurs de la commune de tenir un registre sur lequel ils inscriront les noms de tous ceux qui coucheront chez eux, est pris dans le cercle des attributions de l'autorité municipale et par conséquent obligatoire. — *Cass.*, 29 avr. 1831, Corvé.

105. — Et il a été décidé aussi que, bien qu'un réglement de police qui prescrit à *tous les habitans* de faire la déclaration des étrangers qui viendraient s'établir chez eux à résidence ne puisse pas être considéré comme obligatoire en ce qui concerne les maisons particulières, il n'en doit pas moins recevoir son exécution à l'égard de ceux dont la maison est ouverte au public, par exemple à l'égard des cafetiers-logeurs. — *Cass.*, 17 mai 1838 (t. 1er 1839, p. 9), Arbez.

106. — Outre les indications mentionnées dans le no 3 de l'art. 475 du C. pén., et qui n'ont rien de limitatif, l'art. 4 de l'ord. du préfet de police du 15 juin 1832 dispose que le registre des hôteliers à Paris doit mentionner encore l'âge, la profession, le pays de naissance, le lieu d'origine et le sujet du voyage.

107. — Une décision du préfet de police du 20 brum. an XIII exige aussi, et spécialement, que les noms des militaires soient inscrits avec leurs grades, le corps et l'arme auxquels ils appartiennent.

108. — En outre, et aux termes des ordonnances de police, notamment de celle du 15 juin 1832, art. 4, les hôteliers doivent mentionner si les personnes qui logent chez eux sont porteurs de passeports ou autres papiers de sûreté et quelles sont les autorités qui les auront visés.

109. — L'arrêté d'un préfet qui enjoint à tous hôteliers et aubergistes d'ouvrir un registre coté et paraphé par le maire et d'y inscrire la désignation des voyageurs telle qu'elle est dans le passeport, la date du passeport et du dernier visa, l'indication de l'autorité qui l'a délivré et la destination des voyageurs, est légal et obligatoire, sous les peines portées par l'art. 471, § 15, C. pén. — *Cass.*, 6 oct. 1832, Morel.

110. — Et le logeur qui a contrevenu à un arrêté du préfet prescrivant l'ouverture d'un registre pour inscrire les personnes qu'il reçoit, ne peut être renvoyé des poursuites, sous prétexte qu'il n'a pas l'intelligence nécessaire pour tenir ce registre, qu'il n'est point logeur public ni de profession, et qu'il loge, non des voyageurs proprement dits, mais seulement des ouvriers. — *Cass.*, 4 oct. 1834, Rivet.

111. — L'obligation imposée aux aubergistes, logeurs et autres par l'art. 475, (no 2) C. pén., d'inscrire sur un registre toute personne qui a couché ou passé une nuit dans leur maison, est générale, et comprend, sous ces mots *toute personne*, non seulement les voyageurs, mais encore des personnes qui ont leur domicile habituel dans le lieu même où est située l'auberge ou la maison garnie qu'elles ont momentanément habitée. — *Cass.*, 28 mai 1825, Claude Chapron.

112. — Et même, comme le fait remarquer M. Masson (no 60) à la différence du C. pén. de 1791, qui ne parlait que des individus ayant couché chez l'hôtelier, le Code pénal de 1810 étend l'obligation d'inscription à ceux qui ont *passé* la nuit, n'y eussent-ils même pas couché.

113. — D'où il suit, fait remarquer le même auteur, qu'il faut dire que l'hôtelier dans la rigueur de la loi, est tenu d'inscrire sur son registre le voyageur attardé que la voiture publique, arrivant la nuit, dépose dans une auberge en attendant le jour, ou encore les parens et amis qu'une fête de famille réunirait dans sa maison jusqu'au jour. — Mais on comprend que l'exécution de ces prescriptions de la loi doit admettre, dans la pratique, quelques tolérances indispensables.

114. — L'art. 475 du C. pén. dit que l'inscription aura lieu *de suite et sans aucun blanc*, mais sans spécifier dans quel délai l'inscription devra avoir lieu ; le même silence se remarque dans la loi de 1791. Sans aucun doute, il est dans l'intention du législateur que cette inscription soit faite dans le plus court délai, immédiatement autant que possible, et c'est ce qui a lieu dans l'usage. Néanmoins, le défaut d'inscription immédiate ne suffirait pas pour constituer l'hôtelier nécessairement en contravention : les tribunaux de police doivent avoir à cet égard un certain pouvoir d'appréciation.

115. — On pourrait néanmoins considérer comme en quelque sorte indicatif du délai dans lequel l'inscription devrait avoir lieu, l'art. 73, C. pén., qui dispose que « les aubergistes et hôteliers convaincus d'avoir logé *plus de vingt-quatre heures* quelqu'un qui, pendant son séjour, aurait commis un crime ou un délit, seront civilement responsables des restitutions, des indemnités et des frais adjugés à ceux à qui ce crime ou ce délit aurait causé quelque dommage, faute par eux d'avoir inscrit sur leur registre le nom, la profession et le domicile du coupable ; sans préjudice de leur responsabilité dans le cas des art. 1952 et 1953, C. civ. — Art. 73, C. pén.

116. — La responsabilité imposée par l'art. 73 précité, est applicable, *à fortiori*, au cas d'une inscription fausse faite sciemment (sous des noms faux ou supposés) ; une telle inscription étant beaucoup plus répréhensible et dangereuse que le défaut d'inscription.

117. — L'enregistrement tardif, comme le défaut absolu d'enregistrement, rend l'hôtelier passible de l'application des prescriptions des art. 475 et 478, C. pén.

118. — Mais en ce qui concerne l'inscription incomplète et irrégulière, il faut aussi distinguer entre les diverses énonciations que doit contenir le registre tenu par l'hôtelier, pour déterminer quelles peines doivent lui être appliquées.

119. — Ainsi, le défaut d'énonciation ou l'énonciation incomplète portent-ils sur une des circonstances déterminées par le Code pénal et par la loi de 1791, c'est-à-dire les *noms, qualité, domicile habituel, date d'entrée et de sortie*, il y a lieu d'appliquer les art. 475 et 478, C. pén.

120. — Que si, au contraire, la contravention ne repose que sur l'omission ou la transcription incomplète des circonstances déterminées par les ordonnances de police municipale, ainsi à Paris (*l'âge, la profession, le pays de naissance et le lieu d'origine, le sujet du voyage*), il n'y a plus qu'une contravention aux réglemens de police, laquelle est punie seulement d'une amende de 1 à 5 francs, et en cas de récidive d'un emprisonnement de trois jours au plus, aux termes de l'art. 471, no 15, C. pén.

121. — Il faut remarquer, du reste, que l'obligation en ce qui concerne la mention de la sortie du voyageur est aussi stricte que celle de son entrée, et doit, comme elle, être portée sur le registre sans retard aucun, et sans qu'aucune excuse puisse être alléguée par l'hôtelier pour s'en dispenser. — C'est ainsi, par exemple, qu'il ne pourrait alléguer que le voyageur ne s'est absenté que pour quelques jours, et qu'il a laissé ses effets dans l'hôtel, où il doit revenir prochainement ; cette absence momentanée ne doit pas être ignorée de l'administration locale, ne peut pas lui être cachée ; donc elle doit être mentionnée.

122. — Si l'hôtelier faisait *sciemment* sur son registre une inscription sous un faux nom ou sous un nom supposé, il demeurerait passible des peines portées en l'art. 154, C. pén., c'est-à-dire d'un emprisonnement de six jours au moins et d'un mois au plus.

123. — L'aubergiste échapperait évidemment à l'application de cet article, non seulement s'il avait pris les précautions convenables pour se renseigner (Carnot, Code pén., sur l'art. 73), mais encore bien qu'il eût négligé ces précautions, s'il était certain d'ailleurs qu'il n'a pas agi sciemment. — Sebire et Carteret, *Encyclop. du dr.*, vo *Aubergiste*, no 13 ; Goujet et Merger, vo *Hôtelier*, no 27.

124. — Il est incontestable aussi que si le défaut d'exactitude dans les mentions consignées au procès-verbal provenait non du fait de l'hôtelier, mais du refus du voyageur, l'hôtelier serait délivré de toute responsabilité en prévenant l'autorité qui prendrait alors contre le voyageur telles mesures que de droit.

125. — *Admission des voyageurs.* — Celui qui offre de payer la rétribution convenue, peut-il exiger son admission dans l'hôtel sans que l'hôtelier, si la maison n'est pas remplie, et qu'il se présente aux heures où les portes sont encore ouvertes, puisse refuser de le recevoir ?

126. — Favard de Langlade (vo *Hôtellerie*) résout cette question affirmativement par le motif que les hôtelleries *sont des lieux publics*, où l'on doit être admis en payant, et il appuie son opinion notamment sur une ordonnance de Charles IX, du 20 janv. 1563, qui, dans le cas d'un refus non justifié, prononce contre l'hôtelier contrevenant une amende de 10 livres tournois, au profit du plaignant, et une autre amende de pareille somme envers le roi. — Favard de Langlade ajoute que cette disposition est évidemment du nombre de celles que maintient l'art. 484, C. pén.

127. — Au contraire, le principe de la liberté de l'industrie a fait décider aux auteurs de l'*Encyclopédie du droit* (vo *Aubergiste*, no 23) que l'hôtelier est toujours libre de refuser le voyageur qui se présente. Telle est aussi l'opinion de M. Agnel, (no 886) et de MM. Goujet et Merger, *Dict. du droit comm.*, vis *Hôtelier* et *Aubergiste*, (no 51). — « Certaines hôtelleries, lit-on dans l'*Encyclop. du droit*, doivent la réputation et la vogue dont elles jouissent à l'habitude où elles sont de ne recevoir que des personnes de bonne compagnie et de bonne tenue. Ne serait-il pas injuste de compromettre leur prospérité en forçant ceux qui les tiennent à ouvrir leurs maisons à des gens grossiers, tapageurs, accoutumés à s'enivrer ? Il s'agit souvent, pour les hôteliers, d'admettre les voyageurs à leur foyer et à passer la nuit dans leur domicile. N'y aurait-il pas danger à les contraindre de donner l'hospitalité à des gens sans aveu, qu'ils jugeront capables d'attenter à la sûreté des personnes et des propriétés ? Enfin, l'hôtelier est responsable envers le voyageur qui loge chez lui du vol commis ou du dommage causé par les étrangers allant et venant dans son hôtellerie ; cette responsabilité ne serait-elle pas contraire à l'équité si l'aubergiste était tenu de recevoir et par conséquent de laisser aller et venir dans son auberge un individu dont la moralité lui paraîtrait suspecte ? » — V. aussi Toullier, t. 11, no 252.

128. — Néanmoins, les auteurs de l'*Encyclop. du droit*, et M Agnel (*loc. cit.*) pensent que s'il n'y avait dans une commune qu'une seule auberge, et si, parmi plusieurs auberges, une seule avait des places libres, et que l'hospitalité y fût réclamée par un voyageur qui serait forcé de s'y arrêter, soit par son état de besoin, de fatigue, ou de maladie, soit par le mauvais temps ou l'obscurité de la nuit, l'aubergiste ne pourrait lui refuser l'entrée de sa maison : qu'en pareil cas, et dans quelques autres analogues, une raison d'humanité ferait fléchir la règle ci-dessus posée, et que la justice locale pourrait et devrait intervenir, s'il était nécessaire, pour contraindre l'aubergiste à recevoir le voyageur qui lui demanderait asile. — V. aussi en ce sens Curasson, *Compét. des juges de paix*, t. 1er, p. 279, no 9.

129. — Ces dernières restrictions nous paraissent hors de doute, et nous pensons même qu'un des caractères distinctifs de l'hôtellerie étant d'être ouverte à tout venant, la justice locale pourrait être appelée à apprécier les motifs qui dicteraient le refus des hôteliers et devrait protéger les voyageurs contre leur mauvais vouloir ou d'injustes prétentions. — Nous sommes d'ailleurs d'avis que l'aubergiste serait dans son droit en refusant l'entrée de son établissement à celui qui se présenterait dans un état d'ivresse ou dans des circonstances analogues, et de nature à compromettre la bonne tenue et la sûreté de son établissement. — V. en outre *infrà* nos 140 et suiv.

130. — Dans tous les cas, divers réglemens de police, soit anciens, soit plus récens, ont imposé aux hôteliers l'interdiction de recevoir chez eux certaines classes de personnes déterminées, et il faut ajouter que, ainsi que nous le verrons plus bas, dans certains cas aussi le droit de refus doit leur être nécessairement réservé.

131. — Quelquefois des raisons de santé publique ont motivé des interdictions de cette nature ; c'est ainsi que pendant une épidémie, un arrêt du parlement de Paris du 12 juill. 1533 avait fait défenses « à tous les hôteliers ou taverniers et autres qui logent et chez lesquels il y a eu ou il y aurait des malades de peste, d'y recevoir ou loger, pendant le temps prescrit par les réglemens (deux mois), et leur avait enjoint de marquer leurs maisons d'une croix blanche, à peine de punition corporelle. »

132. — Une ordonnance de François 1er, du 9 mai 1539, disposait « que tous et chacun les hostes et autres nosdits sujets ne logeront aucuns personnages *étrangers*, passans pays, *non cognus et sans aveu*, foressis, bannis d'icelui du royaume, ou sur lesquels autrement il pourrait y avoir suspicion de mal fait. »

133. — L'ordonnance d'Orléans, rendue en 1560, moins sévère à l'égard des gens *sans aveu*, inconnus, se bornait à défendre de les loger et recevoir *plus d'une nuit*.

134. — L'ordonnance actuelle de police, qui régit les hôteliers de la ville de Paris, est revenue à la sévérité de l'édit de François Ier. Elle déclare formellement qu'il est interdit aux hôteliers de donner retraite aux vagabonds, mendians et gens sans aveu. — V. MENDICITÉ, VAGABONDAGE.

135. — Mais la cour de Cassation a déclaré illégal et non obligatoire l'arrêté de police enjoignant aux logeurs de ne pas donner asile aux mendians, l'autorité municipale n'ayant reçu d'aucune loi le pouvoir de prononcer une pareille injonction. — Alors d'ailleurs qu'il s'agit d'une localité où aucun asile n'est établi en faveur de la mendicité. — *Cass.*, 12 juin 1845 (t. 1er 1846, p. 270), Gargeille et Simian.

136. — Jugé que le réglement de police qui défend aux logeurs et cabaretiers de recevoir aucune personne étrangère qui ne fût nantie d'une carte de sûreté, est pris dans le cercle des attributions municipales, et que les tribunaux ne peuvent se dispenser de punir les contrevenans, tant qu'il n'a pas été rapporté par l'autorité supérieure. — *Cass.*, 10 oct. 1833, Voullien. — V. VAGABONDAGE.

137. — L'ordonnance du lieutenant de police de la ville de Paris, en date du 6 nov. 1778 (art. 5), défendait à toutes personnes, de quelque condition qu'elles fussent, de sous-louer jour par jour, huitaine, quinzaine, au mois, ou autrement, des chambres et lieux garnis à des femmes, aux filles de débauches, ni de s'entremettre directement ou indirectement auxdites locations, sous la même peine de 400 fr.

138. — C'est en s'appuyant sur cette ordonnance que celle du 15 juin 1832, rendue par le préfet de police de Paris, et qui n'a fait, du reste, que reproduire d'autres ordonnances antérieures, fait défense aux hôteliers de recevoir habituellement des filles publiques, sous peine d'une amende qui n'est plus, toutefois, que de 200 fr. — Art. 8. — V. au surplus, à cet égard, PROSTITUTION.

139. — Il a été jugé que l'aubergiste qui a logé pendant plusieurs jours une fille publique, sans l'avoir inscrite sur son registre, et sans avoir fait à la mairie la déclaration exigée par un réglement de police, ne peut pas être excusé, sous le prétexte de son grand âge, ni sous celui que cette fille aurait trompé sa bonne foi, en lui faisant la promesse de passer un bail à loyer. — *Cass.*, 9 juill. 1829, Jean Taillandier.

140. — L'hôtelier pourrait, sans aucun doute, se refuser à recevoir chez lui des personnes masquées. L'art. 2, ord. 9 mai 1539, lui en faisait un devoir, et, en l'absence de tout texte, il est évident que l'hôtelier, auquel l'art. 61, C. pén., défend de recevoir les malfaiteurs, qui est responsable des vols commis chez lui, qui doit fournir à l'autorité le nom de toutes les personnes qui passent même une seule nuit chez lui, ne saurait être contraint de recevoir des individus qui se cachent sous un masque. — V. DÉGUISEMENT.

141. — A plus forte raison pourrait-il se refuser à les recevoir, s'il avait lieu de les soupçonner comme coupables d'un crime, puisque, en agissant autrement, il s'exposerait à l'application des peines prévues et portées par l'art. 61, C. pén., sur l'asile donné aux malfaiteurs. — V. COMPLICITÉ, nos 282 et suiv.

142. — Si l'hôtellerie est, comme d'autres établissemens publics, tels que les cafés, restaurans, etc., soumise aux réglemens de l'autorité municipale et aux visites des agens de ces autorités, elle en diffère, au contraire, par ce point essentiel que, tandis qu'aux termes des réglemens de police, l'entrée des cafés, restaurans et autres lieux de même nature doit, à de certaines heures (V. FERMETURE DES LIEUX PUBLICS ET PARTICULIERS), ou même à certains jours (V. JOURS FÉRIÉS), être interdite au public, au contraire la destination de l'hôtellerie est d'être, à tout heure et tous les jours, ouverte à ceux qui viennent y demander le gîte.

143. — Mais il a été jugé que, lorsqu'un réglement de police défend aux aubergistes de garder ou de recevoir après une certaine heure *d'autres personnes que les voyageurs arrivant pour coucher*, il n'y a pas lieu de relaxer les individus trouvés après l'heure fixée, sous le prétexte qu'ils étaient étrangers à la ville, et la contravention ne saurait être excusée non plus à l'égard de l'aubergiste, par le motif qu'il *pouvait* croire que les voyageurs coucheraient chez lui. — *Cass.*, 6 mars 1845 (t. 2 1846, p. 465), Lenoir. — V., au reste, FERMETURE DES LIEUX PUBLICS ET PARTICULIERS, nos 61 et suiv.

Sect. 3e. — *Du contrat d'hôtellerie.*

144. — Le contrat qui se forme entre l'hôtelier et celui qui vient chez lui prendre sa résidence pour un temps plus ou moins long engendre à l'égard de chacune des parties intéressées des droits et des obligations réciproques.

§ 1er. — *Obligations de l'hôtelier.*

145. — Les obligations de l'hôtelier à l'égard de celui qu'il a reçu dans son hôtel offrent beaucoup de rapports avec celles d'un locateur ordinaire; comme celui-ci, l'hôtelier est tenu de procurer à son locataire une paisible jouissance et de lui assurer tous les avantages qui résultent de son contrat, ce qui en cette matière veut dire qu'outre les obligations ordinaires du bailleur, il doit remplir celles qui tiennent à la nature particulière de la location, c'est à-dire tenir constamment les lieux garnis des meubles, linges, et autres objets nécessaires pour la commodité de celui qui les occupe. — Agnel, no 888.

146. — Pour éviter toute confusion entre les personnes demeurant dans le même hôtel, l'ordonnance de police du 15 janv. 1832 (art. 1er) a invité les hôteliers, maîtres d'hôtels garnis et logeurs à numéroter leurs appartemens ou chambres meublés.

147. — Un arrêt de réglement du parlement de Paris, en date du 7 sept. 1778, leur avait enjoint de veiller à ce que les clés des chambres qu'ils donnent aux voyageurs ne pussent servir à ouvrir les serrures des autres chambres.

148. — En l'absence de toutes conventions particulières, la fourniture du bois et de la lumière doit avoir lieu suivant les usages du pays; en général, le feu se paie à part : il en est de même de la lumière, ou tout au moins de l'éclairage de luxe. Néanmoins M. Agnel (no 888) fait remarquer qu'il est d'usage que l'hôtelier procure sans augmentation de prix la lumière quand le séjour du voyageur n'a lieu que pendant une nuit.

149. — L'art. 1952, C. civ., déclare les hôteliers responsables comme dépositaires nécessaires des effets apportés par le voyageur qui loge chez eux.

150. — Nous avons précédemment développé, et avec détail (V. DÉPÔT, nos 258 et suiv.) la nature et l'étendue de cette responsabilité, et nous y reviendrons encore en traitant du vol commis dans les hôtelleries. — V. VOL.

151. — Il est incontestable qu'il appartient aux tribunaux de fixer la valeur représentative des objets soustraits au voyageur. — *Paris*, 10 avr. 1843 (t. 1er 1843, p. 593), Larché c. Lebourhis. — V. Dépôt, nos 291, 296 et suiv.

152. — Le maître d'un hôtel garni qui volerait tout ou partie des choses qui lui auraient été confiées à ce titre, serait passible de la peine de la réclusion, aux termes de l'art. 386, no 4, C. pén. — V. à cet égard VOL.

153. — La loi n'ayant fixé aucun délai particulier pour la prescription de l'action du voyageur contre l'hôtelier, à raison du dommage qu'il a éprouvé, il en résulte que cette action s'éteint par trente ans seulement. Toutefois, s'il s'agit d'un crime ou d'un délit, il suit de la combinaison des art. 1383 (C civ.), 637, 638 et 640 (C. inst. crim.) que l'action se prescrit par dix ans dans le premier cas, et par trois ans dans le second. — Agnel, no 904; Goujet et Merger, vo *Hôtelier*, no 72.

§ 2. — *Obligations du voyageur.*

154. — Le voyageur qui se présente pour prendre séjour à l'hôtellerie doit donner tous les renseignemens et produire tous les actes et pièces que les lois et réglemens généraux ou locaux de police font un devoir à l'hôtelier de lui demander.

155. — « Enjoignons, était-il dit dans l'ordonnance du 8 novemb. 1780, art. 6, à tous ceux qui viendront en cette ville, soit à l'auberge, soit en chambre garnie, de déclarer aux aubergistes ou logeurs leurs véritables noms, surnoms, leurs qualités, le pays dont ils sont originaires, et le sujet de leur voyage, et ce sous peine de prison et de procéder, ainsi qu'il appartiendra, contre ceux qui auront usé de quelques déguisemens. »

156. — Aujourd'hui, le refus fait par le voyageur de satisfaire à cette obligation exposerait le contrevenant tout à la fois au refus de gîte, que l'hôtelier serait en droit de faire, et à l'application des lois et réglemens de police sur les gens sans aveu. — V. PASSEPORT, VAGABOND.

157. — Au surplus, l'ordonnance de police du 15 juin 1832 (art. 10) défend aux aubergistes, maîtres d'hôtels garnis et logeurs de retenir, sous quelque prétexte que ce soit, les papiers de sûreté des personnes logées chez eux.

158. — Après son admission dans l'hôtel, le voyageur est tenu des obligations ordinaires imposées à tous les locataires, c'est-à-dire que non seulement il doit acquitter le prix convenu, mais encore qu'il est responsable du dommage causé par son fait.

159. — Particulièrement, il doit veiller à ce que les meubles et autres objets à lui confiés pour son usage ou celui des gens qui l'accompagnent, tels que ses domestiques, soient conservés et rendus en bon état, et tels qu'ils lui ont été livrés.

160. — D'autres obligations plus spéciales lui sont encore imposées : telle est celle qui consiste à laisser la clef de sa chambre ou de son appartement à l'hôtelier, lorsqu'il sort.

161. — « L'hôtelier, fait remarquer M. Agnel (no 906), peut l'y contraindre, car les hôtelleries étant soumises aux visites que peuvent faire à toute heure du jour ou de la nuit les commissaires et autres agens de police, il faut qu'en l'absence des voyageurs l'hôtelier soit à même d'entrer dans les appartemens, si l'autorité le requiert. »

162. — Le défaut de remise des clefs pourrait encore sous un autre rapport, et suivant les circonstances, avoir pour effet de modifier l'application des règles sur le dépôt nécessaire. — V. DÉPÔT.

163. — La police de l'hôtel ne permet pas non plus que le voyageur commette aucun acte de nature à engager la responsabilité de l'hôtelier, et c'est ainsi qu'il est défendu d'introduire, sans le faire préalablement connaître à l'hôtelier, quelque personne que ce soit pour y coucher.

164. — Des raisons non moins graves s'opposent à ce qu'il puisse faire de sa chambre ou appartement un usage qui soit de nature à compromettre la tranquillité de l'hôtel ou à violer les réglemens de police sur l'introduction des femmes de mauvaise vie dans ces sortes d'établissemens.

165. — Celui qui, après être entré dans une auberge et s'y être fait servir à manger, sort sans payer, commet-il le délit d'escroquerie ou de vol? — V. ESCROQUERIE, no 168, et VOL.

§ 3. — *Recouvrement des dépenses d'hôtellerie.*

166. — Autrefois le prix des vivres fourni par les hôteliers était taxé. (Déclar. 1532, 1540, 1546, 1552, 1563, 1564 rapportée par Fontanon, t. 1er, p. 930 et suiv.) — Mais ces dispositions n'étaient déjà plus appliquées avant la fin du seizième siècle.

167. — Le contrat d'hôtellerie admet donc, comme tous les autres, telles conventions qu'il plaît aux parties de former relativement, soit au logement, soit à la nourriture. — Sauf, en cas de contestation, l'appréciation du juge.

168. — La loi a soumis à une prescription fort courte l'action de l'hôtelier contre le voyageur : aux termes de l'art. 2271, le paiement se prescrit par six mois, sauf bien entendu et d'après l'art. 2275 du même code le droit de déférer le serment, nonobstant l'exception de prescription opposée, sur l'existence même de la dette.

169. — Du reste et lorsqu'elle est exercée dans le délai voulu, l'action de l'hôtelier est protégée par tous les moyens d'exécution que la loi accorde aux créanciers : c'est ainsi que l'hôtelier pourrait faire prononcer la contrainte par corps à l'égard du voyageur étranger qui se refuserait à solder le montant de ses dépenses. — V. ÉTRANGER, CONTRAINTE PAR CORPS.

170. — La loi a cru devoir accorder à l'hôtelier quelques garanties exceptionnelles et nécessitées par sa position même. Ainsi pour mieux lui assurer le juste paiement de ce qui peut lui être dû, l'art. 2102, no 5 lui confère un privilège sur les effets que le voyageur a transportés dans son auberge, privilège analogue à celui du propriétaire et qui consiste dans le droit de rétention jusqu'au paiement.

171. — Le droit de privilège et par suite de rétention accordé à l'hôtelier sur les effets apportés par son hôte et pour paiement du logis donné, n'est pas une innovation du code civil; de tout temps il a été reconnu et consacré; c'est ainsi qu'on lit dans l'art. 175 de la coutume de Paris : « Dépens d'hostelage livré par hôtes à pélerins ou à leurs chevaux sont privilégiés, et viennent à préférer devant tout autre sur les biens et chevaux hostelés, et les peut *retenir* jusqu'à paiement. Et si aucun autre créancier les voulait enlever, l'hostelier a juste cause de s'y opposer. » — Conf. cout. Calais, art. 248; Melun, art. 328; Étampes, art. 154; Montfort, art. 180; Mantes, art. 188; Reims, art. 395; Berry, tit. 29, art. 20; Bourbonnais, art. 135.

172. — Bien que l'art. 2102 se serve du mot *aubergiste*, il est constant que le privilège peut être invoqué non seulement par l'aubergiste proprement dit, mais aussi par tous les industriels exerçant une profession analogue, et que nous avons compris sous la dénomination générale d'hôteliers, à savoir les maîtres d'hôtels garnis, logeurs, loueurs de maisons garnies; ce point n'a jamais fait l'objet d'aucun doute.

173. — Seulement et de l'expression même d'*aubergiste* employé par la loi il résulte que le privilège n'existe qu'en faveur de l'hôtelier, c'est-à-dire de celui qui reçoit et loge, et non en faveur des propriétaires des établissemens où l'on donne uniquement à boire ou à manger, non plus qu'en faveur des individus tenant les maisons déshonnêtes. — Merlin, *Rép.*, vo *Prescription*, p. 550; Troplong, *Des priviléges et hypothèques*, tit. 1er, no 202.

174. — Ces principes établis, nous examinerons à quelles créances s'étend le privilège de l'hôtelier, sur quels objets il s'exerce et à quelles condi-

HOTEL, HOTELIER, sect. 3e.

HOTEL, HOTELIER, sect. 3e.

tions, sans nous préoccuper, du reste, du rang de ce privilège eu égard aux autres privilèges établis par la loi, ce qui concerne ce dernier point devant naturellement trouver sa place, vº PRIVILÈGE.

175. —La coutume de Paris semblant distinguer entre les diverses natures de dépenses faites par le voyageur ne reconnaissait de privilège que pour les fournitures d'hôtelage. — Art. 175.

176.— Aujourd'hui, il est incontestable que les fournitures d'alimens et accessoires fournis par l'hôtelier ne peuvent être distingués du logement lui-même, dont elles ne sont que la conséquence, et que le prix de ces fournitures est privilégié comme celui du logement avec lequel il se confond.

177. — Ainsi on doit considérer comme donnant lieu à l'exercice du privilège la dépense qui est faite non seulement pour la nourriture du voyageur lui-même ou des personnes de sa suite, mais encore par celles des personnes que ce voyageur aurait invitées à venir prendre un repas dans l'hôtel où il est descendu.

178.—Le privilège subsiste quel que soit le taux des dépenses. — Troplong, *Des privilèges et hypothèques*, nº 203. — Toutefois il faut remarquer que dans certains cas et en présence de circonstances données le juge pourrait réduire la demande formée par l'hôtelier, à raison de ces dépenses.

179. — D'un autre côté, néanmoins, la créance pour frais de nourriture n'étant privilégiée qu'autant qu'elle se rattache au logement, on ne devrait plus la considérer comme telle si la nourriture avait été fournie en ville; car ce ne serait plus alors comme aubergiste mais comme traiteur et marchand de comestibles que l'hôtelier aurait agi. — Masson, nº 595.

180. — La garantie du privilège accordé à l'hôtelier par la loi consiste dans le droit de rétention qui lui est accordé sur les objets apportés par le voyageur, et qui lui tiennent lieu de gage. En renonçant à ce droit de rétention, ce qui arrive s'il laisse sortir les effets de son hôtel, il perd par cela même son privilège et ne reste plus qu'un créancier ordinaire. — V. *Rouen*, 16 messid. an VIII, Clément c. Beaudoin; — Troplong, nº 204.

181. — Mais on s'est demandé si, dans le cas où le voyageur reviendrait de nouveau à l'hôtel avant que la prescription eût éteint la créance de l'hôtelier, celui-ci pourrait retenir, en paiement des dépenses d'un premier séjour, les effets nouvellement apportés par le voyageur.

182. — Avant le Code civil, la cour de Rouen avait décidé que le droit de rétention et de privilége éteints ne pouvaient renaître; qu'en conséquence on devait regarder comme illégale la rétention faite par l'hôtelier en de pareilles circonstances. — *Rouen*, 16 mess. an VIII, Clément c. Beaudoin.—La solution serait la même aujourd'hui. —V. Delvincourt, *Dr. civ.*, t. 3, p. 276; Grenier, *Des priviléges et hypoth.*, t. 2, nº 319; Troplong, t. 1er, nº 206; Rolland de Villargues, nº 126.

183. — Et, en pareil cas, l'extinction du privilége attaché à la première créance est tellement absolue que la rétention ne serait exercée, alors même qu'aucun autre créancier du voyageur ne viendrait s'opposer à cet acte : telle était, au surplus, l'espèce de l'arrêt de Rouen précité.

184. — Il est évident, au reste, que la saisie pratiquée à la requête d'un tiers entre les mains de l'hôtelier, sur les effets que le voyageur a transportés dans l'hôtel, ne peut modifier en rien le droit de rétention ou de privilége que la loi accorde à l'aubergiste sur ces mêmes effets.

185. — De même, la faillite ou les mauvaises affaires du voyageur n'auraient pas pour effet de détruire le privilége de l'aubergiste. On ne saurait appliquer à cette créance les dispositions de l'art. 433, C. comm., qui déclare que nul ne peut acquérir de privilége ou d'hypothèque sur les biens du failli dans les dix jours qui précèdent sa faillite. — Masson, nº 602.

186. — Toutefois, M. Masson croit pouvoir distinguer entre le temps qui a précédé la faillite et celui qui l'a suivi : d'après lui, dès le moment de l'ouverture de la faillite, et pour l'avenir, l'hôtelier n'aurait plus de créance privilégiée. Mais nous ne saurions adopter cette distinction, car les mêmes raisons qui font déclarer privilégiée la créance de l'hôtelier jusqu'au jour de la faillite du voyageur s'appliquent encore alors même que la créance se rattache à une époque postérieure, la loi, en considération du caractère tout particulier du contrat d'hôtellerie, n'ayant pas voulu que l'hôtelier fût obligé de suivre la foi du voyageur qui se présente et, ce qui aurait été plus impraticable encore, s'assurât de sa position.

187. — Nous avons même vu (vº FAILLITE, nº 2108) que l'aubergiste aurait privilége même sur les effets emportés avec lui par un banqueroutier frauduleux, pourvu toutefois que l'aubergiste ignorât l'origine des objets détournés par le failli. — Renouard, *Tr. des faillites*, t. 2, p. 309; Goujet et Merger, vº *Faillite*, nº 570.

188. — Le décès ou la disparition du voyageur ne donnerait pas à l'hôtelier le droit de s'emparer des effets déposés dans son hôtel; en pareil cas, son devoir est d'informer immédiatement l'autorité, sauf à lui à faire constater dans le procès-verbal des scellés le montant de ses créances, et, si nul ne se présente pour réclamer les effets, à obtenir du président du tribunal l'autorisation de les faire vendre jusqu'à concurrence de sa créance, ainsi que des frais nécessaires à son recouvrement. — Agnel, nº 913.

189. — Et même, dans ce cas, le privilége de l'hôtelier s'exercerait avec plus d'étendue que si la prétention avait lieu vis à vis du voyageur lui-même; car nul doute que tous les objets d'habillemens laissés par lui pussent être vendus pour désintéresser l'hôtelier, sans que les héritiers ou ayant-cause eussent le droit de s'y opposer.

190. — Au contraire, quand l'aubergiste se trouve en présence du voyageur lui-même, on admet généralement qu'il ne peut être reçu à saisir les habits destinés à le vêtir. — Troplong, nº 204; Chopin, liv. 3, nº 11. — Un arrêt du parlement de Paris, en date du 18 mars 1595, rappelant aux aubergistes *la charité et l'hospitalité chrétiennes*, et statuant à l'égard d'un aubergiste qui, pour quatorze sols qui lui étaient dus, avait dépouillé un pauvre voyageur de ses vêtemens et l'avait renvoyé en chemise, non seulement se refusa à valider cette rétention ainsi faite, mais, à la requête du procureur du roi, condamna l'aubergiste en 10 fr. d'amende, applicables au pain des prisonniers.

191. — Cependant, si les effets d'habillemens et de linge appartenant au voyageur étaient en quantité considérable, il semble que les tribunaux devraient déclarer valable la rétention exercée sur ceux d'entre eux qui ne seraient pas indispensables au voyageur.—V. conf. Agnel, nº 910.

192. — Au reste, le mot *effets* dont se sert l'art. 2102, C. civ., est générique : il comprend les bijoux et l'argent comptant, et même les bêtes de trait et de somme, ainsi que les voitures introduites dans l'auberge. — Arg. *Cass.*, 16 mess. an VIII, Clément c. Beaudoin; — Agnel, nº 914; — arg. *Rennes*, 26 déc. 1833, Allaire c. Demoy.

193. — Mais le droit de rétention s'étendrait-il aux papiers du voyageur? — M. Masson (nº 614 et 615) distingue entre les papiers nécessaires au voyageur, tels qu'un passeport, un contrat de mariage, un acte de l'état civil, et les papiers proprement dits d'affaires, tels que des titres de créances; et suivant lui, le droit de rétention existe à l'égard des papiers non nécessaires.

194. — Mais cette distinction ne nous paraît pas admissible; la loi, en accordant à l'hôtelier un droit de rétention à l'égard des effets transportés par le voyageur, n'a entendu appliquer ce privilége qu'aux effets matériels, et dont la possession, se révélant extérieurement, a pu donner à l'hôtelier juste raison de croire en la solvabilité de celui qui s'est présenté pour loger chez lui; et un jugement du tribunal de la Seine, cité par M. Agnel (nº 912) (V. le journal le *Droit*, 8 juill. 1836), a décidé que le privilége de l'aubergiste n'autorise pas celui-ci à retenir les papiers et titres de créances du voyageur jusqu'au paiement des fournitures.

195.—Le privilége existe, au profit de l'hôtelier, même sur les effets que le voyageur n'aurait apportés dans l'hôtellerie que postérieurement à son entrée.

196. — On s'est demandé si les effets transportés par le voyageur dans l'hôtel doivent être frappés du privilége de l'hôtelier, alors même qu'ils ne sont pas la propriété du voyageur?

197.—Il faut d'abord reconnaître que si l'hôtelier a eu connaissance que les objets transportés n'appartenaient pas au voyageur qui n'en était que le détenteur à titre précaire, il ne peut évidemment pas réclamer de privilége sur ces objets.

198. — C'est donc avec raison que la cour de Bruxelles a décidé que le privilége de l'aubergiste pour le logement et la nourriture fournis dans son auberge et les effets qui s'y trouvent déposés ne s'exerce pas avant celui du vendeur, lorsque l'aubergiste a eu connaissance, dans le temps du transport des effets, non seulement qu'ils n'étaient pas payés, mais que la vente était conditionnelle et résoluble.—*Bruxelles*, 12 juill. 1806, Duweltz c. Gosseau.

199. — La cour de Colmar a été plus loin encore, en décidant qu'en principe le privilége à l'égard des effets apportés par le voyageur ne s'étend que sur les effets qui lui appartiennent et non sur ceux qui sont la propriété des tiers. — *Colmar*, 26 avr. 1816, Schol c. Strub.

200.—Il est évident que cet arrêt ne peut faire jurisprudence. « Nous ne pouvons dissimuler, dit avec raison M. Persil (*Questions sur les priviléges et hypoth.*, t. 1er, p. 55), que cet arrêt nous paraît basé sur des principes entièrement erronés. Ce n'est qu'en ajoutant à la loi et qu'en altérant même ses dispositions qu'on a pu dire que les effets des voyageurs dont parle le § 5, art. 2102, n'étaient autres que ceux qui lui appartenaient, et, pour nous servir des expressions de l'arrêt, ceux qui étaient sa propriété. Non, la loi ne dit pas cela et ne pouvait pas le dire. Quand un voyageur arrive dans une auberge et qu'il y séjourne, l'aubergiste ne peut savoir si la malle qu'il porte, si les chevaux, si la voiture qu'il amène lui appartiennent, oui ou non; pour l'aubergiste, la présomption est qu'ils sont sa propriété; et, comme en fait de meubles la possession vaut titre, tous les effets sont à lui par cela seul qu'il les possède. Autrement, voyez les inconvéniens et les nombreuses contradictions qu'on supposerait dans la loi : l'aubergiste ne serait jamais tranquille pour le paiement de ses avances, de ses fournitures; vainement le voyageur présenterait une grande solvabilité, vainement son attirail, son équipage et ses autres effets paraîtraient plus que suffisans pour payer sa dépense, puisqu'au moment où l'aubergiste voudrait les saisir, un officieux ami viendrait les revendiquer. On dira que, s'il y a fraude, si le revendiquant n'est qu'un prête-nom, on sera reçu à l'établir; la fraude est toujours difficile à démasquer, et les droits d'une classe d'hommes qui, par état, prêtent ou font des avances sans y être déterminés par une confiance aveugle ne peuvent pas ainsi être abandonnés. » — V. conf. Favard, *Rép.*, vº *Privilége*; Troplong, nº 204; Agnel, nº 910; Ferrière, sur l'art. 175, Cout. Paris — V. cependant *contrà* Masson, nº 605 et suiv.

201. — Du reste, et dans quelques circonstances que s'exerce le privilége établi par l'art. 2102-5º, il n'a pas pour effet de rendre l'hôtelier propriétaire des effets retenus, mais seulement de lui assurer un droit de préférence sur le prix de ces mêmes effets, qu'il fait vendre à sa requête.

202.—Quand bien même ce serait en vertu d'une convention entre les deux parties que ces effets auraient été laissés en garantie de la dette, cet abandon n'aurait pas pour effet d'en transporter immédiatement la propriété à l'hôtelier; et il y aurait lieu d'appliquer ici les règles ordinaires sur le contrat de gage.—V. GAGE.

203. — Ce qui excéderait sa créance et les frais de poursuite qu'il aurait été obligé de faire demeurerait évidemment la propriété du voyageur ou de ses ayant-droit; et si personne ne se présentait, l'hôtelier pourrait, par la consignation de cet excédant, se libérer de toute obligation.

204. — On s'est demandé si l'hôtelier serait en droit de diriger son action contre le père d'un mineur auquel il aurait fourni la nourriture et le logement.

205. — « Deux arrêts du parlement de Normandie des 1er sept. 1514 et 19 août 1729, dit M. Agnel (nº 914), ont décidé négativement cette question; mais, sous l'empire de notre législation actuelle, il y a lieu de distinguer : si l'enfant était en état de pourvoir à sa subsistance, ou si, pendant son séjour dans l'auberge, il recevait de son père une pension convenable, le père ne saurait être tenu de payer l'aubergiste; il en serait autrement dans le cas où l'enfant serait incapable de gagner sa vie; il aurait alors le droit d'exiger de son père des secours que celui-ci ne lui aurait pas fournis.—V. au surplus ALIMENS.

§ 4. — *Compétence en matière de fourniture d'hôtellerie.*

206. — Aux termes de la loi du 25 mai 1838 (art. 1er), « les juges de paix prononcent sans appel jusqu'à la valeur de 100 fr., et, à charge d'appel, jusqu'au taux de la compétence en dernier ressort des tribunaux de première instance (1,500 fr.) sur les contestations entre les hôteliers, les voyageurs ou locataires en garni pour dépenses d'hôtellerie, et perte ou avarie d'effets déposés dans l'auberge ou dans l'hôtel. »

207. — Le besoin d'une justice prompte et locale a motivé cette nouvelle attribution, donnée au juge de paix. — Garde des sceaux, séance du 23 avril 1838, (*Moniteur* du 24.)

208. — La compétence du juge de paix est absolue, quelle que soit la qualité du voyageur,

fût-il même commerçant, et bien que l'hôtelier soit commerçant lui-même.

209. — Jugé dès lors que l'action formée par un aubergiste contre un roulier en paiement des dépenses faites dans son auberge tant par le roulier lui-même que par son équipage n'est pas de la compétence du tribunal de commerce. — *Poitiers*, 1er mars 1844 (t. 2 1844, p. 187), Guérin c. Charlier.

210. — Lorsque l'action est dirigée par le voyageur contre l'hôtelier à raison de perte ou d'avarie d'effets, c'est incontestablement le juge de paix du domicile de cet hôtelier qui doit être saisi.

211. — Mais si, comme cela arrive le plus souvent, c'est l'hôtelier lui-même qui dirige l'action, est-ce devant le juge de paix du domicile des voyageurs ou devant celui du lieu où l'hôtellerie est située que la demande devra être portée?

212. — L'ancienne législation ne résolvait pas d'une manière formelle cette question; il résulte bien de l'ordonnance du 20 janvier 1563, que les plaintes du voyageur devaient être adressées au juge du lieu, royal ou autre; mais, à l'égard des réclamations de l'hôtelier, les ordonnances du 19 nov. 1546, 26 déc. même année, 21 nov. 1519, ord. 1508, rappelées par M. Masson, n° 515, laissent quelque incertitude.

213. — Mais le rapporteur de la commission à la chambre des députés, lors de la discussion de la loi du 25 mai 1838, s'exprime dans des termes qui semblent lever tout doute: « On avait d'abord pensé, disait-il, qu'il fallait que dans tous les cas le juge de paix du lieu fût déclaré compétent. Il y avait intérêt à ce que la demande reçût solution à l'instant même; mais votre commission n'a pas cru devoir déroger à l'ordre ordinaire des juridictions; elle a compris que les droits de l'hôtelier étaient garantis, puisqu'en faisant une saisie-gagerie il pouvait obliger le voyageur à intenter à l'instant son action; mais les droits du voyageur ne le sont pas, si, à chaque pas de sa course, il peut être distrait de son juge naturel. Ces actions peuvent être intentées après le départ du voyageur, pour le faire condamner sans être entendu, lorsqu'il sera livré à un voyage de long-cours, ou pour le faire retourner d'une extrémité de la France à l'autre! Enfin, votre commission a été déterminée par ce grave motif, qu'il ne faut pas briser ainsi la législation, attribuer une compétence spéciale à chaque cas particulier et laisser les hommes et les choses dans une incertitude qui n'offre que des embarras. »

214. — Il est donc évident, comme le fait observer Curasson (*Comment. sur la loi du* 25 *juin* 1838), après avoir cité ce rapport de la commission de la chambre des députés, que la loi n'ayant apporté aucune dérogation à la règle: *actor sequitur forum rei*, cette règle générale doit être suivie. — Ainsi, l'aubergiste doit s'adresser au juge de paix du domicile du voyageur pour obtenir le paiement de la dépense faite dans son auberge.

215. — Néanmoins, ce même auteur ajoute (et cela paraît sans réplique) que l'hôtelier ayant, en vertu des principes généraux du droit, le droit de saisir-gager les effets appartenant au voyageur, et, de plus, la loi lui accordant, par l'art. 2102, 5° C. civ., le privilége tout spécial de la rétention sur ces effets, s'il pratique cette saisie, s'il exerce ce droit de rétention contre le voyageur qui se dispose à partir sans payer, force est nécessairement au voyageur de comparaître devant le juge de paix du lieu de l'hôtellerie, puisque pour juger de la validité de la saisie et de la rétention opérée, ce juge de paix sera seul compétent. — V. conf. Masson, n° 518.

216. — Observons, en terminant, que lorsqu'il ne s'agit plus de contestations nées à l'occasion du contrat d'hôtellerie, mais de réclamations dirigées par l'hôtelier ou contre lui à raison de son commerce, les règles ordinaires de la compétence reprennent leur empire.

217. — Jugé que le tribunal de commerce est compétent pour statuer sur une contestation relative au compte d'exploitation d'un hôtel garni géré dans l'intérêt d'un tiers, même non commerçant. — *Paris*, 27 fév. 1846 (t. 1er 1846, p. 363), Gudin c. Brusik. — V. ACTE DE COMMERCE, nos 60, 65 et 215.

HOTEL GARNI.

V. HOTEL, HOTELIER.

HOTEL DE VILLE (Droit ancien).

1. — Juridiction municipale appelée à connaître de certaines causes spéciales, généralement de peu d'importance.

2. — La compétence des hôtels de ville variait suivant les localités.

3. — A Paris, c'était le prévôt des marchands, assisté de quatre échevins et d'un procureur du roi, qui tenait cette juridiction, désignée sous le nom de *bureau de la ville* ou *bureau de l'hôtel de ville*. — V. ce mot.

4. — Il connaissait de tout ce qui concernait la police de la navigation de la Seine, et de toutes les causes entre marchands, pour fait de marchandises arrivées par eau pour l'approvisionnement de Paris.

5. — Cette partie de ses attributions lui fut vivement contestée par les juges consuls, mais son droit fut maintenu par les arrêts des 7 mars 1738 et 10 mars 1751.

6. — Le bureau de l'hôtel de ville était tenu de juger à l'audience; il ne pouvait appointer les parties.

7. — L'appel de ses sentences était porté au parlement.

HOUBLON (Marchands de).

Marchands de houblon en gros, marchands en demi-gros: patentables, les premiers de troisième classe et les derniers de quatrième classe; — droit fixe basé sur la population, et droit proportionnel du vingtième de la valeur locative de l'habitation et des locaux servant à l'exercice de la profession. — V. PATENTE.

HOUILLES.

V. DOUANES, ENREGISTREMENT, MINES, OCTROI.

HOUPPE, HOUPPION.

1. — La houppe d'un arbre est la partie la plus élevée de cet arbre. Ehouper un arbre, c'est en couper la cime.

2. — Quand on accorde des arbres pour bâtir, celui à qui on les délivre ne doit en prendre que ce qui est nécessaire à l'usage pour lequel il les destine. Le surplus, qu'on nomme *houppion*, doit être vendu avec les mêmes formalités que les chablis. — Merlin, *Rép.*, v° *Houppion*. — V. FORÊTS.

HUILES.

1. — Les huiles étaient autrefois frappées, en vertu d'un édit de Louis XIV de 1705, modifié successivement par un assez grand nombre d'édits postérieurs, lettres patentes, déclarations, arrêts du conseil, etc., de droits qui, après avoir fait l'objet d'une ferme particulière, rentrèrent le 1er oct. 1726 dans la ferme générale, dont ils continuèrent de faire partie jusqu'à sa suppression. — Guyot, *Rép.*, v° *Huiles*.

2. — Les droits sur les huiles furent supprimés par le décret des 26 nov.-1er déc. 1790. Mais postérieurement les huiles de poisson furent soumises à un droit d'entrée déterminé par la loi du 9 flor. an VII (tit. 1er, art. 13) et à un droit de sortie fixé par la loi du 8 flor. an XI (art. 3). — Quant aux droits perçus sur les pains ou tourteaux de navette, œillette, rabette, lin, chenevis et colza, ils furent maintenus par l'arrêté du 3 frim. an XII et par la loi du 22 vent. de la même année (art. 12).

3. — Aujourd'hui les huiles en général sont assujéties, aux termes de l'art. 88 de la loi de finances du 25 mars 1817, dans les villes ou communes ayant au moins 2,000 ames de population agglomérée, conformément au tarif annexé à la dite loi, à un droit d'entrée perçu au profit du trésor lorsqu'elles sont introduites ou fabriquées à l'intérieur et destinées à la consommation du lieu. — L'art. 89 porte que ce droit doit être perçu dans les faubourgs des lieux assujétis, mais que les habitations éparses et les dépendances rurales entièrement détachées du lieu principal en sont exemptes.

4. — Le tarif auquel renvoie l'art. 88 précité et qui se trouve à la suite de l'art. 111 proportionne le droit à la population des communes assujéties, qu'il divise en six classes et en fixe le taux selon qu'il s'agit d'huile d'olive ou de toute autre huile. Le droit sur l'huile d'olive, qui est du double de celui de toute autre, est réduit, d'après ce tarif, de moitié dans certains départemens (au nombre de dix) qu'il désigne. — Il résulte de là que dans ces départemens, le droit est le même pour toute espèce d'huile. — Le mode de classement des communes est prévu et déterminé par l'art. 90 ainsi que le réglement des difficultés auxquelles il peut donner lieu.

5. — L'art. 104 permet aux filateurs de laine, aux fabricans de tissus de laine, de savon et de toile cirée ou de taffetas ciré, aux teinturiers de coton en rouge, aux tanneurs, corroyeurs et mégissiers de recevoir en entrepôt les huiles nécessaires à leur fabrication et les exempte du droit.

6. — Les personnes admises à jouir de la faculté d'entrepôt à raison d'un commerce quelconque d'huile sont tenues de se munir annuellement d'une licence dont le prix est fixé à 10 francs. — Art. 107.

7. — Quant aux formalités à remplir pour la circulation, le transit et l'entrepôt des huiles, aux règles relatives à la perception des droits, aux visites permises ou défendues aux préposés, enfin à la répression des contraventions et de la fraude, elles font l'objet des art. 91 et suiv. de la même loi jusques et y compris l'art. 111.

8. — Sont soumis aux droits tous les corps gras, quels qu'ils soient, qui portent le nom ou ont la propriété de l'huile, tels que les huiles de pieds de bœuf, les huiles de poissons, celles d'amande douce, les huiles parfumées, etc. — D'Agar *Manuel des contrib. indirectes*, v° *Huiles*.

9. — Il en est différemment de l'huile de térébenthine, qui n'est qu'une espèce de résine, des huiles essentielles et de l'huile dite *de vitriol*, qui ne sont que des produits chimiques, enfin des liqueurs composées d'esprit ou d'eaux-de-vie auxquelles on donne le nom d'huiles et qui sont imposées comme boissons. — D'Agar, *ibid.*

10. — Le *dégras* ou résidu de l'huile employée par les chamoiseurs n'est pas davantage soumis au droit, parce que n'étant consommé que par les corroyeurs, ceux-ci doivent en être affranchis sur les matières grasses qu'ils emploient à la préparation des cuirs. — D'Agar, *loc. cit.*

11. — Indépendamment du droit d'entrée, la loi du 28 avr. 1816 (art. 147) permet d'établir sur les huiles, comme sur les autres objets destinés à la consommation locale, un droit d'octroi. — Ce droit, perçu au profit de la commune et lorsque ses revenus sont insuffisans pour ses dépenses, ne peut être établi que sur la demande du conseil municipal, qui est également appelé à délibérer sur le tarif, le mode et les limites de la perception. — V., sur l'établissement des octrois en général et les règles qui les concernent, le mot OCTROI.

12. — Le droit d'octroi perçu au profit de la ville de Paris sur toutes les huiles destinées à la consommation de cette ville a été établi et fixé par une ordonnance du 25 déc. 1822 (art. 2). Les art. 3, 4 et 5 règlent ce qui est relatif à l'entrepôt général des huiles dans la même ville, aux entrepôts fictifs et à la réserve de l'entrepreneur général de l'éclairage.

13. — Les marchands d'huiles en gros sont rangés par la loi du 25 avr. 1844 dans la première classe des patentables et soumis en conséquence à un droit fixe basé sur la population et à un droit proportionnel du quinzième de la valeur locative du loyer d'habitation et du trentième des locaux servant à l'exercice de la profession.

14. — Les marchands en demi-gros et ceux en détail font partie, les premiers de la deuxième classe et les derniers de la quatrième. — Droit fixe basé sur la population; — droit proportionnel du vingtième de la valeur locative de l'habitation et des lieux servant à l'exercice de la profession. — V. PATENTE.

15. — Les fabriques d'huile de pieds de bœuf sont, à raison de la mauvaise odeur causée par les résidus, rangées dans la première classe des établissemens insalubres.

16. — Fabriques d'huile de poisson: — établissemens pour la distillerie en grand de l'huile de térébenthine ou huile d'aspic; — fabriques d'huile épaisse à l'usage des tanneurs (V. DÉGRAS); — fabriques d'huile rousse extraite des crétons et débris de graisse à une haute température: — établissemens destinés à la cuisson des huiles de lin. — Odeur très désagréable et danger d'incendie; — première classe des établissemens insalubres.

17. — Dépôts d'huile de térébenthine et d'autres huiles essentielles. — Danger du feu d'autant plus grand que l'huile peut se volatiliser dans les magasins et que l'approche d'une lumière détermine l'inflammation; — deuxième classe des établissemens insalubres.

18. — Établissemens pour l'entretien de l'huile et des autres corps gras contenus dans les eaux savonneuses des fabriques. — Mauvaise odeur et quelque danger du feu; — deuxième classe des établissemens insalubres.

19. — Établissemens destinés à l'épuration des huiles au moyen de l'acide sulfurique. — Danger du feu et mauvaise odeur produite par les eaux d'épuration; — deuxième classe des établissemens

insalubres. — V. ÉTABLISSEMENS INSALUBRES (nomenclature).

HUIS-CLOS.

Table alphabétique.

Acte d'accusation (lecture), 44, 46 s.
Adoption, 5.
Amende, 23 s.
Arrêt de condamnation, 76. — de renvoi (lecture), 44, 47.
Audiences solennelles, 7.
Avocats, 4 s., 40.
Interpellation à l'accusé, 35 s.
Bonne foi, 24.
Cessation du huis-clos, 70 s.
Commissaire du roi, 26.
Compétence, 29 s.
Conseil de préfecture, 5.
Cour d'assises, 18 s. — des comptes, 5.
Débats (commencement des), 45 s. — (fin des), 70 s.
Déclaration des jurés, 75.
Défense, 46.
Excuse, 24.
Exposé du ministère public, 48.
Grand criminel, 14.
Huis-clos partiel, 42 s.
Jugement de huis-clos (formalités), 55 s. — (minute), 58 s. — (motifs), 50 s. — (publicité), 54. — (réduction à part), 56 s. — (signature), 56.
Jugemens et arrêts incidens, 61 s.
Matière civile, 4, 6. — criminelle, 8 s.
Motifs de huis-clos, 19.
Opportunité du huis-clos, 43 s., 49.
Ordonnances du président, 69.
Ordre de huis-clos, 25 s. — (compétence), 29 s. — de huis-clos d'office, 27 s.
Parens de l'accusé, 39.
Personnes exceptées du huis-clos, 32 s., 38 s.
Petit criminel, 14.
Position des questions, 74.
Poursuites disciplinaires, 5.
Pouvoir du juge, 34, 49.
Procès-verbal des débats, 77 s.
Publicité des audiences, 2 s.
Réouverture des portes, 77.
Reproduction des débats, 20 s.
Résumé du président, 22, 73.
Suspension du huis-clos, 61 s.
Témoins, 41.
Tolérance, 24.
Tribunal de commerce, 28. — de Police, 16.
Tribunaux civils, 13. — correctionnels, 15. — criminels, 18. — maritimes, 17, 26. — militaires, 17, 26. — spéciaux, 17.

HUIS-CLOS. — 1. — Expression employée seule quelquefois et qui sert à indiquer qu'une audience a lieu les portes fermées (*huis*, vieux mot qui signifie porte), et sans que le public y soit admis.

§ 1er. — *Notions générales* (n° 2).
§ 2. — *Ordre de huis-clos* (n° 25).
§ 3. — *Suspension du huis-clos* (n° 61).
§ 4. — *Cessation du huis-clos* (n° 70).

§ 1er. — *Notions générales.*

2. — La publicité des audiences est un principe fondamental de l'administration de la justice en France (V. AUDIENCE, nos 4 et s.); le huis-clos est donc une mesure essentiellement exceptionnelle.

3. — « Les motifs de la publicité des audiences, dit Boitard (sur l'art. 87, C. procéd.), sont évidens. Il est clair que d'une part la justice sera mieux rendue, les jugemens mieux motivés, les plaidoiries mieux écoutées, quand les juges eux-mêmes se trouveront en face d'une autre justice, c'est-à-dire celle du public. En second lieu, c'est qu'à part les garanties que présente la publicité pour le mérite des jugemens, pour la bonne administration de la justice, elle a aussi l'avantage de persuader de la bonté des jugemens quand ils ont été bien rendus, l'audience, l'assistance qui a été témoin des débats. » — « Le principal avantage de la justice *réelle*, dit Bentham, est de produire la justice *apparente*; or, en supposant qu'une justice secrète soit bien administrée, il n'y aura que la justice *réelle*, dont l'utilité est bornée, il n'y aura pas *l'apparente* dont l'utilité est universelle. La racine sera dans la terre et le fruit n'en sortira pas. »

4. — En matière civile, la publicité des audiences paraît avoir toujours existé : elle est au reste aujourd'hui formellement consacrée par notre législation.

5. — Toutefois cette publicité, de droit commun devant les tribunaux ordinaires, n'existe pas devant certaines juridictions spéciales, telles que la cour des comptes et les conseils de préfecture; elle n'est pas non plus observée, même devant les tribunaux ordinaires, dans quelques circonstances; ainsi dans les cas d'adoption, de poursuites disciplinaires, etc. — V. AUDIENCE, nos 5 et s.

6. — Les juges pouvaient en outre, en vertu de l'art. 87, C. procéd., déroger à la publicité de l'audience lorsque la discussion publique était de nature à entraîner du scandale, ou à engendrer des inconvéniens; mais il fallait, dans ce cas, que les magistrats, après en avoir délibéré, rendissent compte de leur détermination au procureur général ou au ministre de la justice, suivant qu'il s'agissait d'un tribunal, ou d'une cour d'appel.

7. — Sur la question de savoir si les audiences solennelles peuvent être tenues quand l'affaire à examiner doit être débattue à huis-clos, V. AUDIENCE SOLENNELLE, nos 2 et s.

8. — En matière criminelle, la publicité de l'audience est établie de la manière la plus large et la plus absolue devant toutes les juridictions; cette publicité est une des premières comme une des plus importantes réformes que l'assemblée constituante ait introduites dans la procédure criminelle.

9. — Consacrée formellement par les lois des 8 et 9 oct. 1789, art. 21, 16 et 24 août 1790, tit. 2, art. 14, du 18 pluv. an IX, art. 28, la règle de la publicité de l'audience en matière criminelle fut encore rappelée par la loi du 20 avr. 1810, art. 7, et par le Code d'inst. crim., art. 153 et 190. — Aucune exception ne fut admise; la publicité devait toujours avoir lieu à peine de nullité. — V. COUR D'ASSISES, nos 463 et s.

10. — Ce fut la charte de 1814 (art. 64) qui, la première, généralisant les dispositions de l'art. 87, C. procéd., en étendit l'application aux matières criminelles. Depuis, la charte de 1830 a sanctionué le même principe; son art. 55, en effet, après avoir rappelé que les débats sont publics en matière criminelle, ajoute : « A moins que cette publicité ne soit dangereuse pour l'ordre et les mœurs, et dans ce cas le tribunal le déclare par un jugement. »

11. — Un premier point à constater c'est que les prescriptions de l'art. 55 sont générales, en ce sens que les attributions qu'elles confèrent aux juges ne doivent pas être restreintes aux seuls juges criminels.

12. — Il est vrai que l'art. 55 de la charte de 1830, comme l'art. 64 de la charte de 1814 dont il n'est que la reproduction, ne fait mention que des matières criminelles : mais cela tient uniquement à ce que la publicité n'ayant encore en ces matières à la différence des matières civiles, subi aucune dérogation, depuis son établissement par l'assemblée constituante, il devenait indispensable que la loi constitutionnelle posât elle-même formellement, pour ce cas surtout, le principe de l'exception à la publicité des débats.

13. — Au surplus, l'application de l'art. 55 de la charte aux audiences civiles n'a jamais fait l'objet d'aucun doute; et les tribunaux civils, comme les tribunaux criminels, ordonnent le huis-clos sans s'astreindre à d'autres prescriptions qu'à celles imposées par la charte.

14. — En second lieu, ce n'est pas uniquement aux matières de grand criminel et aux débats portés devant la cour d'assises que s'appliquent les prescriptions de l'art. 55 de la charte; elles sont également applicables à celles dites du petit criminel : les mots « en matière criminelle » de l'art. 55 de la charte doivent être entendus comme s'il y avait « en matière pénale. »

15. — Le huis-clos peut donc être ordonné par les juges correctionnels. — *Cass.*, 17 janv. 1829, Blaye.

16. — ... Ou par un tribunal de simple police. — *Cass.*, 9 juill. 1825, Bellanger. — F. Berriat-St-Prix, *Comment. sur la charte*, sous l'art 55, p. 389.

17. — Il faut en dire autant des juridictions spéciales, telles que les tribunaux militaires et maritimes. — V. TRIBUNAUX MILITAIRES, TRIBUNAUX MARITIMES.

18. — Toutefois, il convient de remarquer que c'est principalement à l'égard des affaires portées à la cour d'assises que s'applique plus particulièrement, en fait, la mesure du huis-clos, qui, dans ce cas, et vu la gravité de l'accusation, acquiert une importance toute spéciale.

19. — Aussi est-ce presque toujours à l'occasion de huis-clos ordonnés par les cours d'assises que se sont élevées les difficultés sur lesquelles a été appelée à statuer la cour de Cassation. Il ne faut pas perdre de vue, néanmoins, que les principes consacrés par ces arrêts, bien que proclamés dans ce cas seulement, n'en sont pas moins applicables à toute espèce de huis-clos, quelle que soit la juridiction qui l'a ordonné.

20. — Comme corollaire indispensable à ces dispositions, la législation sur la presse contient l'interdiction formelle pour les journaux, sous peine de 2,000 fr. d'amende, dans toutes les affaires civiles ou criminelles où un huis-clos a été ordonné, de publier autre chose que le *prononcé* des jugemens. — L. 18 juill. 1828, art. 16, § 2.

21. — Jugé même que la publicité de l'acte d'accusation et celle du résumé du président n'autorisent pas la presse périodique à donner des extraits ou analyses de ces documens. — *Dijon*, 20 déc. 1843 (t. 2 1844, p. 161), Julien Duchesne.

22. — Toutefois, cette décision semble bien rigoureuse, surtout en ce qui concerne le résumé du président. Voici ce que M. Duvergier (*Coll. des lois*) dit dans son commentaire sur ledit art. 16 : « On a demandé que les journaux pussent publier aussi le *résumé* du président; cette proposition a été rejetée. Cependant la charte n'autorise les juges à prononcer le huis-clos que pour les débats, et le résumé du président n'en fait pas partie, car le dernier paragraphe de l'art. 335, C. instr. crim., porte : « Le président déclarera ensuite que les dé» bats *sont terminés*, » et le premier paragraphe de l'art. 336 ajoute : *Le président résumera l'affaire.* Enfin plusieurs arrêts de cassation ont cassé des arrêts par le motif que le résumé du président n'avait pas été fait publiquement. — V. cependant de Grattier, *Comment. sur les lois de la presse*, t. 2, p. 201.

23. — Quoi qu'il en soit, il est certain que le journal qui a rendu compte d'une partie des faits et des débats d'une affaire jugée à huis-clos de manière à en faire connaître l'origine, la gravité, et la part que des personnes non inculpées auraient prise à l'action, est passible de l'amende de 2,000 francs, prononcée par la loi du 18 juill. 1828. — *Dijon*, même arrêt.

24. — ... Et que le prévenu ne pourrait être dispensé de cette peine sur le motif tiré de sa bonne foi, ni sous le prétexte que l'usage abusif de rendre compte des débats judiciaires serait toléré chez les journalistes de la capitale. — Même arrêt.

§ 2. — *Ordre de huis-clos.*

25. — Le devoir du ministère public, lorsqu'il lui paraît que la publicité du débat est de nature à porter atteinte à la morale et à l'ordre public, est de requérir le huis-clos.

26. — Dans les conseils de guerre et les tribunaux maritimes où, à côté du rapporteur chargé de soutenir l'accusation, existe un commissaire du roi qui a pour mission de veiller à l'application de la loi, c'est à ce dernier qu'il appartient de requérir le huis-clos en vertu des prescriptions de l'art. 55 de la charte constitutionnelle. — V. TRIBUNAUX MILITAIRES, TRIBUNAUX MARITIMES.

27. — En l'absence de toutes conclusions du ministère public, et même contrairement à son avis, les juges peuvent, et doivent, s'ils le jugent nécessaire, ordonner d'office le huis-clos.

28. — Il y a même des juridictions où, à défaut de ministère public, le huis-clos ne peut jamais être prononcé que d'office; c'est ce qui a lieu pour les tribunaux de commerce. — Du reste, devant ces juridictions, les cas où il y a lieu d'ordonner le huis-clos sont bien rares.

29. — On s'est demandé si, quand le tribunal ou la cour est composé de plusieurs membres, et c'est là le cas le plus fréquent, c'est au président seul ou au tribunal entier qu'il appartient de statuer sur l'opportunité ou la non-opportunité du huis-clos.

30. — La solution ne nous paraît pas douteuse : nous n'hésitons pas à penser que la cour seule ou le tribunal, et non le président, peut ordonner le huis-clos, et qu'il doit intervenir un arrêt ou jugement.

31. — C'est ce qui du reste a été jugé formellement quant aux cours d'assises. — *Cass.*, 12 juin 1828, Jean Bazot; 12 juill. 1833, Lachassagne. — Ces décisions sont également applicables aux autres juridictions.

32. — Mais il est dans les attributions du président de déterminer l'importance et l'étendue du huis-clos ordonné; ainsi c'est à lui qu'il appartient de faire évacuer la salle et de statuer sur les permissions tendant à accorder à quelques personnes le droit de rester exceptionnellement dans la salle d'audience. — *Cass.*, 19 fév. 1841 (t. 1er 1842, p. 270) Regnier.

33. — Toutefois la cour pourrait statuer valablement par arrêt sur une autorisation de cette nature, sans empiéter sur les attributions du président. — Arg. *Ass. du Gard*, 7 sept. 1829.

34. — Le pouvoir des juges quant à l'appréciation de l'opportunité du huis-clos est souverain; quelle que soit leur décision sur ce chef, elle échappe à la censure de la cour de Cassation. — *Cass.*, 5 oct. 1821, Naulet. — V. aussi *Cass.*, 12 juill. 1833, Lachassagne.

35. — Aucune loi d'ailleurs n'impose au président l'obligation d'interpeller l'accusé de s'expliquer sur le huis-clos requis par le ministère public ou ordonné d'office, et qui n'est en dernière analyse qu'une mesure d'ordre et de morale. — *Cass.*, 6 nov. 1840 (t. 1er 1841, p. 604) Royer.

36. — En tous cas, aucune nullité ne saurait résulter du défaut d'interpellation, alors qu'il ne résulte pas du procès-verbal qu'aucun empêchement ait été apporté à des observations de la part de l'accusé ou de son défenseur. — Même arrêt.

37. — Et il a même été jugé que la cour d'assises n'est pas obligée d'entendre les observations de l'accusé, avant d'ordonner que les débats auront lieu à huis-clos. — *Cass.*, 14 sept. 1827, Boulin.

38. — La cour et même le président peuvent autoriser, malgré le huis-clos, la présence dans la salle de certaines personnes étrangères au débat, alors surtout qu'il n'y a eu à cet égard aucune opposition de la part de l'accusé. — *Cass.*, 10 fév. 1841 (t. 1er 1842, p. 270), Reynier.

39. — ... Spécialement, celle des parens au degré de père et de frère de l'accusé. — *Ass. du Gard*, 7 sept. 1829. N.....

40. — ...Ou encore, les avocats en robe. — C'est même ce qui se pratique dans l'usage.

41. — Ainsi, jugé avec raison en Belgique, en présence de la disposition d'un arrêté qui établissait dans ce pays une prescription analogue à celle de notre charte constitutionnelle, qu'il ne peut résulter aucune nullité de ce qu'un témoin reproché ne se serait point retiré de la salle d'audience après l'arrêt de la cour d'assises ordonnant que les débats auraient lieu à huis-clos. — *Bruxelles*, 27 sept. 1821, Botte.

42. — Du reste le huis-clos peut être partiel et ne porter que sur certaine portion des débats. — *Cass.*, 1er fév. 1839 (t. 1er 1840, p. 199), Delavier.

43. — La cour ou le tribunal peut prendre cette mesure en tout état de cause; toutefois il convient de remarquer qu'aux termes de l'art. 55 de la charte constitutionnelle, le huis-clos ne peut être ordonné que pour la partie relative aux débats, parce qu'alors seulement il peut y avoir danger pour l'ordre ou la morale.

44. — En conséquence, toutes les formalités qui précèdent la lecture de l'arrêt de renvoi et de l'acte d'accusation doivent être remplies en audience publique, à peine de nullité. — *Cass.*, 12 déc. 1823, Bouland.

45. — La seule difficulté est donc de savoir à quel moment précis les débats peuvent être réputés commencés, et par conséquent le huis-clos légalement prescrit.

46. — Avant la charte constitutionnelle, il avait été jugé que la lecture de l'acte d'accusation, les débats et la défense de l'accusé ne pouvaient avoir lieu à huis-clos, même en matière de viol, à peine de nullité. — L. 16-24 août 1790, tit. 2, art. 14; — *Cass.*, 17 mai 1810, Gasparini. — Merlin, *Rép.*, vº *Publicité de l'audience*, § 2, nº 4; Legraverend, t. 2, chap. 1er, § 4, p. 25, et Carnot, sur l'art 418, C. inst. crim., t. 3, p. 145, nº 8.

47. — Mais de nombreux arrêts ont décidé constamment depuis que les débats devant être réputés commencés devant la cour d'assises immédiatement après le serment prêté par les jurés, le huis-clos peut être immédiatement ordonné, avant qu'il ait été procédé à la lecture de l'arrêt de renvoi et de l'acte d'accusation. — *Cass.*, 11 janv. 1816, Ruggias; 27 juin 1828, Benetot; 5 août 1830, Tugdual; 17 avr. 1834, Auzeville; 22 déc. 1842 (t. 2 1843, p. 71), Marignan.

48. — A plus forte raison le huis-clos peut-il être ordonné avant l'exposé que, postérieurement à la lecture de l'acte d'accusation et de l'arrêt de renvoi, l'art. 345 C. d'inst. crim., autorise le ministère public à faire aux jurés. — *Cass.*, 13 oct. 1826, Rochelmagne.

49. — Toutefois, toujours libre dans ses appréciations, la cour pourrait valablement surseoir à ordonner le huis-clos; ainsi, l'accusé ne peut se faire un moyen de nullité de ce que la cour d'assises n'aurait pas ordonné le huis-clos avant la lecture de l'acte d'accusation : la cour d'assises peut prendre cette mesure dès le moment où elle la juge nécessaire. — *Cass.*, 10 mars 1827, Jean.

50. — L'arrêt par lequel une cour d'assises ordonne que les débats auront lieu à huis-clos, doit être motivé, à peine de nullité. — *Cass.*, 9 nov. 1823, Lesage; 18 janv. 1827, Labbé; 12 juin 1828, Bazot.

51. — Cet arrêt doit donc, à peine de nullité, déclarer que la publicité des débats serait dangereuse pour l'ordre public et les bonnes mœurs. — *Cass.*, 17 mars 1827, Dieuf; 9 sept. 1830, Carrier; 28 avr. 1837 (t. 1er 1837, p. 357), G....

52. — Cette déclaration ne saurait être suppléée par la simple citation de l'article de la charte constitutionnelle, qui autorise le huis-clos. — *Cass.*, 9 sept. 1830, Carrier.

53. — Lorsque le réquisitoire du ministère public tendant à ce que le huis-clos soit ordonné est motivé, si le procès-verbal des débats constate que la cour a rendu un arrêt conforme à ce réquisitoire, la cour est réputée en avoir adopté les motifs, et son arrêt ne peut pas être annulé comme n'étant point motivé. — *Cass.*, 26 juil. 1828, Chauchemiche.

54. — L'arrêt ou jugement qui ordonne le huis-clos, doit être prononcé publiquement, à peine de nullité. — *Cass.*, 12 déc. 1823, Boulland; 29 avr. 1826, Gréau.

55. — Du reste, les décisions des cours d'assises sur l'opportunité ou la non opportunité du huis-clos ne sont pas soumises à toutes les formalités extérieures exigées pour les arrêts définitifs. — *Cass.*, 27 déc. 1817, Pillet.

56. — Ainsi il n'est pas nécessaire que l'arrêt par lequel une cour d'assises ordonne que les débats auront lieu à huis-clos soit rédigé à part et signé par tous les juges. — *Cass.*, 19 janv. 1827, Charles Tichant.

57. — Cet arrêt qui est un simple arrêt d'instruction est donc suffisamment constaté par le procès-verbal de la séance. — *Cass.*, 15 avril 1830, Wanveninghem.

58. — Jugé, cependant, qu'il ne suffit pas que mention soit faite de cet arrêt dans le procès-verbal des débats, et qu'il doit en être dressé un arrêt en minute, à peine de nullité. — *Cass.*, 9 nov. 1833, Michel-Lesage.

59. — Mais, ainsi que le font remarquer avec raison MM. Teulet, d'Auvilliers et Sulpicy (*Codes annotés*, sur l'art. 370, Cod. inst. crimin. nº 12) cette décision n'exige pas formellement une minute séparée, et semble juger seulement qu'une simple énonciation faite au procès-verbal ne tient pas lieu d'une minute qui aurait dû ou pu y être insérée.

60. — C'est en effet dans ce sens qu'il a été jugé tant avant l'arrêt précité que depuis, qu'il suffit pour la régularité de l'arrêt qu'il ait été inséré dans le procès-verbal de la séance revêtu des signatures du président et du greffier. — *Cass.*, 23 fév. 1821, Charles Bouclet; 1er fév. 1839 (t. 1er 1840, p. 184), Villandt.

§ 3. — *Suspension du huis-clos.*

61. — Il peut arriver que dans le cours des débats, notamment devant la cour d'assises, il y ait lieu pour la cour de statuer sur certaines difficultés qui donnent lieu à des arrêts incidens ; on s'est demandé si, dans ce cas, la disposition de l'art. 7 de la loi du 28 avril 1810 qui prescrit de prononcer publiquement tout arrêt ou jugement continuait à recevoir application, ou si le huis-clos portait même sur ces arrêts.

62. — La cour de Cassation a décidé constamment et avec raison que la disposition (art. 64 de la charte de 1814, et 55 de la charte de 1830) qui n'autorise le huis-clos que pour *les débats* n'a pas créé une exception à la règle générale sur la publicité des jugemens et arrêts, même incidens, et que par conséquent ces arrêts doivent, à peine de nullité, être prononcés publiquement. — *Cass.*, 28 janv. 1836, Létard; 14 sept. 1837 (t. 1er 1840, p. 109), Assenat; 11 mars 1841 (t. 1er 1842, p. 308), Macé; 10 juin (et non 17 mars) 1841 (t. 2 1842, p. 612), Dupuy.

63. — ...Qu'il en est ainsi spécialement d'un arrêt portant que des témoins ne seront pas entendus avec serment. — *Cass.*, 18 oct. 1832, Tassu.

64. — ... Ou qu'un témoin sera ou ne sera pas entendu. — *Cass.*, 15 fév. 1839 (t. 2 1839, p. 99), Izarn dit Catina.

65. — ... Ou que malgré l'absence d'un témoin il sera passé outre aux débats. — *Cass.*, 19 mars 1840 (t. 2 1840, p. 542), Mariès.

66. — Il est vrai qu'antérieurement la cour de Cassation avait décidé que lorsqu'il a été ordonné que les débats d'une affaire auraient lieu à huis-clos, si l'accusé demande que l'audience cesse d'être secrète, il n'est pas nécessaire que l'arrêt qui statue sur cet incident soit rendu publiquement. — *Cass.*, 29 avr. 1826, Gréau.

67. — Que le tribunal de police correctionnelle qui a ordonné le huis-clos n'est pas tenu de rendre l'audience publique pour statuer sur une demande du prévenu tendant à obtenir un sursis pour faire entendre de nouveaux témoins. — *Cass.*, 17 janv. 1829, Blaye.

68. — Mais ces solutions sont inadmissibles : les prescriptions de la loi de 1810 sont absolues et ne font aucune distinction entre les différens arrêts incidens; tous doivent être prononcés publiquement, et nous avons vu qu'en effet tel était le dernier état de la jurisprudence de la cour de Cassation.

69. — Mais aussi, aux arrêts ou jugemens seuls s'étend cette prescription : en conséquence les ordonnances que rend le président des assises pendant le cours des débats qui ont lieu à huis-clos, peuvent être prononcées sans que l'audience devienne publique. — *Cass.*, 1er fév. 1839 (t. 1er 1840, p. 182), Willandt.

§ 4. — *Cessation du huis-clos.*

70. — Le huis-clos n'étant autorisé que pendant les débats, dès que les débats sont terminés, le huis-clos doit être levé et l'audience redevenir publique : cette conséquence est rigoureuse; son inobservation serait une cause de nullité.

71. — Et la nullité des débats entraîne celle de tout ce qui a suivi; spécialement, la déclaration du jury n'ayant pas été légalement rendue doit être déclarée tout entière non avenue. — *Cass.*, 13 sept. 1834, Césaire.

72. — Jugé que les débats sont terminés lorsque, après les dépositions de témoins et les dires respectifs auxquels elles auront donné lieu, la partie civile ou son conseil et le procureur général ont été entendus sur les moyens de l'accusation, et que l'accusé ou son conseil a épuisé sa défense. — *Cass.*, 26 mai 1831, Marès; — F. Berriat Saint-Prix, *Comment. sur la charte constit.*, p. 390.

73. — En conséquence, le résumé du président des assises et tout ce qui le suit, étant extrinsèque aux débats, sont soumis à la règle générale de la publicité. — *Cass.*, 22 avr. 1820, Lafitte; 19 déc. 1822, Roche; 18 sept. 1823, Cazeneuve; 30 sept. 1824, Jourdin; 29 avr. 1826, Gréau; 26 mars 1831, Marès; 30 mars 1337 (t. 1er 1838, p. 96), Lombard.

74. — A plus forte raison, en est-il ainsi de la position des questions qui doivent être faites en audience publique, à peine de nullité. — *Cass.*, 30 août 1822, Courtel; 19 déc. 1822, Roche.

75. — Il en est de même de la lecture de la déclaration des jurés par leur chef. — *Cass.*, 22 avr. 1820, Lafitte.

76. — ...Et surtout des arrêts de condamnation. — *Cass.*, 5 oct. 1821, Naulet.

77. — Le procès-verbal doit constater la réouverture des portes de l'audience à partir de la clôture des débats, et non pas seulement au moment de la prononciation de l'arrêt; il y a nullité, si rien n'établit que cette réouverture ait eu lieu après la clôture des débats et avant le résumé du président. — *Cass.*, 18 sept. 1823, Cazeneuve; 20 août 1829, Eynard; 17 mars 1842 (t. 2 1842, p. 612), Barig. — V. conf. Bourguignon, *Man. du jury*, p. 435, nº 284; *Jurispr. des Codes crim.*, t. 2, p. 28, nº 3.

78. — Du reste, lorsque le procès-verbal constate que la séance avait été rendue publique, lorsque l'arrêt de condamnation a été prononcé par le président, à haute voix, en présence du public et de l'accusé, la nullité n'en peut pas être prononcée sur le motif que l'expédition de l'arrêt ne constate pas qu'il ait été rendu publiquement. — *Cass.*, 26 juill. 1828, Chauchemiche.

V. au surplus COUR D'ASSISES. — V. aussi TRIBUNAL CORRECTIONNEL, TRIBUNAL DE POLICE, TRIBUNAUX MILITAIRES, TRIBUNAUX MARITIMES, TRIBUNAUX SPÉCIAUX.

HUISSIERS.

Table alphabétique.

Abus de confiance, 279.
Acceptation, 126.
Acquiescement, 95, 120.
Acte d'appel, 267 s. — d'avoué à avoué, 181. — d'exécution, 200 — respectueux, 101, 103.
Admission (conditions d'), 54 s.
Adjudicataire, 152.
Age, 54 s.
Agent de la force publique, 114. — du gouvernement, 76.
Algérie, 52.
Allié, 168 s., 175 s.
Ambassadeur, 166.
Amende, 66, 206, 316, 336, 384 s. — particulière, 250.
Appariteur, 4.
Appel, 46, 119
Archer, 18.
Arrêt réglementaire, 137.
Arrondissement, 39.
Associé, 129.
Attentat à la liberté, 75.
Attributions, 70 s.
Auberge, 148 s.
Audience publique, 384.
Avis, 363 s., 368.
Avocat, 79.
Avoué, 119 s., 196 s., 249, 293 s.
Bedeau, 7.
Billard, 148 s.
Bourse commune, 313 s., 319 s., 333, 371. — (versement à la), 327 s.
Bureau, 351.
Cabaret, 148.
Cabaretier, 18.
Café, 448 s.
Caution, 332.
Cautionnement, 34, 64.
Censure, 375 s.
Certificat de moralité et de capacité, 60, 367.
Chambre de discipline, 252, 311, 337 s., 349 s. — (membres de la), 341, 349 s., 352 s.
Chambres réunies, 283.
Chef-lieu, 226. — de canton, 39 s.
Chose jugée, 380.
Circonstances atténuantes, 216 s.
Citation, 70.
Clerc, 218, 260.
Collation de pièces, 19.

Colonies, 52.
Commission, 88.
Communauté, 35, 37 s. — des huissiers, 184, 245, 340 s., 337.
Compétence, 386 s.
Compte, 289, 329 s.
Compulsoire, 19.
Concussion, 77.
Confraternité, 140.
Connaissance de cause, 283.
Consentement, 125, 212.
Contentieux administratif, 116.
Contrainte par corps, 308 s., 330.
Contravention, 259.
Contributions indirectes, 106, 115.
Copie de pièces, 196 s., 295, 325.
Costume, 31, 87.
Coût des exploits, 201 s., 230, 323.
Déboursés, 254, 257.
Décharge de pièces, 146, 305.
Décision disciplinaire, 396 s.
Défenseur officieux, 81 s.
Délai, 143.
Délit, 165. — d'audience, 382, 392.
Demeure, 41.
Dénonciation, 366.
Désaveu, 125, 128 s.
Destitution, 53, 61, 152, 321, 398.
Devoirs, 136, 138 s.
Différend, 363.
Discipline, 339, 362, 366, 372 s., 381.
Domicile, 211 s.— élu, 183, 272.
Dommages-intérêts, 143, 158, 163, 212, 281 s., 288, 303 s., 384, 386 s.
Douanes, 107.
Droits litigieux, 150 s.
Ecriture, 194 s.
Elections, 108.
Emolumens, 137, 144, 167, 240 s., 254, 257, 315, 321.
Emprisonnement, 104, 124, 241.
Enregistrement, 237 s., 242, 296.
Entrée dans les maisons, 89 s.
Erreur, 285, 287.
Etymologie, 5.
Excès, 22.
Excuse, 214 s., 281 s.
Exploit, 70, 92 s., 100. — (rédaction d'), 187 s., 284, 290 s., 370.
Expropriation pour utilité publique, 110.
Faillite, 154.
Faux, 205, 219 s.
Femme, 170, 175 s.
Foi due, 92 s.
Fonctions (exercice des), 99.
Fonctionnaire public, 74 s.
Force majeure, 215.
Formalités, 191.
Frais, 240 s.
Français, 56.
Fraude, 219, 271.
Garantie, 293 s., 296, 302, 307, 388.
Garde du commerce, 104.— disciplinaire, 395.
Garde-forestier, 105.
Garde du génie, 113.
Garde nationale, 112.
Garde des sceaux, 395 s.
Gardien, 260.
Gendarme, 108 s.
Greffier, 79. — de justice de paix, 80.
Historique, 6 s.
Huissier audiencier, 2, 71 s., 322. — à la chaîne, 30.— à cheval, 23 s.— commis, 71. — à la douzaine, 26. — fieffé du Châtelet, 27. — de la grande chancellerie, 29 s. — royal, 7.— à verge, 25.
Illisibilité, 198, 294.
Immatricule, 192 s., 292.— (signature), 292.
Imprudence, 259.
Incompatibilité, 17 s., 62, 78 s.
Insolvabilité, 303.
Institution, 37.
Instruction criminelle, 114.
Interdiction, 377 s.
Intérêt personnel, 170 s.
Intérêts, 254.
Intervention, 369 s.
Inventaire, 20.
Juge de paix, 389 s.
Jugement, 385.
Jury, 109.
Justice de paix, 49, 182.
Lignes, 199.
Liste des jurés, 275 s.
Magistrat, 138 s.
Main-levée de saisie, 271.
Maison royale, 91.
Mandat, 285.—tacite, 117 s.
Mandataire, 185 s.
Mention de frais en marge, 203 s.
Mesure réglementaire, 252.
Ministère forcé, 161 s.
Modération, 142.
Négligence, 259.
Nombre, 37 s.
Nomination, 52, 63.
Notaire, 79, 101 s.
Notification, 70, 100.
Nullité d'exploit, 67 s., 160, 168, 178, 180, 259, 262 s., 267, 298 s., 301. — de procédure, 262, 266. — de procédure criminelle, 274 s.
Obligation, 136 s.
Office, 32, 36, 61.
Offres, 125.
Omission, 265, 272.
Ordres sacrés, 17.
Original, 318.
Outrage, 96 s.
Paiement, 126.
Parent, 168 s., 175 s.
Parties, 141, 284, 298 s.
Patente, 86.
Péage, 85.
Peines disciplinaires, 373.
Péremption, 286.
Perquisition, 21.
Plainte, 364.
Police d'assurance, 123.
Porteur de contrainte, 115.
Pouvoir (durée du), 130 s. — écrit, 124, 127.— spécial, 125.
Premier huissier, 31.
Préposé, 260, 277.
Prescription, 255 s., 400.
Prisée, 3, 16 s., 73.
Procès-verbal de carence, 286.
Procureur du roi, 395.
Protêt, 102 s., 273, 300.
Prud'homme, 111.
Quittance, 121.
Rappel à l'ordre, 374.
Rapporteur, 342, 348, 352.
Rébellion, 96.
Recors, 133 s.
Recouvrement, 278 s.
Recrutement, 57.
Refus d'exploiter, 163 s.
Registre, 331. — des délibérations, 361. — des protêts, 283.
Remise des copies, 205 s — d'émolumens, 188, 190, 243 s., 251, 324. — de pièces, 117 s., 147.
Répartition, 39 s.
Répertoire, 229 s., 317. — (copie du), 338, 335 s.
Résidence, 42, 47, 137, 155 s. — (changement de), 43 s., 48, 50.
Résistance, 90.
Responsabilité, 258 s. — (action en), 306 s.
Ressort, 15.
Restitution, 384, 386. — de pièces, 308. — de sommes, 309.
Rétention d'actes, 144 s.
Révision, 399.
Saisie gagerie, 270.
Saisie immobilière, 122, 124, 145.
Scellés, 20.
Secours, 313, 333 s.
Secrétaire, 342, 348, 352.
Sergent, 7 s. — à la douzaine, 26.
Sergent-crieur-juré, 28.
Serment, 34, 64 s.
Servitudes militaires, 113.
Sévices, 22.
Signature, 265.
Signification, 88.
Stage, 58 s.
Subrogation, 122.
Substitution, 277.
Succession vacante, 185.
Suspension, 206, 269, 321, 379, 393
Syndic, 311, 342 s., 355, 360, 370. — (amende), 335.
Tarif, 240 s.
Taxe, 253, 365.
Témoin, 133 s.
Timbre, 234 s.
Transport (droit de), 221 s., 326. — (frais de), 137.
Trésorier, 342, 347. — de la chambre, 328 s.
Tribunal de commerce, 391.
Vente de fruits et récoltes, 280.— publiques de meubles, 3, 16, 73, 152 s, 280.
Violence, 11 s., 96 s.
Visa, 210.

HUISSIER. — 1. — Officier ministériel ayant pour principale attribution de faire les exploits et significations et d'exécuter les jugemens et arrêts émanés des tribunaux et les mandemens de justice.

2. — Indépendamment de ces attributions, certains huissiers, choisis par les magistrats, sont chargés par eux du service des audiences, et jouissent, à ce titre, de certains avantages particuliers. — V. HUISSIERS AUDIENCIERS.

3. — Ils ont également le droit, concurremment avec d'autres officiers publics, de procéder aux prisées et aux ventes publiques de meubles dans les villes où il n'y a pas de commissaires-priseurs.

4. — On désigne encore sous le nom d'huissiers de simples appariteurs qui, soit chez le roi, soit auprès des chambres législatives, soit dans les divers ministères, sont chargés d'annoncer et d'introduire les personnes qui ont obtenu une audience; mais comme ces employés n'ont aucun caractère public, et ne sont ni fonctionnaires ni officiers ministériels, il serait convenable, selon nous, de leur donner une autre dénomination, afin qu'on ne les confondît pas, comme cela arrive trop souvent, avec les huissiers proprement dits.

5. — Le nom d'*huissier* vient de ce que ces officiers, lorsqu'ils sont attachés au service particulier du tribunal, sont chargés de garder et d'ouvrir les portes, ou, dans le vieux langage, les *huis* de la salle d'audience, et d'empêcher les étrangers de pénétrer dans la chambre du conseil pendant les délibérations.

§ 1er. — *Historique* (n° 6).
§ 2. — *Organisation et institution des huissiers* (n° 37).
§ 3. — *Conditions d'admission aux fonctions d'huissier* (n° 54).
§ 4. — *Attributions des huissiers, incompatibilités. — Prérogatives* (n° 70).
§ 5. — *Devoirs et obligations des huissiers* (n° 137).
§ 6. — *Responsabilité des huissiers* (n° 258).
§ 7. — *Organisation des huissiers en communauté. — Bourse commune* (n° 310).
§ 7. — *Chambre des huissiers. — Discipline* (n° 337).

—

§ 1er. — *Historique.*

6. — A Rome, les huissiers étaient appelés *apparitores, cohortales, executores, statores, cornicularii officiales* : les fonctions de ces officiers étaient ordinairement remplies par des affranchis.

7. — En France, on donnait autrefois à ces officiers, établis pour exécuter les ordres et mandemens de justice, le nom d'*huissier* ou de *sergent* et quelquefois de *bedeau*. — Lorsque l'huissier appartenait à une juridiction royale, il prenait le titre d'*huissier royal*, qui n'a plus de sens aujourd'hui, quoique quelques officiers encore s'obstinent à le conserver.

8. — Il y avait, dans l'ancien régime, entre les huissiers et les sergens cette différence, que les premiers étaient plus particulièrement chargés du service des audiences et de l'exécution des ordres du tribunal, et que les seconds avaient pour mission d'assigner et d'exécuter. Mais, dans la suite, cette distinction fit place à une autre : on donna le nom d'*huissiers* à tous ceux qui exploitaient dans les cours souveraines et dans les juridictions principales, et l'on réserva le nom de *sergens* à ceux qui n'avaient le droit d'exploiter que dans les juridictions inférieures. — Jousse, *Tr. de l'adm. de la just.*, t. 2, p. 558.

9. — Dans le principe, les sergens ou huissiers n'étaient pas obligés de savoir lire et écrire; ils donnaient verbalement leurs assignations et en faisaient rapport au juge. Mais cette manière de procéder donnait lieu à de si grands abus, que les états généraux, réunis à Tours en 1483, en firent l'objet de leurs doléances et exprimèrent le vœu qu'à l'avenir on ne reçût comme sergens que des officiers sachant lire et écrire.

10. — Une ordonnance d'oct. 1485 fit droit en partie à la demande des états généraux ; elle exigea que les huissiers et sergens de la prévôté de Paris sussent lire et écrire. Quant aux autres, ce ne fut que sous Louis XIV que la même condition leur fut imposée, ou du moins qu'on parvint à la faire exécuter.

11. — Quoique les huissiers fussent les ministres de la justice et placés sous sa protection spéciale, il arriva souvent que ces officiers furent exposés à des violences dans l'exercice de leurs fonctions. On sait que Louis XII, le grand justicier, parut un jour au parlement, le bras en écharpe, parce qu'un jeune seigneur avait cassé le bras à un sergent qui était venu pour une exécution. Le roi voulait montrer ainsi que l'insulte faite au sergent atteignait la justice elle-même, dont il était le ministre.

12. — En 1322, Jourdain de Lille fut pendu pour avoir tué un huissier qui l'ajournait au parlement. — En 1367, le prince de Galles ayant empêché un huissier qui se présentait pour l'ajourner de remplir son ministère, fut déclaré, par le parlement de Paris, contumax et rebelle, et les terres que son père et lui possédaient en Aquitaine furent confisquées.

13. — Cependant il fut long-temps impossible d'empêcher ces violences et ces insultes. L'état d'anarchie dans lequel se trouva la France à la fin du seizième et au commencement du dix-septième siècle rendit bien souvent impuissantes les mesures prises pour prévenir ces abus. — Ils étaient tels, que l'ordonnance même de 1667 prescrivit aux seigneurs habitans des châteaux et maisons fortifiées d'élire domicile en la plus proche ville voisine, et, à défaut de cette élection, permit aux huissiers et sergens de signifier les exploits destinés à ces seigneurs et habitans en la personne de leurs fermiers, juges, procureurs d'office et greffiers.

14. — Dans la suite, l'affermissement de l'autorité publique et l'adoucissement des mœurs rendirent à peu près inutile la mesure d'élection générale et forcée de domicile prescrite par Louis XIV. Rodier constate que, de son temps, il était assez rare qu'on maltraitât les huissiers et qu'on ne leur permît pas d'approcher des maisons et châteaux où ils avaient à exercer leur ministère.

15. — Dans l'ancien droit, l'étendue des pouvoirs des huissiers et sergens variait suivant l'importance de la juridiction à laquelle ils étaient attachés. Mais il y avait à cette époque des huissiers qui avaient le droit d'exploiter, non seulement hors de leur ressort, mais dans toute la France. Aux termes d'un arrêt du conseil du 3 nov. 1761, ce privilége appartenait aux huissiers à cheval du Châtelet de Paris, aux premiers huissiers des juridictions royales, aux huissiers audienciers des chancelleries près les présidiaux, et aux huissiers en la connétablie et maréchaussée de France. Un privilége aussi exorbitant a complétement disparu, et n'a laissé aucune trace dans notre organisation moderne.

16. — Les huissiers avaient le droit de priser et de vendre les meubles aux enchères publiques dans les lieux où il n'existait pas d'huissiers priseurs en titre d'office. Les huissiers ont encore aujourd'hui le même privilége, qu'ils partagent avec les notaires et les greffiers de justice de paix. — V. *infrà*, n° 73, et COMMISSAIRE-PRISEUR.

17. — Les anciennes ordonnances défendaient d'admettre dans le corps des huissiers des personnes engagées dans les ordres sacrés ; cette prohibition s'étendait même à ceux qui n'avaient que la simple tonsure. — Ord. 23 oct. 1425.

18. — Suivant l'ordonnance de 1670 et la déclaration du 28 mars 1720, les huissiers ne pouvaient être ni guichetiers, ni archers de maréchaussée, ni cabaretiers, ni solliciteurs de procès.

19. — Les huissiers étaient chargés des compulsoires et des collations de pièces chez les notaires. — *Nouv. style des huiss.*, p. 481; arr. parlem. Paris, 19 mars 1740.

20. — Aux termes d'un arrêt de réglement du 10 juill. 1665, les huissiers pouvaient faire des appositions de scellés; mais ils n'avaient pas le droit

de procéder à l'inventaire.—V. *Recueil des chartres des notaires*, chap. 9, p. 552. — V. INVENTAIRE, SCELLÉS.

21. — Les huissiers étaient autorisés à fouiller un accusé qu'ils emprisonnaient lorsqu'ils l'avaient remis entre les mains du geôlier, mais non avant, et ils devaient dresser procès-verbal des effets dont l'accusé se trouvait saisi. Il ne leur était pas permis de fouiller les personnes arrêtées pour dettes.

22. — Les huissiers ou sergens qui se rendaient coupables d'excès ou de mauvais traitemens envers les parties contre lesquelles ils procédaient, étaient punis sévèrement suivant l'exigence des cas. — On les punissait également lorsqu'il y avait connivence entre eux et les parties qu'ils étaient chargés de poursuivre. Il existe notamment un arrêt du 20 mars 1608 qui condamne à l'amende honorable et au bannissement un huissier parce qu'il avait reçu de l'argent d'un débiteur saisi pour ne point établir de gardien.

23. — Il existait avant la révolution des huissiers de plusieurs classes; nous devons indiquer ici les principales. *Les huissiers à cheval* du Châtelet de Paris, qui n'étaient au quatorzième siècle qu'au nombre de deux cent vingt, étaient en 1790 au nombre de neuf cent quatre, et avaient le droit exclusif d'exploiter partout le royaume les actes passés sous le scel du Châtelet de Paris. Ils partageaient en outre avec les autres huissiers et sergens le droit d'exploiter et d'instrumenter à l'occasion de tous les arrêts, sentences et jugemens de quelques juges qu'ils fussent émanés, à moins qu'il n'y eût commission scellée. — Ils pouvaient résider en quelque lieu du royaume qu'il leur plaisait de choisir (édit d'avr. 1544) et avaient leurs causes commises devant le prévôt de Paris. — Edits d'août 1492; juin 1603; déc. 1668; sept. 1672 et 22 juill. 1692.

24. — Ils devaient être reçus devant le prévôt de Paris et étaient tenus de comparaître tous les ans à la montre présidée par ce magistrat. — Edit du mois d'août 1492.

25. — *Les huissiers à verge*, moins nombreux que les huissiers à cheval, puisqu'ils n'étaient que 236, n'avaient dans le principe le droit d'exploiter que dans la ville et les faubourgs de Paris, et, en certains cas, dans toute l'étendue de la prévôté. Plus tard, ils obtinrent ou achetèrent le privilége d'exploiter dans toute l'étendue du royaume. (V. *Style des huissiers*, p. 469.) Ils avaient, comme les huissiers à cheval, leurs causes commises devant le prévôt de Paris.

26. — *Les huissiers ou sergens à la douzaine*, qui étaient autrefois les gardes du prévôt, portaient ses livrées et l'accompagnaient dans les cérémonies publiques, couverts du hoqueton et armés de la hallebarde. Ils étaient aux gages du roi et n'avaient d'autre droit que d'exploiter en la ville et banlieue de Paris. En 1691, leurs offices furent réunis à ceux des huissiers fieffés.

27. — *Les huissiers fieffés du Châtelet de Paris* étaient au nombre de quatre et pouvaient exploiter non seulement dans la ville et vicomté de Paris, mais dans tout le royaume. Les autres sergens fieffés avaient été originairement établis dans les bailliages à l'effet de faire tous les exploits nécessaires pour la recherche et conservation des droits féodaux du seigneur; mais ils devinrent dans la suite des sergens ordinaires ayant les mêmes droits que les autres huissiers.

28. — *Le sergent-crieur-juré* était établi dans chaque ville pour y faire, accompagné d'un trompette, les bans et proclamations des édits, statuts, arrêts, interdictions, curatelles, etc... qu'il était d'usage alors de publier à son de trompe. Le sergent-crieur, indépendamment de ce privilége, pouvait faire tous les exploits et actes du ministère d'un huissier ordinaire.

29. — *Les huissiers de la grande chancellerie* étaient au nombre de quatre seulement et étaient particulièrement chargés d'accompagner le chancelier de France dans les cérémonies publiques, de garder en dedans la porte où se tient le sceau et d'y faire toutes les publications alors en usage. Le premier huissier de la chancellerie jouissait du privilége de la noblesse.

30. — Les huissiers de la grande chancellerie portaient une robe de satin noir, le rabat plissé, la toque de velours, les gants à franges d'or, sans chaîne d'or au cou. — Les huissiers du conseil portaient au cou une chaîne d'or avec une médaille; on les appelait à cause de cet ornement les *huissiers à la chaîne*. Ils étaient commensaux de la maison du roi, et avaient le privilége de *committimus*.

31. — Le premier huissier au parlement jouissait de plusieurs prérogatives importantes. Il avait le titre de *maître*, la qualité d'écuyer, et jouissait de la qualité de noble, transmissible au premier degré. — Aux grandes audiences et dans les cérémonies publiques, il portait la robe rouge et un bonnet de drap d'or, retroussé d'hermine, avec une rose de perles. Sa place dans le parquet était à côté du greffier en chef. Il était couvert à l'audience, même en appelant les causes du rôle. Un des droits de sa charge était de placer la quatrième cause du rôle de Paris. Il recevait chaque année, à la rentrée, une écritoire et des gants qui lui étaient donnés par les religieux de Saint-Martin-des-Champs.

32. — Tous les anciens offices d'huissiers furent supprimés en même temps que les diverses charges de judicature par l'assemblée constituante; mais les titulaires continuèrent d'exploiter provisoirement. En 1791, la faculté d'exploiter en vertu de leurs anciens immatricules leur fut conférée, mais ils perdirent le droit de transmettre leurs charges et les anciens priviléges dont ils jouissaient précédemment.

33. — La loi du 26 janv. 1793 astreignit les huissiers à produire un certificat de civisme pour être admis à exercer ou à continuer leurs fonctions. — Celle du 17 sept. suivant les autorisa à faire les prisées et les ventes de meubles concurremment avec les notaires et les greffiers.

34. — La loi du 27 vent. an VIII et l'arrêté du 22 thermid. suivant firent cesser l'état précaire et incertain des huissiers. Ils furent à la nomination du gouvernement qui les instituait sur la présentation du tribunal. On les assujétit à l'obligation de prêter serment et de fournir un cautionnement. — De nouvelles dispositions furent insérées dans le décret du 18 juin 1811, art. 65 et suiv.

35. — Le décret du 14 juin 1813 est venu plus tard donner une organisation définitive au corps des huissiers. Il les a constitués en communautés, et leur a conféré à tous le même caractère et le droit d'exploiter concurremment dans le ressort de l'arrondissement auquel ils sont attachés.

36. — Enfin la loi du 28 avr. 1816 a achevé de consolider l'état des huissiers et en a fait un véritable office transmissible avec l'agrément du roi. — V. OFFICE

§ 2. — *Organisation et institution des huissiers.*

37. — Depuis le décret du 14 juin 1813, qui est la charte des huissiers, ces officiers sont organisés en corporations ou communautés: il y en a autant que d'arrondissemens judiciaires. Le nombre des huissiers qui compose chaque communauté n'est pas le même dans chaque arrondissement; il est déterminé par des ordonnances du roi et varie suivant les nécessités du service. Ainsi, à Paris, le nombre des huissiers est de cent-cinquante, tandis que, dans d'autres communautés, il n'est que de treize. A la vérité, la communauté de Paris comprend les huissiers de tout le département de la Seine.

38. — Lorsqu'il s'agit de changer le nombre des huissiers d'un arrondissement, on consulte la cour dans le ressort de laquelle la communauté est placée, et c'est sur sa délibération, prise en assemblée générale, qu'intervient l'ordonnance modificative.

39. — Les huissiers de chaque arrondissement sont répartis dans les différentes localités du ressort suivant les besoins du service; on les place, autant que possible, dans les chefs-lieux de canton. — Décr. 14 juin 1813, art. 17.

40. — Si des circonstances de localité ne permettent point l'établissement d'un huissier ordinaire au chef-lieu du canton, le tribunal de première instance le fixe dans l'une des communes les plus rapprochées du chef-lieu. — *Ibid.*, art. 18.

41. — Dans les communes divisées en deux arrondissemens de justice de paix au plus, chaque huissier ordinaire doit fixer sa demeure dans le quartier que le tribunal de première instance juge convenable de lui indiquer à cet effet (*Ibid.*, art. 19). Mais cette disposition n'est pas observée; elle a été jugée d'une exécution presque impossible.

42. — D'après le décr. du 18 juin 1811, c'était à la cour royale qu'appartenait le droit de fixer la résidence des huissiers (art. 66); mais aujourd'hui c'est au tribunal de première instance que ce droit est conféré. — Décr. 14 juin 1813, art. 16.

43. — Jugé, en conséquence, que le droit de changer la résidence des huissiers appartient maintenant au tribunal de première instance du ressort et non aux cours d'appel qui en étaient investies par le décr. du 18 juill. 1811. — *Metz*, 4 juin 1833, N...

44. — Ce droit, accordé aux tribunaux, ne doit être exercé que dans des cas très graves et avec une grande circonspection (*Encyclop.*, vº *Huissier*, nº 128). On comprend, en effet, que depuis la loi du 28 avr. 1816, qui fait des offices une propriété, le changement de résidence entraîne un déplacement nécessaire de clientèle et peut causer, par conséquent, un préjudice irréparable.

45. — Le droit des tribunaux de changer la résidence des huissiers est absolu; leur décision à cet égard est souveraine; elle ne peut être attaquée ni par la voie de l'appel ou du pourvoi en cassation, ni même administrativement, par la voie du recours au garde des sceaux ou au conseil d'état.

46. — Ainsi jugé que la décision par laquelle un tribunal change la résidence d'un des huissiers de son ressort, n'est pas sujette à appel. — *Metz*, 4 juin 1833, N.

47. — Jugé également que sous l'empire de l'art. 66, décr. 18 juin 1811, la détermination de la résidence des huissiers ordinaires appartenait en premier et en dernier ressort aux cours royales, et que cette attribution a été transportée en premier et en dernier ressort aux tribunaux par le décret de 1813. — *Cass.*, 4 févr. 1834 (int. de la loi), Guyon.

48. — ... Que le droit qu'ont les tribunaux de première instance de fixer la résidence des huissiers emporte nécessairement celui de changer cette résidence, toutes les fois que les besoins du service et l'intérêt des justiciables l'exigent. — *Cass.*, 11 août 1840 (t. 2 1840, p. 280), Richard.

49. — Le projet de loi sur les justices de paix proposait de conférer au gouvernement le droit de déterminer la résidence des huissiers, sur l'avis du gouvernement; mais cet article ne fut point adopté.

50. — Les tribunaux de première instance peuvent autoriser les permutations de résidence entre deux ou plusieurs huissiers de leur ressort sans qu'il soit besoin de l'agrément du roi lorsque ces présentations ne sont accompagnées d'aucune stipulation de prix emportant vente d'office. — *Rouen*, 16 juin 1845 (t. 1er 1846, p. 283), Toullemin c. Gueudeville; *trib. civ. Havre*, 4 janv. 1844.

51. — C'est au mois de novembre de chaque année, à la rentrée, que les tribunaux fixent la résidence des huissiers.

52. — En France, les huissiers sont nommés par le roi (L. 27 vent. an VIII, art. 96; décr. 14 juin 1813, art. 1er). — Dans les colonies, ils le sont par les gouverneurs, sur la proposition des procureurs généraux (ord. 24 sept. 1828). — V. COLONIES. — En Algérie, c'est le ministre de la guerre qui fait les nominations (ord. 26 sept. 1842, art. 73). — V. ALGÉRIE.

53. — Quoique la loi du 27 vent. an VIII n'ait pas conféré au chef du gouvernement, comme elle l'a fait pour les greffiers, le droit de les destituer *proprio motu*, il y a cependant de nombreux exemples de révocations d'huissiers prononcées d'office. Ces destitutions, lorsqu'elles ne sont pas provoquées par les tribunaux, sont essentiellement illégales, ainsi que nous croyons l'avoir démontré vº AVOUÉ, nºs 89 et suiv. Nous ne reviendrons pas sur cette discussion; nous nous contenterons d'y renvoyer.

§ 3. — *Conditions d'admission aux fonctions d'huissier.*

54. — Pour être admis aux fonctions d'huissier il faut: 1º être âgé de vingt-cinq ans accomplis (décr. 14 juin 1813, art. 10); on n'accorde pas de dispense d'âge.

55. — Dans l'ancienne jurisprudence, d'après un édit de 1708 et une déclaration du roi du 22 déc. 1699, il suffisait que les huissiers du commerce eussent vingt-deux ans, et ceux de police, vingt ans; mais aujourd'hui cette distinction n'existe plus.

56. — ... 2º Etre Français ou naturalisé Français et jouir des droits civils. — V. AVOUÉ, nºs 54 et 55.

57. — ... 3º Avoir satisfait aux lois du recrutement. — Décr. 17 thermid. an XIII; 14 juin 1813, art. 10.

58. — ... 4º Avoir travaillé, au moins pendant deux ans, soit dans l'étude d'un notaire ou d'un avoué, soit chez un huissier, ou pendant trois ans au greffe d'une cour royale ou d'un tribunal de première instance. — Décr. 14 juin, art. 10. — On n'exige pas des candidats le diplôme de capacité qui est exigé pour être avoué.

59. — Le décr. du 6 juill. 1810, art. 132, voulait que les candidats eussent travaillé, au moins *pendant une année*, dans l'étude d'un notaire ou d'un avoué, et portait à *deux ans* la durée du stage chez un huissier.

60. — ... 5º Produire un certificat de moralité, de bonne conduite et de capacité, délivré par la chambre de discipline de l'arrondissement où le candidat se propose d'exercer. — Le tribunal a toutefois le droit de refuser ce certificat, s'il est accordé trop légèrement, ou de le délivrer lui-

même, si la chambre syndicale le refuse trop légèrement. — Décr. 14 juin 1813, art. 10, § 5 et 6.

61. — ...6° Être présenté à l'agrément du roi par le titulaire ou par ses héritiers ou ayant-cause. — V. OFFICE. — Si le précédent titulaire a été destitué, la présentation est faite par le tribunal.

62. — ...7° N'exercer aucune fonction incompatible avec les fonctions d'huissier. — V. *infrà* nos 78 et s.

63. ...8° Être nommé par ordonnance du roi. — Décr. 14 juin 1813, art. 1er.

64. — Lorsque l'huissier a obtenu sa nomination, après l'accomplissement de toutes les formalités prescrites, il faut pour qu'il puisse exercer ses fonctions, 1° qu'il verse le cautionnement voulu par la loi et qu'il en justifie par la production du récépissé (décr. 14 juin, art. 12. — V. CAUTIONNEMENT); 2° qu'il prête serment devant le tribunal dans le ressort duquel il doit instrumenter.

65. — Ce serment doit être prêté dans le mois de la notification de l'ordonnance de nomination faite au nouveau titulaire, à peine de déchéance, à moins qu'il ne soit prouvé que le retard n'est point imputable à ce dernier ou que le tribunal ne le relève de la déchéance. — Décr. 14 juin 1813, art. 11 et 12.

66. — Tant que l'huissier n'a pas rempli toutes les conditions qui viennent d'être énumérées, il ne peut faire aucun acte de son ministère, sous peine d'une amende de 16 fr. à 150 fr. — Art. 196, C. pénal.

67. — Indépendamment de l'amende encourue par l'huissier, l'exploit serait nul, comme ayant été fait par un officier sans caractère public; car c'est le serment qui confère l'investiture définitive.

68. — Cependant, il a été jugé qu'on ne devait pas annuler la citation donnée par un huissier qui n'a pas encore prêté serment ou dont la prestation de serment n'est pas inscrite sur les registres de la justice de paix, s'il exerçait publiquement les fonctions d'huissier de cette juridiction. — *Besançon*, 16 janv. 1811, Perrin c. Pescheur.

69. — Lorsque l'huissier a prêté serment, il doit se faire inscrire au greffe du tribunal; c'est l'inscription sur le registre, à cet effet, qui constitue l'immatricule, dont l'indication est exigée dans les exploits. — Décr. 6 juill. 1810, art 116; C. proc. civ., art. 1er et 61. — V. EXPLOIT.

§ 4. — *Fonctions et attributions des huissiers. — Incompatibilités. — Prérogatives.*

70. — La principale attribution des huissiers consiste, comme nous l'avons dit, dans le privilége de faire exclusivement toutes citations, notifications, significations requises pour l'instruction du procès, tous actes, exploits et procès-verbaux nécessaires pour l'exécution des ordonnances de justice, jugemens et arrêts; toutes sommations, offres, mises en demeure, interpellations et constatations extra-judiciaires.

71. — Sous ce rapport, ils ont tous des droits égaux et peuvent concurremment exploiter dans le ressort de leur arrondissement, sauf ce qui sera dit aux mots HUISSIER AUDIENCIER et HUISSIER COMMIS.

72. — Indépendamment du droit général qui appartient à tous les huissiers, certains d'entre eux sont choisis par les tribunaux pour le service des audiences, désignation qui leur procure des avantages particuliers que nous avons énumérés V° HUISSIER AUDIENCIER.

73. — Enfin, les huissiers, en vertu de la loi du 17 sept. 1793, partagent avec les notaires et les greffiers de justice de paix le droit de procéder aux ventes publiques de meubles et de faire les prisées dans les villes où il n'existe pas de commissaires-priseurs. Ils jouissaient déjà de cette prérogative sous l'ancienne législation. — V. PRISÉE; VENTE PUBLIQUE DE MEUBLES.

74. — Les huissiers sont fonctionnaires publics et jouissent, dans l'exercice de leurs fonctions, de la protection que la loi accorde aux fonctionnaires en général. — Arg. *Paris*, 2 août 1833, Henrion c. Boisrichard.

75. — Jugé ainsi, que s'ils commettent dans l'exercice de leurs fonctions des actes arbitraires ou attentatoires à la liberté individuelle ou aux droits politiques des citoyens, l'art. 114, C. pén. leur est applicable; qu'en conséquence ils doivent être punis de la dégradation civique. — *Cass.*, 16 juill. 1812, Bernaudat.

76. — Toutefois, bien que fonctionnaires publics, les huissiers ne sont point des agens du gouvernement; en conséquence, ils peuvent être poursuivis sans autorisation du conseil d'état à raison des délits par eux commis dans l'exercice de leurs fonctions. — *Cass.*, 26 déc. 1807 (dans ses motifs). — Zoleczi, *Encyclop. des huissiers*, n° 90.

77. — Les huissiers, en leur qualité d'officiers publics, se rendent-ils coupables de concussion, lorsqu'ils exigent ou reçoivent ce qu'ils savent ne pas leur être dû pour taxe ou pour salaire? V. à ce sujet CONCUSSION nos 33 et suiv.

78. — L'exercice du ministère d'huissier est incompatible avec toute autre fonction publique salariée. — Décr. 14 juin 1813, art. 40. — Mais il peut occuper une fonction municipale; ainsi il peut être maire ou adjoint, et par conséquent membre d'un conseil communal; il peut être membre d'un comité de bienfaisance. Ce sont là des fonctions gratuites.

79. — Les huissiers ne peuvent exercer les fonctions d'avocat (arrêté 18 fruct. an XI; arg. art. 42, ord. 20 nov. 1822), de notaire, avoué, greffier. — Arr. 6 prair. an X.

80. — ...De greffier de justice de paix. — *Cass.*, 6 prair. an X, Dethel.

81. — ... De défenseurs officieux près des justices de paix. — L. 25 mai 1838, art. 18.

82. — ... De défenseurs devant les tribunaux de commerce. — Arrêté 18 fructid. an XI.

83. — Jugé que les huissiers, même porteurs de pouvoirs spéciaux ne peuvent défendre les parties devant les tribunaux de commerce. — *Riom*, 2 avr. 1830, Achard c. Poiret; *Amiens* (et non *Paris*), 24 juill. 1833, Holleville-Thoret c. Hardy.

84. — Toutefois ces prohibitions doivent être entendues dans le sens de l'art. 86, C. procéd.

85. — Les huissiers sont affranchis du péage des ponts et chaussées lorsqu'ils marchent pour le service de l'état, ou qu'ils accompagnent les membres du tribunal auquel ils sont attachés, ou quelque prévenu ou condamné. — Avis cons. d'état, 5 vent. an XII.

86. — Ils sont aujourd'hui exempts de la patente. — L. 25 avr. 1844, art. 13.

87. — Le costume des huissiers est à Paris et dans quelques autres grandes villes semblable en tout à celui des avoués. Presque partout ailleurs on a conservé l'antique manteau de serge noir, ou le petit collet adopté par les agréés. Ils ont de plus, pour se faire reconnaître lorsqu'ils exploitent, une médaille où leur immatricule se trouve gravée. — Les huissiers audienciers se servent aussi d'une petite baguette noire pour annoncer aux plaideurs, avoués et avocats que le tribunal va monter sur son siége et ouvrir l'audience.

88. — Les significations faites par un huissier qui exerce publiquement ses fonctions, sont régulières, sans qu'il soit besoin de rechercher s'il est porteur d'une commission légale. — *Montpellier*, 30 nov. 1824, Bernardon c. Guiraud.

89. — En principe, les huissiers ont le droit d'entrer dans le domicile de la partie à laquelle ils ont un acte à signifier; autrement ils ne pourraient le plus souvent exercer leur ministère. Mais ce droit cesse si les portes sont fermées, ou si l'ouverture leur en est refusée. — V., d'ailleurs, aux mots EXPLOITS, CONTRAINTE PAR CORPS, SAISIE-EXÉCUTION.

90. — Jugé, et avec raison, que l'huissier peut rester, malgré la résistance de la partie à qui les actes sont signifiés, lorsque l'entrée du domicile ne lui a pas été refusée; et si, pendant qu'il dresse son procès-verbal, il est injurié ou menacé, il y a lieu à l'application de l'art. 224, C. pén. — *Paris*, 2 août 1833, Henrion c. Boisrichard.

91. — Aux termes de l'ordonnance royale du 20 août 1817, les personnes qui ont leur résidence dans une maison royale ne peuvent être assignées qu'en parlant au suisse ou concierge. L'huissier ne doit pas pénétrer dans l'intérieur. — V. EXPLOIT.

92. — Les exploits des huissiers sont des actes qui font foi jusqu'à inscription de faux; c'est un principe constant, mais qui ne doit pas être entendu d'une manière trop absolue. Voici la distinction qui prévaut sur cette question.

93. — Suivant les auteurs, il faut distinguer les énonciations intrinsèques des énonciations extrinsèques de l'acte: les premières font foi jusqu'à inscription de faux; les dernières sortant des attributions des huissiers n'ont aucune force authentique. Ainsi, les exploits font foi jusqu'à inscription de faux: 1° de leur date; — 2° du transport de l'huissier; — 3° de la remise de la copie; — 4° du lieu où elle a été déposée; — 5° de la personne qui l'a reçue; — 6° en cas d'absence, de l'acceptation par un voisin, ou du refus de ce voisin; en un mot, de toutes les circonstances qui ont rapport à la confection légale et à la remise matérielle de l'exploit. Mais l'huissier n'ayant pas qualité pour constater les réponses, déclarations, aveux et consentemens, etc., les énonciations qu'il pourrait faire à ce sujet pourraient être combattues par la preuve contraire, sans qu'il fût besoin de prendre la voie de l'inscription de faux. — Berriat, p. 82, n° 60; Boncenne, t. 2, p. 248; Bioche, n° 27.

94. — Toutefois, il y a des actes, tels qu'un commandement, une sommation, un acte d'offres réelles, qui exigent une réponse, et l'huissier devant la constater, il semble que son énonciation doit, dans ce cas, faire foi complète. La réponse est alors une formalité intrinsèque. — Arg. *Grenoble*, 6 juill. 1826, Jacquillon c. Lambert. — Cependant il est convenable, en pareille circonstance, de faire signer à la partie l'acte qui contient sa réponse. — V. EXPLOIT.

95. — Jugé qu'un huissier n'a pas qualité pour rédiger un acte d'acquiescement à un jugement quelconque; en tous cas, l'acquiescement serait nul si la partie ne l'avait signé. — Même arrêt.

96. — Pour faciliter aux huissiers l'exercice de leurs importantes fonctions, la loi leur accorde une protection marquée par des pénalités diverses contre l'outrage, la violence et la rébellion (art. 222 et suiv., C. pén.; décr. 14 juin 1813, art. 77); elle les autorise même à requérir au besoin l'assistance de la force publique. — L. 27 juill. 1791, art. 22. — Merlin, *Rép.*; t. 5, p. 750.

97. — Ainsi, les menaces avec gestes de frapper un huissier qui exécute une saisie doivent être considérées comme un outrage envers un dépositaire de l'autorité publique, punissables des peines portées par l'art. 224, C. pén. — *Bourges*, 13 août 1817, Bottard.

98. — Si un particulier avait à se plaindre de l'irrégularité des poursuites de l'huissier, il devrait recourir à la justice; il n'aurait pas le droit d'opposer la violence matérielle aux actes de l'huissier. — *Cass.*, 15 juill. 1826, Campocasso.

99. — Quand les huissiers sont-ils réputés dans l'exercice de leurs fonctions? — Cette question se trouve résolue par un avis du conseil d'état du 3 vent. an XIII, ainsi conçu: « Leurs fonctions ne commencent qu'au domicile des particuliers auxquels ils ont à notifier quelque acte de leur ministère, et non au moment où ils sortent de leurs maisons pour s'y rendre, ou pour aller vaquer à leurs propres affaires. — Les huissiers sont encore dans l'exercice de leurs fonctions, lorsqu'ils font le service de l'audience et exécutent les ordres du juge.

100. — Nous avons dit que les huissiers avaient seuls le droit de faire les exploits et notifications judiciaires ou extra-judiciaires; cependant il existe plusieurs exceptions à ce principe; nous allons les faire connaître.

101. — ...1° Les actes respectueux ne sont pas du ministère de l'huissier, mais du notaire; la loi a pensé que ces actes seraient moins fâcheux si la rédaction n'en était pas confiée à des officiers publics dont les fonctions sont souvent très-rigoureuses; nous ne pouvons qu'approuver cette exception. — V. ACTES RESPECTUEUX.

102. — ...2° Les huissiers font, concurremment avec les notaires, les protêts des billets à ordre et des lettres de change. — V. PROTÊT.

103. — Jugé que les exceptions faites par le Code civil pour les actes respectueux, et par le Code de commerce pour les protêts, prouvent que les significations de tous les autres actes appartiennent aux huissiers. — *Bruxelles*, 23 mars 1811, créancier D... c. Quirini. — Mais les exceptions indiquées dans cet arrêt ne sont pas les seules, à beaucoup près, comme on va le voir, dans l'énumération suivante.

104. — ...3° A Paris, les gardes du commerce font, exclusivement aux huissiers, tous les actes d'exécution nécessaires pour arriver à l'exercice de la contrainte par corps. — V. CONTRAINTE PAR CORPS, EMPRISONNEMENT, GARDE DU COMMERCE.

105. — ... 4° Les huissiers font, concurremment avec les gardes forestiers, toutes les citations et notifications en matière de délits forestiers. — V. FORÊTS. — Mais les huissiers font seuls les actes d'exécution.

106. — ...5° Pour les assignations et actes d'exécution nécessaires en matière de contributions indirectes: les premières se font concurremment avec les préposés de l'administration, et les seconds sont du ministère exclusif des huissiers. — V. CONTRIBUTIONS INDIRECTES.

107. — ...6° Tous les exploits, significations de jugemens et actes d'appel en matière de douane peuvent être faits par les employés de l'administration comme par les huissiers. — V. DOUANES.

108. — ...7° Les huissiers partagent avec les gendarmes et les agens de police le droit de faire toutes les citations et significations en matière d'élections. — V. GENDARME, ÉLECTIONS.

109. — ...8° Ils partagent encore avec les gendarmes le droit de faire les citations, à la requête du ministère public, en matière de simple police et de police correctionnelle. — V. GENDARME.

110. — ... 9° Comme aussi les notifications aux jurés des extraits de la liste du jury et la sommation de comparaître. — V. JURY.

111. — ... 10° En matière d'expropriation pour utilité publique, les significations et notifications faites à la diligence du préfet, appartiennent aux agens de l'administration comme aux huissiers. — V. EXPROPRIATION POUR UTILITÉ PUBLIQUE.

112. — ... 11° De même, les secrétaires des conseils de prud'hommes font, concurremment avec les huissiers, les premières citations devant ces conseils. — V. PRUD'HOMMES.

113. — ... 12° En matière de garde nationale, les agens de l'autorité, sergens de ville ou tambours, font les citations et significations aussi bien que les huissiers. — V. GARDE NATIONALE. — En fait, les huissiers n'instrumentent guère en pareil cas, qu'à la requête des parties.

114. — ... 13° Quand il y a contravention aux prescriptions de la loi relative aux servitudes militaires, la notification des citations et des arrêtés des conseils de préfecture se fait soit par les huissiers, soit par les gardes du génie assermentés. — V. GARDE DU GÉNIE.

115. — ... 14° En matière criminelle, tous les actes prévus par le Code d'instruction et qui se font à la requête du ministère public sont signifiés soit par les huissiers, soit par les agens de la force publique. Ce droit de concurrence s'applique : 1° aux citations, significations, notifications, mandats de comparution; 2° à l'exécution des mandats d'amener et de dépôt; 3° à l'arrestation des prévenus, accusés ou condamnés, en exécution de mandats d'arrêt, d'ordonnances de prise de corps ou de condamnation en vertu de jugemens ou arrêts; 4° à l'extraction des prisonniers et à leur réintégration en prison; 5° aux procès-verbaux de perquisition; 6° à la publication à son de trompe ou de caisse et à l'affiche des ordonnances qui doivent être publiées contre les contumax; 7° à l'inscription de l'écrou, lorsque le prévenu se trouve déjà incarcéré, etc., etc...

116. — ... 15° Enfin, en matière de contributions directes, les porteurs de contraintes jouissent du droit de faire toutes les significations, tous les commandemens, actes de poursuite et d'exécution qui sont du ministère des huissiers en matière ordinaire. — V. CONTRIBUTIONS DIRECTES, PORTEURS DE CONTRAINTES.

117. — Du reste, les huissiers ont qualité pour faire les notifications des décisions administratives en matière contentieuse. — V. CONSEIL D'ÉTAT, CONSEIL DE PRÉFECTURE.

118. — En général, les huissiers n'ont pas besoin d'un pouvoir écrit pour instrumenter; mais il faut un mandat qui, du reste, se présume facilement. Ainsi, la remise d'une grosse ou d'une obligation pour en poursuivre l'exécution, d'un billet pour en faire le protêt, équivaut à un pouvoir. Il en est de même de la remise d'une simple note pour rédiger une assignation, etc., etc.

119. — Ainsi jugé qu'on ne peut contester la validité d'une sommation (notamment dans le cas de l'art 1656, C. civ.) par cela seul que l'huissier n'a pas exhibé les pièces constituant son pouvoir; il suffit que l'huissier soit porteur des pièces. — *Cass.*, 19 août 1824, Bailleul c. Lefebvre.

120. — ... Qu'un huissier est suffisamment autorisé à signifier un acte d'appel, lorsqu'il en reçoit la commission de l'avoué de première instance, bien que cet avoué n'ait pas lui même un pouvoir spécial à cet effet. — *Metz*, 28 août 1821, Perrault c. Prudhomme.

121. — ... Que l'acquiescement du créancier, et par suite le mandat donné à l'huissier de faire les frais dont il réclame le paiement, résulte : 1° de ce que le créancier a, par le ministère de son avoué, contesté une demande en distraction; 2° de ce qu'il a interjeté appel d'un jugement qui ordonnait que la vente se ferait par-devant notaire; 3° de ce qu'il a lui-même retiré les pièces des mains de son avoué pour les porter à un avocat. — *Colmar*, 22 janv. 1821, Haas c. Hanger.

122. — L'huissier est suffisamment autorisé à toucher et à donner quittance par la remise qui lui est faite par le client du titre exécutoire. — Toullier, t. 7, n° 20; Duranton, t. 12, p. 50; Bioche, n° 132; Proudhon, *Tr. de l'usufruit*, t. 3, n° 1328.

123. — Jugé que l'huissier qui est chargé de pratiquer une saisie peut même, sans pouvoir spécial, subroger aux droits du saisissant le tiers qui paie la somme due par le saisi. — *Colmar*, 21 déc. 1832, Kircsh c. Freudenreich.

124. — La remise d'une police d'assurance entre les mains d'un huissier, lui vaut pouvoir suffisant pour signifier que l'assuré entend cesser de faire partie de l'assurance mutuelle à laquelle il est associé, alors même que cette signification ne serait pas signée par la partie ou accompagnée d'un mandat écrit. — *Rouen*, 17 juin 1844, (t. 2 1844, p. 582), Daux c. Monnier.

125. — Quoiqu'on ne puisse, en thèse générale, exiger d'un huissier la représentation d'un pouvoir écrit, il est cependant quelques cas où ce pouvoir est nécessaire et doit être représenté, si on le requiert; ces cas sont : 1° la saisie immobilière; 2° la contrainte par corps. — V. EMPRISONNEMENT, SAISIE IMMOBILIÈRE.

126. — Il est constant en outre qu'aucunes offres, aucun aveu ou consentement ne peuvent être faits, donnés ou acceptés sans un pouvoir spécial, sinon l'huissier s'expose à être désavoué. — C. procéd., art. 352. — V. DÉSAVEU.

127. — Ainsi, l'huissier chargé par un avoué de poursuivre, dans l'intérêt d'une partie le recouvrement d'une créance est sans qualité pour accepter le paiement offert par le débiteur sous certaines conditions, et pour obliger le créancier à l'accomplissement des charges imposées aux offres. — *Aix*, 18 fév. 1833, Barras c. Gleyse.

128. — Hors ces différens cas, l'huissier est dispensé de rapporter un pouvoir écrit, lorsqu'il fait des actes de son ministère. — *Metz*, 22 déc. 1827, Pottgeiser.

129. — Au surplus comme on l'a vu v° DÉSAVEU, le désaveu de l'huissier comme de tout autre officier ministériel peut être déclaré non recevable, s'il y a eu approbation ou ratification par le désavouant.

130. — Ainsi, jugé que la déclaration faite par un huissier, au nom d'un associé, de la volonté de se retirer d'une association n'est pas nulle à défaut de pouvoir spécial dans la personne de cet officier ministériel lorsque, loin d'être désavouée ou méconnue par la partie, cette déclaration a au contraire été reconnue et approuvée par elle. — *Cass.*, 25 juin 1844 (t. 2 1844, p. 255), Daux c. Ratiéville.

131. — Néanmoins, comme il est dans la nature des pouvoirs donnés à l'huissier d'être essentiellement temporaires, il s'ensuit qu'il s'exposerait à être désavoué s'il recevait du débiteur les sommes dues et lui donnait décharge long-temps après les significations dont il était chargé.

132. — Jugé en ce sens que le mandat que la loi confère à l'huissier de recevoir le montant des titres dont il poursuit l'exécution ne s'étend pas au-delà du moment où il instrumente. Spécialement que le paiement fait à l'huissier ne libère point le débiteur, s'il a eu lieu dans un temps où les poursuites étaient suspendues par une opposition de ce dernier, et où le créancier avait constitué un avoué, chez lequel il avait élu domicile. — *Colmar*, 25 janv. 1820, Werner c. Dietz.

133. — Jugé de même que l'huissier chargé de faire un commandement ne peut recevoir long-temps après cet acte les sommes dues au créancier pour lequel il le notifie. — *Bruxelles*, 26 fév. 1817, N...

134. — Anciennement l'huissier ne pouvait instrumenter qu'avec l'assistance de recors ou témoins; cette précaution était nécessaire à une époque où les exploits n'étaient pas libellés et se rapportaient verbalement au juge. Mais dès le règne de Louis XIV, et au moment où la formalité du contrôle fut établie, on dispensa les huissiers de l'assistance des témoins.

135. — Le code a maintenu cet état de choses; ainsi l'huissier instrumente seul, sauf dans les cas où il s'agit : 1° de saisies mobilières (V. SAISIE-EXÉCUTION); 2° de contrainte par corps (V. EMPRISONNEMENT); 3° de protêts (V. ce mot).

136. — Suivant une décision du ministre des finances du 13 août 1807, il faut aussi que l'huissier soit assisté de témoins lorsqu'il est chargé de faire sommation à une personne qui délivre un certificat de vie.

§ 5. — *Devoirs et obligations des huissiers.*

137. — Les huissiers sont soumis à un grand nombre de réglemens qui leur imposent des obligations de différentes nature dont l'inobservation est souvent punie par des peines rigoureuses. C'est un motif de plus pour que les tribunaux n'aggravent pas par des exigences extralégales la position déjà si difficile de ces officiers.

138. — Dès-lors, doit être cassé, comme arrêt réglementaire, l'arrêt par lequel une cour royale, sans être saisie d'aucune contestation particulière prend une délibération pour rappeler un ancien réglement et ordonne : 1° que les huissiers de son ressort qui se transporteront hors de leur résidence ne pourront exiger que le salaire qui serait passé à l'huissier le plus prochain, à moins qu'ils ne soient nommés d'office; 2° que les huissiers seront tenus de numéroter chaque jour leurs exploits et de répartir le voyage entre les diverses commissions pour lesquelles ils l'auront fait. — *Cass.*, 22 mars 1825, Min. publ. c. cour de Colmar.

139. — *Devoirs généraux. — Prohibitions diverses.* L'huissier a des devoirs à remplir envers les magistrats, envers ses confrères, envers ses cliens et envers ceux contre qui il instrumente.

140. — L'huissier doit honneur et respect aux magistrats dont il est tenu d'exécuter ponctuellement les ordres pour l'administration de la justice; mais ceux-ci ne doivent pas oublier que l'officier ministériel n'est pas leur serviteur, mais celui de la loi.

141. — Les huissiers se doivent réciproquement des égards de bonne confraternité.

142. — Envers et contre les parties, l'huissier doit agir avec prudence et modération, ne pas conseiller des poursuites inconsidérées ou des procès douteux, mais, dans l'accomplissement juste et rigoureux de son ministère, il doit être inflexible et sévère comme la loi.

143. — L'huissier doit agir avec une grande modération, lorsqu'il emploie les voies coërcitives pour l'exécution des jugemens. Ainsi il pourrait être condamné aux dommages-intérêts lorsqu'il recourt à des *moyens violens* d'exécution, par exemple, en procédant à l'éjection des meubles sur le carreau. — V. SAISIE-EXÉCUTION, EMPRISONNEMENT.

144. — Les huissiers ne peuvent accorder de délai à un débiteur, sans y être autorisés par le créancier, sous peine d'interdiction et de tous dépens et dommages-intérêts des parties. — Arrêt réglem. 13 mai 1714, art 2; — Bioche, n° 162.

145. — Les huissiers peuvent retenir les actes de procédure qu'ils ont faits jusqu'à ce qu'ils aient été payés de leurs déboursés seulement, et non de tous leurs frais. — Pothier, *Du mandat*, n° 133; Berriat, p. 73; Bioche n° 264. — V *contrà Paris*, 20 (et non 28) déc. 1825, Brision c. Peisan.

146. — Ils peuvent de même retenir, pour se payer de leurs frais, dans le cours d'une saisie immobilière, et sauf à compter, les sommes qu'ils ont touchées pour les mêmes individus, à raison d'autres créances. — *Colmar*, 22 janv 1821, Haas c. Hanger.

147. — Les huissiers sont déchargés des pièces qui leur ont été confiées deux ans après l'exécution ou la signification des actes dont ils étaient chargés. — C. civ. 2276.

148. — Mais le débiteur qui s'est libéré sur poursuites est recevable à réclamer, même après ce délai de deux ans, la remise des titres en vertu desquels on agissait contre lui. — *Paris*, 20 (et non 28) déc. 1825, Brision c. Peisan. — Bioche, n° 135. — V. PRESCRIPTION.

149. — Il est défendu aux huissiers, sous peine d'être remplacés, de tenir auberge, cabaret, café, tabagie ou billard, même sous le nom de leurs femmes, à moins qu'il n'y soient spécialement autorisés. — Décr. 14 juin 1813, art. 41.

150. — Un tribunal de première instance ne peut, par suite du droit qui lui est attribué de fixer la résidence des huissiers de son ressort, s'arroger le droit d'autoriser un huissier à tenir par sa femme auberge, café, tabagie ou billard. — C'est au garde des sceaux, ministre de la justice, seul, qu'appartient le pouvoir de conférer de semblables autorisations. — *Cass.*, 26 sept. 1834, Procureur général à la cour de Cassation.

151. — Les huissiers ne peuvent se rendre cessionnaires des procès, droits et actions litigieux qui sont de la compétence du tribunal dans le ressort duquel il exercent, à peine de nullité et des dépens dommages-intérêts. — C. civ., art. 1597. — V. DROITS LITIGIEUX, n°s 10 et suiv.

152. — Mais il en est autrement quand il s'agit de l'acquisition de droits litigieux dans un autre ressort (V. DROITS LITIGIEUX, n° 24), ou quand il s'agit d'une créance qui n'est plus litigieuse. — *Eod. verb.*, n° 44.

153. — Les huissiers ne peuvent, ni directement ni indirectement, se rendre adjudicataires des objets mobiliers qu'ils sont chargés de vendre. — C. civ., art. 1596. — Toute contravention à cette disposition est punie de la suspension de l'huissier pendant trois mois, et d'une amende de 100 francs pour chaque article par lui acheté, sans préjudice de plus fortes peines dans les cas prévus par le Code pénal. — En cas de récidive, il y a lieu à destitution. — Décr. du 14 juin 1813, art. 38.

154. — Cependant, un huissier pourrait acheter des objets vendus par un autre fonctionnaire, à la requête de la personne pour laquelle il aurait signifié des exploits tendant à la vente. — V. VENTE PUBLIQUE DE MEUBLES.

155. — L'huissier qui se livre habituellement à des opérations de banque et de commerce doit être réputé commerçant, et, par suite, déclaré en état de faillite, s'il cesse ses paiemens.— V. FAILLITE, n° 69.

156. — Les huissiers sont tenus de garder la résidence qui leur a été assignée par le tribunal. En cas de contravention, ils peuvent être remplacés. — Décr. du 14 juin 1813, art. 16.

157. — Antérieurement, les huissiers, après avoir prêté serment, se fixaient dans le lieu de l'arrondissement qui convenait le mieux; ils n'étaient point astreints à telle ou telle résidence, et souvent trouvaient difficilement à s'occuper parce qu'ils étaient en trop grand nombre dans le même lieu. Une sage répartition suivant les besoins du service est bien préférable.

158. — Suivant M. Marc-Deffaux (v° *Huissier*, n°s 129 et 130), les huissiers ne peuvent établir un cabinet de réception dans un autre lieu que celui fixé pour leur résidence, sans être passibles de dommages-intérêts envers les huissiers de la localité à qui ils porteraient préjudice. Mais cette solution peut être contestée, car les huissiers, quoique non résidant au chef-lieu, peuvent exploiter concurremment avec leurs confrères dans tout l'arrondissement. Il faut seulement qu'ils gardent leur résidence habituelle; c'est ainsi que le décret doit être entendu.

159. — Jugé cependant que l'huissier auquel une résidence a été assignée ne peut, sous prétexte qu'il lui est impossible d'y trouver une habitation convenable, et jusqu'au rapport de la délibération qui lui assigne cette résidence, la quitter pour se transporter à diverses reprises dans un autre lieu à l'effet d'y instrumenter. Dans ce cas, il se rend passible de dommages-intérêts envers les huissiers de cette dernière résidence. — *Limoges*, 23 janv. 1844 (t. 1er 1845, p. 247), huissiers d'Aubusson c. Brioude.

160. — Rappelons ce que nous avons déjà dit, (*suprà* n° 45), que le tribunal de première instance a la faculté de changer la résidence primitivement fixée à un huissier, et que celui-ci n'a aucune espèce de recours contre une telle décision, quelque préjudice qu'il en éprouve.

161. — Au reste, ainsi qu'on l'a déjà vu v° EXPLOIT, n° 362, l'huissier qui a une résidence différente de celle qui lui est assignée par le tribunal près duquel il exerce ses fonctions, ne commet pas une nullité en indiquant dans un exploit seulement sa demeure réelle. — *Nîmes*, 20 janv. 1819, Rochefort c. Ribagnas.

162. — Le ministère de l'huissier est forcé. En conséquence, l'huissier est tenu de le prêter toutes les fois qu'il en est requis et sans acception de personnes. — Décr. du 14 juin 1813, art. 42.

163. — Il ne serait pas fondé à refuser son ministère sous prétexte que l'acte requis serait nul et irrégulier. Il devrait seulement, dans ce cas, pour mettre sa responsabilité à couvert, exiger une réquisition spéciale. — *Montpellier*, 24 juin 1826, Debosque c. Pech-Marty.

164. — L'huissier qui, sans cause valable, refuse d'instrumenter, et qui, après injonction à lui adressée par le président du tribunal, persiste dans son refus, peut être destitué, sans préjudice de tous dommages-intérêts et des autres peines qu'il peut avoir encourues.—Décr. du 18 juin 1811, art. 85; 14 juin 1813, art. 42.

165. — D'après les anciens réglemens, on considérait comme causes valables autorisant l'huissier à refuser d'instrumenter, la maladie, la convalescence, l'absence, l'inimitié contre la partie, la nécessité de s'occuper de suite d'une affaire personnelle, etc., etc.

166. — Le refus de l'huissier est également légitime: 1° lorsque l'acte dont on lui demande la signification peut renfermer un délit; 2° Lorsque la personne qu'il s'agit d'assigner ou de poursuivre jouit d'un privilége spécial, comme un ambassadeur.

167. — L'huissier peut encore refuser son ministère, si la partie qui le requiert ne lui consigne pas à l'avance une somme suffisante pour le couvrir de ses frais et débours et pour assurer le paiement de ses honoraires. — L'huissier n'est pas obligé de suivre sa foi.

168. — L'huissier ne peut instrumenter pour ses parens et alliés, et ceux de sa femme, en ligne directe à l'infini, ni pour ses parens et alliés collatéraux jusqu'au degré de cousin germain inclusivement, le tout à peine de nullité. — C. procéd., art. 66.

169. — Il ne peut pas non plus instrumenter pour ses parens et alliés naturels dont il est susceptible d'hériter. — Chauveau et Carré, t. 1er, n° 348; Favard, t. 1er, p. 147. Pigeau, *Comment.*, t. 1er, p. 190.

170. — A plus forte raison, l'huissier ne peut-il pas instrumenter pour lui-même ni pour sa femme.—Boncenne, t. 2, p. 190; Boitard, t. 1er, p. 263; Thomine-Demazures, t. 1er, p. 166; Chauveau et Carré, t. 1er, n. 337 *bis*.

171. — Jugé en ce sens qu'un huissier ne peut instrumenter dans une affaire à laquelle il a un intérêt personnel. — *Pau*, 7 juill. 1818, Anglade c. Bizé et Barhaupé.

172. — Jugé également que l'exploit fait par un huissier dans une cause où il n'aurait qu'un intérêt même indirect serait nul. — *Poitiers*, 26 nov. 1822, Chatenet c. Vrignaud; — Merlin, *Rép.*, v° *Huissier*, § 15.

173. — Ainsi il ne peut, par l'action en revendication intentée contre celui à qui il a vendu un immeuble avec promesse de garantie, signifier un exploit d'appel pour ce dernier.—Même arrêt.

174. — Néanmoins, il peut instrumenter dans l'intérêt de celui avec lequel il avait acquis l'immeuble revendiqué. — Même arrêt.

175. —L'huissier instrumente valablement pour sa femme divorcée ou les parens de celle-ci, et pour les parens et alliés de sa femme décédée sans enfans. — Carré et Chauveau, t. 1er, n° 340.

176. —Jugé, en ce sens, qu'un huissier pouvait instrumenter pour les alliés de sa femme au degré de cousin-germain. — *Lyon*, 29 juill. 1824, Jacquet c. Bonnevay.

177.— ... Pour l'époux de son allié en ligne collatérale. — *Pau*, 9 nov. 1831, Ricaud c. Galand-Bayle.

178. — Le parent de l'huissier pour lequel cet officier ministériel aurait instrumenté, malgré la prohibition de la loi, ne serait pas recevable à invoquer la nullité.—Pigeau, *Comm.*, t. 1er, p. 190; Chauveau et Carré, t. 1er, n° 339.

179. — Les motifs qui ont dicté les art. 4 et 66, C. procéd., n'existent plus lorsque l'huissier instrumente contre ses parens et alliés. Il n'est alors arrêté par aucune prohibition légale, mais seulement par des raisons de convenance. —Boncenne, p. 190; Pigeau, t. 1er, p. 190;—Chauveau sur Carré, t. 1er, n° 33; Favard, t. 1er, p. 147; Merlin, *Rép.*, v° *Huissier*; Boitard, t. 1er, p. 263.

180.— Jugé en ce sens que l'exploit signifié par un huissier à ses parens ou alliés aux degrés énoncés en l'art. 66, C. proc., n'est pas nul.—*Liége*, 10 juill. 1811, Desix c. Demblon.

181. — L'huissier n'est arrêté par aucune prohibition occasionnée par la parenté, lorsqu'il s'agit d'actes et de significations d'avoué à avoué. — Pigeau, *Comm.*, t. 1er, p. 189; Carré, *Lois de la procéd.*, t. 1er, n° 343 *bis*. — M. Chauveau n'admet cette opinion qu'avec restriction. Suivant lui, la nullité résultant de la parenté peut être opposée dès que l'intérêt de la partie adverse à en exciper sera manifeste. — Chauveau sur Carré, t. 1er, n° 343 *bis*.

182. — La prohibition portée dans l'art. 66, C. proc., est générale, mais elle admet des restrictions, par exemple, dans les procédures suivies devant le juge de paix; la prohibition est alors beaucoup moins absolue. En effet, aux termes de l'art. 4, C. proc. civ., l'huissier de la justice de paix peut instrumenter pour ses parens et alliés, si ce n'est pour ceux en ligne directe et pour ses frères, sœurs et alliés au même degré.—V. JUSTICE DE PAIX.

183. — Lorsqu'une partie a fait élection de domicile chez un huissier, cet officier ministériel peut à la rigueur signifier lui-même les actes de son ministère à ce domicile élu. Mais la prudence lui conseille de recourir au ministère d'un autre huissier ou de faire la signification au domicile réel. — Thomine, t. 2. p. 313; Bioche, n° 123; *Encyclop. des huissiers*, v° *Huissier*, n° 198.

184.—Il a été jugé qu'un huissier a qualité pour signifier un exploit intéressant la chambre de discipline de la communauté à laquelle il appartient; autrement, il n'y aurait pas de signification possible. — *Amiens*, 14 juill 1821, huiss. d'Amiens c. Bernaux.

185.— L'huissier peut encore exploiter: 1° pour une succession vacante dont un de ses parens au degré prohibé est curateur; 2° pour un mandataire dont il est parent ou allié audit degré. Il en serait autrement s'il était parent ou allié du mandant.—*Encyclop. des huissiers*, n° 190.

186.—Mais il ne peut valablement instrumenter pour la partie qui l'a constitué son mandataire général ou spécial.—*Cass*; 24 nov. 1817, Guebhard c. Bonamy; *Rouen*, 25 août 1843 (t. 1er 1844, p. 108), Peulevé c. Héron et Lescan.

187. — *Rédaction des exploits.* — Quoique la rédaction et le libellé de l'exploit appartiennent à l'huissier, il peut, quand l'acte est important, se conformer au modèle qui lui est remis par l'avoué ou la partie.

188. — Jugé en ce sens, qu'il n'est pas défendu aux huissiers de confier à des tiers la rédaction d'actes de leur ministère et de faire à ce sujet la remise d'une partie des émolumens qui leur sont individuellement réservés. — *Cass.*, 5 juin 1822, huiss. d'Amiens c. Bernaux.

189. — D'une autre part, les huissiers peuvent être appelés à libeller des actes infiniment délicats, nécessitant des connaissances particulières qu'on peut ne pas toujours trouver dans l'huissier instrumentaire, et présentant des difficultés dont on ne peut triompher que par des études plus approfondies que celles exigées des huissiers.

190. — Les huissiers ne peuvent se refuser à signifier les exploits qui leur sont remis sur papier timbré, écrits par la partie ou par son avoué, pourvu toutefois qu'ils ne contiennent rien d'illicite, alors surtout que l'avoué déclare n'exiger pour cette rédaction aucune espèce de remise. — *Rennes*, 15 fév. 1847 (t. 1er 1847, p. 385), Verne c. Thomas et huiss. de Nantes.

191. — Les huissiers doivent, pour la rédaction de leurs exploits, se conformer aux formalités prescrites par la loi. — V. EXPLOIT.

192. — Ils doivent notamment justifier, dans leurs actes, de leur compétence, en y énonçant leur nom, leur demeure et leur immatricule, à peine de nullité et de responsabilité. Quant aux effets de cette nullité, V. EXPLOIT.

193.— Sous la loi du 8 pluv. an II, les huissiers n'étaient pas tenus de déclarer leur immatricule dans les exploits qu'ils signifiaient. — *Cass.*, 22 vent. an VI, Proux c. Roze.

194. — L'huissier n'est pas tenu d'écrire lui-même ses exploits, ni même son immatricule et le *parlant à*. Mais il faut qu'il le signe et qu'il s'assure de son exactitude et de sa sincérité.

195.— Jugé en ce sens qu'un huissier n'est pas plus tenu d'écrire lui-même l'immatricule, la date et le *parlant à* d'un acte, tel que procès-verbal de carence, dont la sincérité est d'ailleurs garantie par sa signature, qu'il n'est obligé d'écrire lui-même les autres parties de cet acte, et l'arrêt qui voit là une cause de nullité, doit être cassé. — *Cass.*, 13 avr. 1831, Ravoux c. Joumard.

196. — C'est en général aux huissiers exclusivement qu'il appartient de faire les copies de pièces qui doivent être signifiées avec l'exploit. Ce n'est que par exception, et lorsqu'il s'agit d'actes signifiés pendant le cours du procès, qu'il appartient aux avoués de faire des copies de pièces. — *Cass.*, 19 janv. 1846, Miro c. Pottier; 24 avr. 1831, Delamotte c. Heuzé. — V. à cet égard v° COPIE DE PIÈCES (mat. civ.), n°s 44 et suiv.

197.— Dans ce dernier cas, les avoués peuvent, concurremment avec les huissiers, certifier les copies de pièces.—*Cass.*, 19 janv. 1836, Miro c. Pottier.

198. — Les huissiers ne peuvent signifier que des copies correctes et lisibles, à peine de rejet de la taxe ou de restitution des sommes reçues. — Décr. 14 juin 1813, art. 43, § 1er. — V. COPIE DE PIÈCES.

199. — Ils ne doivent pas non plus, dans les copies de leurs exploits et dans les copies de pièces, dépasser le nombre de lignes fixé par le décret du 29 août 1813. — V. COPIE DE PIÈCES, TIMBRE.

200.— Les huissiers ne peuvent faire aucun acte d'exécution qu'en vertu de titres parés, ni des significations que sur des grosses ou expéditions régulières, à moins que les tribunaux n'aient ordonné une exécution sur minute, en raison de l'urgence. — En matière criminelle ils peuvent signifier à la requête du ministère public tous actes et jugemens sur minute. — Décr. 18 juin 1811, art. 70; — Bioche, n° 37.

201. — *Coût des exploits.* — Les huissiers sont tenus de mettre à la fin de l'original et de la copie de l'exploit le coût d'icelui, à peine de 5 fr. d'amende, payables à l'instant de l'enregistrement. — C. procéd., art. 67. — V. EXPLOIT.

202.— Beaucoup d'huissiers exécutent mal cette disposition, car ils n'indiquent au bas de la copie que le coût de cette copie. Ce n'est pas là ce que veut la loi. Pour satisfaire à ses prescriptions il faut que l'huissier mentionne le coût entier de son exploit, et sur l'original et sur la copie. Toute autre mention est illusoire.

203. — Pour faciliter la taxe des frais, les huissiers, outre la mention qu'ils doivent faire au bas de l'original ou de la copie de chaque acte du montant de leurs droits, sont tenus d'indiquer en marge de l'original le nombre de rôles des copies de pièces, et d'y marquer de même le détail de tous les articles de frais formant le coût de l'acte. — Décr. 14 juin 1813, art. 48.

204. — L'exploit qui ne contiendrait pas cette mention ne serait pas nul, mais l'huissier serait passible d'une amende de 5 fr. payable à l'instant

de l'enregistrement (arg. C. procéd., art. 67); il pourrait même encourir l'interdiction. — Arg. tarif, art. 66; *Encyclop. des huiss.*, v° *Huissier*, n° 144.

205. — *Remise des copies.* — Avant le décret du 14 juin 1813, l'huissier qui faisait remettre par son fils ou par un tiers les copies de ses exploits et qui certifiait les avoir délivrées lui-même, commettait un faux et ne pouvait être excusé par l'exactitude du porteur. — *Cass.*, 9 niv. an XII, Martin; 16 janv. 1806, Fauré; 22 mai 1806, Guiot; 2 janv. 1807, Ravenstyn; 21 juin 1810, Gibory.

206. — Aujourd'hui tout huissier qui ne remet pas lui-même à personne ou à domicile l'exploit et les copies de pièces qu'il a été chargé de signifier, doit être traduit devant le tribunal correctionnel, et condamné à une suspension de trois mois et à une amende qui ne peut être moindre de 200 fr., ni excéder 2,000 fr., et aux dommages-intérêts des parties. — Décr. 14 juin 1813, art. 45.

207. — Ainsi, l'huissier qui fait remettre par un tiers la copie d'un exploit qu'il est chargé de signifier à personne ou à domicile, encourt, par ce fait matériel seul et sans qu'il ait agi dans une intention frauduleuse, les peines de suspension et d'amende prononcées par l'art. 45, décr. 14 juin 1813. — *Cass.*, 25 mars 1836, Gouazé.

208. — Il en est de même encore bien que ce soit par son fils que l'huissier a, même sans intention de nuire, fait remettre les copies. — *Cass.*, 30 juill. 1836, D...

209. — L'huissier qui a constaté mensongèrement dans son exploit qu'il s'est transporté au domicile de l'assigné et qu'il en a remis lui-même la copie à la femme de ce dernier, ne peut pas être exempté des peines portées par l'art. 45, décr. 14 juin 1813, sous le prétexte qu'il était présent à la remise qui en a été faite par un tiers, et que la copie est parvenue à sa destination. — *Cass.*, 7 août 1828, Veber.

210. — La disposition de l'art. 45, décr. 14 juin 1813, est générale et s'applique à tous les actes qu'un huissier est tenu de notifier, qu'il s'agisse d'une signification à partie, ou de la simple remise d'une copie à un fonctionnaire chargé de viser l'original, par exemple en matière de saisie-brandon ou de saisie immobilière. — *Cass.*, 19 fév. 1842 (t. 1er 1842, p. 597), Hurel; 18 déc. 1843 (t. 2 1844, p. 232), Greliche et Didier. — V. au surplus EXPLOIT, nos 885 et suiv.

211. — Non seulement l'huissier doit remettre lui-même les copies, mais encore il doit les remettre à personne ou à domicile. — C. procéd., art. 68; décr. 14 juin 1813, art. 45. — V. à cet égard v° EXPLOIT, nos 617 et suiv.

212. — L'huissier qui constate dans l'original de son exploit qu'il en a remis la copie au domicile de l'assigné, en parlant à sa mère, tandis qu'il l'a remise au domicile et à la personne d'un tiers, est passible des peines portées par l'art. 45, décr. 14 juin 1813, encore bien que cette remise ait été ainsi faite sur la demande de l'assigné lui-même. Le consentement de l'assigné à ce que la copie soit remise au domicile d'un tiers où il doit la prendre, quoique l'original constate qu'elle l'a été à son propre domicile, ne peut avoir d'autre effet que d'exempter l'huissier d'être poursuivi par la voie criminelle et d'être tenu des dommages-intérêts de l'assigné, dans le cas où il ne comparaîtrait point. — *Cass.*, 18 avr. 1828, Comoy.

213. — Mais l'huissier qui, ayant remis la copie d'un exploit au fils de la personne à laquelle la signification est adressée, et dans un lieu autre que le domicile de cette personne, constate dans l'exploit lui-même la remise telle qu'elle a été faite, n'est pas passible des peines prononcées par le décret du 14 juin 1813, art. 45. — *Cass.*, 6 mai 1842 (t. 2 1842, p. 332), Thiébaut.

214. — Les juges ne peuvent, à raison de la bonne foi de l'huissier, excuser le délit dont ils reconnaissent l'existence matérielle. — *Cass.*, 25 mars 1846, Gouazé.

215. — La circonstance qu'un torrent débordé empêchait l'huissier de parvenir jusqu'à la personne ou au domicile de celui auquel il devait remettre l'exploit ne constitue pas un cas de force majeure qui efface le délit. — Même arrêt.

216. — Les juges ne peuvent pas même admettre des circonstances atténuantes, et par suite, abréger le temps fixé de la suspension, et réduire l'amende au-dessous du minimun, l'art 463, C. pén., n'étant point applicable en pareil cas. — *Cass.*, 7 mars 1817, Jean Cusse; 25 mars 1336, Gouazé.

217. — Les décisions qui précèdent, quoique parfaitement légales, font regretter que l'art. 45 n'ait pas laissé plus de latitude aux magistrats dans l'application de la peine. Tout le monde convient que, dans beaucoup de cas, il est trop rigoureux de poursuivre les huissiers en police correctionnelle et de les suspendre pendant trois mois, quand une peine disciplinaire pourrait suffire. Dans l'intérêt même de l'ordre public, il serait à désirer que l'art. 45 fût modifié; on reculerait moins devant son application.

218. — Quoi qu'il en soit, par une tolérance reconnue nécessaire et jusqu'ici sans inconvénient, les huissiers sont généralement dans l'usage, à Paris et dans quelques autres grandes villes, de faire remettre par leurs clercs les copies de leurs exploits. Ce n'est que lorsqu'il y a eu négligence et préjudice que le ministère public poursuit. — En province, on est beaucoup plus rigoureux; il n'y a pas comme à Paris impossibilité matérielle de se conformer à l'art. 45, par exemple, pour les protêts aux fins de mois ou aux échéances un peu chargées.

219. — S'il est prouvé que l'huissier a agi frauduleusement, il est poursuivi criminellement et puni d'après l'art. 146, C. pén. — Décr. 14 juin 1813, art. 45, § 2.

220. — Au surplus, l'art. 45, décr. 14 juin 1813, qui prononce une amende et une peine disciplinaire contre l'huissier qui ne remet pas lui-même à personne ou à domicile les copies des exploits qu'il est chargé de signifier, n'a nullement modifié à l'égard des huissiers la disposition de l'art. 146, C. pén. — *Cass.*, 26 juill. 1822, Duport.

221. — *Frais de transport.* — Dans tous les cas où les réglemens accordent aux huissiers une indemnité pour frais de voyage, il ne leur est alloué qu'un seul droit de transport pour la totalité des actes que l'huissier a faits dans une même course et dans le même lieu. Ce droit doit être partagé en autant de portions égales entre elles qu'il y a d'originaux d'actes; et à chacun de ces actes, l'huissier est tenu d'appliquer l'une desdites portions; le tout à peine de rejet de la taxe, ou de restitution envers les parties, et d'une amende qui ne peut excéder 100 francs ni être moindre de 20 francs.

222. — Ainsi, l'huissier qui perçoit deux droits de transport pour deux actes faits le même jour dans la même cause, se rend passible d'une amende et de la suspension: il ne peut être excusé sur ce que cette perception aurait été faite par erreur. — *Cass.*, 30 juill. 1836, D...

223. — Tout huissier qui charge un huissier d'une autre résidence d'instrumenter pour lui, à l'effet de se procurer un droit de transport qui ne lui aurait pas été alloué s'il eût instrumenté lui-même, est passible d'une amende de 100 francs. L'huissier qui a prêté sa signature est passible de la même peine. En cas de récidive, l'amende est double, et l'huissier est, de plus, destitué. Dans tous les cas, le droit de transport indûment alloué ou perçu est rejeté de la taxe ou restitué à la partie. — Décr. 14 juin 1813, art. 36.

224. — La production de deux originaux des exploits faisant mention des deux droits de transport justifie suffisamment que l'huissier s'est rendu coupable de contravention en percevant ces deux droits sur deux actes faits dans la même course. — *Cass.*, 30 juill. 1836, D...

225. — Il ne faut pas s'exagérer la portée de la disposition de l'art. 35 du décret du 14 juin 1813; la contravention commise par un huissier, exigeant une double indemnité de voyage, à raison d'actes par lui faits dans une même course et dans un même lieu, n'est point un délit, et ne constitue qu'une simple faute de discipline. En conséquence, c'est au tribunal civil de première instance, et non au tribunal de police correctionnelle, qu'il appartient d'y statuer, et de prononcer contre le contrevenant l'amende de vingt à cent francs, portée par le décret susdaté. L'incompétence est d'ordre public. — *Cass.*, 22 mai 1828, Lazard Hayem.

226. — Remarquez que, sans qu'il y ait contravention à l'art. 35 du décret de 1813, une partie peut toujours charger un huissier du chef-lieu d'exploiter dans un canton éloigné, et que les frais de voyage sont exigibles. C'est un point constant.

227. — Jugé en ce sens, que les frais de transport d'huissier sont à la charge du débiteur, encore bien que le créancier eût pu les éviter en prenant un huissier dans la commune où s'est faite la signification: le choix d'un huissier est entièrement libre de la part du créancier. — *Cass.*, 17 fév. 1830, Meunier c. Bonneau et Jonas; *Paris*, 11 janv. 1834; Nourry c. Jouffroy. — V. aussi Chauveau, *Comment. du Tarif*, t. 1er, p. 65, n° 24.

228. — En matière criminelle, l'huissier qui se transporte, sans mandement, dans un autre canton que celui de sa résidence, n'a pas droit au transport. — Bioche, n° 254. — M. Chauveau (*Tarif, introduct.*, nos 90 et 95) pense que le transport est dû lorsque l'huissier agit à la requête du ministère public ou sur l'ordre exprès d'une cour royale.

229. — *Répertoire.* — Les huissiers doivent tenir des répertoires à colonnes, sur lesquels ils sont tenus d'inscrire, jour par jour, sans blanc ni interligne, et par ordre de numéros, tous les actes et exploits de leur ministère. — L. 22 frim. an VII, art. 49; décr. 14 juin 1813, art. 46. — V. à cet égard RÉPERTOIRE, nos 11, 31 et suiv.

230. — Outre les énonciations que doivent contenir ces répertoires, les huissiers doivent y porter, dans une colonne particulière, le coût de chaque acte ou exploit, déduction faite de leurs déboursés. — Décr. 14 juin 1813, art. 47.

231. — Favard de Langlade, dans son *instruction sur l'organisation des huissiers*, proposait d'ajouter au répertoire une autre colonne destinée à contenir la mention du montant de la taxe chaque fois que la taxe serait requise; mais cette idée n'a pas été accueillie, et ne présentait pas grande utilité.

232. — Les greffiers doivent faire viser leur répertoire tous les trois mois (V. RÉPERTOIRE, nos 93 et suiv.), et le communiquer à toute réquisition aux préposés de l'enregistrement (*eod. verb.*, nos 107 et suiv.

233. — *Registre de protêts.* — Indépendamment du répertoire, les huissiers sont tenus d'inscrire en entier sur un registre particulier les protêts qu'ils signifient (C. comm., art. 176). — V. REGISTRE DE PROTÊTS.

234. — *Timbre et enregistrement.* — Les actes des huissiers doivent être faits sur papier timbré, à peine d'amende. — L. 13 brum. an VII, art. 24, et 26; 16 juin 1824, art. 10.

235. — Cette règle ne souffre exception que pour certaines matières expressément déterminées par la loi, telles sont les matières de la garde nationale, de grand criminel, d'expropriation forcée pour cause d'utilité publique, les affaires relatives à l'indemnité de Saint-Domingue. — V. ces différens mots, et TIMBRE.

236. — En matière correctionnelle, les huissiers doivent employer du papier visé pour timbre, même pour délivrer copie des exploits qu'ils font à la requête du ministère public. — *Cass.*, 28 janv. 1833 (intér. de la loi), Hivel. — V. TIMBRE.

237. — Les huissiers doivent faire enregistrer leurs actes au bureau de leur résidence ou au bureau du lieu où ils les ont faits, dans les quatre jours de leur rédaction. — L. 22 frim. an VII, art. 20 et 26. — V. ENREGISTREMENT.

238. — L'huissier est personnellement tenu de l'acquittement des droits d'enregistrement, sauf son recours contre la partie qui a recouru à son ministère.

239. — Aucun huissier ne peut faire ou rédiger un acte sous signature privée, ou passé en pays étranger, l'annexer à ses *minutes*, ni le recevoir en dépôt, ni en délivrer extrait, copie ou expédition, s'il n'a été préalablement enregistré, à peine d'amende et de répondre personnellement du droit. — L. 22 frim. an VII, art. 42. — V. ENREGISTREMENT.

240. — *Frais et émolumens des huissiers.* — Les huissiers ne peuvent exiger d'autres et plus forts droits que ceux qui leur sont attribués par les tarifs, soit à titre de prompte expédition, soit comme gratification, ni pour quelque cause et sous quelque prétexte que ce soit, sous peine, en matière civile, d'interdiction (décr. 16 fév. 1807, art. 66), et en matière criminelle, de destitution et d'une amende qui ne peut être moindre de 500 fr., ni excéder 6,000 f., sans préjudice de l'application de l'art. 174, C. pén., suivant la gravité des cas. — Décr. 18 juin 1811, art. 64 et 86. — V. FRAIS ET DÉPENS, TARIF.

241. — Ils ne sont pas recevables non plus à demander les sommes qu'on s'est obligé, de leur payer indépendamment des honoraires alloués par le tarif pour l'exercice de la contrainte par corps. — *Cass.*, 27 avr. 1831, Trinquet c. Brée.

242. — Les huissiers ne peuvent réclamer un droit de vacation pour l'enregistrement de leurs exploits. — *Colmar*, 24 déc. 1807, Hommel c. Lustig.

243. — Ils ne doivent pas non plus faire des remises d'honoraires, surtout aux avoués, agréés, banquiers, agens d'affaires; ces remises destinées à s'assurer de clientèles importantes constituent un manquement aux devoirs de la profession et exposent les contrevenans à des poursuites disciplinaires.

244. — Pendant long-temps les chambres de discipline ont vainement essayé de lutter contre cet abus invétéré; mais depuis quelques années les instructions du ministre de la justice et la surveillance des magistrats ont mis un terme dans beaucoup de localités aux pactes illicites qui existaient antérieurement, ou du moins en ont entravé l'exécution.

245. — Il avait été jugé dans le principe que l'accord par lequel des huissiers consentent à signifier des actes de leur ministère rédigés par des tiers, et à faire remise à ceux-ci d'une partie de leurs salaires, ne peut servir de fondement à une demande en dommages-intérêts de la part de la communauté des huissiers contre les auteurs d'un pareil traité. — *Amiens*, 14 juill. 1821, huissiers d'Amiens c. Bernaux.

246. — Mais les tribunaux ont reconnu bientôt qu'un pareil fait constituait une infraction aux devoirs de la profession d'huissier, et devait donner lieu à l'application de peines disciplinaires.

247. — Déjà la cour de Cassation avait passé en principe que s'il existait un traité par lequel des huissiers s'engageraient à laisser rédiger différens actes de leur ministère par un avoué ou un agréé, moyennant la remise d'une partie de leurs émolumens, ce traité devrait être considéré comme abusif, et pourrait donner lieu à des peines de discipline contre l'huissier qui l'aurait consenti. — *Cass.*, 5 juin 1822, huissiers d'Amiens c. Bernaux.

248. — Depuis cet arrêt un grand nombre de condamnations a été prononcé par les tribunaux jugeant disciplinairement contre des huissiers pactisant avec des avoués, agens d'affaires ou agréés et quelques unes même l'ont été par le garde des sceaux. On peut donc tenir pour constant aujourd'hui que les traités par lesquels les huissiers font à des tiers remise d'une partie des émolumens que leur alloue le tarif, sont abusifs et illicites et qu'ils peuvent donner lieu à des poursuites disciplinaires, non seulement contre l'huissier, mais contre tout autre officier ministériel qui y participerait.

249. — Jugé en ce sens que les avoués et huissiers ne peuvent, par des conventions privées, modifier arbitrairement au détriment des uns et au profit des autres les émolumens que la loi leur accorde; qu'en conséquence le traité par lequel un huissier s'oblige envers un avoué à subir une retenue déterminée sur ses émolumens pour tous les actes dont le chargera ce dernier doit être déclaré nul comme contraire à l'ordre public. — *Cass.*, 29 déc. 1845 (t. 1er 1846, p. 195), Me Figeac c. Me Espagnac.

250. — De même est immorale et contraire à l'ordre public la convention par laquelle les huissiers d'un arrondissement auraient soumis à une amende de 25 fr. celui d'entre eux qui pour obtenir un bénéfice à lui propre, engagerait des parties à ne pas plaider, ou à ne pas mettre leur titre à exécution. — *Montpellier*, 28 août 1830, Rocherable c. Gelzy et Roger.

251. — Néanmoins il faut considérer comme licite la convention par laquelle un huissier, moyennant une certaine rétribution, s'engage pendant un certain temps à travailler et à tenir son cabinet dans le domicile d'un autre huissier, ainsi que le cabinet de ce dernier, à y faire tous les actes et à en remettre le produit à ce dernier, encore bien que les affaires lui fussent adressées personnellement. — V. aussi *Cass.*, 10 fév. 1825, Roulet c. Baudinier.

252. — Du reste une chambre de discipline n'a pas le droit d'établir, par une mesure générale et réglementaire, des peines et la suspension contre ceux de ses membres qui consentent à signifier des pièces signées par des avoués, dans le cas où ceux-ci n'ont pas le droit d'en percevoir les émolumens. — *Cass.*, 24 juill. 1832, huissiers de Tarbes.

253. — Tous les mémoires ou états de frais des huissiers sont susceptibles d'être taxés, sur la demande des parties intéressées. — V. FRAIS ET DÉPENS, TAXE.

254. — Les sommes qui sont dues aux huissiers pour déboursés et émolumens ne produisent des intérêts que du jour de la demande en justice. — *Caen*, 7 juin 1837 (t. 2 1837, p. 707), Hébert c. Thomasse.

255. — L'action des huissiers pour le salaire des actes qu'ils signifient et des commissions qu'ils exécutent se prescrit par un an. — C. civ., art. 2272.

256. — La prescription court, quoique l'huissier ait en sa possession les actes qu'il a faits pour ses cliens. — *Cass.*, 10 mai 1836. — V. FRAIS ET DÉPENS, PRESCRIPTION.

257. — Il s'est élevé des doutes sur le sens de l'art. 2272 C. civ.; on s'est demandé si la prescription qu'il établit s'appliquait non seulement aux honoraires proprement dits, mais aux *déboursés*. Le tribunal de la Seine a rendu sur cette question plusieurs décisions contradictoires. Selon nous, la prescription doit s'appliquer aux déboursés comme aux honoraires et il n'y a pas de motifs pour faire dans ce cas une distinction que la loi semble repousser quand il s'agit des frais dus aux avoués. — Art. 2273, C. civ. — V. PRESCRIPTION.

§ 6. — *Responsabilité des huissiers.*

258. — La responsabilité des huissiers n'est pas un vain mot; elle existe dans un grand nombre de cas et a été consacrée par plusieurs dispositions de nos codes, notamment par les art. 71 et 1031, C. procéd., et par le décret du 14 juin 1813.

259. — En thèse générale, les huissiers sont responsables envers leurs cliens de leurs propres faits : 1° lorsqu'ils font des actes nuls; 2° lorsqu'ils contreviennent aux réglemens relatifs à leur profession; 3° lorsqu'ils se rendent coupables de négligence ou d'imprudence.

260. — Ils sont également responsables des faits de leurs clercs et préposés commis dans l'emploi des fonctions qu'ils sont chargés d'accomplir.

261. — L'huissier est-il responsable du gardien qu'il a choisi dans une saisie-exécution ? — V. SAISIE-EXÉCUTION.

262. — En matière de responsabilité, le principe est posé dans l'art. 71, C. procéd., qui dispose que si l'exploit est déclaré nul par le fait de l'huissier, celui-ci peut être condamné aux frais de l'exploit et de la procédure annulée, sans préjudice des dommages-intérêts de la partie, suivant les circonstances.

263. — Ainsi, l'huissier est responsable des irrégularités qu'il commet dans la notification d'un exploit qu'il a signifié. — *Rennes*, 8 déc. 1813, Joly c. Nouail.

264. — ... De l'annulation d'un exploit dont la date est incomplète. — *Colmar*, 28 juill. 1812, Venuste-Quenet c. Quenet.

265. — ... De la nullité résultant de l'omission de sa signature sur la copie. — *Poitiers*, 13 août 1819, Duchastenier c. Guery.

266. — ... De nullités par lui commises dans une poursuite d'expropriation forcée. — Arg. *Bruxelles*, 2 juin 1806, N... c. Bourgogne.

267. — Jugé de même que l'huissier qui commet une nullité dans un acte d'appel est responsable du préjudice qu'il a causé à l'appelant, et doit être condamné à lui rembourser, à titre d'indemnité, les dépens auxquels il a été condamné sur ledit appel. — *Metz*, 18 févr. 1825, Léonard c. Humbert.

268. — ... Que l'huissier qui a commis une nullité dans un exploit, notamment dans un acte d'appel, est responsable des effets de cette nullité, et qu'il y a lieu dès-lors, pour fixer l'étendue de cette responsabilité, d'apprécier quel aurait été le résultat de l'appel, s'il avait été régulièrement interjeté. — *Metz*, 18 juin 1819, Thierry et Rogelet c. Pagès.

269. — Que l'huissier qui signifie l'acte d'appel d'un jugement en dernier ressort, peut être condamné à une amende et encourir même la suspension. — *Colmar*, 24 déc. 1807, Hommel c. Lustig.

270. — L'huissier est responsable envers le saisissant lorsque, chargé d'opérer une saisie-gagerie, il ne saisit qu'une partie des effets du débiteur, et que, moyennant la réception d'un à-compte, il prend sur lui d'accorder à ce dernier un délai sans y être autorisé par le créancier. — *Trib. de la Seine*, 22 nov. 1836, Letourneur c. O...

271. — De même, l'huissier serait passible de dommages-intérêts s'il accordait frauduleusement main levée d'une saisie-exécution, lors même que l'avoué de la partie lui en aurait donné le mandat. — *Besançon*, 23 mars 1808, Gravier c. Meunier. — V. SAISIE-EXÉCUTION.

272. — L'huissier qui, dans un exploit, fait élection de domicile pour son client en son étude, et qui néglige de faire parvenir à celui-ci les actes qui sont signifiés à son domicile, peut être déclaré responsable du dommage qui résulterait de cette omission. — *Cass.*, 9 nov. 1837, Legrip c. Stater.

273. — L'huissier qui, chargé de faire le protêt d'un effet de commerce, n'a fait que le procès-verbal de perquisition, est garant du défaut de protêt. — *Rouen*, 8 juill. 1811, Goguely c. Lamiral. — V. PROTÊT.

274. — Les huissiers des cours d'assises qui font des notifications incomplètes ou des actes nuls peuvent être déclarés responsables des frais de procédure annulés. — C. inst. crim., art. 415.

275. — Ainsi, lorsque pour notifier la liste des jurés, l'huissier en a fait une copie contenant des inexactitudes si grossières et si nombreuses qu'elles ont nécessité la cassation de l'arrêt de condamnation, alors il peut être ordonné que les frais de la procédure à recommencer seront à sa charge. — *Cass.*, 26 déc. 1823, Bracq ; 10 juin 1825, Valoteau ; 11 juin 1825, Fouchaud.

276. — Il en est de même quand l'huissier a signifié des listes de jurés incomplètes. — *Cass.*, 24 oct. 1822, Sirblet ; 23 juin 1824, Mornac ; 21 sept. 1827, Guiraudon ; 16 fév. 1832, Martineau.

277. — Un huissier chargé d'une saisie peut, de l'aveu du créancier, se substituer valablement un de ses confrères. Toutefois, il ne saurait être responsable des dilapidations dont on peut demander compte à l'huissier qu'il s'est substitué, s'il n'y a point participé personnellement. Les deux huissiers ne peuvent être considérés au respect l'un de l'autre, soit comme maîtres ou commettans, soit comme préposés ou domestiques. — *Orléans*, 14 nov. 1821, Grozier c. Jubé.

278. — La responsabilité de l'huissier existe même pour des faits en dehors de ses fonctions habituelles, s'il s'en est volontairement chargé, par exemple du recouvrement d'une créance. — Bioche, Vo *Huissier*, no 301.

279. — L'huissier qui chargé du recouvrement d'une créance dissimule la recette qu'il en a faite, et retient, malgré les réclamations de son mandant, la somme qu'il a recouvrée, commet le délit d'abus de confiance. Le tribunal saisi par suite de la plainte ne peut se fonder pour relaxer le prévenu sur sa solvabilité et sur la remise des fonds détournés, alors que cette remise a été faite tardivement et après les poursuites judiciaires. — *Cass.*, 13 sept. 1845 (t. 1er 1846, p. 562), Davoust.

280. — Relativement à la responsabilité des huissiers qui ont fait des ventes de meubles ou de récoltes, V. VENTE PUBLIQUE DE MEUBLES, VENTE DE FRUITS ET RÉCOLTES.

281. — Quoique l'huissier soit responsable de la nullité des exploits qu'il signifie, cette responsabilité n'entraîne pas nécessairement une condamnation à des dommages-intérêts ; cela dépend des circonstances. — C. proc., art. 71.

282. — Jugé également en principe que l'huissier instrumentaire, responsable des nullités qu'il commet dans les actes de son ministère, peut néanmoins être renvoyé de la demande en dommages-intérêts formée contre lui par son client, si les circonstances le rendent excusable. — *Riom*, 21 sept. 1821, Reynard c. Fauque et Picard.

283. — Ainsi, l'huissier qui a signifié des actes irréguliers, préliminaires à une enquête, ne peut être actionné en garantie par la partie qui avertie de cette irrégularité a néanmoins voulu que les actes fussent signifiés. — *Metz*, 5 fév. 1811, N...

284. — De même, un huissier n'est pas responsable de la nullité d'un exploit signifié par lui, mais rédigé par la partie elle-même. — *Caen*, 27 mars 1813, Dupont c. Asselin.

285. — Lorsqu'un exploit est nul pour erreur dans la désignation de la personne qui est assignée, ou pour erreur dans l'indication de son domicile, l'huissier n'est pas responsable s'il n'a fait que se conformer au mandat qu'il avait reçu. — Arg. *Toulouse*, 8 mai 1830, Clarène c. Juriol ; *Cass.*, 29 août 1832, Juriol c. Clarenc.

286. — L'huissier qui a fait un procès-verbal de carence au domicile élu par le débiteur d'un effet de commerce, n'est pas responsable de la péremption qui frappe le jugement en vertu duquel il a été dressé, si en agissant ainsi il s'est acquitté de la commission à lui donnée. — *Nancy*, 21 nov. 1831, Reydelet c. Delorcy.

287. — Lorsqu'une nullité a été commise par une erreur involontaire de l'huissier, les magistrats peuvent le décharger de toute responsabilité, si la partie à la requête de laquelle l'exploit a été signifié a pu s'apercevoir de la nullité avant qu'elle fût irréparable. — *Poitiers*, 24 août 1834, Morat c. Jourde.

288. — Bien plus, il pourrait y avoir lieu à des dommages-intérêts en faveur de l'huissier, si une action en responsabilité avait été indûment formée contre lui.

289. — Ainsi, un action contre un huissier, en reddition de compte d'une somme qu'il avait été chargé de recouvrer, donne lieu à des dommages-intérêts, s'il est reconnu que le compte avait été rendu et soldé. — *Liége*, 3 fév. 1824, Brundseaux c. Matheu.

290. — L'huissier est-il responsable lorsque l'exploit déclaré nul lui a été remis tout préparé par l'avoué ? Suivant Pigeau (*Comment.*, t. 1er, p. 200) et Demiau (p. 6.), dans ce cas l'huissier est affranchi de toute responsabilité, parce que les vices de l'acte qu'il a signifié ne proviennent pas de son fait.

291. — Mais cette opinion est repoussée et avec raison par M. Chauveau sur Carré (*Lois de la procéd.*, no 377). En effet, l'huissier n'est pas forcé de signifier un acte nul ; c'est lui qui signe, qui donne à l'exploit son caractère d'authenticité ; c'est à lui de veiller à ce que toutes les prescriptions de la loi soient strictement remplies. Il ne peut donc pas se décharger de la responsabilité qu'il a encourue en la rejetant sur l'avoué.

292. — Jugé en ce sens que l'huissier est respon-

sable des nullités que contient l'exploit auquel il appose sa signature et son immatricule, quoique cet exploit lui ait été remis tout rédigé par un avoué. — *Grenoble*, 14 déc. 1832, Oriol c. Terrot et Eynard.

293. — Cependant, si l'huissier était condamné, il pourrait agir en garantie contre l'avoué par le fait duquel l'huissier aurait été déclaré responsable. — Même arrêt.

294. — De même, l'huissier qui a été condamné à l'amende de 5 fr. pour avoir signifié une copie illisible a son recours contre l'avoué, si c'est par cet officier que la copie a été faite. — *Cass.*, 11 août 1835, N...

295. — Il faut bien remarquer, du reste, que lorsque l'avoué a le droit de certifier, en sa qualité d'avoué, les copies de pièces signifiées avec un exploit, si ces copies donnent lieu à une action, l'huissier n'en est pas responsable. — V. COPIES DE PIÈCES, n° 72.

296. — Ainsi, lorsque l'huissier signifie une requête signée par un avoué, et dans laquelle est inséré un acte sous seing-privé non enregistré, l'amende est encourue non par l'huissier, mais par l'avoué. — *Cass.*, 8 août 1809, Tortat c. Chapelain.

297. — La responsabilité de l'huissier ne peut pas être invoquée d'une manière générale par tous ceux au nom de qui ou contre qui la nullité des actes peut être invoquée.

298. — Ainsi, l'huissier n'est pas responsable envers la partie contre laquelle il exploite, de l'irrégularité du commandement qu'il a signifié. — *Rennes*, 21 mars 1816, Jaouen c. Guilion.

299. — Il n'est responsable de la nullité de ses actes que vis à vis de la partie pour laquelle il a instrumenté; d'où il suit que, si celle-ci, dégagée de toute action, n'exerce pas sa garantie, les autres parties ne peuvent s'en prévaloir, parce qu'il n'est pas leur mandataire. — *Bordeaux*, 3 janv. 1840 (t. 1er 1840, p. 468), Henry c. Changeur.

300. — Spécialement, l'huissier qui a commis une nullité dans un protêt n'est responsable que vis à vis des tiers-porteurs dont il est le mandataire; il n'est pas responsable vis à vis des endosseurs. — V. PROTÊT.

301. — Un huissier ne peut être déclaré responsable de la nullité d'un acte par lui fait qu'autant que cette nullité a été prononcée par jugement. — *Cass.*, 2 fév. 1825, Bernard c. Demardre.

302. — Lorsque l'exploit d'une demande en garantie est nul, l'huissier n'est tenu que des frais de cet exploit et de ceux de la mise en cause, quand les juges sont d'avis que la demande en garantie, si elle eût été valable en la forme, n'aurait eu aucun succès au fond. — *Nancy*, 24 mai 1833, comm. de Merville c. comm. de Rehercy.

303. — Pour la même raison, l'huissier qui a négligé de remplir le mandat dont il était chargé peut, pour faire réduire les dommages-intérêts réclamés contre lui, être admis à prouver l'insolvabilité de la personne contre laquelle il devait agir. — *Nancy*, 29 janv. 1831, Houelle.

304. — Dans l'appréciation des circonstances pour la fixation des dommages-intérêts, les tribunaux doivent tenir compte de la bonne foi de l'huissier et avoir égard au zèle habituel qu'il apporte dans ses fonctions. — Pigeau, *C. Procéd.*, t. 1er, p. 200; Chauveau et Carré, t. 1er, n° 377; Bioche, v° *Huissier*, n° 297.

305. — L'action en responsabilité contre l'huissier n'est pas éteinte après le délai fixé par l'art. 2276, C. civ. Ainsi, de ce que l'huissier est, après deux ans, déchargé des pièces qui lui ont été confiées pour remplir une commission, il ne s'ensuit pas qu'après ce laps de temps il soit à l'abri des poursuites à diriger contre lui, à raison des malversations dans l'exécution des actes dont il a été chargé. — *Rennes*, 12 mai 1832, Dupasquier, Dominé et hospice de Redon c. hérit. Merdrignac.

306. — En général, l'action en responsabilité doit être portée devant le tribunal de la résidence de l'huissier, et non devant celui qui a prononcé la nullité de l'exploit donnant lieu à la responsabilité. — V. GARANTIE.

307. — L'huissier actionné en responsabilité, à raison des nullités commises dans un acte d'appel, peut-il être appelé *de plano* en garantie devant la cour d'appel? V. également GARANTIE.

308. — La contrainte par corps a lieu contre les huissiers pour la restitution des titres à eux confiés et des deniers par eux reçus pour leurs clients, par suite de leurs fonctions. — C. civ., art. 2060-7°. — V. CONTRAINTE PAR CORPS, n°s 166.

309. — Jugé qu'elle peut être prononcée contre un huissier pour la restitution des sommes qu'il a reçues pour un client, par suite de ses fonctions, lors même que ces sommes n'excéderaient pas 300 fr., si d'ailleurs l'huissier est convaincu de dol et de fraude. — *Cass.*, 4 fév. 1849, Renaud c. Noël.

§ 7. — *Organisation des huissiers en communauté. Bourse commune.*

310. — Tous les huissiers résidant et exploitant dans le ressort du tribunal civil de l'arrondissement sont réunis en communauté. Par exception, tous les huissiers résidant dans le département de la Seine ne forment qu'une communauté. — Décr. 14 juin 1813, art. 49 et 50.

311. — Chaque communauté forme un corps distinct qui a son organisation propre. Elle a à sa tête un syndic et une chambre qui la représente et l'administre et qui maintient entre tous les membres l'ordre et la discipline. — V. *infrà* sect. 8.

312. — L'établissement des communautés entre les huissiers est une institution nouvelle. Les bases en avaient déjà été posées dans le décret du 18 juin 1811, art. 69.

313. — Dans chaque communauté d'huissiers il y a une bourse commune, exclusivement destinée à subvenir aux dépenses de la corporation et à distribuer, lorsqu'il y a lieu, des secours tant aux huissiers en exercice qui sont indigens, âgés et hors d'état de travailler, qu'aux huissiers retirés pour cause d'infirmités et de vieillesse, mais non destitués, et aux veuves et orphelins d'huissiers. — Décr. 14 juin 1813, art. 91; ord. 26 juin 1822, art. 1er.

314. — D'après le décret du 14 juin 1813, chaque huissier devait verser à la bourse commune les *deux cinquièmes* de tous ses émolumens (art. 92), à l'exception toutefois de ceux attribués aux huissiers audienciers en cette qualité (art. 93). Mais il s'éleva de nombreuses réclamations contre cet état de choses, et le gouvernement crut devoir y faire droit par l'ordonnance du 26 juin 1822.

315. — D'après cette ordonnance, la bourse commune se forme : — 1° d'une pension qui ne peut être au-dessous d'un *vingtième* ni excéder le *dixième* des émolumens attribués à chaque huissier pour les originaux seulement de tous exploits et procès-verbaux portés à son répertoire et faits soit à la requête des parties, soit à la réquisition et sur la demande du ministère public, tant en matière civile qu'en matière criminelle, correctionnelle et de simple police. — Même ordonn.

316. — ... 2° Du quart des amendes prononcées contre les huissiers pour délits ou contraventions relatifs à l'exercice de leur ministère. — Décr. 14 juin 1813, art. 99.

317. — Les actes non susceptibles d'être inscrits sur le répertoire ne sont pas sujets au versement. — Ord. 26 juin 1822, art. 3.

318. — A l'égard des actes pour lesquels le tarif n'alloue qu'un seul droit, dans lequel sont confondues les vacations et diligences, la contribution ne s'exerce que sur la somme allouée pour l'original seulement. — *Ibid.*, art. 4.

319. — La quotité de la somme à verser à la bourse commune par chacun des membres de la communauté est déterminée par une délibération de la chambre, homologuée par le tribunal sur les conclusions du ministère public. — *Ibid.*

320. — En vertu de cette disposition, quelques tribunaux ont voulu fixer eux-mêmes, dans les limites de l'ordonnance, la quotité à verser par chaque huissier; mais c'était une prétention mal fondée. Le législateur veut que ce soit la chambre de discipline qui détermine la quotité des versemens; le tribunal n'a qu'un droit de contrôle.

321. — Les huissiers suspendus ou destitués versent dans les proportions ci-dessus les émolumens par eux perçus jusqu'à la cessation effective de leurs fonctions. — *Ibid.*, art. 5.

322. — Les huissiers audienciers, qui reçoivent un traitement, n'en versent aucune portion à la bourse commune. Les dispositions précédentes leur sont au surplus applicables. — *Ibid.*, art. 6.

323. — La somme à verser par chaque huissier dans la bourse commune est déterminée par le coût de l'acte tel que l'alloue le tarif. On ne pourrait donc pas exciper de ce fait que des remises d'honoraires ont été consenties pour ne verser qu'une somme inférieure à celle que versent les autres huissiers.

324. — Jugé en ce sens que le décret du 14 juin 1813, qui soumet chaque huissier à verser dans la bourse commune de son arrondissement les deux cinquièmes de tous ses émolumens, l'oblige à faire le versement du montant des droits que le tarif fixe pour les actes de son ministère en telle sorte qu'il doit supporter personnellement les réductions qu'il s'est imposées pour les actes qui lui ont été remis tout faits. — *Grenoble*, 19 avr. 1815, huissiers de Grenoble c. procureur général.

325. — Les droits aux copies de pièces, les émolumens pour les copies des exploits et procès-verbaux et même le droit de visa ne sont pas soumis au versement dans la bourse commune.

326. — Il en est de même des droits de transport. En effet, l'indemnité allouée à l'huissier pour frais de déplacement n'est qu'une compensation, qu'un remboursement des frais qu'il a faits ou dû faire. — Décis. min. just. 29 nov. 1813, 17 juin 1815; — *Paris*, 4 janv. 1822, Houdaille c. Prévost.

327. — Les versemens à la bourse commune sont faits par trimestre, entre les mains du trésorier de la chambre de discipline, dans les quinze jours qui suivent le trimestre expiré, sans distinction des actes dont l'huissier a été payé d'avec ceux dont le coût lui est encore dû. — Ord. 26 juin 1822, art. 7.

328. — A l'appui de chacun de ces versemens, l'huissier, après que son répertoire a été visé par le receveur de l'enregistrement, en remet au trésorier de la chambre un extrait sur papier libre, lequel est par lui certifié véritable et contient seulement, en quatre colonnes, le numéro d'ordre, la date des actes, leur nature et le coût de l'original. — *Ibid.*, art. 8.

329. — Le trésorier rend chaque année, dans la première quinzaine d'octobre, le compte général de ses recettes et dépenses pendant l'année révolue. — Ce compte est vérifié, arrêté et signé par chacun des membres de la chambre. Il peut être débattu de la même manière que les comptes particuliers. Le délai pour prendre communication est de deux mois à partir du jour où la chambre a définitivement arrêté le compte. — Décr. 14 juin 1813, art. 110.

330. — Le trésorier qui est en retard ou qui refuse de rendre ses comptes ou de remettre les sommes par lui dues à la communauté ou à l'un de ses membres peut être poursuivi, par les parties intéressées, par toutes les voies de droit et même par corps comme rétentionnaire de deniers — *Ibid.*, art. 111.

331. — Le trésorier tient un registre coté et paraphé par le président du tribunal de première instance, et dans lequel il inscrit, jour par jour, ses recettes et dépenses. La chambre peut se faire représenter ce registre aussi souvent qu'elle le juge convenable et l'arrêter par une délibération qui doit y être transcrite en double minute. Elle l'arrête nécessairement tous les ans, lors de la vérification du compte général du trésorier. — *Ibid.*, art. 112.

332. — Le trésorier est tenu, si l'assemblée générale l'exige, de fournir caution solvable pour le montant présumé de ses recettes pendant quatre mois. — Décr. 13 avr. 1813, art. 110, 113.

333. — Pendant le cours de chaque année, les quatre cinquièmes des fonds versés à la bourse commune peuvent être employés par la chambre aux besoins de la communauté et aux secours à accorder. Le dernier cinquième, ainsi que tous les autres fonds qui n'ont pas été employés sur les quatre autres, forment un fonds de réserve, lequel, dès qu'il est suffisant, est placé en rente sur l'état. Les intérêts de ce fonds sont successivement cumulés avec le capital jusqu'à ce que l'intérêt annuel de la réserve suffise à la destination déterminée par l'art. 1er de l'ordonnance de 1822. — Ord. du 26 juin 1822, art. 9.

334. — Les secours sont accordés nominativement chaque année par une délibération de la chambre qui est soumise à l'homologation du tribunal, sur les conclusions du ministère public. — *Ibid.* art. 10.

335. — Le syndic peut exiger la représentation de l'original du répertoire, et si la copie remise au trésorier n'y est point conforme, l'huissier en fraude est condamné, par corps, à 100 fr. d'amende pour chaque article omis, ou infidèlement transcrit. — Décr. 14 juin 1813, art. 99.

336. — De même le refus de payer les droits à la bourse commune et de remettre copie du répertoire sur papier libre est puni d'une amende de 100 fr. — Décr. 14 juin 1813, art. 97.

§ 8. — *Chambre de discipline. — Discipline.*

337. — Aux termes de l'art. 52 du décret du 14 juin 1813, chaque communauté doit avoir une chambre de discipline présidée par un syndic.

338. — La composition des chambres d'huissiers a été calquée sur celle des avoués, dont elle ne diffère que fort peu (V. AVOUÉ, n°s 638 et suiv.); ces chambres ont à peu près aussi, comme on va le voir, les mêmes attributions, ce qui nous dispense d'entrer dans les détails que nous avons donnés v° AVOUÉ.

339. — On a généralement senti, dit Favard de Langlade (*Instruct. sur l'organis. des huissiers*, p. 130), l'efficacité de l'établissement des chambres d'huissiers; elles centralisent les relations des of-

ficiers d'un même corps; elles veillent à l'intérêt commun; elles maintiennent la confraternité et le bon ordre; elles répriment les abus et surveillent les membres qui s'écartent de leurs devoirs.

340. — Le décret organique du 14 juin 1813 détermine le nombre des membres de chaque chambre de discipline d'après le nombre des membres de la communanté; c'est le principe déjà appliqué à l'organisation des avoués et des notaires.

341. — A Paris, le nombre des membres y compris le syndic est fixé à quinze. Il est de neuf dans les arrondissemens qui comptent plus de cinquante huissiers; de sept dans ceux qui en ont plus de trente et moins de cinquante; de cinq partout ailleurs. — Décr. 14 juin 1813, art. 53.

342. — Dans chaque chambre il y a un syndic qui est président, un rapporteur, un trésorier et un secrétaire. — Art. 52 et 54.

343. — Le syndic est nommé tous les ans, savoir: dans les arrondissemens où siégent les cours royales, par le premier président, sur la présentation qui lui est faite de trois membres par le procureur-général; et dans les autres arrondissemens, par le président du tribunal civil, sur la présentation également faite de trois membres par le procureur du roi. Le syndic est indéfiniment rééligible. — Art. 56.

344. — On voit que, par une exception qui n'est peut être pas suffisamment justifiée, les huissiers n'ont pas, comme les avoués et les notaires, le droit de choisir leur président ou syndic. Il est probable que ce droit leur serait rendu si le décret de 1813 était revisé. Ce qui est positif, c'est que dans plusieurs arrondissemens la désignation du syndic se fait sur une liste de trois candidats fournie par la chambre; les magistrats ont compris que c'était là une excellente garantie et qu'ils ne pouvaient ainsi que faire un bon choix.

345. — Dans d'autres localités, par un abus que nous signalons et qui devrait disparaître, le syndic reste en fonctions sans qu'on songe à le remplacer. Le ministère public ne fait pas de présentation, ni le président de nomination. Un tel état de choses accuse une grande apathie et laisse en souffrance des intérêts qui méritent d'être mieux protégés. Ne comprend-on pas que la position de syndic doit être l'objet de la légitime ambition des huissiers qui ont une conduite honorable et que c'est tarir l'émulation et violer le décret que de perpétuer dans les mêmes fonctions le même individu sans le réélire? Ce n'est pas là ce qu'a voulu le décret.

346. — Le syndic peut n'être pas pris parmi les membres de la chambre, mais il en fait nécessairement partie, c'est lui qui la préside.

347. — Le trésorier est toujours pris parmi les huisssiers du chef-lieu; il est nommé, en assemblée générale, au scrutin particulier. — Il doit être pris parmi les membres de la chambre, à la différence du syndic. — Décr. 14 juin 1813, art. 60. — Il est indéfiniment rééligible. — Art. 63.

348. — Les autres officiers de la communauté, c'est-à-dire le rapporteur et le secrétaire, sont nommés par la chambre elle-même à la majorité absolue, et au scrutin secret. — Cette nomination est renouvelée tous les ans; les mêmes membres sont rééligibles, pourvu qu'ils fassent partie de la chambre. — Même décret, art. 65.

349. — D'après le décret, la première nomination des membres de la chambre fut faite comme celle du syndic, par le président sur la présentation du ministère public; mais les nominations postérieures durent être faites, et le sont encore aujourd'hui, par tous les membres de la communauté.

350. — Cette nomination se fait, par la voie de l'élection, en assemblée générale et au scrutin secret. Les huissiers se réunissent à cet effet au chef-lieu de l'arrondissement sur la convocation du syndic. — Décr. 14 juin, art. 60.

351. — Lorsqu'il y a cent votans et plus, l'assemblée se divise par bureaux, qui ne peuvent être composés de moins de trente, ni de plus de cinquante votans. — Ces bureaux sont présidés, le premier par le syndic, et chacun des autres par le plus âgé des huissiers présens; les deux plus âgés après lui font les fonctions de scrutateurs, et le plus jeune celles de secrétaire.

252. — L'élection a lieu, chaque année, dans la première quinzaine d'octobre, et est immédiatement suivie de la nomination du rapporteur et du secrétaire. — *Ibid.*, art. 67. — La chambre et ses officiers entrent en exercice le 1er nov. — Art. 68. — Dans plusieurs communautés on ne se conforme pas toujours strictement à ces prescriptions.

353. — La chambre est renouvelée tous les ans par tiers, ou si le nombre n'est pas susceptible de cette division, par portions les plus approchantes du tiers, en faisant alterner, chaque année, des portions inférieures et supérieures au tiers, à commencer par les inférieures, de manière que, dans tous les cas, aucun membre ne puisse rester en fonctions plus de trois années consécutives. — Art. 62.

354. — Le sort indique ceux des membres qui doivent sortir la première et la seconde année: le renouvellement s'opère ensuite par ordre d'ancienneté de nomination. Les membres sortans ne sont rééligibles qu'après un an d'intervalle, à l'exception toujours du trésorier. — *Ibid.*, art. 63.

355. — L'art. 55, décr. 14 juin, veut que le syndic et deux autres membres de la chambre soient nécessairement pris parmi les huissiers en résidence au chef-lieu de l'arrondissement. Il faut même, d'après cet article, que, dans les arrondissemens où siégent les cours royales, il y ait toujours à la chambre de discipline au moins trois huissiers du chef-lieu, indépendamment du syndic. A Paris, il faut qu'il y en ait dix (les deux tiers), le syndic compris.

356. — D'après l'ordonnance du 29 août 1829, les membres de la chambre de discipline, à Paris, ne peuvent être pris que parmi les huissiers ayant dix ans d'exercice.

357. — Dans les arrondissemens où il y a vingt huissiers et plus, les membres de la chambre doivent être pris parmi les huissiers en exercice formant la moitié du nombre total. — Ordonn. 6 oct. 1832.

358. — Enfin dans les autres arrondissemens, c'est-à-dire ceux qui comptent moins de vingt membres, tous les huissiers sont éligibles. — *Ibid.*

359. — Quelque sages que soient ces dispositions, il est certain qu'en les combinant avec celles du décret du 14 juin 1813, on se trouve, dans quelques communautés, dans l'impossibilité de composer la chambre, ou du moins on ne peut le faire qu'en ne tenant pas compte de certaines prescriptions légales. C'est assez dire que ces réglemens devraient être révisés.

360. — La chambre tient ses séances au chef-lieu de l'arrondissement; elle s'assemble au moins une fois par mois. — Le syndic a la faculté de la convoquer extraordinairement, quand il le juge convenable ou quand il reçoit une demande motivée de deux autres membres. — Il est tenu de la convoquer toutes les fois qu'il en reçoit l'ordre du président du tribunal ou du procureur du roi. — Décr. 14 juin 1813, art 69.

361. — Les registres des délibérations et tous autres papiers déposés dans les archives de la chambre, doivent être communiqués au chef du parquet dès qu'il le requiert. — *Ibid.*

362. — La chambre de discipline est chargée: 1° De veiller au maintien de l'ordre et de la discipline parmi tous les huissiers de l'arrondissement, et à l'exécution des lois et réglemens qui concernent les huissiers. — *Ibid.*

363. — ... 2° De prévenir ou concilier tous différends qui peuvent s'élever entre les huissiers relativement à leurs droits, fonctions et devoirs, et, en cas de non conciliation, de donner son avis comme tiers sur ces différends. — Art. 70-2°.

364. — ... 3° De s'expliquer, également en forme d'avis, sur les plaintes ou réclamations de tiers contre les huissiers à raison de leurs fonctions, et sur les réparations civiles qui pourraient résulter de ces plaintes et réclamations. — Art. 70-3°. — V. AVOUÉ, sect. 9, § 2.

365. — ... 4° De donner son avis comme tiers sur les difficultés qui peuvent s'élever au sujet de la taxe de tous frais et dépens réclamés par des huissiers. — Art. 70-4°. — V. FRAIS ET DÉPENS.

366. — ... 5° D'appliquer elle-même certaines peines de discipline de sa compétence, et de dénoncer au procureur du roi les faits qui peuvent donner lieu à l'application de peines plus graves. — Art. 70.5°. — V. DISCIPLINE.

367. — ... 6° De délivrer, s'il y a lieu, tous certificats de moralité, de bonne conduite et de capacité, à ceux qui se présentent pour être nommés huissiers. — Art. 70-6°. — V. OFFICE.

368. — ... 7° De s'expliquer sur la conduite et la moralité des huissiers en exercice toutes les fois qu'elle en est requise par les cours et tribunaux ou par les officiers du ministère public. — Art. 70-7°. — V. DISCIPLINE.

369. — ... 8° De représenter tous les huissiers sous le rapport de leurs droits et intérêts communs. — Art. 70-8°. — V. INTERVENTION.

370. — Ainsi, le syndic de la communauté des huissiers a qualité, à raison des attributions que lui donne le décret du 14 juin 1813, pour intervenir dans une instance engagée par une partie contre un huissier qui a refusé de signifier un exploit rédigé par un avoué. — *Rennes*, 15 févr. 1847, (t. 1er 1847, p. 385), Verne c. Thomas et huissiers de Nantes.

371. — 9° ... Enfin, d'administrer la bourse commune et d'en déterminer l'emploi. — Décr. du 14 juin 1813, art. 70-8°. — V. *suprà*.

372. — Les huissiers sont placés, 1° sous la surveillance et la juridiction disciplinaire de la chambre syndicale, chargée notamment de la discipline intérieure de cette communauté; 2° sous la surveillance du ministère public et la juridiction disciplinaire du tribunal de l'arrondissement, comme les avoués de première instance; 3° sous la juridiction disciplinaire du garde des sceaux, comme les autres officiers ministériels. — V. DISCIPLINE.

373. — Les peines de discipline que la chambre peut infliger elle-même sont: — 1° Le rappel à l'ordre; 2° la censure par sa décision même; 3° la censure avec réprimande par le syndic à l'huissier en personne dans la chambre assemblée; 4° l'interdiction de l'entrée de la chambre pendant six mois au plus. — Décr. du 14 juin 1813, art. 71.

374. — Le rappel à l'ordre consiste dans un simple avertissement fait à l'huissier, que tel fait, telle manière d'agir ne conviennent pas à l'exercice de ses fonctions.

375. — La censure simple a lieu pour les cas où l'huissier se comporte d'une manière plus répréhensible, mais qui ne présente cependant rien de trop grave. — Cette censure est insérée au registre et il en est donné connaissance à l'huissier inculpé, soit par la lecture de l'arrêté, soit par l'expédition qui lui est adressée, s'il ne s'est pas trouvé à la chambre.

376. — La censure avec réprimande se fait avec plus de rigueur et n'a lieu que pour des fautes d'une certaine gravité. L'huissier, dans ce cas, est admonesté par le syndic en présence de la chambre. Suivant Favard (p. 172), la censure avec réprimande doit être mentionnée au registre.

377. — L'interdiction de la chambre prive les huissiers qui en font partie d'y siéger, et les autres de s'y présenter pour quelque cause que ce soit. C'est au point de vue disciplinaire la plus grave des peines que puisse prononcer la chambre.

378. — Toutefois l'huissier interdit de ses fonctions peut en continuer l'exercice, tant que le jugement d'interdiction ne lui a point été signifié. — *Cass.*, 25 nov. 1813, Oudot.

379. — La suspension ne peut être prononcée que par les cours et tribunaux auxquels ces huissiers sont respectivement attachés. — Décr. 14 juin 1813. art. 74.

380. — Du reste l'application dans la chambre des huissiers, des peines de discipline qui viennent d'être spécifiées ne préjudicie point à l'action des parties intéressées ni à celle du ministère public. — *Ibid.* art. 72. — V. CHOSE JUGÉE. nos 780 et s.

381. — Quant au mode de procéder suivi par la chambre, il nous suffit de renvoyer au mot AVOUÉ, nos 715 et suiv. — Les formes sont semblables.

382. — Ce qui vient d'être dit relativement aux mesures de discipline qui peuvent être prises contre les huissiers ne déroge nullement à celles qui ont été prescrites par les art. 103, 105 et 104, décr. 30 mars 1808 (décr. 14 juin 1813, art. 75), c'est-à-dire au droit pour les cours et tribunaux de prendre des mesures de discipline contre les huissiers pour cause de faits autres que ceux passés à l'audience, et qui seraient l'objet des plaintes des particuliers ou des réquisitions du ministère public.

383. — En pareil cas, les mesures de discipline doivent être arrêtées en assemblée générale du tribunal à la chambre du conseil, après avoir appelé l'huissier inculpé. — Décr., 30 mars 1808, art. 103. — V. DISCIPLINE, n° 279.

384. — Mais pour cela il faut qu'il s'agisse de mesures purement disciplinaires; quand il s'agit d'une condamnation à l'amende, à la destitution et aux dommages-intérêts, le jugement doit être rendu par le tribunal en audience publique. — Décr., 14 juin 1813, art. 73. — V. DISCIPLINE, nos 284 et suiv.

385. — Jugé également que c'est par un jugement rendu en audience publique, et non en chambre du conseil, que doit être prononcée l'amende encourue par un huissier dans l'exercice de ses fonctions. — *Cass.*, 16 janv. 1844 (t. 2 1844, p. 233). procureur général à la cour de cassation.

386. — Toute condamnation des huissiers à l'amende, à la restitution et aux dommages-intérêts pour des faits relatifs à leurs fonctions est prononcée par le tribunal de première instance du lieu de leur résidenee, soit sur la poursuite de la partie intéressée, ou du syndic au nom de la chambre, soit à la requête du ministère public. — Déc., 14 juin 1813, art. 73.

387. — Jugé, en ce sens, que les tribunaux civils de première instance ont une compétence exclusive pour connaître des actions dirigées contre les

huissiers à l'occasion des faits accomplis dans l'exercice de leurs fonctions, et par suite les condamner à l'amende, à la destitution et aux dommages-intérêts. — *Cass.*, 29 juin (t. 2 1840, p. 766), Crevel c. Alexandre; 28 août 1840 (t. 1840, p. 767), Giraud c. Lavergne; 16 janv. 1844 (t. 2 1844, p. 233), Aubard.

388. — Toutefois une cour royale, en annulant un acte d'appel, est compétente pour prononcer des condamnations contre l'huissier qui a dressé l'exploit. — *Grenoble*, 12 janv. 1829. — Et cela indépendamment du droit de prononcer de *plano* sur l'action en garantie. — V. GARANTIE.

389. — La condamnation ne saurait donc émaner d'un juge de paix statuant comme juge de simple police. — *Cass.*, 16 janv. 1844 (t. 2 1844, p. 233), Aubard.

390. — ...Alors même que le taux de la demande n'excéderait pas celui de la compétence des juges de paix. — *Cass.*, 29 juin 1840 (t. 2 1840, p. 766), Crevel c. Alexandre.

391. — Ainsi encore, les tribunaux de commerce ne peuvent, même par voie d'action en garantie, être saisis d'une demande en dommages-intérêts dirigée contre un huissier à raison d'un acte relatif à ses fonctions. La règle que l'appelé en garantie doit procéder devant le juge saisi de la demande principale est inapplicable dans ce cas. — *Cass.*, 28 août 1840, (t. 2 1840, p. 767), Giraud c. Lavergne.

392. — Les formes tracées par le décret du 30 mars 1808 ne doivent pas être non plus suivies quand les cours et tribunaux ont à connaître des fautes de discipline qui auraient été commises ou découvertes à leurs audiences. — Art. 103, § 1er. — V. DÉLIT D'AUDIENCE, n° 210 et suiv.

393. — De même, avant le code de procédure, un tribunal pouvait prononcer la suspension d'un huissier incidemment à une cause pendante devant lui. — *Cass.*, 22 germin. an XI, Doré c. Morel.

394. — Enfin d'après la loi du 25 mai 1838, le juge de paix est autorisé dans certains cas à prononcer contre l'huissier la peine de l'amende et même de la suspension. — Art. 16, 17, 18 et 19. — V. HUISSIER AUDIENCIER, JUGE DE PAIX.

395. — Toute décision disciplinaire doit être remise en expédition au procureur du roi, pour qu'il en soit donné avis au garde des sceaux auquel appartient le pouvoir disciplinaire supérieur. — Morin, *Discipline*, t. 1er, p. 239.

396. — Toutefois il faut bien distinguer dans quelles circonstances la décision a été rendue pour déterminer quels sont les pouvoirs du garde des sceaux.

397. — S'il s'agit d'une infraction réprimée par la chambre, le ministre n'a pas le droit de réviser la condamnation. Mais, en vertu de son droit de surveillance, il peut, suivant l'exigence des cas, provoquer l'action du ministère public afin qu'il saisisse, s'il y a lieu, une autre juridiction.

398. — De même, lorsque la condamnation disciplinaire a été prononcée à l'occasion d'une faute découverte ou commise à l'audience, il ne peut réviser la décision; mais il peut alors proposer au roi la destitution de l'officier qui a manqué à ses devoirs.

399. — Mais si la décision a été rendue par le tribunal réuni en assemblée générale, aux termes de l'art. 103 du décret du 30 mars 1808, le garde des sceaux a un droit de révision; il peut l'anéantir ou la modifier, ou même l'aggraver en prononçant une peine supérieure; c'est du moins ainsi que la disposition a été entendue et appliquée. — V. au surplus AVOUÉ, DISCIPLINE.

400. — L'action disciplinaire ne tombe pas en prescription comme l'action criminelle. — V. DISCIPLINE, nos 24 et suiv.

V. en outre CONSEIL PRIVÉ (COLONIES), CONSIGNATION, CONSUL, DÉPOSITAIRES PUBLICS, DOMMAGES-INTÉRÊTS, ESCROQUERIE, GREFFE (DROITS DE), OFFRES RÉELLES, PAIEMENT.

HUISSIER AUDIENCIER.

Table alphabétique.

Acte d'avoué à avoué, 14 s., 19, 55, 61.
Amende, 40.
Appel de cause, 55, 61.
Audiences (service des), 1, 11 s., 46, 54, 60.
Autorisation, 32.
Avertissement, 49.
Belgique, 34 s.
Bourse commune, 16 s.
Cassation, 8.
Cérémonies, 11.
Chef-lieu, 36.
Choix, 3, 23, 47, 52, 58.
Citation, 21 s., 29, 44.
Concurrence, 30 s., 43 s., 68.
Conseil d'état, 70.
Cour d'assises, 60. — de Cassation, 69. — royale, 7, 33, 60, 62 s.
Cumul, 9.
Emolumens, 16 s., 19 s.
Excès de pouvoir, 45.
Exploit, 2, 6.
Huissier commis, 22, 48, 53
Justice de paix, 21 s., 35.
Nombre, 10, 52, 59, 69.
Notifications, 20, 61.
Nullité, 40, 42, 54.
Opposition, 38,
Privilége d'exploiter, 25 s., 37, 69.
Prud'homme, 50.
Résidence, 4 s., 8, 36, 44, 58.
Ressort, 7, 31 s., 41, 62 s.
Traité, 54.
Traitement, 18.
Tribunal de simple police, 28, 37, 39, 45.
Tribunaux civils, 51. — de commerce, 56 s.

HUISSIER AUDIENCIER. — 1. — Huissier attaché au service des audiences d'une cour ou d'un tribunal.

2. — Indépendamment de ces fonctions spéciales auxquelles sont attachés certains avantages particuliers, les huissiers audienciers exploitent concurremment avec tous les autres huissiers du même arrondissement.

3. — Les huissiers audienciers sont choisis parmi les huissiers ordinaires par le tribunal près duquel ils doivent fonctionner. — Avant la loi du 27 vent. an VIII et le décret du 14 juin 1813, ils pouvaient être pris parmi tous les citoyens indistinctement.

4. — Les huissiers audienciers sont tenus, à peine d'être remplacés, de résider dans les villes où siégent des cours et tribunaux près desquels ils doivent faire leur service. — Décr. 14 juin 1813, art. 2 et 15.

5. — De là il suit qu'un tribunal ne peut choisir pour audiencier un huissier résidant dans un autre lieu. — *Cass.*, 14 déc. 1836, proc. gén. à la cour de Cassation c. trib. de commerce d'Amiens.

6. — Jugé au contraire, mais avant le décret du 14 juin 1813, que les cours impériales pouvaient autoriser les huissiers audienciers à fixer leur résidence dans un autre lieu que celui où elles siégent, pour y exercer leurs fonctions et y exploiter concurremment avec les autres huissiers. — *Trèves*, 16 mars 1812, Fleury c. Bernard.

7. — Dès lors, l'huissier immatriculé d'une cour d'appel et qui résidait hors de l'arrondissement du lieu où elle siégeait pouvait instrumenter dans l'étendue du ressort du tribunal civil de sa résidence. — *Bruxelles*, 15 juin 1815, N...

8. — La décision du tribunal qui impose à l'huissier destitué du titre d'audiencier la permutation forcée de résidence avec son successeur constitue un acte d'administration judiciaire non susceptible d'appel et qui ne peut être attaqué par la voie du recours en cassation que pour incompétence et excès de pouvoir. — *Cass.*, 11 août 1840 (t. 2, 1840, p. 280), Richard.

9. — Un huissier ne peut pas cumuler les fonctions d'audiencier près de deux ou plusieurs tribunaux même résidant dans la même ville; le service serait à chaque instant entravé, s'il en était autrement.

10. — Le nombre des huissiers audienciers, en général, n'est pas déterminé par la loi, il est fixé par le tribunal d'après les nécessités du service. Il y a cependant une exception sur ce point relativement aux huissiers près la cour de Cassation, et aux huissiers des tribunaux de commerce. — V. *infrà*.

11. — Les huissiers audienciers font tour à tour le service aux assemblées générales ou particulières des cours et tribunaux, aux enquêtes et autres commissions, aux interrogatoires ainsi qu'au parquet; ils assistent aux cérémonies publiques avec la cour ou le tribunal auquel ils sont attachés, et marchent en avant. — Décr. 14 juin 1813, art. 20; L. 27 vent. an XI, art. 96; décr. 30 mars 1808, art. 95 et 99; arr. gouv. 22 thermid. an VIII, art. 7.

12. — Les huissiers audienciers sont spécialement chargés de maintenir le silence et de faire sortir ceux qui troublent l'audience; ils doivent veiller à ce que le tribunal ne soit pas troublé pendant ses délibérations dans la chambre du conseil. — Décr. 30 mars 1808, art. 96.

13. — Le même décret du 30 mars veut que les huissiers de service se rendent au lieu des séances une heure avant l'ouverture de l'audience, et qu'ils prennent au greffe l'extrait des causes qu'ils doivent appeler (*ibid.*). Cette disposition n'est pas rigoureusement observée, mais le service n'en souffre aucunement.

14. — Les huissiers audienciers près les tribunaux civils et les cours royales ont un banc ou une chambre où se déposent les actes et pièces qui se signifient d'avoué à avoué. — Décr. 30 mars 1808, art. 97. — C'est encore une disposition qui n'est guère exécutée qu'à Paris et dans quelques siéges importans.

15. — Les huissiers audienciers des cours royales et ceux des tribunaux de première instance ont droit de faire exclusivement, près leurs cours et tribunaux respectifs, les significations d'avoué à avoué. — Décr. 14 juin 1813, art. 26.

16. — Ils ne versent point à la bourse commune les émolumens des appels de cause et des significations d'avoué à avoué, non plus que les émolumens des actes relatifs aux poursuites criminelles et correctionnelles, autres toutefois que les significations à parties et assignations à témoins. — Décr. 14 juin 1813, art. 93.

17. — Jugé en ce sens qu'on doit excepter des émolumens que les huissiers audienciers de la cour d'assises sont tenus de verser dans la bourse commune des autres huissiers, ceux provenant des significations faites aux prévenus et aux accusés. — *Rouen*, 13 mars 1819, Chardon.

18. — De même les huissiers audienciers qui reçoivent un traitement n'en versent aucune portion dans la bourse commune. — *Ibid.*, art. 96.

19. — Les huissiers audienciers doivent partager entre eux, par portions égales, les émolumens des appels de causes et des significations d'avoué à avoué. — Décr. 30 mars 1808, art. 98.

20. — Ils partagent aussi les notifications requises en matière correctionnelle et criminelle par le ministère public. — Décr. 6 juill. 1810, art. 116.

21. — *Huissiers des justices de paix.* — Lors de l'institution des justices de paix, il n'y avait point d'huissiers spécialement attachés à ces juridictions. Les citations étaient délivrées, dans les cantons ruraux, en vertu de cédules, par le greffier de la municipalité du domicile de la partie assignée. — L. 14 oct. 1790, Tit. 1er, art. 5.

22. — Quant aux juges de paix résidant dans les villes, ils pouvaient commettre un huissier pour le service de leur juridiction, et cet huissier avait seul le droit de signifier les citations et jugemens de la justice de paix. En cas de contravention, l'huissier contrevenant pouvait être condamné à une amende de 6 liv., dont moitié était applicable à l'huissier du juge de paix. — L. 6 mars 1791, art. 13.

23. — D'après la loi du 28 flor. an X, les juges de paix eurent la faculté de choisir un huissier au moins, deux au plus, pour le service de leurs audiences. Ces audienciers devaient être pris parmi les huissiers ordinaires, à moins qu'aucun d'eux ne résidât dans son canton, auquel cas le juge de paix pouvait nommer tout autre citoyen. Seulement, ce choix était soumis à l'approbation du tribunal.

24. — Le Code de procédure laissa les choses dans le même état et se borna à maintenir le privilége exclusif des huissiers attachés aux justices de paix.

25. — Sous l'empire de ces diverses lois, on contesta aux huissiers des justices de paix et le droit exclusif pour eux d'instrumenter devant les tribunaux de paix, et le droit d'instrumenter concurremment avec les autres huissiers devant les autres tribunaux.

26. — Jugé que, sous les lois du 14, 18 et 26 oct. 1790 et du 27 mars 1791, une citation devant le tribunal de paix pouvait être signifiée par un huissier qui n'était pas attaché à ce tribunal. — *Cass.*, 24 frim. an XI, Andrieu c. comm. d'Aprey.

27. — D'après les lois du 27 mars 1791 et 19 vendém. an IV, les huissiers établis près le tribunal civil n'avaient pas le droit d'instrumenter devant la justice de paix, concurremment avec les huissiers qui y étaient attachés. — *Cass.*, 10 brum. (et non 22 frim.) an XII, N...

28. — De même, sous le Code du 3 brum. an IV, l'huissier de la justice de paix avait le privilége exclusif de faire des citations devant le tribunal de simple police. — *Cass.*, 22 frim. an XIII, N...

29. — Jugé, au contraire, qu'un huissier du tribunal de première instance pouvait signifier une citation devant la justice de paix. — *Rennes*, 2 sept. 1808, N...; 14 juill. 1813, N...; *contrà Rennes*, 16 août 1811, Lebecq c. Calvez.

30. — Quant au droit pour les huissiers d'instrumenter concurremment avec les autres huissiers devant les autres tribunaux, la jurisprudence qui le leur reconnut fut plus uniforme.

31. — Ainsi jugé, sous l'empire de la loi des 19 vendem. an IV et 28 flor. an X, que les huissiers près les justice de paix pouvaient, concurremment avec les autres huissiers, signifier toutes sortes d'exploits dans le ressort de ces tribunaux. — *Cass.*, 21 fructid. an VI, Gibault-Boucher; 27 messid. an VII (int. de la loi).

32. — A plus forte raison, lorsqu'ils y avaient été autorisés par le tribunal de première instance duquel ressortissait la justice de paix. — *Nîmes*, 1 mai 1813, Courtial c. Boyer.

33. — Ainsi, ils pouvaient donner assignation dans l'arrondissement de ces juges, soit devant les tribunaux de première instance, soit devant les cours d'appel. — *Cass.*, 15 brum. an XIII, Vilheg-

ken c. Schlosser; *Bruxelles*, 1er fév. 1816, Vanvlierberghe c. Baclens; *Montpellier*, 30 nov. 1824, Bernardon c. Guiraud.

34. — Il en était de même pour les huissiers des justices de paix dans les départemens de la Belgique. — *Cass.*, 7 vent. an XIII, Hower c. Gormanns. — *Contr.*, *Liége*, 21 mars 1811, Schmitz.

35. — L'arrêté des représentans du peuple en date du 28 frim. an IV publié comme loi provisoire sur l'instruction des causes dans les départemens de la Belgique, permettait aux huissiers des justices de paix de signifier des oppositions à des jugemens par défaut des tribunaux civils. — *Cass.*, 21 flor. an VIII, Delourme c. Desplanques.

36. — Le décret du 14 juin 1813 modifia la loi du 28 flor. an X. Il chargea les tribunaux de fixer la résidence des huissiers, autant que possible dans les chefs-lieux de canton ou dans les communes les plus rapprochées du chef-lieu, et c'était parmi eux que les juges de paix devaient choisir leurs audienciers. — V. Longchampt, *Dict. des justices de paix*, vo *Huissier*, no 2; Benech, *Justice de paix*, p. 425.

37. — D'après l'art. 28 de ce décret, tous exploits et actes du ministère d'huissier près les justices de paix et les tribunaux de police devaient être faits par les huissiers ordinaires employés au service des audiences. A défaut ou en cas d'insuffisance des huissiers ordinaires du ressort lesdits exploits et actes devaient être faits par les huissiers ordinaires de l'un des cantons les plus voisins.

38. — D'après l'art. 20 C. procéd., l'opposition à un jugement par défaut rendu par un juge de paix ne devait pas à peine de nullité être notifiée par l'huissier de ce magistrat, ainsi elle pouvait l'être par un huissier d'une autre justice de paix. — *Cass.*, 6 juill. 1814, Raulin c. Saudez.

39. — Ainsi qu'on l'a vu (vo *Exploits en matière criminelle*, no 47), d'après l'art. 145, C. inst., une citation, en matière de simple police ne pouvait pas être annulée, sous le prétexte qu'elle avait été délivrée par un huissier autre que celui de la justice de paix. — *Cass.*, 23 fév. 1815, Allard; 23 mai 1817, Bazinerie.

40. — Même en matière civile la loi ne disait pas qu'il y eût nullité si la citation avait été notifiée par un autre huissier que celui de la justice de paix du domicile du défendeur non commis par le juge, sauf la condamnation à 5 francs d'amende contre l'huissier. — *Cass.*, 23 mai 1817, Bazinerie.

41. — Le droit accordé aux huissiers de faire tous exploits dans tout le ressort du tribunal auquel ils étaient attachés, ne s'étendait cependant pas à ceux relatifs aux justices de paix et aux bureaux de conciliation. — *Bruxelles*, 9 juill. 1831, Erasme c. Delimot.

42. — Étaient nuls, s'ils avaient été faits par des huissiers ordinaires, les actes attribués aux huissiers attachés aux justices de paix. — Même arrêt.

43. — Ce privilége exorbitant en faveur des huissiers de justices de paix avait de graves inconvéniens et souleva, pendant de longues années, de vives et nombreuses réclamations; mais, en 1838, les huissiers obtinrent enfin la libre concurrence. — Benech, *loc. cit.*, p. 427.

44. — Aux termes de l'art. 16, L. 25 mai 1838, *tous les huissiers* d'un même canton ont le droit de donner toutes les citations et de faire tous les actes devant la justice de paix. Dans les villes où il y a plusieurs justices de paix, les huissiers exploitent concurremment dans le ressort de la juridiction assignée à leur résidence.

45. — Jugé, en ce sens, que la loi du 25 mai 1838, art. 16, a aboli le droit exclusif conféré aux huissiers audienciers par l'art. 28, décr. 14 juin 1813. — Et que depuis cette loi les huissiers, sans distinction aucune entre le tribunal civil et le tribunal de simple police, exploitent concurremment entre eux dans le ressort de la juridiction assignée à leur résidence, même dans les villes où il y a plusieurs justices de paix. — Dès-lors, le juge de paix qui, dans une ville divisée en plusieurs cantons, attribue aux huissiers audienciers de sa justice de paix le droit exclusif d'instrumenter devant le tribunal de simple police lorsqu'il le préside, crée un privilége non établi par la loi, et commet un excès de pouvoir. — *Cass.*, 16 janv. 1844 (t. 2 1844, p. 233), procureur général à la cour de Cassation (Affaire Aubard).

46. — D'après le même art. 16, L. 25 mai 1838, tous les huissiers du même canton sont tenus de faire le service des audiences et d'assister le juge de paix toutes les fois qu'ils en sont requis.

47. — Néanmoins, le juge de paix a le droit de choisir des huissiers audienciers. — Même article. — Le projet voulait que le nombre en fût limité à trois au plus, si ce n'est à Paris où il pouvait être porté à quatre; mais cette restriction n'a pas été adoptée.

48. — En qualité d'audienciers les huissiers choisis par le juge de paix n'ont que le privilége des appels de cause et de la signification des jugemens par défaut. Ils sont, en outre, désignés de préférence par le juge de paix pour certaines notifications. — Benech, *Justices de paix*, p. 442. — V. HUISSIER COMMIS.

49. — Le juge de paix peut interdire aux huissiers ordinaires aussi bien qu'à ses huissiers audienciers de donner aucune citation, sans qu'au préalable il ait appelé sans frais les parties devant lui. Sont exceptées les citations quand il y a péril en la demeure, et celles qui sont données à un défendeur qui est domicilié hors du canton. — V. BILLET D'AVERTISSEMENT, JUSTICE DE PAIX.

50. — *Huissiers des conseils de prud'hommes.* — Un huissier est attaché au conseil des prud'hommes, avec mission d'assister aux audiences de jugement, et d'exécuter les actes qui tiennent à sa juridiction. Il est choisi par le conseil, mais toujours pris parmi les huissiers ordinaires de la résidence du conseil. — V. PRUD'HOMMES.

51. — *Huissiers audienciers près les tribunaux civils de première instance.* — Ils font le service des audiences près le tribunal et près des cours d'assises siégeant dans les lieux où il n'y a pas de cour royale. — Décr. 14 juin 1813, art. 21.

52. — Le nombre de ces huissiers n'est pas limité. Ils sont désignés chaque année par le tribunal au mois de novembre, et tous les membres en exercice peuvent être réélus. — Décr. 14 juin 1813, art. 4.

53. — Si les besoins du service l'exigent, les cours et tribunaux peuvent commettre accidentellement des huissiers ordinaires pour la tenue des audiences. — Décr. 14 juin 1813, art. 20.

54. — La cour de Montpellier a jugé, le 28 août 1830, que le traité par lequel l'un des huissiers du chef-lieu d'arrondissement se charge seul du service des audiences est nul, et qu'il y a dans un traité semblable violation de l'art. 94, décr. 30 mars 1808.

55. — Les huissiers audienciers ont le droit exclusif de faire toutes les significations d'avoué à avoué (V. *suprà* no 15). Ils ont également un droit d'appel de cause et un émolument pour les publications des enchères aux criées. — Enfin, ce sont eux qui sont spécialement chargés des commissions pour lesquelles la désignation d'un huissier est nécessaire. — V. HUISSIER COMMIS.

56. — *Huissiers audienciers près les tribunaux de commerce.* — Ils remplissent dans ces juridictions les mêmes fonctions que les audienciers dont nous venons de parler, près les tribunaux civils.

57. — D'après l'art. 27, L. 19 vendém. an IV, les huissiers près les tribunaux de commerce pouvaient signifier les appels des jugemens des tribunaux civils de leur département. — *Cass.*, 6 frim. an VIII, Maingueneau c. Chevery.

58. — Les huissiers audienciers près les tribunaux de commerce doivent être pris parmi les huissiers ordinaires (arg. C. comm., art. 624; décr. 14 juin 1813; déc. min. fin. 22 mai 1824). — Ils doivent même être choisis parmi les huissiers résidant au lieu où siége le tribunal. C'est ce qu'a décidé la cour de Cassation le 14 déc. 1836 (procureur gén. à la cour de Cassation c. le trib. comm. d'Amiens).

59. — Le nombre des huissiers près les tribunaux de commerce est limité à *quatre* à Paris, et à *deux* partout ailleurs. — Décr. 6 oct. 1809.

60. — *Huissiers audienciers près les cours royales.* — Ils font le service des audiences, soit devant les chambres civiles, soit devant la chambre des appels de police correctionnelle ou des mises en accusation. Ils font en même temps celui des cours d'assises dans le lieu de la résidence de la cour à laquelle ils sont attachés.

61. — Ils ont un droit d'appel de cause, et font seuls les significations d'avoué à avoué (V. *suprà*, no 15), et les notifications à la requête du ministère public, telles qu'assignations à témoins, significations aux accusés, etc. — V. COURS D'ASSISES.

62. — Avant le décret du 14 juin 1813, on agitait la question de savoir si les huissiers, et surtout les huissiers audienciers près d'une cour d'appel avaient le droit d'instrumenter dans toute l'étendue du ressort de la cour.

63. — Jugé que, d'après l'art. 96, L. 31 vent. an VIII et l'art. 7, arr. des consuls 22 thermid. an VIII, les huissiers des tribunaux d'appel ne pouvaient instrumenter que dans l'arrondissement du tribunal de première instance, et non dans toute l'étendue du ressort du tribunal d'appel auquel ils étaient attachés. — *Cass.*, 13 fructid. an XII, Bon c. Gaujoux; 12 avr. 1808, Leroy c. Billoird; 17 juill. 1811, Fontainier c. Gouzi-Fageolles.

64. — ... Que les huissiers d'une cour d'assises ne pouvaient exploiter, en matière correctionnelle, hors de l'arrondissement communal de leur résidence, à peine de nullité. — *Cass.*, 28 fév. 1812, Laporte c. Gagnon.

65. — Jugé, au contraire, qu'un huissier d'un tribunal d'appel pouvait exploiter dans tout le ressort de ce tribunal. — *Paris*, 24 niv. an X, Tôle c. Behagle.

66. — ... Que les huissiers attachés à un tribunal d'appel pouvaient faire dans tout le ressort de ce tribunal les significations concernant les affaires relatives à sa juridiction. — *Turin*, 3 brum. an XII (et non XIV), Jano c. Perachino.

67. — ... Que les huissiers près une cour d'appel pouvaient signifier et exécuter les arrêts de cette cour hors du ressort du tribunal de première instance établi dans la ville où elle siégeait. — *Cass.*, 22 juill. 1806, Bordenave c. Etchevers.

68. — Aujourd'hui la question se trouve tranchée par l'art. 24, décr. 14 juin 1813, qui accorde en général le droit de faire tous exploits, citations et significations, aux huissiers audienciers et ordinaires, concurremment, chacun dans *l'étendue du ressort du tribunal civil de première instance de sa résidence.*

69. — *Huissiers audienciers de la cour de Cassation.* — Ils sont au nombre de huit et ont dans l'intérieur de la ville de Paris le droit d'instrumenter exclusivement à tous autres huissiers pour les affaires portées devant la cour suprême. — Décr. 14 juin 1813, art. 25. — V. COUR DE CASSATION.

70. — Ils exercent aujourd'hui, c'est-à-dire depuis 1830, le même droit pour toutes les significations devant le conseil d'état. Auparavant il y avait un huissier spécial qui avait pour ces significations un privilége exclusif. — V. CONSEIL D'ÉTAT.

HUISSIER COMMIS.

1. — C'est le nom sous lequel on désigne l'huissier qui est accidentellement chargé par le président ou par le tribunal d'une mission particulière. — Ainsi, par exemple, lorsqu'il s'agit de la signification d'un jugement par défaut ou d'un jugement prononçant la contrainte par corps, la partie poursuivante ne peut s'adresser qu'à l'huissier qui a été commis à cet effet.

2. — Il est facile de se rendre compte de ce surcroît de précautions. Quoique tous les huissiers aient le même caractère et les mêmes attributions et qu'ils soient présumés offrir les mêmes garanties de moralité et de capacité, le législateur a pensé que, dans certains cas, il serait plus prudent de laisser au juge le soin de désigner l'huissier qui ferait la signification. On est sûr ainsi que les copies seront fidèlement remises, et que les abus qui existaient dans l'ancien régime ne seront plus possibles.

3. — Si l'huissier commis fait une nullité dans sa signification elle est opposable au demandeur, quoique ce ne soit pas lui qui ait choisi l'huissier et qu'il n'ait pas eu la liberté d'en désigner un autre. — Chauveau et Carré, *lois de la procéd.*, t. 2, no 627. — Du reste, il est clair que, commis ou non, l'huissier est responsable des nullités qui proviennent de son fait. — V. HUISSIER.

4. — Les principaux cas dans lesquels le juge commet un huissier pour instrumenter sont: 1o l'assignation à bref délai (art 72, C. procéd.); toutefois cette désignation n'est pas exigée, elle est purement facultative (V. EXPLOIT); 2o la signification du jugement par défaut (art. 20 et 156, C. procéd. V. JUGEMENT PAR DÉFAUT); 3o la signification du jugement prononçant la contrainte par corps (art. 780, C. procéd. V. EMPRISONNEMENT); — 4o les notifications et significations prescrites pour arriver à la purge des hypothèques (art. 832, C. procéd.; 2183, 2185, C. civ. V. PURGE).

5. — Les tribunaux ont une grande latitude pour la désignation des huissiers commis. Ordinairement le choix porte sur un huissier audiencier, mais cela n'est pas exigé par la loi.

6. — Lorsque la signification à faire doit avoir lieu hors du ressort du tribunal, on peut déléguer au président du tribunal de la localité ou même au juge de paix le pouvoir de désigner l'huissier qui sera chargé de la commission. — V. EMPRISONNEMENT.

7. — Si l'huissier commis par le jugement ou l'ordonnance pour une signification se trouve empêché ou vient à mourir, on est obligé d'en faire commettre un autre. C'est sur une requête en brevet que cette nouvelle commission est donnée.

8. — Lorsque, dans une matière de la compétence des juges de paix, l'huissier de la justice de

paix du domicile de la partie est empêché (V. HUISSIER AUDIENCIER), c'est au juge de paix du domicile de cette partie et non au juge de paix qui doit connaître de l'action, qu'il appartient de commettre un autre huissier. — *Bruxelles*, 9 juill. 1834, Brasme c. Delimot.

9. — Un huissier commis pour faire une signification peut la recommencer si elle a été irrégulièrement faite, sans être obligé de prendre une nouvelle ordonnance du président. — *Cass.*, 26 nov. 1840, (int. de la loi). — Lapiène, Merlin, *Rép.*, v° *Signification*, n° 12.

10. — Remarquez toutefois que l'huissier commis pour un commandement tendant à prise de corps n'en peut pas faire un nouveau sans une nouvelle commission, si le premier a plus d'une année de date. — Souquet, v° *Emprisonnement*, n° 20. — V. EMPRISONNEMENT.

11. — Les huissiers commis ne peuvent exiger de plus forts droits que les huissiers ordinaires, et ils sont obligés, comme ceux-ci, de se conformer à toutes les dispositions du Code.

12. — La seule exception que puisse invoquer un huissier commis, est relative au droit de transport quand la commission est donnée par une cour royale. Dans ce cas, ils ont droit, suivant la taxe, à l'émolument fixé par le tarif quelle que soit la distance à parcourir ; la disposition restrictive des art. 62 C. procéd., et 66, § 2, du tarif n'est pas applicable.

13. — Jugé, et avec raison, que lorsqu'il y a un huissier commis, les frais de transport ne peuvent jamais être rejetés de la taxe, comme frustratoires, quoiqu'on eût pu les éviter en commettant un autre huissier. — *Paris*, 11 janv. 1834, Nourry c. Jouffroy.

14. — Les significations faites par un huissier autre que celui qui a été commis sont-elles valables? — Il faut distinguer : si la signification à faire consiste dans une assignation à bref délai, comme, dans ce cas, la loi ne prescrit pas au juge de commettre un huissier, un huissier ordinaire peut instrumenter sans que son exploit soit nul. C'est, en effet, ce qui a été décidé par la cour de Paris, le 8 fév. 1834, Thomas c. Bourdon.

15. — Mais en doit-il être de même lorsqu'il s'agit de signifier un jugement par défaut et surtout un commandement tendant à contrainte par corps? — Non : dans ce cas, la précaution prise par la loi venant à manquer, la nullité de l'exploit doit être prononcée. — *Agen*, 6 fév. 1810, Somnabère c. Escaup ; — Chauveau et Carré, t. 2, n° 644; Poncet, *Traité des jugemens*, t. 1er, p. 372; Bioche, t. 4, v° *Huissier*, n° 157 ; Thomine-Demazures, *Procéd. civ.*, t. 1er, p. 289. — *Contrà Bourges*, 4 juill. 1812, Guilloteau c. Dupin ; *Paris*, 13 juin 1843 (t. 2, 1843, p. 142), de la Ronnade c. Tinquerel ; 17 juin 1844 (t. 1er 1844, p. 180), Grégory c. Hoff. — V. au surplus JUGEMENT PAR DÉFAUT.

16. — Il a été jugé, dans une espèce particulière, que, quoique faite par un autre que l'huissier commis, la signification d'un jugement par défaut était valable, lorsqu'il était constant que la copie avait été remise au défaillant lui-même, qui avait fait une réponse sur l'exploit (*Cass.*, 7 déc. 1813, Destours c. Bertrand). — Dans cette hypothèse la cour suprême a pensé que le vœu de la loi était rempli. On comprend que ce n'est là qu'une décision d'espèce qui confirme le principe plus qu'il ne le contredit. — V. du reste, sur ce point, Boncenne, *Théor. de la procéd.*, t. 3, p. 32.

17. — Du reste, même dans les cas où l'exploit est validé, l'huissier qui, sans être commis, ferait la signification s'exposerait à une peine disciplinaire.

18. — Nous ferons remarquer cependant que, par un abus injustifiable, quelques juges de paix sont dans l'usage de commettre leur huissier audiencier, même pour la signification des jugemens *contradictoires*. Cette manière de procéder a pour objet d'assurer une espèce de monopole à un huissier au détriment de ses confrères ; c'est une illégalité. Aussi pensons-nous que l'on ne doit pas avoir égard, dans ce cas, à la commission donnée par le juge ; la signification peut être faite par l'huissier qui a la confiance de la partie, sans qu'elle puisse être annulée. C'est un point qui nous paraît incontestable.

HUITRES.

1. — Ce qui concerne la pêche des huîtres est indiqué v° PÊCHE.

2. — Quant à la vente des huîtres et aux droits à percevoir sur cette vente au profit de la ville de Paris, V. les ordonnances de police des 1er fructid. an VIII, 29 fructid. an IX, 21 fév. 1811 (*Recueil* de M. Delessert, t. 1er, p. 31, 105 et 500).

3. — Les marchands d'huîtres sont rangés par la loi du 25 avr. 1844, sur les patentes, dans la sixième classe ; imposés 1° à un droit fixe basé sur la population ; et 2° à un droit proportionnel du vingtième de la valeur locative de l'habitation et des lieux servant à l'exercice de la profession.

4. — Quant aux marchands expéditeurs d'huîtres, avec voitures servies par des relais, ils sont imposés à un droit fixe de 100 fr. et à un droit proportionnel du vingtième de la valeur locative de l'habitation et des magasins de vente complètement séparés de l'établissement, et du quarantième de l'établissement industriel. — V. PATENTE.

HYDROMEL (Fabricans et marchands d').

Fabricans et marchands d'hydromel : patentables de troisième classe ; — droit fixe basé sur la population, et droit proportionnel du vingtième de la valeur locative de l'habitation et des lieux servant à l'exercice de la profession. — V. PATENTE, BOISSONS.

HYPOBOLON.

1. — L'hypobolon était chez les Grecs un gain de survie, d'où, selon l'opinion de plusieurs auteurs, nous est venu notre augment de dot, *incrementum dotis*. — Cujas, *Observ.*, lib. 5, cap. 4 ; Ducange, *In gloss. græc.*, v° *Hypobolon* ; Delaurière, en son *Glossaire*, v° *Augment*.

2. — Ce droit consistait dans une certaine somme accordée à la femme survivante sur les biens de son mari ; elle était déterminée selon l'importance de la dot apportée par elle ; ainsi, dans le principe, elle était de la moitié, plus tard elle fut réduite au tiers, selon le témoignage d'Harmenopeute, *promptuarium juris*.

HYPOTHÈQUES.

Table alphabétique.

Absent, 73.
Abus de jouissance, 112.
Accessoires, 67 s.
Acquéreur, 157, 222 s., 230 s., 247, 338.
Acquisition, 388.
Acte extrajudiciaire, 362.
Action de la banque, 277. — des canaux, 277. — sur la banque de France, 123.
Action en déclaration d'hypothèque, 279 s., 339. — hypothécaire, 327, 329. — immobilière, 127 s. — personnelle, 326, 327.
Addition, 76.
Aliénation, 49, 308.
Alimens, 116.
Alluvion, 86.
Améliorations, 75 s.
Ancien droit français, 11 s.
Antériorité, 151, 199.
Antichrèse, 60.
Appel, 240.
Appropriance, 19.
Arrérages, 236.
Assurance terrestre, 87.
Attérissement, 86.
Augmentation, 76.
Bail, 275. — à vie, 117.
Bâtiment, 80. — de mer, 141.
Biens à venir, 6, 163. — communaux, 166. — immobiliers, 67. — présens, 6. — susceptibles d'hypothèque, 67 s.
Bois, 100 s.
Bonne foi, 343 s., 351, 364.
Bordereau de collocation, 284.
Cantonnement, 120.
Capacité, 304.
Carrière, 103 s.
Cession, 158.
Cessionnaire, 177.
Chose dans le commerce, 68.
Code civil, 35 s. — de procédure civile, 39.
Collocation, 170, 174 s., 180, 237, 241, 255. — éventuelle, 257.
Commandement, 365.
Commune, 166.
Compensation, 290, 295, 388.
Concours d'hypothèques générales et d'hypothèques spéciales, 168 s.
Condamnation personnelle, 279.
Condition, 47.
Confusion, 290, 295.
Consentement, 308.
Constitution d'hypothèque, 147.
Constructions, 78 s.
Contrôleur des titres, 20.
Coupe de bois, 100 s., 274.
Créance, 46, 54, 175, 221. — conditionnelle, 253 s., 378. — éventuelle, 253 s. — hypothécaire, 198. — non échue, 379.
Créancier, 53, 142 s., 273, 308, 380, 388. — chirographaire, 159, 218. — hypothécaire non inscrit, 159. — inscrit, 289. — postérieur, 219.
Curateur, 7.
Date, 202 s. — certaine, 225 s.
Dation en paiement, 297 s.
Débiteur, 322.
Déchéance, 149.
Déconfiture, 150.
Décret d'immeuble, 19, 22.
Dégradation, 287.
Délai, 149, 284.
Délaissement, 279, 282.
Démolition, 398.
Désistement, 180.
Dette mobilière, 45.
Divisibilité, 55.
Domaine public, 70.
Donation, 267.
Dotation de la couronne, 71.
Douaire, 381.
Droit civil, 61.
Droit grec, 3. — romain, 4 s., 217.
Droit conditionnel, 392. — de préférence, 142 s., 260. — de suite, 59, 138, 140, 142 s., 259 s. — immobilier, 44. — intermédiaire, 25 s. — réel, 44.
Echange, 268.
Effets de l'hypothèque, 142 s.
Emphytéose, 106.
Emploi, 238.
Esclave, 95.
Exigibilité, 241. — de créance, 361.
Extinction, 110, 203, 292, 294 s.
Faillite, 286.
Femme, 306, 377. — mariée, 332, 378.
Féodalité, 13, 155, 299.
Fermage, 276.
Fermier, 81.
Fortage (droit de), 105.
Four à poterie, 77.
Fraude, 179, 273.
Fruits, 271. — civils, 109. — immobilisés, 99. — pendans, 98.
Furieux, 7.
Gage, 60.
Habitation, 118.
Héritier, 52 s., 393.
Historique, 2 s.
Hypothèque ancienne, 148 s. — conventionnelle, 63, 328. — expresse, 62. — forcée, 66. — générale, 15, 64, 168 s., 315. — (répartition), 192 s., 196 s. — judiciaire, 63, 190, 328. — légale, 7, 63, 165, 190, 266, 306, 323, 328. — occulte, 15. — privilégiée, 66. — simple, 66. — spéciale, 64, 168 s., 201. — sur hypothèque, 131. — tacite, 62. — volontaire, 66.
Ile, 85.
Immeuble, 69. — par destination, 88, 139, 272.
Indemnités des émigrés, 401.
Indication de paiement, 232.
Indivisibilité, 50 s., 169.
Inondation, 400.
Inscription, 48, 125. — hypothécaire, 145 s., 160, 164, 197, 230, 261, 348, 369, 389.
Insinuation, 152.
Interdit, 73.
Interruption de prescription, 280, 335, 339 s., 358.
Jouissance, 271
Législation, 2 s. — postérieure au Code civil, 40.
Lettres de purge, 19. — de ratification, 23, 156.
Locataire, 80.
Loi, 381 s
Machine, 91.
Main-levée, 179, 181, 302, 314.
Main-morte, 155.
Majorat, 72.
Mari, 376.
Mariage, 38.
Matériaux, 398.
Mauvaise foi, 345.
Mention de subrogation, 228.
Meubles, 94, 133 s.
Mineur, 7, 73, 103 s., 172, 377.
Nantissement (pays de), 153.
Navire, 141.
Nègre, 95.
Notification du contrat, 376 s.
Novation, 295 s.
Nu-propriété, 111 s.
Obligation future, 48. — personnelle, 278. — principale, 46, 292, 294 s.
OEuvre de loi, 14, 357.
Office, 126.
Opposition au sceau, 23. — au sceau des lettres de ratification, 156.
Ordre, 144, 320.
Pacte, 5.
Paiement, 241, 282, 295, 338.
Partage, 393.
Pays de nantissement, 14. — réunis, 152.
Péremption d'inscription hypothécaire, 262.
Perte de la chose, 397 s.
Possession, 351, 353.
Préférence, 58, 143, 233.
Prescription, 280, 321 s., 364. — (durée), 322, 333. — (suspension), 371, 179. — annale, 333. — de dix et vingt ans, 334. — de trente ans, 329.
Présomption de bonne foi, 346.
Prise d'eau, 122.
Propriété, 108
Publicité, 16, 37.
Purge, 18 s., 223, 248, 282, 319. — légale, 367 s.
Rang, 253. — des hypothèques, 144 s.
Réalisation, 14.
Récolte, 274.
Reconstructions, 83, 399.
Recours, 376.
Réduction, 57.
Réforme hypothécaire, 42.
Remboursement, 181, 287.
Réméré, 127 s.
Remise de la dette, 295, 303.
Renonciation, 162, 264, 300 s. — expresse, 301 s. — tacite, 307. — à l'inscription, 305.
Rente, 124 s. — perpétuelle, 235 s. — viagère, 214, 237 s. — (adjudication au rabais), 250. — (capital), 239, 247. — (capital insuffisant), 251.
Réparations, 83.
Rescision, 127, 314.
Résolution, 47, 313, 390, 392, 394.
Rétroactivité, 381 s.
Revente, 282, 289.
Reversion d'hypothèque, 174, 178.
Révocation, 390.
Saisine, 14.
Savonnerie, 89.
Servitude, 121, 269.
Sommation de payer ou de délaisser, 358, 360. — de purger, 363.
Spécialité, 37, 169.
Subrogation, 132, 172, 176, 181 s., 212 s., 233, 316 s. — conventionnelle, 188, 220, 224. — légale, 183 s., 190.
Succession, 150.
Superficie, 82.
Surenchère, 309.
Sûreté, 287.
Suspension de prescription, 371, 379.
Terme, 284. — (échéance), 286.
Terme de grâce, 288.
Tierce-opposition, 191.
Tiers acquéreur, 383. — détenteur, 32, 142, 171, 257 s., 273, 290, 324 s., 330, 332, 355, 362.
Titre, 354.
Transcription, 265, 354 s., 383.
Transport, 158.
Transport-cession, 221, 227.
Tutelle, 38.
Tuteur, 7.
Usage, 118 s., 269.
Ustensiles, 89.
Usufruit, 107 s., 269, 387, 395.
Vendeur, 231.
Vente, 203, 263, 267, 314. — (résolution), 394.
Vétusté, 91.

HYPOTHÈQUE. — 1. — L'hypothèque est un droit réel sur les immeubles affectés à l'acquittement d'une obligation. Ce droit indivisible de sa nature suit l'immeuble en quelques mains qu'il passe, sans dessaisir le débiteur, qui conserve toujours la propriété et la possession de la chose hypothéquée. Il donne au créancier la faculté de faire vendre, à défaut de paiement, l'immeuble affecté en quelques mains qu'il se trouve, pour se faire payer sur le prix, par préférence aux créanciers chirographaires du propriétaire et même aux créanciers hypothécaires d'un rang inférieur. — C. civ., art. 2114.

CHAP Ier. — *Historique et législation* (n° 2).

CHAP. II. — *Nature et caractère de l'hypothèque* (n° 44).

CHAP. III. — *Causes qui produisent l'hypothèque* (n° 61).

CHAP. IV. — *Biens susceptibles d'hypothèque* (n° 67).

CHAP. V. — *Effets de l'hypothèque* (n° 142).

SECT. 1re. — *Effets de l'hypothèque entre les créanciers* (n° 148).

§ 1er. — *Du rang des hypothèques entre elles* (n° 145).

§ 2. — *Du concours des hypothèques générales et des hypothèques spéciales* (n° 168).

§ 3. — *Effets des subrogations et cessions d'hypothèques* (n° 212).

§ 4. — *Effets des hypothèques pour rentes perpétuelles ou viagères* (n° 235).

§ 5. — *Effets des hypothèques pour créances conditionnelles et éventuelles* (n° 253).

SECT. 2e. — *Effets de l'hypothèque contre les tiers-détenteurs* (n° 259).

CHAP. VI — *Extinction de l'hypothèque* (n° 292).

SECT. 1re. — *Extinction de l'hypothèque par l'extinction de l'obligation principale* (n° 292).

SECT. 2e. — *Renonciation du créancier à l'hypothèque* (n° 300).

SECT. 3e. — *Extinction de l'hypothèque par la purge* (n° 319).

SECT. 4e. — *Prescription de l'hypothèque* (n° 321).

SECT. 5e. — *Extinction de l'hypothèque par l'acquisition de l'immeuble faite par le créancier* (n° 388).

SECT 6e. — *Extinction de l'hypothèque par la résolution du droit de celui qui l'a constituée* (n° 392).

SECT. 7e. — *Extinction de l'hypothèque par la perte de la chose hypothéquée* (n° 397).

—

CHAPITRE Ier. — *Historique et législation.*

2. — La garantie primitivement donnée par les débiteurs à leurs créanciers a dû consister dans la remise aux mains du créancier de choses susceptibles d'une translation et d'une détention effective, c'est-à-dire d'objets mobiliers. Mais, dit Loyseau (*Du déguerpissement*, liv. 3, chap. 1er), l'ambition des hommes étant augmentée à faire de plus grandes entreprises et contracter de plus grandes dettes, il fallait mettre la main aux *héritages* et les engager aussi bien que les meubles, c'est-à-dire *bailler et délaisser* au créancier, pour en demeurer *nanti et jouissant* jusqu'à ce qu'il fût payé. Puis, comme on trouva incommode de se dessaisir de ses héritages, on en vint à feindre seulement de les remettre au créancier et à les lui engager par simples paroles, sauf au créancier à en exiger la remise ou le délaissement effectif à défaut de paiement à l'époque du terme. C'est aux Grecs, qui avaient déjà institué l'antichrèse, (V. ANTICHRÈSE, n° 2) qu'on doit cette nouvelle manière de soumettre les immeubles d'un débiteur à la sûreté d'un prêt. Ils ont donné à cette imitation du gage réel le nom d'hypothèque, *υπο*, *sub*, *et* *τιθημι*, *pono*.

3. — Il semble que pour éviter que des engagemens ultérieurs nuisissent à l'hypothèque primitivement consentie, les Grecs n'avaient pas trouvé d'autre expédient que celui d'obliger le débiteur à planter sur l'héritage ainsi affecté un poteau indicateur des sommes pour lesquelles l'immeuble était engagé

4. — On sait que les Romains distinguaient plusieurs espèces de *gage*; 1° *pignus conventionale*; 2° *pignus prætorium*; 3° *pignus judiciale*; 4° *antichresis*; 5° *hypotheca*. — Le gage, *pignus*, était, à proprement parler, ce qui passait en la possession du créancier tandis qu'on appelait *hypothèque* la garantie qui n'était pas possédée par le créancier (L. 9, § 2, ff., *De pignerat. act*). Toutefois cette distinction n'a pas toujours été observée, ainsi qu'il résulte de la loi 5, § 1er, où on lit : *inter pignus et hypothecam tantùm nominis sonus differt.*

5. — L'hypothèque volontaire se constituait à Rome par un simple pacte écrit ou non écrit (L. 4 ff., *De pign. et hyp.*), mais lorsqu'il y avait concours entre plusieurs créanciers, celui qui avait pour lui un acte public ou un acte privé muni de la signature de trois témoins dignes de foi, obtenait, quoique postérieur, la préférence sur celui qui n'avait pas de titre ou qui ne représentait qu'un acte privé non revêtu de la signature des témoins. — Voët. *ad pand.*, lib. 20, tit. 1er, n° 9.

6. — L'hypothèque conventionnelle fut longtemps bornée aux biens que le débiteur possédait au jour de la convention (L. 2, ff., *qui pot. in. pign.*). Mais il fut ensuite permis d'hypothéquer les biens que le débiteur pouvait acquérir par la suite. — L. 1 et L. 15 *de Pign. et hyp.*

7. — La femme par le seul fait du mariage acquérait de plein droit une hypothèque sur les biens du mari pour la restitution de sa dot. — L. 1, *C. de rei uxor. act.* — Les mineurs et les furieux avaient une semblable hypothèque sur les biens de leurs tuteurs et curateurs. — Cod., *de adm. tutor.*, *De curat. fur. vel aliis personis dandis.*

8. — Si l'on s'arrêtait au tableau que César (lib. 6, *de Bello gallico*) trace des mœurs des Gaulois, on devrait penser que l'hypothèque était inconnue de ces hommes qui n'avaient pas de champ fixe et qui appartînt en propre à chacun, mais à qui tous les ans les chefs assignaient un champ d'une étendue proportionnée au nombre de membres dont se composait sa famille.

9. — Mais la domination des Romains s'établit en Gaule et y introduisit les mœurs, les institutions et même la législation des vainqueurs, qui continuèrent à être observées, même après l'invasion des Francs et autres peuples du nord.

10. — La loi des Visigoths (tit. 5), le code des Bourguignons (chap. 19), celui des Lombards (lib. 2, tit. 21) contiennent des règles dont l'ensemble porte à conclure que ces peuples pratiquaient le gage réel et non l'hypothèque.

11. — Les premiers siècles de la monarchie française n'ont laissé que des monumens peu certains sur la législation alors en vigueur, mais la féodalité dut étendre son influence sur les transactions privées. C'est, au reste, ce qui résulte de l'ordonnance de Philippe-Auguste de février 1218, qui permit aux juifs de recevoir en nantissement de ce qu'ils auraient prêté, des portions d'héritages, mais seulement avec le consentement du seigneur duquel relevait le débiteur. Ce monument révèle déjà l'existence de cette coutume établie en France par suite du régime féodal que nul ne peut valablement vendre ni même hypothéquer ses immeubles qu'avec le consentement du seigneur duquel l'héritage relevait.

12. — L'exception au profit du tiers détenteur de la discussion des immeubles du débiteur non hypothéqués à la dette a son germe dans une ordonnance de Philippe le Bel de mars 1303, dans laquelle on lit : que si un débiteur oblige ou hypothèque un immeuble et qu'il le vende ensuite sans fraude à un tiers, ce tiers ne pourra être poursuivi, si le débiteur principal a des biens sur lesquels le créancier puisse se pourvoir.

13. — Mais on retrouve au tit. 35 de la *Somme rurale* de Bouteiller l'hypothèque, qui paraît alors comprendre les *biens meubles et par espécial les héritages* du débiteur. Au tit. 25 *Des obligations*, on voit qu'une hypothèque ne pouvait être valablement constituée sans le consentement du seigneur et que le créancier, au lieu de demander la remise entre ses mains propres de l'héritage hypothéqué, ne pouvait demander cette remise que dans les mains du seigneur, à moins que l'on ne fût obligé sur le scel royal.

14. — Dans certaines coutumes, notamment celles de Champagne et de Picardie, de Laon, de Reims, Ribemont, Montreuil, Charny, Ponthieu, Boulonnais, Roye, Péronne, etc., l'hypothèque ne pouvait être efficacement constituée sur un immeuble quelconque qu'à l'aide de certaines formalités judiciaires par lesquelles le débiteur était censé se démettre de son héritage entre les mains du seigneur dont il relevait, en faire investir, saisir ou nantir le créancier par les officiers de ce seigneur, et l'hypothèque n'avait date et rang que du jour de l'acte constatant l'accomplissement de cette formalité qui le plus communément s'appelait nantissement, œuvre de loi, saisine, saisinement, réalisation, etc. Il résultait de là que l'héritage servant de nantissement ne pouvait plus être engagé ni aliéné au préjudice du créancier qui était préféré à tous ceux qui n'avaient pu pris la même précaution ou qui l'avaient prise postérieurement. — V. NANTISSEMENT (pays de), ŒUVRE DE LOI.

15. — Dans d'autres coutumes, au contraire, telles que celle de Paris, tous contrats passés devant notaires compétens, tous jugemens portant condamnation en reconnaissance d'une dette quelconque emportaient de plein droit hypothèque générale sur tous les biens présens et futurs du débiteur, sans qu'il fût besoin de faire réaliser ou enregistrer cette hypothèque dans aucun greffe ou dans aucune justice.

16. — On voit par là que dans certaines coutumes les hypothèques grevant un immeuble quelconque étaient publiques et partant faciles à vérifier, tandis que dans les autres, qui formaient le droit commun de la France, elles étaient occultes et inconnues.

17. — Mais comme, depuis l'ordonnance de Moulins de fév. 1566, on pouvait faire reconnaître en justice une obligation sous seing privé et obtenir ainsi une hypothèque générale qu'on n'était pas obligé de faire inscrire, l'usage des nantissemens devint bien moins fréquent.

18. — Les coutumes avaient sur la nature et les effets de l'hypothèque des dispositions à peu près analogues, mais elles différaient sur la manière : 1° dont elles pouvaient être constituées; 2° dont elles pouvaient être conservées au cas où les immeubles changeaient de propriétaire; 3° dont elles pouvaient être purgées ou effacées par les tiers acquéreurs.

19. — Pour la purge par un tiers acquéreur des hypothèques créées du chef de son vendeur, on pratiquait principalement trois modes; savoir : en Belgique, *les titres de purge*; en Bretagne, *l'appropriance*; dans le reste de la France, les *décrets* de vente, par autorité de justice.

20. — Henri III, par un édit de 1581, avait voulu établir dans toute la France un droit pareil à celui qui était en vigueur dans les pays de nantissement. Il créait un office de *contrôleur des titres* en chaque siége royal et il ordonnait que tous contrats portant vente, transport ou obligation excédant 5 écus seraient contrôlés et enregistrés sur registre particulier à ce destiné; qu'autrement, on n'acquérait pas le droit de propriété ni d'hypothèque sur cet héritage. Mais cet édit fut révoqué par l'édit de Chartres de 1788, art. 10.

21. — Par un édit du mois de mars 1673, Louis XIV, d'après le conseil de Colbert, ordonna l'établissement d'un greffe particulier dans chaque siége royal pour l'enregistrement de tous titres emportant translation de propriété à titre singulier, comme aussi pour recevoir les mentions et oppositions a fin de confirmation des hypothèques en cas de mutation des immeubles hypothéqués. Mais cet édit, dont le préambule est fort remarquable, éprouva la plus vive opposition de la part des parlemens. Il ne fut enregistré que sur des lettres de jussion, et il fut enfin révoqué par un édit du mois d'avril 1674.

22. — On continua, pour garantir aux acquéreurs qu'ils paieraient leur prix avec sécurité et que les hypothèques grevant les immeubles par eux acquis seraient purgées, à employer cette procédure fictive du décret volontaire qui parfois absorbait le prix de l'immeuble. — V. DÉCRET D'IMMEUBLES, nos 11 et suiv.

23. — Un édit de juin 1771 établit un système imité des lettres de ratification instituées par un édit de mars 1673, lesquelles n'étaient scellées qu'à la charge des oppositions annuelles formées par les créanciers pour conserver les hypothèques qu'ils avaient sur les rentes qui se payaient au trésor royal ou à l'Hôtel-de-Ville de Paris. On sait que l'hypothèque légale, judiciaire ou contractuelle avait lieu de plein droit en vertu de la loi, de la prononciation du jugement ou du sceau du contrat, et que dès cet instant elle grevait d'une manière invisible tous les biens du débiteur tant présens qu'à venir. L'hypothèque se conservait d'elle-même tant que subsistait l'obligation dont elle était l'accessoire, tant qu'elle n'était pas éteinte par la prescription ou purgée par l'effet des lettres de ratification que le tiers acquéreur pouvait obtenir en chancellerie. Pour prévenir cette extinction éventuelle, l'acquéreur exposait publiquement son titre d'acquisition; les créanciers formaient entre les mains de l'officier chargé de délivrer des lettres de ratification opposition au sceau de ces lettres; ils pouvaient requérir la surenchère pour éviter les fraudes. — L'effet de ces oppositions était de conserver au créancier hypothécaire le droit de primer tous les créanciers chirographaires, d'entrer en concurrence avec tous les autres créanciers hypothécaires au cas de lettres de ratification obte-

nues par le contrat de vente sur le prix du bien vendu. Entre les divers créanciers hypothécaires le droit de préférence se réglait, non d'après la date de l'opposition, mais uniquement d'après la date de l'acte qui engendrait l'hypothèque. S'il n'y avait pas d'opposition dans le délai fixé, les lettres de ratification étaient signées purement et simplement et l'immeuble se trouvait purgé.

24. — On reprochait au régime de l'édit de juin 1771 son insuffisance; il promettait une sûreté qu'il ne donnait pas, car en offrant des moyens de conserver les hypothèques il n'avertissait pas de celles qui existaient au moment où l'on contractait, en sorte que souvent ce n'était qu'à l'ordre que les créanciers acquéraient la fâcheuse certitude qu'ils ne seraient pas payés.

25. — Aussi, dès les premiers jours de la révolution, des voix s'élevèrent pour réclamer la publicité des hypothèques, et plusieurs projets furent présentés à l'assemblée constituante qui, à raison des grands événemens politiques, ne put les examiner. Elle se borna à rendre divers décrets transitoires: 1° du 7 sept. 1790, pour transférer aux tribunaux de district le sceau des lettres de ratification; 2° du 19 sept. 1790, pour substituer, dans les pays de nantissement, aux anciennes formalités de *vest et de devest, saisine et dessaisine*, etc., la simple transcription aux greffes des nouveaux tribunaux des actes contenant hypothèque ou aliénation; 3° du 27 janv. 1791, qui prescrit aux créanciers hypothécaires le renouvellement de leurs oppositions entre les mains des nouveaux conservateurs établis près les nouveaux tribunaux et aux acquéreurs poursuivant lettres de ratification une nouvelle exposition de leurs contrats pendant deux mois dans l'auditoire des nouveaux tribunaux; 4° du 13 avril 1791, qui valide toutes les formalités de nantissement qui auraient pu être faites devant les nouvelles municipalités ainsi que les transcriptions de contrat qui auraient pu être faites aux greffes des tribunaux de district avant la publication du décret du 19 sept. 1790.

26. — La loi du 9 messid. an III présenta le Code hypothécaire le plus complet qu'on pût imaginer. Elle définissait l'hypothèque et les priviléges, elle précisait ses causes, ses espèces, ses effets; elle prescrivait la manière de conserver l'hypothèque et les priviléges par des inscriptions dans des registres publics. L'hypothèque était acquise du jour du contrat s'il y avait inscription dans le mois; passé ce délai, l'hypothèque ne prenait plus rang que du jour de l'inscription. Elle déterminait les droits des divers créanciers, le mode suivant lequel les tiers acquéreurs devaient purger leurs acquisitions, soit en cas de vente volontaire, soit en cas de vente forcée, la forme des ventes, les ordres et distributions de deniers, les droits et les devoirs des conservateurs, etc.

27. — Cette loi du 9 messid. an III qui contenait d'heureuses innovations, renfermait aussi des dispositions qui ont fait obstacle à sa mise en pratique. Outre les droits fiscaux plus forts que ceux qui étaient exigés pour le sceau des lettres de ratification, elle impliquait la nécessité presque inévitable pour tous les propriétaires ayant des créanciers de donner le bilan de leurs propriétés au moyen des déclarations foncières qu'on pouvait exiger d'eux, elle facilitait la mobilisation de la propriété territoriale au moyen des cédules hypothécaires (V. ce mot). Aussi fut-elle l'objet de vives critiques.

28. — Le régime hypothécaire introduit par la loi du 9 messid. an III n'a jamais été rigoureusement obligatoire. Toutes les hypothèques nées pendant cette loi ont été, aussi bien que celles nées antérieurement, embrassées dans la disposition de la loi du 11 brum. an VII, comme hypothèques du passé. — *Cass.*, 3 mai 1843 (t. 2 1843, p. 91), trésor public c. Séguin. — En effet, la mise à exécution de cette loi du 9 messid. an III avait été ajournée par une disposition finale; elle fut successivement prorogée jusqu'à la promulgation de la lois du 11 brum an VII. — V. CÉDULE HYPOTHÉCAIRE, n° 23.

29. — La loi du 11 brum. an VII sur les priviléges et les hypothèques ne leur accordait en général d'effet que par leur inscription dans des registres à ce destinés. Elle reconnaissait des hypothèques légales au profit des mineurs et interdits, des femmes et de l'état, des hypothèques judiciaires, et des hypothèques conventionnelles par acte notarié, ou résultant d'un acte privé dont la signature avait été reconnue par jugement. L'hypothèque volontaire ne pouvait frapper que des biens appartenant au débiteur lors de la stipulation; l'hypothèque judiciaire n'affectait que les biens appartenant au débiteur lors du jugement, et l'hypothèque légale frappait au moment même de l'inscription tous les biens appartenant au débiteur et situés dans l'arrondissement du bureau où se faisait l'inscription.

30. — L'art. 26 de la loi du 11 brumaire an VII contenait aussi une disposition remarquable d'après laquelle les actes translatifs de biens et droits susceptibles d'hypothèque ne pouvaient être opposés aux tiers qui contracteraient avec le vendeur, en se conformant à ladite loi, avant que ces actes eussent été inscrits au bureau des hypothèques de la situation des biens.

31. — Cette loi contenait ensuite, pour la purge des hypothèques, l'indication d'une procédure de notification par l'acquéreur et de surenchère de la part des créanciers inscrits qui offre beaucoup d'analogie avec celle que le Code civil a adoptée.

32. — Des dispositions transitoires formant les articles 37 et suivans fixaient un délai de trois mois dans lequel les hypothèques existant au moment de la promulgation de cette loi devaient être inscrites pour conserver l'effet que leur avait assigné la législation sous laquelle elles avaient été constituées.

33. — Enfin, les possesseurs d'immeubles qui n'avaient pas, au moment de la promulgation de cette loi, encore accompli toutes les formalités prescrites par les lois et usages antérieurs pour consolider leurs propriétés et en purger les charges et hypothèques devaient y suppléer par la transcription de l'acte de mutation.

34. — Un des principaux reproches adressés au système hypothécaire de l'an VII a été celui-ci: que le principal mobile de son établissement a été le besoin d'argent et le désir d'ouvrir une nouvelle source à la fiscalité, tandis que l'intérêt des citoyens et la plus grande sûreté des créanciers et des nouveaux acquéreurs n'en a été que l'objet secondaire. On ajoutait qu'en examinant le système en lui-même on trouvait que la publicité, le plus important objet qu'on avait voulu atteindre, empêchait les familles de garder le secret de leurs affaires domestiques, et que cette publicité était impraticable à l'égard de plusieurs sortes de créances, notamment de celles résultant de la seule volonté de la loi, de droits éventuels, de clauses, de garanties et autres dont la valeur est variable et indéterminée; qu'enfin, la spécialité n'était que très imparfaite, puisqu'on admettait des hypothèques indéfinies en vertu de la loi ou des réglemens; enfin, on reprochait à la législation de l'an VII de faire dépendre l'efficacité de l'hypothèque de la prise d'une inscription régulière.

35. — Aussi les rédacteurs du projet du Code civil étaient revenus au régime des lettres de ratification amélioré, et huit tribunaux d'appel seulement se prononcèrent en faveur du système de l'an VII.

36. — Mais le tribunal de Cassation, dans ses observations sur ce projet, réclama le maintien du régime hypothécaire de la loi de brumaire, toutefois en le remaniant et en le corrigeant.

37. — La discussion s'engagea donc au sein du conseil d'état entre ces deux régimes opposés et il en sortit un système (de conciliation sur certains points, qui, proposé par Portalis et appuyé par le premier consul et par Cambacérès, finit par prévaloir. Le conseil adopta en principe que toute hypothèque serait publique, que l'hypothèque conventionnelle serait toujours spéciale, et que la sûreté de la femme et du mineur devait être préférée à celle des acquéreurs et des prêteurs.

38. — Pour la réalisation de cette dernière proposition, on apporta au principe de la publicité une exception relative aux engagemens naissant du mariage et de la tutelle. On considéra le fait du mariage et celui de la tutelle comme assez publics, assez notoires pour que l'hypothèque accordée à la femme ou au mineur n'ait pas besoin de la publicité résultant de l'inscription. — Il fut également reconnu que la spécialité était inapplicable aux créances matrimoniales et pupillaires, auxquelles, la loi ayant voulu donner toute garantie, on devait affecter les biens présens et à venir du mari et du tuteur. On traça aussi une procédure spéciale pour la réduction des hypothèques légales à certains immeubles déterminés du mari ou du tuteur. Enfin, pour soustraire ces hypothèques aux dangers d'une aliénation clandestine, on admit l'acquéreur à les purger, mais en exposant son contrat publiquement pendant un délai déterminé et en notifiant cette exposition soit à la femme, soit aux représentans du mineur.

39. — Au régime hypothécaire du Code civil une innovation importante fut importée par le Code de proc., art. 834. D'après cette disposition, les créanciers ayant un titre hypothécaire sur un immeuble sont admis à prendre inscription, en cas de vente de cet immeuble, non seulement, comme sous le Code civil, jusqu'à la transcription du contrat de vente, mais encore pendant un délai de quinze jours après cette transcription.

40. — Le surplus de la législation en cette matière se compose de lois additionnelles ou interprétatives telles que: 1° l'avis du conseil d'état du 1er juin 1807 relatif aux hypothèques légales; 2° la loi du 3 sept. 1807 concernant les hypothèques judiciaires; 3° la loi du 4 septembre 1807 concernant la forme des inscriptions; 4° la loi du 5 sept. 1807 concernant le privilége du trésor public sur les biens des comptables; 5° un avis interprétatif du conseil d'état du 22 janv. 1808 sur la durée et le renouvellement; 6° divers articles du Code de commerce, etc., etc.

41. — Les critiques n'ont pas manqué à ce nouveau régime hypothécaire. Après les articles de Jourdan, publiés par la *Thémis*, Casimir Périer proposa en 1827 un prix pour le meilleur ouvrage sur les modifications à faire subir à la législation pour l'amélioration du prêt sur hypothèque.

42. — Récemment la nécessité d'une réforme hypothécaire a été officiellement proclamée; une circulaire du garde des sceaux (M. Martin du Nord) du 7 mai 1841, a appelé les observations de la cour de Cassation, des cours royales, et des facultés de droit sur les améliorations dont l'organisation hypothécaire pouvait être susceptible, et les importans travaux émanés de tous ces corps ont été réunis et classés dans une publication intitulée: *Documens relatifs au régime hypothécaire et aux réformes qui ont été proposées, publiés par ordre de M. Martin du Nord, garde des sceaux*, etc.

43. — Enfin tous ces documens ont été confiés à l'examen d'une commission dont l'appréciation et le travail ne sont pas encore terminés.

CHAPITRE II. — *Nature et caractères de l'hypothèque.*

44. — L'hypothèque, bien qu'elle soit un droit réel sur les immeubles, n'est pas pour cela un droit immobilier. En effet, en ce qui concerne le créancier, elle tend à lui assurer le remboursement de sa créance, et par conséquent à faire généralement obtenir au créancier et payer au débiteur une somme d'argent qui est mobilière; cependant quelques personnes ont pensé qu'à l'égard du débiteur l'hypothèque est un immeuble, et qu'elle doit à ce point de vue être considérée comme un droit immobilier.

45. — Jugé que les charges qui pèsent sur une succession ouverte avant le mariage, bien que garanties par des hypothèques, n'en constituent pas moins des dettes mobilières qui tombent passivement dans la communauté, alors même que les époux se seraient réservé en propre leurs immeubles. — *Douai*, 6 janv. 1846 (t. 1er 1846, p. 457), Davercoingt c. Lenfant.

46. — L'hypothèque étant un droit réel sur les immeubles affectés au paiement d'une obligation, il faut, pour qu'il y ait hypothèque, qu'il y ait une obligation principale, car l'hypothèque n'est qu'un accessoire qui ne peut subsister sans une créance principale; aussi cette créance venant à s'éteindre, l'hypothèque doit s'éteindre: on conçoit qu'au contraire l'obligation principale peut subsister sans hypothèque. — Duranton, t. 19, n° 242.

47. — Mais si l'hypothèque étant un accessoire ne peut être stipulée isolément, elle peut d'ailleurs se rattacher à toute obligation principale, quels que soient les modes qui affectent cette obligation, qu'elle soit conditionnelle, résolutoire ou suspensive. La condition suspensive accomplie a un effet rétroactif pour la créance comme pour l'hypothèque (C. civ., art. 1179). Si la condition résolutoire se réalise, elle anéantit l'hypothèque et remet les choses au même état qu'auparavant. — C. civ., art. 1183.

48. — Il est vrai qu'on pouvait, en droit romain, donner hypothèque pour une obligation future. — L. 5, ff, *De Pign. et hypoth.* — Mais l'hypothèque n'avait effet qu'à compter du jour où l'obligation était réellement contractée. — Barthole, L 8, ff., *Qui pot. in pign.*; Grivel, L. 5, ff., *De pign. et hypoth.*; Voët, liv. 20, tit. 4, n° 30; Merlin, *Rép.*, v° *Hypothèque*, sect. 1re, § 4. — C'est par application de la même doctrine qu'il a été jugé qu'on ne peut valablement constituer hypothèque pour sûreté d'une obligation future et potestative, et par exemple, pour sûreté des opérations commerciales que le créancier futur est dans l'intention de faire avec le constituant; qu'en conséquence, l'inscription prise en vertu de cette hypothèque et avant l'existence de la créance est nulle. — *Liége*, 26 nov. 1823, Marche c. D... — V. d'ailleurs HPOYTHÈQUE CONVENTIONNELLE, nos 258 et suiv.

49. — Des auteurs admettent que l'hypothèque contient un germe d'aliénation, mais cette proposition nous paraît inexacte, car ce n'est pas l'hypothèque, mais la force exécutoire du titre de la créance qui renferme ce droit de provoquer l'aliénation que dans l'intérêt de son droit de préférenc

le créancier doit faire porter d'abord sur l'immeuble qui lui est hypothéqué; mais un créancier simplement chirographaire a aussi ce droit de poursuivre l'aliénation. Il faut donc, pour parler exactement, dire que toutes les fois qu'on s'oblige on crée pour le cas de non remboursement un germe d'aliénation. Si l'art. 2124 exige de celui qui hypothèque la même capacité qu'il lui faudrait pour aliéner, c'est à cause des conséquences que l'hypothèque produit sur le crédit du débiteur.

50. — L'hypothèque est de sa nature indivisible, elle subsiste en entier sur tous les immeubles affectés, sur chacun et sur chaque portion de cet immeuble. — C. civ., art. 2114. — *Est tota in toto et tota in qualibet parte.*

51. — L'indivisibilité de l'hypothèque existe tant à l'égard du débiteur qu'à l'égard du créancier.

52. — Si donc l'un des héritiers du débiteur a payé sa part de la dette et que par l'effet du partage il détienne un des immeubles hypothéqués, il peut être poursuivi hypothécairement pour le surplus de la créance; il en est de même du tiers détenteur qui aurait aliéné une partie de l'immeuble hypothéqué. — Duranton, t. 19, nº 245.

53. — Si, d'un autre côté, l'un des héritiers du créancier touche du débiteur sa portion virile, l'autre héritier du créancier conservera la totalité de l'immeuble sous l'hypothèque originaire qui ne recevra aucune diminution de ce que la dette a été payée en partie. — Troplong, nº 389.

54. — Mais cette indivisibilité de l'hypothèque ne se communique pas à la créance, qui n'en demeure pas moins divisible, si telle est sa nature. — C. civ., art. 1221-1º et 2249.

55. — L'indivisibilité est de la nature de l'hypothèque, mais elle n'est pas de son essence, et dès lors les parties pourraient par des stipulations expresses convenir que l'hypothèque dans ses effets se divisera et que, par exemple, la moitié de la créance étant remboursée, l'hypothèque ne conservera plus son effet que pour moitié, ou que le décès du débiteur arrivant chacun des héritiers ne sera poursuivi hypothécairement que pour sa part héréditaire. — L. ult., *C. comm.*, *tam. leg. quam fid.*; — Duranton, t. 19, nº 245; Troplong, *Hypoth.*, nº 388.

56. — Et il a été jugé aussi que l'hypothèque est un droit réel susceptible de toutes les stipulations. — *Bourges*, 20 juill. 1832, Chamblant c. Pommeroux.

57. — L'indivisibilité de l'hypothèque reçoit d'ailleurs exception dans tous les cas où la loi admet la réduction de l'hypothèque en vertu des art. 2143, 2144 et 2161, C. civ.

58. — Puisque, dit M. Troplong (t. 2, nº 386), l'immeuble est affecté à l'acquittement de l'obligation, il faut en conclure que le débiteur ne peut plus l'engager au préjudice du premier créancier hypothécaire. — Aussi l'hypothèque est entre les créanciers une cause de préférence qui donne à celui au profit duquel elle milite le droit d'être payé avant les autres créanciers, à moins que ceux-ci n'aient des priviléges, ou qu'il n'y ait d'autres créances hypothécaires qui, d'après les règles posées par la loi, ne doivent lui être préférées. — Duranton, t. 19, nº 247.

59. — Le créancier hypothécaire n'aurait qu'un droit illusoire si l'aliénation du bien hypothéqué pouvait le priver de son droit, aussi a-t-il le droit de suivre l'immeuble dans la main de tout détenteur (C. civ., art. 2114) avec pouvoir, à défaut de paiement, de se faire payer sur le prix. C'est ce droit que l'art. 2114, C. civ., appelle droit réel, car les droits réels en fait d'immeubles engendrent toujours le droit de suite. — Troplong, *Hypoth.*, t. 2, nº 386.

60. — L'hypothèque diffère du gage proprement dit en ce qu'elle ne s'établit que sur des immeubles, tandis que le gage a pour objet des choses mobilières seulement. Elle diffère de l'antichrèse en ce qu'elle ne dessaisit pas de la chose le débiteur qui continue à en percevoir les fruits, tandis que le créancier antichrésiste perçoit les fruits, à la charge toutefois de les imputer sur les intérêts et sur le capital de sa créance, ou de les employer, s'il est nécessaire, aux réparations dont l'immeuble peut avoir besoin. — Duranton, t. 19, nº 249.

CHAPITRE III. — *Causes qui produisent l'hypothèque.*

61. — L'hypothèque n'a lieu que dans les cas et suivant les formes autorisés par la loi. — C. civ., art. 2115. — Il suit de cet article 2115 que l'hypothèque n'est pas de droit naturel. C'est une institution toute civile, ainsi que le dit Portalis dans la discussion du Code civil au conseil d'état. — Selon M. Troplong (nº 392), le contrat d'hypothèque est en soi du droit des gens, puisqu'il est pratiqué chez toutes les nations civilisées, et c'est seulement la manière de l'acquérir qui dépend du droit civil.

62. — Sous le rapport de la cause qui la produit, l'hypothèque est *expresse*, quand elle est formellement stipulée par une convention, *tacite*, quand elle a lieu de plein droit sans stipulation.

63. — L'hypothèque est légale, judiciaire ou conventionnelle. — C. civ., art. 2116. — L'hypothèque légale est celle qui résulte de la loi. — V. HYPOTHÈQUE LÉGALE. — L'hypothèque judiciaire est celle qui résulte des jugemens ou actes judiciaires. — V. HYPOTHÈQUE JUDICIAIRE. — L'hypothèque conventionnelle est celle qui dépend des conventions et de la forme extérieure des actes et des contrats. — C. civ., art. 2117. — V. HYPOTHÈQUE CONVENTIONNELLE.

64. — Sous le rapport de son étendue et de ses effets, l'hypothèque est *générale*, lorsqu'elle affecte tous les biens tant présens qu'à venir du débiteur; *spéciale*, lorsqu'elle frappe un héritage nommément affecté à la créance.

65. — La faculté de droit de Caen (*doc. réf. hyp.*, nº 450) propose d'exprimer dans la loi que l'hypothèque se distingue en hypothèque générale et en hypothèque spéciale; suivant la faculté, on éviterait ainsi la répétition que contiennent les art. 2122 et 2123 sur les effets analogues de l'hypothèque légale et de l'hypothèque judiciaire. Mais M. Fouet de Conflans (*Réf. hyp.*, p. 165) fait remarquer que si le Code après avoir désigné les trois espèces d'hypothèque n'a pas mentionné la distinction en générale et spéciale, c'est sans doute parce que ce caractère ne constitue pas une nature qui soit propre à l'hypothèque considérée en elle-même, et parce que la spécialité ne forme qu'une modification de l'une des espèces d'hypothèques dont la loi a plus particulièrement déterminé les effets. Les art. 2122 et 2123 ne paraissent donc pas contenir une répétition qu'il y ait lieu d'éviter, car, lors même que la modification proposée par la faculté de Caen serait adoptée il n'en faudrait pas moins appliquer le caractère de généralité à chacune des hypothèques légales et judiciaires, ce qui entraînerait presque la même répétition.

66. — L'hypothèque est simple ou privilégiée; simple, c'est-à-dire qu'en cas de concours de plusieurs hypothèques sur le même immeuble elle n'a sur les autres hypothèques d'autre droit de préférence que celui résultant de son antériorité de date; *privilégiée*, c'est-à-dire que dans le même cas de concours, elle passe avant celles même qui lui sont antérieures par leur date. On appelle en outre hypothèque *volontaire* celle qui résulte des contrats et hypothèque forcée celle qui résulte de la loi ou de condamnations judiciaires.

CHAPITRE IV. — *Biens susceptibles d'hypothèque.*

67. — Sont seuls susceptibles d'hypothèque : 1º les biens immobiliers qui sont dans le commerce et leurs accessoires réputés immeubles; 2º l'usufruit des mêmes biens et accessoires pendant le temps de sa durée. — C. civ., art. 2118.

68. — Ainsi, pour qu'une chose soit susceptible d'hypothèque, deux conditions sont requises : 1º que cette chose soit dans le commerce, pour qu'en cas de non paiement de la dette, cette chose puisse être aliénée et présente ainsi au créancier la sûreté dont l'hypothèque est le but; 2º que cette chose ait le caractère immobilier déterminé par l'art. 2118. — Duranton, t. 19, nº 252.

69. — Bien que l'art. 2114, C. civ., ait dit en termes très généraux que l'hypothèque subsistait sur *tous les immeubles* affectés à la créance, il ne faut pas prendre dans un sens absolu ces mots que l'art. 2118 a pour objet de restreindre à des limites déterminées, à savoir : aux biens immobiliers susceptibles d'avoir des accessoires réputés immeubles, c'est-à-dire aux immeubles par leur nature et à leurs accessoires.

70. — Les biens immeubles dépendant des domaines publics ne sont point dans le commerce et dès-lors ne peuvent être frappés d'hypothèque. — Baudot, *Tr. des formalités hypothécaires*, nº 184.

71. — Il en est de même des immeubles formant la dotation de la couronne. — LL. 8 nov. 1814 et 2 mars 1832, art. 8.

72. — Les biens des majorats ne peuvent non plus être grevés d'aucune hypothèque légale ou judiciaire. — Décret, 1ᵉʳ mars 1808, art. 45.

73. — Quand aux biens des mineurs, des interdits et des absens, tant que la possession n'en est déférée que provisoirement, ils ne peuvent être hypothéqués que dans les formes et pour les causes déterminées par la loi ou en vertu de jugemens. — C. civ., art. 2126. — V. HYPOTHÈQUE CONVENTIONNELLE.

74. — Jugé que les parcs ou établissemens de pêcheries formés par des particuliers sur le rivage de la mer, en vertu de concessions du gouvernement, bien qu'ils ne soient pas incommutables, constituent à l'égard des tiers un droit immobilier, par conséquent susceptible d'hypothèque. — *Caen*, 3 avr. 1824, Langin c. Dœuve.

75. — L'hypothèque acquise s'étend à toutes les améliorations survenues à l'immeuble hypothéqué. — C. civ., art. 2133.

76. — Mais l'addition d'une pièce de terre au fonds hypothéqué et l'augmentation même de l'enceinte du fonds hypothéqué n'entraînerait pas l'extension de l'hypothèque sur cette addition ou augmentation. On ne peut considérer le nouvel objet réuni comme une amélioration survenue au fonds originairement hypothéqué. — Troplong, nº 552; Duranton, t. 19, nº 259; Grenier, t. 1ᵉʳ, nº 148.

77. — L'inscription hypothécaire prise sur un terrain, sans désignation d'un four à poterie qui s'y trouve, ne grève pas ce four, au préjudice d'une inscription postérieure requise spécialement sur cette partie de l'immeuble. — *Bourges*, 14 mai 1823, Guillier c. Achet.

78. — Mais l'hypothèque établie sur un terrain nu s'étend aussi aux constructions élevées depuis sur ce terrain. *Superficies solo cedit.* — Arg. C. civ., art. 1019.

79. — Ainsi jugé que l'hypothèque inscrite sur un terrain nu s'étend aux constructions élevées par l'acquéreur de ce terrain, même à l'égard des créanciers de ce dernier, alors surtout que ces constructions ont été élevées en exécution du contrat d'acquisition. — *Paris*, 2 juill. 1836 (t. 1ᵉʳ 1837, p. 310), Anchier c. Rougevin; 18 janv. 1837 (t. 1ᵉʳ 1837, p. 312), Pelletier et Jonc c. la caisse hypothécaire; — Grenier, t. 1ᵉʳ, nº 147; Duranton, t. 19, nº 257; Troplong, nº 551. — V. *contrà Paris*, 6 mars 1834, Parissé c. Robert.

80. — Mais on ne peut considérer comme immeubles des bâtimens construits en planches, par un individu, sur un terrain dont il n'est que fermier, et qu'il s'est réservé de démolir à sa sortie, pour en enlever les matériaux. De pareils bâtimens ne sont donc pas susceptibles d'hypothèques. — *Grenoble*, 2 janv. 1827, Coste c. Feydel.

81. — Il en est de même des bâtimens que le fermier a construits au vu et au su du propriétaire, sur un terrain à lui loué. — *Bruxelles*, 16 nov. 1831, N... c. Wegge.

82. — Dans les observations de la faculté de droit de Grenoble, on lit la proposition de limiter l'effet du principe *ædificium solo cedit*, et de décider que si un fonds hypothéqué dans l'intérieur des villes et faubourgs venait à être couvert de constructions, ces constructions ne demeureraient affectées à l'hypothèque du sol que jusqu'à concurrence du quart de leur valeur; la valeur des trois quarts restant, telle qu'elle pourrait être déterminée par une ventilation, demeurerait libre dans les mains du constructeur. — *Doc. réf. hyp.*, nº 524.

83. — L'hypothèque frappe de plein droit les réparations et même la reconstruction d'un bâtiment tombant de vétusté, sauf, bien entendu, le privilège du constructeur. — C. civ., 2133.

84. — Comme nous l'avons dit *suprà* nº 75, elle s'étend aux améliorations survenues à l'immeuble hypothéqué et de quelque importance qu'elles soient. Tel serait le cas d'une terre labourable convertie en jardin, d'un marais défriché, d'une lande défrichée, etc.

85. — Elle s'étend aux îles qui peuvent se former du côté du fonds hypothéqué dans le lit d'une rivière non navigable ni flottable, les îles des rivières navigables et flottables appartenant à l'état et n'étant pas dès lors soumises à l'hypothèque. — Grenier, (t. 1ᵉʳ, nº 148); Duranton, (t. 19, nº 257). — V. toutefois, Persil, *rég. hypoth.*, art. 2133, nº 3.

86. — Elle s'étend aussi aux alluvions, aux attérissements que la rivière opère en se retirant d'une de ses rives pour se porter sur l'autre.

87. — Nous avons dit au mot ASSURANCE TERRESTRE, nº 286, que l'indemnité due en cas d'incendie d'un immeuble était une somme mobilière sur laquelle les créanciers hypothécaires n'ont aucun droit de préférence. — V. conf. Paris, 21 août 1844, (t. 2, 1844, p. 452), Celarier c. Ricoux. — Cependant plusieurs cours royales en reconnaissant tout ce qu'il y a d'exact et de véridique dans cette solution ont proposé les unes sous l'influence de sentimens d'équité, les autres par des motifs de droit une dérogation à ces principes trop rigoureux suivant elles. — V. *Amiens*, *Angers*, *Grenoble*, *Nîmes*, *Orléans*, *Pau*, *Rouen* (*Doc. réf. hyp.*, nº 454 et suiv.) — V. *contr. Colmar* (*ibid.*, nº 456); — Fouet de Conflans, *Réf. hypoth.*, p. 166 et suiv.

88. — Il résulte des termes généraux de la loi que tous les accessoires d'un fonds réputés im-

meubles par destination peuvent être hypotéqués avec lui. L'affectation de l'immeuble s'étend de plein droit à ces mêmes accessoires et le produit de l'immeuble vendu avec eux est employé à payer par préférence les créanciers hypothécaires. — Duranton, t. 19, nº 254.

89. — Sous la cout. de Gand, les immeubles par destination étaient frappés de la même hypothèque que celle qui grevait le fonds dont ils étaient l'accessoire. Spécialement, les ustensiles d'une savonnerie étaient susceptibles d'être hypothéqués conventionnellement avec l'usine dont ils dépendaient. — *Bruxelles*, 28 juill. 1808, Vermeren c. Hamelinck.

90. — Sous le C. civ. l'hypothèque frappe de plein droit les ustensiles d'une raffinerie; bien que le débiteur ait, depuis l'inscription, renouvelé les ustensiles, pour cause de vétusté. — *Rouen*, 17 mai 1825, Sénécal c. Lemercier; *Rouen*, 14 nov. 1826, Sénécal; — Troplong, t. 2, nº 399; Duranton, t. 19, nºs 254 et 280, et Persil, *Régime hypothécaire*, t. 1er, art. 2118, nºs 3 et 4.

91. — Le vendeur d'un immeuble affecté à une usine, qui en poursuit la revente sur folle-enchère, a droit, par suite de l'indivisibilité de l'hypothèque, de comprendre dans cette revente les machines nouvelles substituées aux anciennes par l'acquéreur, pour l'exploitation d'une nouvelle industrie, ces machines étant devenues, comme les premières, immeubles par destination........., tous droits du fol enchérisseur réservés dans le cas où, par l'effet des changemens opérés, le prix à provenir de la folle-enchère dépasserait celui de la première adjudication. — *Paris*, 28 juin 1843 (t. 2, 1843, p. 175), Bouju c. Clément; *Cass.*, 18 nov. 1844 (t. 1er 1845, p. 338), Collier c. Gibert.

92. — L'hypothèque constituée sur une usine embrasse, en l'absence de stipulations spéciales, les objets mobiliers que le débiteur n'y a attachés que postérieurement à l'époque où elle a été consentie, et s'étend même aux machines qui n'ont pas été achevées. — *Colmar*, 22 avr. 1834, Hartmann c. Gutzenbach.

93. — Il résulte de l'arrêt de la cour de Colmar qui précède que des conventions spéciales pourraient déroger à la règle qui vient d'être posée. Le débiteur qui pense qu'il lui sera utile de disposer de tel accessoire, de son immeuble peut stipuler que l'hypothèque ne s'y étendra pas ou que l'aliénation de cet objet accessoire n'autorisera pas le créancier à prétendre que le débiteur a diminué les sûretés fournies au créancier. — Duranton, t. 19, nº 255.

94. — L'aliénation de ces accessoires suivie de la tradition à l'acquéreur empêcherait, même en l'absence de conventions spéciales, le créancier hypothécaire de les suivre dans les mains des tiers. Car c'est en ce sens que le code dit que les immeubles n'ont pas de suite par hypothèque. — C. civ., art. 2119.

95. — Ainsi, en supposant qu'un nègre attaché à la culture d'une habitation devienne immeuble par destination, il perd cette qualité dès qu'il est vendu à un tiers, et il cesse d'être soumis à l'hypothèque sous laquelle il était compris avant d'être séparé de l'habitation. — *Cass.*, 3 août 1831, Luce Alexis c. Faloppe.

96. — On ne peut donc isolément grever d'hypothèque les biens qui ne deviennent immeubles que par leur destination (C. civ., art. 517), puisque séparés du fonds auquel ils s'appliquent ils perdent leur qualité immobilière. — Baudot, nº 191; Troplong, nº 399; Delvincourt, t. 2, p. 635; Merlin, *Rép.*, vº *Hypothèque*, p. 898.

97. — Du reste si les objets réputés immeubles par destination peuvent retomber dans la classe des meubles lorsque la destination est finie, cette destination devient irrévocable à l'instant du décès du propriétaire. Dès-lors, si le curateur à la succession vacante vend séparément ces objets mobiliers réputés immeubles par destination, le prix de cette vente reste affecté aux créanciers hypothécaires. — *Douai*, 8 janv. 1815; sous *Cass.*, 4 fév. 1817, contrib. indir. c. Dumoutier.

98. — Les fruits pendans par racines sont immeubles (C. civ., art. 520). Ils sont donc frappés d'hypothèque tant qu'ils sont attachés au sol hypothéqué. Mais aussitôt qu'ils sont récoltés, ils deviennent meubles et échappent à l'hypothèque. Ainsi, les fruits non recueillis ne peuvent être hypothéqués isolément. — Merlin, *Rép.*, vº *Hypothèque*, p. 766; Troplong, *Hyp.*, t. 2, nº 404; Toullier, t. 3, nº 12; Duranton, t. 4, nº 35.

99. — Mais les fruits échus depuis la dénonciation de la saisie au débiteur sont immobilisés au fur et à mesure de leur perception pour être distribués avec le prix de l'immeuble par ordre d'hypothèques. — C. procéd., art. 689.

100. — Le propriétaire d'un bois taillis grevé d'hypothèque peut en vendre la coupe sans que le créancier hypothécaire ait la faculté de s'y opposer, si cette vente est faite sans fraude et dans l'ordre ordinaire de l'exploitation. — *Cass.*, 26 janv. 1808, Beaumier c. Thomas; *Paris*, 24 vent. an XI, Bouillard c. Boudereau et Moreau; *Rouen*, 8 déc. 1840 (t. 1er 1841, p. 264), Cécile et Lehut c. Lecouturier; — Duranton, t. 19, nº 26; Troplong, nº 404, Merlin, *Rép.*, vº *Hypothèque*, sect. 2e, § 5, nº 6; Touillier, t. 3, nº 19.

101. — Mais un propriétaire ne peut pas vendre la superficie de ses bois avant qu'ils aient atteint l'âge fixé pour la coupe, au préjudice de ses créanciers inscrits sur le fonds. — *Dijon*, 30 janv. 1819, Lamnain c. Mainvielle.

102. — Sur l'interdiction d'aliéner quand le fonds hypothéqué a été saisi, V. SAISIE IMMOBILIÈRE.

103. — Les mines concédées sont immeubles; ce sont des propriétés spéciales indépendantes du sol qui les couvre et susceptibles par conséquent d'hypothèque. Peu importe d'ailleurs que la superficie appartienne à un propriétaire différent, cela ne change rien au droit du propriétaire de la mine. Il en est de même de l'exploitation d'une carrière, ce sont là des propriétés à part indépendantes du droit de surface. — L. 21 avr. 1810, art 8, 19; — Duranton, t. 19, nº 271; Troplong, *Hyp.*, t. 2, nº 404 bis.

104. — Mais les matières extraites de ces mines sont mobilières. — L. 21 avr. 1810, art. 7.

105. — C'est comme un accessoire des carrières auxquelles il est en quelque sorte incorporé que le droit de fortage peut être hypothéqué. — V. FORTAGE, nº 6.

106. — La loi du 11 brum. an VII permettait, par son art. 6, d'hypothéquer la jouissance à titre d'emphytéose des immeubles pour le temps de sa durée; le code civil n'a pas compris l'emphytéose parmi les biens susceptibles d'hypothèque, mais la jurisprudence et un grand nombre d'auteurs ont décidé que le bail emphytéotique créait au profit du preneur un droit immobilier, *jus in re* de nature à être hypothéqué. — V. EMPHYTÉOSE, nº 88 et suiv. — La cour royale de Paris, dans ses observations sur le régime hypothécaire, a proposé de comprendre au nombre des biens susceptibles d'être grevés d'hypothèque les immeubles qui ont fait l'objet d'un bail emphytéotique ainsi que ceux cédés à titre de domaine congéable. — *Doc. réf. hypoth.*, nº 460; Fouet de Conflans, *Réf. hypoth.*, p. 168.

107. — Mais indépendamment des immeubles qui ont ce caractère par leur nature ou par destination, il en est qui sont tels par l'objet auquel ils s'appliquent, de ce nombre est l'usufruit des choses immobilières (C. civ., art. 524), qui, aux termes de l'art. 2118, peut être soumis à l'hypothèque.

108. — Toutefois on ne peut conférer hypothèque sur l'usufruit d'un immeuble dont on a la toute propriété. — *Cass.*, 12 avr. 1836, Courtois c. Lemaître; — *Contrà*, Battur, t. 2, nº 245 et 246.

109. — Il a été jugé qu'on doit considérer comme immeubles les fruits civils d'un bien dont le débiteur n'a que l'usufruit et ainsi attribuer aux créanciers hypothécaires les fermages d'un bien hypothéqué de préférence aux créanciers chirographaires. — *Turin*, 24 avr. 1810, Vitalo Paillières c. Trapparelli Laguasco. — Mais cet arrêt est, avec raison, combattu par M. Troplong (*Hypoth.*, t. 2, nº 400). Il est certain que le créancier qui a hypothèque sur un usufruit n'a pas, à défaut de paiement, un droit exclusif aux fruits de l'immeuble, seulement il peut faire vendre l'usufruit et se faire payer par préférence sur le prix de la vente. Les fruits échus depuis la dénonciation de la saisie, seront immobilisés pour être distribués par ordre d'hypothèque, comme s'il s'agissait de la vente de l'immeuble lui-même. Mais les fruits échus antérieurement sont purement mobiliers.

110. — L'hypothèque qui grève un usufruit est soumise aux mêmes causes d'extinction que cet usufruit lui-même. En conséquence, l'anéantissement de l'usufruit entraîne celui de l'hypothèque qui y était attachée. — *Rouen*, 12 déc. 1840 (t. 1er 1841, p. 82), Frisard c. Durand; — Troplong, *Hyp.*, t. 4, nº 891; L. 8, ff., *Quid. modis*, Voët., lib. 20, t. 6, nº 6.

111. — Quoique l'art. 617, C. civ., porte que l'usufruit est éteint par la consolidation de la propriété et de l'usufruit sur la même tête, il ne faudrait pas croire que le créancier se verrait privé de son hypothèque si son débiteur, originairement titulaire de l'usufruit, y réunissait par la suite la nu-propriété, car l'art. 617 ne pose qu'une règle d'accroissement qui ne peut nuire à des droits acquis. Ce mode de réunion n'est pas non plus une des causes rentrant dans le cas de l'art. 2133. En effet, il ne peut dépendre de l'usufruitier de rendre illusoire l'hypothèque qu'il a donnée et sans laquelle on n'aurait pas traité avec lui. — Il en serait encore ainsi lors même que le débiteur, devenu plein propriétaire par son acquisition de la nu-propriété, aurait constitué un usufruit nouveau au profit d'un tiers, car ce serait encore un acte de la volonté du débiteur qui ne peut, par son fait, diminuer les sûretés exigées par le créancier. — Duranton, t. 19, nº 262; Grenier, t. 1er, nº 146.

112. — Dans le cas où l'abus de jouissance reproché à l'usufruitier est assez grave pour autoriser les tribunaux à prononcer la cessation de l'usufruit, et si le jugement ordonne que le propriétaire, pour rentrer de suite dans l'immeuble, paiera annuellement à l'usufruitier ou à ses ayant-cause une somme jusqu'à l'instant où l'usufruit aurait dû cesser, le créancier qui avait hypothèque sur l'usufruit doit avoir la préférence quant à cette somme sur les autres créanciers, attendu qu'elle est la représentation du droit d'usufruit lui-même dans la main de l'usufruitier auquel elle tient lieu de la jouissance de l'immeuble. — Duranton, t. 13, nº 262.

113. — Mais lorsque l'usufruit vient à finir par la mort de l'usufruitier, ou par l'expiration du temps pour lequel il a été accordé, l'hypothèque s'éteint avec lui.

114. — Pendant que l'usufruitier hypothèque son droit d'usufruit, le nu-propriétaire peut hypothéquer sa nu-propriété, et à l'instant où l'usufruit s'éteindra par la mort de l'usufruitier, ou par l'expiration du temps pour lequel l'usufruit a été constitué, le créancier hypothécaire auquel l'usufruit aura seul été donné pour gage verra s'éteindre son hypothèque, tandis que le créancier du nu-propriétaire étendra son droit sur l'usufruit qui lui a été virtuellement affecté.

115. — Mais si c'est la nu-propriété qui seule a été hypothéquée, et que l'usufruit vienne à s'éteindre, l'hypothèque s'étend à la jouissance par une sorte d'accroissement. Peu importe, en ce cas, que l'extinction soit le résultat d'une acquisition faite par le nu-propriétaire, car il n'a pas nui par là à son créancier hypothécaire, et les autres créanciers n'ont pas plus à se plaindre que si leur débiteur avait dépensé des sommes en améliorations de l'immeuble, lesquelles profiteraient d'abord à l'hypothèque. — Duranton, t. 19, nº 265.

116. — L'abandon que des enfans feraient à leur père ou autre ascendant, à titre de pension alimentaire, incessible et insaisissable, de la jouissance d'un immeuble pour tenir lieu des alimens qu'ils leur doivent (C. civ., art. 205) ne peut être hypothéqué, car une pareille convention ne contient que la création d'une pension alimentaire dont le paiement est assigné sur des revenus. — Instr. nº 1132; Baudot, nº 188.

117. — Ne sont pas susceptibles d'hypothèque les baux à vie de biens immeubles, car ils ne peuvent être confondus avec l'usufruit. En effet, dans le bail à vie le bailleur conserve la jouissance des fruits civils, et le preneur ne perçoit que les fruits naturels, tandis que l'usufruitier jouit des fruits naturels et civils. — *Cass.*, 18 janv. 1825; — Baudot, nº 186.

118. — ... Ne peuvent non plus être hypothéqués les droits d'usage et d'habitation bornés aux besoins de celui qui a droit d'en jouir et déclarés insaisissables par les art. 631 et 634, C. civ. — Duranton, t. 19, nº 266; Proudhon, t. 6, p. 59; Baudot, nº 187; Troplong, *Hypoth.*, nº 405. — V. *contrà* Grenier, t. 1er, p. 9 et 267.

119. — Mais M. Duranton (nº 267) pense que si le titre constitutif du droit d'usage en autorisait la libre aliénation, on aurait la faculté de l'hypothéquer, car par la faculté d'aliéner on aurait attribué à ce droit des caractères communs avec ceux de l'usufruit; on en aurait fait un usufruit modifié en ce qui concernerait l'étendue de la jouissance, mais un usufruit proprement dit en ce qui concernerait l'hypothèque.

120. — Il est incontestable que lorsque, d'après les art. 63 et 118, C. forest., l'action en affranchissement d'usage par voie de cantonnement a été formée, l'usager perd sa qualité, et se trouve transformé en propriétaire de la partie qui lui a été assignée, et que dès-lors il acquiert le droit de l'hypothéquer. — Baudot, nº 1099.

121. — ... Une servitude peut-elle servir de base à une hypothèque? Cette question qui divisait les interprètes du droit romain, reste sans importance sérieuse devant les termes de l'art. 2118 qui sont limitatifs. D'ailleurs les servitudes ne forment pas une propriété particulière susceptible d'être saisie et vendue par adjudication, propre à remplir le but de l'hypothèque qui est la mise en vente de l'objet hypothéqué. — Troplong, t. 2, nº 402; Rolland de Villargues, vº *Hypothèque*; Duranton, t. 19, nº 269.

122. — Jugé que l'indemnité allouée par l'état au propriétaire d'une usine, à raison d'une prise

d'eau qui diminue la force motrice de cette usine, appartient, non aux créanciers chirographaires, mais aux créanciers hypothécaires du propriétaire de cette usine, entre lesquels elle doit être distribuée par voie d'ordre ; — En d'autres termes, que l'hypothèque, soit légale, soit conventionnelle, frappant une usine, donne à celui qui en est nanti droit de suite sur l'indemnité allouée par l'état pour prise d'eau au préjudice de l'usine hypothéquée.— *Dijon*, 21 avr. 1846 (t. 2 1846, p. 596), Perrier c. Perrier.

123. — ... Les actions sur la Banque de France peuvent être immobilisées par une déclaration des actionnaires faite dans la forme prescrite pour les transferts. Cette déclaration une fois inscrite sur les registres, les actions immobilisées restent soumises au Code civil et aux lois de privilége et d'hypothèque comme les propriétés foncières. Elles ne peuvent être aliénées, et les priviléges et hypothèques être purgés qu'en se conformant au Code civil, et aux lois relatives aux priviléges et hypothèques sur les propriétés foncières.—Décr. 16 janv. 1808, art. 7. — Ces dispositions ont été étendues aux propriétaires d'actions des canaux d'Orléans et de Loing par le décret du 16 mars 1810.—Duranton, t. 19, nº 272.

124. — ... Sous l'ancien droit français les rentes foncières, c'est-à-dire constituées pour le prix d'un immeuble, étaient elles-mêmes immobilières et susceptibles d'hypothèque, et les rentes constituées moyennant l'aliénation d'un capital mobilier pouvaient être aussi hypothéquées dans les pays où elles étaient réputées immeubles, mais l'art. 7, L. 11 brum. an VII, ayant déclaré qu'à l'avenir les rentes constituées, les rentes foncières et les autres prestations déclarées rachetables par la loi, ne pourraient plus être frappées d'hypothèques ; on a eu raison de juger que sous la loi du 11 brum. an VII, comme sous le Code civil dont l'art. 529 déclare les rentes meubles, les rentes foncières n'ont pu être frappées d'hypothèque. — *Paris*, 30 janv. 1812, Hébert c. Defusset ; — Duranton, t. 19, nº 253 ; Troplong, t 2, nº 408.

125.—Du reste les hypothèques assises, avant la loi du 11 brum. an VII, sur des rentes foncières, ont pu depuis cette loi être conservées par des inscriptions prises dans le délai fixé par l'art. 42 de cette loi, ou même prises depuis le Code civil, mais dans ce cas ces hypothèques n'ont dû prendre rang que du jour de l'inscription. — Chabot, *Questions transitoires*, vº *Hypothèques*, § 4 et 5.

126. — ... Les charges et offices qui jadis étaient généralement réputés immeubles et qui à ce titre étaient susceptibles d'hypothèque, ne sont plus aujourd'hui susceptibles de cette affectation, puisqu'il ne résulte pour le titulaire ou ses héritiers qu'un droit mobilier de la faculté accordée par l'art. 91, L. 26 avr. 1816. — V. OFFICE.

127.—...Quoique considérées comme immeubles par l'objet auquel elles s'appliquent, les actions qui tendent à la revendication d'un immeuble, ne sont pas susceptibles d'hypothèque. Il en est de même d'une action en rescision ou en réméré. — Troplong, *Hypoth.*, nº 406.—V. cependant Pigeau, t. 2, p. 207 (2e édit.)

128. — Jugé que les biens susceptibles d'hypothèque sont les seuls qui puissent faire la matière d'une expropriation forcée, et qu'en conséquence un droit de réméré ne peut être l'objet d'une saisie immobilière. — *Orléans*, 27 janv. 1842 (t. 1er 1842, p. 231), Bigot Barra c. Lambert.

129. — Mais celui au profit duquel existe l'action dont il s'agit, peut hypothéquer l'immeuble sur lequel il a conservé un droit éventuel, ou dont il a été injustement dépouillé. — Merlin, *Rép.*, vº *Hypothèque*, p. 897 ; Duranton, t. 19, nºs 276 et suiv. ; Delvincourt, t. 3, p. 292, nº 4 ; Battur, t. 2, nº 234, — V. *contrà* Grenier, t. 1er, nº 153.

130. — ...Le prix dû d'un immeuble ne peut être considéré comme immeuble, et comme tel susceptible d'hypothèque. — *Paris*, 27 avr. 1814, Roussel c. Leguin.

131.—...A Rome et même autrefois en France, on établissait hypothèque sur hypothèque. *Pignus pignori dari potest.* Mais aujourd'hui les principes sont différens. L'hypothèque est, à l'égard du créancier, un droit mobilier réel qui ne peut être hypothéqué. Aussi l'art. 778, C. procéd., est la règle à suivre quant à la distribution, entre les créanciers inscrits, des sommes qui ont été obtenues par un créancier au moyen du droit de préférence que lui assurait son hypothèque. Ces sommes sont distribuées comme chose mobilière.—V. ORDRE.

132.—Mais si l'on ne peut plus hypothéquer une hypothèque, l'on peut arriver au même résultat qu'autrefois par la voie de la subrogation aux droits du créancier hypothécaire. — Duranton, t. 19, nº 272.

133.—...Dans le droit romain, les meubles, comme

tous les objets susceptibles d'être vendus, pouvaient être hypothéqués, et ils étaient même soumis au droit de suite. — L. 9, § 1er, et L. 13 *De pignor. et hyp.*

134.—En France, au contraire, c'était une vieille maxime de droit coutumier (V. cout. de Paris, art. 170) que les meubles n'ont pas de suite par hypothèque : 1º parce qu'il n'ont pas une assiette permanente et stable comme celle des immeubles ; 2º parce que les meubles pouvant être facilement mis entre les mains du créancier, il n'y avait pas besoin pour eux de recourir à l'hypothèque ; 3º parce que si les meubles eussent pu être hypothéqués, il n'y aurait plus eu de commerce possible, puisqu'on n'aurait pu disposer d'un grain de blé sans que l'acheteur fût exposé à être évincé par tous les créanciers du vendeur. — Coquille, quest. 63e ; Loysel, liv. 3, tit. 7, nº 5 ; Rousseau, *Jurisprudence civ.*, vº *Hypothèques*, sect. 1re, nº 3 ; Denisart, vº *Meubles*, nº 9.

135.—Toutefois, par exception, les meubles dans la Bretagne et le ressort du parlement de Toulouse, dans la coutume d'Anjou, art. 421, du Maine, art. 436, pouvaient être affectés par l'hypothèque. En Normandie (cout., art. 593), l'hypothèque assurait aussi une cause de préférence au créancier sur le prix des meubles qui, au moment de la saisie-exécution, se trouvaient sous la main du débiteur. Mais les meubles passés en d'autres mains ne pouvaient, en Normandie, être suivis par le débiteur.

136.—Au reste, cette hypothèque a été anéantie par la loi du 11 brum. an VII.—*Cass.*, 17 mars 1807, Joulin c. Ginchard.

137.—En Piémont, l'hypothèque générale frappait aussi non seulement sur les biens immeubles, mais encore sur tout le mobilier du débiteur, de sorte que le prix du mobilier était, tout comme le prix des immeubles, distribué par ordre d'hypothèque, et non par voie de contribution. — *Turin*, 3 mai 1800, Nisia c. Pansoja. — Mais les créanciers ont perdu cette hypothèque générale par la promulgation des lois qui déclarent que les immeubles sont seuls susceptibles d'hypothèque. — *Turin*, 25 janv. 1811, Godmar c. Ricati.

138. — Aujourd'hui, comme sous la loi de brumaire, l'hypothèque n'affecte que les immeubles (C. civ., art. 2114), et les meubles n'ont pas de suite par hypothèque. — C. civ., art. 2119.

139. — Si donc des meubles devenus immeubles par destination, et, à ce titre, hypothéqués avec l'immeuble dont ils sont le nécessaire viennent à être détachés de cet immeuble, à perdre ainsi leur destination et à être vendus, le créancier n'aura pas le droit de les suivre, car ils sont devenus une chose mobilière.

140. — Touetefois, l'art. 2102, C. civ., nous offre l'exemple d'un cas où les meubles ayant été déplacés au préjudice d'un créancier qui peut réclamer une cause de préférence, celui-ci a droit de suivre ces meubles entre les mains des tiers.

141. — Observons au surplus que le Code civil n'a innové en rien aux dispositions des lois maritimes concernant les navires et bâtimens de mer. — C. civ., art. 2120.

CHAPITRE V. — *Effets de l'hypothèque.*

142.—L'hypothèque produit un double effet qui se réfère, soit aux rapports des créanciers entre eux, c'est-à-dire au droit de préférence, soit aux rapports des créanciers vis-à-vis des tiers détenteurs, c'est-à-dire au droit de suite.

Sect. 1re. — *Effets de l'hypothèque entre les créanciers.*

143. — L'effet de l'hypothèque relativement au créancier qui l'a stipulée est de lui assurer le paiement de sa créance. Pour atteindre ce résultat, il faut que l'immeuble affecté de l'hypothèque ait été vendu ou que sa propriété ait passé des mains du débiteur dans celles d'un tiers par voie d'échange ou de donation, par exemple : le prix de la vente ou l'évaluation de la chose, si elle a été donnée ou échangée, se répartit alors entre les divers créanciers hypothécaires dans le rang de préférence relatif qui appartient à chacun d'eux.

144. — La procédure à suivre pour la distribution entre les créanciers du prix des immeubles de leur débiteur est expliqué au mot ORDRE. Mais c'est ici le lieu de faire connaître comment se détermine le rang des hypothèques entre elles, et les exceptions qui peuvent être apportées à la règle générale relative à ce rang.

§ 1er. — *Du rang des hypothèques entre elles.*

145. — La publicité est la base du régime hypothécaire établi par le Code civil. Dès-lors, il était naturel de faire dépendre le rang des hypothèque

entre elles de l'accomplissement de la formalité qui les manifeste à tous, c'est-à-dire de la priorité de l'inscription.—Troplong, *Hyp.*, nº 554.

146.—Aussi l'art. 2134 dispose : entre les créanciers, l'hypothèque, soit légale, soit judiciaire, soit conventionnelle, n'a de rang que du jour de l'inscription prise par le créancier sur les registres du conservateur dans la forme et de la manière prescrite par la loi, sauf les exceptions portées en l'art. 2135.

147. — Quant au rang des hypothèques entre créanciers, il n'y a donc plus en général à s'arrêter, comme on le faisait sous l'ancien droit français, à la date des contrats portant constitution d'hypothèque ; ce rang est déterminé par l'inscription qui, si elle ne fait pas l'hypothèque, la met au moins en action.—Troplong, nº 566.

148. — Cette nécessité de l'inscription existait avant le Code civil. En effet, nous avons dit *suprà* (nºs 29 et s.), que la loi du 11 brum. an VII abrogeant le système de l'hypothèque générale et occulte avait astreint à la publicité non seulement les hypothèques qui prendraient leur origine sous son empire, mais que par ses art. 37 à 39 elle avait soumis à la même formalité de l'inscription les hypothèques anciennes et accordé aux créanciers un délai de trois mois pour régulariser leur situation hypothécaire. Sous la foi de l'accomplissement de cette condition, cette loi avait assigné rang à ces hypothèques générales anciennes à compter du jour de leur constitution.

149. — Sous cette loi, la peine portée contre le créancier qui ne faisait pas inscrire son hypothèque dans le délai de trois mois, était, non la déchéance de son droit, mais celle du rang que lui assignaient les lois antérieures. — *Turin*, 16 déc. 1807, Coda c. Quaranta ; *Bruxelles*, 2 janv. 1812, Lamiral c. fabrique d'Ath.

150. — Ainsi l'inscription d'une hypothèque ancienne prise non seulement après l'expiration des délais de la loi du 11 brum. an VII, mais depuis l'ouverture de la succession de laquelle dépendent les biens hypothéqués et la déclaration de son état de déconfiture, peut conférer un rang utile au créancier. — *Cass.*, 17 déc. 1807, de Page c. l'hospice de Tongres. — V. aussi *Cass.*, 1er prair. an XII, Silliard c. Loire ; 20 frim. an XIV, Duval et Enlard c. Legrand.

151. — On a même jugé que le créancier qui a fait inscrire son ancien titre hypothécaire avant l'expiration du délai prorogé par la loi du 17 germ. an VII, a conservé son rang, et prime, par la date de son hypothèque, le créancier qui a requis inscription dans les délais accordés par les lois des 11 brum. et 6 pluv. an VII. — *Bruxelles*, 19 déc. 1807, de Beelen c. Batteman.

152. — L'hypothèque consentie dans un pays réuni à la France, mais antérieurement à la réunion, devait, bien qu'elle eût été, suivant l'usage du pays, scellée et insinuée, être, à peine de déchéance tant contre les mineurs que contre les majeurs, inscrite dans le délai fixé par la loi du 11 brum. an VII, pour la conservation des hypothèques anciennes.—*Cass.*, 7 germ. an XII, Nesselrode.

153.—Le créancier qui, par la nature de son titre, avait droit à une hypothèque spéciale en pays de nantissement, a pu, par le seul dépôt de ce titre, obtenir rang hypothécaire, en prenant inscription sur les biens de son débiteur, conformément à la loi du 9 messid. an III. — *Bruxelles*, 19 juill. 1809, Nanbogaert c. Deschutter.

154. — Mais l'hypothèque stipulée dans un pays régi par l'édit de 1771 n'a pu s'étendre sur des biens situés en Belgique ou en France, dans un pays de nantissement, au moyen d'une inscription prise sur ces biens après la promulgation de la loi du 11 brum. an VII. — *Cass.*, 28 déc. 1808, Lefebvre c. Bouret de Vezelai. — V. conf. *Paris*, 30 déc. 1808, Devinck c. Darberg.

155. — Dans les coutumes de main-mortables les biens des hommes de main-morte ne pouvaient être hypothéqués que du consentement du seigneur. — Et, suivant la jurisprudence constante du parlement de Besançon, le consentement seigneurial conférait seul l'hypothèque. — *Cass.*, 6 juin 1806, Meunier c. Vilmonot. — Néanmoins, les hypothèques ainsi constituées avec l'autorisation du seigneur suzerain pour un espace de temps pendant lequel les lois relatives à l'abolition du régime féodal ont été publiées dans ce pays, ont pu, après l'expiration de ce temps, être conservées par des inscriptions prises conformément à la loi du 11 brum. an VII. — *Cass.*, 14 messid. an XIII, Vanderlinden c. Van-Zuydtwick.

156. — Lorsque des lettres de ratification ont été scellées à la charge d'une opposition, le créancier qui l'a formée a dû, pour en conserver l'effet, prendre inscription sous l'empire de la loi du 11 brum. an VII. — *Cass.*, 13 déc. 1808, Champelfour c. Chabaut.

157. — Le créancier du vendeur qui, sous l'édit de 1771, avait formé une opposition au bureau des hypothèques, à la charge de laquelle ont été scellées les lettres de ratification obtenues par l'acquéreur, est devenu créancier direct et personnel de celui-ci, de manière qu'en prenant, depuis la loi du 11 brum. an VII, une inscription sur lui, en vertu du contrat de vente, il a conservé l'ancienne hypothèque résultant de son titre primordial, quoique non relaté dans l'inscription. — *Paris*, 15 avr. 1809, Panchaud c. Tourton et Ravel.

158. — Le créancier hypothécaire qui, avant la loi du 11 brum. an VII, a cédé son droit de priorité à un autre créancier, n'a pas pu le reprendre depuis par une inscription en temps utile, faute par le cessionnaire de s'être inscrit dans le délai fatal. — *Cass.*, 26 mai 1807, Kaufmann c. Forlifeil. — Merlin, *Rép.*, v° *Inscription hypothécaire*, § 10.

159. — Mais le créancier qui ayant eu la précaution de stipuler sous le Code civil une hypothèque a négligé de la faire inscrire, ne pouvant primer aucun des créanciers inscrits, ne devra-t-il pas au moins être préféré aux simples créanciers chirographaires? — On a soutenu l'affirmative, en disant que l'inscription n'étant requise que pour assurer la préférence des hypothèques entre elles, un créancier chirographaire ne pouvait se prévaloir de l'inobservation d'une formalité hypothécaire, qui n'a été exigée par la loi que dans l'intérêt des créanciers hypothécaires, et non des créanciers chirographaires, et que, d'ailleurs, ces derniers ne peuvent être mis sur la même ligne que le créancier qui peut revendiquer l'autorité d'une garantie hypothécaire. — On a ajouté que l'art. 2094, C. civ., déclare l'hypothèque par elle-même une cause de préférence, et que la rubrique même de la section 4, sous laquelle est placé l'art. 2131, suffit pour indiquer que l'hypothèque même non inscrite a droit à un rang antérieur aux créances chirographaires. — Mais on a répondu avec avantage qu'il résulte du texte et de l'ensemble des dispositions du Code que le créancier hypothécaire qui n'a pas requis d'inscription est dans la même situation que le créancier chirographaire, et que l'inscription est indispensable pour assurer à l'hypothèque et son droit de préférence et son droit de suite. En effet, c'est seulement aux créanciers hypothécaires inscrits que l'art. 2166 accorde le droit de suivre l'immeuble entre les mains du tiers. Puisque les privilèges ne peuvent produire effet entre les créanciers qu'autant qu'ils sont rendus publics par l'inscription, l'hypothèque doit être soumise à la même condition. L'art. 2146, C. civ. range parmi les chirographaires la créance dont l'hypothèque n'a été inscrite que dans les dix jours précédant l'ouverture de la faillite du débiteur. Enfin, l'art. 508, C. comm., n'exclut du concordat que les créanciers hypothécaires inscrits ou dispensés d'inscription, et exclut ainsi l'idée d'une classe de créanciers qui, n'étant pas inscrits, obtiendraient la préférence sur les créanciers chirographaires. — *Bruxelles*, 6 juin 1809, Heloos c. Rodrigue; *Riom*, 24 juill. 1815, Albert; *Cass.*, 11 juin 1817, Albert c. Puray. — Tarrible, *Rép.*, v° *Inscription hypothécaire*, § 2; Merlin, *Quest.*, v° *Succession vacante*; Grenier, t. 1er, p. 123; Troplong, t. 2, n° 568; Duranton, t. 20, n° 1er.

160. — Peu importerait donc que dans l'acte qui a conféré l'hypothèque au second créancier, le débiteur commun eût déclaré que l'immeuble était déjà grevé. — *Bruxelles*, 6 juin 1809, Deloos c. Rodrigues.

161. — De même, il ne suffit pas que le créancier qui traite avec le propriétaire ait eu connaissance du droit d'hypothèque acquis à un créancier antérieur, il faut qu'il en ait eu connaissance par une inscription régulière. — *Paris*, 21 juillet 1807, Maudujt et Boucher c. Estiennot.

162. — La renonciation d'un créancier au rang de son inscription ne peut, en l'absence de tout acte, s'induire de simples présomptions non établies par la loi. — *Cass.*, 1er mai 1815, Varnier c. Leroy de la Glazière.

163. — Le créancier qui, en vertu de l'art. 2130, a stipulé une hypothèque sur les biens à venir du débiteur doit, pour obtenir un rang sur ces biens, requérir inscription au fur et à mesure des acquisitions, et c'est seulement à compter du jour de son inscription qu'il est classé. — V. HYPOTHÈQUE CONVENTIONNELLE.

164. — Les formes de l'inscription hypothécaire sont indiquées au mot INSCRIPTION HYPOTHÉCAIRE.

165. — Toutefois, la règle de la publicité de l'hypothèque ou de la nécessité de l'inscription reçoit, dans les cas prévus par l'art. 2135, C. civ., une double exception, que n'admettait pas la loi du 11 brum. an VII. Pour les femmes, les mineurs et les interdits, ce n'est plus l'inscription qui détermine le rang de l'hypothèque. — V. HYPOTHÈQUE LÉGALE.

166. — On trouve une autre exception à la règle posée par les art. 2129 et 2134 combinés, dans la loi du 20 mars 1813. On sait que cette loi, pour faire face aux besoins créés par la guerre impériale, céda à la caisse d'amortissement les biens ruraux, maisons et usines possédés par les communes, auxquelles en échange furent transférées des rentes sur l'état. L'art. 6 de cette loi disposa que les créanciers qui auraient des hypothèques sur des biens compris dans la cession auraient le droit de transférer leurs hypothèques sur les autres biens qui restaient à la commune, et qu'en prenant cette inscription avant le 1er janvier 1814, ils conserveraient leur rang d'hypothèque. A défaut d'autres biens restant à la commune, la rente, prix de la cession faite à la caisse d'amortissement et les autres revenus de la commune étaient spécialement affectés à ses créanciers.

167. — Enfin des dérogations peuvent être apportées au principe général de l'art. 2134, soit dans le cas de concours d'hypothèques générales et d'hypothèques spéciales, soit dans le cas de subrogation entre les créanciers hypothécaires, soit dans les cas où il s'agit de rentes ou autres créances conditionnelles ou éventuelles. Nous examinerons ces divers cas dans les paragraphes qui vont suivre.

§ 2. — *Concours des hypothèques générales et des hypothèques spéciales.*

168. — Le code civil ne s'est pas explicitement occupé du résultat que devait produire le concours d'une hypothèque générale avec des hypothèques spéciales. Le droit accordé, d'après les principes généraux posés par le code, au créancier porteur d'une hypothèque générale de se faire colloquer sur le prix de tel des immeubles du débiteur qu'il lui plaît choisir, a cependant produit des effets désastreux pour les créanciers qui, n'ayant hypothèque spéciale que sur un des immeubles du débiteur, se sont vus frustrés de la totalité ou de la plus grande partie de leurs droits, tandis que d'autres, voyant s'éteindre la créance qui les primait, obtenaient des collocations inespérées.

169. — Les conséquences que nous signalons sont le résultat de l'application stricte des principes fondamentaux du régime hypothécaire établis par le code, à savoir : 1° de l'indivisibilité de l'hypothèque qui permet au créancier garanti par une hypothèque générale de choisir librement l'immeuble sur lequel il lui plaît d'exercer son droit; 2° de la spécialité qui ne permet pas à celui qui est garanti par une hypothèque spéciale de transporter l'exercice de son droit de préférence sur un immeuble autre que celui qui lui a été expressément affecté.

170. — Aussi a-t-il été jugé que le créancier ayant hypothèque générale, non sujette à inscription, peut l'exercer à sa volonté et exclusivement sur celui des immeubles de son débiteur qu'il lui plaît de choisir. — *Cass.*, 14 déc. 1831, Laury c. de la Tourette.

171. — ... Que de même le créancier ayant une hypothèque générale, pouvant se faire payer sur tous les biens vendus par son débiteur, peut poursuivre à son gré celui des détenteurs qu'il préfère, sans que celui-ci puisse lui opposer sa négligence à se présenter dans d'autres ordres et la perte de ses hypothèques sur les autres biens de son débiteur. — *Bourges*, 31 juill. 1829, Dufraigne c. Cortel.

172. — Jugé encore que le créancier subrogé à l'hypothèque générale du mineur pour les droits de sa mère, et qui a en outre une hypothèque spéciale sur certains biens, peut légitimement, et s'il agit de bonne foi, faire porter son hypothèque générale sur les biens qui ne lui sont pas spécialement affectés, et en affranchir ceux qui constituent son gage particulier, afin de faire arriver à un rang utile sa créance à hypothèque spéciale. — *Riom*, 10 juill. 1846 (t. 2 1846, p. 427), Rougier c. Dumay.

173. — ... Même décision alors d'ailleurs qu'il n'y a aucune fraude à reprocher à ce créancier. — *Cass.*, 24 déc. 1844 (t. 1er 1845, p. 98), Légier c. Pagès.

174. — Et, par suite, le créancier qui a une hypothèque spéciale ne peut s'opposer à ce qu'un créancier antérieur, ayant une hypothèque générale, absorbe la totalité du prix d'un seul immeuble, et ne peut demander que la collocation soit répartie au marc le franc sur tous les immeubles. — *Bordeaux*, 26 juill. 1831, Otard c. Amijathe; *Riom*, 2 déc. 1819, Pautrier c. Leymaris.

175. — Le créancier qui a une hypothèque générale sur les biens de son débiteur, pour sûreté de *toutes les clauses du contrat*, ne doit pas être colloqué dans l'ordre ouvert pour la distribution du prix des biens vendus, pour toutes les sommes auxquelles peuvent être évalués les engagemens contractés envers lui, lorsqu'il trouve dans les immeubles sur lesquels il a un privilège ou qui lui sont spécialement hypothéqués, un gage plus que suffisant, et que d'ailleurs l'inscription ne contient pas cette évaluation. Il doit seulement être colloqué sur ces biens pour la somme désignée dans l'inscription. — *Paris*, 19 mars 1809, hospices civils de Paris c. Pascal.

176. — Lorsque tous les immeubles d'un débiteur sont frappés de privilèges et d'hypothèques générales, et qu'ensuite des portions desdits immeubles ont été successivement affectées par lui à des hypothèques spéciales, tous les immeubles soumis aux hypothèques générales doivent proportionnellement contribuer à l'acquittement de ces privilèges et hypothèques, de manière que chacune des hypothèques spéciales ait son effet sur l'immeuble qui lui est affecté sous la déduction toutefois de sa contribution aux hypothèques générales. Ainsi, le créancier qui, s'étant rendu adjudicataire de l'immeuble qui lui était spécialement hypothéqué, a payé les créances par privilège et hypothèques générales qui ont absorbé la presque totalité du prix, est fondé à recourir sur les autres immeubles pareillement affectés aux hypothèques générales qu'il a acquittées de ses propres deniers pour leur faire supporter leur part contributoire, et à se présenter à l'ordre ultérieurement ouvert sur le prix desdits immeubles, surtout si les inscriptions prises en vertu des hypothèques générales n'ont pas été radiées. — *Rouen*, 26 nov. 1818, Chardon c. Roussel.

177. — Le créancier porteur d'une hypothèque spéciale sur l'un des immeubles peut, lorsqu'il s'est rendu cessionnaire d'une hypothèque générale, invoquer l'indivisibilité de cette hypothèque et réclamer sa collocation, surtout s'il y a intérêt, exclusivement sur un immeuble grevé d'une hypothèque spéciale antérieure à la sienne, mais postérieure à l'hypothèque générale qu'il a acquise. — *Cass.*, 4 mars 1833, caisse hypothécaire c. Raguette-Novailles; *Bordeaux*, 26 fév. 1834, Caisse hypothécaire c. Raguette-Navailles.

178. — Lorsque deux créanciers ont sur le même immeuble, l'un une hypothèque spéciale, l'autre une hypothèque générale, ils peuvent traiter entre eux de manière à transporter utilement, par voie de subrogation, l'hypothèque spéciale sur un autre immeuble déjà grevé d'une hypothèque de même nature. Dans ce cas, si plusieurs créanciers, qui ont hypothèque spéciale, ont consenti judiciairement à ce que la femme de leur débiteur se remplît de sa dot avec des biens en nature grevés à leur profit, sauf néanmoins la reversion sur les autres biens de leurs hypothèques spéciales, et si la date de leurs inscriptions prime d'ailleurs toutes les autres, ils doivent venir en premier rang sur les sommes à distribuer; et les autres créanciers hypothécaires ne peuvent se plaindre de cette préférence, en alléguant que l'hypothèque, en raison de ce qu'elle était spéciale, n'avait pu s'étendre à des biens qui ne lui avaient pas été originairement affectés. — *Bordeaux*, 11 juin 1817, Coquerelle et Dufour c. Gueyraud.

179. — Mais ces traités entre créanciers que légitime l'arrêt cité au numéro qui précède peuvent être l'œuvre de fraudes et de collusions à l'aide desquelles le créancier à hypothèque générale peut favoriser certain créancier au détriment des autres en portant l'effet de son hypothèque sur un immeuble du débiteur plutôt que sur un autre. Ces manœuvres faciles et plus fréquentes quand les immeubles du débiteur n'ont pas été simultanément vendus, ou quand l'ordre des différens immeubles se poursuit dans des tribunaux différens, sont cependant réalisables encore dans le cas d'un ordre unique; car le créancier peut donner ouvertement main-levée de son hypothèque en tant qu'elle frappe sur des immeubles sur lesquels il ne veut pas se faire colloquer.

180. — Jugé toutefois que le créancier porteur d'une hypothèque générale ne peut pas après s'être fait colloquer utilement dans l'ordre ouvert sur le prix d'un des immeubles de son débiteur se désister de cette collocation pour venir exercer son droit dans un second ordre. La collocation dans ce second ordre n'a qu'un effet éventuel et, pour ce cas seulement, la première collocation ne pourrait recevoir son exécution pour tout autre motif que celui résultant du désistement. — *Paris*, 25 avr. 1828 (t. 1er 1838, p. 639), Lepage c. Bauer.

181. — Pour prévenir les effets d'une main-levée aussi préjudiciable pour leurs intérêts, les créanciers à hypothèque spéciale qui auraient à en

souffrir, pourraient, sans nul doute, en remboursant ce créancier, se faire subroger à ses droits (C. civ., art. 1251-1°), et obtenir ainsi une répartition de l'hypothèque générale plus conforme à leurs intérêts. Mais ce moyen du remboursement immédiat d'une somme souvent très importante n'est pas à la disposition de toutes les fortunes, et il ne restera aux créanciers qui ne pourront employer ce mode d'obtenir une subrogation, que la ressource, rarement efficace, de démontrer la fraude quand elle aura existé, et d'obtenir devant les tribunaux, s'il y a lieu, la réparation du préjudice que cette fraude leur aura causée.

182. — Au reste, lorsque, dans le concours de deux créanciers à hypothèques spéciales, inscrites sur deux immeubles distincts et primés en date par une hypothèque générale ou légale, le créancier second en date s'est fait subroger conventionnellement à celle-ci, le créancier premier en date est fondé à réclamer de lui, à son tour, le bénéfice de cette subrogation, et il peut en jouir à son préjudice, en ce sens qu'il peut faire porter tout le poids de l'hypothèque générale sur l'immeuble dernier grevé. — *Angers*, 1er fév. 1844 (t. 1er 1844, p. 670), Graux c. Bellanger-Bocage.

183. — Mais les auteurs et les tribunaux ont cherché à éluder ces résultats; c'est ainsi que M. Tarrible (*Rép.*, v° *Transcription*, § 6, n° 5) a pensé que dans le concours dont il s'agit, le créancier à hypothèque spéciale pouvait se prétendre subrogé légalement aux droits du créancier à hypothèque générale et exercer sur les autres immeubles du débiteur les droits se rattachant à cette hypothèque générale. Par analogie, cette opinion s'appuyait sur les dispositions des art. 540 et 541, C. comm. de 1808, qui en cas de faillite autorisaient la masse chirographaire à profiter des droits des créanciers hypothécaires qui en participant aux répartitions mobilières ont obtenu le paiement de leur créance.

184. — Jugé, conformément à cette opinion, que le créancier qui a une hypothèque spéciale sur un domaine dont le prix est absorbé par un créancier qui a une hypothèque générale antérieure, est subrogé légalement dans l'effet de cette hypothèque générale pour s'en prévaloir sur d'autres biens grevés de cette même hypothèque générale. — *Rouen*, 14 mars 1826, François c. Lavoisey.

185. — Mais M. Grenier (t. 1er, n° 179) a combattu cette thèse et soutenu avec avantage que la subrogation légale ne pouvait être étendue par analogie à un cas pour lequel elle n'avait pas été faite. M. Troplong (*Hyp.*, t. 3, n° 753 à 758) a donné des développemens lumineux aux diverses branches de la question et tout en respectant le principe de l'indivisibilité de l'hypothèque, tout en écartant la fiction de la subrogation légale, il a proposé de diviser la collocation du créancier porteur d'une hypothèque générale. — V. sur cette question ardue, Delvincourt, t. 3, p. 163, n° 9; Duranton, t. 19, n° 590; Battur, t. 1er, n° 139; Victor Pannier, p. 353.

186. — La cour royale de Riom semblait s'être, par son arrêt du 2 déc. 1819 (Paultrier c. Leymaris), prononcée pour la subrogation légale, en décidant que si le créancier à hypothèque spéciale ne demande pas à être subrogé légalement aux droits du créancier à hypothèque générale sur les autres immeubles qui ne lui sont pas hypothéqués, il ne peut pas ultérieurement demander à être colloqué sur le prix qui en provient. — Mais l'arrêt de la même cour rapporté *infra* n° 188, indique bien que la cour de Riom n'a pas ici adopté la subrogation légale, et qu'elle s'est bornée, sans examiner la question au fond, à écarter par une fin de non-recevoir la prétention du créancier à hypothèque spéciale.

187. — Au reste, la jurisprudence repousse cette subrogation, soit comme acquise de plein droit au profit du créancier dont l'hypothèque spéciale se trouve inefficace, soit comme réclamée par une demande expresse de ce créancier.

188. — Ainsi, d'une part, lorsqu'un créancier ayant hypothèque spéciale se trouve évincé dans un ordre par un créancier ayant une hypothèque générale antérieure, il ne peut demander à être subrogé aux droits de ce dernier, pour exercer son hypothèque générale sur d'autres immeubles affectés à des créanciers d'une date antérieure. — *Riom*, 18 janv. 1828, Gazard c. Flaschard et Grimal; *Agen*, 6 mai 1830, Castaing c. séminaire d'Agen.

189. — Le créancier ayant une hypothèque générale en vertu d'un jugement, mais inscrit seulement sur un des immeubles de son débiteur, lorsqu'il se trouve en concours dans un ordre avec un créancier à hypothèque légale et générale dont la collocation absorbe le prix entier de l'immeuble qui était frappé de son inscription, ne peut demander à être subrogé aux droits et à l'hypothèque de ce créancier à l'hypothèque légale et générale, pour les exercer sur le prix d'un autre immeuble. — *Cass.*, 14 déc. 1831, Loury c. de la Tourette.

HYPOTHÈQUES, ch. 5, sect. 1re.

190. — Et, d'autre part, lorsqu'un créancier ayant hypothèque générale a absorbé la totalité du prix qui était à distribuer dans un ordre, et que des créanciers ayant des hypothèques spéciales se sont trouvés ainsi éconduits, ils ne peuvent, si, par la suite, un autre ordre vient à s'ouvrir, faire valoir, par forme de *subrogation*, les droits du créancier hypothécaire général, et demander à être employés de préférence à des créanciers ayant des hypothèques spéciales sur les biens à distribuer, mais d'une date postérieure à l'hypothèque générale. — *Cass.*, 17 août 1830, Leroy de Neufvillette c. Besson; *Toulouse*, 15 juin 1827, Lefort et Michel c. Marnac et Dupuy.

191. — De même, lorsqu'un créancier ayant une hypothèque spéciale sur certains immeubles a été primé par un créancier ayant une hypothèque générale antérieure, qui a absorbé le prix de ces immeubles, il ne peut prétendre être *subrogé* à cette hypothèque générale pour l'exercer sur d'autres domaines, comme aurait pu le faire le créancier qui avait cette hypothèque. — Dans le cas où cette subrogation aurait été prononcée, l'acquéreur de ces domaines est recevable à former tierce-opposition à l'arrêt qui l'a ordonnée. — *Poitiers*, 22 avr. 1825, Pouchaud c. Grenouilleau.

192. — Lorsque tous les immeubles du débiteur ont été vendus, que leurs prix divers étant soumis à la même exigibilité, l'ordre s'en poursuit simultanément devant un même tribunal, et que tous les créanciers se trouvent contradictoirement en présence les uns des autres, on conçoit la possibilité d'établir entre tous une répartition qui, sans nuire aux droits du créancier à l'hypothèque générale, ménage également les sûretés sur lesquelles comptait le créancier qui n'a qu'une hypothèque spéciale. Ce principe a été consacré par les arrêts suivans : — *Paris*, 28 août 1816, Chesjean c. Lapreuserie; *Rouen*, 20 nov. 1818, Chardon c. Roussel; *Cass.*, 16 juill. 1821, Ignon c. Broussous; *Toulouse*, 5 mars 1836 (t. 1er 1837, p. 45), Tissirrier c. Mieullet; *Limoges*, 5 janv. 1839 (t. 1er 1845, p. 96), Queille c. Tyssier; *Douai*, 5 juill. 1843 (t. 1er 1845, p. 97), Dubreucq c. Brulé; *Agen*, 3 janv. 1844 (t. 1er 1845, p. 613), Lacoste c. Caugarde; *Cass.*, 24 déc. 1844 (t. 1er 1845, p. 98), de Légier c. Pagès.

193. — Décidé, dans le même sens, que dans un ordre ouvert sur le prix de plusieurs immeubles, lesquels sont grevés d'inscription, dont les unes portent sur l'universalité des biens, et les autres sont spéciales à quelques-uns seulement, on doit colloquer les créanciers ayant hypothèque générale et première en date, d'abord sur les immeubles non frappés d'inscriptions restreintes, afin que celles-ci puissent produire effet, si les immeubles, uniquement frappés des inscriptions générales, suffisent à désintéresser les créanciers au profit desquels elles militent.

194. — Le créancier avec hypothèque générale, qui a été colloqué utilement sur le prix de l'un des immeubles de son débiteur, ne peut se plaindre de ne pas l'avoir été de préférence sur le prix d'un autre immeuble spécialement affecté à un autre créancier, surtout lorsque sa prétention aurait l'effet de rendre illusoire l'hypothèque de ce dernier, en faisant passer avant lui un créancier postérieur en hypothèque. — *Paris*, 28 août 1816, Chesjean c. Lapreuserie.

195. — Les difficultés en cette matière ne sont pas nées seulement du principe de l'indivisibilité de l'hypothèque. Une fois cette décision admise que l'hypothèque générale devait se répartir dans ses effets sur les divers immeubles du débiteur, il a fallu savoir dans quelle proportion chacun de ces immeubles supporterait cette charge.

196. — Les uns, tels que M. Tarrible (*Rép.*, v° *Transcription*, § 6), Delvincourt (t. 3, p. 163, n° 9) et Duranton (t. 19, n° 590) se sont seulement arrêtés à la valeur de chacun de ces immeubles, qu'ils ont pris pour base proportionnelle de cette répartition. — V. anal. *Paris*, 31 août 1810, Larochefoucault c. Gresson.

197. — Jugé aussi que, lorsque le créancier à hypothèque générale ne demande pas une collocation sur le prix de tel ou tel immeuble plutôt que sur le prix de tel autre, on doit appliquer d'abord à l'extinction de l'hypothèque générale le prix des biens qui ne sont grevés que de cette hypothèque, et, en cas d'insuffisance, y faire contribuer proportionnellement à leur valeur les biens grevés d'hypothèques spéciales, sans égard à la date des inscriptions de ces dernières hypothèques. — *Douai*, 5 juill. 1843 (t. 1er 1845, t. 97), Dubreucq c. Brulé.

198. — D'autres ont voulu s'arrêter à la qualité des créanciers hypothécaires qui grevaient l'immeuble. — V. *contrà Poitiers*, 15 déc. 1829, Clèreau c. Bonnot; *Aix*, 29 nov. 1833, Bouton c. Bouvier; *Cass.*, 17 août 1830, Leroy de Neufvillette c. Besson.

HYPOTHÈQUES, ch. 5, sect. 1re.

199. — Enfin, une troisième opinion qui semble prévaloir, distribue l'hypothèque générale entre les immeubles, de façon à donner effet à chacune des inscriptions spéciales dans l'ordre de son antériorité, et combine ainsi, avec un nouvel élément, les élémens des deux autres avis.

200. — Ainsi jugé que l'hypothèque générale doit être colloquée sur les biens affectés au créancier spécial dernier inscrit, plutôt que sur ceux affectés au créancier premier inscrit qui, à raison de son antériorité, doit conserver son gage, de préférence à l'autre. — *Cass.*, 15 juill. 1821, Ignon c. Broussous; *Riom*, 18 janv. 1828, Gazard c. Floschard et Grimal.

201. — Décidé, dans le même sens, que dans le cas de concours d'une hypothèque générale avec plusieurs hypothèques spéciales ayant des dates différentes et portant sur des immeubles différens, dont le prix est à distribuer par un seul ordre, les créanciers nantis d'hypothèques spéciales ne sont pas fondés à exiger que l'hypothèque générale soit répartie au marc le franc sur tous les immeubles, sans aucun égard pour la date des inscriptions des hypothèques spéciales, qu'on doit au contraire opérer de manière à donner effet aux hypothèques spéciales, selon l'ordre de leurs inscriptions. — *Poitiers*, 15 déc 1829, Clèreau c. Bonnot; *Cass.*, 17 août 1830, Leroy de Neufvillette c. Besson; *Aix*, 29 nov. 1833, Bouton c. Bouvier.

202. — Lorsque le prix de tous les immeubles d'un débiteur est distribué dans un même ordre, le créancier qui a une hypothèque générale peut être tenu de l'exercer sur celui des immeubles qui est grevé de l'inscription du créancier spécial dont la date est la plus récente. — Ce n'est pas là porter atteinte au principe de l'indivisibilité de l'hypothèque, mais seulement le concilier avec la faveur due à l'antériorité de l'inscription. — *Toulouse*, 5 mars 1836 (t. 1er 1837, p. 45), Tissinier c. Micaliet. — ... Surtout si le créancier à hypothèque générale n'a pas intérêt à user autrement de son droit d'option. — *Limoges*, 5 janv. 1839 (t. 1er 1845, p. 96), Queille c. Teyssier; *Agen*, 3 janv. 1844 (t. 1er 1845, p. 613), Lacorte c. Cangardo.

203. — Lorsqu'un créancier ayant une hypothèque générale sur deux immeubles a obtenu une hypothèque spéciale sur l'un d'eux, et que le montant de la vente sur expropriation de ce dernier immeuble ne suffit pas pour le remplir du montant intégral de ses créances, il peut poursuivre la vente de l'immeuble sur lequel frappe l'hypothèque générale seule, sans qu'on puisse le forcer à imputer sur la créance la plus ancienne le prix qu'il a touché, et lui opposer l'extinction de l'hypothèque générale qui n'en était que l'accessoire. — *Toulouse*, 18 juill. 1823, Bort c. Bort et Laquens.

204. — En présence des divergences que laisse éclater la jurisprudence dont nous venons de rappeler les monumens, la circulaire du garde des sceaux (M. Martin du Nord) du 7 mai 1841 ne pouvait manquer d'appeler l'attention sur les modifications législatives que pouvait commander le concours des hypothèques spéciales avec une hypothèque générale.

205. — Les observations du plus grand nombre des cours royales et des diverses facultés de droit se résument d'une manière générale par la proposition de constituer légalement pour l'hypothèse qui nous occupe un nouveau cas de subrogation légale. L'ensemble de ces propositions se trouve assez exactement reproduit par la rédaction suivante : « Si un créancier à hypothèque générale est payé ou colloqué sur le prix d'un ou de plusieurs immeubles affectés à des hypothèques spéciales, il y aura subrogation légale au profit des créanciers spéciaux pour qu'ils soient payés à due concurrence sur les autres biens grevés de l'hypothèque générale à la date et en suivant le rang de toutes les hypothèques, chacun jouissant de son antériorité sur les autres. »

206. — On peut, au reste, pour les détails, consulter les observations des cours royales d'Agen, Aix, Amiens, Angers, Besançon, Bordeaux, Colmar, Douai, Limoges, Metz, Montpellier, Nancy, Orléans, Paris, Pau, Poitiers, Rennes, Riom, Rouen, et des facultés de droit de Caen, Dijon, Grenoble, Poitiers, Rennes et Strasbourg. — *Doc. réf. hypoth.*, nos 248 à 272.

207. — La faculté de droit de Strasbourg a fait remarquer que l'exercice de l'action hypothécaire de la part d'un créancier dont l'hypothèque s'étend à plusieurs immeubles donne lieu à une difficulté analogue et que celui des tiers détenteurs qui aura payé le prix de son acquisition au créancier poursuivant, se trouvant subrogé légalement (C. civ., 1251-2°), poursuivra les autres détenteurs qui useront aussi à leur tour de la subrogation. Elle apro-

HYPOTHÈQUES, ch. 5, sect. 1re.
HYPOTHÈQUES, ch. 5, sect. 1re.

posé de faire supporter les frais de cette poursuite hypothécaire par les divers acquéreurs suivant l'ordre inverse des dates de leurs acquisitions, c'est à dire en commençant par la plus récente. — Arg. 930 et 2170, C. civ.

208. — La faculté de droit de Dijon (*Doc. réf. hypoth.*, nº 268) neutralise les inconvéniens signalés en considérant tous les immeubles frappés de la même hypothèque comme débiteurs *solidaires* de la créance hypothécaire, et elle applique à ces sortes de débiteurs solidaires par la chose (*re*), d'une part, la subrogation légale de l'art. 1251-3º, d'autre part, les art. 1213 et 1214 qui portent que l'obligation solidaire se divise de plein droit entre les codébiteurs et que chacun d'eux n'est tenu que de sa part et portion.

209. — La cour royale de Limoges (*Doc. réf. hypoth.*, nº 256), après avoir appuyé un système de subrogation légale qui aurait pour effet de répartir le poids de l'hypothèque générale sur les divers immeubles du débiteur, indique la proportion du revenu cadastral comme pouvant devenir une donnée qui suppléerait à la détermination de sommes qui ne pourraient résulter positivement que de la vente de tous les immeubles du débiteur.

210. — La cour royale de Montpellier (*Doc. réf. hypoth.*, nº 258) demande que la loi nouvelle soumette le créancier subrogé à faire inscrire sa subrogation sur les biens sur lesquels il prétend l'exercer, dans le mois à partir du réglement définitif qui donne la préférence à l'hypothèque générale sur l'hypothèque spéciale de ce créancier.

211. — M. Fouet de Conflans (*Réf. hypoth.*, p. 77) propose, dans un intérêt d'économie de frais, de laisser subsister sur les biens non vendus l'inscription qui a été prise pour sûreté de l'hypothèque générale, sauf à renouveler cette inscription au besoin. — Mais ce dernier moyen nous paraît inefficace quant à la publicité, puisqu'il laisserait croire à l'existence d'une hypothèque générale dont la créance peut être supérieure à la somme que le créancier subrogé aurait en définitive à réclamer.

§ 3. — *Effets des subrogations et cessions d'hypothèques.*

212. — Les créanciers qui ont la capacité nécessaire pour contracter peuvent, soit entre eux, soit avec des tiers, arrêter des conventions dont le résultat peut parfois apporter certaines modifications au principe d'après lequel le rang de l'hypothèque est déterminé.

213. — Ainsi le créancier hypothécaire qui a, par une inscription régulière, assuré le rang de son hypothèque, peut subroger dans son droit et par conséquent dans son rang un tiers dont il reçoit son paiement. C'est un des cas de subrogation conventionnelle. — C. civ., 1250.

214. — Jugé dès-lors, que l'hypothèque constituée pour sûreté d'une rente viagère continue, après le remboursement opéré des deniers d'un tiers, de subsister à sa date au profit de ce tiers qui s'est fait subroger dans tous les droits du créancier primitif. — *Paris*, 5 juill. 1808, Prevost-Dacier c. Lousteau.

215. — Mais le tiers ainsi subrogé ne peut demander sa collocation dans l'ordre ouvert sur le prix des biens hypothéqués que pour des arrérages échus depuis le remboursement du capital et pour ceux à échoir durant la vie du rentier viager jusqu'à la concurrence du capital prêté. — Même arrêt.

216. — La subrogation peut aussi procéder du débiteur sans le concours du créancier. C'est le second cas de la subrogation conventionnelle prévu par le C. civ., art. 1250. — V. Troplong, nº 354 *bis* et 354. — Enfin, la subrogation est prononcée de plein droit par la loi (V. C. civ.), et elle prend alors le nom de subrogation légale. — V. SUBROGATION.

217. — La subrogation légale a lieu d'abord au profit de celui qui étant lui-même créancier paie un autre créancier qui lui était préférable à raison de ses priviléges et hypothèques. Cette subrogation avait un grand intérêt à Rome où le premier créancier pouvait seul faire vendre le gage. En France où tout créancier porteur d'un titre exécutoire peut faire vendre le gage, le créancier postérieur n'en a pas moins d'intérêt suivant les cas à désintéresser le créancier qui le prime. — V. SUBROGATION.

218. — Un créancier même simplement chirographaire aurait le droit de faire à un créancier hypothécaire le paiement qui lui assurerait de plein droit la subrogation dans les droits et dans le rang de celui qu'il aurait désintéressé. — Toullier, t. 7, nº 140, Troplong, *Hypoth.*, t. 1er, nº 356. — V. *contrà*, Grenier, t. 1er, nº 91.

219. — Mais, en présence des termes de l'art. 1251-1º il ne paraît pas possible d'accorder la subrogation au créancier antérieur qui rembourserait un créancier postérieur. — Grenier, t. 1er, nº 91, Troplong, *Hypoth.*, nº 357.

220. — Toutefois jugé que lorsque de deux créanciers ayant hypothèque sur un immeuble, le premier inscrit a consenti que l'autre fût payé par préférence, mais sous la condition que ce dernier le subrogerait dans son privilége sur un autre immeuble appartenant à leur débiteur commun, la subrogation faite en conséquence a conservé et transféré le privilége. — *Paris*, 6 avr. 1816, Aucoutaux c. Ellevioux. — V. aussi, Toullier, *Dr. civ.*, t. 7, nºs 118 et suiv.

221. — La subrogation dans l'effet de l'hypothèque attachée à une créance, emporte, lorsqu'elle a été consentie pour sûreté d'une dette, cession de la créance elle-même de la part du créancier, qui n'en a plus dès-lors la libre disponibilité.

222. — L'acquéreur qui paie son prix, après la purge, aux créanciers colloqués dans l'ordre n'est pas légalement subrogé dans leurs droits sur les autres biens du vendeur. — *Paris*, 10 juin 1833, Villers et Baradère c. Orrié et Meyer.

223. — Mais si après avoir acquitté son prix sans purger, il est forcé de payer un créancier inscrit, il est subrogé de plein droit aux droits, priviléges et hypothèques de ce créancier, non seulement sur l'immeuble vendu, mais encore sur tous les autres biens du débiteur hypothéqués à la sûreté de la même créance. — *Cass.*, 15 janv. 1833, Dufraigne c. Bonneau; — Toullier, *Dr. civ.*, nº 146; Bousquet, *Dict. des contr. et oblig.*, vº *Subrogation*, t. 2, p. 757. — V. *contrà* Troplong, nº 359.

224. — Il en doit être ainsi surtout lorsqu'au moment du paiement cette subrogation a été expressément stipulée entre l'acquéreur et le créancier payé. — Même arrêt.

225. — Jugé d'ailleurs que l'acquéreur se prétendant subrogé aux droits et hypothèques du créancier inscrit par le vendeur qu'il a remboursé, ne peut exercer l'effet de cette subrogation contre les autres créanciers également inscrits sur l'immeuble, si les actes de subrogation n'ont de date certaine que postérieurement à la radiation de l'inscription du créancier remboursé, laquelle a été consentie purement et simplement par ce dernier. — *Cass.*, 14 juill. 1813, de Romagnat c. Mathey de Valfons.

226 — Pour les autres cas de subrogation légale qui concernent celui qui étant tenu avec d'autres ou pour d'autres au paiement, a acquitté cette dette, et l'héritier bénéficiaire qui a de ses deniers acquitté les dettes de la succession, V. SUBROGATION.

227. — Un tiers peut aussi, par un transport-cession, prendre la place du créancier hypothécaire, et alors il y exerce à son profit, dans toute leur plénitude, les droits attachés à l'hypothèque. — Sur les rapports entre la subrogation et la cession, V. SUBROGATION.

228. — Si en vertu de l'hypothèque, une inscription a été requise par le créancier originaire, le cessionnaire n'est obligé de faire aucun acte pour manifester le droit qui lui a été conféré par la cession. Toutefois, il est prudent, de la part du cessionnaire, comme il le serait de la part du subrogé, de prendre inscription en son nom, ou du moins de faire mentionner en marge de l'inscription originaire la cession ou la subrogation qui l'a investi : il évitera ainsi qu'un cédant ou subrogeant de mauvaise foi ne donne, au préjudice de la cession ou subrogation, main-levée de cette inscription préventive, car une fois cette de mentionsubrogation faite, le conservateur des hypothèques n'opérera la radiation que du consentement du subrogé. — Battur, t. 2, p. 65.

229. — S'il n'y a pas eu d'inscription requise pour l'hypothèque, le cessionnaire peut lui-même, en vertu du titre primitif constitutif de l'hypothèque, requérir l'inscription. — V. INSCRIPTION HYPOTHÉCAIRE.

230. — De même le tiers acquéreur qui en remboursant un créancier hypothécaire obtient le bénéfice de la subrogation légale, profite de l'inscription prise par ce créancier, sans être tenu de faire inscrire sa subrogation. — *Aix*, 15 (et nod 13) fév. 1806, Mersanne c. Noirs et Gras.

231. — Sur le cas du concours des créanciers du vendeur avec des créanciers de l'acquéreur de l'immeuble hypothéqué, V. PURGE et TRANSCRIPTION.

232. — Le créancier au profit duquel a été faite une simple indication de paiement est, lorsqu'il l'a acceptée, transformé en véritable cessionnaire, et dès lors il lui échet de réclamer tous les droits qui peuvent résulter d'une véritable vente de la créance et de l'hypothèque.

233. — Le subrogeant conserve, d'ailleurs, pour ce qui lui reste dû de la créance, la préférence sur les divers subrogés qu'il a partiellement investis de ses droits (C. civ., art. 1252). Quant aux créanciers subrogés entre eux, ils doivent venir par concurrence et sans aucun égard à la date des subrogations. — Pothier, *Cout. Orléans*, tit. 20, nº 87 ; Troplong, nº 379. — V. SUBROGATION.

234. — Lorsqu'un domaine grevé d'inscription a été vendu en détail et que la distribution des divers prix a été réglée par un seul ordre, le créancier qui, par suite de l'ordre, a reçu un bordereau sur l'un des acquéreurs, et qui n'a pu être payé, a le droit de recourir contre les créanciers colloqués après lui, qui ont touché des autres acquéreurs le montant de leurs bordereaux. — *Poitiers*, 11 mars 1824, Chaboisseau c. Rousseau.

§ 4. — *Effets des hypothèques pour rentes perpétuelles ou viagères.*

235. — La rente constituée en perpétuel est essentiellement rachetable. — C. civ., art. 1911. — Dès-lors la vente de l'immeuble hypothéqué au service de cette rente ayant réalisé en argent la valeur de cet immeuble, on colloque le crédi-rentier auquel son inscription assure un rang utile pour son capital qu'il touche, et l'inscription a ainsi assuré au créancier, conformément à l'art. 2134, l'exercice complet de son droit de préférence. — Troplong, *Hyp.*, t. 4, nº 959 *ter*.

236. — Le Code civil ne fait pas obstacle à ce que, conformément à la coutume de Namur, le créancier d'une rente puisse exercer l'action hypothécaire tant pour les arrérages échus pendant le litige que pour ceux des trois années antérieures. — *Liége*, 21 nov. 1810, Wodon c. Gruxe.

237. — Si c'est pour sûreté d'une rente viagère que l'hypothèque a été constituée, comme la rente viagère n'est pas remboursable (C. civ., art. 1979) le crédi-rentier ne saurait être contraint à recevoir le remboursement du capital pour lequel elle a été constituée ; mais il a droit de demander, lors de sa collocation, sur le prix des biens de son débiteur, qu'il soit laissé entre les mains de l'acquéreur des immeubles hypothéqués une somme suffisante pour assurer le service ultérieur de cette rente viagère. — *Paris*, 8 août 1806, Luzac c. Girardin.

238. — ... Ou du moins il a le droit de faire ordonner l'emploi d'une somme suffisante sur le produit de la vente des biens de son débiteur pour le service des arrérages. — *Caen*, 18 mai 1813, Duval c. Rauguet.

239. — Lorsque dans l'inscription prise pour sûreté d'une rente viagère dont la quotité est énoncée, il n'a été donné à cette rente qu'un capital au denier dix, le créancier peut toujours néanmoins se faire employer dans l'ordre pour un capital au denier vingt dont les intérêts soient suffisans pour assurer le service de la rente. — *Paris*, 30 mai 1831, Neveu c. Aubert; 10 mars 1832, Lajard c. Cleizen.

240. — L'appel principal formé par le rentier pour obtenir sa collocation au taux propre à assurer la servitude de sa rente, ne peut donner lieu à un appel incident de la part du créancier postérieur intéressé au maintien du capital alloué et venant constater pour la première fois le rang attribué au rentier viager qui le prime. — *Paris*, 10 mars 1832, Lajard c. Cleizen.

241. — Sous la loi du 11 brum. an VII, la collocation dans un ordre pour un capital non exigible et destiné au service d'une rente viagère n'était pas équivalente à un paiement, et ne libérait pas les autres immeubles du débiteur de l'hypothèque générale dont ils étaient grevés. — *Cass.*, 18 mai 1808, de Menou et de Montmorin c. de Noailles.

242. — Le créancier d'une rente viagère ayant hypothèque sur plusieurs immeubles et qui a obtenu sur l'un d'eux la collocation d'une somme suffisante pour assurer le service de sa rente, ne peut exiger sur chacun des autres immeubles sur lesquels il a hypothèque une nouvelle collocation de la même somme. — *Paris*, 20 avr. 1814, Attenot c. N...

243. — ... Mais seulement pour la portion de son capital qui n'a point été colloquée dans l'ordre précédent. — *Paris*, 31 juill. 1813, Boucly c. Vauvert.

244. — Dans le cas où le capital de la rente est employé ou est laissé aux mains de l'acquéreur, ce n'est qu'après la mort de celui sur la tête duquel la rente viagère est constituée que les créanciers postérieurs peuvent profiter, pour leurs droits hypothécaires, du capital ainsi réservé pour le service de la rente. Leur droit de préférence est donc ajourné dans son exercice.

245. — M. Troplong (*Hypoth.*, n. 959 *ter*) propose un autre moyen de donner un effet en quelque sorte simultané aux droits des divers créanciers. — C'est, dit-il, de colloquer pour mémoire le crédi-rentier viager et d'abandonner aux créanciers postérieurs le capital suffisant pour produire les arré-

rages annuels de la rente, sauf à ceux-ci à donner bonne et suffisante caution ou à faire un emploi environné de toutes les garanties.

246.—Contre ce mode de procéder, on peut objecter que le crédi-rentier peut ne pas trouver les mêmes sûretés dans la caution ou l'emploi qu'on veut substituer à son hypotheque primitive, et que d'ailleurs il arrivera souvent que les créanciers postérieurs auxquels le rentier viager devra s'adresser pour obtenir par fractions ses arrérages, ne trouveront pas la caution qu'on exige d'eux.

247. — Aussi pensons-nous qu'on a eu raison de juger que, lorsque sur la somme à distribuer par voie d'ordre, il est prélevé un capital pour fournir au service d'une rente viagère, l'acquéreur a droit, préférablement aux créanciers colloqués éventuellement sur ce capital, de le conserver entre ses mains jusqu'à l'extinction de la rente. — *Bourges*, 25 mai 1827, Daiguzon c. Fauconneau-Dufresne.

248. — Il est vrai que si dans ce cas les droits de préférence du crédi-rentier viager sont suffisamment assurés, il n'en est pas de même du droit qu'a l'acquéreur d'affranchir l'immeuble acheté de toute charge hypothécaire; mais pour atteindre ce but, l'acquéreur pourra déposer à la caisse des consignations la somme qui, par le réglement d'ordre, aura été sur le prix consacrée à assurer le service de la rente viagère. L'effet de l'hypothèque du crédi-rentier se trouverait ainsi transportée sur cette somme, dont les intérêts serviront la rente. — V. PURGE.

249.—Jugé, cependant, que le crédi-rentier n'a pas le droit d'exiger que les acquéreurs retiennent en leurs mains un capital au denier vingt de la rente viagère. — *Caen*, 18 mai 1813, Duval c. Dauguet.

250.—Le même arrêt a décidé que les créanciers postérieurs et tous autres qui ont intérêt, peuvent faire vendre par adjudication, au rabais, le service de la rente, à la charge toutefois par l'adjudicataire de fournir une garantie immobilière capable d'assurer ce service.

251. —Lorsque le capital réservé pour fournir au service d'une rente viagère est insuffisant pour parfaire le service de cette rente, on doit chaque année prélever sur ce capital la somme nécessaire pour compléter les arrérages, et les intérêts de ce capital doivent diminuer à proportion de sa réduction. — *Bourges*, 25 mai 1827, Daiguzon c. Fauconneau-Dufresne.

252.—M. Troplong (*Hypoth.*, no 959 *ter*) combat cet arrêt et soutient que lorsque le prix de l'immeuble ne peut suffire au service de la rente, il est injuste que le rentier prétende faire sortir l'intégralité de sa rente d'un gage trop peu considérable, qu'il ne doit s'en prendre qu'à lui. s'il s'est contenté d'une hypothèque inégale, et qu'il doit être repoussé quand il veut consommer, au préjudice des créanciers postérieurs des capitaux qui leur appartiennent. — Nous croyons que cette critique ne repose pas sur des bases solides, et que les créanciers postérieurs au crédi-rentier viager ont dû et pu calculer par l'inscription qui conservait la rente quelle charge cette hypothèque imposait à l'immeuble, qu'ils ont pu, comme le crédi-rentier luimême, apprécier quelle était la valeur de l'immeuble, quel prix il pouvait produire, et que dès-lors, s'ils éprouvent un préjudice, il ne faut y voir que la conséquence naturelle et légale du droit d'antériorité du crédi-rentier viager qui, inscrit avant eux, avait droit avant eux d'obtenir le paiement intégral de sa créance.

§ 5. — *Effets des hypothèques pour créances conditionnelles et éventuelles.*

253. — Les créances conditionnelles, éventuelles ou indéterminées, peuvent, comme les créances pures et simples et déterminées dans leur valeur, être garanties, quant à leur remboursement, par une hypothèque. — V. HYPOTHÈQUE CONVENTIONNELLE. — Cette hypothèque, comme toutes les autres, prend rang à compter de l'inscription.

254. — Mais il peut arriver qu'au moment de l'exercice du droit de préférence et de l'effet que doit produire l'inscription, on ne puisse pas savoir si la créance sera jamais due, parce que la condition n'est pas encore accomplie.

255. — Le Code n'a pas prévu ce cas pour lequel il faut avoir recours à l'interprétation doctrinale. Voici le moyen proposé par Pothier (*Cout. Orléans*, tit. 21, no 139). Le créancier dont le droit dépend d'une condition qui n'est pas encore échue ne laisse pas d'être colloqué dans l'ordre en son rang, comme si elle était échue. Mais le créancier sur qui l'ordre manque touche à sa place en donnant caution de rapporter à son profit, si la condition arrive. —V. Edit des criées de 1551, art. 15; — Troplong, *Hypoth.*, no 959 *ter*; Grenier, t. 1er, no 187; Persil, *Régime hypoth.*, sur l'art. 2184, no 8.

256. — S'il n'y avait pas de créanciers postérieurs, les fonds pourraient être laissés entre les mains de l'acquéreur, ou si ce dernier voulait libérer son immeuble, il devrait déposer à la caisse des dépôts et consignations une somme suffisante pour pourvoir au paiement de la créance en cas que la condition se réalisât.

257. — Lorsque la femme s'est réservé par son contrat de mariage la faculté de reprendre son trousseau en nature ou d'en répéter l'estimation, elle ne doit être colloquée qu'éventuellement pour le montant de l'estimation de ce trousseau, et les intérêts de cette somme doivent être allouées provisoirement aux créanciers sur lesquels les fonds viennent à manquer.—*Grenoble*, 6 janv. 1831, Barge de Certeau c. Mollard.

258. — Pour le cas où ces créances conditionnelles concernent les droits des femmes ou des mineurs et interdits garantis par l'hypothèque légale, V. PURGE LÉGALE.

Sect. 2e. — *Effets de l'hypothèque contre le tiers-détenteur.*

259. — L'effet de l'hypothèque à l'égard des tiers est d'affecter la chose comme le fait un droit réel, et par conséquent de la suivre en quelques mains qu'elle passe, abstraction faite de celui qui la possède. C'est ce qu'on appelle le *droit de suite*.

260. — Ce droit de suite est un moyen pour le créancier d'arriver à l'exercice du droit de préférence qui doit pour lui résulter de son hypothèque, lorsque l'immeuble grevé est sorti des mains du débiteur; car, sans ce droit de suivre la chose en toutes mains, le droit de préférence deviendrait illusoire, puisqu'il suffirait au débiteur, pour paralyser ses créanciers, d'aliéner son immeuble. — Duranton, no 215.

261. — Mais ce droit de suite ne peut s'exercer qu'autant que le créancier a, par une inscription, manifesté, son droit d'hypothèque; c'est ce qui résulte des termes précis de l'art. 2166. Les créanciers ayant privilége ou hypothèque *inscrits* le suivent en quelques mains qu'ils passent pour être colloqués ou payés, suivant l'ordre de leurs créances ou inscriptions.

262. — Ainsi, le créancier qui laisse périmer son inscription perd toute espèce de recours contre le tiers-détenteur qui a acquis dans l'intervalle entre la péremption accomplie et une nouvelle inscription. — *Paris*, 9 fév. 1814, Blavoyer c. Lemaire.

263. — Lorsqu'un acquéreur, par un acte sous seing-privé non enregistré, joint à son contrat une possession de plusieurs années, publique, paisible et non interrompue, un créancier du vendeur ayant une hypothèque judiciaire postérieure à l'acte de vente et à la possession de l'acquéreur ne peut faire exproprier l'immeuble vendu. — *Rouen*, 4 janv. 1812, Colbot c. Gosset et Pouket.

264. — Le créancier hypothécaire qui, comme mandataire de son débiteur, reçoit le prix de l'immeuble qui lui est affecté, n'est pas présumé avoir renoncé au droit de suite attaché à son hypothèque. On ne peut prétendre qu'il a, comme créancier, appliqué au paiement de sa propre créance le prix par lui reçu comme mandataire, puisque ses droits devaient être réglés préalablement avec tous les autres créanciers par un ordre ou par des délégations acceptées. — *Paris*, 25 janv. 1812, Goudemetz et Pierron c. Marbais et Salm-Kirbourg.

265.—Il suffit d'ailleurs, pour l'exercice du droit de suite, que les créanciers hypothécaires prennent inscription dans la quinzaine qui suit la transcription de l'acte d'aliénation.—C. procéd.. art. 834. —V. TRANSCRIPTION.

266.—Mais le droit de suite est attaché à l'hypothèque légale de la femme du mineur ou de l'interdit, lors même qu'elle n'est pas inscrite.—*Orléans*, 16 mars 1839 (t. 1er 1839, p. 648), Bruère-Dallaire c. Reverdy; *Bourges*, 23 mars 1841 (t. 2 1841, p. 676), Guillemet c. Geoffrion; — Duranton, t. 20, no 215; Aubry et Rau, *Annotations sur le cours de droit français de Zachariæ*, t. 2, p. 130, note 4e; Troplong, *Traité des hypoth.*, t. 3, no 778 *bis*.

267. — Le droit de suite s'exerce à l'égard du tiers détenteur auquel la pleine propriété de l'immeuble a été transmise, soit par vente, donation ou échange.

268.—Ainsi lorsque le mari a fait l'échange d'un bien contre un autre, la femme qui a une hypothèque générale peut l'exercer tout à la fois sur l'immeuble donné et sur celui reçu en échange et les discuter successivement.— *Cass.*, 9 nov. 1815, Desquiron c. Mendouze.

269.— Le droit de suite s'exerce encore à l'égard de tout tiers auquel le débiteur a, depuis l'inscription, consenti sur l'immeuble un droit d'usufruit, et même un simple droit d'usage ou de servitude, car le débiteur ne peut impunément diminuer le gage qu'il a donné à son créancier.—Persil, *Régime hyp.*, art. 2166, no 5; Delvincourt, t. 3, p. 172, note 1re.

270. — Ainsi, nonobstant la constitution de l'usufruit, de l'usage ou de la servitude, le créancier inscrit pourrait, à défaut de paiement, faire décider par jugement rendu contre ce tiers que la pleine propriété de l'immeuble sera aliénée comme si l'usufruit ou la servitude n'existait pas, sauf au cessionnaire de l'usufruit ou de la servitude à désintéresser le créancier poursuivant et à faire maintenir son droit à l'égard des créanciers qui n'auraient été inscrits que postérieurement à la constitution de ce même droit. — Duranton, t. 20, no 217.

271. — Mais le droit de suite appartenant aux créanciers inscrits ne peut pas avoir pour effet de paralyser complétement la jouissance de l'immeuble resté entre les mains du débiteur qui en perçoit les fruits.

272. — Le débiteur, en séparant de l'immeuble des objets qu'il y avait d'abord attachés, et qui, à ce titre, étaient devenus immeubles par destination, peut, suivant les cas, faire un acte de bonne administration ou commettre un acte nuisible aux droits de ses créanciers. Si le débiteur, en vendant des animaux qu'il avait originairement attachés à la culture, a agi en bon père de famille, les créanciers n'auront aucune plainte à élever; s'il a au contraire été poussé par la pensée de tirer de la chose un bénéfice au détriment de ses créanciers, ceux-ci n'auront pas le droit de suite sur ces objets, autrefois immeubles par leur destination, mais que leur séparation du fonds a fait rentrer dans la classe des meubles qui dès-lors n'ont plus de suite par hypothèque, mais ils pourront soutenir que le débiteur a diminué les sûretés qu'il leur avait promises, et dès-lors exiger de lui leur remboursement.—V. HYPOTHÈQUE CONVENTIONNELLE.

273.—De plus, si le débiteur avait ainsi mobilisé les animaux ou les machines originairement attachés au fonds dans le but de frauder ses créanciers, et si l'acquéreur de ces objets avait été le complice de cette fraude, les créanciers pourraient, en vertu de l'art. 1167, obtenir l'annulation de ces actes frauduleux.

274. — Le droit de suite n'ôte pas non plus au débiteur le droit de vendre les coupes de bois et les récoltes qui couvrent son immeuble. — Troplong, t. 2, no 404; Tarrible, *Rép.*, vo *Hypothèque*, sect. 2e, § 3, art. 3, no 6.

275.—Il conserve également le droit de faire des baux qui, s'ils étaient faits sans fraude relativement aux créanciers, devraient recevoir leur exécution; et, lors même que le bail serait consenti pour de longues années, il ne pourrait être assimilé à une vente d'usufruit, et dès-lors il ne pourrait être frappé par l'exercice du droit de suite.—Troplong, t. 3, no 777.

276.—Les paiemens de fermages, faits même par anticipation, ne pourraient pas être non plus, sauf le cas de fraude, critiqués par les créanciers inscrits dont le droit de suite ne peut frapper que l'immeuble et ne peut atteindre la cession faite de bonne foi du droit mobilier que le fermier acquiert sur les fruits.—Troplong, t. 3, no 777.

277. — L'art. 2166 s'applique aussi aux actions sur la banque de France et aux actions sur les compagnies des canaux d'Orléans et du Loing, qui ont été immobilisées en vertu des décrets des 16 janv. 1808 et 16 mars 1810.

278. — Le droit de suite que le créancier inscrit peut exercer contre le tiers détenteur n'a pas pour effet de faire considérer le tiers détenteur comme personnellement obligé à la dette.

279.— Ainsi jugé que le créancier ne pourrait obtenir contre le détenteur aucune condamnation, soit au paiement intégral de la dette, soit au délaissement; et que la voie de poursuite indiquée par les art. 2168 et 2169, C. civ., est exclusive de toute autre, et notamment de l'action en déclaration d'hypothèque, telle que l'avaient instituée les anciens principes. — *Cass.*, 27 avr. 1812, Dutrios c. Julien.

280.—Toutefois, cette action en déclaration d'hypothèque serait recevable, si elle ne tendait pas à une condamnation personnelle contre le tiers détenteur, et, si elle se bornait à procurer au créancier hypothécaire dont la créance n'est pas exigible un moyen de faire reconnaître son droit à l'égard du tiers détenteur et d'interrompre ainsi à l'égard de celui-ci la prescription du droit hypothécaire.—Duranton, t. 20, no 225.

281.—Le créancier ne pourrait pas non plus s'o

faire, par une clause du contrat constitutif d'hypothèque, autoriser à défaut de paiement à l'échéance à garder l'immeuble moyennant la créance ou même moyennant un prix supérieur convenu d'avance, ou à fixer par un tiers. — Arg. 2078, C. civ.—Duranton, t. 2, nº 226.

282. — Le tiers-détenteur, lorsqu'il n'est pas, d'ailleurs, personnellement obligé au paiement de la dette hypothécaire, peut donc prendre l'un des trois partis suivans : 1º purger l'immeuble; 2º purger les créances au fur et à mesure de leurs échéances; 3º délaisser l'immeuble lorsqu'il est poursuivi comme détenteur. S'il ne suit pas l'une de ces trois alternatives, tout créancier a le droit de faire revendre sur lui l'immeuble hypothéqué.

283.—Les conséquences produites par l'accomplissement ou l'inaccomplissement des formalités prescrites pour la purge des hypothèques, la marche que le tiers-détenteur doit suivre pour libérer l'immeuble par lui acquis, les diligences que les créanciers peuvent exercer contre lui, et les exceptions qu'il peut y opposer sont expliquées sous les mots PURGE, TIERS-DÉTENTEUR et TRANSCRIPTION.

284.—Il suffira d'indiquer que si le tiers-détenteur ne remplit pas les formalités établies pour purger sa propriété, il demeure, par l'effet seul des inscriptions, obligé comme détenteur à toutes les dettes hypothécaires, et jouit des termes et délais accordés au débiteur originaire. — C. civ., art. 2167.

285.—La rédaction de cet article a été l'objet d'une double critique; on a dit que le détenteur n'était pas, à proprement parler, *obligé*, mais seulement *tenu* comme détenteur, pour éviter l'expropriation de l'immeuble, d'en faire le délaissement, s'il n'aimait mieux payer les dettes hypothécaires, et qu'en parlant du débiteur qui a constitué l'hypothèque, on n'aurait pas dû dire, comme le fait l'art. 2167, le débiteur *originaire*, ce qui semble donner à penser qu'il y a un autre débiteur qui serait le tiers-détenteur.

286. — Si le débiteur vient à déchoir du terme, si, par exemple, il tombe en faillite, la dette devient-elle exigible à l'égard du tiers-détenteur? — L'affirmative enseignée par M. Delvincourt est vivement combattue par M. Duranton (t. 20, nº 229), qui se refuse à enlever l'avantage du terme à un tiers-détenteur, dont la position a paru si favorable au législateur, que par une dérogation aux principes d'indivisibilité de l'hypothèque, il lui a accordé le bénéfice de discussion.

287. — La diminution des sûretés accordées par le débiteur au créancier a pour effet de permettre au créancier soit de demander son remboursement, soit de demander un supplément d'hypothèque (C. civ., art. 2131); mais c'est la peine d'un fait personnel au débiteur, et dès-lors le tiers-détenteur ne pourrait pas être poursuivi en remboursement, et continuerait, nonobstant ce qui pourrait être reproché au débiteur, à jouir du bénéfice du terme. — Duranton, t. 20, nº 231.

288 — Mais il en serait autrement s'il ne s'agissait que d'un terme de grâce que, d'après les art. 1244, C. civ., et 122, C. proc., le juge aurait accordé au débiteur en considération de sa position personnelle. — Duranton, t. 20, nº 232.

289.—Chaque créancier inscrit ayant le droit de suite peut poursuivre la vente de l'immeuble hypothéqué, quand même le tiers détenteur serait au nombre des créanciers inscrits sur l'immeuble, qu'il serait antérieur à celui qui exerce la poursuite, et qu'il devrait absorber le prix de la revente, car c'est par la revente seule qu'on pourra savoir quel est le véritable prix de l'immeuble et déterminer sur quel créancier les fonds pourront manquer. — Duranton, t. 20, nº 237. — *Cass.*, 10 fév. 1818, Vimard c. Dupont.

290. — Les créanciers inscrits ne pourraient, pour empêcher le tiers détenteur d'exercer son hypothèque à son rang, prétendre que sa créance s'est éteinte par compensation avec la dette résultant du prix de son acquisition, ou qu'au moyen de cette même acquisition il s'est opéré une sorte de confusion qui a éteint sa créance; car tous ces modes d'extinction sont subordonnés à la condition qu'il n'y aura pas contre le détenteur éviction hypothécaire de la part d'autres créanciers.

291.—L'acquéreur qui sous le régime hypothécaire de 1771 a payé une portion de son prix à son vendeur, mais en gardant entre ses mains une somme plus que suffisante pour désintéresser les créanciers qui pourraient se rendre opposans au sceau des lettres de ratification, et qui, par suite d'un jugement révolutionnaire rendu contre ce vendeur, a été obligé de verser le restant du prix dans les caisses de l'état, a pu renvoyer les créanciers opposans à se pourvoir préalablement sur les deniers versés au trésor public. — *Cass.*, 6 vent. an X, Lecomte c. Bellanger. — Le contraire avait été jugé par la section civile dans cette même affaire le 13 frim. an VII.

CHAPITRE VI. — *Extinction de l'hypothèque.*

Sect. 1re. — *Extinction de l'hypothèque par l'extinction de l'obligation principale.*

292.—L'extinction de l'hypothèque s'opère d'abord par l'extinction de l'obligation principale. — C. civ., art. 2180, 1º.

293.—Le Code civil pose des principes relatifs à l'extinction des hypothèques tandis que le Code de procédure ne règle que l'exercice de ce droit. — *Cass.*, 22 juin 1833 (dans ses motifs), Baron c. Bouvier.

294. — Il faut que l'obligation principale soit éteinte pour le tout, car s'il en restait la plus petite partie, l'hypothèque subsisterait pour le tout. — Pothier, *Orléans*, tit. 20, nº 59; Troplong, *Hyp.*, nº 846; Duranton, t. 20, nº 289.

295.—Peu importe que la dette soit éteinte par le paiement réel, par la novation, par la remise volontaire consentie par le créancier, par la confusion ou par la compensation, pourvu toutefois qu'en cas de novation il n'ait pas été fait réserve de l'hypothèque qui serait alors transférée à la nouvelle créance. — Troplong, nº 846.

296.—Le fait de la part du créancier d'une rente d'en recevoir plusieurs termes d'un tiers qui, par une autre convention passée avec le débiteur, s'est obligé à la payer, n'opère pas novation et n'arrête pas l'action du créancier contre le débiteur primitif ou contre le tiers détenteur des biens hypothéqués à la sûreté de la rente. — *Bourges*, 31 déc. 1830, Préville c. Davidière. — V. au reste NOVATION

297.—La dation en paiement qui équivaut à un paiement, bien qu'elle consiste à donner au créancier pour le désintéresser une chose autre que celle qui est due, opère la libération, et par conséquent éteint les hypothèques.

298. — Si la chose donnée n'appartient pas au débiteur, et que le créancier en soit évincé pour une cause postérieure à la dation en paiement et volontaire de la part du créancier, il n'est pas douteux que l'hypothèque éteinte ne revit pas. Si l'éviction procède d'une cause antérieure à la dation en paiement, le créancier pourra de nouveau prendre une inscription qui ne donnera rang à son hypothèque que du jour où elle aura été prise. — V. au reste sur ce point Troplong, t. 4, nos 855 et suiv. — V. aussi DATION EN PAIEMENT, nº 16.

299. — Dans la partie du département de la Roer qui était ci-devant régie par la coutume de Gueldre, l'hypothèque constituée sur un fief avec l'autorisation du seigneur suzerain ne s'éteignait pas de plein droit au profit du débiteur, et au préjudice du créancier par le laps de temps que le seigneur suzerain avait fixé à sa durée. — *Cass.*, 14 messid. an XIII, Vanderlinden c. Zuydtwick.

Sect. 2e. — *Renonciation du créancier à l'hypothèque.*

300. — La renonciation du créancier à l'hypothèque emporte l'extinction de cette cause de préférence. La renonciation à l'hypothèque est expresse ou tacite.

301. — La renonciation à l'hypothèque est *expresse* lorsqu'elle est formellement exprimée par le créancier. La renonciation expresse est un acte unilatéral qui une fois consenti ne peut plus être rétracté et dont les autres créanciers du débiteur auraient droit de s'emparer quand même le débiteur n'aurait pas formellement accepté cette renonciation. — Troplong. nº 868.

302. — Ainsi, la main-levée d'une inscription doit être réputée un acte unilatéral qui produit tous ses effets dès sa passation et qui n'a besoin ni d'autre complément, ni d'autre sanction. Cette main-levée ne peut pas être détruite à l'égard des tiers qui ont pris des inscriptions depuis, par un acte de révocation intervenu avant qu'il ait été procédé à la radiation de l'inscription. — *Cass.*, 4 janv. 1831, Gerbaud c. Pinaud; *Agen*, 19 mai 1836, mêmes parties.

303. — Le créancier peut faire remise de l'hypothèque, comme il peut faire remise de la dette elle-même, pourvu qu'il ait la capacité de faire une semblable remise. — V. REMISE DE LA DETTE.

304. — Les personnes capables d'aliéner sont les seules qui puissent renoncer à l'hypothèque.

305. — Le créancier peut faire remise de l'inscription seulement, et alors l'hypothèque subsiste après avoir perdu seulement son rang, et elle peut reprendre un rang nouveau par une autre inscription.

306. — Pour la femme qui veut à l'égard du mari renoncer à son hypothèque légale, V. HYPOTHÈQUE LÉGALE.

307. — La renonciation à l'hypothèque est *tacite* quand elle résulte de certains actes qui en font nécessairement supposer l'existence, lorsque, par exemple, dans un acte de vente consenti par le débiteur le créancier intervient et déclare que l'immeuble est libre de toute hypothèque à son profit.

308. — M. Troplong (nº 868) enseigne, d'après les lois 158, ff., *De reg. jur.*, et 4, § 1, *quib. mod. pign. vel hyp. solv.*, que le créancier est censé renoncer à l'hypothèque lorsqu'il permet au débiteur de vendre la chose sur laquelle l'hypothèque est assise. Cet exemple très concluant en matière de *gage*, puisque le créancier par l'autorisation qu'il donne se dessaisit du gage et perd ainsi son droit à son privilége, ne nous paraîtrait concluant en ce qui regarde l'hypothèque qu'autant que le créancier outre l'autorisation de vendre aurait donné au débiteur l'autorisation de *toucher le prix.* Car la simple autorisation de vendre n'impliquerait pas nécessairement que le créancier aurait renoncé à exercer son droit de préférence sur le prix à provenir de la vente.

309. — Suivant la faculté de droit de Caen (*doc. réf. hyp.*, nº 601), la présence du créancier à l'acte d'aliénation exclut le droit de surenchère, mais le créancier peut se faire colloquer sur le prix, à moins que d'après les clauses de l'aliénation, ce prix ait été payé ou délégué. Car l'acquéreur a intérêt à exclure la surenchère, mais non à payer son prix à l'un plutôt qu'à l'autre.

310.—Nous croyons au reste, avec M. Troplong, (*ibid*) qu'il importe peu que le consentement ait précédé ou suivi l'aliénation et qu'il suffit qu'il soit intervenu.

311. — L'hypothèque serait également perdue si le créancier signait un contrat de vente où l'immeuble serait déclaré par le vendeur franc et quitte de toute charge hypothécaire. — Basnage, chap. 17; Grenier, t. 2, nº 508; Troplong. nº 869.

312. — Toutefois, il faut, en pareille matière, tenir compte des circonstances, avoir égard à la qualité des parties, aux circonstances de fait qui peuvent établir la bonne foi et exclure toute idée de renonciation. — Domat, liv. 3, tit. 1er, sect. 7, nº 15; — *Paris*, 5 fév. 1822, Gogit et Julien c. Patris.

313. — L'hypothèque renaîtrait dans le cas où il interviendrait une cause de nullité, ou une résolution sérieuse du contrat de vente dans lequel a été consignée la déclaration emportant la renonciation à l'hypothèque, selon M. Troplong (nº 870), qui cite la loi 4, § 2, ff., *quib. mod. pig.* — V. aussi Voët, lib. 20, tit. 6, nº 7.

314. — Jugé, toutefois, que la rescision d'une vente n'a pas pour effet de faire revivre contre le vendeur au profit de qui elle s'est opérée et de reporter à leur ancienne date les hypothèques dont les créanciers incrits ont consenti main-levée à l'acquéreur. — *Cass.*, 10 déc. 1806, Deloince c. Chaillet.

315. — Si le créancier au profit duquel milite une hypothèque générale consent à l'aliénation d'un immeuble que frappe son hypothèque, et qu'ultérieurement le débiteur se rende acquéreur de ce même immeuble, l'hypothèque générale atteindra cet immeuble non pas comme une chose affectée anciennement à une hypothèque qui renaît, mais comme chose à venir et nouvellement acquise. — Lamoignon, *Arrêtés*, t. 2, p. 178; Troplong, nº 870. — Mais V. L. ult. *Cod. de remiss. pign.*

316. — Si un créancier hypothécaire intervient dans un acte constitutif d'une nouvelle hypothèque au profit d'un autre créancier et donne à cette nouvelle hypothèque son assentiment qui n'était pas nécessaire pour sa validité, on doit interpréter cette intervention et ce consentement comme une renonciation de la part de ce premier créancier, non à l'hypothèque, mais à la priorité qui appartenait à l'hypothèque de ce premier créancier. — L. 12, ff., *quib. mod. pig. vel hyp. solv.* — En conséquence, ce premier créancier est présumé avoir voulu subroger l'autre créancier dans tous ses droits. — Persil, *Régim. hyp.*, art. 2180, nº 26; Grenier, t. 2, nº 505; Troplong, nº 871.

317. — Si la créance du second créancier hypothécaire est égale à celle du premier créancier, ou si elle est de moindre valeur, il ne peut y avoir de difficulté, mais si la seconde créance excédait le montant de la première, il y aurait lieu de colloquer la seconde créance au rang de la première jusqu'à concurrence du montant de celle-ci, et, pour le surplus au rang de l'inscription de cette seconde créance, mais toujours par préférence au créancier originaire qui a consenti en sa faveur la renonciation à son hypothèque.

318. — C'est donc avec raison que la faculté de droit de Caen (*doc. ref. hyp.*, nº 601) propose de

déclarer que la renonciation à l'hypothèque consentie au profit d'un créancier désigné n'entraîne que l'obligation de ne pas requérir collocation à son préjudice ; car lorsque la créance n'est pas transférée ou éteinte, la subrogation à l'hypothèque n'est qu'une renonciation au droit de priorité.

Sect. 3e. — *Extinction de l'hypothèque par la purge.*

319. — L'accomplissement des formalités prescrites aux tiers détenteurs pour purger les immeubles par eux acquis constitue une autre cause d'extinction des hypothèques. — V. PURGE.

320. — Sur les effets de la collocation du créancier dans un ordre, V. ORDRE.

Sect. 4e. — *Prescription de l'hypothèque.*

321. — La prescription est aussi une cause d'extinction de l'hypothèque.

322. — La prescription de l'hypothèque est acquise au débiteur quant aux biens qui sont dans ses mains par le temps fixé pour la prescription des actions qui donnent l'hypothèque. — C. civ., 2180 et 2262.

323. — Sous l'ancienne législation comme sous la législation intermédiaire, l'hypothèque légale s'éteignait par la prescription. — *Rouen*, 16 nov. 1822, Roussel c. Benoît Gosse.

324. — Bien que la prescription soit un des modes d'extinction de l'obligation principale, il était nécessaire de l'exprimer comme mode spécial d'extinction de l'hypothèque, à raison du point de vue sous lequel elle est envisagée relativement au créancier et relativement au tiers détenteur.

325. — Car la prescription est une manière d'éteindre l'hypothèque, distincte de l'extinction de l'obligation principale, quand le bien affecté est entre les mains d'un tiers détenteur. En effet, l'art. 2180 poursuit ainsi : quant aux biens qui sont dans la main d'un tiers détenteur, la prescription lui est acquise par le temps réglé pour la prescription de la propriété à son profit. Elle peut être acquise au bout de dix ou vingt ans, à dater de la transcription du titre translatif de propriété. — C. civ., 2180, 2265 et 2266.

326. — Sous l'ancien droit français, qui avait emprunté cette règle à la loi *cum notissimi*, Cod. *de præscript. 30 aut 40 ann.*, l'action hypothécaire se prescrivait par quarante ans, bien que l'action personnelle s'éteignît par trente ans. C'était la jurisprudence des parlemens de Paris et de Bordeaux. — Louet, lett. H, no 3 ; Brodeau sur Louet, *ibid* ; Pothier, *Orléans*, tit. 14, no 60 ; Bretonnier sur Henrys, t. 2, p. 517.

327. — Toutefois, le parlement de Toulouse jugeait que l'action hypothécaire ne devait pas se prolonger au-delà de trente ans.

328. — Mais cette règle ne s'appliquait qu'aux hypothèques conventionnelles, car les hypothèques légales et judiciaires se prescrivaient par trente ans. — Henrys, liv. 4, ch. 6, quest. 75 ; Basnage, p. 95 ; Pothier, *Orléans*, tit. 14, no 60.

329. — Le Code civil a limité la durée de l'action hypothécaire à la durée de l'action personnelle, et il les a unies ensemble de telle sorte, qu'à l'égard du débiteur les actes conservatoires de l'action personnelle conservent l'action hypothécaire qui en est l'accessoire. — Grenier, t. 2, no 510 ; Troplong, no 877.

330. — Quant à la prescription de l'hypothèque à l'égard du tiers détenteur, on observait en droit romain les principes généraux en matière de prescription, le tiers détenteur prescrivait par dix ou vingt ans lorsqu'il avait titre et bonne foi, et par trente ans quand il était de mauvaise foi. De même sous le Code civ. le tiers détenteur prescrit l'hypothèque par le même temps qu'il prescrit la propriété.

331. — La cour royale de Rouen (*Doc. réf. hyp.*, no 600), se fondant sur la facilité que la publicité du régime hypothécaire donne au tiers-détenteur de connaître les inscriptions qui grèvent l'immeuble, et sur l'erreur dans laquelle le débiteur peut, par l'exact paiement des intérêts, tenir les créanciers sur la mutation de la propriété, a proposé de porter la durée de la prescription de l'action hypothécaire à trente ans et d'autoriser, pour empêcher la prescription de s'accomplir aussi facilement, le créancier inscrit à exiger du tiers-détenteur et à ses frais la reconnaissance de son hypothèque. — V. conf. Faculté de droit de Caen, *ibid.*, no 601 ; Faculté de droit de Strasbourg, no 602.

332. — Sous le Code civil, l'hypothèque légale de la femme mariée, bien que dispensée d'inscription, se prescrit après la dissolution du mariage à l'égard du tiers-détenteur, par le délai de dix ou vingt ans, conformément aux art. 2180 et 2265, C. civ. — *Rouen*, 16 nov. 1822, Roussel c. Benoît Gosse.

333. — Si, pour acquérir la propriété, il suffit du délai d'un an, comme, par exemple, dans le cas où un fleuve enlève par force subite une partie considérable et reconnaissable d'un champ riverain et le porte sur la rive opposée (C. civ., art. 559), le tiers-détenteur pourra, par le même laps de temps, prescrire l'action hypothécaire sur cette portion de terrain. — Troplong, no 878. — *Contrà* Delvincourt, t. 3, p. 386.

334. — De ce que le tiers-détenteur prescrit le droit de propriété, il ne suit pas que le droit d'hypothèque soit frappé de la même prescription ; ces droits ne sont pas, à son égard, subordonnés l'un à l'autre, et si le propriétaire a négligé ses droits, ce n'est pas une raison pour que le créancier n'ait pas conservé les siens ou pour que la loi ne les ait pas conservés pour lui s'il est incapable, et réciproquement. — Grenier, t. 2, no 510 ; Persil, *Régime hypoth.*, art. 2180, no 39 ; Delvincourt, t. 3, p. 386 ; Troplong, no 878.

335. — Ainsi les interruptions de prescription accomplies à l'égard de l'une de ces actions n'interrompent pas la prescription à l'égard de l'autre, car les actes faits, par exemple, à l'égard du débiteur, relativement à l'action personnelle, ne peuvent pas valoir à l'égard du tiers-détenteur par l'action hypothécaire.

336. — Le plus souvent, l'action hypothécaire sera prescrite et éteinte avant l'action personnelle.

337. — Mais la prescription de l'action personnelle et de l'obligation qui en est la source éteindra l'action hypothécaire, qui n'est qu'un accessoire en quelque sorte indivisible. — *Riom*, 6 juill. 1830, Planeix c. Lambert ; — Grenier, t. 2, p. 462.

338. — Toutefois, l'acquéreur qui a payé au vendeur le prix de son acquisition, à raison d'un immeuble grevé d'une inscription hypothécaire fondée sur un titre qui lui paraissait prescrit, et qui cependant ne l'était pas, est obligé de payer la créance inscrite. — *Rennes*, 18 déc. 1811, Kerambard et Fabré c. Boussineau.

339. — Lorsque des poursuites en déclaration d'hypothèques, dirigées contre l'acquéreur d'un immeuble, ont été interrompues pendant trente ans, la prescription de l'hypothèque lui est acquise. — *Cass.*, 25 avr. 1826, Watin c. Genin et Doyen-Petit.

340. — La prescription acquise au débiteur principal doit profiter au tiers-détenteur, lors même qu'il a été poursuivi en déclaration d'hypothèque, avant le terme voulu pour la prescription. Il en serait de même dans le cas où le créancier poursuivant alléguerait qu'il n'a pu agir, à cause d'une contestation élevée entre lui et aucuns des acquéreurs, sur la validité de son titre. — *Cass.*, 25 avr. 1826, Watin c. Genin et Doyen-Petit ; — Grenier, t. 2, p. 462 ; Troplong, t. 4, no 878 *bis* ; Merlin, *Rép.*, t. 6, p. 493.

341. — Le créancier qui, en vertu de son hypothèque, poursuit un détenteur, perd tous ses droits, s'il laisse prescrire sa créance à l'égard du débiteur principal. La poursuite qu'il a faite contre ce tiers-détenteur périt dès l'instant où la prescription est acquise en faveur du principal obligé. — *Riom*, 2 avr. 1816, Nugier c. Cornudet ; — Troplong, t. 4, no 878 *bis*.

342. — La prescription de l'action personnelle n'est pas interrompue par des poursuites dirigées contre le tiers-acquéreur des biens hypothéqués à la dette. En ce cas, et si pendant la durée des poursuites la dette personnelle se prescrit, l'acquéreur ne peut opposer cette prescription pour faire tomber l'action dirigée contre lui. — *Riom*, 11 mess. an XI, Chautard c. Gay ; *Metz*, 5 juill. 1822, Coche c. Vatin.

343. — La bonne foi est une condition essentielle pour la prescription des hypothèques par dix ou vingt ans, comme pour la prescription de la propriété. — *Bourges*, 31 déc. 1830, Préville c. Davidière.

344. — Le tiers-détenteur est de bonne foi relativement à l'hypothèque quand il croit que l'immeuble qu'il a acquis est franc et libre d'hypothèque. — Troplong, no 879.

345. — La mauvaise foi dont il est parlé dans l'art. 2180, C. civ., ne résulte pas de cette circonstance que l'acquéreur aurait pu voir, en se faisant représenter le titre d'acquisition de son vendeur, que celui-ci n'avait pas payé son prix, et qu'ainsi il était soumis à l'action résolutoire. — *Bordeaux*, 24 déc. 1832, Deveaux c. Mathieu.

346. — Si l'hypothèque n'a pas été déclarée dans le contrat, comme la bonne foi se suppose toujours, c'est au créancier à prouver que le tiers détenteur a eu connaissance des hypothèques au moment de son acquisition.

347. — L'acquéreur qui par son titre s'est obligé à souffrir l'hypothèque d'un créancier désigné dans le contrat de vente n'est point de bonne foi en ce qui concerne cette créance de manière à pouvoir invoquer la prescription de l'hypothèque. — *Bourges*, 31 déc. 1830, Préville c. Davidière.

348. — Mais les inscriptions existant au moment de la vente sont insuffisantes par elles-mêmes pour constituer l'acquéreur en mauvaise foi et l'empêcher de prescrire l'hypothèque. En conséquence la prescription de dix et vingt ans court à son profit contre le créancier hypothécaire qui est resté dans une complète inaction pendant ce laps de temps, encore bien que cet acquéreur ait connu ou pu connaître l'existence des inscriptions. — *Caen*, 26 août 1825, Picquot c. Maillot ; *Bourges*, 31 déc. 1830, Préville c. Davidière ; *Caen*, 22 août 1821, Moulian la Prairie c. Denize ; — Delvincourt, t. 3, p. 385, note 3e.

349. — Il n'y a pas lieu sous ce rapport de distinguer entre les inscriptions requises sur les précédens propriétaires et celles requises sur le vendeur lui-même. — *Caen*, 21 août 1821, Moulien la Prairie c Denize.

350. — Il est inutile de dire que le tiers détenteur n'aurait pas eu connaissance d'une hypothèque légale non inscrite ou d'une hypothèque qui ne se serait révélée que par une inscription prise dans la quinzaine de la transcription de son contrat.

351. — Selon M. Troplong (no 880 *bis*), si l'acquéreur a eu connaissance positive de l'hypothèque, lors de l'acquisition, la bonne foi lui manquera dans tout le cours de sa possession.

352. Mais MM. Delvincourt, (t. 3, p. 365, note 3e) et Grenier (t. 2, no 514) ne partagent pas cet avis ; ils se fondent sur ce que l'acquéreur a pu croire que le vendeur paierait les créanciers et dégagerait l'immeuble, tandis qu'au contraire quand la vente a été faite à la charge de telles et telles hypothèques déterminées l'acquéreur a su que le vendeur s'en reposait sur lui du soin de libérer l'immeuble.

353. — En règle générale la prescription de l'hypothèque commence à courir pour le tiers acquéreur du jour de la possession de même que la prescription de la propriété.

354. — Mais si le tiers détenteur doit prescrire par moins de trente ans et si par conséquent la prescripiton suppose un titre joint à la bonne foi, la prescription ne commence alors que du jour où ce titre a été transcrit sur les registres du conservateur des hypothèques.

355. — Ainsi jugé que la prescription d'une hypothèque ne court au profit des tiers détenteurs que du jour où leur titre a été transcrit. — *Cass.*, 2 mars 1830, Barbé c. Clarens.

356. — La transcription est exigée ici pour avertir les tiers créanciers hypothécaires que l'immeuble affecté à leur hypothèque a été aliéné, et les mettre en demeure de prendre les mesures nécessaires pour interrompre la prescription et conserver leurs droits. — Troplong, no 883.

357. — Les formalités qui étaient en usage dans certaines provinces pour les transmissions de propriété d'immeubles et que l'on connaissait sous la dénomination d'*œuvres de loi*, de *deshéritance* et d'*adhéritance*, ont été suffisamment supplées, pour les mutations anciennes, par la transcription du contrat de vente effectuée en vertu de la loi du 27 sept. 1790 ; par conséquent cette transcription a interrompu le cours de la prescription introduite par le statut local contre l'acquéreur en retard d'accomplir les œuvres de la loi, et a consommé l'aliénation à son profit. — *Cass.*, 5 janv. 1818, Polchet c. Mairiaux.

358. — La prescription de l'action hypothécaire s'interrompt à l'égard du débiteur principal par les moyens ordinairement employés pour empêcher un obligé personnel de prescrire, et à l'égard du tiers détenteur, par une action en justice, à fin de déclaration ou reconnaissance de l'hypothèque, ou par la sommation de payer ou de délaisser dont parle l'art. 2169, C. civ.

359. — Les poursuites en déclaration d'hypothèque dirigées contre le tiers détenteur des biens affectés à la dette n'interrompent pas la prescription de l'action personnelle contre le principal obligé. — *Metz*, 5 juill. 1822, Coche c. Vatin ; *Riom*, 6 juill. 1830, Planeix c. Lambert.

360. — Il en est de même de la sommation faite au tiers détenteur de l'immeuble hypothéqué, en vertu de l'art. 2169, C. civ., lorsqu'il s'est écoulé trois ans, sans poursuites de la part du créancier depuis cette sommation. — *Toulouse*, 22 mars 1831, Ruiner c. Bourdarios.

361. — Si la créance que l'hypothèque a pour

objet de conserver n'est pas exigible, le créancier ne peut pas faire au tiers détenteur la sommation de le payer, mais il a la faculté de l'assigner en déclaration d'hypothèque. — La cour d'Orléans (*Doc. réf. hyp.*, n° 599) demande que ce point de jurisprudence soit résolu par la loi.

562. — La cour royale de Grenoble (*Doc. réf. hyp.*, n° 597) demande qu'il soit ajouté à l'art. 2180 une disposition ainsi conçue : La prescription sera interrompue à l'égard du tiers détenteur par la notification d'un acte extrajudiciaire portant déclaration du créancier qu'il entend conserver son hypothèque.

563. — La sommation de purger faite au tiers détenteur ne peut être assimilée aux actes interruptifs de la prescription, ni à la sommation de payer ou de délaisser prescrite par l'art. 2165. — *Rouen*, 16 nov. 1822, Roussel c. Benoît Gosse.

564. — L'existence de l'hypothèque connue du tiers détenteur avant l'accomplissement de la prescription par des poursuites en expropriation dirigées contre lui, mais dont le créancier s'est désisté depuis, ne le rend pas non-recevable à invoquer le bénéfice de la prescription. — *Rouen*, 16 nov. 1822, Roussel c. Benoît Gosse.

565. — Le commandement de payer fait au curateur à la succession du mari est étranger au tiers détenteur et ne peut interrompre à son égard la prescription de l'hypothèque légale de la femme. — *Rouen*, 16 nov. 1822, Roussel c. Benoît Gosse.

566. — En admettant que sous le Code civ. une action en déclaration d'hypothèque puisse être intentée contre le tiers détenteur, cette action exercée sous le prétexte d'interrompre la prescription, est de la part d'un crédi-rentier non-recevable, comme frustratoire à l'égard de la prescription décennale, lorsque le contrat d'acquisition n'a pas été transcrit, et comme prématurée à l'égard de la prescription trentenaire qui ne court que depuis peu de temps. — *Metz*, 5 août 1823, Nicaise c. Remerat.

567. — La prescription est interrompue par la notification que le tiers détenteur fait de son contrat aux créanciers inscrits, conformément à l'art. 2183, C. civ., ou par l'accomplissement à l'égard de la femme et du mineur des formalités prescrites à leur égard pour les sommer de requérir inscription. — C. civ., art. 2194 ; — Troplong, nos 883 *bis*.

568. — Jugé, au contraire, que de ce que l'acquéreur a fait la notification de son contrat pour la purge des hypothèques légales (C. civ., art. 2194), on ne peut induire une renonciation à opposer la prescription de ces hypothèques, et surtout qu'une telle notification faite par l'acquéreur n'enlève pas aux tiers intéressés le droit d'invoquer eux-mêmes la prescription. — *Grenoble*, 10 mars 1827, Planel c. Pradier et Estève.

569. — Les inscriptions prises par le créancier n'interrompent pas le cours de la prescription établie par la loi en faveur du débiteur ou tiers détenteur. — C. civ., art. 2180.

570. — La cour royale de Metz a considéré que la prescription devait être interrompue quand le créancier prenait inscription, car d'une part le créancier avait fait tout ce qu'il devait faire pour la conservation de son droit, et de l'autre le détenteur ne pouvait prétendre cause d'ignorance. Aussi cette cour demande la suppression de la dernière partie de l'art. 2180.

571. — La minorité du créancier hypothécaire inscrit est une cause de suspension de la prescription qui peut courir au profit du tiers détenteur. — Troplong, n° 884.

572. — Mais si le créancier majeur et maître de ses droits, contre lequel la prescription a commencé à courir, meurt laissant deux héritiers, l'un majeur et l'autre mineur, la minorité de l'un de ces héritiers n'empêchera pas la prescription de courir à l'égard de l'héritier majeur, car l'hypothèque n'imprime pas à la créance hypothéquée le caractère d'indivisibilité ; dès-lors, elle se divise entre les deux héritiers, et les titres étant distincts, le créancier majeur demeure soumis à la prescription qui n'est suspendue qu'à l'égard du créancier mineur. — Troplong, n° 884.

573. — La prescription contre la femme qui a hypothèque sur tous les biens de son mari ne court pas durant le mariage au profit du mari, ni au profit du tiers détenteur, car si la femme, pour interrompre la prescription, agissait contre le tiers qui a acheté du mari, celui-ci se retournerait immédiatement contre le mari pour lui demander la garantie de l'éviction qu'il aurait ainsi soufferte ; or la prescription est suspendue pendant le mariage dans tous les cas où l'action de la femme réfléchirait contre le mari. — Merlin, *Quest. dr.*, v° *Hypothèque*, § 3, n° 8 ; *Rép.*, v° *Inscription hypothécaire*, § 3, n° 2.

574. — Le délai d'un an après la dissolution du mariage pendant lequel la restitution de la dot ne peut être exigée (C. civ., art. 1565), n'est relatif qu'à l'action de la femme contre les héritiers du mari, et ne s'applique pas à l'action hypothécaire de la femme contre les tiers détenteurs des biens du mari. A cet égard la prescription commence à courir au profit du tiers détenteur, à partir de la dissolution du mariage. — *Grenoble*, 10 mars 1827, Planel c. Pradier et Estève.

575. — Mais, le mariage une fois dissous, la prescription reprend son cours, et si la femme, dans les dix ans ou vingt ans de la mort du mari ne poursuivait pas les tiers détenteurs, la prescription serait acquise au profit de ceux-ci, s'ils avaient fait transcrire.

576. — Pour les hypothèques de la femme qui ne sont pas légales, la prescription, aux termes de l'art. 2254, C. civ., court contre elle, sauf son recours contre son mari.

577. — La cour de Metz voudrait que l'art. 2180 fût modifié de manière à décider que l'hypothèque de la femme ou du mineur ne pût être prescrite que dans le cas où le tiers détenteur n'use pas des moyens que lui donne la loi pour purger.

578. — Quant aux créances hypothécaires suspendues par une condition ou différées par un terme, la prescription à l'égard du débiteur ne commence à courir que du jour où la condition est accomplie, où le terme est arrivé. — C. civ., art. 2257. — Mais à l'égard du tiers détenteur la prescription de dix ou vingt ans court avant l'avènement de la condition ou l'échéance du terme, et il suffit que le laps de temps fixé par la loi soit accompli pour que ce tiers détenteur soit devenu propriétaire incommutable. Le créancier dont le droit est suspendu par une condition, peut néanmoins faire des actes conservatoires et interruptifs de la prescription. — C. civ., art. 1180. — Arrêt du grand conseil du 30 mars 1673, rapporté au t. 1er du *Journal du Palais* de Blondeau et Guéret ; Loyseau, *Traité du déguerpissement*, liv. 3, chap. 2, n° 1819 ; Lebrun, *Traité des successions*, liv. 4, chap. 1er, n° 76 ; Grenier, t. 2, n° 518 ; Toullier, t. 6, n° 527 ; Troplong, *Hypoth.*, n. 886.

579. — La suspension de la prescription établie quant aux créances non échues (C. civ., art. 2257) n'est relative qu'à l'action du créancier contre le débiteur et elle ne conserve pas l'action hypothécaire contre le tiers détenteur. — *Grenoble*, 10 mars 1827, Planel c. Pradier et Estève.

580. — La prescription de l'hypothèque acquise au profit soit du débiteur, soit du tiers détenteur, peut être opposée par les créanciers soit de l'un, soit de l'autre, encore que le détenteur ou le débiteur y ait renoncé, et même par les créanciers du précédent co-propriétaire qui peuvent objecter à un de leurs co-créanciers la prescription de l'hypothèque acquise par le tiers détenteur et empêcher ce créancier de prendre rang sur le prix.

581. — La loi qui exige la transcription du titre pour que la prescription commence à courir ne peut, sans effet rétroactif, s'étendre aux prescriptions antérieurement commencées. — *Cass.*, 1er août 1810, Dupré de Saint-Maur c. Besnard.

582. — Ainsi la prescription de dix ans commencée avant la loi du 11 brum. an VII au profit d'un tiers acquéreur contre un créancier hypothécaire, n'a pas cessé de courir après cette loi à défaut de transcription du contrat de vente quoique le créancier hypothécaire eût inscrit son titre. — Même arrêt.

583. — Mais lorsqu'un tiers acquéreur, dont le titre est antérieur aux lois qui exigent la transcription des ventes de biens hypothéqués, a reconnu, depuis le Code civil, le droit du créancier hypothécaire, il ne peut, s'il n'a pas fait transcrire, opposer à ce créancier la prescription de dix ans. — *Cass.*, 28 avr. 1823, Sageaud c. de Nexen; *Bordeaux*, 30 août 1826, de Brusnault-Deshoulières c. Brothier.

584. — La prescription dont le principe remonte à une époque antérieure au Code civil est exclusivement régie, quant à ses effets, par la loi ancienne, bien qu'elle ait été suspendue par la minorité du créancier et qu'elle n'eût commencé à courir utilement que depuis le Code. — *Paris*, 26 fév. 1826, Delamarre c. Lefebvre-Laboullaye; *Bordeaux*, 15 janv. 1835, Beauchamp c. Degranger.

585. — Ainsi la prescription d'un douaire ouvert sous la législation antérieure au Code doit être régi par cette législation, encore bien qu'ayant été interrompue par une minorité elle n'ait commencé à courir utilement que sous le Code. — *Paris*, 25 fév. 1826, Delamarre c. Lefebvre Laboullaye.

586. — Mais le délai de la prescription d'un douaire stipulé sous l'édit de 1771 mais ouvert sous le Code, est réglé même vis-à-vis du tiers détenteur du fonds grevé du douaire par le Code civil. — En conséquence la prescription décennale ne commence à courir que du jour où l'acquéreur a fait transcrire son contrat d'acquisition. — *Paris*, 17 mars 1831, Fréville c. Legney.

587. — Sous la coutume de Paris comme sous le Code civil, la prescription de l'action hypothécaire sur un bien grevé d'usufruit courait au profit du nu-propriétaire pendant la jouissance de l'usufruitier. — *Cass.*, 25 août 1825, Creuzé-Delessert c. Dangé-Dorzay.

Sect. 5e. — *Extinction de l'hypothèque par l'acquisition de l'immeuble par le créancier.*

588. — Lorsqu'un créancier hypothécaire acquiert l'immeuble qui lui est affecté, il s'opère une compensation de la créance qui entraîne l'extinction de l'hypothèque. — *Grenoble* (et non *Riom*), 17 déc. 1821, Blanc c. Clavel.

589. — Mais s'il y a d'autres créanciers inscrits, l'acquéreur agira sagement en conservant son hypothèque et en renouvelant son inscription comme s'il n'était pas propriétaire.

590. — Pour éteindre l'hypothèque, il faut que l'acquisition soit irrévocable. En cas de révocation de l'acquisition pour une cause ancienne, l'hypothèque recouvrerait son existence et conserverait son rang si elle n'avait pas été rayée. En cas de radiation, elle ne reprendrait de rang que du jour de l'inscription nouvelle. — Persil, *Rég. hyp.*, art. 2180, n° 11 ; Delvincourt, t. 3, p. 181, note 6.

591. — Mais l'hypothèque du tiers détenteur ne renaîtrait pas si la révocation de l'aliénation provenait d'un fait volontaire, tel que l'ingratitude du donataire envers le donateur.

Sect. 6e. — *Extinction de l'hypothèque par la résolution du droit de celui qui l'a constituée.*

592. — L'hypothèque est éteinte lorsque celui qui l'a concédée n'avait sur la chose qu'un droit résoluble ou conditionnel et qu'il vient à être évincé. — V. sur la constitution de ces sortes d'hypothèques conditionnelles, HYPOTHÈQUE CONVENTIONNELLE.

593. — L'hypothèque cesse à l'égard du créancier hypothécaire et personnel d'un héritier, lorsque l'immeuble qui lui est affecté ne tombe pas par l'événement du partage dans le lot de cet héritier débiteur. — V. PARTAGE.

594. — La résolution d'un contrat de vente prononcé en justice entraîne la nullité des hypothèques créées par l'acquéreur, encore bien que le vendeur eût antérieurement consenti la restriction de son privilége à une certaine portion du prix, de manière que les tiers aient pu croire que le surplus était payé et aient été ainsi déterminés à prêter à l'acquéreur. — *Paris*, 7 avr. 1824, Oudin c. Liége.

595. — Si, par suite d'action en distraction, le débiteur qui avait donné hypothèque sur des biens dont il était détenteur, est déclaré simple usufruitier de ces biens, l'hypothèque continue de subsister sur l'usufruit, qui ne pourrait en être déclaré affranchi sous le prétexte que le titre constitutif ne spécialise pas cette espèce de biens, mais porte sur la propriété. — *Bourges*, 1er février 1831, Crépy c. Desnoyers.

596. — L'hypothèque consentie par l'usufruitier d'un bien substitué ne doit pas obtenir la priorité sur celle des créanciers personnels de l'héritier de celui-ci, lorsque la dette contractée par cet usufruitier est devenue personnelle à l'héritier déjà propriétaire de l'objet soumis à l'usufruit. L'inscription doit, dans ce cas, frapper nécessairement sur la personne de l'héritier. — *Liége*, 10 fév. 1807, Vecquerai c. N...

Sect. 7e. — *Extinction de l'hypothèque par la perte de la chose hypothéquée.*

597. — L'hypothèque s'éteint par la perte de la chose hypothéquée, qui, lorsqu'elle est arrivée sans la faute du débiteur, éteint en même temps l'obligation principale.

598. — Celui qui avait hypothèque sur une maison qui vient à être détruite par cas fortuit n'a pas droit de suite sur les matières provenant de cette destruction, et l'hypothèque ne subsiste plus que sur le sol, car les matériaux provenant de la ruine de l'immeuble seraient meubles aux termes de l'art. 532, C. civ. Mais on comprend qu'ils ne perdraient pas leur caractère immobilier si le sinistre arrivé à l'immeuble exigeait, non pas sa reconstruction, mais seulement des réparations.

599. — Si sur l'emplacement de la maison dé-

truite on en construit une autre, elle sera frappée de l'hypothèque qui a continué à grever le sol, peu importe la forme ou destination nouvelle qui a pu être donnée à la construction; cette construction n'en est pas moins une amélioration de l'objet hypothéqué, frappée comme lui de l'hypothèque. — C. civ., 2133, et *suprà* nos 78 s.

400. — Si un champ hypothéqué est envahi par une rivière qui se fraye un nouveau lit, l'ancien lit qui est abandonné aux propriétaires dépouillés par l'inondation sera grevé des hypothèques qui frappaient le champ sur lequel la rivière a établi son cours; mais les créanciers devront requérir l'inscription pour cette transformation de leurs hypothèques. — Persil, *Rég. hyp.*, art. 2133, no 4.

401. — La disposition formelle de l'art. 18, L. 27 avr. 1825, sur l'indemnité des émigrés, a dérogé aux principes de notre droit commun en transportant sur cette indemnité, après l'extinction des immeubles affectés, les droits hypothécaires que les créanciers des émigrés avaient sur les biens confisqués et vendus nationalement par leur débiteur.

V. ACTE AUTHENTIQUE, ACTE SOUS SEING-PRIVÉ, ALIÉNÉS, ANTICHRÈSE, ASSURANCES TERRESTRES, AVAL, AVEU, AYANT-CAUSE, CAUTIONNEMENT, COMMENCEMENT DE PREUVE PAR ÉCRIT, COMPÉTENCE COMMERCIALE, COMPTE DE TUTELLE, CONTRAT DE MARIAGE, CONTRE-LETTRE, DOT, ENREGISTREMENT, HYPOTHÈQUE CONVENTIONNELLE, HYPOTHÈQUE JUDICIAIRE, HYPOTHÈQUE LÉGALE, INSCRIPTION HYPOTHÉCAIRE, MINES, MONT-DE-PIÉTÉ, ORDRE, PARTAGE, PREUVE TESTIMONIALE, PRIVILÉGE, PURGE, RÉDUCTION DES HYPOTHÈQUES, RENTE, RESCISION, SAISIE IMMOBILIÈRE, SÉPARATION DE PATRIMOINES, SERVITUDE, SOCIÉTÉS, STELLIONNAT, SUCCESSION, SURENCHÈRE, TRANSCRIPTION, USAGE, USUFRUIT, VENTE.

HYPOTHÈQUES (Droits d').

Table alphabétique.

Accessoires, 70.
Acquéreur, 27, 37.
Approbation administrative, 89.
Arrérages, 67 s.
Avances des droits, 20 s., 77 s.
Bordereau unique, 60 s., 64 s.
Bureaux différens, 43, 65 s., 84.
Caisse hypothécaire, 71.
Capital, 67, 72 s,
Cautionnement, 31.
Changement de domicile, 53.
Cohéritier, 36.
Communes, 21 s.
Comptables, 21 s., 58.
Compte de tutelle, 41.
Conservateur des hypothèques, 5 s., 48, 79, 84 s., 97.
Contributions indirectes, 31.
Créance distincte, 61. — éventuelle, 24, 35 s., 97. — indéterminée, 24, 30, 35 s., 97. — réelle, 39 s.
Créanciers multiples, 59 s.
Crédit ouvert, 38.
Débet, 20 s., 31, 74, 81 s., 95, 97.
Débiteurs, 77, 79 s. — multiples, 59 s.
Délégation, 58.
Droit fixe, 18, s., 24.—proportionnel, 15 s., 31, 39 s.
Droits acquis, 92 s. — d'inscription, 7, 14 s. — de transcription, 7, 13.
Duplicata, 84.
Enonciation, 79, 85 s.
Enregistrement, 45, 80, 86, 94.
Entrepreneur, 32.
Erreur, 51, 87 s.
Etablissement public, 20 s.
Etat, 20 s., 32.
Extrait, 51.
Fabriques, 78.
Failli, 34.
Femme, 21 s., 40, 43.
Fermages, 44.
Fraction, 75.
Frais, 70.
Historique, 2 s.
Hospices, 19 s., 78.
Hypothèque légale, 21, 56.
Inscription, 18 s. — d'office, 25 s., 55. — indéfinie, 24, 29 s., 73 s. — rectificative, 50 s. — supplétive, 53.
Intérêts, 58, 69.
Irrégularités, 48.
Liquidation des droits, 59 s.
Majorats, 28.
Mandataire, 88.
Mari, 33, 40, 56.
Mention, 56 s.
Mineur, 21 s., 40, 43.
Omission, 50.
Paiement des droits, 45, 76 s. — conditionnel, 87.
Poursuites, 80.
Prescription, 94 s.
Prorogation de délai, 57.
Quittance, 12, 41, 45, 84 s.
Radiation d'inscription, 41, 82.
Receveur d'enregistrement, 5.
Recouvrement, 79 s., 96 s.
Renouvellement d'inscription, 28, 47 s., 57, 64, 88.
Rente d'indemnité, 18. — viagère, 72 s.
Restitution des droits, 78, 86 s.
Salaire du conservateur, 8 s., 18 s., 46, 53, 60.
Subrogation, 54 s.
Transaction, 45.
Transport de créance, 57.
Timbre, 10 s., 31, 46, 83.
Trésor public, 8, 22, 58, 92 s. — (agent judiciaire du), 46, 74, 95.
Tuteur, 33, 40 s.
Vendeur, 25 s., 37.

HYPOTHÈQUES (Droits d'). — 1. — Ce sont les droits perçus à raison des formalités hypothécaires données aux actes.

SECT. 1re. — *Dispositions générales* (no 2).
SECT. 2e. — *Droits d'inscription* (no 15).
§ 1er. — *Droits à percevoir* (no 15).
§ 2. — *Inscriptions indéfinies. — Créances éventuelles* (no 29).
§ 3. — *Renouvellement d'inscriptions. — Rectifications. — Subrogations* (no 47).
§ 4. — *Liquidation des droits* (no 59).
§ 5.—*Paiement, restitution et prescription des droits* (no 76).

Sect. 1re. — *Dispositions générales.*

2. — Les droits d'hypothèques créés par la loi du 9 vendém. an VI (art. 62) ont été maintenus par celle du 21 vent. an VII, qui a organisé les conservations d'hypothèques.

3. — La loi du 21 ventôse an VII a elle-même subi des modifications, en ce qui concerne les droits d'hypothèques, par différentes lois, notamment celles des 6 messid. an VII, 24 mars 1806 et 28 avr. 1816.

4. — Chaque année, la loi des finances fixant le budget de recettes, porte que la perception des droits d'hypothèques continuera d'être faites au profit de l'état, conformément aux lois existantes. — Ainsi, pour le budget de 1847, V. L. 3 juill. 1846, art. 7.

5. — La perception des droits d'hypothèques n'avait pas d'abord été attribuée aux conservateurs. D'après un arrêté du gouvernement du 5 frim. an VII (Circ. 1454), elle devait être faite par le receveur des droits d'enregistrement. Il en résultait l'inconvénient d'obliger les particuliers à se transporter dans deux bureaux différens. — *Dict. des dr. d'enreg.*, vo *Hypothèque*, no 749.

6. — La loi du 21 vent. an VII a confié aux conservateurs la perception des droits dus pour les formalités hypothécaires. — V. CONSERVATEUR DES HYPOTHÈQUES.

7. — D'après la loi du 9 vendém. an VI, et ensuite celle du 21 vent. an VII, les droits d'hypothèques sont de deux sortes : 1° les uns sont perçus lors de l'inscription des créances hypothécaires; 2° les autres, lors de la transcription des actes emportant mutation de propriétés immobilières.

8. — De plus, chacun de ces deux droits se compose : 1° du *droit* proprement dit, perçu au profit du trésor; 2° et du *salaire* du conservateur.

9. — Pour tout ce qui concerne les salaires du conservateur, à raison soit des inscriptions, soit des transcriptions, V. CONSERVATEUR DES HYPOTHÈQUES, nos 119 et suiv.

10. — Toutefois, nous devons ajouter que, comme les registres tenus par le conservateur doivent être sur papier timbré, ainsi que tous les actes, certificats et copies qu'il délivre (V. TIMBRE), il a droit au remboursement du papier timbré qu'il a employé.

11. — Le timbre des registres doit être payé en proportion de la place que les enregistremens, les inscriptions et les transcriptions ont remplie. — Circ. 23 sept. 1809.

12. — Enfin, dans toutes les quittances qu'il délivre, le conservateur doit indiquer les droits perçus pour le timbre du papier employé, ainsi qu'on l'a vu vo CONSERVATEUR DES HYPOTHÈQUES, no 165.

13. — Ce qui concerne les droits de transcription, abstraction faite des salaires du conservateur, est traité vo TRANSCRIPTION (droits de). — V. ce mot.

14. — Nous n'aurons donc à nous occuper ici que de ce qui regarde les droits d'inscription.

Sect. 2e. — *Droits d'inscription.*

§ 1er. — *Droits à percevoir.*

15. — Le droit d'inscription proprement dit, c'est-à-dire abstraction faite du salaire du conservateur, est ou proportionnel ou fixe. — Quelquefois même, l'inscription doit se faire *gratis*. — Enfin, dans certains cas, elle a lieu en *débet* ou sans avance de droits et salaires.

16. — D'après la loi du 21 vent. an VII (art. 20), qui ne faisait que reproduire la disposition de la loi du 9 vendém. an VI, le droit d'inscription des créances hypothécaires était : de 1 pour 2,000 du capital de chaque créance antérieure à la promulgation de la loi du 11 brumaire précédent; — 2° et de 1 pour 1,000 du capital des créances postérieures à ladite époque.

17. — Mais suivant l'art. 60, L. 28 avr. 1816, le droit d'inscription des créances hypothécaires est de 1 pour 1,000, sans distinction des créances antérieures ou postérieures à la loi du 11 brum. an VII.

18. — Ne sont passibles que du droit fixe de 1 fr., outre le salaire du conservateur : 1° les inscriptions prises pour sûreté des rentes d'indemnité, d'après les art. 22 et 31, L. 16 sept. 1807. — Décis. min. 19 déc. 1809; instr. 464.

19. — ... 2° Les inscriptions faites d'après l'art. 2, décr. 27 fév. 1811, relatif à la vente des maisons urbaines des hospices de Paris, lorsque les créanciers consentent à transférer leur hypothèque sur des biens ruraux. — Même décret, art. 4.

20. — L'inscription des créances appartenant à l'état, aux hospices civils et autres établissemens publics, devait être faite sans avance du droit d'hypothèque et des salaires des préposés. — L. 21 vent. an VII, art. 23. — Mais cette disposition se trouve modifiée par le Code civil.

21. — Aujourd'hui se font sans avance des droits d'hypothèque et du salaire des conservateurs, c'est-à-dire, *en débet* : 1° l'inscription des créances appartenant à l'état; celle des hypothèques légales des communes et des établissemens publics sur les biens de leurs receveurs et administrateurs comptables; celle des mineurs, des interdits, sur leurs tuteurs; celle des femmes mariées sur leurs époux. — C. civ., art. 2153 et 2155; — Roland et Trouillet, *Dict. des hypoth.*, vo *Droits*, § 1er, no 14.

22. — ... 2° Les inscriptions prises par le trésor public et le domaine, lorsqu'elles sont nécessaires pour le recouvrement des droits et amendes. Ces cas sont ordinairement ceux où l'enregistrement et le visa pour timbre ont lieu en débet. — V. ENREGISTREMENT, nos 664 et suiv.; TIMBRE, nos 284 et suiv.

23. — Les inscriptions dont on vient de parler dans les deux numéros qui précèdent sont les seules pour lesquelles on ne soit point obligé de payer d'avance les droits et salaires. — Déc. min. fin. 25 niv. et 4 thermid. an XIII; inst. 316.

24. — L'inscription n'est passible que du droit fixe, quand, ainsi qu'on le verra dans le paragraphe suivant, elle est indéfinie ou qu'elle est prise pour sûreté d'une créance éventuelle et indéterminée.

25. — Les inscriptions d'offices prises par le conservateur ne donnent lieu à aucun droit proportionnel, lorsque le titre de mutation constate qu'il est dû quelque chose au vendeur. — Circ. 1539 et 1653.

26. — L'inscription prise par un vendeur pour sûreté du prix et de ses autres droits, lorsque le contrat n'a pas été transcrit, est passible du droit proportionnel d'hypothèque. — Déc. min. fin. 31 juill. 1810; instr. 487.

27. — De même, lorsqu'en vertu d'une clause de son contrat le vendeur requiert, outre l'inscription d'office, l'inscription d'une hypothèque spéciale sur les biens de l'acquéreur pour sûreté du prix de la vente, il y a lieu de percevoir le droit de 1,000, qui, dans ce cas, ne doit pas se confondre avec le droit proportionnel de l'inscription, comme cela a lieu pour l'inscription d'office. — Délib. 24 fév. 1837.

28. — Il n'est dû aucun droit d'hypothèque pour les inscriptions ou les renouvellemens relatifs aux rentes comprises dans les dotations des majorats. — Inst. 423; — Rolland et Trouillet, *Dict. des hypoth.*, vo *Droits*, § 1er, no 17.

§ 2. — *Inscriptions indéfinies. — Créances éventuelles.*

29. — L'inscription *indéfinie* qui a pour objet la conservation d'un simple droit d'hypothèque éventuel, sans créance existante, n'est point sujette au droit proportionnel. — L. 6 messid. an VII, art. 1er.

30. — Cette expression *indéfinie* employée par la loi du 6 messid., disent les auteurs du *Dict. du dr. d'enreg.* (vo *Hypothèque*, no 771), est une expression impropre. Loin que les inscriptions soient *indéfinies*, elles ne durent que dix ans. Ce terme ne peut pas davantage s'appliquer à la créance, car il ne peut y avoir de créance *indéfinie*. La somme due peut n'être point déterminée; sa quotité peut dépendre d'une liquidation, d'un événement quelconque, mais elle n'est point *indéfinie*.

31. — Doivent être considérées comme indéfinies et comme telles passibles seulement du timbre des bordereaux et des registres ainsi que du salaire du conservateur : 1° les inscriptions prises

par l'administration des contributions indirectes sur les biens affectés au cautionnement de ses préposés pour sûreté de leur gestion, sauf à percevoir le droit proportionnel en cas de débet constaté. — Instr. 333.

32. — ... 2° Les inscriptions prises sur les entrepreneurs pour le compte de l'état qui n'ont pas rempli les engagemens pour lesquels ils ont reçu des avances, ainsi que sur leurs cautions. — Circ. 1751.

33. — ... 3° L'inscription requise par un subrogé-tuteur ou curateur sur un tuteur pour sûreté de sa gestion avant qu'elle soit terminée et que le compte en soit réglé; celle faite par un père sur le mari de sa fille pour restitution de la dot ou des apports de celle-ci en cas de décès ou de divorce. — Circ. 1676.

34. — ... 4° Les inscriptions prises sur les immeubles d'un failli, au nom de la masse des créanciers, conformément à l'art. 500, C. comm. (aujourd'hui art. 490, L. 28 mai 1838). — Instr. 6 déc. 1808, art. 409. — Et même le droit proportionnel n'est pas exigible bien que le concordat n'ait pas dispensé les syndics de faire inscrire le jugement d'homologation. — Jugem. trib. Strasbourg, 15 juin 1830 et 4 juin 1832; délib. 5 oct. 1832; — Roland et Trouillet, *Dict. des hypothèques*, v° *Droits*, § 1er, n° 31.

35. — L'inscription est également exempte du droit proportionnel lorsqu'elle est prise pour sûreté d'une créance éventuelle et indéterminée.

36. — On doit considérer comme telle la créance résultant pour l'un des cohéritiers de l'obligation consentie par un autre, dans l'acte de partage, d'acquitter toutes les dettes de la succession. — *Cass.*, 23 août 1830, Enreg. c. Defolleville. — *Contrà* solut. 4 juill. 1828.

37. — Décidé dans le même sens que le droit proportionnel n'est pas dû sur l'inscription requise par un acquéreur contre son vendeur pour sûreté de restitution du prix au cas d'éviction, attendu qu'il s'agit là d'une créance éventuelle et non d'une créance existante. — Déc. min. fin. 31 juill. 1810 et 22 mai 1833.

38. — Par la même raison, l'inscription prise en vertu d'un acte d'ouverture de crédit n'est pas sujette au droit proportionnel. — Solut. 24 sept. et 13 oct. 1832; délib. 11 déc. 1832.

39. — Si le droit éventuel qui a donné lieu à l'inscription indéfinie se convertit en créance réelle, le droit proportionnel est dû sur le capital de la créance. — L. 6 messid. an VII, art. 2.

40. — Ainsi dans les cas prévus *suprà* n° 33, le droit éventuel se convertit en créance réelle: 1° lorsque le tuteur est constaté reliquataire par un compte rendu à l'amiable ou en justice, ou pour la valeur des aliénations des biens du mineur qu'il aurait faites sans l'accomplissement des formalités prescrites; 2° lorsque la femme au décès de son mari a fait établir ce qui lui est dû, par un acte de liquidation, soit des biens et dettes de la communauté, etc.; alors le droit devient exigible sur le capital de la créance fixée par ces actes, et le conservateur doit en poursuivre le recouvrement. — Circ. 1676.

41. — Tout acte quelconque de nature à faire connaître aux préposés que la créance éventuelle s'est convertie en créance réelle suffit pour autoriser la perception du droit d'inscription. Il en est ainsi de la quittance, donnée par des héritiers devenus majeurs, d'une somme à imputer sur leurs droits dans la succession de leur mère, avec consentement à la radiation de l'inscription prise contre leur père tuteur, pour conserver l'hypothèque légale. — Délib. 31 mars 1826; instr. 1189, § 11.

42. — Mais le droit ne serait pas dû dans le cas où le reliquat du compte de tutelle aurait été immédiatement acquitté. — *Contrôl. de l'enreg.*, art. 1145.

43. — Si les actes qui doivent faire connaître l'existence de la créance sont enregistrés dans un autre bureau que celui des hypothèques, le receveur de l'enregistrement doit en faire le renvoi au bureau de la conservation dans le ressort duquel sont situés les biens des femmes ou des mineurs. Ces dispositions s'appliquent également aux déclarations après décès et autres actes qui constateraient une créance certaine au profit de la femme sur les biens de son mari, à raison de son contrat de mariage, ou pour tout autre avantage dérivant des coutumes ou de la loi. — Circ. 1676; — Roland et Trouillet, *Diction. des hypoth.*, v° *Droits*, § 1er, n° 22.

44. — Le droit proportionnel est exigible sur l'inscription prise pour sûreté de fermages échus ou non échus ou pour assurer l'exécution des conditions du bail; cette inscription doit énoncer la somme pour laquelle elle est prise, et ne peut

HYPOTHÈQUES (Droits d'), sect. 2e.

être considérée comme indéterminée. — Déc. min. fin. 29 sept. 1820.

45. — L'enregistrement d'aucune transaction ou quittance de paiement de ladite créance ne peut être requis que le droit proportionnel d'inscription n'ait été préalablement acquitté. — L. 6 messid. an VII, art. 3.

46. — Le droit d'hypothèque sur l'inscription indéfinie, prise par l'agent judiciaire du trésor, n'est pas exigible, s'il est établi que les causes de l'inscription ne subsistaient plus avant qu'elle fût prise; il en est de même pour les droits de timbre et le salaire du conservateur. — Déc. min. fin. 24 août 1821.

§ 3. *Renouvellement d'inscriptions. — Rectifications. — Subrogations.*

47. — Le renouvellement d'une inscription qui a acquitté le droit proportionnel est passible du droit proportionnel, soit qu'il y ait novation à l'égard des grevés, soit qu'une hypothèque générale soit remplacée par une spéciale, soit que la durée de l'inscription primitive soit prolongée par une subséquente; autrement il en résulterait qu'en prévenant l'expiration du terme de dix ans pendant lequel la première inscription conserve son effet, la créance se trouverait perpétuellement assurée sans frais; ce qui n'a pas été dans l'intention de la loi. — Déc. min. fin. 29 juill. 1806; instr. gén. 316, n° 5.

48. — Il n'y a d'exception qu'à l'égard des inscriptions prises par les conservateurs pour rectifier les irrégularités qu'ils auraient commises. Le droit proportionnel ne serait dû que dans le cas où la nouvelle inscription constaterait un excédant de créance. — Inst. 505; — Roland et Trouillet, *Dict. des hypoth*, v° *Droits*, § 1er, n° 37.

49. — Si à dix-huit mois d'intervalle il est pris deux inscriptions pour la même créance, le droit de 1 p. 1,000 est dû sur la seconde comme sur la première. — Solut. 21 avril 1829.

50. — L'inscription rectificative d'une précédente à laquelle elle n'apporte d'autre changement que de réparer une omission n'est passible d'aucun droit. — Solut. 4 juin 1812; déc. min. fin. 15 mai 1816; délib. 24 févr. 1819.

51. — Une pareille rectification peut être faite sur l'avis des erreurs ou irrégularités que donne le conservateur aux parties. La nouvelle inscription doit être accompagnée d'une note relatant la première formalité qu'elle a pour but de rectifier, et il doit être donné aux parties requérantes des extraits tant de la première que de la seconde inscription. — Avis Cons. d'état, 11-26 déc. 1810. — De plus, la loi du 4 sept. 1807 avait accordé un délai de six mois pour rectifier les inscriptions anciennes qui ne contiendraient pas la mention de l'époque de l'exigibilité de la créance. — V. INSCRIPTION HYPOTHÉCAIRE.

52. — Un nouveau droit proportionnel est dû sur les inscriptions supplétives qui, bien que concernant les mêmes créances, frappent néanmoins sur d'autres immeubles que ceux désignés dans les premières inscriptions. Peu importe que ces inscriptions ne soient pas périmées (Décis. min fin. 29 juill. 1816, instr. 316, § 6), et que la nouvelle inscription soit prise sur les biens d'une caution solidaire. — Décis. min. fin. 28 déc. 1813.

53. — Une déclaration de changement de domicile ne peut donner lieu au droit d'inscription; et il n'est dû que le salaire du conservateur. — Décis. min. fin. 28 pluv. an IX.

54. — Il est dû un droit proportionnel d'hypothèque sur la subrogation d'inscription au profit du nouveau propriétaire, si on fait une nouvelle inscription. — Décis. min. fin., 28 pluv. an IX.

55. — Mais la subrogation dans l'effet d'une inscription d'office n'est pas plus passible du droit proportionnel que l'inscription d'office elle-même. — *Journ. de l'enreg.*, art. 2168.

56. — La mention de subrogation dans l'effet d'une hypothèque légale inscrite n'est passible d'aucun droit, bien qu'il n'ait été rien payé lors de l'inscription de cette hypothèque légale, parce que le droit d'inscription est à la charge du mari grevé, et il n'en est dû aucun pour la mention dont il s'agit. — Décis. min. fin. 31 août 1821.

57. — Le droit de 1 pour 1,000 n'est pas dû sur la simple mention d'un transport de créance et d'une prorogation de délai, mise en marge de l'inscription hypothécaire. En effet, cette mention, qui assure simplement au créancier subrogé l'effet de l'inscription tel qu'il était garanti au cédant lui-même, ne le dispense point de requérir le renouvellement avant l'expiration des dix années de cette inscription pour en conserver le rang. — Arg. *Cass.*, 14 janv. 1818, Danglemont c. Dumesnil; — Délib. 31 juill. 1824.

58. — La délégation faite au trésor par un comptable du prix d'un immeuble pour sûreté de sa gestion, ne le dispense pas de payer ensuite les droits des inscriptions. Ces droits doivent même frapper sur les intérêts du prix qui ont couru depuis la délégation. — Délib. 30 mars 1818.

§ 4. — *Liquidation des droits.*

59. — Il ne doit être payé qu'un seul droit d'inscription pour chaque créance, quel que soit d'ailleurs le nombre des créanciers requérans ou celui des débiteurs grevés. — L. 21 vent. an VII, art. 21.

60. — L'art. 2148, C. civ., non plus que la loi du 21 vent. an VII, art. 21, ou le décret du 21 sept. 1810, uniquement relatif au salaire du conservateur, ne mettent pas obstacle à ce que les créanciers compris pour des créances distinctes dans un même acte de prêt qui leur confère hypothèque sur les mêmes biens, présentent au conservateur, en prenant inscription, un seul bordereau en double. — *Cass.*, 17 déc. 1845 (t. 1er 1846, p. 50), de Saint-Mauris.

61. — Et c'est à tort que le conservateur des hypothèques refuserait d'opérer l'inscription ainsi requise, sous prétexte que, s'agissant de créances distinctes, il doit être joint à l'expédition de l'acte autant de bordereaux doubles qu'il y a de créances. — Même arrêt.

62. — Il y aurait lieu de décider de même dans le cas où il s'agirait d'un bordereau présenté par un individu créancier de plusieurs débiteurs non solidaires.

63. — Mais, dans ces différens cas, il y a lieu à la pluralité des droits, tant au profit du trésor qu'à celui du conservateur, attendu que chaque inscription doit son droit particulier. — Décis. min. fin. 16 flor. an VII; circ. 1574.

64. — Toutefois, il n'est dû qu'un seul droit proportionnel: 1° quand plusieurs obligations, consenties par une même personne au profit du même créancier, ont été inscrites par un seul et même bordereau; — 2° Et que l'inscription de ces obligations ayant eu lieu originairement par bordereaux séparés, est plus tard renouvelée par un seul et même bordereau. — Décis. min. fin. 12 janv. 1813.

65. — Quoique les immeubles soient situés dans plusieurs bureaux, il n'est dû qu'un seul droit (V. *infrà*, n° 84), parce qu'il n'existe qu'une seule créance et qu'il ne s'agit de conserver que cette seule créance. — Arg. L. 21 vent. an VII, art. 22; décis. min. fin. 21 sept. 1810; instr. gén. 16 oct. 1810, n° 494.

66. — Et il en est ainsi, encore bien qu'il se serait écoulé un certain temps entre la première inscription et les autres. — Décis. min. fin. 7 juill. 1819.

67. — Le droit d'inscription des créances hypothécaires n'est dû que sur le capital de ces créances, et non sur les arrérages à échoir, que ces arrérages soient liquidés ou non par le bordereau. — Décis. min. fin. 10 sept. 1823.

68. — Si le bordereau désigne et liquide les arrérages échus, ces arrérages, formant un accroissement de créance, donnent ouverture au droit, comme le capital originaire. — Si les arrérages sont réservés par le bordereau, sans être liquidés (mais toujours s'il s'agit d'arrérages échus), le droit est dû sur le montant de deux années, comme s'il était pris, d'après l'art. 2151, C. civ., une inscription particulière pour ces deux années. — Même décision.

69. — Dans le cas où le bordereau d'une inscription prise plus de deux années après la date du titre, ferait mention de deux années d'intérêts, sans indiquer si elles sont échues ou à échoir, ces deux années doivent être considérées comme échues pour la perception du droit. — Même décision.

70. — Bien que cette décision n'ait point statué sur les autres accessoires qui peuvent être compris dans les bordereaux, tels que frais et mise à exécution, les mêmes principes doivent recevoir leur application; ainsi les frais faits sont sujets à la perception et les frais à faire éventuellement en sont exempts. — Instr. 1146, § 14; — Roland et Trouillet, *Dict. des hypothèques*, v° *Droits*, § 1er n° 5.

71. — A l'égard des prêts faits par la caisse hypothécaire, qui consent à n'être payée de son capital qu'au moyen d'annuités où se trouvent confondus les intérêts de la somme prêtée, de telle sorte que chacune de ces annuités constitue un capital distinct, le droit d'inscription doit être perçu sur la somme totale produite par l'addition de toutes les annuités. — Délib. 4 nov. 1836.

72. — S'il est dit dans un bordereau que l'hy-

pothèque a pour objet une rente viagère de 2,568 fr. et que le capital présumé nécessaire pour assurer le service de cette rente, a été fixé à la somme de 52,000 fr. jusqu'à concurrence de laquelle l'inscription est requise, le droit de 1 p. 1000 est exigible sur cette somme capitale. En effet, l'art. 14, L. 22 frim. an VII, ne régissant pas le droit d'hypothèque, le conservateur ne peut, d'après l'art. 20 de celle du 21 vent. an VII, et les art. 2132 et 2148, C. civ., prendre pour base de sa perception que le capital énoncé, jusqu'à concurrence duquel les biens se trouvent réellement grevés par l'inscription. — Délib. 27 juill. 1824; inst. 1150, § 14.

73. — A défaut d'évaluation du capital des rentes viagères pour lesquelles les inscriptions sont requises, le conservateur doit exiger que cette évaluation soit faite par l'inscrivant, à moins toutefois qu'il ne s'agisse d'une inscription indéfinie. — Si l'évaluation du capital a été faite d'office par le conservateur à vingt fois le montant des rentes viagères, cette évaluation ne saurait être réduite, et par suite les droits d'inscription ne devraient être proportionnellement restitués qu'en vertu d'un consentement authentique des réquérans à la réduction de l'inscription. — Délib. 11 juin 1833.

74. — Lorsqu'il a été accordé une remise sur une créance pour sûreté de laquelle une inscription avait été prise en débet à la requête de l'agent judiciaire du trésor, le droit proportionnel d'hypothèque est réductible dans la même proportion, c'est-à-dire qu'il n'est dû que sur la somme qui doit être payée. — Déc. min fin. 31 janv. 1824.

75. — La perception de ces droits suit les sommes et valeurs de 20 fr. en 20 fr. inclusivement, et sans fraction. — L. 28 avr. 1816, art. 60.

§. 4. — *Paiement, restitution et prescription des droits.*

76. — *Paiement des droits.* — Hors les cas d'exception prononcés par les lois, les droits et salaires dus pour les formalités hypothécaires et par conséquent pour les inscriptions, doivent être payés d'avance par les réquérans. — L. 21 vent. an VII, art. 27.

77. — Cette disposition de la loi du 21 vent. an VII a été renouvelée et complétée par l'art. 2155, C. civ., qui porte que « les frais des inscriptions sont à la charge du débiteur, s'il n'y a stipulation contraire; l'avance en est faite par l'inscrivant, si ce n'est quant aux hypothèques légales, pour l'inscription desquelles le conservateur a son recours contre le débiteur. »

78. — Les hospices et les fabriques sont tenus de faire l'avance des droits et salaires des inscriptions prises dans leur intérêt. Ils ne sont dispensés de faire cette avance que pour les inscriptions prises sur les biens de leurs receveurs et administrateurs comptables. — Inst. 316. — Les fabriques sont également tenues de restituer à l'administration les droits avancés par elle à raison des inscriptions prises pour sûreté des créances qui leur ont été restituées. — Déc. min. fin. 25 niv. an XIII; instr. 274 et 316.

79. — Toutes les fois que l'inscription a lieu sans avance du droit et des salaires, le préposé est tenu : 1o d'énoncer, tant sur les registres que sur le bordereau à remettre au requérant, que les droits et salaires sont dus; — 2o d'en poursuivre le recouvrement sur les débiteurs dans deux décades (V. DÉCADE), après la date de l'inscription. — L. 21 vent. an VII, art. 24.

80. — Ces poursuites s'exercent suivant les formes établies pour le recouvrement des droits d'enregistrement. — L. 21 vent. an VII, art. 24. — V. ENREGISTREMENT, nos 4504 et suiv.

81. — Le recouvrement des droits en débet peut être poursuivi sur tous les biens, soit meubles, soit immeubles, du débiteur, sans qu'on puisse prétendre que l'immeuble hypothéqué était le seul gage du paiement. — *Journ. enreg.*, art. 8007; décis. min. fin. 8 mai 1827.

82. — La radiation de toute inscription prise en débet ne peut avoir lieu qu'après paiement préalable des droits qui sont exigibles. — Solut. 8 sept. 1821.

83. — Dans le cas où les débiteurs sur lesquels les inscriptions ont été prises en débet seraient insolvables, ou encore si les inscriptions étaient sans fondement, il n'y a pas lieu au recouvrement des droits en débet; seulement le timbre des registres est remboursé au conservateur. — *Journ. enreg.*, art. 8005; décis. min. fin., 8 mai 1827.

84. — S'il y a lieu à inscription d'une même créance dans plusieurs bureaux, le droit est acquitté en totalité dans le premier bureau; il n'est payé, pour chacune des autres inscriptions, que le simple salaire du préposé, sur la représentation de la quittance constatant le paiement du droit, lors de la première inscription. En conséquence, le préposé dans le premier bureau est tenu de délivrer à celui qui paie le droit, indépendamment de la quittance au pied du bordereau d'inscription, autant de *duplicata* de ladite quittance qu'il lui en est demandé. — L. 21 vent. an VII, art. 22.

85. — Les préposés qui reçoivent les droits d'inscription doivent en expédier quittance au pied des actes et certificats par eux remis et délivrés; chaque somme y doit être mentionnée séparément et en toutes lettres. — L. 21 vent. an VII, art. 27.

86. — *Restitution des droits.* — Il y a lieu d'appliquer ici les principes en vigueur en matière d'enregistrement. — V. ENREGISTREMENT, nos 4328 et suiv.

87. — Les droits perçus doivent être restitués quand le paiement n'a été fait que par erreur, ou sous une condition suspensive qui ne s'est pas réalisée.

88. — Ainsi, quand le créancier et son mandataire renouvellent la même inscription, le droit perçu sur l'une des inscriptions en renouvellement doit être restitué. — Délib. 26 juill. 1833.

89. — Ainsi encore, lorsque l'exécution d'un contrat est subordonnée à l'approbation de l'autorité administrative et que le contrat est résolu pour défaut de cette approbation, les droits de l'inscription qui aurait été prise dans l'intervalle devraient être restitués. — Solut. 25 fév. 1828.

90. — Mais il n'y a pas lieu à restitution, quand l'inscription à l'égard de laquelle on demande la restitution des droits comme ayant été prise par erreur, n'en devra pas moins produire un effet.

91. — Ainsi le droit perçu sur chacune de deux inscriptions pour la même créance, prises à dix-huit mois ou trois ans d'intervalle, n'est pas restituable en ce qui concerne la seconde, quand même il serait reconnu que cette seconde inscription est le résultat d'une erreur et qu'elle demeurera sans effet; car cette seconde inscription n'en subsiste pas moins et ne prolonge pas moins les droits du créancier. — Délib. 7 juill. 1819; solut. 21 avr. 1829.

92. — Il n'y a pas lieu non plus à restitution, quand il y a droit acquis pour le trésor au moment où l'inscription a été prise, et que la cause de la restitution résulte d'un événement ultérieur.

93. — Ainsi, bien que l'inscription dont on a requis le renouvellement ait été rayée, en vertu d'un jugement, et que la nouvelle doive rester sans effet, le droit perçu n'est pas restituable; car il est acquis au trésor par l'inscription faite sur les registres. — Délib. 29 mars 1820.

94. — *Prescription des droits.* — Les dispositions de l'art. 61, L. 22 frim. an VII, sur la prescription des droits d'enregistrement, sont applicables aux perceptions des droits d'inscription établis par la loi du 21 vent. an VII. — L. 24 mars 1806.

95. — La prescription biennale ne s'applique pas aux droits dont le recouvrement a été suspendu, par exemple, 1o à ceux applicables à une inscription prise par l'agent judiciaire du trésor pour assurer le paiement d'un débet. — Décis. min. fin. 19 fév. 1827; instr. 1210, § 15; 2o ou à ceux de l'inscription d'une créance éventuelle et indéterminée, suspendus par une condition du contrat; c'est la prescription trentenaire qui doit être alors appliquée. — Solut. 25 mai 1844.

96. — Mais les droits sont prescrits par un laps de deux années à partir du jour où les préposés ont pu les réclamer.

97. — Ainsi la prescription est acquise, lorsque le recouvrement d'un droit résultant d'une inscription prise en débet n'a pas été poursuivie dans les deux ans à partir de l'accomplissement de la formalité, s'il s'agit d'une créance connue et liquidée, ou dans les deux ans du jour où le conservateur a eu connaissance de l'acte qui a fixé le montant de d'inscription, si l'inscription avait pour objet la conservation d'une créance éventuelle et indéterminée. — Délib. 28 oct. 1831.

HYPOTHÈQUE CONVENTIONNELLE.

Table alphabétique.

Absent, 21.
Acceptation, 105.
Accessoire, 2.
Acquéreur, 179, 247.
Acquisition, 199.
Acte administratif, 81 s. — déposé chez un notaire, 93 s. — notarié, 58, 64, 66 s. — sous seing-privé, 57, 79 s., 93 s.
Action en nullité, 195.
Adjudicataire, 198.
Aliénation, 8, 39, 218.
Arrondissement, 162
Bail, 84, 230.
Biens à venir, 128, 134 s., 181 s. — présens, 122, 130, 147. — présens et à venir, 63, 191, 212.
Billet à ordre, 255.
Bordereau d'inscription, 208,
Bureau des hypothèques, 162 suiv.
Cadastre, 159 s.
Capacité, 2 s.
Carrière, 214.
Cas fortuit, 218.
Caution, 226.
Chose d'autrui, 38, 42 s.
Colonies, 75, 118.
Commune, 20, 147 s.
Compte, 254.
Compte-courant, 253.
Conciliation (procès-verbal), 76.
Concurrence, 202.
Condition, 28 s., 133, 241 s., 249.
Conseil de famille, 41. — judiciaire, 18.
Conservation des hypothèques, 203.
Consul, 118.
Contenance, 143.
Contrat de mariage, 65. — passé en pays étranger, 112 s.
Créance, 77 s., 250. — (valeur), 242. — certaine, 239. — exigible, 116. — future, 251.
Créancier, 36, 194 s., 209, 225 s., 232. — hypothécaire, 46 s.
Crédit ouvert, 256 s.
Débiteur, 176, 180, 195, 232.
Débiteur solidaire, 157.
Déconfiture, 19.
Dégradations, 207 s.
Département, 162.
Dépréciation, 213.
Désignation des immeubles, 137. — suffisant, 173.
Domaine, 165 s.
Donation, 65. — (révocation), 31 — par contrat de mariage, 70.
Dot, 7, 226.
Droit litigieux, 42.
Echéance, 92 s.
Emphytéose, 48.
Enregistrement, 74.
Erreur, 154 s., 171 s.
Etablissement public, 20.
Etranger, 6, 112, 117, 121.
Evaluation, 242.
Eventualité, 241.
Eviction, 244.
Expropriation pour utilité publique, 216.
Faillite, 19.
Femme mariée, 7.
Ferme, 167,
Fraude, 225.
Futaie, 214.
Garantie, 229, 244, 246.
Guadeloupe, 130.
Héritier, 51 s., 180, 193. —
Héritier apparent, 49 s.
Hospice, 20.
Hypothèque, 57. — ancienne, 123 s. — conventionnelle, 204. — générale, 125, 135, 177, 210. — judiciaire, 116, 208, 234. — légale, 208. — spéciale, 128, 177. — subsidiaire, 249. — tacite, 59, 65.
Immeuble par destination, 170.
Inexécution des conditions, 35.
Inscription, 71, 123 s., 188, 197, 245, 259. — d'office, 179.
Insuffisance des biens présens, 182 s., 207 s., 215.
Interdit, 18.
Juge de paix, 76.
Légataire, 30 s.
Lésion, 36.
Lettre de change, 90 s., 252.
Licitation, 54, 56.
Mandat sous seing-privé, 102 s.
Mineur, 11 s., 26. — commerçant, 14. — émancipé, 13.
Minute, 73.
Mort civilement, 5.
Nantissement, 60.
Nature de l'immeuble, 141 s.
Notaire, 68 s., 110, 138.
Nu-propriété, 40.
Nullité, 176.
Obligation, 224, 250. — conditionnelle, 241.
Option, 232.
Partage, 54.
Perte, 207 s.
Prescription, 27.
Prêt, 252.
Preuve testimoniale, 57.
Prodigue, 18, 85.
Profit, 15.
Prohibition, 4.
Propriétaire, 39, 44 s. — apparent, 50.
Propriété, 133.
Purge, 219.
Rang, 259.
Ratification, 24 s., 48 s., 101.
Reconnaissance, 90. — d'écriture, 95. — en jugement, 63.
Réduction, 205, 248.
Remboursement, 207 s., 219, 231 s.
Rescision, 28 s.
Rétroactivité, 123, 130.
Résolution, 28 s., 35.
Séparation de biens, 17.
Séquestre de guerre, 33.
Signature, 72.
Situation de l'immeuble, 141 s., 158.
Solidarité, 40, 187.
Spécialité, 67, 122 s., 136.
Succession future, 189.
Supplément d'hypothèque, 207 s., 230.
Sûreté, 209.
Tenans et aboutissans, 144.
Tiers, 154 s., 171 s., 178.
Tiers-détenteur, 219, 235 s.
Tiers-porteur, 255.
Traité politique, 117.
Translation, 55
Tuteur, 11 s.
Usufruit, 40.
Valeur, 242 s.
Vente, 35, 218, 220, 246.
Vilité du prix, 36.

HYPOTHÈQUE CONVENTIONNELLE. — 1. — *L'hypothèque conventionnelle* est celle qui résulte de la convention constatée par un acte rédigé dans la forme déterminée par la loi. — Art. 2117 et 2127 C. civ.

§ 1er. — *Personnes capables de constituer l'hypothèque conventionnelle* (no 2).
§ 2. — *Actes produisant l'hypothèque conventionnelle* (no 57).
§ 3. — *Spécialité de l'hypothèque conventionnelle* (no 122).
§ 4. — *De l'hypothèque des biens à venir* (no 181).

§ 5.—*Du supplément d'hypothèque, ou du remboursement pour insuffisance des biens hypothéqués* (nº 207).

§ 6.—*De l'hypothèque des obligations conditionnelles ou indéterminées dans leur valeur* (nº 239).

§ 1er. — *Personnes capables de constituer l'hypothèque conventionnelle.*

2. — Ceux qui ne peuvent s'obliger valablement ne peuvent par cela même valablement hypothéquer leurs biens, car l'hypothèque, qui est une obligation accessoire, ne peut subsister sans une obligation principale valable.—Duranton, t. 19, nº 343.

3.—Mais une capacité particulière est exigée par l'art. 2124 pour la constitution de l'hypothèque; en effet l'hypothèque ne peut être conventionnellement établie que par ceux qui ont la capacité d'aliéner les immeubles qu'ils y soumettent. Tels étaient aussi les principes de l'ancienne jurisprudence. —Basnage, *Hypothèque*, chap. 3, nº 3; Troplong, *Hypothèque*, nº 460.

4. — La prohibition conventionnelle d'aliéner comprend celle d'hypothéquer.—*Paris*, 11 nov. 1812, Lhuillier c. Crignon-Bonvalet; —V. Denisart, *Collection de jurispr.*, vº *Aliénation*, et Merlin, *Rép.*, vº *Hypothèque*, sect. 1re, § 2.

5. —Chez les Romains le mort civilement pouvait hypothéquer, car l'hypothèque s'établissait sans formalités et était considérée comme exclusivement attachée au droit des gens. — Richer (liv. 1, art. 1er, ch. 1er, p. 205), enseignait dans l'ancien droit français cette doctrine que Merlin a adoptée (*Rép.*, vº *Mort civile*, t. 17, p. 158). — Chez nous l'hypothèque ne peut être établie que par une convention revêtue de formes solennelles et du droit civil. Il n'est donc pas possible qu'un individu mort civilement vienne emprunter les formes du droit civil pour en revêtir ses engagemens. —Troplong, *Hypothèque*, t. 2, nº 463 *ter*.

6. — La condition de capacité d'un d'étranger est toute différente; dès lors un étranger peut acquérir hypothèque en France en observant les formalités prescrites à cet effet par la loi française. —V. ÉTRANGER, nº 95; —V. aussi Troplong, *Hypothèque*, nº 392 *bis*.

7. —La femme mariée ne peut constituer d'hypothèque conventionnelle sur ses immeubles qu'avec l'autorisation de son mari; cette faculté lui est même interdite lorsqu'elle est mariée sous le régime dotal.

8. — La même prohibition subsiste même depuis sa séparation de biens judiciairement prononcée. — *Cass.*, 19 août 1819, Delamarre c. Turmolle. — V. DOT.

9. — Mais la femme dotale peut avec l'autorisation de son mari hypothéquer ses biens paraphernaux. — C. civ., art. 1576.

10. — C'est d'après les dispositions de la coutume de Normandie et non d'après le code civil que doit être appréciée la validité d'une hypothèque consentie par une femme mariée sous cette coutume. — *Cass.*, 19 déc. 1810 (int. de la loi). Martin.

11. — Les biens d'un mineur qui peuvent être frappés d'une hypothèque légale ou judiciaire (C. civ. 2126), ne peuvent être hypothéqués par le tuteur qu'autant que celui-ci a été autorisé à cet effet par le conseil de famille, qui ne doit accorder cette autorisation qu'en vue d'une nécessité absolue ou d'un avantage évident. — C. civ., art. 457.

12. — Rousseau de Lacombe (vº *Tuteur*, sect. 8e, dist. 4) et Basnage (*Traité des hypothèques*, chap. 3, 1re partie) s'étaient, sous l'ancien droit, prononcés pour la validité de l'hypothèque consentie par un tuteur qui avait employé les deniers empruntés pour l'utilité du mineur. Cette opinion ne saurait être suivie sous le code civil dont les art. 457, 458 et 2126, déterminent trop expressément les limites des pouvoirs du tuteur, pour qu'il soit possible d'accorder quelque effet à un acte qui est nul comme ne remplissant pas les conditions légales.

13. — Le mineur émancipé est soumis à l'observation des mêmes conditions d'autorisation. — C. civ., 483 et 484;—Grenier, t. 1er, nº 37; Merlin, *Quest.*, vº *Hypothèque*, p. 411; Pothier, *Cout. d'Orléans*, tit. 9, nº 23; Argou, *Inst. au dr. français*, liv. 1er, chap. 8.

14. — Mais les mineurs autorisés à faire le commerce peuvent, dans le but de leur négoce, hypothéquer seuls leurs immeubles. — C. comm., art. 6.

15.—Toutefois, selon M. Duranton (t. 19, nº 348), l'hypothèque consentie par un mineur sans les formalités prescrites par l'art. 457, C. civ., est valable, si l'obligation principale a tourné à son profit.

16. — Mais si l'obligation n'a tourné qu'en partie à son profit, l'hypothèque n'est valable que jusqu'à due concurrence.—Duranton, t. 19, nº 348.

17.—La même décision devrait s'appliquer à une femme séparée de biens qui aurait contracté sans l'autorisation de son mari ou de justice. — Duranton, *ibid.*

18. — Les interdits sont frappés de la même incapacité que les mineurs non émancipés.— C. civ., art. 509.— Les individus pourvus d'un conseil judiciaire ne peuvent hypothéquer leurs biens sans l'assistance de ce conseil. — C. comm., art. 499, 513.

19. — On ne peut arguer de nullité une hypothèque, sous prétexte qu'elle aurait été consentie par un individu tombé en déconfiture. —*Rennes*, 24 mars 1812, Fabré c. ses créanciers, — On sait qu'il en serait autrement à l'égard du failli. — V. FAILLITE.

20. —Les communes, les hospices et autres établissemens publics ne peuvent hypothéquer leurs biens qu'en vertu d'une ordonnance du roi. — V. COMMUNE, ÉTABLISSEMENS PUBLICS, HOSPICES.

21. — Les envoyés en possession provisoire des biens de l'absent ne peuvent hypothéquer les immeubles de l'absent.—C. civ., art. 127.—Toutefois, les biens des absens peuvent être hypothéqués pendant l'envoi en possession provisoire mais en vertu de jugemens et pour des causes urgentes, par exemple, pour contracter un emprunt destiné à payer les dettes de l'absent. Le tribunal autorisera it les envoyés en possession provisoire à contracter l'emprunt en consentant hypothèque sur les biens de l'absent.

22. — Les envoyés en possession provisoire, au lieu de donner une autre personne pour caution de la restitution éventuelle des biens de l'absent, pourraient offrir suffisante hypothèque sur leurs propres immeubles.—V ABSENCE, nº 227.—Ce serait une hypothèque conventionnelle qui devrait être constituée par un acte notarié conformément à l'art. 2127, C. civ.

23. — Les envoyés en possession définitive des biens de l'absent peuvent sans ces formalités consentir des hypothèques qui ont tout leur effet à l'égard de l'absent à son retour ou de ses héritiers, puisqu'ils ne reprennent les biens que dans l'état où ils se trouvent.—C. civ., art. 132 et 133. —V. ABSENCE, nº 350.

24. — Il est incontestable qu'une hypothèque constituée par un incapable pourrait être de sa part, s'il était devenu capable, l'objet d'une ratification ou confirmation qui ferait disparaître le vice dont la constitution primitive se trouverait entachée, sauf, toutefois, les droits acquis à des tiers. — C. civ., art. 1338; — Duranton, t. 19, nº 344.

25. — La ratification que fait le prodigue relevé de son interdiction, des actes passés pendant cette interdiction sans l'assistance de son curateur, remonte au jour du contrat ratifié,— *Paris*, 14 prair. an X, Boudet.

26. — Jugé que la ratification que donne le mineur, devenu majeur, d'une hypothèque par lui précédemment consentie en minorité, ne peut nuire aux créanciers hypothécaires dont les droits ont été régulièrement acquis antérieurement à cette ratification.—*Nancy*, 10r mai 1812, D... c. N...; *Paris*, 25 juill. 1838 (t. 2 1838, p. 44), Cadet c. Bonneau; — Grenier, *Hypoth.*, t. 1er, nos 42 à 47; Persil, *Comment.*, art. 2124, nº 12; Delvincourt, t. 3, p. 159, nº 6; Rolland de Villargues, vº *Hypothèque*, nos 297 et 298; Battur, t. 1er, nos 196 et suiv. — Mais V. contr. Pothier, *Cout. d'Orléans*, p. 24; Merlin, *Quest.*, vº *Hypothèque*, § 4 (qui avait, dans son édit. 2e, embrassé l'opinion contraire); Duranton, t. 19, nº 344; Troplong, *Hypoth.*, t. 2, nos 487 et 499.

27. — Mais si la nullité de la constitution hypothécaire était couverte non plus par une ratification expresse, mais par l'extinction légale de l'action en nullité, par l'expiration du terme accordé (C. civ., art. 1304) pour demander la nullité d'un acte passé, par exemple, en minorité, l'hypothèque serait censée avoir été valable dès le principe tant à l'égard du débiteur qu'à l'égard des tiers.— *Parlem. Paris*, 20 août 1689; Basnage, *Hyp.*, 1re partie, chap. 3; Duranton, t. 19, nº 345; Troplong, t. 9, p. nº 502.—V. *contrà*, mais à tort, Battur, t. 1er, p. 128; Grenier, t. 1er, p. 91, nº 47.

28. — Ceux qui n'ont sur l'immeuble qu'un droit suspendu par une condition ou résoluble dans certains cas, ou sujet à rescision, ne peuvent consentir qu'une hypothèque soumise aux mêmes conditions ou à la même rescision. — C. civ., art. 2125.

29.—Ainsi l'inscription prise sur un fond possédé conditionnellement se résout par la perte de la propriété de ce fond. — *Grenoble*, 21 juill. 1814, Mollard c. Bouvard.

30.—Ainsi encore le légataire d'un immeuble sous une condition suspensive, bien qu'il ne soit pas encore propriétaire et qu'il n'ait que l'espérance de le devenir, peut constituer une hypothèque sur l'immeuble légué qui pourra aussi être d'un autre côté hypothéqué par l'héritier qui saisi actuellement de la propriété de cet immeuble, est exposé à voir son droit résolu par l'évènement de la condition qui saisira le légataire. — Duranton, t. 19, nº 350.

31. — De même, les hypothèques constituées par un donataire dont la donation a été révoquée pour survenance d'enfans au donateur (C. civ., art. 963) ou pour inexécution des conditions mises à la donation (C. civ., art. 954) tombent avec le droit du constituant qui est soumis à une résolution.

32. — Mais les hypothèques consenties par un donataire dont la donation a été révoquée pour cause d'ingratitude, conservent leur effet, pourvu qu'elles soient antérieures à l'inscription de la demande en révocation en marge de l'acte de transcription de la donation. — C. civ., art. 958.

33. — Le séquestre de guerre, établi par le conquérant sur des propriétés particulières ne rend pas le propriétaire séquestré incapable d'hypothéquer un immeuble pendant la durée du séquestre apposé par le conquérant. L'hypothèque constituée pendant le séquestre est valable lorsque, par le traité de paix, les biens ont été remis par le conquérant à titre de restitution et de gratification, mais avec la charge d'acquitter les dettes dont ils sont affectés aux propriétaires sur lesquels ils ont été séquestrés. —*Cass.*, 11 déc. 1816, Seguin c. Looz Corswarem.

34. — Il est manifeste que la résolution pour entraîner l'extinction du droit hypothécaire, ne doit pas être exclusivement volontaire de la part de celui auquel elle enlève son droit de propriété. — Troplong, *Hyp.*, nº 466.— Mais c'est aux tribunaux qu'il appartiendra d'apprécier les circonstances qui motivent la résolution.

35. — On a donc pu juger que la résolution d'une vente pour inexécution des conditions a pour effet de rendre nulles la revente de l'immeuble vendu et l'hypothèque qui avait été consentie sur ledit immeuble. — *Rennes*, 9 mars 1846 (t. 1er 1846, p. 586), Maes c. Frangeul et Loirat.

36. — La nullité qui résulte de ce qu'une vente a été faite par le vendeur à vil prix et en fraude des droits de ses créanciers, empêche que les hypothèques consenties par l'acquéreur ne puissent leur être opposées, sous le prétexte que les créanciers de ce dernier seraient de bonne foi et auraient traité avec un propriétaire qui avait purgé la propriété. — *Cass.*, 24 déc. 1834, Trésor c. Laffitte et Richard Lenoir.

37. — On a proposé de préciser le sens de l'art. 2125 par la rédaction suivante: « Ceux qui sont propriétaires de l'immeuble même sous condition résolutoire peuvent seuls l'hypothéquer. — *Cour royale d'Angers* (*doc. réf. hyp.*, t. 3, p. 292).

38. — Puisque, comme nous l'avons dit (*suprà* nº 2) la loi exige pour la constitution de l'hypothèque la capacité d'aliéner l'immeuble engagé, on ne pourrait pas aujourd'hui, comme le permettait à Rome la loi 7, § 1er, ff., *qui potiores in pign.*, hypothéquer la chose d'autrui. — Duranton, t. 19, nº 367; Troplong, *Hyp.*, nº 464.

39. — Sous l'édit de juin 1771, quiconque avait cessé d'être propriétaire d'un immeuble par un acte authentique d'aliénation, ne pouvait ultérieurement hypothéquer cet immeuble. — *Cass.*, 14 juill. 1807, Pradal c. Cadas et Texier; — Basnage, *Hyp.*, chap. 3, nº 3.

40. — L'hypothèque consentie collectivement et sans distinction par deux co-obligés solidaires, que le contrat présente l'un comme nu-propriétaire, et l'autre comme usufruitier, emporte affectation hypothécaire de la toute propriété de cet immeuble par celui des deux qui est jugé plus tard en avoir été seul propriétaire réel. — *Cass.*, 12 avr. 1836, Courtois c. Lemaître.—Du moins, l'arrêt qui, dans ces circonstances, décide que l'obligation consentie par le nu-propriétaire et l'usufruitier a conféré au créancier une garantie illimitée tant sur la nue-propriété que sur l'usufruit échappe à la censure de la cour de Cassation. — *Cass.*, 13 juill. 1842 (t. 2 1842, p. 311), Lemaître c. Courtois.

41. — L'inscription prise sur un débiteur avant qu'il fût propriétaire de l'immeuble dont il a été exproprié, ne peut être opposée aux tiers postérieurement inscrits sur le même immeuble. Le créancier intéressé à critiquer cette inscription ne peut pas être écarté par le motif que dans l'affiche pour parvenir à l'expropriation qu'il poursuivait, il a établi un ordre entre les créanciers inscrits et s'est lui-même placé dans un rang inférieur à l'inscription attaquée. — *Cass.*, 12 juin 1807, Putot c. Milanchet; — Grenier, *Hyp.*, t. 1er, nº 51, p. 96; Troplong, *Hyp.*, t 2, nos 517 et suiv.

42. — Celui qui depuis plusieurs années possède un terrain litigieux entre lui et une commune et à qui le maire de cette commune autorisé par le conseil municipal cède la propriété de ce terrain pour en jouir comme de chose à lui appartenant, après autorisation de l'autorité compétente, peut valablement hypothéquer ce terrain avant que l'ordonnance royale qui autorise cette cession et l'acte public qui la constate soient intervenus. Le créancier auquel une hypothèque a été consentie sur le même terrain après que la première hypothèque est devenue valide est non recevable à attaquer cette première hypothèque comme consentie sur chose d'autrui. — *Metz*, 20 avr. 1866, Bry d'Arcy c. Lembourg.

43. — L'emphytéote pouvait autrefois hypothéquer sans en instruire le bailleur. — V. EMPHYTÉOTE, nº 46.

44. — Jugé que, lorsque celui qui a hypothéqué un immeuble appartenant à autrui devient plus tard propriétaire de cet immeuble, le créancier est fondé à demander que l'immeuble soit déclaré soumis à son hypothèque. — *Bordeaux*, 21 déc. 1832, Biot c. Cluzeau ; — Merlin, *Quest.*, vº *Hypothèques*, § 4 bis ; — Troplong, *Hyp.*, nº 524 bis. — Dans l'ancienne jurisprudence, les auteurs étaient presque unanimes dans ce sens. — V. notamment Cujas, loi 41, ff., *De pignor. act.*; Voët, *Ad pand., qui potiores in pign.*, nº 31 ; Corvinus, *Enarr. ad. C.* p. 631, col. 1re. — V. cependant Favre, *Rational. ad. pand.*, L. 41, ff., *De pignor. act.*; et Accurse, sur cette même loi.

45. — Mais décidé, au contraire, qu'une hypothèque conventionnelle est nulle si elle frappe sur un immeuble dont le débiteur n'est pas propriétaire au moment de l'affectation, lors même qu'il le serait devenu postérieurement. — *Bruxelles*, 11 juin 1817, Vanhonke c. Debruykère et Leirens ; *Bordeaux*, 24 janv. 1833, Charrier c. Hazard et Veau ; *Nancy*, 30 mai 1843 (t. 2 1843, p. 691), de Romécourt c. de Vernon ; — Grenier, t. 1er, nº 51.

46. — Du reste, la nullité de l'hypothèque consentie par un débiteur qui n'est devenu propriétaire de l'immeuble que depuis la constitution, ne peut être demandée par un créancier hypothécaire postérieur à l'acquisition. — *Metz*, 20 avr. 1836, Bry-d'Arcy c. Lembourg.

47. — Mais jugé aussi que cette nullité peut être invoquée par les créanciers hypothécaires entre eux, mais non par le débiteur lui-même. — *Nancy*, 30 mai 1843 (t. 2 1843, p. 691), de Romécourt c. de Vernon.

48. — Si une hypothèque ainsi constituée par un tiers sans droit sur l'immeuble, vient à être ratifiée par le propriétaire, c'est seulement du jour de la ratification que le propriétaire réel est censé avoir créé l'hypothèque, puisque auparavant elle lui était étrangère et qu'elle émanait d'une personne sans pouvoir. — Troplong, *Hypothèque*, nº 496.

49. — Il est de principe que nul ne peut transmettre à autrui plus de droit qu'il n'en a lui-même. C'est par application de ce principe qu'il a été décidé que les hypothèques consenties par l'héritier apparent peuvent être attaquées par l'héritier véritable qui se présente plus tard. — *Paris*, 8 juill. 1833, Meunier c. Hersant ; *Cass.*, 26 août 1833, Legros c. Tissier. — Grenier, *Hypothèque*, t. 1er, p. 101 et suiv. ; Troplong, *Hypothèque*, nº 468.

50. — Mais l'hypothèque consentie par une femme sur un immeuble dont elle n'a que la propriété apparente et qui appartient réellement à son mari est valable, alors que cette hypothèque est conférée en présence et du consentement du mari co-obligé solidairement au remboursement de la créance qui en forme la base. — *Cass.*, 9 mars 1847 (t. 2 1847, p. 449), Giulianini c. Bézard.

51. — Sous l'ancien droit, tout titre authentique et exécutoire emportant hypothèque, le titre authentique exécutoire contre le défunt, l'était aussi contre l'héritier et était même hypothécaire contre lui. — *Caen*, 4 fév. 1822 (motifs), Voiecléry c. Lespinasse.

52. — Mais, sous le code civil, les biens personnels de l'héritier ne sont pas frappés de plein droit et par le seul fait de l'adition d'hérédité, des hypothèques qui grevaient le défunt, et les créanciers ne peuvent, en vertu de leurs anciens titres, prendre inscription *de plano* sur les biens personnels de cet héritier du jour de son acceptation. — Même arrêt.

53. — Les créanciers qui, lorsqu'ils ont contracté avec le défunt avaient l'expectative d'une hypothèque tacite sur les biens de son héritier, sous la seule condition de faire déclarer leur titre exécutoire contre lui, n'ont pas pu, si la succession s'est ouverte sous le code civil, prendre inscription *de plano* sur les biens de cet héritier en vertu de l'art. 877, C. civ., qui veut que le titre exécutoire contre le défunt, le soit également contre l'héritier. — Même arrêt.

54. — Chaque cohéritier étant présumé avoir succédé seul aux immeubles compris dans son lot (C. civ., art. 883), on doit considérer comme non avenue l'hypothèque qui du chef de l'un des autres co-partageans frappait les immeubles non tombés dans son lot ou adjugés à un de ses co-héritiers. — *Paris*, 5 août 1847 (t. 2 1847, p. 463), Penin c. Rivet.

55. — L'hypothèque spéciale consentie par un des héritiers sur un immeuble indivis de la succession qui lui est échue, n'est pas transférée de plein droit et sans inscription, sur les autres biens qui, par l'effet du partage, tombent dans le lot de cet héritier. — *Bruxelles*, 13 déc. 1808, Simon c. Vanhamme.

56. — L'hypothèque que le débiteur, en la consentant sur l'immeuble indivis entre lui et un tiers, a déclaré resteindre à la seule portion qu'il possède, ne peut, lorsque par l'effet de la licitation il est devenu seul propriétaire, être étendue de plein droit sur l'immeuble entier, quoiqu'en règle générale, et en l'absence de toute énonciation dans les actes, l'hypothèque dût frapper la totalité de l'immeuble. — *Cass.*, 6 déc. 1826, Brunnement c. Gobault. — Grenier, t. 1er, p. 383 ; Troplong, nº 469 bis.

§ 2. — *Actes produisant l'hypothèque conventionnelle.*

57. — A Rome, comme nous l'avons dit au mot HYPOTHÈQUE, nº 5, l'hypothèque pouvait être conférée sans écrit et à plus forte raison par un simple acte privé. L. 4, ff., *De pign. et hyp.* — Il en était de même en France avant l'ordonnance de François Ier de 1539, dite de Villers-Cotterets; on pouvait même avant cette époque prouver par témoins la priorité d'hypothèque, et cette preuve faite, cette hypothèque prévalait sur celle résultant d'un acte public postérieur en date, au temps dont les témoins déposaient.

58. — Par cette ordonnance de Villers-Cotterets, fut aussi abrogée la preuve de l'hypothèque acquise. Aux termes d'une constitution de l'empereur Léon de 456, par écriture privée signée de trois témoins; on ne reconnut plus d'hypothèque conventionnelle que celle qui résultait d'un acte authentique ou reconnu en justice et les particuliers furent alors obligés d'avoir recours aux notaires pour assurer entièrement les dates des actes et l'hypothèque qui pouvait en résulter. — V. Cout. Paris, art. 107.

59. — L'hypothèque tacite ou sous-entendue qui, sous l'ancien droit français, était ainsi attachée à tous les contrats notariés, ne s'est introduite que par l'usage, parce que la convention d'hypothèque étant ordinaire et se trouvant dans presque tous les contrats, on a cru qu'il fallait la sous-entendre lorsqu'elle n'était pas exprimée, en vertu de cet axiome : *qui s'oblige oblige le sien.* Aussi Loyseau (*Du déguerpissement*, liv. 3, ch. 1er, nº 15) dit-il : « Pour ce qu'en tous les contrats par un style ordinaire des notaires, on s'est accoutumé d'insérer la clause d'obligation de tous ses biens, l'on a enfin tenu pour règle que tous contrats portaient hypothèque sur tous les biens comme cette chose étant sous-entendue, si elle avait été omise. »

60. — Ainsi en France l'hypothèque était occulte de droit commun, il était de principe cependant dans certaines coutumes de Champagne et de Picardie qu'une créance ne pouvait acquérir d'hypothèque que par le *nantissement*, qui s'effectuait en faisant inscrire la créance sur un registre public afin d'avoir hypothèque sur les biens du débiteur du jour de l'inscription. — V. HYPOTHÈQUE, nº 14, NANTISSEMENT (PAYS DE), et OEUVRES DE LA LOI.

61. — Sous cette législation, les obligations imposées à l'héritier contractuel dans l'acte même qui contenait l'institution, conféraient hypothèque sur les biens de l'hérédité, à compter seulement du décès de l'instituant, et non pas à dater du jour du contrat. — *Paris*, 22 frim. an XIII, de Moidescule et de Montrouge c. de Beaumont.

62. — Nous avons indiqué au mot HYPOTHÈQUE, nos 25 s., les acte législatifs qui dans les premiers jours de la révolution sont venus approprier aux nouvelles institutions judiciaires l'ancien régime hypothécaire.

63. — D'après la loi du 9 messid. an III, art. 17 et 19, nulle obligation ou titre de créance ne pouvait conférer hypothèque s'il n'était fait par *acte public* de la juridiction volontaire ou contentieuse, ou si étant par écrit privé il n'avait été reconnu par acte ou jugement public. Ces actes donnaient hypothèque de plein droit et sans qu'il fût besoin de l'exprimer, sur les biens *présens et à venir* des obligés et condamnés, et ceux de leurs héritiers, mais l'hypothèque n'était définitivement acquise que par la formalité de l'inscription.

64. — Suivant la loi du 11 brum. an VII, art. 3 et 4, l'hypothèque existait, mais à la charge de l'inscription pour une créance consentie par acte *notarié*, comme pour une créance résultant d'un acte privé dont la signature avait été reconnue ou déclarée telle par un jugement, mais toute stipulation volontaire d'hypothèque devait indiquer la nature et la situation des immeubles hypothéqués et ne pouvait comprendre que des biens appartenant au débiteur lors de la stipulation.

65. — Sous cette loi, lorsqu'un tiers était intervenu dans un contrat de mariage, et avait fait une donation à l'un des époux, mais sans affecter hypothécairement aucun de ses immeubles au paiement de cette donation, le donataire ne pouvait, en vertu de son contrat de mariage, prendre inscription sur les biens du donateur. — *Paris*, 1er mai 1811, Connette c. Guiliory.

66. — Aujourd'hui il ne suffit pas davantage de la seule convention des parties pour constituer une hypothèque, il faut de plus la sanction de la loi, l'emploi de la forme qu'elle prescrit, qui, suivant quelques uns, constitue l'intervention de l'autorité publique, laquelle est représentée par le ministère des notaires dans les actes qu'ils reçoivent.

67. — En effet, le code civil n'a pas voulu que l'hypothèque conventionnelle fût sous-entendue de plein droit dans tous les actes authentiques. Ce système eût été contraire à la *spécialité* qui fait la base du régime hypothécaire actuel. — Troplong, *Hypothèque*, t. 2, nº 505.

68. — L'hypothèque conventionnelle ne peut donc être consentie que par acte passé en forme authentique devant deux notaires ou devant un notaire et trois témoins. — C. civ., art. 2127.

69. — L'art. 2 de la loi du 21 juin 1843 étant limitatif, on ne peut l'appliquer aux actes notariés constitutifs d'hypothèque, qui, aux termes de l'art. 3 de la loi précitée, continuent, quant à la présence du notaire en second ou des témoins, à être régis par l'art. 9, L. 25 vent. an XI. — V. ACTE NOTARIÉ, nos 66 et 81.

70. — Les donations faites par contrat de mariage n'emportent, au profit des époux donataires, hypothèque sur les biens du donateur qu'autant qu'elle a été expressément stipulée. — *Bordeaux*, 17 mars 1836, Baillot c. Gimat.

71. — Les conditions prescrites pour la validité de l'acte constitutif de l'hypothèque conventionnelle doivent être observées indépendamment de celles exigées pour l'inscription hypothécaire dont la validité ne saurait couvrir l'irrégularité de l'acte de constitution.

72. — Puisque l'acte doit être passé en forme authentique, il ne suffirait pas qu'il fût signé des deux parties, s'il était vicié d'ailleurs, quant à sa forme d'acte notarié, ou à raison de l'incompétence ou de l'incapacité du notaire. — Duranton, t. 19, nº 356.

73. — L'acte notarié constituant hypothèque doit, à peine de nullité, être passé en minute, puisque l'art. 20, L. 25 vent. an XI, ne range pas les actes de cette nature parmi ceux qui peuvent être passés en brevet. — Duranton, t. 19, nº 357.

74. — Bien qu'un acte notarié n'ait point été enregistré, l'hypothèque qui y est consentie est valable et prend rang du jour même de l'acte. — *Toulouse*, 10 déc. 1835, Bézy c. Cabasse. — V. ACTE NOTARIÉ, nos 557 et suiv., et ENREGISTREMENT, nº 631.

75. — Jugé cependant qu'un acte notarié passé aux colonies, où la formalité de l'enregistrement n'est pas usitée, n'a pu autoriser à prendre en France une inscription hypothécaire avant d'avoir été enregistré sur le continent. — *Cass.*, 7 déc. 1807, Lanon c. Gauthier ; — Merlin, *Rép.*, vº *Enregistrement*, § 4 ; Grenier, *Hyp.*, t. 1er, nº 17. — V. *Contrà*, et avec raison, Favard, vº *Acte notarié*, § 1er, nº 3 ; *Dict. de l'enregistr.*, vº *Acte*, p. 33 ; Troplong, *Hyp.*, nº 507.

76. — L'hypothèque conventionnelle ne pouvant être consentie que par acte passé en forme authentique devant notaire, elle ne pourrait être consentie dans un procès-verbal de conciliation dressé par le juge de paix, puisque les conventions des parties insérées dans ce procès-verbal ont seulement force d'obligation privée. — C. procéd., art 54 ; — Troplong, *Hyp.*, nos 305 et suiv.

77. — L'acte en forme authentique n'est exigé que pour la constitution de l'hypothèque; quant au titre de la créance originaire, il pourrait être sous seing-privé.

78. — De même, les actes qui liquident une créance indéterminée déjà inscrite, n'ont pas besoin d'être authentiques. — Troplong, *Hyp.*, nº 508.

79. — L'obligation souscrite par un acte sous seing-privé de fournir une hypothèque est vala-

ble. — *Paris*, 6 août 1813, Chezjean c. Bayon de la Ferrière.

80. — Doit être considérée non comme promesse, mais bien comme constitution actuelle d'hypothèque, nulle par conséquent à défaut d'acte notarié, une obligation de somme sous seing-privé par laquelle le débiteur constitue sur tous ses biens, et spécialement sur une ferme désignée, « la somme de... de rente-hypothèque perpétuelle franche de retenue. » — En tout cas, une pareille stipulation a pu être interprétée en ce sens qu'elle ne contient pas la promesse, de la part du débiteur, de fournir hypothèque à ses frais, sans que cette décision donne lieu à cassation. — *Cass.*, 27 juin 1844 (t. 2 1844, p. 598), Videbout c. Joly.

81. — Les actes administratifs, porte l'art. 14, tit. 2, L. 23 oct. 1790, emporteront hypothèque et exécution forcée. Cette disposition, selon M. Troplong (*Hyp.*, nº 505 *bis*), a été abrogée par la loi du 11 brum. an VII, qui a voulu que l'hypothèque résultât d'un acte notarié. — C'est aussi l'avis de Battur (*Tr. des privil. et hyp.*, t. 2, nº 378); Gagneraux (*Comment. sur la loi du notar.*, art. 1er).

82. — Mais le tribunal d'appel de *Paris* (6 messid. an X, Domaine c. Gentil), en rappelant ce principe que les actes émanés de l'autorité administrative emportent hypothèque et exécution parée, a jugé que, sous la loi du 11 brum. an VII, l'administration des domaines a pu requérir inscription sur les biens de la caution de l'adjudicataire du bail d'un bien national.

83. — C'est aussi la décision d'un avis du conseil d'état du 12 août 1807, qui n'a pas été inséré au *Bulletin des lois*, et qui est ainsi conçu : « Les baux précédemment passés aux enchères, soit devant les autorités administratives, soit devant les commissions des hospices, étant faits en vertu des lois existantes, à l'observation desquelles ces établissemens sont sujets, et dans les formes prescrites, emportent voie parée, sont exécutoires sur les propriétés mobilières *et donnent hypothèques sur les immeubles ;* en conséquence, tous les actes conservatoires ou exécutoires et toutes les inscriptions faites en vertu des expéditions desdits baux doivent avoir leur effet *comme si ces actes eussent été faits par devant notaire.* » — V. conf. Grenier, *Des hyp.*, t. 1er, nº 11 ; Rolland de Villargues, vº *Hypothèque*, nºs 230 et suiv.

84. — Les baux passés publiquement aux enchères, par les commissions des hospices, sans assistance d'officiers publics, n'emportent pas hypothèque de plein droit et sans stipulation expresse. — *Cass.*, 3 juill. 1817, Robert c. d'Echirolles.

85. — Il faut donc qu'ils contiennent stipulation expresse de l'hypothèque et désignation des biens grevés. — *Bruxelles*, 27 août 1807, Domaine c. Wanloo.

86. — De plus, l'effet de cette hypothèque ne commence qu'à dater du jour seulement où elle a été complétée par l'inscription sur les registres du conservateur des hypothèques. — Favard de Langlade, *Rép. de la nouv. législation*, vº *Louage*, § 4 ; Duranton, t. 19, nº 360.

87. — Conformément à ces décisions, le décret du 12 août 1807, qui statue pour l'avenir, ordonne que les baux des établissemens publics soient faits aux enchères par devant un notaire désigné par le préfet, et que le droit d'hypothèque sur tous les biens du preneur y soit stipulé *par la désignation*, conformément au Code civil.

88. — Ainsi encore, une convention passée devant l'autorité administrative entre l'état et un entrepreneur emporte hypothèque sur les biens de ce dernier. — *Cass.*, 12 janv. 1835, préf. des Basses-Pyrénées c. de Gayrosse.

89. — Mais l'hypothèque conventionnelle ne pourrait pas être consentie entre particuliers dans un acte rédigé devant un préfet et relatif, par exemple, à la conscription militaire. — Et ce serait aux tribunaux qu'il appartiendrait de prononcer la nullité d'un pareil acte. — *Cons. d'état*, 29 mai 1811.

90. — La loi du 11 brum. an VII a abrogé la déclaration du 2 janv. 1717, qui refusait aux actes portant reconnaissance, par devant notaire, au greffe ou autrement, de billets ou lettres de change non échus, l'effet d'emporter hypothèque. — *Cass.*, 6 avr. 1809, Housset de Catteville c. Loisel.

91. — Donc, sous cette loi de l'an VII, que l'hypothèque conventionnelle consentie pour lettres de change *à accepter* était valable. — Même arrêt.

92. — Mais depuis la loi du 3 sept. 1807, est nulle l'inscription prise avant l'échéance d'effets de commerce en vertu d'un acte notarié de reconnaissance de la signature de ces effets portant stipulation d'hypothèque. — *Rennes* (et non *Grenoble*), 28 oct. 1816, Rozy c. Theloban.

93. — Le droit commun de la France, avant le Code, était que l'hypothèque ne pouvait découler que des actes publics, et les actes sous seing-privé, quoique revêtus de la signature de plusieurs témoins, ne pouvaient jamais rivaliser avec eux, à moins qu'ils n'eussent été reconnus en justice par devant notaire. — Basnage, *Hyp.*, ch. 12 ; Pothier, *Cout. d'Orléans*, tit. 20, nº 13.

94. — Sous la coutume de Bretagne, l'obligation sous seing-privé ne produisait hypothèque que par suite d'une reconnaissance faite devant notaire ou en justice. — *Rennes*, 6 janv. 1818, Dupont-Degault c. Voras et Veyron.

95. — D'après la jurisprudence adoptée par les cours souveraines du ci-devant Piémont, les droits d'hypothèque résultant d'actes sous seing-privé n'avaient d'effet que dans le cas où les témoins instrumentaires desdits actes avaient reconnu leurs signatures, ou que la vérité de leur contenu avait été autrement prouvée. — *Turin*, 16 déc. 1807, Coda c. Quaranta.

96. — Sous l'ancien droit et avant la loi du 11 brum. an VII, le dépôt fait dans l'étude d'un notaire, par le débiteur seul, sans le concours du créancier, d'un acte sous seing-privé, qui ne contient aucune stipulation d'hypothèque, mais qui renfermait la promesse de le convertir en un acte authentique, à la première réquisition de l'une des parties, a suffi pour donner au créancier une hypothèque générale sur les biens de son débiteur, pourvu toutefois que toutes les clauses de l'acte sous seing-privé aient été rappelées dans l'acte authentique de dépôt. — *Cass.*, 25 fév. 1824, Sollichon d'Amour c. Trambouze.

97. — Sous le Code civil, les actes sous seings-privés ne peuvent servir de base à une inscription qu'autant qu'ils ont été reconnus par un jugement, et alors l'hypothèque est judiciaire, ou pardevant notaires, et l'acte sous seing-privé devient authentique quand le dépôt et la reconnaissance ont lieu de la part de ceux contre lesquels l'acte fait preuve. Si le dépôt n'était fait que par l'une des parties, à moins que ce ne fût le débiteur, la reconnaissance ne serait pas complète. — Discuss. au cons. d'état, séance du 5 vent. an XII.

98. — L'hypothèque conventionnelle peut résulter d'un acte notarié portant reconnaissance d'une créance antérieure, même sous seing-privée. — *Cass.*, 6 avr. 1809, Housset de Catteville c. Loisel ; 11 juill. 1815, Degas Cagis de Saint-Denis ; — Merlin, *Rép.*, vº *Hypothèque*, t. 16, p. 104 ; Grenier, *Traité des hypoth.*, t. 1er, nºs 67 et 68 ; Troplong, *Comment. sur les hypoth.*, t. 2, nº 506 ; Victor Pannier, *Traité des hypoth.*, p. 70 ; Persil, *Régime hypothécaire*, sur l'art. 2127, t. 1er, p. 433, nº 5. — Mais V. *contrà* Delvincourt, t. 3, p. 159 ; Paillet, sur l'art. 2127 ; Delaporte, *Pandectes françaises*, sur le même article.

99. — L'acte authentique en vertu duquel un acte privé, portant constitution d'hypothèque, est mis au nombre des minutes d'un notaire, est également constitutif d'hypothèque. — *Cass.*, 15 fév. 1832, Verdier c. de Pins et de Thézan.

100. — De même, un acte sous seing-privé devient authentique par le dépôt qui en est fait devant notaire par l'une des parties seulement, si elle a reçu à cet effet un pouvoir exprès des autres parties par l'acte même, et particulièrement un acte sous seing-privé contenant constitution viagère avec affectation hypothécaire. Cet acte devient authentique par le dépôt qui en est fait devant notaire par le créancier seul, si ce dernier avait reçu par l'acte même le pouvoir de faire ce dépôt. — *Caen*, 22 juin 1824, Lainé c. Viel Lamare.

101. — La ratification pure et simple des héritiers, consentie par acte notarié, d'une vente sous signature privée faite à leur auteur, et contenant affectation hypothécaire de ses biens, emporte virtuellement avec elle constitution d'hypothèque sur tous les biens indiqués dans l'acte privé, et soumet chacun des héritiers détenteurs d'une partie de ces biens au paiement de la dette pour sa part virile et hypothécairement pour le tout. — *Cass.*, 15 fév. 1832, Verdier c. de Pins et de Thézan.

102. — Il faut, pour consentir une hypothèque, un mandat spécial (C. civ., art. 1988) ; mais ce mandat peut-il être sous seing-privé ? — *Cass.*, 27 mai 1819, Lemarois c. Lebel ; 5 juill. 1827, Etchegoyen c. Leray ; *Caen*, 22 juin 1824, Lainé c. Viel-Lamare ; — Persil, *Régime hypoth.*, sur l'art. 2126, nº 6 ; Battur, t. 1er, nº 167 ; Delvincourt, t. 3, p. 163 ; Troplong, *Hypoth.*, t. 2, nº 510 ; Bousquet, *Dict. des contrats et obligations*, t. 2, p. 396. — V. toutefois Merlin, *Rép.*, vº *Hypothèques*, t. 16, p. 392 ; Grenier, t. 1er, nº 68.

103. — Est valable l'inscription prise en vertu d'une obligation que le fondé du pouvoir sous seing-privé du débiteur a souscrite devant notaire, surtout lorsque le débiteur a ratifié devant notaire, soit le pouvoir sous seing-privé en vertu duquel l'obligation a été souscrite, soit l'obligation elle même. — *Cass.*, 3 juin 1811, Petizeau c. Boucly et de Renneville.

104. — La cour royale d'Angers, la faculté de droit de Caen, la faculté de droit de Grenoble (*Documens sur la réforme hypoth.*, t. 3, nºs 489, 490 et 491) ont émis le vœu qu'une disposition formelle exigeât que le mandat de conférer hypothèque fût constitué par un acte authentique qui, s'il était en brevet, demeurerait annexé à l'acte établissant l'hypothèque.

105. — Il a été décidé que l'affectation d'hypothèque consentie à la suite d'une obligation, mais par acte séparé, doit être acceptée par le créancier. — *Toulouse*, 31 juill. 1830, Chrestien c. de Nicol.

106. — La reconnaissance pure et simple d'une dette avec affectation hypothécaire peut constituer un engagement unilatéral et être régulièrement faite par le débiteur seul, et le créancier en faveur de qui une pareille reconnaissance a été passée et qui veut en profiter n'est pas obligé de l'accepter par acte notarié. — *Cass.*, 5 août 1839 (t. 2 1839, p. 124), Gaucherde Valdone c. Jourdheuille ; *Paris*, 22 avr 1835, Rolland c. Laburthe et Christlick ; *Lyon*, 9 mai 1837 (t. 2 1837, p. 396), Renoulet c Chazet.

107. — L'acceptation de l'hypothèque constituée par le débiteur en l'absence du créancier qui ne l'a pas préalablement acceptée résulte suffisamment de l'inscription prise, même par le débiteur, au nom du créancier. — *Paris*, 22 avr. 1835, Rolland c. Laburthe et Christlick.

108. — Un acte constitutif ou déclaratif d'hypothèque sur des immeubles désignés produit son effet, bien qu'il ait été consenti par le débiteur seul, sans l'intervention du créancier, lorsque celui-ci l'a spontanément exécuté en prenant inscription. — *Cass.*, 4 frim. an XIV, Lemaigre Saint-Maurice.

109. — L'acceptation que fait le créancier d'une inscription hypothécaire consentie à son profit par acte unilatéral remonte, quant à son effet, au jour de l'inscription, alors même qu'entre la date de cette inscription et celle de l'acceptation il y aurait eu des droits acquis à des tiers. — *Cass.*, 5 août 1839 (t. 2 1839, p. 124), Gaucherde Valdone c. Jourdheuille.

110. — Est nul comme acte notarié, et dès-lors ne peut conférer hypothèque, l'acte de prêt dans lequel le notaire rédacteur est indiqué comme ayant, au nom du prêteur absent, consenti au prêt et à ses conditions, compté les fonds à l'emprunteur et stipulé l'hypothèque. — En pareil cas, le notaire doit être considéré comme ayant agi à la fois comme officier public et comme *negotiorum gestor*, ou mandataire du prêteur. — *Cass.*, 3 août 1847 (t. 2 1847, p. 628), Damalix c. Vincent ; *Toulouse*, 31 juill. 1830, Chrestien c. de Nicol.

111. — La faculté de droit de Caen, dans ses observations sur la réforme hypothécaire, soutient en ces termes la jurisprudence consacrée par l'arrêt du 5 août 1839 précité : L'hypothèque constituée par le débiteur en l'absence du créancier produit effet à compter du jour de la pollicitation du débiteur et non pas seulement à dater de l'acceptation de l'hypothèque exprimée par le créancier. En effet, toute convention, sauf la donation, produit effet du jour de sa date en faveur de la partie qui doit en profiter sans contracter ellemême d'obligation, quelle que soit l'époque à laquelle cette partie manifeste son acceptation. — Faculté de droit de Caen, *Documens sur la réforme hypoth.*, t. 3, nº 490.

112. — Les contrats passés en pays étranger ne peuvent donner d'hypothèque sur les biens de France, s'il n'y a des dispositions contraires à ce principe dans les lois politiques ou dans les traités. — C. civ., art. 2128. — V. TRAITÉS INTERNATIONAUX. — V. aussi ÉTRANGER.

113. — L'héritier légitimaire étranger ne peut, en vertu de son contrat de mariage, passé devant des officiers étrangers, acquérir, par sa seule inscription en France, une hypothèque sur les biens de son auteur situés en France, pour sûreté de sa légitime constituée. — *Paris*, 26 mars 1808, d'Aligre, la princesse de Hohenzolern, Delécluze c. de Salm-Kirbourg.

114. — La raison que Mornai (sur la loi ult., ff., *De juridict.*, nº 11) donne de cette règle, c'est que l'acte passé en pays étranger, quoique revêtu des formes solennelles voulues en ce pays, ne vaut en France que comme acte sous seing-privé. Cette raison, bonne sous l'ancien droit, où l'hypothèque était un effet de la puissance publique inhérent à la forme du contrat, ne paraît plus avoir la même force quand on veut l'appliquer au Code civil, sous lequel l'hypothèque dérive de la convention et de la volonté des parties, et on en vient à dire que comme l'hypothèque se résout toujours en exécu-

tion, il n'est pas possible que l'expropriation, l'exécution émane d'autres agens que des délégués de la puissance nationale. — Troplong, *Hypothèques*, nº 511.

115. — M. Duranton (t. 19, nº 362) critique l'art. 2128. Le savant professeur s'étonne qu'on ait refusé à un acte authentique passé en pays étranger l'effet de produire en France hypothèque sur des biens qu'il aurait spécialement désignés, lorsqu'on a admis l'effet d'un testament d'un acte de mariage passé à l'étranger. Suivant lui, cette disposition prohibitive est le résultat d'une méprise de la part des rédacteurs du Code, qui ont mal à propos confondu l'exécution forcée des actes qui relèvent de la souveraineté, avec le simple effet des actes volontairement acceptés par les parties.

116. — Mais le porteur d'un titre de créance hypothécaire passé à l'étranger pourra, si sa créance est exigible, assigner le débiteur devant les tribunaux français, et obtenir un jugement qui emportera une hypothèque générale sur tous les biens du débiteur. — C. civ., art. 2123.

117.—La réciprocité établie par les traités ou les lois politiques se rapporte aux habitans du pays que ces lois ou traités concernent, et non aux actes que des étrangers viendraient passer dans les mêmes pays, par exemple aux actes qu'un Milanais passerait en Suisse avec un Français. — *Cass.*, 10 mai 1831, Chanson c. de Besse; — Baudot, nº 508.

118. — Par contrats passés en pays étranger, il faut entendre les contrats passés devant des officiers publics étrangers, car les contrats passés devant les consuls français ou dans les colonies produisent hypothèque.

119. — Un texte formel devrait proclamer la validité des hypothèques stipulées dans les actes reçus par des *consuls* français accrédités auprès des puissances étrangères Quoique leur compétence s'appuie sur les anciens principes et sur la nature même des fonctions du consulat, il est utile de lever les doutes qui pourraient naître du silence gardé à cet égard par les ordonnances de 1833. — Faculté de droit de Rennes, *Documens sur la réforme hypoth.*, nº 499; — Fouet de Conflans, *De la réforme hypoth.*, p. 191.

120. — Les cours d'Angers, de Montpellier, de Rouen et la faculté de Rennes proposent par imitation de l'art. 2123 d'ajouter à l'art. 2128 : Néanmoins et à défaut de traités ou de lois politiques, les tribunaux français, dans l'ordre de leur compétence, pourront prendre connaissance des contrats passés en pays étrangers, et en autoriser, s'il y a lieu, l'inscription. — *Documens sur la réforme hypoth.*, t. 3, nº 492. — Cette disposition, qui ne serait, au reste, soumise à aucune condition de réciprocité de la part des nations étrangères, aurait pour avantage de procurer des moyens de crédit aux Français qui, faisant le négoce en pays étranger, pourront avoir besoin de recourir à des emprunts. Elles permettront aussi au créancier qui aurait accepté la garantie hypothécaire de s'inscrire sans attendre l'exigibilité de la créance sur les biens spécialement affectés à son paiement. — Faculté de droit de Rennes, *De la réforme hypoth.*, nº 497; Faculté de Conflans, *De la réforme hypoth.*, p. 191.

121. — La même autorisation devrait être accordée aux constitutions d'hypothèques qu'un étranger possédant des immeubles en France aurait souscrites. — Faculté de Rennes, *Documens sur la réforme hypoth.*, t. 3, nº 497.

§ 3.—*Spécialité de l'hypothèque conventionnelle.*

122. — L'art. 2129 exige pour la validité de l'hypothèque conventionnelle que la nature et la situation des immeubles appartenant au débiteur et soumis à l'hypothèque soient désignés dans l'acte authentique constitutif de l'hypothèque conventionnelle ou dans un acte authentique postérieur; c'est en effet de cette désignation que découle la spécialité qui, en préparant l'inscription, assure la publicité. — Troplong, *Hypoth.*, nº 513. — Le même principe était posé, à peine de nullité, par la loi du 11 brum. an VII; *Cass.*, 26 mars 1806, commune de Douai c. créanciers Claro; Levasseur, *Code hypoth.*, p. 12.

123. — Mais la loi du 11 brum. an VII ne disposait ainsi que pour l'avenir, et elle ne portait pas atteinte aux droits acquis sous la législation antérieure; aussi son art. 37 ordonna que les droits d'hypothèque existant lors de sa publication, qui n'auraient pas encore été inscrits en exécution et dans les formes de la loi du 9 mess. an III, le seraient pour tout délai dans les trois mois qui suivraient ladite publication. L'inscription ainsi faite dans ce délai devait conférer au créancier son hypothèque et le rang que lui assignaient les lois antérieures (art. 38). Après ce délai l'effet de l'hypothèque ne se produisait qu'à compter du jour de l'inscription qui serait requise postérieurement (art. 39); mais cette inscription prise en vertu d'une hypothèque originairement générale devait-elle se conformer à la règle de la spécialité?

124.—Plusieurs arrêts ont prononcé affirmativement.—*Nîmes*, 13 juill. 1808, Bernard c. Ode; *Montpellier*, 22 août 1810, Izar c. Alquier; *Amiens*, 9 juill. 1812, Roman c. Dwelles.

125.—Mais une jurisprudence constante a décidé que pour conserver une hypothèque ancienne et générale, bien que non inscrite dans le délai fixé par la loi du 11 brum. an VII, le créancier n'est pas tenu de désigner dans l'inscription postérieure la nature et la situation des biens.—*Cass.*, 6 déc. 1813, Gullaud c. Gaschet-Delille; *Cass.*, 11 nov. Izar, c. Alquier; *Cass.*, 30 janv. 1815, Auzouy c. Combelles; *Cass.*, 4 juill. 1815, de Tallenay c. Hérisset et Boissy-Cresset; *Metz*, 5 août 1819, Wendel c. Gand et Duvillé; — Chabot, *Quest. trans.*, t. 2, p. 104; Hua, *Tr. des notions élémentaires sur le Code hypothécaire de l'an VII;* Merlin, *Rép.*, vº *Hypothèque*, sect. 2e, § 2, art. 17.

126. — Toutefois lorsque l'hypothèque générale, qui résultait avant la loi du 11 brum. an VII des actes notariés, avait été restreinte à un seul immeuble par l'acte même qui l'avait constituée, l'inscription de cette hypothèque, prise depuis la loi précitée, devait pour être valable contenir l'indication de l'espèce et de la situation de l'immeuble hypothéqué. — *Liége*, 19 mars 1813, Stouls c. Foulon.

127. — Jugé dans le même sens que lorsque, dans le bail à rente d'un immeuble passé devant notaires avant la loi du 11 brum. an VII, le privilége ou l'hypothèque du bailleur, pour sûreté du paiement de la rente, a été restreint à l'immeuble donné à bail, celui-ci n'a pu prendre, après la promulgation de ladite loi, inscription sur la généralité des biens de son débiteur. En conséquence cette inscription est nulle pour défaut d'indication de l'espèce et de la situation de l'immeuble grevé. — *Liége*, 18 juin 1811, Moffaert c. Krans et Fion.

128. — On comprend que les deux décisions que nous venons de citer seraient applicables au cas où le contrat aurait formellement exprimé que l'hypothèque spéciale ne dérogeait pas à l'hypothèque générale, et que, dans ce cas, les biens à venir auraient été aussi complétement grevés de l'hypothèque que les biens présens.

129. — L'inscription prise en vertu d'une hypothèque générale ancienne, en exécution de l'art. 43, L. 11 brum. an VII, comprend les biens à venir, quoiqu'elle ne mentionne expressément que les biens présens. — *Cass.*, 15 janv. 1828, Delavaivre c. Bardot.

130. — Sont valables, quoique ne désignant ni la nature ni la situation des immeubles hypothéqués, les inscriptions prises à la Guadeloupe dans le délai fixé par le décret du 16 janv. 1811, en vertu de contrats antérieurs à la promulgation du Code civ., lesquels, à la Guadeloupe, emportaient, sur les biens du débiteur, hypothèque générale. — *Cass.*, 1er fév. 1825, commissaire de la marine c. Courtois et Darboussier.

131. — La règle de la spécialité si importante dans le système du code civil n'est pas violée, mais elle est appliquée avec toute l'extension possible, lorsque le débiteur, ainsi que l'y autorise l'art. 2129, affecte *nominativement* à l'hypothèque *chacun de tous* ses biens présens.

132. — Au contraire, l'affectation hypothécaire consentie par le débiteur d'une manière générale sur *tous ses biens présens*, sans autre indication, serait nulle, car ce ne serait qu'une hypothèque générale qui manquerait à la condition de la spécialité indispensable aujourd'hui pour les hypothèques conventionnelles, et d'ailleurs, comme le dit M. Conflans (*Réforme hypoth.*, p. 192), le crédit du débiteur serait trompeur ou perdu. — V. cependant Troplong, *Hypoth.*, nº 514.

133. — Toutefois l'hypothèque consentie sur un domaine spécial dont ce débiteur n'est pas actuellement propriétaire, mais sous la condition qu'il en deviendra ultérieurement propriétaire, est valable. —Troplong, nº 528.—C'est l'application du principe posé ci-dessus, art. 2125.

134. — Mais les biens à venir ne peuvent pas être hypothéqués. Les motifs qui ont déterminé les rédacteurs du code à proscrire l'hypothèque générale sur les biens présens et à venir, et à n'admettre que l'hypothèque spéciale sur les biens présens désignés par leur nature et leur situation sont le désir : 1º d'empêcher le débiteur d'engager toute sa fortune pour les besoins d'un instant; 2º d'éviter l'accumulation sur un seul immeuble de plusieurs hypothèques dont le concours entraîne toujours des frais; 3º de favoriser la spécialité, la publicité qui est dans l'intérêt de tous.

HYPOTHÈQUE CONVENTIONNELLE, § 3.

135. — La faculté de droit de Dijon propose au contraire d'autoriser les stipulations d'hypothèques générales qui, dit-elle, auraient sur le système actuel l'avantage d'une grande clarté de classement sans inconvéniens sérieux.— *Doc. réf. hypoth*, nº 308.

136. — Mais la presque totalité des opinions s'est prononcée pour le maintien de la spécialité; la faculté de droit de Strasbourg (nº 510) demande même que la rédaction de l'art. 2129 soit complétée et que les immeubles affectés soient désignés spécialement *et séparément*, et que cette désignation soit accompagnée des énonciations prescrites par l'art. 64, C. procéd.

137. — C'est dans l'acte authentique constitutif de l'hypothèque, ou tout au moins c'est dans un acte authentique postérieur, que doit se trouver la désignation de l'immeuble hypothéqué. — C. civ., 2129.

138. — Donc est nulle et ne peut produire aucun effet utile une hypothèque qui dans sa constitution ne contient pas la désignation de la situation des biens hypothéqués, alors même que dans les inscriptions postérieures on aurait essayé de réparer ce vice. Le notaire rédacteur de cette affectation hypothécaire est responsable, vis-à-vis le créancier, des conséquences de sa nullité. — *Dijon*, 23 déc. 1843, Dupuis c. Passerat, Darru et Richard.

139. — Ainsi la précision dans les dénominations de l'inscription ne couvrirait pas les irrégularités du titre constitutif de l'hypothèque; aussi les créanciers postérieurs en ordre d'hypothèque ont toujours le droit, sur l'examen des titres constitutifs, de faire prononcer la nullité de l'hypothèque nonobstant la régularité de l'inscription elle-même.

140. — La constitution d'hypothèque conventionnelle consentie par le débiteur au profit du cessionnaire de son créancier est nulle si, au lieu de désigner les immeubles sur lesquels elle porte, on se borne à énoncer qu'elle affecte les mêmes immeubles qui ont été désignés et décrits dans l'acte constitutif de la créance primitive. — Peu importe, d'ailleurs, que l'inscription prise en vertu du nouveau titre contienne une désignation détaillée.— *Colmar*, 23 août 1842 (t. 1er 1843, p. 107), Lévy c. Engel.

141. — La spécialité se compose de deux élémens, l'indication de la nature de l'immeuble et l'indication de sa situation; et l'absence de cette double indication emporte la nullité de l'hypothèque. —*Montpellier*, 18 fév. 1811, Gorry c. Viés, Janès et autres.

142.—La nature des immeubles est l'état de leur superficie, c'est ce que l'art. 2148, C. civ., appelle l'*espèce* des biens. Ainsi, il faut dire si c'est une vigne, un pré, un bois, un étang, une terre labourable, un jardin, une maison d'habitation, une grange, etc.

143. — Mais la loi n'exige pas la déclaration de la contenance du bien hypothéqué, même quand le débiteur posséderait dans la même commune deux immeubles de même nature. — Duranton, t. 19, nº 369.

144. — Les tenans et aboutissans ne sont pas nécessaires, et cependant il peut être utile de les faire consigner dans l'acte constitutif de l'hypothèque, quand ce ne serait que dans la prévision d'une saisie immobilière ultérieure.

145. — Mais le doute sur l'individualité du fonds peut être prévenu soit par l'indication de la partie de la commune dans laquelle l'immeuble est situé, soit par l'indication du nom du fonds, s'il en a un particulier.

146. — La généralité des termes de l'art. 2129 qui se borne à demander la déclaration de la nature et de la situation de chacun des immeubles avait laissé place à l'appréciation des tribunaux qui, dans les premiers temps qui suivirent la promulgation du Code civil, se montrèrent très-sévères sur ces indications.

147. — Une constitution d'hypothèque sur *tous les biens présens du débiteur situés dans telle commune*, est nulle, bien que l'inscription contienne la désignation de la nature de chacun des biens hypothéqués.— *Cass.*, 20 fév. 1810, Courbon c. Vinoy; *Paris*, 28 niv. an XIII, Fréion c. Grelet.

148. — Egalement la spécialité d'une hypothèque conventionnelle n'est pas suffisamment exprimée par cette mention : tous les biens ruraux et maisons que le débiteur possède dans l'enceinte de telles communes. — *Aix*, 30 août 1809, créanciers Blanc c. Desmichels.

149. — A cette interprétation rigoureuse a succédé une jurisprudence plus douce et plus rapprochée du véritable esprit de la loi.—Ainsi, on a jugé que l'inscription prise sur tous les biens appartenant au débiteur, *situés dans telle commune*, peut être déclarée valable, quoiqu'elle ne contienne pas l'indication de l'espèce des biens hypothéqués, si d'ailleurs il est certain qu'aucun tiers n'a pu être

induit en erreur par les termes de cet acte, ni en souffrir de préjudice. — *Cass.*, 6 mars 1820, Delestra c. Jeanneau Labeaume.

150. — Jugé de même que l'hypothèque consentie par un débiteur sur tous les immeubles dont il est propriétaire dans une commune déterminée remplit suffisamment, en ce qui concerne la spécialité, le vœu des art. 2129 et 2148, C. civ. — *Nancy*, 30 mai 1843, de Romécourt c. de Vernon; *Riom*, 15 avr. 1826, Réal c. Monteil.

151. — De même encore la constitution d'hypothèque, qui comprend tous les biens immeubles situés dans une commune, à l'exception de tels autres qui font, dans le même acte, l'objet d'une donation, contient une désignation suffisante des biens hypothéqués, et l'inscription prise en vertu de cet acte est valable. — *Toulouse*, 2 août 1833, Laserre c. Ch...

152. — Le débiteur déclare suffisamment la nature et la situation des immeubles par lui hypothéqués, aux termes de l'art. 2129, C. civ., lorsqu'il soumet à l'hypothèque tous les biens qu'il possède dans un village désigné, et tels qu'ils sont portés aux états de section de la commune dans laquelle ce village est situé. — *Limoges*, 11 déc. 1845, (t. 2 1846, p. 717), d'Argendeix c. Simonet et Trapet.

153. — Il n'est pas nécessaire de désigner la section et le tènement particulier de la commune. — *Riom*, 31 août 1816, Chometon c. Maurin.

154. — Au reste, la constitution d'hypothèque et l'inscription ne peuvent être annulées pour cause d'erreur dans l'indication de la commune où sont situés les biens, si d'ailleurs cette erreur n'a pu tromper les tiers. — La désignation des immeubles hypothéqués, qui n'énonce ni leur nature ni le nom de la commune dans le territoire de laquelle ils sont situés, est valable, pourvu qu'elle apprenne aux tiers tout ce qu'il leur importe de savoir. — *Cass.*, 28 août 1821, Rebut c. Boula de Nanteuil.

155. — La demande en nullité fondée sur une erreur dans l'indication de la commune est surtout non-recevable, si l'erreur a été causée par un concert frauduleux entre le créancier qui forme cette demande et le débiteur. — *Cass.*, 6 fév. 1821, Boitard fils c. Loustonneau.

156. — La nature et la situation des biens hypothéqués sont désignées suffisamment dans le titre constitutif de la créance par la déclaration du débiteur qu'il affecte les maisons, terres et prés qu'il possède dans telle commune. — *Paris*, 10 juin 1812, Benoist c. Judas; *Besançon*, 22 juin 1810, Gérard c. Grenier; *Bourges*, 11 mai 1813, N... c. Garsonnier; *Metz*, 11 mai 1813, Dessaulx c. Tailleur.

157. — Les biens appartenant à trois débiteurs solidaires soumis à une hypothèque, sont suffisamment désignés par ces mots « *tous* et *chacun*, leurs biens situés dans la commune, et consistant en grange, moulin, terres labourables, près, vignes et bois. » Il n'est pas nécessaire de désigner la nature, la situation des biens par l'indication en détail de toutes les pièces que frappe l'hypothèque. — *Agen*, 27 juin 1811, Bruguière c. Mannoury et Fillol.

158. — Une hypothèque conventionnelle stipulée sur tous les biens du débiteur, tous ceux qu'il possède aujourd'hui, et spécialement et expréssément, encore ses propriétés immeubles situées près de la place de la Réunion, à Brest, contient le caractère de spécialité exigé par la loi. — *Rennes*, 2 juin 1824, Martel c. Corderan.

159. — Jugé encore que ne peut être annulée pour défaut de spécialité l'hypothèque constituée sur tous les biens du débiteur situés dans une commune, tels qu'ils sont désignés et confrontés dans le cadastre. — *Pau*, 22 août 1834, Dariès c. Cassé.

160. — La cour royale de Nancy propose de faire servir le cadastre à la spécialité des hypothèques. (*Documens sur la réforme hypoth.*, n° 503). — V. conf. Riom, n° 506; faculté de Rennes, n° 509.

161. — Nous pensons que pour la situation des immeubles, il faut mentionner dans l'acte le nom de la commune avec une désignation plus précise, par exemple celle de la rue même ou du numéro, s'il s'agit d'immeubles situés dans une grande ville.

162. — Mais le nom de l'arrondissement ou du département n'est certainement pas de rigueur.

163. — La nature et la situation des biens ne sont pas suffisamment désignées dans le titre et l'inscription hypothécaire par cette simple énonciation : *Tous les immeubles situés dans l'arrondissement de tel bureau.* — *Cass.*, 23 août 1808, Molles c. Dupont et Delhem. — L'arrêt qui le décide ainsi ne viole pas la loi. — *Cass.*, 19 fév. 1828, Barbey c. Restout. — Jugé, au contraire, que cette désignation remplit suffisamment le vœu de la loi. — *Bourges*, 28 avr 1841 (t. 2 1841, p. 626), Roche c. Gervais.

164. — La cour royale de Montpellier (*Doc. réf. hyp.*, n° 502) et la cour de Nîmes (*ibidem*, n° 505) proposent de reconnaître la validité de la désignation conçue en ces termes : La généralité des biens situés dans une même commune ou dans l'étendue d'un même arrondissement hypothécaire.

165. — L'inscription prise en vertu d'une obligation contenant hypothèque spéciale sur divers immeubles séparés ne formant point corps de domaine, et situés dans différentes communes, est irrégulière lorsqu'elle ne désigne ni l'espèce, ni la nature des biens hypothéqués, mais seulement les communes où ces biens sont situés. — *Angers*, 16 août 1826, Blanchet et Lieutaud c. Mondain.

166. — Il est nécessaire, pour la validité de l'hypothèque et de l'inscription, que le contrat constitutif de l'une et le bordereau de l'autre désignent la nature de culture des terres; il ne suffit pas d'hypothéquer *tel domaine*, avec ses appartenances et dépendances, situé dans telle commune. — *Bordeaux*, 17 août 1814, Tourat c. Dubergier; *Agen*, 27 nov. 1812, Ballande c. Tronchot.

167. — Jugé de même à l'égard d'une ferme désignée seulement par son nom et sa situation. — *Paris*, 16 juill. 1813, Péron.

168. — D'un autre côté, on a jugé que la dénomination de métairie désigne suffisamment la nature des biens hypothéqués. — *Toulouse*, 6 mars 1819, Ganiac c. Augé.

169. — L'inscription prise sur un domaine affecté à la sûreté du paiement d'une créance dans l'acte constitutif de l'hypothèque avec indication du lieu de sa situation, mais sans désignation spéciale de l'espèce de biens dont il se compose, remplit le vœu de la loi, lorsqu'il est notoire dans le pays que les biens sur lesquels frappe l'inscription font partie du domaine hypothéqué. — *Cass.*, 24 janv. 1825, Burdin c. Desevre; *Riom*, 24 fév. 1816, Galvaing c. Jaulhac.

170. — Ne peut être cassé l'arrêt qui interprète, d'après la volonté des contractans qu'il apprécie, un contrat de constitution d'hypothèque, et, par exemple, qui décide que, bien qu'en hypothéquant un établissement industriel, on n'ait spécifié qu'une partie des immeubles par destination qui y sont attachés, il a été néanmoins dans l'intention des parties d'affecter tous ceux qui servent à l'exploitation. — *Cass.*, 11 avr. 1833, Gutzenbach c. Kartmann.

171. — La désignation générique de l'héritage hypothéqué, telle qu'on ne puisse se tromper ni sur sa nature ni sur sa situation, suffit pour la validité de la constitution d'hypothèque et pour celle de l'inscription, quoiqu'on n'ait point énoncé l'usage auquel sont destinées les différentes parties qui composent cet héritage. On peut, à cet égard, prendre en considération l'acception que l'on donne à certains termes dans divers pays. — *Cass.*, 15 juin 1815, Beaudoin c. Brigueil.

172. — Il faut que cette indication soit assez précise pour que les tiers puissent toujours reconnaître quel est l'objet qui a été hypothéqué et s'assurer que le créancier n'a pas fait porter son inscription sur un autre objet, car ce que la loi veut c'est que les tiers ne puissent être trompés; ce sera donc aux juges à apprécier en fait si l'indication des biens hypothéqués est ou non suffisante.

173. — Aussi a-t-on pu juger que l'hypothèque constituée sur un immeuble dont la désignation est suffisante, quoique rigoureusement inexacte, n'est pas nulle. — *Riom*, 8 août 1828, de Montchal c. Joly de Fleury.

174. — Il en est de même si les juges reconnaissent que le créancier postérieur n'a pu être induit en erreur sur l'immeuble affecté à la créance qui prime la sienne. — *Toulouse*, 28 avr. 1836, Cassé c. Mousseron.

175. — ... Ou si cette désignation apprend aux tiers ce qu'il leur importe de savoir. — *Cass.*, 6 fév. 1821, Boitard c. Loustonneau.

176. — L'hypothèque conventionnelle qui ne remplit pas la condition de spécialité imposée par l'art. 2129, C. civ., est nulle non seulement à l'égard des autres créanciers du débiteur et des tiers détenteurs, mais aussi à l'égard du débiteur lui-même, et le créancier ne pourrait forcer le débiteur à lui consentir une autre hypothèque spéciale pour une dette qui ne serait pas encore échue. — *Aix*, 16 août 1811, Garossio c. Vezani; — Duranton, t. 19, n° 364.

177. — Quoique sous la loi du 11 brum. an VII, comme sous le Code civil, la stipulation d'une hypothèque générale sur les biens du débiteur ne fût pas valable, elle devait néanmoins suffire pour autoriser le créancier à exiger de son débiteur que les mêmes biens lui fussent affectés par hypothèque spéciale. — *Bruxelles*, 27 juin 1821, de Kerpon c. Departz; — Grenier, t. 1er, n° 65; Persil, *Régime hyp.*, art. 2129, n° 1er.

178. — Si, dans un contrat de constitution d'hypothèque, il y a contradiction entre les énonciations relatives à la désignation des biens hypothéqués, le doute qui en résulte doit s'interpréter en faveur du débiteur et dans le sens qui tend à restreindre l'hypothèque. Il en doit être ainsi même à l'égard d'un tiers adjudicataire de l'immeuble sur un cahier des charges reproduisant les énonciations du contrat de constitution d'hypothèque, qui ne pourrait se prévaloir de l'art. 1602, C. civ., suivant lequel tout pacte obscur ou ambigu s'interprète contre le vendeur. — *Bordeaux*, 22 mars 1832, Rambaud c. Foucaud.

179. — L'acquéreur n'est pas recevable à critiquer, sous le prétexte du défaut de spécialité, l'inscription prise par le vendeur pour la conservation de son privilège. — *Cass.*, 19 fév. 1829, Moreau c. Roy.

180. — L'héritier du débiteur n'a pas qualité pour arguer de nullité la constitution de l'hypothèque conventionnelle consentie par son auteur. Les tiers en faveur desquels la spécialité a été établie peuvent seuls se prévaloir de l'inobservation de cette formalité. — *Toulouse*, 6 mars 1819, Ganiac c. Augé.

§ 4. — *De l'hypothèque des biens à venir.*

181. — Une des conséquences les plus importantes de la spécialité, c'est que l'hypothèque générale conventionnelle se trouve prohibée par le Code. Il a voulu favoriser la publicité; aussi l'art. 2129 dit-il que les biens à venir ne peuvent être hypothéqués. — Troplong, *Hypothèques*, t. 2, n° 516. — Nous avons dit *suprà* (n° 134) les sages motifs qui ont dicté cette disposition.

182. — Néanmoins la loi en faveur des emprunteurs que l'insuffisance de leurs biens présens pourrait priver de tout moyen de crédit fait fléchir la rigueur du principe qui prohibe l'hypothèque des biens à venir en permettant de consentir que chacun des biens que le débiteur acquerra par la suite demeure affecté à l'hypothèque au fur et à mesure des acquisitions — Demante, t. 3, p. 979; Troplong *Hypothèque*, t. 2, n° 537.

183. — Pour que l'affectation de biens à venir, ne se transformât pas en une clause de style qu'on aurait retrouvé dans tous les actes notariés, la loi a voulu que l'insuffisance des biens présens fût exprimée dans l'acte même par lequel le débiteur hypothèque les biens à venir. — Ainsi, pour que les biens à venir puissent être hypothéqués conventionnellement, il faut que l'hypothèque porte d'abord sur les biens présens, quelque faible que soit leur valeur, quelque grandes que soient les charges qui les grèvent. — Duranton, t. 19, n° 375.

184. — Il est vrai qu'il a été jugé que le débiteur peut hypothéquer les immeubles qu'il acquerra à l'avenir, bien qu'à l'époque de l'obligation il ne possède aucun immeuble susceptible d'hypothèque. — *Besançon*, 29 août 1811, Paton c. Marquet; — Grenier, *Traité des hypoth.*, t. 1er, n° 63; Troplong, *Comm. sur les hyp.*, t. 2, n° 538 *bis*; Victor Pannier, *Traité des hypoth.*, p. 178; Despréaux, *Dict. génér. des hyp.*, v° *Hypothèque*, n° 91, p. 366. — V. aussi *Rouen*, 8 août 1820, Cabon c. Ferrière.

185. — ... Et la cour royale de Grenoble (*Doc. réf. hyp.*, n° 513), propose qu'on assimile le débiteur qui n'a pas de biens présens à celui dont les biens présens n'offrent pas une garantie suffisante. — C'est encore l'avis de M. Fouet de Conflans (*Régime hypoth.*, p. 193).

186. — Mais la jurisprudence semble fixée en sens opposé et a décidé qu'un débiteur ne peut hypothéquer ses biens futurs si à l'époque de la constitution il ne possède aucun immeuble. — *Lyon*, 9 avr. 1845 (t. 1er 1846, p. 141), Charvet c. Dord. — *Riom*, 25 nov. 1830, Aubertot c. Pelet; *Lyon*, 12 déc. 1837 (t. 2 1838, p. 635), Dussurget c. Coquard; *Caen*, 4 avr. 1842 (t. 2 1842, p. 683), Marmion c. Renouf; — Delvincourt, t. 3, p. 163, note 1re; Persil, *Rég. hypoth.*, sur l'art. 2130, n° 7; Duranton, t. 19, n° 375; Battur, *Traité des hypoth.*, t. 1er, p. 318, n° 173; Tarrible, *Rép.*, v° *Hypothèque*, p. 912, n° 7; Hervieu; *Résumé de jurisp.*, *hyp.*, v° *Hypothèque conventionnelle*, n° 7.

187. — Peu importe que son codébiteur solidaire ait par le même acte donné hypothèque sur des immeubles qu'il possédait. — *Nancy*, 16 août 1831, Blocq c. Bataille.

188. — Selon M. Duranton (t. 19, n° 376), si le débiteur se trouvait n'être pas propriétaire des biens présens par lui hypothéqués, l'affectation qu'il aurait consentie sur les biens à venir n'en devrait pas moins produire son effet au profit du créancier, qui autant qu'il était en lui, a exécuté la loi et ne peut partant être victime soit de la mauvaise foi du débiteur, soit de l'erreur dans laquelle il était touchant son droit de propriété.

189. — Le débiteur dont les biens actuels sont insuffisans, ou qui n'en a aucun, ne peut hypothéquer les biens qui pourront lui provenir de telles succession non ouverte, en les désignant, sans

contrevenir à l'art. 1600, C. civ. — *Rouen*, 8 août 1820, Cabon c. Ferrière.

190. — Mais si le débiteur eût hypothéqué en général ses biens à venir sans désigner nominativement ceux qu'il attendait de *telle succession*, l'hypothèque viendrait légalement les frapper au moment de l'ouverture de la succession, car l'art 2130 ne distingue pas entre les biens acquis par succession et les biens acquis à titre onéreux. — Troplong, *Hypothèque*, nº 540 *bis*.

191. — Est nulle l'hypothèque conventionnelle consentie par le débiteur sur ses biens présens et à venir sans aucune explication. — *Bourges*, 17 janv. 1816, Julien et Lehault c. Simon.

192. — L'hypothèque conventionnelle, comme toutes les autres hypothèques, s'étend de plein droit à toutes les améliorations survenues à l'immeuble hypothéqué. — V. HYPOTHÈQUE.

193. — L'hypothèque consentie, avant la loi du 11 brum. an VII, par le débiteur sur tous ses biens présens et à venir, ne s'étend pas aujourd'hui aux biens personnels de ses héritiers. — *Cass.*, 3 déc. 1816, Combe c. Marot.

194. — Les autres créanciers ne seraient pas recevables à contester l'hypothèque des biens à venir en se fondant sur ce que les biens présens seraient suffisans pour garantir la créance. Celui qui a stipulé l'hypothèque à son profit a pu craindre que la valeur des immeubles ne fût inférieure à ce qu'elle est en réalité, et la distribution par voie d'ordre du prix des immeubles établira en définitive la valeur véritable qui devra être attribuée à ses créanciers. — Au contraire M. Troplong (*Hypothèque*, nº 539), enseigne que les tiers intéressés pourraient prouver que les biens du débiteur étaient suffisans ou qu'il a fait une fausse déclaration à cet égard et faire déclarer nulle l'hypothèque des biens à venir.

195. — La nullité de l'hypothèque conventionnelle consentie par le débiteur sur ses biens présens et à venir, sans aucune explication, peut être demandée, non seulement par les autres créanciers mais aussi par le débiteur qui a intérêt à la faire annuler pour conserver ses biens libres ou en disposer à son gré. — *Bourges*, 17 janv. 1816, Julien et Lehault c. Simon.

196. — Mais le créancier ne pourrait se prévaloir de cette fausse déclaration que les biens du débiteur sont insuffisans, pour réclamer une hypothèque sur les biens présens qu'il découvrirait avoir été libres au moment de la convention. En effet le créancier doit se contenter des biens qui lui ont été hypothéqués; lors du contrat, c'était à lui à connaître la situation de celui avec lequel il a stipulé. — Troplong, *Hypothèque*, nº 539; Merlin, *Rép.*, vº *Hypothèque*, p. 912.

197. — L'hypothèque sur les biens à venir est soumise à la formalité de l'inscription.

198. — L'hypothèque sur les biens à venir ne peut être valablement inscrite au moment de l'obligation, car il faut une inscription spéciale sur chacun de ces biens; autrement on ferait produire à l'hypothèque conventionnelle tous les effets attachée aux hypothèques légales ou judiciaires qui seules sont dispensées d'indiquer l'espèce et la situation des immeubles hypothéqués. — Troplong, nº 540; Baudot, nº 516; Grenier, nº 68; Persil, *Rég. hypoth.*, art. 2130, nº 5.

199. — Mais ce n'est qu'à mesure des acquisitions que les biens acquis par le débiteur sont affectés de l'hypothèque qui ne prend rang que du jour de l'inscription faite sur chacun des nouveaux biens, car cette hypothèque n'a pu s'étendre sur des immeubles même situés dans l'arrondissement du même bureau, mais qui n'étaient désignés ni par leur nature, ni par leur situation.

200. — Jugé, cependant, que l'hypothèque consentie et inscrite sur les biens présens, et, vu leur insuffisance déclarée, sur les biens à venir, atteint ces derniers au fur et à mesure de leur acquisition, sans qu'il soit nécessaire de prendre une inscription spéciale sur chacun d'eux. — *Angers*, 14 juill. 1842 (t. 2 1842, p. 142), Worms c. Davezé; Favard, *Rép.*, *nouvelle législation*, vº *Hypothèque*, sect. 2, § 3, s. p. 738. — La cour d'Angers a proposé de modifier conformément à cet arrêt l'art. 2130 (*Doc. réf. hyp.*, nº 512), en sorte que les immeubles acquis demeurassent affectés à cette hypothèque de même que si l'hypothèque était générale. — V. conf. Fouet de Conflans, *Réforme hypoth.*, p. 193.

201. — Mais cette opinion n'a prévalu ni dans la jurisprudence, ni d'après les auteurs dont la généralité décide que l'hypothèque conventionnelle consentie sur les biens présens et à venir ne frappe les immeubles à venir que par l'inscription que le créancier est tenu de prendre à chaque acquisition. — C. civ., art. 2129 et 2130; — *Paris*, 23 fév. 1835, Raphaël Jacob c. Sire; — Grenier, t. 1er, nos 62 et 193; Troplong, t. 2, nº 540. — V. *contrà* Favard, *Rép.*, t. 2, p. 378. — V. conf. *Cass.*, 3 août 1819; *Paris*, 26 juill. 1836, Cottance c. Martin; 23 fév. 1835, et la note; 20 juin 1846 (t. 2 1846 p. 723, Collery-Sauvage c. Balthasard; *Cass.*, 27 avr. 1846 (t. 1er 1846, p. 641), Worms c. Davèse; — Grenier, t. 1er, nº 62; Duranton, t. 19, nº 379; Troplong, *Hyp.*, t. 2, nº 540.

202. — Si de deux créanciers ayant l'un et l'autre hypothèque frappant sur les biens à venir et de dates différentes, le second a pris inscription avant l'autre sur un immeuble nouvellement acquis au débiteur, c'est lui qui aura la priorité, et si les deux inscriptions ont été prises le même jour, il y aura concurrence sur le prix de cet immeuble et tous deux viendront au marc le franc. — C. civ. art. 2147; — Duranton, t. 19, nº 579.

203. — Pour requérir l'inscription de l'hypothèque consentie sur les biens à venir, il suffit, lorsque le créancier a appris que le débiteur qui lui a affecté ses biens à venir vient d'acquérir un immeuble, de représenter au conservateur, avec les bordereaux d'inscription, le titre obligatoire, parce que c'est le titre qui a donné naissance à l'hypothèque et que l'art. 2148, C. civ. n'impose pas d'autres conditions pour faire inscrire. — Baudot, nº 517.

204. — Les bordereaux de ces inscriptions à prendre sur les biens à venir doivent contenir la désignation précise, ainsi que le prescrit l'art. 2129 des biens nouvellement acquis par le débiteur; c'est là une différence qui distingue l'hypothèque conventionnelle des biens à venir de l'hypothèque judiciaire qui frappe aussi les biens à venir.

205. — Quant au cas où le débiteur peut obtenir la réduction de l'hypothèque consentie sur les biens à venir, V. RÉDUCTION DES HYPOTHÈQUES.

206. — Les cours royales d'Agen (*Doc. réf. hyp.*, nº 511), de Rennes (nº 517), et les facultés de droit de Caen et de Grenoble proposent d'abroger l'art. 2130 dont la dérogation au principe de la spécialité des hypothèques conventionnelles n'est dans la plupart des cas qu'un pacte sur une succession future, favorise les honteuses spéculations contre les fils de famille et semble jusqu'ici n'avoir profité qu'aux usuriers.

§ 5. — *Du supplément d'hypothèque ou du remboursement pour insuffisance des biens hypothéqués.*

207. — Par une dérogation pareille à celle que l'art. 2130 a apportée au principe de l'assiette de l'hypothèque conventionnelle sur des biens appartenant actuellement au débiteur, l'art. 2131, C. civ., dispose qu'en cas que l'immeuble ou les immeubles présens assujétis à l'hypothèque eussent péri ou éprouvé des dégradations de manière qu'ils fussent devenus insuffisans pour la sûreté du créancier, celui-ci pourra ou poursuivre dès-à-présent son remboursement ou obtenir un supplément d'hypothèque.

208. — La disposition de l'art. 2131 n'est applicable qu'aux cas d'hypothèque conventionnelle, et elle ne pourrait être étendue ni aux cas d'hypothèque judiciaire ou légale, ni aux cas, où à raison de l'insuffisance des biens présens, le débiteur aurait hypothéqué des biens à venir qui auraient par force majeure éprouvé des dégradations. — Duranton, t. 19, nº 381; Troplong, *Hyp.*, nº 544.

209. — Jugé, conformément à cette doctrine, que ce n'est que dans le cas où des biens ont été spécialement affectés à l'acquittement d'une obligation que le créancier est recevable à contraindre au paiement avant le terme stipulé son débiteur sous le prétexte qu'il a diminué la sûreté du créancier. — *Aix*, 16 août 1811, Vérani c. Garossio.

210. — Dans le cas où il a été stipulé, sous le Code civil, une hypothèque générale, le créancier n'est pas fondé à dire qu'il a voulu faire une stipulation valable, et à demander son remboursement ou une nouvelle hypothèque, sous prétexte que le débiteur aurait diminué les sûretés qu'il lui avait données. — *Aix*, 16 août 1811, Vérani c. Garossio.

211. — Un débiteur qui a hypothéqué ses biens, quoiqu'il n'en possédât aucun, peut, faute de paiement au terme convenu, être contraint à fournir à son créancier une hypothèque sur ses biens acquis depuis. — *Riom*, 25 mai 1816, Fayolle c. Brun.

212. — Mais l'hypothèque spéciale ne peut, en cas d'insuffisance de l'immeuble hypothéqué, être étendue à tous les biens présens et à venir du débiteur, lorsque, par le contrat, il les a généralement affectés à son obligation. — *Rouen*, 24 mai 1815, Langlois c. Grente.

213. — L'art. 2131 ne prévenant que le cas de dégradation ou de perte de l'immeuble hypothéqué ne pourrait s'appliquer au cas où l'immeuble aurait, sans aucune dégradation, subi par une circonstance extérieure une grande dépréciation de valeur. — Duranton, t. 19, nº 382.

214. — Il en serait de même si l'insuffisance de l'immeuble provenait de l'usage régulier de la chose et, par exemple, des coupes d'une futaie, de l'exploitation d'une carrière déjà ouverte lors de la constitution de l'hypothèque. Mais, comme nous l'avons dit au mot CARRIÈRE, nº 15, l'ouverture d'une carrière pratiquée depuis l'établissement de l'hypothèque déprécie le fond et pourrait dès-lors, suivant les circonstances, donner lieu à un supplément d'hypothèque.

215. — L'insuffisance provenant de la perte ou du dépérissement doit être constatée soit par le consentement des parties, soit par un jugement, soit par une expertise. — Troplong, nº 541.

216. — Jugé que le créancier hypothécaire a le droit de demander son remboursement lorsque la maison affectée à sa créance est démolie, même pour cause d'utilité publique, et moyennant indemnité, si le débiteur ne lui offre pas un supplément d'hypothèque, pour la garantie de sa créance. — *Paris*, 16 frim. an XIV, Ducreux c. Willemin.

217. — Toutefois, lorsqu'un immeuble a été frappé d'expropriation pour utilité publique, le débiteur ne nous semble pas devoir, pour continuer à jouir du bénéfice du terme, obtenir, sous la loi du 3 mai 1841, le transfèrement de l'hypothèque sur d'autres immeubles, tandis que le créancier, si le terme avait été stipulé en sa faveur, pourrait obtenir que son hypothèque fût transportée sur d'autres immeubles de son débiteur. — V. EXPROPRIATION POUR UTILITÉ PUBLIQUE, nº 485.

218. — Puisque sous la coutume de Normandie la rente constituée grevait tous les immeubles présens et à venir du débiteur, que ses héritiers étaient solidairement obligés à la servir et que leurs biens personnels présens et à venir y étaient également affectés, la vente par les débiteurs d'une semblable rente de partie des immeubles frappés de ce gage général ne peut, bien qu'elle ait été faite depuis le Code civil, autoriser l'action en remboursement de la vente si le surplus des biens du débiteur est plus que suffisant pour la garantie du créancier. — *Caen*, 20 déc. 1828, Aubin c. Allain.

219. — L'acquéreur qui ne fait pas la dénonciation prescrite par l'art. 2183, C. civ., étant obligé, comme détenteur, à la totalité des créances inscrites, quelque faible que soit la portion du bien par lui acquise, il s'ensuit que, tant que le tiers acquéreur n'a pas purgé, la vente d'une portion de l'immeuble hypothéqué à la sûreté du service d'une rente constituée ne peut autoriser le créancier à exiger du vendeur le remboursement du capital de cette rente. — *Paris*, 11 fév. 1815, Boufflers c. Lavaupallière.

220. — La vente de portion de l'immeuble hypothéqué à une créance non exigible oblige le vendeur au remboursement, si le tiers acquéreur a rempli les formalités pour purger les hypothèques, c'est-à-dire s'il a fait transcrire et notifier aux créanciers inscrits. Le remboursement doit être ordonné, même dans la double circonstance 1º où depuis la demande formée l'acquéreur a revendu la chose à ses vendeurs, et a déclaré se désister de la notification par lui faite aux créanciers; 2º où les vendeurs consentent que l'immeuble qu'ils avaient aliéné reste grevé de l'hypothèque du créancier. — *Angers*, 28 fév. 1822, Ribot c. Lemaire.

221. — Le débiteur qui vend partiellement des immeubles hypothéqués au service d'une rente sans imposer aux acquéreurs l'obligation de souffrir l'hypothèque dont ces immeubles sont grevés et sans leur avoir interdit le droit de se purger de cette hypothèque expose le crédi-rentier ou à recevoir en partie sa créance ou à renoncer à l'hypothèque. Il diminue ainsi les suretés promises au créancier par le contrat constitutif, dès-lors il ne peut plus réclamer le bénéfice du terme et il peut être contraint au remboursement de la rente. — *Poitiers*, 11 juin 1819, Michaud c. Ranson.

222. — L'indivisibilité de l'hypothèque autorise le créancier à exiger le remboursement de sa créance, quoique non encore échue, quand l'immeuble hypothéqué est aliéné par parties, alors même que l'acquéreur n'a point encore purgé l'hypothèque. — *Cass.*, 4 mai 1812, Champion de Beauregard c. Vinatier; *Bruxelles*, 17 nov. 1814, Declercq c. Vandembranden; *Poitiers*, 28 déc. 1831, Suire c. Guyot.

223. — Du principe de l'indivisibilité de l'hypothèque il résulte aussi qu'alors même que l'état, détenteur par suite de la confiscation faite sur un émigré d'une portion d'un immeuble affecté hypothécairement à une créance, aurait vendu cette portion franche et quitte de toutes charges, l'hypothèque n'en continue pas moins à subsister pour la totalité sur l'autre portion. — *Cass.*, 6 mai 1818, hospices de Dourdan c. Tassin de Villiers.

224. — Entre les parties, l'hypothèque conventionnelle subsiste dans toute sa force, indépendamment de l'inscription. En conséquence, celui qui, ayant stipulé une hypothèque pour garantie d'une convention, laisse vendre l'immeuble affecté à cette garantie, sans prendre inscription, peut exiger une autre sûreté. — *Bourges*, 6 janv. 1815, Grégoire c. Devillars.

225. — Le créancier hypothécaire dont l'inscription ne frappe pas sur l'immeuble aliéné par son débiteur peut demander la nullité de cette aliénation, sur le motif qu'elle est simulée, et faite en fraude de ses droits. — *Cass.*, 22 mars 1809, de Michel c. Gallès.

226. — L'enfant auquel une dot a été constituée par ses père et mère, chacun par moitié, mais solidairement, et qui, dans l'ordre ouvert sur le prix des immeubles de l'un des constituans, a été colloqué pour sa dot entière, ne peut exiger du créancier subséquent colloqué sur le restant du prix une caution ou garantie hypothécaire, sous le prétexte que, la donation dotale pouvant être réduite, l'hypothèque consentie pour sûreté de la dot n'aurait pas produit tous ses effets. — Une pareille condition ne peut être imposée au créancier postérieur, en l'absence de stipulation de garantie future de la part des constituans, pour le cas de réduction de la donation. — *Bordeaux*, 6 juill. 1841 (t. 2 1841, p. 355), Reimonenq c. Pieck et Southard.

227. — La disparition d'une partie des biens affectés au paiement d'une rente autorise le créancier ou ses ayant-cause à en demander le remboursement. — *Cass.*, 17 mars 1818, Cattet c. Dailly.

228. — On a même jugé qu'un créancier peut demander le remboursement de sa créance non échue, lorsqu'il découvre que l'immeuble sur lequel son débiteur lui avait conféré hypothèque se trouvait à l'époque même du contrat grevé d'inscriptions qui en absorbaient la valeur. — *Riom*, 25 août 1810, Robert c. N...

229. — Mais il nous paraît préférable de décider qu'il ne suffit pas au créancier de prouver que la situation hypothécaire de son débiteur offre peu de garantie. — *Rouen*, 10 mai 1839 (t. 2 1839, p. 62), Lenud c. Desgenétais; — Troplong, *Hyp.*, t. 2, nos 541 et suiv.; Duranton, t. 19, nos 380 et suiv.; Persil, *Comment. sur les hyp.*, art. 2131; Grenier, t. 1, p. 135 et 136, nos 63 et 64.

230. — Le propriétaire auquel une hypothèque a été promise pour garantie de l'exécution d'un bail sur un immeuble qu'il savait déjà grevé d'hypothèque, ne peut, en cas de vente de cet immeuble et d'insuffisance du prix, demander au preneur sur ses autres biens un supplément d'hypothèque. — *Douai*, 16 juin 1847 (t. 2 1847, p. 263), Dujardin c. Michotte.

231. — Si c'est par le fait du débiteur que les immeubles hypothéqués ont subi des dégradations ou détériorations qui les rendent insuffisans pour la sûreté du créancier, le débiteur peut être contraint immédiatement au remboursement de la dette, car il est déchu du bénéfice du terme. — Troplong, no 542.

232. — Si les dégradations sont le résultat d'une force majeure, le choix entre le remboursement ou le supplément d'hypothèque appartient-il au débiteur? Oui, selon M. Duranton (t. 19, no 580), et s'il opte pour le remboursement, le tribunal peut lui accorder terme et délai (C. civ., art. 1244), ce qui ne serait pas possible si c'était par son fait que les biens eussent subi des dégradations (C. pén., art. 124); selon le savant professeur, le créancier doit demander son remboursement sauf au débiteur la faculté d'offrir un supplément d'hypothèque. — Troplong, no 542. — Mais ce supplément d'hypothèque ne pourrait pas être constitué sur des biens à venir.

233. — La faculté de droit de Caen (*doc. réf. hyp.*, no 519) propose de décider que pour le cas où la perte ou les dégradations de l'immeuble hypothéqué ont eu lieu sans la faute du débiteur, celui-ci sera admis à offrir un supplément d'hypothèque; ainsi le débiteur auquel aucun reproche ne pourrait être adressé et qui offrirait les garanties suffisantes jouirait du bénéfice du terme.

234. — Si, en cas d'insuffisance survenue dans les immeubles hypothéqués, le débiteur se laisse condamner au remboursement, le jugement engendrera pour le créancier une hypothèque judiciaire frappant sur tous les biens présens et à venir du débiteur et soumise à l'inscription.

235. — Le remboursement de la créance pourrait, même dans le cas de l'art. 2131, être poursuivi contre le tiers détenteur qui n'aurait pas rempli les formalités de la purge, mais pour éviter l'obligation de rembourser la créance ou de délaisser l'immeuble, ce tiers acquéreur exerçant les droits de son vendeur pourrait offrir un supplément d'hypothèque.

236. — Lorsqu'un individu a acquis un immeuble à la charge de payer une rente imposée à son vendeur en qualité de détenteur de l'immeuble, il n'est pas tenu de fournir le supplément d'hypothèque que son vendeur pourrait avoir promis, s'il ne s'y est pas lui-même expressément obligé. — *Bruxelles*, 9 mars 1811, Meskeus c. Vaneusten.

237. — Le supplément d'hypothèque doit présenter une valeur suffisante pour assurer le paiement de la créance. — Duranton, t. 19, no 580.

238. — Le supplément d'hypothèque doit être suivi d'une inscription et ne rétroagit pas à l'époque de la constitution primitive de l'hypothèque et les inscriptions qui antérieurement à la nouvelle affectation auraient grevé l'immeuble primeraient l'inscription prise en vertu de l'affectation supplémentaire.

§ 6. — *De l'hypothèque des obligations conditionnelles ou indéterminées dans leur valeur.*

239. — L'hypothèque conventionnelle n'est valable qu'autant que la somme pour laquelle elle est consentie est certaine et déterminée par l'acte qui constitue cette hypothèque. — C. civ., art. 2132. — En effet d'une part la spécialité de l'hypothèque n'atteindrait qu'imparfaitement le but que le législateur s'est proposé, c'est-à-dire la connaissance de la position du débiteur avec lequel les tiers vont contracter, s'il était permis de consentir hypothèque pour des créances incertaines ou indéterminées. D'autre part la chose due ne peut être assurée par une hypothèque, que si cette chose est certaine. — V. CHOSE INCERTAINE, no 8.

240. — Si la constitution d'hypothèque a lieu dans un acte postérieur à l'acte qui constitue l'obligation, il faut déterminer dans l'acte d'hypothèque la somme de l'obligation.

241. — L'éventualité pouvant être l'objet de contrats valables, la créance que l'hypothèque a pour objet de garantir peut être soumise à une condition, soit suspensive, soit résolutoire.

242. — Mais si cette créance est conditionnelle pour son existence ou indéterminée dans sa valeur, le créancier ne pourra requérir l'inscription que jusqu'à concurrence d'une valeur estimative par lui déclarée expressément, et que le débiteur aura droit de faire réduire s'il y a lieu. — C. civ., art. 2132.

243. — Si la condition ne porte que sur l'existence de la créance, le montant de cette créance est fixé et doit être exprimé dans l'acte constitutif tel qu'il est réellement. — Duranton, t. 19, no 387.

244. — Ainsi, le vendeur d'un immeuble donne hypothèque sur ses biens à l'acheteur pour sûreté du recours en garantie en cas d'éviction. La créance est conditionnelle dans son existence et indéterminée dans sa valeur, car d'une part on ne sait pas si le recours en garantie aura lieu, d'autre par on ne sait pas pour quelle somme la garantie sera exercée, puisqu'on ignore si au prix de la vente il ne faudra pas ajouter la plus-value qu'aura acquise l'immeuble au jour de l'exécution et les dommages-intérêts. Dans ce cas, l'acte constitutif ne pourra pas fixer la somme que l'hypothèque a pour objet de conserver, mais le créancier devra, dans son inscription, fixer un chiffre que le débiteur aura le droit de faire réduire.

245. — La cour royale de Grenoble (*Documens sur la réforme hypoth.*, no 529) exprime le vœu que le créancier soit astreint à la nécessité de mentionner la condition dans son inscription.

246. — L'hypothèque consentie par le vendeur, pour garantie de troubles et éviction, ne peut être déclarée nulle, sous le prétexte que le bien vendu n'étant grevé d'aucune inscription, elle est sans cause. — Cette hypothèque a une cause licite dans les troubles éventuels autres que ceux résultant d'inscriptions, bien que ces troubles ne soient pas présumables. — *Bourges*, 16 août 1814, Bonnet c. Lemaire.

247. — Sous la loi de brum. an VII, l'acquéreur a pu, alors même qu'il n'y avait pas trouble apparent ou imminent, prendre inscription sur les biens de son vendeur pour sûreté de la garantie de tous troubles et évictions promise par le contrat. — *Paris*, 19 vent. an XII, Teigny c. Pelgé; — Grenier, *Comment. sur l'édit des hypoth.*, art. 15, no 7; Dumont, *Obs. sur l'édit des hypoth.*, p. 134; Grenier, *Traité des hypoth.*, t. 1er, no 139.

248. — La réduction, au reste, dans le cas de l'art. 2132 n'a lieu qu'autant que le montant de la créance aura été indéterminée dans sa valeur, et par suite estimée par le créancier. — V. RÉDUCTION DES HYPOTHÈQUES.

249. — L'hypothèque accordée subsidiairement sur certains biens, mais sous la condition qu'elle ne sera acquise qu'en cas de vente de l'immeuble hypothéqué en première ligne, ne peut être inscrite avant l'accomplissement de cette condition. — *Cass.*, 5 déc. 1809, Dorimond et Jagot c. Bavoux.

250. — L'hypothèque pourrait même être consentie pour une créance qui ne serait pas encore reconnue, ou même constituée. Mais l'hypothèque en ce cas, serait conditionnelle et elle ne vaudrait qu'après que la numération des espèces aurait réalisé la créance.

251. — L'hypothèque donnée pour sûreté d'une créance future ne peut rétroagir à une époque antérieure à celle où l'engagement a reçu son exécution. — *Liége*, 7 janv. 1811, Bourguignon c. Cologne; — Merlin, *Quest.*, vo *Hypothèque*, § 3, no 2; Voët, *ad Pand.*, tit. *qui potior in pig.*, no 30; Pothier, *Hypothèque*, chap. 1er, sect. 2e, § 3; Troplong, t. 2, no 478. — V. *contrà* Grenier, t. 1er, no 296; Persil, *Quest*, t. 1er, chap. 4; Favard, vo *Hypothèque*; Pardessus, t. 4, p. 281.

252. — Est nulle l'hypothèque constituée en faveur d'une personne pour sûreté des sommes qu'elle pourra prêter par la suite au constituant. — *Colmar*, 18 avr. 1806, Janquen et Dupuis c. Preiswerch. — Il ne faut pas confondre cette espèce avec celle où il s'agit d'une hypothèque constituée pour sûreté d'un *crédit ouvert* par un banquier. Dès que le crédit est ouvert, il ne dépend que de celui qui doit devenir débiteur d'en profiter, ce n'est pas la créance, c'est la dette qui est soumise à une condition potestative. Sur l'hypothèque conventionnelle consentie pour lettres de change à accepter, V. *suprà* nos 90 et suiv.

253. — L'hypothèque consentie par un négociant pour sûreté du reliquat éventuel d'un compte courant et de traites fournies et à fournir est valable. — *Rouen*, 24 avr. 1812, Lefebvre c. Ebran.

254. — Les tribunaux ne peuvent prononcer la nullité d'une inscription hypothécaire prise pour une créance indéterminée dans sa valeur, telle que celle résultant d'un compte à rendre, lorsque le créancier a fait des diligences pour faire apurer le compte fourni par le débiteur, et a consenti à la collocation provisoire des créanciers postérieurs en ordre d'hypothèque à la charge par ces derniers de rapporter, s'il y avait lieu, ce qu'ils auraient reçu. — *Cass.*, 4 avr. 1815, de Lubersac c. de Vissec.

255. — On peut consentir une hypothèque au profit d'une personne pour une somme égale au montant des billets à ordre souscrits en faveur de la même personne, avec stipulation que cette hypothèque appartiendra jusqu'à concurrence aux tiers porteurs des billets. — Dans ce cas, les billets à ordre ont pu être transmis par la voie de l'endossement et transférer l'hypothèque aux tiers porteurs de bonne foi, bien qu'il fût constant en fait que celui au profit duquel ils ont été souscrits, n'en a pas fourni la valeur, si cette circulation n'a pas été faite en fraude des droits d'autrui, et si nul autre créancier n'a été inscrit dans l'intervalle qui s'est écoulé entre les obligations et la négociation des billets. — *Cass.*, 10 août 1831, Julienne c. Cavalan.

256. — Le crédit ouvert constitue entre le créditeur et le crédité une obligation valable, et qui dès lors peut être appuyée par la constitution d'une hypothèque. — V. CRÉDIT OUVERT, no 16.

257. — L'hypothèque est valable bien qu'on n'ait pas encore usé du crédit et qu'il n'y ait pas obligation d'en faire usage. — *Cass.*, 26 janv. 1814, Hérault-Desacres c. Manoury-Lacour; *Bruxelles*, 10 juill. 1817, Steenhout c. Vandamme; *Liége*, 28 juin 1823, Regnier c. Ripa et Delgoffe; *Rouen*, 24 avr. 1819, Lefebvre c. Ebran; *Cass.*, 2 déc. 1812, Bodin et Bonfaux c. Pinet; 10 août 1831, Julienne c. Cavalan; *Douai*, 17 déc. 1833, De Fonvent c. Paillon et Valentin; *Bourges*, 5 juin 1839 (t. 2 1840, p. 227), Roger c. Martin et Gallas. — V. aussi cour royale de *Pau, Documens sur la réforme hypoth.*, no 521.

258. — Le crédit peut même être éventuel si la somme est expressément déterminée par acte authentique. — *Bourges*, 5 juin 1839 (t. 2 1840, p. 227), Roger c. Martin et Gallas.

259. — Mais à compter de quelle époque une hypothèque constituée pour sûreté d'une pareille obligation doit-elle prendre rang? — Selon Delvincourt (t. 3, p. 159, no 3) et Battur (t. 2, no 283) l'inscription, si elle est prise avant les paiemens, doit être annulée comme prématurée.

260. — Une seconde opinion n'assigne de rang à l'hypothèque que du jour de la numération des deniers. Elle s'appuie sur l'ancienne jurisprudence. — Pothier, *Traité des hypoth.*, chap. 1er, sect. 2e, § 3; Basnage, *Hypoth.*, chap. 1er, § 3; Domat, liv. 3, tit. 1er, sect. 1re, art. 4, et depuis le Code sur l'autorité de Merlin, *Quest.*, t. 6, *Add.* vo *Hypothèque*; Toullier, t. 6, no 546; Troplong, *Hypoth.*, no 478.

261. — La troisième opinion, qui fixe le rang de l'hypothèque au jour même où l'inscription est prise, est enseignée par Grenier, t. 1er, no 296; Persil, *Quest. hypoth.*, t. 1er, chap. 4, § 3; Favard,

vº *Hypothèque*, sect. 2ᵉ. § 3, nº 2 ; Pardessus, t. 4, nº 1137, et elle est adoptée par plusieurs arrêts. — *Douai*, 17 déc. 1833, de Fonvent c. Paillon et Valentin ; *Cass.*, 2 déc. 1812, Bodin et Bontoux c. Pinet ; *Paris*, 20 août 1841 (t. 2 1841, p. 746), Seignard et Germain c. Dumini ; *Colmar*, 21 mai 1844 (t. 2 1844, p. 472), Germain c. Boisseau.

262. — L'inscription prise en conséquence prime les créanciers ultérieurs, soit pour ce qui était dû au créditeur à l'époque de leurs inscriptions, soit pour ce que celui-ci n'a payé au débiteur que postérieurement, pourvu que la quotité de la créance rentre dans le chiffre du crédit accordé. — Si une pareille hypothèque garantit au créditeur, à partir du jour où elle a été inscrite, le remboursement du capital, plus les intérêts au taux du commerce et même les frais de commission s'il en a été payé, cela ne lui donne pourtant pas le droit, quand toute opération de banque a cessé, d'établir son compte avec capitalisation trimestrielle desdits intérêts de frais et commission. — *Bourges*, 5 juin 1839 (t. 2 1840, p. 227), Roger c. Martin et Gallas.

263. — Il n'est pas douteux que le créancier doive être colloqué au rang de l'inscription par lui prise, surtout s'il justifie qu'à cette époque il était créancier pour une somme supérieure au montant du crédit ouvert. — *Liége*, 28 juin 1823, Regnier c. Ripa et Delgoffe.

HYPOTHÈQUE JUDICIAIRE.

Table alphabétique.

Acquiescement, 27.
Acte administratif, 13 s. — judiciaire, 8 s.
Administrateur provisoire, 51.
Appel, 90 s.
Arbitre-rapporteur, 39.
Aveu, 56.
Bail sous seing-privé, 77.
Biens à venir, 100 s. — présens, 100 s.
Billet, 71, 78.
Bordereau de collocation, 29.
Bureau de paix, 28.
Caution, 9.
Chose d'autrui, 112.
Colonies, 18.
Commanditaire, 58.
Compte, 43 s.
Conciliation, 28, 71.
Concordat, 108.
Concours de créanciers, 104.
Condamnation, 33. — volontaire, 53.
Conseil de discipline, 21. — de guerre, 21. — de préfecture, 17. — d'état, 15.
Consul, 19.
Continuation de poursuite, 35.
Contrainte, 22 s.
Contributions indirectes, 22.
Cour des comptes, 16. — royale, 10.
Créancier, 104.
Curateur à succession vacante, 32.
Date de l'hypothèque, 80.
Décompte, 36.
Délai, 55.
Dernier ressort, 90.
Douanes, 23.
Echéance, 73.
Effets, 100 s.
Enregistrement, 24, 82.
Etranger, 64.
Exécution de jugement, 82
Exécutoire, 34.
Exigibilité, 73 s.
Expertise, 40.
Failli, 12.
Femme, 59.
Frais et dépens, 106.
Historique, 2.
Hypothèque générale, 110 s. — légale, 102. — spéciale, 107, 109 s.
Incompétence, 27 s.
Interdiction, 51.
Intérêts, 106.
Invasion, 69.
Inventaire, 38, 62.
Juge de paix, 10, 26.
Jugement, 8 s. — (enregistrement), 87. — (expédition), 87. — contradictoire, 32, 87. — d'adjudication, 30. — définitif, 32. — d'expédient, 57. — en premier ressort, 90. — 64 s. — étranger, 64 s. — non signifié, 88. — par défaut, 32, 81 s., 97. — (péremption), 84. — par défaut faute de comparaître, 86. — par défaut faute de plaider, 86. — provisoire, 32.
Lettre de change, 78.
Liquidateur, 49.
Liquidation de la dette publique, 14.
Loi, 79.
Maire, 20.
Nullité, 114.
Obligation sous seing-privé, 73 s.
Opposition à jugement par défaut, 97.
Pays réunis, 68.
Pension alimentaire, 96.
Prorogation de juridiction, 26.
Qualification erronée, 102.
Reconnaissance d'écriture, 70.
Régisseur, 46 s.
Réglement de mémoire, 41.
Sentence arbitrale, 60 s., 105.
Séparation de biens, 59.
Signification de jugement, 88.
Société, 46 s., 114. — (liquidation), 47.
Succession, 99.
Syndic, 12.
Terme, 55.
Titre, 107.
Tribunaux civils, 10. — criminels, 10. — de commerce, 10.
Vente à réméré, 118.
Vérification d'écriture, 70.

HYPOTÈQUE JUDICIAIRE. — 1. — L'hypothèque judiciaire résulte des jugemens ou actes judiciaires en faveur de celui qui les a obtenus. — C. civ., art. 2117 et 2123.

2. — Grenier (t. 1ᵉʳ, p. 403, nº 192) a vu l'origine de l'hypothèque judiciaire dans le *Pignus prætorium* et dans *le pignus judiciale* des Romains dont les caractères et les différences sont notés par Cujas (*Respons. Papiniani*, lib. XI, *ad leg.* 12, *pro emptore*); mais cette opinion historique est combattue par M. Troplong (*hypoth.*, nº 435 bis) qui soutient que, même dans l'ancienne pratique de la France, un arrêt n'était pas exécutoire contre les héritiers et tiers détenteurs, et se résolvait non en exécution, mais en une action analogue à l'action *ex judicato* des Romains. — Brodeau sur Louet, lett. H, som. 25; Papon, liv. 18, tit. 6, art. 35; Dumoulin, *sur Reims*, art. 180.

3. — Selon M. Troplong la véritable origine de l'hypothèque judiciaire se trouve dans l'ordonnance de Moulins dont l'art. 35 est ainsi conçu « Dès lors et à l'instant de la *condamnation* donnée en dernier ressort, et du jour de la prononciation, il sera acquis à la partie droit d'hypothèque sur les biens du condamné pour l'effet et exécution des jugemens et arrêts par lui obtenus. »

4. — La loi du 11 brum. an VII avait conservé l'hypothèque judiciaire, mais elle en avait, par son art. 4, restreint l'effet aux seuls biens présens appartenant au débiteur au moment du jugement.

5. — Le Code civil a maintenu les principaux caractères attachés par l'ordonnance de Moulins à l'hypothèque judiciaire qui aujourd'hui frappe les biens présens et à venir du débiteur.

6. — Les sentences portées avant la promulgation du Code civ. dans le duché de Limbourg ne donnaient pas hypothèque sur les immeubles de la partie condamnée. — *Liége*, 12 déc. 1814, Thélosen c. Koenen.

7. — La loi du 11 brum. an VII et l'art. 2117, C. civ., qui font résulter l'hypothèque de condamnations ou d'actes judiciaires, ne peuvent être appliqués qu'à des jugemens rendus depuis leur publication, et non aux jugemens rendus antérieurement, sous une législation qui n'accordait pas cet effet aux actes judiciaires. — Même arrêt.

§ 1ᵉʳ. — *Jugemens et actes judiciaires desquels résulte l'hypothèque* (nº 8).

§ 2. — *De quel jour existe l'hypothèque judiciaire* (nº 80).

§ 3. — *Effets de l'hypothèque judiciaire* (nº 100).

—

§ 1ᵉʳ. — *Jugemens et actes judiciaires desquels résulte l'hypothèque.*

8. — L'hypothèque judiciaire résulte des jugemens ou décisions que rend un tribunal ou une cour de justice sur un différend qui lui est soumis. Elle résulte aussi des *actes judiciaires*. Cette dernière expression qui se lit dans l'art. 2117 ne se retrouve plus dans l'art. 2133 où on ne peut guère lui trouver d'équivalent que dans les deux derniers alinéas qui ne s'occupent pas de jugemens proprement dits.

9. — Le seul acte judiciaire auquel on ait attaché l'hypothèque c'est la soumission faite au greffe par une caution. Dans ce cas, dit M. Duranton (t. 19, nº 357) l'hypothèque judiciaire ne résulte pas du jugement qui ordonne qu'une partie fournira caution; car, c'est seulement la soumission que la caution fait au greffe qui l'oblige. Or, cette soumission emporte hypothèque sur les biens de la caution, car c'est un acte judiciaire exécutoire sans jugement, même pour la contrainte par corps, s'il y a lieu à contrainte (C. procéd., art. 519), ce qui n'aurait pas lieu d'après l'art. 2067 C. civ., si l'on n'assimilait pas à un jugement l'acte de soumission au greffe. — V. aussi Delvincourt, t. 3, p. 158, nº 7.

10. — L'hypothèque judiciaire résulte de jugemens, ce qui s'applique par conséquent aux jugemens rendus par les juges de paix, par les tribunaux de commerce, par les tribunaux civils de première instance et aux arrêts rendus par les cours de justice.

11. — Il est indifférent que les jugemens et arrêts aient été rendus en matière criminelle, correctionnelle ou de police, ou qu'ils l'aient été en matière civile ou commerciale ; car dans le premier cas la partie lésée par le crime, le délit ou la contravention et qui a obtenu une condamnation à des dommages-intérêts a, comme elle l'aurait dans le second cas, pour des intérêts civils, une hypothèque judiciaire sur les biens du condamné pour assurer l'exécution de la condamnation rendue à son profit. — Troplong, nº 450 ; Duranton, t. 19, nº 335.

12. — L'inscription que les syndics sont tenus de prendre, au nom de la masse des créanciers, sur les immeubles du failli ne nous paraît pas devoir être considérée comme une hypothèque judiciaire, mais comme une hypothèque légale non dispensée d'inscription. — V. FAILLITE, nº 1505, et HYPOTHÈQUE LÉGALE.

13. — Les décisions de l'autorité administrative rendues par elle en qualité de juge ont, comme les jugemens des cours et tribunaux, dans leurs attributions respectives la force de conférer l'hypothèque judiciaire. — *Rouen*, 22 mai 1818, le Trésor c. Varnier ; — Avis Cons. d'Etat, 29 oct. 1811 ; — Grenier, t. 1ᵉʳ, nº 9 ; Troplong, nº 447.

14. — En conséquence, l'inscription prise en vertu d'une décision de cette nature, et, par exemple, d'un arrêté du conseil général de la liquidation de la dette publique, qui fixe le reliquat mis à la charge d'un débiteur de l'état, frappe les biens présens et à venir du débiteur. — *Rouen*, 22 mai 1818, le Trésor c. Varnier ; — Grenier, t. 1ᵉʳ, nº 192 ; Persil, *Quest. hyp.*, t. 1ᵉʳ, p. 295 ; Merlin, *Rép.*, vº *Inscription hypothécaire*, addit., nº 12.

15. — Les ordonnances rendues en matière contentieuse par le conseil d'état emportent donc hypothèque. — V. CONSEIL D'ÉTAT, nº 306.

16. — Il en est de même des arrêts de la cour des comptes. — V. COUR DES COMPTES, nº 125. — Remarquons cependant que le pourvoi qui, en vertu de la loi du 16 sept. 1807, serait exercé devant le conseil d'état contre les arrêts de la cour des comptes en suspendrait l'exécution.

17. — ... Des arrêtés des conseils de préfecture. — V. CONSEIL DE PRÉFECTURE, nº 487.

18. — ... Et des jugemens rendus dans les colonies françaises.

19. — Les jugemens rendus par les consuls français en pays étrangers sont exécutoires en France comme ceux des autres juges. — V. CONSUL, nº 387. — Ils doivent conséquemment emporter hypothèque judiciaire. — Baudot, nº 506 ; Troplong, nº 452.

20. — Selon M. Baudot (*Tr. des formalités hyp.*, nº 472), l'hypothèque judiciaire résulte encore des jugemens que les maires sont appelés à rendre soit comme juges de police (C. inst. crim., art. 166), soit comme juges des contestations entre les ouvriers et apprentis, les manufacturiers, fabricans et artisans (L. 22 germin. an XI, art. 19), soit en matière de police du roulage. — Décr. 23 juin 1806, art. 38.

21. — D'après le même auteur (nº 473), les conseils de guerre et les conseils de discipline de la garde nationale rendent dans les matières de leur compétence des jugemens qui ont force exécutoire et qui confèrent hypothèque. — Mais cette hypothèque ne pourrait militer que pour les frais dont la condamnation serait mise à la charge des condamnés, puisque ces juridictions n'ont aucune attribution civile.

22. — La direction générale des contributions indirectes est aussi fondée à requérir des inscriptions, en vertu des contraintes par elle décernées. — *Lyon*, 7 août 1829, Dugallier c. contributions indirectes ; — Baudot, nº 478 ; Troplong, nº 447 ; Grenier, t. 1ᵉʳ nº 9.

23. — De même, les contraintes décernées par l'administration des douanes emportent hypothèque générale. — L. 22 août 1791, tit. XIII, art. 18 ; avis cons. d'état, 16 thermid. an XII et 29 oct. 1811.

24. — Mais la régie de l'enregistrement ne peut valablement prendre des inscriptions hypothécaires en vertu des contraintes décernées par les receveurs. A cet égard, elle ne peut invoquer ni l'avis du conseil d'état du 16 thermid. an XII, qui ne s'applique qu'aux contraintes décernées par des administrateurs en qualité de juges et sans que ces actes puissent être l'objet d'aucun litige devant les tribunaux, ni l'avis du conseil d'état du 29 oct. 1811, qui ne dispose qu'en faveur de la régie des douanes, et pour le cas où la loi lui donne hypothèque sur les biens des redevables. — *Cass.*, 28 janv. 1828, enreg. c. Scellier ; — Instr. de la régie, art. 576 et 1249, § 9 ; Masson-Delongpré, *Code de l'enr.*, nº 1469 ; Persil, *rég. hyp.*, art. 2123, nº 27.

25. — Pour savoir si l'hypothèque peut résulter de jugemens rendus par des tribunaux incompétens, il faut distinguer la nature de l'incompétence. L'incompétence à raison de la personne a pu être couverte par le consentement des parties. Si donc le juge était incompétent à raison de la personne, son jugement produirait hypothèque ; quant à l'incompétence à raison de la matière, il faut distinguer : si le juge compétent *usque ad certam summam* est saisi par le consentement des parties d'une contestation portant sur une somme supérieure, comme il a le germe et le principe de l'autorité nécessaire pour rendre un jugement, sa décision sera légale et devra emporter hypothèque judiciaire. Mais si le juge a été désigné *ad certum genus causarum*, comme un tribunal de commerce, un tribunal criminel, la volonté des parties ne peut lui donner capacité au delà des attributions que la loi lui a conférées. Hors de là il n'est plus qu'une

personne privée, il ne peut plus prononcer à titre de juge, et sa décision n'emporterait pas hypothèque. — Merlin, *Rép.*, vo *Hypothèque*; Troplong, no 445; Persil, *Régime hyp.*, art. 2123, no 3.

26. — Ainsi jugé que les décisions rendues par les juges de paix sur prorogation de juridiction (C. procéd. art. 7) sont de véritables jugemens qui confèrent une hypothèque judiciaire. — *Toulouse*, 30 août 1842 (t. 2 1844, p. 227) Prat-Dumiral c. Truffié; *Cass.*, 6 janv. 1845 (t. 1er 1845, p. 147), Acklin et Lebarbey c. Travot.

27. — ... Et que l'inscription prise en vertu d'un jugement rendu par un juge de paix sur un intérêt qui excède les limites de sa compétence et sans une prorogation formelle de juridiction, mais qui a été validé par l'acquiescement de la partie condamnée, est valable. — *Toulouse*, 24 fév. 1821, Andrau c. Avignon.

28. — Mais les conventions insérées dans un procès-verbal dressé devant le juge de paix tenant le bureau de conciliation n'emportent point hypothèque ni judiciaire ni conventionnelle, puisque ce procès-verbal n'a force que d'écriture privée. — C. procéd. civ., art. 54; — Duranton, t. 19, no 336.

29. — De même, bien que le procès-verbal d'ordre soit une décision judiciaire, le bordereau de collocation qui en est extrait, ne confère pas au créancier colloqué une hypothèque judiciaire sur les biens de l'acquéreur. — *Grenoble*, 28 mai 1831, enreg. c. Vernet.

30. — Les jugemens d'adjudication intervenus sur publications volontaires, ou sur licitation entre majeurs ou entre majeurs et mineurs, et rendus à l'audience des criées tenue par un seul juge commissaire, n'emportent pas non plus hypothèque judiciaire. Ils ne sont pas des jugemens et ne peuvent guère être considérés comme des actes judiciaires. Le magistrat dans ce cas n'exerce, à proprement parler, aucune fonction judiciaire; son ministère n'a rien de contentieux; il est seulement le remplaçant de l'officier public qui ordinairement passe le contrat de vente; la clause insérée dans le cahier des charges et par laquelle on aurait stipulé cette hypothèque générale serait inefficace, et l'hypothèque spéciale serait aussi frappée d'impuissance, puisqu'elle constituerait une hypothèque conventionnelle qui, aux termes de l'art. 2127, ne peut résulter que d'un acte passé devant deux notaires ou devant un notaire et deux témoins. — Battur, t. 2, no 324; Persil, *Rég. hyp.*, art. 2123, no 11; Delvincourt, t. 3, p. 158, no 7; Grenier, t. 1er, no 200; Troplong, no 441 *ter*.

31. — De même, les exécutoires que les officiers publics obtiennent, en vertu de l'art. 30, L. 22 frim. an VII, pour le remboursement des droits d'enregistrement dont ils ont fait l'avance ne confèrent pas hypothèque, car ils ne rentrent pas dans les jugemens et actes judiciaires désignés par l'art. 2123 et ne participent pas à la faveur accordée par l'avis du cons. d'état du 16 thermid. an XII, aux contraintes que les administrations ont le droit de décerner.

32. — Aux termes de l'art. 2123 C. civ., l'hypothèque judiciaire résulte des jugemens soit contradictoires, soit par défaut, définitifs ou provisoires en faveur de celui qui les a obtenus.

33. — Il est cependant une condition essentielle pour qu'un jugement engendre hypothèque: il faut qu'il prononce une condamnation, car on ne peut concevoir qu'une hypothèque se rattache à un acte qui ne contiendrait pas une obligation principale. — Tarrible, *Rép.*, vo *Hypothèque*, p. 905, no 2; Troplong, no 438; Delvincourt, t. 3, p. 158, note 7.

34. — Mais tout jugement qui impose une obligation ou qui reconnaît l'existence d'une obligation préexistante, soit que cette obligation consiste à donner, à faire, ou à ne pas faire, qu'elle soit pure et simple ou conditionnelle, qu'elle confère un droit actuel ou seulement éventuel, emporte hypothèque, et autorise à prendre inscription. — *Montpellier*, 7 janv. 1837 (t. 1er 1839, p. 429), Massot c. Arnaud; *Colmar*, 26 fév. 1832, Moch c. Durckeim et Lincourt.

35. — *Particulièrement*, le jugement qui, sur les conclusions du demandeur, et pour établir clairement ses prétentions, combattues par voie de simple débouté, ordonne un décompte, engendre au profit de celui qui l'a obtenu une hypothèque judiciaire. — *Colmar*, 26 fév. 1832, Moch c. Durckeim et Lincourt.

36. — L'hypothèque judiciaire résulte aussi d'un jugement qui sur l'opposition à l'exécution d'un titre ordonne la continuation des poursuites. — *Cass.*, 29 avr. 1823, Lépicier c. Legros.

37. — Mais la décision qui annule simplement la saisie-revendication d'un fonds de commerce, et ordonne le déguerpissement du gardien, ne peut être considérée comme renfermant contre le saisissant le principe d'une obligation qui permette de prendre sur ses biens une inscription hypothécaire pour sûreté de l'exécution du jugement. — *Cass.*, 17 janv. 1844 (t. 1er 1844, p. 676), Pérennès c. Geoffroy.

38. — L'hypothèque ne résulterait pas non plus d'un jugement qui ne prescrirait qu'une mesure préparatoire, telle qu'un inventaire. — *Toulouse*, 9 août 1844 (t. 2 1844, p. 446), de Villeneuve c. Sirey.

39. — Un jugement préparatoire qui, sans rien préjuger, renvoie les parties devant un arbitre-rapporteur, n'est qu'un moyen d'instruction duquel ne résulte pas une hypothèque judiciaire. — En conséquence l'inscription prise en vertu de cette décision est nulle, bien que par un second jugement une condamnation soit intervenue. — *Paris*, 26 déc. 1844 (t. 1er 1845, p. 171), Duclos et Pillet c. Goumy.

40. — Le jugement qui porte nomination d'un expert, à l'effet de constater l'état des travaux, dans le cas de l'art. 2103, no 4, C. civ., n'a pas non plus la propriété de conférer à l'architecte une hypothèque judiciaire. — *Bordeaux*, 26 mars 1834, Montluguet c. Apiau.

41. — Selon M. Persil (*Régime hypothécaire*, art. 2123, no 14), le jugement qui, sur la demande d'un architecte ou de tout autre ouvrier, ordonne le règlement d'un mémoire d'ouvrage n'emporte pas hypothèque, car ce jugement n'est qu'un simple jugement préparatoire qui ne peut être rangé ni parmi les jugemens provisoires, ni parmi les jugemens définitifs.

42. — Jugé dans ce sens que le créancier qui, avant la faillite de son débiteur, a pris inscription en vertu d'un jugement interlocutoire, spécialement d'un jugement qui ordonne le règlement d'un mémoire non suivi d'un jugement définitif, mais d'une transaction qui garde le silence sur l'inscription prise, doit être considéré comme un créancier chirographaire, surtout s'il a été admis au passif de la faillite. — *Paris*, 31 juill. 1833, Bellu c. Lavaysse.

43. — Ainsi que nous l'avons vu (*suprà* no 34), il a été jugé que l'hypothèque judiciaire résulte non seulement des jugemens qui emportent condamnation actuelle pour une somme certaine et déterminée, mais encore de ceux qui ne renferment que le germe d'une condamnation conditionnelle pour son existence, ou indéterminée pour sa valeur, par exemple, d'un jugement qui ordonne un compte pour fixer le montant d'une créance. — *Colmar*, 26 juin 1832, Moch c. Durckem et Lincourt; 22 juin 1821, Cornebize c. Strolz et Charmoy; *Cass.*, 16 fév 1842 (t. 1er 1842, p. 359), Bouffier; *Paris*, 16 mars 1822, de Walbonne c. Goulet d'Olizy; *Cass.*, 4 août 1825, Goulet d'Olizy c. Barbaroux (dans ses motifs); *Rouen*, 19 fév. 1828, Anfrye c. Lequesne; — Grenier, t. 1er, p. 425; Favard, vo *Hypothèque*, sect. 2e, § 2; Persil, *Quest. hypoth.*, t. 1er, p. 180.

44. — Mais MM. Pigeau (*Procéd. civ.*, t. 398) et Troplong (no 439) opposent que le rendant est débiteur non d'une somme mais d'un compte dont le résultat peut le constituer créancier; que l'hypothèque judiciaire ne s'attachant qu'à une obligation produite par le jugement, elle ne devrait servir que pour forcer à l'obligation de rendre le compte, et qu'une fois le compte présenté, cette hypothèque devrait disparaître; que par conséquent jusqu'au jugement qui fixe le reliquat du compte et constitue le rendant débiteur, l'hypothèque judiciaire est prématurée.

45. — Jugé en ce sens que lorsqu'après un compte arrêté entre personnes qui n'étaient pas mandataires l'une de l'autre, l'une des parties articule qu'il s'est glissé dans le compte des erreurs à son préjudice, le jugement qui ordonne que ces parties entreront en compte sur ces erreurs, sans préjuger qui sera débiteur ou créancier, n'engendre pas une hypothèque judiciaire au profit de la partie qui a demandé le redressement. — *Bourges*, 31 mars 1830, Hennet c. Boucher.

46. — Mais jugé au contraire, conformément à l'opinion émise au no 43, qu'on peut prendre une inscription hypothécaire en vertu d'un jugement qui ordonne qu'un associé régisseur rendra compte, mais qui n'a prononcé contre lui aucune condamnation pécuniaire déterminée. — *Cass.*, 21 août 1810, Stevenotte c. Chapel.

47. — ... Que l'inscription prise, en vertu d'un jugement portant dissolution de société, sur les biens de celui des ci-devant associés que le jugement nomme liquidateur, est valable. — *Lyon*, 11 août 1809, Barmont.

48. — ... Qu'un jugement arbitral intervenu entre deux associés, qui, sans prononcer de condamnation directe, décide seulement que les parties ont des droits éventuels et réciproques, et que tels biens devront entrer dans la masse commune à partager, forme un titre suffisant pour autoriser l'un des associés à prendre inscription sur les biens de l'autre. — *Colmar*, 16 avr. 1818, Keller c. Comès.

49. — ... Que l'hypothèque judiciaire résulte d'un jugement qui reconnaît l'existence d'une société et renvoie les parties devant arbitres pour la liquidation. — *Montpellier*, 7 janv. 1837 (t. 1er 1839, p. 429), Massot c. Arnaud; 2 juin 1841 (t. 1er 1842, p. 114), Abric c. Dessale. — V. *contrà Toulouse*, 9 août 1844 (t. 2 1844, p. 446), de Villeneuve c. Sirey, Fargues de Saint-André et de Puntis. — Troplong, *Comm. des hypoth.*, t. 2, no 458 et suiv.

50. — ... Qu'une sentence arbitrale, qui interdit à des associés la vente de leurs immeubles jusqu'après le règlement définitif de leurs comptes, emporte hypothèque, bien qu'elle ne prononce aucune condamnation; et que l'inscription que l'un des associés prend, en vertu de cette sentence, sur les immeubles de ses coassociés, a effet du jour de sa date pour le montant des sommes dont il est plus tard reconnu créancier, encore que l'obligation de ne pas vendre ait été pleinement exécutée par les associés. — *Cass.*, 4 juin 1828, Caire c. Balestrier.

51. — ... Que le jugement qui nomme un administrateur provisoire à la personne et aux biens de celui dont l'interdiction est prononcée emporte hypothèque judiciaire sur les biens de cet administrateur, lorsqu'il n'est pas contesté qu'il ait géré et administré. — *Paris*, 12 déc. 1833, Poultier et Goupy c. Laffitte et Rothschild.

52. — Selon M. Troplong (*Hypoth.*, no 440), le jugement qui nomme un curateur à une succession vacante ne constitue aucune créance contre ce curateur, puisqu'il n'a pas encore géré, et, dès-lors, il ne saurait résulter de ce jugement une hypothèque judiciaire. — Mais à cette opinion on peut opposer les décisions que nous venons de mentionner relativement à l'hypothèque résultant du jugement qui nomme le liquidateur d'une société.

53. — Il n'y a d'autre différence entre une condamnation dite volontaire et une condamnation judiciaire que celle qui pourrait résulter du cas où il y aurait hypothèque spéciale promise sur des biens encore existans dans la possession du débiteur, et dont le créancier serait tenu de se contenter, sans pouvoir prétendre exercer en vertu du jugement une hypothèque générale. — *Bruxelles*, 9 août 1806, Krichk c. N...

54. — Ainsi jugé que les condamnations volontaires rendues sur un contrat de constitution de rente portant promesse de fournir hypothèque suffisante ou de rembourser, produisent en faveur du créancier une hypothèque générale sur tous les biens du débiteur. — *Bruxelles*, 22 août 1807, Heymans c. Helman. — Mais l'offre du débiteur de fournir l'hypothèque promise jusqu'à suffisance fait cesser l'effet de l'hypothèque générale et la restreint au gage immobilier nécessaire à la sûreté du créancier. — Même arrêt.

55. — Le jugement qui, sur les poursuites dirigées contre le père débiteur de la dot de sa fille, lui accorde un délai pour le paiement, emporte reconnaissance dans le sens de l'art. 2123, C. civ., et confère au créancier une hypothèque judiciaire. — *Bordeaux*, 29 juill. 1824, Barbe c. Rocaute.

56. — Celui qui reconnaît en justice l'existence d'une dette ne peut, en opposant à son aveu cette condition que ses immeubles resteront libres de toute inscription au profit du créancier, les soustraire à l'hypothèque attachée par la loi au jugement qui donne acte de la reconnaissance de la dette. — *Bruxelles*, 9 janv. 1807, Vanbrengel c. Rottiers.

57. — Les jugemens d'expédient n'en sont pas moins, pour être passés d'accord, de véritables jugemens susceptibles par conséquent de conférer hypothèque. — Arg. *Bruxelles*, 9 janv. 1807, Vanbrengel c. Rottiers; 8 mai 1822, d'Haverskerke c. B...; — Troplong, no 441 *bis*; Merlin, *Rép.*, vo *Hypothèques*, art. 5, t. 16, p. 402; Persil, *Régime hypoth.*, art. 2123, no 11.

58. — Le commanditaire n'étant pas un associé pur et simple, on ne peut, en vertu d'un jugement qui condamne la société, prendre inscription contre lui. — *Paris*, 5 prair. an XI, Rébin c. Houdet.

59. — Après le décès du mari, les jugemens obtenus contre la femme séparée de biens sont susceptibles de conférer hypothèque sur ses immeubles. — *Besançon*, 31 janv. 1827, Favre c. Marlin.

60. — Les décisions arbitrales n'emportent hypothèque qu'autant qu'elles sont revêtues de l'ordonnance judiciaire d'exécution. — C. civ., art. 2123.

61. — L'hypothèque ne résulterait donc pas d'une sentence arbitrale ordonnant un inventaire, si cette sentence n'était pas revêtue d'une ordonnance d'exequatur. — *Toulouse*, 9 août 1844 (t. 2 1844, p. 446), de Villeneuve c. Sirey.

62. — Mais est valable l'inscription hypothécaire prise en vertu d'une sentence arbitrale qui bien que non homologuée, est cependant revêtue d'une ordonnance d'exequatur. — *Bordeaux*, 15 déc. 1826, Faurès c. Beyermann.

63. — Au contraire sous l'empire de l'ordonnance de 1673, on ne pouvait prendre une inscription hypothécaire en vertu d'une sentence arbitrale rendue entre associés, pour fait de commerce, enregistrée et déposée au greffe du tribunal, mais non encore homologuée. — *Cass.*, 25 prair an XI, Merlino c. d'Ange Soria. — V. Pothier, *Traité de l'hypoth.*, chap. 1er, sect. 1re. art. 2; Despeisses, part. 3e, sect. 3e, no 12; Soutlages, *Des hypoth.*, p. 69; Rodier, sur l'art. 8, ord. 1667; Salvial, t. 2, p. 442, *Jurispr. du parl. de Bordeaux*, p. 49; Lapeyrère, vo *Sentence arbitrale*, p. 183; Julien, *Statuts provenç.*, t. 2, p. 442; Persil, sur l'art. 2123; Grenier, *Des hypoth.*, t. 1er, no 283; Troplong, t. 2, no 449; Merlin, *Quest. de droit*, vo *Hypothèque*, § 2.

64. — Les jugemens rendus en France par les tribunaux français produisent hypothèque quelle que soit la nationalité de la partie qui a obtenu ce jugement. — V. ÉTRANGER, no 95.

65. — Mais l'hypothèque judiciaire ne peut résulter des jugemens rendus en pays étrangers qu'autant qu'ils ont été déclarés exécutoires par un tribunal français, sans préjudice des dispositions contraires qui peuvent être dans les lois politiques ou dans les traités. — C. civ., art. 2123.

66. — Les questions que soulève l'interprétation de l'art. 2123 en ce qui concerne le mode suivant lequel les jugemens étrangers doivent être déclarés exécutoires en France, ainsi que les difficultés auxquelles ont pu donner naissance les traités des 1er juin 1658, 28 mai 1777, 4 vendém. an XII, et 18 juill. 1828 avec la Suisse, et du 24 mars 1760 avec la Sardaigne ont été complétement examinées au mot ÉTRANGER, nos 583 et suiv.

67. — Sur l'effet en France des sentences arbitrales rendues en pays étrangers, même par des étrangers, mais revêtues en France d'une ordonnance d'exequatur, V. ÉTRANGER, nos 572 et suiv.

68. — Du reste, on ne doit pas considérer comme jugemens rendus à l'étranger les jugemens obtenus dans les pays aujourd'hui détachés de la France, à une époque où ces pays en faisaient partie; car les traités de séparation ne peuvent porter atteinte aux droits acquis à des particuliers. — Baudot, *Tr. des form. hypoth.* no 439.

69. — Ce ne sont pas non plus des jugemens rendus à l'étranger que ceux qui ont été rendus dans les départemens envahis par l'ennemi qui, pendant qu'il les occupait, y avait établi des tribunaux. — *Bordeaux*, 25 janv. 1820, Baudenon-Delamaze c. Tharel; *Cass.*, 13 juin 1826, Calmet c. Gérard.

70. — L'hypothèque judiciaire résulte aussi, suivant l'art. 2123, C. civ., des reconnaissances ou vérifications faites en jugement des signatures apposées à un acte obligatoire sous seing privé.

71. — Jugé que la reconnaissance faite devant le juge de paix tenant le bureau de conciliation, de la signature apposée à un billet sous seing-privé, emportait, avant la loi du 11 brum. an VII, une hypothèque qui, depuis cette loi, a pu être valablement inscrite. — *Nîmes*, 30 mai 1807, Muret.

72. — Décidé, au contraire, que sous la loi du 11 brum. an VII, la reconnaissance d'une obligation sous seing-privé ne conférait point hypothèque sur les biens du débiteur, lorsqu'elle était faite, hors jugement, par acte authentique, et qu'on ne pouvait considérer comme jugement la reconnaissance d'une dette consignée dans un procès-verbal de comparution volontaire du débiteur devant le juge de paix, dans lequel il n'était pas fait mention que le créancier fût présent. — *Cass.*, 22 déc. 1806, Vevelin-Choalens c. Albrechts. — Il en serait de même aujourd'hui d'après l'art. 2123, C. civ. — V. *suprà* nos 28 et 56.

73. — D'après la loi du 11 brum. an VII (art. 3), le porteur d'un billet sous signature privée pouvait, avant l'échéance, obtenir jugement de reconnaissance des écriture et signature, et en vertu de ce jugement prendre inscription hypothécaire sur les biens de son débiteur. — *Cass.*, 17 mars 1807, Hudin c. Lance; 3 fév. 1806, Magnier c. Montbarbon; 17 janv 1807, Deslord c. Petit-Brœil; 6 avr. 1809, N...

74. — Cette disposition dont la jurisprudence faisait une régulière application, avait l'inconvénient de soumettre à l'hypothèque celui qui, par la convention, avait refusé d'en accorder une, de l'y soumettre avant qu'on pût savoir s'il manquerait à un engagement non encore exigible, et de plus, d'éluder la spécialité de l'hypothèque conventionnelle, en assurant au porteur d'un titre sous seing-privé la faculté d'obtenir un jugement emportant hypothèque générale.

75. — Ce fut pour remédier à cet inconvénient que fut rendue la loi du 3 sept. 1807, qui porte : Art. 1er. Lorsqu'il aura été rendu un jugement sur une demande en reconnaissance d'obligation sous seing-privé, formée avant l'échéance ou l'exigibilité de ladite obligation, il ne pourra être pris aucune inscription en vertu de ce jugement qu'à défaut de paiement de l'obligation après son échéance, ou son exigibilité, à moins qu'il n'y ait eu stipulation contraire. — Art. 2. Les frais relatifs à ce jugement ne pourront être répétés contre le débiteur que dans le cas où il aurait dénié sa signature. — Les frais d'enregistrement seront à la charge du débiteur, tant dans le cas dont il vient d'être parlé, que lorsqu'il aura refusé de se libérer après l'échéance ou l'exigibilité de la dette.

76. — Cette loi reproduisait ainsi, mais en en étendant les dispositions, la déclaration du 2 janv. 1717, qui refusait aux actes portant reconnaissance de *billets ou lettres de change* non échus l'effet d'emporter hypothèque, et qui avait été abrogée par la loi du 11 brum. an VII. — *Cass.*, 6 avr. 1809, Housset de Cateville c. Loisel.

77. — Il faut donc aujourd'hui tenir pour constant qu'on peut bien faire reconnaître en justice un billet sous seing-privé avant son échéance; mais que le jugement ne peut plus produire hypothèque qu'après l'expiration du terme fixé pour l'exécution de l'engagement.

78 — Jugé dans ce sens qu'on ne peut, en vertu d'un jugement de reconnaissance d'un bail sous seing-privé, prendre inscription hypothécaire, comme en vertu d'un acte notarié, non seulement pour les termes échus, mais encore pour les termes à échoir; qu'il n'y a pas lieu de distinguer entre le cas où il s'agit de reconnaissance d'obligations sous seing-privé, selon les termes de la loi du 3 sept. 1807, et celui où il s'agit de baux à ferme. — *Nîmes*, 23 fév. 1829, Riboulou c. de Cansou.

79. — Les lois concernant l'exécution des contrats, notamment celles relatives aux inscriptions hypothécaires, régissent les actes d'exécution faits en vertu d'obligations antérieures à leur promulgation. — Ainsi, la loi du 3 sept. 1807 peut être appliquée, sans effet rétroactif, à une inscription prise postérieurement à cette loi, en vertu d'une obligation antérieure. — *Cass.*, 5 juin 1833, Sarret c. de Planard.

§ 2. — *De quel jour existe l'hypothèque judiciaire.*

80. — L'ord. de Moulins, art. 53, avait décidé que les jugemens emporteraient hypothèque du jour de la condamnation. Cette rédaction, qui ne distinguait pas les décisions contradictoires des décisions rendues par défaut, avait suscité dans la jurisprudence des difficultés que l'ord. d'avr. 1667 trancha en disposant (tit. 11, art. 9) que les jugemens par défaut ne donneraient hypothèque que du jour de la signification aux procureurs. — Ferrières, sur la cout. de Paris, art. 170, § 3, no 6; Pothier, *Cout. d'Orléans*, tit. 20, no 16; — *Cass.*, 13 fév. 1809, Ricard c. Février et Guiony. — Le projet du Code civil contenait une disposition analogue à celle de l'ord. de 1667, mais elle a été supprimée pour faire place à la rédaction générale de l'art. 2123 qui, sans condition, attache l'hypothèque aux jugemens, soit contradictoires, soit par défaut.

81. — Aussi, nonobstant un arrêt contraire de la cour d'appel de Riom (9 avr. 1807, Nicolas c. Chappon), une jurisprudence constante a décidé, sous le Code civil, que l'hypothèque judiciaire résultant d'un jugement par défaut est acquise, dès l'instant de la prononciation, à celui qui l'a obtenu, en sorte qu'il peut requérir une inscription en vertu de ce jugement, même avant qu'il ait été enregistré, expédié et signifié. — *Riom*, 6 mai 1809, Jouvet c. Aulier; *Cass.*, 21 mai 1811, Desvareilles c. Cornu; *Liége*, 17 nov. 1810, Crassier c. Lebens; *Bruxelles*, 13 déc. 1810, Pros c. Vanderhaegen; *Besançon*, 12 août 1811, Pernet c. Odebelle; *Rouen*, 27 mai 1834, Enreg. c. Thomas; — Delvincourt, t. 3, p. 158, no 7; Grenier, t. 1er, no 194; Battur, t. 2, no 327; Duranton, t. 19, no 338; Troplong, t. 2, no 444; Merlin, *Rép.*, vo *Hypothèque*, sect. 2e, § 2, art. 3, no 2.

82. — Jugé, de même, qu'une inscription prise en vertu d'un jugement par défaut qui tient une écriture privée pour reconnue, est tout à la fois un acte d'exécution et de conservation, et que, sous ce dernier rapport, elle peut être requise au bureau des hypothèques pendant la huitaine même du jour où le jugement a été rendu; que cette inscription est valable, lors même que le jugement n'a reçu aucune autre exécution dans les six mois, et peut, en conséquence, autoriser une surenchère. — *Cass.*, 19 déc. 1820, Dugelay c. Doux.

83. — ...Qu'un jugement par défaut obtenu le jour même de la vente d'un immeuble, mais antérieurement au contrat de vente, peut conférer hypothèque sur cet immeuble, et que l'hypothèque est valable, quoiqu'elle ait été inscrite avant l'enregistrement et la signification du jugement par défaut. — *Riom*, 17 janv. 1824, Faure c. Julien et Meilleroux.

84. — Jugé, au contraire, qu'une inscription hypothécaire prise en vertu d'un jugement par défaut doit être considérée comme non avenue, si ce jugement n'a pas été exécuté dans les six mois de sa date, encore que l'inscription ait été prise avant l'expiration de ce délai de six mois. — *Bruxelles*, 6 mars 1822, Hugh c. Perrin; *Agen*, 22 nov. 1841 (t. 1er 1842, p. 229), Soulié c. Maignan.

85. — ... Mais que l'inscription prise en vertu d'un jugement par défaut est valable, si sur l'opposition formée dans les six mois, ce premier jugement a été maintenu par un second devenu définitif; et qu'on ne peut, dans ce cas, opposer le défaut d'exécution. — *Liége*, 25 avr. 1812, Bochol c. Driessen.

86. — Au surplus les décisions ci-dessus doivent, ainsi que l'arrêt de la cour impériale de Rouen, du 7 déc. 1812 (Buvry c. Landasse de Francamp), s'entendre des jugemens par défaut *faute de comparaître*, qui se périment par six mois, mais elles ne s'appliqueraient pas aux jugemens par défaut *faute de plaider*, qui, quoique demeurés sans exécution, continuent de subsister. — Baudot, no 446. — La même distinction entre la non-comparution et le refus de plaider s'applique aux jugemens par défaut des tribunaux de commerce. — Baudot, no 447.

87. — De même que pour les jugemens par défaut, on a jugé qu'on peut valablement prendre inscription en vertu d'un jugement contradictoire avant qu'il ait été expédié et enregistré. — *Cass.*, 11 juin 1833, Barsalon c. Delmas-Grossin et Laporte.

88. — A plus forte raison, est valable l'inscription hypothécaire prise en vertu d'un jugement non signifié. — *Cass.*, 29 nov. 1824, Enreg. c. Leclerc et Tenaillon; — Delvincourt, t. 3, p. 158, note 7e; Merlin, *Rép.*, vo *Hypothèques*, t. 17, p. 68; Grenier, t. 1er, p. 410; Troplong, *Comment. sur les hypothèques*, t. 2, no 443 *bis*.

89. — Si la partie condamnée, qui a l'intention d'attaquer le jugement rendu contre elle, signifiait au conservateur une opposition à ce qu'il reçût une inscription en vertu de ce jugement par défaut ou en premier ressort, le conservateur ne pourrait se rendre juge du mérite de cette opposition, et ce serait à la partie au profit de laquelle le jugement a été rendu qu'il appartiendrait d'introduire un référé pour voir dire que, nonobstant l'opposition, le conservateur recevrait l'inscription. — Duranton, t. 19, no 338.

90. — L'ordonnance de Moulins ne faisait résulter l'hypothèque que des jugemens en dernier ressort, mais une déclaration royale du 10 juill. 1566 décida que l'hypothèque aurait lieu du jour de la sentence si elle était confirmée par arrêt, ou s'il n'y avait appel.

91. — De même, sous le Code civil, l'appel d'un jugement ne suspend pas l'hypothèque qui en résulte, et cette hypothèque peut être inscrite, parce que l'inscription n'est pas un acte d'exécution, mais un acte purement conservatoire. Seulement elle suit le sort de l'appel; elle subsiste avec le jugement s'il est maintenu, elle tombe s'il est réformé, et les frais, y compris ceux de radiation, sont à la charge de celui qui a requis l'inscription. — Baudot, no 442.

92. — Toutefois, il a été jugé qu'une inscription hypothécaire prise en vertu d'un jugement doit être maintenue, bien que la condamnation d'où dérive l'hypothèque ait été annulée par un jugement postérieur, si toutefois ce second jugement prévoit le cas où cette condamnation pourra renaître. — *Aix*, 9 fév. 1836, Foucard c. Bonsa.

93. — Si le jugement est maintenu sur certaines parties et réformé sur d'autres, l'inscription produit son effet pour les parties confirmées. — Troplong, *Hypothèques*, no 443 *ter*; Persil, sur l'art. 2123; Grenier, t. 1er, no 196; Duranton, t. 19, no 338.

94. — C'est par application de ces principes qu'il a été jugé que lorsqu'une hypothèque judiciaire a été prise sur tous les biens de plusieurs débi-rentiers en vertu d'un jugement qui les condamnait solidairement à fournir hypothèque pour le service de la rente, et à servir à l'avenir cette rente, sans retenue, l'arrêt qui infirme ce jugement au chef seulement qui ordonnait de fournir hypothèque, mais qui le maintient au chef relatif au service de ladite rente, avec dispense de retenue, ne peut autoriser la main-levée totale de l'inscription prise en exécution du jugement; que cette main-levée ne peut être accordée que dans les limites des dispositions combinées du jugement de première instance et de l'arrêt. — *Cass*, 9 avr. 1844 (t. 2 1844, p. 69), Quivy c. Manesse.

95. — Dans le cas où le jugement est maintenu, même seulement pour partie, l'hypothèque date du jour du jugement en premier ressort. L'arrêt confirme, en effet, la sentence pour une partie et ne l'infirme que pour le surplus. — Ferrières, sur Paris, art. 170. t. 3, nos 3, 4 et 5; Pothier, *Traité de la cout. d'Orléans*, tit. 20, no 17; Persil, sur l'art.

2123 ; Grenier, t. 1er, no 196 ; Troplong, *Hypothèques*, no 443 *ter* ; Baudot, no 442.

96. — Le jugement qui, depuis le Code civil, a ordonné la continuation au profit d'un enfant naturel d'une pension alimentaire adjugée par un premier jugement jusqu'à la promulgation du Code, a dû être considéré comme déclaratif de la continuation de la pension déjà existante et non comme constitutif d'une pension nouvelle. — En conséquence, l'hypothèque prise en vertu du premier jugement et pour sûreté de son exécution a dû continuer à subsister, indépendamment de celle prise en vertu du second jugement, laquelle n'a pas dû être rayée comme inutile. — *Paris*, 8 août 1806, Peterlon c. Brocard.

97. — Pour le jugement par défaut qui confère également hypothèque, il faut, quand sur l'opposition il est confirmé ou modifié, appliquer les distinctions que nous venons d'établir pour un jugement contradictoire en premier ressort, qui a été réformé ou confirmé sur l'appel.

98. — Lorsqu'un créancier a obtenu un jugement par défaut, et ensuite un nouveau jugement qui a débouté le débiteur de l'opposition qu'il avait formée, cette dernière sentence, rendue dans les dix jours qui ont précédé la faillite, ne prive pas le créancier de l'hypothèque judiciaire en vertu de laquelle il vient ultérieurement exercer une expropriation sur les immeubles de son débiteur. — *Orléans*, 7 juill. 1826, Traversa c. Blanche.

99. — Mais le sort des créanciers et l'état des biens d'une succession, même acceptée purement et simplement, sont tellement fixés par la mort du débiteur, qu'un créancier chirographaire ne peut pas acquérir une hypothèque sur les immeubles de la succession en obtenant un jugement contre l'héritier. — *Cass.*, 19 fév. 1818, Gihoul c. Lecavalier ; — Persil, *Rég. hypoth.*, art. 2146, no 14 ; Troplong, nos 443 et suiv. — Toutefois le créancier qui aurait négligé d'inscrire l'hypothèque à lui consentie par le défunt pourrait requérir inscription si la succession était acceptée purement et simplement. — Pour le cas où la succession est acceptée sous bénéfice d'inventaire, V. INSCRIPTION HYPOTHÉCAIRE.

§ 3. — *Des effets de l'hypothèque judiciaire.*

100. — Comme l'hypothèque légale, l'hypothèque judiciaire peut, en général, s'exercer sur tous les immeubles actuels du débiteur et sur ceux qu'il pourra acquérir. Seulement, cette hypothèque est soumise à l'inscription. — La loi, dit M. Troplong (t. 2, no 435), dont le système est tout d'affection pour la publicité, a cru devoir restreindre autant que possible le nombre des hypothèques occultes.

101. — Dans notre système hypothécaire actuel (différent en ce point de la loi du 11 brum. an VII,) l'hypothèque judiciaire inscrite frappe non seulement les immeubles que le débiteur possède dans l'arrondissement du bureau des hypothèques au moment où l'inscription est requise, mais aussi les immeubles que le débiteur acquiert postérieurement dans le ressort du même bureau, sans qu'il soit nécessaire de répéter l'inscription à chaque acquisition nouvelle. — *Cass.*, 3 août 1819, Delarue et Fremont c. Hervé et Delaunay ; *Rouen*, 22 mai 1818, Varnier ; *Agen*, 21 fév. 1814, Regnier c. Bartalou ; *Liége*, 24 fév. 1817, Lhoneux c. Légipont ; *Metz*, 23 avr. 1823, Thierry c. Raison ; — Baudot, *Tr. des formes hypoth.*, no 440 ; Troplong, no 436 ; Grenier, t. 1er, no 193.

102. — La qualification erronée donnée à une hypothèque (celle de légale, par exemple, lorsqu'il s'agit d'une hypothèque judiciaire) ne peut annuler l'effet d'une inscription d'ailleurs régulière. — *Paris*, 12 déc. 1833, Poultier et Goupy c. Lafitte et Rotschild.

103. — Mais le créancier qui, par son inscription, a restreint son hypothèque judiciaire aux biens que possédait le débiteur dans l'étendue du bureau, à l'époque du jugement, n'est pas fondé à prétendre ultérieurement faire frapper cette même hypothèque sur les immeubles échus plus tard à son débiteur. — *Cass.*, 21 nov. 1827, Daraux c. Vacqué.

104. — L'inscription prise en vertu d'un jugement frappe les biens *à venir*, du jour où elle a été inscrite, et non pas seulement du jour de l'acquisition de ces biens par le débiteur ; en conséquence, si plusieurs créanciers ont des hypothèques judiciaires inscrites, le premier inscrit doit être préféré, sans qu'il y ait lieu d'établir entre eux une distribution au marc le franc. — *Lyon*, 18 fév. 1829, Barreta c. Bret ; — Grenier, *Tr. des hypoth.*, t. 1er, no 193 ; Persil, *Quest. hypoth.*, t. 1er, p. 295 ; Merlin, *Rép.*, vo *Hypothèque* ; Troplong, t. 2, no 436 ; Hervieu, *Résumé de jurisp. hypoth.*, vo *Hypothèque judiciaire*, no 3.

105. — L'effet de l'hypothèque judiciaire résultant des sentences arbitrales, une fois revêtues de l'ordonnance d'exequatur, est le même que celui de l'hypothèque attachée aux jugemens rendus par les juridictions régulières. — Duranton, t. 19, no 341.

106. — Le jugement qui, sur une opposition à des poursuites exercées en vertu d'un contrat notarié, ordonne que les poursuites seront continuées jusqu'au paiement de la somme stipulée dans le contrat, emporte hypothèque judiciaire, non seulement pour les frais auxquels la partie opposante a été condamnée, mais encore pour le principal et les intérêts de la créance. — *Amiens*, 25 fév. 1822, Legras c. Cordier. — M. Troplong (*Hypoth.*, t 2, no 442 *ter*) adopte l'opinion de l'arrêt ci-dessus, puis il ajoute : « Si l'opposition aux poursuites, sans mettre en doute l'obligation principale, était fondée sur un vice de forme dans le commandement ou dans la procédure, le jugement qui ordonnerait la continuation des poursuites après avoir rejeté les moyens de nullité, ne produirait pas hypothèque. »

107. — ... Peu importe que le titre en vertu duquel ces poursuites ont été commencées portât stipulation d'une hypothèque spéciale. — *Nîmes*, 5 janv. 1831, Reynerie-Bonels c. Vidal et Reynerie-Laroque.

108. — Spécialement la sentence homologative d'un concordat intervenu entre les actionnaires d'une société, cette société même, et les créanciers de cette société, emporte hypothèque judiciaire, lors même que le concordat homologué renferme la promesse de fournir une hypothèque. — *Bruxelles*, 8 mai 1822, d'Haverskerke c. N...

109. — La cour de Bruxelles a jugé qu'un jugement qui ne fait que rendre exécutoire un titre conférant hypothèque spéciale n'emporte pas hypothèque générale. — *Bruxelles*, 3 prair. an XII, Audenwogghe c. Reyvaert. — Mais cette décision ne semble pas devoir l'emporter sur celle qui suit.

110. — .. Lorsque, par un acte sous seing-privé contenant stipulation spéciale d'hypothèque, le débiteur s'est obligé à réaliser la convention en forme authentique, à la réquisition du créancier, le jugement qui condamne à passer l'acte authentique avec affectation hypothécaire sur les immeubles désignés, sinon que le jugement tiendra lieu de contrat, emporte une hypothèque judiciaire générale sur tous les biens du débiteur, et non pas seulement sur ceux désignés dans l'acte sous seing-privé. — *Cass.*, 20 avr. 1825, Pilotelle c. Derivaux.

111. — Jugé de même qu'on peut, en vertu du même titre, cumuler l'hypothèque conventionnelle et l'hypothèque judiciaire, au moyen d'un jugement qui, sur l'opposition à l'exécution de ce titre, ordonne la continuation des poursuites ; particulièrement, que le créancier à qui son titre confère une hypothèque spéciale acquiert une hypothèque générale sur les biens de son débiteur, par l'effet du jugement qui rejette l'exception de paiement opposée par ce dernier à l'exécution du titre, et ordonne que les poursuites seront continuées. — *Cass.*, 29 avr. 1823, Lepicier c. Legras ; *Rouen*, 24 mai 1815, Langlois c. Grente ; *Riom*, 25 mai 1816, Fayole c. Brun ; *Cass.*, 13 déc. 1824, Vignon c. Dumas ; 4 avr. 1808, Ladvocat c. Demonizey ; — M. Troplong (t. 2, no 487 *bis*) apporte à cette solution cette restriction que le créancier ne peut faire usage de son hypothèque générale qu'autant que son hypothèque spéciale est insuffisante, que si elle suffit, les créanciers du débiteur peuvent le renvoyer à se faire payer sur les biens grevés de cette hypothèque spéciale.

112. — Lorsque celui qui a hypothéqué un immeuble appartenant à autrui devient plus tard propriétaire de cet immeuble, le créancier est fondé à demander que cet immeuble lui soit judiciairement hypothéqué. — *Bordeaux*, 21 déc. 1832, Biot c. Cluzeau.

113. — L'inscription de l'hypothèque judiciaire qu'un créancier du vendeur à réméré aurait obtenue postérieurement à la vente n'affecte pas l'immeuble vendu, lorsque cet immeuble n'est point rentré dans les mains du vendeur lui-même, mais qu'il est devenu ultérieurement la propriété d'un tiers qui a exercé le rachat en vertu de la cession que ce dernier lui avait faite de son action. — *Cass.*, 21 déc. 1825, Renaud c. Jeannin Gros.

114. — L'hypothèque judiciaire peut, selon les circonstances, être déclarée nulle si elle est contraire à l'intérêt du créancier. Ainsi, peut être déclarée nulle l'inscription prise par un associé pour entraver la vente des immeubles sociaux, lorsque la société déclarée en faillite a pour liquidateurs quelques uns de ses membres, et que ceux-ci ne peuvent solder les dettes communes que par la vente de leurs biens propres. — *Cass.*, 29 nov. 1827, Fontenillat.

HYPOTHÈQUE LÉGALE.

Table alphabétique.

Absence, 15, 315, 335. — provisoire, 335.
Acceptation, 367. — de succession, 11 s., 442.
Accessoires, 353.
Acquéreur, 34, 83 s., 121, 185, 223, 268, 388.
Acquêts aliénés, 177 s.
Acquisition, 412, 414. — administrative, 403. — sous seing-privé, 94, 257.
Action hypothécaire, 121, 136, 387. — révocatoire, 83 s.
Adition d'hérédité, 442.
Administrateur provisoire, 340. — public, 394.
Administration postérieure à la majorité, 360.
Affectation hypothécaire, 246.
Aliénation, 150 s., 153, 174, 223, 226, 355. — de propres, 50, 57, 133. — d'immeubles dotaux, 121.
Alimens, 116, 145.
Ami du mineur, 377.
An vidual, 117 s.
Apport, 184.
Ascendant, 365.
Augment de dot, 20, 22, 43, 101.
Avis de parens, 248 s.
Avoué, 120.
Banqueroute frauduleuse, 414.
Biens, 138 — à venir, 92, 148, 167 s. — du mari, 167 s. — du tuteur, 343. héréditaires, 445. — nationaux, 400. — personnels de l'héritier, 441. — présens, 92, 167 s
Bonne foi, 66, 383.
Bordereaux, 419.
Capital, 409.
Cassation, 238.
Caution (dispense), 213. — de comptable, 390 s., 397 s., 406, 427.
Cautionnement, 236, 253.
Certificat, 418.
Cessation de la tutelle, 344,
Cession, 233, 265. — d'antériorité, 249. — d'hypothèque, 218 s., 251.
Clause de franc et quitte, 184.
Code civil, 36.
Collocation, 45, 53, 84, 110, 282, 409.
Commerçant, 194.
Communauté, 82, 176 s., 186, 227, 381.
Commune, 6, 389 s., 424 s.
Compensation, 268.
Comptable, 6, 389 s, 420. (aliénation), 416. — de l'université, 422. — par intérim, 396.
Compte (frais), 353. — de tutelle, 299, 349, 381, 385.
Concurrence, 273.
Condamnation judiciaire, 238. — pénale, 330.
Confiscation, 61.
Conquêts, 176 s.
Conseil judiciaire, 342.
Conservateur des hypothèques, 415.
Constitution d'hypothèque, 255.
Contrat de mariage, 52, 54, 57 s., 68, 81, 100, 129, 133 s., 152, 369. — de mariage sous seing-privé, 44, 48, 95.
Conventions, 437, — matrimoniales, 80 s., 87, 93, 101 s., 142 s.
Cotuteur, 321 s.
Coutume, 165.
Créance de la femme, 90 s.
— du mineur antérieure à la tutelle, 386. — matrimoniale, 214. — paraphernale, 122 s., 158 s. — privilégiée, 9. — pupillaire, 344, 348 s.
Créancier, 115, 240, 259, 264, 270, 295, 383. — chirographaire, 270, — de la femme, 258. — inscrit, 40. — non subrogé, 272. — personnel de l'héritier, 448.
Crédit ouvert, 269.
Curateur, 15, 337. — à succession vacante, 14, 339.
Débiteur, 271. — de l'état, 400.
Déboursés, 353,
Déconfiture, 271.
Dégradations, 106, 144.
Délégation, 361.
Dépens, 119 s., 146.
Détériorations, 106, 144.
Dettes, 91, 109 s., 115. — contractées par la femme avec son mari, 163. — de la femme, 133.
Deuil, 117 s., 145, 230.
Discussion, 62.
Dispense d'inscription, 26, 36, 128, 258, 293
Dissolution du mariage, 170, 200 s.
Distribution par contribution, 275.
Divorce, 308.
Dommages-intérêts, 373.
Donation, 91, 102 s., 108, 147 s., 188, 190, 212 s., 234, 358, 443. — en usufruit, 212 s. — entre époux, 93, 147. — par contrat de mariage, 148.
Dot, 23, 41, 80, 91 s., 137, 156, 174, 218, 223, 246. — (aliénation), 83 s, 154. — (fruits), 99, 141. — (paiement), 97.
Douaire, 230 s,
Droit écrit, 19, 61. — romain, 3, 19, 287.
Droit de retour, 188. — de suite, 185.
Droits acquis, 300. — éventuels, 24, 100.
Durée, 200 s., 380 s.
Echange, 187, 211, 414.
Effet rétroactif, 26 s.
Effets civils, 66.
Emigré, 41, 61.
Enfant, 66 s., 172.
Entrepreneur de travaux publics, 402 s.
Envoyé en possession, 15.
Epoux, 443.
Etablissemens publics, 6, 389 s., 428 s.
Etat, 6, 389 s.
Etranger, 69 s., 302. — domicilié en France, 76.
Evaluation de créance, 407
Eviction, 98.
Exclusion de communauté, 114.
Exigibilité, 205,
Extinction, 208, 381 s.
Faculté de rachat, 191 s.
Faillite, 8, 86, 259.
Femme, 4, 19 s., 80, 129, 145, 169, 181, 209, 218 s., 243, 264. — commune, 82, 150, 227, 249. — divorcée, 27. — dotale, 82, 153, 218. — normande, 44, 47, 60, 154. — séparée de biens, 30, 249, 254.
Fermier, 428. — d'octroi, 426.
Financier, 392.
Formalités, 251.
Frais, 247. — et dépens, 353.
Français, 303.

Fruits, 99, 123 s. — civils, 175.
Gain de survie, 102.
Garantie, 179, 358, 401.
Gestion de la tutelle, 325. — de tuteur, 318, 348 s.
Habitation, 145.
Héritier, 12, 437, 441, 444. — chargé d'acquitter un legs, 446. — de la femme, 81, 80, 203, 213.
Hospice, 428 s.
Hypothèque, 237. — conventionnelle, 87 s., 408. — générale, 167. — judiciaire, 341. — légale du mineur (durée), 380. — privilégiée, 21. — tacite, 20, 289.
Immeubles dotaux, 106, 153. — sociaux, 195 s.
Indemnité, 46, 91, 106, 108 s., 111, 157, 169, 407. — des dettes, 52 s., 59, 163.
Inscription hypothécaire, 18, 25, 33, 35, 37, 42, 47, 89, 102, 122 s., 159, 171, 200 s., 237, 259, 273, 292, 323, 345, 359, 372, 383, 386, 404 s., 410, 412, 419, 429 s., 432, 440, 450.
Interdiction légale, 330.
Interdit, 5, 286 s., 301, 340.
Intérêt, 99, 117, 141 s., 352, 409.
Inventaire, 323.
Jour du mariage, 136.
Jugement, 238.
Légataire, 7, 434 s. — à titre universel, 451. — universel, 451.
Législation, 287.
Légitime, 64.
Legs, 214, 361, 437. — (délivrance), 434.
Lésion, 157.
Liquidation, 29.
Liste civile, 420.
Main-levée, 211, 384, 388.
Maire, 395, 431.
Majorité, 296, 352, 360, 382.
Mari, 4, 115, 150, 177, 212, 243. — (second), 245.
Mariage, 65, 116, 129, 135. — (transcription en France), 71, 78. — à l'étranger, 69 s. — nul, 66.
Mention de subrogation, 261.
Mère, 316 s. — (administration), 315. — du mineur, 367.
Meubles du mari, 22.
Mineur, 5, 173, 286 s., 301. — (biens personnels), 307. — émancipé, 337 s. — étranger, 302.
Négligence, 354.
Notaire, 247.
Novation, 214.
Nu-propriété, 213, 356.
Obligation, 163 s., 253. — de la femme, 46, 50. — hypothécaire, 243 s. — non acquittée, 111. — solidaire, 237 s.
Octroi, 426 s.
Opposition, 240.
Ordre, 84. — entre les créanciers, 275.
Paiement, 137, 160, 283, 384.
Paraphernaux, 22 s., 122 s., 158 s.
Parent du mineur, 377.
Partage, 138, 186, 193, 414.
Payeur, 392. — de département, 414. — des armées, 414. — des postes, 414. — divisionnaire, 414. — général, 414. — du trésor de la couronne, 421.
Pays de nantissement, 290. — réunis, 75.
Percepteur des contributions directes, 393.
Père administrateur, 291, 307 s., 338, 370. — du mari, 97.
Péremption d'inscription, 206 s.
Personne interposée, 399.
Possession, 288, 346.
Préciput, 184.
Préférence, 175, 228, 264, 272, 447.
Préfet, 395.
Préjudice, 220.
Prescription, 209 s., 382, 385.
Preuve testimoniale, 162.
Priorité, 39, 164, 239, 278, 367.
Privilége, 9, 19, 23, 61, 118, 186. — du trésor, 398, 411 s.
Prix, 160.
Procuration, 229. — spéciale, 256.
Procureur du roi, 376.
Prodigue, 342.
Propres aliénés, 47, 91, 150 s.
Protecteur, 327.
Purge, 432. — légale, 262.
Quittance, 94, 96, 285. —
Quotité disponible, 239.
Radiation, 211.
Rang, 47, 50 s., 129, 164, 318, 355, 362, 430, 448.
Ratification, 181.
Receveur, 6. — de l'enregistrement, 415. — des contributions indirectes, 392. — des établissemens publics, 392. — des hospices, 392. — du trésor de la couronne, 421. — général des finances, 392, 414. — particulier des finances, 392, 414.
Reconnaissance en justice, 68.
Redressement de compte, 351.
Réduction, 197. — de l'hypothèque, 347, 375, 423, 444.
Réformes législatives, 452 s.
Régime dotal, 82.
Reliquat, 381.
Réméré, 139.
Remploi, 47, 55, 59, 84, 91. 121, 150 s., 156.
Renonciation, 62 s., 168, 180, 218 s., 233 s., 268. — à la communauté, 182, 184, 264. — partielle, 266. — tacite, 250.
Renouvellement d'inscription, 33, 42, 206 s., 359, 371.
Rente (remboursement), 140. — foncière, 440. — fondationnelle, 432.
Reprises de la femme, 239. — dotales, 22 s., 110, 387.
Responsabilité, 325. — du tuteur, 354.
Restitution de dot, 215, 234.
Restriction, 63.
Rétention, 288, 346.
Rétroactivité, 295.
Second mari de la mère, 321 suiv.
Secondes noces, 172, 317.
Séparation de biens, 30, 57, 88, 107, 109 s., 168, 175. 210, 224, 254. — de dettes, 173.
Société, 195 s., 236. — d'acquêts, 178, 222.
Solidarité, 224, 227, 237 s., 241 s., 255, 283, 285.
Sommes dotales, 113 s.
Sous ordre, 240.
Sous-préfet, 395.
Stellionat, 378.
Subrogation, 53, 60, 110, 120, 146, 247 s., 270, 379. — (concours), 273. — (contribution), 273. — (date), 274, 279. — (effets), 263, 270. — (formalités), 248. — (inscription), 260, 273, 275. — expresse, 232 s. — tacite, 232 s., 237 s., 243 s.
Subrogé-tuteur, 332 s., 372, 374.
Substitution, 189, 336.
Succession, 7, 91, 115, 149, 435 s. — bénéficiaire, 449. — échue à la femme, 113 s. — échue au mineur, 369. — vacante, 339.
Surenchère, 98.
Terme, 137.
Testament, 440. — (forme), 438. — mystique, 439.
Testateur, 434.
Tiers, 240, 300, 430. — détenteur, 209 s., 284, 448.
Traités internationaux, 74, 306.
Transcription, 32, 34, 108, 367.
Travaux publics, 401, 408.
Trésor, 409. — de la couronne, 420. — public, 398.
Trésorier de la couronne, 421.
Tutelle, 245, 315. — (acceptation), 362. — de fait, 317. — légitime, 365. — testamentaire, 364.
Tuteur, 5, 295, 301, 318, 330, 372, 388. — (dettes antérieures), 357. — (excuse), 318. — (gestion), 348 s. — (nomination), 366. — *ad hoc*, 334 — à la restitution, 336. — officieux, 331. — subsidiaire, 329. — volontaire, 329.
Tutrice, 235.
Université, 422.
Usufruit, 212 s., 356, 368, 443.
Vente à réméré, 139, 191 s. — de la chose d'autrui, 174. — des biens de mineur, 355.
Veuve, 28, 150.

HYPOTHÈQUE LÉGALE. — 1. — L'hypothèque légale, dit l'art. 2117, C. civ., est celle qui résulte de la loi. Elle n'a pas besoin de convention pour être établie.

2. — L'hypothèque légale frappe tous les biens présens et à venir du débiteur. — C. civ., art. 2122 ; C. comm., art. 2135. — Cependant, dans certains cas prévus par les art. 2140 et suiv. et 2161, l'hypothèque légale peut être limitée. — V. aussi *infrà* nº 197, et RÉDUCTION D'HYPOTHÈQUE.

SECT 1re. — *Différentes espèces d'hypothèques légales* (nº 3).

SECT. 2e. — *De l'hypothèque légale des femmes mariées* (nº 19).

ART. 1er. — *Législation et questions transitoires* (nº 19).

ART. 2. — *Dans quels cas existe l'hypothèque légale de la femme* (nº 65).

ART. 3. — *Créances auxquelles est attachée l'hypothèque légale de la femme* (nº 90).

ART. 4. — *Du rang de l'hypothèque légale de la femme* (nº 129).

ART. 5. — *Biens grevés de l'hypothèque légale de la femme* (nº 167).

ART. 6. — *Durée de l'hypothèque légale de la femme* (nº 200).

ART. 7. — *Subrogation dans l'hypothèque légale de la femme* (nº 217),

§ 1er. — *Capacité de subroger* (nº 218).

§ 2. — *De la subrogation expresse et de la subrogation tacite* (nº 232).

§ 3. — *Formalités de la subrogation* (nº 248).

§ 4. — *Effets de la subrogation à l'égard de la femme* (nº 263).

§ 5. — *Effets de la subrogation à l'égard des créanciers* (nº 270).

SECT. 3e. — *Hypothèque légale du mineur et de l'interdit* (nº 286).

ART. 1er. — *Législation et questions transitoires* (nº 286).

ART. 2. — *Au profit de qui et contre qui existe l'hypothèque légale du mineur et de l'interdit* (nº 301).

ART. 3. — *Biens grevés de l'hypothèque légale du mineur et de l'interdit* (nº 343).

ART. 4. — *Créances conservées par l'hypothèque légale du mineur et de l'interdit* (nº 348).

ART. 5. — *Rang de l'hypothèque légale du mineur et de l'interdit* (nº 362).

ART. 6. — *Durée de l'hypothèque légale du mineur et de l'interdit* (nº 380).

SECT. 4e. — *Hypothèque légale au profit de l'état, des communes et des établissemens publics* (nº 389).

SECT. 5e. — *Hypothèque légale au profit du légataire* (nº 434).

SECT. 6e. — *Réformes législatives quant aux hypothèques légales* (nº 452).

Sect. 1re. — *Différentes espèces d'hypothèques légales.*

3. — Les Romains reconnaissaient jusqu'à vingt-six causes d'hypothèque tacite ou légale. — V. au digeste le tit. *In quib. caus. pig. vel. hyp. tacit. const.*

4. — Les droits et créances auxquels l'hypothèque légale est attachée sont ceux des femmes mariées sur les biens de leur mari. — C. civ., art. 2121. — V. *infrà* nos 19 et suiv.

5. — ... Ceux des mineurs et interdits sur les biens de leur tuteur. — C. civ., art. 2121. — V. *infrà* nos 286 et suiv.

6. — ... Ceux de l'état, des communes et des établissemens sur les biens des receveurs et administrateurs comptables. — C. civ., art. 2121. — V. *infrà* nos 389 et suiv.

7. — L'hypothèque légale est en outre attachée aux droits du légataire sur les biens de la succession pour le paiement de son legs. — C. civ., art. 1009, 1012, 1017. — V. *infrà* nos 434 et suiv.

8. — L'hypothèque de la masse des créanciers du failli résultant des art. 490 et 517, C. comm., est aussi une hypothèque légale. C'est l'opinion que nous avons adoptée au mot FAILLITE, nº 1505, où nous avons établi qu'on ne pouvait voir dans cette hypothèque une hypothèque judiciaire. — V. conf. Troplong, nº 433.

9. — La loi attache encore l'hypothèque de plein droit aux créances privilégiées sur les immeubles soumises à la formalité de l'inscription, à l'égard desquelles les conditions prescrites par la loi n'ont pas été accomplies. — C. civ., art. 2113. — En effet ces hypothèques ne dérivent ni de jugemens ni de conventions, et dès-lors elles se rangent parmi les hypothèques légales. — V. pour les détails PRIVILÉGE.

10. — Les hypothèques légales sont toutes accordées par la loi et à cause de la nature de la créance. Sous ce rapport elles ressemblent beaucoup aux priviléges, et on aurait pu concevoir que la loi rangeât ces diverses créances parmi les créances privilégiées ; mais en les classant dans la catégorie des hypothèques, elle a différencié ces créances des priviléges qui passent toujours avant toutes les hypothèques, tandis que les hypothèques légales ne passent pas avant les hypothèques qui leur sont antérieures, et prennent rang, soit d'après la date de leur inscription, soit d'après l'époque des faits qui constituent leur origine.

11. — L'adition d'hérédité n'emporte qu'une obligation personnelle à laquelle aucune loi n'a attaché la garantie d'une hypothèque légale. — Lebrun, *Successions*, liv. 4, ch. 2, sect. 1re, nº 37 ; Grenier, t. 1er, nº 229 ; Troplong, nº 432 *bis*.

12. — Des héritiers n'ont donc pas une hypothèque légale sur les biens propres de celui de leur co-héritier qui s'est emparé de toute la succession qui leur est échue. — *Cass.*, 11 nov. 1811, Erhard c. Laroche. — Merlin, *Rép.*, vº *Hypothèque*, sect. 2e, § 2, art. 4, nº 2.

13. — On ne pourrait non plus réclamer une hypothèque légale contre le cohéritier qui s'emparerait indûment d'une partie de succession appartenant à ses co-héritiers mineurs, son intention dans ce cas n'étant pas d'exercer les fonctions de tuteur, mais de frustrer ses co-héritiers. — Troplong, nº 420.

14. — Le curateur à une succession vacante n'est pas frappé d'hypothèque légale. — V. HYPOTHÈQUE JUDICIAIRE.

15. — Sous l'empire du droit romain, les absens n'avaient pas hypothèque légale sur les biens de leurs curateurs. — *Colmar*, 22 mars 1831, Wetterhold c. Schuber.

16. — Cependant, à l'exemple de l'ancienne législation française (Grenier, *Hyp.*, nº 224), la loi du 11 brum. an VII, art. 21, nº 2, concédait une hypothèque légale aux absens sur les immeubles des administrateurs de leurs biens pour raison de leur gestion. — Mais cette disposition n'a pas été reproduite par le Code qui a considéré comme une garantie suffisante les dispositions sur l'absence et la nécessité établie dans la plupart des cas de donner des cautions.

17. — Toutefois, la cour royale de Pau (*Doc. rel. hyp.*, t. 2, p. 331) a demandé que, comme l'avait fait l'art. 21, L. 11 brum. an VII, il fût accordé à l'absent une hypothèque légale sur les biens, soit des administrateurs provisoires qui lui sont nommés conformément à l'art. 112, C. civ., soit de ceux qui se sont fait envoyer en possession de sa fortune, et que l'art. 125 oblige à lui rendre compte, s'il reparaît.

18. — Les hypothèques légales doivent en général, comme les autres hypothèques, être soumises à la formalité de l'inscription dont l'accomplisse-

ment, en ce qui concerne l'hypothèque légale des femmes et des mineurs et interdits, est confié aux maris, tuteurs et subrogés-tuteurs, etc. (V. INSCRIPTION HYPOTHÉCAIRE, STELLIONAT), quoique ces deux espèces d'hypothèques légales existent indépendamment de l'inscription.—C. civ., art. 2135.

Sect. 2e. — *De l'hypothèque légale des femmes mariées.*

ART. 1er. — *Législation et questions transitoires.*

19. — Autrefois, à Rome, à défaut de stipulation expresse, les femmes n'avaient qu'un privilége personnel pour être préférées, pour leur dot, aux créanciers antérieurs de leurs maris. Justinien voulut suppléer à cette insuffisance des anciennes lois. Par la loi première, C., *De rei uxoriæ actione*, il donna à la femme une hypothèque tacite sur les biens de son mari pour la restitution de sa dot. Il alla plus loin encore, et voulut que cette hypothèque fût tellement privilégiée, qu'elle assurât préférence sur tous les créanciers hypothécaires du mari, même antérieurs en date et privilégiés.—L. 12, *Assiduis* C. *qui pot.* et nov. 92, cap. 2. — Cette législation, admise dans le parlement de Toulouse, était généralement repoussée en France, où la loi unique C. *De rei uxor. act.* était seule adoptée avant l'existence du Code civil. L'art. 2121 l'a sanctionnée.—Troplong, *Hyp.*, t. 2, no 409.

20. — D'après le droit romain, sous lequel le régime dotal était seul en vigueur, une hypothèque tacite était accordée à la femme non seulement pour sa dot, mais encore son augment de dot, sa donation *propter nuptias*, et ses biens paraphernaux.—Perezius, lib. 5, 7 et 12, no 20. L. *Ult.* C. *De pactis conventis*; Cujas, Code, *De Jure dotium*; Troplong, no 418.

21. — Mais la femme n'avait d'hypothèque privilégiée, c'est-à-dire, de droit de préférence sur les créanciers antérieurs que pour sa dot seulement, et non pour son augment de dot fait en meubles, pour sa donation *propter nuptias* et pour ses paraphernaux. — Cujas, nov. 97; Voët, liv. 20, tit. 4, no 21; Troplong, no 418.

22. — Ainsi jugé qu'en pays de droit écrit, le privilége de la femme n'existait sur les meubles de son mari que pour ses reprises dotales et son augment, et non pour le prix de ses biens paraphernaux aliénés durant le mariage. — *Lyon*, 21 août 1832, Bordier et Labrosse c. de Maconnex.

23. — Sous le Code civil la femme n'a pas de privilége pour sa dot et ses reprises. — C. civ., art. 1572. — Mais la loi accorde une hypothèque légale qui s'étend à tous ses apports matrimoniaux, à tous ses droits et reprises, à ses gains nuptiaux et à ses paraphernaux; car les termes des art. 2121 et 2135 sont généraux et sans restriction.

24. — Sous l'empire de la loi du 11 brum. an VII il en était déjà ainsi; l'hypothèque tacite était accordée à la femme mariée par l'art. 21 de cette loi pour raison *de ses conventions et droits matrimoniaux*, même non encore ouverts et éventuels.

25. — Mais la loi du 11 brum. an VII avait astreint l'hypothèque qu'elle consacrait au profit de la femme à la nécessité de l'inscription; et de plus elle avait soumis à la même formalité, dans un délai qu'elle déterminait (art. 37 et suiv.), les hypothèques anciennes qui, au moment de sa promulgation, existaient au profit des femmes.

26. — Le Code civil (art. 2135) déclare au contraire que cette hypothèque existe et prend rang indépendamment de l'inscription.— Mais cette disposition n'a pu avoir d'effet rétroactif.

27. — Ainsi, une femme divorcée avant le Code civil, mais dont les reprises n'étaient pas encore liquidées lors de la publication de ce Code, n'a pu invoquer l'hypothèque légale consacrée en faveur des femmes mariées par l'art. 2135, et prétendre, à ce titre, primer des créanciers du mari régulièrement inscrits. — *Cass.*, 7 avr. 1813, Blin de Bourdon c. de Selincourt, et 7 avr. 1818, Ternois c. Selincourt; *Paris*, 5 mai 1815, Pacot c. Framery.

28. — L'hypothèque légale dispensée d'inscription n'a pas pu davantage être réclamée par la femme devenue veuve avant le Code civil. — *Cass.*, 20 mai 1817, enregistrement c. Fournier; *Besançon*, 11 fév. 1813 Coras et Trouillot c. Chaffrin; *Cass.*, 1er mai 1815, Varnier c. Leroy de la Glazière; *Colmar*, 31 mars 1810, Thurn c. Ferrette de Florimont; *Toulouse*, 3 mars 1841 (t. 1er 1843, p. 572), Picou c. Bellegarde; *Montpellier*, 6 juill. 1830, Delheuse c. Portes; *Agen*, 8 mai 1810, Duffaut c. N...; — Grenier, t. 1er, no 244; Duranton, t. 19, no 292; Troplong, no 631 bis; Hervieu, *Résumé de Jurisp. hyp.*, vo *Hypothèque légale*, § 6, no 4.

29. — ...Lors même que les droits de cette femme n'auraient été liquidés que depuis le Code civil. — *Cass.*, 20 mai 1817, enreg. c. Fournier.

30. — De même, la femme séparée de biens lors de la promulgation du Code civil ne peut invoquer le bénéfice de l'hypothèque légale accordée aux femmes par ce Code. — *Aix*, 1er fév. 1811, Gazan c. Martin.

31. — Et les représentans d'une femme décédée avant la promulgation du Code civil, qui n'ont pris aucune inscription, ou dont l'inscription est nulle, ne peuvent pas non plus réclamer l'hypothèque légale dispensée d'inscription, pour le recouvrement des reprises et conventions matrimoniales de leur mère.—*Cass.*, 9 nov. 1813, Gondouin c. Lambert.

32.—Il en est de même si ces héritiers n'ont fait inscrire leur hypothèque dans la quinzaine de la transcription des actes d'aliénation passés par le mari. — *Grenoble*, 30 juin 1838 (t. 1er 1839, p. 420), Dugardier c. de Montbel.

33.—Par conséquent, l'inscription qu'une femme mariée avait prise sous la loi de brum. an VII, pour la conservation de son hypothèque légale, n'est pas affranchie du renouvellement décennal prescrit par l'art. 2135, C. civ., lors même que cette femme étant décédée avant la promulgation de cet article, sa créance dotale serait passée dans la main de son héritier.—*Grenoble*, 28 janv. 1818, Peyot c. Roibet.

34. — Jugé encore que la femme qui, sous l'empire de la loi du 11 brum. an VII, a laissé vendre les immeubles de son mari, sans prendre inscription pour la garantie de ses conventions matrimoniales, n'est pas, sous l'empire du Code civil, fondée à faire inscrire sa créance sur les mêmes biens et pour les mêmes causes, si les acquéreurs ont fait transcrire leur contrat avant la promulgation du Code. — *Paris*, 30 août 1808, Grenonville c. banque terrritoriale.

35.—La possession publique d'une femme colloquée sur les biens de son mari, avant la loi du 11 brum. an VII, la dispense de prendre inscription pour sûreté de ses créances.—*Grenoble*, 16 juin 1808, Etienne Blanche c. Ruffieux.

36.—Le Code civil n'a pas d'ailleurs créé un droit nouveau d'hypothèque légale au profit des femmes contre leurs maris; il n'a fait que consacrer le droit établi par la loi du 11 brum. an VII, et déterminer d'une manière plus favorable le mode de le conserver en le dispensant d'inscription. — *Paris*, 16 mars 1813, Gallieu c. Roblastre.

37.—Aussi la femme mariée avant le Code civil conserve-t-elle son hypothèque légale sous ce Code, quoiqu'elle n'ait pas pris inscription sous la loi du 11 brum. an VII.—*Agen*, 27 nov. 1812, Ballande c. Tronchet.

38. — Car l'art. 2135, C. civ., en dispensant l'hypothèque légale de la femme de l'inscription a valu dès ce jour-là inscription pour la femme à raison des diverses causes de son hypothèque légale, car la loi, à l'instant de sa promulgation, saisit les personnes et leur confère immédiatement ou leur enlève des droits dont elles jouissent ou sont privées dans l'avenir.

39.—Aussi est-ce avec raison qu'on a jugé qu'une femme mariée avant le Code civil peut, pour ses droits matrimoniaux, invoquer l'hypothèque légale consacrée par les art. 2121 et 2135 de ce Code, et primer les créanciers du mari non inscrits à l'époque de sa publication. — *Cass.*, 8 nov. 1809, Delahaye; *Bruxelles*, 24 déc. 1806, Priuli c. Bolsier et Vander-Motten; *Cass.*, 1er fév. 1816, Magné c. Savary; 16 juill. 1817, Delahaye; *Metz*, 18 juill. 1820, Morin c. Dubois de Riocourt; *Paris*, 25 fév. 1831, Tricotel c. Villain; *Bastia*, 2 fév. 1846 (t. 2 1846, p. 291), Renucoti et Vincent Elli c. Marini; — Chabot, *Quest. transit.*, t. 2, p. 61; Merlin, *Rép.*, vo *Inscription hypothécaire*, § 3, no 12; et *Quest.*, vo *Hypothèque*, § 3; Grenier, *Traité des hyp.*, t. 1er, p. 510; Troplong, *Comment. hypoth.*, t. 2, no 629; Duranton, t. 19, no 296; Persil, *Quest. sur les priviléges et hypoth.*, t. 1er, p. 226.

40. — Mais elle serait primée par les créanciers inscrits avant l'époque de cette promulgation. — *Cass.*, 16 juill. 1817, Delahaye; 1er fév. 1816, Magné c. Savary; *Paris*, 23 janv. 1810, Leblond c. Doucet; *Agen*, 27 juin 1811, Bruguière c. Mannoury et Fillol; — Grenier, t. 1er, p. 508; Troplong, t. 2, no 628.

41. — La femme d'un émigré, créancière privilégiée à raison de sa dot sur les biens de son mari, été tenue, pour conserver son privilége, de faire inscrire sa créance, soit en vertu de la loi du 11 brum. an VII, soit en vertu de celle du 16 vent. an IX. — *Montpellier*, 29 mars 1813, Perewé c. de Tremolety.

42. — La femme mariée sous la loi de brum. an VII, qui la dispensait de renouveler son inscription sur son mari, pendant le mariage et un an après, a été pareillement dispensée, pour la conservation de son hypothèque, sous le Code civil, soit inscrire, soit de la renouveler. —*Cass.*, 14 juin 1831 Romieu c. Torcat et Féraud.

43. — La femme mariée avant la publication du Code civil n'a pas hypothèque à compter du jour de son mariage, pour l'augmentation de dot à elle donnée depuis le Code, bien que les lois sous l'empire desquelles le mariage a été contracté accordassent cette hypothèque à l'augmentation de dot. —*Nîmes*, 16 juin 1813, Parquet.

44. — On a décidé d'abord que la femme normande n'ayant qu'un contrat de mariage sous seing-privé, non reconnu par devant notaires, mais ayant acquis une date certaine, a obtenu l'hypothèque légale sur les biens de son mari en vertu du Code civil, et à compter de la date de sa publication. — *Caen*, 4 mai 1814, Huet et Pierne c. Hamel; *Cass.*, 13 nov. 1820, Morise c. Rocher; *Rouen*, 2 janv. 1824, Bigot c. créanciers de son mari.

45.—Ainsi doit être infirmé le jugement qui refuse de la colloquer à cette date sur les biens de son mari et qui ne lui accorde cette collocation qu'à dater de l'enregistrement de son contrat de mariage.— *Rouen*, 2 janv. 1823, Bigot c. N...

46. — Il a aussi été jugé que la femme mariée avant le Code civil, qui, par son contrat, a stipulé une hypothèque sur les biens de son mari à compter du jour du mariage, pour s'indemniser des dettes qu'elle contracterait avec lui ou pour lui, n'a cependant d'hypothèque légale pour les engagemens postérieurs au Code civil, que du jour de l'obligation, et que la femme ne pourrait, dans le cas posé, se prévaloir de la clause de son contrat de mariage pour faire remonter l'hypothèque légale que lui donne le Code au jour de son mariage, alors que l'obligation est postérieure à cette loi, et que l'art. 2135 n'accorde à la femme l'hypothèque légale que du jour de l'obligation. —*Cass.*, 7 mai 1816, Barthélemy c. Loury; — Grenier, t. 1er, p. 513.

47.—Mais il a été décidé que l'hypothèque générale que la femme normande avait, sous l'empire de la coutume, sur les biens de son mari, du jour de la célébration du mariage, pour le remploi de ses propres aliénés, quoique non inscrite sous la loi du 11 brum. an VII, a conservé son rang, au préjudice des créanciers du mari, qui n'avaient eux-mêmes, à défaut d'inscription, aucun droit acquis sur les immeubles à l'époque de la publication du Code civil, qui dispense la femme de l'obligation d'inscrire ses créances. — *Cass.*, 10 fév. 1817, de Briges et de Sainte-Colombe c. Bretel.

48.—De même, la femme normande dont le contrat de mariage sous seing-privé a acquis une date certaine avant le Code civil, par exemple, par la mort de plusieurs des signataires, a, pour ses apports, sur les biens de son mari, une hypothèque légale qui remonte à la date de son contrat de mariage. — *Caen*, 25 (et non 23) nov. 1824, Fourmy c. Mellion.

49.—Il en est ainsi, lors même que le contrat de mariage a été passé sous l'empire de la loi du 11 brum. an VII, qui soumettait les hypothèques légales à la formalité de l'inscription. — *Colmar*, 31 août 1812 (et non 1811), Stuppler c. Schoengrun.

50.—La disposition du Code civil, qui ne fait remonter l'hypothèque des femmes sur les biens de leurs maris qu'à la date des aliénations ou des obligations, ne concerne que les femmes mariées depuis la publication de ce Code. — *Cass.*, 12 août 1834, Roard c. Doré; *Poitiers*, 18 juin 1838 (t. 2 1845, p. 383), Perrot c. Fradet.

51. — En conséquence, la femme mariée sous la coutume de Paris, postérieurement à la loi du 11 brum. an VII, doit, en vertu de son hypothèque, pour le remploi de ses propres aliénés, et des obligations par elles contractées durant le mariage, même sous le Code civil, prendre rang à la date de son contrat de mariage, encore qu'elle n'ait pas requis inscription, pourvu toutefois qu'il n'y ait pas eu d'inscription prise par des tiers avant le Code civil. — *Cass.*, 12 août 1834, Roard c. Doré; *Rouen*, 19 mars 1835, mêmes parties; *Paris*, 26 mars 1836, Chéronnet; *Colmar*, 14 mai 1821, Schertz c. Weingaud; *Cass.*, 23 juin 1824, Lallier c. Maubon.

52. — Jugé aussi que dans les pays de droit écrit ressortissant au parlement de Paris, notamment à Lyon, l'hypothèque légale des femmes pour l'indemnité des dettes par elles contractées avec leur mari remontait à l'époque du contrat de mariage; que l'art. 2135, C. civ., qui ne l'accorde que du jour de l'obligation, est introductif d'un droit nouveau, qui ne peut atteindre la femme mariée antérieurement, non plus que les créanciers qu'elle a subrogés à son hypothèque; qu'en conséquence, les créanciers ainsi subrogés à l'hypothèque légale de la femme par des obligations consenties depuis le Code civil, sont fondés à prétendre faire colloquer leur débi-

trice à la date de son contrat de mariage sur les biens du mari, et cela par préférence à d'autres créanciers de ce dernier plus ancien qu'eux, mais plus nouveaux que la femme.—*Cass.*, 10 janv. 1827, Garcin c. Boisset.

53.—... Que la disposition de l'art. 2135, C. civ., qui ne donne hypothèque à la femme mariée, pour le remploi de ses propres aliénés, et les indemnités qu'elle peut avoir à réclamer, qu'à compter du jour des aliénations ou des obligations, n'est pas applicable au cas où le contrat de mariage a été passé antérieurement à la loi de brumaire an VII. — *Metz*, 18 juill. 1820, Morin c. Dubois de Riocourt.

54. — Jugé, au contraire, que l'art. 2135, C. civ., portant que la femme n'a d'hypothèque pour le remploi de ses propres aliénés que du jour des aliénations, est applicable aux mariages contractés avant sa promulgation. — *Paris*, 16 juill. 1818, Péron; *Angers*, 29 août 1814, Louri c. Delarue.

55. —... Que c'est le Code civil, et non le droit en vigueur lors du contrat de mariage, qui régit la date de l'hypothèque légale de la femme pour l'indemnité des dettes qu'elle a contractées avec son mari, sous l'empire de ce Code. — *Cass.*, Bonnet-Cibié c. Chapelier.

56.— Jugé aussi que l'hypothèque légale de la femme, sous l'empire de la coutume de Paris et de la loi du 11 brum. an VII, lorsqu'il n'y a point eu d'inscription prise, doit être régie par l'art. 2135, C. civ., en telle sorte qu'à l'égard des aliénations et obligations consenties depuis le Code civil, cette hypothèque ne date que du jour des aliénations ou obligations, encore bien que sous la coutume, elle remontât au jour du mariage. — *Paris*, 13 janv. 1834, Roard.

57. — Jugé encore cependant que l'hypothèque légale de la femme mariée sous l'empire de la coutume de Poitou ne doit pas être régie par l'art. 2135, C. civ.; qu'en conséquence, à l'égard des obligations consenties depuis ce Code, cette hypothèque ne date pas seulement du jour où elles ont été contractées, mais bien, comme le voulait la coutume, du jour du contrat de mariage. — *Cass.*, 26 janv. 1836, Perrot c. Fradet; *Poitiers*, 18 juin 1833 (t. 2 1845, p. 383), Perrot c. Fradet; — Troplong, *Comm. sur les privil. et hypoth.*, no 630.

58. — Sous l'ancienne législation, l'hypothèque légale que la femme séparée de biens contractuellement avait sur les biens de son mari pour le remploi des propres aliénés, et pour l'indemnité des dettes contractées pendant le mariage, ne prenait naissance que du jour de l'aliénation ou de la dette contractée, et non du jour du contrat de mariage. — *Paris*, 31 août 1807, Rouault c. Souplot.

59. — Sous la coutume de Bretagne, dont l'art. 439 n'accordait à la femme hypothèque sur les biens de son mari, pour l'indemnité des dettes qu'elle avait contractées avec lui, et pour le remploi de ses propres aliénés, qu'à compter du jour de l'obligation ou de la vente, les époux ont pu stipuler, dans leur contrat de mariage, que l'hypothèque de la femme, pour toutes ses reprises, remonterait à la date de ce contrat.—*Cass.*, 26 fév. 1829, Collineau.

60. — Une femme mariée sous la coutume de Normandie, si elle a subrogé des créanciers à son hypothèque légale qui ont été, sans contestation de sa part, colloqués en son lieu et place, est mal fondée à demander à être colloquée à la date de son contrat de mariage pour les indemnités auxquelles elle a droit à raison de ces subrogations; c'est seulement à la date de ces créances pour lesquelles elle a consenti une subrogation qu'elle peut être colloquée. — *Cass.*, 17 avr. 1832, Saint-Denis c. Levacher-Durclé.

61. — En pays de droit écrit, la femme n'avait d'hypothèque pour la reprise de ses paraphernaux aliénés, que du jour des aliénations, sauf toutefois le cas où une stipulation formelle donnait à l'hypothèque une date antérieure. Dès-lors, si le mari n'a vendu et touché le prix des aliénations que depuis la confiscation de ses biens comme émigré, la femme ne peut, vis-à-vis des créanciers de celui-ci, prétendre privilége en vertu de son hypothèque légale sur l'indemnité accordée à sa succession par la loi du 27 avr. 1825. — *Lyon*, 21 août 1832, Bordier et Labrosse c. de Maconner; — Merlin, *Rép.*, vo *Paraphernaux*.

62. — Suivant l'art. 53, cout. de Bordeaux, la femme qui avait renoncé à son hypothèque pouvait cependant réclamer sa dot sur les biens de son mari qu'elle en avait dégrevés, s'il n'en avait pas d'autres suffisans pour la remplir; et encore n'était-elle pas tenue à la discussion de ces derniers biens, si cette discussion paraissait devoir être trop difficile et dispendieuse. — *Bordeaux*, 9 juill 1841 (t. 1er 1842, p. 13), Milliac c. Véron et Lepeyre.

HYPOTHÈQUE LÉGALE, sect. 2e.

63. — Sous la loi du 11 brum. an VII, lorsque la femme elle-même avait limité à certains biens l'inscription de son hypothèque légale, cette inscription ne frappait pas les autres immeubles du mari situés dans l'arrondissement. — *Agen*, 19 août 1824, Chauvin c. Gélas.

64. — L'hypothèque légale de la femme du légitimaire qui a reçu sa légitime en argent frappe sur les biens qui peuvent revenir à ce légitimaire à titre de supplément, comme sur ceux que le père s'est réservés dans l'institution faite en faveur d'un autre enfant. — *Montpellier*, 3 juin 1830, Légueragues c. Catuffe.

ART. 2. — *Dans quels cas existe l'hypothèque légale des femmes.*

65. — L'hypothèque légale est attachée par la loi aux droits et créances des femmes sur les biens de leur mari; elle suit la qualité de femme mariée et naît par le fait seul d'un mariage valable.

66. — Si le mariage vient à être annulé, mais que la femme ait été de bonne foi en le contractant, ce mariage devant produire tous les effets civils tant en faveur de l'époux de bonne foi que des enfans qui en sont issus, engendrera l'hypothèque, qui est incontestablement un des effets civils du mariage. — Duranton, t. 19, no 291.

67.—Mais si la femme avait été de mauvaise foi et était décédée, les enfans ne pourraient, quand même le mari serait de bonne foi, invoquer l'hypothèque que leur mère n'aurait pu invoquer pour elle-même, et que, par conséquent, elle n'aurait pu leur transmettre. — Duranton, t. 19, no 291.

68. — Suivant la jurisprudence du parlement de Toulouse, un contrat de mariage ne conférait pas à la femme hypothèque à l'égard des tiers, quand il n'avait été avéré en justice. — *Nîmes*, 14 août 1826, Catelan c. Alaux.

69. — Le mariage contracté en pays étranger entre un Français et une étrangère ne produisait pas, sous l'ancien droit, hypothèque légale en France au profit de la femme : c'était la conséquence de la rédaction précise de l'art. 121, ord. 1629. — Merlin, *Rép.*, vo *Hypothèque*, sect. 1re, § 5, no 12.

70. — Jugé, sous le Code civ., que la femme étrangère n'a pas d'hypothèque légale sur les biens possédés en France par son mari. — *Bordeaux*, 17 mars 1834, Solarès; 14 juill. 1845 (t. 2 1846, p. 676), Halmer c. caisse hypothécaire; *Douai*, 24 juin 1844 (t. 2 1844, p. 491, Zanna c. Declerc; — Duranton, t. 19, no 202; Grenier, *Traité des hypoth.*, t. 1er, nos 246 et 247; Aubry et Rau sur Zachariæ, *Dr. civ. franç.*, t. 2, § 264, note 15e; Battur, *Tr. des hypoth.*, t. 2, no 351; Gaudry; *Revue de législation*, t. 2, p. 300; Fœlix, *Revue étrangère*, t. 1er, p. 25, 3e série; Massé, *Dr. comm.*, t. 2. p. 422, no 332.

71. — ... Surtout quand l'acte de célébration du mariage n'a pas été transcrit en France conformément à l'art. 171, C. civ. — *Bordeaux*, 17 mars 1834, Solarès.

72. — L'hypothèque légale est au contraire accordée à la femme étrangère par M. Troplong (*Tr. des Hyp.*, no 513 ter). « La loi qui règle les hypothèques, dit-il, est un statut réel, et à ce titre elle affecte tous les immeubles français sans s'informer si ce sont des régnicoles ou des étrangers qui en sont propriétaires. » Ainsi, peu importe que le fait dont la loi française fait résulter l'hypothèque ait eu lieu en France ou à l'étranger, il suffit que le fait existe et que la loi française y ajoute autorité de créance. — V. Merlin, *Rép.*, vo *Remploi*, § 2, no 9; Tessier, *de la Dot*, t. 2, no 133.

73. — Une troisième opinion accorde ou refuse sur les biens situés en France l'hypothèque à la femme étrangère, suivant qu'elle lui est accordée ou refusée par la loi de son pays. — V. Rapetti, *Condit. des étrang.*, p. 121; Cubain, *Tr. des droits des femm.*, p. 121.

74. — Les traités internationaux peuvent d'ailleurs stipuler que l'hypothèque légale militera au profit des femmes étrangères. — *Bordeaux*, 17 mars 1834, Solarès. — Grenier, no 247; Rolland de Villargues, *Rép. du not.*, vo *Hyp.*, no 354, 2e édit.

75. — Mais en l'absence de traités il faudrait dénier à la femme étrangère l'hypothèque légale, quand même les époux se seraient mariés à une époque où leur pays faisait partie du territoire français. Il le faudrait surtout si les immeubles sur lesquels la femme étrangère veut exercer des droits d'hypothèque n'étaient advenus à son mari qu'après la séparation du pays des époux d'avec la France. — *Douai*, 24 juin 1844 (t. 2 1844, p. 491), Zanna c. Declerc.

76. — L'hypothèque légale ne peut même être réclamée par la femme de l'étranger admis par le roi à établir son domicile en France que tant que cet étranger continue d'y résider. — *Bordeaux*, 14 juill. 1845 (t. 2 1846, p. 676), Halmer c. Caisse hypothécaire.

HYPOTHÈQUE LÉGALE, sect. 2e.

77. — Jugé sous le Code civil, comme on a vu (*suprà* nos 69 et 71), que l'avait fait l'ancienne jurisprudence, qu'un mariage contracté entre un Français et une étrangère ne pouvait, indépendamment de toute formalité, produire hypothèque légale sur les biens du mari situés en France, et que, pour être opposé au tiers, l'acte de mariage devait avoir été transcrit sur les registres de l'état civil du domicile du mari dans les trois mois de son retour en France.—*Cass.*, 6 janv. 1824, Coulon c. Fremeau.

78.—Jugé, par conséquent, que la femme étrangère qui épouse un Français, même en pays étranger, a, comme la femme française, hypothèque légale en France sur les biens de son mari pour sûreté de sa dot, à moins de dispositions contraires dans les traités, mais que toutefois cette hypothèque n'existe que du jour de la transcription de l'acte de célébration du mariage sur les registres de l'état civil. — *Montpellier*, 3 juin 1830, Légueraques c. Catuffe.

79. — Décidé au contraire que le mariage contracté en pays étranger, entre Français ou entre un Français et une étrangère, emporte hypothèque légale en France quand il a été procédé, pour la célébration, à l'accomplissement des formalités voulues par la loi. Et alors même que la transcription sur les registres de l'état civil français, prescrite par l'art. 171, C. civ., n'aurait pas été effectuée. —*Cass.*, 23 nov. 1840 (t. 2 1840, p. 644), Gradix c. Las Fuentès et Gansefort.

80. — L'hypothèque légale de la femme pour sa dot et ses conventions matrimoniales se continue sans interruption en faveur de ses héritiers ou représentans. — *Pau*, 30 juin 1830, Gros c. Merillon.

81. — L'hypothèque légale de la femme est indépendante des conventions matrimoniales qui ont pu régir l'association des époux. Elle appartient donc à la femme mariée sous le régime dotal, comme à la femme commune en biens. On verra en effet qu'il est des droits et créances que la femme peut se créer contre son mari lors même qu'elle n'a pas de contrat de mariage.

82. — Jugé dans ce sens que l'art. 2135-2o, C. civ., s'applique indistinctement à la femme mariée sous le régime dotal, et à la femme mariée sous le régime de la communauté.—*Montpellier*, 13 déc. 1833, Vignau c. Peyrille.

83.—... Que la femme mariée sous le régime dotal, comme celle qui est mariée en communauté, a une hypothèque légale sur les biens de son mari, pour raison de ses immeubles dotaux aliénés pendant le mariage, indépendamment de l'action révocatoire qui lui appartient contre les tiers acquéreurs; qu'elle peut exercer cette hypothèque pendant le mariage, sur le prix des biens de son mari, encore qu'elle ne soit pas séparée de biens avec lui, et que les tribunaux doivent, dans ce cas, après avoir colloqué la femme au rang que la loi lui assigne, pourvoir à ce que les fonds lui soient conservés jusqu'à l'instant où elle pourra les recevoir et en donner quittance valable, soit en autorisant l'acquéreur à les retenir dans ses mains, soit en ordonnant tout autre emploi qui mette la dot en sûreté. — *Cass.*, 24 juill. 1821, de Croy-Chanel c. créanciers de son mari; *Rouen*, 28 mai 1823, mêmes parties; *Grenoble*, 30 juin 1825, N...; *Bordeaux*, 28 mai 1830, Desforges c. Furt; *Grenoble*, 16 août 1832, Burgos et Rey-Giraud c. Rousset; *Aix*, 1er fév. 1826, Pierreymond c. Aubert. — V. sur le recours accordé à la femme à raison de l'aliénation de ses immeubles dotaux, vo DOT, nos 803 et suiv.

84. — Jugé au contraire que la femme mariée sous le régime dotal n'a pas d'hypothèque légale sur les biens de son mari pour le prix de ses immeubles dotaux aliénés; qu'elle n'a que l'action en révocation des aliénations contre les tiers acquéreurs; et qu'en conséquence, elle ne peut, durant le mariage, obtenir, à raison de ses aliénations, soit une collocation dans un ordre ouvert sur son mari, soit des immeubles de son mari à titre de remploi. — *Caen*, 11 janv. 1831, Raisin c. N...

85. — Jugé de même que, d'après les lois romaines (et l'usance de Saintes, conforme à ces lois), la femme mariée sous le régime dotal n'a pas d'*hypothèque légale* sur les biens de son mari, pour le prix de ses *immeubles* dotaux aliénés; qu'elle n'a que *l'action en révocation* des aliénations contre les tiers acquéreurs; que l'action hypothécaire accordée à la femme n'est relative qu'à la restitution des valeurs mobilières comprises dans sa dot, des immeubles qui n'en font pas partie, et de toutes autres répétitions que la femme peut avoir à exercer contre son mari. — *Poitiers*, 14 déc. 1830, Delarue c. Gautret.

86. — Pour les modifications que l'état de faillite du mari commerçant fait subir à l'hypothèque légale de la femme, V. FAILLITE, nos 2137 et suiv.

87. — Outre l'appui que les conventions matrimoniales peuvent, quand elles existent, emprunter à l'hypothèque légale, l'éxécution des conventions matrimoniales stipulées au profit de la femme peut aussi être assurée par une hypothèque conventionnelle.

88. — L'hypothèque spéciale accordée à la femme par son contrat de mariage est en effet conventionnelle et non légale. — *Paris*, 16 juill. 1813, Péron.

89. — Jugé aussi que lorsque, dans le contrat de mariage d'un commerçant qui ne possédait point d'immeuble, le père du futur époux a consenti une hypothèque sur l'un de ses biens propres pour sûreté de la dot de la future, cette hypothèque, conventionnelle dans son origine, n'a pas changé de nature par cela que, depuis le mariage, l'immeuble hypothéqué est devenu la propriété du mari; que dès-lors cette hypothèque ne peut produire d'effet qu'autant qu'elle est conservée par une inscription régulière, et que les créanciers du mari peuvent se prévaloir de la nullité de l'inscription qui n'a été prise que depuis la faillite de leur débiteur. — *Cass.*, 23 août 1837; D... c. syndics D...

ART. 3. — *Créances auxquelles est attachée l'hypothèque légale de la femme.*

90. — L'hypothèque légale est attachée par l'art. 2121, C. civ., d'une manière générale à tous les droits et créances des femmes contre leurs maris.

91. — Quelques uns de ces divers droits et créances sont indiqués dans l'art 2135, C. civ., qui détermine le rang appartenant, suivant les différens cas, à l'hypothèque légale de la femme; ainsi, d'après cet article, l'hypothèque légale au profit des femmes protège leurs dots et conventions matrimoniales, les sommes dotales provenant de successions à elles échues ou de donations à elles faites durant le mariage, l'indemnité des dettes qu'elles ont contractées avec leur mari et le remploi de leurs propres aliénés.

92. — Le mot *dot* a dans l'art. 2135, C. civ., une signification moins étendue que dans le titre du Code civil *Du contrat de mariage*, car il ne s'agit ici que des biens présens apportés au mari lors du mariage, et non pas des biens à venir, qui peuvent aussi avoir été frappés de dotalité. — Troplong, no 585.

93. — Les conventions matrimoniales comprennent tous les droits qui pour la femme peuvent résulter de son contrat de mariage et même les donations que le mari peut lui avoir faites, les gains de survie, douaire, etc. — Troplong, no 585.

94. — Sous l'empire des ordonnances de 1629 et 1690, on agitait la question de savoir si les tiers pouvaient critiquer les quittances de dots non authentiques, et la jurisprudence était fort divisée à ce sujet.

95. — Jugé sous le Code que la femme a une hypothèque légale, indépendante de l'inscription, sur les biens de son mari, pour ses apports constatés par contrat de mariage sous seing-privé. — *Rouen*, 27 juin 1822, Monfittalle et Hardy c. Lavoisier. — Avis cons. d'état des 9 mai 1807, 22 janv. 1808 et 8 mai 1812.

96. — ... Et qu'il n'est pas nécessaire pour que l'hypothèque légale ait son effet qu'il y ait quittance authentique des deniers dotaux de la part du mari. — *Cass.*, 1er fév. 1816; 16 juill. 1817, Delahaye. — Merlin, *Quest. de droit*, vo *Hypothèque*; Grenier, t. 1er, p. 505; Troplong, no 593.

97. — D'un autre côté, cette hypothèque existe sur les biens du mari, quoiqu'il soit exprimé dans le contrat de mariage que la dot a été reçue par le père de celui-ci. — *Cass.*, 30 mars 1831, Laportalière c. Dejean et Fraissinet; *Montpellier*, 3 janv. 1827, mêmes parties.

98. — Lorsqu'en recevant en paiement de ses reprises les immeubles affectés à sa dot, la femme a fait réserve expresse de son hypothèque légale pour le cas d'éviction ou de surenchère, cette hypothèque, le cas prévu d'éviction arrivant, continue de frapper les biens. — *Bordeaux*, 26 fév. 1833, Mallat-Chambonneau c. Péchillon.

99. — Les intérêts ou fruits de la dot, suivant le sort du principal, sont conservés par l'hypothèque légale. — Troplong, nos 418 et suiv.

100. — Le remboursement de la dot et des reprises de la femme n'éteint pas l'hypothèque légale, laquelle continue à subsister pour les droits éventuels résultant du contrat de mariage et pour les biens qui peuvent advenir à la femme. — *Paris*, 16 mars 1839 (t. 1er 1839, p. 447), Alléon.

101. — Jugé que la femme a une hypothèque légale pour sûreté de ses augmens du jour du contrat de mariage. — *Nîmes*, 9 mars 1831, Vernon c. Sevenier et Malmazet.

102. — Lorsque le contrat de mariage contient donation par l'un des époux à l'autre, *entre vifs et en cas de survie*, cette donation fait partie des conventions matrimoniales et autorise le donataire à prendre une inscription hypothécaire du vivant même du donateur. — *Lyon*, 13 juill. 1831, Fraisse.

103. — De même, la femme a durant le mariage hypothèque légale sur les biens de son mari pour sûreté de la donation qui lui a été ainsi consentie. — *Lyon*, 13 août 1845 (t. 1er 1846, p. 192), Charmetton.

104. — La donation faite par contrat de mariage par laquelle un mari a donné à sa femme la jouissance viagère d'un immeuble renferme, si le mari vend une partie de cet immeuble, une cause actuelle d'hypothèque qui autorise la femme à prendre inscription pour sûreté des droits qui lui sont garantis. — *Douai*, 29 août 1835, Dupont.

105. — La donation en usufruit de biens présens et à venir faite à la femme par son contrat de mariage a le caractère de convention matrimoniale, et par conséquent les avantages résultant de cette convention sont conservés en sa faveur par l'hypothèque légale, en ce sens que la femme donataire ne pourrait être contrainte de donner main-levée de son inscription hypothécaire dans le cas où le donateur aurait disposé de ses biens soit à titre gratuit, soit en fraude des droits de la femme. — *Cass.*, 19 août 1840 (t. 1er 1843, p. 647), Ledieu c. Vasseur.

106. — La femme mariée sous le régime dotal a sur les biens de son mari une hypothèque légale à raison des dégradations ou détériorations qui, lors de la dissolution du mariage, pourront exister sur ses immeubles dotaux, de l'administration desquels son mari est investi. — *Poitiers*, 14 déc. 1830, Delarue c. Gautret.

107. — Lorsque le mari, contrairement à un jugement de séparation de biens, n'a pas restitué en nature les effets mobiliers estimés au contrat de mariage avec déclaration que l'estimation ne vaut pas vente, la femme conserve son hypothèque légale pour le prix de ces effets suivant leur estimation. — *Aix*, 22 nov. 1836, Morond.

108. — La femme a un recours en garantie contre son mari pour le préjudice que lui cause le défaut de transcription de la donation, recours auquel tous ses immeubles sont affectés par hypothèque légale. — Dès-lors l'acquéreur, bien qu'il oppose valablement le défaut de transcription de la donation, ne peut pas repousser l'action récursoire par laquelle la femme réclame sur l'immeuble vendu par son mari l'effet de son hypothèque légale non purgée et l'indemnité du dommage que lui cause la nullité de la donation. — *Cass.*, 10 mars 1840 (t. 1er 1840, p. 389), Brodier c. Frogier.

109. — L'hypothèque pour indemnité de dettes que la femme a contractées avec son mari n'avait pas lieu originairement en France; elle ne fut introduite que parce que l'on présumait que la femme n'avait pas été libre, et qu'elle n'avait contracté que pour prévenir des dissensions inévitables en cas de refus de sa part. On avait fait remonter cette hypothèque au jour du mariage; mais il était injuste que les créanciers qui avaient contracté avec le mari fussent primés pour des droits nés postérieurement aux leurs. De là la disposition de l'art. 2135, C. civ. — Troplong, no 588; Grenier, t. 1er, p. 479.

110. — Jugé que l'hypothèque légale de la femme qui n'a été inscrite que dans les deux mois de l'exposition du contrat que pour sa dot, mais non pour les reprises auxquelles elle a droit en raison des dettes par elle contractées solidairement avec le mari, périt à l'égard de ces reprises; mais que lorsque les sommes formant sa collocation ont servi à payer en sous-ordre des créanciers du mari envers lesquels la femme était obligée solidairement, celle-ci est admise par voie de subrogation à venir au rang des créanciers ainsi payés. — *Amiens*, 12 mars 1842, sous *Cass.*, 30 déc. 1844 (t. 1er 1845, p. 339), Paillet c. Dubarret.

111. — Du reste, lorsqu'il s'agit d'une obligation qui n'a pas été acquittée, ou pour laquelle aucune poursuite n'a encore eu lieu, la femme qui a contracté solidairement avec son mari, ou ceux qui sont subrogés à son hypothèque légale, n'ont pas le droit de réclamer une collocation actuelle sur les biens du mari, en raison de l'indemnité que la loi accorde à la femme. — Il suffit que des sûretés, telles qu'une caution, soient données par les créanciers utilement colloqués, pour le cas où, la femme payant plus tard la dette, l'indemnité qui lui appartient deviendrait exigible. — *Cass.*, 16 juill. 1832, Deberny c. Grimaux.

112. — Mais les créanciers subrogés par la femme à son hypothèque légale ont droit à une collocation actuelle, à la date de l'hypothèque légale sur les biens du mari, à raison de l'indemnité que la loi accorde à la femme pour les obligations par elle contractées avec son mari, alors même qu'elle ne les aurait pas acquittées, lorsqu'ils se trouvent dans une des conditions prévues par l'art. 2032, C. civ. — *Paris*, 28 août 1836, et *Cass.*, 2 janv. 1838 (t. 1er 1838, p. 553), Charles c. Viollet.

113. — Les sommes provenant de successions échues à la femme durant le mariage, doivent être dotales pour être garanties par l'hypothèque légale; car, dans le cas du régime de communauté établi entre les époux, ces valeurs mobilières héréditaires seraient tombées dans l'actif de la communauté, et ainsi n'appartiendraient plus à la femme exclusivement, à moins que le testateur ou donateur n'eût fait la réserve expresse du contraire, ou qu'il n'y eût clause de réalisation du mobilier entre les époux.

114. — Ainsi jugé que cette hypothèque légale s'applique non seulement aux sommes que la femme s'est constituées sous le régime de la *dotalité*, mais encore à toutes celles qui, sous le régime de la communauté, proviennent de successions à elle échues et qui ne sont pas entrées dans la communauté. — *Bordeaux*, 16 août 1838 (t. 1er 1839, p. 164); *Cass.*, 5 mai 1841 (t. 2 1841, p. 107), Balathier c. de Saint-Benoît.

115. — Cette hypothèque légale existe encore sur les biens du mari pour raison des créances sur ce dernier que la femme a recueillies dans les successions où elle était appelée. — *Paris*, 13 avril 1825, Abbema et Devaux c. Enfantin.

116. — Les interprètes du droit romain s'accordaient pour donner à la femme une hypothèque tacite pour les alimens dus par le mari pendant le mariage. Aucune loi n'autorise aujourd'hui cette décision; les alimens ne sont pas les fruits de la dot, ils sont une charge personnelle du mari qui les devrait quand il n'aurait pas reçu de dot. — Troplong, *Hyp.*, t. 2, no 418 *bis*.

117. — Mais les alimens de la femme, son habitation et son deuil, pendant l'année qui suit le décès du mari, et les intérêts de la dot à partir de l'expiration de cette année, sont des conventions matrimoniales qui emportent hypothèque légale du jour du mariage. — *Cass.*, 29 août 1838, Isernes c. Bastil.

118. — La créance de la veuve pour l'an vidual, n'étant que la représentation de l'intérêt de la dot, est simplement hypothécaire et non privilégiée. — *Aix*, 21 avr. 1845 (t. 2 1845, p. 446), Vidal c. Cirlot.

119. — Il a été jugé que l'hypothèque légale de la femme ne s'étend pas aux dépens faits sur sa demande en séparation de biens. — *Rouen*, 12 mars 1817, Hébert c. Langlois. — Mais la jurisprudence est fixée en sens contraire et a décidé que les frais de la séparation de biens et de la liquidation sont l'accessoire de la créance principale de la femme, et sont garantis par la même hypothèque légale. — *Metz*, 28 déc. 1822, Gaillard c. Hoche; *Caen*, 25 nov. 1824, Fourmy c. Mellion; *Douai*, 1er avr. 1826, Sagniez; *Bordeaux*, 16 août 1838 (t. 1er 1839, p. 164), Balathier c. de St-Benoît; *Bordeaux*, 9 juill. 1841 (t. 1er 1842, p. 13), Milliac c. Véron et Lapeyre.

120. — L'avoué qui a obtenu distraction des frais de séparation de biens par lui faits dans l'intérêt de la femme, est subrogé, pour le paiement de ces frais, aux droits résultant de l'hypothèque légale de cette dernière. — *Cass.*, 30 janv. 1839 (t. 1er 1839, p. 291), Toulain c. Mouton.

121. — Jugé que la femme mariée sous le régime dotal et dont les biens auraient été aliénés par le mari en vertu de l'autorisation du contrat de mariage, mais à la charge de remploi, n'a pas, indépendamment de l'action révocatoire contre l'acquéreur, une hypothèque légale sur les biens de son mari à raison de ce remploi. — *Grenoble*, 12 janv. 1835, Perrin c. Passié. — V. *contrà Cass.*, 27 juill. 1826, Durand c. Deleytermoz. — V. au reste *suprà* nos 83 et suiv.

122. — La femme a pour ses créances extradotales une hypothèque légale en vertu de laquelle elle peut prendre inscription sur les biens de son mari. — *Riom*, 5 fév. 1821, Maurin; *Bordeaux*, 20 juin 1835, Ferchat c. Faure; *Cass.*, 4 janv. 1815, Bellon. — V. au reste *infrà* nos 158 et s.

123. — La femme a une hypothèque légale sur les biens de son mari pour sûreté des sommes provenant des fruits et revenus de ses biens paraphernaux, lors même que le mari n'aurait administré ces biens qu'en vertu d'une procuration de sa femme. — *Montpellier*, 27 avr. 1846 (t. 2 1846, p. 309), Lebrou c. Tessier-Solier et Brousson.

124. — Grenier (t. 1er, no 232) se prononce dans un sens opposé et il s'appuie : 1o sur l'art. 1577, duquel il tire la conséquence que le mari n'est tenu que comme mandataire et dès-lors n'est pas frappé de l'hypothèque légale; 2o sur la loi *Si mulier C. de part. convent. in dot.* qui n'applique, suivant lui, l'hypothèque de la femme qu'au principal et non aux fruits des paraphernaux.

125. — Mais M. Troplong (no 418) combat cette interprétation restrictive de la loi romaine, et

quant à l'administration par le mari des biens paraphernaux avec charge de lui rendre compte des fruits, il soutient que le mari, aux termes de l'art. 1577, C. civ., est tenu vis-à-vis de la femme comme tout mandataire, c'est-à-dire qu'outre la restitution du capital, le mari devra les intérêts dans les limites de l'art. 1996, C. civ., pour les sommes employées à son usage à partir de cet emploi, et pour les sommes dont il est reliquataire à compter de la mise en demeure. Dès-lors, il résulte de là, au profit de la femme contre le mari, un droit ou une créance qui bénéficie de l'hypothèque légale.

126. — Au surplus, d'après la jurisprudence constamment suivie dans la province de la Marche, la femme avait une hypothèque légale sur les biens de son mari pour ses biens extradotaux, adventifs ou paraphernaux à compter du jour qu'il en avait pris possession ou avait reçu ceux qui consistaient en mobilier.—*Limoges*, 29 déc. 1821, Arjon c. Plafait.

127. — Mais l'hypothèque légale créée pour tous ces objets est-elle dans tous les cas affranchie de l'inscription? Le système qui veut que les créances paraphernales soient soumises à l'inscription est soutenue par Grenier (t. 1er, nº 227). Son opinion a été adoptée par plusieurs cours royales. — *Aix*, 19 août 1813, Beraud c. Aymard; *Grenoble*, 18 juill. 1814, Ribes; 24 août 1814, Etienne Givodan c. Gayet; *Toulouse*, 4 juin 1816, Flottes c. Lanta; *Grenoble*, 24 août 1814, Etienne Grodan c. Gayet; *Riom*, 4 mars 1822, Flat c. Vacher; *Montpellier*, 22 déc. 1822, Montel c. Loirette; *Grenoble*, 8 déc. 1823, Meunier c. Nicolet; *Toulouse*, 6 déc. 1824, Castérès; 30 août 1825, Olombel c. Miailhe.

128.— La réfutation de cette doctrine, entreprise par MM. Demante (*Thémis*, t. 6, p. 20), Persil (*Quest.*, t. 2 p. 226), et Troplong (*Hypoth.*, t. 2, nº 575), a été consacrée par la cour suprême et grand nombre d'autres cours. Aujourd'hui la jurisprudence est fixée en ce sens que la femme a une hypothèque légale indépendante de toute inscription, à raison des reprises résultant des deniers paraphernaux perçus par le mari. —*Riom*, 19 août 1817, syndics de la faillite Mallet; 20 fév. 1819, Chibret et Chaptal c. Delrieu; *Limoges*, 29 déc. 1821, Arjon c. Plafait; *Cass.*, 11 juin 1822, Billerey c. Michon; *Pau*, 15 janv. 1823, Mieussens; *Cass.*, 28 juill. 1828, Beuriaud c. Paradis; 6 juin 1826, Vacher c. Flat; *Bordeaux*, 20 juin 1826, Ferchat c. Faure; *Toulouse*, 14 fév. 1829, Bascans c. Bergeret; 7 avr. 1829, Durand c. Pelous; *Cass.*, 5 nov. 1832, Champelay c. hosp. de Vienne; 5 déc. 1832, Périlhe c. Vignau; *Toulouse*, 7 juin 1833, Audric c. Bauguel; *Grenoble*, 30 mai 1834, Lovat c. Doyon.

ART. 4.—*Du rang de l'hypothèque légale de la femme.*

129.—Comme nous l'avons dit (*suprà* nº 109), la femme n'avait pas, originairement, pour les obligations qu'elle contractait avec son mari, hypothèque légale; cette garantie fut introduite par l'usage sur ce qu'on présumait que la femme n'était pas absolument libre et qu'elle ne contractait que pour prévenir des dissensions inévitables en cas de refus de sa part. — Lamoignon, t. 2, p. 133. — Mais sur la fixation de la date de cette hypothèque, il y eut d'abord une grande divergence dans la jurisprudence des divers parlemens : les uns suivaient les principes qui sont devenus ceux du Code civil, les autres faisaient remonter l'hypothèque jusqu'au jour du contrat de mariage. — V. Mornac, sur la loi 9, ff., *qui Potiores* (où il critique avec énergie un arrêt du 17 mars 1608, qui contribua à maintenir la dernière opinion). — V. aussi d'Héricourt (*De la vente des immeubles*, chap. 11, sect. 2e, nº 22); — Rousseau de Lacombe (vis *Hypothèque*, sect. 3e, nos 1er et 11, et *Indemnité*, nº 2) et Renusson (*Traité des propres*, chap. 4, sect. 8e, nº 27) citent des arrêts qui admettaient cette singulière distinction : si la femme était séparée de biens, l'hypothèque légale ne datait que du jour de l'obligation; si la femme était commune en biens, l'hypothèque légale remontait au jour du mariage. — V. aussi *suprà* nº 58. — Pothier (*Traité de la comm.*, nº 763) et Lebrun (*Traité de la comm.*, liv. 3, sect. 2e, dist. 6, nos 3 et suiv.) attaquaient cette jurisprudence des parlemens.

130. — Le projet du Code civil adopté par le conseil d'état fixait d'abord une date unique pour le rang de l'hypothèque légale de la femme, quelle que fût la créance qu'elle conservât, c'était celle du jour du mariage; mais, sur les sages observations de la section de législation du tribunat (V. Fenet, *Trav. prép. du C. civ.*, t. 15, p. 414) le projet fut modifié dans les termes que nous présente aujourd'hui l'art. 2135. et le rang de l'hypothèque légale fut varié selon la nature de la créance dont elle était l'accessoire.— Grenier, t. 1er, p. 479; Troplong, t. 2, nº 588; Duranton, t. 20, nº 29; Persil, *Rég. hypoth.*, art. 2135, nº 11.

131. — Cette modification du projet a été inspirée au tribunat par la pensée que l'hypothèque ne devait pas préexister à la créance; que les biens du mari ne devaient pas être frappés pour une responsabilité qu'il n'avait pas encourue; que l'on ne pouvait faire partir du jour du mariage une hypothèque pour garantir des actes d'administration devant porter sur des successions échues à la femme long-temps après le mariage, ou l'indemnité de dettes qu'elle n'aurait contractées qu'à une époque plus reculée. On a voulu tout à la fois ménager le crédit du mari en ne grevant pas ses biens d'une hypothèque qui aurait manqué de base, et empêcher que par une collusion entre le mari et la femme les tiers ne fussent placés dans une situation désastreuse. Si d'ailleurs la femme a sujet de craindre, à raison des désordres du mari ou de sa mauvaise administration, que sa dot ne soit mise en péril, le recours de la séparation de biens lui est ouvert. Ces derniers motifs étaient inapplicables aux droits du mineur sur les biens de son tuteur, et à l'hypothèque du mineur à laquelle dès-lors, comme on le verra plus loin, le législateur n'a dû assigner rang que du jour de l'acceptation de la tutelle.

132. — Du reste, le Code civil fixe le rang des hypothèques suivant plusieurs distinctions, qui aboutissent en général à faire dater l'hypothèque du jour auquel nait ou remonte l'obligation qui y donne lieu.

133.— Dans les pays de droit écrit du ressort du parlement de Paris, notamment à Lyon, l'hypothèque légale des femmes, pour l'indemnité des dettes par elles contractées et le remploi de leurs biens aliénés, remontait au jour du contrat de mariage; et c'est toujours cette jurisprudence qu'il faut suivre par rapport aux dettes contractées et aux aliénations faites depuis le Code civil. — *Grenoble*, 3 fév. 1831, Savoye.

134. — Si le contrat de mariage passé avant la loi du 11 brum. an VII porte que l'hypothèque prendra date du jour de la célébration, cette clause doit produire son effet. — *Metz*, 18 juill. 1820, Morin c. Dubois de Riocourt.

135.—Telle était la doctrine des anciens auteurs (V. Domat, *Lois civiles*, liv. 3, tit. 1er, sect. 1re, nº 3; Pothier, *Traité des hypoth.*, chap. 1er, art. 3, cout. d'Orléans, Introd. au tit. 10, nº 141; Basnage, *Traité des hypoth.*, chap. 12, et Lamoignon, t. 2, p. 132) embrassée sous le Code par plusieurs jurisconsultes et notamment par Merlin (vº *Inscription hyp.*, § 3, nº 8), qui distingue, un peu arbitrairement selon nous, entre le cas où le mariage a été précédé d'un acte constatant les conventions matrimoniales et le cas où il ne l'a pas été. L'art. 2135, C. civ., qui est destiné à régler le rang de l'hypothèque de la femme et qui lui donne pour la dot et les *conventions matrimoniales* (ce qui comprend le cas de contrat de mariage notarié) date du jour du mariage, nous paraît devoir l'emporter sur les énonciations des art. 2194 et 2195, C. civ. C'est donc avec raison, selon nous, qu'il a été jugé que l'hypothèque de la femme ne prend pas rang du jour du contrat de mariage, mais du jour de la célébration du mariage. — *Nimes*, 26 fév. 1834, Baume c. Fabre. — Consultez aussi *Cass.*, 22 nov. 1836 (t. 1er 1837, p. 5), Perrier c. Lavallée.

136. — Sous l'empire du droit romain, la dot constituée payable en immeubles désignés était mobilière, et les biens donnés en paiement devenaient la propriété du mari. — Dès-lors, la somme constituée ne peut être réclamée que par l'action hypothécaire par suite de l'hypothèque légale compétant à la femme du jour du mariage.—*Bastia*, 2 fév. 1846 (t. 2 1846, p. 391), Renucoli et Vincentelli c. Marini.

137.—L'hypothèque légale pour raison de la dot prend toujours rang du jour du mariage, quand même il y aurait des termes stipulés pour les paiemens de la dot.—Grenier, t. 1er, p. 499; Troplong, nº 584 *bis*.

138 — Si la femme, après s'être constitué en dot une somme d'argent qu'elle a recueillie par suite d'un partage, exerce l'action en rescision de ce partage pour cause de lésion, la somme qu'elle obtiendra par l'effet de cette action ne sera garantie par l'hypothèque légale qu'à compter du jour où le mari aura touché cette somme. —Grenier, t. 1er, nº 233; Troplong, nº 587.

139.—Au contraire, la femme qui s'est constitué en dot un immeuble soumis à la faculté de rachat, a, lorsque le vendeur exerce le réméré, hypothèque légale pour le prix de rachat à compter, non du paiement du prix du rachat, mais à compter du mariage, puisque c'est à partir de cette époque que le contrat de mariage lui a assuré la restitution de l'immeuble ou de sa valeur. — Troplong, nº 587.

140. — Lorsque les rentes qu'une femme s'est

constituées en dot sont remboursées au mari, l'hypothèque légale pour ce capital prend date du jour du mariage. — Troplong, nº 587; Grenier, t. 1er, p. 500.

141. — Quant aux fruits ou intérêts de la dot, l'hypothèque légale qui les conserve ne prend rang que du jour où ils ont couru au profit de la femme. — Troplong, nº 418 *ter*.

142.—Mais jugé que les intérêts de la dot à partir de l'expiration de l'année qui suit le décès du mari sont des conventions matrimoniales qui emportent hypothèque légale du jour du mariage.— *Cass.*, 29 août 1838 (t. 2 1838, p. 242), Yserne c. Bastil.

143. — Parmi les conventions matrimoniales il faut comprendre les augmens qui dès-lors donnent hypothèque du jour du mariage. — *Nîmes*, 9 mars 1831, Vernon c. Sevonier et Malmazat; — Troplong, nº 592.

144.— L'ypothèque légale pour les dégradations ou détériorations qui lors de la dissolution du mariage peuvent exister sur les immeubles dotaux dont le mari a eu l'administration, remonte au jour du mariage. — *Poitiers*, 14 déc. 1830, Delarue c. Gautret.

145.—L'hypothèque légale pour les alimens de la femme, son habitation et son deuil pendant l'année qui suit le décès du mari sont des conventions matrimoniales qui emportent hypothèque légale du jour du mariage. — *Cass.*, 27 août 1838 (t. 2 1838, p. 242), Yserne c. Bastil.

146.—L'hypothèque légale de la femme séparée de biens, pour les frais du jugement de séparation, prend même rang que la dot. — *Douai*, 1er avr. 1826, Sagniez; *Bordeaux*, 16 août 1838 (t. 1er 1839, p. 164), Balathier c. St-Benoît.

147.— Pour les donations faites à la femme pendant le mariage, l'hypothèque date du jour où le droit de percevoir les sommes données est ouvert, c'est-à-dire du jour de l'acceptation, et non pas seulement du jour où elles ont été acquittées réellement entre les mains du mari. — Troplong, t. 2, nº 586; Tarrible, vº *Inscription*, p. 284; Persil, art. 2135, § 2, nº 7.

148.—Pour une donation de biens à venir faite à la femme par son contrat de mariage, elle date du décès du donateur. —Duranton, t. 20, nº 27.

149.—L'hypothèque légale pour les sommes provenant des successions échues à la femme et qui sont dotales, ou qui ne sont pas entrées en communauté, existe au profit de la femme à compter du jour de l'ouverture des successions, et non pas seulement du jour où, les successions ayant été liquidées, les sommes revenant à la femme ont été comptées au mari. — *Bordeaux*, 16 août 1838 (t. 1er 1839, p. 164), et *Cass.*, 5 mai 1841 (t. 2 1841, p. 107), Balathier c. de Saint-Benoît; *Bourges*, 12 fév. 1842 (t. 2 1842, p. 292), de Montferrand c. Bernard; — Troplong, nº 586; Tarrible, *Rép.*, vº *Inscription*; Rolland de Villargues, *Rép.*, vº *Hypothèque*, nos 438 et suiv.

150. — L'hypothèque légale de la femme commune en biens pour remploi de ses propres aliénés avait, dans son origine, qui remonte aux états-généraux de 1614, date à compter du jour du mariage; mais aujourd'hui elle n'a rang que du jour de la vente faite par le mari.—C. civ., art. 2135.

151. — Jugé que l'hypothèque légale de la femme pour le remploi de ses propres aliénés prend rang à compter de la vente. — *Bourges*, 12 fév. 1842 (t. 2 1842, p. 297), de Montferrand c. Bernard.

152. — Cette circonstance que le contrat de mariage aurait stipulé le remploi des propres pouvant être aliénés durant le mariage, ne rattacherait pas aux conventions matrimoniales la créance que la femme commune peut avoir pour ces aliénations et ne donnerait pas à l'hypothèque rang à compter du jour du contrat de mariage, car l'obligation pour le mari de faire remploi du prix des propres de la femme qui sont aliénés est une obligation qui dérive de la loi, indépendamment de toute stipulation du contrat de mariage qui ne naît que par suite de l'aliénation et qui dès-lors ne peut au préjudice des tiers rétroagir et prendre rang hypothécaire que du jour de l'aliénation. — Troplong nº 589.

153.—Au contraire, s'il s'agit de la vente du fonds dotal, l'hypothèque légale prend rang du jour du mariage, ce n'est plus, comme dans le cas de communauté, l'aliénation qui engendre l'obligation et par suite l'hypothèque, mais le mari viole la loi du contrat qui a déclaré le bien dotal inaliénable et encourt dès lors la responsabilité qu'il avait promise par le contrat de mariage. L'aliénation ne produit donc pas l'hypothèque; elle n'est pas que l'événement qui force la femme à en user. — Troplong, nº 589.

154.—Une femme normande avait, sous l'empire de la coutume, une hypothèque générale sur les biens de son mari du jour de la célébration du mariage pour le remploi de ses propres aliénés. —*Cass.*, 10 fév. 1817, de Briges et de Sainte-Colombe c. Bretel.

155.—Si la vente a été faite en vertu d'une clause de contrat de mariage qui autorisait la vente du fonds dotal, l'hypothèque date encore du jour du mariage, car la dot est une charge dont le mari a été grevé dès l'instant du mariage. — Troplong, no 589.

156.—Jugé, conformément à cette opinion, que lorsqu'une femme est mariée sous le régime dotal, mais avec la clause que le mari pourra vendre les biens dotaux, à la charge de les remplacer, son hypothèque légale pour sûreté du remploi, date du jour du mariage et non pas seulement de celui où les biens ont été aliénés sans remploi. — *Cass.*, 27 juill. 1826, Durand c. de Littermoz ; *Grenoble*, 6 janv. 1831, Barge de Certeau c. Mollard ; — Troplong, no 589.

157. — Lorsqu'une femme mariée sous le régime dotal obtient contre son mari un jugement qui le condamne à une indemnité, pour complément de la valeur d'un immeuble dotal aliéné à vil prix, l'hypothèque légale qu'elle exerce pour cette indemnité court, non du jour de la vente, mais du jour du jugement. — *Grenoble*, 21 mai 1824, Tezier c. Vial ;— Troplong, *Hyp.*, t. 2, nos 589 et suiv.

158.—Sous le droit romain, pour les sommes paraphernales, l'hypothèque légale de la femme ne datait, en l'absence de toute convention contraire, que du jour où ces sommes avaient été perçues par le mari. — *Bastia*, 2 fév. 1846 (t. 2 1846, p. 391), Renucoli et Vincentelli c. Marini.

159.—Dans le système qui soumet à l'inscription l'hypothèque légale de la femme relative à ses paraphernaux, il a été jugé que cette hypothèque pour cette cause n'a lieu que du jour de l'inscription. — *Toulouse*, 6 déc. 1824, Castérès. — Mais nous avons dit (*suprà* no 128) que cette hypothèque est affranchie de l'inscription, et dès-lors il faut décider que l'hypothèque légale de la femme sur les biens du mari pour ses biens extra-dotaux adventifs ou paraphernaux prend rang du jour où le mari a pris possession des immeubles ou a reçu ceux qui consistaient en mobilier. — *Limoges*, 29 déc. 1821, Arjon c. Plafait ; *Lyon*, 16 août 1823, Billerey c. Demery ;— Troplong, no 590 ; Grenier, t. 1er, p. 497.

160.—Lorsque le mari a reconnu avoir touché le prix de l'aliénation d'un immeuble extra-dotal de sa femme, l'hypothèque légale de celle-ci prend rang, non à partir du jour de la reconnaissance, mais du jour de l'aliénation, même à l'égard de tiers qui, dans l'intervalle, auraient pris inscription contre le mari. — *Toulouse*, 7 avr. 1829, Durand c. Pelous.

161.—La femme dont le mari a reçu des créances à elles appartenantes, a une hypothèque légale seulement du jour des recouvremens, et non du jour de son mariage.—C. civ., art. 2135 ; — *Cass.*, 4 janv. 1815, Bellon c. N...

162. — La preuve de l'administration ou de l'appréhension par le mari des biens paraphernaux résultera rarement d'un titre écrit; mais la preuve testimoniale devra être admise, sans quoi la femme serait souvent exposée à la perte de ses paraphernaux.— Troplong, no 591.

163. — L'hypothèque légale de la femme pour l'indemnité des dettes qu'elle a contractées avec son mari, ne date que du jour de l'obligation et non de celui du contrat de mariage. — *Bourges*, 12 fév. 1842 (t. 2 1842, p. 297), de Montferrand c. Bernard ; *Cass.*, 16 nov. 1829, Boismorand c. Laurence.

164. — En conséquence, s'il existe plusieurs obligations produisant des indemnités, le juge, en colloquant la femme ou son cessionnaire, doit avoir égard à la date des contrats, et ne préférer la femme aux autres créanciers inscrits sur les biens du mari que pour les obligations qui sont antérieures aux titres de ces derniers. — *Cass.*, 16 nov. 1829, Boismorand c. Laurence.

165.— Peu importe que la femme se soit mariée sous un statut qui reportait son hypothèque d'une manière générale à la date du contrat de mariage.— *Angers*, 29 août 1814, Louri c. Delarue.

166.—La femme ne peut, par son contrat de mariage, déroger à la disposition de l'art. 2135, qui veut que l'hypothèque pour indemnité des dettes, prenne date à compter du jour des engagemens, et stipuler que, par exemple, cette hypothèque prendra rang à compter du mariage.—Troplong, no 588 bis ; Grenier, t. 1er, no 242. — V. *contrà* Delvincourt, t. 3, p. 165, no 7, et arg. *Cass.*, 26 fév. 1829, Collineau.

ART. 3. — *Biens grevés de l'hypothèque légale de la femme.*

167. — L'hypothèque légale de la femme frappe tous les biens du mari, tant ceux présens que ceux à venir ; elle est générale et prend le premier rang, à moins toutefois que les biens présens n'aient été grevés avant le mariage, mais elle ne peut être primée pour les biens à venir. —Troplong, *Hyp.*, t. 2, no 433.

168.— La femme séparée de biens, qui a fait porter limitativement son inscription sur l'un des immeubles de son mari, est réputée avoir renoncé par là même à toute hypothèque sur les autres biens de ce dernier. — *Aix*, 1er fév. 1811, Gazan c. Martin.

169. — Lorsqu'il s'agit d'une obligation qui n'a pas été acquittée, ou pour laquelle aucune poursuite n'a encore eu lieu, la femme qui a contracté solidairement avec son mari ou ceux qui sont subrogés à son hypothèque légale, n'ont pas le droit de réclamer une collocatiou actuelle sur les biens du mari, en raison de l'indemnité que la loi accorde à la femme.—*Cass.*, 16 juill. 1832, Deberny c. Grimaux.

170. — L'hypothèque légale de la femme s'étend à tous les immeubles acquis par le mari depuis la dissolution du mariage jusqu'au paiement de sa créance.—*Cass.*, 17 juill. 1844 (t. 2 1844, p. 632), de Montaigu c. Patissier ;—Duranton, t. 19, no 326.

171. — L'inscription prise par la femme pour sûreté de son hypothèque légale contre un débiteur qui ne possédait aucun immeuble, ne frappe pas les immeubles dont il devient postérieurement propriétaire. — *Paris*, 16 mars 1813, Gallien c. Roblastre.

172. — L'inscription prise, sous la loi du 11 brum. an VII, par une seconde femme contre son mari qui n'avait alors aucun immeuble, ne peut primer l'hypothèque légale des enfans du premier lit, représentant leur mère, sur des immeubles que le mari n'a acquis que depuis le Code civil.—*Paris*, 16 mars 1813, Gallien c. Roblastre.

173. — L'hypothèque légale d'un enfant mineur pour raison des reprises de sa mère ne s'étend pas aux immeubles acquis pendant la durée d'un second mariage contracté par le père sous le régime dotal avec stipulation d'une société d'acquêts. La séparation des dettes antérieures au mariage empêche que cette hypothèque puisse être exercée avant le partage de la société d'acquêts et le paiement des dettes de la société. — C. civ., art. 1498, 1499 et 1581 ;— *Paris*, 17 juin 1844 (t. 2 1844, p. 77), Asselin.

174. — De ce que la ratification d'un contrat nul, par exemple de la vente de la chose d'autrui, ne peut préjudicier aux droits acquis dans l'intervalle, il en résulte que, lorsque le mari ayant vendu le bien de sa femme sans son consentement, les enfans ont, après le décès de leur mère, ratifié la vente, l'hypothèque légale appartenant aux enfans pour le prix de cette aliénation, ne peut être exercée sur des immeubles dont le père s'était dépouillé depuis la vente, mais avant la ratification. — *Cass.*, 6 juill. 1831, Garnier c. Dupin.

175. — L'hypothèque légale de la femme peut, par suite de la séparation de biens judiciairement prononcée, s'exercer sur les fruits civils d'un bien dont le débiteur n'a que l'usufruit, et lui donner la préférence sur les autres créanciers du mari. — *Turin*, 24 avr. 1810, Vitale Paillières c. Tapparelli-Lagnasco.

176. — Sous la coutume de Paris les immeubles conquêts dont le mari avait disposé pendant la communauté, n'étaient pas soumis à l'hypothèque légale de la femme.—*Paris*, 8 prair. an XII, Pigeon c. Gaillé.

177.—Sous l'empire de la jurisprudence du parlement de Bordeaux, la femme avait hypothèque sur les acquêts aliénés par le mari durant le mariage. — *Agen*, 31 janv. 1824, Tropania c. Dubos.

178 — Sous le Code, on a douté que l'hypothèque de la femme continuât de frapper les immeubles acquis pendant la communauté, lorsque le mari les a ensuite revendus.

179. — D'abord il est certain que si la femme a pris part à la vente, elle ne peut troubler par l'effet de son hypothèque l'acquéreur qui aurait le droit d'agir contre elle en garantie.

180. — Ainsi jugé que le concours de la femme à la vente d'un immeuble de la communauté moyennant une pension viagère et sous la condition de réversibilité de la pension, emporte renonciation à l'hypothèque légale qu'elle aurait eue sur cet immeuble au cas de renonciation de sa part à la communauté. — *Cass.*, 15 mai 1844 (t. 1er 1844, p. 746), Langellé c. Rousseau.

181.—De même si elle a accepté la communauté, elle est censée avoir ratifié tout ce que le mari, chef de la communauté, a fait tant pour lui que pour sa femme. — Duranton, t. 19, nos 328 et 329.

182. — Mais par l'effet de la renonciation à la communauté, la femme est censée n'avoir jamais été copropriétaire des biens de la commnnauté, et par conséquent n'avoir jamais contracté par l'organe de son mari.

183. — Aussi a-t-on jugé qu'en cas de renonciation les conquêts de communauté aliénés par le mari demeurent affectés à l'hypothèque légale de la femme. — *Cass.*, 9 nov, 1819, Adam c. Roger; *Angers*, 26 août 1812, Lecomte c. Checoisne ; *Cass.*, 8 nov. 1813, Meyer c. Bruder ; *Bruxelles*, 30 juin 1819, Dechentines; *Orléans*, 14 nov. 1817, de Tenre c. Basson ; — Lebrun, *Tr. de la comm.*, liv. 3, ch. 2, no 86 ; Renusson, p. 135, no 42 ; Bourjon, *Dr. comm. de la France*, sect. 20e ; Duplessis, *Commun.*, liv. 2, tit 5 ; Toullier, t. 12, no 305 ; Grenier, t. 1er, no 248 ; Troplong, t. 2, no 433 *ter* ; Duranton, t. 19, no 330 ; Battur, t. 3, no 521 ; Hervieu, *Rés. de jurispr. sur les priv. et hyp.*, p. 156 ; Pannier. *Tr. des hyp.*, p. 145. — V. *contrà* Delvincourt, t. 3, p. 165, note 6e, et Persil, *Quest. hyp.*, t. 1er, p. 135.

184. — Lorsque dans un contrat de mariage il est stipulé que les apports et le préciput de la femme qui aura renoncé à la communauté seront francs et quittes des dettes et hypothèques de cette communauté, et que, si elle s'était obligée ou qu'elle fût condamnée à payer ces sortes de dettes, elle en sera indemnisée *sur les biens du futur époux*, sur lesquels il y aura hypothèque légale à compter de la célébration du mariage, la femme, après avoir renoncé à la communauté, peut exercer la reprise de ses apports sur les immeubles de la communauté, et n'est point obligée de la restreindre aux biens propres du mari. — *Bruxelles*, 26 janv. 1822, Herlorgs c. Lacoste.

185. — La femme ainsi investie de l'hypothèque légale sur les conquêts *a* incontestablement le droit de suite contre les acquéreurs qui ont acheté ces immeubles en traitant avec le mari. — *Bourges*, 26 août 1814, Rollin. — Mais l'acquéreur peut purger cette hypothèque.— V. PURGE.

186. — La femme n'a pas d'hypothèque légale pour la conservation de sa part dans les biens de la communauté; elle n'a droit, à cet égard, qu'au privilége de copartageant dans les termes et aux conditions adoptés par l'art. 2103. — *Cass.*, 15 juin 1842 (t. 2 1842, p. 306), Gallois c. de Montfleury ; *Paris*, 3 déc. 1836, Ledru c. Montfleury.

187.—Lorsque le mari a fait l'échange d'un bien contre un autre, la femme qui a une hypothèque générale peut l'exercer tout à la fois sur l'immeuble donné et sur celui reçu en échange, et les discuter successivement. — *Cass.*, 9 nov. 1815, Desquiron c. Mendouse;—Pothier, *Vente*, no 629 ; Domat, sect. 1re, t. 2, liv. 3, no 12; Troplong, no 434 *bis*. — V. *contrà* Grenier, t. 1er, no 206.

188. — L'hypothèque légale de la femme comprend aussi les biens donnés par contrat de mariage à son mari par un tiers, avec clause de retour ; mais cette hypothèque n'est que subsidiaire. — C. civ., art. 952; — Troplong, *Hyp.*, t. 2, no 434 *ter* ; Grenier, t. 1er, no 263.

189.— Les femmes des grevés de substitution n'ont de recours subsidiaire sur les biens à rendre qu'en cas d'insuffisance des biens libres et pour le capital des deniers dotaux, encore faut-il que le testateur l'ait expressément ordonné.—C. civ., art. 1054.—Grenier, t. 1er, no 263 ; Troplong, no 434 *ter*.

190. — L'hypothèque légale de la femme frappe les biens dont une portion indivise a été donnée par la mère à son fils, et les suit en quelques mains qu'ils passent.—*Cass.* (motifs), 21 mars 1826, Agans c. Prevôt.

191. — Mais l'hypothèque générale ne s'étend pas à l'immeuble sur lequel le débiteur n'a qu'un droit de réméré, car l'immeuble appartient à l'acquéreur, qui en est seul propriétaire, et les biens ne sont frappés de l'hypothèque légale qu'autant qu'ils deviennent la propriété du débiteur.

192. — Si le débiteur vend son droit de rachat au lieu de l'exercer lui-même, l'hypothèque ne peut frapper l'immeuble qui n'est pas rentré dans la propriété du débiteur, mais a passé des mains de l'acquéreur primitif, à la suite du rachat, dans les mains du cessionnaire de la faculté de rachat. — *Cass.*, 21 déc. 1825, Renaude Jeannin Gros et Bardey.

193. — Mais l'hypothèque légale de la femme ne frappe point les immeubles échus au copartageant de son mari, bien que, lors du partage, il y ait en faveur de celui-ci un pacte de rachat, lequel, tant qu'il n'est pas exercé, laisse les biens exempts de toute hypothèque vis-à-vis des créanciers du copartageant. — *Cass.*, 18 juin 1833, Gleizes c. Gleizes.

194. — Bien qu'un commerçant soit devenu, par l'effet d'un partage, et moyennant une soulte, propriétaire de la totalité d'un immeuble, dont les deux tiers indivis lui appartenaient seuls au moment de son mariage, c'est seulement sur cette portion de deux tiers que peut frapper l'hypothè-

que légale de la femme de ce commerçant.—*Bourges*, 2 fév. 1836 (t. 1er 1838, p. 51), Penot c. Serveau.

195. — Mais comme tant que dure une société commerciale les immeubles sociaux appartiennent à la masse, il s'ensuit que l'hypothèque légale de la femme ne frappe pas sur les immeubles d'une société dans laquelle le mari est intéressé, lors même que le mari aurait versé le capital de la dot dans la caisse sociale. — *Paris*, 25 mars 1811, Férino c. Férino; *Toulouse*, 31 juill. 1820, Sol c. Guibert; *Cass.*, 10 mai 1831, Bailac c. Nogarolles; — Persil, *Quest. hypoth.*, t. 1er, p. 240; Duranton, t. 4, nº 120; Troplong, t. 2, nº 434; Victor Pannier, p. 147, et Hervieu, *Résumé de jurisp. hypoth.*, vº *Hypothèque légale*, nº 28.

196. — Mais lorsque la société se dissout, les immeubles sociaux qui, par l'effet du partage, deviennent la propriété du mari, sont frappés de l'hypothèque légale de la femme. — Troplong, nº 434.

197. — La femme peut, au reste, avec l'accomplissement de certaines formalités, restreindre à des immeubles déterminés l'effet de son hypothèque. — V. RÉDUCTION D'HYPOTHÈQUE.

198. — Bien qu'elle existe indépendamment de l'inscription, l'hypothèque légale de la femme doit cependant, dans certaines circonstances, être manifestée par l'inscription; c'est ce qui deviendra utile, par exemple, dans le cas de vente de l'immeuble. Le devoir de requérir cette inscription est imposé au mari. — V. INSCRIPTION HYPOTHÉCAIRE, ORDRE, STELLIONNAT. — Le droit de faire cette réquisition d'inscription est même donné à la femme, à ses parens, et enfin au procureur du roi du tribunal dans l'arrondissement duquel les biens sont situés.

199. — Mais dans le cas de vente d'un immeuble du mari, le ministère public ne doit prendre inscription au profit de la femme qu'en parfaite connaissance de cause et après avoir constaté qu'elle a droit de se prévaloir de son hypothèque légale contre l'acquéreur. Son intervention n'est que subsidiaire, subordonnée à la diligence des parties, et doit n'avoir lieu que lorsqu'il s'est assuré qu'il y a nécessité de prendre inscription. Par exemple, en cas de vente, il n'y a pas lieu de prendre inscription si la femme a garanti solidairement. — Circul. min. just. 15 sept. 1806; — Gillet, *Anal. circul. min. just.*, p. 91.

ART. 6. — *Durée de l'hypothèque légale de la femme.*

200. — L'hypothèque légale de la femme est dispensée de la formalité de l'inscription, soit pendant le mariage, soit après la dissolution de ce même mariage; aucun changement n'est apporté aux prérogatives attachées aux droits de la femme.

201. — C'est donc à tort qu'il a été décidé qu'après la dissolution de son mariage, la femme rentrée dans le plein exercice de sa liberté ne peut conserver l'hypothèque que la loi lui attribue, qu'en remplissant la formalité imposée aux créanciers ordinaires auxquels elle demeure dès-lors assimilée. — *Nîmes*, 28 mars 1806, Boissier c. Decombe; *Agen*, 8 mai 1810, Duffaut c. N.

202. — Jugé au contraire avec raison que l'hypothèque légale de la femme existe indépendamment de toute inscription, même après la dissolution du mariage. — *Nîmes*, 5 mai 1812, N... c N..; *Bordeaux*, 24 juin 1836 (t. 1er 1837, p. 189), Chevalier c. Andrieux; — Tarrible, *Rép. de jurisp.*, vº *Inscription hypothécaire*, § 3, nº 2; Duranton, t. 20, nº 38; Troplong, *Traité des hypoth.*, t. 2, nº 576; Demante, *Thémis*, t. 6, p. 20; Tessier, t. 2, nº 138. — C'est aussi ce qui résulte d'un avis du conseil d'état du 8 mai 1812. — Grenier, *Hypothèque*, t. 1er, nº 245, qui critique l'avis du conseil d'état, voudrait qu'après la dissolution du mariage, la femme fût tenue de prendre inscription dans un délai fixé.

203. — Ces prérogatives appartiennent non-seulement à la femme, mais aussi à ses héritiers ou représentans. — *Turin*, 10 janv. 1812, Grosso c. Giolito.

204. — Jugé encore que l'hypothèque légale de la femme n'est pas un privilége purement personnel, attaché à sa qualité de femme mariée, mais un droit inhérent à la nature de la créance, qui continue de subsister après la dissolution du mariage, et qui est transmissible aux héritiers; que dès-lors la femme, bien qu'elle n'ait pas pris d'inscription dans les dix ans à compter du décès de son mari, n'en conserve pas moins le droit d'être colloquée à la date de son hypothèque légale. — *Montpellier*, 1er fév. 1828, Mazel c. Paulet; 21 août 1828, Verenque c. Raudon; 24 fév. 1829, Valesque c. Goudard; *Cass.*, 28 déc. 1840 (t. 1er 1841, p. 169), et *Lyon*, 7 avr. 1843 (t. 2 1843, p. 748), Patissier c. Montaigne. — V. INSCRIPTION HYPOTHÉCAIRE, STELLIONAT.

205. — Jugé de même que le Code civil, en affranchissant l'hypothèque légale de la femme de l'inscription, a dispensé du renouvellement les inscriptions hypothécaires prises par une femme sur les biens de son mari sous l'empire de la loi du 11 brum. an VII. — *Pau*, 7 avr. 1830, Mercé c. Clavire.

206. — ...Que l'hypothèque légale de la femme, lorsqu'elle a été inscrite, subsiste encore après que l'inscription a été périmée faute de renouvellement dans les dix ans. — *Cass.*, 21 août 1833, Langlois c. Noé.

207. — Mais jugé aussi que l'on ne doit pas considérer comme légale, et comme dispensée à ce titre de la mention d'exigibilité, l'inscription prise par les héritiers de la femme pour la conservation de sa dot et de ses reprises matrimoniales, lorsque celle-ci est décédée avant la promulgation du Code civil. — *Cass.*, 5 déc. 1814, Gonduin c. Lambert; — Merlin, *Rép.*, vº *Inscription hypothécaire*, § 5.

208. — L'hypothèque légale de la femme est, au reste, soumise aux modes d'extinction des hypothèques en général, sauf les modifications que la qualité de femme mariée peut apporter aux principes du droit commun. — V. HYPOTHÈQUES, PURGE.

209. — Ainsi, l'hypothèque de la femme sur les biens de son mari pour ses reprises matrimoniales, ne peut être, pendant le mariage, prescrite contre elle par les tiers détenteurs. — *Paris*, 26 janv. 1807, d'Ormesson de Noyseau c. Séjourné et Wignen; — Merlin, *Rép.*, vº *Inscription*, § 3, nº 2, et *Quest. de droit*, vº *Hypothèques*, § 3, nº 8; Troplong, *Hypoth.*, t. 4, nº 885.

210. — Décidé de même que les tiers détenteurs des biens du mari ne peuvent pas, pendant le mariage et avant la séparation de biens des époux, prescrire l'hypothèque légale de la femme par le laps de dix ans, à compter de la transcription de leur titre d'acquisition. — *Bordeaux*, 29 nov. 1833, Marchand c. Destab.

211. — Mais jugé que la veuve qui a consenti à ce que les biens grevés de son hypothèque légale en fussent déchargés et fussent échangés contre d'autres immeubles sur lesquels elle a stipulé que son hypothèque légale serait transportée, n'est pas dispensée de prendre inscription pour la conservation de l'hypothèque sur les biens reçus en contre-échange. — *Agen*, 15 janv. 1825, Lubesperre c. Dassy.

212. — Après la mort de la femme et la liquidation de ses reprises, le mari, donataire en usufruit de tous les biens de sa femme, ne détient plus la dot comme mari, mais en qualité d'usufruitier, et dès-lors l'hypothèque légale qui grevait les biens du mari a cessé d'exister. — *Paris*, 15 janv. 1836, Lelong.

213. — Jugé de même que lorsqu'une femme a institué son mari donataire en usufruit de tous ses biens, avec dispense de donner caution, le mari, qui, même d'une manière fictive, a tenu compte aux héritiers de sa femme de la nue-propriété des reprises et créances de celle-ci, est affranchi de l'hypothèque légale. — *Grenoble*, 28 déc. 1823, Beroard c. Ducoin.

214. — Cependant dans le cas où le mari conserve comme légataire en usufruit de sa femme, dispensé de donner caution, les sommes qu'il devait au jour de son décès. l'hypothèque légale n'est pas éteinte par novation. Cette hypothèque reste, au contraire, attachée à la nu-propriété des créances matrimoniales, surtout si le mari décède sans avoir ni obtenu la délivrance de son legs, ni procédé à aucun compte ou règlement avec les héritiers de sa femme. — *Cass.*, 26 nov. 1836, Bieu c. Fortin.

215. — Mais il suffit que le mari ait, même d'une manière fictive, restitué aux héritiers de sa femme la dot de cette dernière, pour que ses biens soient affranchis de l'hypothèque légale. Par exemple, le mari qui, institué par sa femme usufruitier, sans charge de caution, du montant de sa dot, obtient des héritiers la délivrance de son usufruit et reste en possession, est censé, par cela même, avoir restitué la dot comme mari, et l'avoir reprise ensuite comme usufruitier. Dès-lors, l'hypothèque légale qui garantissait la restitution qu'il devait faire comme mari doit être réputée éteinte, comme étant désormais sans cause. — *Cass.*, 15 nov. 1837 (t. 1er, 1838, p. 293), Amaury c. Durosay (qui casse un arrêt de Rouen, 27 déc. 1834); *Bordeaux*, 5 mars 1842 (t. 2, 1842, p. 430), Lacrompe de Laboissière; *Paris*, 9 mars 1844 (t. 1er 1844, p. 534), Tremery c. Lancois; *Douai*, 21 août 1844 (t. 2, 1845, p. 395). Foulon c. Bailly; 4 mai 1846 (t. 2, 1846, p. 724), Panthou et Duquesnes c. Montmaux.

216. — Il en est ainsi, alors même que, dans le contrat de mariage de son enfant, passé après ce règlement, le père se serait déclaré dépositaire de la somme en sa qualité de tuteur et d'ancien administrateur. — *Douai*, 4 mai 1846 (t. 2, 1846, p. 724), Panthou et Duquesnes c. Montmaux.

ART. 7. — *Subrogation dans l'hypothèque légale de la femme.*

217. — Les règles générales relatives à la subrogation dans l'effet d'une obligation et des accessoires qui peuvent s'y rattacher, tels que les priviléges et hypothèques, sont exposées au mot SUBROGATION. Nous ne plaçons ici que les décisions particulières qui, à défaut de dispositions expresses dans la législation, ont été émises par la jurisprudence et la doctrine.

§ 1er. — *Capacité de subroger.*

218. — Les commentateurs du droit romain agitaient, au milieu des plus vives controverses, la question de savoir si la renonciation de la femme mariée sous le régime dotal avait pour effet d'exclure la femme de tout recours contre celui en faveur de qui elle avait renoncé, ou bien transférait le privilège dont la femme était investie.

219. — Les auteurs modernes décident, en général, que la renonciation à l'hypothèque légale faite par la femme mariée sous le régime dotal est frappée de nullité, sans distinguer entre le cas où cette renonciation peut compromettre la sûreté de sa dot, du cas où elle ne nuit en aucune manière à la conservation de ses droits. — Persil, *Hyp.*, t. 1er, p. 425; Rolland de Villargues, vº *Renonciation*.

220. — M. Troplong (*Hyp.*, t. 2, nos 597 à 601) fait une distinction: il pense que la renonciation est valable, et que la femme ne peut revenir contre les renonciations qu'elle a faites de son hypothèque, toutes les fois que sa dot n'en éprouve pas de préjudice. Mais cette distinction ne semble pas accueillie par la jurisprudence.

221. — Jugé, en effet, que la subrogation consentie par la femme mariée sous le régime dotal, dans son hypothèque légale sur les biens de son mari, même à raison de ses créances mobilières, est nulle. — *Cass.*, 28 juin 1810, Germont et Bazières c. Pichat. — M. Troplong, pour éluder l'autorité de cette décision, fait remarquer qu'elle est intervenue dans une espèce où la femme, par suite de sa renonciation, se trouvait ruinée.

222. — ...Que lorsque les époux mariés sous le régime dotal ont, en outre, stipulé une société d'acquêts, cette clause insérée au contrat ne déroge point aux règles constitutives du régime dotal; qu'en conséquence, la femme ne peut renoncer, soit directement, soit indirectement, à son droit d'hypothèque légale sur un immeuble acquis en commun pendant le mariage, pas plus que sur les biens propres du mari. — *Angers*, 10 août 1839 (t. 1er, 1845, p. 371), Mille c. Bruneau.

223. — Jugé encore que la faculté d'aliéner ses biens et droits dotaux, stipulée au profit de la femme dans son contrat de mariage, n'emporte pas celle de les hypothéquer; que la délégation du prix de son immeuble dotal, par elle consentie au profit d'un créancier hypothécaire, est nulle comme l'hypothèque elle-même, et que cette nullité peut être opposée, sans que le créancier doive être mis en cause, à l'acquéreur qui, en payant celui-ci, s'est trouvé subrogé à ses droits. — *Cass.*, 14 fév. 1843 (t. 1er, 1843, p. 607), Berne c. Bruyne.

224. — ...Que la femme anciennement mariée sous le régime dotal n'a pu, sous l'empire du C. civ., porter atteinte, par des engagements souscrits solidairement avec son mari, à son hypothèque légale; qu'en conséquence, elle doit, nonobstant ces engagemens, être colloquée pour le montant de sa dot et pour ses frais de séparation de biens qui en sont en quelque sorte l'accessoire, au rang de son hypothèque, par préférence même aux créanciers envers lesquels elle s'est obligée. — *Bordeaux*, 9 juill. 1841 (t. 1er 1842, p. 13), Milliac c. Veron.

225. — Jugé encore que la femme mariée sous le régime dotal, qui s'est réservé par son contrat de mariage la faculté d'aliéner ses immeubles, n'a pas la libre disposition de ses immeubles dotaux; qu'en conséquence, la subrogation consentie par la femme de son hypothèque légale sur les biens de son mari, à raison de ses créances mobilières, est nulle. — *Cass.*, 2 janv. 1837 (t. 1er 1837, p. 586), Castet c. Lispin.

226. — Jugé cependant que la femme mariée sous le régime dotal, qui s'est réservé dans son contrat de mariage la faculté d'hypothéquer et d'aliéner ses biens immeubles présens et à venir, peut, par la seule force de cette réserve, renoncer à l'hypothèque légale conservatrice de sa dot mobilière. — *Lyon*, 31 janv. 1840 (t. 2 1840, p. 670), Delunel c. Magat.

227. — On a voulu d'abord étendre à la femme mariée sous le régime de la communauté la prohibition d'aliénation qui atteint la femme mariée sous le régime dotal; mais les doutes ne durèrent pas long-temps, et on décida que la femme, capable sous le régime de la communauté de toute espèce

de contrats, peut renoncer à l'hypothèque qui sert de garantie à sa dot et à ses reprises. — Troplong, *Hypot.*, t. 2, no 602; Persil, t. 1er, p. 246; Merlin, *Rép.*, vo *Transcription.*— V. aussi *Paris*, 15 mai 1816, Portier c. Portefin.

228. — Jugé dans ce sens que la femme obligée solidairement envers plusieurs créanciers de son mari a pu valablement subroger l'un d'eux dans l'effet de son hypothèque légale et lui donner ainsi une préférence sur les autres.—*Paris*, 15 janv. 1813, Fayard c. Kleff.

229. —...Que la procuration donnée par la femme au mari, à l'effet de l'obliger conjointement avec lui au paiement des emprunts qu'il veut faire, et, notamment, à l'effet d'hypothéquer les immeubles de la communauté, emporte virtuellement le pouvoir d'assurer aux créanciers un droit de priorité sur son hypothèque légale. — Du moins l'arrêt qui, par interprétation de l'acte, décide qu'il doit produire cet effet, échappe à la censure de la cour de Cassation. — *Cass.*, 12 juin 1839 (t. 2 1839, p. 5), Commeraix c. Bousseau; *Nancy*, 24 janv. 1825, Delalance c. Allié.

230. — Il avait d'abord été décidé que la femme qui, dans des obligations par elle contractées solidairement avec son mari, a subrogé à tous ses droits les créanciers avec lesquels elle a traité, n'est point fondée à soutenir que la subrogation par elle consentie ne s'étend pas à son *deuil* ni à son *douaire*, sous le prétexte que ces objets constituent à son profit une créance purement alimentaire, et, comme telle, insaisissable et incessible de sa nature. — *Bourges*, 4 juin 1825, Rollin et Oudot c. Blaque-Belair.

231. — Mais la cour de Cassation a jugé que les femmes peuvent consentir toute subrogation ou antériorité dans l'exercice de leur hypothèque légale, à raison des rentes à elle constituées par leur contrat de mariage, à titre de douaire ou autrement, et qu'il en est de même de la somme fixée pour deuil dans le contrat de mariage. — *Cass.*, 31 mai 1826, Rollin c. Belair.

§ 2. — *De la subrogation expresse et de la subrogation tacite.*

232. — La subrogation que la femme peut consentir dans l'effet de son hypothèque légale peut avoir lieu tacitement ou expressément. — Elle a lieu tacitement lorsque la femme consent à la vente de l'objet sur lequel porte son hypothèque, ou bien encore lorsque la femme consent une hypothèque sur le fonds qui lui a été hypothéqué; elle est expresse lorsque la femme renonce en faveur de quelqu'un à la priorité de son hypothèque légale. L'une et l'autre ont le même effet.

233. — La subrogation expresse peut emprunter la forme d'une cession des droits de la femme contre son mari, ou de la cession seulement du droit d'hypothèque, ou bien encore de la renonciation que la femme fait au profit d'un tiers à la priorité de son droit d'hypothèque.

234. — Lorsqu'une femme mariée sous le régime dotal renonce à son hypothèque légale sur les biens de son mari au profit de la future épouse de son fils, pour garantir à celle-ci la restitution de sa dot, cette renonciation ne vaut que comme donation faite au fils pour son établissement. Par conséquent, elle ne peut être efficace que dans les limites de la quotité disponible et de la part héréditaire de l'enfant sur la succession maternelle. — *Nîmes*, 30 avr. 1845 (t. 1er 1846, p. 550), Defagues c. Defagues; — Toullier, t. 14, no 174.

235. — La femme ne peut être censée avoir renoncé à son hypothèque, parce qu'en intervenant en qualité de tutrice dans le contrat de vente par ses enfans de la succession de leur père, elle a consenti avec les majeurs la subrogation de l'acquéreur aux droits des vendeurs. — *Agen*, 27 nov. 1812, Ballande c. Tronchet.

236. — L'approbation donnée solidairement par la femme aux clauses d'une société dont son mari fait partie, a pu, par appréciation de ses termes, n'être considérée ni comme un cautionnement, ni comme une subrogation à son hypothèque légale, au profit des autres associés, et la femme demeure fondée à exercer son hypothèque au préjudice de ces derniers. — *Cass.*, 24 juin 1829, Royer c. de Mailly.

237. — L'obligation purement personnelle contractée solidairement par une femme avec son mari, sans affectation hypothécaire des biens de celui-ci, n'entraîne pas subrogation tacite en faveur du créancier dans l'hypothèque légale de la femme. Cette subrogation tacite n'existe qu'autant qu'il y eu hypothèque consentie par le mari, même alors que le créancier se présente avec une inscription prise plus tard en vertu d'un jugement de condamnation. — *Paris*, 2 janv. 1836, Dampon c. Duplessis

238 — Le jugement de condamnation prononcé du consentement de la femme et du mari, au paiement de billets par eux souscrits solidairement, n'emporte pas subrogation, au profit du créancier, dans l'hypothèque légale de la femme. — La question de savoir si la subrogation du créancier dans l'hypothèque légale de la femme est ou non attachée au jugement de condamnation solidaire intervenu contre elle et son mari est exclusivement subordonnée à l'appréciation des juges du fond. — *Cass.*, 27 nov. 1834, Girod c. Dublocard; — Duranton, *Droit français*, t. 12, no 143; Troplong, *Hypot.*, t. 2, no 603; Proudhon, t. 5, no 2334.

239. — La clause par laquelle des époux vendeurs déclarent que le prix sera payé aux créanciers hypothécaires, selon l'ordre de leurs hypothèques, n'opère pas en faveur de ces créanciers, qui n'ont pas assisté au contrat, une subrogation à l'hypothèque légale de la femme, de telle sorte que celle-ci ne puisse plus réclamer pour ses reprises matrimoniales le rang qui lui était assigné par la loi. — *Rouen*, 26 avr. 1826, Leclerc c. Domaines.

240. — Mais la femme commune en biens qui, solidairement avec son mari, s'est obligée envers des tiers qui ont pris inscription sur les biens de ce dernier, ne peut, au préjudice de ces tiers, invoquer son hypothèque légale. — Les créanciers personnels de la femme ne le peuvent pas davantage, lorsqu'ils n'ont pas pris eux-mêmes inscription ou qu'ils n'ont pas, avant la clôture de l'ordre, formé l'opposition prescrite par l'art. 778, C. procéd. — *Cass.*, 11 nov. 1812, Damy c. Swaenen et Lambert.

241. — De même un créancier peut se faire subroger aux droits de la femme de son débiteur lorsqu'elle s'est obligée solidairement avec son mari. — *Rennes*, 25 juill. 1817, Reibell et Davy c. Audicq.

342. — La subrogation à l'hypothèque légale de la femme peut être tacite et résulter d'une obligation contractée par la femme *solidairement* avec son mari. — *Cass.*, 17 av. 1827, syndics Dupin c. Hautier; — Troplong, no 606.

243. — Mais lorsque la femme s'oblige solidairement avec son mari et tout à la fois affecte conjointement avec lui des biens grevés de son hypothèque légale, elle est censée, par cela même, avoir tacitement mais valablement renoncé à cette hypothèque légale en faveur du tiers avec qui elle a contracté, de sorte que, nonobstant la subrogation expresse qu'elle aurait ultérieurement consentie en faveur d'un autre créancier, ce premier doit être colloqué par préférence. — *Lyon*, 22 juill. 1819, Daviot c. Rochetaillé; *Paris*, 26 janv. 1819, Dauchez-Hemard c. Saint-Quentin; *Metz*, 4 juin 1822, Lepinois c. Boucher; *Paris*, 29 août 1822, Dodié c. Chaise; 20 déc. 1822, Aubé c. le prince de Condé; *Amiens*, 17 mars 1823, Cointre c. Dermoncourt; *Angers*, 19 juin 1823, Baigneux c. Desbordes; *Cass.*, 15 juin 1825, Aubé c. le prince de Condé; *Bourges*, 4 mars 1831, Burat-Dubois c. Pactou; *Cass.*, 4 fév. 1839 (t. 1er 1839, p. 343), Duchâteau c. Boutroux; — Grenier, t. 1er, p. 550; Troplong, no 605.

244. — De même la femme qui s'oblige solidairement avec son mari et affecte à la garantie de l'obligation des biens frappés de son hypothèque légale, consent, par là même, en faveur du créancier, une subrogation tacite à son hypothèque, en telle sorte que les subrogations les plus expresses qu'elle ferait ultérieurement ne pourraient nuire à celle-ci. — *Cass.*, 2 avr. 1829, de Lamoignon c. Recamier; *Orléans*, 26 juill. 1826, de Lamoignon c. Bertrand.

245. — C'est par une conséquence des mêmes principes qu'il a été jugé que la femme qui a contracté l'obligation solidaire et hypothécaire de la tutelle avec son nouveau mari est présumée avoir tacitement subrogé ses enfans mineurs, dans l'effet de sa propre hypothèque légale sur les biens de celui-ci. — *Cass.*, 22 nov. 1836 (t. 1er 1837, p. 5), Perier c. Lavalée.

246. —...Que lorsque des père et mère ont constitué à leur fils une dot, chacun par moitié, avec obligation solidaire d'en servir les intérêts, et affectation hypothécaire sur une maison dépendant de la communauté, la mère, venant à renoncer à la communauté, par suite de la faillite du père, le fils peut exercer ses droits pour la totalité de la dot sur l'immeuble affecté; et que dans ce cas, comme subrogé tacitement à l'hypothèque légale de sa mère, le fils doit être colloqué avant elle dans l'ordre du prix de la maison. — *Paris*, 9 fév. 1826, Lefort c. Sapey.

247. —...Que le créancier qui prête une somme d'argent au mari et à la femme, tenus solidairement et hypothécairement envers lui, est, pour le paiement des frais de l'acte, qu'au défaut des débiteurs il a fait au notaire, subrogé aux droits de la femme, sa débitrice, contre son mari, et peut exercer à sa place l'hypothèque légale qui, pour cette dette, remonte au jour du contrat. — *Poitiers*, 19 av. 1842 (t. 2 1842, p. 56), Poyrault c. Fradin.

§ 3. — *Formalités de la subrogation.*

248. — Les formalités prescrites par les art. 2144 et 2145, C. civ., ne sont applicables qu'aux réductions d'hypothèques demandées par le mari seul, et non aux contrats sincères que la femme peut passer avec des tiers dans l'intérêt de son mari. — La femme peut seule, et sans concours d'un avis de parens, subroger un créancier de son mari envers lequel elle est elle-même obligée, dans l'effet de son hypothèque légale, et consentir en sa faveur le droit de priorité. — *Paris*, 29 juin 1812, Hubert c. Henry; *Cass.*, 28 juill. 1823, Neuville c. Levieux-Balon; *Nancy*, 24 janv. 1825, Delalance c. Allié; *Lyon*, 13 av. 1832, Mazoyer c. Lacua; *Cass.*, 30 juill. 1845 (t. 2 1845, p. 666), Chauveau c. Malherbe; — Troplong, *Hypoth.*, t. 2, no 643 *bis*; Zachariæ, t. 2, § 281, note 19; Duranton, t. 20, no 72.

249. — Jugé de même pour le cas de cession d'antériorité d'hypothèque consentie par la femme commune ou séparée de biens, au profit d'un créancier personnel du mari. — *Paris*, 28 août 1844 (t. 1er 1845, p. 90), de Malherbe c. Chauveau.

250. — Il en est de même encore de la renonciation tacite par la femme à son hypothèque légale pour assurer les effets du cautionnement souscrit par son mari en faveur d'un tiers. — *Bordeaux*, 7 avr. 1834, Boisdon c. Coste et Candé.

251. — Ainsi, dès qu'un arrêt constate en fait qu'une convention formée entre une femme et un tiers avec l'autorisation de son mari contenait une véritable cession, de la part de la femme, au profit de ce tiers, de son droit d'antériorité hypothécaire, cette qualification ainsi imprimée au contrat lui rend inapplicables les art. 2144 et 2145, C. civ. — *Cass.*, 30 juill. 1845 (t. 2 1845, p. 666), Chauveau c. de Malherbe.

252. — Est donc valable, nonobstant les dispositions des art. 2144 et 2145, C. civ., le consentement donné par une femme séparée de biens, avec autorisation de son mari, à ce qu'un créancier qui lui était postérieur en ordre d'hypothèque soit payé par préférence et antériorité à elle-même. — *Orléans*, 28 fév. 1844 (t. 1er 1844, p. 456), Chauveau c. Malherbe.

253. — Et il est indifférent que le cautionnement que la femme souscrit en abandonnant son hypothèque légale soit ou non précédé d'obligations préexistantes de sa part et motivé sur des causes d'amitié et de bienveillance pour les personnes envers lesquelles elle s'oblige. — *Nancy*, 24 janv. 1825, Delalance c. Allié.

254. — Jugé toutefois que la femme séparée de biens qui, sans aucun avantage personnel, sans aucune obligation préexistante de sa part, et seulement pour venir au secours de son mari, renonce en faveur d'un créancier de ce dernier à son hypothèque légale sur certains immeubles ou à la priorité du rang que lui donne cette hypothèque, consent par là même une restriction d'hypothèque qui, pour être valable, doit être autorisée par un avis de parens et réalisée dans les formes prescrites par les art. 2144 et 2145, C. civ. — *Cass.*, 9 janv. 1822, Desarbres c. Deschamps. — V. *contrà* Troplong et Duranton, *loc cit.* — Mais V. les observations du rapporteur lors de l'arrêt cité plus haut (no 251), du 30 juill. 1845 qui concilient ce dernier arrêt avec celui du 9 janv. 1822.

255. — Du reste il ne suffit pas, pour qu'une femme qui contracte une obligation solidaire avec son mari soit censée subroger tacitement le créancier dans son hypothèque légale, que l'obligation contienne constitution d'hypothèque sur des immeubles appartenant au mari; il faut encore que cette hypothèque soit valable. — *Colmar*, 23 août 1842 (t. 1er 1843, p. 107), Lévy c. Engel.

256. — Ainsi le pouvoir donné par une femme à son mari de l'obliger conjointement et solidairement avec lui au paiement de toutes sommes déjà dues ou empruntées par lui, à telles personnes et à tel titre que ce soit, et, comme conséquence de cette obligation, de subroger avec antériorité et jusqu'à due concurrence tous ces créanciers alors existant dans l'effet de l'hypothèque légale, n'a pas le caractère de spécialité exigé par la loi pour sa validité. Il n'aurait ce caractère qu'autant qu'il spécifierait les dettes au paiement desquelles la femme, en connaissance de cause, autoriserait son mari à l'obliger. L'obligation contractée par le mari au nom de sa femme en vertu d'une pareille procuration, ainsi que la subrogation consentie dans l'hypothèque légale de cette dernière, doivent donc être considérées comme nulles. — *Cass.*, 19 juin 1844 (t. 2 1844, p. 340), Dubois c. Lefebvre.

257. — Mais la loi ne contenant aucune disposition qui prescrive la forme dans laquelle la subroga-

tion par la femme doit être consentie, elle peut donc être réalisée même par un acte sous seing privé.

258. — Les créanciers subrogés au droit de la femme ont le même bénéfice qu'elle : c'est-à-dire que la femme étant dispensée d'inscrire son hypothèque, les créanciers sont également dispensés d'inscriptions, même vis-à-vis des créanciers ultérieurement subrogés dans l'effet de cette hypothèque. — *Cass.*, 16 fév. 1844 (t. 1er 1844, p. 754), de Barrois c. Pluchart et de Maupassant ; *Nancy*, 24 janv. 1825, Delalance c. Allié.

259. — Donc le créancier subrogé à l'hypothèque légale d'une femme mariée ne peut être écarté de l'ordre auquel il se présente en cette qualité, sous prétexte que l'inscription par lui prise, en son nom personnel, sur les biens du mari, serait nulle, comme prise dans les dix jours qui ont précédé la faillite de ce dernier. — *Amiens*, 20 déc. 1837 (t. 1er 1838, p. 347), Diard c. Nèe.

260. — Cependant le créancier subrogé fera prudemment de faire inscrire son contrat de subrogation et il évitera de cette manière des difficultés soit pour le cas où la femme aurait consenti d'autres subrogations, soit pour le cas où la femme méconnaissant la subrogation par elle consentie viendrait faire restreindre l'effet de son hypothèque légale. — Troplong, no 609.

261. — La mention de la subrogation dans les inscriptions prises par le créancier antérieurement à la vente de l'immeuble dont le prix est à distribuer équivaut à l'inscription que la femme aurait pu prendre alors que cette mention contient toutes les énonciations prescrites par l'art. 2153, C. civ. — *Paris*, 24 août 1840 (t. 2 1840, p. 687), Dumont c. Corion.

262. — Le créancier que la femme a subrogé dans son hypothèque légale, en s'engageant solidairement avec le mari, ne peut suppléer à l'inscription que la femme a négligé de prendre, pendant les deux mois de l'exposition du contrat, par l'inscription que lui-même a prise pour sûreté de sa créance personnelle. — *Cass.*, 15 déc. 1829, Wischer c. Fischbach.

§ 4. — *Effets de la subrogation à l'égard de la femme.*

263. — Le principal effet de la subrogation est de donner aux créanciers auxquels cette subrogation doit profiter le droit d'être préférés à la femme elle-même, mais ce droit tient de sa constitution certaines limitations.

264. — Les créanciers qui ont le mari et la femme pour obligés solidaires, et auxquels ceux-ci ont hypothéqué des immeubles de la communauté, doivent être payés sur le prix de ces biens, par préférence à la femme créancière elle-même du mari, malgré la renonciation de cette dernière à la communauté. — *Paris*, 1er juin 1807, Barbot c. Laubé et Veilleux ; 11 mars 1813, Devigny et Lefrançois c. Piller ; *Bourges*, 17 mai 1823, Moreau c. Berthaut.

265. — Toutefois, lorsque la femme obligée solidairement avec son mari au paiement d'une obligation hypothécaire a subrogé le créancier dans l'effet de son hypothèque légale, cette subrogation n'emporte pas, de sa part, une cession entière de ses droits d'hypothèque légale sur tous les biens du mari, mais seulement une cession particulière de cette hypothèque sur les biens spécialement affectés par le contrat. — *Paris*, 3 déc. 1838 (t. 2 1839, p. 617), Paillet c. Dubarret.

266. — De même, la femme qui a renoncé à son hypothèque légale en faveur d'un créancier la conserve vis-à-vis des autres, avec lesquels elle n'a point contracté. — *Cass.*, 14 janv. 1817, Mazure c. Hubert.

267. — De même encore, la femme mariée qui renonce à son hypothèque légale en faveur d'un acquéreur de quelques immeubles de son mari n'est pas censée, par cela seul, avoir renoncé à l'exercice de cette hypothèque sur d'autres immeubles vendus précédemment par son mari. — *Cass.*, 20 août 1816, Garel c. Momelerme.

268. — Il a été jugé aussi que lorsque, dans un acte de vente, il a été stipulé que l'acquéreur compenserait son prix jusqu'à due concurrence avec ses propres créances par ordre d'hypothèque, la femme qui a été partie au contrat, et qui a renoncé à son hypothèque légale sur les biens vendus, n'est censée avoir consenti cette renonciation qu'au profit de l'acquéreur seul. — *Lyon*, 31 janv. 1840 (t. 2 1840, p. 670), Delunel c. Magat.

269. — ...Que lorsqu'un crédit a été ouvert au mari et à la femme, avec subrogation par celle-ci dans son hypothèque légale, jusqu'à concurrence de certaines sommes à fournir sur les quittances du mari, le créditeur ne peut réclamer à la femme une dette antérieure du mari à laquelle elle ne s'est pas obligée, et portée dans des comptes courans qu'elle n'a point approuvés ; — que relativement à la femme, ce crédit prend fin par son décès, bien que ce décès n'ait point été dénoncé au banquier, si celui-ci a dû ne pas l'ignorer ; — que les versemens faits par le mari au créditeur pendant la durée du crédit garanti par l'hypothèque de la femme doivent s'imputer sur la dette hypothécaire des crédités, de préférence à la dette particulière du mari. — *Angers*, 27 mars 1846 (t. 2 1846, p. 206), Louvet et c. Pepin.

§ 5. — *Effets de la subrogation à l'égard des créanciers.*

270. — Les créanciers antérieurs à la subrogation consentie par la femme n'ont pas le droit de critiquer la subrogation qu'elle consent, puisque la femme était maîtresse de contracter de nouvelles dettes. Le droit de ces créanciers, s'ils sont chirographaires, se réduira à provoquer sur la portion revenant à la femme dans le prix des immeubles un sous-ordre qui sera réglé conformément à l'art. 778, C. procéd. — Troplong, no 606.

271. — Le principe qui permet, dans le cas de déconfiture du mari, aux créanciers personnels de la femme d'exercer les droits de leur débitrice, ne peut prévaloir sur les causes légitimes de préférence résultant, en faveur de quelques-uns des créanciers de la femme, d'une subrogation dans l'effet de son hypothèque légale. — *Nancy*, 24 janv. 1825, Delalance c. Allié.

272. — Donc, les créanciers subrogés à l'hypothèque légale de la femme doivent primer, sur le prix des immeubles de son mari, d'autres créanciers de la femme non subrogés à son hypothèque. — *Cass.*, 17 avr. 1827, Dupin c. Hautier ; *Paris*, 15 mai 1816, Porlier c. Portefin.

273. — Toutefois, il a été décidé que, dans le concours de différens créanciers qui ont le mari et la femme pour obligés solidaires, et auxquels ceux-ci ont hypothéqué successivement des immeubles de la communauté, mais dont aucun n'a de subrogation expresse à l'hypothèque légale de la femme, le créancier premier inscrit ne doit pas être colloqué de préférence aux autres sur le prix des immeubles aliénés, même dans le cas de renonciation par la femme à la communauté. — Qu'au contraire, tous les créanciers primés par l'hypothèque légale de la femme viennent concurremment, et sans égard à la date de leurs inscriptions, exercer les droits de leur débitrice et partager au marc le franc ce qui lui revient, en vertu de son hypothèque légale, sur le prix des immeubles aliénés. — *Paris*, 8 déc. 1819, Saulnier c. Venard.

274. — Mais cette interprétation n'a pas prévalu et la jurisprudence a assigné des effets différens à la subrogation, et il est aujourd'hui constant que si les créanciers antérieurs à la cession que la femme a faite de son hypothèque légale ont reçu d'elle une subrogation, soit tacite, soit expresse, dans l'effet de cette même hypothèque, ils ne peuvent être lésés par les subrogations ultérieurement consenties par cette femme. — Troplong, no 607.

275. — Ainsi jugé que dans le concours de plusieurs créanciers qui ont la femme pour obligée solidaire, et qui se trouvent par suite virtuellement subrogés à son hypothèque légale, ceux qui ont fait inscrire leur titre doivent être préférés à ceux qui n'ont pris aucune inscription personnelle ; que le montant de la collocation de la femme, leur débitrice commune, ne doit pas leur être distribuée par voie de contribution. — *Paris*, 11 mars 1813, Devigny et Lefrançois c. Piller.

276. — Mais nous avons déjà vu qu'il n'est pas nécessaire que la subrogation à l'hypothèque légale de la femme soit rendue publique par l'inscription, pour qu'elle puisse être opposée aux créanciers postérieurs qui se seraient fait également subroger, et qui auraient fait inscrire leur subrogation. — *Orléans*, 26 juill. 1826, de Lamoignon c. Bertrand ; *Paris*, 12 déc. 1817, Belin et Gaillard c. Barbon.

277. — Et il a été jugé dans ce sens qu'entre deux créanciers subrogés par la femme dans l'effet de son hypothèque légale sur les immeubles de son mari pour sa dot et ses reprises matrimoniales, celui qui a fait inscrire au bureau des hypothèques son acte de subrogation, ne doit pas être préféré au créancier antérieur en date, qui n'a pas requis l'inscription, ou dont l'inscription est postérieure. Ainsi, la seconde subrogation ne peut avoir d'effet qu'après que la première a été réalisée. — *Paris*, 12 déc. 1817, Belin, Gaillard c. Barbon.

278. — Ainsi encore lorsqu'il y a plusieurs créanciers successivement subrogés à l'hypothèque légale de la femme, ces créanciers, dont les droits se rattachent à un seul et même titre et à la même cause, ne doivent pas être payés par concurrence et sans égard pour la priorité des subrogations. Le premier subrogé, surtout s'il a fait inscrire sa subrogation en temps utile, doit être préféré aux autres créanciers qui n'ont traité avec la femme et pu faire inscrire leur subrogation qu'après lui. — *Metz*, 17 déc. 1822, Labouverie c. Deshrulis.

279. — La préférence entre les divers subrogés se règle donc par la date des subrogations, sans égard aux inscriptions qui auraient pu être prises. — *Nancy*, 24 janv. 1825, Delalance c. Allié ; 22 mai 1826, Afost.

280. — Jugé de même que dans le concours de plusieurs créanciers expressément ou tacitement subrogés à l'hypothèque légale de la femme, la préférence est due au créancier le plus anciennement subrogé, et non pas à celui qui aurait fait inscrire sa subrogation le premier. — *Cass.*, 2 avr. 1829, de Lamoignon c. Récamier.

281. — Donc on ne peut prétendre que tous les créanciers subrogés doivent, concurremment et par voie de contribution, se partager le montant de la collocation de la femme dans l'ordre du prix des biens grevés de son hypothèque légale, sans égard pour l'ancienneté de leurs titres ou la priorité de leurs inscriptions. — *Cass.*, 2 avr. 1829, de Lamoignon c. Récamier.

282. — Ainsi le montant de la collocation de la femme doit être distribué par ordre d'hypothèque entre les créanciers subrogés à son hypothèque, et le surplus seulement réparti par voie de contribution au marc le franc entre ses autres créanciers non subrogés. — *Paris*, 15 mai 1816, Porlier c. Portefin.

283. — Les créanciers envers qui la femme s'est obligée solidairement avec son mari ont droit, comme exerçant les actions de leur débitrice, d'être colloqués en vertu de l'hypothèque légale de la femme, et à raison de la dette qu'elle a contractée, même avant que la femme l'ait payée, ou avant qu'elle ait été poursuivie pour le paiement. Il en doit être ainsi, surtout lorsque aucune garantie n'est offerte à la femme pour le cas où elle serait plus tard obligée de payer la dette contractée avec son mari. — *Cass.*, 25 mars 1834, domaine c. Gombault et Henry.

284. — Le subrogé à l'hypothèque légale de la femme obligée solidairement avec son mari, par le créancier qui a reçu sans réserve des héritiers de celle-ci la moitié de la dette la concernant, n'est point fondé à exercer contre le mari et ses ayant-cause, tiers détenteurs des immeubles échus au mari, en vertu du partage de la communauté, des poursuites en saisie immobilière pour être payé de l'autre moitié. — *Cass.*, 25 fév. 1834, Jaudon c. Faulard.

285. — La division d'une dette solidaire contractée par une femme commune en biens avec son mari, et qui résulte en fait des reçu et quittance de la part du créancier, de la portion à la charge de celle-ci, a aboli la solidarité, et par suite l'hypothèque légale attribuée à la femme sur les biens de son mari, conformément à la maxime : *sublatâ causâ tollitur effectus.* — Même arrêt.

Sect. 3e. — *Hypothèque légale du mineur et de l'interdit.*

ART. 1er. — *Législation et questions transitoires.*

286. — L'art. 2121-2o, C. civ., attribue aussi aux mineurs et interdits une hypothèque légale sur les biens de leurs tuteurs. Cette hypothèque, qui existe par la force seule de la loi, est comme celle de la femme dispensée d'inscription.

287. — Les Romains reconnaissaient aussi le droit d'hypothèque légale aux mineurs, et quant aux interdits, on leur reconnaissait un privilége, mais aucun texte ne parle de leur hypothèque. La jurisprudence française, assimilant les uns et les autres, a toujours accordé l'hypothèque légale aux mineurs et aux interdits. — Basnage, *Hypoth.*, ch. 6 ; Troplong, no 420.

288. — Les lois romaines, qui accordaient aux mineurs une hypothèque tacite sur les biens de leurs tuteurs, ne les autorisaient pas à retenir ceux desdits biens dont ils étaient en possession jusqu'à l'apurement du compte de tutelle. — *Cass.*, 29 août 1820, Turpin c. de Gageac.

289. — Les mineurs et les interdits n'avaient pas dans le Brabant, et particulièrement à Bruxelles, une hypothèque tacite sur les biens de leurs tuteurs et curateurs. — *Bruxelles*, 27 juin 1809, de Crampagne c. Vanhoterdael.

290. — Mais en Flandre, et spécialement dans le ressort de la coutume d'Audenarde, le mineur avait une hypothèque tacite sur les biens de son tuteur. — *Bruxelles*, 26 mai 1813, Rullens c. Vanderberg.

Et il en était ainsi en France, même dans les pays de nantissement, sauf un très petit nombre de coutumes, qui avaient une disposition contraire. — Louet, lett. H, no 21; Argout, *Instit. au dr. franç.*, tit. *Des tuteurs*; Merlin, *Rép.*, vo *Hypothèque.*

291. — Dans les pays de droit écrit, et particulièrement dans la ci-devant Alsace, les enfans avaient sur les biens de leurs pères, à raison de son administration, une hypothèque légale du jour où la tutelle légale avait pris naissance; cette hypothèque devait recevoir effet, alors même que la gestion avait été presque immédiatement conférée à un parent. — *Colmar*, 22 mars 1816, Spenlé c. Fechterle.

292. — La loi du 11 brum. an VII, par son art. 21, exigeait pour l'hypothèque légale, au profit des mineurs et interdits, la formalité de l'inscription.

293. — Le Code civil, sans créer un droit nouveau d'hypothèque légale, mais en consacrant le droit établi par la loi de l'an VII, a, par son art. 2135-1o, déterminé d'une manière plus favorable le mode de conserver l'hypothèque légale au profit des mineurs et des interdits, en la dispensant de l'inscription. — *Paris*, 16 mars 1813, Gallien c. Roblastre.

294. — La publication du Code civil a tenu lieu d'inscription au mineur, de manière que, s'il se trouve en concurrence avec un hospice qui n'a pris inscription que depuis le Code, il doive être préféré, quoiqu'il s'agisse d'une créance ancienne. — *Cass.*, 11 mars 1811, hosp. d'Audenarde c. Desmet; *Colmar*, 22 mars 1816, Spenlé c. Fechterle; — Grenier, t. 1er, no 538; Delvincourt, t. 3, p. 159, note 14e; Battur, t. 3, no 397; Persil, *Régime hypoth.*, art. 2135, no 17; Duranton, t. 19, no 296, et t. 20, no 35; Troplong, t. 2, no 629; Baudot, *Tr. des form. hypot.*, no 406.

295. — Et pour que les mineurs puissent jouir de l'hypothèque légale établie à leur profit, il n'est pas nécessaire que la tutelle ait pris naissance postérieurement à la promulgation du Code civil; il suffit que les mineurs aient été en minorité au moment de cette publication. — *Cass.*, 15 janv. 1833, de Choisne c. Outrequin; *Turin*, 15 janv. 1811, Ricati.

296. — Mais le mineur dont la tutelle a commencé avant la loi du 11 brum. an VII, et pour lequel il n'a pas été pris d'inscription sous l'empire de cette loi, n'est pas fondé à faire rétroagir l'hypothèque qui lui est accordée par le Code civil à la date du jour où a commencé la tutelle, et ne peut prétendre primer les créanciers inscrits sur le tuteur avant la promulgation du Code. — *Paris*, 21 nov. 1809, Lefranc c. Dupré et Delamarre; — Voët, *ad Pandect.*, lib. 20, tit. 2, no 16; Duranton, t. 19, no 317, et t. 20, no 13; Merlin, *Rép.*, vo *Hypothèque*, sect. 2e, § 3, art. 4, no 27 Grenier, t. 1er, p. 620; Persil, *Quest.*, t. 1er, p. 281; Troplong, *Hypoth.*, t. 2, no 427.

297. — Du reste, cette hypothèque légale ne peut être invoquée par celui qui était parvenu à sa majorité lors de la publication du Code, bien qu'il eût à réclamer son compte de tutelle. — *Cass.*, 14 fév. 1816, Arnous c. Delaizire; 1er déc. 1824 et 28 août 1827, Desbassyns c. Dujarday; *Paris*, 20 nov. 1809, Gombault c. Rapin; *Bruxelles*, 25 juill. 1807, Bar c. Couteau; — Troplong, t. 2, no 573: Baudot, *Tr. des form. hypoth.*, no 404.

298. — Ce principe est notamment certain dans l'île Bourbon, où un arrêté du gouvernement avait ordonné l'inscription, dans les six mois de la publication du Code, de tous droits hypothécaires antérieurs. — *Cass.*, 28 août 1827, Desbassyns c. Dujarday; 1er déc. 1824, mêmes parties.

299. — Donc les immeubles des tuteurs qui avaient cessé leurs fonctions avant la promulgation du Code civil, sans cependant avoir rendu compte de leur gestion, n'ont pas été, par l'effet de la publication du Code, frappés de l'hypothèque légale dans les lieux où elle n'était pas admise. — *Bruxelles*, 15 janv. 1813, Merlin.

300. — Et comme nous venons de le dire (no 296), mais la disposition de l'art. 2135 ne pouvant préjudicier aux droits acquis à des tiers avant sa promulgation, le mineur usant du bénéfice de la dispense d'inscription introduite par le Code civil, ne primerait pas les créanciers inscrits avant lui sous la loi du 11 brum. an VII. — Troplong, no 573.

ART. 2. — *Au profit de qui et contre qui existe l'hypothèque légale du mineur et de l'interdit.*

301. — Les conditions qui constituent d'après la loi le mineur et l'interdit sont trop simples pour qu'il puisse s'élever dans leur appréciation des difficultés sérieuses. Ces difficultés, d'ailleurs, se rattachent le plus souvent par une relation intime,

HYPOTHÈQUE LÉGALE, sect. 3e.

au point de savoir si la personne contre laquelle militerait l'hypothèque réunit les qualités requises par la loi.

302. — Le mineur étranger n'a pas d'hypothèque légale sur les biens que possède en France son tuteur étranger, alors que la tutelle a été conférée en pays étranger. Il en serait ainsi, lors même que la tutelle aurait été reconnue par des jugemens rendus par les tribunaux français. Cette hypothèque n'existe pas même au profit du mineur étranger qui, né en France, réclame à sa majorité la qualité de Français. — *Amiens*, 18 août 1834, d'Hervas; *Rennes*, 30 août 1845 (t. 2 1845, p. 441), Dugout c. Wheeler; — Duranton, t. 19, no 307; Grenier, t. 1er, no 284.

303. — Cependant M. Troplong (no 429) soutient que le mineur étranger peut réclamer une hypothèque légale sur les biens de son tuteur étranger, en vertu de sa qualité de mineur, lorsque la qualité de tuteur est reconnue en France. — La loi qui confère l'hypothèque légale forme, selon cet auteur, un statut réel dont le propre est de saisir les immeubles, et qui s'exerce, abstraction faite des personnes.

304. — Quelques personnes pensent que l'hypothèque légale résulterait de la tutelle déférée en pays étranger, si la législation étrangère instituait cette hypothèque légale.

305. — Mais si la tutelle d'un mineur étranger avait été déférée en France à un Français, l'hypothèque légale existerait au profit du mineur.

306. — Dans tous les cas, des conventions diplomatiques pourraient contenir des stipulations, en vertu desquelles l'hypothèque légale produirait son effet au profit des mineurs étrangers sur les immeubles du tuteur situés en France.

307. — Les enfans mineurs n'ont pas d'hypothèque légale sur les biens de leur père qui, durant le mariage, est administrateur de leurs biens personnels. — *Cass.*, 3 déc. 1821, Marteau c. N...; *Lyon*, 3 juill. 1827, Mulsant c. Champolle; *Bruxelles*, 22 mai 1819, Joly c. Failly; — Troplong, *Comment. sur les hypoth.*, t. 2, no 421, qui s'appuie d'un discours de M. Berlier, orateur du gouvernement (V. Locré, t. 6, p. 19 et suiv.) et de l'autorité de la loi 6 (§ 2, C., *De Bonis quæ liber. in potestate*) et de Cujas (*recitat. solenn*, sur ce titre); Delvincourt, t. 3, p. 165, no 1er; Grenier, t. 1er, no 278; Duranton, t. 19, no 308; Victor Pannier, *Tr. des hypoth.*, p. 118; Baudot, nos 412 et 413.

308. — Jugé de même à l'égard des enfans mineurs d'époux divorcés par consentement mutuel. — *Poitiers*, 31 mars 1830, Krom c. Lesueur.

309. — Cette opinion est encore soutenue par la cour d'Amiens (*Doc. réf. hyp.*, t. 2, p. 170). Ce serait, dit-elle, mettre un interdit sur les biens des hommes mariés; car, si l'on peut savoir qu'un homme n'est pas tuteur, il serait presque impossible de s'assurer qu'un père n'a pas reçu quelque chose pour ses enfans mineurs, et lui-même ne pourrait guère faire la preuve de ce fait négatif.

310. — La faculté de droit de Caen (*Doc. réf. hyp.*, t. 2, p. 379) s'est aussi prononcée dans le sens négatif. Sans doute nous ne nions pas, dit-elle, sous certains rapports, l'analogie de position, mais les hypothèques légales sont des exceptions, et il faut se garder de les multiplier avec tous leurs priviléges, elles seraient un embarras réel dans le mouvement des affaires et dans le régime hypothécaire, l'hypothèque ne serait pas d'ailleurs commandée par une absolue nécessité, presque toujours l'acte de donation ou le testament qui appropriera l'enfant de biens personnels saura prévoir tous les dangers de la gestion et stipuler les garanties convenables.

311. — Décidé au contraire que l'enfant mineur a hypothèque légale sur les biens de son père, administrateur légal de ses biens. — *Toulouse*, 23 déc. 1818, Turben c. Cannes; — Persil, *Rég. hyp.*, art. 2121, no 33; Battur, t. 2, no 365.

312. — La cour royale de Besançon (*Doc. réf. hyp.*, t. 2, p. 210) admet l'hypothèque légale au profit des enfans sur les biens de leur père dans le cas prévu par l'art. 389, C. civ. Le père, dit la cour royale de Besançon, est comptable quant à la propriété et aux revenus des biens dont il n'a pas la jouissance, la protection due au mineur lui a attribué hypothèque légale sur les biens de son tuteur; cette protection est due au fils sur les biens de son père, le motif est le même. — V. conf. *Pau*, t. 2, p. 330.

313. — La cour royale de Grenoble (*Doc. réf. Hyp.*, p. 243), en demandant pour les fils mineurs cette garantie nouvelle, propose de la soumettre à l'inscription. « Lorsque le fils, dit-elle, n'aura pas une fortune particulière, il n'y aura pas d'hypothèque, et, dans le cas contraire, tant que l'administration du père ne compromettra pas la fortune du fils, l'hypothèque de ce dernier ne sera pas inscrite, et

HYPOTHÈQUE LÉGALE, sect. 3e.

le père aura la même liberté qu'il a maintenant de vendre les immeubles et de les affecter à la sûreté de ses obligations; mais, lorsque les intérêts du fils l'exigeront, ses amis, ses parens, sa mère surtout, le fils lui-même, s'il a l'intelligence de ses affaires, trouveront dans la loi un moyen de conservation, tandis qu'aujourd'hui on ne sait comment protéger les biens du fils de famille contre les dissipations du père.

314. — La cour royale de Montpellier, attachant aussi l'hypothèque légale à l'administration du père, a cherché dans les causes qui donnent naissance à cette administration les moyens d'assurer la publicité de cette hypothèque. Cette administration, a-t-elle dit, doit nécessairement prendre son origine ou dans l'ouverture d'une succession déférée au fils de famille, ou dans une donation qui lui serait faite par un tiers. Au premier cas, il sera le plus souvent procédé à un inventaire, et rien n'empêcherait de soumettre les notaires à la nécessité de procurer au conservateur les moyens d'inscription; au second cas, le notaire, rédacteur de l'acte de donation, pourrait aussi être soumis à l'obligation qui lui est imposée quant aux actes qui concernent les mineurs proprement dits.

315. — De ce que la mère, dans le cas de l'art. 141, C. civ., n'est pas tutrice, mais simplement administratrice des biens, il résulte qu'elle n'est pas soumise à l'hypothèque légale. — V. ABSENCE, no 440.

316. — Mais si par la mort de la mère, le droit d'administration du père se convertissait en tutelle légitime, il serait soumis à l'hypothèque légale. — Troplong, no 421 *bis*; Merlin, *Rép.*, vo *Puissance paternelle*.

317. — Dans l'intervalle qui s'écoule entre le convol de la mère tutrice et l'assemblée de famille qui lui confère de nouveau la tutelle ou l'en dépouille, une tutelle de fait est substituée à la tutelle de droit, et cette tutelle de fait a la même efficacité que l'autre. — En conséquence l'hypothèque du mineur sur les biens de sa mère tutrice, même pour les faits de gestions postérieurs à la seconde tutelle, confirmée par le conseil de famille, prend rang du jour de la première tutelle et prime les inscriptions prises par des tiers dans l'intervalle du convol à la confirmation de la tutrice. — *Cass.*, 15 déc. 1825, Delglat c. Davoust.

318. — Si le tuteur refuse d'accepter et présente des excuses qui sont rejetées par le conseil de famille, il peut se pourvoir devant les tribunaux pour les faire admettre; mais il est tenu pendant le litige d'administrer provisoirement. Si ses excuses sont de nouveau rejetées, il n'y a pas de difficulté sur le point de départ de l'hypothèque; mais si elles sont admises, il a été malgré lui administrateur pendant le litige, et, néanmoins, pour ce court espace de temps, il sera frappé de l'hypothèque générale des art. 2121 et 2135.

319. — De même, ainsi que l'y autorise l'art 394, C. civ., la mère qui refuse la tutelle doit néanmoins en remplir les devoirs jusqu'à ce qu'elle ait fait nommer un tuteur, et dès-lors elle est soumise pour cette gestion intermédiaire à l'hypothèque légale, qui prend rang du jour du décès du mari. — V. anal. *Colmar*, 22 mars 1816, Spenlé c. Fichterle.

320. — L'hypothèque légale frappe incontestablement sur les biens de la mère remariée qui, après avoir refusé de paraître devant une assemblée de famille dont elle a repoussé les conseils, conserve cependant la gestion. — *Colmar*, 23 janv. 1832, Amann c. Laroche; — *Pau*, *Doc. réf. hyp.*, t. 2, p. 172.

321. — L'hypothèque tacite, qui sous la coutume d'Audenarde était accordée au mineur sur les biens de son tuteur, frappait aussi les biens du second mari de la mère tutrice légitime lorsqu'il avait administré la tutelle, et sous le Code elle a continué à militer en faveur du mineur. — *Bruxelles*, 26 mai 1813, Rullens c. Vanderberg.

322. — Ainsi les biens du mari cotuteur des enfans mineurs issus d'un précédent mariage de sa femme sont frappés d'hypothèque légale au profit des mineurs. — *Cass.*, 22 nov. 1836 (t. 1er 1837, p. 3), Périer c. Lavallée; *Paris*, 20 nov. 1809, Gombault c. Rapin; 29 nov. 1809, N... — Grenier, *Des hypoth.*, t. 1er, no 280; Persil, *Rég. hypot.*, art. 2121, no 32; Tarrible, *Rép.*, vo *Hypothèque*, sect. 2e, § 3, art. 4, no 3; Favard, *Rép.*, vo *Hypothèque*, sect. 2e, § 1er, no 8; Duranton, *français*, t. 19, no 311; Troplong, *Comment. sur les hypoth.*, t. 2, no 426. — *Contrà* Delvincourt, *Cours de code civil*, t. 1er, no 475.

323. — Cette hypothèque n'est pas valablement conservée par l'inscription prise en vertu de l'inventaire qui a été dressé lors du décès du père mineur. — *Paris*, 20 nov. 1809, Gombault c. Rapin.

324. — De même, les biens du second mari de la mère qui a conservé indûment la tutelle de ses enfans

mineurs sont frappés de l'hypothèque légale attribuée aux droits et créances des mineurs sur les biens de leur tuteur. — *Bruxelles*, 17 mars 1821, Loridon c. Émery; *Metz*, 28 déc. 1822, Gaillard c. Hoche; *Poitiers*, 28 déc. 1824, Guérin c. Pervinquière; *Colmar*, 26 nov. 1833, Meyer c. Keller. — V. la loi 6, C., *In quib. caus. pign. taciti*, et la nov. 22, cap. 40, qui dit : « *Non solùm quæ ejus sunt in hypothecam habere lex permittit filiis, sed etiam mariti substantiam trahit cum hypothecis.* » Notre ancien droit français avait traduit cette disposition par cette maxime concise et énergique : « *Qui épouse la veuve épouse la tutelle.* » — Grenier, t. 1er, p. 280; Troplong, t. 2, no 426, et Favard, *Rép.*, vo *Hypothèque*, sect. 2e, § 1er, no 8. — V. *contrà* Delvincourt, t. 1er, p. 475.

325. — Dans ce cas, la responsabilité du mari s'applique à la gestion de la mère, antérieure au mariage comme à celle qui lui est postérieure. — *Colmar*, 26 nov. 1833, Meyer c. Keller; *Nîmes*, 30 nov. 1831, Boubon c. de Chazeaux.

326. — L'hypothèque légale sur les biens du second mari de la mère dans les cas prévus par les art. 395 et 396, C. civ., a été aussi proposée expressément par la cour royale d'Angers (*Doc. réf. hyp.*, t. 2, p. 172), la cour royale de Pau (t. 2, p. 330), et la faculté de droit de Caen (t. 2, p. 379).

327. — Les biens du protuteur nommé, aux termes de l'art. 417, C. civ., pour administrer les biens du mineur situés aux colonies et réciproquement, sont certainement frappés de l'hypothèque légale. — V. conf. faculté de droit de Caen; *Doc. réf. hyp.*, t. 2, p. 379.

328. — Dans l'ancienne jurisprudence, on pensait généralement que le mineur avait hypothèque légale non seulement sur les biens de son tuteur réel, mais encore sur les biens de celui qui sans être son tuteur en remplissait les fonctions soit volontairement, soit par erreur. Sous l'empire du Code, la même doctrine doit être suivie. Le mineur ne peut être responsable de ce que l'on administre ses biens en vertu d'un titre nul ou vicieux, et ses garanties ne sauraient être diminuées. — Troplong, no 421; Baudot, *Tr. des form. hyp.*, no 401. — V. *contrà* Grenier, t. 1er, no 273.

329. — Mais l'hypothèque légale n'a pas son effet contre le tuteur subsidiaire qui n'a ni géré ni administré les biens du mineur. — *Bruxelles*, 13 juill. 1812, Vanderborgt c. Middegals.

330. — Sous le Code pénal de 1810, les biens de l'individu qu'une condamnation à une peine afflictive et infamante frappait d'interdiction légale, étaient confiés à la gestion d'un curateur nommé par la justice, sur les biens duquel la loi ne conférait pas d'hypothèque. — Depuis la révision faite par la loi du 28 avril 1832, les biens du condamné interdit sont confiés, comme ceux des interdits ordinaires, à un tuteur et à un subrogé-tuteur nommés par le conseil de famille. — Les biens du tuteur de l'interdit condamné sont-ils, comme les biens du tuteur de l'interdit aliéné, soumis à l'hypothèque légale? — Pour l'affirmative on a dit que dès que le condamné n'a aucune liberté pour le choix du mandataire chargé de ses intérêts, il fallait trouver le moyen de lui assurer des garanties efficaces; que l'hypothèque légale seule donnait ces garanties, et que du point de vue général, cette hypothèque présenterait peu d'inconvéniens si on ne l'accordait qu'à la charge, par le condamné ou ses parens, de la faire inscrire. — V. conf. Duranton, t. 19, no 316. — Pour la négative, qui a réuni la majorité des voix dans la faculté de Grenoble (*Doc. réf. hyp.*, t. 2, p. 438), on a dit qu'il n'y avait pas lieu d'introduire pour ce cas particulier une nouvelle hypothèque légale dans la législation; qu'une hypothèque légale est un grand privilége qu'il faut n'accorder que sobrement et dans des cas qui intéressent à un haut degré la société; qu'enfin une responsabilité ordinaire de la part du tuteur jointe à la surveillance du subrogé-tuteur et du conseil de famille ne laissait pas, à beaucoup près, le condamné sans garanties.

331. — Le tuteur officieux est soumis à l'hypothèque légale. — V. ADOPTION, no 224. — Mais cette hypothèque n'existe pas au profit du mineur pour le montant de l'indemnité à laquelle ce tuteur peut être condamné pour défaut d'adoption. — V. ADOPTION, no 355.

332. — Lors de la discussion de l'art. 2135, le conseil d'état avait proposé d'étendre l'hypothèque légale des mineurs et interdits sur les biens du subrogé-tuteur, à compter du jour de son acceptation pour le cas où, d'après les lois, il devient responsable ; mais cette disposition a été retranchée sur le motif que la crainte d'une hypothèque générale sur leurs biens pourrait éloigner les citoyens des fonctions de subrogé-tuteur. C'est donc avec raison qu'encore aujourd'hui la faculté de droit de Caen (*Doc. réf. hypoth.*, t. 2, p. 378 et 379), propose de ne pas frapper d'hypothèque légale les biens du subrogé-tuteur. — Troplong, no 422; Duranton, t. 19, no 313.

333. — L'hypothèque légale ne grèverait pas davantage les biens du subrogé-tuteur lors même qu'à raison d'une opposition d'intérêts entre le tuteur et son pupille la justice lui aurait momentanément attribué l'administration générale des biens du mineur. — Grenier, t. 1er, no 374. — *Contrà* Persil, *Régime hypothécaire*, art. 2121, no 24.

334. — L'hypothèque légale ne frapperait pas non plus les tuteurs *ad hoc* nommés dans les cas temporaires prévus par les art. 318 et 838, C. civ., — Duranton, t. 19, no 315.

335. — Toutefois, le même caractère passager ne se retrouve pas dans l'administration du tuteur provisoire nommé aux enfans de l'absent à défaut d'ascendant dans le cas de l'art. 142 et 143, C. civ., aussi ses biens sont-ils soumis à l'hypothèque légale. — V. ABSENCE, no 450.

336. — Les biens des tuteurs nommés aux substitutions permises, ne sont pas non plus soumis à l'hypothèque légale. Cette garantie n'est accordée qu'aux *mineurs* sur les biens de leur tuteur chargé du soin de la personne et des biens ; on ne peut considérer comme tel un tuteur simplement nommé pour surveiller les actes d'un grevé de restitution. — Duranton, t. 19, no 315.

337. — La loi du 11 brum. an VII accordait hypothèque légale aux mineurs émancipés sur les biens de leurs curateurs. Mais aujourd'hui les curateurs sont affranchis de l'hypothèque légale donnée aux mineurs émancipés. Ces personnes n'administrent pas, elles éclairent seulement de leurs conseils les personnes qui leur sont confiées. — Duranton, t. 19, no 314; Troplong, no 423; Merlin, *Rép.*, vo *Hypothèque*, p. 902. — V. aussi ÉMANCIPATION, no 82. — V. conf. fac. dr. Caen, *Doc. réf. hypoth.*, t. 2, p. 378.

338. — Le père qui a administré les biens de son fils émancipé est sans doute responsable de sa gestion, mais ses biens ne sont pas grevés d'une hypothèque légale, car il ne peut y avoir de tutelle lorsqu'il y a émancipation. — *Cass.* (dans ses motifs), 21 fév. 1821, Duserre c. Duvernet.

339. — Il n'y a pas non plus d'hypothèque légale sur les biens du curateur à une succession vacante. — Fac. dr. de Caen, *Doc. réf. hypoth.* t. 2, p. 378. — V. HYPOTHÈQUE JUDICIAIRE, no 52.

340. — On ne peut étendre, par analogie, l'hypothèque légale à des cas autres que ceux qui sont expressément déterminés par la loi. Et particulièrement, celui dont l'interdiction est provoquée, et à qui il est donné un administrateur provisoire pour prendre soin de sa personne et de ses biens, en attendant qu'il ait été statué sur son état, n'a pas une hypothèque légale sur les biens de cet administrateur à raison de sa gestion. — *Cass.*, 27 avril 1824, Viguier c. Blanchy; — Troplong, *Comment. sur les hypothèques*, t. 2, nos 421 et 423; Duranton, *Droit franç.*, t. 19, no 314; Persil, *Régime hypothécaire*, t. 1er, art. 2121, no 25, et suiv. ; Delvincourt, t. 3, p. 159, note 4, et Grenier, t. 1er, nos 272, et suiv; — *Montpellier*, 14 janv. 1823, Blanchy frères c. Viguier; *Paris*, 12 déc. 1833, Poultier et Goupy c. Laffitte et Rothschild.

341. — Mais le jugement qui, dans ce cas, nomme un administrateur provisoire, emporte hypothèque judiciaire sur les biens de cet administrateur, lorsqu'il n'est pas contesté qu'il ait administré et géré. — C. civ., art. 2123. — *Paris*, 12 déc. 1833, Poultier et Goupy c. Laffitte et Rothschild. — V. sur ce point HYPOTHÈQUE JUDICIAIRE, no 51.

342. — Les biens du conseil judiciaire d'un prodigue ne sont pas non plus soumis à l'hypothèque légale. — Troplong, t. 2, no 423; Duranton, t. 19, no 314.

ART. 3. — *Biens grevés de l'hypothèque légale du mineur et de l'interdit.*

343. — L'hypothèque légale du mineur frappe tous les immeubles du tuteur sans distinction de ceux acquis avant ou après la majorité du pupille ou la cessation de la tutelle. — *Bruxelles*, 4 fév. 1819, N... — Duranton, t. 19, no 326.

344. — Elle s'étend à tous les immeubles acquis par le tuteur depuis la cessation de la tutelle jusqu'au paiement de la créance pupillaire. — *Cass.*, 17 juill. 1844 (t. 2 1844, p. 632), Montaigu c. Patissier.

345. — Mais suivant M. Duranton (t. 19, p. 327), si la cessation est arrivée par la mort du mineur ou de l'interdit, le droit d'hypothèque existe toujours; mais il n'existe pas indépendamment de l'inscription : en sorte que si un créancier de l'ex-tuteur avait pris inscription sur les biens du tuteur avant les héritiers du mineur ou de l'interdit, il devrait avoir la priorité.

346. — Sous le Code civil, le mineur ne peut retenir la possession des immeubles appartenant au tuteur ou prétendre au privilége sur les meubles de ce dernier, sous prétexte qu'il peut être son débiteur par suite du compte de tutelle non encore rendu par le tuteur. — *Cass.*, 29 août 1820, Turpin c. de Gageac.

347. — Sur les formalités à remplir pour restreindre à certains immeubles déterminés les effets de l'hypothèque légale du mineur et de l'interdit, V. RÉDUCTION D'HYPOTHÈQUE.

ART. 4. — *Créances conservées par l'hypothèque légale du mineur et de l'interdit.*

348. — L'hypothèque légale a lieu pour tout ce qui se réfère à la gestion du tuteur, et constitue un droit ou une créance.

349. — Ainsi le paiement du reliquat du compte de tutelle est garanti par l'hypothèque légale. — V. COMPTE DE TUTELLE, no 114.

350. — L'inscription prise par le mineur devenu majeur, pour le reliquat d'un nouveau compte qu'il entend faire rendre à son tuteur, conserve les droits du mineur, encore que le tuteur ait été condamné non à rendre un nouveau compte, mais à restituer les sommes omises dans le premier compte. — *Orléans*, 12 janv. 1839 (t. 1er 1839, p. 247), Picard c. Béchet.

351. — Les créances résultant du redressement d'un compte de tutelle obtenu par le mineur dans les dix ans de sa majorité, jouissent, comme le reliquat du compte de tutelle lui-même, de l'hypothèque légale qui est accordée au mineur. — Même arrêt.

352. — Ainsi encore les intérêts des capitaux dus au mineur par son tuteur participent, comme les capitaux eux-mêmes, au bénéfice de l'hypothèque légale, même pour la portion qui n'est échue qu'après sa majorité acquise. — *Bourges*, 28 avr. 1838 (t. 2 1838, p. 550), Pelien c. Thevenet. — Troplong, no 427.

353. — L'hypothèque légale comprend les autres accessoires de la créance pupillaire, et par exemple les frais déboursés pour contraindre le tuteur à rendre le compte. — Troplong, t. 2, no 427.

354. — L'hypothèque légale a même lieu pour ce que le tuteur néglige de faire, au détriment du pupille. — Troplong, no 427; Duranton, t. 19, no 317.

355. — Ainsi, le mineur dont les biens ont été vendus par son tuteur, sans formalités de justice, a la faculté d'exercer, à son choix, ou l'action révocatoire contre l'acquéreur, ou l'action en indemnité contre le tuteur. En ce dernier cas, il peut faire remonter son hypothèque légale au jour de l'entrée en fonctions de la tutelle. — *Toulouse*, 18 déc. 1826, Laborderie; *Bourges*, 28 avr. 1838 (t. 2 1838, p. 525), Pilien c. Thevenet.

356. — L'hypothèque légale du mineur sur les biens de son père tuteur s'étend à tous les droits appartenant au mineur et notamment à la nu-propriété des sommes dont le père a l'usufruit en vertu du contrat de mariage. — *Cass.*, 26 mars 1836, Pitt-Eykin c. Mesnard.

357. — Bien plus, l'hypothèque légale du mineur sur les biens de son tuteur, sans inscription, existe non-seulement pour les créances qui résultent de la gestion de la tutelle, mais encore pour les sommes que le tuteur lui devait avant d'avoir commencé sa gestion. — C. civ., art. 2121 et 2135. — *Cass.*, 12 mars 1811, hospice d'Audenarde c. Desonel; *Turin*, 25 janv. 1811, Godmar c. Ricati. — Troplong, no 427; Duranton, t. 19, no 317; Persil, *Rég. hyp.*, art. 2135, § 1er, no 5.

358. — Les créanciers du tuteur qui demandent la nullité d'une donation par lui faite à son pupille, sont soumis aux conséquences de l'hypothèque légale de ce dernier, à raison de son action en garantie contre son tuteur, même après les dix années de sa majorité. — *Cass.*, 9 déc. 1820, Louchet c. Obissac.

359. — Mais le mineur qui, avant d'entrer en tutelle, a une hypothèque inscrite sur les biens de son tuteur pour sûreté d'une créance qu'il a contre lui, est obligé de renouveler son inscription pour conserver son rang primitif. — *Grenoble*, 28 janv. 1818, Peyot c. Roibet.

360. — Et aussi, l'hypothèque légale accordée au mineur sur les biens de son tuteur, à raison de la gestion de celui-ci, ne s'étend pas aux faits d'administration postérieurs à la majorité du pupille. — *Grenoble*, 16 janv. 1832, Joly c. Mollard; *Bourges*, 28 avr. 1838 (t. 2 1838, p. 550), Pelien c. Thevenet.

361. — L'obligation imposée à un père de déléguer à son fils mineur une somme dans un legs qui lui est fait à lui-même est une charge non de la tutelle, mais du legs, et n'est garantie par au-

cune hypothèque légale. — *Douai*, 4 mai 1846 (t. 2 1846, p. 724), Panthou c. de Montmaux.

ART. 5. — *Rang de l'hypothèque légale du mineur et de l'interdit.*

362. L'hypothèque légale du mineur ou de l'interdit sur les biens de son tuteur existe, suivant l'art. 2135, du jour de l'acceptation de la tutelle, suivant l'art. 2194, du jour de l'entrée en gestion du tuteur, ce qui se concilie parfaitement, puisque l'entrée en gestion a lieu le jour de l'acceptation, qui est toujours présumée.

363. — L'hypothèque légale des mineurs ou interdits prend naissance du jour de l'acceptation de la tutelle. — Art. 2135, C. civ.. — L'acceptation de la tutelle a lieu, pour les tuteurs légitimes, du jour de l'ouverture de la tutelle; ils ne peuvent ignorer que la loi les saisit. — Art. 390, 402, 506, C. civ. — Pour les tuteurs testamentaires, du jour où ils ont eu connaissance du testament. — Pour les tuteurs nommés par le conseil de famille, du jour de leur nomination, lorsqu'elle a lieu en leur présence et sans réclamation de leur part, ou, lorsqu'ils sont absens, du jour où la délibération du conseil de famille leur est notifiée. — Art. 418, C. civ.

364. — S'il s'agit d'une tutelle testamentaire déférée par le survivant des père et mère, et tacitement acceptée, ce sera le jour du décès du dernier mourant qui fixera le rang de l'hypothèque; ce sera à compter du jour de l'acceptation expresse, si le tuteur ainsi élu décline d'abord, ainsi que l'y autorise l'art. 401, C. civ., la tutelle dont il se charge ensuite. — Delvincourt, t. 3, p. 165, note 3e.

365. — Le point de départ sera le même s'il s'agit de la tutelle légitime des ascendans, dans le cas où le dernier mourant n'aura pas désigné de tuteur à son enfant mineur; s'il y en a eu un de nommé et s'il a géré, ce sera du jour de la cessation des fonctions du tuteur testamentaire, par exemple, de son décès, que l'ascendant aura été de plein droit investi de la tutelle et que ses biens auront été frappés de l'hypothèque légale.

366. — Si le tuteur n'est pas présent à la délibération du conseil de famille, le résultat devra lui être notifié, et ce sera seulement à compter du jour de cette signification que prendra rang l'hypothèque légale.

367. — L'hypothèque légale du mineur sur les biens acquis par sa tutrice depuis l'acceptation de la tutelle prend rang du jour de cette acceptation, et prime le créancier du vendeur inscrit postérieurement à l'acte de cession, mais avant sa transcription. — *Colmar*, 23 janv. 1832, Amann c. Laroche.

368. — L'hypothèque légale du mineur sur les biens du père tuteur pour garantie de la nu-propriété des sommes dont le père a l'usufruit, en vertu de son contrat de mariage, prend date, non du contrat de mariage, mais du décès de la mère. — *Cass.*, 26 mars 1836, Pitt-Eykin c. Mesnard.

369. — C'est au jour de l'acceptation de la tutelle que remonte l'hypothèque légale pour la restitution des valeurs héréditaires échues au mineur, et non pas seulement à compter de l'ouverture de la succession dans laquelle ces valeurs ont été recueillies.

370. — L'hypothèque légale que l'on accorderait aux enfans sur leur père, administrateur de leurs biens personnels (V. *suprà* nos 311 et suiv.), prendrait rang du jour où ces enfans seraient investis de la propriété des biens administrés. — Persil, *Rég. hyp.*, art. 2121, no 33.

371. — Le mineur n'est pas assujéti, pour la conservation de son hypothèque légale, à des formalités que la loi n'a pas exigées pour l'établissement de ce droit de préférence, et par exemple, il n'est pas astreint au renouvellement de l'inscription qu'il a pu prendre. — *Cass.*, 1er déc. 1824 et 28 août 1827, Desbassyns c. Dujarday.

372. — Toutefois, les tuteurs sont tenus de rendre publiques les hypothèques dont leurs biens sont grevés, et à cet effet de requérir eux-mêmes sans aucun délai inscription aux bureaux à ce établis sur les immeubles à eux appartenant et sur ceux qui pourront leur appartenir par la suite. — C. civ., art. 2136.

373. — Les tuteurs qui, ayant manqué de requérir et de faire faire les inscriptions ordonnées par l'art 2136, auraient consenti ou laissé prendre des priviléges ou des hypothèques sur leurs immeubles sans déclarer expressément que lesdits immeubles étaient affectés à l'hypothèque légale des femmes et des mineurs, seront réputés stellionataires et comme tels contraignables par corps. — C. civ., art. 2136. — V. STELLIONAT.

374. — Les subrogés-tuteurs sont tenus sous leur responsabilité personnelle et sous peine de tous dommages-intérêts de veiller à ce que les inscriptions soient prises sans délai sur les biens du tuteur pour raison de sa gestion et même de faire faire lesdites inscriptions. — C. civ., art. 2137.

375. — La disposition de l'art. 2137, C. civ., qui impose au subrogé-tuteur l'obligation de faire prendre hypothèque sur les biens du tuteur, est de droit rigoureux, et, comme telle, doit être restreinte au cas où l'inscription omise aurait dû nécessairement être prise sur le tuteur, à raison de sa qualité même de tuteur ; d'où il suit que cette disposition ne saurait recevoir application, lorsqu'il s'agit de l'omission d'une inscription relative à l'hypothèque légale de la femme à laquelle le mineur se trouve substitué. — *Douai*, 18 mars 1840 (t. 1er 1840, p. 620), Lethierry c. Duforest et Dewitte. — V. INSCRIPTION HYPOTHÉCAIRE.

376. — A défaut par les tuteurs, subrogés-tuteurs, de faire faire les inscriptions ordonnées par les art. 2136 et 2137, elles seront requises par le procureur du roi du domicile des tuteurs ou du lieu de la situation des biens. — C. civ., art. 2138.

377. — Les inscriptions peuvent être requises aussi par les parens du mineur, ou à défaut de parens, par ses amis, et même par le mineur. — C. civ, art. 2139.

378. — Il suffit, pour conserver l'hypothèque du mineur sur un immeuble saisi par d'autres créanciers, de la faire inscrire avant l'adjudication définitive. — *Colmar*, 23 janv. 1832, Amann c. Laroche.

379. — L'obligation réelle, avec affectation hypothécaire, contractée par le mineur ayant atteint sa majorité et par son ancien tuteur, doit être réputée subroger implicitement le créancier à l'hypothèque légale du mineur, et cela aussi bien dans le cas où c'est par un arrêt ayant acquis l'autorité de la chose jugée que l'obligation solidaire a été déclarée souscrite avec affectation d'hypothèque, que dans celui où l'affectation résulte des conventions des parties. — *Cass.*, 16 fév. 1841 (t. 1er 1844, p. 754), de Barrois c. Pluchard et Maupassant.

ART. 6. — *Durée de l'hypothèque légale du mineur et de l'interdit.*

380. — L'hypothèque légale accordée aux créances du mineur dure autant que ces créances elles-mêmes, sans qu'elle puisse être modifiée par la cessation de la tutelle. — *Lyon*, 7 avr. 1843, Patissier c. Montaigu.

381. — L'hypothèque légale du mineur est éteinte par la reddition du compte et par le paiement au mineur du reliquat, en sorte qu'elle ne subsiste pas même pour le paiement de ce qui peut être dû par suite du redressement du compte de tutelle. — *Amiens*, 21 août 1834, Picard c. Congouilhe.

382. — Jugé, au contraire, que le mineur jouit, pour les redressemens qu'il fait opérer dans les dix ans de sa majorité au compte de tutelle qui lui a été rendu dans la forme prescrite par le Code, de l'hypothèque légale qui lui est accordée sur tous les biens de son tuteur à raison des faits relatifs à la tutelle. — *Cass.*, 21 fév. 1838 (t. 1er 1838, p. 259), Picard c. Béchet et Rohan-Chabot ; *Toulouse*, 18 juill. 1839 (t. 2 1839, p. 231), Dernis c. Muguet.

383. — Jugé qu'il importe peu que, depuis la reddition du compte, des créanciers de bonne foi aient pris inscription sur les biens du tuteur. — *Cass.*, 21 fév. 1838 (t. 1er 1838, p. 259), Picard c. Béchet et Rohan-Chabot.

384. — Décidé cependant que le mineur ne peut se prévaloir de cette hypothèque si, à sa majorité, et en recevant son compte, il a donné main-levée de l'hypothèque légale à son tuteur. — *Toulouse*, 18 juill. 1839 (t. 2 1839, p. 231), Dernis c. Muguet.

385. — Le mineur ne peut plus réclamer le bénéfice de l'hypothèque légale qui lui est accordée, lorsqu'il a laissé passer plus de dix ans depuis sa majorité sans réclamer aucun compte de son tuteur. — *Pau*, 17 juin 1837 (t. 2 1838, p. 320), Mainvielle-Montengon c. Curet.

386. — ... Ou bien lorsque aucune inscription n'a été prise pour conserver son hypothèque, et cela non seulement pour les faits de tutelle, mais encore pour les créances antérieures que pouvait avoir le mineur. — *Grenoble*, 30 juin 1838 (t. 1er 1839, p. 420), Dugardier c. de Montbel.; avis cons. d'état, 5 mai 1812 ; — Tarrible, *Rép.*, vo *Inscription hypothécaire.*, § 3 ; Troplong, *Hyp.*, t. 2, no 57.

387. — Mais l'action qui appartient au mineur contre son père tuteur à raison des reprises dotales de sa mère ne se prescrit que par trente ans, et non par dix ans, comme les actions résultant de la tutelle. Et cette action peut, tant que le délai de trente ans n'est pas expiré, être exercée, même hypothécairement, en vertu de l'hypothèque légale qui la garantissait lorsqu'elle a été transmise au mineur. — *Cass.*, 31 mars 1845 (t 2 1846, p. 415), Molis c. Rey.

388. — Le mineur devenu majeur ne peut, avant la reddition du compte de tutelle, donner main-levée de l'hypothèque légale qu'il a sur les biens de son ancien tuteur, encore que cette main-levée soit directement accordée à l'acquéreur des biens du tuteur, si elle doit aussi profiter au tuteur lui-même. — *Caen*, 17 déc. 1825, Roulland c. Lebailly.

Sect. 4e. — *Hypothèque légale au profit de l'état, des communes et des établissemens publics.*

389. — D'après une déclaration du roi du mois d'oct. 1648, les biens des financiers, même ceux donnés à leurs enfans, étaient sujets à leurs dettes envers le roi et tacitement hypothéqués du jour de leur gestion. — Basnage, *Hypoth.*, ch. 13. — Un édit du mois d'août 1669 disposait encore, art. 4 : « Sur les immeubles acquis avant le maniement de nos deniers, nous aurons hypothèque du jour des provisions, des offices comptables, des baux de nos fermes, traites et commissions... »

390. — D'après la loi du 11 brum. an VII, art. 21, la nation avait hypothèque légale sur les comptables de deniers publics pour raison de leur gestion et sur leurs cautions à l'égard des biens servant de cautionnemens. Et, d'après l'art. 27, les commissaires du directoire exécutif près les administrations centrales de département devaient requérir d'office des inscriptions indéfinies sur les comptables publics et sur leurs cautions.

391. — Aujourd'hui le Code civil attribue l'hypothèque légale à l'état, aux communes et établissemens publics sur les biens des receveurs et administrateurs comptables. — C. civ., art. 2121.

392. — Sous le nom de comptables financiers ou gens d'affaires, Ferrière désignait autrefois ceux qui avaient manié les deniers publics ou du roi ; on comprend aujourd'hui sous ce nom les receveurs généraux et particuliers des finances, les receveurs des contributions indirectes, les payeurs, les receveurs des hospices et établissemens publics.

393. — Mais l'hypothèque légale établie par l'art. 2121, C. civ., au profit de l'état, sur les biens des receveurs et administrateurs comptables, n'a pas lieu sur les biens des simples percepteurs de contributions directes, qui ne sont que des agens ou préposés des receveurs généraux. — *Colmar*, 10 juin, 1820, Blum et Meyer c. Trésor. — Troplong, t. 2, no 930 *bis*.

394. — On ne peut non plus comprendre parmi les comptables ceux qui ne font que surveiller et diriger l'administration, et qui ne sont ni dépositaires ni manutentionnaires de fonds.

395. — Ainsi il n'y a pas d'hypothèque légale sur les préfets, sous-préfets, maires et adjoints, bien que ces fonctionnaires ordonnent souvent des dépenses.

396. — L'hypothèque légale de l'état ne frappe pas ceux qui remplissent par intérim les fonctions de comptables. — Troplong, no 430 *bis*.

397. — ...Ni ceux qui ont cautionné le comptable. — Grenier, t. 1er, no 290.

398. — Mais le privilége du trésor existe sur les biens de celui qui a cautionné un fonctionnaire public pour le capital du débet présumé et les intérêts de ce capital. — *Cass.*, 12 mai 1829, Bousquets-Deschamp c. Trésor.

399. — On doit considérer comme personne interposée le fils d'un comptable public qui, n'ayant aucun moyen d'acquérir, acquiert des deniers du père. L'acquisition ainsi faite est réputée l'être en faveur du père, et, à ce titre, reste affectée à l'hypothèque du trésor public. — *Limoges*, 22 juin 1808, Cruinet c. Trésor.

400. — « Tout débiteur de l'état, dit M. Duranton (t. 19, no 323), n'est pas comptable dans le sens des lois administratives ; il n'y a de comptables que ceux qui reçoivent des deniers pour le compte de l'état, deniers dont ils doivent rendre compte au trésor public. » — C'est donc avec raison qu'on a refusé de soumettre à l'hypothèque légale dont parle l'art. 2121-3o un acquéreur de biens nationaux demeuré reliquataire d'une portion de son prix. — Merlin, *Rép.*, vo *Hypothèque*, sect. 2e, § 3, art. 4.

401. — Mais jugé que l'état a hypothèque et peut prendre inscription hypothécaire pour garantie de l'exécution de travaux adjugés par l'autorité administrative. — *Paris*, 29 mars 1830, Etat c. Duplan.

402. — ... Que l'état a un privilége ou une hypothèque légale sur les biens des entrepreneurs publics. — *Cass.*, 12 janv. 1835, préf. des Basses-Pyrénées c. de Gayrosse.

403. — Et qu'une convention passée devant l'autorité administrative entre l'état et un entrepreneur emporte hypothèque sur les biens de ce dernier. — *Cass.*, 12 janv. 1825, mêmes parties.

404. — Les hypothèques légales sur les comptables sont soumises à l'inscription et ne prennent rang que par l'inscription. On n'a pas voulu donner au fisc et aux établissemens publics des priviléges qui pouvaient les rendre odieux. — Grenier, t. 1er, no 286; Troplong, no 43.

405. — Sous la loi du 11 brum. an VII, la créance de la république résultant de la recette des deniers publics n'était pas dispensée d'inscription, et elle n'était pas préférée aux créanciers inscrits avant elle. — *Trèves*, 22 therm. an XI, Kretz c. Charton; — Troplong, *Hypoth.*, t. 2, no 431.

406. — Une inscription hypothécaire prise par la caution d'un comptable de deniers publics, pour la conservation d'une hypothèque consentie par le cautionné, à raison du cautionnement, n'est pas dans le cas d'exception introduit par l'art. 21, L. 11 brum. an VII. — *Cass.*, 5 sept. 1808, Darecourt c. Hertzocq; — Merlin, *Quest.*, vo *Inscription hypothécaire*, § 6. — Il en serait de même sous le Code civ., art. 2148 et 2153, qui ne dispensent que les hypothèques *purement légales* de la mention du montant de la créance. Or, il s'agit d'une hypothèque conventionnelle consentie par le cautionné au profit de la caution.

407. — Une inscription prise pour sûreté des indemnités qui pourront être dues à l'occasion de travaux publics énonce suffisamment l'évaluation de la créance, lorsqu'on a fait mention du prix auquel les travaux ont été adjugés. — *Cass.*, 12 janv. 1835, préf. des Basses-Pyrénées c. Gayrosse.

408. — En l'absence d'aucun texte de loi qui déterminât le caractère de l'hypothèque conférée à l'état, par le décret du 4 mars 1793, sur les immeubles appartenant aux fournisseurs et à leurs cautions en vertu de marchés passés sous signatures privées, cette hypothèque a pu être considérée comme conventionnelle et, à ce titre, soumise pour la validité de son inscription aux formalités prescrites par l'art. 2148, C. civ. — *Cass.*, 3 mai 1843 (t. 2 1843, p. 911), Trésor publ. c. Séguin.

409. — Les inscriptions prises au nom du trésor, en vertu de son hypothèque légale sur les biens des comptables, conservent et le capital du débet présumé et les intérêts de ce capital: en conséquence, doit être maintenue la collocation du trésor pour les intérêts du débet courus depuis le jour où il a existé jusqu'à celui où il a été constaté par la cour des comptes. — *Cass.*, 12 mai 1829, Bousquet-Deschamps c. le Trésor.

410. — Les lois qui ont réduit les rentes foncières, quelle que soit l'époque de leur création, au rang de simples créances, ont imposé à l'état, comme à tout autre créancier, l'obligation de prendre une inscription hypothécaire pour pouvoir exercer son action sur les immeubles affectés à leur paiement. Dès-lors, en cas d'aliénation, l'inscription ne peut plus être prise quinzaine après la transcription faite par l'acquéreur. — *Cass.*, 24 mars 1829, préfet du Haut-Rhin c. Keller.

411. — Outre l'hypothèque légale, le trésor a aussi sur les biens des comptables un privilége dont la nature et l'étendue ont été déterminées par la loi du 5 sept. 1807. — V. pour les détails PRIVILÉGE.

412. — A l'égard des immeubles des comptables qui leur appartenaient avant leur nomination, le trésor public a une hypothèque à la charge de l'inscription conformément aux art. 2121 et 2136, C. civ.; le trésor public a une hypothèque semblable et à la même charge d'inscription sur les biens acquis par le comptable autrement qu'à titre onéreux postérieurement à sa nomination. — L. 5 sept. 1807, art. 6.

413. — La disposition suivant laquelle il est accordé au trésor un privilége sur les immeubles acquis à titre onéreux depuis la nomination du comptable, tandis qu'elle ne lui attribue sur ceux qu'elle possédait antérieurement et sur ceux qui lui ont été transmis depuis à titre gratuit qu'un droit d'hypothèque légale, est conforme à l'édit d'août 1669 et se fonde sur la présomption que le prix d'acquisition a été payé avec les deniers confiés au comptable. — Baudot, *Traité des form. hypoth.*, no 419.

414. — Tous receveurs généraux ou de département, tous receveurs particuliers d'arrondissement, tous payeurs généraux et divisionnaires, ainsi que les payeurs de département, des ports et des armées, sont tenus d'énoncer leurs titres et qualités dans les actes de vente, d'acquisition, de partage, d'échange et autres translatifs de propriété qu'ils passent, et ce à peine de destitution, et, en cas d'insolvabilité envers le trésor public, d'être poursuivis comme banqueroutiers frauduleux. — L. 5 sept. 1807, art. 7.

415. — Les receveurs de l'enregistrement et les conservateurs des hypothèques sont tenus aussi, à peine de destitution et en outre de tous dommages-intérêts, de requérir ou de faire, au vu desdits actes, l'inscription au nom du trésor public pour la conservation de ses droits et d'envoyer, tant au procureur du roi près le tribunal de première instance de l'arrondissement où les biens sont situés qu'à l'agent du trésor public à Paris, le bordereau prescrit par les art. 2148 et suiv., C. civ. — L. 5 sept. 1807, art. 7.

416. — Demeurent néanmoins exceptés les cas où, lorsqu'il s'agira d'une aliénation à faire, le comptable a obtenu un certificat du trésor public portant que cette aliénation n'est pas sujette à l'inscription au profit du trésor. Ce certificat doit être énoncé et daté dans l'acte d'aliénation. — L. 5 sept. 1807, art. 7.

417. — En cas d'aliénation par tout comptable de biens affectés aux droits du trésor public par privilége ou par hypothèque, les agens du gouvernement poursuivent par voie de droit le recouvrement des sommes dont le comptable aura été constitué redevable. — L. 5 sept. 1807, art. 8.

418. — Dans le cas où le comptable ne serait pas actuellement constitué recevable, le trésor public sera tenu, dans trois mois à compter la notification qui lui est faite aux termes de l'art. 2183, C. civ., de fournir et de déposer au greffe du tribunal de l'arrondissement des biens vendus un certificat constatant la situation du comptable; à défaut de quoi, ledit délai expiré, la main-levée de l'inscription a lieu de droit et sans qu'il soit besoin de jugement. La main-levée a lieu également de droit dans le cas où le certificat constate que le comptable n'est pas débiteur envers le trésor public. — L. 5 sept. 1807, art. 9.

419. — Pour la réquisition de l'inscription ordonnée par l'art. 7, L. 5 sept. 1887, il a été prescrit aux receveurs de l'enregistrement de rédiger à l'instant même où un acte de l'espèce mentionnée par cet article leur est présenté un triple bordereau dans la forme voulue par les art. 2148 et s., C. civ., et de les envoyer dans les vingt quatre heures au conservateur de la situation des biens; celui-ci immédiatement après la réception, fait sur ses registres, l'inscription requise, et expédie au receveur une reconnaissance sur papier non timbré qui rappelle, en exécution de l'art. 2200, C. civ., le numéro du registre où le dépôt des pièces aura été inscrit, puis il remet dans le jour où l'inscription aura été faite un des bordereaux au procureur du roi et en adresse une autre à l'agent du trésor. — Chaque enregistrement d'acte est apostillé des mots *comptable public* et émargé des date et numéro de la lettre d'envoi au conservateur et de la reconnaissance du dépôt. — Instr., nos 350 et 868. — De son côté, le conservateur émarge l'inscription sur son registre de la date des renvois et de celle des accusés de réception.

420. — Les art. 2098 et 2121, C. civ., sont, ainsi que la loi du 5 sept. 1807, applicables au trésor de la couronne, aujourd'hui à la liste civile, relativement à ses agens comptables (avis cons. d'état 25 fév. 1808), et les mesures indiquées *suprà* no 414 s., pour les inscriptions les concernent également. — Décis. 14 juill. 1809; instr., no 442.

421. — Dès-lors, les trésoriers, receveurs, payeurs du trésor de la couronne doivent énoncer leurs qualités dans les actes translatifs de propriété qu'ils passent, et les receveurs de l'enregistrement, comme les conservateurs des hypothèques, sont tenus de remplir à leur égard les mêmes obligations qu'envers les comptables du trésor public. Ils doivent adresser, tant au procureur du roi qu'à l'agent du trésor de la couronne à Paris, le bordereau prescrit par l'art. 2148 et suiv., C. civ. — Instr., nos 350, 370, 442, 633 et 868.

422. — L'hypothèque légale est aussi applicable à ceux qui sont comptables envers l'université. — Décr. 15 mars 1811, art. 153; — Baudot, *Tr. des form. hyp.*, no 428.

423. — L'hypothèque légale du trésor sur les biens des comptables peut être restreinte. — L. 5 sept. 1807, art. 7, 8 et 9. — V. RÉDUCTION D'HYPOTHÈQUES.

424. — Avant le Code civil, les communes n'avaient pas d'hypothèques légales sur les biens de leurs receveurs et administrateurs comptables. — *Cass.*, 26 mars 1806, commune de Douai c. Claro.

425. — Décidé au contraire que, d'après la loi du 11 brum. au VII, il existait une hypothèque légale en faveur des communes sur les biens de l'administrateur chargé de percevoir leurs revenus. — *Besançon*, 31 janv. 1806, Léger c. Demesmay.

426. — L'hypothèque légale est attachée à la créance d'une commune contre le fermier de son octroi. — *Aix*, 12 fév. 1806, commune de Draguignan c. commune de Brignoles; — Troplong, t. 2, no 430.

427. — Jugé au contraire qu'une commune n'a pas d'hypothèque légale sur les biens d'un fermier d'octroi, ni à plus forte raison sur les biens de la caution de celui-ci. — *Pau*, 25 juin 1816, Poque c. comm. de Salies. — Troplong, *Hyp.*, t. 2, no 430; Persil, *Rég. hypothéc.*, t. 1er, art. 2121, no 43. — Il ne pouvait y avoir doute à l'égard de la caution, car elle n'était liée que par une convention, et ne pouvait être considérée comme grevée d'une charge que la loi n'a pas établie pour elle. — Grenier, t. 1er, nos 291 et 292; Pannier, p. 161.

428. — Les hospices n'ont pas d'hypothèque légale contre leurs fermiers. — *Cass.*, 3 juill. 1817, Robert c. d'Echirolles.

429. — L'hypothèque légale accordée aux établissemens publics par l'art. 2121, C. civ., n'existe pas indépendamment de l'inscription. — *Cass.*, 12 mars 1811, hospices d'Audenardes c. Desmets; — Grenier, t. 1er, 286; Battur, t. 2, no 278; Troplong, t. 2, no 431; Duranton, nos 231 et 318; Pannier, p. 151.

430. — Elle doit être inscrite pour produire effet à l'égard des tiers et elle n'a rang que du jour de l'inscription conformément au principe général posé par l'art. 2154, C. civ. — Duranton, no 319.

431. — C'est aux maires et aux chefs des établissemens publics à user de ce droit d'hypothèque, lorsque les intérêts qui leur sont confiés l'exigent, et à requérir des inscriptions qui les mettent à couvert.

432. — Sous la loi du 11 brum. an VII, suivant laquelle les hypothèques légales des établissemens publics sur les biens des comptables n'étaient pas dispensées de l'inscription, les hypothèques consenties au profit de ces mêmes établissemens pour sûreté d'une rente fondationnelle étaient purgées faute d'inscription antérieure à la transcription. — *Rennes*, 9 mars 1811, hosp. de Lannion c. Piriou et Pringent.

433. — Aucune cour royale, aucune faculté de droit ne s'est prononcée pour modifier les règles relatives à l'hypothèque légale de l'état, des communes et des établissemens publics. La cour royale de Metz s'est même formellement prononcée pour qu'elles fussent maintenues. — *Doc. réf. hyp.*, no 466.

Sect. 5e. — *Hypothèque légale au profit du légataire.*

434. — Justinien (L. 1, C., *Comm. de legat.*) avait accordé aux légataires une hypothèque sur les biens du testateur auxquels auraient succédé les héritiers grevés de la prestation des legs. Cette loi, quoi qu'en dise Automne, était autrefois suivie en France; seulement, le légataire, avant d'exercer l'action hypothécaire, devait avoir obtenu de l'héritier la délivrance de son legs.

435. — Sous le Code civil, le légataire a une hypothèque légale sur les biens de la succession pour le paiement de son legs. — Arg. art. 1009, 1022 et 1017, C. civ.

436. — Baudot (*Tr. des form. hypoth.*, no 433) critique le nom d'hypothèque légale attribué à l'hypothèque du légataire comme à celle de la masse de la faillite, parce que: 1o ces hypothèques ne sont pas énoncées dans l'art. 2121, C. civ.; 2o elles ne peuvent pas s'exercer sur les immeubles présens et à venir du débiteur, ce qui est le principal caractère de l'hypothèque légale; mais cette hypothèque n'est établie ni par la convention, ni par jugement; elle est donc réellement légale.

437. — Et il a été jugé qu'on doit considérer comme légale l'hypothèque établie pour l'exécution d'un legs réduit par une convention passée avec l'héritier, mais portant réserve de l'hypothèque spéciale et privilégiée de la légataire. — *Aix*, 11 fruct. an XII, Dragon c. Caillot.

438. — Un testament, quelle que soit sa forme, pourvu qu'il soit valable, confère au légataire hypothèque sur les biens de la succession. — C. civ., art. 1017.

439. — Ainsi jugé que le légataire a une hypothèque légale pour le legs à lui fait sur tous les biens dépendans de la succession du testateur, et qu'il peut prendre inscription pour ce legs, même quand le testament a été fait dans la forme mystique, et sans qu'il soit nécessaire d'obtenir un jugement de vérification de l'écriture du testament. — *Grenoble*, 14 fév. 1817, Montzein c. Peyrot; *Bruxelles*, 26 avr. 1817, Daridder c. Macphondl; — Pothier, ch. 5, sect. 3e, art. 2, § 2; Merlin, *Rép.*, vo *Légataire*, § 6, no 15; Grenier, t. 1er, no 312; Toullier, t. 5, no 567.

440. — Lorsqu'un testateur qui avait affecté un immeuble au paiement d'un legs particulier a vendu cet immeuble avant la loi du 11 brum. an VII, à la charge par l'acquéreur d'acquitter le legs *sous l'hypothèque de tous ses biens*, le droit hypothécaire résultant du testament a été maintenu par

celle clause de l'acte de vente. Pour conserver ce droit, il a suffi de prendre inscription du testament et contre *les représentans* du testateur, sans faire aucune mention de l'acte de vente, ni plus ample désignation du débiteur. — *Paris*, 7 mars 1821, Millet, Desforges et Carrié c. Bonneau.

441. — Cette hypothèque du légataire, ainsi que l'enseignait Pothier (*Tr. des donat. et des testam.*, ch. 5, sect. 3, § 2), n'avait lieu *sur la part des biens du testateur* auquel chaque héritier succédait, que pour la part dont cet héritier était tenu du legs. Cette doctrine de Pothier, qui était aussi celle de Ricard, a été reproduite par l'art. 1017, C. civ., des termes duquel il résulte bien clairement que l'hypothèque créée par la loi au profit des légataires ne s'étend pas aux biens personnels de l'héritier.

442. — Le président Lamoignon (*Arrêtés*, tit. des *Act. pers. et hypoth.*) avait exprimé le vœu que l'adition d'hérédité établît une hypothèque légale sur les biens de l'héritier pour le paiement des legs et dettes de la succession. Mais les véritables principes s'opposaient à ce qu'il en fût ainsi : un débiteur ne peut, à ses dettes et à ses libéralités, affecter que ses biens propres et non ceux de ses héritiers; aussi n'y a-t-il jamais eu, soit d'après le droit romain, soit d'après la jurisprudence, d'hypothèque ni expresse ni tacite dans l'adition d'hérédité ou l'acceptation d'un legs universel; il n'en résultait qu'une obligation personnelle. — Lebrun, *Des successions*, liv. 4, chap. 2, sect 1re, no 37; Grenier, t. 1er, no 129, et Troplong, *Hypoth.*, t. 2, no 432 *bis*.

443. — Jugé aussi que le testament par lequel l'époux prédécédé a disposé de la nu-propriété de ses biens en faveur de divers légataires particuliers ne donne pas à ceux-ci une hypothèque sur les biens personnels de l'autre époux, donataire de l'usufruit, pour sûreté du paiement de leurs legs. — *Paris*, 17 janv. 1825, Bouguillard c. Croismare.

444. — Jugé cependant que le légataire a le droit de réclamer une hypothèque sur tous les biens personnels de l'héritier, sauf à celui-ci à demander la réduction de l'inscription, conformément aux art. 2162 et suiv., C. civ. — *Grenoble*, 14 fév. 1817, Moulzein c. Peyrot.

445. — La faculté de droit de Poitiers (*Doc. réf. hyp.*, no 468), a fait remarquer que l'hypothèque légale au profit des légataires échappe à la règle de l'art. 2122, en ce sens qu'elle ne frappait que les biens de la succession, lesquels sont déterminés au moment du décès, et que, par conséquent, elle ne peut grever les biens à venir. Cette hypothèque n'est donc pas générale puisqu'elle s'applique spécialement à certains immeubles et n'est pas susceptible de s'étendre à d'autres. Cette cour demande en conséquence que l'inscription de cette hypothèque soit soumise aux énonciations exigées par l'art. 2147, notamment en ce qui concerne la désignation des biens qui en sont frappés.

446. — L'hypothèque du légataire pourrait même ne frapper que certains biens de la succession, par exemple, ceux qui sont dévolus à la personne que le testateur a chargée de l'acquittement du legs.

447. — Cette hypothèque légale ne donne au surplus au légataire aucune préférence sur les créanciers de l'hérédité, puisque les légataires ne peuvent être payés qu'après que les dettes de la succession ont été acquittées.

448. — Elle sert à assurer au légataire une préférence sur les créanciers personnels de l'héritier ou sur les tiers détenteurs et nullement à détruire le rang des légataires entre eux.

449. — Aussi, a-t-on jugé que les légataires qui ont pris inscription sur les biens du testateur décédé ne doivent pas être colloqués avant ceux qui ne sont point inscrits, surtout lorsque la succession n'est acceptée que sous bénéfice d'inventaire. — *Paris*, 12 mars 1806, Omahony c. Duludre; — Merlin, *Rép.*, vis *Inscription* et *Legs*; Troplong, *Hyp.*, t. 2, no 432 *ter*; Baudot, *Tr. des réformes hyp.*, no 433.

450. — L'hypothèque légale du légataire doit être inscrite. — Tarrible, *Rép.*, vo *Inscription*, p. 230; Troplong, no 432 *ter*; Baudot, no 433.

451. — Mais l'inscription n'est pas nécessaire pour conserver l'hypothèque à l'égard du légataire universel ou à titre universel. — *Paris*, 24 mars 1815, Biancourt c. Fontette.

Sect. 6e. — *Réformes législatives quant aux hypothèques légales.*

452. — L'exception que le Code civil a faite à la règle générale de la publicité des hypothèques en faveur des femmes mariées, des mineurs et des interdits, en les dispensant de faire inscrire leur hypothèque, a été l'objet de vives critiques. On a considéré cette hypothèque occulte comme un obstacle à l'établissement et au développement du crédit foncier, ainsi qu'une contradiction avec le système général fondé sur le principe de la publicité

453. — Dès 1812, M. Hua (de Mantes), depuis conseiller à la cour de Cassation, publiait un écrit sur la nécessité et les moyens de perfectionner la législation hypothécaire.

454. — D'autres critiques ne se sont pas fait attendre. Mais, il faut le dire aussi, il s'est levé des défenseurs pour le système adopté par le Code civil. Le concours ouvert en 1827 par Casimir Périer a été une nouvelle occasion d'agression contre le Code civil, et la circulaire du garde des sceaux du 7 mai 1841 devait nécessairement appeler l'attention des cours sur les modifications dont l'organisation des hypothèques légales peut être susceptible.

455. — Les adversaires du système actuel ont dit que ce système de demi-publicité, de publicité bâtarde que conseille l'art. 2135 ne répond pas à l'état actuel de la société; que le mouvement présent des affaires, l'esprit de progrès qui se manifeste de toutes parts réclament une législation qui les seconde; on a demandé qu'en France la propriété eût son état civil comme les personnes, et qu'il fût facile de savoir en traitant avec les possesseurs des immeubles quels en sont les véritables propriétaires ou plutôt en quoi consiste réellement la propriété qu'ils détiennent, et on a dit que le meilleur régime, le seul bon, serait celui qui donnerait aux acquéreurs et aux prêteurs la certitude qu'ils ne pourront jamais éprouver ni éviction ni déception.

456. — Mais d'un autre côté, il faut bien reconnaître que le législateur n'a pas dû demeurer sourd à la nécessité de protéger les biens du mineur et des interdits, de conserver la fortune de l'épouse et de la mère, dernière ressource de la famille en cas de ruine de son chef. Le moyen de conservation qui a paru le plus efficace a été cette hypothèque légale occulte sur les biens du mari et sur les biens du tuteur qu'ont adoptée la plupart des législations étrangères.

457. — Ainsi le code bavarois, qui a été complété quant aux hypothèques par la loi du 1er juin 1822, accorde l'hypothèque légale à la femme pour les diverses causes exprimées dans l'art. 2135, C. civ. français, au mineur et à l'interdit sur les biens du tuteur et aux enfans sur les immeubles de leurs père et mère pour leur fortune particulière. — Art. 12, nos 5, 6 et 7. — Mais l'hypothèque des mineurs sur les biens du tuteur ne milite que pour les biens meubles du mineur confiés à l'administration du tuteur et jusqu'à concurrence d'une somme déterminée par le juge de la tutelle. — C'est aussi aux juges de la tutelle qu'est confié le soin de prendre inscription sur les biens du tuteur s'il y a négligence ou retard de sa part dans la reddition de ses comptes annuels ou s'il y a eu déficit reconnu. — *Ibid.*; — Anthoine de Saint-Joseph, *Concordance du Code Napoléon avec les codes étrangers*, p. 112 et 113.

458. — Le code bavarois, art. 22, L. 1er juin 1822, soumet toutes les hypothèques à l'inscription. — Anthoine de Saint-Joseph, p. 114.

459. — Dans le Wurtemberg, d'après la loi du 15 avril 1825, art. 28 (Anthoine de Saint-Joseph, p. 127 et suiv.), la femme a un titre hypothécaire sur les immeubles du mari tant pour sa dot que pour tout ce qu'elle a acquis durant le mariage, soit à raison du prix de ses immeubles dotaux ou postérieurement acquis, aliénés pendant le mariage, soit pour son douaire ou pour les donations contractuelles. — L'autorité chargée de l'inventaire des dots et apports matrimoniaux peut faire valoir d'office le droit de la femme à demander une hypothèque lors de la célébration du mariage (art. 29), et cette hypothèque s'acquiert par une inscription sur les registres après qu'une sentence judiciaire a validé l'engagement (art. 47).

460. — L'art. 85 de la loi du canton de Genève (Anthoine de Saint-Joseph, p. 132) confère le droit de l'hypothèque sans qu'il soit besoin de le stipuler aux femmes sur les immeubles de leurs maris, aux mineurs et interdits sur les immeubles de leurs tuteurs, et ce droit est soumis à l'inscription. — Art. 123 et 128.

461. — La loi hypothécaire du 11 août 1836, qui régit la Grèce, range (art. 11) parmi les créanciers qui ont une hypothèque légale : — 1o l'état; — 2o les établissemens philantropiques, les communes; — 3o les mineurs et interdits sur les immeubles des tuteurs ou curateurs ou de leurs cautions pour les créances provenant de tutelle ou curatelle; — 4o la femme sur les immeubles de son mari pour sa dot, pour le reste de ses biens si elle lui en laisse l'administration, et pour les demandes en dommages-intérêts provenant d'obligations qu'elle aurait contractées avec lui ou par son ordre. — Mais ces hypothèques, qui sont soumises à l'inscription, peuvent être restreintes à telle quotité de biens dont la valeur excède d'un tiers le montant des créances. — Art. 18.

462. — La loi suédoise du 13 juill. 1818 concernant les inscriptions sur les immeubles n'affranchit aucune espèce d'hypothèque de la formalité de l'inscription, qui n'est au surplus concédée au créancier que par suite de l'autorisation donnée par les tribunaux. — Anthoine de Saint-Joseph, p. 127 et suiv.

463. — La loi hypothécaire du canton de Fribourg forme le titre 6, liv. 2, du Code publié en 1837, elle établit un système mixte avec un certain nombre d'hypothèques légales et tacites. — Anthoine de Saint-Joseph, *Concordance entre le Code Napoléon et les Codes civils étrangers*, p. 127 et suiv.

464. — Pour les changemens que le Code de Naples a apportés au Code Napoléon, V. Troplong, t. 1er, *introd.*, p. 34 et suiv.

465. — D'après l'art. 3293 du Code de la Louisiane, les hypothèques légales des femmes, des mineurs, des interdits et des absens sont indépendantes de l'inscription. D'après le Code de la Louisiane art. 3283, les absens ont une hypothèque légale sur les biens de leurs curateurs, et réciproquement ces curateurs ont une hypothèque légale sur les biens de l'absent pour les avances qu'ils peuvent leur avoir faites.

466. — En Hollande, il est vrai, les femmes n'ont point hypothèque légale sur les biens de leurs maris, mais cette loi ancienne est une conséquence de la communauté universelle qui régit l'association conjugale. Une telle coutume, qui est exclusive de toute créance de la part de la femme et par suite de toute hypothèque, puisqu'il n'y a pas d'hypothèque sans créance, se conçoit chez un peuple exclusivement adonné au commerce et chez lequel le premier besoin est de favoriser le développement du crédit foncier. — Alban d'Hauthuille, *De la révision du régime hypothécaire*, p. 147.

467. — Outre l'autorité résultant de ces rapprochemens de la plupart des législations étrangères, la nature des choses offrait des motifs solides de conserver, en tâchant de l'améliorer, le système actuel; telle est l'opinion à laquelle s'est rangée la cour de Cassation dans les observations qu'elle a présentées en exécution de la circulaire ministérielle du 7 mai 1841. — V. *doc. réf. hyp.*, t. 2, p. 131, no 126.

468. — Pour repousser les objections qui dans le sein même de la cour avaient été tirées de ce que la position des prêteurs et des acquéreurs offrait de difficultés et de périls en présence des hypothèques occultes, la majorité de la cour de Cassation a dit qu'il ne fallait pas envisager une aussi grande question sous le rapport unique du prêt et de la vente, qu'il y a autre chose dans la société que des prêteurs et des acquéreurs; que la vie ne se passe pas à vendre et à emprunter, mais que ce sont là seulement des accidens dont les propriétés et les familles sont les sujets.

469. — Prenant la question sous le point de vue du droit des personnes, la cour de Cassation a ajouté que les tiers-acquéreurs et les prêteurs sont en possession de la plénitude de leur état et de leurs actions, et que la protection de la loi est due surtout à ceux qui, à raison de leur faiblesse naturelle, ne peuvent pourvoir à la conservation de leurs droits et de leurs intérêts, que l'institution de la société a pour but de venir en aide aux faibles et d'assurer à chacun ce qui lui appartient.

470. — La cour a rappelé ensuite que l'expérience d'un système de publicité entière avait été faite, que sous la loi de l'an VII l'exécution de ce système avait soulevé la France entière, et qu'il avait succombé sous le nombre des abus et le poids des réclamations.

471. — Le système qu'on appelle de demi-publicité n'est-il pas un régime de publicité suffisante, s'il prévient la dilapidation de la fortune des femmes, des mineurs et des interdits, et protège les intérêts placés sous la tutelle publique, sans autre inconvénient que de retarder ou peut-être de prévenir la conclusion de quelques transactions, à cause des délais qu'entraînent les vérifications nécessaires pour traiter avec sûreté, ou d'occasionner quelque dommage à ceux qui dans le plein exercice de tous leurs droits et de toute leur raison auraient négligé d'agir avec une sage circonspection.

472. — Ce régime de publicité est suffisant puisqu'il est accompagné de mesures coërcitives contre le mari et contre le tuteur pour les forcer à prendre les inscriptions que la loi ordonne, puisqu'enfin les formalités de la purge subviennent au défaut d'inscription des hypothèques légales; qu'en dernière analyse, si l'hypothèque légale des femmes, des mineurs et des interdits se conserve

sans inscription, c'est qu'ils sont dans l'impuissance d'agir et qu'ils ne peuvent souffrir d'une omission qui n'est pas de leur fait; si à la rigueur on pouvait obliger la femme à prendre inscription par son contrat de mariage, parce qu'à cette époque elle peut être supposée avoir l'entière liberté de ses actions, c'est sa situation durant le mariage qu'il faut considérer, sa dépendance légale et morale, l'impossibilité où elle est de conserver ses droits, lors même qu'elle n'est pas contrainte à les déserter, et le soin que prend la loi de la relever ou de la dispenser quelquefois des engagemens qu'elle a contractés; qu'après tout, l'intérêt des femmes, qui est en même temps celui des enfans, celui du patrimoine de la famille, celui de l'état, est préférable à l'intérêt des tiers, qui agissent librement et volontairement quand ils prêtent ou achètent.

473. — Aussi la cour de Cassation a-t-elle été d'avis, à la presque unanimite, que les femmes, les mineurs et les interdits devaient être maintenus dans leur droit d'hypothèque légale, indépendamment de l'inscription.

474. — Mais elle a cherché à approcher par des équipollens de cette complète publicité, jugée impossible, en procurant aux tiers des moyens officiels d'information, mais qui toutefois se combinent dans leur exécution avec le système actuel.

475. — Suivant la proposition faite par la cour, il serait ouvert dans chaque conservation d'hypothèque un registre spécial destiné à l'insertion des notices de tous les actes qui peuvent donner ouverture à un droit d'hypothèque légale.

476. — Les notaires, les receveurs des droits d'enregistrement et les juges de paix seraient tenus de rédiger ces notices pour les actes par eux reçus, enregistrés ou dressés, à la charge d'en procurer l'insertion dans un délai déterminé.

477. — L'inexécution ou l'omission de ces formalités n'engageraient ni n'altéreraient les droits d'aucune des parties contractantes auxquelles elles n'imposeraient aucune obligation nouvelle.

478. — En cas de négligence des notaires ou des juges de paix, les procureurs du roi, qui sont les tuteurs nés des incapables et des absens, pourvoiraient aux inscriptions omises.

479. — Voici maintenant le mode de réalisation de cette proposition.

480. — ...1o Il sera ouvert dans chaque conservation d'hypothèque un registre spécial destiné à l'insertion des notices des actes pouvant donner ouverture au droit d'hypothèque légale accordé aux femmes, aux mineurs et aux interdits.

481. — ...2o Tout notaire qui aura dressé un contrat de mariage doit être tenu, dans le mois de la passation de l'acte, de faire insérer au registre susmentionné une notice de cet acte, cette notice devra contenir la date du contrat, les nom et domicile des contractans et le nom du notaire qui a reçu l'acte. Cette insertion aura lieu au registre de la conservation des hypothèques du domicile du mari. — Si elle n'est pas effectuée dans le délai prescrit, le notaire négligent sera passible d'une amende de 200 fr. au moins et de 1,000 fr. au plus. En cas de récidive, il pourra en outre être suspendu ou destitué de ses fonctions. — Dans tous les cas, il sera procédé à son égard conformément aux dispositions de la loi du 25 vent. an XI sur le notariat.

482. — ...3o Tout notaire qui aura reçu un acte duquel il pourrait résulter une créance d'une femme sur son mari sera tenu d'en faire insérer la notice au registre spécial du conservateur des hypothèques du domicile du mari et de la situation des biens s'il y avait indication de ceux-ci en l'acte.

483. — ... 4o Cette notice devra contenir la date du contrat, les noms et domicile des contractans, le nom du notaire qui a reçu l'acte; elle fera connaître de plus la quotité et la nature de la créance. — Le notaire qui négligerait d'en faire opérer l'inscription dans le délai prescrit sera passible des mêmes peines qu'il aurait encourues pour avoir omis de faire opérer l'insertion de la notice d'un contrat de mariage qu'il aurait reçu.

484. — ... 5o Si les notices dont il vient d'être parlé n'ont pas été insérées au registre du conservateur des hypothèques à la diligence du notaire qui a instrumenté, leur insertion doit être requise par le procureur du roi du tribunal dans le ressort duquel les actes auront été passés. — Cette insertion ne devra être requise par le procureur du roi qu'après le jugement de condamnation prononcé contre le notaire pour infraction aux dispositions des nos 2 et 3 ci-dessus.

485. — ... 6o Tout receveur des droits d'enregistrement auquel sera présenté pour être soumis à la formalité un acte sous seing-privé qui pourrait donner naissance à une créance de la femme sur son mari, ou qui constaterait l'existence d'une créance de cette nature, sera tenu de donner connaissance des dispositions de cet acte au conservateur des hypothèques de l'arrondissement du domicile du mari. — Le conservateur qui aura reçu cette communication sera tenu d'insérer au registre spécial susmentionné la notice qui lui aura été transmise par le receveur de l'enregistrement.

486. — ... 7o Tout juge de paix qui aura présidé un conseil de famille par lequel une tutelle aura été déférée sera tenu de faire insérer l'acte portant nomination du tuteur au registre spécial susmentionné au domicile de ce tuteur dans le délai d'un mois.

487. — ... 8o Si cette insertion n'est pas opérée dans ce délai à la diligence du juge de paix, elle devra l'être à la diligence du procureur du roi.

488. — ...9o Les dispositions des nos 3, 4, 5 et 6 sont applicables aux actes postérieurs à l'ouverture de la tutelle et desquels pourrait résulter une créance du mineur ou interdit sur le tuteur.

489. — La plupart des cours royales ont maintenu le système du Code, dont elles ont reconnu la sagesse, et elles ont dispensé les femmes, mineurs et interdits de requérir inscription, tout en laissant aux tiers-acquéreurs la faculté de purger. — Aix (*Doc. réf. hyp.*), no 128; Angers, no 130; Besançon, no 132; Bordeaux, no 133; Colmar, no 134; Douai, no 136; Grenoble, no 137; Limoges no 138; Metz, no 140; Montpellier, no 141; Nancy, no 142; Orléans, no 144; Paris, no 145; Pau, no 146.

490. — Toutefois, il faut reconnaître qu'il y aurait eu accord pour revenir aux dispositions de la loi du 11 brum. an VII, si tous avaient été convaincus de la possibilité d'assurer l'inscription des hypothèques légales; mais l'insuffisance des moyens et la nécessité bien reconnue de préférer l'intérêt des femmes et des mineurs à celui des prêteurs et des acquéreurs ont fait triompher encore le système fondé par le Code.

491. — Cependant, dans le but de donner l'élan au crédit territorial, la cour royale de Bastia (no 131) propose d'astreindre les hypothèques légales à l'inscription, et à cet effet, de déclarer seuls valables à l'égard des femmes et des mineurs les actes passés devant notaires et enregistrés, et le soin de requérir l'inscription serait confiée au receveur de l'enregistrement, qui, averti par la déclaration de changement de domicile (C. civ., art. 104) rendue obligatoire, ferait suivre par l'inscription le débiteur qui se transporterait dans le ressort d'un autre bureau d'hypothèque.

492. — La cour royale de Dijon (no 135) astreint aussi l'hypothèque légale de la femme à l'inscription et elle arrive à faire requérir l'inscription soit par la femme, soit par ses parens, soit par le notaire qui a reçu l'acte générateur du droit à l'hypothèque. — V. aussi Nîmes, no 143.

493. — On a combattu le système de ces propositions en disant que soumettre l'hypothèque légale de la femme à l'inscription ce serait créer un danger permanent, qui conduirait à l'anéantissement du régime dotal; car, sous ce régime la femme privée du secours de l'hypothèque occulte pourrait sans cesse tout perdre sans avoir jamais rien à gagner, et cependant le régime dotal est conforme aux mœurs, aux habitudes, aux traditions séculaires d'un grand tiers de la France. — Aix, no 127, t. 2, p. 160; Montpellier, no 141.

494. — La cour royale de Riom (no 149) a voulu, en augmentant les moyens d'obtenir l'inscription des hypothèques légales des femmes et des mineurs, arriver à une publicité aussi complète que possible mais qui, cependant, ne portât pas atteinte au crédit immobilier du mari.

495. — La cour royale de Pau (no 145) propose comme moyen de conserver les droits des incapables et de ménager le crédit des maris et tuteurs un système analogue à celui de la cour de Cassation.

496. — A cette proposition de charger des officiers publics de cette mission de prendre inscription pour la femme et le mineur, on oppose qu'une disposition analogue existe sous le Code civil, et il ne semble pas qu'on doive espérer pour des formalités beaucoup plus répétées de plus heureux résultats sous une nouvelle législation. — Angers. no 301 p. 179.

497. — La cour royale de Grenoble (no 137) propose de faire requérir l'inscription par les personnes désignées par l'art. 2138 et en outre par le juge de paix du domicile des maris et tuteurs dans tous les cas où il apparaîtra que l'inscription est utile pour la conservation de la créance à laquelle l'hypothèque légale est accordée.

498. — Les cours royales de Limoges (no 138), de Pau (no 146), de Rennes (no 148) pensent que l'expédient proposé ne pourrait donner lieu qu'à des inscriptions vagues, insuffisantes ou exagérées, nuisibles au crédit du débiteur, et de nature à induire en erreur le public auquel elles n'anonceraient comme certain que le fait du mariage ou de la tutelle qui peut être facilement connu.

499. — Les cours royales d'Aix (no 128) et de Grenoble (no 137), ainsi que M. Fouet de Conflans (*Réf. hyp.*, p. 170) objectent de même contre les bases du projet de la cour de Cassation que les officiers ministériels ou les employés investis du soin de requérir les inscriptions manqueront presque toujours des renseignemens suffisans pour établir une véritable publicité d'après l'importance des créances des femmes et des mineurs, qui sont presque toujours incertaines, éventuelles ou indéterminées, qu'ils manqueraient de renseignemens lorsque les époux se seraient mariés sans contrat ou lorsque les pères auraient pris la tutelle sans faire dresser d'inventaire, qu'ils ne pourraient pas davantage apprécier l'étendue du dommage que la mauvaise administration du tuteur aurait pu causer au mineur, et qu'ainsi la publicité ne serait que partielle et, par conséquent pas de nature à rassurer entièrement les tiers qui supposeraient le plus souvent, avec raison, qu'il est d'autres créances non inscrites dont l'hypothèque légale viendrait encore les primer.

500. — La responsabilité imposée aux notaires pour le défaut de réquisition de ces inscriptions a paru trop onéreuse à la cour royale de Colmar (no 134) pour qu'elle se déterminât à appuyer ce système, qui est au contraire fortement appuyé par la cour royale de Paris (no 145), qui oblige les notaires à faire prendre l'inscription dans la quinzaine sous peine de responsabilité et dommages-intérêts.

501. — La cour royale de Rouen (no 150) a rappelé qu'après la promulgation du Code civil le zèle des membres du parquet à prendre inscription pour les femmes et les mineurs avait paralisé dans la totalité de leurs ressources immobilières un tel nombre de maris et de tuteurs, qu'une grande partie du sol de la France, à l'instar des anciens biens de main-morte, était à la veille de se trouver placée hors du commerce. De ces faits la cour de Rouen a conclu qu'il n'existe aucune raison soit d'augmenter le nombre des agens autorisés à inscrire les hypothèques légales, soit de créer des pénalités pour procurer cette inscription; mais elle a proposé de faire dresser des bordereaux non pas d'inscription, mais d'indication, qui permettraient aux tiers, lorsqu'ils y seraient intéressés, de rechercher quelle est l'importance dss charges grevant les biens des maris ou tuteurs. — V. contre ce projet les observations de la cour de Toulouse (*Doc réf. hyp.*, no 151).

502. — La cour royale d'Angers (no 130, p. 195) propose de punir des peines de l'escroquerie l'emprunteur qui, interpellé sur les causes qui auraient pu le soumettre à des hypothèques occultes, aurait dans des intentions coupables, déguisé la vérité. — Plusieurs cours royales, et notamment celle de Paris (no 145), ont proposé d'aggraver la peine à infliger au mari qui néglige de requérir l'inscription pour sa femme, et au lieu de le déclarer seulement stellionataire et contraignable par corps, de lui infliger selon les gravités des cas une peine facultative d'emprisonnement qui pourrait s'élever jusqu'à deux ans.

503. — La cour royale d'Agen (no 127) a proposé de donner rang à l'hypothèque légale de la femme à compter du contrat de mariage, pourvu que le mariage soit célébré dans les trois mois de cet acte; autrement le rang de l'hypothèque légale serait fixé au jour de la célébration du mariage. La cour de Montpellier (no 141) a proposé de fixer à quinze jours le délai dans lequel, à compter du contrat de mariage, le mariage devrait être contracté.

504. — Suivant les cours de Metz (no 140) et Rouen (no 150) la date de l'hypothèque légale de la femme serait fixée au jour du contrat de mariage, et, à défaut du contrat, au jour du mariage.

505. — C'est d'une manière absolue, à compter du jour du mariage, que l'hypothèque légale doit prendre rang, et il y a lieu de rectifier en ce sens les art. 2194 et 2195, C. civ., suivant les cours d'Amiens (no 129), Douai (no 136), Grenoble (no 137), Nancy (no 142), Pau (no 146).

506. — Une fois la dissolution du mariage, ou la fin de la tutelle arrivée, la nécessité de l'inscription des hypothèques légales dans un délai déterminé a été généralement reconnue, à peine par l'ayant-droit de n'avoir d'autre rang que celui de son inscription. — V. sur ce principe Rennes (no 148), Agen (no 127), Aix (no 128), Bordeaux (no 133), Orléans (no 144), Paris (no 145).

507. — Le délai de cette inscription serait fixé, à un an suivant les cours royales d'Amiens (no 129), Angers (no 130), Colmar (no 135), Douai (no 136),

Grenoble (nº 137), Limoges (nº 138), Montpellier (nº 144); Poitiers (nº 147), Rouen (nº 150).

308. — Ce délai d'une année est aussi adopté par l'art. 2032 du Code du royaume de Naples qui ajoute qu'après ce délai l'hypothèque ne reprendra rang que du jour de l'inscription, sans remonter à l'époque du contrat de mariage.

309. — La cour de royale de Metz (nº 140) fixerait le délai pour la veuve à une année, mais elle accorderait au mineur devenu majeur le laps de dix ans.

310. — La cour royale de Colmar (nº 135) adopte ce délai d'un an pour le cas où l'ayant-droit habite la France continentale; s'il habitait hors de ce territoire, le délai pour l'inscription serait de deux ans. Enfin ce délai ne courrait contre la femme encore mineure lors de la dissolution du mariage qu'à compter de sa majorité.

311. — Enfin la cour royale de Pau (nº 146) s'est prononcée pour la concession d'un délai de dix ans.

312. — Mais on est généralement d'accord de ne pas étendre la dispense d'inscription jusqu'à la cession de l'hypothèque légale, et on a rappelé comme motif déterminant qu'on voit trop souvent des femmes céder leur hypothèque légale pour la céder de nouveau et tromper ainsi les prêteurs par l'appât d'un gage qu'ils croyaient entier, faute d'avoir pu connaître les cessions précédentes. — Aix (nº 128), Amiens (nº 129, p. 168), Orléans (nº 144), Paris (nº 145), Pau (nº 146), Poitiers (nº 147), Rennes (nº 148).

313. — Dans le but de protéger à la fois la femme et les tiers, la cour royale de Poitiers (nº 147) voudrait que la femme ne pût renoncer à son hypothèque légale qu'autant que cette renonciation serait l'accessoire d'une obligation par elle contractée.

314. — Les lumières des jurisconsultes et des praticiens n'ont pas non plus manqué à cette révision, et, outre les avis des facultés de droit rapportés au t. 2 des *Doc. réf. hyp.*, nºs 152 et suiv., on a proposé un plan de réforme qui consiste en quelque sorte à ouvrir sur une sorte de répertoire hypothécaire pour chaque propriétaire d'immeubles, un compte établissant les charges qui pèsent sur sa propriété. — V. l'ouvrage intitulé *De quelques modifications importantes à introduire dans le régime hypothécaire et considérations sur l'utilité d'un système propre à justifier de la capacité civile de chaque contractant*, par M. Hébert, doyen des notaires de Rouen.

315. — M. Loreau, directeur des domaines, dans un livre intitulé *Du crédit foncier et des moyens de le fonder, ou création d'un système hypothécaire appuyé sur le cadastre, l'enregistrement des contrats et le revenu imposable de la propriété, suivi d'un mode de transfert des créances sur hypothèques analogue à celui des rentes sur l'état*, a proposé de créer dans chaque bureau d'enregistrement une espèce de grand-livre où doivent être inscrits pour chaque individu les noms, prénoms, profession, domicile, lieu et date de naissance de tous les contribuables, et en même temps le montant de leur revenu imposable en quelque lieu que soient assis leurs biens immeubles. Les diverses modifications que la propriété ou ces charges hypothécaires pourraient subir seraient signalées par l'intermédiaire des divers rouages administratifs sus-indiqués. — La cour royale de Poitiers (*doc. réf. hyp.*, t. 2, nº 147, p. 337) a relevé les objections qui peuvent être opposées au projet de M. Loreau.

316. — On consultera enfin avec fruit MM. Fouet de Conflans (*Réf. hyp.*, p. 21), et Alban d'Hauthuille, (*Révision du régime hypothécaire*, p. 135 et suiv.).

V. ABSENCE, AYANT-CAUSE, COMMUNAUTÉ, COMPTABILITÉ, DOT, EXPROPRIATION POUR CAUSE D'UTILITÉ PUBLIQUE, FAILLITE, HYPOTHÈQUE, HYPOTHÈQUE CONVENTIONNELLE, HYPOTHÈQUE JUDICIAIRE, INSCRIPTION HYPOTHÉCAIRE, LEGS, ORDRE, PARTAGE, PRIVILÉGE, PURGE, RÉDUCTION D'HYPOTHÈQUE, RADIATION D'HYPOTHÈQUE, SOCIÉTÉ, SUCCESSION, SAISIE-IMMOBILIÈRE, SUBSTITUTION, SURENCHÈRE, TIERS DÉTENTEUR, VENTE.

I

IDENTITÉ (Reconnaissance d').

Table alphabétique.

Accusé condamné et repris (identité, compétence), 19 s. — condamné sous un faux nom, 21 s.
Acte d'accusation, 26 s.
Appel, 37.
Arrêt de renvoi, 26 s.
Assistance des jurés, 32.
Audience (publicité), 30.
Aveu de l'identité (compétence), 14 s.
Nantissement, 3.
Chambre du conseil, 5. — des mises en accusation, 6 s.
Compétence, 4 s.
Contumax (jugement de l'identité), 24.
Déportation, 3.
Evasion, 3.
Effets du jugement déclaratif de l'identité, 33 s. — (autorité de la chose jugée), 35.
Homicide supposé (identité de l'homicidé), 25.
Instruction, 26 s.
Législation ancienne, 2.
Nouveaux crimes (continuation des poursuites), 7 s.
Plaidoiries, 30.
Pourvoi en cassation, 36, — (délai), 39. — (partie civile), 40. — en révision, 38.
Présence de l'accusé, 31.
Procédure, 29. — par contumace, 31.
Rupture de ban, 3.
Tribunal devenu étranger à la France, 13. — d'exception, 9 s. — supprimé, 12.
Témoins (notification), 28.
Voies de recours, 36 s.

1. — Procédure ayant pour objet de constater que l'individu contre qui on veut exécuter une condamnation est bien réellement celui contre qui cette condamnation a été prononcée.

§ 1er. — *Cas où il doit être procédé à la reconnaissance d'identité. — Compétence* (nº 2).

§ 2. — *Procédure. — Jugement, voies de recours* (nº 26).

—

§ 1er. — *Cas où il doit être procédé à la reconnaissance d'identité. — Compétence.*

2. — L'ancienne législation ne contenait rien de relatif à la reconnaissance de l'identité : il fut pourvu à cette lacune par une loi du 4 frim. an VIII, dont les dispositions, presque reproduites par le Code d'inst. crim., se retrouvent aujourd'hui dans les art. 518, 519 et 520, qui, sous le titre : *De la reconnaissance de l'identité des individus condamnés, évadés et repris*, en forment le chap. 6, tit. 4, liv. 2.

3. — Aux termes de l'art. 518, il y a lieu de procéder à la reconnaissance de l'identité : 1º lorsqu'un individu, condamné contradictoirement, s'est évadé, et qu'il a été repris depuis son évasion; 2º lorsqu'un individu, condamné précédemment à la déportation ou au bannissement, a enfreint son ban et est repris.

4. — Et, suivant le même article, le droit de statuer sur la reconnaissance de l'identité, appartient à la Cour qui a prononcé la condamnation, laquelle, si elle prononce l'identité, applique de plus au prévenu la peine attachée à son infraction.

5. — La chambre du conseil d'un tribunal de première instance est donc incompétente pour prononcer sur la reconnaissance de l'identité d'un condamné évadé et repris. — *Cass.*, 20 oct. 1826, Bon. — V. ÉVASION.

6. — De même si l'individu déjà condamné aux travaux forcés à perpétuité et qui a commis un nouveau crime depuis son évasion du bagne, nie son identité, la chambre des mises en accusation doit laisser entière et sans préjugé la question de reconnaissance de l'identité et renvoyer le prévenu devant la cour d'assises, seule compétente pour procéder à cette reconnaissance, conformément aux art. 518 et suiv., Inst. crim. — *Cass.*, 6 sept. 1833, Guillemette.

7. — Et cette identité n'étant pas légalement constatée, rien ne pourrait, dans toutes les hypothèses, empêcher la continuation des poursuites, relativement aux nouveaux crimes, et autoriser la chambre d'accusation à surseoir jusqu'à la décision préalable et définitive sur l'identité. — Même arrêt.

8. — Cependant cette solution a été contestée, au moins pour le cas d'application des art. 553 et suiv. du C. inst. crim., qui attribuaient la connaissance de certaines affaires aux cours spéciales. — On disait que la reconnaissance d'identité, devant avoir pour effet de déterminer laquelle, de la cour spéciale ou de la cour d'assises, était compétente, il y avait nécessité pour la chambre d'accusation, sinon de procéder elle-même, du moins de faire procéder préalablement et définitivement à cette reconnaissance, avant de renvoyer l'affaire à celle des juridictions qui devait, en définitive, en connaître; — mais la cour de Cassation a rejeté, et avec raison, cette prétention, et décidé que la chambre d'accusation ne pouvait, sans transgresser les règles de sa compétence et sans violer la loi, renvoyer l'accusé à une reconnaissance préalable d'identité. — *Cass.*, 30 juill. 1812, Dubernard; V. aussi Bourguignon sur l'art. 518, nº 2. — En résumé, la chambre d'accusation, saisie d'une procédure criminelle, n'a pas à se préoccuper des exceptions que le prévenu peut tirer de son identité, et doit statuer sur le fait incriminé, comme si aucune prétention n'était élevée à ce sujet; sauf à la cour d'assises à statuer sur les mêmes exceptions et prétentions, si elles s'élèvent devant elle, et s'il devient nécessaire de les résoudre.

9. — Du reste, bien que le texte de l'art. 518 ne parle que du cas où la condamnation a été prononcée par une *cour*; ce qui, évidemment, d'après l'art. 519, doit être compris d'une cour d'assises, nul doute qu'en toute espèce de cas, la reconnaissance de l'identité ne doive être faite par le tribunal, quel qu'il soit, qui a prononcé la condamnation. — *Cass.*, 11 juill. 1834, Marcillet; — Carnot, *loc. cit.*, nº 4; Legraverend, p. 618 et suiv.; Lesellyer, nº 1610; Rauter, nº 839.

10. — En effet, nul autre tribunal ne pourrait, comme l'a dit l'orateur du gouvernement, puiser dans son propre sein autant de lumières et de moyens de discerner la vérité. — Lesellyer, nº 1608.

11. — Cette décision serait applicable, même quand le tribunal qui a prononcé la condamnation se trouverait être un tribunal d'exception. — V. impl., *Cass.*, 5 juin 1834, Riouet; — Lesellyer, nº 1611; Carnot, *ibid.*, nº 4; Legraverend, p. 619.

12. — Si le tribunal qui a prononcé la condamnation avait cessé d'exister, il faudrait alors faire déclarer l'identité par celui qui l'a remplacé. — Lesellyer, nº 1612; Legraverend, p. 619; Bourguignon, *Jurispr. C. crim.*, nº 4 sur l'art. 518.

13. — Et si le tribunal qui a prononcé la condamnation était devenu étranger à la France, par suite de changemens apportés au territoire, il faudrait, suivant un arrêt de cassation du 13 mars 1834 (Henno), recourir, par voie de réglement de juges, à la cour de Cassation, qui désignerait un autre tribunal, à l'effet de procéder à la reconnaissance de l'identité. — V. aussi Legraverend et Bourguignon, *loc. cit.* — Au contraire, suivant M. Lesellyer, (nº 1613), les règles ordinaires de la compétence, *ratione loci*, devraient, dans ce cas, reprendre leur empire.

14. — La compétence exceptionnelle attribuée au tribunal qui a prononcé la condamnation cesserait, si l'individu arrêté reconnaissait lui-même son identité : — Alors la peine encourue pour l'évasion et la rupture de ban devrait être appliquée par les tribunaux compétens, d'après les règles ordinaires. — Lesellyer, nº 1609.

15. — C'est en ce sens qu'il a été jugé que l'individu condamné à la surveillance de la haute police, prévenu de rupture de ban dans le ressort d'un autre tribunal que celui qui a prononcé sa condamnation, ne doit être renvoyé devant ce dernier tribunal qu'autant qu'il nie son identité. — *Cass.*, 23 juill. 1835, Hervé; 8 oct. 1835, Lépine; 14 avr. 1835, Benoist.

16. — ... Et qu'il n'y a pas lieu à procéder à la reconnaissance de l'identité d'un condamné évadé et repris, pour lui appliquer les peines de la récidive, s'il ne conteste pas son identité. — *Cass.*, 5 juin 1834, Rioult.

17. — Néanmoins, cette solution n'est, selon nous, complètement admissible qu'autant, comme l'exigent Legraverend (t. 2, p. 616), Bourguignon (nº 1er, sur l'art. 518), et M. Le Sellyer (nº 1609), qu'aucun doute ne peut s'élever sur l'identité de l'individu arrêté. — On conçoit, en effet, que décider autrement ce serait faciliter à un individu les moyens de se substituer au vrai coupable.

18. — Carnot (art. 518, nº 3) va beaucoup plus loin. Il pense qu'*en tout cas*, il faut suivre la marche tracée par l'art. 518. Mais son opinion nous paraît devoir être écartée, car on ne peut supposer que la loi ait entendu prescrire une procédure inutile. — V. conf. Teulet, d'Auvilliers et Sulpicy, *Codes annotés*, art. 518, C. inst. crim., nº 12.

19. — L'art. 518 ne parle que du cas où il s'agit d'un condamné évadé et repris, et de celui où un déporté ou un banni a rompu son ban; mais il a

été jugé avec raison que la marche tracée par cet article, la seule en rapport avec les principes de la matière, devait être suivie dans tous les cas analogues. — *Gand*, 6 nov. 1833, Vereyken.

20. — Spécialement, le condamné qui a été extrait du bagne, par ordre du gouvernement, pour être employé dans une expédition militaire, n'en devant pas moins être réintégré au bagne, après l'expédition terminée, s'il n'a obtenu ni grâce ni amnistie, le tribunal d'où émane la condamnation ne peut pas refuser de procéder à la reconnaissance de son identité, sous prétexte qu'il n'est pas *évadé*, mais seulement condamné et repris. — *Cass.*, 9 messid. an VIII, Ducrocq; 29 thermid. an VIII, Camarelle.

21. — ... Et lorsqu'un individu a été condamné sous un faux nom, il n'y a pas lieu d'instruire de nouveau l'affaire, mais à procéder suivant la forme analogue tracée par les art. 518 et s. — *Gand*, 6 nov. 1833, Vereyken.

22. — Dans ce dernier cas, les juges qui ont prononcé la condamnation peuvent, après avoir reconnu l'identité du condamné, ordonner la rectification de leur jugement sur les conclusions du ministère public, et sans le concours de celui dont le nom a été usurpé. — *Metz*, 5 juin 1826, Carlin.

23. — Mais lorsqu'un individu prétend que les désignations de l'acte d'accusation ne s'appliquent pas à lui, l'appréciation de la question d'identité appartient au jury, et non à la cour d'assises. Ce n'est pas le cas des art. 518 et suiv. — *Cass.*, 29 nov. 1833, Loiseau; 10 sept. 1846, Antoine Alloche se disant Pierre Richard.

24. — En est-il de même au cas d'arrestation d'un individu condamné par contumace, si son identité est déniée? Ou bien, dans ce cas, l'identité doit-elle être vérifiée par la cour d'assises seule? — Nous avons vu, v° CONTUMACE, n° 208, que c'est dans ce dernier sens que se sont prononcés la plupart des arrêts et des auteurs.

25. — Enfin, lorsqu'il est question de procéder à la reconnaissance de l'identité d'un individu dont l'homicide supposé a donné lieu à la condamnation d'un prévenu de ce crime, les règles qui précèdent ne sont plus applicables. Dans ce cas, ce n'est pas à la cour qui a prononcé la condamnation à y procéder; c'est à la cour de Cassation à désigner la cour qui en doit connaître. — V. à cet égard RÉVISION DES JUGEMENS.

§ 2. — *Procédure.* — *Jugement.* — *Voies de recours.*

26. — Il n'y a aucune instruction à faire avant de porter la cause à l'audience pour la reconnaissance de l'identité. Ainsi il n'est pas besoin, dans ce cas, d'observer ce qui est prescrit par les art. 241, 242 et 271, inst. crim., c'est-à-dire d'obtenir un arrêt de renvoi et de rédiger un acte d'accusation. — *Cass.*, 21 août 1818, Comte de Sainte-Hélène.

27. — Il en est autrement, suivant Legraverend (t. 2, p. 616), lorsqu'il s'agit d'appliquer une peine plus grave à celui dont l'identité est mise en question, comme dans le cas où un condamné au bannissement ou à la déportation a enfreint son ban. C'est ainsi, ajoute cet auteur, que cela s'est pratiqué à l'égard de quelques individus compris comme régicides dans les dispositions de la loi du 12 janv. 1816, et les procédures soumises à la cour de Cassation (6 mars 1817, Monnot) n'ont point été considérées par elle comme irrégulières; sous ce rapport. — Il eût été difficile, en effet, de déclarer nulles des poursuites, sur le fondement que les accusés auraient obtenu plus de garanties qu'ils n'avaient le droit d'en exiger; mais l'omission des formalités dont il s'agit eût-elle opéré nullité? Nous ne le pensons pas : d'abord la distinction proposée par Legraverend (et adoptée par Bourguignon sur l'art. 518, n° 2) n'est pas établie par la loi. En second lieu, il faut remarquer qu'il ne s'agit pas d'une nouvelle accusation et d'une nouvelle déclaration de culpabilité, mais seulement d'une autre peine substituée à l'ancienne par la cour même qui procède à la reconnaissance de l'identité. — V. conf. Teulet, d'Auvilliers et Sulpicy, *Cod. annot.*, sur l'art. 519, n° 7; Chauveau et Hélie, *Théor. C. pén.*, t. 1er, p. 160; Rauter, t. 2, n° 839.

28. — La loi n'exige pas non plus que la liste des témoins soit notifiée à l'individu repris. — Teulet, d'Auvilliers et Sulpicy, sur l'art. 519, n° 4. — V. aussi anal. *Cass.*, 10 juill. 1828, Louis ou Léonard. — V. cependant Carnot, sur l'art. 518, n° 6.

29. — Toute la procédure consiste donc dans la traduction de l'individu à l'audience; les témoins cités à la requête du procureur général et à celle de l'individu repris, si ce dernier en a fait citer, sont entendus, sans qu'il résulte aucune nullité de l'omission de cette formalité. — *Cass.*, 21 août 1818, comte de Sainte-Hélène; — Rauter, t. 2, n° 839.

30. — L'audience doit être publique, à peine de nullité (art. 519); et les parties peuvent plaider. — Rauter, t. 2, n° 839, note 2e; Carnot, sur l'art. 519, n° 1er.

31. — D'après l'art. 519, il faut aussi que l'individu repris soit présent, également à peine de nullité. Il s'ensuit qu'on ne peut procéder par contumace contre un déporté ni contre un banni qui a rompu son ban, s'il n'a pas été arrêté, mais seulement aperçu en France. — *Cass.*, 6 mars 1817, Monnot; — Legraverend, t. 2, p. 618; Chauveau et Hélie, t. 1er, p. 160; Carnot, sur l'art. 518, observ. addit., n° 3, et sur l'art. 519, n° 1er; Teulet, d'Auvilliers et Sulpicy, sur l'art. 518, n° 22; Rauter, t. 2, n° 838.

32. — Nous avons vu que c'est toujours au juge qui a prononcé la condamnation qu'il appartient de statuer sur l'identité; si ce juge était une cour d'assises, cette cour, aux termes de l'art. 519, devrait procéder sans l'assistance des jurés. C'est qu'en effet il s'agit bien moins d'un jugement à rendre que de l'exécution d'un jugement déjà rendu avec des jurés. — Exp. des motifs du Code.

33. — Si le jugement déclare que l'identité n'existe pas, il profite, après qu'il est devenu irrévocable, à l'individu repris, pour tous les effets que le défaut d'identité avec l'individu nommé au jugement de condamnation peut entraîner; mais il lui profite en ce sens seulement que le jugement ne peut plus être exécuté contre lui sous aucun prétexte; il ne juge donc pas son état civil. Si au contraire le jugement déclare que l'identité est constante, il rend de plein droit le jugement de condamnation applicable à l'individu repris, sans influer non plus sur son état civil. — Rauter, t. 2, n° 839.

34. — *Quid* dans ce dernier cas, si plus tard le véritable condamné était repris, ou s'il était vérifié que le jugement s'exécute en ce moment contre lui (il aurait été et serait encore au bagne sous un autre nom)? Suivant M. Rauter (*ibid.*, note 3e), il n'y aurait pas dans ce seul fait de cause de recours en cassation ou en révision ou d'un autre recours judiciaire quelconque; il n'y aurait que le recours en grâce. — V. sur ce point RÉVISION DES JUGEMENS.

35. — On s'est demandé si les arrêts qui prononcent l'identité des individus condamnés, évadés et ensuite repris, acquéraient l'autorité de la chose jugée, et si, conséquemment, une cour d'assises qui a jugé que l'identité d'une personne avec un condamné évadé n'est pas constante, pouvait ensuite, et sur de nouvelles preuves, déclarer que cette identité existe? La cour de Cassation, par un arrêt du 12 août 1825, a jugé qu'elle ne le pouvait pas. — V. conf. Mangin, *De l'action publique*, t. 2, n° 383.

36. — Le jugement rendu sur la poursuite en reconnaissance d'identité peut toujours être attaqué en cassation, soit par le procureur général, soit par l'individu repris. — Ce pourvoi a lieu dans la forme et dans le délai déterminés par le Code d'instruction criminelle. — C. inst. crim., art. 520.

37. — Si le jugement était rendu par un tribunal jugeant à la charge de l'appel, il pourrait aussi être attaqué par l'appel, selon les règles communes. — Rauter, t. 2, n° 839; Carnot, sur l'art. 518, n° 5, et sur l'art. 520, n° 1er; Teulet, d'Auvilliers et Sulpicy, sur l'art 520, n° 8.

38. — Il faut admettre aussi le recours en révision contre les jugemens des conseils de guerre qui doivent être régis par le droit commun, à défaut de dérogation spéciale. — Legraverend, t. 2, p. 168; Teulet, d'Auvilliers et Sulpicy, sur l'art. 520, n° 8.

39. — Le recours en cassation peut être déclaré dans le délai fixé par l'art. 373, C. inst. crim., de la part même du ministère public; car l'art. 354 ne reçoit d'application que dans le cas où il est intervenu une ordonnance d'acquit, et le jugement prononcé sur la reconnaissance de l'identité n'est pas une ordonnance d'acquit. — Carnot, sur l'art. 520, n° 2.

40. — La reconnaissance de l'identité n'intéresse que la vindicte publique. Dès lors la partie civile n'a pas le droit de se pourvoir en cassation contre les jugemens et arrêts rendus en cette matière. Elle n'a même aucun sujet d'intervenir dans le débat où ses intérêts ne sont point en jeu. — Carnot, sur l'art. 520, n° 3; Teulet, d'Auvilliers et Sulpicy, sur l'art. 520, n° 6.

IDES, NONES ET CALENDES.

1. — Manière de compter les jours du mois suivant les Romains.

2. — Cet usage, qui est encore suivi dans plusieurs chancelleries de l'Europe, et notamment dans celles du pape, n'existe plus en France. — Cependant, comme on a quelquefois à consulter d'anciens actes datés par ides, nones et calendes, il convient de reproduire quelques détails sur cette manière de compter.

3. — A l'imitation des Romains, nos ancêtres se servaient des trois noms de *calendes*, *nones* et *ides* pour indiquer tous les jours du mois. — Merlin, *Rép.*, v^is *Ides, nones* et *calendes*.

4. — On appelait *calendes* le premier de chaque mois en ajoutant le nom du mois à celui des calendes. — Ainsi, *calendis januarii*, *calendis februarii* indiquaient le premier du mois de janvier ou de février. — Merlin, *ibid.*

5. — Les *nones* étaient le cinquième jour de chaque mois, excepté en mars, mai, juillet et octobre. Dans ces quatre mois, les nones, *nonæ*, marquaient le septième jour; ainsi, *nonis martii*, le 7 mars, etc. — Merlin, *ibid.*

6. — Les jours qui suivaient les calendes et précédaient les nones étaient indiqués *avant les nones*, *ante nonas*. — Dans les huit mois où *nonis* marque le cinquième jour, le second est désigné par *quarto nonas* ou 4 *nonas*, c'est-à-dire *quarto diè ante nonas*, le quatrième jour avant les nones. Les mots *diè* et *antè* sont ordinairement supprimés. — Le troisième jour de ces huit mois est désigné par *tertio* ou 3 *nonas*. Le quatrième, par *pridiè* ou 2 *nonas*, et enfin le cinquième, par *nonas*. — En mars, mai, juillet et octobre, le second du mois est marqué par *sexto* ou 6 *nonas*; le troisième, par *quinto* ou 5 *nonas*; le quatrième, par *quarto* ou 4 *nonas*; le cinquième, par *tertio* ou 3 *nonas*; le sixième, par *pridiè*, en abrégé *prid.* ou *pr.*, et en chiffre 2 *nonas*, et ensuite le septième par *nonis*. — On croit que le mot *nonæ* vient de ce qu'il marquait le neuvième jour avant les ides de chaque mois. — Merlin, *ibid.*

7. — Les *ides*, désignent le quinzième jour de mars, mai, juillet et octobre, c'est-à-dire des mois où *nonis* marque le septième du mois. Dans les huit autres où *nonis* marque le cinquième du mois, *idibus* marque le treizième. — Ainsi, dans les uns et dans les autres, l'*idibus* marque toujours le neuvième jour après les nones. — Merlin, *ibid.*

8. — Quant aux sept jours pleins entre les nones et les ides, et que l'on compte par 8, 9, 10, 11, 12, 13 et 14 en mars, mai, juillet et octobre, les Romains et nos ancêtres, à leur exemple, comptaient *octavo* ou 8 *idas*, *septimo* ou 7 *idas*, *sexto* ou 6 *idas*, *quinto* ou 5 *idas*, *quarto* ou 4 *idas*, *pridiè* ou 2 *idas*, en sous-entendant toujours *antè*. — Pour les autres huit mois où les nones marquent le cinquième jour, au lieu de nos 6, 7, 8, 9, 10, 11 et 12, on comptait *octavo idas*, *septimo*, et ainsi de suite jusqu'à *pridiè idas*, qui désignait dans huit mois le douzième jour, au lieu qu'il désignait le quatorzième dans les quatre autres mois de mars, mai, juillet et octobre. — Le mot *idas* vient du mot toscan *iduare*, en latin *dividere*, diviser, parce que le jour des ides partageait les mois à peu près en deux parties égales. — Merlin, *ibid.*

9. — Tous les jours depuis les ides jusqu'à la fin du mois, par exemple, le 14 de janv., qui était le lendemain des ides du même mois, était indiqué *decimo nono* ou 19 *calendas*, ou *ante calendas februarii*; le 15, *decimo octavo*, ou 18 *calendas februarii*, et tous les autres jours de suite, en rétrogradant toujours jusqu'à *pridiè* ou 2 *calendas februarii* qui marquait le 31 janv. — Merlin, *ibid.*

10. — Comme les ides marquaient, ainsi qu'on l'a vu, le treizième jour en certain mois, et le quinzième en d'autres, et que tous les mois n'ont pas un nombre égal de jours, le *decimo nono* ou 19 *calendas* ne s'appliquait pas toujours au lendemain des ides; il ne convenait qu'en janvier, en août et en décembre. Le lendemain des ides était *decimo sexto* ou 16 en février; *decimo septimo* ou 17 en mars, mai, juillet et octobre; *decimo octavo* ou 18 en avril, juin, septembre et novembre. — Merlin, *ibid.*

IDIOME.

Langage particulier à certaines contrées d'une même nation, et qui diffère de celui généralement employé et consacré légalement. Ce langage s'appelle aussi *patois*. — V. COUR D'ASSISES, INSTRUCTION CRIMINELLE, LANGUE FRANÇAISE. — V. aussi ACTES DE L'ÉTAT CIVIL, TÉMOINS.

IFS A BOUTEILLES.

Fabricans d'ifs ou planches à bouteilles; — patentables de septième classe; — droit fixe basé sur la population; — droit proportionnel du quarantième de la valeur locative de tous les locaux qu'ils occupent, mais seulement dans les communes de 20,000 âmes et au dessus.

IGNORANCE.

1. — Défaut de connaissances.

2. — L'ignorance diffère de l'erreur en ce que celle-ci est la non conformité ou l'opposition de nos idées avec la nature ou l'état des choses.—Merlin, *Rép.*, v° *Ignorance*.

3. — Considérée comme principe de nos actions, l'ignorance ne diffère presque pas de l'erreur; l'une et l'autre se trouvent presque toujours confondues; ce qu'on dit de l'une est donc applicable à l'autre. — Merlin, *ibid*. — V. ERREUR.

4. — Ainsi, comme l'erreur, l'ignorance est — 1° relativement à son objet, ignorance de droit ou de fait; — par rapport à son origine, ignorance volontaire ou involontaire, ignorance invincible ou non invincible; — 3° Eu égard à son influence sur les actions ou les affaires des hommes, ignorance essentielle ou accidentelle.

5. — L'ignorance est de droit ou de fait suivant que l'on se trompe ou sur la disposition d'une loi ou sur un fait.

6. — L'ignorance de droit n'excuse pas; car il n'est permis à personne d'ignorer la loi, *Nemo jus ignorare censetur*. — L. 9, ff, *De jur. et fact. ignor.*; cap. 13, *De reg. jur. in sexto*.

7. — Autrefois cette règle souffrait exception à l'égard des statuts locaux et des réglemens de police dont on excusait l'ignorance de la part d'un étranger nouvellement arrivé dans une commune; et ce n'était qu'après un certain séjour qu'on l'assimilait à cet égard à l'habitant.— Mascardus, *De gener. stat. interpret.*, concl. 6, n° 144; Boullenois, *Personnalité et Réalité des statuts*, t. 1er, p. 160. — La fixation du temps propre à déterminer cette présomption était laissée à l'arbitrage du juge. — Dumoulin, Cod., *De statutis*.

8. — Mais cette doctrine n'est plus admissible aujourd'hui que l'art. 3 du Code civil porte que les lois de police et de sûreté obligent tous ceux qui habitent le territoire.— Merlin, *Rép.*, v° *Ignorance*, § 1, n° 3.

9. — Relativement aux conséquences de l'ignorance de droit et de l'ignorance de fait en matière de conventions, il y a lieu d'appliquer tout ce qui a été dit relativement à l'erreur, et qu'il serait inutile de répéter ici. — V. ERREUR.

10. — Nous ajouterons toutefois que l'ignorance de fait est de deux sortes, vraisemblable ou crasse.

11. — Elle est presque toujours vraisemblable quand il s'agit de faits étrangers, parce que la loi ne nous oblige pas à une recherche scrupuleuse ni à un examen approfondi des affaires des autres; c'est pourquoi l'ignorance de ces sortes de faits se présume toujours, et c'est à celui qui allègue le contraire à vérifier ce qu'il soutient. — L. 21, ff. *De probat.*; L. 23, C., *eod. tit.*—Merlin, *Rép.*, v° *Ignorance*, § 2, n° 1er.

12. — L'ignorance crasse se dit tant par rapport aux faits étrangers dont la notoriété est publique que par rapport aux faits personnels. — L. 9, § 2, ff. *De jur. et fact. ignor.*

13. — L'ignorance vraisemblable excuse toujours, qu'il s'agisse de faits étrangers ou de faits personnels; tandis que l'ignorance crasse ne peut être un motif d'excuse. — L. 9, § 2, ff. *De jur. et fact. ignor.* — Merlin, *loc. cit.*

14. — Nul n'est censé ignorer l'état de ses affaires, de son patrimoine, de l'ensemble de ses droits. — Arg., L. 39, § 3, ff. *De evict.*

15. — ... Non plus que la condition de celui avec qui il contracte, *qui cum alio contrahit, vel est, vel debet esse non ignarus conditionis ejus*.—L. 19, ff. *De Reg. jur.* — A moins toutefois qu'il n'y ait erreur commune à cet égard. — V. ERREUR COMMUNE.

V. aussi CAPITAINE DE NAVIRE, COMMISSIONNAIRE DE TRANSPORTS, COUR D'ASSISES, DROITS SUCCESSIFS, ENREGISTREMENT, GESTION D'AFFAIRES.

ILES.

1. — Atterrissement formé, soit dans le sein de la mer, soit dans le lit d'un fleuve, d'une rivière, ou d'un cours d'eau quelconque.

2. — La possession des îles situées dans la mer se rattachant étroitement aux principes mêmes du droit maritime, nous n'avons pas à nous en occuper ici. — V. MER.

3. — Quant aux îles situées dans le lit des fleuves et rivières, nous nous en sommes déjà occupés d'une manière étendue, en traitant des alluvions et en général de tous les attérissemens qui peuvent se former dans les cours d'eau. — V. ALLUVION, § 4, n° 103 et suiv. — Il nous reste donc peu de chose à en dire.

4. — Sous l'ancienne législation, les îles et îlots formés dans les rivières navigables faisaient, comme aujourd'hui, partie du domaine de l'état, à moins qu'il n'y eût titre ou prescription contraire.

5. — Mais on les avait rangés dans la classe des biens composant le petit domaine, qui étaient, comme on sait, susceptibles d'être irrévocablement aliénés. — Edit d'août 1708. — V. au surplus DOMAINE DE L'ÉTAT, n° 26.

6. — Les anciennes aliénations d'îles et îlots se sont donc trouvées consolidées par la loi du 22 nov. 1790 qui a maintenu d'une manière générale (art. 3) les aliénations des petits domaines.

7. — Mais il importe de distinguer les aliénations qui ont pu être faites ainsi d'îles et îlots dont l'état avait la possession réelle, au moment de la concession, de celles qui auraient eu pour objet l'abandon même du droit de l'état à la propriété présente et à venir des biens dont il s'agit.

8. — Ce droit à la propriété des îles et îlots à naître doit en effet être considéré, de même que tous les autres droits régaliens, dont il a évidemment le caractère, comme faisant partie intégrante de la souveraineté et comme constituant une des sources de la fortune de l'état où le roi pouvait puiser, sous certaines conditions, mais sans pouvoir y renoncer d'une manière indéfinie et irrévocable.

9. — Il a été jugé, dans le sens de ces observations, que si, aux termes de l'édit d'août 1708, les îles et îlots formés au sein des rivières navigables faisaient partie du petit domaine de la couronne, et conséquemment étaient aliénables à perpétuité, cela ne peut s'entendre des îles et îlots à naître dans un avenir indéfini et illimité.—*Cass.*, 18 janv. 1843, (t. 1er 1843, p. 326), de La Rochejacquelin c. domaine de l'état.

10. — ... Et que, dès lors, un titre de 1771 portant concession des îles et îlots nés et à naître dans une rivière navigable, d'un point à un autre, ne peut aujourd'hui être invoqué comme donnant droit à la propriété tant des îles et îlots nés depuis moins de trente ans que de ceux à naître à l'avenir. — Même arrêt. — V. aussi COURS D'EAU, n° 63 et suiv.

ILE BOURBON.

V. BOURBON (ILE).

ILES MARQUISES.

1. — Ce qui concerne l'administration de la justice dans les îles Marquises a été réglé par ord. royale du 28 avr. 1843, qui investit en même temps le gouverneur de certains pouvoirs spéciaux.

2. — Les conseils de guerre connaissent 1° des délits et crimes commis par tous individus français et étrangers; 2° des délits et crimes commis par les habitans contre la sûreté de la colonie ou contre les personnes et les propriétés des Français et des étrangers. — Ord. 28 avr. 1843, art. 1er.

3. — A l'égard des crimes et délits entre les habitans, ils continueront, jusqu'à nouvel ordre, d'être jugés d'après les usages locaux, sauf au gouverneur à intervenir, quand il le croira convenable, comme modérateur des peines prononcées. — Même art.

4. — Les peines prononcées par les conseils de guerre sont, à l'option du juge, soit celles qui résultent du Code pénal militaire et du Code pénal métropolitain de 1810 modifié par la loi du 28 avr. 1832, soit celles qui seront établies par les arrêtés locaux. — Art. 2.

5. — En cas de condamnation, par les conseils de guerre, à une peine afflictive ou infamante, le gouverneur ordonne l'exécution de l'arrêt ou prononce le sursis lorsqu'il y a lieu de recourir à la clémence royale. — Art. 3.

6. — Pour le jugement des procès civils autres que ceux entre habitans, lesquels sont jugés d'après les usages locaux, il y a 1° dans le chef-lieu de la colonie, ainsi que dans l'établissement secondaire, deux tribunaux de première instance composés chacun du commandant particulier et de deux employés du gouvernement, à la nomination du gouverneur; 2° au chef-lieu, un conseil d'appel composé de gouverneur, président, du chef du service administratif et du chirurgien en chef.— Art 4.

7. — Les tribunaux civils jugent en premier et dernier ressort jusqu'à la valeur de 500 fr. — Le recours en cassation est ouvert contre les arrêts du conseil d'appel. — Même art.

8. — Les tribunaux de première instance et le conseil d'appel appliquent les lois civiles françaises modifiées par des ordonnances royales, soit par des arrêtés locaux, soit par les usages du pays. — Art. 5.

9. — Le gouverneur a la faculté 1° à l'égard des fonctionnaires et agens du gouvernement qui tiendraient une conduite contraire au bon ordre et aux intérêts politiques du gouvernement, de les suspendre de leurs fonctions avec privation de moitié de leur traitement, ou même, si la gravité du cas l'exigeait, de les renvoyer en France pour rendre compte de leur conduite au ministre de la marine; 2° à l'égard de tous autres y compris les indigènes, de les mettre en surveillance dans une localité déterminée, ou même de les expulser de la colonie. — Art. 6.

10. — Le gouverneur peut faire tous réglemens et arrêtés nécessaires à la marche du service administratif comme à l'intérêt du bon ordre et de la sûreté de la colonie, et déterminer, pour la sanction de ces arrêtés, les pénalités réclamées par l'urgence et la gravité des circonstances. Il ne peut toutefois, si ce n'est en cas de guerre, établir des peines afflictives et infamantes. — Art. 7.

11. — Dans les cas prévus par le 1er alinéa de l'art. 7, par l'art. 3 et par l'art. 16 en tant qu'il s'appliquera à des Français ou à des étrangers, le gouverneur doit prendre, mais sans être tenu de s'y conformer, l'avis d'un conseil d'administration dont la composition sera réglée ultérieurement. — Même art. 7

12. — Ce qui concerne la transmission de lettres, journaux et imprimés de toute nature pour les îles Marquises a été, comme la transmission des correspondances pour les colonies françaises du grand océan, réglé par l'ordonnance royale du 16 déc. 1843.

ILLICITE (Chose).

V. CHOSE ILLICITE.

ILLISIBILITÉ.

1. — Etat d'une écriture que l'on ne peut lire.

2. — L'illisibilité des actes notariés donne lieu contre le notaire qui les a reçus à une amende de 100 fr., réduite aujourd'hui à 20 fr. — L. 25 vent. an XI, art. 13; L. 16 juin 1824, art. 10.—V., au surplus, ACTE NOTARIÉ, nos 271 et suiv.

3. — En cas d'illisibilité des copies d'actes, de jugemens, d'arrêts et de toutes autres pièces faites par les huissiers, ceux-ci peuvent, indépendamment du rejet de la taxe, être condamnés à une amende. — Tarif, art. 28; décr. 14 juin 1813, art. 43; décr. 29 août suiv., art. 1er et 2. — V. COPIE DE PIÈCES (mat. civ.), nos 16 et suiv., et HUISSIER.

4. — En règle générale, les clauses qui sont tellement effacées qu'on ne peut les lire sont nulles. — L. 1, ff., *De his quæ in testam. delentur*; — Rolland de Villargues, *Rép. du notar.*, v° *Illisibilité*, n° 3. — V. aussi ABRÉVIATION, n° 32.

5. — S'il s'agit de clauses effacées postérieurement à l'époque de la rédaction de l'acte, on doit écouter celui qui forme une demande sur le fondement de pareilles clauses (*eod. loc.*), ce qui suppose, toutefois, que le demandeur fournira des indices suffisans pour arriver au rétablissement des clauses qu'il prétend avoir été rayées à son préjudice. — Rolland de Villargues, n° 4. — V. RATURE.

6. — On peut prouver par témoins la teneur de la partie d'un titre dont l'écriture est devenue illisible par accident. — Toullier, t. 9, n° 220. — V. ÉCRITURE (caractère d'), n° 14.

7. — Relativement à l'illisibilité de la signature, V. SIGNATURE, TESTAMENT.

ILLUMINATION.

1. — Lumières placées sur la façade des maisons et édifices en signe de réjouissance ou dans l'intérêt de la sûreté publique.

2. — L'autorité municipale peut faire illuminer les édifices qui lui appartiennent dans les fêtes publiques, mais elle n'a pas le droit de contraindre les citoyens à l'imiter. L'ordre qu'elle en donnerait ne se rattacherait à aucune des lois qui ont fixé ses attributions et ses pouvoirs. Elle ne pourrait pas plus contraindre les citoyens à illuminer le devant de leurs maisons qu'elle ne pourrait les obliger à arborer un drapeau. — V., à ce dernier égard, *Cass.*, 27 janv. 1820, Baux.

3. — V. quant aux mesures que l'autorité peut prendre pour l'éclairage des rues et voies publiques, v° ÉCLAIRAGE DE LA VOIE PUBLIQUE.

IMAGE.— IMAGER.

1. — Les images sont soumises, quant à la pro-

priété et quant à la police qui s'exerce sur leur fabrication et leur mise en vente ou distribution, aux mêmes règles que les dessins, estampes et gravures.—V. ESTAMPES, GRAVURES.

2. — Le règlement du 28 fév. 1723 soumettait les imagers à la visite des syndics et adjoints de l'imprimerie et de la librairie pour empêcher qu'ils n'imprimassent et ne vendissent aucuns placards ni peintures et images dissolus, et ne pussent avoir dans leurs maisons que des presses uniquement propres à imprimer des planches gravées en bois ou en cuivre. — Pour faciliter cette visite, les imagers devaient faire inscrire sur les registres de la communauté des imprimeurs-libraires leurs noms et leurs demeures, à peine de 100 livres d'amende. — Aujourd'hui, les imagers sont soumis à la surveillance des agens de l'autorité auxquels est confiée la police de l'imprimerie et de la librairie.

3. — Le règlement de 1723 leur enjoignait en outre, quand ils voulaient mettre au-dessous de leurs estampes et figures quelques explications imprimées et non gravées, d'avoir recours aux imprimeurs, et cette explication ne pouvait excéder le nombre de six lignes ni passer jusqu'au revers desdites estampes et figures. Cette disposition ne peut plus être considérée aujourd'hui comme ayant force et vigueur, et la limitation du nombre de lignes nous semble frappée d'une abrogation absolue. Il resterait seulement à apprécier si une image revêtue d'un texte assez étendu ne devrait pas être soumise non seulement aux formalités qui concernent les estampes et gravures, mais encore à celles qui sont prescrites pour la publication des écrits et imprimés. La décision nous semblerait en ce cas dépendre absolument du point de fait de savoir si ce texte n'est pas la chose principale et ne doit pas dès-lors être soumis aux règles relatives aux imprimés.

4. — La possession de presses ou caractères de fonte propres à imprimer des livres leur était interdite par le même règlement du 28 fév. 1723. Une prohibition semblable a été répétée par le décret du 18 nov. 1810, qui suivit de quelques mois le décret du 5 fév. 1810, qui règle encore aujourd'hui en beaucoup de points l'organisation de l'imprimerie. L'art. 5, décr. 18 nov. 1810, prononce contre les contraventions à ses dispositions un emprisonnement de six jours à six mois. Aujourd'hui, le fait prohibé par le décret précité constituerait le délit de détention d'imprimerie clandestine, puni par la loi du 21 oct. 1814, art. 13. — V. IMPRIMERIE.

IMAGES (Fabricans ou marchands d').

Patentables de sixième classe; — droit fixe basé sur la population et droit proportionnel du vingtième de la valeur locative de l'habitation et des lieux servant à l'exercice de la profession.

IMBÉCILLITÉ.

V. DÉMENCE, INTERDICTION.

IMITATION.

V. BREVET D'INVENTION, CONTREFAÇON, MARQUES DE FABRIQUE, MODÈLES ET DESSINS DE FABRIQUE, PLAGIAT, PROPRIÉTÉ INDUSTRIELLE, PROPRIÉTÉ LITTÉRAIRE.

IMMATRICULE. — IMMATRICULATION.

1. — Inscription d'une personne dans une matricule ou registre commun. — On entend plus spécialement par ces mots l'inscription d'un officier public au nombre des officiers du même ordre, du même corps.

2. — L'immatricule de l'huissier a lieu sur un registre tenu au greffe du tribunal de son ressort. Chaque inscription porte un numéro. L'huissier doit faire mention de son immatricule dans les exploits qu'il signifie, à peine de nullité. — V. EXPLOIT, HUISSIER.

3. — Relativement aux notaires, il est tenu aux archives des chambres de discipline un registre d'immatricule des notaires du ressort. — Ces immatricules contiennent les nom et prénoms de chaque notaire, les dates de ses nomination et prestation de serment et les nom et prénoms de son prédécesseur immédiat. Elles sont faites en présence du secrétaire de la chambre par lequel elles sont signées. — Stat. des not. de Paris, 6 nov. 1808; — Rolland de Villargues, *Rép. du notar.*, v° *Immatricule*, n°s 3 et suiv.

4. — Le nouveau propriétaire d'une inscription de rente se fait immatriculer sur le grand-livre.

5. — Les Français établis en pays étranger doivent, pour s'assurer la protection du consul, ainsi qu'un moyen de justifier de leur espoir de retour, se faire inscrire sur un registre matricule tenu à la chancellerie du consulat. — V. CONSUL, n°s 185 et suiv., 298; ÉCHELLES DU LEVANT ET DE BARBARIE.

IMMEUBLES.

V. ANTICHRÈSE, BIENS, CONTRAT DE MARIAGE, CRÉANCE, DONATION, DONATION ENTRE-VIFS, ENREGISTREMENT, HYPOTHÈQUES, SAISIE IMMOBILIÈRE, PROPRIÉTÉ.

IMMIXTION.

1. — C'est en général l'action de celui qui s'ingère volontairement dans une affaire ou une chose qui lui est étrangère.

2. — Ainsi, ce terme se dit de celui qui, étant appelé à une succession, dispose des biens comme propriétaire; ou encore de la veuve ou de ses héritiers qui, avant d'avoir expressément accepté la communauté, s'entremêlent dans les biens et en disposent. — V. COMMUNAUTÉ, SUCCESSION, SUCCESSION BÉNÉFICIAIRE.

3. — Il se dit encore également, soit des fonctionnaires publics ou des officiers ministériels qui prennent part à certaines affaires, soit des simples particuliers qui s'ingèrent dans les fonctions des premiers. — V. FONCTIONNAIRES PUBLICS. — V. aussi AGENT DE CHANGE, COURTIER-INTERPRÈTE.

IMMOBILISATION.

V. BANQUE DE FRANCE, BIENS, CANAUX, HYPOTHÈQUE, MAJORATS, RENTE SUR L'ÉTAT, SAISIE IMMOBILIÈRE.

IMMONDICES.

V. BALAYAGE ET NÉTOIEMENT DE LA VOIE PUBLIQUE, BOUES ET LANTERNES, CLOAQUES, ÉGOUTS, EMBARRAS DE LA VOIE PUBLIQUE, FUMIERS, FOSSÉS, FOSSES D'AISANCES, JET ET EXPOSITION D'OBJETS NUISIBLES, VIDANGE.

IMPENSES.

1. — Dépenses faites pour conserver un immeuble, ou en augmenter la valeur, ou seulement pour l'embellir. — Favard de Langlade, *Rép. de législation* v° *Impenses*; Rolland de Villargues, même mot.

2. — Suivant que les impenses se réfèrent à l'un ou à l'autre de ces objets, elles sont *nécessaires*, *utiles* ou *voluptuaires*. — On donne plus particulièrement le nom d'*améliorations* aux seules dépenses qui donnent une plus-value à la chose. — Toullier, t. 13, n° 166; Rolland de Villargues, n° 4.

3. — Il résulte de la définition même des impenses que, pour qu'un événement qui modifie la chose soit une impense, cet événement doit provenir directement du fait du détenteur. — Tels sont les frais de construction, défrichemens, plantation, de fouilles, déblaiemens. Mais le nom d'*impense* n'appartient pas aux alluvions ou atterrissemens qui augmentent la chose, indépendamment du fait du détenteur. — V. conf. Rolland de Villargues, n°s 1er et 5.

4. — On distingue les impenses des *réparations* proprement dites, en ce que celles-ci rétablissent la chose lorsqu'elle est dégradée, tandis que les premières la changent et l'augmentent. — Rolland de Villargues, n° 3.

5. — Les choses mobilières sont, du reste, aussi bien que les immeubles, susceptibles d'impenses. Les lois romaines considéraient même comme *impenses* les frais faits pour l'éducation des enfans et des esclaves. — Rolland de Villargues, n° 5.

6. — Celui qui détruirait des améliorations dans la vue uniquement de nuire serait passible de dommages-intérêts sans qu'il pût se prévaloir de la remise des lieux dans leur premier état. — L. 38, § 5, ff., *De rei vindic.*; — Rolland de Villargues, n° 10.

7. — Le possesseur de bonne foi peut répéter ses améliorations quoiqu'elles soient péries au moment de l'action en revendication. — V. L. *plané*. ff., *de hered. petit.* — *Parlem. Paris*, 9 août 1623; — Rolland de Villargues, n° 15. — V. pour les détails, Merlin, *Rép.*, v° *Améliorations*, n° 4.

8. — On trouve des exemples d'impenses dont le remboursement est dû par le propriétaire à celui qui les a faites dans les art. 548, 555, 1381, 2175, 861, 862, 867, 1375, 1634, 1635, 1673, 1437, C. civ.

9. — Doit-on rembourser à l'acquéreur écarté par une surenchère les améliorations faites avant cette surenchère? — V. SURENCHÈRE.

10. — Dans le cas de vente de la chose d'autrui quand le prix de l'immeuble vendu est tellement augmenté par les impenses, que le véritable propriétaire ne peut le reprendre, comment ce propriétaire pourra-t-il jouir de son droit? — V. VENTE.

11. — L'éviction donnant lieu à un réglement de compte en faveur de l'acquéreur pour ses impenses, c'est au juge à apprécier ces impenses *ex æquo et bono* pour ne pas priver l'acquéreur de ses dépenses raisonnables, et ne pas surcharger celui qui évince. — L. 25, ff. *de pign. in fine.* — Nouveau Dénisart, v° *Impenses*; Rolland de Villargues, n° 40.

12. — Nul doute aussi que le cohéritier ou tout autre copropriétaire qui aurait fait des impenses utiles pour le fonds indivis n'eût le droit d'en demander le remboursement aux autres cohéritiers proportionnellement aux parts que ceux-ci ont dans la succession. — Proudhon, *De l'usufruit*, n° 1748; Rolland de Villargues, n° 23.

13. — Suivant Proudhon (n° 1881), si un immeuble possédé par un tiers était revendiqué par des héritiers et rentrait dans la succession, les impenses seraient dues au tiers évincé, savoir: pour le capital, par les héritiers, et pour les intérêts, par l'usufruitier. — V. conf. Rolland de Villargues, n° 24.

14. — Sous le régime dotal, il serait dû récompense au mari des impenses par lui faites sur les fonds dotaux, parce que son usufruit est à titre onéreux, comme sous le régime de la communauté. — Proudhon, n°s 1430 et 2662; Rolland de Villargues, n° 27. — V. DOT, n°s 1035 et suiv. — Pour les récompenses en matière de communauté, V. COMMUNAUTÉ.

15. — Aux termes de l'art. 599, al. 1er et 2e, C. civ.: « ... L'usufruitier ne peut, à la cessation de l'usufruit, réclamer aucune indemnité pour les améliorations qu'il prétendrait avoir faites, encore que la chose en fût augmentée. — Il peut cependant, ou ses héritiers, enlever les glaces, tableaux et autres ornemens qu'il aurait fait placer, mais à la charge de rétablir les lieux dans leur premier état. » — V. USUFRUIT.

16. — L'art. 605, C. civ., met les grosses réparations à la charge du propriétaire; d'où il suit que si l'usufruitier en avait fait l'avance, il pourrait réclamer, à la fin de l'usufruit, le remboursement de ces frais. — V. conf. Proudhon, n° 1654. — Il en devrait même être ainsi dans le cas où l'édifice serait détruit par un incendie qui ne serait pas imputable à l'usufruitier. Celui-ci aurait toujours droit à une indemnité, parce qu'ici il est assimilé à un mandataire. — Proudhon, n° 1656. — Mais la simple amélioration antérieure à cet incendie ne pourrait évidemment être réclamée. — Proudhon, *ibid.*; Rolland de Villargues, n° 31.

17. — Jugé que des individus qui ont fait des changemens et améliorations dans une maison par eux habitée, ont pu, à raison de leur qualité de gendre et fille du propriétaire, n'être pas considérés comme simples locataires, et avoir droit de répétition pour leurs impenses, alors d'ailleurs que c'est du consentement du propriétaire que ces impenses ont été faites, sans que l'arrêt qui le décide ainsi soit susceptible d'être cassé. — *Cass.*, 8 mars 1831, Letourneur c. Decorbe.

18. — En toutes matières, les impenses ou réparations d'entretien ne se comptent pas, parce qu'elles doivent se prendre sur les fruits. — Rolland de Villargues, n° 33.

19. — Quand celui qui a droit au remboursement des impenses ne peut les justifier par des quittances, il y a lieu de lui assigner le droit commun en matière de preuves. — V. PREUVE.

20. — Le propriétaire est-il tenu des intérêts des sommes employées pour les impenses? — V. INTÉRÊTS.

21. — Lorsqu'il y a lieu de rembourser des impenses, une compensation s'opère au profit du débiteur jusqu'à due concurrence entre ces impenses et les fruits qui en sont provenus. Car l'évincé qui ne rapporterait pas les fruits serait payé deux fois, puisqu'on lui tiendrait compte en outre de ses frais, et il suffit qu'il ne perde rien. — Nouv. Denisart, v° *Impenses*; Rolland de Villargues, n° 36.

22. — Comme garantie de remboursement des impenses qui lui sont dues, le possesseur d'un immeuble a, en général, un droit de rétention. — Arg. C. civ., art. 867, 1673. — V. RÉTENTION (droit de).

23. — Quelquefois même un privilége est établi par la loi en faveur de ceux qui ont des répétitions à exercer pour impenses : 1° pour la conservation d'une chose mobilière. (C. civ., art. 2102-3°.); 2° pour la réparation d'ustensiles aratoires. (C. civ., art. 2102-1°); 3° au profit des architectes, entrepreneurs, maçons et autres ouvriers employés pour édifier, reconstruire ou réparer des bâtimens, canaux ou autres ouvrages quelconques. — C. civ., art. 2103-4°. — V. PRIVILÉGES.

24. — Ceux de qui les deniers ont été employés pour améliorer un fonds ont-ils un privilége sur les améliorations comme sur une acquisition faite de leurs deniers ? — V. PRIVILÉGE.

V. aussi ACCESSION, COMMUNAUTÉ, GESTION D'AFFAIRES, PROPRIÉTÉ, PURGE, RAPPORT A SUCCESSION, SURENCHÈRE, VENTE.

IMPÉRITIE.

1. — Défaut d'habileté dans une profession.

2. — On met l'impéritie au rang des fautes, *Imperitia culpa adnumeratur*. (L. 9, § 5 ff. *Locat.*; L. 132 ff. *De Reg. jur.*; *Instit.* L. 4, tit. 3, § 7; — Denisart, v° *Impéritie*.) La raison en est que celui qui ignore une profession ne doit pas la pratiquer. — Merlin, *Rép.*, v° *Impéritie*. — V. BLESSURES ET COUPS, HOMICIDE, PHARMACIE, MÉDECINE ET CHIRURGIE.

3. — Dès-lors celui qui se rend coupable d'impéritie est responsable proportionnellement au préjudice qu'il a causé. — Domat, *Lois civ.*, liv. 2, tit. 8, sect. 4, n° 5; Merlin, *loc. cit.*; Toullier, t. 5, n°s 389 et suiv. et t. 11, n° 153. — V. FAUTE, n° 103 et suiv., RESPONSABILITÉ.

IMPORTATION.

V. DOUANES, ENTREPOT, GRAINS ET FARINES.

IMPOSITIONS.

V. IMPOTS.

IMPOSSIBILITÉ.

1. — Etat de ce qui ne peut être fait ou donné.

2. — Ainsi qu'on l'a vu (v° CHOSES IMPOSSIBLES, n°s 2 et suiv.), l'impossibilité est physique ou morale; physique, quand les lois de la nature s'opposent à ce qu'un fait ait lieu; morale, quand une chose est défendue par le droit naturel ou le droit civil. — Toullier, t. 6, n°s 122 et 481. — V. au surplus CONDITION, n°s 112 et suiv.

3. — On donne encore le nom d'impossibilité morale à celle qui résulte du concours des faits et des circonstances qu'on en peut tirer, en d'autres termes, de tout l'ensemble d'une cause qui prouve, *ex communi hominum more*, qu'un fait n'a pu avoir lieu. — Toullier, t. 2, n° 802. — V. LÉGITIMITÉ.

4. — Dans les conventions, toute condition d'une chose impossible est nulle et rend nulle la convention qui en dépend. — C. civ., art. 1172. — V. CONDITION, n°s 92 et suiv.

5. — La condition de ne pas faire une chose impossible ne rend pas nulle l'obligation contractée sous cette condition. — C. civ., art. 1173.

6. — Mais dans toute disposition entre vifs ou testamentaire, les conditions impossibles doivent être réputées non écrites. — C. civ., art. 900. — V au surplus CONDITION, n°s 92 et suiv.

7. — Dans le langage de la société, on dit qu'une chose est *impossible*, qu'on ne peut faire une chose, lorsqu'on ne la peut faire sans d'extrêmes difficultés, sans de grands embarras, sans des dépenses trop considérables. — Toullier, t. 9, n° 203.

8. — C'est dans ce sens qu'il faut entendre cette disposition de l'art. 1348, C. civ., qui permet de recevoir la preuve testimoniale, pour quelque somme que ce soit, toutes les fois qu'il *n'a pas été possible* au créancier de se procurer une preuve littérale de l'obligation contractée envers lui. — V. PREUVE TESTIMONIALE.

9. — C'est encore dans le même sens que la loi dit que le mandataire n'est pas tenu d'indemniser le mandant du préjudice résultant de la renonciation au mandat, lorsque le mandataire se trouve dans *l'impossibilité* de continuer ce mandat sans en éprouver lui-même un préjudice considérable. — C. civ., art. 2007. — V. MANDAT.

IMPOSSIBILITÉ (Forêts).

V. FORÊTS, USAGE (DROIT D').

IMPOT.

Table alphabétique.

Acte, 27. — administratif, 112
Affranchissement des communes, 15 s.
Agriculture, 65
Aide, 14, 25, 32.
Alsace, 51.
Amende, 12.
Amidon, 25.
Artois, 49.
Assemblées des notables, 54.
Assiette de l'impôt, 52, 61 s., 81.
Autorité royale, 48.
Bailliage, 50.
Bénéfices, 76.
Biens de l'église, 17.
Billot, 25.
Boissons, 24 s., 93.
Bourgogne, 49.
Bourses et chambres de commerce, 91.
Bretagne, 49.
Canal du midi, 108.
Capitation, 5, 23, 30, 46.
Capitaux, 61.
Carrosse, 79.
Cartes à jouer, 25, 93.
Célibataire, 79.
Cens, 5.
Centième denier, 27, 37.
Centimes additionnels, 92.
Céréales, 98.
Chambre des députés, 102.
Charges publiques, 42.
Cheminée, 6, 80.
Chevaux, 79 s.
Circulation, 96.
Clergé, 53.
Commerce, 6, 65, 68, 96.
Communauté d'habitans, 16, 40.
Compétence, 112, 117,
Concussion, 114 s.
Confiscation, 12.
Conseil du roi, 49.
Consignation, 27.
Consommation, 5, 87 s.
Constitutions, 60.
Contrainte, 114.
Contributions commerciales, 92. — départementales, 92. — indirectes, 32, 93 s., 104. — publiques, 110.
Contribution des portes et fenêtres, 89. — foncière, 29, 62 s., 89. — personnelle et mobilière, 30, 89.
Contrôle, 27, 36.
Corvée, 38.
Cours d'eau, 91.
Déclaration des droits de l'homme, 57. — royale, 55.
Dessèchement, 91.
Devoir, 25.
Digues, 91.
Dîme, 23, 28.
Diocèse, 50.
Diversité des taxes, 64.
Dixième, 29, 46.
Domaine royal, 11.
Domestique, 79 s.
Donation, 6.
Douanes, 33, 94, 98.
Droit romain, 5 s., 9.
Droits d'entrée, 26, 35. — de traité, 26. — réunis, 32. — seigneuriaux, 41.
Droit des pauvres, 95.
Durée des impôts, 59.
Eaux minérales et factices, 91.
Egalité des charges, 56 s., 100.
Enregistrement, 36, 94.
Equivalent, 25.
Etablissemens de Saint-Louis, 18
Etablissement des impôts, 45, 58, 99 s.
Etats-généraux, 19, 43 s.
Exécution provisoire, 116.
Exemption, 42, 53.
Exercice, 25.
Exportation, 5.
Fabrication, 68.
Féodalité, 8, 10, 14, 41.
Flandre, 49.
Flottage des bois, 107, 111.
Foire, 6.
Formule, 27.
Frais de visites chez les pharmaciens, 91.
Franc, 7.
Franche-Comté, 51.
Frédum, 12.
Gabelle, 24, 32.
Gaules, 9.
Grains, 98.
Greffe, 27. — (droits de), 38.
Historique, 2 s.
Huiles, 25.
Hypothèque, 38.
Importation, 5, 33.
Impositions à l'exercice, 25, 32. — de monopole, 32. — directes, 23. — générales, 19
Impôts (classes différentes d'), 22 s. — anciens, 21 s. — annuels, 15, 20. — de quotité, 69 s. — de répartition, 69 s. — des *quatre membres*, 25. — directs, 66 s., 87. — en vigueur, 89 s. — fonciers, 103. — illégaux 113 s. — indirects, 66 s., 68, 87 s. — progressifs, 83 s. — proportionnels, 83.
Impôt unique, 63 s.
Insinuation, 27.
Inspecteur aux boucheries, 25.
Instruction primaire, 91.
Jurandes, 24, 31.
Languedoc, 49.
Langue d'oïl, 48.
Législation, 54.
Legs, 6.
Lettres de ratification, 27.
Liberté du commerce et de l'industrie, 96.
Lois de finances, 106, 111, 114.
Lorraine et Bar, 51.
Loyer, 82.
Maîtrise, 24, 31.
Marché, 6.
Mariage, 6.
Marque des cuirs, 25. — des fers, 25.
Matières d'or et d'argent, 95. — imposables, 77.
Mine, 91.
Monopole, 24, 97.
Mulets, 80.
Mutation de propriétés, 87.
Navigation, 95.
Nécessité de l'impôt, 57.
Noblesse, 52.
Non-valeurs, 74.
Objets de consommation, 10, 68, 96, 98.
Octroi, 35, 94.
Parlement, 45.
Paroisse, 50.
Patente, 31, 89.
Pays d'élection, 47 s. — d'état, 47, 49.
Péage, 10, 34, 95, 108.
Pesage et mesurage publics, 95.
Place publique, 6.
Poêle, 80.
Pont, 95.
Portes et fenêtres, 82,
Postes, 95, 97.
Poudres à feu, 93, 97.
Pouvoir administratif, 106, 112, 116. — législatif, 59, 101, 105, 109.
Prestations, 91.
Prestations en nature, 39.
Privilége, 42, 53, 56. — exclusif, 24.
Procès, 6.
Produits, 76.
Propriété immobilière, 62 s.
Provence, 49.
Provinces anciennes, 47 s. — réunies, 47, 51.
Réclamations, 112 s.
Réforme, 55.
Réglemens, 18, 110.
Réimpositions, 70.
Répartition, 16, 42, 47 s. 57, 75, 99 s.
Répétition, 114.
Représentation nationale, 58.
Revenus, 61, 76 s.
Roi, 45.
Rôles de répartition, 117.
Roussillon, 51.
Routes, 95.
Sel, 5, 93.
Sépulture, 6.
Subdivision de province, 50.
Succession, 6.
Sucre, 93.
Tabac, 24, 93, 97.
Taille, 13, 18. — personnelle, 23, 30. — réelle, 23, 29.
Tarif, 75, 117.
Taxes, 10. — assimilées aux contributions directes, 90 s. — communales, 35. — locales, 40. — somptuaires, 78 s.
Taxe universitaire, 91.
Tiers état, 19.
Timbre, 38, 94.
Traites à l'intérieur, 33.
Transport de marchandises, 26, 33, 68.
Tribunaux, 112.
Tribut public, 9.
Trois évêchés, 51.
Usages, 49. — locaux, 91.
Viguerie, 50.
Vingtième, 17, 23, 29 s., 46. — d'industrie, 31.
Voitures publiques, 93. — suspendues, 80.
Vote annuel, 103 s. — des impôts, 58, 99 s.

IMPOT. — 1. — C'est le prélèvement exigé sur la fortune des particuliers pour subvenir aux charges publiques.

§ 1er. — *Historique, notions générales* (n° 2).

§ 2. — *Assiette de l'impôt, sa répartition en général* (n° 61).

§ 3. — *Impôts en vigueur* (n° 89).

§ 4. — *Etablissement des impôts, recouvrement, réclamation* (n° 99).

—

§ 1er. — *Historique, notions générales.*

2. — On a dit souvent que les contributions publiques, même lorsqu'elles sont consenties par la nation, sont une violation des propriétés, et jusqu'à un certain point cela est vrai, puisqu'on ne peut obtenir des valeurs qu'en les prenant sur celles qu'ont produites les terres, les capitaux et l'industrie des particuliers. — J. B. Say, *Traité d'écon. polit.*, t. 1er, p. 170, et *Cours d'écon. polit.*, t. 3, p. 188. — Mais la nécessité de maintenir le corps social justifie en tout pays la levée de l'impôt. Il faut bien contribuer d'une partie de son bien pour assurer la conservation du reste, et ce n'est, en dernière analyse, qu'alors que les contributions excèdent la somme indispensable pour la conservation de la société qu'il est permis de les considérer comme une spoliation. — *Ibid.*

3. — L'établissement des impôts est en effet la conséquence nécessaire de toute réunion d'hommes en corps de nation. Chaque peuple a des besoins généraux auxquels le pouvoir appelé à gouverner est chargé de satisfaire, et ce n'est qu'en exigeant de chacun de ses membres une partie de sa fortune particulière qu'elle peut créer à ce pouvoir les ressources qui lui sont indispensables.

4. — Aussi voit-on qu'aucun peuple civilisé, ancien ou moderne, n'a été exempt d'impôt. Les habitans de l'ancienne Egypte y étaient sujets, et sur le papyrus que renferment certaines momies, on a trouvé la quittance de droits payés à la mutation de propriétés. Les peuples de la Judée connaissaient les tributs publics. Cortez et Pizarre les ont trouvés établis dans les contrées du Nouveau-Monde qu'ils ont conquises. Toutes les nations ont été soumises à la loi commune d'une contribution en échange de la protection qui leur est due par le gouvernement. — Bailly, *Hist. fin. de la France*, t. 1er, p. 2.

5. — On sait que dans l'ancienne Rome, comme dans les provinces qui lui étaient soumises, les principaux impôts se composaient d'une contribution foncière répartie par arpent et que l'on nommait *cens*, et d'une autre contribution purement personnelle appelée *capitation*. Il y avait en outre des droits à l'importation et à l'exportation des marchandises, des taxes sur la consommation et des droits sur le sel.

6. — Sous le règne des empereurs, les impôts se multiplièrent, des droits furent établis sur les successions, les legs et autres donations à cause de mort. Il y eut des taxes établies sur les objets exposés en vente, dans les foires ou sur les places publiques; sur les mariages, sur les sépultures, sur les cheminées, sur la valeur des biens pour lesquels on plaidait, etc., etc. — Le fisc romain, en résumé, étendit tellement le cercle de ces exigences qu'il n'a guère laissé à inventer, en matière

d'impôts. — On peut, au surplus, consulter à cet égard l'ouvrage de Bulengerus, *De tributis ac vectigalibus populi romani*.

7. — L'organisation de l'impôt sous les premiers rois francs est restée enveloppée de la plus grande obscurité, et les historiens comme les publicistes en sont en quelque sorte réduits à cet égard à des conjectures.

8. — On voit bien, sous le régime féodal, les seigneurs s'arroger le droit de frapper leurs vassaux de contributions. Les formes établies pour l'assiette de l'impôt étaient alors arbitraires. Le possesseur du fief imposait à volonté les taillables. Il en était fait un dénombrement au rôle, et chacun d'eux était taxé à la somme qu'on le jugeait en état de payer. — Gervaise, *des Contribut. direct.*, p. 152.

9. — Mais, suivant Mably, de Boulainvilliers et Montesquieu, il n'existait pas de tribut général et public. Les impositions, les droits et taxes de tout genre, introduits par les Romains dans les Gaules, avaient disparu avec leur puissance.

10. — D'autres publicistes affirment au contraire que déjà sous les rois mérovingiens les propriétés et les personnes étaient soumises d'une manière générale à des tributs dont les fiefs et leurs possesseurs étaient seuls exempts. Ils établissent aussi que déjà, à la même époque, il existait des taxes et péages qui atteignaient les objets destinés à la consommation à leur arrivée dans les ports et pendant le cours de leur transport par terre et par eau. — Bailly, *ubi suprà*, t. 1er, p. 20.

11. — Suivant l'opinion la plus commune, outre les revenus du domaine royal, qui, ainsi que nous l'avons indiqué vo DOMAINE DE L'ÉTAT, se composait en grande partie de biens-fonds, les ressources de nos premiers rois auraient consisté principalement dans des dons purement volontaires que leur accordaient les *leudes* ou fidèles dans les assemblées annuelles du mois de mai, dons qui se composaient de troupeaux, d'argent, de chevaux, d'armes et d'autres objets précieux.

12. — A ces premières ressources il faut ajouter, comme élément d'augmentation des revenus du prince, les confiscations et le *fredum*, c'est-à-dire la portion des amendes que les lois ripuaires et la loi salique attribuaient aux rois mérovingiens.

13. — Enfin le roi, comme seigneur, levait lui-même des tailles sur les terres placées sous son obéissance immédiate.

14. — Du reste, on chercherait vainement dans l'organisation féodale un système fixe et régulier d'impôts qui puisse présenter quelque analogie avec celui que nous possédons aujourd'hui. Le roi demandait à ses feudataires l'*aide* dont il pouvait avoir besoin suivant les circonstances; ceux-ci appelaient à leur tour les possesseurs de fiefs qui relevaient d'eux à fournir leur part du contingent qu'ils répartissaient en dernière analyse sur leurs vassaux, chacun suivant ses usages ou sa volonté.

15. — L'affranchissement des communes dut nécessairement modifier cet état de choses, et c'est, suivant nous, à cette phase importante de notre histoire qu'il faut rattacher les premiers élémens d'un impôt *directement* perçu au nom du souverain dans toute l'étendue du royaume. En échange des franchises et priviléges qui leur étaient accordés, les communes durent en effet se soumettre à payer des redevances annuelles au pouvoir central qui les protégeait et contribuer ainsi d'elles-mêmes aux subsides généraux.

16. — Une autre conséquence de l'affranchissement des bourgs et villes fut d'appeler les communautés d'habitans à répartir elles-mêmes les taxes qui leur étaient imposées.

17. — La première imposition générale dont on trouve trace fut celle qu'établit Louis le Jeune, en 1149, à l'occasion d'une désastreuse expédition à la Terre-Sainte, d'un sou pour livre ou *vingtième* des revenus de tous ses sujets. Malgré les murmures que cette entreprise fit naître, elle réussit, favorisée par la sainteté du motif, et le vingtième fut payé même sur les biens de l'Église. — Boulainvilliers, *Hist. de Fr.*; Mezeray, *Dict. des fin.*, art. 20; Bailly, *ubi suprà* t. 1er, p. 51.

18. — On voit dans les règnes suivans la couronne trop peu puissante encore pour abolir les subsides particuliers dans les seigneuries, s'efforcer au moins d'en régulariser la perception et de mettre un terme aux exactions des seigneurs. — Louis IX, dans ses célèbres *établissemens*, détermina les cas dans lesquels seulement les seigneurs pouvaient lever des *tailles* sur leurs vassaux, et posa les bases de leur répartition. — Ordon. du Louvre, t. 1er, p. 453, 633; t. 8, p. 65 et note; t. 12, p. 527. — Bailly, t. 1er, p. 58.

19. — Moins d'un demi-siècle après et à la suite de la réunion des états-généraux, convoqués par Philippe le Bel en 1303, réunion où, pour la première fois, l'on voit paraître, sous le nom de *tiers-état*, les bourgeois et syndics ou députés des communes, le droit de percevoir directement les impôts, devint l'un des attributs de la royauté. La taille se paya désormais au roi, hors de son domaine, par les habitans des fiefs appartenant aux seigneurs d'après le travail des commissaires royaux. Ce fut également au nom de la royauté que furent établis les droits d'importation et de circulation dont furent plus tard frappés les marchandises, les droits sur le sel, et tous les autres droits qui furent perçus depuis à titre d'impôt. Il ne resta aux possesseurs de fiefs et de seigneuries que les droits que l'on considérait comme étant un revenu ordinaire des terres féodales ou qui pouvaient être la conséquence du droit de justice encore réservé aux seigneurs.

20. — Ce ne fut toutefois qu'en 1444, et sous le règne de Charles VII, qu'un ordre permanent fut établi pour l'assiette et la perception des tailles qui devinrent dès lors annuelles et régulières. Le roi voulut par là s'assurer les moyens de pourvoir à l'entretien régulier d'un corps de gendarmerie qu'il avait créé pour remplacer les anciennes milices féodales.

21. — Nous ne suivrons pas ici dans leur organisation les différens impôts qui furent successivement établis; des articles spéciaux ont été consacrés à la plupart d'entre eux. Il suffira de signaler les principaux, en indiquant leurs rapports avec nos contributions actuelles.

22. — Les anciennes impositions de la France formaient cinq classes principales. — Adresse de l'assemblée nationale du 24 juin 1791; — Macarel et Boulatignier, *De la fortune publique en France*, t. 2, p. 531.

23. — Premièrement, les impositions directes qui comprenaient les dîmes, la taille réelle, les vingtièmes, la taille personnelle et la capitation. — Adr. préc. de l'assemblée nationale.

24. — Secondement, les impositions de monopole et de privilége exclusif qui étaient : la gabelle dans les deux tiers du royaume; le tabac, qui s'étendait presque sur la totalité; la vente de l'eau-de-vie et d'autres boissons dan, un petit nombre de provinces. On pourrait ranger aussi dans cette classe ce que le trésor public retirait des jurandes et des maîtrises d'arts et métiers par lesquelles l'état ne faisait pas directement le monopole, mais vendait celui de chaque profession. — *Ibid.*

25. — Troisièmement, les impositions qu'on appelait *à l'exercice*, sur différentes espèces de consommation et d'industrie, telles que les droits d'aides sur les boissons, dans un tiers du royaume; ceux de même nature nommés *équivalent* en Languedoc, *impôts, billots et devoirs* en Bretagne, et de *quatre membres* en Flandre, ceux d'*inspecteurs aux boucheries*, qui embrassaient en effet ou par abonnement presque toutes les provinces; ceux de *marque des cuirs* et à la fabrication des cartes et des amidons, qui se percevaient avec une rigueur extrême chez tous les fabricans et les débitans de ces marchandises dans toute l'étendue de l'empire; ceux de marque des fers et à la fabrication des huiles qui n'avaient lieu que sur environ la moitié du territoire de l'état. — *Ibid.*

26. — Quatrièmement, les impositions sur le transport des marchandises, qui comprenaient les droits à l'entrée et à la sortie du royaume; les péages; une multitude incroyable de droits de traite de toute dénomination au passage d'une province à l'autre et ceux d'entrée dans les villes. — *Ibid.*

27. — Cinquièmement, enfin, les impositions sur les actes, droits de contrôle, insinuation, centième denier, formule, greffe, consignation, lettres de rectification, etc., etc. — *Ibid.*

28. — Les *dîmes*, qui consistaient dans une portion des fruits de la terre ou des troupeaux que devaient les possesseurs des héritages ou des troupeaux aux décimateurs, et que l'on divisait en dîmes ecclésiastiques et dîmes inféodées, ont été abolies, pour ne plus reparaître, par les décrets des 4 août 1789, 15 mars, 22 avr. et 28 oct. 1790, 7 et 22 juin, et 10 juill. 1791, 25 août 1792. — V. au surplus DIMES.

29. — La *taille réelle* et une partie des *vingtièmes* substitués aux *dixièmes* qui se percevaient auparavant portaient sur les biens-fonds. Ces impôts occupaient la place que tient aujourd'hui la contribution foncière. — V. DIXIÈME, VINGTIÈME, TAILLE.

30. — La *capitation*, la *taille personnelle* et la portion du *vingtième* qui n'était pas assise sur les immeubles portaient sur les personnes. C'était ce qu'est aujourd'hui la contribution personnelle et mobilière. — V. CAPITATION.

31. — Les droits de *jurandes* et *maîtrises* et les *vingtièmes d'industrie* constituaient l'impôt qui était assigné aux marchands et aux artisans de plus qu'aux autres citoyens. Ces droits ont fait place à l'impôt des patentes. — V. JURANDE, MAITRISE, PATENTE.

32. — Les diverses impositions de monopole indiquées *suprà* (no 24) et celles dites *à l'exercice*, énumérées (no 25), étaient généralement confondues sous le nom d'*aides et gabelles*. Elles correspondent à celles que l'on a désignées plus tard sous le nom de *droits réunis*, et qui ont définitivement reçu la dénomination de *contributions indirectes*. — V. AIDES, BOISSONS, GABELLE, CONTRIBUTIONS INDIRECTES.

33. — Les impositions sur le transport des marchandises, généralement appelées *traites à l'intérieur*, *droits d'importation*, répondaient à nos droits actuels de douane. — V. DOUANES, TRAITES.

34. — Les *péages*, qui consistaient dans une imposition établie au passage des marchandises, ou même des personnes et des bestiaux sur certaines voies de communication, sont encore autorisées aujourd'hui, sous certaines conditions. — V. PÉAGE.

35. — Les droits perçus à l'entrée des villes généralement compris au nombre des *taxes communales*, qui remontent au douzième siècle, sont désignés aujourd'hui sous le nom d'*octroi*. — V. OCTROI.

36. — Les droits d'*insinuation* et de *contrôle* sont représentés maintenant par les droits d'enregistrement. — V. CONTROLE, INSINUATION.

37. — Le droit de *centième denier* était, sous un autre nom, le droit de mutation qui est perçu encore aujourd'hui au profit du fisc sur les transmissions de propriétés mobilières ou immobilières. — V. CENTIÈME DENIER.

38. — Enfin si les autres droits indiqués (no 27) sont aujourd'hui notablement restreints, beaucoup d'entre eux se sont néanmoins reproduits soit sous leur ancienne dénomination, soit sous une nouvelle. — V. GREFFE (droits de), HYPOTHÈQUE (droits d'), TIMBRE, etc.

39. — Indépendamment des impôts que nous venons de signaler, il y avait la *corvée*, véritable impôt en nature qui consistait dans un certain nombre de journées de travail que chaque citoyen devait au roi pour la confection et l'entretien des grandes routes. Cet impôt, qui a disparu aujourd'hui, du moins comme impôt au profit de l'état, n'a plus d'analogue que la prestation en nature qui peut être imposée dans chaque commune pour la confection et l'entretien des chemins vicinaux. — V. CORVÉES.

40. — Des taxes locales établies pour pourvoir aux besoins des communautés d'habitans venaient d'ailleurs augmenter les charges des contribuables.

41. — Et l'on doit encore rappeler qu'outre les impôts établis au profit de l'état et les taxes locales, il existait une foule de droits seigneuriaux qui variaient suivant les localités et qui presque tous tiraient leur origine de la féodalité à laquelle ils avaient survécu. — V. DROITS SEIGNEURIAUX.

42. — L'arbitraire qui, dans l'ancien régime, présidait à l'établissement des impôts, l'inégalité et les vices de leur répartition et enfin les nombreuses exemptions établies en faveur des classes privilégiées, et qui faisaient retomber tout le poids des charges publiques sur le peuple, ont été, comme on le sait, des causes premières de la révolution de 1789.

43. — Long-temps il avait été de principe qu'aucun impôt ne pouvait être établi par le souverain sans le concours des représentans de la nation, c'est-à-dire des *états généraux*, qui se composaient des trois ordres entre lesquels la société française avait été partagée, le clergé, la noblesse et le tiers-état, et l'on retrouve encore les traces des anciens usages de la monarchie à cet égard dans les discours prononcés dans les états-généraux tenus à Orléans en 1560.

44. — « N'y a il roy ne seigneur sur terre, écrivait Philippe de Commines à l'occasion des taxes établies par Louis XI dans le Dauphiné (1476), qui ait pouvoir oultre son domaine, de mettre un denier sur ses subjects sans octroy et consentement de ceux qui le doivent payer, sinon par tyrannie et violence. »

45. — Mais avec le temps ces sages maximes furent abandonnées ou éludées. Le chiffre des impôts consentis par les états, arbitrairement fixé, fut porté jusqu'aux extrêmes limites du possible, et par suite de l'impulsion donnée au pouvoir monarchique sous Louis XIV, le souverain s'attribua enfin le droit d'établir de nouveaux impôts de sa seule volonté et pleine autorité, sans aucune autre forme que l'enregistrement dans les cours de parlemens.

46. — Ce fut ainsi que furent établis la *capitation*

et le *dixième*, auquel on substitua plus tard les *vingtièmes*, impôts qui ne devaient être que provisoires, mais qui, renouvelés successivement malgré les résistances des parlemens, continuèrent jusqu'en 1789 de faire partie des contributions publiques.

47. — A ces abus du pouvoir venait se joindre, comme cause nécessaire de la mauvaise répartition des impôts, le défaut d'homogénéité des diverses provinces dont se composait alors la France et qui étaient divisées, quant à la levée de l'impôt, en *pays d'élections*, *pays d'états* et *provinces réunies*.

48. — Les pays d'élections, ainsi nommés parce que dans l'origine les impôts y étaient répartis par des élus et qui se composaient de la partie de la France autrefois appelée Langue-d'Oïl, étaient les seuls pour ainsi dire dans lesquels la répartition se faisait directement sans l'autorité royale.

49. — Dans les pays d'états, qui comprenaient les provinces de Bretagne, Bourgogne, Languedoc, Provence, Artois, Flandre et quelques autres pays situés au midi de la France, la somme que la province avait à supporter chaque année était seulement déterminée par le conseil du roi; la répartition en était réglée par les états, dans chaque province, selon les usages qui lui étaient propres.

50. — Ainsi le Languedoc et la Bretagne avaient leurs diocèses, la Provence ses vigueries, la Bourgogne ses bailliages et ses vigueries; la Flandre et l'Artois avaient aussi leurs bailliages. Dans certaines provinces, l'assemblée des états faisait la répartition entre les subdivisions de la province seulement; quant à la répartition entre les paroisses, elle était faite par une assemblée secondaire; comme en Languedoc. Dans d'autres provinces, au contraire, l'assemblée des états fixait les contingens des subdivisions et ceux des paroisses. La Bretagne, la Bourgogne, l'Artois suivaient ce mode. — Gervaise, *Des contributions dir.*, p. 227.

51. — Dans les provinces réunies, telles que l'Alsace, les Trois-Evêchés, les duchés de Lorraine et de Bar, le Roussillon, la Franche-Comté, les formes de la répartition étaient variables et se rapprochaient tantôt de celles suivies dans les pays d'états, selon qu'elles avaient conservé leur ancienne indépendance; tantôt de celles suivies dans les pays d'élections, selon que le pouvoir central avait conquis d'action dans la direction de leur administration.

52. — Ajoutons à ces notions que, par une conséquence inévitable de l'état des choses, l'assiette même de l'impôt variait souvent de province à province, de subdivision à subdivision.

53. — Presque partout et pour la plupart des impôts, le clergé et la noblesse étaient exempts des charges qui pesaient sur tous les autres citoyens. Vainement le pouvoir s'était-il lui-même efforcé de réduire ces priviléges qui tendaient chaque jour à s'accroître. On peut consulter utilement sur ce point, principalement en ce qui concerne la noblesse militaire, l'édit de 1750, qui a formé le dernier état de la législation avant 1789.

54. — Les vices d'un tel état de choses étaient si bien sentis pour tout le monde que, lors de l'assemblée des notables, en 1787, le ministre des finances les signalait lui-même en ces termes : « Une province, disait-il, paie des impositions qu'on ne paie pas dans une autre province : dans l'une, le même impôt se lève à un taux et dans une forme qui diffèrent absolument de ce qui est suivi dans une autre. Il y a des villes franches, des colonies, des provinces réglées, des pays d'états, des pays rédimés. On ne peut pas faire un pas dans ce vaste royaume sans y trouver des lois différentes, des usages contraires, des priviléges, des exemptions, des affranchissemens, des droits et des prétentions de toute espèce; et cette dissonnance, digne des siècles de barbarie ou de ceux d'anarchie, complique l'administration, interrompt son cours, embarrasse ses ressorts et multiplie partout les frais et les désordres. »

55. — Aussi, en tête des réformes dont la déclaration royale du 23 juin 1789 manifesta l'intention vint, comme naturellement, se placer la réforme du système d'impôts; mais cette réforme tardive, et d'ailleurs incomplète, ne pouvait plus suffire, une révolution pouvait seule détruire tous les abus qui avaient amené la ruine du pays.

56. — Par son célèbre décret du 4-12 août 1789, l'assemblée nationale, tout en autorisant provisoirement la levée des anciens impôts, s'empressa de proclamer l'abolition d'un régime qui avait si justement soulevé des plaintes universelles et pour marquer le point de départ d'un régime nouveau, posa solennellement le principe qui est resté la base fondamentale de toute notre législation en matière d'impôts : « Les priviléges personnels ou réels, en matière de subsides, sont abolis à jamais. La perception se fera sur tous les citoyens et sur tous les biens, de la même manière et dans la même forme. » — Décr. 4-12 août 1789, art. 9.

57. — La déclaration des droits de l'homme, qui précéda la constitution de 1791, reproduisit ce principe en le rattachant en ces termes à la nécessité de l'impôt : « Pour l'entretien de la force publique et pour les dépenses d'administration, une contribution commune est indispensable : elle doit être également répartie entre tous les citoyens, en raison de leurs facultés. » — Décl. des droits de l'homme, 3 sept. 1791, art. 13.

58. — Puis, elle ajouta : « Tous les citoyens ont le droit de constater, par eux-mêmes ou par leurs représentans, la nécessité de la contribution publique, de la consentir librement, d'en suivre l'emploi, et d'en déterminer la quotité, l'assiette, le recouvrement et la durée. » — *Ibid.*, art. 14.

59. — Enfin, la constitution du même jour décida que « les contributions publiques seraient délibérées et fixées chaque année par le corps législatif, et ne pourraient subsister au-delà de la session suivante, si elles n'étaient pas expressément renouvelées. — Constit. 3 sept. 1791, tit. 5, art. 1er.

60. — C'est sous l'empire de ces principes, reproduits par toutes nos constitutions depuis 1791, que s'est développé le nouveau système d'impôts qui, sauf quelques modifications amenées par l'expérience, nous régit encore aujourd'hui.

§ 2. — *Assiette de l'impôt.* — *Répartition en général.*

61. — Par l'impôt, ce sont les capitaux ou les revenus des contribuables qu'il s'agit d'atteindre; mais, à moins de les taxer arbitrairement, on est obligé d'exiger leur contribution à l'occasion d'un fait qui serve de base à la prétention du fisc. C'est ce qu'on appelle l'*assiette* de l'impôt. — Say, *Cours d'économie politique*, t. 6, p. 68.

62. — La base la plus naturelle de l'impôt est la propriété immobilière. Ici, la matière imposable est visible; le contribuable ne peut pas se soustraire à l'obligation de payer sa taxe sans renoncer à sa propriété. — Say, *ubi suprà*, t. 6, p. 69; Smith, *Richesse des nations*; Foucart, *Dr. admin.*, t. 2, p. 70.

63. — On a même pensé dans un temps que la propriété foncière, seule susceptible, disait-on, de produire chaque année une valeur nouvelle, supportait en réalité à elle seule, directement ou indirectement, toutes les diverses taxes que l'on pouvait établir, quelle qu'en fût la nature, et l'on en avait conclu qu'il serait préférable de convertir toutes ces taxes en un *impôt unique* qui serait demandé directement à la propriété. Telle était la doctrine enseignée par les physiocrates et par les économistes du dix-huitième siècle.

64. — Mais on a dû reconnaître que, même en admettant cette doctrine comme fondée en principe, dans l'état actuel de notre civilisation, elle était impraticable; qu'un impôt unique serait à la fois injuste et insuffisant, parce que beaucoup de sources de revenus ne seraient pas taxées; et enfin que, pour procéder avec moins d'inégalité, il fallait s'attacher aux diverses manifestations des ressources des citoyens, à la propriété, à l'industrie, à l'aisance apparente, aux consommations, afin que les fortunes qui ne seraient pas atteintes par un impôt le fussent par un autre. — Say, *ubi suprà*, t. 6, p. 70; Foucart, t. 2, p. 70; Dufour, *Dr. admin.*, n° 832; Macarel et Boulatignier, *De la fortune publique*, t. 2, p. 529.

65. — « C'est, dit d'ailleurs avec beaucoup de justesse M. Foucart, le propre d'un bon système d'impôts de ménager autant que possible l'agriculture, cette *mamelle* de l'état, comme l'appelait Sully. Le trésor public doit profiter de la prospérité du commerce et de l'industrie, pour participer à leurs bénéfices, parce que dans les temps de détresse, lorsque l'industrie et le commerce sont presque anéantis, il est obligé de demander à la propriété immobilière, seule matière imposable qui ne lui échappe pas, les ressources dont le besoin se fait alors plus vivement sentir. » — Foucart, *ubi suprà*.

66. — On divise généralement les impôts en impôts *directs* et impôts *indirects*.

67. — Les impôts directs sont ceux qui, assis directement sur les biens meubles ou immeubles, ou sur les personnes, se perçoivent le plus généralement d'après un rôle nominatif, et passent directement du contribuable cotisé au percepteur chargé d'en recevoir le produit. — *Instr. de l'assemblée nationale* du 8 janv. 1790. — V. CONTRIBUTIONS DIRECTES, nos 1 et 2.

68. — Les impôts indirects sont ceux qui sont établis sur la fabrication, la vente, le transport et l'introduction des objets de consommation et de commerce, et dont le produit est *indirectement* payé par le consommateur. — *Ibid.* — V. CONTRIBUTIONS INDIRECTES, n° 3.

69. — Les impôts directs se subdivisent eux-mêmes en impôts de *répartition* et en impôts de *quotité*.

70. — Les impôts de répartition sont ceux dont le produit total, fixé d'avance par la loi, est réparti entre les contribuables, proportionnellement aux élémens imposables qu'ils possèdent.

71. — Les impôts de quotité sont ceux qui frappent chaque citoyen placé dans les conditions imposables d'une taxe fixe et déterminée, et dont, par conséquent, le produit est subordonné au nombre plus ou moins grand de particuliers auxquels cette taxe aura été reconnue applicable.

72. — La nature essentiellement différente de ces deux grandes classes d'impôts entraîne dans leur application et dans leur recouvrement des différences non moins remarquables, et qu'il importe de signaler.

73. — Ainsi, avec l'impôt de répartition s'établit entre tous les contribuables une sorte de solidarité au moyen de laquelle le paiement du contingent dont l'état a besoin est toujours assuré, sans déficit, comme sans excédant, ce qui n'est pas payé par les uns étant réimposé sur les autres.

74. — L'impôt de quotité, au contraire, ne frappant les contribuables qu'isolément, ne soumet chacun d'eux qu'au paiement de sa taxe, et les cotes non payées tombent nécessairement en *non-valeurs* pour le trésor public.

75. — L'un des premiers effets de ces dissemblances est que si, à l'égard des impôts de la première sorte, l'état peut, sans inconvénient, en abandonner la répartition aux citoyens eux-mêmes, il est, à l'égard des seconds, forcé d'intervenir, et obligé de faire poursuivre par ses agens l'application rigoureuse du tarif, afin que le rendement de l'imposition ne vienne pas tromper ses prévisions et se traduire par un déficit. — V. CONTRIBUTIONS DIRECTES, nos 10 et 5.

76. — En règle générale, l'impôt, soit direct, soit indirect, ne doit jamais frapper que sur les produits, les revenus ou les bénéfices que les contribuables peuvent obtenir des biens ou des capitaux qu'ils possèdent.

77. — « Les revenus, dit J.-B. Say (*ubi suprà*, p. 54), quelle qu'en soit la source, constituent seuls la véritable matière imposable, parce qu'ils renaissent incessamment.

78. — On a souvent voulu aller au-delà et atteindre particulièrement les classes riches, en frappant les objets réputés de luxe, de taxes somptuaires basées sur la fortune que la possession de ces objets peut faire supposer.

79. — C'est ainsi qu'en 1759, pour faire face aux besoins extraordinaires qu'avait entraînés la guerre de 1756, on fit l'essai d'une contribution nouvelle consistant en taxes sur les domestiques, les chevaux et les carrosses, et une triple capitation sur les célibataires.

80. — En 1791 et en l'an III, on crut également devoir combiner la contribution personnelle et mobilière avec différentes taxes somptuaires qui portaient sur les cheminées et les poêles, les domestiques, les chevaux et mulets de luxe, les voitures suspendues, etc. — LL. 13 janv. et 18 fév. 1791; 7 therm. an III.

81. — Mais, outre que les impôts de cette nature, tout-à-fait exceptionnels, sont nécessairement d'un très faible produit, on a presque toujours été conduit à reconnaître que les indices sur lesquels on peut les établir sont la plupart du temps trompeurs, qu'ils ne tardent pas dès-lors à devenir rigoureux et vexatoires pour les particuliers qu'ils atteignent, et que, d'ailleurs, par la sévérité qu'ils introduisent dans les habitudes des classes aisées, ils tendent à se détruire par eux-mêmes, en même temps qu'ils nuisent au développement de l'industrie.

82. — Aussi la contribution somptuaire de 1759, pour l'enregistrement de laquelle on avait été obligé de recourir à un lit de justice, fut-elle bientôt abandonnée sur l'explosion du mécontentement général. Celle établie en 1791 et en l'an III a également été supprimée par la loi du 3 niv. an VII. La contribution des portes et fenêtres pourrait seule aujourd'hui avoir l'apparence d'une taxe de luxe, si l'on ne devait pas la rattacher à l'évaluation du loyer, que l'on a pris pour signe des revenus mobiliers du contribuable.

83. — On a souvent agité la question de savoir si l'impôt devait être seulement proportionnel au revenu des contribuables, ou s'il convenait de le rendre *progressif*, c'est-à-dire de l'élever proportionnellement plus haut quand le contribuable est plus riche.

84. — Frappés de ce que l'impôt simplement proportionnel a de lourd pour le pauvre, la plupart

des économistes se sont prononcés en faveur de l'impôt progressif, le regardant comme le seul équitable et le seul conforme aux véritables intérêts des sociétés. — Montesquieu, *Esprit des lois*, liv. 13, ch. 7; Adam Smith, *Richesse des nations*; J.-B. Say, *Cours d'économie politique*, t. 6, p. 55.

85. — « Une contribution simplement proportionnelle, dit ce dernier auteur, n'est-elle pas plus lourde pour le pauvre que pour le riche? L'homme qui ne produit que la quantité de pain nécessaire pour nourrir sa famille doit-il contribuer exactement dans la même proportion que celui qui, grâce à ses talents distingués, à ses immenses biens-fonds, à ses capitaux considérables, non-seulement jouit et procure aux siens toutes les jouissances du luxe le plus somptueux, mais de plus accroît chaque année son trésor? » — J.-B. Say, *ubi suprà*.

86. — Ces considérations n'ont pas toutefois prévalu dans notre nouveau droit, et l'impôt progressif, bien qu'admis momentanément par la législation de 1793, est aujourd'hui repoussé par la loi constitutionnelle elle-même (V. *infrà*). On a craint qu'il ne fût un motif de découragement pour tout accroissement de fortune et par conséquent pour tous les genres de perfectionnement, une prime en quelque sorte accordée à l'insouciance et à la paresse, puisqu'en effet il ne s'adresserait qu'au succès. — On a dû redouter aussi la sorte d'inquisition qu'il exigerait dans l'appréciation des revenus qu'il serait destiné à atteindre. — Pour le développement de ces considérations on peut au surplus consulter utilement Rœderer, *Journ. d'économie publ., de morale et de politique*, t. 1er, p. 217; Jollivet, *De l'impôt progressif*; Droz, *Econom. polit.*, p. 349; Armand Carrel, *Rapp. sur le manifeste de la société des Droits de l'Homme*; Macarel et Boulatignier, *De la fortune publique*, t. 2, p. 523.

87. — Dans tous les cas, il est à remarquer que l'impôt progressif ne peut avoir lieu que relativement à l'impôt direct, et qu'il est impossible de l'appliquer aux impôts indirects, tel, par exemple, celui établi sur les consommations, qui est nécessairement proportionnel à la quantité de la marchandise consommée.

88. — C'est en quoi les impôts de cette dernière classe ont toujours été regardés comme ayant quelque chose d'injuste, parce que, loin de frapper également le pauvre comme le riche, il tombe au contraire d'autant plus lourdement sur les contribuables qu'ils sont moins riches. — « En effet, dit encore J.-B. Say, un homme qui jouit de 300,000 fr. de revenus ne saurait consommer trois cents fois plus de sucre ou de vin que l'homme qui n'a que 1000 fr. Les petites fortunes supportent donc sous ce rapport un impôt véritablement progressif, c'est-à-dire d'autant plus fort proportionnellement que les fortunes des contribuables sont moindres. »

§ 3. — *Impôts en vigueur.*

89. — Les principales contributions directes et actuellement en vigueur sont la contribution foncière, la contribution personnelle et mobilière, celle des portes et fenêtres et celle des patentes. — V. au surplus CONTRIBUTIONS DIRECTES, PATENTES.

90. — Ainsi que nous l'avons indiqué *eod. verbo*, il faut ajouter à cette énumération toutes les taxes qui, de même que les quatre contributions principales dont nous venons de parler, sont perçues directement sur les contribuables au moyen de rôles nominatifs dont le recouvrement se fait en vertu de dispositions législatives par l'autorité ou avec le concours de l'administration publique.

91. — Telles sont : les redevances sur les mines, la taxe universitaire, la contribution pour l'instruction primaire, les prestations pour les chemins vicinaux, les taxes pour l'entretien des bourses et chambres de commerce, pour les travaux d'entretien et de réparation des digues et le curage des cours d'eau non navigables, pour la conservation des travaux de dessèchement des marais, pour l'assèchement des mines, pour frais de visite chez les pharmaciens, droguistes, etc., les rétributions dues pour les propriétaires et entrepreneurs d'eaux minérales et factices, les taxes résultant d'usages locaux, etc.

92. — On sait d'ailleurs que les impositions que les départemens et les communes sont autorisés à établir pour faire face aux dépenses qui leur sont particulières, s'ajoutent sous le nom de centimes additionnels au principal des contributions directes établies au profit de l'état et sont perçues d'après les mêmes rôles. — V. CENTIMES ADDITIONNELS, CONTRIBUTIONS COMMUNALES, CONTRIBUTIONS DÉPARTEMENTALES, CONTRIBUTIONS DIRECTES, nos 20, 118 et suiv.

93. — Les contributions indirectes proprement dites, c'est-à-dire celles que dans l'usage on désigne plus particulièrement sous ce nom, et dont la direction est confiée à *l'administration spéciale des contributions indirectes*, sont celles qui sont établies : sur les boissons, sur le sel, sur la fabrication des sucres indigènes, sur les cartes à jouer, sur le prix des places dans les voitures publiques, sur les tabacs, sur les poudres à feu, etc. — V. BOISSONS, CARTES A JOUER, CONTRIBUTIONS INDIRECTES, POUDRES ET SALPÊTRES, SALINES, SEL, SUCRES, TABACS.

94. — Mais il faut ranger encore dans la même catégorie divers impôts spéciaux qui, bien que régis par d'autres administrations que celle des contributions indirectes, réunissent évidemment tous les caractères de ces contributions : tels sont les impôts établis à l'entrée et à la sortie de certaines marchandises; en d'autres termes, les droits de douanes, l'impôt de l'enregistrement et du timbre; tel est aussi l'impôt de l'octroi, établi principalement au profit des villes à l'entrée de certains objets de consommation. — V. DOUANES, ENREGISTREMENT, OCTROI, TIMBRE.

95. — De ce nombre sont encore les droits établis à la garantie des matières d'or et d'argent, les droits de poste, ceux de navigation et de passage d'eau, les péages autorisés sur les ponts, et même en certains cas sur les routes, les droits de pesage et mesurage publics, les droits perçus au profit des pauvres sur les spectacles et autres réunions, et autres taxes qui sont autorisées par les lois annuelles de finances. — V. BACS, BATEAUX, DROIT DES PAUVRES, MATIÈRES D'OR ET D'ARGENT, NAVIGATION, PÉAGES, POIDS ET MESURES, PONTS, POSTES.

96. — Généralement, en ce qui concerne les objets de commerce et de consommation, le trésor se borne à prélever un droit, en laissant d'ailleurs la liberté de la production du négoce et de la circulation.

97. — Il est néanmoins certaines matières dont on a réservé le monopole au gouvernement. Tels sont les poudres à feu et les tabacs; tel est aussi le service des postes aux lettres, qui est fait exclusivement par l'administration. — V. POSTES, POUDRES ET SALPÊTRES, TABACS.

98. — Les objets de consommation de première nécessité, tels que les céréales, sont exempts de tout impôt, à l'exception toutefois de celui qu'elles peuvent avoir à supporter en certains cas, à l'entrée et à la sortie du royaume. — V. DOUANES, GRAINS ET FARINES.

§ 4. — *Etablissement des impôts, recouvrement, réclamations.*

99. — L'égale répartition des charges publiques et le vote préalable de l'impôt par les représentans de la nation, sont aujourd'hui, ainsi que nous l'avons déjà indiqué, les bases fondamentales de notre nouvelle organisation politique.

100. — « Les Français, porte la Charte de 1830, art. 2, contribuent indistinctement, dans la proportion de leur fortune, aux charges de l'état. »

101. — « Aucun impôt ne peut être établi ni perçu, s'il n'a été consenti par les deux chambres et sanctionné par le roi. » — *Ibid.*, art. 40.

102. — « Toute loi d'impôt doit être d'abord votée par la chambre des députés. — *Ibid.*, art. 15.

103. — L'impôt foncier ne peut être établi que pour un an. — Charte const., art. 41. — V. quant à l'application de ce principe aux autres contributions directes, vo CONTRIBUTIONS DIRECTES, nos 8 et suiv., 15.

104. — Les impositions indirectes peuvent seules être établies pour plusieurs années. — Charte const., art. 41.

105. — Les principes qui précèdent doivent être entendus en ce sens que tout ce qui concerne l'établissement, l'assiette, la répartition et le mode de perception des impôts, appartient au législateur. — Le pouvoir de l'administration en cette matière se réduit à opérer le recouvrement des deniers votés, aux époques et dans les formes déterminées. — Dufour, *Droit admin.*, t. 2, no 830.

106. — Pour éviter tout arbitraire, les lois annuelles de finances ont soin de rappeler constamment et d'autoriser d'une manière spéciale, pour l'année, les nombreuses taxes ou perceptions déjà créées ou autorisées par des lois spéciales. Il est de principe, ainsi qu'on le verra tout à l'heure, qu'aucune espèce de taxe qui pourrait avoir le caractère d'impôt, c'est-à-dire qui serait imposée aux citoyens par l'autorité ou avec le concours de l'administration publique, ne peut être légalement perçue hors celles énumérées.

107. — Il a néanmoins été jugé que la cotisation exigée de tous ceux qui transportent des trains de bois sur des cours d'eau faisant partie du domaine public, et qui profitent ainsi des services établis sur ces cours d'eau, ne constitue pas un impôt dont le vote soit exclusivement réservé au pouvoir législatif, mais la rémunération d'un service auquel le devoir de l'administration est de pourvoir. En conséquence cette cotisation peut être fixée et perçue soit par l'autorité administrative, soit par la communauté des marchands de bois auxquels cette autorité en a délégué le pouvoir. — *Cass.*, 18 nov. 1844 (t. 1er 1845, p. 133), syndicat des marchands de bois de Paris c. Bourgeois.

108. — La cour suprême paraît s'être prononcée sous l'inspiration de la même pensée, en décidant encore que l'augmentation du tarif établi par la loi du 21 vend. an V pour les droits de péage du canal du Midi n'a point le caractère d'un impôt applicable aux besoins de l'état, mais doit profiter uniquement aux héritiers du concessionnaire du canal chargés de l'entretenir. — *Cass.*, 22 avr. 1844 (t. 1er 1844, p. 627), préfet de la Haute-Garonne c. Riquet.

109. — Mais ces solutions ne sont peut-être pas à l'abri de toute critique. Si, en effet, dans l'application des principes que nous venons de rappeler, il fallait admettre des distinctions basées sur la nature et la destination des impôts, ce serait évidemment retirer au pouvoir législatif la haute autorité que l'on a voulu lui attribuer sur toutes les perceptions exigées des citoyens au nom de l'intérêt public, et ouvrir ainsi une large part à l'arbitraire.

110. — Vainement se fonderait-on, suivant nous, sur ce qu'il s'agirait de cotisations qui profitent à des particuliers et non à l'état; du moment que ces cotisations jouissent du privilége des contributions publiques, n'est-il pas rationnel, inévitable qu'elles soient soumises aux mêmes règles?

111. — Ces considérations semblent, au surplus, avoir été si bien comprises que depuis 1841 les cotisations pour le flottage des trains, qui ont fait l'objet de la première des deux décisions ci-dessus, ont été comprises dans les lois de finances, et que depuis la même époque les ordonnances qui ont rendu exécutoires les délibérations prises à cet effet par les communautés des marchands de bois, ont été prises sur le vu de la loi portant fixation du budget des recettes de l'exercice de chaque année. — V. Ord. royales des 13 juill., 25 août 1841, et des années suivantes.

112. — Quant aux réclamations que peut faire naître la perception, c'est tantôt aux tribunaux, tantôt à l'autorité qu'il appartient d'en connaître selon qu'il s'agit de la légalité de l'impôt et de l'application des règles du droit commun, ou de l'interprétation d'actes régulièrement faits par l'autorité administrative.

113. — Dans les articles que nous avons consacrés aux diverses natures de contributions, nous sommes entrés dans les développemens que comporte spécialement pour chacune d'elles la distinction qui précède. — Il nous reste à examiner ici d'une manière générale par quelle voie les citoyens peuvent être admis à se pourvoir contre la perception d'un impôt illégal.

114. — Toutes nos lois de finances, depuis 1818, contiennent à cet égard la disposition suivante : — « Toutes contributions directes ou indirectes autres que celles autorisées par la présente loi, à quelque titre et sous quelque dénomination qu'elles se perçoivent, sont formellement interdites, à peine contre les autorités qui les ordonneraient, contre les employés qui confectionneraient les rôles et tarifs, et ceux qui en feraient le recouvrement, d'être poursuivis comme concussionnaires, sans préjudice de l'action en répétition, pendant trois années, contre tous receveurs, percepteurs ou individus qui auraient fait la perception, et sans que, pour exercer cette action devant les tribunaux, il soit besoin d'une autorisation préalable. »

115. — Il résulte de cette disposition que la plainte en concussion et l'action en répétition sont les seules voies ouvertes aux contribuables qui se prétendraient frappés de contributions illégales. — De là, deux conséquences également importantes.

116. — La première, c'est que les deux actions différentes auxquelles les citoyens peuvent recourir supposent l'une et l'autre l'exécution préalable des contraintes décernées par l'administration à laquelle le provisoire appartient. — *Cons. d'état*, 16 févr. 1832, préfet de l'Orne c. Pichon-Piemelé.

117. — La seconde, que hors des deux modes indiqués il n'appartient point aux tribunaux de s'immiscer dans l'établissement des rôles de répartition, ou dans l'interprétation des tarifs, en connaissant des actions auxquelles les uns et les autres pourraient donner lieu de la part des particuliers. — V. dans ce sens *Cons. d'état.*, ord. préc., 16 fév. 1832, 4 sept. 1841, marquis de Champigny.

IMPRESCRIPTIBILITÉ.

V. DOMAINE DE L'ÉTAT, DOT, PRESCRIPTION.

IMPRIMEUR, IMPRIMERIE.

Table alphabétique.

Abandon de profession, 82.
Abrogation, 16.
Action publique, 202.
Adresse, 154.
Affiche, 150. — (timbre d'), 55.
Amende, 53, 101, 136, 165.
Arrêt de justice, 10. — du conseil, 16 avr. 1785, 167, 174.
Arrêt du conseil de 1759, 12.
Associés, 41, 64.
Attachement à la patrie et au souverain, 21.
Auteur (nom de l'), 140. —
Autorisation municipale, 135. — préalable, 8. — administrative, 28. — judiciaire, 28.
Avis de médecin, 125.
Avocat, 121.
Bannissement, 52.
Bibliothèque royale, 171. — Sainte-Geneviève, 170.
Bilboquet, 121, 155, 185.
Bonne foi, 102, 148. — vie et mœurs (certificat de), 21.
Brevet, 20, 49 s. — (délivrance du), 25. — (enregistrement du), 27. — (frais d'expédition du), 26. — (spécialité du), 47 s. — (suppression du), 15. — (transmission du), 36, 39, 71. — personnel, 35. — à vie, 35. — en blanc, 40.
Brochure, 190.
Bureau de la librairie, 19.
Cahier de chansons, 148.
Capacité, 21.
Carte de visite, 154.
Charte, 16.
Circulaire, 124, 152. — du 16 juin 1830, 88.
Clientèle, 43.
Commerçant, 84.
Commissaire-priseur, 72.
Compétence, 196 s.
Condamnation, 52.
Condition résolutoire, 45.
Confiscation, 7, 10.
Constatation, 191.
Contraventions, 4, 40, 147 s. — distinctes, 100.
Déchéance, 56.
Déclaration, 10, 72, 80 s, 98, 103, 106. — (formalités de la), 104 s. — (preuve de la), 195. — (rectification de la), 118. — (spécialité de la), 133. — (teneur de la), 115. — de 1710 et 1723, 9. — irrégulière, 117. — personnelle, 130.
Décret du 5 fév. 1810, 16, 158.
Dégradation civique, 52.
Délit de presse, 3.
Demeure, 8. — (indication de la), 98, 137 s. — fausse, 139.
Démission, 39. — en blanc, 40.
Dépôt, 98, 163 s. — (formalités du), 169. — (preuve du), 195. — (récépissé du), 164.
Direction générale de l'imprimerie, 19.
Distribution d'imprimés, 161. — gratuite, 187.
Domicile, 197 s.
Dommages-intérêts, 94.
Écrit périodique, 127.
Écritures judiciaires, 10.
Édit, 10. — de 1551, 7. — de 1572, 9.
Élections, 109.
Emblème, 172.
Emprisonnement, 53.
Enseigne de l'imprimerie, 14.
Epreuve, 171, 175.
Estampes, 111, 171. — sans texte, 173.
Excuse, 160.
Exemplaires (nombre des), 118, 169.
Exemption d'impôts, 6.
Exploitation sous le nom du vendeur, 66 s.
Extrait de jugement, 58.
Factum, 121.
Faillite, 56.
Fausse indication, 159.
Femme, 23.
Feuille, 159.
Fragment d'édition, 133.
Français, 22.
Garantie, 40.
Graveur, 30 s.
Gravures, 153, 172. — sans texte, 173.
Impression en taille douce, 184. — lithographique, 171.
Imprimerie, 1. — clandestine, 62. — (possession d'une), 74. — privée, 13.
Imprimeur, 1. — en taille douce, 30. — lithographe, 29, 114, 162.
Indemnité, 44.
Infraction, 191.
Interdiction, 10. — des droits civils, 54.
Interdit, 24.
Jour férié, 107.
Journal, 50, 127, 152. — (article de), 96, 180. — (cautionnement d'un), 97. — (supplément de), 128. cautionné, 178. — non cautionné, 179.
Juge d'instruction, 203.
Jugement 191.
Lettre de faire part, 154.
Lettres patentes, 10. — de 1488, 6.
Liberté de faire imprimer, 18.
Libraire, 160, 189.
Lieu, 8, 35, 197.
Lithographie, 153, 172.
Livres, 86, 88. — de commerce, 85. — de commerce (timbre des), 89. — imprimés à l'étranger, 9. — réimportés en France, 134.
Loi 2 et 17 mars 1791, 167. 17 mars 1791, 15. — 19 juill. 1793, 167. — 19-24 juill. 1793, 168. — 21 oct. 1814, 17.
Loquet, 14,
Maîtrises (suppression des), 15.
Majeur, 22.
Mandataire, 64, 110.
Marronnage, 64.
Matériel, 43.
Mémoire, 121.
Ministère de l'imprimeur (liberté du), 92.
Ministère public, 192.
Ministre de la justice, 58. — de l'intérieur, 81.
Mise en vente, 160, 163, 186.
Morceaux de musique, 112.
Mort civile 52.
Musique, 153. — sans texte, 113.
Nom, 8 — (indication du), 98, 137 s. — faux, 139. — patronimique, 142.
Nombre des imprimeurs, 12, 82 s.
Notification, 200.
Numéro, 143.
Objets saisis (dépôt des), 193.
Obligations des imprimeurs, 83.
Officier ministériel, 72.
Opposition à saisie, 202.
Ordonnance de 1566, 8.
Ordre de saisie, 200, 203.
Ouvrage de ville, 121, 155, 185. — d'imprimerie, 149. paraissant par livraisons, 157.
Partition, 112.
Patente, 85.
Peines (cumul des), 100.
Permission d'imprimer, 59 s. — (caractère de la), 60.
Placard, 150.
Planche, 171. — gravée, 111.
Police de l'imprimerie, 5, 88.
Porte de derrière, 14.
Poursuite, 191. — d'office, 193.
Préfecture, 108, 176.
Préfet, 81, 106.
Prénoms, 142.
Presses (nombre des), 73, 90. — (nombre insuffisant des), 91. — (propriété des), 70. — à copier, 76, 81. — lithographiques, 77. — (petites), 75.
Privation de maîtrise, 10.
Privilége, 5, 10.
Procès-verbal, 191, 200.
Procureur du roi, 58, 203.
Profession d'imprimeur, 191.
Prospectus, 123, 146.
Publication, 163, 186 s.
Récidive, 136.
Refus d'imprimer, 94.
Registre, 86, 88, 195.
Réglement de 1723, 11, 38.
Réimpression, 129, 180 s. — partielle, 182.
Requête, 121.
Résidence, 35.
Retrait du brevet, 49. — (forme du), 57.
Révocation, 44, 82.
Rue, 143.
Saisie, 138, 164, 199. — (exemption de la), 202.
Séquestre, 138, 164, 199.
Serment, 20, 27 s.
Signature du gérant, 50.
Souscription, 187.
Sous-préfecture, 108, 176.
Successeur, 43, 131. — (présentation d'un), 42.
Supposition de nom, 7.
Tirages successifs, 184.
Titre de l'ouvrage, 119.
Traité, 43.
Tribunaux correctionnels, 196.
Vente, 43. — d'imprimerie, 45.
Veuve d'imprimeur, 37.
Ville, 148.
Visite des ateliers, 88.

IMPRIMEUR, IMPRIMERIE. — 1. — On appelle *imprimeur* celui qui se charge de faire imprimer des ouvrages par des ouvriers qu'il paie et qu'il dirige. — *L'imprimerie* est le lieu où l'on imprime. — On désigne aussi sous cette dénomination le fonds de commerce d'un imprimeur. — Enfin, on nomme *imprimerie* l'art de tirer sur du papier l'empreinte des lettres, des caractères mobiles coulés en fonte et qui servent de moule.

2. — Les imprimeurs peuvent être atteints, sous deux rapports distincts, par les dispositions répressives de la législation spéciale à la presse.

3. — Ils peuvent se rendre coupables de délits de presse proprement dits, soit comme auteurs principaux, soit par complicité. La responsabilité pénale et pécuniaire qu'ils encourent dans ces deux cas a déjà fait l'objet de notre examen. — V. DÉLITS DE PRESSE ET DE PUBLICATION, nos 134, 146 et suiv.

4. — Ils peuvent aussi commettre de simples contraventions de presse par des infractions aux lois qui ont réglé les conditions d'exercice de leur profession. C'est l'analyse de ces lois qui fait l'objet du présent article.

SECT. 1re. — *Historique et législation* (n° 5).

SECT. 2e. — *Conditions auxquelles on peut être imprimeur* (n° 20).

§ 1er. — *Brevet, serment, permission* (n° 20).

§ 2. — *Des imprimeries clandestines* (n° 62).

SECT. 3e. — *Obligations des imprimeurs dans l'exercice de leur profession* (n° 83).

§ 1er. — *Obligations diverses* (n° 83).

§ 2. — *Déclaration avant l'impression* (n° 103).

§ 3. — *Indication sur l'imprimé du nom et de la demeure de l'imprimeur* (n° 137).

§ 4. — *Dépôt après l'impression* (n° 163).

SECT. 4e. — *Poursuite et jugement des infractions aux lois sur la profession d'imprimeur* (n° 191).

—

Sect. 1re. — *Historique et législation.*

5. — Dès que l'art de l'imprimerie fut connu en France, il fixa l'attention du gouvernement, et tout en accordant à ceux qui l'exerçaient des immunités exceptionnelles, on crut devoir soumettre à des mesures de police et de surveillance multipliées une profession qui favorisait si puissamment la propagation des idées.

6. — Les lettres-patentes de Charles VIII, du mois de mars 1488, conférèrent aux imprimeurs les priviléges qui appartenaient aux suppôts de l'université. Ces priviléges, qui consistaient dans l'exemption de tous péages, aides et impositions, furent confirmés successivement par Louis XII, par François Ier, par Charles IX, par Henri IV, par Louis XIII, et consacrés par le réglement du 28 fév. 1713. — Favard de Langlade, *Rép.*, v° *Imprimeur;* Chassan, *Traité des délits de la parole, de l'écriture et de la presse*, édit. 2e, t. 1er, n° 666; Bories et Bonassier, *Dict. de la presse*, v° *Imprimeur*, n° 4.

7. — L'édit de Henri II, donné à Châteaubriant, le 17 juin 1551, assimile aux faussaires les imprimeurs qui supposent le nom d'autrui et prononce contre eux la confiscation de corps et de biens. Tous les sujets qui ont connaissance de pareils imprimés et qui en ont entre les mains sont tenus de les apporter incessamment en justice, comme livres suspects, à peine de punition arbitraire. — Art. 9 de l'ordonnance; — Muyart de Vouglans, *Intr. au dr. crim.*, tit. 8, chap. 6, p. 684.

8. — Aux termes de l'ordonnance de Moulins, de 1566, aucun ouvrage ne peut être imprimé qu'autant que l'imprimeur en a obtenu préalablement l'autorisation. La permission d'imprimer doit être insérée dans l'ouvrage, ainsi que le nom et le lieu de la demeure de l'imprimeur, sous peine de perdition de biens et de punition corporelle. — Art. 78. — Cette dernière formalité a été de nouveau prescrite par l'art. 5, édit 10 oct. 1728.

9. — L'édit donné par Charles IX, au mois de sept. 1572, défend, par son art. 10, de faire imprimer des livres en pays étrangers, à peine de confiscation des livres et d'amende arbitraire contre les imprimeurs, libraires ou marchands du royaume, qui y contreviendraient. La déclaration du 11 juin 1710 et le réglement du 28 fév. 1723 contenaient des dispositions analogues.

10. — On ne pouvait imprimer aucuns livres, livrets, libelles, feuilles volantes, etc., qu'en vertu de priviléges généraux ou particuliers du roi, ou de permission des officiers de police dans certains cas, à peine contre les imprimeurs d'interdiction pour un temps ou de privation de leurs maîtrises pour toujours, de confiscation des exemplaires et de 100 liv. d'amende pour chaque contravention. Ces formalités ne s'appliquaient cependant pas: 1° aux édits, déclarations et lettres-patentes du roi; 2° aux arrêts des cours imprimés dans leur ressort et par leur ordre en la manière ordinaire; 3° aux mémoires, placets, requêtes, factums ou autres écritures servant au jugement des procès, pour l'impression desquels il suffisait qu'ils fussent signés d'un avocat ou d'un procureur. — Déclar. 2 mai 1717; — Muyart de Vouglans, *loc. cit.*

11. — Le réglement de 1723 n'était guère qu'un résumé de règles tracées par les ordonnances précédentes. — V. le texte de ce réglement dans Pic, *Code des imprimeurs et libraires*. — V. LIBRAIRIE.

12. — Le nombre des imprimeurs fut fixé dans chaque généralité et dans les lieux qui en dépendaient par des arrêts du conseil du 12 mai 1759. — Denisart, v° *Imprimeur.*

13. — Les imprimeries privées étaient prohibées, à peine de 3,000 liv. d'amende contre le propriétaire de la maison et le locataire. Les presses devaient être confisquées et leur propriétaire puni exemplairement. — Ord. 10 oct. 1728, art. 12; réglem. 28 fév. 1723, tit. 12, art. 18; — Pic, *Code des imprimeurs et libraires*, t. 1er, p. 15 et suiv.

14. — Les imprimeurs brevetés ne pouvaient travailler ailleurs que dans la maison où était l'enseigne publique de l'imprimerie; l'imprimerie ne pouvait avoir aucune porte de derrière, et la porte de l'imprimerie ne pouvait être fermée qu'à simple loquet, à peine d'interdiction pour six mois et de 500 liv. d'amende. — Ord. 10 oct. 1728, art. 7.

15. — L'assemblée constituante ayant ordonné par le décret du 17 mars 1791 la suppression des brevets et des maîtrises, la profession d'imprimeur s'est trouvée par cela même presque complétement libre à partir de cette époque, et l'état de choses créé par ce décret s'est perpétué jusqu'au décret du 5 fév. 1810.

16. — Ce décret, qui rétablit en grande partie le régime sous lequel les anciens édits avaient placé la profession d'imprimeur, a été abrogé dans un grand nombre de ses dispositions, à raison de leur incompatibilité avec les chartes de 1814 et de 1830. D'autres dispositions sont encore en vigueur.

17. — La loi du 21 oct. 1814, sur la liberté de la presse, a, par son tit. 2, relatif à la police de la presse, créé ou renouvelé des règles importantes sur la profession d'imprimeur. Par sa réunion avec le décret de 1810, elle forme le Code presque complet de la matière.

18. — Lorsque le projet de cette loi a été présenté, on a critiqué le tit. 2 comme contraire à la liberté de faire imprimer ses opinions garantie à chaque citoyen par la charte de 1814. Des attaques semblables ont eu lieu depuis la révolution de 1830. Mais on a considéré que cette loi créait non une censure préalable, mais seulement des moyens de

mettre l'autorité à même de connaître l'auteur d'un délit commis par la voie de la presse, ce qui n'avait rien d'inconstitutionnel, et la loi n'a pas cessé d'être appliquée par les tribunaux. — Chassan, t. 1er, no 676.

19. — La *direction générale* de l'imprimerie et de la librairie, qui existait sous le régime du décret du 5 fév. 1810, a été supprimée par le décret du 24 mars 1815, et par l'ordonnance du 6 avr. 1834, qui a déterminé les attributions du ministère de l'intérieur. Bien que plusieurs documens législatifs mentionnent une direction de la librairie (Ord. 20 juill. 1815; L. 18 juill. 1828; ord. 18 avr. 1835, art. 8), il n'y a plus en réalité qu'un bureau de la librairie établi à ce ministère.

Sect. 2e. — *Conditions auxquelles on peut être imprimeur.*

§ 1er. — *Brevet, serment, permission.*

20. — Les imprimeurs sont, comme sous l'ancienne législation, brevetés et assermentés. — Décr. 5 fév. 1810, art. 5; L. 21 oct. 1814, art. 11.

21. — Pour être admis au brevet et au serment, les candidats doivent justifier de leur *capacité*, c'est-à-dire de leur instruction typographique, de leurs bonnes vie et mœurs et de leur attachement à la patrie et au souverain. — Décr. 5 fév. 1810, art. 7. — Cette disposition ne paraît pas abrogée par la loi du 21 oct. 1814. Les décisions de l'administration sur la collation ou le refus du brevet ne sont du reste susceptibles d'aucun contrôle. — Teulet, d'Auvilliers et Sulpicy, *Codes français*, sur l'art. 11 de la loi du 21 oct. 1814.

22. — Bien que la loi n'exige pas qu'on soit Français et majeur pour exercer la profession d'imprimeur, il paraît hors de doute que ces conditions d'idonéité sont indispensables. — *Codes français*, sur l'art. 11 de la loi du 21 oct. 1814.

23. — Mais les femmes peuvent obtenir un brevet d'imprimeur. On ne trouve dans la loi civile ni dans les lois spéciales aucune disposition qui les frappe d'incapacité à cet égard. — Pic, *Code des Imprimeurs*, t. 1er, p. 47; Obs. sur l'art. 55, régl., 18 fév. 1723.

24. — L'interdit est assimilé au mineur pour sa personne et pour ses biens (C. civ., art. 509); aussi l'état d'interdiction est-il une cause d'incapacité d'exercer la profession d'imprimeur, et si l'interdiction survenait après l'obtention du brevet, ce serait une cause de retrait de ce brevet. — De Grattier, t. 2, p. 63, no 9

25. — Le brevet est délivré sur parchemin par le ministre de l'intérieur. — Décr. du 2 fév. 1811, art. 1er; Ord. 6 avr. 1834.

26. — Les frais d'expédition sont de 50 fr. pour Paris et 25 fr. pour les autres villes du royaume. Ils doivent être acquittés avant toute remise aux impétrans, qui sont tenus de justifier de leur paiement par la production de la quittance. — Décr. 2 fév. 1811, art. 2 et 3.

27. — Le brevet est enregistré au greffe du tribunal civil de la résidence de l'impétrant, qui doit y prêter serment de ne rien imprimer de contraire aux devoirs envers le souverain et à l'intérêt de l'état. — Décr. 5 fév. 1810, art. 9.

28. — L'autorité administrative étant souveraine dans l'appréciation des motifs qui lui font refuser ou accorder le brevet, les tribunaux ne pourraient refuser de recevoir le serment d'un individu breveté, quand bien même il existerait des causes qui auraient pu le faire frapper de déchéance. — *Codes franç.*, observ. sur l'art. 11 de la loi du 21 oct. 1814. — De Grattier (t. 1er, p. 64, no 12) enseigne une opinion contraire.

29. — Les imprimeurs lithographes sont, comme les imprimeurs typographes, brevetés et assermentés. — Ord. 8 oct. 1817, art. 1er. — Les formalités qui précèdent s'appliquent à ces imprimeurs — Même ord., art. 3.

30. — Mais il en est autrement des imprimeurs en taille-douce : bien qu'aucune disposition spéciale ne les dispense de ces formalités, ils n'y ont pas été astreints jusqu'ici.

31. — Les dispositions du décret du 5 fév. 1810 et celles de la loi du 21 oct. 1814 sur la profession d'imprimeur ne leur sont pas applicables. — V. GRAVEURS, GRAVURES.

32. — Le nombre des imprimeurs typographes est limité tant à Paris que dans les départemens. A Paris ce nombre, qui avait été réduit à soixante par le décret du 5 fév. 1810, art. 3, a été porté à quatre-vingts par le décret du 11 fév. 1811. Dans les départemens la réduction s'est opérée soit par des cessions particulières, soit à mesure des décès. — Chassan, t. 1er, no 678; Bories et Bonassier, *Dict. de la presse*, vo *Imprimeur*, no 11.

33. — C'est par des décisions ministérielles que la fixation de nombre a été faite dans chaque département.

34. — Il résulte de l'ensemble de la législation que le brevet d'imprimeur est à vie, sauf le droit qui appartient au gouvernement de retirer le brevet dans le cas prévu par l'art. 12 de la loi du 21 oct. 1814, c'est-à-dire lorsque l'imprimeur a été condamné pour *contravention* aux lois et réglemens sur sa profession.

35. — Le brevet d'imprimeur est purement personnel, et il n'appartient même pas au titulaire de changer le lieu et la résidence pour lesquels il a été donné. — Parant, p. 36.

36. — Il ne peut donc être transmis par succession. Le décret de 1810 (art. 8) porte seulement que l'administration doit avoir des égards particuliers pour les familles des imprimeurs décédés, disposition qui ne crée à leur profit aucun droit véritable.

37. — La cour de Cassation a cependant jugé que l'art. 55, réglem. 28 fév. 1723, qui autorisait les veuves des imprimeurs non remariées à continuer, sans nouveau brevet, le commerce de leur mari, n'a été abrogé explicitement ni implicitement par aucune loi. — *Cass.*, 2 juin 1827, Lebel.

38. — Cette décision ne saurait plus faire autorité depuis que, par son arrêt solennel du 13 fév. 1836 (aff. Barbe et Grandin), la cour suprême a jugé que le réglement de 1723 est abrogé. — V. LIBRAIRIE.

39. — Le brevet ne peut être ni vendu, ni cédé, ni loué en tout ou en partie. On doit, en effet, le considérer comme étant hors du commerce. On peut seulement traiter avec un imprimeur pour qu'il donne sa démission. — *Nancy*, 23 janv. 1828, Vincenot; *Poitiers*, 27 juin 1832, Rosenfeld c. Prod; — Troplong, *Vente*, t. 1er, no 221; de Grattier, t. 1er, p. 32, no 3; Chassan, t. 1er, no 686; Goujet et Merger, *Dict. de droit*, vo *Imprimeur*, no 26.

40. — En conséquence, est nulle, comme contraire à l'ordre public, la stipulation par laquelle un imprimeur s'oblige à remettre, à titre de garantie, à un créancier son brevet et sa démission en blanc. — *Paris*, 2 janv. 1843 (t. 1er 1843, p. 141), Breton c. Mévil.

41. — L'imprimeur pourrait cependant prendre des associés, pourvu que la gestion de l'entreprise continuât à lui appartenir et restât sous son nom, de telle manière que la responsabilité qui dérive de la qualité d'imprimeur demeurât entière pour lui. — Chassan, t. 2, no 687.

42. — Les imprimeurs ne jouissent pas du droit conféré par la loi du 28 avr. 1816 (art. 90) aux officiers ministériels de présenter leur successeur à l'agrément de l'autorité.

43. — Néanmoins, bien que l'administration soit entièrement libre dans le choix qu'elle doit faire d'un nouvel imprimeur en cas de démission d'un titulaire, elle est dans l'habitude d'avoir égard aux traités par lesquels la clientèle et le matériel ont été vendus par le titulaire à un tiers, et elle désigne en général ce tiers pour exploiter le nouveau brevet.

44. — Lorsque l'administration révoque un imprimeur, elle est dans l'usage de faire indemniser en partie cet imprimeur par celui qu'elle lui substitue.

45. — La cour de Poitiers a décidé que la vente du matériel et de la clientèle d'un imprimeur ne devait pas être réputée faite sous la condition résolutoire que l'acheteur serait agréé par le ministre. — *Poitiers*, 27 juin 1832, Rosenfeld c. Prod.

46. — Mais cette décision, ainsi que le fait remarquer M. Troplong (*Vente*, t. 1er, no 221), ne peut s'expliquer que par les faits spéciaux du procès.

47. — Non seulement les brevets sont obligatoires pour tous les imprimeurs, mais ils sont spéciaux pour chaque genre d'impression. Ainsi, l'imprimeur en caractères mobiles ne pourrait, sans un autre brevet particulier, avoir une presse lithographique. — De Grattier, t. 1er, p. 48, no 14.

48. — Un brevet d'imprimeur ne peut couvrir qu'une seule imprimerie. — *Cass.*, 24 sept. 1841 (t. 2 1841, p. 543), Léautey.

49. — Nous avons vu qu'aux termes de l'art. 12, L. 21 oct. 1814, le brevet peut être retiré à l'imprimeur lorsqu'il a été condamné pour *contravention* aux lois et aux réglemens sur sa profession. Cette disposition a remplacé l'art. 10 du décret de 1810, qui autorisait le retrait du brevet lorsque l'imprimeur était convaincu d'avoir imprimé un écrit portant atteinte aux devoirs des sujets envers le souverain et à l'intérêt de l'état.

50. — Elle reçoit exception dans le cas prévu par la loi du 18 juill. 1828, c'est-à-dire lorsque l'imprimeur d'un journal a été condamné pour avoir omis d'imprimer au bas la signature du gérant. Le brevet ne peut être retiré pour ce motif.

51. — Le gouvernement a, du reste, usé rarement du droit que lui confère l'art. 12 L. 1814. Depuis la révolution de 1830 cette disposition n'a été appliquée qu'une fois. En 1834 le brevet de l'imprimeur du journal la *Tribune* lui a été retiré. — Chassan, t. 1er, no 682; — Bories et Bonassier, vo *Brevet*, no 9.

52. — Les condamnations en matière de presse ne sont pas les seules causes qui autorisent le gouvernement à retirer le brevet. Il faut y ajouter l'état de mort civile ou des condamnations à des peines entraînant la dégradation civique, ou enfin le bannissement. — Grattier, t. 2, p. 62, no 6.

53. — Mais des condamnations à la peine de l'emprisonnement ou à celle de l'amende pour causes autres que des infractions aux lois ou réglemens sur la profession d'imprimeur ne peuvent être un motif de retrait du brevet de l'imprimeur. — De Grattier, *loc. cit.*, no 7.

54. — L'interdiction de tous ou partie des droits mentionnés dans l'art. 42, C. pén., autorise-t-elle le retrait du brevet? — De Grattier (t. 1er, p. 62, no 7) enseigne l'affirmative, mais les auteurs des *Codes français*, obs. 10 sur l'art. 12, L. 21 oct. 1814, font observer que l'art. 42, C. pén., rapproché de l'art. 34 semble limiter l'interdiction aux emplois et fonctions qui s'exercent dans l'administration et la justice, de telle sorte que ces dispositions ne seraient pas applicables aux imprimeurs.

55. — Les contraventions aux lois fiscales n'entraînent pas en général le retrait du brevet. Cependant l'art. 69, L. 28 avr. 1816, relatif au timbre, prononce dans certains cas d'impression d'affiche la peine de 600 francs d'amende contre l'imprimeur sans préjudice du retrait du brevet, s'il y a lieu. Il faut penser que c'est là une exception et non une règle générale. — *Codes français*, obs. 6 sur l'art. 12, L. 21 oct. 1814.

56. — La faillite, en dépouillant le failli de l'administration de ses biens, peut suspendre l'exercice du brevet, mais elle n'en entraîne pas la déchéance. — De Grattier, p. 63, no 11.

57. — Le retrait du brevet dans les termes de l'art. 12 est prononcé par le ministre de l'intérieur. Il n'est pas besoin d'une ordonnance royale. — Arg. art. 10, aujourd'hui abrogé du décret 5 fév. 1810.

58. — Pour mettre le gouvernement à même d'exercer le droit qui lui est conféré, les procureurs du roi doivent envoyer dans la quinzaine de leur date au ministre de la justice un extrait des jugemens rendus en matière d'imprimerie. — Circ. du min. de la justice du 5 oct. 1812, 8 août 1827 et 18 mai 1830.

59. — *Permission.* — Indépendamment des imprimeries brevetées, la loi reconnaît les imprimeries autorisées sur les déclarations faites à la direction de la librairie. — L. 21 oct. 1814, art. 13, § 1.

60. — Deux caractères distinguent les *permissions* ainsi accordées des *brevets*. — D'abord les permissions sont essentiellement temporaires et révocables. — En second lieu, leur effet se limite à l'administration intérieure de l'imprimerie; il ne saurait s'étendre à aucune impression livrée à la publicité. Toute publication doit porter le nom d'un imprimeur et un imprimeur ne peut jamais être constitué par simple permission; un brevet est indispensable.

61. — Les permissions s'accordent en général : — 1o à la mort d'un imprimeur : on autorise ses héritiers à gérer sous la responsabilité d'un confrère du défunt; — 2o dans le cas d'absence d'un imprimeur pendant un temps un peu long : il prévient l'administration et obtient de faire gérer pour son compte et sous sa responsabilité par une personne qu'il désigne; — 3o lorsqu'un accroissement dans son commerce force un imprimeur à établir momentanément une succursale à ses ateliers; — 4o quand un simple particulier a besoin d'un matériel, soit typographique, soit lithographique, pour faire des essais de procédés nouveaux ou de nouvelles applications de procédés connus, lesquels demandent le secret pour que l'inventeur ne se voie pas dépouillé du fruit de ses peines. — Goujet et Merger, nos 31 et suiv.

§ 2. — *Des imprimeries clandestines.*

62. — Est réputée clandestine toute imprimerie non déclarée et pour laquelle il n'a pas été obtenu de permission. — L. 21 oct. 1814, art. 13, § 2. — Les imprimeries clandestines doivent être détruites et les possesseurs ou dépositaires punis d'une amende de 10,000 francs et d'un emprisonnement de six mois. — Même article, § 1er.

63. — Il résulte de la définition que donne cette disposition de la clandestinité qu'elle peut exister en droit seulement ou en droit et en fait simultanément. La clandestinité de droit a lieu lorsque l'imprimerie n'a pas été déclarée et qu'il n'a pas

été obtenu de permission, lors même que cette imprimerie serait publique de fait. Il y a clandestinité de la seconde espèce à l'égard d'un imprimeur, d'ailleurs breveté et assermenté, lorsque, outre l'imprimerie par lui déclarée, il tient dans une autre ville ou dans une autre maison une imprimerie non déclarée et soustraite ainsi aux regards et à la surveillance de l'autorité. — Chassan, t. 1er, no 688.

64. — L'exploitation d'une imprimerie étant une entreprise commerciale qui doit rester sous l'empire du droit commun en tout ce qui n'est pas en opposition avec la loi spéciale, un individu non breveté ni assermenté peut sans contravention prendre, soit comme mandataire, soit comme associé du titulaire, part à la gestion d'une imprimerie. — Mais l'imprimeur breveté ne peut créer à sa volonté un nombre indéterminé d'imprimeurs en prêtant frauduleusement son nom à des individus dont l'*industrie* et les intérêts sont *entièrement distincts et séparés* des siens. — Aussi le *marronnage*, c'est-à-dire l'exercice par des individus, à l'aide de presses et ustensiles d'imprimerie à eux appartenant, d'une industrie distincte de celle de l'imprimeur breveté qui leur sous-loue une partie des lieux occupés par lui et prête son nom à leurs labeurs, constitue-t-il le délit d'imprimerie clandestine puni par l'art. 13 de la loi du 21 oct. 1814. — *Cass.*, 24 sept. 1841 (t. 2 1841, p. 543), Léautey. — De Grattier, *Comment. sur les lois de la presse*, t. 1er, p. 32 et 33, nos 3 et suiv.

65. — L'arrêt qui précède a cassé un arrêt de la cour de Paris qui avait adopté une doctrine contraire sur le marronnage et renvoyé l'affaire devant la cour de Rouen. Cette dernière cour ayant adopté le même système que la cour de Paris, la cour suprême, saisie de nouveau de la question par un pourvoi formé contre la décision de la cour de renvoi, a maintenu sa jurisprudence et cassé l'arrêt de la cour de Rouen, contrairement aux conclusions du procureur général Dupin. — *Cass.*, 27 avr. 1842 (t. 2 1842, p. 346), même affaire.

66. — Mais il n'y a pas délit lorsque celui qui a acheté une imprimerie l'exploite sous le nom du vendeur demeuré titulaire du brevet. Cet acquéreur ne peut être considéré comme détenteur d'une imprimerie clandestine et n'est pas passible des peines portées par l'art. 13 de la loi du 21 oct. 1814. — *Cass.*, 3 août 1838 (t. 2 1838, p. 186), Krabbe; 20 déc. 1838 (t. 1er 1839, p. 195), Delbecque et Dubois.

67. — Une cour royale peut donc juger, sans que son arrêt donne ouverture à cassation, que l'art. 13 de la loi du 21 oct. 1814, qui punit la détention d'une imprimerie clandestine, est sans application au cas où une personne cessionnaire d'un brevet d'imprimerie sous la condition suspensive de l'agrément de l'autorité a, même après le refus de l'autorité de lui transférer le brevet, continué l'exploitation de l'imprimerie sous le nom et la responsabilité et pour le compte de l'ancien titulaire. — Dans un semblable état des faits, la cour royale peut considérer le cessionnaire comme un simple ouvrier du cédant. — *Cass.* (ch. réunies), 10 juill. 1846 (t. 2 1846, p. 263), Gojon.

68. — Toutefois la chambre criminelle de la cour de Cassation avait jugé dans la même affaire qu'on doit réputer *clandestine* l'imprimerie exploitée personnellement par le cessionnaire du brevet, sous le nom de ce dernier, postérieurement à l'époque où la transmission du brevet lui a été refusée par l'autorité. — Ce cessionnaire ne serait à l'abri des peines prononcées par ladite loi qu'autant que l'imprimerie aurait continué d'être dirigée et exploitée personnellement par l'imprimeur breveté. — *Cass.*, 15 fév. 1845 (t. 2 1845, p. 536), Gojon; 11 oct. 1845 (t. 1er 1846, p. 548), Lagarrigue.

69. — Mais la cour de Grenoble, à laquelle la cause avait été renvoyée, adopta un système contraire; et c'est sur le pourvoi dirigé contre ce dernier arrêt qu'est intervenue la décision solennelle que nous venons de rapporter. — V. arrêt de Grenoble, 6 mai 1845. — V. arrêt de cassation précité.

70. — Quoi qu'il en soit, il est hors de doute que les droits que peut avoir un tiers sur le matériel des presses d'une imprimerie ne suffisent pas pour que celui à qui le brevet d'imprimeur a été concédé perde par cela seul le droit d'exploitation que lui confère ce brevet et soit considéré comme détenteur d'une imprimerie clandestine. — *Cass.*, 2 janv. 1846 (t. 2 1846, p. 266), Casta.

71. — L'imprimeur qui a cédé son brevet conserve donc le droit d'exploiter son imprimerie (et ne peut être dès-lors réputé exploiter une imprimerie clandestine) tant que le cessionnaire n'est pas complètement investi de la qualité légale d'imprimeur breveté. — *Cass.*, 19 juill. 1844 (t. 2 1845, p. 335), Paya.

72. — Pour faciliter la surveillance de l'autorité sur les imprimeries clandestines, les commissaires priseurs et autres officiers ministériels sont tenus de faire la déclaration des objets d'imprimerie qu'ils sont chargés de vendre. — Décret du 2 fév. 1811, art. 4; circul. du garde des sceaux 13 juill. 1824 et 9 nov. 1831.

73. — Aux termes de l'art. 6, décr. 5 fév. 1810, les imprimeurs sont tenus d'avoir quatre presses à Paris et deux dans les départemens. Faut-il en conclure qu'on doit entendre par une imprimerie, dans le sens de l'art. 13, L. 1814, la réunion de ces quatre ou de ces deux presses et qu'il n'y aura de clandestinité punissable que celle qui aura pour objet un matériel aussi considérable? — Parant (p. 43) fait observer avec raison que telle n'a pu être la pensée de la loi de 1814, et que la pénalité de son art. 13 doit être appliquée même lorsqu'il s'agit d'une seule presse fonctionnant clandestinement. — V., dans le même sens, Chassan, t. 1er, no 690.

74. — L'art. 13, L. 21 oct. 1814, punit les simples possesseurs d'imprimerie clandestine. Il peut donc y avoir délit lors même qu'on n'aurait pas fait usage des presses. Mais la personne dans la maison de laquelle une imprimerie existerait à son insu pourrait échapper à toute responsabilité en prouvant sa bonne foi. — *Cass.*, 27 déc. 1833, Duquigny; — Parant, p. 43; Chassan, t. 1er, no 691; de Grattier, t. 1er, p. 67.

75. — On ne doit pas assimiler aux imprimeries clandestines les presses lithographiques de petite dimension employées uniquement à des impressions privées de peu d'importance. — Circul. min. 16 juin 1830. — Sauf cependant à poursuivre s'il y avait abus. — Parant, p. 44.

76. — ... Ni les presses à cylindre destinées à tirer des copies, dont la possession a été autorisée. — Décret 18 nov. 1810, art 1er.

77. — Quant aux presses lithographiques d'une grande dimension elles sont assimilées aux imprimeries clandestines si elles n'ont pas été autorisées. — Circul. min. 16 juin 1834.

78. — Il en est de même des presses de petite dimension quand elles sont trouvées chez des personnes qui prennent la qualité d'imprimeurs. — Goujet et Merger, no 44.

79. — Il faut rapprocher de l'art. 13, L. du 21 oct. 1814, qui punit les possesseurs de presses ou appareils en état de fonctionner, les dispositions du décret du 18 nov. 1810 précité qui est toujours en vigueur. — De Grattier, t. 1er, p. 65, no 1er; Chassan, t. 1er, no 693. — V. *contrà Bordeaux*, 22 mars 1822, Langlet.

80. — Ceux qui cessent d'exercer la profession d'imprimeur, et tous ceux qui n'exerçant pas cette profession se trouvent propriétaires, possesseurs ou détenteurs de presses, fontes, caractères ou autres ustensiles d'imprimerie sont tenus de faire, dans le délai d'un mois, à partir de la cessation de la profession ou de la possession, la déclaration desdits objets, dans le département de la Seine, au préfet de police, et dans les autres départemens au préfet sous peine d'emprisonnement de six jours à six mois. — Décret 18 nov. 1810, art. 5.

81. — Les presses à cylindre servant à tirer des copies sont exceptées de cette disposition. Les préfets doivent transmettre, à cet effet, lesdites déclarations au ministre de l'intérieur, avec leur avis sur les demandes en autorisation de conserver lesdites presses et ustensiles pour continuer d'en faire usage. — Art. 2 et 3.

82. — On ne saurait considérer comme clandestine la possession par des imprimeurs qui abandonnent leur profession de presses qui dépendaient de leur exploitation, et l'art. 13 de la loi de 1814 n'est pas applicable à ce cas, qui rentre dans les termes du décret du 18 nov. 1810. Chassan (t. 1er, no 696) estime cependant que si l'imprimeur qui cesse d'exercer sa profession par suite de révocation, réduction ou autre cause, faisait ensuite usage de ses presses, ce serait le cas d'appliquer la loi de 1814.

Sect. 3e. — *Obligations des imprimeurs dans l'exercice de leur profession.*

§ 1er. — *Obligations diverses.*

83. — Des obligations de diverses natures sont imposées aux imprimeurs.

84. — Ainsi, comme exerçant un négoce ils sont astreints aux devoirs imposés aux commerçans en général. — V. COMMERÇANT.

85. — Spécialement, ils sont tenus de payer l'impôt de la patente (V. PATENTE), et d'avoir les divers livres prescrits par la loi. — V. LIVRES DE COMMERCE.

86. — Chaque imprimeur doit, en outre, tenir un livre côté et paraphé par le maire de la ville où il réside. Il doit inscrire dans ce livre, par ordre de date et avec une série de numéros, le titre littéral de chaque écrit qu'il veut imprimer, le nom de l'auteur, s'il lui est connu, le nombre des feuilles, des volumes et des exemplaires et le format de l'édition. Ce livre doit être représenté aux officiers de police à toute réquisition et visé par eux s'ils le jugent convenable. — Décr. 5 fév. 1810, art. 11; Ord. du 24 oct. 1814, art. 2.

87. — Toutefois, cette prescription est dépourvue de toute sanction. L'ordonnance de 1814 l'a empruntée à l'art. 11 du décret du 5 fév. 1810, et l'ordonnance ne pouvait prononcer une peine là où le décret n'en édictait pas. — Chassan, t. 1er, no 706.

88. — Une circulaire du 16 juin 1830 recommande aux commissaires de police de visiter fréquemment les ateliers d'imprimerie et de se faire représenter le livre prescrit par l'art. 2, ord. 24 oct. 1814, à l'effet de constater les contraventions.

89. — Un avis du comité de législation du 3 oct. 1816, approuvé par les ministres de la justice et des finances, et rappelé dans une lettre du ministre de l'intérieur du 16 déc. 1822 décide que les registres des imprimeurs rentrent dans la classe de ceux que tiennent les horlogers, entrepreneurs de messageries, et doivent être sur papier timbré, mais que le droit de timbre ne doit être appliqué que d'après la quotité introduite par l'art. 72, L. 28 avr. 1816, en faveur des livres de commerce. L'art. 9, L. 16 juin 1824, a, depuis, modifié les dispositions de l'art. 72, L. 28 avr. 1816 en réduisant le timbre spécial pour livres de commerce à 5 centimes par feuille de papier petit ou moyen, et à 10 centimes par feuille de dimension, quelle que soit la dimension du papier. Enfin, la loi du 20 sept. 1837, art. 4, a remplacé l'impôt du timbre pour les livres de commerce par une addition de 3 centimes au principal de la patente.

90. — Les imprimeries doivent avoir quatre presses dans Paris et deux dans les départemens. Leur nombre étant fixe, il importait à l'intérêt public qu'ils eussent assez de presses pour répondre à tous les besoins. — Décr. 5 fév. 1810, art. 6.

91. — De Grattier (t. 1er, p. 22) fait remarquer que l'infraction à cette dernière inscription n'entraîne aucune peine correctionnelle contre l'imprimeur qui ne possède qu'un nombre de presses insuffisant. Seulement, aux termes de l'art. 12, L. 21 oct. 1814, le gouvernement pourrait faire déclarer la contravention par le tribunal correctionnel et retirer à l'imprimeur son brevet. — V. *infrà*.

92. — Il est de jurisprudence que l'imprimeur n'est pas tenu d'imprimer les ouvrages qu'on veut confier à ses presses, son ministère étant facultatif et non obligatoire. — *Paris*, 27 mars 1830, Durand c. Sellecque; *Poitiers*, 30 déc. 1829, Morisset c. Sentinelle des Deux-Sèvres; *Rouen*, 1er avr. 1830, Mortureux c. Pelvey-Desnos; *Dijon*, 16 janv. 1839, Cousot c. Robert.

93. — Nous croyons avec de Grattier (t. 1er, p. 58, no 23; Chassan (t. 1er, p. 517, no 698), et Bories et Bonassier, *Dict. de la Presse*, vo *Imprimeur*, nos 77 et suiv.) que cette jurisprudence doit être approuvée. Les lois sur la profession d'imprimeur, en créant pour ceux qui l'exercent certaines obligations, ne leur imposent pas celle de prêter le secours de leurs presses à tous ceux qui le réclament, et d'autre part pouvant être l'objet de poursuites, soit comme auteurs principaux, soit comme complices, lorsque l'écrit qu'ils ont imprimé est incriminé (L. 17 mai 1819, art. 24), il semble en résulter forcément qu'ils ont le droit de se refuser à imprimer un ouvrage qui leur paraîtrait compromettant pour eux.

94. — Mais si un imprimeur, après avoir souscrit l'engagement d'imprimer un écrit, refusait ensuite de l'imprimer en alléguant qu'il ne veut pas s'exposer à des poursuites, il devrait être condamné à des dommages-intérêts, si de l'inexécution du marché il résultait un préjudice pour l'auteur. — *Poitiers*, 30 déc. 1829, Morisset c. Sentinelle des Deux-Sèvres.

95. — Le tribunal de commerce a même jugé, dans des circonstances mémorables, que l'imprimeur qui s'est engagé à imprimer un journal, ne peut, pour se soustraire à l'exécution de ses engagemens, invoquer une ordonnance royale contraire à la charte, et qui n'est pas faite pour l'exécution et la conservation des lois. — *Trib. comm. Seine*, 28 juill. 1830 (t. 23, p. 725), Lapelouze et Chatelain c. Laguionie.

96. — Il peut se présenter néanmoins telles circonstances dans lesquelles l'imprimeur pourra être fondé à refuser l'usage de ses presses, bien qu'il se soit engagé à imprimer la publication de laquelle fait partie l'article ou le passage qui pa-

IMPRIMEUR, IMPRIMERIE, sect. 3e.

IMPRIMEUR, IMPRIMERIE, sect. 3e.

rait compromettant, comme, par exemple, s'il s'agit de l'imprimeur d'un journal qui refuse d'imprimer un article qui paraît renfermer des délits. Les tribunaux apprécieront si la résistance de l'imprimeur est légitime. — Chassan, t. 1er, no 699.

97. — L'imprimeur d'un journal n'est pas tenu le se faire justifier du versement du cautionnement. — *Paris*, 26 déc. 1833, Lienne.

98. — Nul imprimeur ne peut imprimer un écrit avant d'avoir déclaré qu'il se propose de l'imprimer (V. *infrà* nos 163 et suiv.), ni le publier ou mettre en vente avant d'en avoir déposé un certain nombre d'exemplaires à Paris, au secrétariat de la direction de la librairie, et, dans les départemens, au secrétariat de la préfecture. Enfin, chaque exemplaire sorti des presses d'un imprimeur doit porter l'indication du nom et de la demeure de cet imprimeur.

99. — Ces trois obligations sont distinctes les unes des autres, et chaque infraction à l'une d'elles donne lieu à une peine spéciale. — *Cass.*, 21 fév. 1824, Brunet; 8 août 1828, même affaire. — Chassan, t. 1er, p. 443; de Grattier, t. 1er, p. 72, 86.

100. — L'art. 365, C. inst. crim., qui pose le principe du non-cumul des peines, reçoit en pareil cas exception. En conséquence, les contraventions de défaut de déclaration avant l'impression, et de défaut de dépôt avant la publication, sont passibles l'une et l'autre d'une amende particulière, et les deux amendes sont encourues lorsque les deux contraventions existent cumulativement. — *Cass.*, 14 août 1846 (t. 2 1846, p. 706), Dieulafoy; 16 janv. 1826, Veysset.

101. — Les tribunaux ne peuvent modérer les amendes fixées par la loi sous prétexte qu'il existe des circonstances atténuantes. Ce droit n'appartient qu'à l'administration. — *Cass.*, 21 fév. 1824, Brunet; 8 avr. 1828, même affaire; 16 juin 1826, Veysset; 3 juin 1826, Ledue.

102. — A plus forte raison ne peuvent-ils relaxer les prévenus par le motif qu'ils ont agi de bonne foi; dès que le fait matériel de la contravention est constaté, la condamnation doit nécessairement être prononcée. — *Cass.*, 4 mai 1832, Jausione; 6 juill. 1832, Baume; 15 sept. 1837 (t. 1er 1838, p. 282), Raisloc; 9 août 1821, Javel.

§ 2. — *Déclaration avant l'impression.*

103. — Les imprimeurs ne peuvent imprimer un écrit sans avoir déclaré qu'ils se proposent de l'imprimer. — L. 21 oct. 1814, art. 14.

104. — La loi de 1814 n'indique pas à qui la déclaration doit être faite. Il faut recourir à cet égard au décr. du 5 fév. 1810, art. 12, modifié conformément aux changemens qu'a subis l'organisation de l'imprimerie depuis cette époque. Chaque imprimeur doit remettre ou adresser au ministre de l'intérieur et en outre au préfet copie de la transcription faite sur le livre dont il a été parlé ci-dessus, no 86, et la déclaration qu'il a l'intention d'imprimer l'écrit, il lui en est délivré récépissé, et le préfet doit donner connaissance de la déclaration au ministre de l'intérieur. — V. aussi ord. 24 oct. 1814, art. 2, § 2.

105. — L'imprimeur n'adresse pas lui-même la déclaration au ministre de l'intérieur. Dans l'usage, cette déclaration est remise au préfet, qui la transmet au ministre.

106. — Le préfet n'a pas le droit de refuser la déclaration. S'il en était autrement, l'impression de l'écrit pourrait être arbitrairement empêchée, ce qui serait un rétablissement indirect de la censure au mépris de l'art. 7 de la Charte.

107. — Jugé cependant que le refus fait par un préfet de recevoir une déclaration au jour férié n'autorise pas l'imprimeur à passer outre, alors surtout que le président du tribunal civil a refusé de commettre un huissier pour sommer ce magistrat d'avoir à recevoir cette déclaration. — *Metz*, 31 août 1833, Lamort.

108. — La déclaration doit être faite à la préfecture du département; si elle était faite au secrétariat de la sous-préfecture de l'arrondissement, elle serait irrégulière.

109. — Une exception a cependant été faite à la rigueur de cette règle. Une circulaire du ministre de l'intérieur, du 18 juill. 1846, a décidé que lorsqu'il s'agirait d'une publication relative aux élections et jusqu'à l'achèvement des opérations électorales, la déclaration et le dépôt pourraient, par exception, être reçus au secrétariat de la sous-préfecture du lieu où la publication devrait être faite, tous les jours, à toute heure, et même le dimanche. — Bories et Bonassies, *Dict. de la presse*, vo *Déclaration*, no 21.

110. — La déclaration doit être faite par l'imprimeur personnellement, par le même motif que le brevet doit lui être conféré personnellement; elle ne saurait émaner d'un commis, même du fils de l'imprimeur, mandataire général de son père. — Chassan (t. 1er, no 708) pense cependant que la déclaration faite par un fondé de pouvoir spécial serait admissible s'il y avait empêchement réel de la part de l'imprimeur.

111. — Les dispositions qui précèdent s'appliquent aux estampes et aux planches gravées, accompagnées d'un texte. — Ord. 24 oct. 1814, art. 3. — Elles sont également applicables à la musique gravée, accompagnée de paroles. — Parant, p. 48; — *Cass.*, 25 nov. 1837 (t. 2 1837, p. 592), Schlesinger.

112. — Les morceaux détachés d'une partition publiée séparément doivent être déclarés, surtout s'il existe des différences avec la partition originale. — Même arrêt.

113. — Mais les œuvres de musique *sans texte* ne tombent pas, quant à la déclaration, sous l'application de la loi du 21 oct. 1814. — Même arrêt. — Ces productions ne sont soumises qu'à la déclaration prescrite par la loi du 19-24 juill. 1793, qui a pour but unique d'assurer aux auteurs ou compositeurs la propriété de leurs œuvres. — V. PROPRIÉTÉ LITTÉRAIRE et MUSIQUE.

114. — La déclaration prévue par la loi et l'ordonnance de 1814 doit être faite par les imprimeurs lithographes avant toute impression. — Ord. 8 oct. 1817.

115. — Quant à la teneur de la déclaration, elle doit être conforme à l'inscription portée au livre de l'imprimeur, c'est-à-dire qu'elle doit contenir le titre littéral de l'écrit à imprimer, le nombre des feuilles, des volumes, des exemplaires et le format de l'édition. — Ord. 24 oct 1814, art. 2.

116. — Bien que les formalités qui doivent accompagner la déclaration aient été tracées par l'ordonnance du 24 oct. 1814, et non par la loi du 21 oct., il est de jurisprudence que l'ordonnance se lie et se confond avec la loi dont elle a pour but d'assurer l'exécution, et que dès-lors la déclaration qui n'est pas conforme à la prescription de l'ordonnance constitue la contravention punie par l'art. 16 de la loi. — Chassan, t. 1er, no 705.

117. — C'est en vertu de ce principe que la cour de Cassation a décidé que l'imprimeur qui tire un nombre d'exemplaires supérieur à celui énoncé dans sa déclaration doit être considéré comme ayant fait une déclaration irrégulière et se rend passible des peines portées pour défaut de déclaration. — *Cass.*, 19 déc. 1823, Chantpie; *Paris*, 13 sept 1838 (t. 2 1838, p. 541), Thomassin. — V. en ce sens Parant, p. 59; Chassan, t. 1er, no 705; de Grattier, t. 1er, p. 107; Celliez, *Code annoté de la presse*, p. 24, notes; Pic, *Code des libraires*, t. 1er, no 304, note 4.

118. — Lorsque des circonstances font modifier le nombre des exemplaires, l'imprimeur doit rectifier sa première déclaration et faire connaître les changemens qu'il se propose d'effectuer. — Goujet et Merger, no 82.

119. — Il en est de même dans le cas de modifications apportées au titre de l'ouvrage imprimé. — Goujet et Merger, no 81.

120. — Néanmoins, si l'administration avait reçu une déclaration irrégulière en la forme, la responsabilité de l'imprimeur serait à couvert. — Grattier, t. 1er, no 80; Goujet et Merger, no 79.

121. — Rigoureusement tous les écrits non périodiques devraient être l'objet d'une déclaration avant l'impression. Cependant l'administration n'exige pas l'accomplissement de cette formalité dans tous les cas. La circulaire ministérielle du 16 juin 1830 fait exception pour les ouvrages dits *de ville* ou *bilboquets*, c'est-à-dire, qui, imprimés pour le compte de l'administration ou destinés pour des ouvrages privés, ne sont pas susceptibles d'être répandus dans le commerce. On assimile encore aux ouvrages de ville, continue la circulaire, les factums, mémoires, ou requêtes sur procès lorsqu'ils sont signés par un avocat ou un officier ministériel. Cette exception est fondée sur la garantie que présentent le nom et la signature dont ils sont revêtus, et sur la célérité que de telles impressions requièrent. Hors ce cas, tout doit être déclaré et déposé. — V. BILBOQUET.

122. — Ainsi, sont soumis à la déclaration préalable : 1o un mémoire signé seulement par la partie ou son fondé de pouvoir. — V. BILBOQUET, no 6.

123. — ...2o Le prospectus destiné à faire connaître une découverte et à en faire valoir les avantages. — *Cass.*, 3 juin 1836 (t. 1er 1837, p. 36), Cordier.

124. — ...3o La circulaire d'un fabricant ayant pour but de préconiser son travail. — *Cass.*, 5 juill. 1845 (t. 2 1845, p. 303), Vial.

125. — 4o L'avis d'un médecin ou pharmacien contenant avec certains développemens l'annonce d'une découverte relative à l'art de guérir. — *Cass.*, 16 août 1839 (t. 2 1839, p. 246), Marie.

126. — 5o Un avis renfermant l'énonciation du prix ou salaire de divers travaux de fabrique, s'il est destiné à être vendu. — *Cass.*, 4 oct. 1844 (t. 2 1844. p. 671), Lepagnez.

127. — Les journaux et écrits périodiques ne sont pas soumis à la déclaration avant l'impression. Pour les écrits de cette nature cette formalité est remplacée par la déclaration prescrite par les art. 5, 6 et 8, L. 18 juill. 1828. Il n'y a aucune distinction à faire à cet égard entre les journaux cautionnés et ceux qui sont dispensés du cautionnement. — De Grattier, t. 1er, p. 78, no 8.

128. — La cour d'Amiens a décidé que la feuille imprimée publiée comme supplément à un numéro d'un journal périodique trois jours seulement après la publication de ce numéro, n'a aucun des caractères d'un supplément de journal et qu'elle constitue en réalité une œuvre distincte et séparée; que dès-lors l'imprimeur qui n'a pas fait précéder cette publication de la déclaration prescrite par l'art. 14, L. 21 oct. 1814 enfreint non les lois relatives à la publications des journaux et écrits périodiques, mais celles sur la police de la presse, et encourt la peine édictée par l'art. 16 de ladite loi de 1814. — *Cass.*, 22 nov. 1841 (t. 2 1842, p. 415), Caron.

129. — La déclaration préalable est obligatoire aussi bien lorsqu'il s'agit d'une réimpression que lorsqu'il s'agit d'une impression première. — *Cass.*, 22 déc. 1822, Jullien; 6 juill. 1832, Baume; 18 juill. 1833, Vidal; 5 août 1834, même affaire; — Parant, p. 47, no 2; De Grattier, t. 1er, p. 75.

130. — La déclaration ne peut profiter qu'à celui qui l'a faite personnellement. Un imprimeur ne pourrait s'attribuer la déclaration qui aurait été faite par un autre imprimeur quand même ce dernier aurait renoncé à imprimer l'ouvrage déclaré. — De Grattier, t. 1er, p. 80.

131. — Le successeur d'un imprimeur qui aurait fait la déclaration de vouloir imprimer un ouvrage ne serait pas obligé de la renouveler. — De Grattier, *loc. cit.*

132. — Si une édition avait été divisée entre plusieurs imprimeurs, chacun d'eux serait tenu de faire une déclaration particulière. — De Grattier, t. 1er, p. 81.

133. — La déclaration faite par un imprimeur dans un département qu'il se propose d'imprimer un ouvrage, ne dispense pas un autre imprimeur qui se proposerait d'imprimer partie du même ouvrage dans un autre département d'en faire la déclaration. — *Cass.*, 16 juin 1826, Veysset.

134. — La déclaration ne peut être exigée pour les ouvrages imprimés à l'étranger, puisque cette formalité serait inexécutable, mais s'il s'agissait d'un livre imprimé en France, exporté à l'étranger puis réimporté en France on pourrait exiger la justification que la déclaration préalable a été faite. — Pic, *Code des imprimeurs*, t. 1er, p. 243.

135. — Un maire ne saurait sans excès de pouvoir soumettre à l'autorisation municipale l'impression des affiches de spectacle. La déclaration et le dépôt sont seuls prescrits par la loi. — *Cass.*, 11 janv. 1834, Ferret.

136. — La peine encourue pour défaut de déclaration régulière consiste dans une amende de 1000 francs pour la première fois et de 2000 francs en cas de récidive. — L. 21 oct. 1814, art. 16.

§ 3. — *Indication sur l'imprimé du nom et de la demeure de l'imprimeur.*

137. — La loi oblige les imprimeurs à indiquer leurs noms et demeures sur les écrits qu'ils impriment. Cette prescription a un double but, on a voulu donner ainsi aux officiers publics les moyens de constater à l'égard de l'imprimeur les délits que pourrait contenir l'imprimé, et d'autre part on a voulu prévenir les contrefaçons dans l'intérêt des auteurs et de leurs familles.

138. — Il y a lieu à saisie et séquestre d'un ouvrage porte l'art. 15 de la loi du 21 oct. 1814 : 1o... 2o si chaque exemplaire n'indique pas le vrai nom et la vraie demeure de l'imprimeur.

139. — L'art. 17 de la même loi dispose que le défaut d'indication de la part de l'imprimeur, de son nom et de sa demeure sera puni de 3000 francs d'amende. L'indication d'un faux nom et d'une fausse demeure sera punie d'une amende de 6000 francs, sans préjudice de l'emprisonnement prononcé par le code pénal.

140. — Cette disposition a modifié l'art. 41 du décret du 5 fév. 1810 et l'art. 283 du code pénal, d'après lesquels le nom de l'auteur pouvait suppléer celui de l'imprimeur. La loi de 1814 exige

dans tous les cas que le nom de l'imprimeur soit indiqué.

141. — Sous l'empire du Code pénal de 1810, lorsqu'on poursuivait un imprimeur parce qu'un écrit ne portant aucune indication de ce genre, et qu'on supposait sorti de ses presses, avait été distribué, cet imprimeur n'encourait que des peines de simple police s'il nommait l'auteur de l'écrit. — Art. 284, § 3. — Ces deux dispositions sont devenues sans objet depuis que les art. 15 et 17, L. 1814, ont prescrit, dans tous les cas, aux imprimeurs l'indication de leurs nom et demeure. — Parant, p. 56 et 57; Carnot, *Code pén.*, sur l'art. 284; Chauveau et Hélie, *Théorie du Code pén.*, t. 3, p. 371; Chassan, t. 1er, no 730.

142. — La loi parle du *nom* de l'imprimeur en employant cette expression au singulier, ce qui s'applique au nom patronimique sans que l'indication des prénoms soit exigée. — De Grattier, t. 1er, p. 89; Chassan, t. 1er, no 721.

143. — Il faut entendre par *demeure* le nom de la ville qu'habite l'imprimeur et non la désignation de la rue et du numéro. Le nombre des imprimeurs étant limité, toute méprise est impossible. — Mêmes auteurs.

144. — Mais le vœu de la loi ne serait pas rempli si l'on se contentait d'indiquer la rue et le numéro en omettant de désigner la ville. — Mêmes auteurs.

145. — L'imprimeur qui n'a indiqué que son nom et qui a omis sa demeure sur les exemplaires d'un ouvrage sorti de ses presses, est en contravention et ne peut pas être acquitté, sous le prétexte qu'il est suffisamment connu. — *Cass.*, 25 juin 1825 (int. de la loi), Pochard. — Cet arrêt a cassé un arrêt de la cour de Paris du 17 fév. précédent.

146. — ... Peu importe qu'il s'agisse d'un prospectus; que quelques exemplaires contiennent l'indication de la demeure de l'imprimeur, et que cette demeure soit de notoriété publique dans tout le département où il n'existe pas d'autre imprimeur de ce nom. — *Cass.*, 14 juin 1833, Marius Olive.

147. — L'imprimeur qui a laissé sortir de ses ateliers un seul exemplaire n'indiquant ni son nom ni sa demeure est passible de l'application des art. 15 et 17, L. 21 oct. 1814, lors même que cette omission serait le résultat de la maladresse d'un ouvrier, et qu'elle eût été réparée sur les autres exemplaires aussitôt qu'on s'en était aperçu. — *Cass.*, 12 déc. 1844 (t. 1er 1845, p. 486), Min. publ. c. Lauvergne.

148. — Jugé même que, lorsque des cahiers de chansons, qui n'indiquent ni le lieu où ils ont été imprimés, ni le nom de l'imprimeur, ont été saisis sur un chanteur ambulant, celui qui les a imprimés ne peut pas être excusé, sous le prétexte qu'aucune feuille n'est entière, qu'il est probable que c'est le chanteur qui, en les arrangeant, a supprimé la partie de la feuille où se trouvait le nom de l'imprimeur, et que dans le doute il n'y a pas lieu de prononcer une condamnation. — *Cass.*, 9 août 1821 (int. de la loi), Javel.

149. — On doit considérer comme *ouvrages* dans le sens de l'art. 15, L. 21 oct. 1814, et conséquemment comme soumis, sous peine de saisie et de séquestre, à l'indication du vrai nom et de la vraie demeure de l'imprimeur, tous les écrits imprimés susceptibles d'être répandus dans le commerce, et qui contiennent le développement de quelque pensée. — *Cass.*, 3 juin 1836 (t. 1er 1837, p. 36), Min. publ. c. Cordier. — V. *suprà* nos 121 s.

150. — Les placards et affiches doivent contenir la même indication. — L. 25 mars 1817, art. 77, no 2; — Chassan, t. 1er, no 734; de Grattier, t. 2, p. 93.

151. — Il n'y a aucune distinction à faire entre les ouvrages écrits en langue française et ceux qui sont en langue étrangère, entre ceux qui sont destinés à être publiés et vendus en France, et ceux qui doivent être vendus en pays étranger. — *Cass.*, 25 juin 1825, Pochard; 11 nov. 1825, Firmin Didot; *Paris*, 3 fév. 1825, Rosa et Hamonière; — de Grattier, t. 1er, p. 89; Chassan, t. 1er, no 726.

152. — Une circulaire destinée à provoquer un versement de fonds de la part des actionnaires et abonnés d'un journal doit contenir l'indication du nom et de l'imprimeur, quoiqu'elle soit jointe à l'un des numéros du journal. — *Paris*, 8 avr. 1836, Migne.

153. — L'obligation pour l'imprimeur d'indiquer son nom et sa demeure s'applique même aux textes imprimés qui accompagnent une gravure, une lithographie ou de la musique. — *Cass.*, 5 nov. 1835, Goin. — V. *suprà* no 111.

154. — On n'excepte que certains ouvrages qui qui ne sont pas, à vrai dire, une œuvre de la pensée. Ce sont les cartes de visite, les lettres de faire part, adresses, imprimés ou formules en blanc à garnir dans les bureaux, et autres ouvrages privés. — De Grattier, t. 1er, p. 84, no 10; Chassan, t. 1er, no 731.

155. — La cour de Cassation a cependant jugé d'une manière absolue que, si les écrits désignés sous le nom de *bilboquets* ou ouvrages de ville sont affranchis à ce titre, par suite d'anciens usages et de la tolérance de l'administration, de la nécessité du dépôt et de la déclaration préalable prescrits par l'art. 14, L. 21 oct. 1814, les motifs qui ont fait admettre une semblable exception ne sont nullement applicables à l'insertion du nom et de la demeure de l'imprimeur. — *Cass.*, 5 juill. 1845 (t. 2 1845, p. 303), min. publ. c. Vial.

156. — La loi n'indique pas la place où doit être mise la mention des nom et demeure de l'imprimeur; aussi cette mention peut-elle être placée au commencement ou à la fin de l'ouvrage ou à tout autre endroit. — Chassan, t. 1er, no 728.

157. — Lorsque l'ouvrage se publie par livraisons, l'imprimeur doit indiquer sur chacune d'elles son nom et sa demeure. « Dans ce cas, dit Chassan (t. 1er, no 728), il n'est pas rigoureusement indispensable que l'indication se trouve au bas ou au commencement ou dans le corps de chaque livraison. On peut tolérer qu'elle soit placée sur la couverture de chaque livraison, pourvu qu'elle se trouve ensuite dans le corps de chaque volume. »

158. — Dans l'usage, l'indication de la demeure de l'imprimeur se place à la fin de l'ouvrage; tant qu'il n'est pas terminé, il n'y a donc pas de contravention. La présomption est qu'elle occupera cette place.

159. — M. de Grattier (t. 1er, p. 91) fait observer que la présomption serait contre l'imprimeur si, l'ouvrage étant achevé, il se trouvait sur une feuille de fausses indications, ou s'il s'en trouvait sans aucune indication, alors même qu'aucun exemplaire ne serait sorti de l'atelier. La preuve de l'intention de ne mettre en vente que des feuilles remplissant les conditions exigées par la loi serait à sa charge.

160. — Si l'ouvrage était entre les mains du libraire, les contraventions de l'imprimeur pour défaut d'indication de ses nom et demeure ou pour fausse indication ne sauraient être excusées par le motif qu'aucun exemplaire n'aurait été vendu.

161. — La remise d'un ou plusieurs exemplaires d'un écrit imprimé à une personne autre que l'auteur, constitue dans le sens légal du mot un fait de distribution. Dès-lors l'omission sur ces exemplaires du nom et de la demeure de l'imprimeur rend celui-ci passible des peines portées dans les art. 15 et 17 de la loi du 21 mars 1814. — *Cass.*, 15 sept. 1837 (t. 1er 1838, p. 282), Raissac.

162. — Les imprimeurs lithographes sont astreints, comme les imprimeurs en caractères mobiles, à donner l'indication de leurs nom et demeure sur tous les ouvrages qui sortent de leurs presses. — Parant, p. 65. — La loi de 1814, en effet, a entendu comprendre tous les moyens d'impression connus alors et tous ceux qui seraient inventés plus tard.

§ 4. — *Dépôt après l'impression.*

163. — Lorsqu'un écrit a été imprimé, l'imprimeur ne peut le mettre en vente ni le publier, de quelque manière que ce soit, avant d'avoir déposé le nombre d'exemplaires prescrit par la loi, savoir, à Paris, au ministère de l'intérieur qui a remplacé la direction générale de la librairie, et dans les départemens, au secrétariat de la préfecture. — L. 21 oct. 1814, art. 14.

164. — Faute par l'imprimeur de représenter le récépissé du dépôt, il y a lieu à saisie et séquestre de l'ouvrage. — L. 21 oct. 1814, art. 15.

165. — De même que le défaut de déclaration, le défaut de dépôt est puni d'une amende de 1,000 fr. pour la première fois et de 2,000 fr. pour la seconde. — Même loi, art. 16.

166. — Les observations que nous avons faites précédemment sur la formalité de la déclaration, s'appliquent presque toutes à celle du dépôt. Aussi la plupart des décisions que nous avons relevées ci-dessus ont trait aussi bien à l'une qu'à l'autre. Nous ajouterons seulement quelques considérations spécialement relatives au dépôt.

167. — L'arrêt du conseil du 16 avr. 1785 prescrivait le dépôt des imprimés, gravures, etc., avant leur publication. — Cet arrêt du conseil est abrogé par les lois des 2 et 19 mars 1791 et 19 juill. 1793. — Chassan, t. 1er, no 745, note 3e.

168. — Avant la loi de 1814, la formalité du dépôt avait été successivement régie par le décret du 19-24 juill. 1793, art. 6, et par le décret du 5 fév. 1810, art. 48. C'est maintenant à cette loi et à plusieurs ordonn. royales postérieures qu'il faut avoir recours pour déterminer comment il doit y être procédé.

169. — Le nombre d'exemplaires à déposer pour les imprimés est de deux. L'un de ces exemplaires est destiné à la Bibliothèque royale. — Ord. 24 oct. 1814, art. 4; ord. 8 oct. 1817, et surtout ord. 9 janv. 1828, qui a modifié celle de 1814.

170. — L'autre exemplaire était destiné par les mêmes ordonnances à la bibliothèque du ministère de l'intérieur, mais une ord. royale du 27 mars 1828 a prescrit (art. 1er) la formation d'un dépôt particulier à la bibliothèque Sainte-Geneviève pour y recevoir l'exemplaire des livres du dépôt légal qui était antérieurement destiné à la bibliothèque du ministère de l'intérieur. Le dépôt de Sainte-Geneviève est actuellement dans les attributions du ministère de l'instruction publique. — Ord. royales des 11 oct. 1832 et 30 juill. 1835.

171. — Il doit être semblablement déposé trois épreuves des planches, estampes et impressions lithographiques accompagnés d'un texte, dont deux épreuves destinées à la Bibliothèque royale et la troisième destinées à la bibliothèque du ministre de l'intérieur. — Ord. 24 oct. 1814, art. 8; 9 janv. 1828.

172. — Lorsque les gravures, lithographies et emblèmes font partie d'un livre et y sont placés pour l'explication de cet ouvrage, il ne doit pas en être déposé un double exemplaire pour la Bibliothèque royale. — De Grattier, t. 1er p. 110, à la note. — Le dépôt de deux exemplaires du livre au ministère de l'intérieur suffit.

173. — Quant aux gravures et estampes *sans texte* elles doivent être l'objet d'un dépôt semblable, mais pour ces productions cette formalité est prescrite seulement par l'ordonnance du 24 oct. 1814, art. 8, modifiée par celle du 9 janv. 1828 et il n'y a aucune sanction. En effet il n'appartenait pas à une ordonnance royale de créer des peines, et d'autre part celle de 1814 ne pouvait davantage faire revivre les anciens réglemens, aujourd'hui abrogés, qui exigeaient le dépôt des imprimés, gravures, etc.

174. — Décidé avec raison que l'arrêt du conseil du 16 avr. 1785, qui obligeait les auteurs, graveurs, marchands de musique, à déposer à la chambre syndicale de Paris neuf exemplaires brochés et complets des livres, estampes et musique, etc., a été abrogé en ce qui concerne les œuvres de musique non accompagnées de texte par le décret du 19-24 juill. 1793. — *Paris*, 25 nov. 1837 (t. 2 1837, p. 592), Schlesinger; *Cass.*, 30 mars 1838 (t. 2 1838, p. 6), même affaire.

175. — Pour les gravures, dessins, lithographies, estampes, le dépôt est indépendant de celui d'une épreuve exigée par l'art. 1er de l'ord. 9 sept. 1835, pour obtenir l'autorisation de publier ces sortes d'ouvrages. — V. DESSINS.

176. — Dans les départemens, c'est au secrétariat de la préfecture que doit avoir lieu le dépôt. Celui qui serait effectué au secrétariat de la sous-préfecture de l'arrondissement serait irrégulier. — *Cass.*, 29 avr. 1839 (t. 1er 1839, p. 472), int. de la loi), Batini.

177. — Dans les divers cas où il doit être fait plusieurs déclarations (V. *suprà* nos 132 s.), pour le même ouvrage, un seul dépôt suffit, car la publication ne se compose pas, comme l'impression, de faits successifs; elle est accomplie par le premier fait de mise en vente. Cependant il est prudent de justifier, dans les différens départemens où ont été faites des déclarations, du dépôt opéré dans celui où la publication doit principalement avoir lieu, pour éviter des poursuites. — De Grattier, t. 1er, p. 81, no 14.

178. — Les dispositions de la loi de 1814, relatives au dépôt peuvent être considérées comme inutiles quant aux journaux cautionnés, ces journaux étant soumis à un dépôt semblable par la loi du 18 juill. 1828, art. 8. — De Grattier, t. 1er, p. 78.

179. — Mais les journaux non cautionnés n'étant pas soumis au dépôt par cette loi, doivent être l'objet de celui qu'exige la loi de 1814, art. 14. — *Cass.*, 17 fév. 1844 (t. 2 1844, p. 791), Castillon. — V. ÉCRITS PÉRIODIQUES.

180. — La formalité du dépôt s'appliquerait à des articles de journaux réimprimés sous format ordinaire, quand même le numéro du journal aurait été déposé au parquet du procureur du roi. — *Cass.*, 18 juill. 1833, Vidal; 5 août 1834, même affaire.

181. — La réimpression est assimilée à une publication nouvelle. — *Cass.*, 6 juill. 1832, Baumel; 5 août 1834, Vidal; *Paris*, 25 nov. 1837 (t. 2 1837, p. 592), Schlesinger. — V. *suprà* no 129.

182. — Peu importe même que la réimpression ne soit que partielle. — Ainsi les morceaux détachés d'une partition doivent être déposés surtout s'ils présentent quelques différences avec cette partition. — *Paris*, 25 nov. 1837 (t. 2 1837, p. 592), Schlesinger.

183. — L'imprimeur est garant de la conformité des exemplaires mis en vente avec ceux déposés.

184. — Pour les impressions en taille douce se faisant à de très petits nombres d'exemplaires, parce que les planches se conservent et qu'il n'y a pas de mise en train, l'administration considère les tirages successifs comme n'en faisant qu'un; mais c'est là une simple tolérance. — Goujet et Merger, nº 93.

185. — Ce que nous avons dit ci-dessus relativement à la distinction des ouvrages de ville ou bilboquets s'applique au dépôt comme à la déclaration. — V. nº 121.

186. — Le plus ordinairement c'est par les libraires que s'opère la mise en vente et la publication. C'est néanmoins aux imprimeurs seuls que la loi de 1814 (art. 14) impose l'obligation d'effectuer le dépôt qui doit les précéder.

187. — L'expression de *mise en vente* employée par l'art. 14, L. 21 oct. 1814, est absolue; elle comprend tous les genres de publication, soit à l'aide de souscriptions payées d'avance, soit par des distributions gratuites. — De Grattier, t. 1er, p. 73.

188. — Cependant on ne pourrait considérer comme un fait de publication le don d'un petit nombre d'exemplaires fait à des amis par l'imprimeur ou le libraire, si ce don est fait sans intention frauduleuse. — De Grattier, *loc. cit.*

189. — Il est de jurisprudence que les exemplaires sont réputés mis en circulation dès qu'ils sont arrivés chez le libraire. — *Cass.*, 21 fév. 1824, Anthelme Brunet; 8 août 1828, même affaire.

190. — Mais on ne devrait pas considérer comme un déplacement ayant le caractère d'une publication ou d'une mise en vente l'envoi de tout ou partie de l'édition chez le brocheur. — Chassan, t. 1er, nº 749. — Quant à ce qui constitue la publication, V. du reste DÉLITS DE PRESSE ET DE PUBLICATION.

Sect. 4e. — *Poursuite et jugement des infractions aux lois sur la profession d'imprimeur.*

191. — Les contraventions aux lois sur la police de la profession d'imprimeur doivent être constatées par les officiers de police dans un procès-verbal qui est remis au préfet pour être adressé au ministre de l'intérieur, depuis qu'il n'existe plus de direction générale de la librairie.

192. — Le ministère public poursuit sur la remise qui lui est faite du procès-verbal dûment affirmé. — Décr. 5 fév. 1810, art. 45 et 47; 18 nov. 1810, art. 5.

193. — Il pourrait même poursuivre d'office, si cette remise ne lui était pas faite. Les objets saisis doivent être provisoirement déposés au secrétariat de la mairie, ou bien à la préfecture ou sous-préfecture la plus voisine du lieu où la contravention a été constatée, sauf l'envoi ultérieur à qui de droit. — Décr. 5 fév. 1810, art. 46.

194. — La contravention résultant du défaut de déclaration et de dépôt d'un ouvrage imprimé est suffisamment établie par la non représentation du récépissé de cette déclaration et de ce dépôt. — *Cass.*, 2 avr. 1830, Hénault. — Elle pourrait, du reste, être prouvée de toute autre manière. — Même arrêt; — Parant, p. 491; de Grattier, t. 1er, p. 86.

195. — Toutefois, lorsque le récépissé de la déclaration faite par un imprimeur, avant l'impression d'un ouvrage, n'est pas représenté, le tribunal peut, sans violer aucune loi, décider que la preuve de cette déclaration résulte du registre de l'imprimeur, tenu en bonne forme, et visé par le commissaire de police, ainsi que des circonstances de la cause. Il appartient aux tribunaux de juger souverainement cette question. — *Cass.*, 10 fév. 1826, Joly; — Parant, p. 49.

196. — Les infractions aux lois sur la profession d'imprimeur étant réprimées par des peines correctionnelles, c'est nécessairement aux tribunaux de police correctionnelle qu'il appartient d'en connaître. La loi du 8 oct. 1830, qui a dérogé aux règles ordinaires de la compétence, n'a déféré à la cour d'assises que les délits de presse proprement dits. — V. DÉLITS DE PRESSE ET DE PUBLICATION, nos 402 et suiv.

197. — Le tribunal correctionnel compétent est celui du domicile de l'imprimeur ou du lieu où la contravention a été commise.

198. — Ainsi jugé qu'un tribunal est incompétent pour connaître d'une contravention aux lois et réglemens de l'imprimerie, notamment de celle résultant du défaut de déclaration et de dépôt d'un écrit imprimé, lorsque cette contravention n'a pas été commise dans son ressort, et que le prévenu n'y a pas d'ailleurs son domicile. — *Agen*, 15 mars 1843 (t. 1er 1845, p. 139), Baudouin.

199. — Aux termes de l'art. 15, L. 21 oct. 1814, il y a lieu à saisie et séquestre d'un ouvrage: 1º si l'imprimeur ne représente pas les récépissés de la déclaration et du dépôt; 2º si chaque exemplaire ne porte pas le vrai nom et la vraie demeure de l'imprimeur; 3º si l'ouvrage est déféré aux tribunaux pour son contenu.

200. — Pour ce dernier cas, V. la loi du 26 mai 1819, et DÉLITS DE PRESSE, nos 466 et suiv. — Dans les deux premiers cas, l'ordre de saisie et le procès-verbal doivent être, sous peine de nullité, notifiés dans les vingt-quatre heures à la partie saisie. — L. 28 fév. 1817, art. 1er. — La validité de la saisie est jugée par le tribunal correctionnel. — Parant, p. 289; Pegat, p. 81; Chassan, t. 2, nº 1960.

201. — La partie intéressée peut former opposition à la saisie. — L. 28 fév. 1817, art. 1er, § 2. — Cette opposition doit être aussi portée devant le tribunal. — Chassan, t. 2, nº 1962.

202. — Dans les mêmes cas, la saisie demeure périmée et sans effet, faute par le tribunal d'avoir statué dans la huitaine de l'opposition. — Même art., § 3. — Ici la péremption de la saisie n'a pas pour effet d'entraîner celle de l'action publique. — Parant, p. 289.

203. — Le procureur du roi devant porter l'affaire à l'audience, c'est à lui qu'il appartient de donner l'ordre de saisir dans les hypothèses prévues par la même disposition. — Chassan, t. 2, nº 1965; — *contrà* Parant, p. 287, qui pense que c'est le juge d'instruction qui doit donner cet ordre. — Il faut remarquer que la *saisie* en matière de contravention d'imprimerie et de librairie n'a que les caractères d'une *main-mise*, et qu'après le paiement de l'amende, les exemplaires saisis doivent être restitués. — L. 21 oct. 1814, art. 18.

V. du reste DÉLITS DE PRESSE ET DE PUBLICATION, nos 699 et suiv., 706 et suiv.

IMPRIMEURS.

1. — Imprimeurs d'étoffes: — droit fixe de 50 fr. pour vingt-cinq tables et au dessous, plus 3 fr. par table en sus, jusqu'au maximum de 400 fr. (un rouleau comptera pour vingt-cinq tables et quatre pérotines pour un rouleau); — et droit proportionnel du vingtième de l'habitation des magasins de vente complétement séparés de l'établissement industriel et du cinquantième de cet établissement.

2. — Imprimeurs lithographes éditeurs: — patentables de sixième classe; — droit fixe basé sur la population et droit proportionnel du vingtième de la valeur locative de l'habitation et des lieux servant à l'exercice de la profession.

3. — Imprimeurs libraires. — Imprimeurs typographes: — patentables de troisième classe; — mêmes droit fixe, sauf la différence de classe, et proportionnel que les précédens. — Si les imprimeurs typographes emploient des presses mécaniques, le droit proportionnel dont ils sont passibles n'est plus que du quarantième.

4. — Imprimeurs lithographes non éditeurs. — Imprimeurs sur porcelaine, faïence, verre, cristaux, émail, etc. — Imprimeurs en taille-douce; — patentables de septième classe, même droit fixe, sauf la différence de classe que les précédens; — droit proportionnel du quarantième de la valeur locative de tous les locaux qu'ils occupent, mais seulement dans les villes de 20,000 âmes et au dessus. — V. PATENTE.

IMPRUDENCE.

1. — Défaut de précaution, de soins.

2. — Chacun est responsable du dommage qu'il a causé par son imprudence. — C. civ., art. 1383. — V. RESPONSABILITÉ. — V. aussi DOL.

3. — Dans tout mandat, le mandant doit indemniser le mandataire des pertes que celui-ci a essuyées à l'occasion de sa gestion, sans imprudence qui lui soit reprochable. — C. civ., art. 2000. — V. MANDAT.

4. — Quelquefois l'imprudence peut, outre la réparation du dommage, entraîner une peine contre celui qui l'a commise. — V. BANQUEROUTE, BLESSURES ET COUPS, CHEMINS DE FER, EMPOISONNEMENT, FAUTE, HOMICIDE, INCENDIE.

IMPUISSANCE.

1. — On attache particulièrement la qualification d'impuissance à l'incapacité, soit naturelle, soit accidentelle de procréer des enfans.

2. — L'impuissance était autrefois une cause de nullité ou d'annulation de mariage; mais le code civil ayant gardé le silence sur ce point, on s'est demandé s'il en était encore de même sous son empire. — V. à cet égard MARIAGE. — V. aussi CONGRÈS, LÉGITIMITÉ.

IMPUTATION.

1. — C'est l'action d'attribuer quelque chose à une personne, de mettre une chose sur son compte soit à sa charge, soit à sa décharge; c'est encore déduire une somme d'une autre somme. — V. DOMMAGES-INTÉRÊTS, FAUTE, IMPUTATION DE PAIEMENT, QUOTITÉ DISPONIBLE.

2. — L'imputation d'un fait de nature à porter atteinte à l'honneur ou à la considération de celui à qui on l'attribue constitue une diffamation. — V. DIFFAMATION, INJURE.

IMPUTATION PAR COLONNE.

1. — Mode de compte entre personnes qui sont en relations respectives d'avances et de remises de fonds, lorsque les créances produisent intérêt.

2. — Dans l'imputation par colonne, le principal se trouve toujours entier, à la différence de ce qui a lieu dans l'imputation par échelette. Il produit constamment les mêmes intérêts, parce qu'on le porte, avec ces mêmes intérêts, dans une colonne séparée de celle des fruits. On impute sur la plus forte de ces colonnes le montant de la moindre; et celle des deux parties dont le compte fait l'objet de la plus forte, reste créancière de l'excédant. — Merlin, *Quest. de droit*, vº *Imputation par échelettes*.

3. — Nous empruntons à Merlin (*Quest. de droit*, vº *Imputation par échelettes*) un exemple de ces deux manières de dresser un compte. — 1º *Exemple d'un compte par échelette*: Titius doit à Mévius un capital de 10,000 fr. qui produit un intérêt annuel de 500 fr. Mévius a joui pendant dix années d'un fonds appartenant à Titius, et il en a retiré annuellement 800 fr. de revenu. Mévius est condamné à restituer le fonds avec les fruits, et Titius le capital avec les intérêts. Il s'agit de liquider; quelle marche suivra-t-on? — Si l'on adopte l'imputation par *échelette*, on opérera ainsi: Mévius doit pour les fruits de la première année 800 fr. En imputant cette somme savoir: 500 fr. sur les intérêts du capital de 10,000 fr., et 300 fr. sur le capital même, Titius ne doit plus la troisième année que 9,700 fr. et pour les intérêts 485 fr. En imputant sur cette deuxième année les 800 fr. de fruits, le capital ne se trouve plus monter qu'à 9,385 fr., et cette somme produira seulement 469 f. 25 c. d'intérêts. La troisième année l'imputation réduira le capital à 9,154 fr. 75 c., et les intérêts à 465 fr. 20 c. La quatrième, le capital n'ira plus qu'à 9,020 fr. 45 c., et les intérêts à 431 fr. 07 c. La cinquième, le capital sera de 8,671 fr. 48 c., et les intérêts de 434 fr. 03 c. La sixième, le capital sera réduit à 8,305 fr. 50 c., et les intérêts à 415 fr. 28 c. La septième, le capital ne portera plus que 7,920 f. 77 c., et les intérêts 396 fr. 04 c. La huitième, il restera dû pour le capital 7,516 fr. 78 c., et pour intérêts 375 fr. 70 c. La neuvième, Titius devra encore 7,017 fr. 65 c. de capital, et 350 fr. 60 c. d'intérêts. Enfin, la dixième, la dette ne s'élevera plus qu'à 6,558 fr. 53 c. — 2º *Exemple d'un compte par colonne*. En comptant par colonne, au contraire, on trouvera que Titius doit à Mévius, tant en principal que pour dix années d'intérêts, la somme de 15,000 fr., et que Mévius doit à Titins 8,000 fr. pour les fruits qu'il a perçus. Ainsi, Titius restera débiteur de 7,000 fr. dans ce deuxième cas, tandis que dans le premier il ne devrait que 6,588 fr.

4. — Dans l'imputation par échelette, on le voit, le surplus de la valeur des fruits est imputé sur le principal année par année. Dans l'imputation par colonne, on met d'un côté la valeur des fruits pour toutes les années échus, ce qui fait un montant; puis on compose celui qui revient de toutes les années d'intérêts qui sont échues; enfin on impute la valeur des fruits premièrement sur les intérêts, et ensuite l'excédant de ces mêmes fruits sur le principal.

5. — C'est cette dernière manière de compter qui est adoptée depuis long-temps. Merlin établit (*Quest. de droit*, vº *Imputation par échelette*) quelle est la plus conforme aux principes.

6. — Du reste, c'est seulement dans le cas où les deux dettes sont exigibles que l'imputation par échelette peut avoir lieu. Ainsi, le débiteur d'une rente constituée ne parviendra jamais à la faire admettre. Il peut opposer, il est vrai, la compensation; mais pour qu'elle produise son effet, il faut qu'il l'oppose réellement, et cet effet ne peut jamais être rétroactif. Comme elle ne s'opère pas de plein droit, elle ne peut avoir lieu que du jour de la déclaration, et encore faut-il que la somme que le débiteur demande à compenser soit équivalente au capital de la rente; car il n'a pas le droit de le morceler. C'est ce qu'établissent Dumoulin (*De usuris et reditibus*, quest. 43, nº 323), et Raviot (*Observations sur les arrêts de Périer*), quest. 247, nos 23 et 24.

IMPUTATION DE PAIEMENT.

Table alphabétique.

A-compte, 2, 38.
Affectation, 50.
Ancienneté, 20, 46, 55.
Arrérages, 7 s., 41.
Capital, 41 s.
Caution, 48.
Cautionnement, 23, 25.
Compensation, 39.
Consignation, 46.
Convention, 11.
Créance, 36.
Créancier, 7, 13 s.
Débiteur, 5, 29.
Décompte, 39.
Dol, 15.
Echéance, 6 s., 22, 33 s.
Effets, 31 s.
Epoque de paiement, 57.
Epoux, 54.
Extinction, 2.
Folle-enchère, 58.
Fonds de commerce, 24.
Gage, 56.
Hypothèque, 42, 55 s.
Intérêts, 3, 8 s., 36 s., 41 s.
Lettre de crédit, 28.
Novation, 25.
Obligation naturelle, 17, — onéreuse, 22, 30 s., 35, 53.
Ordre, 47.
Paiement, 12, 14.
Papier-monnaie, 44.
Prescription, 20, 47.
Preuve, 18.
Quittance, 16 s., 30.
Réserve, 19.
Saisie-arrêt, 43.
Société, 26 s.
Surprise, 15.
Terme, 7.
Tiers, 52.
Transport, 58.

IMPUTATION DE PAIEMENT. — 1. — On appelle ainsi l'application d'un paiement à l'une des obligations du débiteur qui en a plusieurs.

2. — L'imputation suppose plusieurs dettes. — L. 1, ff., *De solut.* — En effet, lorsqu'il n'y en a qu'une seule, et que le débiteur ne l'acquitte pas en totalité, c'est un à-compte qu'il donne, et qui réduit ou éteint la dette jusqu'à concurrence du surplus. — Rolland de Villargues, *Rép. du not.*, vº *Imputation de paiement*, nº 1er. — V. A-COMPTE.

3. — Quand il y a plusieurs dettes, ou bien qu'une seule dette se trouve être à la fois d'un capital et d'intérêts, ou bien encore de plusieurs termes d'intérêts, laquelle des dettes doit être éteinte par le paiement? Qui a le droit de faire l'imputation du paiement? C'est ce que le Code civil établit (art. 1253 et 1256) d'après l'ancienne jurisprudence française, qui avait elle-même adopté les règles des jurisconsultes romains.

4. — L'imputation se fait par le débiteur, par le créancier, ou par la loi.

§ 1er. — *De l'imputation faite par le débiteur* (nº 5).

§ 2e. — *De l'imputation faite par le créancier* (nº 13).

§ 3e. — *De l'imputation faite par la loi* (nº 22).

§ 4e. *Des effets de l'imputation* (nº 31).

—

§ 1er. — *De l'imputation faite par le débiteur.*

5. — Le débiteur de plusieurs dettes a le droit de déclarer, lorsqu'il paie, quelle dette il entend acquitter (art. 1253, C. civ.); car il est le maître de l'emploi de son argent. — L. 1, ff., *De solut.*; — Toullier, t. 7, nº 174; Delvincourt, *Cours de C. civ.*, t. 2, p. 556; Duranton, *Dr. franc.*, t. 12, nº 191.

6. — Cette règle reçoit son application, bien que la dette que le débiteur veut éteindre ne soit pas échue, et qu'il en doive une autre échue; car il est le maître de renoncer au bénéfice du terme, s'il n'a été apposé qu'en sa faveur. — C. civ., art. 1187.

7. — Mais le débiteur ne peut pas faire une imputation contraire aux droits du créancier. Ainsi, il ne peut imputer le paiement sur une dette à terme, de préférence à une dette échue, si le terme a été apposé en faveur du créancier aussi bien qu'en faveur du débiteur; et lorsqu'il s'agit d'arrérages ou d'intérêts, le débiteur ne peut faire l'imputation sur les dernières années de préférence aux précédentes. — Pothier, *Oblig.*, nº 503; Toullier, t. 7, nº 174.

8. — Ainsi encore, le débiteur d'une dette qui porte intérêt ou produit des arrérages ne peut point, sans le consentement du créancier, imputer le paiement qu'il fait sur le capital par préférence aux arrérages ou intérêts : le paiement fait sur le capital et intérêts, mais qui n'est point intégral, s'impute d'abord sur les intérêts. — C. civ., art. 1254; L. 6, ff., *De solut.* — Autrement, il serait souvent difficile de se faire payer les intérêts quand le capital serait éteint.

9. — Avant le Code civil, le débiteur d'un principal produisant intérêts ne pouvait non plus imputer sur le principal, et par préférence aux intérêts, les paiemens faits à compte. — *Paris*, 23 brum. an XIII, Simonin c. Accolas.

10. — Néanmoins, si le débiteur a déclaré qu'il payait sur le capital, le créancier qui a bien voulu recevoir ne peut plus par la suite contester cette imputation. — L. 102, § 1, ff., *De solut.*; — Pothier, *Oblig.*, nº 528; Toullier, t. 7, nº 175.

11. — Le débiteur qui veut régler le mode d'imputation doit faire sa convention avec le créancier avant de le payer et de lui livrer ses fonds. — Rolland de Villargues, *Rép.*, vº *Imputation de paiement*, nºs 12, 13 et suiv.

12. — Une fois le paiement effectué, il ne peut plus faire arbitrairement l'imputation sans le consentement du créancier. — Arg. C. civ., art. 1255; L. 1 et 2, ff., *De solut.*; — Toullier, t. 7, nº 176.

§ 2. — *De l'imputation faite par le créancier.*

13. — Lorsque le débiteur ne fait pas l'imputation, le créancier a le droit de la faire. — L. 1, ff., *De solut.*; arg., C. civ., art. 1255; — Pothier, *Oblig.*, nº 529; Toullier, t. 7, nº 176.

14. — Il y aurait exception, s'il y avait eu dol ou surprise de la part du créancier. — C. civ., art. 1255. — Une simple *surprise*, bien qu'elle n'ait pas le caractère d'un dol, suffirait pour autoriser les juges à s'écarter de l'imputation adroitement glissée dans une quittance par un créancier au préjudice d'un débiteur peu éclairé. — Pothier, *Oblig.*, nº 529; Toullier, t. 7, nº 177.

15. — Mais cette imputation doit être faite à l'instant même du paiement. — L. 1, D, *De solut.*; arg., C. civ., art. 1255. — Le créancier ne pourrait la faire depuis le paiement. — L. 3, *eod.*; — Toullier, t. 7, nº 176; Delvincourt, t. 2, p. 557; Duranton, *Dr. civ.*, t. 12, nº 193.

16. — Si le débiteur a consenti à l'imputation en recevant la quittance, en pleine connaissance de cause et sans surprise, il ne peut contredire cette imputation, bien qu'elle lui soit préjudiciable. — Toullier, t. 7, nº 177.

17. — Lorsque la quittance porte que la somme a été payée au créancier, à valoir sur toutes ses différentes créances, cette expression ne comprend ni les créances purement naturelles (L. 94, § 3, ff., *De solut.*), ni les créances à terme (Pothier, *Oblig.*, nº 529), ni les créances litigieuses et contestées. — Toullier, t. 7, nº 178.

18. — L'imputation devant être contenue dans la quittance, le débiteur ne serait point admis à prouver contre une quittance qui ne l'énoncerait pas. — C. civ., art. 1341. — Il en serait autrement, s'il n'y avait point de quittance. En ce cas, l'imputation pourrait être prouvée comme le paiement lui-même et de la même manière. — Rolland de Villargues, *Rép.*, vº *Imputation*, nºs 16 et 17.

19. — Lorsque le débiteur, en faisant un paiement, ne dicte point l'imputation et qu'il ne fait non plus aucune réserve à ce sujet, il est censé avoir laissé au créancier ou à la loi le soin de la faire; mais au créancier, en tant seulement qu'il la ferait pour le plus juste et le meilleur. — Duranton, *Dr. franç.*, t. 12, nº 196.

20. — Lorsque le débiteur de plusieurs sommes distinctes a payé celle qui lui était réclamée par le créancier, celui-ci ne peut imputer ce paiement sur une autre dette distincte de la première, et qui est sur le point d'être prescrite. En pareil cas, il peut, après l'accomplissement de la prescription, exiger que la somme par lui payée soit imputée sur la dette qui lui a été d'abord réclamée et qu'il avait le plus d'intérêt à acquitter, savoir celle qui n'était pas prescrite, quoiqu'elle fût la moins ancienne. — *Cass.*, 13 juin 1834, Contrib. indir. c. Acquart.

21. — Le virement de parties, au moyen duquel un négociant se paie de ce qui lui est dû par un autre, en s'appliquant des fonds qui lui ont été remis pour ce dernier, est valable. Celui qui a fait la remise de ces fonds ne peut se plaindre de cette opération quand elle opère sa décharge. — *Cass.*, 28 mars 1811, Magro c. Christich.

§ 3. — *De l'imputation faite par la loi.*

22. — Lorsque la quittance ne porte aucune imputation, le paiement doit être imputé sur la dette que le débiteur avait pour lors le plus d'intérêt d'acquitter, entre celles qui sont pareillement échues. — C. civ., art. 1256; L. 5, ff., *De solut.* — Car il est vraisemblable qu'un débiteur bien avisé ferait ainsi ses affaires. — L. 1, 3 et 97, ff., *De solut.*

23. — Ainsi, l'imputation doit se faire sur la dette emportant contrainte par corps plutôt que sur les autres; sur celle qui produit des intérêts plutôt que sur celle qui n'en produit point; sur une dette hypothécaire plutôt que sur une chirographaire; sur une dette cautionnée plutôt que sur celle due par le débiteur seul; sur celle dont il est débiteur principal plutôt que sur celle qu'il a cautionnée; sur la dette avec clause pénale plutôt que sur les autres, etc. — Toullier, t. 7, nº 179; Delvincourt, t. 2, p. 557, notes; Duranton, *Dr. franç.*, t. 12, nº 199; Rolland, *Rép.*, vº *Imputation*, nºs 30 et suiv.

24. — Jugé que dans le paiement qui a été fait en partie, tant d'un fonds de commerce que des meubles et ustensiles nécessaires à son exploitation, il y a lieu d'imputer plutôt ce paiement à l'extinction de ce qui est dû pour ces meubles et ustensiles, comme étant plus onéreux, qu'à ce qui est dû pour le surplus. — *Paris*, 26 nov. 1833, Rouquier c. Yon.

25. — ... Que pour déterminer celles des deux dettes échues sur laquelle devaient être imputés les paiemens faits, les juges ont dû décider que c'était sur celle des deux qui était cautionnée par un tiers, soit parce que le débiteur était présumé avoir plus d'intérêt à libérer deux débiteurs qu'un seul, soit parce que des opérations postérieures ayant accru la dette cautionnée, on a reconnu une novation qui a éteint l'obligation primitive, et que, dès lors, le cautionnement ne pouvait être étendu sans le concours de la caution. — *Grenoble*, 29 juill. 1832, Durand c. Répiton-Preneuf.

26. — Les paiemens faits par le liquidateur d'une société qui se trouve être en même temps débiteur personnel du même créancier doivent, à moins de déclaration contraire, s'imputer sur sa dette personnelle, quoique moins ancienne, de préférence à la dette de la société. — *Rouen*, 10 juin 1835, Daire c. Desmarets.

27. — La somme qui a servi à acquitter la dette d'une société ne peut être imputée sur la dette personnelle d'un ou plusieurs des associés envers le même créancier. Peu importe d'ailleurs que cette dette soit plus onéreuse. — *Cass.*, 19 avr. 1841 (t. 2 1841, p. 478), Loisel c. Pluchard et Maupassant.

28. — Lorsque, après avoir touché le montant d'une lettre de crédit, le porteur a versé différentes sommes au payeur qui avait antérieurement une créance personnelle contre lui, le versement doit être imputé sur cette créance personnelle avant d'être appliqué au remboursement du crédit; et cela quand bien même il y aurait eu, au moment du versement, compte à faire entre le payeur et le porteur de la lettre de crédit. — *Bordeaux*, 30 nov. 1830, Echenique c. Fonsèque.

29. — Les règles d'imputation prescrites par l'art. 1256, C. civ., ne doivent être suivies qu'autant que le débiteur qui a effectué le paiement n'en a pas lui-même fait l'imputation. — *Cass.*, 21 déc. 1831, Lalanne c. Maillet.

30. — Lorsqu'une quittance contient imputation de paiement sur une dette déterminée, on ne peut l'appliquer à la libération d'une dette plus onéreuse. — *Aix*, 16 janv. 1806, Martini c. Creisseire.

31. — Lorsque chacune des dettes a un caractère onéreux, il faut comparer le caractère de l'une avec le caractère de l'autre, et l'imputation devra se faire sur celle qui sera réputée la plus onéreuse d'après les circonstances. — Duranton, *Dr. franc.*, t. 12, nº. 199.

32. — Pour connaître quelle est la dette que le débiteur avait le plus d'intérêt d'acquitter, on doit se reporter au temps du paiement, sans avoir égard aux circonstances qui auraient pu faire de la plus onéreuse la moins à charge au débiteur, et *vice versâ*. — Rolland de Villargues, *Rép.*, vº *Imputation*, nº 38.

33. — Si toutes les dettes n'étaient pas échues, l'imputation doit se faire sur la dette échue, quoique moins onéreuse que celles qui ne le sont point. — C. civ. 1256. — On ne présume pas que les parties aient voulu faire une anticipation à laquelle le créancier avait droit de s'opposer. — L. 3, § 1er et L. 103, ff., *De solut.*; — Toullier, t. 7, nº 179.

34. — Pothier (*Oblig.*, nº 530) propose une exception dans le cas où la dette non échue, mais près d'échoir, emporte la contrainte par corps. Mais le Code n'ayant point admis cette exception, les tribunaux ne sauraient l'accueillir. — Toullier, t. 7, nº 179; Duranton, t. 12, nº 194.

35. — Si aucune des dettes n'est échue, il n'y a pas, dans la loi, de présomption à l'égard de la dette le plus près d'échoir à l'époque du paiement, comme il y en a une à l'égard d'une dette échue, quoiqu'une autre dette fût plus onéreuse. L'imputation doit donc porter sur la dette en réalité la plus onéreuse pour le débiteur à l'époque du paiement. — Duranton, t. 12, nº 195; — *contrà* Rolland de Villargues, *Rép.*, vº *Imputation*, nº 26.

36. — Le principe que l'imputation doit se faire sur la dette que le débiteur avait le plus d'intérêt d'acquitter, reçoit exception lorsqu'il se trouve en opposition avec les droits des créanciers. Ainsi, dans les dettes qui sont de nature à produire des intérêts, l'imputation se fait sur les intérêts plutôt

que sur le capital. — L. 1, ff. *De solut*; — Toullier, t. 7, n° 181.

37. — Cela a lieu quand même la quittance porterait que la somme a été payée à compte *du principal et des intérêts : In sortem et usuras.* — L. 5, § 3, ff., *De solut*; — Duranton, t. 12, n° 192. — Et il n'y a pas lieu de distinguer entre les intérêts dus, comme on disait, *ex naturâ rei*, tels que les arrérages de rentes, etc., et les intérêts dus *ex officio judicis*, en vertu de condamnation judiciaire. — Toullier, t. 7, n° 181.

38. — Lors de chaque paiement d'à-compte, les calculs d'imputation doivent se faire de manière à absorber les intérêts échus. — *Cass.*, 19 mai 1823, Hild c. Bonn.

39. — L'imputation du paiement doit, en matière de décompte, être faite de la manière la plus favorable au débiteur, conformément à son intention et à la loi sous l'empire de laquelle le paiement a été fait. — L. 25 juil. 1791; Décr. 22 oct. 1808; — *Cons. d'état*, 15 mai 1815, Baudelocques c. Domaines.

40. — Le mandataire qui a reçu pour son mandant des sommes dont il ne lui a pas encore rendu compte n'est pas tenu d'imputer ces sommes avec une créance qu'il a personnellement contre ce mandant, en telle sorte que cette créance cesse d'être productive d'intérêts. — *Bordeaux*, 12 mars 1834, Dufau c. Deyme.

41. — Si la somme payée excède ce qui est dû pour les intérêts, le surplus s'impute sur le principal, quand même l'imputation aurait été faite expressément sur les intérêts, sans parler du principal. — L. 97 et 102, § 3, ff., *De solut.* — Toutefois, il faudrait que ce capital fût exigible, bien que l'époque d'exigibilité en fût retardée par un terme. Ainsi, le débiteur d'une rente constitutée qui paie plus d'arrérages qu'il n'en est dû ne peut demander l'imputation du surplus sur le capital; car le créancier n'est pas présumé avoir voulu recevoir un remboursement partiel. Alors l'imputation se fait sur les arrérages à venir. — Pothier, *Oblig.*, n° 570; Toullier, t. 7, n° 182; Delvincourt, t. 2, p. 557 note; Rolland, *Rép.*, v° *Imputation*, n° 44.

42. — Le paiement fait sans qu'il ait été rien expliqué relativement à l'imputation, doit être appliqué aux intérêts de la créance, avant de l'être au capital, encore bien que ces intérêts aient été stipulés par un acte sous seing-privé et postérieur à l'acte constitutif d'hypothèque établissant le capital. — *Paris*, 7 pluv. an X, Rouche c. Guiraud.

43. — Mais si, en règle générale, l'imputation des sommes payées sur une créance qui produit intérêts doit se faire d'abord sur les intérêts échus et subsidiairement sur le capital, l'imputation ne doit être faite que sur le capital lorsque cela résulte de l'intention des parties, par exemple, si le créancier a pratiqué une saisie-arrêt pour le capital seulement. — *Bordeaux*, 21 mars 1828, Cauteyron c. Bousquet.

44. — Lorsqu'il a été payé des à-compte sur les arrérages d'une rente échue pendant et depuis le cours du papier-monnaie, et qu'il n'a été fait aucune imputation, le débiteur peut demander que cette imputation soit faite sur les arrérages qu'il était obligé d'acquitter en numéraire. — *Cass.*, 2 germ. an IX, Sengenwald c. Euth.

45. — La caisse des dépôts et consignations doit, comme un débiteur ordinaire, imputer, conformément à l'art. 1254, C. civ., les paiemens partiels qu'elle fait, d'abord, sur les intérêts de la somme déposée, et subsidiairement sur le capital. — *Paris*, 20 mars 1830, Caisse des consignations c. Liénard; 7 janv. 1831, Lepeschieux c. Caisse des consignations. — Ordonn. 3 juill. 1816, art. 14.

46. — Lorsque les deux dettes sont d'égale nature, l'imputation doit se faire sur la plus ancienne (C. civ., art. 1256; — L. 5, ff., *De solut.*), on doit regarder comme telle la plus anciennement échue, et non celle dont le titre est le plus ancien. — *Grenoble*, 21 juin 1841 (t. 1er 1843, p. 39), Colin et Perret c. Morel et Doyon; — Pothier, *Oblig.*, n° 568; Toullier, t. 7, nos 183 et 184; Delvincourt, t. 2 p. 557, note; Duranton, t. 12, n° 194.

47. — Dans le cas où, avant la confection de l'ordre, l'acquéreur d'un immeuble a payé à un créancier inscrit un à-compte sur les arrérages qui lui étaient dus, ce paiement doit être imputé, à défaut de stipulation expresse, sur les arrérages des deux dernières années, conservés par l'inscription du capital, et non sur des arrérages plus anciens, à raison desquels le créancier n'avait pas pris d'inscription particulière, nonobstant le § 2, art. 1256, C. civ., d'après lequel, lorsque les dettes sont d'égale nature, l'imputation se fait sur la plus ancienne. — *Cass.*, 24 août 1829, Riffard c. David.

48. — La déconfiture du débiteur principal lui fait perdre le bénéfice du terme, mais elle n'influe en rien sur la position de la caution, qui continue de n'être tenue de payer que dans l'ordre et aux

échéances fixées, les portions de la dette qu'elle a garanties. La caution conserve également le bénéfice des stipulations énoncées au contrat, sur le mode d'imputation des sommes ou à-compte qui doivent en général, et en l'absence de convention contraire, s'imputer proportionnellement sur toutes les parties de la dette. Réciproquement, elle demeure soumise aux charges et conditions du contrat primitif. — *Paris*, 24 déc. 1842 (t. 1er 1843, p. 364), M... c. C... et J...

49. — Toutes choses *égales*, c'est-à-dire si les dettes sont de même date et de même nature, l'imputation se fait proportionnellement sur chacune. — C. civ., art. 1256; — L. 8, ff., *de solut.*; — Pothier, *oblig.*, n° 569; Toullier, t. 7, n° 185. — Le créancier est ainsi supposé avoir consenti à recevoir un paiement partiel sur chacune de ses créances. — Duranton, *Dr. fr.*, t. 12, n° 198.

50. — Cependant il y a une règle particulière pour les dettes qui ont une affectation spéciale sur certains biens. Cette affectation de la chose emporte, sur ce qu'elle a produit, une destination qui opère nécessairement l'imputation de cette sorte de dettes plutôt que de toute autre, quoique plus dures ou plus anciennes. — Poullain-Duparc, *Principes du droit*, t. 7, p. 363; Toullier, t. 7, n° 186; Rolland, *Rép.*, v° *Imputation*, n° 50.

§ 4. — *Des effets de l'imputation.*

51. — L'effet de l'imputation est d'éteindre la dette. — L. 1re, ff., *De solut.*

52. — Cette extinction a lieu par suite d'une imputation faite de bonne foi, soit par le débiteur ou le créancier, soit par la disposition de la loi, lors même qu'il en devrait résulter un préjudice pour des tiers. — Duranton, t. 12, n° 197.

53. — Mais si le paiement avait été fait sans aucune imputation exprimée par le débiteur ou par le créancier, la dette la plus onéreuse étant alors de droit éteinte par le paiement, il ne peut dépendre ni du créancier ni du débiteur de la faire revivre au préjudice des tiers. — Duranton, t. 12, n° 197; Rolland, *Rép.*, v° *Imputation*, n° 57.

54. — Jugé que le mari, co-débiteur solidaire de sa femme, qui donne en paiement un immeuble à lui appartenant, peut, d'accord avec le créancier, en imputer le prix sur une dette plus récente qui lui est personnelle, au préjudice de sa femme, intéressée à l'acquittement de l'obligation solidaire qui est la plus ancienne. — *Cass.*, 8 fév. 1832, Janet c. Bailly.

55. — Lorsqu'une femme ayant une hypothèque légale sur les biens de son mari pour des créances de diverses dates, a reçu de lui une somme à valoir sur ses reprises, les créanciers du mari, antérieurs en date à certains de ces créanciers, ne sont pas fondés à prétendre que la somme payée doit être imputée de préférence sur celles des créances de la femme qui étaient les plus anciennes en date. — *Bordeaux*, 26 fév. 1833, Mallas-Chambonneau c. Péchillon.

56. — Le créancier qui a reçu pour sûreté de sa créance à la fois une hypothèque et un gage mobilier (par exemple une délégation) peut, avant tout paiement, renoncer au bénéfice du gage mobilier, alors même qu'il serait suffisant pour le désintéresser, pour s'en tenir à l'hypothèque. — Les créanciers postérieurs en ordre hypothécaire sont sans droit pour critiquer ce mode d'imputation. — *Paris*, 25 juin 1836 (t. 1er 1837, p. 393), Roger et Salleron c. Drevan.

57. — Lorsque des marchandises sont livrées par un débiteur à son créancier à titre de paiemens partiels imputables sur le montant de la dette, l'estimation postérieurement faite de ces marchandises, suivant leur valeur au jour de la livraison, ne peut avoir d'autre objet que d'établir à chaque époque de la livraison l'étendue des paiemens partiels reçus en nature, en les évaluant en argent, en sorte que les paiemens soient censés avoir eu lieu non le jour de l'estimation, mais bien le jour de la livraison effective. — *Cass.*, 17 fév. 1836, Dumoret c. Laffitte.

58. — Le créancier inscrit qui s'est rendu adjudicataire de l'immeuble hypothéqué à sa créance, et qui en a été évincé par suite d'une folle-enchère, n'est pas tenu d'imputer sur sa créance la somme par lui due à raison de la différence en moins entre le prix de son acquisition et celui de la revente sur folle-enchère, lorsque le transport qu'il a fait de cette créance est antérieur au jugement d'adjudication sur folle-enchère. — *Orléans*, 8 juill. 1845 (t. 2, 1845, p. 492), Chevalier c. Pelletier.

59. — La compensation étant un paiement, elle peut donner lieu à des questions d'imputation de la même manière que s'il s'agissait d'un paiement ordinaire. — V. COMPENSATION.

INALIÉNABILITÉ.

Ce mot exprime l'état d'une chose ou d'un droit dont l'aliénation est interdite. — V. BIENS, DOMAINE DE L'ÉTAT, DOT, PRESCRIPTION, VENTE.

INAMOVIBILITÉ.

C'est le caractère donné par la loi à une fonction, à un office, de telle sorte que celui qui en est revêtu ou pourvu ne peut le perdre autrement que par mort, démission ou forfaiture jugée. — V. ENREGISTREMENT, FONCTIONNAIRES PUBLICS, JUGE, OFFICE.

IN BONIS.

1. — Expression latine qui signifie *dans les biens.*

2. — Cette expression s'emploie également dans le sens naturel et dans le sens civil; ainsi l'on dit que telle chose est *in bonis* d'un tel, comme l'on dit qu'un tel est décédé *in bonis*. — Rolland de Villargues, *Rép. du notar.*, *hoc verb.*

INCAPACITÉ.

1. — Défaut de qualité ou de pouvoir pour faire, donner ou recevoir, transmettre ou recueillir quelque chose.

2. — L'incapacité nait, 1° ou de la nature, comme dans le cas de l'enfant mort ou informe, du sourd et muet, de l'insensé, etc. — Merlin, *Rép.* v° *Incapacité*, n° 1er. — V. DÉMENCE, SOURD-ET-MUET, SUCCESSION.

3. — ... 2° ou de la loi, comme dans l'état du condamné à une peine qui emporte la privation des droits civils, de l'enfant naturel, des établissemens publics, etc. — Merlin, *ibid.*; Rolland de Villargues, v° *Incapacité*, n° 3. — V. DROITS CIVILS, ENFANT NATUREL, ÉTABLISSEMENS PUBLICS.

4. — ... 3° ou de la nature et de la loi, comme dans le cas de la femme mariée, et des conjoints par mariage, etc. — Merlin, *ibid.*, — V. AUTORISATION DE FEMME MARIÉE, DONATION ENTRE ÉPOUX.

5. — L'incapacité est 1° *absolue* quand elle ne peut se couvrir par aucun moyen, telle est celle de l'étranger ou du mort civilement.

6. — ... 2° *Relative* quand l'incapable est privé non de son action, mais seulement de l'exercice de cette action, et que cette incapacité peut être couverte par des moyens qu'offre la loi, par exemple l'autorisation, la ratification etc. — Poncet, *des actions*, tit. 3, chap. 3.

7. — Il y a une différence essentielle entre l'incapable et l'indigne. — Les causes qui rendent un homme indigne de succéder à quelqu'un ou de recevoir de lui par quelque acte de dernière volonté sont des défauts accidentels qui proviennent des mœurs et de la conduite de celui qui a la capacité naturelle de succéder, mais qui trouve en lui et par son propre fait un obstacle à l'exercer, — au contraire les causes qui rendent un homme incapable n'ont aucun rapport à des devoirs envers le défunt, ce ne sont que des manques de qualités ou des défauts qui empêchent qu'un héritier puisse recueillir une succession, ou un légataire de recevoir un legs. — Merlin, *ibid.*, n° 2.

8. — Les incapacités sont de droit étroit comme toutes les exceptions en général : on ne saurait donc les étendre d'un cas à un autre, sous prétexte d'analogie. — Rolland de Villargues, *ibid.*; n° 6.

9. — Les incapacités cessent en général avec les causes qui les ont produites, mais leur cessation ne produit pas toujours les mêmes effets. — Merlin, *ibid.*, n° 8; Rolland de Villargues, nos 13 et 14.

10. — Ainsi, dans certains cas, l'incapacité ne cesse que pour l'avenir, sans apporter de changement dans le passé, par exemple en cas de naturalisation de l'étranger, etc. — V. ÉTRANGER. — Merlin, *ibid.*; Rolland de Villargues, *ibid.*, nos 15 et 16.

11. — Dans d'autres cas, au contraire, la cessation de l'incapacité est réputée en anéantir la cause même, de telle sorte que l'incapable est restitué contre tous les effets qu'avait produits son incapacité pendant sa durée. Tel était autrefois le cas où un religieux était dégagé de ses vœux. Tel est encore le cas aujourd'hui où le condamné par contumace se présente dans les cinq ans de l'exécution de l'arrêt par effigie. — C. civ., art. 29, Rolland de Villargues, *ibid.*, nos 17 et suiv.

12. — Au surplus, l'incapacité étant la négation de la capacité, il faut, pour l'exposé des principes et l'indication des matières auxquels ils s'appliquent, se rapporter à ce que nous avons dit v° CAPACITÉ.

INCAPACITÉ DE TRAVAIL.

V. BLESSURES ET COUPS, CASTRATION.

INCENDIE.

Table alphabétique.

Amphithéâtre, 66.
Arbres isolés, 80.
Arsenaux, 161.
Assurance, 97 s., 119 s.
Bateaux, 51, 75.
Biens affermés, 115.
Blessures accidentelles, 152.
Bois abattus, 81, 83. — en tas ou en cordes, 83 s., 103. — particuliers, 79. — taillis, 70 s., 80.
Bourse de commerce, 65.
Chantiers, 33 s., 75.
Chaume, 90.
Circonstance constitutive, 127 s., 148 s.
Communication de l'incendie, 82, 91, 104, 130 s.
Complicité, 129.
Copropriété, 110 s.
Corps-de-garde, 66.
Cours, 55.
Crimes contre la sûreté de l'état, 161.
Dénonciation calomnieuse, 42 s.
Dépendances de l'habitation, 53 s.
Droit ancien, 8 s., 163 s.
Écoles, 66.
Écuries, 55.
Églises, 65.
Enfans, 114.
Époux, 114.
Escroquerie, 99.
Évasion, 44.
Explosion, 154 s.
Forêts, 70 s. — communales, 79. — de l'état, 79.
Granges, 55, 58.
Halle, 67.
Homicide, 87. — accidentel, 147 s.
Hypothèque, 117.
Imprudence, 179 s.
Incendie de sa chose, 94 s., 133.
Intention, 38 s., 72, 95 s., 131, 136, 151, 157 s., 160, 182.
Jury, 46 s., 58 s., 92 s., 121, 124 s., 143.
Louage, 5.
Lieux habités, 33 s., 101. — non habités, 70 s., 102.
Magasins, 33 s., 75.
Maison habitée, 33 s., 52 s. — non habitée, 122 s.
Mari, 113.
Matières combustibles, 130 138 s.
Menaces, 163 s.
Mesures contre les incendies, 6.
Meule de paille, 92 s.
Militaire, 32.
Mine, 154 s.
Mobilier, 106, 177 s.
Mort occasionnée, 105, 147 s.
Mur, 76.
Nantissement, 108.
Navires, 33 s., 75, 161.
Négligence, 179 s.
Nu-propriétaire, 116.
Objets saisis, 109.
Palais des Chambres, 65.
Parricide, 36.
Pénalité, 8 s.
Père et mère, 114.
Pièces d'artifice, 181.
Préjudice, 95 s., 117 s., 120 s., 125 s.
Prisonniers, 44.
Propriétaire, 94 s., 107.
Propriétés d'autrui, 122 s. — de l'état, 161.
Récoltes, 88 s., 92. — (abattues), 81, 88. — en meules ou sur pied, 23. — en tas ou meules, 87, 103. — sur pieds, 70 s., 78.
Responsabilité, 4 s.
Réunion non autorisée, 68 s. — de citoyens, 60 s., 68.
Tentative, 37, 44 s., 52, 124, 142, 158 s.
Théâtres, 65.
Tribunaux, 65. — spéciaux, 25 s., 146.
Usufruitier, 116.

INCENDIE. — 1. — Action de mettre le feu à des objets quelconques.

2. — L'incendie peut, suivant les circonstances, être considéré comme crime, ou comme simple délit.

3. — Dans ce cas, il consiste dans le fait d'avoir mis le feu à des objets quelconques dont la destruction peut soit occasionner la mort de quelqu'un, soit causer un préjudice à autrui.

4. — En outre, indépendamment de la peine qu'il entraîne contre son auteur, il donne ouverture, au profit de celui qui en a été victime, à une action en dommages-intérêts. — V. RESPONSABILITÉ.

5. — La responsabilité, en cas d'incendie, est régie par des règles particulières lorsqu'il s'agit des rapports respectifs des propriétaires et des locataires. — V. BAIL.

6. — D'un autre côté, dans un intérêt de bonne police, la loi a cru devoir tracer, pour éviter les incendies ou pour y remédier, des mesures dont l'observation est prescrite sous des peines déterminées. — V. INCENDIES (mesures contre les).

7. — Nous ne nous occuperons ici que de l'incendie considéré comme crime ou comme délit.

§ 1er. — *Historique et législation* (n° 8).

§ 2. — *De l'incendie des lieux habités ou servant à l'habitation* (n° 33).

§ 3. — *De l'incendie d'édifices servant à des réunions de citoyens* (n° 60).

§ 4. — *De l'incendie des lieux non habités, des forêts, bois, récoltes sur pied-des bois ou récoltes abattus, appartenant à autrui* (n° 70).

§ 5. — *De l'incendie de sa propre chose* (n° 94).

§ 6. — *De l'incendie par communication* (n° 130).

§ 7. — *De l'incendie qui a occasionné la mort accidentelle* (n° 147).

§ 8. — *Des destructions causées par l'explosion d'une mine* (n° 154).

§ 9. — *Des menaces d'incendie* (n° 163).

§ 10. — *De l'incendie par négligence ou par imprudence* (n° 179).

—

§ 1er. — *Historique et législation.*

8. — Le crime d'incendie est l'un des plus graves qui puisse être commis contre les personnes ou contre les propriétés : aussi a-t-il été de tout temps l'objet de dispositions pénales fort sévères.

9. — Toutefois, comme le but de l'incendie n'est pas toujours le même, comme il peut servir d'instrument à la perpétration de faits d'une gravité inégale, les législateurs se sont appliqués à établir des distinctions et des peines différentes.

10. — A Rome, les coupables du crime d'incendie subirent d'abord la peine du feu; mais il fallait que l'incendie eût été mis à dessein, soit à un édifice, soit à tout autre objet, avec l'intention de communiquer le feu à cet édifice : *Qui ædes acervumque frumenti juxtà domum positum combusserit, vinctus, verberatus, igni necari jubetur, si modo sciens prudens que commiserit. — Gaius, lib. 4, ad leg. 12, tabul.*; L. 9. ff. *de incend. ruin.*

11. — Plus tard cette peine ne fut plus appliquée que dans les cas les plus graves, c'est-à-dire lorsque l'incendie avait eu pour mobile la haine ou le désir du pillage, et surtout ceux où l'incendie avait eu lieu dans l'enceinte des villes. — Et cependant quelquefois la simple peine de mort était appliquée au crime d'incendie même commis dans les villes : *Incendarii capite puniuntur qui ob inimicitias vel prædæ causâ incenderint intrà oppidum et plerumque vivi exuruntur.*—L., 28, § 12, ff., *De pœnis.*

12. — Quant aux incendies dans les campagnes, ils étaient punis moins rigoureusement. —*Qui verò casam aut villam, aliquo leniùs.*

13. — Au reste on lit dans Ulpien que la peine de mort était très souvent commuée en celle de la déportation à l'égard des criminels qui n'étaient pas de la condition la plus vile : *qui datâ operâ in civitate incendium fecerint, si humiliore loco sint, bestiis objici solent; si in aliquo gradu id fecerint, capite puniuntur, aut certè in insulam deportentur.* —L. 12 ff. *de incend. ruin., etc.*

14. — Dans son commentaire sur le Digeste, Voët (tit. *de incendio*) dit que, suivant l'ordonnance criminelle de Charles-Quint et les placards de Hollande, les incendiaires doivent toujours être pendus; que souvent on les jette au feu après les avoir étranglés, et que quelquefois même on les condamne à être brûlés vifs.

15. — Un placard de Philippe-le-Bon rendu pour la Belgique, le 14 août 1459, non seulement défendait de recueillir un incendiaire, sous peine de mort, mais accordait rémission à quiconque tuerait un individu atteint de ce crime.

16. — La loi de Moïse, Exode, ch. 22, vers. 6, condamne l'incendiaire à payer l'estimation des choses qu'il a brûlées ou détruites. Elle ne s'occupe pas de criminaliser ce fait selon l'intention.

17. — Les ordonnances des rois de France étaient en quelque sorte restées muettes sur le crime d'incendie. Un capitulaire de Charlemagne, infligeant à ce crime le genre de mort le plus rigoureux, est le seul monument de notre législation : *Si aliquis, malitiæ studio, incendium miserit, de hoc crimine convictus pœnis gravissimis jubetur interfici.* (Cap. Carl. Magn., L. 7, c. 264).—V. Morin *Dict. dr. crim.*, v° *Incendie*, p. 402 et 403.

18. — Aussi la jurisprudence dut-elle suppléer au silence du législateur et les arrêts adoptant certaines distinctions reconnaissaient-ils divers degrés de gravité dans la perpétration de ce crime.

19. — Ainsi l'incendie des édifices situés dans les villes et des églises était puni de la peine du feu : « il est juste, dit Muyart de Vouglans (*Lois crim.*, p. 192), de faire subir au coupable le même supplice qu'il voulait faire subir à ceux qui se seraient trouvés enveloppés dans son incendie. »

20. — La peine de mort ou le bannissement perpétuel, suivant la condition des accusés, punissait l'incendiaire des maisons et fermes de campagne.

21. — Quant à l'incendie des récoltes sur pied, telles que moissons, prairies, vignobles, comme il ne pouvait jamais atteindre les personnes ou du moins laisser supposer l'intention d'un attentat contre elles, il n'était puni que du bannissement avec une amende proportionnée au dommage causé.

22. — Mais celui qui s'était rendu coupable d'un incendie des bois et forêts que l'ordonnance de 1669, tit. 27, art. 32, avait vaguement déclaré passible d'amende et de *punition corporelle* non déterminée, fut confondu dans la déclaration du 16 nov. 1714 avec « ceux qui, de dessein prémédité, avaient mis le feu dans les landes et bruyères, » et il fut comme eux puni de mort.

23. — En 1791, ces distinctions furent supprimées et toutes les variétés du crime d'incendie se trouvèrent comprises dans une seule disposition ainsi conçue : « quiconque sera convaincu d'avoir par malice ou vengeance et à dessein de nuire à autrui, mis le feu à des maisons, bâtimens, édifices, navires, magasins, chantiers, forêts, bois taillis, récoltes en meules ou sur pied, ou à des matières combustibles disposées pour communiquer le feu auxdites maisons, bâtimens, édifices, navires, bateaux, magasins, chantiers, forêts, bois taillis, sera puni de mort. »—Art. 32, sect. 2e, tit. 2, L. 25 sept.-6 oct. 1791.

24. — Il a été jugé que sous l'empire de cette loi il y avait violation de la loi dans le jugement qui, par des inductions, prononçait une autre peine que celle de la mort contre l'incendie des maisons. — *Cass.*, 7 pluv. an X, Suzzarini.

25. — La loi du 29 pluv. an IX, art. 11, déféra le jugement du crime d'incendie aux cours spéciales ; la loi du 23 flor. an X attribua à ces cours le jugement du crime d'incendie de *granges, meules de blé et autres dépôts de grains.*

26. — Jugé sous cette loi que l'incendie d'un bâtiment contenant plusieurs faix de lin avec leur graine ne pouvait être assimilé à l'incendie d'un *dépôt de grains* destinés aux alimens, justiciable, sous la loi du 23 flor. an X, des tribunaux spéciaux. — *Cass.*, 27 brum. an XI, Monier.

27. — L'art. 434, C. pén. de 1810, était ainsi conçu : « Quiconque aura volontairement mis le feu à des édifices, navires, bateaux, magasins, chantiers, forêts, bois taillis ou récoltes, soit sur pied, soit abattus, soit aussi que les bois soient en tas ou en cordes, et les récoltes en tas ou en meules, ou à des matières combustibles placées de manière à communiquer le feu à ces choses ou à l'une d'elles, sera puni de la peine de mort. »

28. — La sévérité de cette disposition était expliquée en ces termes dans l'exposé des motifs : « Ce crime, comme celui de l'empoisonnement, est l'acte qui caractérise la plus atroce lâcheté ; il n'en est point de plus effrayant, soit par la facilité des moyens, soit à cause de la rapidité des progrès, soit enfin par l'impossibilité de se tenir continuellement en garde contre le monstre capable d'un si grand forfait. L'empoisonnement même sous certains rapports, semble n'être pas tout à fait aussi grave ; car il n'offense que la personne qui doit en être la victime, tandis que l'autre crime s'étend jusqu'aux propriétés de ceux à qui l'on n'a voulu faire aucun mal, et tend à envelopper plusieurs familles dans une ruine commune. Il expose même la vie des personnes qui se trouvent dans le lieu incendié et qui peuvent n'avoir pas le temps d'échapper aux flammes ; ou si ce sont des récoltes qu'il incendie, le feu peut se communiquer d'un champ à l'autre et plonger un canton tout entier dans un état de détresse absolue. — Un crime aussi exécrable mérite la mort, et telle est en effet la peine portée par le code. »

29. — « Ces réflexions, disent MM. Chauveau et Hélie (*Théor. C. pén.*, t. 8, p. 19), sont parfaitement fondées lorsqu'on les applique à la classe la plus grave et la plus désastreuse des incendies : mais ce crime plus que tout autre a des nuances et des degrés. — Parce que l'incendie est dans certains cas un crime odieux, le législateur de 1810 en a conclu que, dans tous les cas, il devait être puni comme un crime odieux ; parce qu'il peut constituer un assassinat, il a pensé qu'il devait être puni comme un assassinat lors même qu'il ne constituait réellement qu'une dévastation, un dégât. Il n'a vu qu'une face du crime, il n'a puni que son degré le plus élevé. »

30. — Aussi quand en 1832 le projet de révision présenté par le gouvernement proposa de maintenir cette disposition en y édictant seulement une pénalité moins sévère contre ceux qui incendiaient leurs propres maisons, dans le but de se faire payer le prix d'assurance, la commission de la Chambre des députés conclut à d'autres modifications : « dans les temps ordinaires, disait son rapporteur, il est nécessaire que la peine de mort protège la vie de l'homme, lorsque l'incendie peut la mettre en danger, mais, si la vie de l'homme n'a pas été menacée, l'incendie n'est autre chose qu'une dévastation avec circonstances aggravantes, et n'y a-t-il pas une suffisante aggravation de peine à punir des travaux forcés à temps et même des travaux forcés à perpétuité une simple dévastation. »

31. — Les crimes d'incendie ont donc été rangés dans diverses classes qu'il importe de passer successivement en revue.

32. — Aux termes de l'art. 3, tit. 5, L. 21 brum.

au V, tout militaire ou autre individu attaché à l'armée et à sa suite convaincu d'avoir mis le feu aux magasins, arsenaux, maisons rurales ou d'habitation ou à toute autre propriété publique ou particulière, moissons ou récoltes faites ou à faire, en quelque pays que ce soit, sans l'ordre par écrit du général ou autre commandant en chef, doit être puni de mort.

§ 2. — *De l'incendie des lieux habités ou servant à l'habitation.*

33. — Le paragraphe premier du nouvel art. 434, C. pén. est ainsi conçu : « Quiconque aura volontairement mis le feu à des édifices, navires, bateaux, magasins, chantiers, *quand ils sont habités ou servant à l'habitation*, et généralement aux lieux habités ou servant à l'habitation, qu'ils appartiennent ou n'appartiennent pas à l'auteur du crime, sera puni de mort. »

34. — Il résulte des explications données à la chambre des pairs que, dans ce cas, le législateur a considéré le feu comme un moyen d'assassinat et que c'est la vie de l'homme principalement et non sa propriété qu'il a voulu protéger. De là l'application de la peine de mort.

35. — C'est également par cette considération que le rappporteur devant la chambre des pairs expliquait pourquoi la loi *n'avait pas* distingué si les lieux habités appartenaient à l'incendiaire ou à autrui; prononçant dans l'un comme dans l'autre cas la peine capitale.

36. — De ce qu'en pareil cas l'incendie est considéré comme un moyen d'assassinat, M. Rauter conclut que l'incendie d'une maison ou autres lieux servant à l'habitation qui aurait eu pour résultat la mort du père de l'agent constitue le crime de parricide et que la peine la plus grave devrait être appliquée. — Rauter, t. 2, p. 197 et 198. — V. PARRICIDE.

37. — Il a été jugé néanmoins que la tentative d'homicide au moyen de l'incendie d'une maison servant à l'habitation constitue un crime distinct du crime lui-même d'incendie, et que dès lors les juges ne peuvent, sous prétexte que ces deux crimes se confondent, refuser de prononcer la mise en accusation à la fois pour crime de tentative d'homicide et pour crime d'incendie. — *Cass.*, 17 déc. 1842 (t. 1er 1844, p. 517), Lefort.

38. — La loi ne punit le crime d'incendie qu'autant qu'il a été commis *volontairement*, mais que doit-on entendre par ce mot?

39. — Sous la loi des 25 sept.-6 oct. 1791 la volonté criminelle existait par cela seul que l'incendie avait été commis *par malice, vengeance ou intention de nuire.* — *Cass.*, 7 thermid. an XII, Guérimeau; même jour, Chassain.

40. — Il en est de même aujourd'hui, et il n'est pas d'ailleurs nécessaire que l'auteur du crime ait eu l'intention de donner la mort aux habitans d'une maison; l'intention d'incendier, qui résulte du fait, suppose dans l'agent la prévision de tout ce qui peut en résulter : il doit donc en supporter toute la responsabilité — Chauveau et Hélie, t. 8, p. 24.

41. — Et, réciproquement, le fait de mettre le feu, avec l'intention de tuer, à un lieu réputé non habité par la loi ne devrait être puni que comme un attentat à la propriété, si la mort de personne n'en avait été la suite. — Chauveau et Hélie, t. 8, p. 24.

42. — Un arrêt de cassation a, il est vrai, décidé que le fait d'avoir mis le feu avec l'intention de faire attribuer ce crime à une autre personne ne constituait pas ce que la loi a entendu par le dessein de nuire à autrui : « C'est, dit cet arrêt, un délit d'une nature tout à fait différente et ne devant donner lieu qu'à une action distincte soit que l'action eût été calomnieusement intentée, soit qu'à raison de cette accusation, il eût été porté de faux témoignages. » — *Cass.*, 2 flor. an XI, Chaigneau.

43. — Mais MM. Chauveau et Hélie présentent cette solution comme très contestable : « L'action qui faisait l'objet de cette espèce, disent-ils (t. 8, p. 25), était complexe et renfermait deux faits distincts, l'incendie et la dénonciation calomnieuse. L'incendie consiste dans le seul fait d'avoir mis le feu volontairement; l'imputation de ce fait à un tiers est un acte postérieur, indépendant du crime et qui ne s'accomplit que par la dénonciation du faux témoignage. Ces deux actes ne peuvent donc être considérés comme un seul et même crime. Et puis de ce que l'incendie a été commis avec l'intention de l'imputer à un tiers il ne suit pas qu'il n'ait pas été commis volontairement, avec la prévision de ses conséquences matérielles; l'agent doit donc encourir une double responsabilité à raison du fait d'incendie et du fait de la calomnie. »

44. — Il a été jugé avec raison que le fait par des prisonniers d'avoir, pour s'évader, mis ou tenté de mettre volontairement le feu à un édifice habité, constitue le crime d'incendie. — *Cass.*, 24 août 1845 (t. 1er 1846, p. 145), Faure et Boissard.

45. — Mais jugé aussi que la tentative d'incendie n'est pas punissable, lorsque les auteurs de cette tentative ont eux-mêmes éteint le feu qu'ils avaient allumé. — Même arrêt. — V. TENTATIVE.

46. — *La volonté étant constitutive du crime d'incendie*, on ne pourrait faire l'application de la peine prononcée par l'art. 434, sans que la question de volonté eût été résolue affirmativement par le jury.

47. — On jugeait de même, sous la loi des 25 sept.-6 oct. 1791, que l'arrêt qui condamnait un accusé pour crime d'incendie devait être cassé, lorsqu'il ne déterminait pas si cet incendie avait été commis par malice ou vengeance ou intention de nuire. — *Cass.*, 7 thermid. an XII, Pierre Guermeau; même jour, Chassaing.

48. — Sous la même loi, on considérait comme contradictoire et nulle la déclaration du jury portant que l'accusé avait commis un incendie à dessein de nuire et qu'il ne l'avait pas commis dans l'intention du crime. — *Cass.*, 9 messid. an VIII, Morcan.

49. — Jugé encore que dans une accusation de tentative d'incendie d'une maison habitée, il ne suffit pas de demander au jury si l'accusé a mis du feu sous un glui étant au pied du mur de la maison; qu'il faut mettre les jurés dans le cas de déterminer d'une manière précise si la tentative avait pour objet d'incendier le glui ou la maison. — *Cass.*, 19 flor. an XIII, Lion.

50. — L'action de mettre *volontairement* le feu constituant la criminalité, il importe peu que l'incendie ait étendu plus ou moins ses ravages : le fait suffit, quel que soit le résultat. — Chauveau et Hélie, t. 8, p. 25.

51. — L'art. 434, § 1er, parle, comme on l'a vu, des navires, bateaux habités ou servant à l'habitation. — « M. Garnier (*Tr. des eaux*, 3e édit, no 650, note) dit qu'il ne faut pas considérer ces expressions comme s'appliquant aux bâtimens servant à transporter des passagers et des marchandises ; car les passagers ne sont pas des habitans; mais qu'il en serait autrement si les propriétaires, fermiers ou locataires et leurs familles ou employés y résidaient hors du temps consacré aux voyages ou transports. »

52. — De ce que la peine de mort ne peut être appliquée au crime d'incendie ou de communication d'incendie (V. *suprà* no 33) que dans les cas où le feu aurait été mis à des édifices habités ou servant d'habitation, il résulte que la condamnation à cette peine est à tort prononcée contre un individu déclaré coupable seulement d'une tentative de communication d'incendie à un édifice appartenant à autrui, sans dire que cet édifice fût habité ou servant à l'habitation. — *Cass.*, 22 sept. 1836 (t. 1er 1837, p. 564), Préaux.

53. — La distinction faite par l'art. 434 entre les maisons *habitées* ou *servant à l'habitation* et les maisons non *habitées* et *non servant à l'habitation*, a donné naissance à une question fort grave. On s'est demandé si l'art. 390, C. pén., qui répute commis dans une *maison habitée* tout vol commis *dans les dépendances de cette maison*, doit être appliqué au cas d'incendie, et si en conséquence l'incendie d'un bâtiment non habité et non servant à l'habitation, mais qui est une dépendance d'une maison habitée ou servant à l'habitation, peut être assimilé à l'incendie même de cette maison. C'est, comme on le voit, une question de vie ou de mort pour le coupable, puisque, suivant qu'elle sera résolue affirmativement ou négativement, il encourra la peine de mort dans le premier cas, et seulement des travaux forcés dans le second.

54. — Par de nombreux arrêts, dont deux (ceux du 14 août 1839 et du 18 janv. 1847) ont été rendus en audience solennelle, la cour de Cassation a décidé que l'art. 390 contenait une définition générale de ce qu'on devait entendre par maison habitée; que cette définition n'était pas limitée au cas de vol, et qu'ainsi les expressions *lieux habités ou servant à l'habitation*, employées dans l'art. 434, comprennent tout ce qui est indiqué dans l'art. 390, c'est-à-dire tout ce qui est destiné à l'habitation ou dépend de ces lieux. — *Cass.*, 2 mai et 14 août 1839 (t. 2 1839, p. 144), Boutigny; 13 fév. 1840 (t. 2 1840, p. 509), Riffaut; 20 janv. 1843 (t. 2 1843, p. 464), Marion; 18 fév. 1843 (t. 2 1843, p. 465), Giraud; 8 août 1844 (t. 2 1844, p. 420), Jaura. — V. aussi *Cass.*, 18 janv. 1847 (t. 1er 1847, p. 576), Faguet.

55. — ... Et qu'en conséquence les expressions *lieux habités et servant à l'habitation* employées dans l'art. 434, C. pén., comprennent tout ce qui est indiqué dans l'art. 390; par exemple, tout ce qui dépend de ces lieux, tels que cours, écuries, granges, etc. — *Cass.*, 20 janv. 1843 (t. 2 1843, p. 464), Marion.

56. — ... Et que, de même, le fait par un individu d'avoir mis volontairement le feu à un bâtiment dépendant d'une maison habitée (fût-ce sa propre maison) tombe sous l'application de l'art. 434, § 1er, C. pén., alors même que ce bâtiment ne servirait pas lui-même à l'habitation, et que le jury n'aurait pas été interrogé sur la question de savoir s'il y avait préjudice pour autrui. — *Cass.*, 2 mai et 14 août 1839 (t. 2 1839, p. 144), Boutigny.

57. — Mais cette doctrine, repoussée par un arrêt de la cour royale d'Orléans du 1er juill. 1844 (t. 2 1844, p. 198) [Jaura], cassé par celui du 8 août suivant (V. *suprà* no 54), a été très fortement combattue par MM. Chauveau et Hélie (t. 8, p. 29), et par M. le procureur-général Dupin, dans son réquisitoire rapporté sous le dernier arrêt du 18 janv. 1847 (V. *suprà* no 54).

58. — Jugé, dans tous les cas, avec raison que l'incendie d'une grange dépendant d'une maison habitée est passible de la peine portée par le § 1er, art. 434, C. pén., lorsque le jury a déclaré que l'accusé avait mis volontairement le feu à une maison habitée. — *Cass.*, 10 fév. 1835, Lavoisie.

59. — La circonstance que l'édifice était habité ou servait à l'habitation, étant une circonstance aggravante du crime d'incendie, doit, à peine de nullité, faire l'objet d'une question spéciale et particulière. — *Cass.*; 28 mars 1839, Waflard; 27 mars 1840 (t. 2 1840, p. 602), Vachon et Puzin; 29 mai 1840 (t. 2 1840, p. 191), Jacquemain; 19 juin 1840 (t. 2 1841, p. 475), Mitjaville; 13 déc. 1838 (t. 1er 1839, p. 310), Collier; 10 mai 1839 (t. 2 1839, p. 367), Thomassin; 20 sept. 1839 (t. 2 1839, p. 367), Collot; 26 avr. 1838 (t. 1er 1840, p. 145), Bemard; 24 mars 1838 (t. 1er 1840, p. 204), Bettinger; 12 sept. 1839 (t. 1er 1840, p. 795), Penissard; 11 avr. 1845 (t. 1er 1846, p. 158), Charliac. — V. en outre divers arrêts cités *infrà* nos 142 et s.

§ 3. — *De l'incendie d'édifices servant à des réunions de citoyens.*

60. — Le deuxième paragraphe de l'art. 434 est conçu en ces termes : « Sera puni de la même peine (la peine de mort) quiconque aura volontairement mis le feu à tout édifice *servant à des réunions de citoyens.* »

61. — Il résulte des débats qui ont eu lieu sur cette disposition qu'elle est applicable (bien qu'elle ne paraisse pas avoir été proposée par son auteur avec un sens aussi absolu), soit qu'au moment où le feu a été mis, des citoyens y fussent réunis, soit qu'il ne se trouvât personne dans ces édifices : ainsi, un ammendement tendant à l'addition de ces mots : « *Pendant le temps de ces réunions* » a été écarté. — Duvergier, année 1832, p. 148.

62 — « Tout édifice, disait le commissaire du gouvernement à la chambre des pairs, servant à une réunion de citoyens ne peut être censé abandonné. Le principe de la loi est de protéger la vie des hommes, et la vie des hommes serait compromise si l'on ne portait point des peines très-graves contre ceux qui mettraient le feu à un édifice consacré à la réunion des citoyens, et dans lequel un individu peut se trouver, soit accidentellement soit comme gardien. »

63. — « Il y a, disait en outre M. le garde des sceaux, une très-grande importance à placer les édifices publics sous la sanction de la loi la plus sévère. Indépendamment du danger que l'incendie fait courir à la vie des hommes, soit qu'il y ait réunion de citoyens, soit qu'il n'y ait que des gardiens, soit enfin qu'il se trouve accidentellement d'autres individus dans l'édifice, il faut reconnaître que les édifices méritent une protection spéciale, que les églises, que les établissemens qui décorent une ville, qui ont été élevés à grands frais, méritent d'être placés sous la protection de la loi la plus sévère. » — Chauveau, *C. pén. progressif*, p. 331.

64. — MM. Chauveau et Hélie (*Th. C. pén.*, t. 8, p. 37), sans nier que la deuxième disposition de l'art. 434 n'ait en effet un sens absolu, se demandent, d'une part, s'il est vrai qu'un édifice puisse être réputé habité par présomption et qu'une présomption doive servir de base à la peine de mort : d'autre part si les réflexions précitées relatives à la protection spéciale due aux édifices publics comme édifices, ne vont pas directement contre le système général de la loi, puisqu'il pourrait en résulter que la peine de mort s'appliquât à un attentat à la propriété, tandis qu'il est évident que le législateur a voulu réserver cette peine pour les attentats contre les personnes. — La dernière partie de cette argumentation nous paraît, théoriquement, sans

réplique; quant à la première, ne peut-on pas faire observer que c'est aussi par *la présomption* qu'un édifice servant ordinairement à l'habitation est toujours habité, que le législateur a prononcé la peine de mort contre celui qui l'incendie?

65. — Que doit-on entendre par « *édifice servant à des réunions de citoyens ?* » — On a cité dans la discussion les églises, les palais des chambres, les tribunaux, les bourses de commerce, les théâtres.

66. — On devrait également considérer comme tels les amphithéâtres, les écoles, les corps de garde etc. etc. — Chauveau et Hélie, *loc. cit.*

67. — Une halle doit-elle être considérée comme un édifice public? — M. le garde des sceaux, dans le cours de la discussion, a résolu la question négativement par le motif qu'une halle n'est pas fermée. « On entend, a-t-il dit, par édifice, un corps de bâtiment qui se trouve avoir des clôtures complètes. » — Chauveau, *C. pén. progressif*, p. 331.

68. — MM. Chauveau et Hélie (*loc. cit.*) pensent qu'on peut ranger parmi les édifices *servant à des réunions de citoyens* « tous les bâtimens qui servent à des réunions de citoyens, pourvu qu'ils soient employés habituellement à cet usage; qu'il n'est pas d'ailleurs nécessaire qu'ils soient publics, c'est-à-dire qu'ils appartiennent à l'état; mais qu'il faut que les réunions soient officielles et légales. »

69. — M. Morin pense également (*Dict. dr. crim.*, v° *Incendie*) que la loi n'a entendu protéger que les lieux servant à des réunions autorisées par la loi.

§ 4. — *De l'incendie des lieux non habités, des forêts, bois, récoltes sur pied, des bois ou récoltes abattus, appartenant à autrui.*

70. — Les §§ 3 et 5, art. 434, portent : « Quiconque aura volontairement mis le feu à des édifices, navires, bateaux, magasins, chantiers, lorsqu'ils ne sont ni habités, ni servant à l'habitation, ou à des forêts, bois taillis ou récoltes sur pied, lorsque ces objets ne lui appartiennent pas, sera puni de la peine des travaux forcés à perpétuité. » — « Quiconque aura volontairement mis le feu à des bois ou récoltes abattus, soit que les bois soient en tas ou en cordes et les récoltes en tas ou en meules, si ces objets ne lui appartiennent pas, sera puni des travaux forcés à temps. »

71. — Dans ces divers cas, comme on le voit, ce n'est plus la personne, c'est la propriété que la loi a entendu protéger.

72. — Le mot *volontaire*, employé dans ces deux paragraphes de l'art. 434, a le même sens que dans le premier. — V. *suprà* n°s 38 s.

73. — L'énumération contenue aux §§ 3 et 4, art. 434, est *restrictive* et non point *démonstrative*, comme dans le § 1er : « La peine, disent MM. Chauveau et Hélie (t. 8, p. 41) se trouve dans un rapport direct avec l'objet incendié; elle ne peut donc être appliquée qu'à l'incendie de cet objet lui-même. »

74. — Au reste, tous les bâtimens, toutes les constructions, toutes les maisons non habités ou ne servant point à l'habitation, depuis les monumens publics jusqu'aux simples maisons, se trouvent compris par la loi dans l'expression *édifices*, sans s'occuper de leur valeur et sans autre distinction que celle qui résulte du fait de l'habitation. »

75. — De même dans ces expressions : *navires, bateaux, magasins, chantiers* se confondent également tous les objets de ce genre, abstraction faite de la valeur de contenant ou de contenu. Ainsi, les granges et autres dépôts de grains que la législation précédente désignait spécialement à côté des magasins, et dont l'art. 4, L. 23 flor. an X, attribuait l'incendie à une juridiction spéciale, se trouvent aujourd'hui confondus dans les expressions générales de la loi.

76. — Mais il a été jugé que l'individu déclaré coupable d'avoir volontairement mis le feu à la couverture en chaume d'un mur qui ne lui appartenait pas, est passible des peines portées en l'art. 437, relatif à ceux qui ont détruit des édifices, ponts et chaussées ou autres constructions (V. DESTRUCTION D'ÉDIFICES ET CONSTRUCTIONS, n°s 5 et suiv.), et non de celles de l'art. 434. — *Cass.*, 20 sept. 1839 (t. 1er 1840, p. 474), Lecomte.

77. — La gravité des peines édictées contre le crime d'incendie commis dans les forêts, bois taillis ou récoltes sur pied se justifie par les résultats possibles de ce fait. « Cette peine (celle des travaux forcés à perpétuité), disait le rapporteur de la loi à la chambre des pairs, n'est pas trop sévère; tout le monde sait que quand on met le feu à une forêt ou à des récoltes sur pied, l'incendie peut se propager et s'étendre au loin; il est raisonnable de punir sévèrement un crime qui peut occasionner de si grands dommages à une contrée entière. »

78. — Par *récoltes sur pied*, le Code n'a voulu désigner que les récoltes susceptibles d'être incendiées. « Si le dommage est impossible, disent MM. Chauveau et Hélie (t. 8, p. 44), si la récolte n'est pas inflammable, le crime disparaît. »

79. — Par *forêts*, il faut entendre tous les bois et forêts, quels que soient leurs propriétaires, et soit qu'ils constituent une propriété communale ou privée ou un bien de l'état; mais cette expression serait inapplicable à des groupes d'arbres qui ne peuvent constituer un bois ou une forêt, et dont l'incendie ne saurait avoir des conséquences aussi désastreuses. — Chauveau et Hélie, t. 8, p. 43.

80. — De même, ajoutent les mêmes auteurs, il ne faut pas étendre la disposition concernant les bois taillis aux arbres isolés.

81. — Quant aux bois ou récoltes abattus, il est évident que s'ils sont renfermés dans des magasins ou chantiers, l'incendie devient punissable, comme il est dit ci-dessus, de la peine des travaux forcés à perpétuité.

82. — La même peine est appliquée si ces bois ou récoltes sont placés de façon à communiquer l'incendie à des édifices, navires, magasins, forêts ou récoltes sur pied.

83. — Mais si les bois ou récoltes abattus sont en tas ou en cordes, hors des chantiers, et qu'ils ne puissent communiquer l'incendie, la peine est seulement celle des travaux forcés à temps : la différence qui existe entre la peine applicable à ce cas et celle applicable au cas où il s'agit de forêts, etc., ou récoltes sur pied, provient de ce que lorsque l'incendie est circonscrit à des objets isolés, le dommage est limité et le danger bien moindre.

84. — Pour que l'incendie des bois donne lieu à l'application de la peine portée par ce paragraphe, il faut qu'au moment de l'incendie ces bois se soient trouvés *en tas ou en cordes*; s'ils étaient dispersés sur la surface du sol, la disposition pénale ne serait pas applicable. — Chauveau et Hélie, t. 8, p. 45 et suiv.

85. — Mais il n'est pas nécessaire que les bois coupés *soient placés dans les ventes*, bien que leur caractère de récolte doive faire supposer qu'il en est ainsi. « Tant que les bois ne sont pas entrés dans le commerce comme marchandise, disent MM. Chauveau et Hélie (t. 8, p. 46), tant qu'ils sont encore sur la propriété de celui qui les a recueillis, dans un lieu autre que ses magasins et ses chantiers, et même après le procès-verbal de récolement, s'ils sont exposés dans une vente, le § 5 est applicable, car il ne trace aucune limite. »

86. — Il a été jugé (avant la loi de 1832) que l'incendie de bois abattus et qui ne sont placés ni en tas ni en cordes, ne constitue le crime d'incendie qu'autant que ces bois sont encore en nature de récoltes, et ainsi placés sous la protection de la foi publique, ou qu'ils sont déposés dans des magasins ou chantiers, ou enfin qu'ils sont disposés de manière à communiquer le feu à des édifices ou à d'autres propriétés d'autrui. — *Cass.*, 15 sept. 1826, Dufouilloux.

87. — Les récoltes, réunies en tas ou en meules, sont protégées par l'art. 434, § 5, en quelque lieu qu'elles aient été mises, et jusqu'à ce qu'elles aient perdu leur caractère de récolte, alors même qu'elles ne sont pas exposées à la foi publique dans les champs où elles ont été recueillies. — Chauveau et Hélie, t. 8, p. 47.

88. — On doit entendre par *récoltes* tous fruits ou productions utiles de la terre qui, séparés de leurs racines ou de leurs tiges, par le fait du propriétaire ou de celui qui le représente, sont laissés momentanément dans les champs jusqu'à ce qu'ils soient enlevés et renfermés dans un lieu où ils peuvent être particulièrement surveillés. — Chauveau et Hélie, t. 7, p. 95, et t. 8, p. 46.

89. — Lorsque les produits utiles de la terre prennent le caractère de marchandises, par exemple, lorsqu'ils sont enlevés du sol où ils gisaient en tas ou en meules pour être mis en magasin, ils perdent leur caractère de récolte, et le § 5 ne peut plus être appliqué.

90. — Il a été jugé qu'on ne peut punir, comme ayant incendié des récoltes, celui qui a seulement mis le feu à des bottes de chaume. — *Cass.*, 21 déc. 1809, Douvry; — Merlin, *Rép.*, v° *Incendie*, § 1er, n° 2.

91. — On jugeait, avant la loi du 28 avr. 1832, que l'accusé déclaré coupable d'avoir mis volontairement le feu à des récoltes, devait être puni de mort, encore bien qu'elles ne fussent pas exposées à la foi publique, ni placées de manière à communiquer le feu à des bâtimens appartenant à autrui: cette dernière circonstance n'était exigée qu'à l'égard des matières combustibles qui ne forment pas récolte. — *Cass.*, 27 sept. 1827, Pierre Blanchard. — Le nouvel art. 434, C. pén., ne prononce que la peine des travaux forcés à perpétuité.

92. — Jugé que, dans une accusation d'incendie, la question de savoir si une meule de paille incendiée constitue une récolte, est une question de fait qui ne peut être résolue que par le jury. — *Cass.*, 22 mars 1832, Clermont.

93. — ... Et que l'accusé déclaré coupable par le jury d'avoir mis volontairement le feu à une meule de paille, laquelle n'était pas placée de manière à communiquer le feu à des édifices, n'est passible que des peines portées contre ceux qui causent du dommage aux propriétés mobilières d'autrui, si la déclaration du jury n'exprime pas que cette meule constituait une récolte. — Même arrêt.

§ 5. — *De l'incendie de sa propre chose.*

94. — En principe, un incendie commis par un individu sur sa propre chose, et qui ne peut nuire qu'à son auteur, ne saurait avoir le caractère d'un crime; en effet, disent MM. Chauveau et Hélie (t. 8, p. 49), c'est un acte de démence ou un abus du droit de propriété, mais non un crime, car il n'y a pas de crime sans une intention criminelle. — *Cass.*, 21 nov. 1822, Jean Muller.

95. — Aussi, a-t-il été jugé que, pour qu'il y ait lieu à l'application de l'art. 434, il faut que le jury ait été interrogé et ait répondu sur le fait de savoir si l'accusé avait l'intention de porter préjudice à autrui, et si la maison incendiée était composée de matières combustibles et placée de manière à communiquer le feu à d'autres édifices, magasins, etc. Même arrêt.

96. — Mais le fait d'avoir volontairement incendié sa propriété rentre dans l'application de l'art. 434, lorsqu'il a eu lieu dans le dessein de nuire à autrui. — Même arrêt.

97. — Suivant l'ancien art. 434, l'incendie volontaire des choses qui y étaient énumérées était d'une manière absolue puni de mort, que l'auteur du fait fût ou non propriétaire des objets. La cour de Cassation avait, en conséquence, commencé par déclarer que celui qui avait mis le feu à sa propre maison pour recevoir le prix d'une assurance encourait cette peine, puisqu'il avait incendié dans l'intention de nuire à autrui. — *Rouen*, 16 juill. 1822, Magnier; *Cass.*, 21 mai 1822, Jean Muller; *Metz*, 16 août 1822, Vernet; *Cass.*, 11 nov. 1825, Michel; 16 déc. 1825, Desprez.

98. — Mais cette application de la loi fut l'objet des plus graves objections; aussi la cour de Cassation, appelée à rendre un nouvel arrêt, déclara, après partage, « que l'art. 434 suppose que le feu aura été mis volontairement à des édifices appartenant à autrui ou à des matières combustibles placées de manière à communiquer le feu à ces propriétés; d'où il suit qu'il faut avoir incendié ou tenté d'incendier les édifices d'autrui pour être passible de la peine portée par cet article; qu'il ne prévoit pas le cas où l'on aurait mis le feu à ses propres édifices, lorsqu'ils sont isolés.....; qu'il ne prévoit pas davantage le cas où l'on aurait mis le feu à ses propres édifices assurés.....; qu'on ne peut par voie d'interprétation ou d'analogie atteindre et punir un fait qui n'est pas qualifié crime ou délit par la loi, etc. — *Cass.*, 19 mars 1831, Roy.

99. — Jugé encore que l'incendie par un propriétaire, de sa propre maison, même non isolée, n'est point punissable, si l'auteur n'a pas eu le dessein de communiquer le feu aux maisons voisines; qu'il ne peut même être considéré comme un délit d'escroquerie dont il ne présente aucun des caractères constitutifs. — *Colmar*, 26 août 1831, Munsch; 20 oct. 1831, Burger.

100. — Ces difficultés d'interprétation n'existent plus depuis l'adoption du nouvel art. 434, qui détermine avec précision les diverses peines encourues suivant la gravité du danger ou du préjudice, par celui qui incendie sa propre chose.

101. — Ainsi, suivant cet article, si un propriétaire, 1° a mis le feu à ses édifices, navires, bateaux, magasins ou chantiers, quand ils sont habités ou servent à l'habitation, la peine est la mort. — Art. 434, § 1er.

102. — ... 2° S'il a, en mettant le feu à ses édifices, navires, bateaux, chantiers, magasins, non habités ni servant à l'habitation, ou à ses forêts, bois taillis ou récoltes sur pied, causé volontairement un préjudice à autrui, la peine est des travaux forcés à temps. — Même article, § 4.

103. — ... 3° Si, en mettant le feu à ses bois ou récoltes abattus, soit que les bois soient en tas ou en cordes et les récoltes en tas ou en meule, il a causé volontairement un préjudice quelconque à autrui, la peine est celle de la réclusion. — Même article, § 6.

104. — ... 4° S'il a mis le feu à des objets à lui-même appartenant, mais placés de manière à le communiquer à une propriété étrangère, et si l'incendie a été communiqué, la peine est la même que s'il avait mis directement le feu à cette propriété. — Même article, § 7.

105. — ... 5° Enfin, il peut être passible de la peine de mort, si l'incendie a occasionné la mort d'une ou de plusieurs personnes se trouvant dans les lieux incendiés au moment où il a éclaté. — Même article, § 7.

106. — Le crime d'incendie commis par le propriétaire de la chose incendiée se compose de plusieurs élémens. — Ainsi, la peine des travaux forcés et celle de la réclusion n'est applicable qu'autant que le feu a été mis à l'un des objets énumérés dans l'art. 434, § 4 et 6. — D'où il suit que celui qui aurait brûlé dans un champ son mobilier, celui qui aurait mis le feu à ses propres effets, lorsqu'ils étaient le gage de ses créanciers, ne serait passible d'aucune peine. — Chauveau et Hélie, t. 8, p. 57 et 58.

107. — D'un autre côté, il faut, pour que la criminalité de l'agent soit modifiée et atténuée, ainsi qu'il est dit plus haut, que cet agent soit réellement propriétaire de l'objet incendié.

108. — Ainsi, l'action de mettre le feu à des récoltes momentanément déposées en gage, sur la propriété d'un créancier, motive l'application des paragraphes 4 et 6, le créancier détenteur du gage n'en ayant pas la propriété. — Chauveau et Hélie, t. 6, p. 574, et t. 8, p. 48.

109. — De même, l'incendie mis à des récoltes saisies par celui contre lequel les poursuites sont exercées, rentre également dans l'application des paragraphes 4 et 6, le débiteur n'étant point exproprié par la saisie. — Chauveau et Hélie, t. 6, p. 576, et t. 8, p. 48.

110. — Mais pour que la criminalité de l'agent se trouve modifiée par la circonstance qu'il est propriétaire, il faut que cette propriété soit entière et non une propriété partielle et indivise, puisqu'il est évident qu'en détruisant sa propriété il détruit en même temps celle d'autrui.

111. — Ainsi le cohéritier, copropriétaire ou coassocié qui mettrait le feu à la chose commune ne pourraient jouir du bénéfice de cette disposition. — Chauveau et Hélie, t. 8, p. 48.

112. — Jugé que l'incendie volontaire d'un édifice assuré par l'un des copropriétaires de ce bâtiment, dans le but d'obtenir le capital de l'assurance, constitue tout à la fois de la part du coupable le crime d'incendie d'un objet qui ne lui appartient pas, et l'incendie dommageable pour autrui d'une chose à lui-même appartenant. — *Cass.*, 20 avr. 1839 (t. 1er 1839, p. 668), Jourdan.

113. — Jugé aussi que le mari qui mettrait le feu à des édifices ou à des bois ou récoltes qui appartiennent à sa femme, lorsqu'il a la connaissance légale de la séparation de corps et de bien prononcée entre eux, ne jouirait pas de l'atténuation de peine réservée en faveur des propriétaires, ces édifices ou ces récoltes étant devenus à son égard la propriété d'autrui. — *Cass.*, 2 mars 1820, Martinet.

114. — Carnot (art. 434, n° 5) dit, avec raison, qu'en général l'époux et les enfans qui incendient la propriété de l'autre époux ou de leurs père et mère, ne brûlant pas leur propre chose, ne pourraient échapper à la condamnation en invoquant l'art. 380, qui est spécialement relatif au vol.

115. — Le propriétaire ne cesse pas de pouvoir invoquer le bénéfice de la loi parce qu'il aurait mis en location ou en ferme l'édifice incendié, cette circonstance ne détruisant pas sa qualité de propriétaire. C'est ce qui résulte de la discussion qui a eu lieu dans le sein des chambres. — Chauveau, *C. pén. progressif*, p. 333 et suiv.

116. — Mais l'usufruitier et le nu-propriétaire ne peuvent être rangés sur la même ligne que le propriétaire, puisque ni l'un ni l'autre ne peuvent disposer librement de la propriété. — Chauveau et Hélie, t. 8, p. 59.

117. — Un autre élément du crime est l'existence d'un préjudice causé *volontairement* à autrui : « Ce préjudice, disent MM. Chauveau et Hélie (t. 8, p. 59), peut résulter soit de ce que le bâtiment incendié était grevé d'hypothèques, soit de ce qu'il était loué, soit de toute autre cause, car la loi, loin d'être limitative, se borne *à exiger un préjudice quelconque.* »

118. — Ainsi jugé (avant la loi de 1832, mais il en serait de même aujourd'hui) qu'on doit réputer coupable du crime d'incendie celui qui met volontairement le feu à sa maison pour priver son vendeur du privilége que la loi lui accorde et pour brûler la récolte d'autrui enfermée dans sa maison. — *Cass.*, 7 janv. 1826, Tranchant.

119. — Le préjudice peut donc résulter aussi de ce que la maison incendiée était assurée.

120. — Mais il n'est pas indispensable que ce préjudice soit actuel et immédiat. Il y a lieu à l'application de la loi par cela seul qu'il est la conséquence directe de l'incendie.

121. — C'est ainsi que la cour de Cassation a décidé qu'il était inutile de demander aux jurés si le propriétaire qui a incendié sa maison assurée avait eu l'intention de se faire payer le prix de l'assurance, le résultat immédiat du fait devant nécessairement faire peser cette obligation sur les assureurs. — *Cass.*, 23 avr. 1829, Equillebeq.

122. — De la combinaison de ces divers paragraphes de l'art. 434 il résulte que l'incendie d'un bâtiment non habité, ni servant à l'habitation, n'est punissable qu'autant que ce bâtiment appartient à autrui. — *Cass.*, 24 juill. 1840 (t. 2 1841, p. 152), Eymard.

123. — ... A moins que le feu n'ait été mis dans le but de causer préjudice à autrui.

124. — ... D'où il suit que lorsqu'il s'agit d'incendie ou de tentative d'incendie de bâtimens, la cour doit, à peine de nullité, énoncer dans les questions posées aux jurés, à qui appartiennent ces bâtimens. — *Cass.*, 20 avr. 1838 (t. 2 1838, p. 5), Girard.

125. — ... Et que lorsque, sur l'accusation portée contre un individu, pour avoir incendié sa propre maison, le jury a écarté la circonstance de maison habitée ou servant à l'habitation, l'accusé ne peut être condamné à aucune peine, si la déclaration du jury n'exprime pas qu'il a causé volontairement un préjudice à autrui. — *Cass.*, 8 janv. 1835, Ladet.

126. — Jugé encore que, dans le cas d'accusation d'incendie d'un bâtiment non habité ni servant à l'habitation, le jury doit être formellement interrogé sur le point de savoir si ce bâtiment était la propriété d'autrui, ou si, étant la propriété de l'accusé, il est résulté de l'incendie un dommage quelconque pour des tiers. — *Cass.*, 28 janv. 1841 (t. 1er 1842, p. 83), Camboulèves et Gaillard.

127. — En pareil cas, la circonstance de maison habitée *est constitutive* du crime : elle doit donc être comprise dans la question relative au fait principal. — *Cass.*, 24 avr. 1845 (t. 1er 1846, p. 159), Fontaine.

128. — De même, la circonstance que le bâtiment incendié appartenant à l'accusé était assuré est, non pas aggravante, mais constitutive du crime d'incendie, et doit, dès-lors, être comprise dans la question principale. — *Cass.*, 13 déc. 1839 (t. 2 1840, p. 262), Penissard.

129. — Le propriétaire qui s'est servi d'un tiers, au lieu de mettre lui-même le feu à sa maison, peut-il être admis à jouir du bénéfice des §§ 4 et 6 ? Telle est la question proposée et résolue affirmativement par MM. Chauveau et Hélie (t. 8, p. 60 et suiv.). « Dans l'ordre logique, disent ces auteurs, le propriétaire est ici l'auteur principal, et son agent n'est que son complice ; dans l'ordre légal, il n'en est point ainsi : si le tiers a agi sans contrainte et volontairement, s'il était animé d'une pensée de nuire, les termes de la loi sont trop formels pour qualifier son action autrement qu'un incendie de la chose d'autrui. Mais le propriétaire, bien qu'il ne puisse être considéré que comme complice, ne peut-il faire valoir comme une exception personnelle sa qualité de propriétaire ? Cette qualité est une circonstance extrinsèque au fait, personnelle au propriétaire, et qui modifie, en ce qui le concerne seulement, la nature de l'action. Cette circonstance doit donc lui profiter, soit qu'il ait agi comme auteur ou comme complice. » — V. sur les règles de la complicité, v° COMPLICITÉ.

§ 6. — *De l'incendie par communication.*

130. — L'ancien art. 434, C. pénal, punissait de mort l'incendie des matières combustibles placées de manière à communiquer le feu *aux édifices, navires*, etc., etc.

131. — On jugeait, sous cette loi, que le fait d'avoir tenté de mettre le feu à des fagots entassés sous un hangar dépendant d'une maison habitée était, pour l'application de la peine, absolument le même que celui d'avoir tenté de mettre le feu à des matières combustibles placées de manière à le communiquer à une maison habitée. — *Cass.*, 28 mai 1830, Chichin.

132. — La loi de 1832 a maintenu le même principe, mais elle en a modifié l'application sous divers rapports : ainsi, d'une part, elle a notamment diminué la pénalité, et d'autre part, elle a exigé, pour que la peine soit encourue, que la communication du feu ait, en réalité, été effectuée.

133. — Le § 7, art. 434, est ainsi conçu : « Celui qui *aura communiqué* l'incendie à l'un des objets énumérés dans les précédens paragraphes, en mettant volontairement le feu *à des objets quelconques* appartenant, soit à lui, soit à autrui, et placés de manière à communiquer ledit incendie, sera puni de la même peine que s'il avait directement mis le feu à l'un de ces objets. »

134. — Le premier élément du crime, c'est que le feu ait été mis *volontairement* : mais sur quoi doit porter la volonté? Suffit-il que l'agent ait eu l'intention d'incendier les objets auxquels il mettait le feu ? est-il nécessaire qu'il ait eu pour but de communiquer l'incendie aux autres objets?

135. — On a jugé, avant la loi de 1832, que le fait d'avoir, en mettant volontairement le feu à des bruyères, genevriers et autres arbustes, communiqué l'incendie à une forêt royale, ne présentait pas les caractères du crime prévu par l'art. 434, C. pén., s'il avait eu lieu sans intention d'incendier la forêt, et ne constituait que le délit correctionnel de dévastation de plants excrus naturellement, prévu par l'art. 444, C. pén. — *Toulouse*, 10 nov. 1824, Jacques Labat.

136. — Mais de la rédaction du paragraphe précité du nouvel art. 434 et des explications qui ont été données lors de la discussion, il résulte que le crime existe alors même *que la volonté* n'aurait porté que sur le fait d'incendier les objets de nature et placés de manière à communiquer l'incendie, et non sur la communication elle-même. Ainsi le législateur pense que l'agent a dû prévoir toutes les conséquences de son action, et que si, ayant pu prévoir la communication, il ne l'a pas empêchée, il doit être réputé l'avoir voulue.

137. — Toutefois, MM. Chauveau et Hélie (t. 8, p. 65) font remarquer avec beaucoup de raison que ce n'est là qu'une présomption, laquelle doit céder à la vérité, et que, s'il est établi que l'agent n'a pu prévoir la communication et qu'il a pris des précautions pour en prévenir les effets, la base hypothétique de l'incrimination disparaît.

138. — Il suffit que le feu ait été mis volontairement *à des objets quelconques*, sans distinction, comme cela résultait des termes de l'ancien art. 434, entre les matières plus ou moins *combustibles*. Peu importe également que ce premier incendie destiné à en produire un deuxième ait ou non le caractère de crime.

139. — De ce que la loi veut que les objets incendiés aient été placés de manière à communiquer l'incendie, il résulte que la position de ces objets, la distance qui les sépare des bâtimens, magasins, récoltes auxquels ils ont communiqué l'incendie, les causes vraies ou probables de cette communication constituent des élémens de culpabilité qu'il est indispensable de constater avec soin. — Chauveau et Hélie, p. 68.

140. — Jugé que lorsque, d'après l'arrêt de renvoi et la déclaration du jury, une meule de paille à laquelle l'accusé est reconnu avoir mis volontairement le feu n'a pas été considérée comme récolte, mais comme matière combustible, il y a lieu de prononcer son absolution, si cette meule de paille n'était pas placée de manière à communiquer l'incendie à des objets appartenant à autrui. — *Cass.*, 8 août 1828, Blanchard.

141. — La circonstance de la communication effective de l'incendie est encore essentielle à l'existence du crime : ainsi, il ne suffirait pas qu'un édifice ait été menacé par un incendie voisin et qu'il ait couru des risques. Mais il est indifférent que la communication, si elle a eu lieu, ait ou non produit des ravages. — Chauveau et Hélie, p. 70.

142. — Il a été dit plus haut que dans le cas prévu par le paragraphe précité de l'art. 434, la peine applicable à l'auteur indirect de l'incendie est la même que si le feu eût été mis directement. — Il a été jugé, par application de cette disposition, que la peine de mort ne peut être appliquée au crime d'incendie, ou de communication d'incendie, que dans les cas où le feu aurait été mis à des édifices habités ou servant à l'habitation, et qu'en conséquence la condamnation à cette peine prononcée contre un individu que le jury a déclaré coupable d'une tentative de communication d'incendie à un édifice appartenant à autrui, est nulle s'il n'a pas été exprimé que cet édifice fût habité ou servît à l'habitation. — *Cass.*, 22 sept. 1836 (t. 1er 1837, p. 564), Préaux.

143. — Il a été jugé que la circonstance que l'incendie a été communiqué à un édifice est constitutive du crime d'incendie par communication ; et qu'il y a, en conséquence, nullité, lorsque cette circonstance a été soumise au jury comme aggravante. — *Cass.*, 3 janv. 1846 (t. 2 1846, p. 116), Dubois.

144. — Jugé encore qu'il y a également nullité pour cause de complexité, lorsque la circonstance constitutive de communication de l'incendie et celle aggravante de maison habitée ont été comprises dans une seule question. — *Cass.*, 3 janv. 1846 (t. 2 1846, p. 116), Dubois ; 16 janv. 1845 (t. 1er 1846, p. 41), Thuau.

145. — L'incendie commis par communication peut dans certains cas constituer deux crimes distincts : l'incendie des objets *par lesquels* et l'incendie des objets *auxquels* le feu a été communiqué. — Ces faits peuvent alors être compris séparément dans la poursuite, mais la peine la plus forte est appliquée. — Chauveau et Hélie, t. 8, p. 70 et 71.

146. — Sous la loi du 23 flor. an X, les cours spéciales compétentes pour connaître des crimes d'incendie de tous dépôts de grains, devaient connaître d'un crime de cette nature, encore bien que le feu n'eût pas été mis immédiatement au dépôt des grains, et qu'il lui eût été seulement communiqué par un bâtiment attenant. — *Cass.*, 14 nov. 1806, Champeaux.

§ 7. — *De l'incendie qui a occasionné la mort accidentelle.*

147. — Le huitième et dernier paragraphe de l'art. 434 porte : « Dans tous les cas, si l'incendie a occasionné la mort d'une ou de plusieurs personnes se trouvant dans les lieux incendiés au moment où il a éclaté, la peine sera la mort. »

148. — C'est aux §§ 3, 4, 5, 6 et 7 que se réfère spécialement ce paragraphe : il doit s'appliquer aux seuls cas qui y sont prévus.

149. — MM. Chauveau et Hélie (t. 8, p. 73) se demandent si, lorsque l'incendie qui a occasionné la mort d'une ou de plusieurs personnes n'a pas en lui le même caractère de crime, soit parce que les objets incendiés ne rentrent pas dans les objets énumérés par la loi, soit parce que ces objets isolés et non assurés sont la propriété de l'agent, le § 8 de l'art 434 reçoit néanmoins son application. Le doute vient de ce que ce paragraphe se sert des mots généraux et absolus « *dans tous les cas.* » — Mais ces auteurs pensent que ces mots, *dans tous les cas*, ne doivent s'entendre que des cas prévus par l'art. 434 lui-même. En effet, disent-ils, il ne peut être question dans cette hypothèse que d'un homicide accidentel. Or, on ne comprendrait pas qu'un homicide accidentel causé par l'incendie fût puni de mort, tandis que, commis par tout autre moyen, le même fait ne serait passible que d'une peine correctionnelle, si cet homicide n'était le résultat d'un autre fait qualifié crime auquel il viendrait s'allier.

150. — Les mêmes auteurs ajoutent, au surplus, que, même dans le cas où le § 8 de l'art. 434 échapperait dans son application, parce qu'il s'agirait d'un incendie non punissable, l'homicide occasionné par cet incendie pourrait être incriminé, soit comme délit d'homicide par imprudence si l'incendie n'était qu'un acte d'imprudence, soit comme assassinat, si l'agent avait connu la présence de la personne au milieu des objets incendiés, et s'était servi de l'incendie comme d'une arme contre cette personne.

151. — Le § 8 de l'art. 434 ne reçoit son application qu'autant: 1° que l'incendie a été mis dans un but criminel, c'est-à-dire pour nuire à autrui.

152. — ... 2° Que la mort a été la suite de l'incendie : de simples blessures ne suffiraient pas, quelle que fût leur gravité.

153. — ... 3° Que les personnes homicidées se sont trouvées dans les lieux incendiés au moment où l'incendie a éclaté, c'est-à-dire où le feu a été mis. Ainsi la mort de personnes survenues après que le feu avait été mis, et même pour l'éteindre, ne motiverait pas l'application de la disposition.

§ 8. — *Des destructions causées par l'explosion d'une mine.*

154. — La destruction causée par l'explosion d'une mine était, dans certains cas, considérée comme une espèce d'incendie par le Code de 1791, et était, de même, punie du dernier supplice : « Quiconque, disait l'art. 33, sect. 2e, tit. 2, de ce Code, sera convaincu d'avoir détruit par l'effet d'une mine ou disposé une mine pour détruire les bâtimens, maisons, édifices, navires ou vaisseaux, sera puni de mort. »

155. — L'art. 435, C. pén. de 1810, reproduisit la même disposition en y apportant une modification : « La peine sera la même, disait-il, c'est-à-dire la mort, contre ceux qui auront détruit, par l'effet d'une mine, des *édifices, navires et bateaux.* »

156. — La loi du 28 avril 1832 a également considéré l'explosion d'une mine comme une espèce d'incendie : aussi le nouvel art. 435, se référant à l'art. 434, dispose-t-il que: « la peine sera la même, d'après les distinctions faites en l'article précédent, contre ceux qui auront détruit, par l'effet d'une mine, des édifices, navires, bateaux, magasins ou chantiers. »

157. — Dans ce cas, comme lorsqu'il s'agit d'incendie, le crime n'existe qu'autant qu'il y a eu, de la part de l'agent, *volonté*, c'est-à-dire intention de nuire à autrui. — Mais, comme le font remarquer MM. Chauveau et Hélie (*loc. cit.*, p. 79), il n'est pas nécessaire que cette volonté soit spécialisée, et par exemple, qu'il soit constaté si l'agent a voulu nuire aux personnes, ou seulement aux propriétés.

158. — La *destruction* de l'un des objets énumérés par la loi constitue un autre élément du crime. — D'où MM. Chauveau et Hélie (*loc. cit.*) concluent que la simple dégradation et même une destruction partielle ne suffiraient pas ; et néanmoins les mêmes auteurs reconnaissent avec raison que la destruction partielle et la simple dégradation pourraient, suivant les circonstances, être considérées comme un élément de la tentative criminelle de destruction totale.

159. — Si le jeu de la mine n'était pas susceptible d'opérer la destruction, quelle que puisse avoir été l'intention de l'agent, la tentative manque de l'un de ses élémens de criminalité. — Chauveau et Hélie, t. 8, p. 80. — V. TENTATIVE.

160. — L'art. 435 ne reçoit d'application qu'autant que l'objet détruit rentre dans l'énumération faite par l'article lui-même, c'est-à-dire qu'il s'agit d'édifices, navires, bateaux, magasins ou chantiers. — Et il est à remarquer, à cet égard, que les mots *magasins et chantiers* ont été ajoutés à la nomenclature renfermée dans l'ancien art. 435.

161. — L'art. 435 doit être combiné avec l'art. 95, C. pén., relatif à l'incendie, par l'explosion d'une mine, des édifices, magasins, arsenaux, vaisseaux et autres propriétés appartenant à l'état. — V. à cet égard CRIMES CONTRE LA SURETÉ DE L'ÉTAT, nos 211 et suiv.

162. — De ce que l'art. 435 s'en réfère, quant à la pénalité, aux distinctions indiquées dans l'art. 434, il résulte que si la destruction par l'effet d'une mine, porte sur des édifices, navires, bateaux, magasins ou chantiers habités ou servant à l'habitation, la peine applicable est la mort ; — que si ces objets ne sont ni habités ni servant à l'habitation, la peine est des travaux forcés à perpétuité, s'ils n'appartiennent pas à l'agent, et des travaux forcés à temps, s'ils lui appartiennent, et si, dans ce dernier cas, la destruction a causé un préjudice quelconque à autrui ; qu'enfin l'agent est punissable de mort, si la destruction a occasionné la mort d'une ou de plusieurs personnes se trouvant dans les lieux minés au moment de l'explosion de la mine.

§ 9. — *Des menaces d'incendie.*

163. — Avant la loi de 1791, les menaces d'incendie étaient punies de mort ou du supplice de la roue dans quelques unes de nos provinces.

164. — Une ordonnance du roi du 6 mars 1685 portait que ceux qui, ayant fait des menaces d'incendie, pourraient être appréhendés et arrêtés seraient condamnés à être brûlés vifs, s'il se trouvait qu'ils eussent effectivement brûlé quelque maison, ou roués, s'ils n'avaient fait qu'écrire, envoyer ou jeter des billets.

165. — Un arrêt du parlement de Flandre, du mois de mai 1770, condamna un jeune homme qui avait fait plusieurs sommations (c'est ainsi qu'on nommait les menaces d'incendie) à son oncle, à être rompu vif et jeté au feu.

166. — La rigueur de cette pénalité fut successivement modifiée. Le Code de 1791 (art. 34, sect. 2e, tit. 2) se borna à prononcer quatre années de fer contre celui qui serait convaincu d'avoir verbalement, ou par écrits anonymes ou signés, menacé d'incendier la propriété d'autrui, quoique lesdites menaces n'aient pas été réalisées.

167. — La loi du 25 frim. an VIII, art. 13, ne prononçait plus qu'un emprisonnement de six mois à deux ans.

168. — La loi du 12 mai 1806 ajouta une incrimination nouvelle à cette disposition. Laissant subsister la loi de l'an VIII à l'égard de la menace d'incendie verbale ou écrite sans condition, elle porta (art. 1er) : que tout individu qui serait convaincu d'avoir menacé par écrit anonyme ou signé d'incendier une habitation ou toute autre propriété, si la personne ne déposait point une somme d'argent dans un lieu indiqué, ou ne remplissait toute autre condition, et bien que les menaces n'eussent pas été réalisées, serait puni de vingt-quatre années de fers, et flétri sur l'épaule gauche de la lettre S.

169. — On jugeait, sous l'empire de la loi de l'an VIII, que pour que la menace d'incendie fût punissable, il n'était pas nécessaire qu'elle eût été accompagnée de l'intention réelle d'incendier. — *Cass.*, 20 mars 1807, Berdalle.

170. — Le nouveau Code pénal, sans s'arrêter à ces distinctions, a assimilé, d'une manière générale, les menaces d'incendie aux menaces d'assassinat, et leur a appliqué la même peine. « La menace d'incendier une habitation ou toute autre propriété, dit l'art. 436, sera punie de la peine portée contre la menace d'assassinat, et d'après les distinctions établies par les art. 305, 306 et 307. »

171. — Nous examinerons sous le mot MENACES ce qui concerne les menaces d'assassinat et, conséquemment, celles d'incendie.

172. — Nous nous bornerons ici à faire remarquer que de la combinaison de l'art. 436 avec l'art. 306 et suiv. il résulte que la menace d'incendie par écrit anonyme ou signé, dans le cas où la menace est faite avec ordre de déposer une somme d'argent dans un lieu indiqué ou de remplir toute autre condition, est punie de la peine des travaux forcés à temps ; que si cette menace n'est accompagnée d'aucun ordre ou condition, la peine est un emprisonnement de deux à cinq ans et une amende de 100 à 600 fr. ; enfin, que, si la menace avec ordre ou sous condition a été verbale, la peine est d'un emprisonnement de six mois à deux ans et d'une amende de 25 à 300 fr.

173. — Quant à la menace d'incendie qui n'a été faite ni par écrit, ni avec ordre ou sous condition, et qui était prévue par la loi du 25 frim. an VIII, art. 13, elle n'est passible d'aucune peine sous l'empire du Code pénal. — *Cass.*, 9 janv. 1818, Delpeyron.

174. — Pour constituer la menace écrite d'incendie avec ordre ou sous condition, il n'est pas nécessaire que l'incendie soit formellement exprimé dans la menace ; il suffit que les personnes de la classe de celle à qui elle est faite ne puissent pas l'entendre dans un autre sens. — *Bruxelles*, 10 août 1820, Vanthielen.

175. — En effet, le crime a beau se cacher, la justice doit le frapper toutes les fois qu'elle peut lever le voile dont il s'enveloppe. La loi serait illusoire s'il fallait que le mot sacramentel eût été écrit pour que la menace fût punissable. Et il a été jugé que celui qui, après avoir fait en termes ambigus une menace écrite, attache, la condition à laquelle cette menace était subordonnée n'ayant pas été remplie, à la porte de la personne menacée une boîte d'allumettes et un morceau de bois avec le bout brûlé, en forme de tison, peut être poursuivi comme auteur d'une menace écrite d'incendie sous condition. — *Cass.*, 14 mai 1807, Lefebvre.

176. — Si celui qui a écrit à une personne une lettre anonyme contenant *des menaces de haine et de vengeance* ne peut être réputé par cela seul l'avoir menacé d'incendie, il en est autrement lorsque, se rendant chez la personne à laquelle la lettre est adressée au moment de la remise, il cherche à lui inspirer par ses récits la crainte d'un incendie. — *Cass.*, 27 mai 1808 (et non 1807), Dagre.

177. — De ce que l'art. 436 punit la menace d'incendier une habitation *ou toute autre propriété*, Carnot conclut que les menaces contre les propriétés *mobilières* sont, de même que celles contre les propriétés immobilières, comprises dans la protection de la loi.

178. — Tel n'est pas, au contraire, l'avis de MM. Chauveau et Hélie (t. 8, p. 87). Suivant eux, les termes de l'art. 436 ne devraient se référer qu'aux objets mentionnés dans l'art. 434 : attendu que les peines réservées à la menace d'assassinat sont hors de proportion avec le préjudice souvent minime qui peut résulter de l'incendie d'objets mobiliers. — Et telle nous paraît être, en effet, l'opinion la plus rationnelle.

§ 10. — *De l'incendie par négligence ou imprudence.*

179. — La loi, pour éviter autant que possible les incendies, a prescrit, sous des peines qu'elle détermine, l'observation de certaines mesures de précaution. — V. FEU-FEUX, INCENDIES (mesures contre les).

180. — Mais si, par suite d'une négligence ou d'une imprudence, un incendie a éclaté, cette faute, négligence ou imprudence prennent le caractère de délit.

181. — Cette hypothèse est prévue par l'art 458, C. pén., ainsi conçu : « L'incendie des propriétés mobilières ou immobilières d'autrui qui aura été causé par la vétusté ou le défaut soit de réparation, soit de nettoyage des fours, cheminées, forges, maisons ou usines prochaines, ou par des feux allumés dans les champs à moins de cent mètres des maisons, édifices, forêts, bruyères, bois, vergers, plantations, haies, meules, tas de grains, paille, foin, fourrage ou tout autre dépôt de matières combustibles, ou par des feux ou lumières portés ou laissés *sans précaution suffisante*, ou par des pièces d'artifice allumées ou tirées *par négligence ou imprudence*, sera puni d'une amende de 50 francs au moins et de 500 francs au plus. »

182. — Comme on le voit, la loi n'exige ici ni l'intention de nuire ni même la volonté d'incendier. C'est l'imprudence ou la négligence cause de l'incendie qui constitue le délit.

183. — Il faut également remarquer que celui qui met le feu, par imprudence ou négligence, *à sa propre chose*, n'est passible d'aucune peine.

184. — Une des conditions essentielles du délit est que les forges, cheminées, maisons qui ont causé l'incendie soient *prochaines* des propriétés incendiées. — A cet égard, Carnot (*Comment. du C. pén.*, t. 2, p. 516) enseigne qu'on doit considérer comme prochaines toutes les choses qui ne sont pas à *plus de cent mètres de distance*, et il raisonne ainsi par analogie de ce que le même art. 458 ne punit l'incendie produit par des feux allumés dans les champs qu'autant qu'ils l'ont été à moins de cent mètres des maisons, édifices, forêts, etc. Mais cette distance n'ayant été fixée que pour ce cas spécial, nous ne pensons pas qu'elle puisse être étendue à un autre, et il nous paraît plus rationnel de dire qu'on doit appliquer le mot de *prochaines* à toutes propriétés susceptibles par leur voisinage de se communiquer le feu.

185. — Quant à l'incendie qui ne serait le résultat ni de l'imprudence ni de la négligence et qui aurait eu lieu sans qu'il y eût violation des lois ou réglemens, il résulte de l'art. 458 lui-même qu'il ne rendrait son auteur passible d'aucune peine et ne pourrait même motiver une demande en indemnité contre lui. — V. Merlin, *Rép.*, v° *Incendie*.

V. en outre ASSURANCE, BAIL, INCENDIES (mesures contre les).

INCENDIES (Mesures contre les).

Table alphabétique.

Ballons, 37.
Bitume, 38.
Bois, 39 s.
Boulanger, 30.
Chandeliers, 56.
Charpentier, 58.
Cheminée, 25 s.
Chevaux, 56.
Ciriers, 56.
Constructions, 18 s.
Couverture en chaume, 7. — paille, etc., 16 s.
Couvreurs, 58.
Déménagement, 61.
Dépôt de matières inflammables, 38 s.
Droit ancien, 3 s.
Ecuries, 47.
Epiciers, 56.
Extinction de l'incendie, 51 s.
Feu sur le port, 45. — allumé, 47.
Forêts, 59.
Four, 25 s.
Fumeurs, 6, 49 s.
Garde nationale, 12.
Gaz, 47.
Guet, 8.
Halles et marchés, 47.
Lumière, 47 s.
Maçons, 58.
Magasins, 47.
Matières inflammables, 15
Meules de grain, etc., 43 s.
Moyens de secours, 52 s.
Ouverture des portes, 57, 61.
Patrouille, 13 s.
Pièces d'artifice, 31 s.
Pompes publiques, 55. — à incendie, 52 s.
Ports, 47. — d'objets combustibles, 46 s.
Porteurs d'eau, 54.
Pouvoir municipal, 2, 9.
Propriétaires, 57.
Refus de service, 14 s., 58 s.
Réparations, 18 s.
Réquisition, 57 s.
Ronde de nuit, 13 s.
Sapeurs-pompiers, 11 s., 51 s.
Voie publique, 47.

INCENDIES (MESURES CONTRE LES). — 1. — Les incendies sont au premier rang des accidens et fléaux calamiteux que l'autorité municipale doit prévenir ou faire cesser par des précautions ou des secours convenables, en vertu de l'art. 3, n° 5, tit. 11, L. 24 août 1790.

2. — Les arrêtés qu'elle prend à cet effet n'ont pas besoin, pour être obligatoires, d'être approuvés par le préfet. — *Cass.*, 5 sept. 1812 (int. de la loi), Vanderleden; 6 juin 1807, Planche. — V. POUVOIR MUNICIPAL.

3. — A Rome, ce soin fut confié d'abord à des triumvirs à qui la surveillance qu'ils exerçaient pendant la nuit fit donner le nom de nocturnes, aux édiles et aux tribuns du peuple. Puis des entreprises particulières se formèrent dans le même but. — Enfin l'empereur créa à cet effet sept cohortes qui se partagèrent la surveillance des divers quartiers de la ville, sous le commandement d'un chef appelé *præfectus vigilum*. — Cet officier devait parcourir la ville pendant la nuit, avec tout ce qui était nécessaire pour éteindre les incendies; entre autres attributions, il était chargé de veiller à ce que les habitans eussent de l'eau dans leurs maisons et ne commissent aucune imprudence; en cas de négligence de leur part, il pouvait les réprimander et même les faire frapper de bâtons. — ff., lib. 1, tib. 15, *De officio præfecti vigilum*.

4. — Des mesures analogues furent prises en France. Ainsi 1° une ordonnance du 11 juill. 1371 enjoint à toutes manières de gens, de quelque condition ou état qu'ils soient, de mettre de l'eau à leurs huis, crainte du feu, sous peine de 10 sols parisis d'amende.

5. — ...2° Deux autres ordonnances des 21 juin 1726 et 20 janv. 1727 veulent qu'il y ait un puits dans chaque maison de la ville et faubourgs de Paris, et qu'il soit garni de poulies et cordes; elles exigent, en outre, que les bourgeois aient chez eux un ou plusieurs seaux, à peine de 100 livres d'amende.

6. — ...3° Un arrêt de réglement du parlement de Normandie, du 27 nov. 1717, fait défense à tous ouvriers de faire et construire des cheminées de bois, à peine de 100 livres d'amende; — à toutes personnes d'envoyer chercher du feu par des enfans au-dessous de l'âge de douze ans, ou de leur en donner, à peine de 50 livres d'amende; — enfin cet arrêté ordonne que le procès de ceux qui iront fumer dans les écuries, étables et autres pareils endroits, sera fait comme à des incendiaires volontaires.

7. — Le même parlement, par un autre arrêt de réglement du 6 août 1765, défendit, sous peine de 100 livres d'amende, de couvrir en paille les maisons et bâtimens situés dans l'enceinte des bourgs et faubourgs des villes.

8. — Enfin, un arrêt du parlement de Paris, du 7 janv. 1524, enjoignit aux habitans privilégiés ou non privilégiés de faire chaque jour le guet de nuit.

9. — Depuis la révolution de 1789, ces diverses précautions ont été ou organisées ou commandées par la loi, ou imposées aux citoyens par des réglemens municipaux.

10 — Les principales mesures et précautions à prendre pour prévenir et arrêter les incendies sont, pour Paris, résumées dans une ordonnance de police du 24 nov. 1843, relative, 1° à la construction des cheminées, poêles, fourneaux et calorifères; — 2° à l'entretien et au ramonage des cheminées; — 3° aux couvertures; — 4° aux fours, forges, usines, ateliers; — 5° aux entrepôts, magasins et dépôts de matières combustibles inflammables, détonnantes et fulminantes, théâtres et salles de spectacle; — 6° aux halles, marchés, abattoirs, voies publiques; — 7° aux extinctions des incendies. — V. cette ordonnance dans le recueil de M. Delessert, et une instruction du même jour.

11. — A Paris, un corps de sapeurs-pompiers, destiné spécialement à combattre les ravages du feu, a été créé par décret du 18 sept. 1811. — Il est placé sous les ordres du préfet de police. — Cet exemple a été suivi dans quelques villes du royaume. — V. SAPEURS-POMPIERS.

12. — L'art. 40 de la loi du 25 mars 1831, sur la garde nationale, porte que partout où il n'existe pas de corps soldés de sapeurs-pompiers, il en sera, autant que possible, formé un corps volontaire au moyen d'une compagnie ou d'une subdivision de compagnie de la garde nationale.

13. — Dans les villes où cette institution n'existe pas, comme dans le cas où elle serait insuffisante, le maire peut ordonner soit d'office, soit sur l'invitation du préfet, des patrouilles et des rondes de nuit pour prévenir les incendies, et aucune excuse ne peut être admise pour se dispenser de ce service. — *Cass.*, 22 juill. 1819, Grené; 3 avr. 1830, Pierre Bar; 25 janv. 1841, Paswick.

14. — Jugé même que le tribunal de simple police ne pourrait se dispenser de réprimer les infractions sous le prétexte de la profession et des infirmités. — *Cass.*, 22 juill. 1819, Grené.

15. — Toutefois, Carnot (sur l'art. 187, C. inst. crim., t. 1er, p. 560, n° 7) se demande si des infirmités constatées ne constitueraient pas un cas de force majeure qui permettrait au tribunal de police d'acquitter un contrevenant. — Nous répondrons qu'il faut distinguer : s'il s'agit d'infirmités antérieures à l'ordre donné par l'autorité municipale, l'excuse ne pourra pas être admise par le tribunal, parce que l'administration est censée avoir connu l'exception et ne l'avoir pas jugée suffisante; si, au contraire, il s'agit d'une infirmité ou d'une blessure survenue depuis l'ordre, le juge pourra l'examiner et l'admettre, à la charge par lui d'exprimer en quoi elle consiste, et de déclarer qu'elle a mis le contrevenant dans l'impossibilité physique de déférer à la réquisition.

16. — La mesure la plus importante et la plus efficace, pour prévenir les incendies dans les campagnes, consiste à prohiber l'établissement ou la réparation des toits de tous bâtimens d'habitation ou exploitation, en chaume ou en paille, roseaux ou autres matières inflammables. — Cette prohibition rentre dans les attributions municipales, et est obligatoire pour les tribunaux, malgré les entraves qu'elle apporte au libre exercice du droit de propriété. — *Cass.*, 23 avr. 1819 (int. de la loi), Lerasle; 9 août 1828, Pierre Ménager; 12 déc. 1835, Delaidde; 19 mars 1836, Richard.

17. — La défense faite par un réglement de police de couvrir les maisons en *paille* ou en *chaume* comprend aussi les couvertures en *roseaux*. — *Cass.*, 11 sept. 1840 (t. 1er 1841, p. 101). N...

18. — Jugé encore que l'arrêté par lequel, pour prévenir les incendies, le maire d'une commune défend aux habitans de faire bâtir et réparer des maisons en bois, et d'employer pour les murs d'autres matériaux que la brique ou la pierre, est pris dans l'exercice légal des attributions de l'autorité municipale. — *Cass.*, 29 déc. 1820, Siadous.

19. — La construction d'une barraque en planches dans une ville où un arrêté du maire a défendu de faire ni réparer aucun hangar, galerie ou appentis *quelconque*, s'ils contiennent du bois, constitue une contravention, à raison de laquelle le tribunal de police ne peut se dispenser de prononcer les peines portées par la loi, sous le prétexte que cette construction n'est qu'une sorte d'*abri* momentané, non compris dans la prohibition dudit arrêté. — *Cass.*, 11 mars 1830, Pernet.

20. — Legraverend (t. 2, ch. 3, p. 302, note 3) combat la légalité de ces prohibitions à l'occasion de l'arrêt du 23 avr. 1819; il se fonde uniquement sur l'atteinte qu'elle porte au droit de propriété. Sa critique n'a point été accueillie par la cour de Cassation, qui a persisté dans sa jurisprudence, et déclaré que les habitans n'avaient de recours, en pareil cas, que devant l'autorité administrative supérieure. — Même arrêt.

21. — On peut d'ailleurs répondre à Legraverend que le pouvoir réglementaire de l'autorité municipale est une émanation de la loi; qu'il est de la nature des réglemens de police de gêner ou de restreindre quelqu'une de nos libertés; et qu'aux termes des art. 537 et 544, C. civ., le droit de propriété peut être modifié par les réglemens.

22. — Il a été jugé que l'arrêt de réglement d'un parlement, qui faisait défense, à peine de 100 fr. d'amende, de couvrir en paille les maisons et bâtimens situés dans l'enceinte des villes a été maintenu comme réglement de police par le Code pén., quant à la défense qu'il contient, mais réduit virtuellement, quant à la peine, à celles de simple police (C. pén., art. 484); et, qu'en conséquence, est nul le jugement par lequel le tribunal de simple police se déclare incompétent pour connaître d'une contravention à cet arrêt rappelé d'ailleurs pour son exécution par arrêté du préfet, sous le prétexte que l'amende qu'il prononce excède les peines de simple police. — *Cass.*, 29 avr. 1831, Vasseur.

23. — L'art. 17, ordonn. précitée du 24 nov. 1843, dispose qu'aucune couverture en chaume ou en jonc ne peut être conservée ou établie sans l'autorisation du préfet de police.

24. — Mais si la loi peut régler la manière dont un citoyen usera à l'avenir de sa propriété, elle ne peut pas l'obliger à la détruire et à en changer immédiatement la forme sans une juste et préalable indemnité. — Charte const., art 9; C. civ., art. 145. — Ce qu'aucune loi ne pourrait faire, à plus forte raison un arrêté municipal ne le pourrait-il pas. Ainsi, celui qui ordonnerait la *destruction* des couvertures en chaume ou roseaux existant au moment de sa promulgation et leur remplacement par des tuiles ou des ardoises, serait illégal et non obligatoire. — *Cass.*, 8 déc. 1840 (t. 1er 1841, p. 613), Maitre. — V. POUVOIR MUNICIPAL.

25. — L'art. 9, L. 6 oct. 1791, charge les officiers municipaux de faire, au moins une fois par an, la visite des fours et cheminées de toutes maisons et tous bâtimens éloignés de moins de 100 toises d'autres habitations; il les autorise à ordonner, après la visite, la réparation ou la démolition des fours et cheminées qui se trouveront dans un état de délabrement qui pourrait occasionner un incendie ou d'autres accidens; enfin il prononce contre les contrevenans une amende de 6 à 24 livres, remplacée aujourd'hui par une amende de 1 à 5 francs inclusivement, en vertu de l'art. 471, n° 1er, C. pén., ainsi conçu : « Ceux qui auront négligé d'entretenir, nettoyer, réparer les fours, cheminées ou usines où l'on fait usage du feu, etc. »

26. — L'usage d'un four ou d'une cheminée dont la construction vicieuse peut compromettre la sûreté publique constitue par lui-même une contravention, quand bien même cet usage serait le fait d'un locataire, et que les réparations à faire seraient à la charge du propriétaire. — *Cass.*, 6 sept. 1838 (t. 1er 1839, p. 257), Jesecapel.

27. — Jugé aussi que le locataire qui, par négligence, et par exemple en demeurant long-temps sans faire ramoner la cheminée de sa chambre, a occasionné l'incendie qui y éclate, ne peut se soustraire à la peine de l'art. 472, n° 1er, C. pén., en prétendant que cette charge concerne le propriétaire. — *Cass.*, 24 avr. 1840 (t. 2 1843, p. 551), Mounier. — V. au reste CHEMINÉE, n° 56, et BAIL, n° 1104.

28. — Les réglemens de police peuvent ordonner que toutes les cheminées à construire auront une dimension donnée, et que toutes celles qui ne seront pas conformes aux réglemens seront démolies, *si elles présentent des dangers d'incendie*. Mais il faut que cette dernière circonstance soit constatée pour que l'arrêté soit applicable à une cheminée déjà construite, quoiqu'elle ne soit pas conforme

à ses prescriptions. — *Cass.*, 16 nov. 1837 (t. 1er 1840, p. 163), Jardin.

29. — Il a été jugé que le droit de surveillance qui appartient aux maires sur la construction, la réparation et l'entretien des fours et cheminées, pour prévenir le danger des incendies, les autorise à former dans leurs communes un établissement public de ramonage et à défendre à toute personne non commissionnée de s'immiscer dans ce service. — *Cass.*, 24 août 1815 (int. de la loi), Antoine Basset. — V. CHEMINÉE, nos 51 et suiv.

30. — Le boulanger dont le four laisse échapper par son tuyau une fumée noire et épaisse, ainsi que des parcelles de charbon enflammé, qui dégradent les appartemens et les meubles des voisins, et peuvent faire craindre un incendie, doit la réparation du dommage, encore bien qu'il se soit conformé, pour la construction de son four, aux règles de l'art et aux prescriptions de l'administration. — *Bordeaux*, 30 janv. 1839 (t. 2 1843, p. 552), Pennetier c. Bouchaud. — V., au surplus, pour plus amples détails, en ce qui concerne la construction et l'entretien des fours et cheminées, CHEMINÉE et POUVOIR MUNICIPAL. — V. aussi l'ordonn. de police précitée du 24 nov. 1843, art. 1er à 17.

31. — Les art. 471, no 2, 472 et 473, C. pén., punissent ceux qui auront violé la défense de tirer en certains lieux des pièces d'artifice. — Cette défense est faite par l'autorité municipale, en vertu de l'art. 3, tit. 11, L. 24 août 1790.

32. — Il a été jugé que la défense faite par le réglement de police du 15 pluv. an XIII, de tirer des coups de fusil et de pistolet dans l'intérieur d'une ville n'est applicable aux tirs établis dans des propriétés particulières qu'autant que ces établissemens ne sont pas autorisés et que l'autorité municipale a défendu leur exploitation. — *Cass.*, 25 nov. 1836 (t. 1er 1837, p. 237), Guérin.

33. — Mais il a été jugé aussi que lorsqu'un réglement de police défend de tirer sous quelque prétexte et en quelque occasion que ce soit des pièces d'artifice ou armes à feu dans les lieux publics et dans l'intérieur des cours et jardins, le tribunal ne peut renvoyer de la poursuite un contrevenant par le motif que les pigeons sur lesquels il a tiré détruisaient la semence jetée dans son jardin et dégradaient la toiture de sa maison, et que d'ailleurs le réglement dont il s'agit n'avait en vue que le tir d'armes à feu sans nécessité et par forme d'amusement. — *Cass.*, 8 août 1834, Brinquant.

34. — On peut, toutefois, faire remarquer que si les tribunaux ne doivent pas se livrer à l'interprétation des arrêtés municipaux, il est également constant que les maires n'ont pas le droit de prendre des arrêtés contraires aux dispositions de la loi, et que, dans ce cas, les tribunaux ne sont point liés par les dispositions de leurs arrêtés. Or, la loi du 4 août 1789, et celle du 30 avr. 1790 donnant au propriétaire le droit de détruire avec des armes à feu les pigeons et les bêtes fauves qui font irruption dans ses récoltes, l'autorité municipale n'aurait-elle pas un pouvoir supérieur à la loi, s'il lui était permis de ravir ce droit au propriétaire par un simple réglement de police? — V. POUVOIR MUNICIPAL.

35. — L'individu qui a tiré des pétards dans l'intérieur d'une ville, contrairement à un arrêté de police, ne peut pas être excusé, sous le prétexte qu'ayant obtenu l'autorisation du commandant d'armes, il a agi de bonne foi. — *Cass.*, 28 août 1829, Gilroy et Glcques.

36. — Jugé aussi que celui qui a contrevenu à un arrêté municipal portant défense de tirer des artifices ou des coups de feu dans l'intérieur de la ville ne peut être excusé sur le motif que l'usage long-temps toléré de tirer des artifices a pu lui faire croire que cette disposition était tombée en désuétude. — *Cass.*, 22 sept. 1836, Simonet; 6 août 1836, Leveille. — V. en outre ARTIFICE, ARTIFICIERS, FEU D'ARTIFICE.

37. — Une ordonnance de police du 23 avr. 1784 défend de fabriquer et faire enlever des ballons et autres machines aérostatiques auxquels sont adaptés des réchauds à l'esprit de vin, de l'artifice et autres matières dangereuses pour le feu.

38. — L'autorité municipale peut encore prohiber dans l'intérieur d'une ville tout dépôt ou débit d'une espèce de bitume inflammable. — *Cass.*, 4 janv. 1810, Jean Pouzy.

39. — Elle peut limiter la quotité de l'approvisionnement de bois d'une certaine espèce, qu'il est permis de faire dans le voisinage des fours à chaux et autres établissemens dangereux. — *Cass.*, 19 nov. 1825, Vanault.

40. — Elle peut interdire aux marchands et propriétaires d'empiler leurs bois à une distance moindre de dix mètres des pignons et murs des habitations. — *Cass.*, 3 sept. 1807, Boisgontier et Deschampsneuf.

41. — ... Ou de les décharger dans un lieu désigné, sans avoir averti le garde préposé au soin de leur désigner l'endroit où ce déchargement doit être opéré. — *Cass.*, 18 août 1809, Segonzac et Duclos.

42. — En pareil cas, la question de propriété du terrain sur lequel l'empilage de bois a été fait ou le déchargement effectué, est indifférente dans le jugement de la contravention. — Mêmes arrêts de 1807 et 1809.

43. — Elle peut défendre de placer les meules de grains ou de fourrages à moins de cent mètres des bâtimens d'exploitation ou d'habitation, et sa défense s'applique même à un dépôt provisoire et de courte durée. — *Cass.*, 26 sept. 1822, Levavasseur.

44. — ... Ou bien encore défendre de placer des meules de paille ou d'autres matières combustibles à une certaine distance des cheminées des maisons habitées, des fours et des édifices publics. — *Cass.*, 18 avr. 1828 (int. de la loi), Gaborit.

45. — De même, il rentre dans ses attributions de défendre de chauffer les navires dans le port, et sa défense s'applique même au fait d'y avoir allumé des brasiers pour la destruction des rats. — *Cass.*, 21 avr. 1838 (t. 1er 1838, p. 626), Laguenego.

46. — ... Ou bien encore défendre à toute personne de porter dans les rues, soit de nuit, soit de jour, des morceaux de bois allumés et autres objets combustibles. — *Cass.*, 6 juin 1807, Planche.

47. — L'ordonnance précitée du 24 nov. 1843, entre autres prescriptions plus longuement énumérées dans ses art. 18 à 31 (V. aussi FOURS, ÉTABLES), défend : 1o d'entrer, soit dans les écuries, soit dans les magasins, caves ou autres lieux renfermant des dépôts d'essence ou de spiritueux, et en général de toutes matières inflammables, ou bien encore dans les halles, marchés ou ports avec des lumières non renfermées dans des lanternes. — Art. 23, 24, 27 et 28. — 2o De rechercher les fuites de gaz avec du feu ou de la lumière. — Art. 25. — 3o D'allumer des feux dans les halles et marchés et d'y apporter aucuns chaudrons à feu, réchauds ou fourneaux. — Art. 27. — 4o De faire du feu sur les ports, quais et berges sans autorisation, et de brûler de la paille sur aucune partie de la voie publique, dans les cours, jardins et terrains particuliers, et d'y mettre en feu aucun amas de matière combustible. — Art. 28 et 29. — V. aussi FEU, FEUX.

48. — Jugé que la prohibition de n'approcher du foin avec une lumière qu'autant qu'elle est renfermée dans une lanterne est obligatoire. — *Cass.*, 5 déc. 1833, Marc.

49. — L'administration municipale peut défendre de fumer dans les rues et auprès des pailles, meules, granges et fermes. — Sa défense peut même s'étendre, à cet égard, aux écuries, à tous les endroits où il y a de la paille, du foin, du charbon ou autres matières combustibles, et aux monumens publics dans lesquels il peut y avoir agglomération de personnes, tels que halles, marchés, abattoirs, salles de spectacle, etc., etc. — Cette défense existe pour l'étendue de la préfecture de police en vertu d'une ordonnance de police du 21 déc. 1819, art. 9, renouvelée et complétée par l'ordonnance précitée du 24 nov. 1843. — Art. 30.

50. — Il a été jugé que fumer dans l'intérieur d'une grange, ce n'est pas contrevenir à un réglement de police qui, *sans s'occuper de l'intérieur des propriétés*, ne défend de fumer que dans les rues et auprès des pailles, meules, granges et fermes. — *Cass.*, 15 déc. 1827, Barbez.

51. — Aussitôt qu'un feu de cheminée ou incendie se manifeste, il doit en être donné avis au plus prochain poste de sapeurs-pompiers et au commissaire de police du quartier. — Ord. de police, 24 nov. 1843, art. 31.

52. — En cas d'insuffisance des seaux à incendie et autres moyens de secours transportés sur les lieux, les commissaires de police et commandans de sapeurs-pompiers doivent mettre en réquisition les seaux, pompes et échelles qui se trouveraient soit dans les édifices publics, soit chez les particuliers, et les propriétaires, gardiens et détenteurs de ces objets sont tenus de déférer immédiatement à ces réquisitions. — Art. 32.

53. — Toute personne chez qui le feu se manifesterait doit ouvrir les portes de son domicile à la première réquisition des sapeurs-pompiers et autres agens de l'autorité. — Art. 33. — En outre, les habitans de la rue où l'incendie se manifeste et ceux des rues adjacentes doivent tenir leurs portes ouvertes et laisser puiser de l'eau à leurs puits et pompes pour le service de l'incendie. — Art. 34.

54. — En outre, aux termes des art. 37 et 38, il est enjoint aux propriétaires et principaux locataires des maisons où il y a des puits, pompes et autres machines hydrauliques, de les tenir en bon état, ainsi qu'aux porteurs d'eau de tonneau de tenir leurs tonneaux pleins toute la nuit et de les conduire au premier avis sur le lieu de l'incendie.

55. — Les gardiens des pompes et réservoirs publics sont tenus de fournir l'eau nécessaire pour l'extinction des incendies. — Art. 39.

56. — Les propriétaires de chevaux, marchands épiciers, ciriers, chandeliers, voisins de l'incendie, sont tenus de fournir, sur la réquisition des commissaires de police ou commandant des sapeurs-pompiers, les chevaux et ustensiles nécessaires pour aider et éclairer les travailleurs, et ce, moyennant rétribution. — Art. 42 et 43.

57. — En cas de refus des propriétaires et locataires dans les maisons desquelles le feu se serait manifesté, ou voisins de l'incendie, d'ouvrir leurs portes, ces portes seront ouvertes à la diligence du commissaire de police ou du commandant du détachement de sapeurs-pompiers. — Art. 36.

58. — En outre, l'art. 40 dispose que toute personne requise pour porter secours en cas d'incendie, et qui s'y serait refusée, sera poursuivie conformément à l'art. 475, C. pén. — Le même article est applicable (art. 41) aux maçons, charpentiers, couvreurs, plombiers et autres ouvriers qui auraient négligé de se rendre, à la première réquisition, au lieu de l'incendie avec leurs outils ou agrès. — V. à cet égard REFUS DE SERVICE.

59. — Aux termes de l'art. 149, C. forest., tous usagers qui, en cas d'incendie, refusent de porter des secours dans les bois soumis à leurs droits d'usage, sont traduits en police correctionnelle, privés de ce droit pendant un an au moins et cinq ans au plus, et condamnés en outre aux peines portées en l'art. 475, C. pén. — V. FORÊTS, REFUS DE SERVICE.

60. — Les commissaires de police, commandans de sapeurs-pompiers et tous agens de l'autorité doivent signaler les personnes qui se seront fait remarquer dans les incendies. — Même ordonnance, art. 44.

61. — L'instruction annexée à l'ordonnance de 1843 porte que, afin d'éviter les accidens, et pour ne pas porter le feu dans les parties de bâtiment qu'il n'a pas encore atteintes, le public qui se rend sur le théâtre de l'incendie ne doit, en aucune façon, ouvrir les portes, les croisées et autres issues des lieux incendiés avant l'arrivée des sapeurs-pompiers, à moins que ce ne soit pour sauver les personnes en danger : ce sauvetage doit se faire, autant que possible, par les escaliers. — L'instruction ajoute que le déménagement des gros meubles et des gros effets ne doit avoir lieu qu'à l'arrivée des sapeurs-pompiers qui jugent si ce déménagement est nécessaire. — V. en outre SAPEURS-POMPIERS.

INCERTITUDE.

V. ACTE D'ACCUSATION, DOUTE, INTERPRÉTATION DES CONVENTIONS, LEGS, TESTAMENT.

INCESSIBILITÉ.

V. TRANSPORT DE CRÉANCES.

INCESTE.

1. — Conjonction illicite entre parens ou alliés au degré dans lequel la loi prohibe le mariage. — L'enfant qui naît d'un pareil commerce prend le nom d'incestueux. — V. ENFANS ADULTÉRINS ET INCESTUEUX.

2. — Il existait autrefois des peines très rigoureuses contre l'inceste. — V. ATTENTAT AUX MOEURS, nos 8 et suiv.

3. — Aujourd'hui l'inceste ne tombe pas par lui-même et pris isolément, sous l'action de la loi pénale, mais il peut, suivant les circonstances qui l'accompagnent, être rangé dans la classe des attentats aux mœurs. — V. ATTENTAT AUX MOEURS.

4. — A l'égard des intérêts civils des enfans qui sont le produit de l'inceste, V. ENFANS ADULTÉRINS ET INCESTUEUX.

INCIDENT.

Table alphabétique.

Affaire par défaut, 22.
Compensation, 9.
Compétence, 27.
Conclusions verbales, 24 s.
Déclaration de jugement commun, 6.
Délai, 20.
Demande incidente, 3. — (forme), 17 s. — nouvelle, 4. — reconventionnelle, 15, 19.
Demandes jointes, 28 s.
Dommages-intérêts, 9.
Exceptions, 29.
Faux incident, 7.
Garantie, 6.
Instruction par écrit, 33 s.
Intérêts, 12.
Intervention, 7 s.
Jugement de l'incident, 30 s.
Justice de paix, 23.
Loyer, 9.

Matière sommaire, 21.
Nullité, 10 s.
Partage d'opinion, 26.
Provision, 9.
Reconvention, 15.
Résolution, 13.
Rescision, 11 s.
Saisie-gagerie, 13.
Tribunal de commerce, 23.
Vente à réméré, 10.
Vérification d'écritures, 7.

INCIDENT. — 1. — Evénement qui survient dans le cours d'un procès et qui tient le plus souvent à l'instruction même de la cause.

2. — Suivant Carré (*Lois de la procéd.*, t. 3, p. 192) on doit considérer comme formant autant d'incidens particuliers les différentes exceptions, contestations ou événemens quelconques qui viennent s'enter sur la demande principale, et qui n'en sont pour ainsi dire que des épisodes.

3. — Quelquefois l'incident touche au fond même de la contestation, et il prend alors le titre de demande incidente. — Les art. 337 et 338, C. procéd., règlent la forme dans laquelle de pareilles demandes doivent être instruites.

4. — Si l'instance est pendante devant la cour, on ne peut pas, en général, former incidemment une demande nouvelle; cependant l'art. 464 admet quelques exceptions à cette règle. — V. DEMANDE NOUVELLE.

5. — Lorsque les demandes incidentes sont formées contre les parties ou l'une d'elles par un tiers qui ne figurait pas au procès, l'incident prend le nom d'*intervention*. — V. ce mot.

6. — Si c'est, au contraire, l'une des parties qui met un tiers en cause et qui le force d'intervenir, l'incident, suivant la nature des conclusions, est tantôt qualifié d'*action en garantie*, tantôt d'*action en déclaration de jugement commun* ou *intervention forcée*. — V. GARANTIE, JUGEMENT COMMUN, INTERVENTION.

7. — Parmi les incidens les plus importans en procédure, il faut signaler le *faux incident* et la *vérification d'écriture* qui donnent lieu à des instances particulières longues et délicates. — V. FAUX INCIDENT, VÉRIFICATION D'ÉCRITURES.

8. — C'est une règle depuis longtemps consacrée par notre jurisprudence, que les tribunaux ne peuvent admettre comme demandes incidentes celles qui doivent être l'objet d'une action principale. Cette règle doit être observée d'autant plus rigoureusement que, sans elle, on pourrait non seulement éluder l'essai de conciliation, dans beaucoup de cas où la loi l'exige, mais encore éterniser la procédure la plus simple, en introduisant à son gré, dans le cours du procès, des demandes incidentes qui devraient faire l'objet d'instances séparées. — V. Carré, *Lois de la procéd.*, t 3, p. 193.

9. — On ne peut donc faire de toutes sortes de prétentions l'objet d'une demande incidente; il n'y a que celles qui servent de réponse à la demande principale ou qui ont avec elle une connexité, ou qui ne sont nées que depuis l'action qui puissent être jugées incidemment : telles sont les demandes en compensation, en provision, en paiement de loyers échus, ou en dommages causés depuis l'action principale. — Carré, *loc. cit.* — « En général, dit Favard de Langlade (t. 3, p. 16), les demandes incidentes ont pour objet d'ajouter à la demande principale ou de la restreindre, ou de l'écarter en tout ou en partie, ou de demander un droit échu depuis l'introduction de l'instance.

10. — On a jugé que la partie qui avait intenté une demande en nullité d'une vente à pacte de rachat, ne pouvait, par des conclusions subsidiaires, demander la prolongation du délai de réméré. — *Cass.*, 2 nov. 1812, Maria c. Carde. — V. VENTE A RÉMÉRÉ.

11. — ... Qu'on ne peut, dans le cours d'une action en rescision, pour cause de lésion, former une demande en nullité de l'acte de vente et suivre simultanément sur les deux demandes. — *Paris*, 13 juill. 1810, Pontheil c. Gozé.

12. — ... Que la demande des intérêts d'un prix de vente ne peut être considérée comme un accessoire de la demande en rescision de la vente et formée par un simple acte d'avoué à avoué; qu'elle doit l'être par une demande principale signifiée à personne ou à domicile. — *Cass.*, 14 avr. 1836, Devillard.

13. — ... Qu'une demande en résiliation de bail ne peut être formée incidemment à une demande en validité de saisie-gagerie, dans la forme de l'art. 337, C. procéd. — *Bourges*, 16 déc. 1837 (t. 2 1838, p. 36), Grosset c. Boyer.

14. — Jugé, d'un autre côté, que la demande en résolution de la vente d'un immeuble peut être formée incidemment dans l'instance d'ordre du prix de cet immeuble. — *Amiens*, 24 mars 1821, Bouché c. Beauvais. — V. cependant *Metz*, 24 nov. 1820, Cartier c. Brulé. — V. au reste CONCILIATION, nos 54, 82 et suiv., DEGRÉ DE JURIDICTION, DEMANDE NOUVELLE.

15. — Lorsque la demande incidente est formée par le demandeur originaire, elle conserve le nom de *demande incidente*, et Carré propose de l'appeler *additionnelle*, pour la distinguer de celle formée par le défendeur, et qui prend souvent le nom de *réconvention* ou *demande réconventionnelle*. — V. RÉCONVENTION.

16. — Les demandes incidentes peuvent être faites par le demandeur comme par le défendeur, en tout état de cause, pourvu que ce soit avant le jugement. — Favard de Langlade, *loc. cit.*

17. — Le Code de procédure a fixé ainsi qu'il suit les formes des demandes incidentes (art. 337) : Les demandes incidentes sont formées par un simple acte contenant les moyens et les conclusions, avec offre de communiquer les pièces justificatives sur récépissé ou par dépôt au greffe.

18. — Le défendeur à l'incident donne sa réponse par un simple acte. — Même article.

19. — Il a été jugé qu'une demande incidente et reconventionnelle n'est pas nulle en ce que, au lieu d'être formée par un simple acte, conformément à l'art. 337, C. proc. civ., elle aurait été intentée dans la forme indiquée pour les demandes principales et introductives d'instance. — *Poitiers*, 11 fév. 1827, Laurence c. Gueylard.

20. — L'art. 337 ne détermine pas les délais dans lesquels devront être faites les communications, les réponses, etc. — « De là, dit Carré (t. 3, p. 194), il suit que si l'audience provoquée par l'une des parties a lieu avant que l'autre ait notifié sa réponse, cette réponse est donnée verbalement, à l'audience, sauf au tribunal à ordonner une remise, si les circonstances l'exigent. — En tout cas, la remise ne doit être accordée qu'à bref délai, le but de la loi étant que la procédure dont il s'agit se poursuive avec célérité. »

21. — Au reste, Favard de Langlade (t. 3, p. 16) et Thomine Desmazures (t. 1er, p. 541) font observer qu'en matière sommaire, il ne doit pas y avoir de réponse écrite contre la demande incidente, puisqu'il n'y en a pas même contre la demande principale. — V. aussi Carré (*loc. cit.*), note.

22. — De ce que les demandes incidentes doivent être formées par un simple acte, il suit qu'il ne peut en être formé lorsqu'une partie n'a pas constitué d'avoué. D'ailleurs, la partie qui fait défaut sur la demande principale se serait peut-être défendue, si elle eût connu la demande incidente. Il faut donc, dans ce cas, un nouvel ajournement, sauf à joindre. — Pigeau, *Comm.*, t. 1er, p. 597; Favard de Langlade, t. 3, p. 16 et s.; Boitard, t. 2, p. 257; Carré et Chauveau, quest. 1266.

23. — Dans les justices de paix et dans les tribunaux de commerce où les écritures ne sont pas admises, les demandes incidentes sont formées à l'audience; mais il est prudent de les formuler dans des conclusions expresses. — Carré et Chauveau, quest. 1267; Favard de Langlade, t. 3, p. 17.

24. — Il a même été jugé par la cour de Bourges qu'une demande incidente, formée devant un tribunal de première instance, peut être déclarée valable, bien qu'elle n'ait pas été introduite dans la forme voulue par l'art. 337, mais seulement par de simples conclusions verbales prises à l'audience. — *Bourges*, 10 déc. 1830, Grandvergue; — *Annales du notariat*, t. 2, p. 399.

25. — Mais Carré (quest. 1268) pense qu'en général si une demande était ainsi formée, la partie adverse pourrait opposer avec succès la fin de non-recevoir tirée du défaut de signification. — Il est certain, en tous cas, que les juges pourraient accorder un délai pour répondre. — Chauveau (*loc. cit.*); Thomines-Desmazures, t. 1er, p. 541.

26. — Les demandes incidentes ne peuvent plus être formées lorsqu'il y a partage; la cause, dans ce cas, doit rester ce qu'elle était; le partage est un fait étranger aux parties, qui ne doit ni leur nuire ni leur profiter. — V. JUGEMENT.

27. — Un tribunal d'exception ne peut retenir la connaissance des incidens qui s'élèvent dans une contestation pendante devant lui, lorsqu'ils sont, par leur nature, hors de sa compétence. — *Cass.*, 28 mai 1811, douanes c. Gherardi.

28. — Toutes demandes incidentes doivent être formées en même temps; les frais de celles qui sont proposées postérieurement, et dont les causes existaient à l'époque des premières ne peuvent être répétés; ils ne passent pas en taxe. — C. procéd., art. 338.

29. — Il faut excepter de cette prohibition : 1° les exceptions qui doivent être formées successivement (V. EXCEPTIONS); 2° les demandes incidentes dont la cause est postérieure aux premières demandes incidentes déjà formées. — V. Chauveau sur Carré, t. 3, p. 198, quest. 1268, *quinquies*.

30. — Les demandes incidentes sont jugées par préalable, *s'il y a lieu* (art. 338, § 2); mais elles peuvent aussi être jointes au fond pour être jugées avec le principal par un seul et même jugement.

31. — Par ces mots, *s'il y a lieu*, il faut entendre, quand la demande incidente consistera dans une exception, ou quand elle offrira à décider une question dont la solution ne laissera plus rien à juger sur la demande principale. — Pigeau, t. 1er, p. 391; Carré, t. 3, p. 197, note.

32. — Ainsi, disent MM. Bioche et Goujet (*Dict. procéd.*, v° *Incident*, n° 11), lorsqu'un locataire est assigné en paiement de loyers, ceux échus postérieurement à l'ajournement étant réclamés incidemment par des conclusions, il y a lieu de prononcer sur le tout par un seul jugement. — Mais une demande en compensation formée reconventionnellement par le défendeur peut, lorsqu'elle paraît dénuée de fondement, être jugée préalablement, si la cause principale n'est pas en état.

33. — Aux termes du même art. 338, § 2, dans les affaires sur lesquelles il a été ordonné une instruction par écrit, l'incident est porté à l'audience *pour être statué ce qu'il appartiendra*, ce qui veut dire que le tribunal peut, après que l'incident a été porté à l'audience, ou le juger sur-le-champ, ou le joindre au fond pour y statuer par le même jugement.

34. — Il a été jugé que cet article ne fait que donner aux juges une faculté dont ils sont maîtres d'user ou non, et qu'il n'en résulte pas pour ceux-ci, à peine de nullité, l'obligation de renvoyer à l'audience et de statuer préalablement, par jugement séparé, sur celles de ces demandes qui n'auraient rien de préjudiciel. — *Cass.*, 21 août 1834, Sahuquet c. Garrigues. — V., en ce sens, Thomine-Desmazures, t. 1er, p. 542.

35. — Tel n'est pas l'avis de Carré (quest. 1268 quater, note), Chauveau sur Carré (*loc. cit.*); Demiau (p. 247), Favard (t. 3, p. 17); Boitard (t. 2, p. 260). « En effet, dit M. Chauveau, il est possible que le jugement de l'incident emporte le fond : n'y aurait-il pas alors grand avantage à le juger préalablement, plutôt que d'attendre l'issue d'une instruction par écrit, sans rechercher s'il y a quelque moyen de l'arrêter. »

36. — Dans l'ancienne jurisprudence, les incidens étaient réglés sommairement, et sans épices, par la chambre où le procès était pendant. — Ord., 1667, tit. 11, art. 19.

37. — Lorsqu'il s'élève un incident à l'audience d'une cour royale jugeant en audience solennelle, cette cour peut-elle renvoyer le jugement de cet incident à l'une de ses chambres? — V. AUDIENCE SOLENNELLE, n° 48 et s.

V., en outre, ALGÉRIE (n° 136); AUTORISATION DE PLAIDER, n° 115 et s. 146, 152; DEGRÉ DE JURIDICTION.

INCOMPATIBILITÉ.

1. — Terme dont on se sert pour indiquer que certaines fonctions ou qualités ne peuvent pas être réunies dans la même personne.

2. — En ce qui concerne les fonctions, les incompatibilités sont fondées sur la nécessité de la séparation des pouvoirs publics et le besoin de les limiter les uns par les autres. Le même citoyen ne saurait exercer à la fois les fonctions dont l'une donne la surveillance sur l'autre. — Loyseau, *Offices*, chap. 10, n° 46. — D'un autre côté, il y aurait, la plupart du temps, impossibilité pour la même personne de suffire aux soins qu'exigeraient les diverses fonctions. Enfin, toutes les faveurs ne doivent pas être accordées à la même personne. — L. 13, C. *De assessoribus*; L. 10, *De proximis sacr. scrin.*; — Rolland de Villargues, *Rép. du notar.*, v° *Incompatibilité*.

3. — Aussi les incompatibilités ont-elles été établies dans toutes les législations. — V. à ce sujet, outre les autorités qui viennent d'être indiquées, L. 5, C. *Qui militare poss.*; ord. de Philippe IV de 1302; du régent sous le roi Jean de 1356; de Charles VII en 1456; de François Ier, de juin 1517 et d'oct. 1535; de Charles IX de 1560 (ord. d'Orléans); de 1566 (ord. de Moulins); de Henri III (ord. de Blois de 1579); — Jousse, *Just. civ.*, t. 2, p 411; Denisart, v° *Incompatibilité d'offices*; Merlin, *Rép.*, v° *Incompatibilité*; Rolland de Villargues, *ibid.*

4. — Aujourd'hui, la loi du 24 vendém. an III contient une disposition qui peut être considérée comme une règle générale sur la matière : « Aucun citoyen, porte cette loi, ne pourra exercer ni concourir à l'exercice d'une autorité chargée de la surveillance médiate ou immédiate des fonctions qu'il exerce dans une autre qualité. » — Tit. 2, art. 3.

5. — L'art. 3, tit. 4, même loi, ajoute : « Ceux qui seraient appelés à l'avenir à remplir des fonctions non compatibles avec celles qu'ils exerçaient déjà, seront pareillement tenus, sous les mêmes peines

INCOMPÉTENCE (Excep. d'). (Mat. civ.).
INCOMPÉTENCE (Excep. d'). (Mat. civ.).

(de destitution des deux fonctions), de faire leur option dans la décade (dix jours) qui suivra la notification qui leur sera faite du nouveau choix qui aura eu lieu en leur faveur. »

6. — Il serait inutile d'indiquer ici les dispositions de lois spéciales qui, pour l'application de ces principes, ont établi des incompatibilités entre certaines fonctions. Il faut à cet égard se reporter au mot FONCTIONNAIRES PUBLICS en général et en particulier à chacun des mots où l'on parle individuellement des fonctionnaires publics et des officiers ministériels. — V. aussi COLONIES.

7. — Quant à l'incompatibilité des qualités, elle a lieu quand, soit d'après la nature, soit d'après la loi, on ne peut agir en même temps dans l'une et l'autre de ces qualités.

8. — Autrefois, on disait ordinairement qu'il y avait incompatibilité des qualités d'héritiers et de légataire pour désigner la disposition qui, dans le but de maintenir l'égalité entre les héritiers, obligeait celui d'entre eux à qui un don ou un legs avait été fait d'en faire le rapport à la succession sans pouvoir en cumuler le bénéfice avec sa portion héréditaire, et cela nonobstant toute dispense de rapport. Ces coutumes étaient appelées *coutumes d'égalité*. — Merlin, *Rép.*, v° *Héritier*, sect. 6e, § 10.

INCOMPATIBILITÉ D'HUMEUR.

1. — La loi du 20 sept. 1792 (art. 3, § 1er) permettait aux époux de faire prononcer leur divorce pour cause d'incompatibilité d'humeur. — V. DIVORCE, nos 17 et suiv., 47 et suiv.

2. — La séparation de corps, qui a survécu à l'abolition du divorce, ne peut être prononcée pour incompatibilité d'humeur qu'autant que cette incompatibilité se traduit en certains faits ayant le caractère d'*excès, sévices ou injures graves*. — V. SÉPARATION DE CORPS.

INCOMPÉTENCE (Exception d'). (Matière civile.)

Table alphabétique.

Acquiescement, 72 s., 76.
Affaire administrative, 18. — civile, 26. — commerciale, 22 s. — criminelle, 17.
Appel, 71, 75, 101, 111 s., 123 s., 127. — en garantie, 83.
Billet à ordre, 126.
Cassation, 44 s., 112 s.
Caution *judicatum solvi*, 63.
Chambre des vacations, 47.
Chefs distincts, 117.
Codébiteurs solidaires, 93.
Cohéritier, 34.
Commerçant, 143 s.
Communication de pièces, 80 s.
Comparution volontaire, 100.
Compétence, 77.
Compromis, 44 s.
Conciliation, 100.
Conclusions, 34, 68. — au fond, 59 s., 62, 64 s., 72 s. — subsidiaires, 91 s., 135.
Constitution d'avoué, 86.
Contestations sociales, 128 s.
Créancier, 35.
Déclaration du défendeur, 98. — d'incompétence, 15.
Déclinatoire, 2 s., 21, 58, 95 s., 118, 136 s. — rejeté, 76.
Défendeur, 58.
Demande de délai, 127. — en garantie, 82. — en paiement de gages, 52. — en partage, 31 s. — en radiation d'hypothèque, 87.
Demandeur, 58, 77, 142 s.
Dépens, 115 s.
Dessaisissement du tribunal, 97.
Domestique, 53 s.
Domicile, 90.
Dommages-intérêts, 55 s.
Erreur de fait, 77.
Etranger, 38 s.
Exécution, 42 s., 113, 136.
Fermier, 55 s.
Gages, 53 s.
Héritier bénéficiaire, 33.
Incompétence, 4, 21, 95 s. — absolue, 11 s., 16 s., 22 s., 89, 107 s., 114, 122 s. — matérielle, 6 s., 53 s., 148 s. — d'office, 115, 120 s. — personnelle, 29 s., 34, 55 s., 61, 66, 68, 70, 75, 83 s., 90, 101. — relative, 8 s., 37 s., 46, 57, 59 s., 89, 102 s., 122, 135.
Inscription de faux, 87.
Intervention, 60 s.
Juge de paix, 48 s., 55 s.
Jugement, 145. — interlocutoire, 110 s. — par défaut, 66, 68, 70. — préparatoire, 110 s. — profit-joint, 109 s.
Maître, 53 s.
Matière commerciale, 119.
Mise en cause d'un tiers, 85.
Nullité d'exploit, 78 s.
Opposition, 64 s., 70.
Partage, 29 s.
Plaidoirie, 44 s. — au fond, 75, 136 s.
Présentation du déclinatoire, 94.
Reconnaissance de qualité, 142 s.
Référé, 20 s.
Rejet d'incompétence matérielle, 90.
Renvoi, 15. — d'office, 102 s.
Réserves, 72 s.
Saisie, 42 s.
Section de tribunal, 46.
Silence des parties, 107 s.
Succession, 27 s., 35. 76, 88.
Tribunal civil, 17 s., 22 s., 52. — de commerce, 26, 127. — français, 42 s.

INCOMPÉTENCE (Exception d') (matière civile). — 1. — Exception par laquelle une partie soutient qu'un tribunal saisi d'une contestation n'a pas qualité pour la juger, et demande qu'il renvoie la cause devant les juges compétens.

SECT. 1re. — *Principes généraux* (n° 2).

SECT. 2e. — *De l'exception d'incompétence devant les tribunaux civils* (n° 16).

§ 1er. — *Dans quels cas l'incompétence est absolue ou relative* (n° 16).

§ 2. *Comment se propose l'exception d'incompétence relative et par quels actes elle se couvre* (n° 57).

§ 3. — *De l'exception d'incompétence absolue* (n° 107).

SECT. 3e. — *De l'exception d'incompétence devant les tribunaux de commerce* (n° 119).

—

Sect. 1re. — *Principes généraux.*

2. — Parmi les exceptions dont s'occupe le Code de procédure, sous la qualification de *renvoi*, figurent les déclinatoires pour cause d'incompétence.

3. — Nous avons déjà fait connaître les règles générales qui s'appliquent aux exceptions déclinatoires (v° EXCEPTION, nos 43 et suiv.); nous nous occuperons seulement ici de celles qui sont spéciales au déclinatoire d'incompétence.

4. — L'art. 168, C. procéd., est ainsi conçu : « La partie qui aura été appelée devant un tribunal autre que celui qui doit connaître de la contestation, pourra demander son renvoi devant les juges compétens. »

5. — L'art. 169 ajoute : « La partie qui veut opposer le déclinatoire sera tenue de former cette demande préalablement à toutes autres exceptions et défenses. »

6. — « Si néanmoins le tribunal était incompétent à raison de la matière, le renvoi pourra être demandé, en tout état de cause; et si le renvoi n'était pas demandé, le tribunal sera tenu de renvoyer d'office devant qui de droit. » — Art. 170, C. proc.

7. — Les trois articles qui précèdent, en indiquant à quelle époque de la procédure l'exception d'incompétence doit être proposée, ont égard au caractère de l'incompétence alléguée, et ils tracent des règles différentes, selon qu'elle tient à la nature même de l'affaire, ou qu'au contraire elle résulte de circonstances indépendantes de cette nature.

8. — L'incompétence dont s'occupe l'art. 169, et qui doit être proposée *in limine litis*, est celle qu'on a l'habitude d'appeler incompétence *ratione personæ*, qualification vicieuse en ce qu'elle semble indiquer que cette espèce d'incompétence n'existe qu'en matière personnelle, et eu égard au domicile du défendeur, ce qui n'est pas. — V. COMPÉTENCE (mat. civ.), nos 129 et suiv. — Nous emploierons néanmoins quelquefois cette expression, comme étant consacrée par l'usage.

9. — Mais l'incompétence dont il s'agit serait plus justement qualifiée de *relative*, par opposition à l'incompétence absolue dont s'occupe l'art. 170 du même Code.

10. — Il faut remarquer que l'art. 169 se réfère nécessairement aux règles de compétence tracées par l'art. 59, C. proc. — Carré et Chauveau, *Lois de la procéd. civ.*, t. 2, quest. 710.

11. — L'art. 170 s'occupe de l'incompétence dite *ratione materiæ*, qui existe lorsqu'il y a eu violation des règles par lesquelles le législateur a fait attribution à chaque juridiction de la connaissance d'une certaine nature de contestation. Lorsqu'une affaire qui, par sa nature, appartient à la compétence d'un tribunal, a été portée devant un autre d'un ordre différent, l'intérêt public exige que ce dernier se dessaisisse d'office, dans le cas où l'exception d'incompétence ne serait pas proposée par les parties. — Carré, sur l'art. 170; Bioche, *Dict. de procéd.*, v° *Exception*, n° 33.

12. — L'incompétence *ratione materiæ*, touchant directement l'ordre public, et portant atteinte à la distribution des compétences entre les diverses juridictions, cette incompétence est nécessairement *absolue*. Il existe cependant un cas où une incompétence résultant de la nature de la contestation n'est que relative. — V. *infrà* n° 22.

13. — Nous n'avons pas, au surplus, à rechercher ici quelle est la compétence de chacune des juridictions qui fonctionnent sur le territoire français. Toutes les difficultés qui appartiennent à cette matière ont déjà fait l'objet de notre examen. — V. COMPÉTENCE (mat. civ.), COMPÉTENCE ADMINISTRATIVE, COMPÉTENCE COMMERCIALE, COMPÉTENCE CRIMINELLE.

14. — Une exception d'incompétence proposée en termes généraux s'applique aussi bien à l'incompétence *ratione personæ* qu'à l'incompétence *ratione materiæ*. — *Poitiers*, 9 juin 1843 (t. 1er 1844, p. 803), Jollivet c. Staud et Monnereau.

15. — Quand un tribunal se déclare incompétent, il n'est pas tenu de désigner devant quelle juridiction la contestation doit être portée; c'est aux parties elles-mêmes à faire cette appréciation. — *Cass.*, 4 mars 1818, Cassabois c. Wyvekans et Mercier; — Favard, t. 2, p. 458; Carré et Chauveau, t. 2, quest. 723; Boncenne, t. 9, p. 212; Boitard, t. 2, p. 16.

Sect. 2e. — *De l'exception d'incompétence devant les tribunaux civils.*

§ 1er. — *Dans quels cas l'incompétence est absolue ou relative.*

16. — Nous avons vu que l'incompétence *absolue* est celle qui résulte de la nature même de la contestation.

17. — Il y a donc évidemment incompétence absolue du tribunal civil devant lequel on porterait une affaire criminelle. — *Cass.*, 16 nov. 1810, Pont-Chapelle c. octroi d'Argentan. — Bioche, v° *Exception*, n° 34.

18. — De même, lorsque l'affaire est administrative de sa nature, l'incompétence des tribunaux ordinaires est rigoureusement radicale, parce qu'elle est établie sur des raisons politiques et par des lois de droit public auxquelles il n'est pas permis de déroger. Les tribunaux doivent donc, dans ce cas, se déclarer d'office incompétens. — Carré, quest. 128, note 2e.

19. — Aussi l'incompétence de l'autorité judiciaire sur des matières qui sont dans les attributions de l'autorité administrative peut-elle être opposée pour la première fois en appel. — *Amiens*, 1er août 1821, Ledoue c. comm. de Brya; — Bioche, v° *Exception*, n° 34.

20. — L'incompétence du juge des référés est absolue dans les matières qui sont attribuées au tribunal entier. — Bioche, v° *Exception*, n° 34. — V. RÉFÉRÉ.

21. — Et lorsque, dans ce cas, la partie assignée en référé ne propose point le déclinatoire, le tribunal peut d'office prononcer la nullité de l'assignation. — *Cass.*, 29 avr. 1818, enregistr. c. Roy.

22. — Toutefois, il existe un cas où l'incompétence, bien que *ratione materiæ*, n'est cependant pas absolue, de telle sorte que le tribunal n'est pas tenu de la prononcer d'office, c'est lorsqu'une affaire commerciale est portée devant un tribunal civil. Les tribunaux civils ayant la plénitude de la juridiction ne sont, en effet, qu'accidentellement et par exception incompétens pour juger les causes qui ont été placées dans les attributions des tribunaux extraordinaires. — *Cass.*, 10 juill. 1816, Miquel c. Vialadieu.

23. — Jugé, en conséquence, que la connaissance d'une affaire commerciale soumise à un tribunal civil ne constitue point une incompétence *ratione materiæ*, qui puisse être opposée en tout état de cause. — *Bourges*, 11 juin 1831, Berger c. Denizot.

24. — ... Et que cette incompétence se couvre par des conclusions au fond. — *Besançon*, 1er août 1809, Milleroud et Pérouillet c. Joly.

25. — Il a même été décidé que le tribunal civil saisi d'une affaire d'une nature commerciale ne peut ordonner le renvoi devant les tribunaux de commerce, si ce renvoi n'est pas demandé. — *Colmar*, 6 août 1827, Coquebert c. Saumal. — V., au surplus, TRIBUNAL CIVIL DE PREMIÈRE INSTANCE.

26. — Mais il n'y a pas réciprocité en ce sens que les tribunaux de commerce ne sauraient juger des affaires civiles, bien que leur incompétence ne fût pas l'objet d'un déclinatoire soulevé par le défendeur. Ces tribunaux n'ont qu'une compétence exceptionnelle, qui ne peut être étendue à des contestations autres que celles qui leur ont été attribuées directement par la loi. — V. COMPÉTENCE COMMERCIALE, nos 626 et suiv.

27. — Les contestations qui intéressent une succession doivent être portées devant le tribunal de l'ouverture de cette succession. On s'est demandé si, lorsqu'on veut procéder dans ce cas devant un autre tribunal, l'incompétence qui en résulte est absolue ou simplement relative.

28. — La cour de Bruxelles a décidé que le procès né d'une question d'acceptation ou de répudiation de succession doit, en tout état de cause, être renvoyé, même d'office, devant le tribunal du lieu de l'ouverture de la succession, ce tribunal étant mieux à portée d'apprécier les faits. — *Bruxelles*, 25 mars 1808, Neestag c. Cardon.

29.— La cour d'Amiens a, au contraire, jugé, en principe, que l'incompétence d'un tribunal pour connaître de l'action en partage est couverte si elle n'est pas proposée avant toutes autres exceptions ou défenses. — *Amiens*, 16 déc. 1825, Guillaume c. Desmarquay. — V. aussi *Metz*, 4 août 1821, Couturier.

30. — Cette dernière opinion nous paraît préférable. Puisqu'on peut renoncer au moyen d'incompétence tiré de ce que la contestation n'est pas portée devant le tribunal du domicile du défendeur, comme le veut l'art. 59, C. procéd., il semble qu'on doit pouvoir couvrir également par un consentement exprès ou tacite l'exception résultant de ce qu'en matière de succession le tribunal de l'ouverture n'a pas été saisi conformément au même article. — V., dans ce sens, Thomine, t. 1er, p. 312; Chauveau sur Carré, t. 2, quest. 724 *bis*.

31. — Il a été jugé par la cour royale de Bordeaux (20 avr. 1831, Lynch c. Saint-Girons) que lorsqu'une demande en partage dirigée contre des mineurs a été portée devant un tribunal autre que celui où la succession s'est ouverte, l'incompétence n'est point couverte par les défenses au fond, et que le tuteur est recevable à proposer cette incompétence en tout état de cause et sur l'appel. — C. civ., art. 822.

32. — Nous croyons que cette décision a tiré une conséquence erronée de ce que, dans l'instance sur laquelle il a été statué, figuraient des mineurs. Cette circonstance ne pouvait changer le caractère de l'incompétence et la rendre absolue alors qu'elle eût été relative si les parties avaient été majeures. — V. Conflans, *Jurispr. des successions*, p. 292; Bioche, vo *Exception*, no 39.

33. — Mais c'est avec raison qu'il a été décidé que l'héritier bénéficiaire, en consentant à plaider sur une demande en paiement d'une dette de la succession devant un autre tribunal que celui de l'ouverture, peut plus tard demander son renvoi devant ce dernier tribunal, lorsqu'il est assigné en reddition de comptes.—*Paris*, 27 nov. 1817, Bouillé c. Auphaut.—L'une des deux circonstances ne peut avoir, sous ce rapport, aucune influence sur l'autre.

34. — Dans le cas de décès d'un cohéritier pendant une instance en partage, si les autres cohéritiers ont conclu devant le même tribunal relativement au partage simultané de la portion afférente au cohéritier décédé, on est non-recevable à demander le renvoi, pour le partage de cette portion, devant le domicile de ce dernier où sa succession est ouverte. — *Bordeaux*, 19 mai 1835, Savy-Binlou c. Durif de Cressac.

35. — Le créancier qui assigne l'héritier devant le tribunal au greffe duquel a été acceptée la succession débitrice, est non-recevable à demander le renvoi à un autre tribunal, lors même que l'héritier aurait avoué à un tiers que le défunt est mort dans un autre ressort. — *Paris*, 9 nov. 1813, Maisonneuve c. Laboisière.

36. — On ne peut demander, sous prétexte d'incompétence *ratione materiæ*, la cassation d'un arrêt qui a retenu la connaissance d'une cause, en matière de succession, malgré la demande en renvoi, pour litispendance, devant le tribunal dans le ressort duquel cette succession était ouverte, si devant la cour royale on n'a invoqué aucun moyen d'incompétence matérielle. — *Cass.*, 27 avr. 1837 (t. 2 1837, p. 198), de la Villedieu c. de Marconnay.

37. — Il y a simplement incompétence personnelle lorsqu'on porte une demande en radiation ou en réduction d'hypothèque devant un tribunal autre que celui dans le ressort duquel l'inscription a été prise. — Pigeau, *Comment.* sur l'art. 170; Bioche, vo *Exception*, no 41.

38. — A part certains cas où la loi attribue aux tribunaux français la connaissance des contestations qui s'élèvent entre deux étrangers, ces tribunaux n'ont qu'une compétence facultative. Quant à ces contestations et lorsque l'étranger défendeur excipe de l'incompétence du tribunal, comme il en a le droit, cette incompétence n'est que relative et elle peut se couvrir par des conclusions au fond. — *Cass.*, 29 mai 1833, Obrié c. Ritter. — V. ÉTRANGER, nos 350 et suiv.

39. — Par la même raison le tribunal français ne peut être contraint de juger lors même que les deux étrangers seraient d'accord pour le saisir de l'affaire. — *Cass.*, 8 avr. 1818, Davet c. Morel.

40. — Il en serait ainsi lors même qu'il s'agirait d'une action en désaveu de paternité.—*Cass.*, 4 sept. 1811, Salis c. N...; — Bioche, vo *Exception*, no 64.

41. — Jugé avec raison que l'incompétence à raison de la qualité d'étranger du défendeur est couverte, si, en appel, elle n'est pas plaidée, bien qu'elle l'ait été en première instance et qu'elle soit reproduite dans l'acte d'appel. — *Cass.*, 5 août 1817, Cavagnari c. Van-Halle.

42. — De même, l'étranger qui a cité en restitu-

tion devant les tribunaux français, le dépositaire de ses marchandises saisies-arrêtées par un Français, ne peut, si, sur l'intervention de celui-ci il a conclu à la nullité de la saisie et exécuté le jugement rendu sur ses conclusions, demander au tribunal d'appel son renvoi devant les juges de sa nation. — *Cass.*, 5 frim. an XIV, Eberstein.

43. — Si l'exception d'incompétence était proposée tardivement par l'étranger, le tribunal aurait le choix ou de retenir l'affaire ou de s'en dessaisir. — *Cass.*, 29 mai 1833, Obrié c. Ritter.

44. — On ne peut se faire un moyen de cassation de ce qu'on a plaidé devant les tribunaux, malgré les termes d'un compromis qui constituait un arbitrage entre les parties, si cette exception n'a été proposée ni en première instance ni en appel. — *Cass.*, 13 juin 1831, Laffite c. Morel. — En pareille circonstance, l'incompétence de la juridiction ordinaire n'est évidemment que relative et non absolue.

45. — Il y a de même incompétence purement relative, lorsqu'une sentence arbitrale a été déposée au greffe d'un tribunal autre que celui de l'endroit où la sentence a été rendue et qu'on procède devant le premier tribunal. — *Montpellier*, 22 juill. 1836, Courech c. Foulquier; — Bioche, vo *Exception*, no 45.

46.—Il a été jugé, avant le Code de procédure, que l'incompétence d'une section de tribunal d'appel, pour statuer sur l'opposition formée à un jugement de défaut rendu par une autre section, était seulement relative et pouvait être couverte par une défense au fond.—*Cass.*, 1er brum. an XII, Léon c. Martin. — Cette décision devrait encore être suivie actuellement.

47. — Lorsqu'une affaire qui n'est pas de nature à être jugée en vacation est portée devant la chambre des vacations, l'incompétence qui en résulte est-elle relative ou absolue? — V. VACATION.

48. — On s'est demandé si l'incompétence des juges de paix au delà du chiffre déterminé par la loi est couverte par la défense des parties.

49. — La cour de Cassation avait décidé cette question par l'affirmative, pourvu que du reste le juge de paix fût compétent à raison de la matière. — *Cass.*, 12 mars 1829, Harriet c. Sullier.

50. — Mais par arrêt du 20 mai 1829 (Soyer c. Hemas) la même cour a jugé au contraire que l'incompétence des juges de paix est absolue et d'ordre public et que les tribunaux doivent la déclarer d'office; que dès-lors doit être cassé le jugement qui confirme une sentence de juge de paix statuant en premier ressort sur une somme excédant 100 francs, encore bien qu'en première instance comme en appel le défendeur ait gardé un silence absolu sur l'incompétence du premier juge.

51. — Il a été décidé que l'incompétence d'un tribunal civil relativement aux travaux dont parle l'art. 674 du C. civ. peut être couverte par le silence des parties et *à fortiori* par leur acquiescement et que le tribunal n'est pas alors obligé de renvoyer d'office devant le juge de paix.—*Orléans*, 14 mars 1840 (t. 1er 1840, p. 457), Martin-Gallais c. Griset-Picard. — Cette cour s'est fondée sur ce que, dans ce cas, l'affaire n'est pas entièrement hors de la juridiction du tribunal. — L. 25 mai 1838, art. 6, no 3.

52. — Mais l'incompétence des tribunaux civils pour connaître des demandes formées par les domestiques contre leurs maîtres en paiement de leurs gages est absolue. Ces contestations ont en effet été attribuées exclusivement à la juridiction des juges de paix par la loi du 24 août 1790, art. 10, tit. 3, et depuis, par la loi du 25 mai 1838, art. 5, no 3.

53. — C'est donc à tort qu'il a été décidé par la cour de Besançon qu'on ne peut, après avoir conclu au fond, exciper de l'incompétence d'un tribunal d'arrondissement pour prononcer sur des difficultés entre les maîtres et domestiques, relativement aux gages de ces derniers, quoique la demande de ces gages soit de la compétence des juges de paix, *ratione materiæ*. — *Besançon*, 16 mai 1816, N...

54. — Il faut remarquer seulement que, sous l'empire de la loi des 16-24 août 1790, l'incompétence des tribunaux civils, dans ce cas, ne pouvait être opposée que par le maître et non par un tiers assigné conjointement avec celui-ci qui ne s'en prévalait pas. — *Douai*, 5 juin 1835, Chery c. Vambecque.

55. — La cour de Cassation a jugé que le fermier actionné en justice de paix par son propriétaire, pour fait de dégradation, s'il s'est laissé condamner à des dommages-intérêts, ne peut, sur l'appel de ce jugement définitif, exciper de l'incompétence du juge de paix, en soutenant que les clauses particulières de son bail l'autorisaient à faire ce qu'on lui reproche. — *Cass.*, 17 mai 1820, Pichaud c. Estienne.

56. — Cet arrêt ne saurait faire jurisprudence.

En effet, le législateur n'a attribué compétence aux juges de paix pour statuer sur les contestations qui s'élèvent entre les propriétaires et les fermiers que lorsque le fond du droit n'est pas contesté, parce qu'alors il ne s'agit que de l'appréciation d'un fait facile à vérifier; mais lorsqu'il s'élève une question d'interprétation d'actes, cette question doit être déférée aux tribunaux ordinaires qui seuls peuvent l'examiner, et dans ce cas l'incompétence du juge de paix est absolue — Lepage, quest. 5, p. 59; Favard, t. 1er p. 209. — V. cependant Merlin, *Rép.*, vo *Juge de paix*, § 16, no 2; Carré, *Compét.*, p. 385, éd. in-4o, no 444.

§ 2. — *Comment se propose l'exception d'incompétence relative et par quels actes elle se couvre.*

57. — Le déclinatoire dont entendent parler les articles 168 et 169 C. procéd. est celui qui est proposé lorsque le tribunal ne peut connaître de l'action, soit parce que cette action étant personnelle le défendeur ne serait pas domicilié dans le ressort de ce tribunal, soit parce qu'étant réelle, l'objet litigieux ne serait pas situé dans ce ressort, soit enfin parce qu'étant mixte le défendeur n'y serait pas domicilié et la chose n'y serait pas située.

58. — De ce que l'art. 168, C. procéd. ne donne en termes exprès qu'à la partie *appelée* devant un tribunal, c'est-à-dire au défendeur, le droit de proposer le déclinatoire, il ne faut pas croire que le demandeur n'ait jamais la même faculté. Les art. 168 et 169 C. procéd. s'appliquent au demandeur comme au défendeur. — *Cass.*, 17 nov. 1830, Viguier c. de Lascases.—V. toutefois *contrà*, *Cass.*, 23 nov. 1825, Mélix c. Jean; *Douai*, 7 mai 1818, Robert c. Dudon.

59. — L'exception d'incompétence doit être proposée avant toutes autres défenses (art. 169, C. procéd.). Il résulte clairement de cette disposition que lorsque le défendeur a fait signifier des conclusions qui touchent au fond de l'affaire, il est déchu du droit de faire valoir l'incompétence du tribunal, lorsque cette incompétence n'est pas matérielle. — *Paris*, 29 sept. 1813, N...; *Florence*, 9 mai 1810, Giovanpaolo c. Petrusco; *Besançon*, 26 mai 1815, N.

60. — La cour de Cassation juge même qu'une partie intervenante est non recevable à opposer l'exception d'incompétence, lorsque le défendeur principal a conclu au fond en déclarant s'en rapporter à justice. — *Cass.*, 4 janv. 1841 (t. 1er 1841, p. 466), Charboneau c. Comp. d'assur. sur la vie.

61. — Mais le défendeur qui a présenté un déclinatoire et s'est borné à s'en rapporter à ce que le tribunal statuera, après avoir conclu toutefois à son renvoi devant ses juges naturels, n'est point censé renoncer au déclinatoire.—*Besançon*, 30 déc. 1819, N...

62. — Des conclusions au fond prises à l'audience, sans avoir été préalablement signifiées et remises au greffier, ne lient pas l'audience; dès-lors, le déclinatoire qui serait ultérieurement proposé serait réputé l'avoir été *in limine litis*.—*Paris*, 6 août 1827, Dumoutier c. Lacoste.

63. — Bien que l'exception d'incompétence doive être proposée avant toutes autres, il paraît résulter de la combinaison des art. 166 et 169, C. procéd., que l'exception relative à la caution à fournir par les étrangers devrait être soulevée avant elle. — V. CAUTION JUDICATUM SOLVI, nos 105 et suiv.

64. — La partie assignée qui aurait fait défaut pourrait, sur l'opposition par elle formée au jugement par défaut, proposer le déclinatoire. Si la requête d'opposition était motivée au fond, c'est par cet acte que l'incompétence devrait être présentée, à peine de déchéance; mais si la requête n'était pas motivée, elle ne pourrait être considérée comme une défense, et le moyen d'incompétence pourrait être soulevé postérieurement. — *Bruxelles*, 23 déc. 1809, Adnit; — Carré, *Lois de la procéd.*, t. 2, quest. 712.

65. — De même, si la partie défaillante en première instance interjetait appel du jugement par défaut, elle pourrait proposer le déclinatoire sur l'appel, à moins que l'acte d'appel lui-même ne fût motivé au fond, ce qui couvrirait l'exception. — *Dijon*, 15 pluv. an XI, Vandrimey c. Lamaillanderie; *Angers*, 11 juin 1824 Simon c. Mayaud; — Bioche, vo *Exception*, no 34; Favard, t. 2, p. 458; Carré et Chauveau, t. 2, quest. 712 et 739 *bis*, no 7; Pigeau, *Comm.*, t. 1er, p. 381; — V. cependant *Aix*, 15 janv. 1825, Petit c. Figuière.

66. — Mais c'est à tort qu'il a été décidé, par la cour de Douai, qu'une exception d'incompétence, à raison de la personne, peut être proposée à l'audience, tant que la défense au fond n'a pas été commencée devant le tribunal, bien qu'on ait déjà conclu au fond dans l'exploit d'opposition à un jugement par défaut. — *Douai*, 26 fév. 1835, Féron c. Jobserghe.

67. — Si le jugement avait été rendu par défaut, faute de plaider, mais après un écrit de défense signifié par le défaillant, ce dernier serait déchu du droit de soulever le déclinatoire en formant opposition au jugement. — Carré et Chauveau, t. 2, quest. 713.

68. — La partie qui a conclu à ce qu'un jugement par défaut soit cassé et annulé, a renoncé par là à proposer un moyen d'incompétence personnelle. — *Bordeaux*, 1er août 1831, Gellineau c. David.

69. — La partie condamnée par défaut aurait-elle le droit de proposer le déclinatoire en appel, si, en première instance, elle avait formé opposition au jugement par défaut, et si son opposition avait été déclarée non recevable, faute d'avoir été réitérée par une requête? Cette question doit se résoudre par une distinction. Si le défaillant, dans son opposition, a conclu au fond, l'acte, malgré son irrégularité, s'oppose à toutes conclusions en incompétence. Il en est autrement s'il a déclaré, au contraire, purement et simplement, s'opposer au jugement rendu contre lui, sans fournir aucun moyen à l'appui de cette opposition. — Chauveau sur Carré, t. 2, quest. 739 *bis*, no 7.

70. — Jugé qu'une exception d'incompétence n'est point couverte par un exploit d'opposition, dans lequel on aurait donné comme moyen d'opposition la nullité de l'exploit introductif d'instance, si d'ailleurs, dans les conclusions de cet exploit, on s'est borné à conclure au renvoi devant des juges compétens. — *Rennes*, 7 janv. 1822, Drouadaine c. Davanceaux.

71. — L'incompétence personnelle ne peut être proposée pour la première fois sur l'appel interjeté du jugement qui a statué sur le fond, lorsque ce moyen n'a pas été soulevé en première instance. — *Bordeaux*, 9 mars 1809, Godefroy c. Gasquet; *Bruxelles*, 20 sept. 1822, Downes c. Lenoir; *Rennes*, 13 août 1834, Fontmoing c. Poupelard; *Paris*, 19 déc. 1837 (t. 2 1837, p. 568), de Beauvais Blanchard c. Miller et Manem; *Toulouse*, 24 nov. 1843 (t. 1er 1845, p. 387), Persègues c. Lauzerais.

72. — La partie qui, après le rejet du déclinatoire par elle proposé en première instance, défendrait au fond sans faire aucune réserve d'appeler du jugement sur la compétence, devrait être considérée comme ayant acquiescé à ce jugement, et elle ne pourrait le frapper d'appel. — *Angers*, 30 nov. 1842 (t. 2 1842, p. 751), Leboucher c. Delaperraudière et Kersabiec; — Carré et Chauveau, t. 2, quest. 710.

73. — La cour suprême jugeait aussi, avant le Code de procédure, que le fait de s'être défendu au fond, après avoir interjeté appel du jugement qui a rejeté le déclinatoire, est à la fois un acquiescement au jugement attaqué et une fin de non-recevoir contre l'appel. — *Cass.*, 13 flor. an IX, Paris c. Gallion. — V. aussi dans ce sens *Metz*, 12 mai 1818, Lacombe c. Faure.

74. — Cette doctrine doit encore être suivie aujourd'hui. — V. EXCEPTION, no 85 et suiv.

75. — Jugé cependant que lorsqu'après un déclinatoire dont elle est déboutée, la partie plaide au fond, sous toutes réserves et protestations, cette plaidoirie ne la rend pas non-recevable dans l'appel qu'elle interjette ensuite comme de juge incompétent. — *Rennes*, 22 août 1810, associés du navire l'*Heureux-Espoir*. — V. *contrà Metz*, 4 août 1811, Coutarier; *Lyon*, 20 juin 1825, Révet c. Blanc.

76. — Mais la simple demande d'un sursis pour plaider au fond n'emporte pas acquiescement au jugement qui rejette le déclinatoire. — Arg. *Cass.*, 17 déc. 1823, Dosfant c. Larigaudie; *Bruxelles*, 25 mars 1808, Nustach c. Cardon.

77. — Il est permis au demandeur de contester la profession du défendeur, du moins quant à la compétence, encore bien que dans l'exploit d'action cette profession ait été indiquée par le demandeur lui-même. C'est une erreur de fait contre laquelle on peut revenir. — *Rouen*, 22 mai 1829, Baudelocque c. Devergez.

78. — D'après la cour royale de Caen, de ce que l'art. 169, proc. civ., veut que les moyens d'incompétence soient proposés préalablement à toutes autres exceptions et défenses, il n'en résulte pas qu'une partie se rende non recevable à faire prévaloir une exception de cette nature par cela seul qu'elle l'a proposée cumulativement avec un moyen de nullité d'exploit dans le même acte de conclusions. — Seulement elle pourrait être condamnée au surcroît de frais que la présentation prématurée du moyen de nullité aurait occasionné. — *Caen*, 18 nov. 1845 (t. 1er 1846, p. 468), Véron c. Jouis.

79. — Mais en demandant, avant tout, la nullité de l'assignation, le défendeur couvrirait certainement le moyen d'incompétence relative, car il provoquerait par là le juge à faire acte de juridiction. — *Cass.*, 14 oct. 1806, Seytre c. Navaille; *Paris*, 18 nov. 1811, Dautent c. Périac. — Bioche, vo *Exception*, no 54.

80. — Il résulte de la combinaison des art. 169 et 188, C. procéd., que la demande en communication des pièces *signifiées* au défendeur ou *employées* contre lui entraîne pour celui-ci déchéance du déclinatoire d'incompétence, car une pareille demande est une véritable exception.

81. — On devrait décider de même pour le cas où le défendeur demanderait communication de pièces appartenant à la question du fond de l'affaire, lors même que ces pièces n'auraient pas été signifiées ou que le demandeur n'aurait pas voulu les employer. Une pareille demande est aussi une exception dans le sens de l'art. 169. — Carré sur cet article, quest. 718; Chauveau, question 739 bis.

82. — Boncenne (t. 3, p. 217) pense que le moyen d'incompétence est couvert lorsque la partie défenderesse a mis un garant en cause ou demandé un délai pour l'appeler. — Nous croyons avec MM. Carré et Chauveau (t. 2, quest. 719 et 739 bis, § 18, no 8) que cette opinion est trop absolue et qu'il y a lieu de faire une distinction. Si le défendeur avait demandé à mettre un tiers en cause pour que les conclusions du demandeur fussent discutées avec lui, ou s'il avait notifié au demandeur l'appel en cause du garant purement et simplement, on pourrait lui opposer, si plus tard il présentait une exception d'incompétence; qu'il a déjà notifié un acte de défense. Si le défendeur, au contraire, s'est contenté de mettre un garant en cause dans les délais de l'art. 173, et que, par l'acte de dénonciation au demandeur de la mise en cause, il oppose le déclinatoire ou qu'il en fasse réserve, il n'y aura pas de déchéance encourue. Le garanti a pu vouloir en effet que le garant figurât au procès pour soutenir le déclinatoire lui-même concurremment avec lui. — Bioche, vo *Exception*, no 55.

83. — La cour de Toulouse a jugé, mais d'une manière trop absolue, que l'exception d'incompétence ne peut plus être proposée par le défendeur qui, avant de demander son renvoi, appelle en garantie un tiers contre lequel il obtient un jugement par défaut profit-joint; qu'il n'y a pas en ce cas lieu à distinguer entre la garantie simple et la garantie formelle. — *Toulouse*, 29 avr. 1822, Finiels c. Idrac.

84. — Dans tous les cas, le garant serait bien fondé à opposer de son chef l'incompétence du juge. — *Cass.*, 5 oct. 1808, Dhervas c. Maystre; 17 juin 1817, Juillon c. Mineur.

85. — Il a été décidé sous l'empire de l'ordonnance de 1667 que la partie assignée en reconnaissance d'une délégation ne peut proposer un déclinatoire après avoir demandé et obtenu la mise en cause d'un tiers qui a fait opposition entre ses mains. — *Cass.*, 7 prair. an XIII, Foulon-Descotiers c. Deblois.

86. — La constitution d'un avoué, même sans protestation ni réserves, ne doit pas être considérée comme emportant renonciation au déclinatoire. Cet acte est nécessairement préalable à toute procédure, et il est indispensable pour que le défendeur puisse se présenter devant le tribunal et y exposer ses moyens quels qu'ils soient. Il n'est donc pas, par lui-même, une défense. — Carré et Chauveau, t. 2, quest. 716 et 739 bis, no 8; Duparc, Poullain, *Principes de droit*, t. 9, p. 47, no 3.

87. — Il en est autrement de la déclaration qu'on veut s'inscrire en faux contre le titre sur lequel le demandeur fonde ses prétentions. — *Paris*, 28 fév. 1812, Bistolli c. Periulli.

88. — ... Ou d'une demande en sursis. — Bioche, vo *Exception*, no 59.

89. — L'art. 169 ne s'explique pas sur le cas où les deux exceptions d'incompétence *ratione materiæ* et *ratione personæ* seraient proposées successivement devant le même juge. Les fins de non-recevoir ne pouvant se suppléer, on doit décider que la seconde de ces deux exceptions ne saurait être couverte par la présentation de la première. — Chauveau sur Carré, t. 2, quest. 710 *bis*.

90. — En conséquence, lorsqu'un jugement rendu par le tribunal du domicile de quelques-uns seulement des défendeurs a rejeté un moyen d'incompétence *ratione materiæ* proposé par tous, et a, par conséquent, ordonné qu'il serait plaidé au fond, si plus tard un des défendeurs est assigné seul en reprise d'instance devant ce tribunal, dans le ressort duquel il n'est pas domicilié, ce défendeur doit, nonobstant le premier jugement, obtenir son renvoi devant les juges de son domicile. — *Paris*, 3 juill. 1838 (t. 2 1838, p. 84), Dupontavice c. Latour d'Auvergne-Lauraguais.

91. — Lorsqu'en proposant un déclinatoire on a présenté subsidiairement une autre exception, on ne peut plus appeler du jugement qui rejette le déclinatoire, car proposer l'exception ultérieure, c'est consentir, dans le cas de rejet du déclinatoire, à plaider sur l'exception suivante.

92. — A bien plus forte raison, en est-il de même si l'on a conclu subsidiairement sur le fond. — *Bruxelles*, 23 mai 1807, Vanbuchen c. Vandennien-Wenhylen.

93. — La reconnaissance de la compétence d'un tribunal par un des défendeurs est opposable aux autres défendeurs, s'ils sont ses codébiteurs solidaires. — Bioche, vo *Exception*, no 61; Chauveau sur Carré, quest. 168, note.

94. — Le déclinatoire doit toujours être proposé devant le tribunal saisi de la demande. — Lorsque le défendeur ne considère pas le tribunal devant lequel il est appelé comme compétent, il ne peut, au lieu de comparaître et de demander son renvoi devant le tribunal qu'il prétend devoir connaître de la contestation, s'adresser directement à ce dernier tribunal pour la faire évoquer. — *Cass.*, 7 juin 1810, Barberini c. Tornani; — Bioche, vo *Exception*, no 71; Carré et Chauveau, t. 2, quest. 711; Favard, t. 2, p. 458; Merlin, t. 3, p. 348.

95. — Du reste, le défendeur qui décline, pour cause d'incompétence, la juridiction devant laquelle il est traduit, indique suffisamment le tribunal compétent devant lequel il demande son renvoi, en invoquant la maxime *actor sequitur forum rei*. — *Cass.*, 4 mars 1818, Cassabois c. Wyvekens et Mercier.

96. — Lorsqu'un jugement d'incompétence a été rendu par le tribunal devant lequel l'action a été primitivement portée, et qu'ensuite on veut saisir le tribunal compétent pour connaître de l'affaire, il faut incontestablement signifier un exploit d'ajournement devant ce dernier tribunal. — Carré et Chauveau, t. 2, quest. 720; Lepage, *Quest.*, p. 134.

97. — Un tribunal même compétent pourrait être dessaisi par les parties à moins que l'affaire ne fût en état. Dans ce dernier cas, le tribunal pourrait retenir l'affaire et la juger, même malgré la volonté des parties, à moins qu'un désistement ne fût signifié par le demandeur. — Chauveau sur Carré, t. 2, quest. 721 *bis*.

98. — MM. Carré et Chauveau (t. 2, quest. 715) pensent avec raison que le défendeur qui se serait dit dans plusieurs actes domicilié dans le ressort du tribunal serait par cela même non-recevable à proposer le déclinatoire d'incompétence. — V. aussi Bioche, vo *Exception*, no 67.

99. — Mais le défendeur qui cité en conciliation devant le juge de paix comme ayant son domicile dans l'arrondissement du bureau de paix, n'opposerait pas l'incompétence *ratione personæ*, ne perdrait pas pour cela le droit de le faire ensuite devant le tribunal de première instance dans le ressort duquel la justice de paix se trouverait placée. — *Rennes*, 9 fév. 1813, Deloz c. Guorn; — Thomine-Desmazures, t. 1er, p. 320; Carré et Chauveau, t. 2, quest. 714; Favard, t. 2, p. 458.

100. — La cour d'Orléans a cependant décidé que la partie qui comparaît volontairement sur une citation à elle donnée au bureau de paix ne peut plus décliner la compétence du tribunal de première instance, en alléguant qu'elle n'est pas domiciliée dans l'arrondissement de ce tribunal, lorsque l'instance n'est que la suite de la première décision du juge de paix. — *Orléans*, 24 janv. 1817, N...

101. — Il suffit qu'un tuteur assigné en destitution devant un juge de paix autre que celui du domicile du mineur, n'ait pas opposé l'incompétence du tribunal, pour qu'il soit non-recevable à l'opposer en appel. — *Cass.*, 17 fév. 1835, Pelleport c. Courtiade.

102. — On s'est demandé si, lorsque l'exception d'incompétence *ratione personæ* est couverte par le silence gardé par le défendeur, le tribunal saisi peut cependant refuser de statuer.

103. — Le doute vient de ce que cette espèce d'incompétence paraissant fondée exclusivement sur l'intérêt privé, les parties doivent être les premiers juges de ce que leur commande leur intérêt, et que, dès-lors, lorsqu'elles s'accordent pour considérer comme compétent sous tous les rapports un tribunal civil qui l'est du reste à raison de la matière, on peut contester à ce tribunal le droit de se dessaisir contrairement à leur commune volonté.

104. — Mais les auteurs sont unanimes pour reconnaître au contraire que, dans cette hypothèse, le tribunal peut se déclarer d'office incompétent. — Favard, t. 2, p. 459; Thomine, t. 1er, p. 320; Pigeau, *Comment.*, t. 1er, p. 383; Carré et Chauveau, t. 2, quest. 721; Boitard, t. 2, p. 22; Boncenne, t. 3, p. 251; Bioche, vo *Exception*, no 72.

105. — En se prononçant dans ce sens, la doctrine pose en principe que les tribunaux ne doivent statuer d'une manière nécessaire que sur les contestations qui appartiennent spécialement à leur compétence, quelles que soient, du reste, les intentions manifestées par les parties plaidantes, et elle considère cette règle comme étant d'ordre public.

106. — Ainsi, lorsqu'un tribunal est incompétent, à raison du domicile du défendeur ou pour d'autres causes ne tenant pas à la nature même de l'affaire, il ne peut être contraint de juger la contestation, lors même que les deux parties seraient d'accord pour la lui déférer. — *Rennes*, 22 mars 1838 (t. 2 1838, p. 632), Walmard c. Derrieu. — Mêmes autorités.

§ 3. — *De l'exception d'incompétence absolue.*

107. — Le principe, écrit dans l'art. 170 du Code de proc. et d'après lequel l'incompétence absolue peut être opposée en tout état de cause, même prononcée d'office, a reçu, dans la jurisprudence, de nombreuses applications. — V. *Cass.*, 7 mars 1822, Haudard; 25 mars 1828, Delaporte c. Taniel et Desurmont; *Rouen*, 19 juill. 1839 (t. 2 1839, p. 519), Mulot c. Guéroult.

108. — Cette incompétence ne saurait être couverte par le silence des parties : car elle est d'ordre public. — Mêmes arrêts.

109. — Elle est applicable après un jugement de défaut profit-joint. — *Pau*, 17 juin 1828, Soulabère c. d'Abbadie.

110. — Même après la mise à exécution d'un jugement interlocutoire, la partie intéressée peut proposer le déclinatoire. — *Limoges*, 30 janv. 1822, Lemaigre c. Guyonnet; 21 nov. 1835, Tailly c. Papon; — Bioche, v° *Exception*, n° 82; — ... ou d'un jugement préparatoire. — *Metz*, 18 juin 1812, Broch c. Munier.

111. — On peut décliner la compétence du tribunal pour la première fois en appel. — *Cass.*, 28 juin 1825, Guibat et Soulot c. Chaneau.

112. — ... Même devant la cour de Cassation. — *Cass.*, 26 nov. 1810, Pont-Chapelle c. Octroi d'Argentan; 3 janv. 1829, Douanes c. Cachot; — Berriat Saint-Prix, p. 224; Carré et Chauveau, t. 2, quest. 722.

113. — Mais on n'est plus recevable à reproduire l'exception d'incompétence, même matérielle, lorsqu'on a exécuté volontairement le jugement portant rejet de cette exception. — *Bordeaux*, 14 avril 1840 (t. 2, 1840, p. 152), Bouche c. Dore.

114. — L'exception d'incompétence *ratione materiæ* peut être soulevée par le demandeur lui-même. Dans ce cas, les conclusions d'incompétence équivalent à un désistement signifié. D'ailleurs, si le tribunal reconnaît son incompétence, il doit se dessaisir spontanément.

115. — Lorsque le tribunal se déclare d'office incompétent, la partie qui aurait eu intérêt à exciper du déclinatoire et qui ne l'a pas opposé, doit-elle être condamnée aux dépens? — Carré sur l'art. 170, quest. 725, résout cette question par l'affirmative, en se fondant sur ce que, si le moyen d'incompétence avait été soulevé, la procédure aurait été arrêtée dès l'origine.

116. — MM. Chauveau (même question), et Thomine (t. 1er, p. 321) pensent, au contraire, que les dépens doivent être supportés par celui qui perd son procès. — Tel est aussi notre avis. On peut assimiler ce cas à celui d'un défendeur qui refuse de comparaître sur l'assignation qui lui est délivrée, et qui cependant ne paie pas les frais du jugement par défaut, si son adversaire succombe sur l'opposition.

117. — Si la demande se composait de plusieurs chefs distincts, et que quelques-uns de ces chefs seulement fussent de la compétence du tribunal, le renvoi ne devrait être ordonné que pour les autres chefs de contestation. — Thomine, *loc. cit.*

118. — Quant au jugement de l'exception d'incompétence en matière civile et à la manière dont le tribunal doit statuer, V. EXCEPTION, nos 43 et suiv.

Sect. 3e. — *De l'exception d'incompétence devant les tribunaux de commerce.*

119. — Aux termes de l'art. 424 du C. de proc., si le tribunal de commerce est incompétent, à raison de la matière, il renvoie les parties, encore que le déclinatoire n'ait pas été proposé. Le déclinatoire pour toute autre cause ne peut être proposé que préalablement à toute autre défense.

120. — Néanmoins la cour suprême a décidé, en matière commerciale, qu'un tribunal compétent *ratione materiæ* peut refuser de juger les parties qui ne sont pas ses justiciables, quoiqu'elles consentent à plaider devant lui. — *Cass.*, 11 mars 1807, Bégué c. Aubagès; — Merlin, v° *Prorogation de juridiction*, Berriat, p. 36; Pigeau, t. 1er, p, 3887; Pardessus, *Cours de droit comm.*, 1re édit., n° 1370. — V. d'ailleurs *suprà* nos 22 et suiv.

121. — L'art. 425 ajoute : « Le même jugement pourra, en rejetant le déclinatoire, statuer sur le fond, mais par deux dispositions distinctes, l'une sur la compétence, l'autre sur le fond; les dispositions sur la compétence pourront toujours être attaquées par la voie de l'appel. »

122. — La disposition du premier de ces deux articles n'est que l'application à la juridiction des tribunaux de commerce de la distinction précédemment examinée entre l'incompétence absolue et l'incompétence relative.

123. — Ainsi, en matière commerciale, comme devant les tribunaux civils, l'exception d'incompétence matérielle peut être proposée pour la première fois en appel et bien qu'on ait défendu au fond en première instance. — *Bruxelles*, 18 mai 1808, Questroy c. Barrens; *Toulouse*, 6 juin 1826, Rebusat c. Escudié; *Aix*, 6 août 1829, Montanare c. Julien.

124. — ... Et le tribunal de commerce doit se dessaisir spontanément, si l'exception n'est pas proposée. — Néanmoins il y a exception en matière de billets à ordre et de lettres de change imparfaites. Lors même que ces actes n'expriment pas une cause commerciale ou qu'il n'existe pas de commerçans parmi les défendeurs, le tribunal n'est tenu d'ordonner le renvoi que s'il en est requis. — C. comm., art. 636. — V. COMPÉTENCE COMMERCIALE, nos 335 et suiv.

125. — Par suite, en pareil cas, on ne peut en appel exciper de l'incompétence du tribunal de commerce, lorsqu'on ne l'a pas opposée en première instance. — *Bordeaux*, 9 mars 1809, Godefroy c. Gasquet. — Carré, *Compét.*, t. 7, n° 526, éd. de Foucher; Delvincourt, *Droit comm.*, 2e éd., t. 2, p. 490; Pardessus, 1re éd., t. 4, p. 56.

126. — Jugé, dans ce sens, que l'incompétence relativement à un billet à ordre doit être proposée *in limine litis*; que si elle est rejetée et qu'ensuite on plaide au fond, il y a acquiescement au jugement qui la rejette. — *Riom*, 27 août 1814, Laporte c. Favier et autres; *Trèves*, 3 août 1808, Vandervelde c. Ziégler.

127 — ... Que si un défendeur assigné devant le tribunal de commerce en paiement de lettres de change souscrites par lui, se bornait à demander des délais et par suite était condamné à en payer le montant, il ne pourrait, sur l'appel, demander son renvoi aux tribunaux ordinaires, sous prétexte que ces lettres de change contiendraient supposition de lieu. — *Rouen*, 11 fév. 1823, Grand-Devaux c Moutier.

128. — Sous l'empire de l'ordonnance de 1673, l'incompétence des tribunaux de commerce en matière de contestations sociales était personnelle et devait être proposée *in limine litis*. — *Cass.*, 14 juin 1815, Amit et Ronus c. Dubrocq.

129. — Il n'en est plus ainsi maintenant. L'art. 51 du C. comm. porte : « Toute contestation entre associés, et pour raison de la société, sera jugée par des arbitres. » — Les termes impératifs de cette disposition ne permettent pas de douter que l'incompétence du tribunal de commerce pour statuer sur de semblables contestations ne soit absolue; aussi cette incompétence peut-elle être proposée en tout état de cause. Néanmoins, M. Chauveau sur Carré (t. 2, quest. 724) estime que lorsque la contestation a été jugée par la cour royale on ne pourrait proposer pour la première fois la nullité devant la cour de Cassation, la cour royale ayant juridiction entière et complète sur les parties. — V. COMPÉTENCE COMMERCIALE, nos 657 et suiv.

130. — Une cour royale peut, d'office, se déclarer incompétente et renvoyer devant les arbitres, lorsqu'elle reconnaît, dans un contrat, une société commerciale en participation. — *Cass.*, 21 fév., 1831, Pittié c. Dubois.

131. — Un moyen d'incompétence à raison du domicile, proposé par une partie qui demandait en même temps le renvoi devant arbitre, en vertu d'une clause compromissoire, peut être repoussé, comme conséquence de l'annulation de cette clause, sans qu'il y ait de ce chef ouverture à cassation, si dans les termes où il avait été présenté il se rattachait nécessairement à la compétence du tribunal arbitral. — *Cass.*, 21 fév. 1844 (t. 1er 1844, p. 596), comp. du Soleil c. Lorento.

132. — Si l'incompétence était soulevée comme moyen spécial séparé de la question arbitrale et fondé simplement sur la question de domicile, elle constituerait un moyen nouveau qui ne pourrait être présentée pour la première fois devant la cour de Cassation. — Même arrêt.

133. — Jugé en matière d'assurance que, bien que la police porte que des arbitres devront prononcer sur toutes contestations entre l'assureur et l'assuré, le tribunal de commerce est néanmoins compétent, si l'une des parties n'a demandé son renvoi qu'après l'avoir saisi. — *Rennes*, 7 mars 1835, Bonfils c. Hervé. — V. d'ailleurs ARBITRAGE, nos 158 et suiv.

134. — L'exception d'incompétence qu'un marchand fait résulter de ce que les objets achetés par lui l'ont été pour son usage particulier est un moyen d'incompétence, à raison de la matière, proposable en tout état de cause. — *Bordeaux*, 13 juill. 1841 (t. 2 1841, p. 641), Pénicaud c. Taffard.

135. — A la différence de ce qui a lieu en matière civile, en matière de commerce, les conclusions tendantes au renvoi pour incompétence relative du tribunal peuvent être accompagnées de conclusions subsidiaires au fond. La raison en est que les tribunaux de commerce peuvent statuer sur le déclinatoire et sur le fond par un seul et même jugement, ce qui est interdit aux tribunaux civils. — *Montpellier*, 22 janv 1811, Gayraud et Bouillon c. Duperrin.

136. — Par les mêmes motifs, il n'y aurait pas déchéance du droit de proposer en appel un déclinatoire déjà proposé en première instance, lors même qu'on aurait plaidé au fond après le rejet du moyen d'incompétence, si les juges de commerce avaient ordonné de plaider immédiatement au fond. — *Poitiers*, 20 mai 1829, Jacquant c. Turreau; Orillard, *Compét. comm.*, p. 30; Boitard, *Leçons sur la procéd. civ.*, t. 1er, p. 506; Thomine, t. 1er, p. 618; Carré sur l'art. 425, quest. 1519; Nouguier, *Lettres de change*, t. 3, p. 48.

137. — On pourrait cependant, selon les circonstances, considérer une pareille manière de procéder comme un acquiescement au jugement sur la compétence, surtout s'il avait été plaidé sur le fond sans protestation ni réserve. — *Amiens*, 8 mai 1821, Roques c. Longueville; *Metz*, 13 mars 1840 (t. 1er 1840, p. 734), Brion c. Percebois et Demaison; — Goujet et Merger, *Dict. dr. comm.*, v° *Procédure*, n° 80.

138. — C'est ainsi qu'il a été jugé que l'appel ne serait pas recevable si les plaidoiries avaient eu lieu sans protestation à une audience ultérieure à laquelle le tribunal les aurait renvoyées. — *Agen*, 28 mai 1811, Ollier c. Balguerie; *Poitiers*, 6 fév. 1819, Jacquault-Bouret c. Turreau et Langlois; 9 juin 1829, Rivaille c. Lécluse.

139. — ... Et que la demande d'un délai pour plaider au fond emportait déchéance de l'appel du jugement sur la compétence. — *Amiens*, 27 mars 1822, Rogier c. Mallard; 22 janv. 1839 (t. 1er 1840, p. 639), Villaret-Herbet c. Poiret.

140. — Mais il ne saurait y avoir de déchéance de l'appel si le défendeur n'a plaidé au fond que sous la réserve de cet appel. — *Bordeaux*, 4 avr. 1842 (t. 2 1842, p. 138), Normand c. Sulzerts-Wart.

141. — Jugé que la partie qui a exécuté un premier jugement du tribunal de commerce portant renvoi de l'affaire devant un arbitre rapporteur, n'est plus recevable, ce jugement ayant acquis l'autorité de la chose jugée, à opposer l'incompétence lors du jugement définitif. — *Colmar*, 13 janv. 1845 (t. 2 1845, p. 735), Jacob c. Jenny.

142. — Décidé même que lorsqu'un individu en assigne un autre devant le tribunal de commerce, il se rend non-recevable à proposer devant la cour l'incompétence du tribunal devant lequel il a volontairement procédé. — *Lyon*, 5 fév, 1846 (t. 2 1846, p. 634), Laroze-Bonnet c. Pellier.

143. — ... Que celui qui a pris une fois la qualité de commerçant ne peut, après le jugement, décliner cette qualité et demander son renvoi en appel. — *Paris*, 11 germin. an XI, Corbeau c. Cratel; *Bourges*, 23 déc. 1832, Lafont c. Dessoux. — V. Bioche, n° 37; Boitard, t. 2, p. 23.

144. — ... Que lorsqu'un individu non négociant est qualifié commerçant dans tous les actes de la procédure, sans réclamation de sa part, il ne peut pas proposer, comme moyen de cassation, l'incompétence de la juridiction commerciale fondée sur sa qualité de non négociant. — *Cass.*, 7 mars 1821, Perret c. Moreau.

145. — Comme nous l'avons vu, les tribunaux de commerce doivent statuer sur la compétence et sur le fond par deux dispositions distinctes. Cette prescription serait enfreinte si le jugement sur la compétence était, à cause de la nature particulière du litige, le jugement de l'action elle-même. Ainsi, disent MM. Goujet et Merger (v° PROCÉDURE, n° 88), une partie assignée en qualité d'associé devant le tribunal du domicile de la prétendue société dont on veut prouver l'existence est fondée à réclamer son renvoi devant les juges de son domicile, si elle dénie la qualité qui lui est attribuée. — V., du reste, EXCEPTION, nos 79 et suiv.

INCOMPÉTENCE (Exception d') (Matière criminelle.)

1. — On s'est demandé si devant les tribunaux criminels, comme devant les tribunaux civils ou de commerce, il y avait lieu de distinguer entre une incompétence absolue et une incompétence relative.

2. — L'art. 408, C. inst. crim., employant en effet une formule générale, porte que, dans le cas d'incompétence en matière criminelle, il y a lieu d'annuler l'arrêt. L'art. 413 du même Code contient une disposition semblable pour les matières correctionnelles et de police.

3. — Merlin (*Quest.*, v° *Incompétence*, § 1er, art. 3, n° 4), examinant l'art. 456 du Code de brum. an IV, dont la disposition était analogue à celle de l'art. 408, émet l'avis que ce Code soumettait à la cassation les jugemens rendus au mépris des règles de compétence établies par la loi, sans aucune distinction entre l'incompétence *ratione loci* et l'incompétence *ratione materiæ*.

4. — Carnot (*Inst. crim.* sur l'art. 408, n° 8) pense, au contraire, que cet article ne s'occupe que de l'incompétence absolue et que l'incompétence *ratione personæ et loci* purement relative peut être couverte par le silence des parties.

5. — Par arrêt du 3 mai 1811, la cour de Cassation avait jugé que l'incompétence d'un tribunal de simple police, tirée de ce qu'il n'est pas celui dans le ressort duquel la contravention a eu lieu, n'est pas absolue et peut être couverte par le consentement des parties à plaider devant ce tribunal. — *Cass.*, 3 mai 1811; Degrasse c. Thuillier.

6. — Mais cette cour, changeant sa jurisprudence, a décidé depuis que la distinction admise en matière civile entre l'incompétence à raison de la matière, qui peut être proposée en tout état de cause, et l'incompétence à raison du lieu, qui doit être proposée avant toute exception ou défense, n'est pas applicable en matière criminelle; qu'en conséquence l'individu condamné par un tribunal correctionnel qui n'est ni celui du lieu du délit, ni celui de la résidence du prévenu, ni celui du lieu où il a pu être trouvé, est recevable à proposer, pour la première fois, en cause d'appel, l'exception d'incompétence. — *Cass.*, 13 mai 1826, Drocourt c. Dècle.

7. — La cour s'est déterminée dans ce sens par cette considération que si, en matière civile, la loi distingue entre l'incompétence à raison de la matière et l'incompétence à raison du lieu, et que si celle-ci doit être proposée préalablement à toute exception ou défense, tandis que l'autre peut l'être en tout état de cause et ne peut être couverte par l'adhésion des parties, c'est parce que les parties peuvent renoncer à l'attribution spéciale faite à certains tribunaux dans leur intérêt privé, plutôt que dans l'intérêt public; mais qu'il en est autrement en matière criminelle, et qu'en cette matière tout ce qu'ordonne la loi est prescrit dans un intérêt public, puisque tout ce qui touche à l'honneur, la liberté et la sûreté des citoyens, intéresse le public.

8. — Pour le développement et le complément des observations qui précèdent, V. COMPÉTENCE CRIMINELLE, nos 147 et suiv.

9. — Lorsque, en matière correctionnelle, une partie oppose une exception d'incompétence, l'incident ne peut pas être joint au fond, sauf au tribunal à ordonner un supplément d'instruction sur cette exception avant de passer à l'examen du fond. — *Cass.*, 25 juin 1825, Dècle.

10. — En effet, le premier devoir des juges est de statuer sur leur compétence, car ils seraient sans pouvoir et sans juridiction, s'ils étaient sans compétence. Nous avons vu que le même principe était consacré en matière civile par l'art. 172, C. procéd. — Carnot, *Inst. crim.* sur l'art. 69; *Observ. add.*, n° 2.

11. — Mais le prévenu qui n'a pas élevé formellement la question d'incompétence devant le tribunal correctionnel, qui n'a proposé en cour d'appel l'incompétence des premiers juges qu'après un arrêt ordonnant l'apport de certaines pièces sur la réquisition du ministère public, et qui ne s'est opposé ni au fond du réquisitoire, ni à ce qu'il y fût fait droit avant le jugement de la compétence, est non recevable à tirer une ouverture à cassation de ce que l'apport des pièces ordonné aurait été effectué avant le jugement de la compétence. — *Cass.*, 19 mars 1825, Jean Roumage c. Banès.

12. — Il y aurait nullité radicale de l'instruction qui aurait été faite par un juge autre que celui auquel l'art. 69, C. inst. crim., attribue compétence.

13. — D'après l'art. 539, C. inst. crim., lorsque le prévenu ou l'accusé, l'officier chargé du ministère public ou la partie civile, a excipé de l'incompétence d'un tribunal de première instance ou d'un juge d'instruction, ou proposé un déclinatoire, soit que l'exception ait été admise ou rejetée, il n'y a pas lieu de se pourvoir par voie de réglement de juges. On peut seulement se pourvoir devant la cour royale contre la décision portée par le tribunal de première instance ou le juge d'instruction, ou se pourvoir en cassation, s'il y a lieu, contre l'arrêt rendu par la cour royale.

14. — Lorsqu'une décision rendue en matière criminelle est viciée par incompétence de la cour ou du tribunal de qui elle émane, il y a lieu à cassation, et la cour suprême doit renvoyer l'affaire devant une cour ou un tribunal de même qualité que celui qui a rendu l'arrêt ou le jugement annulé. — C. inst. crim., art. 427 et 429.

15. — Aux termes de l'art. 192, C. inst. crim., l'un de ceux qui s'occupent de régler la compétence des tribunaux correctionnels, si le fait n'est qu'une contravention de police, et si la partie publique ou la partie civile ne demande pas le renvoi, le tribunal doit appliquer la peine et statuer, s'il y a lieu, sur les dommages-intérêts.

16. — On s'est demandé si, dans ce cas, le renvoi pouvait être réclamé par le prévenu.

17. — Legraverend (*Inst. crim.*, sur le même article) est d'avis que le silence du législateur doit être considéré comme une omission qui laisse au tribunal correctionnel la faculté soit d'accueillir le déclinatoire, soit de le repousser sans que le jugement puisse être annulé.

18. — Carnot (sur cet article) avoue qu'il ne voit pas de motif pour refuser au prévenu un droit qui est donné à la partie poursuivante; il estime que le législateur a eu sans doute de bonnes raisons, que les juges ne peuvent scruter sa pensée, et qu'ils doivent statuer s'ils ne sont pas incompétens *ratione materiæ*.

19. — Favard (*Rép.*, v° *Jugement*) pense qu'on ne peut priver le prévenu, contre son gré, du bénéfice des deux degrés de juridiction, et que, dès lors, il faut suppléer au silence de la loi et lui accorder le droit de demander le renvoi.

20. — Nous croyons avec M. Morin (*Dict. de droit crim.*, v° *Compétence*) qu'il résulte du rapprochement de l'art. 192 et des articles qui le précèdent et qui le suivent que cette disposition n'a en vue que le cas où le fait, modifié par les débats, n'est plus un délit comme le supposait la poursuite, et dégénère en simple contravention de police, et que, dans cette hypothèse, la loi, prévoyant que le prévenu ne manquerait pas de décliner, s'il le pouvait, la compétence du tribunal, pour retarder une condamnation imminente, n'a pas voulu lui accorder cette faculté.

21. — Si cependant le prévenu soutenait dès le principe, et avant tout débat, que le fait a été mal qualifié par la citation, et qu'en réalité il constitue, non un délit, mais une contravention de police, il semble que son déclinatoire devrait être accueilli, car le juge doit, avant tout, vérifier sa compétence lorsqu'elle est contestée. — *Cass.*, 18 nov. 1824, Anfray.

22. — La cour de Cassation a en effet pour jurisprudence que lorsque devant un tribunal de police correctionnelle les faits se trouvent réduits à une simple contravention de police, le renvoi en simple police ne peut être demandé que par le ministère public et par la partie civile, que ce droit n'appartient pas au prévenu. — *Cass.*, 24 avr. 1819, Palatre; 16 oct. 1835, Simon.

23. — Dans les autres cas qui n'ont pas été prévus par l'art. 192, c'est-à-dire lorsque le fait est qualifié par la citation elle-même contravention de police, ou lorsque cette citation ne le qualifie pas du tout, on reste sous l'empire du droit commun, qui soumet le jugement des contraventions aux deux degrés de juridiction, et le déclinatoire du prévenu devrait être jugé par le tribunal sans pouvoir être écarté par une fin de non recevoir tirée de cet article. — V. TRIBUNAUX CORRECTIONNELS.

V. aussi COMPÉTENCE (mat. crim.), CASSATION, CHAMBRE DU CONSEIL, CHAMBRE DES MISES EN ACCUSATION, COUR D'ASSISES, TRIBUNAL CORRECTIONNEL, TRIBUNAUX DE SIMPLE POLICE, INSTRUCTION CRIMINELLE, TRIBUNAUX SPÉCIAUX.

INCONDUITE NOTOIRE.

L'inconduite notoire est une cause d'exclusion et même de destitution de la tutelle. — Les tribunaux ont un pouvoir souverain d'appréciation pour décider si les faits reprochés au tuteur constituent ou ne constituent pas l'inconduite notoire. — V. TUTELLE.

INCORPORATION.

V. ACCESSION, ALLUVION, BIENS.

INCORPOREL.

1. — Ce qui n'a point de corps, quoique existant comme chose ou comme droit. Ainsi, on dit: biens *incorporels*, droits *incorporels*, meubles *incorporels*.

2. — La tradition des droits incorporels se fait par la remise des titres ou par l'usage que l'acquéreur en fait du consentement du vendeur. — C. civ., art. 1607. — V. TRANSPORT.

3. — Le privilége résultant du gage ne s'établit sur les meubles incorporels, tels que les créances mobilières, que par un acte public ou sous seing-privé enregistré et signifié au débiteur de la créance donnée en gage. — C. civ., art. 2075. — V. GAGE.

INCULPATION.

1. — Imputation juridique faite à quelqu'un d'une action punissable suivant la loi.

2. — L'inculpation résulte uniquement de la dénonciation, de la plainte, ou de la recherche faite d'office par la police judiciaire; elle comprend donc uniquement l'instruction jusqu'à l'ordonnance de la chambre du conseil.

3. — Elle diffère de la *prévention* en ce que celle-ci exprime plus particulièrement l'état de l'inculpé contre lequel a été rendue une ordonnance de prise de corps ou de renvoi devant les tribunaux répressifs inférieurs, et de l'*accusation* qui ne commence qu'au moment où le prévenu a été renvoyé devant la cour d'assises.

4. — Cependant le Code d'instruction criminelle n'emploie le mot *inculpé* que dans les art. 91, 128, 129 et 133, et il lui donne, dans les trois premiers de ces articles surtout, le sens que nous lui attribuons ici.

5. — Partout ailleurs, il emploie le mot *prévenu* auquel il donne la signification tantôt d'individu dénoncé ou poursuivi seulement, tantôt d'individu contre lequel un mandat quelconque a été décerné. — C. inst. crim., art. 2, 24, 29, 30, 35, 37, 39, 40, 41, 45, 47, 63, 66, 69, 73, 87, 94, 95, 97, 98, 99, 100, 103, 104, 105, 107, 108, 109, 110, 111, 113, 114, 118, 120, 124, 125, 126, 130, 131, 134, 135. — V. au surplus ACCUSATION, nos 13 et suiv.

INDE (Etablissemens de l').

Table alphabétique.

Administration, 8, 38 s.
Affaires criminelles, 74.
Amende, 82.
Appel, 83, 74.
Cacherie, 50.
Capacité de recevoir, 18. — de succéder, 17.
Cassation, 21, 25, 72. (recours en), 34.
Cautionnement, 89, 93.
Chambre criminelle, 73, 81. — d'accusation, 71.
Chandernagor, 1, 3 s., 41, 45, 56, 58 s., 66.
Chauderie, 50.
Chef d'administration, 42. — de comptoir, 63 s. — de service, 41.
Code civil, 16. — de commerce, 22 s. — d'instruction criminelle, 24 s., 30. — pénal, 35 s. — de procédure, 19 s.
Commis greffier, 57, 61. 69. — de la marine, 64.
Commissaire de la marine, 42
Condamné, 36.
Conflit, 31.
Conseil commissionné, 87, 89 s. — général, 45. — supérieur, 6, 51, 53. — d'administration, 31, 44. — d'arrondissement, 45. — d'état (recours au), 40.
Cour de Cassation, 31. — royale, 27, 29, 52 s, 68 s.
Coutume de paris, 14.
Défense, 87 s.
Délai, 12, 33.
Délégué, 46.
Discipline, 92.
Domicile, 15.
Ecritures, 91.
Empêchement, 66.
Ennemi, 7.
Etablissemens secondaires, 1, 84 s.
Excuse, 27.
Fondé de pouvoir, 88
Gouvernement, 9, 38.
Gouverneur, 38 s, 89, 92 s.
Greffier, 57, 61, 64, 69, 73.
Huissier, 93 s.
Indiens, 13, 17 s., 80, 89.
Injonction de suivre, 29.
Inspecteur colonial, 43.
Instruction publique, 49.
Juge d'instruction, 29, 62. — de paix, 57, 62. — royal, 60.
Karikal, 1, 3 s., 41, 45, 56, 58 s., 66 s.
Langue du pays, 87.
Législation, 11 s.
Lieutenant de juge, 60, 62.
Lois hindoues, 13. — mahométanes, 13.
Magistrats honoraires, 70.
Mahé, 1, 3 s., 41, 63, 67.
Meubles, 14.
Ministère public, 58, 75
Nombre de juges, 58, 65, 70, 81.
Notable, 66, 70, 73, 80 s.
Ordonnance de non-lieu, 32 s. — de prise de corps, 28.
Organisation judiciaire, 8, 10, 50 s.
Pondichéry, 1 s., 4 s., 26 s., 31, 39, 45, 56, 58 s., 68, 80.
Procureur général, 42, 69, 73, 75 s. — du roi, 61, 78.
Récusation, 83.
Revenus, 48.
Serment, 86, 89.
Topas, 89.
Traitement, 47, 79.
Tribunal correctionnel, 28, 66.
Tribunaux de première instance. 59 s. — de paix, 56 s.
Yanaon, 1, 3 s., 41, 63, 67.

INDE (Etablissemens de l'). — 1. — Les établissemens français dans l'Inde sont: 1° comme chef-lieu et établissement principal, Pondichéry; — 2° et comme établissemens secondaires, Chandernagor, Karikal, Mahé et Yanaon.

SECT. 1re. — *Historique* (no 2).
SECT. 2e. — *Législation* (no 11).
SECT. 3e. — *Gouvernement et administration générale* (no 38).
SECT. 4e. — *Organisation judiciaire* (no 50).
§ 1er. — *Tribunaux et cour* (no 56).
§ 2. — *Notables* (no 80).
§ 3. — *Officiers ministériels* (no 87).

Sect. 1re. — *Historique*.

2. — La ville de Pondichéry, fondée en 1674, fut soumise aux Hollandais en 1693 et rendue par eux en 1697 (après le traité de Riswick), prise par les Anglais en 1761, rendue en 1763, reprise en 1778, 1793, 1803, et définitivement rendue en 1814.

3. — La ville de Chandernagor, achetée en 1688 par la compagnie française des Indes, fut prise par les Anglais le 23 mars 1757. — Karikal et son territoire furent cédés à la France en 1739 par le rajah de Tanjore ou Tanjour. — Mahé fut fondé par les Français en 1722. — Enfin, Yanaon ou Granjan fut occupé en 1750.

4. — Ces divers établissemens ou comptoirs ont, comme Pondichéry, subi les fortunes diverses de la guerre, et sont rentrés sous la domination française par les traités de 1814 et de 1815; mais on n'en a repris possession que le 4 déc. 1816 pour Pondichéry et Chandernagor, le 14 janv. 1817 pour Karikal, le 22 fév. pour Mahé, et le 12 avr. pour Yanaon.

5. — Leur organisation a souvent varié, ce qui tient aux difficultés locales résultant de la variété des castes, des religions, des habitudes, aux accidens de guerre et de mer, et à l'éloignement considérable des établissemens.

6. — C'est aux années 1604, 1611 et 1615 que remonte l'organisation, autorisée par le roi, d'une société française pour le commerce des Indes. — Longtemps après (édits de fév. 1776, 1777 et 1778), un conseil supérieur fut établi à Pondichéry. Un édit d'août 1784 régla l'administration de la justice.

7. — Les événemens de la révolution et ensuite ceux de l'occupation ennemie donnèrent lieu à des dispositions transitoires qu'il serait inutile de rapporter.

8. — Depuis la restitution à la France, différentes ordonnances ont été rendues, comme on le verra plus loin, soit pour l'application des lois de la métropole, soit pour l'organisation administrative ou judiciaire de ces établissemens.

9. — Enfin, tout ce qui concerne le gouvernement a été réglé par l'ordonnance royale du 23 juill. 1840.

10. — L'organisation judiciaire et l'administration de la justice ont été l'objet de l'ordonnance royale du 7 fév. 1842, modifiée depuis, dans quelques unes de ses dispositions, par l'ordonnance royale du 3 fév. 1846.

Sect. 2e. — *Législation*.

11. — D'après l'art. 25, L. 24 avr. 1833, sur le régime législatif des colonies, les établissemens français dans les Indes-Orientales (à l'exception toutefois de l'île Bourbon) doivent continuer d'être régis par ordonnance du roi.

12. — Relativement à l'application des lois de la métropole, il est à remarquer, en général, qu'avant la publication des codes actuels, les juges étaient autorisés, en matière de procédure civile, commerciale et criminelle, à prolonger les délais quand les circonstances pouvaient l'exiger. — Tarbé, *Cour de Cassation*, p. 391.

13. — ... Que, nonobstant la promulgation des codes civil, de procédure, de commerce et pénal, en 1819, l'administration avait toujours maintenu les lois hindoues et mahométanes pour les différentes castes d'Indiens. — Tarbé, *ibid.*

14. — La coutume de Paris avait été appliquée aux Indes par l'édit d'août 1664, sauf l'art. 179, qui n'admettait pas de préférence sur les meubles en cas de déconfiture. En effet, dit M. Tarbé (*Cour de Cassation*, p. 391), comme presque toutes les propriétés sont mobilières et que les immeubles sont presque tous dans les mains du domaine, une disposition formelle de la déclaration de 1777, enregistrée à Pondichéry le 8 sept. suivant, et conforme à l'ancien usage de la colonie, autorisa le droit de suite par hypothèque sur les meubles, et ajouta que les arrêts, jugemens et sentences qui, suivant ces mêmes usages, auraient dérogé à la coutume de Paris, ne pourraient être attaqués par la voie de la cassation, à moins qu'il n'y eût d'autres moyens légitimes. — V. COLONIES, nos 96 et suiv.

15. — Jugé que le Français qui a résidé longtemps dans l'Inde et spécialement dans le Bengale, a néanmoins conservé son domicile d'origine, si l'on ne prouve une intention contraire de sa part. — *Paris*, 30 juill. 1811, de Limon c. de Saint-Germain.

16. — Le Code civil a été appliqué aux établissemens des Indes par un arrêté du 6 janv. 1819, enregistré à l'ancien conseil de Pondichéry le 6 févr. suivant.

17. — Jugé que l'individu d'origine malabre, né dans les Indes, sur le territoire français, est habile à succéder sans lettres de naturalisation. — *Cass.*, 5 juin 1828, Tumerel c. Saminadaik et François.

18. — ... Et, ainsi qu'on l'a déjà vu (vo DISPOSITION A TITRE GRATUIT, no 563) que le mineur né dans les Indes de père et mère *gentils*, c'est à dire mahométans ou idolâtres, sujet du roi de France, élevé dans la religion catholique, est habile à recevoir par testament. — *Cass.*, 5 juin 1828, Tumerel c. Saminadaik et François.

19. — *Code de procédure.* — L'ord. de 1667 sur la procédure fut déclarée applicable aux Indes-Orientales par le réglement du 22 fév. 1777, enregistré à Pondichéry le 9 sept. suivant. — V. COLONIES, nos 122 et suiv.

20. — Le Code de procédure civile a été appliqué aux établissemens des Indes par l'arrêté du 6 janv. 1819 dont il est parlé no 16.

21. — Le recours en cassation est ouvert en matière civile contre les jugemens en dernier ressort des tribunaux de première instance et contre les arrêts des cours royales, conformément à la législation de la métropole, et sauf le droit accordé au procureur général de la cour de cassation dans le cas des art. 80 et 88 de la loi du 27 vent. an VIII. — Ord. du 7 fév. 1842, art. 72.

22. — *Code de commerce.* — L'ord. de 1673 sur le commerce et celle de 1681 sur la marine furent déclarées applicables aux Indes-Orientales par le réglement du 22 fév. 1777, enregistré à Pondichéry le 9 sept. suivant. — V. COLONIES, nos 152 et suiv.

23. — Le Code de commerce a été appliqué aux établissemens des Indes par un arrêté du 6 janv. 1819 dont il est parlé no 16.

24. — *Code d'instruction criminelle.* — Il paraît, d'après le réglement du 22 fév. 1777, enregistré à Pondichéry le 9 sept. suivant, que l'ord. criminelle de 1670 avait déjà été promulguée aux Indes-Orientales. — Tarbé, *Cour de cassation*, p. 391. — V. COLONIES, nos 157 et suiv.

25. — L'arrêté du 6 janv. 1819 (V. *suprà* no 16) n'avait pas parlé du Code d'instruction criminelle. — Jugé, en conséquence, que les arrêts rendus dans les colonies françaises de l'Inde où le Code d'instruction criminelle n'avait jamais été promulgué, n'ont pu être attaqués par la voie du recours en cassation. — *Cass.*, 15 juill. 1824, Darrac.

26. — ... Que les art. 235 et 236, C. instr. crimin., n'étaient pas applicables à Pondichéry, où ils n'avaient jamais été promulgués. — *Cass.*, 4 fév. 1832 (int. de la loi), N...

27. — Jugé, en outre, que la cour royale de Pondichéry, chambre criminelle, avait commis un excès de pouvoir en procédant à l'examen et au jugement des faits d'excuse et des circonstances aggravantes, avant de s'occuper du fait principal de l'accusation. — Même arrêt.

28. — ... Que le tribunal de police correctionnelle, et à Pondichéry la chambre criminelle qui reconnaissait que le fait de la poursuite était de nature à mériter une peine afflictive ou infamante, avait commis un excès de pouvoir lorsque, au lieu de décerner un mandat de dépôt et d'arrêt et de renvoyer le prévenu devant le juge compétent, il s'était permis de décerner une ordonnance de prise de corps. — *Cass.*, 4 fév. 1832 (int. de la loi), Ramassamy.

29. — ... Que la cour royale de Pondichéry avait commis un excès de pouvoir lorsqu'au lieu de régulariser une instruction, elle en avait ordonné une nouvelle et avait enjoint au juge d'instruction et au ministère public de suivre la marche par elle tracée. — *Cass.*, 4 fév. 1832 (int. de la loi), Ouessen Madim et Moustapha-Cipahi.

30. — Ord. royale du 29 mars 1836 qui rend applicable aux établissemens français de l'Inde, sauf quelques nouvelles dispositions et quelques suppressions, la loi du 28 avr. 1832 contenant des modifications au Code d'instruction criminelle.

31. — Le Code d'instruction criminelle ayant été rendu exécutoire dans les établissemens français de l'Inde, c'est à la cour de cassation à statuer sur le conflit de juridiction résultant de deux arrêts de la chambre de mise en accusation et de la chambre correctionnelle de la cour de Pondichéry, et donnant lieu à un réglement de juges. — En conséquence, doit être annulée la décision du conseil d'administration de Pondichéry qui a statué sur le conflit de juridiction résultant des arrêts ci-dessus. — *Cons. d'état*, 23 août 1843, Annapoullé.

32. — Dans les établissemens de l'Inde, l'ordonnance du juge d'instruction qui refuse de décerner les mandats requis par le ministère public doit être assimilée à une ordonnance de non lieu à suivre. — *Cass.*, 12 juill. 1844 (t. 2 1844, p. 641) (intérêt de la loi), N...

33. — Cette ordonnance est susceptible d'appel de la part du procureur général près la cour dans le ressort de laquelle elle a été rendue. — Le délai d'appel dans ce cas est de quinzaine à compter du jour de la réception des pièces au greffe de la cour. — Même arrêt.

34. — En matière criminelle, les jugemens et arrêts ne sont pas susceptibles du recours en cassation, sauf : — 1o le droit du procureur général de la cour royale de dénoncer au gouverneur les jugemens et arrêts qui lui paraissent contraires à la loi ; — 2o et le droit réservé au gouvernement et au procureur général près la cour de Cassation par les art. 441 et 442 du C. d'inst. crim. de la métropole. — Ord. 7 fév. 1842, art. 73.

35. — *Code pénal.* — Le Code pénal a été appliqué par l'arrêté du 6 janv. 1819 dont il est parlé *suprà* no 16. — V. COLONIES, nos 282 et suiv.

36. — Une ordonnance royale du 6 juill. 1834 a étendu aux établissemens français de l'Inde, comme aux autres quatre principales colonies (Martinique, Guadeloupe, Guiane et Bourbon), les bienfaits de l'ord. du 6 février 1818 relative aux condamnés qui se font remarquer par leur bonne conduite.

37. — Ord. royale du 29 mars 1836, qui rend applicable aux établissemens français dans l'Inde, sauf quelques suppressions et quelques nouvelles dispositions, la loi du 28 avril 1832 contenant des modifications au Code pénal.

Sect. 3e. — *Gouvernement et administration générale*.

38. — Les dispositions concernant le gouvernement et l'administration générale étant en grande partie calquées sur celles établies pour les grandes colonies, il serait superflu de les analyser ici. Il faut donc se reporter vo COLONIES, en ne perdant pas de vue que les établissemens français de l'Inde étant toujours sous le régime des ordonnances royales, un plus grand pouvoir doit nécessairement résider entre les mains du gouverneur. — Nous nous contenterons dès-lors d'indiquer quels fonctionnaires sont chargés du commandement et de la haute administration.

39. — Le commandement et la haute administration des établissemens français dans l'Inde sont confiés à un gouverneur résidant à Pondichéry et investi, au besoin, de pouvoirs extraordinaires. — Ord. du 23 juill. 1840, art. 1, 6 et suiv. — V. COLONIES, nos 366 et suiv.

40. — Jugé que le recours au conseil d'état contre les ordonnances émanées du gouverneur a dû être rejeté lorsque ces ordonnances ont été rendues à une époque où aucune loi n'autorisait ce recours. — *Cons. d'état*, 24 oct. 1844, Dayot.

41. — Des chefs de service administrent, sous les ordres du gouverneur, les établissemens de Chandernagor, de Karikal, de Mahé et de Yanaon. — Ord. 23 juill. 1840, art. 1er, 6 et suiv.

42. — Deux chefs d'administration, savoir : un commissaire de la marine et le procureur général du roi, dirigent, sous les ordres du gouverneur, les différentes parties du service. — Art. 2, 62 et suiv., 72 et suiv. — V. COLONIES, nos 445 et suiv.

43. — Un inspecteur colonial veille à la régularité du service administratif et requiert à cet effet l'exécution des lois, ordonnances et réglemens. — Art. 3, 82 et suiv. — V. COLONIES, nos 455 et suiv.

44. — Un conseil d'administration placé près du gouverneur éclaire ses décisions et participe à ses actes, dans les cas déterminés. — Art. 4, 93 et suiv. — Il connaît, en outre, du contentieux administratif. — Art. 108 et suiv. — V. COLONIES, nos 462 et suiv., 576 et suiv. — V. aussi CONSEIL PRIVÉ (Colonies).

45. — Un conseil général séant à Pondichéry et des conseils d'arrondissement séant à Chandernagor et à Karikal donnent leur avis sur les affaires qui leur sont communiquées et font connaître les vœux et les besoins du pays. — Art. 5, 111 et suiv. — V. COLONIES, no 70 et suiv.

46. — Enfin, le conseil général nomme un délégué et un suppléant, qui sont tenus d'avoir ou de prendre leur résidence à Paris. — Art. 115 et suiv. — V. DÉLÉGUÉ DES COLONIES.

47. — Le traitement du gouverneur, d'abord réduit par l'ordonnance royale du 1er déc. 1830, a

été fixé, ainsi que ceux des principaux fonctionnaires, par l'ordonnance royale du 31 oct. 1840. — V. COLONIES, nos 645 et suiv.

18. — Une ordonnance royale du 17 août 1825 a fait abandon aux établissemens de l'Inde de leurs revenus locaux pour leurs dépenses intérieures.

19. — L'instruction publique a été réglée par une ordonnance royale du 30 sept. 1843.

Sect. 4e. — *Organisation judiciaire.*

50. — Il existait autrefois des tribunaux de natifs connus sous le nom de *Chaudrie* (nom qui, dans l'origine, se donnait à un établissement de bienfaisance). La Chaudrie fut réunie, le 2 mai 1818, à la *Cacherie*, ou bureau des domaines.

51. — Une cour de judicature avait été instituée par arrêté du gouvernement anglais, du 15 mai 1806. Avant ce temps, la cour portait le nom de *Conseil supérieur*. Elle pouvait, en cas d'insuffisance de magistrats, se compléter par de notables habitans.

52. — Déjà, une ordonnance royale, du 16 déc. 1827, avait fixé la composition de la cour royale, lorsqu'une autre ordonnance, du 23 du même mois, établit l'organisation judiciaire des tribunaux.

53. — Jugé que le conseil supérieur de Pondichéry, siégeant comme cour royale, avait pu, pour juger, s'adjoindre un habitant notable de la colonie désigné par le gouverneur et assermenté, lorsqu'en raison de l'absence d'un membre, il ne se trouvait pas au complet de cinq conseillers titulaires. — *Cass.*, 5 juin 1828, Tumerel c. Saminadaik et François.

54. — Le 11 sept. 1832, ordonnance royale qui change la composition de la section criminelle de la cour royale.

55. — Enfin, le 7 fév. 1842 et 3 fév. 1846, ordonnances royales portant, en dernier lieu, l'organisation judiciaire des tribunaux.

§ 1er. — *Tribunaux et cours.*

56. — La justice est rendue :... 1° par des tribunaux de paix établis à Pondichéry, à Chandernagor et à Karikal. — Ord. 7 fév. 1842, art. 1er et 6.

57. — Ces tribunaux sont composés d'un juge de paix et d'un greffier, et, s'il y a lieu, d'un juge suppléant et d'un commis-greffier. — Art. 6.

58. — Les fonctions du ministère public auprès du tribunal de police de Pondichéry sont remplies par le commissaire ou inspecteur de police, et, en cas d'absence ou d'empêchement, par l'officier de l'état civil. — Les tribunaux de police de Chandernagor et de Karikal peuvent, jusqu'à nouvel ordre, ne pas être assistés d'un officier du ministère public. — Art. 21.

59. — ... 2° Par des tribunaux de première instance établis à Pondichéry, à Chandernagor et à Karikal. — Art. 1er et 23.

60. — Ces tribunaux sont composés, savoir : 1° celui de Pondichéry, d'un juge royal, d'un lieutenant de juge et d'un juge suppléant ; 2° celui de Chandernagor, d'un juge royal (il y avait, en outre, un lieutenant de juge, mais il a été supprimé par l'ordonnance royale du 3 fév. 1846, art. 2); 3° celui de Karikal, d'un juge royal. — Ord. 7 fév. 1842, art. 23.

61. — Il y a près de chacun de ces tribunaux un procureur du roi, un greffier et, s'il y a lieu, un ou plusieurs commis-greffiers. — Art. 23.

62. — Les fonctions attribuées au juge d'instruction par le Code d'instruction criminelle sont remplies, savoir : à Pondichéry, par le lieutenant de juge, à Chandernagor et à Karikal, par le juge de paix. — Ord. 7 fév. 1842, art. 26 ; 3 fév. 1846, art. 2.

63. — Quant aux résidences d'Yanaon et de Mahé, la connaissance des affaires attribuées aux tribunaux de paix et aux tribunaux de première instance appartient au chef du comptoir remplissant les fonctions de juge royal. — Art. 30.

64. — Dans chacune de ces mêmes résidences, la police judiciaire, l'instruction criminelle et l'action publique sont dirigées, sous la surveillance du procureur général, par un commis entretenu de la marine qui remplit également les fonctions du ministère public dans les affaires civiles et criminelles portées devant le chef du comptoir. — Art. 31. — Il y a, de plus, un greffier. — Art. 32.

65. — Dans les établissemens secondaires, les tribunaux ne peuvent juger, en matière criminelle, qu'au nombre de trois membres, sauf le cas d'exception prévu pour Mahé. — V. n° 67, art. 51.

66. — Le tribunal correctionnel se compose, savoir : à Chandernagor et à Karikal, 1° du juge royal ; 2° de l'officier ou du commis d'administration de la marine, chargé de l'inspection ; 3° de l'officier ou du commis d'administration chargé du service. — En cas d'empêchement de l'inspecteur ou de l'officier d'administration, ils sont remplacés par le chef de service de santé (de plus, à Karikal, par le capitaine de port), et, à défaut, par des notables. — Ord. 7 fév. 1842, art. 50 ; ord. 3 fév. 1846, art. 3.

67. — A Yanaon et à Mahé : il se compose 1° du chef de comptoir remplissant les fonctions de juge royal ; 2° de deux notables. Néanmoins, à Mahé, en cas d'impossibilité absolue d'adjonction de ces derniers, le président peut juger seul. — Ord. 7 fév. 1842, art. 51.

68. — ... 3° Une cour royale résidant à Pondichéry.

69. — La cour royale est composée d'un président, de quatre conseillers et de deux conseillers auditeurs. — Il y a près de la cour un procureur général (il y avait en outre un substitut ; mais il a été supprimé par l'ord. du 3 fév. 1846, art. 1er), un greffier en chef et un commis greffier. — Ord. 7 fév. 1842, art. 33.

70. — Les arrêts en matière civile et correctionnelle doivent, à peine de nullité, être rendus par trois magistrats au moins. En cas d'empêchement des magistrats, le président peut appeler des magistrats honoraires, et, à défaut de ceux-ci, des notables. — Art. 36.

71. — La chambre d'accusation est composée d'un conseiller de la cour royale, du juge royal et du lieutenant de juge ou, à son défaut, du juge suppléant. — Art. 39.

72. — De plus, la cour royale décidant au nombre de cinq juges, peut, 1° soit sur la poursuite d'office du procureur général, casser, dans le seul intérêt de la loi, les jugemens en dernier ressort rendus par les tribunaux inférieurs, pour violation des lois ou excès de pouvoirs ; — 2° soit, sur la réquisition du procureur général, par suite de dénonciation du gouverneur, annuler les actes entachés d'excès de pouvoir ou délits de la part des membres des tribunaux de paix et de première instance, et ordonner la poursuite de ces magistrats. — Art. 69, 70 et 71.

73. — ... 4° Une chambre criminelle composée de cinq magistrats de la cour royale et de deux notables. — Le procureur général y porte la parole. Le greffier de la cour royale y tient la plume. — Art. 45.

74. — Cette chambre criminelle connait : De toutes les affaires de nature à entrainer peine afflictive ou infamante. — 2° Et des appels de toutes les affaires criminelles jugées à Chandernagor, à Karikal, à Mahé et à Yanaon. — Art. 46.

75. — *Ministère public.* — Le procureur général, spécialement et personnellement chargé des fonctions du ministère public : exerce 1° l'action de la justice criminelle dans toute l'étendue du ressort, — 2° Et en matière civile, surveille l'exécution des lois, des arrêts et des jugemens. — Art. 53, et suiv.

76 — Il a l'inspection des actes judiciaires et du greffe, des registres de l'état civil et de ceux des curateurs aux successions vacantes. Il doit réunir et envoyer au ministre de la marine les doubles minutes et documens destinés au dépôt des archives coloniales. — Art. 60.

77. — Dans les affaires qui intéressent le gouvernement, il est tenu, lorsqu'il en est requis par le gouverneur, de faire, conformément aux instructions qu'il en reçoit, les actes nécessaires pour saisir les tribunaux. — Art. 58.

78. — Les procureurs du roi à Chandernagor et à Karikal et les officiers du ministère public à Mahé et à Yanaon exercent, sous la direction du procureur général, la même action et la même surveillance. — Art. 61.

79. — Les traitemens des magistrats sont fixés par les art. 97 et suiv. de l'ord. 7 fév. 1842 et par l'art. 4 de celle du 3 fév. 1846.

§ 2. — *Notables.*

80. — Chaque année, dans le mois qui précède la rentrée de la cour royale, le gouverneur dresse en conseil une liste de vingt notables habitans de Pondichéry, jouissant de la qualité de Français et âgés de vingt-sept ans au moins, pour constituer le collège des notables. Les Indiens peuvent en faire partie (art. 104). Toutefois les sexagénaires peuvent se faire exempter. — Art. 108.

81. — Ces notables sont appelés : 1° à faire le service à la chambre criminelle pendant les douze mois suivans (art. 104) ; — 2° compléter au besoin, en cas d'empêchement des conseillers et conseillers auditeurs, le nombre prescrit pour rendre arrêt. — Art. 105.

82. — Le notable qui ne s'est pas fait exempter par le gouverneur et qui, convoqué, n'a pas fait agréer ses excuses par la cour, peut être condamné successivement à une amende de 25 à 50 francs ; de 50 à 100 francs ; et de 100 à 400 francs. — Après les trois condamnations, il peut être rayé de la liste et alors il est pourvu à son remplacement. — Art. 108 à 115.

83. — Les notables peuvent être récusés pour les mêmes causes que les juges. — Art. 121.

84. — Quant aux notables dans les établissemens secondaires, le gouverneur en dresse les listes sur la présentation des administrateurs locaux. Il y a quatre membres pour chaque établissement. — Art. 124.

85. — Les règles concernant les notables de Pondichéry s'appliquent aux notables des établissemens secondaires (art. 125) ; et les jugemens rendus à l'occasion du refus de service de leur part ne sont pas susceptibles d'appel. — Art. 126.

86. — Avant d'entrer en fonctions, les notables prêtent serment à l'audience de rentrée de la cour royale (art. 109) ou du tribunal de première instance. — Art. 125.

§ 3. — *Officiers ministériels.*

87. — *Conseils commissionnés*, — Quand une partie n'use pas du droit qu'elle a, soit de se défendre par elle-même, soit de se faire défendre par ses parens, alliés, tuteur, curateur, cohéritiers, coassociés, consorts, défense qui peut alors être présentée, soit en français, soit en langue native, elle ne peut se faire représenter devant la cour royale et devant les tribunaux civils de première instance de Pondichéry, de Chandernagor et de Karikal que par des conseils commissionnés. — Art. 127 à 129.

88. — Dans toutes les autres juridictions civiles des établissemens français de l'Inde, les parties peuvent, si elles ne se défendent pas par elles-mêmes, se faire représenter par des fondés de pouvoir dont le choix demeure libre, sauf les exclusions prononcées par l'art. 86, C. proc. civ.

89. — Les conseils commissionnés, dont le nombre, soit en Européens ou Topas, soit en Indiens, est limité pour la cour ou pour chacun des tribunaux, doivent être âgés de vingt-cinq ans, et subir un examen, s'il ne sont pas licenciés en droit. Ils sont nommés par le gouverneur, et ils sont tenus, avant d'entrer en fonctions, de verser un cautionnement et de prêter serment. — Art. 131 à 134.

90. — Ils ne peuvent, lorsqu'ils sont désignés par le juge, se refuser à la défense des accusés en matière criminelle ou à celle des absens et indigens en toute matière. — Art. 135.

91. — Ils rédigent, s'il y a lieu, toutes consultations, mémoires et écritures. Leurs honoraires sont fixés par un tarif ; ils ne peuvent les exiger d'avance ; ils ne peuvent recevoir aucune somme sans en donner des reçus détaillés. — Art 136 à 140.

92. — En fait de discipline, ils sont sous la surveillance du procureur général et sous la juridiction des tribunaux. En cas d'interdiction prononcée, ils peuvent être destitués par le gouverneur. Celui-ci peut également prononcer la destitution après avoir pris l'avis des tribunaux. — Art. 141 à 144.

93. — *Huissiers.* — Les huissiers sont nommés par le gouverneur qui détermine en conseil leur nombre et décide 1° Si tous ou quelques uns d'eux doivent être assujétis à un cautionnement ; 2° quel doit être le taux de ce cautionnement. — Art. 150 et 151.

94. — Les huissiers peuvent être révoqués par le gouverneur, sur la proposition du procureur général ou sur celle des tribunaux. — Art. 150.

V. ACTES DE L'ÉTAT CIVIL, n° 28, ARMÉE, CABOTAGE.

INDES ORIENTALES, INDES OCCIDENTALES.

1. — Termes génériques par lesquels on désigne, savoir : 1° par les Indes orientales, tous les pays situés au delà du cap de Bonne-Espérance ; — 2° et par les Indes occidentales, les pays situés au delà de l'océan Atlantique, c'est-à-dire l'Amérique.

2. — Ces dénominations d'Indes orientales et d'Indes occidentales sont employées par la loi soit pour la fixation des délais de distance en matière de lettre de change et de protêt. — C. comm., art. 160 et 166. — V. LETTRE DE CHANGE, PROTÊT.

3. — ...Soit pour la détermination des voyages de long cours. — C. comm., art. 377. — V. ASSURANCE MARITIME.

4. — Les établissemens français dans l'Inde, et l'île Bourbon faisant également partie des Indes orientales, les dispositions de la loi sur les *Indes orientales* en général, leur sont communes. Pour tout le reste, ces deux pays ont un régime particulier et spécial. — V. BOURBON, INDE (Etablissemens de l').

5. — Dès lors la loi du 24 avril 1833 appliquant à l'île Bourbon le régime législatif des colonies,

l'art. 25 de cette loi s'est improprement exprimé en disant que les établissemens français *des Indes orientales* continueraient d'être régis par ordonnances du roi. Il fallait dire simplement : les établissemens français *de l'Inde*.

6. — On donne également le nom d'Indiens aux indigènes des Indes orientales et à ceux des Indes occidentales. Mais il faut faire une distinction entre les uns et les autres, alors qu'il s'agit de faire l'application des lois sur l'esclavage.

7. — Les Indiens des Indes orientales sont nés libres et ont toujours conservé l'avantage de la liberté, dans les colonies. — V. à ce sujet le réquisitoire de M. le procureur général Dupin lors de l'arrêt de *Cass.*, 6 mai 1840 (t. 1er 1840, p. 627), Furcy c. Lory. — V. ESCLAVAGE.

INDEMNITÉ.

1. — C'est ce qui est donné à quelqu'un pour un dommage qu'il a éprouvé.

2. — Ainsi, d'après l'art. 9, charte de 1830, et l'art. 545, C. civ., l'état peut exiger le sacrifice d'une propriété pour cause d'intérêt public, mais moyennant une juste et préalable indemnité. — V. EXPROPRIATION POUR UTILITÉ PUBLIQUE. — V. aussi DOMMAGE PERMANENT, TRAVAUX PUBLICS.

3. — Il serait tout à la fois impossible et inutile d'énumérer les différens cas où il peut y avoir lieu à indemnité. — V. au surplus DOMMAGE et DOMMAGES-INTÉRÊTS.

4. — Les termes de *dommages-intérêts* et d'*indemnité* ont souvent la même signification dans le langage de la loi. — *Cass.*, 20 nov. 1832, Manby et Wilson c. Winsor.

5. — En matière de communauté, on donne le nom d'*indemnité* aux sommes que les époux ou leurs héritiers doivent à la communauté, lorsqu'ils se sont enrichis à ses dépens, etc. (C. civ., art. 1437, 1468 et 1469); mais plus souvent encore on leur donne le nom de *récompense*. — V. COMMUNAUTÉ.

6. — On donne également le nom d'indemnité aux garanties que l'un des époux peut exercer contre l'autre. — C. civ., art. 1478 et 2135. — V. COMMUNAUTÉ.

7. — Quelquefois aussi, dit M. Rolland de Villargues (*Rép. du notar.*, v° *Indemnité*, n° 1er), on entend par indemnité un écrit par lequel on promet de rendre quelqu'un indemne ; comme lorsqu'on promet d'acquitter quelqu'un de l'événement d'une obligation ou d'une contestation, soit en principal et intérêts ou pour les frais et dépens.

INDEMNITÉ DES COLONS DE SAINT-DOMINGUE.

V. SAINT-DOMINGUE.

INDEMNITÉ DES ÉMIGRÉS.

V. ÉMIGRÉS.

INDICATION DE JUGES.

Désignation du tribunal qui doit connaître d'un procès lorsque le tribunal compétent ne peut se constituer. — V. RÈGLEMENT DE JUGES.

INDICATION DE PAIEMENT.

Table alphabétique.

Acceptation, 8 s., 16, 37.
Adjectus solutionis gratiâ, 5, 18 s., 37.
Alternative, 23.
Capacité, 24 s.
Caution, 7, 36.
Compensation, 36.
Compte, 37.
Condition, 35.
Dation en paiement, 13.
Délégation, 3, 6 s., 26.
Droit de préférence, 14.
Héritier, 24, 30.
Libéralité, 4, 26.
Lieu, 34.
Mandat, 19 s., 21 s.
Nantissement, 36.
Novation, 13, 36.
Obligation, 23. — moindre, 33.
Ordre, 12.
Paiement, 24 s. — partiel, 29.
Papier-monnaie, 17.
Remise de la dette, 36.
Rente foncière, 17.
Révocation, 9 s., 16, 21 s.
Saisie-arrêt, 20, 31.
Terme, 34.
Tiers, 30.
Transports de réserves, 15, 19.
Vente, 9 s.

INDICATION DE PAIEMENT. — 1. — C'est la convention qui indique un tiers pour recevoir le paiement qui devait être fait à l'une des parties.

2. — L'indication de paiement a des effets différens selon le but qu'on s'est proposé en la stipulant.

3. — Le plus souvent, l'indication de paiement est faite par le créancier au profit de ses propres créanciers, à qui il veut conférer un droit. Tel est le cas où un vendeur charge l'acquéreur de payer tout ou partie de son prix aux créanciers hypothécaires. C'est alors une délégation imparfaite. — V. DÉLÉGATION.

4. — D'autres fois, l'indication de paiement a lieu quand le créancier veut faire une libéralité ; par exemple, quand le donateur charge le donataire de donner tant à un tel. — C. civ., art. 1121.

5. — Enfin, l'indication de paiement a lieu quand il est dit que le débiteur pourra payer à une tierce personne, laquelle pourra recevoir pour le créancier. — C. civ., art. 1277. — C'est cette tierce personne que les jurisconsultes appellent *adjectus solutionis gratiâ*. — Toullier, t. 6, n° 708, t. 7, n° 24.

6. — Quand l'indication de paiement est faite dans le but de conférer un droit au tiers indiqué, elle doit être régie par les mêmes règles que la délégation imparfaite. Ainsi, tant que l'indication de paiement n'a pas été acceptée par celui au profit de qui elle a été faite, il n'y a pas de novation (C. civ., art. 1277); l'indication peut être révoquée par le créancier ; les créanciers de celui-ci peuvent utilement pratiquer des saisies-arrêts entre les mains du débiteur; enfin, le créancier qui a fait l'indication conserve tous ses droits contre les accessoires de la dette.

7. — Jugé dans ce sens que le tiers autorisé à toucher, en donnant caution, ne peut être considéré comme créancier direct, tant qu'il n'a pas fourni la caution. — *Cass.*, 24 juin 1812, Coche c. Bellier.

8. — L'indication de paiement faite par le débiteur en l'absence de ses créanciers, et non approuvée par eux, ne le libère pas à leur égard. — *Paris*, 20 déc. 1823, Grapon c. de Saint-Marceau et Wespin.

9. — Les indications de paiement stipulées dans un contrat de vente peuvent être révoquées ultérieurement par les parties contractantes, *alors qu'elles n'ont pas été acceptées par les tiers*. Et l'effet de cette révocation subsiste, alors même que l'acte de revente qui la contiendrait aurait été anéanti plus tard au moyen de l'exercice de la faculté de rachat. Dans ce cas, le vendeur ou ses représentans ne peuvent demander la résolution de la vente ou des reventes ultérieures pour défaut d'exécution des indications de paiement. — *Cass.*, 22 nov. 1831, Bagnoly.

10. — Mais l'indication de paiement stipulée, soit dans un contrat de vente, soit même dans un acte postérieur, au profit des créanciers du vendeur, ne peut être révoquée par ce dernier après que l'acquéreur a rempli les formalités nécessaires pour purger les hypothèques que les créanciers indiqués avaient en vertu de leurs propres titres et qu'ils ont négligé de conserver. — *Cass.*, 6 messid. an XII, Morand c. La Fontaire Grandcour.

11. — L'indication de paiement dans un contrat de vente n'engage pas l'acquéreur envers les créanciers indiqués non acceptans, de manière qu'il ne puisse valablement se libérer en payant entre les mains de son vendeur. — *Paris*, 18 flor. an XIII, Paulmier c. Jolas et Beaugrand.

12. — La collocation dans un ordre n'étant qu'une indication de paiement et n'opérant point dès-lors de novation, le créancier ne perd pas son recours contre la caution solidaire, par cela qu'il a produit et qu'il a été utilement colloqué dans un ordre ouvert sur le débiteur principal, et qu'ensuite il a renoncé à cette même collocation. — *Colmar*, 22 avr. 1815, Jœger c. Engelmann.

13. — Mais il y a novation dans la dation en paiement d'une créance sur un tiers, même avec l'emploi du terme d'*indication*, lorsqu'il résulte de l'acte que le débiteur s'est dessaisi pleinement de la créance et que le créancier en est devenu propriétaire. — Dès-lors si la créance vient à périr, elle périt pour le cessionnaire, encore bien qu'il y ait eu stipulation de garantie à son profit, cette garantie ne pouvant s'étendre aux faits du souverain ou de force majeure. — *Cass.*, 19 juin 1817, Soubiran c. Rouzille.

14. — La simple indication de paiement insérée dans un contrat de vente ne donne pas au créancier indiqué un droit de préférence sur le vendeur lui-même ou sur son cessionnaire. — *Caen*, 19 fév. 1825, Poignant et Boullée c. bureau de bienfaisance de Choux.

15. — L'acte par lequel un héritier déclare céder à son créancier une somme à prendre sur les premiers deniers qui lui reviendront dans la succession, peut être considéré comme ne constituant qu'une reconnaissance de dette avec indication de paiement et non comme un transport-cession, lequel ne peut avoir lieu que sur un débiteur certain et déterminé; et l'arrêt qui, par interprétation de l'acte de cession, décide que ce créancier, malgré la notification par lui faite soit aux cohéritiers, soit à un débiteur de la succession, ne peut être préféré à d'autres créanciers saisissans après lui, échappe à la censure de la cour de Cassation. — *Cass.*, 2 juin 1830, Reydelet c. Janvier.

16. — Quoique l'indication de paiement n'opère qu'une délégation imparfaite tant qu'elle n'a pas été acceptée par le créancier, elle est cependant obligatoire pour les deux parties qui l'ont stipulée, et l'une ne peut la révoquer sans le consentement de l'autre. — *Bordeaux*, 7 mars 1831, Gaillard de Vaucocourt c. Bourdineau.

17. — Il y a indication de paiement lorsque l'acquéreur est chargé de payer des rentes foncières dues par l'immeuble vendu, si le vendeur était obligé au paiement de ces rentes hypothécairement sur tous ses autres biens. — Dans ce cas, sous l'empire de l'art. 10, L. 16 niv. an VI, l'acquéreur a pu demander la résiliation de la vente passée pendant le cours du papier-monnaie. — *Cass.*, 13 germin. an IX, Orieult et Callon c. Baillehache.

18. — La simple indication d'un tiers *adjectus solutionis gratiâ* n'a pas les mêmes effets que ceux que nous venons de signaler. Le paiement fait au tiers indiqué libère bien le débiteur ; mais jusque-là le créancier reste investi de ses droits contre le débiteur : il n'en est point dessaisi par l'acceptation du tiers. Par conséquent, ses propres créanciers peuvent pratiquer des saisies-arrêts sur lui soit entre les mains du débiteur, avant le paiement, soit entre celles du tiers après ce même paiement.

19. — Ainsi jugé que la simple autorisation donnée à un débiteur de payer à un tiers tout ou partie de la somme due n'équivaut pas à un transport; que ce n'est là qu'une simple indication de paiement; que le tiers au profit de qui l'autorisation a été donnée n'est pas saisi, même par la notification de l'acte contenant autorisation; et que le débiteur peut valablement et malgré toute défense payer le créancier originaire. — *Rouen*, 11 mars 1815, Caré c. Guibert.

20. — ... Que l'ordre donné à un tiers de remettre à une personne désignée le montant d'une traite qu'il recouvrera pour le mandant n'est qu'une simple indication de paiement qui ne dépouille pas le mandant, tant que le paiement n'a pas été fait à la personne désignée ; qu'en conséquence et jusqu'au paiement, les créanciers du mandant peuvent saisir-arrêter la somme entre les mains de celui qui en a recouvré le montant. — *Bordeaux*, 10 janv. 1839 (t. 1er 1839, p. 369), Vasquez c. Escobedo.

21. — Toutefois, la désignation, insérée dans le contrat, d'un tiers à qui le débiteur peut payer a des effets qui lui sont propres. Ainsi quand elle fait partie de la convention, c'est un droit acquis pour le débiteur, et le créancier ne peut plus révoquer ce pouvoir sans motifs légitimes. — LL. 12, § 3; 57, § 1er; 196, ff., *De solut.* — Toullier, t. 7, n° 24; Duranton, t. 12, n° 53; Rolland, *Rép.*, v° *Indication de paiement*, n° 5.

22. — Lorsque l'indication a été faite depuis le contrat et sans convention particulière entre le créancier et le débiteur, c'est un simple mandat de payer, qui peut être révoqué comme tout autre mandat. — Duranton, t. 12, n° 53.

23. — Lorsqu'il est dit dans la convention que le paiement se fera au créancier ou à telle personne, le débiteur est libéré par le paiement fait à l'un ou à l'autre, à sa volonté. — Toullier, *Droit civil*, t. 6, n° 708, et t. 7, n° 24; Rolland, *Rép.*, v° *Indication de paiement*, n° 4.

24. — Ce n'est qu'à la personne désignée et non à ses héritiers que le paiement peut être fait. Ses pouvoirs pour recevoir valablement cesseraient même si elle avait changé d'état, par exemple si elle était interdite, si elle avait failli, etc., et que le débiteur en eût connaissance. On présume qu'alors le créancier n'eût pas choisi une telle personne pour recevoir. — L. 38, ff., *De solut.*; — Pothier, *Oblig.*, n° 488; Toullier, t. 7, n° 24. — Il en serait de même si au moment même du contrat le créancier eût ignoré l'état d'incapacité du tiers. — L. 95, § 6, ff., *De solut.*; — Duranton, t. 12, n° 53.

25. — Mais si le créancier connaissait l'état d'incapacité du tiers, le paiement serait valablement fait à celui-ci, quoiqu'il ne fût pas capable de recevoir par lui-même. Il en est à cet égard comme du mandataire choisi par le créancier. — L. 95, § 6, ff., *De solut.*; — Duranton, t. 12, n° 53.

26. — Si l'indication avait été faite dans l'intérêt du tiers, par exemple, s'il s'agissait d'une délégation au profit d'un créancier ou bien d'une libéralité, le changement d'état survenu depuis serait indifférent. — Duranton, t. 12, n° 53; Rolland, *Rép.*, v° *Indication de paiement*, n° 20.

27. — Lors même que le tiers n'a point changé d'état, s'il est de l'intérêt du créancier que le paiement ne soit pas fait au tiers et que, de son côté, le

débiteur n'ait aucun intérêt à payer à ce tiers lui-même, les tribunaux peuvent décider que le débiteur sera tenu de payer entre les mains du créancier. — L. 57, § 1er, ff., *De solut.*; — Duranton, t. 12, n° 53; Rolland, *Rép.*, v° *Indication de paiement*, n° 21.

28. — Lorsque l'indication n'a lieu ni dans l'intérêt du tiers ni dans celui du créancier, mais seulement dans celui du débiteur, celui-ci peut toujours payer au créancier lui-même. — Duranton, t. 12, n° 53.

29. — Le débiteur qui a payé au créancier en personne une partie de la dette peut néanmoins payer le surplus à la personne désignée par le contrat. — L. 71, ff., *De solut.*; — Duranton, t. 12, n° 53. — Il pourrait le faire même après les poursuites en justice commencées contre lui par le créancier. — Pothier, *Oblig.*, n° 490; Toullier, t. 7, n° 24.

30. — Le paiement fait à la personne indiquée est valable non seulement lorsqu'il est fait par le débiteur, mais par quelque personne que ce soit. — L. 59, ff., *De solut.*; — Toullier, t. 7, n° 24. — Les héritiers du débiteur peuvent donc payer au tiers, encore bien que dans un titre nouvel on n'ait pas fait mention de l'indication. — Duranton, t. 12, n° 53; Rolland, *Rép.*, v° *Indication de paiement*, n° 16.

31. — Mais, en sens inverse, on ne peut en général payer au représentant du tiers indiqué. — L. 55, ff., *De verb. oblig.*; L. 81, ff., *De solut.* — Ni par conséquent à ses créanciers qui n'ont pas le droit de former des saisies-arrêts entre les mains du débiteur. — Duranton, t. 12, n° 53; Rolland, *Rép.*, v° *Indication de paiement*, n°s 17 et 18.

32. — On peut donner au débiteur la faculté de payer à un tiers une chose autre que celle qu'il s'oblige de payer au créancier : par exemple vous me paierez 50 francs ou vous donnerez un porc de tant de kilogrammes à mon vigneron. Alors l'obligation est alternative, et le choix appartient au débiteur. — L. 34, § 2, et L. 98, § 6, ff., *De solut.*; — Pothier, *Oblig.*, n° 481; Toullier, t. 7, n° 24; Duranton, t. 12, n° 53; Rolland, *Rép.*, v° *Indication de paiement*, n° 9.

33. — De même, la somme à payer au tiers peut être moindre que celle que le débiteur est obligé de payer au créancier. De là, question de savoir si le paiement de cette somme moindre fait au tiers libère le débiteur entièrement ou seulement jusqu'à concurrence. Il faut consulter les circonstances : dans le doute, la présomption est que le paiement de la somme moindre n'a éteint la dette que jusqu'à concurrence. — L. 98, § 5, ff., *De solut.*; — Duranton, t. 12, n° 53; Rolland, *Rép.*, v° *Indication de paiement*, n°s 9 et 10.

34. — L'indication peut encore se faire pour un temps ou pour un lieu différent du temps ou du lieu où la chose serait payable au créancier. Le jour du terme pour payer au tiers peut même être plus rapproché que celui fixé pour payer au créancier. — L. 6 et L. 98, § 4, ff., *De solut.*; L. 141, § 6, ff., *De verb. oblig.*; — Pothier, *Oblig.*, n° 484; Duranton, t. 12, n° 53; Rolland, *Rép.*, v° *Indication de paiement*, n°s 11 et 13.

35. — On peut enfin faire dépendre l'indication d'une condition, quoique l'obligation soit pure et simple. Mais si l'obligation était elle-même conditionnelle, l'indication, quoique pure et simple dans les termes, serait en réalité conditionnelle. — L. 98, § 4, ff., *De solut.*; — Duranton, t. 12, n° 53; Rolland, *Rép.*, v° *Indication de paiement*, n° 13.

36. — Lorsqu'il n'y a qu'une simple indication de paiement, le tiers ne peut ni poursuivre le débiteur, ni recevoir de lui un nantissement ni des cautions. — L. 23, *De fidejuss. et mand.*; L. 33, ff., *De pignor.* — Le tiers ne peut non plus faire de remise de la dette au débiteur, ni l'éteindre par la novation ou la compensation. — L. 10, ff., *De solut.*; L. 7, § 6, ff., *De constit. pecun.*; — Toullier, t. 7, n° 25; Duranton, t. 12, n° 53. — On sent qu'il en serait autrement si l'indication était faite dans l'intérêt du tiers.

37. — Le tiers simplement *adjectus solutionis gratiâ* qui a reçu le paiement est tenu d'en faire compte au créancier, et celui-ci a contre lui l'action de mandat, même dans le cas où le tiers n'a point été présent à la convention, car en recevant le paiement, le tiers accepte le mandat. — Duranton, t. 12, n° 53.

INDICE.

Conjecture produite par des circonstances de fait, commencement de preuve, présomption qui peut se trouver fausse mais qui du moins a un caractère de vraisemblance. — V. ACTE DE NOTORIÉTÉ, CASSATION (mat. crim.), CHAMBRE DES MISES EN ACCUSATION, CHARGES, PRÉSOMPTION, PREUVE

INDIGENS.

1. — Ce sont les personnes qui sont dépourvues de tous moyens d'existence.

2. — L'empereur Constantin avait par la loi unique au Cod. *Quandò imperator intra pupillos*, accordé aux pauvres le droit de porter directement au tribunal suprême de l'empire et d'y faire évoquer toutes les causes dans lesquelles ils étaient parties. — Une faveur semblable était accordée aux indigens dans notre ancien ordre judiciaire : ils pouvaient plaider *omisso medio* devant les cours souveraines. — Guy-Pape, quest. 556; Antoine, *Conférence de droit français*, t. 2, p. 113. — L'art. 17, tit. 2, L. 24 août 1790, fit cesser ce privilége. — Merlin, *Rép.*, v° *Pauvre*.

3. — Les veuves des indigens avaient, dans certains pays de la France, droit au quart de la succession de leur mari. — Merlin, *Rép.*, v° *Pauvre*, n° 4.

4. — Les indigens sont maintenant en possession de priviléges de plusieurs sortes que l'humanité faisait un devoir de leur accorder.

5. — Les personnes dont l'indigence est légalement constatée sont dispensées de la consignation préalable de l'amende lorsqu'elles se pourvoient en cassation contre un jugement ou arrêt en dernier ressort. — V. CASSATION, CERTIFICAT D'INDIGENCE.

6. — Tous les théâtres sont soumis à un droit au profit des pauvres. Ce droit consiste dans l'abandon à leur profit d'un dixième de la recette. — V. DROIT DES PAUVRES. — V. aussi BALS PUBLICS.

7. — « A partir du 1er janvier 1847, porte l'art. 8, L. 3 juill. 1846, les extraits des registres de l'état civil, les actes de notoriété, de consentement, de publication, les délibérations des conseils de famille, les actes de procédure, les jugemens et arrêts dont la production sera nécessaire pour la célébration du mariage des personnes indigentes et pour la légitimation de leurs enfans seront visés pour timbre et enregistrés gratis lorsqu'il y aura lieu à l'enregistrement. Il ne sera perçu aucun droit de greffe au profit du trésor sur les copies ou expéditions qui en seraient passibles. L'indigence sera constatée selon les formes déterminées, avant le 1er janvier 1847, par une ordonnance rendue dans la forme des réglemens d'administration publique. Les actes, extraits, copies ou expéditions ainsi délivrés ne pourront servir que pour les causes ci-dessus indiquées sous les peines portées par les lois en vigueur. » — L'ordonnance annoncée par cet article a été rendue le 30 décembre 1846. Son texte est rapporté dans notre recueil des lois, ordonnances, réglemens et instructions, p. 410. — V. aussi ENREGISTREMENT, n°s 775 et suiv.

8. — Les indigens reçoivent à domicile des secours que leur distribuent les bureaux de bienfaisance. Ces établissemens administrent aussi les sommes qui ont ces secours pour destination. — V. BUREAU DE BIENFAISANCE, DOMICILE DE SECOURS.

9. — Ils peuvent aussi être reçus dans des hospices ou maisons hospitalières où ils sont tenus de travailler dans la mesure de leurs forces.

10. — Les indigens qui sont trouvés mendiant dans un lieu où il existe un dépôt de mendicité sont punis d'une peine correctionnelle, et à l'expiration de cette peine ils sont conduits au dépôt. — C. pén., art 474. — V. MENDICITÉ.

11. — Les frais de route accordés aux voyageurs indigens figurent parmi les dépenses ordinaires et obligatoires des départemens.

12. — Les indigens qui tomberaient dans un état d'aliénation mentale doivent être traités et soignés aux frais du département dans lequel aurait eu lieu leur séquestration. — V. ALIÉNÉS.

13. — Le ministère public a qualité pour poursuivre d'office la rectification des actes de l'état civil pour les parties indigentes. — *Angers*, 27 fév. 1846 (t. 2 1846, p. 227), Serpin. — Les actes de procédure et les jugemens intervenus sur cette poursuite sont visés pour timbre et enregistrés gratis. — V. ACTES DE L'ÉTAT CIVIL, n°s 517 et suiv.

14. — On ne pourrait, en alléguant un état d'indigence réclamer le concours du ministère public pour faciliter la recherche dans les études de notaires d'actes dont le réclamant pourrait avoir besoin. Le ministère public n'agit d'office que pour assurer l'exécution des lois, et il n'en est aucune qui ait statué sur ce cas. — Décis. min. just., 26 nov. 1835.

INDIGNITÉ (Succession).

1. — Etat de celui qui pour une des causes déterminées par l'art. 727, C. civ., est exclu d'une succession à laquelle il était appelé.

2. — L'*indignité* est autre chose que l'*incapacité*; on peut être capable de recueillir une succession et néanmoins en être déclaré indigne. L'indignité suppose même accessoirement la capacité; car on ne peut être déclaré indigne de recueillir une chose que lorsqu'on y est appelé. — Merlin, *Rép.*, v° *Indignité*, n° 1er; Rolland de Villargues, *Rép. du notar.*, v° *Indignité*, n° 1er.

3. — Sont indignes de succéder, et comme tels exclus de succession : 1° celui qui serait condamné pour avoir donné ou tenté de donner la mort au défunt; 2° celui qui a porté contre le défunt une accusation capitale jugée calomnieuse; 3° enfin l'héritier majeur qui, instruit du meurtre du défunt, ne l'aura pas dénoncé à la justice. — C. civ., art. 727. — V. au surplus SUCCESSION.

V. aussi ADOPTION, ALIMENS, CONFUSION DES DETTES, DONATION A CAUSE DE MORT, DONATION PAR CONTRAT DE MARIAGE.

INDIGOTERIES.

Etablissemens insalubres rangés dans la deuxième classe. — Cette industrie n'existe plus en France. — V. ÉTABLISSEMENS INSALUBRES (nomenclature).

INDIRECT.

1. — C'est ce qui se fait par une voie détournée.

2. — Toutes les voies indirectes sont prohibées dans les circonstances où les voies directes le sont également : *quod directè fieri prohibetur, etiam dicitur prohibitum per indirectum*. — Ménochius, *De præsumpt.*, lib. 4, *præsumpt.* 189, n° 82. — V. AVANTAGE INDIRECT, FRAUDE.

3. — Ainsi les époux ne peuvent se donner indirectement au delà de ce que la loi leur permet. — C. civ., art. 1099. — V. DONATION DÉGUISÉE, DONATION ENTRE ÉPOUX.

4. — On donne le nom d'*indirect* à l'impôt où à la taxe qui n'est pas levée directement sur les personnes ou les propriétés, mais qui est perçue à raison de certaines circonstances déterminées par la loi. Tels sont les droits d'enregistrement, de timbre, etc. — V. au surplus CONTRIBUTIONS INDIRECTES.

INDISPONIBILITÉ, INDISPONIBLE.

1. — Par *indisponibilité* on entend en général l'état d'une chose ou d'un droit dont on ne peut disposer, qu'on ne peut aliéner. — V., par exemple, ALIMENS.

2. — Le terme *indisponible* s'emploie plus fréquemment pour désigner la portion de biens dont la loi ne permet pas de disposer à titre gratuit, au préjudice des héritiers à réserve. — V. QUOTITÉ DISPONIBLE.

INDIVIDUALITÉ.

1. — Ce qui distingue un individu d'un autre individu. — V. ACTES DE L'ÉTAT CIVIL, CHASSE.

2. — Les notaires sont dans l'obligation de s'assurer de l'individualité des parties qu'ils ne connaissent pas. — L. 25 vent. an XI, art. 11. — V. ACTE NOTARIÉ, n°s 153 et suiv., CERTIFICAT DE VIE, NOTAIRE.

3. — Il en est de même des directeurs et préposés des maisons d'aliénés, relativement aux individus qu'on peut placer dans ces établissemens. — V. ALIÉNÉS, n°s 89 et suiv.

4. — Relativement à l'enregistrement des certificats de vie ou d'individualité, V. ENREGISTREMENT.

5. — On désigne encore par *individualité* ce qui s'applique à un individu spécialement et séparément. Ainsi l'on dit en ce sens que l'amende en matière criminelle doit être *individuelle*. — V. AMENDE (mat. crim., n°s 60 et suiv.), BRUITS ET TAPAGES.

INDIVIS, INDIVISION.

Table alphabétique.

Abeilles, 52.
Accession, 29.
Administration, 14, 67 s.
Amélioration, 77.
Appel, 68.
Aquéduc, 85.
Assurance maritime, 68.
Avances, 90.
Bail, 69 s., 74. — par licitation, 75.
Brevet d'invention, 53.
Canal d'irrigation, 55.
Carrière, 34.
Cessation de l'indivision, 26 s.
Cessionnaire, 17.
Changement, 77 s.
Cohéritier, 4, 8.
Communauté, 3, 8 s., 23.
Commune, 97.
Communion, 2 s.
Compromis, 68.
Compte de fruits, 92 s.
Condition, 48 s.
Congé, 76.
Consentement, 22.
Conservation, 80.
Contrat aléatoire, 10. — de

mariage, 3.
Convention contraire, 30 s., 38.
Copropriétaire, 74.—(droits de), 11 s.
Copropriété, 2.—éventuelle, 34.
Cour commune, 21, 63 s
Dégradation, 88.
Dépenses, 85.
Détérioration, 65.
Dettes, 84.
Disposition entre-vifs, 43.
Dol, 89.
Donataire, 4.
Dot, 24, 46.
Enregistrement, 61.
Étage, 54.
Faute, 89.
Four, 55.
Frais, 86 s.
Fraude, 89.
Fruits, 91.
Hypothèque, 15.
Indemnité, 87 s.
Indivisibilité, 54 s.
Innovation, 79.
Institution d'héritier, 47 s.
Intérêts, 90, 96.
Jouissance, 14, 62 s. — alternative, 33, 39 s., 42. — prolongée, 33, 36 s.
Légataire, 4.
Licitation, 27 s.
Mandataire, 78.
Mine, 73.
Mineurs (biens de), 25.
Mur mitoyen, 54.
Négligence, 89.
Objet accessoire, 56, 58.
Partage, 26, 42. — (prorogation de), 45.—(suspension de), 49 s. — de quotité, 41.
Passage, 59.
Porte cochère, 57.
Prescription, 18 s., 36 s., 59.
Prohibition, 30, 43.
Puits, 55.
Quotité disponible, 47 s.
Réparations, 81, 85.
Rescision, 61
Revenus, 92.
Saisie immobilière, 16.
Servitude, 18, 57 s., 60, 66, 83.
Société, 3, 5.
Stipulation pour autrui, 82 s.
Testament, 48 s.
Tiers, 85.
Usufruit, 46.
Usufruitier, 6 s., 81.
Vestibule, 54.

INDIVIS, INDIVISION. — 1. — Le terme *indivis* se dit de ce qui n'est point divisé ou partagé entre ceux qui le possèdent. — L'*indivision* est l'état de communauté de copropriétaires qui possèdent par indivis.

SECT. 1re—*Nature, effets et cessation de l'indivision* (no 2).

§ 1er.—*Nature de l'indivision* (no 2).

§ 2.—*Effets de l'indivision* (no 11).

§ 3.—*Cessation de l'indivision* (no 26).

SECT. 2e. — *Jouissance et administration des choses indivises* (no 62).

—

Sect. 1re.—*Nature, effets et cessation de l'indivision.*

§ 1er. — *Nature de l'indivision.*

2. — L'indivision n'est autre chose que la communion, et l'une et l'autre sont presque toujours le résultat de la copropriété.

3. — On peut posséder par indivis en vertu d'une convention, comme en vertu d'une communauté stipulée par un contrat de mariage ou d'un acte de société; alors les engagemens des copropriétaires se règlent ou par les clauses des contrats qu'ils ont souscrits, ou par les usages particuliers à ces sortes de convention. — Merlin, *Rép.*, vo *Indivis.*

4. — D'autres possèdent par indivis sans qu'il y ait entre eux aucune convention; tels sont, par exemple, les donataires ou légataires d'un même bien, les cohéritiers d'une même succession soit par testament, soit *ab intestat.* — Merlin, *ibid.* — C'est de cette espèce d'indivision qu'il est question ici.

5. — L'indivision ou communion ne doit pas être confondue avec la société. Car on peut posséder une chose en commun sans être associés; tel serait le cas où une chose aurait été léguée en commun ou acquise conjointement. Pour ce dernier cas, il pourrait y avoir société si l'acquisition eut été faite *animo societatis contrahendæ.*—L. 2, ff. *communi dividundo*; L. 31 et 33, ff., *Pro socio*; —Merlin, *Rép.*, vo *Surenchère*; Proudhon, *Usufruit*, nos 2064 et suiv.

6.—L'usufruitier n'est point en communion avec le nu-propriétaire, leurs droits sont distincts, et l'un ne pourrait intenter l'action en licitation contre l'autre pour mettre fin à leur conflit d'intérêt. — Proudhon, *Usufruit*, no 7.

7. — Si le défunt a laissé à son conjoint survivant et son donataire en usufruit la faculté d'abattre sur les immeubles tels bois, arbres et bâtimens que bon lui semblera, cette circonstance rend le partage de ces immeubles impossible entre les héritiers de la nue-propriété. — En pareil cas, il y a exception à l'art. 815, C. civ., qui permet généralement de sortir d'indivision. — *Paris*, 31 août 1813, Fessart c. Delacour.—V. conf. Poujol, art. 815, no 7.

8. — D'après l'ancien droit français dont les dispositions avaient été conservées par quelques coutumes, entre autres celles de Bourges et de Troyes, il y avait communauté de biens entre toutes personnes et spécialement entre cohéritiers, lorsqu'ils restaient dans l'indivision et qu'ils demeuraient ensemble *à un commun pot, sel et dépenses.* — V. SOCIÉTÉ TAISIBLE.

9. — Mais jugé que cette espèce de communauté ne pouvait être réputée avoir lieu si l'un des cohéritiers avait une demeure séparée ou à l'égard des biens qu'il acquérait en son nom personnel et distinct. — *Paris*, 30 mai 1811, Petit.

10. — Ainsi qu'on l'a vu vis CONTRAT ALÉATOIRE no 17, et DONATION ENTRE-VIFS, no 34, la convention par laquelle deux copropriétaires s'obligent à ne diviser ni liciter un immeuble indivis, et stipulent en outre que la part du prédécédé appartiendra en toute propriété au survivant des deux ne constitue qu'un contrat commutatif et aléatoire, auquel on ne doit appliquer ni les formes ni les effets de la donation ou du testament. — *Cass.*, 10 août 1836, Furet c. Langlois.

§ 2.— *Effets de l'indivision.*

11. — Les droits de chacun des possesseurs par indivis s'étendent sur l'universalité et même sur chaque partie de la chose, *totum in toto et totum in qualibet parte.*— Merlin, *Rép.*, vo *Indivis.*

12. — Jugé en ce sens que le propre de l'indivision est de conférer, jusqu'au partage, à celui qui est propriétaire indivis, un droit dans toute la chose et dans chaque partie de la chose. — *Cass.*, 30 déc. 1835, Galiffet c. Peloquin. — Conf. Rolland de Villargues, *Rép. du notar.*, vo *Indivision*, no 9.

13. — De ce principe découlent les conséquences suivantes :

14. — ... Chacun des communistes a le droit de jouir de la chose commune, de l'administrer et de faire les dépenses nécessaires pour la conserver. — V. *infrà* nos 62 et suiv.

15.—...L'hypothèque constituée par le copropriétaire indivis n'est pas nulle; seulement elle suivra le sort de la propriété de l'immeuble dans les mains du débiteur, c'est-à-dire qu'elle subsistera pour la totalité ou qu'elle sera anéantie, suivant que, par l'effet du partage ou de la licitation, l'immeuble sera attribué en entier au débiteur ou à un de ses copartageans. — Rolland de Villargues, no 11. — V. HYPOTHÈQUE.

16. — ... La part indivise d'un cohéritier dans les immeubles d'une succession ne peut être mise en vente par ses créanciers personnels, avant le partage ou la licitation qu'il peuvent provoquer ou dans lesquels ils peuvent intervenir. — C. civ. art. 2205.— V. SAISIE IMMOBILIÈRE.

17. — ... Celui qui se rend acquéreur de quelque portion d'une chose commune à plusieurs personnes entre naturellement dans leur communion; en cela il est comme l'héritier d'un asssocié qui se trouve lié sans convention avec les associés de son auteur. — L. 63 § 8, *Pro socio*; — Merlin, *Rép.*, vo *Indivis.*

18. — ... Si l'héritage en faveur duquel la servitude est établie appartient à plusieurs par indivis, la jouissance de l'un empêche la prescription à l'égard de tous. — C. civ. art. 709.— V. SERVITUDE.

19.—...Tant que l'indivision dure, la prescription ne saurait courir au profit d'un communiste contre un autre communiste au sujet de la chose commune, car le détenteur de la chose est toujours censé posséder pour autrui en même temps que pour soi. — C. civ., art. 2231. — V. PRESCRIPTION.

20. — Jugé en ce sens que quand par le partage, certains biens ont été laissés en commun et confiés à la garde de l'un des héritiers, celui-ci n'a pas pu en prescrire la propriété contre son cohéritier; qu'il ne peut non plus invoquer la prescription depuis la demande en redressement et parachèvement de partage formée contre lui. — *Cass.*, 6 nov. 1821, Daillet c. Leroy.

21. — Lorsque des copropriétaires stipulent dans un acte de partage qu'une cour restera commune entre eux, et qu'elle sera pavée aux frais de tous, cette dernière obligation est indépendante de la convention de communauté, de sorte qu'elle peut être éteinte par la prescription, quoique la communauté continue. — *Bourges*, 24 fév. 1830, Ibry et Chauveau c. Ambert.

22.— Le propriétaire indivis d'un immeuble, qui a fait insérer dans le cahier des charges de la vente de cet immeuble une clause par laquelle l'adjudicataire doit être soumis à lui payer une somme à raison de la vente qu'il a faite d'une partie de cet immeuble, n'est pas réputé consentir à l'aliénation de la portion dont il est resté propriétaire. — *Cass.*, 10 déc. 1844, (t. 1er 1845, p. 943), Preiswerck c. Mercklin.

23. — L'acquisition faite pendant le mariage à titre de licitation ou autrement, de portion d'un immeuble dont l'un des époux est propriétaire par indivis, ne forme point un conquet, sauf indemnité en faveur de la communauté. — De plus la femme a en pareil cas, lors de la dissolution de la communauté, le choix ou de retirer l'immeuble ou de l'abandonner à la communauté. — C. civ., art. 1408. — V. COMMUNAUTÉ.

24.—Les règles sur l'inaliénabilité du fonds dotal souffrent exception, lorsque cet immeuble se trouve indivis avec des tiers, tellement qu'il est reconnu impartageable. — C. civ., art. 1558. — V. DOT.

25. — La vente des biens de mineurs est sujette à moins de formalités, quand elle a lieu par suite de licitation ordonnée sur la provocation d'un co-propriétaire par indivis.— C. civ., art. 460. — V. LICITATION, TUTELLE.

§ 3. — *Cessation de l'indivision.*

26. — L'indivision entrave l'exercice du droit de propriété, et d'ailleurs elle est souvent entre les copropriétaires une source de discorde. Aussi la loi devait-elle reconnaître à chacun des cohéritiers ou communistes le droit de la faire cesser.—Nul ne peut être contraint, dit l'art. 815, C. civ., à demeurer dans l'indivision, et le partage peut toujours être provoqué. — Cette disposition est renouvelée du droit romain. — L. 5 C. *Communi dividundo.* — V. PARTAGE.

27. — Si les immeubles ne peuvent pas se partager commodément, il doit être procédé à la vente par licitation. — C. civ., art. 827. — V. LICITATION.

28. — Il en est de même en général toutes les fois qu'une chose commune à plusieurs ne peut être partagée commodément et sans perte. — C. civ., art. 1686. — V. LICITATION.

29. — ... Par exemple dans le cas où une chose est provenue du mélange de deux matières appartenant à deux propriétaires différens. — C. civ., art. 575. — V ACCESSION, no 166 et suiv.

30. — Le partage ou la licitation peuvent être provoqués nonobstant prohibitions et conventions contraires. — C. civ., art. 815 et 827.

31. — Ainsi, jugé qu'un des copropriétaires par indivis peut exercer l'action en partage, quoiqu'il ait été convenu que celui qui vendrait sa part la céderait à ses co-propriétaires d'après l'estimation. — *Toulouse*, 30 mai 1823, Roucole c. Raspaud et Delpech. — V. Rolland de Villargues, *Rép. du not.*, vo *Partage de succession*, no 5.

32.—...Que la convention par laquelle deux propriétaires d'un fonds indivis ont établi sur ce fonds un pacage commun, ne fait point obstacle à ce que le partage du pacage commun ne puisse être provoqué comme celui du fonds même.—*Cass.*, 18 nov. 1818, Blot-Vallée c. Guyard. — V. conf. Poujol, art. 815, no 9; Rolland de Villargues, vo *Partage de succession*, no 16.

33.—...Que la convention par laquelle les copropriétaires d'une scierie établissent et règlent un mode de jouissance alternatif et proportionnel de la propriété commune, ne constitue pas un partage de la propriété, et laisse au contraire subsister l'indivision, qu'un tel mode de jouissance ne met donc pas obstacle à la demande en partage de la propriété. — *Cass.*, 5 juin 1839, (t. 2 1839, p. 165), de Broglie c. Zeller.

34. — ... Qu'on doit déclarer nulle, comme inconciliable avec les dispositions de l'art. 815 C. civ., la clause d'un acte de partage qui a pour objet d'établir entre les copartageans un droit éventuel de copropriété pour un temps illimité sur quelques uns des biens partagés; que telle est la clause par laquelle les copartageans stipulent que, si des carrières ou tourbières sont ultérieurement découvertes dans les biens partagés, l'usage en sera commun à tous, sauf indemnité au propriétaire du sol. — *Nancy*, 12 mars 1846, (t. 2 1846, p. 209), Colnot c. Gury.

35. — Lorsque des individus ont acheté un immeuble en commun, non pour en jouir eux-mêmes, mais pour en conférer l'usage à un tiers, il n'y a pas lieu d'appliquer l'art. 815, C. civ., qui veut que nul ne puisse être contraint de rester dans l'indivision. En ce cas, les communistes ne peuvent provoquer le partage ou la licitation de la chose indivise, tant que peut durer l'usage exclusif du tiers. — *Colmar*, 20 mars 1813, Rehm c. Kœser.—V. conf. Poujol, art. 815, no 9.

36. — On ne peut prescrire contre le droit de demander le partage ou la licitation, quelle qu'ait été la durée de la communion ou de l'indivision.

37. — Jugé en ce sens par un arrêt du parlement de Paris du 21 janv. 1742 qui décide que bien qu'une sentence qui avait ordonné que des copropriétaires jouiraient par indivis d'un héritage qui ne pa-

naissait point susceptible d'être partagé, eût été respectivement exécutée pendant quarante-cinq ans, cette circonstance n'empêchait pas l'un d'eux de provoquer la licitation. — Merlin, *Rép.*, v° *Licitation*.

38. — Et depuis, il a été jugé aussi que le partage d'un immeuble indivis peut être provoqué, nonobstant toute convention contraire, encore que plus de trente ans se soient écoulés depuis la convention qui consacre l'indivision. — *Cass.*, 9 mai 1827, Barde c. Françon.

39. — ... Que de ce que deux individus sont convenus de jouir alternativement d'un immeuble commun, et qu'en effet ils en ont joui ainsi pendant trente ans, il ne s'ensuit pas que chacun d'eux ne puisse ultérieurement en provoquer le partage ou la licitation. — *Cass.*, 15 fév. 1813, Maillon c. Boubard. — V. conf. Chabot, *Succession*, art. 815, n° 4; Rolland de Villargues, *Rép. du notar.*, v° *Partage de succession*, n° 13; Duranton, t. 7, n° 76; Poujol, art. 816, n° 1.

40. — En effet, convenir qu'on jouira alternativement d'une chose indivise, ce n'est pas la partager, c'est au contraire confirmer la communauté ou l'indivision; c'est établir un mode de jouissance commune, et il est clair que cette convention ne saurait faire obstacle à la demande en partage ou licitation, d'autant plus qu'elle n'a pas l'effet de faire disparaître les inconvéniens que la loi redoute dans l'indivision, c'est-à-dire les querelles, les difficultés, les procès.

41. — Jugé encore qu'un ancien partage de quotité, qui ne règle qu'un mode de jouissance, ne peut être considéré comme ayant fait cesser l'indivision entre les communistes. — *Rennes*, 27 mai 1812, Lecompte c. N...

42. — ... Que la perception alternative des produits d'un immeuble à des époques périodiques ne constitue pas, au profit de ceux qui y ont droit, un partage de cet immeuble, et laisse au contraire, subsister l'indivision; qu'un tel mode de jouissance ne fait donc pas obstacle à la demande en partage de la propriété. — *Cass.*, 31 janv. 1838, (t. 1er 1838, p. 368), comm. de Laperière c. de Magnoncourt.

43. — De ce que nul ne peut être contraint à demeurer dans l'indivision nonobstant prohibitions contraires, on a conclu qu'une pareille prohibition ne peut être la condition d'une disposition gratuite entre-vifs ou testamentaire. — Merlin, *Rép.*, v° *Indivis et Partage*; Chabot, *Successions*, art. 815, n° 2. — V. CONDITION, nos 204 et suiv.

44. — Ainsi jugé que le droit de sortir de l'indivision étant au nombre de ceux que la loi déclare inséparables de la propriété, toute disposition testamentaire tendante à empêcher un héritier d'exercer ce droit est nulle. — *Aix*, 10 mai 1841, (t. 2 1841, p. 302), Augier c. Maintenon. — Que spécialement, on doit réputer non avenue la disposition par laquelle le testateur veut que le partage de partie de sa succession soit prorogé à un temps excédant cinq années. — *Bordeaux*, 20 avr. 1831, Lynch c. Saint-Guirons.

45. — ... Que la clause par laquelle deux époux en dotant leurs enfans, leur imposent l'obligation de laisser le survivant d'entre eux jouir de l'usufruit des biens du prédécédé sans pouvoir, sous aucun prétexte, demander de compte ni de partage est nulle comme contenant une condition d'indivision prohibée par l'art. 815, C. civ. — *Orléans*, 4 août 1836; sous *Cass.*, 16 janv. 1838 (t. 1er 1838, p. 548), Berlaud et Lapoirière c. Maurat.

46. — D'autres pensent, au contraire, qu'un testateur peut imposer à ses légataires ou héritiers institués toute condition dont ceux-ci pourraient faire entre eux la matière d'une convention, et que dans le cas où la prohibition de partage aurait été imposée par le testateur pour un temps limité excédant cinq années, cette disposition ne serait pas nulle, mais seulement réductible au terme de cinq ans. — Duranton, t. 7, nos 80 et 81; Delvincourt, sur l'art. 815. — Et il a été jugé dans ce sens que la condition imposée par un testateur à son légataire de ne provoquer, pendant toute la durée de l'usufruit aucun partage contre le propriétaire d'une portion de certains immeubles indivis, lequel est en outre usufruitier de la portion léguée, n'était pas une condition contraire à la loi, est obligatoire pour le légataire au moins pendant cinq années; en sorte que si elle a été sanctionnée par une clause pénale, cette clause doit être appliquée en cas d'inexécution de la condition. — *Cass.*, 20 janv. 1836, Roussel c. Salmon.

47. — L'on sent, au surplus, ajoute M. Duranton (*ibid.*), que si un testateur voulait imposer une telle prohibition à ses héritiers légitimes, il faudrait, pour lui donner de l'efficacité, qu'il la sanctionnât par quelque autre disposition, que par exemple il instituât d'autres personnes à la place de celles qui contreviendraient à sa volonté, etc.; autrement ces héritiers pourraient, laissant de côté le testament, demander chacun leur part d'après les règles sur les successions *ab intestat*, et alors la prohibition resterait sans effet.

48. — Le testateur qui ne laisserait à ses héritiers à réserve aucune portion de la quotité disponible, ne pourrait leur imposer la prohibition de partager. En effet, ne pouvant leur enlever leur réserve, il ne peut par conséquent la grever de conditions. — Poujol, art. 815, n° 2.

49. — On peut cependant convenir de suspendre le partage ou la licitation pendant un temps limité; cette convention ne peut être obligatoire au-delà de cinq ans; mais elle peut être renouvelée. — C. civ., art. 815 et 827; — Chabot, art. 815, n° 10; Duranton, t. 7, n° 87. — Et suivant MM. Duranton (*ibid.*, n° 81) et Delvincourt (sur l'art. 815), si la convention excédait cinq ans, elle ne serait pas radicalement nulle, mais seulement réductible à ce terme. — V. *suprà* n° 46.

50. — L'arrêt qui ordonne un sursis à une demande en partage entre communistes jusqu'à ce qu'il ait été statué sur un procès intenté par des tiers et qui a pour objet de faire fixer les droits des communistes sur la chose à partager, ne viole pas le principe qui veut que nul ne puisse être contraint de demeurer dans l'indivision. — *Cass.*, 10 août 1843 (t. 2 1843, p. 604), commune de Houesville c. communes de Liesville et de Carquebut.

51. — Le droit de demander à sortir de l'indivision par suite du partage ou de la licitation, s'applique à toute espèce d'indivision quelle qu'en soit l'origine. — Duranton, t. 7, n° 77. — V. PARTAGE.

52. — Ainsi ce droit peut être exercé à l'égard d'un essaim d'abeilles. — V. ABEILLE, n° 17.

53. — ... D'un brevet d'invention. — V. BREVET D'INVENTION, n° 232.

54. — Cependant il est des objets à l'égard desquels on ne saurait faire cesser l'indivision au moyen du partage ou de la licitation; ce sont ceux qu'un partage ou une licitation rendrait inhabiles à remplir leur destination et que la nature condamne par conséquent à rester dans l'état d'indivision; tels sont les murs mitoyens, les allées ou vestibules, les escaliers communs à plusieurs maisons ou à divers étages d'une même maison, si ces maisons ou ces étages d'une même maison n'ont pas d'ailleurs d'autres issues, *si alias aditum non habent.*, dit la loi 19, § 1 ff. *communi dividundo*; — Merlin, *Rép.*, v° *Partage*, § 10, n° 2; Delvincourt, t. 2, p. 344 note; Toullier, t. 4, n° 469; Duranton, t. 7, n° 77; Poujol, art. 815, n° 8; Rolland de Villargues, *Rép.*, v° *Indivision*, n° 39.

55. — Tels sont encore les objets qui sans être indivisibles par leur nature le deviennent par leur emploi au service de divers héritages auxquels leur état d'indivision est plus utile que ne le serait leur partage ou leur licitation, par exemple, un puits, un four, un canal d'irrigation, etc. — Mêmes auteurs; Cappeau, p. 495; Rolland de Villargues, n° 40.

56. — Ainsi, jugé que lorsqu'un objet *accessoire* à deux propriétés *principales*, possédées séparément par deux propriétaires, et formant une dépendance nécessaire à l'exploitation de leurs propriétés, a été laissés *indivis* pour leur utilité commune, l'un des deux propriétaires n'a point le droit d'en provoquer le partage, en vertu de l'art. 815, C. civ., nonobstant la convention contraire. — *Cass.*, 10 déc. 1823, Séguin c. Guesdin.

57. — De même, l'acte de partage portant que quelques parties de l'héritage qui en fait l'objet, comme la porte-cochère et la cour des bâtimens qui s'y trouvent compris, resteront communes entre les co-partageans, doit être considéré, non comme contenant une stipulation prohibée par l'art. 815, C. civ., alin. 2e, qui ordonne la cessation de l'indivision après cinq ans, mais comme établissant seulement une servitude réciproque pour chacun des co-propriétaires. — *Cass.*, 21 août 1832, Haag c. Schneider.

58. — De même encore, lorsqu'il a été convenu dans un partage que des parties jouiraient en commun d'un objet accessoire à l'immeuble partagé, aucune d'elles ne peut réclamer plus tard le partage de l'objet laissé indivis. Les parties étant en pareil cas moins en état d'indivision qu'en état de servitude réciproque, il n'y a pas lieu d'appliquer la règle que nul n'est tenu de demeurer dans l'indivision. — *Bordeaux*, 4 déc. 1835, Chéreau c. Figeron.

59. — Lorsque deux propriétaires contigus ont joui en commun pendant trente ans sans interruption, et *animo domini*, d'un passage formé, pour la desserte de leurs héritages, d'une parcelle de chacun d'eux, cette jouissance dispense de la représentation de tous titres et constitue une présomption *juris et de jure* qu'il y a eu originairement convention respective de laisser à toujours ces parcelles indivises, et ni l'une ni l'autre des parties n'est plus admise à en demander le partage. — *Cass.*, 10 janv. 1842 (t. 1er 1842, p. 630), de Livron c. Labasse.

60. — Mais si l'objet n'était pas nécessaire à l'exploitation des deux héritages, le principe qui s'oppose à l'indivision forcée reprendrait son empire. — Toullier, t. 4, n° 469 bis; et Pardessus, *Servitudes*, n° 8.

61. — Tout acte qui a pour objet de faire cesser l'indivision entre cohéritiers peut être attaqué par la rescision encore qu'il soit qualifié de vente, d'échange et de transaction ou de toute autre manière (V. PARTAGE). Toutefois l'application de cette règle donne lieu à des distinctions surtout en matière d'enregistrement. — V. ENREGISTREMENT.

Sect. 2e. — *Jouissance et administration des choses indivises.*

62. — Chacun des communistes a le droit de jouir de la chose commune, suivant l'usage auquel elle est destinée; mais l'exercice de ce droit doit s'arrêter là où la jouissance entraînerait des inconvéniens ou un préjudice pour les autres communistes.

63. — Ainsi une cour commune, à la campagne, servant nécessairement à recevoir des dépôts de bois, fumiers, voitures, etc., chacun de ceux qui y ont droit peut y déposer ses objets de manière toutefois à ne point gêner ses copropriétaires. — *Bourges*, 31 janv. 1814, Chailloux c. Souris.

64. — Celui qui est copropriétaire d'une cour commune peut pratiquer des entonnoirs dans son mur et sur cette cour, pourvu d'ailleurs qu'il n'en résulte aucun inconvénient pour les autres copropriétaires. — *Cass.*, 6 fév. 1822, Corbier c. Bizardière.

65. — Mais lorsqu'un terrain est indivis entre plusieurs copropriétaires, l'un d'eux ne peut se permettre des actes qui tendraient à détériorer la propriété commune. — *Angers*, 22 avr. 1825, Pecate c. commune de Saint-Calais.

66. — Ainsi un cohéritier ou un copropriétaire ne peut, durant l'indivision, grever d'une servitude la propriété commune. — *Bruxelles*, 13 oct. 1821, Mainvault.

67. — L'administration de la chose commune ou indivise appartient à chacun des copropriétaires, à moins de stipulation contraire; et ce que chacun fait est alors valable, même pour la part des autres intéressés. — L. 28, ff., *De communi dividundo*. — Arg. C. civ., art. 1859; — Delvincourt, *Cours de C. civ.*, t. 3, p. 226; Cappeau, *Lois rurales*, t. 1er, p. 489.

68. — Comme exemples de mesures prises par un communiste, dans l'intérêt de tous, V. APPEL, ASSURANCE MARITIME. — V. aussi COMPROMIS.

69. — Les lois romaines déclaraient valable le bail fait par le copropriétaire au nom de tous. — L. 6, § 2, ff., *Communi dividundo*.

70. — Mais cela suppose que tous les copropriétaires consentent à ce que la chose soit donnée à bail; autrement, il faudrait ou partager ou liciter. — Merlin, *Rép.*, v° *Indivis*.

71. — Ainsi jugé que le copropriétaire d'un objet indivis ne peut exiger que cet objet soit affermé à des tiers; qu'il ne peut que demander le partage ou la licitation. — *Toulouse*, 29 juill. 1820, Pécalvel, c. Janson.

72. — ... Et qu'on ne peut, sans faire constater qu'une maison appartenant à deux personnes n'est pas susceptible de division, ordonner qu'elle soit louée en totalité. — *Rennes*, 23 fév. 1819, Hourmant c. Guensu.

73. — Comme conséquence du même principe, qu'aucune mesure d'administration ne saurait être ordonnée dans l'intérêt commun, quand il est constant que la chose commune est susceptible de division, il a été jugé qu'une compagnie concessionnaire d'une mine n'a pas le droit de contraindre les propriétaires communistes de la surface à nommer un mandataire unique pour percevoir les redevances et exercer tous les droits de surveillance et de vérification qui appartiennent à ces propriétaires. — *Lyon*, 19 fév. 1841 (t. 1er, 1841, p. 677), Côte-Thiollière c. Beaujelin et Flachier.

74. — La location faite par un copropriétaire de sa portion dans l'immeuble indivis à son associé doit, en cas de licitation, être annulée. Cette location, entre copropriétaires indivis, doit être considérée comme un mode de règlement de jouissance de l'immeuble pendant le temps de l'indivision, résoluble par le fait du partage ou de l'aliénation de l'immeuble. — *Paris*, 5 janv. 1831, Lauvin c. Rizzoli.

75. — Lorsque les copropriétaires, d'accord sur

la nécessité de louer ne le sont pas sur le mode de jouissance ou de location, il y a lieu de recourir au bail par licitation. — V. BAIL PAR LICITATION.

76. — Le congé donné par l'un des copropriétaires est, dans le plus grand nombre des cas, réputé l'œuvre de tous. — V. BAIL, nos 918 et suiv.

77. — En général, l'un des copropriétaires d'une chose commune, n'y peut faire aucun changement ou amélioration sans le consentement des autres. — L. 28, ff., *De communi divid.*

78. — Ainsi jugé que le propriétaire du troisième étage d'une maison ne peut exhausser les murs et une partie du toit pour se procurer un quatrième étage, lorsque ces innovations sont préjudiciables au propriétaire des étages inférieurs, à cause de l'état des murs de la maison. — *Grenoble*, 27 nov. 1821, Labbé c. Piraud. — V. ÉTAGE, nos 41 et suiv.

79. — Un seul des communistes peut empêcher les innovations, quoique reconnues avantageuses et agréées par tous les autres; car chacun a la liberté de conserver son droit tel qu'il est: *in re communi melior est conditio prohibentis.* — L. 28, ff., *Communi divid.*; L. 5, C., *De auctorit. præstandâ*; — C. civ., art. 1859, no 4; — Merlin, *Rép.*, vo *Indivis.*

80. — Il faut cependant excepter les changemens qui seraient nécessaires à la conservation de la chose commune; car il ne serait pas juste que cette chose pérît par la bizarrerie d'un des copropriétaires. Alors celui-ci non-seulement ne peut s'opposer au changement, mais encore peut être contraint à faire les dépenses nécessaires pour la conservation de cette chose. — Cappeau, *Lois rurales*, t. 1er, p. 488.

81. — Ainsi, les copropriétaires par indivis d'une maison sont tenus indivisiblement envers l'usufruitier d'en faire les grosses réparations. — *Cass.*, 11 janv. 1825, Oursel c. Gosson.

82. — Du pouvoir d'administrer naît l'obligation pour chacun de rapporter à la chose commune les droits qu'il acquiert pour elle et d'y faire participer ses co-propriétaires. — Cappeau, p. 489.

83. — Jugé cependant que lorsque l'un des copropriétaires d'un immeuble a stipulé une servitude, cette stipulation ne profite pas nécessairement aux autres communistes qui ne sont pas dénommés dans l'acte. — *Cass.* (implic.), 5 déc. 1827, Tassé c. Chevet.

84. — Chacun des communistes est tenu de supporter sa part des dettes dont la chose commune est grevée. — Pothier, *Société*, appendice, nos 186 et 187.

85. — Il est également obligé de contribuer aux réparations et dépenses faites ou à faire. — Pothier, no 192. — Comme exemple, V. AQUEDUC, no 11.

86. — Les frais d'un procès soutenu par le communiste, sans mandat exprès de ses co-propriétaires, doivent rester à sa charge personnelle, s'il a succombé. — Proudhon, *Usufruit*, no 1735.

87. — Si, au contraire le communiste a gagné, il a droit au remboursement des avances et déboursés qu'il a été obligé de faire, et même à l'indemnité des pertes qu'il aurait éprouvées en cessant de vaquer à ses propres affaires. — L. 3, § 7, ff., *De negot. gest.* — Proudhon, nos 1736 et suiv.

88. — Celui des communistes qui a causé quelque dégradation à la chose commune est obligé à un dédommagement. — L. 19, C., *famil. ercisc.*; — Pothier, no 190.

89. — Ceux qui jouissent, au nom des autres, du bien indivis, étant obligés d'en prendre soin comme de leur propre affaire, doivent répondre non seulement du dol et de la fraude, mais encore des fautes et de la négligence contraires à ce soin. — Merlin, *Rép.*, vo *Indivis.*

90. — Chaque communiste qui a administré, est en droit de répéter avec intérêts les avances qui ont conservé la chose et celles qui l'ont rendue plus précieuse. — Merlin, *eod. verb.*

91. — Les communistes doivent partager les fruits proportionnellement à la part de chacun dans la propriété. — Merlin, *eod. verb.*

92. — Chaque communiste est tenu de rapporter les fruits et revenus qu'il a touchés, et en général tout ce qu'il a tiré de la chose commune. — Pothier, no 189; Merlin, *eod. verb.*

93. — Ce principe doit sans doute recevoir son application quand un ou plusieurs des communistes ont joui de la chose commune à l'exception des autres. Mais il en est autrement quand il y a eu jouissance respective de la part de chacun des communistes; chacun est présumé avoir recueilli dans l'étendue de ses droits; et il n'y a plus de comptes à se rendre réciproquement.

94. — Ainsi, lorsque des héritiers ont vécu en commun ménage, chacun est censé avoir consommé sa part et portion des revenus des biens indivis, et l'un ne peut demander à l'autre une restitution de fruits pour le temps qu'a duré la communion. — *Grenoble*, 28 juin 1811, N.

95. — De même, lorsque des cohéritiers ont vécu en communion, ils sont réputés avoir travaillé pour leur avantage commun, et avoir consommé ou recueilli leur portion des fruits des biens indivis, et par suite de cet état de communion, l'augmentation subséquente de la valeur du mobilier est censée provenir de l'industrie ou des revenus communs. — *Grenoble*, 13 juill. 1813, Riquet.

96. — De même encore, tant que dure la communion ou indivision, il y a présomption que les communistes jouissent chacun en proportion de ses droits, et qu'ils se prévalent annuellement de leur part dans les produits réalisés en commun. En conséquence, il n'y a pas respectivement lieu à aucun compte de frais ou d'intérêts entre les parties. — *Grenoble*, 7 mai 1831, Sestier c. Guillet.

97. — Pour les cas où il s'agit de droits indivis à exercer par une commune soit conjointement avec une autre commune, soit avec des particuliers, V. COMMUNE.

V. CESSION DE BIENS, COMPENSATION, DESHÉRENCE, DROITS SUCCESSIFS, ENREGISTREMENT, PAIEMENT, TRANSCRIPTION (DROIT DE).

INDIVISIBILITÉ.

V. ACTE, ALIMENS, ANTICHRÈSE, APPEL, ASSURANCES MARITIMES, AVEU, CASSATION (mat. civ.), CHOSE JUGÉE, COMPÉTENCE CRIMINELLE, CONDITION, CONNEXITÉ (mat. crim.), COUR D'ASSISES, DÉPÔT, ENREGISTREMENT, JONCTION, HYPOTHÈQUE, SERMENT JUDICIAIRE ET EXTRAJUDICIAIRE, TRANSCRIPTION (droit de), et surtout OBLIGATION DIVISIBLE ET INDIVISIBLE.

INDUSTRIE.

1. — Cette dénomination sert particulièrement à désigner l'invention, la fabrication ou la mise en œuvre des objets ou des matières destinés à être répandus dans le commerce.

2. — Dans un sens plus général, le même mot est quelquefois aussi synonime de commerce et est employé comme embrassant tout ce qui constitue l'activité manufacturèrre et mercantile d'un pays.

3. — Affranchie des entraves qui l'asservissaient avant la révolution de 1789, l'industrie est aujourd'hui indistinctement accessible à tous, et n'est soumise à d'autres règles que celles qu'exigent le maintien même de sa liberté et la loyauté de la concurrence. — V. au surplus LIBERTÉ DE L'INDUSTRIE.

4. — Sur les moyens mis en œuvre pour favoriser le commerce intérieur et extérieur., V. COMMERCE, COMMERCE ÉTRANGER, COMMERCE MARITIME. — Sur les institutions chargées de l'examen de tous les objets qui peuvent intéresser le commerce et l'industrie, V. CHAMBRES DE COMMERCE, CONSEIL SUPÉRIEUR DU COMMERCE ET DES MANUFACTURES. — Pour la distribution des récompenses et encouragemens décernés par le gouvernement, V. EXPOSITION DE PRODUITS DE L'INDUSTRIE. — Pour l'instruction des jeunes gens qui se destinent aux diverses carrières commerciales et industrielles, V. ÉCOLES DE COMMERCE ET D'ARTS ET MÉTIERS.

5. — Ajoutons sur ce dernier point que dans un grand nombre de villes manufacturières, des cours gratuits sont ouverts pour enseigner à ceux qui exercent des professions industrieuses ou qui s'y destinent, les élémens les plus simples ou plutôt les applications les plus usuelles aux arts et métiers, de la géométrie et de la mécanique.

6. — Mais il faut remarquer que l'établissement de ces cours est un objet purement *municipal*, et qu'en conséquence les fonds départementaux ayant d'autres destinations, ne doivent pas y concourir, et que ce n'est pas au conseil général du département que doivent s'adresser les invitations de contribuer à la propagation de ce genre d'enseignement. — Circ. min., 11 nov. 1825.

7. — Enfin, des juridictions spéciales ont été instituées, qui simplifient le jugement de toutes les contestations entre maîtres et ouvriers ou entre les commerçans. — V. PRUD'HOMMES, TRIBUNAL DE COMMERCE.

8. — En regard des diverses privilèges que nous venons d'indiquer, le législateur a sagement édicté des peines assez sévères contre tous les faits qui seraient de nature, soit à altérer la bonne foi de l'industrie, soit à en troubler le libre exercice, soit enfin à porter atteinte aux droits acquis de ceux qui s'y livrent. C'est ce qui a fait surtout l'objet des art. 413 à 429 du code pénal et de diverses lois spéciales.

9. — Dans le but de garantir la qualité des marchandises qui s'exportent à l'étranger et d'éviter, dans un intérêt général, que les produits de notre industrie nationale se trouvent discrédités sur les marchés étrangers, la loi du 22 germin. an XI, art. 4, avait annoncé qu'il serait fait, sur l'avis des chambres consultatives du commerce, des réglemens d'administration publique, relatifs aux produits des manufactures qui s'exportent à l'étranger.

10. — Ensuite est venu l'art. 413, C. pén., qui porte: « toute violation des réglemens d'administration publique, relatifs aux produits des manufactures françaises qui s'exporteront à l'étranger et qui ont pour objet de garantir la bonne qualité, les dimensions et la nature de la fabrication, sera punie d'une amende de 200 francs au moins, de 3,000 francs au plus, et de la confiscation des marchandises. Ces deux peines pourront être prononcées cumulativement ou séparément suivant les circonstances. »

11. — Comme le but de cette disposition est uniquement de réprimer la fraude qui pourrait facilement être employée dans le commerce d'exportation, il ne faudrait pas en étendre l'effet aux vices des produits exportés, autres que ceux que les réglemens auraient pour objet de signaler. Ainsi, par exemple, il ne suffirait pas que la marchandise fût mal fabriquée, si sa qualité n'est pas mauvaise, si sa nature est sincère et ses dimensions exactes, pour qu'il y eût lieu à l'application d'une peine. La loi ne punit que la fraude et non la maladresse ou l'ignorance et elle ne punit qu'une espèce de fraude, celle qui porte sur les points qu'elle indique. — Chauveau et Hélie, *Th. du code pénal*, t. 7, p. 448.

12. — A quel moment le délit dont il s'agit existe-t-il et quand les marchandises doivent-elles être considérées comme étant en voie d'exportation? Suivant M. Carnot, (*Comment.*, *C. pén.*, t. 2, p. 410), il ne suffit pas que les marchandises soient destinées à l'exportation par le fabricant, pour que les peines de l'art. 413, C. pén., deviennent applicables, il faut de plus qu'elles aient été réellement expédiées et saisies dans le cours de l'exportation; M. Rauter (*Tr. du dr. crim.*, t. 2, p. 162) pense que la peine serait applicable dans le cas où les produits sont, sinon déjà expédiés, du moins emballés, avec désignation de la destination à l'étranger. MM. Chauveau et Hélie (*Th. du C. pén.*), dont la doctrine nous paraît en définitive devoir être suivie, sont d'avis que le délit existe dès que par une circonstance ou par une autre, il y a *certitude* de la destination; « s'il en était autrement, disent ils, toute répression serait vaine; car l'exportation ne commence qu'au départ de la marchandise et par conséquent au moment où la vérification devient impossible. »

13. — Du reste les réglemens qu'annonce la loi du 22 germin. an XI, et que supposait l'art. 413 du code pénal, ne sont point intervenus et tout porte à croire que le gouvernement y a renoncé, les dispositions prises pour la marque des produits manufacturés qui sont destinés au commerce intérieur, dispositions qui ont fait notamment l'objet de la loi du 28 juill. 1824, pouvant jusqu'à un certain point suppléer les mesures que l'on avait projetées en vue du commerce extérieur.

14. — Quant à la marque des produits manufacturés en général, V. ÉTOFFES, FABRICANT, FABRIQUE, MANUFACTURES, MARQUES DE FABRIQUE, SOIE, SOIERIES.

15. — Quant aux infractions réprimées par les art. 414, 415, et 416 du C. pén., V. COALITION par l'art. 417; — V. EMBAUCHAGE par l'art. 418, BREVET D'INVENTION, SECRETS DE FABRIQUE par les art. 419 et 420; HAUSSE et BAISSE DU PRIX DES MARCHANDISES.

16. — Les fraudes tendant à induire le public en erreur sur la nature de la marchandise qui lui est offerte de même que celles résultant de l'usage de faux poids ou de fausses mesures sont réprimées par les articles 423 et 424. — V. POIDS ET MESURES, TROMPERIE SUR LA MARCHANDISE.

17. — La contrefaçon des marques destinées à être apposées au nom du gouvernement sur les diverses espèces de denrées ou de marchandises, est d'ailleurs punie de réclusion par l'art. 142. — V. CONTREFAÇON, FAUX.

18. — La contrefaçon des marques particulières que les négocians peuvent apposer eux-mêmes sur les objets de leur fabrication est spécialement punie par la loi précitée du 22 germin. an XI, le décret du 5 sept. 1810, et la loi du 28 juill. 1824. — V. MARQUES DE FABRIQUE.

19. — Enfin, les objets brevetés d'invention, les dessins ou modèles qui sont la propriété particulière des fabricans, sont protégés par la loi du 18 mars 1806, l'ord. roy. du 17 août 1825 et la loi du 5 juill. 1844. — V. BREVET D'INVENTION, CONTREFAÇON, PROPRIÉTÉ INDUSTRIELLE, MODÈLES ET DESSINS DE FABRIQUE.

INEXÉCUTION DES OBLIGATIONS, DES CONDITIONS, ETC.

V. CONDITION, DOMMAGES-INTÉRÊTS, DONATION ENTRE-VIFS, OBLIGATION.

INFAMIE.

1. — Flétrissure imprimée à l'honneur, à la réputation, soit par la loi, soit par l'opinion publique.

2. — L'infamie imprimée par l'opinion publique, complétement arbitraire, souvent inique, ne saurait produire d'effets légaux, aussi n'avons-nous point à nous en occuper; disons seulement que, selon les circonstances, elle pourrait éveiller l'attention de certaines corporations ou compagnies dont ferait partie celui qui en est atteint et motiver contre lui des mesures de discipline et même l'exclusion, et encore, dans ce cas même, ne serait-ce pas sur l'opinion publique que se fonderait une semblable décision, mais sur des actes répréhensibles, au moins moralement, dont l'existence préalablement vérifiée serait parfaitement établie.

3. — A Rome, l'infamie légale résultait soit de la loi directement, comme, par exemple, lorsque l'édit du préteur ou les constitutions impériales déclaraient infâmes les comédiens, les personnes qui trafiquaient de la débauche de la jeunesse, les prostituées, les enfans de condamnés pour crimes de lèse-majesté, etc., etc.; soit de condamnations pénales, telles que celles prononcées extraordinairement pour crimes d'expoliation d'hérédité, de violation de sépulture, etc., et même de condamnations non pénales, notamment dans les cas de dépôt, de tutelle, de société, etc. — *Encycloped. méthodique* (Jurisp.), vº *Infamie*; Guyot, *Rép.*, vº *Infamie*.

4. — Dans notre ancien droit, l'infamie n'était encourue qu'à la suite de condamnations criminelles.

5. — Il en est de même aujourd'hui: les seules peines auxquelles le Code pénal attache note d'infamie, sont, aux termes des art. 7 et 8, la mort, les travaux forcés, la déportation, la détention, la réclusion, le bannissement et la dégradation civique.

6. — Toutefois, l'art. 283, C. procéd. civ., en autorisant à reprocher le témoin condamné à une peine correctionnelle pour cause de vol, semble attacher à une semblable condamnation une sorte d'infamie. — Quant aux effets de l'infamie, V. PEINES.

7. — L'infamie ne cesse pas avec la peine dont elle est la conséquence. Elle se continue soit que le condamné ait subi sa peine, soit qu'il ait été gracié; c'est même cette perpétuité de l'infamie qui rend plus sérieux et plus fondés les reproches que presque tous les criminalistes ont adressés à cette peine. — Merlin, *Rép.*, vº *Infamie*.

8. — Cependant, si le condamné à une peine infamante se fait réhabiliter, les incapacités résultant de la condamnation cessent pour l'avenir. — V. AMNISTIE, GRACE, RÉHABILITATION.

9. — Les délits et les crimes sont personnels. Aussi les condamnations infamantes n'impriment-elles aucune flétrissure à la famille du condamné. L'infamie ne s'étend pas au delà des bornes de la vie du condamné; l'honneur de ses parens n'est point entaché: *nam unusquisque ex suo admisso sorti subjicitur, nec alieni criminis successor constituitur*. Cette maxime du droit romain se trouve reproduite dans la loi du 21 janv. 1790, art. 2. — V. au surplus PEINES.

INFANTICIDE.

Table alphabétique.

Acte d'accusation, 18.
Caractère, 8.
Chose jugée, 31.
Circonstances aggravantes, 51. — atténuantes, 62.
Enfant mort-né, 11 s. — naissant, 48.
Erreur, 27.
Etat civil, 47.
Etranger, 7.
Grossesse, 13. — (recèlement), 58.
Homicide involontaire, 17, 30.
Imprudence, 27.
Instruction, 53.
Intention, 24 s., 28 s.
Jury, 12 s., 23, 32 s., 49 s.
Lieu du délit, 53.
Négligence, 28.
Non bis in idem, 31.
Nouveau-né, 36 s., 51.
Peine, 54 s., 59 s.
Préméditation, 24 s.
Preuve, 58.
Question résultant des débats, 32, 34.
Suppression d'enfant, 35.
Viabilité, 19 s., 23.
Violence, 27, 29.

INFANTICIDE. — 1. — « Est qualifié *infanticide* le meurtre d'un enfant nouveau-né. » — C. pén., art. 300.

2. — Sous l'ancienne législation, l'ordonnance de 1556 et les auteurs raisonnaient ou disposaient toujours dans la supposition que l'infanticide ne pouvait être commis que par la mère. — Aujourd'hui encore, Carnot adopte le même sentiment, il pense que les motifs et les caractères de ce crime ne peuvent s'appliquer à un étranger, que l'aggravation du crime tient à la qualité de la personne, que l'infanticide forme en quelque sorte la contre-partie du parricide, après lequel il se trouve immédiatement rappelé; enfin, qu'on ne peut expliquer d'une manière plausible pourquoi l'étranger qui s'est rendu coupable d'un meurtre sur un enfant nouveau-né est plus sévèrement puni que s'il avait commis ce crime sur le père ou la mère de l'enfant ou sur tout autre individu, etc. — Carnot, C. pén., art. 300, nº 9; Rauter, *Dr. crim.*, t. 2, nº 448.

3. — Le Code de la Caroline dispose en ce sens. — Art. 35, 36, 131. — Mittermaïer, *Nouv. arch. crim.*, t. 14, p. 143.

4. — Mais nos lois modernes, loin d'avoir adopté la restriction admise précédemment, s'opposent, au contraire, à son admission: leur texte n'admet aucune distinction, et la loi du 25 juin 1824, qui ne permettait de réduire la peine, en cas d'infanticide, qu'à l'égard de la mère, et non à l'égard *d'aucun autre individu*, prouve que la volonté du législateur était de rendre l'incrimination commune à tous.

5. — Cette décision se justifie d'ailleurs parfaitement, à l'égard des étrangers, par cette double considération que le meurtre d'un enfant nouveau-né offre au coupable plus de facilités dans son exécution et plus de chances d'impunité, et qu'il a pour conséquence ordinaire un autre crime, la suppression de l'état de l'enfant.

6. — Enfin, ce qui coupe court à toute controverse, c'est que lors de la discussion de la loi du 28 avril 1832, et à l'occasion de l'abrogation de la loi de 1824, un membre de la chambre des députés (M. Portalis) ayant proposé un amendement à l'art. 300, du Code pénal, portant que la peine de mort ne serait prononcée que contre les coupables d'infanticide autres que la mère, cette dernière ne devant être condamnée qu'à la détention perpétuelle, cet amendement fut rejeté sur les observations de M. le garde des sceaux, et surtout de M. Parent, membre de la commission, par le motif qu'il valait mieux laisser au jury le soin d'apprécier les circonstances qui avaient pu entraîner la mère au crime, et de décider s'il existait à son égard des circonstances atténuantes.

7. — Aussi est-il constant et reconnu par la jurisprudence qu'il y a infanticide par cela seul que le meurtre a été commis sur un enfant nouveau-né, même par un étranger; qu'il n'est point nécessaire que l'auteur du crime soit le père ou la mère. — *Cass.*, 8 fév. 1816 (et non 1815), Colenet; — Merlin, *Quest.*, vº *Infanticide*, § 2; Chauveau et Hélie, *Th. C. pén.*, t. 5, p. 200; Bourguignon, *Jur.*, *C. crim.*, *C. pén.*, art. 300.

SECT. 1re. — *Caractères de l'infanticide* (nº 8).

§ 1er. — *Meurtre* (nº 9).

§ 2. — *Enfant nouveau-né* (nº 36).

SECT. 2e. — *Historique et pénalité* (nº 54).

—

Sect. 1re. — *Caractères de l'infanticide.*

8. — D'après l'art. 300, dont nous avons donné le texte, les caractères de l'infanticide sont: 1º d'être un meurtre; 2º d'avoir été commis sur un enfant nouveau-né.

§ 1er. — *Meurtre.*

9. — Puisque l'infanticide est un meurtre, il en résulte qu'il doit réunir les deux élémens du meurtre, c'est-à-dire le fait matériel de l'homicide et la volonté de tuer.

10. — Ces deux élémens sont complétement développés au mot MEURTRE. — Toutefois, nous rappellerons ici quelques principes qui trouvent une application plus spéciale au cas d'infanticide.

11. — *Fait matériel.* — Il ne peut y avoir de fait matériel d'homicide, en matière d'infanticide, qu'autant que l'enfant était vivant au moment où il a été tué. Si donc l'enfant était né mort, le crime manquerait d'un de ses élémens essentiels, et il ne pourrait être fait application d'aucune peine (V. les arrêts cités au numéro qui suit). — Bourguignon, *Juris. C. crim.*, *C. pén.*, art. 300; Chauveau et Hélie, *Th. C. pén.*, t. 5, p. 194.

12. — Ainsi, lorsque l'accusée soutient qu'elle était accouchée d'un enfant mort, cette allégation est pour elle un moyen de défense qui porte sur le corps même du délit, et sous le Code du 3 brum an IV, qui prohibait les questions complexes, il devait, dès-lors, être demandé aux jurés, à peine de nullité, si l'enfant était né vivant. — *Cass.*, 1er pluv. an VII, Ducassé; 15 pluv. an VII, Jacquet; 25 vent. an VII, Trévaux; 25 messid. an VII, Pialoux; 22 janv. 1808, Perthuis; 30 juin 1808, Dupuis.

13. — A plus forte raison, quand la femme accusée d'infanticide soutenait n'avoir pas même été enceinte, devait-on poser au jury les questions de savoir si elle avait été enceinte et était accouchée, et si l'enfant avait vécu après son accouchement. — *Cass.*, 7 therm. an VII, Audriot; — Chauveau et Hélie, *Th. C. pén.*, t. 5, p. 200.

14. — Et il ne pouvait être suppléé à cette question par celle de l'homicide. — *Cass.*, 15 pluv. an VII, Jacquet; 25 vent. an VII, Trévaux.

15. — On jugeait également que, en matière d'accusation d'infanticide, la question portant sur l'homicide qui faisait l'objet de l'accusation n'aurait pu être omise. — *Cass.*, 26 flor. an VIII, Courjaret.

16. — Et si l'on avait considéré la déclaration du jury portant que l'accusé était convaincu d'être auteur de la mort d'un enfant, comme tendant à constater la réalité du fait de l'infanticide et s'expliquant sur ce délit, il y aurait eu également complexité en ce que cette déclaration aurait compris tout à la fois l'auteur et le fait matériel du délit. — *Cass.*, 26 flor. an VIII, Courjaret.

17. — Il ne suffisait même point, lorsque l'accusée alléguait la mort de son enfant au moment de sa naissance, de poser une question spéciale, il fallait, de plus, si cette déclaration n'était pas démentie par les dépositions des témoins, poser toutes les questions de moralité sur cette circonstance et sur l'inexpérience de la mère, qui aurait pu être la cause involontaire de la mort de cet enfant. — *Cass.*, 25 messid. an VII, Pialoux.

18. — L'acte d'accusation lui-même devait mentionner toutes les circonstances de fait importantes, résultant des interrogatoires de l'accusée et pouvant venir à sa décharge. — Ainsi, lorsque l'accusée, à qui on reprochait d'avoir caché sa grossesse, soutenait en avoir fait l'aveu à quelqu'un, l'acte d'accusation devait, à peine de nullité, rappeler cette allégation. — *Cass.*, 5 mai 1808, Lambique. — Aujourd'hui, le reproche de partialité ne pourrait motiver la nullité de l'acte d'accusation. — V. ACTE D'ACCUSATION.

19. — Est-il nécessaire que l'enfant soit *né viable*, pour que le crime d'infanticide puisse exister? Cette question est assez controversée parmi les auteurs.

20. — Pour l'affirmative, on insiste sur la comparaison de l'art. 317 et de l'art. 302. « Il nous semble hors de doute, disent MM. Briand et Ernest Chaudé (*Man. compl. de méd. lég.*, p. 210 et suiv.), en comparant les peines prononcées par l'art. 317 contre tout individu coupable d'avortement, et celles infligées par l'art 302 pour le crime d'infanticide, que la loi n'a pu entendre par nouveau-né que l'enfant jouissant de la vie et de l'aptitude à vivre. En effet, lorsque, par des manœuvres criminelles, avec un instrument meurtrier, et au risque de précipiter au tombeau la mère et l'enfant, un individu va frapper dans le sein maternel un fœtus plein de force et de santé, un être que la nature préparait à la vie, auquel 70 probabilités sur 100 promettaient un avenir, et pour lequel les lois civiles réservaient un rang dans la société et des droits de famille, l'art. 317 n'inflige au coupable que la peine de la réclusion.... et l'art. 312 punirait de la peine de mort le meurtre d'un avorton, d'un fœtus imparfait, trop informe pour conserver une vie momentanée, d'un être que la nature a voué au tombeau par le fait même de sa naissance prématurée, d'un être dont la loi civile ne veut pas même reconnaître l'existence. » — Telle est l'opinion de MM. Carnot, *C. pén.*, art. 300; Morin, *Droit crim.*, t. 3, nº 448; Colard de Martigny, *Quest. de jurisp. méd. lég.*, p. 30; Capuron, *Méd. lég.*; Marc, *Dict. de méd.*, vº *Infanticide*; Teyemeger, *Inst. méd. lég.*, ch. 24.

21. — Mais l'opinion contraire paraît admise en droit criminel. « La loi pénale, disent MM. Chauveau et Hélie (*Th. C. pén.*, p. 194), ne s'est pas expliquée sur le degré de vitalité que l'enfant doit posséder pour que sa mort soit un crime; elle n'a précisé ni le terme de sa gestation, ni le développement qu'elle doit avoir; il suffit qu'il ait existé, quelque frêle qu'ait été son existence. Sa vie semblerait comme une lueur vacillante, prête à s'éteindre, qu'y mettre fin serait un crime. On objecte que cet enfant était voué à une mort certaine; cela est vrai, et c'est même parce que cette vie sitôt dévorée reste indécise et confuse que la loi civile a hésité d'y faire reposer un droit; mais cet être qui se débat vainement contre la mort *existe* cependant. Il ne faut pas confondre les principes de la

loi qui protége les intérêts privés, et de celle qui protége l'humanité elle-même : la première peut refuser d'accorder le droit d'héritage à l'enfant qui doit succomber aussitôt ; l'autre ne fait pas de distinction ; elle ne voit qu'un être qui *existe* et dont elle doit protéger la vie chétive pendant les heures qui lui sont données. » — V., en ce sens, Duverger, *Manuel des juges d'inst.*, t. 1er, no 225 ; Orfila, *Leçons de méd. lég.*, t. 1er, p. 468 ; Devergie, *Traité de méd. lég.*, t. 1er, p. 485.

22. — Cette doctrine nous paraît seule admissible : il y a donc *infanticide* du moment qu'il y a homicide volontaire commis sur un nouveau-né, qui a vécu de sa vie propre, de la vie extrà-utérine, lors même que son immaturité, une maladie ou un vice de conformation ne lui permettait pas de prolonger son existence au delà de quelques instans.

23. — Au reste, on peut dire que, sous le Code d'instruction criminelle, la question de viabilité de l'enfant se résout par celle de la culpabilité et n'a pas besoin d'être spécialement soumise au jury.

24. — *Volonté de tuer.* — La simple volonté de tuer suffisant pour constituer le crime, il en résulte que l'absence ou la présence *de toute préméditation* est indifférente aux yeux de la loi, qui n'en parle même point. — Chauveau et Hélie, *Th. C. pén.*, t. 5, p. 192.

25. — Il a, à la vérité, été jugé par la cour de Cassation que la peine de mort ne peut être appliquée au crime d'infanticide que dans le cas où il y a eu préméditation. — *Cass.*, 28 fruct. an XI, Argentera c. Mazzoni. — Mais cet arrêt, rendu sous l'influence du Code de 1791 qui considérait l'infanticide comme un homicide simple, ne peut plus, depuis la qualification spéciale admise par la loi de 1810, avoir sur ce point aucune influence.

26. — La volonté de donner la mort ne résulte pas nécessairement, en ce qui concerne la mère, de la dissimulation de la grossesse et de l'accouchement, ni même de la découverte du cadavre de l'enfant, car cette dissimulation peut venir de la crainte du déshonneur, et la mort peut avoir été naturelle ou produite par le défaut de soins. — Chauveau et Hélie, *ibid.*, p. 193.

27. — On distingue, en médecine légale, l'infanticide *par commission* et celui *par omission*. — Le premier a lieu quand la mort est le résultat de violences. Le second, quand elle est l'effet de l'erreur, de la négligence, du défaut de soins ou de l'imprudence de la *mère*. — Mais cette distinction n'a aucun intérêt en droit, et c'est aux juges qu'il appartient d'apprécier les circonstances du crime et la pensée qui y a présidé.

28. — Il n'est pas nécessaire en effet qu'il y ait eu *violences* pour que le crime d'infanticide existe. — Le seul défaut de soins, la négligence volontaire avec intention de donner la mort engendrerait ce crime. — Chauveau et Hélie, t. 5, p. 194.

29. — Et d'un autre côté, le fait même de violences ayant occasionné la mort ne serait pas considéré comme infanticide si elles avaient été exercées sans intention de tuer. — Cette intention sera, il est vrai, dans le cas de violences, facilement présumée ; mais enfin on peut comprendre de la part de la mère un moment de désespoir qui la porte, sans volonté criminelle de la dernière gravité, à un acte violent dont les résultats auront été terribles.

30. — En tous cas, si la mort était le résultat du défaut de soins, de l'imprudence, etc., sans intention de tuer, la mère pourrait être poursuivie pour homicide involontaire. — C'est un délit distinct qui n'a rien de commun avec l'infanticide dont l'existence disparaît avec celle de la volonté. — V. HOMICIDE.

31. — On s'est demandé si l'acquittement d'une fille accusée d'infanticide ne met pas obstacle à ce qu'elle soit poursuivie correctionnellement comme prévenue d'homicide par imprudence ou négligence ; et la jurisprudence a décidé la négative en reconnaissant que l'art. 360, C. inst. crim., ne trouvait point ici d'application. — *Cass.*, 24 oct. 1811, Tychenne ; 29 oct. 1812, Diflis ; 30 janv. 1840 (t. 1er 1840, p. 570), Cortier ; — Merlin, *Rép.*, vo *Non bis in idem*, no 5 bis ; Legraverend, t. 1er, chap. 11, p. 121 ; Bourguignon, *Jur. C. crim.*, art. 360, no 4 ; Mangin, *Act. publ.*, t. 2, no 409 ; Carnot, *Inst. crim.*, t. 2, art. 360, no 2. — *Contrà Riom*, 2 janv. 1829, Debeau. — V. au surplus NON BIS IN IDEM.

32. — Dans tous les cas, il est évident qu'on peut, sur une accusation d'infanticide, soumettre aux jurés, comme résultant des débats, une question sur le point de savoir si l'accusée est coupable d'avoir par maladresse, imprudence, inattention ou négligence, involontairement causé la mort de l'enfant dont elle est accouchée. — *Cass.*, 20 août 1825, Périchon.

33. — Cependant, lorsqu'en déclarant une accusée non coupable d'avoir donné volontairement la mort à son enfant nouveau-né, le jury ajoute, sans qu'aucune question lui ait été posée à cet égard, qu'elle a causé cette mort par imprudence, cette partie de sa déclaration est entachée d'excès de pouvoir et ne peut pas servir de base à l'application d'une peine. — *Cass.*, 10 avr. 1829, Dubois ; 8 déc. 1826, Angelin.

34. — La tentative de suppression de l'enfant n'étant point *connexe au crime d'infanticide* et n'ayant aucune corrélation avec lui, ne peut pas faire l'objet d'une question résultant des débats. — *Cass.*, 20 août 1825, Périchon ; — Legraverend, *Inst. crim.*, t. 2, chap. 2, p. 221.

35. — Mais il a été jugé qu'une femme accusée d'infanticide peut en même temps être poursuivie pour suppression d'enfant. — *Cass.*, 4 août 1842 (t. 2 1842, p. 614), Lafis.

§ 2. — *Enfant nouveau-né.*

36. — Il faut que l'enfant soit *nouveau-né*, tel est le second caractère de l'infanticide. — Or, la loi n'a point défini ce que l'on doit entendre par *nouveau-né* ; aussi quelques dissentimens se sont-ils élevés sur ce point entre les auteurs, les tribunaux, et même les médecins légistes.

37. — Des médecins considèrent l'enfant comme nouveau-né jusqu'à la chute du cordon ombilical, c'est-à-dire pendant huit jours depuis sa naissance. — *Annales d'hyg. et de médec. lég.*, t. 16, § 2. — Suivant M. Rauter (*Droit crim.*, t. 2, no 448), c'est à vingt-quatre heures que s'arrête le terme auquel l'enfant est réputé nouveau-né.

38. — Quant à la cour de Cassation, sans fixer précisément de délai, elle a décidé que l'homicide commis sur un enfant dont la naissance remonte à huit jours doit être qualifié meurtre et non infanticide. — *Cass.*, 14 avr. 1837 (t. 1er 1837, p. 398), Frazat.

39. — Et elle a décidé par un autre arrêt qu'il ne pouvait y avoir infanticide trente-un jours après la naissance. — *Cass.*, 24 (et non 31) déc. 1835, Demange.

40. — On lit dans ce dernier arrêt « que la loi, en qualifiant d'infanticide et en punissant d'une peine plus forte le meurtre d'un enfant nouveau-né, n'a eu en vue que l'homicide volontaire commis sur un enfant nouveau-né, qui vient de naître, ou dans un temps très rapproché de celui de sa naissance, que ses dispositions ne peuvent être étendues au meurtre d'un enfant qui a déjà atteint l'âge de trente-un jours, et dont, par conséquent, la naissance, si elle n'a pas été légalement constatée, n'a pu au moins le plus souvent rester entièrement inconnue ; que cette extension répugne à l'art. 300 du C. pén. et à l'esprit de la législation sur l'infanticide qui n'a voulu protéger par un châtiment plus sévère la vie de l'enfant, que lorsqu'il n'est pas encore entouré des garanties communes, et que le crime peut effacer jusqu'aux traces de la naissance. »

41. — MM. Chauveau et Hélie (t. 5, p. 196) estiment que la limite entre l'infanticide et le meurtre est clairement tracée par cet arrêt, et ils en induisent qu'il y a meurtre simplement *dès que la naissance est légalement constatée* ou, du moins, *que les délais requis par la loi pour cette constatation sont expirés.* « La naissance, disent-ils, est alors censée connue ; la protection de la loi qui environne tous les membres de la cité veille sur l'enfant. Or, le délai de la déclaration de l'accouchement *est de trois jours* ; la vie de l'enfant demande une garantie extraordinaire, puisqu'elle peut rester ignorée ; les garanties ordinaires lui suffisent ensuite : la société peut la protéger. » — Ils concluent donc de là que le délai est de trois jours.

42. — Ce système, quelque séduisant qu'il soit, outre qu'il ne fait pas disparaître toutes les incertitudes sur l'époque précise de la naissance, et, par suite, du point de départ des trois jours, a, de plus, l'inconvénient de poser en règle fixe et incommutable ce que la cour de Cassation paraît n'avoir avancé que comme raisonnement, comme motif de solution. — On va ainsi au-delà des prescriptions de la loi. Au surplus, le silence du Code, à cet égard, est d'autant plus significatif qu'il est volontaire, puisque, lors des discussions de la loi du 28 avr. 1832, au sein de la chambre des députés, un orateur (M. Teulon) ayant proposé d'ajouter à l'art. 300, C. pén. : « Dans les trois jours qui suivront sa naissance, » cette proposition ne fut pas accueillie.

43. — En résumé, c'est une question toute de fait, et du ressort exclusif du jury, qui peut, tout en consultant les raisons de décider rappelées par la cour de Cassation, prendre parti suivant les circonstances, et considérer un enfant comme nouveau-né, même après l'expiration de trois jours depuis sa naissance, si la protection toute spéciale que l'art. 300 a eu en vue de lui assurer paraît devoir lui être accordée au-delà de ce terme. — Il ne sera donc pas absolument vrai de dire, ainsi que le font MM. Chauveau et Hélie (*ibid.*, p. 200), qu'après l'expiration des trois jours ou après l'inscription de l'enfant sur les registres de l'état civil, opérée avant cette expiration, l'auteur de sa mort ne commet plus d'infanticide ; et nous ferons remarquer, à cette occasion, que c'est à tort que ces auteurs invoquent deux arrêts de Cassation, du 13 oct. et 17 nov. 1814 (Marie-Jeanne Gaillet et Marie Patain), à l'appui de leur opinion. — Ces arrêts sont entièrement étrangers à la question.

44. — Quelques législations étrangères n'ont point voulu laisser subsister le même vague que la loi française : le Code pénal napolitain ne considère comme infanticide que le meurtre commis sur un enfant nouveau-né et non encore baptisé ou inscrit sur les registres de l'état civil. — Art. 347.

45. — Le Code bavarois de 1831 veut (art. 157) que la mort ait été donnée dans les trois jours de la naissance de l'enfant.

46. — ... Et la loi autrichienne (art. 122) que ce soit au moment même de la naissance. On comprend parfaitement que chez nous ces dispositions n'ont d'autre autorité que celle de l'exemple.

47. — Quant à la cour de Liége, elle a jugé que l'enfant n'était point nouveau-né lorsque, né dans un établissement public et inscrit sur les registres de l'état civil, il était âgé de quatorze jours. — *Liége*, 20 juin 1822, Siramame.

48. — Le meurtre de l'enfant *naissant* rentre évidemment dans les prévisions de la loi, car l'enfant est censé *né* par cela seul qu'il a vu le jour, bien qu'il n'ait pas vécu de la vie extrà-utérine. — Ne fallait-il pas qu'il fût né pour que la vie pût lui être ravie ? — Chauveau et Hélie, *ibid.*, p. 199.

49. — Il a été jugé que, dans une affaire d'infanticide, le jury doit, à peine de nullité, être interrogé sur la question de savoir si le meurtre imputé à l'accusé est celui d'un enfant nouveau-né. — *Cass.*, 13 mars 1845 (t. 2 1845, p. 429), Jarreau.

50. — La cour de Cassation a également décidé, en matière d'infanticide, et par application des mêmes principes qu'au cas de parricide, que la qualité d'enfant nouveau-né n'est pas une circonstance *aggravante*, mais bien une circonstance constitutive du crime, et peut, dès-lors, être comprise dans la question principale. — *Cass.*, 21 août 1840 (t. 1er 1841, p. 733), Lebrun.

51. — Les observations que nous faisons et les doutes que nous élevons sur ce point au mot PARRICIDE peuvent trouver leur application ici, par identité de motifs ; nous nous contenterons donc de renvoyer à ce mot.

52. — Jugé qu'en matière d'infanticide, l'attentat est suffisamment précisé, dans la question posée au jury, par l'âge de l'enfant, par les moyens employés pour commettre le crime, et surtout par sa date ; que dès-lors, la question portant : *L'accusé est-il coupable d'avoir, tel jour, commis un attentat à la vie sur la personne d'un enfant nouveau-né*, est régulière. — *Cass.*, 6 fév. 1840 (t. 1er 1843, p. 49), Quenardel.

53. — En pareille matière, la commune sur le territoire de laquelle on a trouvé le cadavre de l'enfant homicidé doit être considérée, à défaut d'autre preuve, comme le lieu du délit, encore bien que l'accusée ait été vue enceinte dans un autre lieu quelques jours seulement avant la découverte du cadavre. Ainsi, le directeur du jury du lieu où le cadavre avait été découvert était compétent pour décerner le mandat d'arrêt et pour instruire la procédure. — *Cass.*, 20 flor. an XIII, Debout.

Sect. 2e. — *Historique et pénalité.*

54. — A Rome, l'infanticide était, d'après les auteurs les plus accrédités, rangés parmi les parricides, et, comme tel, puni de mort ou de la déportation dans une île, suivant la qualité plus ou moins élevée de la personne. — L. 1, ff., *ad leg. Pompeiam, De parricidiis* ; — Farinacius, quest. 122, no 156 ; Perezius, in lib. 9, C., tit. 17, no 8.

55. — Chez les Hébreux, il était également frappé de mort. — Maimonides, *Tract. de Jur.*, cap. 2.

56. — La loi salique prononçait une amende pour le meurtre de tout enfant au-dessous de douze ans, ou d'une femme enceinte et de l'enfant qu'elle portait (*De homicid. parvul.*, tit. 28 art. 1er, 4 et 5). — L'art. 168, L. 7 des capitulaires, portait : *Si quis infantem necaverit, ut homicida teneatur.* — Baluze, t. 1er, p. 1059.

57. — Suivant les établissemens de Saint-Louis, la femme qui tuait un de ses enfans n'était pas punie de mort ; mais si elle en tuait un second, elle était *arse* (ch. 35). — Taillandier, *Lois pén. de France et d'Angleterre*, p. 27.

58. — L'édit de fév. 1556, rendu par Henri II et confirmé plus tard en 1586 par Henri III, puis, le 25 fév. 1708, par Louis XIV, présumait qu'il y avait infan-

ticide lorsque la mère avait celé sa grossesse et son accouchement; et que, de plus, l'enfant avait été privé « tant du saint sacrement du baptême que de sépulture publique et accoutumée. » — Jousse, t. 4, p. 16; Muyart de Vouglans, p. 180. — On voit qu'alors de simples présomptions tenaient lieu de preuve; la coupable devait être « punie de mort et dernier supplice, de telle rigueur que la qualité au cas le mériterait. » — V. DÉCLARATION DE GROSSESSE et GROSSESSE.

59. — Le Code pénal de 1791 ne spécifiait point ce crime, qui rentrait, par conséquent, dans les règles du droit commun; c'est-à-dire constituait un meurtre ou un assassinat, selon qu'il avait été commis sans ou avec préméditation, et encourait, par conséquent, dans le premier cas, la peine de vingt ans de fer, dans le second celle de mort.

60. — En 1810, cette espèce de lacune fut remplie. Cependant, le projet du Code pénal ne prononçait contre l'infanticide que la peine de la déportation; mais le conseil d'état, se fondant sur la nécessité de protéger l'enfant, y substitua la peine de mort, qui fut définitivement adoptée. — M. Faure donnait aussi pour motif à cette aggravation de peine que l'infanticide supposait nécessairement la préméditation, et, dès-lors, faisait encourir la peine infligée à l'assassinat.

61. — Malheureusement, cette peine était, le plus souvent, trop rigoureuse; aussi, le jury, hésitant à la prononcer contre la mère que le désir d'échapper au déshonneur plutôt que la perversité avait poussée au crime, et préférant rendre des verdicts d'absolution, la loi du 25 juin 1824 vint leur donner plus de latitude, en permettant aux juges, par son art. 5, de réduire la peine de mort encourue par la mère à celle des travaux forcés à perpétuité.

62. — La loi de 1832 a abrogé cette loi; mais, au moyen des modifications introduites dans l'art. 463, C. pén., l'adoucissement qu'elle autorisait fut maintenu, et même étendu, puisqu'en déclarant l'existence de circonstances atténuantes, les jurés peuvent faire descendre la peine, non seulement à l'égard de la mère, mais même en faveur de tous autres coupables du crime.

63. — De même que chez nous, autrefois, sous l'empire de l'édit de 1556, le Code prussien punit, comme délit distinct, de quatre à six ans de détention le seul fait, par une fille enceinte, d'avoir caché sa grossesse (art. 957). — La peine est la réclusion pour la vie, si, dans ce cas, l'accouchement a été suivi de la mort de l'enfant et qu'il y ait des présomptions, mais non des preuves de l'infanticide (art. 960). — Enfin, la peine est la mort, quand il y a eu infanticide (art. 963). — En France, ces distinctions ne sont pas admises : l'infanticide seul est puni. — Chauveau et Hélie, *ibid.*, p. 191.

64. — La cour de Cassation a décidé que c'était la peine de l'infanticide, et non celle du meurtre, qui devait être prononcée contre une mère déclarée coupable d'avoir volontairement homicidé son enfant nouveau-né. — *Cass.*, 13 oct. 1814 (intér. de la loi), Gaillet; 17 nov. 1814, Patain; — Carnot, C. pén., art. 304, nº 4; Merlin, *Quest.*, vº *Infanticide*, § 1er.

65. — La raison de douter dans ces deux arrêts venait de la disposition finale de l'art. 304, ainsi conçue : « En tout autre cas, le coupable de meurtre sera puni de la peine des travaux forcés à perpétuité. » Or, deux cours d'assises avaient conclu de ces expressions : *en tout autre cas*, que l'infanticide, comme le meurtre ordinaire, n'emportait que la peine des travaux forcés à perpétuité lorsqu'il n'avait été précédé, accompagné ni suivi d'aucun autre crime ou délit. Mais c'était une erreur manifeste : l'infanticide est défini et réprimé dans des dispositions spéciales; or, il est de principe que les lois spéciales dérogent aux lois générales, au lieu d'être modifiées par elles.

INFÉODATION.

1. — On désignait par cette dénomination le contrat en vertu duquel s'opérait, à titre de fief, la concession d'un fonds de terre, d'un office, d'un revenu, d'un droit quelconque. — Merlin, *Rép.*, vº *Inféodation*; Guyot, *Ancien répertoire*, *eod. verbo*.

2. — Le contrat d'inféodation a eu pour origine celui de bénéfice. — V. FÉODALITÉ. — Quant aux effets qu'il engendre, aux rapports qu'il établit et aux conditions qu'il exige, V. FIEF.

3. — L'habitude d'inféoder s'étant universellement répandue dès le dixième siècle, il en était résulté une multitude d'espèces particulières de fiefs que l'on trouve énumérées dans les anciens feudistes. — V. FÉODALITÉ, FIEF, nº 28.

4. — Le contrat d'inféodation s'appliquant à tous les objets qui étaient dans le commerce, les droits seigneuriaux pouvaient donc être inféodés, soit séparément, lorsqu'ils pouvaient être ainsi aliénés, soit conjointement avec le domaine dont ils faisaient partie, lorsqu'ils en étaient inséparables. — Guyot, *loc. cit.*

5. — Mais il était assez difficile de déterminer quels étaient les droits seigneuriaux qui pouvaient être ainsi aliénés séparément. Par exemple, la validité de l'inféodation des droits de banalité avait donné matière à controverse. — V. pour les détails Guyot, *loc. cit.*

6. — Pareille controverse ne s'était point élevée en ce qui concerne les dîmes. — V. DÎME, nº 16, et FÉODALITÉ, nº 23.

7. — Dans une autre acception (V. notamment cout. de Paris, art. 130, 135, 137 et 138), on donnait aussi le nom d'*inféodation* à l'investiture que l'acquéreur du fief était tenu de prendre pour faire courir l'an et jour du retrait. — Merlin et Guyot, *loc. cit.*

8. — On appelait encore ainsi, continuent ces mêmes auteurs (*ibid.*), l'approbation tant des rentes ou autres charges imposées par le vassal sur son fief, que des accensemens ou sous-inféodations faits par le même vassal, laquelle était accordée par le seigneur en recevant en foi les créanciers des premiers, en en admettant le vassal même à comprendre les autres dans ses aveux.

9. — Enfin, la même dénomination s'appliquait aux érections en fief des domaines roturiers ou allodiaux.

V. FÉODALITÉ, FIEF.

INFIDÉLITÉ (Compte-rendu).

V. COMPTE-RENDU DES CHAMBRES ET TRIBUNAUX.

INFIRMATION.

Se dit de la décision par laquelle les juges d'appel modifient, réforment, anéantissent la sentence des premiers juges. — V. APPEL.

INFIRMITÉS.

1. — En certains cas les infirmités peuvent devenir un obstacle à ce que celui qui en est atteint dispose ou contracte valablement. — V. AVEUGLE, SOURD-MUET.

2. — Aux termes de l'art. 1871, C. civ., une *infirmité habituelle* rendant l'un des associés inhabile aux affaires de la société est une cause de dissolution de cette société. — V. SOCIÉTÉ.

3. — Les infirmités peuvent être une cause d'exclusion de certaines fonctions (V. AVEUGLE, SOURD-MUET), mais on comprend qu'il est difficile de poser à cet égard une règle absolue : tout dépend donc de la nature de l'infirmité, comparée à celle de la fonction qu'il s'agit de remplir.

4. — Les juges atteints d'infirmités graves et permanentes peuvent être forcés à la retraite. — L. 16 juin 1824. — V. JUGE.

5. — Les infirmités survenues dans l'exercice de leurs fonctions sont encore prises en considération lorsqu'il s'agit d'accorder une pension de retraite à certains fonctionnaires. — V. PENSIONS CIVILES ET MILITAIRES.

6. — Les infirmités sont quelquefois un motif d'exception ou d'incapacité pour l'accomplissement de certains devoirs publics ou privés. — Ainsi, en matière de garde nationale (V. GARDE NATIONALE), de recrutement (V. RECRUTEMENT), de jury (V. JURY), de tutelle (V. TUTELLE). — V. en outre MARIAGE, TÉMOINS, etc., etc.

7. — La loi du 21 mars 1832 (sur le recrutement) prononce des peines contre ceux qui se sont créé volontairement des infirmités, soit temporaires, soit permanentes, pour se soustraire au service, et contre ceux qui se seront rendus complices de cette fraude. — V. RECRUTEMENT.

8. — La mendicité est punie de peines plus sévères lorsque celui qui s'y livre feint des plaies ou infirmités. — V. MENDICITÉ.

INFORMATION.

1. — C'est, *lato sensu*, l'instruction à laquelle on procède pour la recherche et la constatation d'un crime ou d'un délit. — L'information, dans ce sens, comprend la série des actes judiciaires qui constituent ce qu'on appelle la procédure écrite : tels que les dépositions des témoins, les procès-verbaux de constatation, d'état de lieux, de perquisition, expertise ou autres faisant l'objet des poursuites criminelles.

2. — L'information se fait par le juge d'instruction ou par tout autre officier de police judiciaire, selon la distinction des cas (V. FLAGRANT DÉLIT et INSTRUCTION CRIMINELLE); il peut y être procédé en tout temps, même la nuit, même les jours de fête légale, dans la crainte que les preuves ne disparaissent. — *Cass.*, 1er frim. an VI, Bouvier; 27 août 1807, Jégu; 14 avril 1815, Lecrec; 10 juin 1826, Quodey; 8 mars 1832, Lepetit; 30 mars 1832, Paillet; 12 juill. 1832, Canitrot; 28 déc. 1832, Montbrun; 26 avril 1839 (t. 2 1839, p. 285), Becq; Jousse, *Just. crim.*, t. 13, p. 143; et Carré, *Organis. judic.*, t. 2, p. 64, nº 91.

3. — La chambre du conseil peut, lorsqu'une procédure criminelle qui lui est soumise ne lui paraît pas complète, ordonner un supplément d'instruction : c'est cette décision que dans l'usage on nomme *ordonnance de plus ample informé*. — V. CHAMBRE DU CONSEIL, nos 158 et suiv.

4. — L'art. 228, C. inst. crim., donne à la chambre d'accusation, lorsqu'elle ne se trouve pas suffisamment instruite pour statuer, d'après l'état de la procédure, le droit d'ordonner également des informations nouvelles. — V. CHAMBRE DES MISES EN ACCUSATION, nos 214 et suiv.

5. — Dans une acception plus restreinte, on appelle information la partie de l'instruction écrite, relative aux dépositions des témoins : c'est ainsi que par cahier d'information on désigne le procès-verbal, dans lequel sont réunies toutes les dépositions des témoins, recueillies dans la même affaire. — V. INSTRUCTION CRIMINELLE.

INFRACTION.

1. — Terme générique sous lequel on désigne toute violation d'une loi, et surtout d'une loi pénale.

2. — Pour qu'une infraction puisse donner lieu à l'action du ministère public, il faut qu'elle ait été commise à l'égard d'une loi qui prononce formellement une peine pour sa violation. Dans les autres cas, elle ne peut donner lieu qu'à des réparations civiles au profit de la partie lésée.

3. — Les infractions aux lois pénales se divisent en trois classes : Celles que les lois punissent de peines de simple police, sont des *contraventions*; celles qui entraînent des peines correctionnelles, sont des *délits*; celles qui donnent lieu à des peines afflictives ou infamantes, sont des *crimes*. — C. pén., art. 1er. — V. CRIMES, DÉLITS et CONTRAVENTIONS.

INFRACTION DE BAN.

V. SURVEILLANCE.

INGRATITUDE.

1. — C'est le manque de reconnaissance envers un bienfaiteur.

2. — L'ingratitude peut être une cause de révocation des donations entre-vifs : 1º si le donataire a attenté à la vie du donateur; — 2º s'il s'est rendu coupable envers lui de sévices, délits ou injures graves; — 3º s'il lui refuse des alimens. — C. civ., art. 955. — V. DONATION ENTRE-VIFS. — V. aussi ADOPTION, DONATION DÉGUISÉE, DONATION RÉMUNÉRATOIRE.

3. — Mais les donations en faveur de mariage ne sont pas révocables pour cause d'ingratitude. — C. civ., art. 959. — V. DONATION PAR CONTRAT DE MARIAGE.

4. — L'ingratitude peut également être une cause de révocation des dispositions testamentaires : 1º si le légataire a attenté à la vie du testateur; — 2º s'il s'est rendu coupable envers lui de sévices ou délits, ou d'injures graves faites à sa mémoire. — C. civ., art. 955, 1046 et 1047. — V. LEGS, TESTAMENT.

INHUMATION.

Table alphabétique.

Action, 68 s.
Adjudication, 59 s.
Appel comme d'abus, 67.
Autopsie, 12 s.
Autorisation, 5.
Autorité ecclésiastique, 43 s.
Avortement, 20.
Cimetière, 2 s., 30 s.
Compétence, 68 s.
Conseil municipal, 55 s.
Consistoire, 57.
Convoi des pauvres, 52 s.
Décès (vérification), 5 s.
Délai, 7 s.
Ecclésiastique, 23.
Embaumement, 13, 36.
Enfant mort-né, 15 s.
Entreprise, 59 s. — (particuliers), 63 s.
Fabrique, 55, 57.
Fossoyeur, 26, 64.
Funérailles (pompe), 41 s., 50.
Hôpitaux, 14.
Inhumation clandestine, 21 s. — précipitée, 21 s.
Lieu d'inhumation, 2 s.
Maire, 27.
Mesures de police, 37 s.
Momification, 13.
Mort accidentelle, 11. — violente, 9 s.
Moulage, 18.
Oblations, 48.
Opération césarienne, 28.
Ordre d'inhumation, 34 s.

Ornemens, 54 s.
Paris (ville de), 61.
Pasteur, 23.
Pauvres, 52 s.
Pénalité, 21 s., 25.
Pierre sépulcrale, 58.
Police des sépultures, 29 s
Pouvoir municipal, 33, 37 s.
Préfet, 55.
Présentation à l'église, 56.
Produit des adjudications, 66 s.
Remise due aux fabriques, 61 s.
Service funèbre, 48.
Signes extérieurs, 46 s.
Supplicié, 9.
Tableau des fournitures, 55.
Tarif, 50 s.
Taxe, 56.
Tentures, 54 s.
Tombeau, 58.
Transport des corps, 39 s, 56 s., 64 s.
Vérification de décès, 5 s.
Voitures, 54 s.

INHUMATION. — 1. — L'inhumation consiste dans le dépôt du corps dans le lieu consacré à la sépulture.

2. — Nous avons déjà dit qu'aux termes du décret du 23 prair. an XII, art. 1er, aucune inhumation ne peut avoir lieu dans les églises, temples, synagogues, hôpitaux, chapelles publiques, et généralement dans aucun des édifices clos et fermés où les citoyens se réunissent pour la célébration de leur culte, ni dans l'enceinte des villes et bourgs. C'est dans les cimetières que les inhumations ont lieu. — V. à cet égard, et sur les exceptions que cette règle peut comporter, CIMETIÈRE, nos 26 et suiv.

3. — Nous ne reviendrons donc pas ici sur ce qui concerne le lieu même consacré à la sépulture; mais l'inhumation doit être précédée de certaines formalités ; le transport du corps, soit à l'église ou au temple, soit au lieu de la sépulture, peut donner lieu à certaines mesures de police, comme aussi être accompli avec une pompe plus ou moins grande; c'est sur ces divers points que portera notre examen.

§ 1er. — *Mesures nécessaires pour l'inhumation. — Permis d'inhumer. — Inhumation non autorisée ou précipitée* (no 4).

§ 2. — *De l'inhumation* (no 34).

§ 3. — *Dépenses et fournitures relatives à l'inhumation* (no 48).

§ 1er. — *Mesures nécessaires pour l'inhumation. — Permis d'inhumer. — Inhumation non autorisée ou précipitée.*

4. — Il est d'ordre et d'intérêt public que nulle inhumation ne soit pratiquée sans que l'autorité ait été mise en demeure de constater tout à la fois et le décès de l'individu, et les causes de sa mort, ainsi que son identité.

5. — Aussi, aux termes de l'art. 77, C. civ., aucune inhumation ne doit être faite sans une autorisation sur papier libre et sans frais, de l'officier de l'état civil, et le permis d'inhumer ne peut être délivré qu'après que l'officier de l'état civil s'est transporté auprès de la personne décédée pour s'assurer du décès. Nous avons vu (vo ACTES DE L'ÉTAT CIVIL, nos 416 et suiv.) qu'en fait et surtout dans les villes populeuses, l'officier de l'état civil se fait assister ou suppléer, même pour la vérification du décès, par une personne de l'art, assistance indispensable dont l'obligation n'a sans doute pas été inscrite dans la loi, mais qui assurément rentre dans son esprit, et est à ce titre prescrite aux maires par les réglemens de l'autorité supérieure. — Il existe même à Paris, indépendamment des médecins vérificateurs de décès désignés par les maires, un corps de médecins inspecteurs de décès, institué par la préfecture, et dont les attributions fort importantes consistent à veiller à ce que la mesure de la vérification soit fidèlement accomplie.

6. — Les réglemens de police prescrivent en général que jusqu'à cette visite, et, à moins de nécessité absolue, les personnes chargées du soin de veiller sur celle qui est décédée ou présumée telle, s'abstiennent de tout acte qui pourrait occasionner la mort, s'il y avait seulement léthargie, ou qui diminueraient les chances de constatation de cet état léthargique. — Ainsi, non seulement le corps ne doit pas être déposé dans la bière, mais il est défendu de couvrir le visage sur lequel peuvent se manifester les symptômes de la vie.

7. — Aux termes du même art. 37, le permis d'inhumer ne peut être délivré (ou pour mieux dire, l'inhumation ne peut être pratiquée, car tel est ici le sens évident de la loi) que vingt-quatre heures après le décès, hors les cas prévus par les réglemens de police. — V. à cet égard ACTES DE L'ÉTAT CIVIL, no 420.

8. — Nous avons déjà dit (vo ACTES DE L'ÉTAT CIVIL, *loc. cit.*) que ces inhumations précipitées peuvent être autorisées ou ordonnées principalement dans les cas de putréfaction des corps ou de maladies contagieuses. — Spécialement, un maire peut ordonner, dans l'intérêt de la salubrité publique, l'inhumation immédiate d'un cadavre trouvé sur le territoire de sa commune. — *Cass.*, 19 juin 1816 (int. de la loi), Jouffroy c. maire de Champlives.

9. — De même, l'inhumation immédiate a toujours lieu lorsqu'il s'agit du corps d'un supplicié. — Et il faut en dire autant du cas de mort violente, où l'état du corps ne peut laisser aucune incertitude sur la réalité du décès.

10. — Mais l'art. 81, C. civ., enjoint à l'officier de l'état civil, lorsqu'il y a signe ou indices de mort violente, ou d'autres circonstances qui donneront lieu de la soupçonner, de ne prescrire ou autoriser l'inhumation, qu'après qu'un officier de police assisté d'un homme de l'art aura dressé procès-verbal de l'état du cadavre et des circonstances y relatives, ainsi que des renseignemens qu'il aura pu recueillir sur les prénoms, âge, profession, lieu de naissance et domicile de la personne décédée.

11. — L'art. 18, décr. 3 janv. 1813, porte : « Il est expressément prescrit aux maires et autres officiers de police de se faire représenter les corps des ouvriers qui auraient péri par accident dans une exploitation, et de ne permettre leur inhumation qu'après que le procès-verbal de l'accident aura été dressé, conformément à l'art. 81, C. civ., et sous les peines portées dans les art. 358 et 359, C. pén. »

12. — Nous avons, au surplus, développé précédemment tout ce qui a trait aux attributions de l'autorité en pareil cas, et aux constatations et opérations qui peuvent avoir lieu. — V. AUTOPSIE, CADAVRE.

13. — Le moulage, l'autopsie, l'embaumement et la momification des cadavres sont soumis, du reste, aux mêmes conditions de délai que l'inhumation, sans préjudice de l'autorisation spéciale qu'il est nécessaire d'obtenir, autorisation dont la forme et les conditions sont déterminées par les arrêtés de police municipale.

14. — C'est ainsi qu'à Paris deux ordonnances du préfet de police, en date des 25 janv. 1838 et 6 sept. 1839, défendent qu'il soit procédé à ces opérations sans une déclaration préalable au commissaire de police, constatant l'autorisation de la famille, l'heure du décès ainsi que le lieu et l'heure de l'opération, à moins qu'il ne s'agisse d'opération pratiquée en vertu de décisions judiciaires et dans les hôpitaux et hospices.

15. — L'autorisation d'inhumer est-elle nécessaire et les peines infligées en cas d'inhumation sans autorisation sont-elles applicables au cas d'enfans morts-nés ? La difficulté vient de ce que l'art. 77, C. civ., et l'art. 358, C. pén. ne parlent que de personnes *décédées*.

16. — Nous avons déjà eu l'occasion d'examiner cette question (vo ACTES DE L'ÉTAT CIVIL nos 424 et suiv.) — Nous rappellerons à cet égard qu'il a été jugé que celui qui a fait inhumer, sans autorisation préalable, un enfant mort en naissant, est passible de la même peine que s'il eût fait inhumer tout autre individu décédé. — *Douai*, 31 juill. 1829, (et non 1839,) Devienne.

17. — ... Qu'aux termes de l'art. 358, C. pén., on doit considérer comme un individu décédé tout enfant mort-né, lorsqu'il est arrivé au terme de viabilité. — *Nancy*, 17 sept. 1839 (t. 2 1839, p. 646), Gérard.

18. — Il est vrai que le même arrêt décide en même temps que lorsqu'il résulte d'un procès-verbal d'autopsie dressé légalement, que l'enfant qui est décédé n'était pas parvenu au terme de viabilité, son inhumation sans autorisation préalable de l'officier de l'état civil, et dans un lieu autre que celui à ce destiné, ne constitue ni délit ni contravention. — Même arrêt.

19. — Mais cette doctrine, que nous avons déjà eu occasion de combattre (*loc. cit.*), a été repoussée formellement depuis par la cour de Cassation qui a décidé qu'il n'est pas permis aux personnes privées qui procèdent à l'inhumation d'un nouveau-né de préjuger si cet enfant a eu vie ou non; que dès lors la personne qui a inhumé cet enfant sans s'être munie au préalable de l'autorisation de l'officier public est passible des peines portées par l'art. 358, C. pén. — *Cass.*, 2 sept. 1843 (t. 1er 1844, p. 726); Muret et Courbassier; — V. conf. *Grenoble*, 22 janv. 1844, (t. 1er 1844, p. 726), mêmes parties. — *Contrà* Chauveau et Hélie, *Th. C. pén.*, t. 6, p. 394.

20. — Toutefois nous admettons avec MM. Chauveau et Hélie (*loc. cit.*) qu'il faut distinguer entre l'accouchement et l'avortement. Il est évident qu'on ne saurait donner le nom d'enfant au fœtus ou à l'embryon qui n'a point encore l'organisation nécessaire pour exister, et par conséquent qu'il n'y a aucun délit à enterrer ce produit sans autorisation et avant le délai de vingt-quatre heures.

21. — L'art. 358 C. pén., dispose que « ceux qui, sans l'autorisation préalable de l'officier public, dans le cas où elle est prescrite, auront fait inhumer un individu décédé, seront punis de six jours à deux mois d'emprisonnement et d'une amende de 16 à 50 francs, sans préjudice de la poursuite des crimes dont les auteurs de ce délit pourraient être prévenus dans cette circonstance» et l'article ajoute que « la même peine aura lieu contre ceux qui auront contrevenu, de quelque manière que ce soit, à la loi et aux réglemens sur *les inhumations précipitées.* »

22. — Il convient d'abord de remarquer avec MM. Chauveau et Hélie (*Th. C. pén.*, t. 6, p. 396), que l'art. 358 ne punit que des contraventions matérielles, que la loi ne recherche point l'intention du contrevenant et n'inculpe point sa volonté, et que le seul défaut d'autorisation, la simple négligence suffit pour entraîner l'application de la peine, sans que la bonne foi du prévenu puisse être invoquée comme excuse.

23. — On s'est demandé si les curés et pasteurs qui procèdent à la levée des corps et aux cérémonies religieuses, sans qu'il soit justifié de l'autorisation de l'officier de l'état civil, sont passibles des peines portées par l'art. 358. — Il est vrai qu'aux termes du décret de 4 thermid. an XIII, « il est défendu à tous maires, adjoints et membres d'administration municipale, de souffrir les transport, présentation, dépôt et inhumation des corps, ni l'ouverture des lieux de sépulture ; à toutes fabriques d'églises et consistoires ou autres ayant droit de faire les fournitures requises pour les funérailles, de livrer lesdites fournitures ; à tous curés, desservans et pasteurs d'aller lever aucun corps, ou de les accompagner hors des églises ou temples, qu'il ne leur apparaisse de l'autorisation donnée par l'officier de l'état civil pour l'inhumation, à peine d'être poursuivis comme contrevenant aux lois. » Mais il importe de remarquer que cette disposition n'a été sanctionnée par aucune loi, et que l'art. 358 ne punit que *ceux qui ont fait inhumer*, c'est-à-dire ceux qui ont pris les dispositions nécessaires pour l'inhumation.

24. — Aussi a-t-il été jugé que l'art. 358, C. pén., qui défend de procéder aux inhumations, avant d'en avoir obtenu l'autorisation de l'officier de l'état civil, ne s'applique qu'aux personnes ayant intérêt à l'inhumation, et ne peut pas être étendu aux curés, desservans et pasteurs qui ne font que lever les corps et les accompagner hors des églises et temples. — *Cass.*, 27 janv. 1832, Moussier. — *Contrà Montpellier*, 12 juill. 1841 (t. 1er 1842, p. 239), N.

25. — ... Et que le fait de la part d'un curé ou desservant, d'avoir levé un corps sans la permission de l'autorité municipale, ne constitue qu'une contravention à la police des sépultures, passible d'une peine de simple police. — Même arrêt.

26. — Jugé de même que les peines prononcées par l'art. 358 C. pén, contre ceux qui, comme auteurs ou complices, ont, sans l'autorisation préalable de l'officier public, participé à l'inhumation d'un individu décédé, ne peuvent être appliquées au fossoyeur qui a simplement creusé la tombe et l'a recouverte de terre, lors surtout que ladite inhumation a eu lieu en plein jour et avec les solennités religieuses accoutumées. — *Cass.*, 7 mai 1842 (t. 2 1842, p. 314), Renaud.

27. — « La même décision, disent MM. Chauveau et Hélie (*Th. C. pén.*, t. 6, p. 396) qui l'approuvent, s'appliquerait aux maires, adjoints et autres personnes énoncées dans le décret du 4 thermid. an XIII. » — Toutefois, nous ajouterons que ce serait le cas de l'art. 358, C. pén., si ces personnes avaient un intérêt particulier à l'inhumation. Nous citerons pour exemple une espèce où les religieuses avaient fait inhumer, sans aucune autorisation, leur supérieure, dans un caveau du couvent. Elles représentaient la famille de la défunte et elles avaient, par esprit de corps, un intérêt personnel à conserver ses restes mortels dans leur établissement. Quant au curé qui avait procédé à l'inhumation, il n'était en contravention qu'au décret du 4 thermid. an XIII, à moins de faits particuliers de complicité.

28. — Comme on l'a vu, l'art. 358, à côté des inhumations clandestines, prévoit dans son § 2 les inhumations *précipitées*, c'est-à-dire celles faites avant les délais et visites prescrits par les lois et réglemens. A cet égard, il a été jugé que l'opération césarienne pratiquée sur un cadavre quelques heures après le décès, ne peut pas être assimilée à une inhumation précipitée et ne saurait entraîner l'application des peines portées par l'art. 358, C. pén. — *Cass.*, 1er mars 1834, Piraud et Girard. — V. Chauveau et Hélie, *Th. C. pén.*, t. 6, p. 398.

29. — L'art 358 ne punissant que les inhumations non autorisées et les infractions aux lois et réglemens relatifs aux inhumations précipitées, il en résulte que cet article ne protége pas les autres dispositions sur la police des sépultures. — *Cass.*, 14 avr. 1838 (t. 1er 1838, p. 578), Périssel.

30. — Et il a été jugé que celui qui, après avoir demandé au maire l'autorisation d'inhumer le corps d'une personne défunte, dans le cimetière d'une commune autre que celle où le décès a eu lieu, et avoir obtenu seulement celle de procéder à cette inhumation dans le cimetière communal, transporte néanmoins le défunt dans le cimetière étranger, et l'y fait ensevelir du consentement de l'autorité locale, n'encourt aucune peine. — *Cass.*, 12 juill. 1839 (t. 2 1839, p. 459), Vigouroux.

31. — Jugé toutefois par la cour de Lyon que celui qui a fait inhumer un parent dans un cimetière, dont l'usage avait été interdit par arrêté du préfet, est passible des peines portées par l'art. 358, C. pén., encore bien que l'inhumation ait été précédée d'une permission générale de l'autorité municipale, sans désignation du lieu de la sépulture. — Lyon, 12 déc. 1838, Guy-Pellier.

32. — Mais nous ne saurions partager cette solution. Evidemment la cour de Lyon a confondu deux cas entièrement distincts. L'art 358 du C. pén. n'a eu pour but que de prévenir les inhumations clandestines qui pourraient effacer les traces de quelque crime et de constater, dans l'intérêt des héritiers, les changemens qui surviennent dans les familles. Dès que l'inhumation avait été formellement autorisée, le vœu de la loi était complètement rempli. Que restait-il donc? Une simple infraction à un réglement de police.

33. — En effet, c'est à une simple infraction de police que la jurisprudence a réduit l'inobservation des dispositions du décr. du 4 thermid. an XIII ou des autres réglemens municipaux relatifs à la police des sépultures. — V. *suprà* (nos 24 et 29) les arrêts précités des 27 janv. 1832 et 14 avr. 1838. — V. aussi CIMETIÈRE et POUVOIR MUNICIPAL.

§ 2. — *De l'inhumation.*

34. — Lorsque le permis de l'autorité a été délivré, et que le temps voulu par la loi est expiré, rien ne s'oppose à ce que l'inhumation soit pratiquée par les parens ou amis du défunt. Bien plus, et si par une négligence coupable ou même par un sentiment d'affection, quoique très légitime, ceux-ci ne paraissaient pas disposés à faire procéder à l'inhumation, l'autorité, dans l'intérèt de la salubrité publique, pourrait intervenir pour l'ordonner.

35. — C'est même dans les villes un usage à peu près général que l'autorité fixe elle-même le jour et l'heure des funérailles, en prenant du reste toujours en considération les intentions de la famille, auxquelles, à moins d'inconvéniens graves, il est toujours déféré.

36. — Si, par des circonstances extraordinaires, l'inhumation doit être différée, ou bien encore si elle doit avoir lieu dans un cimetière autre que celui de la commune, ou plus exceptionnellement encore dans un édifice public ou privé, l'autorité exige dans ce cas qu'il soit pris certaines mesures de précaution particulières, qui consistent d'ordinaire dans l'embaumement du corps et dans l'emploi de plusieurs cercueils, dont un au moins de plomb.

37. — Le plus grand respect est dû au corps des individus décédés, alors qu'ils sont transportés du lieu où ils sont décédés à l'église ou au temple, ou au lieu de leur sépulture. Du reste, le convoi étant un acte purement civil et qui intéresse essentiellement la police, c'est à l'administration de le diriger et de pourvoir aux mesures d'ordre, de police et de précaution à observer à l'occasion du transport des corps. — Vuillefroy, *Traité de l'administ. du culte catholique*, vo *Sépulture*, p. 498 et suiv.

38. — Une ordonnance du préfet de police de Paris du 1er févr. 1835 défend à tous cochers, charretiers et autres conducteurs de voitures, diligences, charrettes de quelque genre qu'elles puissent être, d'arrêter les convois funèbres, de les interrompre et de les séparer dans leurs marches — Art. 1er.

39. — Il appartient encore à l'autorité municipale de déterminer, sous l'approbation de l'autorité administrative supérieure, le mode de transport des corps. — Décr. 23 prair. an XII, art. 21; 18 mai 1806, art. 9. — Il est interdit d'établir aucun dépositoire dans l'enceinte des villes. — Même décr., art. 14.

40. — A Paris, et en vertu de l'arrêté du préfet de la Seine en date du 27 germin. an IX, aucun transport à bras n'est plus toléré; tous doivent être faits avec des chars attelés de chevaux. — Toutefois, et quant aux enfans âgés de moins de sept ans, il peut être pour leur transport suppléé au char funèbre par un brancard recouvert d'une draperie.

41. — Au reste, l'éclat et la pompe des funérailles sont toujours licites, en tant qu'elles n'auraient pas pour résultat de troubler d'une manière plus ou moins directe l'ordre public. Toutefois, le Code pénal, art. 14, en autorisant la remise aux familles des corps des suppliciés, si ces familles les réclament, ajoute que c'est *à charge de les faire inhumer sans appareil*.

42. — Les évêques dressent les réglemens relatifs aux dispositions à prendre dans les églises pour l'ordre et la pompe des obsèques religieuses (Décr. 18 mai 1806, art. 6). Ces réglemens sont soumis par le ministre des cultes à l'approbation du roi.

43. — Aux termes de la loi organique du 18 germ. an X, art. 45, et du décret du 23 prair. an XII, art. 18, dans les communes où l'on professe plusieurs cultes, l'accompagnement *solennel* du corps hors de l'église, qui constitue une cérémonie de culte extérieur, est interdit. — V. CULTE, nos 725 et suiv.

44. — Mais dans l'enceinte du cimetière, et en vertu de l'art. 23 du décret précité, les cérémonies religieuses du culte doivent être toujours librement accomplies. — V. CULTE et CIMETIÈRE, nos 84 et suiv.

45. — Le droit de l'autorité civile peut-il aller jusqu'à contraindre l'autorité religieuse à accorder le concours de ses prières pour l'inhumation d'une personne ayant appartenu à leur communion? — V. APPEL COMME D'ABUS, nos 108 et suiv.

46. — M. Affre (*Tr. de l'admin. temporelle des paroisses*, 3e part., ch. 4, p. 601) pense que le curé à qui la police de l'église appartient, peut et doit jusqu'à la sortie du corps de l'enceinte et des portiques de cet édifice, empêcher tout ce qui serait contraire à la religion, ou aurait même simplement un caractère profane : tel serait le port des insignes des francs-maçons et leur placement sur la bière du défunt. — Il convient d'appliquer cette doctrine aux autres cultes.

47. — Mais il semble que l'autorité religieuse ne pouvant avoir aucune action de police en dehors des enceintes qui lui sont affectées, elle n'aurait pas le droit, même dans les communes où l'exercice public du culte est autorisé, d'empêcher l'exhibition de tels ou tels insignes pendant le convoi, sauf, au ministre du culte, le droit de se retirer et de s'abstenir de prêter plus long-temps son ministère à des obsèques qui lui paraîtraient injurieuses et attentatoires à son culte. — V. cependant M. Affre, *loc. cit.* (par le motif qu'un enterrement est une procession à un lieu bénit.) — V. CULTE.

§ 3. — *Dépenses et fournitures relatives à l'inhumation.*

48. — Les dépenses et fournitures relatives aux inhumations, consistent : 1o dans les rétributions à payer aux ministres du culte et autres personnes attachées aux églises pour leur assistance aux convois. Ces rétributions font ordinairement partie des réglemens généraux sur les oblations. — V. OBLATIONS.

49. — ... 2o Dans les services et fournitures, ayant pour objet la pompe matérielle des cérémonies dans l'église et le transport, ainsi que l'inhumation.

50. — L'art. 18 du décret du 23 prair. an XII porte qu'il sera libre aux familles de régler les dépense des convois selon leurs moyens et leurs facultés. — A cet effet, il est dressé, comme nous le verrons plus bas, des tarifs gradués au-delà desquels rien ne peut être réclamé.

51. — Les tarifs de droits funéraires ne doivent pas être établis sur la fortune des défunts : ces droits ne doivent être qu'une indemnité pour les cérémonies religieuses. La seule base du tarif est donc la durée et la solennité des cérémonies demandées par la famille. — Avis com. int. cons. d'état, 12 avr. 1817.

52. — Quant aux pauvres, ils sont exempts des taxes portées par les réglemens, et le service se fait gratuitement, toutes les fois que leur indigence est attestée par un certificat du maire. La loi ajoute que le transport de leurs corps doit avoir lieu *décemment* (art. 11). — Affre, p. 213; — décr. 18 mai 1806, art. 4.

53. — Et même, lorsque l'église est tendue pour un convoi taxé, quelque riche que soit cette tenture, elle ne doit pas être enlevée lorsqu'on présente de suite le corps d'un indigent. — Décr. 18 mai 1806, art. 5.

54. — Aux termes du décret du 23 prair. an XII (art. 23), les fabriques des églises et les consistoires jouissent seuls du droit de fournir les voitures, tentures, ornemens, et de faire généralement toutes fournitures quelconques nécessaires pour les enterremens et pour la pompe et la décence des funérailles.

55. — Les fabriques dressent à cet effet des tarifs et des tableaux gradués par classe. Ces tableaux sont communiqués aux conseils municipaux et aux préfets pour y donner leur avis, et soumis par le ministre des cultes à l'approbation du roi. Dans les grandes villes, toutes les fabriques se réunissent pour ne former qu'une seule entreprise. — Décr. 18 mai 1806, art. 7 et 8.

56. — Le transport des corps est assujéti à une taxe fixe. — Cette taxe est arrêtée par un tarif délibéré par le conseil municipal, et soumis à l'approbation du roi, avec l'avis du préfet et celui du ministre de l'intérieur. — Décr. 18 mai 1806, art. 11. — Il est interdit d'exiger aucune surtaxe pour les présentations et stations à l'église, toute personne ayant également le droit d'y être présentée. — Décr. 18 mai 1806, art. 12.

57. — Quant aux fournitures que réclament le transport et l'inhumation, elles profitent, comme celles relatives aux cérémonies du service funèbre, aux fabriques et consistoires, et le prix en est établi suivant un tarif qui, à la différence de celui relatif aux fournitures pour les cérémonies funèbres, est arrêté, non plus par la *fabrique*, mais par le *conseil municipal*, comme la taxe du transport. — Décr. 18 mai 1806, art. 11.

58. — Aucun droit ne peut être établi pour le placement des pierres sépulcrales ou autres signes indicatifs de sépulture. — En effet, la pierre sépulcrale ne fait pas partie des fournitures relatives aux funérailles et réservées aux fabriques; l'art. 12, décr. 23 prair. an XII, réservait formellement aux familles le droit de les placer sur les tombes de leurs parens. — Avis com. int. cité par Vuillefroy, vo *Sépulture*, p. 508.

59. — Dans les communes où l'éloignement des cimetières rend le transport coûteux et souvent difficile, comme aussi lorsque les fabriques ne jugent pas à propos de faire par elles-mêmes les fournitures relatives à la pompe des funérailles et aux convois, ces deux entreprises peuvent être affermées. — Décr. 22 prair. an XII, art. 22; 18 mai 1806, art. 10 et 14.

60. — L'adjudication de ces entreprises est faite selon le mode établi par les lois et réglemens pour les travaux publics. — Décr. 18 mai 1806, art. 15. — En pareil cas, les marchés passés entre les villes et les entrepreneurs n'ont pas besoin de l'autorisation législative. Ils peuvent être approuvés et modifiés, s'il y a lieu, par le gouvernement. — Avis cons. d'état, 4 juin 1834.

61. — Le service des inhumations à Paris est spécialement régi par le décret impérial du 18 août 1811. — Il a été décidé, relativement à ce service, que les fabriques des églises et consistoires de Paris doivent jouir, sans exception, de la remise de 50 % que l'entrepreneur des inhumations est tenu de leur faire sur le montant des fournitures que comprend le service extraordinaire, encore que les objets fournis pour ce service ne soient pas énoncés au tarif annexé au décret du 18 août 1811. — *Cons. d'état*, 4 juill. 1815, fabrique de Saint-Thomas-d'Aquin c. Lahalte.

62. — Il a été jugé au surplus, en règle générale, que l'adjudicataire des inhumations d'une commune, investi par son bail du droit exclusif de faire toutes les fournitures mentionnées ou non au tarif, doit sur les unes et les autres la remise stipulée au profit des fabriques. — *Cass.*, 27 août 1823, Lahalte c. fabrique de Sainte-Valère.

63. — Il est expressément défendu à toutes personnes, quelles que soient leurs fonctions, d'exercer, au détriment des fabriques et sans s'être rendues adjudicataires dans les formes voulues, l'entreprise des services et inhumations, sans préjudice toutefois des droits résultant des marchés existans, et qui ont été passés entre quelques entrepreneurs et les autorités civiles compétentes relativement aux convois et pompes funèbres. — Décr. 23 prair. an XII, art. 24; 18 mai 1806, art. 7.

64. — M. Affre (p. 212) fait remarquer que, dans les villes ou les bourgs où il n'y a aucune entreprise pour le transport des corps, les parens du défunt n'ont à payer que le salaire des fossoyeurs et celui des porteurs : encore ce dernier service est très souvent gratuit.

65. — Le conseil d'état a même déclaré, dans un avis du 8 janv. 1811, qu'il y aurait lieu d'examiner sérieusement si on ne pourrait pas autoriser les parens ou amis du décédé à faire eux-mêmes le transport de son corps sans recourir aux entrepreneurs des pompes funèbres, et sans leur payer les droits fixés par le réglement. Le conseil d'état laissa la question indécise, mais parut pencher en

aveur de l'exemption des droits. Les motifs étaient : « 1º Que, quelque modérés que soient ces droits, ils sont toujours onéreux pour la classe peu aisée de la société ; — 2º que, dans plusieurs villes des départemens, les citoyens de la même profession, et quelquefois les individus d'une même famille, désirent se rendre mutuellement les derniers devoirs ; qu'à l'avantage de prévenir les frais onéreux cet usage réunit celui de resserrer les liens d'amitié entre les membres d'une même famille et d'une même cité. »

66. — Le décret du 30 déc. 1809 ne disant pas, comme celui du 23 prair. an XII, art. 23, que le produit de l'exercice ou l'affermage du droit sur les funérailles sera consacré à l'entretien des églises, des lieux d'inhumation et au paiement des desservans, M. Carré (nº 385) en conclut avec raison que ce produit peut être employé indifféremment à l'acquit des diverses charges de la fabrique.

67. — La cession faite par une fabrique à un curé de tous ses droits dans les inhumations ou services funèbres ne peut motiver, de la part d'un particulier que cette cession ne blesse point, un appel comme d'abus. — *Cons. d'état*, 4 mars 1830, Gancel c. Partie.

68. — L'action des fabriques en paiement des frais d'inhumation et des services funèbres doit être considérée comme rentrant dans le § 3e, art. 2271, C. civ., et, en conséquence, comme se prescrivant par un laps de six mois. — *Journal des conseils de fabriques*, 1835-1836, p. 368. — Cette action devrait, du reste, être portée devant les tribunaux ordinaires.

69. — Au contraire, quant aux contestations qui peuvent s'élever entre les fabriques ou communes et les entrepreneurs, elles doivent être portées devant la juridiction administrative. — Décr. 18 mai 1806, art. 15. — V. FABRIQUES D'ÉGLISES, nos 700 et suiv.

V. aussi ACTES DE L'ÉTAT CIVIL, CADAVRE, CULTE, ÉGLISES, EXHUMATION, FABRIQUE.

INHUMATIONS ET POMPES FUNÈBRES (Entrepreneurs d').

Patentables soumis, à Paris, à un droit fixe de 1,000 fr., et, dans les villes autres que Paris, rangés dans la première classe où le droit fixe est basé sur la population. — Le droit proportionnel est, pour tous, du quinzième de la valeur locative de l'habitation et des lieux servant à l'exercice de la profession. — V. PATENTES.

INIMITIÉ.

1. — L'inimitié capitale est une cause de récusation contre les juges. — C. proc., art. 379, 9º ; — V. RÉCUSATION. V. aussi FAILLITE.

2. — Tout juge ou administrateur qui se sera décidé par inimitié contre une partie est coupable de forfaiture. — C. pén., art. 183. — V. FORFAITURE.

INJONCTION.

1. — Ordre ou commandement donné à quelqu'un, par la loi ou par le juge, de faire quelque chose.

2. — Il se dit aussi d'une mesure de discipline appliquée à l'occasion d'un fait digne de blâme. Ainsi les tribunaux peuvent, suivant la gravité des circonstances, faire aux officiers ministériels qui ont contrevenu aux lois ou aux règlemens, aux avocats et même aux juges l'injonction d'être plus circonspects à l'avenir. — C. Procéd., art 1036. — V. DISCIPLINE.

INJURE.

V. BRUITS ET TAPAGES INJURIEUX, DIFFAMATION.

INNAVIGABILITÉ.

C'est l'état d'un navire tellement endommagé qu'il n'est plus possible, même à l'aide de réparations, de le mettre à même de naviguer. — V. ASSURANCE MARITIME, AVARIES, CAPITAINE DE NAVIRE, CONSUL, ÉQUIPAGE, FRET, NAVIRE, PRÊT A LA GROSSE.

INOFFICIOSITÉ.

V. PLAINTE D'INOFFICIOSITÉ.

INONDATION.

Table alphabétique.

Action privée, 12 s., 30 s.
— publique, 12, 14.
Autorité administrative, 41 s.
Bail, 4.
Caractères du délit, 18 s.
Chemin, 55 s.
Compétence, 41 s., 55 s.
Conseil de préfecture, 55 s.
Crue extraordinaire, 32 s.
Dégradations, 17, 29.
Digue, 6.
Dommage éventuel, 40 s.
Dommages-intérêts, 30.
Etang, 16.
Fait consommé, 28.
Faute, 27.
Fermier, 15 s., 45 s.
Force majeure, 32 s.
Justice de paix, 61.
Mesure de sûreté, 3, 5, 7.
Moulin, 15 s., 27.
Pénalité, 14 s.
Prescription, 60.
Propriétaire, 15 s., 45.
Règlement administratif, 18, 22, 31. — (absent de), 23 s.
Responsabilité, 13, 30 s., 45 s.
Secours aux inondés, 8 s.
Travaux préservatifs, 42 s.
Tribunal correctionnel, 59.
Usine, 15 s.
Usufruitier, 47.

INONDATION. — 1. — On appelle ainsi l'irruption que font les eaux d'une rivière, d'un cours d'eau quelconque, d'un lac ou d'un étang sur les propriétés voisines.

2. — La rapidité ordinaire des inondations et les dangers qu'elles présentent en font des cas de force majeure devant lequels, sur plusieurs points, les règles ordinaires doivent fléchir.

3. — Ainsi, par exemple, la constitution du 22 frim. an VIII, en déclarant la maison de toute personne habitant le territoire français un asile inviolable, avait mis le cas d'inondation au nombre de ceux qui permettaient d'entrer, même pendant la nuit, dans le domicile des citoyens. — Const., 22 frim. an VIII, art. 76.

4. — Ainsi encore, la stipulation d'un bail qui mettrait à la charge du fermier ou locataire les *cas fortuits*, sans plus ample explication, ne devrait pas s'entendre du cas fortuit extraordinaire d'une inondation à laquelle le pays ne serait pas ordinairement sujet, à moins que le fermier n'ait été chargé d'une manière générale de tous les cas fortuits prévus ou imprévus. — C. civ., art. 1773. — V. BAIL, nos 1415 et suiv.

5. — Le pouvoir chargé de veiller à la sécurité générale, c'est-à-dire l'autorité administrative, a naturellement au nombre de ses attributions la mission de rechercher et d'indiquer les moyens de procurer le libre cours des eaux ; d'empêcher que les prairies ne soient submergées par la trop grande élévation des écluses, des moulins, et par les autres ouvrages d'art établis sur les rivières. — Instr. de l'assemblée nationale, 12-20 août 1790, ch. 6. — V. CANAL, COURS D'EAU, ÉCLUSES.

6. — Quant à l'établissement par l'état ou par les propriétaires des ouvrages défensifs, connus sous le nom de *digues*, destinés à préserver de l'envahissement des eaux les héritages exposés à leur action, V. DIGUES.

7. — Indépendamment des mesures actives qui sont journellement prises par l'administration, et des travaux défensifs qu'elle a faits sur certains points du territoire, dans la vue de prévenir les inondations, le ministre de l'intérieur a fait publier, en ventose an VII, une instruction rédigée par les membres du bureau consultatif d'agriculture, sur les effets des inondations et sur les moyens d'y remédier. Cette instruction, qu'il peut être très utile de consulter dans les sinistres de cette nature, a été insérée au recueil des circulaires du ministère de l'intérieur, t. 1er, p. 55.

8. — Lorsque les prévisions de l'autorité se trouvent dépassées, il est du devoir de l'état de venir au secours des particuliers que le fléau de l'inondation aurait frappés dans leurs biens.

9. — C'est ainsi que la loi des 26 sept.-2 oct. 1791, et plus tard celle du 3 frim. an VII, relatives à la contribution foncière, ont accordé des dégrèvemens à ceux dont les terres auraient été inondées. — L. 26 sept.-2 oct. 1791, art. 37 et suiv., 3 frim. an VII, art. 66, 68.

10. — C'est par suite du même principe que les lois annuelles de finances mettent dans chaque budget une certaine somme à la disposition du gouvernement afin de le mettre à même de secourir ceux qui auraient souffert des inondations. — Lois ann. de finances. — V. aussi notamment ord. 25 oct., 21 nov. et 7 déc. 1846.

11. — On sait d'ailleurs que les inondations extraordinaires qui viennent à ravager tout une contrée sont généralement suivies de secours spéciaux alloués par les chambres.

12. — Toute inondation provenant du fait de l'homme peut donner lieu cumulativement, contre celui qui en est l'auteur, à une action privée en réparation, dommages et intérêts, et à l'action publique en réparation du délit que le fait constitue.

13. — L'action privée se fonde à la fois sur la disposition générale de l'art. 1382, C. civ., aux termes duquel « tout fait quelconque de l'homme qui cause à autrui un dommage, oblige celui par la faute duquel il est arrivé à le réparer. » — V. RESPONSABILITÉ ; et sur les art. 15 et 16, L. 28 sept.-6 oct. 1791, et sur l'art. 457, C. pén.

14. — Quant à l'action publique, elle est déterminée à la fois par les dispositions précitées de la loi de 1791, et par l'art. 457, C. pén. — A cet égard l'art. 15, tit. 2 de cette loi dispose que « personne ne pourra inonder l'héritage de son voisin ni lui transmettre volontairement les eaux d'une manière nuisible, sous peine de payer le dommage et une amende qui ne pourra excéder la somme du dédommagement. »

15. — L'art. 16 ajoute : « Les propriétaires et fermiers de moulins et usines construits ou à construire seront garans de tous dommages que les eaux pourraient causer aux chemins et propriétés voisines par la trop grande élévation du déversoir ou autrement. Ils seront forcés de tenir les eaux à une hauteur qui ne nuira à personne et qui sera fixée par le directoire du département, d'après l'avis du directoire du district. En cas de contravention, la peine sera d'une amende qui ne pourra excéder la somme du dédommagement. »

16. — Le Code pénal a reproduit en la modifiant cette dernière disposition. L'art. 457 porte : « Sont passibles d'une amende qui ne peut excéder le quart des restitutions et des dommages-intérêts, ni être au-dessous de 50 fr., les propriétaires ou fermiers, ou toute personne jouissant de moulins, usines ou étangs, qui, par l'élévation du déversoir de leurs eaux au-dessus de la hauteur déterminée par l'autorité compétente, auraient inondé les chemins ou les propriétés d'autrui. »

17. — Le même article ajoute que, s'il est résulté du fait quelques dégradations, la peine est, outre l'amende, un emprisonnement de six jours à un mois.

18. — L'art 457, comme on le voit, ne prévoit qu'un seul cas, à savoir l'infraction *des propriétaires ou fermiers de moulins ou étangs* au réglement qui détermine la hauteur des eaux ; or, cette infraction était prévue par l'art. 16 précité de la loi de 1791. — Il est donc évident que ce dernier article a été abrogé implicitement par l'art. 457. — V., en ce sens, *Cass.*, 4 nov. 1824, Parrain c. Delaunay.

19. — Mais la jurisprudence a reconnu que l'art. 457 n'a pas abrogé l'art. 15 de ladite loi, et que ce dernier article est applicable à toutes espèces d'inondations sur lesquelles il n'a pas été disposé spécialement quels qu'en aient été les moyens. — *Cass.*, 23 janv. 1819, Blaise Gueron ; 4 nov. 1824, Parrain c. Delaunay.

20. — C'est par application du même principe qu'il a été jugé encore que toute transmission volontaire et nuisible des eaux est punie par l'art. 15, tit. 2, L. 6 oct. 1791, soit que le moyen à l'aide duquel a eu lieu cette transmission constitue une infraction à un réglement administratif, soit que l'emploi qui a été fait de ce moyen précède tout réglement de cette nature. — *Cass.*, 5 sept. 1835, Laurent c. Huet.

21. — L'art. 457 ne disposant qu'à l'égard des propriétaires, fermiers ou autres personnes jouissant de moulins, usines ou étangs, il en résulte que si l'inondation est causée par une personne ne rentrant pas dans l'une de ces catégories, elle tombe sous les termes généraux de l'art. 15 de la loi de 1791. — Chauveau et Hélie, *Théorie du Cod. pén.*, t. 8, p. 193.

22. — Mais, en pareil cas, l'inondation même constatée ne constitue le délit prévu par l'art. 457 qu'autant que celui à qui elle est imputée a tenu ses eaux au-dessus de la hauteur déterminée par les réglemens ; car ce que cet article punit, ce n'est pas seulement l'inondation, mais l'inondation provenant d'une infraction aux réglemens de l'autorité administrative.

23. — D'où il résulte 1º que si la hauteur du déversoir n'a pas été fixée par l'autorité administrative, l'art. 457 n'est pas applicable. — *Cass.*, 4 nov. 1824, Parrain c. Delaunay ; 23 janv. 1819, Blaise Guerez ; 2 fév. 1816, Noiset.

24. — Mais il y a lieu, en ce cas, à l'application de l'art. 15, tit. 2, L. 1791. — *Cass.*, 23 janv. 1819, Blaise Gueron ; 4 nov. 1814, Parrain c. Delaunay.

25. — Lorsque l'inondation a eu lieu, quoique les eaux soient restées au-dessous du déversoir légalement établi par l'administration, MM. Chauveau et Hélie décident (*loc. cit.*, p. 197) qu'il n'y a pas de délit.

26. — Et il a été jugé que dès qu'il est constaté que les eaux d'un moulin se trouvaient au-dessous du déversoir légalement établi, la cause de l'inon-

dation éprouvée par les propriétés voisines ne pouvant être imputée à délit au propriétaire du moulin, les tribunaux de répression ne peuvent connaître de l'action en dommages-intérêts, sauf aux parties à se pourvoir pardevant le préfet, à l'effet de faire cesser ou de prévenir le dommage par les voies administratives. — *Cass.*, 25 août 1808, Bellamy.

27. — Mais cela ne devrait s'entendre que du cas où il n'y aurait pas de faute imputable au propriétaire; car il a été jugé que le débordement d'une rivière ou d'un canal et l'entrée de leurs eaux dans une rue et dans les maisons, provenant de ce que les vannes d'un moulin n'ont pas été levées au moment convenable, rentre dans la disposition générale de l'art. 15 de la loi de 1791. — *Cass.*, 15 janv. 1825, de Pujo.

28. — Il importe d'ailleurs de remarquer que pour qu'il y ait lieu à l'application des peines de l'art. 457, il ne suffirait pas que l'élévation illicite des eaux pût faire craindre une inondation. Il faut, pour que ces peines soient applicables, que le fait dénoncé ait le caractère d'un délit accompli, que l'inondation se soit réalisée. — *Cass.*, 16 frim. an XIV, Brien c. Delaumont; — Merlin, *Rép.*, v° *Inondation*; Daviel, *Des cours d'eau*, n° 1000.

29. — Quant à la peine de la prison prononcée par l'art. 457, § 2, elle ne peut être appliquée que s'il en est résulté *des dégradations*. — Un simple dommage ne donnerait lieu qu'à l'application de la première partie dudit article. — Chauveau et Hélie, p. 199.

30. — Mais, dans tous les cas, l'action privée en dommages-intérêts est admissible de la part de tous ceux qui auraient eu à souffrir de l'inondation.

31. — Le propriétaire de l'usine ou de l'étang d'où proviendrait le dommage ne pourrait d'ailleurs évidemment se retrancher derrière le réglement administratif qu'il aurait obtenu, et prétendre que l'autorisation qui lui aurait été accordée, de porter ses eaux à telle ou telle hauteur, le dégage de sa responsabilité, car il est de principe que cette autorisation n'est jamais accordée que sauf le droit des tiers.

32. — Toutefois, si le dommage était le résultat d'une crue extraordinaire des eaux, il n'y aurait lieu à aucune réparation; on devrait alors considérer l'inondation comme un cas de force majeure qui fait disparaître toute responsabilité. — Daviel, *Des cours d'eau*, n°s 654 et 819; Dumay sur Proudhon, *Domaine public*, n° 1116.

33. — Suivant Chardon, néanmoins, le propriétaire d'un étang ou d'une usine ne pourrait même, en ce cas, alléguer la force majeure, parce que la retenue des eaux étant faite dans son intérêt, il aurait dû calculer les dimensions de ses débouchés, de manière à prévenir toute espèce de dommage, et que c'est à celui qui retire les avantages d'une chose à en supporter les inconvéniens et la responsabilité. — Chardon, *De l'alluvion*, n° 22.

34. — Mais cette décision nous paraît, de même qu'à MM. Daviel et Dumay (*ubi suprà*), trop rigoureuse. Ainsi que le font remarquer justement ces auteurs, le cours des eaux a des vicissitudes que la prudence humaine ne peut maîtriser; il faudrait renoncer à former aucun établissement sur les rivières, si le propriétaire pouvait être garant des dégâts causés par des crues accidentelles et extraordinaires sur le motif que le dommage n'eût pas eu lieu ou eût été moindre sans la retenue de l'usine.

35. — Il peut donc seulement y avoir lieu d'examiner, en pareille circonstance, si le propriétaire de l'étang ou de l'usine dont l'existence a contribué à aggraver pour le voisinage l'inconvénient de la crue des eaux, n'a aucune faute à s'imputer. — Dumay sur Proudhon, *ubi suprà*.

36. — Ainsi, le propriétaire d'un étang ou d'une usine ne peut être responsable d'une inondation causée par une crue subite des eaux, si en établissant sa chaussée ou son barrage, il a fait tout ce que la prudence conseillait, tout ce qu'exigeait l'expérience acquise des crues d'eau auxquelles le pays était ordinairement sujet. — Daviel, *Des cours d'eau*, n° 819.

37. — Cette solution doit surtout être adoptée lorsque les ouvrages ont été faits sous la surveillance de l'administration et avec son autorisation. — *Ibid.*

38. — De même, en cas d'une augmentation extraordinaire et subite du volume d'une rivière, si le propriétaire de l'usine avait levé toutes ses vannes, et que néanmoins les propriétés supérieures eussent été inondées, le propriétaire de l'usine ne pourrait être déclaré responsable du dommage. — Daviel, *Des cours d'eau*, n° 654.

39. — Mais il en serait autrement si l'on pouvait lui imputer quelque faute qui eût aggravé l'effet des grosses eaux, par exemple si son bief était mal curé, s'il n'avait pas la largeur et la profondeur requises, si son déversoir, ses vannes de décharges n'avaient pas les dimensions indiquées par l'acte d'autorisation. — *Ibid.*

40. — Du reste, si l'action publique ne peut être exercée qu'autant qu'il y a eu réellement inondation, et si des dommages-intérêts ne peuvent être réclamés qu'autant que l'inondation provient du fait de celui à qui elle serait imputée, faut-il en conclure que l'action civile ne soit pas ouverte à ceux qui pourraient avoir *à craindre* un dommage de cette nature afin de mettre les propriétaires des usines ou étangs d'où ce dommage pourrait provenir, en demeure de faire effectuer les travaux préservatifs nécessaires? — Cette question rentre dans celle de savoir quels droits confère au propriétaire menacé le dommage purement éventuel. — V. DOMMAGE ÉVENTUEL. — Et nous l'avons résolue en faveur de ce propriétaire en cas de dommage imminent. — V. ÉTANG, n°s 41 et suiv.

41. — En tous cas, si la crainte de l'inondation était fondée sur la nature des constructions autorisées par l'administration ou sur des réglemens émanés d'elle, c'est à l'autorité administrative qu'il faudrait s'adresser, soit pour obtenir que l'autorisation accordée soit rapportée, soit pour demander un nouveau réglement.

42. — S'il n'y avait eu ni autorisation, ni réglement, on pourrait, indistinctement et suivant les circonstances, saisir, soit l'autorité administrative pour obtenir que des réglemens fussent rendus, soit les tribunaux pour faire ordonner les travaux nécessaires de préservation.

43. — S'il y avait eu autorisation ou réglement et que les conditions n'en fussent pas observées, ou encore que ces conditions ayant été suivies, la crainte provienne de dégradations amenées par le temps ou par la négligence, ce serait devant les tribunaux qu'il faudrait se pourvoir.

44. — Du reste, les tribunaux seraient également compétens pour ordonner généralement toutes les mesures jugées nécessaires qui ne devraient porter aucune atteinte aux réglemens de l'autorité administrative; car là seulement s'arrête leur pouvoir. — V. au surplus COURS D'EAU, ÉTANG.

45. — Ainsi qu'on a pu le remarquer *suprà* n° 18 les peines portées par l'art. 457, C. pén., au cas d'inondation, s'appliquent indistinctement aux *propriétaires*, *fermiers*, et toutes personnes *jouissant* de moulins, usines ou étangs, qui, par l'élévation illicite de leurs déversoirs auraient occasionné l'inondation. — Il importe d'examiner contre qui précisément les poursuites doivent être exercées, lorsque les usines ou étangs se trouvent dans d'autres mains que celles du propriétaire.

46. — Si, dit à cet égard Proudhon, c'est le propriétaire qui, en construisant son usine, en a élevé l'écluse au-dessus du point qui lui avait été fixé par l'administration, c'est lui qui devra être poursuivi et condamné devant le tribunal correctionnel, parce qu'il sera l'auteur de l'infraction au réglement. — Proudhon, *Dom. publ.*, n° 1141.

47. — Si c'est le fermier ou l'usufruitier qui, après son entrée en jouissance, a exhaussé les barrages du moulin au-dessus de la hauteur légale, c'est lui qui devra être poursuivi seul et condamné comme étant l'auteur du délit. — *Ibid.*

48. — Si, lors de son entrée en jouissance ou depuis, mais avant l'événement de l'inondation, et dans un temps où l'on pouvait encore parer au sinistre, le fermier a été instruit de la trop grande élévation des barrages de son moulin, il pourra être condamné solidairement avec le maître, en qualité de complice et comme s'étant sciemment servi de l'instrument du dommage, sans avoir requis le propriétaire d'en changer la disposition. — *Ibid.*

49. — Si, comme cela doit arriver le plus souvent, le fermier était dans l'ignorance du vice de construction, c'est le propriétaire seul qui devra être condamné, parce qu'il aura été le seul auteur de l'infraction au réglement, et qu'il serait injuste que le fermier qui, de bonne foi, a pris les choses dans l'état où il les a trouvées, pût être poursuivi à raison d'un fait qui n'est pas le sien. — *Ibid.*

50. — Toutefois, Proudhon fait observer aussi que, dans ce dernier cas, il y a beaucoup de circonstances qui accusent directement le fermier, et qui ne peuvent être qu'à sa charge comme régisseur de l'usine. En effet, les règles de l'art exigent qu'il y ait dans la constitution d'une usine à eau un établissement de portières ou vannes placées de manière à procurer le plus efficacement possible l'écoulement des eaux quand elles sont trop abondantes, et à prévenir par là le danger des inondations. Or, on sait que c'est au fermier qui explicite, et non au propriétaire, qui peut être très éloigné, à ouvrir ces moyens de décharge: ce serait donc alors à lui seul à répondre de son défaut de précautions. — *Ibid.*

51. — Enfin, en dehors de l'application de l'art. 457, C. pén., et au point de vue seulement de la responsabilité, se présente la question de savoir si lorsque l'inondation arrive sans qu'il y ait eu contravention aux réglemens de l'administration, les dommages-intérêts doivent être supportés par le propriétaire ou par le fermier.

52. — Proudhon n'hésite pas à enseigner, par application de l'art. 16, tit. 2 de la loi du 6 oct. 1791, que le fermier est toujours en pareil cas passible de l'action des tiers, parce que, dit-il, c'est là une charge de garantie toute réelle et inhérente à l'existence et à l'exploitation de l'usine. Le fermier a dû prendre cette charge en considération du prix du bail qu'il a stipulé, et, d'un autre côté, les propriétaires voisins ne doivent naturellement s'en prendre, pour la réparation des préjudices qui leur sont causés, qu'à celui qui est présent à l'usine. — Proudhon, *ubi suprà*, n°s 1142 et 1143.

53. — Suivant le même auteur, il faut même admettre qu'à moins de circonstances tout-à-fait particulières, le fermier ne doit avoir en ce cas aucun recours contre le propriétaire, la question se réduisant à savoir si la cause pour laquelle le fermier se trouve poursuivi en réparation de dommages, pourrait être, ou non, considérée comme résultant d'un vice caché de la chose prise à ferme. — *Ibid.*

54. — Cette opinion est également professée par M. Daviel, qui, en faisant observer qu'il est bien difficile d'admettre que le locataire d'une usine ne se soit pas rendu un compte exact des inconvéniens qu'elle peut présenter, regarde l'exploitant comme étant seul responsable. « Peu importe, dit en effet ce dernier auteur, à qui appartient un instrument de dommage, celui qui en fait usage est responsable de tout le mal qu'il peut causer entre ses mains. » — Daviel, *Des cours d'eau*, n° 999.

55. — Suivant Proudhon, l'inondation d'une grande route par le fait d'un propriétaire d'usine qui aurait tenu ses eaux au-dessus de la hauteur fixée par l'administration constitue une contravention de grande voirie de la compétence du conseil de préfecture. — Proudhon, *Domaine public*, n° 1132.

56. — Mais cette opinion est contredite par M. Daviel, qui pense, au contraire, que les termes de l'art. 1er de la loi du 29 flor. an X résistent à cette interprétation, et que, d'après l'art. 447 du Code pénal, c'est là un délit du droit commun, de la compétence des tribunaux correctionnels. — Daviel, *Des cours d'eau*, n° 449.

57. — Sans nous prononcer ici d'une manière absolue, nous croyons devoir faire remarquer que le conseil de préfecture ayant été investi par la loi précitée du 29 flor. an X, du pouvoir de statuer sur *toutes espèces de détériorations commises sur les grandes routes*, l'opinion de Proudhon semble préférable, ou qu'au moins c'est le cas d'admettre concurremment la double compétence du conseil de préfecture et du tribunal correctionnel. C'est là, au surplus, un point que nous examinerons d'une manière générale. — V. VOIRIE (GRANDE).

58. — Nous ferons seulement observer dès à présent, avec M. Dumay (sur Proudhon, *ubi suprà*), que si la nature du fait était telle qu'il y eût lieu à l'application de l'emprisonnement imposé par l'art. 457, C. pén., cette répression ne pourrait pas être prononcée par le conseil de préfecture, qui ne peut jamais appliquer de peines corporelles, et qui devrait renvoyer ce chef aux tribunaux correctionnels.

59. — Le fait d'inondation, soit qu'il rentre dans les termes de l'art. 15, L. de 1791, soit qu'il tombe sous l'appréciation de l'art. 457, est de la compétence du tribunal correctionnel. — *Cass.*, 4 brum. an XIII, Gastaldy; 15 janv. 1825, de Pujo; 23 janv. 1819, Guéron; 25 août 1808, Bellamy.

60. — Le délit prévu par l'art. 457, C pén., ne se prescrit que par trois ans, comme les autres délits prévus par ce Code. — *Cass.*, 10 sept. 1813 (intérêt de la loi), Hodinot; — Daviel, *Des cours d'eau*, n° 1001. — V. encore ALLUVION, COURS D'EAU; ÉTANG, USINE.

61. — V. sur la compétence des juges de paix en matière de demande en indemnité pour raison du dommage causé par une inondation, v° JUSTICE DE PAIX.

INONDATIONS (Fortifications).

1. — On peut souvent, pour la défense d'une place de guerre, tirer parti, au moyen d'une inondation, des eaux qui se trouvent dans ses environs. — V. PLACE DE GUERRE.

2. — Dans le cas où une inondation devient nécessaire pour la défense d'une place forte, les propriétaires voisins sont tenus de supporter cette inondation, moyennant indemnité. — L. 8-10 juill. 1791, tit. 1er, art. 38; — Pardessus, *Servitudes*, n° 141.

3. — De plus, pour s'assurer la possession de tous les avantages que procure un bon système d'inondation, il faut que cette inondation ne puisse être *saignée*, c'est-à-dire mise à sec par une rigole qui ferait écouler les eaux de la rivière qui la forme dans des terrains plus éloignés de la place, ou dans les rivières situées en aval de la place.

4. — Il y a donc pour les propriétaires des terrains situés dans le bassin d'inondation, obligation de ne faire sur leur terrain aucun fossé ou autre ouvrage qui puisse servir à saigner l'inondation. — Delaleau, *Servitudes pour la défense des places de guerre*, n° 512.

5. — Enfin, ces mêmes propriétaires ne peuvent pas non plus, par le dépôt de décombres dans le voisinage, exposer les bassins d'inondation à être rehaussés. — Delaleau, *Ibid.*, n° 511. — V. au surplus SERVITUDES MILITAIRES.

IN REM VERSO (Action de).

1. — L'action *de in rem verso*, c'est-à-dire de ce qui a tourné au profit d'autrui est celle qui est accordée au mandataire, au gérant d'affaires, au tuteur, et en général à tous ceux qui ont traité, soit au nom d'un tiers, soit avec lui, pour se faire rembourser ou indemniser jusqu'à concurrence de ce dont le tiers a profité, qu'il ait d'ailleurs ratifié ou non le contrat. — Rolland de Villargues, *Rép. du notar.*, v° *In rem versum*. — V. à cet égard *Dig.*, lib. 15, tit. 2, *De in rem verso*.

2. — C'est ainsi que, d'après le Code civil, si on ne peut exiger des mineurs, des interdits ou des femmes mariées qui se font restituer contre leurs engagemens le remboursement de ce qui a été, en conséquence de ces engagemens, payé pendant la minorité, l'interdiction ou le mariage, il y a exception quand on prouve que ce qui a été payé a tourné au profit des incapables. — C. civ., art. 1312. — V. NULLITÉ, RESCISION.

INSAISISSABILITÉ.

V. MAJORAT, RENTES SUR L'ÉTAT, SAISIE-ARRÊT, SAISIE-EXÉCUTION, SAISIE IMMOBILIÈRE, SUBSTITUTION.

INSALUBRITÉ.

V. ÉTABLISSEMENS INSALUBRES, POUVOIR MUNICIPAL.

INSCRIPTION DE FAUX.

Déclaration par laquelle on soutient en justice qu'une pièce est fausse ou falsifiée. — V. FAUX INCIDENT. — V. aussi ACTE AUTHENTIQUE, ACTE SOUS-SEING-PRIVÉ, CONTRIBUTIONS INDIRECTES, DOUANES, FORÊTS, PÊCHE, PROCÈS-VERBAUX.

INSCRIPTION HYPOTHÉCAIRE.

Table alphabétique.

Absent (militaire), 28.
Accessoires, 289 s.
Acte authentique, 179 s. — notarié, 244, 252, 255, 257 s. — sous seing-privé, 15, 244.
Action, 617, 625 s.
Adjudication définitive, 457 s., 566, 569. — préparatoire, 570. — sur conversion, 567.
Administrateur, 259.
Agent judiciaire du trésor, 389, 394.
Ami, 386 s.
Année courante, 434, 452 s.
Années d'intérêts, 434 s., 449 s.
Appel, 624.
Appréciation, 374 s. — (pouvoir d'), 249.
Architecte, 58.
Arrérages, 290, 292, 336, 338 s., 434 s., 441.
Arrondissement, 349, 370, 372 s.
[A]ssignation, 617, 621 s.
Aveu, 244.
Ayant-droit, 265.
Belgique, 6 s.
Bordereaux, 12, 101 s., 115. — (énonciations), 12, 120 s., 127 s., 303, 391 s., 511 s., 517. — (foi), 116 s. — (rédaction), 104 s. — (signature), 103. — de collocation, 459, 572, 577 s.
Biens, 430. — (espèce, 345 s., 515 s. — (situation), 405.
Cadastre, 363.
Capital, 271 s., 327, 336, 340 s., 344 s., 428 s. 434 s.
Cassation, 19, 323, 375 s.
Caution, 264, 501.
Cautionnement, 468.
Cédant, 153, 156, 265, 494.
Certificat d'inscription, 407. — de non inscription, 601 suiv.
Cession (acte de), 236 s., 266, 523, — de biens, 62, 599.
Cessionnaire, 22 s., 153 s., 157 s., 179 s., 237, 265 s, 466, 492 s., 523.
Chose jugée, 303.
Clause résolutoire, 413.
Codébiteur, 192.
Cohéritier, 87.
Collocation, 293 s., 415, 443 s., 449 s.
Command, 191.
Commis, 104.
Commune, 27, 57, 360 s., 406, 462.
Compétence, 625 s.
Comptable, 389, 391, 501 s.
Compte (reddition de), 259, 285 s. — de tutelle, 543.
Concurrence, 414.
Conservateur des hypothèques, 29 s., 104 s., 235, 245, 313, 388, 390, 414, 514.
Conservation des hypothèques (responsabilité), 108, 119, 541, 550.
Contrat de mariage, 400.
Contribution, 399.
Copartageant, 87, 534.
Copie, 229, 609.
Coutume de Namur, 442. — de Paris, 422.
Créance, 17 s., 426 s. — (nature), 397. — (éventuelle, 333 s. — indéterminée, 398. — liquide, 323.
Créancier, 16 s., 25, 32 s., 74, 88, 115, 225, 367, 419 s., 425, 465 s., 471 s., 479, 481, 568. — (énonciation), 128, 148, 186. — chirographaire, 437, 487. — hypothécaire, 487, 581. — inscrit, 89. — non inscrit, 482.
Date, 410, 414, 425, 434 s., 489, 504, 528 s., 531 s. — du titre, 216 s., 240, 246, 249, 322, 520. — (erreur), 223. — (insuffisance), 224.
Débiteur, 33, 36 s., 389, 479 s. — (énonciation), 186.
Décès, 617.
Déconfiture, 59 s.
Défaut, 134, 149, 153, 200 s., 203 s.
Délai, 9 s., 45 s., 60, 81 s., 181, 303, 384, 488 s., 499 s.
Délaissement, 577, 595 s.
Délégataire, 20, 540.
Délégation, 20 s., 539, 584, 591.
Demeure, 175.
Dénonciation de saisie, 456, 564.
Détenteur, 41.
Domaine, 357, 360.
Domicile du créancier, 128, 159 s., 169, 392. — (inexactitude), 163. — du débiteur, 185, 209 s., 395. — élu, 128, 160 s., 166 s., 617 s., 623, 626. — (changement), 176 s., 620. — (effets), 184. — réel, 617, 622.
Dommages-intérêts, 290, 532.
Dot, 331 s., 381.
Douaire, 152, 330, 400, 422 s., 576.
Droits acquis, 70. — conditionnels, 271, 282, 397. — éventuels, 271, 282 s., 284, 335, 397. — indéterminés, 271, 282, 287, 297.
Droit de suite, 415, 417.
Durée de l'inscription, 488 s.
Echéance, 317 s., 324.
Effets de l'inscription, 408 s., 418 s.
Emigré, 83, 536 s.
Enfant, 203, 422 s., 472, 576.
Enregistrement, 563.
Epoux, 501.
Erreur, 131, 144, 217, 228, 230, 232 s., 251, 261, 264, 273, 312, 325, 462, 366 s., 371, 477 s., 483. — dans les bordereaux, 106, 110, 115, 118.
Etablissemens publics, 57, 391, 406, 462.
Etat, 31, 57, 391 s., 462, 501.
Etat d'inscriptions, 601, 603 s. — d'inscriptions supplémentaires, 607 s., 611.
Evaluations, 271, 397 s.
Exigibilité, 295 s., 319 s., 326 s., 334 s., 340 s., 344. — (époque d'), 84, 246, 252, 297 s., 404, 429, 525.
Expédition, 95, 99.
Expropriation forcée, 454, 561 s.
Fabrique, 113.
Failli, 467.
Faillite, 26, 44 s., 85, 122, 139, 551 s.
Faute, 448, 480.
Femme, 406. — mariée, 24, 56, 96, 135, 147, 380 s., 386 s., 391, 416 s., 422 s., 462, 466 s., 542, 545 s.
Ferme, 358.
Fin de non-recevoir, 191.
Force majeure, 510.
Formalités accidentelles, 126. — substantielles, 126, 272, 346, 475.
Four, 431.
Frais, 183, 290 s., 327. — d'inscription, 111 s.
Fraude, 367.
Héritier, 71, 74 s., 149 s., 332, 382, 545.
Heure, 414.
Historique, 2 s.
Hospice, 113.
Huissier, 497, 621.
Hypothèque, 2 s., 13 s., 36, 82, 192, 409 s., 415, 485 s., 488 s., 491. — ancienne, 66 s., 80, 100. — conditionnelle, 91. — conventionnelle, 32. — générale, 8, 257, 351 s., 378, 407. — judiciaire, 233 s., 328, 377, 477. — légale, 35, 56 s., 73, 90, 100, 112, 121, 329 s., 348, 377, 380 s., 411, 416 s., 462 s., 477, 542 s., 610, 615 s. — spéciale, 378, 407. — subsidiaire, 443. — ultérieure, 343.
Ignorance, 40, 228.
Indemnité, 288.
Indivis, 432.
Indivision, 151.
Immeuble, 36. — fictif, 94. — hypothéqué (indication), 126.
Inscription d'office, 29 s., 538 s. — périmée, 612 s.
Interdit, 380, 391.
Intérêts, 252, 255, 258, 290, 292, 327, 428 s., 434 s. — hypothécaires, 474.
Irrégularité, 475 s.
Jour férié, 508 s.
Jugement, 259, 315 s., 321 s. — arbitral, 227, 239, 335. — de déclaration d'hypothèque, 600. — non expédié, 99.
Juridiction volontaire, 15.
Légataire, 88, 471.
Legs, 201.
Lettre de change, 244.
Lettres de ratification, 5, 10.
Lieu, 92 s., 218.
Lois antérieures, 418.
Maison, 371.
Mandataire, 34, 495 s.
Mari, 383, 385, 391, 542.
Métairie, 359, 365.
Mineur, 11, 72, 96, 112, 380, 386, 391, 462, 464, 542 s.
Ministère public, 28.
Nantissement (pays de), 238.
Nature du titre, 216 s., 238 s., 324.
Nom du créancier, 128, 130, 150, 392 s., 519. — du créancier (faux), 133. — (irrégularité), 131 s. — (omission), 129. — du débiteur, 126, 185, 187 s., 199, 202, 395, 519.
Notaire, 219, 246 s., 250, 256, 567.
Notification aux créanciers, 582 s., 587 s. — de placards, 565.
Nullité, 46, 98, 120, 123 s., 143, 167 s., 172 s., 222, 226, 299, 311,
Numéro, 368.
Omission, 119, 123, 158, 245, 313, 369 s., 483.
Opposition, 5, 10.
Ordre, 415, 453, 457 s., 460 s., 571 s., 624. — amiable, 579.
Original, 95.
Paiement, 415.
Parent, 386.
Parlant à, 622 s.
Partage, 324, 432.
Payeur, 330, 541.
Pays de nantissement, 6, 9. — réuni, 11.
Piémont, 300,
Porteur, 130.
Possession, 37 s.
Préférence, 438. — (droit de), 193.
Préfet, 27, 389.
Préjudice, 217, 234, 264, 325, 362.
Prénoms du créancier, 122. 147, 392. — (erreur), 136. — (omission), 137 s. — du débiteur, 185, 187, 193 s., 199, 202, 395.
Prêt à intérêt, 258.
Prêteur, 29, 268.
Prêtre déporté, 13.
Privilége, 2 s., 58, 70, 82, 87 s., 89, 269, 412 s., 415, 448, 468 s., 488 s.
Procureur du roi, 385.
Profession du créancier, 140 s., 392. — du débiteur, 185, 195 s., 395.
Propriétaire, 146.
Purge, 39, 43, 90. — des hypothèques, 580. — légale, 548.
Questions transitoires, 4 s., 49.
Radiation, 498, 609.
Ratification, 267.
Receveur de l'administration, 389. — de l'enregistrement, 390. — général, 390, 398, 541. — particulier, 390, 393.
Ratification, 106, 110, 171, 303 s.
Refus d'inscription, 108.
Registre du conservateur, 105, 107, 109, 116 s., 519, 527.
Relation, 253 s., 260 s., 268, 512, 518, 526, 529 s.
Renonciation, 438.
Renouvellement, 132, 488, 492 s., 499 s., 533 s., 613 s. — (dispense de), 535 s. — (formalités), 511 s.
Rente, 8, 42, 221, 276, 386. — (taux), 270, 281. — constituée, 337 s., 343, 448. — en grains, 277 s. — perpétuelle, 43, 240, 280, 333, 340 s. — viagère, 270, 333, 344, 420 s., 445 s.
Représentant, 201, 203.
Réquisition (droit de), 14 s.
Responsabilité, 497.
Ressorts différens, 93.
Retard, 108 s.
Revente, 588.
Révocation de donation, 402.
Salaire du conservateur, 609 s., 613.
Séparation de patrimoines, 88, 379, 471.
Séquestre, 284.
Signification du jugement, 618.
Simulation, 23.
Société commerciale, 134, 138, 156, 190. — d'acquêts, 472.
Solidarité, 192.
Sommation de produire, 610 suiv.
Somme hypothéquée, 128.
Subrogation, 268, 447, 488, 589 s., 609 s. — (acte de), 524.
Subrogé-tuteur, 384 s.
Succession, 150, 152, 202, 206, 379, 432, 471, 628. — bénéficiaire, 44, 68 s., 86, 396, 439 s., 537 s. — vacante, 76 s., 86, 560.
Surenchère, 89, 454, 583, 585 s. (droit de), 6.
Syndic, 26, 100, 139.
Terrain, 431.
Testament, 350.
Tiers, 34, 95, 124, 251, 249 s., 260, 264, 354, 356, 362, 366, 371, 410, 421, 522. — acquéreur, 42, 208, 473, 587. — détenteur, 43, 74, 205 s., 425, 484, 562, 600.
Timbre, 608.
Titre, 42. — (date du), 403 s. — (nature du), 402. — (présentation du), 95 s., 513 s. — (représentation du), 401. — nouvel, 263. — primitif, 520 s., 524. — récognitif, 262.
Transcription, 38, 452, 491, 563, 580.
Transport, 155. — (signification de), 22, 154, 157, 492.
Travaux publics, 288.
Trésor, 389, 390. — public, 468, 549.
Tuteur, 112, 383 s., 391, 542.
Vendeur, 29, 58, 70, 268, 298, 413, 469 s., 498, 540, 548, 555.
Vente, 29 s., 581. — volontaire au créancier, 593 s.
Veuve, 396.

INSCRIPTION HYPOTHÉCAIRE. — 1. — Déclaration faite par un créancier sur un registre public à ce destiné, de l'hypothèque ou du privilége qu'il a sur les immeubles de son débiteur.

SECT. 1re. — *Historique. — Questions transitoires* (n° 2).

SECT. 2e. — *Par qui et sur qui l'inscription peut être prise* (n° 14).

ART. 1er. — *Par qui elle peut être prise* (n° 14).

ART. 2. — *Sur qui elle peut être prise. — Faillite, sucession bénéficiaire ou vacante* (n° 36).

SECT. 3e. — *Délais pour prendre l'inscription* (n° 81).

SECT. 4e. — *Formalités de l'inscription* (no 92).
ART. 1er. — *Lieux où elle se prend; présentation du titre; bordereaux; devoirs du conservateur; frais* (no 92).
ART. 2. — *Caractère des bordereaux; énonciations qu'ils doivent contenir* (no 115).
§ 1er. — *Nom, prénoms, profession et domicile du créancier. — Domicile élu* (no 128).
§ 2. — *Nom, prénoms, profession et domicile du débiteur* (no 185).
§ 3. — *Date et nature du titre* (no 216).
§ 4. — *Montant de la créance ou de son évaluation. — Montant des accessoires* (no 271).
§ 5. — *Epoque d'exigibilité de la créance* (no 295).
§ 6. — *Espèce et situation des biens grevés* (no 345).
SECT. 5e. — *Inscription des hypothèques légales* (no 380).
SECT. 6e. — *Effets de l'inscription* (no 408).
ART. 1er. — *Effets de l'inscription en général* (no 408).
ART. 2. — *Effets de l'inscription relativement aux intérêts ou arrérages* (no 434).
ART. 3. — *Des inscriptions irrégulières* (no 475).
SECT. 7e. — *Durée et renouvellement de l'inscription* (no 488).
ART. 1er. — *Délai pour le renouvellement* (no 500).
ART. 2. — *Formalités de l'inscription en renouvellement* (no 511).
ART. 3. — *Causes qui dispensent du renouvellement* (no 533).
SECT. 8e. — *Etat des inscriptions* (no 601).
SECT. 9e. — *Compétence* (no 617).

—

Sect. 1re. — *Historique. — Questions transitoires.*

2. — L'inscription hypothécaire étant l'acte par lequel l'hypothèque ou le privilége sont portés à la connaissance des tiers, elle a dû nécessairement avoir la même source, et être l'objet des mêmes dispositions législatives. Nous ne saurions donc, sous peine de redites inutiles, reproduire ce qui a été dit à ce sujet vo HYPOTHÈQUE et vo PRIVILEGE, et nous ne pouvons que renvoyer à ces mots.

3. — Toutefois, nous ferons remarquer que, pour les inscriptions de même que pour les hypothèques et priviléges, elles ont été soumises à plusieurs régimes successifs, savoir : 1o régime antérieur au 9 messid. an III; 2o régime de la loi du 9 messid. an III; 3o régime de la loi du 11 brum. an VII; 4o enfin, régime du Code civil.

4. — Cette législation successive a donné lieu à un grand nombre de questions transitoires. Une partie est rapportée vo HYPOTHÈQUE et vo PRIVILÉGES; quelques autres seront signalées dans le cours de ce mot à l'occasion des dispositions corrélatives de la législation actuelle; enfin, il y a lieu d'y ajouter les décisions suivantes :

5. — L'action personnelle que, sous l'édit de 1771, l'opposant aux lettres de ratification obtenait contre l'acquéreur, n'a pas dû être inscrite pour se conserver. — *Amiens*, 9 juill. 1812, Roman c. Dwelles.

6. — L'hypothèque stipulée dans un pays régi par l'édit de 1771 n'a pu s'étendre sur des biens situés en Belgique ou en France, dans un pays de nantissement, au moyen d'une inscription prise sur ces biens après la promulgation de la loi du 11 brum. an VII. — Le créancier qui a pris cette inscription ne peut exercer le droit de surenchère. — *Cass.*, 28 déc. 1808, Lefèvre c. Bouret de Vezelai.

7. — Une inscription prise en vertu de la loi du 11 brum. an VII n'a pas conservé sur des biens situés en Belgique une hypothèque antérieurement consentie, lorsque le créancier n'a pas pris, comme l'exigeaient les statuts belges, *adhéritance par œuvre de loi*. — *Paris*, 30 déc. 1808, Devinck c. Darberg.

8. — A défaut de réalisation d'un acte de constitution de rente, antérieur à la loi du 11 brum. an VII, et renfermant stipulation d'hypothèque générale, le créancier ne peut requérir inscription pour conserver son hypothèque ancienne, mais seulement pour en acquérir une nouvelle à dater de l'inscription. — *Liége*, 9 mai 1811, Dethier c. Renooz.

9. — La loi du 11 brum. an VII a entendu par son art. 37 valider toutes les inscriptions faites jusqu'à l'époque, et même celles qui pourraient être requises dans les trois mois de sa publication, dans les formes de la loi du 9 messid. an III. — Cette disposition concernait, même dans les pays de nantissement, les inscriptions des hypothèques non réalisées. — *Cass.*, 8 flor. an XIII, Dammann-Vandervalle c. Delespierre.

10. — L'opposition au sceau des lettres de ratification obtenues par celui qui se trouvait propriétaire, à la publication de la loi du 11 brum. an VII, ne dispensait pas l'opposant de prendre inscription dans le délai prescrit par l'art. 37 de cette loi, pour la conservation des anciennes hypothèques. — *Paris*, 21 juill. 1807, Mauduit et Boucher c. Estiennot.

11. — L'hypothèque consentie dans un pays réuni à la France, mais antérieurement à la réunion, devait, bien qu'elle eût été, suivant l'usage de ce pays, scellée et insinuée, être, à peine de déchéance, tant contre les mineurs que contre les majeurs, inscrite dans le délai fixé par la loi du 11 brum. an VII, pour la conservation des hypothèques anciennes. — *Cass.*, 7 germin. an XII, Nesselrode c. Kamphausen.

12. — L'art. 40, L. 11 brum. an VII, qui porte que les inscriptions des hypothèques anciennes seront faites sur la représentation des bordereaux contenant les indications prescrites par les art. 17 et 21, même loi, ne peut s'entendre que des indications que fournit le titre en vertu duquel on s'inscrit. — *Cass.*, 6 déc. 1813, Guliaud c. Gaschet Delille.

13. — On a dû considérer comme produisant effet les hypothèques acquises sur les biens d'un prêtre déporté par les créanciers de ses héritiers présomptifs, encore que ces héritiers n'eussent pas obtenu l'envoi en possession de ces biens, s'ils les ont recueillis dans une succession ouverte depuis la mort civile du déporté et s'ils ont payé les droits de mutation. — *Cass.*, 5 messid. an XIII, Belin c. Lemuey.

Sect. 2e. — *Par qui et sur qui l'inscription peut être requise.*

ART. 1er. — *Par qui l'inscription peut être requise.*

14. — Le droit de prendre une inscription hypothécaire appartient à tout créancier à qui la loi reconnaît le droit d'hypothèque. — V. HYPOTHÈQUE.

15. — Sous la loi du 11 brum. an VII, on pouvait prendre inscription en vertu d'un contrat sous seing-privé reconnu dans des décisions émanées de tribunaux exerçant non la juridiction contentieuse, mais la juridiction volontaire. — *Cass.*, 14 messid. an XIII, Vanderlinden c. Van-Zuydtwick.

16. — Mais on ne peut prendre inscription qu'autant qu'on est réellement créancier, au moins éventuel, lors de la réquisition.

17. — Ainsi, il ne peut y avoir d'inscription valable sans une créance existante au moment de l'inscription. — *Paris*, 29 niv. an X, N...

18. — Est nulle l'inscription prise par un individu à qui n'appartient pas la créance. — *Liége*, 4 août 1811 (et non 1810), Merren c. Morras.

19. — Par la même raison est nulle l'inscription hypothécaire prise en vertu d'un arrêt qui a été cassé. — *Montpellier*, 27 juin 1846 (t. 2 1846, p. 213), Paloc c. Jourdan

20. — L'inscription prise sur les biens du débiteur délégué, par le créancier délégataire, avant que l'acceptation par lui faite de la délégation ait acquis date certaine, n'est pas valable à l'égard des tiers; et cette inscription ne peut être considérée comme acceptation de la délégation. — *Cass.*, 21 fév. 1810, Sevin c. Collet Saint-James.

21. — ... Il en est de même de l'inscription prise par le créancier au profit duquel a été stipulée une délégation par un acte passé en son absence. — *Metz*, 24 nov. 1820, Carlier c. Brulé; *Aix*, 27 juill. 1846 (t. 2 1846, p. 609), Dussuc.

22. — Le cessionnaire d'une créance peut valablement prendre inscription avant la signification de son transport, et cette inscription a effet même vis-à-vis des tiers qui se sont fait inscrire à une date postérieure, bien qu'antérieurement à la signification du transport. — *Paris*, 13 vent. an XIII, Lenormand c. Goubron. — V. au surplus *infrà* nos 153 et suiv.

23. — L'inscription que le cessionnaire prend en vertu du transport et du titre constitutif de la créance cédée conserve l'hypothèque sur les biens du débiteur, lors même que la cession est ultérieurement, sur l'aveu même du cessionnaire, annulée comme entachée de simulation. — *Cass.*, 15 juin 1813, Duprat c. Dupuy.

24. — La femme mariée peut prendre inscription sans y être autorisée par son mari ou par la justice. — *Paris*, 31 août 1810, Goesson c. Larochefoucault. — V. au surplus AUTORISATION DE FEMME MARIÉE, no 151.

25. — L'inscription peut encore être prise au nom du créancier par ceux que la loi charge de le représenter, ou qu'elle autorise à agir ainsi pour la conservation des droits de ce même créancier.

26. — Les syndics du créancier en faillite sont tenus de requérir l'inscription aux hypothèques sur les immeubles des débiteurs du failli, si elle n'a pas été requise par lui. — Ils sont également tenus de prendre inscription, au nom de la masse des créanciers, sur les immeubles du failli dont ils connaîtront l'existence. — C. comm., art. 490. — V. FAILLITE, nos 744 et suiv., 1499 et suiv.

27. — Un préfet peut valablement prendre inscription, au nom d'une commune de son département, pour sûreté d'un créance qu'elle a contre le fermier de son octroi. — *Aix*, 12 fév. 1806, comm. de Draguignan c. comm. de Brignoles.

28. — L'inscription requise par le ministère public dans l'intérêt d'un militaire absent, quoique majeur, est valable. — *Cass.*, 6 juin 1820, Douceur.

29. — Lors de la transcription d'un contrat de vente dont le prix reste dû en totalité ou en partie, le conservateur des hypothèques peut et doit même, sous peine de tous dommages-intérêts envers les tiers, faire d'office l'inscription sur son registre des créances résultant de l'acte translatif de propriété, tant en faveur du vendeur qu'en faveur des prêteurs qui seraient subrogés à ses droits. — V. TRANSCRIPTION.

30. — Lorsque l'acquéreur d'un immeuble a hypothéqué dans le contrat de vente d'autres immeubles pour donner une garantie de plus au vendeur, le conservateur est sans droit ni qualité pour inscrire d'office cette hypothèque purement conventionnelle, et l'inscription qui aurait été ainsi prise ne pourrait profiter au vendeur. — *Poitiers*, 1er juill. 1831, Potron c. Fabien.

31. — Les conservateurs des hypothèques ne doivent pas non plus faire l'inscription d'office prescrite par l'art. 2108, C. civ., pour le prix des immeubles acquis au nom de l'état, lorsqu'ils en sont dispensés par une clause expresse du jugement d'expropriation ou du contrat d'acquisition. — Instr. de la régie 22 juill. 1836.

32. — L'inscription d'une hypothèque conventionnelle n'est pas nulle par cela seul qu'elle a été prise sans réquisition du créancier. — *Cass.*, 13 juill. 1841 (t. 2 1841, p. 233), Lesterps c. Chagot.

33. — Tout créancier peut prendre inscription pour conserver les droits de son débiteur. — C. procéd., art. 778. — Conf. *Paris*, 16 fév. 1809, Dormesson c. Aubert. — Mais alors il doit s'annoncer comme tel et donner toutes les indications que le débiteur serait tenu lui-même de donner. — Troplong, t. 3, no 674.

34. — Le créancier peut se faire représenter par un tiers pour prendre inscription. — Même arrêt. — Il n'est pas nécessaire que ce tiers soit muni d'une procuration. — Troplong, no 673.

35. — Quant aux personnes qui peuvent requérir l'inscription des hypothèques légales, V. *infrà* nos 383 et s.

ART. 2. — *Sur qui l'inscription peut être prise. — Faillite. — Succession bénéficiaire ou vacante du débiteur.*

36. — L'inscription est prise sur les biens appartenant au débiteur et soumis à l'hypothèque ou privilége du créancier. — C. civ., art. 2146.

37. — L'inscription est valablement prise contre le débiteur, bien qu'il ait aliéné l'immeuble hypothéqué et qu'il n'en soit plus en possession. — *Cass.*, 30 flor. an XIII, Denonvilliers c. Dumas; *Liége*, 3 août 1809, Latron c. Bellefroid; *Bruxelles*, 2 (et non 27) janv. 1812, Lamiral c. fabrique d'Ath; *Liége*, 11 août 1814, Leonardiz c. Lys; *Cass.*, 27 mai 1816, Desisnards c. Delgaste; *Montpellier*, 3 janv. 1827, Laportalière c. Dejean.

38. — Il en est surtout ainsi lorsque l'acquéreur ou tiers détenteur n'a pas fait transcrire son contrat. — *Cass.*, 30 flor. an XIII, Denonvilliers c. Dumas; *Montpellier*, 3 janv. 1827, Laportalière c. Déjean.

39. — ... Ou qu'il n'a pas purgé les hypothèques qui existaient du chef du précédent propriétaire. — *Cass.*, 27 mai 1816, Desisnards c. Gaste.

40. — Il importe peu d'ailleurs que le fait de l'aliénation ne soit pas ignoré de l'inscrivant. — *Liége*, 3 août 1809, Latron c. Bellefroid.

41. — Jugé au contraire que, sous la loi du 11 brum. an VII, l'inscription hypothécaire devait, à peine de nullité, être faite sur le *détenteur actuel* des immeubles hypothéqués plutôt que sur le *débiteur primitif*. — *Cass.*, 13 therm. an XII, Boitouzet c. Lamalle.

42. — Le créancier d'une rente hypothéquée spécialement sur un immeuble vendu depuis à un tiers qui a été chargé du service de cette rente, prend valablement inscription sur le tiers acquéreur, en vertu seulement des titres constitutifs de la rente. — *Aix*, 26 juin 1807, Baudoin c. Gente.

43. — Le créancier d'une rente perpétuelle constituée avant la loi du 11 brum. an VII a pu valablement prendre, dans les délais fixés par cette loi, inscription, non sur son débiteur, mais sur les tiers détenteurs de l'immeuble grevé, lorsque ceux-ci n'avaient accompli aucune des formalités requises pour la purge des hypothèques. — *Cass.*, 17 déc. 1812, de Caraman c. Delvequi.

44. — Cependant, il est des cas où des inscriptions ne peuvent plus être prises sur le créancier hypothécaire : c'est dans les cas de faillite du débiteur ou lorsque la succession n'a été recueillie que sous bénéfice d'inventaire. Le sort et le rang des divers créanciers ayant été fixés par la déclaration de faillite ou par l'ouverture de la succession bénéficiaire, il n'est plus permis à quelques uns d'entre eux d'acquérir, au moyen d'inscriptions, un droit de préférence sur les autres.

45. — *Inscription sur un débiteur en faillite.* — Suivant l'art. 11, L. 9 messidor an III, les jugemens rendus dans les dix jours antérieurs à la faillite, banqueroute ou cessation publique de paiement d'un commerçant, n'étaient point susceptibles d'hypothèque. — De plus, d'après l'art. 5, L. 11 brum. an VII, l'inscription qui était faite dans les dix jours avant la faillite, banqueroute ou cessation publique de paiement d'un débiteur, ne conférait point hypothèque.

46. — Les inscriptions, dit également le Code civil (art. 2146), ne produisent aucun effet, si elles sont prises dans le délai pendant lequel les actes faits avant l'ouverture des faillites sont déclarés nuls.

47. — Ce délai était également de dix jours avant l'ouverture de la faillite (anc. C. comm., art. 443). Mais l'art. 448 nouv. C. comm. (L. 28 mai 1838), porte : « Les droits d'hypothèque et de privilége valablement acquis pourront être inscrits jusqu'au jour du jugement déclaratif de la faillite. Néanmoins, les inscriptions prises après l'époque de la cessation de paiemens, ou dans les dix jours qui précèdent, pourront être déclarées nulles s'il s'est écoulé plus de quinze jours entre la date de l'acte constitutif de l'hypothèque ou du privilége et celle de l'inscription. Ce délai sera augmenté à raison de cinq myriamètres de distance entre le lieu où le droit d'hypothèque aura été acquis et le lieu où l'inscription sera prise. — V. au surplus FAILLITE, nos 588 et suiv.

48. — Aux décisions que nous avons rapportées vo FAILLITE, *ibid.*, on peut ajouter les suivantes :

49. — Les hypothèques *acquises* lors de la promulgation de la loi du 11 brum. an VII (sans distinction de celles acquises avant ou pendant l'existence de la loi du 9 messid. an III) n'ont été astreintes à l'inscription que pour leur conservation; mais leurs effets ont été maintenus tels qu'ils résultaient des lois qui les avaient régies jusqu'alors. — Ainsi ces hypothèques ont pu valablement être inscrites depuis l'ouverture de la faillite du débiteur, ou dans les dix jours qui l'ont précédée, même dans le cas où cette faillite aurait été déclarée depuis le Code civil. — *Cass.*, 3 mai 1843 (t. 2 1843, p. 91), Trésor public c. Séguin.

50. — Une hypothèque ancienne, quoique inscrite dans les délais fixés par la loi du 11 brum. an VII, a été conservée par une inscription prise ultérieurement, même depuis la faillite du débiteur. — *Cass.*, 4 déc. 1815, Trésor c. Collin et Jalladon.

51. — Sous la même loi, on déclarait valable l'inscription prise depuis la faillite pour des droits antérieurs, constatés par des actes authentiques. — *Paris*, 10 fév. 1810, Dinet c. Devaux.

52. — Et l'on pouvait requérir inscription sur un failli, pour une hypothèque qui avait été consentie avant la faillite. — *Cass.*, 18 fév. 1808, Delapp c. Peiffer. — V. *contrà Turin*, 27 déc. 1806, Parella c. Richord.

53. — Mais depuis le Code civil l'inscription prise par le créancier dans les dix jours qui précèdent la faillite de son débiteur ne produit aucun effet et ne confère à la créance aucun droit de préférence. — *Riom*, 21 juill. 1815, P... c. Albert.

54. — De même, l'inscription prise dans les dix jours qui précèdent la faillite du débiteur, mais en vertu d'un titre bien antérieur à cette faillite, est nulle, même à l'égard des créanciers qui n'ont pas de titres hypothécaires. — *Cass.*, 11 juin 1817, Albert c. Puray.

55. — Toutefois, la nullité prononcée par l'art. 443 (aujourd'hui 448), C. comm., ne s'applique qu'à l'inscription qui a pour objet d'acquérir privilége ou hypothèque, non à celle qui tend à conserver une hypothèque ou un privilége antérieur à l'ouverture de la faillite. — Chabot, *Quest. transit.*, vo *Hypothèque*, § 6; Grenier, t. 1er, nos 119 et 121; Persil, *Quest.*, vo *Inscription*, § 2; Battur, t. 3, nos 410 et 414; Rolland de Villargues, vo *Inscription hypothécaire*, no 93; Troplong, t. 3, no 657.

56. — De plus, les hypothèques légales qui existent indépendamment de l'inscription, telles que l'hypothèque légale de la femme, peuvent être utilement inscrites après la faillite de son mari. — *Paris*, 13 avr. 1825, Abbema et Devaux c. Enfantin; — Grenier, *Traité des hyp.*, no 126. — V. aussi sur cet arrêt, Troplong, *Priv. et Hyp.*, t. 3, no 655.

57. — Il en serait cependant autrement de l'hypothèque légale de l'état, des communes et des établissemens publics. Comme cette hypothèque doit son efficacité à l'inscription, elle ne peut être valable qu'autant qu'elle a été inscrite antérieurement à la faillite. — Grenier, no 126; Persil, sur l'art. 2148, no 3.

58. — Lorsqu'il s'agit d'un privilège qui doit être inscrit dans un délai déterminé, l'inscription doit en être prise antérieurement à la faillite, de la même manière que l'inscription de l'hypothèque. Mais s'il s'agit de priviléges pour la conservation desquels aucun délai n'est fixé, tels que le privilége de l'architecte et du vendeur, l'inscription est toujours recevable. — Grenier, t. 1er, no 125; Tarrible, *Rép.*, vo *Inscription hypothécaire*, § 4, no 10.

59. — L'art. 2146, C. civ., qui déclare nulle toute inscription prise dans les dix jours qui précèdent la faillite, est inapplicable au cas de déconfiture d'un non-commerçant. Car les principes sur la faillite et ses effets ne sont pas applicables au cas de la déconfiture. — *Paris*, 29 juin 1812, Hubert c. Henry; 18 août 1812, Adnet c. Sandré; *Cass.*, 11 fév. 1813, Renaud c. Davescens; *Paris*, 9 juin 1814, Dussaux c. Lefrançois; — Merlin, *Rép.*, t. 16, p. 484; Grenier, *Hyp.*, t. 1er, no 125; Persil, *Quest.*, t. 1er, vo *Inscription*, § 2; Delvincourt, t. 3, p. 168, note 7; Battur, t. 3, no 411; Rolland de Villargues, vo *Inscription hypothécaire*, no 94; Troplong, t. 3, no 661.

60. — ... De telle sorte que les ventes faites ou les inscriptions prises dans les dix jours de la déconfiture ne peuvent être, par cette seule raison, déclarées nulles. — *Cass.*, 11 fév. 1813, Renaud c. Davescens.

61. — Jugé au contraire que les inscriptions prises dans les dix jours qui ont précédé la faillite peuvent être attaquées, tant à l'égard d'un non commerçant qu'à l'égard d'un commerçant. — *Bruxelles*, 17 fév. 1810, Daneels c. d'Albert.

62. — Ce qu'on vient de dire pour la déconfiture est nécessairement applicable au cas de cession de biens, soit volontaire, soit judiciaire, de la part du débiteur; mais on ne saurait déclarer nulle, par analogie, l'inscription prise dans les dix jours avant le contrat ou le jugement. — Merlin, Grenier, Persil, Delvincourt, Battur, Rolland de Villargues, *loc. cit.*; Tarrible, *Rép.*, vo *Inscription hypothécaire*, § 4, no 6; Troplong, no 662.

63. — *Inscription sur la succession bénéficiaire du débiteur.* — La loi du 9 messidor an III déclarant non susceptibles d'aucune hypothèque les condamnations obtenues contre l'hérédité acceptée sous bénéfice d'inventaire (art. 12), il s'ensuivait qu'aucune inscription ne pouvait être requise en pareil cas.

64. — L'art. 2146 du C. civil déclare ne produire aucun effet entre les créanciers d'une succession, l'inscription qui n'a été prise par l'un d'eux que depuis l'ouverture, et dans le cas où la succession n'est acceptée que sous bénéfice d'inventaire.

65. — Peu importe, au reste, que l'acceptation de la succession n'ait eu lieu que longtemps après l'ouverture et que l'inscription soit antérieure de plus de dix jours à l'acceptation, car l'acceptation est censée remonter au jour même de l'ouverture de la succession. — Merlin, *Quest.*, vo *Succession vacante*, § 1er; Grenier, t. 1, no 120.

66. — Sous l'empire de la loi du 11 brum. an VII, on a dû considérer comme valable l'inscription hypothécaire prise sur une succession bénéficiaire, lorsqu'elle avait pour but de conserver une hypothèque ancienne. — *Paris*, 23 août 1808, de Crussol d'Uzès c. Duclusel; *Cass.*, 5 sept. 1810, mêmes parties.

67. — De même, l'art. 2146 est inapplicable à l'inscription prise par le créancier d'une succession bénéficiaire depuis l'ouverture de cette succession, mais en vertu d'un titre antérieur à la promulgation du Code. — *Turin*, 2 oct. 1811, Oddone c. Ferrera; *Cass.*, 31 déc. 1821; Bardinet c. Ramonat; *Bordeaux*, 7 juillet 1831, Garnier c. Renard.

68. — Mais jugé que l'art. 2146, C. civ. est applicable même aux hypothèques conférées par un titre antérieur à l'ouverture de la succession bénéficiaire. — *Rennes*, 25 avr. 1820, Guénéa c. Riou Kerhallet; *Paris*, 22 (et non 15) nov. 1828, Paris c. Vanspaendonc; *Nimes*, 23 juin 1829, Valentin c. Guillemon.

69. — ... Et cela encore bien qu'il s'agisse du privilège d'un vendeur. — *Nîmes*, 23 juin 1829, Valentin c. Guillemon.

70. — Jugé, au contraire, que la nullité prononcée par l'art. 2146, C. civil, ne s'applique pas aux inscriptions qui ont pour objet de conserver un rang hypothécaire antérieurement acquis. — *Grenoble*, 28 janv. 1818, Peyot c. Roibet; *Colmar* (V. sous *Cass.*, 14 nov. 1826), Ferrette c. Leu.

71. — La disposition de l'art. 2146, C. civ., est applicable, lors même que la succession n'aurait été acceptée sous bénéfice d'inventaire que par un seul des héritiers. Dans ce cas, les créanciers de la succession peuvent toujours s'inscrire sur les biens des héritiers purs et simples. — Troplong, t. 3, no 660.

72. — La disposition de l'art. 2146, C. civ., qui déclare nulles les inscriptions prises sur une succession bénéficiaire, s'applique aux successions bénéficiaires acceptées par des mineurs. — *Toulouse*, 2 mars 1826, Fournès c. Hérisson; *Bordeaux*, 24 juin 1826, Letourneau c. Petit-Verlet; — Persil, *Rég. hypoth.*, art. 2146, no 13; Troplong, t. 3, no 657 *ter*, et 659. — *Contrà* Grenier, *Hypoth.*, no 122.

73. — L'inscription prise sur une succession hypothécaire ne peut produire aucun effet. — *Grenoble*, 18 août 1828, Hall c. Mariel.

74. — Toutefois la disposition de l'art. 2146 n'empêche l'inscription de produire effet qu'entre les créanciers de la succession. L'inscription prise depuis l'ouverture de la succession bénéficiaire est valable contre le tiers détenteur qui aura acquis postérieurement et n'aura pas encore payé et contre les créanciers personnels de l'héritier. — Delvincourt, t. 3, 168, note 6 et 9; Persil, *Rég. hypoth.*, sur l'art. 2146, nos 11 et 15; Rolland de Villargues, *Rép. du notar.*, vo *Inscription hypothécaire*, nos 160 et suiv.; Troplong, t. 3, no 658 *bis*.

76. — D'un autre côté l'inscription hypothécaire prise sur une succession bénéficiaire peut devenir valable si l'héritier bénéficaire est postérieurement déclaré héritier pur et simple. — *Caen*, 16 juill. 1834, Chesnel c. Fournier.

77. — *Inscription sur la succession vacante du débiteur.* — Mais doit-on appliquer aux inscriptions prises sur une succession vacante la disposition concernant les inscriptions prises sur les successions bénéficiaires ? — L'art. 12 de la loi du 9 mess. an III portait : « Ne sont pareillement susceptibles d'aucune hypothèque les condamnations obtenues contre l'hérédité acceptée sous bénéfice d'inventaire *ou le curateur à la succession vacante*. Si le Code civil est muet à cet égard, dit M. Troplong (*Hypoth.*, no 659 *ter*.), l'analogie conduit aux mêmes résultats, et il faut les accepter sous peine de se montrer infidèle à l'esprit de la loi; mais ils n'en sont pas moins inquiétans pour le crédit particulier. — V. aussi Grenier, *Hypoth.*, t. 1er, nos 120 et 121; Merlin, *Quest.*, vo *Succession vacante*, § 1er; Rolland de Villargues, vo *Inscription hypothécaire*, no 101; Battur, t. 3, no 413.

77. — Jugé en ce sens que, sous la loi du 11 brum. an VII, une inscription prise sur les biens d'une succession vacante était nulle, quoiqu'à l'époque où elle avait été faite, la succession ne fût pas encore répudiée et qu'un curateur n'y fût pas encore établi. — *Cass.*, 4 thermid. an XII, Prevost c. Moran.

78. — ... Que l'inscription prise depuis l'ouverture d'une succession déclarée vacante est sans effet comme celle prise depuis l'ouverture d'une succession bénéficiaire. — *Toulouse*, 15 fév. 1838 (t. 1er 1839, p. 440), Flandin.

79. — Jugé au contraire que les inscriptions prises sur une succession vacante ne sont pas nulles comme celles prises sur une succession bénéficiaire. — *Grenoble*, 23 janv. 1818, Peyot c. Roibet; Bilhard, *Bénéf. d'invent.*, p. 392.

80. — ... Que l'inscription prise depuis la promulgation du Code civil a conservé une ancienne hypothèque générale contre une succession vacante ouverte antérieurement à cette loi. — *Cass.*, 4 juill. 1815, de Tallenay c. Herissey.

Sect. 3e. — *Délais pour prendre inscription.*

81. — Il n'y a point, en général, de délai fixé pour requérir l'inscription; elle peut être requise tant que l'immeuble continue d'appartenir au débiteur. Il importe seulement au créancier de faire diligence

afin d'acquérir un rang avantageux. Cependant il est des cas où la loi a frappé de déchéance le créancier, à défaut de faire inscrire son hypothèque ou son privilége dans un délai déterminé. Nous rappellerons le plus grand nombre de ces cas.

82.—L'art. 37, L. 11 brum. an VII, portait : « Les droits d'hypothèque ou privilége existant lors de la publication de la présente, qui n'auraient pas encore été inscrits en exécution et dans les formes de la loi du 9 messid. an III, le seront pour tout délai dans les trois mois qui suivront ladite publication. »— Ces inscriptions faites dans le délai conservaient leur rang aux hypothèques ou priviléges (art. 38), sinon les inscriptions n'avaient effet que du jour de leur réquisition ultérieure ; et les priviléges dégénérés en simple hypothèque suivaient la même condition. — Art. 39. —V. *suprà* nos 9 et suiv.

83.—Ce délai fut augmenté de deux mois par la loi du 16 pluv. an VII, et de deux autres mois par la loi du 17 germ. de la même année.—De plus, une loi du 16 vent. an IX, particulière aux émigrés, déclare ces délais non applicables à leurs créanciers, et prescrit à ceux-ci de s'inscrire dans les trois mois du jour où la radiation du prévenu aurait été légalement constatée. — V. ÉMIGRÉS.

84.—Les inscriptions qui depuis la loi du 11 brum. an VII jusqu'à la loi du 4 sept. 1807 n'indiquaient pas l'exigibilité de la créance, ont dû, pour produire tout leur effet, être rectifiées dans les six mois, à dater de la promulgation de cette dernière loi.

85.—En cas de faillite du débiteur, les droits d'hypothèque et de privilége ne peuvent être inscrits sur lui que jusqu'au jour du jugement déclaratif de faillite. Et même, en certains cas, les inscriptions peuvent n'être pas valables, si elles sont prises après l'époque de la cessation de paiemens ou dans les dix dix jours qui précèdent. — C. civ., art. 2146 ; C. comm., art. 448. —V. *suprà*, nos 45 et suiv.

86.—Lorsque la succession du débiteur n'a été acceptée que bénéficiairement, ou qu'elle est demeurée vacante, l'inscription pour être valable a dû être prise avant l'ouverture de la succession.— V. *suprà*, nos 63 et suiv.; 76 et suiv.

87.—Le co-héritier ou co-partageant qui veut conserver son privilége sur les biens de chaque lot ou sur le bien licité pour les soulte et retour de lots ou pour le prix de la licitation, doit en requérir l'inscription dans les soixante jours de l'acte de partage ou de l'adjudication par licitation. —C. civ., art. 2109. — V. PARTAGE, PRIVILÉGE.

88.—Les créanciers et légataires qui demandent la séparation du patrimoine du défunt d'avec le patrimoine de l'héritier doivent pour conserver leur privilége sur les immeubles de la succession, requérir des inscriptions sur chacun de ces biens dans les six mois à compter de l'ouverture de la succession.—C. civ., art. 2111.—V. SÉPARATION DES PATRIMOINES.

89.—Les créanciers qui, ayant des hypothèques judiciaires ou conventionnelles, veulent provoquer la mise aux enchères des immeubles qui leur sont hypothéqués et qui ont été aliénés volontairement, sont, pour y être reçus, tenus de faire inscrire leur hypothèque depuis l'acte d'aliénation, et au plus tard dans la quinzaine de la transcription de cet acte. Il en est de même des créanciers ayant privilége sur des immeubles.— C. procéd., art. 834. —V. PURGE.

90.—En cas de purge des hypothèques légales frappant des biens vendus appartenant aux maris et aux tuteurs, les inscriptions de ces mêmes hypothèques doivent être requises dans les deux mois de l'exposition du contrat au greffe du tribunal de l'arrondissement où sont situés les biens; sinon les biens passent à l'acquéreur sans aucune charge provenant des causes de ces hypothèques légales.—C. civ., art. 2195.— V. HYPOTHÈQUE LÉGALE, PURGE.

91.—Lorsqu'une hypothèque a été accordée subsidiairement sur certains biens, mais sous la condition qu'elle ne sera acquise qu'en cas de vente de l'immeuble hypothéqué en première ligne, elle ne peut être inscrite avant l'accomplissement de la condition. —*Cass.*, 5 déc. 1809, Dorimond c. Bavoux.

Sect. 4e. — *Formalités de l'inscription.*

ART. 1er. — *Lieu où se prend l'inscription ; présentation du titre ; bordereaux ; devoirs du conservateur ; frais.*

92. — 1o *Lieu où se prend l'inscription.*—Les inscriptions se font au bureau de conservation des hypothèques dans l'arrondissement duquel sont situés les biens soumis à l'hypothèque ou au privilége. — C. civ., art. 2146.

93.—Il suit de là que l'hypothèque portant sur des biens situés dans le ressort de divers bureaux doit être inscrite dans chacun de ces bureaux. Il ne suffirait pas que l'inscription fût faite dans l'arrondissement du chef-lieu d'exploitation.— Tarrible, *Rép.*, vo *Inscription hypothécaire*, § 5, no 4.

94.—Lorsqu'il s'agit d'immeubles fictifs, tels que des actions de la banque ou des canaux, immobilisés, l'inscription doit être prise à Paris, siége de la banque et de l'administration, et non au domicile du débiteur, qui peut varier. — Delvincourt, t. 3, p. 166, no 1er.

95. — ... 2o *Présentation du titre.* —Pour opérer l'inscription, le créancier présente, soit par lui-même, soit par un tiers, au conservateur des hypothèques l'original en brevet ou une expédition authentique du jugement ou de l'acte qui donne naissance au privilége ou à l'hypothèque. —C. civ., art. 2148.

96.—Comme il s'agit là d'un acte conservatoire, la femme ou le mineur peuvent, sans l'autorisation du mari ou du tuteur, représenter le titre pour l'inscription. — Tarrible, *loc. cit*, no 5.

97. — L'inscription ne serait pas nulle, par cela que le conservateur n'aurait point exigé la représentation du titre ; il suffit que ce titre existe réellement. D'ailleurs, la preuve que le titre n'a pas été représenté ne pourrait résulter ni des bordereaux, ni de l'inscription. — Tarrible, *Rép.*, vo *Inscription hypothécaire*, §3, no 6 ; Persil, *Rég. hypoth.*, sur l'art. 2148, no 4 ; Troplong, t. 3, no 677. — Cependant, Delvincourt (t. 3, p. 166) pense que la question ferait doute dans le cas où la nullité serait demandée, non par le débiteur, mais par un tiers.

98. — Jugé en ce sens que la représentation au conservateur du titre original ou d'une expédition authentique de ce titre original n'est pas exigée à peine de nullité. — *Liége*, 17 nov. 1810, Crassier c. Lebens ; *Cass.*, 18 juin 1823, Daquerny c. de Saint-Riquier ; 19 juin 1833, Barsalon c. Delmas-Grossin.

99. — Et par conséquent, on peut valablement prendre inscription, en vertu d'un jugement contradictoire, avant qu'il ait été expédié et enregistré. — *Cass.*, 19 juin 1833, Barsalon c. Delmas-Grossin.

100.—Toutefois, sont exceptées de la disposition prescrite par l'art. 2148, C. civ., relative à la représentation du titre : 1o Les inscriptions reposant sur des titres ayant une date antérieure à la publication de la loi du 11 brum. an VII (Déc. min. just et fin. 10 et 25 niv. an XIII ; avis cons. d'état, 6 oct. 1821, appr. le 15) ; 2o les inscriptions des hypothèques légales (C. civ., art. 2153), l'inscription requise par les syndics de la faillite, en exécution de l'art. 500 (aujourd'hui art. 490), C. comm. — Instr. de la régie, 2 avr. 1834.

101. — ...3o *Bordereaux.*—Celui qui requiert l'inscription joint au titre qu'il représente deux bordereaux écrits sur papier timbré, dont l'un peut être porté sur l'expédition du titre, lesquels bordereaux contiennent les énonciations dont il va être ci-après parlé. — C. civ., art. 2148.

102. — L'inscription de la demande en révocation, pour cause d'ingratitude, doit être faite en double dans la forme des bordereaux. — C. civ., art. 2148.—V. HYPOTHÈQUES.

103. — ... 4o *Devoirs du conservateur.* —La loi du 9 mess. an III exigeait que les bordereaux fussent signés du fonctionnaire public qui avait reçu le titre ou qui était dépositaire de la minute (art. 20). Cette disposition n'a été reproduite ni dans la loi du 11 brum. an VII, ni dans le Code civil.

104. — Une décision ministérielle (11 août 1828) défend aux conservateurs des hypothèques de rédiger ou de laisser rédiger par leur commis les bordereaux d'inscription pour le compte des particuliers ; mais ce n'est là qu'une simple mesure d'administration qui ne saurait entraîner la nullité de l'inscription.—Rolland de Villargues, vo *Inscription hypothécaire*, no 145.

105. — Jugé qu'une inscription prise sur les biens d'un conservateur d'hypothèques ne peut être annulée, par cela seul que ce conservateur a reçu lui-même les bordereaux et les a portés sur son registre. — *Paris*, 13 nov. 1811, Sutaine c. Beffroy.

106.—Le conservateur peut-il relever les inexactitudes qui se trouveraient dans les bordereaux des créanciers qui requièrent l'inscription ? — Non. — V. à cet égard CONSERVATEUR DES HYPOTHÈQUES, nos 71 et suiv.

107. — Le conservateur fait mention sur son registre du contenu aux bordereaux et remet au requérant tant le titre ou l'expédition du titre que l'un des bordereaux au pied duquel il certifie avoir fait l'inscription. — C. civ., art. 2150.

108.—Le conservateur ne peut, à moins de dommages-intérêts, refuser ou retarder de faire les inscriptions qui lui sont demandées ; et en cas de refus, procès-verbal peut être dressé soit par un juge-de-paix, soit par un huissier audiencier du tribunal, soit par un autre huissier ou un notaire, assisté de deux témoins. — C. civ., art. 2199. —V. à cet égard CONSERVATEUR DES HYPOTHÈQUES, nos 66 s.

109. — Si le conservateur ne peut procéder de suite à l'inscription, il fait mention sur son registre de la remise qui lui est faite des bordereaux ; il en donne une reconnaissance et il inscrit plus tard ces bordereaux à la date et dans l'ordre de leurs remises. — C. civ., art. 2200. —V. au surplus CONSERVATEUR DES HYPOTHÈQUES, nos 77 et suiv.

110. — Dans le cas où le conservateur découvrirait, après la délivrance des inscriptions, des erreurs commises par lui-même, il n'est pas nécessaire de recourir aux tribunaux, qui ne pourraient d'ailleurs autoriser à faire sur les registres publics des corrections qui léseraient des droits antérieurement acquis à des tiers. Il opère la rectification en faisant sur ces registres une nouvelle inscription conforme aux bordereaux remis par les créanciers. — Avis cons. d'état 11-26 déc. 1810. — V. à ce sujet CONSERVATEUR DES HYPOTHÈQUES, no 231.

111. — ... 5o *Frais de l'inscription.*— Les frais des inscriptions sont à la charge du débiteur, s'il n'y a stipulation contraire ; l'avance est faite par l'inscrivant, si ce n'est quant aux hypothèques légales pour l'inscription desquelles le conservateur a son recours contre le débiteur. — C. civ., art. 2155.

112. — D'après l'art. 24 de la loi du 11 brum. an VII, les frais d'inscriptions pour l'hypothèque légale du mineur n'étaient pas à la charge du tuteur. Bien que le Code civ. n'ait point répété cette disposition elle n'en doit pas moins être observée comme fondée sur l'équité ; et il faut décider que l'art. 2155, C. civ., n'a entendu parler que d'un débiteur ordinaire. — Persil, *Rég. hypot.*, sur l'art. 2155, no 4 ; — *Contrà*, Troplong, t. 3, no 729.

113. — Les hospices et les fabriques ne sont dispensés de faire l'avance des frais d'inscriptions que pour celles qui sont prises sur les biens de leurs receveurs et administrateurs comptables. — L. 21 vent. an VII, art. 23 ; déc. min. fin. 25 niv. et 24 pluv. an XIII ; Inst. de la régie, 274 et 316.

114. — Quant au tarif des frais auxquels donnent lieu les inscriptions, voyez : 1o pour les droits, proprement dits, perçus au profit du trésor, vo HYPOTHÈQUES (DROITS D'), no 15 et suiv. ; 2o et pour le salaire du conservateur, vo CONSERVATEUR DES HYPOTHÈQUES, nos 119 et suiv.

ART. 2.—*Caractère des bordereaux ;—Enonciations qu'ils doivent contenir.*

115.—Les deux bordereaux sont exigés pour être laissés l'un au conservateur, qui prouve ainsi la conformité de son registre avec ces borderaux ; l'autre au créancier qui, s'il y a quelque irrégularité dans l'inscription, justifie par là qu'elle ne provient que de la négligence du conservateur. — Troplong, t. 3, no 694.

116.—Mais c'est le registre et non les bordereaux que les intéressés doivent consulter ; ce registre seul fait foi, vis-à-vis des tiers, de la régularité de l'inscription. — Avis cons. d'état, 11 et 26 déc. 1810.

117.—Ainsi quand les bordereaux et les registres du conservateur ne sont pas conformes, c'est à l'énoncé des registres que l'on doit s'en rapporter pour la validité de l'inscription. — *Paris*, 10 mars 1809, hospices de Paris c. Pascal ; *Paris*, 31 août 1810, Goesson c. La Rochefoucault ; *Bruxelles*, 3 déc. 1812 Blondeau c. Couppé ; 16 juin 1821, Gillis c. Vandamme ; — Grenier, no 530 ; Troplong, t. 3, no 695 ; Persil, *Rég. hyp.*, sur l'art. 2150, no 1er.

118.— La régularité du bordereau déposé par le créancier, ne peut suppléer à l'insuffisance de l'inscription faite sur le registre par le conservateur des hypothèques.—*Cass.*, 22 avr. 1807, Coune c. Labaye ; *Bruxelles*, 4 mai 1820, Faucheux c. Pluchart.

119. — Mais le conservateur est responsable de l'omission commise à cet égard. —*Bruxelles*, 4 mai 1820, Faucheux c. Pluchart.

120. — L'art. 2148, C. civ., énumère différentes énonciations que doit contenir le bordereau d'inscription et que nous examinerons plus loin en détail. Ces énonciations ont pour but de donner aux tiers le plus de garanties possible au moyen de la publicité. Toutefois, aucune de ces mentions n'ayant été prescrite à peine de nullité, ni par la loi du 11 brum. an VII, ni par le code civil, s'ensuit-il qu'on doive considérer comme non valables les inscriptions qui en auraient omis quelques-unes ?

121. — D'abord la question ne peut être agitée qu'à l'égard des bordereaux d'inscriptions ordinaires ; en effet, il est certaines inscriptions qui, par leur nature, ne sauraient comporter toutes les énonciations des autres ; telles sont les inscriptions des hypothèques légales. — V. *infra* nos 391 et suiv.

122. — Ainsi encore, en cas de faillite, l'inscription à prendre au nom de la masse de ses créanciers est reçue sur un simple bordereau énonçant qu'il y a faillite et relatant la date du jugement par lequel les syndics ont été nommés. — C. com., art. 490. — V. FAILLITE.

123. — Quant aux bordereaux d'inscriptions ordinaires, si la jurisprudence semble d'abord considérer chaque énonciation comme indispensable à la validité de l'inscription, elle est revenue plus tard de ce système rigoureux. Elle a fait, avec les auteurs, une distinction entre les formalités substantielles et les formalités secondaires; à l'omission des premières seules elle a attaché la nullité ou plutôt la non-validité de l'inscription hypothécaire.

124. — Ainsi jugé en général que les dispositions de l'art. 2148, C. civ., sur la forme des inscriptions hypothécaires, ne sont pas prescrites à peine de nullité; que cette peine n'est attachée qu'à l'omission des formalités indispensables pour assurer la publicité et éclairer les tiers sur la position de celui avec lequel ils veulent traiter. — *Bourges*, 12 fév. 1841 (t. 2 1841, p. 599), Charlot c. Dechoulot.

125. — ... Que l'inscription d'une hypothèque conventionnelle n'est pas nulle, par cela seul qu'elle a été prise sans que le créancier ait présenté un bordereau rédigé dans la forme de l'art. 2148, C. civ. — *Cass.*, 13 juill. 1841 (t. 2 1841, p. 233), Lesterps c. Chagot.

126. — Quant aux formalités substantielles, ce sont, suivant MM. Troplong (t. 3, nos 668 et suiv.) et Merlin (, *Rép.*, vo *Inscription hypothécaire*, § 5, no 8), celles qui peuvent éclairer le prêteur de fonds ou l'acquéreur sur la position du débiteur, c'est-à-dire : 1o le nom du débiteur ; 2o l'indication de la somme hypothéquée; 3o enfin l'indication de l'immeuble soumis à l'hypothèque. L'omission de ces formalités étant une cause nécessaire d'erreurs préjudiciables, rend forcément l'inscription nulle, tant à l'égard de tous les créanciers qu'à l'égard du tiers acquéreur. — Les autres formalités ne doivent être considérées que comme secondaires, et leur inobservation n'entraîne nullité qu'autant qu'il en est résulté un préjudice.

127. — Les différentes énonciations que doivent contenir les bordereaux d'inscription consistent dans les suivantes.

§ 1er. — *Nom, prénoms, profession et domicile du créancier. — Domicile élu.*

128. — *Nom, prénoms et profession du créancier.* — Les bordereaux d'inscription doivent contenir les nom, prénoms, domicile du créancier, sa profession, s'il en a une, et l'élection d'un domicile pour lui dans un lieu quelconque de l'arrondissement du bureau (C. civ., art. 2148-1o). — La loi du 11 brum. an VII avait une disposition semblable (art. 17-1o).

129. — Sous la loi du 11 brumaire an VII, l'omission du nom des personnes qui prenaient inscription, opérait la nullité de l'inscription. — *Cass.*, 7 (et non 8) sept. 1807, Lefèvre c. Robec.

130. — Est nulle l'inscription prise par un notaire, en vertu d'une obligation notariée passée devant lui, avec cette seule désignation, *pour et au profit du porteur*, sans autre indication du créancier. — *Poitiers*, 15 déc. 1829, Clereau c. Bonnot.

131. — Mais une inscription n'est pas nulle parce que le nom du créancier est mal écrit, s'il ne peut y avoir erreur sur son individualité. — *Liége*, 4 août 1811 (et non 1810), Merreno c. Morros; *Cass.*, 17 nov. 1812, Balaincourt c. Grimond d'Orsay; — Troplong, *Hypoth.*, no 679.

132. — Il en est de même de l'inscription où le nom du créancier aurait été écrit d'une manière irrégulière, alors surtout que cette inscription n'est que le renouvellement d'une plus ancienne contenant ce nom d'une manière exacte. — *Bordeaux*, 16 janv. 1846 (t. 1er 1846, p. 475), Rochon c. Bécheau et Lebas-Lacour.

133. — Une inscription ne peut non plus être annulée, sous le prétexte qu'elle a été prise par le créancier, sous un nom qui n'était pas le sien, lorsque d'ailleurs c'est sous ce nom que le créancier a contracté. — *Cass.*, 3 juin 1811, Petizeau c. Boucly et de Renneville.

134. — Une inscription prise au nom d'une société de commerce ne doit énoncer que la raison commerciale; elle n'est donc pas nulle parce qu'elle ne mentionne pas les noms et prénoms de tous les associés. — *Paris*, 15 avril 1809, Panchaud c. Tourtom et Ravel. — ... Ou que l'associé qui est dit le représenter serait décédé depuis plusieurs mois. — *Rennes*, 7 mars 1820, Chiron de Kerlaly c. Guillet de la Brosse.

135. — L'inscription prise par un mari pour sûreté d'une créance appartenant à sa femme, n'est pas nulle, parce qu'elle n'énonce pas formellement qu'elle est prise au profit de cette dernière, lors d'ailleurs que cela résulte suffisamment des autres énonciations de l'inscription. — *Bruxelles*, 5 mars 1829, Warocque c. d'Hespel.

136. — L'erreur dans les prénoms du créancier n'est pas une cause de nullité de l'*inscription*, si d'ailleurs l'inscrivant est suffisamment désigné pour qu'il n'y ait pas de doute sur son identité. — *Rouen*, 14 nov. 1808, Gallet; *Cass.*, 15 fév. 1810, Aillard c. Lemeilleur; *Besançon*, 4 août 1812, Bergère; *Cass.*, 17 nov. 1812, Balaincourt c. Grimond d'Orsay. — *Contrà Toulouse*, 9 mai 1814, Fadeuilhe c. Bonigne.

137. — L'omission même des prénoms du créancier n'est pas non plus une cause de nullité, si ce créancier est d'ailleurs suffisamment désigné. — *Agén*, 5 janv. 1810, Monge c. Lamarque; *Bordeaux*, 8 fév. 1811, Maufras c. Arnaud.

138. — Jugé dès-lors que l'inscription prise pour une maison de commerce, sous le nom des principaux associés, sans employer la raison sociale et sans énoncer de prénoms est valable; et que l'arrêt qui le décide ainsi échappe à la cassation. — *Bruxelles*, 14 déc. (et non nov.) 1808, Palmaert c. Dannoot; *Cass.*, 1er mars 1810, Dannoot c. Palmaert.

139. — En cas de faillite du créancier, l'inscription est prise au nom de la masse par les syndics, qui doivent joindre à leur bordereau un certificat constatant leur nomination. — C. comm., art. 490. — V. FAILLITE.

140. — Sous la loi du 11 brum. an VII, la désignation de la profession du créancier n'était point une formalité intrinsèque et substantielle de l'inscription ; elle n'était par conséquent pas requise à peine de nullité — *Besançon*, 4 août 1812, Bergère gère.

141. — Dès-lors, une inscription n'était pas nulle par cela seul qu'elle n'énonçait pas la profession du créancier. — *Bruxelles*, 20 fév. 1811, Redelborgt c. Despriez.

142. — Il en est de même sous le Code civil, et cette désignation n'est qu'un accessoire purement accidentel, surtout s'il n'a pu y avoir aucune méprise sur la personne du créancier inscrivant. — *Cass.*, 1er oct. 1810, Darmond c. Goumey et Pouguet.

143. — On a donc jugé que la désignation de la profession du créancier inscrivant n'est point requise par la loi à peine de nullité. — *Cass.*, 1er oct. 1810, Darmond c. Goumey; *Rennes*, 12 mars 1811, Lebouteiller c. Herpin; *Cass.*, 3 juin 1811, Petizeau c. Boucly; *Rennes*, 22 avr. 1813, N. — *Contrà Besançon*, 21 juin 1808, Pouquet c. Darmond.

144. — ... Alors surtout qu'il n'y a pas lieu d'alléguer la possibilité d'une erreur. — *Rennes*, 12 mars 1811, Le Bouteiller c. Herpin ; 22 avr. 1813, N.

145. — ... Ou bien qu'il n'est pas prouvé que le créancier eût, au moment où il a pris inscription, une profession quelconque. — *Cass.*, 3 juin 1811, Petizeau c. Boucly et de Renneville; *Rennes*, 22 avr. 1813, N.

146. — Au surplus le mot *propriétaire* indique suffisamment la profession d'un individu qui n'en a pas de particulière. — *Agen*, 5 janv. 1810, Monge c. Lamarque.

147. — L'inscription prise au nom d'une femme mariée n'est pas nulle pour ne point mentionner le prénom et la profession de son mari. — *Liége*, 4 août 1811 (et non 1810), Merren c. Morras.

148. — Lorsqu'il s'agit d'une inscription à prendre au nom de la succession du créancier décédé, les équipollences admises par la loi (C. civ., art. 2149) dans la désignation du débiteur doivent l'être aussi pour la désignation du créancier. — *Cass.*, 15 mai 1809, Testu de Balincourt c. Clermont d'Amboise. — Troplong, t. 3, no 679.

149. — Ainsi est valable l'inscription prise au profit des *héritiers de telle personne décédés*, sans autre désignation. — *Bruxelles*, 19 janv. 1816, Maes c. bureau de bienfaisance de Gand et Vandermeeren.

150. — Il en est de même de l'inscription prise au nom d'une succession collectivement et sans désignation des noms de chaque héritier. — *Paris*, 16 fév. 1809, d'Ormesson c. Aubert; *Cass.*, 15 mai 1809, Testu de Balincourt c. Clermont d'Amboise. — ... Ou bien avec désignation seulement du nom de quelques-uns des héritiers. — *Bruxelles*, 19 déc. 1807, de Beelen c. Batteman.

151. — ... Alors surtout qu'il s'agit d'une créance indivise entre les héritiers. — Même arrêt. — *Cass.*, 15 mai 1809, Testu de Balincourt c. Clermont d'Amboise.

152. — L'inscription prise tant au profit d'une douairière, pour l'usufruit, qu'au profit de la succession du défunt, pour le fonds et la nue-propriété de la créance représentative du douaire, est un titre commun dont l'utilité profite aux héritiers, quoique non désignés individuellement dans l'inscription. — *Cass.*, 15 mai 1809, Testu de Balincourt c. Clermont d'Amboise.

153. — Une inscription hypothécaire prise par un cessionnaire au nom de son cédant décédé est valable. — *Cass.*, 15 vent. an XIII, de Ludres c. d'Hofflise; 4 avr. 1811, Carcado c. Bausset.

154. — .. Et cela même après la signification du transport. — *Bourges*, 17 avr. 1839 (t. 2 1841, p. 649), Mourat-Vauzelle c. Girardot.

155. — ... Et sans qu'il soit besoin de faire mention du transport par lequel il est devenu propriétaire. — *Cass.*, 4 avr. 1811, Carcado c. Bausset.

156. — De même encore, une inscription n'est pas nulle quand elle est prise au nom d'une maison qui avait précédemment cédé la créance pour sûreté de laquelle l'inscription a eu lieu. — *Rennes*, 7 mars 1820, Chiron de Kerlaly c. Guillet de La Brosse.

157. — Le cessionnaire devenu propriétaire de la créance prend aussi valablement inscription en son nom personnel pour la conservation de la créance avant la notification du transport au débiteur. — *Cass.*, 25 mars 1816, Pomme c. Joannès. — *Contrà Paris*, 10 vent. an XII, Chanet c. Saint-Phale.

158. — L'inscription n'est pas nulle parce que l'inscrivant a omis d'y faire mention de sa qualité de cessionnaire. — *Cass.*, 25 mars 1816, Pomme c. Joannès.

159. — *Domicile réel du créancier.* — L'indication de ce domicile n'est pas une formalité substantielle de l'inscription; car si elle est requise pour faire mieux connaître le créancier, celui-ci peut toujours être suffisamment désigné sans elle. — Merlin-Tarrible, *Rép.*, vo *Inscription hypothécaire*, § 5, no 2; Grenier, t. 1er, no 172; Battur, t. 3, no 433; Troplong, t. 3, no 679. — *Contrà* Persil, sur l'art. 2148-1o, no 9.

160. — Jugé que, sous la loi du 11 brum. an VII, une inscription était nulle si elle ne contenait pas l'indication du domicile réel du créancier ou une mention équipollente, et qu'on ne pouvait considérer comme équipollente l'indication d'un domicile élu. — *Cass.*, 6 juin 1810, Coste-Champéron c. Marty.

161. — Jugé au contraire qu'il n'est pas exigé à peine de nullité qu'une inscription hypothécaire, indépendamment de l'élection de domicile dans l'arrondissement du bureau où elle est prise, indique le domicile réel du créancier. — *Paris*, 16 fév. 1809, d'Ormesson c. Aubert; *Cass.*, 26 juill. 1825, Lombard c. Courtois.

162. — ... Et quand il y a en outre une indication telle que la nature de la dette, le nom, la demeure du créancier n'ont pu rester incertaines pour les tiers. — *Cass.*, 26 juill. 1825, Lombard c. Courtois.

163. — De même, l'énonciation inexacte du domicile du créancier n'est point une cause de nullité de l'inscription si d'ailleurs le créancier est désigné de manière à ce qu'on ne puisse le méconnaître. — *Cass.*, 17 nov. 1812, Balaincourt c. Grimond d'Orsay.

164. — Le domicile du créancier est d'ailleurs suffisamment indiqué par celui qu'il a pris dans tous les actes du procès. — *Agen*, 5 janv. 1810, Monge c. Lamarque.

165. — De plus, il suffit que l'inscription énonce la ville où est le domicile de l'inscrivant, sans qu'il soit nécessaire d'indiquer la rue et la maison où ce domicile est situé, si cette mention rapprochée d'autres circonstances désigne suffisamment le créancier. — *Paris*, 9 juin 1814, Dussaux et Bénard c. Lefrançois.

166. — *Domicile élu par le créancier.* — Sous la loi du 11 brum. an VII, le défaut d'élection de domicile de la part du créancier dans l'étendue du bureau des hypothèques, entraînait la nullité de l'inscription. — *Liége*, 18 juin 1811, Moffaert c. Krans.

167. — En est-il de même sous le Code civil? Il y a discussion à ce sujet entre la cour de Cassation et quelques cours royales.

168. — Ainsi, il a été jugé d'une part que l'élection de domicile de la part du créancier dans l'arrondissement du bureau des hypothèques, est une des bases essentielles de la publicité; et que cette élection est donc exigée à peine de nullité de l'inscription. — *Cass.*, 2 mai 1816, Foucault c. Mercié; *Douai*, 7 janv. 1819, Bulteau c. Thibaut; *Cass.*, 27 août 1828, Peyronnet c. Lesmes; 6 janv. 1835, Tondu c Guerin; 12 juill. 1836, Poullain c. Isambert; *Orléans*, 1er déc. 1836, Porcher c. Bourgogne; *Cass.*, 11 déc. 1843 (t. 1er 1844, p. 60), Astruc c. Chabert et Donzel.

169. — ... Et cela, alors même que ce créancier aurait indiqué son domicile réel, et que ce domicile serait situé dans cet arrondissement. — *Cass.*, 11

déc. 1843 (t. 1er 1844, p. 60), Astruc c. Chabert et Donzel.

170. — ... Que par conséquent est nulle l'inscription par laquelle le créancier a élu domicile dans un bureau autre que celui dans lequel cette inscription est requise. — *Cass.*, 27 août 1828, Peyronnet c. Lesme.

171. — ... Que l'inscription ainsi nulle n'a pu être rectifiée après coup au préjudice des hypothèques acquises et inscrites avant la rectification. — *Orléans*, 1er déc. 1836, Porcher c. Bourgogne.

172. — Jugé au contraire que l'élection de domicile n'est pas une formalité substantielle de l'inscription hypothécaire, et que son omission n'entraîne pas la nullité de cette inscription. — *Metz*, 2 juill. 1812, Rozeieulles c. Schneider; *Liége*, 5 janv. 1816, Pochet c. Gondebien; *Grenoble*, 10 juill. 1823, Charlot c. Terrot; *Riom*, 7 mars 1825, Peyronnet c. Chausson; *Paris*, 8 août 1832, Poullain c. Voisin.

173. — ... Et que son omission dispense le tiers-détenteur de faire au créancier les notifications prescrites, mais ne prive pas celui-ci du droit de requérir sa collocation dans l'ordre. — *Liége*, 5 janv. 1816, Pochet c. Gendebien.

174. — Jugé à plus forte raison enfin que le défaut d'élection de domicile n'entraîne pas la nullité de l'inscription hypothécaire, quand le bordereau désigne le domicile réel du créancier, et que ce domicile est situé dans l'arrondissement du bureau. — *Rennes*, 7 mars 1820, Chiron de Kerlaly c. Guillot de la Brosse; *Grenoble*, 12 avr. 1821, Vigne c. Planel.

175. — On doit déclarer valable l'inscription qui contient une élection de domicile, par le créancier, *dans sa demeure*, sans que cette demeure soit indiquée, si d'ailleurs, en rapprochant cette élection imparfaite des autres énonciations de l'inscription, il n'a pu exister aucune incertitude pour les tiers. — *Cass.*, 1er fév. 1825, commissaire de la marine c. Courtois et Darboussier.

176. — Il est loisible à celui qui a requis une inscription, ainsi qu'à ses représentans ou cessionnaires par acte authentique, de changer sur le registre des hypothèques le domicile par lui élu, à la charge d'en choisir et indiquer un autre dans le même arrondissement. — C. civ., art. 2152.

177. — Mais si le créancier s'était borné à dire qu'il révoquait le domicile qu'il avait choisi, sans en indiquer un autre dans l'arrondissement du bureau des hypothèques, son inscription, suivant M. Persil, (sur l'art. 2152, no 3), deviendrait nulle et se trouverait dans le même état que si l'on n'avait jamais fait d'élection de domicile. — V. *suprà* nos 167 s.

178. — Lorsque, dans son inscription, un créancier a élu domicile chez le conservateur même des hypothèques; et qu'ensuite le bureau où l'inscription a été formée se trouve réuni à un autre bureau des hypothèques, l'élection de domicile n'est pas transportée de plein droit à ce dernier bureau. — *Cass.*, 8 thermid. an XI, Pinot c. Quesme-Desbordes.

179. — L'art. 20 de la loi du 11 brum. an VII, dont l'art. 2152, C. civ., a répété la disposition, ne portait pas les mots *par acte authentique*; ils furent ajoutés, sur la proposition de M. Jolivet, pour prévenir les changemens frauduleux de domicile. — *Cons. d'état*, 10 vent. an XII; — Delvincourt, t. 3, p. 166, note 7; Troplong, no 704; Persil, *Rég. hypothéc.* sur l'art. 2152, no 1er.

180. — Toutefois, l'authenticité de la cession n'est exigée qu'autant que le cessionnaire peut changer le domicile élu par le créancier; elle n'est pas nécessaire quand une inscription nouvelle est prise par le cessionnaire. — *Cass.*, 11 août 1819, Acloque c. Leriget.

181. — Cette faculté de changer le domicile élu dans une inscription peut toujours être exercée, soit après la quinzaine depuis la transcription, en cas de vente volontaire, soit après l'adjudication, en cas d'expropriation forcée. — *Cass.*, 2 juin 1831, Bellavoine c. d'Aligre.

182. — Les déclarations portant changement de domicile élu doivent être rédigées en marge de l'inscription, et signées par le créancier; si l'espace manquait, elles devraient être portées à la date courante du registre, en consignant en marge de l'inscription une note indicative du volume et du numéro où est placé le changement de domicile. (Déc. min., 28 pluv. an XII.) — Mais lorsque les parties ne savent pas signer, un acte notarié est nécessaire. Persil, sur l'art. 2152, no 4.

183. — Pour les droits auxquels donne lieu la déclaration de changement de domicile, V. CONSERVATEUR DES HYPOTHÈQUES, nos 126 et suiv., 132, et HYPOTHÈQUES (DROITS D'), no 53.

184. — Quant aux effets du domicile élu relativement à la signification des actes et à la compétence, V. *infrà*, sect. 9, nos 617 s.

§ 2. — *Nom, prénoms, profession et domicile du débiteur.*

185. — Les bordereaux d'inscription doivent contenir les nom, prénoms, domicile du débiteur, sa profession, s'il en a une connue, ou une désignation individuelle et spéciale, telle que le conservateur puisse reconnaître et distinguer, dans tous les cas, l'individu grevé d'hypothèque (C. civ., art. 2148 2o). — La loi du 11 brum. an VII portait une disposition absolument semblable (art. 17, 2o).

186. — La loi, dit M. Troplong (no 681 *bis*), ne paraît pas aussi rigoureuse dans les énonciations relatives aux débiteurs que dans celles qui touchent le créancier..... Le créancier inscrivant connaît toujours toutes les désignations qui sont relatives à sa personne; il peut, au contraire, ignorer celles qui servent à identifier son débiteur (Grenier, t. 1er, p. 152); il était donc juste que la loi vînt à son secours et mît à sa disposition la ressource des équipollens.

187. — *Nom, prénoms et profession du débiteur.* — Sous l'édit de 1771, l'opposant aux lettres de ratification n'était pas obligé, à peine de nullité, d'énoncer les prénoms, titres et qualités du débiteur sur lequel il formait l'opposition. — *Paris*, 15 juill. 1813, Marchand et de Laugeac d'Arlet.

188. — Est nulle l'inscription hypothécaire prise sur un débiteur désigné sous le nom de *Usclat* lorsque son véritable nom est *Sérusclat*. — *Grenoble*, 13 janv. 1825, Jeune c. Liotard.

189. — Du reste, l'énonciation inexacte du nom du débiteur n'opère pas la nullité de l'inscription, si d'ailleurs il est désigné de manière à ce qu'on ne puisse le méconnaître. — *Cass.*, 17 nov. 1812, Balaincourt c. Grimond-Dorsay; *Cass.*, 13 juill. 1841 (t. 2, 1841, p. 233), Lesterps c. Chagot. — Troplong, *Hyp.*, no 680.

190. — Ainsi, l'inscription prise contre une société peut être déclarée valable, encore qu'on n'y ait indiqué que les noms de deux des gérans lorsqu'il y en avait trois. Il en est ainsi surtout lorsque les tiers qui critiquent l'inscription ont été avertis de l'existence de la créance au moment du contrat. — *Cass.*, 13 juill. 1841 (t. 2, 1841, p. 233), Lesterps c. Chagot.

191. — L'inscription hypothécaire prise sur un tel et son command n'est pas nulle comme ne désignant pas le command, qui est seul et véritable acquéreur de l'immeuble hypothéqué, alors que des mentions de subrogation inscrites au registre du conservateur ont fait connaître aux tiers le nom du command. Dans tous les cas, la nullité ne pourrait être demandée par les tiers qui n'auraient pris inscription que postérieurement, sachant à qui s'appliquait la qualification de command. — *Cass.*, 8 juill. 1840 (t. 2 1840, p. 514), Bordet c. Prevost de La Chauvellière.

192. — L'hypothèque et l'inscription *in globo* contre trois codébiteurs solidaires sont valables. — *Agen*, 27 juin 1811, Bruguière c. Mannoury et Fillol.

193. — L'inscription n'est pas nulle pour ne pas mentionner les prénoms du débiteur, si celui-ci est suffisamment désigné. — *Agen*, 5 janv. 1810, Monge c. Lamarque; *Paris*, 23 janv. 1810, Leblond c. Doucet; *Cass.*, 17 nov. 1812, Balancourt c. Grimond; *Riom*, 17 août 1822, Lagrange d'Orsay c. Portier; *Cass.*, 13 juill. 1841 (t. 2 1841, p. 233), Lesterps c. Chagot.

194. — Toutefois, lorsque le débiteur porte un nom commun à plusieurs familles, le conservateur des hypothèques n'est pas responsable à l'égard du créancier qui a mal énoncé dans son inscription les prénoms du débiteur, du défaut de mention de cette inscription dans le certificat délivré à l'acquéreur après la transcription. — *Cass.*, 25 juin 1821, Petit c. Depréseau.

195. — Sous l'empire de la loi du 11 brum. an VII, une inscription n'était pas nulle par cela seul qu'elle n'énonçait pas la profession du débiteur. — *Bruxelles*, 20 fév. 1811, Redelborgt c. Desprieg; — Grenier, *Hypoth.*, t. 1er, no 152, et Troplong, *Hypoth.*, t. 2, no 680.

196. — Il faut décider de même quand le débiteur n'a pas de profession connue. — *Turin*, 3 janv. 1809, Costa c. Miroglio Costa.

197. — ... Ou qu'il n'est pas prouvé qu'il ait eu une profession, et que d'ailleurs il est suffisamment désigné. — *Rennes*, 22 avril 1813, N... c. N...

198. — Jugé cependant que l'inscription est nulle quand le créancier a omis d'énoncer la profession du débiteur, quoiqu'il la connût. — *Bruxelles*, 16 avr. 1808, Mortelmans c. Debry. — Mais cette décision rigoureuse ne serait plus admise aujourd'hui. — Troplong, t. 3, no 680.

199. — Ainsi, en résumé, le créancier qui prend inscription sur les biens de son débiteur n'est point tenu, à peine de nullité, de désigner les nom, prénoms et profession de celui-ci. Conséquemment si un second créancier se présente au bureau des hypothèques à l'effet de prendre inscription sur les biens du même débiteur, et que, sur la désignation plus exacte et plus complète qu'il aura fournie, il se soit fait préalablement délivrer un certificat du conservateur constatant qu'il n'existe aucune inscription sur la personne indiquée au second bordereau, ce second créancier ne pourra prétendre aucun droit d'antériorité sur le premier, et l'ordre des inscriptions devra être suivi. — *Paris*, 10 août 1837 (t. 2 1837, p. 446), Dudin c. Philippot et Lapin.

200. — Les inscriptions à faire sur les biens d'une personne décédée peuvent être faites sous la simple désignation du défunt. — C. civ. 2149.

201. — Ainsi lorsqu'un testateur a affecté un immeuble au paiement d'un legs particulier il a suffi de prendre inscription contre le représentant du testateur. — *Paris*, 7 mars 1821, Millet et Desforges c. Bonneau.

202. — L'inscription prise contre une succession est valable, bien qu'elle n'indique pas les nom et prénoms du débiteur originaire, si d'ailleurs les énonciations qu'elle contient font suffisamment connaître sur quelle succession elle est prise. — *Cass.*, 2 mars 1812, Deumier et Lefèvre c. hospices de Tours; — Troplong, t. 3, no 681; Duranton, t. 20, no 199; Merlin, *Rép.*, vo *Inscription hypothécaire*, § 12.

203. — Jugé cependant que l'inscription prise contre les enfans et représentans de tel débiteur, décédé, est nulle si elle ne contient pas une désignation propre à les faire reconnaître. — *Liége*, 9 mai 1811, Dethier C. Renooz.

204. — L'inscription prise sur les biens d'un défunt n'est pas nulle, parce qu'elle n'énonce pas expressément le décès. — *Paris*, 9 déc. 1811, Bernault c. Boislevin.

205. — De ce que l'inscription est valablement prise contre le débiteur direct et originaire, bien qu'il ait aliéné l'immeuble hypothéqué et qu'il n'en soit plus en possession (V. *suprà* nos 37 et suiv.), il suit de là que l'indication du tiers détenteur actuel dans le bordereau d'inscription n'est pas nécessaire, lorsque ce tiers détenteur n'est pas personnellement obligé au paiement de la créance. — *Liége*, 3 août 1809, Latrou c. Bellefroid; *Bruxelles*, 2 (et non 27) janv. 1812, Lamiral c. fabrique d'Ath; *Grenoble*, 29 août 1812, Joubert c. Moker; *Liége*, 11 août 1814, Leonardtz c. Lys.

206. — Il en était de même sous l'empire de la loi du 11 brum. an VII, relativement à l'inscription prise par un créancier sur les immeubles d'une succession transmise à un tiers. — *Metz*, 5 août 1819, Wendal c. Gand et Davillé.

207. — L'inscription ne serait pas valablement prise, sans indication du débiteur sur le tiers détenteur seul. — *Liége*, 3 août 1819, Latrou c. Bellefroid; 11 août 1814, Léonardtz c. Lys.

208. — En effet, c'est contre son débiteur et non contre le tiers acquéreur, que le créancier inscrit doit poursuivre la vente de l'immeuble hypothéqué. — *Cass.*, 6 messid. an XIII, C. Reymond et J. Lybord c. F. Lybord.

209. — *Domicile du débiteur.* — Sous l'empire de l'édit de 1771, l'opposant aux lettres de ratification n'était pas obligé, à peine de nullité, d'énoncer la demeure du débiteur sur lequel il formait l'opposition. — *Paris*, 15 juill. 1813, Marchand c. Delaugeac d'Arlet.

210. — La mention du domicile du débiteur peut n'être faite qu'en termes équipollents. — *Turin*, 11 mars 1807, N.

211. — Ainsi, l'énonciation inexacte du domicile du débiteur n'opère pas la nullité de l'inscription, si celui-ci est d'ailleurs désigné de manière à ce qu'on ne puisse le méconnaître. — *Cass.*, 17 nov. 1812 (et non 17 mars 1813), Balaincourt c. Grimond d'Orsay.

212. — Le domicile du débiteur est suffisamment indiqué par celui qu'il a pris dans tous les actes du procès. — *Agen*, 5 janv. 1820, Monge c. Lamarque.

213. — On a également décidé que cette désignation du domicile du débiteur n'était point exigée à peine de nullité. — *Paris*, 10 août 1837 (t. 2 1837, p. 446), Dudin c. Philippot et Lapin.

214. — ... Alors surtout que l'inscription contient une indication individuelle et assez précise pour que l'individu grevé d'hypothèque puisse être reconnu. — *Cass.*, 17 déc. 1812, de Caraman c. de Créqui.

215. — Jugé cependant qu'on doit réputer nulle l'inscription hypothécaire qui contient une fausse indication du domicile réel du débiteur. — *Cass.*, 1er avr. 1824, Charavy c. Bron.

§ 3. — *Date et nature du titre.*

216. — Les bordereaux d'inscription doivent

énoncer la date et la nature du titre (C. civ., art. 2148 3o). — La loi du 11 brum. an VII exigeait seulement qu'ils continssent la date du titre, ou, à défaut de titre, l'époque à laquelle l'hypothèque avait pris naissance. — Art. 17 3o.

217. — L'indication de la date et de la nature du titre est-elle exigée à peine de nullité? Oui, suivant Merlin, (*Rép.*, t. 16, vo *Hypothèque*, sect. 2e, § 2, art. 10, no 4); Tarrible, (*Ibid.*, vo *Inscription hypothécaire*, § 5, no 10); Grenier, (t. 1er, no 77), car une pareille indication ayant pour but de prévenir la mauvaise foi, la disposition de la loi ne peut trouver sa sanction que dans la nullité de l'inscription où l'indication prescrite ne se trouve pas. — Non, suivant Toullier, (no 2510); Troplong, (*Hypothèque*, t. 3, no 682); par le motif qu'une pareille indication n'est point une formalité substantielle, mais simplement accessoire. — Cette dernière opinion, ce nous semble, ne doit être admise qu'autant, toutefois, qu'il n'y a pas eu erreur préjudiciable pour le tiers.

218. — *Date du titre.* — La date est l'indication du temps où un acte a été passé (V. DATE); quelquefois aussi cette indication doit comprendre le lieu. Ainsi, on a déclaré nulle une inscription qui contenait une indication erronée du lieu où le titre de la créance avait été passé. — *Liége*, 4 août 1811 (et non 1810), Mergeh c. Mortas. — Mais une pareille décision ne saurait être adoptée d'une manière absolue.

219. — Une inscription exprime suffisamment la date du titre en disant qu'elle est prise en vertu d'un acte passé *tel jour* devant *tel notaire*. — *Cass.*, 1er fév. 1825, commissaire de la marine c. Courtois; 26 juill. 1825, Lombard c. Courtois.

220. — Sous la loi du 11 brum an VII, l'énonciation sur le bordereau et sur le registre du conservateur de la date des titres de la créance ou de l'époque à laquelle l'hypothèque avait pris naissance, était de l'essence de l'inscription hypothécaire, et dès-lors son omission emportait nullité. — *Cass.*, 22 avr. 1807, Coune c. Lahaye; 7 sept. 1807, Lefèvre c. Robec; *Liége*, 9 mai 1811, Delhier c. Renooz, *Bruxelles*, 20 juin 1811, Staumont c. Declippel.

221 — De même, le créancier d'une rente qui s'était contenté d'énoncer dans son bordereau qu'il requérait inscription en vertu de paies remontant à 1772 et au delà n'avait pas satisfait aux dispositions de la loi. — *Liége*, 13 mars 1811, Degrady c. Vosen.

222. — Sous le Code civil, de même que sous la loi du 4 brum. an VII, la jurisprudence la plus généralement suivie est que le défaut de mention du titre constitutif de l'hypothèque entraîne la nullité de l'inscription. — *Caen*, 9 prair. an XIII, N...; *Cass*, 11 nov. 1811, Erhard c. Laroche; *Bruxelles*, 13 fév. 1817, Evrard c. Missotin; 14 juin 1828, P... c. C...; *Cass.*, 19 juin 1833, Barsalon c. Delmas-Grossin; *Montpellier*, 20 fév. 1834, Barsalon c. Delmas-Grossin; *Cass.*, 17 juin 1846 (t. 2 1846, p. 213), Paloc c. Jourdan. — V. conf. Merlin, *Rép.*, vo *Hypothèque*, sect. 2e, § 2, art 10; Persil, *Rég. hypoth.*, t. 2, p. 41; Tarrible, *Rép.*, vo *Inscription hypothécaire*, § 5, no 10; Battur, *Privil. hypoth.*, t. 1er, p. 427.

223. — ... Qu'il en est de même en cas d'erreur sur la date du titre. — *Rouen*, 8 fév. 1806, Langlois c. Diego-Dithmer; *Bruxelles*, 14 juin 1828, P... c. C...

224. — ... Ou en cas d'insuffisance dans la désignation de cette même date. — *Cass.*, 30 mai 1843 (t. 1er 1843, p. 117), Martin c. Lemassif.

225. — Le bordereau ne peut à cet égard suppléer à l'inscription; la nullité peut être invoquée par un créancier qui a intérêt, lors même qu'il aurait eu connaissance de la date de l'hypothèque du créancier qui lui est préférable. — *Caen*, 9 prair. an XIII, N...

226. — D'autres arrêts ont décidé, au contraire, que l'énonciation de la date du titre n'était pas une formalité substantielle de l'inscription; et que dès-lors on ne pouvait exciper de l'omission ou de l'inexactitude de cette énonciation, lorsqu'il était facile d'y suppléer par l'ensemble des autres énonciations, et qu'il n'en pouvait résulter ni erreur ni préjudice pour les tiers intéressés. — Toullier, t. 7, no 510; Troplong, *Hypoth.*, no 682.

227. — Jugé, en ce sens, sous la loi du 11 brum. an VII, qu'une inscription avait été valablement prise en vertu d'un jugement arbitral, simplement préparatoire, bien qu'il n'établît point la date de la créance, lorsqu'il relatait plusieurs fois le titre primordial et constitutif de cette créance. — *Angers*, 19 messid. an IX, Testu c. Grivet.

228. — Jugé qu'une inscription ne peut être annulée sous prétexte qu'elle ne fait pas expressément mention de la date du titre, ou, à défaut du titre, de l'époque à laquelle l'hypothèque a pris naissance, lorsqu'elle contient l'une ou l'autre de ces énonciations implicitement, et de manière que personne n'ait pu en prétendre cause d'ignorance ni être induit en erreur. — *Cass.*, 2 août 1820, Aubrey c. Bellot de Bussy.

229. — ... Ou lorsque le créancier établit par la production d'une copie de bordereau que cette date s'y trouvait mentionnée. — *Paris*, 22 frim. an XIII, de Moideseule et de Mont-Rouge c. Beaumont.

230. — ... Ou lorsqu'au moyen de l'indication des divers titres énoncés dans l'inscription, il était facile de remonter sans erreur possible à l'acte ayant servi de base à cette hypothèque. — *Toulouse*, 27 mai 1830, Barsalon c. Delmas-Grossin; *Bordeaux*, 14 juill. 1836 (t. 2 1837, p. 506), Dupuy-Guillaume c. Dupuy-Desouche.

231. — ... Ou encore si l'inscription réunit du reste tous les élémens propres à avertir suffisamment les tiers de la situation hypothécaire du débiteur. — *Toulouse*, 9 août 1844 (t. 2 1844, p. 446), Devilleneuve c. Sirey.

232. — Jugé, dans le même sens, que l'erreur commise dans la date du titre n'entraîne pas la nullité de l'inscription s'il y peut être suppléé par l'ensemble de cette inscription. — *Rennes*, 7 mars 1820, Chiron de Kerlaly c. Guillet de la Brosse.

233. — ... Ou si cette erreur n'empêche pas de reconnaître d'une manière certaine la créance pour laquelle l'inscription a été prise. — *Metz*, 22 (et non 12) 1811, Joveneau c. Latanchère.

234. — ... Ou enfin si cette erreur ne peut causer aucun préjudice. — *Cass.*, 17 août 1813, domaine c. de Chabannes; 9 nov. 1815, Desquiron c. Mendouse; *Rennes*, 7 mars 1820, Chiron de Kerlaly c. Guillet de la Brosse.

235. — Quoi qu'il en soit, il n'y a pas nullité lorsque le conservateur, qui n'a pas pu lire d'une manière sûre l'année de la date du titre, a dit que l'acte était de telle année ou de telle autre. — *Cass.*, 17 nov. 1818 (et non 1813), Balaincourt c. Grimod-d'Orsry.

236. — C'est la date du titre constitutif de l'hypothèque, et non celle des actes de cession, qui doit, à peine de nullité, être énoncé dans l'inscription hypothécaire. — *Cass.*, 7 oct. 1812, Machard c. de Vouland; — Merlin, *Quest.*, vo *Inscription hypothécaire*, § 11.

237. — Ainsi, le cessionnaire qui prend inscription pour sûreté de la créance cédée doit, à peine de nullité, y énoncer la date du titre constitutif de la créance, indépendamment de celle de l'acte de cession. — *Cass.*, 4 avr. 1810, Fasciaux c. Conserv. des hypoth.

238. — *Nature du titre.* — L'inscription prise sous l'empire de la loi du 11 brum. an VII, pour conserver une ancienne hypothèque acquise en pays de nantissement, a dû énoncer non seulement l'obligation sur laquelle reposait la créance, mais encore la transcription de cette obligation au greffe du tribunal civil, ainsi que l'exigeait la loi du 19 sept. 1790. — *Cass.*, 4 therm. an XII, Prevost c. Moran.

239. — Etait valable, sous la loi du 11 brum. an VII, une inscription hypothécaire prise en vertu d'un jugement arbitral, simplement préparatoire, bien qu'il n'indiquât pas la quotité de la créance, s'il relatait plusieurs fois le titre primordial et constitutif de cette créance. — *Angers*, 19 mess. an IX, Testu c. Grivet.

240. — ... L'inscription hypothécaire qui, contenant la date du titre, mentionnait, sinon expressément, du moins implicitement, la nature du titre. — Spécialement, lorsque l'inscription était prise pour sûreté d'une rente perpétuelle, la nature du titre était suffisamment énoncée, lorsqu'il était dit que le principal de la créance n'était pas exigible et que l'époque d'exigibilité de l'intérêt annuel de ladite rente était formellement indiquée. — *Bruxelles*, 30 mai 1812, Cosyn c. Audriessens.

241. — Les inscriptions prises sous la loi du 11 brum. an VII n'étaient pas nulles, faute d'énonciation de la nature de la créance. — *Paris*, 26 déc. 1807, Potain c. Finkin et Bastion.

242. — Sous le Code civil, jugé d'une part que l'omission de l'énonciation de la nature du titre entraîne la nullité de l'inscription. — *Bruxelles*, 13 fév. 1817, Evrard c. Missotin; *Montpellier*, 17 juin 1846 (t. 2 1846, p. 213), Paloc c. Jourdan; — Merlin, *Rép.*, vo *Hypothèque*, sect. 2e, art. 10, no 4.

243. — ... Qu'il en est de même quand il n'y a indication suffisante du titre. — *Cass.*, 30 mai 1843 (t. 2 1843, p. 117), Martin c. Lemassif.

244. — ... Qu'il en est à plus forte raison de même quand il s'y joint, en outre, l'omission de la date du titre. Spécialement, on doit déclarer nulle une inscription hypothécaire prise en vertu d'un acte notarié contenant aveu et reconnaissance de lettres de change, lorsque cette inscription mentionne seulement la date des lettres de change et de leur enregistrement, et n'indique ni la date de l'acte d'aveu, ni si cet acte est authentique ou sous seing-privé. — *Cass.*, 19 juin 1833, Barsalou c. Delmas-Grossin.

245. — ... Que de même, une inscription est nulle lorsqu'en transcrivant le bordereau sur le registre, le conservateur a omis de mentionner la nature du titre. — *Bruxelles*, 16 juin 1821, Gillis c. Vandamme.

246. — ... Que l'erreur dans un bordereau d'inscription, non seulement sur la date de l'obligation et l'exigibilité de la dette, mais encore sur le notaire qui a reçu le contrat, est un vice qui opère la nullité de l'inscription, lors même que la somme y énoncée serait bien le montant de la créance. — *Rouen*, 8 fév. 1806, Langlois c. Diego-Dithmer.

247. — Mais il n'y a pas nullité en ce que le bordereau n'indique pas le notaire qui a reçu le titre de la créance inscrite. — *Cass.*, 17 nov. (et non mars) 1812 (et non 1813), Balaincourt c. Grimond-d'Orsay.

248. — Jugé d'autre part que l'énonciation de la nature du titre n'est pas une formalité substantielle de l'inscription. — *Cass.*, 11 mars 1816, Dupont c. Chollet; *Toulouse*, 9 août 1844 (t. 2 1844, p. 446), Devilleneuve c. Sirey.

249. — D'où il suit que les tribunaux, à l'égard d'une inscription où cette formalité n'aurait point été exactement remplie, peuvent ne point en prononcer la nullité, si ladite inscription réunit du reste tous les élémens propres à avertir suffisamment les tiers de la situation hypothécaire du débiteur. — *Toulouse*, 9 août 1844 (t. 2 1844, p. 446), Devilleneuve c. Sirey.

250. — ... Et qu'il suffit que le bordereau donne au tiers les moyens de vérifier la légitimité de la créance, et par exemple qu'il fasse connaître la date du titre authentique et le nom du notaire qui l'a reçu. — *Cass.*, 11 mars 1816, Dupont c. Chollet.

251. — Toutefois, il faut que des expressions équivalentes il résulte, pour celui qui a intérêt à les consulter, des indications telles qu'il ne puisse être induit en erreur. — *Nîmes*, 23 juin 1829, Valentin c. Guillemon.

252. — La nature du titre est suffisamment énoncée dans l'inscription lorsqu'il est dit qu'elle est prise en vertu d'une créance reconnue par acte notarié produisant intérêts et exigible à un terme fixé. — *Douai*, 7 janv. 1819, Bulteau c. Thibaut.

253. — ... Lorsqu'elle se réfère à une première inscription où se trouve cette énonciation. — *Cass.*, 16 mars 1820, Grandjacquet c. de Pillot.

254. — ... Lorsqu'elle se réfère à une inscription régulière prise immédiatement avant celle dont la forme est critiquée. — *Cass.*, 7 (et non 17) mai 1823, Acoyer c. de Vaudemont.

255. — ... Lorsqu'elle est prise en vertu de tel acte notarié, pour tel capital, exigible à défaut de paiement annuel des intérêts. — *Bruxelles*, 5 mars 1829, Warocque c. d'Hespel.

256. — ... Lorsqu'elle est prise pour sûreté d'une créance résultant d'un acte passé *tel jour*, devant *tel notaire*. — *Bruxelles*, 20 août 1812, Vancauwemberg c. Vaudeput; *Toulouse*, 23 mai 1820, Prévost c. Bosc et Calas; *Cass.*, 1er fév. 1825, commissaires de la marine c. Courtois; *Cass*, 26 juill. 1825, Lombard c. Courtois.

257. — ... Surtout s'il s'agit d'un contrat passé dans le temps où tous les actes notariés emportaient de plein droit une hypothèque générale. — *Cass.*, 1er fév. 1825, commissaires de la marine c. Courtois et Darboussier.

258. — De même la nature des titres de la créance est suffisamment indiquée dans l'inscription, par l'énonciation que l'hypothèque résulte d'un acte notarié passé tel jour, que la créance est de tant en principal et de tant en intérêts, si la date énoncée du titre remonte à une époque où la législation proscrivait le prêt à intérêt. — *Bruxelles*, 19 janv. 1816, Maes c. bureau de bienf. de Gand et Vandermeeren.

259. — L'inscription prise en vertu d'un jugement qui nomme un administrateur provisoire est régulière, bien que l'énonciation du jugement n'ait eu lieu que dans l'exposé des qualités de cet administrateur, lorsque, d'ailleurs, elle énonce qu'elle est prise pour sûreté de la gestion et du compte qui doit en être rendu. — *Paris*, 12 déc. 1838, Poultier et Goupy c. Laffitte et Rothschild.

260. — Une inscription n'est pas nulle pour défaut d'énonciation expresse du titre constitutif de la créance, lorsque ce titre est rappelé dans l'acte en vertu duquel l'inscription est prise. Il suffit, dans ce cas, pour la validité de l'inscription, que les tiers puissent y trouver tout ce qu'ils ont intérêt de savoir. — *Cass.*, 3 fév. 1819, Letimonnier c. Chapet. — Persil, *Rég. hypothéc.*, sur l'art. 2148, § 3, no 3.

261. — Il en est de même, lorsqu'il est établi qu'au moyen de l'indication des divers titres énon-

[illegible] dans l'inscription, il était facile de remonter, sans erreur possible, à l'acte ayant servi de base à l'hypothèque. — *Bordeaux*, 14 juill. 1836 (t. 2 1837, p. 506), Dupuy-Guillaume c. Dupuy-Desouches.

262. — Il suffit toutefois de mentionner *le titre constitutif* de créance, sans qu'il soit nécessaire d'énoncer *le titre récognitif* qui aurait eu pour effet d'empêcher la prescription de cette créance. — *Cass.*, 30 mai 1843 (t. 2 1843, p. 117), Martin c. Lemassif.

263. — L'inscription prise en vertu d'un titre nouvel dont elle mentionne la date énonce suffisamment la nature du titre. — *Bruxelles*, 28 janv. 1819, Van Bouckel c. Cornélis.

264. — L'inscription prise sur les biens d'une caution est nulle, si, au lieu d'avoir été requise en vertu de l'acte de cautionnement, elle ne l'a été qu'en vertu du titre originaire contenant, de la part de l'obligé direct, promesse de fournir la caution, surtout si l'inscription ne contenait aucune matière qui pût faire reconnaître aux tiers l'erreur qui pouvait leur être préjudiciable. — *Cass.*, 12 déc. 1821, Trésor c. Nottinger.

265. — Celui qui est aux droits d'un cédant et d'un cessionnaire n'est pas obligé, pour conserver leur hypothèque, d'indiquer dans l'inscription qu'il prend, les titres qui établissent les droits de l'un et de l'autre. — *Paris*, 26 mars 1808, d'Aligre c. Salm-Kirbourg.

266. — Celui qui, pour sûreté d'une créance dont il est cessionnaire, prend une inscription au bureau des hypothèques, doit y énoncer, à peine de nullité, le titre constitutif de la créance, indépendamment de l'acte de cession. — *Cass.*, 4 avr. 1810, Fasciaux c. conservateur des hypothèques.

267. — L'inscription prise sur un tiers, dont le débiteur a promis la ratification, doit, à peine de nullité, énoncer non seulement l'obligation principale, mais encore l'acte par lequel le tiers a ratifié. — *Paris*, 11 août 1808, Thory c. Lucy. — Cette décision a été critiquée dans un recueil comme contraire à ce principe, que la ratification n'est pas introductive d'un droit nouveau, qu'au lieu de donner un nouveau titre, elle approuve un droit ancien, et en assure l'exécution. Nous regardons cette attaque comme mal fondée. En effet, il s'agit ici d'une constitution d'hypothèque, matière réglée par le droit civil, qui ne permet qu'au *propriétaire* capable d'aliéner, de consentir une hypothèque. Il faut donc que l'inscription porte avec elle la preuve du consentement du propriétaire, la preuve de sa ratification ; il faut dès lors qu'elle mentionne la date de l'acte de confirmation.

268. — L'inscription prise en vertu de l'acte de subrogation, sans énonciation du titre constitutif du privilége, a néanmoins conservé les droits du prêteur subrogé à ce privilége, si d'ailleurs elle se réfère à l'inscription d'office du vendeur, et si elle énonce sa date et le folio du registre sur lequel elle est consignée. — *Paris*, 15 janv. 1818, Thomas c. Barrat.

269. — Le privilége étant rattaché à la nature de la créance, il n'est nullement nécessaire de mentionner dans l'inscription si elle a pour but de conserver un privilége. — Delvincourt, t. 3, p. 169, note 8.

270. — L'inscription du titre d'une rente viagère constituée sur plusieurs têtes ne doit pas, à peine de nullité, énoncer cette réversibilité. — *Paris*, 9 juin 1814, Dussaux et Benard c. Lefrançois.

§ 4. — *Montant de la créance ou de son évaluation. — Montant des accessoires.*

271. — Les bordereaux d'inscription doivent contenir : le montant du capital des créances exprimées dans le titre ou évaluées par l'inscrivant, pour les rentes et prestations, pour les droits éventuels, conditionnels ou indéterminés dans les cas où cette évaluation est ordonnée. — C. civ., 2148 4°.

272. — Cette déclaration est substantielle, car elle a pour but de faire connaître ce qu'on a précisément intérêt à rechercher dans l'inscription, quelle somme doit le débiteur. — Troplong, *Hypoth.*, t. 3, nº 683; Tarrible, *Rép.* vº *Inscription hypothécaire* § 5, nº 77; Battur, *Hypoth.*, t. 3, nº 439; Persil, *Rég. hypoth.*, art. 2148, § 4, nº 2 ; Duranton, t. 20, nº 116; Grenier, t. 1ᵉʳ, nº 77; Delvincourt, t. 3, p. 577, note 6.

273. — Cependant l'erreur dans l'indication du capital ne saurait entraîner la nullité de l'inscription. Si la somme due est plus forte, l'inscription ne conservera l'hypothèque que pour le capital déclaré. Si, au contraire, elle est moindre, le débiteur et les créanciers feront réduire le montant de l'inscription. — Tarrible, *loc. cit.*; Troplong, t. 3, nº 683; Persil, *Rég. hypoth.* sur l'art. 2148, § 4, nº 4.

274. — Ainsi, sous la loi du 11 brum. an VII comme sous le Code civil, une inscription ne peut valoir que pour le montant de la créance qu'elle exprime. — *Caen*, 9 déc. 1824, Huchon c. Herrier.

275. — Mais elle est nulle, si elle ne désigne pas le montant de la créance. — *Cass.*, 5 sept. 1808, Darecourt c. Hertzocq ; *Cass.*, 11 nov. 1811, Erhard c. Laroche.

276. — Jugé également, à l'égard d'une inscription prise pour sûreté d'une rente, que si elle énonce une somme déterminée comme capital, elle ne peut conserver une plus forte somme. — *Paris*, 9 juin 1814, Dussaux et Benard c. Lefrançois.

277. — ...Que le créancier d'une rente en grains, qui a fixé à une somme déterminée dans le bordereau d'inscription le principal de cette rente, ne peut demander à être colloqué dans un ordre à un taux supérieur, sous le prétexte que le prix des mercuriales à cette époque autorise cette augmentation. — *Liége*, 24 août 1809, Deval et Dozin c. N...

278. — Jugé cependant que le créancier d'une rente en grains qui, pour se conformer aux dispositions de l'art. 2148, nº 4, C. civ., a évalué le capital de cette rente dans le bordereau de son inscription, peut, lorsqu'après la vente de l'immeuble hypothéqué le remboursement de la rente a été convenu entre les parties, demander à être colloqué pour le capital évalué d'après le mode prescrit par la loi du 29 déc. 1790, bien que ce capital soit supérieur à celui énoncé dans l'inscription. — *Orléans*, 9 avr. 1829, Belni c. Marchand.

279. — A l'égard des rentes, il n'est pas nécessaire, à peine de nullité, que l'inscription énonce le taux auquel chaque rente a été créée. — *Paris*, 9 juin 1814, Dussaux et Benard c. Lefrançois.

280. — En effet, s'il s'agit d'une rente perpétuelle, l'indication du capital ne peut être une condition absolue de l'inscription, le capital étant toujours présumé de vingt fois le taux de l'intérêt annuel. — S'il s'agit d'une vente viagère, il n'y a point de capital à indiquer, puisque la rente n'a pas, à proprement parler, de capital. — Persil, art. 2148, § 4, nº 4.

281. — Le rentier viager qui, dans son bordereau d'inscription et tout en énonçant la nature de sa rente, n'a fixé pour capital qu'une somme au denier *dix*, peut dans l'ordre obtenir sa collocation pour un capital supérieur, calculé au denier *vingt*, dont les intérêts soient suffisans pour assurer le service de la rente. — *Paris*, 10 mars 1832, Jard c. Cleizen.

282. — D'un autre côté, l'évaluation du montant de la créance, au moins quant aux droits éventuels, conditionnels ou indéterminés, n'est pas exigée d'une manière absolue et à l'égard de toutes les inscriptions. — Ainsi, elle n'est pas exigée dans les inscriptions d'hypothèques légales. — C. civ., art. 2153-3°. — V. *infrà* nºˢ 380 s.

283. — Ainsi encore, l'évaluation des créances éventuelles ou indéterminées n'est pas nécessaire, à peine de nullité, dans l'inscription des hypothèques judiciaires. — *Cass.*, 4 août 1825, Goullet d'Olizy c. Barbereux.

284. — Ainsi, l'inscription prise sur les biens du notaire séquestre d'une faillite, en vertu du jugement qui le condamne à rendre compte, n'est pas nulle pour défaut d'évaluation du reliquat éventuel, que le créancier déclare ne *pouvoir fixer ni évaluer quant à présent*. — *Cass.*, 4 août 1825, Goullet d'Olizy c. Barbereux.

285. — Ainsi encore, une inscription prise contre un individu condamné à rendre compte est valable, quoiqu'elle ne contienne aucune détermination de la somme à laquelle pourra s'élever le reliquat de compte. — *Paris*, 16 mars 1822, de Walbonne c. d'Olizy.

286. — De même, le créancier qui fait inscrire une hypothèque judiciaire prise pour l'apurement d'un compte à rendre n'est pas tenu d'évaluer dans son inscription le montant de sa créance qui est indéterminée. — *Rouen*, 19 fév. 1828, Anfrye c. Lequesne.

287. — L'inscription d'une hypothèque résultant d'une condamnation indéterminée n'est pas nulle à défaut d'évaluation de la créance pour laquelle elle est faite. — *Limoges*, 5 déc. 1839 (t. 1ᵉʳ 1840, p. 539), Martin c. Gransaigne.

288. — Une inscription prise pour sûreté des indemnités qui pourront être dues à l'occasion de travaux publics énonce suffisamment l'évaluation de la créance lorsqu'on a fait mention du prix auquel les travaux ont été adjugés. — *Cass.*, 12 janv. 1835, préfet des Basses-Pyrénées c. de Gayrosse. — *Contrà Pau*, 16 juin 1832, préfet des Basses-Pyrénées c. de Gayrosse.

289. — Outre les capitaux, les bordereaux d'inscription doivent en énoncer les accessoires. — C. civ., art. 2148-4°.

290. — Ces accessoires sont les intérêts, les arrérages, les dommages-intérêts alloués, les frais faits en justice, etc.

291. — Jugé cependant en ce qui concerne ce dernier objet, que les frais de justice faits contre le débiteur pour le contraindre au paiement ne doivent pas être considérés comme un accessoire du contrat, et être colloqués au même rang que le capital, lorsqu'ils n'ont pas été spécialement inscrits. — *Bordeaux*, 15 fév. 1832, Ferreyra c. Brivasac.

292. — De plus, il existe dans l'art. 2151, C. civ., une disposition particulière en ce qui concerne les créances produisant intérêts ou arrérages ; c'est que le créancier inscrit pour le capital doit être colloqué pour deux années et l'année courante des intérêts ou arrérages, au même rang d'hypothèque que pour son capital. — V. *infrà* nºˢ 434 s.

293. — Le défaut de mention, dans l'inscription, des accessoires de la créance, n'entraîne pas nullité, mais prive le créancier d'être colloqué à l'ordre pour les accessoires non inscrits. — *Liége*, 4 août 1811 (et non 1810), Mercen c. Morras. — Persil, art. 2148, § 4, nº 3 ; Troplong, t. 3, nº 682.

294. — C'est en ce sens qu'il a été décidé qu'une inscription hypothécaire qui ne contient pas la mention des accessoires est nulle. — *Cass.*, 5 sept. Darecourt c. Hertzocq.

§ 5. — *Epoque d'exigibilité de la créance.*

295. — Le Code hypothécaire de l'an III, qui imposait au créancier l'obligation de faire inscrire son titre, n'exigeait nullement que le bordereau d'inscription contînt la mention de l'exigibilité de la créance. — L. 9 messid. an III, art. 20 et 21.

296. — Aussi jugé que sous l'empire de cette loi une inscription hypothécaire n'était pas nulle pour ne pas contenir cette mention d'exigibilité. — *Paris*, 21 mars 1808, Pommeret c. Joussineau.

297. — La loi du 11 brum. an VII exigeait que les bordereaux d'inscription continssent l'époque d'exigibilité des capitaux et de leurs accessoires. — Art. 17, nº 4.

298. — Cette mention de l'exigibilité avait de l'importance, surtout pour l'acquéreur, puisque, d'après l'art. 15 de la même loi, il profitait des termes accordés au vendeur.

299. — Cette énonciation était exigée à peine de nullité de l'inscription. — *Cass.*, 4 frim. an XIV, Lemaigre c. Maurice ; *Agen*, 11 juin 1809, Lavignan c. Mascasas ; *Paris*, 31 août 1810, Gœsson c. Larochefoucault.

300. — Dans le ci-devant Piémont, le défaut de mention dans les inscriptions d'hypothèques antérieures à la loi du 11 brum. an VII, de l'époque d'exigibilité de la créance, n'emportait pas nullité. — *Turin*, 6 juin 1807, Cagnassoue c. Vacchieri.

301. — De même que la loi du 11 brum. an VII, le Code civil exige que les deux bordereaux d'inscription contiennent l'époque d'exigibilité. — C. civ., art. 2148, nº 4. — Mais cette énonciation n'a plus la même importance qu'auparavant, puisque, d'après l'art. 2184, C. civ., l'acquéreur est tenu d'acquitter les dettes jusqu'à concurrence du prix, sans distinction des dettes exigibles ou non exigibles.

302. — Aussi la disposition de la loi sur la mention d'exigibilité de la créance était-elle d'abord tellement considérée comme inutile, qu'on ne l'exécutait pas, et qu'on fut obligé de venir en aide à ceux qui auraient pu être induits en erreur à cet égard.

303. — La loi du 4 sept. 1807 vint déterminer le sens et les effets de l'art. 2148 du Code à cet égard. Elle porte : — Art. 1ᵉʳ. Dans le délai de six mois, à dater de la promulgation de la loi, tout créancier qui aurait, depuis la loi du 11 brum. an VII, jusqu'au jour de ladite promulgation, obtenu une inscription *sans indication de l'époque de l'exigibilité de la créance*, soit que cette époque doive avoir lieu à jour fixe ou après un événement quelconque, est autorisé à représenter au bureau de la conservation où son inscription a été faite, son bordereau rectifié, à la vue duquel le conservateur indiquera, tant sur son registre que sur le bordereau resté entre ses mains, l'époque de l'exigibilité de la créance. — Art. 2. Au moyen de cette rectification l'inscription primitive sera considérée comme complète et valable, si d'ailleurs on y a observé les autres formalités prescrites. — Art. 3. La présente loi ne s'applique point aux inscriptions qui auraient été annulées par jugemens passés en force de chose jugée. »

304. — En conséquence, a été déclarée nulle l'inscription qui, prise sous la loi du 11 brum. an VII, ne fait pas mention de l'époque d'exigibilité, et n'a pas été rectifiée conformément à la loi du 4 sept. 1807. — *Agen*, 11 juin 1809, Lavignan c. Mascasas ; *Paris*, 31 août 1810, N... c. N...

305. — L'inscription hypothécaire qui mention-

nait une époque d'exigibilité erronnée a pu, comme l'inscription qui ne mentionnait aucunement l'exigibilité, être rectifiée, en vertu de la loi du 4 sept. 1807. — *Cass.*, 9 avr. 1811, Godefroy c. Grezel.

306. — La rectification autorisée par la loi du 4 sept. 1807, doit se trouver accolée au corps de l'inscription qu'on veut rectifier, et par exemple être opérée par une mention mise en marge de l'inscription rectifiée et non par une seconde inscription portée à la date courante du registre avec cette note en marge : *rectification de l'inscription prise tel jour*. — *Bruxelles*, 16 juin 1821, Gillis c. Vandamme.

307. — La rectification de l'inscription rétroagit au jour de l'inscription qui est réputée avoir toujours été complète et valable, et conserve son rang primitif au préjudice des créanciers qui ont inscrit avant la rectification. — *Liége*, 7 janv. 1811; Bourguignon c. Cologne.

308. — Une seconde inscription prise avant la loi du 4 sept. 1807, et mentionnée à sa date seulement sur les registres du bureau des hypothèques ne peut rectifier le vice dont est entachée une première inscription antérieure, et lui assurer effet à compter de sa date originaire. — Au contraire, la rectification faite de l'inscription en vertu de la loi du 4 sept. 1807, dans la forme et dans le délai qu'elle détermine, lui conserve son rang primitif au préjudice des créanciers qui avaient inscrit avant cette rectification. — *Turin*, 16 mars 1811, Berutti c. Bachi.

309. — Une inscription nulle pour défaut de mention d'exigibilité de la créance, n'a pu être, antérieurement à la loi du 4 sept. 1807, validée par une inscription nouvelle prise après la transcription du contrat de l'acquéreur des biens hypothéqués, surtout si cette seconde inscription n'a pas même été revêtue des formalités exigées par la loi du 4 sept. 1807, qui prescrivait de la mentionner en marge de l'inscription qu'elle avait pour objet de régulariser. — *Cass.*, 5 mai 1813, Berutti c. Bachi et Ghio.

310. — Un immeuble sur lequel frappait une inscription hypothécaire nulle faute d'indiquer l'époque de l'exigibilité, n'est pas affranchi de cette inscription, lorsqu'il a été vendu par le débiteur avant la rectification prescrite par l'art. 1er, L. 4 sept. 1807, bien que cette rectification ait eu lieu dans le délai accordé par cette loi. — *Toulouse*, 18 juill. 1823, Bort c. Bort et Laguens.

311. — On est aujourd'hui généralement d'accord que la mention de l'époque de l'exigibilité de la créance est une formalité substantielle de l'inscription hypothécaire, et que son omission entraîne la nullité de l'inscription. — *Turin*, 16 mars 1811, Berutti c. Bachi; *Liége*, 4 août 1811 (et non 1810), Nerren c. Norras; *Cass.*, 11 nov. 1811, Erhard c. Laroche; 9 août 1832, Rogeau c. Parsy; *Nîmes*, 9 janv. 1833, Hallo c. Savy; *Liége*, 15 avr. 1833, N...; *Poitiers*, 19 mars 1835, Blondeau c. Creuzé; — Merlin Tarrible, *Rép.*, vo *Inscription hypothécaire*, § 5, no 11; Persil, *Comment.*, art. 2148, § 4, no 5. — V. *contrà* Troplong, *Hypoth.*, no 685.

312. — ... Que la mention inexacte de l'exigibilité entraîne également la nullité de l'inscription — *Rouen*, 8 fév. 1806, Langlois c. Diego-Dithmer; *Bruxelles*, 28 janv. 1819, Van Bouckel c. Cornelis.

313. — ... Que de même encore, une inscription est nulle, lorsqu'en transcrivant le bordereau sur le registre, le conservateur a omis de mentionner l'époque d'exigibilité de la créance. — *Bruxelles*, 16 juin 1821, Gillis c. Vandamme.

314. — Cependant, cette mention de l'époque d'exigibilité n'a pas besoin d'être faite en termes sacramentels, et elle peut être faite en termes équipollens. — *Turin*, 11 mars 1807, N...; *Cass.*, 23 juill. 1812, Bureau de bienfaisance de Namur c. Sclogel; 15 janv. 1817, de Constans c. Bodin; *Lyon*, 28 août 1821, Maille c. Luc; *Cass.*, 9 août 1832, Rogeau c. Parsy; *Liége*, 15 avr. 1833, N...

315. — Ainsi, l'énonciation faite dans l'inscription qu'elle est prise en vertu d'un jugement rendu contre le débiteur, *pour billets protestés*, suffit pour indiquer *que la créance est exigible*. — *Cass.*, 23 juill. 1812, Bureau de bienfaisance de Namur c. Sclogel.

316. — Ainsi encore, lorsque la créance inscrite résulte d'un jugement qui n'accorde ni terme ni délai, les expressions *due en vertu du jugement de tel jour* indiquent suffisamment qu'elle est exigible. — *Bruxelles*, 3 déc. 1812, Blondeau c. Couppé.

317. — Il en est de même de l'inscription portant qu'elle est prise *à défaut de paiement de la créance, et pour intérêts échus*. — *Riom*, 3 août 1827, Monestier c. Bec.

318 — La mention que la dette est payable à réquisition énonce suffisamment l'époque de l'exigibilité. — *Riom*, 16 mars 1811, Saint-Haon c. Trémignon.

319. — La mention dans l'inscription que la créance est *exigible*, indique une exigibilité actuelle et remplit dès-lors le vœu de la loi. — *Riom*, 15 janv. 1810, V... c. N...; 21 fév. 1810, N...; *Toulouse*, 26 mars 1810, Rieunier c. Dont; *Douai*, 28 avr. 1810, Fallempin; *Rouen*, 11 juin 1810, Jumelle c. N...; *Nîmes*, 23 déc. 1810, Dumas et Amalric c. Monbel; *Cass.*, 9 juill. 1811, Leblond c. Fallempin; 1er fév. 1825, Commissaire de la marine c. Courtois; 26 juill. 1825, Lombard c. Courtois. — V. *contrà Nîmes*, 13 juill. 1808, Bernard c. Ode; — Troplong, *Hypoth.*, no 686.

320. — Mais l'inscription hypothécaire est nulle lorsqu'elle ne mentionne ni expressément ni en termes équipollens l'époque de l'exigibilité de la créance inscrite — *Nîmes*, 28 (et non 24) nov. 1832, Hallo c. Thiron.

321. — ... Par exemple, lorsqu'elle énonce uniquement qu'elle est prise en vertu d'un jugement. — *Rouen*, 1er avr. 1809, Soullié c. N...; *Liége*, 24 août 1809, Deval et Dozin c. N...; *Nîmes*, 28 (et non 24) nov. 1832, Hallo c. Thiron.

322. — De même, est nulle, comme ne mentionnant pas suffisamment l'époque de l'exigibilité, l'inscription qui contient l'énonciation qu'elle est prise en vertu d'un jugement de telle date, sans préciser si ce jugement a été rendu par un tribunal de commerce, ou s'il a pour cause une obligation dont le jugement ne pourrait être naturellement retardé. — *Liége*, 1er juin 1821, Herman c. Milliard.

323. — Il n'y a pas ouverture à cassation contre l'arrêt qui a déclaré nulle, comme ne contenant pas en termes formels ou équipollens l'époque de l'exigibilité, une inscription prise pour une créance *liquidée et due, résultant d'un jugement et pour deux années d'intérêts à échoir*. — *Cass.*, 15 janv. 1817, de Constant c. Bodin.

324. — La mention de la nature d'une créance, même échue, ne remplace pas la mention de son exigibilité; en conséquence, est nulle l'inscription prise pour sûreté d'une soulte due aux termes d'un acte de partage du..., et intérêts du jour dudit partage. — *Cass.*, 19 août 1840 (t. 2 1840, p. 242), Béat Lebigre de Beaurepaire c. de Carbonnières; — Merlin, *Rép.*, vo *Inscription hypothécaire*, § 5, no 1t; Persil, *Comment.*, art. 2148.

325. — Quoi qu'il en soit, l'erreur commise dans une inscription hypothécaire sur l'époque de l'exigibilité de la créance ne doit pas en faire prononcer la nullité, si cette erreur ne cause aucun préjudice. — *Cass.*, 3 janv. 1814, Bertheche c. Augrand-la-Tanchère; — Persil, *Quest.*, vo *Inscription*, § 10, et *Comment.*, art. 2148, § 4, no 10. — V. *contrà* Merlin, *Rép.*, vo *Inscription hypothécaire*, § 5, no 11.

326. — Par la même raison, n'est pas nulle l'inscription dont l'époque de l'exigibilité est indiquée à un terme plus rapproché que celui porté dans le titre. — *Metz*, 22 (et non 12) juill. 1811, Joveneau c. Latanchère. — Surtout si la véritable date de l'exigibilité a été énoncée sur le registre du conservateur. — *Toulouse*, 1er avr. 1816, Dalens c. Magne.

327. — L'inscription hypothécaire prise tant pour sûreté d'un capital non exigible que pour les intérêts échus et les frais est nulle si dans l'énonciation du montant de la créance, le capital est cumulé avec les intérêts et les frais, de manière qu'il soit impossible de distinguer la portion de la créance qui est exigible de celle qui ne l'est pas. — *Bruxelles*, 4 mai 1820, Faucheux c. Pluchart.

328. — L'indication de l'époque de l'exigibilité de la créance est prescrite lorsqu'il s'agit d'une hypothèque judiciaire comme lorsqu'il s'agit d'une hypothèque conventionnelle. — *Rouen*, 1er avr. 1809, Soullié c. N...; 1er août 1809, Caqueray-Granval c. Soulé.

329. — Sous la loi du 11 brum. an VII, l'indication de l'époque de l'exigibilité était exigée, à peine de nullité, pour les hypothèques judiciaires et conventionnelles, mais non pour les hypothèques légales. — *Besançon*, 4 août 1812, Bergère. — V. Merlin, *Rép.*, vis *Inscription hypothécaire*, § 5, nos 8, 11 et 15, et *Hypothèque*, sect. 2e, § 2, art. 10, no 5, et sect. 1re, § 8, no 2, et § 13, nos 8 et 9, et *Quest. de droit*, vo *Inscription hypothécaire*, § 4; Grenier, nos 72, 73, 79 et 84.

330. — Il y a même raison de décider sous l'empire du Code civil : ainsi est valable, sans autre énonciation relative à l'exigibilité, l'inscription prise par une femme pour sûreté du fonds de son douaire. — *Paris*, 13 mars 1811, Ottovaer c. Boury.

331. — ... L'inscription qui énonce qu'elle est prise pour la conservation des droits dotaux d'une femme. — *Lyon*, 28 août 1821, Maille c. Luc.

332. — On ne doit pas considérer comme légale et comme dispensée à ce titre de la mention d'exigibilité l'inscription prise par les héritiers de la femme pour la conservation de sa dot et de ses reprises matrimoniales, lorsque celle-ci est décédée avant la promulgation du Code civil. — *Cass.*, 5 déc. 1814, Gonduin c. Lambert.

333. — L'époque de l'exigibilité ne peut pas non plus être exigée quand la nature des choses s'y oppose, par exemple quand il s'agit de créances éventuelles ou dont l'exigibilité est indéterminée, ou encore de rentes perpétuelles ou viagères. — Persil, *Régime hypothécaire*, art. 2148, § 4, no 7; Grenier, t. 1er, no 80; Merlin, *Rép.*, vo *Inscription hypothécaire*, § 5. no 11; Delvincourt, t. 3, p. 161, note 16; Duranton, t. 20, no 126; V. Pannier, no 128; Hervieu, *Résumé de jurispr.*, vo *Inscription*, § 6, no 6.

334. — Ainsi il n'est pas exigé à peine de nullité que l'inscription prise pour sûreté d'une créance non exigible et n'ayant pas d'époque déterminée d'exigibilité fasse mention de cette circonstance. — *Cass.*, 2 avr. 1811, Garda c. hospices de Verceil.

335. — De même, n'est pas nulle pour ne pas contenir l'époque de l'exigibilité de la créance l'inscription prise pour les droits éventuels pouvant résulter d'un jugement arbitral intervenu entre deux associés qui, sans prononcer de condamnation directe, décide seulement que les parties ont des droits éventuels et réciproques et que tels biens devront entrer dans la masse commune à partager. — *Colmar*, 16 avr. 1818, Celler c. Comès.

336. — Lorsque l'inscription est prise pour sûreté d'une rente, il n'est pas nécessaire qu'elle exprime l'époque d'exigibilité du capital ni des arrérages. — *Cass.*, 2 avr. 1811, Garda c. hospices de Verceil; *Paris*, 13 nov. 1811, Sutaine c. Beffroy; *Rouen*, 21 mai 1812, Régie c. Tassin; *Bruxelles*, 20 août 1812, Vancauwemberg c. Vandeput.

337. — Ainsi l'époque d'exigibilité d'une créance est suffisamment exprimée dans le bordereau d'inscription par la mention qu'elle consiste en une rente constituée. — *Bruxelles*, 4 avr. 1806, Lemaire c. Vandenborne.

338. — Cependant, en ce qui concerne les arrérages, deux circulaires du ministre de la justice (21 juin 1808) et du ministre des finances (5 juill. 1808) portent que l'inscription doit, à l'égard des rentes, énoncer le taux des arrérages et l'époque de leur échéance.

339. — Du reste, lorsque le capital d'une rente constituée est aliéné à perpétuité, l'inscription hypothécaire prise pour sûreté de cette rente mentionne suffisamment l'époque de l'exigibilité des arrérages en énonçant la date de l'acte constitutif. — *Bruxelles*, 17 fév. 1807, Douglas c. Perrier.

340. — L'inscription prise pour sûreté d'une rente perpétuelle énonce encore suffisamment l'époque d'exigibilité par la mention qu'elle est prise pour tel capital exigible à défaut du paiement annuel des intérêts. — *Bruxelles*, 5 mars 1829, Varocque c. d'Hespel.

341. — ... Ou par la mention que le capital d'une rente peut être exigé chaque année, sans une sommation préalable de trois mois. — *Liége*, 4 août 1811, Merren c. Morras.

342. — La non exigibilité de la créance est suffisamment indiquée dans l'inscription lorsque, d'après les énonciations résultant du titre constitutif de l'hypothèque, il n'est douteux pour personne que ce titre ne soit un contrat de constitution de rente, laquelle doit jusqu'à preuve contraire être présumée perpétuelle. — *Bruxelles*, 19 janv. 1816, Maes c. bur. de bienf. de Gand et Vandermeeren.

343. — Quand un acte de constitution de rente renferme la clause que le capital sera exigible, à défaut par le débiteur de fournir, sur la réquisition du créancier, une hypothèque ultérieure, il n'est pas nécessaire que l'inscription prise en vertu d'un pareil titre contienne la mention de cette exigibilité éventuelle. — *Bruxelles*, 19 janv. 1816, Maes c. bur. de bienf. de Gand et Vandermeeren.

344. — L'inscription hypothécaire prise pour sûreté d'une rente viagère dont le capital a été stipulé exigible, à défaut de paiement de deux termes de la rente, n'est pas nulle, parce que le créancier a déclaré le capital non exigible, si toutefois il a fait dans l'ordre l'abandon de la clause relative à l'exigibilité du capital, vis-à-vis des tiers qui auraient traité dans la confiance que le capital ne serait pas exigible. — *Caen*, 17 juin 1825, Potin de Bonchamps c. Heuzey.

§ 6. — *Espèce et situation des biens grevés.*

345. — Les bordereaux d'inscription doivent enfin contenir l'indication de l'espèce et de la situation des biens sur lesquels le créancier entend conserver son privilége ou son hypothèque. — C. civ., art. 2148-5o. — La loi du 11 brum. an VII, art. 17-5o, renfermait une semblable disposition.

346. — Cette indication qui constitue la spécialité est une formalité substantielle. Si l'inscription ne faisait pas connaître les biens hypothéqués, elle

manquerait son premier et principal objet. — Troplong, *Hyp.*, t. 3, no 689.

547. — Avant la loi du 11 brum. an VII, le créancier devait, à peine de nullité, désigner dans l'inscription la nature et la situation des biens sur lesquels son hypothèque frappait. — *Liège*, 9 mai 1811, Dethier c. Renooz.

548. — Pour couvrir ce vice, il n'a pu, lorsque son bordereau mentionnait seulement une hypothèque conventionnelle, prétendre qu'ayant acquis une hypothèque légale, et par conséquent générale, résultant de *dix paies*, son inscription était, d'après l'art. 43, L. 11 brum. an VII, *valable*, bien qu'elle n'indiquât pas l'espèce et la situation. — Même arrêt.

549. — L'inscription prise, sous la loi du 9 messid. an III, *sur tous les biens du débiteur situés dans l'arrondissement du bureau des hypothèques*, en vertu d'un titre qui ne conférait qu'une hypothèque spéciale, est nulle non-seulement à l'égard des immeubles non hypothéqués, mais même à l'égard de ceux spécialement hypothéqués. — *Bruxelles*, 5 juin 1817, Dulvict. c. Bruncel.

550. — L'inscription d'une hypothèque résultant d'un testament antérieur à la loi de brum. an VII ne doit pas, à peine de nullité, contenir la désignation des immeubles sur lesquels elle s'applique, encore qu'elle n'ait été inscrite qu'après les délais accordés par cette loi, pour la conservation des anciennes hypothèques. — *Nîmes*, 8 déc. 1812.

551. — Lorsque l'hypothèque générale qui résultait, avant la loi du 11 brum. an VII, des actes notariés, avait été restreinte à un seul immeuble par l'acte même qui l'avait constituée, l'inscription de cette hypothèque, prise depuis la loi précitée, devait, pour être valable, contenir l'indication de l'espèce et de la situation de l'immeuble hypothéqué. — *Liège*, 19 mars 1813, Stouls c. Foullon.

552. — Mais le créancier qui, en vertu d'un titre consenti antérieurement à la loi du 11 brum. an VII et conférant une hypothèque générale sur tous les biens du débiteur, a pris inscription après le délai fixé par l'art. 37 de cette loi, n'était pas tenu, à peine de nullité, de spécifier la nature et la situation des biens sur lesquels il entendait conserver son hypothèque. — *Cass.*, 11 nov. 1812, Izar c. Alquier; 30 janv. 1815, Auzouy c. Combelles; 4 juill. 1815, de Tallenay c. Herissey.

553. — Sous la loi du 11 brum. an VII, une inscription hypothécaire n'était valable qu'autant que les bordereaux contenaient l'indication de l'espèce et de la situation des biens sur lesquels on entendait conserver l'hypothèque. — *Liège*, 7 janv. 1811, Bourguignon c. Cologne.

554. — La désignation de l'espèce et de la situation des biens hypothéqués doit être tellement circonstanciée dans l'inscription, qu'un tiers puisse facilement, à la simple inspection du registre du conservateur, distinguer les immeubles grevés. — *Bruxelles*, 17 déc. 1814, de Grune c. Sterckx; 28 janv. 1819, Van-Bonckel c. Cornelis. — Merlin, *Rép.*, vo *Hypothèque*, sect. 1re, § 3, art. 6, p. 718; Troplong, *Hypoth.*, t. 3, no 689.

555. — La jurisprudence, comme on va le voir, est beaucoup revenue de la rigueur excessive qu'on avait d'abord montrée sur ce qu'il fallait entendre par l'indication de l'espèce et de la situation des biens.

556. — La désignation des immeubles hypothéqués qui n'énonce pas leur nature est valable, pourvu qu'elle apprenne aux tiers tout ce qu'il leur importe de savoir. — *Cass.*, 28 août 1821, Rebut c. Boula de Nanteuil.

557. — L'inscription prise sur un domaine affecté à la sûreté du paiement d'une créance dans l'acte constitutif de l'hypothèque, avec indication du lieu de sa situation, mais sans désignation spéciale de l'espèce de biens dont il se compose, remplit le vœu de la loi, lorsqu'il est notoire dans le pays que les biens sur lesquels frappe l'inscription font partie du domaine hypothéqué. — *Cass.*, 24 janv. 1825, Burdin c. Desevre.

558. — L'affectation d'hypothèque et l'inscription sur des *fermes*, dites *de la Gadélière*, sans autre énonciation de la nature et de l'espèce des biens, sont valables. — *Cass.*, 1er avr. 1817, Guesdon c. Guyot.

559. — De même est régulière l'inscription hypothécaire, dans laquelle l'espèce des biens est désignée par la qualification de métairie. — *Rennes*, 25 juill. 1817, Reibell et Davy c. Audicq.

560. — Jugé au contraire, qu'il est nécessaire pour la validité de l'hypothèque et de l'inscription, que le contrat constitutif de l'une et le bordereau de l'autre désignent la nature de culture des terres, et qu'il ne suffit pas d'hypothéquer *tel domaine avec ses appartenances et dépendances, situé dans telle commune*. — *Bordeaux*, 17 août 1814, Tourat c. Dubergier.

561. — L'inscription prise sur tous les biens appartenant au débiteur, situés dans telle commune, peut être déclarée valable, quoiqu'elle ne contienne pas l'indication de l'espèce ou de la contenance des biens hypothéqués. — *Paris*, 9 juin 1814, Dussaux c. Lefrançois; *Grenoble*, 8 août 1817, Delestra c. Labeaume; *Cass.*, 6 mars 1820, mêmes parties; *Grenoble*, 10 juill. 1823, Charlot c. Terrot.

562. — ... Alors d'ailleurs qu'il est certain qu'aucun tiers n'a pu être induit en erreur par les termes de l'acte, ni en souffrir de préjudice. — *Grenoble*, 8 août 1817, Delestra c. Labeaume; *Cass.*, 6 mars 1820.

563. — Il en est de même de l'inscription faite sur tous les biens du débiteur situés dans telle commune, tels qu'ils sont désignés et confrontés dans le cadastre. — *Pau*, 23 août 1834, Dariès c. Cassé.

564. — Mais jugé qu'une constitution d'hypothèque sur tous les biens présens du débiteur situés dans telle commune est nulle, bien que l'inscription contienne la désignation de la nature de chacun des biens hypothéqués. — *Cass.*, 20 fév. 1810, Courbon c. Vinoy.

565. — Il y a indication suffisante de la situation des biens par l'indication de la commune où se trouve la presque intégralité du corps d'une métairie hypothéquée. — *Rennes*, 25 juill. 1817, Reibel c. Audicq.

566. — L'inscription, non plus que la constitution d'hypothèque, ne peuvent être annulées pour cause d'erreur dans l'indication de la commune où sont situés les biens, si d'ailleurs cette erreur n'a pu tromper les tiers. — *Cass.*, 6 fév. 1821, Boitard c. Loustonneau; 28 août 1821, Rebut c. Boula de Nanteuil; 14 juin 1831, Romieu c. Torcat.

567. — La demande en nullité fondée sur ce motif est surtout non-recevable, si l'erreur a été causée par un concert frauduleux entre le créancier qui forme cette demande et le débiteur. — *Cass.*, 6 fév. 1821, Boitard c. Loustonneau.

568. — L'erreur que contient l'inscription sur le numéro de la maison hypothéquée n'entraîne pas la nullité de l'inscription, lorque la maison est désignée par ses appartenances et dépendances, par sa contenance en superficie, et par le nom de la place sur laquelle elle est située, surtout si le créancier postérieur qui conteste la validité de l'inscription n'a pas été trompé par la fausse indication du numéro. — *Liège*, 26 mai 1818, Renox c. Meysma; — Troplong, t. 2, no 689; Duranton, t. 19, no 373, et t. 20, no 130; Delvincourt, t. 3, p. 161, no 15.

569. — L'omission même du nom de la commune dans le territoire de laquelle les biens sont situés n'entraîne pas la nullité de l'inscription, lorsque la désignation faite suffit pour apprendre aux tiers tout ce qu'il leur importe de savoir. — *Cass.*, 28 août 1832, Rebut c. Boula de Nanteuil.

570. — De même, n'est pas nulle l'inscription qui n'indique pas la commune dans laquelle sont situés les immeubles hypothéqué, lorsque ces immeubles consistent en un domaine désigné par le nom sous lequel il est connu, avec mention de l'arrondissement et du département où il est situé. — *Liège*, 13 janv. 1823, Fournier c. Thomas.

571. — Une inscription prise sur les maison, vignes et autres immeubles appartenant au débiteur dans l'arrondissement de..., contient une indication suffisante des biens hypothéqués et de nature à prévenir toute erreur de la part des tiers. — *Cass.*, 15 fév. 1836, Gremaud c. d'Augerans.

572. — Il n'est pas nécessaire d'énoncer dans l'inscription l'arrondissement où est situé le fonds hypothéqué. — *Cass.*, 14 juill. 1815, Degas c. Agis de Saint-Denis.

573. — L'erreur commise dans l'acte constitutif de l'hypothèque sur l'arrondissement où est situé l'immeuble hypothéqué, n'entraîne pas la nullité de cette hypothèque lorsque l'erreur ne se retrouve pas dans l'inscription qui a été prise au bureau du lieu de la véritable situation de l'immeuble, et exprime formellement la nature de l'immeuble. — *Lyon*, 27 mars 1832, Gaugiraud c. Faubert.

574. — Le point de savoir si l'inscription énonce suffisamment la nature et la situation des biens hypothéqués est abandonné à l'appréciation des juges du fond. — *Cass.*, 15 fév. 1836, Gremaud c. d'Augerans.

575. — Ainsi, l'arrêt d'une cour royale qui a déclaré en fait qu'une inscription n'indiquait ni la nature ni l'espèce des biens hypothéqués, et qui, par suite, a prononcé la nullité de cette inscription ne peut être cassé. — *Cass.*, 16 août 1815, Tourat c. Dubergier.

576. — Ainsi encore, l'arrêt qui décide que la désignation suivante, faite dans une inscription hypothécaire: *tous les biens situés dans l'arrondissement du bureau*, est nulle, comme ne renfermant pas d'une manière spéciale les biens sur lesquels frappe l'hypothèque, ne viole pas la loi. — *Cass.*, 19 fév. 1828, Barbey c. Restout.

577. — L'indication de l'espèce et de la situation des biens n'est pas nécessaire dans le cas d'hypothèques légales ou judiciaires; à défaut de convention, une seule inscription pour ces hypothèques, frappe tous les immeubles compris dans l'arrondissement du bureau. — C. civ., art. 2148-5o. — La loi du 11 brum. an VII (art. 17 5o) renfermait une disposition semblable.

578. — Si le créancier porteur de deux titres, savoir d'une obligation ayant hypothèque spéciale, et d'un jugement ayant hypothèque générale, se borne à prendre inscription sur tous les biens présens et à venir de son débiteur, l'inscription, valable quant au jugement, est nulle quant à ce qui concerne l'obligation. — *Agen*, 1er juill. 1830, Turle c. Parrieux.

579. — Enfin, l'inscription prise par le créancier du défunt sur les immeubles de la succession, conformément à l'art. 2111, C. civ., ne doit pas, à peine de nullité, désigner la nature et la situation de chacun de ces immeubles; ainsi, est valable, l'inscription prise *sur tous les biens* du défunt. — *Nîmes*, 10 fév. 1829, Roche c. Delaygue; — Conflans, *Jurispr. des succ.*, p. 544; Belost-Jolimont, *Observat. sur les success.* de Chabot, art. 878, note 2e.

Sect. 5e. — *Inscription des hypothèques légales.*

580. — L'hypothèque légale des femmes mariées des mineurs et des interdits existe indépendamment de toute inscription. — C. civ., art. 2135.

581. — Et il en est ainsi, même pour les créances paraphernales de la femme mariée sous le régime dotal. — *Cass.*, 6 juin 1826, Vacher c. Flat; — *contrà Riom*, 4 mars 1822, mêmes parties.

582. — Cependant, sous la loi du 11 brum. an VII l'inscription prise sur les biens du mari par les héritiers de la femme pour la conservation des droits résultant de son mariage, devait réunir l'accomplissement de toutes les formalités générales prescrites par l'art. 17. Il n'aurait pas suffi qu'elle fût conforme à la prescription de l'art. 21, qui est spécial pour les époux. — *Paris*, 31 août 1807, Rouault c. Souplet.

583. — Bien que l'hypothèque légale des femmes mariées, des mineurs et des interdits existe indépendamment de l'inscription, cependant les maris et les tuteurs sont tenus de rendre publiques les hypothèques dont leurs biens sont grevés et, à cet effet, de requérir eux-mêmes, sans aucun délai, inscription aux bureaux à ce établis sur les immeubles à eux appartenant et sur ceux qui pourront leur appartenir par la suite. — C. civ., art. 2136. — V. au surplus HYPOTHÈQUE LÉGALE.

584. — Les subrogés-tuteurs sont tenus sous leur responsabilité personnelle, et sous peine de tous dommages-intérêts de veiller à ce que les inscriptions soient prises sans délai sur les biens du tuteur, pour raison de sa gestion, et même de faire faire lesdites inscriptions. — C. civ., art. 2137.

585. — A défaut par les maris, tuteurs et subrogés-tuteurs de faire faire lesdites inscriptions, elles peuvent être requises par le procureur du roi près le tribunal de première instance du domicile des maris et tuteurs, ou du lieu de la situation des biens. — C. civ., art. 2138.

586. — Ces inscriptions peuvent être requises par les parents, soit du mari, soit de la femme, et les parents du mineur, ou, à défaut de parens, ses amis; elles peuvent aussi l'être par la femme et par les mineurs. — C. civil, art. 2139.

587. — Il est à remarquer que le droit de requérir l'inscription n'est accordé qu'aux amis du mineur et non à ceux de la femme; en effet, il aurait été inconvenant et contraire à la décence, de supposer à la femme des amis qui pussent s'immiscer dans la conduite et l'administration de ses affaires. — Persil, art. 2139.

588. — Quelques conservateurs avaient pensé qu'ils devaient, dans l'intérêt des femmes et des mineurs, et pour la conservation de leurs droits, faire procéder eux-mêmes aux inscriptions, lorsque les maris et tuteurs avaient négligé de le faire; mais, par une circulaire du 15 sept. 1808, le ministre de la justice a rappelé que les conservateurs ne pouvaient faire ces inscriptions que sur la réquisition du ministère public. — Persil, art. 2138, no 2.

589. — L'inscription de l'hypothèque légale de l'Etat doit se faire, savoir: pour les comptables et autres débiteurs du trésor public, à la réquisition des préfets ou de l'agent judiciaire du trésor; et pour la conservation des créances nationales, à la diligence des receveurs de l'administration. — Persil, *Rég. hypoth.*, art. 2153, no 3.

590. — A la vue de tous actes translatifs de propriété dans lesquels les receveurs généraux ou particuliers, les payeurs généraux ou de département, ainsi que des ports et des armées, sont tenus

d'énoncer leurs qualités et leurs titres, les receveurs de l'enregistrement et les conservateurs des hypothèques sont tenus, à peine de destitution et de tous dommages-intérêts, de requérir ou de faire l'inscription au nom du trésor public, et d'envoyer, tant au procureur du roi du tribunal de première instance de l'arrondissement des biens, qu'à l'agent du trésor public à Paris, le bordereau prescrit par les articles 2148 et suiv. du C. civil. — L. 5 déc. 1807, art. 7.

391. — Les droits d'hypothèque purement légale de l'état, des communes et des établissemens publics sur les biens des comptables, ceux des mineurs ou interdits sur les tuteurs, des femmes mariées sur leurs époux, sont inscrits sur la représentation de deux bordereaux contenant seulement :

392.— ... 1° Les nom, prénoms, profession et domicile réel du créancier, et le domicile qui sera par lui ou pour lui élu dans l'arrondissement.—C. civ., art. 2153 - 1°.

393.— L'inscription prise par le receveur général d'un département, en son nom personnel, sur les biens d'un receveur particulier, pour sûreté du recouvrement d'une contribution dont celui-ci n'a pas effectué le versement, ne peut être attaquée comme ne contenant pas le véritable nom du créancier, la créance ne pouvant appartenir qu'au trésor public dont le receveur général était l'agent. — *Agen*, 29 juin 1809, Trésor public c. Laroche.

394. — Le défaut de mention du domicile de l'agent du trésor, dans une inscription par lui prise au nom du trésor ne rend pas cette inscription nulle. — *Rouen*, 22 mai 1818, Trésor c. Varnier.

395.—...2° Les nom, prénoms, profession, domicile ou désignation précise du débiteur. — C. civil, art. 2153 - 2°.

396.—La nullité prononcée par l'art. 2146, C. civ., des inscriptions prises depuis l'ouverture de la succession bénéficiaire du débiteur, n'est pas applicable aux inscriptions prises pour conserver les hypothèques légales des femmes et des mineurs, — En conséquence, une femme veuve ne peut se dispenser de faire inscrire son hypothèque légale, (dans le cas où cette inscription est jugée nécessaire), sous le prétexte que la succession de son mari a été acceptée bénéficiairement. — *Grenoble*, 8 juillet 1822, Rey c. M....

397.—...3° La nature des droits à conserver, et le montant de leur valeur, quant aux objets déterminés, sans être tenu de le fixer quant à ceux qui sont conditionnels, éventuels ou indéterminés.—C. civil, art. 2153-3°.

398. — On n'exige pas que l'inscrivant fasse l'évaluation des créances indéterminées, car cette évaluation approximative serait le plus souvent impossible. On ne saurait d'avance déterminer le reliquat éventuel d'un compte de tutelle, ni ce dont pourra être redevable envers l'état un comptable dont on n'a pas de raison de suspecter la fidélité. — Troplong, n° 707.

399. — L'inscription de l'hypothèque légale du trésor public, requise pour sûreté du recouvrement du montant d'une contribution, n'est pas nulle pour ne pas contenir l'évaluation de la créance qu'elle conserve. — *Agen*, 29 juin 1809, Trésor public c. Laroche.

400. — Sous la loi du 11 brum. an VII, l'inscription prise en vertu d'un contrat de mariage, pour la conservation d'une créance de reprise, assurait, bien qu'elle n'en énonçât pas le montant, le douaire stipulé au même contrat. — *Paris*, 2 mai 1807, de Ludre c. Custine.

401. — La représentation du titre au conservateur n'est pas exigée ; car il peut arriver que l'hypothèque légale de la femme ou du mineur, ne soit pas fondée sur un titre écrit, par exemple, dans le cas où les époux ne font pas de contrat de mariage, ou lorsqu'il y a tutelle légale du père ou de la mère. — Troplong, t. 3, n° 706.

402.— Par suite, il n'est pas nécessaire non plus, d'énoncer la date et la nature du titre.—Troplong, *loc. cit.* ; Grenier, *Hypoth.*, n° 84.

403. — Jugé en ce sens, que l'inscription d'une hypothèque légale n'est pas nulle bien que ne contenant point l'indication de la date du fait ou du titre qui y donne lieu. — *Bourges*, 23 mars 1841 (t. 2 1841, p. 676), Guillemet c. Geoffrion.

404. — La mention de l'époque d'exigibilité de la créance ne peut être exigée ; car cette époque est le plus souvent ignorée. On ne peut savoir quand le mariage sera dissous, quand le comptable sera en débet, etc. — Troplong, n° 708. — V. *suprà* nos 329 et suiv.

405.—Enfin l'indication de la situation des biens n'est pas exigée, par la raison que les hypothèques légales étant générales, elles embrassent tout le patrimoine du débiteur. — Troplong, n° 709.

406. — Bien que l'art. 2153 paraisse mettre sur la même ligne les inscriptions des différentes hypo-

thèques légales dont il parle, il y a cependant cette différence entre l'inscription prise pour l'hypothèque légale des femmes et des mineurs et celle de l'hypothèque légale de l'état, des communes et des établissemens publics, à savoir, que l'omission, même la plus essentielle, dans la première, ne saurait vicier l'hypothèque légale qu'on a voulu rendre publique, puisque cette hypothèque est indépendante de toute inscription, au lieu que l'hypothèque légale de l'état, des communes et des établissemens publics dépendant de l'inscription et ne prenant rang que par elle, les formalités substantielles de l'inscription ne sauraient être omises sans compromettre le sort de l'hypothèque. — Persil, art. 2153, n° 2.

407. — Les dispositions de l'art. 2153 ne sont applicables qu'aux hypothèques *purement légales*. Il faut entendre par là celles qui n'ont point reçu de modifications par suite d'une convention expresse; car alors elles perdent le principal attribut de l'hypothèque légale qui est la généralité ; transformées en hypothèques spéciales, elles sont dès-lors subordonnées aux formes de l'hypothèque spéciale, c'est-à-dire conventionnelle. — Troplong, n° 712.

Sect. 6e. — *Effets de l'inscription.*

ART. 1er. — *Effets de l'inscription en général.*

408. — L'hypothèque est inerte tant que l'inscription ne l'a pas fait connaître. C'est cette formalité seule qui apprend au créancier les charges qui pèsent sur le débiteur.

409. — Un principe qui remonte à l'origine même de l'hypothèque, règle son rang par son ancienneté. Mais l'effet de ce droit étant aujourd'hui subordonné à la publicité qu'il doit recevoir par une inscription régulière sur les registres du conservateur, ce n'est plus l'ancienneté de la constitution qui fixe le rang; la préférence est due à l'hypothèque qui, la première, a reçu la publicité légale. — Demante, t. 3, n° 983.

410. — L'hypothèque ne date donc, à l'égard des tiers, que de l'époque de l'inscription.—C. civ., art. 2113.

411.— Il est cependant une classe d'hypothèques qui est affranchie de l'accomplissement de cette formalité, ce sont les hypothèques légales.—V. ce mot.

412. — Il en est de même encore de certains privilèges qui existent sans être subordonnés à l'inscription à l'égard des tiers. — V. PRIVILÉGE.

413. — Ainsi le droit résultant de la clause résolutoire peut être exercé par le vendeur indépendamment de toute inscription prise.— *Cass.*, 2 déc. 1811, Mignot c. Renaud.

414. — Tous les créanciers inscrits le même jour exercent, en concurrence, une hypothèque de la même date, sans distinction entre l'inscription du matin et celle du soir, quand cette différence serait marquée par le conservateur. — C. civ., art. 2147.

415. — Les créanciers ayant privilége ou hypothèque inscrite sur un immeuble, le suivent en quelques mains qu'il passe, pour être colloqués et payés suivant l'ordre de leurs créances ou de leurs inscriptions. — C. civ., art. 2166.

416.—Toutefois, relativement aux hypothèques légales, il importe peu que la femme, par exemple, ait pris une inscription irrégulière, soit pour son hypothèque légale elle-même (*Paris*, 3 déc. 1838 [t. 1839, p. 617], Paillet c. Debarret), soit pour l'hypothèque judiciaire résultant de son jugement de séparation de biens. — *Colmar*, 23 mai 1820, Humbert c. Masson. — L'hypothèque légale continue de subsister indépendamment de l'inscription.

417.—Jugé également, que le défaut d'inscription de l'hypothèque légale, n'enlève pas à celle-ci le droit de suite sur les immeubles qu'elle frappe. — *Orléans*, 16 mars 1839 (t. 1er 1839, p. 648), Bruère-Dallaire c. Reverdy.

418.— Les effets d'une inscription hypothécaire prise sous le Code civil, en vertu d'un privilége ou hypothèque constitués sous la loi du 11 brum. an VII, doivent être déterminés d'après les dispositions du Code civil. — *Angers*, 12 juill. 1816, Sapey c. Lambilly.

419. — L'inscription ne produit son effet que pour le créancier qui l'a prise.

420. — Jugé en ce sens que, sous la loi du 11 brum. an VII, comme sous le Code civil, l'inscription prise par celui qui a la jouissance d'une rente viagère, ne peut militer au profit de celui qui a la propriété du capital de cette rente. — *Caen*, 9 déc. 1824, Huchon c. Herrier.

421. — ... Que l'inscription prise par le créancier d'une rente viagère stipulée reversible, après son décès, sur la tête d'un tiers, ne profite pas à celui-ci, bien que mention de la reversibilité ait été faite dans l'inscription ; que le tiers doit, pour conserver ses droits, requérir inscription en son propre nom.

— *Poitiers*, 26 janvier 1832, Corbay c. Poulinet.

422. — Sous l'empire de la coutume de Paris, le fonds du douaire étant la propriété exclusive des enfans, la femme n'en ayant que l'usufruit, l'inscription prise par celle-ci, simple usufruitière, en son nom seul et sans aucune mention des enfans, mais pour la somme formant le fonds du douaire, a suffi pour conserver les droits de ces derniers. — *Cass.*, 11 juill. 1827, Cardon c. Devouges.

423. — Il en est de même de l'inscription prise par une femme, en son nom seul, sur les biens de son mari, pour sûreté du douaire qu'il lui a constitué en usufruit, par contrat de mariage, avec clause de reversibilité au profit des enfans, bien que l'inscription ne fasse aucune mention de cette dernière circonstance. — *Cass.*, 18 avr. 1832, Bussières c. Esprit.

424.—Jugé, au contraire, que l'inscription prise par la femme sur les immeubles du mari, pour son douaire non ouvert, ne conserve pas le fonds du douaire propre aux enfans.—*Cass.*, 4 frim. an XIV, Lemaigre Saint-Maurice.

425. — Le créancier hypothécaire d'un ancien propriétaire a conservé, d'après la loi du 11 brum. an VII, vis-à-vis du tiers détenteur dont l'acquisition était antérieure à cette loi le droit de prendre inscription sur l'immeuble hypothéqué, tant que l'acte de donation ou d'acquisition n'a pas été transcrit. Néanmoins, l'inscription prise par ce créancier après les délais fixés par la loi de l'an VII ne lui assure pas d'autre rang que sa date, et ne peut primer les inscriptions prises antérieurement par les créanciers personnels du tiers détenteur. — *Grenoble*, 9 mars 1831, Mounier-Poulot c. Chagrin.

426.—L'inscription ne produit son effet que pour les créances qu'elle a fait connaître. — V. *suprà* nos 271 et s.

427.—Ainsi, elle ne peut valoir que pour le montant de la créance qu'elle exprime. — *Caen*, 9 déc. 1824, Huchon c. Herrier.

428. — L'inscription prise sans énonciation de l'exigibilité de la créance et pour intérêts échus, est valable quant aux intérêts, quoiqu'elle soit nulle quant au capital. — *Grenoble*, 7 juin 1817, Prieur Bardin c. Renaud.

429.—Quoique l'inscription prise pour le capital d'une créance soit nulle à défaut d'indication de l'époque de l'exigibilité, il y a lieu de maintenir l'effet de l'inscription séparée prise pour les intérêts. — *Nîmes*, 28 nov. 1832, Hallo c. Thiron; — *contrà Nîmes*, 9 janv. 1833, Hallo c. Savy.

430. — Enfin, l'inscription ne produit son effet que sur les immeubles qu'elle a fait connaître comme grevés de l'hypothèque.—V. *suprà* nos 345 s.

431. — Ainsi, l'inscription prise sur un terrain, sans désignation d'un four à poterie qui s'y trouve, ne grève pas ce four au préjudice d'une inscription postérieure requise spécialement sur cette partie de l'immeuble. — *Bourges*, 14 mai 1825, Guillier c. Achet.

432. — L'hypothèque spéciale, consentie par un des héritiers sur un immeuble indivis de la succession qui lui est échue, n'est pas transférée de plein droit et sans inscription sur les autres biens qui, par l'effet du partage, tombent dans le lot de cet héritier. — *Bruxelles*, 13 déc. 1808, Simon c. Vanhamme.

433. — L'inscription prise sur l'immeuble hypothéqué en première ligne, frappe sur l'immeuble hypothéqué subsidiairement, par cela seul que le créancier s'est réservé le droit de reporter son hypothèque sur cet immeuble, en cas de vente du premier. — *Cass.*, 5 déc. 1809, Dorimond c. Bavoux.

ART. 2 — *Effets de l'inscription relativement aux intérêts ou arrérages.*

434. — Le créancier inscrit pour un capital produisant intérêts ou arrérages a droit d'être colloqué pour deux années seulement, et pour l'année courante, au même rang d'hypothèque que pour son capital ; sans préjudice des inscriptions particulières à prendre, portant hypothèque, à compter de leur date, pour les arrérages autres que ceux conservés par la première inscription. — C. civ., art. 2151.

435. — En cela, le but de la loi a été de se conformer au système de publicité, base du régime hypothécaire actuel. Si l'on eût permis à un créancier de se faire colloquer pour tous les intérêts à échoir au même rang d'hypothèque que pour la créance, il y aurait eu une grande incertitude sur l'accroissement du capital par l'agglomération des intérêts, et les tiers eussent ignoré le montant exact des charges inscrites. On n'a pas voulu d'ailleurs que l'accroissement d'intérêts considérables privât les créanciers postérieurs du paiement de leurs capitaux. De plus, un débiteur aurait pu col-

[illegible]der avec un de ses créanciers pour simuler des intérêts non payés. — Troplong, t. 3, nº 697.

436. — Dans l'ancien droit, les intérêts, étant l'accessoire du principal, étaient, de droit commun, colloqués au même rang d'hypothèque que la créance. Telle était notamment la jurisprudence du parlement de Paris. — Basnage, *Hypoth.*, ch. 5, p. 16, col. 2; Brodeau sur Louet, lett. N, § 7. — L'art. 19, L. 11 brum. an VII, avait une disposition conforme à la première partie de l'art. 2151, C. civ., à l'exception toutefois de l'année courante dont il ne parlait pas.

437. — Tous autres intérêts que ceux accordés par l'art. 2151, C. civ., ne peuvent être réclamés hypothécairement, même vis-à-vis des créanciers chirographaires, qu'autant qu'ils ont été conservés et qu'ils ont pris rang au moyen d'inscriptions particulières. — *Cass.*, 15 avr. 1846 (t. 1er 1846, p. 647), Trésor public c. Berrurier et Martin; — Troplong, t. 3, nº 697 et 699.

438. — Le créancier qui a consenti à ce que l'immeuble hypothéqué à la sûreté de sa créance, fût grevé, par préférence à lui, d'une inscription prise au profit d'un tiers, tant pour le capital de la créance de ce dernier, que pour les *intérêts en résultant*, ne peut se plaindre ensuite de ce que cette inscription conserve plus de trois années d'intérêts, et demander la réduction à ce taux, surtout s'il a eu connaissance de l'inscription même. Peu importe, dans ce cas, que le débiteur ait ou non renoncé, en faveur du créancier premier inscrit, à se prévaloir de la prescription quant aux intérêts dont il se reconnaissait débiteur. — *Bordeaux*, 6 juill. 1841 (t. 2 1841, p. 355), Reimonenq c. Pieck et Soubard.

439. — Le créancier inscrit peut obtenir rang d'hypothèque pour les intérêts, par une inscription biennale, encore qu'elle ait lieu contre la succession bénéficiaire du débiteur. — *Paris*, 22 (et non 15) nov. 1828, Paris c. Vanspaendonck.

440. — Dans l'ordre du prix des biens d'une succession bénéficiaire, l'héritier peut opposer à son propre créancier le défaut d'inscription quant aux intérêts que ce dernier réclame. — *Paris*, 2 mai 1816, Tchery c. Coppinger.

441. — L'art. 19, L. 11 brum. an VII, qui accordait au créancier inscrit deux années d'arrérages, ne s'appliquait qu'aux intérêts postérieurs à l'inscription. Ces arrérages étaient acquis de plein droit sans qu'il fût nécessaire que le créancier inscrit prît une inscription ultérieure pour cet objet. — *Paris*, 25 therm. an XIII, Henriot c. Villeroy.

442. — Le Code civil ne fait pas obstacle à ce que, conformément à la coutume de Namur, le créancier d'une rente puisse exercer l'action hypothécaire, tant pour les arrérages échus pendant le litige que pour ceux des trois années antérieures. — *Liége*, 21 nov. 1810, Wodon c. Gruxe.

443. — Le créancier d'une rente viagère ne peut se faire colloquer que pour deux années d'arrérages et la courante au même rang d'hypothèque que pour son capital. — *Cass.*, 13 août 1828, Baron c. Philippe; *Bordeaux*, 3 fév. 1829, Gombaud c. Naderan; 15 fév. 1832, Ferreyra c. Brivasac; — Troplong, t. 3, nº 700.

444. — Et l'allocation d'un plus grand nombre d'annuités échues ne peut avoir lieu qu'autant qu'il aurait été pris des inscriptions particulières pour en assurer le paiement. Il en était de même, sous l'empire de la loi du 11 brum. an VII, sur le régime hypothécaire. — *Bordeaux*, 15 fév. 1832, Ferreyra c. Brivasac.

445. — Décidé, au contraire, que l'art. 2151, C. civ., n'est pas applicable au crédi-rentier viager qui a droit d'être colloqué, par le seul effet de la date de l'hypothèque de sa créance, pour tous les arrérages qui lui sont dus, bien qu'il n'ait pas pris une inscription à chaque nouvelle échéance. — *Bordeaux*, 23 août 1823, Deschamps c. Guiraud; 23 août 1826, mêmes parties.

446. — Lorsque l'adjudicataire d'un immeuble a été autorisé à garder son prix, pour servir de rentes viagères hypothéquées au premier rang sur l'immeuble, les créanciers postérieurs en ordre d'hypothèque doivent être colloqués sur ce qui restera du prix, après l'extinction des rentes viagères, non seulement pour le capital, deux ans d'intérêts et l'année courante, mais encore éventuellement pour tous les intérêts à échoir depuis la clôture de l'ordre jusqu'au jour du paiement effectif. — *Rennes*, 24 avr. 1834, Le Pré c. Giraud et Deshayes.

447. — L'hypothèque constituée pour sûreté d'une rente viagère continue, après le remboursement opéré des deniers d'un tiers, de subsister à sa date au profit de ce tiers qui s'est fait subroger dans tous les droits du créancier primitif. Mais le tiers ainsi subrogé ne peut demander sa collocation dans l'ordre ouvert sur le prix des biens hypothéqués, que pour le montant des arrérages échus depuis le remboursement du capital et pour ceux à échoir durant la vie du rentier viager, jusqu'à la concurrence du capital prêté. — *Paris*, 5 juill. 1806, Prévot-Dacier c. Lousteau.

448. — Lorsque le titre constitutif d'une rente portait privilége pour toutes fautes, il a suffi, pour conserver ce privilége à l'égard des arrérages antérieurs à l'inscription, d'en exprimer le montant en prenant inscription pour le principal. Les arrérages échus postérieurement à l'inscription ne peuvent être compris dans la collocation qu'autant qu'ils sont évalués; l'énonciation du privilége serait insuffisante. — *Liége*, 13 mars 1811, Degrady c. Vosen.

449. — Les deux années d'intérêt dont la loi accorde au créancier inscrit la collocation au même rang que le capital, ne sont pas les deux années qui suivent immédiatement l'inscription, mais deux années quelconques. — *Angers*, 18 janv. 1827, Bedane c. Buieau; — Grenier, t. 1er, nº 100; Persil, art. 2151, nº 4; Troplong, t. 3, nº 698.

450. — Ainsi un créancier inscrit pour un capital produisant intérêts, conserve le droit d'être colloqué pour trois années, conformément à l'art. 2151, C. civ., quoique, depuis son inscription, il ait touché du débiteur les intérêts des trois premières années. En d'autres termes, l'art. 2151 précité n'est pas limitatif aux trois premières années, à compter de l'inscription. — *Cass.*, 27 mai 1816 (intérêt de la loi), Gilbert et Barthelat — Grenier, *Tr. des Hyp.*, t. 1er, nº 100; Persil, *Régime hypoth.*, art. 2151, nº 4; Troplong, t. 3, nº 698.

451. — Enfin, les art. 19, L. 11 brum. an VII, et 2151, C. civ., se réfèrent uniquement, dans la restriction qu'ils contiennent, aux trois années d'intérêts échus avant l'expropriation forcée, ou l'aliénation volontaire de l'immeuble hypothéqué. — *Lyon*, 28 août 1821, Maillo c. Luc.

452. — Mais que doit-on entendre par l'année courante? Les opinions sont partagées à cet égard. M. Persil (*Régime hypoth.*, art. 2151, nº 3) avait d'abord pensé, dans sa première édition, que l'année courante était l'année dans laquelle l'inscription avait été prise. Depuis, il a pensé que la difficulté n'avait pas d'objet; que soit qu'on entendît les expressions de l'art. 2151 de manière à les appliquer à l'année où l'inscription était prise, soit qu'on pensât qu'elles indiquaient l'année dans laquelle se faisaient la vente, l'ordre et la collocation, toujours était-il que la loi accordait trois années d'intérêts, si elles étaient dues, au même rang que le capital.

453. — Jugé, au contraire, que l'année courante s'entend de celle de l'ouverture de l'ordre. — *Cass.*, 27 mai 1816 (intérêt de la loi), Gilbert et Barthelat. —Tarrible, *Rép.*, vº *Inscription hypothécaire*, § 5, nº 14, et *Quest*, *eod. verbo*; Grenier, t. 1er, nº 100; Duranton, t. 20, nº 150.

454. — M. Troplong (t. 3, nº 698 *bis*) pense qu'il faut distinguer: si par suite d'aliénation volontaire de l'immeuble grevé, l'acquéreur procède au purgement en notifiant son contrat aux créanciers inscrits, l'année courante est celle qui a cours lors de cette notification. S'il y avait par suite surenchère, l'année courante ne serait plus alors que celle de l'adjudication. Enfin, quand l'immeuble est vendu par expropriation forcée, l'année courante est celle qui a cours au moment de la dénonciation faite au saisi.

455. — L'année courante doit être allouée en totalité. — Persil, art. 2151, nº 3; Troplong, nº 698 *ter*.

456. — Par les intérêts dont l'art. 2151, C. civ., accorde au créancier inscrit la collocation pour deux années seulement et l'année courante, au même rang que pour le capital, il faut entendre les intérêts que le créancier a laissé s'accumuler avant la dénonciation de la saisie, et non ceux qui ont couru depuis cette dénonciation qui a immobilisé les fruits, jusqu'à l'adjudication de l'immeuble. Ces derniers intérêts doivent, comme accessoires, être colloqués au même rang que le capital. — *Cass.*, 5 juill. 1827, Etchegoyen c. Leray.

457. — De même, le créancier hypothécaire venant en ordre utile pour le principal de sa créance et pour les deux années d'intérêts conservés par son inscription, doit être en outre colloqué pour les intérêts échus depuis l'adjudication des biens du débiteur, jusqu'à ce que par la clôture de l'ordre il ait été mis en état de toucher sa collocation. — *Paris*, 24 fév. 1807, Leclerc c. Giroust; — Merlin, *Quest de droit*, vº *Inscription hypothécaire*; Grenier, t. 1er, nº 102; Troplong, *Hypoth.*, t. 3, nº 699 *bis*.

458. — ... Et pour les intérêts échus depuis l'adjudication jusqu'au jour du règlement définitif. — *Bourges*, 26 août 1814, Béatrix c. Rollin.

459. — ... Et pour ceux courus depuis l'adjudication jusqu'à la délivrance des bordereaux. — *Metz*, 19 mai 1823, N...

460. — ... Ou courus depuis la clôture du procès-verbal d'ordre jusqu'au jour du paiement. — *Cass.*, 14 nov. 1827, Luc c. Maille.

461. — Un créancier dont l'hypothèque ancienne a été inscrite en exécution de la loi du 11 brum. an VII, qui autorisait la collocation des intérêts au même rang d'hypothèque que le capital, pour deux années seulement, peut être colloqué pour deux années et l'année courante, conformément à l'art. 2151, C. civ., lorsque les intérêts ont couru et que l'ordre a été ouvert sous l'empire de ce Code. — *Cass.*, 15 janv. 1828, Delavaivre c. Bardot.

462. — La disposition de l'art. 2151 est-elle applicable aux hypothèques légales? Il faut distinguer: s'il s'agit de l'hypothèque de l'état, des communes et des établissemens publics, nul doute que l'article ne soit applicable; car l'hypothèque ne se conservant que par l'inscription, elle ne diffère des hypothèques que par son origine. Il en est autrement s'il s'agit de l'hypothèque des femmes mariées ou des mineurs; puisque leurs droits se conservent sans inscription pendant le mariage ou la tutelle, la conservation des intérêts ne pouvait être assujétie non plus à l'inscription; les accessoires doivent avoir le même sort que le principal. — Persil, *Rég. Hypoth.*, art. 2151, nº 8; Troplong, t. 3, nº 701 et 701 *bis*.

463. — Jugé en ce sens, que l'art. 2151, C. civ., qui ne permet de colloquer les intérêts au même rang que le capital que pour deux années et l'année courante, n'est pas applicable aux créances en faveur desquelles existe une hypothèque légale dispensée d'inscription. — *Bordeaux*, 3 fév. 1829, Gombaud c. Madéran; — Grenier, t. 1er, nº 104; Battur, t. 3, nº 451; Tarrible, *Rép.*, vº *Inscription hypothécaire*, § 5, nº 14; Merlin, *Quest.*, vº *Intérêts*, § 6.

464. — ... Par exemple à l'hypothèque légale au profit des mineurs. — *Nancy*, 19 mars 1830, Joliot c. Lombard.

465. — Par la même raison, les créanciers qui exercent les droits de leur débiteur ayant une hypothèque légale, ne sont point obligés de prendre inscription pour conserver les deux années et l'année courante des intérêts de la créance de leur débiteur. — *Paris*, 6 juin 1815, Lemoine c. N..

466. — Ainsi le créancier ou le cessionnaire d'une femme mariée est fondé, en cas de déconfiture du mari, à réclamer, du chef de la femme, collocation dans un ordre ouvert sur le mari pour le principal de sa créance et pour tous les intérêts dus, même au-delà des deux années et de l'année courante, encore bien qu'il n'ait pris aucune inscription particulière pour sûreté des intérêts, pourvu que les sommes réclamées n'excèdent pas les créances de la femme. — *Paris*, 5 mars 1834, Capitaine c. Foullon.

467. — La femme du failli doit être colloquée dans l'ordre du prix provenant de l'aliénation des biens de son mari, pour raison de sa dot et des intérêts ou fruits d'icelle, mais à l'égard de ces intérêts ou fruits, seulement à compter du jour de la faillite. — *Paris*, 15 juin 1812, agent du trésor c. Dewinck.

468. — Les inscriptions prises au nom du trésor, en vertu de son hypothèque légale sur les biens des comptables, conservent et le capital du débet présumé et les intérêts de ce capital: en conséquence, doit être maintenue la collocation du trésor pour les intérêts du débet, courus depuis le jour où il a été constaté par la cour des comptes. Le privilége du trésor est le même sur les biens de celui qui a cautionné un fonctionnaire public. — *Cass.*, 12 mai 1829, Bousquet-Deschamps c. trésor; — V. *contrà* Persil et Troplong, *loc. cit.*

469. — On ne peut appliquer aux intérêts d'un prix de vente la limitation que l'art. 2151 impose aux intérêts des créances purement hypothécaires, et le vendeur doit être colloqué par privilége pour tous les intérêts échus comme pour le capital, bien qu'il n'eût pris aucune inscription séparée. — *Montpellier*, 21 mars 1822, Thomassin c. Pradal; *Bourges*, 25 mai 1827, Daiguzon c. Fauconneau-Dufresne; *Colmar*, 21 fév. 1828, Guyling c. Fischer; *Cass.*, 9 (et non 8) juill. 1834, Poulain c. Levrat; — Troplong, t. 1er, nº 219, et t. 3, nº 700. — V. *Contrà* Persil, art. 2151, nº 8.

470. — De même, le vendeur dont le privilége a été conservé soit par l'inscription d'office, soit par l'inscription qu'il a prise directement, doit, sous le Code civil, être colloqué à la date du contrat de vente, non seulement pour le principal du prix, mais encore pour tous les intérêts échus. — *Cass.*, 5 mars 1816, Sapey c. Lambilly et Jourdan; *Paris*, 31 mai 1818, mêmes parties. — V. *contrà Angers*, 12 juill. 1816, mêmes parties.

471. — Les créanciers et légataires d'une succession qui ont demandé la séparation des patrimoines ne peuvent-ils réclamer que trois années d'intérêts au préjudice des créanciers de l'héritier?

Non; car il ne s'agit pas de l'exercice d'un privilége ordinaire; le principal effet de la demande étant de tenir distincts les patrimoines et d'empêcher qu'aucune hypothèque ne puisse être établie par les héritiers au préjudice des créanciers et légataires, l'héritier et ses créanciers ne peuvent rien réclamer tant que les autres ne sont pas complètement désintéressés en capital, intérêts et frais. — Persil, art. 2151, no 11.

472. — Par la même raison, lorsqu'un immeuble dépendant d'une société d'acquêts qui vient de se dissoudre est vendu, les créanciers de cette société doivent être colloqués par préférence aux créanciers personnels de l'époux survivant, et même à ceux des enfans donataires des acquêts, tant pour le capital que pour les intérêts échus de leurs créances. — *Bordeaux*, 28 mai 1832, Sou c. Jadot, Charron, et Boizet.

473. — Enfin, il est à remarquer que l'art. 2151 ne reçoit d'application qu'à l'égard des créanciers hypothécaires ou privilégiés entre eux et réclamant leur rang dans un ordre. Il ne serait pas applicable s'il ne s'agissait de débats qu'entre un créancier et le tiers acquéreur qui, ayant payé son prix une première fois, voudrait faire restreindre d'autant la créance au préjudice de laquelle il aurait payé. — Persil, art. 2151, nos 12 et 13.

474. — Ainsi jugé en ce sens, que les intérêts non conservés par l'inscription ne sont pas chirographaires par leur nature, mais bien hypothécaires. — *Colmar*, 13 mars 1817, fabrique de Rosselden c. Gross.

ART. 3. — *Des inscriptions irrégulières.*

475. — Nous avons eu occasion de voir, en parlant des différentes énonciations que doivent contenir les bordereaux d'inscription, qu'aucune disposition de la loi ne prononçait la peine de nullité en cas d'omission de quelques-unes de ces énonciations; qu'on distinguait entre les formalités substantielles et les formalités accidentelles; et qu'à l'omission des premières seules on attachait la nullité ou plutôt la non-validité de l'inscription. Il faut donc se reporter à ce que nous avons dit à ce sujet.

476. — Nous ajouterons seulement qu'il en doit être de l'inscription comme de tout autre acte en général, c'est-à-dire que quand les élémens essentiels s'y trouvent, des énonciations inexactes ne sauraient vicier cette inscription et qu'elle doit être prise *magis ut valeat quam ut pereat.*

477. — Ainsi la qualification erronée donnée à une hypothèque (celle d'hypothèque légale, par exemple, lorsqu'il s'agit d'hypothèque judiciaire). ne peut annuler l'effet d'une inscription d'ailleurs régulière. — *Paris*, 12 déc. 1833, Poultier et Goupy c. Laffitte et Rothschild.

478. — D'un autre côté, pour être admis à contester la régularité de l'inscription, il faut qu'on puisse être présumé avoir été induit en erreur par le défaut de régularité.

479. — Ainsi le débiteur n'a pas qualité pour constester au créancier la régularité de son inscription, et ne peut en provoquer la nullité sous ce seul prétexte. — *Paris*, 18 fév. 1809, Delavalette c. Courault; *Grenoble*, 9 juin 1809, Veyne c. Montdragon; *Besançon*, 22 juin 1809, Bas; — Merlin, *Quest. de droit*, vo *Inscription hypothécaire*, § 1er. — Car du débiteur au créancier la position est établie par l'hypothèque et non par l'inscription.

480. — Et il en est ainsi, surtout, lorsque l'irrégularité provient de la faute du débiteur. — *Paris*, 18 fév. 1809, Delavalette c. Courault.

481. — La nullité ne peut être invoquée que par d'autres créanciers. — *Grenoble*, 9 juin 1809, Vezne c. Montdragon.

482. — Par conséquent, le défaut d'inscription, sous la loi de brum. an VII, d'une hypothèque que le Code civ. a dispensée de l'inscription, ne peut être opposé par des créanciers qui n'étaient pas eux-mêmes inscrits sous la loi de brum. an VII. — *Cass.*, 26 fév. 1829, Collineau.

483. — Bien plus, les créanciers qui n'ont pas été induits en erreur par les omissions d'une inscription hypothécaire ne peuvent en demander la nullité. — *Nancy*, 28 avr. 1826, Jeandel c. Rousseau.

484. — De même, les tiers détenteurs sont non recevables à contester la régularité de l'inscription, quand ils ont connu l'existence de l'hypothèque au moment de leur acquisition, et qu'ils ont encore dans les mains somme suffisante pour acquitter la dette, ou qu'ils se sont imprudemment dessaisis de leur prix. — *Paris*, 7 mars 1821, Millet c. Bonneau.

485. — Quand l'irrégularité de l'inscription est telle, qu'elle en entraîne la nullité ou plutôt la non-vlidité, l'hypothèque continue, il est vrai, de subsister, mais le créancier ne saurait se prévaloir vis-à-vis des tiers interessés d'une position privilégiée qu'il ne leur a pas fait connaître.

486. — Ainsi jugé que le défaut d'inscription pour une créance ancienne, dans le délai prescrit par la loi du 11 brum. an VII n'emporte pas déchéance de l'hypothèque. — *Bruxelles*, 4 avr. 1806, Lemaire c. Vandenborne.

487. — ...Mais que le créancier hypothécaire qui n'a pas fait inscrire sa créance non dispensée par la loi de la formalité de l'inscription, ne peut prétendre à être colloqué avant les créanciers chirographaires. — *Pau*, 25 juin 1816, Poque c. comm. de Salies. — V. toutefois *suprà* nos 473 et suiv.

Sect. 7e. — *Durée et renouvellement de l'inscription.*

488. — Les inscriptions conservent l'hypothèque et le privilége pendant dix années, à compter du jour de leur date; leur effet cesse si ces inscriptions n'ont été renouvelées avant l'expiration de ce délai. — C. civ., art. 2154.

489. — Toutefois, les inscriptions seules sont éteintes et non le droit hypothécaire, à moins qu'il n'y ait purgement; les nouvelles inscriptions prises produiront leur effet, mais seulement du jour de leur date. — Troplong, t. 3, no 716 *bis*.

490. — On avait proposé au conseil d'état de prolonger la durée de l'inscription jusqu'à l'extinction de l'obligation, ou du moins de l'action hypothécaire contre le tiers détenteur; mais on répondit que l'action pouvant, par des actes conservatoires, se prolonger indéfiniment, même au-delà de cent ans, il faudrait, ce qui serait impraticable, tenir un nombre considérable de registres pour les époques les plus reculées, consulter ces registres à chaque demande d'un certificat d'inscription. — Avis cons. d'état 15 déc. 1807.

491. — En supposant que, sous le Code civ. et avant le Code de procéd., la vente seule, bien que non transcrite, arrêtât le cours des inscriptions, cette disposition du Code civ. ne devait pas être appliquée à une hypothèque ancienne qui ne pouvait être régie que par la loi du 11 brum. an VII. — *Turin*, 2 oct. 1811, Oddone c. Ferrera.

492. — Le cessionnaire d'une créance par acte sous seing-privé non enregistré, peut prendre inscription avant la notification au débiteur de l'acte de cession. — *Cass.*, 11 août 1819 (et non 1809), Acloque c. Lériget.

493. — Et ce cessionnaire peut aussi faire le renouvellement. — *Bourges*, 12 fév. 1841 (t. 2 1841, p. 599), Charlot c. Dechoulot et Serizier.

494. — Le renouvellement d'une inscription prise par le cédant est valablement fait, sous le nom de celui-ci seulement, par le cessionnaire, lors même que le transport a été précédemment signifié au débiteur. — *Cass.*, 16 nov. 1840 (t. 2 1840, p. 674), Girardot-Dupré c. Mouzat-Vauzelle.

495. — Il n'y a pas de nullité d'une inscription hypothécaire en ce qu'elle aurait été renouvelée par un fondé de pouvoir du créancier, en son nom personnel. — *Bourges*, 12 fév. 1841 (t. 2 1841, p. 599), Charlot c. Dechoulot et Serizier.

496. — Le mandataire entre les mains de qui l'inscription aurait été laissée pour veiller aux intérêts du créancier, serait responsable du défaut de renouvellement de cette inscription dans des délais. — V. MANDAT.

497. — Toutefois, l'huissier qui a procédé à une saisie immobilière n'est pas responsable de ce que l'inscription du poursuivant a été périmée faute de renouvellement dans le délai légal, si les pièces ont été retirées de ses mains avant l'expiration de ce délai. — Les héritiers de l'huissier ne sont pas davantage responsables du défaut de renouvellement si leur auteur était décédé deux ans avant l'époque où il aurait fallu renouveler l'inscription. — *Colmar*, 22 janv. 1821, Haas c Hauger.

498. — Le renouvellement d'inscription fait par le créancier originaire pour *la totalité de la créance hypothécaire* conserve les droits de tous ceux qu'il aurait pu subroger dans partie de cette créance. — *Bordeaux*, 7 mai 1836 (t. 1er 1837, p. 380), Raymond c. Latournerie et Dias-Sourdis.

499. — De ce que l'effet de l'inscription cesse, si elle n'a pas été renouvelée dans les dix ans, il suit que le prix d'un immeuble, stipulé payable quand le vendeur aura rapporté la radiation des inscriptions hypothécaires, devient exigible dès que les inscriptions qui n'ont pas été payées sont tombées en péremption. — *Paris*, 5 juin 1826, Legendre c. de Vaudeuil.

ART. 1er. — *Délai pour le renouvellement.*

500. — Les inscriptions doivent être renouvelées avant l'expiration du délai de dix années, à compter du jour de leur date. — C. civ., art. 2154.

501. — L'art. 23, L. 11 brum. an VII, contenait une disposition semblable. Toutefois il ajoutait que l'effet des inscriptions subsistait, savoir, sur les comptables publics et privés de l'état, et sur les cautions des comptables publics, jusqu'à l'apurement définitif des comptes et six mois au delà; et sur leurs épouses, pour leurs droits et conventions de mariage pendant tout le temps du mariage et un an après.

502. — Jugé que le délai de six mois dont parle l'art. 23, L. brum., et après lequel cesse le privilége de l'ancienne inscription, faute de renouvellement, ne commence à courir que du jour d'un apurement régulier. — *Cass.*, 6 juin 1820, Douceur.

503. — Les inscriptions prises en vertu de la loi du 9 messid. an III devaient être renouvelées dans les dix ans, à compter de leur date, et non à compter de la promulgation de la loi du 11 brum. an VII. — *Paris*, 10 fév. 1810, Dinet c. Devaux et Bonté.

504. — Ces mots de l'art. 2154 *à compter du jour de leur date* ont fait naître la question de savoir si le jour de l'inscription, ou jour *à quo*, et le dernier jour du terme, ou jour *ad quem*, devaient être compris dans les dix ans fixés pour le renouvellement de l'inscription hypothécaire. Trois opinions différentes ont été adoptées à cet égard.

505. — Jugé, en premier lieu, qu'on ne doit comprendre dans le délai de dix ans fixé, ni le jour où l'inscription a été prise, ni celui où expire le délai. — *Paris*, 21 mai 1814, Paley c. Brancas Céreste. — Delvincourt, t. 3, p. 168, note 5; Persil, art. 2154.

506. — Jugé, en second lieu, qu'on doit comprendre dans le délai fixé pour le renouvellement des inscriptions hypothécaires le jour où l'inscription a été prise et le jour de l'échéance du délai, en sorte qu'une inscription prise le 24 mai 1799 doive être renouvelée au plus tard le 23 mai 1809. — *Colmar*, 30 juill. 1813; *Cass.*, 17 juin 1817, Meyer c. Schaub. — Merlin, *Rép.*, addit., t. 16, p. 448, 4e édit.

507. — Jugé en troisième lieu, qu'à la vérité on doit exclure des dix ans le jour où l'inscription a été prise ou le jour *à quo*; mais qu'on y doit comprendre le jour *ad quem* ou le jour du renouvellement. Ainsi, l'inscription prise le 1er avril 1809 est valablement renouvelée le 1er avril 1819. — *Bruxelles*, 19 oct. 1815, Barbier c. Bossard; 9 avr. 1821 (et non 1811), Vandecastacle c. Suenen; *Limoges*, 3 juill. 1824, Tarrade c. Gorce; *Caen*, 19 févr. 1825, Peignant c. bureau de bienfaisance de Cheux; *Cass.*, 5 avr. 1825, Feret c. Coitin; *Bordeaux*, 23 janv. 1826, Viaud c. Sabrier; *Nîmes*, 7 mars 1826, Salles c. Rodier; *Bordeaux*, 16 août 1838 (t. 1er 1839, p. 164), Balathier c. Saint-Benoit. — Grenier, t. 1er, no 107; Rolland de Villargues, vo *Rép. du not.*, vo *Inscription hypothécaire*, no 360; Troplong, t. 3, no 714.

508. — Si le dernier jour du délai était un jour férié, comme les bureaux des conservateurs doivent être fermés les dimanches et fêtes (Déc. min. fin. et inst. 22 déc. 1807, 29 juill. 1808 et 24 juill. 1810) — Grenier (t. 1er, no 107) et M. Persil (*Rég. hypothéc.*, art. 2154 no 10) pensent que l'inscription pourrait être valablement prise le lendemain, parce que le retard vient d'une circonstance indépendante de la volonté de celui qui allait agir. Mais M. Troplong (t. 3, no 714) répond avec raison que s'il était permis de retrancher le dernier jour, parce qu'il est férié, il faudrait, pour la même raison, retrancher aussi les autres jours de délai qui seraient aussi fériés. — Toullier, t. 13, no 55; Duranton, t. 20, no 621.

509. — Jugé en ce dernier sens, que lorsque les dix ans fixés pour la durée d'une inscription hypothécaire expirent un jour férié, le renouvellement en est tardivement opéré le lendemain. — *Riom*, 8 avr. 1843, Boutal c. caisse hypothécaire.

510. — L'état de guerre ou de force majeure ne pouvant empêcher la prescription qu'autant qu'il y a impossibilité d'exécuter la volonté impérative de la loi, on ne peut dire qu'il existait des obstacles invincibles au renouvellement d'une inscription hypothécaire, au moment de l'expiration du délai, s'il était possible, pour l'opérer, de traverser une rivière sur un point autre que celui du passage ordinaire et direct, ou de charger par lettre une personne de renouveler cette inscription. — *Bordeaux*, 24 juin 1826, Letourneau c. Petit-Verlet.

ART. 2. — *Formalités de l'inscription en renouvellement.*

511. — Renouveler une inscription, c'est prendre une inscription nouvelle. L'inscription prise en renouvellement doit donc contenir les diverses énonciations nécessaires à la validité de l'inscrip-

tion primitive. — Grenier, t. 1er, no 117; Merlin, Rép., vo *Inscription hypothécaire*, no 12.

512. — M. Troplong (t. 3, no 715) pense qu'il faut faire une distinction. Si la nouvelle inscription se réfère à l'ancienne, il n'est pas nécessaire que le renouvellement soit accompagné de toutes les formalités et énonciations exigées par l'art. 2148. Il en est autrement, quand l'inscription nouvelle ne se réfère pas à l'ancienne.

513. — Pour renouveler l'inscription d'un créancier hypothécaire antérieure à la loi du 11 brum. an VII, il n'est pas nécessaire de représenter les titres constitutifs de la créance. — *Cass.*, 14 avr. 1817, Wiel et Marx c. Brudcr.

514. — Sous le code civil il n'est pas nécessaire non plus, pour renouveler une inscription hypothécaire, de représenter au conservateur les titres de créance. — *Paris*, 27 déc. 1831, Delarive-Necker c. Boulay. — Merlin, *Rép.*, vo *Inscription hypothécaire*, § 9, no 51. — Et les conservateurs ne sont pas fondés à les exiger. — Instr. de la régie, 2 avr. 1824.

515. — Une inscription prise sous la loi du 9 messid. an III, qui n'exigeait pas l'indication de l'espèce et de la situation des biens hypothéqués, a pu valablement, sous le Code civil, être renouvelée dans ses formes primitives. — *Bruxelles*, 19 oct. 1815, Barbier c. Bossard.

516. — L'inscription prise en vertu d'une hypothèque conventionnelle antérieure à la loi du 11 brum. an VII, sur tous les biens présens et à venir du débiteur, doit être renouvelée telle qu'elle était; en conséquence, elle n'est pas nulle, bien qu'elle ne contienne pas la mention de la nature et de la situation des biens qu'elle affecte. — *Liège*, 8 août 1816, Everard c. de Wacquant.

517. — L'inscription prise en renouvellement ne doit pas, à peine de nullité, contenir toutes les énonciations exigées pour la validité de l'inscription primitive. — *Cass.*, 22 fév. 1825, Duval c. Renaud; *Cass.*, 7 (et non 17) mai 1823, Acoyer c. Devaudemont.

518. — ... Si elle se réfère à une inscription régulière prise immédiatement avant celle dont la forme est critiquée. — *Cass.*, 7 mai (et non 17) 1823, Acoyer c. de Vaudemont.

519. — Il suffit alors qu'elle indique le nom du créancier, celui du débiteur, le volume et le numéro du registre du conservateur où l'inscription que l'on renouvelle est portée. — *Cass.*, 22 fév. 1825, Duval c. Renaud.

520. — Et une inscription prise en renouvellement n'est pas nulle, parce qu'elle énonce inexactement la date du titre constitutif de l'hypothèque. — *Grenoble*, 9 janv. 1827, Bouvard c. Blanchet.

521. — ... Ou pour ne pas indiquer le titre primitif, si elle renvoie à une inscription antérieure qui l'énonce. — *Bourges*, 28 déc. 1816, Dodon c. Sarradin; *Bourges*, 25 mai 1827, Daiguzon c. Fauconneau.

522. — ... Ou bien si ce titre est rappelé dans l'acte en vertu duquel l'inscription est prise. Il suffit dans ce cas, pour la validité de l'inscription, que les tiers puissent y trouver tout ce qu'ils ont intérêt de savoir. — *Cass.*, 3 fév. 1819, Letimonnier et Lepelletier c. Chapet.

523. — Le cessionnaire qui renouvelle une inscription prise par son cédant n'est pas tenu d'y faire mention de l'acte de cession. — *Cass.*, 11 août 1819 (et non 1809), Acloque c. Lériget.

524. — Jugé au contraire qu'une inscription renouvelée par un créancier subrogé dans l'effet de la première inscription doit contenir, à peine de nullité, indépendamment de la mention de subrogation, celle du titre originaire de la créance. — *Cass.*, 14 janv. 1818, Danglemont c. Dumesnil.

525. — Jugé aussi qu'une inscription prise en renouvellement n'est pas nulle pour ne pas énoncer l'époque d'exigibilité de la créance. — *Bourges*, 28 déc. 1816, Dodon c. Sabardin.

526. — Mais jugé au contraire que l'inscription prise en renouvellement d'une inscription antérieure doit, pour être valable, faire mention de cette circonstance. — *Bruxelles*, 5 juin 1817, Dutoict c. Bruncel; *Cass.*, 29 août 1838 (t. 2 1838, p. 242), Isernes c. Bastil.

527. — ... Qu'il ne suffit pas que cette mention se trouve dans le bordereau déposé par le créancier pour faire opérer le renouvellement, qu'il faut qu'elle soit transcrite sur les registres du conservateur. — C. sup. *Bruxelles*, 5 juin 1817, Dutoict c. Bruncel.

528. — Elle doit également, pour être valable, rappeler la date de l'inscription renouvelée. — *Cass.*, 14 juin 1831, Romieu c. Torcat; *Cass.*, 29 août 1838 (t. 2 1838, p. 242), Isernes c. Bastil.

529. — Il ne suffit pas qu'elle soit prise en vertu du même titre et pour la même somme. — *Cass.*, 29 août 1838 (t. 2 1838, p. 242), Isernes c. Bastil.

530. — S'il existe plusieurs inscriptions, il n'y a de renouvelées que celles qui sont rappelées dans le renouvellement. — *Cass.*, 14 juin 1831, Romieu c. Torcat et Féraud.

531. — Est valable l'inscription prise en renouvellement d'une autre et qui désigne exactement en style grégorien la date où cette première inscription a été prise, bien qu'elle fasse correspondre cette date à une année du style républicain antérieure à celle à laquelle elle se rapporte, si toutefois la date en style grégorien était la seule qui pût se concilier avec celle que l'acte de renouvellement attribuait à l'hypothèque. — *Bruxelles*, 9 av. 1821 (et non 1811), Vandecastacle c. Luenen.

532. — ... Et le créancier qui soutient qu'il n'aurait pas traité avec le débiteur s'il n'avait regardé comme périmée l'inscription qui porte une double date, ne peut réclamer, à défaut de collocation utile, des dommages-intérêts; car il ne doit imputer qu'à lui de n'avoir pas eu recours à l'inscription primitive et de ne pas s'être arrêté plutôt à la date grégorienne qui n'exigeait aucun calcul qu'à la date républicaine. — Même arrêt.

ART. 3. — *Causes qui dispensent du renouvellement.*

533. — L'obligation de renouveler l'inscription est, en général, commune à toutes les inscriptions.

534. — Ainsi, lorsque l'inscription d'un privilége de copartageant n'a pas été renouvelée en temps utile, le créancier ne doit pas être admis à l'ordre, sous le prétexte qu'il aurait le droit d'exercer l'action résolutoire. — *Cass.*, 18 juill. 1825, Strunzé c. Cocherel.

535. — Cependant cette nécessité du renouvellement subit quelques restrictions, soit à l'égard de certaines hypothèques, soit parce que l'inscription se trouve avoir produit tout son effet au moment où elle devrait être renouvelée.

536. — ... 1o *Émigrés.* — Le créancier d'un émigré qui a fait inscrire sa créance sur les biens invendus de cet émigré en vertu de la loi du 11 brum. an VII, n'a pas été obligé, pour conserver sa créance, de renouveler cette inscription en exécution de la loi du 16 vent. an IX. — *Montpellier*, 29 mars 1813, Peresve c. de Tremolety.

537. — Mais les anciennes inscriptions existant sur les biens des émigrés ont été soumises, pour leur conservation, au renouvellement décennal prescrit par l'article 2154, C. civ., bien que l'état se fût emparé de ces biens, et que les droits des créanciers fussent éteints par déchéance; dès-lors, dans le concours de deux créanciers hypothécaires qui ont laissé périmer leur première inscription, mais qui se sont inscrits de nouveau sur les biens invendus depuis la remise qui en a été faite aux héritiers de l'émigré, la priorité est due au premier inscrit. — *Cass.*, 14 nov. 1826, Ferrette c. Leu.

538. — ... 2o *Inscriptions d'office.* — L'inscription d'office qui, au moment de la transcription de l'acte de vente, doit être prise au profit du vendeur, doit, comme toutes les autres inscriptions, être renouvelée avant le délai de dix ans. — *Cass.*, 27 av. 1826, Pierrot c. Regnault; *Toulouse*, 23 mars 1829, Guibert c. Dasque.

539. — Il en est de même de l'inscription d'office prise au nom du vendeur par le créancier hypothécaire, auquel une partie du prix de la vente a été déléguée. — *Caen*, 12 fév. 1812, Guersant c. Isabelle.

540. — Jugé, au contraire, que l'inscription d'office résultant de la transcription et conservant le privilége du vendeur est exempte de la formalité du renouvellement décennal prescrit par l'art. 2154; qu'il suffit au vendeur, comme à ses créanciers délégataires exerçant ses droits, de prendre inscription, à quelque époque que ce soit, même postérieurement à la péremption de l'inscription d'office, mais antérieurement à la revente de l'immeuble, ou au plus tard dans le délai de quinzaine établi par l'art. 834, C. proc. — *Paris*, 7 déc. 1831, Levrat c. Poullain.

541. — Est également assujétie au renouvellement l'inscription que la loi du 5 sept. 1807 (art. 7) charge le conservateur, sous peine de destitution et de dommages-intérêts, de prendre, au nom du trésor public, sur le vu des actes translatifs de propriété passés par les receveurs généraux et payeurs. — Avis cons. d'état, 9 mai 1807.

542. — ... 3o *Inscriptions d'hypothèques légales.* — L'obligation de renouveler l'inscription de l'hypothèque légale de la femme et du mineur est imposée au mari et au tuteur sous les mêmes peines que l'obligation de prendre cette inscription. — Avis cons. d'état, 9 mai 1807, 22 janv. 1808 et mai 1812.

543. — L'inscription prise pour un mineur sur les biens de son tuteur, sous l'empire de la loi du 11 brum. an VII, et dont l'effet était conservé par l'art. 23, même loi, jusqu'à l'apurement définitif du compte de tutelle, n'a pas été soumise au renouvellement décennal par le Code civil. — *Cass.*, 6 juin 1829, Douceur.

544. — Le mineur qui, avant d'entrer en tutelle, a une hypothèque inscrite sur les biens de son tuteur pour sûreté d'une créance qu'il a contre lui, est obligé de renouveler son inscription pour conserver son rang primitif. — *Grenoble*, 28 janv. 1818, Peyot c. Roibet.

545. — L'inscription qu'une femme mariée avait prise sous la loi de brumaire an VII pour la conservation de son hypothèque légale, n'est pas affranchie du renouvellement décennal par l'art. 2135, C. civ., lors même que cette femme étant décédée avant la promulgation de cet article, sa créance dotale serait passée dans les mains de son héritier. — Même arrêt.

546. — La femme mariée sous la loi de brumaire an VII, qui la dispensait de renouveler son inscription sur son mari pendant le mariage et un an après, est pareillement dispensée, sous le Code civil, du renouvellement de cette même inscription pour la conservation de son hypothèque. — *Cass.*, 14 juin 1831, Romieu c. Torcat.

547. — L'hypothèque légale de la femme, lorsqu'elle a été inscrite, subsiste encore après que l'inscription a été périmée faute de renouvellement dans les dix ans. — *Cass.*, 21 août 1833, Langlois c. Noë.

548. — Lorsque, dans le délai pour la purge légale, une inscription est prise du chef de la femme du vendeur, l'acquéreur peut en demander la main-levée à celui-ci, sinon la restitution du prix de l'acquisition, lors même que cette inscription n'aurait pas été renouvelée dans les dix ans. — *Metz*, 14 juin 1837 (t. 1er 1838, p. 311), Georgy c. Sturel; *Cass.*, 22 fév. 1841 (t. 2 1841, p. 166) mêmes parties.

549. — L'hypothèque légale du trésor dépendant de son inscription, elle est nécessairement assujétie au renouvellement. — Avis cons. d'état, 9 mai 1807.

550. — Bien que l'art. 7, L. 21 vent. an VII, porte que l'inscription que les conservateurs sont tenus de prendre sur les immeubles à fournir par eux pour leur cautionnement, subsiste pendant toute la durée de la responsabilité du conservateur, *sans avoir besoin d'être renouvelée*, cependant la dernière partie de la disposition ne doit plus être considérée comme étant toujours en vigueur. L'avis du conseil d'état du 22 janv. 1808 la rejette formellement; car on y voit que, d'une part, lors de la discussion de l'art. 2154, le principe du renouvellement fut unanimement adopté *sans aucune exception*, et que, dans le résumé du même avis, le conseil d'état établit en règle générale, que *toute* inscription doit être renouvelée avant l'expiration du laps de dix années. — Persil, art. 2154, no 2; instr. gén. de la régie, 8 août 1809, no 445.

551. — ... 4o *Faillite et succession bénéficiaire ou vacante du débiteur.* — La faillite du débiteur ne dispense pas le créancier de renouveler son inscription avant l'expiration des dix années. — *Cass.*, 17 juin 1817, Meyer c. Schaub; *Dijon*, 26 fév. 1819, Isnard c. Canot; *Limoges*, 26 juin 1820, Calignon c. Bertrand; *Rouen*, 30 mai 1825, Touet c. Sebire; *Cass.*, 15 déc. 1829, Wischer c. Fischback; — Grenier, *Hypoth.*, t. 1er, no 14; Troplong, t. 3, no 660 *bis*; Boulay-Paty, *Faillites*, t. 1er, no 76; Duranton, t. 20, no 168.

552. — Dans ce cas, le droit du créancier n'est pas conservé par l'inscription que les syndics prennent au nom de la masse. — *Limoges*, 26 juin 1820, Calignon c. Bertrand.

553. — Jugé au contraire que la faillite du débiteur ayant pour effet de fixer les droits des créanciers, les dispense du renouvellement de leurs inscriptions. — *Paris*, 17 juill. 1811, Delanoue c. Pango; 9 mars 1812, Renard c. Perelle; *Liège*, 10 déc. 1812, Nullens c. Zineck; *Bruxelles*, 3 juin 1817, Dupuis c. Joris; *Rouen*, 3 juin 1820, Petit-Grand c. Heute; *Paris*, 12 août 1833, Conscience c. Lafalaise; 7 déc. 1831, Levrat c. Poullain. — Delvincourt, t. 3, p. 168, note 3; Persil, art. 2154, no 7; Pardessus, *Dr. comm.*, no 1123; Merlin, *Rép.*, vo *Inscription hypothécaire*, § 8 *bis*, et *Quest., cod. verb.*, § 4.

554. — ... Et que leur droit est conservé par l'inscription que prennent les syndics. — *Paris*, 9 mars 1812, Regnard c. Perelle.

555. — Toutefois, *et spécialement*, la faillite du débiteur n'empêche pas le vendeur soit de renouveler son inscription d'office, soit de prendre inscription avant la revente de l'immeuble pour la conservation de son privilége préexistant. — *Paris*, 7 déc. 1831, Levrat c. Poullain et Dumont.

556. — En tout cas, est nulle l'inscription hypothécaire qui, prise après une faillite, tend, non à maintenir par un renouvellement des inscriptions préexistantes, mais à procurer un rang à une créance qui n'en a pas. — *Caen*, 29 mai 1827, Dubusq et Lenfant c. Roussel.

557. — L'acceptation de la succession du débiteur sous bénéfice d'inventaire ne dispense pas le créancier de renouveler son inscription dans les dix ans. — *Cass.*, 17 juin 1817, Meyer c. Schaub; *Liége*, 9 mars 1818, Berleur c. Godin; *Bordeaux*, 15 déc. 1826, N... c. N...; *Cass.*, 29 juin 1830, de Villeneuve c. Pinson; *Paris*, 14 fév. 1844 (t. 1er 1844, p. 336), Bonneville c. Bertin. — Grenier, *Hypoth.*, no 114; Troplong, t. 3, no 660 *bis*; Bilhard, *Bénéfice d'inventaire*, p. 493. — V. *contrà Rouen*, 18 mars 1820, Quertier c. Bossard. — Delvincourt, t. 3, p. 168, no 3; Pardessus, no 1123; Persil, art. 2154, no 7; Merlin, *Quest.*, vo *Inscription hypothécaire*, § 7.

558. — Par conséquent, l'inscription contre une succession bénéficiaire ne peut avoir effet, si elle est prise en renouvellement d'inscriptions antérieures, mais après l'expiration de dix années. — *Paris*, 22 (et non 15) nov. 1828, Paris c. Vanspaendonck.

559. — Toutefois, l'inscription, bien que prise en temps utile, en renouvellement depuis l'ouverture de la succession bénéficiaire, est nulle si la première était périmée. — *Bordeaux*, 15 déc. 1826, N...

560. — Le créancier inscrit n'est pas non plus dispensé de renouveler son inscription prise sur une succession vacante. — *Caen*, 19 fév. 1825, Poignont et Boullée c. bureau de bienfais. de Cheux.

561. — ... 5o *Vente par expropriation forcée de l'immeuble hypothéqué.* — Une poursuite de saisie immobilière ne dispense pas de renouveler les inscriptions hypothécaires, bien que les dix ans expirent après les poursuites commencées contre le débiteur. — *Bruxelles*, 26 juin 1812, N... c N...; *Cass.*, 31 janv. 1821, Beuzeville c. Deschamps; *Paris*, 5 juin 1826, Legendre c. de Vandeuil. — V. *contrà Liége*, 10 déc. 1812, Nullens c. Zineck.

562. — ... Ou contre le tiers détenteur. — *Cass.*, 3 fév. 1824, Tournier c. de Pelissier.

563. — Il en est de même de la transcription et de l'enregistrement de la saisie au greffe et au bureau des hypothèques. — *Cass.*, 31 janv. 1821, Beuzeville c. Deschamps.

564. — .. De la dénonciation de la saisie immobilière au débiteur exproprié. — *Cass.*, 31 janv. 1821, Beuzeville c. Deschamps; *Rouen*, 14 fév. 1826, Bacon c. Demianay; *Toulouse*, 20 mai 1828, Fonquernie c. Causson; *Cass.*, 18 août 1830, Bacon c. Demianay. — Car la dénomination n'empêche pas le saisi d'hypothéquer l'immeuble. — Troplong, t. 2, no 413. — *Contrà Rouen*, 29 mars 1817, Coignet c. Gris. — Persil, art. 2154, no 6.

565. — ... Et de la notification des placards aux créanciers inscrits et de l'enregistrement de cette notification au bureau des hypothèques. — *Bruxelles*, 26 juin 1813, Mathieu c. Demarez; *Liége*, 21 juill. 1817, Lejeune c. Degueldre; *Cass.*, 9 août 1821, le trésor c. Duchaila; *Rouen*, 14 fév. 1826, Bacon c. Demianay; *Cass.*, 18 août 1830, Bacon c. Demianay. — *Contrà Bruxelles*, 20 fév. 1811, Marchal c. Déhagre; *Toulouse*, 13 déc. 1814, Lavolvène c. Fontanié; *Rouen*, 29 mars 1817, Coignet c. Gris.

566. — Mais il en est autrement quand l'inscription hypothécaire ayant produit tout son effet par l'adjudication définitive de l'immeuble grevé, par suite d'expropriation forcée; il n'est pas nécessaire alors de renouveler les inscriptions dont les dix ans n'expirent que postérieurement à cette adjudication. — *Caen*, 26 août 1810, N... c. N...; *Bruxelles*, 26 juin 1813, Mathieu c. Demarez; *Rouen*, 29 mars 1817, Coignet c. Gris; *Liége*, 24 mars 1825, Collardin c. Raskin; *Grenoble*, 8 avril 1829, Bouvat c. Macors; *Cass.*, 7 juill. 1829, Enregistrement c. Duretz; *Toulouse*, 18 juin 1830, Rufflé c. Buc; *Bordeaux*, 24 fév. 1831, Cazalet c. Bayle; *Grenoble*, 24 fév. 1831, Denis c. Chagras; *Cass.*, 14 juin 1831, Romieu c. Torcat; 29 déc. 1831, Brison c. Beslay. — Grenier, *Hypoth.*, t. 1er, no 108. — *Contrà Liége*, 29 déc. 1823, Collardin c. Raskin.

567. — Il en est de même de l'adjudication devant notaire, après conversion de la saisie. — *Angers*, 4 janv. 1833, Dubled c. Moreau-Maugars.

568. — Peu importe que ce soit le créancier inscrit qui se soit rendu adjudicataire. — *Cass.*, 7 juill. 1829, Enregistrement c. Duretz.

569. — Mais pour que l'adjudication ait produit tout son effet, il faut que le jugement d'adjudication définitive de l'immeuble hypothéqué, soit devenu irrévocable. — *Cass.*, 7 juill. 1829, Enregistr. c. Duretz.

570. — Il en est autrement quand c'est seulement après l'adjudication préparatoire que les dix années ont expiré. — *Caen*, 6 avr. 1824, Leprevost c. Leriche.

571. — Suivant Merlin (*Rép.*, vo *Inscription hypothécaire*, § 8 *bis*, no 5), ce n'est qu'à compter de l'ouverture de l'ordre et du moment où le créancier inscrit a produit ses titres que cesse l'obligation du renouvellement.

572. — M. Troplong (t. 3, nos 717 à 726 *bis*) pense que l'inscription, encore entière au moment de l'adjudication définitive, n'a plus besoin d'être renouvelée pour la collocation du créancier à l'ordre, et cela soit que l'adjudicataire consigne son prix ou qu'il le paie à mesure de la délivrance des bordereaux, soit qu'à défaut de paiement, il y ait revente sur folle-enchère; mais qu'en cas de revente par l'adjudicataire avant paiement, les inscriptions périmées depuis l'adjudication définitive non soldée seront sans effet à l'égard des tiers-détenteurs.

573. — L'inscription n'a pas besoin d'être renouvelée quand les dix ans n'expirent que depuis l'ouverture de l'ordre, car alors tout l'effet de l'inscription est produit. — *Riom*, 16 mars 1811, Saint-Haon c. Tremignon; *Caen*, 6 avr. 1824, Leprevost c. Leriche; *Paris*, 16 juin 1824, Perrot c. Cousin de Méricourt.

574. — .., Alors surtout que le créancier a produit à l'ordre. — *Cass.*, 5 avr. 1808, Laugier c. Badaraque; *Rouen*, 30 juin 1820, Petit-Grand c. Heute.

575. — Jugé que l'inscription opère son effet même sur les biens à l'égard desquels l'ordre n'a été ouvert que depuis l'accomplissement des dix années. — *Riom*, 16 mars 1811, Saint-Haon c Tremignon.

576. — Lorsqu'une inscription a été prise par une femme en son nom seul sur les biens de son mari, pour sûreté d'un douaire reversible au profit des enfans, les enfans ne sont pas plus que ne le serait tout autre créancier, assujétis au renouvellement décennal, si, au moment de l'ouverture de l'ordre, il ne s'était pas encore écoulé dix ans depuis la prise de l'inscription, et, faute de renouvellement, ils ne sont pas déchus du droit d'être colloqués au rang de leur inscription, sur le prix resté provisoirement entre les mains de l'acquéreur. — *Cass.*, 18 avr. 1832, Bussières c. Esprit.

577. — Un créancier hypothécaire porteur d'un bordereau de collocation délivré sur un premier acquéreur, et qui a laissé périmer son inscription, ne peut agir directement contre le sous-acquéreur qui a purgé, en paiement du montant de la collocation ou délaissement de l'immeuble. — Mais le bordereau opère à son profit subrogation aux droits du premier vendeur, et il peut dès-lors, du chef de ce dernier, exercer les priviléges et actions attachés à la qualité de vendeur, et faire valoir au nouvel ordre l'inscription d'office ou exercer l'action résolutoire contre le premier acquéreur sur lequel il avait été colloqué. — *Bourges*, 21 fév. 1837 (t. 2 1837, p. 160), Labot-Bouchot c. Paignon.

578. — Les créanciers porteurs de bordereaux de collocation ne sont point tenus de prendre ou de renouveler inscription nominale, indépendamment de l'inscription d'office, pour suivre l'immeuble entre les mains du tiers à qui le débiteur des bordereaux l'a transmis. — *Toulouse*, 19 avr. 1839, (t. 2 1839, p. 322), Mutet c. Ansas.

579. — La convention par laquelle plusieurs créanciers hypothécaires d'un même débiteur règlent entre eux l'ordre dans lequel chacun sera payé lors de la distribution du prix de l'immeuble en cas de vente, n'a d'effet qu'en vue des droits hypothécaires existant alors, et sous la condition que ces droits existeront encore au jour où la convention devra être exécutée... — En conséquence, les créanciers ne sont pas dispensés de l'accomplissement, dans l'avenir, des formalités nécessaires pour la conservation des hypothèques et de leurs rangs respectifs. — *Paris*, 14 février 1844, Bonneville et Mailland c. Bertin.

580. — ... 6o *Aliénation volontaire de l'immeuble hypothéqué.* — La transcription du contrat translatif de la propriété des immeubles hypothéqués ne dispense pas du renouvellement des inscriptions, lorsque les autres formalités pour la purge des hypothèques n'ont pas été remplies. — *Cass.*, 27 mai 1816, Desisnard c. de Gaste; *Cass.*, 3 fév. 1824, Tournier c. de Pélissier; *Caen*, 20 nov. 1824, Caille c. de Roncherolles; *Rouen*, 1er fév. 1825, Capron c. Bernisien; *Caen*, 30 janv. 1825, Fouet c. Bazire; *Cass.*, 15 déc. 1829, Wischer c. Fischbach.

581. — Peu importe que ce soit le créancier hypothécaire qui ait acheté l'immeuble hypothéqué. — *Caen*, 30 janv. 1826, Fouet c. Bazire.

582. — Comme la notification de son contrat, faite par l'acquéreur aux créanciers inscrits conformément à l'art. 2183, C. civ., fixe irrévocablement le rang des inscriptions hypothécaires régulières et valables; il s'ensuit que ces mêmes inscriptions sont dispensées de renouvellement, si les dix années de leur date viennent expirer depuis cette notification. — *Riom*, 16 mars 1811, Saint-Haon c. Tremignon; *Liége*, 10 déc. 1812, Nullens c. Zineck; *Paris*, 29 août 1815, Denay c. Delaloge; *Colmar*, 16 juin 1821, Lossaint c. Giel; *Bordeaux*, 10 juill. 1823, Brousse c. Fégarolle; *Paris*, 21 fév. 1825, Petit c. de Montlicon; *Montpellier*, 3 janv. 1827, Laportalière c. Dejean; *Lyon*, 16 fév. 1830, Monier c. Robin; *Cass.*, 30 mars 1831, Laportalière c. Dejean; *Paris*, 7 déc. 1831, Levrat c. Poullain; — Persil, art. 2154, no 6; Grenier, t. 1, no 112; Battur, t. 3, no 452; Delvincourt, t. 3, p. 168, no 4; Troplong, t. 3, no 723. — *Contrà*, *Lyon*, 17 août 1822, Lagrange c. Portier.

583. — ... Alors surtout que la notification faite aux créanciers n'a point été suivie de surenchère. — *Toulouse*, 30 juill. 1835, Faillou c. Dottory; *Rouen*, 23 mars 1846 (t. 2 1846, p. 281), Bioche c. Rouland; *Paris*, 16 janv. 1840 (t. 1er 1840, p. 338), Laurent c. Suret.

584. — ... Ou encore lorsque le contrat de vente contenait délégation au profit des créanciers inscrits. — *Cass.*, 9 (et non 8) juill. 1834, Poullain c. Levrat; *Paris*, 16 janv. 1840 (t. 1er 1840, p. 338), Laurent c. Sinet.

585. — Jugé au contraire que l'inscription dont le terme fatal expire pendant l'instance en surenchère, par suite d'aliénation volontaire, doit être renouvelée par le créancier surenchérisseur pour lui conserver son effet. — *Grenoble*, 12 mars 1824, Goy c. Quinon; *Bordeaux*, 17 mars 1828, Guillemot c. Bertrand.

586. — ... Et que le défaut de renouvellement de cette inscription fait tomber la surenchère elle-même. — *Grenoble*, 12 mai 1824, Goy c. Quinon.

587. — L'offre de son prix, faite par un premier acquéreur aux créanciers inscrits, le constitue débiteur personnel de ce prix envers ces mêmes créanciers, et le rend, par suite, non recevable à leur opposer le défaut de renouvellement de leurs inscriptions. — Ce renouvellement n'est nécessaire qu'à l'égard du second acquéreur, et pour exercer le droit de suite qui n'est attaché qu'à l'hypothèque inscrite. — *Orléans*, 12 mars 1838 (t. 1er 1838, p. 650), Dejean c. Devillers.

588. — Lorsque le contrat d'acquisition d'un immeuble hypothéqué a été notifié aux créanciers inscrits avec offre de la part de l'acquéreur de payer le prix, mais que cette notification et cette offre sont restées sans effet, si l'acquéreur revend l'immeuble, et qu'un ordre s'ouvre pour la distribution du prix de la revente, un créancier du vendeur originaire, qui n'a point renouvelé son inscription, dont les dix ans ont expiré après la notification du premier contrat, mais avant la notification du second, ne peut être colloqué par préférence aux créanciers du premier acquéreur, sous prétexte que son inscription ayant eu son effet légal par suite de la première notification, n'avait plus besoin d'être renouvelée. — *Cass.*, 29 juill. 1828, Decroix c. Vimal-Dubouchet.

589. — Lorsqu'un acquéreur a payé un créancier hypothécaire de son vendeur, inscrit sur l'immeuble acquis, et que par là il se trouve subrogé aux droits du créancier, l'hypothèque n'est pas éteinte par la confusion, et l'acquéreur n'est pas dispensé de renouveler l'inscription, même à l'égard des autres créanciers hypothécaires. — *Rouen*, 30 mai 1825, Tonet c. Sébire; *Cass.*, 18 (et non 17) fév. 1834, Boucher c. Hygonnet.

590. — Jugé en sens contraire. — *Grenoble*, 25 mai 1822, Serpinet c. Alex.

591. — Jugé également, dans ce dernier sens, à l'égard du tiers détenteur qui a rempli les formalités prescrites pour purger l'immeuble par lui acquis, et qui, après l'expiration du délai de quarante jours à partir des notifications, sans qu'il soit survenu de surenchère, a payé son prix aux créanciers inscrits, conformément aux délégations contenues au contrat, et a été subrogé par le paiement dans l'effet des inscriptions. — *Paris*, 16 janv. 1840 (t. 1er 1840, p. 338), Laurent c. Suret.

592. — ... 7o *Vente ou délaissement aux créanciers de l'immeuble hypothéqué.* — La vente volontaire de l'immeuble hypothéqué ne dispense pas le créancier de renouveler son inscription. — *Liége*, 10 déc. 1812, Nullens c. Zineck.

593. — Le créancier hypothécaire qui acquiert l'immeuble hypothéqué n'est pas dispensé de renouveler son inscription. — Cette dispense ne pourrait résulter de la compensation opérée dans l'acte de vente entre le prix et le montant des droits de ce créancier. — *Grenoble*, 10 mars 1832, Morard c. Michallon. — V. *contrà Grenoble* (et non *Riom*), 17 déc. 1821, Blanc c. Clavel.

594. — De même, lorsqu'un créancier, premier en hypothèque, se rend acquéreur de l'immeuble affecté à sa créance, et qu'une clause expresse du contrat compense le prix de la vente dont il est débiteur avec la somme dont il est créancier, cet acquéreur, malgré la confusion qui résulte de sa double qualité, doit, s'il ne remplit pas les formalités de la purge, renouveler son inscription pour conserver son rang d'hypothèque à l'égard des autres créanciers. — *Cass.*, 5 fév. 1828, Dupic c. Fougières; 1er mai 1828, Belloncle c. Lambert.

595. — Le délaissement de l'immeuble hypothéqué ne dispense pas de renouveler l'hypothèque dans les dix ans. — Troplong, t. 3, no 727.

596. — Jugé, en ce sens, lorsqu'il y a simple dé-

laissement. — *Cass.*, 24 fév. 1830, Froidefond c. Papillon de Laferté.

597. — Mais, le délaissement de l'immeuble hypothéqué, et le jugement qui donne acte de ce délaissement, font produire leur effet aux inscriptions hypothécaires, du moins à l'égard de l'acquéreur, de telle sorte qu'il ne puisse, s'il déclare plus tard reprendre l'immeuble, opposer aux créanciers le défaut de renouvellement de leurs inscriptions, qui ont acquis dix ans de date depuis le délaissement. — *Bordeaux*, 14 août 1828, Papillon c. Froidefond Duchatenet.

598. — Lorsqu'un immeuble hypothéqué a été délaissé et repris ensuite par l'acquéreur, les inscriptions non périmées au moment de la reprise ne peuvent désormais tomber en péremption. — *Cass.*, 24 fév. 1830, Froidefond c. Papillon de Laferté.

599. — Les créanciers inscrits qui ont accepté la cession de biens que leur a faite leur débiteur, et en vertu de laquelle la propriété des biens leur a été transmise, sont dispensés par cela même du renouvellement de leurs inscriptions. — *Paris*, 14 avr. 1826, Robit.

600. — Un jugement de déclaration d'hypothèque, rendu contre un tiers débiteur, ne dispense pas le créancier qui l'a obtenu de renouveler son inscription dans les dix ans, pour pouvoir exercer contre ce tiers l'action hypothécaire. — *Cass.*, 17 juin 1817, Meyer c. Schaub.

Sect. 8°. — *Etat des inscriptions.*

601. — Les conservateurs des hypothèques sont tenus de délivrer à tous ceux qui le requièrent, copie des inscriptions subsistantes sur leurs registres, ou certificat qu'il n'en existe aucune. — C. civ., art. 2196.

602. — Pour tout ce qui concerne les certificats à délivrer par les conservateurs, V. CERTIFICAT DU CONSERVATEUR DES HYPOTHÈQUES.

603. — Quant à ce qui regarde l'état des inscriptions, on peut voir ce que nous avons dit v° CONSERVATEUR DES HYPOTHÈQUES.

604. — Les états demandés aux conservateurs des hypothèques des inscriptions subsistantes, sont ou sur individus, ou sur immeubles désignés, ou sur immeubles aliénés par contrats transcrits. — Avis cons. d'état 16 sept. 1811 ; instr. n° 653.

605. — L'état individuel fait seulement connaître les inscriptions à la charge d'un ou plusieurs particuliers, il n'indique pas les hypothèques reprises sur les précédens propriétaires. — Baudot, n° 1683.

606. — L'état sur immeubles comprend toutes les charges dont l'immeuble est grevé, mais il ne donne pas celles qui sont étrangères à cette propriété. — Baudot, n° 1684.

607. — Les conservateurs des hypothèques ne peuvent délivrer des états partiels des inscriptions existantes et non périmées, sauf le cas de transcription d'un acte de mutation. Dans ce cas, ils peuvent et doivent placer à la suite de l'état d'inscriptions délivré au moment de la transcription de l'acte de mutation, l'état supplémentaire des inscriptions prises pendant la quinzaine à compter de cette transcription. — Circul. min. just. 8 déc. 1813 (*Analyse circ. min. just.*, p. 133).

608. — Quand des états d'inscriptions forment suite à ceux précédemment délivrés, soit à l'expiration de la quinzaine de la transcription, soit lorsque les formalités pour purger les hypothèques légales ont été accomplies, il n'est rien dû pour le remboursement du timbre, à moins qu'il ne faille, à défaut d'espace, ajouter une ou plusieurs feuilles de papier dont la valeur doit, dans ce cas, être remboursée. — Baudot, *Tr. des form. des hyp.*, t. 2, n° 1422.

609. — Toute inscription est fournie dans l'état où elle se trouve, et avec ses modifications (circul. n° 1769). La copie doit être littérale et entière (inst. n° 649). Les radiations partielles, les nouvelles élections de domicile et les subrogations sont considérées comme faisant parties des inscriptions auxquelles elles ont rapport, et ne peuvent produire un salaire distinct (déc. min. just. et min. fin. 13 et 24 sept. 1819). Ainsi il n'est dû qu'un seul salaire pour la délivrance d'une inscription et des actes qui la modifient. — Inst., n° 902.

610. — Outre les inscriptions, le conservateur doit porter dans ses états les subrogations qui auraient été requises à des hypothèques légales non inscrites. Ces subrogations donnant lieu à la même recherche, au même travail, à la même responsabilité que les inscriptions, nous pensons avec M. Baudot (n° 1668) qu'elles doivent produire au conservateur le même salaire.

611. — Mais s'il s'agissait d'un état supplétif, les subrogations, changemens de domicile ou radiations partielles requises depuis la délivrance du premier état, en marge des inscriptions qui y figurent, donneraient lieu au salaire de 50 cent. ou de 1 fr., selon leur nature : le conservateur qui les ajoute à l'état par lui fourni a droit de recevoir sa rétribution. — Baudot, n° 1668.

612. — A moins d'une réquisition par écrit, le conservateur ne peut, dans les états qu'il délivre, comprendre une inscription périmée, puisqu'elle n'a plus d'existence légale et que son effet a cessé. — Lettre min. fin. 7 sept. 1813 ; instr. n° 649 ; — Baudot, n° 1670.

613. — Les décisions précitées des 13 et 24 sept. 1819 interdisent de fournir à la fois les inscriptions qui ont plus de dix ans de date, lorsqu'elles ont été renouvelées en temps utile, et celles successives de renouvellement ; toutefois, si une réquisition formelle est adressée à l'égard de ces inscriptions, au conservateur, il doit les délivrer, et le salaire pour chaque extrait lui est dû.

614. — Ainsi, bien qu'il y ait eu plusieurs renouvellemens, c'est la dernière inscription que le conservateur doit fournir au particulier qui veut connaître la situation du débiteur. — Instr. n° 902 ; — Baudot, n° 1674.

615. — Il n'y aurait pas lieu de comprendre dans un état une inscription même d'une hypothèque légale qui, prise depuis la promulgation du Code civil, n'aurait pas été renouvelée ; car la péremption, tout en respectant le droit hypothécaire, n'en aurait pas moins éteint l'inscription, qui, étant périmée, ne peut figurer dans un état. — Baudot, n° 1672.

616. — Mais cette règle ne s'appliquerait pas aux hypothèques légales, qui, inscrites sous la loi du 11 brum. an VII, et subsistant d'après l'art. 23 de cette loi sans avoir besoin de renouvellement, ont été dispensées par le code civil de la formalité de l'inscription. Ces inscriptions ont été dispensées du renouvellement décennal qui ne s'applique qu'aux droits nés depuis la publication du code civil. — Baudot, n° 1671.

Sect. 9°. — *Compétence.*

617. — Les actions auxquelles les inscriptions peuvent donner lieu contre les créanciers, sont intentées devant le tribunal compétent par exploits faits à leur personne ou au dernier des domiciles élus sur le registre et ce, nonobstant le décès soit des créanciers, soit de ceux chez lesquels ils ont fait élection de domicile. — C. civ., art. 2156.

618. — Ainsi, sous la loi du 11 brum. an VII, le jugement qui déboutait un créancier de sa demande en revendication des biens soumis à son hypothèque était valablement signifié au domicile élu par ce créancier dans son inscription. — *Nîmes*, 22 août 1807, Peyronnel c. Dagrain.

619. — Ainsi est encore valable la sommation de produire signifiée au dernier domicile élu dans l'inscription. — *Paris*, 15 mars 1838 (t. 1er 1838, p. 516), Ardoin c. Brassord.

620. — Mais quand le créancier a pris une nouvelle inscription avec indication d'une nouvelle élection de domicile, ou qu'il a changé sur les registres du conservateur, son élection de domicile dans l'intervalle de la transcription du contrat à l'ouverture de l'ordre, la sommation de produire ne peut lui être valablement signifiée qu'au nouveau domicile élu. — *Cass.*, 2 juin 1831, Bellavoine c. d'Aligre ; 21 déc. 1824, Beslay c. Brison Grandjardin.

621. — Est valablement intentée l'action relative à une inscription hypothécaire et pour raison de laquelle tout exploit a pu être signifié au domicile élu, si on s'est servi du ministère d'un huissier non exerçant au domicile du défendeur, mais dans le canton du juge saisi de la contestation. — *Orléans*, 22 déc. 1819, N...

622. — Toutefois, dans les contestations relatives aux inscriptions hypothécaires par lui prises, le créancier peut être assigné à son domicile réel, en parlant à un de ses parens ou domestiques, au lieu de l'être au domicile qu'il a élu dans son inscription. — *Bruxelles*, 28 juill. 1811, Walakiers c. Prévost.

623. — En cas de signification d'un acte au domicile élu dans une inscription hypothécaire, s'il se trouve un serviteur au domicile, c'est à lui que doit être laissée la copie de cette signification, sans recourir ni au voisin, ni à l'intervention du maire. *Cass.*, 14 fév. 1843 (t. 1er 1843, p. 393), Ardoin et comp. c. de Brossard.

624. — Est valable l'acte d'appel d'un jugement d'ordre signifié au domicile élu par l'inscription hypothécaire. — *Besançon*, 30 janv. 1818, Pillot c. Jannerct ; *Cass.*, 16 mars 1820, Grandjacquet c. Pillot.

625. — Les actions auxquelles les inscriptions peuvent donner lieu, dit l'art. 2156, doivent être portées devant le tribunal compétent.

626. — Ainsi, il faut dire avec Merlin (*Rép.*, v° *Domicile élu*, § 1er, n° 6), que l'élection de domicile faite dans une inscription hypothécaire n'est pas attributive de juridiction. — V. DOMICILE, n° 333

627. — En disant que les actions doivent être portées devant le tribunal compétent, l'art. 2156 laisse à décider, suivant les circonstances, quel peut être le tribunal auquel il faut recourir. En effet, si la demande en main-levée de l'inscription est en elle-même réelle, elle rentre quelquefois dans la classe des actions personnelles, par ce qu'elle n'est que l'accessoire d'une contestation préjudicielle relative à l'appréciation du titre. Elle peut aussi dépendre du résultat d'une contestation pendante à un autre tribunal sur la validité de ce même titre. — Troplong, t. 3, n° 732.

628. — Jugé que l'action en validité d'une inscription hypothécaire prise en vertu d'une créance antérieure à la loi du 11 brum. an VII doit être portée devant le tribunal du lieu de la situation de l'immeuble grevé, quoique cet immeuble dépende d'une succession non encore partagée, et que le tribunal dans l'arrondissement duquel la succession s'est ouverte soit déjà saisi de contestations relatives à cette succession. — *Cass.*, 17 déc. 1807, de Page c. l'hospice de Tongres.

V. AVEU, BULLETIN DE DÉPOT, CAUTIONNEMENT, CERTIFICAT DU CONSERVATEUR DES HYPOTHÈQUES, COMMENCEMENT DE PREUVE PAR ÉCRIT, CONSERVATEUR DES HYPOTHÈQUES, ESCROQUERIE, HYPOTHÈQUE, HYPOTHÈQUES (DROITS D'), JUGEMENT PAR DÉFAUT, PRÉSOMPTION.

INSCRIPTION MARITIME.

1. — On appelle ainsi l'inscription particulière de tous les citoyens français qui se destinent à la navigation. — L. 3 brum. an IV, art. 1er. — On donne également ce nom à la masse des individus inscrits.

2. — L'inscription maritime a principalement pour objet d'indiquer les mouvemens des marins et de faire connaître ceux engagés et ceux disponibles. — Elle constitue de plus une sorte de conscription ou de recrutement dont le but est de procurer à la marine de l'Etat tous les matelots dont elle a besoin. — Merlin, *Rép.*, v° *Inscription maritime.*

3. — L'inscription maritime est une vieille institution de la France, et remonte à la naissance de la marine. — V. CLASSE. — Elle fut régularisée par l'ord. de 1689, modifiée par deux autres ordonnances de 1778 et 1784, et enfin consacrée d'abord par la loi du 31 déc. 1790 ; 7 janv. 1781 et ensuite par celle du 3 brum. an IV.

4. — Cette dernière loi a en outre subi quelques extensions et modifications par l'arrêté du directoire du 21 vent. an IV, et par les arrêtés des consuls des 7 vendém. an IX, 7 flor. an VIII, tit. 3, 14 fructid. an VIII, et 5 germin. an XIII, par l'ord. du 11 oct. 1836, etc.

5. — Le principe de cette institution était, il faut en convenir, une violation des droits des citoyens et de la liberté d'industrie ; cependant elle est passée dans les mœurs sans qu'aucune réclamation se soit élevée sur les côtes maritimes qui en supportent tout le poids. Cela s'explique par la puissance de l'habitude et par cette considération que, depuis l'ord. de 1689, la condition des marins a été réglée par une espèce de contrat synallagmatique entre l'Etat et la famille, puisqu'ainsi qu'on le verra *infrà* n°s 27 et suiv., des avantages sont attachés à l'Etat de marins inscrits. — Delamarre et Magnitot, *Dict. de dr. administratif*, v° *Inscription maritime*, t. 2, p. 90.

6. — Au reste quelque exorbitant que paraisse le régime de l'inscription maritime chez nous, il faut convenir qu'il est bien moins rigoureux encore que le moyen usité en Angleterre pour recruter des marins, et connu sous le nom de la *Presse* ; moyen barbare, moyen d'un autre âge, mais singulièrement énergique, auquel ce pays a dû peut-être de pouvoir soutenir sa prépondérance dans les guerres les plus longues et les plus meurtrières. — Bravard, *Manuel de dr. commercial*, p. 330.

7. — L'inscription maritime se fait, pour chaque marin, sur les registres du bureau de son quartier. — A cet effet le territoire maritime de la France étant divisé en cinq arrondissemens dont les chefs-lieux sont Cherbourg, Brest, Lorient, Rochefort et Toulon (V. MARINE), et chaque arrondissement se sous-divisant en sous-arrondissemens et quartiers, l'inscription des gens de mer est dans chacun de ces lieux confiée à des administrateurs de la marine, et sous leurs ordres à des syndics choisis par le gouvernement. — L. 3 brum. an IV, art. 8 et 9 ; ord. 3 janv. 1835, art. 18 et 19 ; ord. 14 juin 1844, art. 2.

8. — L'inscription doit comprendre : 1° les marins de tout grade et de toute profession naviguant dans l'armée navale ou sur les bâtimens de commerce ; — 2° ceux qui font la navigation de la pêche de mer sur les côtes ou dans les rivières jusqu'où remonte la marée, et pour celles où il n'y a pas de marée, jusqu'à l'endroit où les bâtimens de mer peuvent remonter ; — 3° ceux qui naviguent sur les pataches, allèges, bateaux et chaloupes, dans les rades, dans les rivières, jusqu'aux limites ci-dessus indiquées. — L. 3 brum. an IV, art. 2.

9. — Tout citoyen qui commence à naviguer ne peut s'embarquer ni être employé sur les rôles d'équipage d'un bâtiment de l'État et du commerce que sous la dénomination de mousse depuis l'âge de dix ans jusqu'à quinze ans accomplis, et sous celle de novice au dessus de ce dernier âge ; pendant ce temps il est inscrit sur un rôle particulier. — Même loi, art. 3 et 4.

10. — Pour être compris dans l'inscription maritime, il faut être âgé de dix-huit ans révolus et avoir fait deux voyages de long cours ; — 2° avoir fait la navigation pendant dix-huit mois ; — 3° avoir la petite pêche pendant deux ans ; — 4° avoir servi pendant deux ans en qualité d'apprenti-marin. — Même loi, art. 5.

11. — Cependant le mineur de vingt ans ne peut s'engager dans la marine royale sans le consentement de ses père, mère ou tuteur (L. 21 mars 1832, art. 32 1° et 5°). — Et le mineur, à quelque âge que ce soit, ne peut s'embarquer sur les bâtimens du commerce sans ce consentement. — Beaussant, *Code maritime*, t. 1er, n° 7. — Dès-lors l'inscription du mineur de dix-huit ans ne saurait avoir lieu qu'avec ce même consentement. — Goujet et Merger, *Dict. de dr. comm.*, v° *Inscription maritime*, n° 5.

12. — L'inscription est faite soit sur la déclaration de celui qui veut devenir marin, soit d'office à défaut de déclaration de la part de celui qui ayant atteint l'âge et réunissant les conditions exigées pour l'inscription, est censé y avoir consenti par le seul fait qu'il continue à naviguer. — L. 3 brum. an IV, art. 5 et 6 ; — Goujet et Merger, *ibid.*, n° 6.

13. — Tout marin inscrit est tenu de servir sur les bâtimens et dans les arsenaux de l'état, toutes les fois qu'il en est requis. — L. 3 brum. an IV, art. 10. — Aucun privilége ne peut dispenser du service les marins inscrits. — Les pilotes seuls sont aujourd'hui complétement exemptés du service par le décret de 1806. — Beaussant, t. 1er, n° 10.

14. — Les individus portés sur les rôles de l'inscription maritime ne sont pas assimilés aux marins en activité de service, et ne sont considérés que comme simples habitans. En conséquence, c'est à la juridiction ordinaire, et non aux tribunaux maritimes, qu'il appartient de connaître des crimes ou délits dont ils peuvent se rendre coupables entre eux ou qui peuvent être commis à leur préjudice. — *Cass.*, 14 juill. 1827, Offret.

15. — Dans chaque quartier maritime, les marins sont distribués en quatre classes : la première comprend les célibataires ; la deuxième, les veufs sans enfans ; la troisième, les hommes mariés et n'ayant point d'enfans, et la quatrième, les pères de famille. — La deuxième classe ne doit être mise en réquisition que lorsque la première, étant épuisée, n'a pu suffire aux besoins du service, et il en est de même des troisième et quatrième classes. — L. 3 brum. an IV, art. 15 et 16.

16. — Dans chaque quartier, et entre les hommes qui composent chaque classe, celui qui a le moins de service sur les bâtimens de guerre doit être requis le premier ; et s'il y a égalité de service, le plus anciennement débarqué, soit des bâtimens de l'état, soit de ceux du commerce, est tenu de marcher. — Même loi, art. 17.

17. — L'ordre de marcher, signé du commissaire, doit être remis à chacun des appelés, à personne ou à domicile. Il indique le jour et le lieu fixé pour le départ. Des frais de route sont ordinairement payés aux appelés par le trésorier des invalides. — Beaussant, t. 1er, n° 12.

18. — Si le marin désigné pour marcher a des réclamations à faire, il doit s'adresser à l'administration municipale, qui statue après avoir entendu le syndic. — L. 3 brum. an IV, art. 21. — Et aucune réclamation nouvelle n'est reçue que quatre jours après la publication des listes (art. 22). Cependant ce genre de réclamation n'est point exécuté, et l'autorité maritime juge seule tous les débats. — Beaussant, t. 1er, n° 13.

19. — En cas de refus ou de retardement à l'exécution des ordres de l'administration du quartier, de la part des marins commandés pour le service, l'administration municipale est tenue, sous sa responsabilité, de prêter main-forte à la première réquisition du syndic. — Art. 23.

20. — Tout Français compris dans l'inscription maritime est dispensé de tout service public autre que ceux de l'armée navale, des arsenaux de la marine et de la garde nationale dans l'arrondissement de son quartier. — L. 3 brum. an IV, art. 7.

21. — Aussi a-t-il a été établi depuis qu'en matière de recrutement les jeunes marins portés sur les registres matricules de l'inscription maritime, sont considérés comme ayant satisfait à l'appel et comptés numériquement en déduction du contingent à former. — L. 21 mars 1832, art. 14-2°.

22. — Tout marin qui a atteint l'âge de cinquante ans révolus est de droit exempt de la réquisition pour le service des vaisseaux et arsenaux de l'état, sans néanmoins perdre la faculté de continuer la pêche ou la navigation, même sur les bâtimens de l'état. — L. 3 brum. an IV, art. 24.

23. — Tout marin, quel que soit son âge, qui veut renoncer à la navigation et à la pêche, est rayé de l'inscription maritime, par le seul fait de sa déclaration et de sa renonciation, un an après les avoir faites ; et alors il ne jouit plus d'aucun des avantages résultant de cette inscription. Toutefois, ces déclaration et renonciation ne sont pas admises en temps de guerre, et demeurent même sans effet, si la guerre a lieu avant l'expiration d'une année, à compter du jour où elles ont été faites. — Art. 25.

24. — Si, après s'être fait rayer de l'inscription, un marin se détermine à reprendre la navigation ou la pêche, il est réinscrit au grade et à la paie qu'il avait lors de sa radiation. — Art. 26.

25. — Tout marin qui n'est pas actuellement commandé pour le service, est libre de s'embarquer sur des navires marchands ou bateaux de pêche, ou d'aller dans les différens ports de l'état travailler ou s'y embarquer, à la charge seulement de faire inscrire son mouvement sur le rôle des gens de mer du quartier qu'il quitte et de celui où il se rend. — Art. 27.

26. — Le marin rayé de l'inscription, lorsqu'une année s'est écoulée depuis sa demande en radiation, n'est empêché par aucune loi de s'engager dans la marine marchande d'un pays étranger qui n'est pas ennemi. — Beaussant, t. 1er, n° 25.

27. — Les marins inscrits ont droit à des pensions suivant leurs grades, âge, blessures ou infirmités. Ces pensions sont réglées par la durée de leurs services à bord des bâtimens, dans les arsenaux de l'état et sur les navires de commerce. — L. 3 brum. an IV, art. 28.

28. — Les veuves et enfans des marins ont droit aux secours et pensions accordés aux veuves et enfans des défenseurs de la patrie (art. 30) ; de plus, il est accordé un secours mensuel à chacun des enfans des deux sexes au-dessous de dix ans, de tout marin en activité de service sur les bâtimens ou dans les ports de l'état. — Art. 31.

29. — Leurs enfans doivent être embarqués de préférence, en qualité de mousses sur les bâtimens de l'état et sur ceux du commerce. — Art. 32.

30. — Tout marin appelé à servir sur les bâtimens ou dans les arsenaux de l'état doit recevoir une conduite pour se rendre au port de sa destination ; et s'il est retenu chez lui par les ordres du bureau de l'inscription maritime, sa solde lui est payée tout le temps que son départ est retardé. — Art. 33.

31. — Il peut aussi déléguer pour être payé à sa famille, pendant la durée de sa campagne, jusqu'à concurrence du tiers de ses salaires présumés gagnés, déduction faite de ses avances. — Art. 34. — V. CAISSE DES GENS DE MER.

32. — Une ordonnance royale du 28 juill. 1846 a établi différentes dispositions relativement aux versemens à faire aux caisses d'épargne par les marins portés sur les contrôles de l'inscription maritime.

33. — En cas de naufrage d'un bâtiment de l'état, et de perte constatée des effets d'un marin, il lui est tenu compte de son salaire jusqu'au moment du naufrage ; la valeur de ses effets lui est remboursée d'après le réglement, et il lui est payé une conduite. — L. 3 brum. an IV, art. 35.

34. — Les marins étrangers résidant en France, et naviguant sur les bâtimens de commerce français, sont assujétis à servir sur les vaisseaux de l'état, s'ils ont épousé une Française. Ces marins sont tenus de se faire inscrire ; les maires font un relevé de ces mariages, et l'envoient au commissaire de mariné, qui porte les noms sur le registre de l'inscription. — Arrêté 14 fructid. an VIII ; — Beaussant, t. 1er, n° 26.

35. — On remet *gratis* aux marins classés un livret indiquant l'article de leur classement, pris du registre matricule, et contenant une instruction sur leurs devoirs et leurs droits ; en cas de perte, on leur en donne un autre en payant. Sur ce livret on tient note des services, des congés, des engagemens, etc. — Beaussant, t. 1er, n° 27.

36. — On peut encore considérer comme une sorte d'inscription maritime l'enregistrement qu'on fait des ouvriers exerçant certaine profession dans les ports et lieux maritimes, et l'appel qu'on en peut faire dans les circonstances extraordinaires. — V. à cet égard OUVRIER MARITIME. — V. aussi ABSENT (militaire), CAPITAINE DE NAVIRE, COMMISSAIRE DE L'INSCRIPTION MARITIME, ENGAGEMENT MILITAIRE, ÉQUIPAGE.

INSCRIPTION DE RENTE. — INSCRIPTION SUR LE GRAND LIVRE. — INSCRIPTION DÉPARTEMENTALE.

V. AGENT DE CHANGE, EFFETS PUBLICS, RENTE SUR L'ÉTAT.

INSIGNES.

V. COSTUME, COMMISSAIRE DE POLICE, FONCTIONNAIRES PUBLICS, GARDES CHAMPÊTRES, GARDES FORESTIERS, GARDE DU COMMERCE, HUISSIER, MAIRE, PROCÈS-VERBAUX.

INSINUATION.

1. — On appelait ainsi, sous l'ancienne législation, l'enregistrement ou la transcription sur un registre public des actes contenant, pour la plupart, des dispositions à titre gratuit et entre-vifs.

2. — Cette formalité, qui se faisait moyennant le paiement de droits déterminés, avait pour but de mettre les tiers intéressés à portée de connaître les dispositions faites à titre gratuit et de se prémunir contre la fraude.

3. — L'insinuation empruntée du Code de Justinien par l'édit de 1539 avait été organisée par l'édit de déc. 1703, puis maintenue et régularisée par l'édit du 25 juin 1729, par la déclaration du 17 fév. 1731 et enfin par les lettres-patentes du 3 juill. 1769.

4. — On distinguait plusieurs sortes d'insinuation. — L'insinuation *légale* qui avait pour objet la publicité des donations et substitutions ; et l'insinuation *bursale* ou *fiscale* qui n'avait pour motif que la perception des droits de mutation. — *Dict. des droits d'enreg.*, v° *Insinuation*, n° 1.

5. — On distinguait encore l'insinuation *laïque* de l'insinuation *ecclésiastique*. La première s'entendait des actes entre particuliers ; l'autre des actes relatifs aux bénéfices ecclésiastiques et aux biens du clergé ou biens de main-morte. — *Dict. des droits d'enreg.*, *ibid.*.

6. — L'insinuation donnait lieu à un droit fixe ou à un droit proportionnel, selon la nature des actes. Le droit proportionnel avait toujours un maximum. Celui des donations ne s'élevait pas en principal au-dessus de 50 livres.

7. — L'insinuation était indépendante du contrôle (V. CONTROLE), de sorte qu'un même acte pouvait être insinué et contrôlé.

8. — La loi des 5-19 déc. 1790 sur l'enregistrement a supprimé le droit d'insinuation, tout en conservant la formalité pour les donations et autres actes de cette nature. — *Dict. des droits d'enreg.*, *ibid.*

9. — Aujourd'hui l'insinuation est remplacée par la transcription prescrite par le Code civil. — V. TRANSCRIPTION DES DONATIONS.

10. — Pour les questions transitoires auxquelles peut donner lieu l'application des anciens édits sur l'insinuation, V. ACTE, DISPOSITION A TITRE GRATUIT, DONATION A CAUSE DE MORT, DONATION PAR CONTRAT DE MARIAGE, DONATION ENTRE ÉPOUX, DONATION ONÉREUSE, DONATION ENTRE-VIFS, ENREGISTREMENT.

INSOLVABILITÉ. — INSOLVABLE.

1. — L'*insolvabilité* est l'état d'impuissance de payer ce que l'on doit. — L'*insolvable* est celui qui ne peut payer ses dettes.

2. — Les personnes notoirement insolvables ne peuvent à peine de nullité se rendre adjudicataires des biens qui sont vendus en justice. — C. procéd., art. 711. — V. SAISIE IMMOBILIÈRE.

3. — Quant aux autres effets qui résultent de l'insolvabilité, V. notamment AMENDE (mat. crim.), CAUTIONNEMENT, CONTRAINTE PAR CORPS, DÉCONFITURE, DOT, ENREGISTREMENT, FAILLITE, OBLIGATION SOLIDAIRE, SUCCESSION.

INSOUMIS. — INSOUMISSION.

1. On appelle *insoumis* l'individu qui, appelé par la

loi ou par un engagement volontaire, à faire le service militaire, ne se rend pas au drapeau. — V. DÉLIT MILITAIRE, DÉSERTION, RECRUTEMENT, TRIBUNAUX MILITAIRES.

INSPECTEUR COLONIAL.

Fonctionnaire public aux colonies, qui, dans une entière indépendance de toute autorité locale, est chargé de l'inspection et du contrôle spécial de l'administration de la marine, de la guerre et des finances, de la surveillance générale de toutes les parties du service administratif de chaque colonie, de l'enregistrement et de l'exécution des lois etc. — Il a remplacé le *contrôleur colonial*. — V. COLONIES.

INSPECTEUR DES FORÊTS.

V. FORÊTS, nº 156 et suiv.

INSPECTEUR DE POLICE.

1. — Agent principalement chargé dans quelques localités, sous l'autorité des commissaires de police ou des maires, de rechercher et de signaler les contraventions aux réglemens de police municipale.

2. — A Paris par exemple, chaque commissaire de police de quartier a sous ses ordres, indépendamment d'un secrétaire et d'un sonneur, un inspecteur de police qui, de même que ces derniers employés, est rétribué par la préfecture et nommé par le préfet de police.

3. — Dans l'exercice de leurs attributions et au point de vue de leur caractère légal, les inspecteurs de police ne se distinguent d'ailleurs en rien des autres agens de police, qui sont placés comme eux sous les ordres et à la disposition de l'autorité. — V. AGENT DE POLICE.

INSTANCE.

1. — Ce mot, qui dans l'ancien droit signifiait généralement un procès appointé, une instruction par écrit, se prend aujourd'hui pour désigner une contestation portée en justice. Ainsi l'on dit : *les parties sont en instance, l'instance est engagée, une instance d'ordre.*

2. — Quand le procès est susceptible des deux degrés de juridiction on se sert des mots *première instance* par opposition à ceux-ci : *instance d'appel.* — V. DEGRÉ DE JURIDICTION.

3. — Si l'instance reste en suspens pendant un certain délai, par discontinuation de poursuites, elle est périmée. — V. PÉREMPTION D'INSTANCE.

4. — Il y a lieu à reprise d'instance lorsque, l'affaire n'étant pas en état, l'une des parties est décédée, ou a changé d'état ou enfin a cessé les fonctions dans lesquelles elle procédait. — V. REPRISE D'INSTANCE.

V. aussi DEMANDE, DEMANDE NOUVELLE.

INSTITEUR, INSTITOIRE.

1. — En droit romain, on appelait *Instileur* celui qui était préposé par un autre pour exercer un commerce. — V. COMMISSIONNAIRE, nº 3, MANDAT.

2. — Et l'action *institoire* était celle qui était donnée contre le commettant pour l'exécution des engagemens pris par le préposé. — V. ff., Cod., tit. *De instit. actione*; — Delvincourt, *Cours de C. civ.*, t. 3, p. 226. — V. aussi ACTION (*Droit rom.*).

INSTITUT DE FRANCE.

1. — Société savante dotée par l'état, et chargée de recueillir les découvertes, de perfectionner les sciences et les arts. — Constit. 5 fruct. an III, art. 298 et 22 frim. an VIII, art. 88.

2. — L'institut de France a été fondé par la loi du 3 brum. an IV, tit. 4, et dès son origine il a occupé tout ensemble le sommet et le centre des diverses sociétés savantes et littéraires par l'universalité de ses travaux.

3. — On le divisa lors de sa création en cinq classes dont chacune, dans une certaine sphère, fut destinée à suivre, conformément aux lois et aux ordres du gouvernement, les travaux scientifiques qui ont pour objet l'utilité générale et la gloire de la France. — L. 3 brum. an IV, tit. 4, art. 1er.

4. — L'une des classes de l'institut était consacrée spécialement aux sciences morales et politiques. Elle fut supprimée par un arrêté du 3 pluv. an XI.

5. — La restauration ne fit point cesser cette institution. Elle se contenta en 1814 et 1815 de substituer aux anciennes classes des académies, qui prirent le nom d'académie française, d'académie royale des inscriptions et belles-lettres, d'académie royale des sciences, d'académie royale des beaux-arts, et dont la réunion continua de porter le nom d'institut. — Ord. du 21 mars 1816, art. 1er.

6. — L'art. 2 de cette même ordonnance place les académies sous la protection spéciale et directe du roi; les art. 3 et 4 portent que chaque académie a son régime indépendant, et la libre disposition des fonds qui lui sont spécialement affectés, mais que néanmoins l'agence, le secrétariat, la bibliothèque et les autres collections de l'institut demeurent communs aux quatre académies.

7. — L'institut, dans ses séances publiques, distribue chaque année plusieurs prix dont les programmes ont été publiés d'avance. — LL. 3 brum. an IV, sect. 5e, art. 10; 15 germin. an IV, art. 28 à 30. Mais les séances ordinaires de l'institut ne sont pas publiques. — L. 9 flor. an IV.

8. — Chaque académie publie tous les ans les mémoires de ses membres et de ses associés. — LL. 3 brum. an IV, tit. 4, art. 5; 15 germin. an IV. art. 24.

9. — Par un arrêté du 13 vent. an X. l'Institut a été chargé de former tous les cinq ans un tableau divisé en trois parties, correspondant aux trois classes qui le composaient alors, et présentant l'état des progrès des sciences, des lettres et des arts.

10. — Les nominations aux places vacantes sont faites par chacune des académies où ces places viennent à vaquer. Elles sont confirmées par le roi. — LL. 3 germin. an IV, tit. 4, art. 10; 15 germin. an IV, art. 10 à 23; arrêté du 3 pluv. an II, art. 8.

11. — D'après la loi du 29 messid. an IV, chaque membre de l'institut devait recevoir une indemnité qui ne pouvait être sujette à aucune réduction ni retenue, et qui était répartie suivant les réglemens intérieurs de l'institut. Le total était calculé sur le pied de 1500 francs par chaque membre. — L. 29 messid. an IV. — Ces indemnités ont été maintenues par l'art. 23 de l'ordonnance du 21 mars 1816, portant réorganisation nouvelle de l'institut.

12. — Pour les dispositions réglementaires de détail, V. notamment LL. 25 germin. an IV, art. 25; 3 brum. an IV, tit. 4, art. 8 et 11; 11 frim. an VII, art. 2; 11 flor. an X, art. 26.

13. — Une ordonnance royale du 26 oct. 1832, a rétabli au sein de l'institut l'ancienne classes des sciences morales et politiques. Cette classe composée de trente membres, a pris le nom d'académie des *sciences morales et politiques*; et les détails de son organisation ont été réglés par un acte du 5-27 mars 1833.

14. — Des membres de l'institut sont quelquefois chargés par le gouvernement de missions soit temporaires, soit permanentes; d'un autre côté on en voit aussi qui sont attachés à des établissemens publics, comme par exemple, depuis une ordonnance du 10 août 1834, au dépôt central de l'artillerie.

15. — L'institut a été placé dans les attributions du ministère de l'instruction publique par l'ordonnance du 11 oct. 1832, art. 3 (Reudu, p. 13).

16. — Les membres titulaires peuvent être nommés pairs de France (L. 29 déc. 1831), et sont électeurs en payant 100 francs seulement de contributions. — V. CHAMBRE DES PAIRS, ÉLECTIONS LÉGISLATIVES, JURY.

INSTITUTES. — INSTITUTS.

1. — Par l'un ou l'autre de ces mots qui sont la double traduction du mot *institutiones* (V. Berriat-Saint-Prix, *hist. du dr. rom.*, tit. 3, ch. 4; Ortolan, *explic. hist. des instituts.*, introd., p. 108), on désignait, dans la jurisprudence romaine, des traités dans lesquels étaient exposés méthodiquement les principes généraux du droit.

2. — Les *Institutes de Justinien* (V. ce mot) ne sont pas le seul ouvrage de ce genre qui ait été composé sur le droit romain. Antérieurement et dans une période de soixante-dix années, d'Antonin-le-pieux à Alexandre Sévère, on vit paraître les institutes de Florentin, de Callistrate, de Paul, d'Ulpien, de Marcien, et celles de Gaïus, récemment découvertes, dont nous parlerons particulièrement à l'occasion des Institutes de Justinien.

3. — Ces jurisconsultes ont eu des imitateurs parmi nos anciens auteurs du droit; il suffit de citer à cet égard les célèbres *Institutes coutumières* d'Ant. Loysel.

INSTITUTES DE JUSTINIEN.

1. — Recueil abrégé des principes élémentaires du droit romain, composé pour l'enseignement, par ordre de cet empereur.

2. — Ce ne fut qu'après avoir élevé l'édifice du Code et des Pandectes que Justinien songea à faire rédiger un livre élémentaire qui servît comme d'introduction à des études plus complètes et plus difficiles. — *Instit. prœm.*, § 3 et suiv.; *Instit.*, § 2, *De just. et jure.*

3. — Il chargea de ce soin Tribonien, Théophile et Dorothée, en leur recommandant de recueillir surtout les premiers élémens du droit pratique (*quod in ipsis rerum obtinet argumentis*), et de faire d'ailleurs concorder cette œuvre, dégagée de tout ce qui serait devenu inutile, avec les autres parties de sa législation. — Ducaurroy, *Instit. expl.*, t. 1er, nº 43; Mackeldey, *Hist. des sources du droit romain*, § LXXIII.

4. — D'après ce plan, les notions de l'ancien droit romain que Justinien appelle *antiquœ fabulœ* (*Instit.*, *loc. cit.*), et qui tenaient une si grande place dans les anciennes Institutes, notamment dans celles de Gaïus, n'ont guère dû être reproduites dans les nouvelles. On y trouve rangés, dans un ordre méthodique, des ouvrages des jurisconsultes classiques et de nombreuses modifications exigées par la pratique du siècle de Justinien.

5. — Les Institutes de Justinien et les fragmens recueillis dans les cinquante livres des Pandectes, ont laissé jusqu'à ces derniers temps subsister une grande obscurité sur les origines et les antiquités du droit romain que les compilateurs avaient reçu l'ordre de supprimer, ou à peu près, dans leur travail. Il a fallu, pour lever un coin du voile, la découverte faite en 1815, par Nieburh, des Institutes de Gaïus dans un palimpseste de la bibliothèque de Vérone.

6. — Ce sont ces dernières Institutes, si précieuses pour les documens qu'elles contiennent, quoique mutilées par la main des siècles, sur les origines et les antiquités du droit romain, qui ont servi de type aux Institutes de Justinien. Par exemple, celles-ci leur ont emprunté, à quelques différences près, la division générale des matières en quatre livres. — Mackeldey, *loc. cit.*; Ducaurroy, nº 45.

7. — Chacun de ces livres est divisé en titres. Le premier en contient vingt-six, le second vingt-cinq, et le quatrième dix-huit. Le troisième livre en a vingt-neuf, quoique plusieurs éditeurs lui en donnent trente, parce qu'ils séparent le tit. 6, *De gradibus cognationum*, en deux parties, dont la seconde forme un titre particulier, *De servili cognatione*. — Ducaurroy, *loc. cit.*

8. — La plupart des titres des Institutes sont divisés en un *principium* et plusieurs paragraphes. Cette subdivision des textes étant pour ainsi dire arbitraire, n'est point, au surplus, exactement la même dans toutes les éditions. — Ducaurroy, nº 46; Mackeldey, *loc. cit.*

9. — Le premier livre est consacré aux personnes, le second à la division des choses, aux diverses manières d'acquérir la propriété et ses démembremens, et aux successions testamentaires; le troisième aux successions *ab intestat* et aux obligations qui naissent des contrats et des quasi-contrats, et le quatrième aux obligations qui naissent des délits et quasi-délits, et à l'importante théorie des actions. — V. pour les détails Mazeroll, *Comm. de ordine Institionum*; Humbold, *Inst. hist.* § 233.

10. — Remarquons qu'en commençant par les Institutes l'étude du droit romain, l'on apprend ce droit dans des textes auxquels Justinien a donné force de loi. Mais comme cet empereur n'est pas pour les modernes un législateur, on ne doit pas craindre de lui désobéir en allant chercher ailleurs ce qu'il n'a pas voulu nous apprendre. — Ducaurroy, nos 43 et 49.

11. — Les Institutes ont été publiées le 21 nov. 533, et ont été revêtues d'une autorité légale avec les Pandectes, le 30 déc. de la même année. — *Const. Tanta*, § 23, *De confirm. digest.* — Théophile, l'un des rédacteurs, en a fait un commentaire connu sous le nom de *Paraphrase*.

12. — L'édition *princeps* des Institutes a été imprimée par Pierre Schoyffer de Gernsheim, à Mayence, en 1468, in-fol. Celle de Cujas, de 1585, a été reproduite dans l'*Ecloga juris* des rédacteurs de la *Thémis*. L'édition moderne la plus précieuse est celle de Schrœder, in-4º, en 1833. Elle a été faite sur la collation de quarante manuscrits et sur la comparaison des seize meilleures éditions. — Mackeldey, *loc. cit.*, § 104; Etienne, *Inst. de Justinien*, introd., p. 40.

INSTITUTEUR.

V. ATTENTAT A LA PUDEUR, BLESSURES ET COUPS, ENQUÊTE, ENSEIGNEMENT, INSTRUCTION PRIMAIRE.

INSTITUTEURS, INSTITUTIONS.

1. — Les instituteurs primaires sont exempts

de la patente. — L. 25 avr. 1844, art. 13, nº 3, § 5.

2. — Les chefs d'institution sont également exempts de la patente. — L. 25 avr. 1844, art. 13, nº 3, § 5.

INSTITUTION (Pension).

1. — Ecole tenue par des particuliers, où l'enseignement se rapproche de celui des colléges. — Décr 17 mars 1808, art. 4.

2. — Cette définition ne convient, à proprement parler, qu'aux institutions ordinaires ; car, quant aux institutions dites de *plein exercice*, le cours d'études y est complet, c'est-à-dire qu'il comprend, comme celui des colléges, outre les classes de grammaire et d'humanités, les classes de rhétorique et de philosophie. — V. ENSEIGNEMENT, nº 767.

3. — C'est surtout par rapport à ces établissemens que la loi, si impatiemment attendue sur l'instruction secondaire, est pleine de difficultés et de périls. La charte de 1830 ayant formellement promis la liberté d'enseignement, il est pourtant de toute nécessité qu'une loi vienne organiser cette liberté en la mettant en harmonie avec les justes et imprescriptibles droits de l'état.

4. — Les chefs d'institution prennent rang d'administration immédiatement après les principaux des colléges. Ils doivent être bacheliers ès-lettres et ès-sciences, ne peuvent s'établir sans autorisation du gouvernement, et ils sont tenus de se conformer aux réglemens de l'université. — V. pour les détails ENSEIGNEMENT, nºs 129, 133, 850 et suiv.

5. — C'est aussi sous le mot ENSEIGNEMENT (nºs 767, 854 s. et 881 s.) que l'on a tracé les bornes de l'instruction qui se donne dans les institutions, et, en général, le régime auquel elles sont soumises, ainsi que les règles à suivre quand il y a lieu de les fermer.

6. — En ce qui concerne les contraventions et délits des chefs d'institution et les droits qu'ils doivent acquitter, V. UNIVERSITÉ.

INSTITUTION CONTRACTUELLE.

C'est le don par contrat de mariage, et irrévocable, de tout ou partie d'une succession, au profit des époux ou de l'un d'eux, et des enfans à naître du mariage.

V. DONATION PAR CONTRAT DE MARIAGE, nºs 91 et suiv.

INSTITUTION D'HÉRITIER.

1. — C'est la nomination ou désignation de ceux qui doivent succéder à tous les droits actifs et passifs d'un défunt.

2. — L'institution d'héritier peut être faite, ou par le contrat de mariage de l'institué (C. civ., art. 1082), ou par testament. — C. civ., art. 967, 1002.

3. — Dans le premier cas l'institution prend le nom d'*Institution contractuelle*. — V. DONATION PAR CONTRAT DE MARIAGE.

4. — Dans le second cas l'institution s'appelle *testamentaire*.

5. — L'institution testamentaire peut se faire soit sous le titre de legs, soit sous toute autre dénomination propre à manifester la volonté de l'instituant. — C. civ., art. 967. — V. LEGS, TESTAMENT.

6. — Ainsi jugé que la loi n'exige pour l'institution d'héritier aucune formule sacramentelle ; que la reconnaissance de la manifestation de la volonté du testateur est seule nécessaire. — *Cass.*, 25 janv. 1837 (t. 1er 1837, p. 402), Esparbès c. Duffaut.

7. — Sous le droit romain et par suite dans les pays de droit écrit, l'institution d'héritier était nécessaire pour la validité même du testament, elle était la base et le fondement de tout testament. — *Instit. de leg.*, § 34, LL. 10 et 13, § 1er, *De jure codicil.* ; Merlin, *Rép.*, vº *Institution d'héritier*, sect. 1re, § 1er.

8. — D'où il suivait que quand l'hérédité n'était pas acceptée, toutes les dispositions du testament étaient anéanties. — L. 181, ff., *De Reg. jur.* ; — Merlin, *ibid.*

9. — Toutefois le défaut d'institution d'héritier pouvait être réparé par l'effet de la clause codicillaire. — L. 1re, ff., *De jure codicill.* ; — Merlin, *ibid.* — V. CLAUSE CODICILLAIRE.

10. — Dans les pays coutumiers, au contraire, on ne connaissait en général ni la nécessité, ni l'usage des institutions testamentaires ; les seules institutions contractuelles y étaient admises. Ainsi pour qu'un testament fût valable, il n'était pas nécessaire qu'il y eût un héritier institué, ni que les enfans du testateur fussent appelés par institution à ce que leur père leur laissait ; aussi disait-on communément qu'en pays coutumier les effets des testamens et ceux des codicilles étaient confondus. — Merlin, *ibid.*

11. — Cependant il y avait des coutumes qui avaient adopté l'usage et l'effet des institutions testamentaires. Mais dans d'autres au contraire l'institution d'héritier était absolument prohibée et ne valait ni comme telle, ni comme legs. — Merlin, *ibid.*

12. — Une exhérédation qui ne serait pas accompagnée d'une institution formelle d'héritier, aurait néanmoins l'effet d'une institution en faveur des parens du degré suivant. — Rolland de Villargues, nº 10. — V. EXHÉRÉDATION.

13. — Les institutions contractuelles et testamentaires furent abolies en France par les lois des 7 mars 1793, 5 brum. et 17 niv. an II. Le code civil a rétabli les institutions d'héritier par testament dans l'art. 1002, et les institutions contractuelles dans l'art. 1082. — Toullier, t. 4, nº 68.

INSTRUCTION.

Procédure destinée à mettre une affaire en état d'être jugée. — V. ACTION, CONCLUSIONS, DÉLIBÉRÉ, INSTRUCTION PAR ÉCRIT, MATIÈRE SOMMAIRE, MATIÈRE ORDINAIRE, REQUÊTE.

INSTRUCTION CRIMINELLE.

Table alphabétique.

Abus de blanc-seing, 112.
Action civile, 135 s. — publique, 216, 220.
Adjoint, 173, 237.
Adultère, 157, 176.
Affaire correctionnelle, 34, 183 s. — criminelle, 33, 183 s. — de police, 35, 173, 182.
Agent de la force publique, 318 s., 490.
Cahier d'information, 443.
Caution *judicatum solvi*, 150 s.
Code d'instruction criminelle, 31, 70 s. — du 3 brum. an IV, 29 s., 68, 137 s., 202, 282 s.
Chambre des mises en accusation, 37 s. — du conseil, 37 s., 168.
Citation directe, 84.
Combat judiciaire, 9.
Commission rogatoire, 258 s., 376 s.
Compétence (détermination), 37, 66 s., 74 s., 82 s., 96 s., 114 s. — (principes généraux), 46 s. — criminelle (détermination), 48 s.
Complexité, 47.
Complot, 83 s.
Connexité, 47.
Contumax, 277.
Corps du délit, 226 s.
Crime (élémens constitutifs), 88 s. — (fait accessoire), 86 s. — commis en mer, 95. — exécuté, 83 s. — projeté, 83 s.
Déclaration du 24 août 1780, 23.
Décret du 8-9 oct. 1789, 25.
Défense, 44.
Délit commis par plusieurs, 130. — de chasse, 208.
Délits successifs, 96 s., 100 s.
Dénonciateur (capacité), 144 s. — (mandataire), 211 s.
Dénonciation, 123 s. — (affirmation), 198. — (annexion à la procédure), 142. — (appréciation), 158. — (copie), 218. — (défaut de signature), 202 s. — (dépôt), 159 s., 171 s. — (dépôt irrégulier), 174 s. — (effets), 219 s. — (enregistrement et timbre), 190 s. — (formes), 177 s., 192 s. — (ratification), 196 s. — (rédaction), 184 s. — (signature), 199 s. — anonyme, 155 s. — calomnieuse, 147, 221. — civique (formes), 180. — officielle (formes), 178 s. — spontanée (formes), 181 s.
Domicile du prévenu, 59 s., 102.
Edit du 1er mai 1788, 23.
Epreuve judiciaire, 9.
Etablissemens de Saint-Louis, 15.
Etat des lieux, 228.
Etats-généraux de 1789, 24.
Etranger, 149 s.
Faux, 106 s. — témoignage, 75, 418.
Femme mariée, 148.
Flagrant délit, 40 s., 164, 229 s., 264, 394, 409.
Garde champêtre, 162, 320 s. — forestier, 162, 320 s. — pêche, 162.
Gendarme, 319.
Grand fonctionnaire, 389.
Greffier, 235 s. — (amende), 456 s.
Haute cour nationale, 117 s.
Historique, 6 s. — (époque actuelle), 7, 31 s. — (époque transitoire), 7, 25 s. — (moyen âge), 7 s., 466.
Huissier, 314 s., 490.
Incompétence, 56, 104 s., 122.
Infanticide, 93.
Instruction (secret), 10 s. — écrite, 10 s.
Interprète, 496.
Interrogatoire, 164 s. — (célérité), 474 s. — (copie), 518. — (formes), 470 s., 498 s., 503 s. — (lecture), 501 s., 513. — (mode), 485 s. — (nécessité), 469 s. — (présence du ministère public), 487. — (ratures, surcharges, interlignes), 516 s. — (rectification), 513. — (rédaction), 510 s. — (réitération), 508 s. — (secret), 489 s. — (serment), 497. — (signature), 514 s.
Juge de paix, 317, 331, 383 s.
Juge d'instruction (attributions), 39 s., 116 s., 159 s., 249 s. — (incompétence), 166 s. — (prise à partie), 463.
Jury, 26. — d'accusation, 37.
Justice royale, 13 s. — seigneuriale, 8 s.
Lettre de change fausse, 111.
Lieu du délit, 48 s., 67 s., 81 s., 100 s. — (incertitude), 89 s.
Lieu où le prévenu est trouvé, 54 s., 62 s.
Loi du 7 pluv. an IX, 31. — du 16-24 août 1790, 26. — 16 sept. 1791, 282 s. — du 29 sept. 1791, 137.
Lois anglaises, 468. — germaniques, 8. — romaines, 8, 51, 465.
Maire, 178, 237.
Mandat, 43. — décerné, 68 s., 71 s., 78 s.
Mari, 327.
Matières d'or et d'argent, 105.
Médecin, 326.
Mémoire, 492 s.
Mendicité, 103.
Mineur, 148. — de quinze ans, 326, 415 s.
Ministère public, 17. — public (attributions), 39 s., 116 s., 159 s., 303 s. — (opposition), 246 s., 256. — (refus d'assistance), 240 s.
Noyé, 94.
Officier de police auxiliaire, 160 s.
Ordonnance (registre), 189. — de 1498, 18. — de 1539, 18. — de 1670, 19 s., 68, 115 s., 187, 332, 467, 471, 482, 512.
Partie civile, 42, 55, 422. — (désistement), 222 s.
Père, 326.
Perquisition, 231 s., 257 s., 264 s.
Perquisition (présence du prévenu), 273 s. — (tiers), 278.
Pièces de conviction, 194, 228. — (conservation), 279 s. — (constatation), 273 s. — fausses (fabrication), 108. — (production), 110 s., 113. — (usage), 107 s.
Plaignant, 42, 55. — (capacité), 134 s., 144 s. — (mandataire), 211 s.
Plainte (affirmation), 198. — (appréciation), 153 s., 158. — (copie), 218. — (défaut de signature), 202 s. (dépôt), 159 s., 171 s. — (dépôt irrégulier), 174 s — (effets), 219 s. — (enregistrement et timbre), 190 s. — (formes), 177 s., 192 s. — (légalité), 127 s. — (rectification), 196 s. — (rédaction), 184 s. — (registre), 189. — (signature), 199 s. — anonyme), 155 s. — récriminatoire, 132. — simultanée, 129.
Plaintes successives, 131.
Poursuites commencées, 68 s. — continuées, 64. — reprises, 60.
Préjudice éprouvé, 128 s.
Preuves (réunion), 74.
Prévenu, 43 s. — (mandataire), 276 s. — (qualités), 114 s. — arrêté, 474 s. — déjà détenu, 165. — échappé, 64.
Prince, 389.
Procès-verbal, 444 s.
Procureur général (attributions), 171 s.
Rapt, 98.
Réglement de juges), 77, [illegible]
Renvoi, 166 s. — de l'affai[re], 56.
Résidence du prévenu, [illegible] s., 59, 61 s.
Rupture de ban, 99.
Saisie, 231 s., 264 s. — (let[tres missives]), 266 s. — (tiers), 278.
Témoin, 280 s. — (au[di]tion), 391 s. — (audition, absence du prévenu), [illegible] s. — (audition, fête légale), 311. — (audition, présence des parties civiles), 402 s. — (audition, présence du greffier), [illegible] s. — (audition, présence du ministère public), [illegible] s. — (audition séparée), 391 s. — (citation), 296 [illegible] — (citation, constatation), 408 s. — (citation, mod[e]), 302 s., 305 s., 312 s. — (confrontation), 401, [illegible] 491. — (contrainte par corps), 329 s. — (déplacement), 74 s. — (déposition, constatation), 433 [illegible] — (déposition, déclaration, préalable), 420 s. — (déposition, lecture), 44[illegible] — (déposition, mod[e]), 424 s. — (déposition, [nul]lité), 297 s., 412 s., [illegible] s., 432, 438 s., 454. — (déposition, rectification), 441. — (déposition, signature), 440 s. — (déposition, transcription), 434 s. — (déposition, transcription, interlignes, surcharges, ratures, etc.), 446 s. — (incapacité), [illegible] s. — (indignité), 417. — (obligation de comparaître), 325 s. — (parenté), 417. — (pièces de conviction, présentation), [illegible] s. — (prisonnier), 328. — (refus de déposer), 336 [illegible] (serment), 414 s. — [ajour]né, 283 s. — cité, 283 s. 299 s. — défaillant, 33[illegible] s. 338 s. — (amende), 340 s. — (condamnation, exécution), 390. — (condamnation, opposition), 348 s., 366. — (contrainte), 341 s. — (excuse), 344 s., 352 s. — (fausse excuse), 367 s. — (fausse excuse, frais de déplacement), 375. — (faux certificat), 367 s. — (mandat de dépôt), 371 s. — déjà entendu), 430, [illegible] — éloigné, 377 s. — malade, 377. — ne parlant pas français, 423.
Torture, 12, 22.
Transport du juge d'instruction, 231 s.
Transport sur les lieux, 2[illegible] s., 484.
Tribunaux ecclésiastiques, 10 s.
Tuteur, 326.
Usure, 100 s.
Vagabondage, 63, 103, [illegible]
Visite domiciliaire, 251 [illegible] 260 s.

INSTRUCTION CRIMINELLE. — 1. — La loi pénale a divisé en trois catégories distinctes, sous les noms de crimes, délits et contraventions, les divers genres d'infractions qui peuvent troubler la paix publique et qu'elle a cru devoir réprimer.

2. — La police administrative a pour mission de les prévenir ; mais quand sa vigilance n'a pu empêcher de les commettre, il appartient à la police judiciaire de les rechercher, d'en rassembler les preuves, d'en examiner la nature pour déterminer la compétence du juge, et livrer leurs auteurs aux tribunaux, qui statuent tant sur leur culpabilité que sur la peine qui doit leur être appliquée.

3. — Deux phases bien distinctes existent dans la procédure criminelle, l'une préparatoire, et qui

a pour objet de rassembler les élémens qui doivent servir à la décision définitive, c'est la période d'instruction ; l'autre qui la suit, et qui est la période de jugement.

4. — Nous n'avons point à nous occuper ici de cette seconde partie de la procédure criminelle, bien que, *lato sensu*, elle puisse être aussi comprise sous la dénomination générique d'instruction criminelle. Tout ce qui a trait aux jugemens définitifs et aux formes à observer pour les rendre en matière criminelle fait l'objet d'articles spéciaux. — V. principalement COUR D'ASSISES, JUGEMENS (mat. crim.), TRIBUNAL CORRECTIONNEL, TRIBUNAL DE POLICE.

5. — Nous bornerons donc notre examen à l'instruction criminelle proprement dite, c'est-à-dire à cette partie de la procédure criminelle que nous avons appelée préparatoire, et qui a pour but de rassembler les élémens nécessaires pour arriver au jugement définitif.

Sect. 1re. — *Historique, notions générales* (nº 6).
Sect. 2e. — *Compétence* (nº 46).
Sect. 3e. — *Dénonciations et plaintes* (nº 123).
§ 1er. — *Personnes qui peuvent faire une dénonciation ou une plainte* (nº 124).
§ 2. — *Fonctionnaires ayant qualité pour recevoir les dénonciations et les plaintes* (nº 159).
§ 3. — *Formes des dénonciations et des plaintes* (nº 177).
§ 4. — *Effets des dénonciations et des plaintes* (nº 219).
Sect. 4e. — *Corps du délit, transport sur les lieux, visites, expertises, perquisitions, saisies*, (nº 226).
Sect. 5e. — *Témoins* (nº 280).
§ 1er. — *Quelles personnes peuvent être entendues comme témoins* (nº 281).
§ 2. — *Citation des témoins, comparution, excuses, délégations* (nº 296).
§ 3. — *Audition des témoins* (nº 391).
§ 4. — *Constatation des témoignages* (nº 433).
Sect. 6e. — *Interrogatoire des inculpés* (nº 464).

—

Sect. 1re. — *Historique, notions générales.*

6. — L'histoire de la procédure criminelle, telle qu'elle a été pratiquée chez les divers peuples, et plus spécialement dans notre pays, forme une des matières les plus dignes de l'intérêt du juge et du jurisconsulte. Déjà, sous les mots CODE DES DÉLITS ET DES PEINES et CODE D'INSTRUCTION CRIMINELLE, nous avons exposé succinctement le tableau de l'instruction criminelle en France depuis la révolution de 1789 jusqu'à nos jours, il nous reste à compléter notre travail par l'examen rapide des temps antérieurs, et, sans remonter jusqu'aux législations complétement différentes des peuples de l'antiquité, à rechercher du moins dans notre ancien droit et dans les ordonnances de nos rois la source de celles des dispositions anciennes qui ont continué à nous régir, leurs transformations successives, leur adoucissement, et à constater enfin les progrès d'un régime dont, malgré d'incontestables et nombreuses améliorations, des hommes éminens accusent encore aujourd'hui la rigueur.

7. — L'historique de la législation criminelle nous paraît pouvoir se diviser en quatre périodes distinctes : 1º période antérieure à l'ordonnance de 1670 ; 2º période s'étendant de la publication de l'ordonnance de 1670 à la révolution française ; 3º période de la législation transitoire jusqu'au Code de 1808 ; 4º période du Code d'instruction criminelle actuel.

8. — Nous avons peu à dire de la première période. Aux formes de la procédure romaine, le peuple nouveau qui était venu s'établir dans les Gaules, avait substitué nécessairement les lois et les usages de la Germanie. Mais bientôt prirent naissance ces justices privées, attachées à la terre, qui s'élevant bientôt au dessus de toutes les autres juridictions, constituèrent ces *justices seigneuriales* qui remplissent le moyen-âge, et qui ne disparurent que devant le pouvoir royal devenu assez fort pour les absorber. — V. JUSTICE SEIGNEURIALE.

9. — C'est alors aussi que l'ignorance, la superstition et l'abus de la force firent succéder aux véritables débats et aux formes protectrices employées pour le jugement des affaires criminelles les combats judiciaires, et ces épreuves non moins cruelles que bizarres qu'on décorait du titre de jugemens de Dieu. Et leur usage était devenu tellement de droit commun que, chose singulière, il fut un temps où elles étaient appliquées par les tribunaux ecclésiastiques eux-mêmes que l'on vit plus d'une fois chercher les preuves d'un crime dans les chances d'un combat judiciaire. — V. ÉPREUVES JUDICIAIRES.

10. — Les juges ecclésiastiques comprirent les premiers ce qu'il y avait d'absurde dans l'emploi de pareils moyens ; et dès le douzième siècle la procédure par enquête était seule pratiquée. Mais combien cette procédure elle-même différait de celle pratiquée dans les temps anciens ! Autrefois, en effet, l'accusation était toujours publique, l'instruction était orale, le débat solennel, tandis que devant les tribunaux ecclésiastiques l'accusation n'était plus nécessairement publique, et l'enquête fut *écrite et secrète*.

11. — Les tribunaux laïcs ne tardèrent pas à adopter ce mode de procédure, progrès véritable et qui eût été bien plus complet si le principe absolu de l'enquête écrite et secrète même pour l'accusé n'eût enlevé à ce dernier cette double garantie pour sa justification et sa défense : la connaissance des charges qui pèsent contre lui, afin de pouvoir y répondre, et la publicité du débat, qui lui assure l'impartialité du jugement.

12. — Ajoutons, avec M. Dupin (discours de rentrée prononcé devant la cour de Cassation le 3 nov. 1847), « qu'une des conséquences les plus terribles de cette procédure ténébreuse fut la résurrection de la torture, dont les lois germaniques et les capitulaires ne font aucune mention, mais qu'on emprunta au droit romain comme complément nécessaire de l'interrogatoire secret pour arriver à la confession de l'accusé, regardée comme la plus concluante des preuves. »

13. — Cependant, le pouvoir royal, long-temps méconnu et sans force, était entré dans cette voie d'accroissement qui devait aboutir à l'autorité unique et souveraine, et dès-lors l'existence des juridictions seigneuriales était un obstacle qu'il fallait à tout prix faire disparaître. Soutenue par les sympathies du peuple, conseillée par des légistes habiles, la royauté entreprit cette œuvre ; mais elle fut longue et difficile, et ce ne fut qu'après une lutte prolongée qu'enfin fut réalisé ce principe qui fait encore aujourd'hui la base de notre droit public : *en France toute justice émane du roi*.

14. — Le règne de Louis-le-Gros, dit Anquetil dans son histoire de France, fait une époque dans notre histoire. On y trouve... *la création de justices royales*. Ce fut d'abord dans les villes dépendantes des grands vassaux ecclésiastiques, comme moins capables de s'opposer à cette innovation, que s'introduisirent ces tribunaux royaux ; ensuite ils s'étendirent dans les fiefs laïcs. Ainsi, les habitans des cités s'accoutumèrent à entendre parler d'un roi, et à reconnaître un autre maître que leur seigneur... Ainsi vexés, ils recoururent au roi comme au seigeur suzerain pour faire réformer les jugemens qui leur étaient contraires ; le roi reçut volontiers ces appels, et afin de les rendre plus faciles, il établit dans les villes des juges que les bourgeois invoquaient au besoin.

15. — Un siècle pus tard nous trouvons les établissemens de Saint-Louis, qui, en même temps qu'ils témoignent de la sagesse de leur auteur, sont une preuve manifeste des progrès faits par la justice royale sur les justices seigneuriales et privées.

16. — Parmi les successeurs de Saint-Louis, Philippe-le-Bel et Charles V peuvent être cités comme ayant contribué le plus efficacement à l'affermissement de la juridiction royale et aux progrès de la procédure criminelle, le premier en augmentant la puissance des parlemens, qu'il constituait permanens et sédentaires, le second en déterminant avec plus de soin qu'on ne l'avait fait jusqu'alors la compétence des diverses juridictions criminelles.

17. — Mais de toutes les innovations, la plus grave assurément et la plus fertile en conséquences fut l'institution, auprès de ces mêmes juridictions, d'un représentant de la royauté agissant en son nom et défendant ses droits dans toute la durée d'une procédure qui chaque jour se simplifiait davantage. — V. MINISTÈRE PUBLIC.

18. — Le pouvoir royal était déjà bien puissant et le principe que toute justice émane du roi universellement reconnu lorsque furent édictées, sous Louis XII et François 1er, les ordonnances de 1498 et 1539 sur l'instruction criminelle. Néanmoins ce n'étaient toujours que des réformes partielles ; il n'existait point encore de Code général et complet sur ces graves matières.

19. — Ce Code véritable, qui résumait toutes les règles d'instruction criminelle et qui devait être encore long-temps attendu, se trouva enfin réalisé par l'ordonnance criminelle d'août 1670 dont les nombreuses dispositions réglaient non seulement la procédure criminelle proprement dite et la compétence des tribunaux, mais s'occupait encore du régime pénitentiaire et déterminait les peines à infliger. — V. CODE D'INSTRUCTION CRIMINELLE, nos 3 à 14.

20. — L'ordonnance de 1670 a toujours été considérée, principalement sous le rapport des améliorations et de l'unité qu'elle établit dans la procédure criminelle, comme l'un des plus glorieux monumens législatifs du siècle de Louis XIV. Si, en effet, laissant de côté des préventions qui ne conviennent point aux esprits sérieux, on prend la peine de mesurer l'espace que la justice criminelle avait parcouru depuis nos premiers rois jusqu'à ce dernier règne, depuis les épreuves de l'eau et du feu jusqu'aux règles humaines et protectrices de cette époque, il faut bien reconnaître avec l'avocat général Servan que la vérité avait fait un pas cent fois plus grand que celui qui lui restait à faire.

21. — Appréciant avec autant d'indépendance que de raison le système d'information établi par l'ord. de 1670, M. l'avocat-général Bresson, dans son discours de rentrée prononcé devant la cour royale de Paris en 1847, s'exprime ainsi : « Guidé d'abord par un profond esprit de perspicacité et de sagesse, le législateur embrasse d'un regard ferme et sûr les commencemens de toute instruction criminelle. Ces procès-verbaux qui vont saisir les premiers indices et les signes vivans du crime ; ces cahiers d'information où le témoin vient déposer des faits qui ont frappé sa vue et en face desquels il a été seul placé ; ces mesures rapides qui courent atteindre le prévenu, qui l'isolent, qui le renferment dans le silence et l'inaction pendant que les investigations du juge scrutent et interrogent autour de lui : voilà les premières avenues ouvertes à la vérité. Sous les mêmes noms ou sous des noms qui ont changé, ce sont encore là les bases nécessaires de l'instruction criminelle. Au milieu d'un siècle d'innovations et de réformes, il a fallu rester dans ces données du bon sens et de la raison. »

22. — Toutefois, ces améliorations réelles laissaient encore place à des mesures et à des dispositions, restes des temps barbares, qu'on regrette de n'avoir pas vu disparaître : la question préparatoire et la question préalable, le secret absolu de la procédure, l'absence de conseils, de défense, de discussion devant les juges, etc., etc. — Aussi ne faut-il pas s'étonner si par ses dispositions restrictives à l'égard des accusés, comme aussi par la rigueur des peines qu'elle édictait, l'ordonn. de 1670 devint l'objet des attaques les plus vives de la part de nombreux publicistes, dont quelques procès restés tristement fameux avaient excité l'ardeur, en même temps qu'ils soulevaient une réprobation générale.

23. — Une réforme de la législation criminelle était donc à la fin du siècle dernier devenue nécessaire, et déjà, il faut le reconnaître, cédant à un entraînement que lui-même partageait, Louis XVI, par la déclaration du 24 août 1780 et l'édit du 4 mai 1788, avait adouci en quelques points les prescriptions rigoureuses de l'ord. de 1670.

24. — Mais ce n'était là que d'insuffisantes mesures, loin de satisfaire au vœu général, qui demandait une réforme radicale et complète, et qui se manifesta bientôt avec plus d'énergie dans tous les cahiers des députés des états-généraux convoqués en 1789, et principalement dans ceux du clergé, d'accord en ce point avec le souverain qui, après avoir déclaré le 22 sept. 1788 son désir ardent de réformer la procédure criminelle, créait, par lettres-patentes du 6 janv. 1789, une commission chargée de la simplifier.

25. — C'est sous l'influence de ces idées que l'assemblée constituante entreprit la réforme de la législation criminelle ; toutefois, elle s'empressa d'établir, par un premier décret du 8-9 oct. 1789, les modifications jugées les plus urgentes. — V. CODE D'INSTRUCTION CRIMINELLE, nº 17.

26. — Mais l'innovation la plus importante fut introduite par la loi du 16-24 août 1790, qui proclama la procédure par jurés en matière criminelle. — V. JURY.

27. — Enfin fut promulguée, après de longues discussions (les premières délibérations remontaient au mois de mars 1790), la loi du 16-29 septembre 1791, loi véritablement organique de la procédure criminelle, et qui, bien que depuis long-temps abrogée, mérite de ne pas tomber en oubli, car les prévenus lui doivent les plus essentielles des garanties qui les protégent encore aujourd'hui, puisque d'une part, elle divisa la procédure crimi-

nelle en deux phases distinctes, celle de la recherche des preuves et celle des jugemens fondés sur un débat oral et public, et que d'un autre côté, elle institua les jurys d'accusation et de jugement. On ne saurait donc, à quelque point de vue qu'on se place, la méditer trop attentivement, non plus que le Code pénal dont elle fut contemporaine (6 oct. 1791), et la loi d'instruction pour la procédure criminelle, donnée à Paris le 21 oct. 1791, car les principes remarquables de cette instruction serviront long-temps encore de guide sûr au législateur.

28. — Malheureusement arriva la période révolutionnaire. « A cette époque, dit M. Dupin dans son discours de rentrée, loin d'être en progrès, la législation fit un retour en arrière, au-delà même du moyen-âge ; il eût fallu remonter jusqu'aux temps des proscriptions de Marius et de Sylla, aux règnes des plus méchans empereurs, aux délateurs qu'avait stigmatisés la plume de Tacite, pour trouver un point de comparaison. Laissons de côté ces temps à jamais déplorables. »

29. — Bientôt, cependant, les tribunaux révolutionnaires prirent fin avec le pouvoir violent qui les avait institués ; la constitution de l'an III fut promulguée, suivie, peu de temps après, d'un nouveau Code sur les matières criminelles ; c'est celui du 3 brum. an IV, plus connu sous le nom de Code des délits et des peines, et dont Merlin peut à bon droit passer pour le véritable rédacteur.

30. — Le Code des délits et des peines, qui abrogeait celui de 1791, fut en grande partie le produit des changemens successifs survenus dans la forme du gouvernement ; il conserva du reste aux citoyens les garanties que la loi de 1791 leur avait accordées. — V. CODE DES DÉLITS ET DES PEINES.

31. — A part quelques modifications apportées par la loi du 7 pluv. an IX, ce Code est resté en vigueur jusqu'à la promulgation du Code actuel d'instruction criminelle, lequel, bien que rédigé en 1808, n'a été cependant mis en vigueur qu'en même temps que le nouveau Code pénal, c'est-à-dire le 1er janv. 1811.

32. — Comme la législation de 1791 et le Code du 3 brum. an IV, le Code de 1808 divise l'instruction criminelle en deux périodes distinctes : 1° période de l'instruction ; 2° période du jugement. C'est, ainsi que nous l'avons dit, de la première seule que nous avons à nous occuper.

33. — Chaque fois que le fait incriminé est qualifié crime par la loi, c'est-à-dire qu'il est de nature à entraîner contre son auteur une peine afflictive et infamante, il est indispensable qu'une instruction préparatoire précède la traduction de l'accusé devant les juges qui doivent définitivement statuer sur sa culpabilité.

34. — En matière correctionnelle, au contraire, c'est-à-dire lorsque le fait constitue un simple délit, l'instruction préparatoire n'est plus si rigoureusement nécessaire ; et soit à la requête du ministère public, soit même à celle des parties lésées, le prévenu peut être cité directement devant les tribunaux compétens.

35. — Enfin, lorsqu'il ne s'agit que d'une contravention de police, ce n'est que par une exception bien rare que l'instruction précède le renvoi devant le tribunal de simple police, la poursuite ayant presque toujours lieu de la part du ministère public par voie de citation directe. — V. ACTION PUBLIQUE, nos 215 et suiv.

36. — Quel que soit, du reste, le fait qui donne lieu à une instruction criminelle, il convient, aujourd'hui comme sous l'empire du Code du 3 brum. an IV, de distinguer entre l'instruction préparatoire proprement dite et la mise en accusation ou en prévention qui n'en est que la suite.

37. — C'était à un jury, connu sous le nom de *jury d'accusation*, que le Code de brum. an IV avait attribué le pouvoir de statuer sur les mises en accusation. Cette institution n'a pas été conservée par les nouveaux Codes, et ses attributions, relativement à la mise en accusation ou en prévention, sont aujourd'hui exercées par les magistrats (V. CHAMBRE DU CONSEIL, CHAMBRE DES MISES EN ACCUSATION) ; le jugement seul des faits qualifiés crimes et de quelques délits spéciaux appartenant uniquement au jury. — V. COUR D'ASSISES, DÉLITS POLITIQUES, JURY.

38. — L'instruction préparatoire qui seule fait l'objet de cet article a pour but de recueillir les preuves des crimes et délits, pour que ces preuves réunies et rassemblées soient soumises à l'examen des chambres du conseil ou des chambres des mises en accusation. — Elle a pour agens principaux, mais, on le comprend, avec des missions et des rôles différens, le juge d'instruction, le ministère public, le prévenu et parfois même la partie civile.

39. — Les attributions du juge et du ministère public sont essentiellement distinctes et ne peuvent jamais être confondues. — Au ministère public est réservée la poursuite ; au juge la constatation des crimes et des délits ; seul ce dernier peut en rassembler les preuves ; et si le juge ne peut agir qu'après avoir été saisi par le ministère public, une fois son action commencée le ministère public n'a plus que la voie des réquisitions, et excéderait ses pouvoirs s'il cherchait à s'immiscer dans les actes de l'instruction.

40. — Le seul cas dans lequel la loi, se relâchant de la rigueur de ces principes, ait cru devoir autoriser le juge à entamer des poursuites sans réquisitions du ministère public, et le ministère public à faire des actes d'instruction, est le cas de flagrant délit. « Alors, dit M. Duverger (*Manuel des juges d'instruction*), une exception commandée par la nécessité fait fléchir le principe, établit une communication réciproque d'autorité, un cumul de fonctions de deux magistrats dont la destination devait naturellement rester différente. » — V. FLAGRANT DÉLIT. — Mais il ne faut pas perdre de vue que cette exception ne doit pas survivre aux circonstances qui l'ont fait introduire et que chacun des fonctionnaires ainsi sorti de ses attributions doit s'empresser de rentrer dans la voie ordinaire, et, pour cela, de provoquer aussitôt le concours qui lui manque.

41. — Quant à l'étendue et aux limites des attributions réciproques du juge instructeur et du ministère public, aux règles et nécessités du concours qu'ils se doivent, aux droits, devoirs et prérogatives de chacun dans l'exercice de ses fonctions, nous aurons souvent occasion de nous en occuper dans le cours de cet article. — V. pour le surplus ACTION PUBLIQUE, CHAMBRE DES MISES EN ACCUSATION, CHAMBRE DU CONSEIL, FLAGRANT DÉLIT, JUGE D'INSTRUCTION, LIBERTÉ PROVISOIRE SOUS CAUTION, MANDATS D'EXÉCUTION, MINISTÈRE PUBLIC.

42. — Les parties lésées par un crime ou un délit sont également admises dans une certaine mesure à figurer dans l'instruction criminelle, soit qu'elles restent simples plaignantes, soit que, prenant un rôle plus actif, elles se portent parties civiles. — V. ACTION CIVILE.

43. — Le rôle du prévenu est tracé par les nécessités de la défense. Il prend part à l'instruction pour repousser les charges qui pourraient s'élever contre lui, présenter et faire prévaloir ses moyens justificatifs, en un mot pour établir son innocence. Sa présence est donc indispensable : mais elle ne l'est pas dans son intérêt seul, et la société, qui doit assurer la répression de toute atteinte portée à son repos, a besoin pour s'éclairer complètement d'avoir à sa disposition ceux qu'elle accuse, et est fondée dès-lors à les contraindre à se présenter et à prévenir même, par la privation temporaire de leur liberté, toute tentative de leur part d'échapper à la peine qui les menace. — V. MANDATS D'EXÉCUTION.

44. — Quoi qu'il en soit et que sa comparution soit volontaire ou forcée, le prévenu doit toujours être admis et dès le commencement de la procédure à repousser les charges qui pèsent sur lui. Quant aux règles suivant lesquelles sa défense peut être présentée et aux moyens d'en concilier l'exercice avec ce principe que l'instruction criminelle doit rester secrète, V. DÉFENSE, JUGE D'INSTRUCTION.

45. — En ce qui concerne cet autre principe qui veut que tous les actes d'instruction criminelle soient constatés par écrit, sa portée et ses conséquences, V. aussi JUGE D'INSTRUCTION.

Sect. 2e. — *Compétence.*

46. — Le premier point à examiner lorsqu'une infraction à la loi a été commise, soit crime, délit ou contravention, est la compétence de la juridiction qui doit être appelée à en connaître. — Nous avons vu au mot COMPÉTENCE CRIMINELLE quels sont les principes et les règles qui doivent servir de guide dans cet examen, et nous les avons classés sous quelques dénominations destinées à en résumer la nature et le caractère ; qualification des faits incriminés, qualité des parties, nationalité, lieu du délit, connexité, complicité.

47. — Nous n'avons rien à ajouter à ce que nous avons dit sur ces divers élémens de compétence. — V. COMPÉTENCE CRIMINELLE. — En ce qui concerne la connexité et la complicité (V. ces mots), il est évident que ces deux circonstances, par cela seul qu'elles ont pour effet d'étendre la compétence d'une juridiction, étendent également la compétence des magistrats instructeurs placés près de cette juridiction. — Mangin, t. 1er, no 42.

48. — Mais quelques explications nouvelles ne seront pas inutiles sur les questions de compétence qui peuvent s'élever à raison du lieu du délit et par suite sur celles qui tiennent à la qualité des accusés.

49. — A cet égard, le principe qui domine est que toute infraction commise chez une nation et punie par ses lois doit être réprimée par ses tribunaux. C'est lui qui a dicté l'art. 3 du Code civil portant que « toutes les lois de police et de sûreté sont obligatoires pour toutes les personnes qui habitent le territoire. » Il établit, ainsi qu'on le voit, une juridiction plutôt territoriale et réelle que personnelle.

50. — Il suffit donc qu'une infraction aux lois françaises ait été commise sur un point quelconque du royaume pour que les tribunaux français aient le droit de la réprimer, quelle que soit la nationalité du prévenu. — V. COMPÉTENCE CRIMINELLE, nos 269 et suiv.

51 — La détermination de la compétence par le lieu du délit paraît la base la plus rationnelle pour établir la juridiction. — Les lois romaines (L. 1, ff., *De accus.* ; L. 3, C., *Ubi de crimin. agi oportet*) étaient formelles sur ce point, et sous l'empire de notre ancienne jurisprudence, Pothier (*Procéd. civ. et crimin.*, tit. 2, art. 2) écrivait : « De droit commun, la connaissance des crimes et des délits appartient au juge du lieu où ils ont été commis. »

52. — Jousse (t. 1er, p. 418) résume ainsi les raisons qui justifient cette compétence : « Elle a été établie, dit-il, 1° afin d'avoir plus facilement la preuve du crime, qui se fait et plus promptement et à moins de frais sur les lieux ; — 2° parce que la tranquillité et l'ordre public ayant été troublés dans l'endroit où le délit a été commis et l'offense ayant été faite principalement aux magistrats de ce lieu, auxquels la vengeance des crimes a été confiée, il est juste que ce soit à eux d'en faire la punition ; — 3° parce qu'il est de l'intérêt public que les crimes soient punis dans l'endroit où ils ont été commis, à cause de l'exemple, afin d'empêcher les autres de tomber dans de semblables crimes par la crainte d'un pareil châtiment. »

53. — Toutefois le lieu du délit, consulté exclusivement, lorsqu'il s'agit de simples contraventions, n'est pas, lorsque l'infraction prend les caractères d'un crime ou délit, la seule circonstance qui serve à déterminer la compétence des tribunaux du territoire et par suite celle des magistrats chargés de les poursuivre et d'en constater l'existence. — Le Code d'instruction criminelle, conforme en cela à l'ordonnance de 1670, en reconnaît en outre deux autres.

54. — On lit en effet dans l'art. 23 : « Sont également compétens pour remplir les fonctions déléguées par l'article précédent (c'est-à-dire pour la recherche et la poursuite des crimes et délits), le procureur du roi du lieu du crime ou du délit, celui de *la résidence du prévenu* et celui du *lieu où le prévenu aura été trouvé.* »

55. — D'un autre côté, l'art. 63 porte : « Toute personne qui se prétendra lésée par un crime ou un délit pourra en rendre plainte et se constituer partie civile devant le juge d'instruction soit du lieu du crime ou du délit, soit du *lieu de la résidence du prévenu*, soit du *lieu où il pourra être trouvé.* »

56. — Et l'art. 69 : « Ce n'est que dans le cas où le juge d'instruction ne serait ni celui du lieu du crime ou du délit, ni celui de la résidence du prévenu, ni celui du lieu où il est trouvé qu'il doit renvoyer la plainte devant le juge d'instruction chargé d'en connaître. »

57. — Les motifs qui ont déterminé le législateur moderne à établir cette triple compétence sont les mêmes que ceux du législateur ancien ; le but qu'il s'est proposé a été d'assurer d'une manière plus efficace la répression des crimes et délits : « Cette heureuse concurrence, disait l'orateur du gouvernement dans l'exposé des motifs, nous autorise à croire que le crime ne restera jamais sans poursuite. »

58. — En effet, outre que la détermination du lieu du crime ou du délit n'est pas toujours facile à établir et quelquefois même ne saurait l'être, notamment dans la plupart des délits d'usure, il peut se trouver telles circonstances où l'intérêt mieux entendu de la justice exige que la connaissance de l'affaire appartienne aux magistrats du lieu de la résidence du prévenu, par exemple si un intervalle plus ou moins long s'est écoulé depuis la perpétration du fait incriminé, si le coupable a transporté dans sa résidence les produits de son crime, ou enfin s'il y a conservé des objets qui peuvent servir de pièces de conviction contre lui. — Mangin, t. 1er, no 38.

59. — Du reste il faut remarquer que le Code d'instruction criminelle fait mention de la compétence non du juge du *domicile*, mais de celui de la *résidence.* — C'est donc au fait matériel de la ré-

résidence et non au domicile légal qu'il convient de s'attacher lorsque la résidence et le domicile sont distincts.

60. — Ainsi le tribunal dans la circonscription duquel le prévenu s'est trouvé à l'origine des poursuites ne cesse pas d'être compétent, quoique le prévenu ne réside plus dans cette circonscription au moment où les poursuites abandonnées sont reprises plus tard à raison de la survenance de nouvelles charges. — *Cass.*, 15 avr. 1842 (t. 1er 1843, p. 700), Picola c. Cabrera et Polo y Mimos.

61. — Comme aussi la résidence dont il est question ici n'est pas celle que l'accusé pouvait avoir au moment de la perpétration du crime, mais celle qu'il occupe au moment de la plainte ou de la poursuite. — Jousse, sur l'ord. 1670.

62. — Néanmoins, si le prévenu avait plusieurs résidences, est-ce à celle où il se trouve au moment de la poursuite qu'il convient de s'attacher pour déterminer la compétence ? — Non, évidemment. « La question, dit Mangin (*loc. cit.*), doit se résoudre par les circonstances. Si les pièces de conviction se trouvaient dans l'une des résidences, le juge du lieu de cette résidence serait certainement compétent, encore bien que le prévenu ne l'habitât pas au moment des poursuites. »

63. — Enfin, à l'égard de la compétence qui s'établit par le lieu où le prévenu peut être trouvé, c'est-à-dire arrêté, ainsi que l'expliquait l'orateur du gouvernement, elle se justifie en ce qu'elle offre un moyen d'assurer la répression des infractions commises, alors qu'il est impossible de déterminer soit le lieu du délit, soit la résidence habituelle du prévenu, ce qui se présente le plus souvent quand il s'agit de vagabondage.

64. — « Mais si le prévenu, une fois arrêté, parvient à s'échapper avant que le juge du lieu de l'arrestation ait commencé une instruction, sa compétence cesse, car il n'est pas saisi de l'affaire. Si, au contraire, le prévenu s'échappe après que l'instruction est commencée, sa compétence continue. » — Mangin, no 39.

65. — Le fait qu'un individu était déjà détenu dans la maison de justice d'un tribunal, lorsque des faits antérieurement commis dans le ressort d'un autre tribunal ont été révélés à la justice, ne peut être considéré comme remplissant la troisième condition de compétence spécifiée dans l'art. 23, C. inst. crim., laquelle attribue juridiction au tribunal du lieu où le prévenu pourra être trouvé. — *Cass.*, 29 mai 1847 (t. 2 1847, p. 582), Barraud.

66. — Si la triple compétence territoriale, établie par la loi, est une garantie plus efficace de la répression des crimes et délits, en fait elle n'est pas sans donner lieu à de graves difficultés lorsqu'il s'agit de déterminer, en cas de concurrence, à quels juges doit être réservée la connaissance de l'affaire.

67. — L'ordonnance de 1670 s'attachant de préférence à la compétence résultant du lieu du délit, voulait (tit. 1er, art. 1er) *que l'accusé fût toujours renvoyé au juge de ce lieu, si le renvoi en était requis.*

68. — Le Code du 3 brum. an IV contenait également sur le réglement de la compétence en pareille matière des dispositions formelles, mais qui reposaient sur une distinction que n'avait pas établie l'ordonnance de 1670. — Les art. 77, 78 et 79 portaient : « En cas de concurrence, l'instruction demeure à celui (le juge de paix) qui a le premier délivré le mandat d'amener. — Art. 77. — Si le juge de paix du lieu du délit et celui de la résidence ont délivré le mandat d'amener le même jour, le juge de paix du lieu du délit est préféré. — Art. 78. — Si le juge de paix du lieu de la résidence habituelle et celui de sa résidence momentanée l'ont délivré le même jour, l'instruction demeure au juge de paix du lieu de la résidence habituelle. — Art. 79.

69. — A plus forte raison décidait-on que lorsque le juge du lieu du délit avait le premier commencé l'information, il devait avoir la préférence sur celui du domicile du prévenu pour la continuation des poursuites. — *Cass.*, 1er pluv. an IX (réglem. de juges), Velez.

70. — Le Code d'instruction criminelle garde le silence sur ces divers points ; néanmoins il semble résulter des art. 100 et suiv. qu'en principe général, c'est au juge qui le premier a délivré un mandat d'exécution contre le prévenu, qu'il convient d'attribuer la connaissance de l'affaire. — On voit, en effet, que dans les cas prévus par ces articles, c'est le juge qui a délivré le mandat d'amener, ou dans le ressort duquel l'officier qui l'a délivré, exerce ses fonctions, qui est regardé comme saisi de l'affaire ; c'est à lui aussi qu'on doit adresser toutes les pièces, notes et renseignemens qui y sont relatifs.

71. — Aussi est-ce dans ce sens, et comme règle de droit commun, que la jurisprudence, d'accord avec la doctrine, décide qu'en cas de concurrence entre deux juges d'instruction également compétens, la continuation des poursuites appartient à celui qui le premier a décerné, soit un mandat d'arrêt, soit un mandat de dépôt, soit un mandat d'amener. — *Cass.*, 13 mars 1812, Levavasseur ; 9 avr. 1812, Arnould et Adam ; 25 oct. 1812, N... ; 7 nov. 1812, N... ; 10 oct. 1828, N... ; 21 avr. 1831, Lamy. — V. conf. Legraverend, t. 1er, p. 161, et tit. 2, p. 22, sous la note 1re ; Boitard, *Leçons sur le Code d'inst. crim.*, 3e leçon, no 37 ; Rauter, no 678 ; Le Sellyer, no 1623 ; Carnot, sur l'art. 23, C. inst. crim., t. 1er, p. 205, no 2, et aussi sur l'art. 3, p. 81, no 33, et sur l'art. 526, t. 3, p. 439, no 10 ; Bourguignon, *Jurisp. des Codes crim.*, sur l'art. 23, t. 1er, p. 129.

72. — Seulement les auteurs ne sont pas généralement d'accord sur la question de savoir quand le mandat doit être réputé régulièrement décerné : suffit-il qu'il soit délivré par le juge, ou faut-il qu'en outre il ait été notifié ? — V. MANDATS D'EXÉCUTION.

73. — Toutefois, et quelque parti qu'on prenne sur la solution de cette dernière question, il ne faudrait pas voir dans la circonstance de l'antériorité du mandat une cause absolue et nécessaire d'attribution de juridiction, pour le magistrat qui l'aurait décerné. — Les circonstances, en effet, et l'intérêt de la justice ou du prévenu peuvent faire fléchir la règle.

74. — C'est ainsi que dans des espèces où des mandats d'amener avaient été décernés par deux juges différens et également compétens, la cour de Cassation s'est appuyée avant tout, pour le réglement de la compétence, sur cette double considération que les preuves pouvaient être plus facilement réunies, et le déplacement des témoins plus facile ou moins dispendieux, ne tenant que pour considération subsidiaire le fait qu'un mandat d'amener avait été décerné en premier lieu, par le juge devant lequel elle renvoyait. — *Cass.*, 17 janv. 1828, Samuel d'Alsace ; 7 janv. 1830, Martin.

75. — Précédemment déjà elle avait rejeté le pourvoi formé contre un arrêt de la cour de Limoges, du 26 août 1817, qui, dans une affaire de faux témoignage, avait déclaré que le juge d'instruction avait pu valablement renvoyer la connaissance de l'affaire devant le juge du lieu où le faux témoignage avait été commis, et où résidait la plus grande partie des témoins. — *Cass.*, 6 nov. 1817, André Rillardon.

76. — Mais, ainsi que le fait remarquer Mangin (t. 1er, no 42), bien qu'en fait il n'apparaisse qu'aucun acte de procédure eût précédé le renvoi, cet arrêt n'en a pas moins donné à l'art. 69, C. inst. crim., plus d'extension qu'il ne comporte, puisqu'aux termes de cet article le juge ne peut renvoyer la plainte à un autre juge, qu'autant qu'il n'est ni celui du lieu du crime ou du délit, ni celui de la résidence du prévenu, ni celui du lieu où ce dernier a été trouvé. — Or, telle n'était point, dans l'espèce, la position du juge ; il était compétent à raison de la résidence des prévenus ; il ne lui appartenait point de se dessaisir en faveur d'un autre juge.

77. — Chaque fois, en effet, que deux juges ou deux tribunaux également compétens sont saisis d'une affaire, il y a conflit de juridiction, lequel, en matière criminelle, ne peut être réglé que suivant les formes spéciales établies par les art. 525 et suiv., C. inst. crim. — V. RÉGLEMENT DE JUGES.

78. — Un certain nombre de criminalistes estiment cependant que quand il n'est point justifié d'un mandat décerné, ou quand les mandats portent la même date, il y a obligation pour la juridiction saisie du réglement de la compétence, de suivre les routes tracées par le Code du 3 brum. an IV, c'est-à-dire de préférer le juge du lieu du délit à celui de la résidence, et ce dernier à celui du lieu où le prévenu pourrait être trouvé. — Carnot, Boitard, Le Sellyer, *loc. cit.*

79. — Nous ne pouvons partager cet avis, et nous pensons que quelles que soient les causes diverses de compétence, les juges appelés à la régler peuvent valablement et sans qu'il en résulte aucune violation de loi, renvoyer devant celui des juges saisis qu'ils estiment le plus en position d'instruire l'affaire. — *Cass.*, 6 nov. 1817, André Rillardon.

80. — Ainsi encore, lorsque des juges d'instruction ressortissant à des cours royales différentes se trouvent concurremment saisis de la même affaire, la cour de Cassation statuant par réglement de juges, peut attribuer la continuation des poursuites au magistrat dans le ressort duquel le plus grand nombre des prévenus a été arrêté, alors surtout qu'il est en même temps le juge du lieu du délit. — *Cass.*, 16 nov. 1827 (réglem. de juges), Pierre Boucheron.

81. — Néanmoins, en l'absence de circonstances particulières, il nous paraît plus convenable, et c'est en effet ce qui a lieu dans la pratique, de suivre les principes établis par le Code du 3 brum. an IV, et de donner la préférence au juge du lieu du délit. — V. notamment *Cass.*, 30 mai 1828, Delort.

82. — Mais, nous l'avons dit, il n'est pas toujours facile de déterminer le lieu du délit et, par suite, le juge compétent : les difficultés qui peuvent se présenter à ce sujet étaient déjà les mêmes sous l'empire de l'ord. de 1670, et plusieurs de nos anciens auteurs s'étaient appliqués à les prévoir et à les résoudre.

83. — Ainsi, selon Jousse (*Tr. de la just. crim.*, t. 1er, p. 416, no 15) et Pothier (p. 175), c'est ordinairement l'exécution du crime et non le complot qui constitue le délit. C'est donc le lieu où le crime a été consommé, mis à exécution, qui est le lieu du délit ; c'est donc aussi le tribunal de ce lieu qui est compétent pour le juger. — Cette doctrine est, de nos jours, adoptée formellement par M. Le Sellyer (t. 4, p. 1602) et semble l'être au moins implicitement par Merlin (*Rép.*, vo *Compétence*, § 2, no 2, p. 273).

84. — Si, par exemple, un individu donne mission dans un lieu pour tuer une personne dans un autre lieu, et que cette mission soit exécutée, le juge compétent est évidemment celui où l'homicide a été commis, et non celui où le mandat a été donné, parce que ce mandat ne constitue pas le crime, qu'il marque seulement l'intention de le commettre. — Mangin, t. 1er, no 37.

85. — Mais il en serait autrement dans le cas de l'art. 89, C. pén. « Il y a complot, porte le § 3 de l'art. 89, dès que la résolution d'agir est concertée et arrêtée entre deux ou plusieurs personnes. » Le complot à lui seul *constituant* ici le crime, c'est le juge du lieu où ce complot a été formé qui se trouve compétent.

86. — S'il ne faut pas confondre le projet du crime, quelque arrêté qu'il soit avec le crime lui-même, il faut, avec non moins de soin, distinguer le fait même du crime et du délit des faits étrangers qui peuvent s'y joindre.

87. — Jugé, par application de ce principe, que le crime de banqueroute ne consistant que dans la fraude dont le failli s'est rendu coupable, n'est point nécessairement, et par sa nature, commis au domicile du failli ; et qu'en conséquence, si les faits de fraude se sont passés ailleurs, le domicile de ce failli ne peut plus déterminer exclusivement, comme en matière civile, la compétence des tribunaux. — *Cass.*, 1er sept. 1827, Montigny.

88. — Les élémens constitutifs d'un crime pourraient n'avoir pas été accomplis dans le même lieu, et le crime, en conséquence, avoir été commis dans deux juridictions différentes. Par exemple, si l'on avait tiré un coup de fusil d'une juridiction dans une autre, et qu'il y eût une victime, quel serait le juge compétent, comme juge du lieu du délit ? — Selon Merlin (*Rép.*, vo *Compétence*, § 2, no 2), les deux juges seraient également compétens ; mais celui qui aurait commencé le premier les poursuites aurait la préférence. — Pothier, au contraire, enseigne « que le délit étant une action qui tend à troubler l'ordre et la tranquillité publique, c'est le lieu où la tranquillité publique est troublée qui est le lieu du délit. Par conséquent, c'est le juge du lieu sur lequel on a tiré qui est compétent. » — Jousse (t. 1er, p. 44, no 9), après avoir décidé d'abord (*Comment. sur l'ord. de* 1670, art. 1er, t. 1er) que c'était le juge du lieu d'où l'on avait tiré, a fini par adopter l'opinion de Pothier, et il en a donné cette raison : « Il me semble que ce doit être le juge du lieu où la personne est tuée qui doit connaître du délit, à cause de la visite du cadavre, qui ne pourrait être faite par l'autre juge hors de son ressort. » — C'est cette dernière opinion que nous préférerions. — V. conf. Le Sellyer, t. 4, no 1604 ; Mangin, *ubi suprà*.

89. — Il peut arriver qu'il y ait contestation sur le lieu où le crime a été commis, par suite de l'ignorance où l'on serait à cet égard. « Dans ce cas, dit Jousse (*Just. crim.*, p. 413, no 6), celui qui requiert le renvoi doit prouver avant tout que le crime a été commis dans la juridiction ; sinon celui qui aura prévenu sera préféré. » — V. la coutume de La Marche, art. 21, et celle d'Auvergne, tit. *Des renvois*, art. 9. — V. aussi Baldus, *In L. si verò*, § *quod si ex mediano*, ff., *De his qui ejec. vel offend.*, et *In* L. 2, Cod., *Ubi de crimine agi oporteat* ; *etiam* ; Julius Clarus, quest. 38, no 11 ; et Farinacius, quest. 7, no 51 ; — Merlin, *Rép.*, vo *Compétence*, § 2, p. 272.

90. — « C'est ainsi, continue Jousse (*loc. cit.*), que dans le cas où le délit est commis sur une rivière

qui sépare deux juridictions, quelques auteurs prétendent que c'est au plus diligent des deux juges à en connaître. » — V. dans ce sens Pontanus, sur l'art. 17 de la *Coutume de Blois*; Tronçon, sur l'art. 68 de la *Coutume de Paris*; et Basnage, sur l'art. 13, t. 1er, de la *Coutume de Normandie*, p. 66; *ità etiam*, Bartolus, in L. 1, Cod. *De class.*; L. 11, Boerius, Cons. 24, no 14; et Deciamus, *In tractatu criminum*, t. 1er, lib. 4, cap. 17, no 29.

91. — De même, quand un homme est trouvé mort sur les confins de deux juridictions, quelques uns prétendent que la connaissance en appartient au juge dans la juridiction duquel est la tête, parce que c'est la principale partie du corps humain; et d'autres, que c'est au juge du lieu où les pieds du cadavre sont situés. Mais il paraît plus naturel, en ce cas, de dire que c'est celui qui a prévenu qui doit en connaître. — Jousse, *ibid.* — V. conf. Mangin, t. 1er, no 37; Le Sellyer, t. 4, no 1607.

92. — Que si, au contraire, le cadavre de la personne homicidée se trouvait en entier sur le territoire d'une juridiction, et que l'on fût dans l'ignorance du lieu où le crime aurait été commis, on devrait, par une présomption fort légitime, et qui ne doit cesser d'avoir effet qu'en cas de preuve contraire, réputer lieu du crime celui où se trouve le corps du délit. — Jousse, *loc. cit.*; Merlin, *Rép.*, vo *Compétence*, § 2, no 1er, et vo *Cadavre*, no 2.

93. — Spécialement, en matière d'infanticide, à défaut de preuve contraire, le lieu où est trouvé le cadavre de l'enfant est présumé celui où l'enfant a été homicidé, et, par suite, la cour d'assises de ce lieu est compétente pour statuer sur l'accusation d'infanticide. — *Cass.*, 20 flor. an XIII, Debout.

94. — Il en devrait être de même, et par les mêmes motifs, quand il s'agit de cadavres de noyés déposés par les flots sur le rivage de la mer. — Jousse, *loc. cit.*

95. — Quant aux crimes commis en mer, c'est le juge du lieu le plus rapproché de l'endroit où ils ont été commis qui doit en connaître. Remarquons, toutefois, qu'il n'en est ainsi qu'autant qu'il s'agit d'infractions dont la répression, soit par leur nature, soit par la qualité des coupables, appartient à une juridiction territoriale.

96. — Il paraît assez difficile d'établir des règles générales en matière de délits successifs, c'est-à-dire qui se composent d'une série de faits qui peuvent être commis dans divers lieux. « Dans les crimes successifs, dit Jousse (*loc. cit.*), comme, par exemple, si quelqu'un blesse une personne dans l'étendue d'une justice, et qu'ensuite il la poursuive et la tue dans une autre justice, ou qu'après l'avoir tuée dans l'étendue d'une justice, il aille le dépouiller et voler dans une autre, alors chacun des juges pourra en connaître. » — V. aussi Mangin, t. 1er, no 577.

97. — En pareil cas, la juridiction appelée à régler la compétence doit, en l'absence de circonstances particulières, se déterminer par l'examen de la gravité des différens faits commis; ainsi, pour nous servir d'un des exemples cités par Jousse, si un individu avait été tué dans un lieu, et son cadavre porté et dépouillé dans un autre, il paraîtrait plus naturel d'attribuer l'instruction au juge du lieu de l'homicide.

98. — Nos anciens criminalistes n'étaient pas d'accord sur le point de savoir si, au cas de rapt, les juges des lieux traversés par le ravisseur, avec la personne enlevée, étaient compétens pour en connaître. — Pussort s'était prononcé pour l'affirmative; Farinacius et Dargentré pensaient, au contraire, que ces juges ne pouvaient avoir juridiction qu'à défaut du juge du lieu du rapt. — Selon Pothier (*Procéd. crim.*, sect. 1re, art. 2, p. 175 et 176), le tribunal du lieu du délit étant celui du lieu d'où la personne a été enlevée, c'est ce tribunal qui serait compétent. « Dans les crimes successifs, dit cet auteur, le lieu du délit est celui où s'est commis ce qu'il y a de principal dans le délit, et non pas ce qui n'en est que la continuation et la suite. Or, ce qu'il y a de principal dans le rapt est l'enlèvement de la personne du lieu où elle était; le reste n'en est que la suite. C'est donc le lieu où s'est fait l'enlèvement qui est le seul lieu du délit; car, comme dans le vol, quoique le vol continue par tous les lieux où le voleur passe, néanmoins personne ne disconviendra que le lieu du délit ne soit celui où la chose a été prise. » — Cette opinion de Pothier nous paraît fondée. Il nous semblerait, en effet, difficile d'admettre que le seul fait du passage sur un territoire pût le faire considérer comme le lieu du délit. Il faudrait donc, sous l'empire de notre législation actuelle, que le prévenu y fût trouvé pour fixer la juridiction dans le lieu du passage. — V. conf. Jousse, *loc. cit.*

99. — Il y a parité de motifs pour décider dans le cas de rupture de ban par un individu condamné à la surveillance de la haute police. Il est évident que tous les lieux où il a passé depuis l'infraction ne peuvent être considérés comme lieux du délit, mais bien celui où il a refusé ou négligé de se présenter à la mairie pour y faire sa déclaration de résidence, et celui dans lequel il est trouvé, sans qu'il soit désigné dans son itinéraire. — Du reste, le plus souvent, les individus arrêtés pour cause de rupture de ban sont traduits devant le tribunal du lieu de leur arrestation. Celui par lequel ils ont été condamnés ne serait compétent que pour prononcer sur leur identité.

100. — La question d'attribution de compétence se présente bien plus délicate quand il s'agit de délits véritablement successifs, c'est-à-dire qui, aux termes de la loi, ne peuvent résulter que de la réunion et de la réitération de plusieurs actes isolés, chacun de ces mêmes actes, considéré en lui-même, ne tombant pas sous l'application de la loi pénale. — Tel est, par exemple, le délit d'habitude d'usure.

101. — La cour de Cassation a décidé que l'individu inculpé d'avoir successivement exercé dans plusieurs arrondissemens des actes particuliers d'usure *suffisans pour en constituer l'habitude dans chacun d'eux*, peut indifféremment être poursuivi devant le tribunal de l'un de ces arrondissemens, quoique ce ne soit pas celui de son domicile. — *Cass.*, 15 oct. 1818, Debosque.

102. — Mais par les considérans même de son arrêt, la cour de Cassation décidait implicitement et avec raison que, si les faits particuliers qui, réunis, forment l'habitude d'usure étaient insuffisans pour constituer un délit dans chaque arrondissement particulier, aucun de ces arrondissemens ne pouvant être considéré comme lieu du délit, la compétence n'aurait pu être déterminée que par son domicile. — V. conf. Mangin, *loc. cit.*

103. — De même, pour déterminer la compétence dans le cas de vagabondage et de mendicité habituelle, il faut nécessairement une série de faits qui puissent servir, sinon à constituer à eux seuls le délit, au moins à faire reconnaître son existence, car le seul fait du passage du prévenu dans tel ou tel lieu est insuffisant, alors qu'il a cessé d'être dans ce même lieu; car s'il s'y trouvait encore, son arrestation établirait la compétence du juge sans qu'il soit besoin d'examiner si ce lieu est celui du délit ou celui de la résidence du prévenu.

104. — Il est évident qu'à moins d'une attribution spéciale, le juge qui n'est ni celui du lieu du délit, ni du domicile, ni de l'arrestation du prévenu, est incompétent pour connaître de la poursuite. — *Cass.*, 26 frim. an X, Adam. — Merlin, *Rép.*, vo *Compétence*, § 2, no 6. — Mais là où des lois spéciales et particulières ont déterminé différemment la compétence, il y a dérogation nécessaire à la règle générale.

105. — Ainsi, en matière de garantie des ouvrages d'or et d'argent, la connaissance d'une contravention résultant de la possession d'ouvrages marqués de faux poinçons, appartient au tribunal du lieu où cette contravention a été constatée, quoique le prévenu n'ait pas son domicile dans ce lieu, qu'il n'y ait pas été trouvé, et, dit la cour de Cassation, que le délit n'y ait pas été commis. — *Cass.*, 14 fév. 1840 (t. 2 1840, p. 604). Bemier. — V. MATIÈRES D'OR ET D'ARGENT.

106. — En matière de faux, la compétence s'établit par le lieu où il a été fait usage de la pièce fausse, comme par celui où elle a été fabriquée ou falsifiée, ou par celui du domicile du prévenu. — En cas de concurrence, c'est le juge premier saisi qui doit continuer l'instruction de l'affaire. — *Cass.*, 31 août 1809, Lebossé. — Merlin, *Quest. de dr.*, vo *Faux*, § 7. — V. FAUX, nos 760 et suiv.

107. — L'usage d'une pièce fausse constituant un crime distinct de la fabrication de la pièce fausse, la cour d'assises dans le ressort de laquelle cet usage a eu lieu est compétente pour en connaître, aussi bien que celle du domicile et que celle du lieu où s'est opérée l'arrestation du prévenu. Cette cour doit même être préférée aux deux autres pour la continuation des poursuites, lorsque le mandat a été décerné par un officier de police judiciaire de son ressort. — *Cass.*, 1er pluv. an IX, Velez.

108. — Dans ce cas, la compétence s'étendrait non-seulement à celui qui a fait usage de la pièce, mais même à celui qui l'a fabriquée. — *Cass.*, 14 germ. an XIII, Pommez; 27 déc. 1806, Feret; 31 août 1809, Lebossé.

109. — Mais le juge qui n'est compétent pour connaître d'un crime de faux qu'à raison de l'usage qui a été fait dans son ressort de la pièce fausse, ne peut, alors qu'il décide que le prévenu eu a fait usage sans intention coupable, retenir la connaissance de l'affaire à l'égard des auteurs du faux qui sont étrangers à sa juridiction. — *Cass.*, 26 nov. 1812, Maupas. — Merlin, *Rép.*, vo *Faux*, sect. 1re, § 2.

110. — Celui qui remet à un tiers des pièces comptables pour être produites dans un autre lieu, au siége d'une administration qu'elles concernent, est réputé en faire usage dans le lieu où elles sont produites en son nom. En conséquence, en cas de fausseté desdites pièces, le magistrat de ce dernier lieu est compétent pour exercer les poursuites. — *Cass.*, 1er pluv. an IX, Velez.

111. — Le lieu où a été fait le premier endossement d'une lettre de change fausse doit être considéré comme celui où il en a été fait usage et conséquemment comme le lieu du délit. Par suite, le tribunal spécial dans le ressort duquel ce lieu est situé ne peut pas se déclarer incompétent et renvoyer la cause devant le tribunal spécial du domicile de l'inculpé. — *Cass.*, 11 vent. an XII, Borelly-Léger.

112. — De même, l'abus de blanc-seing doit être considéré comme commis dans le lieu où la pièce dont s'est servi le prévenu a été soustraite et présentée au prétendu débiteur. Le double fait de la soustraction et de l'usage fait suffisamment présumer que l'altération de la pièce a été commise dans le même lieu. — *Cass.*, 24 déc. 1840 (t. 2 1840, p. 180), Bussière.

113. — Jugé enfin qu'une expédition arguée de faux, qui n'est point représentée et dont la forme et la signature ne sont point connues, n'est pas légalement réputée avoir été fabriquée dans le lieu où la minute de l'acte est déposée; qu'ainsi le juge du lieu de la minute ne peut, sans autre circonstance, établir sa compétence sur la seule présomption que c'est dans ce lieu qu'a été fabriquée la pièce arguée de faux. — *Cass.*, 28 fruct. an XII, Vauban.

114. — « Après avoir, dit Mangin (t. 1er, no 41), fixé les principes sur la compétence territoriale du procureur du roi et du juge d'instruction, il convient d'examiner si elle s'étend indistinctement à tous les crimes, à tous les délits, quels qu'en puissent être les auteurs, et quelle que soit la juridiction qui sera chargée en définitive de statuer sur le jugement. »

115. — L'ancienne jurisprudence reconnaissait aux juges royaux une compétence en quelque sorte illimitée pour la poursuite et l'instruction de tous les délits commis dans l'étendue de leur territoire. — V. ord. 1670, tit. 1er, art. 16; décl. 5 fév. 1731, art. 21. — Jousse, *loc. cit.* — Notre législation actuelle reproduit-elle les mêmes règles? existe-t-il dans le juge d'instruction et le procureur du roi près chaque tribunal une attribution absolue de compétence qui leur permette de poursuivre et d'instruire toute espèce de crime, quelle que soit du reste la juridiction appelée ultérieurement à en connaître?

116. — Au premier abord, le texte de l'art. 22, C. instr. crim., paraît contraire à ce système. On y lit en effet « que les procureurs du roi sont chargés de la recherche et de la poursuite de tous les délits dont la connaissance appartient *aux tribunaux et aux cours d'assises.* » Mais le sens trop exclusif qu'on pourrait attacher à ces dernières expressions ne saurait se maintenir. On rapproche l'art. 22 des art. 29 et 30, qui font un devoir de dénoncer les crimes et délits non-seulement aux fonctionnaires, mais même aux particuliers, et qui, conçus en termes absolus, ne distinguent ni la nature du crime ou du délit, ni la qualité des personnes par lesquelles il a pu être commis.

117. — Au surplus, la discussion qui eut lieu dans le conseil d'état (séance du 11 juin 1808) à l'occasion de l'art. 29, ne permet aucun doute. — M. Pelet de la Lozère faisait remarquer que l'article n'admettait point d'exception pour les affaires qui devaient être portées à la haute cour nationale. — Le consul Cambacérès répondit : « A l'égard de l'exception réclamée pour les affaires de la compétence de la haute cour, elle dérangerait tout système. On a voulu empêcher que cette institution n'arrêtât l'action ordinaire de la justice, et que par ses formes, elle ne fît perdre les traces des délits. C'est dans ces vues qu'on a autorisé les officiers des lieux à constater les faits et à procéder à la première instruction, sauf à renvoyer l'affaire à la haute cour, quand ils reconnaissent qu'elle est de sa compétence. » — Ce à quoi M. Pelet de la Lozère répliqua : « Qu'il sent toute la force de ces raisons, mais qu'il ne regrette pas d'avoir proposé son observation, attendu que les explications qu'elle a amenées étant consignées au procès-verbal, on ne pourra se méprendre sur le sens dans lequel l'article a été adopté. »

118. — Mangin, qui rapporte cet incident, fait observer avec raison combien les paroles de Cambacérès et de M. Pelet de la Lozère deviennent graves, si l'on songe d'une part à l'importance des attributions que le sénatus-consulte du 28 floréal an XII

avait conférées à la haute cour (V. HAUTE COUR), et si l'on remarque en second lieu que l'art. 29, tel qu'il était alors rédigé, reconnaissait au ministère public, à l'égard de tous les délits, non-seulement le droit de poursuivre, mais en outre celui d'entendre les témoins, et de faire, pour constater le crime ou le délit et en découvrir et saisir les auteurs, toutes perquisitions, saisies et procès-verbaux. — V. Mangin, t. 1er, no 41.

119. — On peut donc dire avec le même auteur que : « L'intention des rédacteurs du Code d'instr. crim. a été de placer dans le juge d'instruction et dans le procureur du roi un principe de compétence qui s'étendît à tous les crimes et à tous les délits, quels qu'en fussent les auteurs, quelle qu'en fût la nature. Ces magistrats peuvent bien, quand il s'agit de certains faits ou de certaines personnes, n'être point autorisés à continuer les poursuites, à achever l'instruction, à décerner les mandats ; ils peuvent bien être obligés, à une certaine époque de la procédure, de s'en dessaisir, de l'abandonner en d'autres mains ; mais c'est aux leurs que la loi l'a confiée d'abord, et elle n'en sort que quand l'exception est constatée et vérifiée. En un mot, cette exception les rend incompétens pour faire certains actes, mais elle n'empêche pas qu'ils ne soient compétens pour entamer les poursuites ou commencer l'instruction. »

120. — C'est au surplus dans ce sens que la cour de Cassation a jugé dans une espèce où il s'agissait d'une citation donnée par un procureur du roi, devant un tribunal correctionnel, à un fonctionnaire de l'ordre judiciaire, qui ne pouvait être traduit que devant la cour royale, que des actes d'instruction ou de poursuite émanés d'un magistrat ou officier public ayant qualité pour instruire ou poursuivre sur le fait du délit considéré en lui-même, sont des actes valables, et qu'ils ont un caractère judiciaire, quel que puisse être d'ailleurs le tribunal qui, à raison de la qualité du prévenu, devra postérieurement prononcer sur le délit. — *Cass.*, 18 janv. 1822, Cristinacce.

121. — Le juge d'instruction et le procureur du roi sont donc toujours compétens, quel que soit le caractère et l'auteur du délit, pour la recherche et la poursuite de tous les crimes et délits commis dans le territoire de leur juridiction. Mais cette attribution n'est pas complète, en ce sens que, hors le cas de flagrant délit, elle ne les autorise point à prendre des mesures contre la personne même des prévenus qui ressortissent à une juridiction spéciale, ou tirent de leur caractère ou de leur position, certaines garanties ou certains priviléges qu'il importe de respecter. — V. à cet égard ACTION PUBLIQUE, FLAGRANT DÉLIT, FONCTIONNAIRES PUBLICS, MANDATS D'EXÉCUTION.

122. — Il est inutile d'ajouter que tout juge d'instruction incompétent doit d'office s'abstenir ; s'il ne le fait, l'exception peut être soulevée tant par le ministère public que par le prévenu ou la partie civile. — V. COMPÉTENCE CRIMINELLE.

Sect. 3e. — *Dénonciations et plaintes.*

123. — L'action de la justice n'est pas seulement provoquée par les rapports, avertissemens et procès-verbaux des agens et fonctionnaires chargés de constater et faire connaître toutes les atteintes portées à l'ordre et à la sécurité publics, elle peut encore prendre pour point de départ, et c'est même ce qui, en fait, arrive le plus souvent, les déclarations que sous le nom de plaintes ou dénonciations, font, ou adressent aux magistrats compétens, soit les personnes lésées par les infractions dont elles révèlent l'existence, soit même les tiers que ces infractions n'atteignent point.

§ 1er. — *Personnes qui peuvent faire une dénonciation ou une plainte.*

124. — La dénonciation est, en général, l'acte par lequel on fait à la justice la déclaration d'un crime, d'un délit ou d'une contravention dont on a connaissance afin qu'elle en fasse la poursuite. — Mangin, t. 1er, no 45.

125. — En principe, toute personne, française ou étrangère, capable ou incapable, a qualité pour dénoncer les infractions à la loi dont elle a connaissance, sans qu'elle ait besoin de justifier d'aucun intérêt direct et personnel à la répression, même lorsque, lésée par cette infraction, elle aurait transigé avec le coupable sur ses intérêts civils. — Jousse, *Tr. de législ. crim.*, t. 2, p. 56 ; Merlin, *Rép.*, vo *Dénonciateur*, t. 3, p. 541 ; Desquiron, *De la preuve par tém. en mat. crim.*, p. 67 ; Schenck, *Tr. du min. publ.*, t. 2, p. 92 ; Carnot, *De l'inst. crim.*, t. 1er, p. 207 ; Duverger, t. 2, no 201.

126. — Nous avons vu au mot DÉNONCIATION (V. ce mot) qu'on distingue, en matière criminelle, plusieurs espèces de dénonciations, l'une *officielle*, qui est imposée aux fonctionnaires publics (C. inst. crim., art. 29), l'autre *civique, que la loi commande* quelquefois, et dans des cas très exceptionnels, mais qui le plus souvent reste entièrement *volontaire* ou *spontanée*. — *Ibid.*, art. 30.

127. — Ce qui distingue la plainte de la dénonciation, c'est que tous peuvent indistinctement dénoncer aux magistrats les faits qui portent atteinte à l'ordre social ; mais le droit d'en rendre plainte n'appartient qu'à la partie dont ces faits blessent les intérêts privés ; telle était la doctrine de l'art. 94, Code des délits et des peines, reproduit par l'art. 63, C. inst. crim., aux termes duquel « toute personne qui se prétendra lésée par un crime ou un délit, pourra en rendre plainte et se constituer partie civile. » — « La plainte diffère de la dénonciation, dit M. Duverger (t. 2, no 179), comme l'espèce diffère du genre. »

128. — Pour être admis à se plaindre d'un délit, il faut donc tout à la fois y avoir un intérêt direct et un droit formé, c'est-à-dire que le préjudice soit déjà né et légalement personnel. — Néanmoins, l'appréciation de cet intérêt direct et de ce droit formé ne pouvant définitivement se régler qu'au moment où les juges procéderont au jugement du fond du procès, c'est la partie elle-même, quand elle porte plainte, qui doit s'en rendre compte avec le plus grand soin.

129. — Plusieurs personnes pouvant éprouver un préjudice à raison du même délit, la plainte pourrait être simultanée de leur part, sans que du reste cette simultanéité soit une condition nécessaire, chaque indivividu lésé, ou du moins prétendu tel, conservant toujours sa liberté d'action, et ne pouvant pas plus être forcé à déposer plainte malgré lui, que son silence ne peut nuire au droit des autres. — Morin, *Dict. de dr. crim.*, vo *Action civile*, p. 36 ; Legraverend, t. 1er, p. 428 ; Bourguignon, *Manuel d'inst. crim.*, t. 1er, p. 147 ; Duverger, t. 2, no 182.

130. — S'il s'agissait d'un délit commis par plusieurs personnes, rien n'obligerait la partie lésée à comprendre dans sa plainte tous les auteurs du délit, si elle ne le juge point convenable. — Jousse, t. 3, p. 7 ; Duverger, *ubi suprà*.

131. — Plusieurs plaintes successives pourraient encore être valablement portées contre le même individu par la même personne pour des faits divers. — Duverger, *ubi suprà*.

132. — On ne saurait davantage tenir pour extralégale la plainte récriminatoire, c'est-à-dire celle déposée contre le plaignant par celui qui a été l'objet de la plainte. — Duverger, t. 2, no 183.

133. — Il est encore incontestable qu'alors qu'il est exigé pour la légalité de la plainte, qu'il y ait intérêt direct, il n'est pas nécessaire, pour qu'il y ait intérêt direct dans le sens de la loi, que le préjudice ait été éprouvé par la personne même du plaignant ; en effet, comme le disait la loi romaine : « *Patitur autem quis injuriam non solùm per semetipsum, sed etiam per liberos suos, quos in potestate habet, item per uxorem suam.* — Inst., L. 4, § 2, tit. *De injuriis.* — *Spectat enim ad nos injuria quæ in his fit, qui vel potestati nostræ, vel affectui subjecti sunt.* — L. 1, § 3, ff., *De injuriis.* » — V. au surplus, sur ce point, ACTION CIVILE, nos 23 et suiv., 78 et suiv.

134. — Mais suffit-il, pour être admis à déposer une plainte, de justifier d'un préjudice éprouvé ; ou faut-il, en outre, que le plaignant ait capacité, c'est-à-dire pouvoir de s'engager et d'ester en justice ?

135. — M. Duverger (t. 2, no 181) croit devoir, sur ce point, faire quelques distinctions, et applique aux plaintes les règles de capacité exigées au cas d'action civile. — V. ACTION CIVILE, nos 78 et suiv. — Carnot, *inst. crim.*, t. 1er, p. 305 ; Schenck, *Tr. du min. publ.*, t. 2, p. 119 ; Bourguignon, *Manuel d'inst. crim.*, t. 1er, p. 147 ; Mangin, t. 1er, no 54.

136. — Quelque graves que soient les autorités que nous venons de citer, nous ne pouvons cependant nous ranger à cette opinion, qui nous paraît reposer sur une assimilation suivant nous inexacte entre la plainte et l'action civile.

137. — La loi du 29 sept. 1791 avait bien en effet défini *la plainte, l'action civile résultant du dommage causé par un délit* ; d'où la conséquence que, sous l'empire de cette loi, quiconque allait porter plainte d'un crime ou d'un délit par lequel il se prétendait lésé, devenait par cela seul partie civile. — Le Code du 3 brum. an IV avait maintenu le même principe, sauf néanmoins qu'il accordait un délai de vingt-quatre heures au plaignant pour se désister et pour retirer la plainte par lui déposée, auquel cas cette plainte était considérée comme non avenue.

138. — « Mais, dit Boitard (*C. inst. crim.*, p. 423), malgré la faculté de se désister de la plainte dans les vingt-quatre heures qui la suivaient, ce système avait un inconvénient bien facile à démontrer, c'est que l'existence seule de la plainte faisant considérer forcément le plaignant comme partie civile, faisait retomber sur lui, en cas d'acquittement de l'accusé poursuivi, la totalité des frais de la procédure criminelle ; et la crainte d'être traité comme partie civile, et de supporter en conséquence tous les frais dans le cas où l'accusation succomberait, empêcherait nombre de personnes d'aller porter plainte, empêcherait la victime d'un crime ou d'un délit d'aller en donner avis aux magistrats qui auraient pu le poursuivre. »

139. — Un système tout contraire a passé dans le Code d'instruction criminelle, dont l'art. 66 porte en termes explicites que les plaignans ne seront réputés parties civiles qu'autant qu'ils le déclareront formellement, soit par la plainte, soit par un acte subséquent.

140. — Pour les conséquences de cette déclaration que l'art. 66 permet également de rétracter dans les vingt-quatre heures, V. ACTION CIVILE.

141. — Quant à la plainte, elle n'est véritablement au fond, lorsqu'elle n'est accompagnée d'aucune action civile, qu'une dénonciation. « Le mot *dénonciateur*, dit Merlin (*Rép.*, vo *Dénonciateur*, t. 4, p. 396), n'a une signification aussi restreinte que lorsqu'il est mis en opposition avec la dénonciation de *partie civile*. Pris isolément et dans son acception naturelle, il désigne à la fois celui qui déclare secrètement à la justice un crime ou un délit dont il n'a éprouvé aucun préjudice personnel, et celui qui, en portant à la connaissance de la justice un crime ou un délit commis à son préjudice, en demande réparation par voie de plainte. »

142. — Les anciens jurisconsultes avaient, au surplus, sous l'empire de l'ordonnance de 1670, reconnu et professé les mêmes principes. — Muyart de Vouglans, t. 2, p. 126 ; Jousse, t. 2, p. 45 et suiv. — La seule différence qui alors existait entre la dénonciation et la plainte, était que la première, demeurant secrète, ne faisait pas partie des pièces de la procédure criminelle.

143. — Aujourd'hui cette différence n'existe plus : comme la plainte, la dénonciation fait partie des pièces de la procédure. — L'assimilation est donc complète, et bien que les règles relatives aux dénonciations se trouvent dans l'art. 31 du C. d'instr. crim., au chapitre des procureurs du roi, et celles relatives aux plaintes, dans les art. 63 et 65, au chapitre des juges d'instruction, cependant ce classement n'est qu'apparent. Les articles 48, 50, 53, 54, 358 et 359 du Code d'instr. crim., 336 et 339 du Code pénal, offrent des exemples sensibles de cette assimilation qui résulte encore des art. 727 et 728 du Code civ. — Mangin, t. 1er, no 45 ; Boitard, *loc. cit.*

144. — C'est donc avec raison que nous avons rejeté l'opinion des jurisconsultes qui pensent qu'il y a lieu de distinguer entre les plaintes et les dénonciations, quant à la question de *capacité*. — Mais en disant que *toute personne* qui aura été témoin d'un crime ou délit pourra le dénoncer, que *toute personne* qui se prétendra lésée par un crime ou un délit pourra rendre plainte, les art. 30 et 63 du Code d'instr. crim. ont-ils concédé ce droit d'une manière absolue, et quelle que soit la capacité de celui qui voudrait en user relativement aux actes ordinaires de la vie civile ?

145. — Mangin, qui soulève cette difficulté, la résout ainsi : « La solution n'était pas douteuse dans l'ancien droit criminel ; il fallait, pour être recevable à se rendre dénonciateur ou plaignant, jouir de ses droits (Jousse, t. 2, p. 56 ; Muyart de Vouglans, t. 2, p. 104). Je crois qu'il en est de même aujourd'hui, et que de ces mots, *toute personne*, on ne doit pas plus conclure qu'il est libre à chacun de porter des dénonciations ou des plaintes, qu'on ne peut conclure qu'il est permis à toute personne lésée de se constituer partie civile. » Et la raison que donne ce même auteur de son opinion, est qu'une dénonciation, une plainte sont des actes qui ont le double effet d'engager la responsabilité de ceux qui les font et de couvrir celle du ministère public qui agit d'après eux. « Les premiers, dit-il, contractent l'obligation de payer des dommages-intérêts au prévenu s'ils l'ont inculpé témérairement, et ils se soumettent aux peines de la calomnie s'ils l'on inculpé faussement, et je ne pense pas que des personnes incapables de contracter puissent prendre de si graves engagemens. »

146. — Toutefois, ces argumens nous paraissent plus spécieux que décisifs. En effet, s'il est vrai qu'une plainte ou dénonciation, soit téméraire, soit calomnieuse, puisse entraîner contre son auteur une condamnation à des dommages-intérêts, et même à d'autres peines, il n'est pas exact de dire que la dénonciation ou la plainte couvre l'action du ministère public. — Tout au con-

INSTRUCTION CRIMINELLE, sect. 3e.
INSTRUCTION CRIMINELLE, sect. 3e.

traire, saisi de toutes les plaintes, le procureur du roi avise à la suite qu'il convient de leur donner; car la loi, malgré ses termes impératifs, n'entend point exiger que des faits qui ne constituent ni crimes ni délits, deviennent l'objet d'une procédure dont l'inutilité serait par avance démontrée. — L'action publique appartenant au ministère public seul, il peut ne tenir aucun compte des plaintes déposées entre ses mains, même quand ces plaintes seraient accompagnées d'une offre de consignation. Le système contraire mettrait évidemment l'action publique dans les mains des particuliers qui pourraient en abuser. — Mangin lui-même, dans son traité de l'action publique (t. 1er, no 17), reconnaît l'exactitude de cette doctrine, consacrée par l'universalité des auteurs, et par la jurisprudence, tant sous l'empire du Code de brumaire an IV que sous la législation actuelle. — *Cass.*, 10 mess. an XII, Govel; 8 déc. 1826, Calmette. — Parant, *Lois de la presse*, p. 221, § 4; de Gratier, *Comment. sur les lois de la presse*, t. 1er, p. 307, no 7; Chassan, *Traité des delits de la parole*, t. 2, p. 13, no 10.

147. — Ainsi, de deux choses l'une : ou le ministère public jugera fondée la plainte ou dénonciation, et alors il n'est pas à craindre pour celui qui l'a déposée qu'il encoure les peines édictées contre la dénonciation fausse et calomnieuse, ou le ministère public n'y trouvera aucun motif suffisant pour y donner suite, et alors il ne restera plus au plaignant d'autre voie à suivre que celle de l'action civile, auquel cas seulement il y aura lieu d'examiner la question de capacité.

148. — Nous pensons donc avec M. Massabiau (t. 2, no 1589) que le droit de se plaindre droit bien distinct de celui de se porter partie civile, appartient à tous, sans distinction d'âge ni de sexe, et sans qu'il soit besoin, pour les mineurs et les femmes mariées, de l'autorisation de leur tuteur ou mari.

149. — Du reste, on est généralement d'accord que la qualité d'étranger n'est pas exclusive du droit de dénonciation et de plainte. — *Cass.*, 22 juin 1826, Wilson c. Gopkins Northey.

150. — Cependant un auteur, M. Schenck (*Traité du minist. public*, t. 2), pense que la déclaration de l'étranger ne devrait être reçue qu'autant qu'il aurait préalablement fourni la caution *judicatum solvi*.

151. — Cette solution, évidemment erronée, repose sur la confusion que nous avons déjà relevée entre l'action civile et la dénonciation ou la simple plainte. Que l'ancienne législation ait exigé que le dénonciateur qui voulait poursuivre l'effet de sa dénonciation fournît d'abord caution (ordonn. 17 mai 1315, art. 21 ; juin 1378, art. 2), rien de plus rationnel assurément, puisqu'alors tout dénonciateur et plaignant se trouvait nécessairement partie civile. Mais dès qu'aujourd'hui la dénonciation ou plainte a cessé de constituer son auteur partie civile, il n'y aurait plus aucune raison d'exiger une caution devenue parfaitement inutile; c'est aux magistrats, si le dénonciateur ou plaignant étranger leur paraît suspect, à s'entourer de renseignemens avant de suivre. — Duverger, t 2, no 165. — D'ailleurs le but de la loi nouvelle, en accueillant plus facilement les plaintes et dénonciations, a été certainement de favoriser l'action de la justice. Or, ne serait-ce pas le méconnaître que de les soumettre à une caution qui, le plus souvent même, serait à peu près impossible.

152. — C'est également pour nous conformer à l'intention du législateur moderne que nous rejeterions cette règle, suivant laquelle il était interdit autrefois de recevoir les dénonciations et plaintes provenant de vagabonds, gens sans aveu, infâmes ou gens insolvables, sauf bien entendu au ministère public à tenir compte, pour l'appréciation de la véracité de la déclaration, de la position et du caractère de la personne dont elle émane.— Mangin, *De l'instruct. écrite*, t. 2, no 53; Duverger, t. 2, no 185.

153. — S'il n'apparaissait pas qu'un préjudice eût été causé au plaignant, il ne faudrait pas cependant rejeter sans examen la déclaration faite, car si elle n'est pas admissible comme plainte, elle peut toujours être reçue comme dénonciation. — Bourguignon, *Jurispr. des codes crimin.*, t. 1er, p. 172; Carnot, *inst. crim.*, t. 1er, p. 303; Duverger, t. 2, no 184.

154. — On admet même généralement qu'il n'est pas nécessaire d'avoir été témoin de l'infraction pour pouvoir valablement se porter dénonciateur, et que toute personne a qualité pour dénoncer les faits parvenus à sa connaissance, bien qu'elle ne les ait pas vu commettre : c'est, du reste, ce qui se pratique journellement. L'art. 47, en disant que le procureur du roi *instruit, soit par une dénonciation, soit par toute autre voie*, sera tenu de requérir..... imposé au ministère public le devoir de recevoir toutes les révélations et tous les avis qui lui sont offerts. — Mangin, t. 2, no 51.

155. — Toutefois, M. Duverger (t. 2, no 162) semble croire que pour que le magistrat auquel parvient la dénonciation ou plainte en puisse tenir compte, il faut que le dénonciateur ou plaignant s'avoue et soit une personne connue: et il conclut qu'il y a lieu de rejeter sans examen toute dénonciation ou plainte produite soit sous un nom supposé ou emprunté, ou par lettres anonymes, ou encore par des personnes inconnues.

156. — Cette conséquence nous paraît exagérée, et, tout en reconnaissant qu'en fait une semblable dénonciation ou plainte est peu digne de foi, nous pensons néanmoins qu'il est du devoir du procureur du roi de l'examiner et, s'il y a lieu, d'y donner suite. —*Cass.*, 18 oct. 1816, Duverdier c. Lorette.

157. — Il n'est qu'un cas où il devient nécessaire que la qualité du plaignant soit bien régulièrement établie, c'est lorsque, par exception aux principes ordinaires, la plainte de la partie lesée est exigée par la loi comme condition essentielle de l'exercice de l'action publique; telle est, par exemple. la poursuite du délit d'adultère, qui ne peut avoir lieu que sur la plainte du conjoint.

158. — Mais en dehors de ces cas exceptionnels, quelque irrégulière que soit une dénonciation ou une plainte, le magistrat entre les mains duquel elle est déposée n'en est pas moins obligé de prendre tous les renseignemens propres à l'éclairer, et doit agir si les faits lui paraissent assez graves. — Carnot, *Inst. crimin.* t. 1er, p. 226, no 3.

§ 2. — *Fonctionnaires ayant qualité pour recevoir les dénonciations et les plaintes,*

159. — En principe, les dénonciations doivent, aux termes des art. 29 et 30, C. instr. crim., être adressées au procureur du roi. Les plaintes peuvent l'être, selon les art. 63 et 64, soit au procureur du roi, soit au juge d'instruction.

160. — Cependant pour faciliter davantage l'action de la justice, le législateur a cru devoir, par l'art. 48, C. instr. crim. (V. aussi art. 64), donner également le droit de les recevoir aux officiers de police auxiliaires du procureur du roi dans les lieux où ils exercent leurs fonctions habituelles, c'est-à-dire aux juges de paix, officiers de gendarmerie, commissaires généraux de police. Ce droit est étendu même aux maires, adjoints de maires et commissaires de police par l'art. 50. Et c'est en effet à ces fonctionnaires que sont faites le plus souvent les déclarations dans les communes où il n'existe pas de procureur du roi.

161. — L'officier de police auxiliaire, lorsque c'est à lui que la déclaration ou la plainte a été faite, doit sans retard en dresser procès-verbal, qu'il transmet avec les pièces à l'appui et tous les documens nécessaires au procureur du roi. — C. inst. crim., art. 49 et 63.

162. — Aucuns fonctionnaires autres que ceux dénommés dans les art. 48, 50, 63 et 64, C. inst. crim., n'ont qualité pour recevoir les plaintes et dénonciations. Tels sont notamment les gardes champêtres, gardes forestiers, garde-pêches, etc. On doit en dire autant des sous-officiers de gendarmerie et simples gendarmes, qui doivent se borner à transmettre l'avis qui leur est donné aux autorités compétentes. Toutefois l'ordonnance du 29 oct. 1820, art. 179, leur fait avec raison une obligation de faire eux-mêmes et dans les limites de leurs attributions les recherches susceptibles d'éclairer la justice et en constater le résultat par des notes, qui, sans avoir la force légale de procès-verbaux, présentent toujours une certaine utilité pour l'instruction de l'affaire. — V. GENDARMERIE.

163. — C'est également ce que doit faire tout officier de police auxiliaire auquel est dénoncé un délit commis hors du lieu où il exerce ses fonctions. — L'art. 54, C. inst. crim., lui enjoint dans ce cas de transmettre sans délai au procureur du roi les dénonciations qui peuvent lui avoir été faites.

164. — De quelque manière du reste que le procureur du roi ait été saisi de la plainte ou dénonciation, soit directement, soit par l'intermédiaire de ses auxiliaires, s'il juge convenable d'y donner suite, il doit, hors le cas de flagrant délit, la transmettre avec son réquisitoire au juge d'instruction pour qu'il soit informé par ce magistrat. — C. inst. crim., art. 47 et 64.

165. — C'est également dans le même sens qu'il faut entendre les prescriptions de l'art. 70, qui, statuant pour le cas où la plainte a été reçue par le juge d'instruction compétent pour en connaître, veut que ce magistrat en ordonne la communication au procureur du roi pour être par ce dernier requis ce qu'il appartiendra.

166. — Mais si le juge d'instruction n'est pas compétent pour connaître de la plainte ou dénonciation qu'il a reçue, c'est-à-dire s'il n'est ni le juge d'instruction du lieu du crime ou du délit, ni celui de la résidence du prévenu, ni celui du lieu où il pourra être trouvé, il doit renvoyer ladite plainte ou dénonciation devant le juge d'instruction qui pourrait en connaître. — C. inst. crim., art. 69.

167. — Dans ce cas même, et avant de faire le renvoi dont s'agit, il est d'usage que le juge communique également la plainte au procureur du roi; mais cette mesure, toute de convenance et dans l'intérêt du service, n'est pas obligatoire, l'article 61 n'imposant cette obligation au juge d'instruction que lorsqu'il s'agit de procéder à quelque acte d'instruction ou de poursuite.

168. — Toutefois si au lieu d'être saisi directement, le juge d'instruction avait reçu communication de la plainte ou dénonciation par le procureur du roi, il ne pourrait plus statuer seul sur la compétence et devrait en référer à la chambre du conseil.

169. — Le renvoi d'un juge d'instruction à un autre doit se faire sans formalités. — Si le législateur eût entendu, comme le prétend Carnot (*Instr. crimin.*, t. 1er, p. 330, no 1er), que le juge saisi dût rendre une ordonnance, il eût prescrit la communication de la plainte au procureur du roi, dont les conclusions fussent devenues nécessaires, et il eût laissé à ce magistrat les moyens de se pourvoir contre cette décision.

170. — Les règles relatives au renvoi de juge d'instruction à juge d'instruction sont également applicables au renvoi de procureur du roi à procureur du roi.

171. — Il est des plaintes qui doivent être adressées directement aux procureurs généraux : ce sont celles qui ont trait à des crimes ou délits dont la connaissance, exclusivement réservée aux cours dont ces magistrats font partie, échappe aux tribunaux ordinaires.

172. — Néanmoins ces plaintes et dénonciations pourraient également être reçues par les magistrats ordinaires, sauf à eux à les transmettre sans délai au procureur général appelé à y donner suite. — De même et dans les cas ordinaires, les plaintes pourraient être portées directement devant le procureur général, dont chaque procureur du roi n'est que le délégué, le substitut, dans un arrondissement. Le procureur général ainsi saisi renverrait la plainte soit, dans son ressort, au procureur du roi compétent, soit hors de son ressort, à qui de droit.

173. — Lorsque les plaintes et dénonciations ont pour objet des contraventions de police, quelle que soit du reste la nature de la contravention, la loi confère le droit de les recevoir aux commissaires de police, et dans les communes où il n'en existe pas, aux maires, et à leur défaut, aux adjoints. — C. inst. crim., art. 11.

174. — Du reste, les dénonciations et plaintes ne peuvent être considérées comme nulles pour avoir été adressées à des fonctionnaires incompétens et reçues par eux. — Tous les auteurs sont d'accord sur cette solution, que déjà au surplus et sous l'empire du Code du 3 brumaire an IV, beaucoup plus rigoureux quant à l'observation des formes que le Code d'instruction criminelle actuel, la jurisprudence avait consacrée. — *Cass.*, 8 prair. an XI, Lallemand et Boullaud.

175. — Carnot (t. 1er, p. 225, no 6) pense même, et nous sommes de cet avis, que si le citoyen qui a été témoin d'un crime ou d'un délit, *même dans le cas où la loi l'oblige à dénoncer*, préfère par des considérations particulières s'adresser à un autre officier public que celui désigné par la loi, la dénonciation doit être considérée comme valable, sauf bien entendu au fonctionnaire incompétent à transmettre la communication par lui reçue à qui de droit. — C'est ce qui nous paraît résulter virtuellement des art. 54 et 69, C. inst. crim.

176. — Cependant il est un cas où la compétence du fonctionnaire qui reçoit la plainte peut sembler une condition essentielle de sa validité; c'est celui déjà cité (V. *suprà* no 157) où l'exercice de l'action publique est subordonné à la plainte de la partie lésée. En effet, en exigeant pour la validité de la poursuite qu'elle ait été provoquée par une plainte, la loi n'a-t-elle pas entendu parler d'une plainte reçue par le fonctionnaire compétent? Sans cela aurait-elle exigé une plainte et réglé la compétence? Dans cette opinion, on devra donc dire avec Mangin (t. 1er, no 62) qu'un tribunal ne pourrait par exemple considérer comme valable une plainte en adultère si cette plainte avait été adressée à un garde champêtre au lieu de l'être au juge d'instruction, au procureur du roi ou à l'un des auxiliaires de ce dernier.

§ 3. — *Formes des dénonciations et plaintes.*

177. — La loi n'a assujéti la dénonciation officielle imposée aux fonctionnaires et agens de l'autorité (C. inst. crim., art. 29) à aucune formalité particulière; cette dénonciation peut être verbale, ou contenue dans une simple lettre, de même qu'elle peut être rédigée en forme de procès-verbal par le magistrat qui la reçoit. — Duverger, t. 2, no 167; Massabiau, t. 2, no 1545; Ortolan et Ledeau, *Du min. public*, t. 2, no 43.

178. — Ainsi jugé, sous l'empire du Code du 3 brum. an IV, que les fonctionnaires qui dénoncent des crimes et délits dont ils acquièrent la connaissance dans l'exercice de leurs fonctions ne sont pas tenus de remplir les formalités que la loi impose aux dénonciations faites par des particuliers. — *Cass.*, 8 messid. an XIII (et non an XII), intérêt de la loi, Victor.

179. — ... Et depuis le Code d'instruction criminelle, qu'il en est ainsi alors même qu'il s'agit, non d'une dénonciation, mais d'une plainte, à raison d'injures adressées au fonctionnaire comme agent de l'autorité. — *Cass.*, 23 fév. 1832, Crocq.

180. — De même que la dénonciation officielle, la dénonciation civique, c'est-à-dire celle *imposée* dans certains cas spéciaux aux citoyens, n'est encore soumise à aucune formalité. — Carnot, t. 1er, p. 224, no 5; Duverger, *ubi suprà*. — V. Cependant Mangin, t. 1er, no 48.

181. — A l'égard de la dénonciation volontaire, qui est la dénonciation proprement dite, et de la plainte, qui n'en est qu'une espèce particulière, il y a lieu de distinguer si la dénonciation ou plainte a pour objet une contravention, ou bien un crime ou un délit.

182. — Dans le cas de contraventions, aucune forme particulière n'est imposée à la plainte ou dénonciation par la loi. — Mangin, t. 1er, no 55.

183. — Au contraire, selon les termes de l'art. 31, C. inst. crim., spécial aux dénonciations, mais dont l'art. 65 applique les dispositions aux plaintes, certaines formes sont prescrites lorsque les dénonciations et plaintes ont pour objet des faits qualifiés crimes ou délits.

184. — En premier lieu, la dénonciation ou plainte doit être rédigée par écrit. — C. inst. crim., art. 31. — Toutefois, M. Massabiau (t. 2, no 1583) excepte avec raison le cas où, conformément aux prescriptions de l'art. 182, C. inst. crim. (V. aussi art. 64), le plaignant procède par voie de citation directe devant le tribunal correctionnel, la citation devant dans ce cas tenir lieu de la plainte.

185. — Ainsi que le faisait l'ordonnance de 1670, le Code d'instruction criminelle admet deux formes de rédaction des dénonciations ou plaintes. Elles peuvent être présentées par le dénonciateur ou rédigées par le magistrat ou l'officier de police auxiliaire à qui elles sont faites; dans le premier cas, elles se produisent sous forme de lettre ou requête; dans le second, le magistrat ou l'officier de police en dresse procès-verbal dans les formes ordinaires.

186. — Le plus ordinairement, la personne qui veut porter dénonciation ou plainte se présente devant le magistrat ou l'officier de police judiciaire, qui dresse procès-verbal de ses déclarations; ce n'est que plus rarement que la dénonciation est présentée toute rédigée. — Le devoir du magistrat est alors, après s'être assuré de l'identité du plaignant ou dénonciateur, de dresser, soit au bas de l'écrit qui lui est présenté, soit à part, procès-verbal de remise et réception.

187. — L'ordonnance de 1670 voulait que les dénonciations et plaintes fussent consignées sur un registre. « Nos procureurs et ceux des seigneurs (portait l'art. 6, tit. 3) auront un registre pour recevoir et faire écrire les dénonciations qui seront circonstanciées et signées par les dénonciateurs, s'ils savent signer, sinon elles seront écrites en leur présence par le greffier du siége qui en fera mention. »

188. — Mangin fait remarquer que cette prescription fort rationnelle sous l'empire de l'ordonnance de 1670, où les dénonciations ne devaient pas rester dans la procédure et demeuraient toujours secrètes, ne devait pas être reproduite pas notre Code d'instruction criminelle, aujourd'hui que les dénonciations et plaintes font partie de la procédure.

189. — Il est vrai que par une exception, qui ne peut s'expliquer que par une inadvertance, l'obligation de tenir registre des plaintes et dénonciations qui leur sont faites directement est imposée aux procureurs généraux près les cours royales. — C. inst. crim., art. 275. — Mais le silence du même Code sur ce point à l'égard des juges d'instruction, procureurs du roi et officiers de police auxiliaires les dispense de cette formalité, incompatible même avec l'économie de la procédure actuelle et cer-

INSTRUCTION CRIMINELLE, sect. 3e.

taines prescriptions qui les concernent. — V. notamment art. 53, 54, 64 et 69. — « On peut sans doute, dit M. Duverger (t. 2, no 176), copier l'acte sur un registre, mais il faut que l'original soit établi sur feuilles volantes et détachées. » — En effet, les dénonciations et les plaintes sont pièces de procédure, et, comme telles, doivent être annexées au dossier pour être soumises aux juges, qui devront définitivement statuer sur l'affaire; or, comment pourraient-elles être produites si elles étaient consignées sur un registre?

190. — Les feuilles volantes sur lesquelles sont consignées les plaintes et dénonciations sont-elles soumises à l'enregistrement et au timbre? — En règle générale, tous les procès-verbaux concernant la police générale et de sûreté et la vindicte publique ne sont pas soumis à cette double formalité. — L. 13 brum. an VII, art. 16. — V. PROCÈS-VERBAUX. — V. aussi ENREGISTREMENT, TIMBRE. — Les dénonciations n'ayant jamais, du moins aux yeux de la loi, pour but l'intérêt personnel, mais uniquement un motif d'ordre public, doivent, à ce titre, être dispensées du timbre et de l'enregistrement.

191. — Mais cette solution n'est applicable aux plaintes qu'autant que le plaignant ne se porte pas partie civile; dans ce cas, en effet, il en devrait être autrement : « Si la plainte n'est faite que dans l'intérêt de la société, disent les auteurs du *Journal de l'enregistrement* (t. 2, p. 493, no 504), et que le plaignant ne se constitue point partie civile, elle rentre dans la classe des actes de vindicte publique. Tous les actes de vindicte publique sont nommément compris dans la classe des actes exempts de la formalité du timbre par l'art. 16, L. 13 brum. an VII; or, dans l'espèce, la plainte ne peut être considérée sous un autre rapport. — V. conf. Duverger, t. 2, no 194.

192. — Quelle que soit du reste la forme employée, il importe que ces actes soient clairs, précis, complets, et que les magistrats y trouvent tous les renseignemens nécessaires sur le fait incriminé, sur sa nature et ses circonstances, comme aussi les noms, prénoms, professions et demeures, tant des parties que des inculpés et des témoins, autant du moins que faire se peut, car il pourrait arriver que le dénonciateur ou plaignant n'eût point connaissance de l'auteur du délit, et pourtant sans aucun doute sa dénonciation ou plainte serait valable.

193. — Il est superflu de rappeler que la dénonciation ou la plainte doit faire connaître le lieu où elle est reçue, comme aussi le fonctionnaire qui la reçoit, et qui doit mentionner avec grand soin sur son procès-verbal le jour où la déclaration lui est faite, circonstance fort importante eu égard au délai de désistement lorsque le plaignant se porte en même temps partie civile.

194. — Si des pièces de conviction sont déposées, il importe d'en faire description exacte dans le procès-verbal. — « Quand la dénonciation a pour objet un crime de faux, dit encore M. Duverger (t. 2, no 171), on fait signer et parapher, et l'on signe de même à toutes les pages les pièces arguées de faux et les pièces de comparaison que dépose le dénonciateur; on énonce l'observation de cette formalité, ou la déclaration de ne savoir, pouvoir ou vouloir signer et parapher, de la part de la personne qui a fait le dépôt.

195. — Le fonctionnaire qui reçoit la dénonciation ou plainte ne doit se permettre de rien retrancher ni ajouter à la déclaration lorsqu'elle lui est remise écrite; si au contraire elle est écrite sous ses yeux, ou s'il la rédige lui-même, il doit, tout en cherchant à obtenir les renseignemens les plus circonstanciés et les plus complets que possible, se bien garder d'ajouter rien à ce qui peut lui être dit.

196. — C'est pour cela que la dénonciation ou plainte rédigée, il doit en être donné lecture au déclarant, qui avant de la signer doit être admis à y faire opérer les additions ou rectifications qu'il juge utiles.

197. — Si par suite des rectifications ou additions dans la rédaction de la plainte ou dénonciation, des renvois étaient faits, des interlignes pratiqués, des mots effacés ou surchargés, il y aurait lieu, évidemment, bien que l'art. 78, C. inst. crimin. ne s'explique pas sur ce point, d'agir selon les règles ordinaires en matière de procès-verbaux. — Carnot, *inst. crimin.*, t. 1er, p. 227, no 5; Teulet, d'Auvilliers et Sulpicy, sur l'art. 31 *C. inst. crimin.* no 5; Duverger, t. 2 no 173. — V. PROCÈS-VERBAUX.

198. — L'ancienne législation pour donner plus de force à la dénonciation ou plainte exigeait encore qu'après lecture faite, on fût tenu d'affirmer la déclaration qu'on venait de faire. La législation transitoire avait également prescrit la formalité de l'affirmation. — L. 16 sept. 1791, 1er partie tit.

6, art. 2, 3, 8; C. 3 brum. an IV, art. 89, 90. — L'article 31, C. d'inst. crimin. ne reproduit pas cette prescription; néanmoins on est généralement d'accord qu'en fait elle doit être suivie, attendu que son observation, en même temps qu'elle est une garantie de plus de la sincérité du comparant, offre un moyen d'écarter les déclarations mensongères ou téméraires. — Bourguignon, *Manuel d'instruct. crimin.*, t. 2 p. 156; Legraverend, *législ. crimin.*, t. 1er, p. 210 et 695; Ortolan et Ledeau, *Traité du min. public*, t. 2, p. 497; Duverger, t. 2, nos 172 et 202; Delamotte-Félines, *Manuel du juge d'instruction*, p. 52; Jacquinot-Pampelune, *Inst. du procureur du roi de la Seine*, p. 158, 176.

199. — Quoi qu'il en soit, le même article 31, par une précaution fort sage, veut que la dénonciation (et il en est de même de la plainte) soit toujours signée par le procureur du roi, ou plutôt, par le fonctionnaire qui la reçoit, à chaque feuillet, et par les dénonciateurs.

200. — Bien que la rédaction un peu ambiguë de l'art. 31, laisse concevoir quelques doutes sur ce point, on est néanmoins unanimement d'accord que l'obligation de signer au bas de chaque feuillet s'applique au comparant aussi bien qu'au fonctionnaire qui reçoit sa déclaration. — Carnot, t. 1er, p. 227, no 6; Massabiau, t. 2, no 1544; Duverger, t. 2, no 174.

201. — Il peut paraître singulier que tandis que le cahier d'information, c'est-à-dire celui destiné à recueillir les témoignages doit être signé *à chaque page* (art. 76) ici; le code n'exige la signature qu'au bas de chaque feuillet. Cette différence tient sans doute à ce que le cahier d'information comprend presque toujours plusieurs déclarations, et qu'ici au contraire la dénonciation n'est l'œuvre que d'une seule personne. Quelques auteurs néanmoins semblent regretter que les signatures ne soient pas exigées au bas de chaque page, pour prévenir toute possibilité soit d'intercalations, soit de suppressions. Du reste, on a soin généralement dans la pratique d'observer cette formalité. — Carnot, t. 1er, p. 227; Legraverend, t. 1er, p. 210, Duverger, t. 2, no 174; Teulet, d'Auvilliers et Sulpicy, sur l'art. 31, no 3.

202. — D'après le code du 3 brum. an IV, art. 93, lequel n'avait fait que reproduire sur ce point tant l'ordonnance de 1670 que la loi de 1791, le refus fait par le dénonciateur ou plaignant de signer la déclaration, avait pour résultat de la faire considérer comme non avenue, il n'y était point donné suite.

203. — L'art. 31 C. inst. crimin. se borne aujourd'hui à dire que si les dénonciateurs et les plaignans ne savent ou ne *veulent* signer il en *sera fait mention*; ce refus n'est donc plus aujourd'hui une cause de nullité ou de rejet de la déclaration.

204. — Néanmoins le refus du comparant de signer devient pour le magistrat un légitime motif de suspicion contre la véracité de cette déclaration, qui se réduisant ainsi aux proportions d'un simple avis, doit le rendre très circonspect quant à la question de savoir s'il doit y donner suite. — Merlin, *Rép.*, vo *Dénonciateur*, t. 3, p. 541; Bourguignon, *Manuel d'inst. crimin.*, t. 1er, p. 107; *jurip. des codes crimin.*, t. 1er, p. 136; Carnot, t. 1er, p. 226, 228; Legraverend, *inst. crimin.* t. 1er, p. 194, 210; Delamotte-Félines, p. 34; Duverger, t. 2, nos 176 et 202; Carré, *Droit Français*, t. 4, p. 304, 307.

205. — Au surplus une jurisprudence constante décide que les formalités prescrites par l'art. 31, ne sont pas prescrites à peine de nullité, et que quelque irrégulières que soient de pareilles plaintes et dénonciations, elles n'en sont pas moins recevables. — *Cass.*, 9 janv. 1808, Cornu.

206. — Ainsi jugé spécialement à l'égard du défaut de signature de la dénonciation ou de la plainte. — *Metz*, 16 mai 1825, N...; *Cass.*, 2 sept. 1825, N...; 5 fév. 1830, Leroy.

207. — A plus forte raison en est-il ainsi du défaut de signature à chaque feuillet. — *Cass.*, 12 janv. 1809, Guidaccioli.

208. — Jugé même qu'il n'est pas nécessaire qu'une dénonciation ou plainte soit faite conformément aux prescriptions de l'art. 31 et qu'ainsi spécialement on peut regarder comme plainte suffisante pour autoriser des poursuites l'envoi fait au ministère public par un propriétaire d'un procès-verbal constatant un délit de chasse sur sa propriété avec une lettre contenant prière de poursuivre. — *Bruxelles*, 20 janv. 1831, N...

209. — La cour de Cassation a même été jusqu'à décider qu'aucune forme n'ayant été prescrite pour qu'une dénonciation fût réputée faite par écrit, on peut considérer comme telle une simple note non signée contenant des renseignemens sur le fait dénoncé et remise à un officier de police judiciaire. — *Cass.*, 10 oct. 1816, Deverdier et Godard c. Lorette.

210. — Toutefois une pareille dénonciation ne constituant qu'un avis souvent fort imparfait, nous paraît, ainsi que nous l'avons déjà dit, insuffisante s'il s'agissait d'un de ces délits exceptionnels qui ne peuvent être poursuivis que sur la plainte des parties intéressées.

211. — Du reste, la dénonciation ou la plainte n'ont pas nécessairement besoin d'être déposées ou faites par les dénonciateurs ou plaignans : la loi admet qu'ils peuvent à cet effet se faire suppléer par des *fondés de procuration*. — C. inst. crim., art. 71.

212. — Les auteurs sont partagés sur la question de savoir si une semblable procuration doit être donnée sous forme authentique (V. en ce sens, Carnot, t. 1er, p. 311; Carré, *Droit Français*, t. 4, p. 129; Levasseur, *Manuel des juges de paix*, p. 204, 210), ou si elle est valable bien que sous signature privée. C'est dans ce dernier sens que se prononce M. Duverger (t. 2, no 166) : « Je pense, dit cet auteur, qu'une procuration privée, dont la signature serait légalisée, devrait être regardée comme suffisante, et remplirait les intentions de la loi : le législateur a voulu conserver les intérêts de la personne dénoncée envers le dénonciateur, et mettre à l'abri d'un désaveu le magistrat qui a reçu la dénonciation; toute procuration dont la signature est certifiée légalement garantit ces résultats. » Telle est aussi notre opinion. — V. conf. Schenck, *Traité du minist. public*, t. 2, p. 100; Jacquinot-Pampelune, *Instruction du procureur du roi*, p. 109, 158.

213. — Mais la procuration doit être *spéciale*. — C. inst. crim., art. 31. — Toute procuration générale, en quelques termes qu'elle fût conçue, serait insuffisante. — Carnot, t. 1er, p. 624; Legraverend, t. 1er, p. 193; Bourguignon, *Jurispr. des codes crim.* t. 1er, p. 136; Carré, *loc. cit.*, t. 4, p. 301.

214. — Enfin, la loi exige que la procuration demeure toujours annexée à la dénonciation ou plainte. — C. inst. crim., art. 31.

215. — Néanmoins, ici encore l'inobservation des formalités prescrites par la loi n'entraînerait pas nullité de la déclaration faite. Ainsi en est-il spécialement du cas où la procuration n'a pas été annexée. — *Cass.*, 12 janv. 1809, Guidaccioli.

216. — Il a même été jugé que le désaveu de la plainte, faite à l'insu de la partie lésée, ne peut en aucune manière entraver l'action du ministère public. — *Cass.*, 9 janv. 1808, Cornu.

217. — Du reste, en ce qui concerne les formes de la déclaration, le fondé de pouvoirs est soumis à l'accomplissement des mêmes formalités que les dénonciateurs et plaignans eux-mêmes.

218. — Enfin les dénonciateurs plaignans ou fondés de pouvoirs sont admis à se faire délivrer, mais à leurs frais, une copie de leurs déclarations. — C. inst. crim., art. 31.

§ 4. — *Effets des dénonciations et plaintes.*

219. — Nous avons peu de chose à dire sur les effets des dénonciations et plaintes, soit qu'on les envisage au point de vue de l'action publique qu'elles ont pour objet de provoquer, soit qu'on veuille considérer la responsabilité qu'elles font encourir à leurs auteurs.

220. — En ce qui concerne l'action publique, la dénonciation ou plainte a sans doute pour objet de la provoquer, mais nous avons vu qu'il n'en résultait rien d'obligatoire pour la justice, et que dès lors, son effet n'allait point jusqu'à contraindre les magistrats à ordonner ou faire des poursuites, si ces poursuites ne leur paraissaient pas fondées.

221. — Quant à la responsabilité qui en résulte pour les auteurs, il est incontestable que leur dénonciation ou plainte les rend passibles de dommages-intérêts envers ceux qui en ont souffert si elle est reconnue mal fondée, et les exposerait même à des poursuites correctionnelles pour délit de dénonciation calomnieuse, si au mal fondé se joignait la haine, le désir de nuire ou simplement la mauvaise foi. — V., à cet égard, DÉNONCIATION CALOMNIEUSE.

222. — Reste, à ce sujet, la question de savoir si la faculté de se désister dans les vingt-quatre heures, accordée par la loi (C. inst. crim. 66) à celui qui se porte partie civile à l'effet d'éviter la condamnation aux dépens (V. ACTION CIVILE, no 350 et suiv.), existe à l'égard du simple dénonciateur ou plaignant.

223. — L'ancienne jurisprudence avait admis la négative : « Un dénonciateur, disait Serpillon, (sur l'art. 5, ch. 3, ordonn. de 1670) ne peut se désister de sa dénonciation; l'ordonnance n'en donne la permission qu'aux parties civiles. Coquille, dit que quand une dénonciation a fait commencer une procédure extraordinaire, on l'oblige de persister; qu'il ne serait effectivement pas juste de recevoir son désistement, puisque la partie publique ne serait pas reçue à se désister de la plainte qu'elle n'a donnée que sur le fondement d'une dénonciation.

224. — Le code du 3 brum. an IV, au contraire, accordait au dénonciateur qui avait signé la dénonciation, vingt-quatre heures pour s'en désister (art. 92)., auquel cas la dénonciation était comme non avenue.

225. — Le code d'instruction criminelle est revenu aux principes de l'ordonnance de 1670; c'est ce qui résulte expressément de l'art. 66, qui en accordant à celui qui s'est porté partie civile, la faculté de se désister pendant vingt-quatre heures, auquel cas il n'est plus tenu des frais, ajoute; *sans préjudice néanmoins des dommages-intérêts des prévenus, s'il y a lieu.* Ainsi, dit Mangin (t. 1er, no 57), les plaignans ne peuvent se désister que de leur qualité de parties civiles : l'effet du désistement est simplement de les affranchir des frais depuis qu'il a été signifié, et ils demeurent comme plaignans responsables des dommages-intérêts. En effet, leur désistement n'empêche pas qu'ils n'aient été les moteurs de la poursuite intentée par le ministère public. » C'est un avertissement, dit M. Duverger (t. 2, no 178), de ne dénoncer qu'avec réserve et circonspection. — V. conf. Boitard, *Leçons sur le code d'inst. crim.*, p. 124.

Sect. 4e — *Corps du délit, transport sur les lieux, visites, expertises, perquisitions, saisies.*

226. — Le premier soin du magistrat chargé d'instruire une affaire criminelle est de constater l'existence de l'infraction. Avant de rechercher le coupable, il faut évidemment qu'il existe un crime constaté : « *De re priusquam de reo inquirendum est; priùs enim constare debet de crimine scilicet an commissum est:* » — L. 23, § ult., ff., *Ad leg. Aquil.*; L. 22, Cod. *De pœnis*, — « En effet, disait Jousse (t. 2, p. 14), si le délit n'est pas constant, c'est en vain que le juge ferait entendre des témoins pour en connaître l'auteur, quelques indices qu'il y eût d'ailleurs contre lui. Sans ce préalable toute la procédure serait inutile et vicieuse. — V. également Ayrault, *De l'ordre et form. jud.*, liv. 2, 2e part., no 1er, p. 78; Bernier, *Conf. des ordonn.*, t. 2, p. 68; Muyart de Vouglans, *Lois crimin.*, t. 2, p. 276.

227. — Le corps du délit est, ainsi que nous avons eu déjà occasion de le dire (Vis CORPS DE DÉLIT et FLAGRANT DÉLIT, no 189), l'ensemble des faits matériels qui attestent son existence et en déterminent le caractère : sa constatation est donc la première preuve réelle à recueillir.

228. — Mais elle est loin d'être la seule; la constatation de l'état des lieux, la saisie des armes et de tout ce qui paraît avoir servi ou avoir été destiné à commettre le crime ou le délit, ainsi que de tout ce qui peut servir à la manifestation de la vérité, notamment des papiers et effets, sont autant d'opérations que le juge ne doit pas négliger.

229. — Au cas de flagrant délit ces diverses opérations sont prescrites par les art. 32 et suiv. du Code d'inst. crim. au ministère public, investi extraordinairement, et vu l'urgence, des pouvoirs du juge d'instruction. Nous avons vu, du reste, que les mêmes obligations étaient également réservées à ce dernier dans les mêmes circonstances par l'article 59.

230. — Bien que les dispositions desdits art. 32 et suiv. ne s'appliquent formellement qu'au cas de flagrant délit, il est évident que, puisées dans l'ancienne ordonnance criminelle, elles sont générales. — Mangin, t. 2, no 81. — Aussi aurons-nous peu de chose à ajouter aux explications que nous avons données déjà Vo FLAGRANT DÉLIT, ch. 4, sect. 2 à 6, notamment sur la constatation du corps du délit et de l'état des lieux, ainsi que sur les mesures à prendre en pareil cas, sur la présence du prévenu, sur les expertises auxquelles il peut être nécessaire de faire procéder, etc.

231. — Mais quelques observations deviennent nécessaires relativement au transport du juge d'instruction sur les lieux et à tout ce qui a trait aux perquisitions, constatations et saisies susceptibles d'amener la découverte de la vérité.

232. — Ces opérations peuvent, suivant les circonstances, avoir lieu dans le cabinet du juge d'instruction, mais le plus souvent elles exigent le déplacement de ce magistrat.

233. — Aux termes de l'art. 47, C. inst. crim., « le procureur du roi instruit, hors le cas de flagrant délit, soit par une dénonciation, soit par toute autre voie, qu'il a été commis dans son arrondissement un crime ou un délit, ou qu'une personne qui en est prévenue se trouve dans son arrondissement, *est tenu* de requérir le juge d'instruction d'ordonner qu'il en soit informé, *même de se transporter*, s'il est besoin, sur les lieux, à l'effet d'y dresser tous procès-verbaux nécessaires. »

234. — De son côté, le juge d'instruction saisi d'une poursuite peut, d'office, et sans réquisition aucune de la part du ministère public, se transporter sur les lieux, bien qu'aucun article de loi ne mentionne formellement cette obligation.

235. — Toutefois, et à la différence du cas de flagrant délit (V. ce mot, nos 331 et suiv.), lorsque le juge d'instruction croit, dans une poursuite ordinaire, devoir se transporter sur les lieux, il doit, aux termes de l'art. 62, toujours être accompagné du procureur du roi et du greffier du tribunal.

236. — La prescription de l'art. 62 est absolue et ne souffre aucune dérogation; ainsi, lors même que le juge ne se transporterait sur les lieux que pour refaire, en vertu de l'art. 60, des actes incomplets, la double assistance du procureur du roi et du greffier est indispensable. — Carnot, *Inst. crim.*, t. 1er, p. 291, no 1er.

237. — Ainsi il est évident que les dispositions du Code d'inst. crim. (art. 42), qui permettent au juge d'instruction de se transporter sur les lieux en l'absence du procureur du roi, accompagné soit du commissaire de police, soit du maire ou de l'adjoint de la commune, soit même de deux témoins, demeurent inapplicables ici.

238. — Il faut en dire autant de la faculté qu'a le juge d'instruction, toujours au cas de flagrant délit, de suppléer à l'assistance du greffier par celle d'un citoyen quelconque. — V. FLAGRANT DÉLIT, no 168.

239. — Cependant, ainsi que le fait remarquer Carnot (*C. inst. crim.*, t. 1er, p. 299, no 3), si le greffier refusait d'accompagner le juge d'instruction, ce magistrat, qui ne peut, de même, procéder sans lui, serait fondé à le remplacer par un écrivain dont il recevrait le serment provisoire, sans préjudice des mesures disciplinaires à prendre contre le fonctionnaire récalcitrant. Ajoutons qu'il doit en être de même au cas où le défaut d'assistance proviendrait d'un empêchement légitime.

240. — A l'égard du procureur du roi, si le défaut d'assistance provient d'impossibilité, nulle difficulté ne peut s'élever : aux termes de l'art. 20, décr. 18 août 1810, en cas d'absence ou d'empêchement, le procureur du roi est suppléé par un de ses substituts dans l'ordre de leur nomination, à défaut, par un juge ou juge suppléant désigné par le tribunal.

241. — Mais que décider si le défaut d'assistance provenait du refus du procureur du roi, malgré les réquisitions que le juge d'instruction eût eu droit de lui faire, de l'accompagner dans un transport sur les lieux jugé par lui nécessaire?

242. — Carnot (*Instr. crim.*, t. 1er, p. 298, no 1er) estime que, dans ce cas, le juge d'instruction doit adresser une réquisition au substitut, et subsidiairement demander au tribunal de déléguer un juge ou un suppléant pour remplacer le procureur du roi, conformément à l'art. 20, décr. 18 août 1810. — Bourguignon (*Jurispr. des C. crim.*, t. 1er, p. 170, sur l'art. 62, C. instr. crim.) rapporte cette opinion sans la combattre; et cependant elle est inadmissible : le procureur du roi qui refuse son concours n'est point empêché; le faire remplacer dans ce cas par son substitut, en supposant que celui-ci s'y prêtât, ce serait violer les règles de la hiérarchie; faire déléguer un juge, ce serait transporter à un tribunal de première instance l'action du ministère public qui n'appartient qu'aux officiers désignés par la loi. — Carnot (*loc. cit.*, p. 209, no 3) ajoute que, hors le cas de flagrant délit, le juge d'instruction qui a fait toutes ses diligences pour être accompagné du procureur du roi peut, en l'absence de ce magistrat, procéder à des opérations régulières, sauf à les lui communiquer et à se transporter de nouveau sur les lieux, s'il en est requis. — MM. Teulet, d'Auvilliers et Sulpicy (*C. inst. crim.*, art. 62) estiment au contraire que le juge d'instruction n'a pas qualité pour procéder seul sur les lieux.

243. — Nous pensons, quant à nous, que le juge d'instruction, s'il n'y a pas péril en la demeure, doit en référer au procureur général, qui, s'il n'adopte pas l'avis de son substitut, lui enjoindra, conformément à l'art. 27, C. instr. crim., d'accompagner le magistrat instructeur; dans le cas, au contraire, où il penserait que le transport est inutile ou dangereux, il pourra adresser ses remontrances au juge d'instruction, en vertu des art. 57, 279 et suiv. du même Code; mais il ne pourra pas lui donner d'ordre, sa surveillance à son égard étant purement disciplinaire.

244. — Si cependant il y a péril en la demeure, ou si, malgré les observations du procureur général, le juge d'instruction, sous sa responsabilité personnelle, se transporte seul sur les lieux et y procède sans l'assistance du procureur du roi, ses opé-

rations seront-elles nulles ? Nous ne le pensons pas. Les fonctions de ces deux magistrats sont essentiellement distinctes ; une fois la procédure entamée, ils concourent à une œuvre commune, qui est la manifestation de la vérité, mais par des actes spéciaux à chacun d'eux, complets et réguliers par la seule signature de chacun d'eux, et parfaitement indépendans les uns des autres au point de vue de leur validité. L'art. 61, C. instr., dispose que, hors le cas de flagrant délit, le juge d'instruction *ne fera* aucun acte d'instruction et de poursuite qu'il n'ait donné communication de la procédure au procureur du roi ; si cet article était rigoureusement exécuté, le retard qui en résulterait entraînerait quelquefois la perte de preuves précieuses qu'il faut saisir au moment où elles se produisent ; aussi n'a-t-on jamais songé à contester la régularité des actes d'instruction accomplis dans le cours de l'information, sans avoir été précédés de la communication au procureur du roi. Il doit en être de même dans le cas de l'art. 62 si, malgré les diligences du juge d'instruction, le procureur du roi refuse de l'accompagner. Cet article n'est pas rédigé en termes plus impératifs que l'art. 61 : il a, comme lui, pour but d'assurer la surveillance incessante du ministère public sur tous les actes de la procédure ; mais comme la poursuite une fois entamée ne peut plus être arrêtée que par une décision judiciaire, il ne saurait dépendre du procureur du roi de l'arrêter indirectement ou de la faire avorter par son refus d'y concourir. Cela est si vrai, que l'art. 61 ne permet pas au procureur du roi de retenir la procédure plus de trois jours, et que, ce délai écoulé, le juge d'instruction a le droit de se la faire restituer et de la continuer.

245. — C'est en ce sens que la question, qui jusqu'alors n'avait pas été soumise aux tribunaux, a été décidée par la cour de Montpellier, par arrêt du 2 juin 1846 (t. 2 1846, p. 129), Bernard et Galibert. — V. conf. Duverger, t. 2, no 142.

246. — Il est vrai que le même arrêt, par un de ses considérans, semble reconnaître en principe que l'exécution de l'ordonnance de transport pourrait être suspendue par un acte d'opposition régulièrement formé par le procureur du roi. Mais c'est là, suivant nous, une doctrine inexacte.

247. — En effet, si en règle générale la jurisprudence a admis que la voie de l'opposition ou, pour parler plus exactement, de l'appel était autorisée contre les ordonnances du juge d'instruction, il faut pourtant distinguer entre le cas où l'ordonnance est purement préparatoire et d'instruction, et celui où elle statue définitivement, par exemple, en rejetant une réquisition du ministère public. Or, l'acte par lequel le juge d'instruction ordonne son transport sur les lieux étant essentiellement une mesure préparatoire, il n'est pas exact de dire que l'exécution d'une pareille ordonnance puisse être arrêtée ou suspendue par l'opposition du procureur du roi ; dans la pratique même cette suspension serait souvent impossible.

248. — C'est pour avoir méconnu cette distinction que l'arrêt précité, après avoir posé en principe que l'appel d'une ordonnance de transport, en suspend l'exécution, a été conduit en fait à admettre à la règle qu'il posait une exception tirée de l'urgence, et qui ne repose sur aucun principe de droit.

249. — Si le procureur du roi ne peut se refuser d'obtempérer à l'ordonnance de transport rendue par le juge d'instruction, de son côté, celui-ci est-il tenu de satisfaire aux réquisitions qui peuvent lui être faites dans le même but de la part du ministère public ?

250. — En ce qui concerne le transport sur les lieux à l'effet de constater le corps du délit, il est incontestable qu'il n'appartient pas au juge de s'abstenir sous prétexte que le délit ne serait pas flagrant, la loi n'ayant pas limité au cas de flagrant délit la nécessité d'un transport sur les lieux. Les termes de l'art. 47, C. instr. crim., sont conçus dans une forme trop impérative pour permettre aucun doute ; et d'ailleurs, admettre qu'un pareil pouvoir soit conféré au juge d'instruction, ce serait reconnaître à ce magistrat le droit de se refuser avant tout examen de procéder à une information requise par le ministère public, ce qui est contraire aux principes fondamentaux qui régissent la procédure criminelle. — Arg. *Cass.*, 30 sept. 1826, int. de la loi, Bobelin.

251. — Mais les criminalistes sont loin d'être généralement d'accord sur la portée des réquisitions du ministère public quand elles ont pour objet des visites qui peuvent avoir lieu au domicile soit du prévenu soit de tout autre citoyen.

252. — Aux termes des art. 87 et 88, C. inst. crim., le juge d'instruction se *transportera, s'il en est requis, et pourra même se transporter d'office,* dans le domicile du prévenu, pour y faire la perquisition des papiers, effets, et généralement de tous les effets qui seront jugés utiles à la manifestation de la vérité. » — Art. 87. — « Le juge d'instruction peut pareillement se transporter dans les autres lieux où il présumerait qu'on aurait caché les objets dont il est parlé en l'article précédent. » — Art. 88.

253. — « Puisque, dit Carnot (t. 1er, p. 375, no 2), le juge d'instruction *doit* se transporter sur les lieux, lorsqu'il en est *requis*, son transport n'est *facultatif* que lorsqu'il ne lui a été fait aucune réquisition. — Conf. Legraverend, t. 1er, p. 246.

254. — Il ne faut pas, ce nous semble, prendre à la lettre ces mots de l'art. 87 *se transportera*. En effet, comme le fait remarquer avec raison M. Mangin (t. 2, no 190), l'art. 71 porte aussi : « Le juge d'instruction *fera* citer devant lui les personnes qui auront été indiquées par la dénonciation, par la plainte, etc. » Et cependant personne ne doute que ce juge n'ait la faculté de ne pas entendre tous les témoins qui lui sont indiqués. Comment, d'ailleurs, comprendre que la loi aurait voulu être impérative, s'il s'agit d'une visite chez le prévenu, et simplement facultative s'il s'agit de visites chez les tiers, puisque l'art. 88 porte à l'égard de celles-ci : « Le juge d'instruction *pourra pareillement* se transporter, etc. » N'arrive-t-il pas souvent qu'il est plus urgent de procéder à des perquisitions chez les tiers que chez les inculpés.

255. — Et, en effet, le juge d'instruction n'est pas le subordonné du procureur du roi, et par conséquent l'agent passif, l'exécuteur forcé de ses réquisitions ; il *doit* se transporter, soit requis, soit d'office, à l'effet d'opérer des perquisitions et saisies, chaque fois que cette mesure lui paraît utile, et non pas nécessairement parce que le ministère public l'aura ainsi pensé. — Teulet. d'Auvilliers et Sulpicy, sur l'art. 87, no 1er.

256. — Toutefois, il est évident que si le procureur du roi estime que ses réquisitions ont été à tort rejetées, il peut se pourvoir par voie d'opposition contre la décision rendue par le juge, sans que du reste, ainsi que nous avons déjà eu occasion de le faire remarquer, la marche de la procédure soit interrompue.

257. — « Si les papiers ou les effets dont il y aura lieu de faire la perquisition sont hors de l'arrondissement du juge d'instruction, il requerra le juge d'instruction du lieu où l'on peut les trouver de procéder aux opérations prescrites par les articles précédens. » — C. inst. crim., art. 90.

258. — Nous n'avons pas besoin de rappeler ici les règles générales sur les commissions rogatoires, ce qu'elles doivent contenir, et la manière dont elles doivent être exécutées. — V. à cet égard COMMISSION ROGATOIRE. — Toutefois, et pour le cas spécial qui nous occupe, on s'est demandé si le juge d'instruction commis pour faire perquisition chez une personne désignée peut aussi la faire au domicile d'une autre personne.

259. — M. Duverger (t. 2, p. 288) se décide pour l'affirmative ; et c'est également ce qui se fait le plus habituellement. Néanmoins, cet usage est combattu en principe par MM. Teulet, d'Auvilliers et Sulpicy (sur l'art. 90, no 1er), qui estiment qu'il peut y avoir danger à étendre ainsi les attributions d'un juge délégué, qui ne possède pas tous les secrets de la poursuite.

260. — La controverse est plus vive encore sur le point de savoir si le juge d'instruction, soit celui chargé principalement de l'affaire, soit celui commis en vertu de l'art. 90, est tenu de procéder toujours par lui-même aux visites domiciliaires, sans pouvoir déléguer cette opération à un juge de paix ou à tout autre officier de police judiciaire.

261. — M. Mangin (t. 1er, no 88) regarde cette délégation comme impossible. « C'est, dit-il, à un juge, à un fonctionnaire inamovible, et conséquemment réputé indépendant, que la loi a confié le droit de pénétrer dans le domicile des citoyens et d'y faire des recherches. C'est là incontestablement une garantie. Il n'est point permis au juge d'instruction de la rendre illusoire en déléguant un juge de paix ou tout autre officier de police judiciaire, pour procéder à sa place à cette importante opération. » — Telle est aussi l'opinion de Carnot (t. 1er, sur l'art. 374, no 1er, et *Observ addit.*), qui s'appuie en outre sur le texte des articles 87 et suivans qui ne renvoient pas à l'article 52.

262. — Toutefois, l'usage aussi bien que la généralité des auteurs se sont prononcés, et selon nous avec raison, en sens contraire. — V. sur ce point COMMISSION ROGATOIRE, nos 31 et suiv. — *Cass.*, 6 mars 1841 (t. 2 1841, p. 148), Chevalier ; — Bourguignon, *Jurisp. des Cod. crimin.*, t. 1er, p. 195 ; Duverger, t. 2, no 282 ; Teulet, d'Auvilliers et Sulpicy, sur l'art. 90, no 2.

263. — Ces derniers auteurs regrettent néanmoins qu'alors qu'on ne reconnaît au juge d'instruction la faculté de déléguer pour une audition de témoins que le juge de paix seul, l'usage en ait décidé différemment en ce qui concerne les visites domiciliaires, quand le texte de la loi ne permet aucune distinction.

264. — Les formalités qui doivent être observées dans les perquisitions et saisies opérées par le juge d'instruction dans les cas ordinaires sont, du reste, absolument les mêmes que celles suivies au cas de flagrant délit : l'art. 89, C. inst. crim., y renvoie expressément. — V. FLAGRANT DÉLIT, ch. 4, sect. 6, nos 226 à 280.

265. — « Le droit de procéder à des perquisitions et à des saisies emporte nécessairement, dit Mangin (*Instruction écrite*, t. 1er, no 92), celui de faire et d'ordonner tout ce qui est propre à y parvenir. Le juge d'instruction, assisté du procureur du roi, peut donc faire ouvrir de force la maison et les appartemens dans lesquels il a l'intention de pénétrer et tous les meubles qu'ils renferment, si l'on refuse de lui en faciliter l'accès ; et le procureur du roi doit requérir l'assistance des ouvriers propres à ces opérations. »

266. — Rien ne doit échapper au juge d'instruction ; il doit saisir tous les objets qui peuvent se rattacher au délit à quelque titre que ce soit, et amener la découverte de la vérité, soit à charge soit à décharge ; son droit s'étend même à tous les papiers, ainsi que nous l'avons dit au mot FLAGRANT DÉLIT (no 269), quelle qu'en soit la nature, fût-ce même des lettres missives.

267. — Il ne paraît pas qu'on accordât autrefois un droit aussi étendu au juge d'instruction. Jousse dit formellement (t. 2, p. 744 et 745) qu'on ne pourrait saisir les lettres-missives écrites confidentiellement par un accusé à un ami, et à plus forte raison qu'on ne pourrait rechercher dans l'étude d'un procureur des lettres et pièces qui pourraient servir à convaincre son client ; il cite même un arrêt du parlement de Toulouse, du 12 fév. 1672, qui l'a ainsi décidé.

268. — La législation actuelle n'a pas reproduit ces distinctions de l'ancienne jurisprudence : l'art. 37, C. inst. crim., est absolu, et autorise en conséquence la saisie de lettres-missives comme de tout autre document. — *Cass.*, 13 oct. 1832, Poncelet ; 27 mars 1833, Charbonnel ; 6 avr. 1833, Pointel

269. — Mangin (*loc. cit.*) croit devoir cependant s'élever contre la doctrine de ce dernier arrêt, attendu, dit-il, qu'il semblerait résulter de ces considérans que la saisie est toujours valable, quel que soit le moyen employé pour se procurer la pièce de conviction. (Dans l'espèce, il s'agissait d'une lettre produite à l'audience par l'accusé, sous la réserve qu'elle lui serait rendue, et dont le ministère public avait requis la saisie, bien que l'accusé, sur l'interpellation du président, eût déclaré ne vouloir s'en servir pour sa défense.)

270. — Par les mêmes motifs, Mangin (*loc cit.*) se prononce encore d'une manière absolue contre la saisie des lettres missives entre les mains des employés des postes, bien qu'ainsi qu'il l'avoue lui-même cette solution soit contraire à la pratique. — V. notamment *Cour d'assises d'Indre-et-Loire*, 11 juin 1830, Desfinances.

271. — Nous ne saurions partager l'opinion de ce criminaliste, et nous pensons avec la presque unanimité des auteurs qu'on ne saurait, en principe, admettre aucune exception au droit qu'a la justice de saisir les lettres missives, en quelque lieu et en quelques mains qu'elles soient. — Chauveau et Hélie, *Théorie du Code pénal*, t. 4, p. 239 ; Duverger, t. 1er, p. 435. — V. au surplus POSTES et LETTRES MISSIVES (secret et suppression des).

272. — On ne peut du reste qu'approuver ces réflexions de Mangin (*loc. cit.*) que « la délicatesse, la probité même commandent au magistrat de respecter les secrets de la vie domestique, d'éviter les recherches qui pourraient les lui révéler, lorsqu'ils ne se rattachent pas au procès, et qu'elles lui imposent une discrétion absolue sur ce que malgré lui il a pu en découvrir. Une sorte de pudeur doit le diriger dans toutes ses démarches et l'avertir de ce dont il doit s'abstenir. Il ne doit associer à ses investigations ni le procureur du roi, qui n'est là que pour requérir, ni le greffier qui n'a de mission que pour écrire sous la dictée le procès-verbal, ni les agens de la force publique, lorsque leur assistance n'est pas nécessaire.

273. — Aux termes des art. 35 et 39, la présence du prévenu est nécessaire, si celui-ci a été arrêté ; le juge doit lui représenter les choses saisies, et l'interpeller de s'expliquer à leur sujet, les lui faire reconnaître et parapher s'il y a lieu. — V. FLAGRANT DÉLIT, nos 271 et suiv. — Il faut en effet que le prévenu soit mis à même de fournir ses explications, et puisse ainsi se disculper des char-

ges apparentes qui résultent contre lui des pièces découvertes.

274. — Sans doute la loi n'a pas attaché à l'observation des formalités prescrites par l'art. 39, C. inst. crim., la peine de nullité. Cependant il est incontestable que le prévenu pourrait en tirer pour sa défense un grand avantage.

275. — Mais le prévenu est libre de s'abstenir d'assister aux perquisitions et saisies; l'art. 39 lui reconnaît expressément cette faculté. Le juge d'instruction ne doit donc pas sans nécessité absolue le faire conduire contre son gré sur le lieu du crime ou dans tout autre endroit pour être présent; il doit en général se borner à l'interpeller à ce sujet et mentionner sa réponse au procès-verbal. — Carnot, t. 1er, p. 245, no 2; Teulet, d'Auvilliers et Sulpicy, sous l'art. 39, no 2.

276. — Hors le cas où sa présence est jugée indispensable, si le prévenu ne veut ou ne peut assister aux opérations du juge, il peut se faire représenter par un fondé de pouvoirs. — C. inst. crim., art 39. — La loi n'ayant pas indiqué dans quelle forme le pouvoir doit être donné, il n'est pas besoin qu'il soit authentique. — Carnot (t. 1er, p. 246, no 5) fait remarquer qu'il suffirait d'une simple mention insérée au procès-verbal.

277. — Néanmoins le prévenu ne serait pas admis à se faire représenter s'il s'était soustrait par la fuite à un mandat décerné contre lui. Le fugitif ne doit pas être traité plus favorablement dans le commencement de l'instruction que dans la poursuite de contumace. — Carnot, t. 1er, p. 246, no 4.

278. — Il faut appliquer les mêmes solutions aux perquisitions et saisies faites au domicile d'un tiers, relativement à l'assistance de ce tiers, ou à la faculté qu'il peut avoir de se faire remplacer par un mandataire.

279. — V. sur les mesures à prendre pour la conservation des pièces de conviction FLAGRANT DÉLIT, nos 273 et suiv. — V. aussi Jousse (t. 2, p. 63 et suiv.) qui, sous l'empire de l'ordonnance de 1670, dont notre code d'instruction criminelle n'a fait que reproduire les dispositions, donne à cet égard les conseils les plus sages et encore aujourd'hui pleins d'opportunité.

Sect. 5e. — *Témoins.*

280. — L'audition des témoins constitue la partie importante de l'instruction criminelle et une des attributions les plus délicates du magistrat instructeur. Ce n'est en effet que sur le vu des dépositions écrites que, aux termes des art. 127 et 217, C. inst. crim., statuent les chambres du conseil et des mises en accusation; aussi ne faut-il pas s'étonner si le législateur a déterminé d'une manière précise les règles à suivre pour que les témoignages recueillis pendant l'instruction conservent toute l'autorité dont ils ont besoin; et s'il n'a pas cru devoir sanctionner par la peine de nullité l'inobservation des règles qu'il a établies, du moins a-t-il, ainsi que nous le verrons, soumis dans certains cas le greffier et le magistrat instructeur lui-même à une responsabilité qui garantit suffisamment leur vigilance et leur sollicitude.

§ 1er. — *Quelles personnes peuvent être entendues comme témoins.*

281. — « Le juge d'instruction fait, aux termes de l'art. 71, C. inst. crim., citer devant lui les personnes qui ont été indiquées par la dénonciation, par la plainte, par le procureur du roi ou autrement, comme ayant connaissance soit du crime ou délit, soit de ses circonstances. »

282. — Il est à remarquer que la loi du 16 septembre 1791 et le Code du 3 brumaire an IV, qui précédèrent le Code d'instruction criminelle, contenaient sur la comparution des témoins par le magistrat instructeur des dispositions que la législation actuelle n'a pas conservées.

283. — En effet, sous l'empire de la loi des 16-29 sept. 1791 (1re partie, tit. 5, art. 6), le plaignant *produisait* ses témoins. — Le Code du 3 brumaire an IV distinguait (art. 41 et suiv.) entre les témoins *cités* et les témoins *amenés* par le dénonciateur ou plaignant.

284. — Aujourd'hui il n'en est plus ainsi. Le dénonciateur ou plaignant a sans doute la faculté d'indiquer au magistrat instructeur les personnes qui peuvent déposer à l'appui de sa dénonciation ou de sa plainte; mais ces personnes ne sont plus *amenées* ou *produites* par lui: tous les témoins doivent être *cités* par le juge et même représenter avant leur audition copie de la citation qui leur a été délivrée. — Jamais la citation pour comparaître ne peut être donnée à la requête soit de la partie civile, soit du prévenu. — Duverger, t. 2, no 292, p. 336, note 2.

285. — Il résulte de l'art. 71, C. inst. crim., que le magistrat instructeur n'est pas tenu de procéder à l'audition de toutes les personnes qui lui sont indiquées. — *Cass.*, 8 août 1809, N.....

286. — En effet, si un très grand nombre de personnes étaient signalées pour déposer du même fait ou pour justifier une circonstance suffisamment établie, comme aussi si des témoins étaient destinés à constater des faits ou des circonstances suspectes, il entre, ainsi que le fait remarquer avec raison M. Duverger (t. 2, no 256), dans les attributions du juge d'instruction de discerner quels témoins doivent être cités, quels autres doivent être écartés. Il ne faut pas que la procédure soit surchargée de dépositions insignifiantes ou inutiles. — V. conf. Carnot, *C. inst. crim.*, t. 1er, p. 331, no 3; de Molènes, t. 1er, p. 231. — V. encore circul. min. 8 mars 1817, 9 avr. 1825, 16 août 1842.

287. — Et il ne peut résulter de là aucun inconvénient; car si le ministère public estimait qu'un témoin a été écarté à tort, il aurait toujours le droit de requérir, lors de la communication de l'affaire à la chambre du conseil, un supplément d'information, qui ne serait certainement point refusé si elle était reconnue véritablement insuffisante.

288. — D'un autre côté, on ne saurait méconnaître que le juge d'instruction peut faire citer d'autres témoins que ceux qui lui ont été indiqués par la dénonciation, par la plainte ou par le procureur du roi. C'est ce qui résulte des mots *ou autrement* de l'art. 71. La loi n'a nullement limité son droit, et le ministère public ne saurait refuser son concours pour la citation de ces nouveaux témoins. — Carnot, t. 1er, p 332; Legraverend, t. 1er, p. 255; Duverger, *ubi suprà.*

289. — L'instruction doit d'ailleurs être faite à décharge comme à charge. Tous les auteurs enseignent cette règle, que l'équité rend d'ailleurs sacrée au juge d'instruction. — Merlin, *Rép.*, vo *Faits justificatifs*, § 3, no 1er: Bourguignon, *Manuel d'instr. crim.*, t. 1er, p. 163, no 8: *Jurispr. des codes crim.*, t. 1er, p. 180, no 3; Carnot, *C. inst. crim.*, t. 1er, p. 332, no 3; Legraverend, t. 1er, p. 248; Duverger, *ubi suprà;* Teulet, d'Auvilliers et Sulpicy sur l'art. 71, C. inst. crim., no 7.

290. — Toutefois plusieurs auteurs, et notamment Merlin (*ubi suprà*), prétendent, en présence de deux circulaires ministérielles des 13 et 29 messid. an IV, que le juge d'instruction ne doit pas entendre de témoins sur les excuses présentées par l'accusé autres que celles qui sont exclusives de la criminalité.

291. — Mais, ainsi que le font remarquer MM. Teulet, d'Auvilliers et Sulpicy (*loc. cit.*, no 8), cette opinion, déjà douteuse sous le Code du 3 brum. an IV, n'est plus soutenable aujourd'hui. — L'instruction a pour objet de préparer le débat dans toutes ses parties sans exception. Il y a nécessité d'éclaircir les *faits justificatifs* pour les relater dans l'acte d'accusation s'ils constituent des excuses légales, ou pour que la chambre d'accusation y statue s'ils n'ont pas ce caractère. Ainsi, pour nous servir de l'exemple qui a donné lieu aux lettres ministérielles, l'*alibi* étant exclusif de la culpabilité, le juge doit en rechercher toutes les preuves, quoique négatives, pour prévenir une mise en accusation.

292. — Nous examinerons au mot TÉMOINS les règles générales relatives au témoignage et à la capacité ou plutôt à l'idonéité des personnes appelées à déposer devant les juges criminels. Cependant il est une difficulté tout-à-fait spéciale à la matière qui nous occupe, c'est celle de savoir si les incapacités qui frappent à l'audience, en vertu des art. 156 et 322, C. inst. crim., les parens alliés du prévenu doivent être étendues à leur comparution devant le magistrat instructeur.

293. — La cour de Rennes, se fondant notamment sur ce qu'on ne saurait faire figurer dans l'information préparatoire des témoins qui ne peuvent être produits au jugement définitif, a décidé que les témoins qui à raison de leurs liens de parenté ne peuvent être entendus à l'audience sous la foi du serment doivent être écartés d'office par le juge d'instruction, le droit d'entendre des témoins sans prestation de serment et à titre de simples renseignemens n'existant que pour l'instruction orale et non pour l'instruction écrite. — *Rennes*, 8 déc. 1836 (t. 1er 1837, p. 349), procureur du roi de Rennes. — V. dans le même sens Mangin, *Instr. écrite*, no 101.

294. — Cette doctrine ne nous paraît pas admissible, et nous pensons que le juge d'instruction peut, lorsqu'il l'estime utile, entendre les personnes désignées dans les articles 156 et 322, C. inst. crim., mais à titre de *simples renseignemens.* — L'art. 75 n'est applicable qu'aux individus revêtus du caractère de témoins. — V. en ce sens Bourguignon,

Jurispr. des codes crim., t. 1er, p. 185, no 2; de Molènes, *Des fonctions d'officier de police judiciaire*, no 30. — Mais on comprend aisément la réserve imposée au juge d'instruction dans le cas dont il s'agit et combien il lui répugnera, sans une nécessité absolue, d'entendre les personnes désignées aux art. 156 et 322.

295. — Il faut encore, suivant nous, admettre que le juge d'instruction doit entendre sans prestation de serment et à titre de renseignemens les personnes que la loi déclare incapables de prêter serment devant la justice à raison de leur indignité, sans néanmoins que la prestation de serment de leur part, comme celle qui aurait eu lieu de la part d'un enfant de moins de quinze ans ou d'un parent, pût entraîner la nullité de la déposition. — V. cependant Legraverend, t. 1er, p. 283, no 3.

§ 2. — *Citation des témoins, comparution, excuses, délégations.*

296. — Les personnes appelées à déposer devant le magistrat instructeur doivent être *citées*; c'est là, ainsi que nous l'avons vu, une différence notable avec la législation qui a précédé le code d'instruction criminelle de 1808.

297. — Bourguignon (*Manuel d'instruction criminelle*, t. 1er, p. 159) conclut du texte de l'article 71 du code d'instruction criminelle qu'aucun témoin ne peut être entendu par le magistrat instructeur s'il n'a été préalablement cité, et Carnot (*Inst. crimin.*, t. 1er, p. 340, no 2) n'hésite pas même à dire que la déposition d'un témoin non préalablement cité, ne pourrait servir que de simples renseignemens.

298. — Nous ne pouvons partager l'opinion de ces auteurs: l'art. 71 du code d'instruction criminelle en parlant de témoins *cités* ne nous paraît avoir d'autre but que d'abroger la législation précédente, qui autorisait le plaignant à produire ou amener ses témoins devant le magistrat instructeur.

299. — MM. Teulet, d'Auvilliers et Sulpicy (*Codes annotés* sur l'art. 71, C. inst. crim.) ajoutent même que le témoin qui se présente spontanément doit être entendu, sans qu'il soit besoin de lui faire délivrer une citation, si le juge pense que sa déposition puisse aider à la manifestation de la vérité. En effet, continuent ces mêmes auteurs: « les circonstances particulières et ses relations soit avec la partie civile, soit avec le prévenu, feront facilement discerner si sa démarche est suspecte. Le juge ne doit pas négliger de recueillir des renseignemens à cet égard, surtout si la déposition est importante. »

300. — M. de Molènes (*des fonctions du procureur du roi*, t. 1er, p. 426) fait même remarquer qu'il arrive quelquefois que dans des vues d'économie le juge d'instruction appelle des témoins par simples lettres, quand il a la certitude qu'une telle citation sera obéie, et qu'il n'y voit pas d'ailleurs d'inconvéniens. — Seulement M. Massabiau (t. 2, no 1850) fait remarquer que le ministère public n'a pas alors à intervenir dans l'emploi de cette mesure, pas même pour l'envoi de ces lettres, qui ne sont pas, à vrai dire, des ordonnances du juge.

301. — Toutefois les criminalistes ne partagent cet avis et pensent au contraire que si un témoin se présentait volontairement pour déposer, il y aurait nécessité de le faire citer avant de l'entendre. — Jousse, *Traité de la justice crimin.*, p. 78; *Législ. crimin.*, t. 1er, p. 256; Mangin, no 116. — « Le juge d'instruction, dit M. Duverger (t. 2, no 255, note 2) ne serait pas dispensé de remplir cette formalité alors même qu'il opérerait sur les lieux, hors le cas de flagrant délit (cas auquel il est incontestable que l'urgence autorise le magistrat ou officier instructeur à recevoir les déclarations de toutes personnes, sans citation préalable); autrement l'information serait irrégulière, ne pourrait servir de base à une mise en prévention, et devrait être recommencée. » — Et M. Duverger cite à l'appui de cette opinion une circulaire du procureur général de Poitiers, en date du 15 mai 1831.

302. — « Les témoins sont cités par un huissier ou par un agent de la force publique à la requête du procureur du roi. » — C. inst. crim., art. 72.

303. — Le procureur du roi ne peut se dispenser de faire assigner les témoins, dont l'audition est jugée nécessaire par le juge d'instruction; il ne lui appartient pas d'apprécier l'opportunité de cette mesure. — Mangin, *De l'instruction écrite*, t. 1er, no 104.

304. — Mais aussi, et sauf le cas de flagrant délit (V. ce mot), le juge d'instruction est tenu de recourir au ministère public, à la requête duquel seul les témoins peuvent être cités. — Duverger, t. 2, no 272, p. 335, note 2. — Autrefois même quand un juge informait d'office, tous ses actes devaient

INSTRUCTION CRIMINELLE, sect. 5e.

être faits à la requête du procureur du roi.—Jousse, *Inst. crimin.*, t. 2. p. 16, et t. 3, p. 66.

305. — Pour faire citer les témoins, le juge d'instruction rend et transmet au procureur du roi une ordonnance appelée *cédule*, laquelle doit indiquer le lieu, le jour et l'heure de la citation, et autant que possible les noms, profession et domicile des témoins.

306. — Mais le code d'instruction criminelle a-t-il voulu que le juge d'instruction ne pût correspondre à cet effet qu'avec le procureur du roi de son arrondissement, ou bien au contraire est-il autorisé à s'adresser directement aux procureurs du roi des divers arrondissemens auxquels les témoins peuvent appartenir? Cette dernière opinion est adoptée par M. Massabiau (*Man. du procureur du roi*, t. 2, p. 560). — Mais M. Duverger (*loc. cit.*, note 1re) se prononce en sens contraire et croit qu'il vaudrait mieux se conformer à la règle qu'établit l'article 28 du code d'instruction criminelle, c'est-à-dire remettre toujours la réquisition au procureur du roi du tribunal qui la transmet à son collègue.

307. — Il n'est pas nécessaire que la cédule du juge fasse mention des causes de l'audition, il convient au contraire que le juge s'abstienne de ces énonciations. « En effet, dit M. Duverger (*loc. cit.*), il y a souvent beaucoup d'inconvéniens à ce que les témoins sachent d'avance pour quel motifs ils sont assignés. Ils sont moins exposés à être circonvenus, ils ont moins de facilité à créer des dépositions mensongères, à se concerter entre eux pour altérer ou déguiser la vérité, s'ils ne sont pas instruits, avant d'arriver devant le juge d'instruction, de l'objet sur lequel leur témoignage est requis. »

308. — Sans doute l'agent chargé de la notification a besoin de connaître la cause de la citation pour l'inscrire sur ses états de frais, mais cette connaissance peut lui être donnée sans qu'il soit besoin d'en faire mention dans la cédule.

309. — Et d'ailleurs cette mention eût-elle même lieu dans la cédule, rien n'oblige à la reproduire dans la citation au témoin. En effet bien que les citations soient données *en vertu de la cédule*, il n'est pas indispensable qu'elles en contiennent la copie, mais seulement la relation. — Inst. min., 30 sept. 1826, no 68, § 2, p. 71.

310. — Dans aucun cas il ne peut être donné aux témoins, en tête de leur assignation, une copie des plaintes, procès-verbaux, rapports et autres pièces de la procédure. — Circul. min. 30 déc. 1812.

311. — Sous le Code d'inst. crim., le juge d'instruction peut, comme le directeur du jury sous le Code du 3 brum. an IV, recevoir des dépositions de témoins un jour de fête légale. — *Cass.*, 1er frim. an VI, Bouvier. — V. JOURS FÉRIÉS.

312. — Tous les témoins pouvant être entendus dans le même jour, il est évident qu'il suffit d'une seule cédule; et l'on admet généralement qu'alors même qu'il est certain que l'audition ne pourra être complétée en un seul jour, il suffit encore d'une seule cédule, pourvu qu'elle contienne assignation à des jours différens. — Duverger, no 272, p. 338.

313. — Bien plus, et dans le but de diminuer autant que possible les frais de justice criminelle, des circulaires ministérielles ont décidé que lorsque l'audition doit durer plus d'un jour, les citations, quoiqu'elles indiquent des jours différens, doivent cependant être constatées par un seul original pour tous les témoins résidant dans la même commune ou dans des communes limitrophes. — Inst. minist., 30 sept. 1826, p. 69; Décis. minist., 13 mars 1828. — De Dalmas, *Comment.* du décret du 18 juin 1811, p. 180; Duverger, *ubi suprà*, p. 339, note 1re.

314. — C'est encore dans le but d'économiser les frais que l'art. 84, décr. du 18 juin 1811, a défendu de charger un huissier d'instrumenter hors du canton de sa résidence, si ce n'est en vertu d'un *mandement exprès*, énonçant les causes graves qui le motivent, le nom de l'huissier, la désignation du nombre et la nature des actes, et l'indication du lieu où ils doivent être mis à exécution. C'est seulement dans des cas rares que l'on peut recourir au mandement exprès. — Décr. 14 juin 1813, art. 29.

315. — Cependant, lorsqu'un huissier choisi pour le service du parquet, veut se contenter de la taxe qui serait allouée à l'huissier résidant dans le canton où les diligences doivent être faites, rien ne s'oppose à ce qu'il en soit chargé sans mandement exprès. Le ministre de la justice s'est même montré favorable à cet arrangement, qui lui a paru avantageux au double point de vue de l'économie et de la célérité. — Circul. 23 sept. 1812; Instruction générale du 30 sept. 1826, art. 84, p. 87.— Legraverend, t, 1er, p. 249; Mangin, no 104; Teulet, d'Auvilliers et Sulpicy, sur l'art. 72, C. instruct. crim., nos 4 et 5.

316. — Il résultait de l'art. 84, décr. 18 juin 1811, combiné avec la loi du 5 pluv. an XIII, que lorsqu'il existe des causes graves un huissier pouvait être envoyé d'un bout du royaume à l'autre pour y faire des actes de son ministère. — V. de Dalmas, *Des frais de justice en matière crim.*, p. 232.) — Mais le décret du 14 juin 1813 (art. 30 et suiv.) a restreint pour chaque magistrat à l'étendue de son ressort la faculté de délivrer des mandemens exprès.—Ainsi, lorsqu'un magistrat a des citations à faire signifier hors de son ressort il doit s'adresser aux officiers du ministère public de l'arrondissement dans lequel demeurent les personnes que ces diligences concernent. — Décision minist., 26 oct. 1819.

317. — Il convient aussi de remarquer que les juges de paix agissant en vertu d'une délégation du juge d'instruction n'ont pas le pouvoir de donner des *mandemens exprès* pour faire citer devant eux des témoins domiciliés dans un autre canton. Aucun réglemement ne les y autorise. — Inst. 30 sept. 1826, p. 87. — Mangin, *ibid.*

318. — On s'est encore demandé quels sont les agens de la force publique qui, aux termes de l'art. 72, C. inst. crim., peuvent être requis concurremment avec les huissiers pour la citation des témoins.

319. — En première ligne il faut mentionner les gendarmes. — La loi du 28 germin. an VI, art. 133, les avait à la vérité exemptés de l'obligation de porter des cédules aux témoins et aux parties; mais celle du 5 pluv. an XIII, art. 1er, disposa formellement, au contraire, que les citations pourraient être données par les gendarmes. Cet état de choses a été reconnu par l'ord. du 29 oct. 1820 qui veut, art. 68, que la gendarmerie puisse être employée à porter des citations, mais toutefois *dans le cas seulement d'une nécessité urgente et absolue.* — V. Bourguignon, *Manuel d'instruct. crim.*, t. 1er, p. 164, no 1er, et *Jurispr.*, t. 1er, p. 181; Carnot, *Instruct. crimin.*, t. 1er, p. 335, no 3; Legraverend, t. 1er, p. 248; de Dalmas, *Des frais de justice crim.*, p. 212; Mangin, no 104.

320. — On doit encore considérer comme ayant droit de citer les témoins, les gardes champêtres et les gardes forestiers. — Mangin, *ibid.* — L'art. 178, C. forestier, charge même spécialement les gardes forestiers de toutes les citations et significations relatives aux poursuites dirigées au nom de l'administration.

321. — Du reste, ils ne peuvent faire ces citations que dans les limites de territoire où ils sont appelés à exercer leur surveillance. — En outre, M. Legraverend (t. 1er, p. 249), et après lui MM. Teulet, d'Auvilliers et Sulpicy (*ubi suprà* no 2), font remarquer que les fonctions de gardes étant limitées à la police rurale et forestière, ils ne doivent être employés à la délivrance des citations qu'autant qu'il s'agit d'une affaire se rapportant à la nature de leurs fonctions.

322. — A la différence de ce qui concerne les huissiers, et aux termes de l'art. 72, décr. 18 juin 1811, il n'est alloué aucune taxe aux agens de la force publique à raison des citations, notifications et significations dont ils sont chargés par les officiers de police judiciaire et par le ministère public. — Le Code forestier, art. 173, a fait exception à cette règle en allouant aux gardes de l'administration les mêmes émolumens qu'aux huissiers. — Mais aucune disposition n'a étendu cette faveur aux gardes-champêtres.

323. — *Comparution.* — « Toute personne citée pour être entendue en témoignage est tenue de comparaître et de satisfaire à la citation; sinon, elle pourra y être contrainte par le juge d'instruction qui, à cet effet, sur les conclusions du procureur du roi, sans autre formalité ni délai, et sans appel, prononce une amende qui n'excède pas 100 francs, et peut ordonner que la personne citée sera contrainte par corps à venir donner son témoignage. » — C. inst. crim., art. 80.

324. — Cet article substitue la peine de l'amende à celle d'emprisonnement que le Code du 3 brum. an IV portait contre les témoins qui n'avaient pas répondu à l'appel de la justice; mais en même temps la loi conserve au juge d'instruction le droit de les contraindre par corps quand ce magistrat voit dans leur refus de se présenter, soit un acte de désobéissance intentionnelle, soit un grave danger pour l'information qu'il poursuit.

325. — L'art. 80 s'applique à toute personne citée, sans aucune distinction. Ainsi, bien que les médecins et autres personnes désignées en l'art. 378, C. pén., ne puissent être tenus de révéler les secrets qui leur ont été confiés dans l'exercice de leur état, ils ne peuvent se dispenser de comparaître sur les citations qu'ils reçoivent, et ils sont contraignables en cas de refus, conformément aux dispositions de l'art. 80. Le juge d'instruction pourrait, en effet, avoir à les entendre sur des faits autres que ceux qu'ils ne doivent pas révéler. Il ne leur appartient pas de se constituer les juges de l'utilité de leur comparution; ils doivent même prêter serment, sauf à avertir préalablement le juge de la réserve qu'ils entendent s'imposer et faire ensuite leur déposition quant aux faits sur lesquels ils ne seraient pas tenus au secret.—*Cass.*, 20 janv. 1826, Sourbé.—V. conf. Rousseau de Lacombe, *Instruct. crimin.*, p. 265; Jousse, *Traité de la just. crimin.*, t. 2, p. 78; Serpillon, *Code crimin.*, t. 1er, p. 432; Muyart de Vouglans, *Lois crimin.*, t. 2, p. 129, 283; *De l'instruct. crim.*, p. 226; Ferrière, vo *Information*; Denizart, vo *Information*, nos 12 et 15. — V. encore Merlin, *Rép.*, vo *Témoin judiciaire*, § 1er, art. 6, note 1re sous le no 4; et *Quest.*, *eod verbo*, § 6; Carnot, sur l'art. 378, C. pén., no 6; Desquiron, *De la preuve par témoins en mat. crim.*, p. 111; Duverger, no 273; Teulet, d'Auvilliers et Sulpicy, sur l'art. 80, C. inst. crim., no 1er.

326. — Il en est de même de l'enfant âgé de moins de quinze ans, dont la déclaration, quoique non assermentée, est utile à la justice, qui ne doit pas rester impuissante à l'obtenir. — Mangin, no 106. — Du reste, si les père, mère, maître, ou autre personne ayant autorité sur un mineur âgé de plus ou moins de quinze ans, n'avaient apporté aucun obstacle à ce qu'il fût déféré à la réquisition, ils ne deviendraient pas responsables de la pénalité encoure par le mineur pour non-comparution — Carnot, *Instruct. crim.*, t. 1er, p. 114, no 9.

327. — A plus forte raison, et dans les mêmes circonstances, le mari ne saurait être responsable du refus de sa femme.— Carnot, *ibid.*, n. 9.—L'art. 1384, C. civ., n'impose, en effet, au mari aucune responsabilité à raison des délits commis par sa femme.

328. — Si le témoin cité se trouve en état d'arrestation, le juge peut ou se transporter dans la maison d'arrêt, ou ordonner son extraction par un huissier qui le conduit devant lui, le tout, bien entendu, sans préjudice des cas où il pourrait y avoir lieu à procéder à son audition par voie de commission rogatoire. — V. Massabiau, t. 2, no 1864.

329. — A l'égard de celui qui se trouve sous le poids de la contrainte par corps, l'art. 782, C. de procéd. civ., déclare qu'il lui sera accordé, à l'effet de comparaître, un sauf-conduit qui lui est délivré sur les conclusions du ministère public, et seulement pour le temps strictement nécessaire à sa déposition et son retour dans son domicile. — Duverger, no 276.

330. — L'art. 782 détermine quels fonctionnaires peuvent délivrer le sauf-conduit; ses dispositions à cet égard sont limitatives, le droit de surseoir à l'exécution des mandemens de justice ainsi que des arrêts et jugemens ne pouvant résulter que d'une disposition expresse de la loi. — Mangin, no 105.

331. — Ainsi, les juges de paix n'ont pas le droit de délivrer des sauf-conduits aux témoins en état de contrainte par corps appelés devant eux; il faut s'adresser au président du tribunal de première instance. — Circulaire du ministre de la justice du 8 sept. 1807, et avis du conseil d'état du 30 avr. précédent.

332. — Le témoin décrété de prise de corps, ou dans le cas d'être emprisonné en vertu d'une sentence pouvait aussi, sous l'empire de l'ordonnance criminelle de 1670, obtenir un sauf-conduit du juge par devant lequel il était poursuivi. La législation actuelle ne contenant aucune disposition à ce sujet, Mangin en conclut (no 105) que, dans ce cas, le juge ne serait pas autorisé à en délivrer.

333. — Carnot (*Inst. crim.*, t. 1er, p. 306) assimile le prisonnier pour dettes à celui qui est sous le poids de la contrainte par corps : nous pensons que c'est une erreur, le sauf-conduit ne peut être accordé qu'au témoin qui est en liberté. Telle n'est point la position du prisonnier pour dettes, placé sous la surveillance du gardien, qui ne peut se dessaisir de sa personne que sur l'ordre qui lui en est représenté.—Duverger, no 276; Teulet, d'Auvilliers et Sulpicy, sur l'art. 80, no 10.

334. — A l'égard du témoin placé sous la surveillance de la haute police, il peut être utile de lui délivrer en même temps que la citation un sauf-conduit qui ne l'expose pas à une prévention de rupture de ban : toutefois, M. Duvergier (no 277) fait remarquer que cette précaution n'est pas absolument indispensable, parce que la copie de la citation remise au témoin peut lui servir au besoin de justification pour venir, et que le juge d'instruction peut lui donner un laissez-passer pour le retour.

335. — L'obligation de comparaître est aussi rigoureuse pour les témoins à décharge que pour ceux à charge. Il ne saurait dépendre d'un témoin de compromettre la défense d'un accusé.—Duvergier sur Legraverend, t. 1er, p. 250, note 1re.

336. — Le refus de déposer devant le juge d'instruction doit être assimilé au défaut de comparution. — *Cass.*, 30 nov. 1820, Madier de Montjau ; 23 juill. 1830, Cresset.

337. — Carnot (*C. inst. crim.*, t. 1er, p. 364, observations additionnelles) se prononce en sens contraire, en argumentant *à contrario* des articles 304 et 355, C. inst. crim., aux termes desquels le refus de déposer devant la cour d'assises doit être considéré comme équivalant au refus de comparaître ; mais, ainsi que le fait observer Bourguignon (*Jurisprudence des codes criminels*, t. 1er, p. 189, no 5), l'art. 80 est assez précis pour ne laisser aucun doute. Il résulte de son contexte que la personne qui refuse de déposer ne satisfait pas à la citation qui lui avait été délivrée pour être *entendue en témoignage*, et qu'elle peut être contrainte par corps *à venir donner son témoignage*. Quoique préparatoire, l'instruction écrite a son importance, puisqu'elle décide de la mise en accusation. La désobéissance du témoin qui refuse de déposer est aussi outrageante pour la justice, et produit le même résultat que celle du témoin qui refuse de comparaître. — V. conf. Mangin, no 166 ; Duverger, no 281 ; Boitard, *Leçons sur le Code d'inst. crim.*; Legraverend, t. 1er, p. 260 ; Chauveau et Hélie, *Th. du Code pénal*, t. 4, p. 323 ; Delamotte-Felines, *Manuel du juge d'inst.*, p. 140 ; Massabiau, t. 2, no 873, p. 135 ; Legraverend, *Lég. crim.*, t. 1er, p. 251, 260 ; Favard de Langlade, *Rép.*, vo *Témoins*, t. 5, p. 123, 505 ; Merlin, *Rép.*, vo *Témoin judiciaire*, t. 13, p. 437.

338. — Ce n'est jamais qu'avec les plus grands ménagemens que, dans l'usage, les magistrats instructeurs appliquent aux témoins défaillans les dispositions de l'art. 80, et si, par exemple, il y avait d'autres témoins, et que l'ordre dans lequel ils doivent être entendus puisse être interverti sans que la marche de l'instruction en soit contrariée, ils procèdent à l'audition des témoins subséquens, sans prononcer de condamnation immédiate. Mais lorsque le défaut de comparution ou le refus de répondre d'un témoin sont de nature à compromettre les intérêts de la justice, il est de leur devoir de se montrer rigoureux vis-à-vis des récalcitrans. — Mais quelle est à cet égard l'étendue de leur pouvoir et quels peuvent être les droits du ministère public ?

339. — A la différence de l'ancienne législation, où il fallait prononcer défaut contre le témoin défaillant (Jousse, t. 2, p. 79), il n'est nécessaire d'observer aucun délai, ni aucune formalité à l'effet d'appliquer les prescriptions de l'art. 80, C. inst. crim. La citation pour déposer est suffisante ; au surplus, l'art. 80 le déclare formellement.

340. — M. Duverger expose dans son *Manuel des juges d'instr.* (t. 1er, p. 130) et sur les attributions respectives du juge d'instruction et du procureur du roi, une théorie qu'il importe de reproduire. — « L'amende, dit-il, est une peine ; elle ne peut donc être prononcée que sur les conclusions du ministère public ; au contraire, la contrainte par corps dont il est question ici n'est qu'une mesure coercitive, acte de police intérieure, qui n'a pour but qu'une seule chose, l'audition du témoin, et qui doit cesser, cette condition accomplie : donc, dans ce cas, l'intervention du ministère public n'est pas nécessaire. » — Et M. Duverger cite à l'appui de cette distinction les art. 86 et 92, C. inst. crim., qui complètent l'art. 80 en ce qui concerne la contrainte à l'égard de la personne du témoin, et ne font aucunement mention de l'intervention du ministère public.

341. — Nous reconnaissons avec M. Duverger que le mode de coercition dont parle cet article n'est pas une contrainte proprement dite et ne ressemble en rien à celle qui a lieu pour l'exécution des condamnations pécuniaires ; qu'il ne s'agit que d'un mandat d'amener, mesure essentiellement temporaire et que le juge d'instruction excéderait ses pouvoirs s'il convertissait ce mandat en un mandat d'arrêt ou de dépôt. — Carnot, *Inst. crim.*, t. 1er, p. 362, no 5. — Mais nous ne pensons pas que le texte de l'art. 80, pas plus que son esprit, ne permettent au juge d'instruction de décerner le mandat d'amener, sans avoir pris les conclusions du ministère public. Bien qu'en effet ce mandat ne soit pas une peine, il constitue néanmoins un acte trop grave, puisqu'il s'agit de priver une personne de sa liberté, pour croire que le juge d'instruction puisse agir isolément, surtout alors que, pour la condamnation à une amende qui ne saurait jamais excéder 100 fr., et qui peut même descendre jusqu'à 1 fr. seulement, l'intervention du ministère public serait essentielle. — V. conf. Mangin, no 107.

342. — « Du reste, dit Mangin (*loc. cit.*), peu importe ce que le procureur du roi aura requis ; le juge d'instruction est parfaitement libre d'agir comme il le croit convenable. » Il peut donc, selon qu'il le juge convenable, et contrairement même aux conclusions du procureur du roi, prononcer tout à la fois l'amende et la contrainte, ou se borner à l'une de ces deux mesures seulement, ou même n'en appliquer aucune.

343. — Toutefois encore, M. Duverger (*loc. cit.*) croit devoir faire une distinction nouvelle ; et tout en admettant que la contrainte par corps demeure facultative pour le juge d'instruction (ce qui ne pourrait faire de doute avec le système qu'il professe de la non intervention du ministère public), il pense, au contraire, qu'en ce qui concerne l'amende, il peut être tenu de la prononcer, sur les réquisitions du ministère public ; il appuie son opinion sur la différence des termes employés dans l'art. 80.

344. — Nous ne pouvons non plus admettre cette distinction, et, comme la contrainte, la condamnation à l'amende nous paraît rester toujours facultative. — Le sens impératif du mot *prononcera* dont se sert l'art. 80 est modifié par ceux-ci : *pourra être contraint*, qui dominent toute la phrase. Le législateur a voulu laisser au juge d'instruction la liberté de prendre en considération les excuses que pourrait avoir le témoin, avant même qu'elles aient été présentées. — Teulet, d'Auvilliers et Sulpicy, sur l'art 80, no 13.

345. — M. Duverger semble reconnaître lui-même un droit d'appréciation souverain au juge d'instruction, puisqu'il déclare, d'un côté, que le juge d'instruction ne peut être tenu d'obtempérer à la réquisition qu'autant que le témoin défaillant n'a pas d'excuses légitimes, et de l'autre, que la cour royale ne pourrait, sans commettre un excès de pouvoirs, enjoindre au juge d'instruction de prononcer l'amende contre un témoin défaillant qu'il n'a pas cru devoir condamner.

346. — En l'absence de toute détermination du minimum de l'amende, le juge d'instruction ne violerait aucune loi en ne condamnant le témoin défaillant qu'à 1 fr. d'amende.

347. — Le témoin régulièrement cité peut présenter lui-même ou faire parvenir au juge d'instruction ses motifs d'excuse (V. *infrà* nos 351 et s.), et dans ce cas, le magistrat peut, statuant immédiatement sur leur recevabilité, les accepter ou les rejeter.

348. — Mais si le témoin défaillant, ayant négligé de soumettre ses excuses au juge d'instruction, avait été condamné en vertu des dispositions précitées, il ne lui serait pas permis de former appel de l'ordonnance qui lui aurait infligé l'amende. L'art. 80, C. inst. crim., est formel sur ce point.

349. — C'est là une disposition rigoureuse ; aussi la cour de Cassation, s'en tenant à la lettre de la loi, a-t-elle jugé que l'interdiction de l'appel n'existait qu'à l'égard des témoins, et que par la raison même qu'il n'était pas compris dans l'art. 80 et que l'exception confirme la règle, le ministère public devait être admis à se pourvoir devant la cour contre l'ordonnance du juge d'instruction qui aurait refusé de condamner à l'amende un témoin défaillant. — *Cass.*, 18 sept. 1832, Arnould ; 19 fév. 1836, Carrier.

350. — Mangin (no 108) s'élève avec force contre cette jurisprudence qui lui paraît contraire au principe fondamental de notre droit criminel, qui consacre l'égalité de position entre l'accusation et la défense : « Une loi criminelle, dit-il, qui déciderait que le ministère public peut poursuivre la réformation de la décision qui absout et que l'inculpé ne peut exercer aucun recours contre la décision qui le condamne, serait inique. » — Le même auteur fait ensuite observer que le juge d'instruction est, sur ce point, investi des mêmes attributions que le juge-commissaire aux enquêtes en matière civile, lequel statue, en pareil cas, sans appel possible de la part du ministère public ou du témoin. — V. ENQUÊTE, nos 618 et suiv. — Or, l'on n'aperçoit aucun motif qui ait pu déterminer le législateur à statuer différemment en matière criminelle. Enfin, cette faculté d'appel laissée au ministère public lui paraît inconciliable avec la disposition de l'art. 81, C. inst. crim., de laquelle il résulte que le juge d'instruction a seul qualité pour statuer sur la validité des excuses que le témoin défaillant produit sur la seconde citation pour faire rapporter la condamnation à l'amende, car il faudrait admettre que si la condamnation avait été prononcée par la cour sur l'appel du ministère public, le juge d'instruction se trouverait investi du droit de rapporter les condamnations prononcées par cette cour.

351. — *Excuses.* — Dans tous les cas, le témoin condamné à l'amende sur le premier défaut, et qui, sur la seconde citation, produit devant le juge d'instruction des excuses légitimes, peut, sur les conclusions du procureur du roi, être déchargé de l'amende. — Code d'instruct. crimin., art. 81.

352. — Le témoin qui, après la condamnation à l'amende, a été contraint par corps est admis, comme celui qui se présente sur une nouvelle citation, à présenter ses excuses. Le mandat d'amener remplace, dans ce cas, la citation nouvelle ; la légitimité de l'excuse, et par conséquent son admission, ne peuvent pas dépendre du choix fait par le juge du moyen propre à amener la comparution du témoin. — Legraverend, t. 1er, p. 250.

353. — Mais est-il nécessaire que ce soit au moment même où le témoin comparaît sur la nouvelle citation que l'excuse soit présentée, et faut-il dire que s'il néglige de se justifier, alors il renonce par son silence à la voie de l'opposition, la seule qui lui soit ouverte, le juge n'ayant reçu de la loi le pouvoir de rétracter la condamnation que lorsqu'il est saisi de la réclamation du témoin sur la seconde citation ?

354. — M. Duverger (t. 1er, no 130, p. 430) ne le pense pas ; selon lui, en effet, il peut arriver qu'au moment de sa comparution nouvelle, le témoin ignore qu'il a le droit de présenter des excuses ou même que, par suite d'une négligence qui ne lui est pas imputable, la première citation, de même que la notification de sa condamnation à l'amende, ne lui soit point parvenue. Il en conclut que, pour que la condamnation à l'amende devienne irrévocable, il est indispensable que le témoin soit mis en demeure de s'expliquer.

355. — En fait, les témoins ne peuvent guère alléguer leur ignorance, et il est évident que si, par une réunion de circonstances tout-à-fait exceptionnelles, ils n'avaient pu avoir connaissance ni des citations données, ni de la condamnation encourue, cette condamnation ne serait pas irrévocable. Mais, à part cela, nous pensons que si le témoin n'a pas réclamé au moment de sa comparution sur la seconde citation, la condamnation maintenue ne peut plus être rapportée. — Teulet, d'Auvilliers et Sulpicy, sur l'art. 81, no 5 ; Mangin, no 108.

356. — Les excuses produites par les témoins appelés devant le juge d'instruction peuvent se diviser en deux catégories distinctes : les excuses légales, c'est-à-dire fondées sur des exceptions de droit, telles que le secret, la parenté, etc., et les excuses de fait, c'est-à-dire tirées de circonstances accidentelles.

357. — Pour ce qui concerne les excuses légales, leur appréciation et leurs effets, V. TÉMOINS.

358. — Quant aux excuses de fait qui varient avec les circonstances qui les font naître, la loi ne pouvait évidemment en déterminer la nature et l'étendue, et sur ce point, la plus grande latitude d'appréciation est et doit être laissée au juge d'instruction.

359. — L'excuse, lorsqu'elle est reconnue fausse, non seulement fait encourir l'amende, mais de plus elle expose celui qui l'a produite, ainsi que ses coauteurs et complices s'il y en a (par exemple, le médecin qui a délivré un faux certificat de maladie), aux peines portées par les art. 160 et 236, C. pén.

360. — Il est des excuses dont l'admissibilité n'est pas douteuse. Ainsi, le témoin qui n'a pas reçu la copie de la première citation, ou qui était absent de son domicile lorsqu'elle y a été déposée, sans pouvoir être de retour au jour fixé par la condamnation, ne peut évidemment être condamné ni contraint par le juge d'instruction, qui doit se borner à le faire réassigner, si cela est nécessaire.

361. — Il faut en dire autant de l'insuffisance du délai donné pour comparaître. Toutefois et à ce sujet il convient de remarquer que la loi n'a pas déterminé l'intervalle à observer entre la citation et la comparution ; on est, il est vrai, dans l'usage d'accorder vingt-quatre heures au témoin qui ne se trouve pas à une grande distance ; néanmoins les citations sont quelquefois données pour le même jour dans les affaires urgentes. L'application de la peine est donc essentiellement variable ; la seule règle que l'on puisse tracer est qu'il faut que le témoin ait été averti et qu'il ait eu un délai moralement suffisant pour se rendre sur la citation.

362. — Le cas de maladie est indiqué formellement par la loi comme motif d'excuse légitime, et même à ce sujet, le Code d'instruction criminelle entre dans des explications particulières sur la marche à suivre par le magistrat instructeur.

363. — Lorsqu'il sera constaté par le certificat d'un officier de santé (porte l'art. 83, C. inst. crim.) que des témoins se trouvent dans l'impossibilité de comparaître sur la citation qui leur a été donnée, le juge d'instruction se transportera en leur demeure, quand ils habiteront dans le canton de la justice de paix du domicile du juge d'instruction.

364. — Le premier devoir du juge d'instruction

est de constater la réalité de l'excuse produite, si donc le témoin auprès duquel il se sera transporté n'était pas dans l'impossibilité de comparaître sur la citation qui lui avait été donnée, le juge devrait décerner un mandat de dépôt contre lui : la peine portée en pareil cas est prononcée par le juge d'instruction sur la réquisition du procureur du roi en la forme prescrite par l'art. 80.

365. — Cette peine n'est autre que celle prononcée en l'art. 80 contre le témoin qui refuse de comparaître et de satisfaire à la citation : c'est-à-dire une amende qui ne peut excéder 100 francs. — Mangin, nº 110.

366. — La condamnation est prononcée dans les formes établies par l'art. 80, c'est-à-dire sans appel de la part de la partie condamnée, qui conserve seulement le droit d'y former opposition. — Mangin, *ibid.*

367. — Mais cette peine, qui d'ailleurs ne peut jamais être appliquée qu'aux témoins, n'est pas la seule que prononce la loi; les art. 159, 160 et 236, C. pén., contiennent sur ce point des prescriptions que nous avons déjà examinées (V. FAUX) et dont nous nous bornerons en conséquence à reproduire ici le texte:

368. — « Toute personne (porte l'art. 159, C. pén.) qui pour se rédimer elle-même ou en affranchir une autre d'un service public quelconque fabriquera sous le nom d'un médecin, chirurgien ou autre officier de santé un certificat de maladie ou d'emprisonnement sera punie d'un emprisonnement de deux à cinq ans. »

369. — L'art. 160 prononce la même peine contre l'homme de l'art qui a délivré un faux certificat, et s'il y a été mu par dons ou promesses, la peine est celle du bannissement; les corrupteurs sont en ce cas punis de la même peine.

370. — Enfin, l'article 236 veut que les témoins qui ont allégué une excuse reconnue fausse soient condamnés, outre les amendes prononcées par la non comparution, à un emprisonnement de six jours à deux mois. — *Cass.*, 29 nov. 1811, Delalaux; — Carnot, t. 1er, p. 674, nº 1er; Legraverend, t. 2, chap. 3, p. 333, note 2; Massabiau, nº 1880.

371. — C'est pour ce motif que l'art. 86, C. d'inst. crim. autorise le juge à décerner non seulement contre le témoin, mais contre l'officier de santé qui a délivré le certificat constatant l'impossibilité pour le témoin de se présenter, un mandat de dépôt; toutefois, ce mandat ne peut être décerné qu'autant qu'il y a prévention de l'un des crimes ou délits prévus par les art. 159, 160 et 236, C. pén. Si la détention qui résulte d'un pareil mandat et dont rien ne détermine la durée, ne se rattachait pas à quelque poursuite, elle constituerait une peine arbitraire infligée sans jugement.

372. — Aussi et en règle générale, le juge d'instruction ne doit décerner le mandat de dépôt qu'après s'être transporté sur les lieux; cependant si la fausseté de l'excuse alléguée était établie par une autre voie, et que le ministère public eût requis une information, le juge d'instruction pourrait également agir d'après les règles du droit commun auxquelles il n'a été dérogé par aucune disposition particulière. L'art. 86 n'a sans doute pas eu pour objet d'obliger le juge d'instruction à un déplacement dans tous les cas, et alors même qu'il serait inutile.

373. — Il est, du reste, évident qu'à la différence de la peine encourue par l'article 80, celles édictées par les articles précités excèdent la compétence du juge d'instruction, et ne peuvent être prononcées que par le tribunal correctionnel ou par la cour d'assises, suivant les cas. — Bourguignon, *Manuel d'inst. crim.*, t. 1er, p. 194, nº 1er; Carnot, *Cod. inst. crim.*, t. 1er, p. 370, nº 1er; Massabiau, t. 2, nº 1880.

374. — Dans sa première édition, M. Massabiau se fondant sur les art. 2 et 3, L. 11 prair. an IV, avait prétendu que le juge pouvait lui-même prononcer tant contre le témoin que contre l'officier de santé qui avait délivré le faux certificat, la peine de huit jours à un mois d'emprisonnement, mais, depuis, cet auteur est revenu à l'opinion générale qui reconnaît que toute condamnation à l'emprisonnement excède la compétence du juge d'instruction. — Massabiau, t. 2, nº 1880. — V. encore Duverger, t. 1er, nº 130; Mangin, nº 110; Carnot, *Inst. crim.*, p. 370 et 375.

375. — Quant aux frais et dépens occasionnés par le déplacement du juge interrogateur, par l'allégation d'une fausse excuse ou la production d'un faux certificat, nous pensons avec MM. Teulet, d'Auvilliers et Sulpicy (sur l'art. 86, nº 9) qu'ils ne peuvent être mis à la charge du témoin ou à celle de l'officier de santé. — V. toutefois *contrà* Carnot, *Inst. crim.*, t. 1er, p. 371, nº 4.

376. — *Délégations.* — Jusqu'ici nous avons toujours admis que les témoins habitent à proximité du juge d'instruction et nous avons vu ce magistrat procédant lui-même et directement à leur audition. Le vœu de la loi est, en effet, que pour cet acte comme pour tous les autres de l'instruction criminelle, il s'abstienne de toute délégation de pouvoirs.

377. — Telle avait été même l'importance attachée par la loi à ce que le juge procédât lui-même à l'audition des témoins, que le projet primitif du Code d'instruction criminelle lui imposait l'obligation de se transporter auprès des témoins malades même habitant hors du canton, pourvu que ce fût dans l'arrondissement.

378. — Ce ne fut que sur les observations présentées par le corps législatif qu'il fut ajouté à l'article 83 un second paragraphe ainsi conçu : « Si les témoins habitent hors du canton, le juge d'instruction peut commettre le juge de paix de leur habitation à l'effet de recevoir leur déposition, et il envoie au juge de paix des notes et instructions qui font connaître les faits sur lesquels les témoins doivent déposer. »

379. — Dans l'usage, la plupart des juges d'instruction, soit pour se soulager d'une partie de leur travail, soit pour diminuer les frais de justice, ont recours à la délégation, lorsque les témoins n'habitent pas le même canton que le juge d'instruction, sans distinguer s'ils sont ou non empêchés de paraître devant lui. — Mangin, *Inst. écrite*, nº 111.

380. — « Si les témoins résident hors de l'arrondissement du juge d'instruction, celui-ci requiert le juge d'instruction de l'arrondissement dans lequel les témoins sont résidens, de se transporter auprès d'eux pour recevoir leurs dépositions. — Dans le cas où les témoins n'habiteraient pas le canton du juge d'instruction ainsi requis, il peut commettre le juge de paix de leur habitation, à l'effet de recevoir leurs dépositions, ainsi qu'il est dit dans l'art. 83. » — Inst. crim., art. 84.

381. — Nous avons vu au mot COMMISSION ROGATOIRE la nature et l'étendue des délégations qui en sont l'objet et de quelle manière elles doivent être exécutées, nous nous bornerons à rappeler ici : 1º que le juge de paix est le seul officier de police judiciaire auquel les articles 83 et 84, C. inst. crim., permettent de confier la mission d'entendre un témoin. — Carnot, *Code inst. crim.*, sur l'art. 49, *Obs. addit.*, nº 2; Duverger, t. 2, nº 515; Bourguignon, *Jurisp. des codes crim.*, t. 1er, p. 195; Teulet, d'Auvilliers et Sulpicy, sur l'art. 84, *Code inst. crim.*, nº 10.

382. — ... 2º Que quand la délégation est faite à un autre juge d'instruction, celui-ci est investi, quant aux témoins, de tous les moyens de coercition que nous venons de passer en revue, et que la loi accorde au juge d'instruction régulièrement saisi contre les témoins défaillans. — V. C. inst. crim., art. 86. — V. COMMISSION ROGATOIRE, nº 106.

383. — Mais les mêmes droits appartiendraient-ils au juge de paix délégué. — Carnot, qui soulève cette question à l'occasion de l'application des dispositions de l'art. 80, se prononce pour l'affirmative, par ce motif que la loi n'a pu vouloir que l'autorité de ce magistrat fût méconnue impunément par un témoin récalcitrant.

384. — Mais M. Mangin enseigne que (nº 107) puisque les conclusions du procureur du roi doivent intervenir en pareil cas et qu'il n'y a pas de ministère public auprès du juge-de-paix, celui-ci ne peut soit condamner un témoin à l'amende, soit décerner contre lui un mandat d'amener dans le cas prévu par la loi, et qu'il doit se borner à constater dans son procès-verbal d'information le nom des témoins récalcitrans.

385. — Il en devrait être ainsi à plus forte raison, s'il s'agissait d'appliquer les dispositions de l'art. 86, sur le mandat de dépôt à décerner contre le témoin qui a présenté une fausse excuse, ou l'officier de santé auteur du certificat sur lequel elle est fondée; le mandat de dépôt emporte avec lui l'exercice de l'action publique, et excède par conséquent d'une manière absolue la compétence du juge de paix, qui pourrait sans doute en vertu de sa qualité d'officier de police auxiliaire et au cas de flagrant délit (V. ce mot), décerner un mandat d'amener, mais jamais un mandat de dépôt. — Teulet, d'Auvilliers et Sulpicy, sur l'art. 86, nº 6; Bourguignon, *jurisp. des codes crim.*, t. 1er, p. 194, nº 1er.

386. — Si donc le juge de paix délégué reconnaît la fausseté de l'excuse alléguée devant lui et du certificat produit il doit, hors le cas de flagrant délit, se borner à constater le fait dans son procès-verbal, afin que le juge d'instruction statue en conséquence.

387. — Carnot (*inst. crim. t.* 1er, p. 371, nº 3) prétend que le juge de paix qui, après s'être transporté sur les lieux, reconnaît que l'excuse alléguée est fausse, ne doit point recevoir la déposition du témoin, parce qu'il n'a qualité que pour le cas d'impossibilité constatée. Cette *opinion* ne nous paraît pas admissible : les termes de la loi ne sont point restrictifs. L'impossibilité alléguée a pu être la cause de la délégation, mais elle n'est point une condition des pouvoirs du juge délégué. L'intérêt de la poursuite principale veut, au contraire, que la déposition soit reçue.

388. — Le juge de paix délégué pour l'audition des témoins n'a à rendre compte de ces actes qu'au juge d'instruction de son arrondissement de qui seul il peut recevoir commission, et alors même que ce dernier aurait été lui-même délégué par un autre juge. — V. COMMISSION ROGATOIRE, nº 115 et suiv.

389. — Quant aux règles particulières à la déposition des princes, princesses, des dignitaires, grands fonctionnaires de l'état, des militaires, etc. V. TÉMOIN.

390. — Du reste, les condamnations prononcées par le juge d'instruction conformément à l'art. 80, doivent être mises à exécution de la même manière que les condamnations à l'amende prononcées par les tribunaux de répression. Elles entraînent la contrainte par corps. — Mangin, nº 108. — V. encore Massabiau, t. 2, nº 1872.

§ 3. — *Audition des témoins.*

391. — Les témoins doivent, aux termes de l'art. 73, C. instr. crim., être entendus séparément et hors de la présence du prévenu, par le juge d'instruction assisté de son greffier.

392. — L'obligation d'une audition séparée n'est pas une innovation de nos lois modernes; l'ord. de 1670, tit. 6, art. 11, en contenait également la prescription formelle.

393. — Cette mesure a pour but, en effet, de garantir la déposition de chacun des témoins de toute influence, fût-ce de celle-là seule que des réminiscences étrangères pourraient involontairement exercer sur leurs souvenirs.

394. — La circonstance qu'il s'agirait des premières opérations relatives à la constatation d'un flagrant délit, et qu'on se borne encore à recueillir de simples renseignemens, ne dispense pas de l'observation de la prescription de l'art. 73. — Duverger, nº 283. — V. toutefois Carnot, t. 1er, p. 336.

395. — Par identité de motifs, il ne doit pas être donné lecture à un témoin, avant sa déposition, des déclarations faites par les autres témoins. Cependant, si le juge d'instruction enfreignait cette règle, il n'en saurait résulter une nullité. — *Cass.*, 1er juill.-8 sept. 1808, N... — Carnot, *C. instr. crim.*, t. 1er, p. 338, nº 5.

396. — Nul doute qu'il n'entre dans les pouvoirs du magistrat instructeur de prendre des mesures analogues à celles qui se pratiquent devant la cour d'assises, à l'effet d'empêcher la communication entre les divers témoins, soit avant, soit depuis leur déposition. — Duverger, nº 283.

397. — En ordonnant que les témoins soient entendus en l'absence du prévenu, le C. d'instr. crim. n'a fait encore que reproduire l'ancienne législation. — Ord. 1670, tit. 6, art. 11. — « La raison en est, disait Bornier (*Conf. des ord.*, t. 2, p. 80) que le témoin dépose plus véritablement lorsqu'il est ouï en secret que s'il venait déposer en présence des parties, dont la crainte ou la considération pourraient corrompre son témoignage. » — V. conf. Jousse, *Tr. de la just. crim.*, t. 2, p. 82; Serpillon, *C. crim.*, t. 1er, p. 465; Muyart de Vouglans, *de l'Instr. crim.*, p. 249.

398. — Les Codes des 16 sept. 1791 et 3 brum. an IV ne considérant les déclarations faites devant les officiers de police judiciaire que comme simples renseignemens, exigeaient au contraire la présence du prévenu s'il était arrêté.

399. — Mais la loi du 17 pluv. an IX, revenant à l'ancien système, défendit, art. 23, d'entendre en présence du prévenu les témoins dont la déposition devait désormais faire charge au procès; c'est également ce que le C. d'instr. crim. consacre.

400. — Du reste, le prévenu en présence duquel des témoins auraient été entendus ne pourrait se plaindre d'une violation de la loi, qui ne peut jamais être que dans son intérêt. — Teulet, d'Auvilliers et Sulpicy, sur l'art. 73, nº 6.

401. — En tous cas, la défense d'entendre les témoins en présence les uns des autres, ou en présence du prévenu, ne met aucun obstacle aux confrontations de témoin à témoin ou de témoin à prévenu. — *Cass.*, 16 pluv. an VII, Samuel et Schmidt.

402. — La loi n'a pas défendu expressément au procureur du roi ni à la partie civile d'assister aux dépositions des témoins reçues par le juge d'instruction. Mais cette défense nous paraît résulter implicitement de ce que leur signature n'est pas exigée par l'art. 76, qui ne parle que de celles du témoin, du juge et du greffier. Il n'y avait, en effet, aucun motif plausible de le leur permettre, alors qu'on le défendait au prévenu. Si le législateur ne

s'en est pas expliqué plus catégoriquement, c'est sans doute qu'il a pensé qu'une disposition expresse était superflue. Tous les auteurs sont d'accord sur ce point. — Bourguignon, *Jurispr. des Cod. crim.*, t. 1er, p. 182; Carnot, *Instr. crim.*, t. 1er, p. 337; Duverger, t. 2, nos 285 et 286; Mangin, no 117; Massabiau, t. 2, no 1867. — On décidait de même autrefois. — Rousseau de Lacombe, *Instr. crim.*, p. 255; Serpillon, *C. crim.*, t. 1er, p. 462; Jousse, t. 2, p. 81 et 82, t. 3, p. 132; Muyart de Vouglans, p. 249.

403. — Toutefois la présence du procureur du roi et même celle de la partie civile à l'audition des témoins n'entraînerait point la nullité des opérations de l'instruction. — Les nullités sont en effet de droit étroit, et nulle part la loi ne prononce cette peine pour le cas qui nous occupe.

404. — C'est aussi en ce sens et spécialement quant au ministère public que se décide M. Massabiau; et M. Duverger, *ubi suprà*, ajoute même que l'usage paraît avoir autorisé la présence du ministère dans le cas d'instruction relative à un flagrant délit.

405. — Cependant, s'il paraissait à la chambre du conseil ou à celle d'accusation que ce mode de procéder a exercé sur la déposition des divers témoins une influence fâcheuse, elle pourrait considérer l'instruction comme incomplète et même nulle, et ordonner une nouvelle audition de ces témoins dans une forme plus régulière.

406. — Mais qu'arriverait-il de l'absence du greffier? — A cet égard, Carnot pense (t. 1er, p. 339, no 6), malgré le silence de la loi, que la déposition ainsi reçue par le juge seul devrait être annulée; et cet avis est généralement adopté. — V. notamment Duverger, no 288; Mangin, no 117.

407. — Néanmoins, cette nullité n'est pas tellement absolue qu'elle ne puisse être couverte. C'est ainsi qu'au cas où il s'agirait d'une affaire de nature à être portée devant la cour d'assises si l'irrégularité n'avait pas été relevée lors de l'arrêt de renvoi aux assises, elle se trouverait couverte, aux termes de l'art. 299, qui ne permet d'attaquer cet arrêt que pour l'une des causes mentionnées audit article.

408. — Les témoins doivent représenter, avant d'être entendus, la citation qui leur a été donnée pour déposer, et il en est fait mention dans le procès-verbal. (C. inst. crim., art. 74). — Cette prescription a pour but de constater que le témoin a été appelé et ne se présente pas de lui-même, ainsi que le veut l'art. 71, C. instr. crim. — L'ord. de 1670 statuait dans les mêmes termes.

409. — Les dispositions de l'art. 74 ne s'appliquent pas au cas de flagrant délit, où il n'est point nécessaire de citer les témoins à l'avance. — V. FLAGRANT DÉLIT.

410. — Le témoin qui ne représenterait pas la copie de la citation à lui faite, pourrait néanmoins être entendu en justifiant de l'oubli ou de la perte de cette citation dès qu'il serait vérifié par l'original de l'exploit qu'il a été véritablement cité.

411. — La preuve de la citation résulterait encore de la production d'une assignation à un autre jour, si le témoin par une circonstance quelconque n'avait pu déposer au jour indiqué, tout témoin pouvant être entendu soit avant soit après l'échéance de l'ajournement. — Duverger, no 292.

412. — Les vices résultant de l'omission de certaines formalités dans l'assignation ne seraient pas une cause de nullité de l'audition du témoin, dès qu'il serait constant qu'il a été cité. — Mangin, no 116.

413. — Au reste, la représentation de la copie de l'assignation et la mention que l'art. 74 exige, à cet égard, dans le procès-verbal, ne sont pas prescrites à peine de nullité. L'art. 77 prononce simplement une amende contre le greffier. — V. néanmoins Legraverend. t. 1er, p. 248.

414. — Les témoins doivent ensuite prêter serment de dire toute la vérité, rien que la vérité. — C. inst. crim., art. 75. — Le Code du 3 brum. an V n'exigeait pas des témoins appelés la prestation du serment.

415. — Cependant les enfans de l'un et de l'autre sexe, au-dessous de l'âge de quinze ans, peuvent être entendus, par forme de déclaration et sans prestation de serment. — C. inst. crim., art. 79.

416. — En dispensant du serment les enfans de moins de quinze ans, la loi a suffisamment indiqué que les juges ne devaient pas ajouter une entière confiance à leur témoignage, et leur a laissé le soin d'en apprécier le mérite. — Carnot., *C. inst. crim.*, t. 1er, p. 356, no 3.

417. — Nous avons vu (*suprà* nos 293 et suiv.) que le juge d'instruction peut aussi entendre également par forme de déclaration, des personnes qui ne peuvent être admises à prêter serment, soit à raison de leur lien de parenté, soit par suite d'indi-

INSTRUCTION CRIMINELLE, sect. 5e.

gnité, résultant de condamnations pénales. — V. à cet régad et pour ce qui tient à la forme du serment et à la manière dont il doit être prêté le mot SERMENT.

418. — Quant au faux témoignage commis devant le juge d'instruction ou dans le cours de l'instruction écrite, il ne donne lieu à aucune peine. — V. FAUX TÉMOIGNAGE, no 50.

419. — La disposition qui porte que les témoins appelés devant le juge d'instruction prêteront le serment de dire la vérité, n'est pas prescrite à peine de nullité. — *Cass.*, 7 fév. 1812, Camaillet-Bouilly; 20 fév. 1812, Petit; 27 fév. 8812, Werolte; 5 mars 1812, Jérôme; 19 mars 1812, Joseph Termond; 2 avr. 1812, Michel-Gendrick; 16 avr. 1812, Jean Bouterchore; 23 avr. 1812, Lambert; même jour, Vogline; 4 juin 1812, Louis Migné.

420. — « Le juge d'instruction doit demander aux témoins leurs noms, prénoms, âge, état, profession, demeure; s'ils sont domestiques, parens ou alliés des parties, et à quel degré : il sera fait mention de la demande et des réponses des témoins. » — C. inst. crim., art. 75.

421. — L'ordonnance de 1670 exigeait qu'il fût demandé aux témoins s'ils étaient *serviteurs* ou *domestiques* des parties. Le code n'a pas reproduit la première de ces expressions; mais, ainsi que le fait remarquer Carnot (t. 1er, p. 312, no 5), on doit entendre aujourd'hui par le mot *domestiques* non seulement les domestiques proprement dits, mais encore les personnes occupant des emplois dans la maison, tels que les sécrétaires, intendans, etc.

422. — S'il y a une partie civile en cause, il est nécessaire de faire connaître cette circonstance aux témoins, pour qu'ils puissent répondre complétement aux questions qui leur sont faites en vertu de l'art. 75. — Carnot, t. 1er, p. 341, no 3.

423. — Lorsque les témoins ne parlent pas la langue française, le juge d'instruction appelle un interprète et lui fait prêter serment, conformément à l'art. 32, qui, quoique relatif à la procédure par jurés, doit recevoir ici son application, par analogie, ou comme une règle de droit commun. Il y aurait lieu également de donner un interprète au témoin sourd-muet, qui ne pourrait communiquer par écrit avec le juge.

424. — Aucun article de loi n'a tracé les règles à suivre par le juge d'instruction ou les témoins dans les dépositions qu'ils sont appelés à recevoir ou à faire, mais les criminalistes ont indiqué quelques principes sur lesquels ils paraissent généralement d'accord.

425. — Et d'abord les témoins doivent déposer *oralement*. Bien que cette disposition ne se trouve qu'au chapitre relatif aux cours d'assises, on ne saurait douter qu'elle ne doive recevoir son application. Autrement, en effet, la déposition perdrait ce caractère de spontanéité, qui est le cachet le plus sûr de sa véracité, et pourrait devenir le résultat de la suggestion. — Il ne doit être fait d'exception à cette règle que pour le sourd-muet.

426. — Le témoin, ayant prêté serment de dire *toute la vérité*, ne doit rien cacher à la justice : « Il raconte, dit M. Duverger (no 297), ce qu'il a vu, ce qu'il a entendu, ce qu'il a ouï dire vaguement ou par une personne déterminée; il fait un récit exact, circonstancié et complet; il rend compte de tout ce qui peut servir à prouver la culpabilité ou l'innocence du prévenu; il indique de quelle manière il a appris ce qu'il déclare. »

427. — « Le juge d'instruction, disait Jousse (t. 2, p. 88), doit se comporter avec prudence à l'égard des témoins. Si quelqu'un d'eux lui paraît suspect, chancelant, et disposé à ne rien dire ou à déguiser, soit par faveur, soit par crainte ou par un scrupule déplacé, il lui représentera l'obligation où il est de déclarer la vérité des faits sans en rien changer. — Mais le juge doit éviter de rien suggérer au témoin, et de l'intimider ou séduire, pour l'engager à déposer. Il doit lui laisser dire librement tout ce qu'il sait, et sans user à son égard d'aucune promesse, ni contrainte; et ensuite faire rédiger sa déposition de la manière qu'elle est faite, sans y faire aucun changement; autrement, il commet un grand crime devant Dieu, et pourrait avec justice être poursuivi et puni sévèrement comme prévaricateur. » — *Ibid.*

428. — Les témoins devant déposer librement, ne doivent pas être entendus par forme d'interrogatoire; c'est seulement après leur déposition ou lorsqu'ils refusent de s'expliquer que le juge d'instruction peut poser des questions sur les faits qu'il désire éclaircir. — Denizart, vo *Information*. — V. encore Duverger, no 298; Mangin, no 122.

429. — Le juge d'instruction peut encore, s'il le juge à propos, représenter aux témoins les pièces de conviction, ou les confronter avec l'accusé ou un ou plusieurs autres témoins.

430. — Il peut aussi rappeler les témoins déjà en-

INSTRUCTION CRIMINELLE, sect. 5e.

tendus. La loi romaine, au contraire, semblait le défendre : *Produci is non potest* (disait la L. 23, ff., *De testibus*), *qui ante in eum reum testimonium dixit*; et notre ancienne jurisprudence criminelle se prononçait dans le même sens. — Rousseau de Lacombe, *Inst. crim.*, p. 340; Serpillon, *Code crim.*, t. 1er, p. 424; Muyart de Vouglans, p. 251; Jousse, t. 2, p. 96; Denizart, vo *Information*, no 44, 45, 46. — Mais aujourd'hui aucun doute n'est possible sur la légalité de cette audition.

431. — Le juge ne doit pas, ainsi que nous l'avons déjà dit, oublier que l'instruction doit être à charge aussi bien qu'à décharge des inculpés; il faut donc qu'il veille avec grand soin à ne pas se former par avance une opinion qui pourrait donner à l'information une tendance particulière soit dans un sens, soit dans un autre.

432. — L'inobservation des règles prescrites par les art. 74 et 75, C. inst. crim., quant à la manière dont les témoins doivent être entendus, entraîne pour le greffier la peine de cinquante francs d'amende, et peut exposer le juge d'instruction lui-même à la prise à partie. » — C. inst. crim., art. 77.

§ 4. — *Constatation des témoignages.*

433. — La déposition des témoins doit être rédigée, c'est-à-dire constatée par écrit dans un procès-verbal : c'est le greffier qui est chargé d'écrire sous la dictée du juge d'instruction.

434. — M. Duverger (no 302) résume ainsi les devoirs des juges d'instruction sur ce point : « La déposition doit être énoncée en termes clairs, précis, sans équivoque, en conservant sa physionomie, de façon à faire connaître si le témoin affirme positivement certains faits, ou s'il se borne à les présenter comme douteux. La manière d'exposer un fait, d'exprimer une pensée peut changer, en quelque sorte, aggraver ou modifier la déposition du témoin. Il faut donc que le juge d'instruction pèse sur chaque mot, et qu'il fasse bien expliquer la personne dont il reproduit le langage : il est même désirable qu'il emploie, autant que possible, les expressions mêmes du témoin, quelque vicieuses qu'elles soient. » — En un mot, l'information doit être, ainsi que le disaient avec pleine raison nos anciens criminalistes « comme un miroir qui représente les objets tels qu'ils sont, sans les augmenter, diminuer ni altérer de quelque manière que ce puisse être. » — Jousse, t. 2, p. 86; Muyart de Vouglans, p. 245.

435. — « Quelques magistrats, dit M. Descloseaux (*Disc. sur les dr. et les dev. du juge d'inst.*), ont cru que leur obligation se bornait à rendre fidèlement le sens des déclarations, qu'il leur était permis d'enlever les incorrections du langage et de polir une naïveté quelquefois grossière. C'est une erreur : chacun doit parler son langage; quand on résume, on corrige, on affaiblit. » — Ce n'est pas, sans doute, que la loi impose au magistrat l'obligation de reproduire toutes les incorrections et les fautes grammaticales, puisque leur suppression n'altère en rien le témoignage; mais le langage même du témoin, ses expressions, et à plus forte raison l'ordre de ses idées, doivent être soigneusement respectés.

436. — Si donc il y avait des expressions qui par leur nature choquassent les oreilles du juge, celui-ci néanmoins ne peut y suppléer. S'il n'ose les écrire, il doit les indiquer par les lettres initiales; mais au résumé il fera toujours mieux de les reproduire, car il s'agit avant tout d'éclairer la justice, il faut savoir écrire ce que la loi veut punir et ce que les tribunaux doivent juger. — De Molènes, *Des fonct. d'offic. de pol. jud.*, p. 20. — « Quant aux idiotismes et aux mots de patois, il est bon qu'on les fasse suivre d'une traduction entre parenthèses, afin d'en faciliter l'intelligence aux magistrats qui ne pourraient les comprendre sans un tel secours; que l'on emploie la même méthode quant aux expressions étrangères ou détournées de leur signification propre, dont le témoin se serait servi, et qu'on lui aurait fait expliquer en lui demandant ce qu'il a entendu dire par ces expressions, et en l'amenant à rendre sa pensée par d'autres termes. » — Duverger, *ubi suprà*.

437. — La déposition de chaque témoin doit être écrite en entier sans qu'il soit permis, par exemple, de mettre que le témoin dépose la même chose que tel autre témoin précédent; il ne faut pas non plus renvoyer, pour abréger, à quelque autre acte de la procédure. — Jousse, t. 2, p. 89; Rousseau de Lacombe, *Inst. crim.*, p. 264; Carnot, *Inst. crim.*, t. 1er, p. 294; Mangin, no 124; Duverger, no 304.

438. — Jugé cependant qu'il ne résulterait aucune nullité de ce qu'au lieu de recevoir en entier la déclaration de tous les témoins, le juge d'instruction aurait mentionné dans son procès-verbal

que quelques uns d'entre eux s'en étaient référés aux déclarations par eux faites précédemment et consignées dans un cahier d'information irrégulier. Les premières dépositions viciées devraient ainsi reprendre leur force. — *Cass.*, 16 déc. 1807, Vancappenoble. — V. conf. Duverger, n° 303.

439. — A plus forte raison, quand un témoin déjà entendu est appelé de nouveau pour expliquer quelque partie de sa déposition ou pour rendre témoignage d'autres faits, serait-il inutile qu'il répétât à l'effet d'être mentionnée au procès-verbal sa déposition antérieure. — Duverger, n° 305.

440. — C'est en présence même du témoin et incontinent que doit être rédigé le procès-verbal. — « Les dépositions, porte l'art. 76, C. inst. crim., seront signées du juge, du greffier et du témoin, après que lecture lui en aura été faite et qu'il aura déclaré y persister ; si le témoin ne veut ou ne peut signer, il en sera fait mention. »

441. — Si le témoin voulait faire des changements ou rectifications à sa déposition, le juge devrait les recevoir, consigner ces additions, et en donner également lecture au témoin avant de le faire signer.

442. — Il faut, du reste, remarquer qu'il résulte du texte de la loi que la signature du témoin n'est exigée par l'art. 76 qu'au pied de sa déposition, et sous l'approbation des ratures ou des renvois, mais non point au bas de chaque page. — C'est donc à tort que Carnot (t. 1er, p. 349) veut que la signature du témoin soit apposée au bas de chaque page de sa déposition, ainsi que cela avait lieu sous l'empire de l'ordonnance de 1670.

443. — Au contraire, « chaque page du cahier d'information doit être signée par le juge et le greffier. » — C. inst. crim., art. 76.

444. — Le procès-verbal que le juge d'instruction aurait omis de signer serait réputé ne pas exister. La signature de son successeur ne pourrait remplacer la sienne.

445. — Jugé par application du même principe et sous l'empire de la loi du 7 pluv. an IX, qu'un semblable procès-verbal ne pouvait servir de base à une déclaration du jury d'accusation, à peine de nullité. — *Cass.*, 19 déc. 1806, Vandenebaello. — L'irrégularité n'influerait point aujourd'hui sur l'arrêt de renvoi ; mais la chambre d'accusation aurait la faculté d'ordonner une nouvelle audition des témoins qui auraient figuré dans ce procès-verbal, si cette mesure lui paraissait nécessaire.

446. — « Aucun interligne ne peut être fait : les ratures et les renvois doivent être approuvés et signés par le juge d'instruction, par le greffier et par le témoin. » — C. inst. crim., art. 78.

447. — Les surcharges sont comprises dans les expressions générales de ratures et renvois, car elles offrent de très grands dangers, plus encore même que les interlignes. — *Cass.*, 13 juill. 1835, Valude. — Pour régulariser une surcharge, il faudrait reproduire dans l'*approuvé* le mot qui doit subsister.

448. — Chaque renvoi doit être accompagné d'une approbation spéciale, pour que rien ne puisse y être ajouté après coup : une approbation générale serait insuffisante. — Carnot, *C. inst. crim.*, t. 1er, p. 348, n° 3, et p. 354, n° 3.

449. — Toutefois, il a été jugé que la mention : *les mots rayés et approuvés*, suffisait pour indiquer que la suppression des mots rayés avait été approuvée. — *Cass.*, 10 déc. 1836 (t. 1er 1838, p. 25), Jeanson. — Mais cette mention est si vague qu'elle permettrait de rayer un plus grand nombre de mots. Nous pensons donc qu'elle n'offre pas une garantie complète ; il faut compter les mots rayés, et attester toutes les ratures, par une mention collective, à la fin ou en marge de la déposition.

450. — La loi veut que l'approbation d'une rature ou d'un renvoi soit attestée par des signatures entières ; de simples paraphes ne suffiraient donc pas. — Bourguignon, *Man. inst. crim.*, t. 1er, p. 169.

451. — L'art. 78 déclare encore que « les interlignes, ratures et renvois non approuvés seront réputés non avenus. » Cette disposition rigoureuse ne doit pas être comprise en ce sens que la déposition contenant des interlignes, des renvois ou des ratures non approuvés sera frappée de nullité dans son entier. Il n'y a de nulle que la partie comprise dans l'interligne, le renvoi ou la rature. — Carnot, *C. inst. crim.*, t. 1er, p. 354, n° 3.

452. — Mangin prétend (n° 125), en invoquant le procès-verbal des séances du conseil d'état en date du 21 juin 1808 que cette dernière disposition de l'art. 78 n'a été conservée dans le texte définitif que par erreur, son retranchement ayant été arrêté sur la proposition de Defermon et de Treilhard. — Il s'élève du reste avec force contre la prescription, qu'il qualifie d'absurde en ce qu'elle conserve leur valeur à des mots raturés lorsqu'ils sont peut-être devenus illisibles ou que le sens

qu'ils présentent ne concorde plus avec les mots conservés qui les suivent, et d'injuste en ce sens qu'elle peut priver le prévenu de ce qui est à sa décharge, et cela uniquement à cause d'une omission qu'il n'a pu ni prévoir ni empêcher, puisque le témoin ne dépose pas en sa présence.

453. — Quoi qu'il en soit, l'art. 78 est ainsi conçu, et il faut l'accepter ainsi : « Il est même de jurisprudence constante que ses prescriptions générales et absolues s'appliquent à toutes écritures authentiques et publiques des actes de la procédure criminelle et non pas seulement aux procès-verbaux d'information faits par le juge d'instruction. » — *Cass.*, 28 janv. 1832, Raymond Granet ; 15 mars 1834, Robert des Châtaigniers ; 13 déc. 1838 (t. 1er 1839, p. 311), Nugues ; même jour (t. 2 1839, p. 340), Hugues ; 11 avr. 1845 (t. 2 1845, p. 315), Radet dit Hacquart. — V. toutefois *Cass.*, 22 juill. 1824, forêts c. Bonnefoi.

454. — Mais, du reste, il faut bien remarquer que la déposition d'un témoin, quoique nulle, ne peut pas annuler le reste de l'information. — *Cass.*, 30 sept. 1826, Bissette, Fabien et Volny.

455. — Quant aux interlignes spécialement, la disposition portant que ceux qui n'auront pas été approuvés, seront réputés non avenus, ferait supposer qu'au moyen d'une approbation il est permis d'en faire. Tel n'est pas évidemment le sens de la loi. Après avoir prohibé au commencement de l'art. 78 l'usage des interlignes, le législateur n'a voulu par la disposition finale du même article que régler leur effet pour le cas où la prohibition serait enfreinte. Le greffier qui aurait intercalé des lignes dans le procès-verbal serait donc passible de l'amende, encore bien qu'il les eût fait valider par une approbation. — Carnot, *C. inst. crim.*, t. 1er, p. 354, n° 1er.

456. — L'inobservation des formalités prescrites par l'art. 78 entraîne, aux termes dudit article, l'application des peines dont l'art. 77 frappe l'omission des prescriptions des art. 74, 75 et 76, c'est-à-dire d'une amende de 50 francs contre le greffier et même, s'il y a lieu, de la prise à partie contre le juge d'instruction.

457. — La loi ne fait aucune distinction entre les diverses formalités dont l'omission entraîne une amende contre le greffier. On serait porté à croire qu'il ne peut être puni que pour le défaut de mention d'une formalité accomplie, car il n'a aucune autorité sur le juge d'instruction. Cependant on ne peut pas supposer à ce magistrat l'intention d'enfreindre sciemment les prescriptions de la loi. Une simple observation de la part du greffier a dû paraître suffisante pour rappeler à son attention la formalité omise. Les peines portées contre le greffier ont eu pour but d'instituer en quelque sorte un surveillant intéressé. C'est une précaution contre l'oubli ou la négligence. — Teulet, d'Auvilliers et Sulpicy sur l'art. 78, C. inst. crim.

458. — Mais comment peut être recouvrée l'amende encourue par le greffier ? — Suivant Carnot (*C. inst. crim.*, t. 1er, p. 349, nos 2 à 6), il suffit aux préposés de l'enregistrement de constater le fait par un procès-verbal pour autoriser les contraintes. Si le greffier se croit fondé à s'opposer au commandement, la voie lui en est ouverte, et dans ce cas le tribunal civil statue suivant les règles ordinaires en pareil cas.

459. — Mais cette opinion est généralement repoussée. — Bourguignon (*Jurispr. des codes crim.*, t. 1er, p. 185, n° 1er) fait remarquer qu'il y a des cas où l'existence de la contravention est incertaine, et qu'il n'est point possible de recourir ainsi *de plano* à la voie de la contrainte. Il fait aussi observer que la procédure criminelle étant secrète, les employés de la régie seront presque toujours privés des moyens de constater les contraventions. — Et Mangin ajoute (n° 126) qu'il est de règle que l'officier ministériel ne peut être poursuivi en paiement d'une amende qu'après que la contravention a été reconnue et constatée par un jugement et que la peine qui y est attachée lui a été infligée.

460. — Ce seraient donc les cours et tribunaux successivement saisis du procès dans lequel un greffier a commis une des infractions mentionnées dans l'art. 77 qui seraient compétens, selon Bourguignon (*loc. cit.*), pour condamner le greffier à l'amende. Leur jugement serait susceptible d'opposition si le greffier n'a pas été entendu ; il pourrait même être attaqué par la voie d'appel ou de cassation. Enfin cette amende étant purement civile ou de discipline, comme celle que la loi prononce en divers cas contre les notaires ou les huissiers, elle pourrait être appliquée même par les tribunaux de simple police.

461. — Cependant Mangin (*ubi suprà*) combat cette opinion en ce sens que le droit de statuer sur les contraventions commises dans l'information

par le greffier, appartient, comme accessoire, aux tribunaux chargés de statuer sur la procédure criminelle. La décision qui inflige à un greffier l'amende en vertu des art. 77 et 78, C. inst. crim., ne lui paraît pas être un simple arrêté de discipline, mais bien un jugement véritable, portant condamnation et lors duquel le greffier doit être admis à présenter sa défense. Or cette défense ne pourrait s'exercer devant les chambres du conseil ou d'accusation, où aucun débat ne peut s'engager. — D'un autre côté, l'infraction commise par le greffier ne constituant ni un délit ni une contravention, l'action ne saurait être portée par voie principale devant les tribunaux criminels. — Ce serait donc toujours devant le tribunal civil que la poursuite devrait avoir lieu, à l'instar de ce qui est prescrit à l'égard des officiers ministériels. — Malgré ces raisons, nous pensons que le sentiment de Bourguignon est le seul vrai.

462. — Il nous paraît du reste certain que le greffier condamné à l'amende sans avoir été entendu a le droit de former opposition au jugement ou à l'arrêt de condamnation. — Bourguignon, *Jurispr. des codes crim.*, t. 1er, p. 185, n° 1er ; Carnot, *C. inst. crim.*, t. 1er, p. 351, nos 7 et 9.

463. — A la différence de l'amende portée contre le greffier, laquelle n'est pas seulement facultative, mais impérative, la prise à partie n'est admise contre le juge que *s'il y a lieu*. Ces termes signifient que la matérialité du fait ne suffit pas à l'égard du magistrat, et que, s'il n'y a de sa part au moins une faute manifeste, lourde et équipollente à dol, la prise à partie serait nécessairement écartée.

Sect. 6e. — *Interrogatoire des inculpés.*

464. — L'interrogatoire en matière criminelle est un acte par lequel le juge qui procède à une information pose des questions au prévenu et en reçoit ses réponses, sur les faits de la prévention pour en avoir l'éclaircissement par sa bouche ou pour l'entendre dans ses moyens de défense. On donne également le nom d'interrogatoire au procès-verbal qui en est dressé. — Rousseau de Lacombe, *Matières crimin.*, p. 458 ; Jousse, *Just. crimin.*, t. 2, p. 253, n° 1er ; Muyart de Vouglans, *Lois criminelles*, p. 639, n° 1er.

465. — La loi romaine avait consacré la nécessité de l'interrogatoire du prévenu : *Neque enim inauditâ causâ quemquam damnari æquitatis ratio patitur.* — L. 1 ff., *De req. vel absent. damn.* — *Reum enim audiri, latrocinium est, non est judicium.*

466. — Dès l'origine de notre monarchie, et dans les plus anciens monumens législatifs, le même principe est formellement consacré : c'est ainsi qu'une constitution de Clotaire Ier de l'an 560 (V. Baluze, t. 1er, p. 7) statue en ces termes : *Si quis in aliquo crimine fuerit accusatus, non condemnetur penitùs inauditus.* « Nous voulons et est nostre intention, était-il dit aussi dans l'ordonnance du 22 mai 1315 (art. 13), que chacun pris pour cas de crime soit ouys en ses bonnes raisons et li en soit fait droit ; et se aucune aprise se faisait contre lui, que par cette seule aprise ne soit condamnez, ni jugiez. » — V. également l'ordonn., 1539, art. 146.

467. — L'ordonnance de 1670 sur la procédure criminelle, la législation transitoire et notre code actuel d'instruction criminelle ont également consacré la nécessité de l'interrogatoire des prévenus.

468. — Seule entre toutes les législations, la loi anglaise défend l'interrogatoire du prévenu, mais c'est là, suivant Bentham, la plus remarquable de toutes les singularités qu'elle contient, et ce jurisconsulte, dans une savante discussion, s'élève avec raison contre une prohibition, aussi manifestement contraire à la justification du prévenu qu'à l'intérêt de la société. — Bentham, *Traité des preuves judiciaires*, liv. 7, chap. 2. — En effet avant tout comme le disait un de nos anciens jurisconsultes « il faut entendre et puis juger ; ce serait violer l'univers et renverser ciel et terre que d'en user et pratiquer autrement. » — Ayrault, *de l'acte, form. et inst. jud.*, liv. 1, 1re partie, n° 11, p. 9. — Il est impossible de concevoir qu'un homme soit poursuivi et condamné sans que le juge l'ait entendu.

469. — Sans doute l'interrogatoire est une mesure d'instruction établie principalement en faveur du prévenu ou de l'accusé, et pour lui faciliter les moyens de se justifier, mais il faut bien se garder de ne le considérer que sous ce point de vue unique, ainsi qu'on l'a fait quelquefois. — V. notamment Meyer, *Instit. judic.*, t. 3, p. 295, t. 5, p. 202. — En effet, comme le disait d'Aguesseau, « ce n'est pas seulement pour l'accusé que la nécessité de l'interrogatoire a été établie, c'est aussi contre lui et pour le bien de la justice. » — D'Aguesseau, lettre 12 mai 1730. — Ces principes ont toujours été presque universellement reconnus. — V. Duverger, *Man. des juges d'instruct.*, t. 2, n° 317.

470. — De toutes les fonctions déférées au juge instructeur, celle qui a pour objet l'interrogatoire du prévenu est assurément la plus grave et la plus délicate (Serpillon, *Code crimin.*, t. 1er, p. 624) ; les juges les plus habiles sont souvent embarrassés.

471. — L'ordonnance de 1670 avait, par un titre spécial (tit. 14), déterminé les règles à suivre pour l'interrogatoire des accusés ; quelques modifications y furent apportées par les articles 7 et suivans du décret du 9 oct. 1789, mais depuis, dans aucune des lois sur la procédure criminelle (L. 29 sept. 1791, code du 3 brum. an IV, L. 7 pluv. an IX, C. inst. crimin.), on ne trouve de dispositions relatives à la forme des interrogatoires.

472. — Plusieurs articles du code d'instruction criminelle prescrivent formellement l'interrogatoire des prévenus ou accusés. Ainsi l'art. 40 veut que le prévenu soit interrogé immédiatement dans le cas de flagrant délit ; l'art. 93 contient la même prescription pour le cas de mandat de comparution, et accorde seulement vingt-quatre heures lorsque le prévenu est arrêté en vertu d'un mandat d'amener. Le président de la cour d'assises doit interroger l'accusé vingt-quatre heures au plus tard après son arrivée dans la maison de justice (art. 293) ; et enfin dans tous les cas les prévenus ou accusés doivent être interrogés à l'audience avant le jugement (art. 190, 210, 310, 319, 572) ; mais comment et dans quelles formes doivent avoir lieu ces interrogatoires ? Le code est muet sur ce point.

473. — Nous ne pouvons que regretter avec Mangin (t. 1er, no 132) cette omission à l'égard d'un des actes les plus importans de l'instruction écrite. Quoi qu'il en soit, on s'accorde à reconnaître, dit M. Duverger (t. 2, no 319), que si l'ordonnance de 1670, dont les dispositions étaient pour la plupart sanctionnées par les peines de nullité, et d'amende ou de dommages-intérêts contre le juge, n'a plus force de loi, du moins elle sera encore consultée avec fruit comme précepte. — V. aussi Merlin, *Rép.*, vo *Interrogatoire*, t. 6, p. 480 ; Legraverend, *Lég. crimin.*, t. 1er, p. 248.

474. — Une première règle à observer, c'est que l'interrogatoire soit fait le plus promptement possible ; les prisonniers seront interrogés incontinent, disait l'ordonn. de 1670 (tit. 14, art. 1er). Tel est aussi le désir du code d'instruction criminelle dans les cas de flagrant délit et de mandat de comparution, et s'il accorde un court délai dans le cas de mandats d'amener ou lorsque l'accusé est amené dans la maison de justice, c'est uniquement parce que ce délai peut être nécessaire au juge, qui ne saurait prévoir le jour où le mandat qu'il a décerné pourra recevoir son exécution. — V. Carnot, *Inst. crimin.*, t. 1er, p. 397, nos 1er et 2.

475. — Aussi faut-il reconnaître que ce délai doit partir non pas nécessairement de l'arrestation, qui pourrait avoir lieu à une distance fort éloignée du juge, mais seulement du moment où le prévenu se trouve mis à la disposition du magistrat instructeur. — Carnot, *ibid* ; Teulet, d'Auvilliers et Sulpicy sur l'art. 93, no 2.

476. — Mais le prévenu en état de mandat d'amener, et qui n'a pas été interrogé dans les vingt-quatre heures depuis son arrivée dans la maison d'arrêt du lieu de l'instruction, a le droit de réclamer sa mise en liberté, en faisant constater cette infraction à la loi. — *Cass.*, 4 avr. 1840 (t. 2 1840, p. 506), Jandé ; — Carnot, *ubi suprà*, no 5.

477. — ... Et même si la première juridiction saisie de l'affaire néglige d'ordonner la mise en liberté, il entre dans les attributions du tribunal supérieur, saisi de l'appel, d'ordonner avant tout et *même d'office* la cessation d'une détention qui a cessé d'être légale. — Même arrêt. — V. au surplus MANDATS D'EXÉCUTION.

478. — Du reste l'expiration du délai de vingt-quatre heures n'empêche pas le juge d'instruction de procéder régulièrement à l'interrogatoire. Si la prolongation illégale de la détention peut compromettre gravement ce magistrat, elle ne met aucun obstacle à l'interrogatoire qui peut avoir une existence régulière de quelque manière que le prévenu ait été amené devant le juge. — Teulet, d'Auvilliers et Sulpicy, *loc. cit*, no 5.

479. — L'existence d'un mandat, quelle que soit sa nature, n'est pas en effet un préalable indispensable pour qu'il soit procédé régulièrement à l'interrogatoire. — Autrefois, il est vrai, hors le flagrant délit, nul ne pouvait être régulièrement tenu pour prévenu avant d'être décrété ; (Jousse, *Tr. de la just. crimin.*, t. 2, p. 253 ; Denizart, vo *Interrogatoire*, no 8 ; Pothier, *Procéd. crimin.*, sect. 4, art. 2, § 1er) mais le code d'instruction criminelle n'a pas reproduit cette règle. L'interrogatoire d'un prévenu est donc aujourd'hui valable, alors même qu'aucun mandat n'aurait encore été décerné, et que le prévenu se serait présenté volontairement. — Duverger, no 320, note 3.

INSTRUCTION CRIMINELLE, sect. 6e.

480. — Il faut encore remarquer que si l'article 96 ne fait mention que des mandats de comparution et d'amener, c'est qu'eux seuls précèdent l'interrogatoire, les deux autres espèces de mandats, celui de dépôt et celui d'arrêt, ne peuvent être décernés qu'après l'interrogatoire. — C. inst. crim., art. 91.

481. — Quant aux personnes arrêtées en vertu d'une ordonnance de prise de corps, ce n'est pas au juge d'instruction qu'il appartient de les interroger, car à cette époque de la procédure ce magistrat est dessaisi. Le président de la cour d'assises seul peut alors interroger l'accusé. — Massabiau, t. 2, no 1830.

482. — L'ordonnance de 1670 (*ubi suprà*, art. 4, no 5) voulait que, hors le cas de flagrant délit, où l'accusé était interrogé dans le premier lieu trouvé commode, l'interrogatoire eût toujours lieu où se rend la justice, dans la chambre du conseil ou de la geôle, défendant aux juges de les faire dans leurs maisons. — Bien que le Code d'instruction criminelle n'ait pas reproduit cette disposition de l'ord. de 1670, Legraverend (t. 1er, p. 242) et M. Duverger (t. 2, no 321) n'hésitent pas à la tenir comme en vigueur, et déclarent que le juge ne peut jamais interroger le prévenu que dans la chambre du tribunal, qui lui sert de prétoire, ou à la geôle, jamais chez lui.

483. — MM. Teulet, d'Auvilliers et Sulpicy (*ubi suprà*, no 9) conviennent qu'il doit en être ainsi ; mais dans le silence à cet égard du Code d'instruct. crimin., ils pensent, avec raison, que le prévenu ne pourrait refuser de se rendre dans la maison du juge pour être interrogé, ni se faire un moyen de nullité de ce qu'il y aurait été appelé et conduit.

484. — Du reste, non-seulement il est libre au magistrat instructeur, mais même il est de son devoir de se transporter auprès du prévenu, en quelque lieu que celui-ci se trouve, à l'effet de l'interroger, lorsqu'il y a de la part du prévenu impossibilité de comparaître ; par exemple, et surtout en cas de maladie.

485. — « Le juge sera tenu, portait l'art. 2, tit. 14, ord. 1670, de vaquer en personne à l'interrogatoire qui ne pourra être fait par le greffier, à peine de nullité et d'interdiction contre le juge et le greffier, et de 500 livres d'amende contre chacun d'eux, dont ils ne pourront être déchargés. » — La pénalité ne saurait plus être aujourd'hui infligée ; mais le principe demeure applicable : le juge seul a qualité pour procéder à l'interrogatoire ; le greffier n'est là que pour recueillir et dresser procès-verbal de l'interrogatoire ; son rôle est le même que lorsqu'il s'agit de l'audition des témoins.

486. — Il faut également appliquer à l'interrogatoire du prévenu une grande partie des règles relatives à l'audition des témoins. — Comme le témoin, le prévenu doit comparaître devant le magistrat instructeur, libre, et séparément de tout autre prévenu ou témoin, en l'absence du ministère public et des plaignans ou parties civiles, le juge ne devant être assisté que de son greffier. — Telle était la prescription de l'art. 6, tit. 14, ord. 1670. — Il en est de même aujourd'hui.

487. — De ce que l'art. 94, C. inst. crim., porte que le mandat d'arrêt sera décerné *le procureur du roi ouï*, Carnot avait d'abord conclu que le ministère public pouvait assister à l'interrogatoire du prévenu. Mais depuis, rétractant cette opinion, il a reconnu que le sens qu'il avait attaché aux expressions de l'art. 94 était erroné. — V. Carnot, *Inst. crim.*, t. 1er, p. 401, n. 3. — V. aussi Duverger, t. 2, no 324 ; Bourguignon, *Jurispr. des Codes crim.*, t. 1er, p. 216 ; Legraverend, t. 1er, p. 249 ; Massabiau, t. 2, 1826.

488. — « Néanmoins, dit M. Massabiau (*loc. cit.*), dans un seul cas, *peut-être*, la présence du procureur du roi à l'interrogatoire pourrait être *toléré* : ce serait en cas de flagrant délit, parce qu'alors la loi l'investit du pouvoir d'interroger lui-même en l'absence du juge d'instruction, et que, même quand ce magistrat est sur les lieux, il est essentiel que le ministère public soit informé le plus promptement possible, soit des révélations, soit du système de défense de l'inculpé, afin que pendant que l'interrogatoire se continue, il puisse faire procéder sur-le-champ aux interrogatoires nécessaires pour parvenir à la découverte de la vérité. »

489. — Quant à la question de savoir si la présence d'autres personnes que le juge et le greffier, ou si, au contraire, l'absence de ce dernier, lors de l'interrogatoire, est une cause de nullité, mêmes raisons de décider et même solution qu'en matière d'audition des témoins. — V. *suprà*, nos 391 et s.

490. — Il ne faudrait pas, néanmoins, voir une violation du secret de l'interrogatoire dans la présence d'huissiers, de gardes ou agens de la force publique placés par mesure de prudence pour surveiller la personne du prévenu, qui même pourrait

INSTRUCTION CRIMINELLE, sect. 6e.

être tenu enchaîné, si son caractère ou son état d'irritation forçaient de recourir à des moyens de rigueur. — Massabiau, t. 2, nos 1824 et 1825 ; Duverger, no 325.

491. — Et de même que les témoins peuvent être confrontés entre eux ou avec le prévenu (V. *suprà*, nos 430 et s.), de même après son interrogatoire le prévenu peut être confronté avec ses coprévenus ou les témoins. Il peut également être interpellé de s'expliquer sur les pièces de conviction qui lui sont représentées.

492. — En même temps qu'elle défendait la présence aux interrogatoires de toutes personnes autres que le juge et le greffier, l'ordonnance de 1670, titre 14, art. 3, admettait cependant tant le ministère public que les parties civiles à donner des mémoires au juge pour interroger l'accusé. Nul doute, malgré le silence du Code d'instruction criminelle, que pareille production puisse aujourd'hui avoir lieu, sauf au magistrat instructeur à y avoir tel égard que de raison. — Teulet, d'Auvilliers et Sulpicy, *ubi suprà*, no 16.

493. — De son côté, le prévenu a le droit de produire pour sa défense un mémoire devant le juge d'instruction. — *Cass.*, 29 déc. 1832, Boides.

494. — ... Et le procureur du roi ne pourrait s'opposer à ce que ce mémoire fût joint aux pièces de la procédure, sous prétexte qu'il contiendrait des énonciations injurieuses à l'égard de tierces personnes, fût-ce même des fonctionnaires publics, sauf à exercer telles poursuites que de droit. — Même arrêt.

495. — Mais, pas plus aujourd'hui que sous l'empire de l'ordonnance de 1670 (*ibid.*, art. 8), le juge d'instruction ne doit permettre que l'accusé soit assisté d'un conseil pour son interrogatoire. — Duverger, t. 2, no 326 ; Teulet, d'Auvilliers et Sulpicy, *ubi suprà*, no 13.

496. — Il ne faut pas confondre l'assistance d'un conseil avec celle de l'interprète qui doit être donné au prévenu, s'il n'entend point la langue française. — Ordonn. 1670, titre 14, art. 11. — Un interprète doit également être donné au prévenu sourd-muet, qui ne peut communiquer par écrit avec le juge d'instruction.

497. — L'art. 7, tit. 14, ord. 1670, voulait que l'accusé, de même que le témoin, prêtât serment avant d'être interrogé, et que mention fût faite de cette formalité à peine de nullité. — Cette prescription inhumaine et immorale a été abrogée par l'article 1er, décr. 8 et 9 oct 1792.

498. — De même que le témoin, tout prévenu, sauf le sourd-muet qui sait lire et écrire, doit répondre *oralement*, les réponses orales ayant toujours un caractère de spontanéité et par conséquent de véracité, que ne comportent pas au même degré les réponses écrites.

499. — Cependant cette précaution serait-elle même insuffisante, si le prévenu pouvait être instruit des faits sur lesquels il doit être interrogé. Il faut donc autant que possible éviter de les lui faire connaître à l'avance pour ne pas lui laisser le temps de préparer ses réponses et d'inventer des mensonges. — Rousseau de Lacombe, *Mat. crim.*, p. 459 ; Jousse, *Justice crim.*, t. 2, p. 258, no 11.

500. — C'est par ce motif que la loi du 7 pluv. an IX, art. 10, avait défendu de donner communication à l'accusé, avant l'interrogatoire, des charges ou dépositions déjà recueillies, prescription qui doit toujours être observée, bien qu'elle ne soit pas mentionnée dans le Code actuel.

501. — Mais aussi, le même article de la loi de l'an IV voulait qu'après l'interrogatoire il fût donné lecture desdites charges et dépositions, et une jurisprudence constante, appuyée sur de nombreux arrêts, tenait l'inobservation de cette formalité comme entraînant nullité de la procédure criminelle. — *Cass.*, 1er germ. an XII, Chastenet ; 21 flor. an XII, Lafond ; 27 niv. an XIII, Andrieu ; 18 fruct. an XIII, Esclapon ; 12 vendém. an XIV, Blanc ; 31 oct. 1806, Mayeux ; 27 nov. 1806, Molle ; 19 juin 1807, Bonnaure ; 28 août, 1807, Foa ; 3 juin 1808, Bérrigal ; 8 sept. 1808, Pillet ; 27 oct. 1808, Bontaut ; 9 nov. 1809, Guérard et Bonifay ; 19 juill. 1810, Faisy ; 19 oct. 1810, Cerre.

502. — Aucune disposition du Code d'instruction criminelle n'impose cette obligation au juge d'instruction. En fait, sans doute, il est toujours donné connaissance à l'accusé des charges existantes contre lui ; mais l'omission de cette mesure ne pourrait engendrer une nullité, puisqu'aucune loi n'aurait été violée.

503. — Le magistrat doit éviter de gêner l'accusé en l'interrompant intempestivement dans les explications qu'il donne ; à plus forte raison doit-il s'abstenir d'entrer en discussion ouverte avec lui, ou bien encore user de promesses décevantes, de questions captieuses ou de moyens d'intimidation ; l'interrogatoire doit toujours être fait avec droi

ture et sans subtilité ou menaces. « Il doit, dit M. Duverger (t. 2, nº 232), conserver toujours le calme et la modération en présence du prévenu; sa conduite pendant l'interrogatoire ne doit respirer ni la dureté, ni la sensibilité : elle doit être celle d'un magistrat impartial, qui ne considère que ses devoirs. »

304. — Mais il est loisible au juge d'instruction, il est même de son devoir d'employer à l'égard du prévenu des exhortations et représentations qui, faites avec prudence et discernement, peuvent le disposer à confesser la vérité. — Duverger, t. 2, nº 348.

305. — Et si, nonobstant les instances du magistrat interrogateur, le prévenu refusait de répondre, ou ne donnait que des explications vagues ou mensongères, le juge devrait se borner à faire constater dans le procès-verbal ce silence ou la nature de ses réponses, et passer outre à l'instruction de l'affaire, qui ne peut pas être entravée par le mauvais vouloir du prévenu.

306. — L'aveu même de l'accusé fût-il formel, ne dispense point le juge d'instruction de continuer l'information; il peut se faire, en effet, que cet aveu ne soit pas aussi sincère qu'il le paraît, qu'il soit infirmé ou rétracté plus tard, ou même qu'il soit démenti par des faits dont la connaissance viendrait se révéler ultérieurement. — Ces principes étaient consacrés par la loi romaine : « *Si quis ultrò de maleficio fateatur, non ei semper fides habenda est; nonnunquam enim aut metu aut quâ aliâ de causâ in se confiteantur.* — *Confessiones reorum pro exploratis facinoribus haberi non oportet, si nulla probatio religionem cognoscentis obstruat.* » — L. 1re, § 17 et 27, ff., *De quæst.* — Tous les auteurs sont également d'accord sur ce point. — Jousse, t. 1er, p. 677; Rousseau de Lacombe, p. 348; Muyart de Vouglans, *Lois crim.*, t. 1er, p. 43, et t. 2, p. 290; Pastoret, *Lois pén.*, 1re part., t. 1er, p. 418; Meyer, *Inst. judic.*, t. 5, p. 310; Duverger, t. 2, nº 351; Bonnier, *Tr. des preuves*, p 255, 258 et 292; Mangin, t. 2, nº 128.

307. — Il est à désirer que l'interrogatoire ait lieu sans reprises et dans une seule séance; néanmoins, les circonstances peuvent exiger qu'il en soit autrement; il faut, à cet égard, s'en rapporter à la prudence du juge.

308. — L'interrogatoire terminé peut même être réitéré toutes les fois que le juge croit cette mesure utile. — Ord. 1670, tit. XIV, art. 15; L. 7 pluv. an IX, art. 10; — Rousseau de Lacombe, p. 346 et 349; Jousse, t. 2, p. 169 et 263; Serpillon, t. 1er, p. 528 et 646; Muyart de Vouglans, *De l'inst. crim.*, t. 2, p. 251; Denizart, vº *Interrogatoire*, nº 21; Pothier, *Procéd. crim.*, sect. 4e, art. § 1er; Meyer, *Inst. judic.*, t. 5, p. 310; Bourguignon, *Jurispr. des Codes crim.*, t. 1er, p. 483; Garnot, *Inst. crim.*, t. 3, p. 158; Massabiau, t. 2, nº 1828; Carré, *Dr. franç.*, t. 4, p. 346; Duverger, t. 2, nº 360; Merlin, *Rép.*, vº *Interrogatoire*. — En effet, « quoiqu'il ne soit pas survenu de nouvelles charges, on peut, dans un autre temps, dit ce dernier auteur, espérer obtenir d'un prévenu certains aveux qu'il n'a pas été possible d'en tirer auparavant. »

309. — En fait, et dans presque toutes les instructions criminelles, il y a toujours au moins deux interrogatoires, l'un dans les premiers momens de l'instruction; l'autre à la fin, qui a pour objet de donner connaissance à l'inculpé des charges qui s'élèvent contre lui et de lui fournir les moyens de les combattre devant les chambres du conseil et d'accusation. — Massabiau, *loc. cit.*; Duverger, *loc. cit.*

310. — L'interrogatoire du prévenu doit être comme la déposition des témoins et dans les mêmes formes, c'est-à-dire avec la même formalité, rédigé par écrit immédiatement par le greffier, sous la dictée du juge et en présence du prévenu. — Duverger, t. 2, nº 354.

311. — « Il ne faut pas, dit à ce sujet M. Massabiau (t. 2, nº 1827), suivre le mauvais usage de quelques juges d'instruction, de poser aux inculpés des questions très circonstanciées et d'exprimer leurs réponses par la simple formule de l'aveu ou de la dénégation. C'est la marche inverse qui devrait être suivie : c'est à la question d'être précise et à la réponse d'être explicative. Autrement il est impossible de savoir si le oui ou le non de l'inculpé s'applique également à toutes les circonstances de la question, ou seulement à l'une d'elles. »

312. — Sous l'empire de l'ord. de 1670 (art. 12 et 13, tit. 14), l'interrogatoire de l'accusé devait être rédigé par écrit, sous peine de nullité. — *Cass.*, 10 nov. 1792, Ader.

313. — Il doit être donné lecture de l'interrogatoire au prévenu; le juge doit lui demander s'il veut y ajouter ou modifier quelque chose; et si en effet le prévenu veut y apporter quelque changement, il doit en être fait mention à la suite de l'interrogatoire. — Ord. 1670, tit. 14, art. 12 et 13. — M. Duverger (t. 2, n. 355) fait remarquer que rien dans la loi, pas plus que dans l'ordonnance, ne s'oppose à ce que le juge d'instruction, au lieu de faire procéder à la lecture par le greffier, permette à l'accusé de le faire lui-même.

314. — L'ordonnance voulait (art. 13, tit. 14) que l'interrogatoire fût signé par le juge et par le prévenu; si ce dernier ne voulait ou ne savait signer, il devait en être fait mention. Il en est encore ainsi aujourd'hui; il faut ajouter qu'il doit être encore signé par le greffier.

315. — Le même article de l'ordonnance prescrivait en outre que l'interrogatoire fût coté et paraphé à chaque page par le juge et le prévenu. Cependant, les auteurs étaient d'avis que le juge seul devait remplir cette formalité. — Muyart de Vouglans, *De l'instruct. crim.*, p. 477; Jousse, t. 2, p. 259; Merlin, *Rép.*, vº *Interrogatoire*. — *Cass.*, 30 sept. 1826, Bissette. — Dans le silence de la législation actuelle, il faut appliquer à l'interrogatoire les règles que l'art. 76, C. d'inst. crim., a posées pour les dépositions de témoins. — V. *suprà* nos 433 et s.

316. — Il convient également de suivre, relativement à l'interrogatoire, les prescriptions de l'art. 78 du même Code, sur les interlignes, ratures et surcharges. — Plus sévère, l'ord. de 1670 interdisait d'une manière absolue les ratures comme les interlignes.

317. — Toutes les formalités que nous venons de mentionner doivent être remplies, non pas seulement à la fin de l'interrogatoire, mais à *chaque séance* si l'interrogatoire dure plusieurs séances. — Ord. 1670, tit. 14, art. 13. — Dans ce cas, et bien qu'aucune obligation formelle n'existe pour le juge d'instruction, celui-ci peut, s'il l'estime convenable, faire donner au prévenu lecture nouvelle de tout ou partie des précédens interrogatoires avant d'en reprendre la continuation. — Duverger, t. 2, nº 361.

318. — Du reste, il n'est jamais délivré expédition des interrogatoires, qui sont toujours transmis en minute, quand il est besoin de les envoyer à une autre juridiction.

INSTRUCTION PAR ÉCRIT.

Table alphabétique.

Affaire par défaut, 18.
Appel, 24, 71.
Appointemens, 2 s.
Arbitres, 23.
Avoué, 67 s., 100 s,
Communication, 38. — (au ministère public), 88 s. — (forme), 61 s.
Contrainte par corps, 67 s.
Contredit, 42 s.
Contributions indirectes, 19.
Décharge des pièces, 96 s.
Défaut-profit-joint, 18, 95.
Défense, 81 s.
Délai, 28 s. — (prorogation), 49 s.
Délibéré, 5.
Dommages-intérêts, 67 s.
Enregistrement, 19 s.
Forme, 25 s.
Juge suppléant, 22.
Jugement, 6 s., 25 s. 87 s., 91.
Jurisconsultes, 23.
Matière commerciale, 16. — sommaire, 15, 17.
Ministère public, 88 s.
Opposition, 72 s., 93 s.
Partie défaillante, 33 s
Poursuite de l'audience, 45 s., 54.
Prescription, 97 s.
Prise à partie, 97.
Production de pièces, 28 s., 74 s — supplémentaire, 55 s.
Prorogation de délai, 49 s.
Rapport, 81 s.
Rapporteur, 21 s., 62, 75 s., 96 s. — (décès du), 80.
Récépissé, 61.
Registre du greffe, 74 s.
Remise au rapporteur (réquisition), 76 s.
Renvoi devant arbitres), 23. — devant jurisconsultes, 23.
Réplique, 44
Requête, 28 s.
Responsabilité, 97.
Rétablissement des pièces, 67 s., 96 s.
Retrait de pièces, 100 s.
Signification, 25 s.
Supplément d'instruction, 37.
Taxe, 17, 29 s., 37, 57 s., 101.

INSTRUCTION PAR ÉCRIT. — 1. — Procédure particulière réglée par le Code pour l'instruction de certaines affaires qui, à raison des difficultés et des complications qu'elles présentent, doivent être éclaircies par des requêtes et des écritures et jugées sur rapport.

§ 1er. — *Cas dans lesquels on peut ordonner une instruction par écrit* (nº 2).

§ 2. — *Formes de l'instruction par écrit* (nº 25).

§ 3. — *Rapport et jugement. — Retrait des pièces* (nº 81).

§ 1er. — *Cas dans lesquels on peut ordonner une instruction par écrit.*

2. — L'instruction par écrit était connue dans l'ancien droit sous le nom d'*appointement* (V. ce mot) et fort en usage. Aujourd'hui on y a rarement recours, et elle ne donne plus lieu à aucun des abus qui faisaient de cette procédure une des plaies de la justice.

3. — Dans l'ancienne jurisprudence, l'instruction par écrit avait différens degrés et différentes dénominations, suivant les espèces et les circonstances; ainsi l'on distinguait l'appointement *à mettre* de l'appointement *en droit* ou de l'appointement *à écrire*, etc., ce qui entraînait des différences dans les délais, dans les formes et dans la quotité des frais et des épices. Il n'en est plus de même aujourd'hui : l'instruction par écrit est une, sa marche est tracée avec précision par le Code, et n'offre plus d'aliment à l'esprit de chicane.

4. — La cour de Rennes a jugé en principe, que les procès intentés avant le Code de procédure doivent être instruits conformément aux lois anciennes. — *Rennes*, 5 janv. 1813, Nugent c. Laheu. — Mais il ne faudrait appliquer cette décision, en cas d'instruction par écrit, qu'aux procès dont l'instruction était déjà commencée avant le Code. Autrement ce serait à la loi moderne qu'il faudrait se conformer.

5. — L'instruction par écrit, qu'il faut distinguer du *délibéré* (V. ce mot), ne peut avoir lieu que lorsqu'elle a été ordonnée par le juge, ce qui n'arrive que pour les affaires qui ne sont pas susceptibles d'être jugées sur plaidoirie ou sur délibéré. — C. procéd., art. 95.

6. — Ainsi son caractère est d'être une procédure extraordinaire, exceptionnelle; il faut un jugement préalable pour que les parties et leurs avoués y aient recours. C'est un avant-faire droit.

7. — Le jugement qui ordonne une instruction par écrit peut être rendu ou d'office par le juge, ou sur la provocation des parties en cause.

8. — Il peut intervenir ou dès le début de l'affaire, ou après plaidoirie, ou même après un délibéré. Cela dépend de l'appréciation du tribunal et du besoin qu'il éprouve d'approfondir la cause et d'éclaircir le débat.

9. — Jugé, en ce sens, que les juges peuvent après les conclusions et avant que les plaidoiries ne soient terminées, par exemple, si un seul des avocats a été entendu, ordonner la mise d'une cause en délibéré pour être instruite par écrit au rapport de l'un des juges. — *Cass.*, 25 juin 1840 (t. 2 1840, p. 738), Ivose et Canu c. Pagny.

10. — L'instruction par écrit ne peut être ordonnée qu'à l'audience et à la pluralité des voix. Le jugement doit désigner celui des membres du tribunal qui sera chargé de faire le rapport. — C. procéd., art. 95. — V. aussi DÉLIBÉRÉ.

11. — Il doit être motivé. — C. procéd. civ., art. 141. — V. JUGEMENT.

12. — Il est facile de se rendre compte du motif qui a porté le législateur à exiger que l'instruction par écrit fût ordonnée par un jugement. Se rappelant les abus trop fréquens qu'on faisait de cette procédure dans l'ancien régime et craignant de les voir se perpétuer sous le nouveau, il a voulu rendre moins abordable un mode d'instruction fort coûteux et qui entraîne d'assez longs délais.

13. — D'ailleurs, comme le fait remarquer Boitard (t. 1er, p. 268), ordonner une instruction par écrit, c'est supprimer à quelques égards la publicité, qui est de l'essence de l'instruction. Or, pour autoriser cette exception partielle au principe de la publicité, pour permettre de soustraire au grand jour de l'audience les débats et l'examen de la cause, il faut un jugement formel, rendu à la pluralité des voix et qui constate cette nécessité.

14. — Si le jugement qui ordonne une instruction par écrit n'avait pas été rendu à l'audience, la nullité devrait-elle être prononcée? — Le Code ne le dit pas, quoique l'art. 9 du tit. 11 de l'ord. de 1667 fût exprès sur ce point; mais, malgré le silence de la loi moderne, nous pensons que le jugement ainsi rendu devrait être annulé. L'art. 7 de la loi du 20 avr. 1810 ne permet plus le doute sur ce point. — V. JUGEMENT. — V. en ce sens Delaporte, t. 1er, p. 110; *le Praticien français*, t. 1er, p. 359, notes; Chauveau sur Carré, quest. 447.

15. — L'ordonnance de 1667, tit. 17, art. 10, défendait d'appointer les matières sommaires. Le Code n'a pas reproduit cette prohibition; néanmoins il est dans la nature de ces affaires de ne pas comporter même les formes ordinaires de la procédure : à plus forte raison repoussent-elles une instruction telle que celle qui fait l'objet du tit. 6, liv. 2 du Code. D'ailleurs l'art. 405 semble confirmer cette opinion, puisqu'il veut que les matières sommaires soient jugées à l'audience, après

les délais de la citation échus, sur un simple acte, *sans autres procédures ni formalités*. Ce texte nous paraît trancher la difficulté. — V. en ce sens Chauveau et Carré, t. 1er, quest. 448; Pigeau, t. 1er, p. 364; *Praticien franç.*, t. 1er, p. 358; *Comment. du tarif*, t. 1er, p. 177; Favard de Langlade, t. 3, p. 87; Bioche, t. 3, vo *Instruct. par écrit*, no 2; Delaporte, t. 1er, p. 106; Boncenne, t. 2, p. 326; Berriat, t. 1er, p. 27.

16. — Quoique les affaires commerciales rentrent dans la classe des matières sommaires, il en est quelquefois de si compliquées qu'elles rendent une instruction par écrit nécessaire. Telles sont, par exemple, les liquidations de sociétés. Dans ce cas et par exception, on admet ce mode de procédure; mais on ne doit y avoir recours qu'en cas de nécessité absolue.

17. — Au surplus, comme c'est le juge qui doit ordonner l'instruction par écrit et que les parties et les avoués doivent se conformer à sa décision, il est évident que si la procédure a été suivie conformément au prescrit des art. 95 et suiv., la taxe devra être faite non comme en matière sommaire, mais comme en matière ordinaire. — V. MATIÈRE SOMMAIRE.

18. — Dans l'ancien droit, on ne pouvait appointer les affaires jugées par défaut. Carré (t. 1er, p. 540, note 1re) et Pigeau (t. 1er, p. 361) soutiennent qu'il doit en être de même encore aujourd'hui. Mais MM. Chauveau (sur Carré, quest. 448, note) et Bioche (t. 3, no 6) embrassent l'opinion contraire. Ils pensent que le magistrat peut toujours s'éclairer par tous les moyens d'instruction autorisés par la loi. L'absence volontaire ou non de l'une des parties ne doit pas être une entrave pour la justice. — Favard de Langlade (t. 3, p. 87) admet l'opinion de Carré en faisant exception néanmoins pour le cas de défaut profit-joint.

19. — On a quelquefois compté, mais à tort, parmi les causes qui doivent être nécessairement soumises à l'instruction par écrit : — 1o les instances relatives à la perception des droits de l'enregistrement (L. 27 vent. an IX, art. 17); — 2o celles qui intéressent le fond du droit en matière de contributions indirectes. — Chauveau sur Carré, quest. 448 bis. — A la vérité, ces causes ne sont pas instruites dans la forme ordinaire ; on les juge sur simples mémoires et sans plaidoirie; mais cela ne suffit pas pour les ranger dans la catégorie des causes instruites conformément aux dispositions des art. 95 et suiv. du Code : c'est par des lois spéciales qu'elles sont régies. — V. CONTRIBUTIONS INDIRECTES, ENREGISTREMENT.

20. — Jugé au reste que l'art. 113, C. procéd. civ., qui répute contradictoires les jugemens rendus sur la production d'une seule des parties, est applicable aux jugemens rendus en matière d'enregistrement. — *Cass.*, 24 août 1835, enregistr. c. Charlet. — V. ENREGISTREMENT.

21. — Il n'est pas nécessaire en matière d'instruction par écrit, comme en matière de délibéré, que le rapporteur soit choisi parmi les juges qui ont assisté au jugement. — Thomine-Desmazures, t. 1er p. 212, Chauveau sur Carré, *lois de la procéd.*, t. 1er quest. 446. — En effet, le jugement dont parle l'art. 95 étant le point de départ d'une instruction nouvelle et complète, tout ce qui s'est passé jusque là est assez indifférent; on ne procède plus sur les anciens errements.

22. — Le rapporteur désigné peut être un juge suppléant, s'il a assisté au jugement pour compléter le tribunal. — Arg. *Cass.*, 27 juin 1827, enregistr. c. Perrier. — Mais il en est autrement si ce suppléant ne pouvait concourir au jugement en qualité de juge. — Arg. *Cass.*, 23 avr. 1827, enregistr. c. Languillet. — V. aussi Chauveau sur Carré, t. 1er, quest. 446 bis.

23. — Le tribunal peut-il, au lieu d'ordonner que la cause sera instruite par écrit sur le rapport d'un juge nommé à cet effet, prononcer un renvoi devant des jurisconsultes ou arbitres pour avoir leur avis? — Un pareil mode de procéder était suivi sous l'empire de l'ordonnance, comme l'atteste Pigeau (*Tr. de la pro.*, t. 1er, p. 247), mais Carré (quest. 449) et M. Chauveau sur Carré, *loc. cit.*, enseignent que le C. de procéd. civ., ne l'ayant pas consacré, on doit considérer cet usage comme abrogé. Le juge, disent-ils, ne peut, sans occasionner des frais frustratoires, suppléer un mode d'instruction que la loi ne prononce pas : d'un autre côté, l'on peut dire que les parties qui sont en présence des juges que la loi leur a donnés ont droit d'exiger qu'ils prononcent sur leur contestation sans influence de qui que ce soit. — Ajoutons que Pigeau qui, dans son nouveau *Tr. de la procéd. civ.*, a conservé tout ce qui, dans son ancien, pouvait s'accommoder au code actuel, a supprimé tout ce qu'il avait dit relativement à de tels renvois que la loi n'autorise que dans les matières de commerce et dans les cas qu'elle exprime. — C. procéd., art. 429; C. comm., art. 51.

24. — L'art. 461, C. procéd. dispose que; « Tout appel même de jugement rendu sur instruction par écrit sera porté à l'audience, sauf à la cour à ordonner l'instruction par écrit, s'il y a lieu. » — V. APPEL, no 1693.

§ 2. — *Formes de l'instruction par écrit.*

25. — Le jugement qui ordonne une instruction par écrit doit être levé et signifié. — C. procéd. civ. art. 96. — Il en est autrement du jugement qui ordonne un délibéré. — V. ce mot.

26. — C'est le demandeur qui, régulièrement, doit faire cette signification ; mais s'il apportait de la négligence dans la poursuite de l'affaire, le défendeur pourrait prendre l'initiative et presser l'instruction. — Demiau-Crouzilhac, p. 90 et 92; Chauveau et Carré, quest. 450 ; Boitard, t. 1er p. 391 et Boncenne, t. 2, p. 327, Favard de Langlade, t. 3 p. 87.

27. — La signification est faite d'avoué à avoué. Cependant s'il y avait des défaillants, il faudrait signifier le jugement à personne ou à domicile. Ce point est incontestable. — V. Chauveau et Carré, quest. 451 et les auteurs précités.

28. — Dans la quinzaine de la signification du jugement, le demandeur doit faire signifier une requête, contenant ses moyens ; cette requête est terminée par un état des pièces produites au soutien. C. procéd., 96.

29. — Le demandeur doit en outre, dans les vingt-quatre heures de la signification de la requête, déposer ses pièces au greffe et faire signifier un acte d'avoué à avoué contenant déclaration de la production faite et indiquant le nombre de rôles de la requête. — C. procéd., 96, tarif, 70, 91.

30. — Si le nombre des rôles de la requête n'était pas indiqué, soit dans cette requête même, soit dans l'acte de produit, elle serait rejetée de l'état de frais, lors de la taxe. — C. proc. civ., art. 104.

31. — La requête est un des élémens essentiels de l'instruction ; elle est destinée à jeter du jour sur un débat que les juges ont trouvé obscur ; elle doit donc être rédigée avec soin et fournir avec simplicité et netteté tous les éclaircissemens nécessaires à la manifestation de la vérité.

32. — L'original de cette requête est grossoyé et procure à l'avoué deux francs par rôle contenant vingt-cinq lignes à la page et douze syllabes à la ligne. — Tarif, art. 87. — Les copies de ces requêtes sont minutées et sont taxées au quart de leur original. — V. *Comment. du tarif*, t. 1er, p. 178, no 24.

33. — S'il y a des parties défaillantes, est-il nécessaire de leur faire la signification de la requête contenant les moyens et celle de l'acte de produit? — MM. Chauveau et Carré (t. 1er, quest. 452) prétendent que cela n'est pas douteux, et M. Bioche (vo *Instruction par écrit*, no 17) embrasse cette opinion. Les défaillans, disent-ils, peuvent constituer avoué et contredire tant que les délais ne sont pas expirés. — Quant à nous, tout en reconnaissant qu'il peut être convenable de faire cette signification, nous ne la regardons pas comme indispensable : la signification du jugement qui ordonne l'instruction par écrit suffit pour les mettre en demeure; c'est à eux de constituer avoué, s'ils le jugent convenable, car ils sont suffisamment avertis.

34. — Dans tous les cas, les parties défaillantes pourraient-elles faire considérer comme nulle la signification qui leur aurait été faite *simultanément* de la requête et de l'acte de produit? — Demiau, p. 91, soutient la négative, mais M. Chauveau sur Carré (quest. 453, note) répond que le texte de la loi est évidemment en opposition avec cette opinion, l'art. 96, C. procéd., exigeant, sans distinction, deux significations et un délai entre elles.

35. — Demiau estime que si le défaillant constitue avoué dans le cours de l'instruction, il est nécessaire d'obtenir un jugement qui déclare cette instruction commune avec lui. MM. Chauveau et Carré pensent au contraire, et avec raison, que ce jugement n'est pas nécessaire ; rien n'empêche l'avoué nouvellement constitué de procéder contradictoirement avec l'avoué adverse; l'intervention du tribunal en pareil cas est absolument inutile; un jugement serait frustratoire.

36 — L'ordonnance de 1667 voulait que les pièces produites fussent cotées; le Code ne l'exige pas, mais c'est une bonne précaution. On est, du reste, dans l'usage de numéroter les différentes pièces, afin de faciliter les recherches.

37. — Si l'on a omis quelques moyens dans la requête, on peut en présenter une seconde par forme de supplément ; mais les frais occasionnés par cette dernière requête ne passent point en taxe. — Tarif, art. 105 ; — Carré et Chauveau, quest. 455 ; Pigeau, *Comment.*, t. 1er, p. 455 ; Favard, t. 3, p. 87; Bioche, t. 3, vo *Instruct. par écrit*, no 20; les auteurs du *Praticien franc.*, t. 1er, p. 362. — V. aussi *Rennes*, 6 mai 1813, N...

38. — Dans la quinzaine de la production du demandeur au greffe, le défendeur doit en prendre communication, et faire signifier la réponse avec état, au bas, des pièces au soutien ; dans les vingt-quatre heures de cette signification, il est tenu de rétablir au greffe la production par lui prise en communication, de faire la sienne et d'en signifier l'acte. — C. proc., art. 97.

39. — Dans le cas où il existe plusieurs défendeurs n'ayant qu'un même intérêt, mais ayant des avoués différens, il résulte de l'art. 97 qu'il n'y a lieu qu'à une seule communication et à un seul délai : et alors, les auteurs sont généralement d'avis que c'est à l'avoué le plus ancien seulement que doit être faite la communication, par analogie avec les dispositions des art. 526 et 529, C. procéd., en matière de compte. — Carré et Chauveau, quest. 467 ; Favard, t. 3, p. 88 ; Pigeau, *Comment.*, t. 1er, p. 255 ; Boncenne, t. 2, p. 329.

40. — Au contraire, si les divers défendeurs ont tout à la fois des avoués et des intérêts différens, chacun d'eux jouit d'un délai de quinzaine pour prendre communication, fournir sa réponse et produire. Cette communication leur est donnée successivement à commencer par le plus diligent. — C. procéd., art. 97. — Pigeau, *C. procéd.*, t. 1er, p. 404 ; Berriat, p. 274 ; Bioche, no 24.

41. — La communication que chaque défendeur peut obtenir comprend non seulement la production du demandeur, mais encore toutes les productions faites par des parties ayant un intérêt opposé au sien, et qui sont à son égard autant d'adversaires : et à cet effet, il a droit aux mêmes délais que le demandeur. — Lepage, *Quest.*, p. 129 et 130; Carré et Chauveau, quest. 459 ; Favard, t. 3, p. 88.

42. — Si le demandeur n'a pas produit dans le délai ci-dessus fixé, le défendeur met sa production au greffe, ainsi que le prescrit l'art. 97 ; le demandeur n'a que huitaine pour en prendre communication et contredire ; ce délai passé, il est procédé au jugement sur la production du défendeur. — C. procéd., art. 98.

43. — Le délai de huitaine ne commence à courir, lorsqu'il y a plusieurs productions successives de la part des défendeurs, qu'après la production du dernier d'entre eux. — Carré et Chauveau, quest. 464 ; Demiau, p. 93; Pigeau, *Procéd.*, t. 1er, p. 84 ; Bioche, no 27 ; Favard, t. 3, p. 88.

44. — Le défendeur a la faculté de répliquer à l'écrit de production que le demandeur fait dans le délai de huitaine, pourvu que ce soit à ses frais et sans nouveau délai. — Carré et Chauveau, quest. 463 ; Favard, t. 3, p. 88 ; Bioche, no 28 ; Demiau, p. 93. — Autrement, comme le fait remarquer Demiau, le demandeur pourrait abuser de la faculté que la loi lui donne de ne pas produire dans la quinzaine, pour, dans une requête préparée avec connaissance de celle du défendeur, avancer des faits faux, invoquer de nouveaux actes qui n'auraient pas été employés, et produire, sans crainte d'être démenti, ce qui est inadmissible.

45. — Le défendeur, au lieu de produire à l'expiration du délai donné au demandeur, ne serait pas fondé à appeler le demandeur à l'audience, pour voir rejeter sa demande, faute d'en avoir justifié en ne produisant pas. — Carré et Chauveau, quest. 462 ; Bioche, no 29; — *Contrà* Demiau, p. 93. — Le demandeur ne le pourrait pas non plus, s'il n'avait pas produit lui-même. Autrement, le tribunal serait dans l'embarras d'où il a voulu sortir en ordonnant l'instruction par écrit.

46. — Si c'est le défendeur qui ne produit pas dans le délai qui lui est accordé, il est procédé au jugement sur la production du demandeur. — C. procéd., art. 99.

47. — Si l'un des délais fixés expire sans qu'aucun des défendeurs ait pris communication, il est procédé au jugement sur ce qui a été produit. — C. procéd., art. 100.

48. — Faute par le demandeur de produire, le défendeur le plus diligent met sa production au greffe, et l'instruction est continuée ainsi qu'il vient d'être dit. — C. procéd., art. 101.

49. — Le tribunal pourrait-il proroger, pour motifs légitimes, le délai fixé pour produire? — Rodier, sur l'ordonn. de 1667 (tit. 11, art. 12), soutenait l'affirmative ; au contraire, Carré (quest. 461) adopte l'opinion contraire, et il se fonde sur ce que le Code de procédure a eu précisément pour but d'éviter de pareilles prorogations, lorsqu'il a porté de huit jours à quinze jours le délai fixé par l'ordonn. de 1667. — Conf. Favard de Langlade, t. 3, p. 88. — Mais M. Chauveau sur Carré (quest. 461) pense qu'en l'absence de toute interdiction formelle dans le Code de procédure, on doit reconnaître aux juges le droit de proroger les délais, sans cependant que, dans le jugement qui ordonne l'instruction, ils puissent accorder des délais plus longs que ceux de la loi.

50. — Il a été jugé, en ce sens, que les juges peuvent proroger le délai donné au défendeur pour prendre communication, répondre et rétablir les pièces qu'on invoque contre lui. — *Bordeaux*, 15 juin 1833, Chauvin c. Lefèvre. — Il faudrait en dire autant s'il s'agissait du demandeur.

51. — Au surplus, les auteurs paraissent d'accord pour reconnaître qu'en matière d'instruction par écrit, les délais ne sont que comminatoires, en ce sens que demandeurs ou défendeurs sont toujours à temps de produire jusqu'au jugement, et que la fixation des délais a eu principalement pour but de déterminer après quel temps le juge peut statuer sur ce qui est produit. — Duparc-Poullain, t. 9, p. 145, nº 8; Jousse, sur l'art. 20, tit. 11, ord. 1667; Pothier, *Tr. de procéd. civ.*, ch. 3; Delaporte, t. 1er, p. 111; Demiau-Crouzilhac, p. 92. — V. aussi Carré et Chauveau, quest. 461.

52. — Et il a été jugé que la signification de l'acte de production de nouvelles pièces est valablement faite à l'avoué adverse, tant que le rapport n'est pas commencé, bien que les pièces aient été remises au rapporteur. — *Caen*, 1er févr. 1822, N...

53. — Jugé de même que, dans une instruction par écrit, les parties peuvent signifier des moyens additionnels à leurs conclusions de griefs, tant que le rapport n'est pas commencé, quoique sur la réquisition d'une des parties, le rapporteur ait été saisi des pièces. — *Caen*, 1er févr. 1824, Lechevalier c. Routier de Tuiton.

54. — Carré fait d'ailleurs remarquer (sur l'art. 98) que, bien que chacune des parties ait le droit de demander jugement aussitôt que les délais sont expirés, si aucune ne le demande, ce qui laisse supposer que les parties sont d'accord pour ne pas être jugées, les juges ne peuvent statuer d'office à raison de cette expiration.

55. — Si l'une des parties veut produire de nouvelles pièces, elle le fait au greffe avec acte de produit contenant état desdites pièces, lequel est signifié à avoué, sans requête de production nouvelle ni écritures, à peine de rejet de la taxe, lors même que l'état des pièces contiendrait de nouvelles conclusions. — C. procéd., art. 102.

56. — Rien n'empêche le produisant d'énoncer succinctement dans l'acte de produit les inductions qu'il entend tirer des pièces nouvelles. — Delaporte, t. 1er, p. 115; Boncenne, t. 2, p. 336; Carré et Chauveau, quest. 465; Thomine Desmazures, t. 1er, p. 216; Favard de Langlade, t. 3, p. 88.

57. — En pareil cas, l'autre partie a huitaine pour prendre communication et fournir sa réponse, qui ne peut excéder six rôles. — C. procéd., art. 103. — Tarif, art. 73 et 90.

58. — L'infraction à cette prescription de la loi n'entraînerait d'autre peine que celle de ne pouvoir faire entrer en taxe l'excédant des six rôles; mais la réponse ne pourrait être rejetée comme nulle. — Demiau, p. 94; Carré et Chauveau, quest. 466; — *Comment. du tarif*, t. 1er, p. 182.

59. — Ainsi que nous l'avons déjà fait remarquer (*suprà* nº 29), les avoués sont tenus de déclarer, au bas des originaux et des copies de toutes leurs requêtes et écritures, le nombre de rôles, qui doit aussi être énoncé dans l'acte de produit, à peine de rejet lors de la taxe (C. procéd., art. 104). — Mais le rejet de la taxe est la seule peine et celle de la nullité ne saurait y être ajoutée. — Favard de Langlade, t. 3, p. 88; Chauveau sur Carré, sur l'art. 104.

60. — L'art. 105 dispose qu'il n'est passé en taxe que les écritures et significations énoncées au tit. 6, C. procéd. — D'ailleurs, le décr. du 16 févr. 1807 a précisé tous ces actes et indiqué exactement les émolumens qui doivent passer en taxe.

61. — Les communications sont prises au greffe sur les récépissés des avoués, qui doivent en contenir la date. — C. procéd., art. 106.

62. — De cette disposition il résulte que, lorsque les pièces ont été remises au rapporteur à l'expiration des délais, un avoué qui n'aurait pas produit ne pourrait exiger cette communication, alors même que le rapport ne serait pas commencé. On ne pourrait donc, dit Delaporte (t. 1er, p. 118), obtenir la communication que de la bonne volonté et de la confiance du rapporteur; mais le même auteur ajoute que ce magistrat ne devrait pas se dessaisir d'un pareil dépôt sans le consentement de tous les intéressés. — Cette décision est approuvée par M. Chauveau sur Carré, quest. 468, et Favard de Langlade, t. 3, p. 88, nº 8.

63. — L'art. 106, qui ordonne la communication sous récépissé, n'est plus applicable lorsqu'il s'agit de la production d'une pièce importante, dont il n'existe pas de minute; en ce cas la communication se réduit alors à une simple exhibition, si celui auquel appartient cette pièce ne consent point au déplacement. — Boncenne, t. 2, p. 338; Bioche, nº 36.

64. — Dès qu'une pièce est produite, chaque partie a le droit de l'invoquer, elle ne peut donc plus être retirée que du consentement de toutes les parties en cause. — Duparc-Poullain, t. 9, p. 143; Carré et Chauveau, quest. 470; Bioche, nº 37. — C'est d'ailleurs une règle fondamentale en procédure.

65. — Jugé, par application de ce principe, que, comme toute pièce produite dans une instance devient commune aux deux parties, chacune peut en demander une expédition, mais à ses frais, et sans pouvoir les répéter. — *Besançon*, 12 avr. 1815, N...

66. — Les avoués doivent examiner avec attention la communication qui leur est faite, ils ne pourraient en demander une seconde sous prétexte qu'ils n'auraient pas été suffisamment éclairés par la première. — Chauveau et Carré, quest. 469.

67. — Si les avoués ne rétablissent, dans les délais fixés par les art. 97 et 98, les productions par eux prises en communication, il est, sur le certificat du greffier et sur un simple acte pour venir plaider, rendu jugement à l'audience, qui les condamne personnellement, et sans appel, à ladite remise, aux frais du jugement, sans répétition, et en 10 fr. au moins de dommages-intérêts par chaque jour de retard. Si les avoués ne rétablissent les productions dans la huitaine de la signification dudit jugement, le tribunal peut prononcer, sans appel, de plus forts dommages-intérêts, même condamner l'avoué par corps, et l'interdire pour tel temps qu'il estime convenable. — C. procéd., art. 107.

68. — Lesdites condamnations peuvent être prononcées sur la demande des parties, sans qu'elles aient besoin d'avoués, et sur un simple mémoire qu'elles remettent ou au président, ou au rapporteur, ou au procureur du roi. — Même art. 107.

69. — Lorsque l'avoué se trouve dans le cas prévu par la seconde disposition de l'art. 107, il faut, avant d'obtenir une seconde condamnation contre lui, représenter un nouveau certificat du greffier, et donner un nouvel avenir à l'audience. — Chauveau et Carré, quest. 472; Demiau, p. 95; Bioche, nº 93.

70. — Le mode spécial de procéder accordé à la partie par le § 3, art. 107, est également applicable aux deux cas prévus par ledit article. — Lepage, *Quest.*, p. 128; Demiau, p. 95; *le Praticien*, t. 1er, p. 369; Thomine-Desmazures, t. 1er, p. 218; Favard de Langlade, t. 3, p. 89; Boncenne, t. 2, p. 340; Chauveau et Carré, quest. 471.

71. — Il a été jugé que la décision rendue sur la demande d'une partie formée contre l'avoué de son adversaire à fin de restitution des pièces par lui prises en communication, est susceptible d'appel; les mots *sans appel*, de l'art. 107, n'étant applicables qu'au cas de la condamnation de l'avoué. — *Bruxelles*, 12 déc. 1822, Emery c. N...

72. — Les jugemens obtenus contre un avoué, conformément à l'art. 107, peuvent-ils être attaqués par opposition, si cet avoué a fait défaut? — Certains auteurs soutenaient l'affirmative par le motif qu'il est de principe que la voie de l'opposition est ouverte contre tous les jugemens par défaut, à moins de prohibition contraire expressément formulée. Or, l'art. 107 ne défend que l'appel. — Pigeau, *Procéd.*, t. 1er, p. 403; Bioche, nº 45. — Arg. *Cass.*, 29 avr. 1817, Pain c. Chrétien.

73. — Toutefois, Boncenne (t. 2, p. 341) et Carré (quest. 473) soutiennent la négative, par le motif que l'avoué n'a pu ignorer les poursuites dont il était l'objet, et que tout ce qui tend à différer la restitution de pièces, est en désaccord avec l'esprit du Code. Quant à MM. Chauveau (quest. 473) et Demiau (p. 95), ils admettent l'opposition, si le jugement a été obtenu sur le mémoire de la partie, et ils la rejettent, si c'est sur la demande d'un avoué que la condamnation a été prononcée, parce que, dans ce cas, il y a eu sommation d'audience, et conséquemment mise en demeure de se défendre.

74. — Il est tenu au greffe un registre sur lequel doivent être portées toutes les productions, suivant leur ordre de dates; ce registre, divisé en colonnes, contient la date de la production, les noms des parties, de leurs avoués et du rapporteur; il est laissé une colonne en blanc. — C. procéd., art. 108.

75. — Lorsque toutes les parties ont produit, ou après l'expiration des délais ci-dessus fixés, le greffier, sur la réquisition de la partie la plus diligente, remet les pièces au rapporteur qui s'en charge, en signant sur la colonne laissée en blanc au registre des productions. — C. procéd., art. 109.

76. — La réquisition adressée au greffier de remettre les pièces au rapporteur est nécessaire pour que l'affaire suive son cours, mais comment cette réquisition doit-elle être constatée? — Sur cette question les avis diffèrent.

77. — Delaporte (t. 1er, p. 121) est d'avis qu'une réquisition verbale suffit. En effet, dit-il, le greffier n'a pas d'intérêt à la refuser.

78. — Cependant on tient généralement que la réquisition doit être faite par écrit; mais il y a divergence entre les auteurs sur le mode à suivre en pareil cas. Carré (t. 1er, quest. 474) et Boncenne (t. 2, p. 352) enseignent que la réquisition doit être constatée sur le registre de la production et à la colonne laissée en blanc, aux termes de l'art. 108. — M. Chauveau (sur Carré, t. 1er, quest. 474) est d'avis, au contraire, que la réquisition doit être faite par un simple acte d'avoué à avoué. — Enfin, Pigeau (*Comment.*, t. 1er, p. 260) et Favard (t. 3, p. 89) pensent que la réquisition doit être faite par un acte séparé dont ils n'indiquent pas la nature et le caractère.

79. — Selon nous, ce n'est ni dans la colonne en blanc, qui a une destination spéciale, ni par un acte d'avoué à avoué, qui n'est pas d'usage quand c'est au greffier qu'on s'adresse, ni par une signification ordinaire par exploit, que la réquisition doit être faite, mais par un dire fait au greffe et dont il est donné acte à l'avoué par le greffier. Telle est la forme en usage pour constater les réquisitions et déclarations semblables; c'est celle qu'il faut préférer, car elle est la plus simple et la plus rationnelle.

80. — Si le rapporteur décède, se démet, ou ne peut faire le rapport, il en est commis un autre, sur requête, par ordonnance du président, signifiée à partie ou à son avoué, trois jours au moins avant le rapport. — C. procéd., art. 110. — Cette notification a pour but de mettre les parties en demeure d'exercer, s'il y a lieu, leur droit de récusation (Boncenne, t. 2, p. 344; Bioche, nº 49), ou de communiquer avec le rapporteur. — Carré, sur l'art. 111.

§ 3. — *Rapport et jugement. — Retrait des pièces.*

81. — Aux termes de l'art. 111, C. procéd., le rapport est fait à l'audience: le rapporteur résume le fait et les moyens sans ouvrir son avis; les défenseurs n'ont, sous aucun prétexte, la parole après le rapport; ils peuvent seulement remettre sur-le-champ au président de simples notes énonciatives des faits sur lesquels ils prétendent que le rapport a été incomplet ou inexact.

82. — Suivant Carré (t. 1er, quest. 476), il n'est pas indispensable de donner avenir à l'audience où le rapport doit être fait, puisque la présence des parties et de leurs défenseurs n'est pas nécessaire. Telle est aussi l'opinion de Delaporte (t. 1er, p. 122) et de Thomine-Desmazures (t. 1er, p. 222). — Nous pensons, au contraire, que lorsqu'il s'agit, non d'un délibéré sur rapport, mais d'une instruction par écrit, il faut que la partie poursuivante donne avenir à son adversaire et lui fasse connaître le jour du rapport. En bonne procédure, il ne doit jamais y avoir de surprise, et quoique la plaidoirie soit interdite en pareil cas, il y a dans la présence des parties ou de leurs défenseurs à l'audience une garantie précieuse, la loi leur accordant expressément le droit de relever les erreurs qui pourraient échapper au rapporteur.

83. — Cette présence des parties à l'audience afin d'assister au rapport est si importante, que les tribunaux trouvent souvent dans cette circonstance une fin de non-recevoir contre elles.

84. — Ainsi, il a été jugé que l'allégation du défaut de lecture de certaines pièces d'un procès ne peut être reçue contre un arrêt qui constate que le rapport a été fait publiquement à l'audience, en présence des avoués des parties, lorsqu'aucune réclamation ne paraît avoir été faite sur ce prétendu défaut de lecture. — *Cass.*, 31 déc. 1834, Bret.

85. — Si le rapport n'avait pas été *fait à l'audience* conformément à l'art. 111, le jugement qui interviendrait serait-il nul? — L'affirmative était jugée avant le Code de procédure. — Merlin, *Rép.*, vº *Délibéré*. — V. aussi DÉLIBÉRÉ, nº 42. — C'est également ce qui a été jugé depuis le Code. — *Cass.*, 27 fév. 1822, Pasturin c. Barbes; — Chauveau et Carré, quest. 475; Pigeau, *Comment.*, t. 1er p. 262; Favard de Langlade, t. 3, p. 89, Thomine-Desmazures, t. 1er, p. 224, — V. aussi ENREGISTREMENT.

86. — Il est évident, au reste, que les dispositions de l'art. 111 ne sont rigoureusement applicables qu'au cas où la loi exige un rapport; car si la cour avait nommé un rapporteur dans une cause où cette formalité n'était pas nécessaire, l'omission d'entendre ce rapporteur ne vicierait pas la décision intervenue. — *Cass.*, 10 août 1829, Bizet c. Paté; — Chauveau sur Carré, quest. 475.

87. — On s'est demandé si, lorsqu'un juge n'a pas assisté aux audiences qui ont précédé le rapport et que les plaidoiries n'ont pas été recommencées, le jugement qui intervient est nul? — V. DÉLIBÉRÉ, nºs 47 et suiv., et JUGEMENT. — Au reste, en matière d'instruction par écrit, peu importe que les juges qui participent au jugement définitif n'aient pas assisté à la décision qui a ordonné cette me-

sure, puisque, par l'effet de cette instruction même, toute la cause est remise sous les yeux, pourvu que les conclusions soient transcrites dans les écrits signifiés. — Chauveau sur Carré, quest. 479.

88. — Lorsque la cause est susceptible de communication, le procureur du roi est entendu en ses conclusions à l'audience. — C. proc., art. 112. — Le jugement en fait mention à peine de nullité. — *Cass.*, 27 mars 1822, Gravier c. Regis Leblanc. — V. aussi *Cass.*, 27 fév. 1822, Pasturin c. Barbec; — Chauveau sur Carré, t. 1er, quest. 480, note 1.

89. — Dans l'ancien droit, le ministère public donnait ses conclusions par écrit, car le rapport de l'affaire appointée se faisait en la chambre du conseil; aujourd'hui il doit prendre des conclusions orales. — Pigeau, *Comment.*, t. 1er, p. 263; Boncenne, t. 2, p. 350.

90. — Pour que le ministère public puisse donner ses conclusions, il faut que les pièces et l'instruction lui aient été communiquées. Mais comment se fait cette communication? — La loi ne s'explique pas à cet égard. Régulièrement, les pièces doivent être remises par le rapporteur au greffier afin que celui-ci les communique à l'organe du ministère public, qui les rétablit au greffe lorsqu'il a préparé ses conclusions; c'est ainsi que les choses se passent à la cour de cassation dont la procédure se rapproche beaucoup de celle-ci. Toutefois, le ministère public pourrait recevoir les pièces des mains du rapporteur directement; mais dans ce cas la responsabilité de celui-ci serait toujours engagée. Il vaut donc mieux suivre le mode que nous avons indiqué, c'est-à-dire la communication par la voie du greffe.

91. — Le jugement est prononcé à l'audience dans la forme ordinaire. — V. JUGEMENT.

92. — Aux termes de l'art. 338 du C. de proc. civ., dans les affaires sur lesquelles a été ordonnée une instruction par écrit, l'incident est porté à l'audience pour être statué ce qu'il appartiendra. — V. à cet égard INCIDENT.

93. — Les jugemens rendus sur les pièces de l'une des parties, faute par l'autre d'avoir produit, ne sont pas susceptibles d'opposition. — C. de proc., art 113.

94. — Cette disposition ne semble pas applicable au jugement rendu contre une partie sur le défaut de laquelle l'instruction par écrit aurait été ordonnée. — En effet, Carré fait remarquer que ces mots *«faute d'avoir produit,»* supposent nécessairement que l'instruction par écrit a été ordonnée contradictoirement, et il ajoute que c'est précisément parce que le premier jugement a été rendu contradictoirement que l'opposition au jugement qui intervient sur la seule production d'une des parties n'est pas admise, puisqu'en pareil cas on ne peut réputer l'autre partie défaillante. Mais il est impossible de ne pas réputer défaillante la partie qui n'a pas comparu soit au jugement qui a ordonné l'instruction, soit dans la procédure d'instruction, et, dès-lors, on ne saurait la considérer comme ayant tacitement consenti à être jugée sur les pièces de son adversaire. — Aussi, en pareil cas, est-il naturel d'admettre que la voie de l'opposition lui est ouverte suivant les art. 156 et suiv. qui forment le droit commun. — Chauveau sur Carré, *loc. cit.*; Lepage, *Quest.*, t. 1er, p. 129; Merlin, *Rép.*, vo *Opposition à jugement*; — *Contrà* Delaporte, t. 1er, p. 123.

95. — Mais en admettant que l'opposition soit recevable de la part des défaillans qui n'ont pas comparu lors du jugement qui a ordonné l'instruction par écrit, l'est-elle également dans le cas où, de plusieurs défendeurs, les uns auraient comparu et les autres auraient fait défaut? — Carré, qui pose la question dans ces termes (quest. 482), pense que dans le cas où quelques-uns des défendeurs font défaut et qu'il y a lieu d'ordonner une instruction par écrit, le tribunal doit commencer par donner défaut contre les non-comparans et prononcer en même temps la jonction du profit au fond, de manière que ce ne soit qu'après la signification de ce défaut et l'assignation à comparaître au jour indiqué qu'il ordonne l'instruction par écrit. Son jugement, à cet égard, ajoute-t-il, ne sera pas susceptible d'opposition, conformément à l'art. 153, et, à plus forte raison, le jugement ultérieur qui prononcerait sur la seule production du comparant, car ce jugement serait un second défaut. — V. aussi en ce sens Chauveau sur Carré, *loc. cit.*; Favard de Langlade, t. 3, p. 87.

96. — Après le jugement, le rapporteur doit remettre les pièces au greffe, et il en est déchargé par la seule radiation de sa signature sur le registre des productions. — C. proc., art. 114.

97. — Si le rapporteur ne remettait pas les pièces au greffe, il pourrait être passible de dommages-intérêts et être pris à partie. Sa responsabilité dure trente ans pour les procès non jugés. — Pigeau, *Comment.*, t. 1er, p. 265; Malleville, *Analyse du C. civ.*, t. 4, p. 404; Favard, t. 3, p. 89; Carré et Chauveau, quest. 483; Thomine-Desmazures. t. 1er, p. 225; Bioche, *Dict. de procéd.*, vo *Instruction par écrit*, no 56.

98. — Quant aux procès terminés par un jugement ou un arrêt, le rapporteur est déchargé de toute responsabilité cinq ans après le jugement. — C. civ., art. 2276. — V. PRESCRIPTION.

99. — Dans l'ancien droit, les rapporteurs étaient déchargés après trois ans, suivant un arrêt du parlement de Paris cité par Delaporte (t. 1er, p. 123); mais cet arrêt était tombé en désuétude, et le dernier état de la jurisprudence était conforme à la disposition de l'art. 2276 du C. civ. pour les procès jugés et admettait le délai de dix ans pour les procès non jugés.

100. — L'affaire terminée, les avoués doivent retirer leurs pièces et donner décharge au greffier. Pour éviter les inconvéniens et les contestations auxquels ce retrait peut donner lieu, il s'opère contradictoirement, les avoués présens ou dûment appelés. — Boncenne, t. 2, p. 353; Thomine-Desmazures, t. 1er, p. 225.

101. — A cet effet, le plus diligent somme ses confrères de se présenter pour ce retrait. — Art. 70 du tarif. — On ne peut passer en taxe qu'une seule sommation. — Demiau, p. 99; Carré et Chauveau, quest. 484; Demiau-Crouzilhac, p. 99.

102. — En cas de difficultés sur la propriété des pièces, elles sont jugées par le tribunal saisi du fond, sans rapport, sur conclusions et plaidoiries à l'audience, et non en référé, à moins qu'il ne s'agisse que d'une simple mesure réglementaire qui soit la conséquence et l'exécution du jugement. — Chauveau sur Carré, t. 1er, quest. 484; Bioche, no 57; Pigeau, *Comment.*, t. 1er, p. 267.

103. — Jugé que c'est par la partie la plus diligente que les titres et pièces nécessaires au jugement d'une cause doivent être retirés des dépôts publics. — *Rennes*, 30 avr. 1814, N... c. N...

104. — Les avoués en retirant leurs pièces émargent le registre; cet émargement sert de décharge au greffier. — C. proc., art. 115.

INSTRUCTIONS GÉNÉRALES.

1. — Ce sont des résumés de la jurisprudence des tribunaux, ainsi que des décisions ministérielles et des délibérations de l'administration de l'enregistrement, que celle-ci adresse à ses receveurs et autres employés pour les diriger dans la perception des droits.

2. — Ces instructions ne sont que des avis qui ne lient pas les tribunaux. — V. ENREGISTREMENT, TIMBRE.

INSTRUCTIONS MINISTÉRIELLES.

1. — Instruction en forme de lettre adressée par un ministre aux diverses fonctionnaires de son département.

2. — Ces instructions ne sont que l'expression de l'opinion particulière du ministre dont elles émanent. Elles n'ont point de caractère légal, ainsi elles ne sauraient lier les tribunaux. C'est ce qui a été reconnu notamment à l'égard d'une circulaire du 21 fév. 1817 relative aux ventes d'offices. — *Cass.*, 20 juin 1820, Lavalley c. Gainé; 28 fév. 1828, Chenot c. Malteste.

3. — Il résulte encore de là qu'on ne saurait les déférer au conseil d'état; les décisions administratives ou judiciaires qui en font l'application peuvent seules être attaquées si elles sont contraires aux lois. — V. au surplus CIRCULAIRE MINISTÉRIELLE.

INSTRUCTION NOUVELLE.

V. CHAMBRE DES MISES EN ACCUSATION, nos 214 et suiv., INFORMATION.

INSTRUCTION PRIMAIRE.

Table alphabétique.

Abus de confiance, 106.
Adjoint au maire, 80 s., 117, 203 s.
Admission gratuite, 189 s., 192 s.
Age des candidats, 47. — des élèves, 31. — des enfans, 32. — des maîtres, 71. — des postulans, 256.
Appel, 111.
Aspirant, 143.
Attentat aux mœurs, 106.
Autorisation, 263. — préalable, 18, 23, 87 s., 121 s. — préalable (défaut d'), 125 s. — spéciale, 258.
Autorités préposées à l'instruction primaire, 203 s.
Banqueroute, 106.
Bourses, 60 s.
Brevet de capacité, 71, 105, 144 s., 253 s., 268.
Caisse d'épargne et de prévoyance des instituteurs, 198 s.
Candidat (présentation), 210 s. — non admis, 146.
Cassation, 114.
Catéchisme, 91.
Censeur, 44.
Centimes additionnels, 167 s. — extraordinaires, 171. — spéciaux, 167 s.
Certificat d'aptitude, 255. — de bonne conduite, 65, 257. — de bonne vie et mœurs, 147. — de capacité, 148, 255. — de moralité, 71, 74 s., 218. — (refus du maire), 76 s.
Cessation de fonctions, 84.
Chef d'institution, 220.
Chose jugée, 267.
Classe d'adultes, 23.
Comité d'arrondissement, 219 s., 220 s., 235, 257. — (attributions), 225 s., 264. — (réunion mensuelle), 232 s. — (secrétaire), 224. — (vice-président), 224. — de surveillance, 246. — local, 210. — (attributions), 264. — (avis), 211, 257. — (avis préalable), 214 s. — local de surveillance, 203 s. — (attributions), 209. — supérieur, 241.
Commission départementale, 42 s., 255. — (composition), 44 s. — de surveillance des caisses d'épargne, 200.
Commune étrangère, 85 s., 98.
Compétence, 113 s, 238.
Condamnation à des peines afflictives ou infamantes, 106.
Conduite antérieure de l'instituteur, 82 s.
Congé, 158.
Conseils généraux, 55, 57, 173. — (refus de voter), 177. — municipaux, 166.
Conseiller d'arrondissement, 200, 222. — de préfecture, 223.
Contravention, 11 s., 107 s., 142, 266. — commune, 111.
Correspondant, 186.
Crime, 111.
Curé, 206 s., 220
Déclaration préalable, 71 s., 265 s.
Délit, 111.
Démission, 267. — collective, 231.
Dépenses, 55. — (ordonnance d'office), 57. — (répartition), 56. — communales, 196 s. — facultatives, 171. — fixes. 59. — forcées, 166 s. — variables, 59.
Directeur des contributions directes, 200.
Discipline, 238. — des études, 33.
Dispositions transitoires, 212.
Droits civils, 106.
Ecole, 5. — affectée à un culte reconnu, 136. — clandestine, 109. — commune, 56. — de filles, 249. — de filles et garçons, 247. — industrielle, 94. — modèle, 58.
— normale (revenus), 63. commune, 64.
— normale primaire, 7, 51, 53 s. — (enseignement, discipline, etc.), 68. — (surveillance), 66.
— primaire, 90 s. — communale de filles, 261. — commune, 137 s. — de filles, 244 s. — supérieure, 139 s.
— privée, 240. — (nombre), 120. — publique, 240.
Ecoles élémentaire et supérieure réunies, 150 s.
Empêchement, 207.
Encouragemens, 118.
Enfant trouvé, 195.
Engagement décennal, 62, 154 s.
Enseignement gratuit, 91. — temporaire, 91.
Escroquerie, 106.
Etablissement d'instruction secondaire, 152 s.
Etat, 178.
Etat des communes n'ayant pas d'écoles, 176. — mensuel, 182.
Etranger, 97 s., 148 s.
Examen, 105, 146 s., 25[illegible] 260. — annuel, 52. — d'admission, 46 s. — (programme), 50.
Excuse, 14, 108, 142.
Faute grave, 285.
Fin de non-recevoir, 25, 1[illegible]
Fondation particulière, 130 s.
Fondé de pouvoirs, 186.
Formalités, 11 s.
Frères des écoles chrétiennes, 103 s.
Gratuité de l'instruction, 3[illegible]
Habitans notables, 203. 22[illegible]
Historique, 2 s.
Hospice, 93.
Immoralité, 110.
Imposition d'office, 167 s. — forcée spéciale, 175.
Incapacités, 106 s.
Incompatibilités, 117, 2[illegible]
Inconduite, 110.
Inspecteur, 44, 200. — (préséance), 41. — général, 34. — spécial, 35. — (condition d'idonéité), 40.
Inspection, 240.
Installation, 226.
Instituteur communal, 2[illegible] 237. — (conditions de capacité et moralité), 11[illegible] — primaire, 200, 222. — privé, 67, 117 s., 237. — révoqué, 242 s.
Institutrice ancienne, 2[illegible] — appartenant à une congrégation religieuse, 2[illegible] — démissionnaire, 2[illegible] — privée, 248.
Instruction élémentaire, 18[illegible]
— primaire élémentaire, 1[illegible] 250 s. — privée, 69 s. — publique, 69 s., 129 s. — religieuse, 26 s., 252. — supérieure, 15, 18, 20, 250 s.
Interdiction, 116. — à temps, 115. — de fonctions, 10[illegible] 110, 112, 241.
Interruption, 102.
Juge de paix, 207, 220.
Juridiction disciplinaire, 234 s.
Lecture, 91.
Légalisation, 145.
Limites de l'enseignement, 8.
Local consacré à l'école, 1[illegible] 159, 161, 164 s.
Logement, 243, 261. — militaire, 163.
Maire, 72, 117, 203 s., 2[illegible] 220, 234.
Maître de pension, 220.
Membre du conseil général, 200, 222.
Militaire en congé, 83.
Mineur domicilié dans une commune, 191.
Ministre, 174, 226. — du culte, 45, 92, 96, 206, 208, 220.
Moniteur, 143.
Naturalisation, 149.
Négligence habituelle, 2[illegible]
Nombre des écoles, 134 s.
Ordonnance royale, 57.
Ouvroir, 229.

Paris (ville de), 227 s.
Pasteur protestant, 206.
Pension de retraite, 6, 41.
Pensionnat de filles, 258. — primaire, 121 s. — primaire supérieur, 128.
Plan d'école, 179.
Postulante (pièces à produire), 256.
Poursuites, 12.
Pouvoir judiciaire, 112 s.
Préfet, 55, 172 s., 200, 222. — (remplacement), 223.
Prescription, 266.
Préséances, 41.
Présentation de plusieurs candidats, 216. — nouvelle, 217. — temporaire, 218.
Principal du collége, 220.
Privation de traitement, 235.
Procureur du roi, 222.
Professeur, 44, 220.
Programme de l'enseignement, 19 s. — de l'examen d'admission, 50. — de l'instruction, 4. — des examens, 200.
Prolongation de fonctions, 267.
Proviseur, 44.
Réclamation, 183.
Récompenses, 118.
Recours, 239, 243.
Recouvrement (frais de), 185.
Recrutement, 154.
Recteur, 44, 200, 226, 255, 257.
Régent, 220.
Réglement universitaire, 24, 33.
Religion, 26 s.
Réprimande, 235.
Rétribution annuelle, 187. — en denrées, 188. — mensuelle, 181 s., 194, 262.
Rétroactivité, 100 s.
Révocation, 235 s., 239.
Saisie, 162.
Salle d'asile, 229.
Seconde école, 73.
Séparation des sexes, 249.
Serment, 149.
Sous-inspecteur, 38 s. — (conditions d'idonéité), 40. — (préséance), 41.
Sous-maître, 143.
Sous-préfet, 172.
Subvention, 169 s.
Surveillant, 143
Suspension, 235. — (provisoire, 234.
Tableau des communes, 180. — des délibérations des conseils municipaux, 173 suiv.
Timbre, 197.
Traitement, 6, 164 s., 243, 261, — en denrées, 188. — fixe, 159 s., 194, 262. — mensuel, 181 s.
Tuteur, 55.
Visa, 145.
Vol, 106.

INSTRUCTION PRIMAIRE. — 1. — C'est celle qui consiste à donner aux classes populaires les premiers élémens du savoir : tels que l'art de lire et d'écrire, le calcul, les notions générales de la morale et de la religion. — Thion, *Rapport sur la loi d'instruction secondaire*, p. 6.

SECT. 1re — *Historique, principes généraux* (no 2).

SECT. 2e. — *Instruction primaire publique et privée* (no 69).

§ 1er. — *Instruction primaire privée* (no 71).

§ 2. — *Instruction primaire publique* (no 129).

SECT. 3. — *Autorités préposées à l'instruction primaire. — Juridiction disciplinaire sur les instituteurs* (no 203).

§ 1er. — *Autorités préposées à l'instruction primaire* (no 203).

§ 2. — *Juridiction disciplinaire sur les instituteurs* (no 234).

SECT. 4e. — *Dispositions spéciales concernant les institutrices et les écoles des filles* (no 244).

—

Sect. 1re. — *Historique, principes généraux.*

2. — L'instruction primaire forme le premier des trois degrés progressifs du système d'instruction publique suivi aujourd'hui en France, et dont l'organisation, dans ces derniers temps surtout, a vivement préoccupé le législateur; les deux autres degrés dont il a été distingué sous le nom qu'il porte par la loi du 15 sept. 1793, sont remplis par l'enseignement secondaire et l'enseignement supérieur.

3. — De longs essais ont précédé en cette matière le bienfait d'une loi définitive. Le principe a d'abord été posé dans la constitution de 1791, qui décréta que l'instruction publique serait gratuite à l'égard des connaissances rigoureusement nécessaires à tous les citoyens.

4. — D'après un premier décret du 21 oct. 1793, qui développe ce principe, les enfans devaient recevoir dans les premières écoles la première éducation physique, morale, intellectuelle, apprendre à parler, lire et écrire la langue française, acquérir quelques notions géographiques de la France, prendre les premières notions des objets naturels qui les environnent, et de l'action naturelle des élémens, et s'exercer à l'usage des nombres, du compas, du niveau, des poids et mesures, du levier, de la poulie, et de la mesure du temps.

5. — Le législateur s'occupa ensuite de fixer la

distribution des écoles primaires sur les territoires en prenant pour base la population, et détermina les obligations des instituteurs et institutrices, la forme de leurs examens, et tout ce qui concernait le mode de nomination et de surveillance. — Décrets des 30 mai et 19 déc. 1793, 17 nov. 1794, chap. 1er, art. 2, 3 et 7, chap. 2, art. 1er et 5.

6. — On avait d'abord décidé que les instituteurs recevraient un traitement de l'état; l'article 10 du dernier décret que l'on vient de citer consacrait même le principe d'une véritable pension de retraite pour les instituteurs comme pour les autres fonctionnaires. Mais la loi du 25 oct. 1795 n'accorda plus à l'instituteur primaire d'autre traitement que celui de la rétribution des parens..

7. — Toutes les mesures que l'on vient d'indiquer n'ont guère existé, au surplus, que sur le papier, et les lois de l'empire n'en ont pas favorisé l'application efficace et pratique. On doit pourtant à ces dernières lois l'institution des écoles normales destinées à former des maîtres pour les écoles primaires.

8. — La preuve que l'empire ne favorisa pas le développement de l'instruction primaire résulte notamment de l'art. 192 du décret du 15 nov. 1811, qui défendit aux maîtres de porter leur enseignemens au delà de la lecture, de l'écriture et de l'arithmétique.

9. — L'instruction primaire n'est entrée dans la voie du progrès qu'à partir de l'ordonnance du 29 fév. 1829, qui fut l'un des heureux résultats de l'inspection extraordinaire que M. de Fontaines avait fait faire dans la Hollande, et qu'il avait confiée à MM. Cuvier et Noël. Paralysée par l'esprit qui présida à la politique de la restauration de 1822 à 1828, elle reçut une nouvelle impulsion des dispositions de l'ordonnance du 21 avr. 1828 et de celle du 26 mars 1829.

10. — La révolution de 1830 imprima à l'instruction primaire un essor encore plus énergique, qui vint aboutir à une loi plus digne de la France et du siècle. Cette loi, en date du 28 juin 1833, n'a pas répudié tout à coup le passé; elle lui a, au contraire, beaucoup emprunté, mais elle n'en a recueilli l'héritage que sous le bénéfice d'inventaire, et en y ajoutant des élémens nouveaux.

11. — Avant la loi du 28 juin 1833, celui qui tenait une école primaire sans avoir rempli aucune des formalités prescrites par l'art. 13, ord. 29 fév. 1816, était passible des peines portées par l'art 56, décr. 15 nov. 1811. — *Cass.*, 31 mars 1826, Cherrière. — V. aussi *Cass.*, 14 juin 1821, Devaux; 14 juill. 1831, Montalembert, de Caux et Lacordaire; cour des pairs, 20 sept. 1831, mêmes parties.

12. — ... Sans que la volonté du recteur de l'Académie pût ni enchaîner l'action du ministère public, ni empêcher que l'on ne poursuivit la répression d'une contravention, ni autoriser les tribunaux à ne pas la réprimer. — *Cass.*, 5 mars 1825, Coat.

13 — Jugé aussi que, sous le décret du 15 nov. 1811, l'instituteur qui avait ouvert une école primaire sans une autorisation spéciale du recteur, approuvée par le préfet, ne pouvait pas être excusé sous le prétexte qu'il avait subi ses examens et obtenu du desservant de la commune un consentement qui le constituait en état de bonne foi. — *Cass.*, 14 juin 1821, Devaux.

14. — ... Que celui qui est convaincu d'avoir tenu illégalement une école primaire ne peut pas être acquitté sous le prétexte que le hameau où il s'est établi se trouve à une distance trop considérable du lieu où se tient l'enseignement public pour que les enfans de ce hameau s'y transportent en hiver, ni qu'il a cessé aussitôt qu'il a été averti de sa contravention à la loi. — *Cass.*, 4 juin 1829, Millot. — V. aussi *Cass.*, 10 mars 1832, Sabaté.

15. — Jugé encore, toujours avant la loi du 28 juin 1833, que l'instituteur primaire qui a seulement le droit d'enseigner les principes de lecture et de calcul est passible de l'amende de 3,000 francs prononcée par l'art. 56, décr. 15 nov. 1811, s'il ouvre une école de latin sans autorisation de l'université. — *Cass.*, 18 juill. 1823 (intérêt de la loi), Pailheu.

16. — Quant aux textes des décrets, ordonnances ou actes antérieurs à la loi du 28 juin 1833, qui concernent l'instruction primaire, V. Rendu, *Code universitaire*, 3e édit., p. 239 et suiv., 834 et suiv.

17. — La loi du 28 juin 1833, qui a été complétée par plusieurs ordonnances et réglemens et que les chambres, saisies de l'examen d'un nouveau projet de loi, sont appelées à améliorer encore, mérite par son importance d'être exposée avec quelques détails. — Autant que possible nous suivrons dans cette analyse l'ordre tracé par la loi elle-même.

18. — L'instruction primaire est élémentaire ou supérieure. — L. 28 juin 1833, art. 1er.

19. — L'instruction primaire élémentaire com-

prend nécessairement l'instruction morale et religieuse, la lecture, l'écriture, les élémens de la langue française et du calcul, le système légal des poids et mesures. — *Ibid.*

20. — L'instruction primaire supérieure comprend nécessairement, en outre, les élémens de la géométrie et ses applications usuelles, spécialement le dessin linéaire et l'arpentage, des notions des sciences physiques et de l'histoire naturelle applicables aux usages de la vie, le chant, les élémens de l'histoire et de la géographie de France.

21. — Un arrêté du conseil de l'université du 25 avr. 1834, art. 1er, a du reste décidé que dans toute école primaire élémentaire, ce dernier enseignement pourrait être donné aux élèves les plus avancés.

22. — Suivant l'article précité de la loi du 28 juin 1833, l'instruction primaire peut au surplus, d'après les besoins et les ressources des localités, recevoir les développemens qui sont jugés convenables.

23. — Un réglement universitaire du 22 mars 1836 impose aux instituteurs primaires qui veulent ouvrir une classe d'adultes l'obligation d'en obtenir préalablement l'autorisation du recteur de l'Académie.

24. — Jugé, à cet égard, d'abord, qu'un réglement universitaire délibéré en conseil royal devient obligatoire dès qu'il a reçu l'approbation du ministre, et d'un autre côté que le réglement du 22 mars 1836 ne déroge en rien aux principes consacrés par la loi du 28 juin 1833, laquelle ne s'applique pas aux écoles d'adultes. — *Cass.*, 7 fév. 1846 (t. 2 1846, p. 55), Lartigue.

25. — Jugé aussi par ce même arrêt qu'un instituteur primaire n'aurait pas qualité, en admettant que l'infraction par lui commise à un réglement universitaire dût entraîner la fermeture de son école, pour exciper de ce que la contravention n'a été déférée qu'au tribunal de police et de ce qu'il n'a été condamné par suite qu'à la peine moins forte prononcée par l'art. 471, no 15, C. pén.

26. — Nous venons de voir que, parmi les objets de l'instruction primaire, la religion tient le premier rang. Ajoutons qu'aux termes de l'article 2 de la loi, le vœu des pères de famille est toujours consulté et suivi en ce qui concerne la participation de leurs enfans à l'instruction religieuse.

27. — Mais il est évident que, par cet article, le législateur n'a entendu ni permettre de ne donner aucune instruction religieuse, ni autoriser, sous le nom d'*instruction religieuse*, l'enseignement de toute espèce de rêveries vagues. — V. dans ce sens décision du conseil royal du 12 juill. 1836 (Rendu *loc. cit.* p. 271).

28. — En exécution de cette disposition, lorsque les écoles sont fréquentées par des enfans appartenant à divers cultes reconnus par la loi, il y avait lieu à prendre des mesures particulières pour que tous les élèves pussent recevoir l'instruction religieuse, déterminée par le choix de leurs parens.

29. — C'est dans ce but qu'une circulaire du ministre de l'instruction publique (M Guizot) du 12 nov. 1835, a enjoint à tous les recteurs d'exiger : 1o que dans aucun cas, les enfans ne fussent contraints de participer à l'enseignement religieux ni aux actes de la majorité; 2o que les parens de ces enfans fussent toujours admis et invités à leur faire donner par un ministre de leur religion, ou par un laïque régulièrement désigné à cet effet, l'instruction religieuse qui leur conviendrait; 3o qu'aux jours et heures de la semaine déterminés par le ministre ou les parens, d'accord avec le comité de surveillance, ces enfans fussent conduits de l'école au temple ou dans tout autre édifice religieux, afin d'y assister aux instructions et aux actes du culte dans lequel ils sont élevés.

30. — D'un autre côté, aux termes d'un arrêté du 20 juin 1845, dans aucune école primaire, l'examen sur l'instruction religieuse des élèves professant l'un des cultes reconnus par l'état ne peut être fait par un ministre appartenant à un autre de ces cultes; dans les écoles où se trouvent des élèves professant des cultes divers, l'examen qui est fait sur l'instruction religieuse par le ministre compétent, ne doit avoir lieu qu'en présence des élèves appartenant au culte que professe le ministre, à moins que les pères de famille ne consentent formellement à ce que leurs enfans participent à l'instruction religieuse donnée par le ministre. — Rendu, p. 1076.

31. — Un autre arrêté du 1er mars 1842 veut (art. 1er), que tout enfant, pour être admis dans une école élémentaire, privée soit âgé de six ans au moins et de treize ans au plus. Toutefois, dans les communes où il n'existe pas de salles d'asile, le comité local peut autoriser l'instituteur à recevoir des enfans de moins de six ans.

32. — Mais il a été jugé que le réglement univer-

sitaire qui défend aux instituteurs primaires privés d'admettre dans leur école des enfans âgés de plus de treize ans, alors que cette faculté est accordée aux instituteurs communaux sous certaines conditions dont les premiers ne sont pas appelés à jouir, est illégal comme incompatible avec les principes posés par la loi du 28 juin 1833. — *Cass.*, 7 fév. 1846 (t. 2 1846, p. 54), Boisselier; *Besançon*, 2 juin 1846 (t. 2 1847, p. 680), Boisselier.

33. — Quant aux détails qui concernent les études et la discipline dans les écoles primaires, ils ont été réglés par un statut du conseil de l'université du 25 avr. 1834. Ce réglement, ainsi que diverses autres décisions sur le même objet, sont rapportés par M. Rendu (*loc. cit.* p. 877 et suiv.),

34. — On a créé dans chaque département un inspecteur spécial de l'instruction primaire. La surveillance de l'inspecteur s'exerce sur tous les établissemens de l'instruction primaire, y compris les salles d'asile et les classes d'adultes, et conformément aux instructions qui lui sont transmises par le recteur de l'Académie et le préfet du département, d'après les ordres du ministre de l'instruction publique. — Ordonn. 26 fév. 1835, art. 1er et 5.

35. — Cette inspection spéciale des écoles primaires est une institution entièrement nouvelle, comme l'a dit le ministre de l'instruction publique dans le rapport au roi sur le régime financier de l'université, rapport publié en tête du budget des dépenses de son ministère pour l'exercice de 1835; mais elle était désirée comme le complément indispensable de la loi du 28 juin 1833, et depuis les faits ont prouvé qu'elle exerce sur l'instruction primaire la plus grande et la plus heureuse influence.

36. — Un arrêté du 27 fév. 1835 donne des instructions aux inspecteurs spéciaux de l'instruction primaire, sur tout ce qui concerne le but de leur mission et les moyens de l'accomplir. — Rendu, p. 1001 et suiv.

37. — Les inspecteurs de l'instruction primaire sont nommés par le ministre de l'instruction publique, le conseil royal entendu. — Ord. précitée, art. 3.

38. — Outre l'inspecteur spécial pour tout le département, l'on a créé des sous-inspecteurs qui sont particulièrement chargés de surveiller l'instruction primaire dans un ou plusieurs des arrondissemens de sous-préfecture. — Ord. 13 nov. 1837, art. 1er; — Rendu, p. 31 et suiv.

39. — Les sous-inspecteurs sont nommés, comme les inspecteurs, par le ministre de l'instruction publique, le conseil royal entendu. — Même ord., art. 4.

40. — Cette ordonnance ajoute qu'à l'avenir, et sauf la première nomination, nul ne pourra être nommé inspecteur ou sous-inspecteur de l'instruction primaire, s'il n'est bachelier ès-lettres; s'il n'a, pendant trois ans au moins, rempli des fonctions dans les colléges royaux ou communaux, ou dans les établissemens d'instruction primaire, ou dans l'un des comités institués conformément aux art. 17 et 18, L. 28 juin 1833. Il n'y a d'exceptés de l'obligation du baccalauréat que les instituteurs primaires, après cinq ans de service.

41 — Les inspecteurs, et après eux les sous-inspecteurs, prennent rang parmi les fonctionnaires de l'instruction publique, immédiatement après les agrégés. — Ceux qui sortent des colléges royaux ou communaux ont droit à des pensions de retraite et subissent les retenues sur leurs traitemens d'inspection, au profit des caisses de retraite desdits colléges, conformément aux règles prescrites par les lois, décrets et ordonnances. — Les autres inspecteurs et sous-inspecteurs versent leurs retenues aux caisses d'épargne et de prévoyance établies par l'art. 15, L. 28 juin 1833. — Même ord., art. 6.

42 — Il y a dans chaque département une ou plusieurs commissions d'instruction primaire, chargées d'examiner tous les aspirans aux brevets de capacité, soit pour l'instruction primaire élémentaire, soit pour l'instruction primaire supérieure, et qui délivrent lesdits brevets sous l'autorisation du ministre. Ces commissions sont également chargées de faire les examens d'entrée et de sortie des élèves de l'école normale primaire. Les membres de ces commissions sont nommés par le ministre de l'instruction publique — Les examens ont lieu publiquement et à des époques déterminées par le ministre de l'instruction publique. — L. 28 juin 1833, art. 25.

43. — Un statut du 16 juill. 1833, développant cette disposition, porte qu'il doit y avoir, dans chaque ville chef-lieu de département, une commission d'instruction primaire chargée d'examiner tous les aspirans aux brevets de capacité, laquelle doit être renouvelée tous les trois ans, et dont les membres sont indéfiniment rééligibles.

44. — Aux termes de ce même statut, la commission d'instruction primaire est composée de sept membres, dont trois sont nécessairement pris parmi les membres de l'instruction publique. Ces membres sont : le recteur, ou un inspecteur par lui désigné, dans les villes où est le siége de l'académie; le proviseur ou le censeur et un professeur dans les villes où il existe un collége royal, un ou deux fonctionnaires du collége communal dans les villes qui possèdent un établissement de cet ordre.

45. — Une circulaire du 5 août 1833 a décidé qu'au nombre des personnes qui devraient, de concert avec trois membres de l'instruction publique, former les commissions d'examens, serait certainement appelé un ministre de la religion.

46. — A moins de circonstances extraordinaires, sur lesquelles il est prononcé par le recteur de l'académie, les commissions d'instruction primaire ne procèdent aux examens que de six mois en six mois, et au nombre de quatre membres au moins; les brevets sont délivrés à la majorité des voix. — Statut précité (Rendu, p. 846).

47. — Tout individu âgé de dix-huit ans accomplis peut, en produisant son acte de naissance, se présenter devant une commission d'instruction primaire, pour subir l'examen de capacité; il est seulement tenu de s'inscrire vingt-quatre heures d'avance au secrétariat de la commission.

48. — Les examens doivent toujours être présidés par le recteur ou par un inspecteur de l'académie, ou par l'inspecteur spécial de l'instruction primaire. — Rendu, p. 846.

49. — Dans les premiers momens, il avait été utile, nécessaire même, sur quelques points du royaume, de multiplier les commissions chargées d'examiner les candidats. — V statut 16 juill. 1833, art. 14 (Rendu, p. 848). — Mais aujourd'hui il n'y a plus qu'une seule commission d'examen dans chaque département, sauf un très petit nombre d'exceptions. — Rendu, *loc. cit.*, en note.

50. — Quant aux objets sur lesquels les aspirans aux brevets doivent répondre, aux formes du procès-verbal d'examen, au scrutin et à la délivrance des brevets, V. statut 16 juill. 1833, art. 8 et suiv. (Rendu, p. 846 et suiv.).

51. — Aux termes d'un arrêté du 13 août 1833, la commission d'instruction primaire, formée dans une ville chef-lieu de département pour examiner les aspirants aux brevets de capacité, est également chargée de faire les examens d'entrée et de sortie des élèves de l'école normale primaire établie dans la même ville. Ce même arrêté fixe l'époque et le mode de ces examens. — V. pour les détails, Rendu, p. 849 et suiv.

52. — Un arrêté du 16 déc. 1834 charge encore les commissions d'instruction primaire de procéder à l'examen annuel de ceux des élèves maîtres en état de passer aux cours de l'année suivante.

53. — Tout département est tenu d'entretenir une école normale primaire, soit par lui-même, soit en se réunissant à un ou plusieurs départemens voisins. — Les conseils généraux délibèrent sur cette réunion, qui doit être autorisée par ordonnance royale, et sur les moyens d'assurer l'entretien des écoles normales primaires. — L. 28 juin 1833, art. 11.

54. — Le but que s'est proposé le législateur, en exigeant ainsi l'établissement d'écoles normales primaires dans les départemens, a été d'assurer à l'instruction primaire des sujets qui fussent capables de la propager.

55. — Les préfets et les recteurs préparent chaque année l'aperçu des dépenses de cette école et le présentent au conseil général. — Ord. 16 juill. 1833, art. 20.

56. — Dans le cas où une école de ce genre est commune à plusieurs départemens, ceux-ci en supportent les dépenses dans la proportion du nombre des communes, de leur population et du montant de leurs contributions. — Cette répartition est faite par le ministre de l'instruction publique. — Même ord., art. 21.

57. — Lorsqu'un conseil général n'a pas compris dans le budget des dépenses du département la somme nécessaire pour l'entretien de l'école normale primaire, une ordonnance royale doit prescrire de l'y porter d'office, au chapitre des dépenses variables ordinaires. — Ord. 16 juill. 1833, art. 22.

58. — Dans les départemens d'une étendue considérable ou dont les habitans professent différens cultes, le ministre de l'instruction publique, sur la demande des conseils généraux ou sur celle des conseils municipaux qui offriraient de concourir au paiement des dépenses nécessaires, et, sur la proposition des préfets et des recteurs, peut autoriser, après avoir pris l'avis du conseil royal, outre les écoles normales, l'établissement d'écoles modèles qui sont aussi appelés à former des instituteurs primaires. — Ord. royale 16 juill. 1833, art. 23.

59. — Les dépenses variables des écoles normales primaires, qui changent suivant le nombre des élèves, sont acquittées avec les pensions des élèves ou avec le produit des bourses fondées par l'état, le département ou les communes. Le surplus, s'il y en a, sert, concurremment avec les fonds alloués, à payer les dépenses fixes. — *Instr.*, 24 juill. 1833.

60. — Des bourses entières ou partielles peuvent être fondées dans l'école normale primaire établie pour l'académie de Paris (cette école, d'abord établie à Paris, a été, par ord. du 7 sept. 1831, transférée à Versailles), soit par les départemens, soit soit par les communes, soit par l'université, soit par des donateurs particuliers, ou par des associations bienfaisantes. Les bourses fondées par l'université sont toujours données au concours. — — Il est facultatif pour tous les autres fondateurs de bourse de déterminer s'ils entendent que les bourses par eux fondées soient données par la voie du concours ou à la suite d'examens particuliers. — Ord. 11 mars 1831, art. 10.

61. — Le taux des bourses est fixé par le conseil royal. — Les élèves boursiers apportent un trousseau tel qu'il a été réglé. — Ord. 11 mars 1831, art. 11.

62. — Les boursiers en âge de minorité doivent présenter, indépendamment des conditions exigées de tous les élèves, le consentement de leur père ou de leur tuteur, à ce qu'ils s'engagent pour dix ans dans l'instruction publique comme instituteurs communaux. — Les élèves maîtres, boursiers ou externes ne peuvent rester plus d'un an à l'école normale. — Ord. 11 mars 1831, art. 6 et 7.

63. — Les élèves externes sont admis gratuitement à l'école normale primaire. Ils sont seulement tenus de se procurer à leurs frais les objets nécessaires à leurs études, livres, papiers, etc. — Ord. 11 mars 1831, art. 11.

64. — Si un ou plusieurs départemens qui composent l'académie de Paris fondent des bourses dans ladite école normale primaire, les préfets de ces départemens ont le droit d'assister avec voix délibérative, de leur personne, ou par un conseiller de préfecture délégué à cet effet, aux séances de la commission de surveillance de l'école. — Ord. 11 mars 1831, art. 12.

65. — Les certificats de bonne conduite des élèves entrant à l'école normale primaire et de ceux qui en sortent, sont délivrés de la même manière que les certificats de moralité prescrits par l'art. 4, L. 28 juin 1833. — Décis. cons. royal, 22 oct. 1833.

66. — La surveillance et l'administration des écoles normales primaires appartiennent à l'administration académique centrale, et non aux comités des simples écoles primaires. — Arr. cons. royal, 28 fév. 1834.

67. — Le titre d'école normale primaire ne peut pas être donné à un établissement privé; mais rien n'empêche un instituteur privé, remplissant d'ailleurs toutes les conditions prescrites par la loi du 28 juin, de consacrer son temps et ses soins à préparer des sujets capables de remplir les fonctions d'instituteur primaire. — Arr. 10 janv 1837 (Rendu, p. 903).

68. — Quant à l'organisation des écoles normales primaires, l'enseignement qu'on y donne, l'admission des élèves-maîtres, la surveillance, les examens, la discipline, V. Rendu, p. 840 et suiv.

Sect. 2e. — *Instruction primaire publique et privée.*

69. — L'instruction primaire est ou privée ou publique. — L. 28 juin 1833, art. 3.

70. — La loi, en plaçant ici l'instruction privée avant l'instruction publique, intervertit l'ordre établi par la Charte. C'est que sans doute on a voulu témoigner, selon les paroles mêmes de M. de Broglie à la chambre des pairs (V. *Monit.* 13 av. 1844, p. 925, col. 1re), qu'en matière d'instruction primaire, si l'état intervient, ce n'est point à titre de souverain, mais à titre de protecteur et de guide, et qu'il n'intervient qu'à défaut des familles, hors d'état, pour la plupart, de donner aux enfans dans leur propre sein une éducation purement domestique. — V. Serrigny, *Traité de droit publ.*, t. 2, p. 345.

§ 1er. — *Instruction primaire privée.*

71. — Tout individu âgé de dix-huit ans accomplis peut exercer la profession d'instituteur primaire et diriger tout établissement quelconque d'instruction primaire, sans autres conditions que présenter préalablement au maire de la commune où il voudra tenir école : 1° un brevet de capacité obtenu après examen subi devant les commissions d'instruction primaire; 2° un certificat constatant

que l'impétrant est digne par sa moralité de se livrer à l'enseignement. — L. 28 juin 1833, art. 4.

72. — Aussitôt que le maire d'une commune a reçu la déclaration à lui faite, aux termes de l'article précité, par un individu qui remplit les conditions prescrites et qui veut tenir une école, soit élémentaire, soit supérieure, il inscrit cette déclaration sur un registre spécial et en délivre récépissé au déclarant. — Il doit envoyer au comité de l'arrondissement et au recteur de l'Académie des copies de cette déclaration ainsi que du certificat de moralité que doit présenter l'instituteur. — Ord. 16 juill. 1833, art. 16.

73. — Jugé que l'instituteur primaire qui tient déjà une école et veut en ouvrir une seconde est tenu, tout aussi bien que celui qui en ouvre une première, d'en faire la déclaration au maire, conformément à l'ord. du 16 juill. 1833; qu'il serait, en cas de contravention, passible de la peine édictée par l'art. 471, nº 15, C. pén. — *Cass.*, 7 fév. 1846 (t. 2 1846, p. 54), Boisselier; *Besançon*, 2 juin 1846 (t. 2 1847, p. 680), Boisselier.

74. — Le certificat de moralité est délivré sur l'attestation de trois conseillers municipaux par le maire de la commune ou de chacune des communes où a résidé l'impétrant depuis trois ans. — L. 28 juin 1833, art. précité.

75. — A Paris, le certificat de moralité est délivré sur l'attestation de trois notables par le maire de l'arrondissement municipal ou de chacun des arrondissemens municipaux où l'impétrant a résidé depuis trois ans. — Ord. 8 nov. 1833, art. 6.

76. — Bien que celui qui veut ouvrir une école privée pour l'enseignement primaire ait obtenu de trois conseillers municipaux une attestation de bonne conduite, le maire n'est pas tenu de lui délivrer un certificat de moralité; mais s'il ne croit pas devoir l'accorder, il doit manifester son refus par un acte patent. — *Douai*, 15 mai 1835, Bidault.

77. — Quand le maire refuse d'accorder le certificat sans alléguer de motifs, le réclamant doit s'adresser au recteur, qui en informe le comité d'arrondissement pour obtenir des renseignemens de la part du maire. — Décis. du cons. royal.

78. — Jugé que le certificat de moralité que doit obtenir du maire celui qui veut ouvrir une école primaire, ne peut être suppléé par celui de plusieurs conseillers municipaux. — *Cass.*, 9 juill. 1835, Fourié; *Cass.*, 20 nov. 1835, Bidault; 1er juill. 1836, Bidault.

79. — Il est absolument nécessaire que la personne qui veut exercer la profession d'instituteur primaire justifie de la double condition, et de l'attestation de trois conseillers municipaux et du certificat du maire. — *Paris*. 23 nov. 1836, Bidault.

80. — Au nombre des personnes qui, en cas de refus du maire, ne peuvent le suppléer pour le certificat de moralité, ne figure pas l'adjoint dans les arrêts que nous venons de citer. La question à son égard reste donc entière, et nous serions, du reste, disposés à la résoudre en sa faveur, parce que, en effet, d'une part, aux termes de l'art. 5 de la loi du 21 mars 1831, l'adjoint supplée de droit le maire absent, et que, d'autre part, il est de principe que dans le cas de suppléance de droit, la plénitude des attributions du maire passe à l'adjoint qui le représente. Cette question a été soulevée devant la cour de Cassation le 23 déc. 1839 (t. 1er 1840, p. 306) [Arthaud]; mais elle n'y a pas reçu de solution. — V. toutefois arrêté du 25 nov. 1836. — Rendu, *loc. cit.*, p. 874.

81. — Jugé seulement par cet arrêt que les tribunaux ont le droit d'apprécier souverainement et sans que leur décision puisse à cet égard donner ouverture à cassation, la sincérité du certificat délivré à l'instituteur primaire.

82. — Jugé dans le même ordre d'idées, que le certificat de moralité délivré par l'administration à un individu qui veut exercer la profession d'instituteur primaire, n'est pas une présomption de droit qui empêche toutes recherches de la part de l'autorité judiciaire relatives à des faits antérieurs à l'époque où cet instituteur a été investi de ses fonctions; — qu'en conséquence un instituteur primaire peut être interdit, sur la poursuite du ministère public, pour des discours ou propos contraires aux mœurs tenus dans un collége à des élèves, antérieurement à sa nomination, alors surtout que ces faits se sont passés à une époque voisine de son entrée en fonctions et qu'ils sont trop récens pour avoir été atténués par la bonne conduite postérieure de leur auteur. — *Grenoble*, 26 août 1841 et 8 mars 1842 (t. 1er 1843, p. 528), G...

83. — Le certificat de moralité délivré à un militaire en congé définitif par le conseil d'administration du corps dont il sort, ne remplace point le certificat exigé par la loi. On ne peut même accorder à ce militaire qu'une autorisation provisoire. — Décis. du conseil royal 15 avr. 1834.

84. — Mais un instituteur communal qui cesse ses fonctions publiques parce qu'il a donné sa démission, laquelle a été dûment acceptée, n'a pas besoin de se procurer un nouveau certificat de moralité pour pouvoir tenir une école privée dans la même commune. — Décis. min. instruct. publ. 15 mai 1839.

85. — La loi, en exigeant de tout individu qui veut exercer la profession d'instituteur primaire, un certificat de moralité délivré, sur l'attestation de trois conseillers municipaux, par le maire de la commune, a entendu qu'il s'agissait d'une commune française. Aucune autre attestation ne peut être l'équivalent du certificat que la loi demande impérieusement. — Arrêté du 30 avr. 1839.

86. — Ce serait donc en vain qu'un Français qui aurait demeuré trois ans hors de France produirait pour être instituteur des certificats obtenus dans les autres pays. — Même arrêté.

87. — Il résulte de ce qui précède que l'on a enfin abandonné pour l'instruction primaire le système de l'autorisation préalable. Sous ce rapport, on est revenu aux véritables principes, qui sont pourtant encore méconnus en matière d'enseignement secondaire. — V. ENSEIGNEMENT, nos 852 et suiv.

88. — Jugé que le fait de se livrer à l'enseignement primaire avec diplôme et certificat de moralité, mais sans l'autorisation ministérielle, ne constitue pas un délit. — *Cass.*, 24 août 1838 (t. 2 1838, p. 231), Galland.

89. — Comme le fait observer M. Serrigny (*loc. cit.*, p. 346), bien que les mesures prescrites par la loi qui viennent d'être analysées soient préventives, elles ne sont point contraires au principe de la liberté de l'enseignement, puisqu'elles ne consistent que dans des garanties mises à la portée de tous les citoyens. — « La société, ajoute le même auteur (*ibid.*), a incontestablement le droit de s'assurer que celui qui veut se livrer à l'enseignement est capable et moral. La loi n'exige pas autre chose qu'un brevet de capacité et un certificat de moralité. Celui qui ne peut remplir cette double condition est évidemment mal fondé à se plaindre de l'exclusion qui le frappe. »

90. — Les conditions auxquelles est soumise l'instruction primaire privée, ne sont prescrites que lorsqu'on veut tenir une école primaire proprement dite. Or on doit considérer comme telle, aux termes de l'art. 17, ord. 16 juill. 1833, toute réunion habituelle d'enfans de différentes familles qui a pour but l'étude de tout ou partie des objets compris dans l'enseignement primaire.

91. — Jugé, par application de cette disposition, que l'individu qui enseigne à des enfans le catéchisme et la lecture, doit être considéré comme tenant une école primaire : peu importe que cet enseignement ait été donné presque toujours à titre gratuit et l'hiver seulement. — *Cass.*, 16 oct. 1840 (t. 2 1840, p. 642), Boudier.

92. — Il a été au contraire décidé, qu'un curé donnant à deux ou trois enfans l'instruction primaire n'est pas censé tenir une école. — Avis du conseil de l'université du 29 mai 1834.

93. — Ajoutons qu'une école ouverte dans un hospice doit être en principe, comme toute autre, soumise aux dispositions qui régissent les écoles primaires. — Décis. du conseil royal de l'université du 26 juill. 1833. — Rendu, p. 948.

94. — L'art. 4 précité, L. 28 juin 1833, qui exige un brevet de capacité et de moralité, ne s'applique pas aux écoles industrielles, et si des cours d'instruction primaire étaient adjoints à une école industrielle, ce serait à l'instituteur chargé de ces cours, et non au directeur de l'école, de justifier de son brevet et de son certificat de moralité.

95. — Nul n'est du reste exempt de remplir les conditions de moralité et de capacité prescrites par la loi, sous prétexte qu'il aurait telle ou telle autre qualité qui ferait supposer sa capacité et sa moralité.

96. — Ainsi, par exemple, les ministres du culte sont soumis à cet égard aux dispositions du droit commun comme les autres citoyens. — V. dans ce sens *Cass.*, 15 mars 1833. Menaide et Granjon; 18 déc. 1833, (ch. réun.) mêmes parties; 31 juill. 1841, (t. 2 1841, p. 329), Couillaud; — Avis du conseil de l'Université du 29 mai 1834; décis du min. de l'inst. publ. du 30 nov. 1837; — Cousin (*Moniteur* du 23 mai 1844, p. 1468, col. 3); Serrigny, *loc. cit.*, p. 348.

97. — Quant aux étrangers qui veulent tenir des écoles en France, ils sont soumis aux mêmes obligations que les nationaux ; ils doivent se conformer à la loi sur l'instruction primaire, en tout ce qui leur est applicable. — Arr. 25 fév. 1836.

98. — ... Et notamment produire un certificat de moralité délivré par le maire d'une commune française. Vainement produiraient-ils des certificats obtenus dans les autres pays. — Arr. 30 avr. 1839.

99. — C'est donc à tort que M. Serrigny, (p. 347) soutient que les étrangers ne sont pas admis à jouir en France du droit d'enseignement primaire. Nous ne nions pas toutefois qu'il eût été plus conforme aux principes de le leur refuser. De quelque degré d'instruction qu'il s'agisse, en effet, le droit d'enseigner nous paraît être un droit public qui ne peut appartenir qu'aux Français de naissance ou naturalisés.

100. — Il est, du reste, bien entendu que, par application du principe de non rétroactivité des lois, l'instituteur qui, antérieurement à la loi du 28 juin 1833, aurait obtenu sans réserves l'autorisation d'enseigner, ne saurait en être ultérieurement privé, sous prétexte qu'il ne réunit pas les conditions exigées par la loi nouvelle.

101. — A l'appui de cette solution l'on peut remarquer avec M. Duvergier (*Collection des lois*, t. 33, p. 236, note 4e) que M. Roger (député), ayant demandé si, dans l'intention du projet, l'art. 4 s'appliquait aux instituteurs actuellement en fonctions, le ministre a répondu. « C'est un article qui s'applique aux instituteurs à venir. »

102. — Toutefois un instituteur primaire autorisé à ouvrir une école privée dans une commune sous l'empire de l'ordonnance du 29 fév. 1816, et qui, après trois années d'interruption de ses fonctions depuis la promulgation de la loi du 28 juin 1833, dont il n'avait pas subi les conditions nouvelles, veut rouvrir école, doit justifier du certificat de moralité exigé par l'art. 4 de cette loi.... Ce n'est pas là donner un effet rétroactif à la loi. — *Cass.*, 22 août 1845 (t. 2 1845, p 683), Lanne. — *Contrà*, *Bordeaux*, 29 avr. 1841 (t. 2 1841, p. 306), Dennour.

103. — Une ordonnance du 21 avr. 1828 décidait à l'égard des frères des écoles chrétiennes et des membres de toute autre association charitable, légalement autorisée pour former ou pour fournir des instituteurs primaires, que le recteur remettrait à chacun d'eux un brevet de capacité sur le vu de l'obédience délivrée par le supérieur ou le directeur général de ladite association.

104. On avait cru, dit M. Rendu (p 251 en note), rendre service aux frères des écoles chrétiennes, en les dispensant de l'examen imposé aux autres candidats. Mais ils ont prouvé qu'ils étaient en état de subir ces épreuves, et toute mesure exceptionnelle a cessé pour eux. — V. ordonn. 18 avr. 1831 (*Code universitaire*, p. 258). — Ils sont donc aujourd'hui soumis au droit commun, et ils n'en ont acquis que plus de considération et d'autorité.

105. — Les examens à la suite desquels est obtenu le brevet de capacité nécessaire pour ouvrir une école primaire privée ont lieu devant une commission dont nous indiquons la composition.

106. — Sont incapables de tenir école, 1° les condamnés à des peines afflictives ou infamantes ; 2° les condamnés pour vol, escroquerie, banqueroute, abus de confiance ou attentat aux mœurs, et les individus qui auront été privés par jugement de tout ou partie des droits de famille mentionnés aux paragraphes 5 et 6 de l'art. 42, C. pén.; 3° les individus interdits en exécution de l'art. 7 de la présente loi. — L. 28 juin 1833, art. 5.

107. — Aux termes de l'art. 6, L. 28 juin 1833, quiconque ouvre une école primaire en contravention à l'art. 5, ou sans avoir satisfait aux conditions prescrites par l'art. 4, est poursuivi devant le tribunal correctionnel du lieu du délit, et condamné à une amende de 30 à 200 fr., sans préjudice de la fermeture de l'école. — En cas de récidive, le délinquant est condamné à un emprisonnement de quinze à trente jours et à une amende de 100 à 400 fr. — *Cass*,, 16 oct. 1840 (t. 2 1840, p. 642), Boudier.

108. — Le fait d'avoir tenu une école primaire sans remplir les conditions exigées par la loi, ne peut être excusé sur le motif que le prévenu n'avait pas l'intention d'ouvrir une école primaire ni d'exercer les fonctions d'instituteur, et qu'il n'a fait que donner quelques leçons à ses petits-fils et à un petit nombre de ses plus proches parens. — *Cass.*, 24 sept. 1835, Fattaccini.

109. — Remarquons, toutefois, que la condamnation prononcée contre un instituteur pour fait d'ouverture d'une école clandestine ne le prive pas du droit d'obtenir une école en se conformant à la loi. — Avis du 8 avr. 1834. — Et, en effet, le fait d'ouverture d'une école clandestine est une faute, puisqu'il y a violation de la loi ; mais est-il évident, comme le fait observer M. Rendu (*Code universitaire*, p. 872, en note), que le coupable peut être, d'ailleurs, un homme de mœurs irréprochables.

110. — Tout instituteur privé, sur la demande du comité mentionné dans l'art. 19 de la présente loi, ou sur la poursuite d'office du ministère public, peut être traduit, pour cause d'inconduite ou d'immoralité, devant le tribunal civil de l'arrondisse-

ment, et être interdit de l'exercice de sa profession à temps ou à toujours. — Le tribunal entend les parties, et statue sommairement en chambre du conseil. Il en est de même de l'appel, qui doit être interjeté dans le délai de dix jours, à compter du jour de la notification du jugement, et qui en aucun cas n'est suspensif. — L. 28 juin 1833, art. 7.

111.—... Le tout sans préjudice des poursuites qui pourraient avoir lieu pour crimes, délits ou contraventions prévues par la loi. — *Ibid.*

112.— Le principe de la liberté d'enseignement exigeait que l'interdiction dont il s'agit fût ainsi prononcée par le tribunal civil, et non par le conseil académique, par le conseil royal, ou le ministre de l'instruction publique. Du moment, en effet, que les instituteurs privés donnent l'instruction en dehors de l'Université, et concurremment avec ses membres, on ne devait pas les soumettre à la juridiction des agens de l'instruction pour les fautes qui mettent en péril leur état. — Serrigny, p. 349.

113.—D'un autre côté, comme le pouvoir délégué à l'autorité judiciaire rentre ici dans l'action disciplinaire, c'est au tribunal civil, et non au tribunal correctionnel qu'on a dû le conférer. — Serrigny, p. 350.

114. — ... D'où il suit que les formes d'appel et de recours en cassation admises en matière criminelle ne sont point applicables ici, et qu'on doit suivre les formes établies en matière civile.—*Cass.*, 22 fév. et 6 mai 1844 (t. 1er 1844, p. 18), Carle.

115.—L'interdiction à temps n'enlève pas à l'interdit son titre d'instituteur. Il en résulte: 1° qu'il reste soumis pendant son interdiction à la même juridiction, et que, s'il commet de nouvelles fautes, il peut être poursuivi de nouveau, conformément aux art. 7 et 24; 2° qu'il continue de jouir de la dispense du service militaire; 3° qu'à l'expiration de sa peine, il peut reprendre ses fonctions de plein droit sans avoir à remplir aucune formalité.— Décis. minist.

116.—Les anciens instituteurs que la loi a trouvés en place ne peuvent, comme les nouveaux, perdre leur état que par un jugement.—Décision du conseil royal du 7 janv. 1834.

117.—Il n'y a pas incompatibilité entre les fonctions de maire ou d'adjoint et celles d'instituteur privé tenant école.—Décis. du cons. roy. du 5 juill. 1806, art. 6; L. 21 mars 1831.

118.—Les instituteurs privés qui ont bien mérité de l'instruction primaire, sont admis, comme les instituteurs communaux, sur le rapport des préfets et des recteurs, à participer aux encouragemens et aux récompenses que le ministre de l'instruction publique distribue annuellement. — Ord. 16 juill. 1833, art. 18.

119. —Tout local destiné à une école primaire privée est préalablement visité par le maire de la commune ou par un des membres du comité communal, qui en constate la convenance et la salubrité.—Même ordonn., art. 18.

120.—La loi ne limite pas le nombre des écoles privées, dont l'établissement peut être autorisé dans chaque commune. — Avis cons. roy. 28 janv. 1834.

121.— Tout instituteur, quel que soit le degré de son brevet de capacité, peut être autorisé à tenir un pensionnat primaire, si d'ailleurs il en est digne par ses qualités morales. — Arr. 16 sept. 1836. — Rendu, p. 941.

122. —Cet arrêté ne fait, au surplus, qu'appliquer le principe consacré par la loi du 29 frim. an II (17 déc. 1793), art. 10, par l'ord. du 21 avr. 1828, art. 12 et suiv., et sanctionné par plusieurs autres arrêtés, notamment par ceux des 17 juill. 1812 et 5 déc. 1820. — V. Rendu, p. 240 et suiv., 252, 835 et suiv.

123.— On avait donc dès long-temps compris, comme le fait remarquer M. Rendu (p. 240, note 2e), qu'autre chose est la direction d'une école d'externes à qui l'instituteur doit donner l'instruction, autre chose est la tenue d'une maison où les élèves sont internes et ont droit à tous les soins d'où résulte une bonne et solide éducation; qu'il fallait conséquemment exiger d'autres conditions et d'autres garanties pour l'autorisation de former un pensionnat.

124. — Lorsqu'il s'agit d'accorder à un instituteur primaire la faculté de tenir un pensionnat, il n'y a point de distinction à faire entre l'instituteur privé et l'instituteur public; dans tous les cas, il suffit de constater si le postulant possède réellement, non seulement l'instruction requise, mais toutes les qualités morales, le caractère, les sentimens, les principes et la considération qui constituent l'aptitude à tenir un pensionnat. — Délibér. du 11 nov. 1835. — Rendu, p. 941.

125.—Jugé, conformément à ce qui précède, que les instituteurs primaires ne peuvent, alors même qu'ils remplissent toutes les conditions d'aptitude exigées par la loi du 28 juin 1833, recevoir dans leurs établissemens des élèves internes ou pensionnaires sans autorisation préalable du ministre de l'instruction publique, conformément au décret du 17 mars 1808. — *Cass.*, 27 nov. 1846 (t. 1er 1847, p. 389), Riffey. — V. aussi un autre arrêt du même jour (même vol., p. 190), Gelas.

126. — ... Que l'infraction à cette obligation est passible d'une amende de 100 à 3,000 francs, pénalité portée par l'art. 56 du décret du 15 nov. 1811, et non de la simple peine de police portée par l'art. 471, n° 15, C. pén. — Même arrêt.

127. — Mais s'il n'a été fait application au prévenu déclaré coupable d'une pareille contravention que de la peine portée par l'art. 471, n° 15, C. pén., cette peine étant moindre que celle édictée par le décret de 1811, cette erreur légale ne peut, sur le pourvoi formé par ledit prévenu, motiver l'annulation de l'arrêt qui la renferme. — Même arrêt.

128. — Les dispositions des réglemens concernant les pensionnats primaires sont applicables aux écoles primaires supérieures annexées à des colléges royaux ou communaux. — Arr. 24 janv. 1843. — Rendu, p. 942.

§ 2. — *Instruction primaire publique.*

129.—Les écoles primaires publiques sont celles qu'entretiennent, en tout ou en partie, les communes, les départemens ou l'état. — L. 28 juin 1833, art. 8.

130. — Des écoles primaires publiques peuvent aussi être fondées par un particulier, qui peut mettre à sa donation telles conditions qu'il juge convenables, pourvu que ces conditions n'aient rien de contraire aux lois. Si l'école fondée est une école communale, le fondateur peut, par exemple, se réserver le droit d'y faire admettre gratuitement un certain nombre d'enfans indigens, ou encore se réserver la faculté de présenter le maître de l'école, sauf à celui-ci à se faire ensuite agréer conformément à la loi. S'il s'agit d'une école privée, le fondateur peut se réserver absolument le choix de l'instituteur, pourvu que celui-ci réunisse les conditions imposées par l'art. 4 de la loi du 28 juin, et faire admettre dans cette école tous les enfans qu'il voudra désigner. — Avis cons. royal, 6 sept. 1833.

131. — Lors même que la commune ne s'associe point au fondateur pour le premier établissement de l'école, ladite école peut cependant être considérée comme école communale, en sorte que la commune soit tenue d'exécuter les art. 9, 12 et 13 de la loi du 28 juin 1833 en ce qui concerne l'entretien du local et le traitement fixe de l'instituteur. Si plusieurs communes sont appelées à se réunir pour profiter de l'école fondée, il est nécessaire que ces communes expriment formellement leur consentement à cette réunion, et, dans le cas où le local est donné ou assuré par la fondation, les communes ont à pourvoir aux frais d'entretien de l'école. — Même avis.

132. — Un donateur ou un testateur peut conférer à son héritier le droit de concourir à la désignation ou nomination de l'instituteur; mais quelque impérative que soit la clause qui donne à l'héritier ce droit, dès qu'il s'agit d'un instituteur communal, tout se réduit pour l'héritier à un droit de présentation qui n'empêche ni les autres présentations légales ni la délibération du comité d'arrondissement. — Avis cons. royal 15 avr. 1834.

133. — Les lois de 1793 et 1794 avaient ordonné qu'il y aurait une école primaire par mille habitans. La loi du 28 juin, art. 8, semble n'exiger de toute commune indistinctement qu'une seule école élémentaire.

134. — Mais, d'après une instruction ministérielle du 24 juill. 1835, et par application d'ailleurs de l'art. 14 de la loi elle-même, qui veut que tous les enfans indigens puissent recevoir l'instruction primaire, il y a lieu, quand la commune est trop considérable, d'ouvrir plus d'une école.

135. — Quant à la question relative au nombre d'écoles publiques que chaque commune doit entretenir en raison de sa population, elle est subordonnée au plus ou moins d'aisance des habitans et à d'autres circonstances de ce genre; seulement l'on doit regarder comme désirable qu'il y ait une école publique par agglomération de 2 à 3,000 habitans. — Instruct. précitée.

136. — Remarquons aussi que dans le cas où les circonstances locales le permettent, le ministre de l'instruction publique peut, après avoir entendu le conseil municipal, autoriser à titre d'écoles communales des écoles plus particulièrement affectées à l'un des cultes reconnus par l'état. — L. 28 juin 1833, art. 9.

137. — Dans le cas où des communes limitrophes ne pourraient entretenir chacun pour son compte une école primaire élémentaire, les maires doivent se concerter pour établir une seule école à l'usage desdites communes. La réunion des communes à cet effet ne peut être opérée que du consentement formel des conseils municipaux, et avec l'approbation du ministre de l'instruction publique. A défaut de conventions contraires de la part des conseils municipaux, les dépenses auxquelles l'entretien des écoles donne lieu, sont réparties entre les communes réunies, proportionnellement au montant de leurs contributions foncière, personnelle et mobilière; cette répartition est faite par le préfet. Une réunion de communes ainsi opérée peut être dissoute par le ministre de l'instruction publique, sur la demande motivée d'un ou plusieurs conseils municipaux, mais à condition que ces conseils municipaux prennent l'engagement de pourvoir sans délai à l'établissement et à l'entretion des écoles de leurs communes respectives. — Ordonn. du 16 juill. 1833, art. 2; — Duvergier, *Collect. des lois*, t. 33, p. 329.

138. — Lorsque deux communes, ayant chacune un instituteur, veulent se réunir pour avoir une école unique, elles peuvent choisir entre les deux instituteurs, celui qui restera chef de l'école unique. — Avis cons. d'état, 30 janv. 1835.

139. — Les communes chefs-lieux de département, et celles dont la population excède six mille âmes, doivent avoir en outre une école primaire supérieure. — L. 28 juin 1833, art. 10.

140. — Nous avons parlé v° ENSEIGNEMENT, des écoles primaires supérieures annexées à des colléges royaux. — Quant à celles dont il est ici question, et qui sont annexées à d'autres écoles secondaires, ou qui sont tout à fait isolées, elles ont été réglées par divers actes des 8 nov. 1833, 31 janv. 1834, 23 oct. et 28 déc 1838, qui ont été recueillis par M. Rendu, *loc. cit.*, p. 947 et suiv.

141. — Nul ne peut être nommé instituteur communal, s'il ne remplit les conditions de capacité et de moralité prescrites par l'art. 4 de la présente loi, ou s'il se trouve dans un des cas prévus par l'art. 5. — L. 28 juin 1833, art. 16.

142.—Jugé que la contravention à l'art. 16 de la loi du 28 juin 1833, qui exige que l'instituteur soit muni d'un brevet de capacité, ne peut être excusée par le motif que la tenue de l'école du prévenu a été autorisée par le maire de la commune, sur le vœu du conseil municipal et que d'ailleurs, la commune n'aurait pu pourvoir au traitement d'un instituteur breveté. — *Cass.*, 22 avr. 1837 (t. 1er 1838, p. 548), Arnold.

143.—La disposition de cet article 16 n'est toutefois pas applicable, puisqu'elle ne parle que des instituteurs, aux surveillans ou moniteurs, aspirans, sous-maîtres, etc., employés par le maître; seulement, en vertu des règles générales universitaires, nul ne peut être employé pour l'enseignement ou pour la discipline, par un instituteur primaire même privé, sans que le recteur n'ait été prévenu, et n'ait donné son consentement exprès ou tacite. L'instituteur répond des faits de ceux qu'il emploie dans son école. — Arrêté du 9 sept. 1833.

144. — Il y a deux sortes de brevets de capacité, les uns pour l'instruction primaire élémentaire, les autres pour l'instruction primaire supérieure. Ces brevets sont délivrés après examen par les commissions d'instruction. — Statut du 16 juill. 1833, art. 1er.

145.—Les brevets de capacité doivent être visés et légalisés par les recteurs. — Avis 4 fév. 1831.

146.—Un candidat non admis ne peut se représenter qu'après un intervalle de six mois. Tout candidat doit déclarer si c'est la première fois qu'il se présente. Une fausse déclaration lui fait perdre son brevet. La commission qui a ajourné un candidat en informe le recteur, qui en donne avis aux commissions de son ressort et aux recteurs des académies voisines; ceux-ci en instruisent les commissions de leur ressort.—Arr. 4 nov. 1834.

147. — Il n'y a pas lieu à exiger, pour admettre à l'examen, le certificat de bonnes vie et mœurs, la loi ne parlant d'un certificat de moralité que lorsqu'il est question de l'ouverture ou de la direction d'une école. — Décis. 9 juill. 1833.

148. — Une autre décision du 12 nov. 1833 porte que le brevet de capacité doit être délivré à tout individu, soit français, soit étranger, qui a subi l'examen d'une manière satisfaisante.

149.—Seulement, un instituteur communal ayant le caractère de fonctionnaire public, étant en conséquence soumis à la prestation de serment prescrit par les lois du 31 août 1830 et du 28 juin 1833, nul ne peut être admis à en exercer les fonctions s'il n'est français ou naturalisé français. — Décis. 8 nov. 1833.

150. — La réunion dans une seule école de l'instruction primaire élémentaire et de l'instruction

primaire supérieure exige le brevet de capacité du degré supérieur. — Avis cons. royal 31 déc. 1833.

151. — Deux classes tenues dans des locaux séparés et aux mêmes heures, forment deux écoles distinctes, qui doivent avoir chacune un instituteur remplissant les conditions légales. — Avis cons. royal, 1er juill. 1834.

152. — Nul chef d'établissement d'instruction secondaire ne peut diriger une école primaire élémentaire ou supérieure sans avoir le brevet de capacité voulu par la loi. — Arr. 15 oct. 1833 ; — Rendu, p. 852 et suiv.

153. — Les chefs d'établissemens qui veulent y annexer une école primaire, et qui n'ont point de maître spécial breveté, et remplissant les conditions prescrites, doivent subir l'examen et remplir personnellement les conditions. — Arr. 10 janv. 1834 ; — Rendu, p. 853.

154. — La faculté de souscrire l'engagement décennal qui, lorsqu'il est pris avant l'époque fixée pour le tirage au sort, dispense du service militaire, n'appartient qu'à l'instituteur qui tient une école publique communale. — *Cass.*, 12 juin 1847 (J. P. 1847, p. 699), Panot. — Arr. 8 nov. 1833 ; — Rendu, p. 922 et suiv.

155. — L'instituteur est engagé pour dix ans, quel que soit le résultat du tirage ; mais dans le cas où son numéro ne l'appelle pas au service militaire, il peut demander son *exeat*, aux termes de l'art. 43, décr. 17 mars 1808. — Arr. 20 juill. 1833 ; — Rendu, ibid.

156. — L'instituteur communal exerçant à titre provisoire peut être admis à contracter l'engagement décennal, sauf à être repris pour le service militaire, si, dans le délai d'un an, il n'obtient pas le brevet et une nomination définitive. — Décis. 19 sept. 1843 ; — Rendu, p. 925.

157. — Les dix années de service que l'instituteur sorti d'une école normale primaire doit consacrer à l'instruction primaire, aux termes de son engagement, ne doivent compter que du jour où l'élève-maître a commencé à servir comme instituteur. — Décis. 6 oct. 1843 ; — Rendu, *ibid.*

158. — Quant aux congés, ils sont accordés, suivant leur durée, aux instituteurs primaires, par le maire, par le président du comité d'arrondissement, par le recteur. — V., pour les détails, Rendu, p. 925 et suiv.

159. — Aux termes de l'art. 12, L. 28 juin 1833, il doit être fourni à tout instituteur communal : 1° un local convenablement disposé, tant pour lui servir d'habitation que pour recevoir les élèves ; 2° un traitement fixe, qui ne peut être moindre de 200 fr. pour une école primaire élémentaire, et de 400 fr. pour une école primaire supérieure.

160. — Ajoutons à cet égard qu'il ne peut être admis que les conseils municipaux aient le droit de réduire, sous prétexte d'autres fonctions simultanément exercées, le traitement des instituteurs primaires au dessous du minimum qui vient d'être fixé. — Avis cons. royal, 12 nov. 1833 ; — Rendu, p. 894.

161. — Les maires des communes qui ne possèdent point de locaux convenablement disposés, tant pour servir d'habitation à leurs instituteurs communaux, que pour recevoir les élèves, et qui ne pourraient en acheter ou en faire construire immédiatement, doivent s'occuper sans délai de louer des bâtimens propres à cette destination. Les conditions du bail sont soumises au conseil municipal et à l'approbation du préfet. Pendant la durée du bail, qui ne peut excéder six années, les conseils municipaux doivent prendre les mesures nécessaires pour se mettre en état d'acheter ou de faire construire des maisons d'école, soit avec leurs propres ressources, soit avec les secours qui pourraient leur être accordés par le département ou par l'état. — Ord. roy. 16 juill. 1833, art. 3.

162. — Les instituteurs communaux étant des fonctionnaires publics, il semble qu'on doive leur appliquer l'art. 580, C. procéd., et, par conséquent, décider que leur traitement fixe ne peut être saisi que jusqu'à concurrence d'un cinquième pour les premiers 1000 francs. — V. conf. Rendu, p. 274, en note. — V. au surplus SAISIE-ARRÊT.

163. — Quant à la question de savoir si les instituteurs fonctionnaires publics sont exemptés de la charge des logemens militaires, il nous semble qu'on doit la résoudre négativement contre eux. — Ajoutons, toutefois, avec M. Rendu (p. 274, note 3), que tous peuvent s'acquitter de cette charge, soit en fournissant des logemens en nature chez d'autres habitans, soit en payant une contribution proportionnée à leur facultés et agréée par le maire.

164. — A défaut de fondations, donations ou legs, qui assurent un local et un traitement, le conseil municipal doit délibérer sur les moyens d'y pourvoir. — L. 28 juin 1833, art. 13.

165. — Un conseil municipal ne peut être tenu de voter le traitement et le local pour plus d'un instituteur communal ; mais dans le cas où il existe un ou plusieurs hameaux trop éloignés du centre de la commune, il y a lieu de stipuler vis-à-vis de l'instituteur communal que cet instituteur, à certains mois de l'année, devra se transporter dans lesdits hameaux pour y donner l'instruction primaire dans un local convenablement disposé à cet effet. — Avis du 12 nov. 1833 (Rendu, p. 892).

166. — Les conseils municipaux délibèrent chaque année, dans leur session du mois de mai, sur la création ou l'entretien des écoles primaires communales, élémentaires ou supérieures, sur le taux de la rétribution mensuelle et du traitement fixe à accorder à chaque instituteur, et sur les sommes à voter, soit pour acquitter cette dernière dépense, soit pour acquérir, construire, réparer ou louer des maisons d'école. — Ils dressent annuellement, dans leur session du mois d'août, l'état des élèves qui doivent être reçus gratuitement à l'école primaire élémentaire. Ils déterminent, s'il y a lieu, dans cette même session, le nombre des places gratuites qui doivent être mises au concours pour l'école primaire supérieure. — Ord. roy. 1er juill. 1833, art. 1er.

167. — En cas d'insuffisance des revenus ordinaires pour l'établissement des écoles primaires communales, élémentaires et supérieures, il y est pourvu au moyen d'une imposition spéciale, votée par le conseil municipal, ou, à défaut du vote de ce conseil, établie par ordonnance royale. Cette imposition, qui doit être autorisée chaque année par la loi de finances, ne peut excéder 3 centimes additionnels au principal des contributions foncière, personnelle et mobilière. — Lorsque des communes n'ont pu, soit isolément, soit par la réunion de plusieurs d'entre elles, procurer un local et assurer le traitement au moyen de cette contribution de 3 centimes, il est pourvu aux dépenses reconnues nécessaires à l'instruction primaire, et, en cas d'insuffisance des fonds départementaux, par une imposition spéciale votée par le conseil général du département, ou, à défaut du vote de ce conseil, établie par ordonnance royale. Cette imposition, qui doit être autorisée chaque année par la loi de finances, ne peut excéder 2 centimes additionnels au principal des contributions foncière, personnelle et mobilière. — L. 28 juin 1833, art. 13. — V. aussi ord. 16 juill. 1833, art. 4.

168. — Il a fallu imposer d'office en 1834 plus de 15000 communes qui n'avaient rien voté pour l'instruction primaire en 1834. En 1843, le nombre des communes imposées d'office pour 1844 s'est encore élevé à 2,752 ; il n'a plus été que de 2,251 pour 1845. — Rendu, p. 275 en note.

169. — Si les centimes additionnels ainsi imposés aux communes et aux départemens ne suffisent pas aux besoins de l'instruction primaire, le ministre de l'instruction publique y pourvoit au moyen d'une subvention prélevée sur le crédit qui est porté annuellement pour l'instruction primaire au budget de l'état. Chaque année, il est annexé, à la proposition du budget, un rapport détaillé sur l'emploi des fonds alloués pour l'année précédente. — L. 28 juin 1833, article précité.

170. — Ce rapport doit être accompagné d'un état présentant par département, l'indication des recettes et dépenses allouées pendant l'année précédente pour l'instruction primaire. L'état des recettes doit indiquer d'une manière distincte les fonds provenant des votes des conseils municipaux et des conseils généraux, et ceux provenant des impositions établies par ordonnance royale. L'état des dépenses doit indiquer les diverses natures de dépenses, en distinguant les dépenses obligatoires des dépenses facultatives. Ce rapport et cet état sont distribués aux chambres dans les deux premiers mois de l'année. — L. 18 juill. 1836, art. 3.

171. — Pour les dépenses autres que les dépenses obligatoires de l'instruction primaire, les conseils municipaux sont libres de voter, en dehors des trois centimes spéciaux, des centimes extraordinaires qui doivent être autorisés par des ordonnances spéciales. — Avis cons. roy. 25 août 1833.

172. — Les délibérations par lesquelles les conseils municipaux règlent le nombre des écoles communales, fixent le traitement des instituteurs, arrêtent les mesures ou conventions relatives aux maisons d'école et votent les fonds, sont envoyées, avant le 1er juin, pour l'arrondissement chef-lieu, au préfet, et pour les autres arrondissemens aux sous-préfets, qui les transmettent dans les dix jours au préfet avec leur avis. — Ord. du 16 juill. 1833, art. 5 ; — Duvergier, *Collect. des lois*, t. 33, p. 329.

173. — Les préfets insèrent sommairement les résultats de ces délibérations sur un tableau dont le modèle leur est transmis par le ministre de l'instruction publique, et qui indique les sommes qu'ils jugent devoir être fournies par le département, pour assurer le traitement des instituteurs communaux et pour procurer des locaux convenables. Ces tableaux sont présentés aux conseils généraux dans leur session ordinaire annuelle. — Même ord. art. 6.

174. — Dès que l'ordonnance royale de convocation des conseils généraux et des conseils d'arrondissement, pour leur session ordinaire annuelle, a été publiée, les préfets doivent envoyer au ministre de l'instruction publique une copie de ces tableaux. Ils envoient en même temps l'état des communes qui n'ont pas encore fixé le traitement de leurs instituteurs communaux, ni assuré un local pour l'école avec indication du revenu de chaque commune, du produit annuel des fondations, donations ou legs, et de la portion de ce produit et de ces revenus que la commune peut affecter à cette dépense. — Même ord. art. 7.

175. — Dans le cas où les votes des communes n'auraient pas pourvu au traitement de l'instituteur et à l'établissement de la maison d'école, une ordonnance royale autorise, s'il y a lieu, dans les limites fixées par la loi, une imposition spéciale sur ces communes à l'effet de pourvoir à ces dépenses. La somme ainsi recouvrée ne peut, sous aucun prétexte, être employée à d'autres dépenses qu'à celles de l'instruction primaire. — Même ord. art. 8.

176. — Chaque année le ministre de l'instruction publique fait dresser un état des communes qui ne possèdent pas de maisons d'école, de celles qui n'en ont pas un nombre suffisant, à raison de leur population, et enfin de celles qui n'en ont point de convenablement disposées. Cet état doit faire connaître les sommes votées par la commune et par les départements, en exécution des articles 1er et suivans de la présente ordonnance, soit, pour les instituteurs, soit pour les maisons d'école. Il indique généralement tous les besoins de l'instruction primaire, et est distribué aux chambres. — Même ord., art. 15.

177. — Si des conseils généraux de département ne votaient pas, en cas d'insuffisance de leurs revenus ordinaires, l'imposition spéciale destinée à couvrir autant que possible les dépenses nécessaires pour procurer un local et assurer un traitement aux instituteurs, cette imposition serait établie, s'il y avait lieu, par ordonnance royale, dans les limites fixées par la loi. — *Ibid*, art. 9.

178. — Lorsque, dans le cas d'insuffisance des revenus ordinaires des communes et des départemens, et des impositions spéciales, qu'ils sont autorisés à voter, l'état doit concourir au paiement du traitement fixe des instituteurs, ce traitement ne peut excéder le minimum fixé par l'art. 12 de la loi du 28 juin 1833. — *Ibid.*, art. 10.

179. — Divers plans d'écoles primaires pour les communes rurales, accompagnés des devis estimatifs détaillés, sont dressés par les soins du ministre de l'instruction publique, et déposés au secrétariat des préfectures, des sous-préfectures, des mairies, des chefs-lieux de canton et des comités d'arrondissement, ainsi qu'au secrétariat de chaque académie. — Ord. roy. 16 juill. 1833, art. 13.

180. — Le tableau de toutes les communes du royaume, avec l'indication de leur population et de leurs revenus ordinaires et extraordinaires, divisé par départemens, arrondissemens et cantons, est adressé tous les cinq ans par le ministre du commerce et des travaux publics au ministre de l'instruction publique. — Ord. roy. 16 juill. 1833, art. 14.

181. — En sus du traitement fixe, l'instituteur communal reçoit une rétribution mensuelle dont le taux est réglé par le conseil municipal, et qui est perçu dans la même forme et selon les mêmes règles que les contributions publiques directes. Le rôle en est recouvrable, mois par mois, sur un état des élèves certifié par l'instituteur, visé par le maire, et rendu exécutoire par le sous-préfet. — L. 28 juin 1833, art. 14.

182. — Au commencement de chaque mois, l'instituteur communal remet au maire l'état des parens des élèves qui ont fréquenté son école pendant le mois précédent, avec l'indication du montant de la rétribution mensuelle due par chacun d'eux. — Ord. 16 juill. 1833, art. 11.

183. — Les réclamations auxquelles la confection du rôle peut donner lieu sont rédigées sur papier libre et déposées au secrétariat de la sous-préfecture. — Elles sont jugées par le conseil de préfecture, sur l'avis du comité local et du sous-préfet, lorsqu'il s'agit de décharge et de réduction ; par le préfet, sur l'avis du conseil municipal et du sous-préfet, lorsqu'il s'agit de remise et de modération. — *Ibid.*

184. — A moins de convention particulière avec les parens, la rétribution est due pour le mois entier. — Ord. 16 mai 1834. — Rendu, p. 896.

185. — Le recouvrement de la rétribution ne donne lieu qu'au remboursement des frais par la commune, sans aucune remise au profit des agens de la perception. — L. 28 juin 1833, art. 14. — V. aussi ord. 16 juill. 1833, art. 11.

186. — Les parens non domiciliés dans le ressort de la perception doivent avoir un correspondant ou fondé de pouvoir à qui le percepteur puisse s'adresser. — Arr. cons. royal, 25 mars 1834. — Rendu, *loc. cit.*

187. — On ne peut changer la rétribution mensuelle, prix de l'instruction reçue réellement, en une rétribution annuelle payable par douzième, pendant toute l'année indistinctement. — Arr. cons. royal, 14 mars 1834.

188. — L'instituteur peut traiter avec les parens pour le paiement, en denrées, de la rétribution mensuelle, et les noms des parens ne doivent pas alors figurer sur l'état qu'il remet au maire. — Instr 24 juill. 1833.

189. — Sont admis gratuitement dans l'école communale élémentaire, ceux des élèves de la commune ou des communes réunies que les conseils municipaux désignent comme ne pouvant payer aucune rétribution. — Dans les écoles primaires supérieures, un nombre de places gratuites, déterminé par le conseil municipal, peut être réservé pour les enfans qui, après concours, ont été désignés par le comité d'instruction primaire dans les familles qui sont hors d'état de payer la rétribution. — L. 28 juin 1833, art. 14.

190. — Les délibérations des conseils municipaux, relatives à la fixation du taux de la rétribution mensuelle, sont maintenant soumises à la révision des préfets, qui fixent définitivement ce taux et le nombre des élèves gratuits. — Rendu, p. 276, en note.

191. — Bien qu'un mineur ait le domicile de son tuteur, et non celui d'un oncle qui le loge et le nourrit, il suffit de sa résidence dans la commune, pour qu'il puisse, s'il est indigent, être inscrit par le conseil municipal parmi ceux qui doivent recevoir l'instruction primaire gratuite. — Décis. cons. roy., 12 nov. 1833.

192. — Une délibération du conseil municipal ne peut interdire l'entrée gratuite des enfans de parens aisés dans l'école communale, pourvu que, d'ailleurs, cette admission ne nuise pas aux enfans indigens, et ne produise aucun encombrement — Avis cons. roy. 28 fév. 1834.

193. — La loi du 28 juin 1833, tout en disposant que chaque conseil municipal désignera les élèves gratuits, n'a pas voulu empêcher les communes de rendre l'instruction gratuite pour tous les élèves au moyen d'un traitement fixe, convenable, qu'elles assureraient à l'instituteur. — Arrêté du 23 déc. 1842; — Rendu, p. 937.

194. — Un conseil municipal peut aussi, en votant un traitement supérieur au minimum légal, se réserver la perception de la rétribution mensuelle. — Avis cons. roy. 28 janv. 1834; — Rendu, p. 895.

195. — Aux termes de la loi du 28 juin 1833, qui veut que l'instruction primaire soit donnée à tous les enfans, et gratuitement aux enfans indigens, cette instruction doit être, à plus forte raison, donnée gratuitement aux enfans-trouvés. Tout enfant habitant de fait dans une commune a droit à l'instruction primaire donnée dans l'école communale. — Arrêté du 17 mars 1843; — Rendu, p. 942 et suiv.

196. — Les dépenses des écoles primaires et les diverses ressources qui y sont affectées font partie des recettes et dépenses des communes; elles doivent être comprises dans les budgets annuels et dans les comptes des receveurs municipaux; elles sont soumises à toutes les règles qui régissent la comptabilité communale. — Ord. roy. 16 juill. 1833, art. 12.

197. — Les quittances de versemens dans les caisses municipales pour établissement d'écoles primaires et supplément de traitement des instituteurs sont exemptes du timbre. Il en est de même, jusqu'à concurrence de 300 fr, pour le traitement fixe des instituteurs communaux et la rétribution mensuelle. — Décis. min. des fin. 30 nov. 1833 et 21 oct. 1834.

198. — Aux termes de l'art. 15, L. 28 juin 1833, il a dû être établi dans chaque département une caisse d'épargne et de prévoyance en faveur des instituteurs primaires et communaux. — Les statuts de ces caisses d'épargne sont déterminés par des ordonnances royales. — Cette caisse est formée par une retenue annuelle d'un vingtième sur le traitement fixe de chaque instituteur communal. Le montant de la retenue est placé au compte ouvert au trésor royal pour les caisses d'épargne et de prévoyance; les intérêts de ces fonds sont capitalisés tous les six mois. Le produit total de la retenue exercée sur chaque instituteur lui est rendu à l'époque où il se retire, et, en cas de décès dans l'exercice de ses fonctions, à sa veuve ou à ses héritiers. — Dans aucun cas, il ne peut être ajouté aucune subvention, sur les fonds de l'état, à cette caisse d'épargne et de prévoyance; mais elle peut, dans les formes et selon les règles prescrites pour les établissemens d'utilité publique, recevoir des dons et legs dont l'emploi, à défaut de dispositions des donateurs ou des testateurs, est réglé par le conseil général. — L. 28 juin 1833, art. 15.

199. — C'est aux conseils généraux qu'a été dévolu le soin de statuer sur les projets de statuts des caisses d'épargne et de prévoyance à établir dans chaque département en faveur des instituteurs primaires communaux. — Ord. roy. 16 juill. 1833, art. 32.

200. — Les caisses d'épargne et de prévoyance sont placées sous la surveillance spéciale d'une commission composée: du préfet, président, du recteur de l'Académie ou de son délégué, de trois membres du conseil général, désignés par ce conseil, d'un membre de chacun des conseils d'arrondissement, désigné par ces conseils, d'un instituteur primaire communal, nommé par le ministre de l'instruction publique, sur présentation du recteur, de l'inspecteur des écoles primaires du département, secrétaire. — Le directeur des contributions directes du département remplit, près de la commission, les fonctions de commissaire liquidateur. — La caisse des dépôts et consignations est chargée de recevoir et d'administrer, sous la garantie du trésor public et sous la surveillance de la commission instituée par l'art. 99, L. 28 avr. 1816, les fonds provenant des caisses d'épargne des instituteurs communaux.

201. — L'ord. du 13 fév. 1836 règle, en outre, un grand nombre de détails relatifs à ces caisses d'épargne, et son texte est rapporté dans le *Code universitaire* de M. Rendu (p. 289 et suiv.). — V. aussi av. cons. roy. 27 et 31 déc. 1833; 18 juill. 1834; circ. 31 juill. 1834; arrêté 10 mars 1835.

202. — L'expérience a démontré combien était vaine pour les instituteurs la ressource des retenues versées dans les caisses d'épargne établies par la loi de 1833. Aussi M. Rendu (p. 257, note) persiste-t-il à croire qu'il serait facile de faire participer ces fonctionnaires au bienfait de véritables pensions de retraite, comme l'a promis la loi du 27 brum. an III.

Sect. 3e. — *Autorités préposées à l'instruction primaire. — Juridiction disciplinaire sur les instituteurs.*

§ 1er. — *Autorités préposées à l'instruction primaire.*

203. — En exécution de l'art. 17, L. 28 juin 1833, il existe près de chaque école communale un comité local de surveillance composé du maire ou adjoint président; du curé ou pasteur, et d'un ou plusieurs habitans notables désignés par le comité d'arrondissement.

204. — La loi n'appelle aux comités que le maire ou l'adjoint et non pas le maire et l'adjoint simultanément. — Avis du 13 juin 1834. — Rien ne s'oppose du reste à ce qu'un adjoint soit expressément nommé membre du comité local. — Avis 13 déc. 1833.

205. — Il n'y a nulle incompatibilité entre les deux titres de membre du comité supérieur et de président du comité local. La loi l'a ainsi voulu pour toutes les communes où siége un comité supérieur et où doit exister aussi un comité local; elle ne l'interdit pour aucun. — Avis 31 déc. 1833. — Rendu, p. 993.

206. — Un curé est membre de droit du comité des communes qu'il va desservir et où il n'a qu'un pied à terre. — Avis 13 déc. 1833. — Il en est de même des pasteurs protestans. — Avis 31 déc. 1833.

207. — Le juge de paix ou le curé qui, par maladie ou infirmité habituelle, se trouve dans l'impossibilité de prendre part aux délibérations du comité d'instruction primaire, doit être remplacé par le juge de paix ou le curé qui vient immédiatement après par rang d'ancienneté. — Avis 19 nov. 1833.

208. — Dans les communes dont la population est répartie entre différens cultes reconnus par l'état, le curé ou le plus ancien des curés et un des ministres de chacun des autres cultes, désigné par son consistoire, font partie du comité communal de surveillance. — Plusieurs écoles de la même commune peuvent être réunies sous la surveillance du même comité. — Lorsque, en vertu de l'art. 9, plusieurs communes se sont réunies pour entretenir une école, le comité d'arrondissement désigne dans chaque commune un ou plusieurs habitans notables pour faire partie du comité. — Sur le rapport du comité d'arrondissement, le ministre de l'instruction publique peut dissoudre un comité local de surveillance et le remplacer par un comité spécial dans lequel personne n'est compris de droit. — L. 28 juin 1833, art. 17.

209. — Le comité communal a inspection sur les écoles publiques ou privées de la commune. Il veille à la salubrité des écoles et au maintien de la discipline, sans préjudice des attributions du maire en matière de police municipale. — Il s'assure qu'il a été pourvu à l'enseignement gratuit des enfans pauvres. — Il arrête un état des enfans qui ne reçoivent l'instruction primaire ni à domicile ni dans les écoles publiques ou privées. — Il fait connaître au comité d'arrondissement les divers besoins de la commune sous le rapport de l'instruction primaire. — L. 28 juin 28 juin 1833, art. 21.

210. — Le conseil municipal présente au comité d'arrondissement les candidats pour les écoles publiques, après avoir préalablement pris l'avis du comité communal. — Même article.

211. — Comme le fait observer M. Rendu (p. 284 en note), cette disposition offre l'avantage de concilier aussitôt à l'instituteur la faveur des autorités locales qui l'ont désigné à l'autorité supérieure. Mais la nécessité du suffrage préalable de ces mêmes autorités entraîne plusieurs inconvéniens, notamment celui d'obliger le ministre de l'instruction publique d'attendre pour le placement des élèves des écoles normales primaires, qui sont entretenus aux frais de l'état, le bon plaisir des conseils municipaux et des comités, et d'un autre côté celui encore de mettre le ministre, même pour les promotions, dans la dépendance des autorités locales, peu disposées d'ailleurs à se priver, pour faciliter son avancement, d'un instituteur dont elles reconnaissent les bons services.

212. — L'art. 34, ord. 16 juill. 1833, décidait du reste, par voie de disposition transitoire, que jusqu'à l'installation des nouveaux comités, et lorsqu'il s'agirait de nommer un instituteur communal, le conseil municipal présenterait les candidats au comité placé au chef-lieu de l'arrondissement, après avoir pris l'avis du comité dont la commune ressort immédiatement. Ce serait alors au comité du chef-lieu d'arrondissement de nommer l'instituteur, sauf à se conformer aux dispositions de l'art. 28 de la présente ordonnance.

213. — Un conseil municipal ne peut présenter un instituteur pour un nombre d'années fixé; les fonctions d'instituteur ne sont pas temporaires. — Avis cons. royal 7 janv. 1834.

214. — Un conseil municipal ne peut faire au comité d'arrondissement une présentation de candidats pour la place d'instituteur primaire, sans avoir pris préalablement l'avis du comité communal. — Les conseils municipaux peuvent présenter un ou plusieurs candidats pour chaque place d'instituteur communal. — Quand plusieurs communes sont réunies pour entretenir une seule école, les divers conseils municipaux doivent être appelés à délibérer sur la présentation des candidats pour la place d'instituteur primaire de leur école communale. — Dans les arrondissemens où les comités communaux ne sont pas encore organisés, le comité cantonal doit en faire l'office, et à défaut de l'un et de l'autre, le comité d'arrondissement doit en tenir lieu. — En cas de refus d'un conseil municipal de présenter un candidat pour la place d'instituteur vacante, le comité d'arrondissement doit constater ce refus et nommer l'instituteur sur l'avis du comité communal. — Décis. 25 oct. 1833. — Rendu, p. 892 et suiv.

215. — Nous venons de voir que la présentation faite par le conseil municipal doit être accompagnée de l'avis du comité communal. Ajoutons qu'il n'importe pas que ce comité donne son avis avant ou après provocation de la part du conseil municipal, mais qu'il suffit que le conseil municipal ne fasse la présentation qu'accompagnée de l'avis du comité local. — Décis. 25 fév. 1834. — Rendu, p. 892 et suiv.

216. — Un conseil municipal ne peut être tenu de présenter plusieurs candidats pour une seule place. — Si le comité d'arrondissement ne croit pas devoir nommer le candidat proposé, le conseil municipal doit faire une autre présentation. — Les communes populeuses doivent être invitées à présenter toujours plusieurs candidats. — Avis du 12 nov. 1833. — Rendu, p. 892.

217. — A défaut, par le conseil municipal dont le candidat a été refusé par le comité d'arrondissement, de faire une présentation nouvelle, le comité d'arrondissement a le droit de nommer le candidat non présenté par le conseil municipal. —

Avis du 23 mars 1834. — Rendu, p. 893. — Cette nomination a lieu d'office. — Avis du 27 mai 1834. — Rendu, *ibid.*

218. — Le maire ayant le droit, dans la délivrance des certificats de moralité, d'exprimer son suffrage personnel en constatant celui de trois conseillers municipaux, ou même d'exprimer une opinion défavorable sur le candidat, le comité d'arrondissement a le droit d'examiner s'il doit nommer le candidat auquel a été donné un certificat désavantageux. — Avis cons. royal, 8 avr. 1834.

219. — Il est formé dans chaque arrondissement de sous-préfecture un comité spécialement chargé de surveiller et d'encourager l'instruction primaire. — Le ministre de l'instruction publique peut, suivant la population et les besoins des localités, établir dans le même arrondissement plusieurs comités dont il doit déterminer la circonscription par cantons isolés ou agglomérés. — L. 28 juin 1833, art. 18.

220. — Sont membres des comités d'arrondissement : le maire du chef-lieu ou le plus ancien des maires du chef-lieu de la circonscription ; le juge de paix ou le plus ancien des juges de paix de la circonscription ; le curé ou le plus ancien des curés de la circonscription ; un ministre de chacun de autres cultes reconnus par la loi qui exercera dans la circonscription et qui aura été désigné comme il est dit au second paragraphe de l'art. 17 ; un proviseur, principal de colléges, professeur, régent, chef d'institution ou maître de pension, désigné par le ministre de l'instruction publique, lorsqu'il existera des colléges, institutions ou pensions dans la circonscription du comité. — L. 28 juin 1833, art. 19.

221. — Si, dans le ressort d'un comité d'arrondissement, il n'y avait ni collége, ni institution ou pension, l'administration académique désignerait un habitant notable, et, autant que possible, un ancien membre de l'Université. — Instr. 18 fév. 1834.

222. — Les comités d'arrondissement comprennent en outre : un instituteur primaire résidant dans la circonscription du comité et désigné par le ministre de l'instruction publique ; trois membres du conseil d'arrondissement ou habitans notables désignés par ledit conseil ; les membres du conseil-général du département qui auront leur domicile réel dans la circonscription du comité. Le préfet préside de droit tous les comités du département, et le sous-préfet tous ceux de l'arrondissement ; le procureur du roi est membre de droit de tous les comités de l'arrondissement. — L. 28 juin 1833, article précité.

223. — Le préfet présent au chef-lieu et pouvant se rendre au comité, ne doit pas être remplacé pour la présidence, laquelle appartient alors au vice-président nommé par le comité. Le préfet empêché pour un certain temps, par congé ou par maladie, peut être remplacé au comité par le conseiller de préfecture, qui exerce, dans le cas dont il s'agit, toutes les attributions du préfet. — Avis 25 mars 1834. — Rendu, p. 994.

224. — Le comité choisit tous les ans son vice-président et son secrétaire ; il peut prendre celui-ci hors de son sein. Le secrétaire, lorsqu'il est choisi hors du comité, en devient membre par sa nomination. — L. 28 juin 1833, art. précité.

225. — Le comité d'arrondissement inspecte, et, au besoin, fait inspecter par des délégués pris parmi ses membres ou hors de son sein, toutes les écoles primaires du ressort. Lorsque les délégués ont été choisis par lui hors de son sein, ils ont droit d'assister à ses séances avec voix délibérative. — Lorsqu'il le juge nécessaire, il réunit plusieurs écoles de la même commune sous la surveillance du même comité, ainsi qu'il a été prescrit à l'art. 17. — Il envoie chaque année au préfet et au ministre de l'instruction publique l'état de situation de toutes les écoles primaires du ressort. — Il donne son avis sur les secours et les encouragemens à accorder à l'instruction primaire. — Il provoque les réformes et les améliorations nécessaires. — Il nomme les instituteurs communaux sur la présentation du conseil municipal, procède à leur installation et reçoit leur serment. — L. 28 juin, art. 22.

226. — Lorsque le comité d'arrondissement nomme un instituteur, il envoie immédiatement au recteur l'arrêté de nomination avec l'avis du comité local, la délibération du conseil municipal, la date du brevet de capacité et une copie du certificat de moralité. Le recteur transmet ces pièces au ministre de l'instruction publique, qui donne l'institution s'il y a lieu. L'instituteur n'est installé et ne prête serment qu'après que le ministre de l'instruction publique lui a conféré l'institution, mais le recteur peut l'autoriser provisoirement à exercer ses fonctions. — Ord. 16 juill. 1833, art. 28.

227. — L'organisation municipale de la ville de Paris, établie par la loi du 20 avr. 1834, attendu des changemens nécessaires dans la composition des comités locaux de surveillance et du comité central, institués à Paris pour le service de l'instruction primaire par l'ordonnance du 8 nov. 1833.

228. — Il y a dans chaque arrondissement de Paris un comité local chargé de la surveillance des écoles primaires de l'arrondissement. Indépendamment de ces comités locaux, il est établi un comité spécial pour la surveillance des écoles de chacun des cultes non catholiques reconnus par l'état. — V. pour les détails ord. 8 nov. 1833 ; Rendu, *Supplém. de la première partie*, p. 19 et suiv.

229. — L'autorité des divers comités institués dans Paris, en vertu de la loi sur l'instruction primaire, s'étend sur les salles d'asile, les ouvroirs, les écoles de divers degrés et autres établissemens primaires de tout ordre, dans les formes et les limites prévues par les lois, statuts, réglemens ou ordonnances qui régissent les divers ordres d'enseignement primaire. La présidence des comités spéciaux institués par l'art. 2, ord. 8 nov. 1833, appartient au maire ou à l'un de ses adjoints. Ces comités, soit locaux, soit spéciaux, peuvent faire inspecter les écoles par des délégués gratuits qu'ils désignent. Les délégués assistent aux séances desdits comités avec voix consultative sur toutes les questions et voix délibérative sur celles dont ils font le rapport. — Ord. 8 sept. 1845 ; — Rendu, p. 288.

230. — Les comités locaux et les comités spéciaux exercent toutes les attributions conférées aux comités de cet ordre par la loi du 28 juin 1833. Les trois notables qui doivent siéger au comité central d'arrondissement de la ville de Paris, aux termes du § 7, art. 19, L. 28 juin 1833, et qui, à défaut de conseillers d'arrondissement, doivent être choisis de préférence parmi les membres du conseil général pour les divers arrondissemens de la ville de Paris, n'étant chargés que d'un service exclusivement municipal, sont désignés par le conseil municipal de la ville de Paris. Les comités de tous les degrés communiquent avec les diverses autorités, dans l'ordre hiérarchique et par l'organe de leur président. — Même ordonnance.

231. — Les membres d'un comité de surveillance ne peuvent prendre une délibération par laquelle ils donnent leur démission en masse. Ce serait contrevenir à la disposition de l'art. 126, C. pén. Il faut, pour la première fois, se borner à donner connaissance aux membres démissionnaires de la disposition de l'article précité ; ce ne serait que s'ils persistaient, que leur délibération devrait être remise entre les mains du procureur du roi, qui suivrait comme de droit. — Décis. 21 fév. 1837.

232. — Les comités s'assemblent au moins une fois par mois ; ils peuvent être convoqués extraordinairement sur la demande d'un délégué du ministre ; ce délégué assiste à la délibération. Les comités ne peuvent délibérer s'il n'y a au moins cinq membres présens pour les comités d'arrondissement, et trois pour les comités communaux ; en cas de partage, le président a voix prépondérante. Les fonctions des notables qui font partie des comités durent trois ans ; ils sont indéfiniment rééligibles. — L. 28 juin 1833, art. 20.

233. — Les comités d'arrondissement fixent annuellement, dans leur réunion du mois de janvier, l'époque de chacun des autres mois où ils s'assembleront. La séance ainsi indiquée a lieu sans qu'aucune convocation spéciale soit nécessaire. En l'absence du président de droit et du vice-président nommé par le comité d'arrondissement, le comité est présidé par le doyen d'âge. Tout membre élu d'un comité qui, sans avoir justifié d'une excuse valable, n'a point paru à trois séances ordinaires consécutives, est censé avoir donné sa démission, et est remplacé conformément à la loi. — Les frais de bureau des comités communaux sont supportés par la commune, et ceux des comités d'arrondissement, par le département. — Ord. 16 juill. 1833, art. 24 et suiv.

§ 2. — *Juridiction disciplinaire sur les instituteurs.*

234. — En cas d'urgence, et sur la plainte du comité communal, le maire peut ordonner provisoirement que l'instituteur sera suspendu de ses fonctions, à la charge de rendre compte dans les vingt-quatre heures, au comité d'arrondissement, de cette suspension et des motifs qui l'ont déterminée. — L. 28 juin 1833, art. 21.

235. — En cas de négligence habituelle ou de faute grave de l'instituteur communal, le comité d'arrondissement, ou d'office, ou sur la plainte adressée par le comité communal, mande l'instituteur inculpé ; après l'avoir entendu ou dûment appelé, il le réprimande ou le suspend pour un mois, avec ou sans privation de traitement, ou même le révoque de ses fonctions. L'instituteur frappé d'une révocation peut se pourvoir, devant le ministre de l'instruction publique, en conseil royal. Ce pourvoi doit être formé dans le délai d'un mois, à partir de la notification de la décision du comité, de laquelle notification il doit être dressé procès-verbal par le maire de la commune. Toutefois, la décision du comité est exécutoire par provision. — Pendant la suspension de l'instituteur, son traitement, s'il en est privé, est laissé à la disposition du conseil municipal, pour être alloué, s'il y a lieu, à un instituteur remplaçant. — L. 28 juin 1833, art. 23.

236. — Aux termes de l'art. 35, ord. 16 juill. 1833, le droit de révocation ou de suspension, jusqu'à l'installation des nouveaux comités, a été exercé transitoirement par le comité placé au chef-lieu de l'arrondissement, ou d'office, ou sur la plainte adressée par le comité auquel ressortissait immédiatement l'instituteur inculpé.

237. — Les dispositions de l'art. 7, L. 28 juin 1833, relatives aux instituteurs privés (*suprà*, n° 110), sont applicables aux instituteurs communaux. — L. 28 juin 1833, art. 24.

238. — C'est à la juridiction civile, et non à la juridiction criminelle, qu'appartient pour les formes ainsi que pour la compétence, la poursuite disciplinaire que la loi du 28 juin 1833, art. 7, permet d'intenter contre les instituteurs primaires. — *Cass.*, 22 fév. et 6 mai 1844 (t. 2 1844, p. 18), Carle.

239. — Les instituteurs qui veulent se pourvoir contre un arrêté de révocation doivent, en même temps qu'ils adressent leur pourvoi au ministre, en donner avis au comité supérieur qui a prononcé la révocation. — Arr. 26 août 1834. — Rendu, p. 1005.

240. — Le droit d'inspection des comités embrasse toutes les écoles, et privées et publiques. Il y a seulement une distinction à faire pour les conséquences de ce droit général, entre les écoles privées et les écoles publiques. À l'égard de celles-ci, l'action des comités va plus loin qu'à l'égard des écoles privées. Ainsi, l'instituteur communal et l'instituteur privé peuvent également être suspendus par le maire, en cas d'urgence et sur la plainte du comité, ainsi que nous l'avons vu *suprà*, n°s 234 et s. pour l'un comme pour l'autre, le comité d'arrondissement, auquel le maire a rendu compte de la suspension par lui prononcée a le pouvoir de confirmer ou d'annuler la décision du maire ; mais là s'arrête la juridiction du comité supérieur vis-à-vis l'instituteur privé. Un jugement qui entraînerait pour cet instituteur la perte de son état est réservé aux tribunaux (L. 28 juin 1833, art. 7), tandis que, pour l'instituteur communal, le comité peut aller en avant et prononcer la révocation (art. 23). — Instr. 21 mars 1834. — Rendu, p. 1005.

241. — Il appartient, en outre, aux comités supérieurs de poursuivre devant les tribunaux, dans les cas prévus par les art. 7 et 24, L. 28 juin 1833, l'application de la peine d'interdiction à temps ou à toujours, soit aux instituteurs privés, soit aux instituteurs publics. — Même instruction.

242. — L'instituteur révoqué doit aussitôt cesser tout enseignement, sauf au comité supérieur à pourvoir à ce que les cours de son école ne soient pas interrompus. Dans tous les cas où l'instituteur révoqué fait connaître qu'il entend se pourvoir contre la décision qui le révoque, il ne peut être procédé ni à une présentation ni à une nomination définitive jusqu'à ce que le poursuivi ait été jugé. — Arr. 16 déc. 1834. — Rendu, p. 1006.

243. — Remarquons aussi qu'aux termes de ce même arrêté, pendant tout le temps qui s'écoule jusqu'à ce qu'il y ait jugement définitif, l'instituteur révoqué doit, comme dans le cas de suspension, continuer à jouir de son logement et de son traitement, s'il n'en a pas été expressément privé par la décision du comité.

Sect. 4°. — ***Dispositions spéciales concernant les institutrices et les écoles des filles.***

244. — La loi du 28 juin 1833 ne contient aucune disposition sur les écoles primaires de filles ; d'où il suit que cette loi ne peut leur être appliquée. — V. Décis 10 août 1833. — Rendu, p. 954.

245. — Cette importante matière a été successivement réglée par différentes circulaires du ministre de l'intérieur qui, jusqu'à l'ord. de 1828, était chargé de ce qui concerne les écoles de filles, par les ord. de 1816 et de 1828, et par divers autres actes dont les principes ont, en général, passé dans l'ord. du 23 juin 1836.

246. — Bien que la loi du 28 juin 1833 ne fût pas applicable aux écoles primaires de filles, elle a eu toutefois pour résultat d'abolir aussi bien en ce qui concerne ces écoles qu'à l'égard des écoles de garçons les anciens comités. Ce que l'ancienne législation attribuait aux anciens comités s'est

donc trouvé dévolu aux comités actuels ; seulement ces nouveaux comités appliquent aux écoles de garçons la loi du 28 juin et toutes les dispositions qui l'ont suivie, et aux écoles de filles les dispositions spéciales qui les ont organisées et réglées. — V. avis des 14 janv. et 4 juill. 1834, (Rendu, p. 955 et suiv.) V. aussi avis du 4 juill. 1834.

247. — La loi du 28 juin n'exige de chaque commune qu'une école de garçons, et elle ne l'oblige à voter les fonds que pour le traitement fixe d'un instituteur. — Toutes les fois que la population et les ressources d'une commune le lui permettent, elle doit se procurer deux écoles distinctes, une pour les garçons, tenue par un instituteur, et une pour les filles, tenue par des institutrices. — Dans les communes qui n'ont qu'une école, les garçons et les filles peuvent être simultanément à l'école, avec les précautions nécessaires et notamment celle d'une cloison établie à un mètre au moins de hauteur entre les enfans des deux sexes. — Avis du 15 août 1833 (Rendu, p. 955).

248. — L'existence d'une institutrice *privée* ne peut empêcher l'instituteur communal de donner l'instruction primaire aux filles que les parens lui confient. — Avis du 13 déc. 1833, (Rendu, p. 956).

249. — Dans le cas où la commune établirait une école distincte pour les filles, alors seulement celles-ci suivraient l'institutrice communale ; le principe de la séparation des deux sexes devant continuer d'être appliqué toutes les fois que la commune assure l'existence des deux écoles. — Même avis.

250. — L'instruction primaire dans les écoles de filles est élémentaire ou supérieure. — Ord. 23 juin 1836, art. 1er.

251. — L'instruction primaire élémentaire comprend nécessairement l'instruction morale et religieuse, la lecture, l'écriture, les élémens du calcul, les élémens de la langue française, le chant, les travaux d'aiguille et les élémens du dessin linéaire. — L'instruction primaire supérieure comprend, en outre, des notions plus étendues d'arithmétique et de langue française, les élémens de l'histoire et de la géographie en général, et particulièrement de l'histoire et de la géographie de la France. — Même ordonnance.

252. — L'art. 2, L. 28 juin 1833, qui ordonne que le vœu du père de famille soit toujours consulté et suivi en ce qui concerne la participation de leurs enfans à l'instruction religieuse, et l'art. 3 qui divise l'instruction primaire des garçons en privée ou publique, sont, du reste, applicables aux écoles primaires de filles.

253. — Pour avoir le droit de tenir une école primaire de filles, il faut avoir obtenu ; 1° un brevet de capacité ; 2° une autorisation pour un lieu déterminé. — Même ord., art. 4.

254. — Il y a deux sortes de brevets de capacité : les uns pour l'instruction primaire élémentaire, les autres pour l'instruction primaire supérieure. — Ces brevets sont délivrés après des épreuves soutenues devant une commission nommée par le ministre de l'instruction publique, et conformément à un programme déterminé par le conseil royal. — Même ord., art. 5.

255. — Il y a dans chaque département une commission d'instruction primaire, chargée d'examiner les personnes qui aspirent aux brevets de capacité. — Les examens ont lieu publiquement. — Des dames inspectrices peuvent faire partie desdites commissions. Ces commissions délivrent des certificats d'aptitude d'après lesquels le recteur expédie le brevet de capacité.

256. — Aucune postulante n'est admise devant la commission d'examen si elle n'est agée de vingt ans au moins ; elle est tenue de présenter : 1° son acte de naissance ; si elle est mariée, l'acte de célébration de son mariage ; si elle est veuve, l'acte de décès de son mari ; 2° un certificat de bonnes vie et mœurs, délivré, sur l'attestation de trois conseillers municipaux, par le maire de la commune ou de chacune des communes où elle a résidé depuis trois ans. A Paris le certificat est délivré sur l'attestation de trois notables, par le maire de l'arrondissement municipal ou de chacun des arrondissemens municipaux où l'impétrante a résidé depuis trois ans. — *Ibid.*, art. 6.

257. — L'autorisation nécessaire pour tenir une école primaire de filles est délivrée par le recteur de l'académie. Cette autorisation est donnée après avis du comité local et du comité d'arrondissement, sur la présentation du brevet de capacité et d'un certificat attestant la bonne conduite de la postulante depuis l'époque où elle a obtenu le brevet de capacité. — *Ibid.*, art. 7.

258. — L'autorisation de tenir une école primaire ne donne au surplus que le droit de recevoir des élèves externes ; il faut, pour tenir pensionnat, une autorisation spéciale. — *Ibid.*, art. 8.

259. — Par exception aux règles qui précèdent, les institutrices appartenant à une congrégation religieuse dont les statuts, régulièrement approuvés, renferment l'obligation de se livrer à l'éducation de l'enfance, peuvent être autorisées par le recteur à tenir une école primaire élémentaire, sur le vu de leurs lettres d'obédience et sur l'indication, par la supérieure de la commune où les sœurs sont appelées. L'autorisation de tenir une école primaire supérieure, ne peut être accordée sans que la postulante justifie d'un brevet de capacité du degré supérieur, obtenu dans la forme et aux conditions prescrites par la présente ordonnance. — *Ibid.*, art. 13 et suiv.

260. — Quant aux programmes des examens que doivent subir les personnes qui veulent obtenir le brevet de capacité, et à diverses autres décisions de détail, V. Rendu, p. 956 et suiv.

261. — Nulle école ne peut prendre le titre d'école primaire communale qu'autant qu'un logement et un traitement convenables ont été assurés à l'institutrice, soit par des fondations, donations ou legs faits en faveur d'établissemens publics, soit par délibération du conseil municipal dûment approuvé. Même ord., art. 9.

262. — Lorsque le conseil municipal alloue un traitement fixe suffisant, la rétribution mensuelle peut être perçue au profit de la commune, en compensation des sacrifices qu'elle s'impose. Sont admises gratuitement dans l'école publique, les élèves que le conseil municipal a désignées comme ne pouvant payer aucune rétribution. — *Ibid.*, art. 10.

263. — Les dispositions des articles 4 et suiv. de la présente ordonnance, relative au brevet de capacité et à l'enseignement (V. *suprà*, n° 253), sont applicables aux écoles primaires publiques. Toutefois, à l'égard des dernières, le recteur doit se faire remettre, outre les pièces mentionnées en l'article 6 (V. *suprà* n° 256), une expédition de la délibération du conseil municipal qui fixe le sort de l'institutrice. — *Ibid.*, art. 11.

264. — Les comités locaux et les comités d'arrondissement, établis en vertu de la loi du 28 juin 1833 et de l'ordonnance du 8 nov. de la même année (V. *suprà*, nos 203 et 219), exercent sur les écoles primaires de filles les attributions énoncées dans les articles 21, §§ 1, 2, 3, 4 et 5 ; 22, §§ 1, 2, 3, 4 et 5 ; 23, §§ 1, 2 et 3 de ladite loi. Les comités font visiter les écoles primaires de filles par des délégués pris parmi leurs membres ou par des dames inspectrices. Lorsque les dames inspectrices sont appelées à faire des rapports au comité, soit local, soit d'arrondissement, concernant les écoles qu'elles ont visitées, elles assistent à la séance avec voix délibérative. — *Ibid*, art. 15 et 17.

265. — Les institutrices primaires, communales ou privées, actuellement établies en vertu d'autorisations régulièrement obtenues, ont pu continuer de tenir leurs écoles sans avoir besoin d'aucun nouveau titre ; elles n'ont eu seulement qu'à déclarer leur intention au comité local dans un certain délai. — *Ibid.*, art. 19.

266. — N'est passible que d'une peine de simple police, et non de la fermeture de son école, l'institutrice qui n'a pas, conformément à l'art. 19 de l'ordonnance du 23 juin 1836, fait au comité local la déclaration de son intention de continuer ses fonctions. — C. pén., art. 471, n° 15. — Et si cette infraction remonte à plus d'un an, la prescription en doit être déclarée acquise. — *Cass.*, 10 août 1844 (t. 2 1844, p. 636), Dangles.

267. — L'institutrice poursuivie pour avoir, postérieurement à la démission par elle donnée, tenu une école primaire, et acquittée à raison de ce que lors des poursuites cette démission n'avait pas été acceptée, ne peut être renvoyée des nouvelles poursuites dirigées contre elle pour avoir tenu école postérieurement à l'acceptation de la démission, par le motif qu'il y a chose jugée par la première décision. Peu importe que dans cette décision il soit surabondamment et prématurément énoncé que, la démission eût-elle été acceptée, le fait ne constituerait pas une contravention punissable. — *Cass.*, 4 oct. 1836 (t. 1er 1846, p. 645), Dussac.

INSTRUCTION PUBLIQUE.

1. — C'est l'instruction qui est donnée par l'état ou sous sa surveillance et dont le bénéfice est accessible à tous, sous certaines conditions, par opposition à celle qui se donne au gré des parens dans l'intérieur des familles.

2. — Dans une acception plus restreinte ce mot désigne exclusivement l'instruction dont l'état est directement le dispensateur, c'est-à-dire celle que l'on reçoit dans les colléges, facultés et autres établissemens qui relèvent immédiatement du gouvernement. — On l'oppose alors non-seulement à l'instruction purement domestique, mais encore à celle qui se donne dans les établissemens particuliers (V. INSTITUTIONS, PENSIONS, ETC.) vis-à-vis desquels l'état n'a qu'un droit de surveillance et de contrôle à exercer.

3. — Nous avons vu (V. ENSEIGNEMENT, nos 4 et suiv.,) que l'instruction publique qui est particulièrement confiée à l'université, se divise en *primaire*, *secondaire* et *supérieure*, suivant la nature des études qu'elle exige et le degré de connaissances qu'elle a pour objet de transmettre. Or, tout ce qui concerne l'instruction secondaire et supérieure a été exposé avec détails au mot ENSEIGNEMENT, et d'autre part, un article spécial a été consacré à l'instruction primaire.

4. — Quant à la constitution purement administrative du corps enseignant, à la juridiction spéciale établie pour ses membres et à sa discipline, V. UNIVERSITÉ.

INSTRUCTION SECONDAIRE.

1. — C'est l'instruction qui, tenant le milieu entre l'instruction primaire et l'instruction supérieure, apprend aux enfans les langues anciennes et modernes, la grammaire, la rhétorique, les règles du beau, l'histoire, la géographie, la philosophie et la religion.

2. — Pour tout ce qui concerne l'organisation de l'instruction secondaire, V. ENSEIGNEMENT, nos 763 et suiv.

INSTRUMENT. — INSTRUMENTER.

1. — Le terme *instrument* est, d'après le droit romain (*instrumentum*), employé pour désigner l'acte considéré comme écrit parce qu'il sert à instruire de ce qui s'est passé, de ce qui a été fait ou convenu. — V. ACTE, n° 4.

2. — *Instrumenter* c'est *conficere instrumenta* ou recevoir ou dresser des contrats, des procès-verbaux, ou autres actes publics. — V. ACTE NOTARIÉ, NOTAIRE.

INSTRUMENS (Fabricans, facteurs, marchands d').

1. — Facteurs et marchands d'instrumens pour les sciences, ayant boutique et magasin. — Fabricans et marchands d'instrumens de chirurgie en métal. — Patentables, les premiers de quatrième classe, les derniers de cinquième. — Droit fixe basé sur la population : droit proportionnel du vingtième de la valeur locative de l'habitation et des lieux servant à l'exercice de la profession.

2. — Facteurs et marchands d'instrumens pour les sciences, sans boutique, ni magasin. — Fabricans d'instrumens de chirurgie en gomme élastique. — Facteurs d'instrumens de musique, à vent, en bois ou en cuivre, — fabricans d'instrumens d'agriculture, — patentables de sixième classe, — même droit fixe, sauf la différence de classe, et proportionnel que les précédens.

V. PATENTE.

INSTRUMENS D'AGRICULTURE.

1. — Le code pénal, art. 451, édicte des peines contre la destruction des instrumens d'agriculture. — V. DESTRUCTION D'INSTRUMENS D'AGRICULTURE, PARCS ET CABANES.

2. — L'art. 388 du même code punit également le vol des instrumens d'agriculture. — V. VOL.

3. — Quant à l'abandon d'instrumens sur la voie publique ou dans les champs, V. INSTRUMENS ET ARMES LAISSÉS SUR LA VOIE PUBLIQUE OU DANS LES CHAMPS.

INSTRUMENS ET ARMES LAISSÉS SUR LA VOIE PUBLIQUE OU DANS LES CHAMPS.

1. — Les art. 471, n° 7 et 472, C. pén., punissent d'une amende de 1 franc à 5 francs inclusivement et de la confiscation l'abandon dans les rues, chemins, places, lieux publics, ou dans les champs de coutres de charrue, pinces, barres, barreaux ou autres machines ou instrumens ou armes dont puissent abuser les voleurs et autres malfaiteurs.

2. — Cette disposition a été puisée dans une ancienne ordonnance du 22 mars 1777 portant : « Le roi a ordonné et ordonne à tous les laboureurs, fermiers et cultivateurs ayant des charrues d'en reti-

rer le soir les coutres et de les enfermer chez eux, à peine de telle amende qui sera arbitrée, leur enjoint, sous pareille peine, d'y faire mettre leurs noms, afin qu'on puisse en reconnaître les propriétaires. »

3. — « Il résulte de la discussion qui a eu lieu au conseil d'état, disent MM. Chauveau et Hélie (*Th. C pén.*, t. 8, p. 323), que le § 7 de l'art. 471 ne doit être appliqué qu'avec une certaine réserve ; la précaution qu'il consacre est une mesure de police et de sûreté publique : la loi a voulu retirer des mains des malfaiteurs des instrumens dont ils auraient pu se servir pour accomplir leurs méfaits : on ne doit donc appliquer la disposition qu'aux instrumens et aux machines qui seraient de nature à servir à la perpétration des délits et des crimes, et que la prudence, dès lors, commandait de ne pas laisser exposés à la foi publique. »

4. — Du reste il ne faudrait pas conclure des mots *instrumens* et *machines* que l'abandon des machines et instrumens de fer puisse seul donner lieu à l'application de la loi ; ainsi c'est avec raison qu'il a été jugé qu'il y a contravention au § 7 de l'art. 471, C. pén. *lorsqu'une échelle* (qui peut devenir un instrument de vol) a été laissée sur la voie publique pendant la nuit et que cette contravention ne peut être excusée sur le motif que le contrevenant étant entrepreneur de bâtimens, cette échelle lui était nécessaire pour le travail qu'il exécutait alors. — *Cass.*, 27 sept. 1843 (t. 2 1844, p. 314), Bernard.

5. — La disposition précitée de l'art. 471 n'est applicable qu'autant que l'abandon est le résultat d'une faute ou d'une négligence ; mais si les propriétaires des instrumens les avaient laissés à dessein à la disposition des malfaiteurs, cette connivence serait un acte de complicité. — Chauveau et Hélie, p. 324. — V. COMPLICITÉ.

INSTRUMENS BRUYANS.

1. — Nous avons dit (V. BRUITS ET TAPAGES INJURIEUX ET NOCTURNES) que l'autorité municipale peut, dans l'intérêt du repos des habitans, défendre l'usage de certains instrumens bruyans.

2. — C'est en vertu de ce droit qu'une ordonnance du préfet de police du département de la Seine du 31 oct. 1829 a défendu, savoir : « de neuf heures du soir à quatre heures du matin, depuis le 1er avr. jusqu'au 30 sept., et de neuf heures du soir à cinq heures du matin, depuis le 1er oct. jusqu'au 31 mars, » l'usage de « tous instrumens bruyans, tels que cor, trompette, trombone et autres de même nature, capables de troubler le repos des habitans. »

3. — Et une autre ordonnance plus récente (du 30 sept. 1837) : « Considérant que des plaintes nombreuses s'élèvent journellement contre le bruit du cor dit trompe de chasse, et que les sons éclatans de cet instrument troublent d'une manière grave la tranquillité publique, occasionnent des rixes fréquentes et nuisent au repos des malades, » a défendu « de sonner du cor dit trompe de chasse, à Paris, *à quelque heure et en quelque lieu que ce soit.* »

4. — La contravention à ces prescriptions est punie conformément à l'art 471 du C. pén. — V. TAPAGES, DÉLITS ET CONTRAVENTIONS.

INSTRUMENS DE SUPPLICE.

1. — Les instrumens de supplice sont confiés aux soins et à la garde des exécuteurs des arrêts de justice criminelle.

2. — Demeurent à la charge de l'état : 1° *les frais de premier établissement des instrumens servant aux exécutions.* — C'est aux procureurs généraux et à leurs substituts qu'il appartient de constater l'utilité de ces travaux, pour en requérir l'exécution. Les préfets doivent alors dresser un état estimatif des dépenses, et le soumettre à l'approbation du ministre, dont l'autorisation préalable est nécessaire avant de faire procéder aux travaux. — Décis. min. 16 nov. 1822 et 24 fév. 1823.

3. — ... 2° *Les frais d'entretien, réparation, transport, placement et déplacement de ces instrumens.* — Autant que possible les préfets doivent faire des abonnemens pour ces dépenses. — Décis. min. 31 juill. 1832, art. 11.

4. — Il n'est rien dû aux exécuteurs pour le lavage des échafauds. — Décis. min. 14 août 1818.

5. — Quand le même jour et dans la même commune une exécution du *même genre* a lieu, le même échafaud pouvant servir pour toutes, il n'est dû qu'un seul droit pour son placement et déplacement, quel que soit le nombre des exécutions soit réelles, soit par effigie. — Décis. min. 30 sept. 1817 et 20 déc. 1824.

6. — « Quant au transport des individus chargés du placement et du déplacement des échafauds, il ne donne lieu, dit M. de Dalmas (*Des frais de justice criminelle*, p. 309), à aucune indemnité particulière dans les départemens où il existe des abonnemens pour cette opération, attendu que le droit fixé à cet égard doit toujours être le même, que l'exécution soit faite ou non dans le chef-lieu du département ; mais quand il n'y a pas d'abonnement, le placement et le déplacement doivent se faire par voie de réquisition et aux prix les plus modérés, soit par les ouvriers du chef-lieu, soit par ceux de la commune où l'exécution a lieu.

7. — ... 3° *Le loyer du lieu où doivent être déposés les échafauds et instrumens de supplice*, quand ils ne peuvent être placés dans un bâtiment appartenant à l'état ou aux communes. — Décis. min. 11 fév. 1815 ; 4 avr. 1817 ; 17 juill. 1822 et 8 mars 1823.

8. — Il convient de remarquer que dans le cas où une commune a cru devoir faire l'acquisition ou la construction d'un local pour y placer les instrumens de supplice, l'état ne peut être tenu qu'à une indemnité de loyer mais ne contribue jamais au paiement du prix de la construction ou de l'acquisition. — Décis. min. 17 juill. 1822.

9. — Les communes qui veulent se soustraire à l'obligation de loger chez les particuliers les instrumens de supplice, peuvent acheter ou faire construire un bâtiment pour l'affecter à cette destination. — Décis. min. 17 juill. 1822.

10. — C'est un point incontestable que, bien que la loi du 22 germin. an IV, ne fasse mention formelle que du logement des exécuteurs, l'autorité a également le droit de requérir dans les mêmes formes la prestation du local nécessaire pour le dépôt des instrumens de supplice. — V. REFUS DE SERVICE.

11. — Quant aux mesures à prendre, pour assurer la pose et le transport des instrumens du supplice, et aux refus que ces mesures peuvent occasionner, V. REFUS DE SERVICE.

INSTRUMENS TRANCHANS, PERÇANS, CONTONDANS.

1. — On entend par ces expressions dans le langage du droit criminel tous les instrumens susceptibles de donner la mort ou de faire des blessures.

2. — Les mots *tranchans* et *perçans* emportent d'ailleurs avec eux leur signification. Quand au mot *contondant*, il est défini par le dictionnaire de l'académie instrument qui blesse sans percer, ni couper, mais en faisant des contusions, comme un bâton, une massue.

3. — Dans le sens de la loi pénale tous les instrumens tranchans, perçans ou contondans doivent donc être et sont en effet considérés comme des armes, selon l'usage qui en est fait, ou même selon les circonstances qui accompagnent leur possession. — V. au surplus sur les distinctions à faire à cet égard, v° ARMES, sect. 1re, nos 8 et suiv.

INSTRUMENTAIRE (Notaire, Témoin).

V. ACTE NOTARIÉ, nos 20 et suiv., NOTAIRE, TÉMOIN INSTRUMENTAIRE.

INSUBORDINATION.

V. DÉLITS MILITAIRES, GARDE NATIONALE.

INSULTE.

1. — Se dit des attaques par paroles auxquelles on se livre, soit contre des fonctionnaires publics ou des corps constitués, soit contre de simples particuliers.

2. — L'expression *insulte* est générale : elle ne s'applique directement et d'une manière précise à aucun délit spécial : on ne la rencontre dans aucune des lois qui ont pour but de réprimer les délits de presse et de publication.

3. — Une insulte peut, selon son caractère, sa gravité ou les fonctions de la personne qui en serait l'objet, constituer, soit une injure, soit une diffamation, soit un outrage ou une offense. — V. DÉLITS DE PRESSE ET DE PUBLICATION, DIFFAMATION, INJURE, OFFENSE, OUTRAGE.

INTENDANCE MILITAIRE.

1. — Corps préposé à l'administration de l'armée.

2. — Le corps de l'intendance militaire a remplacé celui des commissaires des guerres, dont nous avons exposé l'organisation et l'histoire (V. COMMISSAIRES DES GUERRES) et qui a été supprimé par l'ord. du 29 juill. 1817.

3. — Déterminée en premier lieu par l'ord. du 29 juill. 1817, modifiée postérieurement par celle du 18 sept. 1822, l'organisation du corps de l'intendance militaire a été de nouveau et complétement remaniée par l'ord. du 10 juin 1835. — Au surplus tout ce qui a rapport à l'intendance militaire a été expliqué v° ARMÉE, nos 82, 134, 228, 233 et suiv., 240, 250.

INTENDANCE SANITAIRE.

V. POLICE SANITAIRE.

INTENDIT.

Vieux terme de pratique par lequel on désignait certaines écritures articulant les faits dont on demandait à faire preuve. De ces *intendits* on tirait les articles sur lesquels l'enquête devait être faite. — Au parlement de Bordeaux, on donnait encore le nom d'*intendit* aux mémoires que le procureur général fournissait pour faire interroger ceux qui avaient été décrétés. — Ce mot est hors d'usage aujourd'hui.

INTENTION.

V. DOL, DOMICILE, DONATION, DONATION DÉGUISÉE ENTRE-VIFS, FRAUDE, LOIS, INTERPRÉTATION DES CONVENTIONS, TESTAMENT. — V. aussi CHASSE, CHEMINS DE FER, CONTRIBUTIONS INDIRECTES, DOUANES.

INTERCALATION.

1. — Addition de mots ou de lettres dans les intervalles que laisse l'écriture d'un acte.

2. — Comme les intercalations constituent des additions, elles se trouvent par là défendues dans les actes notariés par l'art. 16, L. 25 vent. an XI. — V. ACTE NOTARIÉ, nos 323 et suiv.

3. — Elles sont également défendues dans les répertoires. — V. RÉPERTOIRE, nos 89 et suiv.

4. — Les intercalations sur des registres ou actes publics peuvent constituer le crime de faux. — C. pén., art. 145. — V. FAUX.

INTERCOURSE.

1. — Droit réciproque pour deux nations de faire naviguer leurs bâtimens dans les ports l'une de l'autre et dont l'exercice est réglé par l'usage ou par les traités.

2. — Une fois que le droit d'intercourse a été établi, il ne cesse qu'en vertu d'une interdiction expresse prononcée suivant la forme usitée dans le pays d'où elle émane. — Vatel, liv. 1er, chap. 8, §§ 93 et suiv.

3. — Cette interdiction a lieu soit en cas de guerre déclarée, soit en cas de blocus, ou pour empêcher les communications à cause de la peste, ou pour tout autre motif semblable. — Goujet et Merger, *Dict. droit comm.*, v° *Intercourse*, n° 2.

4. — En Angleterre et en Amérique, l'acte d'interdiction prend le nom de *bill de non intercourse.*

INTERDICTION.

Table alphabétique.

Acquiescement, 204, 206, 402, 404.
Acte antérieur à l'interdiction, 301 s. — (date), 336 s. — postérieur à l'interdiction, 370 s.
Action notarié, 322.
Action, 74.
Administrateur provisoire, 125. — (cessation de fonctions), 168. — (décès), 171. — (gestion), 159, 162, 164. — (hypothèque légale). 170. — (nomination), 132 s., 161.. — (reddition de compte), 169.. — (responsabilité), 170. — (révocation), 167.
Administration des biens, 255 s., 268.
Adultère, 286 s.
Affiche du jugement, 192, 221, 374 s., 406 s.
Aliénation, 166, 266.
Aliénés, 259, 366.
Alimens, 277.
Alliés, 46.
Appel, 85, 155, 157, 160, 186 s., 197, 200 s., 209 s., 232, 256, 397, 400 s.
Arrêt (affiche), 219. — (publication), 220. — infirmatif, 221.
Ascendant, 242, 252.
Audience solennelle, 211 s.
Autorisation, 57 s., 77 s.
Avancement d'hoirie, 292.
Avis de parens, 95 s., 117 s., 240 s., 269, 289 s. — (homologation), 244. — (recours), 123 s., 248, 268, 272, 398 s. — (signification), 121 s.
Avoué, 138.
Bail, 165.
Beau-père, 48 s.
Biens propres, 265.
Billet, 337 s.
Capacité, 223 s., 255.
Cessation de l'interdiction, 385 s.
Chambres des notaires, 188 s.

Changement de qualité, 210.
Chose jugée, 26.
Commencement de preuve par écrit, 342.
Communauté, 263 s., 271 s. — (compte), 270.
Compétence, 69 s., 398 s.
Conseil de famille, 95 s., 149, 240 s., 251, 289 s., 396 s. — (avoué), 116. — (composition), 98 s., 295. — (délibération), 114 s. — (réunion), 112 s.
Conseil judiciaire, 10, 14, 37, 76, 180, 214, 347, 350, 408.
Cour de Cassation, 27 s. — royale (forme), 207 s.
Créancier, 173 s., 228.
Curateur *ad hoc*, 254.
Date (preuve de la), 336 s., 339 s., 344 s., 349 s. — certaine, 347.
Délit, 300.
Demande (effets), 223 s. — nouvelle, 403
Démence, 11 s., 22. — (preuve), 333 s. — accidentelle, 21. — notoire, 304 s., 330 .., 353.
Désaveu, 287.
Désistement, 37, 206.
Destitution, 279.
Divorce, 56.
Dol et fraude, 311, 359.
Domicile, 274 s., 398 s. — à l'étranger, 276 s. — conjugal, 274 s.
Dommages-intérêts, 218.
Donataire, 178, 202, 384.
Donation, 364 s., 410.
Dot, 289, 296 s.
Droit ancien, 2 s., 175, 178. — intermédiaire, 5 s. — romain, 2
Effets au porteur, 348.
Effets de la demande en interdiction), 228 s. — du jugement d'interdiction, 301 s.
Emprunt, 269, 210.
Enfance (éducation), 273.
Enfant, 42, 105 s., 250, 252, 299.
Engagement commercial, 340 s.
Enquête, 140 s., 314 s. — (forme), 145 s. — (ministère public), 148.
Epilepsie, 19.
Epoux, 38 s., 53 s., 105 s., 110, 252.
Erreur commune, 380.
Etablissement des enfans, 393 s.
Etranger, 45, 300.
Faiblesse d'esprit, 20, 24, 355 s.
Femme, 40, 57 s., 203 s., 246 s.
Forme, 83 s,
Fureur, 11 s., 96.
Frais et dépens, 68, 215.
Gendre, 47 s.
Héritier, 82, 171, 352 s., 355, 381. — présomptif, 43 s.
Homologation, 394 s.
Hospice, 259.
Hypothèque légale, 170, 298.
Gendre, 109.
Imbécillité, 11 s.
Interdiction (cause de l'), 3 s., 11 s. — (qui peut la provoquer), 33 s. — antérieure au Code), 17, 231. 302 s — partielle, 4 — volontaire, 33 s., 178.
Interrogatoire, 127 s., 207 s. — (avoué), 138. — (forme), 134 s — (ministère public), 136 s.
Intervention, 202 s.
Inventaire, 162.
Ivresse, 354.
Journal judiciaire, 193 s.
Juge de paix, 112 s., 120.
Jugement d'interdiction, 92 s., 157, 172 s., 176 s. — (affiche), 181 s., 192. — (appel), 200 s. — (effets), 255, 259 s., 301 s. — (insertion), 193 s — (opposition), 196 s. — (publication), 193. — (signification), 128 s., 181.
— antérieur à l'interdiction, 367 s.
— de main-levée, 406. — (affiche), 406 s. — (publicité), 406 s.
— par défaut, 97, 158. — (exécution), 197 s.
Legs de liberté, 357.
Lettre de change, 338, 396.
Liquidation, 257.
Main-levée (forme), 387 s.
Maison de santé, 259 s.
Mandat, 225, 310, 356.
Mari, 52, 55, 245. — (tuteur), 278.
Mariage, 16, 93, 289, 382.
Mineur, 29 s. — émancipé, 32.
Ministère public, 31, 38, 60 s., 80, 91 s., 96, 136 s., 143, 148, 177 s., 208 s., 400 s.
Mœurs relâchées, 23.
Nom, 299.
Notaire, 188 s. — (responsabilité), 191.
Notoriété de la démence (preuve), 312 s., 353.
Opposition à jugement par défaut, 97, 129 s., 144, 156, 158 s., 196.
Parens, 38 s., 41 s., 299.
Partage, 267.
Père, 242.
Petits-enfans, 296.
Pièces justificatives, 86 s.
Possession, 348.
Préciput, 292.
Prescription, 323 s., 329.
Président du tribunal, 112.
Procédure, 83 s.
Prodigalité, 5 s., 14.
Publicité du jugement, 176.
Puissance maritale, 261, 263, 278 s. — paternelle, 273.
Rapport du juge, 91 s.
Répétition, 410
Requête, 83 s., 121 s., 155.
Responsabilité, 89 s., 19 s.
Revenus, 259.
Scellés, 228.
Séparation de biens, 55, 261 s. — de corps, 54, 285 s.
Serment décisoire, 227, 351.
Sourd-muet, 15, 297.
Subrogé - administrateur, 163.
Subrogé-tuteur, 230 s., 253, 284.
Tableau des interdits, 181, 189, 195.
Témoin, 86 s.
Testament, 226, 364.
Tierce-opposition, 335, 392, 396, 409.
Tiers porteur, 338, 345 s.
Tutelle (dation), 238. — (décharge de la), 252. — (dispense de la), 243. — (incapacité), 251. — (organisation). 230 s. — légitime, 239. — testamentaire, 239.
Tuteur, 50 s., 111, 230 s., 388 s., 396 s. — (pouvoirs), 280 s.

INTERDICTION. — 1. — L'interdiction est l'acte par lequel la justice interdit à l'homme devenu majeur l'exercice des actes de la vie civile dont son âge le rendait capable. — On appelle aussi interdiction l'état auquel l'interdit se trouve réduit.

SECT. 1re. — *Histoire et législation* (n° 2).

SECT. 2e. — *Des causes de l'interdiction et des personnes qui peuvent être interdites* (n° 11).

SECT. 3e. — *Par qui l'interdiction peut ou doit être provoquée* (n° 33).

SECT. 4e. — *Procédure pour arriver au jugement d'interdiction* (n° 69).

§ 1er. — *Compétence. — Action. — Requête à fin d'interdiction* (n° 69).

§ 2. — *Avis du conseil de famille* (n° 92).

§ 3. — *Interrogatoire du défendeur. — Enquête* (n° 127).

§ 4. — *Administration provisoire* (n° 152).

§ 5. — *Jugement définitif. — Voie de recours* (n° 172).

SECT 5e. — *Des effets de la demande et du jugement d'interdiction* (n° 223).

ART. 1er. — *Effets de la demande* (n° 223).

ART. 2. — *Effets du jugement* (n° 230).

§ 1er — *Organisation de la tutelle* (n° 230).

§ 2. — *Effets quant à l'administration de la personne et des biens* (n° 255).

§ 3. — *Effets quant aux actes passés par l'interdit avant ou après son interdiction* (n° 301).

SECT. 6e. — *Cessation de l'interdiction. — Mainlevée. — Procédure. — Conséquences* (n° 385).

—

Sect. 1re. — *Histoire et législation.*

2. — Les lois romaines autorisaient l'interdiction, non seulement de ceux qui avaient perdu la raison, mais encore des sourds-muets, des personnes continuellement malades et des prodigues. — L. 8, § 3, *De tutor. et curat.*; — Justinien, §§ 3 et 4, *De curat.*

3. — Dans l'ancien droit français, les principes étaient à peu-près les mêmes : ainsi, l'interdiction pouvait être prononcée non seulement au cas de démence et incapacité absolue, mais aussi pour cause de prodigalité. Les motifs les plus ordinaires de l'interdiction, dit Denisart (v° *Interdiction*, n° 6), sont la démence, l'imbécillité, la dissipation, la prodigalité, l'incapacité à gouverner ses affaires, la faiblesse qui fait succomber aux premiers efforts de la séduction : en un mot, une disposition prochaine à une ruine certaine. L'interdiction frappait aussi sur les sourds-muets lorsqu'ils ne savaient pas écrire; et l'ordonnance de Blois (art. 123) en déclarait également passibles « les veuves ayant enfans d'un autre mariage et qui se remarient follement à personnes indignes de leur qualité, les aucunes à leurs valets. » — Merlin (*Rép.*, v° *Interdiction*, § 2) rapporte divers arrêts qui ont appliqué cette disposition de l'ordonnance (arr. 19 août 1748, arr. déc. 1614, 11 août 1575). Ce dernier arrêt a cela de remarquable qu'il a été rendu dans une espèce où il y avait simplement grande disproportion d'âge entre la veuve et celui qu'elle voulait épouser, et, de sa part, avantages pécuniaires considérables. — Celui de 1614 décide en outre que, dans le cas de l'ordonnance, l'interdiction est de plein droit, sans jugement qui la prononce, et que conséquemment tous les actes faits pendant le second mariage sont nuls.

4. — Il est toutefois utile de remarquer que l'interdiction n'était pas toujours prononcée d'une manière générale, et que quelquefois elle ne comprenait qu'un certain genre d'actions. — Ainsi, sans interdire absolument une personne, on pouvait, s'il avait trop de facilité pour entreprendre des procès, lui défendre d'en commencer aucun sans l'avis d'un avocat ou de tout autre conseil qu'on lui donnait. — De même, s'il y avait à craindre qu'il ne se déshonorât par quelque alliance, on lui nommait un conseil sans lequel il ne pouvait contracter. — Enfin, l'interdiction pouvait être restreinte à l'aliénation des fonds. Tout dépendait des circonstances.

5. — Le droit intermédiaire n'offre rien de bien précis relativement aux causes d'interdiction. — On voit seulement que la question de savoir si la simple *prodigalité* devait continuer d'être une cause d'interdiction fut agitée, mais sans jamais être décidée d'une manière formelle.

6. — Ainsi, à la date du 2 sept. 1793, un membre de la convention proposa de renvoyer au comité de législation l'examen de la question de savoir si, en anéantissant les interdictions actuellement existantes qui n'ont été proposées que pour cause de prodigalité, il ne serait pas juste de donner effet aux obligations contractées pendant la durée de ces interdictions par ceux qui en étaient frappés. Cette proposition, qui portait un premier coup au principe de l'interdiction pour cause de prodigalité, fut adoptée et le renvoi prononcé. Mais elle était encore à l'état de proposition quand fut promulguée la constitution de l'an III, dont le tit. 2, n° 1er, disposa que l'exercice des droits politiques serait suspendu par l'interdiction judiciaire pour cause de *fureur*, de *démence* ou d'*imbécillité*, mais sans rien dire de la prodigalité; ce silence équivalait à une abolition, c'est ce dont il est permis de douter en présence surtout de l'hésitation qui se manifesta plus tard chez les interprètes naturels de la loi. — En effet, d'une part, la question de savoir si la prodigalité était encore une cause d'interdiction ayant été soumise au conseil des cinq-cents, ce conseil crut devoir passer à l'ordre du jour, mais sans donner aucun motif, et cet arrêté ne fut pas soumis à la sanction du conseil des anciens et approuvé dans les formes légales, et de l'autre, dans une espèce qui fut soumise au tribunal d'appel de Paris le 13 germin. an X, et lors de laquelle la question fut discutée, mais non résolue, il y eut cela de particulier que le procès en main-levée d'interdiction ne fut intenté que sur la foi de deux lettres des ministres de la justice Lambrechts et Cambacérès, en date des 1er frim. an VII et 16 vendém. an VIII, dans lesquelles il était dit que, sous l'empire de la nouvelle législation, il ne pouvait plus y avoir lieu à interdiction pour cause de prodigalité.

7. — En présence de ces documens législatifs, la cour de Cassation a décidé que, sous l'empire de la législation intermédiaire, l'interdiction avait pu être prononcée pour cause de prodigalité. — *Bruxelles*, 31 mars 1808, et *Cass.*, 6 juin 1810, Decroix c. de Roisin. — V. *contrà Bruxelles*, 7 fructid. an XI, Staquet; — Merlin, v° *Prodigue*, § 7.

8. — On oppose, il est vrai (M. Merlin lui-même), comme consacrant le principe de l'abolition, deux précédens arrêts de la cour de Cassation qui ont jugé que, sous l'empire de la loi du 16 août 1790, les tribunaux ne pouvaient, tout en refusant de prononcer l'interdiction d'un individu qui n'était pas dans un état habituel de démence, d'imbécillité ou de fureur, lui défendre de contracter sans l'assistance d'un conseil. — *Cass.*, 24 niv. an X; 11 messid. an X. — Mais, par son arrêt du 6 juin 1810, la cour de Cassation a combattu elle-même l'objection en faisant remarquer : 1° que, dans l'espèce de ces deux arrêts, il ne s'agissait pas d'interdiction pour cause de prodigalité, mais pour cause d'une maladie non rangée dans les causes d'interdiction; 2° que l'arrêt était principalement fondé sur ce que les juges avaient appliqué une sorte de demi-interdiction non autorisée.

9. — Quoi qu'il en soit, le législateur moderne a tracé relativement à l'interdiction des règles plus nettes et plus précises. Il a distingué avec soin les cas dans lesquels cette mesure extrême, qui attente à la liberté d'un citoyen en le remettant en tutelle, serait applicable, et ceux dans lesquels, sans laisser à celui qui pourrait en abuser la liberté complète de ses actions, il y aurait lieu seulement de le protéger contre sa faiblesse ou son inconduite. Et s'il a dû nécessairement s'en rapporter aux magistrats quant à l'appréciation des faits, au moins a-t-il posé des principes qui devront leur servir de règle. — Ainsi, dans le second cas, l'interdiction est remplacée par la simple dation d'un conseil judiciaire.

10. — Il n'a été traité dans cet article que de ce qui concerne l'interdiction. Pour ce qui concerne *le conseil judiciaire*, V. ce mot.

Sect. 2e. — *Des causes de l'interdiction et des personnes qui peuvent être interdites.*

11. — Suivant l'art. 489, le majeur qui est dans un état habituel d'*imbécillité*, de *démence* ou de *fureur* doit être interdit, même lorsque cet état présente des intervalles lucides.

12. — L'imbécillité, dit Toullier (n° 1310), est l'état de l'individu atteint de cette faiblesse d'esprit qui, sans aller jusqu'à faire perdre entièrement la raison, le rend incapable de gouverner sa personne et ses biens. — La démence est l'état de celui qui est habituellement privé de l'usage de la raison. — La fureur est l'état de démence porté au plus haut degré, c'est l'état où le furieux est involontairement poussé à des actions dangereuses pour lui et même pour les autres.

13. — Telles sont les seules causes d'interdiction. —

le législateur les a restreintes, et avec raison ; car l'interdiction, par cela même qu'elle prive un citoyen de la disposition de ses biens et souvent même de la liberté de ses actions, n'est légitimée en quelque sorte que par l'existence d'une absolue nécessité. — Hors ces cas, il pourra quelquefois sans doute y avoir lieu à prendre, dans l'intérêt d'un citoyen, quelques mesures de précaution, mais il n'y aura pas lieu à interdiction.

14. — Ainsi, sous la loi nouvelle, l'interdiction n'est pas autorisée pour cause de simple prodigalité ou de faiblesse d'esprit ; seulement il peut y avoir lieu dans ces cas à la nomination d'un conseil judiciaire. — V. CONSEIL JUDICIAIRE.

15. — De même, il n'y a pas lieu de prononcer l'interdiction d'un sourd-muet qui fait preuve d'intelligence, alors même qu'il ne sait ni lire ni écrire. — *Lyon*, 14 janv. 1812, Fabre c. Beyclou ; *Rouen*, 18 mai 1842 (t. 2 1842, p. 60), Parniut c. Hébert ; — Magnin, *Tr. des min.*, t. 1er, p. 454 ; Merlin, *Rép.*, vo *Sourd-muet*, § 1er ; Delvincourt, t. 1er, p. 131, note 3e.

16. — De même encore, une personne ne peut être interdite, sous le seul prétexte qu'elle voudrait contracter un mariage inconvenant, quelque inconvenant que fût ce mariage. — *Rennes*, 2 mars 1825, Bruyer.

17. — Mais quel a dû être l'effet de la promulgation du Code civil sur les interdictions prononcées antérieurement pour des causes qui, sous ce Code, ne légitimeraient pas une pareille mesure ? — V. sur ce point CONSEIL JUDICIAIRE.

18. — Pour motiver l'interdiction, il faut que l'état d'imbécillité, de démence ou de fureur soit *habituel*. — Mais il n'est pas nécessaire qu'il soit continu. — Ainsi, l'homme qui a des intervalles lucides, mais chez lequel la raison n'est en quelque sorte qu'un accident, n'en doit pas moins être interdit. — Enfin, comme le dit Toullier (no 1312), il faut que l'absence de raison soit relative aux affaires ordinaires de la vie civile, au gouvernement de la personne et des biens d'un individu. — Il ne suffirait pas qu'un homme fût sous l'empire de visions et s'égarât dans des idées spéculatives d'une fausseté palpable, pour qu'il dût être interdit, si d'ailleurs il gouvernait bien ses affaires et que le public n'eût rien à craindre de sa déraison.

19. — Comme exemple, et par application de ces principes, il a été jugé que la faiblesse d'esprit, jointe à des attaques *accidentelles* d'épilepsie, ne constitue pas l'état d'imbécillité nécessaire pour donner lieu à l'interdiction. — *Colmar*, 2 prair. an XIII, Malphilatre.

20. — Jugé encore, que la simple faiblesse d'esprit non poussée à l'état de démence ne peut motiver l'interdiction. — *Angers*, 23 avr. 1806, Tremblin c. Detriché ; *Rouen*, 8 flor. an XII, Pavie.

21. — ... Que les juges peuvent écarter la demande en interdiction provoquée pour cause de démence, lorsque l'époux, la majorité des plus proches parens, et surtout le père de la personne à interdire, s'opposent à l'interdiction, et que d'ailleurs les médecins ne regardent la démence *que comme passagère*. — *Besançon*, 4 pluv. an XIII, Guillaume c. Pareau et Bailli.

22. — ... Que pour pouvoir provoquer l'interdiction d'un individu, il faut qu'à l'époque où la demande en est formée, les causes sur lesquelles elle est fondée existent encore, sans qu'il suffise que quelque temps auparavant cet individu ait réellement donné des signes de démence ou de fureur, qui, depuis lors, ne se seraient plus reproduits. — *Bruxelles*, 28 déc. 1826, B... c. D...

23. — ... Que les mœurs relâchées, les inclinations peu honorables et même la dégradation morale d'un individu ne suffisent pas toujours pour faire prononcer son interdiction. — *Cass.*, 6 déc. 1831, de Ploeuc.

24. — Mais on doit considérer, comme dans un état habituel d'imbécillité de nature à motiver son interdiction, l'individu atteint d'une faiblesse d'esprit qui le rend incapable de vouloir par lui-même et de se gouverner ; qui est le jouet et quelquefois la victime des mauvais traitemens de ses domestiques, et dont les facultés intellectuelles sont tellement énervées qu'il n'est accessible à aucun sentiment d'honneur, ni capable de se gouverner lui-même. — *Cass.*, 6 déc. 1831, de Poeluc.

25. — Au reste, on comprend qu'il s'agira toujours là d'une appréciation de fait abandonnée à la conscience des magistrats.

26. — Et il a été jugé que la décision, même passée en force de chose jugée, d'une cour criminelle qui acquitte le prévenu d'un délit, en se fondant sur ce qu'il était, lors du crime, dans un état de démence et de fureur, et qui l'a mis à la disposition du ministère public pour faire prononcer son interdiction, ne lie pas le juge civil qui est plus tard saisi de la demande en interdiction ; que ce juge peut refuser de la prononcer s'il pense que le défendeur n'est pas dans un état *habituel* de démence. — *Corse*, 2 mai 1827, Lanfranchi.

27. — Remarquons, au surplus, que l'appréciation des cours royales sur le point de savoir si les faits proposés réunissent les caractères nécessaires pour constituer l'état d'imbécillité, de démence ou de fureur, n'est pas tellement souveraine que la cour de Cassation ne puisse, en présence des faits constatés par les juges du fond, examiner les conséquences *légales* qu'ils en ont tirées. — *Cass.*, 6 déc. 1831, de Ploeuc.

28. — Jugé, toutefois, que, lorsque les juges ont, en présence de l'avis de parens, de l'interrogatoire, de l'avis des gens de l'art, décidé qu'il n'y a pas lieu à interdiction, mais à simple dation d'un conseil judiciaire, cette décision échappe, comme jugeant en fait, à la censure de la cour de Cassation. — *Cass.*, 5 juill. 1837 (t 2 1838, p. 215), Maguol.

29. — Bien que la loi ne parle que de l'interdiction du *majeur*, il ne faut pas conclure qu'un *mineur* ne puisse être interdit. — Au premier coup d'œil la question peut paraître bizarre ; et l'état de tutelle qui protége le mineur à raison de son âge, ne laisse guère croire à l'utilité d'une pareille mesure. — Toutefois, si l'on réfléchit que le mineur, bien qu'en tutelle, peut faire certains actes, comme par exemple (art. 904) disposer par testament d'une partie de ses biens ; si l'on réfléchit, en outre, qu'entre le moment où il atteindra sa majorité et celui où la procédure qui suivrait cette époque serait mise à fin, il pourra se placer des actes funestes à ses intérêts, on concevra que, même durant sa minorité, il puisse être utile de l'interdire. Ajoutons que quelquefois l'interdiction du mineur sera nécessaire et forcée, par exemple en cas d'opposition à son mariage, fondée sur son état de démence, car suivant les art. 174 et 175, C. civ., l'opposition basée sur cette cause ne peut être reçue qu'à la charge de provoquer l'interdiction. — Aussi, lors de la discussion au conseil d'état, refusa-t-on d'admettre une proposition tendante à poser en principe que les mineurs ne pourraient être interdits. — Seulement, il est juste de dire que l'interdiction d'un mineur ne doit être provoquée qu'autant qu'il y a absolue nécessité. — La plupart du temps même il conviendra d'attendre au temps rapproché de sa majorité, puisqu'elle ne commencera à produire ses effets qu'à partir de cette époque. — Locré, *Esprit du Code civ.*, sur l'art. 489 ; Delvincourt, t. 1er, p. 129, note 1re ; Pigeau, *Proc. civ.*, t. 2, p. 484 ; Zachariæ, t. 1er, § 124 ; Marcadé, *Elém. du dr. civ. franç.*, sur l'art. 489 ; Proudhon, t. 2, p. 313 ; Favard, *Rép.*, vo *Interdiction*, § 1er, no 3 ; Magnin, *Des minorités*, nos 823 et suiv. ; Bioche et Goujet, vo *Interdiction*, no 3, édit. 2e. — V. cependant Merlin, *Rép.*, vo *Interdiction et tutelle*, sect. 2e, § 2, no 8.

30. — Deux arrêts ont également (au moins dans leurs motifs) consacré le principe que l'état de minorité ne met pas obstacle à l'interdiction. — *Metz*, 30 août 1823, Cannier ; *Dijon*, 24 avr. 1830, Demoule.

31. — Dans tous les cas, il ne pourrait y avoir de doute à cet égard si l'interdiction était poursuivie à la requête du ministère public pour cause de fureur. — Mêmes arrêts. — ... Et dans ce cas le ministère public peut agir à quelque époque que ce soit de la minorité. — Zachariæ, *loc. cit.*

32. — De même la question (à supposer qu'elle soit douteuse) ne le serait qu'autant qu'il s'agirait de mineurs non émancipés. — Quant aux mineurs émancipés qui ont l'administration d'une partie de leurs biens et qui ne jouissent dès-lors que d'une protection incomplète, il est évident qu'ils sont, relativement à l'interdiction, dans la même position que les majeurs. — Et pour eux l'interdiction sera le plus souvent une mesure plus efficace et plus salutaire que la révocation de l'émancipation. — Marchand, *C. de la minorité*, p. 416.

Sect. 3e. — *Par qui l'interdiction peut ou doit être provoquée.*

33. — Avant le Code, les interdictions volontaires étaient permises. — Nouveau Denizart, vo *Conseil nommé par justice*, p. 258 et 260.

34. — Jugé toutefois qu'une sentence d'interdiction pour cause de prodigalité rendue *sur simple requête présentée par l'interdit*, sans conclusions du ministère public et sans avis préalable de la famille, n'a pas rendu l'interdit incapable de traiter ultérieurement avec des tiers, surtout si elle n'a pas été rendue publique dans les formes légales, et si, rendue en vue de l'exécution d'un engagement pris par l'interdit (par exemple d'un concordat), elle ne devait avoir qu'un effet temporaire. — *Paris*, 11 thermid. an XII, Béchon-Darquian c. Dupin.

35. — Sous le Code, l'interdiction consentie par acte volontaire serait nulle, par le motif que ce Code défend de déroger par des conventions particulières aux lois qui intéressent l'ordre public et règlent l'état des citoyens. — Peu importerait d'ailleurs que l'acte d'interdiction volontaire eût été homologué par justice. — *Cass.*, 7 sept. 1808 (sur les concl. de M. Merlin, int. de la loi), Galli ; *Turin*, 22 juin 1810, N... c. N... — Merlin, *Rép*, vis *Interdiction*, § 3, et *Prodigue*, § 8 : Favard, t. 3, p. 92 ; Berriat, p. 684, note 11e, no 6 ; Pigeau, *Comment.*, t. 2, p. 592 ; Toullier, t. 2, no 1373 ; Duranton, t. 3, no 724 ; Delvincourt, t. 1er, p. 131, note 4e ; Hautefeuille, p. 583 ; Demiau, p. 597.

36. — M. Marcadé, sur l'art. 491, est néanmoins d'avis que si nul ne peut, par convention, se mettre dans un état d'interdiction, il n'en résulte pas qu'un individu soit non-recevable à provoquer sa propre interdiction.

37. — V. au reste, sur la question, en ce qui concerne la nomination d'un conseil judiciaire, vo CONSEIL JUDICIAIRE, nos 40 et suiv. — Et sur celle analogue de savoir si celui dont l'interdiction est poursuivie peut se désister de l'appel du jugement qui prononce son interdiction, *infrà*, no 206.

38. — Le droit de provoquer l'interdiction est accordé aux parens et à l'époux dans tous les cas ; et à la partie publique dans certains cas seulement.

39. — La provocation de l'interdiction est non seulement un *droit* pour les parens et l'époux, ce peut être aussi dans certains cas un *devoir*. Mais la loi paraît ne considérer ce devoir que comme purement moral. Aussi les conséquences de son inaccomplissement ne pourraient-elles retomber sur ceux qui s'en seraient rendus coupables, sauf ce qui est dit vo DIVAGATION (fous et animaux).

40. — Il a été jugé, comme conséquence de ce principe, que la femme dont le mari paraît être en état de démence et de fureur et qui n'a pas provoqué son interdiction, n'est responsable ni correctionnellement ni civilement du dommage par lui causé dans un de ses accès. — *Cass.*, 26 juin 1806 (int. de la loi), Goujet. — Cette décision s'appliquerait aussi aux *parens*. — V. cependant Magnin, *Tr. des min.*, t. 1er, p. 672.

41. — *Parens*. — L'art. 490 autorise *tout parent* à provoquer l'interdiction. Il suffit donc d'être *parent* pour avoir le droit d'exercer cette action.

42. — Ainsi les enfans sont admis à provoquer l'interdiction de leurs père et mère, parce que cette action ne devant être fondée que sur la nécessité, ne peut être considérée comme injurieuse. — Toullier, t. 2, no 1315.

43. — Le droit de provoquer l'interdiction existe en faveur de *tout parent* sans distinction de degré, et sans qu'il y ait lieu d'examiner si celui qui agit est ou non héritier présomptif de la personne qu'il s'agit d'interdire. La raison en est : 1° qu'il s'agit plus encore d'une question de famille que d'une affaire de succession ; 2° que dans tous les cas, celui qui n'est pas héritier présomptif au moment de l'interdiction peut le devenir par la suite. — Toullier, no 1315 ; Duranton, no 717 ; Magnin, *Traité des min.*, t. 1er, p. 667.

44. — Toutefois, suivant Magnin (*loc. cit.*) on ne doit entendre sous la dénomination de *parens* que ceux qui sont au *degré successif*. — Cette opinion est juste, car il est vrai de dire qu'au delà du degré successif, la loi, à proprement parler, ne reconnaît pas de lien de parenté, et que tout intérêt à la conservation des biens a disparu. C'est, au surplus, ce qui résulte de l'exposé des motifs de l'art. 490. — Locré, *C. civ.*, sur cet article.

45. — L'art. 490, C. civ., ne distinguant pas, on doit en conclure que l'interdiction peut être provoquée même par le parent qui serait étranger, et alors même qu'il n'y aurait pas réciprocité. — *Liége*, 10 mars 1825, N... c. N... — La raison en est que la provocation de l'interdiction est plutôt un *devoir* qu'un *droit* pour tout parent, et que les conséquences de la prohibition qui frapperait le parent étranger retomberait surtout sur celui dont l'interdiction est nécessaire.

46. — En ne parlant que des parens, la loi exclut nécessairement les alliés : c'est qu'en effet l'interdiction est une action de famille. — V. l'espèce d'un arrêt *Poitiers*, 1er fév. 1842 (t. 1er 1842, p. 749), Robani c. Bauré ; — Toullier, t. 2, no 1317 ; Duranton, t. 3, no 718 ; Proudhon, t. 2, p. 315 ; Marchand, *Code de la minorité*, p. 417 ; Magnin, *Tr. du min.*, t. 1er, p. 667 ; — *contrà* Delvincourt, t. 1er, p. 130, note 3 (si toutefois l'époux qui produisait l'affinité vivait encore, ou s'il existait des enfans du mariage).

47. — Ainsi, jugé qu'un gendre ne peut provoquer l'interdiction de son beau-père. — *Metz*, 14 déc. 1824, Leclère c. Courtois.

48. — ... Ni, réciproquement, un beau-père l'in-

terdiction de son gendre. — *Paris*, 23 mai 1835, Marin de Sainte-Colombe c. de Failly.

49. — Jugé même, que la fin de non-recevoir tirée du défaut de qualité du beau-père (et il en serait de même de celle du gendre ou de tout autre allié) peut être opposée en tout état de cause. — Même arrêt.

50. — En excluant les *alliés* ou toute autre personne qui ne serait pas comprise au nombre des *parens*, la loi n'entend leur défendre que l'exercice d'un droit *personnel*. D'où il faut conclure que le père ou le tuteur pourraient, sans être *personnellement* parens, provoquer l'interdiction de celui auquel leurs enfant ou pupille se rattacheraient par un lien de parenté, en agissant au nom de ceux-ci. — *Bruxelles*, 15 mai 1807, Flagmulder; 3 août 1808, Vandenkerkove c. Vanovervelt; *Limoges*, 20 janv. 1842 (t. 2 1842, p. 550, Maublanc c. Ricaud; — Toullier, t. 2, nº 1317; Duranton, t. 3, nº 719; Magnin, *Tr. des min.* p. 668.

51. — Toutefois, Delvincourt (t. 1er, p. 130, note 8e), n'accorde au tuteur *non parent* le droit de provoquer l'interdiction au nom du mineur, qu'autant que celui-ci est héritier *présomptif* de celui qu'il s'agit d'interdire, car, suivant lui, le tuteur ne peut, comme tuteur, diriger qu'une poursuite fondée sur l'intérêt, et non une poursuite basée sur l'affection, puisqu'il ne représente son pupille que sous les rapports civils et non sur les rapports naturels.

52. — Le mari pourrait-il provoquer au nom de sa femme l'interdiction du parent de celle-ci? Toullier (nº 1317) résout la question affirmativement sans donner aucun motif. Magnin (p. 667) donne la même solution, mais seulement pour le cas où la femme existe encore. Quant à M. Duranton, il n'accorde ce droit au mari, même marié sous le régime de la communauté, qu'en cas de mandat ou de concours de la femme; mais il la lui refuse en sa seule qualité de mari (t. 3, nº 718). — La raison qu'il en donne, et qui nous semble juste, est que cette action n'est pas relative aux biens de la femme et qu'elle est exercée surtout dans l'intérêt de celui dont l'interdiction est provoquée. Ajoutons qu'en resserrant dans la famille le droit de provoquer l'interdiction, le législateur a espéré que l'exercice de ce droit n'aurait d'autre mobile que des sentimens de famille. Or, telle mesure qui répugnera à la femme (par exemple, à l'égard de ses père et mère) pourrait bien ne pas exciter à un si haut degré la répugnance du mari.

53. — *Epoux.* — L'article 490 accorde aussi à *l'époux* le droit de provoquer l'interdiction de son conjoint.

54. — Ce droit appartient même à l'époux séparé de corps. En effet, la séparation de corps ne détruit pas le mariage et conséquemment la qualité d'époux. — Duranton, t. 3, nº 720.

55. — Jugé de même, que bien que la femme séparée de biens soit toujours soumise à l'autorisation de son mari, ce dernier a néanmoins intérêt et qualité pour provoquer contre elle, soit l'interdiction, soit la dation d'un conseil judiciaire. La raison principale en est (V. anal. pour le mineur) que la mesure provoquée a pour objet de protéger la femme non seulement *pendant* le mariage, mais aussi pour l'époque qui suivra sa dissolution. — *Montpellier*, 14 déc. 1841 (t. 2 1842, p. 333), D... c. L.

56. — Il en serait autrement s'il y avait eu divorce. Aussi, a-t-il été jugé qu'après le divorce prononcé, les époux sont sans droit pour demander respectivement leur interdiction, alors même que les poursuites auraient été commencées antérieurement au divorce. — *Cass.*, 24 vendém. an XII, Corbin; — Merlin, *Rép.*, vº *Interdiction*, § 3; Toullier, t. 2, nº 1316.

57. — La femme qui veut provoquer l'interdiction de son mari, doit être autorisée de justice. La raison en est que l'état du mari ne détruit pas la puissance maritale, mais en suspend seulement l'exercice. — Pothier, *Tr. du contr. de mar.*; Denizart, vº *Interdiction*, nº 53. — Arrêt, 17 avr. 1734, cité par Denisart et fondé sur l'art. 224; Cout. Paris; Delvincourt, t. 1er, p. 130, note 2e; Duranton, nº 721; Merlin, *Rép.*, vº *Autorisation*; Marcadé, sur l'art. 490.

58. — Toutefois il a été jugé qu'il n'est pas nécessaire que cette autorisation soit expresse et préalable à toutes poursuites, et qu'ainsi les formalités que la femme est obligée de suivre en ce cas, renferment virtuellement cette autorisation. — *Toulouse*, 8 fév. 1823, Baron.

59. — Jugé encore, d'après ce principe, que la femme est suffisamment autorisée à poursuivre l'interdiction de son mari et à ester en jugement par l'ordonnance du tribunal, qui lui permet de convoquer le conseil de famille conformément à l'art. 494, C. civ. — *Rouen*, 16 flor. an XIII, d'Héricy.

60. *Ministère public.* — L'interdiction peut aussi, dans certains cas, être provoquée par le ministère public: à cet égard l'art. 491 fait une distinction importante.

61. — Ou bien il s'agit de *fureur*, et dans ce cas le ministère public *doit* agir, alors même que la famille garde le silence. C'est par voie d'action principale qu'il agit; et ce n'est pas seulement pour lui un droit, c'est un devoir, car il y a péril pour la sûreté et le repos publics.

62. — Ou bien il s'agit de simple démence ou d'imbécillité, et alors, les mêmes motifs n'existant pas, l'action en interdiction reste une action de famille, et le ministère public ne peut figurer dans l'instance que comme *partie jointe*. Si, dans ce cas, par exception, la loi lui accorde le droit d'agir comme partie principale, ce n'est qu'à défaut d'époux et de famille, circonstance qui recommande celui qu'il faut interdire à la protection spéciale de la loi. Mais dans ce cas, la provocation de l'interdiction n'est pas pour lui un devoir, ce n'est qu'une pure faculté.

63. — La distinction entre le cas où il existe et celui où il n'existe pas de parens connus, est capitale. Et il a été jugé d'une manière absolue que le droit pour le ministère public de provoquer une interdiction pour cause de démence, n'existe que s'il n'y a pas de parens connus. — *Cass.*, 7 août 1826, Schirmer; *Bordeaux*, 19 janv. 1829, Robert; — Toullier, t. 2, nº 1318; Duranton, t. 3, nº 724; Magnin, *Tr. des Min.*, nº 836; Hautefeuille, p. 538; Pigeau, t. 2, p. 451; Berriat, p. 683, note 11e, sur l'art. 491.

64. — ... Et que s'il y a des parens connus, il n'est que *partie jointe*, et que dès-lors il ne peut, encore que le défendeur serait défaillant, être intimé sur l'appel. — *Besançon*, 15 vent. an XIII, Laurent.

65. — Et le principe a été appliqué même au cas où la *démence* se manifesterait par des discours contre le gouvernement, mais sans aucun caractère de fureur. — *Nîmes*, 27 janv. 1808, Beaumès.

66. — Il est bien entendu que lorsque la loi parle de *parens connus*, elle n'entend s'occuper que de ceux qui ont la capacité et qui sont dans la possibilité de provoquer l'interdiction. Ainsi, en cas d'existence de parens mineurs, interdits, etc., ou bien encore en cas d'absence ou de domicile établi dans un pays étranger et lointain, le droit du ministère public resterait entier. — Delvincourt, t. 1er, p. 130, note 4e. — V. aussi Locré, *Esp. C. civ.*, sur l'art. 491.

67. — Dans le cas où le ministère public prétend avoir le droit d'agir, parce qu'il n'existe pas de parens, est-ce à celui qui est poursuivi à donner l'indication précise des noms et demeures de ses parens? Cette question avait été résolue affirmativement par la cour de Paris le 27 juin 1825 (Schirmer). Mais cet arrêt a été cassé par le motif que la loi ne met pas à la charge du défendeur l'indication précise des noms et demeures de ses parens, alors surtout qu'il indique (comme dans l'espèce) le lieu de sa naissance, sa profession et les lieux où existe sa nombreuse famille. — Dans ce cas, dit l'arrêt, la preuve de la non-existence des parens est à la charge du ministère public. — *Cass.*, 7 août 1826, mêmes parties. — Cette dernière solution nous paraît pleine de raison en présence des faits spéciaux; mais il est bien certain que le ministère public ne pourrait être repoussé par une *articulation vague* qu'il existerait des parens, sans autre indication: car il lui serait impossible de rapporter à cet égard une preuve négative. C'est au défendeur à indiquer ses parens, sans qu'on puisse toutefois lui imposer des indications d'une précision absolue; puis, cette indication faite, c'est au ministère public à en prouver la fausseté.

68. — Les frais auxquels donnent lieu les interdictions que le ministère public poursuit d'office dans les cas prévus par l'art. 491 sont assimilés aux frais de justice en matière criminelle. — V. à cet égard FRAIS ET DÉPENS (mat. crim.), nºs 481 et suiv.

Sect. 4e. — *Procédure pour arriver au jugement d'interdiction.*

§ 1er. *Compétence. — Action. — Requête.*

69. — *Compétence.* — Toute demande en interdiction, dit l'art. 492, C. civ., doit être portée devant le tribunal de première instance.

70. — Elle *doit* être portée devant le tribunal du domicile du défendeur sans pouvoir l'être devant celui de sa résidence. — *Cass.*, 23 juill. 1840 (t. 1er 1841, p. 405), de Grammont —; Carré, t. 3, p. 264, nº 3013; Proudhon, t. 2, p. 316; Duranton, t. 3, nº 675; Toullier, t. 2, nº 1319; Bioche et Goujet, *Dict. procéd.*, vº *Interdiction*, nº 42; Zachariæ, t. 1er, § 125; Marchand, *Code de la Minorité*, p. [illegible]; Thomine, nº 1048; Marcadé, sur l'article 493.

71. — Il a, il est vrai, été jugé que, lorsqu'une femme a quitté le domicile conjugal, ce n'est pas devant le tribunal de ce dernier domicile, mais devant celui de la résidence qu'elle a choisie que le mari qui veut poursuivre son interdiction doit intenter son action, attendu que c'est ce tribunal qui est le plus à portée de vérifier les faits. — *Bordeaux*, 20 germ. an XIII, Lamesure c. Ducru. — Conf. Demiau-Crouzilhac, p. 593. — Mais le système opposé paraît préférable, la loi n'ayant pas dérogé au principe général écrit dans l'art. 59, C. procéd. civ.

72. — Toutefois le tribunal de la résidence du défendeur devrait être considéré comme compétent, s'il s'agissait d'une interdiction provoquée par le ministère public pour cause de fureur, et que la fureur eût éclaté dans ce lieu. — La raison en est qu'il s'agit alors d'une véritable mesure de police. — *Cass.*, 24 déc. 1838 (t. 1er 1839, p. 24), Roujon c. Vidal. — Carré, *loc. cit.*; Thomine, nº 1048.

73. — Dans tous les cas, ce vice d'incompétence, s'il existait, serait couvert si l'interdit avait connu, sans protester ni réclamer, les actes auxquels il aurait été procédé en vertu du jugement. — *Cass.*, 24 déc. 1838, Roujon c. Vidal.

74. — *Action.* — La demande doit être dirigée contre la personne qu'il s'agit d'interdire.

75. — Peu importe d'ailleurs qu'il s'agisse d'un mineur: il ne suffirait pas dans ce cas que, sans l'appeler, la poursuite fût dirigée contre le père ou le tuteur. Il doit nécessairement être réputé partie essentielle dans l'instance. — Mais il serait indispensable de mettre en cause, indépendamment du mineur, son père ou tuteur; car il est de principe que le mineur ne peut figurer seul dans une action qui compromet, soit ses biens, soit son état. — *Dijon*, 24 avr. 1830, Demoule. — *Contrà Metz*, 30 août 1823, Canier.

76. — V. à cet égard, et comme analogie, vº CONSEIL JUDICIAIRE, nºs 43 et suiv.

77. — Lorsque l'interdiction est poursuivie contre une femme mariée, la poursuite n'est-elle valable qu'autant que cette femme a été autorisée à ester en jugement, par son mari ou par la justice? — Magnin (*Tr. des minorités*, t. 1er, p. 672) soutient la négative. Suivant cet auteur, il répugne à la raison qu'une femme imbécile demande à son mari ou à la justice l'autorisation de défendre à la poursuite d'interdiction dirigée contre elle, car si elle avait les facultés intellectuelles nécessaires pour former une pareille demande, on reconnaîtrait dans cette action que la raison qui la dirige est précisément opposée à celle pour laquelle on demande son interdiction. — D'ailleurs, dit-il, en cas de refus du mari, quelle est la personne qui aurait pouvoir de demander pour la femme l'autorisation de justice? — L'impossibilité de répondre à cette question prouve que le principe de l'art. 215 n'est applicable qu'au cas où la femme a la plénitude de sa raison et agit elle-même.

78. — Toutefois, il a été jugé, et avec raison, que la mise en cause du mari pour qu'il ait à autoriser la femme est de rigueur, ou tout au moins qu'il y a lieu de le sommer de donner son autorisation, et qu'autrement la poursuite serait nulle et le mari recevable à former tierce-opposition au jugement qui prononcerait l'interdiction. La raison en est que l'art. 215, qui dispose que la femme ne peut ester en jugement sans l'autorisation de son mari ou de justice, est absolue et qu'il n'est fait exception que pour le cas où elle est poursuivie en matière criminelle, correctionnelle ou de police. On ne comprend pas d'ailleurs comment il pourrait être permis à des parens de poursuivre l'interdiction d'une femme en dehors du mari: les simples convenances et l'intérêt bien entendu de la femme ne disent-ils pas qu'il est partie essentielle dans une pareille procédure. — *Cass.*, 9 janv. 1822, Barnaud et Grangeneaux c. Robert.

79. — Seulement, il semble que si le mari était absent, refusait de donner son autorisation ou se trouvait dans l'impossibilité de le faire, l'autorisation de justice pourrait être réputée résulter suffisamment des actes de l'instruction: par exemple du jugement qui ordonnerait l'interrogatoire et la convocation du conseil de famille. C'est ce qui a été décidé dans la matière analogue du conseil judiciaire, par arrêt de la cour de Caen. — *Caen*, 1er mai 1826, Baudre c. Genod. — V. sous *Cass.*, 9 mai 1829, mêmes parties.

80. — Il semble, en outre, que si l'interdiction était provoquée par le ministère public pour cause de fureur, l'autorisation du mari pourrait être moins nécessaire, puisqu'il s'agirait là en quelque sorte d'une mesure de police exigeant toute célérité.

81. — M. Marcadé (sur l'art. 490) dit que la femme aurait besoin de l'autorisation soit de son mari, soit de la justice, pour défendre à la demande dirigée sur elle par un autre que son mari.

82. — La demande en interdiction est évidemment *personnelle*. Aussi, en cas de décès, pendant l'instance, de celui dont l'interdiction était provoquée, son héritier ne peut-il suivre cette instance pour faire révoquer les donations consenties par l'auteur. — Il doit attaquer ces actes par voie d'action principale. — *Aix*, 11 juill. 1825, Bouvet.

83. — La demande d'interdiction est introduite sans préliminaire de conciliation (C. procéd., art. 49; Delvincourt, t. 1er, p. 130, note 6e) et par requête (non grossoyée, art. 79, Tarif), présentée au président du tribunal. — C. procéd., art. 890.

84. — Cette requête doit, à peine de nullité, être signée d'un avoué. — *Metz*, 14 déc. 1824, Leclère c. Courtois.

85. — Jugé même, que ce moyen de nullité peut être proposé pour la première fois devant la cour royale, si la requête n'a pas été signifiée au défendeur avant le jugement de première instance. — Même arrêt.

86. — La requête doit énoncer les faits d'imbécillité, de démence et de fureur. — C. civ., art. 493; C. procéd., art. 890. — En outre, on doit y joindre les pièces justificatives et l'indication des témoins. — Mêmes articles.

87. — L'indication des faits et celle des témoins (s'il en existe) est indispensable, en ce que, seules, elles peuvent mettre le tribunal à même d'apprécier si les causes d'interdiction sont graves et susceptibles d'être prouvées par des témoignages sérieux et importans. — Thomine-Desmazures, no 1048. — V. *infrà* no 93.

88. — Toutefois, il ne serait pas nécessaire de détailler tous les faits. — Thomine, art. 892.

89. — Jugé même (en matière de conseil judiciaire, mais le principe est le même), que le défaut d'indication des témoins n'est pas une cause de nullité. — *Agen*, 18 fév. 1841 (t. 1er 1841, p. 649), Sauvage.

90. — Quant à l'obligation de joindre à la requête les pièces justificatives, elle n'est pas prescrite à peine de nullité. — *Rennes*, 6 janv. 1814, Lemière; *Agen*, 18 fév. 1841 (t. 1er 1841, p. 649), Sauvage.

91. — Le président rend au bas de la requête une ordonnance par laquelle il en ordonne la communication au ministère public, et il commet un juge pour faire rapport au jour indiqué. — C. proc., art. 891.

§ 2. — *Jugement. — Avis du conseil de famille.*

92. — Après le rapport du juge commis et les conclusions du ministère public, le tribunal statue. — C. civ., art. 494; C. procéd., art. 892.

93. — Il peut, si les faits articulés ne sont ni concluans ni admissibles, écarter la demande en interdiction *hic et nunc*, sans ordonner un plus ample informé, alors surtout qu'elle est formée au soutien d'une opposition à mariage. — *Cass.*, 6 janv. 1829, Saint-Léger. — Toullier, t. 2, no 1320; Carré, no 3014; Delvincourt, t. 1er, p. 130, note 7 (*Frustrà probatur quod probatum non relevat*); Marcadé, sur l'art. 494.

94. — Il en est de même si le poursuivant n'a pas qualité. — Marcadé, *loc. cit.*

95. — Si le tribunal pense qu'il y a lieu de suivre sur la demande, il commence par ordonner que le conseil de famille donnera son avis sur l'état de la personne dont l'interdiction est poursuivie. — C. procéd., art. 892, C. civ., art. 494.

96. — Cette mesure n'est pas nécessaire lorsque l'interdiction est poursuivie pour cause de fureur à la requête du ministère public. — Bioche et Goujet, *Dict. proc.*, vo *Interdiction*, no 19.

97. — Il semble naturel que le jugement sur requête qui ordonne la convocation du conseil de famille soit (alors même qu'il ne doive pas être signifié) susceptible d'opposition de la part du défendeur; ne doit-il pas être permis à la partie lésée de prouver, avant l'avis du conseil de famille et l'interrogatoire, que les faits ne sont ni pertinens ni admissibles. — C'est ce qui résulte d'un arrêt de la cour de Besançon, qui pose en principe (mais peut-être d'une manière trop absolue. V. *infrà* nos 129 et suiv.) qu'en matière d'interdiction les jugemens sur requête sont susceptibles d'opposition. — *Besançon*, 1er mars 1828, Barbaud c. Mignot. — V. toutefois Carré, no 3030; — Demiau, p. 595. — *Aix*, 19 mars 1835, Mayen c. Gueirard.

98. — Les dispositions des art. 407 et 409 pour la composition des conseils de famille sont applicables en matière d'interdiction comme en matière de tutelle. — *Caen*, 23 juin 1827, Dufay-Prémorel c. Dufay. — V. CONSEIL DE FAMILLE.

99. — Toutefois, il importe de retracer plusieurs règles spéciales au cas d'interdiction.

100. — Ainsi ceux qui ont provoqué l'interdiction ne peuvent faire partie du conseil de famille. — Art. 495.

101. — Est donc nulle la délibération du conseil de famille à laquelle a concouru celui qui provoquait l'interdiction. — *Montpellier*, 18 messid. an XIII, Latreille c. Gept. — *Contrà* (sous l'ancien droit), *Rennes*, 16 déc. 1833, Campion c. de Varenne.

102. — Mais l'exclusion du conseil de famille est restrictive et ne s'applique qu'à ceux qui ont provoqué l'interdiction. — Ainsi on ne peut l'étendre à un frère (qui ne serait pas le provocateur de la mesure) sous prétexte qu'il aurait intérêt à ce que son frère ne fût pas interdit. — *Caen*, 15 janv. 1811, de Pierrepont c. N...

103. — ... Ni aux gendres de celui qui a provoqué l'interdiction. — *Metz*, 29 déc. 1818, Schweitzer. — On ne peut leur appliquer la disposition de l'art. 442 qui exclut du conseil ceux dont *les père et mère* ont avec le mineur un procès qui intéresse son état.

104. — Mais la délibération du conseil ne serait pas nulle en ce que le père ou le frère du provocateur de l'interdiction, ou le père d'un parent qui aurait intérêt à contester l'interdiction (bien que plus proches), n'auraient pas été appelés au conseil, alors que leur intérêt devrait les faire suspecter. — *Riom*, 25 nov. 1828, Parra. — V. au surplus sur la question de savoir dans quel cas le vice de la composition d'un conseil de famille emporte nullité de ses délibérations, vo CONSEIL DE FAMILLE.

105. — Quant à l'époux, l'épouse et aux enfans, ils sont toujours admis au conseil de famille, soit comme membres *délibérans* s'ils n'ont pas provoqué l'interdiction, soit avec voix *simplement consultative* s'ils l'ont provoquée. — C. civ., art. 495. — *Cass.*, 25 mars 1833, Bouillet. — *Rouen*, 30 nov. 1836 (t. 2 1837, p. 436), Hersent c. Grandcour. — Proudhon, t. 2, p. 317; Rolland de Villargues, *Rép. du notariat*, vo *Interdiction*, no 19; Duranton, t. 3, no 729; Marcadé, sur l'art. 495.

106. — Plusieurs auteurs soutiennent, il est vrai, qu'en disant que l'époux et les enfans pourront être admis au conseil *sans y avoir voix délibérative*, l'art. 495 a voulu les en exclure comme membres délibérans, qu'ils aient ou non provoqué l'interdiction (Toullier, t. 2, no 1322; Locré, *Espr. C. civ.*, t. 5, p. 335; Favard de Langlade, vo *Interdiction*, et Magnin, *Traité des min.*, t. 1er, p. 676). — Toullier en donne pour motif qu'il eût été peu convenable et peu moral de mettre l'épouse et les enfans dans la cruelle obligation de prononcer sur l'état d'un père ou d'un époux malheureux et humilié, qu'ils doivent constamment entourer de soins, de respect et de tendresse.

107. — Et ce système paraît consacré par les motifs d'un arrêt qui a jugé que la participation des enfans de celui dont l'interdiction est provoquée à la délibération du conseil de famille *est purement facultative, et non obligatoire*, et que leur absence n'emporte pas nullité de la délibération, alors surtout qu'il n'est pas établi que les enfans aient demandé à user de la faculté que leur accorde l'art. 495, ni que le juge de paix leur en ait refusé l'exercice. — *Colmar*, 14 juill. 1836 (t. 2 1837, p. 434), Baür c. Salomon.

108. — Jugé aussi que bien que le conjoint puisse assister au conseil de famille avec voix consultative, sa présence n'est pas indispensable. — *Paris*, 26 fév. 1814, Vignette c. Fontaine. — V. cependant *Bruxelles*, 20 juill. 1812, Pauwels c. T'kino.

109. — Mais la première opinion est préférable. La rédaction grammaticale de l'art. 495 prouve que le législateur a voulu traiter avec plus de faveur l'époux et les enfans que les autres parens. C'est pour cela qu'au lieu de les repousser d'une manière absolue comme *intéressés* et comme *parties* lorsqu'ils sont les provocateurs de l'interdiction, il les admet au conseil de famille avec voix consultative; mais il ne faut pas retourner contre eux cette disposition toute favorable en leur refusant le droit de délibérer dans les cas où ce droit appartiendrait à de simples parens. — L'intérêt que l'époux ou les enfans pourraient avoir à faire réussir ou à contredire la procédure d'interdiction n'est pas un motif d'exclusion, car on doit toujours supposer qu'il sera dirigé par la tendresse et l'affection. Il serait d'ailleurs extraordinaire que lorsque le législateur veut que les tribunaux demandent l'*avis de la famille*, il en repousse tout d'abord et nécessairement les principaux membres. — En vain dirait-on que le respect qu'un fils doit à son père ou la tendresse qu'une épouse doit à son époux mettent obstacle à ce qu'ils délibèrent dans le sein du conseil de famille; car, ainsi que le dit M. Duranton, on manque bien plus au respect et aux égards par une demande d'interdiction que par un simple avis sur l'état du défendeur. Et cependant le droit de former une pareille demande est accordé expressément à l'époux et aux enfans.

110. — Dans tous les cas, et en supposant que les enfans ne dussent jamais avoir voix délibérative, le gendre ne pourrait, dans cette circonstance, être assimilé aux enfans. — *Cass.*, 25 mars 1833, Bouillet.

111. — Le tuteur du mineur à interdire peut et doit, s'il n'a pas provoqué l'interdiction, faire partie du conseil de famille comme représentant le père. La confiance qui lui est accordée lui donne naturellement entrée dans ce conseil où, d'ailleurs, il peut, s'il n'est pas parent, être appelé comme ami. — Bioche et Goujet, *Dict. de procéd.*, vo *Interdiction*, no 24.

112. — En général tout conseil de famille se réunit sous la présidence du juge de paix. Mais il a été jugé qu'en matière d'interdiction ce conseil pouvait valablement délibérer devant le président du tribunal. — *Paris*, 15 mai 1813, Berbiguier c. Gilles; Delvincourt (t. 1er, p. 323). — Cette décision est sujette à contestation en présence des art. 494, C. civ., et 892, C. procéd., qui renvoient pour les formalités aux principes généraux de la matière. L'art. 495 dit, il est vrai, « qu'après avoir *reçu* l'avis du conseil de famille, le tribunal, etc. » Mais il ne semble pas qu'il doive suivre de là une dérogation aux règles ordinaires : par le mot *reçu* la loi a voulu dire que lorsque l'avis du conseil de famille délibéré devant le juge de paix lui aurait été remis, le tribunal procéderait. C'est au surplus ce qui a lieu dans la pratique. — *Metz*, 29 déc. 1818, Schweitzer (dans ses motifs).

113. — Le conseil se réunit chez le juge de paix, sans qu'il soit besoin de délégation du tribunal. — Même arrêt.

114. — Le conseil de famille peut appeler, afin de s'éclairer, soit le demandeur, soit le défendeur; mais ce n'est là qu'une simple faculté. — Toullier, no 1323.

115. — Ainsi il a été jugé qu'il *n'est pas nécessaire* que le défendeur à la demande en interdiction soit appelé à comparaître devant le conseil de famille chargé de donner son avis sur la demande. — *Aix*, 19 mars 1835, Mayen c. Gueirard.

116. — Le conseil de famille peut même, s'il le juge convenable, appeler l'avoué du poursuivant qui, dès-lors, assiste au conseil; mais sans y avoir voix délibérative et seulement pour donner des renseignemens. — Tarif, art. 92.

117. — Le conseil se borne à donner un simple avis *sur l'état* de la personne dont l'interdiction est poursuivie.

118. — Ainsi la délibération est nulle lorsqu'au lieu de donner un simple avis, le conseil prononce directement l'interdiction, ce droit n'appartenant qu'aux juges. — *Montpellier*, 18 messid. an XIII, Latreille c. Gept.

119. — Jugé même, que les parens et amis appelés à donner leur avis peuvent se borner à émettre leur opinion *sur l'état* de l'individu dont l'interdiction est provoquée, sans être tenus de déclarer qu'il y a lieu ou qu'il n'y a pas lieu à interdiction. — *Paris*, 26 fév. 1814, Vignette c. Fontaine.

120. — Décidé que les membres d'un conseil de famille appelés à donner leur avis sur l'état mental d'une personne contre laquelle est formée une demande en interdiction ou en dation de conseil judiciaire, ne sont tenus de rendre compte que du résultat de leurs connaissances personnelles; et que dans le cas où ils déclarent n'en point avoir, il n'y a rien autre chose à exiger d'eux, et que spécialement, n'est pas nulle la délibération du conseil de famille, lorsque le juge de paix qui le présidait s'est abstenu d'émettre une opinion, en déclarant ne pas connaître l'état physique et moral de la personne qu'on voulait interdire. — *Caen*, 20 juill. 1842 (t. 1er 1843, p. 46), David c. Beautier.

121. — Lorsque le conseil de famille a donné son avis, cet avis et la requête sont signifiés au défendeur avant l'interrogatoire. — C. procéd., art. 893.

122. — Mais cette signification n'est ordonnée que dans l'intérêt de l'interdit. Un tiers ne pourrait donc se prévaloir de l'absence de cette signification; elle n'est pas d'ailleurs prescrite, à peine de nullité. — *Besançon*, 26 fév. 1810, Cretin c. Desaintoyant.

123. — De ce que le conseil de famille ne donne qu'un *avis* et ne prononce pas un *jugement*, des auteurs ont conclu qu'il n'y avait pas lieu de se pourvoir contre sa délibération. — Carré, no 3016; Pigeau, t. 2, p. 246; Bioche et Goujet, *Dict. procéd.*, vo *Interdiction*, no 27. — Mais Toullier (no 1324) ac-

corde ce droit (en cas d'avis défavorable) à celui qui poursuit l'interdiction.

124. — Il est reconnu dans tous les cas que le défendeur à l'interdiction peut proposer la nullité de la délibération. — *Caen*, 28 juin 1827, Dufay-Prémorel c. Dufay; *Colmar*, 14 juill. 1836 (t. 2 1837, p. 434), Baur c. Salomon.

125. — Et cette nullité peut être proposée, même après l'interrogatoire (*Caen*, 28 juin 1827, Dufay-Prémorel c. Dufay), ou après avoir défendu à la demande en nomination d'une administration provisoire. — *Colmar*, 14 juill. 1836 (t. 2 1837, p. 434), Baur c. Salomon.

126. — Seulement, dans ces cas, la poursuite n'est pas nulle, et on doit se borner à ordonner qu'un nouvel avis sera donné, sans que les actes qui l'ont suivi soient anéantis (surtout l'interrogatoire et l'enquête). — *Caen*, 28 juin 1827, Dufay-Prémorel c. Dufay; *Montpellier*, 18 mess. an XIII, Latreille c. Gept.

§ 3. — *Interrogatoire. — Enquête.*

127. — Après avoir reçu l'avis du conseil de famille, le tribunal ordonne l'interrogatoire du défendeur. — C. civ., art. 496.

128. — La signification du jugement qui ordonne l'interrogatoire n'est pas indispensable. Dans tous les cas, la nullité serait couverte par l'interrogatoire subi sans réclamation. — *Bordeaux*, 28 mai 1828, Bertrand; — *contrà* Thomine, nº 1049.

129. — Dans l'usage, cette signification a lieu, et elle peut être utile pour mettre à même le défendeur de former opposition à ce jugement, opposition qui lui est permise d'après le principe de l'arrêt de Besançon (1er mars 1828), *suprà* nº 97.

130. — Il est vrai qu'on reconnaît généralement que l'interrogatoire est une formalité essentielle, de rigueur, dont les juges ne peuvent se dispenser, ce qui rendrait inutile l'opposition que formerait le défendeur au jugement qui l'ordonnerait.

131. — Mais le principe de la nécessité de l'interrogatoire ne nous paraît rationnel et juste qu'autant qu'il s'agirait de prononcer l'interdiction; dans ce cas, il est convenable que les juges ne prononcent qu'après avoir recouru ou tenté de recourir aux principaux élémens de l'instruction, et notamment à l'interrogatoire, lequel est alors de rigueur, encore qu'il y ait démence notoire, stupidité ou fureur. — Duranton, t. 3, nº 724; Carré, art. 893.

132. — Au contraire, rien ne s'oppose, suivant nous, à ce que, sur l'avis du conseil de famille, le tribunal rejette sur-le-champ la demande d'interdiction, s'il le juge convenable, sans procéder à un interrogatoire inutile et humiliant pour le défendeur. — Bioche et Goujet, *Dict. procéd.*, vº *Interdiction*, nº 36. — En admettant ce système, le défendeur aurait évidemment intérêt à former opposition au jugement qui ordonnerait l'interrogatoire.

133. — Toutefois, il a été jugé, que les juges ne peuvent, sans avoir procédé à cet interrogatoire, et sur le simple avis du conseil de famille, rejeter la demande en interdiction. — *Orléans*, 26 fév. 1819, Choux; — Duranton, nº 734; Delvincourt, t. 1er, p. 323. — V. aussi sur le principe que l'interrogatoire est de rigueur, les motifs d'un arrêt de Rennes (6 janv. 1814, Lemière).

134. — L'interrogatoire est fait *par le tribunal en la chambre du conseil*, ou, si le défendeur ne peut se présenter, par un des juges commis à cet effet, assisté du greffier.

135. — Bien que l'interrogatoire doive être subi dans la chambre du conseil, il n'y a pas nullité s'il l'a été dans la salle d'audience. — *Besançon*, 26 fév. 1810, Cretin c. de Saintoyant.

136. — Dans tous les cas, c'est-à-dire soit que l'interrogatoire ait lieu dans la chambre du conseil ou au domicile du défendeur, le procureur du roi doit y être présent. — C. civ., art. 496.

137. — Mais le président du tribunal de première instance est compétent pour fixer les jour et heure de l'interrogatoire, sans l'intervention du ministère public. — *Rennes*, 6 janv. 1814, Lemière c. N...

138. — L'interrogatoire doit avoir lieu secrètement; toutefois, la présence du poursuivant ou de son avoué ne pourrait être considérée comme une cause de nullité. — Carré, nº 3023.

139. — La loi suppose qu'il peut y avoir lieu à plusieurs interrogatoires (art. 497). Tel serait, par exemple, le cas où la démence n'existerait que par intervalles. Au surplus, c'est là un point abandonné à la conscience des juges.

140. — L'interrogatoire n'est pas la seule voie d'instruction à laquelle les juges puissent avoir recours; ainsi ils peuvent ordonner une enquête. — Cette mesure est spécialement placée par la loi (C. proc., art. 893) dans les pouvoirs du juge. Il en serait de même de toutes autres de nature à éclairer sa religion, comme par exemple la visite des hommes de l'art. — En pratique, cette visite est souvent ordonnée.

141. — L'enquête sera parfois utile; elle le sera surtout si le défendeur avait refusé de se laisser interroger. — Son refus, en effet, ne devrait pas être considéré, par lui seul, comme une preuve de démence. — Bioche et Goujet, *Dict. de proc.*, vº *Interdiction*, nº 37; Thomine, nº 1049.

142. — Elle peut être ordonnée même sur des faits non articulés dans la requête d'interdiction. — *Agen*, 3 juill. 1827, Ardenne.

143. — Le jugement qui ordonne une enquête doit, comme tous les jugemens en pareille matière (art. 515) être rendu en présence et sur les conclusions du procureur du roi. — Mais il n'est pas nécessaire d'y appeler le défendeur. — V. dans ses motifs, *Aix*, 19 mars 1835, Mayen c. Gueirard.

144. — Jugé même, que la décision qui ordonne l'enquête, est un jugement de pure instruction, contre lequel la voie de l'opposition n'est pas ouverte. — Même arrêt. — Toutefois, le contraire devrait être décidé si l'on admettait, comme nous le croyons juste, le principe de l'arrêt de Besançon du 1er mars 1828, qu'en matière d'interdiction tous les jugemens sur requête sont susceptibles d'opposition. — V. *suprà*, nº 97.

145. — L'enquête a lieu dans les formes ordinaires. — V. ENQUÊTE — Seulement le tribunal peut ordonner, si les circonstances l'exigent, qu'elle aura lieu hors la présence du défendeur, lequel, dans ce cas, pourra être représenté par son conseil. — C. proc., art. 893.

146. — De ce que l'enquête a lieu dans les formes ordinaires, il suit que le demandeur est tenu de faire signifier au défendeur le nom des témoins. Toutefois, c'est là une formalité que le Code de procédure seul a introduite. — Aussi a-t-il été jugé que dans une demande en interdiction formée sous l'empire du Code civil, mais avant la promulgation du Code de procédure, la partie qui suivait l'enquête n'était pas tenue de faire signifier au défendeur le nom des témoins qu'elle voulait faire entendre. — *Colmar*, 2 prair. an XIII, Malfilâtre.

147. — Si les faits admis en preuve n'avaient pas été articulés dans la requête, signification devrait en être faite au défendeur. — *Agen*, 3 juill. 1827 (arg.), Ardenne.

148. — Le procureur du roi n'est pas tenu d'assister à l'enquête, car la loi n'exige pas sa présence comme lorsqu'il s'agit de l'interrogatoire. Sa présence est donc facultative et souvent elle sera utile. — Carré, quest. 3025; Bioche et Goujet, *Dict. de proc.*, vº *Interdiction*, nº 43.

149. — Les membres du conseil de famille qui ont donné leur avis sur l'état du défendeur peuvent néanmoins être entendus comme témoins. — *Bruxelles*, 15 mai 1807, Flagmulder. — La raison en est que récuser le témoignage de ces personnes, c'est-à-dire de celles qui connaissent le plus intimement le défendeur, ce serait se priver des témoignages les plus importans et les plus dignes de confiance. — D'ailleurs, il n'y a pas double emploi, car le conseil de famille ne donne son avis que d'une manière générale, tandis que les témoins déposent sur des faits spéciaux.

150. — Du reste, le recours à l'enquête est purement facultatif de la part des juges, alors surtout que cette mesure n'est pas demandée. Il suffit que l'avis du conseil de famille ait été requis et l'interrogatoire subi pour que le jugement définitif puisse intervenir. — *Cass.*, 5 juill. 1837 (t. 2 1838, p. 215), Magnol.

151. — Mais jugé que le tribunal devant qui est portée une demande en interdiction, ne peut refuser d'admettre le défendeur à prouver par témoignages qu'il n'est pas dans le cas de l'interdiction, et qu'il ne doit pas, pour la prononcer, se croire suffisamment éclairé soit par les faits avancés par le demandeur, soit par l'avis du conseil de famille et l'interrogatoire. — *Toulouse*, 13 juill. 1824, Cayrac. — Toutefois, en approfondissant les termes de cet arrêt, on voit que la cour a jugé aussi bien en fait qu'en droit, et que dans tous les cas sa décision a pu être influencée par la considération que, dans l'espèce, l'avis du conseil de famille et l'interrogatoire étaient insuffisans.

§ 4. *De l'administrateur provisoire. — Jugement. — Gestion.*

152. — La loi dit qu'après le premier interrogatoire le tribunal commettra, s'il y a lieu, un administrateur provisoire pour prendre soin de la personne et des biens du défendeur. — C. civ., art. 497.

153. — Cette nomination ne doit être faite que dans les cas de nécessité et lorsqu'on pense que le jugement définitif pourra être retardé. — Au reste les tribunaux ont à cet égard un pouvoir discrétionnaire.

154. — Si la maladie qui motive la demande en interdiction laisse un espoir quelconque de guérison, les tribunaux peuvent surseoir à prononcer, et nommer en attendant un administrateur provisoire. — *Paris*, 28 fév. 1814, Vignette c. Fontaine.

155. — Jugé que celui qui poursuit une interdiction peut, pendant le cours de l'instance, et à la seule condition de l'interrogatoire préalable, employer la voie de la simple requête pour provoquer la nomination d'un administrateur provisoire, et, si la requête est rejetée en première instance, il peut, à titre d'appel, la reproduire devant la Cour royale; qu'il n'est pas nécessaire que cette demande soit formée par voie d'action directe contre celui dont l'interdiction est poursuivie. — *Rouen*, 11 déc. 1844 (t. 1er 1846, p. 149), Simon.

156. — Mais le défendeur à l'interdiction a le droit de former opposition à l'arrêt qui, sur l'appel non signifié du poursuivant, lui nomme un administrateur provisoire. — Même arrêt.

157. — Le jugement qui nomme un administrateur provisoire peut-il être frappé d'appel même avant le jugement définitif? — Pour l'aff. V. *Cass.*, 10 août 1825, Vigouroux c. Pons; — Magnin. *Tr. des min.*, t. 1er, p. 689). — V. aussi vº APPEL, nº 1171. — *Contrà Paris*, 2 niv. an X, Mortier c. Giron; *Turin*, 5 fruct. an XIII, N... — Ces derniers arrêts décident que s'agissant d'un jugement préparatoire, l'appel n'est recevable qu'après le jugement définitif. — Conf. Delaporte, t. 2, p. 429. — Mais le système sanctionné par la cour de Cassation parait plus juste, car, ainsi que le dit l'arrêt de la cour de Montpellier du 27 août 1822 que la cour de Cassation a maintenu, ce jugement est définitif en ce que par l'exécution immédiate qu'il reçoit il prive le défendeur de l'administration de sa personne et de ses biens.

158. — Jugé aussi que celui dont on poursuit l'interdiction est recevable à former opposition au jugement par défaut qui lui a nommé un administrateur provisoire, alors surtout que ce jugement a été rendu avant le premier interrogatoire. — *Bruxelles*, 4 janv. 1816, A... c. Vandeperre (Suivant l'arrêt *Cass.*, 10 août 1825, *suprà* nº 157, le jugement est reputé contradictoire, quand il a été précédé de l'interrogatoire).

159. — Dans tous les cas, l'opposition ne suspend pas tellement les effets de la nomination de l'administration provisoire, que l'opposant continue à pouvoir s'obliger et plaider sans l'assistance de cet administrateur. — Même arrêt.

160. — L'appel doit être dirigé contre celui qui a provoqué l'interdiction. — Arg. (art. 894, C. pr.); Magnin, *Tr. des min.*, t. 1er, p. 688.

161. — Le choix de l'administrateur provisoire est laissé à la discrétion du tribunal qui n'est pas obligé de le choisir parmi les parens du défendeur. — Magnin, p. 685.

162. — L'administrateur provisoire peut faire faire inventaire, mais il n'y est pas forcé. — Magnin, p. 688, pense que le jugement de nomination ne pourrait lui imposer la condition de procéder à cette formalité. — Il est évident toutefois qu'il refusera rarement d'obéir à justice sur ce point, dans la crainte d'éveiller des soupçons injurieux contre son administration et d'engager sa responsabilité.

163. — Il n'est pas nommé de subrogé administrateur à l'administration provisoire, et cette administration ne donne pas lieu à l'apposition des scellés. — Magnin, p. 688.

164. — Les pouvoirs de l'administrateur se bornent, ainsi que son titre l'indique, à la simple administration de la personne et des biens, il ne doit donc faire que des actes de conservation; quant aux actes d'aliénation urgens et nécessaires, il ne peut les faire, alors même qu'ils porteraient sur des objets mobiliers, sans autorisation de justice. — *Bruxelles*, 30 août 1806, Germanis c. Leclerc; — Magnin, p. 685; Delvincourt, t. 1er, p. 130, note 11e; Marcadé, sur l'art. 497.

165. — Aussi ne peut-on admettre la doctrine consignée dans un arrêt de la cour de Paris du 30 avr. 1838, (sous *Cass.*, 3 avr. 1839, (t. 2 1839, p. 39), Videt c. Yvore) qui reconnaît à l'administrateur provisoire le droit de faire des baux excédant neuf années. — V BAIL, nos 86 et suiv, et 90.

166. — L'autorisation d'aliéner ne pourrait émaner du conseil de famille qui n'a aucune mission pour se constituer sur la gestion de cet administrateur. — Elle doit émaner du juge dont il tient directement ses pouvoirs. — Magnin, p. 685.

167. — Le tribunal peut révoquer l'administrateur provisoire en cas de faute grave. — Ainsi jugé

que la simple tentative *d'aliéner*, surtout si la précipitation avec laquelle elle a eu lieu est de nature à faire naître des soupçons contre l'administrateur provisoire, peut être considérée comme une faute grave et entraîner la révocation de cet agent. — *Bruxelles*, 30 août 1806, Germanis c. Leclerc.

168. — Les fonctions de l'administrateur cessent, en cas de jugement prononçant l'interdiction, dès que l'interdit est pourvu d'un tuteur. — Si la demande en interdiction est rejetée, elles cessent par le seul fait du jugement passé en force de chose jugée.

169. — Il doit rendre son compte, soit au tuteur de l'interdit, soit au défendeur en personne si la demande en a été rejetée, soit au défendeur assisté de son conseil, si un conseil a été nommé. — Magnin, p. 689.

170. — L'administrateur peut sans doute, en cas de mauvaise gestion, être déclaré responsable; mais il est reconnu que ses biens ne sont pas, à raison de cette gestion, soumis à l'hypothèque légale; la loi n'a accordé cette hypothèque qu'aux interdits. — *Cass.*, 27 avr. 1824, Viguier c. Blanchy. — Magnin, p. 686; Zachariæ, t. 1er, § 125; Marcadé, sur l'art. 497.

171. — En cas de décès de l'administrateur provisoire, ses héritiers doivent continuer la gestion jusqu'à la nomination d'un nouvel administrateur auquel ils rendent compte. — Magnin, p. 689.

§ 5. — *Du jugement définitif. — Exécution. — Recours.*

172. — Lorsque toutes les mesures d'instruction sont terminées, les procès-verbaux d'interrogatoire et d'enquête (s'il y en a eu) doivent être signifiés au défendeur avec assignation donnée pour plaider en audience publique. — *Arg.*, art. 498. — Toullier, no 1323; Pigeau, t. 2, p. 499.

173. — Le demandeur en interdiction n'est pas tenu d'appeler dans l'instance les créanciers et donataires du défendeur, dont le jugement d'interdiction pourrait compromettre les droits. — Mais ceux-ci pourraient être reçus intervenans : les tribunaux ont parfois admis de ces interventions. — V. l'espèce de l'arrêt de *Bordeaux* du 2 avr. 1833, Lussac c. Supsol.

174. — Dans tous les cas, on a dû déclarer non-recevable à critiquer une sentence ainsi rendue (surtout en matière d'interdiction volontaire) celui qui avait traité avec l'interdit. — Même arrêt.

175. — Dans les sentences d'interdiction rendues au Châtelet, l'usage autorisait le juge à prononcer seul. — *Rennes*, 16 déc. 1833, Campion c. de Varenne.

176. — Sous la loi nouvelle, c'est le tribunal entier qui prononce sur l'interdiction, dans les formes ordinaires, parties entendues ou appelées, et en audience publique. — C. civ., p. 498.

177. — Le jugement ne peut être prononcé qu'après l'audition du ministère public. — C. civ., p. 515.

178. — Cette formalité n'était pas indispensable dans l'ancien droit, ou tout au moins son inobservation n'a pu, après un long délai, être invoqué par celui qui avait traité avec l'interdit. — Alors surtout qu'il s'agissait d'une interdiction volontaire. — *Rennes*, 16 déc. 1833, Campion c. de Varenne.

179. — Il n'est pas nécessaire que le juge qui a procédé à l'interrogatoire de l'individu dont l'interdiction est demandée prenne part au jugement qui statue sur cette demande. — *Bruxelles*, 10 déc. 1828, N... c. N... — Il est évident toutefois que sa présence sera presque toujours fort utile.

180. — Le tribunal peut, s'il le juge convenable, se borner, au lieu d'admettre la demande d'interdiction, à nommer un conseil judiciaire au défendeur. Il n'est pas besoin pour cela que le défendeur ait pris des conclusions subsidiaires. — Elles sont implicitement comprises dans la demande en interdiction. — Duranton, no 737. — V. CONSEIL JUDICIAIRE.

181. — Tout jugement qui prononce l'interdiction ou la nomination d'un conseil doit être, à la diligence des demandeurs, levé, signifié à partie et inscrit sur les tableaux qui doivent être affichés dans la salle de l'auditoire et dans les études des notaires de l'arrondissement. — C. civ., art. 501. — V. sur le droit ancien PUBLICATION DES INTERDICTIONS.

182. — L'affiche du jugement d'interdiction a pour objet de prévenir ceux qui auraient désormais des intérêts à traiter avec l'interdit. — Sur les conséquences de l'inaccomplissement de cette formalité, V. *infrà*, no 373 et suiv.

183. — Elle doit avoir lieu dans les dix jours. — Ce délai court de la prononciation et non de la signification du jugement, car il est urgent que l'incapacité du défendeur soit rendue publique. — Lepage, *Quest.*, p. 592; Bioche et Goujet, vo *Interdiction*, no 60.

184. — Jugé toutefois, que ce délai de dix jours n'est pas fatal, attendu qu'il ne s'agit que d'une formalité accessoire et *non essentielle*. — *Florence*, 25 janv. 1812, Rosselmini c. Guébard.

185. — En effet, sous l'ancienne comme sous la nouvelle législation, la publicité du jugement portant interdiction ou dation d'un conseil judiciaire n'a jamais été considérée comme une formalité *substantielle* dont l'omission pût faire considérer l'interdiction comme non avenue. — *Montpellier*, 1er juill. 1840 (t. 2 1842, p. 290), Médal c. Bros.

186. — Du même motif d'urgence il résulte qu'elle doit être faite sans qu'il y ait lieu de s'inquiéter du point de savoir si le jugement sera ou non frappé d'appel. — On avait proposé, lors de la discussion, que l'arrêt définitif fût seul affiché : on disait qu'il était bien rigoureux de proclamer ainsi, avant que la cour n'eût prononcé, le nom d'un citoyen auquel on pouvait avoir intenté un procès injuste. — Mais cette proposition fut écartée par cette considération déterminante que l'interdiction ayant son effet du jour du jugement (art. 502), la formalité de l'affiche est nécessaire pour empêcher les tiers d'être trompés. — La présomption d'ailleurs est contre celui que frappe déjà un premier jugement. — Locré, *Esp. C. civ.*, art. 501; Toullier, no 1331; Duranton, no 738.

187. — M. Marcadé, sur l'art. 501, dit également que l'affiche n'en doit pas moins être faite, alors même que le jugement aurait été frappé d'appel avant l'accomplissement de cette formalité.

188. — Dans l'économie de l'art 501, C. civ., il suffit que le jugement portant nomination d'un conseil soit notifié à la chambre des notaires de l'arrondissement; il n'est pas nécessaire qu'il le soit à chaque notaire individuellement. — *Trèves*, 4 janv. 1812, Chenis et Derossi Sainte-Rosé c. Derossi.

189. — C'est aussi ce qui résulte de la combinaison des art. 18, L. 25 vent. an XI, et des art. 92 et 175 du tarif du 16 fév. 1807, suivant lesquels le jugement est signifié par extrait au secrétaire de la chambre des notaires qui l'affiche et le communique à ses collègues pour l'inscrire sur le tableau contenu en leurs études. — Toullier, t. 2, no 1331.

190. — La formalité prescrite par l'art. 501 doit être réputée remplie, par cela seul que l'extrait du jugement a été remis dans les dix jours, selon le vœu de l'art. 501, C. civ., au secrétaire de la chambre des notaires qui en a délivré récépissé, encore bien qu'en fait l'inscription n'aurait pas eu lieu dans les études. — *Toulouse*, 3 janv. 1820, Balzac c. Boudou.

191. — Mais il semble résulter des termes de cet arrêt que, dans ce cas, les notaires qui auraient négligé de faire l'affiche pourraient être responsables envers les tiers qu'ils auraient induits en erreur. — Au surplus, l'art. 18, L. 25 vent. an XI, dit que l'affiche doit être faite par le notaire *immédiatement* après la notification qui lui est faite du jugement ou de l'arrêt à *peine des dommages-intérêts des parties*.

192. — De même, il n'est pas nécessaire que l'affiche ait lieu dans un arrondissement autre que celui où l'incapable a son domicile. Ainsi affiché, il produit son effet à l'égard de tous les actes passés par l'interdit en quelque lieu qu'ils soient contractés. — *Cass.*, 29 juin 1819, Isabelle c. Davranche.

193. — Indépendamment de l'affiche ci-dessus prescrite, insertion doit également avoir lieu de l'extrait du jugement dans un journal judiciaire. — Tarif, art. 92; — Bioche et Goujet, vo *Interdiction*, no 59.

194. — Jugé toutefois que cette insertion dans le journal n'est que facultative (*Angers*, 8 déc. 1813, Goursaud c. Louis; *Nanci*, 17 fév. 1829, Morhange c. Delacroix), attendu qu'aucune loi positive n'impose cette formalité. — D'ailleurs, dans l'espèce de l'arrêt de 1829, il n'était pas justifié qu'au moment du jugement il existât un journal dans l'arrondissement.

195. — M. Marcadé dit (*loc. cit.*) que comme une affiche présentant la liste complète de tous les individus interdits ou pourvus d'un conseil dans l'arrondissement serait souvent trop longue, on se contente ordinairement de placer dans l'auditoire du tribunal et dans les études des notaires un tableau avertissant le public que cette liste se trouve sur un registre qui est à la disposition de tout réclamant.

196. — Le jugement qui prononce sur la demande d'interdiction est susceptible d'opposition s'il a été rendu par défaut. Il est vrai que l'art. 893, C. procéd., ne parle que *de l'appel*, d'où quelques auteurs (Demiau, art. 893; Carré, quest. 3030) ont conclu que ce jugement n'est pas susceptible d'opposition de la part du défendeur qui a fait défaut. — Mais cette opinion ne doit pas être suivie. — En principe, l'opposition aux jugemens par défaut est de droit, et l'on ne voit pas pourquoi il en serait autrement en matière d'interdiction. Le jugement qui prononce en cette matière est un jugement ordinaire et qui ne se distingue en rien des autres, puisqu'il ne peut être rendu (art. 498) que parties ou *entendues* ou *appelées*. — Pour nier avec raison l'exercice du droit d'opposition il faudrait un texte formel; or, ce texte n'existe pas. — Thomine, no 1051; Bioche et Goujet, *Dict. procéd.*, vo *Interdiction*, no 50; Duranton, no 739.

197. — Jugé que le jugement par défaut qui prononce une interdiction n'est réputé exécuté dans le sens de l'art. 159, C. procéd., ni par sa signification à partie, par huissier commis, ni par l'affiche dans l'étude des notaires opérée conformément à l'art. 501, C. procéd., et que, dès-lors, l'opposition à un pareil jugement étant recevable, il ne peut (art. 455, C. procéd.) en être interjeté régulièrement appel. — *Nancy*, 26 janv. 1844 (t. 2 1845, p. 149), Hussenot c. Noret.

198. — Mais il a été jugé que dans le cas d'une opposition formée par un individu au jugement par défaut qui prononce son interdiction, les juges peuvent considérer la nomination du tuteur, la signification du jugement, la vente des biens précédée de l'autorisation du conseil de famille homologuée par le tribunal, et le fait que, pendant dix ans, sous les yeux de l'interdit, et sans protestation ni réclamation de sa part, le tuteur a administré constamment et journellement ses biens, comme autant d'actes d'exécution qui rendent l'opposition tardive et non recevable suivant l'art. 159, C. procéd. — *Cass.*, 24 déc. 1838 (t. 1er 1839, p. 24), Roujon c. Vidal.

199. — ... Et que, en admettant que le jugement qui nomme un administrateur provisoire après l'interrogatoire de celui dont l'interdiction est provoquée, soit par défaut, le procès-verbal de prise de possession par l'administrateur provisoire et les protestations du défendeur contenues dans ce procès-verbal, suffiraient pour établir à la fois que l'exécution a eu lieu, et qu'elle a été connue de ce dernier. — *Cass.*, 10 août 1825, Vigouroux c. Pons. — V. aussi JUGEMENT PAR DÉFAUT.

200. — Quant à l'appel, il est évidemment admissible. Il est interjeté suivant que la demande a été admise, rejetée, ou réduite à la nomination d'un conseil judiciaire, soit contre le provoquant, soit contre le défendeur à l'interdiction. — C. procéd., art. 894.

201. — L'appel du jugement qui repousse la demande d'interdiction peut être dirigé, soit par le provoquant, soit par un des membres du conseil de famille... pourvu qu'il ait voté en faveur de l'interdiction. — Carré, art. 894.

202. — Le droit d'appel appartient aussi au donataire qui, en première instance, a été reçu intervenant dans l'instance en interdiction dirigée contre le donateur. — *Bordeaux*, 2 avr. 1833, Lussac c. Supsol. — La raison en est que reçu intervenant, il a été désormais partie dans l'instance.

203. — La femme de celui dont l'interdiction est provoquée n'est pas recevable à intervenir devant la cour sur les conclusions relatives au défaut de qualité du poursuivant, alors même qu'elle aurait été nommée administratrice provisoire des biens et de la personne de son mari, la décision à intervenir sur cette conclusion ne préjudiciant en rien au droit qu'elle aurait elle-même de provoquer l'interdiction. — *Paris*, 23 mai 1835, Morin de Sainte-Colombe c. de Failly; — Bioche et Goujet, *Dict. de procéd.*, vo *Interdiction*, no 54.

204. — De même, la femme qui demande à être autorisée, en vertu d'un jugement d'interdiction prononcé contre son mari, à convoquer un nouveau conseil de famille, parce qu'un premier conseil convoqué l'aurait été illégalement, est censée, par cette demande, acquiescer au jugement d'interdiction, et dès-lors elle est non-recevable à l'attaquer devant la cour. — *Rennes*, 27 déc. 1830, Le Réverend c. Lemeur.

205. — L'appel d'un pareil jugement doit être interjeté dans les délais ordinaires. — V. APPEL.

206. — L'appel de la part du défendeur est facultatif, et s'il laisse écouler le délai légal sans appeler il n'est plus recevable à le faire. Mais il ne faut pas en conclure qu'il puisse acquiescer au jugement, ni qu'il puisse se désister d'un appel qu'il aurait interjeté. — Il s'agit en effet là d'une question d'état, c'est-à-dire d'une matière qui intéresse l'ordre public. Et le principe qui proscrit les interdictions volontaires (V. *suprà* no 35) doit aussi faire repousser, soit un pareil acquiescement en tant qu'on le considérerait comme un obstacle à l'exercice du droit d'appel, soit un désistement ainsi donné. — Bioche et Goujet, vo *Interdiction*,

no 49. — V. aussi les motifs de l'arrêt de *Poitiers*, du 5 août 1831, Deshoulières. — V. aussi ACQUIESCEMENT, nos 133 et suiv. — V. *contrà Bordeaux*, 3 juill. 1829, Barbot c. Ledoux; *Turin*, 4 janv. 1812, Chenis et Derossi. — Ce dernier arrêt rendu dans la matière analogue du conseil judiciaire (Delvincourt, t. 1er, p. 131, note 4e), est fondé sur ce que nul n'est obligé d'épuiser les deux degrés de juridiction, et sur ce que la vérification que le premier juge a faite distingue ce cas de celui où il s'agirait d'une interdiction volontaire et fait disparaître l'analogie. — Mais cette opinion ne doit pas être suivie ainsi que nous l'avons dit vo ACQUIESCEMENT, *loc. cit.*

207. — La cour peut, si elle le juge nécessaire, interroger de nouveau ou faire interroger par un commissaire la personne dont l'interdiction est demandée. — C. civ., art 500.

208. — Mais dans ce cas les formalités de l'interrogatoire sont moins rigoureuses qu'en première instance. — Ainsi, le commissaire peut être pris hors du sein de la cour: par exemple un juge de paix ou l'un des juges de première instance qui n'ont pas connu de l'affaire. — De même, il n'est pas nécessaire que le ministère public soit présent à l'interrogatoire. — Toullier, t. 2, no 1330; Proudhon, t. 2, p. 320; Locré, *Esprit du Code civ.*, sur l'art. 500.

209. — Le ministère public doit conclure lors de l'arrêt (art. 515), mais ainsi que cela a été dit plus haut (nos 60 et suiv.), il n'est (sauf le cas de fureur) que partie jointe. C'est donc à tort qu'on l'intimerait sur l'appel comme partie principale. — *Besançon*, 15 vent. an XII, Laurent.

210. — On peut, sur l'appel d'un jugement d'interdiction, opposer une exception prise d'un changement de qualité survenu depuis le jugement de première instance. — Ainsi jugé dans une espèce où, depuis l'appel, le provoquant avait, par le divorce, perdu la qualité d'époux. — C'est une conséquence du principe que l'exception tirée du défaut de qualité peut être opposée en tout état de cause. — *Cass.*, 24 vendém. an XII, Corbin. — Sur la *qualité* nécessaire pour provoquer l'interdiction, V. *suprà* nos 33 et suiv.

211. — Les demandes à fin d'interdiction doivent être jugées en audience solennelle. — La cour de Cassation a décidé en ce sens, et avec beaucoup de raison, même pour le cas où il s'agit de la simple dation d'un conseil judiciaire. — V. AUDIENCE SOLENNELLE, no 27. — Des motifs plus puissans encore doivent faire adopter cette décision lorsqu'il s'agit d'interdiction, puisqu'une telle mesure affecte encore plus profondément l'état du citoyen. — *Cass.*, 23 juill. 1845 (t. 2 1845, p. 522), Azuni c. Cayol. — V. dans ses motifs *Rennes*, 30 juill. 1833; Campion c. Varennes; — Bioche et Goujet, vo *Interdiction*, no 56. — *Contrà Bruxelles*, 21 mai 1809, N... c. N...

212. — Jugé dans le même sens, qu'il y a lieu de renvoyer en audience solennelle une demande en interdiction, bien qu'elle soit formée pour justifier une opposition à mariage. — Dans ce cas, la demande en interdiction doit être considérée comme demande principale. — *Bordeaux*, 20 avr. 1842 (t. 1er 1843, p. 63), Marty.

213. — La solution serait tout opposée dans le cas où la demande pourrait être considérée comme *incidente*. A cet égard, la jurisprudence est constante. — V. AUDIENCE SOLENNELLE, nos 49 à 58.

214. — Il est libre à la cour, comme au tribunal, soit d'accueillir ou de rejeter la demande d'interdiction, soit d'adopter, comme moyen terme, la dation d'un conseil judiciaire. — C. civ., art. 499.

215. — Le jugement qui rejette la demande à fin d'interdiction, doit condamner le demandeur aux dépens. — Toutefois, si cette demande avait été formée avec une entière bonne foi, et qu'il y eût possibilité d'appliquer les principes sur la compensation, le tribunal agirait sagement en les appliquant. — Car il ne devrait pas perdre de vue que la provocation de l'interdiction est bien plus l'accomplissement d'un devoir que l'exercice d'un droit.

216. — Il a même été jugé que le demandeur en interdiction qui n'est pas le curateur du défendeur doit être considéré comme son adversaire, et que, dès-lors, s'il succombe sur sa demande, il doit être condamné aux dépens, *bien que les juges reconnaissent la nécessité de recours au conseil judiciaire*, et qu'il n'est pas même nécessaire que cette condamnation soit autrement motivée. — *Cass.*, 5 juill. 1837 (t. 2 1838, p. 215), Magnol.

217. — Jugé au contraire, que lorsque sur une poursuite en interdiction, le tribunal sans admettre la preuve des faits articulés par le poursuivant, use de la faculté que lui confère l'art. 499, c. civ., et soumet immédiatement à un conseil judiciaire celui dont l'interdiction est poursuivie, les frais doivent être mis à la charge non du poursuivant, mais du défendeur à l'interdiction. — *Rennes*, 19 mars 1844 (t. 2 1844, p. 336), Grillard c. Lormeau. — Et cette opinion est préférable car, ainsi que le dit M. Marcadé, sur l'art. 499, le résultat prouve que c'est avec raison que l'attention de la justice a été appelée et qu'il y avait effectivement une mesure judiciaire à prendre.

218. — Le jugement ou l'arrêt qui rejette une demande à fin d'interdiction pourrait, suivant les circonstances, condamner le demandeur en des dommages-intérêts envers le défendeur. — Mais ce n'est là qu'une faculté et non une obligation. — On avait bien proposé, dans le projet du Code, d'insérer un article spécial qui soumettrait à des dommages-intérêts le demandeur *qui n'aurait agi que par intérêt ou par passion*. Mais cette proposition fut repoussée comme inutile en ce qu'elle ne faisait que rappeler une règle du droit commun, et même comme dangereuse, en ce qu'elle pourrait donner à croire aux tribunaux que toujours le rejet d'une demande en interdiction devrait entraîner une condamnation en des dommages-intérêts. — Or, une pareille condamnation serait souvent injuste, et personne (ce qui serait parfois un grand mal) n'oserait plus intenter de pareilles demandes. Les tribunaux apprécieront donc dans quel intérêt a agi le demandeur. — Locré, *Espr. C. civ.*, sur l'art. 499; Toullier, t. 2, no 1333; Duranton, no 745.

219. — Si c'est l'arrêt qui prononce l'interdiction ou qui nomme un conseil, il doit être affiché (art. 501), comme cela a été dit plus haut pour le jugement.

220. — On doit aussi rendre public dans la même forme l'arrêt confirmatif du jugement. — Bioche, vo *Interdiction*, no 62.

221. — Si le jugement qui a prononcé l'interdiction est *infirmé*, y a-t-il lieu de publier, suivant la forme prescrite par l'art. 501, l'arrêt infirmatif? — La loi ne dit rien à cet égard, mais il semble que, tant pour éviter d'induire les tiers dans une erreur qui serait préjudiciable pour la partie, que pour faire disparaître les traces d'une sentence humiliante reconnue mal rendue, il y aurait lieu de biffer du tableau le nom qui ne doit plus y figurer, de supprimer l'affiche de l'auditoire du tribunal, sauf également au défendeur à réparer, s'il le juge convenable, par une insertion rectificative, le tort que l'insertion du jugement dans le journal aurait pu lui causer.

222. — L'arrêt qui prononce une interdiction peut être frappé d'un recours en cassation, mais ce recours n'est pas, comme l'appel, suspensif de l'exécution. — V. CASSATION (mat. civ.).

Sect. 5e. — *Des effets de la demande et du jugement d'interdiction.*

ART. 1er. — *Effets de la demande.*

223. — Bien que la demande d'interdiction élève contre celui qui en est l'objet une présomption d'incapacité, cependant tant qu'il n'est pas intervenu de jugement qui le déclare incapable, il peut faire tous les actes que bon lui semble, car l'art. 502 ne fait courir l'effet du jugement qu'à partir du jour de sa prononciation.

224. — En conséquence, jugé que les actes par lui passés dans l'intervalle de la demande au jugement ne sont pas nuls de plein droit. — *Bruxelles*, 2 janv. 1823, L....

225. — Jugé encore qu'il est habile à donner un mandat. — *Bruxelles*, 21 sept. 1831, Caron c. Schrauwen.

226. — De même il peut tester (alors même qu'un administrateur provisoire lui aurait été nommé)... et même, dans ce cas, sa capacité n'est pas restreinte à celle des mineurs âgés de plus de seize ans. — *Toulouse*, 21 mai 1836, Pierce c. Martres. — V. aussi DISPOSITION A TITRE GRATUIT, no 184.

227. — Jugé encore, que l'individu dont l'interdiction n'est pas prononcée, et auquel il a été nommé seulement un administrateur provisoire, conformément à l'art 497, C. civ., a capacité pour prêter un serment décisoire; que dès-lors, ce n'est point à l'administrateur provisoire qu'un semblable serment peut être déféré. — *Rouen*, 21 fév. 1842 (t. 2 1842, p. 47), de Gueroult c. Feucheroux.

228. — De ce que le défendeur reste *capable* malgré la demande d'interdiction formée contre lui, il résulte qu'un créancier peut agir directement contre lui, sans attendre la nomination d'un administrateur provisoire, et demander la levée des scellés pour parvenir à la saisie de ses meubles. — *Paris*, 5 mars 1829, Aumond c. Beautier.

229. — Mais bien qu'en principe le défendeur conserve jusqu'au jugement toute sa capacité, les actes qu'il consentira à partir de la demande, tomberont nécessairement sous l'application de l'art. 503, c'est-à-dire qu'ils pourront être annulés si à l'époque où ils ont été passés la cause de l'interdiction existait notoirement. — V. *infrà* nos 301 et suiv.

ART. 2. — *Suite et effets du jugement.*

§ 1er. — *Organisation de la tutelle.*

230. — S'il n'y a pas appel du jugement d'interdiction, ou si le jugement a été confirmé, il y a lieu de pourvoir à la nomination d'un tuteur et d'un subrogé tuteur à l'interdit.

231. — Dans le cas d'une interdiction provoquée avant le Code civil, mais prononcée depuis, les dispositions de ce Code ont dû seules être appliquées pour toutes les mesures qu'entraînait l'interdiction. Ainsi, il n'y a pas eu lieu de nommer à l'interdit un curateur et un conseil de curatelle, mais bien un tuteur et un subrogé-tuteur. — *Rouen*, 8 flor. an XII, Pavie.

232. — S'il y a appel, l'organisation de la tutelle doit être différée: car en ce point l'appel est suspensif. — Toullier, t. 1er, no 1335.

233. — Aussi est-il reconnu que la nomination du tuteur et du subrogé-tuteur est nulle, si elle est faite avant la signification du jugement qui prononce l'interdiction. — *Cass.*, 13 oct. 1807, Darnières; — Toullier, no 1385; Duranton, no 749; Proudhon, t. 2, p. 332. — La raison en est que le délai pour appeler ne court que du jour de cette signification.

234. — Elle serait également nulle si elle était faite dans la séance de la prononciation du jugement, c'est-à-dire dans le délai pendant lequel toute exécution est impossible, ou depuis l'appel interjeté. — Toullier et Duranton, *loc. cit.*

235. — Jugé toutefois qu'un interdit qui se fait relever de l'interdiction pour vice d'incompétence du tribunal qui l'a prononcée, et qui se fait ainsi considérer comme n'ayant jamais été interdit, ne peut arguer de nullité les actes faits par son tuteur, en ce que la nomination de ce tuteur aurait précédé la signification du jugement d'interdiction, alors que ces actes n'ont eu lieu que postérieurement à la signification, et que d'ailleurs ils se sont effectués successivement et pendant plusieurs années sous les yeux de celui qu'ils intéressaient, sans protestation de sa part. — *Cass.*, 24 déc. 1838 (t. 1er 1839, p. 24), Roujon c. Vidal.

236. — Jugé aussi que, dans tous les cas, la nomination du tuteur ne serait pas viciée, en ce qu'elle aurait précédé la signification du tuteur, s'il s'agissait d'une interdiction prononcée d'office à la requête du ministère public, la signification devant, dans ce cas, avoir lieu à la requête du ministère public, et la famille étant appelée seulement à pourvoir aux intérêts civils. — Même arrêt.

237. — La nomination faite après l'expiration du délai de huitaine. et la signification, avant l'appel interjeté, serait valable, à la condition toutefois que les fonctions de tuteur seraient suspendues jusqu'à l'événement de l'appel. — Duranton, *loc. cit.* — Et si l'appel survenait après la nomination faite, les tuteur et subrogé-tuteur feraient place de nouveau à l'administrateur provisoire. — Marcadé, sur l'art. 505.

238. — Suivant la loi (art. 509), qui veut *qu'il soit pourvu à la nomination* d'un tuteur, et l'interprétation qui lui a été donnée par la jurisprudence et les auteurs, la tutelle, en matière d'interdiction, est toujours *dative*: il n'y a pas lieu à la tutelle testamentaire. — *Cass.*, 11 mars 1812, Beauchef de Servigny c. Leprevost; *Liége*, 17 mars 1851, A. c. V.; *Paris*, 1er mai 1813, mêmes parties; *Metz*, 16 fév. 1812, Bruyère c. Thomassin; *Poitiers*, 23 fév. 1825, Charrier c. Rivailhe; — Merlin, *Rép.*, vo *Tutelle*, sect. 2e, § 1er; Delvincourt, t. 1er, p. 131, note 7e; Pigeau, *Procéd. civ.*, t. 2, p. 423; Toullier, no 1336; Proudhon, t. 2, p. 332; Magnin, t. 2, no 874; Duranton, t. 3, no 751; Favard de Langlade, *Rép.*, t. 3, p. 94; Zachariæ, t. 3, § 126; Marcadé, sur l'art. 506. — V. *contrà Bordeaux*, 15 germin. an XIII, Duplessis c. Fournier; *Caen*, 12 mars 1811 (cassé par l'arrêt de 1812 précité).

239. — L'opinion qui repousse la tutelle légitime et testamentaire est conforme à la discussion qui eut lieu sur l'art. 506. — « Le tribunal, dit Locré (*Espr. C. civ.*) [V. aussi *Confér.*, t. 2, p. 168, et t. 3, p. 129, et le rapport de M. Bertrand de Greuille], pensait qu'il était dans l'intention du conseil d'état d'étendre la tutelle de droit des ascendans au cas de l'interdiction: en conséquence, il proposait une rédaction dans laquelle le mot de *nomination* était retranché. — Cette rédaction n'a pas été adoptée. »

240. — C'est au conseil de famille qu'appartient le choix du tuteur, et même, en cas d'annulation d'une première nomination, le tribunal ne pourrait y procéder. — *Cass.*; 27 nov. 1816, Villetard c. Devilliers; *Orléans*, 9 août 1817, mêmes parties.

241. — De ce que le conseil de famille est libre dans son choix, il résulte qu'il n'est pas tenu d'exprimer les motifs de sa décision. — Mêmes arrêts de 1816 et 1817, et *Liége*, 17 mars 1831, A... c. V...

242. — Toutefois, à moins de motifs graves, le conseil de famille devra déférer la tutelle aux ascendans, et il a été jugé, que le père auquel la tutelle a été refusée peut attaquer le jugement homologatif de la délibération. — *Metz*, 16 fév. 1842, Bruyère c. Thomassin.

243. — Mais celui qui a été nommé tuteur d'un interdit dont il est l'allié à un degré éloigné, ne peut se faire décharger de la tutelle, par cela seul qu'il existe dans la même ville des parens plus rapprochés de l'interdit, *tels que son père*. — *Poitiers*, 21 fév. 1825, Charrier c. Rivailhe.

244. — En l'absence de réclamation motivée, la délibération du conseil de famille qui nomme un tuteur à un interdit n'a pas besoin, pour devenir exécutoire, de l'homologation du tribunal. — *Metz*, 24 brum. an XIII, Despinoy c. Saintignon.

245. — Le principe que la tutelle est dative, ne s'étend pas au cas où l'interdiction frappe sur une femme mariée. Le mari est tuteur de droit. — C. civ., p. 506. — La raison de cette exception est que l'interdiction ne fait pas cesser la puissance maritale, que le mari a l'administration des biens de sa femme, que le domicile de droit de la femme est celui de son mari. Or, une pareille puissance serait inconciliable avec l'autorité d'un tuteur.

246. — Quant à la femme, elle n'est pas tutrice de droit de son mari : seulement, elle *peut* être nommée tutrice par le conseil de famille. — Art. 507.

247. — En général, le conseil de famille nommera la femme si elle est digne de cette mission. — Mais il est complétement libre à cet égard, et il n'est pas tenu de motiver la décision par laquelle il nomme un autre tuteur. — Un arrêt de la cour de Paris avait jugé que l'art. 507, C. civ., doit être entendu en ce sens qu'elle ne peut être privée de la tutelle par le conseil de famille que pour causes graves articulées dans la délibération, dans l'intérêt de l'interdit et des enfans nés du mariage. — *Paris*, 7 janv. 1815, Villetard c. Devilliers. — Mais cet arrêt a été cassé le 27 nov. 1816. — Et sur le renvoi, la cour d'Orléans a jugé comme la cour de cassation, 9 août 1817. — Conf., Duranton, t. 3, no 753, note.

248. — Mais il a été jugé que la femme de l'interdit pouvant être nommée tutrice de son mari, aux termes de l'art. 507, C. civ., a le droit de faire annuler les décisions du conseil de famille qui ont nommé un tuteur à son mari, réglé la forme et l'administration de la tutelle, lorsqu'elle n'y a pas été appelée, et que le jugement d'interdiction n'a pas été affiché avec les formalités voulues par l'art. 501, C. civ. — *Rennes*, 27 déc. 1830, Le Réverend c. Lemaur. — V. aussi *Bruxelles*, 20 juill. 1812, Pauwel c. Tskint.

249. — ...Que celui qui a provoqué l'interdiction n'est pas, par cela seul, incapable d'être tuteur de l'interdit. — *Metz*, 24 brum. an XIII, Despinoy c. Saintignon. — Duranton, t. 3, no 755, t. 4, p. 241.

250. — De même les enfans de l'interdit peuvent être appelés à la tutelle; l'art. 508 le suppose évidemment.

251. — Quant aux règles pour la convocation et la délibération du conseil de famille, ainsi que pour les incapacités, exclusions, destitutions de la tutelle, V. les mots CONSEIL DE FAMILLE et TUTELLE; et *suprà*, nos 98 et suiv.

252. — En matière d'interdiction, nul, si ce n'est l'époux, l'ascendant ou le descendant, ne peut être tenu de conserver la tutelle au delà de dix ans. — A l'expiration de ce délai, le tuteur peut et doit obtenir son remplacement.

253. — Le conseil de famille doit nommer un subrogé-tuteur en même temps qu'un tuteur. Ses fonctions sont les mêmes qu'en matière de tutelle pour minorité. Il semble que la faculté de répudiation, accordée au tuteur après dix ans, doit aussi pouvoir être invoquée par le subrogé-tuteur. — Le motif est le même.

254. — Jugé, dans une espèce où l'interdit (avant le Code) avait été pourvu d'un curateur, que, lorsque le curateur et l'interdit sont en discussion d'intérêt, il y a lieu de nommer à celui-ci un curateur *ad causam*. Ce curateur doit être nommé par le conseil de famille. Toutefois, les poursuites commencées par l'interdit en vertu d'une autorisation de justice ne sont pas nulles; elles doivent seulement être suspendues jusqu'à la nomination du curateur. — *Rennes*, 15 juill. 1817, Saint-Luc c. de Ploeuc.

§ 2. — *Effets du jugement quant à l'administration de la personne et des biens. — Communauté. — Enfans.*

255. — L'interdit est assimilé au mineur pour sa personne et pour ses biens. — C. civ., art. 509.

256. — Ainsi, les délais d'appel ne courent contre l'interdit, de même que contre le mineur non émancipé, que du jour où le jugement a été signifié tant au subrogé-tuteur qu'au tuteur. — *Limoges*, 20 avr. 1842 (t. 1er 1843, p. 163), de Lapomélie c. Dufaye; — Pigeau, *Comment.*, t. 2, p. 18; Carré et Chauveau, *Lois de la procéd.*, sur l'art. 444, no 1589 *bis*; Thomine-Desmazures, t. 1er, p. 680; Bioche et Goujet, *Dict. de procéd.*, vo *Appel*, no 134; Favard de Langlade, vo *Appel*, no 14, t. 1er, p. 174. — V. APPEL, nos 924 et suiv., 932 et suiv.

257. — Jugé encore que le défaut de convocation du tuteur d'un interdit à la liquidation, rend inopposable cette liquidation au tuteur et à l'interdit. — *Colmar*, 15 juill. 1846 (t. 1er 1847, p. 440), Oberliz c. Hertzog.

258. — V. aussi MINEUR et TUTELLE.

259. — Toutefois, il existe quelques différences à raison de la position même de l'interdit. Ainsi ses revenus doivent être essentiellement employés à adoucir son sort et à accélérer sa guérison. — Le conseil de famille peut aussi, selon le caractère de l'interdit et l'état de sa fortune, arrêter qu'il sera traité dans son domicile ou qu'il sera placé dans une maison de santé où même dans un hospice. — C. civ., art. 510. — V. aussi ALIÉNÉS.

260. — Jugé que l'individu interdit pour cause de démence, détenu dans un hospice en vertu d'une ordonnance de prise de corps, doit être remis à son épouse et tutrice lorsqu'il y a lieu d'espérer que cette remise amènera sa guérison, sauf toutefois les mesures qu'il convient de prendre pour empêcher que cet individu, après avoir recouvré sa raison, ne se dérobe aux poursuites de la justice. — *Rennes*, 24 mars 1817, Drouet.

261. — Dans l'ancien droit, la démence ou fureur du mari autorisait la femme à demander sa séparation de biens. — Pothier, *Tr. de la Commun.*, no 509. — Il n'en est pas de même aujourd'hui. — C. civ., art 1441. — *Nîmes*, 3 avr. 1832, Puguère; *Lyon*, 20 juin 1845 (t. 2 1846, p. 550), Nauciaud; — Toullier, no 1343; Magnin, *Tr. des minorités*, t. 1er, p. 702; Benoît, *Tr. de la dot*, t. 1er, no 80. — On peut donc poser en principe que l'état de communauté survit à l'interdiction. Il en est de même de la puissance maritale.

262. — Mais les juges pourraient prononcer la séparation de biens au profit de la femme, si celle-ci était obligée de chercher dans sa propre industrie la ressource qu'elle ne trouverait plus dans celle de son mari, et si le tuteur nommé à l'interdit n'employait pas les revenus communs aux besoins de la tutelle et à ceux du ménage. — *Lyon*, 20 juin 1845, précité.

263. — L'impossibilité dans laquelle se trouve le mari interdit d'administrer la communauté, ainsi que d'exercer les droits de la puissance maritale, ont donné lieu à l'examen de plusieurs questions qui seront successivement indiquées.

264 — Si la femme est tutrice, pas de difficultés; c'est elle qui administre la communauté; mais comme elle ne le fait qu'en qualité de mandataire de son mari, Toullier dit qu'elle doit, au commencement de son administration, faire dresser inventaire contradictoirement avec le subrogé-tuteur (no 1345). On ne peut dire avec Duparc-Poullain (sur l'art. 523, *Cout. Bretagne* et *Principes de droit*, t. 1er, p. 382) qu'elle en soit dispensée parce qu'elle *administre son bien*, car la communauté n'est pas le bien de la femme : le mari en reste maître.

265. — De même, dans cette hypothèse, c'est elle qui administre ses biens propres et les biens personnels de son mari.

266. — Remarquons toutefois qu'elle ne peut faire que les actes de simple administration, et que s'il s'agit d'aliéner soit ses propres, soit les biens de la communauté, soit les biens personnels de son mari, il lui faut, dans le premier cas, l'autorisation de justice, puisque la puissance maritale subsiste (V. AUTORISATION DE FEMME MARIÉE, nos 270 et suiv.), et dans les autres cas, l'accomplissement des formalités nécessaires pour l'aliénation des biens de mineurs. — C. civ., art. 509, 457 et suiv., 1421, — Duranton, t. 3, no 754; Delvincourt, t. 1er, p. 132 (note 2); Marcadé, sur l'art. 507; Battur, t. 2, no 574. — V. aussi COMMUNAUTÉ, no 628.

267. — Jugé encore qu'elle ne peut partager qu'en justice, et non amiablement, une succession à elle échue, et dont les fruits doivent tomber dans la communauté. — *Paris*, 12 oct. 1836, Beaugrand.

268. — Au surplus, le conseil de famille doit régler la forme et les conditions de l'administration de la femme, sauf le recours de celle-ci devant les tribunaux, si elle se croyait lésée par la décision de ce conseil. — C. civ., art. 507.

269 — Jugé que le conseil de famille est compétent pour autoriser la femme tutrice de son mari interdit à emprunter pour ce dernier, et à hypothéquer ses biens immeubles pour la sûreté de l'emprunt, l'homologation du tribunal préalablement obtenue. Mais que le conseil de famille est sans pouvoir et sans qualité pour autoriser la femme à contracter un emprunt dans son intérêt particulier et à subroger les prêteurs dans son hypothèque légale. — *Poitiers*, 17 juin 1846 (t. 2 1846, p. 616), Todros c. Offroz et Giron. — V. conf. Jay, *Des conseils de familles*, no 147, p. 184.

270. — La femme qui a eu l'administration de la communauté par suite de l'aliénation mentale de son mari est tenue de rendre compte de cette administration aux héritiers de celui-ci. — *Rennes*, 20 août 1845 (t. 2 1844, p. 436), Ouice.

271. — Si la tutelle n'est pas déférée à la femme ou si elle la refuse (ce qui doit lui être permis comme à la mère tutrice légitime, l'administration de la communauté passe-t-elle au tuteur en même temps que celle des biens personnels de l'interdit? — V. pour l'affirm. *Orléans*, 9 août 1817, Villetard c. Devillers; — Magnin, *Tr. des min.*, t. 1er, p. 700 : Toullier, t. 2, nos 1344 et 1348; — *contrà Bruxelles*, 11 flor. an XIII, Tongries c. Hugghères (à la charge par la femme de donner caution et de remplir les conditions qui lui seront imposées par justice pour que les biens de la communauté ne soient pas compromis. — V. aussi *Paris*, 7 janv. 1815. Villetard c. Devilliers. — La première opinion est rigoureusement juste en droit: car la communauté, quel que soit le droit éventuel de la femme, appartient au mari et fait partie de ses biens : on ne sait donc en vertu de quel texte on pourrait en enlever l'administration au tuteur. Mais il est facile de comprendre ce qu'un pareil état de choses pourra souvent entraîner de dangers et d'embarras pour la femme commune, motif de plus pour lui confier la tutelle, si elle n'en est pas indigne.

272. — Dans tous les cas, et même lorsque la femme n'est pas nommée tutrice, le conseil de famille devra régler les conditions d'administration du tuteur pour prévenir toutes contestations entre le tuteur et la femme, et celle-ci a le droit de recourir contre la délibération qui la lèserait, par exemple, si on ne lui avait accordé pour elle et ses enfans qu'une somme insuffisante. — Duranton, no 753; Toullier, no 1348; Delvincourt, t. 1er, p. 132, note 3e.

273. — Quant à l'administration de la personne des enfans et la surveillance de leur éducation, elle appartient exclusivement à la mère quoiqu'elle ne soit pas nommée tutrice. — *Orléans*, 9 août 1817, Villetard c. Devilliers; — Magnin, *Tr. des min.*, t. 1er, no 439; Marcadé, sur l'art 507. — La raison en est que la loi ne confie au tuteur que l'administration de la personne et des biens de l'interdit, et non l'exercice de la puissance paternelle.

274. — Bien qu'en principe le mineur, auquel l'interdit est assimilé, n'ait d'autre domicile que celui du tuteur (V. DOMICILE, no 166 et suiv.), cependant, comme le lien conjugal n'est pas rompu, le domicile conjugal continue de subsister.

275. — Aussi a-t-il été jugé qu'on ne peut empêcher la femme de l'interdit d'habiter le domicile conjugal qu'habitait son époux avant son interdiction; et qu'elle peut même exiger que l'interdit y soit réintégré et que les gardiens que les tuteurs auraient placés au domicile conjugal après la confection de l'inventaire se retirent. — *Rennes*, 27 déc. 1830, Le Révérend c. Lemeur.

276. — Mais jugé aussi que l'art. 214, C. civ., qui soumet la femme à suivre son mari, n'a entendu faire dépendre cette soumission que de la propre volonté de l'époux, laquelle n'existe plus raisonnablement dans le cas où celle du tuteur vient en prendre la place. — *Aix*, 5 mars 1842 (t. 2 1842, p. 1842), Turin. (Arrêt rendu dans une espèce où le tuteur voulait attirer l'interdit chez lui, à *l'étranger*.

277. — Dans ce cas (et alors même, dit l'arrêt, qu'elle serait ainsi obligée de le suivre en pays étranger) la femme de l'interdit a le droit de demander des alimens sur les biens de celui-ci et elle peut s'adresser, pour les obtenir, au tuteur, encore que la nomination de celui-ci serait contestée, et sans qu'il y ait lieu à surseoir jusqu'à la décision de la contestation. — Même arrêt.

278. — Le mari tuteur de la femme interdite ne perd rien des droits que lui assurait la puissance maritale. Ses fonctions de tuteur, dit Toullier (no 1351), ne peuvent donc guère être relatives qu'aux immeubles dont la femme s'était réservé l'administration par le contrat de mariage et aux meubles qu'elle avait exclus de la communauté et dont elle

s'était réservé la disposition : le mari est obligé de faire inventaire de ces meubles contradictoirement avec le subrogé-tuteur. — V. aussi Marcadé, sur l'art. 507.

279. — Jugé néanmoins que dans le cas où un mari, tuteur légal de sa femme interdite, a été destitué de la tutelle, il suffit, pour que le tuteur nommé en remplacement, puisse exercer les actions de cette femme, et, par exemple, faire en son nom une surenchère, qu'il soit autorisé par le conseil de famille ; qu'il n'est pas nécessaire qu'il obtienne l'autorisation du mari ou de la justice, que les art. 215 et 217 ne sont pas applicables à ce cas. — *Amiens*, 29 déc. 1825, Demarly c. Anciaux.

280. — Les droits et devoirs du tuteur autre que le conjoint, et les limites de ses pouvoirs sont les mêmes que ceux des tuteurs ordinaires.

281. — Ainsi le tuteur d'un interdit ne peut, même sous forme de transaction, vendre valablement les biens de son pupille, sans recourir à l'autorisation préalable exigée par les art. 457 et 467, C. civ., et la vente ainsi faite doit être déclarée nulle sur la demande de l'interdit rendu à l'exercice de ses droits, alors même qu'elle aurait porté sur un immeuble d'une valeur modique, et qu'au moment de sa passation elle aurait présenté un avantage réel. Il suffit que l'interdit la juge devoir être par la suite préjudiciable à ses intérêts. — *Turin*, 4 août 1810, Mellina c. Givone.

282. — Jugé aussi que l'acte de liquidation des reprises d'une femme interdite n'est pas nul pour avoir été fait par le tuteur sans autorisation du conseil de famille, et pour n'avoir pas été homologué en justice ; que d'ailleurs la nullité, si elle existait, étant purement relative, ne pourrait être invoquée que par l'incapable, et non par les autres parties capables qui auraient figuré dans l'acte. — *Orléans*, 4 juill. 1843 (t. 2 1843, p. 368), Cornedecerf c. Desmarest.

283. — Jugé que le tuteur d'un interdit a qualité pour reconnaître la signature apposée par ce dernier au bas d'un billet, et que cette reconnaissance a pour effet d'établir la preuve de la vérité de toutes les énonciations qu'il renferme, notamment de sa date, à moins toutefois que ce billet ne soit attaqué lui-même pour cause de dol ou de fraude. — *Nancy*, 21 mars 1842 (t. 2 1842, p. 542), Lévy c. Michaut et Louis. — V. *infrà* n° 301. — V. au reste TUTELLE.

284. — Lorsque les intérêts du tuteur sont en opposition avec ceux de l'interdit, c'est le subrogé tuteur qui agit.

285. — On a agité à cette occasion la question de savoir si le subrogé tuteur d'une femme interdite (ou son tuteur *ad hoc*) peut intenter au nom de celle-ci une demande en séparation de corps contre son mari. Les cours de Colmar et de Paris ont décidé la question affirmativement, attendu qu'il s'agissait là d'une action *intéressant la personne* ; elles ont même jugé qu'une pareille action pouvait être intentée par le subrogé tuteur sans autorisation du conseil de famille. — *Colmar*, 16 fév. 1832, N... (pour le cas d'adultère) ; *Paris*, 21 août 1841 (t. 2 1821, p. 405), Lefèvre c. Leduc.

286. — Et M. Massol (*de la Séparation de corps*, n° 26), reconnaît au tuteur du mari interdit le droit de provoquer la séparation de corps pour cause d'adultère de la femme.

287. — Cette solution ne nous paraît pas admissible. — S'il est une action essentiellement personnelle, c'est assurément l'action en séparation de corps. — L'époux offensé doit seul être juge de son opportunité et de sa moralité ; et il n'est permis à personne, sous prétexte que l'interdit est hors d'état de manifester une volonté, de supposer un consentement que peut être, maître de sa raison, il n'eût jamais consenti à donner. La mesure extrême de la séparation de corps, bien qu'autorisée par la loi, n'est pas aux yeux de tous chose tellement simple, même tellement permise, que beaucoup, soit par esprit de religion, soit dans l'intérêt des enfans, soit enfin dans la crainte d'un scandale public, ne soient disposés à reculer devant l'idée d'y recourir. — L'invoquer au nom de l'interdit, c'est s'exposer à agir contre sa volonté, contre ses principes. — Dans le doute il faut s'abstenir. — Dira-t-on que la vie commune et l'inconduite du mari peuvent présenter pour la personne et les biens de la femme des dangers tels, que la séparation de corps sera le seul remède possible ? Excipera-t-on aussi du trouble que l'adultère de la femme peut jeter dans la famille du mari ? L'argument porterait à faux, car pour obvier à ces dangers se présentent d'une part la destitution de la tutelle avec ses conséquences et la séparation de biens, de l'autre, l'action en désaveu. C'est à ces moyens qu'il est convenable de demander le résultat qu'on espère. — D'ailleurs on sait que le droit de dénoncer l'adultère de la femme et de provoquer contre elle l'action du ministère public appartient au mari seul, et lui est exclusivement personnel. (V. ADULTÈRE). Or, autoriser le tuteur à demander la séparation de corps pour adultère de la femme ce serait, à raison de la disposition spéciale de l'art. 308 C. civ. lui conférer le pouvoir de faire indirectement ce qu'il ne peut faire directement. (V. ADULTÈRE, nos 50 et suiv.) Ajoutons enfin que la séparation de corps demandée pour adultère de la femme suppose nécessairement de la part du mari le droit de pardonner. Or, confèrera-t-on aussi au tuteur l'exercice d'un pareil droit ?

288. — La question toutefois pourrait sembler plus délicate, s'il ne s'agissait pour le tuteur que de suivre sur une demande en séparation de corps formée par l'interdit avant son interdiction ; mais, même dans ce cas nous pencherions pour l'application avec toutes ses conséquences du principe qui considère le droit d'intenter une pareille action et par conséquent aussi de suivre sur cette action comme essentiellement personnel.

289. — En cas de mariage de l'enfant d'un interdit, la loi veut que la dot ou l'avancement d'hoirie, et les autres conventions matrimoniales soient réglées par un avis du conseil de famille homologué par le tribunal sur les conclusions du procureur du roi. — Art. 511.

290. — Cette disposition n'est pas applicable au cas où l'enfant se dote de ses biens ou est doté par un tiers, — ou bien encore au cas où la mère étant interdite, c'est le père qui dote l'enfant de ses biens à lui personnels ou de ceux de la communauté. — Elle ne concerne que le cas où c'est l'interdit lui-même qui doit doter l'enfant sur ses propres biens.

291. — ... Ou bien encore le cas où la femme, tutrice de son mari, voudrait fournir la dot en biens de la communauté. — Duranton, t. 14, n° 302.

292. — La constitution de dot ne peut, dans les prévisions de l'art. 511, se faire *qu'en avancement d'hoirie* : ce qui exclut toute clause de préciput et hors part. — Duranton, n° 763 ; — Zachariæ, t. 1er, § 126. — Une pareille clause, en effet, ne peut être que l'expression d'une libre volonté.

293. — Ces termes : *Lorsqu'il sera question de mariage*, employés par l'art. 511 C. civ., relativement à la dot et à l'avancement d'hoirie à constituer à l'enfant d'un interdit, n'excluent pas la faculté d'accorder également un avancement d'hoirie à un enfant déjà marié et à qui il n'en a pas encore été accordé, à l'effet de créer un établissement qui le mette à même de soutenir les charges du mariage. — *Bordeaux*, 6 juin 1842 (t. 1er 1844, p. 85), Brizard.

294. — La condition de l'enfant d'un interdit ne saurait être différente de celle des enfans des autres particuliers. Or, aucune loi n'ôte au conseil de famille la faculté de faire pour cet enfant ce qu'il est à présumer que le père aurait fait lui-même s'il n'eût pas été frappé d'interdiction. — Aussi a-t-on décidé que la vente d'un immeuble appartenant à un interdit pouvait être autorisée pour l'établissement de l'un de ses enfans autrement que par mariage, notamment pour l'acquisition d'une étude de notaire. — *Amiens*, 6 août 1824, Decrouy Chambley c. Richer ; — Zachariæ, t. 1er, § 126 ; Marcadé, sur l'art. 511. — *Contrà* Magnin, *Des minorités*, t. 1er, n° 889.

295. — Le conseil de famille qui, dans le cas de l'art. 511, est appelé à donner son avis est formé des parens et amis de l'*interdit* et non de ceux de l'*enfant*. — Duranton, n° 764 ; Delvincourt, t. 1er, p. 132, note 14e. — Par la raison que c'est des biens de l'interdit qu'il s'agit de disposer.

296. — L'art. 511 ne s'applique pas au cas d'un petit-fils ou d'une petite-fille d'un interdit, même en supposant les père et mère décédés ou dans l'impossibilité de fournir une dot, et l'aïeul en état d'en fournir une. — Duranton, n° 766. — Peut-être y a-t-il à peu près même motif de décider que pour les père et mère, car l'obligation naturelle est en quelque sorte la même. — Toutefois dans le silence de la loi on ne saurait étendre l'application de l'art. 511.

297. — L'art. 511, C civ., est applicable au cas où il s'agit du mariage du fils d'un sourd-muet qui ne sait pas écrire, et qui a été pourvu d'un curateur, antérieurement à la promulgation du Code. — C. civ., art 511. — *Nîmes*, 3 janv. 1811, Toezellier et Runel. — Duranton, t. 3, n° 765 ; Delvincourt, t. 1er, p. 132, note 14e.

298. — L'interdit a hypothèque légale sur les biens de son tuteur à raison de sa gestion, et le tuteur est tenu, comme en matière de tutelle, de rendre son compte à l'expiration de ses fonctions. — V. HYPOTHÈQUE LÉGALE et TUTELLE.

299. — Les parens d'un interdit ont qualité pour s'opposer aux tentatives que fait un individu pour s'introduire dans sa famille et en usurper le nom et les droits, surtout s'ils appartiennent eux-mêmes à cette famille. — *Bruxelles*, 2 juill. 1807, Declercq c. Haelterman.

300. — L'interdiction prononcée à l'étranger contre un étranger réfugié en France, et non homologuée par les tribunaux français, ne rend pas celui qui en est frappé incapable d'administrer les biens qu'il peut avoir en France, et notamment ne le prive pas du droit d'agir pour obtenir la réparation d'un délit commis contre lui en France. — *Paris*, 18 sept. 1833, Chaltas c. prince de Brunswick.

§ 3. — *Effets de l'interdiction quant aux actes antérieurs ou postérieurs au jugement.*

301. — *Actes antérieurs.* — L'interdiction ne produit d'effet que du jour de la prononciation du jugement. — En principe donc, les actes *antérieurs* à ce jugement sont réputés valables. — *Metz*, 25 fév. 1819, N.

302. — Jugé aussi en ce sens, avant le Code, lorsque le jugement ne contenait pas de disposition rétroactive. — *Poitiers*, 18 flor. an IX, Poursuieau c. Fouchier ; *Cass.*, 18 brum. an X, (mêmes parties).

303. — Toutefois, il a été jugé, avant le Code, que les actes passés par un individu *non interdit*, mais à une époque où son état de démence *existait de fait*, ont pu être annulés. — *Cass.*, 25 brum. an IX, Fossard.

304. — Suivant l'art. 503, les actes antérieurs à l'interdiction peuvent être annulés, si la cause de l'interdiction existait *notoirement* à l'époque où ces actes ont été faits. — Art. 503. — Cet article s'occupe spécialement du cas où l'annulation est demandée du vivant même de la personne qui est en démence. Quant aux héritiers, V. *infrà*, nos 351 et suiv.

305. — En se servant du mot *notoire* au lieu du mot *connu*, le législateur a évidemment entendu exprimer une idée différente. — Ce qu'il faut en conclure, c'est qu'il suffit, pour que l'acte puisse être annulé, que la démence ait existé au moment où il a été passé, alors même que cette notoriété ne serait pas parvenue jusqu'à celui qui aurait contracté avec le dément. — *Rennes*, 16 nov. 1813, Escolau c. N... — V. cependant les motifs d'un arrêt de *Nancy*, du 21 mars 1842 (t. 2 1842, p. 542), Levy c. Michaut.

306. — M. Duranton, qui approuve cette décision (t. 3, n° 775), en donne pour motif « que le consentement de la part de celui qui s'oblige est essentiel à la validité de son obligation, et qu'ici l'acte n'est pas attaqué pour dol des tiers, mais pour défaut de consentement de la part de l'insensé. » — Nous ne pensons pas que ce soit là la véritable raison de la loi. Si la notoriété de la démence suffit, indépendamment de la connaissance individuelle qu'en aurait le contractant, pour faire annuler les actes passés avec l'insensé, c'est parce que la *notoriété*, dans l'esprit de la loi, suppose cette connaissance, et qu'alors il y a dol présumé de la part de celui qui traite, et qu'il faut, à peine de tomber dans des appréciations de faits difficiles peut-être, une règle générale pour tous : « Car celui qui contracte avec un homme en démence, dit Toullier (t. 2, n° 1358), est un homme de mauvaise foi. » — Quant à l'absence de consentement, elle résulte de l'état lui-même du contractant et non de la notoriété plus ou moins grande que cet état aurait eue. »

307. — Jugé que c'est à celui qui excipe de ce que des actes souscrits par un interdit l'ont été à une époque où déjà la cause de l'interdiction existait *notoirement*, à en établir la preuve, sauf aux magistrats à examiner si ces actes sont empreints du dol et de la mauvaise foi qui doivent en faire prononcer la nullité. — *Nancy*, 21 mars 1842 (t. 2 1842, p. 542), Levy c. Michaut.

308. — Au surplus, il faut remarquer que les juges ont plein pouvoir tant pour l'appréciation de la notoriété que pour l'annulation des actes même en cas de démence notoire. « Les actes *pourront* être annulés, » dit l'art. 503. — Toullier, t. 2, n° 1358 ; Duranton, t. 3, n° 778 ; Proudhon, t. 2, p. 329. — Ils devront donc considérer comme d'un grand poids les preuves de bonne foi que le contractant pourrait faire valoir ; et dans le doute, ils devraient s'en tenir au principe que celui qui n'était pas encore interdit jouissait de la plénitude de son état et de ses droits. — Toullier, t. 2, n° 1360.

309. — De ce que l'appréciation des juges quant à l'existence de la notoriété est souveraine il résulte que l'arrêt qui, après avoir déclaré, en se fondant sur les faits, les circonstances de la cause, et les dépositions de plusieurs témoins, que la *démence notoire* d'un individu interdit devait être fixée à telle époque, a annulé tous les actes passés depuis cette époque par cet individu, échappe à la censure de la cour de Cassation. — *Cass.*, 5 août 1824, Davis.

Jugnet. — V. aussi *Cass.*, 6 août 1840 (t. 2 1846, p. 96), Decroix c. Gallet.

310. — Une procuration pour emprunter et un acte d'emprunt sont nuls, si, à l'époque où ces actes ont été passés, celui qui les a consentis était dans un état d'imbécillité notoire constaté plus tard par son interdiction. Par suite, il y a lieu d'annuler la saisie immobilière pratiquée en exécution de ces actes. — *Aix*, 23 avr. 1847 (t. 2 1847, p. 455), Esmenard c. Cartier.

311. — Il n'est pas nécessaire que l'acte passé avec une personne notoirement en démence soit entaché de dol et fraude, ni qu'il constitue une lésion de plus des sept douzièmes pour que l'annulation puisse en être prononcée ; il suffit que la notoriété de la démence existe, alors surtout que le préjudice qui en résulte est considérable, et l'appréciation de ce préjudice est abandonnée à la lumière des juges. — *Cass.*, 15 nov. 1826, Frescher c. Bourgeault.

312. — Quant aux *preuves* de la notoriété, les magistrats peuvent les puiser où ils jugent convenable, sans être nullement liés à cet égard par la procédure d'interdiction. — Ils doivent même, se dégageant de cette procédure à laquelle le tiers contre lequel l'annulation est poursuivie, n'a pas été partie, avoir recours à des élémens nouveaux. — Duranton, t. 3, no 780.

313. — Ainsi jugé que l'enquête qui a eu lieu lors de la procédure d'interdiction ne fait pas foi à l'égard des tiers qui ont contracté antérieurement à l'interdiction, et qui n'ont pas concouru à l'enquête, de l'époque à laquelle la *démence a été notoire*. Les juges, avant d'annuler les actes antérieurs à l'interdiction, doivent ordonner une enquête spéciale, que les tiers intéressés seront admis à contredire, sur le fait de savoir si, à l'époque où ces actes ont été passés, l'interdit se trouvait dans un état notoire de démence. — *Nîmes*, 22 mai 1818, Astier c. Chaussande. — V. aussi *Nîmes*, 10 mars 1819, mêmes parties.

314. — Mais ils peuvent aussi prendre en considération l'enquête faite pour parvenir à l'interdiction, alors surtout qu'elle se trouve en concordance avec celle faite sur cette demande elle-même. — *Rennes*, 16 nov. 1813, Escolau.

315. — Au surplus, même après avoir ordonné une enquête (et sans avoir besoin de faire recommencer une première enquête déclarée nulle), les juges restent libres de décider par des considérations tirées exclusivement de la matérialité et de la moralité des actes attaqués. — *Poitiers*, 18 flor. an IX, Poussineau c. Fouchier ; *Cass.*, 12 brum. an X, mêmes parties. — Ces décisions ont été rendues avant le Code : mais les principes seraient évidemment les mêmes sous la loi nouvelle.

316. — La décision des juges du fond quant à la pertinence des faits articulés pour arriver à prouver la notoriété de la démence, est souveraine et échappe à la censure de la cour de Cassation. — *Cass.*, 19 août 1834, Macasson.

317. — Pour être admis à faire annuler des actes, sous le prétexte que celui qui en est l'auteur et qui a été interdit postérieurement, était notoirement en état de démence à l'époque où il les a souscrits, il n'est pas nécessaire de préciser des faits de démence. — *Metz*, 10 fév. 1814, Herbain c. Béraud d'Arimont.

318. — Les juges peuvent décider le fait de la notoriété de la démence, encore bien que les demandeurs se soient bornés à offrir et que le jugement interlocutoire ait uniquement ordonné la preuve de la démence, sans ajouter qu'elle fût notoire. — Même arrêt.

319. — L'époque à laquelle les causes de l'interdiction ont commencé peut être fixée par un jugement postérieur, quoique celui qui prononce l'interdiction porte qu'il est inutile de déterminer cette époque. — Même arrêt.

320. — Lorsque les actes passés antérieurement à l'interdiction sont attaqués tout à la fois pour cause de démence et pour cause de violence et de dol, la preuve du fait de violence et de dol doit être ordonnée, encore bien que ces faits n'aient pas un rapport direct avec les actes. — Même arrêt.

321. — L'art. 503, C. civ., est applicable même au cas où il s'agirait d'actes antérieurs à une première poursuite d'interdiction rejetée et qui n'aurait donné lieu qu'à la nomination d'un conseil judiciaire. — *Montpellier*, 16 janv. 1823, Fourconal c. Redos.

322. — Jugé encore qu'il est applicable même au cas où l'interdiction n'aurait été prononcée que par un jugement irrégulier et alors même qu'il s'agirait d'un acte passé devant notaire. — *Caen*, 10 fév. 1818, Tostain. — D'ailleurs, dans l'espèce, l'arrêt constate en outre l'existence du dol et de la fraude. — V. aussi *suprà* (no 310) *Aix*, 23 avr. 1847 (il s'agissait d'un acte notarié).

323. — Le droit consacré par l'art. 503, de demander la nullité d'un acte passé par un interdit avant son interdiction, en raison de l'existence notoire des causes de l'interdiction, au moment de l'acte, peut-il être exercé, quel que soit le laps de temps écoulé depuis ledit acte. L'existence reconnue de la cause d'interdiction empêche-t-elle toute prescription de courir?

324. — Cette question a été résolue affirmativement d'une manière générale. — *Rennes*, 18 août 1823, Camescas c. Sehon.

325. — D'un autre côté, la cour d'Aix a décidé que le droit ouvert par l'art. 503 n'était pas éteint par le laps de dix ans écoulé depuis la date de l'acte, l'art. 1304 n'étant pas applicable dans ce cas. — *Aix*, 17 fév. 1832, Audibert c. Felès. — V. en ce sens *Angers*, 13 fév. 1846 (t. 2 1846, p. 96), Foret c. Souvigné. — Merlin, *Rép.*, vo *Interdiction*, p. 506; Proudhon, t. 2, p. 326 et 328.

326. — Ainsi, suivant l'arrêt de la cour d'Angers du 13 fév. 1846 précité, les ventes faites par celui qui, sans être interdit, était à la connaissance de tous, et spécialement des acquéreurs, en état de démence, peuvent être annulées, quoique antérieures de plus de dix ans à l'interdiction.

327. — Toullier (t. 7, no 616), au contraire, pense que l'art. 1304 est applicable. — Il invoque, par analogie, l'art. 1676, C. civ., et il soutient qu'il serait effrayant pour la société de laisser incertain pendant toute la vie d'un individu le sort des actes faits de bonne foi avec lui dans un temps où son interdiction n'était pas prévue. — Mais on peut répondre avec avantage que la disposition spéciale de l'art. 503 ne prévoit pas d'exception. — Il est vrai que la prescription de trente ans serait applicable dans ce cas comme dans tout autre, mais c'est comme dernier terme au delà duquel les actions judiciaires ne peuvent se prolonger. — Quant à la bonne foi des tiers et du danger signalé par Toullier, il ne faut pas oublier : 1o que l'art. 503 exigeant que la démence soit notoire, nul ne peut être reçu à dire qu'il ignorait l'état de démence; 2o dans tous les cas, la faculté d'appréciation laissée aux juges est une sauvegarde contre des actions qui ne seraient que hasardées.

328. — M. Marcadé, sur les art. 503 et 502, ne repousse la prescription décennale que dans le cas où il est prouvé que la démence existait *au moment précis* où l'acte a été fait, et non pas pour le simple cas de démence notoire prévu par l'art. 503 ; car, suivant lui, c'est seulement dans le premier de ces cas que l'acte est radicalement nul.

329. — Jugé que l'action en reddition de compte pour faits de la tutelle est éteinte par dix ans conformément à l'art. 475 à l'égard même des individus en état d'imbécillité notoire lorsqu'aucun jugement ne les a frappés d'interdiction, ou quand le jugement qui les a interdits n'est intervenu qu'après l'accomplissement de cette prescription. — *Douai*, 17 janv. 1845 (t. 2 1846, p. 228), Guilmot. — V. aussi PRESCRIPTION.

330. — Bien que l'art. 503 ne semble parler que du cas où la démence aurait été *notoire*, il faut reconnaître que même en l'absence de cette notoriété l'acte passé avec le dément pourrait être annulé si son état était, à l'époque de cet acte, *connu* du tiers contractant. — Il y a, *à fortiori*, raison de le décider ainsi. — Seulement, dans ce cas (à la différence du cas où la notoriété existait), c'est au demandeur à prouver que le tiers avait cette connaissance. — Duranton, no 777; Delvincourt, t. 1er, p. 132, note 10e.

331. — Les actes signés par le dément pourraient encore être attaqués s'ils portaient l'empreinte de la folie. — C'est ce qui résulte *a fortiori* de l'art. 504. — Duranton, no 774.

332. — Au surplus, et bien que la loi semble ne disposer qu'à l'égard des actes antérieurs à une interdiction prononcée, il paraît certain que l'art. 503 serait applicable, et pourrait être invoqué par le dément, alors même qu'il n'y aurait pas eu de jugement prononçant l'interdiction. La raison fort simple en est que le dément ne pouvant être le provocateur de sa propre interdiction, ne saurait être rendu victime de l'incurie et de l'insouciance de ses parents. Il est juste que, si pendant sa folie on a abusé de lui, il puisse, lorsqu'il a recouvré la raison, prouver qu'il ne la possédait pas au moment où il a contracté, et faire tomber un acte qui manquerait d'une de ses bases essentielles, le consentement. — Duranton, t. 3, no 782; Delvincourt, t. 1er, p. 132, note 10e. — Proudhon semble n'admettre cette décision qu'autant qu'il s'agit de cause accidentelle et momentanée d'aliénation (ce qui ne comporte pas l'interdiction), et non lorsqu'il s'agit d'actes passés pendant un état proprement dit de démence, d'imbécillité ou de fureur.

333. — M. Marcadé, sur l'art. 504, admet que l'individu non interdit peut attaquer lui-même pour cause de démence l'acte qu'il a consenti; mais alors que c'est à lui à prouver, par témoins et par tous autres moyens qui seraient en son pouvoir, qu'il n'avait pas sa raison lorsqu'il a passé l'acte.

334. — Ainsi jugé que celui qui a souscrit un acte peut, alors même que son interdiction n'a été ni prononcée ni même provoquée, en demander la nullité en se fondant sur ce qu'à l'époque où il s'est engagé il était en état de démence; que l'art. 504, C. civ., ne reçoit pas dans ce cas son application. — Mais la preuve de la démence ne doit être admise qu'avec beaucoup de circonspection. — *Lyon*, 24 août 1831, Bochu c. Beaujolin.

335. — Le donataire, en vertu d'un titre antérieur à l'interdiction, ne peut, si cet acte est attaqué plus tard pour cause de démence, se pourvoir par tierce-opposition contre le jugement qui a prononcé l'interdiction. — *Riom*, 9 janv. 1808, Horm c. Norcy.

336. — Les actes antérieurs par leur date au jugement qui prononce l'interdiction ou qui nomme un conseil judiciaire peuvent encore être sujets à contestation lorsque cette date n'est pas certaine avant le jugement, mais à cet égard se présentent des difficultés et plusieurs systèmes qui ont pendant long-temps divisé la jurisprudence.

337. — D'une part, on a soutenu que l'art. 1322, qui veut que l'acte sous seing-privé fasse foi de sa date tant à l'égard du débiteur que de ses héritiers ou ayant-cause devait recevoir son application au cas d'interdiction. — Ainsi jugé que les billets souscrits par un interdit, et qui portent une date antérieure à l'interdiction, sont opposables aux héritiers de l'interdit, bien qu'ils n'aient acquis date certaine que depuis l'interdiction, et qu'on ne saurait considérer les héritiers de l'interdit comme des tiers, dans le sens de la loi, pour soutenir qu'à leur égard il y a présomption d'antidate. — *Bourges*, 4 janv. 1831, Dextre c. Paret.

338. — Et le principe de la validité d'un pareil acte a été appliqué alors surtout qu'il s'agissait d'une lettre de change, et que le paiement était réclamé par un tiers porteur de bonne foi. — *Paris*, 20 avr. 1831, Devesvres c. Boudin. — Cet arrêt a été cassé le 4 fév. 1835. — V. *infrà* no 345. — *Paris*, 29 avr. 1845 (t. 1er 1846, p. 145), Bonnerat c. Capegrain.

339. — D'autre part, on a prétendu qu'il résultait de l'art. 502, C. civ., qu'une présomption de fraude s'élevait contre tous les actes signés par un interdit ou par l'individu pourvu d'un conseil, alors même qu'ils énonçaient une date antérieure au jugement, si cette date n'était pas certaine, qu'en conséquence ces actes ne pouvaient valoir en justice. — *Angers*, 8 déc. 1813, Goursaud c. Lenoir: *Cass.*, 9 juill. 1816, mêmes parties; *Rouen*, 22 juill. 1828, Gamelin c. Trochet; *Paris*, 26 juin 1838 (t. 2 1838, p. 76), Toutard c. Plé.

340. — . . Alors même qu'il s'agissait de titres commerciaux. — Mêmes arrêts.

341. — Jugé même que la preuve de l'antériorité de la date ne peut être faite par le porteur de l'engagement commercial à l'aide de ses livres ou d'une enquête. — *Angers*, 8 déc. 1813, Goursaud c. Lenoir.

342. — . . . Et qu'un pareil acte ne peut servir de commencement de preuve par écrit de l'antériorité de l'obligation. — *Rouen*, 22 juill. 1828, Gamelin c. Trochet. — Il est toutefois à remarquer qu'en même temps qu'il pose le principe *en droit*, l'arrêt, *en fait*, déclare les actes suspects de fraude.

343. — Jugé enfin que les engagemens souscrits par un interdit pour cause de prodigalité (suivant les lois anciennes) ont dû être réputés sans effet, s'ils n'avaient pas date certaine avant l'interdiction. — Alors surtout qu'il résulterait des pièces et circonstances du procès la présomption que ces engagemens n'avaient pas été contractés à l'époque qu'on leur assignait. — *Paris*, 10 mai 1810, Wasberg c. Alcan; *Amiens*, 15 fév. 1823, Restout c. Fayard.

344. — Entre ces deux systèmes, qui outraient sans doute chacun de leur côté les conséquences l'un de l'art. 1322, l'autre de l'art. 502, il est venu s'en placer un qui semble plus rationnel et concilie les dispositions de la loi. Ainsi, la cour de Cassation, modifiant la rigueur de sa première jurisprudence, admet maintenant que l'obligation n'est pas nulle par cela seul qu'elle n'a pas de date certaine, mais aussi elle lui refuse la puissance de faire pleinement foi de sa date. Il faudra donc, pour que l'obligation soit validée, si sa date est contestée, que les magistrats soient édifiés sur sa sincérité. — *Cass.*, 8 mars 1836, Morin c. Pelletier; *Orléans*, 25 août 1837 (t 2 1837, p. 207), Gerberon c. Saint-Loup; 24 mars 1838 (t. 1er 1839, p. 146), Molin c. Buchepot; — Duranton, t. 3, no 772; Delvincourt, t. 1er, p. 132, note 7e.

345. — Jugé en conséquence que les engagemens souscrits par un individu qui, depuis, a été pourvu

d'un conseil judiciaire, ne sont pas nuls de plein droit en ce qu'ils n'auraient acquis date certaine que postérieurement à la nomination du conseil judiciaire; que les juges peuvent, lorsqu'ils reconnaissent en fait la sincérité de la date, prononcer la condamnation surtout au profit du tiers porteur. — *Cass.*, 17 mai 1831, Guérin c. Eymard.

346. — ... Et que lorsque la date de l'acceptation souscrite par un individu interdit ou pourvu d'un conseil, d'une lettre de change dont la date apparente est antérieure au jugement ou est contestée, il n'y a pas en faveur de cette date présomption légale de sincérité, et qu'il y a lieu (alors même que la lettre de change est aux mains d'un tiers porteur de bonne foi) d'établir qu'elle a été souscrite antérieurement au jugement. — *Cass.*, 4 fév. 1835, Devesvres c. Boudin (cet arrêt casse l'arrêt de la cour de Paris du 20 avr. 1831, V. *suprà* n° 337); *Orléans*, 3 juill. 1835, mêmes parties.

347. — Jugé encore que des billets souscrits par un individu qui a depuis été pourvu d'un conseil judiciaire peuvent être déclarés avoir effet vis-à-vis du souscripteur, encore qu'ils n'aient pas acquis date certaine avant le jugement qui a nommé le conseil, s'il apparaît que la date qui y est apposée est sincère. — *Lyon*, 2 nov. 1831, Tondut c. Fourrier.

348. — Jugé encore que les effets mobiliers et les effets au porteur qui ont appartenu à l'interdit avant son interdiction et qui se trouvent dans la possession d'une tierce personne, sans que l'on puisse prouver à quelle époque elle les a acquis, doivent être censés acquis par elle avant le jugement qui a privé l'interdit de ses droits civils. — *Cass.*, 2 niv. an XII, Vanbomel c. Vandinter.

349. — Mais à la charge de qui sera la preuve? Le créancier devra-t-il établir la sincérité de la date, ou bien le débiteur sera-t-il tenu d'en prouver la fausseté? — Jusqu'à l'arrêt du 8 mars 1836 cité plus haut la cour de Cassation ne s'était pas bien nettement prononcée sur ce point, bien que les considérans de l'arrêt du 4 fév. 1835 semblent faire retomber l'obligation de prouver plutôt sur le créancier que sur le débiteur; mais, en 1836, elle s'est expliquée catégoriquement en appliquant au débiteur la maxime *Reus excipiendo fit actor*, et en lui imposant le fardeau de la preuve, dont l'appréciation, du reste, sera entièrement abandonnée aux juges du fond. — Conf. *Orléans*, 25 août 1837 (t. 2 1847, p. 207), Gerberon c. Saint-Loup; 21 mars 1838 (t. 1er 1839, p. 146), Merlin c. Buchepot.

350. — Jugé en sens contraire que celui qui produit une acceptation sans date certaine antérieure à la nomination du conseil doit, s'il veut échapper à la nullité prononcée par l'art. 502, C. civ., prouver, soit par les circonstances de la cause, soit par la preuve testimoniale, l'antériorité de l'acceptation au jugement qui a nommé le conseil judiciaire. — *Orléans*, 3 juill. 1835, Gillet c. Devesvres. — V. aussi *Paris*, 26 juin 1838 (t. 2 1838, p. 76), Coutar; — Zachariæ, t. 1er, § 127.

351. — Dans le cas où l'interdit ou ses héritiers ne prouvent pas l'antidate, les juges peuvent, pour assurer d'autant plus la vérité de la date, déférer d'office le serment à celui qui réclame le paiement de l'obligation. — *Cass.*, 8 mars 1836, Morin c. Pelletier; *Orléans*, 21 mars 1838 (t. 1er 1839, p. 146), Merlin c. Buchepot.

352. — Quant aux héritiers du dément ils ne peuvent, suivant le code civil, attaquer les actes par lui faits qu'autant que son interdiction a été *prononcée* ou *provoquée* avant son décès. A moins que la preuve de la démence ne résulte de l'acte même. — *Rennes*, 30 avr. 1841 (t. 2 1841, p. 480), Triquet c. Bonneau.

353. — Ainsi les héritiers ne seraient pas admis, hors le cas de prononciation ou de provocation de l'interdiction, à prouver la notoriété de la démence au moment où l'acte a été passé : la raison en est que s'ils n'ont pas provoqué l'interdiction, ils sont présumés avoir reconnu que le défunt était sain d'esprit; il y aurait en outre danger à permettre après le décès de l'auteur une preuve dont l'élément principal aurait disparu avec lui.

354. — Ce principe a été appliqué au cas où un acte était attaqué pour cause d'ivresse habituelle, et il a été jugé que la preuve qu'un individu était habituellement en état d'ivresse doit être rejetée alors que son interdiction n'a pas été prononcée ni même provoquée avant son décès, et alors que l'état d'aberration d'esprit du contractant ne résulte pas de l'acte attaqué. Il en est à cet égard de l'état d'ivresse comme de la démence. — *Guadeloupe*, 6 juill. 1832, Sergent c. Alleaume, sous *Cass.*, 23 déc. 1834.

355. — L'anéantissement des facultés intellectuelles, ou l'imbécillité et la démence même, accidentellement produits par une maladie à laquelle un individu a succombé, ne peuvent pas être considérés comme l'état de démence caractérisé par la loi. Ses héritiers ne peuvent, en conséquence, faire annuler un acte qu'il aurait souscrit pendant cette maladie, autrement que pour défaut de consentement et comme entaché de dol et fraude. — *Pau*, 13 janv. 1838 (t. 2 1839, p. 97), Marsan c. Ribes.

356. — Jugé encore que les héritiers du mandant dont l'interdiction n'a pas été provoquée pendant sa vie ne peuvent prétendre qu'il leur suffit, pour empêcher l'effet d'une ratification de sa part, résultant de ce qu'il aurait eu connaissance de l'exécution de l'acte, d'établir qu'il ne jouissait pas de ses facultés intellectuelles. — *Caen*, 27 janv. 1846 (t. 1er 1846, p. 737), Billeux c. Lefèvre.

357. — ... Et que, quelque favorable que soit la liberté de l'homme, néanmoins le ministère public (constitué défenseur de cette liberté dans les colonies où subsiste l'esclavage) ne peut être admis à critiquer pour cause de démence les contrats à titre onéreux qui révoquent les legs de liberté, alors que ces contrats émanent d'un individu dont l'interdiction n'a été ni prononcée ni poursuivie de son vivant. — *Cass.*, 31 janv. 1843 (t. 1er 1843, p. 667), Roseville et Thélamont.

358. — La disposition de l'art. 504 est introductive d'un droit nouveau, car avant le code les actes faits par un individu décédé *integri status* pouvaient après sa mort être attaqués, pour cause de démence, alors même que la preuve de la démence ne résultait pas des actes eux-mêmes, et cette preuve pouvait être ordonnée lorsque des motifs graves et déterminans la rendaient admissible. — *Paris*, 24 juin 1808, Chevillon c. Clément; — Ricard, *Dr. comm. de la France*, liv. 1er, tit. 6, ch. 4, sect. 2; et *Don.* part. 1re, ch. 3, sect. 3e, n° 144 et suiv.; Pothier, *Oblig.*, n° 51. — V. aussi, arrêt du 2 avr. 1708, rapp. par Augeard, t. 3, ch. 87, p. 482, et un autre du 21 juill. 1779.

359. — Ainsi jugé (dans une espèce antérieure au code) que l'héritier d'une femme décédée *integri status*, sans que son interdiction ait été provoquée, peut attaquer pour cause de démence l'aliénation d'immeubles qu'elle a faite avant sa mort, sans l'autorisation de son mari, lorsqu'il résulte de l'acte même, ainsi que des circonstances qui l'ont accompagné et suivi, que le consentement de sa femme a été surpris à sa faiblesse, et que la vente n'était que simulée et un moyen détourné pour le mari de s'approprier la fortune de sa femme. — *Paris*, 20 mars 1807, Olive c. Goureau.

360. — Il suffit, pour qu'il y ait *provocation* d'interdiction dans le sens de l'art. 504, C. civ., qu'une demande ait été formée, alors même qu'elle n'aurait été suivie d'aucune procédure et que le décès de celui qu'elle concernait ne serait arrivé que long-temps après cette demande. — *Gênes*, 5 fév. 1812, Dasso c. Revello.

361. — Jugé de même pour le cas où les héritiers, après avoir provoqué l'interdiction de leur parent, auraient ensuite abandonné leur action, mais seulement dans des vues d'économie et par suite des précautions prises par la police dans l'intérêt de celui-ci. — *Paris*, 13 juill. 1808, Cretté.

362. — Jugé encore que les héritiers d'un individu dont l'interdiction a été provoquée avant son décès peuvent invoquer l'art. 504, C. civ., quoique la demande en interdiction ait été formée par des personnes qui n'avaient pas capacité pour le faire. — *Poitiers*, 1er fév. 1842 (t. 1er 1842, p. 749), Raban c. Bauré.

363. — Mais si la demande en interdiction avait *été rejetée*, les héritiers ne pourraient plus invoquer l'art. 504. — Duranton, n° 786.

364. — Remarquons au surplus que l'art. 504 n'est pas applicable aux donations et testamens, lesquels sont régis par l'art. 901. — Duranton, n° 787. — V. DONATION ENTRE-VIFS, TESTAMENT.

365. — On doit considérer comme *contrat onéreux*, bien que qualifié *donation*, l'abandon fait par un individu de ses biens à un autre avec charge de pourvoir à tous ses besoins pendant sa vie et de recueillir d'autres obligations onéreuses. Dès-lors, un tel acte ne peut, après la mort du prétendu donateur, être attaqué pour cause de démence, si l'interdiction de ce dernier n'a été ni prononcée ni provoquée, et si la preuve de la démence ne résulte pas de l'acte même. C'est ici le cas d'appliquer l'art. 504, C. civ., et non l'art. 901, qui ne s'applique qu'aux actes de libéralité. — *Bourges*, 16 avr. 1832, Bournier c. Ratheau; — Coin-Delisle, *Comm. anal.*, sur l'art. 901, n° 8.

366. — Remarquons au surplus que depuis la loi du 30 juin 1838 les actes faits par une personne placée dans un établissement d'aliénés, pendant le temps qu'elle y aura été retenue *sans que son interdiction ait été prononcée ni provoquée*, peuvent être attaqués pour cause de démence soit par elle, soit par ses héritiers conformément à l'art. 1304, C. civ., art. 39. — V. ALIÉNÉS.

367. — Jugé que l'art. 504, C. procéd., ne s'applique qu'aux actes volontaires et non aux jugemens, qu'en conséquence les héritiers d'un individu dont l'interdiction a été provoquée avant son décès sont non-recevables à demander la nullité du jugement par défaut qui l'a condamné, sous le prétexte qu'il était en état de démence à l'époque où ce jugement a été rendu contre lui. — *Poitiers*, 31 août 1842 (t. 1er 1843, p. 348), Robain c. Bauré.

368. — ... Et qu'un jugement rendu par défaut contre un individu notoirement imbécile doit être considéré comme exécuté lorsque, le créancier a fait l'une des poursuites énoncées dans l'art. 159, C. procéd. civ. — Même arrêt. — V. cep. *Poitiers*, 1er fév. 1842 (t. 1er 1842, p. 749), même parties.

369. — Les juges doivent admettre, nonobstant l'art. 504, C. civ., l'action de dol invoquée pour faire annuler une obligation contractée par un individu dont l'interdiction n'aurait pas été provoquée avant son décès, et cela quand bien même l'articulation présenterait le défunt comme ayant été en état de démence au moment de contrat. — *Douai*, 25 juin 1845 (t. 2 1845, p. 250), Veronsi c. Fontaine.

370. — *Actes postérieurs.* — Suivant l'art. 502, tous actes passés postérieurement par l'interdit sont *nuls de droit*. La nullité est relative. — Art. 1125.

371. — Bien que la nullité prononcée par l'art. 502, soit *de droit*, elle doit néanmoins être prononcée en justice, car les actes passés par l'interdit ne sont réputés nuls que dans l'intérêt de l'interdit et de ses représentans. En outre la nullité doit en être demandée dans un délai de dix ans à partir du jour où l'interdiction a cessé (art. 1304). — Ce que la loi veut dire en se servant des mots *nuls de droit*, c'est que pour en obtenir l'annulation dans le délai légal, il suffit que l'interdit la demande, sans être obligé, comme le mineur, d'établir une lésion quelconque dès le principe. — Duranton, n° 769.

372. — L'effet du jugement d'interdiction est immédiat, ainsi que cela a été dit plus haut : il est produit *du moment* de la prononciation (et non pas seulement *du jour*). — Merlin, *Rép.*, v° *Délai*; et dès avant la signification à interdit, en outre il n'est pas suspendu par le fait d'un appel interjeté. — Duranton, t. 3, n° 770; Proudhon, t. 2, p. 325; Delvincourt, t. 1er, p. 132, note 8.

373. — Seulement il est bien évident que si le jugement qui prononce l'interdiction était infirmé, les actes passés dans l'intervalle de ce jugement à l'arrêt définitif seraient valables, le jugement qui créait l'incapacité disparaissant par le seul fait de l'infirmation. — Duranton, n° 770; Delvincourt, *loc. cit.*; Marcadé, sur l'art. 502.

374. — De ce que la loi exige, ainsi que cela a été dit plus haut (nos 181 et suiv.), que le jugement d'interdiction soit publié et affiché, quelques auteurs ont conclu que la nullité de plein droit prononcée par l'art. 502 ne pouvait être invoquée à l'égard des tiers qu'autant que le jugement avait été rendu public dans les formes et délais voulus par la loi. — Toullier, t. 2, n° 1384; Maleville, art. 501.

375. — Et ce système a été consacré par quelques décisions. — *Turin*, 20 janv. 1810, Ballada c. Beraudi Pralormo; *Cass.*, 16 juill. 1810, Berthier Warnier c. Marse; *Bruxelles*, 12 juill. 1819, N... — L'arrêt de Turin pose même en principe que le jugement n'a effet qu'autant que toutes les formalités prescrites ont été remplies dans le délai légal (notamment la signification à partie).

376. — Ce système paraît admissible au premier abord en ce qu'il semble juste que les tiers ne puissent être lésés par l'interdiction, qu'autant qu'ils ont connu légalement son existence, et que conséquemment il y a faute de leur part. Mais si l'on se pénètre bien de l'esprit de la loi, on verra qu'il est tout autre. Sans doute elle a eu en vue dans l'art. 501 l'intérêt des tiers; mais ce qui l'a principalement préoccupée, c'est l'intérêt de l'interdit : aussi voit-on que l'art. 501 n'attache aucune pénalité à l'inobservation de la formalité qu'il prescrit, tandis que l'art. 502 dit expressément et sans restriction aucune que l'interdiction aura son effet du *jour du jugement* et non pas seulement du jour de la publicité donnée à ce jugement. Subordonner l'application de l'art. 502 à l'exécution de l'art. 501, c'eût été rendre l'interdit victime de la négligence d'un tiers, c'est ce que la loi n'a pas voulu. Il est d'ailleurs si vrai que l'art. 502 ne se rattache pas nécessairement à l'art. 501, et que la *publicité* n'est pas indispensable pour l'*effet* du jugement, que les partisans du système contraire avouent eux-mêmes qu'il suffit que l'affiche du jugement ait eu lieu *dans le délai de dix jours*, c'est-à-dire le neuvième jour, pour que l'acte passé *après* ce jugement (c'est-à-dire, même le lendemain), soit réputé nul. Ainsi, *de leur aveu*, il suffirait d'une publicité même *postérieure* à l'acte, mais accomplie dans

un délai donné pour laisser cet acte sous la nullité de plein droit; or, dans cette hypothèse de quel secours eût été cette publicité aux tiers qui auraient traité *antérieurement*; et, d'un autre côté, par une conséquence bizarre, l'acte nul de plein droit *deviendrait* valable par cela seul que les formalités de l'art. 501 n'auraient été remplies que postérieurement au délai fixé. — Cela suffit pour démontrer que la combinaison des art. 501 et 502 doit être tout autre, nous n'avons pas à rechercher à qui des tiers ou de l'interdit la loi devait donner la préférence : il suffit qu'elle ait protégé spécialement l'interdit pour que sa volonté doive être exécutée. Il restera d'ailleurs aux tiers une action en responsabilité contre le demandeur en interdiction lorsque celui-ci, en ne donnant pas au jugement la publicité légale, les aura induits en erreur. — Duranton, t. 3, nº 774 ; Delvincourt, t. 1er, p. 329. — Ou même contre les notaires qui, bien que requis de faire l'affiche auraient négligé de la faire. — Arg. *Toulouse*, 3 janv. 1820, Balzac c. Bourdon; — V. conclusions de Merlin lors de l'arrêt contraire de 1810 (V. sous cet arrêt les *Quest.*, vº *Tableau des interdits*). — V. aussi Favard de Langlade, vº *Interdiction*, § 3, nº 3 ; Marcadé, sur l'art. 502.

377. — Le jugement qui déclare que le certificat du greffier ne prouve pas que le jugement d'interdiction a été affiché dans la salle de l'auditoire, contient une appréciation de fait à l'abri de la cassation. — *Bruxelles*, 12 juill. 1819, N...

378. — Dans tous les cas, les actes souscrits par l'interdit postérieurement à la publicité donnée à la sentence d'interdiction sont nuls, encore bien que quelques formalités prescrites dans l'intérêt de celui-ci pour la validité de la sentence d'interdiction n'auraient pas été remplies : les tiers ne peuvent se prévaloir de l'inaccomplissement de ces formalités. — *Cass.*, 27 avr. 1842 (t. 2 1842, p. 229), Lefebvre c. Varenne.

379. — De même, celui qui a traité avec l'interdit n'est pas recevable à se prévaloir de ce que la publication et l'affiche n'auraient pas eu lieu dans les dix jours si, en fait, ces formalités ont été remplies avant l'acte attaqué. — *Florence*, 25 janv. 1842, Rossemilni c. Guebard.

380. — De même encore celui qui a traité avec l'interdit depuis que la sentence a été rendue publique ne peut invoquer l'erreur commune, et en supposant que cette erreur commune pût être opposée, elle ne saurait être prouvée par des actes postérieurs à celui en faveur duquel on l'invoque. — *Rennes*, 16 déc 1833, Campion c. de Varenne.

381. — On ne peut opposer aux héritiers de l'interdit qui se prévalent de son interdiction pour faire une obligation où il a été partie, postérieurement à son interdiction, une fin de non-recevoir tirée de ce qu'ils ont eux-mêmes traité avec lui. — Même arrêt.

382. — Sur la question de savoir si l'interdit peut contracter un mariage valable, V. MARIAGE.

383. — La reconnaissance faite par l'interdit d'un enfant naturel est-elle valable? — V. ENFANT NATUREL, nos 62 et suiv.

384. — Quant aux délits et quasi-délits commis par l'interdit, V. DÉMENCE, RESPONSABILITÉ.

Sect. 6e. — *Cessation de l'interdiction. — Main-levée. — Procédure. — Conséquences.*

385. — L'interdiction cesse avec les causes qui l'ont déterminée, néanmoins la main-levée ne peut en être prononcée qu'en observant les formalités prescrites pour parvenir à l'interdiction. — C. civ., art. 512 ; C. procéd., art. 896.

386. — Il en était de même sous l'ancien droit. — *Rennes*, 16 déc. 1833, Campion c. de Varenne.

387. — Ainsi, la requête au président, la communication au ministère public, la nomination du rapporteur, l'avis du conseil de famille, l'interrogatoire, l'enquête, s'il y a lieu, puis le jugement public sur le fond, sur les conclusions du ministère public, toutes ces formalités prescrites pour la prononciation de l'interdiction le sont également pour la main-levée.

388. — L'interdit qui provoque la main-levée de son interdiction n'a pas besoin d'être assisté de son tuteur. — *Bordeaux*, 8 mars 1822, Audry c. Babin et Ginet; *Riom*, 2 déc. 1830, Cormier.

389. — ... Alors surtout qu'il a pour tuteur et subrogé tuteur des parens successibles, intéressés par là même à ce qu'il ne reprenne pas l'administration de ses biens. — *Bordeaux*, 8 mars 1822, Audry c. Babin et Ginet.

390. — Mais le tuteur doit-il au moins être appelé comme contradicteur à la demande en main-levée? — V. Affir. *Riom*, 2 déc. 1830, Cormier, et nég. *Cass.*, 12 fév. 1816, Martin.

391. — La doctrine qui écarte le tuteur de la demande en main-levée de l'interdiction avait été consacrée par arrêt du parlement de Paris du 24 mars 1791, cité par Merlin (*Rép.*, vº *Interdiction*, § 7, nº 4, et *Quest.*, vº *Interdiction*, § 5). — Elle est aujourd'hui enseignée par les auteurs. — V. Merlin ; Favard, t. 3, p. 100; Lepage, p. 593; Duranton, t. 3, p. 719, nº 791 ; Berriat, p. 683, note 10e, n. 1er ; Carré, t. 3, p. 271, quest. 181, nº 3036 ; Delvincourt, t. 1er, p. 133, note 4e; Pigeau, *Traité de la procéd. civ.*, t. 2, part. 4e ; Toullier, nº 1364.

392. — Et on en a tiré la conséquence que le tuteur n'a pas qualité pour former tierce-opposition au jugement qui a prononcé cette main-levée. — *Cass.*, 12 fév. 1816, Martin et Bertin c. Martini. — Toullier, nº 1364, note.

393. — Il ne peut également, non plus que le subrogé-tuteur, user de la faculté que l'art. 883 leur laisse de se pourvoir contre les délibérations du conseil de famille qui ne sont pas unanimes, car ils se rendraient dans ce cas adversaires de l'interdit. — Duranton, nº 791.

394. — L'interdit n'a pas non plus besoin d'appeler en cause les membres du conseil de famille dont l'avis n'a pas été favorable à la main-levée. — Duranton, nº 792. — *Contrà* Carré, quest. 3037 ; Berriat, p. 682, note 10e.

395. — Toutefois, il semble résulter de l'art. 888, C. proc., que s'ils notifiaient leur opposition à l'homologation de l'avis de parens, ils devraient être appelés en cause ; sinon qu'ils auraient le droit de former opposition. — Pigeau, t. 2, p. 495 ; Bioche et Goujet, vº *Interdiction*, nº 75 ; Toullier, nº 1364, note ; Duranton, t. 3, n. 792 ; Delvincourt, t. 1er, p. 133, note 4e. — Arg. de l'arrêt *Cass.*, 12 fév. 1816 (Martin c. Martini), qui décide qu'en cette matière *le conseil de famille* et le ministère public sont les véritables contradicteurs.

396. — Jugé aussi que le tuteur peut, au nom du conseil de famille de l'interdit, former tierce-opposition à un jugement qui, sur la demande de ce dernier et sur l'avis d'un conseil de famille irrégulièrement composé, a prononcé la main-levée de l'interdiction. — *Metz*, 6 août 1818, Martini c. Martini.

397. — Jugé même que le tuteur d'un interdit, *spécialement autorisé par le conseil de famille*, a qualité pour appeler, même sans le concours du ministère public, qui n'est pas partie principale, d'un jugement qui prononce la main-levée de l'interdiction. — *Cass.*, 14 juin 1842 (t. 2 1842, p. 319), d'Arguesse c. Bertaux

398. — C'est devant le tribunal du domicile de l'interdit que doit être portée la demande en main-levée, bien que ce ne fût pas là le domicile de la tutelle, et que ce soit à ce dernier domicile que le conseil de famille doive se réunir. — Bioche et Goujet, vº *Interdiction*, nº 76; Carré, t. 3, quest. 3038 ; Lepage, *Quest.*, p. 593. — *Contrà* Thomine, t. 2, nº 1054.

399. — Jugé que l'invidu qui, sous l'empire des lois anciennes, a été interdit pour cause de prodigalité, a conservé néanmoins la libre disposition de sa personne et le droit de changer de domicile ; que c'est donc devant les juges de son nouveau domicile qu'il a dû porter sa demande en main-levée d'interdiction. — *Paris*, 13 germin. an X, Merlin.

400. — Le jugement qui prononce sur la demande en main-levée de l'interdiction est susceptible d'appel de la part de ceux qui y ont figuré.

401. — Le procureur du roi a qualité pour interjeter appel du jugement qui prononce la main-levée de l'interdiction qu'il avait provoquée d'office. — *Poitiers*, 5 août 1834, Deshoulières.

402. — Jugé même qu'il est recevable à interjeter appel, encore que le jugement de main-levée aurait été rendu conformément à ses conclusions. — Même arrêt. — C'est la conséquence du principe que la matière d'interdiction ne comporte pas d'acquiescement valable. — V. *suprà* nº 206.

403. — Et l'on ne peut considérer comme constituant une demande nouvelle le fait que, sur l'appel, le procureur du roi, pour faire réformer le jugement, invoque des faits postérieurs à ce jugement. — Même arrêt. — V. anal., en matière de séparation de corps, ce mot.

404. — Le tuteur d'un interdit chargé par le conseil de famille de poursuivre la réformation du jugement qui prononce la main-levée de l'interdiction, ne peut acquiescer valablement à ce jugement. — Il s'agit là d'une matière d'ordre public comme relative à la capacité des personnes. — *Cass.*, 14 juin 1842 (t. 2 1842, p. 319), d'Arguesse c. Bartaux. — V. ACQUIESCEMENT, nos 133 et suiv.

405. — L'interdit ne peut reprendre l'exercice de ses droits qu'après le jugement de main-levée : ainsi ce jugement ne remonte pas, quant à ses effets, au jour de la demande. — Si la main-levée n'était accordée que par l'arrêt *infirmatif*, ce serait seulement à partir de cet arrêt que le jugement d'interdiction cesserait de produire ses effets.

406. — Le jugement ou l'arrêt de main-levée doivent-ils être rendus publics, conformément aux art. 501, C. civ., et 897, C. procéd. ? — La négative est enseignée par tous les auteurs. Et la raison en est que les tiers n'ont pas le même intérêt à être prévenus de la capacité recouvrée qu'ils avaient à connaître l'incapacité. D'ailleurs celui qui est relevé de l'interdiction s'empressera de leur en donner connaissance. — Delvincourt, p. 330 ; Bioche et Goujet, vº *Interdiction*, nº 77 ; Thomine, nº 1054 ; Duranton, nº 793 ; Toullier, nº 1364, note. — Mais cet auteur cite à tort comme résolvant la question l'arrêt de cassation du 12 fév. 1816. — V. *suprà* nos 390 et 392.

407. — Il est au surplus naturel d'admettre que l'on remplira dans ce cas les mêmes formalités que pour le cas où le jugement d'interdiction a été infirmé. — V. *suprà* nº 221.

408. — Jugé que si le jugement ne donne pas main-levée pure et simple de l'interdiction, mais place en même temps l'interdit sous l'assistance d'un conseil judiciaire, il y a lieu de remplir les formalités prescrites par les art. 501, C. civ., et 897, C. procéd. — *Rennes*, 14 juin 1819, de Planc. — Cet arrêt a été rendu dans une espèce où l'interdiction prononcée avant le Code pour prodigalité était *convertie* en nomination d'un conseil judiciaire. — Le principe serait également applicable aujourd'hui. — Il est juste que le tiers auquel tout viendra révéler que l'état d'interdiction a cessé, soit averti qu'il ne l'a été que sous réserve. — Au surplus, la loi ordonne de rendre public le jugement qui nomme un conseil judiciaire comme celui qui prononce l'interdiction. — V CONSEIL JUDICIAIRE.

409. — Ceux qui, sur la foi du jugement qui prononçait l'interdiction d'un individu, et de la délibération homologuée qui ordonnait la vente de ses biens, se sont rendus acquéreurs de ces biens, ont qualité pour former tierce-opposition au jugement d'interdiction, alors surtout que cette rétractation n'a eu lieu que pour vice d'incompétence de la première sentence. — Et alors même que ce jugement de rétractation aurait été (l'interdiction ayant été prononcée d'office, pour cause de fureur) rendu contradictoirement avec le ministère public. — On ne peut dire que, dans ce cas, le ministère public, représentant la société quant à l'action publique, en ait représenté tous les membres quant à leurs intérêts civils. — *Cass.*, 24 déc. 1838 (t. 1er 1839, p. 24), Roujon c. Vidal.

410. — Jugé que lorsqu'une mère tutrice de son fils interdit a remis à un autre de ses enfans une somme qu'il prétend lui être due par l'interdit, comme ayant été son mandataire avant l'interdiction, celui-ci ne peut, après l'interdiction levée, et encore qu'il ait reçu décharge du mandat, et que la mère ait fait la remise de cette somme en sa qualité de tutrice, la réclamer de son frère, en ce qu'elle aurait servi à payer une dette non due par lui. — Et la mère elle-même a pu être déclarée aussi sans qualité pour revendiquer cette somme, non en son propre nom et comme donatrice, mais en qualité de tutrice, sauf pour le second enfant donataire l'obligation de faire rapport au décès de sa mère, s'il y a lieu. — *Cass.*, 20 nov. 1832, Dehamel.

V. ACQUIESCEMENT, ACTES RESPECTUEUX, ALIÉNÉS, APPEL, AYANT-CAUSE, CASSATION, CAUTIONNEMENT, COMPTE DE TUTELLE, CONSEIL DE FAMILLE, ENFANT NATUREL, MARIAGE, PREUVE TESTIMONIALE, SERMENT, TUTELLE.

INTERDICTION LÉGALE.

1. — Après avoir séquestré de la société, pendant un temps toujours fort long (son minimum de durée est de cinq ans), les condamnés à des peines afflictives et infamantes temporaires, et après s'être occupé des incapacités personnelles que la nature de leurs méfaits et de la peine devait entraîner contre eux, le Code pénal a dû songer à leurs biens. Leur en laisser la disposition eût été immoral et dangereux, puisqu'ils auraient pu trouver dans cette tolérance les moyens de neutraliser, par les recherches du luxe, les rigueurs d'un châtiment qu'on a voulu rendre sévère, et d'acheter une évasion ; enfin, c'eût été introduire, entre des hommes également flétris, presque également coupables, une disparité choquante et scandaleuse. D'un autre côté, laisser ces biens à l'abandon eût été ajouter à la peine leur ruine et peut-être celle de leur famille. C'est à ce double inconvénient que les art. 29 et suiv. du Code pénal ont pour but de pourvoir.

2. — Aux termes de l'art. 29, la condamnation à la peine des travaux forcés à temps, de la détention ou de la réclusion, entraîne contre celui qui

en est atteint, et pendant la durée de sa peine, l'état d'interdiction légale.

3. — Dans ce cas, il est nommé à l'interdit un tuteur et un subrogé-tuteur pour gérer et administrer ses biens (même article). Ces mots *tuteur* et *subrogé-tuteur* ont été substitués à celui de *curateur* employé à la fin de l'art. 29 du texte de 1810.

4. — C'est d'après les formes prescrites pour la nomination des tuteurs et subrogés-tuteurs des interdits en général que doit être faite celle des tuteurs et subrogés-tuteurs de l'interdit légalement. Les dispositions du Code civil (art. 405 et suiv.) sur ce point sont donc applicables. — V. TUTELLE.

5. — Et, conformément à ce qui est prescrit par l'art. 506, on doit dire que le mari sera, de droit, tuteur de sa femme. — Ch. Berriat-Saint-Prix, *De l'exéc. des jugem. et arrêts., et des peines en mat. crim.*, nº 98. — V. INTERDICTION.

6. — Les pouvoirs et les obligations du tuteur et du subrogé-tuteur, nommés par suite d'interdiction légale, sont en général les mêmes que lorsqu'il s'agit d'une interdiction ordinaire. — V. INTERDICTION.

7. — Mais M. Marcadé enseigne (sur l'art. 512) qu'il n'y a pas lieu d'appliquer à l'interdiction légale la règle de l'art. 508, C. civ., qui veut qu'après dix ans les tuteurs et subrogés-tuteurs puissent exiger leur décharge. — En effet, dit-il, l'interdiction légale ne peut pas, comme l'interdiction judiciaire, durer quarante, cinquante, soixante ans, car les travaux forcés temporaires et la détention ne peuvent être prononcés que pour vingt ans (art. 19 et 20). — Or, la tutelle d'un mineur (pour laquelle la durée de la fonction ne devient jamais une excuse) peut aussi durer vingt ans.

8. — Suivant l'art. 30, les biens du condamné lui sont remis après qu'il a subi sa peine, et le tuteur lui rend alors compte de son administration. — V. COMPTE DE TUTELLE.

9. — Comme on le voit par cet article, cette interdiction a la même durée que la peine à laquelle elle est attachée. Elle cesse de *plein droit* à l'expiration de cette peine, et il n'est pas besoin d'en réclamer la main-levée comme pour l'interdiction judiciaire. — C. civ., art. 512; — Boitard, *C. pén.*, p. 190 et 191; Marcadé, sur l'art. 512.

10. — « Pendant la durée de sa peine, porte l'art. 31, il ne pourra lui être remis aucune somme, aucune provision, aucune portion de ses revenus. »

11. — D'où il résulte, dit M. Marcadé (*loc. cit.*), que le conseil de famille n'aura pas à délibérer sur la manière dont il pourra être traité, comme lorsqu'il s'agit de l'interdiction judiciaire.

12. — La prohibition écrite dans l'art. 31 a été critiquée même dans le sein du conseil d'état, par MM. Regnaud de Saint-Jean d'Angélys et Redon, et depuis le Code par Carnot; mais elle a été maintenue sur les observations de MM. Treilhard et Berlier. MM. Chauveau et Hélie (*Th. Code pén.*, t. 2, p. 208) approuvent cette mesure qui nous paraît également fondée en raison. « Il ne faut pas, disait Treilhard, au nom du gouvernement, comme il est trop souvent arrivé, que des profusions scandaleuses fassent d'un séjour d'humiliations et de deuil un théâtre de joie et de débauche. » — Locré, *Législation*, t. 29, p. 208.

13. — Le Code pénal de 1791 s'était, de plus, occupé du sort de la famille du condamné, et à la prohibition de l'art. 31 actuel l'art. 5 de son titre 4 ajoutait : « Mais il pourra être prélevé sur ses biens les sommes nécessaires pour élever et doter ses enfans, ou pour fournir des alimens à sa femme, à ses enfans, à son père ou à sa mère, s'ils sont dans le besoin. » — Le Code de 1810 n'a pas reproduit ces dispositions.

14. — De ce silence quelques auteurs avaient conclu qu'aujourd'hui, les revenus des condamnés devaient s'accumuler intacts chaque année jusqu'à l'expiration de l'interdition, sans qu'on pût jamais en rien distraire, même en faveur de la famille dans le besoin. Ils appuyaient, en outre, cette doctrine sur l'art. 475, C. inst. crim., qui par cela même qu'il autorise, pendant le séquestre des biens du contumax, sa famille à réclamer des secours, semble interdire la même faculté à celle des condamnés contradictoires. C'était pour ces auteurs un grave sujet de reproche d'inhumanité et d'inconséquence contre notre législation pénale.

15. — Pour prévenir de semblables critiques, un député proposa, lors de la révision de 1832, d'ajouter à l'art. 31, C. pén., un paragraphe destiné à reproduire la disposition du Code de 1791 relative à la famille du condamné. Mais, cette proposition fut repoussée comme inutile.

16. — En effet, le condamné étant en état d'interdiction, quant à l'administration de ses biens, c'est par les règles tracées dans le Code civil pour les interdits que les questions doivent se résoudre; il devenait donc superflu de retracer dans un Code fait après l'adoption d'une loi civile précise et explicite, des dispositions qui avaient paru nécessaires sous une législation plus vague et moins homogène. Quant à l'argument tiré de l'art. 475, C. instr. crim., il tombe de lui-même puisque, fait pour le cas où les biens du contumax placés sous le séquestre sont régis comme biens d'absens par l'administration des domaines qui leur applique les règles administratives, cet article ne peut raisonnablement être appliqué à des condamnés contradictoires dont la fortune, comme celle des interdits, n'est soumise qu'aux prescriptions du droit civil. — Si donc la famille des condamnés est dans le besoin, il lui est toujours loisible de s'adresser au tuteur qui, avec l'autorisation du conseil de famille, peut lui accorder sur les biens qu'il administre, les secours nécessaires. — Chauveau, *Cod. pén., progressif*, p. 149.

17. — C'est encore d'après les règles du droit civil (C. civ., art. 203 et suiv.) qu'il convient de déterminer quelles sont les personnes comprises dans l'expression *famille*; aussi a-t-on cru devoir également rejeter, en 1832, une proposition tendant à introduire dans l'art. 31 la nomenclature restrictive précédemment insérée dans l'art. 5, du Code de 1791.

18. — L'état d'interdiction légale qui résulte de l'art. 29 ne concerne que les condamnés contradictoires, malgré les termes généraux; *quiconque aura été condamné*, et la position des condamnés par contumace est réglée, en effet, par l'art. 471, C. inst. crim.; or, cet article ne parle pas de la nomination du tuteur du condamné (Boitard, C. pén., p. 190 et 191). — D'autre part, dit M. Berriat-Saint-Prix (nº 95), d'après l'art. 30, C. pén., le tuteur doit rendre au condamné qui a subi sa peine compte de son administration; or, ce compte, concernant les biens du contumax, est rendu à qui il appartient après que l'arrêt est devenu irrévocable (C. inst. crim., art. 471); ce sont, on le voit, deux ordres d'idées tout-à-fait différens.

19. — Le contumax est pourvu d'un curateur. — V. à cet égard vis CONTUMACE, nos 124 et suiv., et DROITS CIVILS, nos 63 et suiv.

20. — ... Que décider si le condamné contradictoire venait à s'évader avant l'expiation de sa peine? selon Boitard (C. pén., nos 192 et 191), il n'en continuerait pas moins d'être en état d'interdiction légale, jusqu'à ce que ayant été repris, sa peine fût arrivée à fin. Son évasion ne devrait pas, en effet, faire sa condition meilleure que celle du condamné qui aurait continué de demeurer sous la main de la justice. C'est aussi l'opinion de M. Berriat-Saint-Prix (*De l'exécution des jugemens et arrêts, et des peines en matière criminelle*, nº 95).

21. — Le Code pénal de 1791, outre qu'il plaçait le condamné en état d'interdiction légale, disposait qu'il ne pouvait exercer par lui-même aucun droit civil. Cette dernière disposition ne se retrouve point dans le Code pénal de 1810 : d'où est née la question de savoir quelle est, quant à la disposition de leurs biens et à la capacité de contracter, la situation des condamnés en état d'interdiction légale. Nous avons exposé (vº DROITS CIVILS) les trois systèmes qui se partagent sur ce point la doctrine et la jurisprudence. — V. DROITS CIVILS, nos 55 et suiv.

22. — Nous avons vu aussi, vº DROITS CIVILS, nos 73 et suiv., que la nullité des obligations consenties par l'interdit légalement, étant d'ordre public, peut être invoquée non seulement par le condamné lui-même, mais encore par les tiers, qui auraient contracté avec lui, et qu'elle pourrait même être déclarée d'office par les tribunaux.

23. — Sur le point de savoir si l'état d'interdiction légale prononcé par l'art. 29, C. pén., rend le condamné incapable de tester, nous nous sommes prononcés pour la négative contrairement à l'opinion de Carnot. Aux arrêts cités à l'appui de notre solution il faut joindre encore un arrêt de la cour de Colmar du 1er avr. 1846 (t. 2 1846, p. 579), Recht. — V. DROITS CIVILS, nos 76 et suiv., DISPOSITION A TITRE GRATUIT, nos 334 et suiv.

24. — Il n'est point nécessaire que le condamné à une peine afflictive et infamante, frappé par conséquent d'interdiction légale, s'il est plus tard traduit en police correctionnelle, et soumis par suite à des condamnations pécuniaires, soit assisté de son tuteur. — *Poitiers*, 24 janv. 1846 (t. 1er 1846, p. 734), Rabault. — V. en ce sens pour le cas (analogue) où il s'agit d'un mineur, *Cass.*, 15 janv. 1846 (t. 1er 1846, p. 733), Devaux. — V. au reste MINEUR. — V. au surplus DROITS CIVILS, INTERDICTION, TUTELLE.

INTERDICTION DE COMMERCE.

1. — C'est la défense qu'un gouvernement fait à ses sujets de se rendre dans certains ports ou le refus qu'il fait de laisser entrer dans ses ports les navires appartenant aux sujets d'une autre puissance. — Pardessus, *Droit comm.*, t. 3, nº 61.

2. — La déclaration ou état de guerre entre nations, l'existence de la peste ou autre maladie contagieuse, celle d'une révolte contre le gouvernement légitime constituent aussi une interdiction de commerce. — Pardessus, *ibid.*

V. au surplus ASSURANCES MARITIMES, CAPITAINE DE NAVIRE, EQUIPAGE, FRÊT.

INTERDICTION DE DROITS CIVILS, CIVIQUES ET DE FAMILLE.

1. — L'interdiction à temps de certains droits civils, civiques et de famille est, aux termes de l'art. 9, 2º, C. pén., une peine correctionnelle.

2. — Les déchéances qui la constituent sont énumérées dans l'art. 42, C. pén., ainsi conçu : — « Les tribunaux jugeant correctionnellement pourront, dans certains cas, interdire, en tout ou en partie, l'exercice des droits civiques, civils et de famille suivans : — 1º de vote et d'élection; — 2º d'éligibilité; — 3º d'être appelé ou nommé aux fonctions de juré ou autres fonctions publiques, ou aux emplois de l'administration, ou d'exercer ces fonctions ou emplois; — 4º du port d'armes; — 5º de vote et de suffrage dans les délibérations de famille; — 6º d'être tuteur, curateur, si ce n'est de ses enfans, et sur l'avis seulement de la famille; — 7º d'être expert ou employé comme témoin dans les actes; — 8º de témoignage en justice, autrement que pour y faire de simples déclarations. »

3. — Toutes ces incapacités faisant également partie de la *dégradation civique*, ont déjà été examinées et appréciées sous ce mot : nous n'y reviendrons donc point, et nous nous bornerons à signaler les différences qui existent entre les deux peines.

4. — La dégradation civique est une peine infamante : — L'interdiction des droits civiques, civils et de famille, au contraire, est simplement correctionnelle.

5. — Dans la première, les incapacités forment un ensemble compacte et indivisible, sont appliquées dans leur ensemble et sans morcellement; la seconde, au contraire, admet la division et par suite une certaine appropriation à chaque genre de délit, de l'incapacité qui y a le plus de rapport. — Ce qui enlève à celle-ci une partie des vices qui résultent pour la dégradation civique de l'inséparabilité de ses déchéances dont quelques unes sont nécessairement étrangères au délit qu'on veut atteindre.

6. — L'interdiction des droits civils, civiques et de famille est temporaire. La dégradation civique est permanente. La flétrissure morale avec toutes les déchéances qu'elle a produites survit même à l'expiration de la peine principale et ne peut s'effacer que par la réhabilitation. — Art. 619 et suiv., C. inst. crim. — Dans ce cas elle ne cesse que pour l'avenir. — Art. 632, C. inst. crim.

7. — Enfin, l'incapacité que fait encourir l'ensemble des dispositions de l'art. 34 relatif à la dégradation civique est beaucoup plus absolue et plus étendue que celle qu'emporterait l'art. 42 qui, bien que reproduisant en grande partie le premier, ne rappelle cependant point la prohibition de porter des décorations, celle d'être subrogé-tuteur, conseil judiciaire, de faire partie de la garde nationale, de l'armée, de tenir école ou d'exercer des emplois dans les établissemens d'instruction. — D'où la conséquence que la privation des droits que nous venons d'énumérer, comprise dans les dispositions de l'art. 34 ne pourrait jamais être prononcée en vertu de l'art. 42, mais seulement dans les cas particuliers où quelque loi ou quelque article spécial en autorise l'application.

8. — L'interdiction prononcée en vertu de l'art. 42 emporte l'incapacité d'être arbitre. — V. ARBITRAGE, nº 317.

9. — Le caractère dominant de l'interdiction des droits civils, civiques et de famille est d'être une peine *accessoire*, car presque jamais elle ne peut être prononcée qu'autant qu'une autre peine, une peine principale a été infligée : MM. Chauveau et Hélie vont même jusqu'à dire (*Théor. du Code pén.*, t. 1er, p. 202), en la comparant à la dégradation civique, que celle-ci peut quelquefois être prononcée comme peine principale, tandis que l'interdiction des droits civils, etc., *n'est jamais qu'accessoire.* — Cette proposition, vraie en thèse générale, est peut-être cependant trop absolue, ou au moins très difficilement conciliable notamment, avec l'art. 113, du Code pén., qui prononce une peine dont les caractères nous paraissent devoir être déterminés par les dispositions des art. 9 et 42, C. pén. plutôt que par celles relatives à la dégradation civique.

10. — D'un autre côté, si l'on considère comme peines *accessoires* celles uniquement qui sont la conséquence nécessaire d'une autre, même sans avoir besoin d'être prononcées par le juge, telles que la surveillance au cas de condamnation à une peine afflictive ou infamante, l'interdiction légale dans les mêmes circonstances, on devra considérer comme *peine principale* l'interdiction des droits civils, etc., puisqu'elle doit *toujours* être formellement exprimée dans le jugement de condamnation. — Telle est la solution, et, sans doute à ce point de vue, donnée par MM. Demolombe (*Cours de Code civ.*, t. 1er, nº 191) et Marcadé (*Elém. de droit civ.*, sous l'art. 25 *in fine*. — C'est ainsi encore qu'au mot DROITS CIVILS, nº 48, nous avons dit que la privation partielle des droits civils est prononcée comme peine principale..... dans le cas de l'art. 42, C. pén., etc.

11. — Aux termes de l'art. 43, C. pén., l'interdiction mentionnée dans l'art. 42 ne peut être prononcée que lorsqu'elle a été autorisée ou ordonnée par une disposition particulière de la loi.

12. — Le Code pénal contient, à cet égard, des dispositions particulières dans les art. 86 et 89 (V. ATTENTAT CONTRE LE ROI ET SA FAMILLE), 91 (V. COMPLOT, CRIMES CONTRE LA SURETÉ DE L'ÉTAT), 109 (V. ATTROUPEMENT, DROITS POLITIQUES), 112 et 113 (V. DROITS POLITIQUES), 123 (V. COALITION DE FONCTIONNAIRES), 171 (V. DÉPOSITAIRES PUBLICS), 175 (V. FONCTIONNAIRES PUBLICS), 185, (V. DÉNI DE JUSTICE), 187 (V. LETTRES MISSIVES [secret des]), 197 (V. FONCTIONNAIRES PUBLICS), 335 (V. EXCITATION A LA DÉBAUCHE), 388 et 401 (V. VOL), 405 (V. ESCROQUERIE), 406, 407 et 408 (V. ABUS DE CONFIANCE, ABUS DE BLANC-SEING, ABUS DES BESOINS, PASSIONS ET FAIBLESSES DES MINEURS), enfin 410 (V. JEUX, LOTERIE).

13. — Parmi ces dispositions les unes sont facultatives ; ce sont celles des art. 86, 89, 91, 123, 388, 401, 405, 406 et 410, C. pén.; les autres obligatoires, celles des art. 109, 112, 113, 171, 175, 185, 187, 197 et 335. — Dans le premier cas, il rentre dans le pouvoir discrétionnaire du juge de la prononcer ou de s'en abstenir. Dans le second cas, les tribunaux commettraient une violation de la loi qui emporterait la nullité de leur jugement, s'ils ne la prononçaient pas, lors même que le ministère public ne l'aurait pas requise. — Carnot, *Code pén.*, sous l'art. 43, nº 1er. — A moins qu'ils ne se fondassent sur l'existence de circonstances atténuantes. — V. CIRCONSTANCES ATTÉNUANTES, nºs 205 et suiv. — V. aussi *Cass.*, 12 sept. 1846 (t. 1er 1847, p. 224), N...

14. — L'interdiction des droits civils, civiques et de famille n'a pas plus que la dégradation civique de mode d'exécution extérieure : elle se trouve donc encourue du jour où le jugement qui la prononce est devenu irrévocable, et le ministère public n'a pas à s'occuper de son exécution. — Seulement, si l'interdiction portait sur des droits civiques ou politiques, il devrait, quand elle est devenue définitive, en informer l'autorité supérieure de laquelle dépend le condamné en qualité de fonctionnaire, employé, préposé, etc., ou le préfet du département dans lequel il exerce des droits électoraux, fait partie du jury, etc., etc. — Ch. Berriat Saint-Prix, *De l'exécution des jugemens et arrêts criminels*, §§ 16 et 27, p. 53 et 113.

V. DROITS CIVILS, nºs 43 et suiv., DROITS POLITIQUES ET CIVIQUES, nºs 23 et suiv. — V. aussi CITOYEN FRANÇAIS, DÉGRADATION CIVIQUE, PEINE.

INTERDICTION DE FONCTIONS.

1. — C'est l'acte par lequel il est défendu à un fonctionnaire ou à un officier public de continuer ses fonctions.

2. — L'interdiction est perpétuelle ou *à temps*; mais, dans le premier cas, elle prend ordinairement le nom de *destitution*.

3. — Quelquefois les tribunaux interdisent pour un certain temps les avocats, les avoués, les notaires, les huissiers, etc. — V. ces mots. — V. aussi DISCIPLINE.

4. — Ceux qui sont interdits ne peuvent, durant leur interdiction, faire aucune fonction de leur charge, à peine de nullité et de dommages-intérêts envers les parties. Ils encourent même une peine correctionnelle. — C. pén., art. 197. — V. FONCTIONNAIRE PUBLIC.

5. — L'interdiction n'est point infamante, de telle sorte que, pendant qu'elle dure, l'officier interdit peut acquérir un autre office et s'y faire recevoir. — Loyseau, *Des offices*; Merlin, *Rép.*, vº *Interdiction des officiers*, nº 6. — V. OFFICE.

INTERDIT.

V. INTERDICTION.

INTERDITS (Droit romain).

1. — On appelait de ce nom un ordre prononcé ou une prohibition faite par le magistrat entre deux parties ; dans ce sens général, *interdit* viendrait de *dictum inter duos*. — Etienne, *Instit. de Justin. trad. et expl.*, t. 2, p. 386; Du Caurroy, *Instit. expl.*, t. 2, nº 1349 ; Domenget, *Tr. élém. des act. priv.*, nº 382.

2. — Dans un sens plus restreint, le mot *interdit* s'appliquait spécialement à la prohibition faite par le magistrat, et l'on appelait *décret* l'ordre intimé d'une manière affirmative. — Gaïus, 4; Instit., § 140. — Mêmes auteurs.

3. — Comme l'action, l'interdit était aussi une formule rédigée et délivrée par le magistrat (..... *Formæ atque conceptiones verborum*. — V. Instit. Justin., *Pr.*, tit. *De interdictis*, et Gaïus, *loc. cit.*), et qui avait pour but de terminer une contestation entre deux particuliers. Mais il différait de l'action sous plusieurs rapports importans.

4. — Ainsi : — 1º dans l'action le préteur ne statuait pas sur le fond ; il ne faisait que préciser, dans une formule, les points litigieux, et en renvoyait l'examen à un juge privé. — V. ACTION (droit romain). — Dans l'interdit, au contraire, le magistrat terminait la contestation sur-le-champ, au moins provisoirement. — Etienne, *loc. cit.*

5. — ... 2º L'action ordinaire, du moins jusqu'à l'époque de l'introduction des actions *utiles in factum*, était accordée à cause d'un droit déjà sanctionné par un monument de législation. L'interdit était au contraire accordé précisément dans le cas où la prétention du demandeur ne reposait ni sur une loi, ni sur un autre acte équivalent à la loi. — J. Crémieux, *Des act. possess.*, etc., p. 13 et 21 ; Etienne, p. 387.

6. — ... 3º En donnant une action, le préteur agissait en vertu de sa *jurisdictio* ; dans l'interdit, au contraire, il agissait en vertu de son *imperium*.

7. — Mais comment le préteur fût-il amené à interposer son *imperium* par un interdit pour faire cesser certaines contestations entre les particuliers ?

8. — A cet égard, il faut remarquer qu'à Rome, surtout dans les premiers siècles, il existait une foule de rapports et d'intérêts qui n'étaient pas sanctionnés par la loi positive, et qu'il était pourtant nécessaire de protéger. Ce fut pour sauvegarder ces intérêts et pour empêcher que les citoyens, faute de moyens légaux, ne fussent réduits à faire un appel à la force que le préteur, n'osant pas prendre sur lui de donner une action dans des cas non prévus par le droit civil, manifesta son autorité par des interdits. — Zimmern, t. 3, § 72 ; Du Caurroy, nº 1350 ; Etienne, *loc. cit.*

9. — Les interdits semblent donc tirer leur origine de la nécessité où ont été les magistrats d'empêcher les rixes et de réprimer les actes de violence. Ajoutons que, lorsque plus tard les préteurs eurent acquis assez de force et d'autorité pour compléter ou pour modifier le droit civil par des édits généraux, ils continuèrent à prononcer des interdits dans les affaires où cette marche avait été précédemment observée. — Du Caurroy et Etienne, *loc. cit.*

10. — Nous venons de remarquer que, dans l'interdit, le magistrat statuait lui-même impérieusement, c'est-à-dire qu'il décidait irrévocablement que tel fait ne devait point être produit, ou que, s'il l'était, il y avait lieu à une réparation. Mais qu'arrivait-il s'il y avait résistance à cet ordre, ou si les parties n'étaient pas d'accord sur l'existence du fait ?

11. — Le préteur accordait alors une action *in factum* par laquelle un juge ordinaire se trouvait investi du pouvoir de vérifier le fait ou la désobéissance, et de condamner ou d'absoudre, suivant les circonstances. L'interdit du magistrat, créant le droit, pouvait donc devenir la base d'une instance. — Etienne, p. 387 ; du Caurroy, nº 1349 ; Domenget, nºs 473 et suiv.

12. — Il paraît que primitivement le préteur rendait un décret spécial pour chaque affaire. Bientôt il inscrivit dans l'édit les formules de ces décrets, qu'il annonçait devoir prononcer dans certains cas, et il les appliquait, en effet, entre les parties lorsque ces cas se présentaient.

13. — Dès lors, et pour les cas prévus dans l'album, on cessa peu à peu de recourir à l'intervention directe du magistrat, et l'on prit l'habitude de demander, en vertu de l'interdit général inscrit dans l'album, les mêmes actions qu'on n'aurait pu obtenir, dans les premiers temps, qu'à la suite d'un interdit spécial rendu pour l'affaire. — Instit. Justin., § 8, *De interd.* — Etienne, *loc. cit.*, et du Caurroy, nº 1350.

14. — Il en était déjà ainsi du temps de Dioclétien (L. 3, C., *De interd.*); il n'est donc pas étonnant que Justinien, dans ses Institutes (liv. 4, tit. 15), s'occupe moins des interdits que des actions qui en tenaient lieu.

15. — Les interdits, considérés sous le rapport de leur objet et sous celui des termes employés par le magistrat, se divisaient en *prohibitoires, restitutoires* et *exhibitoires*. — Gaïus. 4, Instit., § 142; Instit. Justin., § 1er, *De interd.*

16. — Les interdits prohibitoires étaient ceux par lesquels le préteur défendait que l'on fît quelque chose. Ils se subdivisaient en non-possessoires et en possessoires, suivant qu'ils avaient trait ou non à la possession. — Gaïus, 4, Instit., § 140 ; Paul, L. 2, § 1er, ff., *De interd.*

17. — Les non possessoires étaient les interdits : — *De mortuo inferendo* (L. 1, *pr.*, ff., *H. t.*); — *De sepulchro ædificando* (L. 1, § 5, *ib.*); — *Ne quid in loco sacro fiat* (Gaïus, §§ 140, 159 ; LL 1, 2 et 3, *H. t.*); — *Ne quid in loco publico vel itinere fiat* (L. 1, ff., *H. t.*); — *De loco publico fruendo* (L. 1, *pr.*, ff., *H. t.*); — *De via publica et itinere publico reficiendo* (L. 1, *pr.*, ff., *H. t.*); — *Ne quis via publica itinereve publico ire, agere prohibeat* (L. 2, § 45, ff., *Ne quid in loco publico*); — *Ne quid in flumine publico ripave ejus fiat, quo pejus navigetur* (Gaïus, § 159, L. 1, § 17, ff., *De fluminib.*); — *Ne quis in flumine publico navigare prohibeatur* (L. 1, *pr.*, *Ut in flum. publ.*); — *De ripa munienda* (L. 1, *pr.*, *H. t.*); — *De arborib. cæd.* (L. 1, *pr.*, *H. t.*); — *De glande legenda* (L. 1, *pr.*, *H. t.*); — *Ne vis fiat ei qui in possessionem missus erit* (L. 1, *pr.*, et § 3, ff., *H. t.*); — *De aqua ex castello* (L. 1, § 38, *De aq. quotid.*); — *De migrando* (L. 1, *pr.*, *H. t.*) — V. pour les détails Domenget, nºs 393 et suiv. — V. aussi Etienne, p. 388.

18. — Les interdits prohibitoires possessoires étaient d'abord ceux que l'on désignait sous le nom de *retinendæ possessionis*. Ils se fondaient sur un *jus possessionis*, sur une possession actuelle.

19. — M. Etienne (*loc. cit.*, p. 513 et suiv.) a fort bien saisi, au point de vue des dernières données de la science, la nature de ces interdits. S'écartant des idées émises à cet égard par M. de Savigny (Recht. des Besitzes, §§ 6, 12, 37-39), cet auteur établit successivement : 1º que les interdits *retinendæ possessionis* (auxquels il faut assimiler sous ce rapport les interdits *recuperandæ possessionis*) n'étaient pas une extension à des propriétés privées des moyens juridiques établis pour protéger le possesseur de l'*ager publicus*, mais qu'il est bien plus rationnel d'admettre que, spécialement pour les interdits *retinendæ possessionis*, on ne fit que revêtir d'une forme nouvelle les *vindiciæ* qui, dans l'action *sacramenti*, avaient pour but de régler le rôle que devait jouer chaque partie dans la revendication; 2º que les interdits *retinendæ possessionis* ne devaient pas être classés parmi les actions naissant d'un délit, par conséquent parmi les actions personnelles ; 3º qu'enfin l'interdit *retinendæ possessionis* n'était point donné à l'occasion d'un trouble quelconque dans la possession.

20. — Il est, du reste, sans difficulté que si, dans l'interdit *retinendæ*, aucune des parties n'a fait la preuve à laquelle est subordonné le gain du procès, le droit à la possession restera indécis (*neuter vincetur*), et que celui qui ne voudra pas déférer à cette solution négative devra recourir à l'action pétitoire. — Etienne, *ibid.*

21. — Remarquons aussi que cet interdit ne pouvait produire son efficacité que pendant l'année utile, ce qui signifiait que celui qui voulait contester le *jus possessionis* devait l'avoir contesté dans l'année qui avait suivi le fait donnant lieu au litige. — Etienne, *ibid.*

22. — On distinguait deux espèces d'interdits *retinendæ possessionis*, l'interdit *uti possidetis* et l'interdit *utrubi*. — Gaïus, § 148 ; Instit. Justin., § 4, *De interd.*

23. — L'interdit *uti possidetis* ne concernait que la possession des choses immobilières et était accordé à celle des parties qui, au moment de l'interdit, possédait la chose *nec vi, nec clàm, nec precario, ab adversario*. — Gaïus, § 151 ; Paul, *Sent.*, liv. 5, tit. 6, § 1.

24. — En ce qui concerne cet interdit, l'édit du préteur était ainsi conçu : « *Uti eos ædes (eum fundum) quibus de agitur, alter ab altero, nec vi, nec clam, nec precario possidetis, quominus ita possideatis vim fieri veto.* » — L. 1, ff., *Uti possid.*

25. — Pour triompher dans l'interdit *uti possidetis*, il fallait donc, d'après les termes mêmes de l'édit, posséder sans violence, sans clandestinité, non précairement. Il suffisait, du reste, que la possession ne fût pas vicieuse à l'égard de l'adversaire, lors même qu'elle l'aurait été à l'égard d'un tiers ; d'un autre côté, il n'était pas non plus nécessaire d'avoir une possession pouvant conduire à la propriété par l'usucapion, fondée sur la bonne foi ou le *justus titulus*. — V. Etienne, p. 516 et suiv. ; Ducaurroy, nºs 1358 et suiv. ; Domenget, nº 386.

26. — L'interdit *uti possidetis* était surtout, quoique non exclusivement, utile pour fixer laquelle des parties devait jouer, dans la revendication, le rôle de défendeur. Il paraît toutefois, d'après la L. 12, § 1, ff., *De adq. vel amitt. poss.*, que celui qui avait commencé de revendiquer pouvait encore recourir à l'interdit *uti possidetis*, et, d'après la L. 18, § 1, *De vi et de vi arm.*, qu'il pouvait depuis la *litis contestatio* de l'action réelle, et *pendente judicio*, recourir à l'interdit *recuperandæ possessionis* dont nous parlerons *infrà* nos 53 et suiv. — Etienne, p. 517.

27. — On n'admettait pas en droit romain ce principe admis en droit français, que le demandeur en revendication est censé faire l'aveu de la possession du défendeur, et ne peut plus varier pour recourir à l'action possessoire, du moins sans le consentement de son adversaire. Mais il ne faut pas conclure, toutefois, des textes précités qu'en recourant à la voie possessoire, après avoir commencé par la voie pétitoire, on pût continuer chaque procédure simultanément. Le demandeur devait, au contraire, suspendre la revendication jusqu'à ce que fût vidé le litige sur la possession, et s'il triomphait sur la possession, il devait abandonner tout à fait la revendication. — Etienne, p. 517 et suiv. — V. Doneau, *Ad.*, tit. 1, L. 8, *C.*, *De interd.*, nos 9 et suiv., t. 9, p. 890 et suiv. (édit de Rome). — V. cependant Cujas, *Comment.*, *in lib.* 26, *Quæst. pap.*

28. — L'interdit *utrubi* était relatif aux meubles. La formule en était ainsi conçue : « *Utrubi hic homo, quo de agitur, majore parte hujusce anni fuit; quominus is eum ducat, vim fieri veto.* » — L. 1, ff., *Utrubi.*

29. — Cet interdit, à la différence du précédent, avait pour but de protéger non pas la possession actuelle, mais celle qui avait été la plus longue dans l'année antérieure à la contestation. Cette différence disparut, du reste, sous Justinien ; dès cette époque, il ne fallut plus, pour obtenir gain de cause dans l'interdit *utrubi*, que prouver sa possession actuelle comme pour l'interdit *uti possidetis*. — Instit. Justin., § 4, *De interd.* — V. Etienne, p. 318 et suiv.; Domenget, no 387.

30. — Après les interdits prohibitoires possessoires que nous venons de désigner sous le nom de *Retinendæ possessionis*, venaient les interdits spéciaux *De superficiebus* (L. 1, ff., *H. t.*), — *De itinere actuque privato* (L. 1, *pr.* et § 1, L. 3, §§ 11 et suiv., *H. t.*), — *De aqua quotid. et æstiv.* (L. 1, §§ 2 et s., ff., *H. t.*), — *De rivis* (L. 6, § 8, *H. t.*), — *De fonte* (L. *Unic.*, ff., *H. t.*), — *De cloacis* (L. 1, *pr.*, *H. t.*), et enfin un interdit donné contre celui qui, ayant fait la dénonciation de nouvel œuvre, refuse d'accepter la caution que lui offre son adversaire pour être autorisé à continuer les travaux. — Domenget, nos 388 et suiv.

31. — Les interdits *restitutoires* étaient ceux par lesquels le préteur ordonnait de restituer quelque chose, et par *restituer* on entendait faire avoir à quelqu'un la possession qu'il n'avait jamais eue, aussi bien que lui faire *recouvrer* une possession perdue. — Instit. Justin., § 1, *De interd.* — Domenget, no 412.

32. — Dans cette classe se rangeaient les interdits *adipiscendæ possessionis*, *recuperandæ possessionis*, et *tam adipiscendæ quam recuperandæ possessionis* (V. *infrà* nos 41 s.); — l'interdit *quod vi aut clam*, relatif seulement aux immeubles, qui assurait un recours contre les entreprises, voies de fait et usurpations accomplies par violence ou clandestinement sur le fonds d'autrui (L. *pr.*, ff., *Quod vi aut clam*; Cicéron, *pro Tullio*, *C.* 53); — l'interdit *fraudatoire*, dont le but était de faire révoquer les actes accomplis par le débiteur en fraude de ses créanciers (L. 10, *pr.*, ff., *Quæ in fr. cred.*; L. 67, §§ 1 et 2, *Ad sc. Trebell.*; L. 96, *pr.*, *De solut.*); — l'interdit accordé lorsqu'un bâtiment était tombé avant que la *cautio damni infecti* eût été fournie (L. 7, *in fine*, ff., *De damno infecto*); — l'interdit donné contre celui qui, malgré la défense du magistrat, avait porté un mort dans un lieu défendu (L. 2, § 1, ff., *De interd.*); — l'interdit qui ordonnait de rétablir dans leur ancien état les lieux publics, chemins ou lieux sacrés, à l'égard desquels on avait fait ce qui était défendu (L. 1, *pr.*, ff., *ne quid in loc. publ. fiat*); — l'interdit qui ordonnait de détruire ce qui avait été fait au mépris de la prohibition qui interdisait la violation des sépulcres, ou d'empêcher la navigation sur un fleuve public ou sur sa rive (L. 1, §§ 19-22, *De flumin.*; L. 1, §§ 11-13, *Ne quid in flumine*); — l'interdit donné à celui que le magistrat avait envoyé en possession (L. 3, § 2, ff., *Ne vis fiat ei qui in possess.*); — l'interdit *De cloacis*, qui était donné comme restitutoire à celui auquel on faisait la dénonciation de nouvel œuvre, lorsqu'il nettoyait ou réparait un égout, et qui avait pour objet, dans ce cas, de permettre la continuation des travaux sans avoir égard à la dénonciation (L. 1, §§ 1 et 13, ff., *De cloacis*; Zimmern et Etienne, § 73); — enfin, l'interdit tendant à faire détruire ce qui avait été construit contrairement à la dénonciation de nouvel œuvre. — Domenget, nos 413 et suiv.

INTERDITS (Droit romain).

33. — Les interdits *exhibitoires* étaient ceux qui tendaient à faire exhiber une personne ou une chose. — Instit. Justin., § 1, *De interd.*

34. — On considérait comme tels les interdits *de homine libero exhibendo*, *de liberis exhibendis*, *de liberto exhibendo*, *de tabulis exhibendis*. — V. LL. 1, *pr.*, ff., *De hom. lib. exhib.*, 1 *pr.*, ff., *De lib. exhib.*, 2, § 1, ff., *De interd.*, Gaïus, *loc. cit.*, § 162, L. 1, *pr.*, ff., *De tab. exhib.* — Domenget, nos 425 et suiv.

35. — L'importance de la division des interdits en prohibitoires, restitutoires et exhibitoires consistait en ce que, dans les premiers, on procédait toujours *per sponsionem*, tandis que, dans les autres, on procédait *per formulam arbitrariam* ou *per sponsionem*, au choix des parties. — Gaïus, § 141; Etienne, p. 507.

36 — Indépendamment de la division que nous venons d'expliquer, il en est une autre qui distingue les interdits en deux classes, suivant qu'ils ont, ou non, pour objet la possession.

37. — Les interdits non possessoires ont été énumérés dans la division qui précède (no 17). Ils étaient tous prohibitoires. — Domenget, no 431.

38. — Les interdits possessoires tendaient, soit à acquérir la possession (*adipiscendæ possessionis*), soit à la recouvrer (*recuperandæ possessionis*), soit à la retenir (*retinendæ possessionis*). — Instit. Justin., § 2, *De interd.*; Gaïus, § 142.

39. — Cette division tripartite des interdits se complétait par une quatrième classe d'interdits qui étaient à la fois *adipiscendæ* et *recuperandæ possessionis causa*. — L. 2, § 3, ff., *H. t.* — Tels étaient les interdits *quem fundum et quam hereditatem*.

40. — Suivant Henrion de Pensey (*Compét. des juges de paix*, 4e édit., chap. 38, p. 385), les actions possessoires du droit français seraient de véritables interdits. Sans entrer à cet égard dans une controverse qui nous entraînerait trop loin, nous nous bornerons à énoncer que cette proposition est contestable ; son inexactitude ressortira d'ailleurs du court exposé que nous allons faire des principes qui régissent chacun de ces interdits. — V. aussi ACTION POSSESSOIRE, nos 3 et suiv.

41. — A la classe des interdits *adipiscendæ possessionis* appartenait l'interdit *quorum bonorum*, le *possessorium*, l'interdit salvien, le sectorium, les interdits *quod legatorum* et *quo itinere*. — Domenget, no 433.

42. — Pour bien comprendre l'interdit *quorum bonorum*, il est nécessaire de se rappeler que les possesseurs de biens, c'est-à-dire ceux qui étaient appelés à la succession en vertu du droit prétorien, n'avaient, en cette qualité, ni la propriété, ni même la possession réelle des biens héréditaires. C'était précisément pour acquérir cette possession réelle qu'ils avaient besoin de recourir à l'interdit *quorum bonorum*. — Du Caurroy, no 1356; Etienne, p. 508.

43. — Ayant obtenu ainsi la possession réelle, les possesseurs de biens arrivaient à la propriété par l'usucapion (V. Gaïus 3, Instit., §§ 80 et suiv.), à moins qu'ils ne fussent évincés par un héritier exerçant la pétition d'hérédité.

44. — L'interdit *quorum bonorum* était accordé contre celui qui possédait des choses héréditaires *pro hærede* ou *pro possessore* (Inst. Just., § 3, *De interd.*), et aussi contre celui qui, ayant possédé *pro hærede* ou *pro possessore*, avait perdu cette possession de mauvaise foi. Ajoutons, d'après Gaïus (4 Inst., § 144), qu'autrefois on pouvait posséder *pro hærede*, soit que l'on fût réellement héritier, soit qu'on ne le fût pas tout en croyant l'être ; mais le texte précité des Institutes de Justinien n'emploie plus cette expression que dans le dernier sens. — Etienne, p. 508 et suiv. — V. aussi Du Caurroy, nos 1356 et suiv.

45. — De ce que l'interdit *quorum bonorum* se donnait contre les mêmes personnes que la pétition d'hérédité (V. ce mot), M. de Savigny (*Tr. de la possession*, § 35) a conclu qu'il fallait voir dans cet interdit l'origine d'une pétition d'hérédité prétorienne, nommée *possessoria hæredidatis petitio*, qui, d'après la loi 2, ff., *De poss. hæred. pet.*, produisait pour le *bonorum possessor* les mêmes résultats que la pétition d'hérédité proprement dite pour l'héritier.

46. — Il existait pourtant entre la *possessoria hæreditatis petitio* et l'interdit *quorum bonorum* des différences essentielles, notamment en ce que la *petitio* avait pour but l'*universum jus* du défunt, tandis que l'interdit ne tendait qu'à la possession des *corpora* de l'hérédité sans avoir trait à l'investissement des créances, ni, à plus forte raison, à la restitution des droits substitués aux choses héréditaires. D'un autre côté, l'interdit *quorum bonorum* produisait en outre un effet qui lui était propre, c'était de procurer au successeur prétorien la succession avec tous ses avantages, notamment celui de rester défendeur contre la pétition d'hérédité intentée par les héritiers, comme le prouve la distinction des possessions de biens *cum re* et *sine re*, et comme le décidait Arcadius (L. 3, Cod., *Quorum bon.*). — Du Caurroy, no 1356; Etienne, p. 510; Domenget, no 438.

INTERDITS (Droit romain).

47. — L'interdit *possessorium* était celui qui compétait à l'*emptor bonorum*, c'est-à-dire à l'adjudicataire de l'ensemble des biens d'un débiteur insolvable, pour acquérir la possession nécessaire à l'usucapion qui devait convertir son domaine bonitaire en domaine quiritaire. — Gaïus, 4 Instit., § 145, et liv. 3, §§ 77 à 81. — L'interdit *sectorium* était pour l'acheteur de biens publics ce que le précédent était pour l'acheteur des biens d'un particulier. — Gaïus, 4 Instit., § 146; Domenget, no 440.

48. — L'interdit *salvien* était accordé au propriétaire d'un héritage rural pour lui faire acquérir la possession des choses que son fermier avait promis d'affecter au paiement des fermages. Il existait une grande analogie entre cet interdit et l'action servienne, dont on a indiqué les effets vo ACTION (droit romain), no 156. Aussi a-t-on cru apercevoir dans le premier l'origine de la seconde et par suite de l'action quasi-servienne ou hypothécaire. — Du Caurroy, no 1355. — V. aussi Pellat, *Tr. du dr. de gage et d'hyp.*, traduit de l'allemand, § 16, p. 90.

49. — Mais quelle que soit l'opinion que l'on adopte sur la question de savoir si l'interdit salvien a conduit, ou non, à l'idée de créer l'action servienne, toujours est-il certain que l'interdit différait de l'action, et que ces deux voies de droit ne faisaient pas double emploi. Le bailleur, en effet, depuis l'introduction de l'action quasi-servienne ou hypothécaire, avait à craindre que les meubles de son fermier ne fussent déjà hypothéqués pour sûreté d'autres dettes. Or l'on comprend, en présence de cet inconvénient, toute l'utilité de l'interdit salvien pour procurer au moins au bailleur une possession immédiate et provisoire, et par suite l'avantage de jouer le rôle de défendeur dans l'action réelle que pouvait intenter un autre créancier hypothécaire. — V. conf. Du Caurroy, *loc. cit.*; Etienne, p. 511.

50. — De même que l'action servienne a été étendue à tout pacte d'hypothèque, sous le nom d'action quasi-servienne (V. ACTION [droit rom.], no 157), de même l'interdit salvien, imaginé d'abord pour le propriétaire d'un héritage rural, aurait dû être appliqué à tout créancier hypothécaire qui se trouvait dans une position analogue. Quelques auteurs, notamment M. Wangerow (*Pand.*, t. 1er, p. 820; V. aussi Thibaut, *Arch. f. civ.*, p. XI, p. 315) ont cru que c'est effectivement ce qui avait eu lieu; mais cependant l'opinion contraire est celle qui nous semble la plus probable. — V. conf. Etienne, p. 511. — V. aussi Pellat, *loc. cit.*, p. 91, note 6e.

51. — Remarquons encore avec M. Etienne (*ibid.*) que, d'après la loi 1, § 1er, *De salv. interd.*, de deux propriétaires indivis, auxquels le fermier avait affecté séparément et *in solidum* les mêmes objets, celui-là triomphait dans l'interdit salvien qui avait déjà la possession, mais que chacun d'eux était préféré sans distinction *adversus extraneos*, quoique ces derniers pussent avoir un droit hypothécaire supérieur et qu'ils fussent possesseurs : de telle sorte que ceux-ci, à l'encontre d'un propriétaire de fonds rural, étaient obligés de recourir à l'action servienne, dans laquelle, par conséquent, ils jouaient le rôle de demandeurs.

52. — Quant aux interdits *quod legatorum* et *de itinere*, ils avaient pour but : l'un, de faire remettre l'héritier en possession des objets que le légataire avait pris à titre de legs sans la participation de l'héritier (V. ff., *Quod legat.*); l'autre, d'assurer à l'acheteur la quasi-possession des servitudes que le vendeur avait possédées au profit de son fonds. M. Domenget (*loc. cit.*, no 444) ajoute avec raison, conformément à la loi 2, § 3, ff., *De interd.*, que cet interdit était utile en ce que l'acheteur, ne continuant pas la possession de son auteur, ne pouvait invoquer l'interdit *retinendæ possessionis de itinere actuque privato*.

53. — Les interdits *recuperandæ possessionis* tendaient, comme leur nom l'indique, à faire recouvrer une possession et à assurer le triomphe de celui qui, ayant eu la possession, l'avait perdue par l'effet d'une violence. — Gaïus, § 154.

54. — Pour pouvoir recourir à l'interdit *unde vi* qui était spécial aux fonds de terre, il fallait : 1o avoir eu, au moment de la violence, la possession *animo domini* (de bonne ou de mauvaise foi, peu importait); — 2o avoir éprouvé la violence de la part de celui qu'on attaquait, ou par son ordre; — 3o avoir été expulsé (*dejectus*) par une violence

physique ou morale. — Etienne, p. 521. — V. aussi Du Caurroy, nº 1364.

55. — Primitivement l'interdit *unde vi* n'était accordé qu'au possesseur évincé dont la possession n'était ni violente, ni clandestine, ni précaire *ab adversario*, sauf le cas où l'évincé aurait été expulsé par une violence à main armée, auquel cas il avait l'interdit nonobstant le vice de sa possession. — V. Gaïus, 4 Instit., §§ 154 et 155. — Justinien a supprimé à cet égard toute distinction et a voulu que l'on restituât la possession à l'évincé, quoique celui-ci l'eût lui-même enlevée, fût-ce à main armée, ou surprise à son adversaire ou obtenue de lui *precario*. — V. Instit. Justin., § 6, *De interd.*; — Domenget, nº 459. — V. conf. Etienne, p. 522; Du Caurroy, nº 1364.

56. — Ajoutons que l'interdit *unde vi* était une action personnelle, qui naissait *ex maleficio* et qui admettait le concours d'autres actions, par conséquent des poursuites criminelles édictées par la loi *Julia de vi publicâ et privatâ*. — Etienne, p. 522 et s.

57. — Cet interdit était accordé par le préteur pendant un an. Le défendeur ne pouvait toutefois opposer la prescription annale pour le profit qu'il retirait de la dépossession. — Etienne, p. 522; Domenget, nº 461.

58. — Quant à l'effet de l'interdit *unde vi*, il consistait et dans la réintégration de l'évincé dans la possession et dans une indemnité pour le dommage éprouvé. — Domenget, nº 462.

59. — L'interdit *unde vi* ne s'appliquait pas aux meubles, et Ulpien (L. 1, § 6, ff., *De vi et de vi armata*) en donnait pour motif l'existence des actions *furti, vi bonorum raptorum* et *ad exhibendum*. — Du Caurroy, nº 1364, note 2ᵉ.

60. — Suivant M. de Savigny, dont l'opinion paraît avoir été adoptée par M. Du Caurroy (nº 1364 en note), si l'interdit *unde vi* n'était pas donné à l'égard des meubles, c'était parce que l'interdit *utrubi* suffisait pour recouvrer la possession, lorsqu'on y recourait assez tôt.

61. — Toutefois, comme le fait observer M. Domenget (nº 454), quand le possesseur évincé n'était pas dans les conditions de l'interdit *utrubi* (ce qui arriva toujours nécessairement quand, pour cet interdit, la possession actuelle fut exigée), et qu'il ne pouvait invoquer relativement aux meubles tout autre droit que celui de possession, ce possesseur était privé de tout moyen d'action pour recouvrer sa chose, puisque les trois actions *furti, vi bonorum raptorum* et *ad exhibendum* ne protégeaient pas la possession du simple possesseur. Aussi M. de Savigny a-t-il prétendu, mais sans citer de texte à l'appui de son opinion, que l'interdit *unde vi* avait été étendu aux meubles.

62. — Il reste à remarquer qu'en vertu d'une constitution de Valentinien, celui qui avait usé de violence pour s'emparer d'une chose mobilière ou immobilière en perdait la propriété si cette chose lui appartenait, et, si elle ne lui appartenait pas, devait la restituer, et, en outre, en payer la valeur. — Instit. Justin., § 6, *De interd.*; L. 7, C. *Unde vi.*

63. — Le possesseur dépouillé clandestinement de sa chose avait aussi un interdit *recuperandæ possessionis*, appelé *de clandestina possessione*. — L. 7, § 5, ff., *Comm. divid.* — On ne peut concevoir l'utilité de cet interdit qu'en se reportant à l'époque où le principe que la possession ne se perd pas par l'occupation clandestine d'un tiers n'avait pas encore prévalu : car autrement, si l'on suppose que la possession s'est conservée, il n'est pas besoin d'un interdit *recuperandæ possessionis*, mais bien plutôt d'un interdit *retinendæ*. — Bonjean, § 348; Domenget, nº 463.

64. — L'interdit *de precario* était également un interdit *recuperandæ possessionis*; il était accordé à celui qui avait donné un immeuble à précaire pour qu'il pût se le faire restituer par le concessionnaire : il était ainsi conçu : *Quod precario ab illo habes, aut dolo malo fecisti ut desineres habere, qua de re agitur, id illi restituas.* — L. 2 fr., ff., *De precar.*

65. — Restreint d'abord aux immeubles, il fut ensuite appliqué aux meubles, après avoir été auparavant étendu de l'*ager publicus* à l'*ager privatus*. — L. 4, § 1 *eod. tit.*; — Domenget, nº 466.

66. — Quant aux interdits *retinendæ possessionis* qui forment la troisième branche de notre division des interdits possessoires, V. *suprà* nºs 18 s.

67. — Nous avons enfin annoncé (*suprà* nº 39) une quatrième classe d'interdits possessoires qui étaient à la fois *adipiscendæ et recuperandæ possessionis causâ*. Certains interdits, en effet, tantôt étaient accordés à celui qui voulait obtenir une possession qu'il n'avait jamais eue, tantôt, au contraire, à celui qui voulait recouvrer une possession perdue.

68. — Tels étaient les interdits *quem fundum et quam hæreditatem*, dont un fragment d'Ulpien, récemment découvert à Vienne, explique l'objet en ces termes : *Sunt etiam interdicta tam adipiscendæ quam recuperandæ possessionis : qualia sunt interdicta quem* FUNDUM *et* QUAM HÆREDITATEM : *nam si fundum vel hæreditatem ab aliquo petam, nec lis defendatur, cogitur ad me transferre possessionem, sive nunquam possedi, sive anteà possedi, deindè amisi possessionem.*

69. — Une autre division des interdits était celle des interdits simples et des interdits doubles. L'importance de cette division consistait en ce que la procédure à suivre était différente suivant qu'il s'agissait d'un interdit appartenant à l'une ou à l'autre de ces classes.

70. — On appelait interdits simples ceux où l'une des parties jouait le rôle de demandeur et l'autre celui de défendeur; tels étaient tous les interdits restitutoires et exhibitoires. Etait demandeur celui des contendants qui voulait que l'autre exhibât ou restituât; était défendeur celui qu'on voulait forcer à exhiber ou à restituer. — Gaïus, 4 Instit., §§ 156 et suiv.

71. — Les interdits doubles étaient ceux où chacun des plaideurs se trouvait à la fois pareillement demandeur et défendeur. Tels étaient l'interdit *uti possidetis* et l'interdit *utrubi*, que Gaïus (*loc. cit.*, § 160) ne range toutefois parmi les interdits doubles que comme exemples.

72. — On donnait aussi le nom d'interdits doubles, mais dans un autre sens, aux interdits qui étaient tantôt *adipiscendæ* et tantôt *recuperandæ possessionis*, à cause de la double fin à laquelle ils étaient appropriés.

73. — Nous avons vu *suprà* (nº 11) que, lorsque les parties ne se soumettaient pas à l'ordre ou à la défense du magistrat, il y avait nécessité d'organiser une instance. Le juge qui était nommé devait, après avoir constaté cette désobéissance, condamner la partie contre laquelle l'interdit avait été prononcé. Mais, comme nous l'avons annoncé, l'on distinguait, quant aux formes de la procédure, entre les interdits simples et les interdits doubles.

74. — En matière d'interdits simples, chacun des plaideurs pouvait, avant de sortir de la présence du magistrat, demander un arbitre, et alors la procédure rappelait celle des actions arbitraires. — Gaïus, 4 Inst., §§ 163 et suiv. — Quand la formule n'était pas arbitraire, c'est-à-dire alors qu'on n'avait pas demandé d'arbitre avant de sortir de la présence du préteur, l'on s'engageait dans une procédure qui présentait une grande analogie avec la procédure *per sponsionem*, qui a été analysée vº ACTION (dr. rom.), nºs 83 et suiv. — Gaïus, 4 Instit., §§ 165 et suiv.

75. — En matière d'interdits doubles, la procédure était à peu près la même que dans les interdits restitutoires et exhibitoires alors qu'on agissait *per sponsionem*. — V. pour les détails Gaïus, §§ 166 et suiv.

76. — Quelques difficultés se sont élevées sur la question de savoir quel était l'objet de l'instance qui s'engageait à la suite, et comme conséquence de l'interdit possessoire. Sans entrer ici dans les longs détails que comporterait cette question de pur droit romain, nous nous bornerons à énoncer que, dans quelques interdits, tels que ceux *de itinere actuque privato, de liberis, de aqua quotidiana* et les interdits qui avaient pour objet des lieux sacrés ou religieux, l'objet de l'instance embrassait et la question de possession et la question de propriété, mais que, à part les cas formellement exprimés, cet objet ne se référait qu'à la possession, la question pétitoire étant réservée. — Domenget, nºs 487 et suiv.

77. — Ainsi spécialement, et en ce qui concerne l'interdit *quorum bonorum*, il n'y avait que la possession qui fût la matière de l'instance; d'où il résultait que la pétition d'hérédité était recevable, même après qu'on avait eu recours à l'interdit. — V. conf. Azon, *Comm. in Cod.*, L. 1, *Quorum bonorum*; Accurse, *Gl. petiturus*, L. 1, C. *Quorum bonorum*; Thibaut et Gaslonde, *Th. de lic.*, p. 27; Savigny, *Uber das interdict. quor. bon.*; Domenget, nºs 498 et suiv.

INTÉRÊT.

1. — C'est ce qui importe, ce qui convient à l'utilité ou à l'honneur des personnes.

2. — L'intérêt est la base ou la mesure des actions : point d'intérêt, point d'action. — Souquet, *Dict. des temps lég.*, vº *Intérêt*.

3. — Le défaut d'intérêt est une fin de non recevoir proposable en tout état de cause; non seulement contre la demande introduite en première instance, mais encore contre tous les modes de recours, tels que *opposition, appel, cassation, requête civile, tierce opposition*. — V. ces mots. — V. aussi ACTION, FIN DE NON RECEVOIR.

4. — Quoiqu'en général l'intérêt doive être né et actuel, cependant l'on peut quelquefois agir pour un intérêt futur, par exemple, par des actes conservatoires.

5. — Ainsi un préjudice éventuel donne lieu à une action; la personne dont le droit se trouve menacé a intérêt à faire cesser cette éventualité.

6. — Dans tous les cas un intérêt d'honneur suffit pour motiver une action. — V. DOMMAGES-INTÉRÊTS.

INTÉRÊTS.

Table alphabétique.

Absent (militaire), 178.
Acte de commerce, 32.
Adjudicataire, 115 s., 231.
Agent de change, 51,
Alsace, 238.
Améliorations, 189.
Amende, 59 s.
Anatocisme, 222 s.
Arrérages de rentes, 8, 186, 235.
Arrêt cassé, 157.
Associés, 122 s., 151.
Assurances, 30, 149.
Avances commerciales, 133, 137 s., 254 s. — de fonds, 64 s.
Avoué, 55,
Banquier, 139.
Billet à ordre, 141 s. — non commercial, 148.
Bretagne, 238.
Caution, 38, 192, 246 s. — *judicatum solvi* 54. — solidaire, 98.
Cessation des intérêts, 225 s.
Cessionnaire de créance, 170.
Choses fongibles, 181.
Citation en conciliation, 204.
Clause pénale, 45.
Collocation, 232.
Commandement, 201 s.
Commissaire priseur, 171.
Commissionnaire de marchandises, 36.
Compagnie d'assurances, 30.
Compensation, 226 s.
Compromis, 205.
Compte commercial, 53.
Compte-courant, 133, 135 s., 255.
Compte de tutelle, 88 s., 248.
Concessionnaire, 132.
Conclusions signifiées, 213.
Concordat, 195.
Confusion, 228.
Consignation de sommes, 229.
Constitution d'arbitrage, 205.
Constructions, 33 s.
Contrainte, 203.
Contrat ancien, 241.
Convention écrite, 66 s. — tacite, 76 s. — verbale, 68.
Créancier colloqué, 193. — hypothécaire, 110 s.
Curateur d'un absent, 131. 178.
Débiteurs de l'état, 60.
Décès du débiteur, 270.
Défaut de paiement des intérêts, 83.
Délais de paiement, 108.
Demande, 200 s. — (liquidation de succession), 209. — des intérêts, 211 s. — du principal, 201, 211 s. — *in litem*, 218.
Dépositaire, 168, 172. — infidèle, 153.
Détournement des deniers d'autrui, 150 s. — frauduleux, 220.
Dettes commerciales, 275.
Deuil de la femme, 105.
Dettes de l'état, 262.
Disposition à titre gratuit, 183 s.
Distribution par contribution, 160.
Dommages-intérêts, 47 s., 196, 219.
Donation par contrat de mariage, 101, 244.
Dot, 99 s., 161.
Douanes, 203.
Droit actuel, 14 s. — ancien, 5 s., 8 s., 235. — intermédiaire, 10 s. — romain, 7, 62.
Droit de retour, 184.
Droits d'enregistrement, 175.
Echéance du terme, 77 s., 233.
Empêchement de payer, 215 suiv.
Enregistrement, 58, 199.
Entrepreneur, 197. — de remplacemens, 43.
Eviction, 119 s., 132.
Extinction de la créance, 234.
Femme séparée, 245.
Fermier (avances), 177.
Fonds dotal, 161.
Fournitures à l'état, 179.
Frais, 55. — de contrats, 189. — de protêt, échange, etc., 42. — et dépens, 190 s. — et dépens liquidés, 202.
Fruits, 250.
Héritier, 180 s., 249 s., 265. — bénéficiaire, 29. — donataire, 93 — indivis, 52. — légitimaire, 95.
Historique, 5 s.
Honoraires, 173, 175.
Incompétence, 206 s.
Indemnité, 230.
Intention, 70 s.
Interdit, 266.
Intérêts (point de départ), 164. — antérieurs, 19, 22, 237, 279. — compensatoires, 163, 166, 217 s. — conventionnels, 4, 16, 48, 63 s., 272. — cumulés, 84. — de dommages-intérêts, 46, 196. — des intérêts, 222 s — d'intérêts usuraires, 158. — échus, 198. — excédant le capital, 62. — judiciaires, 4, 162 s., 259 s. — légaux, 4, 17, 26 s., 40, 85 s., 281. — moratoires, 48, 163 s., 259 s., 280. — (jour de la demande), 164. — nuls, 84. — postérieurs, 241.
Juifs, 21.
Jugement, 214.
Legs, 96 s., 279.
Lettre de change, 140 s.
Licitation, 265.
Liquidation de succession (demande d'intérêts), 209.
Livraison de marchandises, 64 s.
Livres et registres, 66.
Loi rétroactive, 159. — suspensive, 15, 20, 69.
Loyers, 61. — échus, 274.
Maître de poste, 35.
Mandant, 128. — (inexécution de), 218.
Mandataire, 168 s., 174, 251. — (avances), 126 s., 252. — du tuteur, 91. — infidèle, 152. — judiciaire, 131. — salarié, 28.
Marchandises (fournitures), 134.
Marchés administratifs, 50. — de fournitures, 179.
Martinique, 49.
Mineur, 266.
Ministre de la guerre, 56.
Mise en demeure, 210.

Negotiorum gestor, 130, 139.
Notaire, 172 s. — (avances), 175.
Notification de contrat, 268.
Novation, 39.
Offres de paiement, 229.
Ordre, 117, 193, 208, 232, 269.
Paiement de sommes non dues, 253. — en marchandises, 167. — forcé, 156. — par erreur, 194. — par intervention, 140, 143 s. — par un tiers, 176.
Paraphernaux, 185.
Parlement de Bordeaux, 82. — de Pau, 192.
Partage, 94.
Police du roulage, 59.
Préciput de la femme, 105.
Prescription, 234 s. — (interruption), 263, 267 s. — (suspension), 263 s. — quinquennale, 236 s. — (limites), 282. — de paiement, 225.
Prêt, 242. — commercial, 37.
Preuve, 66.
Prix de vente, 106 s. — (reliquat), 113 s. — de vente payé en mandats, 112.
Production à un ordre, 208, 269.
Propriétaires communs, 129.
Protêt, 140 s. — faute d'acceptation, 147.
Provision, 182.
Quittance du capital, 225.
Rapport à succession, 93, 264.
Réalisation d'acte, 165.
Récompenses entre époux, 104.
Reconnaissance de dettes, 267.
Réduction de l'intérêt, 18.
Remplois entre époux, 104.
Rente constituée en grains, 27.
Répétition de sommes, 247
Reprises dotales, 102 s., 243.
Réserve d'usufruit, 101.
Restitution de droits, 57 s., 199. — de fruits, 187 s. — d'intérêts, 18.
Retenue des intérêts, 271 s.
Saisie-arrêt, 118, 215.
Salle de spectacle, 33.
Sauvetage de navire, 149.
Séparations de biens, 103.
Société, 122 s., 151.
Solidarité, 38, 98, 246, 267.
Somme non due, 155.
Soulte de partage, 94.
Stipulation d'intérêts, 66 s.
Syndic de faillite, 51, 154.
Taux des intérêts, 16 s., 26 s.
Tiers détenteur, 111.
Transaction, 74
Trésor public, 57 s.
Tribunaux civils, 41. — incompétens, 206 s.
Tuteur, 86 s., 248.
Usine, 34.
Usufruit, 181.
Usure, 18.
Vente commerciale, 31 s. — d'immeubles, 106 s., 167.

INTÉRÊT. — 1. — Profit tiré d'un capital prêté ou dû.

2. — L'argent, improductif de sa nature, procure cependant, par son emploi, des bénéfices, des fruits auxquels le Code civil donne le nom de *fruits civils*, et qui viennent augmenter le capital employé. Il est donc naturel que celui qui prête une somme d'argent profite en tout ou en partie de ce bénéfice désigné dans l'usage sous le nom générique d'*intérêts*.

3. — Les *arrérages* de rentes sont donc dans cette acception générale de véritables intérêts; mais dans un sens plus restreint ils s'en distinguent en ce que les *intérêts* supposent un capital non aliéné et exigible, soit actuellement, soit à une époque déterminée, tandis que les *arrérages* sont le produit d'un capital aliéné, et, par conséquent, non exigible, du moins en principe, car cette non-exigibilité de la rente souffre, en certains cas, exception. — V. à cet égard RENTES.

4. — Considérés sous le rapport de la cause qui les produit, les intérêts sont de trois espèces. Ainsi, on distingue : 1° les intérêts *conventionnels*, c'est-à-dire ceux qui courent en vertu de la convention des parties ; 2° les intérêts *légaux*, qui courent de plein droit, sans stipulation, en vertu des dispositions seules de la loi ; 3° les intérêts *judiciaires*, qui résultent de condamnations.

§ 1er. — *Historique, notions générales, taux des intérêts* (n° 5).

§ 2. — *Intérêts conventionnels* (n° 63).

§ 3. — *Intérêts légaux ou qui courent de plein droit* (n° 85).

§ 4. — *Intérêts judiciaires ou qui courent en vertu d'une demande* (n° 162).

§ 5. — *Intérêts des intérêts ou anatocisme* (n° 222).

§ 6. — *Cessation des intérêts, prescription* (n° 225).

§ 7. — *Retenue des intérêts* (n° 271).

—

§ 1er. — *Historique. — Notions générales. — Taux des intérêts.*

5. — Le prêt à intérêt était défendu aux Hébreux entre eux par la loi de Moïse, mais il leur était permis vis-à-vis des étrangers. — Goujet et Merger, *Dict. de dr. comm.*, v° *Intérêts*, n° 5.

6. — Le taux de l'intérêt n'était point déterminé chez les Grecs : il variait donc au gré des contractans et selon l'abondance ou le besoin du numéraire. — Troplong, *Comment. sur le prêt*, préface, p. 8.

7. — On a cru, sur la foi de Tacite, qu'à Rome la loi des Douze-Tables avait fixé le taux de l'intérêt à 1 % : mais Dumoulin enseigne que ce n'est que plus tard que les plébiscites l'ont réduit à 1 et même à 1/2 %. — Quoi qu'il en soit, le taux des intérêts s'y est élevé peu à peu, et le maximum en fut fixé par l'empereur Constantin à 12 %, et maintenu à ce chiffre par les empereurs chrétiens jusqu'à ce que Justinien vînt déterminer leur taux et leur quotité d'après une règle qui variait à raison de la qualité des contractans, de leur profession, de la nature et du but de leurs rapports.

8. — L'église défendit d'une manière absolue, d'abord aux ecclésiastiques, puis, plus tard, aux laïques, les prêts à intérêts. — Cette défense, reproduite par notre ancienne législation et, souvent renouvelée, se maintint jusqu'en 1789. — Quelques ordonnances cependant avaient fait exception en faveur des prêts faits dans les foires de Champagne, de Brie et de Lyon, pourvu que ces prêts fussent exigibles à l'un des termes de paiement des foires qui avaient lieu quatre fois l'an. — Goujet, *loc. cit.*, n° 8.

9. — V. notamment, quant aux prohibitions, ord. de Melun, de 1211, de Saint-Louis, de 1254, de Philippe III en 1273, de Philippe IV, dit le Bel, en 1311 et 1312, de Philippe de Valois en 1349, de Louis XII en 1510, de Charles IX en 1567, de Henri III en 1576, ord. de Blois de 1579, renouvelée en 1580, 1581 et 1582, édit de Henri IV de 1605, de Louis XIII en 1629, et Louis XIV en 1675, et quant aux exceptions, ord. juill. 1311, 6 août 1349, art. 19, 8 mars 1462, 1580, 1584, juill. 1601, mars 1634, édits de 1665 et 1679.

10. — Les choses étaient en cet état, lorsque par la loi du 3-12 oct. 1789, l'assemblée constituante décréta que l'on pourrait à l'avenir prêter l'argent à terme fixe avec stipulation d'intérêts au taux déterminé par la loi, sans cependant rien innover aux usages du commerce. On a conclu de cette dernière disposition que la négociation et l'escompte des effets de commerce étaient parfaitement libres, ou du moins qu'ils n'avaient d'autre limite que le cours de la bourse. — *Dijon*, 11 niv. an XI, Clayeux c. Audifret ; *Cass.*, 11 avr. 1810, Paulée c. Claro.

11. — Vint ensuite la loi du 11 avr. 1793, qui, le papier-monnaie étant créé, défendit la vente du numéraire. Cette loi n'a donc pas, comme on l'a supposé, déclaré l'argent *marchandise*. — Duvergier, *Du prêt à intérêt*, n° 242.

12. — Du reste, la loi du 11 avr. 1793 fut rapportée par la loi du 6 flor. an III.

13. — Enfin, le 5 thermid. an IV, il intervint une autre loi qui proclama que chacun serait libre de contracter comme bon lui semblerait.

14. — Le Code civil, après avoir consacré, par l'art. 1905, le principe qu'il est permis de stipuler des intérêts pour simple prêt, soit d'argent, soit de denrées ou autres choses mobilières, laissait également aux parties la liberté d'en fixer le taux comme elles l'entendraient. — « L'intérêt conventionnel, porte l'art. 1907 de ce Code, peut excéder celui de la loi toutes les fois que la loi ne le prohibe pas. » La seule condition imposée par l'art. 1907, c'était que cet intérêt fût fixé par écrit. — *Paris*, 26 déc. 1810, Lefrançois c. Garbe et Duchesne.

15. — De nombreux abus ne tardèrent pas à faire sentir la nécessité de réprimer la cupidité des usuriers, de la renfermer dans de justes et raisonnables limites. La loi du 3 sept. 1807 a été rendue dans ce but. Suspendue dans son application par deux décrets des 15 et 18 janv. 1814 jusqu'au 1er janv. 1815, cette loi est encore celle qui régit aujourd'hui la matière.

16. — « L'intérêt conventionnel, porte l'art. 1er de cette loi, ne pourra excéder, en matière civile, 5 %, ni en matière de commerce 6 % sans retenue. »

17. — L'art. 2 fixe l'intérêt légal au même taux de 5 % en matière civile, et de 6 % en matière de commerce.

18. — Mais ces prescriptions salutaires eussent été trop facilement, et par conséquent, souvent enfreintes, si le législateur n'eût attaché une pénalité aux infractions ; cette sanction des dispositions des art. 1er et 2 fait l'objet des art. 3 et 4, qui prononcent la restitution de l'intérêt indûment perçu, sa réduction au taux licite, et même contre ceux qui se livrent habituellement à l'usure, non seulement une amende qui peut s'élever jusqu'à la moitié des capitaux qu'ils ont prêtés, mais encore un emprisonnement qui peut être porté à deux années. — V. pour l'examen de ces deux articles le mot USURE. — V. aussi CONTRAT PIGNORATIF.

19. — Enfin, l'art. 5 porte expressément qu'il n'est rien innové aux stipulations d'intérêts par contrats ou actes faits jusqu'au jour de sa promulgation. — V. l'explication de cet article au mot USURE.

20. — Le décret du 18 janv. 1814, relatif à la suspension temporaire de la loi du 3 sept. 1807, a été valable et obligatoire. — *Cass.*, 16 mai 1838 (t. 2 1838, p. 413), Prat c. Prades.

21. — Quant à la législation spéciale établie à l'égard des juifs, que long-temps on a réputés se livrer à l'usure, V. JUIFS.

22. — Jugé que les intérêts dus pour des sommes représentées par des négociations antérieures à la promulgation de la loi du 3 sept. 1807, peuvent être calculés au-dessus du taux fixé par cette loi. — *Cass.*, 21 juin 1825, Ouvrard, Vanlerberghe c. Seguin.

23. — ...Et qu'une stipulation d'intérêt à 10 %, contenue dans le contrat d'un prêt fait, avant la loi du 3 sept. 1807, avec la convention que cet intérêt sera servi jusqu'au parfait remboursement du capital, doit produire son effet, même depuis la promulgation de la loi du 3 sept., en ce sens du moins que le débiteur actionné en paiement du capital n'est pas fondé à prétendre qu'il s'est acquitté de ce capital jusqu'à concurrence des annuités d'intérêts excédant le taux légal qu'il a payées à son créancier. — *Poitiers*, 8 fév. 1825, Colet c. Gueraulle.

24. — Des intérêts stipulés par acte antérieur à la loi du 3 sept. 1807, sous l'empire de l'art. 1907, C. civ., ne peuvent donc être réduits sous prétexte d'usure. — *Cass.*, 16 nov. 1813 (et non 5 oct.), Lyonnard c. Charrier ; 29 janv. 1812, Dartigneux-Laplante c. Garat ; *Agen*, 3 août (et non mai) 1809, Descoubet c. Nouaillon ; *Bruxelles*, 24 mai 1809, Powis c. Delwalsche ; *Cass.*, 5 mars 1834, Mermet c. Dornier ; 5 nov. 1836, Collin c. Jommard et Bérard ; *Bordeaux*, 26 janv. (et non 12 mars) 1831, Deyme c. Dufau.

25. — L'art. 1907, C. civ., qui permettait de fixer arbitrairement le taux des intérêts, n'a pas dû recevoir son application aux prêts à intérêts passés dans des pays réunis à la France où le taux était réglé par le statut local. Dès lors, les juges ont pu déclarer nulle la stipulation d'intérêts à 18 %, contenue dans un contrat passé en Piémont, même postérieurement à la promulgation du Code. — *Turin*, 12 janv. 1808, Fileppi c. Verona ; 2 mai 1807, Ferraglio c. Canebiano ; — *Contrà Bruxelles*, 10 janv. 1810, Stephani c. Custer.

26. — Lorsqu'une stipulation d'intérêts n'en fixe pas le taux, le créancier ne peut exiger que l'intérêt légal. — *Bourges*, 11 juin 1825, Nettement c. Lebœuf.

27. — Toute rente constituée en grains doit être réduite au taux de l'intérêt légal, sur la demande du débiteur. Peu importe à cet égard que cette demande n'ait été formée qu'au moment même de l'action du créancier contre le débiteur, s'il y a lieu surtout, par exemple dans le ressort de l'ancien parlement de Toulouse, d'appliquer les lois romaines qui accordaient au débiteur l'action en répétition d'intérêts usuraires, lors même qu'il ne les avait payés qu'après le remboursement du capital. — *Cass.*, 31 mars 1813, Crouzat c. Rigaud.

28. — Le mandataire salarié qui, au lieu de déposer à la caisse des consignations, ainsi que son mandat l'y oblige, les fonds qu'il est chargé de recevoir, les emploie à son profit, est tenu d'en payer les intérêts au taux légal de 5 %, et non pas seulement à 3 % (taux payé par la caisse). — *Caen*, 16 fév. 1842 (t. 2 1842, p. 565), Lecouturier c. de Bomeral. — V. cependant *Cass.*, 21 juin 1825, Masson c. Neuilly.

29. — L'héritier bénéficiaire qui a reçu et placé des deniers de la succession ne doit compte des intérêts de ces deniers qu'au taux par lui perçu, ce taux fût-il inférieur au taux légal. — *Bourges*, 18 juill. 1828, Huart c. Patureau.

30. — Une compagnie d'assurances contre l'incendie ne pouvant demander que des intérêts civils aux assurés, ceux-ci ne peuvent, de leur côté, en exiger de plus élevés. — *Paris*, 5 janv. 1837 (t. 1er 1837, p. 617), Lainné c. la compag. d'assurance l'*Union*.

31. — Lorsqu'il est constant qu'une vente est commerciale en raison tant de sa nature que de la qualité des parties qui y ont figuré, l'arrêt qui refuse d'allouer au vendeur les intérêts de son prix sur le pied de 6 % doit être cassé comme violant l'art. 2, L. 3 sept. 1807. — *Cass.*, 28 janv. 1846 (t. 1er 1846, p. 523), Labussière c. Zuber.

32. — Il y a opération commerciale dans l'expédition de denrées coloniales ou marchandises à un commissionnaire, et la vente par celui-ci pour le compte du propriétaire non commerçant. En conséquence, en l'absence de toute stipulation sur le taux des intérêts des sommes dues par le commissionnaire, ils doivent être alloués à raison de 6 %. — *Cass.*, 7 mai 1845 (t. 2 1845, p. 550), Levassor et l'Evêque.

33. — L'intérêt d'une somme prêtée pour la construction ou la réparation d'une salle de spectacle public peut être stipulé à raison de 6 % par an, le prêt ayant pour objet une entreprise commerciale. — Cass., 10 mai 1837 (t. 1er 1837, p. 432), l'administ. munic. de Saint-Pierre (Martinique) c. Thounens.

34. — L'intérêt d'une somme prêtée par un commerçant, pour la construction d une usine qu'il doit prendre à loyer, est valablement stipulé à 6 %. — *Rouen*, 4 avr. 1843 (t. 1er 1844, p. 400), Darpentigny c. Blaise et Gauthier.

35. — Un maître de poste doit être considéré comme commerçant. Par conséquent, s'il a payé des intérêts à 5 1/2 ou 6 %, il n'y a pas lieu de lui restituer l'excédant de cet intérêt au-delà du taux civil. Pour qu'il en fût autrement, il faudrait qu'il prouvât que les obligations qu'il a souscrites ne l'ont point été pour son commerce. — *Bordeaux*, 29 août 1835, Dotezac c. Guercy.

36. — Le commissionnaire-commerçant qui a fait des avances sur des marchandises appartenant à un non commerçant a droit à un intérêt de 6 % des avances qu'il a faites. Cet intérêt peut lui être alloué à ce taux par le tribunal civil devant lequel il a appelé le non commerçant. — *Bordeaux*, 17 janv. 1839 (t. 1er 1839, p. 364), de Pommiers c. Fonlimoins.

37. — Un particulier qui prête à un commerçant des fonds pour son commerce peut stipuler l'intérêt de 6 %. — *Liége*, 24 nov. 1823, N...; — *Contrà Rennes*, 28 oct. 1816, Rozy c. Thélohan.

38. — De même, le non commerçant qui se porte obligé solidaire d'un débiteur commerçant (spécialement une femme qui s'oblige solidairement avec son mari) est tenu des intérêts à 6 %. — *Bordeaux*, 22 nov. 1832, Benquarel c. Casse.

39. — Mais, lorsque le créancier d'une dette commerciale a accepté pour nouveau débiteur un individu non commerçant qui s'est substitué à l'ancien, l'obligation commerciale se trouve convertie en une obligation purement civile, qui ne comporte plus qu'une stipulation d'intérêts civils. — *Cass.*, 24 mars 1841 (t. 2 1843, p. 417), Robles c. Jaulin.

40. — Si l'intérêt conventionnel est toujours dû au taux stipulé, quand ce taux n'excède pas celui de la loi du pays où la convention est passée, l'intérêt légal résultant de la demeure ne peut être adjugé qu'au taux du lieu où la condamnation est prononcée. — *Aix*, 14 janv. 1825, Kouttou-Mousiano c. M. J.

41. — D'après l'art. 2 de la loi du 3 sept. 1807, les tribunaux civils peuvent, en matière de commerce, accorder l'intérêt des sommes réclamées, sur le taux de 6 0/0 (*Cass.*, 16 juill. 1817, L... c. Lordereau); mais ils ne pourraient prononcer un intérêt plus élevé.

42. — L'art. 1153, alin. 1er, C. civ., en disposant que les dommages-intérêts résultant du retard dans l'exécution d'une obligation qui se borne au paiement d'une certaine somme ne consistent jamais que dans la condamnation aux intérêts fixés par la loi, *sauf les règles particulières aux commerce*, a voulu comprendre seulement dans ces derniers mots les frais de protêt et de rechange; mais, hors ce cas, la règle générale qu'il établit s'applique aussi bien aux obligations commerciales qu'aux obligations civiles. — V. *Aix*, 21 août 1829, Olivier c. Raineri.

43. — Ainsi, lorsqu'un entrepreneur de remplacement n'a point payé à son échéance la somme due au remplaçant par lui engagé, il ne peut pas, indépendamment des intérêts de cette somme, être condamné à des dommages-intérêts. — V. même arrêt.

44. — Décidé de même, en matière civile, que si, par suite d'une condamnation en dommages-intérêts fondée uniquement sur le retard d'une partie à se libérer, il a été accordé à l'autre partie des intérêts judiciaires ou moratoires, il ne peut encore être accordé de dommages-intérêts. — *Cass.*, 2 mars 1834, Milscent c. Letondal.

45. — La clause pénale que, faute de paiement au terme fixé, le débiteur paiera au créancier une somme supérieure à l'intérêt légal, insérée dans une obligation qui se borne au paiement d'une certaine somme, serait contraire à l'art. 1153, et les tribunaux devraient réduire l'intérêt au taux légal. — *Liége*, 9 mars 1826, N... — Toullier, t. 6, no 266.

46. — Les intérêts des condamnations prononcées à titre de dommages-intérêts ne sont dus qu'au taux de 5 0/0, quoique le préjudice ait été éprouvé par la masse des créanciers d'une faillite, et que les dommages-intérêts aient été fixés au marc le franc des créances de ceux qui avaient causé ce préjudice, lesquelles créances étaient commerciales. — *Paris*, 15 juill. 1837 (t. 2 1837, p. 486), Poussin c. Maisonneuve.

47. — Mais si les intérêts exigés à titre de dommages-intérêts ne peuvent s'élever au-dessus du taux légal, les tribunaux ont le droit de les réduire au-dessous de ce taux. — *Cass.*, 18 mars 1817, Letondal c. Milscent.

48. — L'intérêt conventionnel n'est pas converti en intérêt moratoire par l'effet d'un commandement ou d'un simple acte de mise en demeure. En conséquence, si, d'après la convention, l'intérêt était fixé à 4 0/0, le commandement fait par le créancier n'a pas pour conséquence de l'élever, à titre d'intérêt moratoire, au taux légal Il faudrait pour cela une demande expresse du créancier formée en justice. — *Cass.*, 5 avril 1846 (t. 1er 1846, p. 647), trésor public c. Berrurier et Martin; *Paris*, 17 mai 1836, trésor public c. Leprince et Poulain.

49. — La loi du 3 sept. 1807 n'ayant pas été promulguée à la Martinique, un intérêt conventionnel supérieur au taux établi par cette loi a pu y être valablement stipulé. Vainement, pour soutenir le contraire, on invoquerait l'ordonnance du gouvernement anglais de cette colonie rendue le 6 oct. 1809; cette ordonnance, en supposant qu'elle eût pu modifier l'art. 1907, C. civ., ayant cessé d'avoir effet lorsque la Martinique est rentrée sous les lois qui régissent la métropole. — *Cass.*, 7 août 1843 (t. 2 1843, p. 595), Robert et de Maupertuis c. Hergault.

50. — L'intérêt légal ne peut être calculé à 6 % dans les marchés administratifs. — *Cons. d'état*, 6 fév. 1831, Moreau.

51. — Le créancier dont l'agent de change ou les syndics de sa faillite ont mal à propos contesté le privilége, et par suite retardé le paiement, peut exiger des intérêts et les faire porter au taux légal de 5 0/0, bien que son privilége soit établi sur un cautionnement qui, déposé à la caisse des consignations, ne produit qu'un intérêt de 4 %. — *Paris*, 4 juill. 1828, Ragoulleau c. Roger.

52. — L'indivision des biens et valeurs héréditaires que l'un des cohéritiers a, en ce qui le concerne et quant à la portion qui lui revient, assignés spécialement et par privilége au paiement d'une obligation conditionnelle par lui souscrite, peut bien mettre obstacle à la délivrance ou au paiement des sommes dues jusqu'à la parfaite exécution de la liquidation et du partage, mais ne peut faire écarter la demande judiciaire qui a pour but de faire courir les intérêts au profit du créancier, lorsque d'ailleurs l'événement conditionnel prévu en l'acte s'est accompli. — *Bordeaux*, 6 août 1844 (t. 1er 1845, p. 780), Flisch c. Desjardins.

53. — En matière de réglement de comptes entre commerçans, les intérêts qui ne courent pas de plein droit et qui n'ont pas été l'objet de conclusions formelles, ne doivent pas être alloués par les tribunaux. — *Cass.*, 24 janv. 1843 (t. 2 1843, p. 124), Boubée c. Ratisbonne.

54. — Lorsque l'étranger demandeur a fourni en argent le cautionnement *judicatum solvi*, le défendeur qui succombe n'est pas assujetti à lui payer les intérêts de ce cautionnement. — *Cass.*, 21 août 1832, Rancés c. d'Ossuna.

55. — L'avoué peut répéter non seulement le montant de la taxe primitive, mais encore les intérêts qui ont couru contre le condamné par suite d'un commandement, et qui ont été payés à la partie gagnante. — *Nîmes*, 23 fév. 1831, Gibert c. le Domaine.

56. — Les créances sur le département de la guerre ne peuvent donner lieu à une allocation d'intérêts qu'à partir de la liquidation. — *Cons. d'état*, 6 fév. 1831, Moreau.

57. — Les condamnations prononcées soit contre le trésor public, soit en sa faveur, pour restitution ou supplément de droits, ne peuvent être, sans excès de pouvoir, accompagnées de la condamnation en paiement des intérêts. — *Cass.*, 21 janv. 1840 (t. 2 1842, p. 411), enregist. c. Mauger.

58. — Spécialement, la régie de l'enregistrement ne peut être condamnée à payer les intérêts, même moratoires, des sommes qu'elle doit restituer comme indûment perçues. — *Cass.*, 6 nov. 1827, enregist. c. Imbault; 18 juin 1810, Camus; 8 août 1836, Moutin; 16 mars 1840 (t. 1er 1840, p. 712), Delaporte. — Poujol, *Oblig.*, t. 1er, art. 1154, no 12.

59. — En matière de police du roulage, les amendes versées à titre de consignation qui n'étaient pas définitivement acquises à l'état au moment de la promulgation de l'ordonnance d'amnistie du 8 nov. 1830, doivent être restituées aux contrevenans. Toutefois, il n'y a pas lieu d'allouer les intérêts de ces sommes. — *Cons. d'état*, 28 janv. 1835, Messag. royales c. Minist. des finances.

60. — L'amende d'un vingtième, déterminée par l'arrêté du 27 frim. an XI, contre les débiteurs de l'état qui sont en retard de payer, n'est pas exclusive des intérêts qui, généralement, sont encourus par le défaut de paiement. — *Cass.*, 26 juill. 1825, Carel c. le Domaine.

61. — Le compte de loyers ordonné après condamnation pour en fixer la quotité ne fait pas obstacle au paiement des intérêts de ces loyers, en ce que, la créance ayant été reconnue n'être pas liquidée, il ne pourrait y avoir lieu à des offres réelles, et par cela même au paiement d'intérêts. — *Paris*, 26 mars 1831, Boucheseiche c. Driois.

62. — Les dispositions des lois romaines qui défendaient que le créancier pût exiger tous les intérêts échus lorsqu'ils s'élevaient au-dessus du capital n'ont pas été reçues en France. — *Cass.*, 6 mess. an XIII, Pajoulx. — *Contrà Colmar*, 9 prair. an XIII, Barbaud c. Ives; — Poujol, *Obligations*, t. 1er, art. 1154, no 9.

§ 2. — *Intérêts conventionnels.*

63. — Il est de règle générale, soit en matière civile, soit en matière commerciale, que, sauf les cas que nous verrons ci-après, et où la loi fait ellemême courir les intérêts de plein droit, et attribue à une demande en justice l'effet d'en faire produire, il ne peut être dû d'intérêts qu'en vertu d'une stipulation. — *Poitiers*, 15 mai 1822, Dufour c. Morisset.

64. — Ainsi, les avances de fonds et livraisons de marchandises ne produisent intérêts qu'autant qu'il y a stipulation à cet égard. — *Colmar* 12 juill. 1824, Bucher c. Schirmeyer.

65. — On a jugé de même sous la loi du 2-12 oct. 1789, en l'absence de preuves d'un usage contraire, — *Cass.*, 5 vend. an XI, Boulert c. Desfontaines.

66. — La stipulation d'intérêts doit être écrite: c'est ce qui résulte de l'art. 1907, C. civ. Elle ne pourrait, même en matière commerciale, être prouvée par témoins, non plus que par les livres et registres du créancier. — *Rennes*, 19 avr. 1811, Riou-Kerallet c. Perin. — V. cependant Goujet et Merger, *Dict. dr. comm.*, vo *Intérêts*, no 32.

67. — ...A moins que les intérêts ne fussent, dans l'obligation écrite, cumulés avec le capital, sans fixation du taux annuel, on ne pourrait, dans ce cas, les considérer comme *fixés par écrit*. — *Cass.*, 29 janv. 1812, Dartigaux-Laplante c. Garat.

68. — Lorsque la stipulation d'intérêts antérieure au Code civil et à la loi du 3 sept. 1807 ne résulte que d'une convention *verbale*, le paiement des intérêts ne doit avoir lieu, depuis cette loi, que suivant le taux qu'elle a fixé, et non suivant le taux déterminé par la convention. (Jugé seulement par la cour royale.) — *Cass.*, 16 janv. 1837 (t. 1er 1837, p. 306), Sériguol c. Aurel.

69. — Sous l'empire du décret du 18 janv. 1814, relatif à la suspension temporaire de la loi du 3 sept. 1807, il fallait également, pour la validité des stipulations d'intérêts supérieurs au taux légal de la loi du 3 sept. 1807, que ces stipulations fussent positives et expresses. — *Cass.*, 16 mai 1838 (t. 2 1838, p. 443), Prat c. Prades.

70. — Cependant les tribunaux pourraient décider que, d'après les intentions des parties, les intérêts d'un capital ont dû courir du jour de l'obligation, encore bien que le contrat ne portât pas de stipulation à cet égard. — V. *Cass.*, 30 brum. an XII et 30 brum. an XIII, Parent c. Vittu; — Cotelle, *Des intérêts*, nos 82 et 86. — V. aussi *Cass.*, 25 janv. 1815, Vautier c. Beeby; — Goujet et Merger, *Dict. dr. comm.*, vo *Intérêts*, no 22.

71. — Décidé, par exemple, que, quoique des billets ne renferment aucune stipulation d'intérêts entre le créancier et le débiteur principal, s'il résulte des documens du procès, même étrangers à la caution, que des intérêts ont dû être stipulés, celui qui a cautionné le débiteur principal est, comme le débiteur lui-même, passible du paiement de ces intérêts. — *Grenoble*, 10 juin 1825, Bajat c. Barthellon.

72. — Le prêteur serait légalement recevable à opposer à l'emprunteur son aveu sur l'existence de la stipulation tacite d'intérêts, à lui déférer le serment, ou à demander qu'il fût interrogé sur faits et articles. L'écriture n'est point de l'essence de la stipulation. — Duvergier, *Du prêt à intérêt*, no 255; — *Contrà* Duranton, t. 17, no 598.

73. — Un tribunal a pu décider, d'après l'appréciation des clauses du contrat, que l'intérêt a été convenu à 10 0/0, quoique cela ne soit pas dit formellement, et valider cette stipulation, alors surtout qu'il y a eu exécution. — *Cass.*, 25 janv. 1815, Vautier c. Beeby.

74. — Mais on ne peut réclamer les intérêts d'une somme dont le paiement est réservé par une transaction, lorsqu'ils ne sont pas mentionnés dans cette transaction. — *Rennes*, 13 janv. 1820, Peron.

75. — La clause d'un acte portant que le débiteur *continuera* de payer les intérêts à 6 0/0 établit suffisamment la preuve de la stipulation anté-

rieure de ces intérêts. — *Rennes*, 28 oct. 1816, Rozy c. Thélohan.

76. — L'obligation contractée par un débiteur de payer ce qu'il doit, *avec les intérêts*, lorsque ses moyens le lui permettront, ou, en cas de décès, sur le plus clair de ses biens, produit de plein droit intérêt à compter du jour de l'acte. — *Bordeaux*, 19 mars 1841 (t. 2 1841, p. 270), Chartres c. Manan.

77. — Lorsque l'emprunteur d'une somme d'argent s'est obligé à la rembourser à l'expiration d'un certain délai et à en payer l'intérêt jusqu'à cette époque, l'échéance de ce terme fait-elle cesser l'intérêt dont la somme avait été stipulée productive par la convention? — Le créancier peut, il est vrai, dès l'échéance de l'époque fixée pour le remboursement de la somme prêtée, exercer contre le débiteur des poursuites à fin de paiement. Mais souvent il arrive que le créancier laisse s'écouler un temps plus ou moins long sans agir, et ce, dans l'intérêt même du débiteur. Il nous semble donc, en l'absence de toute disposition à cet égard dans l'obligation, que faire courir les intérêts de plein droit, sans demande, depuis l'expiration du terme jusqu'au paiement, au profit du créancier, c'est établir une règle à la fois salutaire aux deux parties, et basée sur leur commune intention. — V. en faveur de ce système *Cass.*, 10 mai 1837 (t. 1er 1837, p. 432), adm. mun. de Saint-Pierre (Martinique) c. Thoumens; — Merlin, *Rép.*, vo *Intérêt*, § 4, no 12; Rolland de Villargues, *Rép.*, vo *Intérêts*, no 141; Duvergier, *Du prêt à intérêt*, no 257, t. 6.

78. — Il doit en être ainsi, encore bien qu'à l'échéance du terme le créancier ait accordé un nouveau délai à son débiteur pour se libérer. L'obligation ne pourrait, en effet, cesser de produire intérêts que par suite d'une convention expresse. — *Bourges*, 4 mars 1815, Delafaye c. Jouilly de Varennes.

79. — Décidé, au contraire, que l'intérêt stipulé payable jusqu'au jour de l'échéance ne court point, de plein droit, après l'échéance, si l'obligation n'est point acquittée à cette époque, encore bien qu'il soit présumable que, dans l'intention des parties, l'intérêt devait continuer jusqu'au paiement. — *Cass.*, 10 sept. 1811, Lucas c. La Roussière; *Bourges*, 25 avr 1826, Gorand c. Martin; *Bordeaux*, 2 mai 1826, Lavau c. Brezets; 1er mars 1832, Naviceau c. Gibaudau.

80. — La même controverse s'est élevée relativement à la question de savoir si la clause *sans intérêts jusqu'à l'échéance seulement*, insérée dans une obligation, emporte de la part des parties l'intention de faire courir les intérêts à compter du jour de l'échéance, sans qu'il soit nécessaire que le débiteur ait été mis en demeure. — V. pour l'affirmative *Bourges*, 11 juin 1825, Nettement c. Lebœuf; *Bordeaux*, 28 mai 1832, Sou c. Jadot; 11 avr. 1839 (t. 2 1839, p. 133), Lafon c. Larquey; *Toulouse*, 19 janv. 1844 (t. 2 1844, p. 211, Pérès. — Pour la négative, *Agen*, 19 juin 1824, Carsalade-Dupont c. d'Autrat; *Angers*, 19 mars 1833, Guchens c. Malet; *Bourges*, 25 avr. 1826; 28 mai 1827, Rolinat c. Lesueur. — Goujet et Merger, *loc. cit.*, no 26.

81. — En principe, le premier système nous paraît encore préférable; car, ainsi que le fait remarquer M. Duvergier (*ubi suprà*), celui qui s'affranchit par une clause expresse de l'obligation de payer des intérêts jusqu'à l'échéance de sa dette semble bien dire qu'il en sera tenu à partir de cette époque. Du reste, la solution de cette question, comme celle de la précédente, devra dépendre beaucoup des circonstances, dont les tribunaux seront appréciateurs.

82. — Aujourd'hui toutes les stipulations sur les intérêts conventionnels, tant qu'elles n'ont rien d'usuraire, sont obligatoires. — Toullier, t. 6, no 270; Duranton, t. 10, no 492; Souquet, 277e tabl., 1re col., et 5e col., no 117. — Mais sous l'ancienne jurisprudence (et notamment dans le ressort du ci-devant parlement de Bordeaux), la stipulation des intérêts même écrite n'avait aucun effet, parce que le simple prêt d'argent ne portait pas intérêts. — *Bordeaux*, 22 août 1832, Valez c. Trial.

83. — Jugé que la stipulation insérée dans une obligation notariée : *que la créance deviendra de plein droit exigible à défaut de paiement des intérêts dans un délai convenu*, n'est point une clause purement comminatoire abandonnée au pouvoir discrétionnaire du juge. — *Paris*, 23 avr. 1831, Allart c. Bocquet. — V. cependant *Bruxelles*, 24 mai 1809, Powis c. Delwalsche.

84. — Lorsqu'il a été stipulé dans un contrat de cession d'office que le prix montant à 23,000 francs sera payable 13,000 francs dans cinq ans et le surplus dans dix ans, *le tout avec l'intérêt de 5 0/0 par an*, on doit l'entendre en ce sens que les intérêts seront exigibles à l'échéance de chaque année, et non pas qu'ils se cumuleront pour ne l'être qu'en même temps que le capital. — *Angers*, 1er fév. 1840 (t. 1er 1844, p. 469), Grasset c. Gérôme.

§ 3. — *Intérêts légaux ou qui courent de plein droit.*

85. — Il est une foule de cas dans lesquels la loi fait elle-même courir de plein droit les intérêts à partir d'époques qu'elle détermine. On donne à ces intérêts le nom de *légaux* par opposition à ceux qui ne courent qu'en vertu d'une convention ou d'une demande.

86. — Ainsi, aux termes de l'art. 455, C. civ., le tuteur doit de plein droit l'intérêt des sommes (formant l'excédant des revenus sur les dépenses) qu'il n'a pas employées dans les six mois à partir du jour où a été complétée la somme qu'il était tenu d'employer dans ce délai. S'il trouvait l'emploi de cette somme dans le cours des six mois, il en devrait les intérêts du moment où elle aurait été placée.

87. — Lorsque le tuteur n'a pas fait déterminer, conformément à l'art. 455 précité, la somme à laquelle doit commencer l'emploi, il doit les intérêts de toute somme non employée, quelque modique qu'elle soit, après le délai de six mois à partir du jour où il a reçu cette somme. — C. civ., art. 456.

88. — La somme à laquelle s'élève le reliquat du compte de tutelle dû au mineur par le tuteur produit également des intérêts de droit du jour de la clôture de ce compte. — C. civ., art. 474.

89. — ... Alors même qu'on aurait compris dans l'apurement de ce compte les valeurs mobilières d'une succession échue au mineur et les sommes que le tuteur a touchées postérieurement à l'époque de la majorité par suite de la prolongation de la gestion. — *Cass.*, 14 janv. 1836, Lornet c. Amy.

90. — Jugé cependant que les sommes dont le tuteur est reconnu débiteur sur une demande en rectification du compte de tutelle ne produisent intérêt, s'il est de bonne foi, que du jour de la demande et non du jour du compte. — *Douai*, 19 juin 1835, Desclé.

91. — Le mandataire du tuteur qui en vertu de stipulations particulières intervenues entre eux, garde l'argent des mineurs, et a droit aux deux cinquièmes du sou pour livre du prix des ventes, est soumis personnellement aux charges de la tutelle et astreint au paiement des intérêts des intérêts. — *Cass.*, 6 nov. 1828, Salles.

92. — Si, par suite du compte, c'est au contraire le pupille qui se trouve débiteur d'un reliquat envers le tuteur, les intérêts de ce reliquat commencent à courir non du jour du compte, mais seulement à partir de la sommation de payer faite au pupille. — Art. 474.

93. — L'héritier donataire assujéti à rapport doit l'intérêt des sommes rapportables à compter du jour de l'ouverture de la succession. La raison en est que dès ce moment il a droit aux fruits de sa portion héréditaire, et qu'il ne doit pas profiter en même temps des intérêts des sommes qui lui avaient été données. — Toullier, t. 6, no 269, p. 281, note 4 *in fine*; Merlin, *Rép.*, vo *Intérêts*, § 2, no 3; Souquet, 275e tableau, 1re colonne.

94. — Une soulte de partage produit aussi de plein droit des intérêts du jour où elle est exigible, c'est-à-dire du jour de l'ouverture de la succession, si les héritiers n'ont pas joui provisoirement en commun des revenus, ou du jour du partage si cette jouissance commune a eu lieu. — *Bruxelles*, 13 juin 1821, Vandewoorde c. Deren; — Merlin, *ubi suprà*; Vazeille, *Des successions*, sur l'art. 833, no 5.

95. — Jugé que dans une succession ouverte sous l'empire des lois anciennes, l'héritier légitimaire peut avec sa légitime en réclamer les fruits ou intérêts du jour où ses droits ont pris naissance. Les intérêts des fruits ou intérêts auxquels donne lieu une légitime sont dus au légitimaire à partir de la demande par l'héritier bénéficiaire aussi bien que par l'héritier pur et simple. — *Cass.*, 16 août 1825, de Saint-Priest-Saint-Mure c. de Saint-Priest-Saint-Ague.

96. — Les intérêts des sommes léguées ne sont dus en principe aux légataires que du jour de la demande en délivrance ou du jour où la délivrance lui a été consentie. Mais par exception ils courent à leur profit dès le jour du décès et sans qu'il soit besoin d'une demande en justice : — 1o lorsque le testateur a expressément déclaré sa volonté à cet égard dans le testament; — 2o lorsqu'une rente viagère ou une pension a été léguée à titre d'alimens. — C. civ., art. 1015.

97. — Il a été jugé, par application de l'article précité, qu'on ne pouvait considérer la clause d'un testament par laquelle il est fait legs d'une somme d'argent et d'une partie de mobilier, *pour le tout être remis dans l'an du décès du testateur*, comme une déclaration de volonté suffisante pour faire courir de plein droit les intérêts de la somme léguée à partir du jour du décès. Ces intérêts ne sont dus que du jour de la demande en délivrance. — *Cass.*, 16 août 1843 (t. 2 1843, p. 715), Moutal c. Richard.

98. — Toutes les sommes payées au créancier par la caution solidaire ou l'un des débiteurs solidaires produisent, pour la portion dont sont tenus ses codébiteurs, intérêts à partir du jour du paiement, soit qu'il s'agisse de sommes payées pour intérêts ou de sommes payées pour capital seulement. — *Bordeaux*, 16 juill. 1830, Ducarpe c. Couillaud; *Caen*, 7 août 1840 (t. 1er 1841, p. 122), Salles c. Leroux. — V. encore *Toulouse*, 4 fév. 1829, Al-mand; — Duranton, t. 10, no 493; Delvincourt, t. 2, p. 503; Goujet et Merger, *Rép.*, vo *Intérêts*, nos 47 et 48.

99. — La dot étant destinée à soutenir les charges du mariage, il s'ensuit que la somme constituée à la femme à titre de dot est productive d'intérêts dès le jour de la célébration du mariage, encore qu'il y ait terme pour le paiement, s'il n'existe pas de stipulation contraire. — *Pau*, 9 janv. 1839 (t. 2 1839, p. 548), Vidalé c. Lasplagnères; — Duranton, t. 10, no 493; Merlin, *Rép.*, vo *Intérêts*, § 2, no 1er.

100. — Lorsque la dot a été constituée avec terme de paiement et stipulation qu'il ne sera point exigé d'intérêts jusqu'à l'expiration de ce terme, si elle n'est point alors remboursée, les intérêts commenceront de plein droit à courir. — Merlin, *ubi suprà*.

101. — Dans le cas où une somme a été donnée par contrat de mariage, à titre de constitution dotale, mais avec réserve par le donateur de l'usufruit, les intérêts courent de plein droit du jour où cet usufruit a cessé, et non pas seulement du jour de la demande. — *Cass.*, 13 mars 1827, Florentin c. Dubourg; — Duranton, t. 15, no 380.

102. — A la dissolution du mariage, si elle a lieu par le décès de la femme, les intérêts ou les fruits de la dot à restituer courent de plein droit au profit de ses héritiers à partir du jour de cette dissolution (C. civ., art. 1570); à moins que ces héritiers ne soient des enfans communs qui n'aient point encore atteint leur dix-huitième année, ou n'aient point été émancipés, auquel cas le mari conserve les intérêts ou les fruits en vertu du droit que lui accorde l'art. 384, C. civ.

103. — Lorsqu'une femme a seulement fait prononcer sa séparation de biens, le mari doit lui restituer sa dot et ses autres biens, avec les intérêts ou les fruits, à compter du jugement. — Merlin, *Rép.*, vo *Intérêts*, § 2, no 1er.

104. — L'art. 1473, C. civ, dispose aussi que les remplois et récompenses dus aux époux par la communauté, et les récompenses et indemnités par eux dues à la communauté, emportent intérêt de plein droit du jour de sa dissolution, par quelque mode qu'elle ait été opérée.

105. — Mais il n'en est pas de même du préciput accordé à la femme, ou de la somme qui en tient lieu, ni du deuil qui lui est dû après le décès de son mari. Ces objets ne produisent des intérêts à défaut de paiement, au profit de la femme, que du jour qu'elle a formé une demande à cet égard. — Merlin, *Rép.*, vo *Intérêts*, § 2, no 1er.

106. — D'après les termes de l'art. 1652, C. civ., si la chose vendue produit des fruits naturels ou civils, l'acheteur doit les intérêts du prix, de plein droit, du jour de la délivrance. Il serait injuste, en effet que l'acheteur perçût les fruits de cette chose et profitât en même temps des intérêts de la somme dont il est débiteur à titre de prix.

107. — Il doit les intérêts du jour de la délivrance, quoique dans un acte de vente sous seing-privé il ait été convenu que les intérêts du prix commençaient à courir du jour fixé pour la réalisation de la vente devant notaire (dans l'espèce, l'acquéreur avait été mis en possession ce jour-là même), et que cet acte n'ait point été réalisé. — *Cass.*, 21 janv. 1834, Beaucé c. Bertrand.

108. — Il en est ainsi encore bien que le vendeur, en mettant l'acheteur en possession, lui ait accordé des délais pour le paiement, sans qu'il soit intervenu aucune convention particulière sur les intérêts. — Troplong, *De la vente*, t. 2, no 599.

109. — De même, lorsqu'un prix de vente a été stipulé payable, au bout de cinq ans, par exemple, sans intérêts, si à l'expiration de ce terme l'acquéreur n'a point effectué le paiement de ce prix, les intérêts courent de plein droit à partir de cette époque. — *Bourges*, 27 mars 1821, Ravion.

110. — Est à l'abri de la cassation, l'arrêt qui, par appréciation des actes, juge que l'acquéreur d'un immeuble dont le prix est productif d'intérêts peut être contraint de payer ces intérêts aux créancier

hypothécaires, à partir de la vente, et même avant la notification du contrat de sa part ou tous actes de poursuite de la part des créanciers. — *Cass.*, 11 août 1828, Baron c. Philippe.

111. — Cependant, si le tiers détenteur qui, après avoir payé son prix au vendeur, le paie de nouveau sur la sommation de délaisser faite par les créanciers inscrits, il est tenu envers ceux-ci des intérêts, non à compter du jour de la vente, mais seulement à compter de la sommation. — *Amiens*, 10 juill. 1824, Dessal c. Dufay.

112. — Lorsque l'acquéreur a remis au vendeur, pour le paiement du prix, un mandat sur un tiers, si le mandat n'est point payé à l'échéance, la somme due produit, de plein droit, des intérêts en faveur du vendeur. — *Cass.*, 24 juill. 1828, Dallemagne c. Chegnel.

113. — Les intérêts du reliquat du prix d'une vente d'immeubles, comme ceux du prix entier, courent de plein droit, sans qu'il y ait eu aucune stipulation à ce sujet. — *Rennes*, 24 janv. 1812, Oudart de Lucy c. Deschiens.

114. — ... Alors surtout que l'immeuble lui-même produit des fruits. — *Rouen*, 11 mai 1812, Lefié c. Levasseur.

115. — L'adjudicataire doit, de plein droit, les intérêts de son prix à compter du jour de son adjudication, mais non à partir de la vente au premier acquéreur. — *Riom*, 19 janv. 1820, de Sartiges c. Jarrier; *Cass.*, 14 août 1833, Floreau c. Lanthérie.

116. — ... Quoiqu'il n'ait été envoyé en possession que postérieurement à ce jour, lorsque d'ailleurs on lui a conféré le droit de réclamer contre le fermier les fruits et revenus échus depuis cette époque. — *Cass.*, 6 fév. 1833, enregist. c. Carde.

117. — Lorsque depuis l'ouverture de l'ordre l'adjudicataire a revendu l'immeuble qu'il avait acquis, le nouvel acquéreur est tenu de plein droit de payer aux créanciers utilement colloqués les intérêts de son prix depuis l'époque de son acquisition et non pas seulement du jour de la notification de son contrat ou de la sommation de purger ou de délaisser. — *Riom*, 27 août 1825, Lafont c. Mazillet.

118. — Les saisies-arrêts formées entre les mains de l'acquéreur d'un immeuble ne suspendent pas le cours des intérêts du prix de vente; l'acquéreur ne pourrait empêcher les intérêts de courir qu'en consignant. — *Bruxelles*, 9 août 1809, Dewynter c. Gaesbeens et Dekepper; *Colmar*, 10 nov. 1815, Lévy et Weyl c. Ricard; *Rennes*, 24 fév. 1818, Coeffier c. Binard; — Troplong, *De la vente*, t. 2, n° 611; Duvergier, *De la vente*, t. 1er, n° 422; Roger, *De la saisie-arrêt*, n° 430.

119. — L'acquéreur évincé en vertu d'un jugement qui a condamné son vendeur à lui restituer son prix de vente a droit également, de plein droit, aux intérêts du prix jusqu'à ce qu'il en ait été remboursé, sans qu'il soit besoin de condamnation à ce sujet. — *Poitiers*, 22 juin 1825, Momier c. Lareau.

120. — La juste crainte d'éviction, bien qu'elle autorise l'acquéreur à refuser le paiement du prix convenu, à moins que le vendeur ne fournisse caution, ne l'autorise pas à refuser également le service des intérêts; car, malgré la crainte d'éviction, il n'en continue pas moins à jouir de la chose et à profiter de la vente. — *Turin*, 11 janv. 1811, Castagneri c. Gamba de la Perouze; *Riom*, 2 janv. 1830, Laden c. Chaussade; — Duvergier, *Vente*, t. 1er, n° 422; Troplong, *Vente*, t. 2, n° 611.

121. — L'acquéreur qui, sous la loi du 25 messid. an III, ne s'est pas libéré valablement du prix principal, conformément aux dispositions de cette loi, doit les intérêts, non pas seulement du jour de la demande en nouveau paiement, mais du jour de son entrée en jouissance. — *Paris*, 25 mars 1825, Parmentier c. Manceau. — V. VENTE.

122. — L'associé doit de plein droit et sans demande les intérêts de la somme qu'il s'est engagé à apporter en société, du jour où elle devait être payée (art. 1846), ou dont il est reconnu débiteur à tout autre titre envers la société. — *Cass.*, 22 mars 1815, Taulier c. Passet et Dumoulin.

123. — Jugé cependant que l'intérêt des sommes que doit avancer un des sociétaires dans une société en participation ne court pas de plein droit; il faut qu'il y ait stipulation expresse. — *Poitiers*, 15 mai 1822, Dufour c. Morisset.

124. — Dans le cas où un associé, condamné par jugement en dernier ressort à payer à son coassocié sa part de diverses créances sur l'état, au fur et à mesure des recouvremens, aurait opéré le transfert de ces rentes ou créances, le capital en résultant produirait, de plein droit, des intérêts en faveur de l'autre associé. — *Cass.*, 28 juin 1826, Lemédée c. Furlani.

125. — Réciproquement, les sommes qui ont été avancées par l'associé pour la société produisent intérêt en sa faveur du jour des avances. — Goujet et Merger, *loc. cit.*, n° 50.

126. — Aux termes de l'art. 2001, C. civ., les intérêts des avances faites par le mandataire lui sont dus de droit à dater du jour où elles sont constatées; il en était de même avant le Code. — *Cass.*, 6 (et non 26) avr. 1815, d'Houchin c. Carpentier; 17 mars 1824, Belin c. Valès; — Cotelle, *Des intérêts*, n° 89.

127. — Spécialement, le mandataire chargé du recouvrement de certaines créances a droit aux intérêts des frais qu'il a déboursés pour arriver à ce recouvrement. — *Bordeaux*, 9 août 1840 (t. 2 1840, p. 725), Changuet c. Marcadé.

128. — Les sommes dont le mandant s'est reconnu débiteur envers son mandataire à titre d'émolument de sa gestion ne peuvent être considérées comme avances dans le sens de l'art. 2001, et, à ce titre, produire intérêts à partir du terme de la gestion et du réglement de compte; l'intérêt n'en est dû qu'à partir du jour de la demande. — *Cass.*, 10 fév. 1836, Raibaud-Lange c. Aubert.

129. — Jugé aussi que lorsque plusieurs propriétaires sont convenus par contrat de faire exécuter à frais communs des travaux utiles à leurs propriétés respectives, si l'un d'eux agit sans leur concours et dans l'intérêt de tous, celui-ci devant être réputé, à l'égard des autres, mandataire forcé, les intérêts des avances par lui faites lui sont dus, non seulement à dater du jour de la demande, mais du jour des avances constatées. — *Cass.*, 22 janv. 1833, Chaponay c. Rimbourg; — Bioche et Goujet, *loc. cit.*, n° 46.

130. — Le *negotiorum gestor* a-t-il, comme le mandataire, droit aux intérêts de ses avances, sans demande, du jour où elles ont été faites? — La loi romaine avait résolu affirmativement cette question. — L. 18, Cod. *De negot. gest.* — Mais la solution contraire a été adoptée par la cour de Cassation, suivant arrêt du 7 nov. 1825 (Daguerre et Largué c. Cubihandi), et semble résulter d'un des considérans d'un autre arrêt de la même cour du 9 déc. 1839 (t. 1er 1840, p. 112), Robert c. Courtin et Detham. — Cependant M. Duranton pense (t. 10, n° 493) que si la gestion du *negotiorum gestor* a été utile, on ne saurait lui refuser le même droit qu'au mandataire. — V. en ce sens *Cass.*, 23 mars 1819, Wuillet c. Balland, et 27 août 1838 (t. 2 1838, p. 146), Dubois c. Jobard.

131. — Relativement au mandataire judiciaire, il a été décidé, spécialement à l'égard du curateur d'un absent, qu'il ne devait pas d'intérêts de plein droit, qu'il ne les devait que des sommes qu'il avait employées à son usage, et à dater de cet emploi. — *Colmar*, 24 août 1841 (t. 2 1841, p. 507), Dierbach c. Steinmetz.

132. — Les intérêts de l'indemnité dus au concessionnaire évincé courent à compter de l'entrée en possession du nouveau concessionnaire. — *Rennes* (à sa date au t. 3 1844), ursulines de Dinan c. ville de Dinan.

133. — En matière commerciale, les avances constatées par un compte courant sont productives d'intérêts de plein droit du jour de leur date, selon l'usage constant du commerce. — *Cass.*, 17 mars 1824, Belin c. Valès; 11 janv. 1841 (t. 2 1841, p. 141), Herman c. Leleu; *Bordeaux*, 9 août 1840 (t. 2 1840, p. 725) Changeur c. Marcadé. — V. aussi *Cass.*, 11 janv. 1841 (t. 2 1841, p. 141), Hermon c. compagnie Leleu; — Goujet et Merger, *loc. cit.*, n° 55 et 56, et *suprà* v° COMPTE COURANT, n°s 43 et suiv.

134. — La cour de Bourges a cependant jugé, par arrêt du 16 mai 1845 (t. 2 1846, p. 715), Quinquenet c. Baujard et Lemoine, que les fournitures de marchandises faites même de marchand à marchand ne produisaient pas des intérêts de plein droit. — Mais cette solution que nous ne saurions admettre était due, dans l'espèce, à cette circonstance relevée par la cause même, qu'antérieurement, dans des comptes de même nature, entre les mêmes parties, il n'avait point été question d'intérêts. — Elle est d'ailleurs contraire à l'opinion de Pardessus, *Dr. comm.*, n° 289.

135. — Le solde d'un compte courant, arrêté par le débiteur, est, de plein droit, productif d'intérêts, tout aussi bien que chacun des articles de ce compte avant le réglement. — *Paris*, 24 juin 1812, Mazères c. Chegaray. — *Contrà Bruxelles*, 13 janv. 1813, Grégoires.

136. — Mais le compte que le vendeur inscrit sur ses livres des fournitures par lui faites et des sommes qu'il reçoit ne constitue pas nécessairement avec l'acheteur un compte courant qui doive produire des intérêts de plein droit, surtout alors qu'il n'en a point été porté dans des réglemens antérieurs relatifs à des opérations de même nature. — *Bourges*, 16 mai 1846 (t. 2 1846, p. 715), Quinquenet c. Baujard et Lemoine.

137. — Des avances entre commerçans pour remboursement de billets en souffrance produisent aussi, de plein droit, des intérêts, encore bien que les opérations n'aient point donné lieu à un compte courant proprement dit. — *Paris*, 18 mai 1825, Conseillant c. Compeiguiac.

138. — Si les avances faites par un commerçant produisent des intérêts à partir du jour où elles ont eu lieu, il en doit être de même des paiemens à compte qu'il a reçus. — *Bordeaux*, 10 août 1838 (t. 2 1838, p. 474), Viard et Chaigneau c. Loirat.

139. — Le banquier qui se borne à retirer de la circulation les traites émises par son crédité ou à acquitter celles dans lesquelles celui-ci a indiqué sa maison comme domicile de paiement n'est qu'un mandataire ou *negotiorum gestor* ayant droit au remboursement de ses avances avec intérêt à 6 % à compter du jour où elles ont eu lieu. — *Toulouse*, 16 janv. 1835 (sous *Cass.*, 16 mai 1838 [t. 2 1838, p. 413]), Prat c. Prader.

140. — L'ordonnance de 1673 (tit. 5, art. 3 et tit. 6, art. 7) autorisait celui qui avait payé une lettre de change, à la décharge d'un autre, à en réclamer les intérêts du jour du protêt, sans qu'il y eût eu demande en justice. Mais ce n'était que lorsque l'effet présentait réellement le caractère de lettre de change, que cette ordonnance faisait courir les intérêts *de plein droit*, du jour du protêt, au profit de celui qui avait payé par intervention. — *Cass.*, 5 vendém. an II, Boubert c. Desfontaines.

141. — Ainsi, sous l'empire de cette ordonnance le protêt d'un billet à ordre ne faisait point courir les intérêts de plein droit: ces intérêts n'étaient dus qu'à partir de la demande judiciaire. — *Bourges*, 26 mars 1813, Fromenteau c Angineau; Merlin, *quest. de droit*, v° *Intérêts*, § 2.

142. — Jugé dans le même sens sous l'ordonnance d'Orléans de 1560 et l'édit de nov. 1563. — *Cass.*, 3 brum. an VIII, Moreau c. Massin.

143. — Aujourd'hui, d'après le code de commerce, celui qui paie par intervention étant subrogé aux droits du porteur (art. 159), l'intérêt du principal courant à partir du jour du protêt (art. 184), et le billet à ordre étant absolument assimilé à la lettre de change (art. 187), il s'ensuit que celui qui a payé par intervention un billet à ordre peut en réclamer les intérêts sans demande judiciaire, à compter du jour du protêt. — V. en ce sens *Bordeaux*, 21 mars 1828, Gauteyron c. Bousquet.

144. — Il ne pourrait réclamer les intérêts de ce billet à partir du jour où il est échu, quoiqu'il n'ait été protesté que long-temps après l'échéance. — *Cass.*, 28 janv. 1818, Prisset c. Gauvenet.

145. — Une créance provenant d'un effet de commerce protesté produit surtout des intérêts sans demande judiciaire, lorsqu'il est entré dans un compte courant. — *Cass.*, 6 nov. 1832, Dupuy c. Puthod.

146. — Toutefois, pour que le protêt fasse courir les intérêts à compter de sa date, il faut qu'il soit suivi de poursuites et d'un jugement. — *Metz*, 12 janv. 1819, Carré c. Brincourt.

147. — Les intérêts ne peuvent être adjugés à partir du protêt faute d'acceptation, sous prétexte qu'il y a présomption que le protêt faute de paiement, à partir seulement duquel l'art. 7 tit. 6 ord. 1673 faisait courir les intérêts, a existé, mais que la date en est incertaine. — *Cass.*, 25 août 1813, Pinot c. Rouxel.

148. — La disposition du code de commerce qui fait courir les intérêts du billet à ordre à partir du jour de protêt n'est pas applicable aux billets à ordre souscrits par un non commerçant, pour cause non commerciale. Dans ce cas, comme il s'agit d'une obligation purement civile, les intérêts ne courent que du jour de la demande en justice. — *Bordeaux*, 22 mai 1837 (t. 2 1837, p. 553), Durand c. Lafontaine.

149. — Lorsque le produit du sauvetage d'un navire assuré a été employé à payer des dettes ne rentrant pas dans l'assurance, l'intérêt des sommes payées au préjudice de l'assureur est dû de plein droit, à partir du jour de l'emploi de ces sommes, et non pas seulement à partir du jour de la demande en restitution faite par lui. — *Bordeaux*, 6 avr. 1830, Bouscasse c. Assureurs maritimes.

150. — En général, ceux qui détournent les deniers d'autrui pour les employer à leur profit, en doivent l'intérêt sans demande comme une peine de leur injustice et de leur mauvaise foi. — Toullier, t. 6, n° 269.

151. — Ainsi, l'associé qui a pris des sommes dans la caisse sociale en doit les intérêts, à compter du jour où il les en a tirées pour les employer à son profit particulier. — C. civ., art. 1846.

152. — De même, le mandataire doit l'intérêt des sommes qu'il a employées à son usage, à dater du jour de cet emploi. — Art. 1996.

153. — Le dépositaire volontaire qui s'est servi des deniers déposés doit l'intérêt à compter du jour

où il en a fait usage. — Merlin, *Rép.*, vº *Intérêt*, § 4, nº 13, note; Goujet et Merger, *loc. cit.*, nº 39.

154. — L'agent ou le syndic qui, au lieu de verser le produit des ventes et des recouvremens dans une caisse à double serrure, aux termes des art. 465 et 496, C. comm., les garde en sa possession, nonobstant même une sommation de les représenter, est justement présumé en avoir fait son profit, et doit en supporter l'intérêt. — *Cass.*, 14 déc. 1825, Rebattu c. Derepas.

155. — Ainsi encore, celui qui a reçu sciemment une somme qui ne lui était pas due, est tenu de la restituer avec les intérêts depuis le jour du paiement. — *Cass.*, 23 mars 1831, Liewel c. Behr. — Goujet et Merger, *loc. cit.*, nº 51.

156. — Celui qui a payé forcément ce qu'il ne doit pas a droit, lorsqu'il en obtient la restitution, aux intérêts de la somme par lui payée, à partir du jour du paiement. — Merlin, *Rép.*, vº *Intérêts*, § 4, nº 3.

157. — Enfin, il s'est élevé la question de savoir de quel jour les intérêts des sommes payées en vertu d'un arrêt qui a été cassé peuvent être exigés par la partie qui a obtenu l'arrêt de cassation. La cour de Cassation l'a résolue de trois manières différentes, d'abord, par deux arrêts des 15 janv. 1812, Mens c. Lapsberg et 22 janv. 1822, Garagnon c. Martin d'André, elle a jugé que les intérêts ne pouvaient être exigés du jour où les sommes avaient été payées. Par un autre arrêt du 11 nov. 1828, Delongchamp c. Coutte, elle s'est prononcée en sens contraire. Et par un dernier arrêt du 29 avr. 1839, (t. 1er 1839, p. 422), Papineau c. Cathala, elle a décidé que la partie qui a obtenu l'arrêt de cassation avait droit aux intérêts des sommes par elle payées, en exécution de l'arrêt cassé, à partir de la signification de l'arrêt d'admission. De ces trois systèmes, le second est celui qui nous paraît préférable. En effet, celui qui a reçu en exécution d'un arrêt susceptible d'un pourvoi en cassation devait savoir que son titre était sujet à résolution et pouvait être anéanti : ce qui empêchait qu'on pût le considérer comme étant de bonne foi. — V. dans ce sens *Orléans*, 4 juill. 1846 (t. 2 1846 p. 404), Comp. d'ass, gén. contre l'inc. c. Société des bitumes de Bastennes.

158. — Quant à la question de savoir si le prêteur qui a touché indûment des intérêts au delà du taux légal doit les intérêts de ces intérêts à partir du paiement qui en a été fait, V. USURE.

159. — Une loi peut sans rétroagir faire cesser le cours des intérêts qu'une loi antérieure faisait courir d'office. En conséquence, le Code civ. a pu, sans effet rétroactif, faire cesser pour l'avenir, et n'accorder que sous les conditions qu'il prescrit, les intérêts que la loi romaine faisait courir de plein droit à l'égard des avances faites par le curateur et le *negotiorum gestor*. — *Cass.*, 7 nov. 1825, Daguerre et Larqué c. Cubihandi.

160. — L'effet de la collocation dans une contribution et la délivrance du bordereau est de faire courir de plein droit au profit du créancier colloqué les intérêts de la somme portée au bordereau. — *Cass.*, 14 avr. 1836, Caisse des dépôts et consignations c. Jourdain et Quesnel.

161. — La renonciation de la femme aux intérêts du prix d'un fonds dotal aliéné à charge de remploi est nulle, et ne s'oppose pas à la répétition même des intérêts échus avant la demande et depuis cette renonciation; à défaut de stipulation sur le taux des intérêts du prix d'un fonds dotal, l'acquéreur les doit d'après le taux légal et non sur le pied du revenu de ces fonds. — *Caen*, 18 déc. 1837, Boulay c. Schirmer.

§ 4. — *Intérêts judiciaires, ou qui courent en vertu d'une demande.*

162. — Lorsque les intérêts n'ont point été stipulés, la loi, sauf les cas où elle les fait courir de plein droit, veut qu'ils ne soient dus que du jour de la demande. — Art. 1153. — Les intérêts prennent, dans ce cas, le nom de *judiciaires*. — Ce principe a été appliqué par la cour d'Angers, suivant arrêt du 29 mai 1807 (V. à cette date, Montreuil c. Compagnon).

163. On distingue plus spécialement les intérêts judiciaires en intérêts *moratoires* et en intérêts *compensatoires* : *moratoires* (de *mora*, délai, retard), lorsqu'ils sont fondés sur le retard mis par le débiteur à acquitter sa dette; il n'y a lieu, en effet, à des intérêts moratoires que dans les obligations qui ont pour objet le paiement d'une certaine somme, ce sont eux qui font l'objet de l'art. 1153, C. civ. — *Compensatoires*, quand ils tiennent lieu au créancier d'indemnité, de *compensation*, pour le préjudice qu'il a éprouvé, ou le bénéfice qu'il a manqué de faire par suite de l'inexécution d'une obligation ; on donne encore le nom d'intérêts compensatoires aux dommages-intérêts accordés pour réparation du préjudice causé par un fait dommageable. — C. civ., art. 1147.

164. — Dans les intérêts moratoires, c'est la date de la demande qui fixe celle de l'exigibilité des intérêts. — Goujet et Merger, vº *Intérêts*, nº 63. — Et le jour même de cette demande doit être compté dans le calcul des intérêts. — Poujol, art. 1154, nº 13; Merlin, *Rép.*, vº *Délai*.

165. — Par exemple, si, dans un acte sous seing-privé portant reconnaissance d'une somme d'argent, avec obligation d'en passer acte devant notaire, il a été convenu que les intérêts courront du jour où l'obligation sera rédigée en acte authentique, les intérêts peuvent néanmoins être réclamés à partir du jour de la demande en justice, encore que l'acte authentique n'ait pas eu lieu. — *Cass.*, 23 nov. 1812, Delatour et Beauséjour c. Beauchamp.

166. — En général, dans les obligations qui se bornent au paiement d'une somme d'argent, il ne peut y avoir lieu à des intérêts compensatoires, mais seulement à des intérêts moratoires, lesquels, aux termes de l'art. 1153, C. civ., ne sont dus que du jour de la demande. — *Limoges*, 4 fév. 1847 (t. 2 1847, p. 285), Grand c. Laporte-Lissac.

167. — En l'absence d'une convention spéciale, et lorsque la chose vendue ne produit pas de fruit, le prix de vente ne produit d'intérêts, aux termes de l'art. 1652, C. civ., qu'à partir de la sommation de payer faite à l'acquéreur; il en est ainsi alors même que celui-ci aurait le choix de se libérer du prix convenu soit en argent, soit en marchandises. — *Cass.*, 28 janv. 1846 (t. 1er 1846, p. 523), Labussière c. Zuber.

168. — Les intérêts des sommes que le dépositaire et le mandataire doivent compter courent du jour de la mise en demeure de restituer ou de payer. — C. civ., art. 1936 et 1996.

169. — Jugé spécialement que le mandataire ne doit les intérêts des sommes qu'il est chargé de recevoir que lorsqu'il a été mis en demeure de rendre compte, à moins qu'il n'ait déjà employé ces sommes à son usage. — *Bordeaux*, 26 janv. 1831, Degme c. Dufau.

170. — Celui qui, se croyant, à tort et par erreur, cessionnaire d'une créance, en touche le montant par l'entremise d'un mandataire, cause par ce fait au véritable propriétaire de la créance un préjudice dont il est personnellement responsable vis-à-vis de lui, et qu'il peut être condamné à réparer, en lui restituant à la fois le montant de la somme indûment perçue, les intérêts à compter du jour de la perception, et les faux frais par lui faits pour obtenir le paiement. Il prétendrait à tort qu'ayant agi sans fraude, il ne peut être poursuivi qu'en cas d'insolvabilité du mandataire, entre les mains de qui le paiement effectif a eu lieu. — *Cass.*, 21 août 1837 (t. 2 1837, p. 391), Campana c. Podesta.

171. — Le commissaire-priseur doit l'intérêt des sommes provenant de la vente, non du jour où il l'a faite, mais de celui où il a été mis en demeure. — *Rennes*, 30 nov. 1812, Alexandre c. Maillé

172. — Le notaire, dépositaire du prix d'une vente publique à laquelle il a procédé, et qui ne verse pas ce prix à la caisse des dépôts et consignations quand il en est requis par un des créanciers, doit les intérêts à compter du jour de la sommation de consigner qui lui a été faite. — *Cass.*, 12 déc. 1826, Butin c. Viot.

173. — C'est également du jour de la demande, et non du jour de la perception, que le notaire qui est condamné à restituer les sommes qu'il a perçues pour honoraires au-delà du tarif, doit les intérêts de ces sommes. — V. l'arrêt d'*Amiens*, du 21 nov. 1823, rapporté avec l'arrêt de Cassation du 19 janv. 1831, Portebois c. Morand.

174. — Mais, le mandataire ayant droit aux intérêts de ses avances à dater du jour où elles sont constatées, il semblait, d'après cela, que les notaires, mandataires forcés de leurs cliens, qui avançaient pour ces derniers les droits d'enregistrement, devaient pouvoir réclamer les intérêts de ces sommes à dater du jour où ils les déboursaient. C'est, en effet, en ce sens que se sont prononcés la cour royale de Riom, par arrêt du 8 déc. 1838 (t. 2 1839, p. 386), B... c. A..., et M. Rolland de Villargues, *Rép.*, vº *Honoraires*, nº 326 ; mais la cour de Cassation et la cour de Caen ont décidé au contraire que les intérêts ne couraient que du jour de la demande. — V. *Cass.*, 30 mars 1830, Savage c. Renaud; 11 nov. 1833, Holder c. Richard et Mounier; 24 juin 1840 (t. 2 1840, p. 128), Coste c. Guyot; *Caen*, 7 juin 1837 (t. 2 1837, p. 417), Hébert et Saffray c. Letouzey. — V. aussi *Grenoble*, 14 juill. 1838 (t. 3 1844, à sa date).

175. — Jugé encore qu'un notaire ne peut porter en compte à la partie pour laquelle il a reçu plusieurs actes et fait diverses recettes des intérêts de droits d'enregistrement et d'honoraires, supputés avec capitalisation de six mois en six mois, et de droits de recette à raison de 5 0/0 sur la somme encaissée pour le compte du client. — *Douai*, 10 juill. 1847 (t. 2 1847, p. 429), Garson c. Poultier.

176. — Les intérêts d'une somme payée par un tiers pour le compte du débiteur, alors qu'il n'est pas justifié d'un mandat, ne sont dus qu'à compter du jour de la demande en remboursement formée par celui qui a acquitté l'obligation, et non pas à dater du jour de l'avance. — *Paris*, 24 nov. 1838 (t. 1er 1839, p. 61), Daix c. Lenfant.

177. — Spécialement, les intérêts des avances faites par le fermier pendant la durée de son bail ne courent qu'à dater de la demande. — *Cass.*, 7 nov. 1825, Daguerre et Largué c. Cubihandi.

178. — Celui qui, sans être nommé curateur au militaire absent, s'est constitué gérant bénévole des biens de celui-ci, doit être assimilé à un mandataire, et, comme tel, doit les intérêts des sommes qu'il a reçues pour l'absent seulement à compter du jour de la demande, lorsqu'il ne les a pas appliquées à son profit, et qu'on ne peut lui imputer de ne les avoir pas placées par sa faute. — *Nancy*, 31 janv. 1833, Baradel c. Domange.

179. — La compagnie formée pour des fournitures pour le compte du gouvernement, qui a promis à ses sous-traitans de les associer aux indemnités que le gouvernement pourrait lui accorder, n'est tenue de leur payer l'intérêt de leur part dans l'indemnité qu'elle a obtenue que du jour de la demande en justice. — *Cass.*, 21 juin 1837 (t. 1er 1838, p. 152), Boubée c. Ratisbonne et Finrouge.

180. — Le cohéritier entre les mains duquel sont laissées les sommes au moment de l'inventaire, à la charge de les représenter, ne doit les intérêts de ces sommes qu'à dater de la mise en demeure de les restituer, et non pas à compter du jour où il les a reçues. — *Cass.*, 19 juill. 1836, de Montvert c. Lachaise.

181. — De même, les héritiers de l'usufruitier, obligés de rendre, à la cessation de l'usufruit, les choses fongibles dont l'usufruitier a profité, doivent l'intérêt du prêt de ces objets, non du jour de la cessation de l'usufruit, mais seulement du jour de la demande qui leur en est faite par le nu-propriétaire. — *Cass.*, 30 nov. 1829, Savoye c. Moriot.

182. — Lorsque le paiement d'une provision a été mis à la charge du détenteur des biens d'une succession au profit du demandeur en pétition d'hérédité, cette provision ne peut porter intérêt qu'en vertu d'une interpellation judiciaire ou mise en demeure. — *Cass.*, 29 avr. 1840 (t. 2 1840, p. 98), Freydier-Lafont c. Grand.

183. — Les intérêts des avantages purement gratuits courent seulement du jour de la demande. — *Paris*, 1er juin 1811, Cerveau c. Larue.

184. — S'il s'agit d'une donation de somme d'argent faite avec stipulation de retour, les intérêts de cette somme ne sont dus que du jour de l'exercice de l'action en retour et non de celui du décès du donataire, qui en a ouvert le droit. — *Nîmes*, 27 janv. 1812, Beaumelon c. Pierre Lescure.

185. — Les intérêts des sommes paraphernales dues par le mari ne courent contre sa succession qu'à dater du jour de la demande, et non à partir de la dissolution du mariage. Le principe d'après lequel le mari qui a joui des biens paraphernaux est tenu, à la dissolution du mariage, à la représentation des fruits existans, doit s'entendre des fruits, des immeubles ou des créances mises à intérêt entre les mains des tiers, et non des sommes dues par le mari, et à raison desquelles il n'y a pas eu stipulation d'intérêts. — *Toulouse*, 9 déc. 1833, Blanc.

186. — Les arrérages d'une rente viagère constituée en paiement du prix d'une vente d'immeubles ne produisent point des intérêts *de plein droit et sans demande*, comme en aurait produit le prix principal lui-même, s'il n'avait pas été converti en une rente. Ils ne peuvent en produire, conformément à la règle générale établie par l'art. 1555, C. civ., que du jour de la demande ou de la convention. — *Toulouse*, 14 août 1818, Moncuquet c. Petit et Delfau ; *Paris*, 14 août 1823, Drouin de Saint-Leu et Cormier c. Desvallières.

187. — Les intérêts pour restitution de fruits ne sont dus qu'à dater de la demande qui en est faite en justice, et non de chaque perception. — *Cass.*, 15 janv. 1839 (t. 1er 1839, p. 169), Constant c. Rudel; *Pau*, 10 mai 1839 (t. 1er 1840, p. 748), Lenac c. la ville de Lourdes.

188. — Plus particulièrement, en cas d'annulation d'une vente d'immeuble, les restitutions de fruits ne produisent intérêts qu'autant que ces intérêts sont demandés et à partir du jour de la demande. — *Cass.*, 24 déc. 1838 (t. 1er 1839, p. 371), Boulay c. Dutrésor.

189. — Quant aux intérêts des loyaux-coûts d'un contrat de vente et des améliorations dues à l'acquéreur, ils ne peuvent également courir que du jour de l'interpellation judiciaire faite à l'effet de les payer. — *Bourges*, 13 avr. 1835, Parnajou c. Saint-James.

190. — Il en est de même des intérêts de tous autres frais et dépens. — *Toulouse*, 16 juin 1818, Sicard-Lacampagne c. Pagès et Galypradel; 24 août 1820, Maurette c. de Luppé.

191. — Dans la juridiction du parlement de Pau, les dépens produisaient intérêts au profit de celui qui avait obtenu la condamnation, à compter du jour de la mise en demeure. — *Cass.*, 17 fév. 1836, Domoret c. Lafitte.

192. — La demande en paiement du capital et des intérêts dirigée contre le débiteur principal, fait aussi courir les intérêts à l'égard de la caution de ce débiteur, sans qu'il soit nécessaire de former contre elle pareille demande (Merlin, *Rép.*, v° *Intérêts*, § 4, n° 2). C'est ce qui résulte de l'art. 1207, C. civ., lequel est ainsi conçu : « La demande d'intérêts formée contre l'un des débiteurs solidaires, fait courir les intérêts à l'égard de tous. »

193. — Des créanciers colloqués, qui ont reçu de bonne foi le montant de leur collocation, et qui ont été tenus ensuite de restituer (à la femme, par exemple, exerçant ses droits d'hypothèque légale), ne doivent les intérêts que du jour de la demande en restitution. — *Colmar*, 31 août 1812, Stuppher c. Schoengrun; *Cass.*, 2 juill. 1827, Rillardon c. Blanchet.

194. — La somme volontairement payée par erreur à une personne de bonne foi ne produit intérêts que du jour de la demande. — Arg. de l'art. 1378.

195. — Les intérêts, lorsqu'ils n'ont pas été stipulés dans un concordat où de nouvelles échéances sont accordées au débiteur, ne courent que du jour de la demande en justice. A défaut de conventions expresses, le taux des intérêts moratoires ne peut dépasser le taux légal, quel que soit l'usage qui existe. — *Aix*, 4 déc 1837 (t. 3 1844, à sa date), Peyron c. Pezzes.

196. — Les intérêts des sommes adjugées pour dommages-intérêts ne sont réputés courir que du jour où le débiteur a connu l'importance du dommage dont il était tenu. Spécialement, si l'évaluation du préjudice causé a fait l'objet d'une expertise, les intérêts des dommages-intérêts ne sont dus qu'à partir du jour de la signification de cette expertise. — *Cass.*, 15 fév. 1837 (t. 1er 1837, p. 172), Banaire, Hubert c. Rousseau.

197. — Un entrepreneur n'est pas fondé à demander une indemnité pour la perte qu'il a éprouvée en négociant des valeurs de l'arriéré qui lui ont été données en justice. Les intérêts des sommes dues doivent lui être alloués du jour où il les a demandés. — *Cons. d'état*, 22 nov. 1833, Vautier c. ville de Paris.

198. — La condamnation au paiement des intérêts échus étant une véritable condamnation à titre de dommages-intérêts, pour cause d'un retard apporté à l'exécution d'une obligation, ne peut être prononcée contre une succession bénéficiaire. — *Paris*, 14 mai 1819, d'Orléans c. de Lagrange.

199. — La régie de l'enregistrement ne pouvant être condamnée à payer les intérêts même moratoires des sommes qu'elle doit restituer comme indûment perçues, on ne saurait exiger ces intérêts à partir du jour de la demande. — *Cass.*, 13 mai (et non août 1817), Enreg. c. Raverot.

200. — En disposant, dans l'art. 1153, que les intérêts moratoires couraient du jour de la demande, le législateur ne s'est point expliqué sur ce qu'il fallait entendre ici par *demande*. Dès lors, on peut se demander si la *sommation* suffisante, aux termes de l'art. 1134, C. civ., pour constituer le débiteur en demeure d'exécuter l'obligation de donner, ferait courir les intérêts. Il nous paraît résulter de l'ensemble et de l'esprit de l'art. 1153 que c'est une demande *judiciaire* que le législateur a voulu exiger. Cependant il est quelques cas où la loi considère elle-même la sommation comme suffisante pour faire courir les intérêts : tels sont ceux qu'ont prévus les art. 474 et 1652, C. civ.

201. — Un simple commandement de payer un capital n'est pas une demande judiciaire qui fasse courir les intérêts. — *Riom*, 17 mai 1830, Chardonnet c. Salvy.

202. — Jugé cependant que les dépens liquidés produisent intérêts à partir du jour auquel a été fait le commandement de les payer. — *Toulouse*, 22 janv. 1829, Boué c. Géraud.

203. — En matière de douanes, les contraintes décernées en paiement des droits ne constituent point de demandes judiciaires qui fassent courir les intérêts. — *Bordeaux*, 4 juill. 1832, Douanes c. Perrens.

204. — Avant le Code de procédure, la citation en conciliation seule faisait courir les intérêts. — *Cass.*, 12 juill. 1808, Morin. — Il n'en est plus ainsi, aux termes de l'art. 57, C. procéd., qu'autant que cette citation a été suivie d'une demande en justice dans le mois du jour de la non comparution ou de la non conciliation.

205. — Toute demande en remboursement d'un capital fait courir les intérêts, quand il est constant que le débiteur a eu connaissance de l'intention du créancier. — *Ibid.*, art. 1153. — Dès lors, une constitution d'arbitrage, relative, entre autres objets, aux intérêts d'un capital, fait courir ces intérêts aussi bien qu'une assignation en justice. — *Cass.*, 31 déc. 1845 (t. 2 1846, p. 433), Roullée c. Baudenom de Lamaze.

206. — Si la demande était portée devant un tribunal incompétent, elle n'en ferait pas moins courir les intérêts. Une pareille demande, en effet, n'est point entachée de nullité. Suffisante d'ailleurs pour interrompre la prescription des intérêts (C. civ., art. 2246 et 2247), il serait contradictoire qu'elle ne pût en faire commencer le cours. — *Paris*, 27 juin 1816 (et non 1817), Robot c. Muret; *Orléans*, 6 avr. 1838 (t. 1er 1838, p. 600), de Mondreville c. de Coutades. — V. cependant, au contraire, *Paris*, 5 janv. 1837 (t. 1er 1837, p. 617), Lainné c. la comp. d'assur. l'*Union*; *Cass.*, 11 janv. 1847 (t. 1er 1847, p. 124), N...; — Duranton, t. 1er, p. 424; Goujet et Merger, v° *Intérêts*, n° 67.

207. — Jugé que celui qui, par suite d'un jugement d'incompétence, porte sa demande devant le tribunal compétent, et conclut, dans la nouvelle assignation, aux intérêts *tels que de droit*, est réputé réclamer ces intérêts à partir de la première demande. — V. l'arrêt d'Orléans précité.

208. — La demande d'intérêts formée par un créancier dans un acte de production à un ordre ou de collocation dans une distribution par contribution, est une demande judiciaire qui, mettant suffisamment le débiteur en demeure de payer, fait courir les intérêts aux termes de l'art. 1153, C. civ. — V. en ce sens *Amiens*, 23 fév. 1821, Delunel c. Mancy; *Toulouse*, 26 janv. 1833, Gisbert; *Cass.*, 2 av. 1833, Julienne c. Cavelau; — Carré et Chauveau, quest. 2604; — *Contrà Paris*, 17 nov. 1815, Pichelin c. Boivin; 27 mars 1824, Rabier c. Delahaye et Ratel.

209. — Jugé aussi que la demande formée par un cohéritier contre son cohéritier devant le notaire commis par la justice pour procéder à la liquidation de la succession, est une véritable demande judiciaire qui fait courir les intérêts à partir du jour où elle est formée. — *Cass.*, 22 fév. 1813, Pinon c. Canclaux et Colbert.

210. — L'art. 1139, C. civ., veut qu'avant de poursuivre l'exécution en justice d'une obligation de donner, le débiteur ait été préalablement mis en demeure. Mais lorsqu'il s'agit de faire produire à une somme due des intérêts du jour de la demande, il n'est pas nécessaire que le créancier ait mis le débiteur en demeure de payer ces intérêts. — *Bordeaux*, 3 avr. 1830, Maignol c. Gauthier.

211. — Toutefois, il ne suffit pas de former la demande du principal, pour faire courir les intérêts, il faut encore conclure formellement au paiement de ces intérêts. — *Liège*, 15 juin 1818, Renson c. Delhaye; — Merlin, *Rép.*, v° *Intérêts*, § 4, n° 16; Toullier, t. 6, n° 272.

212. — En effet, les mots *la demande*, employés dans ledit art. 1153, ne peuvent s'entendre que de la demande spéciale qui est faite des intérêts, et non de la demande du capital dont il ne parle pas. — *Limoges*, 4 fév. 1847, Grand c. Laporte-Lissac et *Bordeaux*, 6 mai 1847 (t 2 1847, p. 285), Casenave c. Gaulhieur-Lhardy; — Merlin, *Rép.*, v° *Intérêts*, § 4, n° 16; Aubry et Rau sur Zachariæ, t. 2, § 308 1°; note 12e; Rolland de Villargues, *Rép. du Notar.*, v° *Intérêts*, n° 78; Toullier, t. 6, n° 272; Duvergier sur Toullier, *loc. cit.*, note *a*; Marcadé sur l'art. 1153, C. civ., n° 3. — V. cependant Delvincourt, t. 2, p. 746, note 1re.

213. — La demande judiciaire des intérêts est régulièrement formée dans des conclusions signifiées au débiteur durant l'instance. — *Pau*, 10 mai 1839 (t. 1er 1840, p. 748), Lenac c. la ville de Lourdes; *Bordeaux*, 6 mai 1847 (t. 2 1847, p. 285), Casenave c. Gaulhieur-Lhardy.

214. — On s'est encore demandé s'il était nécessaire qu'une assignation, pour faire courir les intérêts d'une créance exigible, ait été suivie d'un jugement de condamnation. Le doute venait de ce que l'art. 1153, alin. 1er, porte que « les dommages-intérêts ne consistent que dans la *condamnation* aux intérêts fixés par la loi. » Mais, par là, le législateur a voulu dire seulement que les tribunaux ne pouvaient adjuger que l'intérêt légal. Dans la dernière partie de l'article précité, où il s'est occupé particulièrement de régler le cours des intérêts, il n'a point exigé d'autres conditions que la *demande*. C'est donc cette demande seule qui fait courir les intérêts. — V. en ce sens *Cass.*, 17 nov. 1807, Daubusson c. Perret et Mabit.

215. — Si le débiteur avait été empêché de rembourser ses créanciers par suite, par exemple, de saisies-arrêts pratiquées entre ses mains, la demande n'en aurait pas moins pour effet de faire courir contre lui les intérêts. Il ne pourrait arrêter le cours de ces intérêts qu'en faisant des offres avec sommation de lever l'obstacle ou qu'en consignant. — *Riom*, 17 mai 1830, Chardonnet c. Salvy; — Cotelle, *Des intérêts*, n° 93.

216. — Il pourrait aussi arriver que les juges fissent courir les intérêts à partir d'une époque antérieure à la demande; ce qui aurait lieu, par exemple, s'il était constaté que le créancier a été mis dans l'impossibilité, par le fait de son débiteur, de réclamer plus tôt le paiement de la somme due. — *Cass.*, 5 août 1823, Thèze c. Besse et Hocquet.

217. — Quant aux intérêts *compensatoires*, qui naissent *non ex mora sed ante moram*, ils peuvent être alloués du jour où le fait qui y donne lieu est arrivé, ou de toute autre époque. L'art. 1153, C. civ., qui veut que les intérêts soient dus seulement du jour de la demande, ne s'applique, ainsi que nous l'avons dit déjà, qu'aux obligations qui se bornent au paiement d'une certaine somme et ne comprend pas les intérêts dont il s'agit. — *Cass.*, 30 janv. 1826, Domaine c. Teutsch; 31 juill. 1832, Cardonnal c. Delfou; 8 août 1832, préf. du Jura c. comm. de Champagnole; 5 nov. 1834, Goubert c. Mont-de-Piété de Strasbourg; *Toulouse*, 29 nov. 1834, Groc c. Gayraud.

218. — Notamment, les intérêts accordés pour inexécution d'un mandat peuvent l'être à partir d'une époque antérieure à la demande formée par le mandant contre le mandataire. — *Cass.*, 23 juill. 1835, Rochoux c. Jonas.

219. — Lorsqu'une indemnité est allouée pour préjudice causé, on peut accorder les intérêts du jour de la demande principale, par le motif que ces intérêts ne sont pas moratoires, mais compensatoires, et doivent être considérés comme partie intégrante de l'indemnité. — *Cass.*, 8 août 1832, préf. du Jura c. comm. de Champagnole.

220. — Les intérêts alloués comme réparation du préjudice causé par un détournement frauduleux, peuvent courir du jour même du détournement. — *Cass.*, 10 déc. 1835, Deschamps c. Garat.

221. — Lorsqu'une condamnation au paiement d'une somme principale est prononcée, *à titre de garantie*, les juges peuvent ordonner que les intérêts courront à partir, non pas seulement du jour de la demande, mais du jour où le droit à la garantie a existé. — *Cass.*, 21 juin 1825, Ouvrard, Vanlerberghe c. Séguin. — V. aussi *Cass.*, 30 janv. 1826, Domaine c. Teutsch.

§ 5. — *Intérêts des intérêts ou anatocisme.*

222. — La production d'intérêts par les intérêts ou anatocisme, rigoureusement proscrite autrefois (V. notamment ord. 1673, tit. 6, art. 1er) devint possible à partir des lois des 3 oct. 1789, 11 avr. 1793, 3 thermid. an VIII et 15 fructid. an VI, qui, après avoir abrogé l'ancienne législation, permirent à chacun de contracter suivant son bon plaisir. — Le Code civil, sans laisser aux contractans une liberté dont l'étendue pouvait amener de nombreux abus, a cependant maintenu le droit de faire produire des intérêts aux intérêts, en le soumettant à quelques conditions.

223. — L'art. 1154, C. civ., dispose, en effet, que « les intérêts échus de capitaux peuvent produire des intérêts, ou par une demande judiciaire, ou par une convention spéciale, pourvu que, soit dans la demande, soit dans la convention, il s'agisse d'intérêts dus au moins pour une année entière. »

224. — Suivant l'art. 1155, « les revenus échus, tels que fermages, loyers, arrérages de rentes perpétuelles ou viagères, produisent intérêt du jour de la demande ou de la convention. — La même règle s'applique aux restitutions de fruits. » — V. au surplus ANATOCISME.

§ 6. — *Cessation des intérêts. — Prescription.*

225. — Le Code civil n'a formellement prévu qu'un seul cas de cessation des intérêts, c'est celui qui fait l'objet de l'art. 1908 ainsi conçu : « La quittance du capital donnée sans réserve des intérêts en fait présumer le paiement et en opère la libération. » Cependant cette présomption n'est point de la nature de celles qui excluent la preuve contraire. — Duranton, t. 17, n° 606; Duvergier, *Du prêt à intérêt*, n° 260; Cotelle, n° 112.

226. — Les intérêts peuvent aussi se trouver éteints par la compensation, conformément aux art. 1289 et suivans. Ainsi une dette portant intérêts et dont le capital est exigible se compense, tant pour le capital que pour les intérêts échus, avec une autre dette dont la somme est pareillement exigible, encore bien que cette dernière somme ne soit point elle-même productive d'intérêts et n'égale pas le capital et les intérêts échus de la première. Dans ce cas, la compensation doit s'opérer d'après la règle d'imputation établie par l'art. 1254, C. civ. — Merlin, *Rép.*, vº *Intérêts*, § 7, nº 2; Cotelle, nº 113.

227. — Le créancier de sommes produisant intérêt, et qui a joui de quelques-uns des immeubles de son débiteur pendant le cours du papier-monnaie, n'est point fondé à demander, postérieurement à la loi du 26 brum. an VI, qui a ordonné la réduction des intérêts, la compensation intégrale des intérêts de ses créances avec les jouissances dont il a profité et qui n'ont été liquidées que depuis cette loi. — *Cass.*, 7 nov. 1825, Daguerre et Larqué c. Cubihandi.

228. — Lorsque le débiteur d'un capital produisant des intérêts devient héritier de son créancier, la confusion qui s'opère en sa personne éteint de plein droit la dette tant en capital qu'intérêts. — C. civ., art. 1300. — Mais si le débiteur n'est pas le seul héritier du défunt, la confusion n'a lieu que pour sa part héréditaire. S'il acceptait la succession sous bénéfice d'inventaire, aucune confusion ne pourrait alors s'opérer. — Merlin, *ubi suprà*, nº 3.

229. — De simples offres, quoique régulièrement faites, ne sauraient avoir pour effet de faire cesser de plein droit le cours des intérêts. Le cours des intérêts ne peut être arrêté que par des offres faites avec sommation de lever l'obstacle ou que par la consignation. — Merlin, *Rép.*, vº *Intérêts*, § 7, nº 4; Cotelle, nº 91. — V. *contrà* Toullier, t. 7, nºs 225 et suivans.

230. — Les intérêts des sommes allouées pour une indemnité doivent être calculés jusqu'au jour du paiement. — *Cons. d'état*, 20 juill. 1836, Klein.

231. — L'adjudicataire d'un immeuble doit les intérêts de son prix jusqu'à ce qu'il l'ait payé, et ne peut exciper de ce que les intérêts des créanciers colloqués cessent dès la clôture définitive de l'ordre. — *Paris*, 7 juill. 1813, Coste c. Labrousse de Vertillac; *Bordeaux*, 27 avr. 1833, Montauroy c. Espinasse.

232. — La disposition de l'art. 767, C. procéd., qui fait cesser les intérêts et arrérages des créances utilement colloquées, du moment où le juge-commissaire a arrêté définitivement l'ordre, doit être entendue dans l'intérêt du débiteur originaire et non dans celui de l'acquéreur, qui doit les intérêts du prix jusqu'à paiement ou consignation. — *Paris*, 7 juill. 1813. Coste c. Labrousse de Vertillac; *Cass.*, 16 mars 1814, Tobler c. Pénavère.

233. — L'échéance du terme sans paiement ne fait pas cesser le cours des intérêts.

234. — En général, les intérêts cessent de courir lorsque la créance cesse d'exister. Toutes les causes d'extinction des obligations sont donc des causes d'extinction des intérêts. Au nombre de ces causes figure la prescription; mais la prescription des intérêts est soumise à des règles particulières.

235. — Autrefois tous les arrérages ou intérêts sans distinction, même les intérêts moratoires, devaient être soumis par une ordonnance de 1629 à la prescription uniforme de cinq ans. Cependant cette ordonnance n'avait pas été acceptée partout; un grand nombre de parlemens avaient refusé de la recevoir, et généralement on tenait que les intérêts n'étaient soumis qu'à la prescription trentenaire. — Seuls les arrérages de rentes étaient prescriptibles par cinq ans aux termes de l'ordonnance de 1510.

236. — L'art. 2277, C. civ., veut que les intérêts des sommes prêtées se prescrivent par cinq ans, et par sommes prêtées on doit entendre ici toutes celles qui sont laissées en crédit entre les mains du débiteur avec obligation d'en recevoir les intérêts à des époques fixes. — Troplong, *Prescription*, t. 2, nº 1007.

237. — Mais la prescription des intérêts échus avant le Code doit être régie, conformément à l'art. 2281 de ce Code, par les lois sous l'empire desquelles elle a commencé. — *Cass.*, 30 janv. 1816, Chambert c. Hollier.

238. — Ainsi en Bretagne les intérêts échus d'un capital exigible n'ont pu se prescrire, nonobstant la promulgation de l'art. 2277, que par trente ans. — *Rennes*, 3 juill. 1818, Perron c. Léon.

239. — Dans la province d'Alsace, les intérêts se prescrivaient par vingt ans. — *Colmar*, 9 prair. an XIII, Barbaud c. Ives.

240. — Sous la coutume de la ci-devant Gueldre, c'était par trente ans que se prescrivaient les intérêts échus d'un prêt, alors d'ailleurs qu'il était reconnu que ces intérêts n'avaient pas été payés par suite de la dénégation du capital même, et non par cinq ans, comme les arrérages échus d'une rente. — *Cass.*, 14 messid. an XIII, Vanderlinden c. van Zuidtwick.

241. — Quant aux intérêts qui n'ont commencé à courir que depuis le Code, en vertu d'un contrat antérieur à la promulgation, ils doivent être régis, relativement à la prescription, non par les anciennes lois, mais par l'art. 2277, C. civ. En matière d'intérêts, en effet, la prescription ne peut commencer que du jour où les intérêts eux-mêmes commencent à courir. — *Rennes*, 5 juill. 1817, Rossary c. Bahuand; *Metz*, 15 mai 1819, les domaines c. N...; *Amiens*, 21 déc. 1824, Mathieu c. Genty; *Limoges*, 30 juin 1825, Roche c. Jarasse.

242. — Conformément à l'art. 2277 précité, les intérêts d'un capital prêté, quoique dus en vertu d'une stipulation du contrat, sont prescriptibles par le laps de cinq ans après leur exigibilité. — *Bordeaux*, 1er mars 1832, Naviceau c. Gilaudan; 19 mars 1841 (t. 2 1841, p. 270), Chairy c. Manan.

243. — Les intérêts des reprises dotales de la femme, prescriptibles autrefois par trente ans, sont également aujourd'hui soumis à la prescription de cinq ans. — *Limoges*, 26 janv. 1828, Peyrat c. Chabrol; *Bordeaux*, 8 fév. 1828, Magne Chabannes c. Puydebau; *Agen*, 18 nov. 1830, Debernard c. Calabet; *Toulouse*, 26 janv. 26 janv. 1833, Gisbert; 12 août 1834, Combettes c. Astié.

244. — Il en est de même des intérêts de la somme qu'un individu s'est réservée en donnant à un époux, par son contrat de mariage, divers immeubles. — *Toulouse*, 6 août 1833, Crouzet c. Gil.

245. — La femme séparée judiciairement, qui a laissé à son mari la jouissance d'un capital produisant intérêts, sans jamais les réclamer, est censée lui avoir abandonné ces intérêts pour l'aider à soutenir les charges du mariage, surtout si c'est effectivement lui qui les a supportés seul. — *Bordeaux*, 26 janv. (et non 12 mars) 1831, Deyme c. Dufau.

246. — Les intérêts des sommes payées par la caution solidaire au créancier, soit qu'il s'agisse de sommes payées pour intérêts ou arrérages, ou de sommes payées pour capital seulement, sont soumis à la prescription de cinq ans. — *Caen*, 7 août 1840 (t. 1er 1841, p. 122), Scelles c. Leroux; — Troplong, *Prescription*, t. 2, nº 1034.

247. — Mais il n'en est pas de même de l'action en répétition, par cette caution, des intérêts ou arrérages non prescrits qu'elle a payés, cette action dure trente ans. — *Caen*, 7 août 1840 (t. 1er 1841, p. 122), Scelles c. Leroux. — V. cependant *Lyon*, 15 mars 1823 (et non 1833), Valensot c. M... P...; — Vazeille, t. 2, nº 607.

248. — Sont soumis à la même prescription les intérêts dus par le tuteur depuis la reddition du compte de tutelle et la liquidation du débet, à la différence des intérêts courus depuis la majorité du pupille jusqu'à la redddition du compte de tutelle, lesquels ne se prescrivent que par trente ans. — *Nancy*, 19 mars 1830, Joliot c. Lombard; — Troplong, nº 1027; Magnin, *Des minorités*, t. 1er, nº 730.

249. — Les intérêts des sommes dues par des cohéritiers à la succession ne sont pas prescriptibles par cinq ans. — *Colmar*, 1er mars 1836, Muller.

250. — La prescription de cinq ans est inapplicable aussi aux fruits d'une succession perçus par l'un des cohéritiers, qu'il y ait de sa part bonne ou mauvaise foi; ce ne sont pas là des arrérages ou intérêts dans le sens de l'art. 2277, C. civ. — *Cass.*, 13 déc. 1830, Quevremont c. Ballier.

251. — Jugé aussi que les intérêts des sommes qu'un mandataire a reçues et employées à son usage ne son pas soumis à la prescription de cinq ans. — *Liége*, 10 juill. 1833, Poncin c. Recht; — Troplong, nº 1028; Bousquet, *Dictionn. de droit*, vº *Intérêts*.

252. — ... Ni les intérêts des avances faites par le mandataire pour le compte du mandant. — *Cass.*, 18 fév. 1836, Godoi, prince de la Paix, c. Boselli.

253. — ... Ni les intérêts dus par celui qui a reçu de mauvaise foi ce qu'on ne lui devait pas. — *Cass.*, 21 juill. 1830, Raissac et Marty c. Vidal.

254. — ... Ni les intérêts produits par des avances commerciales. — *Paris*, 18 mai 1825, Conseillant c. Compeigniac.

255. — ... A moins qu'il n'y ait compte courant entre les parties; et, dans ce cas encore, la prescription quinquennale ne peut commencer à courir qu'à partir du règlement définitif de ce compte. — *Cass.*, 12 déc. 1838 (t. 1er 1839, p. 495), Duquesne c. Delattre; — Troplong, nº 1029.

256. — Les intérêts d'un prix de vente se prescrivent-ils par cinq ans? Cette question divise la doctrine et la jurisprudence. — V. pour la négative, *Caen*, 19 juin 1816, Thil c. Prébois; *Metz*, 15 fév. 1822, Gauchez c. Courtois; *Paris*, 12 déc. 1823, de Beaumont c. d'Artois; 28 fév. 1825, Faillant c. Alliot; *Bastia*, 15 mai 1827, Bolasco c. Scassi; *Paris*, 7 déc. 1831, Levrat c. Poullain, Dumont et Gillot; *Agen*, 10 mai 1824, Laporte c. Labat; *Poitiers*, 21 juin 1825, Monnier c. Lagneau. — V. aussi *Grenoble*, 30 août 1833, Maurel c. Long. — Félix, *Rentes foncières*, p. 447; Duranton, t. 16, nº 343. — Mais la majorité des arrêts a consacré la prescription quinquennale. — V. *Metz*, 29 mai 1818, Pierret et Kuppe c. Gouguenheim; *Colmar*, 26 juin 1820, Obrecht; 17 nov. 1830, Hauser c. Fischer; *Limoges*, 17 juill. 1822, Vialle c. Espinasse; *Nancy*, 20 juin 1825, Morel c. Chauvelot; *Toulouse*, 14 fév. 1826, Blanquière c. Fauré; *Bourges*, 30 avr. 1827, Bernard c. Hébert; *Nîmes*, 23 janv. 1827, Lattier c. Mandrin; *Grenoble*, 6 juin 1829, Bertholon c. Regnault; *Douai*, 3 juill. 1834, Desfosses; *Bourges*, 15 juin 1840 (t. 2 1841, p. 128), Marquet c. Lacour et Ballivet. — Et cette dernière décision, en faveur de laquelle la cour de Cassation s'est plusieurs fois prononcée (V. arrêts des 7 fév. 1826, Fourcard c. Pequant; 5 déc. 1827, Domaine c. de Beaumont; 9 juin 1829, Corbière c. Houlès; 14 juill. 1830, Dorian c. Caillan), nous paraît la plus conforme au texte et à l'esprit de l'art. 2277. — V. aussi en ce sens, Troplong, *Prescript.*, t. 2, nº 1023; Bousquet, *Nouv. Dictionn. de droit*, vº *Intérêts*; Goujet et Merger, vº *Intérêts*, nº 159-8º.

257. — Mais si, en général, les intérêts d'un prix de vente sont soumis à la prescription de cinq ans, il en est autrement lorsque le vendeur ne pouvait exiger le prix et, par suite, les intérêts qui en sont l'accessoire, qu'en passant contrat en bonne forme, et quand le long retard apporté à la passation du contrat provient du fait de l'acquéreur sans négligence imputable au vendeur. — V. l'arrêt de *Douai* du 21 janv. 1832, rapporté avec l'arrêt de *Cass.* du 27 mai 1834 (Delacroix c. Martin).

258. — Quant aux intérêts qui résultent de condamnations judiciaires, la question de savoir s'ils sont prescriptibles par cinq ans est également vivement controversée.

259. — Ainsi se sont prononcés pour l'affirmative qui nous paraît aussi devoir être adoptée, — *Amiens*, 21 déc. 1824, Mathieu c. Genty; *Bourges*, 18 mars 1825, de Pouthes c. Desglandes; *Limoges*, 26 janv. 1828, Peyrat c. Chabrol; *Nîmes*, 5 mai 1830, Louis Guérin c. Pierre Guérin; *Cass.*, 12 mars 1833, Guy c. Dupin et Ségur c. Legouart; *Amiens*, 18 juill. 1833, Guy c. Dupin; *Bordeaux*, 13 août 1834, Gradis c. de Puységur; *Cass.*, 12 mai 1835, David et Gradis fils c. de Puységur; 2 juin 1835, Sillac de la Pierre c. Giblain, Fagniez et Grandpierre; 29 janv. 1838 (t. 1er 1738, p. 500), Beaumier c. Gauffriau et Dugray. — Merlin, *Rép.*, vº *Intérêts*, § 4, nº 17, § 7, nº 9; Troplong, *Prescript.*, nº 1011 et suiv.; Vazeille, *Prescript.*, nº 567. — V. Pour la négative, c'est-à-dire pour la non-prescriptibilité quinquennale, — *Paris*, 2 mai 1816, Ychery c. Coppinger; *Bordeaux*, 13 mars 1820, Souffron c. Cadefer; *Agen*, 18 mars 1824, Devès c. Lacoste; 3 fév. 1825, Valade c. Laborde; *Lyon*, 4 fév. 1825, Demeaux c. Deshouilles; *Paris*, 21 déc. 1829, Guy c. Dupin; 2 juill. 1831, Legouas c. Ségur; *Rennes*, 22 déc. 1834, Gauffriau c. Gugray. — Proudhon, *Usufruit*, t. 1er, nº 233.

260. — Jugé que les intérêts qui courent à compter du jour de la demande ne sont point soumis à la prescription de cinq ans. — *Paris*, 27 juin 1816, Rubot c. Mures.

261. — La prescription quinquennale établie par l'art. 2277, C. civ., n'est pas applicable aux intérêts judiciaires courus pendant l'instance, à partir du jour de la demande jusqu'à celui du jugement, alors même que l'instance n'aurait été reprise et terminée que long-temps après son introduction. *Cass.*, 14 juill. 1836 (t. 1er 1837, p. 64), Marescot c. Cadot.

262. — Du reste, les intérêts des sommes ou rentes dus par l'état sont, comme ceux dus par les simples particuliers, prescriptibles par cinq années aux termes d'un avis du cons. d'état du 24 déc. 1808, approuvé le 24 mars 1809.

263. — La prescription de cinq ans, à laquelle sont assujettis les intérêts des sommes prêtées, est, comme toute autre prescription, susceptible de suspension ou d'interruption.

264. — Ainsi, la prescription de cinq ans relativement aux intérêts des sommes sujettes à rapport est suspendue jusqu'à la liquidation définitive des droits de chacun des héritiers. — *Paris*, 24 nov. 1838 (t. 1er 1839, p. 62), Béguin c. Prudhomme; — Troplong, nº 1032.

265. — Ainsi encore, la prescription quinquennale, à l'égard des intérêts du prix d'un immeuble adjugé par licitation à un cohéritier, est suspendue pendant l'instance en liquidation définitive de la succession du défunt, bien que l'adjudication ait

de la part du prix revenant collectivement aux héritiers co-licitans, et l'ait stipulée payable à des époques déterminées. — *Cass.*, 26 juin 1839 (t. 2 1839, p. 92), Guillard.

266. — Mais la prescription court, selon les termes formels de l'art. 2278, C. civ., contre les mineurs et les interdits, sauf leurs recours contre leurs tuteurs.

267. — La reconnaissance d'une dette produisant des intérêts par l'un des débiteurs solidaires, interrompt la prescription quinquennale, et, dès lors, les intérêts sur lesquels portait la reconnaissance ne peuvent plus, à l'égard de tous les co-débiteurs, être prescrits que par trente ans. — *Rouen*, 3 mars 1842 (t. 1er 1842, p. 764), Lasnon c. Lestiboudois.

268. — Jugé aussi que la notification du contrat d'acquisition aux créanciers inscrits conserve les intérêts du prix de vente, et que la prescription quinquennale ne peut désormais les atteindre. — *Grenoble*, 20 janv. 1832, Barge de Certeau c. Janon; 30 août 1833, Maurel c. Long; *Bourges*, 22 mai 1838 (t. 2 1838, p. 652), Brotot c. Huntziquer et Lefebvre-Martineau. — Troplong, t. 2, no 1010.

269. — Mais une demande d'intérêts formée par requête de production à un ordre, et la dénonciation au débiteur du réglement provisoire dans lequel le créancier n'a pas été colloqué pour ses intérêts, ne peuvent interrompre la prescription quinquennale établie par l'art. 2277, C civ. — *Amiens*, 31 mars 1821, Deville de l'Epinoy c. Thouret.

270. — La mort du débiteur n'arrête point le cours de la prescription. — Troptong, no 1003.

§ 7. — *Retenue des intérêts.*

271. — L'édit de mai 1749, la loi du 22 nov.-1er déc. 1790, et la loi du 3 frim. an VII (art. 98 et suiv.) autorisaient les débiteurs à faire sur les intérêts des sommes dues par eux une retenue à leurs créanciers, dans la proportion de la contribution foncière.

272. — Les intérêts conventionnels, fixés par transaction, ne pouvaient, à moins d'une stipulation de non-retenue, être exemptés de la retenue d'impositions. — *Cass.*, 13 germin. an X, Rey c. Pellet.

273. — Tous les intérêts en général, même ceux dus pour créances provenant de liquidation de communauté, étaient, en l'absence d'une stipulation contraire, assujétis à cette retenue. — *Cass.* 29 germ. an X, Descamps c. Breuvard.

274. — Il en était de même des intérêts de loyers échus. — *Paris*, 26 mars 1831, Boucheseiche c. Driois.

275. — Jugé cependant que le droit de retenue ne s'appliquait pas à des intérêts provenant de dettes commerciales. — *Cass.*, 17 mars 1824, Bélin c. Viclès. — *Contrà Nîmes*, 21 flor. an XIII, Chambon-Beaumont c. Bigot.

276. — Les intérêts sujets à la retenue pouvaient en être affranchis par une clause du contrat. Mais il fallait que la stipulation de non-retenue fût expresse; elle ne pouvait s'induire de circonstances particulières, comme, par exemple, du paiement fait sans retenue pendant deux années. — V. l'arrêt de cassation précité du 13 germin. an X (Descamps).

277. — Cet état de choses a subsisté jusqu'en 1807, époque à laquelle le législateur a décidé que la non-retenue serait de droit. — L. 3 sept. 1807, art. 1er et 2.

278. — Il a même été jugé que cette loi était applicable aux intérêts d'une créance antérieure, échus après sa promulgation. — *Cass.*, 22 mars 1820, Langloys c. administrateurs des hospices de Saint-Rambert; *Grenoble*, 19 déc. 1821, Bailly c. Bonneveaux.

279. — Ainsi, les intérêts d'un capital légué avant la loi du 3 sept. 1807, mais qui sont échus seulement depuis cette loi, ne sont pas sujets à la retenue du vingtième autorisée par l'édit du mois de mai 1749 et les lois subséquentes. — V. l'arrêt de Cass. précité.

280. — Il n'y a pas lieu non plus *à retenue* sur des intérêts courus depuis la loi du 3 sept. 1807, bien que ces intérêts aient été *conventionnels* dans le principe, si plus tard, et par de nouvelles conventions ou de nouveaux événemens, ils ont pris le caractère d'intérêts *moratoires*. — *Caen*, 3 avr. 1824, de Loucy c. Mézérac et l'état.

281. — Décidé au contraire que l'intérêt légal qui avait lieu *avec retenue* pour un acte antérieur à la loi du 3 sept. 1807 n'a pas été dispensé de la retenue depuis cette loi. — *Limoges*, 2 juill. 1817, Pineau c. Boussely; *Cass.*, 25 fév. 1818, Capin c. Contival.

282. — Une dernière question reste à examiner, c'est celle de savoir comment on doit calculer les cinq années d'intérêt affranchies de la prescription de l'art. 2277, C. civ.? Est-ce en remontant de l'échéance de la cinquième année d'après la date du contrat, ou du jour de la demande? La cour de Bordeaux, par arrêt du 21 fév. 1838 (t. 2 1838, p. 143, Jaumard c. Durand), a jugé que c'était du jour de la demande. Il n'en doit donc pas être alloué plus de cinq années antérieurement à cette demande. — V. en ce sens un autre arrêt de la cour de Bordeaux du 19 mars 1841 (t. 2 1841, p. 270, Chatry c. Manan).

V. ALGÉRIE, ANTICHRÈSE, ASSURANCES MARITIMES, ASSURANCES TERRESTRES, CAISSE DES DÉPÔTS ET CONSIGNATIONS, CAUTIONNEMENT, COMPTE DE TUTELLE, CONTRE-LETTRE, PREUVE TESTIMONIALE, RÉPÉTITION.

INTÉRÊT DE LA LOI (Pourvoi dans l').

1. — Recours en cassation autorisé dans un intérêt doctrinal, pour le maintien des principes.

2. — Les parties peuvent, en général, dans leur intérêt privé, déférer à la censure de la cour de Cassation les décisions des tribunaux, rendues en dernier ressort, soit en matière civile ou commerciale, soit en matière criminelle, correctionnelle ou de simple police, lorsque ces décisions contiennent une fausse application ou une violation de la loi.

3. — Toutefois, comme l'ordre public exige que les procès aient un terme, le pourvoi en cassation ne peut être utilement formé par les parties que pendant un délai assez court, déterminé par la loi selon la nature de la juridiction qui a prononcé. — V. CASSATION (mat. civ).; CASSATION (mat. crim.).

4. — Mais le recours en cassation n'est pas ouvert seulement dans l'intérêt privé des parties, il est encore autorisé dans un intérêt général pour la conservation des saines doctrines.

5. — Il est alors exercé par le procureur-général à la cour de Cassation, soit de son propre mouvement, soit sur l'ordre du garde-des-sceaux. — Aucun délai fatal n'est fixé pour l'exercice de ce recours; mais il ne doit être formé qu'après l'expiration du temps accordé aux parties pour se pourvoir dans leur intérêt privé. — V. CASSATION (mat. civ.), nos 277 et suiv.; CASS. (mat. crim.), nos 199 et suiv.

6. — Le procureur-général, près la cour de Cassation, a seul caractère pour présenter un pourvoi dans l'intérêt de la loi.

7. — Le ministère public près les tribunaux de police est non recevable à se pourvoir dans l'intérêt de la loi contre les jugemens rendus par ces tribunaux. — *Cass.*, 27 juin 1845 (t. 2 1845, p. 623), Lebruny; 27 janv. 1831, Fageoli; 23 avr. 1831, Turquet; 2 janv. 1834, Poudain; 4 janv. 1840 (t. 2 1841, p. 752), Thiboult et Reynand; 13 déc. 1843 (t. 1er 1844, p. 29), préfet de la Corse c. Piccioni et Soavi; 19 août 1844 (t. 2 1844, p. 163), Leballeur-Villiers; — V. d'ailleurs CASSATION (mat. crim.), nos 240 et s.

8. — Cette règle souffre une seule exception dans le cas d'acquittement de l'accusé; le procureur-général près la cour d'assises peut provoquer, s'il y a lieu, l'annulation de l'ordonnance d'acquittement, dans l'intérêt de la loi, mais sans que cela puisse préjudicier à l'accusé. — C. inst. crim., art. 409. — V. *ibid.* no 211.

9. — En matière civile, le pourvoi, dirigé dans l'intérêt de la loi, ne produit aucun effet à l'égard des parties vis-à-vis desquelles le jugement attaqué conserve, dans tous les cas, même lorsqu'il vient à être cassé, l'autorité de la chose jugée.

10. — Il en est de même en matière criminelle, lorsque le pourvoi est formé par le procureur-général, de son propre mouvement, aux termes de l'article 442, C. inst. crim.: cet article porte en effet que l'arrêt ou le jugement sera cassé, sans que les parties puissent s'en prévaloir pour s'opposer à son exécution.

11. — Mais l'article 441 du même Code, ne contenant pas de disposition analogue pour le cas où le pourvoi est formé d'après l'ordre du ministre de la justice, et se bornant à dire que les jugemens, ainsi déférés à la cour *pourront être annulés*: on s'est demandé si l'annulation prononcée pouvait nuire ou profiter aux parties.

12. — Une jurisprudence constante admet que la décision de la cour suprême est opposable à l'accusé et, réciproquement, peut être invoquée par lui quand le jugement attaqué statuait uniquement sur la compétence.

13. — Ainsi, lorsque la cour de Cassation annule la déclaration d'incompétence rendue par un conseil de révision, sur le recours formé contre un jugement de condamnation d'un conseil de guerre, elle renvoie devant un autre conseil de révision, bien qu'elle ne soit saisie que par les ordres du ministre de la justice, en vertu de l'art. 441, C. inst. crim. — *Cass.*, 29 déc. 1831, Bourgognon. — V. dans le même sens *Cass.*, 19 juill. 1816, Daniel; 23 oct. 1817, Rayniac; 1er juill. 1820, Spréafico; 15 mars 1822, Descamps; 6 juin 1822, Gramoisin; 27 juin 1822, André; 5 juin 1827, Ruwel; 21 nov. 1823, Dumoulin; 5 fév. 1824, Ganel; 6 mars 1824, Laborde; 9 sept. 1824, Allavoine; 2 déc. 1824, Lassery; 22 mars 1825, Broussard; 30 avr. 1825, Vuillemot et Manceau; 15 sept. 1825, Mazas; 7 janv. 1826, Melchior Gros; 10 mars 1826, Rasse et Fera; 30 juin 1827, De la Grandville; 15 déc. 1827, Dollé et Savorel; 18 avr. 1828, Taillefer; 8 mai 1828, Schoffmann; 23 janv. 1829, Nicolet; 6 août 1829, Bougeot; 18 août 1831, Portugal; 7 avr. 1832, Greffin; 9 mai 1835, Vallée.

14. — Mais si la sentence, annulée comme contraire à la loi, prononçait au fond, c'est alors que de graves difficultés s'élèvent, et que plusieurs systèmes peuvent être proposés.

15. — D'après Merlin (*Quest. de droit*, vo *Ministère public*, § 10, no 2), la cassation ne peut jamais nuire ni profiter aux condamnés, et doit être renfermée dans le seul intérêt de la loi. S'il en est, en effet, incontestablement ainsi, lorsque le pourvoi est formé directement par le procureur général, on ne voit pas pourquoi il en serait autrement dans le cas où ce magistrat agit d'après l'ordre du garde-des-sceaux. La position de l'accusé doit rester la même dans les deux hypothèses.

16. — Carnot et Legraverend reconnaissent, au contraire, que l'annulation prononcée en vertu de l'art. 441 n'est pas circonscrite dans le seul intérêt de la loi: le premier de ces auteurs, lorsqu'il s'agit d'actes ou jugemens préparatoires non suivis de jugement définitif; le second, lorsqu'il s'agit de jugemens définitifs de condamnation.

17. — Legraverend (t. 2, p. 467) et M. le procureur général Dupin soutiennent toutefois que si la cassation peut profiter au prévenu, elle ne doit jamais lui préjudicier. Ils se fondent sur l'art. 80, L. 27 vent. an VIII, qui est devenu, à quelque différence près, l'art. 441, C. inst. crim., et qui porte ces mots: *Sans préjudice de l'intérêt des parties.*

18. — Une autre opinion embrassée par Favard de Langlade (vo *Cassation*, § 1er, no 9), et soutenue avec force par Mangin (*Action publ.*, t. 2, p. 259, no 377 et suiv.), admet la cassation indistinctement en faveur ou au préjudice de l'accusé. Cette opinion s'appuie sur l'art. 80, L. 27 vent. an VIII, qui continue d'être appliqué dans tous les cas d'incompétence ou d'excès de pouvoir.

19. — La cour de Cassation avait, pendant près de vingt ans, adopté cette doctrine et décidé que l'annulation de l'arrêt déféré à sa censure, sur l'ordre du ministre de la justice, pouvait nuire à l'accusé. — *Cass*, 24 mess. an XI, Olard; 12 fév. 1813, Georgen; 21 mai 1813, Mariette; 31 août 1821, Hauchois; 11 mars 1825, Decroix; 7 mai 1825, Henry; 30 juill. 1825, Bernard.

20. — Mais elle est revenue sur cette jurisprudence par un arrêt du 2 avr. 1831 (Mazas et Pignol), rendu sur les conclusions conformes de M. le procureur général Dupin.

21. — Elle n'en a pas moins persisté, du reste, à juger que si la cassation ne pouvait pas nuire à l'accusé, elle pouvait cependant lui profiter. — *Cass.*, 2 mars 1836, Renaux; 30 mai 1816, Guilonneau; 8 août 1816, Prudhomme; 5 fév. 1818, Roussac; 26 fév. 1818, Combalussier; 16 avr. 1818, Satrius d'Hem; 15 juill. 1819, Fabry; 2 déc. 1824, Lassery; 10 janv. 1827, Andrieu; 10 juin 1830, Bonnefoi; 20 déc. 1832, Raynal.

22. — Il résulte donc de la jurisprudence actuelle de la cour suprême que, dans aucun cas, le pourvoi formé d'après l'ordre du garde-des-sceaux ne peut nuire à l'accusé, tandis qu'il peut lui profiter. Cette conséquence paraît, sans doute, au premier abord, peu conforme aux lois d'une logique rigoureuse; mais il ne faut pas oublier qu'en matière criminelle, la position de l'accusé est toujours favorable; qu'il serait évidemment contraire à l'équité de le laisser exposé, pendant un temps illimité, aux suites d'un pourvoi qu'il dépend du ministre seul d'introduire ou de ne pas former; et que, néanmoins, d'un autre côté, il serait bien dur de laisser peser sur une partie une condamnation qui aurait été annulée, comme contraire à la loi.

V. CASSATION, COMPÉTENCE, NON BIS IN IDEM.

INTÉRIM, INTÉRIMAIRE.

Le mot *intérim*, emprunté du latin, s'emploie pour exprimer le temps pendant lequel un emploi est vacant. — On appelle *intérimaire* la personne qui remplit l'emploi pendant l'entretemps ou la vacance. — V. OFFICE. — V. aussi AGENT DIPLOMATIQUE, CONSERVATEUR DES HYPOTHÈQUES, CONTRIBUTIONS DIRECTES.

INTERLIGNE.

1. — C'est comme le mot l'indique, *inter lineas*, l'espace laissé entre deux lignes.

2. — Il ne doit rien être écrit par interligne dans les actes publics; autrement ce serait donner une grande facilité à la fraude pour dénaturer ou modifier les actes.—Rolland de Villargues, *Rép. du notar.*, v° *Interligne*, n° 1.

3. — Aussi a-t-on toujours prohibé les interlignes dans les actes notariés.—Ordon. de juill, 1304, art. 4; d'oct. 1535, ch. 19, art. 8; — Ferrière, *parf. not.*, liv. 1er, chap. 15.

4. — Les lois actuelles défendent les interlignes dans un grand nombre de cas, par exemple:

5. — Dans les actes notariés, à peine, contre le notaire, d'une amende de 50 fr. (réduite à 10 fr. L. 16 juin 1824, art. 10), sans préjudice de tous dommages-intérêts et même de destitution, en cas de fraude. De plus les mots interlignés sont nuls. — L. 25 vent. an XI, art. 16. — V. ACTE NOTARIÉ, nos 323 et suiv.

6. — Mais jugé, qu'un interligne dans la minute d'un testament public ne suffit pas pour vicier cet acte, lorsque d'ailleurs toutes les formalités prescrites ont été régulièrement suivies. — *Colmar*, 25 avr. 1812, N...

7. — Si les mots interlignés étaient approuvés par les parties, ils cesseraient d'être nuls; puisqu'il serait alors évident qu'ils expriment la volonté des parties. Toutefois, il est plus sûr de s'en tenir à la règle posée dans la loi de l'an XI. — *Dict. not.*, v° *Interligne*, n° 3; Favard, *Rép.*, *eod. verb.* — Dans tous les cas, néanmoins, le notaire serait passible de l'amende. — Rolland de Villargues, n° 5.

8. — La défense d'écrire dans les interlignes existe pour les expéditions comme pour les minutes, et l'amende serait due dans ce cas comme dans l'autre. — Rolland de Villargues, v° *Interligne*, n° 7. — V. aussi EXPÉDITION.

9.—Il n'est dû qu'une seule amende quelque soit le nombre des interlignes qui se trouvent dans un acte.— *Dict. not.*, *ibid.*, n° 6; Rolland de Villargues, n° 6.

10. — ... 2° Dans les répertoires par lesquels les notaires, huissiers et autres doivent inscrire jour par jour leurs actes. (L. 22 frim., an VII, art. 49). — Toutefois la loi ne prononce point, en pareil cas, d'amende.

11. — ... 3° Dans les mentions de dépôt, inscriptions et transcriptions que les conservateurs des hypothèques doivent faire sur leurs registres, à peine de 1,000 à 2,000 fr. d'amende et des dommages-intérêts des parties. — C. civ., art. 2,203. — V. CONSERVATEUR DES HYPOTHÈQUES.

12. — ... 4° Dans les dépositions faites par des témoins entendus dans des enquêtes en matière civile. — Ord. 1667, tit. 22, art. 18; Arg. C. procéd., art. 272. — V. ENQUÊTE.

13. — ... 5° Dans le livre-journal sur lequel les agens de change et les courtiers de commerce doivent consigner toutes les opérations faites par leur ministère. — C. comm., art. 84. — V. AGENT DE CHANGE, n° 159, COURTIERS.

14. — ... 6° Dans le procès-verbal de vérification des créances en matière de faillite. — C. comm., art. 495. — V. FAILLITE, n° 1047.

15. — ... 7° Sur le cahier d'information où sont consignées les dépositions des témoins entendus en matière criminelle.—Les interlignes non approuvés doivent être réputées non avenues. — C. inst. crim., art. 78. — V. CAHIER D'INFORMATION, n° 7; INSTRUCTION CRIMINELLE.

16. — Cette disposition de l'art. 78, C. inst. crim., est générale et absolue, et s'applique à toutes les écritures authentiques et publiques des actes de la procédure criminelle. — *Cass.*, 11 avr. 1845 (t. 2 1845, p. 315), Radet dit Hacquart. — V. COUR D'ASSISES.

17. — On doit également s'abstenir d'interlignes dans toute espèce d'actes publics, bien que la loi ne contienne point de disposition précise à cet égard; par exemple dans les actes de l'état civil. — V. ACTES DE L'ÉTAT CIVIL, n° 113.

18. — Les interlignes insérés sans approbation dans un exploit d'huissier ne sont pas frappés d'une nullité absolue, comme ceux des actes notariés. — V. EXPLOIT, n° 49.

19. — Les mots en interlignes dans les actes sous-seing privé ne sont pas nuls, alors surtout qu'ils sont évidemment l'expression de la volonté des parties. — Toullier, t. 8, n° 258; Favard, *Rép.*, v° *Interligne*; Rolland de Villargues, v° *Interligne*, n° 8. — V. ACTE SOUS SEING PRIVÉ, nos 37 et suiv.

20. — Dans la procédure de faux incident civil, le procès-verbal de l'état de la pièce arguée, qui est dressé par le juge commissaire, doit contenir mention et description des interlignes et autres circonstances du même genre. — C. procéd., art. 227. — V. FAUX INCIDENT, nos 328 et suiv.

INTERLOCUTOIRE.

V. JUGEMENT.

INTERLOPE (Commerce).

C'est le nom qu'on donne à la contrebande pratiquée en pays étranger. — Pardessus, *Dr. comm.*, t. 1er, n° 161. — V. CONTREBANDE.

INTERPELLATION.

1. — Sommation ou réquisition faite à quelqu'un de répondre sur certains faits.

2. — Il est des cas où les officiers publics qui reçoivent des actes doivent faire des interpellations aux parties, et il en est d'autres où ils doivent s'abstenir de toute interpellation.

3. — Ainsi, dans un inventaire, le notaire doit interpeller, 1° le tuteur de déclarer s'il lui est dû quelque chose par le mineur (C. civ., art. 451); — 2° ceux qui ont été en possession des objets et particulièrement la veuve sur les détournemens qu'ils auraient commis ou dont ils auraient connaissance. — C. civ., art. 1456; C. procéd., art. 943-8°.—V. INVENTAIRE.

4. — Au contraire, les officiers de l'état civil doivent, pour la rédaction des actes qu'ils reçoivent, se contenter des déclarations faites par les comparans, sans pouvoir faire aucune interpellation au sujet de ces déclarations.— C. civ., art. 35.—V. ACTES DE L'ÉTAT CIVIL, nos 129 et suiv.

5.— Dans le plus grand nombre des actes reçus par des officiers publics, ceux-ci doivent interpeller les parties de déclarer si elles savent signer, et quelquefois même faire mention de cette interpellation. — V. SIGNATURE.

6. — En matière civile, le défaut de réponse à une interpellation peut ou non être pris pour l'aveu du fait qui en est l'objet, suivant que cette interpellation est ou n'est pas judiciaire.—Merlin, *Rép.*, v° *Interpellation*. — V. au surplus AVEU, INTERROGATOIRE SUR FAITS ET ARTICLES.

7.—En général, l'interpellation constitue la mise en demeure. — L. 32, ff., *De usur. et fruct.* — V. MISE EN DEMEURE.

8.—L'interpellation faite avant le terme ne produit aucun effet. — L. 49, ff., *De verb. oblig.*

9. — Quelquefois, la seule échéance du terme équivaut à interpellation; et c'est alors qu'on dit que *dies interpellat pro homine*. — V. TERME.

10. — L'interpellation judiciaire interrompt la prescription.— C. civ., art. 2249 et 2250; C. comm., art. 434. — V. ÉQUIPAGE, NAVIRE, PRESCRIPTION.

11.—Dans une enquête, le juge peut, soit d'office, soit sur la réquisition de la partie, faire au témoin les interpellations qu'il croit convenables pour éclaircir sa déposition.— C. procéd., art. 273 et 276. — V. ENQUÊTE.

12. — En matière criminelle, le juge d'instruction, le procureur du roi ou tout officier de police auxiliaire qui procède à une saisie, doit interpeller le prévenu de s'expliquer sur les choses saisies qui lui sont représentées. — C. inst. crim., art. 35. — V. FLAGRANT DÉLIT, INSTRUCTION CRIMINELLE.

13. — Les témoins doivent également être interpellés, soit devant le juge d'instruction, ou tout autre officier de police auxiliaire du procureur du roi, soit devant les tribunaux de police correctionnelle ou de simple police, ou devant la cour d'assises, de déclarer leurs noms, âge, demeure, etc. — V. notamment C. inst. crim., art 75 et 317. — V. COUR D'ASSISES, INSTRUCTION CRIMINELLE, TRIBUNAL CORRECTIONNEL, TRIBUNAL DE POLICE.

14. — Le président de la cour d'assises doit encore interpeller l'accusé lors de son interrogatoire, à son arrivée dans la maison de justice, de dire s'il a fait choix d'un défenseur (C. inst. crim., art. 294), ou, lorsqu'il a été déclaré coupable, de déclarer s'il n'a rien à dire pour sa défense. — *Ibid.*, art. 363. — V. COUR D'ASSISES, INTERROGATOIRE DES ACCUSÉS.

15. — En général, les interpellations doivent être constatées: l'omission de cette constatation serait même, dans certains cas, surtout en matière criminelle, une cause de nullité. — V. notamment COUR D'ASSISES, INTERROGATOIRE DES ACCUSÉS.

INTERPOSITION DE PERSONNES.

V. PERSONNE INTERPOSÉE.

INTERPRÉTATION.

1. — C'est l'explication d'un texte obscur, soit que l'obscurité provienne de l'insuffisance, de l'impropriété ou du barbarisme des mots, soit qu'elle provienne des vices du raisonnement ou du langage, de la défectuosité des caractères employés, des fautes des copistes ou des typographes.

2. — L'interprétation peut avoir principalement pour objet les lois, les jugemens, les conventions, les testamens.

3.—L'interprétation des lois est *législative* quand elle est donnée par une loi; *judiciaire* lorsqu'elle résulte des décisions des cours et tribunaux; *doctrinale* quand elle émane des jurisconsultes. — Pour les effets divers de chacune de ces interprétations, V. LOIS.

4.—Pour l'interprétation des jugemens, V. JUGEMENT.

5. — Pour l'interprétation des conventions, V. ce mot.

6. — Quant à l'interprétation des testamens, V. LEGS, TESTAMENT.

INTERPRÉTATION DES CONVENTIONS.

Table alphabétique.

Alimens, 41.
Ambiguité, 1, 5, 54, 70.
Assurance maritime, 63 s.
Autorisation de femme, 50.
Bail, 25, 32.
Cas contraire, 39.
Cassation, 14, 78.
Clarté, 6 s.
Clause, 10.
Conseils, 75 s.
Contrat de mariage, 38.
Conventions distinctes, 16.
Corrélatifs, 7, 17 s.
Créancier, 60 s.
Débiteur, 60.
Dénomination, 31.
Dérogation, 15.
Doute, 9, 25, 48, 60, 68.
Droits successifs (vente de), 43.
Effet utile, 45.
Emigré, 11.
Engagement, 34.
Erreur commune, 22.
Exécution, 35 s.
Expressions, 21.
Faute d'écriture, 27.
Faveur, 59 s.
Fief, 8.
Formalités, 72.
Héritier, 53. — légitime, 7. — testamentaire, 7.
Intention commune, 10 s., 40, 47.
Juge commercial, 74.
Jugement, 73.
Lettre confidentielle, 77.
Libraire, 58.
Louage, 33.
Mandataire, 42, 53.
Obscurité, 1, 5 s., 24 s., 68 s.
Office, 66 s.
Phrase, 29 s.
Pluriel, 28.
Pouvoir du juge, 74 s., 78.
Qualité, 51 s.
Reconnaissance, 14.
Rédaction, 26, 72.
Renonciation, 61 s.
Restriction, 37.
Sens, 22, 45.
Sens double, 49 s. — littéral, 10. — propre, 20.
Significations différentes, 23.
Singulier, 28.
Subrogation, 19.
Substance, 31.
Substitution, 8, 24.
Termes généraux, 40 s.
Vente, 30, 32, 34, 36, 61 s., 69 s.
Vraisemblance, 71.
Usage, 22, 55, 57. — (droit d'), 18.
Usages locaux, 54. 56, 59.

INTERPRÉTATION DES CONVENTIONS. — 1. — C'est celle qui a pour cause l'obscurité ou l'ambiguité des clauses.

2. — Embarrassée sur le sens dans lequel elle doit les saisir, la justice s'est formé des principes qui abrègent ses recherches et rendent sa marche plus sure.

3. — C'est à la logique qu'appartient la doctrine de l'interprétation; en effet, diriger notre esprit dans la recherche de la vérité, voila à quoi tendent les règles de l'interprétation (Hortensius de Saint-Albin, *Logique judiciaire*). Ces règles sont le fruit de l'expérience des siècles et des méditations les plus profondes.—Rolland de Villargues, *Rép. du notar.*, v° *Interprétation des conventions*, n° 2.

4. — Les règles d'interprétation tracées par le Code sont empruntées à Pothier qui, lui-même, les avait prises au droit romain (V. Pothier, *Oblig.*, nos 91 et suiv., et D. *de verb. signif.* et *de regul. juris.*) Quelques auteurs les ayant présentées avec plus d'ordre que la loi, nous leur empruntons l'exposé suivant.—V. Zachariæ, *Droit civ. théor. franç.*, t. 2, p. 479 et 480; Demante, *Cours de droit civ.*, t. 2, p. 271 et suiv.

5. — Il n'y a lieu à interprétation qu'autant que les termes dont les parties se sont servies, présentent quelque ambiguité ou quelque obscurité, ou que le rapprochement de deux ou plusieurs clauses de la convention fait naître des doutes sur la portée de ces différentes clauses. — L. 25, § 1er, ff. *De legat.*; —Toullier, t. 6, n° 305; Zachariæ, *loc.*, *cit.*; Rolland de Villargues, *Rép. du notar.*, v° *Interprétation des conventions*, n° 7.

6.— Ainsi, jugé qu'il n'y a lieu de recourir à l'interprétation d'un titre pour expliquer l'étendue et le mode d'exercice du droit qu'il confère, que lorsque ce titre est obscur, et non lorsqu'il énonce clai rement et sans équivoque l'objet et la portée de la convention. — *Bordeaux*, 13 janv. 1842 (t. 1er 1842, p. 338), ville de Bordeaux c. Jouis.

7. — ... Qu'il n'y a pas matière à interprétation lorsque les clauses de deux actes corrélatifs sont parfaitement claires; *spécialement*, que lorsqu'il a été convenu entre deux héritiers, l'un légitime et l'autre testamentaire, qu'ils supporteraient par moitié toutes les dettes de la succession, en exceptant toutefois le cas où la veuve du défunt viendrait à exercer quelque reprise, un jugement n'a pu, après le décès de cette femme, déclarer le cas d'exception arrivé, parce que l'héritier légitime a voulu faire supporter à l'héritier testamentaire une partie de ce que ses père et mère étaient restés devoir pour les frais de sa pension. — *Cass.*, 5 germ. an XII, Ferrussac c. La Bastide.

8. — ... Que lorsqu'une convention est claire et précise, les juges ne peuvent la modifier; qu'ils ne peuvent non plus substituer une obligation à une autre obligation, encore bien que celle-ci présenterait à la partie intéressée les mêmes avantages et les mêmes sûretés que la première. Qu'ainsi, ils ne peuvent pas décharger le preneur à fief de l'obligation expressément contractée *de construire un bâtiment* sur le terrain fieffé, en accueillant son offre de fournir une hypothèque suffisante pour assurer le paiement de la rente. — *Caen*, 28 janv. 1827, Allaire.

9. — Toutefois il ne faut pas conclure de là que les effets d'une convention sur le sens de laquelle il ne s'élève aucun doute doivent être restreints à ce que les parties ont formellement exprimé. Les conventions obligent à toutes les suites que l'équité, la loi ou l'usage donnent à l'obligation d'après sa nature (C. civ., art. 1135), et autre chose est interpréter un contrat, autre chose est déterminer ses effets. — Toullier, t. 6, nos 334 et suiv.

10. — La première règle, quand il y a nécessité d'interpréter un contrat, c'est de rechercher quelle a été la commune intention des parties contractantes, plutôt que de s'arrêter au sens littéral des termes (C. civ., art. 1156). Et à cet effet toutes les clauses s'interprètent les unes par les autres en donnant à chacune le sens qui résulte de l'acte entier. — C. civ., art. 1161; L. 219, ff., *de verb. signif.*; — Pothier, no 91; Toullier, t. 6, no 318; Zachariæ, t. 2, p. 480.

11. — Par exemple la cession faite en 1815, par l'héritier d'un émigré, de tous les droits successifs alors connus, ne comprend pas l'indemnité accordée à la succession en vertu de la loi du 27 avr. 1825. — *Cass.*, 21 mai 1828, Audouy. — V. ÉMIGRÉ.

12. — Jugé encore que quand il s'agit d'apprécier suivant quel mode la chose vendue doit être mesurée, c'est à l'intention des parties qu'il faut s'en rapporter. — *Liége*, 4 prair. an XIII, Ransonnet c. Goffard.

13. — ... Que lorsqu'un seigneur, en affranchissant sept individus de toute servitude, leur a concédé un droit d'usage et de pacage dans ses forêts, cette concession doit appartenir à chacun des sept affranchis, et ensuite à la famille de chacun d'eux en se divisant entre les membres de ces familles, sans cependant que chacun d'eux puisse exercer individuellement le droit d'usage. — *Bourges*, 11 mai 1824, Triquet c. Foulon de Doué.

14. — ... Que lorsque des reconnaissances de créances sur un émigré ne résultent que d'un pacte de famille fait entre les héritiers de l'émigré pour arriver à obtenir la restitution de ses biens confisqués, si ce but n'ayant pu être atteint, le pacte est ainsi resté sans effet, les reconnaissances qu'il contient en faveur des créanciers peuvent aussi être considérées comme sans effet, sans que l'arrêt qui le décide ainsi tombe sous la censure de la cour de Cassation. — *Cass.*, 29 janv. 1834, Normand c. de Rohan.

15. — On doit admettre difficilement que, dans un même acte, il soit dérogé à un article par un autre, alors surtout que chacun des articles peut être exécuté séparément. Ce principe admis en matière administrative par la cour de Cassation le 18 oct. 1827 (min. publ. c. Etienne Hubert) est, de toute évidence, applicable aux conventions.

16. — En effet, un contrat peut renfermer plusieurs conventions distinctes, indépendantes les unes des autres.

17. — Mais lorsque ses clauses se rapportent au même objet, elles sont tellement corrélatives qu'effacer l'une d'elles c'est effacer les autres.

18. — La cour royale de Toulouse a même jugé que deux actes passés le même jour entre les mêmes parties peuvent être regardés comme corrélatifs, bien qu'aucune expression ne l'indique. — *Toulouse*, 13 fév. 1830, Laserre c. Bordères.

19. — Jugé que la subrogation accordée par le créancier conformément à l'art. 1250, § 1er, au tiers dont il reçoit son paiement, ne cesse pas d'avoir son effet par cela seul que ce tiers n'aurait effectué le paiement qu'en vertu d'une convention faite avec le débiteur, et pour se libérer envers lui du prix d'un transport consenti à son profit; — qu'on dirait en vain que ce tiers, étant lui-même débiteur, avec indication de paiement et non pas un simple prêteur, de la somme qu'il paie, ne doit pas être considéré comme une tierce personne dans le sens de l'art. 1250, alors d'ailleurs qu'il résulte de la combinaison de l'acte de transport et de l'acte de paiement avec subrogation (passés au même moment) que ces actes ne constituent en réalité qu'un contrat de prêt (de la part du tiers qui a payé) avec la double garantie du transport et de la subrogation; — que l'arrêt qui, interprétant les deux actes l'un par l'autre, leur reconnaît ce caractère, échappe comme n'ayant fait qu'une simple appréciation de fait, à la censure de la cour de Cassation. — *Cass.*, 16 nov. 1841 (t. 2 1841, p. 629), Legrand et de la Courtie c. Cornisset-Lamothe.

20. — L'intention commune des parties se découvre encore par les termes dont elles se sont servies, et on ne peut trop leur conseiller d'employer les mots dans leur sens propre, car, en général, les juges ne doivent jamais s'écarter de ce sens, dans l'interprétation des actes, sans des raisons évidentes. — Toullier, t. 6, nos 307, 308, 309, 315.

21. — Lorsque, dans un contrat, les parties se servent de l'expression de la loi sous laquelle elles contractent, elles sont censées, surtout si c'est la la loi de leur domicile, l'employer dans le même sens que la loi. — *Bruxelles*, 7 mai 1817, Piret c. Gravy.

22. — Si l'usage avait dénaturé le sens d'un mot, il faudrait consulter l'intention vraisemblable des parties, leur instruction. — En ce cas, l'erreur commune pourrait ou même devrait faire loi. — L. 3, § 3, ff., *De supellect. leg.*; — Toullier, t. 6, no 315.

23. — Si le mot n'exprime pas la pensée d'une manière claire et complète, s'il prête à deux significations différentes, le juge doit, sous l'expression, chercher la pensée. — Duranton, t. 10, no 506.

24. — Mais on ne peut, sans excéder les bornes d'une simple interprétation, et sans changer la nature d'un acte obscur, y substituer un mot à un autre. — *Rennes*, 31 janv. 1826, Jeanneau c. Tourmente.

25. — Les juges peuvent s'aider de présomptions pour expliquer le sens d'une convention obscure ou douteuse, sans que leur décision puisse donner prise à la censure de la cour de Cassation. — Spécialement, lorqu'un bailleur s'est obligé de nourrir un certain nombre de bestiaux du preneur, dans le cas où les eaux grasses ne seraient pas suffisantes à leur nourriture, les juges ont pu décider que, d'après l'intention formelle des parties, l'obligation prise à sa charge par le bailleur ne devait pas être gratuite, mais donner lieu à une indemnité en sa faveur. — *Cass*, 10 nov. 1829, Bruncamps c. Bethefort.

26. — L'obscurité et l'incertitude sur le sens d'une convention peut provenir aussi de la rédaction matérielle de l'acte.

27. Les fautes d'écriture qui peuvent être réparées par un sens assez entendu n'empêchent pas la convention de produire son effet. — L. 92, ff., *De reg. jur.*; — Toullier, t. 8, no 83; Rolland de Villargues, no 63.

28. — Une clause conçue au pluriel se distribue souvent en plusieurs clauses singulières. — Par exemple, si dans le contrat de donation que j'ai fait à Pierre et à Paul, mes domestiques, de certain héritage, il est dit, *à la charge qu'après leur mort sans enfans, ils le restitueront au donateur ou à sa famille*, cette clause conçue au pluriel se distribue en ces deux clauses singulières, *à la charge que Pierre, après sa mort sans enfans, restituera l'héritage pour la part qu'il a eue, au donateur*, et pareillement *à la charge que Paul*, etc. — Arg. L. 78, § 7, ff., *Ad senatusc. Trebell.*; — Pothier, no 101.

29. — Ce qui est à la fin d'une phrase se rapporte ordinairement à toute la phrase, et non pas seulement à ce qui précède immédiatement, pourvu néanmoins que cette fin de phrase convienne en genre et en nombre à toute la phrase. — Pothier, no 102.

30. — Par exemple, si dans le contrat de vente d'une métairie, il est dit qu'elle est vendue avec tout ce qui s'y trouve, en blés, menus grains, fruits et vins qui y ont été récoltés cette année, ces termes *qui y ont été récoltés cette année* se rapportent à toute la phrase, et non pas seulement aux vins; et en conséquence les blés vieux ne sont pas moins exemptés de la vente que les vins vieux. — Il en serait autrement s'il était dit, *et le vin qui y a été recueilli cette année*; ces termes, *qui y a été recueilli cette année*, qui sont au singulier, ne se rapportent qu'au vin, et non pas au reste de la phrase, n'étant pas concordans en nombre. — Pothier, *ibid.*

31. — Il arrive parfois que l'expression faisant défaut aux parties, elles croient faire un contrat, alors qu'elles le dénaturent par les mots. Dans ce cas, l'acte doit être déterminé d'après la substance des conventions qu'il renferme plutôt que d'après la dénomination que les parties lui ont donnée.

32. — Ainsi, on doit considérer comme un bail et non comme une vente l'acte contenant cession pour douze années, et moyennant une somme une fois payée, de l'écorce d'arbres-liége à recueillir sur une certaine étendue de terrain, alors même qu'il serait qualifié vente: du moins l'arrêt qui le décide ainsi ne peut être censuré par la cour de Cassation. — *Cass.*, 7 déc. 1819, Bosch c. Peyarnicle. — V. à ce sujet ENREGISTREMENT.

33. — Ainsi encore, un louage ne perdrait pas sa nature par cela seul que les parties auraient dit avoir cédé ou vendu. — Delvincourt, t. 2, p. 529, notes; Duvergier, *Louage*, t. 1er, no 33.

34. — De même, on ne doit pas exécuter comme vente, mais comme simple engagement, la convention par laquelle un débiteur, tout en disant qu'il vendait son bien à son créancier, ne le lui a cependant que donné en gage. — L. 3, cod., *Plus valere quod agitur*; Rolland de Villargues, vo *Interprétation des conventions*, no 18.

35. — Enfin, la commune intention des parties sur le véritable sens des clauses de l'acte peut résulter de la manière dont elles ont exécuté cet acte. — Dumoulin, *Comment. sur la cout. de Paris*, § 46, no 23; Rolland de Villargues, no 49.

36. — Ainsi on peut, d'après l'exécution donnée à un contrat de vente et la mise en possession de l'acquéreur, déterminer comment les parties ont entendu que la chose vendue devait être mesurée. — *Liége*, 4 prair. an XIII, Ransonnet c. Goffard.

37. — Lorsque dans un contrat on a exprimé un cas pour l'explication de l'obligation, on n'est pas censé avoir voulu par là restreindre l'étendue que l'engagement reçoit de droit aux cas non exprimés. — C. civ., art. 1164.

38. — Par exemple, il est stipulé dans un contrat de mariage que le mobilier des successions futures entrera dans la communauté conjugale. Cette clause, ajoutée pour lever un doute mal fondé, n'empêche pas de comprendre dans la communauté les autres choses qui doivent y tomber d'après la loi. — Pothier, no 100; Toullier, t. 6, no 329.

39. — Mais il ne faudrait pas convertir une disposition qui exclut dans un cas déterminé en une disposition qui appelle dans le cas contraire: ce serait fronder les principes les plus élémentaires du droit. — Merlin, *Rép.*, vo *Majorat*, § 5.

40. — Mais, quelque généraux que soient les termes dans lesquels une convention est conçue, elle ne comprend que les choses sur lesquelles il paraît que les parties se sont proposé de contracter (C. civ., art. 1163), et non celles auxquelles elles n'ont pas pensé. — L. 9, § 3, ff., *De transact*; Pothier, no 98.

41. — Ainsi, l'engagement sous seing-privé contracté par un individu de nourrir l'enfant dont telle personne est enceinte, s'il est illimité dans ses termes, doit être restreint à satisfaire les premiers besoins de l'enfant, suivant la fortune de sa mère, et à pourvoir à son entretien jusqu'à l'époque où il pourra trouver dans son travail des moyens d'existence. — *Agen*, 24 fév. 1825, Cagre c. Lamothe.

42. — L'offre que fait le mandataire (dans un acte qui le déclare quitte et libéré des suites de son mandat, moyennant la présente convention et transaction) de fournir tous les papiers qu'il a relativement au mandat, pour que le mandant puisse s'en aider contre certains débiteurs, ne doit pas être considérée comme une obligation précise de remettre un titre déterminé contre les débiteurs désignés. La décision contraire des juges sur ce point donne ouverture à cassation. — *Cass.*, 21 août 1832, Rancès c. d'Ossuna.

43. — Mais la vente d'une part héréditaire, et en général, toute convention ayant une universalité pour objet, comprend toutes les choses particulières composant cette universalité, même celles dont les parties n'avaient pas connaissance, pourvu qu'elles n'aient pas été cachées sciemment par l'une des parties, et qu'il ne résulte pas de l'acte l'intention de ne traiter que des objets connus. — Pothier, no 99.

44. — Si ces moyens ne suffisent pas pour faire reconnaître la commune intention des parties, et que cette intention ne puisse être déterminée à l'aide des circonstances qui ont accompagné le contrat, il faut avoir recours aux règles suivantes. — Zachariæ, t. 2, p. 480.

45. — ... 1o Les parties ont voulu évidemment faire

une convention utile, et entre deux sens, on doit plutôt l'entendre dans celui avec lequel elle peut produire quelque effet, que dans le sens avec lequel elle n'en produirait aucun. — C. civ., art. 1157. — *Commodissimum id accipi quo res de qua agitur magis valeat quam pereat* (L. 12, ff., *De reb dub.*). — V. aussi L. 80, ff., *De verb. oblig.*; — Pothier, nº 92.

46. — Mais si la clause, pour être valable, devait blesser la loi ou les bonnes mœurs, elle serait rejetée. — C. civ., art. 6.

47. — Il en serait de même s'il fallait évidemment aller contre l'intention commune des parties.

48. — Dans le doute, on ne doit pas supposer que les parties aient voulu violer la loi ou les bonnes mœurs; et si la clause peut produire effet en l'interprétant dans un sens, c'est cette interprétation qui doit prévaloir. Les substitutions prohibées offrent des applications remarquables de ce principe. — Duranton, t. 8, nºs 42 et suiv.; t. 10, nºs 509, 510, 511; Delvincourt, t. 2, p. 530, notes; Merlin, *Rép.*, vº *Testament*, t. 2, § 4, art. 2, nº 3.

49. — ... 2º Dans un contrat déterminé par la convention, les termes susceptibles de deux sens doivent être pris dans le sens qui convient le plus à la matière du contrat. — C. civ., art. 1158. — C'est alors que l'on dit que les termes doivent être entendus *secundùm subjectam materiam*. — L. 67, ff., *De reg. jur.*; — Pothier, nº 93; Toullier, t. 6, nº 321; Duranton, t. 10, nºs 512, 514, 515; Delvincourt, t. 2, p. 531; notes.

50. — Ainsi, le mari qui autorise simplement sa femme à vendre un immeuble qui lui appartient ne s'oblige point par cela seul à la garantie, en cas d'éviction. — Duranton, nº 514.

51. — Les termes susceptibles de deux sens doivent également être pris dans celui qui convient le plus à la qualité des parties.

52. — Ainsi celui qui, ayant dans une compagnie la double qualité d'actionnaire et d'entrepreneur, participe à un acte qui peut l'intéresser à ce double titre, sans déclarer en quelle qualité il contracte, peut être réputé ne l'avoir fait qu'en une seule de ces qualités. Du moins l'arrêt qui le décide ainsi par appréciation des circonstances et des actes ne peut de ce chef donner ouverture à cassation. — *Cass.*, 1er déc. 1835, compag. de Menat c. Mossier, Dumont et Derosne.

53. — Celui qui a deux qualités est d'ailleurs présumé avoir traité en celle qui lui donne le droit de stipuler. Ainsi, celui qui, étant à la fois mandataire et cohéritier, donne à bail un immeuble commun, est présumé avoir loué en qualité de mandataire plutôt qu'en celle de cohéritier. — *Rouen*, 15 juill. 1833, sous *Cass.*, 19 nov. 1834, Bourges c. Renouf.

54. — ... 3º Ce qui est ambigu s'interprète par ce qui est d'usage dans le pays où le contrat est passé. — C. civ., art. 1159. — L'usage, en effet, est l'expression des besoins et de la volonté de tous. — L. 34, ff., *De reg. jur.*; — Pothier, nº 94; Toullier, t. 6, nºs 319 et 320.

55. — On doit même suppléer dans le contrat les clauses qui y sont d'usage, quoiqu'elles n'y soient pas exprimées. — C. civ., art. 1160.

56. — Les usages locaux sont en très grand nombre : le Code les conserve souvent. — V., par exemple, en matière de servitudes, art 645; en matière de vente, art. 1648, et en matière de louage, art. 1736, 1745, 1754 et 1759.

57. — Lorsqu'il est dit dans un acte qu'une clause ne sera pas comminatoire, mais de rigueur, on ne peut invoquer l'usage pour en déduire que, dans l'intention des parties, cette clause ne serait à considérer que comme comminatoire. — *Bruxelles*, 19 nov. 1818, Lissans c. Boryé.

58. — Le libraire à qui l'éditeur d'un ouvrage a remis divers exemplaires de cet ouvrage en paiement de ce qu'il lui devait, peut non seulement vendre ces exemplaires au rabais sur le prix de l'éditeur, mais encore annoncer ce rabais par la voie des journaux..., alors surtout qu'il ne publie pas ce rabais dans le but de nuire à l'éditeur, mais seulement pour se procurer un débit plus rapide, et se couvrir plus vite de ses avances. — *Paris*, 30 nov. 1837 (t. 1er 1838, p. 300), Curmer c. Barba.

59. — S'il n'y avait pas d'usage certain dans le lieu où s'est formé le contrat, la convention devrait s'interpréter d'après ce qui arrive le plus ordinairement (L. 114, ff., *De reg. jur.*; — Rolland de Villargues, nº 33); — s'il n'y avait aucun indice à recueillir à cet égard, il faudrait suivre l'interprétation la plus favorable à celui contre lequel la clause serait invoquée. — Duranton, t. 10, nºs 517, 521 et suiv.

60. — ... 4º Enfin, dans le doute, la convention s'interprète contre celui qui a stipulé et en faveur de celui qui a contracté l'obligation. — C. civ., art. 1162. — La raison en est que le créancier, maître des conditions du contrat, peut s'imputer de ne s'être pas clairement exprimé. — LL. 38, § 18; 99, ff., *De verb. oblig.*; — Domat, *Lois civ.*, liv. 1er, tit. 1er, sect. 2, nº 15; Dantoine, *Règles du dr. canonique*, 57; Pothier, *Oblig.*, nº 97; Toullier, t. 6, nºs 323 à 327; Duranton, t. 10, nº 519 et 520.

61. — Ainsi, lorsque le vendeur d'un immeuble à qui une partie de son prix est encore due a cédé à un autre créancier de l'acquéreur la priorité de ses rang et hypothèque et consenti à n'exercer ses droits et priviléges que secondairement à ce créancier, il n'est pas censé avoir abandonné au profit de ce dernier le droit qu'il a de demander, à défaut de paiement, la résolution de la vente. Une pareille renonciation, étant de droit étroit, la clause doit dans le doute s'interpréter contre le créancier qui l'a stipulée. — *Bordeaux*, 11 juill. 1832, Lopes-Dias c. Delort.

62. — Dans le ressort du parlement de Bourgogne, le fait, par le vendeur, d'avoir poursuivi l'acquéreur en paiement du prix de la vente pouvait suivant les circonstances être considéré comme une renonciation à demander la résolution de cette vente. — *Cass.*, 11 mars 1833, Grillot c. Pascalet.

63. — C'est contre les assureurs, s'ils ont été les stipulans, que doivent se résoudre les doutes élevés sur le sens d'une clause insérée dans une police d'assurance. — Ainsi, par exemple, la clause par laquelle des assureurs stipulent qu'ils assurent des facultés à la prime de 6 % réduite à 2 %, le risque finissant à Constantinople, *pour quelque motif que ce soit*, n'a pas pour effet d'exempter les assureurs des risques de l'arrêt de prince dans le cas où le vaisseau est arrêté par le gouvernement dans le port désigné. — *Aix*, 23 avr. 1825, Amoretti c. divers assureurs.

64. — Par réciprocité, dit Bernard (sur Émerigon, nº 93), on devrait juger de la même manière contre l'assuré et avec d'autant plus de raison que l'assuré est beaucoup plus instruit que l'assureur de tout ce qui concerne le contrat qui intervient entre eux.

65. — Aussi a-t-on jugé que le contrat d'assurance est de droit étroit, et que dans le doute, la convention doit s'interpréter en faveur de l'assureur qui est obligé. — *Rouen*, 26 mai 1840 (t. 2 1840, p. 208), Lacroix c. compagnie du Lloyd français.

66. — Le traité qui intervient pour la vente d'un office entre les héritiers du titulaire et un tiers est par sa nature subordonné au fait de la nomination du cessionnaire. — Dès-lors, s'il n'est pas agréé, le traité qu'il a souscrit cesse d'être obligatoire contre lui, à moins de stipulations contraires. — *Nancy*, 12 juill. 1834, Riche c. N... — V. OFFICE.

67. — Il faudrait encore décider de même dans le cas où le cessionnaire se serait engagé à faire à ses frais, risques et périls, sans aucune réserve, toutes démarches nécessaires pour faire agréer sa demande par le gouvernement. — Même arrêt.

68. — La règle précédente donne lieu à de fréquentes exceptions. Elle serait plus certaine si elle était ainsi formulée. Il faut expliquer les doutes et les obscurités contre celui qui les a fait naître ou laissé subsister. — Toullier, t. 6, nº 324; Duvergier, *Vente*, t. 1er, nº 243.

69. — C'est ainsi que tout pacte obscur s'interprète contre le vendeur, parce qu'il est tenu d'expliquer clairement ce à quoi il s'oblige. — C. civ., art. 1602.

70. — Toutefois cet art. 1602, C. civ., qui veut que tout pacte obscur ou ambigu s'interprète contre le vendeur, n'est pas applicable en matière de donation. — *Douai*, 1er juill. 1837 (t. 1er 1838, p. 185), Lemaire c. Vasseur.

71. — Ensuite la vraisemblance ou ce qui se fait ordinairement peut faire interpréter les obscurités contre le débiteur d'après la règle : « *In obscuris inspici solet quod verisimilius est, aut quod plerumque fieri solet.* » (L. 114, ff., *De reg. jur.*) Par exemple, si j'ai promis de vous payer au 1er janvier sans ajouter *prochain*, il est douteux si c'est c'est le mois de janvier de l'année prochaine ou des années suivantes; mais il est vraisemblable que nous avons entendu le mois de janvier prochain. (L. 41, ff., *De verb. oblig.*) Ainsi l'interprétation se fait contre celui qui est obligé. — Rolland de Villargues, nº 48.

72. — Lorsqu'il s'agit de conventions soumises pour leur validité à certaines formalités de rédaction, la mention de l'accomplissement de ces formalités est du domaine de l'interprétation, à moins qu'elle ne soit soumise à des termes sacramentels. — V. PREUVE LITTÉRALE, TESTAMENT.

73. — Les règles d'interprétation tracées par la loi pour les conventions s'appliquent aussi aux obligations nées des jugemens.

74. — En matière de commerce, les juges peuvent se fonder sur les faits et circonstances de la cause pour interpréter l'étendue des conventions des parties. — *Cass.*, 5 août 1841 (t. 2 1841, p. 571), Walh c. Werthmann.

75. — Au reste, dans tout ce que nous venons de dire, il ne faut pas perdre de vue que les règles d'interprétation ne sont pas, par leur nature, impératives : ce sont des conseils dont les juges peuvent s'écarter suivant les circonstances, ce qui est commun à toutes les règles de droit. La raison en est que la moindre circonstance suffit pour en écarter l'application : « *Simul ac in aliquo vitiata est, perdit officium suum.* » L. 1, ff., *De reg. juris*; — Toullier, t. 6, nº 333.

76. — Jugé en ce sens que les dispositions des art. 1157, 1158 et 1161, C. civ., sont plutôt des conseils donnés aux juges que des règles rigoureuses d'interprétation. — *Cass.*, 18 mars 1807, Guillon c. Burley.

77. — ... Et que ces art. 1157, 1158 et 1161, C. civ., ne sont point applicables à l'interprétation d'un écrit privé ne portant point obligation, par exemple, d'une lettre confidentielle. — Même arrêt.

78. — L'interprétation des conventions entre les parties appartient aux tribunaux, et elle ne peut donner ouverture à cassation que dans le seul cas où les juges ont méconnu la nature du contrat. — *Cass.*, 13 mai 1835 (dans ses motifs), Pellegrino c. Bels.

INTERPRÉTATION DE JUGEMENT.

V. JUGEMENT.

INTERPRÈTE.

1. — Personne chargée, soit en matière civile, soit en matière criminelle, de traduire des écrits ou des paroles d'une langue ou d'un idiome dans un autre. — On donne quelquefois à cette personne le nom de *truchement*. (V. notamment C. comm., art. 80).

2. — Sous l'empire de notre ancien droit et dans les pays de droit écrit, les procès criminels et civils s'instruisaient en latin. Mais d'après une ordonnance de Louis XII (art. 47) donnée à Lyon au mois de juin 1510 : « Afin que les témoins entendissent leurs dépositions, et les criminels les procès faits contre eux, les enquêtes, *en quelque matière que ce fût*, » durent désormais être faites en vulgaire langage du pays où étaient faits lesdits procès et enquêtes, sous peine de n'être d'aucun effet et valeur.

3. — Cette disposition, encore très imparfaite, puisqu'elle supposait aux différens juges du royaume, des justiciables d'un même pays et d'un même langage, fut reproduite à peu près dans les mêmes termes par l'art. 56 de l'ord. de François 1er, du mois d'oct. 1535, pour la Provence.

4. — Mais par l'art. 111 de l'ord. du même roi, donnée en 1539, les procédures en langage vulgaire du pays furent abolies; elles durent toutes être faites en langage français. On ignore comment on agissait alors à l'égard des étrangers et même à l'égard des nationaux qui n'entendaient pas l'idiome des villes, jusqu'à l'ord. 1670 dont l'art. 11 du tit. 14 porta qu'on emploierait désormais le ministère des interprètes. Cette disposition a été reproduite successivement par le Code du 3 brum. an IV, art. 368 et 369, et par l'art. 332, C. inst. crim. de 1808.

5. — Aujourd'hui donc, lorsque dans une instance criminelle il est nécessaire d'apprécier un acte écrit en langue étrangère, ou d'interroger une partie ne sachant pas le français, ou de traduire l'idiome patois employé par des témoins ou par l'accusé à des magistrats ou à des jurés qui ne le comprennent pas, il doit être nommé un interprète.

6. — Et bien que les dispositions du Code d'instruction criminelle relatives aux interprètes soient spéciales aux cours d'assises, cependant si la même nécessité se révélait soit devant des tribunaux inférieurs ou des tribunaux spéciaux, soit devant le juge d'instruction ou, en cas de flagrant délit, devant le procureur du roi ou l'un de ses auxiliaires, il n'est pas douteux que les mêmes règles ne dussent être appliquées par analogie. — Duverger, *Man. des juges d'inst.*, t. 1er, p. 440; Morin, *Dict. dr. crim.*, vº *Interprète*. — V. à cet égard, INSTRUCTION CRIMINELLE, TRIBUNAL CORRECTIONNEL, TRIBUNAL DE POLICE, TRIBUNAUX MARITIMES, TRIBUNAUX MILITAIRES, TRIBUNAUX SPÉCIAUX.

7. — Quant aux conditions de capacité exigées des interprètes, aux formes à observer et aux questions qui peuvent s'élever en cette matière, V. COUR

D'ASSISES, nos 606 et suiv. — V. aussi INSTRUCTION CRIMINELLE.

8. — La rétribution accordée aux interprètes est réglée par le tarif du 18 juin 1811, art. 16, 22 et suiv. — V. FRAIS ET DÉPENS (mat. crim.) — En matière civile, le tarif ne contient aucune disposition qui les concerne.

9. — En matière civile, si des parties qu'on interroge ou qu'on entend en personne, ou des témoins parlent un langage ou un idiome différens, aussi un acte est écrit dans une langue étrangère, il peut y avoir lieu de recourir à un interprète, et dans ce cas on suit, par analogie, les règles tracées par le Code d'instruction criminelle. — V. ENQUÊTE, nos 581 et suiv.

10. — Le ministère des interprètes est également nécessaire dans la confection des actes lorsque, soit les parties contractantes, soit les témoins instrumentaires, n'entendent pas la langue ou l'idiome dans lequel l'acte est écrit. — Ferrière, *Parf. not.*, t. 8, no 99; Toullier, t. 8, no 99; Favard, *Rép.*, vo *Langue française*. — V. LANGUE FRANÇAISE. — V. aussi ACTE NOTARIÉ, nos 257 et suiv.

11. — Il doit être fait mention dans l'acte que telle partie ne sachant pas le français a manifesté dans sa langue maternelle son consentement ou ses volontés qui ont été rendues en français par *tel* qui a fait les fonctions d'interprète, serment préalablement prêté ès-mains du notaire, lequel interprète a aussi reporté à la partie la lecture de l'acte dans la langue maternelle de cette partie. — Toullier, t. 8, no 99; Rolland de Villargues, no 16.

12. — Ce n'est pas seulement la différence de langue ou d'idiome qui rend nécessaire l'emploi d'un interprète; on donne aussi des interprètes aux sourds-muets. — V. SOURD-MUET. — V. aussi COUR D'ASSISES, nos 683 et suiv., ENQUÊTE, nos 580 et suiv. INST. CRIM.

13. — Ainsi, quand l'accusé est sourd-muet et ne sait pas écrire, le président de la cour d'assises doit lui nommer d'office un interprète. — C. instr. crim., art. 333. — V. COUR D'ASSISES.

14. — Le mode de nomination des interprètes varie nécessairement suivant les circonstances. Devant la cour d'assises, l'interprète est nommé par le président. — V. COUR D'ASSISES.

15. — S'il s'agit de mesures d'instruction au civil comme au criminel, la nomination se fait par les magistrats chargés des opérations. — V. ENQUÊTE, INSTRUCTION CRIMINELLE. — V. aussi COLONIES, COMPÉTENCE COMMERCIALE, CONSULS.

16. — Lorsqu'il s'agit d'interprète pour un acte à passer, l'interprète doit être élu et accordé par les parties (Pardoux-Duprat, *Pratiq. de l'art des not.*), sinon il doit être nommé par le juge ordinaire du lieu où se fait la convention, au bas d'une requête qui est présentée à cet effet. — Ferrière, *Parf. not.*, t. 1er, chap. 12. — Ainsi, ce n'est qu'autant que les parties ne sont pas d'accord sur le choix de l'interprète qu'elles doivent s'adresser au juge, c'est-à-dire au président du tribunal. — Rolland de Villargues, *Rép. du not.*, vo *Interprète*, no 12.

17. — A l'exception des interprètes à nommer en matière commerciale (V. *infrà* no 25), les magistrats peuvent, en général, choisir pour interprètes toutes les personnes qu'ils jugent dignes de leur confiance.

18. — A cet égard, il est à remarquer qu'il existe près d'un grand nombre de tribunaux des individus investis de leur confiance, et qui prennent le nom d'*interprètes jurés*; c'est parmi eux que les magistrats fixent ordinairement leur choix, ou qu'il convient aux parties de prendre un interprète.

19. — Ces interprètes jurés ou traducteurs assermentés sont, sur la demande présentée au premier président de la cour ou au président du tribunal, reçus pour une ou plusieurs langues, après rapport de l'un des membres de la cour ou du tribunal, et le ministère public entendu; le titre qui leur est ainsi conféré est tout personnel et ne peut être transmis. — Bioche, *Dict. de proc.*, vo *Interprète juré*, nos 5 et 7.

20. — Les interprètes jurés prêtent en audience publique le serment de fidélité au roi des Français, d'obéissance à la charte constitutionnelle, aux lois, ordonnances et réglemens et de remplir leurs fonctions avec zèle et exactitude.

21. — Toutefois, dit M. Rolland de Villargues, no 13 (à la note), la qualification d'*interprète juré* peut être exacte lorsque les interprètes et en général les experts qui ont été agréés par un tribunal, ont été en même temps admis à prêter serment en audience publique. Mais, à Paris même, il n'y a que les experts qui ont été agréés par la cour royale qui soient admis à prêter serment devant elle, en audience publique. Le tribunal de première instance n'y met pas la même solennité; les experts qu'il emploie ne sont désignés que par l'inscription de leurs noms dans l'almanach judiciaire, et ils ne prêtent point le serment général dont nous avons parlé.

22. — Outre le serment général auquel sont soumis les interprètes, il est d'usage de faire prêter serment à l'interprète, avant de le faire procéder à ses opérations, de bien et fidèlement remplir sa mission. — Bioche, nos 6 et 10.

23. — Mais le défaut de serment spécial n'invaliderait point, selon M. Bioche (no 10), l'acte de l'interprète juré; cet auteur invoque à l'appui de cette solution un arrêt de la cour de *Rennes* du 17 août 1812 (Rosset c. Vincent) qui l'a ainsi décidé en matière d'expertise à propos d'un courtier juré.

24. — La loi ne parlant nullement d'interprètes ou d'experts *jurés*, il n'y a aucun privilége pour ceux-ci, et les parties restent libres dans les choix qu'ils veulent faire d'un interprète.

25. — Il en est autrement en matière commerciale; alors l'office d'interprète est fait par des courtiers interprètes. — C. comm., art. 77 et 80. — V. COURTIER-INTERPRÈTE.

26. — Dans les villes maritimes, les fonctions d'interprètes jurés sont remplies par les courtiers. — V. COURTIERS INTERPRÈTES.

27. — Les arbitres qui n'entendraient point la langue des parties, pourraient-ils se faire assister d'un interprète? — V. ARBITRAGE.

28. — Les interprètes, étant de véritables experts, procèdent, d'après les règles tracées pour les expertises, tant en matière civile qu'en matière criminelle. — V. COURS D'ASSISES, EXPERTISE, INSTRUCTION CRIMINELLE.

29. — Quant aux interprètes ou drogmans qui sont attachés aux ambassades, ils n'ont rien de commun avec ceux dont nous nous occupons ici. — V. à leur égard AGENT DIPLOMATIQUE.

INTERROGATOIRE DES ACCUSÉS.

Table alphabétique.

Accusé, 1 s. (arrivée dans la maison de justice, 4. — (translation dans la maison de justice, 3.
Acte d'accusation nouveau, 44.
Arrêt de renvoi (notification), 3, 37.
Avertissement à l'accusé, 31 suiv.
Communication avec les accusés, 46.
Conseil (aptitude), 29. — (choix), 24. — (désignation tardive), 27. — (nomination d'office), 24 s. — (refus de l'accusé), 26.
Cour d'assises, 2.
Défense, 1.
Délai de l'interrogatoire, 6 s. — du pourvoi, 31 s. — (renonciation de l'accusé), 36 s.
Délégation, 4, 10 s., 14, 17 s. — (juge d'instruction), 22. — (membre de la chambre d'accusation), 23. — (membre de la cour d'assises), 21. — (mention), 19 s.
Frais, 40.
Greffier, 40.
Inculpé, 2, 28.
Instruction écrite, 2. — orale, 2.
Interdiction de communiquer, 46.
Interpellation à l'accusé, 24 s.
Nullité, 5, 7, 25 s.
Pièces de conviction, 3. — du procès (arrivée au greffe), 4. — (transmission au greffe), 3.
Pourvoi en cassation, 31 s.
Président des assises, 4. — (pouvoirs), 45 s. — du tribunal, 9 s.
Prévenu, 1 s., 28.
Procès-verbal, 39, 41.
Renvoi à une autre session, 42 s.
Signature, 40.
Tribunal correctionnel, 2. — maritime, 2. — militaire, 2. — de police, 2. — spécial, 2.
Vice-président du tribunal, 13 s.

INTERROGATOIRE DES ACCUSÉS. — 1. — En matière criminelle, l'interrogatoire des prévenus ou accusés fait en quelque sorte partie du droit de libre défense; passé aujourd'hui dans nos mœurs et dans nos lois, aucune condamnation ne peut donc, en principe, intervenir sans que celui qui en est l'objet ait été instruit des actes qu'on lui reproche, ainsi que des charges qui s'élèvent contre lui, et mis à même de les repousser ou de les détruire: aussi le Code d'instruction criminelle contient-il des dispositions expresses relatives à l'observation de cette importante formalité dans les diverses phases de l'instruction criminelle et devant toutes les juridictions. — V. notamment les art. 93, 181, 190, 210, 310, 319, 497, 507, etc., etc.

2. — Outre les interrogatoires que doit subir le prévenu dans le cours de l'instruction dirigée contre lui, ou devant le tribunal chargé de le juger, il en est un tout spécial, prescrit par une disposition expresse de la loi pour le moment où, après son renvoi devant la cour d'assises, il a été transféré dans la maison de justice du lieu où il doit être jugé: c'est de cet interrogatoire seulement que nous nous occuperons ici; quant à ceux que tout inculpé, prévenu ou accusé doit en général subir soit devant le juge d'instruction ou tout autre magistrat chargé de la procédure écrite, soit devant le tribunal de police, le tribunal correctionnel, la cour d'assises ou autres juridictions, V. COUR D'ASSISES, FLAGRANT DÉLIT, INSTRUCTION CRIMINELLE, TRIBUNAL CORRECTIONNEL, TRIBUNAUX MARITIMES, TRIBUNAUX MILITAIRES, TRIBUNAL DE POLICE, TRIBUNAUX SPÉCIAUX.

3. — Nous avons vu au mot CHAMBRE DES MISES EN ACCUSATION (nos 392 et suiv.) que quand le renvoi de l'accusé aux assises a été prononcé par la chambre des mises en accusation, les pièces du procès et celles servant à conviction doivent être transmises au greffe du tribunal de première instance du chef-lieu du département, ou de tout autre tribunal qui pourrait avoir été désigné, dans les vingt-quatre heures (C. inst. crim., art. 291) du jour de la signification faite à l'accusé de l'arrêt de renvoi, et que l'accusé doit, s'il est détenu, être transféré, dans le même délai, dans la maison de justice du lieu où doivent se tenir les assises. — *Ibid.*, 292.

4. — « Vingt-quatre heures, *au plus tard*, après la remise des pièces au greffe et l'arrivée de l'accusé dans la maison de justice, porte l'art. 293 du même code, celui-ci sera interrogé par le président de la cour d'assises ou par le juge qu'il aura délégué. »

5. — L'interrogatoire prescrit par l'art. 293, C. inst. crim., constitue une formalité substantielle dont l'omission entraîne la nullité de tous les actes qui ont suivi. — *Cass.*, 11 sept. 1845 (t. 1er 1846, p. 553), Topet, dit Etchahon; 13 mars 1845 (t. 2 1845, p. 526), Duchêne; 2 mai 1845 (t. 2 1845, p. 528), Folly; 12 juill. 1844 (t. 2 1844, p. 103), Truchard; 26 juill. 1844 (t. 2 1844, p. 593), Comont; 20 nov. 1846 (t. 1er 1847, p. 519), Cotinat.

6. — Le délai ne court, aux termes de l'art. 293, que du moment de l'arrivée tout à la fois des pièces au greffe et de l'accusé dans la maison de justice; d'où il suit que si les pièces n'étaient pas parvenues au greffe lors de l'arrivée de l'accusé, le délai ne courrait que du moment où elles parviendraient. — Carnot, *inst. crim.*, art. 293, no 1er.

7. — Le délai de vingt-quatre heures indiqué par cet article pour l'interrogatoire de l'accusé n'est pas prescrit à peine de nullité. — *Cass.*, 17 déc. 1836 (t. 1er 1838, p. 49), Jean Louis; 21 sept. 1837 (t. 1er 1838, p. 379), Keis; 24 sept. 1829, Godel; 10 oct. 1839 (t. 1er 1840, p. 14), Peytel; 30 avr. 1841 (t. 3 1844, supplém., à sa date), Ducasse; — Bourguignon, *Man. d'inst. crim.*, t. 1er, p. 332, note *a*. — Toutefois, les magistrats seraient bien répréhensibles, ainsi que le fait remarquer avec raison Legraverend (t. 2, p. 147), si, par leur négligence, ils paralysaient l'effet de la sollicitude que montre la loi à l'égard des accusés.

8. — En tous cas, l'interrogatoire subi par l'accusé plus de vingt-quatre heures après son arrivée dans la maison de justice ne saurait devenir une cause de nullité, alors que dix jours s'étant écoulés entre cet interrogatoire et la comparution de l'accusé devant la cour d'assises, celui-ci a eu tout le temps nécessaire pour préparer avec son avocat sa défense, pour le succès de laquelle il avait même fait assigner des témoins à décharge. — *Cass.*, 30 avr. 1841 (t. 3 1844, supplém., à sa date), Ducasse.

9. — Mais quand vingt-quatre heures après l'arrivée d'un accusé dans la maison de justice, le président des assises n'est pas sur les lieux, l'accusé doit être interrogé par le président du tribunal de première instance. — Décr. 6 juill. 1810, art. 91; — *Cass.*, 9 sept. 1837 (t. 2 1837, p. 363), F. V...

10. — Il a été jugé que, dans ce cas, le président du tribunal du chef-lieu est présumé, de droit, avoir été délégué par le président de la cour d'assises. — *Cass.*, 13 sept. 1827, Germain Rivière; 21 déc. 1832, Armand et Delaval.

11. — Mais, en présence de la disposition de l'art. 91, décr. 8 juill. 1810, il nous paraît plutôt que le président du tribunal qui interroge le prévenu en l'absence du président de la cour d'assises, agit en vertu d'un droit que lui confère cet art. 91, et qu'il n'est pas besoin, dans cette circonstance, d'une délégation expresse ou tacite.

12. — Cependant, si une délégation avait été faite à cet effet par le président des assises au président du tribunal, ce serait un motif de plus pour que l'interrogatoire eût été fait régulièrement. — *Bruxelles*, 31 oct. 1831, Delret et Vanvoorde.

13. — Le président du tribunal peut en cas d'absence être lui-même remplacé par le vice-président. — *Cass.*, 21 déc. 1827, Dupré; 24 sept. 1829, Godel.

14. — Il n'est pas nécessaire que le vice-président du tribunal ait reçu à cet effet une délégation du président des assises. — *Bruxelles*, 11 nov. 1819, Gilbert.

15. — En effet, le vice-président d'un tribunal de première instance est le représentant légal du président ; il peut donc, en cas d'empêchement, le remplacer, même pour cet interrogatoire. — *Cass.*, 8 janv. 1846 (t. 2 1846, p. 120), Boullet.

16. — Il a même été jugé qu'il ne résulte aucune nullité de ce qu'en l'absence du président des assises dans lesquelles l'accusé doit être jugé, il aurait été interrogé dans les vingt-quatre heures de son arrivée par le président des assises du trimestre précédent qui n'était pas encore expiré. — *Cass.*, 5 fév. 1819, Arnaud ; — Carnot, *C. inst. crim.*, art. 293, nº 4.

17. — Le président de la cour d'assises peut, ainsi que nous l'avons vu, désigner un juge pour procéder à l'interrogatoire. — *Bruxelles*, 31 oct. 1831, Delaet et Vanvoorde. — Dans ce cas, le président de la cour d'assises est légalement présent, et l'accusé ne pourrait, ce nous semble, être valablement interrogé, malgré la délégation, par le président du tribunal en vertu de l'art. 91, décr. 6 juill. 1810.

18. — Le président du tribunal a, comme le président d'assises absent ou empêché, qualité pour déléguer un juge du tribunal de première instance à l'effet de procéder à l'interrogatoire. — Décr. 6 juill. 1810, art. 91 ; — *Cass.*, 16 oct. 1828, Ledurier.

19. — L'accusé ne peut se faire un moyen de nullité de ce qu'il ne serait point prouvé que le juge qui l'a interrogé fût muni d'une délégation du président de la cour d'assises. — D'ailleurs la mention que ce juge agissait en vertu de la délégation du président établit suffisamment cette délégation. — *Cass.*, 26 juin 1817, Cardinaux.

20. — Et même en l'absence de toute mention semblable, le magistrat qui interroge l'accusé est légalement présumé avoir reçu une délégation du président des assises lorsque aucune preuve et même aucun indice du contraire n'est rapporté. — *Cass.*, 21 déc. 1832, Armand et Delaval ; 16 mars 1837 (t. 2 1840, p. 110), Anthier.

21. — La loi n'exige pas à peine de nullité que le magistrat délégué fasse partie de la cour d'assises. — *Cass.*, 21 déc. 1832, Armand et Delaval ; même jour, Bouffont.

22. — Le magistrat qui a fait l'instruction peut même, sur la délégation du président de la cour d'assises et malgré la disposition de l'art. 257, C. inst. crim., procéder audit interrogatoire sans qu'il en résulte une nullité. — *Cass.*, 5 juill. 1832, Fourcade ; 17 sept. 1835, Laidet.

23. — Il en est de même d'un conseiller qui aurait concouru à l'arrêt de mise en accusation. — *Cass.*, 5 fév. 1819, Arnaud. — V. cependant *Bruxelles*, 17 nov. 1818, N.....

24. — Lors de l'interrogatoire, l'accusé doit être interpellé de déclarer le choix qu'il a fait d'un conseil pour l'aider dans sa défense, sinon le juge lui en désigne un sur-le-champ, à peine de nullité de tout ce qui suit. — Cette désignation est comme non avenue et la nullité n'est pas prononcée si l'accusé choisit un conseil. — C. inst. crim., art. 294.

25. — L'art. 321, C. 3 brum. an IV, contenait une disposition semblable. — Aussi jugeait-on, sous l'empire de ce Code, que l'omission faite par le président de nommer un conseil à l'accusé, lors de son interrogatoire, était une cause de nullité. — *Cass.*, 14 prair. an VII, Constant Dieu ; 18 flor. an VII, Nathier ; 16 prair. an VII, Jean Maurice et Marin Pichon ; 3 pluv. an VIII, Marchand et Fosse ; 21 vendém. an VIII, Antoumari.

26. — Et cette nullité existait encore bien que l'accusé eût déclaré ne pas vouloir d'avocat et n'en avoir pas besoin. — *Cass.*, 27 vendém. an VIII, Coppens et Jean Evraert.

27. — L'omission de cette formalité n'était pas couverte par la désignation ultérieure d'un conseil d'office. — *Cass.*, 21 vendém. an VIII, Antoumari.

28. — Les art. 294 et 307, C. inst. crim., qui prescrivent la nomination d'un défenseur d'office, ne sont applicables qu'aux accusés de crimes, et ne peuvent pas être étendus aux prévenus de délits ou de contraventions. — *Cass.*, 27 fév. 1832, Raspail.

29. — Le conseil de l'accusé ne peut, aux termes de l'art. 295, C. inst. crim., être choisi par lui ou désigné par le juge que parmi les avocats ou avoués de la cour royale ou de son ressort, à moins que l'accusé n'obtienne du président de la cour d'assises la permission de prendre pour conseil un de ses parens ou amis.

30. — Quant aux difficultés qui se sont élevées sur lesdits art. 294 et 295, et à l'examen détaillé de leurs dispositions, V. DÉFENSE-DÉFENSEUR, nᵒˢ 174 et suiv. ; 191 et suiv. ; 200 et suiv.

31. — Le président ou le juge qui le remplace doit, de plus, avertir l'accusé que, dans le cas où il se croirait fondé à former une demande en nullité, il doit faire sa déclaration dans les cinq jours suivans, et qu'après l'expiration de ce délai il n'y est plus recevable. — C. inst. crim., art. 296.

32. — Si l'accusé n'a point été averti conformément à l'art. 296, la nullité n'est pas couverte par son silence : ses droits sont conservés, sauf à les faire valoir après l'arrêt définitif. — C. inst. crim., art. 297.

33. — L'accusé qui a reçu l'avertissement prescrit par l'art. 296, C. inst. crim., et qui n'a fait aucun pourvoi contre l'arrêt de renvoi à la cour d'assises, est non-recevable à se pourvoir contre cet arrêt après sa condamnation, et à proposer pour moyen de cassation la violation de la chose jugée par une ordonnance de la chambre du conseil, qui avait précédemment déclaré qu'il n'y avait lieu à suivre. — *Cass.*, 17 juill. 1812, Barrie.

34. — Le délai de cinq jours accordé à l'accusé, à compter du jour de son interrogatoire, par le président des assises, pour se pourvoir contre l'arrêt de renvoi, ne court que du jour de la notification de cet arrêt, si elle n'a été faite qu'après l'interrogatoire. — *Cass.*, 7 janv. 1836, Tournery. — Jugé, en effet, qu'il n'est pas nécessaire à peine de nullité que l'interrogatoire de l'accusé à son arrivée à la maison de justice soit précédé de la notification de l'arrêt de renvoi et de l'acte d'accusation, alors qu'il a été averti par le président que, dans le cas où il se croirait fondé à former une demande en nullité contre l'arrêt de renvoi, il devrait former sa demande dans le délai de cinq jours à compter de celui où la notification de l'arrêt de renvoi et de l'acte d'accusation lui serait faite. — *Cass.*, 2 avr. 1846 (t. 1er 1847, p. 561), Boyaud.

35. — De ce que cinq jours sont accordés à l'accusé à compter de son interrogatoire pour se pourvoir contre l'arrêt de renvoi, il résulte qu'il ne doit pas comparaître devant la cour d'assises avant l'expiration de ce délai.

36. — Cependant l'accusé qui, sur l'interpellation du président, a déclaré consentir à être jugé dans la session, est présumé avoir consenti à être jugé avant l'expiration des cinq jours qui lui étaient accordés pour se pouvoir en cassation contre l'arrêt de renvoi. — *Cass.*, 8 avr. 1830, Hastenritter ; 16 avr. 1831, Medal ; 4 oct. 1832, Ponyet. — Jugé même que ce délai de cinq jours ne peut être abrégé que du consentement formel de l'accusé donné en connaissance de cause. — *Cass.*, 10 déc. 1846 (t. 1er 1847, p. 599), Vadrot.

37. — Mais l'accusé ne peut valablement renoncer à ce délai et consentir à être jugé de suite qu'autant qu'il connaît déjà, par une notification préalable, l'arrêt de renvoi qu'il renonce à attaquer. — *Cass.*, 7 janv. 1836, Tournery.

38. — V. au surplus pour l'interprétation complète des art. 296 et 297, CHAMBRE DES MISES EN ACCUSATION, nᵒˢ 416 et suiv., 473 et suiv.

39. — L'exécution des formalités prescrites par les art. 294 (interpellation à l'accusé de déclarer le choix qu'il a fait d'un conseil ou nomination d'office d'un conseil), 295 (permission à l'accusé de prendre pour conseil un de ses parens ou amis) ; et 296 (avertissement à l'accusé qu'il peut former une demande en nullité contre l'arrêt de renvoi dans le délai de cinq jours), C. inst. crim., est constatée par un procès-verbal que doivent signer l'accusé, le juge et le greffier : si l'accusé ne sait ou ne veut pas signer, le procès-verbal en fait mention. — C. inst. crim., art. 296, § 2. — V. CHAMBRE DES MISES EN ACCUSATION, nᵒˢ 475 et suiv.

40. — Le défaut de signature du greffier entraîne la nullité de l'interrogatoire ; et, dans ce cas, le greffier doit être condamné aux frais de la procédure à recommencer. — *Cass.*, 20 nov. 1846 (t. 1er 1847, p. 519), Colinat.

41. — Jugé que les §§ 3 et 4 de l'art. 372, C. inst. crim., qui prohibent, à peine de nullité, les procès-verbaux imprimés à l'avance, ne s'appliquent qu'aux procès-verbaux des débats devant la cour d'assises, et nullement aux procès-verbaux de l'interrogatoire des accusés. — *Cass.*, 30 avril 1841 (à sa date au t. 3 1844, supplém.), Ducasse.

42. — Lorsqu'un accusé a été interrogé et qu'un conseil lui a été désigné par le président des assises, il n'y a pas lieu à un nouvel interrogatoire et à une nouvelle nomination de conseil dans le cas où l'affaire a été renvoyée à une autre session. — *Cass.*, 6 nov. 1840 (t. 1er 1841, p. 604), Rouyer ; 16 mars 1837 (t. 2 1840, p. 110), Anthier ; 15 avr. 1837 (t. 1er 1838, p. 309), Saladini ; 28 avr. 1838 (t. 2 1842, p. 706), Cochard Denieuses.

43. — ... Et cela quand bien même il y aurait eu, dans l'intervalle, un supplément d'instruction, s'il a été délivré à l'accusé copie des déclarations des nouveaux témoins. — *Cass.*, 15 avr. 1837 (t. 1er 1838, p. 309), Saladini.

44. — Lorsque l'avertissement, prescrit par l'art. 296, C. inst. crim., a été donné à l'accusé, après la signification de l'arrêt de renvoi et de l'acte d'accusation dressé en conséquence, la signification d'un nouvel acte d'accusation, rédigé par suite d'un arrêt de la cour de Cassation, n'oblige pas le président de la nouvelle cour d'assises à lui renouveler cet avertissement. — *Cass.*, 20 mars 1835, Bouron. — L'avertissement, dans ce cas, est inutile, puisque le premier a produit tout son effet, et que l'accusé n'est plus recevable à exercer le recours qui fait l'objet de l'art. 296, C. inst. crim. ; mais, si l'arrêt de mise en accusation avait été cassé, un nouveau recours étant ouvert à l'accusé contre le nouvel arrêt de renvoi, le président de la cour d'assises n'aurait pas pu se dispenser de lui réitérer l'avertissement prescrit par l'article précité. C'est par une fausse interprétation que certains recueils ont présenté cet arrêt comme ayant jugé le contraire. La cour de Cassation n'était pas saisie de cette dernière question. Elle n'avait, en effet, annulé, par son arrêt du 29 nov. 1834, que l'arrêt de condamnation, les débats et la déclaration du jury. Quant à l'arrêt de mise en accusation qu'on a confondu avec l'arrêt de renvoi prononcé par la cour de Cassation, il continuait de subsister ; et, si le procureur-général près la nouvelle cour d'assises a cru devoir dresser un nouvel acte d'accusation, ce ne peut être que par des raisons étrangères à la question, puisque le premier n'avait pas été annulé.

45. — Le président de la cour d'assises peut, dans l'intervalle qui sépare l'interrogatoire des accusés de leur comparution devant la cour d'assises, ordonner toutes les mesures qui seraient nécessaires, soit dans l'intérêt de la société, soit dans celui des accusés.

46. — Ainsi, il peut, après avoir interrogé les accusés, ordonner qu'ils seront séparés, dans la maison de justice, de manière à ne pouvoir communiquer entre eux. — *Cass.*, 11 mars 1841 (t. 1er 1842, p. 527), Rey. — V. au surplus DÉFENSE, DÉFENSEUR, nᵒˢ 271 et suiv.

INTERROGATOIRE SUR FAITS ET ARTICLES.

Table alphabétique.

Acte écrit, 8. — public, 13, 22.
Additions, 168.
Administration, 61, 164, 166, 179.
Affirmation, 168 s.
Appel, 66 s., 79 s., 106 s.
Assignation, 93 s.
Association, 12.
Aveux, 177 s.
Avoué, 153, 167.
Bail, 10.
Bureau de paix, 83.
Chose jugée, 25, 115 s.
Commencement de preuve par écrit, 181.
Commission rogatoire, 120 s.
Communauté conjugale, 45 s.
Comparution, 32. — des parties, 2. — personnelle, 132 s., 151. — tardive, 145.
Compromis, 11.
Contestation, 93 s., 141 s.
Défaut de comparaître, 137 s.
Délai, 75, 126 s., 145 s.
Dignitaire, 133.
Dol, 11, 16.
Donation, 22.
Ecriture, 171, 174.
Effets, 176 s.
Empêchement, 132 s.
Etat de cause, 65 s.
Etranger, 134.
Excès de pouvoir, 105.
Faits avérés, 137 s. — concluans, 23 s. — délictueux, 17 s. — non déniés, 68. — nouveaux, 90. — personnels, 35 — pertinens, 19 s.
Femme mariée, 42 s.
Fidéicommis, 8.
Forclusion, 146 s., 149.
Frais, 145, 175.
Greffier, 170.
Huissier commis, 126, 130.
Indication de jour, 123 s., 135. — du local, 125.
Inscription hypothécaire, 21.
Instance, 93 s. — engagée, 83. — en état, 72 s., 77. — terminée, 78.
Instruction, 69 s. — par écrit, 6, 174, 183.
Interrogatoires (forme), 117 s. — d'office, 88 s., 157 s. — simultanés, 154 s. — successifs, 84, 161.
Juge-commissaire, 117 s., 135 s., 162, 170
Jugement, 90 s., 93 s., 98 s., 115 s. — (rétractation), 114.
Justice de paix, 85.
Lecture à la partie, 168.
Légataire, 36.
Mandataire, 60, 97, 178.
Mari, 53 s.
Matière sommaire, 92.
Mineur, 55 s. — émancipé, 56.
Notes et mémoires, 159. — signifiés, 160
Nullité couverte, 41, 89, 113.
Opposition, 101 s., 119, 173.
Ordonnance, 119, 123 s.
Oubli, 140.
Partage d'opinions, 74.
Parties en cause, 37 s.
Péremption du jugement, 148.
Personnes collectives, 61.
Pertinence des faits, 19 s., 29 s., 94 s., 141 s.
Plaidoiries terminées, 70.
Pouvoir du juge, 24, 29 s., 76.
Préfet, 62.
Prescription, 27 s.
Président, 117 s.
Présomption, 181.
Preuve, 8 s., 180. — testimoniale, 7, 182.
Procès-verbal, 162 s., 170.
Prorogation, 135 s., 150.

Question d'état, 14 s.
Rapport, 98.
Recherche de maternité, 15.
Refus de répondre, 137 s.
Renvoi à l'audience, 95 s.
Réponses, 151. — équivoques, 139. — injurieuses, 155, 162.
Requête, 87 s.
Retard, 69 s.
Séparation de corps, 14.
Serment, 80, 152, 169, 182.
Signature, 168, 170.
Signification, 93 s., 126, 129, 131, 171 s.
Société, 63 s., 165 s.
Sursis, 71, 75.
Tiers, 39 s.
Transaction, 9.
Transport du juge, 132 s.
Tribunal de commerce, 85 s.
Tuteur, 57 s., 179.
Union de créanciers, 65, 165 s.
Usure, 16.

INTERROGATOIRE SUR FAITS ET ARTICLES. — 1. — L'interrogatoire sur faits et articles (autrefois nommé aussi *Audition catégorique*, Rodier, tit. 10, art. 1er; Boncenne (*Procéd. civ.*, t. 4, p. 512 et suiv.), est un acte judiciaire fait à la requête de l'une des parties, à l'effet d'établir, au moyen des réponses de l'autre à des questions qui lui sont adressées, la vérité des faits articulés par la première.

2. — Cette voie d'instruction se distingue de la comparution personnelle des parties autorisée par l'art. 119, C. proc. civ. (V. COMPARUTION DES PARTIES), sous divers rapports et notamment en ce qui concerne la manière dont elle est ordonnée et mise à exécution. — Ce sont, comme le dit dans ses motifs un arrêt de la cour de Cassation du 3 janv. 1832 (Delpech), deux moyens d'instruction différens et qui ont chacun leurs règles particulières.

3. — Divers auteurs pensent que l'interrogatoire sur faits et articles n'offre en général qu'une faible ressource contre la mauvaise foi, et qu'il ne devrait dès-lors être ordonné, qu'en cas d'éloignement ou de maladie des plaideurs, la comparution personnelle et contradictoire des parties étant un mode d'instruction bien préférable. — Carré et Chauveau, t. 3, p. 145; Boncenne, t. 4, p. 523; Bioche et Goujet, vº *Interrogatoire sur faits et articles*, nº 11; Boitard, t. 1er, p. 317 et suiv. — « Les formalités qui doivent précéder l'interrogatoire, dit Toullier (t. 10, nºs 276 et suiv.), le lieu et la manière dont il est fait, suivant nos lois, ont entièrement étouffé les lumières qu'on en pouvait naturellement attendre. »

4. — Au reste, ce mode d'instruction a été rejeté dans la procédure genevoise, comme étant absolument opposé au but que le législateur en attend, et qui est d'atteindre la vérité. On y a substitué la comparution personnelle, telle qu'elle est autorisée par l'art. 119, C. procéd., mais avec faculté à la partie d'adresser des questions à son adversaire — Chauveau sur Carré, *loc. cit.*, note; Boncenne, *loc. cit.*

§ 1er. — *Dans quels cas l'interrogatoire sur faits et articles peut etre ordonné* (nº 5).

§ 2. — *Des personnes qui peuvent ou contre lesquelles on peut demander l'interrogatoire sur faits et articles* (nº 37).

§ 3. — *A quelle époque et devant quel tribunal l'interrogatoire peut être demandé et ordonné* (nº 65).

§ 4. — *Procédure pour arriver à l'interrogatoire. — Jugement. — Recours* (nº 87).

§ 5. — *Formes de l'interrogatoire* (nº 117).

§ 6. — *Des effets de l'interrogatoire* (nº 176)

—

§ 1er. — *Dans quels cas l'interrogatoire sur faits et articles peut être ordonné.*

5. — Aux termes de l'art. 324, C. procéd., les parties peuvent, *en toutes matières*, demander de se faire interroger respectivement *sur faits et articles pertinens*, concernant seulement la matière dont est question, sans retard de l'instruction ni du jugement.

6. — *En toutes matières.* — Ainsi, l'interrogatoire peut être ordonné dans les affaires ordinaires ou sommaires, dans les procès qui s'instruisent par écrit, comme dans les affaires d'audience; seulement l'art. 335, C. proc., qui défend que l'interrogatoire soit un sujet d'écritures, cesse alors d'être applicable. — Carré et Chauveau, quest. 1226; Favard de Langlade, vº *Interrogatoire sur faits et articles*; Bioche et Goujet, *Dict. proc.*, *eod. verb.*, nº 5; Demiau, p. 243; Pigeau, *Comm.*, t. 1er, p. 581; Thomine-Desmazures, t. 1er, p. 529.

7. — Peu importe, aussi, qu'il s'agisse ou non d'une matière dans laquelle la preuve testimoniale soit prohibée, puisqu'il s'agit d'obtenir, non le témoignage des tiers, mais celui des parties intéressées. — Mêmes auteurs.

8. — De la généralité des mots : *en toute matière*, il résulte encore que l'interrogatoire peut être ordonné, même alors qu'il s'agit de conventions pour lesquelles la loi exige la formalité de l'écriture. — Ainsi, on a jugé qu'il pouvait l'être pour établir l'existence d'un fidéi-commis tacite. — *Cass.*, 18 mars 1818, Cognac.

9. — .... Pour arriver à la preuve d'une transaction verbale, bien que la transaction ne puisse être rédigée que par écrit. — *Bruxelles*, 1er déc. 1810, Querlemont. — V. au reste TRANSACTION.

10. — .... Pour prouver un congé ou un bail verbal. — Duvergier, *du Louage*, nº 490; Carré, quest. 1226. — *Contrà Rennes*, 6 août 1813, Gouin c. Bazerques; — Troplong, *Louage*, nº 111. — V. au reste vº BAIL, nºs 222 et suiv.

11. — L'interrogatoire peut également être ordonné pour détruire un compromis surpris par dol. — *Turin*, 4 août 1806, Broglia c. Flandin; — Bioche, *Dict. proc.*, *loc. cit.*

12. — Lorsqu'une convention, telle qu'une association pour l'acquisition d'un terrain, a été faite verbalement, et qu'une des parties en nie l'existence, les juges peuvent ordonner l'interrogatoire sur faits et articles de cette partie. — *Lyon*, 16 juil. 1827, Ricard c. Fine; — Pigeau, *Proc.*, t. 1er, p. 249; Favard, *Rép.*, t. 3, p. 118, et Carré, *Lois de la proc.*, quest. 1226.

13. — L'interrogatoire pourrait, d'après les auteurs (Demiau, p. 235; Berriat, p. 312; Pigeau, t. 1er; Favard, *loc. cit.*; Thomine, t. 1er, p. 529; Carré et Chauveau, quest. 1226), être ordonné, même contre la partie qui produirait un acte public; mais, seulement, suivant Pigeau, Chauveau et Favard, sur des faits qui ne seraient pas de nature à inculper la véracité des attestations de l'officier public, *dans les limites de ses attributions* : ainsi, par exemple, suivant eux, s'il ne s'agissait que d'établir que la numération n'a été que fictive, l'interrogatoire pourrait être ordonné; mais, si l'on prétendait que la numération n'a réellement pas eu lieu, quoique l'acte atteste le contraire, cette attestation ne pourrait tomber que par l'inscription de faux.

14. — On s'est demandé si l'interrogatoire peut être ordonné dans une matière intéressant l'ordre public : telle qu'une séparation de corps. — Pigeau (t. 1er, p. 581), soutient l'affirmative, avec cette réserve que, si l'aveu résultant de l'interrogatoire est isolé, il ne peut constituer preuve complète contre l'interrogé. — Au contraire MM. Thomine (t. 1er, p. 530), et Chauveau (quest. 1226), n'admettent pas l'interrogatoire en pareilles matières. — La difficulté s'est présentée en ce qui touche la séparation de corps, le 18 fév. 1827, devant la cour de Paris; mais elle n'a pas été résolue *in terminis*. — V. *Gazette des Tribunaux*, 18 fév. 1827.

15. — Il résulte d'un arrêt de Rennes qu'on peut demander l'interrogatoire, sur faits et articles, dans une instance en recherche de maternité, et que même les questions sur lesquelles on sollicite l'interrogatoire de la mère présumée, peuvent contenir la désignation de celui à qui on attribue la paternité. — *Rennes*, 25 janv. 1810, N. c. N.

16. — L'interrogatoire peut être ordonné sur des faits tendant à découvrir le dol de la partie interrogée, par exemple, sur des faits tendant à l'inculper d'usure; c'est ce qui résulte de la généralité des termes de l'art. 324. — *Liége*, 15 avril 1811, Ersut. — Une décision contraire résulte, il est vrai, d'un arrêt du parlement de Normandie, du 12 mars 1778 (V. Rodier, Bornier, Serpillon, sur l'art. 1er, tit. 10 de l'ordonn; de 1667. — V. aussi Merlin, vº *Compellation*, nº 4); mais c'est que le serment qu'on exigeait alors de la partie interrogée la mettait dans l'alternative de violer la vérité, ou de découvrir sa turpitude. Or, aujourd'hui, le serment n'est plus exigé en matière d'interrogatoire.

17. — Par le même motif, les auteurs pensent généralement que l'interrogatoire pourrait porter même sur des faits attentatoires à la réputation de la partie interrogée. — Favard de Langlade, *loc. cit.*, nº 4; Carré, quest. 1235; Merlin, *Rép.*, vº *Interrogatoire sur faits et articles*; Thomine, t. 1er, p. 529; Boncenne, t. 4, p. 534. — V. cependant Chauveau sur Carré, quest. 1225.

18. — Mais il a été jugé qu'on ne peut faire interroger une partie sur des faits tendant à obtenir l'aveu de ses propres crimes ou délits, ou des crimes et délits de ses père et mère. — *Bruxelles*, 17 fév. 1819, Leplat.

19. — Les faits doivent être *pertinens*, sinon la demande à fin d'interrogatoire sur faits et articles, ne doit pas être accueillie; c'est ce qui avait déjà été jugé sous l'ord. de 1667. — *Cass.*, 22 juill. 1807, Grumsel d'Emal c. Goer, — V. aussi *Rennes*, 28 janv. 1810, N. c. N.

20. — On entend par faits et articles pertinens ceux qui ont un rapport direct à l'affaire dont il est question. — *Rennes*, 25 juin 1813, Arot c. Marin; *Turin*, 27 janv. 1808, N.. ; — Carré, quest. 1225; Favard, t. 3, *loc. cit.*; Thomine, t. 1er, p. 529.

21. — Jugé que, lorsque pour établir l'existence d'une dette contestée, un créancier déclare avoir pris des inscriptions hypothécaires sur les biens de son débiteur et demande à faire interroger celui-ci sur ce fait, sa demande peut être rejetée comme portant sur une circonstance ne prouvant pas pertinemment la dette alléguée. — *Turin*, 7 fév. 1807, Gallo.

22. — Jugé encore que l'authenticité d'un acte ne pouvant être établie que par l'acte lui-même, il en résulte que, lorsque la nullité d'un contrat de mariage contenant donation par un tiers au profit du futur époux est provoquée par le donateur pour vice de forme, par exemple, pour défaut de signature du notaire, et de mention de signature de l'un des témoins, le donataire n'est pas recevable à demander à faire interroger préalablement le donateur sur des faits tendant à prouver qu'il a volontairement exécuté la donation. — *Rouen*, 10 juill. 1824, Gosse c. Morel.

23. — Il faut, de plus, que les faits soient *concluans*, c'est-à-dire qu'ils soient tels que, si la partie les avoue ou refuse de répondre après avoir comparu, son aveu ou son silence puisse faire preuve contre elle. — Chauveau et Carré, quest. 1225; Pigeau, *Comment.*, t. 1er, p. 583.

24. — M. Thomine (t. 1er, p. 529) soutient le négative, en se fondant sur ce que la loi n'ayant pas permis de discussion contradictoire sur le mérite de ces faits, le tribunal ne doit ni ne peut même en apprécier la portée. — Mais M. Chauveau (*loc. cit.*) réfute cette opinion : « Quoi de plus facile, en effet, dit-il, que de juger si l'aveu ou la dénégation d'un fait de la part de l'intervenant forme ou non preuve contre lui ?... Les juges peuvent et doivent refuser un interrogatoire qui ne servirait qu'à retarder inutilement le jugement du procès. Que sur certains faits, moins directs, moins précis, le tribunal puisse avoir plus de doute, et que dans le doute il se décide pour l'interrogatoire, nous le concevons; mais ce n'est pas là admettre des faits qui ne sont pas concluans, c'est supposer qu'ils peuvent l'être... »

25. — Ainsi, il y a lieu de rejeter la demande à fin d'interrogatoire, lorsque les faits sur lesquels doit porter cet interrogatoire ont acquis l'autorité de la chose jugée. — *Paris*, 5 mai 1825, Mariette c. Delamarre.

26. — Jugé aussi que l'interrogatoire sur faits et articles ne peut être ordonné contre une partie qui, par ses exceptions, a renoncé aux qualités, sous le prétexte desquelles cet interrogatoire était provoqué. — *Paris*, 28 mai 1808, Robillard c. Destillac.

27. — L'interrogatoire ne peut être ordonné pour prouver qu'une créance n'a pas été payée, lorsque la prescription est opposée et non déniée. La présomption résultant de la prescription ne peut être détruite que par le serment, dans le cas où la loi réserve cette preuve contraire. — *Lyon*, 18 janv. 1836, Dubuisson c. Gerry; — Troplong, *Prescription*, nº 995; Bioche, nº 7. — V. PRESCRIPTION.

28. — Mais l'interrogatoire serait admissible, s'il ne s'agissait que de prouver un fait interruptif de prescription ou une renonciation à une prescription acquise, par exemple, la continuation du service des arrérages de la rente avant et après le temps marqué pour la prescription. — *Paris*, 18 mars 1812, Callet c. Dailly; — Carré, art. 324; Berriat, p. 312; Bioche, nº 7.

29. — Il est, au reste, constant en jurisprudence qu'en matière d'interrogatoire sur faits et articles, les tribunaux sont juges souverains de la pertinence des faits, et que leur décision échappe, à cet égard, à la censure de la cour de Cassation. — *Cass.*, 2 mai 1820, Michel c. Hainguerlot; 22 juill. 1807, Grumsel c. Goer; 30 avr. 1807, Douhault c. de Champignelles; 11 janv. 1815, Grellet c. Dupic; 12 déc. 1827, Michaud c. Desvignes; 5 déc. 1832, Savoye c. Detours; — Favard de Langlade, vº *Citation*, nº 1er; Berriat, p. 312.

30. — ... Et que, dès-lors, les juges ne sont pas forcés d'ordonner l'interrogatoire sur faits et articles toutes les fois qu'il leur est demandé. — *Cass.*, 11 janv. 1815, Grellet Fressinet c. Dupic.

31. — Mais une demande en interrogatoire sur faits et articles ne peut être rejetée qu'autant que les faits articulés dans la requête sont reconnus ne pas être *pertinens*. — *Nîmes*, 4 mai 1829, de Lilleroi c. Ducru.

32. — Elle ne pourrait donc pas l'être sous le seul prétexte qu'une comparution personnelle des parties serait préférable. — Même arrêt.

33. — Jugé aussi que les tribunaux ne peuvent

pas rejeter une requête tendant à interrogatoire sur faits et articles, sans déclarer que les questions y énoncées sont non pertinentes ou inadmissibles, et qu'ils ne peuvent modifier ou réduire ces questions à une seule, rentrant dans le fait principal à prouver, sans motiver sur la non-pertinence ou l'inadmissibilité le rejet qu'ils font de l'ensemble de la requête. — *Nîmes*, 18 oct. 1827, Devèze-Biron c. Baumes.

34. — Nous verrons, au surplus (*infrà* nos 87 et suiv.), dans quelle forme doit être rendu le jugement qui ordonne l'interrogatoire, et si les parties intéressées ont, contre ce jugement, quelque voie de recours ouverte qui leur permette de discuter la pertinence des faits.

35. — Indépendamment de ce qu'ils doivent être pertinens, concluans et concernant la matière dont est question, les faits au sujet desquels l'interrogatoire est demandé doivent aussi être personnels à la partie qui doit y répondre. — Pigeau, t. 1er, p. 583; Chauveau sur Carré, quest. 1225, note. — V. au reste le paragraphe qui suit.

36. — Celui qui a pris la qualité de légataire en vertu d'un testament olographe, ne peut exciper de la non vérification de la signature de ce testament, pour refuser de subir interrogatoire en sa qualité de légataire, sur le point de savoir s'il n'existe pas un fidéicommis tacite. — *Cass.*, 18 mars 1818, Cognat c. Teulat.

§ 2. — Personnes qui peuvent ou contre lesquelles on peut demander l'interrogatoire sur faits et articles.

37. — Le droit de demander l'interrogatoire sur faits et articles appartient à tous ceux qui sont parties au procès, soit comme demandeurs, soit comme défendeurs principaux ou en garantie. — De même, toutes ces personnes peuvent être obligées de subir l'interrogatoire. — Favard de Langlade, *loc. cit.*, no 4; Thomine, p. 528; Boncenne, t. 4, p. 523; Carré et Chauveau, quest. 1224.

38. — Il semble, toutefois, juste de faire exception pour le cas où il serait prouvé qu'un individu n'a été évidemment mis en cause, quoiqu'il fût désintéressé au procès, qu'afin d'obtenir de lui, à l'aide de l'interrogatoire, une sorte de déposition dans une affaire où la preuve testimoniale ne serait pas admissible. — Rodier, sur l'art. 1er, tit. 10, ord. 1667; Carré, *loc. cit.*

39. — Mais les juges ne peuvent ordonner l'interrogatoire sur faits et articles, d'une personne qui *n'est point partie au procès.* — *Caen*, 10 avr. 1828, Lebariller c. Lancelin.

40. — Ainsi jugé qu'un tribunal ne peut, dans le cas où la preuve testimoniale est interdite, ordonner qu'un tiers sera entendu à l'audience sur les faits d'une cause à laquelle il est étranger. — *Poitiers*, 18 janv. 1831, Guilbault c. Barbat. — V. aussi *Cass.*, 15 vent. an XII, Bomblin c. Dupont.

41. — Mais l'irrégularité est couverte si elle n'a pas été opposée devant les premiers juges. — Même arrêt.

42. — On s'est demandé quelle est la position de la femme relativement aux procès dans lesquels elle n'est pas partie avec son mari, bien qu'elle y ait intérêt, par exemple, s'il s'agit d'une cause mobilière ou immobilière la concernant ou concernant les biens communs aux époux. En pareil cas, peut-elle être interrogée?

43. — La plupart des auteurs pensent que l'intérêt de la femme suffit pour motiver et justifier son interrogatoire. — Carré et Chauveau, quest. 1224; Pigeau, t. 1er, p. 583; Demiau, p. 237; Favart (*loc. cit.*), no 1; Lepage, p. 254; Berriat, p. 315; Boncenne, t. 4, p. 526. — Et ces auteurs ajoutent d'ailleurs que, appeler la femme pour lui faire subir un interrogatoire, ce n'est que la mettre en nom dans une cause où elle était représentée par son mari, son mandataire légal.

44. — Cette opinion nous paraît devoir être suivie. On dirait en vain que, le mari étant investi de l'administration de la communauté, lui seul peut subir l'interrogatoire; car, dans l'économie de l'art. 1er, tit. 10, ord. 1667, et de l'art. 324, C. procéd., toute personne directement intéressée à la contestation peut être interrogée sur faits et articles pertinens. Or, la femme commune en biens a un intérêt nécessaire à la contestation qui regarde un objet de la communauté; cet intérêt, tout éventuel qu'il est, n'existe pas moins, et, comme l'objet de la loi, en permettant l'interrogatoire, est de faire découvrir plus aisément la vérité, on ne voit pas quelle raison priverait le juge et la partie de l'avantage de l'obtenir de la bouche de la femme comme de celle du mari. Aussi Jousse, sur l'art. 1er, tit. 10, de l'ordonnance, dit-il positivement « qu'on peut faire interroger la femme dans le cas même où le mari est seul en cause, s'il s'agit d'une action mobilière qui la concerne et l'intéresse. » Cet auteur cite des arrêts conformes à cette opinion.

45. — Jugé en ce sens, que la femme peut être interrogée sur faits et articles pertinens, quand l'objet de la contestation intéresse la communauté conjugale, par exemple, s'il s'agit de savoir si un bail d'un immeuble commun a été consenti par le mari en présence de la femme. — *Bruxelles*, 4 fév. 1813, Vanhoutte c. d'Aussy.

46. — ... Que dès-lors on peut faire interroger sur faits et articles l'épouse *commune en biens* d'un négociant, à raison d'un marché fait par son mari. — *Bruxelles*, 11 oct. 1808, Campouillet et Mathieu c. M...

47. — ... Que la femme commune en biens ne peut pas se refuser à un interrogatoire sur faits et articles, quand la contestation a pour objet une action mobilière qui fait partie de la communauté conjugale. — *Poitiers*, 13 fév. 1827, Laurence c. Gueylard.

48. — Jugé en sens contraire que dans une instance entre le fermier des biens dotaux d'une femme et le mari qui a consenti le bail, on ne peut ordonner la mise en cause de la femme, pour être interrogée sur le fait de savoir si une remise sur le prix du bail a été consentie au profit du fermier, alors même que celui-ci soutient que la remise a été consentie par le mari et par la femme. — *Caen*, 10 avril 1828, Lebariller c. Lancelin.

49. — ... Que le juge ne peut ordonner la confrontation personnelle du conjoint de l'une des parties, lorsqu'il n'est pas en cause, et cela aux fins de l'interroger sur les faits et circonstances posés par la partie adverse. — *Bruxelles*, 15 fév. 1826, N...

50. — ... Que la femme qui n'a pas été mise en cause ne peut pas subir un interrogatoire sur faits et articles, lorsque son mari est le seul appelé. — *Metz*, 16 juin 1827, Niberotte-L'Abesse c. Prilleux.

51. — ... Et, dans tous les cas, que la femme ne peut être soumise à l'interrogatoire sur des faits de faute ou de négligence reprochés au mari, mais étrangers, soit au commerce dont les époux se mêlent en commun, soit à l'administration intérieure du ménage, alors que l'action en dommages et intérêts résultant de ces faits est de nature à retomber sur la communauté. — *Orléans*, 10 juill. 1812, Delalleu et Deloisse c. Masson; — Carré, *Lois de la procédure*, quest. 1224.

52. — Nul doute, au surplus, que la femme ne puisse être interrogée sur faits et articles relativement aux objets dont elle a la libre disposition; par exemple, si elle est séparée de biens, si, mariée sous le régime dotal, elle s'est réservé de toucher annuellement sur ses seules quittances une partie de ses revenus (C. civ., art. 1549), ou si ses biens ou partie des ses biens sont paraphernaux (C. civ. art. 1576). — Et, Carré ajoute qu'alors, c'est elle qui doit subir l'interrogatoire sur ce qui concerne son administration et son mobilier, et que son mari ne pourrait même l'en empêcher, sous prétexte de défaut d'autorisation, parce que le jugement qui lui aurait ordonné l'interrogatoire contient implicitement l'autorisation de justice suppléant à l'autorisation maritale. — V. aussi Pigeau, t. 1er, p. 240.

53. — Le mari, commun en biens, peut être interrogé sur faits et articles dans une affaire ayant pour objet une déchéance de réméré et qui intéresse sa femme. — *Paris*, 3 juin 1812, Ouy c. Germain.

54. — Mais s'il y avait séparation de biens entre les époux, et que le mari ne figurât dans l'instance où sa femme seule serait intéressée que pour l'autoriser, il semble qu'il ne pourrait être interrogé.

55. — Pour qu'une partie puisse être interrogée, il faut qu'elle ait la libre disposition de ses droits, puisqu'il peut résulter de l'interrogatoire des aveux qui feraient preuve contre celui de qui ils émaneraient. Or, qui ne peut aliéner ne peut avouer. — Ainsi il est évident qu'un mineur non émancipé et, dès lors, encore en tutelle, ne peut être interrogé. — Pigeau, t. 1er, p. 582; Carré et Chauveau, quest. 1224; Boncenne (t. 4, p. 524). — Toutefois, MM. Demiau (p. 237) et Delaporte (t. 1er, p. 309) estiment que l'on peut interroger les mineurs adultes sur les faits qui sont à leur connaissance, sauf à avoir tel égard que de raison à leurs réponses.

56. — Si le mineur était émancipé, il pourrait être interrogé personnellement pour tout ce qui concerne l'administration de ses biens et son commerce, parce qu'il a la disposition de tout ce qui tient à ces objets; quant à ses capitaux mobiliers et à ses immeubles, il devrait être assimilé au mineur en état de pleine minorité. — Carré et Chauveau quest. 1224; Berriat-Saint-Prix, p. 315; Boncenne, t. 4, p. 526.

57. — Le tuteur peut-il être interrogé sur des faits concernant son pupille? — Il semblerait au premier abord, par induction de l'art. 336, que le tuteur ne devrait pouvoir être interrogé que sur des faits à lui personnels et qui n'auraient pas dès-lors, pour effet d'engager celui qu'il représente. Toutefois Merlin (*Rép.*, vo *Interrogatoire sur faits et articles*) dit que « les tuteurs peuvent être interrogés pour le fait de leur mineur. » Et tel est aussi l'avis de Carré (*loc. cit.*), avec cette distinction toutefois, que s'il est question de faits personnels au mineur, on ne pourra tirer contre celui-ci aucun avantage des aveux du tuteur, et que si, au contraire, il s'agit de faits relatifs à l'administration du tuteur, ses réponses pourront lui être opposées. — Chauveau sur Carré, *loc. cit.*

58. — Quoi qu'il en soit, s'il s'agissait de droits immobiliers dont le tuteur ne peut disposer, il faudrait décider avec MM. Chauveau et Carré (*loc. cit.*) que l'interrogatoire de celui-ci ne pourrait être opposé au pupille.

59. — Boncenne (t. 4, p. 524) distingue entre les faits qui seraient personnels à l'administration du tuteur et ceux qui concerneraient les auteurs de son pupille : il admet l'interrogatoire quant aux premiers, et le repousse quant aux autres.

60. — Un mandataire pourrait être interrogé sur des faits qui lui sont personnels et dont la partie, qui est nominativement au procès, serait responsable. — Thomine, t. 1er, no 539.

61. — Les personnes collectives peuvent également être interrogées, mais il existe nécessairement à cet égard des règles spéciales. Ainsi, aux termes de l'art. 336, C. proc., les administrations d'établissemens publics sont interrogées dans la personne d'un agent ou d'un administrateur, investi d'un pouvoir spécial et suivant des formes particulières dont il sera parlé plus bas.

62. — Décidé qu'un préfet ne peut être interrogé par un tribunal sur faits et articles des actes de son administration. — *Cons. d'état*, 22 janv. 18.., Ragouleau c. hospices de Paris.

63. — De même les sociétés en nom collectif peuvent être interrogées dans la personne de tous leurs membres, ou de quelques uns d'eux, ou enfin de leurs administrateurs. — Les sociétés en commandite sont interrogées dans la personne de tous leurs membres responsables et solidaires, ou de quelques uns d'eux. Les sociétés anonymes ne peuvent être interrogées par l'organe des associés, qui n'ont aucune part à l'administration; elles doivent êtres représentées par un mandataire. — Bioche, *loc. cit.*, no 23; Chauveau sur Carré, sur l'art. 336.

64. — Quant aux sociétés civiles, elles sont interrogées dans la personne soit de tous leurs membres, soit de quelques uns, soit seulement des administrateurs. Il en est de même des unions de créanciers. — Chauveau sur Carré, *loc. cit.*

§ 3. — A quelle époque et devant quel tribunal l'interrogatoire peut être demandé et ordonné.

65. — Aux termes de l'art. 324, l'interrogatoire peut être demandé *en tout état de cause.*

66. — Un arrêt de la cour de Bruxelles a décidé qu'une cour d'appel ne peut ordonner un interrogatoire sur faits et articles avant que l'appelant ait signifié ses griefs et que l'instruction de l'appel soit commencée. — *Bruxelles*, 22 juill. 1809, Deslorens c. Van Demaele.

67. — Carré approuve cette décision au fond, mais il pense que les juges pourraient ordonner l'interrogatoire avant la signification des *écrits de greffe*, puisque ces écrits ne sont pas d'obligation rigoureuse, et qu'à plus forte raison, ils pourraient le faire si les griefs étaient indiqués dans l'acte d'appel seul. En tous cas, selon Pigeau (*Comment.*, t. 1er, p. 581), l'interrogatoire ne pourrait être demandé avant l'expiration des délais de l'assignation, que l'assigné ait ou non constitué avoué.

68. — Jugé d'ailleurs qu'il n'est pas nécessaire pour ordonner un interrogatoire sur faits et articles, que les faits sur lesquels il est demandé soient déniés. — *Cass.*, 8 août 1826, Legrand-Mas.. c. Lépine.

69. — Quoique l'interrogatoire puisse être demandé *en tout état de cause*, ce n'est cependant aux termes de l'art. 324, qu'autant qu'il n'en résultera pas de retard dans l'instruction et dans le jugement.

70. — Ainsi il a été décidé que les juges peuvent repousser la demande en interrogatoire sur faits et articles présentée après que toutes les plaidoiries sont terminées et qu'ils ont indiqué jour pour prononcer leur jugement. — *Cass.*, 30 déc. 181., Pécaudière; *Rennes*, 21 déc. 1812, P. c. P.

71. — ... Qu'un tribunal, en ordonnant un interrogatoire sur faits et articles, ne peut pas surseoir à faire droit au principal pendant un ou plus

...mois. — *Rouen*, 18 mars 1828, Ratel c. Faudier.

72. — Qu'une demande à fin d'interrogatoire sur faits et articles, formée seulement en appel et lorsque l'affaire est disposée à recevoir jugement définitif, peut être écartée par les tribunaux, encore bien que les faits allégués soient pertinens et concluans. — *Caen*, 13 juin 1825, Fauvel c. Boscheron.

73. — Que les juges peuvent rejeter une demande en interrogatoire sur faits et articles, formée à l'audience même indiquée pour le prononcé de l'arrêt, comme tendant à retarder la décision. — *Bourges*, 18 janv. 1836, Lafaix c. Corsange; *Bourges*, ... 1830, Venault c. Gilberton.

74. — Que lorsque le jugement ou arrêt déclare qu'il y a partage d'opinions a été prononcé, les parties ne peuvent plus se faire interroger sur faits et articles. — *Rouen*, 11 avr. 1809, Marguerit c. Durand.

75. — Toutefois, il a été jugé que, quoique l'interrogatoire sur faits et articles ne puisse avoir lieu que sous la condition qu'il ne retardera pas le jugement du fond, s'il n'a pu avoir lieu avant le jour où le fond devait être jugé, par des causes étrangères à la partie qui l'a demandé, on doit accorder un délai pour y procéder. — *Bourges*, 18 fév. 1820, ...esne c. Vidieu-Deslandes.

76. — Il paraît, au reste, que les juges ont un plein pouvoir pour apprécier si la demande à fin d'interrogatoire est ou non tardive, et qu'en disant que l'interrogatoire pourra être ordonné sans retard de l'instruction ni du jugement, la loi leur donne un conseil plutôt qu'elle ne leur trace une règle absolue. — V. Demiau, p. 236. — C'est ainsi que Pigeau (*Procéd.*, t. 1er, p. 393) dit que la demande à fin d'interrogatoire peut être formée, même à la veille du jugement, mais qu'on peut passer outre au jugement sans attendre l'interrogatoire, s'il n'a été demandé que pour gagner du temps. — Les arrêts qui précèdent ne sauraient donc être considérés comme établissant une règle générale et de tous points absolue.

77. — Ainsi il a été jugé que l'interrogatoire sur faits et articles peut encore être demandé et ordonné au moment même où la cause sort du rôle pour être plaidée; qu'il suffit que les juges soient convaincus que l'interrogatoire n'est pas réclamé dans le but de prolonger la procédure. — *Poitiers*, 29 nov. 18.., Baury c. Clémot.

78. — Jugé qu'une partie ne serait pas recevable à demander l'interrogatoire sur faits et articles, lorsqu'il doit retarder l'exécution précédemment commencée en vertu d'un jugement. — *Turin*, 12 ... 1809, Armandi.

79. — L'interrogatoire sur faits et articles n'étant qu'un moyen d'instruction et non une demande nouvelle, peut être demandé pour la première fois en appel. — Implic. *Bruxelles*, 22 juill. 1809, Deslovères; *Rouen*, 11 avr. 1809, Durand; *Caen*, 13 juin 1825, Fauvel c. Boscheron; — Thomine, t. 1er, p. 529; Favard de Langlade, *loc. cit.* no 5; Chauveau et Carré, quest. 1229.

80. — Jugé que la partie qui a prêté en première instance un serment supplétif sur certains faits peut, en cause d'appel, subir sur les mêmes faits un interrogatoire sur faits et articles. — *Montpellier*, ... fév. 1810, Royer c. Cros.

81. — La cour de Cassation a décidé que la partie qui ne s'est pas présentée en première instance pour subir un interrogatoire sur faits et articles, est recevable, sur l'appel, à demander à le subir, lorsqu'elle peut le requérir en personne à l'audience. — *Cass.*, 13 niv. an X, Perthon c. N...

82. — Mais il a été décidé aussi qu'en pareil cas la cour peut, sans interroger cette partie, confirmer le jugement qui a tenu les faits pour constans. — *Montpellier*, 24 nov. 1818, Cathala c. Tessié.

83. — Une condition nécessaire pour que l'interrogatoire soit demandé et ordonné, c'est qu'il y ait instance engagée; cela résulte des termes : *les parties* ... se sert l'art. 324. — Berriat-Saint-Prix, p. 313; Carré et Chauveau, quest. 1228. — Ainsi, disent ces auteurs, l'interrogatoire ne pourrait être demandé *au bureau de paix*, parce que l'essai de conciliation n'est pas une instance, mais un préliminaire d'instance.

84. — La même partie peut-elle dans le même procès demander plus d'un interrogatoire? De ce que l'art. 1er, tit. 10, ord. 1667, permettait aux parties de se faire interroger en tout état de cause, c'est-à-dire pendant tout le cours de l'instance, les commentateurs concluaient que la même partie pouvait demander un second interrogatoire, mais sous la condition qu'il fût relatif à d'autres faits, ou du moins à des faits explicatifs de ceux qui avaient fait l'objet du premier. — V. Rodier sur l'art. ... de l'ordonnance, et Duparc-Poullain, t. 9.

85. — MM. Carré et Chauveau pensent qu'il doit en être de même sous le Code de procédure actuel, ainsi que l'enseignent d'ailleurs les auteurs du *Praticien français* (t. 2, p. 279), Demiau-Crouzilhac, p. 245; Merlin, *Rép.*, vo *Interrogatoire sur faits et articles*, § 6; Favard, *loc. cit.*, no 5.

86. — Du reste, l'interrogatoire sur faits et articles peut avoir lieu devant les tribunaux civils, devant les justices de paix et les tribunaux de commerce. Dans ces deux derniers cas, la procédure doit être, sous quelques rapports, différente, puisqu'il n'y a point d'avoué devant les juridictions exceptionnelles. — Bioche, no 10. — Dans la pratique, on n'ordonne guère en justice de paix que la comparution des parties.

86. — Jugé, conformément à ce principe, qu'un interrogatoire sur faits et articles peut être ordonné en matière commerciale comme en matière civile, et dans la même forme. — *Rouen*, 18 mars 1828, Ratel c. Faudier; *Nîmes*, 4 mai 1829, de Lilleroi c. Ducru; — Carré et Chauveau, quest. 1227; Pardessus, *Droit commercial*, t. 4, p. 374; Locré, *Esprit du Code de commerce*, t. 9, p. 374; Bioche, *Dict. procéd.*, vo *Interrogatoire sur faits et articles*, no 10.

§ 4. — *Procédure pour arriver à l'interrogatoire. — Jugement. — Recours.*

87. — « L'interrogatoire, dit l'art. 325, ne pourra être ordonné *que sur requête* contenant les faits, et par jugement rendu à l'audience. » — C. procéd., art. 325.

88. — L'interrogatoire ne peut donc être ordonné d'office, à la différence de la comparution des parties et de la plupart des autres moyens d'instruction. — Pigeau, *Comment.*, t. 1er, p. 584; Favard, *loc. cit.*; Boncenne, t. 4, p. 523; Carré et Chauveau, sur l'art. 325.

89. — Mais l'irrégularité résultant de ce que l'interrogatoire aurait eu lieu d'office, devrait être opposée devant les premiers juges; autrement elle serait couverte, et ne pourrait plus tard être invoquée. — *Cass.*, 15 vent. an XII, Dupont.

90. — Par une juste conséquence du principe posé plus haut, Carré (*loc. cit.*) dit que le tribunal ne pourrait, en accordant la permission d'interroger, ajouter de nouveaux faits à ceux qui auraient été présentés dans la requête, sauf au juge-commissaire à user du pouvoir que lui accorde l'art. 333, C. procéd. — V. *infrà* no 162.

91. — Un tribunal est suffisamment autorisé à refuser un interrogatoire sur faits et articles, par cela seul que la demande n'a pas été faite dans la forme prescrite par l'art. 325, C. procéd. — Ainsi, par exemple, si dans une telle demande formée en appel, on s'est borné à se référer aux motifs énoncés dans un acte d'avoué à avoué signifié en première instance. — *Rennes*, 26 déc. 1811, N...

92. — Malgré les prescriptions de l'art. 325, Favard de Langlade (*loc. cit.*, no 6) pense qu'*en matière sommaire* les parties devant aller à l'audience sur un simple acte, il en résulte que l'interrogatoire doit être demandé verbalement à l'audience, et que dans ce cas les faits doivent être insérés dans le jugement. — V. aussi Locré, *Esp. C. procéd. civ.*, t. 1er, p. 542 et suiv.

93. — La partie dont l'interrogatoire est demandé ne doit pas être assignée pour être présente et plaider à l'audience où le tribunal devra prononcer sur cette demande. — C'est ce que décide l'art. 77 du tarif portant que la requête ne sera pas signifiée ni la partie appelée avant le jugement, mais qu'elle ne sera notifiée qu'avec le jugement et l'ordonnance du juge pour le faire subir. — V. en ce sens *Turin*, 1er mai 1810, Manna c. Fogliaco; — Pigeau, *Comment.*, t. 1er, p. 583; Favard, no 7; Thomine, t. 1er, p. 531; Carré et Chauveau, quest. 1239.

94. — Jugé en ce sens que la partie contre laquelle l'interrogatoire sur faits et articles est demandé, n'est pas recevable à se présenter pour plaider sur la pertinence des faits et contre leur admission; et que c'est aux juges qu'il est absolument réservé de les examiner, sauf communication préalable au ministère public, dans les affaires sujettes à communication. — *Riom*, 12 déc. 1820, Malmenaide c. Vidal de Ronnat; *Bruxelles*, 23 fév. 1809, Vincart c. Herbinaux.

95. — La cour de Toulouse a décidé, il est vrai, que le tribunal auquel une requête à fin d'interrogatoire sur faits et articles est présentée, peut, par le motif que la pertinence des faits ne saurait être suffisamment appréciée sur la narration d'une seule partie, renvoyer à l'audience, pour être statué contradictoirement. — *Toulouse*, 5 mai 1829, Bastié c. fabrique de Saint Alain.

96. — Mais cette décision, contraire à un autre arrêt de la cour de Bruxelles du 25 nov. 1829 (syndicat d'amortissement c. Delvigne) et qui substitue une procédure nouvelle à celle indiquée par la loi, est fortement critiquée par Boncenne (t. 1er, p. 540), qui la considère comme ressemblant à une abrogation de la loi, et par M. Chauveau sur Carré (quest. 1239) : « La cour de Toulouse, dit aussi ce dernier auteur (*J. des avoués*), crée une procédure qui détruit toute l'économie du titre de l'interrogatoire, qui assimile cette instruction aux préliminaires de l'enquête, dont elle diffère essentiellement. L'interrogatoire doit avoir lieu sans retard de l'instruction ni du jugement (art. 324, C. proc.). La cour de Toulouse ordonne des plaidoiries sur la pertinence des faits et par conséquent prescrit une instruction qui peut être fort longue sans avoir aucun résultat. Et si la partie dont l'interrogatoire est demandé refuse de répondre à la question de pertinence, la cour reviendra-t-elle sur son premier arrêt en ordonnant cet interrogatoire ou tiendra-t-elle dès à présent les faits pour avérés? Ni l'un ni l'autre de ces partis ne nous semblent rationnels ni légaux, et cependant que fera donc la cour? Le renvoi à l'audience n'aura pas suffi pour l'éclairer, et dans l'impuissance où la place une marche arbitraire, et que nulle sanction pénale ne vient protéger, elle sera obligée d'ordonner l'interrogatoire ou de le rejeter purement et simplement, ainsi que lui en donne le droit l'art. 324, et ainsi qu'elle aurait dû le faire de suite. »

97. — M. Thomine-Desmazures, tout en adoptant le principe posé plus haut, excepte le cas où on voudrait faire interroger un mandataire sur des faits de gestion dont la partie en cause serait responsable, et il pense qu'alors la requête devrait être refusée et la pertinence des faits jugée contradictoirement.

98. — La requête est remise au président, qui fait lui-même son rapport s'il n'y a pas eu de juge commis à cet effet. Le rapport est fait à la chambre du conseil, et le jugement qui intervient porte seulement que la partie sera interrogée sur les faits contenus en la requête, sans énoncer quels sont ces faits. — Carré et Chauveau, quest. 1239.

99. — Ainsi jugé qu'en matière d'interrogatoire sur faits et articles, les juges ne peuvent pas énoncer dans le dispositif du jugement le texte des questions sur lesquelles ils ordonnent l'interrogatoire. — *Nîmes*, 13 oct. 1827, Devèze-Biron c. Baumes.

100. — Le jugement qui ordonne l'interrogatoire sur faits et articles doit être rendu *à l'audience*. — C. procéd., art. 325.

101. — C'est une question très controversée que celle de savoir si le jugement qui ordonne l'interrogatoire sur faits et articles est susceptible d'opposition. Quelques cours, s'attachant au principe que l'opposition est de droit commun contre toute décision rendue en l'absence d'une partie, ont admis la voie de l'opposition. — V. en ce sens *Grenoble*, 27 fév. 1812, Magnan c. Royannes; *Lyon*, 28 janv. 1824, Bouillié c. Liesching; *Montpellier*, 27 déc. 1825, Besombes c. Escarre; *Angers*, 14 fév. 1835, Sortais c. Mondésir; *Bruxelles*, 25 nov. 1829, syndicat d'amortissement c. Delvigne; 8 fév. 1816, Huin; implicit. *Grenoble*, 22 avr. 1831, Dauvilliers c. Pallu-Duparc. — La cour de Paris elle-même avait dans le principe consacré ce système. — V. 28 mai 1808, Robillard c. Destillac; 5 mai 1825, Mariette c. Delamarre. — V. aussi *Grenoble*, 3 janv. 1826, Ageron c. Trafouret; 19 nov. 1829, Bunel c. Granger. — V. encore Thomine-Desmazures, *Comment. C. procéd.*, t. 1er, no 376; Demiau-Crouzilhac, p. 239.

102. — Jugé aussi que l'effet de l'opposition est de paralyser le jugement, et qu'ainsi lorsqu'elle a été formée avant l'interrogatoire, le tribunal ne peut, encore que la partie qui doit être interrogée refuse de répondre, tenir ces faits pour avérés tant que l'opposition n'est pas jugée. — *Bruxelles*, 8 fév. 1816, Huin c. N.....

103. — Mais d'autres cours, ayant avec raison égard au caractère particulier de pareils jugemens et à l'objet qu'ils ont en vue, ont refusé le droit d'opposition. — *Amiens*, 26 juill. 1822, Dufriche c. Fiévé; 8 avr. 1824, Dobremelle c. Operon; *Rouen*, 29 janv. 1825, Chardine c. Yvelin; 7 mars 1828, Legeuvre c. Duchapelet; 18 mars 1828, Ratel c. Faudier; *Metz*, 15 déc. 1830, N...; *Rouen*, 26 fév. 1831, Javit. Jacquier. — Et la cour de Paris, adoptant une nouvelle jurisprudence qui paraît aujourd'hui bien établie, l'a jugé ainsi les 13 mars 1830 (Dosne c. Haurie); 11 janv. 1836 (Noché c. Bertrand), et 18 déc. 1837 (t. 1er 1838, p. 129) (Duclos).

104. — Telle est aussi l'opinion de MM. Carré et Chauveau, quest. 1241 : « Pour former opposition, dit ce dernier auteur, il faut avoir fait défaut; or on ne fait pas défaut quand on n'a pas été et qu'on n'a pas dû être appelé. » — En ce sens, Boncenne, t. 4, p. 538.

105. — Néanmoins M. Chauveau (*loc. cit.*) pense, avec un arrêt précité de la cour de Rouen du 18 mars 1828 (Ratel c. Faudier), que le jugement qui

ordonne un interrogatoire sur faits et articles est susceptible d'opposition lorsqu'il contient violation de la loi ou excès de pouvoir, par exemple en ce qu'il a retardé le jugement du fond.

106. — La même controverse existe sur le point de savoir si l'appel existe contre un pareil jugement. La négative, enseignée par MM. Chauveau et Boncenne (*loc. cit.*), est consacrée par les arrêts de Bruxelles, 18 mars 1820 (Vanhuelle c. Serrure), et de Paris, 18 déc. 1837 (t. 1er 1838, p. 129), Duclos.

107. — Mais l'affirmative est jugée par un arrêt de la cour de Grenoble du 3 janv. 1826 (Ageron c. Trafourct) et reconnue par divers arrêts cités dans les numéros qui suivent.

108. — On s'est principalement demandé si dans tous les cas, l'appel, en le supposant admissible peut être interjeté avant celui du jugement sur le fond. — V. *pour l'appel* (même avant le jugement définitif), *Turin*, 27 janv. 1808, N... ; *Lyon*, 26 août 1822, Solichon c. Guillard ; *Paris*, 19 nov. 1829, Baruel c. Granger ; *Nîmes*, 4 mai 1829, de Lilleroi c. Ducru ; *Angers*, 4 fév. 1835, Sortais c. Mondésir. — Ces arrêts sont fondés sur ce que les jugemens qui ordonnent l'interrogatoire sur faits et articles sont interlocutoires, en ce qu'ils préjugent nécessairement le fond, et non pas simplement préparatoires.

109. — Jugé encore qu'un jugement ou une ordonnance qui rejette une demande à fin d'interrogatoire ne doit pas être considéré comme préparatoire, en ce sens que l'appel ne puisse en être interjeté avant celui du jugement du fond, lorsque le rejet de la demande d'interrogatoire est basé sur un moyen tiré du fond, tel qu'un acquiescement. — *Grenoble*, 3 janv. 1826, Ageron c. Trafouret.

110. — Mais V. *contre l'appel* (en ce qu'on ne peut appeler qu'après le jugement définitif), *Rouen*, 27 mai 1817, Champroux c. Petit ; *Paris*, 9 août 1833, Vasserot c. Lefèvre ; *Liége*, 15 mai 1834, Gaudry c. Coune ; *Paris*, 11 janv. 1836, Noché c. Bertrand. — V. aussi l'arrêt de *Paris* du 18 déc. 1837 précité, no 106.

111. — En repoussant ainsi le droit d'opposition et d'appel contre le jugement qui ordonne l'interrogatoire, Boncenne ajoute que la partie interpellée peut, en paraissant devant le juge-commissaire, refuser de répondre ou contester la pertinence des faits. C'est aussi ce que décide un arrêt de la cour d'Amiens du 8 avr. 1824, Dobremelle c. Operon.

112. — En tous cas, il a été décidé que la partie *qui a demandé à faire interroger* son adversaire n'est point recevable à former opposition au jugement ou à l'ordonnance qui a rejeté sa demande. — *Grenoble*, 3 janv. 1826, Ageron c. Trafouret.

113. — Jugé également que la partie qui a subi un interrogatoire sur faits et articles sans protestations est non recevable à attaquer le jugement qui ordonne cet interrogatoire. — *Cass.*, 8 août 1826, Legrand-Masse.

114. — Le jugement qui a ordonné l'interrogatoire sur faits et articles a-t-il les caractères d'un jugement proprement dit, en ce sens que le tribunal qui l'a rendu ne puisse le rétracter ? — La cour de Bruxelles a décidé l'affirmative par arrêt du 17 fév. 1819, Leplat c. D.....

115. — Jugé aussi que lorsque, sur la demande d'une partie, un jugement a ordonné que la partie adverse serait interrogée sur faits et articles, les juges peuvent, sans violer l'autorité de la chose jugée, statuer définitivement sur le fond avant même que cet interrogatoire ait été subi. — *Cass.*, 25 nov. 1840 (t. 1er 1841, p. 215), de Maraise c. Prévost. — V. au surplus sur cette question vo JUGEMENT.

116. — Quoiqu'il en soit, une cour royale qui, après avoir ordonné un interrogatoire sur faits et articles, a rendu contre la partie qui l'a subi un arrêt de défaut faute de plaider et conclure, a pu sans excès de pouvoir écarter cet interrogatoire et n'y avoir aucun égard, lorsque ensuite elle a statué sur l'opposition formée à cet arrêt par le cessionnaire de la partie défaillante. — *Cass.*, 25 juill. 1832, Fould c. Ardouin.

§ 5. — *Formes de l'interrogatoire.*

117. — Suivant l'art. 325, l'interrogatoire doit avoir lieu soit devant le président, soit devant un juge par lui commis. Cependant, dans l'usage le juge commis pour procéder à l'interrogatoire est ordinairement nommé par le tribunal au lieu de l'être par le président ; la nomination est alors insérée dans le dispositif, pour simplifier les frais et éviter la requête qu'il faudrait présenter au président, afin de commission de juge. — Hautefeuille, 180 ; Bioche, vo *Interrogatoire sur faits et articles*, no 35.

118. — Le droit de commettre appartient *au juge qui a présidé* la chambre qui permet l'interrogatoire ; ainsi lorsqu'un tribunal est divisé en plusieurs chambres, le droit de commettre n'appartient au président du tribunal entier qu'autant qu'il aurait présidé lui-même la chambre dont il vient d'être parlé. — Carré et Chauveau, quest. 1242 ; Favard, no 8.

119. — Jugé que l'ordonnance d'un président portant commission d'un juge pour procéder à un interrogatoire sur faits et articles, et rendue en l'absence de la partie défenderesse, est susceptible d'opposition devant le président même qui a rendu l'ordonnance. — *Rouen*, 9 fév. 1829, Le Seigneur c. D'Aligre.

120. — « En cas d'éloignement, le président peut commettre le président du tribunal dans le ressort duquel la partie réside, ou le juge de paix du canton de cette résidence. » — C. procéd., art. 326.

121. — Le président pourrait autoriser le tribunal de la résidence de la partie à commettre soit un de ses membres, soit un juge de paix pour procéder à l'interrogatoire. — Pigeau, *Procéd. civ.* ; Favard de Langlade, *loc. cit.* ; Carré et Chauveau, quest. 1243.

122. — Toutefois la commission autorisée par l'art. 326 n'est que facultative : ainsi, à moins d'impossibilité matérielle, nul ne peut se refuser à venir répondre en personne devant le juge saisi, si cela est utile pour la cause. — V. *infrà* nos 132 et s.

123. — « Le juge commis indique, au bas de l'ordonnance qui l'a nommé, les jour et heure de l'interrogatoire ; le tout sans qu'il soit besoin de procès-verbal contenant réquisition ou délivrance de son ordonnance. » — C. proc., art. 327. — Il est donc inutile de présenter à ce juge requête à fin d'indication de jour. Le tarif, d'ailleurs, est muet à cet égard. — Carré et Chauveau, quest. 1244 ; Delaporte, t. 1er, p. 327 ; Bioche, *loc. cit.*, no 39 ; Boncenne, t. 4, p. 542 ; — V. *contrà* Pigeau, t. 1er, p. 281 ; Demiau, p. 237 ; Hautefeuille, p. 180.

124. — Si le juge avait été commis par le jugement, ou si le président, comme il en a le droit, retenait l'interrogatoire, il suffirait alors de lui présenter le jugement, et il mettrait son ordonnance au pied. — Carré, *loc. cit.* ; Favard de Langlade, no 8 ; Thomine-Desmazures, t. 1er, p. 533. — Toutefois, M. Chauveau (*loc. cit.*), pense que si c'est le président, comme il n'y a pas d'ordonnance qui le commette, une requête doit lui être présentée.

125. — Il n'y aurait pas de nullité dans le défaut d'indication du local : tous les actes et procès-verbaux devant être dressés au lieu où siége le tribunal. — C. procéd., art. 1040 ; — Bioche, *loc. cit.*

126. — « Vingt-quatre heures au moins avant l'interrogatoire, doivent être signifiées par le même exploit à personne ou à domicile, la requête et les ordonnances du tribunal, du président ou du juge qui devra procéder à l'interrogatoire avec assignation donnée par un huissier qu'il aura commis à cet effet. » — C. procéd., art. 329.

127. — Le délai de vingt-quatre heures se compte *d'heure à heure*, si la signification est datée d'une heure fixe ; à défaut de cette indication de date, le jour est franc. — Pigeau, t. 1er, p. 587 ; Chauveau sur Carré, sur l'art. 329.

128. — Il y a lieu à augmentation de délai à raison des distances. L'art. 1033 est applicable. — Thomine, t. 1er, p. 534 ; Chauveau, *loct. cit.*

129. — Les significations prescrites par l'art. 329 ne peuvent être faites et l'assignation donnée à un autre domicile que le domicile réel. — *Paris*, 8 prair. an XII, Deneherais c. de Mora ; — Pigeau, *Comm.*, t. 1er, p. 587 ; Favard, *loc. cit.*, no 9 ; Merlin, *Rép.*, vo *Interrogatoire*, § 7 ; Carré et Chauveau, quest. 1247 ; Delaporte, p. 313 ; Lepage, *Quest.*, p. 215.

130. — L'assignation serait nulle si elle n'avait pas été donnée par un huissier commis. Mais le tribunal pourrait accorder un nouveau délai dans lequel on réitérerait la signification irrégulière. — *Paris*, 8 prair. an XII, d'Ehreinheim c. de Mora ; — Carré et Chauveau, quest. 1248 ; Favard, *loc. cit.* ; Thomine, t. 1er, p. 534.

131. — L'assignation donnée à une partie pour venir répondre à un interrogatoire sur faits et articles ordonné par un premier arrêt, lequel a été suivi, avant que l'interrogatoire ait été subi, d'un second arrêt qui a statué sur le fond par défaut, est nulle, alors qu'elle a été signifiée avant l'opposition à l'arrêt par défaut. — *Cass.*, 25 nov. 1840 (t. 1er 1841, p. 215), de Maraise c. Prévost.

132. — Comme nous l'avons dit plus haut, toute partie assignée afin de subir un interrogatoire doit paraître devant le juge. — Seulement, aux termes de l'art. 328, en cas d'*empêchement légitime* de la partie, le juge se transporte au lieu où elle est retenue.

133. — Il ne semble pas qu'il y ait lieu de faire application dans ce cas des dispositions de l'art. 511, C. inst. crim., et que la partie, quelle que soit sa dignité, doit aller subir son interrogatoire devant le juge au lieu ordinaire. — Favard, vo *Interrogatoire*, no 8 ; Chauveau sur Carré, quest. 1245 ; — *Contrà* Berriat, p. 314 ; Carré, quest. 1245.

134. — La seule qualité d'étranger domicilié hors de France ne suffirait pas pour dispenser un plaideur de venir subir interrogatoire devant un juge français, à moins qu'il ne justifiât d'un empêchement légitime, auquel cas on devrait suivre les dispositions de l'art. 326, relatif à la commission rogatoire, ou 332, relatif à la prorogation de délai. — Merlin, *Rép.*, *loc. cit.* ; Chauveau, quest. 1245 bis. — Arrêt du conseil souverain de Colmar, 26 avr. 1754.

135. — « Si au jour de l'interrogatoire, la partie assignée justifie d'empêchement légitime, le juge doit indiquer un autre jour pour l'interrogatoire, sans nouvelle assignation. » — C. procéd. art. 332.

136. — Si le juge commissaire n'admet pas l'excuse présentée par l'assigné, celui-ci peut-il la présenter de nouveau au tribunal : « Oui, dit M. Chauveau (sur Carré, quest. 1252 *bis*), et dans ce cas Pigeau (*Comm.*, t. 1er, p. 590), pense : — 1o que le juge commissaire ne peut être un des juges de cette opposition ; — 2o que si le tribunal admet l'excuse et renvoie la partie à subir interrogatoire, il y a lieu de nommer un autre commissaire par argument de l'art. 472, C. procéd. civ., qui veut que quand un jugement est infirmé l'exécution soit renvoyée devant un autre tribunal. » — Cette question, au reste, ajoute M. Chauveau, n'a d'intérêt que pour les frais, puisque tant que la partie se présente avant le jugement (art. 331. — V. *infrà* nos 145 et suiv.), elle doit être admise à se faire interroger.

137. — « Si l'assigné ne comparaît pas ou refuse de répondre après avoir comparu, il en est dressé procès-verbal sommaire, et les faits peuvent être tenus pour avérés. » — C. procéd., art. 330.

138. — Jugé à cet égard, (mais ce n'est évidemment là qu'un arrêt d'espèce) que lorsque, pour parvenir à savoir si une vente a été faite en fraude des droits des héritiers, un interrogatoire sur faits et articles a été ordonné, et que les personnes que l'on veut interroger ne comparaissent pas, cette conduite, de leur part, doit faire regarder comme avérés et certains les faits de simulation, surtout s'il s'agit de la vente d'une maison faite, avec réserve d'usufruit, à une fille avec laquelle le vendeur avait des rapports scandaleux, et s'il est énoncé dans l'acte que le prix de ce contrat a été payé hors de la vue des notaires. — *Orléans*, 25 fév. 1819, Delacour-Gauthier c. Blondeau-Pigeon.

139. — Un arrêt de la cour de Paris a également considéré les faits pour avérés dans une espèce où il lui a paru que les réponses évasives fournies par l'interrogé équivalaient à un refus de répondre. — *Paris*, 18 mars 1812, Callet c. Thomas Dailly.

140. — Si la partie interrogée sur un fait répondait qu'elle ne se souvient pas, le juge pourrait, selon les circonstances et la bonne ou mauvaise foi de celui qui allègue l'oubli, tenir ce fait pour avéré. — Carré et Chauveau quest. 1250.

141. — Mais la partie pourrait se refuser à répondre à des questions sur des faits qui ne seraient pas pertinens. — *Bruxelles*, 1er déc. 1810, Ciplet c. Querlemont ; *Amiens*, 8 avr. 1824, Dobremelle ; 26 juill. 1822, Dufricho c. Fiévé ; — Carré et Chauveau, quest. 1249 ; Pigeau, p. 245 ; Favard, *loc. cit.* ; — V. *contrà* Comaille, t. 1er, p. 306.

142. — En pareil cas, on vient à l'audience : le juge apprécie le plus ou moins de fondement du refus de répondre ; s'il pense que ce refus n'est pas justifié, il peut alors, conformément à l'art. 330, tenir les faits pour avérés. — Mais devrait-il ordonner que la partie subira l'interrogatoire ?

143. — Pigeau (t. 1er, p. 589) soutient l'affirmative. Au contraire, M. Chauveau (sur Carré, quest. 1249) est d'avis de la négative, du moins en thèse générale, attendu que ce serait rentrer dans l'inconvénient que l'on évite en interdisant l'opposition et l'appel contre le jugement qui a ordonné l'interrogatoire. — Toutefois, il admet que le juge a, à cet égard, un pouvoir discrétionnaire. — Boncenne, enfin (t. 4, p. 548), se prononçant d'une manière plus absolue, ne reconnaît pas la possibilité d'admettre à un nouvel interrogatoire celui qui a refusé de répondre au premier.

144. — On ne doit pas, au reste, tenir pour avérés les faits sur lesquels la partie interrogée refuse de répondre catégoriquement, lorsque ces faits rentrent dans ceux qui faisaient l'objet d'un serment qu'elle avait prêté. — *Pau*, 11 mars 1824, Curie-Scimbrez c. Devic.

145. — « Si, ayant fait défaut sur l'assignation, l'assigné se présente avant le jugement, il sera interrogé, en payant les frais du premier procès-verval et de la signification. » — C. procéd., art. 334. — Mais les frais de l'interrogatoire ne sont pas nécessairement à sa charge. — Carré et Chauveau, quest. 1252.

146. — De même, on reconnaît que le délai accordé par le juge pour faire interroger sur faits et articles n'est pas tellement fatal, que le demandeur soit déchu de cette faculté, s'il a laissé passer ce délai sans en avoir fait usage. — *Bruxelles*, 11 fév. 1809, Degliens c. Limberg; — Favard de Langlade, *loc. cit.*, nº 9; Carré et Chauveau, quest. 1234.

147. — Mais, en pareil cas, les frais encourus par son défaut sont à sa charge (arg. art. 331). — Même arrêt.

148. — Jugé également que le jugement qui ordonne un interrogatoire sur faits et articles n'est point périmé pour inexécution dans les six mois. — *Bruxelles*, 8 fév. 1816, Huin c. N.

149. — Carré (quest. 1234) pense qu'il y aurait forclusion contre la partie qui a obtenu le jugement, et que cette forclusion serait absolue, si le tribunal avait fixé le délai *à peine de déchéance*. — M. Chauveau (*loc. cit.*) n'admet cette conséquence rigoureuse qu'autant que le tribunal refuserait d'accorder la prorogation.

150. — En tous cas, et comme l'art. 324 veut que l'interrogatoire ne soit ordonné que sans retard de l'instruction et du jugement, si le juge reconnaissait que ce vœu de la loi serait méconnu par la prorogation du délai, il serait en droit de la refuser.

151. — La partie doit répondre en personne, sans pouvoir lire aucun projet de réponse par écrit, et sans assistance de conseil, aux faits contenus en la requête. — Art. 333.

152. — Le juge ne doit pas exiger un serment préalable de l'interrogé. Ce serait le placer entre son intérêt et sa conscience (discussion au conseil d'état). — Carré et Chauveau, quest. 1253, Favard, nº 10; Pigeau, *Comment.*, t. 1er, p. 591; Thomine, t. 1er, p. 536. — V. aussi *infrà* nº 169.

153. — Celui qui a requis l'interrogatoire ne peut y assister (même article) non plus que son avoué ou représentant. — Pigeau, t. 1er, p. 592.

154. — Lorsque l'interrogatoire de plusieurs parties a été ordonné dans la même affaire et sur les mêmes faits, il peut être procédé à l'interrogatoire de l'une en présence de l'autre, alors surtout qu'on a pris la précaution de les entendre aussi séparément. — *Rennes*, 21 fév. 1826, Quenot c. Delattre.

155. — M. Thomine (t. 1er, p. 592) pense que le juge doit interroger les parties séparément et le même jour, afin qu'elles ne puissent concerter ensemble leurs réponses.

156. — Les réponses doivent être précises et pertinentes sur chaque fait, et sans aucun terme calomnieux ni injurieux. — Même art. 333.

157. — L'interrogé est tenu de répondre, et de la même manière, aux questions que le juge croirait devoir lui adresser d'*office*. — Art. 333.

158. — Il est évident que le juge-commissaire ne doit point interroger d'office sur des faits qui n'auraient pas de rapport avec ceux énoncés dans la requête. — Carré et Chauveau, quest. 1255; Favard, nº 10; Thomine, t. 1er, p. 537; Delaporte, t. 2, p. 316; Demiau, p. 242; Berriat, t. 1er, p. 316; *Praticien franç.*, t. 2, p. 288. — V. aussi en ce sens, dans l'ancienne jurisprudence, Bordier, Jousse, Rodier, Serpillon, sur l'art. 7, tit. 10 de l'ord., et Duparc-Poullain, t. 9, p. 459, nº 11.

159. — Dans la pratique, il est d'usage de remettre au juge-commissaire des notes ou mémoires sur des faits secrets qui n'ont point été notifiés à l'adversaire, et sur lesquels il est interrogé d'office. — Carré et Chauveau, quest. 1256; Favard, *loc. cit.*, nº 10. — Au reste, l'expression d'*office* annonce que le Code laisse au juge la faculté de recueillir, comme bon lui semble, les renseignemens dont il a besoin, sauf à n'user que de ceux qui sont relatifs au fait principal. — Berriat, p. 316.

160. — La cour supérieure de Bruxelles a jugé (25 nov. 1826, A. c. B.) que la partie à laquelle il a été ordonné de répondre sur faits et articles, ne peut pas, après avoir subi son interrogatoire, donner aux questions qui lui ont été faites dans cet interrogatoire, de nouvelles réponses par écrit, signifiées par exploit à sa partie adverse.

161. — Le même arrêt ajoute qu'une telle signification peut être considérée comme une reconnaissance que les réponses données lors de l'interrogatoire sont insuffisantes et incomplètes, et que la partie adverse est, en ce cas, recevable à en faire subir un nouveau. — V. sur le point de savoir si la même partie peut, dans le même procès, demander plus d'un interrogatoire, *suprà* nº 84.

162. — Le juge-commissaire doit être attentif à consigner les expressions mêmes du répondant, et à ne se servir d'aucun terme qui puisse en dénaturer le sens. Mais il pourrait refuser d'insérer des expressions calomnieuses ou injurieuses, sans toutefois aller jusqu'à la suppression des réponses, qui, sans être conçues en pareils termes, lui paraîtraient avoir ce caractère quant à leurs effets. — Carré et Chauveau, quest. 1257; Demiau, p. 242; Berriat, p. 316, nº 28.

163. — Les réponses doivent être écrites séparément les unes des autres. — Bioche, nº 52.

164. — Bien qu'en principe, celui qui doit subir un interrogatoire soit tenu de comparaître et de répondre en personne, cette règle souffre nécessairement exception lorsqu'il s'agit de personnes collectives. — A cet égard, l'art. 336 dispose que « les administrations d'établissemens publics doivent nommer un administrateur ou agent, pour répondre sur les faits et articles qui leur auront été communiqués; qu'elles donneront à cet effet un pouvoir spécial dans lequel les réponses seront expliquées et affirmées véritables; sinon, les faits pourront être tenus pour avérés; sans préjudice de faire interroger les administrateurs et agens sur les faits qui leur seront personnels, pour y avoir, par le tribunal, tel égard que de raison. »

165. — Nous avons dit plus haut que la même marche devait être suivie à l'égard de toute réunion de personnes procédant en nom collectif, telles que sociétés ou unions de créanciers.

166. — En pareil cas, il y a évidemment exception au principe que l'interrogé ne peut lire ses réponses. — Mais l'administrateur ou l'agent nommé pour prêter l'interrogatoire pourrait-il être *interrogé d'office?* Non, sans doute, puisqu'il ne peut excéder les limites du pouvoir spécial qui contient l'explication et l'affirmation des réponses (Demiau, p. 244; Berriat, p. 315; Pigeau, t. 1er, p. 594; Favard de Langlade, nº 10; Carré et Chauveau, quest. 1264); à moins, toutefois, dit avec raison ce dernier auteur, qu'il ne s'agisse de faits à lui personnels, cas auquel il pourrait être interrogé d'office, si, d'ailleurs, il était partie en cause, soit comme représentant judiciaire de l'établissement public, soit de son propre chef. — M. Thomine (t. 1er, p. 539) pense qu'on peut adresser à l'agent des questions d'office.

167. — Jugé, à cet égard, que l'avoué muni d'un pouvoir spécial n'est pas considéré comme l'agent des administrateurs d'établissemens publics quand il s'agit de prêter l'interrogatoire sur les faits et articles, et qu'on ne peut admettre à cet interrogatoire que des personnes attachées auxdits établissemens par des fonctions antérieures et permanentes. — *Toulouse*, 27 juin 1838 (t. 2 1838, p. 432), hospice de Foix c. Lanes; — conf. Chauveau sur Carré, quest. 1264 *bis*.

168. — « L'interrogatoire achevé est lu à la partie, avec interpellation de déclarer si elle a dit la vérité et persiste. Si elle ajoute, l'addition est rédigée en marge ou à la suite de l'interrogatoire; elle lui est lue, et il lui est fait la même interpellation; elle signe l'interrogatoire et les additions; et si elle ne sait ou ne veut signer, il en est fait mention. » — C. proc., art. 334.

169. — La partie n'est pas tenue d'affirmer par *serment* la sincérité de ses réponses à un interrogatoire sur faits et articles ordonné par un jugement même contradictoire et non sur simple requête. — *Florence*, 19 mars 1810, Sebay.

170. — Il est hors de doute que le procès-verbal doit être signé du juge-commissaire et du greffier, quoique le Code de procédure n'en ait pas fait l'objet d'une disposition formelle. — Carré et Chauveau, quest. 1259.

171. — « La partie qui veut faire usage de l'interrogatoire doit le faire signifier, sans qu'il puisse être un sujet d'écritures de part ni d'autre. » — C. procédure, art. 335.

172. — Un interrogatoire ne peut être lu à l'audience qu'après avoir été signifié. — *Poitiers*, 22 avr. 1831, Dauvilliers c. Pallu-Duparc.

173. — Jugé aussi que l'interrogatoire subi en vertu d'un jugement par défaut, auquel on a fait opposition ne peut être lu tant que cette opposition n'a pas été jugée. — Même arrêt. — V. au reste sur le droit d'opposition *suprà* nºs 101 et suiv.

174. — Comme nous l'avons fait pressentir plus haut, la défense de signifier des écritures ne s'applique pas au cas où l'interrogatoire a été ordonné dans un procès par écrit, puisque l'instruction par écrit une fois ordonnée, la discussion au fond ne peut avoir lieu que par écrit et non oralement à l'audience. — V. INSTRUCTION PAR ÉCRIT. — Demiau, p. 243; Carré et Chauveau, quest. 1260.

175. — Sous l'empire de l'ordonnance de 1667, tit. 10, art. 10, les frais de l'interrogatoire étaient à la charge de la partie qui l'avait requis. Aujourd'hui, ces frais sont supportés par celle des parties qui succombe dans l'instance. — Merlin, vº *Interrogatoire*; Carré et Chauveau, quest. 1263; Bioche, nº 60; Pigeau, t. 1er, p. 593; Thomine, t. 1er, p. 538.

§ 6. — *Effets de l'interrogatoire.*

176. — Nous avons vu *suprà* nºs 137 et suiv. quels sont les effets quant à la partie interrogée, de son refus de répondre aux questions qui lui sont adressées.

177. — En général, on s'accorde pour reconnaître que les aveux résultant de l'interrogatoire sont réputés aveux judiciaires et en produisent les effets. — V. à cet égard, et spécialement en ce qui concerne l'application du principe de l'indivisibilité de l'aveu, à la matière de l'interrogatoire sur faits et articles, AVEU, nºs 43 et suiv., 73 et suiv., 92, 121 et suiv., 145 et suiv., 188.

178. — Jugé qu'une cour royale peut apprécier souverainement les réponses faites par les parties à un interrogatoire sur faits et articles, et décider si leurs déclarations touchant l'existence d'actes qu'elles produisent plus tard, constituent un aveu judiciaire emportant de leur part renonciation au droit de se prévaloir desdits actes. — *Cass.*, 5 déc. 1842 (t. 1er 1843, p. 179), Fornel de Mainzac c. de Lamberterie.

179. — Nous avons dit plus haut dans quels cas et dans quelles limites les déclarations d'un tuteur, d'un mandataire ou d'un agent pouvaient obliger le pupille, le mandant, ou l'administration représentée. — V. nºs 57 et suiv.

180. — Si les réponses de l'interrogé peuvent être invoquées contre lui, elles ne peuvent former une preuve décisive en sa faveur. — Pothier, *Obligations*, nº 826; Berriat, p. 318; Bioche, p. 68.

181. — Si les réponses de l'interrogé ne produisent pas de preuve formelle, elles peuvent être considérées comme un commencement de preuve par écrit de nature à faire admettre la preuve testimoniale. — *Cass.*, 15 mars 1843 (t. 2 1843, p. 85), Mouchet c. Reynac. — V. au reste à cet égard COMMENCEMENT DE PREUVE PAR ÉCRIT, nºs 24 et suiv, 37, 62 et suiv., 110, 179, 185 et suiv.

182. — L'audition de la partie n'est donc pas un obstacle soit à l'admission de la preuve testimoniale des faits qui ont formé la base de l'interrogatoire, soit à la délation d'un serment décisoire. — *Cass.*, 6 frim. an XIII, Nallet c. Charlet; 9 fév. 1808, Monnier c. Bardon; *Turin*, 1er mai 1810, Manna c. Fogliacco; — Chauveau et Carré, quest. 1236; Favard de Langlade, nº 5 *bis*; *Praticien français*, t. 3, p. 280; Merlin, *Rép.*, vº *Interpellation*, nº 2.

183. — Mais le tribunal pourrait-il ordonner une instruction par écrit à l'occasion de l'interrogatoire? Demiau (p. 243) et Berriat (p. 317) se prononcent pour la négative, en se fondant sur les termes de l'art. 335, qu'ils considèrent comme restrictifs. — Au contraire, Favard de Langlade (*loc. cit.*, nº 11) et M. Chauveau (sur Carré, quest. 1261) pensent que les écritures prohibées par l'art. 335 sont seulement celles que les parties pourraient se permettre au sujet de l'interrogatoire (et qui ne devraient pas passer en taxe), et non celles que le juge croit utile d'ordonner pour éclairer sa religion.

V. ACTE AUTHENTIQUE, AVEU, COMMENCEMENT DE PREUVE PAR ÉCRIT, DOUBLE ÉCRIT, JUGEMENT, PRÉSOMPTION, PREUVE TESTIMONIALE.

INTERRUPTION D'INSTANCE.

V. PÉREMPTION D'INSTANCE.

INTERRUPTION DE PRESCRIPTION.

V. PRESCRIPTION.

INTERVALLE (Acte).

1. — Espace vide entre deux lignes, deux articles.

2. — Les actes notariés doivent être écrits sans intervalle à peine d'une amende de 20 francs (autrefois 100 francs) contre le notaire contrevenant. — LL. 25 vent. an XI, art. 13; 16 juin 1824, art. 10. — V. BLANC.

3. — La lettre de voiture délivrée par un commissionnaire de transport doit être copiée par lui sur un registre coté et paraphé, sans intervalle et de suite. — C. comm., art. 102. — V. COMMISSIONNAIRE DE TRANSPORTS, nº 35.

INTERVALLE LUCIDE.

1. — Espace de temps pendant lequel l'homme qui a perdu la raison la recouvre momentanément pour la perdre de nouveau.

2. — En règle générale, l'interdiction frappe celui qu'elle atteint, d'une incapacité absolue et qui n'admet pas de distinction; cependant les actes faits

pendant cet intervalle peuvent parfois être réputés valables. — V. INTERDICTION, MARIAGE.

INTERVENTION.

Table alphabétique.

Acquéreur, 20.
Action civile, 103, 145. — principale, 46.
Adjudication nulle, 35.
Affaire en état, 124 s., 129.
Affréteur, 37.
Antichrèse, 33.
Appel, 5, 9, 41, 84, 143.
Arbitrage, 68.
Assurances contre l'incendie, 26.
Avantage indirect, 73.
Avocat, 87, 97.
Avoué, 89, 92, 95, 100, 164.
Capacité, 12 s.
Caution, 77. — *judicatum solvi*, 144 s.
Cession, 67.
Cessionnaire, 20, 24 s.
Chambre de discipline, 94 s.
Chose jugée, 149 s.
Commissaire de créanciers, 43, 58.
Commune, 79 s., 120 s.
Communication de pièces 123.
Compte, 30. — de tutelle 50.
Conclusions additionnelles, 112. — verbales, 111.
Conseil d'état, 5, 104.
Concession de saisie immobilière, 56.
Copie de pièces, 100.
Corporation, 94 s.
Cotenancier, 80, 121.
Cour d'assises, 103. — de Cassation, 5, 104.
Courtier de commerce, 99.
Créancier, 9 s., 26 s., 31 s., 76.
Déclaration de jugement commun, 3 s.
Défense, 132 s.
Demande principale, 107 s.
Dépens, 31, 63, 101, 158 s.
Désaveu de paternité, 48, 69.
Détenteur, 60.
Diffamation, 85 s.
Domaines nationaux, 47,
Donataire, 62.
Donateur, 63.
Donation, 73.
Droit de consultation, 164.
Effets, 147 s.
Enquête, 127.
Etrangers, 75, 144 s.
Exception, 126.
Exploit, 107.
Failli, 61.
Faux, 82 s.
Femme, 17 s.
Folle-enchère, 36.
Forme, 105.
Fraude, 27, 39 s.
Garantie, 4, 19 s.
Habitans, 79 s., 120 s.
Héritier, 22, 63, 64. — bénéficiaire, 65.
Huissier, 100.
Hypothèque, 66. — légale, 57.
Incident, 138.
Inscription hypothécaire, 55.
Instruction par écrit, 138.
Intérêt, 6 s. — conditionnel, 70 s. — d'honneur, 82 s. — futur, 70 s. — propre, 152 s.
Intervention forcée, 2 s. — non contestée, 140. — volontaire, 2.
Jugement, 135 s., 139. — contradictoire, 142.
Justice de paix, 107.
Legs, 14.
Lettre de change, 81.
Licitation, 28.
Liquidation, 113.
Locataire, 21, 23.
Mandat, 46.
Mandataire, 122.
Mari, 17 s.
Matière criminelle, 5. — sommaire, 133.
Mère, 68 s.
Mineur, 14.
Mise en délibéré, 130.
Négligence, 27.
Notaire, 82 s., 86, 91, 93, 96.
Nullité de la demande principale. 156.
Ordonnance, 117.
Partage, 28, 159. — d'opinions, 131.
Péremption, 147.
Pièces justificatives, 110 s., 114 s.
Plaidoiries commencées, 129.
Préjugé fâcheux, 78 s.
Préliminaire de conciliation, 106.
Prescription, 29, 155
Procédure, 105.
Propriété, 23, 34.
Puissance paternelle, 14.
Qualité, 6 s.
Question préjudicielle, 137.
Rapport à justice, 141.
Référé, 105.
Requête, 109 s., 118 s.
Saisie de meubles, 49. — immobilière, 52, 54
Servitude, 21.
Société, 32.
Subrogation, 54.
Subrogé-tuteur, 15 s.
Succession, 22. — bénéficiaire, 42.
Surenchère, 77.
Sursis, 125.
Taxe, 101, 164.
Tierce-opposition, 9, 38, 51, 157.
Tiers diffamé, 85 s., 88, 90.
Tontine, 45.
Transaction, 154.
Tribunal de commerce, 107 s.
Tuteur, 68.
Vendeur, 44, 59, 63.
Voie d'instruction, 128.

INTERVENTION. — 1. — On désigne ainsi la demande incidente formée dans le cours d'un procès par un tiers qui vient y prendre part et qui veut faire statuer par le même jugement sur les droits qu'il prétend avoir dans la contestation.

2. — On distingue, en droit, deux espèces d'intervention, l'intervention *volontaire*, celle dont parle le Code, et l'intervention *forcée*, qui a lieu lorsque l'une des parties qui figurent au procès met un tiers en cause, afin que le jugement soit déclaré commun avec lui.

3. — Ainsi jugé que le tiers qui peut avoir des droits sur un objet litigieux entre deux parties, peut être sommé de déclarer s'il entend faire ou non valoir lesdits droits, et être forcé d'intervenir de manière à ce que la décision qui sera rendue soit commune avec lui. — *Caen*, 11 déc. 1845 (t. 1er 1845, p. 467), Sabire Lavasserie c. comte de Buisseret.

4. — Ce qui est relatif à la déclaration de jugement commun ou intervention forcée est traité vis GARANTIE et JUGEMENT COMMUN.

5. — Nous ne reviendrons pas, dans le cours de cet article, sur les règles concernant spécialement l'intervention en cause d'appel et devant la cour de Cassation : ces règles ayant été exposées vis APPEL, nos 659 et s., et CASSATION (mat. civ.), notamment nos 1812 et suiv. — Nous n'exposerons pas non plus ce qui est relatif à l'intervention en matière criminelle (V. sur ce point ACTION CIVILE). — V. aussi, en ce qui concerne l'intervention devant le conseil d'état, vo CONSEIL D'ÉTAT. — Nous nous bornerons à exposer les principes généraux en matière d'intervention.

§ 1er. — *Qui peut intervenir* (no 6).

§ 2. — *Forme de l'intervention* (no 104).

§ 3. — *Du jugement qui statue sur l'intervention. — Effets de l'intervention* (no 135).

§ 1er. — *Qui peut intervenir.*

6. — Pour être recevable à intervenir dans un procès, il faut avoir *intérêt* et *qualité*. — L'absence de l'une de ces conditions doit faire rejeter la demande. — V. ACTION.

7. — L'intérêt est encore plus ici qu'en toute matière la règle du droit, car on ne doit pas s'immiscer dans les affaires d'autrui pour des motifs peu sérieux. — *Prat. fr.*, t. 2, p. 316 ; Carré et Chauveau, t. 39, no 1270 ; Merlin, *Rép.*, vo *Intervention* ; Demiau, p. 288 ; Pigeau, *Procéd.*, t. 1er, p. 393 ; Thomine-Desmazures, t. 1er, p. 546 ; Berriat, p. 320 ; Favard, t. 3, p. 48 ; Bioche, vo *Intervention*, no 5.

8. — Ainsi donc et avant tout, il faut examiner : 1o si l'intervenant a intérêt à agir, et il a intérêt toutes les fois que le jugement que sollicitent les parties en cause est de nature à porter atteinte à ses droits. — *Cass.*, 15 juill. 1822, Gouy d'Arcis c. Mouchet.

9. — 2o S'il a qualité : en cause d'appel, on n'a qualité pour intervenir qu'autant qu'en supposant le jugement rendu, on aurait le droit d'y former tierce opposition. — C. procéd., art. 466 ; — Boitard, *Leçons de procéd.*, t. 2, p. 263. — V. APPEL, nos 659 et suiv. — Mais, en première instance, on peut être admis à intervenir, quoiqu'on n'ait pas qualité pour attaquer le jugement par la tierce opposition. — Boitard, p. 264.

10. — Jugé en conséquence, qu'il suffit d'être intéressé dans une instance pour avoir droit et qualité d'y intervenir. — *Colmar*, 26 fév. 1833, Witz-Witz c. Schmaltzer-Hartmann.

11. — Jugé, en sens contraire, que le créancier ne peut intervenir dans une instance pendante entre son débiteur et un tiers, au jugement de laquelle il n'aurait pas le droit de former tierce-opposition. — *Paris*, 2 août 1843 (t. 2 1843, p. 382), Lajoie et Megrénis c. Mir et Guilhon.

12. — Il est bien entendu au surplus qu'indépendamment des deux conditions que nous venons d'indiquer, l'intervenant doit, pour être reçu, avoir la capacité générale exigée de tous ceux qui veulent ester en justice.

13. — Ainsi toute personne qui n'a pas l'exercice de ses droits civils ou dont le pouvoir est limité ne peut intervenir dans le cas où l'objet de l'intervention outrepasse sa capacité.

14. — Jugé toutefois que l'incapable peut, dans certains cas, intervenir sans son représentant légal, et qu'ainsi lorsqu'un tuteur demande contre son pupille des moyens coërcitifs pour le contraindre à se rendre dans une demeure désignée, ce mineur est recevable à intervenir sans autorisation. — *Bastia*, 31 août 1826, Guettera c. Durazzo.

15. — Le subrogé-tuteur a-t-il qualité pour intervenir dans une instance introduite dans l'intérêt du mineur, bien qu'il n'y ait pas opposition entre les intérêts de ce dernier et ceux de son tuteur ? Oui, d'après *Grenoble* (12 fév. 1835, Bruneau c. Pradoura), attendu que sa présence ne peut que profiter au pupille et non lui nuire. — V. TUTELLE.

16. — L'affirmative ne serait pas douteuse s'il y avait opposition d'intérêts entre le tuteur et le mineur. — *Colmar*, 2 août 1817, Kentzeuger. — V. aussi *Cass.*, 27 mai 1818, Havier c. Murrot. — V. TUTELLE.

17. — Lorsque le mari exerce les actions de la femme relatives à des droits dont il peut disposer, la femme n'a pas qualité pour intervenir. — *Aix*, 9 janv. 1810, Michel c. N...

18. — Mais elle pourrait intervenir s'il s'agissait d'une action relative à ses immeubles. — *Cass.*, 11 nov. 1831, Dumont ; 15 mai 1832, Majeau

19. — Suivant Pigeau, (*Procéd.*, t. 1er, p. 413), toute personne peut intervenir, lorsqu'elle a dans la contestation un droit ouvert ; ceci s'applique notamment à celui qui veut prévenir l'action en garantie que l'une des parties en cause pourrait diriger contre lui. — V. GARANTIE.

20. — Ainsi le garant simple ou formel peut intervenir dans le procès où se débat la question de savoir si la créance vendue existait lors de la cession, si le revendiquant est propriétaire de l'immeuble vendu : en effet si le jugement rendu au préjudice du cessionnaire ou de l'acquéreur hors de la présence de leur auteur ne peut pas lui être opposé, il n'en est pas moins vrai que ce jugement forme contre lui un préjugé fâcheux et qui devra peser d'un grand poids dans le procès qui s'élèvra ensuite entre lui et l'acquéreur évincé. — C. civ., art. 1693 ; — Boitard, t. 2. p. 265 ; Bioche, vo *Intervention*, no 7.

21. — Ceci s'applique encore au cas où l'une des parties litigantes soutient, sans avoir qualité pour le faire, les droits de l'intervenant. Par exemple, lorsqu'un locataire défend à une demande à fin de servitude formée contre lui, au lieu de la dénoncer au propriétaire.

22. — De même, lorsqu'un parent éloigné du défunt s'est emparé de sa succession et plaide soit en demandant soit en défendant pour la succession, le parent le plus proche à qui la succession appartient a droit d'intervenir au procès, d'une part, pour faire écarter de la succession le parent qui s'en est indûment emparé, et, d'autre part, pour faire décider que la prétention de l'adversaire est mal fondée.

23. — Mais jugé qu'un locataire n'a pas qualité pour intervenir dans une contestation engagée entre son propriétaire et le propriétaire voisin sur une question touchant au droit de propriété de l'objet loué. — *Rouen*, 5 fév. 1817, Leloup c. Delamarche.

24. — Le cessionnaire, bien qu'il n'ait encore fait signifier son transport, peut aussi intervenir dans le procès pendant entre le cédant et un tiers, afin de défendre ses droits ; cela n'est pas douteux. — *Douai*, 17 déc. 1818, Boulo c. Daffrengue ; *Bordeaux* 21 mai 1831, Gaulhieur c. Wirthy ; — Bioche, vo *Intervention*, no 10. — V. cependant *Poitiers*, 5 juill. 1826, Stocquart c. Delafitte.

25. — Seulement, dans ce cas, l'adversaire du cédant peut exiger que celui-ci reste en cause, afin de répondre personnellement des frais déjà faits, des restitutions de fruits par lui perçus et de toutes autres condamnations qui pourraient être prononcées contre lui. — V. au reste vo TRANSPORT-CESSION.

26. — Jugé encore, que le créancier inscrit sur un immeuble, et délégataire de l'indemnité, en cas d'incendie, a droit d'intervenir sur l'appel du jugement qui statue, entre l'assureur et l'assuré, sur cette indemnité. — *Paris*, 24 fév. 1846 (t. 1er 1846, p. 709), Menut c. Assurances générales.

27. — L'intervention est également recevable de la part des créanciers de l'une des parties en cause, lorsqu'ils ont à craindre que leur débiteur n'apporte de la négligence dans sa défense ou ne colude avec son adversaire. L'art. 1166 renferme une disposition générale qui ne permet pas de contester leur qualité à cet égard. — Merlin, *Rép.*, vo *Intervention*, § 1er, no 3 ; Chauveau et Carré, quest. 1270 *bis*. — Néanmoins, comme c'est surtout dans cette hypothèse que l'intervention a lieu le plus fréquemment, nous devons rappeler les principales circonstances dans lesquelles elle est exercée.

28. — 1o Les créanciers peuvent, aux termes de l'art. 882, C. civ., lorsqu'ils ont pour débiteur l'un des cohéritiers d'une succession indivise, s'opposer à ce qu'il soit procédé au partage hors de leur présence, et intervenir dans l'instance, si le partage se fait judiciairement. — V. PARTAGE. — Ils peuvent également intervenir dans l'instance en licitation qui est soumise aux mêmes règles que le partage. — V. LICITATION.

29. — 2o Lorsque le débiteur refuse d'opposer à son adversaire une prescription acquise en sa faveur, les créanciers peuvent intervenir dans l'instance et se prévaloir de cette prescription, alors même que le débiteur y aurait formellement renoncé. — C. civ., art. 2225. — V. PRESCRIPTION.

30. — 3o En matière de compte, les créanciers du rendant et ceux de l'oyant ont le droit d'intervenir au débat et de discuter la fixation du reliquat. Seulement, dans ce cas, le Code prend des précautions pour empêcher la multiplicité des frais que pourrait occasioner la concurrence de plusieurs intervenans. — C. procéd. civ., art. 536. — V. REDDITION DE COMPTE.

31. — Jugé que tout créancier a droit d'interve-

nir en première instance dans une contestation dans laquelle les intérêts de son débiteur sont compromis, sans être tenu d'offrir de supporter les dépens de son intervention. — *Bordeaux*, 14 avr. 1828, Pierre c. Contrib ind.

32. — ... Que les créanciers d'une société peuvent intervenir dans le procès élevé sur le point de savoir si cette société existe. — *Bruxelles*, 23 janv. 1832, Delamme c. Heymans.

33. — ... Que le créancier, à qui a été donné un immeuble à antichrèse, *intervient* valablement dans l'instance en nullité de la vente *postérieure* de cet immeuble. — *Cass*, 7 mars 1820, Desmarès c. Delamotte. — V. ANTICHRÈSE, n° 61.

34. — ... Que des créanciers peuvent intervenir dans une contestation concernant la propriété de leur débiteur. — *Aix*, 4 juill. 1810, Tronchet.

35. — ... Qu'un créancier inscrit qui est exposé à perdre le montant de sa créance, si l'adjudication des biens de son débiteur est maintenue, est recevable à intervenir pour conclure de son chef à la nullité des poursuites qui ont donné lieu à cette adjudication. — *Montpellier*, 30 déc. 1816, Sabatier c. Debosque.

36. — ... Que de même, des créanciers hypothécaires peuvent intervenir dans une instance tendante à la revente sur folle-enchère des immeubles à eux hypothéqués, surtout si leurs débiteurs restent dans l'inaction ou renoncent à se défendre. — *Cass.*, 10 août 1825, Dumoulier c. Lejeune.

37. — ... Que l'affréteur d'un bateau a qualité pour intervenir dans une instance en saisie dirigée contre le patron, surtout s'il s'agit de faits dont lui, affréteur, serait responsable. — *Cass.*, 26 mars 1834, Lalanne c. la douane.

38. — ... Et que, de ce qu'un créancier est intervenu dans une instance introduite par son débiteur, à fin d'annulation pour dol et fraude, d'un jugement rendu contre lui, il n'en résulte pas qu'il ne puisse, dans la même instance, se porter incidemment tiers opposant à cette sentence comme rendue en fraude de ses droits personnels. — *Cass.*, 8 fév. 1837 (t. 1er 1837, p. 98), Lebrun et Noel c. de Folleville. — V. au reste TIERCE-OPPOSITION.

39. — Jugé néanmoins, d'un autre côté, que les créanciers n'ont pas le droit d'intervenir dans une instance que leur débiteur soutient contre un tiers, à moins qu'ils ne prouvent un concert frauduleux. — *Bordeaux*, 2 mai 1828, Bordes c. Merle et Doret; 11 mars 1828, Plat de Villeneuve c. Lacoste.

40. — ... Que les créanciers d'un débiteur qui n'attaquent point un jugement, comme ayant été l'effet d'une collusion frauduleuse, et qui n'articulent aucuns faits à cet égard, ne peuvent intervenir qu'en faisant usage des mêmes voies qui seraient ouvertes au débiteur lui-même. — *Orléans*, 5 mars 1822, N... c. N...

41. — ... Que les créanciers ne peuvent intervenir en appel, pour faire valoir de leur chef, les droits que leur débiteur défend lui-même devant les tribunaux. — *Cass.*, 8 déc. 1825, Lebarrois-d'Orgeval c. Laffitte.

42. — ... Que le créancier d'une succession bénéficiaire n'est pas recevable à intervenir dans les poursuites régulières de vente des immeubles de la succession, alors d'ailleurs qu'il peut surenchérir. — *Paris*, 17 nov. 1810, Demarsay.

43. — ... Que les commissaires des créanciers d'un agent de change non déclaré en faillite ne peuvent, s'ils ne sont nommés que par un acte de cession de biens non authentique, intervenir dans une instance entre leur débiteur et l'un de ses créanciers. — *Paris*, 7 mai 1832, Lallier c. Aguado.

44. — ... Que le vendeur qui n'a pas été assigné en garantie par son acquéreur ne peut intervenir dans une instance de celui-ci avec un tiers, le jugement à intervenir ne pouvant lui porter préjudice. — *Bastia*, 9 mars 1835, Raffalli c. Raffalli et Arena.

45. — ... Que lorsque l'autorité administrative autorise les actionnaires d'une tontine à se faire représenter par des commissaires dans un procès qui l'intéresse, les actionnaires peuvent être déclarés non-recevables à intervenir eux-mêmes, par le motif qu'ils ont des mandataires en cause. — *Cass.*, 21 mai 1822, Administ. de la caisse Lafarge c. Lafarge et Mitouflet.

46. — ... Que celui qui, au cours d'une instance engagée relativement à la validité d'une obligation, veut exercer une action contre l'une des parties en cause à qui il a confié un mandat, ne peut procéder par voie d'intervention, mais qu'il doit en faire l'objet d'une demande principale soumise à tous les degrés de juridiction. — *Orléans*, 22 août 1816, N... c. N...

47. — ... Que les soumissionnaires de domaines nationaux dont la soumission a été acceptée par l'administration, pour le cas où la vente pourrait avoir lieu, ne sont pas recevables à intervenir dans la contestation engagée entre l'état et les derniers possesseurs des biens, sur le point de savoir s'ils étaient ou non domaniaux. — *Cass.*, 24 janv. 1825, Malepert c. Bosch.

48. — Il a été jugé que les créanciers ne peuvent intervenir dans une action en désaveu de paternité dirigée contre leur débiteur, alors surtout qu'aucun fait de collusion entre lui et les membres de la famille n'est allégué. — *Cass.*, 6 juill. 1836, Delamotte c. Dubois de Sacé; — Bioche, v° *Intervention*, n° 56. — V. LÉGITIMITÉ.

49. — De même, il est interdit au prétendu propriétaire de meubles saisis-exécutés, d'intervenir dans l'instance en nullité de la saisie pendante entre le créancier et le saisi. — Il doit revendiquer ces meubles par voie directe, en la forme de l'art. 608, C. procéd. civ. — Bioche, v° *Intervention*, n° 16.

50. — Jugé, en tous cas, que le créancier qui est admis à intervenir dans les débats d'un compte de tutelle que son débiteur rend à ses enfans, et à y exercer, dans son intérêt, les droits et les actions, de celui-ci, ne peut être considéré comme un tiers vis-à-vis des ayant compte, mais bien comme l'ayant-cause du rendant, et que dès-lors tous les actes opposables à celui-ci peuvent lui être opposés. Il ne pourrait les attaquer qu'en procédant en son nom personnel, pour prouver qu'ils ont été faits en fraude de ses droits. — *Bourges*, 28 avr. 1838 (t. 2 1838, p. 550), Pelen c. Thevente.

51. — Le tiers opposant à un arrêt est non-recevable à intervenir dans l'instance relative à l'exécution de cet arrêt avant le jugement de sa tierce opposition. — *Paris*, 10 fruct. an XII, Leriche.

52. — Un créancier inscrit peut-il intervenir dans une poursuite en expropriation forcée, sur la demande en nullité de saisie formée par la partie saisie contre le saisissant?

53. — L'affirmative est enseignée par Merlin (*Rép.*, v° *Intervention*, § 1er), et par M. Chauveau (sur Carré, t. 3, n° 1270 *ter.*). — On oppose contre cette solution : 1° que les créanciers inscrits sont représentés par le poursuivant; 2° qu'ils ont la faculté de se faire subroger aux droits de ce dernier et de sauvegarder ainsi leurs droits. — Mais ces objections ne nous touchent point. En effet, outre que la subrogation ne peut être demandée qu'autant que le poursuivant se rend coupable de négligence ou de fraude, il n'est pas vrai de prétendre que le poursuivant est le représentant nécessaire des autres créanciers, car ceux-ci peuvent avoir des intérêts distincts, et ont quelquefois des intérêts opposés; il faut donc qu'ils aient un moyen d'exercer et de défendre leurs droits; c'est dire assez que même dans ce cas, ils peuvent intervenir. — V. SAISIE IMMOBILIÈRE.

54. — Jugé, en conséquence, que le droit de se faire subroger à la poursuite délaissée par le premier saisissant, ne rend pas non-recevables les créanciers inscrits à intervenir dans les contestations qui s'élèvent avant l'adjudication. — *Cass.*, 18 août 1808, Mazza c. Autran.

55. — Jugé également que l'intervention d'un créancier hypothécaire dans une instance en nullité de l'inscription d'un autre créancier, est recevable. — *Nancy*, 18 déc. 1826, Collombel et André c. Faivre.

56. — ... Et que l'adjudicataire a le droit d'intervenir dans l'instance engagée entre le saisissant et le saisi sur la demande en conversion de la saisie en vente volontaire. — *Colmar*, 26 juill. 1833, Rigoult c. Bodin de Saint-Laurent; Chauveau sur Carré, t. 3, p. 206, au texte, et note 1re.

57. — Jugé encore que tous les créanciers et notamment la femme qui a une hypothèque légale sur les biens saisis appartenant à son mari, ont le droit d'intervenir pour la conservation de leurs droits dans la poursuite en expropriation des biens de leur débiteur. — *Pau*, 21 fév. 1824, B. c. Léchaud.

58. — ... Et que le mandat donné à des commissaires par des créanciers unis, à l'effet de procéder à la liquidation des biens de leur débiteur, ne s'oppose nullement à ce que l'un ou plusieurs des créanciers interviennent en leur nom personnel, dans les instances relatives à la liquidation, pour contester l'usage que l'on ferait de leur mandat, et prendre des conclusions contraires à celles des commissaires. — *Paris*, 28 déc. 1843 (t. 1er 1844, p. 387), Dupuis c. Beslay.

59. — Jugé aussi que celui qui a vendu un immeuble, à la charge par l'acquéreur, de payer une partie du prix à un créancier hypothécaire, a le droit d'intervenir dans une instance en expropriation forcée, dirigée contre l'acquéreur, par le créancier délégué, faute d'avoir été payé, surtout lorsque lui-même n'a pas entièrement touché la portion du prix qui lui restait due. — *Cass.*, 18 août 1825, Sinetti c. Clerembault.

60. — ... Que le détenteur d'un immeuble est recevable à intervenir devant les tribunaux, sur l'action intentée contre celui de qui il tient ses droits, par des parties qui demandent la résolution du titre de ce dernier. — *Metz*, 29 mai 1811, Mersche.

61. — ... Et que, bien que les poursuites soient dirigées contre les syndics de la faillite, le failli a qualité pour intervenir dans la procédure en expropriation de ses immeubles, à fin d'y surveiller ses droits et de se prévaloir de tous moyens de nullité. — *Pau*, 21 fév. 1823, B. c. Lèchaud.

62. — Celui qui, par vente ou donation, succède, à titre particulier, dans la propriété de l'objet litigieux, a droit d'intervenir au procès, car il a le plus grand intérêt à ce que les droits qui lui ont été transmis soient bien défendus. — Pigeau, t. 1er, p. 149; Bioche, v° *Intervention*, n° 8.

63. — Mais évidemment le vendeur ou donateur doit rester en cause, car il ne peut dépendre de lui de se débarrasser des frais d'un procès injuste en mettant à sa place un insolvable. — Pigeau, t. 1er, p. 149; Bioche, v° *Intervention*, n° 8.

64. — L'héritier d'une femme commune, décédée dans le cours d'un procès suivi par le mari, a qualité pour intervenir dans l'instance à compter de la dénonciation du décès de la femme. — *Montpellier*, 13 juin 1844 (t. 1er 1845, p. 70), Solignac c. comp. Usquin.

65. — L'héritier bénéficiaire d'une femme mariée sous le régime de la communauté peut intervenir en appel dans une instance pendante entre le mari et un tiers à l'occasion de sommes susceptibles de tomber en communauté, ... et cela alors même qu'il n'aurait pas encore expressément accepté la communauté. — *Montpellier*, 13 juin 1844 (t. 1er 1845, p. 70), Solignac c. comp. Usquin.

66. — Lorsque le droit hypothécaire de la femme est contesté, l'acquéreur de son immeuble a qualité pour intervenir et le défendre, alors même que celle-ci s'en rapporte à justice. — *Cass.*, 28 nov. 1838 (t. 2 1838, p. 553), Perrin c. Passié. — En effet, le système qui tendrait à refuser à l'acquéreur le droit d'intervenir, sous prétexte que la femme a seule le droit d'opter, ne nous paraît pas admissible. Il importe à l'acquéreur qui peut être recherché par l'action révocatoire de faire constater que la femme est également libre d'exercer une autre action, sauf à elle, une fois son droit constaté, à agir comme bon lui semblera.

67. — De ce que la voie de l'intervention dans une instance, comme celle de la tierce-opposition à un jugement, est admissible, toutes les fois que le jugement qui pourrait intervenir ou qui a déjà été rendu serait de nature à porter préjudice à la partie non appelée, il résulte que lorsque l'annulation d'un transport de droits est poursuivie par les créanciers du cédant, pour fraude et simulation, d'autres créanciers peuvent intervenir aux mêmes fins. — *Cass.*, 15 juill. 1822, Gouy-d'Arcis c. Mouchet.

68. — De même, si une sentence arbitrale a été rendue conjointement contre des mineurs et contre leur mère tutrice, celle-ci peut intervenir dans l'instance sur la demande en nullité formée par le subrogé-tuteur des mineurs, lorsqu'elle a un intérêt et des moyens personnels à faire valoir contre la sentence arbitrale. — *Cass.*, 27 mai 1818, Huvier c. Massol.

69. — En matière de désaveu d'enfant, la mère qui n'a pas été intimée sur l'appel interjeté du jugement qui admet le désaveu, a le droit d'intervenir dans l'instance pendante devant la cour. — *Paris*, 18 fév. 1843 (t. 1er 1843, p. 532), Desportes c. de N...

70. — Un intérêt futur et conditionnel peut suffire pour autoriser l'intervention de celui dont le droit n'est qu'éventuel. En effet, aux termes de l'art. 1180, C. civ., le créancier dont les droits sont subordonnés à l'événement d'une condition peut faire tous les actes conservatoires de sa créance. — Merlin, *Rép.*, t. 14, p. 534, 4e éd.; Thomine-Desmazures, t. 1er, p. 546; Pigeau, *C. procéd.*, t. 1er, p. 416; Bioche, n° 35; Chauveau et Carré, n° 1270.

71. — Ainsi, le créancier *conditionnel* du mari peut intervenir dans une demande en séparation de biens, sérieusement débattue. — Boitard, t. 2, p. 266; Carré, n° 1681.

72. — Ainsi, même des enfans qui ne sont appelés à toucher le prix d'une vente immobilière faite par leurs père et mère qu'après la mort de ces derniers, qui jusque-là s'en sont réservé les intérêts, ont néanmoins qualité pour intervenir dans l'instance en résolution de cette vente, motivée sur le défaut de paiement de ces mêmes intérêts. — *Bourges*, 2 avr. 1828, Boulet c. Bouton.

73. — Les enfans d'un premier mariage ont le droit d'intervenir, pour la conservation de leurs droits éventuels sur la demande formée par leur mère remariée, en nullité d'une clause qu'elle prétend contenir un avantage indirect réprouvé par la loi. — *Cass.*, 27 mars 1822, Gravier c. Regis.

74. — Par la même raison, a le droit d'intervenir dans une instance en délivrance de legs, celui

qui pourrait être tenu d'acquitter ce legs en tout ou en partie. — *Cass.*, 23 pluv. an IX, Barreyron c. Germain ; — Berriat, p. 320.

75. — Pour que des tiers soient reçus à intervenir dans une instance sur la question de savoir si un tribunal français est compétent pour connaître des contestations relatives à la succession d'un étranger décédé dans son ressort, il suffit que cette intervention soit fondée sur une qualité ou des titres apparens. — *Bordeaux*, 16 août 1845 (t. 2 1846, p. 93), Maneyro c. Errazurig.

76. — Mais un créancier de plusieurs personnes qui ne sont pas en cause ne peut intervenir dans l'instance et réclamer en sous-ordre le paiement des sommes qu'il prétend lui être dues, avant de les avoir fait régler par un jugement, à défaut de titre exécutoire. — *Rennes*, 7 mars 1820, Chiron de Kerlaly c. Guillet de la Brosse.

77. — Jugé aussi que la partie qui n'a pas un intérêt personnel à faire valoir dans une instance, et, par exemple, en matière de surenchère, la caution dont la solvabilité est contestée par l'acquéreur, ne peut être reçue partie intervenante. — *Paris*, 11 déc. 1834, Durand Saint-Amand c. Dumonchel ; — Bioche et Goujet, *Dict. de procéd.*, v° *Vente sur surenchère*, n° 124.

78. — On peut intervenir dans le procès suscité à celui avec qui on possède en commun : car on a intérêt à écarter un préjugé fâcheux.

79. — Des tiers ont le droit d'intervenir dans une instance lorsqu'ils ont des intérêts semblables régis par un titre commun avec une des parties, et que les prétentions élevées contre cette partie peuvent à chaque instant être exercées contre eux. — Spécialement, lorsque l'état ou ses ayant-cause réclament contre quelques habitans d'un commune le paiement d'une rente dont la commune tout entière était autrefois débitrice, les autres habitans ont le droit d'intervenir dans l'instance. — *Cass.*, 28 janv. 1835, habitans de Geispolsheim c. Mayer.

80. — De même, les cotenanciers intervenant dans l'instance relative au paiement d'une rente réclamée contre leurs cotenanciers ne peuvent être déclarés non-recevables, sous prétexte que l'arrêt à intervenir n'offrirait contre eux qu'un préjugé et ne leur porterait pas préjudice en ce qu'on ne pourrait le leur opposer. — *Cass.*, 6 avr. 1830, Martra c. Simon.

81. — Le porteur d'une lettre de change qui, à ce titre, soutient être propriétaire des sommes que le surtiré doit au souscripteur, est recevable à intervenir dans l'instance formée par le syndic de la faillite du souscripteur contre le surtiré, afin de le contraindre à payer à la masse de la faillite les sommes qu'il doit. — *Bordeaux*, 30 juin 1841 (t. 2 1841, p. 287), Lecourt c. Gouest.

82. — L'intérêt s'entend non seulement de l'intérêt pécuniaire, mais encore de l'intérêt d'honneur. Spécialement, un notaire a droit d'intervenir dans une instance en désaveu de paternité formée par un père contre un ou plusieurs de ses enfans, sur le fondement que, dans cette instance, il est inculpé d'avoir fait signer aux témoins instrumentaires un acte pour un autre. — *Nîmes*, 11 juill. 1827, Genthiel c. Pontou ; — Thomine-Desmazures, sur l'art. 1036, n° 386 ; Bioche et Goujet, *Dict. de procéd.*, v° *Intervention*, n° 25. — V. *contrà* Favard, v° *Intervention*.

83. — De même, il peut intervenir dans une instance en faux incident civil dirigée contre un acte qu'il a reçu. — *Paris*, 29 juin 1826, Dumouchet c. Rollin ; *Cass.*, 24 juill. 1840 (t. 2 1843, p. 551), Mirault ; *Nîmes*, 6 mars 1822, B. c. Thoulouse ; — Rolland de Villargues, *Rép. du not.*, v° *Faux*, n° 124 ; Bioche et Goujet, *Dict. de proc.*, v° *Intervention*, n° 27 ; Gagneraux, *Encyclopédie des lois sur le notariat*, t. 1er, p. 114 n° 31.

84. — Mais il a été jugé que le notaire contre lequel aucunes conclusions n'ont été prises en première instance, aucune condamnation prononcée, et qui n'était pas partie au jugement, n'est pas recevable à intervenir en cause d'appel lorsqu'il n'est pris, soit par l'appelant, soit par l'intimé aucune conclusion pouvant lui préjudicier, alors même que les motifs de la sentence attaquée lui paraîtraient porter atteinte à son honneur et à sa considération. — *Paris*, 21 déc. 1840 (t. 1er 1841, p. 234), L... c. Samson. — V. au reste NOTAIRE.

85. — Le tiers diffamé par des mémoires publiés dans un procès est libre d'intervenir en son propre et privé nom, ou de saisir les tribunaux d'une demande nouvelle et principale. — L. 17 mai 1819, art. 23. — Boitard, t. 2, p. 267 ; Merlin, *Rép.*, t. 16, p. 534 ; Chauveau sur Carré, quest. 1270-4° ; Thomine, t. 1er, p. 546, t. 2, p. 702. — Ce tribunal est en effet plus à portée que tout autre de statuer en connaissance de cause. — *Cass.*, 22 nov. 1809, Henrion-Magnoncourt c. Froissard ; 3 brum., D... c. Grandjean ; 5 messid. an X, Jaubert c. Beaucour ; 18 prair. an XII, Guédet c. Labrouche.

86. — Le notaire diffamé dans un mémoire publié dans un procès, est recevable à intervenir pour protéger sa réputation de fonctionnaire public. — *Amiens*, 15 mars 1833, R... c. Lagrené ; — Bioche, v° *Interdiction*, n° 26.

87. — Est également recevable à intervenir, l'avocat injurié durant sa plaidoirie. — *Rouen*, 25 mars 1807, Frondière.

88. — Il a été jugé cependant que les tiers qui sont nommés dans des écrits relatifs à la défense des parties ne sont pas recevables à intervenir dans l'instance à l'occasion de laquelle ces écrits ont été produits pour en demander la suppression, sauf à eux à se pourvoir par action principale. — *Rouen*, 29 nov. 1808, Ricard c. Hauvel ; *Grenoble*, 9 août 1828, N... c. N... ; 28 janv. 1832, Bon c. Eyme. — Favard, t. 3, p. 119. — *Contrà Grenoble*, 5 avr. 1827, N... c. N...

89. — L'avoué diffamé par les mémoires de l'autre partie peut intervenir. — *Cass.*, 7 nov. 1838 (t. 2 1838, p. 495), Watier c. Blain.

90. — Ce principe, vrai dans tous les cas sous l'empire du Code pénal, reçoit exception aujourd'hui pour le cas où la diffamation d'un tiers était utile à la défense, car il n'y a pas d'action pour ce cas. — L. 17 mai 1819, art. 23. — Chauveau sur Carré, quest. 1270-4°. — V. au surplus v° DIFFAMATION ET INJURE, n°s 553, 832 et 836.

91. — Le notaire nommé membre de la chambre des notaires, intervient valablement dans l'instance où le ministère public demande la nullité de cette nomination. — *Paris*, 25 août 1834, notaires d'Epernay. — Chauveau et Carré, quest. 1270.

92. — Un avoué a également droit d'intervenir dans l'instance intentée par son client pour le paiement des frais et dépens — *Nîmes*, 2 fév. 1829, Vachier c. Portalier ; *Paris*, 2 fév. 1830, Portalier c. Frac.

93. — Le notaire dépouillé par ordre du président du droit de conserver dans son étude, parmi ses minutes, le testament qu'il tenait de la confiance du testateur, est recevable à intervenir de ce chef, sur l'appel dirigé contre cette ordonnance. — *Montpellier*, 8 avr. 1839 (t. 2 1839, p. 118), de Roquefaut c. Devie.

94. — Les chambres de discipline des officiers publics et ministériels organisés en corporation ont le droit d'intervenir dans les contestations qui touchent même indirectement aux intérêts de la corporation. Les chambres, en effet, ont, entre autres attributions, le droit de représenter la compagnie à la tête de laquelle elles sont préposées et de prendre la défense de ses intérêts. — Chauveau et Carré, t. 3, quest. 1270 ; Bioche, v° *Intervention*, n°s 23 à 33.

95. — Jugé en ce sens, que le président de la chambre des avoués peut intervenir dans les affaires où les droits des avoués, et notamment leur droit de plaidoirie, sont mis en question. — *Orléans*, 24 janv. 1828, Bourgeois ; — arg. arrêté 13 frim. an IX. — *Contrà Aix*, 2 août 1825, minist. public c. Massol d'Aude.

96. — ... Que le syndic des notaires peut aussi s'opposer à l'exécution de l'ordonnance du président du tribunal qui commet un commissaire-priseur pour vendre un fonds de commerce. — *Colmar*, 30 janv. 1827, commiss. priseurs de Strasbourg c. notaires de Strasbourg ; *Paris*, 25 août 1834, notaires d'Epernay. — Rolland de Villargues, *Rép.*, v° *Fonds de commerce*, n° 4 ; Chauveau et Carré, quest. 1270.

97. — Que le bâtonnier des avocats peut intervenir même en appel pour faire reconnaître le droit exclusif de plaidoiries dans certaines affaires et se joindre ainsi au ministère public, partie principale. — *Nîmes*, 20 déc. 1833, Baratier c. min. public et avocats d'Orange.

98. — Le conseil de discipline de l'ordre des avocats peut-il intervenir sur l'appel interjeté par un licencié de la décision qui refuse de l'admettre au tableau, à l'effet de soutenir que cet appel est irrecevable, attendu que les avocats, étant maîtres absolus de leur tableau, leurs décisions quant aux admissions sont souveraines? L'affirmative peut être soutenue, attendu qu'il ne s'agit pas pour eux de défendre une décision qu'ils auraient rendue comme juges, mais bien une des prérogatives de leur ordre. — V. au reste AVOCAT, n°s 780 et s.

99. — Mais il a été jugé que la chambre syndicale des courtiers de commerce n'est pas recevable à intervenir dans une poursuite dirigée contre un courtier prévenu d'avoir manqué aux devoirs de sa profession. — *Cass.*, 29 août 1834, courtiers de Paris c. Paulmier. — Dans cette espèce, la communauté n'avait aucun intérêt pécuniaire ni d'honneur à défendre, car il ne s'agissait pas des intérêts de la corporation, et nul ne peut *patroner* un prévenu. — Bioche, v° *Intervention*, n° 20.

100. — ... Et que les syndics des chambres de discipline des avoués et des huissiers ne sont pas recevables à intervenir dans une contestation existant entre un avoué et un huissier sur le droit à l'émolument des copies de pièces en tête d'un exploit. — *Toulouse*, 22 mars 1845 (t. 2 1845, p. 798), Duboys c. Lautar ; *Paris*, 9 fév. 1833, Miro c. Pottier. — V. cependant *Paris*, 5 août 1834, Mauger c. Thévenin.

101. — Jugé encore que la chambre des avoués n'a pas qualité pour intervenir dans une instance sur l'opposition formée par un avoué à la taxe des dépens dans une affaire où il a occupé. — *Limoges*, 7 déc. 1843 (t. 1844, p. 742), Me S... et avoués près la cour de Limoges. — V. conf. Chauveau, *Comment. du tarif*, t. 2, p. 79, n° 9.

102. — Depuis ces arrêts, les chambres de discipline, représentées par le syndic, sont très souvent intervenues dans des instances où les intérêts du corps étaient engagés sans que la question de qualité et de recevabilité ait même été soulevée. — V. notamment *Cass.*, 11 mai 1837 (t. 1er 1837, p. 417), huissiers de Troyes c. notaires de la même ville.

103. — Jugé que la partie qui a formé au civil contre un individu une action en réparation de préjudice motivée sur les mêmes faits qui forment la base d'une accusation dirigée par le ministère public contre le même individu, ne peut être admise à intervenir comme partie civile devant la cour d'assises. Il en est ainsi surtout lorsque l'aveu judiciaire de la partie civile elle-même constate que la cause de l'obligation qui avait servi de fondement à l'action formée par elle devant le tribunal civil n'était autre que celle qui avait motivé son intervention devant la cour d'assises. — *Cass.*, 11 juin 1846 (t. 2 1846, p. 520), Frigard. — V. ACTION CIVILE.

§ 2. — *Formes de l'intervention.*

104. — L'intervention n'étant qu'un incident de la demande principale doit être portée devant le tribunal saisi de la contestation, quelle que soit sa juridiction. — Pigeau, *Procéd.*, t. 1er, p. 416. — Ainsi l'intervention peut avoir lieu non seulement devant le tribunal civil ou en appel, mais devant le tribunal de commerce, la justice de paix, les tribunaux arbitraux, et même devant la cour de Cassation ou le conseil d'état.

105. — L'intervention est également admissible en référé. — Debelleyme, *Tr. des réf.*, t. 2, p. 35.

106. — Les demandes en intervention sont dispensées du préliminaire de conciliation. — C. pr. civ., art. 49 3°. — Les parties principales ne s'étant pas conciliées entre elles, il n'y a guère d'espérance qu'elles se concilient sur les prétentions d'un tiers.

107. — Devant la justice arbitrale ou commerciale, comme aussi devant les justices de paix ou les tribunaux des prud'hommes, l'intervention est formée par un exploit signifié à personne ou à domicile. — Thomine-Desmazures, t. 1er, n° 387 ; Chauveau et Carré, t. 3, quest. 1267 ; Lepage, *Quest.*, p. 223.

108. — Et il a été jugé que la demande en intervention d'un tiers dans une instance pendante devant un tribunal de commerce ne peut être notifiée au domicile élu par l'une des parties principales, ni au greffe du tribunal de commerce. — *Bruxelles*, 9 mai 1810, Veloppez.

109. — Mais c'est par une requête qu'elle s'introduit devant la juridiction ordinaire, soit en première instance, soit en appel. — C. procéd. civ., art. 339.

110. — Cette requête est grossoyée et signifiée d'avoué à avoué en autant de copies qu'il y a de parties intéressées à combattre l'intervention. Et chaque copie doit être précédée de la copie des pièces justificatives. — C. procéd., art. 339 ; Tarif, art. 75 ; — *Colmar*, 22 fév. 1809, Kohler c. Kimeneau.

111. — En conséquence, l'intervention n'est pas régulièrement formée par de simples conclusions verbales prises à l'audience et sans que les titres justificatifs aient été déposés. — Bioche, n° 64. — V. aussi *Cass.*, 21 vendém. an II, Beauveau c. Chiquet.

112. — Jugé cependant que l'intervention peut être reçue lorsqu'elle est constatée par le demandeur lui-même, dans des conclusions additionnelles par lesquelles il déclare qu'*il joint à lui le sieur... intervenant*, si du reste cet intervenant a posé des conclusions à l'audience. — *Bruxelles*, 25 avr. 1822, N.

113. — Lorsqu'en vertu d'un arrêt, il est procédé à une liquidation de communauté entre époux, les créanciers peuvent y intervenir par requête sans prendre la voie de la tierce-opposition. — *Orléans*, 30 août 1820, N.

114. — Malgré les termes de l'art. 339 du Code, la requête d'intervention n'est pas nulle lorsque les

pièces justificatives n'ont pas été jointes; ce serait ajouter à la loi; mais dans ce cas, la jurisprudence décide que l'intervenant ne peut être admis à plaider tant qu'il n'a pas signifié les pièces qui militent en faveur de la demande. — *Rennes*, 26 juin 1815, Legraverend c. Lefalchier; 21 juin 1817, N...; *Bordeaux*, 25 janv. 1833, Rouede c. Legendre; — Chauveau et Carré, quest. 1273. — V. *contrà Colmar*, 22 fév. 1809, Kohler c. Kimeneau.

115. — Bien entendu que cette copie est donnée à ses frais. — V. argum. C. procéd. civ., art. 65.

116. — Suivant M. Berriat (p. 321, note 12e), l'intervention doit être rejetée, si la copie des pièces n'est pas fournie en temps utile.

117. — La requête ne doit pas être présentée au juge et répondue par une ordonnance, comme cela se pratiquait autrefois; la réponse à la requête se trouve dans le jugement. — Chauveau et Carré, quest. 1272; Talandier, *De l'appel*, n° 291; Thomine-Desmazures, t. 1er, n° 387.

118. — Jugé qu'il n'est pas besoin d'autant de requêtes d'intervention qu'il y a d'instances liées entre les parties principales. — *Rennes*, 14 août 1811, Arnous c. N.

119. — Jugé que l'intervenant doit, à peine de nullité, énoncer dans la requête ses noms, profession et domicile, et que la demande d'intervention formée sous la dénomination collective d'héritiers d'un tel est non recevable. — *Colmar*, 22 fév. 1809, Kohler c. Kimeneau.

120. — Mais jugé que lorsque le créancier d'une rente foncière assise sur tout le territoire d'une commune, actionne en paiement l'un des propriétaires de cette commune, les autres propriétaires qui veulent intervenir dans l'instance indiquent suffisamment dans leur requête d'intervention leurs domiciles et qualités s'ils se présentent comme habitans, domiciliés, propriétaires et tenanciers dans le terroir de la commune sur lequel la redevance est réclamée. — *Cass.*, 6 avr. 1830, Marthe c. Simon.

121. — ...Et cette intervention ne peut être déclarée non-recevable, sous prétexte que les intervenans n'ont signifié aucun titre pour justifier leur intervention motivée par leur qualité de cotenanciers. — Même arrêt.

122. — On ne peut intervenir dans une instance sous le nom d'un mandataire. — *Rome*, 6 juill. 1811, Teccia c. Rondoni. — Mais, dit Carré, l'intervention serait valablement formée si le mandataire avait mentionné les noms, profession et domicile du mandant en déclarant qu'il n'agit que pour lui; il en est ici comme de l'ajournement, qui n'est pas nul dans cette circonstance. — V EXPLOIT, nos 174 s.

123. — Il n'est pas nécessaire de communiquer les pièces lorsqu'il s'agit de prononcer sur une jonction et sur la question de savoir si l'intervention des divers intervenans doit être formée par requête séparée. — *Rennes*, 31 juill. 1811, N.

124. — L'intervenant ne peut pas retarder le jugement de la cause principale lorsqu'elle est en état. — C. procéd., art. 340.

125. — Ainsi, en pareil cas, il n'est pas recevable à demander un sursis à l'effet d'avoir le temps de justifier de son droit et de sa qualité. — *Orléans*, 19 avr. 1845 (t. 1er 1845, p. 535), chapitre de Tours c. La Rochejacquelein.

126. — De même, l'intervenant est non-recevable à opposer l'exception d'incompétence, lorsque le défendeur principal a conclu au fond en déclarant s'en rapporter à justice. — *Cass.*, 4 janv. 1841 (t. 1er 1841, p. 466), Charbonneau c. assur. sur la vie.

127. — Jugé que lorsqu'un cohéritier n'intervient dans une instance que pour s'unir à son cohéritier dans leur commun moyen de défense, il doit suivre la cause dans l'état où elle se trouve lors de son intervention, et qu'il ne peut pas être admis, sur le fait qui a déjà donné lieu à une enquête, à en faire une nouvelle. — *Riom*, 7 mai 1825, Goutebarge c. Ronat.

128. — Mais si la cause principale n'est pas en état, il peut exposer et développer ses moyens et demander au besoin de nouvelles voies d'instruction. — Thomine-Desmazures, t. 1er, n° 388.

129. — Jugé que l'art. 340 doit être entendu en ce sens que l'intervention est recevable jusqu'à l'achèvement complet de l'instruction : ici ne s'applique pas l'art. 343, suivant lequel toute cause dont les plaidoiries sont commencées est en état. — *Bruxelles*, 15 juin 1822, Bauduin c. Péteers.

130. — Lorsque la cause principale a été mise en délibéré avec indication d'un jour fixe pour la prononciation de l'arrêt, l'affaire est en état, et toute intervention est dès-lors non-recevable comme tardive. — *Orléans*, 15 janv. 1833, Rouet Clermont c. Petit.

131. — L'intervention, après partage des juges, devrait être réputée tardive. — Pigeau, *Comm.*, p. 598.

132. — Les parties principales peuvent répondre par écrit à la requête d'intervention, et non pas seulement par un simple acte, comme le dit l'art. 337, C. procéd., mais par une requête grossoyée (Tarif, art. 75) dont le nombre de rôles n'est pas fixé.

133. — En sera-t-il de même en matière sommaire? — V. MATIÈRE SOMMAIRE.

134. — Le Code n'a pas déterminé dans quel délai la réponse serait fournie; mais l'intérêt des parties principales est de la fournir le plus tôt possible, surtout lorsque l'affaire est en état, afin que le tribunal ne statue pas sans que l'intervention ait été contredite, s'il y a lieu.

§ 3. — *Jugement de l'intervention. — Effets de l'intervention.*

135. — En général, dans les affaires orales, l'intervention est jointe au principal, sans jugement préalable, et discutée et jugée en même temps que le principal. — Favard, v° *Intervention*; Carré, quest. 1275; Thomine, n° 389; Bioche, v° *Intervention*, n° 54; Hautefeuille, p. 186.

136. — Cependant la nature des questions à débattre peut exiger une discussion et un jugement préalables distincts du fond.

137. — Ainsi, lorsqu'une intervention a pour but de faire statuer sur une question préjudicielle à la contestation principale, l'intervenant n'est pas tenu de prendre l'affaire dans l'état où elle se trouve : sa demande doit être jugée préalablement. — *Bordeaux*, 18 janv. 1842 (t. 2 1842, p. 445), de Puyfferat c. de Sérigny et de Queux; — Carré et Chauveau, *Lois de la procéd.*, quest. 1274, sur l'art. 340.

138. — Lorsque l'intervention a lieu dans un procès par écrit, si elle est contestée, l'incident est porté à l'audience.

139. — Si l'intervenant est déclaré non recevable, il est écarté de la cause qui continue à s'instruire seulement avec les parties principales. Si au contraire, l'intervention est admise, on la joint à l'instance principale, et le tribunal statue ensemble sur le tout.

140. — Il n'est pas besoin de jugement pour admettre l'intervention, lorsquelle n'est pas contestée. Les parties sont en effet libres d'admettre qui bon leur semble. — Boitard, t. 2, p. 271; Lepage, p. 224; Pigeau; *Procéd*, t. 1er, p. 602; Berriat, p. 322, n. 12; Delaporte, t. 1er, p. 322; Carré sur Chauveau, sur l'art. 341; Thomine-Desmazures, t. 1er, p. 545; Delaporte, t. 1er, p. 322.

141. — Jugé que celui qui, sur une intervention, requise à son préjudice, déclare s'en référer à justice, demande par là qu'il soit fait droit sur le mérite de cette intervention. — *Rennes*, 26 déc. 1821, Leborgne de Pompilio c. de Kerigonan.

142. — Si dans ses conclusions sur un incident autre que l'intervention, le défendeur déclare se réserver de s'expliquer ultérieurement sur l'intervention et de la contester, le jugement qui admet immédiatement l'intervention peut être réputé contradictoire, surtout si le tribunal déclare qu'elle a été suffisamment discutée à l'audience. — *Bruxelles*, 25 avr. 1822, N c. N.

143. — Le jugement qui rejette au préalable l'intervention est-il définitif et peut-il être frappé d'appel avant le jugement de la cause principale? — En général, on reconnaît à une pareille décision un caractère purement préparatoire. — Bioche, n° 87; Carré et Chauveau, quest. 1275, — Montpellier, 12 avr. 1809, Demarez c. Rousset. — A moins que ce jugement ne préjuge la question principale. — Mêmes auteurs.

144. — L'étranger demandeur intervenant est soumis à l'obligation de fournir la *caution judicatum solvi*. — V. CAUTION JUDICATUM SOLVI, nos 36 et suiv.

145. — Jugé aussi que l'étranger qui exerce devant les tribunaux saisis de l'action publique l'action civile en réparation du dommage à lui causé par un délit doit fournir la caution exigée par l'art. 16, C. civ., soit qu'il agisse par voie de plainte, de citation directe ou d'intervention. — *Cass.*, 12 fév. 1846 (t. 2 1846, p. 122), Comparetti c. Malerbi. — V. le *Rép. gén. Journ. Pal.*, v° CAUTION JUDICATUM SOLVI, nos 64, 65 et 66.

146. — Celui qui intervient dans un procès volontairement ou par force, devenant partie au procès, le jugement lui est commun pour le bénéfice et pour la perte. — Bioche, v° *Intervention*, n° 85.

147. — Ainsi, une intervention ne peut être périmée qu'avec la demande principale, et non seule, séparément. — *Bourges*, 30 août 1822, Laurent c. Delouche; — Pigeau, *Comment.*, t. 1er, p. 678; Carré, *Lois de procéd.*, t. 2, p. 7, quest. 1417. — V. PÉREMPTION D'INSTANCE.

148. — Par la même raison, le rejet de la demande principale entraîne celui de l'intervention basée sur les mêmes moyens. — *Paris*, 18 fév. 1809, Delavalette c. Aurault; — Bioche, v° *Intervention*, n° 89.

149. — La réformation ultérieure de ce jugement ne profite pas à l'intervenant, s'il est demeuré étranger à l'appel ou au pourvoi en cassation, car il est passé à son égard en force de chose jugée. — Bioche, v° *Intervention*, n° 85.

150. — Jugé de même que lorsque l'intervention d'un tiers a été admise par jugement, la contestation est essentiellement liée avec la partie intervenante, et que le jugement définitif lui profite, encore bien que cette partie n'ait pas pris de conclusions particulières et se soit bornée à adhérer à celle de la partie principale. — Dès-lors, si ce jugement définitif est cassé, mais sur un pourvoi dirigé contre la partie principale seule, ce jugement conserve l'autorité de la chose jugée à l'égard de la partie intervenante. — *Cass.*, 31 janv. 1827, Hamard c. Barbotte.

151. — Mais jugé que de ce que l'intervention d'un deuxième acquéreur dans l'instance engagée sur l'opposition, formée par un premier acquéreur au jugement par défaut, qui prononçait la résolution de la première vente, a été reçue, il ne résulte pas que le jugement qui rejette l'opposition puisse être réputé susceptible d'acquérir l'autorité de la chose jugée quant à la validité du contrat de l'intervenant, si l'intervention n'a été reçue qu'en la forme, et si, bien loin que des conclusions aient été prises contradictoirement sur la validité de la deuxième vente, l'intervenant s'est borné à adhérer aux conclusions de son vendeur à fin de débouté d'opposition; si, enfin, le jugement ne contient aucune disposition relative à cette deuxième vente. — Que dès-lors, si ce jugement est réformé sur l'appel contre le vendeur, il ne conserve aucune force au profit de l'intervenant, encore bien qu'il n'y eût pas eu d'appel de sa part. — *Cass.*, 7 juill. 1841 (t. 2 1841, p. 398), Caspé c. Benchelebri.

152. — Au surplus, comme l'intervenant peut avoir et a souvent des droits, des intérêts propres ou opposés à ceux des parties en cause, le rejet de la demande principale ne dispense pas le juge de statuer sur les questions soulevées par l'intervention. — Bioche, v° *Intervention*, n° 88; Chauveau Carré, quest. 1275-4°.

153. — Jugé, en conséquence, que le rejet ou l'abandon de la demande principale n'emporte pas nécessairement le rejet de l'intervention, si elle a pour objet des intérêts distincts; ainsi, dans ce cas, bien que le demandeur principal ait acquiescé au jugement qui rejetait sa demande, l'intervenant peut interjeter appel de son chef, et les juges doivent examiner le mérite de l'appel au fond et y statuer. — *Bourges*, 2 avr. 1828, Boulet c. Bouton.

154. — Jugé aussi que la transaction intervenue entre un débiteur et un créancier poursuivant la saisie immobilière des biens du premier, qui en a demandé la nullité, ne détruit pas les effets de l'intervention d'un créancier hypothécaire. — *Cass.*, 26 déc. 1820, Simar c. Leblé.

155. — Celui qui est reçu partie intervenante dans une instance peut exciper de l'interruption de la prescription résultant de l'assignation introductive de cette instance alors que son intervention, tendant au même objet que la demande principale (lequel est indivisible, comme s'il s'agit de la suppression d'une servitude), reproduit identiquement les conclusions de cette demande. — Peu importe d'ailleurs que le demandeur principal ait transigé, si le procès a continué avec l'intervenant sur les mêmes erremens. — *Cass.*, 17 mai 1841 (t. 2 1841, p. 206), de Galiffet c. Vallet.

156. — Il a même été jugé par la cour suprême que la nullité de la demande principale laisse subsister l'intervention, car jusqu'à ce que la nullité soit prononcée, la demande existe et, par suite, l'intervention est recevable. — *Cass.*, 16 juill. 1834, Baloffet c. Daviot; — *contrà Poitiers*, 5 juill. 1826, Stocquet c. curateurs à la succession Delafiite; *Nîmes*, 16 janv. 1832, Quiane c. Richard.

157. — Une demande en intervention peut, devant un tribunal de première instance jugeant en dernier ressort, être admise conformément aux art. 339 et 340, C. proc. civ., et la tierce-opposition formée par l'intervenant contre un jugement précédemment rendu peut être néanmoins déclarée non recevable. Ce n'est qu'en cas d'appel que la recevabilité de la tierce-opposition est préjugée par celle de l'intervention. — *Cass.*, 29 déc. 1841 (t. 1er 1842, p. 498), Rousset et hérit. de Belvey c. Enreg.

158. — Le créancier supporte les frais de son intervention; ceux qui ont des affaires à débattre avec un citoyen ne peuvent, en effet, souffrir de ce qu'il a des créanciers. — Chauveau et Carré, n° 1270-2°.

159. — Ainsi le décide l'art. 882, C. civ., pour l'intervention d'un créancier dans un partage et même pour tous les frais qu'elle occasionne aux copartageans.—*Cass.*, 27 août 1838 (t. 2 1838, p. 146), Dubois c. Jobart.

160. — Mais un intervenant qui est débouté de sa demande ne doit pas être condamné en d'autres frais que ceux occasionnés par son intervention. — *Rennes*, 7 mars 1820, Chiron de Kerlaly c. Guillet de La Brosse; — Chauveau, *Comm. tarif*, t. 1er, p. 341, nos 35 et 36.

161. — Lorsque l'intervention a été admise par un premier jugement, mais à la charge de supporter tous les frais qu'elle entraîne, le jugement sur le fond ne peut en décharger l'intervenant. — Bioche, vo *Intervention*, no 56; Carré, sur l'art. 339.

162. — Dès-lors, le tribunal qui a admis une partie à intervenir *à ses frais* ne peut, par un jugement définitif, condamner aux frais de l'intervention celle des parties principales qui succombe. — *Rennes*, 2 juill. 1840, Erhel c. Marjo.

163. — Cependant, les frais de l'intervention sont à la charge de la partie qui succombe si l'intervenant obtient une condamnation à son profit. — Chauveau et Carré, quest. 1270-2o. — Il en est de même à l'égard des frais de l'appel à tort interjeté contre l'intervenant, car il s'agit d'une contestation ordinaire. — *Cass.*, 7 nov. 1827, Durieux c. Damien; — Bioche, vo *Intervention*, no 86.

164. — L'intervention donne ouverture, au profit des avoués, au droit de consultation. — Tarif, art. 68.

165. — Pour contester la recevabilité d'une intervention, il faut avoir intérêt. Ainsi jugé qu'une partie est non recevable à se plaindre, devant la cour de Cassation, de ce que l'intervention d'un tiers a été mal à propos admise sur une action en nullité de mariage, alors que la nullité a été prononcée sur la demande même de l'autre contractant. — *Cass.*, 8 mars 1831, Dieu c. Goberd.

V. ABONNEMENT, ACTION CIVILE, APPEL, AUTORISATION DE PLAIDER, AVOCAT, CAUTIONNEMENT, CONTRE-LETTRE, DÉLIT D'AUDIENCE, GARANTIE, JUGEMENT COMMUN, LICITATION, PARTAGE, TRANSPORT-CESSION.

INTERVENTION A PROTÊT.

C'est l'acte par lequel, en cas de protêt d'une lettre de change pour le défaut de paiement de la part du tiré, un tiers déclare vouloir l'acquitter et l'acquitte en effet, soit pour le compte du tireur, soit pour le compte de l'un ou de plusieurs des endosseurs. — L'intervention a également lieu en matière de billets à ordre. — V. PROTÊT.

INTERVERSION DE TITRE.

On appelle ainsi, en matière de prescription, le changement qui s'opère dans le titre du détenteur précaire et qui permet à la prescription de courir à son profit. — C. civ., art. 2238 et suiv. — V. PRESCRIPTION.

INTESTAT.

(Du latin *intestatus*, qui n'a pas testé). C'est le nom qu'on donne à celui qui est mort sans avoir fait de testament; ainsi l'on dit *mourir intestat*. — V. AB INTESTAT, HÉRITIER, SUCCESSION.

INTIMATION.

Se dit de l'exploit par lequel la partie qui a succombé en première instance notifie son appel à l'adversaire et l'ajourne devant la cour. — Sous l'ordonnance de 1667 (tit. 6, art. 4), les folles intimations étaient vidées par l'avis d'un ancien avocat.

INTIMÉ.

On désigne ainsi celle des parties qui, ayant obtenu gain de cause en première instance, figure en appel en qualité de défenderesse. Ce mot s'emploie dans la pratique par opposition à celui d'appelant. — V. APPEL.

INTITULÉ.

1. — On entend par ce terme le titre et les qualités d'un acte.

2. — Les expéditions des jugemens et arrêts doivent être intitulées au nom du roi. — C. procéd., art. 146 et 470. — V. EXÉCUTION DES JUGEMENS ET ARRÊTS, no 167. — Et surtout FORMULE EXÉCUTOIRE.

3. — Il en est de même des grosses des actes. — V. GROSSE.

4. — Quant à l'intitulé des lois et ordonnances etc., V. LOIS, ORDONNANCES, etc.

INTITULÉ D'INVENTAIRE.

1. — C'est le préambule de l'inventaire, contenant l'énonciation des qualités des parties intéressées, et des officiers qui concourent à sa confection.

2. — Cet intitulé, alors qu'il s'agit notamment d'un inventaire après décès, a pour résultat de présenter le tableau de tous les héritiers et représentans du défunt, tant de ceux qui sont présens que de ceux qui sont absens et qui sont alors représentés par un notaire; de distinguer les droits de chacun et par conséquent la qualité que la loi ou les dispositions du défunt leur attribuent dans la succession. — Rolland de Villargues, *Rép. du Notar.*, vo *Intitulé d'inventaire*, no 1er.

3. — Comme cet intitulé est ordinairement dressé en présence de tous les ayant-droit ayant intérêt à contredire réciproquement leurs qualités, il s'ensuit qu'il fait par lui-même preuve légale et authentique du nombre et des qualités des représentans du défunt. — Dès-lors, quand l'un des héritiers se trouve obligé de justifier de son droit personnel ou du nombre des représentans dans la succession, il lui suffit de produire l'expédition de cet intitulé seulement, sans qu'il soit besoin de donner communication du corps de l'inventaire, et par là de révéler à des étrangers le secret des forces et des charges de la succession. — Pigeau, t. 2, p. 598; Rolland de Villargues, *ibid.*, no 3.

4. — Jugé, en ce sens, que des héritiers justifient suffisamment de leurs droits à la succession d'une partie, par un intitulé d'inventaire, et sont dès-lors, recevables à se pourvoir contre un arrêté du conseil de préfecture rendu contre cette partie. — *Cons. d'état*, 23 déc. 1843, Honnorez c. Moret.

5. — Bien que l'énonciation des qualités puisse n'être pas complète, l'intitulé d'inventaire fait cependant foi à l'égard des tiers qui ont des affaires à traiter avec la succession. — Rolland de Villargues, *ibid.*, no 4.

6. — Les rectifications à faire dans les énonciations d'un intitulé d'inventaire ont lieu par tous les moyens auxquels la loi permet d'avoir recours pour arriver à la constatation d'un fait. Ainsi elles peuvent être l'objet d'une action en justice; elles peuvent se faire au moyen d'un acte de notoriété. — V. ACTE DE NOTORIÉTÉ, nos 61 et suiv.

INVALIDES.

1. — Les militaires de tous grades, officiers, sous-officiers et soldats qui, ayant des droits à la retraite par leurs blessures ou par leurs services, préfèrent à la pension que l'état leur offre la vie commune avec d'anciens frères d'armes, peuvent être admis, sous certaines conditions, *à l'hôtel royal des Invalides*, à Paris, ou à l'hôtel des invalides d'Avignon, succursale du précédent. Ils y sont logés, nourris et entretenus aux frais de l'état.

2. — Nous n'avons pas à reproduire ici les nombreux décrets ou ordonnances qui ont réglementé, dans chacun de ses détails, l'administration de l'hôtel des Invalides : il nous suffira de donner à cet égard une indication sommaire. — V. en outre Duvergier, *Table de la coll. des lois*, vo *Invalides*.

3. — On sait que l'origine de cette belle institution remonte au règne de Louis XIV. Lorsque la révolution de 1789 eut éclaté, divers décrets de l'assemblée nationale s'occupèrent de l'établissement des invalides.

4. — Un décret du 28 mars-17 avr. 1791 disposa qu'il ne serait désormais reçu à l'hôtel des Invalides que des militaires qui auraient été estropiés ou qui auraient atteint l'âge de caducité, étant sous les armes *au service de terre ou de mer*, et qui n'auraient d'ailleurs aucun moyen de subsister. Le même décret régla la pension de retraite de ceux qui, étant alors dans l'hôtel, voudraient en sortir, et supprima l'état-major de l'hôtel.

5. — Plus tard, un autre décret du 30 avr. 1792 régla l'organisation de l'hôtel des Invalides.

6. — L'admission à l'hôtel des Invalides a de nouveau été réglée par les décr. et ord. 2-7 mars 1793, 15-19 mars 1793, 30 mai-8 juin 1793, 6-16 juin 1793, 18 fructid an III, 19 frim. an IX, 8 flor. an XI, 24 nov. 1806, 12-22 sept. 1814, 24 juin 1829.

7. — Un décret du 25 mars 1811 relatif à la dotation, l'administration de la police et les dépenses de l'hôtel des Invalides avait créé, sous le nom de *dotation*, un revenu spécial affecté à l'entretien de l'hôtel des Invalides. Cette dotation, successivement supprimée et rétablie, a été définitivement supprimée par l'ordonnance du 1er-17 mai 1832, qui a fait rentrer cette branche du service dans le système général de comptabilité des dépenses publiques.

8. — Une ordonnance du 10 mars-17 mai 1832 règle la composition du conseil d'administration gérant l'hôtel des Invalides. — En outre, une ordonnance du 30 nov. 1836 avait créé un agent spécial de surveillance (V. aussi une autre ordonnance du même jour relative au personnel du service de santé de l'hôtel et de sa succursale) — Mais l'emploi d'agent spécial de surveillance a été supprimé par ordonnance du 24 oct.-21 nov. 1846, qui dispose qu'un fonctionnaire des cadres actifs de l'intendance militaire, du grade d'adjudant, sera appelé à remplir les fonctions de cet emploi, sous les ordres et la direction du sous-intendant de l'hôtel.

9. — L'hôtel royal des Invalides est commandé par un gouverneur, ordinairement un maréchal de France. Une ordonnance du 4 mai 1820 a placé le service administratif de cet établissement sous les ordres d'un intendant militaire, choisi, comme récompense de ses services, parmi les plus anciens de ce corps : cet intendant a sous ses ordres un sous-intendant militaire, dont le choix et la nomination sont laissés au ministre de la guerre.

10. — Les ordonnances des 17 mai 1832, 21 sept.-12 oct. 1837 ont réglé la nomination à divers emplois dans le service intérieur de l'hôtel et de la succursale des invalides.

11. — Cette dernière ordonnance et celle du 16 mai 1832, en admettant les officiers en retraite à concourir pour certains emplois, détermine en outre la position de ces officiers.

12. — De même, les officiers mis en possession d'une pension de réforme en vertu de l'art. 18, L. 19 mai 1834, sont admis, lorsqu'ils n'ont pas été écartés de l'armée par mesure de discipline, à concourir avec les officiers en retraite pour les places vacantes aux Invalides, en tant qu'ils remplissent comme ceux-ci les conditions d'âge et d'infirmités déterminées par les réglemens. — Ord. 8 mars 1842.

13. — Un décret du 23 vendém. an XIII disposait que les fonds provenant des successions des invalides décédés dans l'hôtel et dans ses succursales seraient versés dans la caisse d'amortissement, sauf une somme de 2,000 fr. environ, qui resterait constamment entre les mains du quartier-maître trésorier, et serait destinée à faire droit aux réclamations des héritiers de ces invalides. — Ce décret a été rapporté par les ordonnances des 25 mai 1832 et 23 janv. 1833, qui ont appliqué aux successions des invalides décédés la marche suivie à l'égard des militaires décédés aux armées ou aux hôpitaux. — V. MILITAIRES.

14. — L'ordonnance du 25 mai 1832 porte, en outre, que les veuves des militaires décédés à l'hôtel des invalides pourront recevoir des secours sur les fonds destinés au service de cet établissement.

15. — Une décision du ministre de la guerre, en date du 21 août 1822, assigne, dans l'armée, le premier rang aux invalides, comme se composant de militaires de tous grades, et à raison de l'âge, des blessures et des longs et honorables services de ce corps.

16. — Il a été jugé que l'hôtel des Invalides, faisant partie de l'administration de la guerre, ceux qui ont sous-traité pour le service des fournitures de cet hôtel, ont un privilége sur les sommes dues par l'administration à l'entrepreneur principal, comme tous les sous-traitans, agens ou préposés d'une entreprise relative au service de la guerre. — *Cass.*, 20 fév. 1828, Lefebvre.

17. — Les invalides étant organisés militairement, sont justiciables des conseils de guerre comme militaires. — V. DÉLITS MILITAIRES, TRIBUNAUX MILITAIRES.

18. — Un arrêté du 8 fructid. an VIII déclare passible d'un mois de prison, s'il est officier, de vingt jours s'il est sous-officier et de quinze jours s'il est soldat, tout militaire invalide qui sera convaincu d'avoir vendu ou donné en totalité ou en partie les effets qui lui auront été distribués pour son usage. En cas de récidive, il y a lieu à expulsion avec la pension représentative de l'hôtel.

19. — L'hôtel des Invalides est le véritable domicile des militaires qui y sont admis. — *Paris*, 16 janv. 1807, Micault de Courbeton.

V. en outre EAUX MINÉRALES ET THERMALES, no 55.

INVALIDES DE LA MARINE (Établissement des).

1. — On entend par ces mots la réunion de différentes institutions créées ou conservées dans l'intérêt des personnes attachées à la marine.

2. — L'origine de l'établissement des invalides de la marine remonte à Louis XIV. En même temps

qu'il assurait un asile à ses troupes de terre, par la fondation de l'hôtel des Invalides, ce roi avait pris la résolution de pourvoir également au logement des gens de mer qui seraient estropiés au service de la marine. A cet effet, il voulait établir deux hôpitaux, l'un à Rochefort et l'autre à Toulon; et pour y parvenir, des retenues furent ordonnées sur les appointemens et solde des officiers et équipages entretenus au service de la marine. En attendant, des secours pécuniaires furent remis aux marins blessés. Cette disposition fut étendue aux vaisseaux armés en courses par les particuliers. — Arr. du conseil, 31 mars 1703; ord. 9 juin 1706; — Beaussant, *Code maritime*, t. 1er, p. 51.

3. — Depuis, on renonça à la construction des hôpitaux projetés, et on y suppléa par des pensions ou une demi-solde. Ces pensions et demi-solde furent, en outre, accordées aux intendans et officiers des ports et arsenaux, aux ouvriers, et à la marine marchande. En conséquence, les retenues nécessaires furent également faites sur les prises des particuliers et sur les appointemens des capitaines pilotes, officiers mariniers et matelots servant sur les navires marchands. — Cet ensemble de mesures forma ce qu'on a appelé *l'établissement royal des invalides de la marine*. — Edit de mai 1709; — Beaussant, t. 1er, p. 52.

4. — Louis XIV fit abandon à la caisse de l'établissement de son droit dans les produits des naufrages non réclamés, des portions d'intérêt dans les prises non réclamées dans le délai de deux ans, ainsi que des deniers et effets appartenant aux matelots et passagers décédés en mer, lorsqu'ils n'auraient point été remis dans le même délai. — Beaussant, t. 1er, p. 52.

5. — Pour faire la recette de ces différens droits réguliers, ainsi que celle des retenues sur les soldes et appointemens dans les différens ports, diverses charges de trésoriers furent créées à cet effet par les édits de 1709, 1712 et 1713. Puis, en 1716, les offices des trésoriers furent supprimés et leurs fonctions remises à des commissaires. Enfin, l'organisation de l'établissement fut définitivement arrêtée par l'édit du mois de juill. 1720. — Beaussant, t. 1er, p. 52 et 107.

6. — De plus, comme les marins recevaient, dans certains cas, des paiemens pour avances, conduites, décomptes de campagne, parts de prises, et qu'ils en déléguaient le montant à leurs familles presque toujours éloignées, ce mouvement de fonds avait fait naître un service par lettres de change entre les localités maritimes. On appelait cela la *caisse des gens de mer*.

7. — Un réglement du 1er juin 1782 chargea de cette caisse les trésoriers des invalides, moyennant une rétribution proportionnée aux remises qui seraient faites. — L'ord. du 31 oct. 1784 a un titre sur les *trésoriers des gens de mer*. — Les deux caisses réunies dans les mêmes mains demeuraient distinctes. — Beaussant, t. 1er, p. 109.

8. — Les différens décrets, arrêtés et réglemens qui ont conservé et réorganisé la *caisse des invalides de la marine* (V. ce mot), ont par cela même implicitement maintenu l'établissement des invalides de la marine.

9. — Le 18 mess. an III, le comité de salut public ordonna que le produit des prises liquidées et à liquider serait versé dans la caisse du trésorier des invalides du port où la vente aurait été faite; et l'art. 15, décr. 6 germ. an VIII, maintint ce versement. Ainsi, une troisième caisse fut remise aux mêmes fonctionnaires. — Beaussant, t. 1er, p. 109.

10. — Aujourd'hui, l'établissement des invalides de la marine est formé de trois services distincts (ord. 17 juill. 1816, art. 1er), savoir : *caisse des prises*, *caisse des gens de mer* et *caisse des invalides* (ord. 31 mai 1838, art. 570). — V. ces mots.

11. — On a souvent répété que ces trois parties forment un ensemble « dont les détails sont compactes et indivisibles, et dont les rouages, engrenés les uns dans les autres, résistent invinciblement à tout partage, à toute dislocation quelconque. » Cependant l'examen des faits ne semble pas confirmer cette assertion; leurs opérations sont fort distinctes, et leurs points de séparation bien marqués. — Magnitot et Delamarre, *Dict. de dr. admin.*, v° *Caisse des invalides de la marine*.

12. — Une commission spéciale, dite *commission supérieure de l'établissement des invalides de la marine*, est chargée de surveiller les recettes et dépenses de l'établissement, et de proposer au ministre de la marine près duquel elle est faite, tous les moyens de perfectionnement possible. — Cette commission est composée : 1° de cinq membres nommés tous les trois ans par le roi; 2° d'un secrétaire, choisi par le ministre parmi les principaux agens administratifs de l'établissement. — Ord. 2 oct. 1825, art. 1er, 2 et 3; ord. 31 mai 1838, art. 615 et 616.

INVENTAIRE.

Table alphabétique.

Absence, 14, 113.
Absent, 29, 41, 127, 134, 144, 163, 237, 362, 378. — présumé, 143, 149.
Achalandage, 211.
Acquiescement, 225.
Acte conservatoire, 2, 192, 310. — notarié, 63, 221.
Administrateur, 333.
Administration provisoire, 324. — de communauté, 322 s. — de succession, 322 s.
Affirmation, 292 s.
Agent diplomatique, 395.
Aliénés, 151.
Annexe, 240, 393.
Argent, 258.
Argenterie, 257.
Assignation, 367.
Authenticité, 320.
Autorisation, 324 s.
Avoué, 234, 269, 334, 360 s. — plus ancien, 141, 175 s.
Bâtonnement, 272.
Billets de banque, 259. — de caisse, 259.
Capitaine de navire, 394.
Carence, 31. — (procès-verbal de), 32.
Certificat de notification, 391 suiv.
Chancelier de France, 381.
Charge de communauté, 374 s.
Charges de succession, 368 s., 376.
Chef d'état major, 387.
Clôture d'inventaire, 296, 332 s., 321.
Cohéritiers présomptifs, 113.
Commencement de preuve par écrit, 355.
Commissaire ordonnateur, 385. — priseur, 66, 91, 233, 237, 359. — du Châtelet, 58.
Communauté, 9, 12, 24, 34, 98, 201. — (continuation de), 10. — (renonciation à), 375.
Compétence, 88, 398.
Conjoint, 5, 113, 117, 124, 166. — commun, 82, 305 s. — survivant, 38, 95, 98 s.
Conseiller d'état, 381.
Consul, 396.
Cote, 259, 265 s., 269, 272 s.
Créances, 182.
Créanciers, 95, 98, 111, 140 s., 308, 356. — privilégiés, 176.
Crue, 256.
Curateur, 130, 133, 168. — à succession vacante, 37, 118.
Date, 229.
Décès, 3, 385.
Déchéance, 232, 286 s., 290, 313, 340.
Déclaration, 349 s.
Défaillant, 147 s., 157 s.
Délai, 12, 33 s.
Délivrance, 104, 106.
Demeure, 237.
Deniers comptans (dépôt), 304.
Description, 18, 250 s., 255. — des effets, 219. — d'objets, 193 s.
Détournement, 30. — d'objets, 292.
Dettes, 182.
Difficultés, 318, 327.
Divorce, 15.
Domaines (administration des), 38, 117.
Dommages-intérêts, 45, 48, 371.
Donataire, 124, 282. — particulier, 107, 139. — universel, 95, 372 — à titre universel, 95, 372,
Donation, 282.
Ecritures, 226, 267.
Effets, 344 s. — mobiliers, 182. — au porteur, 273.
Emancipé, 55, 133.
Enfant, 205. — naturel, 5, 86, 116, 135.
Enregistrement, 264, 364, 393.
Equipage (gens d'), 394.
Equipollens, 215, 251 s.
Erreur, 353.
Estimation, 220, 250 s., 256.
Etat, 5, 64. — descriptif, 251, 380. — de dépouillement, 365.
Etranger, 397 s. — (pays), 396.
Etude du notaire, 245 s.
Exactitude, 335.
Exécuteur testamentaire, 7, 40, 77 s., 109 s., 124, 166, 307 s.
Expédition, 241, 366, 384.
Expert, 66, 91, 237, 359
Faillite, 25, 44, 65, 122 s.
Famille royale, 381.
Faute, 276.
Femme, 27. — commune, 120. — dotale, 126. — séparée de biens, 124.
Fermages, 283.
Feuillets, 270, 272.
Fin de non-recevoir, 28, 304.
Foi, 218, 315, 317, 351
Fonds de commerce, 210 s.
Formes, 63, 214 s., 311.
Frais, 103, 172, 357 s.
Fraude, 336, 338, 343.
Fruits pendant par racines, 212.
Gardien, 306.
Général commandant la division, 386.
Gérans, 333
Greffier, 58 s., 66, 227, 380.
Habillement, 202.
Habitans, 295.
Héritier, 34, 84, 101 s., 109 s., 166, 339. — bénéficiaire, 72 s., 340. — institué, 100. — présomptif, 95, 124, 127, 134, 239.
Heure, 229.
Huissier, 66.
Immeubles, 183 s.
Inconnu, 136, 154.
Inhumation, 45 s.
Inscription de rentes sur l'état, 274 s.
Intendant militaire, 385.
Interdiction, 21, 390 s.
Intérêts, 283.
Intitulé d'inventaire, 238.
Inventaire complémentaire, 249.
Inventaire sous seing-privé, 217 s., 317, 346. — par commune renommée, 123, 213, 316. — par destruction, 195, 203.
Irrégularités, 312.
Jour férié, 228.
Juge, 59 s., 174, 399. — de paix, 56, 61, 92, 163, 174, 326, 362, 390.
Légataire, 373. — particulier, 107 s., 139. — à titre universel, 86, 95, 104, 124, 137 s., 166.
Legs, 204. — universel, 137.
Lieu, 242 s.
Lieux différens, 74, 186 s., 247 s.
Linges et hardes, 202 s., 205.
Livres de commerce, 270 s.
Loyers, 283.
Majeur, 28.
Majorat, 390 s.
Mandataire, 166 s., 173, 175, 179 s., 361.
Manuscrits. 208.
Marchandises, 210.
Mari, 27, 80, 120 s., 125.
Mesures provisoires, 331.
Mineur, 55, 128, 314.
Ministre de la guerre, 389.
Minute, 235 s., 329, 384.
Mort civile, 35.
Nom, 237.
Non-Présens, 51, 144 s., 158, 160, 319.
Notaire, 57, 60 s., 71, 73 s., 77 s., 80 s., 91, 222, 226, 231 s., 357, 382, 384, 390. — (responsabilité), 276, 288, 309. — commis, 51, 54, 145 s., 223 s., 237, 240, 358. — (qualité), 159 s — (responsabilité), 158. 161 s., 277. — plus ancien, 84 s. — en second, 224, 268.
Nourriture, 363.
Nu-propriétaire, 164.
Nullité, 45, 148, 171 s., 280, 294, 311 s., 336.
Numéraire, 258.
Objets confondus, 191. — à inventorier, 182 s. — à prélever, 188, 201 s. — à des tiers, 188 s.
Observation, 261.
Offices, 209.
Officier commis, 386 s. — général, 385. — public, 94, 214 s. — supérieur, 385. — de santé, 385.
Officiers publics (choix des), 69 s., 75 s — adjoints, 79.
Omission, 288, 311, 337 s., 343.
Opposans, 155, 173, 179 s.
Ordonnance de nomination, 237, 240 — de référé, 329 s. — du juge, 18.
Papiers, 182, 246, 260 s. — communiqués, 262.
Paquets cachetés, 196 s. — (Présentation des), 198 s.
Paraphe, 268 s., 272 s.
Parties, 201, 226, 231 s., 349 s. — intéressées, 94 s.
Passager, 394.
Père et mère, 289.
Porte-fort, 170 s.
Portraits, 206.
Préciput, 208.
Prescriptions, 356.
Présent honorifique, 207.
Président du tribunal, 69, 76, 78, 87, 174, 196, 302, 329 s.
Preuve, 350, 352. — testimoniale, 26, 28. — par commune renommée, 26 s., 29, 399.
Prisée, 66 s., 256.
Privilége, 377.
Procès-verbal d'inventaire, 327. — de scellés, 90 s.
Procuration, 169 s., 240.
Procureur du roi, 163.
Profession, 237.
Prorogation de délai, 331.
Qualité, 136, 239.
Ratification, 171.
Recel, 30, 339.
Récolement, 252, 263.
Reconnaissance, 354.
Recouvremens, 192.
Référé, 52, 87, 189, 246, 300, 318 s., 322, 328 s., 331 s., 367.
Refus d'affirmer, 300. — de comparaître, 156.
Registres, 270.
Remise des effets, 389. — effets et papiers, 302 s. — d'objets, 189 s.
Renonciation à succession, 339.
Requérans, 237.
Requête, 53, 89, 367.
Réquisition, 93 s., 124 s., 322, 327.
Réserve, 104, 284 s., 354.
Revenus, 283.
Scellés (apposition de), 45 s., 320, 344 s. — (levée des), 18, 93, 253, 383, 386, 390. — (réapposition des), 254.
Secrétaires de la cour, 382.
Séparation de biens, 15 s., 85.
Séquestre, 192.
Serment, 292 s.
Signature, 231 s., 309.
Sommation, 156 s.
Subrogé-tuteur, 128 s., 131 s., 150, 167, 291.
Substitution, 8, 39, 119, 165.
Successeurs irréguliers, 95.
Succession, 3. — bénéficiaire, 4. — échue, 281. — irrégulière, 116 s. — vacante, 6, 118.
Supplément d'inventaire, 337.
Sursis, 319 s.
Syndics, 44, 65, 122 s.
Témoin, 386. — instrumentaire, 222, 224, 227, 231, 394.
Testament, 75, 137. — attaqué, 101 s. — trouvé, 319.
Tiers, 141, 190 s., 201, 315, 349, 352 s. — dépositaires, 186.
Timbre, 264, 364, 393.
Titres actifs et passifs, 278 s. — de créance, 264, 353.
Tutelle, 19, 114.
Tuteur, 20, 42, 114, 128, 150, 167 s. — (déclaration du), 286 s., 289.
Urgence, 49 s., 152.
Usage (droit d'), 115.
Usufruit, 22, 115, 164, 379. — paternel, 11, 220, 342.
Usufruitier, 23, 43, 124, 313.
Vacation, 166, 230, 357 s., 388.
Veuve, 34, 129, 293 s., 341. — commune, 80 s. — non commune, 83.

INVENTAIRE. — 1. — C'est, dans un sens générique, tout état ou dénombrement par écrit et article par article, des biens, meubles, titres, papiers d'une personne, d'une maison. Mais dans un sens plus restreint et suivant l'acception la plus commune, l'inventaire est un acte qui se fait pour constater l'état d'une succession, d'une communauté, des biens d'un absent, d'un interdit, d'une faillite, à l'effet de conserver les droits des intéressés.

§ 1er. — *Cas où il y a lieu de procéder à un inventaire* (n° 2).

§ 2. — *Délais dans lesquels il doit être fait* (n° 33).

§ 3. — *Officiers qui ont le droit d'y procéder* (n. 57).

§ 4. — *Personnes à la requête de qui l'inventaire doit être fait* (n° 93).

§ 5. — *Personnes qui doivent ou peuvent y assister* (n° 124).

§ 6. — *Quels objets doivent y être compris* (n° 182).

§ 7. — *Formalité de l'inventaire* (nº 214).

§ 8. — *Cas où il s'élève des difficultés lors de l'inventaire ou à la fin* (nº 318).

§ 9. — *Omissions dans l'inventaire. — Supplément d'inventaire* (nº 335).

§ 10. — *Effets de l'inventaire* (nº 344).

§ 11. — *Frais d'inventaire* (nº 357).

§ 12. — *De quelques inventaires particuliers* (nº 381).

—

§ 1er. — *Cas où il y a lieu de procéder à un inventaire.*

2. — Comme l'inventaire est un acte conservatoire, une mesure de précaution qui a pour but de conserver les droits éventuels des parties, l'on doit poser pour règle qu'il peut être ordonné toutes les fois que les circonstances l'exigent. Cependant il existe des cas où la loi le prescrit d'une manière formelle. — Rolland de Villargues, *Rép. du notar.*, vº *Inventaire*, nº 1.

3. — Toutefois, c'est après le décès d'une personne que l'inventaire a lieu le plus fréquemment, et il est alors nécessaire dans un assez grand nombre de cas.

4. — Ainsi il y a lieu de procéder à l'inventaire : — 1º lorsque le successible n'a accepté ou ne veut accepter la succession que sous bénéfice d'inventaire. — C. civ., art. 794. — V. SUCCESSION BÉNÉFICIAIRE.

5. — ... 2º Lorsque l'enfant naturel, le conjoint survivant ou l'état appelés à défaut de parens au degré successible prétendent droit à la succession. — C. civ., art. 769 et 773. — V. SUCCESSION IRRÉGULIÈRE.

6. — ... 3º Lorsque la succession est vacante. — C. civ., art. 813 ; C. procéd., art. 1000. — V. SUCCESSION VACANTE.

7. — ... 4º Lorsque le défunt a nommé un exécuteur testamentaire. — C. civ., art. 1031. — V. EXÉCUTEUR TESTAMENTAIRE.

8. — ... 5º Lorsqu'il y a substitution universelle ou à titre universel faite par le défunt. — C. civ., art. 1058. — V. SUBSTITUTION.

9. — ... 6º Après la mort naturelle ou civile de l'un des époux communs en biens. — C. civ., art. 1442. — V. COMMUNAUTÉ.

10. — Autrefois l'inventaire était, d'après notre droit coutumier, nécessaire pour empêcher la continuation de la communauté, mais cette disposition a été abrogée par le code. — C. civ., art. 442. — V. COMMUNAUTÉ.

11. — Mais s'il y a des enfans mineurs, le défaut d'inventaire fait perdre à l'époux survivant la jouissance de leurs revenus, et le subrogé tuteur qui ne l'a point obligé à faire faire inventaire est solidairement tenu de toutes les condamnations qui peuvent être prononcées au profit des mineurs. — C. civ., même art. — V. USUFRUIT PATERNEL.

12. — ... 7º Lorsque la femme survivante veut conserver après les délais prescrits la faculté de renoncer à la communauté. — C. civ., art. 1456. — V. COMMUNAUTÉ, DÉLAI POUR FAIRE INVENTAIRE ET DÉLIBÉRER.

13. — Il y a encore lieu de procéder à un inventaire dans un grand nombre de cas, dont quelques uns se rattachent à des ouvertures de succession. — Par exemple :

14. — ... 8º En cas d'envoi en possession provisoire, par suite de la déclaration d'absence, pour le mobilier et les titres de l'absent. — C. civ., art. 126. — V. ABSENCE.

15. — ... 9º D'après l'art. 270, C. civ., « La femme commune en biens, demanderesse ou défenderesse en *divorce*, peut en tout état de cause à partir de la date de l'ordonnance dont il est fait mention en l'art. 238, requérir pour la conservation de ses droits, l'apposition des scellés sur les effets de la communauté. Ces scellés ne seront levés qu'en faisant inventaire avec prisée et à la charge par le mari de représenter les choses inventoriées ou de répondre de leur valeur comme gardien judiciaire. » — Ce qui est applicable : — 1º au cas de *Séparation de corps* ; — Arg. C. civ., art. 307 ; — Duranton, t. 2, nº 613 ; Massé, *Parf. not.*, liv. 10, chap. 13 ; Massol, *Séparation de corps*, nº 13 ; Debelleyme, *Ordonn.*, 1er cah. p. 78 et 2e cah. p. 165 ; — 2º et au cas de *Séparation de biens*, car il y a même motif. — Arg. C. procéd., art. 869 ; — Toullier, t. 13, nº 63 ; Carré *L. de la procéd.*, sur l'art. 869, Debelleyme, 2e cahier. p. 167. — V. SÉPARATION DE CORPS, SÉPARATION DE BIENS.

16. — Jugé même avant le Code civ., que la femme demanderesse en séparation de corps pouvait, avant le jugement de sa demande, requérir l'inventaire des effets de la communauté. — *Amiens*, 5 pluv. an V, N...

17. — Ce n'est toutefois qu'à partir de la date de la seconde ordonnance dont parle l'art. 238, C. procéd., que la femme demanderesse ou défenderesse en séparation peut provoquer l'apposition des scellés et l'inventaire pour la conservation de ses droits. — Duranton et Massé, *ibid.*

18. — D'ailleurs, même dans le cas d'une séparation de corps, l'apposition et la levée des scellés n'ont lieu dans l'usage que par suite d'une permission du juge accordée sur requête, et l'on se borne ordinairement à ordonner la levée des scellés avec description, sans inventaire. — Debelleyme, *ibid.*

19. — ... 10º En cas de tutelle, pour les biens du mineur (C. civ., art. 451) ; et il en est de même à l'égard des successions qui peuvent échoir au mineur depuis la nomination du tuteur. — C. civ., art. 461. — V. TUTELLE.

20. — Le tuteur qui n'a pas fait faire inventaire peut être condamné à des dommages-intérêts. — Duranton, t. 3, nº 536.

21. — ... 11º En cas d'interdiction, pour les biens de l'interdit. — C. civ., art. 509. — V. INTERDICTION.

22. — ... 12º En cas d'usufruit, lorsque l'usufruitier veut entrer en jouissance. — C. civ., art. 600. — V. USUFRUIT. — Il en est de même de l'usager, C. civ., art. 626. — V. USAGE (droit d').

23. — Toutefois, il est un cas où l'inventaire ne pourrait être requis par le nu-propriétaire vis-à-vis de l'usufruitier ; c'est quand un testateur, qui avait le droit de disposer en toute propriété, a légué tous ses biens en usufruit, avec dispense pour le légataire de faire inventaire ; il y a lieu de présumer alors que l'intention du testateur a été qu'on s'en rapportât à la foi de l'usufruitier, auquel il pouvait donner la pleine propriété. — Pigeau, *Comment.* art. 941. — Cependant à cet égard V. USUFRUIT.

24. — ... 13º Lorsqu'une succession échoit à l'un des époux communs en biens ou en société d'acquêts et même non communs en biens, afin de constater les reprises qu'il pourra exercer ultérieurement. — C. civ., art. 1414, 1499, 1504 et 1532. — V. COMMUNAUTÉ.

25. — ... 14º En cas de faillite, pour les biens du failli. — C. comm., art. 479. — V. FAILLITE.

26. — A défaut d'inventaire, les parties intéressées peuvent être autorisées à faire preuve tant par titres que par témoins, et même par commune renommée, de la valeur et de la consistance du mobilier. — C. civ., art. 1415 et 1442. — V. COMMUNAUTÉ, PREUVE PAR COMMUNE RENOMMÉE.

27. — Ainsi, lorsque le mari n'a pas fait faire inventaire des successions échues à la femme pendant le mariage, elle est recevable à le faire faire par commune renommée. — *Paris*, 1er juin 1811, Cerveau c. Larue.

28. — Mais l'enfant majeur et présent lors du décès de sa mère, ne peut être admis, à défaut d'inventaire, à prouver par témoins la valeur du mobilier conservé par son père. — *Caen*, 4 janv. 1840 (t. 1er 1843, p. 305), Charruel c. Hélie.

29. — L'héritier qui, à l'ouverture d'une succession, était absent, n'est pas tenu de faire inventaire, et à défaut, il n'y a pas lieu, sur la demande des représentans de son cohéritier, d'ordonner qu'il y sera procédé par commune renommée, lorsque celui qu'ils représentent ne l'a point exigé. — *Bordeaux*, 14 mars 1832, Roux c. Pothié et Vidal.

30. — On peut également faire preuve par titres ou par témoins, et même par commune renommée, quand des meubles et effets ont disparu depuis l'événement qui donne lieu à l'inventaire. — V. RECEL.

31. — Du reste, il n'y a nécessité de faire inventaire dans les différens cas précisés par la loi, qu'autant qu'il se trouve réellement des objets à inventorier.

32. — Dès-lors, quand une succession ne présente aucuns objets à inventorier, l'héritier ou le donataire bénéficiaire peut suppléer par un procès-verbal de carence à l'inventaire prescrit par les art. 794, C. civ., et 943, C. proc. — *Paris*, 24 déc. 1833, Ségur c. Chantal.

§ 2. — *Délais dans lesquels l'inventaire doit être fait.*

33. — La loi fixe le plus ordinairement le délai dans lequel l'inventaire doit être fait, ou du moins elle oblige à le faire promptement.

34. — Le successible, la veuve, la femme séparée de biens assignée comme commune, ont trois mois, à partir du jour de l'ouverture de la succession ou de la dissolution de la communauté, pour faire inventaire, et quarante jours pour délibérer, savoir : le successible sur l'acceptation bénéficiaire, et la veuve et la femme séparée de biens sur leur renonciation à la communauté, sous peine de déchéance. — C. civ., art. 793, 1456 et 1459. — V. DÉLAI POUR FAIRE INVENTAIRE ET DÉLIBÉRER ; V. aussi COMMUNAUTÉ, SUCCESSION BÉNÉFICIAIRE.

35. — Cette disposition est applicable à la femme du condamné à une peine emportant mort civile (Arg. C. civ., art. 25) ; alors le délai court du jour de l'exécution, soit réelle, soit par effigie, du jugement de condamnation (Arg. C. civ., art. 26). — Rolland de Villargues, *Rép. du not.*, vº *Inventaire*, nº 26.

36. — Les légataires universels ou à titre universel doivent-ils être assimilés aux héritiers relativement au délai, pour faire inventaire ? — V. à cet égard, vº DÉLAI POUR FAIRE INVENTAIRE, nºs 38 et suiv.

37. — Le curateur à une succession vacante est tenu, *avant tout*, de faire constater l'état de la succession par un inventaire. — C. proc., art. 1000. — V. SUCCESSION VACANTE.

38. — Le conjoint survivant ou l'administration des domaines qui prétendent droit à une succession, à défaut de parens, doivent faire faire inventaire dans le délai de trois mois, accordé à l'héritier bénéficiaire. — Arg. C. civ., art. 769. — V. SUCCESSION BÉNÉFICIAIRE.

39. — L'inventaire après le décès de celui qui a grevé ses biens de substitution doit être fait dans les trois mois du décès (C. civ., art. 1059), ou dans le mois qui suit ce délai, au cas prévu par l'art. 1060. — V. SUBSTITUTION.

40. — L'exécuteur testamentaire étant tenu de rendre compte de sa gestion à *l'expiration de l'année* du décès du testateur (C. civ., art. 1031), doit nécessairement faire procéder à l'inventaire avant cette époque. — V. EXÉCUTEUR TESTAMENTAIRE.

41. — Aucun délai n'est prescrit aux envoyés en possession provisoire des biens d'un absent pour faire l'inventaire de ses biens. — C. civ., art. 126. — V. ABSENCE.

42. — Le tuteur doit dans les dix jours qui suivent celui de la nomination faire procéder à l'inventaire des biens du mineur. — C. civ., art. 451. — V. TUTELLE.

43. — L'usufruitier ne peut entrer en jouissance *qu'après avoir fait* dresser l'inventaire des meubles et l'état des immeubles sujets à l'usufruit. — C. civ., art. 600. — V. USUFRUIT.

44. — En cas de faillite, les syndics provisoires doivent dans les trois jours de leur nomination, procéder, après levée des scellés, à l'inventaire des biens du failli. — C. comm., art. 479. — V. FAILLITE.

45. — L'inventaire après décès ne peut être fait que trois jours après l'inhumation, si les scellés ont été apposés auparavant, ou trois jours après l'apposition des scellés, si elle a été faite depuis l'inhumation, à peine de nullité et de dommages-intérêts contre ceux qui ont fait et requis l'inventaire. — C. procéd., art. 928

46. — Autrefois l'inventaire ne pouvait d'abord être fait que vingt-quatre heures après l'inhumation (arrêt. de réglem. 8 juill. 1693) ; plus tard il fut statué que « les scellés ne pourraient être levés et les inventaires commencés que trois jours francs après les enterremens faits publiquement des corps des défunts, à peine de nullité des procès-verbaux de levée de scellés et d'inventaire, d'interdiction, et de 100 liv. d'amende contre les commissaires, notaires, et procureurs qui y assisteraient (arrêt de réglem., 18 juill. 1733, Langlois, *Traité des droits des not.*, p. 278) ; mais ces anciens réglemens ne prévoyaient rien pour le cas où les scellés n'avaient été apposés qu'après l'inhumation ; et il résultait de là une foule d'abus.

47. — La disposition de l'art. 928 C. procéd., comme celle des anciens réglemens, a pour but de donner aux intéressés le temps de comparaître (Pigeau, *Proc. du Châtel.*, t. 2, p. 316, et *Proc. civ.*, t. 2, p. 580 ; Discours de M. Siméon orat. du gouv. ; Carré et Demiau, sur l'art. 928). Elle est aussi commandée par la décence publique. — Debelleyme, *Ord.*, 2e cah., p. 220.

48. — La contravention à la disposition de l'art. 928, C. proc., peut donner lieu à des dommages-intérêts, non seulement contre ceux qui ont requis l'inventaire, mais encore contre ceux qui l'ont *fait*, c'est à dire les notaires, commissaires-priseurs, etc. — Pigeau, *Proc. civ.*, *ibid.*

49. — Toutefois la défense de procéder à l'inventaire avant l'expiration des trois jours, souffre exception quand, pour des causes urgentes et dont il est fait mention dans son ordonnance, il en est autrement ordonné par le président du tribunal de première instance, (C. proc. art. 928). Une disposition semblable existait dans l'arrêt de réglement du 18 juill. 1733.

50. — Comme exemple de causes urgentes de lever les scellés ou de faire l'inventaire avant les trois jours, on peut citer l'obligation de vider

lieux par suite de congé, la nécessité de se défaire promptement de certains objets. — Pigeau, *Proc. civ.*, t. 2, p. 580; Rolland de Villargues, *Rép. du not.*, v° *Inventaire*, n° 40.

51. — Dans ce cas, si les parties qui ont droit d'assister à la levée des scellés ne sont pas présentes, il est appelé pour elles, tant à la levée qu'à l'inventaire, un notaire nommé d'office par le président. — C. proc., art. 928.

52. — On se pourvoit en référé devant le président à la suite d'un dire sur le procès-verbal d'apposition de scellés. Ce n'est pas le cas d'agir par requête. — Debelleyme, *Ord.*, 2e cah., p. 217; Rolland de Villargues, n° 41. — *Contrà* Pigeau, *Proc. civ.*, t. 2, p. 580.

53. — Mais on devrait employer la voie de la requête, s'il y avait lieu de procéder à l'inventaire, sans qu'il y eût eu apposition de scellés. — Debelleyme, *ibid.*; Rolland de Villargues, *ibid.*

54. — Quant à la nomination du notaire à faire par le président, et aux pouvoirs dont ce notaire est investi, V. *infrà* nos 152 et suiv.

55. — Lorsque les héritiers ou quelques uns d'entre eux sont mineurs non émancipés, il ne peut être procédé à l'inventaire, qu'ils n'aient été préalablement pourvus de tuteurs ou émancipés. — Arg. C. proc., art. 929; — Massé, *Parf. not.*, liv. 10, chap. 13.

56. — Dans le cas où il y a scellés, c'est au juge de paix qu'il appartient d'indiquer le jour et l'heure des opérations. — C. proc., art. 931, n° 2; — Debelleyme, *Ord.*, 2e cah., p. 239; Rolland de Villargues, n° 44. — V. au surplus SCELLÉS.

§ 3. — *Officiers qui ont droit de procéder à l'inventaire.*

57. — Autrefois c'était aux notaires presque exclusivement qu'il appartenait de procéder aux inventaires. Et ce droit s'appliquait aux inventaires de toutes personnes, tels que faillis, interdits, comptables, princes et grands seigneurs. — Denisart, v° *Inventaire*; Langlois, *Tr. des dr. des not.*, chap. 21.

58. — Aussi avait-il été fait défense, 1° aux greffiers et autres de procéder à des inventaires, lors même qu'ils avaient été commis par justice. — Arrêts 14 déc. 1569, 16 avr. 1669 et 3 juin 1726. — 2° Aux commissaires du Châtelet eux-mêmes, de faire des inventaires sous prétexte de scellés. — Arrêt 14 août 1636; — Rolland de Villargues, nos 54 et 55.

59. — Néanmoins, dans quelques endroits, les juges pouvaient, avec l'assistance de leurs greffiers, procéder à ces actes. Et même en Bretagne, les inventaires ne pouvaient être faits que par les greffiers des justices royales. — Langlois, *ibid.*; Denisart, *ibid.*

60. — L'art. 10, L. 6-27 mars 1791, portait : « La confection des inventaires, procès-verbaux de description et de carence à l'ouverture des successions n'appartiendra point aux juges de paix, mais aux notaires, même dans les lieux où elle était attribuée aux juges et aux greffiers. »

61. — Cette disposition de la loi de 1791 ayant été éludée surtout par les greffiers, des plaintes furent portées au ministre de la justice qui, le 6 thermid. an V, rendit une décision portant : « La loi ne prononce point de peines contre les greffiers et les juges de paix qui s'immisceraient dans la confection des inventaires attribués aux notaires publics; mais ces actes seraient nuls, et les effets de la responsabilité retomberaient sur leurs auteurs. » — *Archives générales du royaume*, B B. 2536. — Rolland de Villargues, n° 56.

62. — Aussi jugé que depuis la loi du 27 mars 1791, les greffiers n'ont pu, concurremment avec les notaires, procéder à des inventaires. — *Cass.*, 5 frim. an VIII, Gérard c. Perrot; 11 frim. an X, Perrot c. Gérard.

63. — L'art. 943, C. procéd., publié depuis, confirme implicitement la disposition de la loi du 6-27 mars 1791, en exigeant que les inventaires soient revêtus des *formalités communes à tous les actes devant notaires.* — Merlin, *Rép.*, v° *Inventaire.*

64. — La loi ne faisant point d'exception au sujet des inventaires des successions dévolues à l'état par droit de déshérence, droit d'aubaine ou autrement, les notaires ont seuls droit d'y procéder. — Rolland de Villargues, n° 58.

65. — Dans les faillites, les inventaires sont faits aujourd'hui par les syndics avec l'assistance du juge-commissaire. — C. comm., art. 480. — Cependant les notaires ne sont pas absolument exclus. — V. FAILLITE, nos 793 et suiv.

66. — Aux notaires, on adjoint ordinairement un autre officier public, tels que greffier, huissier ou commissaire-priseur, et quelquefois des experts pour faire la prisée des objets. — C. procéd., art. 935. — V. PRISÉE.

67. — Cependant, les notaires ont qualité pour procéder eux-mêmes à la prisée des objets mobiliers, en même temps qu'ils en font l'inventaire. — *Grenoble*, 5 déc. 1839 (t. 1er 1843, p. 465), huissiers c. notaires de Grenoble.

68. — Bien que ce ne soit là qu'une même opération, il est néanmoins dans les convenances, dit M. Rolland de Villargues (n° 61), qu'en général les notaires s'abstiennent de cette mission. Ils ne doivent le faire que pour éviter des frais, lorsqu'il s'agit de successions pauvres, ou dans des circonstances particulières.

69. — Le conjoint commun en biens, les héritiers, l'exécuteur testamentaire et les légataires universels ou à titre universel, peuvent convenir du choix d'un ou de deux notaires, et d'un ou de deux commissaires-priseurs ou experts ; s'ils n'en conviennent pas, il est procédé, suivant la nature des objets, par un ou deux notaires, commissaires-priseurs ou experts, nommés d'office par le président du tribunal de première instance. — C. procéd., art. 935.

70. — Ainsi, ce n'est qu'autant que les parties ne sont pas d'accord pour choisir les officiers qui doivent procéder à l'inventaire, qu'il y a lieu par le tribunal d'en faire le choix. — C'est, au reste, ce qui se pratiquait autrefois. — Lettres-patentes, 9 juill. 1737 ; — Langlois, chap. 39.

71. — Jugé spécialement que la nomination d'office par le juge, d'un notaire, pour procéder à l'inventaire, ne doit avoir lieu qu'autant que les parties ne peuvent s'accorder entre elles sur le choix de ce notaire. — *Bruxelles*, 6 sept. 1822, Dupré c. Vanaken.

72. — Peu importerait que les parties fussent héritières bénéficiaires, car la loi ne fait à cet égard aucune différence entre les héritiers purs et simples et des héritiers bénéficiaires. — Rolland de Villargues, v° *Inventaire*, n° 65.

73. — Jugé, dès-lors, que c'est à l'héritier bénéficiaire à choisir le notaire pour faire l'inventaire et non au tribunal à en nommer un d'office. — *Turin*, 14 août 1809, Borsarelli c. Vaglienti et Galvagno.

74. — Quand plusieurs inventaires relatifs à une même succession, les uns par continuation des autres, sont à faire sur plusieurs points, l'accord qui a eu lieu dans un arrondissement entre les parties sur le choix des notaires, lors de la première opération d'inventaire, n'est point un obstacle à ce que, dans un autre arrondissement, surtout si c'est celui du domicile du défunt, l'inventaire ne soit fait par d'autres notaires, si l'une des parties le requiert. — *Paris*, 15 avr. 1833, Dudoyer-Duchaulnoix.

75. — Le droit qu'ont les parties de nommer les notaires et autres officiers qui doivent procéder ou coopérer à l'inventaire est un droit qui leur appartient personnellement, et que le défunt ne pourrait leur enlever par son testament. — Rolland de Villargues, n° 64. — Cependant, un arrêt du parlement de Dijon, du 26 janv. 1810, rapporté par Bouvot (*Rép. de jurisp.*, v° *Inventaire de biens par bénéfice*), décide que le notaire nommé par le testateur devait être préféré à celui que les parens voulaient nommer.

76. — En cas de dissentiment entre les parties sur le choix des officiers qui doivent procéder à l'inventaire, le président ou le tribunal ne doit pas les nommer à son gré ; il doit choisir parmi les officiers présentés par les parties, et il faudrait des motifs graves pour les nommer d'office, ce qui est cependant dans son droit. La préférence s'accorde en considération de la qualité et de l'intérêt des parties. — Debelleyme, *ordonn.* 2e cahier, p. 238. — Il est aussi certaines règles que l'usage a consacrées.

77. —... 1° Lorsqu'il y a un exécuteur testamentaire, l'inventaire doit être fait par le notaire qu'il a choisi. — Stat. not. de Paris, homolog. le 13 mai 1681. — D'où il suit que si l'inventaire est fait par deux notaires, celui de l'exécuteur testamentaire, quoique le plus jeune en réception, a la préférence sur le notaire des héritiers ou du survivant, quoique celui-ci soit son ancien. — Stat. des not. de Paris, 4 fév. 1807.

78. — Toutefois, ce sont là des règles de discipline intérieure qui ne lient pas les juges. — Aussi a-t-il été décidé que, lorsque après l'ouverture d'une succession, il y a dissidence entre l'exécuteur testamentaire, les successibles et le légataire universel, sur le choix du notaire, par le ministère duquel doit avoir lieu l'inventaire le choix peut être fixé, non par les divers motifs de préférence qui pourraient être invoqués, mais par une nomination faite d'office par le président du tribunal. — *Bordeaux*, 15 avr. 1835, Dubois c. Marbotin.

79. —... Que de plus, la disposition de l'art. 1031, C. civ., qui confère aux exécuteurs testamentaires le droit de choisir les officiers ministériels chargés de procéder à l'inventaire, n'est pas exclusive de la faculté qui appartient aux héritiers d'adjoindre des officiers choisis par eux à ceux dont l'exécuteur testamentaire a fait choix. — *Paris*, 6 fév. 1806, Picquais c. Dejoly.

80. —... 2° Lorsqu'il n'y a pas d'exécuteur testamentaire, l'inventaire doit être fait par le notaire du mari ou de la veuve commune en biens. — Stat. not. de Paris, 13 mai 1681.

81. — Ainsi, c'est à la veuve commune et non à l'héritier du mari, qu'il appartient de choisir le notaire pour la confection de l'inventaire du mobilier de la succession. — *Paris*, 5 oct. 1808, Folignier.

82. — Toutefois, en cas de dissentiment entre le conjoint survivant commun en biens et les héritiers du défunt, le tribunal n'est pas absolument tenu de nommer le notaire choisi par le conjoint survivant; il peut nommer les deux notaires proposés par les deux parties. — *Colmar*, 11 nov. 1831, Miltelberger; — Carré, *L. de la procéd.*, t. 3, quest. 3130.

83. —... 3° La veuve non commune, bien que donataire particulière, n'a pas le droit de nommer le notaire pour l'inventaire, après le décès de son mari; et quoiqu'il n'y ait qu'un seul notaire nommé par les héritiers, celui nommé par la veuve ne peut être admis qu'en assistant à ses frais; et, dans ce cas, la minute appartient toujours au notaire des héritiers, même plus jeune que celui de la veuve. — Stat. 13 janv. 1780.

84. —... 4° Lorsque, dans l'absence d'exécuteur testamentaire ou de conjoint survivant, plusieurs notaires sont indiqués par les héritiers, le plus ancien en réception a la préférence. — Stat. Not. de Paris, 13 mai 1681. — Cependant cela suppose que les héritiers aient des droits et des intérêts égaux, car les héritiers les plus considérables devraient avoir le choix. — Duranton, t. 7, n° 24.

85. —... 5° Si, par suite d'un jugement de séparation de corps, il doit être procédé au partage de la communauté, l'inventaire doit être fait non par le plus ancien des deux notaires des parties, mais par celui qui a été commis par le jugement pour la liquidation. — *Paris*, 8 oct. 1839 (t. 2 1839, p. 328), Hamon.

86. —... 6° Le notaire de l'enfant naturel qui n'a pas encore obtenu l'envoi en possession n'a pas le droit de concourir à la confection de l'inventaire, même dans le cas où le nombre des deux notaires ne serait pas complété par les héritiers légitimes ou autres ayant droit d'y faire procéder. — Si l'enfant naturel avait obtenu l'envoi en possession, le notaire par lui choisi pourrait concourir à l'inventaire ; mais il devrait, sauf quelques rares exceptions, se retirer devant deux plus anciens notaires qui se présenteraient pour les ayant-droit. — Stat. not. de Paris, 23 janv. 1806.

87. — Lorsque les parties ne sont pas d'accord pour la nomination des officiers qui doivent procéder à l'inventaire, il y a lieu de se pourvoir en référé devant le président du tribunal. — Arg. C. procéd., art. 935. — Carré, *Lois de la procédure*, t. 3, quest. 3132.

88. — Ainsi, la demande en nomination d'un notaire pour procéder à l'inventaire d'une succession, doit être portée devant le président du tribunal de l'ouverture de cette succession, et non devant le tribunal en entier. — *Orléans*, 19 mai 1808, N...

89. — A cet effet, et s'il n'y a pas de scellés, la partie la plus diligente se pourvoit par une simple requête. — Carré, sur l'art. 935.

90. — Mais quand il y a scellés, le juge de paix doit-il en référer sur le procès-verbal de scellés? — « L'art. 935, C. procéd., dit M. Debelleyme 2e cahier, p. 237), n'autorisant pas le juge de paix à en référer directement au président sur son procès-verbal comme la loi le fait en d'autres circonstances, on peut penser qu'il doit suspendre la levée des scellés et délaisser les parties à se pourvoir. Cependant l'usage à Paris est d'en référer sur le procès-verbal pour y comprendre tous les incidens et l'ordonnance elle-même, et accélérer l'opération. » — V. conf. Carré, *loc. cit.*; Rolland de Villargues, n° 68 *bis*.

91. — Le procès-verbal de levée de scellés doit contenir la nomination des notaires, commissaires-priseurs et experts qui doivent opérer à l'inventaire. — C. procéd., art. 936. — C'est-à-dire qu'il doit mentionner cette nomination. — Rolland de Villargues, n° 72.

92. — Quant au juge de paix, s'il assiste à l'inventaire, ce n'est que pour vérifier l'intégrité des scellés et les réapposer sur les effets non encore inventoriés ; et dès que les scellés ne sont plus nécessaires, ou qu'ils doivent être levés sans description, il doit se retirer. — *Aix*, 28 juill. 1830, Rousseau et Alloué c. juge de paix de Tarascon. — Locré, *Esprit du C. de procéd.*, t. 4, p. 239. — V. SCELLÉS.

§ 4. — *Personnes à la requête de qui l'inventaire doit être fait.*

95. — L'inventaire peut être requis par ceux qui ont droit de requérir la levée du scellé (C. procéd., art. 941), lorsqu'il a été apposé. — V. SCELLÉS.

94. — Ainsi, il ne peut y avoir lieu qu'à la requête des parties intéressées, et les officiers publics ne pourraient y procéder sans en être requis. Des défenses expresses ont été faites autrefois à cet égard. — Papon, liv. 15, tit. 6, nº 13, qui rapporte un arrêt du 7 juin 1564; Ferrière, *Parf. not.*, liv. 12, chap. 1er; Merlin *Rép.*, vº *Inventaire*, § 3; Rolland de Villargues, *Rép.*, vº *Inventaire*, nº 74.

95. — L'inventaire après décès pouvant être requis par ceux qui ont droit de requérir la levée des scellés (C. procéd., art. 941), il peut l'être : 1º par tous ceux qui prétendent droit dans la succession ou la communauté (C. procéd., art. 909, 930), tels sont : le *conjoint* survivant, les *héritiers* présomptifs, les *donataires* ou *légataires* universels ou à titre universel, soit en propriété, soit en usufruit (arg. art. 942), les *successeurs irréguliers*; — 2º par tous créanciers fondés en titre exécutoire, ou autorisés par une permission, soit du président du tribunal de première instance, soit du juge de paix du canton où le scellé a dû être apposé. — C. procéd., art. 909 et 930.

96. — L'inventaire n'étant qu'une mesure conservatoire, il peut être requis par tous les intéressés dans une succession, sans qu'il faille pour l'ordonner examiner le fondement des droits des parties. — *Bruxelles*, 26 avr. 1828, N...

97. — Lorsque plusieurs parties requièrent l'inventaire, il doit être fait au nom de la partie qui se trouve la première indiquée dans l'art. 909, article auquel l'art. 941 renvoie indirectement en disant que l'inventaire peut être requis par ceux qui ont droit de requérir la levée du scellé. — Berriat Saint-Prix, p. 669; Carré sur l'art. 941.

98. — Ainsi, quand il y a eu communauté, l'inventaire doit être fait à la requête de l'époux survivant et des héritiers du prédécédé, conjointement. Ils doivent exclure les créanciers. — Rolland de Villargues, nº 76.

99. — Si l'époux survivant n'avait pas été commun en biens et qu'il n'eût aucune répétition à exercer contre la succession, il ne pourrait requérir l'inventaire; car il n'a pas d'intérêt pour faire constater les forces de la succession. Toutefois, il peut demander que l'inventaire soit fait en sa présence pour qu'on n'y comprenne que ce qui appartient au défunt. — Pigeau, t. 2, p. 595; Massé, liv. 10, chap. 14.

100. — L'*héritier institué* contractuellement par acte authentique (un contrat de mariage) peut requérir l'inventaire, à l'exclusion des héritiers présomptifs qui ne sont pas réservataires. — Bioche. *Journal de procéd.*, art. 1461.

101. — De même, l'héritier non réservataire, auquel on oppose un testament qui l'exclut de la succession ne peut requérir la confection d'un inventaire, lorsqu'il n'attaque point ce testament et se borne à faire de simples réserves. L'héritier qui allègue qu'il pourrait exister un testament révocatoire est suffisamment satisfait par l'offre de l'héritier institué de laisser inventorier tous les titres et papiers du défunt. — *Bruxelles*, 12 nov. 1829, Buydens.

102. — Mais les héritiers légitimes qui ont provoqué la nullité du testament peuvent requérir un inventaire. — *Amiens*, 7 mai 1806, Vallet c. Varlet; *Bruxelles*, 28 nov. 1810, Struyens c. Roef et Janssens; 9 mars 1811, Bergayck et Goubaut c. Dormer.

103. — ... Et cela, bien qu'il y ait un légataire universel, sauf à supporter, en définitive, les frais, s'ils succombent. — *Bruxelles*, 9 mars 1811, Bergayck et Goubaut c. Dormer.

104. — Du reste, pour pouvoir requérir l'inventaire, les légataires universels doivent avoir un titre authentique (C. civ., art. 1006), ou avoir été envoyés en possession (C. civ., art. 1008), et de plus doivent avoir obtenu la délivrance. — Rolland de Villargues, nº 80.

105. — Dès-lors, tant que le légataire universel ne s'est pas fait envoyer en possession, il ne peut empêcher les héritiers légitimes, même non réservataires, de faire procéder, à leur requête, à l'inventaire. — Denisart, vº *Inventaire*, nº 73.

106. — Jugé en ce sens que la demande de l'héritier *ab intestat*, à fin d'inventaire des effets et titres d'une succession purement mobilière, léguée pour la totalité, est admissible tant que le légataire n'a point demandé l'exécution du testament ou requis la délivrance du legs. — *Bruxelles*, 19 nov. 1812, Hennepin c. Olivier.

107. — Les donataires ou légataires particuliers ayant le droit de requérir la levée des scellés (arg. C. civ., art. 909 et 930), il s'ensuit qu'ils ont, à la rigueur, le droit de requérir l'inventaire. — C. proc., art. 941. — Toutefois, lors même qu'ils le requièrent, ils n'ont pas plus le droit d'y assister, ni de pénétrer dans les secrets de la succession, que s'ils ne l'avaient pas requis. — Pigeau, t. 2, p. 597; Rolland de Villargues, nº 88.

108. — Jugé même que les légataires particuliers des immeubles du défunt ne peuvent requérir l'inventaire des meubles, lors même que l'héritier institué est spécialement chargé du paiement de toutes les dettes, si d'ailleurs sa solvabilité est incontestable. — *Bruxelles*, 12 nov. 1829, Buydens.

109. — De la combinaison des art. 1031, C. civ., qui prescrit à l'exécuteur testamentaire de faire faire l'inventaire de la succession en présence de l'héritier présomptif, et 942, C. procéd., qui impose à ceux qui requièrent l'inventaire d'y appeler l'exécuteur testamentaire, il résulte que l'inventaire doit être fait cumulativement à la requête de l'exécuteur testamentaire et à la requête des héritiers. — Massé, *Parf. not.*, liv. 10, ch. 13; Rolland de Villargues, nºs 85 et suiv.

110. — Jugé cependant qu'en cas de contestation entre l'héritier et l'exécuteur testamentaire, même avec saisine des biens, l'inventaire doit être fait à la requête de l'héritier. — *Bruxelles*, 2 août 1808, Venfrasson c. Keller.

111. — A défaut par les ayant-droit de requérir l'inventaire, les créanciers de la succession doivent être autorisés à le faire faire, puisque c'est le moyen de constater un actif qui est leur gage; et les créanciers personnels des héritiers pourraient même agir, à cet égard, en vertu de l'art. 1166, C. civ. — Toullier, t. 4, nº 411; Carré, sur l'art. 940, C. procéd.; Debelleyme, *Ordonn.*, 2e cah., p. 238; Rolland de Villargues, vº *Inventaire*, nº 89.

112. — Il est encore un grand nombre de cas où la loi désigne nommément à la requête de qui l'inventaire doit être fait.

113. — Ainsi, en cas d'*absence*, l'inventaire est fait à la requête des envoyés en possession, ou de l'époux qui a opté pour la continuation de la communauté (C. civ., art. 126), encore bien que les scellés eussent été apposés d'office ou à la requête du ministère public; mais à la charge de faire l'inventaire en présence du procureur du roi ou d'un juge de paix requis par ce magistrat.

114. — En cas de tutelle, l'inventaire se fait à la requête du tuteur. — C. civ., art. 451.

115. — En cas d'usufruit, d'usage ou d'habitation, à la requête de l'usufruitier ou de l'usager. — C. civ., art. 600 et 626.

116. — En cas de succession dévolue à l'enfant naturel, à défaut de parens au degré successible, l'inventaire est fait à la requête de l'enfant naturel. — C. civ., art. 773.

117. — En cas de succession dévolue irrégulièrement au conjoint survivant ou, à son défaut, à l'état, l'inventaire a lieu, dans le premier cas, à la requête du conjoint, et dans le deuxième cas à la requête de l'administration des domaines. — C. civ., art. 769.

118. — En cas de succession vacante, l'inventaire est fait à la requête du curateur. — C. procéd., art. 1000.

119. — Dans le cas où il s'agit d'un inventaire après le décès d'une personne qui a disposé à charge de restitution, l'inventaire a lieu à la requête du grevé de restitution (C. civ., art. 1059), ou, à son défaut, à la requête du tuteur nommé pour l'exécution (C. civ., art. 1060), ou, à défaut de celui-ci, à la diligence des personnes dénommées en l'art. 1057, C. civ., savoir : soit des appelés, s'ils sont majeurs; soit de leurs tuteurs ou curateurs, s'ils sont mineurs ou interdits; soit de tout parent des appelés, ou même d'office, à la diligence du procureur du roi près le tribunal de première instance du lieu où la succession est ouverte. — C. civ., art. 1061; — Bioche, *Dict. de procéd.*, nº 73.

120. — Le mari a le droit de requérir, sans la présence de sa femme, les inventaires dans lesquels elle peut être intéressée, lorsqu'ils sont communs en biens. — C. civ., art. 1428. — Dans tout autre cas, la femme est obligée de comparaître en personne ou de donner procuration à son mari. — Bioche, *Dict. de procéd.*, vº *Inventaire*, nº 57.

121. — Toutefois, l'inventaire étant une sorte d'acte judiciaire, la femme mariée ne peut, alors même qu'elle est séparée de biens, le requérir qu'avec l'autorisation de son mari. — Massé, liv. 10, chap. 14.

122. — En cas de faillite, l'inventaire a lieu à la requête des syndics. — C. comm., art. 479 et 480.

123. — Lorsque le survivant est tombé en faillite, l'inventaire fait à la requête des syndics ne fait point foi contre les héritiers du prédécédé, et ceux-ci sont toujours recevables à faire faire un autre inventaire. — Dans ce cas, l'inventaire peut se faire à la requête des héritiers, tant par titres que par témoins et par la commune renommée. — *Paris*, 28 août 1815, Tartière.

§ 5. — *Personnes qui doivent ou peuvent assister à l'inventaire.*

124. — Quels que soient ceux qui ont requis l'inventaire, il doit être fait en présence : 1º du conjoint survivant; 2º des héritiers présomptifs; 3º de l'exécuteur testamentaire, si le testament est connu; 4º des donataires ou légataires universels ou à titre universel, soit en propriété, soit en usufruit. — C. procéd., art. 942.

125. — Le mari d'une des héritières peut procéder seul, au nom de sa femme, sans son concours et sa procuration, attendu que l'inventaire n'est qu'un acte conservatoire et conséquemment possessoire. Et cela doit encore avoir lieu s'il n'y a qu'une simple exclusion de communauté entre le mari et la femme. — Massé, *Parf. not.*, liv., 10 chap. 14; Rolland de Villargues, nº 91.

126. — Mais si la femme est séparée de biens ou si, étant mariée sous le régime dotal, elle ne s'est pas constitué en dot les successions qui devaient lui échoir, elle doit comparaître personnellement dans l'inventaire, et son mari ne peut la représenter sans sa procuration spéciale. — Massé, *ibid.*; Rolland de Villargues, nº 92.

127. — De ce que l'inventaire doit être dressé en présence des héritiers présomptifs, il suit qu'un inventaire informe dressé sans le concours des héritiers présomptifs absens, ne peut empêcher l'apposition des scellés. — *Bruxelles*, 28 mars 1810, Deguislain.

128. — Lorsqu'il y a des héritiers mineurs qui ont des intérêts contraires à ceux de leur tuteur, soit parce que celui-ci était commun en bien avec la personne décédée, soit parce qu'il est son donataire ou légataire universel ou son créancier, ou encore lorsque le tuteur entre en fonctions, l'inventaire doit, dans tous ces cas, être fait avec un légitime contradicteur, c'est-à-dire en présence du subrogé tuteur des mineurs. — C. civ. art. 420 et 451.

129. — Ainsi l'inventaire fait après le décès du mari par la veuve tutrice de ses enfans, sans le concours du subrogé tuteur, est nul. — *Bourges*, 11 juill. 1816, Delafond c. Lagraye.

130. — De même, avant le code civil, pour qu'un inventaire fait par le tuteur fût valable, il fallait qu'il fût expressément relaté dans l'acte que le curateur y avait été présent. — *Metz*, 4 mars 1812, Charpentier.

131. — Jugé, au contraire, que, sous la coutume de Paris la, présence, à l'inventaire fait après la dissolution de la communauté, du subrogé tuteur, en qualité de légitime contradicteur, n'était point exigée quant à l'acte de clôture de l'inventaire. — Cout. de Paris, art 240 et 241; — *Cass.*, 6 déc. 1841 (t. 1er 1842, p. 331), Gouet c. Transon.

132. — La présence du subrogé tuteur est-elle indispensable pour les autres inventaires? Oui, car ces inventaires ont tous pour but de constater les biens dont le tuteur devient comptable envers son pupille; en cela ses intérêts sont toujours en opposition avec ceux de son mineur. De plus ces mêmes inventaires doivent servir de base aux états de situation que le tuteur peut être tenu de fournir au subrogé tuteur. — Merlin, *Rép.*, vº *Inventaire*, § 5, nº 5; Massé, liv. 10, chap. 13; Debelleyme, *Ordonn.*, 2º cahier, p. 232; Rolland de Villargues, nº 94.

133. — Si les héritiers sont mineurs émancipés, ils ont besoin d'être assistés de leurs curateurs; car l'inventaire doit servir de base au partage auquel l'émancipé ne peut coopérer valablement sans être assisté de son curateur (C. civ., art 480). De plus, l'inventaire peut offrir de graves questions sur la discussion des titres et papiers, sur la nécessité d'inventorier ou non des objets mobiliers qui peuvent composer toute la succession, etc. — Pigeau, *Procéd. du Châtelet*, t. 2, p. 308; *Procéd. civ.*, t. 2, p. 376, et *Comment.*, art. 929; Rolland de Villargues, nº 96. — *Contrà* Denisart, *Inventaire*, nº 94; Favard, *Rép.*, vº *Inventaire*, p. 123.

134. — On n'est pas tenu d'appeler ni de faire représenter ceux des héritiers présomptifs qui seraient absens et dont l'existence ne serait pas reconnue (C. civ., art. 136), sauf le cas où ceux-ci seraient militaires; il faut alors les faire représenter à l'inventaire, à moins qu'on ne fasse déclarer l'*absence* ou le décès. — L. 11 vent. an II; — Bioche, *Dict. de procéd.*, vº *Inventaire*, nº 92; Debelleyme, *Ordonn.*, 2e cahier, p. 232; Rolland de Villargues, nº 98.

135. — L'enfant naturel reconnu a le droit d'assister à l'inventaire. — Carré, sur l'art. 942; Rolland de Villargues, nº 101.

136. — On ne doit pas admettre à l'inventaire l'inconnu qui se prétend héritier sans baser sa prétention sur un titre apparent, une possession d'état. — Parlem. Paris, 4 juill. 1759, Duclos ; — Denisart, Rép., vº Inventaire, nº 78 ; Pigeau, Comment., t. 2, p. 595. — Le juge des référés, ajoute M. le président Debelleyme (Ord., 2e cahier, p. 230) ne doit pas admettre facilement dans des opérations de famille ceux qui ne justifient pas de la présomption suffisante d'un droit apparent, parce qu'il donnerait lieu à des rectifications d'inventaire préjudiciables aux parties; mais il ne doit pas écarter légèrement ceux qui ont une apparence de droit, afin de ne pas donner lieu à des débats fâcheux sur la sincérité de l'inventaire, si ce droit était définitivement reconnu.

137. — Celui qui représente un testament fait à son profit, et qui par la nature des dispositions qu'il renferme, par exemple, un legs universel ou à titre universel, lui donnerait le droit au moins d'être présent à l'inventaire, conserve ce droit bien que le titre soit attaqué. — Pigeau, Proc. civ., t. 2, p. 574 ; Rolland de Villargues, nº 102.

138. — Bien que le légataire universel ou à titre universel n'ait pas encore obtenu l'envoi en possession, il a un titre suffisant, que le testament soit ou non attaqué, pour être présent à l'inventaire comme mesure conservatoire. Il en est surtout ainsi, alors que ce n'est pas par sa faute que le légataire universel n'a pas encore obtenu l'envoi en possession. — Debelleyme, Ordonn., 2e cahier, p. 231 ; Rolland de Villargues, nº 104.

139. — Les légataires et donataires particuliers ne doivent pas être appelés à l'inventaire, puisque l'art. 942 n'en parle point. Dès-lors, s'ils veulent s'assurer de l'exactitude de l'inventaire, ils n'ont qu'à faire préalablement apposer les scellés et à se rendre opposans à leur levée. — Pigeau, t. 2, p. 597 ; Carré, sur l'art. 931 ; Rolland de Villargues, nº 105.

140. — Les créanciers d'une succession ont-ils le droit d'assister à l'inventaire ? Oui, lorsqu'ils ont formé opposition à la levée des scellés. — Merlin, Rép., vº Inventaire, § 4 ; Carré, t. 3, p. 319, quest. 3141 ; Berriat, p. 602. — Ils sont appelés aux domiciles par eux élus (arg. C. procéd., art. 931) ; mais s'ils n'ont pas formé d'opposition, il n'y a pas obligation de les appeler, même pour l'héritier bénéficiaire. — Arg. Amiens, 25 fév. 1809, Domaines c. Huet Delacroix.

141. — Les tiers réclamant des droits, titres, valeurs et objets mobiliers ne peuvent assister à l'inventaire et sont représentés par l'avoué le plus ancien des créanciers opposans. — Debelleyme, Ordonnances, chap. 2, p. 233. — V. infrà nº 175.

142. — Lorsque les personnes intéressées ne comparaissent pas pour assister à l'inventaire, il y a lieu de les représenter dans la plupart des cas.

143. — Lorsqu'il existe des présumés absens, le tribunal, à la requête de la partie la plus diligente, commet un notaire pour les représenter dans les inventaires dans lesquels ils sont intéressés. — C. civ., art. 113. — V. ABSENCE.

144. — C'était autrefois le ministère public qui représentait les absens ou les non-présens dans les inventaires. — Décl. du roi, 27 mai 1690 ; arrêt de régl. 20 janv. 1779 ; — Pigeau, Proc. du Châtel., t. 2, p. 390. — Mais cette mission a été transférée à un notaire commis par la justice. — L. 11 fév. 1791 ; décr. suiv., tit. 1er, sect. 2e, art. 7 ; C. procéd., art. 942.

145. — Si les intéressés sont seulement non-présens, sans qu'il y ait incertitude sur leur existence, il y a lieu également d'appeler un notaire pour les représenter, dans le cas où ils demeurent hors de la distance de cinq myriamètres (dix lieues). — C. proc., art. 931 et 942.

146. — Un inventaire dans lequel des parties intéressées ont été représentées par un notaire commis à cet effet, bien qu'elles eussent leur domicile dans le rayon de cinq myriamètres du lieu de l'ouverture de la succession, ne peut être annulé, alors surtout qu'il résulte des circonstances qu'il était très difficile de connaître ce domicile. — Caen, 24 déc. 1839 (t. 1er 1843, p. 425), Bettre c. Ancelle.

147. — Le notaire commis pour représenter des parties intéressées demeurant au delà de la distance de cinq myriamètres, a qualité pour représenter en même temps les intéressés qui, ayant été appelés, parce qu'ils demeurent dans la distance prescrite, seraient défaillans. — C. procéd., art. 942.

148. — Un inventaire ne serait pas nul par cela qu'un notaire aurait été commis à l'effet de représenter des intéressés défaillans domiciliés dans la distance de cinq myriamètres. Cette mesure surabondante pourrait seulement donner lieu à un reproche de frais frustratoires. — Cass., 17 avr. 1828, Becq.

149. — Mais le même notaire qui représente les présumés absens ne pourrait représenter en même temps les non-présens et les défaillans ; si un seul notaire suffit pour chacune de ces classes d'individus, quel qu'en soit le nombre, chacune doit avoir spécialement son notaire. — Rolland de Villargues, nº 139.

150. — Un notaire peut être commis pour représenter le tuteur, le subrogé tuteur aussi bien que les héritiers ou autres qui sont personnellement intéressés à l'inventaire ; car la loi (C. procéd. art. 931) autorise à représenter tous les intéressés sans distinction. — Debelleyme, Ordonn., 2e cahier, p. 232 ; Rolland de Villargues, nº 124.

151. — A défaut d'administrateurs provisoires nommés aux personnes non interdites, placées dans les établissemens d'aliénés, le président, à la requête de la partie la plus diligente, commet un notaire pour les représenter dans les inventaires. — L. 30 juin 1838, art. 36.

152. — Enfin lorsqu'en cas d'urgence, il est procédé à la levée des scellés et à l'inventaire en vertu de l'ordonnance du juge, avant l'expiration des délais, c'est-à-dire, des trois jours depuis l'inhumation, il est nommé d'office par le président un notaire pour représenter les non présens. — C. procéd., art. 928.

153. — Dans ce cas, le notaire commis représente indistinctement tous les non-présens, même ceux demeurant dans la distance de cinq myriamètres. — Rolland de Villargues, nº 130.

154. — Toutefois, cet art. 928, C. procéd., suppose que l'existence de ces parties est constante et reconnue. — Il n'y aurait donc pas lieu à commettre un notaire pour représenter des héritiers ou intéressés inconnus jusqu'à présent, mais qui pourraient se faire connaître plus tard. — Rouen, 28 déc. 1843 (t. 1er 1844, p. 118), Delaplace.

155. — Il n'y a pas lieu de nommer un notaire pour les opposans, lorsqu'ils demeurent hors de la distance déterminée par l'art. 930, car ils sont toujours censés être présens par l'élection de domicile qu'ils ont dû faire dans leur opposition. — Carré, sur l'art. 931.

156. — Quand les héritiers présens, c'est-à-dire résidant dans la distance de cinq myriamètres, refusent de comparaître sur la sommation qui leur a été faite, on est autorisé à passer outre après avoir donné défaut contre eux. — Rolland de Villargues, nº 132.

157. — Si après avoir comparu à la première vacation, un intéressé ne reparaissait pas aux vacations suivantes, il ne serait pas nécessaire de lui faire une sommation, et l'inventaire pourrait être continué en son absence. Il y a interpellation suffisante dans l'ajournement qu'on est dans l'habitude d'insérer à la fin de la première vacation et des séances suivantes. — Rolland de Villargues, nos 133 et suiv.

158. — Si le notaire commis pour représenter des non-présens ne se présente pas aux opérations, il doit être donné défaut contre lui et procédé à l'opération, en son absence et sous sa responsabilité, sans qu'il soit nécessaire de commettre un autre notaire. — Debelleyme, 1er cahier, p. 135.

159. — Le notaire commis pour représenter un absent, un non-présent ou un défaillant dans un inventaire, n'est pas chargé d'un rôle purement passif : il est le défenseur des droits de la personne qu'il représente. — Rolland de Villargues, nos 140 et suiv.

160. — Dès-lors et à ce titre, le notaire nommé pour représenter dans un inventaire une personne non présente a qualité pour la représenter en justice, quant aux difficultés relatives à cette opération. — Colmar, 11 nov. 1831, Mittelberger.

161. — Par la même raison, le notaire est responsable des suites de la négligence qu'il a apportée dans l'exercice de sa mission.

162. — Tel est le cas où le notaire commis n'aurait pas veillé à ce que des titres de créances (des inscriptions de rentes sur l'état) fussent cotés et paraphés par le notaire instrumentaire et que par suite ces créances eussent été aliénées au préjudice de l'absent. — Paris, 7 nov. 1839 (t. 2 1839, p. 486), Sedeler c. Perret et Clairet. — V. infrà nos 275 et suiv.

163. — L'inventaire par suite de déclaration d'absence et d'envoi provisoire doit être fait en présence du procureur du roi ou du juge de paix requis par ce magistrat. — C. civ., art. 126.

164. — L'inventaire des meubles et l'état des immeubles sujets à l'usufruit doivent être dressés en présence du nu-propriétaire ou lui dûment appelé. — C. civ., art. 600.

165. — L'inventaire de tous les biens composant la succession de celui qui a disposé à charge de restitution doit être fait en présence : — 1º soit du tuteur nommé pour l'exécution (C. civ., art. 1059) ; — 2º soit du grevé ou de son tuteur (art. 1060) ; — 3º soit enfin du grevé ou de son tuteur et du tuteur nommé pour l'exécution (art. 1061). — V. SUBSTITUTION.

166. — Le conjoint, l'exécuteur testamentaire, les héritiers, les légataires universels et ceux à titre universel peuvent assister à toutes les vacations de l'inventaire en personne ou par un mandataire. — C. procéd., art. 932.

167. — Le même droit existe-t-il pour le tuteur et le subrogé-tuteur ? Non. — Pigeau, t. 2, p. 597 ; Carré sur l'art. 942 ; Proudhon, Usufruit, nº 165. — Mais Pothier (Communauté, nº 797) enseignait le contraire dans l'ancienne jurisprudence, et cette opinion, reproduite par Favard (p. 123), est suivie dans l'usage. — Debelleyme, Ord., chap. 2, p. 233 ; Rolland de Villargues, nº 110.

168. — Toutefois le tuteur et le subrogé tuteur, ayant des intérêts opposés, doivent avoir chacun un mandataire particulier. — Rolland de Villargues, nº 111.

169. — Le pouvoir peut être donné sur le procès-verbal d'inventaire, à la clôture d'une vacation. Ce pouvoir peut de plus avoir pour objet de faire tous les actes nécessaires pour liquider la succession. — Rolland de Villargues, nº 112.

170. — Il n'est pas permis à l'un des héritiers ni à toute autre personne de se porter fort dans un inventaire pour des héritiers qui ne se présenteraient pas. On doit rapporter une procuration (décl. du roi 29 mai 1690 ; arrêt de régl. 20 janv. 1779), sinon les non-présens doivent être représentés par un notaire. — Rolland de Villargues, nos 110 et 117.

171. — Cependant l'inventaire ne devrait pas être déclaré nul par cela qu'un des héritiers se serait porté fort pour un autre, et dans tous les cas, le vice pourrait être couvert par la ratification de la partie. — Rolland de Villargues, ibid.

172. — Jugé aussi qu'un inventaire ne peut être déclaré nul par cela qu'une personne étrangère à la succession a figuré dans cet inventaire et s'est portée fort pour plusieurs parties intéressées absentes, lorsqu'il est démontré que cette forme n'a été adoptée que pour éviter les frais de procurations régulières, onéreux aux parties, eu égard à la modicité de leur fortune et au peu d'importance de la succession. — Caen, 24 déc. 1839 (t. 1er 1843, p. 425), Bettre c. Ancelle.

173. — Les opposans ne peuvent assister, soit en personne, soit par un mandataire, qu'à la première vacation. Ils sont tenus de se faire représenter aux vacations suivantes par un seul mandataire pour tous, dont ils conviennent ; sinon il est nommé d'office par le juge. — C. procéd., art. 932, § 2.

174. — Mais quel est ce juge ? — Suivant Pigeau (t. 2, p. 585), c'est le président du tribunal. — Arg. C. procéd., art. 921 et 935. — Mais on oppose que dans tous les cas où la loi a entendu désigner le président du tribunal, elle l'a nommément désigné. Ici, où le juge de paix concourt à l'opération, il faut entendre ce magistrat. — Carré, sur l'art. 932 ; Debelleyme, 2e cahier, p. 223. — Quand il n'y a pas de scellés, il faut évidemment recourir au président. — Rolland de Villargues, nº 161.

175. — Si parmi ces mandataires se trouvent des avoués du tribunal de première instance du ressort, ils justifient de leurs pouvoirs par la représentation du titre de leur partie, et l'avoué le plus ancien, suivant l'ordre du tableau des créanciers fondés en titre authentique, assiste de droit pour tous les opposans. Si aucun des créanciers n'est fondé en titre authentique, l'avoué le plus ancien des opposans fondés en titre privé assiste. — C. procéd., art. 932, § 3.

176. — Lorsque des avoués représentent des créanciers privilégiés, le plus ancien de ces avoués doit représenter tous les opposans de préférence aux autres avoués, car l'intention du législateur est de donner la préférence à ceux dont les titres sont les plus favorables. C'est ainsi qu'on agit à Paris. — Debelleyme, Ordonn., 2e cahier, p. 224.

177. — Entre des avoués représentant des créanciers chirographaires et des créanciers sans titre, le mandataire commun devrait nécessairement être l'avoué le plus ancien des opposans fondés en titre, par le motif que les créanciers munis de titres ayant une créance liquide doivent être préférés aux autres. Et puis d'ailleurs il y aurait lieu d'invoquer la préférence accordée par l'art. 932 à l'avoué porteur d'un titre authentique sur l'avoué porteur d'un titre privé. — Carré sur l'art. 932 ; Pigeau, t. 2, p. 285 ; Debelleyme, ibid.

178. — L'ancienneté est définitivement réglée à la première vacation. — C. procéd., art. 932, § 3. — De sorte que si, par exemple, il ne s'était alors présenté que des avoués de créanciers porteurs de titres privés, le plus ancien d'entre eux ne pourrait être déplacé à la seconde vacation par un avoué

plus ancien que lui, quand même celui-ci serait porteur d'un titre authentique.—Pigeau, *ibid.*

179. — La règle générale qui veut que tous les opposans soient tenus de se faire représenter après la première vacation par un seul mandataire, souffre exception quand l'un des opposans a des intérêts différens de ceux des autres ou des intérêts contraires; alors il peut assister en personne ou par un mandataire particulier à ses frais. — C. procéd., art. 933.

180.—Tels sont les cas, par exemple, où l'un des opposans a une créance contestée par les autres, ou veut contester les leurs, ou encore revendiquer des effets qu'ils soutiennent appartenir à la succession. — Pigeau, t. 2, p. 586; Carré sur l'art. 933.

181. — Les opposans pour la conservation des droits de leur débiteur, ne peuvent assister à la première vacation, ni concourir au choix d'un mandataire commun pour les autres vacations. — C. procéd., art. 934.

§ 6. — *Quels objets doivent être compris dans l'inventaire.*

182. — L'inventaire ayant pour objet de constater les biens d'une personne vivante ou décédée, ou de deux personnes en communauté, ou de deux ou plusieurs en société, cet inventaire doit comprendre tout ce qui doit conduire à ce résultat. Ainsi il y a lieu de consigner en général dans l'inventaire les effets mobiliers, les papiers, les créances et les dettes.

183. — Quant aux immeubles, il a été jugé que l'inventaire, pour être régulier, n'avait pas besoin d'en contenir la description, indépendamment de celle du mobilier. — *Pau*, 5 mars 1833, Fourcade c. Tisnès.

184. — Cependant comme l'inventaire est un acte conservatoire qui doit présenter le tableau de tous les biens de la succession ou communauté, de manière à en prévenir le détournement ou la détérioration, il est convenable que l'inventaire comprenne les immeubles qui ne sont tels que par une fiction de la loi; par exemple les immeubles par destination (C. civ., art. 522 et 524); et même les immeubles déclarés tels à cause de l'objet auquel ils s'appliquent, comme les actions immobilières, (C. civ., art. 526), quand les titres inventoriés sont insuffisans pour les faire connaître. — Rolland de Villargues, nº 196.

185. — Jugé de même d'une manière absolue que l'art. 794 du C. civ., ne faisant pour l'inventaire fidèle et exact des biens de la succession aucune distinction entre les meubles et les immeubles, il en résulte que la description des immeubles y doit avoir lieu. — *Gênes*, 1er oct. 1841, Agazzini.

186. — L'inventaire doit comprendre non seulement les effets mobiliers et papiers trouvés dans les lieux où l'on y procède, mais encore tous ceux qui se trouvent en d'autres lieux ou entre les mains de personnes tierces.

187. — Lorsqu'il y a des effets mobiliers et des papiers dans d'autres lieux que ceux où l'on procède, on peut, pour éviter les déplacemens, exiger que ces objets soient rapportés au lieu principal et pour cela, par exemple, qu'ils soient dégagés, s'ils ont été remis en nantissement. — Merlin, *Rép.*, vº *Inventaire*, § 4. — Mais il faut le consentement des parties, autrement on devrait se pourvoir en référé. — Carré sur l'art. 943; Debelleyme, *Ordonn.*, 2e cahier, p. 236.

188. — Mais l'inventaire ne doit comprendre que les effets mobiliers, papiers, créances et dettes appartenant à la personne, communauté ou société dont il s'agit de constater l'état. Il n'en est plus de même: — 1º quand ces objets appartiennent à des tiers; — 2º ou bien qu'il existe un droit de prélèvement en faveur d'une des parties en cause.

189. — ... 1º S'il est trouvé des objets et papiers étrangers à la succession, (ou communauté ou société) réclamés par des tiers, ils doivent être remis à qui il appartient; s'ils ne peuvent être remis à l'instant et qu'il soit nécessaire d'en faire la description, elle doit être faite sur le procès-verbal des scellés et non sur l'inventaire. — (C. procéd., art. 939). — En cas de difficulté l'on doit se pourvoir en référé. — Art. 944.

190.—La remise ne peut se faire aux tiers qu'autant que ceux-ci établissent d'une manière évidente leur droit de propriété; dans le doute il y a présomption que tous les objets réunis dans un même lieu ont le même propriétaire.

191. — Ainsi, lorsqu'au décès d'une mère demeurant et vivant avec un de ses enfans, il y a confusion des effets mobiliers appartenant à tous deux, l'inventaire doit comprendre également tous ces effets, sauf à l'enfant à revendiquer, lors du partage, ceux qui lui appartiennent.— *Poitiers*, 13 juin 1828, David c. Fauleon.

192. — Il peut arriver que le réclamant, tout en ne justifiant pas entièrement de son droit à la remise qu'il demande ait, toutefois, de fortes présomptions en sa faveur. Alors s'il y a urgence dans la remise, le juge des référés prend les mesures que les circonstances paraissent nécessiter. Si le réclamant offre une garantie personnelle et suffisante de restitution, les objets lui sont remis. Dans le cas contraire, la remise est faite à un tiers désigné par les parties ou nommé séquestre. La remise dans les deux cas n'est toujours ordonnée qu'en vue du motif qui l'a déterminée, par exemple, s'il s'agit de papiers, pour faire les recouvremens ou les actes et diligences conservatoires nécessaires. Celui à qui elle est faite est chargé de représenter les objets ou d'en rendre compte à qui de droit comme gardien nécessaire. — Debelleyme, *Ordonn.*, 2e cahier, p. 220.

193. — Lorsque les objets ou papiers étrangers à la succession ne peuvent être remis à l'instant, il est nécessaire d'en faire la description si cette description est utile à la décharge de la succession, comme, si par exemple, le défunt s'était chargé par écrit ou autrement de pièces ou objets quelconques. — Pigeau, *Comment.*, art. 939.

194. — Bien que le code de procédure ne prescrive la description que pour les cas où elle est nécessaire, il convient d'en faire au moins une sommaire, quand les objets ou papiers étrangers à la succession ne sont pas réclamés. — Bioche, *Dict. de procéd.*, vº *Scellés*, nº 78; Rolland de Villargues, nº 271.

195. — Quand il n'y a pas de scellés, la description doit se faire dans l'inventaire par distinction et sans prisée, quant aux objets mobiliers. — Rolland de Villargues, *ibid.*

196. — Tous paquets cachetés trouvés au domicile du défunt et qui n'auraient pas été découverts lors de l'apposition des scellés, doivent être présentés au président du tribunal, qui procède à leur ouverture et à leur description, en présence des intéressés et de la personne indiquée par la suscription, comme en étant le propriétaire et devant les recevoir. — Arg., C. proc., art. 916, 918 et 919, — Debelleyme; *Ord.* 2e cah., p. 220.

197. — On ne serait pas dispensé de faire la présentation des paquets, alors même que leur suscription indiquerait qu'ils doivent être brûlés après le décès de celui dont on fait l'inventaire.—Rolland de Villargues, nº 276.

198. — C'est par le notaire que cette présentation doit être faite, si l'on ne procède pas par suite d'une levée de scellés; et cet officier doit alors remplir les formalités prescrites par les art. 916, 918 et 919, C. proc.—Rolland de Villargues, nº 277.

199. — La présentation et l'ouverture du paquet cacheté sont constatées par un procès-verbal séparé et non pas par l'inventaire. — Debelleyme, 2e cahier, p. 205.

200.—...Quant aux mesures qu'ordonne en pareil cas le président, elles sont les mêmes que quand des paquets lui sont présentés par suite de l'apposition ou de la levée des scellés. — V. SCELLÉS.

201. — 2º Il y a droit de prélèvement au profit d'une des parties en cause ou de ses représentans, quand cette personne a été, relativement à l'objet à inventorier, un véritable tiers pour l'être physique ou moral dont l'inventaire a pour but de constater l'état de fortune. — Ainsi, bien que l'inventaire fait après le décès d'un individu doive comprendre tout ce qui compose sa succession, l'inventaire de la communauté, dont ce même individu a fait partie, ne devra comprendre que les objets dépendant de la communauté même; il ne devra pas comprendre les objets que l'individu possédait en dehors de cette communauté, et pour lesquels il était un tiers par rapport à elle.

202. — Suivant Pothier (*Introduct. à la cout. d'Orléans*, tit. 10, nº 96), les linges et hardes à l'usage du survivant de deux époux doivent être compris dans la communauté (*Contr.*, Proudhon, *De l'usufruit*, nº 198.) Cependant on laisse au survivant un habillement complet, sans le comprendre dans l'inventaire. Si c'est le mari qui a survécu, on lui laisse l'épée qu'il a coutume de porter ou sa robe de cérémonie. Si c'est la femme, ses pierreries et diamans ne sont pas compris, en général, dans l'habillement complet. — Rolland de Villargues, nºs 181 et 182.

203. — Les linges, hardes ou effets mobiliers, composant le préciput que le survivant a été autorisé par son contrat de mariage à prélever, ne doivent pas être compris dans l'inventaire, quand ce préciput n'est pas contesté, que la réserve n'est pas entamée, et qu'il n'y a point de créanciers (Pothier, *loc. cit.*; Pigeau, t. 2, p. 599). Cependant il est plus régulier d'inventorier et de priser ces objets par distinction: car l'inventaire ne doit rien préjuger sur les droits des parties; et l'usage est conforme à cette opinion. — Rolland de Villargues, nº 182.

204. — Il y a lieu de décider de même à l'égard des effets mobiliers qui seraient l'objet d'un legs.— Rolland de Villargues, nº 183.

205. — Les linges et hardes des enfans étant leur propriété personnelle, ne doivent pas être compris dans l'inventaire. Il en est de même des objets mobiliers qui leur ont été donnés, soit pour leur trousseau, soit pour leur éducation: car, en pareil cas, il n'y a pas lieu à répétition. — Rolland de Villargues, nº 184.

206. — Les portraits de famille ne doivent pas non plus être inventoriés: « chacune des parties, dit Pothier, *loc. cit.*, doit prendre les portraits de sa famille. » Le portrait du conjoint prédécédé doit être laissé à l'autre conjoint pendant sa vie, pour être rendu après sa mort à l'aîné de la famille du prédécédé. — Rolland de Villargues, nº 185.

207. — Il en est de même de l'objet d'un présent honorifique, fait par un prince à l'un des époux.— V. COMMUNAUTÉ, nº 100.

208. — Les manuscrits des ouvrages que l'un des conjoints a composés, doivent être compris dans l'inventaire: car cette mention ne préjuge rien, et les droits de l'auteur se régleront plus tard d'après les bases que nous avons exposées, vº COMMUNAUTÉ, nºs 133 et suiv.

209.—Les offices de notaires, huissiers et autres, à l'égard desquels la loi du 28 avril 1816 a consacré le droit de présentation, constituant une propriété mobilière, doivent être inventoriés. — Rolland de Villargues, nº 188.—V. COMMUNAUTÉ, nºs 101 et suiv.

210. — Les fonds de commerce étant composés de deux parties, savoir: des marchandises et de l'achalandage ou clientèle, il faut distinguer: — Relativement aux marchandises, comme ce sont des objets mobiliers, elles doivent être inventoriées. Il n'en serait autrement que dans le cas où, en vertu d'une clause du contrat de mariage ou d'une donation faite par l'époux prédécédé, les marchandises devraient, comme dépendant du fonds de commerce, appartenir au survivant; ce qui supposerait d'ailleurs qu'il n'y a ni enfans d'un second lit ou autres héritiers à réserve, ni créanciers dont on craigne les poursuites. — Rolland de Villargues, nºs 189 et 190.

211. — Quant à l'achalandage ou à la clientelle, c'est un objet incorporel dont il convient sans doute de constater l'existence, comme de tous les autres biens de même nature; mais il est inutile, en général, d'en faire la prisée. — Rolland de Villargues, nº 192.

212. — Les fruits pendans par racines sur les propres des époux, à la dissolution du mariage, leur appartenant en propre ou à leurs héritiers, il y a lieu de comprendre dans l'inventaire les frais de labours et semences dont il est dû récompense à la communauté.—V. COMMUNAUTÉ, nºs 468 et s.

213. — Lorsque des objets dépendant de la succession ont disparu, soit qu'ils aient péri par vétusté, soit qu'ils aient été aliénés ou détournés, il y a lieu alors de procéder à l'inventaire par *commune renommée.*—V. INVENTAIRE PAR COMMUNE RENOMMÉE.

§ 7. — *Formalités de l'inventaire.*

214. — L'inventaire doit être fait solennellement et par des officiers publics. — Arg. L. 6 mars 1791, art. 10; C. procéd., art. 948. — Il en était de même autrefois. — Ferrière, *Parf. notaire*, liv. 12, ch. 1er; Denisart, *Rép.*, vº *Inventaire.*

215. — Relativement aux officiers publics qui ont droit de procéder aux inventaires, V. ce que nous avons dit *suprà* nºs 57 et suiv.

216. — Quant aux formalités, il y a lieu d'appliquer encore aujourd'hui les termes de deux actes de notoriété, du 23 fév. et 10 mars 1708, rapportés par Denisart (*loc. cit.*): « Il n'y a point d'acte, quel qu'il soit, qui puisse suppléer un inventaire qui n'est pas fait suivant les formalités ordinaires et prescrites par la coutume, les dispositions des coutumes étant de droit étroit et ne pouvant se suppléer par des actes équipollens. » — Rolland de Villargues, *Rép.*, vº *Inventaire*, nº 200.

217. — Dès-lors, si les parties majeures veulent faire un inventaire sous seing-privé, il n'aura d'effet et d'autorité qu'entre elles. — Pigeau, t. 2, p. 596.

218. — Toutefois, un inventaire sous seing-privé fait foi contre la partie intéressée qui ne l'a pas contesté au fond, et qui en a même reconnu la sincérité et l'exactitude.—*Cass.*, 1er juill. 1828, André c. Beteille.

219.— Un inventaire légal et régulier ne saurait être remplacé par une description qu'un juge de paix aurait faite au moment d'une levée de scellés,

INVENTAIRE, § 7.
INVENTAIRE, § 7.

hors les cas prévus par la loi. — Rolland de Villargues, n° 204.

220. — Un inventaire authentique est nécessaire à l'égard de celui qui veut conserver son droit d'usufruit paternel, bien que l'art. 453, C. procéd., n'oblige le père ou la mère survivant de procéder qu'à une simple *estimation*. — Proudhon, *Usufruit*, n° 165.

221. — On doit d'abord, pour la régularité des inventaires, observer les formalités communes aux actes notariés. — C. procéd., art. 943. — Il en était de même autrefois. — Pothier, *Communauté*, n° 794; Denisart, v° *Inventaire*, n° 63.

222. — Dès-lors, ils doivent être faits par deux notaires, ou par un notaire, en présence de deux témoins. — Toullier, t. 13, n° 13. — V. aussi Merlin, *Rép.*, v° *Inventaire*, § 4; *Parlem. Paris*, 12 fév. 1682.

223. — Et il en est ainsi lors même qu'un notaire est commis par le tribunal pour procéder à l'inventaire. Ce n'est pas le cas d'étendre, par analogie, ce qui a lieu en matière de partage. — C. procéd., art. 977; — Rolland de Villargues, v° *Inventaire*, n° 209.

224. — Jugé, au contraire, que, sous la coutume de Nivernais, un notaire commis par justice pour faire un inventaire pouvait y procéder, sans l'assistance d'un second notaire ou de deux témoins. — *Cass.*, 27 frim. an XII, Durat c. Sugnot.

225. — En tout cas, celui qui aurait assisté à l'inventaire serait non-recevable à se plaindre de ce défaut de formalité. — Même arrêt.

226. — D'après un arrêt du réglement, du 6 avr. 1632, les inventaires devaient être écrits par l'un des deux notaires ou de la main du principal clerc de celui qui devait en avoir la minute, et non de l'une des parties, quoique notaire. — Mais même autrefois cet arrêt n'était pas exactement exécuté, et la minute pouvait être écrite par un clerc quelconque. — Aujourd'hui il n'y aurait pas nullité si l'inventaire était écrit par l'une des parties, car la lecture qui doit en être faite éloignerait tout soupçon de fraude. — Rolland de Villargues, n°s 211 et 212.

227. — Le juge de paix et son greffier qui procèdent à une levée de scellés ne peuvent en même temps servir de témoins instrumentaires dans l'inventaire. — Bilhard, *Référés*, p. 464; Rolland de Villargues, n° 210.

228. — L'inventaire ayant un caractère judiciaire ne peut être fait un jour férié. — Rolland de Villargues, n° 45.

229. — L'inventaire doit indiquer non seulement la date du jour où l'on procède, mais encore l'heure du commencement et celle de la fin. — Décr. 10 brum. an XIV, art. 1er.

230. — Il se fait en une ou plusieurs vacations. Chaque vacation est de quatre heures au plus et de trois heures au moins. — Même décr., art. 4.

231. — L'inventaire doit être signé tant à l'intitulé qu'à la fin par les parties, par les notaires et les témoins (arr. réglem. 8 avr. 1632). — Il doit en outre être signé à la fin de chaque séance. — Décr. 10 brum. an XIV, art. 2.

232. — Sous la coutume de Normandie, s'il se trouvait quelque irrégularité dans l'inventaire, par exemple, en ce qu'il n'aurait pas été signé du notaire et de quelques parties intéressées, et alors qu'il n'y avait ni faute de l'héritier, ni fraude ou soustraction de sa part, ce dernier n'était pas pour cela déchu du bénéfice d'inventaire. — *Cass.*, 18 fructid. an XII, de Livry c. de Livry et Royer.

233. — L'inventaire doit aussi être signé par le commissaire-priseur et les experts. — Rolland de Villargues, n° 326.

234. — Lorsqu'il y a des scellés, les avoués, conseils des parties, signent seulement sur le procès-verbal du juge de paix; s'il n'y a pas de scellés, ils signent chaque vacation sur la minute de l'inventaire. — Rolland de Villargues, n° 327.

235. — Il doit rester minute de l'inventaire. — Arr. réglem. 14 fév. 1701; arg. L. 25 vent. an XI, art. 20.

236. — Lorsque deux notaires sont choisis par des parties différentes, la minute appartient au notaire le plus ancien. — V. MINUTE.

237. — Outre les formalités communes à tous les actes devant notaires, l'inventaire doit contenir : 1° *Les noms, professions et demeures des requérans, des comparans, des défaillans et des absens, s'ils sont connus; du notaire appelé pour les représenter; des commissaires-priseurs et des experts, et la mention de l'ordonnance qui commet le notaire pour les absens et les défaillans.* — C. procéd., art. 943-1°.

238. — Cette partie préliminaire de l'acte et qui a une grande importance, est ce qu'on appelle *intitulé d'inventaire*. — V. ce mot.

239. — Bien que l'inventaire ne soit qu'un acte conservatoire, il faut avoir soin de ne donner aux héritiers présomptifs que la qualité d'*habiles à se porter héritiers*, avec réserve de prendre par la suite telles qualités qu'ils jugeront convenables (C. civ., art. 778); et de faire déclarer à la veuve qu'elle se réserve de renoncer à la communauté ou de l'accepter. — C. civ., art. 1454.

240. — Lorsqu'un notaire a été commis pour représenter des absens, l'ordonnance qui le nomme doit être annexée au procès-verbal du juge de paix, s'il a été apposé des scellés, sinon à la minute de l'inventaire. — Mais les procurations des parties sont toujours annexées à la minute de l'inventaire. — L. 25 vent. an XI, art. 13; circul. min. 28 avr. 1832.

241. — L'intitulé de l'inventaire doit, par sa rédaction, renfermer en lui-même les formalités générales pour tous les actes de notaire; de sorte qu'il puisse être délivré en expédition, dans le cas où l'une des parties est obligée de justifier du nombre des héritiers ou de son droit dans la succession. — Pigeau, t. 2, p. 598; Rolland de Villargues, n° 222. — V. au surplus INTITULÉ D'INVENTAIRE.

242. — ...2° *L'indication des lieux où l'inventaire est fait.* — C. procéd., art. 943-2°. — Même disposition dans l'ordonnance de Blois.

243. — C'est-à-dire qu'il faut indiquer la maison; et il est aussi d'usage d'indiquer, 1° le corps de logis ou l'étage où se trouve situé l'appartement; — 2° les diverses pièces dans lesquelles on procède successivement. — Rolland de Villargues, n° 224.

244. — Ainsi, l'inventaire ne saurait être régulièrement fait que dans les lieux mêmes où se trouvent les objets. C'est là qu'ils doivent être vus et estimés.

245. — D'où il suit qu'un notaire ne pourrait faire, dans son étude, l'inventaire des meubles et effets d'une succession, d'après l'état qui lui en serait présenté par les parties intéressées et par l'estimateur qu'elles auraient choisi. — Rolland de Villargues, n° 226.

246. — Cependant, il est quelquefois plus utile de procéder à l'inventaire des papiers en l'étude du notaire; et il suffit à cet égard du consentement des parties. S'il y a scellés, ils doivent être levés sans description, à moins que le notaire chez lequel les papiers auraient été transportés ne consente à ce que les scellés soient réapposés sur le local qui les renfermerait, pour l'inventaire être continué au fur et à mesure de la levée des scellés. Dans tous ces cas, s'il y a difficulté, il faut se pourvoir en référé. — Debelleyme, *Ordonn.*, 2e cah., p. 236; Rolland de Villargues, n° 246.

247. — Quand il y a des effets mobiliers dans d'autres lieux occupés par le défunt ou la communauté ou société, les officiers ministériels sont obligés de se transporter à ces différens endroits pour inventorier les objets en question. — Massé, *Parf. notaire*, liv. 10, ch. 14; Bilhard, *Bénéfice d'invent.*, n° 46.

248. — Il y a exception, toutefois, quand il s'agit d'objets de peu d'importance. On peut alors les faire apporter au lieu principal où se fait l'inventaire, ou même s'en rapporter, sur leur valeur, à la déclaration des parties. — *Parlem. Paris*, 26 avr. 1760; — Denisart, *Rép. de jurisp.*; Carré, n° 3147.

249. — Si les lieux dans lesquels il faut se transporter sont situés hors du ressort du notaire qui a commencé l'inventaire, il doit être procédé à des inventaires complémentaires dans ces diverses localités. — Rolland de Villargues, n° 176.

250. — ...3° *La description et l'estimation des effets, laquelle est faite à juste valeur et sans crue.* — C. procéd., art. 943-3°.

251. — La description et estimation ne sauraient être suppléées par la représentation d'un état, qui aurait été fait avec prisée par un commissaire-priseur en vertu d'une ordonnance du juge, des meubles garnissant un local particulier, tel qu'une maison de campagne, même en annexant cet état à l'inventaire. — Rolland de Villargues, n° 230.

252. — Cependant ces description et estimation ne sont pas toujours nécessaires, et peuvent quelquefois être remplacés par un simple récolement. Tel est le cas où un inventaire ayant été récemment fait après le décès d'un époux, il y a lieu d'en faire un autre après le décès de l'époux survivant. C'est du reste ce qui se pratique dans l'usage. — Rolland de Villargues, n° 229.

253. — Lorsque des effets mobiliers sont placés sous des scellés, ces scellés sont levés successivement au fur et à mesure de la confection de l'inventaire; ils sont réapposés à la fin de chaque vacation. — C. proc., art. 937.

254. — On peut réunir les objets de même nature pour être inventoriés successivement suivant leur ordre; ils sont dans ce cas replacés sous les scellés après chaque vacation. — C. proc., art. 938.

255. — La description doit être faite de chaque objet en particulier; cependant il n'est pas interdit d'en placer plusieurs sous le même article. — Rolland de Villargues, n° 232.

256. — Quant à l'estimation à juste valeur et sans crue des effets inventoriés, V. PRISÉE.

257. — ... 4° *La désignation des qualités, poids et titre de l'argenterie*, (C. proc. art. 943-4°). Cette mesure a pour objet d'empêcher de substituer d'autres pièces d'argenterie d'un titre plus bas.

258. — ... 5° *La désignation des espèces en numéraire* (C. proc. art. 943-5°). Cela est nécessaire pour le cas où il arriverait une augmentation ou diminution dans la monnaie. — Rolland de Villargues, n° 234.

259. — Les billets de banque ou de caisse publique sont compris dans l'inventaire comme argent comptant; mais on les désigne sans les coter, comme les papiers. — Rolland de Villargues, n° 235.

260. — ... 6° Les papiers doivent être inventoriés c'est à dire décrits et analysés succinctement (C. proc. art, 943-6° et 7°), car plus souvent encore que le mobilier ils ont pour but de révéler l'importance de la succession, son actif et et son passif.

261. — De plus l'inventorié des papiers est en outre ordinairement accompagné de toutes observations ayant pour but de faciliter la liquidation et le partage entre les ayant-droit. — Rolland de Villargues, n° 260.

262. — Lorsqu'un particulier dépositaire de papiers qui lui ont été confiés par le défunt comparait pour que ces papiers soient inventoriés ou même pour en faire la remise définitive, le procès-verbal constate cette comparution et son objet; et si les papiers doivent être rendus au comparant ils sont inventoriés en sa présence. Le comparant doit signer cette partie du procès-verbal. — Massé, liv. 10, chap. 14.

263. — Lorsque des papiers se trouvent déjà décrits dans un précédent inventaire (par exemple dans celui de l'époux prédécédé) on se borne à faire sur cet inventaire, le récolement des papiers qu'il comprend, c'est à dire à constater quelles pièces se trouvent en nature et quelles pièces sont en déficit. — Massé, liv. 10, chap. 14.

264. — S'il se trouve dans les papiers des titres de créance non timbrés, ni enregistrés, on peut néanmoins les décrire dans l'inventaire, mais le défaut de timbre et d'enregistrement est exprimé par le notaire. — Carré, *L. de la procéd.*, quest. 3150. — V. ENREGISTREMENT, n°s 1268 et s.; TIMBRE, n° 550.

265. — Les papiers doivent être cotés par première et dernière. — C. proc., art. 943-6°.

266. — Sous chaque cote, on réunit toutes les pièces qui ont trait à la même affaire, comme les titres de propriété d'une acquisition; chaque pièce est numérotée avec la mention *inventoriée cote tant*. — De la sorte, il y a la double série et des cotes et des pièces de chaque cote. — V. au surplus COTE DE PIÈCES.

267. — Le notaire n'est pas tenu d'écrire lui-même ces mentions ou cotes, comme semblait l'exiger un arrêt de réglement du 6 avr. 1632; d'ailleurs, l'usage a toujours été contraire. — Denisart, v° *Inventaire*, n° 63; Pigeau, *Procéd. du Châtelet*, t. 2, p. 339.

268. — Les papiers ainsi cotés doivent être paraphés de la main de l'un des notaires. — C. procéd., art. 943-6°. — Dans l'usage, on indique les cotes que paraphe le notaire en second. — Rolland de Villargues, n° 252.

269. — Les pièces des différentes procédures qui se trouveraient dans l'étude d'un avoué devraient-elles être cotées et paraphées? La cour royale de Rennes, dans ses observations sur le Code de procédure, demandait qu'on déclarât qu'il suffirait en pareil cas que chaque procédure fût inventoriée par liasse, et que le nombre des pièces fût seulement constaté sur le dossier : cela doit, en effet, suffire; le but de la loi est atteint, et il y a économie de temps et de frais. — *Pratic. franç.*, t. 5, p. 263; — Carré, sur l'art. 943.

270. — S'il y a des livres et registres de commerce, l'état en doit être constaté (C. procéd., art. 943-6°), c'est-à-dire que l'on mentionne le nombre de feuillets écrits; s'il y a des feuillets manquans ou arrachés; on indique également à quelle date les livres et registres ont été commencés, à quelle date ils finissent. — Massé, liv. 10, chap. 14.

271. — Ainsi, lorsqu'après le décès d'un commerçant l'inventaire est fait par un notaire, les livres doivent être chiffrés par lui. — *Rennes*, 7 fév. 1815, N...

272. — Les feuillets sont cotés et paraphés s'ils ne le sont; s'il y a des blancs dans les pages écrites, ils doivent être bâtonnés. — C. procéd., art. 943-6°.

273. — Les effets au porteur doivent être inventoriés, puisqu'ils font partie des valeurs de la succession. Mais ils ne se cotent et paraphent point dans l'usage, « attendu leur nature, » porte la men-

tion qui est faite à ce sujet. En effet, cette cote et ce paragraphe ne sauraient faire obstacle à la transmission de valeurs au porteur et à leur recouvrement. — Il n'y aurait donc lieu de le faire que dans quelques cas à l'égard de valeurs commerciales ou autres dont les parties, et surtout la partie chargée de leur conservation, ne connaîtraient pas la sincérité. — Rolland de Villargues, nº 257.

274. — Il paraît qu'on était également dans l'habitude de ne pas coter et parapher les inscriptions de rentes nominatives sur l'état, pour ne pas mettre obstacle par là, soit au recouvrement des arrérages échus, soit à la négociation ou au transport des inscriptions de rente. — Rolland de Villargues, nº 258.

275. — Mais jugé que le notaire qui procède à un inventaire doit coter et parapher toutes les pièces, même les inscriptions de rente sur l'état. — *Paris*, 7 nov. 1839 (t. 2 1839, p. 486), Sédeler c. Perret et Glairet. — Cette formalité fait qu'au trésor on n'acquitte plus les arrérages qu'après la mutation opérée au profit des nouveaux propriétaires. — *Dict. du notar.*, vº *Inscription de rente*, t. 4, p. 217.

276. — ... Que l'omission de cette formalité constitue une faute lourde dont le notaire est responsable, même alors que le fait qui donne lieu au préjudice lui est étranger et est postérieur à la clôture de l'inventaire. — Même arrêt.

277. — ... Et que le notaire commis pour représenter un client aux opérations de l'inventaire est également responsable envers celui qu'il représente des conséquences de cette omission. — Même arrêt.

278. — ... 7º *La déclaration des titres actifs et passifs.* — C. procéd., art. 943-7º.

279. — Et ici par *titre* il faut entendre, non pas un acte servant à établir un droit quelconque (car alors il y aurait double emploi avec le paragraphe précédent qui exige l'inventaire des papiers), mais bien la cause en vertu de laquelle, et indépendamment de l'existence d'un acte, on possède ou l'on réclame, ou l'on doit quelque chose. — V. TITRE. — Dans le projet du Code de procédure, on s'était borné à exiger *les déclarations actives et passives*. Mais comme on eût pu, d'après ces expressions, se croire dispensé d'indiquer la cause des dettes, on a employé le mot *titre* pour obliger à déclarer non seulement le montant des créances et des dettes, mais encore leur cause. — Pigeau, t. 2, p. 601; Carré, sur l'art. 943.

280. — Toutefois, l'inventaire n'est pas nul parce qu'il ne contient pas la déclaration détaillée des titres actifs et passifs, si cette omission n'est pas le résultat de la fraude. — *Caen*, 10 août 1838 (t. 1er 1843, p. 429), Guillonel c. Le Reverend.

281. — Les déclarations doivent comprendre les successions et tous autres droits qui seraient ouverts au profit du défunt ou de sa succession. — Rolland de Villargues, nº 283.

282. — Ainsi, le successible donataire est tenu de déclarer dans l'inventaire ce qu'il a reçu du défunt, s'il en est requis. — *Gênes*, 1er oct. 1811, Agazzini.

283. — Lorsqu'il s'agit de fermages, loyers, intérêts, arrérages et autres revenus, il faut indiquer depuis quel jour ils sont dus, et cela pour arriver à déterminer la quotité de l'actif ou du passif. — Rolland de Villargues, nº 284.

284. — Les déclarations se font ordinairement sous la réserve de réparer les erreurs qui pourraient être commises; elles doivent être signées par ceux qui les font. — Favard, *Rép.*, vº *Inventaire*.

285. — De plus, toutes les fois que des déclarations auraient pour résultat de grever la succession, il est d'usage de consigner à la suite, des réserves et des protestations. — Rolland de Villargues, nº 288.

286. — Avant de clore l'inventaire, le tuteur doit faire la déclaration de ce qui lui est dû par le mineur, *à peine de déchéance*; et ce, sur la réquisition que l'officier public est tenu de lui en faire, et dont mention doit être faite au procès-verbal. — C. civ., art. 451.

287. — Et la déchéance est encourue par le tuteur qui ne satisfait pas à la réquisition du notaire, alors même que sa créance serait établie par un titre authentique. — Toullier, t. 2, nº 1194; Duranton, t. 3, p. 539. — Il est à craindre que le tuteur ne fasse disparaître la quittance qu'il aurait donnée.

288. — Mais il ne peut être prononcé de déchéance si le notaire a omis de faire la réquisition. — Toullier et Duranton, *ibid.* — Et il n'y a pas lieu, dans ce cas, de rendre le notaire responsable, car il il ne résulte de son omission aucun dommage. — Rolland de Villargues, vº *Inventaire*, nº 295.

289. — Il est dans l'usage de faire également déclarer par les père et mère, tuteurs légaux, s'il leur est dû quelque chose par le mineur. Cependant, il est douteux que le défaut de cette déclaration dût entraîner la déchéance, car il n'existe pas alors un

motif aussi impérieux pour la prononcer. — Rolland de Villargues, nº 296.

290. — Il faut autant que possible que le tuteur indique le montant de la créance. S'il l'ignore, parce qu'il y a compte à faire, il l'énonce. Du reste, une déclaration inexacte faite sans mauvaise foi, n'entraînerait aucune déchéance; la loi a voulu prévenir la fraude et non punir une méprise. — Bioche, *Dict. de procéd.*, vº *Inventaire*, nº 177; Rolland de Villargues, nos 297 et suiv.

291. — La disposition de l'art. 451, C. civ., qui prescrit au tuteur de déclarer dans l'inventaire ce qui lui est dû par le mineur, n'est pas applicable au subrogé-tuteur. — *Paris*, 14 fév. 1817, Margueron.

292. — ... 8º *La mention du serment prêté lors de la clôture de l'inventaire, par ceux qui ont été en possession des objets avant l'inventaire, qu'ils n'en ont détourné, vu détourner, ni su qu'il en ait été détourné aucun.* — C. procéd., art. 943-8º.

293. — Le serment doit être prêté même par la veuve qui, conformément à l'art. 1456, C. civ., a affirmé l'inventaire sincère et véritable. — Du reste, cette affirmation n'est prescrite qu'aux veuves communes en biens: celles qui ne le sont pas en sont dispensées, ainsi que tous les hommes veufs indistinctement. — Rolland de Villargues, nº 303.

294. — D'ailleurs, l'inventaire dressé par la veuve, aux termes de l'art. 1456, C. civ., n'est pas nul en ce qu'il n'aurait pas été affirmé sincère et véritable. — *Bordeaux*, 24 fév. 1829, Versaveaud c. Launet.

295. — Dans le cas où les objets n'étaient pas en la possession d'une personne déterminée, le serment doit être prêté par ceux qui ont habité la maison dans laquelle sont lesdits objets. — C. procéd. art 943-8º.

296. — Il doit être prêté lors de la clôture de l'inventaire. Cependant, il n'y a pas nullité s'il l'est au commencement, comme cela avait lieu avant le Code de procéd. — Pigeau, *Procéd. civ.*, t. 2, p. 556. — Dans l'usage, lors de l'intitulé de l'inventaire, la personne qui est en possession des objets promet d'en faire la représentation fidèlement et est avertie du serment qu'elle aura à prêter lors de la clôture de l'inventaire. — Rolland de Villargues, nos 307 et suiv.

297. — Jugé, que l'obligation imposée par l'art. 943, C. procéd., au détenteur des biens d'une succession d'affirmer par serment, lors de la clôture de l'inventaire, qu'il n'a rien détourné ou vu détourner, doit être considérée comme suffisamment remplie lorsque, avant l'inventaire et lors de son ouverture, il y a eu par ce détenteur serment prêté de tout fidèlement représenter et de déclarer n'avoir rien détourné ni vu détourner, alors même qu'il s'est refusé plus tard à réitérer cette déclaration. — *Cass.*, 23 fév. 1836, Coupé c. Legeay.

298. — Lorsque le serment des personnes de la maison a été reçu à la clôture des scellés, on ne doit pas en exiger un nouveau lors de la clôture de l'inventaire. Le doute naît de l'art. 943-8º, qui paraît exiger ce serment comme une formalité de l'inventaire, et sans faire aucune distinction; — mais la disjonctive *ou*, qui suit l'obligation du serment imposée à ceux qui ont été en possession des objets avant l'inventaire, fait voir que le serment des habitans de la maison n'est exigé, lors de l'inventaire, qu'à défaut de personnes ayant été en possession des objets. Mais quand il y a apposition de scellés, il doit être nommé un gardien. — Bioche, *Dict. de procéd.*, vº *Inventaire*, nº 183.

299. — Quand il y a scellés, le serment est reçu par le notaire et non par le juge de paix. — C. civ., art. 1456. — En effet, le serment se lie à la représentation des effets et à leur description. Or, c'est le notaire qui est chargé de dresser le procès-verbal qui constate ces faits et qui n'est qu'un acte de juridiction volontaire. La question se décidait de même autrefois en faveur des notaires vis-à-vis des commissaires du Châtelet. — Denisart, *Rép.*, vº *Inventaire*, nº 101; Merlin, *Rép.*, vº *Inventaire*, § 4; Pigeau, *Proc. du Châtelet*, t. 2, p. 335; Langlois, *Tr. des dr. des not.*, chap. 31; Bioche, vº *Inventaire*, nº 178; Rolland de Villargues, nº 311.

300. — S'il y avait refus d'affirmer ou de prêter serment, il faudrait se pourvoir en référé. — Code procéd., art. 944; — arg. *Cass.*, 23 fév. 1836, Coupé c. Legeay.

301. — Le défaut par la partie qui conteste, lors de l'inventaire, l'efficacité du serment prêté, de s'être pourvu en référé conformément à l'art. 944, la rend non-recevable plus tard à invoquer la nullité du serment pour critiquer la validité de l'inventaire, alors surtout que la réalisation du serment est devenue impossible par le décès de celui qui aurait dû le prêter. — *Cass.*, 23 fév. 1836, Coupé c. Legeay.

302. — ... 9º *La remise des effets et papiers, s'il y a lieu, entre les mains de la personne dont on con-*

vient, ou qui, à défaut, est nommée par le président du tribunal. — C. procéd., art. 943-9º.

303. — La nomination d'office par le juge, d'une personne entre les mains de qui la remise des effets et papiers doit être faite, ne doit avoir lieu qu'autant que les parties ne peuvent s'accorder entre elles sur le choix de cette personne. — *Bruxelles*, 6 sept. 1822, Dupré c. Vanaken.

304. — Le dépôt des deniers comptans peut être ordonné à la caisse des dépôts et consignations, si un référé est provoqué à ce sujet. — Ord. 3 juill. 1816, art. 2-7º.

305. — Lorsqu'il y a un époux survivant, c'est à lui que l'on remet les objets, surtout s'il était commun en biens avec l'autre, ou si c'est une veuve qui a des répétitions à exercer contre la succession de son mari, car elle est elle-même, dans ce cas, intéressée à leur conservation. — Pigeau, t. 2, p. 602.

306. — Dans le cas où le conjoint survivant a donné lieu de se méfier de lui, il est d'usage de remettre le tout à la garde d'une autre partie ou d'un tiers capable d'en répondre. S'il n'y en a pas, l'argenterie, les bijoux et effets précieux sont remis aux commissaires-priseurs à Paris, et dans les départemens à ceux qui en remplissent les fonctions; l'argent et les papiers sont confiés aux notaires; mais même dans ce cas, et à moins de soupçons extrêmement graves, on doit laisser au conjoint la garde des autres effets, qui sont d'un divertissement plus difficile ou d'un usage journalier. — Pigeau, *ibid.*; Rolland de Villargues, nº 315.

307. — On ne peut refuser la garde des objets à l'exécuteur testamentaire nommé avec saisine du mobilier, lorsque, d'ailleurs, il n'est point une des personnes que la loi exclut de cette fonction, et qu'il réunit toutes les conditions nécessaires pour la remplir. Mais la remise des titres des immeubles peut lui être refusée. — Pigeau, p. 603; Rolland de Villargues, nº 316.

308. — Les créanciers ont le droit d'empêcher la remise des effets et papiers à l'exécuteur testamentaire, parce que le testament et tous les droits qu'il peut attribuer leur sont étrangers et n'ont point d'effet à leur égard. Cependant si les créanciers croient la succession solvable, il est d'usage qu'ils consentent à cette remise. — Pigeau, *ibid.*; Rolland de Villargues, *ibid.*

309. — Lorsqu'à la fin d'un inventaire, un notaire énonce qu'un héritier est resté, du consentement de tous les autres, chargé de l'argent trouvé, des effets inventoriés et des papiers certifiés, il est personnellement responsable, s'il ne fait pas signer cette déclaration. — *Rennes*, 14 avr. 1817, Ledrevé c. Gougeon.

310. — Quoi qu'il en soit, la remise, lors de l'inventaire, des titres d'une succession n'est qu'un acte provisoire et conservatoire qui n'attribue aucun droit en faveur de l'une ou de l'autre des parties. — *Paris*, 9 avr. 1828, Ducastel c. Gerardin.

311. — Ainsi qu'on l'a déjà vu (*suprà* nos 218, 280 et 294), les différentes formes que la loi prescrit pour la régularité de l'inventaire ne sont pas tellement de rigueur, que leur omission doive nécessairement entraîner la nullité de cet inventaire.

312. — Jugé, de plus, d'une manière générale, que les irrégularités de forme dans un inventaire n'entraînent pas la nullité de cet acte lorsqu'elles n'ont pas été commises dans une intention frauduleuse. — *Caen*, 24 déc. 1839 (t. 1er 1843, p. 425), Bettre c. Ancelle.

313. — ... Qu'ainsi, le défaut d'accomplissement de l'une des formalités requises pour la régularité de l'inventaire, n'emporte pas contre l'usufruitier, déchéance de son droit d'usufruit. — *Cass.*, 23 fév. 1836, Coupé c. Legeay.

314. — ... Que les formalités de justice prescrites pour les inventaires dans lesquels des majeurs et des mineurs sont intéressés, ont été introduites en faveur des mineurs seuls, et que les mineurs seuls peuvent exciper de l'inobservation de ces formalités. — *Colmar*, 28 nov. 1816, Pfeffer c. Schuster.

315. — Un inventaire irrégulier peut donc toujours être considéré comme un état faisant foi entre les parties, et même contre les tiers, s'il n'est pas attaqué pour fraude. — Toullier, t. 13, nº 14; Carré, sur l'art. 943; Bioche, nº 193.

316. — Il peut empêcher d'avoir recours à la preuve si imparfaite et si périlleuse de la commune renommée, à moins, toutefois, que l'on n'articule des omissions ou des infidélités telles que, pour les prouver, il soit nécessaire de recourir à cette voie extraordinaire. — Toullier, *ibid.*

317. — Cependant la foi due à l'inventaire irrégulier, par exemple en ce qu'il serait sous seing-privé, ne saurait être aussi entière que celle due à un inventaire régulier, ni produire les mêmes effets dans l'un comme dans l'autre cas. — V. *infrà*, nos 345 et suiv.

§ 8. — *Des cas où il s'élève des difficultés lors de l'inventaire ou à la fin.*

318. — Si lors de l'inventaire il s'élève des difficultés, les notaires délaissent les parties à se pourvoir en référé devant le président du tribunal de première instance. — C. procéd., art. 944.

319. — Lorsque durant les opérations de l'inventaire, on trouve ou il est présenté un testament émané du défunt, et renfermant un legs universel ou à titre universel au profit de personnes qui ne sont pas représentées à l'inventaire, il doit être sursis à la continuation de l'opération, pour être ultérieurement reprise avec les nouveaux intéressés; c'est ce que le président auquel le testament est présenté est dans l'usage d'ordonner. — Pigeau, t. 2, p. 589; Debelleyme, *Ordonn.*, 2e cah., p. 239.

320. — Si, pendant que l'inventaire se fait, le juge de paix venait à apposer les scellés, cet inventaire devrait être discontinué. — Arg. C. procéd., art. 923 et 928. — Autrefois on décidait le contraire, par le motif que la juridiction volontaire était saisie par le commencement de l'inventaire. — Langlois, *Tr. des dr. des not.*, chap. 28.

321. — Dans ce cas, le notaire doit clore son opération; toutefois, cette opération commencée doit être signée et régularisée comme commencement d'inventaire. — Rolland de Villargues, no 50.

322. — Les notaires doivent encore délaisser les parties à se pourvoir en référé devant le président du tribunal, lorsqu'il est formé des réquisitions pour l'administration de la communauté ou de la succession, ou pour autres objets, et qu'il n'y est pas déféré par les autres parties. — C. procéd., art. 944.

323. — Comme exemple des mesures provisoires pour l'administration de la communauté ou de la succession, on peut citer la continuation du commerce, des recouvremens à faire, l'acquittement des dettes privilégiées, des congés à donner, des réparations urgentes, etc. — Pigeau, t. 2, p. 604; Debelleyme, *Ordonn.*, 2e cah., p. 207.

324. — Il y a encore lieu à référé lorsque, les parties étant même d'accord, il s'agit d'actes qui dépassent les bornes de l'administration provisoire, et pour lesquels on désire être autorisé à agir sans attribution de qualités.

325. — Dans ces différens cas, et pour obtenir les autorisations demandées, le référé s'introduit sur le procès-verbal de levée des scellés du juge de paix, et, s'il n'y a pas de scellés, sur le procès-verbal d'inventaire. — Pigeau, t. 2, p. 603; Massé, liv. 10, chap. 13; Debelleyme, *Ordonn.*, 2e cah., p. 207; Rolland de Villargues, no 341.

326. — Si le référé est introduit par le juge de paix, le notaire n'a rien à écrire des contestations et réquisitions dans son inventaire; il doit seulement énoncer, en finissant la vacation, que sur les contestations élevées entre les parties, le juge de paix les a renvoyées devant le président du tribunal civil. — Massé, *ibid.*; Rolland de Villargues, no 342.

327. — Si, en l'absence d'apposition de scellés, le référé est introduit sur le procès-verbal d'inventaire, il convient que le notaire fasse connaître les difficultés et réquisitions sur lesquelles il s'agit de statuer et les moyens qui peuvent les faire accueillir ou rejeter. — Massé, liv. 10, chap. 13 et 14; Rolland de Villargues, no 344.

328. — Au lieu de délaisser les parties à se pourvoir en référé, les notaires peuvent aussi en référer eux-mêmes s'ils résident dans le canton où siége le tribunal. — C. procéd., art. 944.

329. — Alors les notaires se présentent seuls et sans les parties devant le président. Ils lui communiquent la minute de l'inventaire pour qu'il prenne lecture des dires, réquisitions et protestations des parties. Le président met et signe son ordonnance sur la minute de l'inventaire (C. procéd., art. 944) à la suite de la vacation, sans aucune formule ni procès-verbal. — Il n'est point non plus dressé procès-verbal du transport des notaires, ni de leur comparution devant le juge. — Massé, liv. 10, chap. 14; Rolland de Villargues, no 345.

330. — A Paris, c'est ordinairement le notaire qui dresse l'ordonnance de référé, soit qu'il la prépare d'avance, lorsqu'il ne voit aucune difficulté, soit qu'il la rédige à l'instant du référé sur l'invitation du président. — Rolland de Villargues, no 347.

331. — Jusqu'à la confection de l'inventaire d'une succession, il peut être statué en état de référé sur toutes les mesures provisoires qui peuvent intéresser la veuve, les héritiers et les créanciers. — Spécialement, on a pu, en référé, proroger le délai pour faire inventaire, accorder successivement plusieurs provisions alimentaires à la veuve et maintenir une distribution provisoire de deniers entre les créanciers. — *Paris*, 11 fructid. an XIII, Happey et Morel c. Bourdon de Neuville.

332. — Mais quand une fois l'inventaire est clos, la mission du notaire est terminée comme l'est celle du juge de paix après la levée des scellés : ils n'ont plus de pouvoir pour introduire un référé. Les parties ne peuvent alors se présenter devant le juge que sur une assignation donnée par l'une d'elles aux autres. — Pigeau, t. 2, p. 604; Massé, liv. 10, chap. 13; Debelleyme, *Ord.*, 2e cahier, p. 217; Rolland de Villargues, no 343.

333. — Ainsi il y aurait lieu de décider à l'égard de l'inventaire clos ce qui a été jugé au sujet d'une apposition de scellés terminée, que la demande en nomination d'un gérant administrateur devait être portée non plus devant le juge des référés, mais devant le tribunal civil. — *Cass.*, 27 avr. 1825, Albarel c. Guillard.

334. — Le ministère des avoués peut être admis mais n'est pas de rigueur dans les référés. — Bilhard, vo *Bénéfice d'inventaire*, no 49.

§ 9. — *Omissions dans l'inventaire. — Supplément d'inventaire.*

335. — L'inventaire doit être exact et fidèle. — C. procéd., art. 943, C. civ., art. 1456. — Chabrol, *Commentaires sur la coutume d'Auvergne*, chap. 11, sect. 3e, part 1re; Toullier, t. 13, no 15; Proudhon, *Usufruit*, no 168; Rolland de Villargues, no 382.

336. — Si l'inventaire était frauduleux, devrait-il être réputé nul? — Oui, suivant Ferrière (*Parfait notaire*, liv. 12, chap. 1er), qui disait ne faire que reproduire à cet égard le sentiment de tous les jurisconsultes. — La négative nous paraît devoir être plutôt adoptée, par ce motif que tout en prononçant des peines contre les auteurs des omissions frauduleuses, la loi ne déclare pas l'inventaire nul en pareil cas. — Vazeille, vo *Succession*, art. 794, no 2; Rolland de Villargues, no 387.

337. — Quelle qu'ait été la cause de l'omission des objets à inventorier, il y a donc lieu seulement d'ordonner le rapport des objets omis et un supplément d'inventaire pour en faire la description et l'estimation. — Rolland de Villargues, *ibid.*

338. — Lorsqu'il y a eu omission frauduleuse, c'est-à-dire que c'est avec connaissance de cause que des objets n'ont pas été compris dans l'inventaire, ces omissions donnent lieu à différentes peines contre les auteurs.

339. — Ainsi les héritiers sont déchus de la faculté de renoncer à la succession sans pouvoir prétendre aucune part dans les objets omis. — C. civ., art. 792. — V. RECEL.

340. — L'héritier bénéficiaire est déchu du bénéfice d'inventaire. — C. civ., art. 801. — V. SUCCESSION BÉNÉFICIAIRE.

341. — La veuve est déclarée commune, nonobstant sa renonciation, et il en est de même à l'égard de ses héritiers. — C. civ., art. 1460. — V. COMMUNAUTÉ, RECEL.

342. — L'époux survivant perd la jouissance des revenus des biens de ses enfans mineurs. — C. civ., art. 1442. — V COMMUNAUTÉ, USUFRUIT LÉGAL.

343. — Au surplus, des omissions faites dans un inventaire ne doivent pas être réputées ni même facilement présumées frauduleuses. Les effets omis ont pu échapper à la mémoire de l'époux survivant, ou bien ils ont pu n'être pas à la connaissance des personnes qui ont requis l'inventaire. — Pothier, *Communauté*, no 798, et *Introd. à la cout. d'Orléans*, no 96; Proudhon, *Usufruit*, no 168; Rolland de Villargues, no 384. — V. à ce sujet ce que nous avons dit au mot COMMUNAUTÉ, nos 1029 et suiv., 1095, 1235 et suiv. — V. aussi RECEL.

§ 10. — *Effets de l'inventaire.*

344. — Lorsque l'inventaire est parachevé, il empêche l'apposition des scellés. — C. procéd., art. 923, § 1er.

345. — Toutefois cela suppose que l'inventaire a été fait régulièrement et suivant toutes les formes prescrites par la loi.

346. — Dès-lors un inventaire sous seing-privé n'a point l'effet d'empêcher l'apposition, d'office, des scellés. — *Bruxelles*, 28 mars 1810, Deguilain.

347. — Nonobstant la confection de l'inventaire, les scellés peuvent encore être apposés quand l'inventaire est attaqué et qu'il en est ainsi ordonné par le président du tribunal. — C. proc., art. 923, § 1er.

348. — Si l'apposition des scellés est requise pendant le cours de l'inventaire, les scellés ne sont apposés que sur les objets non inventoriés. — C. proc., art. 923, § 2.

349. — Les déclarations insérées dans l'inventaire produisent des effets différens par rapport aux parties, entre elles, ou par rapport aux tiers.

350. — Relativement aux parties entre elles, la déclaration de l'une d'elles qu'elle est tenue, soit comme débitrice, soit comme mandataire, de faire compte aux autres d'une certaine somme, fait preuve de l'existence de cette créance. — V. à cet égard COMMUNAUTÉ, nos 1097 et 1098.

351. — A cet égard les énonciations de l'inventaire font foi entre les parties et ne peuvent être détruites par des présomptions résultant de faits et circonstances. — Arg., *Cass.*, 2 déc. 1835, Picard c. Cougouilhe.

352. — Relativement aux tiers, les déclarations ne font aucunement preuve contre ceux qui sont indiqués comme débiteurs, ni en faveur de ceux qui sont indiqués comme créanciers, soit qu'elles émanent de la veuve, à l'occasion d'une dette de communauté, soit qu'elles émanent des héritiers au sujet d'une dette du défunt. — Pothier, *Oblig.*, no 773; Toullier, t. 9, no 66.

353. — Ainsi, la simple déclaration d'une dette dans un inventaire ne suffit pas pour constituer à elle seule un titre au profit d'un tiers, alors surtout qu'il résulte des circonstances que cette déclaration est le résultat d'une erreur. — *Paris*, 23 juill. 1825, Dand c. Lacasse.

354. — Cependant si la déclaration était faite sans réserve en présence du créancier, il semble qu'elle pourrait être regardée comme reconnaissance de la dette. — Pothier, *Oblig.*, no 835.

355. — Jugé également qu'un inventaire peut être considéré comme un commencement de preuve par écrit de l'extinction d'une créance, lorsqu'elle n'y est pas comprise et qu'il résulte des autres circonstances que la libération est vraisemblable. — *Metz*, 19 août 1825, Etienne c. Doisy.

356. — L'assistance du créancier à l'inventaire n'est pas un acte interruptif de la prescription. — Troplong, *Prescript.*, no 586.

§ 11. — *Frais d'inventaire.*

357. — Les frais d'inventaire comprennent : — 1o Les vacations du notaire ou des notaires qui ont rédigé l'acte. — Rolland de Villargues, nos 348 et suiv.; Bioche, vo *Inventaire*, n. 206.

358. — ... 2o Celles du notaire ou des notaires nommés pour représenter les absens ou défaillans. — Favard, *Rép.*, vo *Inventaire*; Rolland de Villargues, no 354; Bioche, *ibid.*

359. — ... 3o Celles du commissaire priseur et des experts. — Mêmes auteurs.

360. — ... 4o Les vacations de l'avoué qui représente les opposans. — Mêmes auteurs, *ibid.*, Carré sur l'art. 933, C. procéd.

361. — Mais les vacations de l'avoué qui représente une partie en qualité de mandataire sont à la charge de cette partie. — C. proc., art. 933; — Carré sur ledit art.

362. — Le juge de paix qui assiste à l'inventaire du mobilier d'un absent (C. civ., art. 126) ne peut prétendre à aucuns droits de vacations ou de transport. — Circ. min., 22 nov. 1824.

363. — Au sujet de tout ce qui précède, il est à remarquer qu'en travaillant aux inventaires, les officiers qui y sont employés ne peuvent exiger aucun repas ni nourriture sur les effets de la succession, ni aux dépens des parties intéressées. — Arr. de régl., 10 juill. 1665; — Rolland de Villargues, no 350.

364. ... 5o Les droits de timbre et d'enregistrement du procès-verbal d'inventaire. — Les droits de timbre sont ceux des actes ordinaires des notaires. — V TIMBRE. — Quant aux droits particuliers d'enregistrement auxquels les inventaires sont assujétis, V. ENREGISTREMENT.

365. — ... 6o Les frais d'un état de dépouillement de l'inventaire pour l'acquit des droits de mutation. — Bioche et Goujet, no 207.

366. — .. 7o Les frais d'expéditions dus aux notaires, quand les expéditions sont demandées. — V. EXPÉDITION, no 30, NOTAIRE.

367. — 8o ... Enfin, aux frais de l'inventaire proprement dit il faut ajouter ceux des actes faits pour parvenir à cet inventaire ou pour le consommer, tels que les frais d'assignation aux parties défaillantes, des requêtes, des référés, etc. — Rolland de Villargues, no 358.

368. — Lorsqu'il s'agit d'une succession, les frais de l'inventaire sont comme ceux des scellés, s'il en a été apposé, à la charge de la succession. — C. civ., art. 810. — Ces frais sont alors considérés comme une charge de la succession, laquelle se prélève sur la masse ou se contribue entre les héritiers à proportion de ce qu'ils en amendent. — Merlin, *Rép.*, vo *Inventaire*, § 6.

369. — Jugé en ce sens que les frais d'inventaire doivent être prélevés sur la masse de la succession. — *Paris*, 1er août 1811, Charles c. Prevost.

370. — ... Que, lorsqu'une succession est échue à des individus tous majeurs, si l'un d'eux a seulement fait apposer les scellés et exigé qu'il fût pro-

édé à un inventaire, les autres n'en doivent pas moins supporter leur part dans les frais. — *Caen*, 22 fév. 1820, N...

371. — Si celui qui a requis l'inventaire en qualité, d'héritier se trouve par la suite ne l'être pas, les frais sont à sa charge; et si ces frais sont déjà acquittés, il doit en faire raison au véritable héritier par forme de dommages-intérêts. — Merlin, *Rép.*, v° *Inventaire*. — Toutefois, il faut supposer que celui qui a agi en qualité d'héritier n'a pas été induit en erreur sur sa qualité en ce que le véritable héritier ne se présentait pas. — V. PÉTITION D'HÉRÉDITÉ.

372. — Les donataires ou légataires universels ou à titre universel étant tenus de contribuer au paiement des dettes et charges de la succession, doivent contribuer par conséquent aux frais de l'inventaire, mais seulement pour la part qu'ils recueillent.— Merlin, *Rép.*, v° *Inventaire*, § 6; Rolland de Villargues, n° 365.

373. — Dès-lors, l'héritier à réserve ne peut faire supporter en totalité les frais d'inventaire par le légataire de la quotité disponible. — *Paris*, 1er août 1811, Charles c. Prevost.

374. — S'il s'agit de l'inventaire d'une communauté, les frais sont une charge de cette communauté et doivent être payés par moitié entre l'époux survivant et les héritiers de l'époux prédécédé. — C. civ., art. 1482.

375. — En cas de renonciation à la communauté, ils sont à la charge du mari ou de ses représentans, pour ce qui se rapporte à la communauté. — Bioche et Goujet, n° 208. — V. au surplus COMMUNAUTÉ.

376. — Mais *quid*, s'il s'agit tout à la fois d'un inventaire de succession et d'un inventaire de communauté? La question ne peut guère s'élever en cas de communauté légale, puisqu'alors l'inventaire ne comprend aucun mobilier personnel à l'époux prédécédé, mais seulement en cas de communauté conventionnelle, et alors que l'inventaire porte en même temps sur des effets propres à l'époux prédécédé et sur les effets de la communauté. Dans ce cas, si les effets propres à l'époux prédécédé sont assez considérables, il est juste que sa succession supporte particulièrement une portion des frais de l'inventaire, outre celle qui doit tomber à sa charge comme commun en biens. — Rolland de Villargues, n° 364.

377. — Les frais d'inventaire sont avancés par le requérant, qui en est remboursé par privilége sur le prix des biens inventoriés, comme faits dans l'intérêt général. — C. civ., art. 810, 1482, 2101, 2104, 2105; — Bioche et Goujet, n° 209; Rolland de Villargues, nos 368 et 369.

378. — Relativement aux frais de l'inventaire dressé par suite d'absence, V. ABSENCE.

379. — Quand il s'agit de l'inventaire fait par un usufruitier (C. civ., art. 600), aux frais de qui doit-il être fait? — V. USUFRUIT.

380. — Lorsqu'au lieu du bref état dont parle l'art. 130, décr. 18 juin 1811, il est dressé un inventaire détaillé, après le décès du titulaire d'un greffe, les frais de cet inventaire ne peuvent être répétés, soit contre les héritiers du greffier décédé, soit contre son successeur, qu'autant que l'un d'eux aurait requis l'inventaire, et seulement contre celui qui aurait fait cette réquisition. — *Cass.*; 7 mai 1823, Coquoin et Duval c. Devillère et Saillard.

§ 12. — *De quelques inventaires particuliers.*

381. — Lorsqu'il y a lieu de procéder à l'inventaire des effets laissés par un prince ou une princesse de la famille royale, il doit être fait par tous officiers compétens, mais en présence du chancelier de France ou d'un conseiller d'État, délégué par lui, quand l'opération doit avoir lieu hors du palais de la résidence royale. — Ordonn. royale, 25 avril 1820.

382. — Par *officiers compétens* il faut entendre les notaires. — Autrefois on agitait la question de savoir si c'était aux notaires du Châtelet ou aux quatre officiers du parlement de Paris, que l'on appelait les *secrétaires de la cour*, qu'appartenait la confection des inventaires des princes du sang et des grands du royaume; mais la question était plus généralement résolue en faveur des notaires. — Merlin, *Rép.*, v° *Inventaire*; Langlois, *Traité des droits des notaires*, ch. 23, sect. 1re; Rolland de Villargues, n° 40.

383. — Toutefois, d'après l'art. 25 du statut du 30 mars 1806, il y aurait cette différence entre les inventaires des princes de la famille royale et ceux des particuliers, que les premiers ne pourraient être faits qu'à la suite de scellés apposés ou levés par le ministre de la maison du roi, au lieu que les seconds doivent l'être à la suite de scellés apposés et levés par le juge de paix. — Merlin, *ibid.*

384. — Ces inventaires doivent être faits dans les formes ordinaires; le notaire en garde minute et en délivre expédition; le contraire paraît résulter de l'art. 9 de l'ord. du 25 avril 1820; mais il faut voir à cet égard l'*erratum* publié dans le bulletin 369.—Duvergier, *Collect. des lois*, 2e éd., t. 2, p. 435.

385. — Aussitôt après le décès d'un officier général, d'un officier supérieur de toute arme, d'un commissaire ordonnateur, intendant militaire, officier de santé en chef des armées, retirés ou en activité, les scellés sont apposés sur les papiers, cartes, plans et mémoires militaires, autres que ceux dont le décédé est l'auteur. — Arrêté, 13 niv. an X, art. 1er. — V. SCELLÉS.

386. — Le général commandant la division nomme, dans les dix jours qui suivent, un officier pour être témoin à la levée des scellés et à l'inventaire des objets ci-dessus mentionnés. — Même arrêté, art. 2.

387. — En cas de décès en campagne, l'officier est nommé par le chef d'état-major.—Favard, *Rép.*, v° *Inventaire*, t. 3, p. 123.

388. — L'officier nommé pour être témoin a droit d'assister à toutes les vacations. — Favard, *ibid.*

389. — Lors de l'inventaire de ces objets, ceux qui sont reconnus appartenir au gouvernement, ou que l'officier nommé par le général juge devoir l'intéresser, sont inventoriés séparément et remis audit officier sur son reçu. Il est rendu compte au ministre de la guerre de ceux de ces objets qui appartiennent en propre au décédé. L'estimation en est faite, et la valeur en est acquittée à qui de droit, sur les fonds affectés au dépôt de la guerre; le surplus desdits objets, provenant du défunt, est délivré de suite et sans frais à ses héritiers ou ses ayant-droit. — Copies de l'inventaire et du reçu de l'officier sont adressées au ministre de la guerre, qui veille à ce que les objets ainsi recouvrés ou qui auraient été acquis soient remis sans délai dans les dépôts respectifs qui les concernent. — Arrêté, 13 niv. an X, art. 3.

390. — Lorsque c'est le titulaire d'un majorat qui est décédé, il est enjoint au juge de paix, au notaire ou autre officier public qui procède à la levée des scellés ou à l'inventaire, de se faire représenter, avant la levée des scellés, le certificat constatant la notification du décès au garde des sceaux (autrefois au procureur-général du sceau des titres), et de faire mention dudit certificat dans l'intitulé du procès-verbal de levée de scellés ou de l'inventaire, à peine d'interdiction. — Décr. 4 mai 1812; ordonn. 31 oct. 1830, art. 3.

391. — Toutefois, cette peine rigoureuse de l'interdiction, prononcée contre le juge de paix ou le notaire, suppose que la qualité du décédé est à leur connaissance, de sorte que toutes les fois que, ni l'intitulé de l'inventaire, ni aucune des pièces inventoriées ne donne connaissance d'aucun titre porté par le défunt, le notaire n'a pu être tenu d'exiger une notification. — Lettre du proc. gén. du sceau des titres à la chamb. des not. de Paris, du 16 oct. 1809; — Rolland de Villargues, n° 406.

392. — Lorsque, dans le cours de l'inventaire, la connaissance du titre résulte de quelques pièces produites, le notaire doit, dès ce moment même, demander le certificat de notification ou faire lui-même cette notification.—Même lettre; — Rolland de Villargues, n° 407.

393. — Le notaire annexe à l'inventaire la réponse du garde des sceaux, après l'avoir fait timbrer et enregistrer, et il fait mention de cet annexe soit dans l'intitulé d'inventaire, soit dans la vacation qui suit la réception de la lettre. — Massé, *Parf. not.*, liv. 10, ch. 13; Rolland de Villargues, n° 409.

394. — L'inventaire des effets mobiliers de tout homme d'équipage ou de tout passager, qui est venu à décéder sur un navire, est fait par le capitaine, en présence des parens, s'il y en a, sinon de deux témoins qui signent. — Ord. de 1681, liv. 3, tit. 11, art. 4.

395. — En cas de décès d'un agent diplomatique dans le pays où il est accrédité, l'inventaire est fait par le secrétaire d'ambassade ou de légation. — V. AGENT DIPLOMATIQUE, n° 278.

396. — Relativement aux inventaires que les consuls français, dans les pays étrangers, ont le droit de faire des effets mobiliers de leurs nationaux, V. CONSUL, nos 233, 318 et suiv.

397. — Quant aux inventaires des biens situés en France et laissés par des étrangers, ils doivent être faits suivant les formalités tracées par la loi française.

398. — Les tribunaux français sont compétens pour ordonner l'inventaire de biens situés en France et délaissés par un étranger, alors-même que la succession se serait ouverte en pays étranger, et que tous les cohéritiers seraient, à raison de la liquidation de leurs droits, justiciables des tribunaux étrangers. — *Paris*, 12 août 1840 (t. 2 1840, p. 706), de Mulinen c. Rougemont de Lowemberg.

399. — Dans les différens cas où il est suppléé à l'inventaire par une *enquête de commune renommée*, l'inventaire se trouve être alors dressé par le juge. — V. PREUVE PAR COMMUNE RENOMMÉE.

INVENTAIRE PAR COMMUNE RENOMMÉE.

C'est celui qui se fait par forme d'enquête, lorsque les objets ne se retrouvent plus. — V. PREUVE PAR COMMUNE RENOMMÉE. — V. aussi COMMUNAUTÉ, INVENTAIRE

INVENTAIRE DE PRODUCTION.

Acte de procédure dont la signification était nécessaire autrefois dans les affaires appointées en droit et à écrire (V. APPOINTEMENT); mais qui n'est plus autorisé par le Code. — V. INSTRUCTION PAR ÉCRIT.

INVENTAIRE PAR SUITE.

On désignait ainsi l'inventaire que les notaires de Paris continuaient hors de la ville, et pour lequel ils excluaient les officiers des lieux, même dans le cas où ceux-ci avaient apposé les scellés: 1° soit lorsque les officiers du Châtelet avaient eux-mêmes apposé les scellés *par suite*; 2° soit lorsque les notaires requis par quelques-unes des parties se présentaient les premiers sur les lieux. — Pigeau, *Proc. du Châtelet*, t. 3, p. 344; Langlois, *Traité des dr. des not.*, chap. 29 et 30; Rolland de Villargues, *Rép. du not.*, v° *Inventaire par suite*. — V. NOTAIRE. — V. aussi INVENTAIRE.

INVENTION.

Moyens d'acquérir la propriété par l'occupation. On peut, par l'invention, acquérir soit la propriété d'objets matériels, soit la propriété d'idées dans les sciences ou dans les arts. — V., pour le premier cas, CHOSES PERDUES, ÉPAVES, PROPRIÉTÉ, TRÉSOR, VARECHS; et pour le second: BREVET D'INVENTION, MARQUES DE FABRIQUE, MODÈLES ET DESSINS DE FABRIQUE, PROPRIÉTÉ LITTÉRAIRE ET INDUSTRIELLE.

INVIOLABILITÉ.

1. — Privilége en vertu duquel on ne peut être l'objet d'aucune attaque ou action quelconque, soit dans tous les cas, soit à raison de certains faits seulement.

2. — « La personne du roi est inviolable et sacrée, les ministres sont responsables. » Cette maxime, reproduite dans la charte de 1830, art. 12, se trouvait déjà consacrée par la constitut. du 3 sept. 1791, t. 3, ch. 2, sect. 1re, art. 1er, par le projet de constitution rédigé par le sénat le 7 avr. 1814, art. 21 et la charte constitut. du 4 juin 1814. « Sa majesté veut toujours ce qui est utile et honorable aux Français, disait Favard de Langlade (*Rép. de jur.* v° *Inviolabilité*); constitutionnellement elle ne peut donc mal faire, et, si une mesure contraire aux lois ou au bien de l'état lui est surprise, la responsabilité en pèse sur le ministre qui a contresigné l'ordonnance. Ainsi tout le bien fait au nom du roi est dans son cœur et lui appartient en propre. Le mal ne peut jamais être imputé qu'à ses ministres. »

3. — Le privilége de l'inviolabilité se trouve consacré en faveur des membres des assemblées législatives par l'arrêté de l'assemblé constituante du 23 juin 1789, le décret du 13 juin 1791 et les actes const. des 3 sept. 1791 (tit. 3, ch. 1er, sect. 5, art. 7 et 8), du 24 juin 1793, art. 43 et 44, du 5 fruct. an III, art. 110 et suiv., et 348, du 22 frim. an VIII, art. 69 et suiv., et les chartes du 4 juin 1814, art. 34, 51 et 52, et celle de 1830, art. 44. — V. CHAMBRE DES PAIRS, CHAMBRE DES DÉPUTÉS, PRIVILÉGE PARLEMENTAIRE.

4. — Quant à l'inviolabilité des agens diplomatiques, V. ce mot nos 105 et suiv.

5. — Il est, sinon une espèce d'inviolabilité, du moins une garantie commune à tous les agens du gouvernement et qui les met à l'abri de toutes poursuites à raison des actes faits par eux dans l'exercice de leurs fonctions, si ces poursuites n'ont préalablement été autorisées par l'autorité supérieure ou le conseil d'état. — V. FONCTIONNAIRE PUBLIC, nos 379 et suiv.

6. — L'inviolabilité est encore, dans un autre ordre d'idées, assurée au *domicile*. — « Le domicile de tout citoyen, porte un arrêt de la cour royale de

Nancy, dans un de ses considérans, est un asile sacré et inviolable dans lequel nul fonctionnaire ou autre ne peut pénétrer sans une autorisation formelle et spéciale de la loi et sans l'observation des formalités qu'elle prescrit à cet effet. — *Nancy*, 10 mars 1887 (t. 2 1837, p. 321), cont. ind. c. Miniselle. — V. au surplus VIOLATION DE DOMICILE. — V. aussi FLAGRANT DÉLIT, n° 240, FERMETURE DES LIEUX PUBLICS ET MAISONS PARTICULIÈRES, nos 27 et suiv., INSTRUCTION CRIMINELLE.

INVITATION (Effet de commerce).

V. LETTRE DE CHANGE, PROTÊT.

IRRÉGULARITÉ.

C'est, en général, ce qui est contraire à la règle, à la loi. Plus ordinairement le mot *irrégularité* sert à désigner les vices de forme qui n'entraînent pas nullité. — V. FORMALITÉS, NULLITÉ.

IRRÉVOCABILITÉ.

V. ADOPTION, AMNISTIE, AVEU, CONTRAT DE MARIAGE, DONATION ENTRE-VIFS, SUCCESSION.

IRRIGATIONS.

Table alphabétique.

Abandon de droits, 129.
Abreuvage des bestiaux, 202.
Absorption des eaux, 117, 125, 140, 142, 148.
Acquéreur, 197.
Acquiescement, 128, 131.
Acquisition nouvelle, 122.
Appui, 27.
Aquéduc, 218, 239. — (dimensions et formes de l'), 181 s. — (fixation de l'), 178 s.
Arrosement à grande eau, 77, 172.
Association d'arrosans, 99.
Atelier, 222.
Autorisation, 257.
Autorité administrative. 50, 57 s., 64, 71 s., 76, 181, 214. — judiciaire, 63, 71 s., 194, 231, 240.
Avantages réciproques, 242 s.
Barrage, 27, 30 s., 48, 65, 183, 247 s. — commun, 39. — momentané, 249.
Bâtiment, 38, 252.
Berge, 64, 205.
Biet, 18.
Canal, 143, 217 s — d'amenée, 17 s. — de conduite, 199. — d'écoulement, 239. — de fuite, 17 s. — d'irrigation, 16, 154.
Caution, 192.
Changement, 40, 131 s., 143, 193 s., 208.
Chemin, 101 s. — de halage, 48. — d'exploitation, 101. — public, 102. — vicinal, 103, 215 s.
Clôture, 224 s.
Commune, 212.
Compensation, 244.
Compétence, 41, 63, 67 s., 71 s., 173, 213.
Concession, 24, 88, 104 s., 257.
Conduite des eaux, 26, 30 s., 47, 117, 121, 151 s., 175 s.
Conseil de préfecture, 70. — d'état, 68.
Constructions, 69, 222.
Contestation, 36, 72.
Contradiction, 130 s.
Contravention, 77, 79.
Contrefossé, 80, 200.
Convention particulière, 74, 128, 146, 149, 165, 188.
Copartageant, 107.
Cour, 32, 34, 38, 211, 221 s., 224, 252.
Cours des eaux, 59, 65.
Créancier hypothécaire, 197.
Curage, 81, 190.
Décharge des étangs, 52.
Défense, 131.
Dégradations, 254.
Dépense, 209.
Déperdition des eaux, 141, 147, 205.
Dérivation des eaux, 51, 121, 150, 162, 183, 244.
Destination du père de famille, 66, 104 s.
Détournement des eaux, 62 s., 80, 146.
Diffusion des eaux, 91.
Distance, 220.
Domaine public, 21 s., 214.
Domicile, 254.
Dommage, 188 s., 192, 207. — accidentel, 190.
Dommages-intérêts, 75, 78.
Droit ancien, 7, 9, 22 s., 87 s., 151 s., 247 s. — étranger, 10. — nouveau, 11 s., 87 s. — romain, 8, 22 s. — sarde, 195, 219.
Droit absolu, 174. — facultatif, 174. — d'irrigation, 58. 82 s., 124, 161.
Droits acquis, 164. — réciproques, 137 s. — utiles, 88.
Eaux (concessions des), 13, 21 s. — (passage des), 100, 137 s., 141, 145. — (possession des), 13 s. — (propriété des), 13 s. — (sortie des), 137 s. — (usage des), 13, 19 s., 46. — artificielles, 14, 160, 168. — courantes, 19 s., 25, 46, 52, 54, 161, 164. — d'écoulement, 233, 241. naturelles, 160. — non courantes, 47. — nuisibles, 35, 246. — pluviales, 14 s., 56, 108, 163. — stagnantes, 52, 163. — superflues, 53, 89.
Ecluse, 77.
Ecoulement des eaux, 26, 20 s., 226 s., 236 s.
Elévation des eaux, 27.
Emphytéote, 157.
Enclave, 174, 177.
Enclos, 32, 34, 211, 221 s., 225, 253 s.
Entrepôt, 222.
Etablissemens publics, 212.
Etang, 14, 51 s., 54, 172.
Etat, 212.
Excavation, 200.
Exécution des jugemens, 75.
Expertise, 42.
Expropriation pour utilité publique, 62.
Fabrique, 222.
Famille, 104.
Fermier, 158.
Fleuve, 21 s.
Fonds dominant, 204. — enclavé, 153 s. — inférieur, 26, 127, 139. 143, 228 s., 239, 242 s. — intermédiaire, 31, 35 s., 188 s., 205. — supérieur, 127, 145.
Force motrice, 85.
Garantie, 192.
Habitation, 32, 34, 38, 169 s., 211, 221 s., 223, 252.
Herbes, 205.
Historique, 6 s.
Indemnité, 31, 33, 38, 63, 175 s., 184 s., 227, 240 s. — supplémentaire, 193.
Infiltration, 80, 200, 205.
Ingénieur, 67,
Inondation, 65, 139.
Intérêt (défaut d'), 235.
Jardin, 32. 34, 211, 221 s., 224, 252. — maraîcher, 171.
Jouissance précaire, 168.
Jours et heures d'irrigation, 79 s., 95 s.
Lac, 51.
Lavage, 202.
Magasin, 221.
Maison, 32, 34, 211, 221 s.
Ministre de l'intérieur, 67 s.
Moulin, 17 s., 83, 85, 135.
Negotiorum gestor, 245.
Non usage, 124 s.
Ordonnance royale, 69.
Oseraie, 171, 205.
Ouvrages apparens, 114 s., 133 s. — permanens, 130.
Parc, 32, 34, 211, 221 s., 253 s.
Parcours des eaux, 176.
Partage des eaux, 82 s., 92 s., 117, 138 s., 148, 166.
Passage, 207.
Pêche, 206
Pente, 143.
Plantation, 171.
Police, 48, 256. — des eaux, 60, 64.
Possession, 66, 112 s. — ancienne, 119, 126 s. — précaire, 113.
Pouvoir discrétionnaire, 173, 229 s., 255 s.
Prairie, 126, 171.
Préfet, 67.
Prescription, 66, 104 s., 111 s., 123, 124 s., 131 s., 135.
Prise d'eau, 23, 49 s., 27, 83, 88, 125, 145, 182.
Procédure, 42.
Propriétaire irrigant, 210.
Propriétés réunies, 116. — traversées, 198 s.
Provence, 152.
Puisage, 202. — à bras, 77 s., 199.
Puits artésien, 14.
Purge légale, 197.
Raze, 74.
Recours, 67.
Régime des eaux, 44 s., 256.
Réglemens, 20. 57 s., 67, 94, 110, 133, 148, 166. — d'administration publique, 69.
Réservoirs, 14, 80.
Retenue des eaux, 233 s.
Rigole, 48, 74, 77, 145, 147, 239.
Riverain, 19 s., 23, 39, 48 s., 58, 86, 91, 104, 248. — (propriétaire non), 104 s., 120.
Rivières navigables et flottables, 21 s., 48. — (partie non navigable des), 49, 54.
Rizière, 171.
Rôles exécutoires, 69.
Routes départementales, 215.
Saignées, 64, 248.
Servitude, 15, 30, 47, 125, 129, 204, 227, 231, 250. — (aggravation de), 194. — (extinction de), 204, — continue, 133. — d'appui, 37 s., 251 s. — d'aquéduc, 151 s., 180. — légale, 44.
Source, 14 s., 52, 54 s., 132.
Stagnation des eaux, 65.
Terres élevées, 183. — irrigables (étendue des), 98, 122. — submergées, 35, 246.
Tiers, 107.
Titres, 72 s., 123.
Tolérance, 113.
Tranchée, 183.
Transmission des eaux, 139, 233 s.
Travaux d'art, 48, 227, 236 s. — publics, 245.
Usage, 58, 92 s., 198 s, — commun, 90, 144. — exclusif, 100, 109, 126 s., 132, 134, 138.
Usages domestiques, 201, 293, — locaux, 83, 95, 104. 110.
Usine, 18, 82 s., 136, 169 s. — ancienne, 93.
Usufruitier, 157.
Utilité publique, 28 s., 234.
Vannes, 64.
Vente, 108. 136.
Voisin, 142.

IRRIGATIONS. — 1. — Arrosement opéré au moyen de travaux d'art des terres qui, soit à raison de leur nature, soit à raison des produits que l'on veut en obtenir, ont besoin d'une certaine humidité pour être fertilisées.

2. — Il est plusieurs sortes d'irrigations qui se pratiquent suivant les localités, les saisons, la nature des terres et le genre de culture. — Daviel, *Des cours d'eau, gloss. spécial.* t. 2, p. 26, app.

3. — Le premier moyen est celui qui consiste à amener sur le sol en culture, les eaux d'une rivière, d'un étang ou d'un cours d'eau quelconque. — *Ibid.*

4. — Le second, appelé irrigation par infiltration, consiste à environner d'un canal le terrain que l'on veut humecter; on met l'eau dans ce canal et on l'y entretient, de sorte qu'elle en pénètre tous les pores. C'est ainsi que se pratique l'arrosement des rizières. — *Ibid.*

5. — Le troisième moyen a lieu au moyen de machines qui élèvent l'eau pour la répandre sur le terrain qu'on veut arroser. Ces machines, nommées *roues à sabots*, sont ordinairement établies à la tête d'un canal ou d'un réservoir contigu à un cours d'eau. Les *godets* ou *sabots* mobiles qui y sont attachés puisent dans le courant de l'eau qu'ils versent ensuite dans le réservoir ou canal, et qui de là est transmise à toutes les rigoles nourricières. Ce mode d'irrigation a l'avantage de pouvoir porter les eaux sur des terrains dont le niveau est supérieur à celui des rivières. — *Ibid.*

§ 1er. — *Historique; notions générales; législation* (n° 6).
§ 2. — *Réglemens relatifs aux irrigations* (n° 57).
§ 3. — *Exercice du droit d'irrigation* (n° 82).
§ 4. — *Conduite et écoulement des eaux servant aux irrigations* (n° 151).
§ 5. — *Droit de barrage; servitude d'appui* (n° 247).

—

§ 1er. — *Historique; notions générales; législation.*

6. — L'usage des irrigations pour la fertilisation des terres, date des temps les plus reculés : on le voit répandu en Egypte et dans tous les vieux empires de l'Asie dès que la civilisation commence à y fleurir.

7. — En Europe, l'Espagne, l'Italie et quelques points du midi de la France furent les premières contrées qui employèrent ce puissant moyen de fécondation. On raconte, dit M. J. de Valserre (*Manuel de droit rural*, p. 422), que les habitans de l'ancienne Toscane, les Etrusques, avaient des canaux d'arrosage bien avant la fondation de Rome, et que les jurisconsultes romains empruntèrent à l'Etrurie sa législation sur les cours d'eau.

8. — Quant aux principes posés en cette matière par le droit romain, il faut consulter les lois, 2, ff., *De fluminib.*; 10 § 2, *eod.*, *De aquâ et aq. pluv. ascend.*; unic, tit. 13, *lib.* 43, *eod.*, *ne quid in flum. publ.*; 4, *lib.* 11, tit. 42, Cod. *de aquæduct.*; 7, tit. 34, *lib.* 3 *Cod. de servitut. et aquâ.*

9. — Dans le midi de la France, la pratique des irrigations remonte à l'occupation du pays par les barbares. Les premiers travaux de ce genre sont dus aux Visigoths. Sur le versant des Pyrénées, d'après M. Jaubert de Passa, les nombreuses dérivations qui sillonnent les campagnes, datent des neuvième et dixième siècles. — J. de Valserre, *ubi suprà*; — « Dans le reste de l'Europe, la nature dispense la chaleur et l'humidité dans des proportions dont put se contenter longtemps le travail agricole, et c'est de nos jours seulement qu'elles ont cessé de suffire à toutes ses exigences. » — Rapp. de M. Passy à la chambre des pairs, séance du 26 mars 1845, *Monit.*, p. 733.

10. — Les législations étrangères nous ont devancé d'une manière sensible dans l'adoption des mesures qui sont partout nécessaires pour favoriser les irrigations. Ainsi, le code Sarde, publié en 1837, contient à cet égard une série de dispositions qui forment un système complet d'arrosement ; en 1843 un bill a été adopté dans le même but par le parlement anglais. En Prusse, dans le Wurtemberg, dans le duché de Hesse et jusque dans les royaumes de Suède et de Norwège, les irrigations ont été pareillement réglementées.

11. — Le Code civil s'est borné, en France, à poser des principes généraux sur le droit à la jouissance des eaux. Les lois des 29 avr. 1845 et 11 juill. 1847 sont les premières qui se soient spécialement occupées des irrigations.

12. — Notre législation sur les irrigations est donc en quelque sorte toute nouvelle, et n'a pas, à bien dire, encore eu le temps de se fixer.

13. — Les eaux qui peuvent servir à l'irrigation des propriétés rurales sont susceptibles d'être possédées à différens titres. — Suivant leur nature, en effet, le droit d'en disposer peut être exercé par les irrigans, à titre de propriétaire, à titre de simple usager, ou enfin à titre de concessionnaire.

14. — Les eaux de la première espèce, c'est-à-dire dont les irrigans disposent à titre de propriété, sont les eaux des sources, celles des étangs, les eaux de pluies, les eaux recueillies par des moyens artificiels dans des réservoirs, et celles qui jaillissent du sol par des sondages de puits artésiens. Ces eaux appartiennent en toute propriété à celui sur le sol duquel elles naissent ou sont fixées.

15. — Le droit exclusif à la jouissance et à la libre disposition de ces eaux, est, notamment en ce qui concerne les eaux pluviales et les eaux de source qui auraient pu faire naître quelques difficultés, particulièrement protégé par les art. 640 et 641, C. civ. qui veulent : le premier, que le propriétaire supérieur ne puisse rien faire qui aggrave la servitude du fonds inférieur ; le second, que celui qui a une source dans son fonds puisse en user *à sa volonté*, sauf seulement le droit que le propriétaire du fonds inférieur pourrait avoir acquis par titre ou prescription, et sauf aussi la restriction établie en faveur des communes par l'art. 642, restriction dont nous n'avons pas à nous occuper ici.

16. — Il faut encore ranger dans la même catégorie, les canaux d'irrigation entrepris et possédés par des particuliers, ou par des associations qui sont réunies sous la surveillance et l'autorité de l'administration. — V. à cet égard CANAUX.

17. — Il en est de même, en principe, des canaux d'amenée ou de fuite des moulins dont la propriété est présumée appartenir au propriétaire du moulin. — *Grenoble*, 24 nov. 1843 (t. 2 1846, p. 235), Christophe c. Michel.

18. — Toutefois, cette présomption ne produit pas les mêmes effets en amont et en aval. En amont aucun riverain ne peut, en règle générale, détourner les eaux du biez, si ce n'est en vertu d'un titre ou de la prescription ; mais, en aval, et dans les parties où le jeu des usines n'a point à souffrir de l'arrosage pratiqué par les riverains, la présomption est que ce droit leur est laissé en compensation du dommage causé par l'établissement du canal. — Même arrêt.

19. — Les eaux de la seconde espèce ou dont il est disposé à titre d'usage, sont les eaux des petites rivières qui ne sont ni navigables ni flottables. A l'égard de ces eaux, le Code civil ne reconnaît pas aux riverains un droit exclusif de propriété et ne leur en accorde que la jouissance. « Celui dont la propriété, porte l'art. 644 de ce Code, borde une eau courante, autre que celle qui est déclarée dépendance du domaine public... peut s'en servir à son passage pour l'irrigation de ses propriétés. Celui dont cette eau traverse l'héritage peut même en user dans l'intervalle qu'elle y parcourt, mais à la charge de la rendre à la sortie de son fonds, à son cours ordinaire. »

20. — L'art. 645 veut que « s'il s'élève une contestation entre les propriétaires auxquels ces eaux peuvent être utiles, les tribunaux en prononçant, concilient l'intérêt de l'agriculture avec le respect dû à la propriété ; et que dans tous les cas les réglemens particuliers et locaux sur le cours et l'usage des eaux soient observés. »

21. — Enfin, les eaux de la troisième espèce, dont on ne peut jouir qu'autant qu'on en obtiendrait la concession, sont celles des fleuves ou des rivières navigables et flottables qui appartiennent au domaine public.

22. — La restriction mise à l'usage de ces dernières eaux par l'art. 644, C. civ., n'a fait que reproduire les règles de notre ancien droit. — « Nous deffendons, porte une ord. de Philippe-le-Bel de 1292, qu'on ait mares à fossés qui boivent en rivières ne chantepleures. » — Laurière, t. 1er, p. 541. — « Défendons à toutes personnes, porte également l'ord. de 1669 (tit. 27, art. 44), de détourner l'eau des rivières navigables et flottables, ou d'en affaiblir le cours par tranchées, fossés ou canaux, à peine, contre les contrevenans, d'être punis comme usurpateurs, et les choses réparées à leurs dépens. »

23. — La loi du 6 oct. 1791, moins absolue dans ses dispositions, tout en déclarant que nul ne peut se prétendre propriétaire exclusif des eaux d'un fleuve ou d'une rivière navigable, ajoute, il est vrai (sect. 1re, art. 4) : « Tout propriétaire riverain peut, en vertu du droit commun, y faire des prises d'eau, sans néanmoins en détourner ni embarrasser le cours d'une manière nuisible au bien général et à la navigation établie. » — Mais on voit, par un arrêté du gouvernement du 19 vent. an VI, conforme du reste en ceci aux principes posés par l'instruction de l'assemblée nationale du 12-20 août 1790, que les riverains ne peuvent pratiquer aucune saignée ou prise d'eau dans les rivières navigables « qu'après y avoir été autorisés par l'administration, et sans pouvoir excéder le niveau qui aura été déterminé. »

24. — Il faut donc aujourd'hui, comme dans notre ancien droit, obtenir une concession du gouvernement pour pouvoir employer les eaux des rivières navigables à l'irrigation.

25. — En résumé, la faculté d'irrigation, pour tous ceux qui n'ont pas sur leurs propres fonds des eaux à eux appartenant exclusivement, se trouve restreinte à la jouissance des eaux dont s'est occupé l'art. 644, C. civ., c'est-à-dire des eaux courantes qui, sans être réputées la propriété des riverains, ont été affectées dans de certaines limites à leurs usages.

26. — De toutes parts on sollicitait depuis long-temps de nouvelles dispositions qui rendissent les irrigations plus faciles et plus générales, en permettant la conduite des eaux sur les fonds où elles manquent et leur écoulement des fonds sur lesquels elles se trouvent, faculté que l'art. 640, C. civ., n'accorde que très imparfaitement, puisque, s'il oblige les fonds inférieurs à recevoir les eaux qui proviennent des fonds plus élevés, ce n'est qu'autant que ces eaux coulent naturellement et sans que la main de l'homme y ait contribué.

27. — Pour faire disparaître l'obstacle que l'élévation des rives des cours d'eau met le plus souvent à leur utilisation, on demandait également que l'on accordât aux propriétaires de terrains irrigables le droit d'appuyer sur les héritages d'autrui les ouvrages d'art nécessaires à la prise d'eau.

28. — Dans la vue d'obtenir à la fois ce double résultat et même de lever tous les obstacles que les irrigations auraient pu d'ailleurs rencontrer, M. d'Angeville avait fait à la chambre des députés, en 1843, une proposition ainsi conçue : « Les travaux d'irrigation des propriétés rurales entrepris soit collectivement, soit individuellement, pourront être déclarés d'utilité publique. Cette utilité sera déclarée dans les formes voulues par la loi du 3 mai 1841. » — Ch. des députés, 9 mai 1843 (*Monit.* du 10).

29. — Cette proposition n'a pas été admise par la chambre, qui, tout en reconnaissant la faveur particulière que méritent les irrigations, a reculé devant la pensée d'accorder à de simples particuliers, dans leur intérêt privé, le droit d'expropriation établi en faveur de l'état en vue de l'intérêt général. — « ... Il ne faut pas oublier, disait à cet égard le rapporteur de la commission chargée d'examiner la proposition de M. d'Angeville, que c'est à l'état seul ou aux délégataires de sa puissance que notre droit public a réservé le privilége d'expropriation pour cause d'utilité publique. Quoique l'intérêt particulier doive, jusqu'à un certain point, être ici considéré comme l'agent de l'intérêt général avec lequel il semble se confondre, ce serait peut-être heurter l'idée qu'on a de l'indépendance de la propriété, et courir risque d'affaiblir le respect qui lui est dû, que d'instituer une nouvelle cause d'expropriation dont un intérêt privé serait le mobile. » — Rapp. de M. Dalloz, ch. des déput., séance du 29 juin 1843 (*Monit.* 3 juill.).

30. — Mais la proposition de M. d'Angeville répondait à des vœux depuis trop long-temps exprimés et à des besoins trop réels pour être entièrement repoussée. On y vit l'occasion de compléter les dispositions du Code civil relatives à l'usage des eaux, par la création de deux nouvelles servitudes légales qui soumettent les fonds voisins de ceux que l'on veut irriguer : 1° à recevoir pour la conduite, comme pour l'écoulement, les eaux affectées à l'irrigation ; 2° à souffrir, lorsqu'il y a lieu, l'appui des barrages nécessaires pour élever les eaux à une hauteur suffisante. — Ce fut là l'objet des lois des 29 avr. 1845 et 11 juill. 1847.

31. — Aux termes de la loi du 29 avr. 1845, art. 1er, « tout propriétaire, qui veut se servir pour l'irrigation de ses propriétés, des eaux naturelles ou artificielles dont il a le droit de disposer peut obtenir le passage de ces eaux sur les fonds intermédiaires à la charge d'une juste et préalable indemnité. »

32. — « Sont exceptés de cette servitude les maisons, cours, jardins, parcs et enclos attenants aux habitations. » — *Ibid.*

33. — Art. 2. « Les propriétaires des fonds inférieurs doivent recevoir les eaux qui s'écoulent des terrains ainsi arrosés, sauf l'indemnité qui pourra leur être due. »

34. — « Sont également exceptés de cette servitude les maisons, cours, jardins, parcs et enclos attenans aux habitations. » — *Ibid.*

35. — Art. 3. « La même faculté de passage sur les fonds intermédiaires peut être accordée au propriétaire d'un terrain submergé en tout ou en partie, à l'effet de procurer aux eaux nuisibles leur écoulement. »

36. Art. 4. « Les contestations auxquelles peuvent donner lieu l'établissement de la servitude, la fixation du parcours de la conduite d'eau, de ses dimensions et de sa forme, et les indemnités dues, soit au propriétaire du fonds traversé, soit à celui du fonds qui reçoit l'écoulement des eaux, sont portées devant les tribunaux qui, en prononçant, doivent concilier l'intérêt de l'opération avec le respect dû à la propriété. »

37. — D'après la loi du 11 juill. 1847, « tout propriétaire qui veut se servir, pour l'irrigation de ses propriétés, des eaux naturelles ou artificielles dont il a le droit de disposer, peut obtenir la faculté d'appuyer sur la propriété du riverain opposé les ouvrages d'art nécessaires à la prise d'eau, à la charge d'une juste et préalable indemnité. » — Art. 1er.

38. — Sont exceptés de cette servitude les bâtimens, cours et jardins attenants aux habitations. — *Ibid.*

39. — « Les riverains sur le fond duquel l'appui est réclamé peuvent toujours demander l'usage commun du barrage, en contribuant pour moitié aux frais d'établissement et d'entretien ; aucune indemnité n'est respectivement due dans ce cas, et celle qui aurait été payée doit être rendue. » — Art. 2.

40. — « Lorsque cet usage commun n'est réclamé qu'après le commencement ou la confection des travaux, celui qui le demande doit supporter seul l'excédant de dépense auquel donnent lieu les changemens à faire au barrage pour le rendre propre à l'irrigation des deux rives. » — *Ibid.*

41. — « Les contestations auxquelles peut donner lieu l'application des deux articles ci-dessus, sont portées devant les tribunaux. » — Art. 3.

42. — D'après une disposition qui est commune aux deux lois, il doit être procédé en cette matière comme en matière sommaire, et, s'il y a lieu à expertise, le tribunal peut ne nommer qu'un seul expert. — L. 29 avr. 1845, art. 4 ; 11 juill. 1847, art. 3.

43. — Les deux lois portent d'ailleurs également qu'elles n'ont aucunement pour objet de déroger aux lois précédentes sur la police des eaux. — L. 29 avr. 1845, art. 5 ; 11 juill. 1847, art. 4.

44. — Il importe, du reste, de remarquer que, dans l'un et l'autre cas, l'intention du législateur a manifestement été de conserver les principes du code civil sur le régime des eaux, et que la création des deux nouvelles servitudes légales dont nous venons de parler ne doit porter aucune atteinte aux règles précédemment établies quant au droit, à la jouissance et à la disposition des eaux de toute nature. — V. le rapp. précité du 29 juin 1843.

45. — Les diverses dispositions des deux lois nouvelles que nous venons de reproduire, doivent donc nécessairement être toujours coordonnées avec les dispositions du code civil que nous avons précédemment rappelées.

46. — C'est sur cette base qu'il importait, avant tout, de bien établir, que nous examinerons avec plus de détail l'ensemble des règles qui régissent les irrigations, en nous attachant particulièrement aux eaux courantes dont l'art. 644, a eu pour objet de régler l'usage.

47. — Quant à l'affectation à la même destination, des autres eaux dont nous avons parlé tout à l'heure, comme l'exercice du droit d'irrigation se rattache directement aux règles qui régissent la propriété ou les servitudes en général, ou qu'il est subordonné aux conditions particulières des concessions qui en seraient faites, nous n'avons pas, sauf ce que nous dirons plus loin au sujet de la conduite des eaux, à nous en occuper ici.

48. — Nous devons toutefois faire remarquer préliminairement, en ce qui concerne les rivières navigables et flottables, qu'en ne permettant pas aux riverains d'en user pour l'irrigation, on a eu surtout en vue d'empêcher la diminution de leur volume et de prévenir d'ailleurs les autres obstacles qu'aurait apportés à la navigation l'établissement des barrages, rigoles et autres ouvrages nécessaires aux irrigations et qui seraient susceptibles de gêner la navigation comme d'obstruer les chemins de halage.

49. — De là, il faut avec Proudhon tirer cette conséquence, que dans la partie de ces rivières située au dessus du point où elles commencent à être navigables, la prise d'eau doit être permise de plein droit pour l'irrigation des fonds riverains, puisqu'il n'y a alors aucun danger de dégrader les chemins de halage, ou de nuire à la marche des bateaux. — Proudhon, *Domaine public*, n° 1423.

50. — Seulement l'administration qui est chargée de veiller au maintien de la navigation, pourrait toujours interdire ces sortes de prises d'eau, si elles étaient de nature à trop diminuer le volume des rivières navigables. — *Ibid.*

51. — En ce qui concerne l'eau des lacs ou des étangs, nous ferons remarquer aussi que s'il n'est pas permis aux simples riverains de la dériver pour l'irrigation de leurs fonds, la raison en est que cette eau, à la différence de l'eau courante, est la propriété exclusive de celui à qui appartient le lac ou l'étang.

52. — Mais, comme ce droit de propriété exclusive ne peut évidemment exister qu'à l'égard des lacs ou étangs dont les eaux sont stagnantes, si un étang est alimenté par des eaux de source qui se reproduisent naturellement et continuellement, il n'y aura plus de raison de le distinguer d'une eau courante, et bien certainement les propriétaires voisins pourront, suivant la disposition des lieux, y pratiquer des rigoles creusées jusqu'au niveau de la décharge, puisque le maître du réservoir ne peut avoir le droit d'en tenir les eaux à un point plus élevé. — Proudhon, *Domaine public*, n° 1422.

53. — Il est d'ailleurs incontestable que, dans tous les cas, ainsi que le dit le même auteur, et qu'il y ait source ou non, les voisins peuvent s'emparer du superflu pour le faire servir à l'arrosement de leurs prés.

54. — Les eaux des rivières qui ne sont navigables et flottables que dans une certaine partie, de même que celles des étangs qu'alimentent des eaux

courantes, doivent donc dans les cas que nous venons d'indiquer être assimilées à celles dont l'art. 644, C. civ., a réglé l'usage, et il faudra conséquemment leur appliquer, dans ces cas, les règles que les paragraphes suivans ont pour but de développer.

55. — Relativement à la disposition, par le propriétaire d'une source, des eaux que cette source fournit, V. EAU, SOURCE.

56. — Quant au droit à la jouissance des eaux pluviales pour l'irrigation, et aux difficultés qui peuvent s'élever au sujet de cette jouissance, V. EAUX PLUVIALES.

§ 2. — *Réglemens relatifs aux irrigations.*

57. — Le droit d'irrigation n'est point de sa nature soumis à une permission préalable de l'autorité administrative. — Daviel, *Des cours d'eau*, n° 580; Dufour, *Droit admin.*, n° 1206.

58. — Soit, en effet, qu'on le considère comme dérivant du droit de propriété, soit qu'on n'y voie qu'un simple droit d'usage, dans l'un et l'autre cas, il appartient aux riverains par la seule force de la loi. L'art. 644, C. civ., ne laisse à cet égard aucun doute.

59. — Toutefois, il ne faut pas perdre de vue que l'instruction de l'assemblée nationale du 12-20 août 1790 charge spécialement l'autorité administrative de « rechercher et indiquer les moyens d'assurer le libre cours des eaux, et de les diriger vers un but d'utilité générale, d'après les principes de l'irrigation » ; et que, d'un autre côté, l'art. 645 du code civil, en remettant aux tribunaux le pouvoir de statuer sur les contestations qui peuvent s'élever à ce sujet entre particuliers, dispose que « dans tous les cas, les réglemens particuliers et locaux sur le cours et l'usage des eaux doivent être observés. »

60. — Il faut donc conclure de là que si le riverain d'un cours d'eau peut en user pour l'irrigation de ses terres, sans aucune permission, et à la seule condition de se renfermer dans les limites qui lui sont tracées par la loi, cette faculté peut, dans des intérêts de police, être soumise à certaines conditions restrictives. — V. Dubreuil et Estrangin, *Analyse de la législation des eaux*, t. 2, p. 34 et suiv.; Dumay sur Proudhon, *Domaine public*, n° 1187.

61. — L'autorité administrative peut bien, en résumé, réglementer l'exercice du droit d'irrigation accordé par l'art. 644, C. civ., aux riverains d'un cours d'eau; mais elle ne peut ni en supprimer l'exercice, ni le subordonner à une autorisation préalable. — *Paris*, 30 avr. 1844 (t. 2 1846, p. 234), Besnard c. Georgeon.

62. — A plus forte raison, elle ne pourrait pas dépouiller les riverains des eaux qui servent à la fertilisation de leurs fonds, en en détournant le cours, à moins d'employer les formalités prescrites pour l'expropriation pour cause d'utilité publique.

63. — Lorsque, pour l'exécution de travaux publics, un cours d'eau ou ruisseau a été détourné, et que les riverains se trouvent ainsi privés du droit que leur assure l'art. 644, C. civ., l'indemnité qu'ils peuvent réclamer ne peut être appréciée que par l'autorité judiciaire. — *Cons. d'état*, 7 août 1843, Blanc.

64. — Seulement, comme il appartient à l'administration, en vertu du droit de haute police dont nous avons parlé tout à l'heure, de déterminer la largeur et la hauteur des vannes dont les riverains peuvent se servir pour dériver les eaux à leur profit, en d'autres termes, de fixer le volume d'eau qui peut être mis à la disposition de chacun, elle peut, par conséquent, interdire à chaque riverain de pratiquer des saignées dans les berges avant que ces conditions n'aient été réglées par elle. — *Cass.*, 9 mai 1843 (t. 2 1843, p. 566), Ansiaume c. Teston.

65. — Par une conséquence des mêmes principes, si celui qui possède les deux rives d'un cours d'eau peut, en l'absence de réglemens prohibitifs, établir au travers un barrage pour élever les eaux dans les jours consacrés à l'irrigation, l'administration publique peut toujours, par des motifs d'intérêt général, faire supprimer les ouvrages de cette nature qui troubleraient l'économie générale du cours d'eau, ou pourraient occasionner des stagnations d'eau nuisibles, ou des inondations. — Proudhon, *Domaine public*, n° 1261; Daviel, *Des cours d'eau*, n° 593. — V. aussi BARRAGE.

66. — Il a, du reste, été jugé que le droit d'arroser contrairement à un réglement administratif, ne peut s'acquérir, ni par destination du père de famille, ni par prescription, alors même que le riverain pourrait invoquer une longue possession antérieure au réglement. — *Paris*, 30 avr. 1844 (t. 2 1846, p. 234), Besnard c. Georgeon.

67. — Les préfets sont compétens pour arrêter définitivement, d'après l'avis des ingénieurs, les réglemens d'irrigation, sauf néanmoins le recours au ministre de l'intérieur de la part de ceux qui croiraient avoir à s'en plaindre. — Proudhon, *Domaine public*, n° 1456.

68. — Ces réglemens peuvent du reste être arrêtés directement par le ministre qui, étant le supérieur hiérarchique des préfets, peut même, lorsqu'il le juge convenable, soit réformer les réglemens arrêtés par les préfets, soit même substituer son initiative à la leur, sauf, bien entendu, suivant la règle générale et dans tous les cas, le recours au conseil d'état.

69. — Les deux solutions qui précèdent ne sont néanmoins applicables qu'au cas où il s'agit de simples réglemens relatifs au mode d'irrigation. Si les réglemens devaient entraîner des frais de construction, ou autres dépenses à repartir entre tous les intéressés au moyen d'un rôle exécutoire, ils devraient être arrêtés en la forme des réglemens d'administration publique, c'est-à-dire par des ordonnances royales délibérées en conseil d'état.

70. — Les conseils de préfecture sont dans tous les cas incompétens pour arrêter des réglemens d'irrigation. — *Cons. d'ét.*, 2 nov. 1832, arrosement de Saint Chamas c. Gabriac.

71. — Quant à la compétence respective de l'administration et des tribunaux relativement aux réglemens faits ou à faire entre tous ceux à qui les eaux peuvent être utiles, elle est clairement indiquée par les termes mêmes de l'art. 645, ci-dessus reproduit du code civil.

72. — Les tribunaux ne peuvent prononcer qu'au cas de contestation, ils sont liés par les réglemens que l'administration aurait arrêtés, ils doivent incontestablement respecter les titres privés et les conventions qui seraient produits devant eux. Ce n'est qu'en l'absence de réglemens et de titres qu'ils peuvent, en conciliant l'intérêt de l'agriculture avec le respect dû à la propriété, prononcer par voie réglementaire, et, dans ce cas là même, seulement entre parties litigantes.

73. — L'administration, au contraire, procédant dans l'intérêt général, n'a pas besoin d'être mue par une contestation que peuvent faire naître les conventions privées, ou les droits fondés en titre ; elle n'est liée ni par ces conventions, ni même par les jugemens rendus à leur sujet, lorsqu'elle croit utile d'intervenir dans l'intérêt général.

74. — Il a été jugé, conformément à ces principes, que lorsqu'il s'agit de l'interprétation d'un titre privé par lequel les parties se sont respectivement interdit le droit de changer la direction d'une raze ou rigole destinée à l'irrigation de leurs prairies, c'est aux tribunaux qu'il appartient de prononcer. — *Cons. d'état*, 19 déc. 1821, de Combredet c. Roufflet.

75. — Il a été jugé également que lorsqu'un jugement entre plusieurs riverains et passé en force de chose jugée a ordonné la confection de certains ouvrages sur un cours d'eau, si l'une des parties se plaint de l'inexécution du jugement et réclame des dommages-intérêts, cette demande est du ressort de l'autorité judiciaire. — *Cons. d'état*, 21 mai 1823, Vannois c. Delon.

76. — Mais les mêmes ordonnances décident en même temps que ni les conventions des parties, ni le jugement des tribunaux ne font aucun obstacle à ce que, dans l'intérêt commun des habitans ou des propriétaires riverains, il soit fait un réglement d'administration publique, sur un meilleur mode d'écoulement des eaux. — V. du reste encore dans le même sens, Proudhon, *Domaine public*, n°s 1517 et suiv. — V. aussi COURS D'EAU.

77. — On ne doit point voir une contravention aux réglemens de police qui fixent les jours et les heures des irrigations, dans le fait de ceux qui à des jours ou des heures prohibés puiseraient de l'eau pour arroser des jardins à l'aide de pompes à la main, de seaux ou d'autres moyens de cette espèce. Le puisage à bras dans une rivière est une faculté à laquelle ne peuvent s'appliquer des réglemens qui n'ont évidemment en vue que les arrosemens à grande eau à l'aide d'écluses ou de rigoles qui introduisent l'eau dans les prairies. — Daviel, *Des cours d'eau*, n° 604.

78. — Cependant, si l'eau était ainsi puisée avec excès et de manière à en diminuer notablement le volume au préjudice des usines inférieures, les propriétaires de ces usines auraient une action répressive. *Vitiosum ubique est quod nimium.* Mais cette action ne devrait pas être fondée sur la violation des réglemens de police, puisqu'il n'y aurait pas eu le genre d'irrigation prévu par les réglemens; ce devrait être une simple action civile fondée sur l'art. 1382, C. civ. — *Ibid.*

79. — Toute entreprise des riverains qui tendrait à les soustraire à l'application des réglemens par lesquels il leur serait interdit de prendre les eaux à des jours et heures autres que les jours et heures fixés, doit être rigoureusement réprimée.

80. — Tel serait, par exemple, le cas où des riverains auraient creusé dans le voisinage des cours d'eau des contrefossés dans lesquels l'eau s'introduirait par l'infiltration, ou encore le cas où ils auraient détourné une portion du volume de la rivière dans des réservoirs, de manière à l'utiliser pendant les jours prohibés.

81. — Relativement au curage des eaux, ruisseaux, canaux et aquéducs servant aux irrigations, V. CURAGE.

§ 3. — *Exercice du droit d'irrigation.*

82. — On a souvent agité la question de savoir si, dans l'usage des eaux courantes, il fallait reconnaître à la faculté d'irrigation un intérêt préférable à celui de l'emploi des eaux comme force motrice par les propriétaires d'usines.

83. — Les uns, prétendant que l'eau appartient aux moulins, soutiennent que là où le droit d'irrigation n'est pas autorisé par les usages locaux, les propriétaires d'usines peuvent s'opposer à toute prise d'eau pour l'irrigation. — Houard, *Dict. de droit normand*, v° *Prise d'eau*.

84. — D'autres, au contraire, invoquant l'instruction de l'assemblée du 6 août 1790, qui ne parle que de *l'irrigation*, et l'art. 645, C. civ., qui ne stipule que *les intérêts de l'agriculture*, paraissant ainsi omettre entièrement ceux de *l'industrie*, en concluent que les usines ne doivent pas être en considération dans le partage des eaux.

85. — En faveur du premier système, on peut dire que les eaux courantes constituent la force motrice des usines ; que c'en est là une partie tellement vitale que sans elle il n'y aurait plus de moulins ; que les eaux doivent donc être entièrement aux usiniers, et qu'en conséquence les propriétaires riverains doivent être exclus de la faculté d'opérer des prises d'eau qui leur seraient nuisibles, comme ils le seraient de faire des anticipations sur un immeuble ordinaire. — Proudhon, *Domaine public*, n° 1072.

86. — A l'appui du second système on dit que l'eau courante n'étant dans le domaine exclusif de personne, son usage doit appartenir au premier occupant, soit d'après la loi naturelle, soit d'après la loi positive; que c'est conformément à ce principe que tout individu qui va puiser de l'eau dans la rivière s'en attribue légitimement l'usage, à l'exclusion de tout autre; qu'en conséquence les riverains peuvent, en qualité de premiers occupans, s'en saisir pour la diriger sur leurs héritages comme principe vivifiant de la végétation. — Proudhon, *ut suprà*.

87. — Sans jamais avoir adopté positivement l'un ou l'autre système, notre ancienne législation avait, relativement à la question dont nous nous occupons ici, des principes essentiellement opposés à ceux consacrés par notre nouveau droit.

88. — Tous les droits utiles de jouissance sur les petites rivières étaient alors, en effet, réputés appartenir aux seigneurs qui en disposaient comme ils l'entendaient, tantôt accordant à des riverains le droit de prise d'eau pour l'irrigation de leurs héritages, tantôt concédant le droit de cours d'eau à celui qui voulait bâtir un moulin ou autre usine de cette nature.

89. — Par suite, si le meunier était devenu seul propriétaire du cours d'eau par la concession du seigneur, il avait nécessairement un titre de prépondérance sur les riverains pour ne leur laisser prendre, à l'usage de l'irrigation de leurs fonds, que les eaux qui ne lui étaient pas nécessaires pour le roulement de son usine. — Proudhon, n° 1073.

90. — Aujourd'hui, au contraire, les dispositions de notre nouveau droit sont évidemment basées sur ce principe, d'ailleurs incontestable, que l'eau courante ne pouvant être l'objet d'un droit absolu de propriété, son usage appartient à tous.

91. — Seulement, dans un intérêt facile à comprendre, et pour éviter une diffusion qui aurait bien vite changé la jouissance en abus, la loi a prudemment réservé cette jouissance aux seules propriétés riveraines.

92. — Mais, sauf cette restriction, il faut nécessairement admettre l'égalité la plus entière entre les divers usages auxquels les eaux courantes peuvent être appliquées. — « Le propriétaire dont une eau courante traverse les héritages, dit à ce sujet M. Daviel, peut en user suivant son génie et ses convenances: agriculteurs, industriels, sont également, sous la protection du droit commun, appelés à profiter de cette richesse naturelle; leur titre, c'est leur droit de propriété sur l'héritage dont le cours d'eau est l'accessoire, leur industrie diffère, mais leur droit est le même, leurs besoins diffèrent

comme leur industrie, mais il est toujours possible de concilier leurs intérêts, sans sacrifier les uns aux autres. » — Daviel, *Cours d'eau*, n° 585.

93. — M. Proudhon, qui admet également ce principe d'égalité, enseigne même qu'aujourd'hui les contestations qui ont pour objet des droits de cours d'eau et d'irrigation ne doivent plus être décidées, même à l'égard des usines les plus anciennes, en prenant pour base le titre de propriété exclusive qui avait été consenti en leur faveur; — « puisque, d'une part, dit-il, l'usage de l'eau courante n'a jamais pu cesser d'être dans le domaine de la loi, et que, d'autre côté, il est, d'après notre droit public actuel, essentiellement rattaché aux fonds riverains, pour servir à leur irrigation, à la charge de se conformer aux réglemens qui peuvent être faits pour concilier équitablement les intérêts de tous ceux qui peuvent y avoir droit. » — Proudhon, *Dom. publ.*, n° 1074.

94. — C'est en définitive précisément en vue de cette égale répartition des eaux, conciliée avec les intérêts de tous, que l'art. 645, C. civ., au lieu de poser des règles de détail qui devaient nécessairement varier selon les localités, a prescrit de suivre dans tous les cas les réglemens particuliers et locaux.

95. — Suivant l'étendue des terrains arrosables et les nécessités locales, dit sur ce point M. Daviel, il faut déterminer les jours et heures d'irrigation, et pendant ce temps tous les ayant-droit à l'usage des eaux, devront arroser leurs prairies, de manière qu'à l'expiration du temps fixé, l'eau soit partout rendue à la rivière et que les propriétaires d'usines, sachant sur quoi compter, puissent ordonner régulièrement les travaux de leurs ateliers. — Daviel, *Cours d'eau*, n° 585.

96. — Pendant les jours réservés aux propriétaires de prairies, si le cours d'eau est assez abondant, tous les riverains peuvent ouvrir leurs prises d'eau durant tout le temps fixé pour l'irrigation. — *Ibid.*

97. — Si, au contraire, le volume d'eau est insuffisant pour tous concurremment, il est avantageux qu'un réglement indique l'ordre et le temps pendant lequel chacun, à son tour, pourra successivement prendre le volume tout entier, et tel est en effet l'usage, partout où l'insuffisance du volume alimentaire se fait ainsi sentir. — *Ibid.*

98. — Quelle que soit l'autorité qui fasse le réglement, dans la répartition des eaux courantes entre les riverains pour l'arrosement de leurs fonds respectifs, on doit prendre en considération l'étendue de ces fonds, la nature du sol et le besoin qu'il peut avoir d'arrosement. — L. 17, ff., *De servit. præd. rust.*; — Daviel, *Des cours d'eau*, n° 586.

99. — Du reste, dans les contrées où les irrigations sont le plus nécessaires et où par conséquent elles sont presque généralement employées comme moyen de fertilisation, de nombreuses associations, formées sous le patronage et la surveillance de l'autorité, arrêtent dans leur sein tout ce qui peut concerner le partage des eaux entre tous les arrosans; leurs statuts, dont l'exécution est confiée à un syndicat, sont approuvés par des réglemens d'administration publique.

100. — Il est de principe que ceux dont les propriétés sont bordées ou traversées par des eaux courantes peuvent seuls se servir de ces eaux pour l'irrigation de leurs fonds, et c'est ce qui résulte de l'art. 644 ci-dessus reproduit du Code civil.

101. — Celui dont le fonds est séparé du cours d'eau par un chemin n'est pas riverain, et il n'a pas le droit de se prévaloir de la première partie de l'art. 644, à moins qu'il ne s'agisse d'un simple chemin d'exploitation, lequel appartiendrait au propriétaire de l'héritage contigu, car alors cet héritage et le chemin ne feraient qu'une seule et même propriété. — *Toulouse*, 26 nov. 1832, Santous et Garin c. Conspeyre; — Daviel, n° 598.

102. — Jugé encore dans le même sens que lorsqu'un cours d'eau a son lit au milieu d'un chemin public, mais sans se répandre dans toute la largeur, le propriétaire dont le fond touche le chemin ne peut revendiquer le droit accordé aux riverains de se servir de l'eau à son passage pour l'irrigation de leurs propriétés. — *Angers*, 28 janv. 1847 (t. 2, 1847, p. 453), Ragot c. Sémier.

103. — Toutefois, ainsi que nous l'avons fait remarquer, en rapportant ce dernier arrêt, il est cependant des communes dans lesquelles les riverains d'un chemin vicinal sur lequel court un ruisseau détournent chacun à leur tour, et pendant un temps déterminé, les eaux, qui sont ainsi employées à l'irrigation. Mais cet usage des eaux courantes est l'effet, non du droit civil et privé résultant de l'art. 644, C. civ., mais de concessions administratives qui, faites par l'autorité chargée de la police des cours d'eau et de la surveillance des chemins vicinaux, tournent au profit de la généralité des habitans de la commune, et sont, au surplus, combinées de manière à ne pas nuire aux droits des fonds inférieurs appelés à profiter ensuite de l'utilité du cours d'eau.

104. — D'un autre côté, il faut aussi reconnaître qu'en certains cas les non riverains peuvent, comme les riverains, jouir du droit d'irrigation. Ce droit peut, en effet, résulter en leur faveur, soit de concessions faites par les riverains, soit de la destination du père de famille, et de l'origine des propriétés, soit d'anciens statuts ou usages locaux, soit de la prescription qui, presque toujours d'ailleurs, doit nécessairement venir en aide aux autres titres qui peuvent être à cet égard invoqués.

105. — Ainsi, les concessions faites par des riverains peuvent bien transmettre à un non riverain les bénéfices de l'irrigation; mais ces concessions ne peuvent être valables qu'autant que le silence gardé par tous les autres riverains pendant le temps nécessaire pour la prescription, les aurait ainsi ratifiées. — Dubreuil, *Législation des eaux*, n° 121; Daviel, *Des cours d'eau*, n° 589.

106. — Ainsi encore un non riverain pourrait être reconnu avoir un droit acquis à l'irrigation s'il établissait que son fonds a autrefois fait partie d'un domaine traversé par le cours d'eau, qu'à cette époque il était en possession de jouir de l'arrosage, et qu'il a été séparé de ce domaine par vente, donation, échange ou partage entre cohéritiers, sans que le droit à l'usage des eaux lui ait été retiré, et sans que le droit ait subi d'interversion, par le fait des autres riverains. — *Besançon*, 4 juill. 1840 sous *Cass.*, 9 janv. 1843 (t. 1er 1843, p. 492), Lebrun c. Verne.

107. — Aux termes de l'art. 694, C. civ. le même droit pourrait encore être reconnu au non riverain par la destination du père de famille, s'il existait des rigoles sur toute l'étendue de l'héritage, maintenant divisé, mais réuni originairement dans la même main, alors même qu'aucune réserve formelle n'aurait été faite dans les actes de vente ou de partage; et cela doit être décidé non seulement à l'égard des copartageans entre eux, mais encore à l'égard des copartageans respectivement aux autres propriétaires riverains. — Duranton, t. 5, n° 234; Proudhon, *Domaine public*, n° 1259; Daviel, *Des cours d'eau*, n° 590. — V. toutefois *contrà* Pardessus, *Des servitudes*, n° 106.

108. — Il a été jugé néanmoins (relativement à la destination donnée à des eaux pluviales) que lorsqu'un propriétaire, en vendant deux prés à deux acquéreurs différens, a réglé entre eux la distribution des eaux servant à l'irrigation commune, cette stipulation n'oblige les parties que respectivement aux héritages vendus; en conséquence, que si l'une d'elles se rend plus tard acquéreur d'un héritage supérieur appartenant à un tiers, elle a le droit d'intercepter au profit de sa nouvelle propriété les eaux pluviales, conformément au droit commun, sans qu'on puisse lui opposer la précédente convention. — *Limoges*, 16 juin 1846 (t. 2 1846, p. 607), Audin c. Mismes.

109. — Jugé d'ailleurs, relativement à la jouissance, pour l'irrigation, des eaux ou canal de fuite d'un moulin, que les riverains de ce canal ne pourraient, par le seul motif que leurs fonds auraient autrefois appartenu au propriétaire du moulin et qu'ils seraient aux droits de celui-ci, invoquer la destination du père de famille pour prétendre user seuls des eaux à l'exclusion de leurs corriverains. — *Grenoble*, 24 nov. 1843, (t. 2 1846, p. 235), Christophe c. Michel.

110. — Le droit de jouir des eaux en vertu des statuts ou usages locaux, s'induit évidemment, pour les non riverains comme pour les riverains de l'art. 645, C. civ. qui veut que dans tous les cas les réglemens particuliers et locaux sur le cours et l'usage des eaux soient observés.

111. — Seulement, il faut, pour que le droit acquis de cette façon puisse continuer à s'exercer, que l'exercice n'en ait pas été suspendu pendant le temps nécessaire pour la prescription.

112. — Enfin un non riverain peut acquérir par la prescription le droit de dériver les eaux de la rivière, pourvu que sa possession ait été signalée aux intéressés par des signes biens caractéristiques. — Duranton, t. 5, nos 229 et 492; Daviel, *Des cours d'eau*, n° 590.

113. — Une jouissance des eaux, purement précaire ou de tolérance ne pourrait à cet égard, fonder aucun droit, quelque longue qu'elle ait pu être.

114. — La prescription ne peut en définitive courir au profit du non riverain que du jour où des ouvrages apparens auraient été faits sur le bord même de la rivière, afin d'en dériver les eaux. — *Cass.* 20 mars 1827, Le hoult c. de Beauffre; — Daviel, *Des cours d'eau*, n° 590.

115. — Jugé encore dans le même sens, que la possession, même exclusive, des eaux, exercée par le propriétaire inférieur, ne fait pas cesser au préjudice du fonds supérieur la faculté résultant de la riveraineté, tant qu'il n'y a pas eu sur ce fonds d'acte contraire à l'exercice de cette faculté. — *Grenoble*, 24 nov. 1843 (t. 2 1846, p. 235), Christophe c. Michel.

116. — Le riverain peut user des eaux courantes qui bordent ou traversent ses propriétés, non seulement pour l'irrigation des fonds en faveur desquels ce droit se trouve consacré par la possession au bord de l'eau et par un long usage, mais encore pour l'irrigation des terrains qu'il peut y réunir par la suite, encore que ces terrains ne fussent pas originairement arrosés.

117. — On peut opposer, il est vrai, qu'un propriétaire pourrait ainsi par des acquisitions successives, conduire l'eau fort loin de son lit primitif et l'absorber au détriment des héritages inférieurs qui, de temps immémorial, profitaient de l'arrosement. Si cette objection devait être admise, il en résulterait que, dans le partage des eaux pour l'irrigation, il faudrait avant tout considérer l'état primitif des fonds et l'époque où les droits de chacun ont été constitués.

118. — Mais un tel système serait contraire aux principes adoptés par notre législation, car l'article 644, C. civ., ne recherche pas si les biens sont d'ancienne ou de nouvelle origine dans la main de celui dont la propriété est bordée ou traversée par une eau courante.

119. — Quant aux abus que cette faculté d'extension pourrait entraîner, il faut remarquer qu l'art. 645, C, civ., donne toujours aux tribunaux le pouvoir de les réprimer; et, ainsi que le remarque justement M. Daviel, s'ils ne doivent pas condamner, de la part d'un propriétaire qui agrandit son domaine, la seule tentative d'une amélioration, ils peuvent aussi accorder toute garantie aux anciennes possessions. — Daviel, *Des cours d'eau*, n° 587.

120. — On ne perdra pas de vue, du reste, que le droit d'user des eaux pour l'irrigation ne peut jamais être étendu qu'aux propriétés qui joignent, sans aucun intermédiaire, les fonds situés au bord de l'eau, la loi du 29 avr. 1845, qui permet aujourd'hui la conduite des eaux à travers les propriétés non riveraines, ne devant s'entendre que des eaux dont le propriétaire irrigant *aurait droit de disposer*, et n'ayant en conséquence modifié en rien les principes que nous venons de rappeler.

121. — La cour royale d'Aix a jugé dans ce sens que la loi du 29 avr. 1845 n'ayant accordé le droit d'exercer la servitude d'aqueduc sur les fonds intermédiaires que pour les eaux dont un propriétaire a le droit de disposer, il en résulte que le riverain qui ne pouvait arroser sa propriété par aucun des points de la rive ne saurait, en achetant une parcelle de terrain située sur un point supérieur du cours d'eau, et en la réunissant à son fonds, conduire par ce terrain les eaux nécessaires à l'irrigation de ce fonds, ces eaux n'étant pas de celles dont il peut disposer aux termes de la loi de 1845. — *Aix*, 30 juin 1845 (t. 1er 1846, p. 326), Giroud Agnel c. de Brunet.

122. — En un tel cas, l'acquisition de la parcelle de terrain située sur le bord du cours d'eau ne donnerait à l'acquéreur le droit de conduite d'eau que pour la quantité nécessaire à l'irrigation de cette parcelle. — Même arrêt.

123. — Par la même raison, il est évident que lorsqu'un fonds, auquel l'irrigation au moyen d'eaux courantes s'est trouvée étendue par sa réunion à un autre fonds situé au bord de l'eau, vient à en être détaché, l'usage des eaux cesse de lui appartenir, à moins qu'il n'y ait titre ou prescription acquise au profit du propriétaire, comme nous l'avons indiqué plus haut.

124. — L'usage des eaux pour l'irrigation est un droit de pure faculté qui est, de sa nature, imprescriptible par le non usage. — *Bourges*, 8 janv. 1836, Gestat c. Gourjon; — Daviel, *Des cours d'eau*, n° 581; Proudhon, *Dom. publ.*, n° 1435; J. de Valserres, *Man. de dr. rural*, p. 425.

125. — Il est d'ailleurs à considérer que le droit de prise d'eau, qui appartient sur les eaux courantes à tous les propriétaires riverains, n'est pas un droit de servitude qu'ils exercent sur les fonds les uns des autres, et qu'en conséquence aucun d'eux ne peut dire que son héritage demeure affranchi par le non usage de la servitude pendant trente ans. — Proudhon, *Dom. publ.*, n° 1095.

126. — Ainsi, le propriétaire riverain dont l'héritage est en nature de labour pourrait toujours le convertir en prairie et y introduire l'eau, quand même le propriétaire opposé aurait été, de temps immémorial, en possession de profiter seul des eaux pour l'irrigation de ses propriétés. — Vazeille, *Des prescrip.*, n° 407.

127. — Il a encore été jugé dans ce sens que la possession, même exclusive, des eaux, exercée par le propriétaire inférieur ne fait pas cesser au préjudice du fonds supérieur la faculté résultant de la riveraineté, tant qu'il n'y a pas eu sur ce fonds d'acte contraire à l'exercice de cette faculté. — *Grenoble*, 24 nov. 1843 (t. 2 1846, p. 235), Christophe c. Michel.

128. — Mais ce droit peut se perdre, soit par l'effet des conventions, soit par des actes de contradiction de la part des voisins qui, lorsqu'ils ont acquiescés, forment entre les parties une convention tacite de renonciation un droit d'irrigation de la part des uns en faveur des autres.

129. — Les propriétaires riverains qui ont ainsi abandonné leurs droits doivent alors être considérés comme ayant imposé sur leurs fonds une servitude négative en faveur de leurs voisins. — Proudhon, *Dom. pub.*, nº 1096.

130. — En l'absence de conventions expresses, il faut qu'il y ait une contradiction formelle et précise, ou des ouvrages visibles et permanens dont la destination aurait évidemment pour objet de faire jouir des eaux exclusivement ou d'une manière particulière un des riverains au préjudice des autres. — *Cass.*, 4 avr. 1842 (t. 1er 1842, p. 556), Agnel c. Brunet; *Bordeaux*, 31 juill. 1841 (t. 2 1841, p. 558), Brun c. Fauconnet; — Dubreuil, *Lég. des cours d'eau*, liv. 3, p. 227; Proudhon, *Dom. pub.*, nº 1435.

131. — Si, par exemple, un propriétaire riverain d'un cours d'eau, se préparant à convertir son champ labourable en prairie, creusait une rigole pour l'arroser, et que le propriétaire d'une autre prairie ou d'une usine inférieure lui fît défense de continuer ce travail, il s'exposerait à voir périr par la prescription son droit de pure faculté, en s'arrêtant devant une pareille défense, parce qu'à partir de ce moment le non usage de son droit semblerait un acquiescement à la prétention de son voisin. — Daviel, *Des cours d'eau*, nº 582.

132. — Par exemple, encore, lorsque le propriétaire inférieur va faire sur le fonds supérieur des travaux pour amener chez lui les eaux de la source qui prend naissance sur ce fonds, il élève un obstacle à la disposition absolue que le propriétaire de la source pourrait faire de ses eaux, puisqu'il leur imprime une direction fixe dans son intérêt personnel. A partir de l'achèvement de ces travaux, la prescription commence à courir. — *Ibid.*

133. — C'est dans ce sens également qu'il a été jugé qu'un mode de jouissance des eaux d'une rivière peut constituer une servitude continue et s'acquérir par prescription lorsqu'il existe des ouvrages apparens pour recevoir les eaux avec continuité, bien que cette jouissance n'ait lieu qu'à des intervalles périodiques fixés par un réglement administratif. — *Grenoble*, 17 août 1842 (t. 2 1846, p. 238), Buissonnet c. de Barin.

134. — Mais il importe d'observer que les travaux qui tendraient à attribuer à un riverain l'usage exclusif des eaux, ne peuvent avoir cet effet qu'autant qu'ils ont été effectués sur le fonds même de celui au préjudice duquel la prescription serait susceptible de s'établir.

135. — Si, par exemple, un riverain avait construit sur un cours d'eau un moulin qui ait absorbé pendant trente ans tout le volume d'eau, les riverains supérieurs ne sauraient être réputés avoir renoncé à leurs droits par cela seul qu'ils n'auraient pas réclamé contre l'établissement de l'usine. Ils n'auraient pu s'y opposer par aucune voie légale, et dès-lors le droit éventuel qu'ils avaient aux eaux ne peut se trouver prescrit. Il y a eu simplement non usage de leur part, et nous avons vu tout à l'heure que ce fait seul ne suffit pas pour entraîner la prescription. — *Grenoble*, 17 juill. 1830, Chazel c. Lombard; *Cass.*, 21 juill. 1834, mêmes parties; — Daviel, nº 583. — V. *contrà* Vazeille, *Des prescript.*, nº 407.

136. — Il a même été jugé que celui qui vend une usine située dans la partie inférieure de son domaine, avec les écluses, eau, cours d'eau servant à la mettre en mouvement, ne perd pas pour cela la faculté de se servir des eaux pour l'irrigation de la partie supérieure du domaine par lui conservée, conformément aux dispositions de l'art. 644, C. civ. — *Cass.*, 6 janv. 1824, Colvray et Rivet c. Dejoux.

137. — L'usage des eaux courantes pour l'irrigation n'est, comme on l'a déjà vu, accordé aux riverains qu'à la charge par eux de ménager les droits et les intérêts des riverains inférieurs, et c'est ce que consacre de la manière la plus explicite l'art. 644 du Code civil en permettant seulement à celui dont la propriété borde un cours d'eau de *s'en servir à son passage*, et à celui dont la propriété est traversée, d'en *user*, mais à la charge de *rendre l'eau* à la sortie de ses fonds à son cours ordinaire.

138. — « La faculté donnée par l'art. 644, dit à cet égard M. Pardessus, ne doit pas dégénérer en une occupation tellement exclusive, que les riverains inférieurs en soient privés. L'eau est pour tous un don de la nature que chacun de ceux à qui elle peut être utile a droit de réclamer. La seule différence consiste en ce que la disposition des lieux la donne à l'un avant les autres. Mais ce n'est qu'une sorte de dépôt dont il ne peut tirer parti qu'autant qu'il ne prive pas les derniers du même droit... La loi ne lui permet que l'usage, elle lui interdit l'abus. » — Pardessus, *Des servitudes*, nº 106.

139. — « Ainsi, l'usage des eaux, dit encore avec plus de précision M. Daviel, doit être exercé de manière qu'aucun reflux ne se fasse sentir en amont, soit qu'il y ait inondation d'un terrain, soit qu'il y ait remous dans les roues d'une usine, ou stagnation dans un bassin; que les eaux soient rendues en aval à leur cours ordinaire; qu'elles ne soient pas transmises trop considérablement diminuées, ou corrompues, ou avec des intermittences nuisibles pour les riverains inférieurs. — Il y a à cet égard des obligations corrélatives, une servitude réciproque entre les propriétaires supérieurs et les propriétaires inférieurs, de sorte que leurs fonds sont, respectivement les uns aux autres, dominans ou assujétis, suivant qu'il s'agit de transmettre ou de recevoir les eaux. » — Daviel, *Des cours d'eau*, nº 701.

140. — Il a été jugé conformément à ces principes que celui dont un ruisseau traverse l'héritage ne peut en absorber les eaux de manière à en priver les propriétaires inférieurs, dans les temps de sécheresse, et qu'il ne suffit pas qu'il rende à la sortie de son fonds le ruisseau à son cours ordinaire. — *Cass.*, 7 avr. 1807, Bollet c. Chevillard et Colin.

141. — Sans doute, on ne peut prétendre que celui qui use d'une eau courante à son passage sur ses fonds, doive la rendre à sa sortie exactement en même volume. S'il en était ainsi, la faculté d'irrigation qui absorbe nécessairement une quantité plus ou moins grande d'eau, deviendrait illusoire. — Mais ce qu'il est essentiel d'observer, c'est que les propriétaires des fonds inférieurs ne doivent pas être réduits à n'avoir que la surabondance des fonds supérieurs, et c'est précisément ce qui a fait accorder aux tribunaux par l'art. 645, C. civ., le pouvoir de faire entre tous un partage aussi équitable que possible, en conciliant, est-il dit avec une intention bien marquée « l'intérêt de l'agriculture avec le respect dû à la propriété. »

142. — Surtout si c'était évidemment pour nuire à son voisin et sans utilité pour lui-même qu'un propriétaire consommât dans son fonds tout le volume ou une partie considérable du volume d'un cours d'eau, les tribunaux devraient réprimer un tel procédé. — Daviel, *ubi suprà* nº 706.

143. — Par la même raison, celui dont un cours d'eau traverse l'héritage, ne peut changer la pente, la largeur ou le mode de construction du canal, s'il résulte de l'innovation, diminution dans le volume des eaux qui arrivent au propriétaire inférieur. — *Ibid.*

144. — Cependant, lorsque les eaux, par leur abondance, peuvent permettre l'extension du simple usage, sans porter aucun préjudice à personne, les moyens qu'emploieraient les riverains pour arroser plus largement leurs fonds devraient être tolérés : alors on devrait dire que ce qui est profitable à l'un et qui ne nuit à personne doit être permis : *Prodesse enim sibi quisque, dum alii non nocet non prohibetur.* — L. 1, § 11, ff., *De aquâ et aquæ*, liv. 39, tit. 3; — Proudhon, *Dom. public*, nº 1421.

145. — Bien que l'art. 644 dispose que chaque riverain doit prendre l'eau *à son passage*, il est admis que celui dont le fonds serait trop élevé pour qu'une rigole fût pratiquée utilement dans sa berge, peut profiter d'une prise d'eau établie en amont sur quelque fonds supérieur en prolongeant la rigole jusque sur son terrain.

146. — Il a d'ailleurs été encore jugé dans le même sens que les propriétaires riverains d'une eau courante peuvent régler entre eux l'usage de cette eau par des conventions privées, et que les tribunaux doivent ordonner l'exécution de ces conventions, bien qu'il en résulte pour une des parties la dispense de rendre les eaux détournées par leur prise. — *Cass.*, 18 nov. 1845 (t. 1er 1846, p. 518), Benoît Lacombe c. Busardet.

147. — Le riverain qui dérive les eaux pour l'irrigation de son fonds doit disposer ses rigoles de reversion de manière à ramener dans le lit de la rivière toute l'eau que sa prairie n'a pas absorbée. Il ne peut la jeter dans des bétaires, ou la perdre dans des marécages trop bas pour qu'elle puisse être rendue à son cours ordinaire. Partout où, par la disposition des lieux, cette condition ne pourrait être accomplie, le droit ne pourrait être exercé, et toute disposition qui consommerait les eaux en pure perte pour tous doit être sévèrement prohibée. — Daviel, *ubi suprà*, nº 588.

148. — En l'absence de conventions, le riverain d'une eau courante ne peut l'absorber en totalité au préjudice du riverain opposé, et le juge peut, suivant les circonstances, décider que l'un des deux propriétaires jouira exclusivement des eaux pendant cinq jours de la semaine, l'autre pendant deux jours, le partage se faisant au moyen d'un régulateur et d'une vanne construits à frais communs. — *Besançon*, 27 nov. 1844 (t. 2 1845, p. 402), Thibaudet c. Chappuis.

149. — Mais rien ne s'oppose à ce que les deux copropriétaires opposés des rives d'un cours d'eau règlent entre eux, dans leur intérêt commun, l'usage des eaux qui séparent leurs terrains. Pourvu qu'à la sortie de leurs héritages, les eaux soient rendues à leurs cours naturel, les tiers n'ont ni droit ni intérêt à s'opposer à ces arrangemens. — *Besançon*, 24 mai 1828, Tuynot c. Accarier.

150. — Il suit de là que le propriétaire d'une seule rive pourrait, avec le consentement du propriétaire de la rive opposée, dériver entièrement le cours d'eau au travers de son fond, pourvu qu'à la sortie des deux héritages les eaux soient rendues à leur cours ordinaire. — Daviel, *Des cours d'eau*, nº 592.

§ 4. — *Conduite et écoulement des eaux servant aux irrigations.*

151. — La servitude d'aqueduc, que la loi du 29 avr. 1845 consacre aujourd'hui en termes formels, a souvent été admise dans notre ancien droit comme une servitude naturelle qui ne pouvait être refusée.

152. — Un édit de Henri II, du 26 mai 1547, l'avait établie en Provence, et l'on voit que cet édit était suivi par le parlement d'Aix, notamment dans un arrêt de ce parlement du 30 mai 1778. — Janety, *Journal de* 1778, p. 358.

153. — « Le propriétaire d'un pré, porte également un arrêt de Paris du 7 sept. 1696, a droit de conduire l'eau nécessaire pour l'arroser, et de la faire passer sur les héritages de ses voisins sans avoir besoin de titre; c'est une servitude naturelle pour l'établissement de laquelle les titres ne sont pas nécessaires, parce que sans le secours de l'irrigation les prés seraient stériles, surtout dans les pays qui sont secs, soit à cause du climat, soit pour raison de la situation. » — Bretonnier, *sur Henrys* (liv. 4, quest. 149, t. 2, p. 827).

154. — Enfin, les auteurs étaient généralement d'accord pour reconnaître le même droit aux fondateurs des canaux d'arrosage, comme dérivant d'une faculté naturelle. — V. Papon, *Arrêts*, liv. 13, nos 8 et 9; Brillon, vº *Eaux*, nº 41; Lacombe, *Recueil de jurisp.*, vº *Eau*, nº 3; Julien, *sur les statuts de Provence*, t. 1er, p. 479 et 507. V. aussi Nadault de Buffon, *Traité des irrigat.*, t. 3. — Toutefois V. aussi Duranton, t. 5, nº 417.

155. — Il est d'ailleurs à remarquer que lors de la rédaction du Code civil, les cours d'Aix et de Montpellier avaient proposé d'ajouter à l'art. 682 (relatif au passage au cas d'enclave) le paragraphe suivant : « Le propriétaire dont les fonds sont enclavés peut également et aux mêmes conditions, réclamer un passage pour la conduite des eaux nécessaires à l'irrigation de son fonds. »

156. — Des termes de l'art. 1er ci-dessus reproduit (nº 31), de la loi du 29 avr. 1845, il résulte que les *propriétaires* seuls peuvent réclamer pour l'irrigation de leurs fonds la servitude de conduite d'eau sur les propriétés voisines ou intermédiaires, que cette loi a eu pour objet d'établir.

157. — Par l'expression *propriétaires* dont se sert cet article, on doit entendre non seulement ceux qui auraient la pleine propriété des terrains à irriguer, mais encore, comme dans les cas de bornage ou de passage à titre d'enclave, ceux qui auraient sur les mêmes fonds un droit de copropriété, *jus in re*, tels que l'usufruitier et l'emphytéote.

158. — Mais le fermier serait évidemment sans qualité pour réclamer des propriétaires voisins le même avantage. Il ne pourrait à cet égard que s'adresser à son bailleur.

159. — Les eaux pour lesquelles le passage peut être demandé sont toutes celles dont le propriétaire qui voudrait irriguer aurait le droit de disposer. On peut donc indistinctement réclamer le passage et pour les eaux dont on a la pleine et entière disposition comme propriétaire, et pour celles dont on ne serait qu'usager, et pour celles dont on aurait obtenu la concession, soit de l'autorité, soit des particuliers.

160. — L'expression *eaux naturelles* ou *artificielles* indique d'ailleurs que l'on n'a entendu faire aucune distinction entre les eaux qui coulent naturellement sur les fonds et celles qui y seraient amassées au moyen de travaux d'art.

161. — Remarquons seulement encore ici que l'intention de la loi ayant été de ne créer aucun droit nouveau quant au mode de jouissance des eaux, la servitude de conduite d'eau ne peut en principe s'appliquer aux eaux courantes dont s'est occupé l'art. 644, C. civ., c'est-à-dire à celles qui ne font que border ou traverser des propriétés, puisqu'aux termes du même article, celui dont les propriétés sont bordées ou traversées par ces eaux, ne peut s'en servir qu'à leur passage et à la charge de les rendre à la sortie de ses fonds à leur cours ordinaire.

162. — « Pour moi, point d'équivoque, disait à cet égard M. Joly à la chambre des députés, dans le cas des eaux de passage qui ne font que border la propriété, comme vous ne pouvez en disposer qu'à la charge de les rendre au fonds inférieur, comme vous ne pouvez faire au-delà ce que la loi et le droit naturel ont réglé, il est hors de doute que la servitude qu'il s'agit d'établir ne doit point s'appliquer ici. » — Et l'honorable député faisait remarquer que la même observation porte aussi bien sur les eaux courantes qui *traversent* des fonds qu'à celles qui ne font que les border, puisque l'obligation de les rendre existe dans un cas comme dans l'autre. — Ch. des députés, séance du 12 fév. 1845, *Monit.* du 13.

163. — Il résulterait de là que les eaux que l'on a eu principalement en vue sont celles, autres que les eaux courantes, qui peuvent être utilisées pour l'irrigation, et, par exemple, les eaux stagnantes, les eaux de pluie, les eaux jaillissantes, celles des sources artificielles.

164. — Toutefois, ce principe ne saurait être absolu, et son application reste d'ailleurs en quelque sorte étrangère à l'établissement de la servitude de conduite d'eau qui, ainsi qu'on l'a vu, n'a trait qu'au passage des eaux, sans s'inquiéter de leur origine, et surtout sans rien changer aux droits que les riverains peuvent avoir.

165. — Ainsi, si plusieurs riverains d'un même cours d'eau s'étaient entendus pour s'en partager les eaux, rien ne s'opposerait à ce que chacun d'eux fit arriver le volume d'eau auquel il aurait droit sur celles de ses propriétés non riveraines où il pourrait l'utiliser, et dans ce cas la servitude de passage par les fonds intermédiaires ne pourrait lui être refusée.

166. — Il en serait de même, à plus forte raison, dans le cas où un réglement administratif aurait déterminé la part que doit recevoir chaque héritage contigu au cours d'eau. Chaque riverain pouvant alors disposer de sa part comme il l'entendrait, pourrait évidemment demander à user du bénéfice de la loi pour transporter cette part sur des propriétés non riveraines.

167. — C'est, du reste, suivant nous, à celui qui réclame le passage à justifier de son droit à la jouissance des eaux.

168. — Et pour que le passage puisse être accordé, il nous paraît incontestable que ce droit doit être établi d'une manière certaine, irréfragable. Une simple admission précaire ou litigieuse à la jouissance de certaines eaux ne saurait donner droit à réclamer le passage.

169. — C'est pour l'irrigation seulement que le passage peut être réclamé. On ne saurait prétendre à la même faveur, ni pour faire marcher une usine, ni seulement pour procurer de l'eau à une habitation, ni à plus forte raison pour des usages de pur agrément ou d'ornement. La fertilisation des terres au moyen de l'irrigation, telle a été l'unique intention de la loi.

170. — « Dans la pensée qui a inspiré la disposition, disait à cet égard le rapporteur de la loi à la chambre des députés, la propriété ne doit céder qu'à un intérêt d'irrigation sérieux et parfaitement justifié. Il ne suffira donc pas d'alléguer une irrigation imaginaire, ou d'invoquer un simulacre d'irrigation pour obtenir du juge le droit de diriger sur la propriété voisine des eaux réellement destinées à l'exploitation d'une usine, à la commodité d'une maison de campagne, ou à l'embellissement d'un parc. Il ne suffira pas davantage à un propriétaire d'avoir un volume d'eau quelconque à sa disposition, si le niveau des terres ne permet pas l'irrigation, ou si le volume d'eau est évidemment insuffisant pour l'arrosement d'une faible parcelle; car, encore une fois, la propriété privée ne peut être asservie que dans un intérêt général qui ne peut exister que là où l'opération est réelle ou utile. Tel est le sens dans lequel la disposition a été conçue, et les tribunaux sont armés d'un pouvoir discrétionnaire propre à faire respecter la pensée de la loi. » — Chambre des députés séance, 29 juin 1843, *Monit.* 3 juill.

171. — Mais les termes de la loi étant généraux, il faut en conclure que ce n'est pas seulement pour l'irrigation des prairies que le passage des eaux sur les fonds voisins peut être réclamé. On peut demander et obtenir le même avantage pour les cultures de toute nature que l'irrigation peut féconder, pour les céréales, les rizières, les oseraies, les plantations d'arbres, les jardins maraîchers, etc.

172. — M. Dumay pense même que dans les localités où sans arroser les céréales, on couvre complétement d'eau pendant un certain temps le sol qui doit les produire, en le transformant périodiquement en étangs, on pourrait obtenir le passage des eaux nécessaires à ce mode d'aménagement, parce qu'il s'agit toujours ici d'une irrigation. — Dumay sur Proudhon, *Dom. publ.*, n° 1452, t. 4, p. 368. — Cependant cette opinion pourrait soulever de sérieuses objections.

173. — Les tribunaux sont au surplus investis à cet égard d'un pouvoir discrétionnaire qui échappe même à la censure de la cour de Cassation. En se bornant à disposer que les propriétaires *pourront obtenir* la servitude de conduite d'eau pour l'irrigation de leurs propriétés (art. 1er), et en chargeant les tribunaux de prononcer sur toutes les contestations auxquelles l'établissement de cette servitude pourrait donner lieu (art. 4), la loi a évidemment attribué aux tribunaux le pouvoir de juger dans quels cas la servitude doit être accordée ou au contraire refusée.

174. — « Ce que l'art. 682 du Code civ. a établi pour l'enclave, disait sur ce point le rapporteur de la loi du 29 avril 1845 à la chambre des députés, nous l'instituons pour le passage des eaux, avec cette différence seulement que ce qui est *absolu* pour l'enclave, nous l'établissons ici comme *facultatif* pour le pouvoir judiciaire, qui pourra, suivant les cas, accorder ou refuser la servitude, selon qu'elle sera ou ne sera pas justifiée par un intérêt d'irrigation, réel et sérieux. » — Ch. des dép. séance 13 fév. 1845, *Monit.* du 14.

175. — Il appartient également aux tribunaux, ainsi qu'on l'a vu *suprà* n° 36, de prononcer discrétionnairement sur la fixation du parcours de la conduite d'eau, de ses dimensions et de sa forme, ainsi que sur l'établissement des indemnités auxquelles elle peut donner lieu. — L. 29 avril 1845, art. 4.

176. — « La fixation du parcours, disait sur le premier point le rapporteur de la loi à la chambre des députés, a pour objet de permettre à l'autorité judiciaire de choisir, dans les terrains soumis à la servitude, l'endroit où la servitude sera établie, c'est quelque chose de pareil au droit de passage qui est donné au propriétaire enclavé sur les propriétés qui l'enclavent ; les tribunaux choisissent le lieu du passage. »

177. — Quant au mode d'établissement de la servitude, il résulte de ce que nous venons de dire qu'il faut appliquer ici les principes qui régissent celle de passage au cas d'enclave, toutes les fois que ces principes ne sont pas inconciliables avec la loi du 29 avr. 1845.

178. — Ainsi, la conduite des eaux devra régulièrement s'établir du côté où le trajet est le plus court, du fonds à irriguer au point où l'eau peut être dérivée avec avantage, en ayant égard néanmoins, selon les circonstances, au dommage plus ou moins grand qui peut résulter, pour le fonds servant, du choix d'un point plutôt que d'un autre, et en fixant, par exemple, l'aqueduc d'amenée des eaux plutôt sur une rive que dans le milieu, plutôt parallèlement aux limites que diagonalement. — Dumay, *ubi suprà* p. 379.

179. — Ainsi encore, si le propriétaire qui veut irriguer son fonds peut faire passer l'eau sur son propre fonds quoiqu'avec plus de difficulté et de dépense, on ne devra pas l'admettre à réclamer le passage sur la propriété d'autrui. — *Ibid.*

180. — Par voie de conséquence, il faut également poser en principe que, lorsque celui qui a obtenu sur un terrain intermédiaire le droit d'aqueduc, vient à acquérir un autre fonds voisin par lequel le passage de l'eau pourrait s'effectuer également, le maître de l'héritage assujetti pourra obtenir sa décharge sauf extinction de l'indemnité, si elle est annuelle, ou remboursement de celle payée une fois pour toutes dans l'origine. — V. au surplus ENCLAVE.

181. — Quant aux dimensions et à la forme de la conduite, le ministre des travaux publics avait d'abord demandé qu'il fût réservé à l'autorité administrative d'y statuer, comme conséquence du droit de police qui lui appartient sur le régime des eaux. « Cette fixation, disait-il, rétroagit en effet sur le régime du cours d'eau auquel la dérivation est empruntée. Suivant que la dimension est plus ou moins considérable, le régime du cours d'eau est plus ou moins appauvri......, la police des eaux serait enlevée à l'administration, si l'autorité judiciaire avait le droit de fixer la dimension et la forme de l'aqueduc. »

182. — Mais la chambre a rejeté l'amendement qui lui avait été présenté dans ce sens par cette double raison : 1° que le système proposé entraînerait deux procès, l'un auprès des tribunaux pour l'établissement de la servitude, et l'autre auprès de l'administration pour la fixation de la dimension et de la forme, tandis que les tribunaux juges naturels des questions de propriété, devaient prononcer sur la totalité de la servitude ; 2° qu'il fallait distinguer entre la forme et la dimension de la prise d'eau, et celles de l'aqueduc ou de la rigole; que la fixation de la première se trouvait aux termes de l'art. 5 de la même loi, et comme tenant à la police des eaux, entièrement réservée à l'administration, mais que celle de la rigole creusée dans l'intérieur des terres, étant sans influence sur le régime du cours d'eau, devait exclusivement rester sous la tutelle des tribunaux comme se rattachant à une question de propriété.

183. — Conformément aux règles que nous avons déjà exposées, le propriétaire qui veut user de la servitude de conduite d'eau n'a pas, du moins quant à présent, le droit, pour l'établissement de cette servitude, d'élever un barrage sur les fonds qu'il veut traverser, afin d'élever le niveau des eaux et d'en faciliter le déversement dans la rigole ou l'aqueduc de dérivation. Il ne peut user de son droit que lorsque l'eau peut obtenir son passage au moyen de simples tranchées.

184. — L'indemnité due au propriétaire du fonds qui vient à être assujetti à la servitude de conduite d'eau, doit, aux termes de l'art. 1er des lois des 29 avr. 1845 et 11 juill. 1847, être *préalable* ; c'est-à-dire, ainsi que l'a exprimé le rapporteur de la loi à la chambre des députés, qu'elle doit être payée avant le commencement des travaux et la prise de possession provisoire. — Rapport de la chambre des députés, séance du 29 juin 1843, *Moniteur* du 3 juill.

185. — Nonobstant cette disposition, M. Dumay pense que les tribunaux, au lieu d'ordonner le paiement immédiat de la somme à laquelle l'indemnité dont il s'agit pourrait être évaluée, auraient la faculté de régler cette indemnité en rentes ou en annuités, et qu'en ordonnant le paiement de la rente ou des annuités par avances, c'est-à-dire au commencement de chaque année, ils répondraient suffisamment au vœu de la loi. — Dumay, *ubi suprà*, p. 408. — « Qu'a voulu, en effet, le législateur ? dit sur ce point M. Dumay, que l'individu dépouillé, contre son gré, de sa chose, ne fût pas obligé de courir après le paiment de l'indemnité qui en est représentative, que sa possession matérielle ne fût pas convertie en un droit abstrait et en une simple action exigeant des démarches et l'exposant à des chances de pertes ; qu'il eût entre les mains un moyen de résistance toujours plus efficace, plus commode et plus certain que tous les moyens d'attaque. Or, ce moyen lui est complètement réservé avec notre solution, puisque si au commencement d'une année on ne lui paie pas sa redevance, il empêchera l'irrigation en interceptant le cours de l'eau ; il aura donc toujours sa provision pour lui ; seulement, au lieu du paiement préalable à toutes les années de jouissance futures cumulativement, il n'aura qu'une indemnité préalable à l'année immédiatement prochaine. »

186. — Quelque spécieuses que soient ces considérations, nous pensons que ce serait évidemment aller contre la disposition de la loi que de substituer au paiement *préalable* qu'a voulu le législateur, une indemnité réglée en rentes ou en annuités, qui d'ailleurs, en offrant d'un côté certains avantages, présente de l'autre des inconvéniens réels, en ce qu'elle laisse, pour ainsi dire, les choses en suspens et rend la servitude, d'irrévocable qu'elle devrait être, incessamment résoluble.

187. — Les tribunaux ne pourraient donc, suivant nous, régler l'indemnité en rentes qu'autant que le propriétaire du fonds assujéti à la servitude, et celui au profit duquel cette servitude serait établie, consentiraient réciproquement à un tel mode de paiement.

188. — L'indemnité doit être *juste*, c'est-à-dire qu'elle doit être proportionnée au dommage réel qu'éprouve le propriétaire du fonds traversé par les eaux.

189. — Dans cette appréciation doit entrer non seulement la valeur du terrain en lui-même, dont le propriétaire du fonds traversé se trouve privé par le canal et ses dépendances, mais encore l'évaluation du préjudice que lui causent la confection et l'existence du canal. — Rapp. à la ch. des dép., 29 juin 1843.

190. — Cette indemnité est, au reste, indépen-

distincte de celle qui peut être accidentellement due au même propriétaire pour les dégradations que sa propriété peut éprouver par l'irruption des eaux qui serait le résultat de la négligence que le propriétaire des eaux aurait apportée dans l'entretien et le curage de l'aquéduc. — *Ibid.*

191. — On doit même poser comme une règle certaine que tous les dommages que peut causer l'existence du canal aux voisins, le propriétaire du canal doit les réparer. Par cela seul que le canal est une œuvre d'art, celui dans l'intérêt duquel il subsiste est exclusivement responsable de tous les inconvéniens qui en résultent pour les voisins. Ces inconvéniens seraient-ils advenus sans le canal? Voilà la seule question à poser. — Daviel, *Des cours d'eau*, nº 848 *quater*.

192. — Si d'ailleurs il y avait un dommage probable, susceptible d'avoir des suites graves, par exemple, si l'aquéduc devait passer sous un canal, celui qui aurait à le redouter pourrait, avant qu'il fût arrivé, demander une garantie, telle qu'une caution, pour sûreté de sa réparation et de toute indemnité. — LL. 3 et 4, ff., *De ripâ mun.*, lib. 43, tit. 15; — Dumay, *ubi suprà*, p. 413.

193. — Si, une fois l'aquéduc établi et l'indemnité réglée, des travaux nouveaux devenaient nécessaires par suite de l'augmentation du volume des eaux dérivées, s'il fallait, par exemple, élargir ou creuser davantage le canal, ou encore s'il devenait sujet à des réparations plus onéreuses ou à des curages plus fréquens, s'il y avait nécessité de passer plus souvent sur ses bords, etc., dans ces divers cas, un supplément d'indemnité devrait être accordé. — Dumay, *ut suprà*, p. 411.

194. — Les tribunaux auraient alors à juger si l'aggravation est utile, et en cas d'affirmative ils fixeraient l'indemnité à laquelle elle doit donner ouverture. — *Ibid.*

195. — Le Code sarde contient, à cet égard, une disposition qui semble susceptible d'être appliquée dans notre législation : « Lorsque, porte l'art. 629 de ce Code, celui qui a établi un canal sur la propriété d'autrui veut s'en servir pour y introduire une plus grande quantité d'eau, il ne pourra l'y faire venir qu'après qu'il aura été vérifié que l'aquéduc peut la contenir, et qu'on aura reconnu qu'il n'en peut résulter aucun préjudice pour le fonds servant. Si l'introduction d'une plus grande quantité d'eau exige la construction de nouveaux ouvrages, cette construction ne pourra avoir lieu que lorsqu'on aura préalablement déterminé la nature et la quantité de ces ouvrages, et qu'on aura payé la somme due pour le sol à occuper et pour les dommages. »

196. — La loi de 1845 n'ayant rien disposé quant aux formalités à remplir pour la régularité du paiement de l'indemnité dont il s'agit, non plus qu'en ce qui concerne les personnes entre les mains desquelles ce paiement doit être effectué, lorsqu'il en existe qui, outre le propriétaire, ont des droits à la propriété assujettie, on reste à cet égard dans les termes du droit commun, et il en est de même que lorsqu'il s'agit du paiement de l'indemnité à laquelle peut donner lieu l'établissement de toute autre servitude, d'un droit d'usage ou d'habitation.

197. — Par la même raison, nous n'avons pas à nous occuper ici du point de savoir si l'acquéreur du droit de conduite d'eau, dans les cas prévus par la loi précitée, est ou non obligé, pour rendre son droit irrévocable vis-à-vis de tous créanciers hypothécaires ou autres, de remplir les formalités de la purge. — V., au surplus, PURGE, HYPOTHÈQUES, SERVITUDE.

198. — Lors de la discussion de la loi de 1845, un membre de la chambre des députés avait proposé d'accorder au propriétaire du fonds traversé par une conduite d'eau, la faculté de se servir des eaux de cette conduite, jusqu'à concurrence de moitié de leur volume, pour l'irrigation de ses propres terres. Mais l'amendement formulé dans ce sens a été rejeté. — Chambre des députés, 13 fév. 1845, *Moniteur* du 14.

199. — Le propriétaire du fonds traversé ne peut donc sous aucun prétexte se servir des eaux pour irriguer ses fonds ni en pratiquant des rigoles dans le sol ou des barrages dans le canal de conduite, pour le faire déborder, ni même en opérant dans des bornes plus restreintes, par et au moyen de pompes à la main ou de seaux. — Dumay, *ubi suprà*, p. 404.

200. — Il ne pourrait davantage creuser dans le voisinage du canal des contrefossés ou excavations quelconques où les eaux viendraient se réunir par infiltration. — *Ibid.*

201. — Mais l'on doit admettre avec le même auteur, qu'il pourrait se servir des eaux à leur passage pour ses besoins personnels et ceux de sa famille, ainsi que pour abreuver son bétail, si par là, il ne diminuait pas sensiblement le volume de l'eau, n'en altérait pas la pureté et ne nuisait pas à l'exercice de la servitude.

202. — Il a été jugé dans ce sens que le propriétaire riverain du canal d'un moulin appartenant à un autre propriétaire, peut légitimement user des eaux de ce canal pour le lavage, le puisage et l'abreuvage, lorsqu'il ne porte par là aucun préjudice à l'usine. — *Cass.*, 13 juin 1827, Chotard c. Criteau.

203. — Les motifs de cette solution qui peuvent évidemment s'appliquer aux conduites d'eau pour l'irrigation, sont, que le droit de propriété ne va pas jusqu'à interdire la faculté de satisfaire aux besoins naturels de l'homme, lorsqu'il n'en résulte aucun préjudice pour le propriétaire.

204. — Du principe que la loi du 29 avr. 1845 n'a accordé pour la conduite des eaux sur les fonds voisins qu'un simple droit de servitude, il suit qu'il faut appliquer en cette matière toutes les règles posées par le code civil, relativement aux droits et obligations du fonds dominant, de même que celles qui concernent le mode d'extinction des servitudes en général.

205. — Il suit encore du même principe que le propriétaire de l'héritage intermédiaire traversé, n'étant pas dépouillé de la propriété du sol même du canal de conduite, de l'aqueduc ou de la rigole de dérivation, si ce sol est susceptible de quelques produits tels que plantations sur les berges, oseraies, herbes, etc., ce propriétaire a seul droit de les recueillir, pourvu que par là il n'entrave pas le cours de l'eau, ne le retarde pas ou n'y occasionne aucune déperdition par infiltrations ou évaporation. — Dumay sur Proudhon, *ubi suprà*, t. 4, p. 381.

206. — Le même auteur pense même que bien que l'eau n'appartienne pas au propriétaire du fonds traversé, ce propriétaire aurait le droit de pêcher le poisson qui s'y trouverait, puisque le maître du gué ne serait pas fondé à l'y venir prendre, et que par là il ne serait apporté aucun obstacle au droit d'irrigation. — *Ibid.*

207. — Mais d'un autre côté, il faut nécessairement reconnaître au maître du canal de conduite le droit d'entrer sur la propriété traversée par son canal pour le curer et le réparer, à la charge par lui de payer le dommage qu'il pourrait causer aux récoltes voisines. — LL. 11, § 1er, ff. *comm. præd*, et 4, ff. *de itinere actuque privat.*; Dumay, *ut suprà*.

208. — Conformément au principe posé par l'art. 701, C. civ., en matière de servitude, en général, si l'assignation primitive de l'emplacement de la conduite d'eau était devenue plus onéreuse au propriétaire du fonds assujetti, ou si elle l'empêchait d'y faire des réparations avantageuses, il pourrait offrir au propriétaire de l'aqueduc un endroit aussi commode pour la conduite des eaux, et celui-ci ne pourrait pas le refuser.

209. — Le propriétaire du fonds assujetti à la conduite des eaux devrait, bien entendu, dans ce cas, supporter tous les frais du déplacement de l'aqueduc.

210. — Remarquons seulement à ce sujet que le propriétaire de l'aqueduc ne pourrait pas demander par réciprocité à user de la même faculté de déplacement, laquelle est exclusivement propre au propriétaire du fonds assujetti.

211. — En accordant le passage sur les fonds intermédiaires, sans autre exception que les maisons, cours, jardins, parcs et enclos attenants aux habitations, la loi de 1845 indique que toutes les propriétés indistinctement, quelle qu'en soit la nature, sont ou du moins peuvent être soumises à la servitude dont il s'agit.

212. — Les propriétés de l'état, des communes et des établissemens publics sont, comme celles des particuliers, soumises à la servitude de conduite d'eau, établie par la loi du 29 avr. 1845, et cela ne peut faire l'objet d'aucun doute puisqu'ainsi que nous venons de le faire remarquer, cette loi n'a fait aucune distinction.

213. — Il faut également regarder comme une règle certaine que même dans ce cas les tribunaux restent compétens conformément à l'art. 4 de la loi précitée, pour statuer sur toutes les contestations auxquelles pourraient donner lieu l'établissement de la servitude, la fixation du parcours de la conduite d'eau, de ses dimensions et de sa forme, et les indemnités dues.

214. — Mais à l'égard des propriétés dépendant du domaine public proprement dit, telles que les grandes routes, les chemins de fer, les canaux de navigation, etc., la conduite des eaux pour l'irrigation ne pourrait être obtenue qu'avec l'agrément de l'autorité administrative qui a seule qualité pour résoudre toutes les questions qui se rattachent à la conservation du domaine public et aux services d'intérêt général.

215. — La même solution doit être suivie, non seulement en ce qui concerne les routes départementales qui font, comme on le sait, partie de la grande voirie, au même titre que les routes royales, mais encore ce qui concerne les chemins vicinaux, qui bien qu'étant des sortes de propriétés communales, doivent être également considérés comme faisant partie du domaine public et jouir par conséquent du même privilége.

216. — Il a du reste été jugé que la faculté d'obtenir le passage des eaux d'un fonds à un autre peut être invoquée dans le cas même où l'un des deux fonds serait séparé de l'autre par un chemin vicinal ; mais, comme nous venons de le dire, à la condition d'obtenir le passage sous ce chemin. — *Aix*, 30 juin 1845 (t. 1er 1846, p. 326), Girond-Agnel c. de Brunet.

217. — On ne pourrait obtenir le droit de faire passer les eaux par un canal déjà établi dans le fonds intermédiaire, parce qu'il en résulterait un mélange et une communauté que ne peut être astreint de souffrir le propriétaire de ce fonds. — Dumay, *ubi suprà*, p. 394.

218. — On pourrait seulement demander à traverser un canal ou un aqueduc existant en faisant passer le sien soit par-dessus, soit par-dessous. — L. 3, § 6, ff., *de aq. quotid*; Cœpolla, *pars* 2, *cap.* 4, nos 85, 86; Pecchius, *lib*, 1, *cap.* 5, *quest.* 1; Dubreuil, *Législ. sur les eaux*, 2e éd., t. 1er, p. 288, nº 160; Dumay, *ut suprà*.

219. — Le Code Sarde, publié en 1837, contient à cet égard une disposition qu'il n'est pas sans intérêt de rapprocher de la règle que nous venons de poser : — « On devra également, dispose l'art. 624 de ce code, permettre le passage des eaux à travers les canaux et aqueducs de la manière la plus convenable et la mieux adaptée aux localités et à l'état de ces canaux et aquéducs, pourvu que le cours de leurs eaux ne soit ni gêné ni retardé, et qu'il n'en résulte aucun changement dans le cours de ces mêmes eaux. »

220. — On ne pourrait non plus établir un aqueduc à côté d'un autre aqueduc qu'en laissant entre les deux une distance égale à la profondeur de celui que l'on veut établir. Cette précaution, empruntée aux lois athéniennes, n'est toutefois imposée par aucune loi en vigueur. — Pecchius, *lib.* 1, *cap.* 5, *quest.* 2, nos 1 et 18; Dubreuil, *Législ. des eaux*, 2e éd., t. 1er, nº 165.

221. — La loi excepte de la servitude de conduite d'eau, comme on l'a vu (*suprà* nº 31) les maisons, cours, jardins, parcs et enclos attenans aux habitations.

222. — Par le mot *maison* il faut entendre ici toute construction, non seulement destinée au logement des hommes ou des animaux, mais aussi servant de magasin, d'atelier, de fabrique, d'entrepôt etc., quels que soient son importance, la nature de ses matériaux et son état de conservation et d'entretien. — Dumay, *ubi suprà*, p. 420.

223. — Les expressions finales du paragraphe *attenans aux habitations*, se réfèrent non seulement au mot *enclos*, qui précède immédiatement, mais encore aux mots précédens : *cours, jardins et parcs*. — Il faut donc, pour que des cours, jardins et parcs même enclos soient affranchis du passage des eaux, qu'ils soient attenans à une habitation, c'est-à-dire qu'ils forment la dépendance non séparée par une propriété étrangère publique, ou privée, d'un bâtiment habité par des personnes ou destiné à cette habitation. — *Ibid.*

224. — Les cours et jardins non clos jouiraient d'ailleurs également de l'exemption, si leur nature de cours ou jardins n'était pas contestée, et s'ils attenaient à l'habitation. — *Ibid.*

225. — La troisième condition exigée par la loi, celle de la *cloture*, n'est en définitive nécessaire que pour les terrains de diverses natures qui peuvent entourer une habitation et qui, s'ils n'étaient pas clos, ne jouiraient de l'exemption à aucun autre titre. — V. du reste, quant à ce qu'il faut entendre par enclos, vº CLOTURE.

226. — L'art. 2 de la loi du 29 avr. 1845 a eu pour objet d'étendre aux eaux amassées ou obtenues pour l'irrigation, à l'aide de travaux, la servitude d'écoulement sur les fonds inférieurs, que l'art. 640, C. civ., a accordée d'une manière générale aux propriétaires des fonds supérieurs pour le passage des eaux qui découlent de ces fonds naturellement et sans que la main de l'homme y ait contribué.

227. — Seulement, comme l'écoulement des eaux est, dans ce cas, un résultat du travail de l'homme et non de la nature, et que, d'ailleurs, il ne s'établit que dans l'intérêt de celui à qui la servitude de conduite d'eau est accordée, on a justement pensé qu'il devait donner lieu à une indemnité. « Il ne suffit pas, disait le rapporteur de la loi de 1845 à la chambre des députés, de régler les conditions auxquelles les eaux destinées à l'irrigation d'une propriété peuvent y être conduites à travers les fonds

intermédiaires qui l'en séparent; il faut s'occuper encore des conséquences de l'irrigation pour les héritages inférieurs qui touchent aux terrains arrosés, et se trouvent ainsi exposés à recevoir l'écoulement des eaux que la terre n'absorbe pas en totalité. L'art. 640, C. civ., dispose que les fonds inférieurs sont assujétis envers ceux qui sont plus élevés à recevoir les eaux qui en découlent naturellement et sans que la main de l'homme y ait contribué. C'est dire clairement que cette servitude n'existe pas pour les eaux naturelles ou artificielles qu'un propriétaire dirige sur sa propriété au moyen d'un aqueduc, et cela, soit que cet aqueduc traverse le fonds d'autrui, soit qu'il parcoure exclusivement l'héritage du propriétaire qui se livre à l'irrigation. Votre commission a été unanimement frappée de la nécessité d'étendre à ces eaux la servitude établie par l'art. 640, et d'obliger le propriétaire inférieur à en recevoir l'écoulement, qui, d'ailleurs, sera le plus souvent un avantage pour lui; mais, en même temps, comme il peut arriver que, dans certains cas, cette aggravation de servitude lui devienne dommageable, votre commission a dû lui assurer la réparation du préjudice qu'il peut avoir à souffrir. » — Rapp. Chamb. des Dép., séance du 29 juin 1843 (*Monit.*, 3 juill.)

228. — Cette expression générale de l'art. 2 de la loi de 1845, *les propriétaires inférieurs*, indique suffisamment que l'obligation de recevoir les eaux qui ont servi à l'irrigation ne s'arrête pas au propriétaire du terrain immédiatement contigu, et qu'elle s'étend, lorsqu'il y a nécessité, aux propriétaires des fonds inférieurs subséquens, sauf, bien entendu, comme à l'égard des premiers, l'indemnité qui pourrait leur être due pour le dommage causé par l'écoulement des eaux. — Rapp. supp. à la Ch. des Dép., séance du 30 mars 1844, *Monit.*, 9 avr.

229. — M. Dumay pense, d'ailleurs, que par cette expression, *fonds inférieurs*, il ne faut pas nécessairement entendre les fonds les plus bas, et que les tribunaux pourraient, par suite du pouvoir discrétionnaire dont les investit la loi de 1845, et en considération de la nature ou de la valeur des terrains, de la difficulté des travaux, de la différence des distances à parcourir, de l'utilité que certains propriétaires retireraient des eaux, assigner aux eaux un autre passage, par exemple sur le flanc du coteau. — Dumay, *ut suprà*, p. 427.

230. — Nous ne partageons pas cette opinion. Le pouvoir discrétionnaire accordé aux tribunaux par la loi de 1845 ne peut pas, en effet, suivant nous, aller jusqu'à assigner aux servitudes créées par cette loi d'autres fonds que ceux qui s'y trouvent naturellement soumis par leur position, et la disposition de l'art. 4 qui leur prescrit de prononcer, en conciliant l'intérêt de l'opération avec le respect dû à la propriété, doit, dans notre pensée, s'entendre, non pas en ce sens qu'ils auraient le pouvoir de choisir arbitrairement le fonds qui devra être grevé de l'une des deux servitudes de conduite ou d'écoulement des eaux destinées à l'irrigation, mais bien uniquement en ce sens, que le fonds grevé de l'une de ces deux servitudes étant d'ailleurs déterminé par la force des choses, il leur reste seulement à régler le mode d'après lequel la servitude devra être exercée sur ce fonds.

231. — Il faut d'ailleurs évidemment appliquer ici ce que l'honorable rapporteur de la loi à la chambre des députés disait à propos de l'établissement de la conduite des eaux, car le cas est identiquement le même. « C'est seulement *dans les terrains soumis à la servitude* que l'autorité judiciaire a mission de choisir *l'endroit où la servitude sera établie.* » — Autrement, ce serait attribuer à l'autorité judiciaire un pouvoir de réglement complétement en dehors des limites ordinaires de sa compétence, et qui dépasserait même celui que l'art. 645, C. civ., lui accorde relativement au partage des eaux courantes entre les riverains de ces eaux, puisque si cet article charge également les tribunaux, dans ce cas, de concilier l'intérêt de l'agriculture avec le respect dû à la propriété, ce n'est jamais qu'en l'absence de titre ou de réglement qu'ils peuvent être appelés à exercer à cet égard leur pouvoir discrétionnaire.

232. — Le seul pouvoir réellement discrétionnaire des tribunaux en cette matière consiste, en définitive, en celui d'accorder ou de refuser l'établissement de la servitude, selon qu'ils le jugent convenable, et c'est ce qui établit une différence remarquable entre la servitude d'écoulement autorisée par la loi nouvelle, et celle créée par l'art. 640, C. civ., qui constitue au profit des fonds supérieurs un droit absolu dont l'exercice ne peut être refusé.

233. — Mais nous adoptons sans hésiter l'opinion que le même auteur émet relativement au droit du propriétaire grevé de la servitude d'écoulement sur les eaux qui lui sont ainsi transmises. Une fois sorties du fonds qu'elles étaient destinées à irriguer, ces eaux deviennent naturellement la propriété de ceux qui ont à en supporter le passage. Ceux-ci peuvent, en conséquence, soit les retenir toutes, soit les transmettre à leur gré à d'autres personnes. « Le fonds inférieur, dit avec justesse M. Dumay sur ce point, est ici le fonds servant, et son propriétaire, obligé de souffrir seulement, n'a aucun droit actif dont il puisse revendiquer l'exercice. » — Dumay, *loc. cit.*, p. 427.

234. — On devrait encore décider dans ce sens, lors même que le propriétaire en aval offrirait de payer la valeur des eaux, parce que nul ne peut être contraint de céder sa chose, quoiqu'à son véritable prix, à moins que ce ne soit pour cause d'utilité publique. — *Ibid.*

235. — Toutefois, M. Dumay enseigne, ce qui peut-être serait contestable, que le propriétaire du fonds inférieur pourrait être admis à réclamer l'usage des eaux d'écoulement si le propriétaire du fonds dominant n'avait absolument aucun intérêt à l'en empêcher, parce qu'alors il y aurait une méchanceté que la loi ne doit point favoriser : *Malitiis non est indulgendum.*

236. — La loi ne s'explique pas sur le point de savoir si le maître du fonds duquel les eaux s'écoulent doit transmettre ces eaux telles qu'elles sortent naturellement de son fonds, ou s'il doit à ce sujet établir des ouvrages d'art analogues à ceux auxquels il est obligé pour l'amenée des eaux.

237. — Les expressions dont le législateur s'est servi étant d'ailleurs sur ce point identiquement les mêmes que celles de l'art. 640, C. civ., il semble au premier abord que les obligations du propriétaire qui transmet les eaux sont dans les deux cas les mêmes.

238. — Mais il est évident que les conséquences d'une servitude purement naturelle telle que celle de l'art. 640, C. civ., ne peuvent être admissibles au cas d'une servitude extra-légale et qui est le fait de l'homme. Dans le premier cas, c'est à celui qui doit la servitude à se garantir de son mieux et comme il l'entend des inconvéniens qu'elle peut présenter; dans le second, il doit au contraire incontestablement être garanti de ces inconvéniens par celui au profit duquel la servitude est établie.

239. — Aussi est-il admis que le propriétaire irrigant doit au besoin assurer l'écoulement des eaux dont il s'est servi de la même manière qu'il les fait arriver sur son fonds, c'est-à-dire au moyen d'un canal, d'un aqueduc ou d'une rigole pratiquée à travers les propriétés inférieures et qui conduise les eaux jusqu'à la rivière ou jusqu'à tout autre lieu d'absorption où elles puissent être abandonnées à elles-mêmes sans inconvénient pour les propriétés voisines. — V. dans ce sens Dumay, *loc. cit.*, p. 428.

240. — Au surplus, sans même adopter à cet égard de règle précise, la détermination des travaux qu'il peut être nécessaire de faire pour garantir les propriétés inférieures des inconvéniens que peut présenter l'écoulement des eaux nous paraît incontestablement au nombre des points sur lesquels les tribunaux ont à prononcer en réglant, conformément à l'art. 4 de la loi précitée, l'indemnité à laquelle cette servitude d'écoulement peut particulièrement donner lieu.

241. — Si les propriétaires peuvent utiliser les eaux d'écoulement, il est hors de doute que cette circonstance doit être prise en considération dans le réglement de l'indemnité qu'ils pourraient réclamer.

242. — Il est également incontestable qu'il ne serait même dû aucune indemnité aux propriétaires inférieurs si les eaux d'écoulement leur étaient en définitive plus profitables que nuisibles.

243. — Mais faut-il aller plus loin, et doit-on admettre que si les avantages des eaux d'écoulement dépassaient de beaucoup les inconvéniens, celui qui en aurait amené pourrait exiger une indemnité des propriétaires dont les fonds se trouveraient ainsi améliorés?

244. — Evidemment la loi de 1845 n'autoriserait en rien une pareille prétention, et quelle que soit l'amélioration produite par la dérivation des eaux, le propriétaire qui ne l'a point demandée ne peut être contraint d'en payer la valeur. C'est d'ailleurs pour lui une compensation légitime des inconvéniens que la position inférieure de son fonds peut d'un autre côté lui occasionner.

245. — Telle est également sur ce point l'opinion de M. Dumay, qui fait en outre justement observer qu'on ne saurait faire valoir ici ni le principe de réciprocité, qui n'est susceptible d'application que dans les conventions qui sont le résultat de la volonté libre et simultanée des deux parties, ni l'action du *negotiorum gestor*, qui ne confère jamais le droit d'entrer avec le maître de la chose en partage des bénéfices qu'on lui a procurés, ni enfin les règles posées par la loi du 16 septembre 1807 ou par les diverses lois d'expropriation, lesquelles ne sont jamais appliquées, et encore très rarement, qu'en matière de travaux publics. — Dumay, *ubi suprà* p. 432.

246. — Les règles que nous venons de développer s'appliquent naturellement à la faculté de passage accordée par la même loi, du 29 avr. 1845 (art. 3), aux propriétaires des terrains submergés en tout ou en partie, à l'effet de procurer aux eaux nuisibles leur écoulement. — V. au surplus encore sur ce point v° MARAIS.

§ 5. — *Droit de barrage. — Servitude d'appui.*

247. — Dans le droit ancien, comme dans le droit moderne, on a toujours admis que celui qui possède les deux tiers d'un cours d'eau peut établir au travers un barrage pour élever les eaux dans les jours consacrés à l'irrigation, et les faire entrer dans les rigoles nourricières. — Arrêt du parlement de Rouen du 15 juill. 1755; — Basnage, sous l'art. 210, *Cout. de Normandie*; Daviel, *Des Cours d'eau*, n° 593.

248. — Mais, à l'égard des propriétaires de terrains bordant seulement un cours d'eau, et jusqu'à la loi du 11 juillet 1847, on décidait généralement qu'ils ne pouvaient pas appuyer de barrages sur la propriété des riverains opposés pour faire couler les eaux dans des rigoles d'irrigation, et que leur droit se réduisait à pratiquer des saignées sur la rive qui leur appartenait. — *Besançon*, 27 nov. 1844 (t. 2 1845, p. 402), Thiboudet c. Chappuis et Grappin.

249. — Suivant M. Pardessus, néanmoins, on devait admettre en pareil cas que le barrage pouvait être appuyé momentanément sur la rive opposée. — Pardessus, *Des Servitudes*, n° 105.

250. — Et M. Proudhon enseignait même sans aucune réserve que l'usage des eaux étant dû à tout riverain autant qu'il peut les faire servir à l'irrigation de sa propriété, il peut étendre son barrage jusqu'à l'autre bord du ruisseau, même sur la rive qui appartient au propriétaire de la rive opposée, « celui auquel est due une servitude, dit à cet égard le célèbre professeur, ayant droit de faire tous les ouvrages nécessaires pour en user et pour la conserver. — Proudhon, *Domaine public*, n° 1443. — V. au surplus BARRAGE.

251. — La loi du 11 juill. 1847 a eu pour objet de faire cesser toute controverse sur ce point, et a désormais converti en droit, sous l'autorité des tribunaux, la servitude d'appui réclamée dans l'intérêt des irrigations. — V. *suprà* (n° 36) le texte de cette loi.

252. — Moins restreinte que la servitude d'aqueduc, la servitude d'appui n'est, ainsi qu'on l'a vu, interdite qu'à l'égard des bâtimens, cours et jardins attenant aux habitations.

253. — Les parcs et enclos, à travers lesquels la servitude d'aqueduc n'est pas non plus permise, restent donc ici soumis à l'empire de la règle commune.

254. — Cette sorte d'anomalie n'a pas laissé néanmoins de faire naître quelques objections. Lors de la discussion de la loi dans le sein de la commission de la chambre des députés, on a insisté pour que les parcs et enclos fussent maintenus dans l'exception, en se fondant, d'une part, sur le respect dû à l'inviolabilité du domicile, qui semble interdire des travaux susceptibles d'en faciliter l'accès, et, d'autre part, sur la dégradation des murs qui pourrait être la conséquence de l'humidité occasionnée par l'appui du barrage. — Rapp. chamb. des dép., séance du 8 avr. 1847, *Moniteur* du 19.

255. — Mais, on a répondu que ce double inconvénient serait facilement conjuré par la prudence des tribunaux, auxquels est réservé le pouvoir non seulement d'accorder ou de refuser les droits d'appui, mais encore de déterminer la forme et la dimension des travaux d'art appuyés sur le fonds du riverain opposé; ils ne manqueront pas, a-t-on ajouté, dans le cas dont il s'agit, de prescrire tous ceux de ces travaux qui seront nécessaires pour la sûreté et la conservation de la clôture sur laquelle le droit d'appui sera exercé. La commission et la chambre des députés ont donc, en définitive, pensé qu'il n'y avait aucun motif d'exonérer du droit d'appui les parcs et enclos qui ont de grandes surfaces et offrent parfois le seul point où un barrage puisse être utilement appuyé. — *Ibid.*

256. — Du reste, l'harmonie que présente la rédaction des deux lois indique suffisamment qu'elles ont été conçues dans les mêmes idées, et reposent sur les mêmes principes. — Même respect pour les règles du Code civil, quant au régime des eaux, et pour les lois de police qui en règlent l'usage; même pouvoir discrétionnaire accordé aux

tribunaux pour l'établissement de la nouvelle servitude que l'on a voulu autoriser. — Après les développemens dans lesquels nous sommes entrés sur la loi du 29 avr. 1845, c'est la seule remarque qui nous reste à faire sur la loi de 1847.

287. — Il résulte évidemment de là, ainsi que le faisait remarquer le rapporteur de cette dernière loi à la chambre des députés, que la faculté de barrage reste nécessairement subordonnée à une concession d'eau obtenue par les riverains, lorsqu'il s'agit d'un rivière dépendant du domaine de l'état, et, dans tous les cas, à l'autorisation du barrage, obtenue de l'administration publique. — Rapp. chamb. des dép., séance 8 avr. 1847; *Monit.* du 19.

ISCLES.

1. — Nom que l'on donne aux bruyères, halliers, buissons, arbrisseaux, saules, trembles, peupliers, qui croissent dans les bas-fonds ou dans le lit même d'une rivière. — Dubreuil, *Analyse de la législation sur les eaux*, nº 79.

2. — On voit par cette définition que les iscles constituent essentiellement une dépendance du lit des cours d'eau où elles croissent; il y a donc lieu, dans le silence du Code civil à leur égard, de les soumettre par analogie aux règles établies pour les autres dépendances du lit des cours d'eau qui s'en rapprochent le plus, c'est-à-dire pour les îles et îlots qui s'y forment.

3. — Ainsi, s'il s'agit d'une iscle excrue dans le lit d'une rivière navigable ou flottable, elle devra être considérée comme la propriété de l'état, de même que s'il s'agissait d'une île, sauf titre ou prescription contraire. — C. civ., art. 560.

4. — Si l'iscle se trouve dans une rivière non navigable ni flottable, elle appartiendra au propriétaire riverain du côté où elle sera excrue, conformément à l'art. 561 C. civ.

5. — Si enfin il s'agissait de plantations faites sur des terres autrefois cultivées, et qui auraient été envahies par les eaux, il semble de toute évidence que l'on devra encore appliquer à ce cas les principes posés par le Code civil, en ce qui concerne les îles, et qui veulent que si une rivière ou un fleuve, en se formant un bras nouveau, coupe et embrasse le champ d'un propriétaire riverain et en fait une île, ce propriétaire conserve la propriété de son champ, encore que l'île se soit formée dans un fleuve ou dans une rivière navigable ou flottable. — C. civ., art. 562.

6. — En d'autres termes, c'est par les principes qui régissent la propriété et la possession des îles qu'il faut résoudre les difficultés que la propriété et la possession des iscles peuvent faire naître, et non par les principes qui régissent les alluvions.

7. — Il a été jugé, en ce sens, que les iscles de la Durance font partie du lit de cette rivière, qu'elles ne peuvent être considérées comme des atterrissemens et accroissemens formés successivement et imperceptiblement aux fonds riverains, et qu'on ne saurait dès-lors leur appliquer les principes qui régissent l'alluvion. — *Aix*, 2 mai 1844 (t. 2 1845, p. 208), de Fonfroide c. d'Albertas.

8. — D'après ce que nous avons dit de la propriété des îles situées dans les rivières navigables et flottables, sous l'ancien droit (V. ILE), il est de toute évidence que, s'il faut considérer les iscles comme ayant dès cette époque fait partie du domaine de l'état, il faut les ranger dans la classe des petits domaines dont l'aliénation irrévocable était permise.

9. — Tel était également à cet égard le droit commun de la Provence; et l'on voit, par l'arrêt précité de la cour d'Aix, du 2 mai 1844, que les iscles des rivières navigables ou flottables appartenaient en effet au souverain, à l'exclusion des propriétaires riverains, et que les comtes de Provence avaient pu conséquemment en transférer légitimement la propriété à des concessionnaires.

V. au surplus ALLUVION, ILE.

IVOIRE (Marchands et fabricans d'objets en).

1. — Marchands d'objets en ivoire; fabricans pour leur compte; patentables : les premiers de cinquième et les derniers de sixième classe; — droit fixe, basé sur la population, et droit proportionnel du vingtième de la valeur locative de l'habitation, et des lieux servant à l'exercice de la profession.

2. — Fabricans d'objets en ivoire, à façon, patentables de septième classe; — droit fixe et droit proportionnel du quarantième de la valeur locative de tous les locaux qu'ils occupent, mais seulement dans les communes de 20,000 âmes et au-dessus.

IVRESSE.

Table alphabétique.

Acte notarié, 33 s.
Amende, 6.
Approbation, 37.
Circonstance aggravante, 10. — atténuante, 18.
Consentement, 20, 24, 28.
Contrat, 20 s.
Crime, 7 s.
Dédit, 22.
Démence, 2 s., 15, 36.
Dépens, 39.
Déraison, 27 s.
Dol, 24 s., 29, 32.
Excuse, 4, 12, 15 s., 19.
Exécution, 38.
Fin de non-recevoir, 37, 38.
Fraude, 24 s., 29, 32.
Inscription de faux, 33 s.
Interdiction, 36.
Ivresse accidentelle, 14. — complète, 13. — involontaire, 4, 12. — légère, 13. — volontaire, 4 s.
Ivrognerie, 14.
Nullité, 23.
Peine, 9.
Preuve, 27, 30. — testimoniale, 31 s.
Provocation, 26
Rescision, 21, 29.
Responsabilité, 11
Testament, 23, 35.

IVRESSE. — 1. — Etat de celui dont l'esprit est troublé par les vapeurs de quelque boisson prise avec excès.

2. — Il est certain que l'ivresse, surtout lorsqu'elle est complète, a quelque analogie avec la démence, qu'elle abrutit celui qui y est livré, dégrade son intelligence, trouble sa raison et l'empêche, momentanément du moins, d'apprécier la portée de ses actes. — V. *Manuel complet de Médecine légale* de Briant et Ern. Chaudé, p. 524; Orfila, *Leçons de Médecine légale*, t. 2, p. 124. — V. au surplus DÉMENCE, nºs 28 et suiv.

3. — Mais faut-il lui attribuer tous les caractères d'une démence passagère et la considérer comme une cause de justification des crimes et délits commis pendant que leur auteur y était plongé? — Il s'est élevé à cet égard des controverses aussi variées que nombreuses.

4. — Les uns ont vu dans le fait de l'ivresse le motif d'une aggravation des crimes commis en cet état; d'autres, une cause de justification; quelques-uns distinguent entre les divers degrés de l'ivresse et ne la justifient que lorsqu'elle est involontaire; il en est qui lui refusent tout caractère d'excuse; le plus grand nombre enfin n'y aperçoit qu'un simple motif d'atténuation.

5. — Evidemment, lorsque l'ivresse est volontaire, elle constitue une faute d'autant plus grave que, se produisant publiquement, elle excite le scandale et compromet l'ordre public. C'est par cette raison qu'une ordonnance de François Ier, du 15 avril 1536, prononçait contre les personnes ivres des peines assez sévères. « Pour obvier, disait-elle, aux oisivetés, blasphèmes, homicides, et autres inconvéniens et dommages qui arrivent d'ébriété, est ordonné que quiconque sera trouvé ivre soit incontinent constitué et retenu au pain et à l'eau pour la première fois; et si secondement il est repris, sera, outre ce que devant, battu de verges et fouets dans la prison; et la troisième fois, fustigé publiquement. Et, s'il est incorrigible, sera puni d'amputation d'oreille, et d'infamie et bannissement de sa personne... »

6. — Cette ordonnance est abolie; mais aujourd'hui encore l'ivresse est punie en Angleterre d'une amende, et, en cas de récidive, le coupable doit donner caution de bonne conduite. — *Stephen's Summary*, p. 8.

7. — Mais cette faute, cette imprudence qui constitue l'ivresse peut-elle changer de nature et prendre le caractère d'un délit par cela seul que, pendant sa durée, le coupable a commis un crime? — M. Rossi ne le pense pas. « L'homme qui s'est enivré, dit-il (*Traité dr. pén.*, t. 2, p. 188), peut être coupable d'une grande imprudence, mais il est impossible de lui dire avec justice : Ce crime, tu l'as compris au moment de le commettre. »

8. — La loi romaine admettait ce principe et modifiait les peines encourues lorsque le crime avait été commis par une personne ivre. — Toutefois, comme le fait dépouillé d'intention ne constituait point un délit, la peine était appliquée « *non propter delictum*, dit Farinacius, *sed propter ebrietatem*. » — La même distinction est consacrée aujourd'hui par les art. 2 et 3 du Code autrichien. « Nulle action, dit ce Code, ne constitue un crime ou un délit quand l'auteur est en état de pleine ivresse, mais les délits commis dans cet état sont punis comme de graves infractions de police. »

9. — Mais d'autres législations sont dominées par des principes opposés : Quintilien et Aristote voulaient que l'on punît d'une double peine le délit commis dans l'ivresse, l'une pour le délit, l'autre pour l'ivresse. — Quintilien, *Orat.*, inst. 7, c. 1; Aristote, *Ethic.*, lib. 1, c. 34.

10. — L'ordonnance de François 1er, citée plus haut, considérait comme aggravante la circonstance que le crime avait été commis pendant l'ivresse et le punissait plus rigoureusement. « Et s'il advient, disait-elle, que par ébriété ou chaleur de vin les ivrognes commettent aucuns mauvais cas, ne leur sera, par cette occasion, pardonné, mais seront punis de la peine dudit délit, et davantage pour ladite ébriété, à l'arbitrage du juge. »

11. — Les lois anglaises et américaines rendent les individus ivres complétement responsables de leurs actions (*Stephen's Summary*, p. 5 — *Penal Code* of the state of Georgia, first div., sect. 9), et cela par le motif, dit Filangieri, que *l'ignorance de l'homme ivre est volontaire*. — C'était aussi ce que disait Barthole (*Ad leg.* 38, ff., *Ad leg. jul.*, *De adult.*) : « *Danti operam rei illicitæ imputantur omnia quæ sequuntur contrà voluntatem suam.* » — V. Chauveau et Hélie, t. 2, p. 237.

12. — Ces dispositions nous paraissent trop rigoureuses, et d'ailleurs le motif donné par Filangieri n'est pas toujours exact. Il peut en effet très bien arriver que l'ivresse soit involontaire et occasionnée par des artifices étrangers. Comment alors rendre la victime de ces artifices responsable d'actes dont elle ne peut plus comprendre la valeur?... Aussi la loi de la Géorgie, qui proclame que l'ivresse n'est pas une excuse, fait-elle une exception pour le cas où elle a été involontaire. — Chauveau et Hélie, *Th. C. pén.*, t. 2, p. 238.

13. — Les anciens criminalistes distinguaient l'ivresse complète de l'ivresse légère. La première, seule, était une cause de justification; la deuxième ne pouvait, suivant son intensité, que motiver une atténuation de peine. Ils admettaient encore une différence entre l'ivresse *imprévue* et l'ivresse *procurée*; ce dernier cas, presque comparable à la préméditation, ne pouvait jamais être invoquée comme excuse. — Farinacius, *Quæst.* 93, nºs 18 et 21. — Cette dernière distinction se retrouve dans le code autrichien qui porte : « Nulle action ne constitue un délit quand l'auteur est en état de pleine ivresse, à moins qu'il ne s'y soit mis dans l'intention directe de commettre un délit. »

14. — Enfin Barthole considérait *l'ivrognerie* comme plus grave que la simple *ivresse accidentelle* et n'admettait comme pouvant servir d'excuse que celle-ci. — *Ad leg.* 38, ff., *Ad leg. jul.*, *De Adult.* — MM. Chauveau et Hélie (*Th. C. pén.*, t. 2, p. 241) réprouvent avec raison cette distinction, car « les caractères illicites de l'ivrognerie ou de l'ivresse ne peuvent exercer aucune influence sur la nature des actes qu'elle produit, et la question est toujours de savoir si l'agent a eu la conscience du mal de ces actes. » Dans l'un et l'autre cas, son état mental est le même, le motif d'atténuation conserve donc la même puissance. » — Toutefois les mêmes auteurs semblent excepter le cas où le prévenu, ayant déjà commis un crime en état d'ivresse, s'enivrerait de nouveau, car il serait permis de voir dans cette réitération l'indice d'une préméditation.

15. — Le Code pénal est muet sur l'ivresse, sans doute parce que, y voyant une immoralité, il a craint de la légitimer en lui attribuant le caractère d'une excuse. On ne peut donc ni la comparer à une démence passagère ni la considérer comme justification. — *Cass.*, 18 mai 1815, Rosay et Bobaine.

16. — ... Ni même en faire une cause d'excuse, pouvant motiver une question spéciale au jury. — *Cass.*, 7 prair. an IX (int. de la loi), Foisy; 15 thermid. an XII (int. de la loi), Vachtern; 19 nov. (et non 15 oct.) 1807, Chiguin; 2 oct. 1812, N...; 18 mai 1815, Rosay et Bobaine; 23 avr. 1824, Trendel. — Chauveau et Hélie, *Th. C. pén.*, t. 2, p. 148; Duverger, *Manuel du juge d'instruction*, t. 1er, nº 31; Taillandier, *Lois pénales de France et d'Angleterre*, p. 38; Rossi, *loc. cit.*; Legraverend, *Lég. crim.*, t. 1er, p. 498; Bourguignon, *Jurisp. C. crim.*, t. 3, p. 300; Merlin, *Rép.*, vº *Excuse*.

17. — Et il a été jugé encore que l'ivresse, même considérée comme cause occasionnelle de l'état d'aberration où s'est trouvé l'accusé au moment de la perpétration de son crime, ne saurait constituer un motif d'excuse légale; que dès-lors il n'y a pas atteinte portée à la liberté de la défense, lorsque la cour d'assises interdit au défenseur de l'accusé de plaider une semblable excuse. — *Cass.*, 1er juin 1843 (t. 2 1843, p. 501), Courtier.

18. — Mais on y pourra voir parfois une circonstance atténuante qui, déclarée par le juge ou le jury, autorisera l'abaissement de la peine suivant les règles établies par l'art. 463. C'est, au reste, ce qui résulte de deux arrêts de la cour de Cassation des 8 frim. an VII (Metay) et 10 flor. an X (Mauny); et les magistrats, disent MM. Briant et Ern. Chaudé (*loc. cit.*), doivent mettre d'autant plus d'attention à en constater le véritable caractère que souvent, selon Esquirol, l'abus des liqueurs spiritueuses est plutôt *l'effet* que la *cause* des désordres in-

tellectuels, qu'il en est quelquefois le premier symptôme ou plutôt le symptôme le plus saillant.

19. — Nous croyons même que le juge et le juré, ne devant compte à personne de leurs impressions, devraient, s'ils étaient convaincus que l'ivresse de l'accusé ne lui pouvait être imputée et lui avait enlevé tout discernement et toute raison, le déclarer non coupable et l'acquitter ainsi d'un crime dont le principal élément, l'intention, serait évidemment absent. — Chauveau et Hélie, *Th. C. pén.*, t. 2, p. 244; Rossi, t. 2, p. 192. — Merlin (*Rép.*, v° *Excuse*) enseigne aussi que les circonstances de l'ivresse doivent être prises en considération. — V. aussi Duverger, *loc. cit.*

20. — En matière civile, quand l'ivresse va jusqu'à faire perdre la raison, elle rend la personne qui est en cet état, et tant qu'il dure, incapable de consentir, et par suite de contracter. — Puffendorf, *Dr de la nature*, liv. 3, chap. 6, n° 5; d'Argentré, *Sur la cout. de Bretagne*, p. 411; Pothier, *Obligations*, n° 49; Toullier, t. 6, n° 112; Rolland de Villargues, *Rép. du notariat*, v° *Ivresse*, n° 2.

21. — Jugé, en ce sens, que l'état d'ivresse d'une partie contractante est une cause suffisante pour annuler le contrat. — *Rennes*, 10 août 1812, Mazurais c. N...; *Angers*, 30 mars 1843 (t. 2 1843, p. 260), Noyers c. Barbe.

22. — Aussi plusieurs coutumes de France permettaient-elles de se délier dans les vingt-quatre heures de tous contrats faits au cabaret. — Duparc Poullain, sur l'art. 205 de la Coutume de Bretagne. — V. CABARET, n° 11.

23. — L'ivresse peut également être une cause de nullité d'un testament. — *Caen* (et non *Rouen*), 9 janv. 1823 (et non 22 fév. 1822, ni 9 janv. 1824), Ruel c. Durel. — V. à cet égard DISPOSITIONS A TITRE GRATUIT, n°s 201 et suiv.

24. — A l'égard des conventions, il importe peu qu'il n'y ait pas eu dessein de tromper, de la part de celui qui a fait boire une personne au point de la mettre hors d'état de pouvoir juger sainement de la conséquence des actes qu'elle passe; les promesses qu'elle a faites en cet état, n'étant pas libres, n'ont pu être acceptées par l'autre partie. — Toullier, t. 6, n° 112.

25. — Jugé en ce sens que l'ivresse est une cause de rescision, encore bien qu'il n'y ait eu ni dol ni fraude de la part de celui envers qui l'obligation a été contractée. — *Angers*, 12 déc. 1823, Pothier c. Gouin et Houlbert.

26. — Jugé, au contraire, que l'ivresse n'est une cause de nullité de la convention qu'autant qu'elle a été provoquée par celui à qui la stipulation a profité. — *Besançon*, 5 mai 1819, Bresson et Labourot c. David et Henryot; *Rouen*, 17 juin 1845 (t. 2 1845, p. 267), Grard c. Raimbourg.

27. — ... Ou que l'acte prouve, par l'ensemble des clauses qu'il renferme, l'état de déraison complète dans lequel la partie qui s'est obligée a été en contractant. — *Besançon*, 5 mai 1819, Bresson et Labourot c. David et Henryot.

28. — ... Ou bien encore que l'ivresse a été telle que celui qui a contracté dans cet état se trouvait complètement incapable de manifester une volonté et de donner un consentement libre. — *Rouen*, 17 juin 1845 (t. 2 1845, p. 267), Grard c. Raimbourg.

29. — En tout cas, quand l'ivresse a été le résultat du dol et de la fraude, elle est une cause de rescision de la convention. — *Colmar*, 27 août 1819, Allemand c. Geng; *Rouen*, 1er mars 1825, Morand c. Mustel. — V. conf. Chardon, *Dol et Fraude*, t. 1er, n°s 91 et suiv.

30. — L'ivresse de la personne, au moment où elle a consenti à la convention dont la nullité ou la rescision est demandée peut être établie par toute espèce de preuves.

31. — Ainsi elle peut être prouvée par témoins. — *Angers*, 12 déc. 1823, Pothier c. Gouin et Houlbert.

32. — ... Alors surtout qu'on prétend qu'elle a été le résultat du dol et de la fraude. — *Colmar*, 27 août 1819, Allemand c. Geng.

33. — Quand il s'agit d'un acte authentique, et spécialement d'un acte notarié, la preuve de l'ivresse peut se faire sans qu'on soit obligé de recourir à l'inscription de faux. Car alors il ne s'agit pas d'un fait que le notaire avait mission de constater. Il n'entre pas, en effet, dans les fonctions du notaire d'attester la capacité des parties et leur état mental, et ce qu'il dirait à cet égard ne serait qu'une opinion qu'on peut toujours détruire par une preuve contraire. — Rolland de Villargues, n° 6.

34. — Jugé en ce sens, ainsi qu'on l'a vu (v° ACTE AUTHENTIQUE, n° 147), que l'art. 1319 C. civ. ne met pas obstacle à ce que les parties établissent par la preuve testimoniale qu'elles étaient, lors de la signature de l'acte, dans un état d'ivresse de nature à ne pas leur laisser le libre exercice de leur volonté et de leur consentement. — *Lyon*, 9 fév. 1837 (t. 2 1837, p. 162), Monchain c. Barge et Chantelot.

35. — ... Que la preuve testimoniale que le testateur était en état d'ivresse au moment où le testament a été reçu par le notaire, peut être admise sans inscription de faux, nonobstant les énonciations contenues dans l'acte. — *Caen* (et non *Rouen*), 9 janv. 1823 (et non 22 fév. 1822, ni 9 janv. 1824), Ruel c. Durel.

36. — La preuve qu'un individu était habituellement en état d'ivresse doit être rejetée, alors que son interdiction n'a pas été prononcée ni même provoquée avant son décès, et alors que l'état d'aberration d'esprit du contractant ne résulte pas de l'acte attaqué. Il en est à cet égard de l'état d'ivresse comme de la démence. — *Guadeloupe* (V. sous *Cass.*, 23 déc. 1834), 6 juill. 1832, Sergent c. Alleaume.

37. — Quoique le Code ne fixe pas d'autre délai que celui de dix ans pour l'action en nullité, si le demandeur en rescision (dit Toullier, t. 6, n° 112) pour cause d'ivresse, laissait passer un temps assez considérable pour faire présumer l'approbation de ce qu'il a fait dans l'ivresse, il ne devrait pas être écouté. Cette approbation est facile à présumer. Le silence du Code laisse à cet égard la plus grande latitude aux juges.

38. — En tout cas, la preuve qu'un individu était ivre au moment où il a souscrit un acte peut être rejetée si, depuis, cet acte a été par lui exécuté. — *Cass.*, 23 déc. 1834, Sergent c. Alleaume.

39. — Lorsqu'une convention a été annulée pour cause d'ivresse de l'une des parties contractantes, l'autre partie, ne peut exciper de sa bonne foi pour échapper à la condamnation des dépens, alors que l'acte n'était pas raisonnable et qu'il contient des conditions telles qu'elles n'eussent pas été acceptées par une personne jouissant de ses facultés. — *Angers*, 30 mars 1843 (t. 2 1843, p. 260), Noyers c. Barbe.

V. ACTE NOTARIÉ, DÉMENCE, EXCUSE,

J

JACHÈRES.

1. — Ce sont les terres labourables qu'on laisse reposer.

2. — Nous avons expliqué v° BAIL, n°s 1278 et suiv., les conséquences et les effets pour le fermier de la clause prohibitive de dessollement.

3. — Depuis l'impression de ce mot un arrêt de la cour de Douai a décidé que la clause par laquelle le bailleur interdit au fermier la faculté de dessoler et lui impose l'obligation de laisser en jachères, dans la dernière année du bail, le tiers des terres affermées, doit être réputé valable. — *Douai*, 20 mars 1846 (t. 2 1846, p. 109), Mouronval c. Demiaute.

4. — Mais le même arrêt ajoute que bien que cette clause ait été consentie par le fermier à peine de nullité, les dommages-intérêts ne peuvent être prononcés qu'autant que l'infraction a causé au propriétaire un préjudice réel.

JAIS ou JAIET (Fabricans ou marchands d'objets en).

Patentables de sixième classe; — droit fixe basé sur la population et droit proportionnel du vingtième de la valeur locative de l'habitation et des lieux servant à l'exercice de la profession. — V. PATENTE.

JAMBONS (Marchands, expéditeurs de).

Patentables de troisième classe; — droit fixe basé sur la population et droit proportionnel du vingtième de la valeur locative de l'habitation et des lieux servant à l'exercice de la profession. — V. PATENTE.

JANTE.

V. ROULAGE, VOITURES, VOITURES PUBLIQUES.

JARDINAGE, JARDINER (Forêts).

1. — Dans les coupes ordinaires, c'est la généralité des arbres qui doit être enlevée, et ce n'est que par exception que quelques-uns sont conservés. Dans les coupes jardinatoires, on fait en jardinant et par furetage. Dans le premier cas, on marque les arbres à conserver; dans le second cas, la coupe ne porte que sur des arbres pris isolément et marqués à l'avance. — Ord. d'exécut., du 1er août 1827, art. 80.

2. — Le décret du 30 therm. an XIII n'autorisait l'exploitation ou coupe jardinatoire qu'à l'égard des sapins ou des forêts mêlées de hêtres et de sapins. Mais l'art. 218, C. for., ayant abrogé toutes les dispositions antérieures sur les bois et forêts, et le code de 1827 ne reproduisant pas cette distinction, elle ne saurait être admise aujourd'hui. — V. FORÊTS.

JARDINIERS, JARDINS PUBLICS.

1. — Les jardiniers qui ne vendent que les fleurs et fruits du jardin qu'ils cultivent, rentrent dans la classe des cultivateurs que l'art. 13-4° de la loi du 25 mars 1844 exempte de la patente pour la vente et la manipulation des récoltes et fruits provenant des terrains qui leur appartiennent ou par eux exploités. C'est du reste ce qu'avait décidé le conseil d'état sous l'empire de la loi du 1er brum. an VII, dont l'art. 29, n° 2, contient une disposition analogue à celle de l'art 13-4° de la loi de 1844. — V. *Cons. d'état*, 31 juill. 1833, Noisette et Tardif; 6 déc. 1836, Aldebert. — V. aussi Lainné, *Manuel des patentés*, p. 104.

2. — Les personnes qui tiennent un jardin public sont, au contraire, rangées dans la quatrième classe des patentables et imposées en conséquence au droit fixe basé sur la population, et à un droit proportionnel du vingtième de la valeur locative de l'habitation, et du quarantième des locaux servant à l'exercice de la profession. — V. PATENTE. — V. aussi ACTES DE COMMERCE.

JARRETIÈRES (Marchands et fabricans de).

V. BRETELLES.

JAUGEAGE.

C'est l'opération par laquelle se constate le tonnage d'un navire ou bâtiment, la capacité des fûts, tonneaux, etc. — V. BATIMENT A VAPEUR, BOISSONS, CONTRIBUTIONS INDIRECTES, NAVIRE.

JAUGEAGE DES LIQUIDES, JAUGEURS-JURÉS.

1. — Adjudicataires des droits de jaugeage des liquides; patentables de quatrième classe; — droit fixe basé sur la population, et droit proportionnel du vingtième de la valeur locative de l'habitation seulement.

2. — Jaugeurs-jurés pour les liquides; patentables de cinquième classe; — droit fixe et droit proportionnel du vingtième de la valeur locative de l'habitation et des lieux servant à l'exercice de la profession. — V. PATENTE.

JÉSUITES.

1. — L'ordre des jésuites a été fondé par Saint Ignace de Loyola, gentilhomme espagnol, pour instruire les ignorans, convertir les infidèles, et défendre la foi catholique contre les hérétiques. Il est connu sous le nom de *compagnie ou société de Jésus*.

2. — Institué par Paul III, le 27 sept. 1540 (Bulle *regimini militantes ecclesiæ*), déclaré pieux par le concile de Trente, approuvé par un grand nombre de papes, l'ordre des jésuites fut supprimé par un bref de Clément XIV, 21 juill. 1773, commen-

çant par ces mots : « *Dominus ac redemptor noster* » — V. le *Dict. de dr. can.* de l'abbé André, v° *Jésuites*.

3. — Déja, au reste, les jésuites avaient cessé d'exister légalement en France, ainsi qu'il résulte de divers arrêts et édits cités *infrà*.

4. — Une bulle du pape Pie VII, du 7 août 1814, qui commence par ces mots : « *Sollicitudo omnium ecclesiarum* » en ordonna le rétablissement, et la publication de cette bulle eut même lieu avec beaucoup de solennité. — V. le texte de la bulle, *Dict.* de l'abbé André, *loc. cit.*

5. — On voit par cette bulle que le pape Pie VII avait déja autorisé l'établissement des jésuites en Russie par un bref du 7 mars 1801, et dans le royaume de Naples par un bref du 31 juill. 1804 : « Mais, dit l'abbé André (*loc. cit.*), p. 840, la révolution qui arriva peu après dans ce dernier royaume y détruisit cette œuvre naissante, et néanmoins la société subsista en Sicile. Outre les établissemens qu'avaient alors les jésuites dans ces deux états, ils en avaient aussi en Angleterre et aux Etats-Unis. »

6. — Après la bulle de 1814, l'Espagne qui avait vu naître le fondateur de la société de Jésus, rétablit cette société.

7. — Mais il n'en fut pas ainsi en France, où la société de Jésus continua à rester au nombre des congrégations non légalement reconnues. On se rappelle même qu'en 1826, sur la dénonciation de M. le comte de Montlosier, la cour royale de Paris décidait que l'état de la législation (V. arrêt du Parlement-Paris 6 août 1762, 1er déc. 1764, 9 mai 1767; édit de Louis XV, de nov. 1764, de Louis XVI, de mai 1777, L. 18 août 1792, décr. 3 messid. an XII) s'opposait formellement au rétablissement de la société, dite de Jésus, sous quelque dénomination qu'elle se présentât. — *Paris*, 18 août 1826, Montlosier c. les jésuites.

8. — Toutefois les jésuites s'étaient établis en France comme dans beaucoup d'autres états, et ils y avaient fondé plusieurs maisons d'éducation; mais l'ord. du 16 juin 1828, en défendant à tout membre d'une congrégation religieuse non légalement établie en France d'être ou demeurer chargé soit de la direction, soit de l'enseignement dans les maisons d'éducation dépendant de l'Université, ou dans les écoles secondaires éclésiastiques, eut pour but et pour résultat d'enlever aux jésuites le droit d'enseigner dans les séminaires et dans les colléges.

9. — On s'est demandé surtout à une époque récente, et en présence de l'art. 291 du C. pén. et de l'art. 5 de la Charte, si les communautés religieuses non reconnues par cela seul qu'elles n'ont pas en France d'existence légale, sont privées du droit d'exister et de se réunir en se conformant, du reste, aux lois de police et de sûreté. Cette grave question s'est élevée principalement au sujet de l'ordre des jésuites; mais comme elle concernait également toutes les communautés non reconnues, nous l'avons examinée v° COMMUNAUTÉS RELIGIEUSES n°s 52 et suiv.

10. — V. au surplus v° COMMUNAUTÉS RELIGIEUSES.

JET ET EXPOSITION D'OBJETS NUISIBLES.

Table alphabétique.

Animaux, 22.
Autorité municipale, 9, 24 s.
Avertissement, 3 s.
Blessures, 23.
Boules de neige, 28.
Bourbier, 10.
Bois de clôture, 21.
Cage, 46.
Corps durs, 17.
Déchargement, 46.
Démolition, 15.
Distillateur, 39.
Droit ancien, 2.
Eaux, 11 s., 25 s., 35, 39 44.
Excuse, 12, 14. 31, 38.
Exhalaisons nuisibles, 9 s., 14, 35 s.
Exposition, 6 s.
Fossés, 29, 40.
Fumier, 30, 33, 40.
Garde-manger, 46.
Homicide, 23.
Immondices, 16 s., 31 s., 34, 37, 45.
Jet, 6 s., 16, 25 s., 31.
Jeux, 42 s.
Objets appendus, 14,
Pots à fleurs, 46.
Salubrité publique, 38.
Tapis, 44.
Voie publique, 8, 44 s.

JET ET EXPOSITION D'OBJETS NUISIBLES. — 1. — Par le mot *jet* on entend l'action de jeter ou même de laisser tomber des objets quelconques qui puissent nuire par leur chute ou endommager par leur contact.

2. — Le droit romain avait consacré à cette matière un titre spécial; c'est le titre 3, livre 9, ff., *de his qui effuderint*. Ses principales règles ont passé dans notre droit; Damoudher, jurisconsulte belge, les rappelle dans son livre intitulé : *rerum criminalium praxis*, cap. 143, p. 406, *de damno per ejecta*.

3. — Quand le jet d'immondices ou autres objets nuisibles avait été précédé d'avertissement, il n'était pas punissable. « *Sed hæc duplex compensatio non addiceretur si via non fuisset publica, aut si prius et sine fraude proclamasset aquam ejiciendam, fugito,* (vulgò Gare l'eau)... » Damoudher, *loc. cit.* — La coutume du Bourbonnais, ch. 14, art. 161, défendait de « jetter eau... par fenêtres en rue publique ès-ville *sans crier par trois fois...* »

4. — Cette tolérance n'est plus admise, et il a été jugé que le fait d'avoir, malgré la défense d'un réglement de police, jeté du foin ou du bois par les fenêtres d'un grenier dans la rue ne pourrait pas être excusé quand même le prévenu aurait préposé une personne pour écarter les passans. — *Cass.*, 5 déc. 1833, Marie.

5. — Dans notre droit, le jet est l'objet de plusieurs dispositions spéciales de lois que nous allons indiquer.

6. — Ainsi, l'art. 471, n° 6, C. pén., punit d'amende depuis 1 fr. jusqu'à 5 fr. inclusivement ceux qui auront *jeté* ou *exposé* au devant de leurs édifices des choses de nature à nuire par leur chute ou par des exhalaisons insalubres.

7. — Cette disposition suppose la chute ou même simplement la possibilité de la chute de l'objet nuisible, sans qu'il soit nécessaire qu'un dommage en ait été la suite.

8. — Elle ne s'applique qu'au jet ou à l'exposition *au devant des édifices* et par conséquent *sur la voie publique*. Aussi devrait-on, sous le Code pénal comme sous la loi du 3 brum. an IV, décider que la contravention ne résulte pas du dépôt d'un tas de fumier fait par un individu dans sa cour cernée de maisons, cette cour, quoique ayant son entrée par la rue, ne pouvant pas être considérée comme voie publique. — *Cass.*, 18 germ. an X, Bonté.

9. — Si les exhalaisons nuisibles étaient produites par la stagnation d'immondices ou autres objets hors de la voie publique et sur une propriété privée, le § 6 de l'art. 471 ne serait pas applicable; mais l'autorité municipale pourrait prendre à cet égard telles mesures qu'elle jugerait convenable. — V. *infrà* n° 30.

10. — Il a été jugé que lorsqu'il est établi qu'il existait devant la maison du prévenu un bourbier qui répandait des odeurs incommodes et qui souillait, en temps d'orage, les eaux d'une fontaine publique, le tribunal de simple police ne peut prononcer l'acquittement du prévenu, sous le prétexte que ce bourbier a été postérieurement supprimé. — *Cass.*, 20 oct. 1826, François Peyras.

11. — ... Que le fait de laisser couler sur la voie publique des eaux dont les exhalaisons sont insalubres constitue la contravention prévue par le n° 6, art. 471, C. pén. — *Cass.*, 21 mars 1834, Gasteloup; 31 mai 1834, Lemaître.

12. — ... Et que le contrevenant ne peut être excusé, d'une part, sous prétexte que l'arrêté municipal qui le défendait ne serait que temporaire; d'autre part, sur des considérations que la loi n'admet pas comme excuse. — *Cass.*, 31 mai 1834, Lemaître.

13. — ... Que le fait d'avoir vidé deux pots de nuit dans un ruisseau situé au devant d'une habitation et dans un temps de gelée constitue la contravention prévue par l'art. 471, n° 6, C. pén. — *Cass.*, 9 fév. 1838 (t. 1er 1840, p. 226), Ladure.

14. — ... Que les dispositions du n° 6 de l'art. 471, C. pén., sont générales et s'appliquent à des peaux tannées appendues extérieurement aux fenêtres d'une maison par un corroyeur dans le but de les faire sécher, et encore qu'il soit constaté par un procès-verbal que des précautions auraient été prises pour en empêcher la chute; qu'il suffit, pour que la contravention existe : 1° que ces peaux n'aient pas été attachées à demeure et ne présentent pas de garanties permanentes de solidité; 2° ou bien encore que l'exposition de ces peaux soit, par l'effet même du séchage, de nature à occasionner des exhalaisons nuisibles à la santé publique. — *Cass.*, 18 déc. 1843 (t. 1er 1844, p. 28), Balaudreau-Buy; conf. *Cass.*, 2 juin 1842 (t. 2 1842, p. 600), même affaire.

15. — Si le jet provenait de travaux de démolition opérés conformément aux prescriptions de l'autorité, l'application du § 6 de l'art. 471 ne pourrait avoir lieu.

16. — Le jet involontaire d'immondices *sur quelqu'un* donne lieu à la peine indiquée *suprà* (n° 6) en vertu du n° 12, du même art. 471.

17. — Ceux qui auraient volontairement jeté des corps durs ou des immondices *sur quelqu'un* encourent une amende de 6 francs à 10 francs inclusivement, en vertu de l'art. 475, n° 8, C. pén., et peuvent même être punis d'emprisonnement pendant trois jours au plus conformément à l'art. 476 même Code.

18. — Le jet de pierres, ou d'autres corps durs, ou d'immondices contre les maisons, édifices et clôtures d'autrui, ou dans les jardins ou enclos, donnent lieu à la même peine en vertu des mêmes articles.

19. — Le mot *jet* ne doit pas être entendu dans un sens restrictif; il comprend le fait d'avoir barbouillé d'ordures à l'aide d'un balai la maison d'un individu. — C'est moins le moyen que le résultat que la loi a entendu punir. — *Cass.*, 13 mai 1831, Mazière.

20. — Jugé aussi que la disposition de l'art. 475, n° 8, C. pén., qui punit le jet d'immondices *contre les maisons*, s'entend d'un jet fait à l'*intérieur* aussi bien que du jet fait *extérieurement* : et qu'ainsi le fait de barbouiller avec des immondices l'*intérieur* d'une maison constitue la contravention prévue par cet article. — *Cass.*, 16 mars 1843 (t. 2 1843, p. 379), Haguéné.

21. — Le jet de pierres ou autres corps durs contre les maisons, etc., etc., a été considéré comme pouvant, dans certains cas, constituer le délit prévu par l'art. 456. — V. DESTRUCTION DE CLOTURE ET CLOTURE ET DÉPLACEMENT DE BORNES, n°s 27 et s.

22. — Si le jet de pierres ou de corps durs a occasionné la mort ou la blessure des animaux ou bestiaux appartenant à autrui, le contrevenant est puni d'une amende de 10 à 15 francs inclusivement, et peut même l'être d'emprisonnement pendant cinq jours au plus, en vertu des art. 479, n° 3, et 480, n° 1er, C. pén. — V. ANIMAUX.

23. — S'il a produit un homicide ou des blessures involontaires, il constitue le délit correctionnel prévu par les art. 319 et 320, C. pén. — *Cass.*, 20 juin 1812, Sarabbi. — Jousse, *Traité de la justice criminelle*, t. 3, part. 4, tit. 21, art. 6, n° 95, § 6, *in fine*; Carnot, *C. pén.*, art. 319, n° 3; Merlin, *Rép.*, v° *Blessé*, § 3; Chauveau et Hélie, *Théor. C. pén.*, t. 8, p. 320. — V. HOMICIDE, BLESSURES et COUPS.

24. — Il appartient à l'autorité municipale, en vertu de l'art. 3, tit. 11, L. 24 août 1790, de prendre, à cet égard, dans l'intérêt de la bonne police et de la salubrité publique, les mesures convenables, mesures dont l'observation est garantie tant par le § 15, art. 471, C. pén., que par les divers articles de ce Code, qui viennent d'être indiqués.

25. — Ainsi on doit réputer obligatoire l'arrêté qui défend de rien jeter par les fenêtres, ni le jour, ni la nuit, pas même de l'eau. — *Cass.*, 3 janv. 1835, Loupiac.

26. — ... Quand bien même l'eau jetée n'aurait atteint personne. — *Cass.*, 26 juill. 1828, Bouquet.

27. — ... Ou qu'elle aurait été claire, et n'aurait pu nuire par ses exhalaisons. — *Cass.*, 3 janv. 1835, Loupac.

28. — Il en serait encore ainsi de l'arrêté qui défendrait de jeter des boules de neige aux passans. — *Cass.*, 17 mars 1808, Valin.

29. — Jugé que l'arrêté qui, pour prévenir les effets des exhalaisons insalubres, prohibe le curage des fossés est pris dans le cercle légal des attributions de l'autorité municipale, et est obligatoire, même pour les propriétaires de ces fossés. — *Cass.*, 11 fév. 1830, Boudret.

30. — Jugé qu'il en est de même de l'arrêté par lequel un maire défend de conserver dans les propriétés particulières situées le long des rues et autres lieux publics des amas de fumiers ou de matières produisant des exhalaisons infectes. — *Cass.*, 6 fév. 1823, Darrigand et Latrubesse. — V. aussi EMBARRAS DE LA VOIE PUBLIQUE, n°s 66 et suiv.

31. — ... Ou de l'arrêté de police qui défend de jeter des ordures et des immondices dans les cours des maisons; et que la contravention à cet arrêté ne saurait être excusée par le motif que la cour dans laquelle de l'urine a été jetée n'est pas ouverte au public. — *Cass.*, 21 juill. 1838 (t. 1er 1839, p. 356), Battandier.

32. — Jugé encore que faire ses ordures sur la voie publique le long d'un mur particulier, c'est se mettre en contravention à l'arrêté d'un maire qui défend de faire sur la voie publique des dépôts de paille, fumier..... et immondices autres que ceux provenant des balayures. — *Cass.*, 8 sept. 1837 (t. 1er 1840, p. 251), Cayssial.

33. — ... Que celui qui, contrairement à un réglement général de police, a obstrué la voie publique en creusant un vaste trou au milieu d'une rue et en y déposant un tas de fumier répandant des exhalaisons insalubres ne peut pas être acquitté sous le prétexte que le maire lui a accordé la jouissance privée de cette partie de la rue. — *Cass*, 28 sept. 1827, Pons.

34. — ... Que lorsque, par un arrêté municipal, il a été enjoint aux habitans ayant sur les bords d'un canal des lieux d'aisance qui y versent des immondices, de les détruire dans un délai déter-

miné, le tribunal de simple police ne peut surseoir à réprimer les infractions à cet arrêté jusqu'à ce qu'il ait été statué sur une prétendue question de propriété qui n'est pas de nature à excuser la contravention. — *Cass.*, 22 oct. 1829, Auboué.

35. — ... Que lorsqu'il est établi par un procès-verbal régulier qu'un mégissier a laissé couler dans le ruisseau d'une rue une eau jaunâtre provenant du tannage des peaux et répandant une exhalaison infecte, contrairement à un arrêté de police qui défendait d'y laisser couler les eaux grasses ou salies dans l'intérieur, le tribunal de simple police ne peut le renvoyer des poursuites sous le prétexte que ce réglement n'est pas applicable, que le prévenu exerce depuis long-temps la profession de mégissier sans avoir donné lieu à une plainte, et qu'il prétend que ses eaux ne répandent aucune odeur insalubre. — *Cass.*, 16 juin 1832, Thierry.

36. — ... Que l'arrêté par lequel un maire, pour prévenir les exhalaisons fétides des eaux corrompues, défend aux épiciers et marchands de poissons de tenir, étaler et vendre dans leurs boutiques ou magasins de la morue trempée ou tout autre poisson salé trempé, est pris dans le cercle des attributions municipales et doit recevoir son exécution, tant qu'il n'a pas été réformé par l'autorité supérieure; qu'en conséquence, le tribunal de simple police ne peut acquitter ceux qui ont contrevenu à ce réglement sous le prétexte qu'il porte atteinte, à leur industrie. — *Cass.*, 26 janv. 1821, Ollier. — V. POUVOIR MUNICIPAL.

37. — ... Que le réglement de police par lequel un maire fait défense aux habitans de la commune de former aucun dépôt de boues et d'immondices et de continuer d'en transporter sans autorisation sur un point quelconque de la commune est, légal et obligatoire, et que le tribunal de police ne peut, considérant un terrain où depuis long-temps il avait été d'usage de les déposer comme un des établissemens insalubres maintenus par le décret du 15 oct. 1810, renvoyer les contrevenans des poursuites, sous le prétexte que ce décret a modifié la loi de 1790, tit. 11, art. 3. — *Cass.*, 6 oct. 1832, Garrot.

38. — ... Que les arrêtés pris par le pouvoir municipal pour écarter des habitations tout ce qui menace ou compromet la salubrité publique doivent être provisoirement exécutés, et que le tribunal de simple police ne peut surseoir à statuer sur la contravention sous le prétexte que le prévenu s'est pourvu devant le préfet pour obtenir l'annulation de l'arrêté auquel il a contrevenu. — *Cass.*, 9 mai 1828, Monpela.

39. — ... Qu'on doit réputer régulier et obligatoire l'arrêté par lequel un maire défend à un distillateur de donner aux eaux de sa distillerie un écoulement qui pourrait être nuisible à la salubrité publique. — *Cass.*, 2 oct. 1824, Malaignes.

40. — Mais jugé aussi que le fait d'avoir creusé sur son propre terrain, près de la voie publique, une fosse et d'y avoir déposé du fumier qui ne pourrait pas nuire à la salubrité de l'air ne constitue point une contravention punissable. — *Cass.*, 15 oct. 1825, Vincent. — V. en outre FUMIERS.

41. — Une ordonnance de police du 28 janv. 1786, art. 19 et 20, défend de jouer sur la voie publique au volant, aux quilles, au bâtonnet, à cause des accidens auxquels ces jeux exposent les passans.

42. — Tous les jeux de même nature qui consistent à jeter un corps quelconque, par exemple le jeu de mail, peuvent être interdits sur la voie publique par l'autorité municipale, et il a été jugé que les arrêtés pris à cet égard et fondés sur la loi du 24 août 1790 trouveraient leur sanction dans la disposition générale de l'art. 471, nº 15, C. pénal. — *Cass.*, 5 mars 1818, Allard.

43. — Cet arrêt, comme on le voit, ne se réfère qu'au nº 15 de l'art. 471, relatif à la violation des réglemens sur la petite voirie; mais cette citation même prouve que la cour ne considérait pas l'objet de l'arrêté municipal comme rentrant dans les dispositions spéciales du Code sur le jet des corps durs; que l'exercice d'un jeu, même dangereux, n'est puni par aucune loi, et qu'un réglement municipal est nécessaire pour l'interdire.

44. — Une ordonnance de police du 1er oct. 1844, reproduisant les termes d'une ordonnance précédente du 1er avr. 1843, défend, entre autres dispositions : — 1º de déposer dans les rues, sur les places, quais, ports, berges de la rivière et généralement sur aucune partie de la voie publique, des ordures, immondices, pailles et résidus quelconques de ménage (sauf pendant certaines heures du commencement de la journée); — 2º de déposer sur la voie publique les bouteilles cassées, les morceaux de verre, de poterie, faïence et tous autres objets de même nature pouvant occasionner des accidens; — 3º de secouer sur la voie publique des tapis et autres objets pouvant salir ou incommoder les passans et généralement d'y rien jeter des habitations; — 4º de jeter des pailles ou ordures ménagères à la rivière, sur les berges, les parapets, cordons ou corniches des ponts; — 5º de jeter des eaux sur la voie publique ou d'y jeter et faire couler des urines et des eaux infectes. — 6º La même ordonnance défend aux marchands ambulans de jeter sur la voie publique des débris de légumes et de fruits ou tous autres résidus. — — Art. 10, 12, 13, 14, 15, 16.

45. — La même ordonnance contient encore d'autres dispositions relatives au chargement et déchargement des objets qui seraient de nature à salir la voie publique ou à incommoder les passans.

46 — Une autre ordonnance du 23 oct. 1844, relative aux objets dont la chute peut causer des accidens, défend aux propriétaires et locataires : — 1º de déposer sous aucun prétexte et de laisser déposer sur les toits, entablemens, chêneaux, gouttières, terrasses, murs et autres parties élevées des maisons, des caisses, pots à fleurs, vases et autres objets quelconques (art. 1er); — 2º de déposer des cages et garde-manger sur aucune des parties élevées des bâtimens dont il a été parlé plus haut et d'en placer en saillie des murs bordant la voie publique, de quelque manière qu'ils soient attachés (art. 2); — 3º de laisser écouler de l'eau sur la voie publique, par suite de l'arrosement des fleurs placées sur les balcons et appuis de croisées (art. 3). — V. en outre ÉTALAGE, ENSEIGNE (nº 16), AUVENS.

47. — L'ordonnance de la marine d'août 1681 maintenue par l'art. 484, C. pén., défend (art. 4, tit. 2, liv. 4) de jeter dans les ports et havres aucuns immondices, à peine de 10 livres d'amende payables par les maîtres pour leurs valets, même par les père et mère pour leurs enfans.

48. — Il a été jugé que cette contravention est de la compétence non des tribunaux de police, mais des conseils de préfecture, par application du décret du 10 avr. 1812 et de l'art. 114 du décret du 16 déc. 1811. — *Cass.*, 7 oct. 1842 (t. 1er 1843, p. 56), Casabianca. — V. aussi PORTS.

V. encore BALAYAGE ET NETTOIEMENT DE LA VOIE PUBLIQUE, BOUES ET LANTERNES, ÉGOUTS, FUMIERS, EMBARRAS DE LA VOIE PUBLIQUE.

JET A LA MER.

C'est l'action de jeter à la mer tout ou partie du chargement pour alléger le navire, dans le cas de péril imminent. — V. AVARIES.

JEU.

Table alphabétique.

Action, 9.
Billard, 14 s.
Billet, 22 s., 40. — (mise en circulation), 33.
Boules, 16.
But du jeu, 5.
Capacité, 4.
Combat de rameurs, 13.
Consentement, 4.
Contrat aléatoire, 3.
Courses, 12. — de chevaux, 17.
Délégation, 24.
Dette de jeu, 9.
Dol, 18, 51.
Echecs, 13.
Egalité, 4.
Emprunt, 34 s.
Enjeu déposé, 52 s. — (billet), 54. — excessif, 12.
Escroquerie, 18, 51.
Erreur, 19.
Exception, 19.
Femme mariée, 21.
Intermédiaire, 46 s.
Jeu d'adresse, 2, 7, 12 s. — d'adresse et de hasard, 2. — de bourse, 11, 27. — de hasard, 2, 6.
Lettre de change, 24.
Loterie, 36.
Loyauté, 4.
Mandat, 44, 46.
Manœuvres frauduleuses, 51.
Marchés à terme, 11.
Mineur, 8, 2[illegible]
Motifs de ju[illegible]ment, 43.
Nage, 13.
Negotiorum gestor, 45.
Novation, 28.
Obligation, 8, 10, 22 s., 2[illegible], 42.
Paiement en immeubles, 48 suiv.
Paume, 12.
Présomption, 41.
Prêt, 34 s.
Preuve, 37 s.
Quilles, 16.
Répétition, 18 s.
Supercherie, 18, 51.
Tiers, 31 s.
Tir, 15, 34 s.
Vente, 48 s.

JEU. — 1. — Exercice basé sur l'adresse et le hasard, auquel, dans un but de lucre ou de simple distraction, on se livre en risquant le plus ordinairement une somme d'argent.

2. — Les jeux sont de pur hasard, tels que la roulette, le lansquenet, le trente et quarante, etc., ou de pure adresse, comme la paume, le mail, les échecs, etc., ou mélangés d'adresse et de hasard, par exemple, le wisth, le piquet, le tric-trac, etc., etc.

3. — Considéré comme contrat, le jeu est une convention par laquelle les parties s'engagent à donner à celle d'entre elles qui gagnera une somme ou un objet déterminé. Ainsi, c'est un contrat aléatoire.

4. — Le jeu n'a en lui-même rien de mauvais, pourvu qu'il ne s'écarte pas des règles de la justice. — Toullier, t. 6, nº 381, et t. 10, nº 53; Troplong, *Contrats aléatoires*, t. 15, nos 32 et suiv. — Selon Pothier (*Du jeu*, nos 8 et suiv.), ces règles sont : 1º que chacun des joueurs ait capacité pour disposer de la somme qu'il joue; 2º que chacun d'eux apporte au contrat que renferme le jeu un consentement libre; 3º qu'il y ait égalité dans la partie; 4º que les joueurs aient apporté au jeu la fidélité qui y est requise. — Rolland, *Rép.*, vº *Jeu*, nº 3; Troplong, nos 54 et suiv.

5. — Mais le jeu, considéré dans la fin que se proposent les joueurs, n'est pas toujours licite. A cet égard, on distingue si les parties déterminées uniquement par le désir de gagner n'ont eu besoin que d'employer un jeu de *hasard;* ou bien si elles ont joué à un jeu d'*adresse* pour s'exercer le corps ou l'esprit, en sorte que cette fin soit entrée principalement ou au moins en partie dans leur intention. — Rolland, *Rép.*, vº *Jeu*, nº 5.

6. — Les jeux de hasard ont toujours été défendus. — V. au digeste et au Code les titres *De aleat.*; — Troplong, nº 55; Pothier, *Jeu*, nos 45 et suiv.; Merlin, *Rép.*, vº *Jeu*.

7. — Il en a été autrement des jeux d'adresse. — Troplong, nos 34 et 41; Merlin, *loc. cit.*

8. — Cependant la jurisprudence avait appliqué à toutes les obligations contractées pour quelque espèce de jeu que ce fût, la disposition qui déclarait « *nuls et de nul effet* tous contrats, obligations, promesses, billets, ventes, cessions, transports, et tous autres actes de quelque nature qu'ils pussent être, ayant pour cause une dette de jeu, soit qu'ils eusssent été faits par des majeurs ou des mineurs. » — Déclar. 1er mars 1781, art. 10. — Cette disposition n'était qu'une répétition de l'art. 138 de l'ordonnance de janvier 1629, qui déclarait « toutes dettes contractées pour le jeu nulles, et toutes obligations et promesses faites pour le jeu, quelque déguisées qu'elles fussent, nulles et de nul effet, et déchargées de toutes obligations civiles et naturelles. — Pothier, *Du jeu*, nº 50; Merlin, *Rép.*, vº *Jeu*, nº 4.

9. — Aujourd'hui la loi n'accorde aucune action pour une dette de jeu ou pour le paiement d'un pari. — C. civ., art. 1965.

10. — Du reste ces obligations ne sont pas comme autrefois déclarées *nulles et sans effet*; le Code se borne à ne leur accorder aucune action. Ainsi, le créancier est seulement privé du droit d'agir en justice pour réclamer ce qui lui est dû. Il ne peut par conséquent opposer sa créance au débiteur comme une exception à une autre demande; car celui qui propose une exception se rend demandeur : *reus excipiendo fit actor*. — Toullier, *Dr. civil*, t. 6, nº 382; — Rolland, *Rép.*, vº *Jeu*, nº 10.

11. — Mais les marchés à terme d'effets publics sont nuls, lorsqu'ils ne constituent qu'un jeu de bourse. — V. MARCHÉS A TERME.

12 — Quant aux jeux propres à exercer au fait des armes, aux courses à pied ou à cheval, aux courses de chariot, au jeu de paume et autres jeux de même nature qui tiennent à l'adresse et à l'exercice du corps, ils sont exceptés de la disposition de l'art. 1965. Néanmoins, le tribunal peut rejeter la demande, quand la somme lui paraît excessive. — C. civ., art. 1966.

13. — L'énumération contenue en l'art. 1965 n'est pas limitative. On devrait donc y joindre, selon M. Troplong (nos 49 et 50), la nage, les combats de rameurs, les divers tirs, les echecs.

14. — Mais le jeu de billard ne peut être considéré comme un jeu d'adresse, pour la dette duquel la loi accorde action. — *Grenoble*, 6 déc. 1823, Ronneux c. Landre; *Montpellier*, 4 juill. 1828, Vidal c. Rivals; *Angers*, 13 août 1831, Jousse c. Hertereau; *Poitiers*, 4 mai 1810, Bouthet-Richardière c. Gilbert; — Rolland de Villargues, *Rép. du notar.*, vº *Jeu*, nº 12; Troplong, nº 57. — V. *contrà* Chardon, *Dol et Fraude*, t. 3, nº 558, quand il s'agit d'une somme modique et qu'il paraît par les circonstances que les parties n'ont pas été mues par la cupidité.

15. — Il en est ainsi alors surtout qu'il résulte des circonstances que les parties, loin de vouloir se procurer un exercice ou un amusement, n'ont été mues que par la cupidité. — *Poitiers*, 4 mai 1810, Bouthet-Richardière c. Gilbert.

16. — Les jeux de quilles, de boules et autres de même genre ne rentreraient pas davantage dans la classe des jeux pour lesquels le Code accorde une action. — Troplong, nº 57.

17. — Dans les jeux qui tiennent à l'adresse ou à l'exercice du corps, par exemple dans les courses de chevaux, le gagnant n'est fondé à exercer l'ac-

tion en paiement de la somme gagnée qu'autant qu'il a rempli les conditions imposées par la convention ou par l'autorité. —V. COURSE DE CHEVAUX.

18. —Dans aucun cas, le perdant ne peut répéter ce qu'il a volontairement payé, à moins qu'il n'y ait eu, de la part du gagnant, dol, supercherie ou escroquerie. — C. civ., art. 1967.

19. — De ce qu'il n'y a pas lieu à répétition quand le perdant a *volontairement* payé, il faut conclure que si le paiement avait été le résultat d'une erreur, la répétition devrait être admise. — Duranton, t. 18, n° 681.

20. — Les lois romaines accordaient l'action en répétition toutes les fois que le jeu était prohibé. — L. 4, § 2, ff., *De aleator*. — Rolland, *Rép.*, v° *Jeu*, n° 14.

21. — L'ordonnance de Moulins de 1566, art. 59, accordait aux mineurs l'action en répétition des sommes perdues au jeu. Si le Code n'en parle pas, c'est que les mineurs trouvent dans l'incapacité dont ils sont frappés l'action en réparation de toute obligation qui leur porte préjudice. Il y a même raison de décider à l'égard de la femme mariée agissant sans l'autorisation de son mari.

22. — Pour que la répétition ne soit pas admissible, il faut qu'il y ait eu paiement réel et non pas simplement promesse de paiement. Les billets et obligations qui n'ont d'autre cause qu'une dette de jeu non permis doivent être considérés comme dépourvus de cause licite ou comme de simples promesses de payer. De pareils engagements n'emportent point novation. — Duranton, t. 10, n° 370.

23. — Jugé en conséquence que des billets souscrits pour une dette de jeu sont nuls et que le souscripteur a droit d'obtenir du gagnant non seulement la restitution des billets en son pouvoir, mais encore la garantie de ceux qu'il a mis en circulation. — *Cass.*, 29 déc. 1814, Fromentin c. Buon.

24. — ... Qu'une lettre de change souscrite pour payer une dette de jeu et une délégation faite avec garantie pour acquitter une semblable dette ne peuvent servir de fondement à une action, sous prétexte qu'elles ont opéré paiement de la dette de jeu, et que le perdant ne peut répéter ce qu'il a volontairement payé.— *Limoges*, 2 juin 1819, Martin c. Chabodie; — Troplong, n° 195.

25. — ... Que l'obligation souscrite pour une dette de jeu est nulle; que ce serait une véritable subtilité que de prétendre que par la remise qu'il en a faite, le perdant a payé sa dette, et que dès-lors il ne peut plus répéter ce qu'il a payé; qu'une pareille obligation n'est en réalité qu'un paiement fictif, une promesse de paiement. — *Lyon*, 21 déc. 1822, Pernety c. Sadan.

26. — ... Que des billets à ordre souscrits par un débiteur n'étant point réellement un paiement, mais contenant seulement une promesse de payer, il s'ensuit que s'ils ont pour cause une dette de jeu, le porteur ne peut pas invoquer l'art. 1967, C. civ., qui ne permet pas au perdant de répéter ce qu'il a volontairement payé. — *Grenoble*, 6 déc. 1823, Romieux c. Landre.

27. — ... Que le souscripteur d'un billet ayant pour cause une dette de jeu de bourse ne peut être déclaré non-recevable à en demander la nullité sous prétexte que le billet a opéré paiement de sa dette et que l'action en nullité est une répétition inadmissible de ce qui a été volontairement payé, ou bien parce que la souscription du billet serait une renonciation tacite à se prévaloir du moyen de nullité. — *Cass.*, 30 nov. 1826, Gervais-Deslongchamp c. Bourdon.

28. — ... Que l'obligation de payer une dette de jeu, en la considérant même comme naturelle, n'est pas susceptible de novation, puisqu'elle a une cause réprouvée par la loi. — *Limoges*, 8 janv. 1824, Boudet c. Ramboz, Bardenat et Descourières.

29. — Il n'y a pas lieu de distinguer si l'enjeu a été des billets eux-mêmes, ou si les billets ont été faits depuis la perte de la somme, ou même s'ils l'ont été plusieurs jours après. — Duranton, t. 10, n° 370.

30. — Ainsi, de ce que chaque joueur a mis pour enjeu un billet souscrit par lui au profit de l'autre, il ne s'ensuit pas qu'il y ait eu paiement de la part du perdant dans le sens de l'art. 1967, C. civ. En conséquence, le souscripteur du billet peut refuser d'en acquitter le montant. — *Angers*, 13 août 1831, Jousse c. Hertereau.

31. — Les effets de commerce souscrits en paiement d'une dette de jeu sont nuls, bien qu'ils aient été faits à l'ordre d'un tiers, alors surtout que les circonstances démontrent que ce tiers est une personne interposée. — *Montpellier*, 4 juill. 1828, Vidal c. Rivals.

32. — De même, la remise d'un billet à ordre faite sans endossement à un tiers pour payer une dette de jeu ne peut être considérée comme un paiement proprement dit, et le montant de l'effet peut être répété. — *Cass.*, 17 juill. 1828, Darenne c. Lanoix.

33. — Toutefois, si les effets remis en paiement avaient été mis en circulation, aucune exception ne pourrait être opposée aux tiers-porteurs de bonne foi. — Troplong, n° 196; Mollot, n° 331.

34. — Les sommes empruntées par un joueur à un tiers désintéressé dans la partie ne constituent pas un prêt illicite. Dès-lors les billets souscrits pour le constater doivent être remboursés. — Néanmoins de telles créances, en raison de leur origine non favorable, ne peuvent obtenir la sanction de la justice qu'autant qu'il est constaté que les sommes prêtées ont été réellement fournies des propres deniers du prêteur; que celui-ci n'avait aucun intérêt au jeu, quelque détourné qu'il fût, et qu'ainsi ces créances ne contiennent aucun déguisement, aucune fraude à la loi. La preuve de ces faits peut être établie tant par titres que par témoins. — *Colmar*, 29 janv. 1841 (t. 1er 1842, p. 353), Fegers c. Speisser et Samuel Lévy. — Troplong, nos 66 et suiv.

35. — Mais on ne peut considérer comme une dette de jeu pour laquelle la loi n'accorde aucune action celle contractée envers un receveur de la loterie par un actionnaire, à raison des avances ou des crédits qui lui ont été faits pour ses mises. — *Cass.*, 10 août 1811, Bormans c. Olivier et Touzard.

36. — De même, les dettes contractées pour paiement d'achats de billets d'une loterie établie et autorisée par les lois ne peuvent être assimilées à des dettes de jeu pour lesquelles la loi ne donne point d'action. — C'est ce qui a été jugé en Belgique en 1822 relativement à la loterie du royaume des Pays-Bas. — *Bruxelles*, 12 févr. 1822, D..... c. B.....

37. — Le perdant peut, lorsqu'il se refuse à acquitter sa dette, établir par tous les genres de preuves, même par témoins, qu'un billet dont on lui demande le paiement a eu pour cause une dette de jeu, et en conclure que la demande n'est pas recevable. — Toullier, t. 6, n° 382, et t. 10, n° 53; Duranton, *Droit français*, t. 10, n° 370; Favard, *Rép.*, v° *Contrat aléatoire*; Rolland, *Rép.*, v° *Jeu*, n° 13. — On le décidait de même autrefois sous l'empire des ordonnances de 1566, 1629 et 1667. — Arrêt du parlement de Bretagne, 12 mai 1671; arrêts du parlement de Paris, 30 janv. 1764, 30 juill. 1793; — Merlin, *Rép.*, v° *Jeu*, n° 4.

38 — Ainsi, la preuve testimoniale est admissible pour établir qu'une obligation a pour véritable cause une dette de jeu. — *Limoges*, 2 juin 1819, Martin c. Chabodie.

39. — ... Et cela quand bien même il s'agirait d'une obligation notariée, portant pour cause pour un prêt. — *Lyon*, 21 déc. 1822, Pernety c. Sadan.

40. — De même, la preuve testimoniale est admissible pour établir qu'un billet à ordre a pour cause une dette de jeu. — *Grenoble*, 6 déc. 1823, Romieux c. Landre.

41. — Des présomptions même suffiraient, pourvu qu'elles fussent graves, précises et concordantes, pour établir l'origine de la dette. — Troplong, *loc. cit.*

42. — La loi n'accordant aucune action pour les dettes de jeu, il s'ensuit que les obligations, *quelle que soit leur apparence*, consenties pour de pareilles dettes, ont une cause illicite, que la preuve testimoniale en est toujours admissible, encore même qu'elle émane d'une des parties contractantes. — *Limoges*, 8 janv. 1824, Boudet c. Ramboz, Bardenat et Descourières; — Troplong, n° 64.

43. — L'arrêt qui annule des billets comme étant le résultat d'un jeu de bourse ne peut être attaqué pour défaut de motifs, en ce qu'il ne précise pas les caractères constitutifs de ce jeu, lorsque les débats n'ont point porté sur ces caractères. — *Cass.*, 30 nov. 1826, Gervais-Deslongchamp c. Bourdon.

44. — Si cependant, au lieu d'emprunter, le perdant a chargé un tiers de payer pour lui, celui-ci a contre lui l'action *mandati* pour obtenir le remboursement de ce qu'il a avancé. — Troplong, n° 71.

45. — Mais il en serait différemment de celui qui bénévolement aurait, en qualité de *negotiorum gestor*, acquitté une dette de jeu pour autrui. — Le perdant pourrait le désavouer et refuser de lui rembourser ses avances. — Troplong, n° 72.

46. — Le tiers qui aurait prêté ses services pour jouer ne pourrait actionner son mandant en paiement de ses avances, frais, salaires, etc. — Troplong, nos 73 et suiv.

47. — Celui qui a servi d'intermédiaire personnellement intéressé dans un jeu ou dans un pari n'a pas d'action contre son mandant pour se faire rembourser des sommes qu'il a, de ses deniers, et en vertu du mandat spécial conféré par celui-ci, payées au gagnant. Dans ce cas le mandat de payer est entaché du même vice que celui de jouer, et son exécution ne peut donner ouverture à aucune demande en répétition. — *Cass.*, 26 fév. 1845 (t. 1er 1845, p. 463), Cresp c. Coste.

48. — On s'est demandé si le paiement fait en immeubles était valable. — Anciennement l'affirmative n'était point douteuse. — Pothier, *Vente*, n° 192; Costa, *De ludo*, art. 5, n° 4. — Cette opinion se fondait, en effet, sur l'art. 141, ord. 1629, ainsi conçu : « Et d'autant que l'effrénée passion du jeu porte quelquefois à jouer des immeubles, nous voulons et déclarons que nonobstant la perte et délivrance desdits immeubles, quoique déguisée en vente, échange ou autrement, les hypothèques demeurent entre eux aux femmes pour leurs conventions et aux créanciers pour leurs dettes, nonobstant tout décret, s'il est prouvé que l'aliénation desdits immeubles procède de jeu. »

49. — Mais, postérieurement, une déclaration du 1er mars 1781 a prononcé la nullité « des ventes, cessions, transports et tous autres actes, de quelque nature qu'ils puissent être, ayant pour cause une dette de jeu, soit qu'ils aient été faits par des majeurs ou des mineurs. » Et la cour de Paris a jugé que l'acte de vente fait avant le Code civil et ayant pour cause une dette de jeu, était nul. — *Paris*, 27 nov. 1811, Martin c. Ragon.

50. — M. Troplong pense qu'aujourd'hui la déclaration du 1er mars 1781 n'a plus force de loi, et que si la vente est sérieuse et sincère elle doit être maintenue en vertu de l'art. 1967, C. civ. « Seulement, ajoute-t-il, si l'acheteur venait à souffrir éviction, il n'aurait pas d'action contre son vendeur. La raison en est que ce serait donner indirectement action pour une dette de jeu. » — Troplong, nos 198 et 194.

51. — Le paiement extorqué par des manœuvres frauduleuses autoriserait, comme le dol, la supercherie ou l'escroquerie employés au jeu, la répétition de ce qui a été payé. — Troplong, n° 198.

52. — L'enjeu déposé sur la table de jeu est acquis au gagnant de plein droit et par la force de leur convention. — Mais si le perdant s'empare de l'enjeu, MM. Duranton (t. 18, n° 116) et Zachariæ (t. 3, p. 80) reconnaissent au gagnant une action en justice parce, que dans ce cas, il exerce, selon eux, non une action pour dette de jeu, mais un droit de propriété. — M. Troplong aurait, dit-il, de la peine à se rendre à cette opinion; il lui paraît difficile de ne pas remonter à la cause première de ce droit de propriété et de le séparer du moyen qui l'a fait acquérir. — V. Troplong, t. 15, n° 204.

53. — M. Zachariæ (*ibid.*) accorde aussi au gagnant contre le tiers entre les mains duquel l'enjeu a été remis, une action procédant d'un contrat équivalent à dépôt. — M. Troplong ne paraît pas approuver non plus cette solution, car il importe peu aux yeux de la loi que la demande en paiement ait lieu contre le perdant lui-même ou contre le tiers qui détient la chose en son nom pour la lui remettre : le résultat est toujours le même, c'est une dette de jeu dont on veut avoir le paiement.

54. — Si, au lieu d'argent, c'était un billet qui eût été déposé entre les mains d'un tiers, comme, ainsi que le dit un arrêt de la cour d'Angers, du 22 fév. 1809 (G.... c. L.... V.... et P....) tout billet déposé continue d'être la propriété de celui qui en a fait le dépôt, le perdant pourrait en exiger la restitution et se refuser à payer. — Troplong, n° 203.

JEUX D'ADRESSE.

V. JEU, PARI, JEUX DE HASARD.

JEUX DE BOURSE.

1. — Opérations fictives, soit sur les rentes sur l'état et autres effets publics, soit sur des marchandises, et consistant dans des achats et ventes à terme, qui, d'après la convention, au lieu de se réaliser, se résolvent en paiement de la différence existant entre le cours auquel le marché a été conclu et le cours du jour fixé pour l'exécution du marché. — Le nom de jeux de bourse se donne aussi aux manœuvres employées pour produire une hausse ou une baisse du cours des effets publics.

2. — Quoique les jeux de bourse portent plus fréquemment sur les effets publics, cependant ils ont aussi quelquefois pour objets des marchandises dont le cours est sujet à des variations, tels que les eaux-de-vie, les huiles et les blés même dans certaines conjonctures.

3. — Les jeux de bourse sont prohibés par la loi et il est interdit aux agens de change d'y prêter leur ministère (V. AGENT DE CHANGE, n° 259), et toute action en justice est interdite pour leur exécution. En effet, ces opérations n'ayant pour objet

que le paiement de la différence entre le cours d'une même marchandise à deux époques distinctes constituent de véritables *paris* sur la hausse et la baisse des marchandises.

4. — Les jeux de bourse se font nécessairement sous la forme d'un marché à terme, soit ferme, soit à prime. — V. AGENT DE CHANGE, nos 110 et 111, EFFETS PUBLICS, MARCHÉS A TERME, PRÉSOMPTION, RENTES SUR L'ÉTAT.

JEUX DE CARTES.

V. CARTES A JOUER, JEU, JEUX DE HASARD.

JEUX DE HASARD.

Table alphabétique.

Action en justice, 7.
Administrateurs, 19, 26, 28, 41.
Admission du public, 21 s.
Agens, 19, 26, 28, 41.
Appareils, 48 s., 58.
Argent exposé, 48 s.
Auberge, 24 s., 68.
Bail, 15.
Banquier, 5, 41, 45.
Billard, 36.
Bouillotte, 34.
Cabaret, 24 s.
Café, 24 s.
Chemins publics, 54 s.
Compétence, 8.
Confiscation, 48 s., 58 s.
Creps, 34.
Dés, 55 s.
Directeurs, 6, 19, 38 s.
Douze points, 34.
Droit ancien, 2 s., 55 s.
Eaux minérales, 11.
Ecarté, 34.
Effets exposés, 48 s.
Enjeu, 58.
Escroquerie, 20.
Excuse, 29 s., 67 s.
Ferme des jeux, 12 s.
Flagrant délit, 46 s.
Garçon de salle, 42.
Historique, 2 s.
Instrumens, 48 s., 58.
Jeu d'adverse, 36. — de cartes, 70 s. — de hasard, 33 s., 37. — de piquet, 35, 71.
Joueur, 43 s., 50.
Lieux publics, 24 s., 54 s., 64, 72.
Locataire, 6.
Maison de jeu, 24 s., 29 s., 64.
Meubles, 48 s., 52 s.
Objets exposés, 58.
Paris (ville de), 11 s.
Pénalité, 5 s., 49, 57.
Places, 54 s.
Pouvoir municipal, 70 s.
Préposés, 19, 26. 28, 41.
Présentation, 22 s.
Preuve, 46 s.
Propriétaire, 6 s.
Récidive, 60 s.
Réunions privées, 21.
Rues, 54 s.
Société, 18.
Table d'hôte, 32.
Ustensiles, 48 s.

JEUX DE HASARD. — 1. — Le jeu de hasard est un exercice dans lequel le hasard domine, et où l'on risque le plus ordinairement de l'argent. — Merlin, vo *Jeu*.

§ 1er. — *Historique et législation* (no 2).

§ 2. — *Des maisons de jeux de hasard* (no 19).

§ 3. — *Des jeux de hasard tenus dans les rues, chemins, places ou lieux publics* (no 54).

—

§ 1er. — *Historique et législation.*

2. — Les monumens anciens de la législation attestent les efforts qui ont été faits à toutes les époques pour mettre un frein à la passion des jeux de hasard, passion dont les conséquences peuvent être si funestes.

3. — A Rome les jeux de hasard étaient l'objet d'une répression sévère. La constitution de Justinien prononçait la confiscation des sommes gagnées au jeu et des maisons qui avaient reçu les joueurs. — En outre toute action était déniée à ceux-ci à raison des voies de fait dont ils étaient l'objet dans ces maisons. — Quant aux jeux utiles à la guerre ou propres à développer les forces du corps, ils étaient autorisés. — ff., *De aleatoribus*, L. 1, 2 et 3; — Const., Justin., Cod. *De aleatoribus*.

4. — En France les jeux de hasard furent successivement interdits par l'ordonnance de saint Louis de déc. 1254 (art. 35), par des ordonnances de Charles IV (1319), Charles V (1369), Charles VIII (1485), François Ier, Charles IX (1560), Louis XIII (1611 et 1629). — En outre, par un arrêt du parlement de Paris, du 8 juill. 1661, il fut défendu de tenir des jeux de hasard, à peine de prison et de 100 livres d'amende. — V. aussi autres arrêts des 16 sept. 1663, 29 mars 1664, 16 déc. 1680, 16 janv. 1691, 8 fév. 1708, prohibitifs des jeux usités à ces diverses époques. — Chauveau et Hélie (*Théor. C. pén.*, t. 7, p. 400). — V. aussi *infrà*.

5. — Une déclaration de Louis XVI du 1er mars 1781 contenait contre les jeux les dispositions suivantes : « Art. 2. Sont réputés prohibés, outre les jeux de hasard, principalement tous les jeux dont les chances sont inégales, et qui prélèvent les avantages certains à l'une des parties, au préjudice des autres. » — « Art. 5. Ceux qui seront convaincus d'avoir joué auxdits jeux prohibés seront condamnés, pour la première fois, savoir : ceux qui tiendront lesdits jeux, sous le titre de banquiers, en 3,000 livres d'amende chacun, et les joueurs en 1,000 livres chacun. » — « Art. 7. En cas de récidive, l'amende sera doublée. »

6. — La loi du 19-22 juill. 1791 prononçait des peines : 1o contre les propriétaires ou principaux locataires des maisons ou appartemens dans lesquels le public serait admis à jouer des jeux de hasard, s'ils demeuraient dans ces maisons et s'ils n'avaient pas averti la justice (300 liv. d'amende et 1,000 liv. en cas de récidive); 2o contre ceux qui tenaient des maisons de jeux de hasard (1,000 liv. à 3,000 liv. d'amende, emprisonnement d'un an au plus, et confiscation des fonds trouvés au jeu. — En cas de récidive, amende de 5,000 à 10,000 liv., emprisonnement de deux ans au plus.

7. — On jugeait, sous cette loi de 1791, que les peines portées contre les banquiers de jeux ne pouvaient être appliquées au propriétaire de la maison où les jeux étaient établis et qui n'y habitait pas. — *Cass.*, 19 juill. 1792, Guiraud de Taleyrac.

8. — ... Qu'un tribunal de simple police était incompétent pour connaître de la prévention élevée contre un individu d'avoir tenu une maison de jeux de hasard. — *Cass.*, 6 niv. an IX, N..

9. — Cette loi de 1791 reçut une nouvelle sanction du décret du 24 juin 1806 qui prohiba les maisons de jeux de hasard dans toute l'étendue de l'empire.

10. — L'art. 3 portait que « tout fonctionnaire public, soit civil, soit militaire, qui autoriserait une maison de jeu, qui s'intéresserait dans ses produits, ou qui, pour la favoriser, recevrait quelques sommes d'argent ou autres présens de ceux qui la tiendraient, serait poursuivi comme complice. »

11. — Toutefois l'art. 4 du même décret autorisait le ministre de la police à faire des réglemens particuliers sur cette matière pour les lieux où il existait des eaux minérales, pendant la saison des eaux seulement, et pour la ville de Paris.

12. — C'est en vertu de cette disposition que plusieurs maisons de jeu furent établies soit à Paris, soit dans d'autres localités : on sait même que l'exploitation de ces maisons fut régularisée par des ordonnances du 5 août 1818 et du 19 juill. 1820, et que jusqu'en 1837 la loi des finances de chaque année autorisa la mise en ferme des maisons de jeux de hasard à Paris.

13. — Mais l'exception introduite par le décret de 1806 a cessé de recevoir son application depuis le 1er janv. 1838, l'art. 10, L. 11 juill. 1836 qui prohibe les jeux publics ayant été déclarée exécutoire à partir de cette époque. — V. la discussion qui a précédé cette loi dans le *Moniteur* du 18 juin 1836.

14. — « Ainsi, dit M. Duvergier (*Collect. des lois*, t. 36, p. 304, note), se trouvent abrogés l'art. 18, L. 19 juill. 1820, l'ordonn. du 5 août 1818 et le décret du 24 juin 1806. Il faut espérer que ce changement dans la législation est le précurseur d'un changement dans les mœurs, et que peu à peu on verra disparaître cette habitude funeste et absurde de consacrer au jeu des sommes élevées et un temps précieux. C'est aux législateurs, aux magistrats, à tous ceux qui sont chargés de la haute direction sociale à donner l'exemple de cette réforme; les hommes voués à l'étude des sciences morales, et notamment les légistes, doivent aussi comprendre qu'il est des délassemens plus nobles, plus sérieux et plus moraux que le jeu, et surtout le gros jeu. Je ne comprends pas comment on ose avouer la passion de l'argent, et rechercher sans rougir les émotions qu'elle procure, lorsqu'il faut pour la satisfaire enlever souvent à ses amis, et par de pareils moyens, des sommes dont la perte peut leur nuire. » — Il y a plus de dix ans que ces lignes sont écrites, et nous n'osons affirmer que les honnêtes espérances de leur auteur aient été réalisées; mais il n'en faut pas moins applaudir avec lui à une mesure qui n'est autre chose qu'un hommage rendu, trop tardivement encore peut-être, à la morale publique.

15. — Au reste, même avant 1838, et quel que fût le droit résultant pour la police du décret de 1806, on considérait l'existence de maisons de jeux même tolérées, comme immorale, incommode, dangereuse sous tous les rapports, et dès-lors comme pouvant donner lieu à restitution du bail. — *Paris*, 11 mars 1826, Benazet. — V. au surplus BAIL, nos 386 et 483.

16. — Aujourd'hui toute la législation sur les jeux réside dans les art. 410 et 475, § 5, C. pén., qui prévoient et punissent, l'un la tenue des maisons de jeux de hasard, l'autre le fait d'avoir tenu des jeux de hasard dans les rues, chemins et autres lieux publics. — Nous verrons aussi *infrà* nos 70 et s., quels sont, en ce qui touche la défense de jouer, les droits et attributions de l'autorité municipale.

17. — Ajoutons que la loi n'accorde, en principe, aucune action pour dette de jeu. — C. civ., art. 1965. — V. JEU, PARI.

18. — Par un jugement récent, le tribunal de la Seine (deuxième chambre) a décidé que la loi de 1836 n'a pu s'appliquer qu'aux jeux publics en France, et non aux jeux publics exploités à l'étranger où la loi française n'a pas d'action, et que, dès-lors, les jeux n'étant pas d'ailleurs contraires à la morale absolue, la société formée pour l'exploitation d'une ferme de jeux, dans un pays où cette exploitation est autorisée, doit être considérée comme valable et ne peut être annulée en vertu de l'art. 1133, C. civ. — Jugement du tribunal de la Seine du 12 mai 1847 (Devaux c. Bernard); *Gazette des Tribunaux* du 13 mai.

§ 2. — *Des maisons de jeux de hasard.*

19. — L'art. 410 est ainsi conçu : « Ceux qui auront tenu une maison de jeux de hasard et qui y auront admis le public, soit librement, soit sur la présentation des intéressés ou affiliés, les banquiers de cette maison, tous administrateurs, préposés ou agens de ces établissemens, seront punis d'un emprisonnement de deux mois au moins et de six mois au plus, et d'une amende de 100 francs à 6,000 fr. — Les coupables pourront être de plus, à compter du jour où ils auront subi leur peine, interdits pendant cinq ans au moins et dix ans au plus des droits mentionnés en l'art. 42 du présent Code. »

20. — MM. Chauveau et Hélie (*Th. C. pén.*, t. 7, p. 402) font remarquer avec raison que le fait seul de la tenue d'une maison de jeux de hasard suffit pour constituer le délit, abstraction faite des circonstances morales qui l'entourent, et que dès-lors il n'est pas besoin pour encourir les peines édictées par le Code pénal que l'agent ait employé des moyens frauduleux ou se soit procuré des gains illicites. — *Cass.*, 15 nov. 1839 (t. 1er 1843, p. 737), Bataille.

21. — Un caractère essentiel du délit prévu par l'art. 410 est l'admission du public, soit librement, soit sur présentation : autrement, le délit n'existe pas, car les citoyens sont libres de se livrer dans leur domicile à toutes sortes de jeux, pourvu qu'ils en restreignent l'usage dans le cercle de la famille et de leurs relations privées. — Chauveau et Hélie, p. 403.

22. — Il a été jugé, par application de l'art. 410, que lorsqu'une maison de jeu de hasard est établie, la personne qui la tient devient passible des peines prononcées par l'art. 410, C. pén., quand même le public n'y serait pas librement admis, et que les personnes qui désireraient la fréquenter devraient s'y faire présenter. — *Cass.*, 29 mars 1811, N...; — Carnot, t. 2, p. 400, no 5.

23. — ... Et que l'on doit réputer maison de jeux de hasard celle dans laquelle le public est admis avec ou sans présentation, où l'on perçoit une rétribution sur les enjeux; où l'on se charge, moyennant paiement, de solder les fournitures faites aux joueurs; où l'on oblige les joueurs à renouveler leurs cartes, et où le jeu n'a pas seulement pour objet de payer les consommations. — *Rennes*, 30 mai et 2 sept. 1839 (t. 2 1839, p. 574), Cartier et Guyard. — V. aussi *infrà* no 40.

24. — A côté de l'art. 410, qui punit correctionnellement ceux qui auront tenu une maison de jeux de hasard, et y auront admis le public, etc., se place l'art. 475 du même Code, dont le § 5 punit comme coupables seulement de contravention « ceux qui auront établi ou tenu dans les rues, chemins, places ou *lieux publics*, des jeux de loterie ou autres jeux de hasard. » La conséquence qui paraît résulter nécessairement de ces deux dispositions, c'est que le fait que le législateur a voulu atteindre est un délit ou une simple contravention, suivant qu'il est *clandestin* ou *public*. Et cela se conçoit, car la tenue d'une maison de jeux clandestine, sur laquelle la police ne peut exercer aucune surveillance, présente des dangers beaucoup plus graves que le jeu qui s'exerce en public, et que la police peut constamment surveiller et interrompre du moment où il offre un caractère dangereux. Or, le jeu qui se joue dans les cafés, auberges ou cabarets, est précisément dans ce dernier cas, ces divers établissemens étant des *lieux publics*, où la police peut toujours pénétrer (LL. 16-24 août 1790, tit. 11, art. 3, no 3; 19-22 juill. 1791, tit. 1er, art. 9 et 18; décr. 27 sept. 1792; L. 28 germin. an VI, art. 129). Ce caractère de lieux publics est même positivement reconnu à ces établissemens par l'art.

JEUX DE HASARD, § 2.

475, § 5, C. pén.; car autrement, comme le font remarquer MM. Chauveau et Hélie (t. 7, *loc. cit.*), on ne comprendrait pas quel serait le sens des mots *lieux publics*, placés dans cet article après l'énumération des *places*, des *rues* et des *chemins*? L'infraction commise dans les cafés, cabarets ou auberges, continuellement soumis à l'inspection de l'autorité, ne peut donc être ni bien grave ni bien dangereuse; dès-lors, on conçoit qu'elle soit réprimée par une pénalité moins sévère. — Et on est amené à conclure que l'art. 410 est exclusivement applicable aux maisons clandestinement ouvertes aux jeux de hasard, et qui échappent, en leur qualité de maisons particulières, à la surveillance habituelle de la police.

25. — Cette doctrine a été consacrée par la cour de Cassation, qui a jugé que le fait *par un cabaretier* de donner habituellement à jouer, dans son cabaret, le jeu de l'écarté, ne constitue point le délit prévu par l'art. 410, C. pén., mais la contravention réprimée par l'art. 475, nº 5, même Code. — *Cass.*, 14 nov. 1840 (t. 2 1840, p. 673), Lacroix; 26 mars 1813, Lambay.

26. — Cet arrêt détermine même d'une manière fort nette la portée de l'art. 410 : « Attendu, dit-il, que l'art. 410 de ce Code concerne *exclusivement* l'établissement et la tenue de maisons de jeux de hasard ou de loterie non autorisées par la loi proprement dite, et ayant *des administrateurs, préposés ou agens*; que le fait dont il s'agit ne constitue donc qu'une contravention à l'art 475, nº 5, C. pén., puisque les mots *lieux publics* doivent s'entendre dans sa disposition, comme dans le nº 3, art. 3, tit. 11, L. 16-24 août 1790, non seulement *des voies publiques* en général, mais encore de tous les *établissemens* et de tous les lieux qui sont *publics*, et par conséquent des *auberges*, *cafés*, *cabarets*, aussi bien que des *rues* et *chemins*... »

27. — Mais depuis, la cour de Cassation a décidé que la disposition de l'art. 410 est générale; qu'on n'y trouve rien dont on puisse inférer qu'il est inapplicable aux aubergistes, cabaretiers ou cafetiers qui tiendraient une maison de jeux de hasard; que l'art. 475, nº 5, n'a pas dérogé à la généralité des dispositions de l'art. 410 à l'égard des maisons de jeu établies dans les auberges, cafés et cabarets, et qu'il a pour objet d'atteindre tout jeu de hasard qui, tenu d'une manière *passagère ou accidentelle*, ne pourrait, par ce motif, être considéré comme constituant l'établissement d'une maison de jeu, puisque d'ailleurs il est tenu dans un lieu public. — Et en conséquence la cour a jugé que le propriétaire d'un café, cabaret ou auberge qui donne habituellement à jouer des jeux de hasard est passible de la peine prononcée par l'art 410, C. pén., si les circonstances relevées à sa charge sont de nature à constituer l'établissement de jeux de hasard. — *Cass.*, 12 mai 1843 (t. 1er 1844, p. 291), Tallet; *Montpellier*, 23 janv. 1843 (t. 1er 1844, p. 291), Bousquet.

28. — Et le même arrêt de Montpellier décide aussi, contrairement aux motifs exprimés dans l'arrêt précité de la cour de Cassation du 14 nov. 1840, qu'il n'est pas nécessaire, pour qu'une maison de jeu soit considérée comme répréhensible, qu'elle soit organisée de manière à avoir des *administrateurs*, *préposés* ou *agens*; qu'il suffit qu'on y ait joué des jeux de hasard, et que le public y ait été admis, soit librement, soit sur la présentation d'affiliés.

29. — Au surplus, il importe peu, pour l'application de l'art. 410, que l'ouverture des maisons de jeu de hasard ait été temporaire ou permanente. Et celui qui en aurait établi une ne saurait se soustraire à l'application des peines portées par l'art. 410, en alléguant que la maison de jeu n'a été établie que pour une courte durée de temps, pendant un jour de foire, par exemple. — *Aix*, 2 avr. 1819, Gorde; *Montpellier* (motifs), 23 janv. 1843 (t. 1er 1844, p. 291), Bousquet.

30. — De même, les tribunaux ne pourraient, sans commettre un excès de pouvoir, excuser celui qui fait jouer à un jeu de hasard, par la circonstance qu'il connaissait les joueurs, et que les sommes qu'on jouait étaient peu considérables. — *Cass.*, 5 oct. 1810, Perlo. — Sauf, s'il y avait lieu, l'application de l'art. 463, C. pén. — Carnot, t. 2, p. 348, § 6. — V. aussi *infrà* nº 67.

31. — Jugé encore, que le fait d'avoir donné à jouer un jeu de hasard, ne peut être excusé, sous prétexte qu'il n'a été joué qu'un coup de dé, et que le profit du jeu avait servi à soulager un malheureux. — *Cass.*, 26 mars 1813, Lambay.

32. — De même, il importerait peu que, indépendamment de la maison de jeu, il eût été tenu une table d'hôte. — *Paris*, 8 nov. 1839 (t. 2 1839, p. 516), Constant.

33. — Un autre élément constitutif du délit prévu par l'art. 410, résulte de la nature du jeu : la loi ne punit, en effet, que la tenue des maisons *de jeux de hasard*.

34. — On comprend sous le nom *jeux de hasard* à la fois ceux auxquels le hasard seul préside, tels que la roulette, le lansquenet, etc., et ceux dans lesquels le hasard a le principal rôle, ainsi, par exemple, les jeux de bouillotte, d'écarté, *de douze points* de creps. — *Paris*, 8 nov. 1839 (t. 2 1839, p. 516), Constant; *Rennes*, 30 mai et 2 sept. 1839 (t. 2 1839, p. 574), Cartier, Guyard et Hébert; *Paris*, 10 mai 1844 (t. 2 1844, p. 357), Rouhaud; *Nîmes*, 16 fév. 1843 (t. 1er 1843, p. 302), Drujon; *Bordeaux*, 7 sept. 1843 (t. 2 1844, p. 458), R...

35. — Mais le jeu de piquet ne peut être assimilé *à un jeu de hasard* dans le sens de la loi pénale. — *Cass.*, 28 mai 1841 (t. 1er 1841, p. 562), Junin.

36. — Et il faut en dire autant soit du jeu de billard, soit, suivant la définition de l'art. 1966, C. civ., des jeux qui tiennent à l'adresse et à l'exercice du corps. — On sait, en effet, que pour cette espèce de jeux la loi accorde même une action civile. — V. JEU, PARI.

37. — Au reste, la cour de Paris a décidé avec raison qu'il résulte de la généralité de l'art. 410 que la législation a laissé aux magistrats le pouvoir et le soin d'apprécier, suivant les circonstances, la nature des jeux à réprimer. — *Paris*, 10 mai 1844 (t. 2 1844, p. 357), Rouhaud.

38. — Comme le texte l'indique, l'incrimination de l'art. 410 est d'abord dirigée contre *ceux qui ont tenu* la maison de jeu.

39. — MM. Chauveau et Hélie (p. 407) font remarquer à cet égard que la loi ne recherche pas, à la différence de ce qu'elle fait pour les loteries, ceux qui ont *établi* la maison de jeu. — Il faut, disent-ils, une *direction active* pour motiver la responsabilité pénale, cela résulte formellement du texte de la loi. Le projet de l'art. 410 portait : «*Ceux qui auront établi et tenu une maison de jeu.* » La commission du corps législatif fit remarquer que, puisque l'*établissement* d'une maison de jeu n'est pas suffisant pour constituer un délit, et qu'il faut en même temps que cette maison ait été établie et tenue, il suffisait de dire : *ceux qui auront tenu une maison de jeu*. — Cet amendement, adopté par le conseil d'état, ne laisse aucun doute sur le sens de l'article.

40. — Néanmoins, il a été jugé que le mot *tenir* ne doit pas être traduit par le mot *exploiter*; que *tenir* une maison de jeux, c'est, dans le langage de la loi comme dans celui du monde, *ouvrir sa maison à des joueurs* aux époques entre eux arrêtées, et souffrir que l'on joue à des jeux prohibés. — Qu'il suffit donc pour constituer le délit de tenue d'une maison de jeu de hasard, du concours des deux élémens suivans : 1º l'habitude de recevoir dans une maison, à des époques déterminées, un certain nombre de personnes qui se réunissent pour jouer à des jeux de hasard; — 2º l'admission libre du public par celui qui tient ladite maison. — Et qu'il importe peu que le maître de la maison ne retire aucun profit des jeux, ou que l'admission du public n'ait lieu que sur la présentation des personnes intéressées et affiliées. — *Bordeaux*, 7 déc. 1843 (t. 2 1844, p. 458), R... — V. aussi *suprà* nºs 22 et 23.

41. — L'incrimination atteint, en outre, les banquiers, administrateurs, préposés, agens. Ce point, contesté à raison de la rédaction grammaticale de l'article, a été consacré par la jurisprudence. — *Cass.*, 25 mai 1838 (t. 1er 1838, p. 622), Audebert; — Chauveau et Hélie, t. 7, *loc. cit.*

42. — Ainsi jugé que le garçon de salle d'une maison de jeux de hasard est, comme le maître ou banquier, passible de la peine portée en l'art. 410, — Arrêt précité 25 mai 1838.

43. — Mais le simple joueur échappe à la pénalité infligée par la loi.

44. — Et il a été jugé que celui qui n'est ni agent, ni associé, ni intéressé pour une part quelconque dans la maison, et qui n'a rempli les fonctions de banquier que parce que les joueurs étaient alternativement appelés à diriger et à tenir le jeu, ne peut être réputé que simple joueur. — *Cass.*, 2 juin 1838 (t. 1er 1840, p. 223), Balan.

45. — Il en est autrement de celui qui aurait rempli les fonctions *réelles* de banquier, alors même que ce serait transitoirement et pendant un certain temps seulement. — *Cass.*, 2 avr. 1819, Garda et Trabuc; *Montpellier* (motifs), 23 janv. 1843 (t. 1er 1843, p. 291), Bousquet.

46. — On jugeait sous la loi de 1791 qu'il n'était pas nécessaire, pour prouver qu'un individu tenait une maison de jeu de hasard, que celui-ci eût été surpris en flagrant délit, et que preuve pouvait en être acquise par des témoins et par les autres élémens ordinaires de conviction; qu'elle résultait, par exemple, de ce que plusieurs personnes avaient été trouvées rassemblées chez le prévenu autour d'une table avec des cartes. — *Cass.*, 11 août 1809 Arnaldi; 5 brum. an XIII, Rouen.

47. — La question était née de ce que l'art. 37, tit. 2, L. 19-22 juill. 1791, portait que « ceux qui tiendraient des maisons de jeux, *s'ils étaient pris en flagrant délit*, pourraient être saisis et conduits devant le juge de paix. » — Du reste, cette disposition n'ayant pas été reproduite dans le Code pénal, la question, qui, d'ailleurs, n'était pas susceptible d'une difficulté sérieuse, ne semble pas devoir se présenter de nouveau.

48. — Indépendamment des peines indiquées plus haut, l'art. 410, dans son dernier paragraphe, porte que « dans tous les cas, seront confisqués tous les fonds ou effets qui seront trouvés exposés au jeu, les meubles, instrumens, ustensiles, appareils employés ou destinés au service des jeux, les meubles et les effets mobiliers dont les lieux seront garnis ou décorés. »

49. — La cour de Cassation a décidé que la confiscation des *fonds trouvés exposés du jeu*, prononcée par l'art. 410, C. pén., ne doit pas être restreinte aux sommes d'argent trouvées et saisies *sur la table de jeu*; mais qu'elle peut s'étendre aussi aux sommes saisies, soit sur les maîtres, soit sur les agens de la maison de jeu clandestine, attendu que ceux-ci ne peuvent soutenir qu'il n'y a d'exposé au jeu, de leur part, que l'enjeu actuel, puisque leur spéculation illicite consiste précisément à tenir les diverses sommes que les joueurs voudront exposer successivement au hasard de la partie. — *Cass.*, 25 mai 1838 (t. 1er 1838, p. 622), Audibert. — V. cependant Chauveau et Hélie, *Théor. C. pén.*, t. 7, p. 412 et suiv.

50. — Mais le même arrêt décide, avec raison, que cette confiscation ne pourrait être opérée à l'égard des sommes dont un joueur est nanti, et qu'aucun indice ne signale comme devant nécessairement subir les chances du jeu.

51. — Il résulte, au reste, de la même décision que l'arrêt qui décide que des sommes saisies étaient exposées au jeu ou destinées à des enjeux ultérieurs, est à l'abri de la cassation.

52. — La confiscation des meubles et effets mobiliers dont les lieux seraient garnis devrait avoir lieu, alors même qu'ils n'appartiendraient pas à celui qui dirigeait la maison : c'est ce qui résulte de la discussion qui a eu lieu sur l'art. 410. — Chauveau et Hélie, t. 7, p. 412.

53. — Mais la confiscation ne devrait pas s'étendre aux meubles qui garniraient ou décoreraient les autres appartemens de la maison. — Carnot, t. 2, p. 349, § 11.

§ 3. — *Des jeux de hasard tenus dans les rues, chemins, places et lieux publics.*

54. — Les jeux de loterie et autres jeux de hasard tenus dans les rues, chemins, places ou lieux publics tels que cabarets, cafés, etc., ont le double inconvénient de tenter la misère du pauvre, et d'être une occasion continuelle d'escroqueries et de rixes. Aussi ont-ils donné lieu à une foule de règlemens et d'ordonnances.

55. — Saint Louis, par son ordonnance de 1254 précitée, avait été jusqu'à défendre la fabrication des dés dans son royaume. — Une ordonnance du prévôt de Paris de 1360 défendit à tous cabaretiers et tous autres de souffrir jouer aux dés dans leurs maisons. — Cette défense du jeu, réitérée contre les cabaretiers par une ord. du 22 janv. 1397, fut étendue par la même ordonnance aux gens de métier et autres du petit peuple auxquels il était interdit de jouer pendant les jours ouvrables à peine de prison et d'amende arbitraire.

56. — Une ordonnance de Charles IX de juillet 1560 fit défenses aux pâtissiers criant des oublies dans les rues de jouer de l'argent aux dés, mais seulement des oublies. — Enfin, un arrêt de règlement du parlement de Paris de fév. 1708 « fit très expresses inhibitions et défenses à tous marchands, colporteurs, artisans et autres, de quelque état, qualité ou condition qu'ils soyent, de donner à jouer dans *les foires ou marchés et autres lieux des villes, bourgs ou villages* du ressort, soit aux cartes ou aux dés, soit à la blanque, tourniquet, chevilles, ou à tirer dans un livre, et à tous autres jeux de hasard généralement quelconques à peine de cent livres d'amende et de confiscation de l'argent du jeu, ensemble desdits jeux, marchandises, chevaux et équipages »

57. — Maintenant, le fait d'avoir établi ou tenu dans les rues, chemins, places ou lieux publics des jeux de hasard, est puni d'une amende de six à dix francs inclusivement, en vertu de l'art. 475, nº 5, C. pén. — Et, en cas de récidive, d'un emprisonnement pendant cinq jours au plus. — Art. 478.

58. — En outre, l'art. 477 ordonne la confiscation des tables, instrumens et appareils des jeux

ainsi que des enjeux, fonds, denrées ou objets proposés aux joueurs.

59.—Malgré la citation que fait l'art. 477 de l'art. 476, totalement étranger à la matière (citation évidemment erronée, comme le reconnaît la cour de Cassation), il est constant qu'il n'est pas nécessaire que la peine de l'emprisonnement puisse être appliquée pour qu'il y ait lieu à la confiscation prononcée par ledit art. 477. — *Cass.*, 14 déc. 1832, Stramasse.

60. — L'art. 478 prononce la peine de l'emprisonnement pendant cinq jours au plus, en cas de récidive, contre toutes les personnes mentionnées en l'art. 475, et par conséquent contre celles qui auraient tenu ou établi des jeux de hasard dans les rues et lieux publics.

61.— Mais, à l'égard de ces dernières, la récidive est punie d'une peine plus forte si elle résulte d'une première condamnation pour *même fait* prononcée dans les douze mois précédens. — Le paragraphe ajouté à l'art. 478 par la loi du 28 avr 1832 veut qu'elles soient traduites dans ce cas devant le tribunal de police correctionnelle, qui peut les condamner à un emprisonnement de six jours à un mois et à une amende de 16 francs à 200 francs.

62. — La cour de Cassation a jugé que cette disposition s'appliquait à ceux qui, postérieurement à la loi du 28 avr. 1832, avaient contrevenu au nº 5 de l'art. 475, C. pén., après avoir, dans les douze mois précédens, mais *antérieurement* à la publication de cette loi, subi une première condamnation pour le même fait. — *Cass.*, 14 mars 1833 (régiem. de juges), Moyse.

63.—Cette décision est conforme à tous les principes sur l'effet des condamnations antérieures à la loi du 28 avr. 1832 pour l'application des peines de la récidive aux faits postérieurs. — V. RÉCIDIVE.

64. — Nous avons dit quelles difficultés se sont élevées dans la jurisprudence sur le point de savoir si l'art. 410 est exclusivement applicable aux maisons de jeu clandestines, ou si celles qui, à raison de leur caractère *de lieux publics*, sont incessamment sous la surveillance de la police, ne sont pas régies uniquement par l'art. 475, nº 5, C. pén. — V. *suprà* nº 24 et suiv.

65. — Quant à la définition des mots *jeux de hasard*, les distinctions indiquées plus haut trouvent leur application au cas de l'art. 475, nº 5. — V. *suprà*, nºs 34 et suiv.

66. — De même il y a lieu d'appliquer ici les principes exposés *suprà*, nºs 30, 31, 32.

67. — Ainsi jugé spécialement que l'établissement de jeux de hasard sur la voie publique doit entraîner l'application de l'art. 475, nº 5, C. pén, bien qu'il n'y ait eu ni dol ni escroquerie, et que cette contravention ne saurait être excusée par le motif qu'on ne joue pas de l'argent, que la mise n'est que de cinq centimes, et que, moyennant cette somme, les joueurs gagnent toujours des dragées pour la valeur de leur mise. — *Cass.*, 15 nov. 1839 (t. 1er 1843, p. 737), Bataille.

68. — Jugé que lorsqu'il est établi, par le procès-verbal régulier d'un commissaire de police, qu'un aubergiste a tenu un jeu de hasard dans son auberge, le tribunal saisi de la contravention ne peut, sans violer la loi, se dispenser d'appliquer la peine prononcée par la loi. — *Cass.*, 8 vent. an X, Franç. Tilman.

69. — ... Et que lorsqu'un procès-verbal régulier constate la saisie d'un jeu de hasard trouvé en la possession d'un individu qui l'exposait publiquement, le tribunal ne peut, sans violer la foi due à ce procès-verbal, renvoyer des poursuites le prévenu qui n'offre ni ne produit aucune preuve certaine, sous le prétexte qu'il n'a pas été suffisamment justifié et prouvé aux yeux du tribunal que ce jeu fût un jeu de hasard dans le sens de l'art. 475, C. pén. — *Cass.*, 5 sept 1835, Escuvier.

70. — Bien que la prohibition de la loi ne porte que sur les *jeux de hasard*, cependant il entre dans les attributions des maires, chargés par la loi du 24 août 1790 de maintenir le bon ordre sur la voie publique et dans les lieux publics, de prendre, relativement aux jeux, tels arrêtés qu'ils jugent nécessaires : ainsi, spécialement, la cour de Cassation a jugé que l'autorité municipale peut défendre dans les lieux publics, non seulement les jeux de hasard, mais même tous les jeux de cartes indistinctement. — *Cass.*, 19 janv. 1837 (t. 2 1837, p. 102), Normand.

71. — Ce droit est également reconnu à l'autorité municipale par un arrêt qui décide qu'un cafetier ne peut être poursuivi pour avoir tenu le jeu de piquet (lequel n'est pas un *jeu de hasard*, V. *suprà*, nº 35) dans son établissement, *alors d'ailleurs qu'aucun règlement local n'a défendu les jeux de cartes dans les cafés ou cabarets*. — *Cass.*, 28 mai 1841 (t. 2 1841, p. 562), Junin fils.

72. — Et on lit encore dans un autre arrêt que « le Code pénal n'a pas, en prohibant les jeux de hasard, abrogé les dispositions légales qui attribuent à l'autorité municipale le droit général et absolu de régler, dans l'intérêt du bon ordre, tous les jeux publics qui ne sont pas compris dans cette prohibition, et qu'il appartient dès-lors aux maires, non seulement de déterminer quels sont, suivant les localités, les jeux de commerce qu'ils jugent sans inconvénient de laisser jouer dans les cafés et autres lieux publics, mais encore de les défendre indistinctement dans tous les établissemens où ils ne les auraient pas expressément autorisés. » — Et que dès-lors l'arrêt d'un maire, relatif aux jeux tenus dans les cafés et autres lieux publics, qui défend à toute personne quelconque de tenir des maisons ou salles de jeu sans en avoir obtenu de lui une autorisation écrite, est obligatoire. — *Cass.*, 22 avr. 1837 (t. 1er 1838, p. 417), Jensalin.—V. conf *Cass.*, 6 déc. 1833, Peyral.

73.— Mais il est évident qu'une telle prohibition, soit qu'elle s'appuyât sur des réglemens anciens, soit qu'elle résultât d'un arrêté pris directement par l'autorité municipale, aurait pour sanction l'art. 471, nº 15, C. pén., et non l'art. 475, nº 5. — V. en outre LOTERIES, FERMETURE DES LIEUX PUBLICS ET PARTICULIERS.

JEU DE PAUME (Maîtres de).

Patentables de cinquième classe; — droit fixe, basé sur la population, et droit proportionnel du vingtième de la valeur locative de l'habitation et du quarantième des locaux servant à l'exercice de la profession. — V. PATENTE.

JEUX PROHIBÉS.

Les prescriptions de l'art. 475 et 477, C. pén., concernant l'établissement de jeux de hasard sur la voie publique, ont été rappelées pour tout le ressort du département de la Seine, par deux ordonnances de police des 5 mai 1829 et 28 oct. 1830, qui disposent en outre que tout individu trouvé en pareille contravention (de quelque nature que soit le jeu de hasard) sera immédiatement arrêté et conduit devant le commissaire de police du quartier.

JEUNES AVEUGLES (Institution royale des).

1. — Cet établissement mixte d'hospitalité et d'éducation pour les jeunes aveugles a été fondé en 1784 et successivement encouragé par les gouvernemens qui se sont remplacés.—V. ÉTABLISSEMENS DE BIENFAISANCE, nº 24.

2. — L'institution royale des jeunes aveugles a pour objet d'instruire les aveugles (enfans) et de leur apprendre un métier utile. — Arrêté minist. intér; art. 1er, Durieu et Roche, *Rép. des établ. de bienf.*, vº *Aveugles (jeunes)*, nº 3.

3. — Le nombre des places gratuites est fixé à quatre-vingt-dix dont soixante pour les garçons et trente pour les filles (art. 2). Ces places sont données à des aveugles de dix à quatorze ans susceptibles d'instruction (art. 3). Pour qu'un enfant soit admis à occuper une de ces places, il faut justifier : 1º d'une attestation du chirurgien en chef de l'hospice le plus voisin de son domicile visée par le sous-préfet constatant qu'il est frappé d'une cécité totale et n'est point en idiotisme; 2º de son acte de naissance; 3º d'un certificat du maire de sa commune constatant qu'il est dans l'indigence et qu'il a donné des preuves de bonnes vie et mœurs (art. 5). Il est avant d'entrer dans l'institution, visité de nouveau par le médecin attaché à l'établissement.

4. — L'institution reçoit aussi des pensionnaires de l'un et de l'autre sexe payant, une pension de 800 francs sur laquelle l'administration peut faire une remise d'un quart. — Même arrêté, art. 6 et lettre ministér. 23 juin 1828.

5. — Les élèves pendant les huit années qu'il sont admis à passer dans l'institution reçoivent un enseignement qui porte sur la lecture, l'histoire, la géographie, les mathématiques et la musique qui est cultivée avec le plus grand soin.

6.— Les garçons et les filles ont chacun leur service séparé, et nul ne peut être introduit dans les cours et promenoirs réservés aux filles sans la permission par écrit du directeur (arrêté minist. du 10 oct. 1815, art. 111) ces élèves se servent eux-mêmes autant qu'il est possible; les plus jeunes seulement et ceux nouvellement arrivés sont aidés par les hommes de service. — *Ibid*, art. 113.

7. — L'organisation administrative de cet établissement qui était d'après l'arrêt précité composé d'une commission dont les attributions étaient imparfaitement définies, a été modifié par l'ordonnance royale du 21 fév. 1841, et par l'arrêté du ministre de l'intérieur du 22 juin 1841. Les dispositions de cette ordonnance et de cet arrêté qui s'appliquent aux divers établissemens généraux de bienfaisance et par conséquent à l'institution royale des jeunes aveugles ont été rapportés au mot CHARENTON (maison royale de), nºs 16 et suiv. — V. aussi sur les droits de mutations à payer par l'institution royale des jeunes aveugles, ENREGISTREMENT, nº 2872 et 2873.

JEUNES DE LANGUES.

V. CONSUL, nºs 68 et suiv., ÉCOLE DE JEUNES DE LANGUES.

JOAILLIERS.

1. — Fabricans et marchands joailliers ayant atelier et magasin : patentables de deuxième classe; — droit fixé basé sur la population; droit proportionnel du vingtième de la valeur locative de l'habitation et des lieux servant à l'exercice de la profession.

2. — Les marchands n'ayant point d'atelier et les fabricans pour leur compte sont rangés, les premiers, dans la troisième, et les derniers, dans la cinquième classe des patentables; mêmes droits fixes, sauf la différence de classe, et proportionnel que les précédens.

3. — Les joailliers à façon sont dans la septième classe seulement; même droit fixe, sauf la différence de classe, que les précédens; droit proportionnel du quarantième de la valeur locative de tous les locaux qu'ils occupent, mais seulement dans les communes de 20,000 âmes et au-dessus. — V. PATENTE.

JONCTION DE CAUSES.

1. — C'est l'action de joindre deux causes entre lesquelles il y a connexité, ou une demande incidente à une demande principale, pour être statué sur le tout par un seul et même jugement.

2. — *En matière civile*, il y a connexité toutes les fois qu'une demande est tellement liée avec une autre déjà intentée que le jugement de l'une doive influer sur le jugement de l'autre.

3. — Toutefois, cette connexité ne donne lieu à jonction qu'autant que les deux demandes connexes sont portées devant le même tribunal; autrement, si elles ont été intentées devant des tribunaux différens, il n'y a pas lieu à jonction, mais à renvoi devant le tribunal saisi de la première demande. — V. CONNEXITÉ (mat. civ.), nºs 46 et s.

4. — De même si les deux demandes ont été portées à deux sections différentes du même tribunal, il y a lieu à demander le renvoi à la section saisie la première. — Ce renvoi, d'après l'art. 63, régl. 30 mars 1808, doit être prononcé par le président, auquel appartient le droit de distribuer les affaires entre les diverses chambres de son tribunal.

5. — Nous avons déjà, en traitant de la *connexité* en matière civile, indiqué de nombreuses espèces dans lesquelles il avait été jugé qu'il y avait connexité, et dans lesquelles, par conséquent, il pourrait y avoir lieu soit à jonction, soit à renvoi, suivant la distinction que nous avons établie. Il y a encore lieu à jonction :

6. — ... 1º Aux termes de l'art. 184, C. procéd., si les demandes originaires et en garantie sont en état d'être jugées en même temps. — V. GARANTIE.

7.—... 2º En matière de saisie immobilière 1º lorsque plusieurs saisies comprenant des biens différens ont été pratiquées sur le même individu (C. procéd., art. 719); 2º lorsque l'une des saisies comprend en partie les biens englobés dans l'autre. *Ibid.*, art. 720. — V. SAISIE IMMOBILIÈRE.

8. —... 3º Quand de deux parties consignées l'une seulement comparaît et l'autre fait défaut. — C. civ., art. 153. — V. JUGEMENT PAR DÉFAUT.

9. — Il a été jugé aussi qu'une cour peut joindre les appels des deux jugemens dans une affaire connexe (*Rennes*, 28 avr. 1817, N...; 18 juill. 1820, Dussault c. Houet), — même quand les jugemens dont est appel ont été rendus par des tribunaux différens. — Thomine-Desmazures, t. 1er, p. 323; Carré et Chauveau, quest. 731.

10. — Ajoutons enfin qu'on joint aussi quelquefois au fond des requêtes contenant des demandes provisoires, lorsqu'on ne trouve pas qu'il y ait lieu de statuer sur le provisoire. — Bioche, vº *Jonction*, nº 1er. — V. RÉFÉRÉS.

11. — Mais une demande en renvoi ne peut être ni réservée, ni jointe au principal (C. procéd., art. 172), si ce n'est dans les cours souveraines, suivant la maxime : *en cour souveraine on plaide à toutes fins*.

12. — ... Et devant les tribunaux de commerce, à la charge toutefois de prononcer sur le déclinatoire

et sur le fond par un seul et même jugement, mais par deux dispositions distinctes. — C. procéd., art. 425.

13. — Mais un tribunal civil ne peut, en rejetant un déclinatoire, statuer sur le fond par un seul et même jugement, lors même qu'il le ferait par deux dispositions distinctes. — V. EXCEPTION, n°s 60 et s. — V. cependant *ibid.*, n°s 68 et s.

14. — Pourrait-il remettre à statuer sur les nullités qui lui sont proposées, en même temps que sur le fond? — V. à cet égard NULLITÉS.

15. — Il n'y a pas lieu, au surplus, à jonction, par cela seul que plusieurs demandes auraient été formées contre la même personne, devant le même tribunal et sur la même question, si d'ailleurs les demandeurs ont des intérêts distincts. — *Paris*, 31 août 1808, Vital-Saugeon c. messageries Boulade.

16. — Il est d'usage qu'en prononçant la jonction de deux instances les tribunaux ajoutent : *sauf à disjoindre, s'il y échet*; c'est-à-dire que, si l'on reconnait qu'il y ait lieu de juger une affaire avant l'autre, on les disjoint. — V. DISJONCTION DE CAUSE.

17. — La jonction est ordonnée par jugement, soit sur la demande de l'une des parties, formée par requête ou conclusions signifiées, soit d'office par le tribunal, sauf, comme nous venons de le dire, à disjoindre ultérieurement, s'il y a lieu. — Bioche, v° *Jonction*, n° 4. — Cependant sur la question de savoir si la jonction de deux saisies peut être ordonnée d'office, V. SAISIE IMMOBILIÈRE.

18. — La jonction, lorsqu'elle est requise par les parties, est-elle obligatoire ou seulement facultative pour le juge? — V. GARANTIE, JUGEMENT PAR DÉFAUT, SAISIE IMMOBILIÈRE.

19. — Les assignations données en vertu de jugement de jonction indiquent seulement le lieu, le jour et l'heure de la première audience; elles n'ont pas besoin d'être réitérées, quoique l'audience ait été continuée à un autre jour. — C. proc., art. 1034.

20. — Peut-on, par un seul et même exploit, émettre appel de deux jugemens rendus entre les mêmes demandeurs et des défendeurs différens? — La négative a été jugée par deux arrêts de la cour royale de Colmar, du 10 juill. 1843 (t. 2 1844, p. 476, Kienlz c. Wendling), et du 19 juin 1844 (t. 2 1844, p. 514), Vischer c. Vonbanck.

21. — Au contraire, rien ne s'opposerait à ce qu'on appelât, par le même exploit, de deux jugemens rendus sur des objets différens entre les mêmes parties. — V. APPEL, n°s 1258 et s.

22. — Jugé aussi que dans le cas où plusieurs jugemens rendus sur contredits en matière d'ordre ont été frappés d'appel par un seul exploit, et qu'on en demande confirmation par un seul et même dispositif de conclusions, il peut être statué par un seul et même arrêt, encore bien que l'intimé demande la disjonction, sous prétexte que la décision à intervenir sur le premier jugement changera ses moyens relativement à l'appel du second. — *Caen*, 5 mars 1845 (Journal de Procédure, art. 3163).

23. — *En matière criminelle*, il y a également lieu à jonction, en cas de connexité de plusieurs crimes ou délits.

24. — Ainsi l'art. 226, C. inst. crim., veut que la cour statue par un seul et même arrêt sur les délits connexes dont les pièces se trouvent en même temps produites devant elle.

25. — Et aux termes de l'art. 227 du même Code, les délits sont connexes, soit lorsqu'ils ont été commis en même temps par plusieurs personnes réunies, soit lorsqu'ils ont été commis par différentes personnes, même en différens temps et en divers lieux, mais par suite d'un concert formé à l'avance entre elles, soit lorsque les coupables ont commis les uns pour se procurer les moyens de commettre, les autres, pour en faciliter, pour en consommer l'exécution, ou pour en assurer l'impunité.

26. — L'obligation de statuer par un seul et même arrêt sur les délits connexes, s'applique *à fortiori* au jugement d'un même fait imputé à plusieurs individus, soit comme auteurs principaux, soit comme complices. — *Paris*, 8 juin 1821, Paul-Louis Courrier.

27. — Nous avons déjà signalé la différence qui existe entre la connexité et la complicité (V. CONNEXITÉ [mat. crim.], n°s 27 et suiv.). La connexité ne doit pas être non plus confondue avec l'*indivisibilité*. — La distinction a été ainsi établie par M. Nicod, dans la discussion de la loi dite de *disjonction*, à la chambre des députés (séance du 1er mars 1837). « Qu'est-ce que l'indivisibilité des procédures? à quel caractère la reconnait-on? C'est lorsque plusieurs individus sont accusés du même crime, entraînant la même peine. Alors les procédures sont indivisibles, parce que le crime n'est pas divisible de sa nature. Cette indivisibilité est un fait absolu, un fait qui n'admet ni plus ni moins, un fait qui se manifeste par lui-même, qui résulte de l'essence même des choses et entraîne avec lui des conséquences inévitables. » — « Qu'est-ce que la connexité? Il y a connexité lorsque plusieurs individus sont prévenus de délits de diverses natures, et qu'il y a seulement entre ces délits une liaison, non de fonds, mais de forme. Cette connexité n'est qu'un fait relatif, qui admet quelque arbitraire. Dans ce cas, il y a place à l'incertitude, et le juge est investi d'une certaine latitude pour déclarer s'il y a ou non connexité; mais du moins le principe de l'indivisibilité est hors de cause. » — L'indivisibilité est donc plus que la connexité, qui déjà suffit pour empêcher la division.

28. — L'indivisibilité n'est définie par aucune loi; mais le principe même de l'indivisibilité des procédures, reconnu d'ailleurs par une jurisprudence constante (V. *Cass.*, 28 brum. an XI, Bouin; 21 mars 1807, Viaud; 14 avril 1808, Mets et Kreiss; 18 avril 1811, Parent; 6 sept. 1811, Tombarelle; 14 août 1812, Hue et Tronelle; 4 déc. 1812, Peters), est écrit dans une des lois qui régissent les délits militaires, celle du 22 messid. an IV, d'après laquelle un seul juge, celui de la juridiction ordinaire, doit connaître du délit commis conjointement par un militaire et par un individu non militaire; pourvu bien entendu qu'il n'y ait pas en réalité deux délits distincts dans le fait de ces deux individus (*Cass.*, 25 juill. 1823, Bidal). — C'est de cette loi que l'abrogation était demandée par le projet de loi de *disjonction* qui a été repoussé, comme nous l'avons dit, v° DISJONCTION DE CAUSES.

29. — L'art. 307, C. inst. crim., dit aussi que lorsqu'il aura été formé, à raison du même délit, plusieurs actes d'accusation contre différens accusés, le procureur-général pourra en requérir la jonction, et le président pourra l'ordonner, même d'office.

30. — Et il a été jugé avec raison qu'en l'absence du président de la cour d'assises, le président du tribunal de première instance peut, en vertu de l'art. 307, ordonner la jonction de plusieurs actes d'accusation. — *Cass.*, 27 sept. 1832, Tronc; 29 nov. 1834, Bouron.

31. — Nous avons rapporté v° CONNEXITÉ (mat. crim.), n°s 9 et s., de nombreux arrêts qui ont statué sur le point de savoir si dans tel ou tel cas il y avait connexité; nous avons dit aussi (n°s 42 et s.) que la jonction, au cas de connexité, était seulement facultative pour le juge; enfin nous avons fait remarquer (n°s 52 et s.) que la jonction des causes peut être ordonnée, en matière criminelle, même hors des trois cas prévus par le Code d'instr. crim. — V. en outre *Cass.*, 28 déc. 1838 (t. 2 1839, p. 643), Sicre et Amillis.

32. — Il résulte de ce dernier principe que l'accusé ne peut se faire un moyen de cassation de ce que la cour d'assises a ordonné la jonction de plusieurs procédures criminelles non connexes, et ayant pour objet des faits distincts, mais dirigées contre le même individu. — *Cass.*, 7 fév. 1828, Devichi.

33. — ... Surtout lorsque ni lui ni son conseil ne se sont opposés à cette jonction. — *Cass.*, 18 mars 1841 (t. 1er 1842, p. 610), Gouin.

34. — Jugé encore qu'après l'arrêt de condamnation, l'accusé est non-recevable à se plaindre de la jonction d'une autre procédure à celle de la poursuite principale sans qu'elle ait été déclarée connexe par arrêt. — *Cass.*, 11 avr. 1817, Jean Marie Verdier.

35. — ... Comme aussi il ne peut se faire un moyen de nullité de ce que la jonction n'aurait pas été prononcée dans des circonstances où il y avait lieu de l'ordonner. — *Cass.*, 18 mars 1841 (t. 1er 1842, p. 610), Gouin.

36. — Il a aussi été jugé qu'aucune loi n'ordonnant la notification de l'ordonnance par laquelle le président a joint deux accusations, il ne peut résulter aucune nullité de ce que la notification qui, néanmoins, en aurait été faite, contiendrait quelques irrégularités. — *Cass.*, 26 déc. 1835, Lacenaire.

37. — ... Qu'il n'est pas nécessaire que l'arrêt de jonction soit prononcé en audience publique, lorsqu'il est rendu avant le tirage des douze jurés de jugement. — *Cass.*, 24 sept. 1825, Aymard.

38. — Remarquons d'ailleurs que la connexité ne suffit pas pour suspendre le jugement des accusés contre lesquels la procédure est en état, jusqu'à ce que les débats puissent être ouverts contre d'autres individus nouvellement impliqués dans l'affaire, surtout lorsque les retards sont susceptibles d'occasionner le dépérissement des preuves. — *Cass.*, 30 mai 1818, Bastide; — Bourguinon, *Manuel*, t. 1er, p. 493.

39. — De même, le tribunal saisi d'une poursuite ne peut surseoir à statuer, sous le prétexte qu'il existe d'autres faits connexes qui, s'ils étaient portés successivement devant des juridictions différentes, formeraient plus tard un cumul de peines prohibé. — *Cass.*, 20 juill. 1832, Granier.

40. — Nous avons vu que lorsqu'il a été formé, à raison du même délit, plusieurs actes d'accusation contre différens accusés, le président peut en ordonner la jonction, soit d'office, soit sur la réquisition du procureur général. Suivant l'art. 308, inst. crim., lorsque l'acte d'accusation contiendra plusieurs délits non connexes, le procureur général pourra requérir que les accusés ne soient mis en jugement, quant à présent, que sur l'un ou quelques-uns de ces délits et le président pourra l'ordonner d'office.

41. — ... Sans qu'il y ait lieu d'examiner d'ailleurs soit la gravité relative de ces délits, soit les peines plus ou moins fortes qu'ils peuvent entraîner. — *Cass.*, 5 mars 1835, Buffard.

42. — Cette faculté s'applique, à plus forte raison, au cas de délits non connexes contenus dans des actes d'accusation distincts et séparés, et dont la connaissance est attribuée à des tribunaux différens ne ressortissant pas les uns aux autres. — Même arrêt.

43. — Mais jugé qu'aucune disposition n'accordant à l'accusé la faculté de requérir que les délits non connexes contenus dans le même acte d'accusation soient jugés séparément, ce droit n'appartient qu'au procureur général. — *Cass.*, 24 janv. 1828, Berson.

44. — La disjonction peut être prononcée même après le tirage du jury. — *Cass.*, 6 fév. 1834, Rossi.

45. — Lorsqu'il ne s'élève aucune contestation sur la non-connexité, le président a qualité pour ordonner que l'accusé ne sera soumis aux débats, quant à présent, que sur l'un ou quelques-uns de ces délits. L'art. 308, C. inst. crim., le porte expressément; mais dès qu'il y a contestation sur le point de savoir si les délits sont connexes, la cour d'assises est seule compétente pour statuer. — V. en ce sens *Cass.*, 22 sept. 1826, Raynard; 6 fév. 1834, Rossi.

46. — La disjonction d'une affaire, prononcée par la raison que tous les témoins cités relativement à cette cause sont absens est suffisamment motivée; l'accusé ne peut se faire un moyen de cassation de cet état de choses. — *Cass.*, 6 fév. 1834, Rossi.

47. — D'ailleurs, l'ordonnance de disjonction ne devant être considérée que comme un acte d'instruction, le pourvoi formé contre elle n'est pas suspensif. — *Cass.*, 5 mars 1835, Buffard.

48. — Observons aussi que le refus fait par le président d'ordonner la disjonction permise par l'art. 308 ne peut donner ouverture à cassation. C'est une faculté que la loi lui accorde et non un devoir qu'elle lui impose.

V. au surplus COMPÉTENCE, CONNEXITÉ (mat. civ. et crim.), DISJONCTION DE CAUSE, EXCEPTION GARANTIE, JUGEMENT PAR DÉFAUT, ORDRE, RÉFÉRÉ SAISIE IMMOBILIÈRE.

JOUEURS D'ORGUE.

V. BATELEURS. (Les règles de police sont les mêmes.)

JOUISSANCE.

1. — Se dit ordinairement du droit de recueillir les fruits ou revenus d'une chose, d'en retirer tout le profit qu'elle peut procurer.

2. — Quelquefois aussi ce mot est considéré comme synonyme de possession, alors il est l'un des attributs de la propriété. — V. PROPRIÉTÉ.

3. — Lorsque la jouissance d'un objet a lieu en commun entre plusieurs personnes, elle constitue un état de choses qui modifie ou restreint les droits et obligations qui existeraient pour chacune des parties, si la jouissance était séparée. — V. INDIVIS, INDIVISION.

JOUISSANCE LÉGALE.

V. USUFRUIT LÉGAL.

JOUR.

1. — Temps pendant lequel le soleil séjourne sur l'horizon et détermine la lumière. — Le jour est alors l'opposé de la *nuit* ou temps de l'obscurité résultant du séjour du soleil sous l'horizon.

2. — On appelle encore *jour* l'espace de temps par lequel on divise les mois et les années. Cet espace de temps est de vingt-quatre heures, que la terre emploie à faire une révolution autour de son axe. — V. CALENDRIER, n° 4. — Ainsi sous ce point de vue, le jour comprend tout à la fois le jour dont on vient de parler et la nuit.

3. — Les limites du jour (temps de lumière) et de la nuit, et le milieu de l'un et de l'autre, divisent naturellement en quatre le jour (temps de la révolution de la terre sur elle-même). — *Instruction sur le Livre de la république*, 1re partie, à la suite du décret du 4 frim. an II.

4. — La division du jour a été long-temps déterminée chez les Perses par le chant du coq, et elle l'est encore ainsi chez quelques peuples de la mer Glaciale et de la mer Blanche. — Les Romains le partageaient, du lever au coucher du soleil, en quatre parties de trois heures chacune, qu'ils nommaient *prime*, *tierce*, *sexte* et *none*. — Quelques peuples de l'Orient divisaient le jour et la nuit séparément chacun en douze parties qui croissaient et décroissaient suivant l'état du jour ou de la nuit, de sorte que les parties du jour n'étaient égales à celles de la nuit qu'aux équinoxes. On abandonna cet usage, et l'on fit toutes les heures égales. — *Instruction*, *ibid.*

5. — La division du jour en douze heures a aussi eu lieu; mais celle de vingt-quatre a prévalu. Les uns les comptent de suite depuis une jusqu'à vingt-quatre; les autres comptent deux fois douze heures : c'est ce qu'on fait en France. — *Instruction*, *ibid.*

6. — On n'a pas toujours été d'accord sur la position du commencement du jour. Dans l'Orient, on le plaçait au lever du soleil; les astronomes le placent à midi; les Juifs et les Athéniens le plaçaient au coucher du soleil; les Italiens le commencent une demi-heure après le coucher. La plupart des peuples de l'Europe comptent le jour de minuit à minuit. — V. CALENDRIER, no 20. — A Bâle, on commence le jour une heure plus tôt qu'ailleurs en mémoire du service que rendit à cette ville celui qui rompit un complot de ses ennemis en faisant sonner à l'horloge minuit pour onze heures. — *Instruction*, *ibid.*

7. — La convention trouva que la division de l'heure en soixante minutes et de la minute en soixante secondes était incommode dans des calculs et ne correspondait plus à la nouvelle division des instrumens d'astronomie, si utiles pour la marine et la géographie, division décimale qui donnait au travail plus de célérité, plus de facilité et de précision.

8. — En conséquence pour rendre complet le système de numération décimale, elle décréta, le 4 frim. an II, que le jour serait divisé en dix parties, chaque partie en dix autres et ainsi de suite jusqu'à la plus petite portion commensurable de la durée. — V. CALENDRIER, no 48. — Cette nouvelle division décimale n'a pas pu se maintenir comme les autres.

9. — Sur le nombre de jours qui entrent dans la composition de l'année et de chaque mois, V. CALENDRIER, nos 18 et 19. — A quoi il faut ajouter le jour intercalaire ou *bissextile* qu'on ajoute tous les quatre ans au mois de février. — V. CALENDRIER, no 19, et DÉLAI, no 25.

10. — Les jours servent très souvent à compter les délais ou à fixer le terme. — V. DÉLAI, TERME.

11. — Un jour incertain peut aussi former condition; par exemple, dans les testamens. — V. CONDITION, no 12.

12. — Parmi les jours, on remarque, entre autres : Les jours *fériés*, ou consacrés particulièrement à l'exercice du culte ou à des réjouissances publiques. — V. JOURS FÉRIÉS.

13. — ... Les jours *utiles*, ou ceux où il est possible d'agir.

14. — ... Les jours *francs*, ou ceux qui ne comptent pas dans les délais.

15. — ... Les jours *de grâce*, ou jours accordés par l'usage pour le paiement des lettres de change après le délai. — V. LETTRE DE CHANGE.

16. — Dans la langue du droit pénal, on donne encore le nom de *jour* à une série de vingt-quatre heures consécutives, sans avoir égard au moment où cette série commence, par exemple en matière d'emprisonnement. — C. pén., art. 40 et 465. — V. EMPRISONNEMENT.

17. — Le jour *légal* se compose des heures pendant lesquelles seules les significations et exécutions peuvent être faites, c'est-à-dire de six heures du matin à six heures du soir depuis le 1er oct. jusqu'au 31 mars, et de quatre heures du matin à neuf heures du soir depuis le 1er avr. jusqu'au 30 sept. — C. procéd., art. 1037. — V. EXÉCUTION DES ACTES ET JUGEMENS.

JOURS.

1. — Ouvertures destinées à procurer à l'intérieur des bâtiments l'accès de l'air et de la lumière.

2. — Les *jours* diffèrent des *vues* en ce que les premiers ne donnent droit qu'à la lumière sans que le propriétaire du fonds dominant puisse porter ses regards au dehors, tandis que celles-ci donnent la faculté non seulement de recevoir l'air et la lumière, mais de porter ses regards sur le fonds servant et au-delà. — Pardessus, nos 202 et 238.

3. — Les jours, comme les vues, peuvent faire l'objet de servitudes légales ou conventionnelles, c'est ce qui résulte des art. 675, et suiv., C. civ.

4. — On nomme *jours de souffrance* ou *de tolérance* ceux qui ouverts sur l'héritage contigu sont toujours comme simplement tolérés ou soufferts par le propriétaire de cet héritage et ne peuvent autoriser aucune restriction à l'exercice de ses droits de propriété, quel que soit du reste le temps qui s'est écoulé depuis leur établissement. — V. au surplus MITOYENNETÉ, SERVITUDES.

JOUR BISSEXTILE.

V. CALENDRIER, no 19, et JOUR.

JOURS COMPLÉMENTAIRES.

1. — On appelait ainsi sous le calendrier républicain les cinq, et dans les années bissextiles les six jours ajoutés pour obtenir, avec les douze mois de trente jours, le nombre de jours de l'année solaire. — V. CALENDRIER, nos 41 et suiv.

2. — Ces jours complémentaires ne devaient point être comptés dans le délai fixé pour interjeter appel. — *Cass.*, 23 niv. an V, Peluche c. Calenge; 24 frim. an IX, Navier c. N...; 26 germin. an XII, Vallaert c. Verstriest; 26 prair. an XII, Valaert c. Dierich.

3. — ... Ni dans le délai pour les pourvois en cassation. — *Cass.*, 11 pluv. an X, Chopin c. Thoury.

4. — ... Ni dans le délai fixé pour signifier le jugement d'admission d'une requête en cassation. — *Cass.*, 21 vendém. an XI, Gavier c. Guespereau. — La cour de Cassation avait d'abord jugé le contraire. — *Cass.*, 11 vent. an IX, Cœffier c. Barberot.

5. — Le code civil avait dans sa première rédaction confirmé cette jurisprudence. « Dans les prescriptions qui s'accomplissent dans un certain nombre de jours, portait l'art. 2261, les jours complémentaires sont compris; dans celles qui s'accomplissent par *mois*, celui de fructidor comprend les jours complémentaires. » Cet article a disparu dans la rédaction ou révision de 1807, parce qu'à cette époque le calendrier grégorien était rétabli. — Merlin, *Rép.*, vo *Jours complémentaires*, et *Quest.*, vo *Délai*, § 4.

JOURS FÉRIÉS.

Table alphabétique.

Accochetage, 167.
Acte notarié, 62, 64. — privé, 62. — public, 62. — respectueux, 63.
Administration publique, 31 suiv.
Affaire correctionnelle, 43 s., 47, 87. — criminelle, 40 s., 47 s.
Appel, 77, 85, 87 s.
Arbitrage, 57.
Arrêté du maire, 141. — municipal, 183. — préfectoral, 128, 140.
Ascension, 10.
Assomption, 10.
Assurance maritime, 98.
Aubergiste, 131.
Autorisation administrative, 156 s., 164.
Autorité municipale, 119, 170 s.
Autorités constituées, 21 s, 31 s.
Bail administratif 68.
Battage du blé, 166.
Bonne foi, 184 s.
Boucher, 141 s.
Brasseur, 174.
Bureau d'enregistrement, 35. — d'hypothèque, 35.
Gabaret, 127 s., 182.
Cabaretier, 28, 129 s., 133, 139, 147.
Chanvre, 160, 165.
Charcutier, 139.
Chargement, 121. — de navire, 153 s.
Charretier, 121.
Coiffeur, 172.
Colportage, 137.
Colporteur, 111.
Comestibles, 105, 136, 138, 147. — (transport), 144
Commissaire de police, 192.
Compétence, 7 s., 77, 197 s.
Conseil de préfecture, 56.
Constatation des contraventions, 192 s.
Construction, 164.
Contrainte, 80. — par corps, 70, 81.
Contributions indirectes, 51.
Convention, 103.
Cour d'assises, 41 s.
Danse, 179.
Débitant de tabac, 176.
Décadi, 4, 20 s
Déchargement, 122, 124.
Déclaration de command, 97, 100 s.
Défaut de publication, 189.
Délai, 84 s. — (de vingt-quatre heures), 95 s. — fixé par le juge, 104.
Déménagement, 125.
Dépens, 205 s.
Dépôt d'exemplaire, 39.
Dimanche, 9, 22 s.
Douane, 83, 102, 155.
Droit ancien, 2 s., 18 s.
Ecole particulière, 106. — publique, 38.
Elections, 61, 86.
Enquête, 34, 76, 90.
Enregistrement, 62, 81 s., 94, 97.
Epicier, 146.
Etalage, 108, 111, 137 s., 141.
Evêque, 3.
Evocation, 33.
Excuse, 184 s.
Exécution criminelle, 52. — judiciaire, 70 s.
Expertise, 58.
Exposition, 109.
Fête nationale, 6. — patronale, 152, 179. — du roi, 12 s.
Foire, 152.
Fonctionnaire public, 22 s.
Franciade, 5.
Garde champêtre, 193. — forestier, 193.
Garde nationale, 45 s., 49
Gendarme, 194.
Grainetier, 174.
Greffe, 32.
Inexécution de la loi, 188 s.
Inscription hypothécaire, 37.
Institution, 7 s.
Interdiction d'exposer, 105, 108. — de vendre, 105, 108.
Jeu, 128 s. — de raquette, 120.
Journées de juillet, 14 s.
Juge de paix, 54.
Jugement, 33.
Labour, 157 s.
Lieu public, 129 s.
Liste du jury, 48.
Loi de 1814 (abrogation), 26 s.
Maire, 192.
Marchand d'eau de Cologne, 177. — d'oiseaux, 175. — de vin, 28.
Maréchal ferrant, 161, 170.
Mariage, 60.
Menue marchandise, 152.
Messageries, 149.
Meunier, 164.
Mise en vente, 108 s.
Moisson, 164 s.
Motifs de jugement, 207.
Moulin, 162.
Navire, 153.
Nécessité, 40 s., 53 s.
Noël, 10.
Notaire, 62, 64, 180. — (refus d'instrumenter), 69.
Objets nécessaires pour la santé, 148.
Observation, 18 s.
Office, 28. — divin, 127 s., 136, 147, 152, 182.
Opposition, 89, 99.
Ordonnance royale, 8.
Ordre, 75, 85.
Pénalités, 199 s.
Permission du juge, 71, 77.
Perruquier, 172.
Pharmacie, 105, 148.
Place de guerre, 50 s.
Porteur d'eau, 174.
Postes, 149.
Premier janvier, 11.
Preuve testimoniale, 185.
Procès-verbal, 50 s., 102, 192 s., 196.
Protêt, 65, 98.
Publication de mariage, 59. — judiciaire, 79.
Récidive, 200.
Récolte, 156 s., 164 s. — du foin, 168.
Référé, 55.
Rôtisseur, 146.
Saisie-arrêt, 91.
Signification, 47 s., 70 s., 77.
Surenchère, 74, 92, 96.
Sursis, 203.
Taillandier, 175.
Tailleur, 119.
Toussaint, 10.
Traiteur, 146.
Transcription, 36.
Travaux, 105. — d'agriculture, 164. — de la campagne, 105. — de charité, 190. — de grande voirie, 191, 198. — bruyans, 115 s. — extérieurs, 113 s. — urgens, 150 s., 163 s., 187.
Tribunaux, 32 s. — de police, 197 s.
Usages locaux, 170.
Usine, 151.
Vente d'animaux sur pied, 143. — judiciaire, 70. — publique, 66 s., 78, 100. — à réméré, 103.
Vêpres, 132 s.
Vigne, 169.
Vingt-un janvier, 17.
Voie publique, 113 s.
Voiture, 121, 169. — publique, 149.
Voiturier, 123, 150.
Voyageur, 150.

JOURS FÉRIÉS. — 1. — Ce sont les jours désignés par l'autorité compétente pour le repos des citoyens et pour la célébration des fêtes établies par la loi.

§ 1er. — *De l'institution des fêtes légales* (no 2).

§ 2. — *De l'obligation d'observer les jours de fêtes légales* (no 18).

§ 3. — *De l'effet des jours fériés quant aux fonctions publiques, aux débats judiciaires et aux actes de procédure et d'instruction* (no 31).

§ 4. — *De l'effet des jours fériés quant aux délais* (no 84).

§ 5 — *De la défense de travailler, vendre, etc., pendant les jours fériés. — Exception* (no 105).

§ 6. — *De la constatation des contraventions et des peines* (no 192).

§ 1er. — *De l'institution des fêtes légales.*

2. — L'ancien droit français ne connaissait de jours de fête que ceux qui étaient consacrés au service de Dieu, en commémoration de quelque mystère ou en l'honneur de quelque saint. Pendant ces jours il était interdit de travailler. — Merlin, *Rép.*, vo *Fête*.

3. — Les évêques, comme étant institués pour gouverner l'Église, avaient le droit d'établir et de supprimer les fêtes; mais depuis l'édit de 1695 les ordonnances que les évêques rendaient sur cette matière n'étaient exécutoires qu'en vertu de lettres patentes enregistrées.

4. — Merlin cite (*Rép.*, vo *Fête*, no 3) un grand nombre d'ordonnances et arrêts de parlemens relatifs à la célébration des fêtes et dimanches. — Cal-

ordonnances et ces réglemens ont été abrogés par la loi du 4 frim. an II, qui a substitué les *décadis* aux dimanches.

5. — En mémoire de la révolution française, qui après quatre années avait conduit la France au gouvernement républicain, la période bissextile de quatre ans était appelée *la Franciade*; le jour complémentaire intercalé s'appelait *le jour de la révolution*, et toutes les Franciades, au jour de la révolution, il devait être célébré des jeux républicains. — Décr. 13 vend. an II, art. 10 et 16.

6. — En outre, les décadis et les jours de fêtes nationales étaient des jours de repos dans la république. — L. 17 thermid. an VI, art. 1er. — V. DÉCADI.

7. — Aujourd'hui et aux termes de l'art. 41 de la loi du 18 germin. an X : « Aucune fête, à l'exception du dimanche, ne peut être établie sans la permission du gouvernement. »

8. — De là il résulte qu'une simple ordonnance royale serait insuffisante pour établir *un jour férié*.

9. — Dans l'état actuel de la législation, les jours de fêtes légales sont : — 1° *Le dimanche*. — L'art. 57, L. 18 germin. an X, porte à cet égard que « le repos des fonctionnaires publics sera fixé au dimanche. »

10. — ... 2° Les jours de *Noël*, de *l'Assomption*, de *l'Ascension*, de *la Toussaint*. — C'est à ces quatre jours qu'ont été réduites les fêtes religieuses par l'arrêté du 29 germin. an X, qui a ordonné la publication d'un indult du légat *à latere* du 9 avr. 1802.

11. — ... 3° *Le 1er janvier*. — C'est ce que décide un avis du conseil d'état du 13-23 mars 1810 : « Ce jour, est il dit dans cet avis, a été depuis l'an XIII considéré comme une fête et observé comme tel, quoiqu'il ne tombât pas un dimanche. » A cette époque, on s'empressa de se conformer à l'intention manifestée par Sa Majesté *pour qu'on suspendit* (ce sont ses termes mêmes) *les travaux ordinaires le jour du 1er janvier, compté parmi les fêtes de famille par la grande majorité des Français*. On y rappelle que les administrations, les cours et les tribunaux vaquèrent le 1er janvier; que même les fonctionnaires publics de l'ordre judiciaire reçurent à cet effet un ordre exprès de Sa Majesté qui leur fut transmis par le grand-juge le 4 nivose an XIII; que la Banque de France et la caisse de service fermèrent leurs bureaux; que cet exemple fut suivi dans presque toutes les parties de la France. (La question avait été soulevée à propos des protêts à faire pour les billets échus le 31 décembre, et le conseil d'état fut d'avis *qu'une fête sollicitée par le vœu public, avouée par le chef suprême de l'état et ratifiée par un usage constant et général* devait être placée au rang de celles qu'a prévues l'art. 162, C. comm.)

12. — Quant au jour *de la fête du roi*, plusieurs décisions ministérielles (déc. min. fin. 28 oct. 1817, circul. min. just. 18 avr. 1833) en ont, il est vrai, recommandé l'observation comme jour de fête; mais, à défaut d'institution régulière, il est impossible de le considérer comme fête légale. — M. Massabiau (*Manuel du proc. du roi*, n° 338) pense donc qu'on peut valablement signifier toutes sortes d'exploits ce jour-là. — Toutefois si le dernier jour du délai pour l'enregistrement d'un acte se trouve être le jour de la fête du roi, l'enregistrement peut avoir lieu le lendemain sans que l'amende soit encourue. — L. 22 frim. an VII, art. 25, et délibér. de la régie du 8 août 1834.

13. — Et il a été jugé que le greffe et le bureau d'enregistrement étant (en 1819) fermé le jour de la Saint-Louis, l'acte signifié à l'enregistrement le lendemain était valable. — *Douai*, 6 avr. 1819, N.....

14. — Les 27, 28 et 29 juillet sont-ils jours de fête légale? et dès-lors une décision judiciaire rendue l'un de ces jours doit-elle être déclarée nulle? — Cette question, dont la solution n'est pas aussi simple qu'elle pourrait le sembler au premier abord, s'est présentée récemment devant la chambre civile de la cour de Cassation sur le pourvoi dirigé contre un arrêt rendu par la cour de Nîmes le 29 juill. 1846.

15. — Ce qui donnait matière à difficulté, c'est qu'il n'existe aucune loi précise qui institue les journées de juillet fêtes légales. On lit bien dans une ordonnance royale du 6 juill. 1831 que « les journées des 27, 28, 29 juillet 1831 seront célébrées comme fêtes nationales; » mais d'une part cette ordonnance ne dispose que pour l'année 1831 et non pour les années subséquentes, et d'autre part il est certain qu'une simple ordonnance ne peut établir des jours *légalement* fériés. — Il est vrai que chaque année une loi spéciale est rendue relativement à la célébration des journées de juillet, ce qui peut sembler une consécration législative de l'ordonnance du 6 juill. 1831. Mais si l'on se reporte aux termes de cette loi, on voit qu'elle n'a d'autre objet que d'ouvrir au ministre de l'intérieur sur l'exercice de l'année *un crédit* pour contribuer, *avec les fonds fournis par la ville de Paris*, à la célébration de l'anniversaire des journées de 1830. Or, une pareille loi de finance relative à la ville de Paris, bien que supposant et rappelant l'existence d'une fête à célébrer, peut-elle cependant équivaloir à une consécration législative du caractère *légal* de la fête, surtout lorsqu'on réfléchit aux conséquences qui en résulteraient pour la régularité des actes passés le jour où la célébration aurait eu lieu?

16. — La cour de Cassation ne l'a pas pensé. Aussi après un premier arrêt de partage a-t-elle déclaré que ces journées n'étaient pas jours de fête légale et reconnu valable l'arrêt rendu le 29 juillet. — *Cass.*, 7 juill. 1847 (t. 2 1847), Antoine. — V. conf. *Poitiers*, 16 juin 1842 (t. 1er 1843, p. 102), Bascle, qui déclare valables des actes de procédure faits un de ces jours. — Rolland de Villargues, *Rép. not.*, v° *Fête*.

17. — La loi du 19 janv. 1816 avait rangé au nombre des jours fériés l'anniversaire de la mort de Louis XVI (21 janvier). Le tribunal de la Seine (chambre correctionnelle) a ordonné le 21 janvier 1831 qu'il serait passé outre aux débats, nonobstant l'objection qu'on soulevait et qu'on tirait de cette loi. Aujourd'hui il ne peut plus y avoir de difficultés sur ce point : la loi de 1816 a été expressément abrogée par celle du 26 janv. 1833 : « La loi du 19 janv. 1816, porte celle de 1833, relative à l'anniversaire funeste et à jamais déplorable du 21 janvier 1793 est abrogée. » — « Les deux chambres, dit M. Duvergier (*Collect. des lois*, t. 33, p. 9), se sont accordées sur la nécessité d'abroger la loi de 1816, faite dans un esprit de réaction; mais elles ont cru devoir exprimer les intentions qui les animaient et protester contre la supposition d'une adhésion au jugement du roi Louis XVI.

§ 2. — *De l'obligation d'observer les jours de fête légale.*

18. — Chez tous les peuples les jours fériés étaient marqués par l'interruption des affaires. — *Omnes judices*, disait la loi romaine, *urbanæque plebes et cunctarum artium officia venerabili die solis quiescant*. — Cod., *De feriis*, L. 3.

19. — En France les anciennes prohibitions étaient aussi nombreuses que sévères. Il était défendu, pendant les jours de fêtes, de faire danser ni de tenir foires ou marchés (arrêt des grands jours de Clermont, 14 déc. 1665), de voiturer ou mesurer du blé, de porter aucun fardeau (*Parlem. Paris*, 15 octobre 1688), d'exposer en vente aucune marchandise, même dans les lieux privilégiés (réglem. 18 déc. 1734). Les boulangers pouvaient vendre du pain, mais en tenant leurs ais et volets fermés; il leur était défendu d'en faire cuire ces jours-là (droit ancien). — Suivant la discipline de l'église, les évêques pouvaient accorder la permission de travailler les jours de dimanche et de fête. Telles sont aussi les dispositions de plusieurs ordonnances (ordonn. de Louis XIV, 12 mai 1701, qui défend de travailler pendant les jours de fêtes, sans en avoir obtenu la permission de l'archevêque). — V. aussi l'édit de juin 1601 (art. 23), qui permet le travail dans les mines et minières, à l'exception des jours de grandes fêtes. — Le travail pouvait aussi être autorisé au cas de nécessité urgente. — V. notamment ord. de déc. 1672 relative à la conduite des bateaux chargés de marchandises pour la provision de la ville de Paris. — V. au surplus Merlin, *Rép.*, v° *Fête*, n° 3.

20. — L'observation des jours fériés a été réglementée d'une manière complète par la loi du 17 thermid. an VI, et une autre loi du 13 fructid. an VI s'est occupée plus spécialement de la célébration des décadis. — La loi du 17 thermid. ordonnait, pour ces jours de repos, la fermeture des boutiques, magasins, ateliers, la suspension des travaux dans les lieux publics, la prohibition de faire des affaires, saisies, ventes, etc., à peine de nullité.

21. — L'art. 1er de l'arrêté du 7 thermid. an VIII ne reconnaissait comme jours fériés que les décadis, et n'imposait l'obligation de les observer qu'aux autorités constituées, aux fonctionnaires publics et aux agens salariés du gouvernement.

22. — La loi organique du concordat du 18 germin. an X en se bornant à dire que « *le repos des fonctionnaires publics était fixé au dimanche* » laissa par cela même aux autres citoyens pleine liberté pour vaquer à leurs affaires les dimanches et fêtes comme les jours ordinaires.

23. — Et il a été jugé en ce sens que la loi organique du concordat ne dérogeait point à l'arrêté du 7 thermid. an VIII qui restreignait aux seuls membres des autorités constituées, aux fonctionnaires publics et aux agens salariés du gouvernement l'obligation d'observer les jours fériés. — *Cass.*, 3 août 1809, Lhoste.

24. — Toutefois, dès le 7 juin 1814, le préfet de police avait rendu une ordonnance relative à l'observation des fêtes et dimanches. — V. Recueil de M. Delessert, t. 1er, p. 648.

25. — La loi qui nous régit aujourd'hui en matière d'observation des fêtes et dimanches est celle du 18 nov. 1814, qui a abrogé toutes les dispositions antérieures. — Art. 9.

26. — Nous indiquerons plus tard les diverses dispositions de cette loi; mais on s'est demandé à diverses reprises si elle était encore en vigueur et si elle n'avait pas été abrogée par la charte de 1830.

27. — Pour soutenir l'abrogation on a invoqué le principe de liberté de conscience et de l'égalité de tous les cultes dans l'ordre temporel, proclamé par la charte de 1830. On a fait remarquer, en outre, que deux fois la chambre des députés a reconnu que cette loi n'avait plus la puissance qui commande l'obéissance des citoyens; qu'en effet, le 11 fév. 1832, M. Auguste Portalis en ayant proposé à la chambre l'abrogation formelle, si cette proposition n'eut pas de suite, c'est qu'il fut reconnu qu'une loi d'abrogation serait superflue, puisqu'elle résultait *implicitement* de la charte de 1830; qu'en 1838, le 10 fév., la question fut de nouveau soulevée par une pétition qui réclamait des lois répressives sur la fréquentation des cabarets pendant l'office divin, pétition sur laquelle on passa à l'ordre du jour, conformément aux conclusions de la commission, et par le même motif qui avait décidé la chambre en 1832. Enfin on a rapproché de ces deux manifestations de la chambre le silence si long-temps gardé, et par le pouvoir judiciaire, et par le pouvoir municipal, pour ajouter à l'argument d'abrogation implicite résultant de la charte de 1830, un argument d'abrogation par désuétude. — V. aussi les conclusions de M. l'avocat-général Hello, lors de l'arrêt du 23 juin 1838, cité *infra* n° 28.

28. — Mais ce système a été repoussé par la cour de Cassation, qui a décidé formellement que l'art. 3, L. 18 nov. 1814, qui interdit aux cabaretiers, marchands de vins et autres de tenir leurs maisons ouvertes et d'y donner à boire et à jouer pendant le temps de l'office, n'a pas été abrogé par la charte de 1830. — *Cass.*, 23 juin 1838 (t. 2 1838, p. 165), Vuitrac; 6 oct. 1845 (t. 1er 1846, p. 271), Saha.

29. — Ceci posé, nous examinerons quelles sont les règles et prohibitions qui résultent soit des dispositions encore en vigueur de la loi du 17 thermid. an VI, soit de la loi du 18 nov. 1814.

30. — En prescrivant aux commissaires de police de la ville de Paris de veiller à l'observation de la loi du 18 nov. 1814, M. le préfet, par une circulaire de 1815, a indiqué le mode d'exécution des diverses dispositions de cette loi. Nous en indiquerons les principaux passages. — V. le texte complet dans le *Dict. gén. des lois pénales* de M. Chabrol Chaméane, v° *Fêtes et dimanches*, t. 1er, p. 578, note.

§ 3. — *De l'effet des jours fériés quant aux fonctions publiques, aux débats judiciaires et aux actes de procédure et d'instruction.*

31. — En principe, les administrations publiques sont fermées les jours de fête légale. — L'art. 2 L. 17 therm. an VI porte que les autorités constituées, leurs employés et ceux des bureaux du service public vaquent les jours de décadis et de fêtes nationales.

32. — Les tribunaux et greffes sont donc fermés les jours fériés.

33. — Dès lors le jugement rendu en matière civile et commerciale les jours de dimanche ou de fête légale serait évidemment nul. — Carré, *Compét.*, t. 1er, p. 171; Talandier, *Tr. de l'appel*, n° 256. — V. aussi *Cass.*, 13 juin 1815, Polignac. — Mais le même arrêt décide que les juges, ne perdant pas leurs pouvoirs pendant la durée des fêtes légales, la cour qui annulerait un jugement comme rendu un jour de fête pourrait évoquer le fond.

34. — De même, une enquête ne peut avoir lieu un jour férié. — Talandier, n° 256.

35. — Les bureaux des hypothèques et d'enregistrement sont fermés les jours fériés. — Déc. min. 22 déc. 1807, 29 juill. 1808, 24 juill. 1810, 9 mars 1839. — V. aussi ENREGISTREMENT.

36. — Toutefois, de ce que la loi du 17 therm. an VI, art. 5, ne déclare nulles que les saisies, contraintes par corps, ventes et exécutions judiciaires faites les décadis, on en a conclu que la transcription d'un acte translatif de propriété faite un jour de fête, n'est pas nulle. — *Cass.*, 18 fév. 1808, Guillot. — V. au reste CONSERVATEUR DES HYPOTHÈQUES, nos 111 et suiv.

37. — Il en est de même d'une inscription prise un jour férié. — Mais M. Duranton (t. 20, n° 87) dit que d'après un avis du grand-juge, ministre de la

justice, exprimé dans une circulaire adressée aux procureurs du roi, en pareil cas, l'inscription ne daterait que du lendemain.

38. — Aux termes de l'art. 3 de la même loi de l'an VI, les écoles publiques et particulières vaquent les mêmes jours.

39. — Il paraît résulter d'un arrêt de la cour de Metz que l'autorité administrative peut refuser de recevoir, un jour férié, le dépôt des exemplaires d'un ouvrage. — *Metz*, 31 août 1833, Lamort.

40. — Mais l'art. 2 de la loi du 17 therm. an VI ne dispose que, *sauf le cas de nécessité ou pour l'expédition des affaires criminelles*, et il a été jugé que cette disposition n'a été abrogée ni par le concordat, ni par la loi du 18 nov. 1814, ni par celle du 19 janv. 1816, qui a mis le 21 janv. au nombre des jours fériés. — *Cass.*, 8 mars 1832, Lepetit. — V. aussi Carnot, sur l'art. 66, *C. inst. crim.*; Legraverend, t. 1er, chap. 5, p. 199; Merlin, *Rép.*, v° *Fête*, n° 4; Berriat-St-Prix, *C. de dr. crim.*, p. 88, note 2.

41. — Dès-lors il a été reconnu que l'examen et les débats étant une fois commencés, ils doivent être continués sans interruption, et peuvent avoir lieu même un jour férié. (On prétendrait en vain qu'une circulaire du garde des sceaux défend de juger pendant ces jours-là.) — *Cass.*, 10 juin 1826, Goudey; 12 juill. 1832, Canelrot.

42. — Il a même été jugé que les débats de la cour d'assises peuvent s'ouvrir un jour férié. — *Cass.*, 5 déc. 1839 (t. 2 1840, p. 176), Brullet; 14 avr. 1815, Leclerc. — « Car, dit l'arrêt de 1839, il n'y a pas de jour férié pour les affaires criminelles. »

43. — La jurisprudence a reconnu, en outre, que la faculté réservée aux tribunaux et à leurs employés par l'art. 2, L. 17 thermid. an VI, de procéder, les jours fériés, à l'expédition des affaires criminelles, doit s'entendre non seulement des affaires de grand criminel, mais encore de celles correctionnelles et de simple police. — *Cass.*, 8 mars 1832, Lepetit; 27 août 1807, Jegu.

44. — ... Et qu'ainsi l'instruction et le jugement des affaires correctionnelles peuvent avoir lieu les jours fériés. — *Cass.*, 30 mars 1832, Paillet.

45. — De même, les conseils de discipline peuvent se réunir et juger les dimanches et autres jours fériés. — Inst. min. 1er juin 1832. — V. GARDE NATIONALE.

46. — Toutefois les conseils de discipline étant, dans l'ordre hiérarchique des tribunaux, sur la même ligne que les tribunaux de police, il semble qu'ils ne pourraient siéger les dimanches et fêtes à d'autres heures que celles permises aux juges de paix, c'est-à-dire la matinée et l'après-midi (art. 8, C. procéd.) et hors les heures du service divin. — L. 18 oct. 1790, tit. 7, art. 1er.

47. — La faculté de procéder un jour férié, en matière criminelle ou correctionnelle, s'applique à la signification des actes alors même qu'il n'y aurait ni urgence, ni nécessité. — *Cass.*, 27 août 1807, Jegu.

48. — Jugé en effet que les dispositions qui interdisent de faire des actes de procédure un jour férié, ne sont pas applicables en matière criminelle. Et qu'ainsi la notification de la liste du jury à un accusé qui doit être soumis aux débats le lundi, lui est valablement faite le dimanche. — *Bruxelles*, 13 août 1814, Détrief.

49. — Jugé encore que l'art. 1037 ne pouvant s'appliquer aux significations ou exécutions qui se rattachent à la justice répressive, une citation à comparaître devant le conseil de discipline a pu être valablement notifiée un jour férié. — *Cass.*, 29 nov. 1838 (t. 1er 1839, p. 425), Vigueron. — V. GARDE NATIONALE.

50. — Un procès-verbal de contravention aux lois relatives aux places de guerre peut être valablement signifié par les gardes du génie un jour de fête. — *Cons. d'état*, 27 nov. 1835, de Fontaine.

51. — Jugé encore que l'art. 1037 du C. de procéd. civ., qui défend de faire les significations un jour de fête légale sans permission du juge n'étant pas applicable aux matières criminelles ou correctionnelles, la notification de la copie d'un procès-verbal de contributions indirectes, lequel constitue un acte de procédure en matière correctionnelle, ne peut être déclarée nulle en ce qu'elle aurait été faite un jour férié. — *Cass.*, 26 avr. 1839 (t. 2 1839, p. 285), Becq.

52. — Mais l'art. 25 du C. pén. défend d'exécuter aucune condamnation les jours de fêtes nationales ou religieuses, ni les dimanches. — V. aussi dans le même sens l'art. 7 de la loi du 17 therm. an VI, qui défendait *les exécutions criminelles* les jours de décadi et de fêtes nationales.

53. — Les mots *hors le cas de nécessité* contenus dans la loi du 17 therm. an VI, ont fait admettre un certain nombre d'exceptions à la règle de l'observation des fêtes, quant aux fonctions publiques et à la signification des actes judiciaires.

54. — Ainsi, suivant l'art. 8, C. procéd. civ., les juges-de-paix, comme nous l'avons indiqué plus haut, peuvent donner audience les jours de dimanches et de fêtes le matin et l'après-midi hors le temps de l'office divin. — L. 18 oct. 1790, tit. 7, art. 1er.

55. — De même, en cas d'urgence, le juge des référés peut statuer un jour de fête. — C. procéd. civ., art. 808.

56. — Le conseil d'état a reconnu également qu'aucune loi ne prononce la nullité des décisions des conseils de préfecture, prises les jours fériés. — *Cons. d'état*, 30 mai 1834, Labatut.

57. — Rien ne s'oppose non plus à ce qu'un jugement d'*arbitres forcés* soit valablement rendu un jour de fête légale. — *Cass.*, 22 nov. 1827, Garde. — V. Carré, quest. 1198. — V. ARBITRAGE, n° 702.

58. — De même, une expertise ne serait pas nulle pour avoir été faite un jour férié. — *Contrà*, arrêt du parlement de Provence du 18 nov. 1694.

59. — Aux termes de la loi, c'est le dimanche qu'ont lieu les publications de mariage. — V. ACTES DE L'ÉTAT CIVIL, n° 342.

60. — Rien ne s'opposerait même à ce qu'un mariage fût célébré légalement un jour férié; sans toutefois que l'officier de l'état civil pût être forcé à la célébration. — V. ACTES DE L'ÉTAT CIVIL, n° 395.

61. — Les élections peuvent avoir lieu régulièrement, et en fait, ont lieu fort souvent, les dimanches ou autres jours de fêtes légales.

62. — En outre tous les actes publics et particuliers sont valablement passés et enregistrés tous les jours de l'année (L. 16 vendém. an VI, art. 1er). — Et cela s'applique sans difficulté aux actes notariés. — Rolland de Villargues, *Rép. not.* v° *Fête*, n° 17. — V. aussi v° NOTAIRE.

63. — Ainsi on reconnaît spécialement que les actes respectueux peuvent être faits un jour de fête légale. — *Agen*, 27 août 1829, Roussanes; — Pezzani, *Tr. des empêch. au mariage*, n° 367. — V. *contrà*, nouveau Denizart, v° *Fête*, § 3.

64. — Toutefois les actes de juridiction contentieux, tels que les inventaires et les procès-verbaux ne peuvent être faits un jour férié. Ainsi, les notaires, qui peuvent passer des actes tous les jours de l'année, doivent s'abstenir de passer, les jours de fêtes légales, ceux qui ont une espèce de caractère judiciaire, tels que ceux dont nous venons de parler. — Merlin, *Rép.*, v° *Notaire*, § 5, n° 6; Rolland de Villargues, v° *Fête*, n° 18. — V. NOTAIRE.

65. — Ainsi les protêts, même ceux du ministère d'un notaire, ne peuvent être faits un jour férié. — Bioche, *Dict. proc.*, v° *Fête*, n° 4; Massé, *Parfait notaire*, liv. 1er, ch. 16. — V. aussi PROTÊT.

66. — Que doit-on décider relativement aux ventes publiques de meubles ou d'immeubles? — La loi du 17 thermid. an VI dans son art. 6 dispose que les ventes à encan ou à cri public n'auront pas lieu les jours de fêtes, à peine d'une amende de 25 à 300 francs. Mais cette disposition ne paraît plus subsister, car les art. 617 et 632, C. procéd., posent un principe contraire pour les ventes après saisie-exécution, ou saisie-brandon (V. en outre le cas de l'art. 945). Et, en fait, les ventes volontaires, soit d'immeubles, soit de fruits et récoltes, se sont constamment faites le dimanche et les jours de fête. — Rolland de Villargues, *loc. cit.*, n° 20.

67. — Il a donc été jugé qu'on peut faire procéder à une vente publique de meubles, par un notaire, un jour de dimanche, malgré la défense du maire, sans contrevenir à la loi du 18 nov. 1814, sur l'observation des fêtes et dimanches. — *Cass.*, 2 août 1828, Anselme Deroo. — V. au reste SAISIE-EXÉCUTION, SAISIE-BRANDON, VENTE PUBLIQUE DE MEUBLES, VENTE JUDICIAIRE DE BIENS IMMEUBLES.

68. — Certains baux administratifs ne s'adjugent qu'après des publications faites de dimanche en dimanche. — V. BAIL ADMINISTRATIF, nos 10 et 62.

69. — Mais les notaires n'auraient-ils pas le droit de refuser leur ministère les jours de dimanche et de fêtes légales pour les actes non urgens, non nécessaires? — M. Rolland de Villargues (v° *Fête*, n° 23) trouve dans un arrêt du 13 mars (et non 23 mai) 1834 de la cour de Colmar (R...) la consécration de ce droit qu'il dit avoir été reconnu aussi par un jugement du tribunal de la Seine du 8 juill. 1835. — V. au reste NOTAIRE.

70. — Aux termes de l'art. 5 de la loi du 17 thermid. an VI les significations, saisies, contraintes par corps, ventes et exécutions judiciaires n'avaient pas lieu les jours affectés au repos des citoyens, *à peine de nullité*, à l'exception des actes de procédure qui, par des lois particulières, avaient été renvoyés au décadi, en remplacement des jours ci-devant fériés.

71. — L'art. 1037, C. procéd., défend également les significations et exécutions faites les jours de fête légale, si ce n'est en vertu de permission de juge dans le cas où il y aurait péril en la demeure.

72. — Nous avons déjà vu *suprà* (n° 47) que cet article ne s'applique pas aux significations et exécutions en matière criminelle. — Mais on s'est demandé si l'art. 1037 ne prononçant pas de nullité, un exploit en matière civile signifié un jour férié devait être déclaré nul ou si, au contraire, il ne pouvait résulter de cette infraction à la loi qu'une amende contre l'huissier. C'est en ce dernier sens que la jurisprudence paraît s'être prononcée. — V. EXPLOIT, nos 65 et suiv. — V. aussi *Toulouse*, 8 mars 1834, Dufrèche c. Gartoux; *Cass.*, 26 avr. 1839 (t. 2 1839, p. 285), Becq.

73. — Jugé encore qu'une demande en péremption n'est pas entachée de nullité par cela seul qu'elle a été signifiée à avoué un jour de fête légale. — *Bastia*, 25 janv. 1842 (t. 1er 1844, p. 671), Morandi c. Pallavicini.

74. — ... — Et que la déclaration d'une surenchère est valable quoique faite le dimanche. — *Rouen*, 14 janv. 1828, Hamard c. Deheraine. — V. aussi *Cass.*, 7 avr. 1819, Ferrand. — V. SURENCHÈRE. — V. aussi EXPLOIT, nos 68 et suiv.

75. — Jugé qu'en supposant que le procès-verbal de collocation provisoire dressé un jour férié fût nul par ce motif, la nullité serait couverte par la notification régulière qui en avait été faite aux créanciers, si ceux-ci n'avaient pas opposé ce moyen dans le délai prescrit. — *Cass.*, 10 janv. 1815, Dumolard c. Gauthier. — V. ORDRE.

76. — La demande en prorogation d'enquête formée un jour de fête légale a été également déclarée valable. — V. ENQUÊTE, n° 388.

77. — Nous avons examiné v° EXPLOIT, nos 67 et suiv., comment pourrait être donnée, dans le cas de l'art. 1037, l'autorisation de signifier un jour de fête légale. — Il a été jugé que c'est au président du tribunal civil, et non au juge d'appel, qu'il appartient d'autoriser une signification d'appel un jour de fête légale, et que le président du tribunal à qui pareille autorisation est demandée a un pouvoir discrétionnaire pour apprécier s'il y a péril en la demeure, et dès lors, s'il y a lieu de l'accorder. — *Riom*, 25 janv. 1844 (t. 2 1844, p. 408), Langlade c. Bernissant.

78. — Nous avons vu plus haut (nos 66 et 67) que certaines ventes publiques étaient permises les jours de dimanche et fête.

79. — On peut également procéder, les dimanches, à l'affiche des ventes judiciaires d'immeubles. — V. VENTE JUDICIAIRE DE BIENS IMMEUBLES.

80. — Il a toujours été défendu de mettre à exécution, les jours de fête et de dimanche, aucune contrainte décernée pour les deniers publics. — Rolland de Villargues, v° *Fête*, n° 35.

81. — Un créancier peut-il, même avec permission du juge, faire arrêter son débiteur un jour de fête légale? — V. EMPRISONNEMENT, n° 105.

82. — La loi du 22 frim. an VII, qui défend (art. 42) de faire un acte en vertu d'un autre acte non encore enregistré, reçoit exception pour le cas où le second acte est fait en vertu d'une ordonnance obtenue le jour d'une fête légale, et exécutoire sur minute, même avant l'enregistrement. — Bioche, *Dict. procéd.*, v° *Fête*, n° 7. — V. ENREGISTREMENT.

83. — En matière de douanes, V. DOUANES, nos 773, 791 et 1104.

§ 4. — *De l'effet des jours fériés quant aux délais.*

84. — En principe, les jours de fête légale sont compris dans les délais dans lesquels doivent être faits les actes judiciaires et les significations. Mais si le jour qui termine le délai est un jour de fête légale, l'augmentation d'un jour a-t-elle lieu de droit? — La négative, conforme à l'ordonnance de 1667 (tit. 3, art. 7) paraît avoir été adoptée implicitement par l'art. 1037, C. procéd. civ. — Et c'est en ce sens que se prononcent, en général, la jurisprudence et les auteurs. — Merlin, *Rép.*, v° *Délai*, sect. 1re, § 3; Carré, quest. 651 *bis*; Chauveau, *loc. cit.*; Bioche et Goujet, *Dict. procéd.*, v° *Délai*, n° 20 et suiv. — V. cependant *contrà Montpellier*, 18 fév. 1811, Gorry c. Vié; *Nancy*, 23 juill. 1812, Daleubert c. Cerfbeer.

85. — Ainsi jugé que le délai de dix jours pour l'appel en matière d'ordre n'est pas augmenté alors même que le dixième jour est férié. — *Bordeaux*, 4 juin 1835, Baudrit c. Bonnaventure.

86. — ... Qu'en matière électorale, le délai de dix jours accordé pour la notification du recours contre la décision du préfet ne peut être prorogé en ce que le dixième jour serait un jour férié. — *Bastia*, 8 déc. 1835, Poggi c. préf. de la Creuse;

Montpellier, 14 nov. 1845 (t. 1er 1846, p. 240), Vidalot c. le préf. de l'Aude.

87. — ... Qu'en matière correctionnelle, l'appel interjeté le onzième jour est nul, bien que le dixième fût un jour férié. — *Cass.*, 28 août 1812, Combes; *Douai*, 27 fév. 1835, Collette.

88. — ... Que de même le dernier jour des trois mois accordés pour l'appel compte pour le délai, bien qu'il tombe un jour férié. — *Grenoble*, 16 août 1826, Guillon c. Michalou; *Toulouse*, 14 mars 1832, Vérié c. Delbois; — Souquet, *Dict. des temps légaux*, Introd., t. 1er, p. 43.

89. — ... Que si le délai de huitaine pour former opposition à un jugement par défaut, expire un jour férié légal, l'opposition formée seulement le lendemain est nulle. — *Cass.*, 6 (et non 9) juill. 1812, Someiller c. Faguy; *Nancy*, 18 janv. 1833, Gérardin c. Collignon; *Bruxelles*, 13 mars 1812, N...; 4 mars 1830, Rape c. Vanskoc-Kelberg; *Rennes*, 19 juin 1817, N... — V. JUGEMENT PAR DÉFAUT.

90. — ... Que le délai de l'enquête n'est pas suspendu pendant les jours fériés, alors même que l'échéance de la huitaine aurait lieu l'un de ces jours. — V. ENQUÊTE, no 252.

91. — ... Qu'en matière de saisie-arrêt le délai de huit jours accordé au saisissant pour former la demande en validité n'est pas augmenté d'un jour si le huitième est un dimanche. — *Toulouse*, 22 mars 1827, Salvignol. — V. SAISIE-ARRÊT.

92. — ... Qu'il en est de même du délai accordé pour la surenchère. — *Rouen*, 14 janv. 1815, Demontsavoir c. Brione; *Cass.*, 27 fév. 1821, Falconnet c. Fontaine. — V. conf. Carré, quest. 2378; Pigeau, p. 359; Merlin, *Rép.*, vo *Délai*, sect. 1re, § 3; Bioche et Goujet, vo *Surenchère*, no 130. — SURENCHÈRE.

93. — Toutefois la règle posée plus haut cesse de recevoir son application dans certains cas. — Ainsi, lorsque le lendemain du jour de l'échéance d'un effet de commerce tombe un jour férié légal, le protêt est fait le jour suivant. — C. com., art. 162. — V. PROTÊT.

94. — De même si le dernier jour pour l'enregistrement d'un acte est un jour de fête, la formalité peut être remplie le lendemain. — V. ENREGISTREMENT.

95. — La jurisprudence reconnaît également une exception en faveur des délais de courte durée et qui se comptent par heure. — Ainsi, il a été unanimement décidé que lorsque le délai est d'un seul jour et que ce jour est férié légalement l'acte fait le lendemain est valable. Le motif en est que lorsque la loi parle d'un délai de vingt-quatre heures elle ne peut raisonnablement parler que de vingt-quatre heures utiles.

96. — Ainsi jugé que lorsque *le délai de vingt-quatre heures* pour la dénonciation d'une surenchère expire un jour de fête légale la surenchère peut n'être dénoncée que le lendemain. — *Cass.*, 22 juill. 1828, Martin c. Bertrand; *Paris*, 4 août 1808 et *Cass.*, 28 nov. 1809, Guillard c. Fontaine; *Douai*, 9 avr. 1819, N. — V. aussi SURENCHÈRE.

97. — Une décision pareille a été rendue dans un cas également où le délai n'est que de vingt-quatre heures, c'est-à-dire en matière de notification de déclaration de command. — V. ENREGISTREMENT, nos 3583 et suiv.

98. — V. aussi, pour un pareil délai, en matière d'assurance maritime, vo ASSURANCE MARITIME, no 1174.

99. — Mais cette exception paraît avoir été restreinte au délai de vingt-quatre heures sans pouvoir être étendue à celui de trois jours. — Aussi a-t-il été jugé qu'en matière d'opposition formée à un jugement par défaut rendu par un juge de paix, il y a nullité si elle est formée le quatrième jour après sa signification, quoique le troisième fût un jour férié. — *Cass.*, 26 mai 1830, fabrique de Saint-Varnon c. Lacroix; 25 nov. 1824, Bernard c. Joly.

100. — ... Et que *le délai de trois jours* pendant lequel l'avoué qui s'est rendu dernier enchérisseur doit déclarer l'adjudicataire et fournir l'acceptation de celui-ci sous peine d'être réputé adjudicataire en son nom, ne peut être augmenté sous prétexte que le dernier jour de ce délai est un jour férié. — *Cass.*, 10 mars 1846 (t. 1er 1846, p. 543), enreg. c. Magou. — V. conf. *Cass.*, 1er déc. 1830, enreg. c. Violle.

101. — Il nous semble évident toutefois que la déchéance ne devrait pas être encourue, même dans le cas où le délai serait de trois jours, si ces trois jours étaient, tous trois, jours fériés, ce qui pourrait arriver, si les 27, 28, 29 juill. (V. *suprà* nos 14 et suiv.) étaient considérés comme fêtes légales. En pareille hypothèse la jurisprudence consacrée en matière de délai de vingt-quatre heures recevrait incontestablement son application, les motifs de décider étant les mêmes.

102. — V. sur l'influence des jours fériés quant à la supputation des délais en matière de douane, vo DOUANES, nos 772 et suiv., 791. — V. aussi PROCÈS-VERBAUX.

103. — En matière de contrats, les délais qui se comptent de tel jour à tel jour ne sont pas prorogés d'un jour si le jour du terme est férié. — Ainsi jugé en cas de réméré. — *Cass.*, 7 mars 1834, Gastineau. — V. VENTE A RÉMÉRÉ.

104. — Jugé aussi que lorsque les juges ont accordé pour justifier une demande un terme pour *tout délai*, ce délai étant de rigueur, la justification faite le lendemain de l'expiration serait tardive, encore bien que le dernier jour du délai fût férié. — *Rennes*, 18 mars 1826, Leroux c. de Kerovarly.

§ 5. — *De la défense de travailler, de vendre, etc., etc., pendant les jours fériés. — Exceptions.*

105. — *Défense.* — La loi du 17 thermid. an VI portait dans ses art. 8, 9 et 10 : 1o que les boutiques, magasins et ateliers seraient fermés pendant les jours de décadis et de fêtes nationales, sans préjudice néanmoins de ventes ordinaires de comestibles et objets de pharmacie (art. 8); — 2o que cependant les administrations municipales pourraient autoriser les étalages portatifs d'objets propres à l'établissement des fêtes (art. 9); — 3o que tous travaux dans les lieux et voies publiques, ou en vue des lieux et des voies publiques étaient interdits durant les mêmes jours, sauf les travaux urgens spécialement autorisés par les corps administratifs, et les exceptions pour les travaux de la campagne pendant les temps des semailles et récoltes, conformément à l'art. 2, sect. 5, L. 6 oct. 1791, art. 10.

106. — En outre, aux termes de cette loi, les écoles particulières étaient soumises, sous peine de voir fermer leurs établissemens par l'autorité administrative, aux mêmes obligations que les établissemens publics, c'est-à-dire à celle de vaquer les dimanches et les fêtes. — L. 17 thermid. an VI, art. 3 et 4. — Cette disposition serait inapplicable aujourd'hui.

107. — La loi du 18 nov. 1814 s'est approprié, en les étendant et précisant, la plupart des dispositions de celle de l'an VI. — Après avoir posé en principe, dans son art. 1er, que les travaux ordinaires seront interrompus les dimanches et jours de fêtes reconnues par la loi de l'état, elle ajoute :

108. — En conséquence, il est défendu lesdits jours : 1o aux marchands d'étaler et de vendre *les ais et volets des boutiques ouverts.* — Art. 2, § 1er.

109. — Il a été jugé à cet égard que celui qui, un jour de dimanche, expose et met en vente, les volets des boutiques ouverts, des objets de son commerce, est punissable, sans pouvoir être excusé par le motif qu'il n'aurait pas entendu le véritable sens du mot *exposer*. — *Cass.*, 9 fév. 1815, Pepin.

110. — Quant à la vente et à l'étalage *ais et volets fermés*, ils ne sont pas prohibés. — Circul. du préfet de police de 1815.

111. — ... 2o Aux colporteurs et étalagistes de colporter et d'exposer en vente leurs marchandises dans les rues et places publiques. — Art. 2, § 2.

112. — Cette défense s'entend de l'étalage mobile comme de l'étalage non mobile. — Circul. préf. pol. de 1815.

113. — ... 3o Aux artisans et ouvriers de travailler *extérieurement* et d'ouvrir leurs ateliers. — Ce mot *extérieurement* a remplacé ceux de la loi de l'an VI *dans les lieux et voies publiques*, et *en vue des lieux et voies publiques*.

114. — On jugeait sous la loi de l'an VI qu'il ne suffisait pas, pour faire disparaître les contraventions, que les travaux eussent été exécutés dans l'intérieur d'une maison; qu'il fallait que ce fût hors de la vue des lieux et des voies publiques. — *Cass.*, 17 niv. an VII, Pourrier; 6 niv. an VII, Deligey.

115. — ... Les travaux étaient considérés comme faits en contravention à la loi si le bruit qu'ils occasionnaient frappait les passans. — *Cass.*, 6 prair. an VIII, Bonneau.

116. — L'expression *extérieurement* a été interprétée de la même manière; ainsi, il a été jugé que le travail fait un jour de dimanche, dans un jardin clos de haies sèches, doit nécessairement être réputé travail extérieur, et constituer une contravention à l'art. 2, L. 18 nov. 1814, à moins qu'il ne soit constaté que la haie sèche qui fermait le jardin empêchait le public de voir le travail qui s'y faisait. — *Cass.*, 6 juin 1822, Pouart; — Legraverend, t. 2, chap. 3, p. 801, en note.

117. — On jugeait sous la loi de l'an VI, et l'on jugerait encore sous la loi de 1814 que, si ceux qui, ne pouvant tirer de jour que de leurs boutiques, n'ont laissé que l'ouverture strictement nécessaire pour se procurer la lumière, sont excusables de la contravention d'avoir travaillé en vue des lieux et voies publics un jour de décadi, ceux au contraire qui ont tenu leurs contrevents ouverts, laissant voir à travers les châssis à verre leurs marchandises étalées, sont contrevenus à la loi. — *Cass.*, 5 niv. an VII, Z...

118. — Mais la circulaire précitée de 1815 dit que sous la loi du 18 nov. 1814, il n'y a pas contravention lorsqu'une boutique étant fermée on entend travailler de l'intérieur, parce que, du moment que tout est fermé, la loi n'exige rien de plus.

119. — L'autorité municipale ne pouvant dispenser un citoyen d'obéir aux lois de l'état, le tailleur qui a tenu sa boutique ouverte un jour de dimanche doit être condamné aux peines portées par la loi, malgré la permission qu'il en avait obtenue du maire. — *Cass.*, 11 juin 1824, François Levêque.

120. — Jugé avec raison que le fait d'avoir joué à la raquette un jour de décadi, n'est réputé délit par aucun article de loi, et ne rentre pas dans l'application des peines relatives à l'interdiction du travail pendant les jours de fêtes. — *Cass.*, 15 prair. an VII, Vaudessel.

121. — ... 4o Il est également défendu aux charretiers et voituriers employés à des services locaux de faire des chargemens dans les lieux publics de leur domicile. — Art. 2, § 4.

122. — Il a été jugé que l'art. 2, L. 1816, énumérant les travaux ordinaires prohibés les jours de fêtes et dimanches, est limitatif et non démonstratif; qu'ainsi, il ne comprend pas dans son no 4 le voiturier qui a fait un déchargement un jour de dimanche dans un lieu autre que celui de son domicile. — *Cass.*, 14 août 1823, Daguet.

123. — De même, il a été jugé par application du principe que cet art. 2 est limitatif, que le fait d'avoir conduit dans les rues d'une commune un jour de dimanche, et pendant le temps de l'office divin, des charrettes chargées de bois et de fagots, n'est pas punissable. — *Cass.*, 1er juin 1839 (t. 2 1839, p. 224), Beauvert.

124. — Mais la prohibition écrite dans l'art. 2, § 4, L. 18 nov. 1814, s'applique au fait d'avoir charroyé un jour de dimanche dans un bateau, sur une rivière, du sable et des pierres pour le compte d'autrui. — *Cass.*, 13 sept. 1822, Burat.

125. — ... Et aux travaux de déménagement sur la voie publique. — *Cass.*, 3 déc. 1829, Cartier.

126. — Un arrêt du conseil d'état, du 4 janv. 1724, défendait aux cabaretiers et autres vendant vins et boissons, de tenir leurs cabarets ouverts les dimanches et fêtes pendant le temps du service divin; d'y recevoir personne après huit heures du soir en hiver, et après dix heures du soir en été. — Mais la loi de l'an VI (et on le comprend facilement) était muette à cet égard. — Et les défenses de cet arrêt ont été implicitement abrogées par l'arrêté du 7 thermid. an VIII et la loi du 18 prair. an X.

127. — Aussi avant la loi de 1814 jugeait-on que le débit de boissons et les jeux pendant les offices du culte ne pouvaient constituer un délit, alors même qu'ils étaient prohibés par un arrêté du préfet, cet arrêté ne pouvant se rattacher à aucune loi prohibitive. — *Cass.*, 13 août 1813, Naveau.

128. — Jugé même que, avant la loi du 18 nov. 1814, l'arrêté par lequel un préfet prohibait tous actes de travail et de commerce les jours de dimanches ou de fêtes, ne se rattachait à l'exécution d'aucune loi précédente en vigueur et n'était point obligatoire pour les tribunaux, comme portant sur un objet non compris dans les attributions de l'autorité administrative. — *Cass.*, 2 juill. 1813, Macré; 3 août 1810, Habitans de la Rochelle. — V. cependant *Cass.*, 2 vendém. an VII, Pontol; 22 vend. an VII, Perigault.

129. — L'art. 3, L. 18 nov. 1814, porte que : « dans les villes dont la population est au-dessous de 5,000 ames, ainsi que dans les bourgs et villages, il est défendu aux cabaretiers, marchands de vins, débitans de boissons, traiteurs, limonadiers, maîtres de paume et de billard de tenir leurs maisons ouvertes et d'y donner à boire ou à jouer *pendant le temps de l'office.* »

130. — Nous avons vu plus haut que cet art. 3, L. 1814, n'avait pas été abrogé par la charte de 1830. — V. no 28.

131. — Il a été jugé que la prohibition s'étend même au cas où l'aubergiste aurait donné à manger, non à des habitans, mais à des étrangers pressés de partir. — *Cass.*, 11 nov. 1825, Gérald.

132. — ... Qu'elle comprend non seulement le temps de la messe, mais même celui des vêpres. — *Cass.*, 26 fév. 1825, Dirop; 11 nov. 1825, Gérald; 11 nov. 1826, Grot.

133. — ... Et qu'un cabaretier dans la maison duquel des individus ont été trouvés jouant au billard, buvant et mangeant pendant l'office des vêpres, ne peut être excusé sous prétexte qu'il n'y avait qu'un quart d'heure que le coup de cloche

des vêpres était sonné lorsque la contravention a été constatée, et que ce temps était nécessaire pour laisser aux fidèles le temps de se préparer pour se rendre à l'église. — *Cass.*, 10 avr. 1830, Double.

134. — La circulaire précitée de 1815 porte aussi que les jeux, curiosités, saltimbanques et chanteurs ne peuvent paraître sur les places avant midi.

135. — *Exceptions.* — A côté des prohibitions de vendre, travailler, etc., se placent les exceptions : l'art. 7, L. 18 nov. 1814 les indique ainsi qu'il suit.

136. — « Les défenses précédentes, dit cet article, ne sont pas applicables : 1° aux marchands de *comestibles de toute nature*, sauf cependant l'exécution de l'art. 3, relatif au temps de l'office divin. — V. *suprà* n° 129.

137. — Ainsi, l'étalage mobile et le colportage ne sont pas défendus pour les comestibles (pour tous ceux au moins à l'égard desquels n'existe pas une défense habituelle d'étaler et de colporter). — Circul. précitée de 1815.

138. — Il a même été jugé que l'étalage extérieur n'est pas interdit le dimanche aux marchands de comestibles. — *Cass.*, 4 sept. 1824, Mercier. — V. *contrà* la circulaire de 1815, qui ne leur reconnaît le droit d'avoir que des *étalages intérieurs*.

139. — ... Spécialement aux cabaretiers et aux charcutiers. — *Cass.*, 28 avr. 1827, Dumée.

140. — ... Alors même qu'il aurait été défendu par une circulaire du préfet; cette circulaire n'étant pas conforme à la loi du 18 nov. 1814, les tribunaux peuvent n'y avoir aucun égard. — *Cass.*, 18 juin 1824, Picard.

141. — Jugé encore que la loi du 18 nov. 1814, ayant excepté de ses prohibitions les marchands de comestibles, l'arrêté par lequel un maire défend aux marchands bouchers d'étaler et de vendre, les ais et volets des boutiques ouverts, les fêtes et dimanches, n'est pas obligatoire, comme ajoutant aux dispositions de la loi. — *Cass.*, 29 janv. 1829, Doucet.

142. — Sous la loi de l'an VII, qui permettait également la *vente des comestibles*, on jugeait que le boucher qui tue des cochons un jour de fête nationale, dans un lieu public ou en vue d'un lieu public, ne pouvait pas invoquer l'exception établie en faveur des marchands de comestibles. — *Cass.* 19 niv. an VII, Houlard.

143. — ... Et que, de même, l'exposition ou vente d'animaux sur pied ne pouvait pas être assimilée à ce que la loi appelle vente ordinaire de comestibles. — *Cass.*, 6 fruct. an VII, N...

144. — On jugeait encore que le transport de caisses remplies de comestibles, effectué sans l'autorisation municipale, un jour de fête nationale, sur la voie publique, pour le compte d'une personne qui n'en fait pas commerce, et par un individu qui n'est même pas voiturier, ne pouvait pas jouir de l'exception portée par la loi, en faveur des marchands de comestibles, à l'interdiction du travail pendant les jours de fêtes. — *Cass.*, 17 niv. an VII, Potier.

145. — Ces diverses décisions seraient encore applicables aujourd'hui.

146. — Les traiteurs, rôtisseurs, épiciers, sont rangés dans la classe des marchands de comestibles et jouissent dès lors des mêmes droits. — Circulaire précitée.

147. — L'art. 7, comme on l'a vu (n° 136), réserve l'exécution de l'art. 3, mais seulement en ce qui concerne les cabaretiers, marchands de vins et autres, qui y sont désignés. Ainsi, jugé que le marchand de comestibles, qui n'est pas en même temps cabaretier, marchand de vin, débitant de boissons, traiteur, etc., peut vendre, dans une ville de moins de cinq mille âmes, ses marchandises le dimanche pendant l'office, sans encourir les peines de l'art. 3, L. 18 nov. 1814. — *Cass.*, 28 mai 1830, Bocquet.

148. — ... 2° Les défenses ne sont pas non plus applicables à tout ce qui tient au service de la santé. — Art. 7, § 2. — V. PHARMACIE.

149. — ... 3° Aux postes, messageries et voitures publiques. — Art. 7, § 3

150. — ... 4° Aux voituriers de commerce par terre et par eau, et aux voyageurs. — Art. 7, § 4.

151. — ... 5° Aux usines dont le service ne pourrait être interrompu sans dommage. — Art. 7, § 5.

152. — ... 6° Aux ventes usitées dans les foires et fêtes dites patronales et au débit des menues marchandises dans les communes rurales, hors le temps du service divin. — Art. 7, § 6.

153. — ... 7° Aux chargemens de navires marchands et autres bâtimens du commerce maritime. — Art. 7, § 7.

154. — Jugé à cet égard que le chargement des navires peut se faire les jours de fête et les dimanches, sans qu'il soit besoin que l'urgence soit constatée. — *Rennes*, 27 fév. 1830, Heuzé-Lourmand.

155. — ... Et que dès-lors l'administration des douanes ne peut refuser d'ouvrir ses bureaux, les jours fériés, sous le prétexte que, d'après la loi du 18 germin. an X, ces jours sont consacrés au repos. — Même arrêt.

156. — La loi du 17 thermid. an VI exceptait de la prohibition du travail les travaux de la campagne pour le temps des *semailles* et des *récoltes*. — Hors ces cas, elle n'admettait d'exception *pour les travaux urgens* que s'ils étaient autorisés par les corps administratifs.

157. — On jugeait sous cette loi que celui qui s'était livré à des travaux *de labour* sans autorisation préalable, était en contravention, l'exception de la loi de thermid. an VI, relative aux travaux *des semailles*, ne s'appliquant pas aux simples labours, qui ne sont que des travaux préparatoires. — *Cass.*, 8 prair. an VII, N...; 17 niv. an VII, Longue-Epée; 24 niv. an VII, Clochepin; 16 thermid. an VIII, Reterel; 11 brum. an VIII (intérêt de la loi); 27-28 vend. an VIII, Poupel et Cartier; 21 thermid. an VII, Bidault.

158. — ... A moins que ces labours eussent pour objet de couvrir les semences. — *Cass.*, 16 germin. an VII, Montaigu.

159. — On jugeait aussi que la loi du 6 oct. 1791, art. 3, n'exceptait les travaux de la campagne que *dans* et non *pendant* les opérations de la semence ou des récoltes, et qu'en conséquence, un tribunal de police ne pouvait relaxer des contrevenans sous le prétexte que leurs travaux qui n'étaient ni de la nature de ces derniers ni reconnus urgens, avaient été faits pendant les opérations de la récolte. — *Cass.*, 11 niv. an VIII, Luzicourt.

160. — ... Qu'on pouvait poursuivre : 1° Celui qui avait retiré, le dimanche, sans autorisation, son chanvre du routoir (*Cass.*, 1er frim. an VII, Belœuf), ou qui l'avait broyé. — *Cass.*, 8 frim. an VIII, Ridon.

161. — ... 2° Ou le maréchal-ferrant qui s'était livré à des travaux de son état sans autorisation spéciale. — *Cass.*, 11 niv. an VII, Desforges.

162. — ... 3° Ou bien encore celui qui aurait tourné un moulin à millet sans autorisation, alors même que ce travail aurait été intérieur. — *Cass.*, 6 prair. an VIII, Bonneau.

163. — ... Et que la circonstance que des travaux étaient urgens ne suffit pas pour que l'on puisse les faire en vue des lieux publics, un jour de fête nationale, sans l'autorisation du corps administratif. — *Cass.*, 25 brum. an VIII, N...; 17 niv. an VII, Savari; 15 pluv. an VII, Epoigny et Vivant.

164. — L'art. 8 de la loi du 18 nov. 1814, modifiant sous quelques rapports la loi du 17 thermid. an VI, déclara *exceptés* des prohibitions contenues dans l'art. 2 : 1° les *meuniers* et les ouvriers employés *à la moisson et aux autres récoltes*; 2° les travaux urgens d'*agriculture*; 3° les constructions et réparations motivées par un péril imminent. — Mais à la charge, dans ces deux derniers cas, de demander la permission à l'autorité municipale.

165. — Les mots *moissons* et *récoltes* devraient être interprétés dans le même sens que sous la loi du 17 thermid. an VI. — Ainsi, on jugerait aujourd'hui comme sous cette dernière loi, que l'autorisation municipale n'est pas nécessaire à un cultivateur pour faire arracher son chanvre un jour de fête nationale. — *Cass.*, 25 niv. an VII, Delorme.

166. — Jugé depuis la loi de 1814 que dans les contrées méridionales où l'on bat le blé à l'aire, les cultivateurs peuvent, aussitôt que le blé a été coupé, procéder un jour de fête ou de dimanche à ce battage, qui lorsqu'il a lieu immédiatement est réputé faire partie de la moisson. — *Cass.*, 6 sept. 1828, Antoine Labouisse.

167. — ... Que l'*accochetage* ou ramassage des avoines est une récolte ou moisson à laquelle on peut se livrer un jour de fête ou de dimanche sans avoir besoin de la permission de l'autorité municipale. — *Cass.*, 19 juill. 1828, Filliette.

168. — ... Que les ouvriers employés à la récolte du foin n'ont pas besoin de la permission de l'autorité municipale pour y travailler un jour de dimanche. — *Cass.*, 1er sept. 1827, Pouvreau.

169. — ... Que celui qui a conduit sur sa voiture des échalas dans une vigne un jour de fête reconnue ne peut pas être renvoyé des poursuites, à moins qu'il ne soit constaté qu'il a demandé à l'autorité municipale la permission nécessaire pour se livrer aux travaux de l'agriculture et que cette autorité a étendu au transport des échalas dans les vignes les exceptions portées par l'art. 8, L. 18 nov. 1814. — *Cass.*, 12 juill. 1821, Nicole.

170. — Indépendamment des exceptions ainsi indiquées par la loi, l'art. 9, L. 18 nov. 1814, permet à l'autorité municipale de les étendre *aux usages locaux*.

171. — Mais nous avons vu plus haut que ce pouvoir ne pouvait aller jusqu'à dispenser les citoyens de l'application de la loi, et qu'ainsi elle ne saurait être réputée avoir mis l'*ouverture des boutiques de tailleurs* au rang des *usages locaux*. — *Cass.*, 11 juin 1824, Lévêque.

172. — La circulaire précitée de 1815 contient l'énumération de divers travaux autorisés, par exception à la loi de 1814, soit à raison des usages locaux, soit comme travaux de première nécessité. — Ainsi les boutiques de perruquiers et de coiffeurs peuvent rester ouvertes, cette ouverture étant de l'usage local le plus reconnu, puisque les dimanches et fêtes sont plus spécialement les jours de travaux pour les personnes de ces professions. — Mais ils ne devraient laisser en évidence derrière les vitres de leurs boutiques ni bustes ou attributs ni marchandises à vendre.

173. — Les maréchaux ferrans peuvent travailler toutes les fois que le travail est d'urgence, comme ferrement de chevaux, réparation de voitures par suite d'accident subit. — Même circul. — V. *suprà* n° 161.

174. — La circulation n'est pas interdite aux porteurs d'eau, aux brasseurs (l'eau et la bière étant choses nécessaires à la vie comme les comestibles). — De même les grainetiers, vendant des objets de première nécessité et des comestibles, peuvent avoir leurs ais et volets ouverts. — Même circul.

175. — Entre autres usages locaux, on peut citer : — 1° celui qui permet le travail et l'ouverture des boutiques aux taillandiers jusqu'à neuf heures du matin, les ouvriers n'ayant très généralement que le dimanche pour faire réparer leurs outils; — 2° celui qui autorise l'exposition ou étalage dans certains lieux publics des oiseaux dans des cages. — Même circul.

176. — Les débitans de tabac peuvent aussi avoir leurs ais et volets ouverts, puisque le tabac est de tous les instans; mais ils doivent retirer de leurs étalages tout ce qui se rattacherait à un autre commerce quelconque. — Même circul.

177. — Quant aux marchands d'eau de Cologne, ils n'ont droit à aucune exception, cette composition ne pouvant être rangée parmi les objets de première nécessité. — Même circul.

178. — Nous avons vu (*suprà* n° 140) que le droit qui appartient à l'autorité municipale ne lui conférait pas le pouvoir de priver les citoyens du bénéfice des exceptions légales établies en leur faveur, notamment en matière de vente et d'exposition de comestibles.

179. — Jugé encore que l'arrêté par lequel un maire défend les jeux et les danses *un jour de fête patronale* ne se rattachant à aucune des dispositions de la loi du 24 août 1790 ni à celles d'aucune autre loi ou réglement de police, les tribunaux ne peuvent prononcer aucune peine contre ceux qui ont contrevenu à cet arrêté, à moins que ce ne soit pendant les offices, cas excepté de la permission par le n° 6, art. 7, L. 18 nov. 1814. — *Cass.*, 18 juill. 1823, Motelet.

180. — De même, l'arrêté du maire qui défendrait de faire procéder un jour de dimanche à une vente publique de meubles par un notaire ne serait pas obligatoire, cette défense ne se rattachant à aucune prohibition de la loi du 18 nov. 1814. — *Cass.*, 2 août 1828, Deroo.

181. — Mais l'autorité municipale peut prendre des réglemens pour rappeler les citoyens à l'observation de la loi. Elle peut même, dans les limites de ses attributions, ordonner toutes les mesures qu'elle jugerait nécessaires au maintien du bon ordre dans les lieux confiés à sa surveillance.

182. — Ainsi, jugé que si l'expérience a fait reconnaître que, dans certaines localités, et principalement durant les jours consacrés au repos des citoyens, la fréquentation prolongée des cabarets est une cause de désordres graves, l'autorité municipale à laquelle est confié le maintien du bon ordre dans les lieux publics peut, sans outrepasser les limites du pouvoir dont elle est investie par la loi, marquer certains intervalles de temps pendant lesquels les cabarets et autres lieux publics seront fermés. — *Cass.*, 23 juin 1838 (t. 2 1838, p. 165), Vitrac.

183. — Au reste, et en thèse générale, il est reconnu que les tribunaux ne peuvent punir les infractions aux réglemens faits par les administrateurs chargés de la police municipale qu'autant que ces réglemens se rattachent à l'exécution d'une loi existante et portant une peine contre les contrevenans, ou qu'ils rentrent dans les objets confiés à la vigilance et à l'autorité des administrations municipales. — V. POUVOIR MUNICIPAL.

184. — Les infractions aux lois sur l'observation des jours fériés constituent des contraventions. — L. 18 nov. 1814, art. 4. — Dès-lors elles ne sont pas excusables pour cause de bonne foi. — *Cass.*, 4 vent. an VII, Rebours.

185. — ... Ni pour défaut d'intention. — *Cass.*, 24 vent. an VII, Verdelat; 18 messid. an VII, Haustête.

186. — ... Ni par le motif que le contrevenant aurait mal compris le sens de la loi. — *Cass.*, 9 fév. 1815, Pépin.

187. — ... Ni à raison de l'urgence du travail, si, vu cette urgence, on n'a pas obtenu d'autorisation. — *Cass.*, 13 sept. 1822, Burat.

188. — ... Ni à raison de ce que la loi n'est pas exécutée dans les environs. — *Cass.*, 24 fructid. an VII, Laboureux.

189. — Jugé encore que l'infraction à la loi du 17 thermid. an VI ne pouvait être excusée sous prétexte que cette loi, n'ayant pas été publiée à son de trompe ou de tambour, elle ne devait pas être suffisamment et légalement connue. — *Cass.*, 23 frim. an VII, Mager.

190. — ... Que celui qui a conduit une charrue dans la voie publique un jour de décadi, ce qui constitue un travail, ne peut pas être acquitté sous le prétexte que la prohibition ne s'applique pas à ces sortes de travaux. — *Cass.*, 8 thermid. an VII, Parmentier.

191. — Jugé encore qu'il n'existe en faveur des ouvriers paveurs qui ont travaillé un dimanche à une grande route aucune excuse légale. — *Cass.*, 11 nov. 1825, Leroy.

§ 5. — *De la constatation des contraventions et des peines.*

192. — Les contraventions aux dispositions de la loi du 18 nov. 1814 sont constatées par procès-verbaux des maires et adjoints ou des commissaires de police. — Art. 4.

193. — Il a été jugé que les gardes champêtres et forestiers n'ont pas qualité pour constater les contraventions à la loi du 18 nov. 1814, sur l'observation des fêtes et dimanches, et que, dès-lors, le procès-verbal d'un garde champêtre est insuffisant pour faire foi d'une contravention de cette nature. — *Cass.*, 13 fév. 1819, Languais; 21 mars 1828, Orgeret; 22 avr. 1820, Cosson; — Henrion de Pansey, *du Pouvoir municipal*, liv. 2, ch. 17. — V. aussi Carnot, sur l'art. 16, *C. inst. crim.*, t. 1er, p. 167, no 2.

194. — De même les gendarmes n'ont pas qualité pour dresser des procès-verbaux en pareille matière.

195. — Mais, à défaut de procès-verbaux ou de rapports faisant foi suffisante, ces contraventions à la loi du 18 nov. 1814, sur la célébration des fêtes et dimanches, peuvent être prouvées par témoins, comme toutes les autres contraventions. — *Cass.*, 6 juill. 1826, Dailly; 22 avr. 1820, Cosson; 22 oct. 1819, Viaret; — Mangin, *Tr. des procès-verbaux*, p. 7, no 3.

196. — Jugé sous la loi de l'an VI que, lorsqu'il est établi par un procès-verbal que les prévenus ont été vus labourant, un jour de décadi, des terres qu'ils exploitent et qui y sont désignées, le tribunal de police ne peut pas les acquitter, sous le prétexte que le procès-verbal n'indique pas suffisamment les terres où ils ont labouré. — *Cass.*, 21 thermid. an VII, Bidault.

197. — Les contraventions à loi du 18 nov. 1814 sont jugées par les tribunaux de simple police. — L. 18 nov. 1814, art. 5.

198. — Jugé que le tribunal de simple police ne peut se déclarer incompétent pour connaître d'une contravention à la loi du 18 nov. 1814, relative à l'observation des fêtes et dimanches, sur le motif que les travaux ont eu lieu sur une grande route dont l'entretien est toujours urgent, et que les ouvriers ont été dirigés par un employé du gouvernement. — *Cass.*, 11 nov. 1825, Leroy.

199. — « Ces contraventions sont punies d'une amende qui, pour la première fois, ne peut excéder 5 fr. » — L. 18 nov. 1814, art. 5.

200. — « En cas de récidive, les contrevenans peuvent être condamnés au maximum des peines de police. » — Art. 6.

201. — Les juges ne sont pas libres de dispenser des peines portées par la loi, ni d'en atténuer les dispositions. — *Cass.*, 15 pluv. an VII, Vivant.

202. — Ainsi, ils excèdent leurs pouvoirs et manquent à leurs devoirs en acquittant le prévenu lorsque la contravention est constatée par un procès-verbal, ou par tout autre moyen, ou par l'aveu du contrevenant. — *Cass.*, 3 frim. an VIII, Decorne; 28 vendém. an VIII, N...

203. — Ils ne peuvent surseoir à prononcer, sous le prétexte que la loi n'est pas strictement observée dans les environs et qu'ils désirent prendre des renseignemens à cet égard. — *Cass.*, 24 fructid. an VII, Laboureux.

204. — Toute contravention dûment constatée doit être suivie d'une condamnation à l'amende. — *Cass.*, 2, 8, 16 thermid. et 6 fructid. an VII, Mondat, Lepoupet, Eury et N...; 7 messid. an VIII, Beaugrand.

205. — Le tribunal de police ne peut pas se borner à condamner le prévenu aux dépens et se dispenser de prononcer les peines ordonnées par la loi. — *Cass.*, 18 nov. an VII, Forgé.

206. — ... Alors même qu'une pareille condamnation (ainsi restreinte) contiendrait défense de récidiver. — *Cass.*, 19 niv. an VII, Houlard.

207. — Le tribunal doit déduire les motifs de l'acquittement, surtout si le prévenu fait défaut. — *Cass.*, 11 nov. 1825, Gérald.

JOURS DE GRACE.

On appelait ainsi, autrefois, un certain nombre de jours (*dix*) que l'usage accordait pour le paiement des lettres de change, après le délai qui était fixé. — Ils ont été abolis par l'art. 135, C. comm. — V. LETTRE DE CHANGE.

JOURS DE PLANCHE.

V. STARIES, SURESTARIES.

JOURS DE TERME.

V. BAIL.

JOURNAL.

V. ASSOCIATIONS ILLICITES, CENSURE, ÉCRITS PÉRIODIQUES, LIVRES DE COMMERCE.

JOURNAL DE BORD.

V. LIVRE DE BORD.

JOURNAUX (Livres).

V. ÉCRITURE (acte) nos 14 et 22, PAPIERS DOMESTIQUES.

JOURNÉE DE TRAVAIL.

La valeur du prix de la journée de travail sert à évaluer les amendes prononcées dans certains cas par les tribunaux de simple police. — La peine d'emprisonnement prononcée par les conseils de discipline de la garde nationale peut être commuée en amendes évaluées d'après le taux des journées de travail dans les communes où il n'y a pas de prisons. — V. GARDE NATIONALE. — Les prestations en argent pour la réparation des chemins vicinaux sont évaluées d'après le nombre et le taux des journées de travail. — V. CHEMINS VICINAUX, nos 548 et suiv. — Aussi chaque année, les conseils généraux sur la proposition du préfet doivent déterminer le prix moyen de la journée de travail dans chaque commune, sans pouvoir néanmoins le fixer au-dessous de 50 cent. ni au-dessus de 1 fr. 50 cent. — L. 25 juill. 1820, art. 5; L. 21 avr. 1832.

JUDICATUM SOLVI.

V. CAUTION JUDICATUM SOLVI.

JUGE.

Table alphabétique.

Absence, 153 s. — du palais, 158 s.
Accident, 128.
Acquisition de droits litigieux, 165. — d'immeubles, 166.
Age, 13 s.
Algérie, 9, 51, 109, 123, 133.
Alliance, 46 s.
Assistance aux audiences, 142 s.
Avocat, 33.
Cécité, 44.
Changement, 68.
Colonies, 9.
Compétence, 6.
Comptabilité, 36.
Condamnation criminelle, 80.
Congé, 153 s.
Conseil de préfecture, 8. — d'état, 8.
Conseiller, 3, 15. — d'arrondissement, 39. — de département, 39. — de préfecture, 82.
Contravention, 170.
Costume, 106 s.
Cour de Cassation, 3, 17. — des comptes, 3. — royale, 3.
Crime, 170.
Déchéance, 87, 89 s., 94.
Défense des parties, 167.
Dégradation civique, 88.
Délit, 170.
Démission, 161.
Déni de justice, 134.
Député, 38.
Descente de lieux, 137.
Devoirs des juges, 134.
Diplôme, 26.
Dispense, 20, 48 s.
Dons, 136.
Droit de présence, 145 s.
Droits et prérogatives, 97 s.
Elections, 99.
Emploi salarié, 41.
Epices, 138.
Erreur commune, 21.
Exercice d'un commerce, 27, 29.
Fonctions administratives, 32. — ecclésiastiques, 35. — judiciaires, 31.
Forfaiture, 87.
Garde des sceaux, 52.
Garde nationale, 98.
Honneurs civils, 105.
Inamovabilité, 73 s.
Incompatibilités, 31 s.
Indemnité de route, 187.
Infirmités, 41, 96, 128.
Installation, 72.
Interdiction, 88.
Juge, 1 s., 13 — suppléant, 33 s., 50, 168.
Justice de paix, 2, 22.
Licence, 23.
Magistrat honoraire, 100 s.
Mandat d'arrêt, 81 s. — de dépôt, 81 s.
Ministère public, 41.
Mutisme, 45.
Négoce, 41.
Nomination, 10 s. — (conditions de la), 12, 51.
Notaire, 34.
Ordonnance de prise de corps, 81 s.
Organisation judiciaire, 6.
Orphelins de magistrats, 131.
Pair de France, 38.
Parenté, 46 s.
Peine correctionnelle, 89 s. — disciplinaire, 91.
Préséance, 104 s.
Présentation, 52 s.
Président, 14, 16, 28.
Professeurs des universités, 40.
Promotion, 67.
Prud'homme, 5, 11, 18 s., 42.
Résidence, 139.
Retenue proportionnelle, 132.
Retour en France, 133.
Retraite, 96, 127 s.
Rétribution, 136.
Serment, 55 s., 67.
Sortie du royaume, 137 s.
Stage, 24 s.
Surdité, 45.
Suspension, 81 s., 85 s.
Traitement, 111 s., 158.
Transport du juge, 137.
Tribunaux de commerce, 2 s., 11, 18, 42. — de première instance, 2, 56.
Veuves des magistrats, 130.

JUGE. — 1. — On appelle juge le magistrat chargé de rendre la justice au nom du roi. C'est là une expression générique commune à tous les magistrats, à quelque ordre qu'ils appartiennent, et quel que soit leur rang.

2. — Mais elle désigne spécialement les membres des tribunaux de première instance, de commerce et de justice de paix.

3. — Ceux de la cour de Cassation, de la cour des comptes et des cours royales, portant le nom de conseillers. — V. à ces mots.

4. — Quant aux magistrats chargés du ministère public, jamais on ne les désigne sous le nom de juge. — V. MINISTÈRE PUBLIC.

5. — Les membres des conseils de prud'hommes prennent le nom de prud'hommes. — V. PRUD'HOMMES.

6. — Nous ne rendrons compte dans le cours de cet article ni des règles relatives à l'organisation judiciaire, ni de celles qui déterminent la compétence de chaque juridiction. — V. COMPÉTENCE CIVILE, COMMERCIALE ET CRIMINELLE, INSTRUCTION CRIMINELLE, COUR DE CASSATION, JUSTICE DE PAIX, ORGANISATION JUDICIAIRE, PRUD'HOMMES, TRIBUNAL DE COMMERCE.

7. — C'est du magistrat pris isolément que nous nous occuperons pour rechercher à quelles conditions est soumise sa nomination, en quoi consiste la formalité du serment, celle de son installation, quels sont ses droits et ses devoirs, etc.

8. — V. néanmoins pour tout ce qui est relatif aux juges de paix, aux tribunaux de commerce et aux conseils de prud'hommes, vis JUSTICE DE PAIX, PRUD'HOMMES et TRIBUNAL DE COMMERCE; et en ce qui concerne les membres du conseil de préfecture et du conseil d'état, vis CONSEIL D'ÉTAT, CONSEIL DE PRÉFECTURE.

9. — Nous avons rendu compte (V. COLONIES) de tout ce qui concernait la magistrature française d'outre-mer, et au mot ALGÉRIE, de ce qui se rapporte aux magistrats d'Algérie. A l'égard de cette dernière magistrature, nous ajoutons ici quelques détails.

ART. 1er. — *Nomination. — Conditions requises pour la nomination. — Serment. — Installation du juge* (no 10).

ART. 2. — *Inamovibilité du juge* (no 73).

ART. 3. — *Droits et prérogatives. — Préséances, costume, traitement, retraite* (no 97).

ART. 4. — *Devoirs du juge* (no 134).

ART. 1er. — *Nomination, conditions requises pour la nomination, serment, installation du juge.*

10. — *Nomination.* — La justice est une émanation du pouvoir royal; c'est donc le roi qui nomme les juges et les institue, d'après l'art. 48 de la charte constitutionnelle du 14 août 1830. — Et ceci s'applique également aux juges de paix et à leurs suppléans.

11. — Ce principe ne reçoit d'exception que pour

les juges des tribunaux de commerce et les prud'hommes, qui sont institués par le roi, mais dont la nomination est abandonnée à l'élection. —V. art. 618, C. comm.; décr. 6 oct. 1809, art. 13 et 14; décr. 20 fév. 1810. — V. PRUD'HOMMES, TRIBUNAUX DE COMMERCE.

12. — *Conditions de la nomination.*—Les lois ont déterminé quelles étaient les conditions requises pour remplir les fonctions de juge. En premier lieu, il faut être Français, ou naturalisé tel. Cette condition est commune à tout l'ordre judiciaire.

13.—Nul ne peut être nommé juge d'un tribunal de première instance s'il n'est âgé de vingt-cinq ans accomplis.—Art. 64, L. 20 avr. 1810.

14.—Pour être nommé président, il faut être âgé de vingt-sept ans accomplis.—*Ibid.*

15.—On ne peut être nommé conseiller de cour royale, si l'on n'a atteint également l'âge de vingt-sept ans accomplis.—Art. 65.

16 —... Ou président de cour royale, si l'on n'a atteint celui de trente ans accomplis. —*Ibid.*

17.—L'âge de trente ans est exigé pour les conseillers à la cour de Cassation. — Art. 64, L. 20 avr. 1810.

18.—... Ainsi que pour les juges consulaires et pour les prud'hommes.—Art. 620, C. comm.; décr. 11 juin 1809.

19.—Les présidens des tribunaux de commerce doivent être âgés de quarante ans. — Art. 620, C. comm.

20.—Aucune dispense d'âge ne saurait être valablement accordée; les termes de la loi sont absolus. — Carré, *Organisation judiciaire*, t. 1er, p. 113.

21.—Néanmoins, par application de ce principe *error communis facit jus*, on décide que les jugemens rendus par un juge qui n'aurait pas l'âge requis pourraient être validés. — Carré, *ut suprà*. — V. ERREUR COMMUNE, nos 7 et 8.

22. — Une dispense d'âge peut-elle être accordée pour les juges de paix? — V. à ce mot.

23. — Un diplôme de licencié en droit est exigé pour les juges de première instance et les conseillers. — Art. 64 et 65, L. 20 avr. 1810.

24. — De plus, l'art. 64 veut qu'ils aient suivi le barreau pendant deux ans, après avoir prêté serment devant une cour royale.

25. — ... A moins qu'ils ne se trouvent dans un cas d'exception prévu par la loi. — Art. 65. — V. AVOUÉ, no 208.

26. — Les juges de paix (V. ce mot), les juges des tribunaux de commerce, les prud'hommes ne sont pas soumis à cette double condition d'un diplôme de licencié et d'un stage de deux ans.

27. — A l'égard des juges des tribunaux de commerce, il suffit qu'ils aient exercé le commerce avec honneur et distinction pendant cinq ans. — Art. 620, C. comm.

28. — Le président d'un tribunal de commerce ne peut être choisi que parmi les anciens juges. — Art. 620, C. comm.

29. — Les négocians fabricans ne sont élus prud'hommes s'ils n'exercent leur état depuis six ans avec honneur et probité; les chefs d'ateliers s'ils ne savent lire et écrire, s'ils n'ont au moins un pareil temps d'exercice, ou s'ils sont rétentionnaires de matières données et employées par des ouvriers. — Art. 8, L. 18 mars 1806; art. 17, L. 20 fév. 1810. — V. PRUD'HOMMES.

30.—M. Carré enseigne, et nous partageons son opinion, qu'il n'est pas au pouvoir du gouvernement d'accorder aucune dispense à cet égard, et que toutes les fois que le titulaire ne réunit pas les conditions de capacité dont il vient d'être question, le tribunal doit surseoir à son installation, jusqu'à ce que le roi ait fait droit aux remontrances qui lui seraient adressées à ce sujet.

31. — *Incompatibilités.* — Il y a incompatibilité entre les fonctions de juge et toutes autres fonctions de l'ordre judiciaire; — L. 24 vendém. an III, 24 messid. an V, art. 11; — *Paris*, 3 oct. 1843 (t. 2 1843, p. 788), Leroy.

32. — ... Avec toutes fonctions de l'ordre administratif et avec celles de conseiller de préfecture. —L. 27 mars 1791, art. 27 et suiv.; 14 juin 1795; 24 vendém. an III; décr. 16 juin 1808, art. 1er; arr. 19 fruct. an IX, art. 3.

33. — ... Avec la profession d'avocat. (Ord. 22 nov. 1822, V. AVOCAT.) — Mais il n'y a pas incompatibilité entre les fonctions de juge suppléant et la profession d'avocat.

34.—... Avec celle de notaire (L. 25 vent. an XI, art. 7) ou d'avoué; mais cette incompatibilité n'existe pas en ce qui concerne les juges suppléans.

35. — ... Avec toutes fonctions ecclésiastiques. — L. 11 sept. 1790, art. 1er.

36. — ... Avec toute fonction sujette à comptabilité. — L. 24 vendém. an III, tit. 1er, art. 2.

37. — Dans les dix jours de la notification de sa nomination, le magistrat doit opter entre les fonctions judiciaires et l'emploi ou la profession d'où résulte l'incompatibilité. — L. 24 vendém. an III, tit. 4, art. 3.

38. — Au contraire, il n'y a pas incompatibilité entre ces fonctions et celles de pair de France ou de député. — Av. cons. d'état 6 mai 1811.

39.—...Ou celles de membre d'un conseil de département ou d'arrondissement. — Carré, *Org. judic.*, t. 1er, p. 124.

40. — ... De professeur des universités. — Sous l'empire de la loi du 11 sept. 1790, il en était autrement; mais depuis le rétablissement des écoles de droit, par la loi du 22 vent. an XII, on doit considérer cette législation comme abolie. Le gouvernement a souvent choisi des magistrats parmi les professeurs. — Carré, t. 1er, p. 125.

41. — Il est à remarquer qu'aucune loi n'interdit aux magistrats : 1° tout emploi ou service salarié par un particulier; 2° tout négoce ou profession interdite aux avocats. Mais ce qui est interdit positivement par la loi ou par les réglemens de la profession aux avocats doit l'être également à un juge.

42. — En disant que le négoce est défendu aux magistrats, il est bien évident que nous n'avons pas en vue ceux des tribunaux de commerce, non plus que les prud'hommes.

43. — A l'égard des incompatibilités en ce qui concerne les juges de paix et leurs suppléans, V. JUSTICE DE PAIX, JUGE DE PAIX.

44. — *Infirmités.* — Bien que nous ayons pensé (Vo AVEUGLE, *in fine*) que la cécité n'était pas un obstacle à l'exercice de la profession d'avocat, il est impossible d'admettre la même solution quant à l'exercice des fonctions judiciaires. Il importe trop que le magistrat puisse se rendre compte des pièces soumises à sa signature, qu'il puisse examiner à l'audience les parties, leur tenue, leur attitude, le jeu de leur physionomie, pour concevoir le moindre doute sur ce point.

45. — De même, la surdité et le mutisme sont des infirmités d'une nature trop grave pour qu'il soit possible d'appeler à monter sur un siége celui qui en est atteint.

46. — *Parenté, alliance.* — Indépendamment de ces incompatibilités, la loi a dû prévoir le cas où il existerait entre le magistrat nommé près un tribunal et les autres membres de ce tribunal d'intimes rapports de parenté ou d'alliance.

47. — L'art. 63, L. 20 août 1810, porte que les parens et alliés, jusqu'au degré d'oncle et neveu inclusivement, ne pourront être simultanément membres d'un même tribunal ou d'une même cour.

48. — Toutefois, il n'est pas rare qu'à cet égard le gouvernement accorde des dispenses; mais la loi dit « qu'il ne sera fait aucune dispense pour les tribunaux composés de moins de huit juges. »

49.—« En cas d'alliance survenue depuis la nomination, celui qui l'a contractée ne pourra continuer ses fonctions sans une dispense du roi. »

50. — Les juges suppléans ne doivent pas être comptés pour composer le nombre des huit juges dont parle l'art. 63.

51.—En Algérie, les mêmes conditions sont exigées pour la nomination des membres des cours royales et des tribunaux de première instance.—Art. 23, ord. 26 sept. et 8 oct. 1842.—Quant aux juges de paix, V. ce mot.—V. aussi ALGÉRIE (no 80) ce qui est dit à propos des membres du tribunal de commerce d'Alger. — V. encore TRIBUNAL DE COMMERCE.

52. — *Présentation.* — Le garde des sceaux est chargé de présenter à l'agrément du roi les candidats aux fonctions de juge et de conseiller. — V. cependant ALGÉRIE et COLONIES.

53. — Cette présentation a lieu sur une liste double qui lui est adressée par les chefs des cours royales et les procureurs généraux, avec leurs observations. — Quant aux juges de paix, V. ce mot.

54. — Toutefois, cette présentation n'est pas de rigueur et ne met pas obstacle à l'exercice du droit d'initiative.

55. — *Serment.* — Avant d'être admis à siéger, tout juge doit prêter serment et être installé, d'après l'art. 3, tit. 3, L. 24 août 1790, et l'art. 3, ord. 3 mars 1815.

56. — Le tribunal de première instance reçoit le serment des juges de paix et de leurs suppléans. —V. JUSTICE DE PAIX.

57.—La cour royale reçoit celui des présidens, juges et suppléans de son ressort. — Art. 3, décr. 24 mess. an XII.

58.—Les premiers présidens reçoivent celui des conseillers de cours royales. — Art. 4.

59. — C'est devant le roi que les premiers présidens des cours royales prêtent serment, s'ils sont à Paris, ou, s'ils n'y sont pas, devant un fonctionnaire délégué par le roi. — Art. 3, ord. 3 mars 1815.

60. — Le premier président de la cour suprême ne prête serment qu'entre les mains du roi. — Art. 15, ord. 15 fév. 1815.

61. — Les conseillers à la cour de Cassation le prêtent entre les mains du premier président (*ibid*).

62. — D'après l'art. 629, C. comm., les juges des tribunaux de commerce prêtent serment à l'audience de la cour royale, si elle a son siége dans le même arrondissement communal, sinon, et si les juges en expriment le désir, devant le tribunal civil de leur arrondissement à ce commis par la cour.

63. — Les prud'hommes prêtent serment entre les mains du préfet. — V. PRUD'HOMMES.

64. — Le serment est une condition essentielle du caractère de juge. C'est le complément de la nomination.

65. —Il doit être prêté devant l'autorité compétente, à peine de nullité.—Toullier, no 356; Carré, *Organ. jud.*, t. 1er, p. 139.

66. — Toutefois, M. Carré (*ubi suprà*) est d'avis que les jugemens qui auraient été rendus par le juge dont le serment aurait été incompétemment prêté, ne sont pas atteints d'un vice radical, et qu'il suffit pour leur validité que le juge prête un nouveau serment, selon le vœu de la loi.

67 — C'est encore un principe constant que chaque fois qu'un magistrat est promu dans un autre ressort à de nouvelles fonctions, qu'elles soient égales ou supérieures à celles qu'il exerçait, il est assujéti à une nouvelle prestation de serment, car sa juridiction ne s'étend pas au-delà du territoire fixé. Ce territoire franchi, il n'est plus qu'un simple particulier, et le nouveau serment peut seul lui conférer le sceau de la puissance publique dans un autre territoire.—Carré, t. 1er, p. 136.

68. — Il en est autrement quand il ne change pas de tribunal ou de ressort.

69. — La prestation du serment est constatée par le greffier sur un registre dans lequel l'ordonnance royale est transcrite en même temps.—V. GREFFIER.

70. — Il en est délivré gratuitement et sur papier libre une expédition qui sert de titre au magistrat.

71. — Ce serment n'est autre que celui prescrit à tous les fonctionnaires par la loi du 31 août 1830, art. 1er. — V. SERMENT DES FONCTIONNAIRES.

72. — *Installation.* — Le serment prêté, il est procédé à l'installation du juge. Cette installation consiste dans la lecture de l'extrait du registre qui constate que la formalité du serment a été remplie, et dans l'invitation que fait le président du siége au nouveau magistrat de prendre place au tribunal près duquel il exercera ses fonctions.

ART. 2. — *Inamovibilité du juge.*

73. — La charte consacre l'inamovibilité des juges nommés par le roi comme une suprême garantie. — Art. 49.

74. — Le principe de l'inamovibilité de la magistrature est déjà fort ancien en France. La célèbre déclaration de Louis XI du 21 oct. 1467 voulait que les juges ne fussent ni destitués ni privés de leurs charges que pour *forfaiture préalablement jugée, et déclarée judiciairement, selon les termes de justice, par le juge compétent.* L'assemblée constituante porta la main sur cette garantie. La constitution du 22 frim. an VIII la rétablit. Abolie de nouveau par le sénatus-consulte du 10 oct. 1807, elle fut de nouveau proclamée par la charte de 1814 et maintenue par celle de 1830.

75. — Le gouvernement impérial n'avait pas osé toutefois entièrement abandonner à l'arbitraire du pouvoir le sort des magistrats; il les avait assujétis à une sorte de stage. A l'avenir, portait le sénatus-consulte du 10 oct. 1807, les provisions qui instituent les juges à vie, ne leur seront délivrées qu'après cinq années d'exercice de leurs fonctions, si, à l'expiration de ce délai, Sa Majesté reconnaît qu'ils méritent d'être maintenus dans leur place.

76. — Des considérations d'un ordre particulier ont permis cependant de refuser aux juges de paix et à leurs suppléans le privilége de l'inamovibilité. —Art. 52 de la charte. — V. JUSTICE DE PAIX.

77. — ... Ainsi qu'aux magistrats chargés du ministère public. — V. MINISTÈRE PUBLIC.

78. — Quant aux membres des tribunaux de commerce et aux prud'hommes, ils ne sont pas nommés à vie. Leurs fonctions sont temporaires. —V. TRIBUNAL DE COMMERCE, PRUD'HOMMES.

79. — Comme conséquence de l'inamovibilité

des juges, il faut admettre qu'un de ces magistrats ne peut être changé de résidence sans son consentement exprès ; en d'autres termes, que ce précieux privilége s'étend non seulement au titre, mais encore à la résidence ; sans quoi, il eût été illusoire, car on eût pu arracher par ce moyen la démission du magistrat éloigné violemment de sa résidence.

80. — Mais ce principe a d'ailleurs ses limites. L'impunité ne pouvait être assurée aux magistrats, et la justice eût été exposée au mépris public si la loi, dans certains cas, n'eût fait descendre de son siége le magistrat flétri par une condamnation criminelle. Mais, à cet égard, la loi a posé des bases uniformes. Rien n'est laissé à l'arbitraire du pouvoir.

81. — Ainsi l'art. 58, L. 20 avr. 1810, porte que tout juge qui se trouvera sous le poids d'un mandat d'arrêt, de dépôt, d'une ordonnance de prise de corps ou d'une condamnation correctionnelle, sera suspendu provisoirement de ses fonctions.

82. — Cette suspension cesse virtuellement quand le mandat d'arrêt, de dépôt ou l'ordonnance de prise de corps viennent à être annulés. — V. eod.

83. — ... Ou quand une condamnation a été prononcée, lorsque le jugement qui l'a prononcée a été réformé en appel.

84. — ... Ou si le magistrat n'a pu en obtenir la réformation, lorsque la peine a été subie, l'amende payée.

85. — Mais selon la gravité des cas, le juge qui a été l'objet d'une condamnation correctionnelle, ou de simple police peut être suspendu, même après avoir subi sa peine, et ce disciplinairement. — Cass., 8 déc. 1809, G...; 27 juill. 1810, P... — En d'autres termes, la règle *non bis in idem* n'est pas applicable en ce cas. — Carré, *Organ. judic.*, t. 1er, p. 29; Merlin, *Rép.*, vo *Suspension*. — V. DISCIPLINE, nos 18 et suiv., et CHOSE JUGÉE, no 759.

86. — C'est dans l'art. 197, C. pén., qu'il faut aller chercher la sanction de la suspension prononcée par l'art. 58, L. 20 avr. 1810. Le fait de continuer ses fonctions, de la part d'un magistrat, malgré la suspension légale, est puni d'un emprisonnement de six mois au moins et de deux ans au plus, et d'une amende de 100 francs à 500 francs, et en outre d'une interdiction de cinq ans au moins et de dix ans au plus à compter du jour où la peine a été subie. — V. FONCTIONNAIRE PUBLIC, nos 341 et suiv.

87. — Quant à la déchéance, elle a lieu de plein droit dans le cas des art. 121, 126, 127, 177 et 183, C. pén., c'est-à-dire quand un crime a été commis par le magistrat dans l'exercice de ses fonctions, crime appelé *fortaiture*. — V. ce mot.

88. — Elle a encore lieu en cas de condamnation du magistrat à une peine infamante (le bannissement et la dégradation civique) et *à fortiori* à une peine afflictive et infamante, car en ce cas, d'après les art. 28 et 29, C. pén., la dégradation civique et l'interdiction sont de droit. — V. DÉGRADATION CIVIQUE.

89. — Lorsque la peine n'est que correctionnelle, la déchéance n'est encourue de plein droit que dans le cas de l'art. 175, C. pén., c'est-à-dire dans le cas d'immixtion de la part du magistrat dans des affaires ou commerce incompatibles avec sa qualité. — V. FONCTIONNAIRE PUBLIC, nos 291 et s.

90. — Dans le cas où la peine correctionnelle est intervenue pour autre délit que celui prévu par l'art. 175, C. pén., la suspension n'est pas virtuelle. C'est la cour suprême qui la prononce. — V. DISCIPLINE, nos 42 et suiv., et art. 59, L. 20 avr. 1810.

91. — Il en est de même en cas de condamnation à une peine de simple police. — Art. 59 de la même loi ; — Carré, *Org. judic.*, t. 1er, p. 47.

92. — La disposition de l'art. 59, L. 20 avr. 1810, n'a donc pas été abrogée par l'art. 58 de la charte constitutionnelle de 1814, non plus que par l'art. 49 de la charte de 1830. — Ce que la charte a voulu en proclamant le principe de l'inamovibilité de la magistrature, c'était, avons-nous dit, de soustraire l'ordre judiciaire aux dangers de l'arbitraire.

93. — Dans les diverses espèces que nous venons de parcourir, la suspension ou la déchéance résulte de faits à raison desquels a eu lieu une poursuite au criminel.

94. — De plus, la loi a soumis le juge à certaines peines disciplinaires, telles que la censure simple, la censure avec réprimande, la suspension provisoire et la déchéance à raison de faits d'un ordre particulier et qui compromettent uniquement la dignité du magistrat. — V. DISCIPLINE, nos 28 et suiv., 55 et suiv.

95. — La déchéance, c'est la peine disciplinaire la plus grave; c'est la destitution judiciaire. — L. 20 avr. 1810, art. 50.

96. — Si des infirmités graves et permanentes empêchent le magistrat de continuer ses fonctions, il doit être admis à la retraite, d'après l'art. 1er, L. 16 juin 1824. — V. *infrà* no 128.

ART. 3. — *Droits et prérogatives du juge, préséances, costume, traitement, retraite.*

97. — Les membres de l'ordre judiciaire sont exempts de tout service étranger à leurs fonctions. — L. 27 vent. an VIII, art. 5.

98. — ... Et par conséquent du service de la garde nationale. — L. 22 mars 1831, art. 28. — Cependant, s'ils le veulent, ils ont le droit de se faire figurer dans ses rangs, à l'exception des juges d'instruction et des membres du ministère public, exclusion motivée sur ce que ces magistrats ont le droit de requérir la force publique. — *Ibid.*, art. 11.

99. — Ils sont de droit électeurs et éligibles dans les assemblées municipales. — V. ÉLECTION MUNICIPALE.

100. — Après avoir exercé leurs fonctions pendant un certain nombre d'années et s'en être démis, les magistrats peuvent être autorisés à conserver les honneurs et prérogatives dont ils jouissaient lorsqu'ils étaient titulaires. On les appelle alors magistrats honoraires.

101. — Parmi ces magistrats honoraires, il en est qui conservent leur titre, leur rang et leurs prérogatives, sans pouvoir en remplir aucune des fonctions (art. 3, décr. 2 oct. 1807); ce sont les magistrats des tribunaux de première instance.

102. — Quant aux conseillers, il peut en outre leur être accordé des lettres royales, leur concédant le droit d'assister, avec voix délibérative, aux assemblées des chambres ainsi qu'aux audiences solennelles. — Art. 77, décr. 6 juill. 1810; art. 13, L. 6 juin 1824.

103. — A défaut de ces lettres, tout arrêt auquel aurait concouru un conseiller honoraire, cet arrêt eût-il été rendu en audience solennelle, serait entaché d'une nullité radicale. — *Cass.*, 10 janv. 1821, Jegu c. Cryel. — Carré, *Compét.*, t. 2, no 110; Dupin, *Des mag. d'autrefois*, p. 127, no 7. — V. JUGEMENT (mat. civ.), nos 469 et s.

104. — *Préséances.* — D'après l'art. 8, sect. 3e, décr. 24 messid. an XII, sur les préséances, la cour d'appel marche en première ligne; les membres des tribunaux de première instance viennent après les conseils de préfecture et avant les corps municipaux. Les membres des tribunaux de commerce ne viennent qu'après les officiers de l'état-major de la place; après ceux-ci viennent les juges de paix.

105. — *Honneurs civils.* — A cet égard, on devra se reporter vo HONNEURS CIVILS ET MILITAIRES.

106. — *Costume.* — Les conseillers à la cour de Cassation portent, aux jours d'audience ordinaire des chambres séparées, une simarre de soie noire, une ceinture rouge à glands d'or, une toge de laine noire à grandes manches, une toque de soie noire unie, avec une cravate tombante de batiste blanche (décr. 12 oct. 1802). — Les présidens ont un galon d'or à la toque. — Aux audiences des chambres réunies et dans les jours de cérémonie, ils portent la toge de laine rouge, toque de velours noir bordée d'un galon d'or, et cravate en dentelle (*eod.*). — Les présidens ont deux galons à la toque (*eod.*); ils peuvent porter l'épitoge. — Décr. 4 juin 1806.

107. — Le costume des conseillers des cours royales, aux audiences ordinaires, est ainsi composé : simarre de soie noire, toge de laine noire à grandes manches, ceinture de soie noire pendante et franges pareilles, toque de soie noire unie, cravate tombante de batiste blanche plissée (art. 2, décr. 2 niv. an XI). — Les présidens ont, au bas de la toque, un galon de velours noir liseré d'or (*eod.*). — Aux grandes audiences et dans les cérémonies publiques, ils portent la toge de même forme, en laine rouge, toque de velours noir bordée au bas d'un galon de soie liseré d'or (*eod.*). — Le président a un double galon d'or (*eod.*).

108. — Les juges des tribunaux de première instance portent, aux audiences ordinaires, simarre ou toge de laine noire à grandes manches, ceinture de laine noire, pendante; toque de laine noire, unie bordée de velours noir; cravate tombante de batiste blanche plissée (art. 4). Les présidens et vice-présidens ont au bas de la toque un galon d'argent. Aux audiences solennelles et aux cérémonies publiques, ils portent une simarre de soie noire, une ceinture de soie couleur bleu clair à franges de soie, un galon d'argent au bas de la toque (*eod.*) — Le président a un double galon. — Art. 4.

109. — En Algérie, les chambres de la cour royale et des tribunaux de première instance portent le même costume que les magistrats qui siégent en France. Toutefois, le président de la cour royale et les présidens des tribunaux de première instance ont un galon de plus en haut et au bas de leur toque.

110. — Les juges du tribunal de commerce ont le même costume que celui des juges des tribunaux de commerce de France. Quant au costume des juges de paix, V. JUSTICE DE PAIX. — Art. 26, ord. 26 sept.-18 oct. 1842.

111. — *Traitement.* — Le traitement du premier président de la cour de Cassation est fixé à 30,000 fr. — Art. 1er, ord. 7 et 21 nov. 1837.

112. — Celui des conseillers à 15,000 fr. — Art. 2.

113. — Les présidens de chambre ont le même traitement que les conseillers, avec un supplément d'un cinquième en sus. — Art. 3.

114. — Le traitement des premiers présidens de cours royales est fixé à 25,000 fr. à Paris; — 20,000 fr. à Bordeaux, Lyon et Rouen; — 18,000 fr. à Toulouse et à Rennes; — 15,000 fr. à Agen, Aix, Amiens, Angers, Bastia, Besançon, Bourges, Caen, Colmar, Dijon, Douai, Grenoble, Limoges, Metz, Montpellier, Nîmes, Nancy, Orléans, Pau, Poitiers et Riom. — L. des fin. 3 juill. 1846; ord. royale, 2 et 6 nov. 1846, art. 1er.

115. — Le traitement des conseillers est fixé à 10,000 fr. à Paris; — 6,000 fr. à Bordeaux, Lyon et Rouen; — 5,000 fr. à Toulouse; — 4,000 fr. à Agen, Aix, Amiens, Angers, Bastia, Besançon, Bourges, Caen, Colmar, Dijon, Douai, Grenoble, Limoges, Metz, Montpellier, Nîmes, Nancy, Orléans, Pau, Poitiers, Rennes et Riom. — Art. 2.

116. — Les présidens de chambre ont le même traitement que les conseillers, avec un supplément de la moitié en sus. A Paris, le traitement des présidens de chambres est de 12,500 fr. — Art. 3.

117. — Le traitement des juges de première instance est fixé à 7,000 fr. à Paris; — 4,000 fr. à Bordeaux, Lyon, Marseille et Rouen; — 3,000 fr. à Lille, Nantes et Toulouse; — 2,500 fr. à Amiens, Angers, Caen, Metz, Montpellier, Nancy, Nîmes, Orléans, Reims, Rennes, Strasbourg et Versailles. — Art. 5.

118. — ... A 2,100 fr. dans les cent vingt-six villes suivantes : Abbeville, Agen, Aix, Ajaccio, Alais, Albi, Alençon, Angoulême, Arras, Auch, Aurillac, Autun, Auxerre, Avignon, Bar-le-Duc, Bastia, Bayeux, Bayonne, Beaune, Beauvais, Besançon, Beziers, Blois, Boulogne, Bourbon-Vendée, Bourg, Bourges, Brest, Cahors, Cambrai, Carcassonne, Carpentras, Castelnaudary, Castres, Châlon, Châlons, Charleville, Chartres, Châteauroux, Châtellerault, Chaumont, Cherbourg, Clermont-Ferrand, Colmar, Compiègne, Coutances, Dieppe, Digne, Dijon, Dôle, Douai, Draguignan, Dunkerque, Épinal, Évreux, Falaise, Foix, Fontainebleau, Gap, Grasse, Grenoble, Guéret, Issoudun, Laon, Laval, Larochelle, Le Havre, Le Mans, Limoges, Lizieux, Lodève, Lons-le-Saulnier, Lorient, Louviers, Limerolle, Mâcon, Mayenne, Melun, Mende, Moissac, Montauban, Montbrison, Mont-de-Marsan, Morlaix, Moulins, Narbonne, Nevers, Niort, Pau, Périgueux, Perpignan, Poitiers, Privas, Puy (le), Quimper, Rambouillet, Riom, Rochefort, Rodez, Saint-Brieuc, Saintes, Saint-Etienne, Saint-Flour, Saint-Lô, Saint-Malo, Saint-Mihiel, Saint-Omer, Saint-Quentin, Saumur, Schelestadt, Sedan, Tarascon, Tarbes, Thiers, Toulon, Tours, Troyes, Tulle, Valence, Valenciennes, Vannes, Verdun, Vesoul, Vienne, Villeneuve-d'Agen, Yvetot (*eod.*)

119. — ... A 1,800 fr. dans les deux cent quinze villes suivantes : Altkirch, Ambert, Ancenis, Ancemi, Andelys (les), Apt, Arbois, Arcis-sur-Aube, Argentan, Aubusson, Avallon, Avesnes, Avranches, Bagnères, Barbezieux, Barcelonnette, Bar-sur-Aube, Bar-sur-Seine, Baugé, Baume, Bazas, Beaupréau, Belfort, Bellac, Belley, Bergerac, Bernay, Béthune, Blanc (le), Blaye, Bourganeuf, Bourgoin, Bressuire, Briançon, Briey, Brignoles, Brioude, Brive, Calvi, Castellane, Castel-Sarrasin, Ceret, Chambon, Charolles, Châteaubriant, Château-Chinon, Château-Gontier, Châteaulin, Château-Thierry, Châtillon, Chinon, Civray, Clamecy, Clermont (Oise), Cognac, Condom, Confolens, Corbeil, Corte, Cosne, Coulommiers, Cusset, Dax, Die, Dinan, Domfront, Doullens, Dreux, Embrun, Epernay, Espalion, Etampes, Figeac, Florac, Fontenay, Forcalquier, Fougères, Gaillac, Gannat, Gex, Gien, Gourdon, Gray, Guingamp, Hazebrouck, Issoire, Joigny, Jonsac, Lachâtre, La Flèche, Langres, Lannion, La Réole, Largentière, Lavaur, Lectoure, Lesparre, Libourne, Limoux, Loches, Lombez, Loudéac, Loudun, Louhans, Lourdes, Lure, Mamers, Mantes, Marennes, Marmande, Marvéjols, Mauriac, Meaux, Melle, Millau, Merande, Mirecourt, Montargis, Montbelliard, Mont-Didier, Montélimar, Montfort, Montluçon, Montmédy, Montmorillon, Montreuil, Mortagne, Mortain, Murat, Muret,

Nantua, Nérac, Neufchâteau, Neufchâtel, Nogent-le-Rotrou, Nogent sur-Seine, Nyons, Oloron, Orange, Orthez, Paimbœuf, Pamiers, Parthenay, Péronne, Pithiviers, Ploërmel, Pontarlier, Pont-Audemer, Pontivy, Pont-l'Evêque, Pontau, Prades, Provins, Quimperlé, Redon, Remiremont, Rethel, Riberac, Roanne, Rochechouart, Rocroy, Romorantin, Ruffec, Sables-d'Olonne, Saint-Affrique, Saint-Amancol, Saint-Calais, Saint-Claudé, Saint-Die, Saint-Gaudens, Saint-Girons, Saint-Jean-d'Angely, Saint-Marcellin, Sainte-Ménehould, Saint-Palais, Saint-Pol, Saint-Pons, Saint-Sever, Saint-Yrieix, Sancerre, Sarlat, Sarrebourg, Sarreguémines, Sartène, Savenay, Saverne, Segré, Semur, Senlis, Sens, Sisteron, Soissons, Thionville, Tonnerre, Toul, Tournon, Trévoux, Ussel, Uzès, Valogne, Vendôme, Vervins, Vic, Vigan (le), Villefranche (Aveyron), Villefranche (Haute-Garonne), Villefranche (Rhône), Vire, Vitré, Vitry, Vouziers, Wally, Wissembourg, Yssengeaux (*eod.*).

120. — Les présidens ont le même traitement que les juges avec un supplément de deux tiers en sus. Néanmoins, ce traitement est de 18,000 fr. à Paris; — 8,000 fr. à Bordeaux, Lyon, Marseille et Rouen; — 6,000 fr. à Lille, Nantes et Toulouse; — 5,000 fr. à Amiens, Angers, Caen, Metz, Montpellier, Nancy, Nîmes, Orléans, Reims, Rennes, Strasbourg et Versailles; — 4,200 fr. à Aix, Besançon, Bourges, Brest, Clermont-Ferrand, Dijon, Grenoble, Larochelle, Lorient, Poitiers, Rochefort, Toulouse et Tours. — Art. 6.

121. — Les fonctions des juges de commerce sont purement honorifiques. — Art. 628, C. comm.

122. — Il en est de même de celles des prud'hommes.

123. — Les traitemens de la magistrature, en Algérie, sont fixés ainsi qu'il suit : cour royale, président de la cour, 12,000 fr.; conseiller, 6,000 fr.

124. — ... Tribunal de première instance d'Alger : président, 6,000 fr.; juge d'instruction, 4,500 fr. juge, 4,000 fr.

125. — ... Tribunaux de première instance de Bone, Oran, Blidah et Philippeville : président, 5,000 fr. juge d'instruction, 3,500 fr.; juge, 3,000 fr. — Art. 1er, ord. 26 sept. 1842. — V. aussi ord. du 30 nov. 1844.

126. — Quant aux juges de paix, V. JUSTICE DE PAIX.

127. — *Retraites.* — Après trente ans de services publics effectifs, dont au moins dix ans dans l'ordre judiciaire ou au ministère de la justice, les magistrats des cours, des tribunaux de première instance et des justices de paix, ont droit à une pension de retraite. — Ord. 23 sept. 1814, art. 4. — V. au surplus PENSIONS CIVILES ET MILITAIRES.

128. — Néanmoins, en cas d'infirmités ou d'accidens, la pension de retraite peut être accordée, avant le terme de trente ans, aux magistrats qui se trouveraient incapables de continuer leurs fonctions ou qui se trouveraient réformés par le fait de la suppression de leur emploi, pourvu qu'ils aient au moins dix ans de service dans les cours, tribunaux et justices de paix. — Art. 5 et s. — V. au surplus PENSIONS CIVILES ET MILITAIRES.

129. — Quant à la quotité de cette pension, V. PENSIONS CIVILES ET MILITAIRES.

130. — Les veuves de ces magistrats ont également droit à une pension sur les fonds de retenues au ministère de la justice. — Art. 1er, ord. 7 août 1824. — V. même mot.

131. — Des secours peuvent être accordés aux orphelins jusqu'à ce qu'ils aient atteint l'âge de dix-huit ans révolus, et même après cet âge, s'ils sont affligés d'infirmités graves et incurables. Ces secours cessent lorsque les orphelins sont élevés dans un établissement à la charge de l'état. — Art. 13, ord. 23 sept. 1814; art. 10, ord. 17 août 1824. — V. au surplus PENSIONS CIVILES ET MILITAIRES.

132. — Chaque traitement subit une retenue annuelle et proportionnelle destinée à former le fond de retraite. — V. même mot.

133. — Après cinq années d'exercice des fonctions qui leur ont été conférées en Algérie, les magistrats ont le droit de demander à rentrer dans la magistrature métropolitaine. Ils sont considérés comme détachés pour un service public du ministère de la justice. — Art. 25, ord. 6 sept. et 8 oct. 1842.

ART. 4. — *Devoirs du juge.*

134. — *Déni de justice.* — Le premier devoir du juge est de rendre bonne justice. Sous aucun prétexte, même sous celui de silence, d'obscurité ou d'insuffisance de la loi, il ne peut, à peine de prise à partie et de déni de justice, se refuser à prononcer sur les contestations qui lui sont soumises en matière civile. — V. PRISE A PARTIE et DÉNI DE JUSTICE.

135. — *Récusation* — Sous peine de récusation, et, selon la gravité des cas, de la dégradation civique, et même de plus fortes peines (art. 177 et 178), aucun don ne peut être reçu ni agréé par un juge, soit de la partie directement, soit d'une personne interposée.

136. — La justice est rendue gratuitement. Le juge ne peut donc percevoir aucune rétribution pour les actes qu'il signe. — Art. 7, L. 3 août 1789; art. 2, t. 12, L. 24 août 1790; art. 205; const. 22 frim. an VIII.

137. — Il n'y a d'exception à cette règle que lorsque le juge procède à une descente sur les lieux; ou que, pour une cause quelconque, son transport est nécessaire; alors il perçoit une indemnité de déplacement. — V. DESCENTE SUR LES LIEUX (nos 92 et suiv.), FRAIS CRIMINELS, TARIF.

138. — Autrefois les juges étaient dans l'usage de recevoir des épices. — V. ce mot.

139. — *Résidence.* — La résidence au lieu où siége le tribunal ou la cour dont il fait partie est encore une obligation dont l'infraction est assimilée à l'absence. — Art. 100, décr. 30 mars 1808; art. 22, décr. 6 juill. 1810; art. 29, décr. 18 août 1810. — V. *infrà* nos 158 et suiv.

140. — Les conseillers délégués pour le service des cours d'assises sont tenus de résider dans le lieu où elles se tiennent, pendant toute la durée de la session. — Art. 23, décr. 6 juill. 1810. — V. COUR D'ASSISES.

141. — Ces devoirs sont communs à tous les membres du corps judiciaire sans exception. — V. COUR DE CASSATION, COUR DES COMPTES, COUR ROYALE, JUSTICE DE PAIX. — V. cependant JUGE SUPPLÉANT.

142. — *Assistance aux audiences.* — D'après l'art. 19, L. 27 vent. an VIII. les conseillers et les juges des tribunaux de première instance sont astreints à assister aux audiences avec assiduité; sinon ils sont privés des droits d'assistance.

143. — Pour composer les droits d'assistance, on prend la moitié du traitement fixe des magistrats, et la distribution s'en fait entre les membres présens, par séance et non par jour. — Décr. 30 janv. 1811, art. 30 et 31.

144. — A cet effet il est tenu un registre de pointe sur lequel chaque conseiller ou juge se fait inscrire avant l'heure fixée pour l'audience. — Décr. 30 mars 1808, art. 11, et 30 janv. 1811, art. 31.

145. — Faute de se trouver au moment de la signature du registre, le magistrat perd son droit de présence, quand bien même il aurait assisté à l'audience. — Décr. 30 mars 1808, art. 14.

146. — Lorsque l'ouverture de l'audience n'en aura pas été faite à l'heure prescrite, le président ne pourra être excusé par aucun motif. — Si néanmoins c'était par défaut de juge, il en dresserait procès-verbal, qui devrait être envoyé par le procureur général au ministre de la justice. — Art. 15.

147. — Est aussi soumis à la pointe, comme s'il avait été absent d'une audience, le juge qui ne se rendrait pas à une assemblée des membres de la cour convoquée par le vice-président pour ce qui tient au service intérieur et à la discipline des officiers ministériels. — Art. 12.

148. — Il en est de même des juges ordinaires. — Art. 53.

149. — Les absens, même pour cause de congé, si ce n'est pour un service public, ne jouissent point pendant leur absence des droits d'assistance. — Art. 14, 53.

150. — Ils ne peuvent s'excuser sur ce que les juges se seraient trouvés en nombre suffisant. — *Ibid.*

151. — Il n'y a d'exception qu'en faveur des absens pour cause de maladie attestée par un officier de santé dont le certificat doit demeurer au greffe. Mais s'ils touchent leurs droits d'assistance, ils ne participent à aucun accroissement. — Art. 13, 53.

152. — En ce qui concerne les juges des *tribunaux de commerce* et les *prud'hommes*, V. ces mots.

153. — *Absences, congés.* — Nous avons expliqué COUR DE CASSATION, nos 146 et suiv., 158 et suiv.; COUR DES COMPTES, nos 63 et suiv.; COURS ROYALES, nos 104 et suiv. ce qui est relatif aux congés que les membres de ces cours désirent obtenir.

154. — Quant aux membres composant un tribunal de première instance, ils ont besoin pour s'absenter moins de huit jours de la permission du président du tribunal, de celle du premier président de la cour royale s'il s'agit d'une absence de plus de huit jours et de moins d'un mois, et enfin de celle du ministre de la justice si l'absence doit se prolonger au-delà. — Décr. 18 août 1810, art. 30.

155. — Quant aux présidens de ces tribunaux,

ils doivent, pour une absence de plus de trois jours et de moins d'un mois, se munir de l'autorisation du premier président de la cour royale; au-delà c'est le ministre de la justice qui a le pouvoir de les autoriser à s'absenter. — Art. 31, *eod.*

156. — Les dispositions ci-dessus ne s'appliquent pas, toutefois, pendant les vacances, aux membres des tribunaux de première instance qui ne sont ni juges d'instruction, ni employés à un service incompatible avec les vacations. Ils peuvent s'absenter sans congé.

157. — Néanmoins, ils ne peuvent sortir du royaume, même pendant les vacations, sans une permission expresse du grand juge. — Même décr., art. 33.

158. — Dans le cas d'absence irrégulière sans congé, le ministre de la justice est chargé de retenir le traitement du magistrat pendant toute la durée de l'absence. — Art. 5, L. 27 vent. an VIII; circ. min. 7 janv. 1841.

159. — Si le délai du congé est dépassé, la retenue du traitement est également opérée. — Art. 48, décr. 20 avr. 1810.

160. — Cette peine de la retenue proportionnelle du traitement est encourue *ipso facto*; en d'autres termes, il n'est pas besoin de la prononcer. A cet effet, le préfet doit refuser de délivrer son mandat de paiement, jusqu'à décision du ministre, lorsque l'état mensuel des paiemens ne présente pas, en marge du nom de chaque magistrat, sa signature ou celle du président, constatant que l'absence a été autorisée.

161. — Le magistrat *peut* être réputé démissionnaire, aux termes de l'art. 48, décr. 20 avr. 1810, si l'absence irrégulière dure plus de six mois.

162. — On remarquera que les termes dont la loi s'est servi sont facultatifs, car, bien que le magistrat soit toujours blâmable de ne pas avoir sollicité un congé, cependant les circonstances peuvent quelquefois être telles qu'il y aurait trop de rigueur à briser sa carrière.

163. — Mais souvent l'intérêt du service commande impérieusement la présence d'un magistrat. — Tel serait le cas où une signature serait indispensable. — A cet effet, si l'absence a duré un mois, le procureur général est autorisé à requérir le magistrat de se rendre à son poste, et s'il n'obtempère pas à cette réquisition dans le mois suivant, il en est fait rapport immédiatement au ministre de la justice, qui peut proposer au roi de le remplacer comme s'il était démissionnaire. — Art. 48, décr. 20 avr. 1810.

164. — Quant à l'absence des juges des tribunaux de commerce et des prud'hommes et à celle des juges de paix, V. aux mots TRIBUNAL DE COMMERCE ET PRUD'HOMMES, JUSTICE DE PAIX.

165. — *Acquisition de droits litigieux.* — Il est défendu aux juges : 1° de devenir cessionnaires des procès, droits et actions litigieux qui sont de la compétence du tribunal dans le ressort duquel ils exercent leurs fonctions, à peine de nullité, de dépens, dommages et intérêts. — Art. 1597, C. civ. — V. CESSION, TRANSPORT, VENTE.

166. — ... 2° De se rendre adjudicataires des immeubles dont la vente est poursuivie et se fait en leur tribunal ou de leur autorité, à peine de nullité de l'adjudication et de tous dommages-intérêts. — Art. 711, C. procéd. civ. — V. VENTE.

167. — ... 3° De se charger de la défense, soit verbale soit par écrit, soit à titre de consultation, des parties, à moins qu'il ne s'agisse de la cause de leurs femmes, parens ou alliés en ligne directe, et de leur pupille. — Art. 86, C. procéd. civ. — V. DÉFENSE.

168. — Les juges suppléans peuvent, au contraire, ainsi que cela a été dit plus haut, exercer la profession d'avocat. — V. DÉFENSE.

169. — Cette prohibition, qui atteint indubitablement les tribunaux ordinaires, soit de première instance, soit d'appel, ne s'étend cependant pas aux magistrats consulaires, ni aux prud'hommes, en ce sens que ces derniers se chargeraient valablement de la défense d'une partie dans les tribunaux où ils n'exerceraient pas. — V. TRIBUNAL DE COMMERCE et PRUD'HOMMES.

170. — *Crimes, délits et contraventions.* — Les crimes et délits commis par les magistrats sont poursuivis suivant un mode particulier. — V. FONCTIONNAIRES PUBLICS, nos 859 et suiv.

171. — Les contraventions qu'ils pourraient commettre sont, au contraire, soumises aux règles ordinaires. — V. *eod.*, no 869.

172. — Quant aux garanties accordées aux magistrats pour la répression des délits de diverses natures qui peuvent être commis envers eux, V. FONCTIONNAIRE PUBLIC, nos 220 et suiv.

173. — V. au surplus vis ALGÉRIE, COUR DE CASSATION, COUR ROYALE, JUGE SUPPLÉANT, JUSTICE DE PAIX, TRIBUNAL DE PREMIÈRE INSTANCE, TRI-

NAL DE COMMERCE, PRUD'HOMMES, POUVOIR JUDICIAIRE, ORGANISATION JUDICIAIRE, MINISTÈRE PUBLIC, JUGE D'INSTRUCTION.

JUGE AUDITEUR.

1. — Le décret du 16 mars 1808 donnait ce nom à un certain nombre de magistrats attachés près de chaque cour d'appel pour y faire une sorte de noviciat judiciaire.

2. — Plus tard, la loi du 20 avr. 1810 ayant établi une institution analogue près des tribunaux de première instance, le titre de juge auditeur demeura affecté aux magistrats institués en vertu de cette loi, et ceux précédemment établis près des cours d'appel prirent alors le titre de *conseiller auditeur*. — V. ce mot. — L. 20 avr. 1810, art. 12 et 13.

3. — D'après la loi de leur institution, les juges auditeurs ne pouvaient être envoyés que dans les tribunaux composés de trois juges seulement. — Art. 13.

4. — Il fut néanmoins dérogé à cette disposition par le décret du 22 mars 1813 et l'ord. du 19 nov. 1823, qui autorisaient l'établissement des juges auditeurs près des tribunaux de première instance, quel que soit d'ailleurs le nombre des juges dont ces tribunaux seraient composés.

5. — Et il a été jugé que le décret du 22 mars 1813 devait avoir force de loi, faute d'avoir été dénoncé comme inconstitutionnel. — *Cass.*, 4 avr. 1829, Laborie; 28 juin 1830, Escoffier.

6. — Par suite, on jugeait aussi que, lorsque les juges auditeurs avaient été envoyés près d'un tribunal chef-lieu d'assises, ils pouvaient siéger comme membres de la cour d'assises. — *Cass.*, 13 oct. 1826, Garnier; 10 mars 1827; Texier; 6 juill. 1827, Pelicat; 27 mars 1828, Crosnier; 16 mai 1828, Laforest; 9 janv. 1829, Beaumont; 4 avr. 1829, Laborie.

7. — Les juges auditeurs étaient inamovibles. — *Cass.* (motifs), 6 juill. 1827, Pelicar.

8. — Ils étaient soumis aux mêmes incompatibilités que les juges titulaires. — V. JUGE, JUGEMENT.

9. — Lorsqu'ils avaient l'âge requis pour avoir voix délibérative, ils devaient être appelés avant les juges, en cas d'absence ou autre empêchement. — Décr. 18 août 1810, art. 14.

10. — Le nombre des auditeurs ne pouvait, dans le ressort de chaque cour, excéder le double du nombre des tribunaux de première instance de ce ressort. — Ord. 11 fév. 1824, art. 1er; décr. 22 mars 1813, art. 1er.

11. — Ils étaient nommés par le roi, sur la présentation du ministre de la justice. Les candidats n'étaient pas tenus de justifier du revenu de 3,000 francs exigé pour les conseillers. — Décr. 22 mars 1813, art. 3.

12. — Ils devaient : 1° être âgés au moins de vingt et un ans révolus ; 2° avoir satisfait aux lois de la conscription ; 3° avoir fait un an de stage comme avocats. — *Ibid.*, art. 8.

13. — Les juges auditeurs étaient à la disposition du ministre. — L. 20 1810, art. 13.

14. — En attendant leur mise en activité, ils devaient suivre le barreau, soit à la cour, sous l'autorité de laquelle ils avaient été placés par le décret de leur nomination, soit dans un des tribunaux de son ressort. — *Ibid.*, art. 7.

15. — Ils pouvaient, selon les besoins du service, être envoyés d'un tribunal à un autre, dans le ressort de la cour qui les avait présentés. — *Ibid.*, art. 5.

16. — Lorsqu'un juge auditeur avait été délégué pour entrer en fonctions près d'un tribunal, il devait, dans la huitaine qui suivait la notification à lui faite, de l'ordre du ministre de la justice, prêter serment devant la cour du ressort, et se rendre à ses fonctions dans la huitaine suivante; le tout, à peine d'être privé de la qualité de juge-auditeur, à moins qu'il ne justifiât de l'impossibilité où il s'était trouvé, soit de prêter serment, soit de se rendre à son poste dans les délais ci-dessus prescrits. — *Ibid.*, art 6.

17. — Les juges auditeurs mis en activité de service portaient le même costume que les autres juges; ils avaient rang en séance, immédiatement après eux, et dans l'ordre de leur réception à la cour. — *Ibid.*, art. 8. — V. aussi décr. 18 août 1810, art. 15.

18. — Lorsqu'ils avaient atteint l'âge de vingt-cinq ans accomplis, ils faisaient le service du tribunal, en toute matière, simultanément et concurremment avec les autres juges. — *Ibid.*, art. 9.

19. — Dès-lors, on ne pouvait se prévaloir contre un jugement, de ce qu'un juge auditeur aurait été adjoint à un tribunal déjà formé du nombre rigoureusement suffisant de trois membres. — *Caen*, 27 fév. 1826, Restout c. Pastot.

20. — V. au surplus, sur toutes les questions relatives à la participation des juges auditeurs aux jugemens rendus par les tribunaux auxquels ils étaient attachés, JUGEMENT, nos 463 et suiv.

21. — Lorsqu'ils n'avaient pas atteint l'âge de vingt-cinq ans accomplis, les juges auditeurs jouissaient de toutes les attributions dont jouissaient dans les cours et autres tribunaux ; les conseillers auditeurs qui n'avaient pas l'âge requis pour délibérer. — *Ibid.*, art. 10. — V. L. 20 avr. 1810, art. 13. — V. aussi CONSEILLER AUDITEUR, n° 21.

22. — Les juges auditeurs n'avaient pas de traitement. Ils prenaient part dans la distribution des droits d'assistance, lorsqu'ils avaient siégé en qualité de suppléans d'un juge titulaire. Ils avaient les mêmes droits que les juges titulaires, dans les cas prévus par l'art. 29, décr. 30 janv. 1811. Ils avaient aussi les indemnités accordées dans les cas de transport sur les lieux. — *Ibid.*, art. 11.

23. — Les juges auditeurs, après deux ans de leurs fonctions, pouvaient être nommés conseillers auditeurs. Ces derniers ne pouvaient même être choisis que parmi les juges auditeurs qui en avaient exercé les fonctions pendant deux ans. — L. 20 avr. 1810, art. 14; décr. 22 mars 1813, art. 12.

24. — Les juges auditeurs qui, après deux ans d'exercice près d'un tribunal composé de trois juges seulement, n'avaient pas été nommés conseillers auditeurs faute de places disponibles, pouvaient être placés, concurremment avec les conseillers auditeurs, près d'un tribunal plus nombreux où ils jouissaient du même traitement que ces derniers. — Décr. 22 mars 1813, art. 13.

25. — Enfin, les juges auditeurs qui, après quatre ans d'exercice dans les tribunaux de première instance, n'avaient pu être nommés conseillers auditeurs à raison de l'insuffisance des places disponibles, étaient admis, concurremment avec les conseillers auditeurs, à toutes les places affectées à ceux-ci par l'art. 6, décr. 16 mars 1808, s'ils avaient d'ailleurs l'âge et les autres conditions requises pour les remplir avec distinction. — Art. 14, décr. 22 mars 1813. — V. CONSEILLER AUDITEUR, n° 25.

26. — L'institution des juges auditeurs avait soulevé de vives récriminations; elle fut supprimée par la loi du 10 déc. 1830, qui ordonna que les juges auditeurs cesseraient immédiatement leurs fonctions.

JUGE COMMISSAIRE.

Magistrat chargé par le tribunal de présider à une mesure d'instruction ou à une procédure spéciale. — V. ABSENCE, DÉLIBÉRÉ, DISTRIBUTION PAR CONTRIBUTION, ENQUÊTE, EXPROPRIATION POUR UTILITÉ PUBLIQUE, FAILLITE, FAUX INCIDENT CIVIL, INSTRUCTION PAR ÉCRIT, INTERDICTION, ORDRE, PARTAGE, VENTE JUDICIAIRE, VÉRIFICATION D'ÉCRITURE, REDDITION EE COMPTE, etc.

JUGE CARTULAIRE.

Dénomination autrefois donné aux notaires. — V. NOTAIRE.

JUGE ET CONSULS.

V. CONSULS ET JUGES DES MARCHANDS, TRIBUNAL DE COMMERCE.

JUGE D'INSTRUCTION.

Table alphabétique.

Audience civile, 32. — correctionnelle, 33. — criminelle, 39 s., 45 s., 49 s., 53 s.
Avocat, 69.
Avoué, 69.
Bailliage, 3 s.
Chambre du conseil, 102 s. — (ordonnance), 135 s. — (rapport), 108, 131, 134.
Code 3 brum. an IV, 10, 20. — d'instruction criminelle, 12 s., 22, 112, 142.
Commission rogatoire, 44.
Communication de pièces, 138 s.
Congés, 59.
Déclaration de 1522, 5.
Décret 30 mars 1810, 20. — 20 avr. 1810, 13. — 18 août 1810, 17.
Défense, 146 s.
Délit de presse, 52.
Directeur du jury, 8 s., 35 s. — (remplacement), 9.
Fait nouveau, 101.
Flagrant délit, 84 s.
Fonctions, 58 s., 84 s., 88 s., 96 s., 126 s. — (durée des), 20 s. — du ministère public par le juge d'instruction, 56 s.
Fonctionnaire, 83.
Formation du jury, 50 s.
Garde champêtre, 82.
Historique, 2 s.
Incompétence, 81 s., 103 s., 112.
Instruction criminelle (caractère), 126 s. — (célérité), 127 s. — (complète), 132 s. — (procès-verbaux), 149 s. — (secret), 137 s. — supplémentaire (cour d'assises), 53 s.
Interrogatoire avant l'audience de la cour d'assises, 45 s.
Juge suppléant, 68.
Législation du moyen âge, 3 s. — intermédiaire, 8 s., 20 s., 141. — romaine, 2.
Lieutenant civil, 5 s. — criminel, 5 s.
Loi 19 sept. 1790, 8 s., 20. — 27 vent. an VIII, 20. — 7 pluv. an IX, 11.
Magistrat de sûreté, 11.
Mandat d'exécution, 90 s.
Ministère public (attributions), 98 s., 117. — (concours), 88 s. — (refus de concours), 99.
Moyens justificatifs, 146 s.
Nombre des juges d'instruction, 14 s.
Nomination, 18 s.
Non-lieu, 106 s.
Ordonnance de 1670, 7, 111, 147. — du juge d'instruction, 109 s. — (opposition), 110 s., 118. — (opposition-délai), 120 s. — (opposition, effet suspensif), 128. — (opposition, juridiction compétente), 119. — (opposition, ministère public), 117. — (opposition, pourvoi en cassation), 125. — (opposition, recevabilité), 112 s. — (opposition, réglement), 124.
Pair de France, 83.
Prévenu non indiqué, 101.
Prise à partie, 79 s.
Procureurs généraux (surveillance), 93 s.
Rang, 27 s.
Récusation, 75 s.
Refus d'instruire, 112 s.
Remplacement, 61 s. — (déclaration illégale), 71 s. — (désignation par avance), 72 s. — (durée), 70 s. — du juge d'instruction, 40 s.
Répartition, 30 s.
Roulement, 30 s.
Sénéchaussée, 3 s.
Serment, 26.
Témoignage devant la cour d'assises, 47 s.
Traitement supplémentaire, 60.
Tribunal de la Seine, 15 s.
Vacances, 59.

JUGE D'INSTRUCTION. — 1. — Magistrat chargé en matière criminelle, de la direction de l'instruction écrite.

§ 1er. — *Historique* (n° 2).

§ 2. — *Institution, nombre des juges d'instruction, absence, empêchemens, récusation, prise à partie* (n° 14).

§ 3. — *Attributions, devoirs des juges d'instruction* (n° 84).

§ 1er. — *Historique.*

2. — L'institution d'un magistrat spécialement chargé de rassembler les élémens d'une poursuite criminelle était inconnue des Romains, chez lesquels la constatation des faits et la recherche des preuves étaient, comme l'accusation elle-même, confiées aux simples citoyens. — V. ACTION POPULAIRE.

3. — Les premiers temps de notre histoire n'offrent également aucune institution qui ait quelque analogie avec celle de nos juges d'instruction ; ce n'est guère qu'à l'établissement des bailliages et sénéchaussées qu'il est possible d'en faire remonter l'origine. — V. BAILLI. — V. aussi BAILLIE.

4. — Du reste, le plus souvent ce n'était pas le bailli ou sénéchal même qui procédaient eux-mêmes à l'administration de la justice; juges plutôt de nom que de fait, ils laissaient la direction des affaires à leurs prévôts ou lieutenans.

5. — Pendant long-temps ces lieutenans de baillis et sénéchaux administrèrent tout à la fois la justice criminelle et la justice civile; mais pour remédier à un pareil état de choses, d'où résultait pour toutes les affaires, et notamment pour les affaires criminelles, un retard préjudiciable, François Ier, par sa déclaration de 1522, divisa la juridiction, et, à côté du *lieutenant civil*, établit le *lieutenant criminel*. « Avons, disait cette ordonnance, par l'advis et délibération de nostre conseil, créé, érigé et estably, créons et érigeons et establissons, de notre propre mouvement, pleine puissance et autorité royale, en chacun de nos bailliages, sénéchaussées, prévostez, baillies et juridictions de nostre dit royaume et siège d'iceux; ressortissans sans moyen en nos dites cours de parlement, un lieutenant criminel qui aura la cognoissance, jugera et décidera de tous cas, crimes, délits et offenses qui seront faits, commis et perpétrez au bailliage, sénéchaussée, prévostez, baillie et siège, où il sera estably, et ressort d'iceux; tout ainsi que font de présent les lieutenans de baillif, sénéchaux, prévosts, baillies et autres juges, sur ce que doresnavant ils en aient aucune cognoissance, et s'il en était intenté procez devant eux. »

6. — C'est réellement à cette ordonnance qu'il faut fixer la création de cette magistrature spéciale, dont nous nous proposons d'examiner les

JUGE D'INSTRUCTION, § 2.
JUGE D'INSTRUCTION, § 2.

attributions. Le lieutenant criminel était un véritable juge d'instruction.

7.—Il nous paraît inutile d'entrer dans de longs détails sur les droits et les devoirs des lieutenans criminels ainsi établis; disons seulement que deux ordonnances de Henri II eurent pour effet de rendre cette institution plus forte et plus puissante, et de la mettre à l'abri des entreprises des lieutenans civils. Ces ordonnances mirent fin aux tentatives d'empiétement de ces derniers. L'ord. de 1670, véritable code complet des matières criminelles, n'eut plus à renouveler à cet égard, les anciennes prescriptions.

8. — L'institution des lieutenans criminels, maintenue dans les premiers jours de la révolution de 1789, fut enfin abolie par la loi du 19 sept. 1791, qui substitua aux lieutenans criminels les *directeurs de jury*, chargés tout à la fois et de procéder à l'information et de présider le jury d'accusation.

9. — Nous avons vu quelles étaient l'étendue et la nature des fonctions conférées à ces magistrats V° DIRECTEUR DU JURY.— Rappelons seulement que dans chaque tribunal il existait un directeur du jury, pris parmi les juges, à tour de rôle, et remplacé, en cas d'absence ou d'empêchement, par le juge suivant, dans l'ordre du tableau.

10.—Le Code des délits et des peines du 3 brum. an IV confirma l'institution des directeurs de jury, dont il précisa mieux les attributions et rendit l'autorité plus forte vis-à-vis des officiers de police auxiliaire, et notamment des juges de paix.

11. — La loi du 7 pluv. an IX vint encore augmenter cette autorité, en même temps que par la création des *magistrats de sûreté*, substituts des commissaires du gouvernement, elle rendait plus tranchée la distinction entre le magistrat à qui doit être confiée l'instruction et celui qui est chargé de la poursuite.

12. — En supprimant le jury d'accusation, le Code d'instruction criminelle de 1808 nécessitait un changement dans la dénomination du magistrat chargé de l'instruction, et dont les attributions ne devaient plus rester en tout les mêmes que celles des directeurs du jury. Le nom de *juge d'instruction* lui fut donné.

13. — C'est ainsi que le décret organique des tribunaux, en date du 20 avr. 1810, porte dans son art. 42 : « Les directeurs du jury... sont supprimés; leurs fonctions seront remplies, conformément au Code d'instruction criminelle (dont la mise en vigueur était retardée jusqu'à la promulgation du Code pénal), par des juges d'instruction. »—Décr. 20 avr. 1810.

§ 2. — *Institution, nombre des juges d'instruction, absence, empêchemens, récusation, prise à partie.*

14. — En principe, et aux termes de l'art. 55, C. inst. crim., il y a nécessairement un juge d'instruction dans chaque arrondissement communal.

15. — L'art. 55 ajoutait qu'il serait établi un second juge d'instruction dans les arrondissemens où il pourrait être nécessaire, et qu'à Paris il y aurait six juges d'instruction.

16. — Mais, l'accroissement considérable des affaires criminelles dans le département de la Seine a rendu nécessaire l'augmentation successive du nombre des juges d'instruction, qui est aujourd'hui fixé à vingt. —Ord. 19 mai 1825; 13 juill. 1837; L. 23 avr. 1841.

17. — Quant aux autres arrondissemens du royaume, le décret du 18 août 1810 (art. 11), complétant sur ce point les dispositions du Code d'instruction criminelle, a statué qu'il ne devait y avoir qu'un seul juge d'instruction dans les tribunaux qui ne comptent qu'une ou deux chambres : les seuls tribunaux qui comptent trois chambres ont deux juges d'instruction.

18. — « Les juges d'instruction sont choisis par le roi parmi les juges du tribunal civil auquel ils sont attachés. »—C. inst. crim., art. 55. —Ils doivent être, par conséquent, âgés de vingt-cinq ans accomplis.

19. — Un juge ne pourrait, suivant nous, refuser de remplir les fonctions de juge d'instruction. « Tout juge, dit M. Duverger (t. 1er, p. 74, note 1re) est susceptible d'être investi de l'instruction, qui est une des éventualités, un des attributs de sa charge. Celui à qui l'instruction est conférée doit remplir cette mission, sauf à demander son remplacement s'il est possible; mais il ne peut refuser de faire ce service tant qu'il en est spécialement chargé. Si une telle faculté d'abstention appartenait à chacun des juges, il en résulterait que l'instruction pourrait être vacante à défaut d'un magistrat qui voulût s'en acquitter, ce qui n'est pas admissible. » Ce refus serait d'ailleurs d'autant moins fondé que les fonctions spéciales de magistrat instructeur ne sont pas conférées à vie, et que le juge qui les aurait exercées pendant le temps pour lequel la loi permet de les conférer serait sans difficulté admis à les résigner, si toutefois le service ne devait pas souffrir un grave préjudice de sa retraite.

20. — Prenant en considération les fatigues de l'instruction criminelle, et peut-être aussi par d'autres motifs, les Codes de 1791 et du 3 brum. an IV avaient fixé à six mois seulement les fonctions du magistrat instructeur; postérieurement la loi du 27 vent. an VIII et le décret du 30 mars 1808 les avaient encore réduites à trois mois.

21. — Changer le magistrat instructeur tous les six mois et surtout tous les trois mois, c'était évidemment nuire à la bonne administration de la justice; car, comme le disait Ayrault (liv. 2, 3e part., n° 2, p. 203), « en la justice mêmement criminelle, rien ne la corrompt tant, lui ôte sa couleur, sa naïveté et sa simplicité que le changement et le remuement de ses officiers... Quand le fil d'une accusation est dénoué et renoué bien souvent, on perd, on oublie le bout et le commencement. »

22. — Le Code d'instruction criminelle a donc agi plus sagement lorsqu'il a établi (art. 55) que les juges chargés de l'instruction étaient nommés pour *trois ans*. — C'est avec non moins de raison que le même article ajoute qu'ils peuvent, après ce délai, être continués dans leurs fonctions.

23. — C'était, en effet, un système vicieux que celui de la législation intermédiaire qui appelait successivement chaque juge aux fonctions de l'instruction. Tout magistrat ne réunit pas les qualités nécessaires pour remplir les devoirs, souvent si délicats et si pénibles, de juge d'instruction ; tel même a pu dans un temps plus éloigné exercer de la manière la plus remarquable ces fonctions, à qui l'âge ou les infirmités ne permettraient plus de les reprendre. Rien de plus juste donc tout à la fois que cette double disposition de la loi qui, d'un côté, ne confère au juge l'instruction qu'à titre temporaire, et de l'autre, permet de lui continuer indéfiniment ce mandat, que plus que tous ses collègues, si ce n'est peut-être même seul, il est apte à remplir convenablement.

24. — En fait, la plupart des juges d'instruction conservent leurs fonctions pendant plus de trois années; il convient même de remarquer que, malgré les termes du Code d'instruction criminelle, qui semblent exiger une investiture nouvelle, cette prescription est tombée en désuétude, et les juges d'instruction une fois nommés restent en exercice jusqu'à ce qu'ils soient remplacés. — « Nous ne pensons point, disent MM. Teulet, d'Auvillers et Sulpicy (*Codes annotés*, sur l'art. 55, Code inst. crim., n° 2), qu'il puisse résulter une nullité de ce que le juge d'instruction a continué ses fonctions après l'expiration de son premier mandat, parce que son caractère de juge lui suffit pour valider ces actes. » — V. conf. Mangin, *De l'inst. écrite*, t. 1er, n° 4; Duverger, t. 1er, p. 73.

25. — La détermination d'un délai de trois ans n'a donc véritablement d'autre effet que d'autoriser un juge d'instruction à demander d'être déchargé pour l'avenir de ces fonctions; mais, comme le fait observer avec raison Mangin (*loc. cit.*), cela ne veut pas non plus dire qu'il soit interdit au gouvernement de lui retirer ces fonctions, même avant le délai de trois ans. Il ne faut pas perdre de vue, en effet, que la mission spéciale de diriger les instructions criminelles, confiée au juge d'un tribunal, n'est qu'une simple délégation essentiellement temporaire, et dont la collation comme le retrait, ne change, du reste, en rien la position et le rang qu'il occupe dans le tribunal.

26. — Aussi a-t-il été jugé, que les fonctions de juge d'instruction rentrant essentiellement dans celles inhérentes à la qualité de juge, le magistrat qui a prêté serment comme juge n'a point à en prêter un nouveau, lorsqu'une ordonnance royale vient lui conférer les fonctions de juge d'instruction près le même tribunal. — *Cass.*, 6 mai 1819, Patin; *Poitiers*, 27 juill. 1832, Fradin. — V. encore Massabiau, *Man. du procur. du roi*, t. 1er, p. 9.

27. — Le rang que ce juge occupait auparavant dans le tribunal n'est point changé; il ne saurait donc, soit dans les audiences du tribunal, soit dans les cérémonies publiques, prétendre s'élever au-dessus de collègues plus anciens que lui dans l'ordre de réception.

28. — Comme aussi ses collègues ne sauraient lui contester le bénéfice des droits et priviléges attachés à son rang de juge; par exemple, s'opposer à ce que, en l'absence du président ou vice-président, il le remplace dans toutes les circonstances du service, s'il se trouve, d'après l'ordre de sa réception, le plus ancien des juges réunis pour juger et délibérer. — Legraverend, *Législ. crim.*, t. 1er, p. 172 et 174; Bourguignon, *Jurisp. des Codes crim.*, t. 1er, p. 163; Carnot, *De l'inst. crim.*, t. 1er, p. 335 à 337; Duverger, t. 1er, p. 81 et 82.

29. — A plus forte raison lorsque, près du même tribunal, il existe plusieurs juges d'instruction, ils n'ont point d'autre rang entre eux que celui qu'ils ont comme membres du tribunal; ils ne devraient donc pas prendre les titres de premier, deuxième, etc. — Legraverend, *loc. cit.*; Duverger, *loc. cit.*

30. — Le juge d'instruction n'est attaché de droit ni à la chambre civile, ni à la chambre correctionnelle, et est assujéti, comme les autres juges, au roulement annuel prescrit par les art. 50 et 51, décr. 30 mars 1808, qui n'a pas établi d'exception à son égard, non plus que l'ordonnnance du 11 oct. 1820. C'est ce qui résulte d'ailleurs de l'art. 13, décr. 18 août 1810. — Duverger, *ibid.*

31. — Dans les tribunaux où il existe plusieurs juges d'instruction, ils ne peuvent être attachés deux ensemble à la même chambre.—Décr. 18 août 1810, art. 12. — Cependant cette règle est inapplicable évidemment au tribunal de la Seine, qui compte vingt juges d'instruction et huit chambres.

32. — Si le juge d'instruction est attaché à une chambre civile, l'art. 55, C. instr. crim., lui réserve expressément le droit de prendre part aux délibérations de cette chambre.

33. — Que doit-on décider si le roulement annuel l'a affecté à une chambre correctionnelle? — Lorsque l'affaire soumise à cette chambre n'est pas au nombre de celles qu'il a été chargé d'instruire (tel est le cas d'une affaire engagée par voie de citation directe), aucune difficulté ne peut exister sur la légalité de la participation du juge d'instruction aux débats.

34. — La question devient, il faut l'avouer, beaucoup plus délicate, lorsqu'il s'agit d'affaires correctionnelles, instruites préalablement par le juge d'instruction : aussi quelques auteurs ont-ils pensé que, dans ce cas, le juge d'instruction devrait s'abstenir. — Bourguignon, *Manuel d'instr. crim.*, sur l'art. 55, C. instr. crim.; Dufour, *Revue de lég.*, t. 8, p. 300.

35. — Sous l'empire du Code du 3 brum. an IV, et alors que le directeur du jury se trouvait appelé à remplir les fonctions d'officier de police judiciaire la cour de Cassation avait d'abord pensé que, par application des art. 15 et 150, le magistrat directeur du jury ne pouvait siéger comme juge de l'affaire correctionnelle dans laquelle il avait rempli les fonctions d'officier de police judiciaire. —*Cass.*, 28 mess. an VIII, Husson; 16 mess. an IX, Raphoz.

36. — Mais bientôt, sur les conclusions de Merlin, elle était revenue sur cette jurisprudence, en se fondant sur ce que le Code du 3 brum. an IV n'exceptait nommément, par son art. 175, que les juges de paix, et qu'on ne pouvait induire des règles générales sur la séparation des pouvoirs de police et judiciaire, posés dans les art. 15 et 150, une incapacité pour les directeurs du jury; qu'au contraire, la loi, en les appelant à présider les tribunaux correctionnels, manifestait évidemment que son intention n'était pas d'assimiler ces fonctionnaires aux juges de paix, assimilation, du reste, devenue plus que jamais inadmissible depuis que la loi du 7 pluv. an IX était venue instituer un ministère public près le directeur du jury. — *Cass.*, 3 prair. an XI, Lambilly; 20 oct. 1808, Forgues c. Besançon.

37. — A plus forte raison, et depuis la promulgation du Code d'instr. crim., la cour de Cassation, considérant que nulle part dans la loi il n'est interdit au juge d'instruction de prendre part au jugement des affaires correctionnelles qu'ils ont instruites, a-t-elle dû se prononcer en faveur de la légalité de la présence du juge d'instruction. — *Cass.*, 17 août 1811, Havard; 30 oct. 1812, N...; 22 nov. 1816, Gunehart.

38. — La majorité des auteurs adopte cette solution, qui nous paraît être la plus rationnelle. En effet, les prohibitions et les incompatibilités sont de droit étroit, et ce serait ajouter à la loi que d'étendre aux affaires correctionnelles la prohibition de l'art. 257, C. instr. crim., qui ne s'applique qu'aux affaires soumises à la cour d'assises. — Carnot, t. 1er, p. 279.

39. — Dans ce dernier cas, l'incapacité étant formellement établie, il y aurait violation de la loi et composition illégale de la cour d'assises, si l'un des juges appelés à en faire partie avait rempli les fonctions de juge d'instruction dans l'affaire à juger. — *Cass.*, 24 juin 1813, Anyot.

40. — Il n'y aurait pas lieu de distinguer si le juge, dans ce cas, était le juge d'instruction, investi de ces fonctions par ordonnance royale, ou celui désigné par le tribunal pour suppléer tem-

poralrement le juge d'instruction titulaire absent. — *Cass.*, 11 août 1820, Delion.

41. — L'incapacité existe alors même que le juge extraordinairement appelé à l'instruction de l'affaire n'en aurait point eu la direction générale, toujours laissée au juge d'instruction titulaire, et n'aurait été appelé à le suppléer que momentanément et pour quelques actes isolés. — *Cass.*, 20 oct. 1832, Gellée.

42. — ... Notamment pour le rapport à la chambre du conseil. — *Cass.*, 7 août 1828, Merger; 29 mars 1834, Breton ; 3 juill. 1834, Spinel.

43. — ... Ou pour l'interrogatoire d'un individu prévenu de complicité et contre lequel les charges n'auraient pas été maintenues. — *Cass.*, 4 nov. 1830, Nether, Rauch.

44. — ... N'eût-il enfin agi qu'en vertu d'une délégation spéciale émanée du juge chargé de l'instruction. — Même arrêt.

45. — Toutefois, il faut bien éviter de donner un sens trop large à l'incapacité que l'art. 257, C. inst. crim., a établie à l'égard du juge d'instruction, laquelle n'a trait qu'à l'assistance et à la participation aux débats devant la cour d'assises. Ainsi, le juge qui a procédé à l'instruction d'une affaire peut procéder, par délégation du président de la cour d'assises, à l'interrogatoire de l'accusé transféré à la maison de justice. — *Cass.*, 5 juill. 1832, Fourcade; 17 sept. 1835, Laidet. — V. encore *Cass.*, 5 fév. 1819, Benoist Arnaud.

46. — Cette délégation serait même de droit si le juge d'instruction se trouve appelé à faire le service à son rang d'ancienneté dans le tribunal, le président, le vice-président et les juges plus anciens étant empêchés. — Arg. *Cass.*, 26 fév. 1836, Roche et Morache; — Duverger, t. 1er, p. 85.

47. — Rien assurément n'est encore plus légal que l'audition comme témoin devant la cour d'assises du juge qui a procédé à l'instruction. — *Cass.*, 12 déc. 1811, Magnette et Dufresne; 1er fév. 1839 (t. 1er 1840, p. 184), Willaudt.

48. — ... Alors même qu'il aurait pendant l'instruction dressé procès-verbal d'outrages, dont il aurait été l'objet de la part du prévenu. — *Cass.*, 17 déc. 1845 (t. 1er 1846, p. 725), Gallard.

49. — Bien plus, l'assistance du juge qui a dirigé en tout ou en partie l'instruction doit être considérée comme licite si ce juge n'a participé en rien aux débats même de l'affaire. L'art. 257, sainement entendu, ne concerne que les actes qui ont un rapport direct avec les faits de l'accusation, et ne s'applique point à des actes préliminaires qui sont complétement étrangers à la connaissance de l'affaire.

50. — Jugé par l'application de ce principe que le juge d'instruction peut concourir à l'arrêt par lequel la cour d'assises statue sur les excuses des jurés et procéder à l'appel des jurés nécessaires pour le service de la session. — *Cass.*, 17 oct. 833, Négroni.

51. — Il est vrai que précédemment la cour de Cassation avait statué en sens contraire. — *Cass.*, 2 fév. 1832, Gaborian ; 20 oct. 1832, Gellée. — Mais évidemment cette interprétation de la loi était par trop littérale. Si le législateur a prononcé une exclusion contre le juge d'instruction, c'est qu'il a pensé que ce magistrat pourrait, même involontairement, porter à la cour d'assises des préventions puisées dans l'information; mais ce danger n'est certainement pas à craindre dans l'opération préliminaire qui constitue le jury pour toute la session, opération bien différente de celle du jury de jugement.

52. — Par les mêmes motifs, le juge qui a pris part à l'instruction pourrait valablement, en matière de délit de presse, délivrer l'ordonnance ayant pour objet d'indiquer l'audience à laquelle devra être portée l'opposition à un arrêt par défaut rendu par la cour d'assises. — *Cass.*, 18 avr. 1833 (et non 1834), Godefroy.

53. — Enfin il faut bien se garder de confondre les actes d'instruction proprement dits antérieurs à la mise en accusation avec les actes d'instruction supplémentaire que le juge aurait pu faire depuis, comme membre de la cour d'assises et délégué par le président de cette cour.

54. — Par exemple, le juge qui, en qualité de membre de la cour d'assises délégué par le président, a procédé à la levée d'un plan de lieu où le crime a été commis, n'acquiert pas le caractère de juge d'instruction, à qui la loi interdit de siéger à la cour d'assises. — *Cass.*, 9 sept. 1819, Robardet.

55. — Il est du reste incontestable que la prescription portée en l'art. 257 n'a pas pour effet d'exclure d'une manière radicale et absolue le juge d'instruction, qui peut valablement être appelé à faire partie de la cour d'assises dans toutes les affaires à l'instruction desquelles il est resté complétement étranger.

56. — Mais le juge d'instruction peut-il, au moins, suppléer le ministère public empêché de porter la parole devant la cour d'assises?

57. — Le texte de la loi ne contient sur ce point aucune prohibition; et en effet, il y a une grande différence entre le rôle du juge et celui du ministère public; néanmoins, comme le fait remarquer avec raison M. Duverger (t. 1er, p. 86), il y a convenance à ce qu'autant que possible le juge s'abstienne de remplir ces fonctions, qui, outre qu'elles peuvent l'exposer à répondre personnellement à la critique de sa procédure, peuvent le faire suspecter de prévention à l'égard de l'accusé qui a droit à une entière impartialité même, dans le magistrat chargé de l'accusation.

58. — Ce n'est du reste qu'autant que ces fonctions le lui permettent que le juge d'instruction doit prendre part aux audiences, car pour lui le service du cabinet ou de l'instruction passe avant tout autre. — Duverger, t. 1er, p. 82.

59. — C'est en raison de l'urgence de ce service, qu'à la différence des autres magistrats, les juges d'instruction n'ont point de vacances régulières, et n'obtiennent que des congés, qui ne peuvent être délivrés qu'autant qu'on s'est préalablement assuré que le service ne souffrira pas de leur absence; la durée de ces congés ne saurait dépasser huit jours, s'ils sont délivrés par le président du tribunal, et vingt-neuf jours s'ils le sont par le premier président de la cour royale : au-delà le ministre de la justice a seul qualité pour les accorder. — Décr. 30 mars 1808, art. 75; L. 28 avr. 1810, art. 48; décr. 18 août 1810, art. 36; ordonn. roy. 6 nov. 1822; circ. min. 22 mars 1816, 24 nov. 1822. 15 fév. 1823.

60. — Mais aussi, en raison du service plus pénible qui leur est imposé, les juges d'instruction sont depuis déjà un grand nombre d'années admis à jouir d'un cinquième en sus du traitement attaché au titre de juge dans le tribunal auxquels ils appartiennent. — Ord. roy. 16 oct. 1822, 28 mai 1823; circ. min. 16 nov. 1822, 23 déc. 1838.

61. — Cependant il peut arriver que, par suite d'absence, de maladie ou autre cause, le juge d'instruction se trouve empêché de vaquer à l'instruction; l'art 58, C. inst. crim., veut que, dans ce cas, dans les villes *où il n'y a qu'un juge d'instruction*, le tribunal de première instance désigne l'un des juges de ce tribunal pour le remplacer.

62. — Il résulte des expressions de cet aticle, *dans les villes où n'y a qu'un seul juge d'instruction*, que, lorsqu'il existe plusieurs juges d'instruction près le même tribunal, celui qui se trouve momentanément empêché doit être remplacé par un de ses collègues au même titre. — Legraverend, t. 1er, p. 278, 286; Duverger, t. 1er, p. 77.

63. — Toutefois, il est évident qu'il ne faut pas considérer comme prohibition absolue les termes précités de l'art. 58, et que bien que, dans un tribunal, il se trouve plusieurs juges d'instruction en titre, le cas peut se présenter où les besoins du service exigent qu'il soit pourvu au remplacement de l'un d'eux absent ou empêché; ce que la loi veut dire, c'est qu'en pareille circonstance, la délégation de l'instruction ne peut être confiée aux juges ordinaires qu'autant que les juges titulaires d'instruction sont dans l'impossibilité de suppléer leur collègue. — Carnot, *loc. cit.*; Duverger, *loc. cit.*

64. — Il résulte du texte formel de l'art. 58 que la désignation du juge qui doit être chargé extraordinairement de l'instruction n'appartient pas au président seul, mais au tribunal. — Il est statué en chambre du conseil, à la majorité des voix, après les conclusions du ministère public; procès-verbal doit être dressé de la délibération. — Carnot, t. 1er, p. 286.

65. — Cet article ne distingue pas non plus si le tribunal est ou non composé de plusieurs chambres : le tribunal entier doit donc toujours être convoqué.

66. — Néanmoins, il a été jugé que, lorsque la chambre d'accusation d'une cour royale a jugé convenable d'ordonner une information dans une affaire dont elle est saisie, elle peut déléguer à l'une des chambres du tribunal de première instance la mission de désigner le juge qui doit être chargé de procéder à cette information, et que, cette chambre ainsi déléguée, ne peut se déclarer incompétente, sous prétexte qu'il n'appartient qu'au tribunal entier de commettre un juge d'instruction en remplacement du titulaire. — *Cass.*, 10 sept. 1831, Davoust.

67. — Aucune raison ne s'oppose à ce que le tribunal confère la mission extraordinaire et temporaire de l'instruction au président ou vice-président, si cette désignation paraît la plus convenable. — Legraverend, t. 1er, p. 174.

68. — Comme aussi la désignation d'un juge suppléant serait pafaitement régulière, car les juges suppléans sont de véritables juges. Néanmoins, nous pensons qu'il est plus dans l'esprit de la loi que le juge suppléant ne soit choisi qu'à défaut de juges titulaires. — V. conf. Duverger, t. 1er, p. 780.

69. — Mais, en aucun cas, le tribunal ne pourrait déléguer le soin de l'instruction à un avocat ou à un avoué. — Teulet, d'Auvilliers et Sulpicy, sur l'art. 58, no 4; Carnot, t. 1er, no 2.

70. — Aussitôt que la vacance ou l'empêchement qui avait nécessité la nomination d'un juge d'instruction temporaire a cessé, le juge délégué perd le caractère de juge instructeur qui lui avait été momentanément conféré. Il n'est pas besoin qu'une nouvelle délibération du tribunal lui retire la délégation : son droit s'anéantit *ipso facto*; les actes qu'il ferait désormais seraient nuls. — Jousse, *Tr. de la just. crim.*, t. 3, p. 114; Duverger, t. 1er, p. 80.

71. — La désignation autorisée par l'art. 58 n'ayant pour objet que le remplacement du juge d'instruction malade, absent ou empêché, le tribunal commettrait un excès de pouvoir manifeste s'il désignait par avance un de ses membres soit pour procéder, en concurrence avec le juge d'instruction en titre, soit pour l'aider dans l'accomplissement de ses fonctions, car ce serait véritablement un second juge d'instruction, et ce droit n'appartient qu'au roi. — *Cass.*, 17 oct. 1823, N...; *Poitiers*, 10 juill. 1832, N...

72. — Mais un tribunal pourrait-il, non point pour un cas présent déterminé, mais pour le cas où le juge d'instruction titulaire se trouverait régulièrement empêché, désigner par avance un de ses membres pour le suppléer?

73. — Suivant Mangin (t. 1er, no 5, p. 6) cette désignation serait parfaitement légale, attendu qu'elle n'aurait pas pour objet de créer un second juge d'instruction opérant *conjointement* avec le juge en titre, mais de pourvoir au cas où ce juge serait dans l'impossibilité de s'acquitter de sa mission. « C'est même, dit cet auteur, une mesure sage de la part des tribunaux qui n'ont qu'un juge d'instruction : l'empêchement de celui-ci peut tenir à des causes très subites, survenues dans un moment où il est difficile de réunir le tribunal, et il y aurait de graves inconvéniens à ce que les actes du ministère de ce juge éprouvassent du retard. »

74. — Quelque graves que soient ces considérations, nous pensons néanmoins, avec la cour de Cassation, que la loi ne permet point aux tribunaux de nommer d'une manière générale et pour des cas indéterminés un remplaçant permanent au juge d'instruction. — *Cass.*, 12 juill. 1836, Mamert.

75. — Au nombre des causes d'empêchement, l'art. 58 ne fait pas mention de la récusation qui pourrait être exercée contre le juge d'instruction; faut-il en conclure qu'elle ne doit pas être admise? Non, évidemment, et les mêmes causes qui doivent déterminer un juge à s'abstenir de prendre part au jugement d'une affaire doivent, à plus forte raison, lui faire répudier l'instruction d'une affaire criminelle.

76. — Seulement ce ne serait point aux règles ordinaires sur les formes de la récusation qu'on pourrait en pareil cas se reporter; telle était aussi l'ancienne jurisprudence, qui n'admettait pas qu'on pût ainsi *couper chemin au juge instructeur et lui brider sa puissance*. — Ayrault, *loc. cit.*, liv. 2, 3e partie, no 18, p. 217.

77. — Ainsi jugé, que la récusation proposée contre un juge d'instruction en sa qualité de magistrat instructeur, et non comme simple membre du tribunal, constitue une demande en renvoi pour suspicion légitime, sur laquelle il n'appartient qu'à la cour de Cassation de statuer. — *Cass.*, 19 mai 1827; Delvincourt; 11 août 1827, Demolen; 12 janv. 1833, Moult.

78. — Que si, au contraire, le juge d'instruction, estimant qu'il existe en lui une cause de récusation, pense devoir s'abstenir, cette abstention doit être réglée par le tribunal dont il fait partie, et qui, s'il est de son avis, procède à son remplacement dans les formes prescrites par l'art. 58, C. instr. crim. — *Cass.*, 11 août 1827, Demolen. — V. au surplus RÉCUSATION DE JUGE.

79. — Quant à la prise à partie, l'art. 77, C. inst. crim., y assujétit formellement, *s'il y a lieu*, le juge d'instruction, lorsque les formalités prescrites par les art. 74, 75, 76, pour l'audition des témoins, n'ont pas été remplies. — V. INSTRUCTION CRIMINELLE. — Le même article autorise encore les mêmes poursuites, également *s'il y a lieu*, pour inobservation des formalités relatives aux mandats d'exécution. — V. MANDATS D'EXÉCUTION.

80. — Nul doute encore que le juge d'instruction ne puisse être pris à partie pour les cas généraux

prévus par le Code de procédure civile. — Duverger, t. 2, n° 140; Mangin, t. 1er, n° 24.

81. — Remarquons enfin que, dans certains cas spéciaux et à l'égard de certaines personnes, le juge d'instruction n'a aucune compétence, ou du moins ne peut être saisi de l'instruction qu'en vertu d'une délégation.

82. — Ainsi, par exemple, le juge d'instruction ne peut jamais procéder régulièrement à une instruction contre un garde champêtre (officier de police judiciaire) sans avoir préalablement reçu une délégation du premier président de la cour. Il ne peut faire que des actes tendant à constater le corps du délit. — *Paris*, 27 oct. 1843 (t. 2 1843, p. 787), Léger.

83. — Il en serait de même, à plus forte raison, à l'égard des magistrats, fonctionnaires et autres officiers de police judiciaire, justiciables en vertu des art. 479 et suiv., C. inst. crim., d'une juridiction spéciale, à raison des crimes et délits commis par eux dans ou même hors l'exercice de leurs fonctions ; à l'égard des pairs de France qui ne peuvent être jugés que par la chambre des pairs, à l'égard des ministres, etc., etc. — V. FONCTIONNAIRES PUBLICS.

§ 3. — *Attributions, devoirs du juge d'instruction.*

84. — Il faut distinguer, dans le mode de procéder des juges d'instruction, les cas de flagrant délit et les cas ordinaires.

85. — Le juge d'instruction, dans tous les cas réputés flagrant délit, peut faire directement et par lui-même tous les actes attribués au procureur du roi, en se conformant aux règles établies au chapitre des procureurs du roi et de leurs substituts ; le juge d'instruction peut requérir la présence du procureur du roi, sans aucun retard néanmoins des opérations prescrites dans ledit chapitre.

86. — Lorsque le flagrant délit aura été déjà constaté et que le procureur du roi transmettra les actes et pièces au juge d'instruction, celui-ci sera tenu de faire sans délai l'examen de la procédure. Il peut refaire les actes ou ceux des actes qui ne lui paraîtraient pas complets. — C. inst. crim., art. 60.

87. — Les attributions extraordinaires alors conférées à ce magistrat sont expliquées au mot FLAGRANT DÉLIT, où se trouve réuni tout ce qui se rapporte à cette partie si importante de l'information. — V. ce mot.

88. — En dehors des cas de flagrant délit, la première prescription que la loi adresse au juge d'instruction, car tous les cas sont graves en pareille matière, c'est de ne faire aucun acte d'instruction et de poursuite sans avoir donné communication de la procédure au procureur du roi. « Hors les cas de flagrant délit, porte l'art. 61, C. inst. crim., le juge d'instruction ne fera aucun acte d'instruction et de poursuite qu'il n'ait donné communication de la procédure au procureur du roi. Il la lui communiquera pareillement lorsqu'elle sera terminée; et le procureur du roi fera les réquisitions qu'il jugera convenables, sans pouvoir retenir la procédure plus de trois jours. »

89. — Le véritable sens de cette disposition se trouve dans la substitution du mot *poursuite* à celui de *procédure*, dont se servait l'art. 12, L. 7 pluv. an IX; prise rigoureusement, cette dernière expression semblait exiger des communications sans cesse répétées, partout gênantes comme sans intérêt. La rédaction actuelle présente, au contraire, une idée plus simple et plus vraie, à savoir que la nécessité des communications ordonnées se rattache aux seuls actes qui tendent à régulariser la procédure et qui peuvent exercer une influence quelconque sur le fond même de l'affaire dont l'information se poursuit.

90. — Ce principe posé, le second paragraphe de l'art. 61 étonne au premier abord, car il autorise le juge d'instruction à délivrer le mandat d'amener et même le mandat de dépôt, c'est-à-dire à faire les actes qui portent la plus profonde atteinte à la liberté des citoyens, sans prendre préalablement les conclusions du ministère public.

91. — Mais l'exception s'explique au point de vue de l'intérêt général, pour le mandat d'amener, par la crainte de voir échapper des coupables pendant les délais d'une communication qui entraînerait quelquefois des lenteurs irréparables; ces mots *s'il y a lieu* doivent se traduire par ceux-ci : *en cas d'urgence*. — V. au surplus MANDATS D'EXÉCUTION.

92. — La force de ce principe posé dans l'art 61 trouve au besoin sa preuve dans la combinaison des art. 91 et 94; et ne comporte d'autres exceptions que celles prévues par la loi : si doneso n.

le juge procédait à des actes d'instruction et de poursuites sans donner préalablement communication de la procédure au ministère public, celui-ci pourrait attaquer soit par la voie de l'opposition, soit par la voie de l'appel, les décisions émanées de ce magistrat. — *Lyon*, 27 mars 1839 (t. 2 1839, p. 11), G...

93. — Les juges chargés de l'instruction des affaires criminelles ayant à remplir des devoirs particuliers, leur autorité se trouve d'autant plus grande. D'un autre côté, la nature même des fonctions si graves dont ils sont investis n'a pas permis au législateur de leur prescrire d'une manière absolue des règles de conduite invariables, et ils restent souvent abandonné aux seuls conseils de leur propre expérience ; ce n'était donc point assez de la haute responsabilité dont leur conscience les doit avertir sans cesse ; comme ils peuvent s'égarer, la loi a pris soin, dans l'art. 57, de proclamer la surveillance spéciale qui est exercée sur eux par les procureurs généraux.

94. — Ces derniers magistrats, qui dirigent l'action de la justice criminelle dans toute l'étendue de leur ressort, peuvent, en conséquence, lorsqu'il y a lieu, ainsi au cas prévu par l'art. 59 du Code, donner des ordres aux juges d'instruction, afin de les provoquer à l'exercice de leur ministère. Car il est bien entendu que jamais le droit dont il s'agit ne doit aller jusqu'à prétendre diriger les juges d'instruction dans tel ou tel sens, à moins que ce ne soit pour assurer l'accomplissement des formes prescrites par la loi ou pour prévenir les erreurs et les irrégularités.

95. — La surveillance que l'art. 57 confère aux procureurs généraux peut se traduire vis-à-vis des juges à l'égard desquels elle s'exerce en un avertissement et, selon les circonstances, en une dénonciation à la cour royale, mais pour ce qui concerne seulement l'exercice des fonctions de la police judiciaire.

96. — Dès que le juge d'instruction a été saisi par le réquisitoire du ministère public, à lui seul appartient la direction de la procédure. Il peut employer tous les moyens qu'il croit convenables pour parvenir à la découverte de la vérité. — *Cass.*, 31 mars 1831, Cormier.

97. — C'est ainsi qu'il a été jugé notamment qu'un juge d'instruction peut, sans se rendre coupable de forfaiture, saisir et ouvrir des lettres adressées à un prévenu alors sous le coup d'une procédure criminelle, surtout si cette ouverture a lieu en présence dudit prévenu et après demande à lui faite d'y consentir. — *Paris*, 30 janv. 1836, Raspail c. Zangiacomi. — V. INSTRUCTION CRIMINELLE.

98. — C'est le ministère public qui seul peut faire exécuter la décision du juge d'instruction. Jugé, en conséquence, que hors les cas réputés par la loi flagrant délit, où le juge d'instruction peut faire directement tous les actes attribués au procureur du roi, il n'appartient qu'au procureur du roi de pourvoir à l'envoi, à la notification et à l'exécution des ordonnances rendues et des mandats délivrés par le juge d'instruction. — *Cass.*, 29 avr. 1826, Guémard.

99. —... Et que chaque fois que ce concours du ministère public est nécessaire, le juge a le droit de le requérir. — Ainsi, il y aurait excès de pouvoirs dans l'acte par lequel un procureur du roi, requis par le juge d'instruction de l'accompagner dans un transport, déclarerait par écrit au pied de l'ordonnance qu'il ne requiert pas cette opération. — *Montpellier*, 25 juin 1846 (t. 2 1846, p. 129), Bernard et Galibert. — V. au surplus INSTRUCTION CRIMINELLE, MINISTÈRE PUBLIC.

100. — Cependant, et quelque considérables que soient les pouvoirs du juge d'instruction, ils ont leurs limites. — Si l'instruction lui appartient, la poursuite doit en effet lui rester complètement étrangère.

101. — D'où il suit qu'un juge d'instruction ne pourrait de son chef diriger l'instruction sur des personnes ou des faits non compris dans le réquisitoire du procureur du roi. En pareil cas et lorsqu'il lui apparaît que des poursuites sur de nouveaux faits ou contre de nouvelles personnes devraient être entamées, il doit se borner à recueillir avec soin les documens nécessaires afin de mettre le procureur du roi à même d'exercer son action.

102. — Par les mêmes motifs, il n'appartient pas au juge d'instruction de se refuser d'instruire sur le réquisitoire du procureur du roi. S'il n'est pas d'avis de ce réquisitoire, il doit en faire son rapport à la chambre du conseil, qui seule a droit de statuer. — *Cass.*, 10 avr. 1829, Bonnet; 21 avr. 1832, N....; *Grenoble*, 22 déc. 1832, habitans de Jullien; *Paris*, 11 mai 1838 (t. 1er 1838, p. 569), Vavarger; 15 juin 1838 (t. 1er 1838, p. 644), Rews-

JUGE D'INSTRUCTION, § 3.

103. — Il n'y a d'exception à cette règle que dans les cas déterminés par l'art. 69, C. inst. crim., c'est-à-dire au cas d'incompétence. — *Poitiers*, 28 avr. 1842 (t. 2 1842, p. 644), B.....

104. — Il n'appartient qu'au tribunal de première instance dont le juge d'instruction fait partie de statuer sur la compétence relative à l'instruction faite par ledit juge au nom du tribunal. — Même arrêt.

105. — En conséquence, lorsqu'une décision de la chambre du conseil, non attaquée en temps utile, ordonne un supplément d'instruction, le juge d'instruction ne peut se déclarer incompétent pour y procéder, alors surtout que jusque-là il avait en faisant l'instruction reconnu sa compétence. — Même arrêt.

106. — A plus forte raison le juge d'instruction ne peut par une ordonnance statuer sur l'instruction qu'il a dirigée. C'est à la chambre du conseil qu'il appartient seulement de décider s'il y a lieu ou non à suivre. — *Grenoble*, 22 déc. 1832, habitans de Jullien; *Metz*, 14 mai 1833, Hebling; *Paris*, 26 juin 1840 (t. 2 1840, p. 475), Chevrel.

107. — Ces principes avaient déjà été consacrés sous l'empire de la législation transitoire, par la cour de Cassation, qui jugeait que le juge commis pour procéder à une instruction était incompétent pour juger définitivement, seul et sans le concours des autres juges, qu'il n'y avait lieu à suivre devant la cour de justice criminelle. — *Cass.*, 23 vent. an XIII, N...; 29 germin. an XIII, Gitareau.

108. — Du reste, le Code n'ayant point déterminé le degré d'instruction où doivent être parvenues les affaires lorsque le juge d'instruction en fait son rapport, la chambre du conseil peut, à l'instant de ce rapport, procéder au règlement de la compétence lors même que l'instruction ne serait pas complète. — *Cass.*, 1er avr. 1813, Delnau; 11 déc. 1840 (t. 1er 1841), Boutet.

109. — Les actes par lesquels les juges d'instruction manifestent leur décision prennent le nom d'*ordonnances*. Cette dénomination leur était également donnée sous l'ancien droit.

110. — On s'est demandé si ces ordonnances sont susceptibles d'appel, et dans le cas de l'affirmative, quelle est la forme de cet appel, dans quel délai il doit être interjeté, devant quelle juridiction, enfin quels en sont les effets. — Le Code d'instruction criminelle ne décide nettement aucune de ces questions. On ne peut les résoudre que par des argumens tirés de dispositions particulières de ce Code et des principes généraux du droit.

111. — L'ancienne jurisprudence, aussi bien que la législation intermédiaire, avait admis la recevabilité du recours contre les décisions du magistrat instructeur. — Jousse, t. 3, p. 160; L. 7 pluv. an IX, art. 16.

112. — Le Code d'inst. crimin., par son art. 539, établit le droit en faveur du ministère public, du prévenu et de la partie civile de former appel de la décision rendue par le juge sur la compétence.

113. — Or, regardant cette disposition comme restrictive, la cour de Paris a jugé que le prévenu est non recevable à se pourvoir contre le mandat de dépôt décerné par le juge d'instruction, quand il ne conteste pas la compétence du juge. — *Paris*, 27 avr. 1833, Petit-Jean et Delaulne; — conf. Poncet, *Des Jugemens*, t. 1er, p. 298.

114. — Nous n'avons point à examiner ici si les décisions du juge d'instruction relativement aux mandats qu'il croit devoir décerner sont ou non susceptibles d'un recours. — V. à cet égard MANDAT D'EXÉCUTION. — Mais nous devons faire remarquer que la cour de Paris nous paraît dans l'arrêt que nous venons d'indiquer, avoir été beaucoup trop loin lorsque, dans ses considérans, elle pose en principe que les ordonnances du juge d'instruction ne peuvent être attaquées qu'au cas prévu par l'art. 539; c'est-à-dire pour incompétence.

115. — En effet, à ne consulter même que le texte de la loi, deux articles spéciaux, les art. 34 et 80, dénient formellement le droit de se pourvoir contre les ordonnances du juge d'instruction dans les cas qu'ils déterminent. Il semble évident que le Code ainsi entendu établit des exceptions à un principe général qui permet d'appeler des décisions des juges d'instruction : « Si ce principe, dit Mangin (*Instruct. écrite*, t. 1er, n° 18), ne lui eût point paru constant, il n'aurait pas créé ces exceptions, car, pour que les décisions du juge fussent en dernier ressort dans les deux cas qu'il prévoit, il aurait suffi qu'il ne permît d'appeler. »

116. — Aussi est-il de jurisprudence constante que les juges d'instruction ne statuent en dernier ressort que dans les cas où ils y sont expressé

ment autorisés par la loi, et que, hors ces cas, leurs ordonnances peuvent être attaquées par la voie de l'opposition. — *Cass.*, 4 août 1820, Nicolas Chevalier; 1er août 1822, Guende; 24 fév. 1831, N...; 23 déc. 1831, Chaillon; *Grenoble*, 22 déc. 1832, habitans de Jullien; *Paris*, 5 janv. 1836, N...; *Lyon*, 27 mars 1839 (t. 2 1839, p. 11), G... — *Cass.*, 7 avr. 1837 (t. 1er 1837, p. 397), R... — V. aussi Merlin, *Rép.*, vo *Juge d'instruction*; Legraverend, t. 1er, p. 182; Bourguignon, *Jurisp. des Codes crimin.*, t. 1er, p. 168.

117. — Jugé même que la disposition de l'art. 80, C. inst. crim., qui interdit aux témoins défaillans la faculté d'appeler de l'ordonnance du juge d'instruction ne concerne pas le ministère public, qui, en conséquence, est recevable à se pourvoir devant la cour royale contre l'ordonnance par laquelle le juge d'instruction a refusé de condamner à l'amende un témoin défaillant. — *Cass.*, 14 sept. 1832, Arnould.

118. — L'appel dirigé contre les ordonnances du juge d'instruction a reçu dans la pratique le nom d'*opposition*, parce que telle est la dénomination que le Code d'instruction criminelle a attachée aux recours exercés contre les ordonnances de la chambre du conseil.

119. — C'est devant la chambre des mises en accusation de la cour royale, et non devant la chambre du conseil du tribunal que l'opposition doit être portée. — *Cass.*, 4 août 1820, Nicolas Chevalier; 10 avr. 1829, Bonnet; 23 déc. 1831, Chaillon; *Grenoble*, 22 déc. 1832, hab. de Jullien; *Paris*, 5 janv. 1836, N...; *Lyon*, 27 mars 1839 (t. 2 1839, p. 11), G...

120. — Mais convient-il de dire, avec l'arrêt précité de la cour de Paris, que le délai de vingt-quatre heures fixé par l'art. 135, à l'effet de se pourvoir contre les ordonnances de la chambre du conseil, ne s'applique point aux ordonnances du juge d'instruction, et qu'à défaut d'autres dispositions, cette opposition, qui présente les caractères d'un véritable appel, doit être formée dans le délai prescrit par le droit commun? — *Paris*, 5 janv. 1836, N...

121. — On ne peut nier qu'il n'y ait une certaine analogie quant au recours à exercer entre les ordonnances de la chambre du conseil et les décisions du juge d'instruction, et il semble dès-lors rationnel d'appliquer à ces dernières les dispositions de l'art. 135 spéciales aux premières. Cependant, quelque grande que soit cette analogie, elle est bien loin d'être complète; en effet, « les ordonnances de la chambre du conseil, dit Mangin, (t. 1er, no 19), sont susceptibles d'acquérir l'autorité de la chose jugée, dans la limite des effets que la loi leur attribue; elles lient le tribunal qui les a rendues, de manière qu'il ne peut pas lui-même les rapporter, et de là la nécessité de les attaquer dans un délai déterminé». Les ordonnances du juge d'instruction, au contraire, ne sont que des actes préparatoires, susceptibles toujours d'être réformés; et comme tels, ils doivent pouvoir être toujours attaqués utilement, d'autant plus que la législation actuelle, à la différence de l'ordonnance de 1670, n'impose pas au prévenu l'obligation de présenter ses exceptions et moyens justificatifs dans un délai déterminé. — Même auteur *ibid.*

122. — Néanmoins, dans la pratique, on tend à limiter à vingt-quatre heures le délai du recours.

123. — Du reste, le recours contre les ordonnances des juges d'instruction n'a pas un effet suspensif. — *Cass.*, 4 août 1820, Nicolas Chevalier. — L'ordonnance de 1670, tit. 36, art. 3, portait même formellement: « Aucune appellation ne pourra empêcher ou retarder l'exécution des décrets, l'instruction et le jugement. »

124. — La cour royale ne peut, en tous cas, que confirmer ou infirmer la décision qui lui est déférée; et elle excéderait ses pouvoirs si, s'immisçant dans la marche et la direction de l'instruction qui ne lui est d'ailleurs pas soumise dans son ensemble, elle enjoignait au magistrat de modifier sa décision ou lui prescrivait des mesures particulières. — *Cass.*, 30 déc. 1842 (t. 1er 1843, p. 638), (int. de la loi), Pasquier.

125. — Quant au délai du pourvoi en cassation contre l'arrêt qui statue sur le recours, c'est le délai général de trois jours. L'art. 296, C. inst. crim., qui accorde cinq jours, ne s'applique qu'aux arrêts de renvoi à la cour d'assises pour un fait qualifié crime. — *Cass.*, 4 août 1820, Nicolas Chevalier.

126. — L'instruction dirigée par le juge d'instruction doit être prompte, complète, secrète, écrite.

127. — L'instruction doit être prompte. Les anciennes ordonnances avaient statué en termes formels que la célérité des instructions était l'une des conditions les plus essentielles d'une bonne et équitable justice. — Ordonn. 30 août 1536, art. 21; août 1599, art. 139; janv. 1560, art. 83.

128. — Bien que le Code d'instruction criminelle ne reproduise pas cette prescription en termes formels, néanmoins nul doute que le juge d'instruction soit tenu d'apporter la plus grande célérité à l'instruction des affaires criminelles.

129. — En effet, ou le prévenu est innocent, et il convient de lui épargner les angoisses d'une prévention prolongée; ou il est coupable, et il importe à la société que la peine qu'il peut encourir lui soit infligée aussi promptement que possible, afin que la réparation due à l'ordre public soit tout à la fois plus efficace et plus exemplaire.

130. — Toutefois, il ne faut rien exagérer, et une célérité par trop grande, loin d'être utile à la bonne administration de la justice, ne pourrait souvent que lui être préjudiciable. « Certes, dit Ayrault (*De l'ordre, forme et inst. jud.* liv. 2, 1re partie, no 7, p. 158), ce sont lieux communs qui sentent plus l'escole que le palais de demander si un procès doit estre tôt ou tard instruit, et lequel est le plus utile, le retardement ou l'avancement; tout cela se mesure selon que les preuves sont plus eslongnées ou à la main ».

131. — Il ne faudrait donc pas, ainsi que nous l'avons déjà fait observer, prendre à la lettre la prescription de l'art. 127, C. inst. crim., enjoignant au juge d'instruction de présenter tous les huit jours le rapport des affaires dont il est saisi, à la chambre du conseil. — V. CHAMBRE DU CONSEIL.

132. — L'instruction doit être complète, c'est-à-dire que le juge doit apporter le plus grand soin à rassembler toutes les preuves et tous les documens qui sont de nature à faire connaître la vérité.

133. — Nous avons vu vo INSTRUCTION CRIMINELLE que l'instruction ne peut être véritablement complète qu'autant que le juge se pénètre bien de cette pensée que son devoir consiste à rechercher et à recueillir aussi bien ce qui peut être à la décharge du prévenu que ce qui peut être à charge.

134. — C'est, du reste, au juge d'instruction qu'il est réservé d'apprécier si l'instruction est ou non complète, et si, par conséquent, il doit, cessant toute investigation ultérieure, faire son rapport à la chambre du conseil, sauf à celle-ci, si elle ne partage pas son avis, à prescrire un supplément d'information.

135. — Seulement, du moment où la chambre du conseil a statué définitivement sur le rapport du juge d'instruction, ce magistrat se trouve dessaisi de la connaissance de l'affaire.

136. — Ainsi, le juge d'instruction n'a plus qualité pour entendre un témoin sans délégation de la chambre d'accusation, après que la chambre du conseil du tribunal de première instance a été dessaisie par l'ordonnance de prise de corps qu'elle a décernée. — *Cass.*, 5 sept. 1833, Demey.

137. — L'instruction doit être secrète. Que les pièces et documens d'une instruction criminelle, tant qu'il n'a pas été statué sur la mise en accusation, ne puissent être livrés à la publicité, rien assurément n'est plus juste et dans l'intérêt de la société, même du prévenu, qui peut être injustement poursuivi.

138. — Mais ce qui est beaucoup plus grave, c'est qu'à l'égard du prévenu même, et quelque ingénieuse que paraisse au premier abord cette mesure, la procédure reste toujours secrète, tant que l'affaire est encore à l'état d'instruction.

139. — « Il s'élève donc, dit Mangin (t. 1er, no 31), dès le premier pas d'une instruction criminelle, un conflit d'intérêts entre le prévenu et la société. Dans l'impossibilité de les concilier toujours, le législateur est souvent obligé de les faire céder l'un à l'autre; l'intérêt de la société est sans contredit celui qui doit prévaloir; la justice du législateur consiste à n'imposer au prévenu que des sacrifices nécessaires. »

140. — Les anciennes ordonnances avaient poussé jusqu'à l'extrême les conséquences du principe du secret de la procédure, puisque, à aucune époque, même après l'instruction achevée, cette communication n'était permise, le jugement restant enveloppé du même secret que l'instruction.

141. — La législation intermédiaire était tombée dans un excès contraire, en décidant que le magistrat instructeur ne pourrait procéder valablement qu'assisté de deux notables adjoints, jusqu'à l'arrestation du prévenu, avec lequel dès ce moment la procédure devait être continuée publiquement et contradictoirement. — Décret des 8-9 oct. 1789; 19 sept. 1791, 1re partie, tit. 4, art. 15; Code. 3 brum. an IV, art. 115, 116; L. 7 pluv. an IX, art. 10.

142. — Le Code d'instruction criminelle a rétabli le principe du secret dans l'instruction criminelle, tout en garantissant les droits de la défense par la publicité du jugement. — V., sur le sens et la portée de ce principe, un arrêt remarquable de la cour royale de Toulouse du 2 août 1847 (t. 2 1847, p. 272), Léotade. — Le pourvoi formé contre cet arrêt a été rejeté par la cour de Cassation le 9 déc. 1847 (t. 1er 1848).

143. — Le même arrêt décide également que le refus de communication de la procédure au prévenu est légal non seulement jusqu'à la mise en accusation, mais encore jusqu'après l'interrogatoire par le président des assises. — V. CHAMBRE DES MISES EN ACCUSATION, nos 149 et suiv.

144. — Quelque opinion d'ailleurs que l'on se fasse sur la légalité d'un refus aussi prolongé (V. DÉFENSE, nos 290 et suiv.), il est incontestable que tant que l'affaire est pendante devant le juge d'instruction, la procédure doit rester secrète, et que le prévenu n'a pas le droit d'en exiger la communication.

145. — Toutefois il est évident que cette communication pourrait valablement avoir lieu, si le magistrat estimait qu'elle peut être faite sans inconvéniens. — V. CHAMBRE DES MISES EN ACCUSATION, nos 152 et suiv.; DÉFENSE, no 303.

146. — Comme aussi il ne faudrait pas conclure du secret de la procédure que le prévenu reste sans défense devant le juge d'instruction: il est au contraire du devoir de ce dernier de recevoir et de consigner les moyens justificatifs qui lui sont présentés.

147. — Autrefois, il est vrai, et sous l'empire de l'ordonnance de 1670, on distinguait entre les moyens de droit, tels, par exemple, que l'incompétence du juge et les faits justificatifs; les premiers pouvaient être proposés *in limine litis*; les seconds n'étaient reçus qu'*après le procès*, c'est-à-dire après que l'information à charge était complète et qu'il en avait été fait rapport à la chambre.

148. — Aujourd'hui cette distinction n'est plus admissible; dès les premiers momens de l'instruction, le prévenu peut présenter ses moyens justificatifs au fond, comme en la forme, soit par déclarations orales faites au juge d'instruction, soit par mémoires écrits.

149. — Enfin, l'instruction doit être écrite. — Il importe, en effet, que les documens, de quelque nature qu'ils soient, rassemblés par le juge instructeur, soient consignés et constatés pour être plus tard placés sous les yeux des juges chargés de statuer soit sur la poursuite, soit sur la culpabilité ou l'innocence du prévenu.

150. — Il importe donc que le juge rédige procès-verbal de tous les actes qu'il a accomplis. — V. à cet égard INSTRUCTION CRIMINELLE.

JUGE DE PAIX.

V. JUSTICE DE PAIX.

JUGE SUPPLÉANT.

1. — Magistrat auxiliaire établi près des tribunaux de première instance pour remplacer, en cas d'absence ou de tout autre empêchement, soit les juges, soit les officiers du ministère public.

2. — Les juges suppléans ont été institués par la loi du 16 août 1790. D'après cette loi, ils étaient élus par les justiciables pour six ans. — V. aussi décr. 25 août 1790, art. 5; constit. 5 fructid. an III, art. 217; L. 30 germin. an V, art. 6.

3. — Aujourd'hui, et depuis la constitution du 22 frim. an VIII (art. 41), ils sont nommés par le roi. De plus, ils sont inamovibles. — Charte de 1814, art. 57, et de 1830, art. 49. — V. ORGANISATION JUDICIAIRE. — Ils ne peuvent entrer en fonctions qu'après avoir prêté serment. — V. JUGE.

4. — Quant aux conditions d'aptitude qu'ils doivent remplir, elles sont les mêmes que celles exigées de la part des juges. La loi du 20 avr. 1810, qui forme à cet égard le dernier état de la législation, porte en effet: « Nul ne pourra être juge ou suppléant d'un tribunal de première instance, s'il n'est âgé de vingt-cinq ans accomplis, s'il n'est licencié en droit, et s'il n'a suivi le barreau pendant deux ans, après avoir prêté serment à la cour impériale, ou s'il ne se trouve dans un cas d'exception prévu par la loi. »

5. — Toutefois les juges suppléans ne sont pas affectés des mêmes incompatibilités que les juges. Ainsi ils peuvent être avocats, notaires ou avoués (V. JUGE, nos 33 et 34), mais ils ne peuvent être huissiers ni greffiers, ni percepteurs de contributions. — L. 27 mars 1791, art. 8. — V. encore JUGE, nos 31, 32, 35 et 36.

6. — Ils ne sont pas non plus obligés de résider dans la commune même où siége le tribunal; il

leur suffit de résider dans le canton. — Décr. 18 août 1810, art. 29.

7. — Le nombre des juges suppléans dans chaque tribunal a été déterminé par le décret du 18 août 1810. Il est de trois, dans les tribunaux composés de trois ou quatre juges et ne formant qu'une chambre ; — de quatre dans les tribunaux qui se divisent en deux chambres ; — et de six, dans ceux qui se divisent en trois chambres. — Au tribunal de la Seine, le nombre des juges suppléans a varié plusieurs fois. — Décr. 18 août 1810 ; LL. 10 déc. 1830, art. 4 ; 9 juill. 1837. — Il est aujourd'hui fixé à huit. — L. 23 avr. 1841, art. 3.

8. — Dans les tribunaux composés de plusieurs chambres, les juges suppléans sont attachés spécialement à chaque chambre, et compris dans le roulement d'une chambre à l'autre. — Décr. 18 août 1810, art. 7.

9. — Ils ne peuvent refuser, *sans motifs légitimes*, de faire le service auquel ils sont appelés. — L. 11 avr. 1838, art. 11. — Et le même article ajoute qu'en cas de pareil refus le juge suppléant pourra, après procès-verbal constatant sa mise en demeure et son refus, être considéré comme démissionnaire.

10. — Lors de la discussion de la loi du 11 avr. 1838, il a été reconnu, bien que le texte ne s'en explique pas formellement : — 1° que le procès-verbal de refus sera dressé par le président du tribunal ; — 2° que ce procès-verbal doit constater les excuses proposées ; — 3° que le ministre prendra le temps de s'éclairer sur la valeur du procès-verbal ; — 4° qu'il faut une ordonnance royale pour retirer ses fonctions à un juge suppléant. — Duverger, t. 38, p. 212, notes.

11. — Les juges suppléans ne reçoivent aucun traitement.

12. — Néanmoins lorsqu'ils sont appelés à faire partie d'une chambre temporaire, soit comme substituts, soit comme juges, ils reçoivent le même traitement que les juges. — L. 11 avr. 1838, art. 8.

13. — De même, lorsqu'un juge suppléant est appelé à remplacer un juge contre lequel la peine de la suspension a été prononcée pour plus d'un mois, il reçoit le traitement de juge. — *Ibid.*, art. 9.

14. — De ce que les juges suppléans sont institués uniquement pour remplacer momentanément les juges empêchés, il résulte que ce n'est qu'en cas de nécessité, c'est-à-dire quand il y a lieu de compléter le tribunal, qu'ils peuvent concourir à un jugement avec voix délibérative. Ils doivent dans ce cas être appelés suivant l'ordre de leur nomination. — L. 27 vent. an VIII, art. 12 ; C. procéd. civ., art. 118 ; LL. 20 avr. 1810, art. 41 ; 11 avr. 1838, art. 11.

15. — Ils peuvent du reste assister à toutes les audiences, et ils y ont voix consultative. — LL. 20 avr. 1810, art. 41 ; 11 avr. 1838, art. 11.

16. — Sur ces divers points comme sur toutes les questions relatives à la participation des juges suppléans aux jugemens rendus par les tribunaux auxquels ils sont attachés, V. JUGEMENT, n°s 448 et suiv.

17. — Dans tous les cas où les tribunaux de première instance statuent en assemblée générale, les juges suppléans n'ont aussi voix délibérative que lorsqu'ils remplacent un juge. — L. 11 avr. 1838, art. 11. — V. TRIBUNAUX.

18. — Cette disposition de la loi de 1838 fait cesser les difficultés qui s'étaient élevées sur la question de savoir si les juges suppléans faisaient partie intégrante des tribunaux auxquels ils sont attachés, à tel point qu'ils dussent être appelés à concourir aux diverses décisions que les tribunaux peuvent prendre en corps. — Carré, *Organ. judic.* (édit. Foucher), t. 6, p. 372.

19. — On ne pourrait donc plus juger aujourd'hui d'une manière absolue que les juges suppléans ont droit de concourir avec voix délibérative et non pas seulement consultative aux réglemens et avis relatifs au service intérieur des tribunaux, tels par exemple que les délibérations concernant le renouvellement annuel du tableau des huissiers audienciers, l'homologation de l'arrêté annuel de la chambre des huissiers relatif à la bourse commune des officiers ministériels, et enfin la suffisance et l'insuffisance des avocats d'un chef-lieu et par suite la faculté pour les avoués de plaider les causes dans lesquelles ils occupent. — *Cass.*, 16 fév. 1833 (intérêt de la loi) ; 19 déc. 1833, réquisitoire du procureur général. — V. aussi *Cass.*, 9 nov. 1831 (intérêt de la loi).

20. — Au surplus, les juges suppléans n'en ont pas moins, comme les titulaires, le caractère permanent de magistrats. — *Cass.*, 20 mai 1826, Roux.

21. — Ainsi, en cas d'absence ou empêchement des juges titulaires, ils peuvent régulièrement se composer avec un avocat ou un avoué. — V. JUGEMENT, n^us 584 et s.

22. — Et ils ont droit, comme les juges titulaires, au bénéfice de la juridiction exceptionnelle créée par les art. 479 et suiv., C. inst. crim., à raison des délits par eux commis hors de leurs fonctions. — *Cass.*, 13 janv. 1843 (t. 2 1845, p. 717), P... ; 20 mai 1826, Roux.

23. — ... Alors même qu'au moment des poursuites ils auraient cessé leurs fonctions. — *Cass.*, 14 janv. 1832, Chandeau ; *Orléans*, 19 déc. 1842 (t. 1er 1843, p. 21), P... et Rhéin ; *Cass.*, 13 janv. 1843 (t. 2 1845, p. 717). — V. au reste sur ces points, comme aussi sur celui de savoir quelle est la juridiction compétente pour statuer sur les faits commis par un magistrat avant sa nomination, FONCTIONNAIRE PUBLIC, n°s 875, 192 et suiv.

24. — Bien que les juges suppléans soient institués pour remplacer, soit les juges, soit les officiers du ministère public, on a décidé avec raison que le juge suppléant qui, dans le cours d'une instruction, a rempli les fonctions de procureur du roi, ne peut, comme juge, prendre part à l'ordonnance rendue par la chambre du conseil dans la même affaire. — *Paris*, 6 oct. 1843 (t. 2 1843, p. 788), Leroy.

25. — En effet, la division et la distinction des pouvoirs étant un principe de notre droit public, il ne peut être permis à la même personne de confondre, de cumuler et d'exercer les fonctions du ministère public, chargé de requérir, et celles du magistrat chargé de délibérer et de statuer. — Même arrêt.

26. — Les juges suppléans peuvent se dispenser du service de la garde nationale. — V. GARDE NATIONALE, n°s 91 et suiv.

27. — Quant à leur rang, comme membres du tribunal auquel ils sont attachés, il est déterminé par le décret du 18 août 1810.

28. — Les règles que nous venons d'exposer n'ont pas toujours été applicables aux juges suppléans attachés au tribunal de la Seine. Ainsi, à la différence des suppléans près les autres tribunaux, ils pouvaient être chargés, concurremment avec les juges, de certaines fonctions habituelles (décr. 25 mars 1811 ; ord. 19 juin 1820, 19 mai 1825 ; LL. 10 déc. 1830, 23 mai 1837 ; ord. 17 juill. 1840), et la loi du 10 déc. 1830 leur avait accordé un traitement de 1,500 fr. — Mais elles leur ont été rendues communes par la loi du 23 avr. 1841, dont l'art. 3 porte que les juges suppléans qui seront nommés à l'avenir près le tribunal de première instance de la Seine auront les mêmes attributions et seront soumis aux mêmes règles que les juges suppléans près les autres tribunaux de première instance.

29. — V. d'ailleurs sur la participation des juges suppléans attachés au tribunal de la Seine, aux jugemens rendus par ce tribunal antérieurement à la loi du 23 avr. 1841, JUGEMENT, n° 461.

JUGEMENT (Matière civile).

Table alphabétique.

Absence (énonciation), 659. — de juges (exécution volontaire), 701.
Acte de commerce, 1261. — du serment, 12. — notarié (exécution), 16. — (réquisition des parties), 16. — sous seing-privé, 1250.
Actio judicati, 1684.
Action civile, 193. — possessoire, 1038.
Addition de motifs, 906.
Administrateur provisoire, 59. — (nomination), 170.
Adoption des motifs des premiers juges, 1123, 1127, 1198, 1204, 1843. — (mention expresse), 1138. — (nouvelle demande), 1150. — (transcription), 1143.
Affaire domaniale, 1645. — en état, 32. — sommaire, 896.
Appel, 92, 1274, 1521, 1802. — (conclusions nouvelles, motifs), 1188.
Apport de pièces, 108, 112 s., 117.
Appréciation de faits, 1220.
Arrêt (expédition), 1146. — (motifs), 991. — contradictoire, 1194. — criminel, 193. — de partage, 1571. — définitif, 1571. — interlocutoire, 1373. — par défaut, 1194.
Assemblée générale, 434 s.
Assistance, 666. — des juges (constatation, certificats contraires), 661. — des juges à toutes les audiences, 646 s.
Autorisation maritale, 888.
Aveu extrajudiciaire (juge nouveau), 700.
Avis, 180. — de parens, 261.
Avocats, 592. — (âge requis pour suppléer les juges), 595. — (droit de suppléer les juges), 587, 590. — (en quel nombre peuvent-ils être appelés?), 576 s. — (prestation de serment), 594. — (remplacement de conseillers), 571 s. — (remplacement de juges), 569 s. — (remplacement de juges, serment préalable), 597 s. — (remplacement du ministère public), 570. — étrangers, 596. — généraux, 1588. — stagiaires, 588.
Avoués, 592, 1311, 1452. (en quel nombre peuvent-ils être appelés?), 576 s. — (remise des pièces), 1122. — (remplacement de conseillers), 571 s. — (remplacement de juges), 569 s. — (remplacement de juges, serment préalable), 597 s.
Ayant-cause, 1199.
Bail (résiliation), 1203.
Calcul des voix (juges, parens ou alliés), 725. — (juges, parens ou alliés, constatation de la majorité), 742.
Cantonnement, 239.
Caractère des jugemens, 9 s., 18. — définitifs, 502 s. — provisoires, 279.
Cassation, 936.
Cause en état, 91.
Cayenne, 1675.
Certificat, 638, 1691. — du greffier, 822, 1507.
Cession de biens, 265.
Chambre des rapports, 920. — du conseil, 891. — (portes ouvertes), 922.
Chambres réunies, 442.
Chose jugée, 144, 997, 1027, 1040, 1054, 1343, 1680, 1752.
Collecte des voix, 703, 708. — (jugement sur rapport), 709.
Colonies, 1674.
Commencement de preuve par écrit, 1305.
Communauté (dissolution), 1029.
Communication au ministère public, 1592, 1595, 1599, 1607, 1610. — de pièces, 108, 116, 362. — des registres d'un failli, 120.
Comparution des parties, 126 s., 344, 1070 s.
Compétence, 342.
Complainte, 272.
Composition du tribunal (juges, parens ou alliés), 439, 604.
Compte, 60. — (délai), 1713. — (remise des pièces), 109.
Conclusions, 37, 78 s., 999, 1362, 1372, 1507, 1629, 1636. — (mention), 1638, 1641. — (mention inexacte), 1633. — (motifs des), 1474. — (remise au greffier, 76 s. — abandonnées, 1369, 1373. — accessoires, 1058, 1060. — au fond (décès de l'une des parties), 70. — jugement préparatoire et interlocutoire), 53 s. — (révocation de l'avoué), 69. — d'appel, 1476. — de première instance, 1639. — des parties, 1473, 1475. — du ministère public, 1602. — explicites, 71 s., 1634. — implicites, 71 s., 1634. — incidentes, 1207. — nouvelles, 1029. 1177. — orales (mention), 1640. — principales, 942, 1058, 1158. — subsidiaires, 942, 1043, 1053, 1158, 1197, 1207. — (motifs implicites), 1105, 1108.
Condamnation aux dépens, 382, 1311. — volontaire (effets), 1705.
Conditions et formes des jugemens, 396 s.
Confusion de voix, 442, 743.
Conseil de discipline, 434, 1286.
Conseiller auditeur, 1584. — (remplacement de juges), 556 s.
Consentement des parties, 582.
Constatation, 682.
Constitution de l'an III, 1556.
Constitution légale du tribunal, 398 s.
Contestation, 92.
Contrainte par corps, 265, 1120.
Contrariété de jugemens, 394.
Contrebande (relâche forcée, avaries, expertise), 235.
Contre-enquête, 58.
Contre-lettre, 253.
Convention, 1228, 1262. — illicite, 1112.
Copie, 78, 1537, 1543. — authentique, 1443. — de pièces, 361.
Coupe de bois, 192. — de bois taillis (fermier, bonne foi), 1093.
Cours d'eau, 209, 238.
Créance (réduction), 859.
Créancier inscrit, 1250.
Curateur, 172, 340. — (nomination de), 285.
Date, 1397 s., 1536 s. — (inexactitude), 1399. — (omission), 1399.
Débouté, 1265. — d'opposition, 337.
Déchéance, 1028, 1074.
Déclinatoire, 257, 341, 1263 suiv.
Défaut (opposition), 1347. — de motifs, 940, 948, 954, 990, 997, 1027, 1236, 1246 s., 1337 s., 1555. — (pourvoi en cassation), 952, 994. — de pouvoir, 58. — de prononcer, 940 s. — de publicité, 1555. — de qualité, 1031.
Délaissement, 1318.
Délibération (chambre du conseil), 855. — (chambre du conseil, mention), 721, 857. — (position des questions), 740 s.
Délibéré, 650. — nouveau, 678. — simple, 872 s. — sur rapport, 872 s. — (indication du jour où le rapport sera fait), 873.
Demande à fin de jugement provisoire, 288 s., 293. — de remise de cause, 74 s. — en garantie, 343, 376. — en nullité, 1036. — en nullité de mariage, 1062. — en partage, 1078. — incidente, 1115. — nouvelle, 943, 1176. — principale, 1090, 1115, 1364. — reconventionnelle, 1360. — secondaire, 1090. — subsidiaire, 1364.
Dépens, 1752.
Dépôt, 1442. — de pièces, 108. — (condamnation aux frais), 383. — (contestation), 124.
Descente de lieux, 235.
Désignation des parties, 1622, 1626.
Désistement, 1710.
Discipline (juge suppléant), 452.
Dispositif, 79, 904, 1354, 1405, 1672 s. — (rédaction), 1401. — et motifs contradictoires, 1760. — obscur (interprétation), 1758.
Division des jugemens, 23 s.
Divorce (année d'épreuves), 262.
Dol, 1057, 1267.
Domicile des parties, 1503.
Dommage, 1074.
Dommages-intérêts, 205, 289,

1088, 1111, 1310, 1319, 1360, 1376. — (réduction), 1197.
Donation, 222. — (révocation), 1086. — déguisée, 380.
Douanes, 360.
Droit de courtage, 1296.
— de délibérer, 404. — (conseiller auditeur), 467 s. — (conseiller auditeur attaché au parquet), 469. — (juge auditeur), 465. — (juges et conseillers honoraires), 469 s. — (juges présens aux débats), 444 s. — (juge suppléant), 448. — (officier du ministère public), 405.
— de parcours, 1079. — de passage, 1028. — de plaider (avoué), 896. — d'usage, 239.
Effets des jugemens, 1679.
Effet rétroactif, 1686. — (alimens), 1687. — (inscription de rente), 1688.
Élections, 1257. — municipales, 1641.
Énonciation fausse (rectification), 1717.
Enquête, 58, 177, 656, 1210, 1272, 1276, 1285. — (juge nouveau), 700. — (moyens de nullité), 334. — (prorogation), 292.
Enregistrement, 369, 1608. — (biens omis), 369. — (conclusions du ministère public), 1604 (déclaration, délai), 369. — (juge auditeur), 463. — (juge suppléant, 459 s.
Ensemble du jugement, 1647, 1656.
Envoi en possession, 391.
Erreur matérielle (rectification), 1724.
État des lieux, 1191.
Étendue des motifs, 1243 s.
Étranger, 1263.
Éviction, 1377.
Évocation, 1098, 1149.
Exception, 1288, 1343. — (rejet), 1240. — (rejet implicite), 1085. — préjudicielle), 834, 988, 1031.
Exécution provisoire, 295. — sous réserves, 1643.
Exécutoire de dépens (opposition), 889.
Expédition, 657, 1431, 1442, 1483 s., 1529, 1548, 1551. — (copie, défaut de signature), 1545. — (énonciation), 1530, 1536. — (signature du greffier), 1542. — exécutoire, 1532. — simple, 1532.
Expertise, 204, 208 s., 211, 215, 222 s., 226 s., 377, 388, 971, 1074, 1191, 1196, 1210, 1304. — (accord des parties), 217. — (déchéance), 377. — (délai), 377. — (homologation), 1102. — (jugement interlocutoire), 220. — (mode fixé par le tribunal), 267. — nouvelle, 1102. — ordonnée d'office, 206.
Exposé des faits (brièveté), 1657. — (obscurité), 1658. — (ordre), 1666.
Expressions (erreur), 1229. — générales), 1242.
Faillite, 1258.
Faits contraires, 193.
Fausse qualification (rectification), 1731.
Faux, 268. — incident, 269.
Feuille d'audience, 1391, 1396, 1574.
Filiation (preuve), 194.
Fin de bail, 208. — de non-recevoir, 987, 1172, 1175, 1359. — (rejet), 1103, 1270. — (rejet, erreur), 1219.
Forclusion, 1027.
Formule exécutoire, 1539.
Fossé (mitoyenneté), 235.
Frais, 1039.
Fraude, 1057, 1259, 1267.
Grand maître des eaux et forêts (ordonnance), 22.
Greffier, 660, 1400, 1615 s. — (empêchement), 1435. — (signature), 1432.
Grosse, 1442, 1533, 1537. — (délivrance), 1546. — (délivrance d'une deuxième), 1534. — (délivrance par extrait), 1549.
Guadeloupe, 1676.
Guyane, 1675.
Homologation, 39, 1072.
Homonyme (mise en cause), 143.
Hors de cour, 1268.
Huis-clos, 512. — (audience solennelle), 516. — (défense des parties), 890. — (incident, publicité du jugement), 881. — (motifs), 514.
Huissiers, 1033. — (changement de résidence), 13. — (remplacement), 1032. — audienciers (désignation des), 14.
Immeuble impartageable en nature, 1077.
Incompétence, 1030, 1370. — (principale, provisoire), 300.
Indication d'un nouveau jour, 12.
Inscription de faux, 360, 659, 1200, 1331, 1431, 1614, 1690. — incident, 268.
Instituteur primaire, 1325.
Instruction (ordonnance du juge), 20 s. — par écrit, 874.
Interdiction, 59, 271, 1069, 1080. — (administration provisoire), 282, 366.
Interprétation, 1751. — de contrat, 1040. — des jugemens (compétence), 1739, 1742, 1744. — (condition), 1746. — (effets rétroactifs), 1761. — (tribunaux de commerce), 1743.
Interrogatoire, sur faits et articles, 59, 271. — 243, 347.
Intervention, 145.
Jonction d'instances, 147, 150. — (rejet implicite d'une exception d'incompétence), 151.
Jour indiqué, 258.
Juge, 1452. — (abstention), 471 s.
Juge auditeur, 466. — (âge requis pour délibérer), 465. — (remplacement de juges), 556 s.
Juge-commissaire, 60.
Juge de paix, 180, 921.
Juge nouveau, 666, 682, 1555. — (dépôt des pièces sur le bureau), 679. — (jugement interlocutoire), 686 s. — (jugement préparatoire), 693. — (reprise des conclusions), 667, 675, 697. — (reprise des plaidoiries), 672. — (transcription des conclusions dans un mémoire produit pendant l'instruction), 680.
Juges parens ou alliés (erreur commune), 749.
Juges suppléans (assistance aux débats), 453. — (en quel nombre peuvent-ils être appelés?), 584. — (remplacement des juges), 565 s.
Jugement (dispositions diverses), 26 s., 82, 385. — (droit de lever le), 1465. — (exécution), 1533. — (exécution sur minute), 1535. — (foi), 1689. — (interprétation), 1699, 1736. — (nature), 29. — (obscurité), 1656. — (omission), 1711. — (rectification), 1698, 1706. — (consentement des parties), 1707. — (révocation), 1694. — antérieur (énonciations), 1649. — après partage (composition du tribunal), 840. — avant faire droit, 25, 83. — commun, 367. — conditionnel, 106, 384. — contradictoire, 25, 30 s.
— d'adoption, 883. — (nullité), 1702.
— de délibéré simple, 1381 — de délibéré sur rapport, 1381.
— de jonction 370. — de remise de cause, 1381.
— de renvoi, 255. — (copie), 1551.
— d'expédient, 151 s. — définitif, 25, 125, 128, 144, 150, 152, 168, 301, 320, 656, 1681. — du fond, 1098. — du procès, 91. — en dernier ressort, 24. — en premier ressort, 24. — étranger (interprétation), 1745.
— interlocutoire, 25, 86, 116 s., 119, 127, 135, 1762. — (caractère), 89 s., 101. — (chose jugée), 1763, 1768 s. — (rétractation), 1734.
— par défaut, 25, 63, 80. — (débouté d'opposition), 65. — (péremption), 345. — par défaut profit-joint, 11.
— précédent, 1671.
— préparatoire, 25, 85, 108 s., 126, 130, 145, 147, 153, 159, 170, 173. — (caractère), 89 s., 101.
— préparatoire et interlocutoire (ancien droit), 93. — (code actuel), 96. — (L. 3 brum. an II), 94.
— prononcé (rectification), 1723.
— provisoire, 25, 275. — (appel), 286. — (rétractation), 1700. — provisoire ordonné d'office, 292.
— sur délibéré (assistance des juges), 663 s. — sur opposition (juges nouveaux), 698. — sur rapport, 509. — sur requête (conclusions du ministère public), 1606. — transcrit (rectification), 1718 s.
Légitimité (preuve), 194.
Lésion, 229.
Lettre de change (endosseur, mise en cause), 131.
Levée de scellés, 350.
Licencié en droit, 591.
Lieu des audiences, 503 s.
Liquidation, 60. — de fruits, 163.
Main-levée d'opposition (sursis), 137.
Maire, 603. — (autorisation de plaider), 339.
Majorité relative, 754. — (nouvelle délibération), 756. — (nouvelle délibération, mention), 757.
Mandat (compte), 1256.
Marchandises, 270.
Mariage, 273.
Martinique, 1677.
Matière domaniale, 1630. — du litige, 1654. — ordinaire, 36, 61 s. — sommaire, 36, 61 s., 1644.
Mémoire, 58.
Mesurage des lieux (expertise), 212.
Mineur, 229.
Minute, 660, 1386, 1390, 1392, 1527 s., 1544. — (défaut de signature), 1425. — (défaut de signature du président), 1429. — (énonciations), 1403. — (énonciations mises en marge), 1440. — (foi), 1438. — (rectification), 1439. — (rédaction), 1401. — (signature), 1400, 1415 s., 1424. — signée (rectification du greffier), 1722.
Mise en cause, 374 s.
Mode de compléter le tribunal, 524 s. — (colonies), 553 s. — (énonciation de l'empêchement des juges remplacés), 608 s., 629, 641, 645. — (énonciation des causes d'empêchement des juges remplacés), 624 s. — (mention des noms des juges absens ou remplacés), 627 s. — (remplacement des conseillers), 544 s. — (remplacement des juges), 540 s. — (remplacement du premier président), 527 s. — (remplacement des autres présidens), 529 s. — (remplacement des présidens, énonciation de l'empêchement), 536 s.
Motifs, 937 s., 944 s., 953 s., 1069, 1672. — (addition), 1716. — (arrêts de cours d'assises), 950. — (colonies), 949. — (conclusions abandonnées), 1110. — (conclusions déposées au greffe), 999. — (conclusions distinctes), 980, 985. — (conclusions expresses), 1090, 1050. — (conclusions non développées), 1006. — (non motivées), 1005. — (conclusions notifiées), 998. — (conclusions nouvelles), 1162, 1171. — (conclusions prises dans les plaidoiries), 1003. — (subsidiaires), 1043 s., 1165. — (dépens), 1117. — (divers moyens des parties), 1015. — (erreur), 1215. — (faillite, répartition des dépens), 977. — (jugement antérieur), 1056 s., 1100, 1124, 1126, 1145. — (jugement contradictoire), 1125. — (jugement d'adoption), 970. — (jugement donnant acte d'un fait), 972. — (jugement interlocutoire), 956. — (jugement par défaut), 960, 1125. — (jugement préparatoire), 964. — (moyens des parties), 1061. — (nouveaux moyens), 1164, 1208. — (nouvelle exception), 1166. — (omission), 947. — ordonnance de référé, 953. — (questions distinctes), 1104. — (rapport d'experts), 1132. — (rectification), 1715. — (rejet), 1221. — (requête signifiée), 999. — (réserves), 1021. — contradictoires, 1148. — des motifs, 951. — des premiers juges, 1146. — (réfutation), 1147. — distincts, 1064. — erronés, 982, 1212, 1218, 1220, 1222. — explicites, 1097, 1314. — exprès, 1091. — (condamnation accessoire), 1116. — généraux, 1064, 1237. — implicites, 1095, 1097, 1111, 1178 s., 1205. — insuffisans, 1195, 1230 s., 1236. — nouveaux, 1193. — particuliers, 1201. — remis au greffe, 901. — spéciaux (conclusions distinctes), 1055. — (conclusions expresses), 992, 995. — suffisans, 978, 1249 s., 1279, 1317 s. — surabondans, 1223. — surérogatoires, 1224. — virtuels, 1063.
Moyens, 999. — de droit accessoires, 1407. — de droit principaux, 1407. — de forme, 1096. — de nullité (rejet), 1290. — des parties, 1478. — du fond, 1096. — principaux, 1271. — (secondaires, 1271. — subsidiaires, 1054.
Noms, 1289. — des avoués, 1472, 1617. — (omission), 1618.
— des juges, 656 s., 1413, 1565 1568, 1571. — (certificat du greffier), 1579. — (copie), 1582.
— des parties, 1619, 1625. — (omission), 1627.
Nom du procureur du roi, 1565, 1583, 1585, 1590, 1593. — (certificat), 1597. — (expédition), 1611. — (mention), 1596.
Nombre des juges, 442. — insuffisant de juges, 1555.
— prescrit de juges, 411, 658. — (audience solennelle), 422. — (certificat du greffier), 501. — (chambre des vacations), 421. — (colonies), 417. — (conseiller auditeur), 418. — (constatation), 491 s. — (extrait des registres du greffe), 498. — (grosse), 497. — (inscription de faux), 502. — (juges adjoints), 477 s., 484 s. — (minute), 496. — (plumitif), 500. — (sections réunies), 487 s.
Notaire (mesures disciplinaires), 887.
Notaire gradué, 602.
Nouvel œuvre, 1295. — interrogatoire, 1080.
Nouvelles offres, 1157.
Nullité, 1486, 1663, 1665. — d'exploit, 1269. — de protêt, 1033.
Objet de la demande, 1655.
Officier du ministère public, 651. — ministériel, 886.
Offre de paiement, 1519.
Opération de commerce, 1120.
Opposition, 61, 273, 338, 1521, 1803. — (absence du demandeur originaire), 63. — à mariage (comparution des parties), 128. — motivée à une contrainte, 64.
Ordre (jugement de subrogation aux poursuites), 884.
Paiement, 1299, 1307. — d'un legs (répudiation), 1084.
Parenté, 442.
Parquet, 1279.
Partage, 174, 236, 754, 766. — (adjonctions de plusieurs juges), 789. — (adjonction d'un avocat ou avoué), 791. — (avis antérieur), 844. — (avocat des parties), 795. — (avocat non attaché au barreau), 794. — (avocat parent d'un juge), 796. — (colonies), 847. — (communication de pièces), 828. — (cour de Cassation), 848. — (cour royale), 798. — (cour royale, adjonction de jurisconsultes), 809 s. — (décès d'un des juges), 800, 845. — (déclaration publique), 777. — (formalités préliminaires), 263. — (historique), 779 s. — (juge suppléant), 830. — (mention des causes d'empêchement des juges les plus anciens), 817. — (mention des diverses opinions), 778. — (mode de le vider), 787, 812, 823. — (nombre impair), 770 s. — (nombre pair), 799. — (nouveau rapport), 827, 829. — (nouvelles demandes), 837. — (nouvelles plaidoiries), 826, 829. — (ordre à suivre), 801, 815. — pouvoir des départiteurs), 838. — (renvoi à une autre audience), 825. — (renvoi par devant notaire), 346. — (rescision), 1035. — (tribunal de première instance), 787. — sur l'un des chefs de la contestation, 831, 833. — (sur un moyen), 832.
Pension alimentaire (fixation du chiffre), 1202.
Perte de la minute, 1442.
Pertinence des faits, 1301.
Pétitoire (indemnité), 1092.
Pièces nouvelles, 1201.
Plantation (droit de propriété), 1113.
Plumitif, 657, 1392.
Pluralité des voix, 717. — (constatation), 720.
Point de droit, 1477, 1636, 1642, 1655. — de fait, 1477, 1636, 1642. — (conclusions, rapprochement), 1653. — (énonciations, motifs), 1652. — (mention explicite), 1646.
Police correctionnelle, 1057.
Pose des qualités, 61 s.
Position des conclusions, 36, 39. — des questions, 1667.
Possession, 1285. — immémoriale (preuve), 195. — provisoire, 281.
Possessoire (exécution), 1092.
Pourvoi en cassation, 1601, 1803.
Préjugé au fond, 100.
Préliminaire de conciliation, 336.
Prénoms (erreur), 1727.
Prescription, 1028, 1039, 1280 s., 1348, 1683. — (interruption), 1193. — (possession), 1282 s. — (rejet, défaut de motif), 1025. — décennale, 392.
Présence des juges, 1572, 1575. — (certificat du greffier), 1580. — (expédition), 1578.
Président, 660, 1714. — (refus de signer), 1422.
Présomption, 743.
Prestation de serment (mention), 599.
Preuve, 177 s., 190, 192, 196, 203, 1301. — (accord des parties), 182. — (admissibilité), 198, 351, 355, 357. — (contestation), 179, 184, 353, 358. — (rejet), 1113, 1294. — non admissible, 1302. — offerte (rejet), 1101. — ordonnée d'office, 189. — par témoins, 191, 1302, 1304, 1334.
Prise à partie, 893, 1803.
Prix, 270.
Procès-verbal, 360.
Prononciation, 904. — des motifs, 907.
— du jugement, 849, 1615. — (présence des juges qui

l'ont délibéré), 860. — (présence du ministère public), 864 s. — (renvoi à une prochaine audience), 866 s.
Propriété (possession, droit d'usage), 1109.
Provision alimentaire (jonction au fond), 152.
Publicité, 936. — des audiences, 503 s. (contestation), 520. — (distribution de billets), 510. — des plaidoiries, 894 s. — du jugement, 519, 875, 877, 891 s., 895, 900. — (chambres du conseil, portes ouvertes), 892. — (colonies), 876, 915. — (constatation), 908, 912, 916. — (constatation, certificat des juges), 909. — (contributions indirectes), 899. — (défaut de lecture du jugement), 905. — (exception à la), 882 s. — (feuille d'audience), 910. — (grosse), 911. — (lecture incomplète), 901 s.
Qualification des jugemens, 18, 102.
Qualités, 78, 340, 1387, 1450 s., 1531. — (droit de les dresser), 1464. — (énonciations), 1469. — (foi), 1506. — (interprétation), 1753 s. — (opposition), 1489 s., 1492, 1500, 1503. — (rectification), 1510. — (signification), 1456, 1467, 1480, 1484, 1487. — posées, 38 s. — (arrêt de partage), 51. — (nouveaux juges), 49 s., 52. — posées avant la mise au rôle, 40 s., 44. — suffisamment justifiées, 1082.
Questions à juger, 1247. — de fait et de droit (omission), 1659.
Quittance, 232.
Rapport, 665 s. — d'experts, 1072.
Réconciliation, 1277.
Reconnaissance d'écriture, 253. — d'enfans naturels (preuve), 201, 356. — des faits allégués, 266. — d'une dette, 17.
Rectification, 1714. — (effets), 1735
Récusation, 1201.
Rédaction, 1379, 1382, 1395, 1451 s., 1623, 1750. — (défaut des formalités prescrites), 1552, 1557. — (expédition), 1454 s. — (vices de), 1411.
Reddition de compte, 159, 161, 363. — (contestation), 166, 168. — (contestation, droits réservés), 123. — (expertise), 378. — (juges nouveaux), 699. — (préjugé au fond), 164 s. — (reliquat), 1204.
Refus de conclure, 39. — de plaider, 34 s. — de statuer, 991.
Régie des contributions indirectes, 58.
Registre de pointe, 637.
Réglement de compte, 1037. — des qualités, 10, 1508, 1515, 1518. — (avoué décédé), 1523. — (avoué révoqué), 1511.
Réintégrande, 1071.
Rejet, 1054, 1271, 1331, 1334. — implicite, 1071, 1102.
Reliquat de compte (mandat), 1087.
Remise, 257 s. — de cause, 66, 256, 1428. — des pièces, 108, 116 s. — des pièces à des avocats délégués par le tribunal, 114.
Renvoi, 232. — à l'audience, 80, 259. — à une autre audience, 75, 338.
Réouverture des débats, 851 suiv.
Représentation des livres de commerce, 121.
Reprise des conclusions, 682. — d'instance, 260, 373.
Reproche, 1272 s.
Requête, 36, 999. — civile, 936, 1601, 1803. — (admissibilité), 358. — signifiée, 1361.
Rescision du contrat, 224.
Réserves, 58, 1309, 1375.
Résolution de contrat, 1036.
Responsabilité, 1295.
Restitution, 270, 1112. — (principal, intérêts), 1081. — de fruits, 1787.
Retrait litigieux, 1042.
Revendication, 223. — (expertise), 231. — (levée des plans), 231.
Saisie-arrêt (validité), 349.
Saisine, 172.
Seconde expertise, 213.
Secret des délibérations, 704, 759 s.
Sections réunies, 488.
Sentence arbitrale, 1335.
Séparation de corps, 344, 1275 s., 1312, 1322. — (adultère), 1110. — (ordonnance du président), 19.
Séquestre, 173 s., 284.
Serment, 1042, 1107, 1755, 1786. — (prestation), 12. — décisoire, 241, 365, 1041, 1177. — supplétoire, 240.
Servitude, 237 — (possession), 1217. — (prescription), 393.
Signature, 1427 s., 1431, 1543 s. — d'un juge, 1418, 1420, 1423.
Signification, 1543. — (mention), 1486.
Simple acte, 36.
Succession, 174. — vacante, 172.
Surenchère (consignation), 1157. — (prix principal, frais), 1099.
Sursis, 153 s., 376, 1071, 1254. — (préjudice irréparable), 156. — (production de titres), 155. — (rejet), 1198.
Taxe, 61 s. — de frais, 1300.
Témoins (reproches), 335.
Terrains vains et vagues (jouissance, défrichement), 1251.
Testament, 1306. — (nullité), 1310. — olographe (écriture), 1266.
Texte de loi, 1228.
Tierce-opposition, 1111, 1803.
Titres anciens (copie), 1226. — nouveaux, 1196. — de propriété, 226.
Traduction de pièces, 113.
Trajet, 272.
Transaction (homologation), 1020.
Transport du juge, 210, 238.
Ultra petita, 1378.
Usage, 238, 268.
Usure (preuve), 1218.
Vacations, 650.
Validité d'offres, 1266.
Vente, 222. — (lésion), 381, 1083. — (lésion, expertise), 230. — (nullité), 1057. — (simulation du prix), 1076.
Vérification, 232, 234. — d'écritures, 249, 368, 1200.
Vilité du prix, 222.
Violation de la loi, 1225.
Visite des biens, 236 s. — des lieux, 237.
Voies de recours contre les jugemens, 1797. — de réformation, 1797. — de rétractation, 1797. — ordinaires, 1801.

JUGEMENT (Mat. civile). — 1. — Ce mot, dans son sens le plus général, désigne toute décision d'une autorité judiciaire. Sous ce rapport, c'est un terme générique qui comprend toutes les espèces de décisions qui se donnent dans les procès.

2. — Autrefois on appelait particulièrement *sentences* les décisions des juges inférieurs qui étaient sujettes à l'appel; les décisions en dernier ressort prenaient le nom de *jugemens*; celles des cours souveraines étaient nommées *arrêts*. — Chauveau sur Carré, t. 1er, p. 565.

3. — Dans l'usage actuel, on entend spécialement par *jugemens* les décisions émanées des tribunaux inférieurs, c'est-à-dire des tribunaux d'arrondissemens ou de commerce et des juges de paix, soit que ces décisions aient été rendues à charge d'appel, soit qu'elles l'aient été en dernier ressort.

4. — Le nom d'*arrêts* a été conservé aux décisions émanées des cours royales et de la cour de Cassation. — Cette qualification est tirée, suivant quelques auteurs, de ce que l'autorité de la cour *arrête*, finit et termine les différends qui s'élèvent entre les parties.

5. — Enfin, on appelle *ordonnance* une décision rendue non pas sur le fond d'une affaire et par un tribunal entier, mais par le président d'un tribunal ou par un juge commissaire, dans le but, en général, d'autoriser certaines mesures provisoires et d'urgence. — V. ORDONNANCE.

6. — Nous avons déjà expliqué vis APPEL, nos 821 et suiv., EXÉCUTION DES JUGEMENS ET ACTES et EXÉCUTION PROVISOIRE tout ce qui est relatif à la signification et à l'exécution des jugemens; nous nous bornerons donc dans cet article à faire connaître les diverses espèces de jugemens; leurs caractères, les conditions et les formes nécessaires à leur validité, et à rappeler sommairement leurs effets et les voies par lesquelles ils peuvent être attaqués. — Encore, restreindrons-nous ces explications aux jugemens des tribunaux civils de première instance et aux arrêts des cours royales, tout ce qui concerne les jugemens des juges de paix, des prud'hommes, des tribunaux de commerce et les arrêts de la cour de Cassation ayant déjà fait ou devant faire l'objet d'articles spéciaux. — V. CASSATION (mat. civ.), nos 1557 et suiv., 1747 et suiv.; JUSTICE DE PAIX, JUGEMENT COMMERCIAL, PRUD'HOMMES.

7. — Observons encore que la plupart des formalités relatives à la validité des *jugemens* s'appliquant également aux *arrêts*, nous nous contenterons d'indiquer, au fur et à mesure qu'elles se présenteront, les différences qui les signalent.

8. — Enfin, pour les règles relatives aux jugemens et arrêts rendus en matière criminelle il faut se reporter aux mots : COUR D'ASSISES, JUGEMENT (mat. crim.), TRIBUNAUX SPÉCIAUX, TRIBUNAUX DE SIMPLE POLICE, etc.

CHAP. I. — *Caractère des jugemens* (no 9).
CHAP. II. — *Division des jugemens* (no 23).
SECT. 1re. — *Jugemens contradictoires et par défaut* (no 30).
SECT. 2e. — *Jugemens avant faire droit* (no 83).
ART. 1er. — *Jugemens interlocutoires et préparatoires* (no 85).
ART. 2. — *Jugemens provisoires* (no 275).
SECT. 3e. — *Jugemens définitifs* (no 301).
CHAP. III. — *Des conditions et des formes des jugemens* (no 396).
SECT. 1re. — *Constitution du tribunal* (no 398).
ART. 1er. — *A qui appartient le droit de juger. — Nombre exigé de juges. — Lieux et publicité des audiences* (no 403).
ART 2. — *Mode de compléter le tribunal* (no 524).
§ 1er. — *Remplacement du président* (no 527).
§ 2. — *Remplacement des juges* (no 540).
SECT. 2e. — *Assistance des juges aux plaidoiries* (no 646).
SECT. 3e. — *Formation de la décision* (no 703).
ART. 1er. — *Mode de délibérer, calcul des voix* (no 703).
ART. 2. — *Partage, mode de le vider* (no 766).
SECT. 4e. — *Prononciation du jugement* (no 849).

SECT. 5e. — *Des motifs* (no 937).
ART. 1er. — *Règles générales* (no 937).
ART. 2. — *De la nécessité de donner des motifs sur chacun des chefs de conclusions* (no 984).
ART. 3. — *De l'adoption des motifs des premiers juges* (no 1123).
ART. 4. — *Des motifs erronés* (no 1211).
ART. 5. — *Quand un jugement est-il suffisamment motivé* (no 1230).
SECT. 6e. — *Dispositif; sur quoi il doit statuer* (no 1354).
SECT. 7e. — *Rédaction des jugemens* (no 1379).
ART. 1er. — *Règles générales* (no 1379).
ART. 2. — *De la minute* (no 1390).
ART. 3 — *Des qualités* (no 1450).
ART. 4. — *De l'expédition* (no 1529).
ART. 5. — *Effets de l'omission des formalités prescrites pour la rédaction des jugemens* (no 1552).
CHAP. IV. — *Effets des jugemens* (no 1679).
SECT. 1re. — *Des divers effets produits par les jugemens en général* (no 1679).
SECT. 2e. — *Rectification des jugemens* (no 1706).
SECT. 3e. — *Interprétation des jugemens* (no 1736).
SECT. 4e. — *Effets des jugemens interlocutoires* (no 1762).
CHAP. V. — *Voies ouvertes contre les jugemens* (no 1797).

—

CHAPITRE Ier. — *Caractère des jugemens.*

9. — Ainsi que nous l'avons dit, on donne communément le nom de jugement à toute décision émanée de l'autorité judiciaire; mais, à proprement parler, il n'y a de véritables *jugemens* que les décisions qui interviennent sur des *contestations* et après une *instruction juridique*.

10. — Aussi, a-t-il été jugé que la décision rendue sur une opposition aux qualités, en conformité de l'art. 145, C. proc. civ., ne constitue pas un jugement, et ne peut être par conséquent assujétie aux prescriptions posées dans l'art. 141 du même Code. — *Cass.*, 20 avr. 1841 (t. 1er 1841, p. 644), Perdrizot c. Granger.

11. — ... Que le défaut accordé pour le profit en être prononcé à une autre audience n'est pas un jugement proprement dit, mais un acte judiciaire qui ne fait que constater le fait de la non-comparution de la partie défaillante comme étant la base du jugement à rendre; en telle sorte qu'il n'y a que le prononcé du juge sur le profit de ce défaut préexistant qui constitue un véritable jugement auquel on puisse former opposition. — *Bruxelles*, 1er juillet 1820, Tarté c. Goeylaect. — V. JUGEMENT PAR DÉFAUT.

12. — ... Et que le jugement ou l'arrêt qui fixe un nouveau jour pour la prestation d'un serment précédemment ordonné et le jugement ou l'arrêt qui donne purement et simplement acte de la prestation de serment ne sont que de simples voies d'exécution et non des décisions judiciaires proprement dites. — *Cass.*, 7 fév. 1831, Devèze-Biron c. Baumes.

13. — A plus forte raison ne peut-on considérer comme un jugement la décision par laquelle un tribunal, usant d'un droit qui lui appartient, ordonne le changement de résidence d'un huissier. Ce n'est là qu'un acte d'administration qui échappe à tout contrôle. — V. HUISSIER.

14. — Il en est de même de la délibération par laquelle un tribunal désigne chaque année les huissiers audienciers. — V. HUISSIER.

15. — Enfin, quant aux décisions rendues du consentement des parties, ce sont plutôt des *transactions* que des jugemens, car le juge ne prononce que ce qui a été convenu entre elles. — Guyot, *Rép.*, vo *Jugement*. — V. CONTRAT JUDICIAIRE, JUGEMENT D'EXPÉDIENT.

16. — Ainsi, dans les pays où les actes notariés n'emportaient pas exécution parée, l'acte par lequel le tribunal, sur la réquisition des parties, ordonnait l'exécution d'un titre selon sa forme et teneur, n'était qu'une simple formule, et dès-lors cet acte n'était pas soumis à l'appel ni aux autres

[fo]rmalités de procédure relatives aux jugemens. — Cass., 21 frim. an IX, Bosquillon c. Piers. — V. APPEL, nos 342 et suiv.

17. — De même, on ne peut considérer comme jugement la reconnaissance d'une dette consignée dans un procès-verbal de comparution volontaire du débiteur devant le juge de paix. — Cass., 22 déc. 1806, Yevelin-Cholaens c. Albrechts. — Merlin, Rép., vo Hypothèque, sect. 2e.

18. — Au surplus, comme le caractère des actes se détermine par leur nature et non par la qualification qui leur a été donnée, on doit considérer comme jugemens toutes les décisions rendues sur les différends qui divisent les parties, soit par un tribunal compétent, soit par le président seul, dans les matières spéciales qui lui sont attribuées à quelque titre d'ailleurs que ces décisions aient été rendues. — Pau (motifs), 18 janv. 1830, N...

19. — Dès-lors, en matière de séparation de corps, les dispositions de l'ordonnance du président relatives à l'autorisation donnée à la femme de procéder, sur sa demande, à la fixation de son domicile et à la remise des effets journaliers servant à son usage, statuant sur des contestations judiciaires, rentrent dans la classe des jugemens. — Même arrêt.

20. — De même, la décision rendue par un juge qui a succédé à l'instruction d'une affaire, encore bien qu'elle ne prononce aucune condamnation, est un véritable jugement au moyen duquel le premier degré de juridiction se trouve rempli et contre lequel on peut recourir au juge supérieur par la voie de l'appel. — Cass., 27 août 1827, Clément c. Aubery.

21. — On doit donc réputer *jugement* la décision par laquelle, après avoir fait une enquête et avoir reçu les conclusions des parties sur le fond, un juge de paix renvoie, pour faire statuer sur le litige, les parties devant le tribunal de première instance. — Même arrêt.

22. — Jugé aussi qu'une ordonnance du grand-maître des eaux et forêts, rendue sous l'empire de l'ordonnance de 1669, qui prescrit pour une forêt particulière l'exécution d'un réglement, peut être considérée comme une décision judiciaire proprement dite, lorsqu'elle a été rendue sur la réquisition d'une partie intéressée. — Cass., 26 nov. 1834, comm. de Belesta, Fougax et Laguillon c. duc de Larochefoucault.

CHAPITRE II. — *Division des jugemens.*

23. — Les jugemens se divisent, ou *d'après la qualité du juge*, ou *d'après les circonstances* dans lesquelles ils ont été rendus. — Poncet, *Tr. des jugem.*, t. 1er, no 34.

24. — *D'après la qualité du juge*, les jugemens sont en premier ressort ou en dernier ressort. — V. DEGRÉ DE JURIDICTION.

25. — *D'après les circonstances dans lesquelles ils sont rendus*, ils se divisent en *contradictoires* ou *par défaut*, *avant faire droit* ou *définitifs*. — Les avant faire droit se subdivisent eux-mêmes en *préparatoires*, *interlocutoires* et *provisoires*.

26. — Les diverses dispositions d'un jugement forment autant de jugemens distincts lorsqu'elles sont d'une nature différente. — Rennes (motifs), 30 mai 1817, N...

27. — Dès-lors, un jugement rendu sur plusieurs chefs de demande peut être conservé en partie, alors même qu'il est annulé pour le surplus. — Poitiers, 23 juin 1846 (t. 2 1846, p. 241), Epagnoux et Benoît c. Milon.

28. — Toutefois, si les différens chefs des jugemens sont considérés comme constituant autant de sentences distinctes et séparées, il faut apporter à cette règle une juste limitation et reconnaître que par l'objet auquel ils s'appliquent, par leurs motifs comme par leur dispositif, les chefs d'un jugement peuvent être enchaînés par les liens d'une sorte d'indivisibilité; c'est en ce sens qu'on peut dire que les jugemens doivent être considérés comme des contrats et qu'ils sont censés exprimer la commune intention; qu'ils sont indivisibles comme les contrats, et que nul ne peut les invoquer dans les dispositions qui lui sont favorables sans exécuter religieusement les charges qui lui sont imposées en retour. — V. EXÉCUTION DES ACTES ET JUGEMENS (mat. civ.), nos 80 et suiv.

29. — La nature des jugemens est déterminée par la loi, et ne peut être changée ni par les parties ni par les juges. — Cass., 18 janv. 1830, Aymès; 22 mars 1825, Rabeau c. Gougenot.

Sect. 1re. — *Jugemens contradictoires et par défaut.*

30. — Les jugemens *contradictoires* sont ceux dans lesquels chaque partie a eu son avoué et a posé à l'audience ses conclusions par son avoué. — Boitard, t. 1er, p. 261.

31. — Pour qu'un jugement soit contradictoire, il n'est donc pas nécessaire que les parties aient plaidé contradictoirement, c'est-à-dire exposé de part et d'autre les motifs qui peuvent légitimer leurs prétentions contraires. Une seule chose est, en effet, nécessaire au tribunal pour pouvoir juger, c'est de connaître positivement le point de fait ou de droit qui fait l'objet de la contestation; or, ce point a dû être, sinon développé, du moins nettement exposé dans les conclusions des parties. — Poncet, no 49.

32. — C'est pourquoi l'art. 343, C. procéd. civ., porte que l'affaire sera en état lorsque la plaidoirie sera commencée, et que la plaidoirie sera réputée commencée, quand les conclusions auront été prises contradictoirement à l'audience.

33. — Dès que les conclusions ont été prises contradictoirement à l'audience, le jugement qui intervient sur ces conclusions doit donc être réputé contradictoire, encore bien que l'une des parties ne se présente pas pour développer et soutenir les conclusions précédemment prises par elle. — Cass., 17 vendém. an XIII, Hélène et Marguerite c. Laporte et Cosselin; 12 mai 1835, comm. de Castillillon c. Garritey; 23 mars 1819, Wuilley c. Ballaud; Grenoble, 24 août 1833, Lecharives; Nîmes, 3 déc. 1838 (t. 2 1839, p. 349), de Laibier c. Roubeaux. — Carré, quest. 615; Boncenne, t. 3, p. 121; Boitard, t. 1er, p. 374; Poncet, t. 1er, p. 62; Favard, t. 3, p. 165; Pigeau-Crivelli, t. 1er, p. 561; Thomine-Desmazures, t. 1er, p. 282; Berriat, p. 396, no 5. — V. cependant Toulouse, 12 déc. 1810, Bouet c. Calestroupal.

34. — ... Ou que son avoué refuse de plaider. — Nîmes, 3 vent. an XIII, Bastier c. Tuelle; Aix, 31 mai 1808, Hugo c. Ravel.

35. — Peu importe que ce refus soit fondé sur ce que la partie aurait retiré les pièces d'entre ses mains. — Aix, 31 mai 1808, Hugo c. Ravel. — Carré, quest. 615.

36. — Mais il ne suffit pas qu'une requête ou un simple acte, suivant que la cause est sommaire ou ordinaire, contenant les moyens du défendeur, ait été signifié, si les conclusions n'ont pas été renouvelées à la barre. — Thomine, t. 1er, p. 282; Boncenne, t. 3, p. 122; Bioche, no 83, vo *Jugement contradictoire*.

37. — Jugé notamment que le tribunal n'est pas saisi du fond d'un procès si nulles conclusions n'ont été posées à l'audience, encore bien que ces conclusions aient été prises dans l'exploit introductif d'instance et reproduites dans un acte d'avoué. — Bordeaux, 22 mai 1840 (t. 1er 1843, p. 493), Lotte c. Romand.

38. — Même solution dans le cas où l'avoué aurait conclu, à une première audience, à ce qu'on lui adjugeât les conclusions qui seraient ultérieurement signifiées, et qui, plus tard, n'a posé aucunes conclusions. — Bordeaux, 20 juin 1832, Baron c. Goujean.

39. — Sur le refus de l'avoué de conclure, l'avoué du demandeur ne pourrait pas non plus, pour rendre la cause contradictoire, déposer lui-même les conclusions qui lui ont été signifiées. — Le débat ne peut être lié contradictoirement que par la volonté respective des parties, et cette volonté n'est manifestée que par la prise des conclusions à la barre.

40. — C'est encore ce qu'a jugé la cour d'Orléans, en décidant que les juges ne sont légalement saisis du litige, et que la cause n'est liée contradictoirement entre les parties, que lorsque celles-ci ont respectivement pris leurs conclusions sur la barre, à l'audience; qu'en conséquence, lorsque l'avoué de l'une des parties s'est borné à les remettre au président en dehors de l'audience, sans les avoir préalablement prises sur la barre à l'audience, le jugement rendu contre lui est par défaut et susceptible d'opposition. — Orléans, 2 mars 1847 (t. 2 1847, p. 385), Hulot c. Luc.

41. — Suivant M. Chauveau sur Carré (t. 2, quest. 613 *bis*), les conclusions prises respectivement au fond n'ont pour effet de lier contradictoirement le débat que lorsque la cause a préalablement subi le rôle, l'affiche, et qu'elle a été indiquée à une semaine pour être plaidée, à moins que pour motif d'urgence elle n'ait été indiquée pour être plaidée à une plus prochaine audience.

42. — Il a été jugé en ce sens que, bien que des conclusions aient été prises pour fixer l'appel des causes inscrites au rôle, il n'en résulte pas que si l'une des parties fait défaut, l'arrêt qui intervient contre elle doive être considéré comme contradictoire, alors que ces conclusions ont été prises sans indication précise du jour de la plaidoirie. — Bastia, 9 mars 1835, Raffali c. Arena.

43. — ... Qu'un jugement ne peut être réputé contradictoire par cela seul qu'à une précédente audience la cause a été continuée purement et simplement *qualités posées*. — Metz, 18 juin 1818, N...

44. — Enfin, la cour de Cassation a décidé que les conclusions de forme prises pour le classement de la cause peuvent ne pas être considérées par une cour royale comme liant le débat, lorsque l'arrêt qui en donne acte remet la cause à une audience ultérieure pour *engager la cause* et *prendre des conclusions définitives*. — Cass., 14 août 1832, Bohin c. Peugeot.

45. — Mais si cette dernière décision se justifie par les circonstances particulières de fait relevées avec soin par la cour, il est impossible, selon nous, de faire, en principe, une distinction entre le cas où les qualités ont été posées avant ou après la mise de la cause au rôle. — Sans doute il semble résulter du réglement du 30 mars 1808 que les parties ne peuvent être forcées de prendre des conclusions contradictoires avant que l'affaire n'ait été mise au rôle et à une audience autre que celle où un jour est indiqué pour plaider. Ce réglement est en effet ainsi conçu : « Le premier jour de chaque semaine, le président fera appeler un certain nombre de causes dans lesquelles *il fera poser les qualités et prendre les conclusions en indiquant un jour pour plaider*. » — Mais ces dispositions sont en contradiction avec l'art. 79, C. de procéd. (V. JUGEMENT PAR DÉFAUT), et dans tous les cas, si des conclusions contradictoires avaient été prises à une audience antérieure, si, par exemple, comme c'est l'usage constamment suivi à Paris, les conclusions ont été prises contradictoirement lors de l'appel de la cause pour la mise au rôle, l'on n'en doit pas moins considérer la cause comme étant dès-lors en état, et par suite liée contradictoirement. — Aucune disposition de loi ne s'oppose, en effet, à ce que les conclusions soient prises avant la mise au rôle; et quant à l'art. 28 du réglement de 1808, il nous paraît impossible d'induire de ses termes que si les conclusions ont été prises contradictoirement à une audience autre que celle qu'il indique, elles devront être renouvelées à cette dernière audience. — Décider autrement et permettre aux parties de venir dire que les conclusions par elles prises avant la mise au rôle n'étaient que des conclusions de pure forme, qu'elles les considéraient comme insignifiantes au fond, ce serait leur permettre de se jouer de la justice, et ajouter à la loi qui ne reconnaît que deux sortes de conclusions, des conclusions exceptionnelles et des conclusions au fond. — Telle est aussi l'opinion de Merlin (*Rép.*, vo *Loi*, § 5, no 9).

46. — Jugé dans ce sens que les jugemens et arrêts sont réputés contradictoires du moment où les qualités ont été posées et où les conclusions ont été prises contradictoirement à l'audience à laquelle la cause a été *classée*. — Besançon, 17 janv. 1811, Pescheur c. Pathiot; Nîmes (motifs), 3 vent. an XIII, Bastier c. Trielle.

47. — ... Que les conclusions peuvent être prises avant la mise de la cause au rôle, et que, dans ce cas, le jugement rendu au jour indiqué pour plaider sera réputé contradictoire, bien que ces conclusions n'aient pas été prises de nouveau à cette audience. — Cass., 24 avr. 1834, Lemenu c. Coudre.

48. — ... Que lorsque l'avoué qui a posé des qualités ne se trouve pas à l'audience au jour indiqué pour plaider, ou lorsqu'il refuse de reprendre ses conclusions, les juges peuvent en prendre lecture par eux-mêmes ou s'en faire donner lecture par le greffier. — Même arrêt.

49. — Toutefois, les conclusions prises lors de la position des qualités devraient nécessairement être reprises pour conserver le caractère contradictoire au débat, si, au moment où l'affaire vient en ordre utile pour être jugée, le tribunal ne se trouvait plus composé des mêmes membres. — D'une part, en effet, les plaidoiries sont réputées commencées du jour où les conclusions ont été respectivement prises à l'audience. — C. procéd., art. 343, — V. *suprà* no 32. — Et d'un autre côté, les juges qui concourent au jugement doivent, à peine de nullité, avoir assisté à toutes les audiences de la cause. — L. 20 avr. 1810, art. 7. — V. *infrà* nos 648 et s. — Il ne pourrait donc, en l'état, intervenir qu'un jugement contradictoire nul, et comme il est impossible d'admettre qu'un tribunal soit dans la nécessité de rendre une décision irrégulière, il faut reconnaître que le jugement prononcé en pareille circonstance contre l'avoué qui ne reprend pas ses conclusions doit être réputé *par défaut faute de conclure*. — Vainement dirait-on que lorsque les parties se sont bornées à prendre leurs conclusions sans les développer, les magistrats qui assistaient à l'audience n'ont pas eu d'autres élémens, pour former leur conviction, que les juges qui les remplacent peuvent lire les conclusions

écrites restées sur le bureau. — On a déjà vu (*suprà* nº 39) que la loi exige impérieusement, pour réputer le débat contradictoire, que les conclusions soient prises à la barre.

50. — Par conséquent, si devant les nouveaux juges une seule des parties comparaît et consent à reprendre ses conclusions, il ne peut intervenir qu'un jugement par défaut. — *Cass.*, 10 flor. an XIII, Sorbier c. Regnaud; *Bastia*, 9 mars 1835, Raffali c. Arena; *Cass.*, 20 mars 1837 (t. 1er 1837, p. 565), Daubigny c. la soc. de Jean Guyard; 14 fév. 1838 (t. 1er 1838, p. 567), Garrigues c. Chincholle; 15 juill. 1839 (t. 2 1839, p. 320), Rossary et Berthoux c. Vincent. — V. aussi *Cass.*, 22 août 1833, Sillac-Lapierre c. comp. Bimar; — Pigeau, *Comment.*, t. 1er, p. 270.

51. — Il en est de même si, après un arrêt de partage, et devant les conseillers appelés pour le vider, l'une des parties refuse de plaider. — *Amiens*, 19 juill. 1821, de Brancas c. M. D...

52. — Jugé cependant que lorsqu'à une première audience les parties ont contradictoirement conclu au fond, le jugement rendu dans une seconde est contradictoire, quoique deux des juges qui y ont concouru n'aient point assisté à la première audience. — *Trèves*, 30 oct. 1812, Brissac c. Veiser.

53. — Lorsque des conclusions contradictoires ont été prises au fond, si le juge, ne trouvant pas la cause en état de recevoir une solution définitive, ordonne une mesure d'instruction, et rend contradictoirement un jugement soit préparatoire, soit interlocutoire, les parties sont-elles obligées de prendre de nouvelles conclusions au fond, après qu'il a été satisfait à l'avant faire droit, pour que le jugement définitif soit réputé contradictoire? — Une distinction est nécessaire.

54. — S'agit-il d'une simple mesure d'instruction, d'un jugement purement préparatoire, on peut dire que le juge qui a ordonné le supplément d'instruction n'en demeure pas moins saisi des conclusions qui lui ont été soumises, et, dès-lors, il statue contradictoirement, encore bien que le défendeur ne se représente plus à l'audience pour discuter le résultat de la mesure ordonnée. — Teulet, d'Auvilliers et Sulpicy, *Cod. annot.* sur les art. 149-153, nºs 56 et 57.

55. — Toutefois, la jurisprudence de la cour de Cassation paraît repousser cette doctrine. Il a, en effet, été décidé que le jugement qui intervient sur le fond en l'absence de l'une des parties ou sur son refus de plaider est par défaut, *alors même que le jugement préparatoire sur lequel il s'agissait de plaider aurait été contradictoire*. — *Cass.*, 2 déc. 1812, Hoffmann c. Reiss; 12 mars 1816, Bonnet c. Froidevaux.

56. — Si l'avant faire droit est un interlocutoire qui emporte un préjugé direct sur le fond, il faut, sans aucun doute, déclarer que le juge s'est dessaisi de la connaissance des conclusions qui lui étaient soumises pour subordonner la décision de la cause à la vérification d'une question nouvelle sur laquelle les parties doivent être admises à prendre des conclusions, en sorte que si l'une d'elles ne se représente plus, il ne saurait être statué contre elle que par défaut. — Carré, quest. 615; Boncenne, t. 3, p. 119; Bioche, vº *Jugement*, nº 7.

57. — Ainsi un jugement n'est pas contradictoire par cela seul que les parties ont pris des conclusions au fond, si, depuis ces conclusions prises, il y a eu jugement interlocutoire; il faut, pour rendre le jugement définitif contradictoire, renouveler les conclusions au fond. — *Cass.*, 3 fév. 1824, Marteau c. Defrançois; *Bruxelles*, 19 nov. 1828, Vandamne c. Willart; arg. *Cass.* 22 mars 1825 (motifs), Rabeau c. Gougenot.

58. — De même, un jugement rendu contre l'administration des contributions indirectes est justement qualifié par défaut, lorsqu'il prononce après un interlocutoire qui a réservé le droit d'assister à une enquête et de faire une contre-enquête, et que l'avoué de la régie, interpellé de déclarer s'il userait de cette faculté, a répondu n'avoir plus de pouvoirs; il en est ainsi, alors même que la régie aurait défendu lors de l'interlocutoire, et aurait depuis signifié un mémoire à l'audience par le ministère public. — *Cass.*, 13 mars 1826, contribut. indir. c. Joiseau.

59. — Cette règle souffre cependant une exception dans le cas où, après l'interrogatoire d'un individu dont l'interdiction est prononcée, un administrateur provisoire est nommé. — *Cass.*, 10 août 1825, Considérant c. Pons; *Montpellier*, 29 août 1822, Pons c. Vigouroux.

60. — ... Et dans celui où un juge-commissaire, chargé de faire la liquidation de ce qu'une partie doit payer d'après les bases d'un jugement, renvoie les parties à l'audience sur cette liquidation. — *Montpellier*, 24 mai 1821, Duchan c. Soubiron; *Orléans*, 20 juin 1821, N... — V. encore JUGEMENT PAR DÉFAUT.

61. — La disposition par laquelle le tribunal déclare, sans qu'il ait été conclu ni plaidé sur ce point, qu'il juge en matière sommaire, ou ordinaire, est réputée par défaut, si elle influe sur la taxe des frais, encore bien que le jugement soit en lui-même contradictoire. — *Lyon*, 8 mars 1830, Bruger c. Laisselier.

62. — On pourrait même considérer une telle disposition comme non avenue, étant rendue *ultrà petita*.

63. — Du principe que la cause est engagée contradictoirement dès que les conclusions ont été prises par les parties, il résulte que l'on doit réputer contradictoire : — le jugement rendu contre le demandeur originaire qui ne se présente pas sur l'opposition formée à un jugement par défaut qu'il avait obtenu. — *Gênes*, 12 déc. 1811, Vaccari c. Provera.

64. — ... Le jugement intervenu sur une opposition *motivée* à une contrainte décernée par la régie de l'enregistrement, encore bien que l'opposant n'ait pas signifié de mémoire, et que le tribunal ait qualifié sa décision de jugement par défaut. — *Cass.*, 24 août 1835, Charlet c. enregistr.; 24 avr. 1822, de Serdobin c. enreg. — V. conf. instr. de la régie, art. 1504, § 13, et art. 1537, nº 129; — Roland et Trouillet, *Dict. de l'enreg.*, vº *Instance relative à l'enregistrement*, § 5, nº 6; Bioche et Goujet, *Dict. de procéd.*, vº *Enregistrement*, nº 170.

65. — ... Le jugement qui déboute d'une opposition pratiquée contre un jugement par défaut statuant sur des récusations d'experts et prononce sur le fond, si l'opposant a fait valoir les moyens de son opposition. — *Cass.*, 1er germin. an X, Dufayel c. Lahaye; — Carré (édit. de Chauveau), quest. 614.

66. — ... Le jugement qui intervient à une audience où la partie n'a pas comparu, mais qui n'est que la continuation d'une précédente audience où elle a été entendue. — *Cass.*, 17 vendém. an XIII, Héleine c. Marguerite; *Bourges*, 4 juill. 1812, Guilloteau c. Dupin; *Cass.*, 23 mai 1843 (t. 2 1843, p. 489), Latur c. Rivière; — Boncenne, t. 3, p. 120; Chauveau sur Carré, quest. 616 *bis*.

67. — ... Le jugement rendu contre une partie qui, après avoir conclu sur la forme et au fond, n'a justifié ses conclusions qu'au fond. — *Besançon*, 2 mars 1815, N...

68. — ... Jugé encore que le jugement qui, après avoir prononcé contradictoirement sur des exceptions préjudicielles, statue sur le fond par défaut, faute de plaider, est réputé contradictoire sur tous les points, et par conséquent non susceptible d'opposition. — *Nancy*, 10 janv. 1812, Petit c. Voisin.

69. — Du même principe, il résulte encore que la révocation d'un avoué par la partie avec défense d'occuper pour elle, et sans constitution de nouvel avoué, ne fait pas obstacle à ce que la cause soit jugée contradictoirement, lorsque les conclusions ont été respectivement prises à l'audience avant la révocation de cet avoué. — *Grenoble*, 25 août 1832, Reynier c. Ravaz.

70. — ... Que lorsque les qualités sont posées et les conclusions prises à l'audience, la condamnation intervenue contre la partie décédée depuis, est régulièrement rendue. — *Riom*, 30 mai 1821, Falgères c. Quenille.

71. — Il importe peu, au surplus, que les parties aient formé toutes les deux leur demande d'une manière explicite, ou que l'une d'elles n'ait formulé ses prétentions qu'implicitement. — Poncet, t. 1er, p. 63.

72. — Ainsi le jugement rendu contre une partie qui déclare *ni avouer ni contester* l'objet de la demande formée contre elle, doit être réputé contradictoire à son égard. — *Cass.*, 4 fév. 1806, Jousselin c. Blau.

73. — Il en serait de même si le défendeur, au lieu de former une demande expresse pour repousser celle de son adversaire, déclarait qu'il s'en remet à la prudence des juges. En effet, une pareille déclaration équivaut à une demande expresse, car c'est comme si le défendeur avait conclu à ce que le tribunal lui accordât ce qu'il croirait lui être dû, ou, ce qui revient au même, à ce qu'il lui rendît justice. — Poncet, *ibid.*; Chauveau sur Carré, quest. 614.

74. — Mais si l'avoué, sans avoir conclu au fond, s'était borné à présenter une fin de non-recevoir ou à demander une remise, et que, sur le refus du tribunal de faire droit à sa demande, il eût déclaré ne pas vouloir plaider au fond ou n'avoir point pouvoir à cet effet, le jugement qui interviendrait au fond serait par défaut faute de conclure. — Poncet, t. 1er, p. 165; Carré, quest. 615; Favard, t. 3, p. 165; Merlin, *Quest.*, vº *Opposition à jugement par défaut*. — V. conf. *Cass.*, 1er niv. an VIII, Jouhannem c. Chamaroud; 17 mai 1830, Faure Lalande c. Yves Faure; *Bruxelles*, 9 déc. 1830, N...

75. — Jugé néanmoins, mais à tort, que le jugement qui, rejetant la demande en renvoi à une autre audience formée par l'avoué de l'une des parties, statue au fond, sans que cet avoué ait pris des conclusions sur ce point, doit être réputé contradictoire. — *Bordeaux*, 1er juill. 1828, Buchon c. Sallegourde.

76. — Il n'est pas, du reste, nécessaire que les avoués aient remis au greffier une copie de leurs conclusions. L'art. 31, régl. 31 mars 1808, qui prescrit cette remise en cas de nouvelles conclusions prises à l'audience, n'en a pas fait dépendre le sort du jugement à intervenir sur ces mêmes conclusions.

77. — Ainsi est contradictoire le jugement intervenu sur des conclusions respectivement prises à l'audience, quoique les avoués n'en aient pas remis une copie au greffier. — *Grenoble*, 24 août 1833, Lecharives. — V. cependant *Metz*, 18 juin 1818, N...

78. — On doit encore réputer contradictoire le jugement dont les qualités énoncent que les avoués des parties ont conclu et que les parties ont été ouïes après avoir renouvelé leurs conclusions, encore bien qu'il ne contienne pas copie textuelle des conclusions. — *Cass*, 23 déc. 1835, Moser c. Japy.

79. — ... Et celui dont le dispositif est rédigé dans la forme des jugemens contradictoires, dont le contexte énonce le nom des parties sans dire qu'aucune d'elles soit défaillante et relate les conclusions prises en leur nom. — *Cass.*, 11 août 1827, Ancillon c. Avias.

80. — Pour tout ce qui concerne les JUGEMENS PAR DÉFAUT, V. ce mot.

81. — V. aussi ce mot en ce qui touche la question de savoir dans quel cas un jugement, quoique rendu sans qu'il ait été posé conclusions au fond, est cependant assimilé à un jugement contradictoire, et ne peut pas être frappé d'opposition.

82. — Observons seulement que, dans une même cause, il peut y avoir tout à la fois jugement contradictoire et jugement par défaut : par exemple, si la cause est liée entre plusieurs parties soit demanderesses ou défenderesses, dont les unes comparaissent et concluent, tandis que d'autres s'en dispensent. La même chose serait encore possible au cas où il n'y aurait qu'un seul demandeur et un seul défendeur : si, par exemple, la même cause renfermait plusieurs actions différentes, et que les parties eussent conclu respectivement sur quelques unes et non sur d'autres. Toutefois, cette seconde solution devrait être subordonnée à la règle que l'*accessoire suit le sort du principal*. — Poncet, t. 1er, p. 65.

Sect. 2e. — *Jugemens avant faire droit.*

83. — On appelle ainsi tout jugement qui, avant de statuer définitivement, ordonne une mesure préalable.

84. — Les jugemens avant faire droit se divisent en préparatoires, en interlocutoires et en provisoires.

ART. 1er. — *Jugemens préparatoires et interlocutoires.*

85. — Aux termes de l'art. 452, C. procéd., « sont réputés *préparatoires* les jugemens rendus pour l'instruction de la cause, et qui tendent à mettre le procès en état de recevoir jugement définitif. »

86. — ... « Sont réputés *interlocutoires* les jugemens rendus lorsque le tribunal ordonne, avant dire droit, une preuve, une vérification ou une instruction qui préjuge le fond. »

87. — Ces définitions ont pour but de faciliter l'application de l'art. 451, même Code, suivant lequel l'appel d'un jugement préparatoire ne peut être interjeté qu'après le jugement définitif et conjointement avec l'appel de ce jugement, tandis que l'appel d'un jugement interlocutoire peut être interjeté avant le jugement définitif. — V. APPEL, nºs 284 et suiv.

88. — La distinction des jugemens préparatoires et interlocutoires est encore importante en ce qui concerne les délais du pourvoi en cassation, et les effets de l'exécution relativement à l'acquiescement. — V. CASSATION (mat. civ.) et ACQUIESCEMENT.

89. — Les jugemens préparatoires et les jugemens interlocutoires ont cela de commun que : 1º ils ne sont pas définitifs, ils ne terminent pas le procès, ils n'épuisent pas la juridiction du tribunal; 2º ils ordonnent des actes, des mesures d'ins-

truction qui, sans renfermer la solution définitive, tendent néanmoins à la faciliter, à la préparer; qui, sans décider la cause, mettent néanmoins les parties et les juges en mesure de s'acheminer vers la décision de cette cause. — Boitard, t. 2, p. 249.

90. — Quant à leur caractère propre, à leur caractère de différence, il est indiqué par les derniers mots de l'art. 452 : les jugemens interlocutoires préjugent le fond; les jugemens préparatoires ne le préjugent pas. Ajoutons, avec M. Chauveau sur Carré (quest. 1616), que le jugement préparatoire doit, en outre, ne causer à la partie contre qui il a été rendu aucun préjudice qui soit irréparable en définitive. — C. procéd., art. 452, 453. — V. aussi Poncet, t. 1er, p. 130.

91. — Du reste, lorsque les parties ont plaidé au fond et que la cause est suffisamment instruite, le juge ne peut pas prononcer un interlocutoire tendant à écarter le jugement du procès. — *Grenoble*, 22 juill. 1809, Balmain c. Nitot.

92. — Un tribunal d'appel qui ordonne un interlocutoire ne doit pas renvoyer devant les juges de première instance pour connaître des contestations qui peuvent naître sur l'objet de l'interlocutoire. — *Cass.*, 12 germin. an X, Paul c. Masmejan.

93. — Dans l'ancienne jurisprudence, il ne paraît pas qu'on ait attaché à ces mots *préparatoires*, *interlocutoires*, le sens de contradiction et d'opposition qu'y a affecté l'art. 452. — *Jugemens préparatoires*, *jugemens interlocutoires*, semblent avoir été, pour les anciens jurisconsultes, des expressions très souvent synonymes, confondues dans l'expression collective de *jugemens d'avant faire droit*; seulement, quand il s'agissait de savoir si l'appel d'un jugement d'avant faire droit serait autorisé immédiatement, on distinguait en fait si ce jugement portait ou ne portait pas un préjudice, un grief sérieux à l'exposant; dans le premier cas, on autorisait l'appel; dans le second, on le rejetait. — Boitard, t. 2, p. 247.

94. — Cette distinction, toute de fait, était assez embarrassante dans la pratique: aussi la loi du 3 brum. an II (art. 6) avait-elle défendu formellement d'interjeter appel des jugemens préparatoires avant le jugement définitif.

95. — Et par ce mot *préparatoire*, cette loi entendait tous les jugemens d'avant faire droit, même les jugemens interlocutoires. — Tel était du moins le sens que les auteurs et la jurisprudence attachaient généralement à l'art. 6 de la loi de brumaire. — *Cass.*, 24 brum. an XII, Cuisenier c. Marguet; 24 flor. an XIII, de Berq c. Berly; 3 pluv. an XIII, Cassal c. Favereau; *Besançon*, 3 juin 1808, Patel c. N...; — Merlin, *Quest.*, vo *Interlocutoire*; Boitard, t. 2, p. 247; Poncet, p. 126; Berriat (6e édit.), t. 2, p. 461, nos 24 et 25. — V. cependant *Cass.*, 3 oct. 1808, Maulor c. Bloche; arg. 28 vendém. an XIII (motifs), de Gavres c. d'Argenteau; — Carré, quest. 1616.

96. — Le projet du Code de procédure ne faisait non plus aucune distinction entre les jugemens préparatoires et les jugemens interlocutoires. Mais sur les observations du tribunat et les réclamations de plusieurs cours d'appel, la rédaction primitive fut modifiée, et l'art. 451 établit, quant à l'appel, entre les jugemens préparatoires et les jugemens interlocutoires, la distinction que nous avons signalée plus haut, no 90.

97. — Les orateurs du gouvernement ont ainsi exposé les motifs de cette distinction: « La loi, disait M. Bigot de Préameneu, veille non seulement à ce qu'il n'y ait point d'appels irréfléchis, mais encore à ce qu'il n'y en ait pas de prématurés ou d'inutiles. Tels seraient les appels des jugemens qui ne font que régler la procédure; ces appels peuvent être fondés sur ce que les premiers juges auraient ordonné une procédure ou entièrement inutile ou trop longue, ou même contraire à la marche indiquée par la loi. Mais si ces moyens d'appel ou d'autres semblables pouvaient, avant que le jugement fût rendu, être portés devant le tribunal supérieur, on verrait autant d'appels que de jugemens d'instruction, et il en naîtrait un désordre qu'il serait impossible d'arrêter. Il en doit être autrement lorsque les premiers juges prononcent un interlocutoire qui préjuge le fond. La partie qui, dans ce cas, se croit lésée par un jugement dont elle a les suites à redouter, ne doit pas être obligée d'attendre le jugement définitif. »

98. — Il suit de ces motifs que les jugemens dont la loi interdit l'appel avant le jugement définitif, et qu'elle qualifie préparatoires sont ceux-là seuls qui ont pour objet *l'instruction à faire par les actes de procédure*, et que les interlocutoires dont elle autorise l'appel immédiat, sont ceux qui ont pour objet une instruction à faire au moyen d'approfondissemens *quelconques* qui *préjugent le fond*.

99. — Nous disons au moyen d'approfondissemens *quelconques* qui préjugent le fond, parce qu'il nous paraît évident que l'intention du législateur n'a pas été de restreindre la qualification de jugemens interlocutoires aux seules décisions par lesquelles le tribunal ordonne une preuve, une vérification ou une instruction qui préjuge le fond; en sorte qu'on ne devrait pas considérer comme tels les jugemens qui, renfermant cependant une disposition qui préjuge le fond, ordonneraient autre chose qu'une preuve, une vérification ou une instruction. — Carré, *ibid.*, note; Favard, vo *Appel*, p. 165.

100. — Il y aura *préjugé au fond* toutes les fois que le juge, soit dans le dispositif, soit dans les motifs du jugement, a laissé pressentir l'opinion qu'il a conçue de la question, et d'après laquelle il la décidera plus tard, non pas certainement, mais probablement. — Chauveau sur Carré, quest. 1616.

101. — Mais à quels signes pourra-t-on reconnaître cette intention du juge? En d'autres termes, à quels caractères pourra-t-on distinguer les jugemens interlocutoires des jugemens préparatoires? Il est impossible de tracer des règles à l'aide desquelles on puisse sûrement et *à priori* ranger tel ou tel jugement dans l'une de ces deux catégories. Tout dépendra des circonstances: les mêmes jugemens seront ou préparatoires ou interlocutoires, suivant les cas. Le plus souvent l'état de la cause, les contestations des parties, leur résistance à demander ou à combattre la mesure, objet du jugement, pourront seuls servir à caractériser ce jugement. — Bioche et Goujet, vo *Jugement*, no 13; Poncet, *ibid*, p. 131; Chauveau sur Carré, quest. 1616; Favard, vo *Appel*, p. 165; Pigeau t. 1er, p. 577 (édit. de Crivelli); Hautefeuille, p. 254; Berriat, 6e édit., p. 459, note 3e; Demiau, p. 325; Lepage, p. 297; Thomine-Desmazures, no 503.

102. — La qualification de préparatoire ou d'interlocutoire donnée au jugement ne lui attribue pas au surplus définitivement l'un ou l'autre caractère; pour connaître la nature d'un jugement, il faut plutôt consulter les vrais motifs qui l'ont dicté et le but vers lequel il est dirigé que les termes employés dans sa rédaction. — *Grenoble*, 22 juill. 1809, Balman c. Nitot.

103. — De même, cette clause insérée dans un jugement d'avant faire droit : *sans nuire ni préjudicier aux droits des parties en l'état de l'instance*, n'empêcherait pas le préjugé, si l'on pouvait inférer des autres dispositions ou même des motifs du jugement l'intention des juges de préjuger le fond en tout ou en partie. — *Rennes*, (motifs) 14 nov. 1815, N...; 25 juin 1822, Cochet c. Hervé; *Cass.*, 25 août, 1812, Antoine Abel c. Schwartz; 8 janv., 1817 enreg. c. Devalois; *Amiens*, 26 janv., 1822, Brégeaux c. Ledoux; — Merlin, *Addition aux quest. de droit*, t. 6, vo *Opposition*, § 6, p. 640; Carré et Chauveau, quest. 1617; Berriat Saint-Prix, t. 2, p. 459, note 2e, 6e édit.

104. — Cependant il a été jugé que lorsque le premier juge admet à faire enquête, *sans entendre préjudicier aux droits des parties, ni rien préjuger à leur égard*, son jugement ne peut être considéré comme interlocutoire. — *Nîmes*, 14 fév. 1812, Veyret c. Quinzart. — Mais cet arrêt ne doit pas faire jurisprudence. — V. aussi Chauveau sur Carré, quest. 1617, et *infrà* nos 177 et s.

105. — S'il est souvent difficile de distinguer les jugemens préparatoires d'avec les jugemens interlocutoires, il est aussi quelquefois difficile de distinguer ces derniers d'avec les jugemens définitifs. — V. à cet égard *infrà* nos 302 et s.

106. — Il ne faut pas confondre non plus les jugemens interlocutoires avec les jugemens conditionnels. Ceux-ci prononcent un jugé qu'ils subordonnent seulement à une éventualité: tel est, par exemple, le jugement qui donne gain de cause à une partie à charge par elle de prêter serment. — *Bordeaux*, 19 juill. 1830, Lascoux c. Laporte. — Il est évident que, dans ce cas, il y a plus qu'un préjugé sur les droits de cette partie, il y a un jugement formel et définitif qui empêche que la cause puisse dépendre à l'avenir d'autres élémens que du serment ordonné. Au contraire, la même chose n'arrive pas dans les jugemens qui, avant dire droit, ordonnent une simple instruction. Ces derniers jugemens en effet ne prononcent rien sur le fond du droit, réservent tous les droits des parties quant au fond. Cette différence a été bien constatée par un arrêt de Turin du 9 avr. 1811 (Gervasio c. Deabbate).

107. — Ces principes posés, nous allons examiner les diverses solutions que nous offre la jurisprudence dans les différens cas où s'est élevée la question de savoir s'il y avait préjugé au fond.

108. — *Communication, remises, dépôt de pièces.* — Il a été jugé que l'on doit considérer comme préparatoires les jugemens qui ordonnent une remise, une communication ou un apport des pièces. — *Rouen*, 27 mai 1817, Champroux c. Petit; mars 1841 (t. 1er 1843, p. 660), Lucas et Goujout c. Lemercier; — Bioche et Goujet, *ibid*, no 16; Carré, quest. 1623; Berriat, 6e édit., p. 460 no 4.

109. — Doit en conséquence être réputé préparatoire le jugement qui ne fait qu'ordonner la remise des pièces justificatives d'un compte précédemment ordonné. — *Cass.*, 21 nov. 1837 (t. 2 1837, p. 550), Ponsat c. Sarciron. — V. aussi *Cass.*, 1er niv. an VIII, Jouhannem c. Chamarand.

110. — ... Celui qui ordonne que l'une des parties justifiera des pièces sur lesquelles elle fonde une réclamation. — *Amiens*, 4 janv. 1822, Gendron-Dumottay c. Varrot.

111. — ... Ou qui ordonne un délibéré de registres avec remises de pièces. — *Cass.*, 12 fév. 1822, Chosson c. Teillard.

112. — ... Le jugement qui, pour s'assurer de l'exactitude de l'expédition d'un acte public, ordonne l'apport au greffe de la minute de cet acte. — *Cass.*, 3 pluv. an XIII, Cassal c. Favereau et Landreville; *Lyon*, 20 fév. 1840 (t. 2 1840, p. 633); chemin de fer de Roanne c. Dugas.

113. — ... L'arrêt qui, dans une contestation relative à une question d'état, ordonne l'apport au greffe et la traduction de pièces écrites en langue étrangère, bien que ce soit sur ces actes qu'une des parties s'appuie pour justifier de sa qualité. — *Cass.*, 6 juill. 1842 (t. 2 1842, p. 640), Augu c. Loretto-Demar

114. — Décidé même que l'on doit qualifier de préparatoire le jugement qui ordonne que les parties remettront leurs pièces à des avocats pour leur avis être rapporté au tribunal et être statué ce qu'il appartiendra. — *Rennes*, 27 (et non 29) nov. 1810, Chiron c. Brossay.

115. — Cet arrêt est critiqué avec raison par MM. Chauveau et Carré (quest. 1624). En effet, il ne s'agissait pas ici d'une mesure autorisée par la loi, mais d'une décision qui présentait pour ainsi dire une sorte de déni de justice momentané et qui causait d'ailleurs à l'une des parties un grief actuel et réel, en ce qu'elle l'exposait au préjugé qui évidemment résulterait contre elle de l'avis à donner par les avocats.

116. — Le jugement qui ordonnerait une communication de pièces deviendrait interlocutoire, si cette communication était de nature à préjuger le fond. — Arg. *Rennes*, 12 déc. 1810, Carcani c. Crucy.

117. — Ainsi on doit réputer interlocutoire un jugement qui ordonne qu'une quittance sera rapportée. — *Orléans*, 2 juin 1808. — Un tel jugement sous-entend, en effet, que, faute par la partie de justifier de sa libération, elle sera condamnée à payer. — Carré et Chauveau, quest. 1625; Hautefeuille, p. 253, *Journal des avoués*, t. 15, p. 204.

118. — ... Et celui qui décide que, pour justifier de sa qualité, un héritier communiquera l'inventaire. — *Paris*, 18 août 1825, Coudray c. Debray.

119. — ... Il en serait de même si l'une des parties soutenait que la pièce dont elle demande la communication est de nature à fournir une preuve en sa faveur et que l'autre s'opposât à cette communication. Dans ce cas le jugement qui ordonnerait cette communication serait interlocutoire, car il donnerait à entendre que le juge, en statuant sur le fond, se déterminera d'après la preuve que présentera la pièce à communiquer. — Carré, quest. 1623; Chauveau, *ibid.*

120. — Par exemple, un jugement qui ordonne une communication des registres et papiers d'un failli n'est pas purement préparatoire lorsqu'il y a contestation sur la communication. — *Rennes*, 4 oct. 1811, T... c. N...

121. — Le jugement qui ordonne la représentation contestée de livres de commerce, sous une clause pénale, a aussi tous les caractères d'un jugement interlocutoire. — *Paris*, 2 août 1843 (t. 2 1843, p. 382), Lajoie et Meyrenis c. Mir et Guilhon.

122. — Cependant, par arrêt du 12 déc. 1810, (Carconi c. Crucy), la cour de Rennes a décidé en pareille circonstance que le jugement n'était que préparatoire. Cet arrêt est critiqué avec raison par Carré, quest. 1623.

123. — La cour de Bordeaux a décidé aussi que le jugement qui, sur une action en reddition de compte, ordonne, malgré la résistance du défendeur, qui soutient que le compte demandé a déjà été rendu et approuvé, l'apport des registres et pièces comptables, est purement préparatoire, si d'ailleurs il a réservé tous les moyens, droits et exceptions des parties. — *Bordeaux*, 15 janv. 1841 (t. 1er 1841, p. 516), Déromas c. Chabanit et Charron.

124. — Enfin il a été jugé que l'on ne pouvait considérer comme simple préparatoire le jugement rendu sur une contestation incidente relative à un dépôt de pièces et qui ordonne que le dépôt aura lieu aux frais de l'une des parties. — *Aix*,

17 juin 1826, Maury c. Vidal. — V. anal. *Caen*, 6 janv. 1845 (t. 1er 1845, p. 608), Ceffray.

125. — ... Et que le jugement qui statue sur le point de savoir s'il doit être donné ou non copie de telles ou telles pièces produites au procès, doit être considéré non comme un simple jugement préparatoire, mais comme un véritable jugement définitif sur ce point. — *Bruxelles*, 14 avr. 1827, N...

126. — *Comparution des parties.* — Le jugement qui ordonne la comparution des parties est *préparatoire* si la comparution des parties a été ordonnée sans que le tribunal ait précisé les faits sur lesquels les parties devront être interrogées. — *Colmar* (motifs), 6 déc. 1809, Burghoffer c. Hirtz; *Agen*, 5 juill. 1831, Largardère c. Desbarrats; — *Colmar*, 16 nov. 1811, Boug d'Orschwiller c. Folckeisen; Carré, quest. 502; Demiau, p. 102; Pigeau, *Introd. à la procéd.*, p. 21; Thomine-Desmazures, t. 1er p. 235. — V. cependant Rauter, p. 247; — *Orléans*, 27 mai 1808, N...

127. — ... Et *interlocutoire* si, au contraire, le tribunal a ordonné que la partie comparaîtra pour répondre sur tel ou tel fait ou à telle ou telle question. — Carré et Chauveau, quest. 1619; Hautefeuille, p. 255; — *Cass.*, 1er juin 1809, Devreode c. Joly; *Bordeaux*, 19 janv. 1836, Bonnet c. Boyer. — En effet, le tribunal manifesterait ainsi l'intention de faire dépendre plus ou moins directement la décision du fond des réponses qui lui seraient données.

128. — Jugé même qu'on devait considérer comme définitif, et dès-lors comme susceptible d'un appel immédiat le jugement qui, avant faire droit sur la demande en main-levée d'une opposition à mariage, ordonnerait que les parties comparaîtront en personne à l'audience à huis-clos. — *Rouen*, 17 janv. 1821, Semichon.

129. — Il faut toutefois remarquer que dans la pratique les juges ne précisent jamais les faits sur lesquels portera l'interrogatoire, que dès-lors le jugement ne préjuge rien et conserve le caractère d'un simple préparatoire. — V. COMPARUTION DE PARTIES, nos 29 et suiv.

130. — *Mise en cause d'un tiers.* — Est préparatoire le jugement par lequel un tribunal d'appel, en retenant le fond, conformément à l'art. 473, procéd. civ., ne fait qu'ordonner une mise en cause. — *Cass.*, 7 août 1833, Genay c. comm. de Champagne-Mouton; *Metz* (motifs), 3 juill. 1818, Drouin c. Seygler; *Agen*, 5 juill. 1831, Largardère c. Desbarrats.

131. — ... Le jugement qui, pour éclairer la religion du tribunal sur les droits du porteur d'une lettre de change, ordonne la mise en cause du précédent endosseur, pour comparaître en personne avec les autres signataires. — *Colmar*, 6 déc. 1809, Bourghoffer c. Hirtz.

132. — ... Ou celle du tireur. — *Bruxelles*, 12 sept. 1812, Messel c. Perregaux-Lafite.

133. — ... Le jugement qui, en condamnant quelques uns d'entre plusieurs débiteurs d'une lettre de change, et en leur accordant le recours, ordonne avant faire droit à l'égard des autres, que des tiers seront mis en cause. — *Montpellier*, 19 déc. 1810, Guittard c. Escarguel.

134. — ... Le jugement par lequel un tribunal déclare n'y avoir lieu d'ordonner une mise en cause. — *Cass.*, 1er juin 1830, Marty c. comm. de Saint-Paul.

135. — Toutefois il est des circonstances où un jugement qui ordonne la mise en cause d'un tiers doit être réputé interlocutoire, c'est lorsque cette mise en cause peut avoir quelque influence sur la décision du fond du procès. — *Cass.*, 1er juin 1809, Devroede c. Joly; *Grenoble* (motifs), 22 juill. 1809, Balmain c. Nitot; *Orléans*, 18 fév. 1810, N...; 28 fév. 1810, N...; — Carré et Chauveau, quest. 1618; Berriat (6e édit.), p. 460; Boncenne, t. 2, p. 360; Bioche et Goujet, no 19; Favard, vo *Appel*, p. 165; Merlin, *Quest.*, vo *Interlocutoire*.

136. — Ainsi l'on doit réputer interlocutoire le jugement ordonnant que des tiers seront entendus à l'audience *sur l'objet de la contestation.* — *Amiens*, 26 janv. 1822 (et non 26 juill. 1823), Brégaux c. Ledoux; *Poitiers*, 18 janv. 1831, Guilbaut c. Barbal; *Paris*, 10 déc. 1823, Garnier c. Mellié; — Carré et Chauveau, quest. 1618.

137. — ... Encore que ce jugement soit rendu *avant faire droit, et sans rien préjuger, et sauf à n'avoir à la déclaration des tiers que tel égard que de raison.* — *Amiens*, 26 janv. 1822, Brégaux c. Ledoux.

138. — ... Le jugement qui, avant faire droit, ordonne qu'on entendra un tiers à la déclaration du quel une partie se réfère sur la question de savoir si elle a payé telle somme à l'autre partie. — *Bourges*, 30 avr. 1814, Gaillard c. Robin.

139. — ... Sont encore interlocutoires : 1o le jugement qui avant faire droit ordonne la mise en cause d'un tiers, sur le fondement d'un droit présumé lui appartenir et capable d'influer sur la décision au fond. — *Paris*, 10 déc. 1823, Garnier c. Mellié.

140. — ... Ou parce qu'il a un intérêt dans la cause du fond. — *Orléans*, 28 fév. 1810, N...

141. — ... 2o Le jugement qui, dans une instance ayant pour objet la légitimité d'un mariage, ordonne la mise en cause des enfans issus de ce mariage. — *Grenoble*, 22 juill. 1809, Balmain c. Nitot; *Cass.*, 8 déc. 1813, Nitot c. Balmain; — Carré, quest. 1618.

142. — ... 3o Le jugement qui ordonne la mise en cause de parties ayant figuré dans un acte dont l'existence légale est déniée. — *Cass.*, 19 déc. 1842 (t. 1er 1843, p. 627), Tempier c. Dulac.

143. — ... Ou qui, dans une contestation sur le point de savoir si une lettre de change est à l'ordre de celui qui en réclame le paiement, ou à l'ordre d'une autre personne du même nom, ordonne la mise en cause de l'homonyme. — *Aix*, 24 mai, 1843 (t. 1er 1844, p. 391), Darbours c. de Castelnaud.

144. — Jugé même qu'on devait considérer comme définitif le jugement qui ordonnerait la mise en cause de parties inutiles dans l'instance, et qui par suite peut porter atteinte à un arrêt précédemment rendu entre les parties. — *Cass.*, 19 avr. 1826, Choffin-Besançon c. Levert.

145. — *Intervention.* — Le jugement qui reçoit ou rejette une intervention a été considéré comme préparatoire, parce que l'intervention ne peut retarder le jugement de la cause principale quand elle est en état. — *Montpellier*, 12 avr. 1809, Deuraser c. Rousset.

146. — Cependant nous pensons qu'un pareil jugement pourrait-être réputé interlocutoire, s'il était démontré que l'admission ou le rejet de l'intervention dût influer sur le jugement à rendre au fond. — Carré, *Tr. des lois de la procéd.*, t. 1er, p. 804.

147. — *Jonction d'instances.* — Le jugement qui ordonne la jonction de deux instances est-il préparatoire? — Oui, suivant *Orléans*, 7 juill. 1808, N...; *Rennes*, 14 août 1811, Arnous c. N...

148. — Il n'est pas même nécessaire que le jugement porte : *sauf à disjoindre*, la disjonction étant de droit et n'ayant pas besoin d'être ordonnée. — Même arrêt d'Orléans. — V. conf. Carré, quest. 1621; Hautefeuille, p. 254. — V. cependant Demiau, p. 325.

149. — Est également préparatoire l'arrêt qui, dans une instruction par écrit, après le rapport, refuse d'entendre un avocat sur la demande en disjonction d'une intervention, et joint cet incident au fond. — *Cass.*, 8 avr. 1828, de Champdor c. d'Angeville.

150. — Mais nous pensons encore avec M. Chauveau (sur Carré quest. 1621) que s'il résultait de la jonction un préjudice irréparable, l'appel serait permis avant le jugement définitif. — En effet, le jugement qui ordonnerait la jonction pourrait alors être regardé lui-même comme définitif. — *Limoges*, 15 janv. 1817, Martin; *Nîmes*, 8 janv. 1819, Soulier (V. aussi la note sur cet arrêt). — V. APPEL, nos 309 et suiv.

151. — Il devrait même l'être nécessairement dans le cas où la jonction serait le rejet virtuel d'une exception d'incompétence. — *Bordeaux* (motifs), 30 mai 1829, Renateau c. Dupas. — Chauveau sur Carré, *ibid.*

152. — Jugé aussi qu'on doit réputer définitif le jugement qui joint au fond la demande incidente d'une provision alimentaire. — *Montpellier*, 5 thermid. an XII, Duston c. Adrien.

153. — *Sursis.* — Est préparatoire le jugement qui accorde un sursis à un tuteur en retard de présenter ses comptes afin de lui faciliter les moyens de fournir ses soutènemens à l'appui, encore bien que par le même jugement le tuteur soit condamné au paiement des frais occasionnés par sa négligence. — *Orléans*, 12 fév. 1823, N...

154. — ... Le jugement qui a statué sur une demande à fin de remise d'une adjudication. — *Cass.*, 17 juin 1834, Fayolle c. Carle.

155. — ... Le jugement qui se borne à prononcer un simple sursis et à ordonner aux défendeurs éventuels de produire les titres qu'ils pourraient avoir et de préciser les faits sur lesquels ils appuient leur possession. — *Cass.* (motifs), 11 avr. 1837 (t. 1er 1837, p. 271), Blain c. Alexandre.

156. — Mais un tel jugement cesserait d'être préparatoire et deviendrait définitif si, en ordonnant le sursis, il occasionnait un préjudice irréparable ou jugeait définitivement un point du litige. — Carré et Chauveau, quest. 1622.

157. — Décidé en conséquence, que la décision qui ordonne un sursis au jugement d'une demande en main-levée d'une opposition à mariage fondée sur l'état de démence, jusqu'à ce qu'il ait été statué sur l'interdiction, ne peut être considérée comme simplement préparatoire. — *Cass.*, 6 janv. 1829, Saint-Léger.

158. — ... Que le porteur d'un effet de commerce qui a formé sa demande en paiement tout à la fois contre le tireur et l'un des endosseurs peut, sans attendre l'issue du recours en garantie exercé contre qui de droit par ce dernier, requérir qu'il soit passé outre à la condamnation du tireur, et que le jugement qui, au lieu de déférer à cette réquisition, prononce un sursis, est plutôt un jugement définitif qu'un jugement préparatoire. — *Cass.*, 27 juin 1810, Barthelon c. Vincendon. — Carré, *ibid.*

159. — *Reddition de compte.* — Le jugement qui ordonne un compte ou une préparation de compte est simplement préparatoire. — *Cass.*, 1er niv. an VIII, Jouhannem c. Chamarand; 28 janv. 1823, Lamothe c. Pillaut; *Orléans*, 5 mai 1819, N...; — Carré et Chauveau, quest. 1626.

160. — ... Lorsque d'ailleurs il n'est ordonné que pour éclairer la conscience du juge. — *Cass.*, 28 janv. 1823, Lamothe c. Pillaut; *Orléans*, 5 mai 1819, N...

161. — Jugé dès-lors que l'on doit réputer préparatoire le jugement d'un tribunal de commerce qui ordonne que les parties présenteront leurs comptes, si ces comptes ont pour résultat de prouver par laquelle des parties des droits de douane sur des sels ont été acquittés. — *Orléans*, 16 mai 1812, N...

162. — ... Le jugement qui ordonne un calcul d'intérêts pour éclairer la religion des magistrats et être ensuite statué ce qu'il appartiendra. — *Poitiers*, 13 fév. 1833, Laurence c. Dousset.

163. — ... Le jugement qui ordonne une liquidation de fruits. — *Cass.*, 1er niv. an VIII, Jouhannem c. Chamarand.

164. — Mais il en serait autrement, et le jugement deviendrait interlocutoire si, en ordonnant une reddition de compte, il préjugeait la question du fond.

165. — En conséquence on doit réputer interlocutoire le jugement qui ordonne qu'il sera rendu compte d'une société de commerce dont l'existence est contestée et qui, à cet effet, renvoie les parties devant des arbitres. — *Cass.*, 28 août 1809, Ollery c. Marteau. — V. conf. Carré et Chauveau, quest. 1626.

166. — Jugé aussi que le jugement qui statue sur la question de savoir si un compte est dû ou non, est interlocutoire. — *Orléans*, 5 mai 1819, N...

167. — Nous pensons avec M. Chauveau (sur Carré, quest. 1626) que dans ce dernier cas, c'est à tort que la cour d'Orléans n'a qualifié un tel jugement que d'interlocutoire. — En effet, lorsqu'une contestation se résout en une procédure à faire, le jugement qui l'ordonne fait plus que préjuger, il juge. — V. dans ce sens Merlin, *Questions de droit*, t. 3, p. 691; Favard, t. 1er, p. 165.

168. — Décidé dans ce sens, que le jugement qui ordonne la production d'un compte et fixe un délai pour le rendre, quoique le comptable soutienne avoir déjà compté, est un jugement définitif et non un simple jugement préparatoire. — *Cass.*, 21 juill. 1817, Belieuvre c. Limelle.

169. — ... Qu'on ne saurait encore considérer comme préparatoire le jugement rendu en matière de compte, et par lequel le tribunal, après avoir entendu le rapport du juge-commissaire, et n'y trouvant pas les éclaircissemens suffisans pour asseoir sa décision, renvoie les parties devant un expert en comptabilité, mais qui n'est pas juge du tribunal. — *Cass.*, 6 juin 1820, Lebarois d'Orgeval c. Théroulde.

170. — *Administrateur provisoire.* — Le jugement qui commet un administrateur provisoire pour prendre soin de la personne ou des biens du défendeur à l'interdiction a été considéré comme préparatoire par arrêts de *Turin*, 5 fructid. an XIII, N...; *Paris*, 2 niv. an X, Mortier c. Gérion.

171. — ... Et au contraire comme définitif par arrêts de *Cass.*, 10 août 1825, Vigouroux c. Pons, et *Bruxelles*, 28 déc. 1826, B... c. D... — V. *infra* nos 282 et s.

172. — Mais a été considéré comme interlocutoire le jugement qui nomme un curateur à la succession vacante, alors qu'un légataire universel institué sous condition demande la saisine. — *Turin*, 13 avr. 1807, Cantone c. Gasco. — C'est plutôt là, selon nous, une décision provisoire.

173. — *Séquestre.* — On doit réputer préparatoire le jugement qui ordonne un séquestre en réservant tous les droits des parties et sans rien préjudicier. — *Cass.*, 18 mars 1828, Lemerle c. Cordelet.

174. — Il en est de même de celui qui, avant

faire droit, ordonne aux parties de fournir leurs moyens et droits respectifs à un partage de famille et qui nomme un séquestre pour administrer la succession. — *Orléans*, 20 avr. 1814, N...

175. — Cependant si la nomination du séquestre avait lieu malgré la résistance d'une des parties, elle aurait le caractère d'une décision *provisoire* et ne constituerait plus un simple avant préparatoire. — V. *infrà* no 284.

176. — Quant à certains jugemens qui sembleraient devoir, aux termes de l'art. 452, revêtir dans tous les cas le caractère d'interlocutoires, parce qu'ils ordonnent une preuve, une vérification quelconque tenant au fond, il faut observer qu'ils ne sont pas toujours tels, parce qu'en poursuivant cette preuve, cette vérification, ils peuvent très bien ne porter aucun préjudice et ne pas préjuger le fond.

177. — *Preuve, enquête.* — Ainsi jugé que lorsque le premier juge admet à faire enquête sans entendre préjudicier aux droits des parties ni rien préjuger à leur égard, son jugement ne peut être réputé interlocutoire. — *Nîmes*, 14 fév. 1812, Veyrié c. Quinzart.

178. — ... Que le jugement qui admet à prouver les faits articulés à l'appui d'une demande en nullité d'obligations comme entachées d'usure n'est qu'un jugement préparatoire. — *Cass.*, 26 brum. an XII, Cuisenier c. Macquet.

179. — ... Que l'on doit réputer préparatoire le jugement qui ordonne une preuve quelconque si l'une des parties n'a pas contesté l'admission de cette preuve. — *Bruxelles*, 9 mars 1811, Depaepe c. N...

180. — ... Qu'il en est de même du jugement qui renvoie les parties devant un juge de paix à l'effet d'entendre des témoins sur des faits tendant à établir une servitude et de donner son avis sur le résultat de cette mission. — *Orléans*, 17 mai 1820, Trottier c. Renaut.

181. — Il faut toutefois considérer ces décisions comme des décisions d'espèce plutôt que comme des décisions de principe. Il est en effet difficile d'admettre qu'un jugement qui ordonne une preuve ne préjuge pas le fond et n'ait pas par conséquent un caractère interlocutoire.

182. — Cette règle ne nous paraît guère souffrir exception que dans le cas où deux parties sont d'accord dans leurs conclusions pour demander qu'il soit procédé à la preuve. En effet, puisqu'elles sont d'accord pour solliciter cette mesure, son adoption ne peut paraître un préjugé contre aucune d'elles. — Carré et Chauveau, quest. 1616; Pigeau, *Procédure civile*, t. 1er, p. 577; *Comment.*, t. 2, p. 25. — V. cependant Favard, vo *Appel*.

183. — Mais le jugement rendu d'accord entre les parties doit être entièrement conforme à leurs conclusions. Si le tribunal l'accompagne de motifs qui préjugent le fond contre l'une ou l'autre des parties, ce n'est plus un simple préparatoire, c'est un interlocutoire qui préjuge le fond. — Arg., *Montpellier*, 9 prair. an XIII, Pratx.

184. — Du moment qu'il y a contestation entre les parties sur la nécessité ou l'utilité de la preuve, le jugement qui ordonne cette preuve est interlocutoire. — Carré et Chauveau, quest. 1616; — arg. *Bruxelles*, 9 mars 1811, Depaepe c. N...

185. — Au contraire, avant le Code de procédure tout jugement qui ordonnait une preuve était simplement préparatoire. — *Besançon*, 2 juin 1808, Patel c. N.....

186. ... — Encore que cette preuve eût été admise malgré l'opposition de l'une des parties. — *Cass.*, 24 flor. an XIII, de Becq c. Beily.

187. — Ainsi l'on considérait comme préparatoire l'arrêt qui, avant faire droit, ordonnait la preuve de la publication d'une loi. — *Cass.*, 28 vent. an XIII, de Gavres et de Rodoan c. d'Argenteau.

188. — Aujourd'hui l'on doit considérer comme interlocutoire tout jugement qui ordonne une enquête sur un fait dont l'approfondissement peut entraîner la décision de la cause. — *Rennes*, 29 juin 1816, Guillaume c. Conor; 22 janv. 1821, Dugray c. de La Blanchetais; *Cass.*, 4 mars 1828, Ugnon c. Jourdan. — V. aussi *Cass.*, 4 mars 1845 (t. 1er 1845, p. 579), comm. de Vauxbon c. Hutinel. — ... Alors même que c'est d'office que le tribunal l'ordonne. — *Orléans*, 13 mars 1835, Pinaudier c. d'Amboise. — V. ENQUÊTE, nos 102, 175 et suiv.

189. — Carré avait d'abord pensé que dans le cas où le tribunal ordonne d'office une preuve, une vérification, le jugement pouvait n'être pas considéré comme véritablement interlocutoire, attendu qu'il ne préjuge rien, puisque le tribunal ne prononce que pour sa propre instruction; mais il a cru devoir rétracter cette opinion. — V. quest. 1616, édit. Chauveau. — En effet, lorsque le tribunal prononce ainsi d'office un avant faire droit, on ne peut pas dire que les deux parties soient d'accord sur l'admissibilité ou l'utilité de l'approfondissement qu'il ordonne, chose que l'une ou l'autre d'entre elles eût peut-être contestée si la mesure avait été provoquée par sa partie adverse.

190. — Jugé aussi qu'on doit réputer interlocutoire le jugement qui, à la suite des conclusions adversatives des parties, déboute l'une d'elles de sa demande en constatation de certains points de localité, la prive d'un de ses moyens de preuve et préjuge dès-lors le fond. — *Cass.*, 20 juill. 1842 (t. 2 1842, p. 456), comm. de Breteuil c. Roy.

191. — ... Celui qui admet, pour constater le paiement des droits par un recevable, une preuve par témoins, lorsque cette preuve ne peut résulter que des quittances et des registres du receveur. — *Cass.*, 29 janv. 1812, enreg. c. Largillière.

192. — ... L'arrêt qui admet l'adjudicataire d'une coupe de bois dans la forêt d'un particulier à la preuve des faits d'immixtion de la part de ce dernier, à l'aide desquels, à défaut de récolement, l'adjudicataire prétend établir sa décharge de la responsabilité qui lui est imposée. — *Cass.*, 28 août 1824, d'Aremberg c. Milhiet.

193. — ... Ou qui sur une action civile admet à prouver des faits contraires à ceux établis par l'arrêt criminel. — *Bruxelles*, 26 oct. 1816, Vosch c. Vandevelde.

194. — ... Le jugement qui ordonne la preuve de certains faits propres à établir la filiation et la légitimité d'un enfant, encore qu'il déclare ne rien préjuger sur la demande en désaveu formée par le père. — *Cass.*, 25 août 1812, Abel c. Schwartz.

195. — ... Ou qui ordonne la preuve d'une possession immémoriale. — *Cass.*, 4 mars 1828, Ugnon c. Jourdan. — ... Ou trentenaire. — *Bordeaux*, 18 avr. 1839 (t. 2 1839, p. 178), Deschamps c. comm. de Gauriac.

196. — Jugé encore que lorsqu'en ordonnant une enquête, un arrêt décide la question de droit sur l'admissibilité de la preuve testimoniale, cet arrêt est interlocutoire. — *Cass.*, 21 juill. 1830, Cassier c. Connétable.

197. — Selon M. Chauveau (quest. 1616), et c'est aussi notre avis, c'est même à tort que cet arrêt a été qualifié interlocutoire, car lorsqu'il y a difficulté sur le point de savoir si la preuve testimoniale est admissible ou non, le jugement qui tranche la difficulté et ordonne la preuve fait plus que préjuger, il juge. — V. *infrà* nos 351 et s.

198. — Jugé dans ce sens que le jugement qui après discussion en droit sur la recevabilité de la preuve testimoniale ordonne cette preuve est définitif. — *Cass.*, 28 déc. 1818, Bruère; 29 mai 1827, Boulet c. Lapeyre. — V. aussi *Cass.*, 24 oct. 1808, Mautor c. Bloche.

199. — ... Qu'il en est de même du jugement qui refuse d'accueillir une preuve testimoniale. — *Cass.*, 9 déc. 1840 (t. 1er 1841, p. 305), Fournier c. Belen.

200. — ... Et du jugement qui déclare inadmissible la preuve de faits articulés par l'une des parties et ordonne de plaider au fond. — *Bruxelles*, 30 juin 1818, Mineur c. Lebrun.

201. — Jugé aussi sous l'empire de la loi de brumaire, qui n'admettait que des jugemens préparatoires et des jugemens définitifs, que le jugement qui dans une contestation relative à une reconnaissance d'enfant naturel déclare admissible la preuve offerte est définitif. — *Cass.*, 4 vent. an XI, Neuville c. Jean.

202. — Le jugement qui proroge une enquête est, comme celui qui l'a ordonnée, un jugement interlocutoire. — *Orléans*, 15 juill. 1843 (t. 2 1843, p. 377), Coustard c. de Brunier.

203. — Observons qu'un jugement interlocutoire qui admet à preuve *par tous moyens de droit*, ne comprend pas nécessairement la preuve par témoins, s'il n'y a pas eu de contestation sur le mode de faire la preuve. — *Bruxelles*, 11 fév. 1819, Vanderlinden c. Plovits.

204. — *Expertise, descente de lieux.* — Ces mesures ont été considérées tantôt comme préparatoires, tantôt comme interlocutoires. — V. EXPERTISE, nos 65 et suiv., DESCENTE SUR LES LIEUX, nos 6 et suiv.

205. — Ainsi il a été jugé que l'on doit réputer préparatoire le jugement qui, sur une demande en dommages-intérêts et en résolution d'une vente, a ordonné avant de prononcer la résolution, laquelle était convenue et offerte, une expertise nécessaire pour la fixation des dommages-intérêts. — *Poitiers*, 30 mars 1824, Vessières c. Gourdin.

206. — ... Le jugement par lequel les juges, ayant à statuer sur le prix d'une fourniture, ordonnent d'office que des experts feront connaître le prix courant des objets vendus. — *Metz*, 9 mai 1820, Quentin c. Desroches.

207. — ... Le jugement qui, dans une contestation relative à la propriété d'un terrain, en ordonne d'office la vérification par experts, et la levée d'un plan. — *Amiens*, 4 mai 1822, Jacquart c. duchesse de Bavière. — V. cependant *Douai*, 13 avr. 1836, Buniau.

208. — ... Celui qui ordonne une seconde reconnaissance par experts de l'état des objets loués, pour constater à la fin du bail le défaut de réparations à la charge du locataire. — *Besançon*, 23 juill. 1816, N...

209. — ... L'arrêt qui nomme des experts pour vérifier si plusieurs portions de terre voisines d'un cours d'eau et appartenant au même individu ont fait originairement partie de la même propriété, afin de décider si ces portions de terre ont droit au bénéfice d'irrigation établi par l'art. 644, C. civ., puisqu'il laisse subsister en entier la question d'attribution de la jouissance des eaux. — *Cass.*, 9 janv. 1843 (t. 1er 1843, p. 492), Lebrun c. Verne.

210. — ... Le chef du jugement qui ordonne le transport du juge sur les lieux contentieux pour examiner la nature et l'importance des anticipations prétendues faites sur un chemin prétendu appartenir à une commune. — *Bordeaux*, 8 avr. 1839 (t. 2 1839, p. 178), Deschamps c. comm. de Gauriac.

211. — ... La décision par laquelle un tribunal saisi de la demande en réduction du prix d'une vente faite durant le cours du papier-monnaie, ordonne une expertise avant faire droit, toutes fins et exceptions tenantes. — *Cass.*, 4 brum. an XI, Leboullanger c. Piquenot.

212. — ... Le jugement par lequel, sur une contestation relative à l'étendue d'une propriété, l'une et l'autre partie invoquant des titres desquels elles prétendent faire résulter la preuve de l'étendue qu'elles assignent aux lieux contentieux, les juges, en déclarant ne rien préjuger sur le fond, ordonnent une expertise pour le mesurage des lieux. — *Rennes*, 25 juin 1822, Cochet c. Herve.

213. — ... Le jugement qui d'après une première expertise, mais sans l'annuler, en prescrit une seconde, tous moyens et droits des parties réservés. — *Cass.*, 4 pluv. an XI, Dubois c. Teyssèdre. — V. aussi *Cass.*, 22 juin 1836 (t. 1er 1837, p. 43), Roy c. Maurice Duval.

214. — ... Le jugement qui, statuant sur une demande en indemnité pour réparation du préjudice causé aux propriétés voisines par les lapins d'un bois, ordonne avant faire droit, et sans rien préjuger au fond, une vérification des lieux et l'expertise du dommage. — *Cass.*, 27 mars 1836, d'Havrincourt c. Tétart.

215. — ... Ou qui ordonne une visite d'experts, sans nuire ni préjudicier aux droits des parties en l'état de l'instance. — *Rennes*, 14 nov. 1815, N...; *Toulouse*, 9 août 1827, Saint-Léonard c. Brettis.

216. — ... Si toutefois, dans la réalité, le jugement ne porte aucun préjudice aux droits des parties, car cette clause n'ôterait pas au jugement le caractère d'interlocutoire. — *Rennes*, 3 juin 1812, N...

217. — ... Et surtout si le jugement qui ordonne l'expertise a été rendu sur la demande de toutes les parties. — *Rennes*, 30 janv. 1834, Rolland c. La Belinais.

218. — ... Quand bien même le tribunal aurait ordonné que cette expertise aura lieu suivant le mode proposé par chacune des parties. — *Cass.*, 27 fév. 1838 (t. 1er 1838, p. 504), de Chauvelin c. Boulongne.

219. — Jugé dans le même sens, que l'appel contre le jugement qui ordonne le partage d'une succession et nomme des experts pour vérifier si l'immeuble à partager est partageable en nature peut être interjeté sur ce dernier chef, qui ne contient qu'une disposition préparatoire, après les trois mois de la signification et en même temps que celui du jugement qui prescrit la licitation de l'immeuble sur le rapport des experts. — *Bordeaux*, 30 août 1831, Boulerme c. Raymond Élie.

220. — Mais le jugement qui ordonne l'expertise est interlocutoire lorsque l'expertise ordonnée préjuge le fond. — *Bruxelles*, 23 mai 1807, Vanbuchen c. Vandennien-Wenhylen; *Cass.*, 5 fév. 1825, Ribouleau et Jourdain c. Prestal; 4 déc. 1833, Blosseville c. comm. de Buchy.

221. — ... C'est-à-dire lorsque le jugement exprime l'intention du tribunal de faire dépendre la décision du résultat de cet acte d'instruction. — *Cass.*, 26 avr. 1830, Pelieu c. Douanes.

222. — ... Par exemple, si après avoir rejeté les moyens tendant à constater la situation d'une donation faite sous la forme d'une vente, le tribunal ordonne une expertise pour prouver la vilité du prix de cette vente. — *Agen*, 31 janv. 1807, Tissèdre.

JUGEMENT (Mat. civ.), ch. 2, sect. 2e.

JUGEMENT (Mat. civ.), ch. 2, sect. 2e.

223. — ... Ou lorsque, en matière de revendication, les juges ordonnent une expertise après examen des titres présentés par les parties. — *Orléans*, 14 août 1822, N...

224. — ... Ou bien encore lorsque sur une demande en rescision de contrat pour cause de lésion, le jugement a nommé, avant faire droit, des experts pour estimer les biens. — *Cass.*, 3 déc. 1833, de Durat c. de Mondragon.

225. — Jugé de même, que l'on doit considérer comme interlocutoire le jugement qui en cas d'allégation de relâche forcée par un prévenu de contrebande, ordonne une expertise à l'effet de vérifier s'il y avait au navire des avaries qui eussent nécessité sa relâche. — *Cass.*, 26 avr. 1830, Felieu c. Douanes.

226. — ... La décision qui, avant faire droit, ordonne que des experts appliqueront les titres produits par les parties à un immeuble dont elles se contestent la propriété. — *Agen*, 25 fév. 1806, Frélu c. Mochi ; *Bordeaux*, 8 avr. 1839 (t. 2 1839, p. 178), Deschamps c. comm. de Gauriac.

227. — ... Le jugement qui sur des contestations élevées au sujet des limites d'un héritage entre le vendeur et l'acquéreur, nomme un expert pour appliquer les titres. — *Limoges*, 17 juill. 1840 (t. 1er 1840, p. 754), Chaumeil c. Garelon. — V. aussi *Bordeaux*, 8 avr. 1839 (t. 2 1839, p. 178), Deschamps c. comm. de Gauriac.

228. — ... La disposition d'un jugement qui ordonne que des réparations seront vérifiées par experts, pour en constater la valeur. — *Rennes*, 30 mai 1817, N...

229. — ... Le jugement qui, sur une demande en nullité d'une vente de biens de mineur, ordonne une expertise pour juger s'il n'y aurait pas eu lésion ; ce qui implique qu'il n'y aurait lieu à rescision qu'en cas de lésion. — *Rennes*, 2 mars 1825, Luisant c. Leroux.

230. — ... Le jugement qui, sur une demande en rescision, pour cause de lésion, d'une cession ou vente de droits successifs, a ordonné, contrairement aux conclusions d'une partie, une vérification et estimation des biens pour se fixer sur leur valeur à l'époque du contrat et voir si la lésion existe réellement. — *Limoges*, 29 avril 1841 (t. 1er 1847, Gioumeau c. Vallet.

231. — ... Le jugement qui, sur une demande en revendication, ordonne une expertise et une levée des plans. — *Douai*, 13 avr. 1836, Bunian.

232. — ... Celui qui, nonobstant une quittance, renvoie devant un tiers pour faire des vérifications et concilier les parties si faire se peut. — *Amiens*, 15 avr. 1823, Fontaine c. Turquet.

233. — ... Ou qui nomme des experts pour fixer la quotité d'une indemnité due entre les parties. — *Metz*, 3 juill. 1818, Drouin c. Seygler.

234. — ... Le jugement qui, au lieu de se terminer par des arrêtés de compte, et notamment par une quittance définitive dont excipe la partie assignée en paiement de diverses fournitures, nomme un tiers pour faire toutes vérifications, entendre les parties et les concilier, si faire se peut. — *Amiens*, 15 avr. 1823, Fontaine c. Turquet.

235. — ... Le jugement par lequel un tribunal ayant à prononcer sur la mitoyenneté d'un fossé et la propriété d'une lisière de terre attenante, après avoir reconnu qu'il n'existe pas dans la cause de documens suffisans pour statuer sur le fait litigieux, ordonne avant faire droit, la descente du président sur les lieux, et nomme un expert pour faire la double vérification de la contenance des héritages des parties et de l'existence ou non-existence des signes de mitoyenneté. — *Cass.*, 25 juin 1823, Boullenois c. de Varanges.

236. — ... Ou qui, en accueillant une demande à fin de compte, partage et liquidation d'une succession, ordonne, pour parvenir à ces opérations, une visite par experts des biens qui en dépendent. — *Amiens*, 18 mai 1822, Duflos c. Lessertisseur.

237. — ... Le jugement qui, avant faire droit sur la demande d'un passage pour aller d'un fonds enclavé à la voie publique, ordonne que, par experts, il sera procédé à la visite des lieux, à l'effet de déterminer sur quel point le passage peut être accordé de la manière la plus utile et la plus commode pour le demandeur, et en même temps la moins dommageable pour le défendeur. — *Amiens*, 11 mai 1822, Clin Grouzelle c. Mennessier.

238. — ... Le chef d'un jugement qui, sur une contestation élevée entre deux propriétaires, dont l'un dispute à l'autre le droit de détourner les eaux d'un ruisseau, commet un juge pour se transporter sur les lieux contentieux, et y rechercher les moyens de conserver simultanément aux deux parties l'usage des eaux qui leur sont nécessaires. — *Bordeaux*, 8 avr. 1826, Marsac c. Constant.

239. — Jugé même qu'un jugement qui, se fondant sur le droit de certains usagers à demander le cantonnement et des dommages-intérêts pour privation de droit d'usage, ordonne que le cantonnement et les dommages-intérêts seront réglés par experts, est définitif et non interlocutoire. — *Cass.*, 16 avr. 1833, préfet de Saône-et-Loire c. Perrin. — Un tel jugement, en effet, reconnaît l'existence du droit et ne laisse en suspens que le mode de l'exercer.

240. — *Serment.* — Il a été décidé que le jugement qui, après des enquêtes et plaidoiries contradictoires, prononçant avant faire droit, défère un serment supplétoire, est un jugement préparatoire. — *Bruxelles*, 20 déc. 1823, N... — V. cependant arg. *Limoges*, 23 mars 1825, Lausade.

241. — ... Mais qu'il en est autrement du jugement qui ordonne un serment décisoire. — *Cass.*, 8 déc. 1829, Pieffert c. Crestère.

242. — On a déjà vu (*suprà* no 106) qu'un semblable jugement a tous les caractères d'un jugement définitif puisque le juge n'a plus à statuer sur la contestation que pour donner acte de la prestation ou du refus du serment. — V. SERMENT.

243. — *Interrogatoire sur faits et articles.* — Il a été jugé qu'un jugement qui ordonne ou rejette un interrogatoire sur faits et articles est purement préparatoire. — *Rouen*, 27 mai 1817, Champroux c. Petit ; *Liége*, 15 mai 1834, Gaudry c. Coune ; *Paris*, 9 août 1833, Vasserot c. Lefèvre ; 11 janv. 1836 (et non 1835), Noché c. Bertrand ; 18 déc. 1837 (t. 1er 1838, p. 129), Duclos.

244. — ... Et au contraire qu'un tel jugement est interlocutoire. — *Turin*, 27 janv. 1808, N... ; *Lyon*, 26 août 1822, Solichon c. Guillard ; *Paris*, 19 nov. 1829, Bunel c. Granger ; *Angers*, 14 fév. 1835, Sortais c. Mondesir. — V. *infrà* nos 347 et 348.

245. — ... Surtout lorsque le rejet de la demande d'interrogatoire est basé sur un moyen tiré du fond, tel qu'un acquiescement. — *Grenoble*, 3 janv. 1826, Ageron c. Trafouret.

246. — ... Et qu'il en est de même du jugement qui, en matière d'interrogatoire sur faits et articles, déclare les faits signifiés pertinens. — *Bruxelles*, 24 juin 1806, Dubois c. Delafaille.

247. — Quant à Carré (quest. 1241 et 1620), tout en réputant interlocutoires les jugemens qui ordonnent un interrogatoire sur faits et articles, il décide cependant, d'après des raisons fondées sur la nature de ces jugemens, que l'on ne peut en recevoir appel avant le jugement définitif. — V. à cet égard INTERROGATOIRE SUR FAITS ET ARTICLES.

248. — Enfin il a même été jugé qu'on devait réputer définitif le jugement qui rejette une demande à fin d'interrogatoire sur faits et articles, sous prétexte qu'une comparution des parties serait préférable. — *Nîmes*, 4 mai 1829, de Lilleroi c. Ducru.

249. — *Vérification d'écritures.* — Le jugement qui rejette une demande en vérification d'écritures a été considéré comme interlocutoire. — *Lyon*, 6 fév. 1832, Micard c. Frogel.

250. — Il en est de même de celui qui ordonne la vérification de l'écriture d'un acte. — *Cass.*, 16 mai 1809, Daurian c. Gombault.

251. — ... Par exemple, celui qui ordonne une vérification d'écriture d'un testament. — *Paris*, 30 juill. 1838 (t. 2 1838, p. 136), de Verton c. Thouret.

252. — ... Lors surtout que le tribunal admet que cet acte assure l'authenticité de la reconnaissance d'un enfant naturel. — Même arrêt. — V. aussi Merlin, *Quest.*, vo *Filiation*, § 3.

253. — ... Jugé, au contraire, que le jugement qui, sur la production d'une contre-lettre à une donation, ordonne de *reconnaître* ou *méconnaître* que la pièce est écrite ou signée du donataire est simplement préparatoire. — *Bruxelles*, 10 janv. 1817, prince de Ligne c. Poloski. — V. VÉRIFICATION D'ÉCRITURE.

254. — *Solutions diverses.* — On a considéré comme préparatoire : le jugement qui ordonne à des parties représentées par un seul avoué d'en constituer un pour chacune d'elles. — *Rennes*, 23 août 1814, Quemar c. N...

255. — ... Le jugement rendu en vacations qui renvoie la cause après la rentrée. — *Grenoble*, 10 mai 1809, N...

256. — ... Celui qui prononce seulement la remise d'une cause. — *Metz*, 28 fév. 1831, Bernard c. Blondin.

257. — ... Ou qui, après avoir rejeté un déclinatoire, renvoie la cause à un délai déterminé pour être plaidée au fond. — *Colmar*, 12 août 1840 (t. 2 1840, p. 472), comp. du Soleil c. Lorentz.

258. — ... Ou qui, après avoir statué sur la nullité d'un acte de procédure, indique jour pour plaider sur le fond. — *Cass.*, 21 nov. 1837 (t. 2 1837, p. 550), Ponsat c. Sarciron.

259. — ... De même le jugement qui renvoie à l'audience pour statuer sur une requête à fin d'interrogatoire sur faits et articles. — *Toulouse*, 5 mai 1829, Bastié c. fabrique de Saint-Alain.

260. — ... Celui qui ordonne une reprise d'instance. — *Cass.*, 8 nov. 1831, comm. de Branges c. Germain et Maleissye.

261. — ... Le jugement qui ordonne qu'un conseil de famille sera consulté. — *Orléans*, 23 avr. 1807, N...

262. — ... Le jugement qui, avant de prononcer le divorce pour sévices, excès et injures graves, autorisait la femme à quitter provisoirement son mari et ordonnait l'année d'épreuves. — *Trèves*, 11 juin 1806, P... — V. cependant arg. *Cass.*, 26 mai 1807, Lapourielle ; *Paris*, 20 mars 1810, Chardanne.

263. — ... Celui qui, sans contestation, ordonne les formalités préliminaires d'un partage, sans préjuger les droits respectifs des copartageans. — *Cass.*, 13 janv. 1836, Egret c. Mosnier.

264. — Il en serait autrement, et le jugement serait interlocutoire, s'il y avait eu contestation sur la demande en partage. — Carré et Chauveau, quest. 1627. — V. PARTAGE.

265. — ... L'ordonnance qui, sur une requête par laquelle un débiteur requiert acte de l'abandon qu'il veut faire de tous ses biens à ses créanciers, et demande à être affranchi de l'exercice de la contrainte par corps jusqu'à ce qu'il ait été fait droit sur son offre de cession, se borne à adjuger la première partie de la requête, sans statuer sur la seconde. — *Cass.*, 24 mars 1806, Villegarde c. Claro.

266. — ... Celui qui, sans ordonner la preuve de certains faits articulés, enjoint à la partie de les reconnaître ou de les dénier. — *Poitiers*, 3 mars 1826, Bachelier c. Levesque. — V. cependant *Paris*, 19 déc. 1810, Delaglange c. Poinsot. — Mais ce dernier arrêt est critiqué avec raison par M. Chauveau sur Carré, quest. 1616.

267. — Le même auteur (*ibid.*) critique également un arrêt de la cour d'Aix du 24 janv. 1832 (Coulet c. Olive), qui regarde comme préparatoire, et non susceptible d'appel avant le jugement définitif, celui qui trace à des experts la marche à suivre dans leurs opérations et fixe l'étendue de leur mandat.

268. — On a jugé, au contraire, que l'on devait réputer interlocutoire le jugement qui, avant dire droit, ordonne que l'une des parties expliquera, dans un délai fixé, si elle entend faire usage d'une pièce arguée de faux. — *Grenoble*, 8 mai 1832, Odru c. Vial.

269. — ... Ou qui prononce l'admission d'une inscription de faux incident. — *Colmar*, 27 janv. 1832, Meyer c. Ott. — V. cependant *Cass.*, 5 nov. 1835, douanes c. Campi.

270. — ... Le jugement qui, sur une demande en restitution de marchandises, ordonne au défendeur de s'expliquer sur le prix des objets réclamés, et au demandeur d'établir éventuellement ce prix. Ce jugement, en effet, préjuge, que le défendeur est tenu à la restitution des ces marchandises. — *Bruxelles*, 2 mars 1822, Mans c. Wauwermans.

271. — ... Celui qui ordonne que le défendeur à l'interdiction sera interrogé dans la chambre du conseil. — *Caen*, 9 juill. 1828, Toussaint c. Moncuit.

272. — ... Celui qui, sur une demande en complainte, relative à une servitude de passage, ordonne que le demandeur sera tenu de reconnaître quel est le trajet le plus court du fonds enclavé à la voie publique. — *Cass.*, 9 déc. 1828, Gally c. Hérambourg.

273. — ... L'arrêt qui, avant de faire droit sur l'opposition formée par un père au mariage de sa fille, ordonne que celle-ci se retirera pendant un certain temps dans une maison désignée, pour, si elle persévère dans ses projets, être statué comme il appartiendra. — *Cass.*, 21 mars 1809, Follignier.

274. — V. *infrà* (nos 1762 et suiv.) l'explication de la maxime que l'*interlocutoire ne lie pas le juge*.

ART. 2. — *Jugemens provisoires.*

275. — Les jugemens provisoires sont ceux qui, en attendant la décision d'une contestation au fond, et sans préjudicier aux droits des parties, accordent à l'une d'elles une somme de deniers, soit pour sa subsistance, soit pour les frais du procès, ou qui prescrivent une mesure préalable pour la conservation de la chose litigieuse. — Boncenne, t. 2, p. 577 ; Pigeau, *Procéd. civ.*, t. 1er, p. 572 (édit. Crivelli) ; Carré et Chauveau, sur l'art. 134, C. procéd. civ., prélimin. ; Berriat (6e édit.), p. 277 ; Merlin, *Rép.*, vo *Provision*.

276. — Les commentateurs de l'ordonn. de 1667 ont presque toujours confondu les demandes provisoires avec les matières célères. Ainsi Jousse, sur le titre 17 de cette ordonnance, disait que ces de-

demandes étaient toutes celles qui requéraient célérité et où il y aurait péril en la demeure.

277. — Aujourd'hui l'on ne doit plus considérer comme *provisoires* les demandes *célères*. L'art. 404, C. procéd. civ., répute en effet matières sommaires les demandes provisoires, *ou qui requièrent célérité*.

278. — Toutefois, une demande, quoiqu'elle soit provisoire de sa nature, ne doit être jugée avant le fond qu'autant qu'elle requiert elle-même *célérité*; ce que la loi laisse à décider au juge, puisqu'elle n'a point précisé les cas d'urgence. — Arg. art. 134. — Carré et Chauveau, *ibid.*, note.

279. — Les jugemens provisoires ne sont ni d'instruction ni de préjugé, ils prononcent définitivement, quoique pour un temps, sur la contestation dont ils s'occupent. Ce sont, par conséquent, de véritables jugemens définitifs, comme ceux qui statuent sur un incident. — Carré et Chauveau, quest. 1617 *bis*.

280. — Tels sont : le jugement qui prononce une condamnation provisoire à la charge de donner caution. — *Turin*, 9 flor. an X, Falletti c. Fernol.

281. — ... Le jugement qui adjuge à l'une des parties la possession provisoire de l'immeuble litigieux. — *Cass.*, 4 août 1819, Gilles c. Delubières.

282. — ... Le jugement qui commet un administrateur provisoire pour prendre soin de la personne ou des biens du défendeur à l'interdiction. — *Cass.*, 10 août 1825, Vigouroux c. Pons; *Bruxelles*, 28 déc. 1826, B... c. D...

283. — Le même jugement avait été, mais à tort, selon nous, considéré comme simplement préparatoire par arrêts de *Turin*, 5 fruct. an XIII, N..., et *Paris*, 2 niv. an X, Mortier c. Gérion. — V. *suprà* n° 170.

284. — Doivent encore être réputés provisoires les jugemens qui, sur les demandes respectives de plusieurs parties en revendication d'un meuble ou d'un immeuble, ordonnent le séquestre des objets litigieux jusqu'à l'issue du procès. — V. *suprà* n° 175.

285. — ... Et celui qui nomme un curateur à la succession vacante, malgré la réclamation d'un légataire. — V. *suprà* n° 172.

286. — De ce que les jugemens provisoires sont de véritables jugemens définitifs, il résulte que l'appel peut en être relevé avant le jugement du fond. — V. les arrêts cités *suprà*. — V. aussi Chauveau sur Carré, quest. 1617 *bis*.

287. — Toutefois, il a été décidé que le jugement qui statue sur une provision n'est pas susceptible d'appel lorsque la somme réclamée à titre de provision n'excède pas le taux du dernier ressort. — *Nancy*, 22 août 1845 (t. 2 1846, p. 228), Claude c. dame François.

288. — La demande pour obtenir un jugement provisoire peut être formée : 1° avant la demande principale; et alors, suivant les circonstances, on doit citer en référé ou appeler à l'audience. — *Poitiers*, 16 déc. 1829, Montault-Grillaud c. Bérenger. — Pigeau, *Procéd. civ.*, t. 1er, p. 574 (édit. Crivelli); Carré et Chauveau, quest. 571; Berriat, p. 277.

289. — ... 2° Avec la demande principale. Dans ce cas, le demandeur doit donner dans l'exploit, et en vertu de permission accordée sur requête par le juge, assignation à bref délai fixé par l'ordonnance du juge, pour voir statuer sur le provisoire, et à délai ordinaire pour entendre juger au principal. — Mêmes auteurs, *ibid.*

290. — ... 3° Après la demande principale. Il faut alors distinguer : ou l'affaire est sommaire, ou elle ne l'est pas. Au premier cas, la demande provisoire étant incidente, doit être formée par requête d'avoué, qui ne peut contenir que des conclusions motivées. — C. procéd. civ., art. 406. — Au deuxième cas, il faut encore distinguer entre le défendeur et le demandeur au fond. Si c'est le défendeur au principal qui se porte demandeur au provisoire, il doit former sa demande par ses défenses au fond; si c'est le demandeur, il doit la former par ses répliques. — Mêmes auteurs, *ibid.*

291. — Une demande provisoire peut encore être formée immédiatement avant le jugement du fond, et postérieurement aux défenses et réponses. Autrement, en effet, un plaideur de mauvaise foi attendrait après l'instruction pour dégrader l'objet en litige, sachant bien qu'alors il ne pourrait plus en être empêché. Mais, dans ce cas, la demande provisoire devient une véritable demande incidente qui se forme, et à laquelle on défend, suivant l'art. 337, C. proc. civ., par un simple acte. — Pigeau, t. 1er, p. 575; Carré et Chauveau, *ibid.*

292. — Observons aussi que le juge peut statuer d'office sur un provisoire qui n'a pas été demandé, lorsqu'il reconnaît la nécessité et l'urgence de certaines mesures conservatoires dans l'intérêt des parties. — *Cass.*, 30 juin 1841 (t. 2 1841, p. 632), d'Aurelle c. Goyon de Marcé; — Favard de Langlade, t. 3, p. 162, n° 19; Carré et Chauveau, t. 1er, p. 681, quest. 573.

293. — Jugé de même que la demande en provision doit être réputée implicitement comprise dans la demande principale. — Même arrêt. — Berriat, p. 277; Pigeau, *ibid*, p. 575.

294. — Sur la question de savoir si les juges pourraient, avant de statuer sur un déclinatoire, ordonner une mesure provisoire, V. EXCEPTION, nos 58 et suiv.

295. — Les jugemens provisoires sont toujours par leur nature susceptibles d'exécution provisoire, sans qu'elle soit ordonnée. En effet, ils ne sont rendus que pour obvier à l'inconvénient d'attendre le jugement définitif. — Pigeau, *Comm.*, t. 2, p. 33; Carré et Chauveau, quest. 586; *Praticien français*, p. 435; — C. procéd., art. 135, § 7. — — V. cependant Boncenne, t. 2, p. 578. — V. EXÉCUTION PROVISOIRE.

296. — L'art. 14 du tit. 17 de l'ordonn. de 1667 contenait une disposition formelle à cet égard. Ainsi, un jugement qui statuait sur une demande en provision alimentaire était exécutoire de plein droit, nonobstant appel. — *Bruxelles*, 12 flor. an XII, Vanaelbrœck.

297. — Il faut remarquer seulement que les juges ont aujourd'hui la faculté d'ordonner cette exécution avec ou sans caution, tandis qu'autrefois on prescrivait toujours le cautionnement pour sûreté de la restitution de la somme ou de la chose. — Rodier, sur l'art. 5, tit. 27, ord. 1667.

298. — S'il a été formé une demande provisoire, et que la cause soit en état sur le provisoire et sur le fond, les juges sont tenus de prononcer sur le tout par un seul jugement. — C. procéd. civ., art. 134. — *Montpellier*, 15 therm. an XI, Eglée Sue.

299. — Même dans ce cas, la décision sur le provisoire n'est pas inutile, car il faut statuer sur les dépens de l'incident. D'ailleurs, il pourrait arriver que l'exécution du jugement sur le fond pût être retardée par un appel, et qu'il y eût nécessité de prendre pendant la durée de l'instance d'appel, les mesures provisoires que l'on demandait en première instance. — Boitard, t. 1er, p. 548 et suiv.; Carré et Chauveau, t. 1er, p. 681, quest. 572 *bis*; Berriat, p. 277.

300. — Mais le tribunal qui se déclare incompétent pour le fond ne peut statuer sur le provisoire, car il est également incompétent sur le provisoire. — V. en ce sens *Cass.*, 19 fév. 1808, Lefèvre; Pigeau, *Comment.*, t. 1er, p. 329; Demiau, p. 120; Carré et Chauveau, quest. 574. — V. PROVISION.

Sect. 3e. — *Jugemens définitifs.*

301. — Le jugement définitif est, en général, celui qui statue sur toute la cause et qui la termine.

302. — Commme on l'a vu *suprà* n° 105, il n'est pas toujours facile de distinguer le jugement définitif du jugement interlocutoire, ou, en d'autres termes, le jugement qui *juge* de celui qui ne fait que *préjuger*.

303. — Toutefois, il faut d'abord observer que ce qui constitue la chose jugée dans une décision émanée des tribunaux, c'est uniquement le dispositif de leur jugement; mais aussi que ce que contient ce dispositif ne doit jamais être considéré comme l'expression sans valeur d'une opinion que l'on puisse abandonner plus tard.

304. — Il n'y a donc pas, à vrai dire, de jugement qui soit purement interlocutoire, puisque tout jugement a un dispositif et que le dispositif n'est pas un simple préjugé.

305. — Toute la difficulté se résume à bien fixer le point où s'arrête la portée du dispositif.

306. — Nous adoptons, à cet égard, la théorie de M. Chauveau. — On soumet aux tribunaux, dit cet auteur (*ibid.*), ou des questions de procédure, ou des questions de droit, ou des questions de fait.

307. — Les questions de procédure se résolvent par une mesure à permettre ou à défendre; — les questions de droit concernant le fond de la cause, par une solution de doctrine; — les questions de fait, par une déclaration affirmative ou négative.

308. — Or, dans ces trois hypothèses, quels que soient les motifs donnés par le juge, isolés ils ne contiennent jamais une solution; mais rapprochés du dispositif ils peuvent, au contraire, pour les questions de procédure ou de droit compléter la pensée du juge et déterminer le caractère de sa décision.

309. — Ainsi (nous empruntons cet exemple à M. Chauveau), *Primus* demande à prouver une obligation par témoins; *Secundus* s'y oppose par le motif que la loi défend la preuve testimoniale dans l'espèce soumise au juge. Le tribunal, considérant que si, en règle générale, la loi défend la preuve testimoniale quand il s'agit d'une somme excédant 150 fr., elle la permet lorsqu'il existe un commencement de preuve par écrit, et que, dans la cause, ce commencement de preuve résulte de tels et tels actes, admet *Primus* à prouver par témoins les faits allégués. — Dans cette espèce, le dispositif n'ordonne qu'une enquête; mais rapproché des motifs, ce dispositif tranche l'exception tirée de l'inadmissibilité de la preuve testimoniale; et sur ce point il y a jugement définitif.

310. — De même, *Primus* et *Secundus* sont en désaccord sur l'étendue du temps pendant lequel la possession dont *Secundus* veut faire la preuve aura duré. *Primus* soutient que son adversaire doit prouver trente ans de possession, *Secundus* répond que la loi ne l'oblige à faire qu'une preuve de dix ans. Le tribunal considérant que, dans l'espèce, la loi n'exige qu'une preuve de dix ans, ordonne que *Secundus* prouvera par témoin que depuis dix ans il a constamment possédé l'objet en litige. — Il y a là jugement définitif sur la durée de la preuve.

311. — On voit par ces exemples que jamais la chose jugée ne peut résulter *implicitement* du dispositif seul et qu'il faut au moins que ce dispositif renferme un mot qui seul ne suffirait peut-être pas, mais qui, rapproché des motifs, présente une disposition complète et définitive.

312. — Nous disons *un mot*, car si le dispositif contenait le rejet formel de l'exception ou une solution de la question de droit proposée, il ne saurait y avoir aucune difficulté.

313. — Au surplus, il faut remarquer que jamais la controverse ne pourra s'élever à l'occasion des questions de fait. — En effet, d'une part, la mesure que le juge ordonne pour s'éclairer sur le fait contesté, précédée des motifs les plus explicites, ne pourra jamais que préjuger le fait, car si le juge déclarait le fait constant ou impossible, tout en ordonnant une voie d'instruction, sa décision serait absurde. — Chauveau, *ibid.*

314. — D'autre part, si le juge, dans son dispositif, tient le fait pour constant et ne veut s'éclairer que sur les conséquences de ce fait, il n'y a pas de doute possible : il y a chose jugée sur le fait, tandis qu'il n'y a encore que préjugé sur l'étendue des conséquences. — Chauveau, *ibid.*

315. — Enfin, si le dispositif du jugement, malgré tous les développemens des motifs, ne dit pas un seul mot du fait à juger, il n'y a pas encore de doute; la mesure ordonnée indique l'opinion des juges, elle préjuge le sens de la sentence définitive, mais rien n'est encore jugé; le jugement est interlocutoire. — Chauveau, *ibid.*

316. — Cela posé, quelle sera donc la nature des jugemens qui, sans tenir aucun compte dans leurs dispositifs des *exceptions* ou *incidens* proposés, et après les avoir expressément discutés dans leurs motifs, ordonnent une mesure d'instruction? — Nous n'hésitons pas à penser avec M. Chauveau (*ibid.*) que le rejet implicite de l'exception ou de l'incident, ou leur admission implicite, ne suffisent pas pour imprimer à ces jugemens le caractère définitif sur l'exception ou sur l'incident. Autrement, en effet, on reviendrait à cette fausse doctrine d'un jugé par ces motifs, quelle que soit la teneur du dispositif.

317. — En résumé, notre doctrine se réduit à ceci : c'est le dispositif seul d'un jugement qui constitue la chose jugée, et la chose jugée ne peut résulter *implicitement* du dispositif, s'il n'offre au moins un germe que les motifs puissent féconder.

318. — Le préjugé, au contraire, ne peut résulter que des suites probables et non nécessaires du dispositif, ou bien des considérations contenues dans les motifs. — Chauveau sur Carré, quest. 1616e. — V. aussi APPEL, nos 325 et suiv.

319. — La plupart des arrêts viennent à l'appui de cette doctrine.

320. — Ainsi, il a été jugé que c'est d'après le dispositif, et non d'après les motifs d'un jugement, qu'on peut apprécier s'il est définitif. — *Cass.*, 6 juin 1811, comm. de Bellefontaine c. d'Anthès. — V. CHOSE JUGÉE, nos 105 et suiv. — *Amiens*, 6 fév. 1835, sous *Cass.*, 18 fév. 1839 (t. 1er 1839, p. 218), Walsh-Serrant et de Latour du Pin-Montauban c. Meurisme.

321. — ... Que, dès lors, un arrêt qui n'a pour objet que d'ordonner une preuve est interlocutoire, bien que dans ses motifs il ait discuté et défini le caractère des actes intervenus entre les parties. — *Cass.*, 29 mai 1828, Crinon c. Drapier; *Bordeaux*, 28 mars 1831, comm. de Chatres c. Verliac.

322. — ... Qu'il en est de même du jugement qui, dans ses motifs, reconnaît qu'une partie doit des dommages-intérêts à l'autre, mais qui, dans son dispositif, se borne à ordonner une expertise pour constater le préjudice qu'elle a causé. — *Cass.*, 5 juin 1833, Laurent c. Hausen.

323. — ... Ou de celui qui, statuant sur une demande en indemnité pour réparation du préjudice causé aux propriétés voisines par les lapins d'un bois, ordonne, avant faire droit, une vérification des lieux et l'expertise du dommage, quoique dans ses motifs il ait examiné la question de responsabilité du propriétaire. — *Cass.*, 28 mars 1826, d'Havrincourt c. Tétart.

324. — ... Que, bien que le juge de paix, statuant sur une action possessoire, discute le titre sur lequel est fondée la possession, dans les motifs de son jugement, et semble par là résoudre la question au possessoire et au pétitoire, son jugement ne peut être attaqué pour cause d'incompétence, lorsque dans le dispositif il s'est borné à statuer sur la possession. — *Cass.*, 18 (et non 10) mai 1818, Allier c. Benoist ; conf. *Cass.*, 20 mai 1829, Bauffremont c. comm. de Traves ; 28 juin 1830, Escoffier c. Fauvin ; 31 août 1831, de Puyvert c. Larochefoucauld ; 19 déc. 1831, Brison-Grandjardin c. Beslay ; 26 juill. 1826, Formon c. Vailland.

325. — ... Que le pétitoire n'est pas cumulé avec le possessoire par le juge de paix qui, appelé à statuer sur une action en complainte, à l'occasion de l'exercice d'un droit de passage, apprécie les faits de la cause, qu'il qualifie d'abus de ce droit, dans les motifs de son jugement, quoiqu'il se borne dans le dispositif à maintenir le demandeur en sa possession. — *Cass.*, 24 juin 1828, Biraud c. Pasquier.

326. — C'est par application de ce principe qu'on est non recevable à former un appel ou un pourvoi en cassation contre les motifs d'un jugement ou d'un arrêt. — V. APPEL, nos 73 et suiv., et CASSATION, nos 150, 468 et suiv.

327. — Toutefois, il a été jugé aussi qu'un jugement dont le dispositif tend à un préparatoire peut néanmoins être réputé définitif, d'après ses motifs, quand l'opinion qu'il énonce paraît évidemment destinée à être la base de la décision sur le fond. — *Trèves*, 20 frim. an XIV, Cassel c. Suligenstalt.

328. — ... Que, bien que les motifs ne constituent pas le jugement, cependant la loi n'ayant point prescrit de formule sacramentelle pour les jugemens, il suffit que le rejet d'un moyen qui a été proposé soit la suite nécessaire et indispensable du dispositif, pour que l'on doive décider que ce dispositif a jugé la difficulté que les motifs avaient d'ailleurs appréciée. — *Cass.*, 27 mars 1838 (t. 1er 1838, p. 406), Nolhia, Passemart et Paris c. Blandin.

329. — ... Et dès lors, que le jugement qui, en ordonnant la production d'une pièce par les assureurs, rejette implicitement les conclusions en paiement provisoire prises par l'assuré, doit être réputé définitif sur ce dernier chef. — *Aix*, 8 déc. 1835, Escalon c. Assureurs.

330. — ... Que lorsqu'un arrêt, sans prononcer explicitement dans son dispositif sur une fin de non-recevoir proposée par le défendeur qu'un motif formel de cet arrêt repousse, accueille au fond les conclusions du demandeur, l'exception doit être considérée comme implicitement rejetée. — *Cass.*, 4 mars 1826, Bourbon-Busset c. comm. de Saint-Hilaire.

331. — ... Que le jugement qui ordonne une expertise aux fins de constater la bonne ou mauvaise administration d'un régisseur est définitif, lorsqu'il résulte de ses motifs que le tribunal a implicitement décidé la question du fond. — *Cass.* (motifs), 12 germ. an IX, Dyochet c. Henri. — V. anal. *Rennes*, 3 juin 1812, N...

332. — ... Que le jugement qui, sur une action en rescision d'un traité passé entre cohéritiers, à laquelle le défendeur oppose que l'acte attaqué est une vente de droits successifs, non susceptible d'être rescindée (art. 889), ordonne, sans égard à cette exception, l'estimation des biens de la succession, est *définitif* de sa nature, en ce qu'il rejette la fin de non-recevoir. — *Riom*, 3 fév. 1825, de Phadt c. de Retz ; — Chauveau sur Carré, quest. 1616.

333. — De la distinction que nous avons établie entre les jugemens interlocutoires et les jugemens définitifs, il est facile de conclure que les jugemens qui terminent la contestation ne sont pas les seuls qui soient définitifs, et qu'il faut aussi considérer comme tels tous les jugemens qui prononcent sur un incident, une exception, une nullité, une fin de non-recevoir, etc. — *Cass.*, 2 germin. an X, Servonat c. Raynaud ; 14 frim. an XII, Delu c. Hébert ; 12 mars 1806, Vandergragt c. Delys ; *Rouen*, 25 brum. an X, Gouy c. Malherbe ; *Agen*, 13 mars 1806, Raynal c. Creberac ; — arg. *Cass.*, 4 mai 1836, Bourbon-Busset c. comm. de Saint-Hilaire. — V. APPEL, no 35.

334. — En conséquence, on doit considérer comme définitif le jugement qui rejette des moyens de nullité contre une enquête. — *Cass.*, 1er mars 1811, Porte c. Mathieu.

335. — ... Ou des moyens de reproches contre les témoins de cette enquête. — *Metz*, 8 déc. 1815, Ebluiger c. Dorvaux ; *Rennes*, 12 janv. 1826, Bécheux père c. ses enfans ; 14 avr. 1821, Crabé c. Lhoir ; *Douai*, 14 mars 1840 (t. 2 1840, p. 559), Léger c. Jammart.

336. — ... Le jugement qui rejette une demande pour défaut de préliminaire de conciliation. — *Orléans*, 2 juin 1819, Seguin. — V. APPEL, no 328.

337. — ... Le jugement qui déboute d'une opposition. — *Montpellier*, 6 fév. 1832, Galzin c. Treille.

338. — ... Le jugement qui déclare une opposition recevable et renvoie la cause à une prochaine audience pour être fait droit au fond. — *Cass.*, 15 frim. an XII, Bazin c. Jeannin.

339. — ... Celui qui déclare que le maire d'une commune n'est pas légalement autorisé à plaider. — *Orléans*, 10 avr. 1835, maire de la comm. de Cinais c. Bruneau.

340. — ... Ou qui prononce sur la qualité des parties, et qui rejette l'exception tirée de ce qu'un individu n'aurait pas qualité pour agir comme curateur d'un absent. — *Bourges*, 30 nov. 1825, Renault c. Meunier.

341. — ... Celui qui rejette un déclinatoire. — *Cass.*, 18 flor. an IX, Pluvis c. Gollion ; 5 (et non 2 fév.) 1825, Ribouleau c. Preslat ; *Turin*, 27 flor. an XIII, Leggiardi c. Cumiana ; *Cass.*, 9 août 1842 (t. 2 1842, p. 520), Garbonnet c. Loyver. — V. APPEL, nos 330 et 331.

342. — ... Et en général celui qui statue sur la compétence. — *Cass.*, 23 niv. an IV, Girard c. Martin ; 11 germ. an X, Hyverand c. Ferraud ; 1er vent. an XII, Oheguerty c. Chabert ; 10 fruct. an XII, Abric c. Frenclet ; 25 juin 1825, Dècle ; *Nancy*, 4 fév. 1839 (t. 1er 1847), comm. de Gibeaumeix c. Leclerc ; 25 mars 1839 (t. 3 1844, à sa date), Capitain c. Bert.

343. — ... Le jugement qui déclare mal fondée une demande en garantie, quoiqu'il ne statue que préparatoirement sur la demande principale. — *Bruxelles*, 8 janv. 1825 (Journ. de cette cour, t. 2 1825, p. 99).

344. — ... Le jugement qui, en matière de séparation de corps, repousse une demande en comparution personnelle des parties à laquelle il a été conclu et qui a été contestée. — *Bruxelles*, 14 mars 1827, C...

345. — ... Le jugement qui prononce sur l'exception de péremption d'un jugement par défaut non exécuté dans les six mois. — *Bruxelles*, 24 fév. 1835 (journ. de cette cour, t. 2 1835, p. 315).

346. — ... Le jugement qui, après un rapport d'experts, renvoie les parties devant un notaire commis, pour se concilier sur le mode de partage, et rejette purement et simplement une demande en nouvelle expertise. — *Cass.*, 6 déc. 1836, enregistr. c. Ervoy.

347. — ... Celui qui rejette une demande à fin d'interrogatoire sur faits et articles. — *Nîmes*, 4 mai 1829, de Lilleroi c. Ducru. — V. *suprà* nos 243 et s.

348. — ... Ou qui annule une procédure tendante à interrogatoire sur faits et articles. — *Metz*, 12 mai 1821, Devez c. Noizet.

349. — ... Le jugement qui valide une saisie-arrêt et ordonne que les tiers saisis seront tenus de payer au créancier, et déclare ces dispositions communes avec le débiteur saisi. — *Cass.*, 27 avr. 1807, Rohan-Guéménée c. Bouret de Vezclay.

350. — ... Le jugement qui, après contestation, autorise un prétendant droit à une succession à assister à la levée des scellés. — *Cass.*, 25 nov. 1818, Laboissière c. Martivelly.

351. — De même encore, on doit considérer comme définitif : le jugement qui, après discussion sur la recevabilité de la preuve testimoniale, ordonne cette preuve. — *Cass.*, 28 déc. 1818, Bruère ; 29 mai 1827, Boulet c. Lapeyre. — V. aussi *Cass.*, 24 oct. 1808, Mautor c. Bloche.

352. — ... Ou refuse de l'accueillir. — *Cass.*, 9 déc. 1840 (t. 1er 1841, p. 305), Fournier c. Belen ; *Limoges*, 1er août 1838 (t. 1er 1839 p. 216), Brandy. — V. cependant *Cass.*, 21 juill. 1830, Cassier c. Connétable, et *suprà* no 197 nos observations sur cet arrêt.

353. — ... Le jugement qui ne se borne point à ordonner une preuve, mais qui, sur le différend élevé entre les parties, détermine quelle est celle d'entre elles qui est tenue de faire cette preuve. — *Bruxelles*, 15 juin 1827 (journal de cette cour, t. 2 1827).

354. — ... Le jugement qui, entre deux durées de preuve de trente ou de quarante ans, décide que le demandeur ne sera obligé qu'à une preuve de trente ans. — Arg. *Cass.*, 8 janv. 1829, Boiyron c. Terrasse.

355. — ... Le jugement qui déclare inadmissible la preuve de faits articulés par l'une des parties et ordonne de plaider au fond. — *Bruxelles*, 30 janv. 1818, Mineur c. Lebrun.

356. — ... Le jugement qui, dans une contestation relative à une reconnaissance d'enfant naturel, déclare admissible la preuve offerte. — *Cass.*, 4 vent. an XI, Neuville c. Jean.

357. — ... Le jugement qui déclare recevable une action dont la recevabilité est contestée. — *Cass.*, 26 vendém. an XII, Hébert c. Délu.

358. — ... Le jugement qui statue sur l'admissibilité de la requête civile. — *Cass.*, 18 fév. 1839 (t. 1er 1839, p. 258), Walsh-Serrant et de la Tour du Pin-Montauban c. Meurinne.

359. — ... Le jugement qui prononce sur la question de savoir si une créance est ou non réductible. — *Cass.*, 25 nov. 1817, Cathala c. Sayssel. — Cet arrêt qualifie le jugement d'interlocutoire, mais le traite évidemment comme définitif. — Carré et Chauveau, quest. 1616.

360. — ... Le jugement par lequel, en matière de douanes, le juge de paix admet une inscription de faux formée contre un procès-verbal et retient la connaissance du faux. — *Cass.*, 5 nov. 1835, Douanes c. Campi. — V. cependant *Colmar*, 27 janv. 1832, Meyer c. Ott.

361. — ... Le jugement qui statue sur le point de savoir s'il doit être donné ou non copie de telles ou telles pièces produites au procès. — *Bruxelles*, 14 avr. 1827, N...

362. — ... Le jugement qui statue sur le point de savoir si les légataires à titre universel ont qualité pour obtenir la communication de toutes les pièces de la succession non liquidée sur laquelle ils prétendent avoir des droits à exercer. — *Rouen*, 16 fév. 1843 (t. 1er 1843, p. 660), Levacher c. Lemelle.

363. — ... Le jugement qui ordonne la production d'un compte et fixe un délai pour le rendre, quoique le comptable soutienne avoir déjà compté. — *Cass.*, 21 juill. 1817, Bellieuvre c. Limelle. — V. cependant *Orléans*, 5 mai 1819, N... — V. aussi *suprà* nos 159 et suiv.

364. — ... Celui qui condamne à rendre compte dans un délai donné, ou à payer une somme déterminée, dépens réservés jusqu'à l'option. — *Rennes*, 16 août 1822, Gambier c. Terrien.

365. — ... L'arrêt qui défère un serment décisoire. — C. civ. art. 1356, 1357, 1363 et 1365. — *Cass.*, 18 janv. 1813 (intér. de la loi), Buscaglione. — V. *suprà*.

366. — ... Le jugement qui commet un administrateur provisoire pour prendre soin de la personne ou des biens du défendeur à l'interdiction. — *Cass.*, 10 août 1835, Vigouroux c. Pons ; *Bruxelles*, 28 déc. 1826. — V. *suprà* no 281.

367. — ... Le jugement qui ordonne à une partie appelée en cause de s'expliquer sur certains faits, sous peine de voir le jugement à intervenir déclaré commun avec elle. — *Bruxelles*, 8 mai 1822, Spinoy c. Parmentier.

368. — ... Celui qui, par suite d'une vérification d'écriture, déclare que la pièce contestée est écrite par celui à qui on l'attribue. — *Cass.*, 21 mess. an IX, Moustellon c. Brel.

369. — ... Le jugement qui, en matière d'enregistrement, ordonne que des héritiers qui, dans leur déclaration de succession, ont omis des biens dont la consistance et la valeur ne peuvent être encore appréciées feront, dans un délai déterminé, une déclaration supplétive des biens omis, faute de quoi il sera fait droit. — *Cass.*, 29 déc. 1841 (t. 2 1841, p. 498), Roussel et Belvey c. Enregistrement.

370. — ... Le jugement de jonction, s'il résulte de la jonction un préjudice irréparable. — *Limoges*, 15 janv. 1817, Martin ; *Nîmes*, 8 janv. 1819, Soulier. — V. aussi *suprà* no 110.

371. — ... Ou si de la jonction résulte le rejet virtuel d'une exception d'incompétence. — *Bordeaux* (motifs), 30 mai 1829, Renaleau c. Dupas ; — Chauveau sur Carré, quest. 1621.

372. — ... Le jugement qui joint au fond la demande incidente d'une provision alimentaire. — *Montpellier*, 5 therm. an XII, Duston c. Adrien.

373. — ... Le jugement qui tient une instance pour reprise. — *Bordeaux*, 7 janv. 1840 (t. 1er 1840, p. 430), Bouillac de la Feuillade c. Ragot et Desnanots.

374. — ... Le jugement qui ordonnerait la mise en cause de parties inutiles dans l'instance et qui par suite porterait atteinte à un arrêt précédemment rendu entre les parties. — *Cass.*, 19 avr. 1826, Choffin-Besançon c. Levert.

375. —... Ou qui, sur la demande, faite par un membre d'un société contre un de ses coassociés, en paiement de sa part contributive dans une somme par lui avancée, en qualité de caissier, sur les fonds sociaux, la distraction de cette somme ayant été autorisée avec garantie par les autres sociétaires, ordonnerait préalablement la mise en cause de tous les coassociés, pour procéder contradictoirement avec eux à la liquidation de l'entreprise qui a nécessité la distraction. — *Rennes*, 10 avr. 1821, Delahaye Barruel c. Jourdan de Kerniol.

376. —... Le jugement qui prononce un sursis sur une demande principale en état jusqu'à ce que la demande en garantie le soit aussi. — *Cass.*, 1er juin 1810, Barthelon c. Vincendon. — V. *suprà* nos 356 et suiv.

377. —... Le jugement qui accorde un nouveau délai à des parties pour faire une expertise à laquelle il avait été ordonné de procéder dans un délai déterminé sous peine de déchéance. — *Cass.*, 1 frim. an IX, Collonge c. Jaillard.

378. — Enfin ont encore été considérés comme définitif : le jugement rendu en matière de compte et par lequel le tribunal, après avoir entendu le rapport du juge commissaire, et n'y trouvant pas des éclaircissemens suffisans pour asseoir sa décision, renvoye les parties devant un expert en comptabilité, mais qui n'est pas juge du tribunal. — *Cass.*, 6 juin 1820, Lebarois d'Orgeval c. Thérouide.

379. —... Le jugement qui, en renvoyant de la cause des parties en leur qualité d'héritiers, leur ordonne d'y rester pour être statué contradictoirement sur une demande en nullité d'acte intentée contre l'une d'elles. — *Cass.*, 1er vent. an XII, Oheguerty c. Chabert.

380. —... Le jugement qui annule une vente comme renfermant une donation déguisée et qui renvoie à une autre audience pour statuer si on doit tenir compte à l'acquéreur du prix que l'acte déclare payé par lui. — *Cass.*, 28 frim. an X, Dupont c. Bodin.

381. —... La disposition d'un jugement qui, dans une demande en rescision pour cause de lésion, défend aux experts nommés pour procéder à l'estimation, de comprendre dans l'estimation de la vente, les sommes payées par l'acquéreur à titre d'épingles. — *Cass.*, 19 vendém. an XII, Troncq c. Blaquière.

382. —... Le jugement qui, en renvoyant à instruire sur l'objet principal du litige, condamne une partie aux dépens. — *Caen*, 6 janv. 1845 (t. 1er 1845, p. 608), Ceffray et Enrégistrement c. Charles Ceffray, Thomfeul ; *Agen*, 26 mai 1807, Dertal c. Bez ; *Rennes*, 30 mai 1817, N..

383. —... Le jugement rendu sur une contestation incidente relative à un dépôt de pièces et qui ordonne que le dépôt aura lieu aux frais de l'une des parties. — *Aix*, 17 juin 1826, Maury c. Vidal.

384. — Il importe peu que le jugement qui décharge une partie lui impose une condition à remplir, il n'en est pas moins définitif. — *Turin*, 9 avr. 1811, Gervasio c. Deabbati. — V. *suprà* no 106.

385. — Un jugement peut contenir tout à la fois une disposition définitive et une disposition préparatoire ou interlocutoire.

386. — Il est alors susceptible d'appel dans la disposition qui est définitive. — *Cass.*, 2 frim. an IX, Collonge c. Saillard ; 11 brum. an XI, Soulier c. Roumans.

387. — Ainsi, le jugement qui ordonne une expertise et qui prononce simultanément le rejet d'une exception déclinatoire est tout à la fois interlocutoire quant à l'expertise, et définitif quant à l'incompétence. — *Cass.*, 5 (et non 2) fév. 1825, Ribouleau et Jourdain c. Prestat.

388. — Lorsqu'après avoir déclaré une commune propriétaire du sol d'une halle et l'ancien seigneur propriétaire des constructions, un jugement a ordonné une expertise pour fixer la valeur principale et locative de ces constructions, ce jugement est définitif relativement à sa première disposition et interlocutoire seulement quant à l'expertise. — *Cass.*, 4 déc. 1833, Blosseville c. comm. de Buchy.

389. —... La disposition d'un jugement qui ordonne que des réparations seront vérifiées par experts, pour en constater la valeur est interlocutoire, mais celle qui condamne au paiement de ces réparations est définitive. — *Rennes*, 20 mai 1817, N...

390. — De même, le jugement qui prononce explicitement des condamnations formelles en soumettant leur quotité éventuelle à une expertise est tout à la fois définitif et préparatoire. — *Nîmes*, 26 niv. an XIII, Boudon c. Gervais ; *Metz*, 1 juill. 1818, Drouin c. Seygler.

391. — Est définitif le jugement qui homologue le rapport d'expert et envoie chaque cohéritier en possession de son lot, bien qu'il contienne ensuite d'autres dispositions préparatoires. — *Riom*, 5 fév. 1819, Dupic c. Dufour.

392. — De même encore lorsqu'un jugement, tout en reconnaissant que l'action en revendication du demandeur est prescriptible par dix ans, ordonne, avant faire droit, que le défendeur prouvera qu'il a possédé en vertu d'un juste titre, ce jugement est définitif quant au chef qui déclare la prescription décennale admissible. — *Bruxelles*, 14 déc. 1821, Van-Overveldt c. Vander-Meyden.

393. — Lorsque pour admettre la preuve par témoins de l'acquisition d'une servitude par la prescription trentenaire, un arrêt a examiné contradictoirement le caractère et la légalité de cette servitude et déclaré qu'elle constituait une servitude continue et apparente susceptible d'être prescrite, cet arrêt est définitif, sur ce point. — *Cass.*, 11 janv. 1841 (t. 2 1843, p. 146), Rœss c. Zehler.

394. — Un tribunal ne peut rendre des décisions qui contrarient un jugement définitif précédemment rendu entre les mêmes parties et non encore réformé. — *Nîmes*, 7 janv. 1812, Guillard c. Pascal.

395. — Toutefois, comme la chose jugée ne résulte que du dispositif, il suit qu'il n'y aurait pas violation, si le dispositif d'un jugement n'était contraire qu'aux motifs d'un autre jugement. — *Cass.*, 21 fév. 1831, Pillié c. Dubois ; 9 janv. 1839 (t. 1er 1839, p. 141), préfet du Pas de Calais c. de Montblanc. — V. aussi *Bordeaux*, 31 mars 1828, Martineau c. Puthod ; *Cass.*, 21 déc. 1830, Drouet-Chalus c. Vaudelon. — V. *suprà* nos 303 et s., et CHOSE JUGÉE.

CHAPITRE III. — *Des conditions et des formes des jugemens.*

396. — La loi a attaché aux décisions des tribunaux la présomption de vérité et de justice ; mais il est évident que ces décisions ne peuvent être présumées justes et vraies qu'autant qu'elles existent légalement, c'est-à-dire qu'elles réunissent toutes les conditions et formes prescrites par la loi pour les constituer actes de justice publique et pour les faire valoir comme tels. — Poncet, t. 1er, p. 177.

397. — Nous allons examiner dans les sections suivantes quelles sont ces formes et conditions.

Sect. 1re. — *Constitution du tribunal.*

398. — Tout jugement doit émaner d'une autorité judiciaire légitime, c'est-à-dire d'un tribunal légalement constitué et circonscrit dans ses limites essentielles.

399. — Or, un tribunal n'est légalement constitué qu'autant qu'il se trouve composé des juges et officiers publics que la loi fait entrer dans son organisation et au nombre qu'elle a prescrit ; — que les divers membres qui en font partie intégrante ont tous le caractère public qu'ils doivent avoir ; — et enfin que le tribunal est réuni dans les lieux affectés à l'administration de la justice. — Poncet, t. 1er, p. 183.

400. — Quant aux limites essentielles dans lesquelles le tribunal doit se renfermer, sous peine de perdre son autorité, ce sont celles qui circonscrivent son ressort, soit territorial, soit matériel, soit juridictionnel. — V. à cet égard COMPÉTENCE, DEGRÉ DE JURIDICTION, ORGANISATION JUDICIAIRE, POUVOIR JUDICIAIRE.

401. — Nous allons d'abord examiner chacune des conditions requises pour la constitution légale des tribunaux ; nous verrons ensuite de quelle manière on doit procéder au remplacement des magistrats absens ou empêchés.

402. — Quant à la question de savoir si une cour royale qui annule un jugement interlocutoire pour composition irrégulière du tribunal peut retenir le fond et le juger par un seul et même arrêt, V. ÉVOCATION, nos 68 et suiv.

ART. 1er. — *A qui appartient le droit de juger.* — *Nombre exigé de juges.* — *Lieux et publicité de l'audience.*

403. — *A qui appartient le droit de juger.* — Les membres dont se compose un tribunal sont les juges, l'officier du ministère public et le greffier.

404. — Les juges seuls ont le droit de délibérer et de concourir à la formation des jugemens.

405. — Les officiers du ministère public ne pourraient plus, comme autrefois, suppléer les juges, même dans les affaires qui ne sont pas sujettes à communication. — Pigeau, *Proc. civ.*, t. 1er, p. 556.

406. — Est donc nul le jugement auquel a concouru comme juge un officier du ministère public. — *Cass.*, 2 fructid. an IV, Philippon ; 23 niv. an IV, Moreau c. Longuet ; 4 germ. an IV, Langlois c. Cornet ; 4 thermid. an IV, Coquard c. Coquard ; 6 thermid. an IV, Desarneaux c. Desarneaux ; 23 niv. an IV, Moreau c. Tourbier ; 14 ventose an IV, Bonnefoy c. Faure ; 22 ventose an VI, Proux c. Roze ; *Bruxelles*, 12 janv. 1818, Morchot c. Broquet ; *Cass.*, 28 fév. 1828, Aimé Chaillon.

407. — ... Et la nullité peut en être demandée aussi bien par voie de cassation que par voie de requête civile. — *Bruxelles*, 12 janv. 1818, Morchot c. Broquet.

408. — Mais le concours au jugement définitif d'un juge qui aurait précédemment connu de la cause lors du jugement préparatoire, comme remplissant les fonctions du ministère public, n'entraîne pas la nullité du jugement, si la récusation n'a pas été proposée par la partie. — *Cass.*, 12 nov. 1833, Delsol c. Bois. — V. conf. *Rennes*, 8 juill. 1819, Fercoq c. N. ; *Cass.*, 18 fév. 1828, Papillon c. hospices de Paris. — Carré, quest. 1392, Lepage, p. 253 ; Favard, t. 4, p. 762 ; Hautefeuille, p. 206. — V. au surplus RÉCUSATION.

409. — De même un conseiller-auditeur, quoique attaché au service du parquet, pouvait valablement participer à un jugement. — *Cass.*, 23 fév. 1830, Auvray c. Angot ; 27 nov. 1833, de la Marine c. de Bernis.

410. — En ce qui concerne les conditions d'idonéité exigées des juges, V. JUGE.

411. — *Nombre de juges.* — Les juges doivent être au nombre prescrit par la loi, c'est-à-dire trois au moins pour les jugemens rendus par les tribunaux de première instance, et sept au moins pour les arrêts des cours royales en matière civile. — L. 27 vent. an VIII, art. 27 ; 20 avr. 1810, art. 40.

412. — Il en était ainsi déjà sous l'empire de la loi des 16-24 août 1790 ; toutefois, en ce qui concernait les tribunaux de districts, ils ne pouvaient juger en dernier ressort qu'au nombre de quatre juges.

413. — ... Et cette disposition était prescrite à peine de nullité. — *Cass.*, 4 frim. an IV, Valogne ; 4 germ. an IV, Gullay c. Grubis ; 25 prair. an V, Dranaux c. Despla ; 12 vent. an IX, Talon c. Girard.

414. — Le décret du 6 juillet 1810 dérogea aux lois des 24 août 1790 et 27 vent. an VIII, qui exigeaient qu'il y eût sept conseillers pour juger en matière civile.

415. — D'après ce décret, les chambres de police correctionnelle pouvaient juger au nombre de cinq conseillers les causes sommaires qui leur étaient renvoyées par ordre du premier président. — *Cass.*, 23 (et non 13) juill. 1812, Lafont c. N... ; 29 août 1815, Sarrabaig c. N... ; 18 janv. 1824, Verny c. Trapet ; 26 août 1823, Duchemin c. Dousuesque ; 23 août 1827, Boutoey c. Mayor ; 13 juill. 1830, Gaillard c. Poncet. — V. aussi avis du cons. d'état, 10 janv. 1813.

416. — L'ordonnance du 24 sept. 1828 fit cesser la contradiction qui existait entre ce décret et les lois antérieures. Cette ordonnance, après avoir porté à sept le nombre des conseillers composant les chambres des appels de police correctionnelle, ajoute que ces chambres ne pourront juger en matière civile qu'au nombre de sept juges.

417. — Aux colonies, les lois qui concernent l'organisation judiciaire sont différentes. — A la Guadeloupe notamment les tribunaux d'appel peuvent, au nombre de cinq juges, rendre un arrêt valable. — *Cass.*, 11 fév. 1823, Megère c. Gelin.

418. — De ce qu'une cour royale ne peut, en matière civile, juger qu'au nombre de sept juges, il résulte qu'une chambre composée de cinq conseillers et de deux conseillers auditeurs, dont l'un n'avait pas voix délibérative, n'a pu rendre un arrêt valable. — *Cass.*, 21 mars 1826, Martin c. Morel.

419. — Toutefois, il n'y aurait pas lieu d'annuler un arrêt rendu par six conseillers titulaires et un conseiller auditeur, encore bien que l'arrêt n'énonçât point que ce dernier avait droit de suffrage, si d'ailleurs l'on ne prouvait pas que ce conseiller auditeur n'avait point l'âge requis. — *Cass.*, 15 mars 1823, Boirelle c. assurances de Saint-Malo ; 30 déc. 1824, Ducasse c. Chavaille ; 18 avr. 1826, Barry c. Oddoz.

420. — Il a été jugé aussi qu'il suffisait qu'un arrêt plaçât un conseiller auditeur au rang des juges pour qu'il fût justifié par cela seul, jusqu'à preuve contraire, que ce conseiller était d'âge et avait voix délibérative. — *Cass.*, 22 juin 1825, Dupuy c. Darricarrère ; 28 juin 1825, Sémidei c. Furiani ; 21 août 1832, Haag c. Schneider ; 6 juill. 1829, préfet du Doubs c. comm. de Manthe.

421. — Le concours de sept juges prescrit pour

la validité des arrêts rendus par les cours royales est suffisant, et il n'y a point d'exception à faire pour les arrêts rendus par les chambres de vacations de ces cours. — *Cass.*, 8 déc. 1829, de Damas-Crux c. Legall.

422. — Lorsqu'une cour royale est réunie en audience solennelle, le nombre des conseillers doit être au moins de quatorze. — *Cass.*, 21 juin 1820, De La Barthe c. comm. de Vaudoncourt; 31 juill. 1821, Picard.

423. — Avant l'ordonnance du 24 sept. 1828, dans les cours composées d'une seule chambre civile, cette chambre pouvait tenir seule, sous la présidence de son premier président, les audiences solennelles. L'adjonction de la chambre correctionnelle était purement facultative. — *Cass.*, 26 fév. 1816, Clara c. Payet.

424. — ... Il suffisait alors que cette chambre eût sept conseillers au moins. — *Cass.* (et non *Agen*), 23 fév. 1825, Dolézac c. Poulet.

425. — Mais depuis 1828 la réunion de la chambre correctionnelle à la chambre civile est indispensable. — V. AUDIENCE SOLENNELLE, nos 65 et suiv.

426. — On jugeait encore, avant l'ordonnance du 24 sept. 1828, que pour qu'une cour royale pût rendre un arrêt, les chambres civile et correctionnelle réunies, il suffisait qu'elle fût composée de douze conseillers, dont sept de la chambre civile et cinq de la chambre correctionnelle. — *Cass.*, 20 janv. 1826, Michel c. Pierquin.

427. — Mais aujourd'hui le concours de quatorze juges à l'audience solennelle est exigé lorsque la chambre correctionnelle se réunit à la chambre civile. — *Cass.*, 23 déc. 1833, Papillaud c. Gaillard.

428. — Chacune des chambres appelées à concourir à un arrêt en audience solennelle doit être composée d'un nombre de juges égal à celui qu'elle devrait avoir pour juger isolément. — *Cass.*, 23 déc. 1833, Papillaud c. Gaillard; 15 janv. 1834, Bonny; même jour, Boyé; 12 fév. 1838 (t. 1er, 1838, p. 222), Roussel.

429. — ... Sans qu'il puisse suffire que les membres des deux chambres pris en somme présentent le nombre voulu pour la composition de l'audience solennelle. — Mêmes arrêts.

430. — Dès-lors dans le cas où deux chambres d'une cour royale ont été réunies, si l'une d'elles n'a point, à raison de l'absence d'un de ses membres, le nombre de conseillers dont elle devrait nécessairement être composée si elle jugeait isolément, elle doit, pour se compléter, appeler un membre d'une section autre que celle à laquelle elle est réunie, quand même celle-ci aurait un excédant de conseillers présens à l'audience suffisant pour composer le nombre de rigueur de membres que les deux chambres devraient avoir pour pouvoir juger en audience solennelle. — *Cass.*, 28 juin 1824, Vaudilon c. Bourreau.

431. — Si donc la chambre correctionnelle appelée à former une audience solennelle avec une chambre civile ne présente que quatre conseillers, il y a nécessité d'appeler trois membres d'une autre chambre, et non pas un seulement, pour la compléter, encore que la chambre civile se trouve composée de neuf membres. — *Cass.*, 23 déc. 1833, Papillaud c. Gaillard.

432. — Toutefois, s'il ne manque à l'une des deux chambres qu'un seul membre pour atteindre le nombre nécessaire, et si le premier président a concouru à l'arrêt, il y a présomption suffisante que ce magistrat, bien que présidant habituellement la chambre qui se trouvait complète, a assisté à l'audience comme membre de la chambre qui avait besoin de son adjonction pour être complétée, la loi lui donnant l'autorisation de présider celle des chambres de la cour qu'il lui convient de choisir. — *Cass.*, 15 janv. 1834 (première espèce), Bonny; même jour, Boyé; 15 mai 1839 (t. 1er 1839, p. 667), de Villechaise c. Pupier. — V. au surplus AUDIENCE SOLENNELLE, nos 72 et suiv.

433. — Lorsque dans une affaire qui, par sa nature, ne devait pas être jugée en audience solennelle, l'arrêt constate qu'il a été rendu en audience solennelle et par sept juges seulement, il n'est pas nul pour insuffisance du nombre de juges. Alors il y a présomption : 1° que les deux chambres n'ont pas été réunies; 2° que seulement des membres de la chambre correctionnelle ont été appelés pour compléter la chambre civile; 3° que c'est par erreur que le greffier a énoncé que l'arrêt a été rendu en audience solennelle. — *Cass.*, 30 janv. 1821, Sartorius c. Kitzinger.

434. — Lorsque la loi prescrit que la cour royale se réunira en assemblée générale pour juger (ainsi, par exemple, sur l'appel d'une décision du conseil de discipline de l'ordre des avocats), la cour doit, à peine de nullité, être composée d'un nombre de magistrats tel que chacune des chambres qui concourent à l'assemblée générale réunisse elle-même le nombre de magistrats nécessaire pour sa composition légale. Ainsi est nul l'arrêt rendu par une cour royale composée de quatre chambres, si vingt-deux membres seulement ont pris part à cet arrêt. — *Cass.*, 3 août 1831, N...; 24 nov. 1825 (int. de la loi), Dussord; 12 fév. 1838 (t. 1er 1838, p. 222), Roussel; 8 janv. 1844 (t. 1er 1844, p. 154), avocats de Charleville c. procureur général de Metz; 8 avr. 1845 (t. 1er 1845, p. 660), avocats de Toulouse c. procureur du roi de Toulouse.

435. — Mais il n'est pas nécessaire, comme dans le cas d'audience solennelle (V. *suprà* n° 428) que chaque chambre en particulier prenne dans son sein et envoie à l'assemblée générale un nombre de conseillers égal à celui que la loi exige pour qu'elle puisse juger régulièrement. — V. DISCIPLINE, nos 290 et suiv.

436. — Ainsi, lorsqu'une cour royale exerce la juridiction en assemblée générale, toutes chambres réunies, il suffit qu'elle soit composée d'un nombre de ses membres au moins égal à celui que la loi attache à chacune de ses chambres pour qu'elles puissent exercer leur juridiction, sans qu'il soit besoin que toutes fournissent ce nombre parmi les seuls membres qui leur appartiennent. — *Cass.*, 12 juill. 1843 (t. 2 1843, p. 624), Boctard; 8 janv. 1844 (t. 1er 1844, p. 154), avocats de Charleville c. procureur général de Metz.

437. — Ainsi l'arrêt qui émane des trois chambres d'une cour dont deux chambres peuvent juger au nombre de sept, et la troisième au nombre de cinq, est régulièrement rendu par dix-neuf magistrats, encore bien que l'une des chambres civiles n'eût fourni que cinq membres à l'assemblée générale. — Même arrêt.

438. — Jugé aussi que, pour qu'un tribunal réuni en assemblée générale soit au complet, il suffit que l'assemblée se compose d'un nombre de juges égal au nombre prescrit par la loi pour composer toutes les chambres de ce tribunal, sans qu'il soit nécessaire que chacun des titulaires absens ou empêchés soit remplacé par un juge suppléant. — *Rennes*, 19 juill. 1833, Clémenceau.

439. — Dans tous les cas, un tribunal doit toujours être composé de manière qu'il n'y ait pas d'incertitude sur la régularité de sa composition, et que, par des événemens indépendans des parties, cette composition ne puisse pas devenir illégale. — Bioche et Goujet, n° 72; Boncenne, t. 2, p. 390; Favard, v° *Jugement*, p. 183.

440. — Le nombre des juges doit donc être certain, apparent et indépendant des chances et du secret des délibérations. En conséquence, est illégalement composé le tribunal formé du nombre de juges indispensablement exigé, lorsque, dans ce nombre, se trouvent des juges parens ou alliés au degré prohibé, et dont les voix, en cas de conformité, ne seraient comptées que pour une. — Le jugement de ce tribunal est essentiellement nul. — *Cass.*, 11 (et non 21) oct. 1822, Rambaud c. Etaix; 7 nov. 1840 (t. 2 1840, p. 677), Grillon.

441. — A plus forte raison, lorsqu'un arrêt rendu en audience solennelle, ne mentionne que la présence de quatorze juges, dont deux sont alliés au degré prévu par l'art. 3, ord. 24 sept. 1828, sans faire connaître que les opinions de ces deux juges ont été différentes, il n'y a pas certitude que les quatorze voix aient pu être utilement comptées, et l'arrêt ainsi rendu doit être cassé. — *Cass.*, 23 juin 1840 (t. 2 1840, p. 249), N...

442. — Il en serait autrement si le nombre des juges excédait celui rigoureusement exigé. — Ainsi, sous la loi du 25 mars 1822, pour qu'une cour royale fût valablement constituée en chambres civile et correctionnelle réunies, il suffisait qu'elle fût composée de douze magistrats dont sept de la chambre civile et cinq de la chambre correctionnelle, et, en conséquence, lorsque la cour se trouvait composée de treize magistrats dont huit de la chambre civile et cinq de la chambre correctionnelle, l'arrêt était valable quoique l'un des magistrats de la chambre civile fût frère de l'un des magistrats de l'autre chambre, soit que leurs voix fussent comptées comme contraires, soit qu'elles fussent réduites à une seule comme étant conformes. — *Cass.*, 20 janv. 1826, Michel c. Pierquin.

443. — De même est valable l'arrêt rendu par huit conseillers de la chambre correctionnelle réunis à sept conseillers de la chambre civile, en audience solennelle, quoique l'un des membres de la chambre correctionnelle soit l'oncle de l'un des membres de la chambre civile, et qu'ainsi leurs voix ne comptent que pour une seule. — *Cass.*, 4 nov. 1835 (arrêt cité par Bioche et Goujet, n° 97). — Dans ce cas, en effet, la chambre correctionnelle étant composée d'un nombre supérieur au *minimum*, on a pu, par argument de l'arrêt de Cassation du 15 janv. 1834 (Bonny), compter à la chambre civile la voix des deux conseillers qui, à cause de leur parenté, devait s'identifier.

444. — Les jugemens des tribunaux civils ne peuvent être rendus par moins de trois juges, et les arrêts des cours royales en matière civile ne peuvent l'être par moins de sept. Mais ils peuvent l'être et le sont ordinairement par un plus grand nombre. Tous les magistrats qui ont assisté aux plaidoiries ont le droit d'y prendre part. — Bioche et Goujet, n° 51. — V. d'ailleurs *infrà* nos 471 et s.

445. — Ainsi, une cour royale ne peut ordonner que deux conseillers auditeurs qui ont assisté aux plaidoiries de la cause quitteront leurs siéges et s'abstiendront de concourir à la reddition de l'arrêt, sous prétexte que l'un d'eux n'a que voix consultative, et que le concours de l'autre rendrait le nombre des juges pair, et pourrait ainsi donner lieu à un partage. — *Cass.*, 14 avr. 1830, Hugues c. Farnous.

446. — Il en est autrement en Belgique. La disposition de la loi du 4 août 1832, qui dispose que les jugemens seront rendus par un nombre fixe de trois juges, est exclusive aussi bien d'un nombre supérieur que d'un nombre inférieur à trois. — *Cass. belge*, 22 nov. 1836, fabrique de Saint-Jean-Baptiste c. Van Derelst.

447. — Ainsi, en Belgique est nul le jugement rendu par un tribunal de première instance au nombre de quatre juges. — *Cass. belge*, 22 nov. 1836, fabrique de Saint-Jean-Baptiste c. Van Derelst.

448. — Mais il faut remarquer que si, parmi les magistrats qui faisaient partie du tribunal, il se trouvait un juge suppléant, celui-ci, quoiqu'il eût assisté à toutes les plaidoiries, n'aurait pas le droit de délibérer et de voter si d'ailleurs le tribunal se trouvait composé d'un nombre suffisant de juges titulaires.

449. — La loi n'accorde, en effet, aux juges suppléans voix délibérative qu'autant que leur concours est nécessaire pour compléter le tribunal, et devient dès-lors une condition de la validité du jugement.

450. — Ainsi, un jugement est nul par cela seul qu'un suppléant y a concouru sans que sa présence fût indispensable pour compléter le nombre de juges nécessaire. — *Cass.*, 29 niv. an IV, Bondinot c. Perraud; 12 vendém. an VI, Pujo c. Castaing; *ibid.*, Nedouchol c. Remy; 3 vent. an IV, Marly c. Vigier; *ibid.*, Lelong c. Barré; 17 vendém. an V, Lemonnier; 3 messid. an VI, Soubeyran c. Clerc; 4 prair. an V, Franquelin c. Pelligault; 19 germin. an IV, Millet c. Mercier; 7 brum. an V, Hennedouche c. Destères; 24 pluv. an VII, Andenelle c. Barré; 26 thermid. an IV, Culture c. Cherpat; 21 niv. an X, Barrau c. Bordarius; 14 niv. an IV, frères Massot et Coudert c. Medaille; 5 prair. an IV, Grimpard c. Villecoq; 27 brum. an V, Cher c. Gondois; 8 fructid. an V, Bertholon c. Meilhad; 1er brum. an IV, Ferris c. Sanet; 7 messid. an IV, Hernie Nivervesle c. Brière; 16 brum. an V, Tabourier c. Leduc; 22 brum. an V, Defailly c. Decossart; 21 fruct. an IV, Mathieu c. Guerrier; 7 fructid. an IV, Marty c. Martin; 16 fruct. an IV, Cochet c. Bonnetin; *ibid.*, Sarguepée c. Leroy; 22 fruct. an IV, Joly c. Kubignon; 6 pluv. an IV, Roussel c. Albert; 15 vent. an V, Granjean-Delille c. Goizot; 10 août 1807, Peteau c. Grimaldi; 23 juill. 1823, Baron c. enreg.; 23 avr. 1827, enreg. c. Languillet; 11 fév. 1828, enregist. c. Williamshope; 24 nov. 1834, Dupart c. enreg.; 1er déc. 1840 (t. 2 1840, p. 787), Beville c. enreg.

451. — ... Alors même que les parties n'ont pas récusé le juge suppléant dont la présence n'était pas nécessaire. — *Cass.*, 18 nov. 1811, Sabadie c. Bouche.

452. — Les juges suppléans ne peuvent non plus prendre part avec voix délibérative aux jugemens rendus en matière de discipline que dans le cas où le tribunal ne se trouve pas composé du nombre de juges titulaires. — *Cass.*, 12 fév. 1838 (t. 1er 1838, p. 222), Tiffhoine.

453. — Toutefois la mention de la simple *assistance*, non du *concours*, d'un juge suppléant inutile ne serait pas une cause de nullité du jugement.

454. — Lorsqu'un jugement énonce qu'il a été rendu par trois juges, peu importe donc qu'il ajoute qu'il a été rendu en présence d'un juge suppléant. Ce dernier ne peut être considéré comme ayant concouru au jugement. — *Cass.*, 10 août 1824, Enreg. c. Jardin.

455. — De même, un jugement constatant qu'il a été rendu par un juge et deux suppléans seulement, en présence d'un troisième, est conforme à

la loi, et ne peut être annulé, pour mention de la présence d'un troisième suppléant. — *Cass.*, 31 janv. 1828, Fournier c. Mouchonnet.

456. — Jugé aussi que la seule présence de juges suppléans à l'audience dans laquelle un jugement a été rendu par un nombre suffisant de juges titulaires, ne constitue pas leur concours illégal à ce jugement, si d'ailleurs il n'est pas constaté que cette présence ait été suivie de l'émission de leurs opinions et s'il est énoncé, au contraire, que les voix ont été recueillies conformément à la loi. — *Cass.*, 31 mai 1827, Marescal c. Suriray.

457. — ... Et que lorsque deux juges suppléans ayant siégé avec deux juges titulaires, il est dit dans le jugement qu'il a été rendu par tel *juge suppléant*, juge et par tel *juge suppléant*, il ne s'ensuit pas que ce dernier ait concouru au jugement en qualité de juge, et dès-lors, le jugement doit être maintenu. — *Cass.*, 2 avr. 1828, de Beauffremont c. enregistrement.

458. — ... Et la circonstance, constatée par l'expédition d'un jugement, que l'audience à laquelle il a été rendu était tenue par trois juges titulaires et par un juge suppléant, suffit pour établir présomption légale qu'il n'y a assisté qu'avec voix consultative, lorsque rien ne prouve qu'il y ait concouru avec voix délibérative. — *Cass.*, 18 nov. 1834, Rémond c. Guillaume; 9 déc. 1833, Leclerc c. Lessieux, 5 nov. 1835, N...

459. — Jugé toutefois qu'en matière d'enregistrement, le rapport des affaires devant être fait par un juge, aux termes de l'art. 65, L. 22 frim. an VII, il suffit que ce rapport ait été fait par un juge suppléant dont la présence n'était pas nécessaire pour compléter le tribunal, pour que la participation de ce juge suppléant à la délibération soit présumée, lorsque le jugement ne constate pas le contraire. — *Cass.*, 11 fév. 1828, enreg. c. William Shope; 23 avril 1827, enreg. c. Languillet; 8 fév. 1836, Javal c. Enreg.

460. — ... Et même qu'en cette matière, il suffit que le rapport ait été fait par un juge suppléant dont la présence n'était pas nécessaire pour que le jugement soit nul. — *Cass.*, 23 avr. 1827, enreg. c. Languillet; 24 nov. 1834, Dupart; 4 janv. 1836, enreg. c. Nouette; 14 juin 1836 (t. 1er 1837, p. 31), enreg. c. de Sassénat; 20 juill. 1836, enreg. c. Brault; 8 nov. 1836, enreg. c. Gillet; même jour, enreg. c. Trannoy; 21 nov. 1836, enreg. c. N...; 11 avr. 1837 (t. 1er 1840, p. 519), enreg. c. Lonnet de Terpuenne; 1er déc. 1840 (t. 2 1840, p. 787), Béville c. enreg.; Merlin, *Rép.*, v° *Jugement*, § 1er, n° 6; Roland et Trouillet, *Dict. de l'enreg.*, v° *Jugement*, § 2, n° 48; Masson-Delongpré, *Cod. de l'enreg.*, n° 1550. — V. ENREGISTREMENT.

461. — Cette rigueur a même été appliquée aux juges suppléans près le tribunal de la Seine, quoique le décret du 27 mai 1811 autorisât le président de ce tribunal à charger les juges suppléans du rapport des ordres et des contributions et de quelques autres matières spéciales.

462. — Il a été jugé que ce décret n'était pas applicable en matière d'enregistrement. — *Cass.*, 23 juil. 1823, Baron c. enreg.; 15 mars 1825, enreg. c. Bidault; 18 avr. 1826, enreg. c. Mellerio-Meller; 13 déc. 1826, enreg. c. Deschamps; 6 nov. 1827, enreg. c. Cotterel; 23 avr. 1827, enreg. c. Languillet.

463. — Au contraire, il ne pouvait résulter aucune nullité de ce qu'en cette matière le rapport de l'affaire eût été fait par un juge auditeur. — *Cass.*, 12 août 1829, enreg. c. Noirot.

464. — C'est qu'en effet, à la différence des juges suppléans qui ne peuvent siéger qu'au défaut des juges en titre les juges auditeurs avaient le caractère de juges permanens en activité devant les tribunaux. — Même arrêt.

465. — Aussi les juges auditeurs qui avaient l'âge requis pour délibérer, c'est-à-dire vingt-cinq ans, avaient-ils le droit de concourir à la délibération du tribunal, même lorsque le nombre des juges étaient suffisant pour rendre le jugement. — *Cass.*, 27 fév. 1826, Restout c. Pastet; 4 avr. 1829, Laborie; 25 mars 1829, Roucairol c. Bérard; 28 juin 1830, Escoffier c. Fauvin.

466. — Il a même été jugé que bien que les juges auditeurs n'eussent que voix consultative tant qu'ils n'avaient pas atteint l'âge de vingt-cinq ans, ils pouvaient, avant cet âge, être rapporteurs des causes sur délibéré ou qui s'instruisaient par écrit et au jugement desquelles ils avaient alors voix délibérative. *Cass.*, 12 août 1829, enreg. c. Noirot.

467. — Il en était de même des conseillers auditeurs attachés aux cours royales: comme les autres juges nommés par le roi, ils étaient aptes, dès qu'ils avaient atteint l'âge requis, à concourir à tous les actes et à tous les jugemens qui intervenaient dans les cours dont ils faisaient partie. — *Cass.*, 10 mars 1829, Berthonnet c. Billoux; 18 déc. 1827, Roux c. Jalabert Lamotte.

468. — ... Et lorsqu'ils avaient assisté à toutes les plaidoiries d'une affaire, ils avaient le droit de délibérer, quoique le nombre des conseillers titulaires fût suffisant pour la validité du jugement. — *Cass.*, 14 août 1830, Hugues c. Farnous. — V. *suprà* n° 445, et CONSEILLER AUDITEUR.

469. — Quant aux juges ou conseillers honoraires, pour qu'ils aient le droit d'assister, avec voix délibérative, aux assemblées de chambres et aux audiences solennelles, il faut que ce droit leur ait été expressément conféré par des lettres du souverain expédiées à cet effet. — *Cass.*, 10 janv. 1821, Jégu c. de Cryel.

470. — A défaut de ces lettres, le jugement ou arrêt auquel ils auraient concouru serait nul. — Même arrêt. — Carré, *Lois de la compét.*, t. 2, n° 110 (édit. de Fournier); Dupin, *Des magistrats d'autrefois* etc, p. 127, n° 71.

471. — Le vote de tous les juges qui ont assisté aux plaidoiries constitue-t-il un droit acquis aux parties, de telle sorte qu'il y ait nullité du jugement, si l'un deux n'a pas participé au jugement, encore bien que le tribunal ait été en nombre suffisant pour rendre un jugement? Nous ne le pensons pas.

472. — Jugé dans ce sens que l'abstention d'un juge qui a assisté aux plaidoiries n'est pas une cause de nullité, s'il reste encore un nombre de juges suffisant pour rendre un jugement. — *Bruxelles*, 24 janv. 1821, N...; *Toulouse*, 31 mars 1821, Claris c. Boué; *Cass.*, 25 janv. 1825, Bizot c. Cornatin; *Grenoble*, 23 août 1827, Desismards c. Valernod; *Bruxelles*, 6 nov. 1827, V...; *Cass.*, 14 nov. 1832, Duhamel c. Dayez. — V. aussi Merlin, *Rép.*, add. v° *Jugement*, § 1er.

473. — ... Quand même ce serait volontairement que l'un des juges qui ont assisté aux plaidoiries se serait abstenu de participer au jugement. — *Toulouse* (motifs), 31 mars 1821, Claris c. Boué.

474. — A plus forte raison lorsqu'un juge se trouve par maladie dans l'impossibilité d'assister au délibéré d'une cause dans laquelle il a entendu les plaidoiries, le tribunal peut-il ordonner qu'elle sera jugée en son absence. — *Bruxelles*, 24 janv. 1821, N...

475. — Jugé cependant que l'arrêt rendu sans la participation de deux conseillers auditeurs qui avaient assisté aux plaidoiries était nul, bien que la cour fût encore en nombre suffisant pour délibérer. — *Cass.*, 14 avr. 1830, Hugues c. Farnous.

476. — Mais il faut remarquer que cet arrêt a été rendu dans des circonstances toutes spéciales et qui le justifient jusqu'à un certain point. Les deux conseillers auditeurs avaient été écartés de la délibération par ordre de la cour et malgré l'opposition des parties, sous prétexte que l'un d'eux n'avait que voix consultative et que le concours de l'autre rendrait le nombre des juges pair et pourrait ainsi donner lieu à un partage. Ainsi n'est-ce qu'accessoirement que la cour de Cassation a fait valoir dans les motifs de son arrêt le droit des parties au vote de tous les juges qui ont assisté aux plaidoiries; ce qui a surtout déterminé sa décision, c'est l'excès de pouvoir qui résultait de l'ordre d'abstention donné aux deux magistrats.

477. — Nous avons dit que les jugemens pouvaient être rendus et l'étaient souvent par un nombre de juges supérieur à celui prescrit par la loi. Mais le jugement ainsi rendu n'est régulier qu'autant que tous les juges appartiennent à la section du tribunal qui a été saisie de la cause. — Berriat, t. 1er, p. 20, obs. 14; Boncenne, t. 2, p. 374.

478. — Une chambre composée du nombre de juges suffisant ne peut s'adjoindre d'autres juges, à peine de nullité des arrêts à intervenir. — *Cass.*, 8 mars 1824, Trompat c. Gallerand; 20 avr. 1839 (t. 1er 1840, p. 174), Vée.

479. — Ainsi jugé que le jugement rendu par la section d'un tribunal est nul, si un membre de l'autre section y a concouru sans nécessité. — *Cass.*, 13 pluv. an VIII, Boisleau c. Daniel; 7 vent. an VIII, Pourcher c. Berthelot; 4 frim. an IX, Chansenlat c. Muthulin; 13 messid. an IX, Vanschakerloo; — Pigeau, *Comment.*, t. 1er, p. 270.

480. — ... Et que l'arrêt rendu par une chambre de cour d'appel dont les membres étaient en nombre suffisant pour juger est nul, si on a appelé pour y concourir un membre d'une autre chambre. — *Cass.*, 3 (et non 5) août 1812, Pestel.

481. — Jugé aussi avant l'ordonnance du 24 sept. 1828 qu'une chambre d'appel de police correctionnelle, composée de cinq juges et jugeant en matière civile ne pouvait s'adjoindre de nouveaux juges d'une autre chambre. — *Cass.*, 8 mars 1824, Trompas c. Gallerand.

482. — En effet, s'il en était autrement, les sections, qui doivent être stables et invariables, deviendraient de simples commissions, et les parties pourraient se trouver privées des juges que la loi

leur donne et du résultat que le jugement aurait eu, si le juge étranger à la section n'eût pas été arbitrairement appelé. — *Cass.* (motifs), 3 (et non 5) août 1812, Pestel; — Boncenne, t. 2, p. 374.

483. — La partie qui n'a point réclamé contre la composition du tribunal est recevable à proposer devant le tribunal de Cassation la nullité du jugement fondée sur ce qu'il aurait été rendu par un trop grand nombre de juges. — *Cass.*, 18 germ. an XI, Sirey c. Roquelaure.

484. — Toutefois les juges qui par l'effet du roulement ont changé de chambre peuvent être rappelés à celle dont ils sont sortis, pour concourir à la prononciation du jugement dans une cause dont ils ont entendu les plaidoiries. — *Cass.*, 1er juil. 1818, Dangeville c. comm. de Lompes; 18 août 1818, Raimont c. Caillat. — V. conf. *Cass.*, 20 fév. 1824, Roux de Saint-Félix; 21 fév. 1824 (int. de la loi), Furgole.

485. — Ainsi, un conseiller auditeur qui, après avoir été nommé rapporteur dans une chambre civile, a été attaché à une chambre correctionnelle, n'en peut pas moins revenir dans la chambre civile faire son rapport. — *Cass.*, 20 janv. 1829, commune de Cormatin c. comm. de Confrançon.

486. — Et lorsque les plaidoires ont eu lieu avec un nombre de magistrats qui excède celui rigoureusement nécessaire pour rendre un arrêt, et que par suite du roulement, plusieurs d'entre eux ont passé dans une autre chambre, ceux-ci peuvent *tous* être appelés pour participer à la confection de l'arrêt, quoique alors le nombre des juges excède de celui exigé par la loi. — *Cass.*, 18 août 1818, Raimont c. Caillat.

487. — Si une chambre d'un tribunal ou d'une cour ne peut sans nécessité s'adjoindre un membre d'une autre chambre, à plus forte raison un tribunal composé de plusieurs sections ne peut-il, à moins d'une disposition formelle de la loi, juger en sections réunies.

488. — Décidé en ce sens sous l'empire de la constitution de l'an III et de la loi du 19 vendém. an IV. — *Cass.*, 1er flor. an VI, Duchatel c. Vandenyver; 2 fruct. an VI, Boucher; 3 brum. an VII, Assire; 18 vendém. an VII, Destouches; 11 vendém. an VI, Ribon c. Périnet; 27 frim. an VII, Jollivet c. Pauly; 24 frim. an VII, Ferrand; 13 prair. an VI, Alexandre; 2 flor. an VI, Boyer-Fonfrède c. Saver; 2 thermid. an VI, Gobineau c. Latouche.

489. — Jugé cependant que sous l'empire de la même constitution, les tribunaux d'appel pouvaient juger en sections réunies les causes importantes. — *Cass.*, 20 flor. an X, Sacquepée c. Servi.

490. — ... Et qu'il en était de même sous la loi du 27 vent. an VIII. — *Cass.*, 18 brum. an XI, comm. de Jasseron c. le domaine.

491. — Quoi qu'il en soit, aujourd'hui les cours souveraines sont seules autorisées à réunir leurs sections, et seulement dans les cas déterminés par les réglemens des 30 mars 1808 et 6 juill. 1810. — *Aix*, 22 déc. 1825, N. c. de Gavedel; *Cass.*, 28 fév. 1828, Sire c. de Gavedel; 17 janv. 1832, Saint-Aon c. Gallicher. — V. AUDIENCE SOLENNELLE, nos 42 et suiv.

492. — Les tribunaux de première instance composés de plusieurs sections ne peuvent juger en sections réunies les contestations qui leur sont soumises, de quelque nature et quelque importance qu'elles soient. — Mêmes arrêts.

493. — La nullité d'un jugement rendu par les sections réunies d'un tribunal est d'ordre public, et doit être prononcée même d'office, nonobstant le silence des parties. — Mêmes arrêts.

494. — Le concours au jugement du nombre de juges déterminé par la loi doit être constaté par le jugement lui même.

495. — Ainsi, la présomption qu'une cour royale s'est conformée à la loi lors de son délibéré et qu'elle n'aurait pas jugé si elle ne se fût pas trouvée composée d'un nombre suffisant de juges, quelque forte qu'elle soit, ne peut pas suppléer à une mention expresse, sans laquelle un jugement ne porte pas avec lui la preuve de sa régularité. — *Cass.*, 23 juin 1840 (t. 2 1840, p. 249), N...

496. — Mais un arrêt dont la copie porte qu'il a été rendu par un nombre de juges inférieur à celui qui est légalement exigé, ne peut être cassé si la minute déclare qu'il l'a été par le nombre voulu. — *Cass.*, 5 juin 1832, Dufriche; 2 déc. 1834, Lacroix.

497. — De même il suffit que la grosse d'un jugement fasse mention qu'il a été rendu par le nombre de juges prescrit par la loi pour qu'il doive être maintenu, quoique dans la copie signifiée l'huissier ait omis d'énoncer tous les juges qui ont concouru aux jugemens. — *Cass.*, 6 avr. 1818, Delalonde c. Saint-Hilaire.

498. — Jugé qu'un extrait authentique des registres du greffe de la cour royale suffit pour cons-

tater qu'un arrêt a été rendu par le nombre de magistrats exigé par la loi, lors même que la copie signifiée indiquerait le contraire. — *Cass.*, 7 juin 1832, Dugier c. Lotzbeck.

499. — ... Que bien que la copie signifiée d'un arrêt ne mentionne la présence que de six magistrats au lieu de sept (nombre rigoureusement nécessaire), il n'en résulte pas de nullité s'il est prouvé et reconnu qu'en fait, sept magistrats y ont concouru. — *Cass.*, 2 juill. 1838 (t. 2 1838, p. 332), Bernard c. Chieusse et le préfet maritime de Toulon.

500. — Qu'il n'est pas nécessaire que l'expédition du jugement ou de l'arrêt mentionne le nombre de juges requis pour le rendre, s'il résulte du plumitif de l'audience que dans la réalité un nombre suffisant de juges y a participé. — *Cass.*, 6 avr. 1831, de Naucaze c. Bergounioux.

501. — Mais s'il résulte de l'expédition d'un arrêt que six juges seulement y ont concouru, le contraire ne peut être justifié par un simple certificat du greffier portant que c'est par erreur qu'on n'a pas mentionné la présence du septième. — *Cass.*, 26 mai 1819, Montallon c. Lochon.

502. — Réciproquement, si l'expédition porte que le jugement a été rendu par tous les juges qui y sont désignés, l'on ne peut, sans s'inscrire en faux, demander la nullité de ce jugement, en alléguant que l'un de ces juges s'est abstenu par suite de récusation. — *Cass.*, 25 janv. 1825, Bizet c. Cornaton ; *Bourges*, 24 juill. 1824, Condre c. curateur de la success. Bureau.

503. — *Lieux et publicité des audiences.* — Ainsi que nous l'avons dit vº AUDIENCE, les juges ne peuvent rendre la justice où bon leur semble ; ils doivent siéger dans les lieux consacrés à cet usage. Tous actes et procès-verbaux du ministère du juge doivent être faits au lieu où siége le tribunal. — C. procéd. civ., art. 1040. — V. aussi ord. d'Ys-sur-Thille, ch. 12, art. 12, et ch. 1er, art. 94.

504. — Cependant cette règle reçoit exception d'abord pour les juges de paix qui peuvent tenir audience dans leur maison particulière (C. procéd. civ., art. 8. — V. JUSTICE DE PAIX), pour les référés urgens, pour les réponses aux requêtes qui requièrent célérité, et pour les actes d'instruction qui exigent un déplacement. — C. procéd. civ., art. 808, 1040, 786, 295, 328, etc. — V. ORDONNANCE DU JUGE, RÉFÉRÉ.

505. — Observons aussi qu'il n'est pas nécessaire, à peine de nullité, que le jugement soit rendu dans le local même où le tribunal tient ordinairement ses audiences. — *Cass.*, 4 août 1835, Fontenilliat.

506. — En principe, toute audience et toute plaidoirie doivent être publiques, à peine de nullité. — C. pr. civ., art. 87, 111 ; L. 20 avr. 1810, art. 7 ; L. 24 août 1790, tit. 2, art. 14 ; Locré, *Législ. civ.*, t. 21, p. 524. — V. AUDIENCE.

507. — Et il a même été jugé que le défaut de publicité peut être invoqué devant la cour de Cassation, même par la partie qui devant les juges du fond aurait consenti sans réclamation à plaider à huis-clos dans la chambre du conseil. — *Cass.*, 21 janv. 1846 (t. 1er 1846, p. 273), princesse de la Moskowa c. prince de la Moskowa.

508. — S'il s'agit d'une affaire en rapport, le rapport doit être aussi fait publiquement, à peine de nullité. — *Ibid.*

509. — Ainsi, un rapport sur jugement est nul, si ce rapport n'a pas été fait en audience publique. — *Cass.*, 13 therm. an II, Fauvel c. Guersent ; 29 messid. an XI, Lanthôme c. Faure ; *Rennes*, 17 mai 1811, Moran c. Favennée ; *Cass.*, 20 nov. 1821, Guérin c. Férou ; 29 déc. 1827, Bissette ; 27 mars 1822, Gravier c. Regis-Leblanc.

510. — La distribution de billets pour entrer de préférence à une audience, serait-elle contraire à la publicité requise par l'art. 87, C. proc. civ. La cour de Cassation, par arrêt du 6 fév. 1812 (Morin), a décidé la négative et a regardé une telle distribution comme une mesure d'ordre et de police qui ne porte nullement atteinte à la publicité.

511. — Toutefois, ainsi que le fait remarquer M. Chauveau sur Carré (quest. 422 *bis*), si la salle entière était occupée par des porteurs de billets, et que le public non privilégié n'eût aucun espace réservé pour lui, on ne saurait s'empêcher de voir dans cette précaution un véritable huis-clos, et le jugement qui interviendrait devrait être annulé. — Aussi Favard (t. 1er, p. 247 et 248) recommande-t-il de n'user de ce moyen de police qu'avec réserve.

512. — Mais il est des affaires où la publicité, loin de produire quelque bien, serait une véritable calamité. S'il s'agit de contestations entre parens et que l'affaire entraîne des détails domestiques, dont la révélation ne serait pour le public qu'un objet de scandale et pour les parties intéressées qu'un sujet d'aigreur et de haine ; la décence, les bonnes mœurs, le repos des familles demandent que de telles affaires soient plaidées devant les juges seuls. — Exp. des motifs et rapp. au corps législ. — V. aussi DISCIPLINE, nos 281, 282 ; AUTORISATION DE FEMME MARIÉE, nº 490.

513. — Dans ces cas, l'art. 87 autorise le tribunal à ordonner le huis-clos ; mais il prend des précautions contre l'abus de cette exception salutaire, en lui prescrivant de délibérer avant tout sur cet objet.

514. — La délibération qui ordonne le huis-clos doit être motivée comme toute autre espèce de jugement, à peine de nullité. — *Cass.*, 17 mars 1827, Antoine Dieuf ; 12 juin 1828, Jean Bazot ; 9 sept. 1830, Carrier. — Ces arrêts ont été rendus en matière criminelle, mais nul doute qu'ils soient également applicables en matière civile. — Chauveau sur Carré, quest. 423.

515. — Le même article exige que les magistrats rendent compte de leur délibération au procureur général, si c'est un tribunal qui est saisi, et au ministre de la justice, si c'est devant une cour royale que la cause est portée.

516. — Le droit accordé aux juges d'ordonner le huis-clos dans certains cas déterminés par la loi appartient également aux cours royales, jugeant en audience solennelle. — Le huis-clos, en effet, n'est pas incompatible avec la solennité de l'audience.

517. — Cependant la cour de Cassation avait décidé par un premier arrêt (16 nov. 1825, Cairon) qu'il n'y avait pas lieu à juger en audience solennelle, même une question d'état, lorsque l'affaire avait dû être débattue à huis-clos

518. — Mais, plus tard, cette cour est revenue à un autre principe, et elle a décidé que le huis-clos n'est pas incompatible avec la solennité de l'audience ; que dès-lors, quand une affaire a pour objet une question d'état, et que la discussion est de nature à blesser la morale publique, elle peut être jugée à la fois en audience solennelle et à huis-clos. — *Cass.*, 12 juin 1839 (t. 2 1839, p. 380), Brindejonc. — Ce dernier système est évidemment le plus rationnel.

519. — Nous verrons, au surplus (*infrà* nº 879 s.), que, sauf quelques exceptions, même lorsque les plaidoiries ont eu lieu à huis-clos, le jugement n'en doit pas moins être prononcé en audience publique.

520. — De même que le jugement doit énoncer le concours du nombre des juges prescrit par la loi, de même aussi il doit faire mention de la publicité des débats. Il serait nul, s'il ne contenait pas la preuve écrite de cette publicité. — Pigeau, *Procéd. civ.*, t. 1er, p. 555, note de l'annotateur.

521. — Du reste, il a été jugé que l'idée de publicité étant attachée au mot *audience*, des conclusions données par le ministère public *à l'audience* sont réputées avoir été données publiquement. — *Cass. belge*, 13 fév. 1833, Bonjean c. enregistrement.

522. — ... Et que dans les affaires où le jugement doit être précédé d'un rapport fait en audience publique, l'accomplissement de cette formalité (en ce qui touche la publicité) résulte suffisamment de la mention mise au bas de l'arrêt. Ainsi jugé et *prononcé publiquement* à l'audience — *Cass.*, 2 mai 1827, contr. indir. c. liquoristes de Lyon ; 14 août 1832, Noclet c. enregist. ; 21 juin 1837 (t. 1er 1837, p. 608), Duquesne c. le direct. de l'admin. de la Guadeloupe.

523. — Jugé de même que la publicité des plaidoiries résulte suffisamment de ce qu'il est mentionné dans l'arrêt que la cause a été plaidée contradictoirement. — *Cass.*, 7 juin 1832, Dugier c. Lotzbeck. — Dans l'espèce, il pouvait paraître résulter de l'instruction qu'en effet la discussion avait été publique ; mais on ne saurait dire qu'en thèse générale une cause soit réputée plaidée *publiquement* parce que l'arrêt porte que les plaidoiries ont eu lieu *contradictoirement*. — Dans le sens légal, le mot *contradictoire* est employé par opposition au mot *par défaut*. Aussi les plaidoiries à *huis-clos* peuvent-elles avoir lieu *contradictoirement* ; qui dit plaidoiries *contradictoires* ne dit donc pas nécessairement plaidoiries *publiques*.

ART. 2. — *Mode de compléter le tribunal.*

524. — Tout jugement, à peine de nullité, doit être rendu par le nombre de juges prescrit par la loi. Si donc ce nombre vient à manquer, si l'un ou plusieurs des membres d'un tribunal se trouvent empêchés, soit par absence, soit par maladie, soit autrement, il faut pourvoir à leur remplacement.

525. — Quand ce remplacement a lieu au moyen d'autres juges, ou de juges suppléans, ceux-ci peuvent être appelés en nombre supérieur à celui de la chambre qu'il s'agit de compléter. — *Cass.*, 18 mai 1814, Muguet c. Despinay ; 2 nov. 1821, Angeli. — Conf. Bioche et Goujet, nº 53. — V. *contrà* Boitard, t. 1er, p. 271. — V. *infrà* nos 534 et suiv.

526. — Il en est autrement lorsqu'il y a lieu de recourir à des avocats ou autres hommes de loi. — V. *infrà* nos 576 et s.

§ 1er. — *Remplacement du président.*

527. — Lorsque le premier président est empêché, il est remplacé, pour l'audience qu'il préside ordinairement, par le président de cette chambre, et, à son défaut, par le plus ancien des conseillers. — Décr. 6 juill. 1810, art. 40.

528. — Dans tous les autres cas, le premier président est remplacé par le plus ancien des présidens. — *Ibid.*

529. — Les autres présidens sont remplacés, en cas d'absence ou d'empêchement, par le plus ancien des conseillers présens de leur chambre. — *Ibid.*, art. 41.

530. — De même pour les tribunaux de première instance, le président et les vice-présidens sont en cas d'empêchement, remplacés pour le service d'audience, par le juge présent le plus ancien dans l'ordre des nominations. — Décr. 30 mars 1808, art. 48 ; 18 août 1810, art. 34.

531. — Cette disposition est prescrite à peine de nullité. Ainsi est nul le jugement qui, en l'absence du président, n'a pas été rendu sous la présidence du plus ancien des juges présens à l'audience et n'a pas été signé par ce magistrat. — *Colmar*, 16 mars 1832, sous *Cass.*, 15 juill. 1834, Balazuc ; 15 févr. 1833, sous *Cass.*, 15 févr. 1836, comm. de Rohr c. Hœring.

532. — ... Quand même celui-ci aurait consenti à ce que l'audience fût présidée et le jugement signé par le juge qui le suivait immédiatement dans l'ordre des nominations.

533. — Cette nullité, étant d'ordre public, peut être prononcée par la cour royale devant laquelle l'appel est interjeté. — Mêmes arrêts,

534. — Toutefois, observons que lorsque, pour compléter le nombre des juges requis dans la chambre civile d'un tribunal, on appelle un des membres d'une autre chambre, le tribunal, ainsi composé, peut être présidé par le juge appelé, s'il se trouve le plus ancien dans l'ordre des nominations, au lieu de l'être par le plus ancien des juges appartenant à la chambre civile. — *Poitiers*, 25 fév. 1841, comm. de Saint-Symphorien c. Huber. — V. aussi *Cass.*, 18 mai 1814, Muguet c. Despinay.

535. — ... Alors surtout que ce magistrat étant désigné, les parties ont pu vérifier s'il était le plus ancien et ne le contestent pas. — *Cass.*, 12 janv. 1847 (t. 1er 1847, p. 245), Pascal c. Mazaurié.

536. — Il a été jugé qu'il n'est pas exigé, sous peine de nullité, que l'arrêt prononcé par le doyen des conseillers, en l'absence du président, mentionne l'empêchement de ce dernier. — *Cass.*, 6 nov. 1828, Salles ; 30 août 1831, Combe c. Leullier. — V. anal. *Toulouse*, 29 janv. 1845 (t. 1er 1845, p. 620), de Salomon.

537. — Jugé, au contraire, que le président d'un tribunal civil de première instance a seul capacité légale pour le présider, et se trouve acquis aux parties en sa double qualité de juge et de président ; que dès-lors, son absence ou son abstention, de même que son remplacement, soit comme président, soit comme juge, doivent être légalement motivés et constatés, et que l'omission de cette formalité opère la nullité du jugement, nullité qui, étant d'ordre public, peut et doit être, sur l'appel, prononcée d'office par la cour royale. — *Colmar*, 12 mars 1846 (t. 2 1846, p. 440), Huret de Garelles c. ville de Strasbourg.

538. — En effet, la délégation des fonctions de la présidence étant faite, par l'art. 48 du décret du 30 mars 1808, au président et aux vice-présidens, le remplacement du président par le vice-président doit faire présumer l'empêchement du premier de ces magistrats. Mais comme cette délégation est l'attribution nominale des présidens, que, dès-lors, eux seuls ont capacité légale pour présider, et que, par suite, l'aptitude du juge le plus ancien n'existe que sous la condition de l'empêchement du titulaire, il faut que cet empêchement soit expressément constaté.

539. — Du reste, la qualification de conseiller *dévolutaire* donnée au magistrat qui a présidé constate suffisamment l'empêchement du premier président de la chambre. — *Cass.*, 18 nov. 1840 (t. 2 1840, p. 648), de Bonnemain c. Fajon.

JUGEMENT (Mat. civ.), ch. 3, sect. 1re.

JUGEMENT (Mat. civ.), ch. 3, sect. 1re.

§ 2. — *Remplacement des juges.*

540. — Si c'est un juge qu'il est indispensable de remplacer pour compléter un tribunal, on appelle d'abord un autre juge disponible, en suivant *autant que faire se peut* l'ordre des nominations. — Décr. 30 mars 1808, art. 49.

541. — De ces mots : *autant que faire se peut*, il résulte que la disposition du décret de 1808 est facultative et subordonnée à la possibilité de s'y conformer, sans préjudicier aux occupations des autres juges dans la distribution du service auquel chacun d'eux est destiné. — *Cass.*, 29 août 1827, Alleaume c. de Lanterie.

542. — Il est bien évident, d'ailleurs, que l'on ne pourrait point, par analogie, étendre l'application de l'art. 4 du décret du 30 mars 1808, au cas d'un tribunal composé de plus de trois juges, et prétendre, par exemple, que les juges qui concourent aux jugemens rendus par trois d'entre eux doivent être les plus anciens. — *Grenoble*, 4 fév. 1825, Durand c. Doublier.

543. — En effet, dans ce cas, tous les juges pouvant également siéger dans toutes les causes, soit simultanément, soit séparément, ne sont jamais des remplaçans les uns à l'égard des autres. — Même arrêt (motifs).

544. — La disposition précitée du décret du 30 mars 1808 n'est relative qu'aux tribunaux de première instance. — La même règle n'est pas applicable aux cours royales. — En effet, l'art. 4, décr. 1808, relatif au remplacement des juges des cours d'appel, dit seulement qu'en cas d'empêchement d'un juge, il sera, pour compléter le nombre indispensable, remplacé par un juge d'une autre chambre qui ne tiendrait pas séance, ou qui se trouverait avoir plus de juges que le nombre nécessaire.

545. — En conséquence, les cours royales peuvent indéfiniment et sans restriction appeler un conseiller à en remplacer un d'une autre chambre. — *Cass.*, 29 juin 1825, Castelot c. Lanchon; 29 août 1827, Alleaume c. de Lanterie; 19 mai 1828, Coinchon c. Gilbert-Amoux.

546. — Il ne peut résulter une nullité de ce que pour remplacer deux membres de la chambre civile de la cour royale, il a été appelé deux membres de la chambre d'accusation, ni de ce que l'un d'eux ne serait pas le plus ancien des membres présens, dans l'ordre du tableau. — *Cass.*, 15 oct. 1825, Catineau.

547. — De même, sous la loi du 27 vent. an VIII, il avait été jugé que, lorsqu'une section d'une cour d'appel se trouvait incomplète, des juges tirés d'une autre section pouvaient être appelés pour la compléter, sans qu'il fût nécessaire d'employer le tirage au sort ou de suivre l'ordre du tableau. — *Cass.*, 2 niv. an XIV, Mathon c. Choumouroux.

548. — L'art. 4, ord. 24 sept. 1828, qui a remplacé, sur ce point, l'art. 4, décr. 1808, statue, il est vrai, que le remplacement du conseiller devra s'opérer *à tour de rôle et en commençant par le dernier sur la liste de rang* : mais malgré ce changement, les diverses solutions que nous venons d'indiquer seraient encore applicables.

549. — Il a été jugé en effet que le mode de remplacement des conseillers empêchés de siéger prescrit par l'ordonn. du 24 sept. 1828 constitue un réglement d'administration intérieure dont l'exécution intéresse exclusivement les magistrats, et ne peut être invoqué par les parties. — *Cass.*, 15 mai 1839 (t. 1er 1839, p. 665), Berson c. Cavé. — V. aussi *Cass.*, 2 juin 1840 (t. 2 1840, p. 420), Riou.

550. — Au surplus la présomption de droit est toujours que le magistrat appelé à en remplacer un autre a été appelé en observant tout à la fois le tour de rôle et la liste de rang. — *Cass.*, 15 mai 1839, p. 665), Berson c. Cavé; 9 avr. 1838 (t. 2 1838, p. 73), Hucahard c. Delabrière; 15 mai 1839 (t. 1er 1839, p. 667), de Villechaise c. Pupier; 20 avr. 1842 (t. 2 1842, p. 184), Jourdon c. Baudouin. — V. aussi *Cass.*, 16 fév. 1831, Saint-Aignan c. Descages; 9 mai 1834, Genty c. Maugold; 8 juin 1836, Levallois c. Bernard.

551. — La circonstance que le juge remplaçant était le cinquième sur la liste de rang ne suffirait point pour prouver que la cour royale se soit écartée des prescriptions de la loi. — *Cass.*, 15 mai 1839 (t. 1er 1839, p. 665), Berson c. Cavé.

552. — Quoique ces arrêts soient tous relatifs au cas de remplacement des membres des cours royales, il n'est pas douteux que la présomption qu'ils établissent soit également applicable au cas où il y aurait lieu de suppléer un juge de première instance, et que, dans ce dernier cas, le juge appelé pour compléter le tribunal doive aussi, jusqu'à preuve contraire, être présumé avoir été appelé suivant l'ordre des nominations. — Arg. *Cass.*, 9 fév. 1836, Lecointe c. Caron; arg., 14 août 1837 (t. 2 1837, p. 413), maire de Pressagny c. Bénard; arg., 23 fév. 1843 (t. 1er 1843, p. 620) Chaix c. Missiessi.

553. — Dans les colonies, les cas où il est nécessaire de pourvoir à la composition des cours royales ont été prévus par les ordonnances organiques des 27 août 1828 et 28 août 1833.

554. — S'agit-il de remplacer un magistrat momentanément absent et qui ne se présente pas à l'audience, c'est à l'autorité judiciaire, par l'organe du président, qu'il appartient de compléter la chambre en appelant soit un conseiller honoraire, soit un avocat-avoué. — *Cass.*, 25 mai 1841 (t. 2 1841, p. 22), Barrat c. Lemaître.

555. — Mais si, au contraire, par des congés accordés pour sortir de la colonie, ou des maladies prolongées, la cour ne se trouve plus composée d'un nombre de membres suffisant pour assurer le service, alors c'est à l'autorité administrative, par l'organe du gouverneur, qu'il appartient de nommer provisoirement des conseillers. — Même arrêt. — V. COLONIES, nos 316 et suiv.

556. — A défaut de juge titulaire disponible, on appelait autrefois, pour compléter le nombre prescrit par la loi, soit un juge auditeur devant les tribunaux de première instance, soit un conseiller auditeur devant les cours royales. — L. 10 avr. 1810, art. 13; décr. 18 août 1810, art. 14.

557. — Les juges auditeurs ne pouvaient suppléer les juges titulaires que lorsqu'ils avaient l'âge requis pour délibérer, c'est-à-dire vingt-cinq ans. — L. 20 avr. 1810, art. 13.

558. — Ils devaient être appelés suivant l'ordre de leur réception. — Arg. décr. 30 mars 1808, art. 49.

559. — Quant aux conseillers auditeurs, l'art. 4, décr. 16 mars 1808 ne leur accordait voix délibérative qu'à trente ans, et dès-lors ils ne pouvaient pas avant cet âge suppléer un conseiller titulaire.

560. — Mais depuis la loi du 20 avr. 1810, qui abrogea sur ce point l'art. 4 du décr. de 1808 et leur accorda voix délibérative à vingt-sept ans, les conseillers auditeurs ont pu à cet âge être appelés à compléter une chambre, en cas d'empêchement des conseillers titulaires. — *Cass.*, 22 fév. 1820, Fremeaux c. Dalhis.

561. — Ni le décret du 16 mars 1808 ni la loi du 10 avr. 1810 n'ont déterminé l'ordre dans lequel les conseillers auditeurs devaient être appelés à suppléer les conseillers titulaires. Mais comme les conseillers auditeurs étaient, à titre permanent, membres de la cour à laquelle ils étaient attachés, nous pensons qu'il faut décider, comme pour les conseillers titulaires, qu'il n'y avait point nécessité de suivre entre eux le rang d'ancienneté.

562. — Ils pouvaient être appelés pour compléter une des chambres de la cour, alors même qu'ils étaient momentanément chargés d'un service au parquet. — *Cass.*, 23 fév. 1830, Auvray c. Angot.

563. — De même un conseiller auditeur pouvait, quoique attaché par délégation au service du parquet, concourir légalement au jugement d'une affaire civile en audience solennelle. — *Cass.*, 27 nov. 1833, de la Marine c. de Bernis.

564. — Aujourd'hui l'institution des juges auditeurs et celle des conseillers auditeurs n'existent plus, et, à défaut de juges titulaires disponibles, on appelle un juge suppléant, du moins devant les tribunaux de première instance, car les cours royales n'ont pas de suppléans.

565. — Le juge suppléant, appelé pour compléter un tribunal de première instance, doit aussi, autant que faire se peut, être appelé suivant l'ordre des nominations. — Décr. 30 mars 1808, art. 49.

566. — Mais, dans ce cas encore, l'appel des juges suppléans suivant l'ordre du tableau est subordonné aux circonstances. — *Cass.*, 7 nov. 1826, Fontanié c. Massifs.

567. — ... Et jusqu'à preuve contraire, on présume aussi que le juge suppléant appelé pour compléter un tribunal, à défaut de juges, a été régulièrement appelé. — *Cass.*, 9 fév. 1836, Lecointe c. Caron; 14 août 1837 (t. 2 1837, p. 413), maire de Pressagny c. Bénard; 23 fév. 1843 (t. 1er 1843, p. 620), Chaix c. Missiessi.

568. — Jugé même que, lorsqu'un juge suppléant est appelé pour compléter un tribunal, il y a présomption que tous les juges titulaires sont légalement empêchés, sans que la mention insérée au procès-verbal de l'absence d'un juge nominativement délégué puisse exclure cette présomption. — *Cass.*, 11 nov. 1841 (t. 1er 1842, p. 195), Brizard.

569. — Enfin, à défaut de juges suppléans devant les tribunaux de première instance et de conseillers disponibles devant les cours royales, on appelle pour compléter le tribunal ou la cour un avocat ou un avoué, en suivant toujours l'ordre du tableau. — Décr. 30 mars 1808, art. 49.

570. — Les avocats peuvent aussi remplacer les officiers du ministère public en leur absence et en l'absence des juges et des juges suppléans. — *Montpellier*, 14 janv. 1833, Durand-Villaret c. Barascud. — V. AVOCAT, no 474, et MINISTÈRE PUBLIC.

571. — L'art. 49 du décret du 30 mars 1808 n'est relatif, il est vrai, qu'aux tribunaux de première instance; mais la jurisprudence a toujours décidé que les hommes de loi pouvaient aussi être appelés en remplacement des membres des tribunaux d'appel absens ou empêchés. — *Cass.*, 4 pluv. an X, Cottin c. Sélis; 22 thermid. an IX, Bouliech c. N...; 28 juin 1830, Despagne c. Trésor public; *Montpellier*, 22 mars 1824, Bastide c. Lagarrigue; *Rennes*, 28 avr. 1818, Chardel c. Bernard; *Toulouse*, 28 août 1841 (t. 1er 1843, p. 359), Ferradon c. Bourriard. — V. AVOCAT, nos 475 et suiv., AVOUÉ, no 206.

572. — ... Et même qu'ils pouvaient être appelés pour compléter une cour jugeant en audience solennelle. — *Cass.*, 8 déc. 1813, Nilot c. Balmain; 4 mai 1846 (t. 1er 1846, p. 714), Demaré et Cayron c. Demare.

573. — Lorsqu'un avocat ou un avoué a été appelé à suppléer un juge, y a-t-il aussi présomption de droit qu'il a été appelé régulièrement, c'est-à-dire à raison de l'empêchement des juges titulaires et des juges suppléans, et en suivant l'ordre du tableau ? La jurisprudence est aujourd'hui fixée dans le sens de la négative. — V. *infrà* nos 629 et s. — V. AVOCAT, no 480, AVOUÉ, no 205.

574. — Du reste, si le jugement énonçait que c'est à cause de la maladie de l'un des juges et de l'absence du juge suppléant que le tribunal a appelé un avocat ou un avoué pour le compléter, l'on ne pourrait point prouver par témoins qu'aucun des membres du tribunal n'était, soit absent, soit malade; il serait alors nécessaire d'attaquer cette énonciation par la voie de l'inscription de faux. — *Bourges*, 24 juill. 1824, Cendre.

575. — Observons aussi que lorsque la loi veut que les avocats ou avoués soient appelés suivant l'ordre du tableau, il suffit, du moins quand il s'agit de compléter un tribunal ou une cour, d'appeler le plus ancien des membres du barreau présens à l'audience, sans avoir fait avertir le plus ancien d'après l'ordre du tableau. S'il fallait aller chercher le plus ancien du tableau, la justice serait suspendue et la loi serait d'une exécution difficile. Mais nous déciderions autrement s'il y avait lieu d'appeler un avocat pour vider un partage. — V. conf. Chauveau sur Carré, quest. 494. — V. *infrà* nos 791 et s.

576. — C'est pour *compléter* et non pour constituer un tribunal, que les avocats ou avoués peuvent être appelés. — Boncenne, t. 2, p. 375; Merlin, *Rép.*, vo *Jugement*, § 1er, et *Quest.*, vo *Homme de loi*.

577. — Aussi la loi du 30 germin. an V avait-elle limité à deux le nombre des défenseurs officieux qu'elle permettait aux tribunaux civils de département, alors composés de cinq juges, de s'agréger, en remplacement de leurs membres absens ou empêchés.

578. — Mais aujourd'hui les tribunaux d'appel ne pouvant plus juger qu'au nombre de sept juges, il a été décidé qu'ils pouvaient appeler jusqu'à trois hommes de loi pour remplacer leurs membres absens ou empêchés. — *Cass.*, 4 pluv. an X, Cottin c. Sélis. — Et, en effet, il est évident qu'il y a de trois à sept la même différence que de deux à cinq. — V. Merlin, *Quest.*, vo *Homme de loi*, § 4.

579. — De même les tribunaux de première instance, n'ayant que trois juges, ne pourraient plus appeler qu'un seul homme de loi.

580. — En conséquence est nul le jugement rendu par un juge et deux avocats. — *Rennes*, 27 prair. an XII, Boyer; *Cass.*, 11 prair. an XIII, Jamaigne; 4 mai 1807, Lacroix c. N...; 23 juin 1814, Lohmuller; 29 oct. 1830, N...; *Riom*, 23 août 1820, Heyrier, c. Pissavcs. — V. AVOCAT, no 479.

581. — ... Ou par un juge et deux avoués. — *Cass.*, 7 janv. 1806, Chopin c. Benoît; 4 fév. 1807, Collion c. Mangin; 17 janv. 1806, Morizot c. Marion; *Bourges*, 9 janv. 1810, Blondot c. Mouzat; 30 oct. 1811, Prix c. N...

582. — Peu importe, en pareil cas, que le jugement ait été rendu du consentement des parties. — *Bourges*, 4 fév. 1807, Collion c. Mangin.

583. — Lorsqu'un seul juge d'un tribunal civil de trois membres, sans suppléans, peut connaître d'une affaire, il y a donc lieu de renvoyer l'affaire devant le tribunal d'arrondissement le plus voisin. — *Cass.*, 22 janv. 1806, Beer c. Berlimer; *Limoges*, 26 (et non 28) janv. 1824, Mingonnal c. Beby.

584. — Mais la règle précédente ne s'applique point aux juges suppléans. Tels qu'ils sont institués par la loi et les réglemens relatifs à l'ordre judiciaire, les suppléans font partie de la composition des tribunaux de première instance. De même que les juges en titre, ils sont nommés par le roi et ils reçoivent comme eux un caractère qui les attache à l'administration de la justice; ils doivent avoir les mêmes qualités, ils prêtent le même serment avant d'entrer en fonctions. S'ils ne sont pas des juges *habituels*, il n'est pas moins vrai qu'ils ne sont pas *exceptionnellement* appelés comme les avocats ou avoués pour *compléter* un tribunal. — Boncenne, t. 2, p. 373.

585. — Aussi a-t-il été jugé qu'un jugement est régulier lorsqu'il a été rendu par un juge titulaire, un juge suppléant et un avocat. — *Cass.*, 21 déc. 1820, Perez c. Burgan; *Toulouse*, 24 mai 1836 (t. 1er 1837, p. 385), Piesce c. Martres.

586. — ... Ou même par deux suppléans et un avocat ou un avoué. — *Cass.*, 21 juin 1809, N... c. N....

587. — Les avocats inscrits au tableau, et selon l'ordre de leur inscription, ont seuls capacité pour suppléer les juges en cas d'empêchement. — *Bruxelles*, 2 juin 1829, Clappaert c. Magué; *Rouen*, 16 fév. 1841 (t. 1er 1841, p. 599), Alépée.

588. — En conséquence, le jugement auquel a concouru un avocat stagiaire est nul comme rendu par un tribunal irrégulièrement composé. — Mêmes arrêts.

589. — Cette nullité, étant d'ordre public, ne peut être couverte par aucun acte d'exécution du fait des parties. — Mêmes arrêts.

590. — L'avocat qui a rempli les fonctions de percepteur, ayant ainsi perdu son titre d'avocat, ne saurait, s'il ne l'a recouvré en renouvelant son serment et en faisant viser ses lettres, être appelé pour compléter un tribunal, encore bien qu'il eût cessé les fonctions de percepteur depuis plusieurs années. — *Bourges*, 26 fév. 1820, Bernon c. Foulon et Boin.

591. — Cette solution est applicable au licencié en droit qui a cessé d'être avocat en devenant agent comptable. — Même arrêt.

592. — ... Et même celui qui, après avoir été avocat, a rempli les fonctions d'avoué, ne peut être appelé, s'il s'est démis de ces fonctions, à compléter le nombre des juges d'un tribunal pour coopérer à un jugement, avant que ce tribunal l'ait admis à exercer la profession d'avocat, et cela à peine de nullité du jugement. — *Paris*, 27 mars 1828, Grégoire.

593. — La cour de Cassation avait décidé, par arrêt du 1er mars 1827 (Moulin c. ordre des avocats de Cussel), que l'avocat qu'une cour a reçu au serment et admis à prendre place au barreau, est soumis au stage s'il veut reprendre sa profession, après l'avoir quittée pour exercer les fonctions d'avoué; et c'est sur ce principe que la cour de Paris paraît avoir fondé la décision que nous venons de rapporter.

594. — De même encore l'avocat qui, après avoir rempli des fonctions de magistrature, a conservé son titre d'avocat, ne peut remplacer un juge s'il n'a prêté serment et s'il n'est pas porté sur le tableau. — *Orléans*, 14 juill. 1820, Bastard c. Bodin.

595. — Un avocat, bien qu'inscrit au tableau, ne peut être appelé à compléter un tribunal avant qu'il ait atteint l'âge de vingt-cinq ans, fixé par la loi pour être juge. — *Toulouse*, 31 mai 1836, Balby-Montfaucon c. Marrot.

596. — Quant à l'avocat inscrit sur le tableau, malgré sa qualité d'étranger, il ne saurait jamais être appelé à concourir à la composition d'un tribunal. — Même arrêt (motifs).

597. — Les avocats ou avoués, qui ont prêté serment en cette qualité, ne sont point tenus de renouveler préalablement leur serment lorsqu'ils sont appelés à siéger comme juges. — *Cass.*, 8 déc. 1813, Nitot c. Balmain; 22 mars 1831, Boussairolles; 21 août 1835, Bonne c. Arvac; *Colmar*, 25 fév. 1834, Schwartz c. Rischmann; — Berriat-Saint-Prix, t. 1er, p. 94, note 96; Merlin, *Quest.*, t. 3, p. 377.

598. — ... Et il y a présomption légale qu'un avocat qui a pris part à un jugement avait prêté le serment prescrit par la loi du 31 août 1830, encore bien que cela ne soit pas dit dans le jugement. — *Cass.*, 30 juill. 1833, Roblot c. Viel et Vaudoré.

599. — Dès lors un jugement auquel a concouru un avocat appelé à compléter un tribunal n'est pas nul comme ne mentionnant pas la prestation de serment de l'avocat, lorsque le défaut de serment n'est pas justifié, et que les parties ont plaidé sans aucune réclamation à cet égard. — *Cass.*, 9 fév. 1836, Gallet c. Pornon.

600. — Toutefois il a été jugé, en sens contraire, que les avocats ou avoués appelés à suppléer les juges, devaient prêter un serment *ad hoc*, et que le jugement qui ne mentionnait pas l'accomplissement de cette formalité était nul. — *Colmar*, 14 vent. an XIII, Schawenbourg c. Adam; 21 avr. 1813, N....

601. — L'avocat appelé pour compléter un tribunal peut être chargé de procéder à l'interrogatoire sur faits et articles d'une des parties, ordonné par le jugement auquel il a concouru. — *Bourges*, 23 août 1819, Mallet c. Faubon.

602. — A défaut d'avocats ou avoués, les tribunaux pourraient appeler un notaire gradué. — *Cass.*, 3 janv. 1822, Lecuyer c. Clacy.

603. — ...Mais il en serait autrement du maire d'une commune. — *Cass.*, 15 fruct. an IV, Theudenot.

604. — Un homme de loi appelé à compléter un tribunal peut-il concourir à un jugement avec un juge qui est son parent au degré prohibé? — L'affirmative a été décidée par la cour de *Cass.*, 18 janv. 1808, Debeul c. Marchadier.

605. — Cette décision, fondée sur ce que l'art. 9, L. 25 août, 2 sept. 1790, qui défend d'élire deux juges pour le même tribunal, qui soient parens ou alliés jusqu'au degré de cousins germains inclusivement, ne peut s'appliquer à un homme de loi *accidentellement* appelé pour remplacer *momentanément* un des juges ordinaires d'un tribunal, ne nous paraît pas à l'abri de toute critique.

606. — En effet, dès que l'appel qui lui a été fait par le tribunal de venir siéger parmi les magistrats dont il se compose, lui a conféré les mêmes pouvoirs qu'à ceux-ci; dès que son opinion a eu dans la délibération la même valeur; on ne voit pas pourquoi l'art. 9 de la loi précitée ne lui serait pas applicable comme au juge dont il tient la place. Que la durée de ses fonctions soit bornée ou illimitée, qu'importe, puisque, en définitive, c'est uniquement au concours de deux parens au même jugement que s'attache la prohibition; si le danger doit avoir ici des effets moins multipliés, il n'en est pas moins à redouter pour le cas particulier où il existe et ne doit pas moins éveiller la sollicitude de la loi qui protége chaque citoyen individuellement avec le même intérêt que la société dans son ensemble. — Celui qui remplace un des membres du tribunal est nécessairement revêtu pour l'instant du même caractère; on ne doit donc admettre entre lui et le juge titulaire aucune distinction. — V. en ce sens Bioche, vo *Partage de voix*, no 23; Pigeau, *Comm.*, t. 1er, p. 280.

607. — Ces observations s'appliqueraient à plus forte raison aux juges suppléans appelés en remplacement des juges titulaires.

608. — Quand un tribunal ou une cour a été obligé de remplacer un de ses membres empêchés, le jugement doit-il, à peine de nullité, énoncer l'empêchement des magistrats remplacés et l'ordre dans lequel les remplaçans ont été appelés?

609. — Il faut distinguer : si le remplacement s'est effectué au moyen de juges d'une autre section ou de juges suppléans; il y a présomption de droit que les magistrats remplacés étaient légitimement empêchés, comme il y a aussi présomption de droit que le remplacement s'est opéré régulièrement, c'est-à-dire, suivant l'ordre d'ancienneté, devant les tribunaux de première instance, et suivant le tour de rôle et la liste de rang devant les cours royales. — V., sur ce dernier point, *suprà* nos 550 et suiv.

610. — Ainsi jugé, qu'un juge suppléant, ayant le caractère de juge, peut concourir à un jugement pour compléter le nombre de juges nécessaire, sans qu'il soit besoin que le jugement constate que le juge suppléant n'a été appelé qu'à défaut de juges titulaires. — *Cass.*, 26 déc. 1826, Enregistr. c. Carmoy.

611. — ... Et que l'assistance d'un suppléant à un jugement fait présumer l'absence ou l'empêchement d'un des juges titulaires, sans qu'il soit nécessaire que mention expresse en soit faite. — *Cass.*, 9 août 1826, Gaussaud c. Gazagues; 26 déc. 1826, Enregistr. c. Carmoy; 27 juin 1827, Enregistr. c. Périer; 31 janv. 1828, Fournier c. Mouchonnet; 14 août 1837 (t. 2 1837, p. 413), maire de Pressagny c. Bénard; *Grenoble*, 6 juin 1829, Brun c. Marchand.

612. — De même sous la loi du 24 août 1790, il n'était pas nécessaire que l'empêchement d'un juge fût constaté dans le jugement auquel un suppléant avait concouru. — *Cass.*, 28 juin 1830, Despagnac c. Trésor public.

613. — Il a cependant été jugé qu'un jugement rendu par deux juges titulaires et un juge suppléant est nul, s'il ne mentionne pas l'absence ou l'empêchement du juge remplacé. — *Montpellier*, 17 août 1824, sous *Cass.*, 25 avr. 1826, Fourgassié c. Tourseiller; *Agen*, 2 mai 1809, Redon c. Tenabone. — Mais ces deux décisions ne sauraient contrebalancer l'autorité toute puissante des nombreux arrêts rendus par la cour de Cassation.

614. — Au surplus, dans un jugement rendu par un tribunal composé de trois juges, la mention que le président est empêché motive suffisamment le concours d'un juge suppléant. — *Cass.*, 4 août 1842 (t. 2 1843, p. 20), Bourgeois c. Enregistrement.

615. — Dans tous les cas, le moyen de nullité résultant de ce qu'un juge titulaire a été remplacé sans qu'il ait été fait mention de son empêchement ou de son absence, n'est pas opposable pour la première fois en cour de Cassation. — *Cass.*, 9 août 1826, Gaussaud Poulon c. Gazagues; 12 août 1834, Lecomte c. Baussan.

616. — De même, devant les cours royales, le remplacement d'un conseiller forme une présomption suffisante de la nécessité de compléter le nombre des magistrats. — *Cass.*, 29 août 1827, Alleaume c. de Lanterie; 2 nov. 1821, Angeli; 22 déc. 1836, Raby c. Morin. — V. aussi *Cass.*, 18 mai 1814, Muguet c. Despinay.

617. — Et la nécessité d'appeler des magistrats d'une chambre pour compléter une autre chambre, par suite d'absence ou d'empêchement, résulte suffisamment de ce que l'arrêt constate la présence seulement d'un nombre de membres de cette chambre inférieur à celui qui est exigé pour rendre jugement. — *Cass.*, 22 mai 1834, Paulo c. Neyret; 13 août 1833, Luzet c. Boulard-Deslandes.

618. — Dès-lors, quand les cours royales appellent un magistrat en remplacement, elles ne sont pas tenues de constater l'empêchement du magistrat remplacé. — *Cass.*, 29 juin 1825, Castelot c. Lanchon; 19 mai 1828, Coinchon c. Gilbert Auroux; 21 août 1832, Hany c. Schneider; 22 déc. 1836, Raby c. Morin; 22 mai 1834, Paulo c. Neyret; 8 juin 1836, Levallois c. Bernard. — V. cependant *Cass.*, 27 juin 1837 (t. 2 1838, p. 225), P...

619. — Spécialement, dans le cas où une cour qui n'a qu'une chambre civile appelle la chambre correctionnelle pour la décision d'une cause portée en audience solennelle, si quelques membres absens de cette dernière chambre sont remplacés par des membres de la chambre d'accusation, il n'est pas nécessaire que l'arrêt qui intervient constate l'empêchement des conseillers remplacés. — *Cass.*, 19 mai 1838, Haitze c. David.

620. — De même, un arrêt rendu par une chambre civile d'une cour royale n'est pas nul parce qu'au lieu d'appeler, pour compléter cette chambre (en raison de l'absence de plusieurs de ses membres, appelés au service des assises), des conseillers de la chambre d'accusation, on a appelé des conseillers d'une autre chambre civile, sans exprimer en aucune manière que les membres de la chambre d'accusation fussent empêchés. — Ordonn. 24 sept. 1828, art. 4. — *Cass.*, 7 août 1837 (t. 2 1837, p. 149), Petit des Rochettes c. de la Tullaye.

621. — L'arrêt auquel ont concouru des conseillers étrangers à la chambre qui a statué, énonce suffisamment que les conseillers remplacés étaient dans le cas d'un empêchement légitime, par cela seul qu'il porte que les conseillers étrangers à la chambre ont été appelés pour la compléter. — *Cass.*, 19 fév. 1819, Jouy c. Lesage et Lefebvre.

622. — La mention, dans un arrêt, qu'il a été rendu par six magistrats d'une chambre et par un conseiller délégué pour compléter, suffit pour établir, en l'absence de toute preuve contraire, que le remplacement était nécessaire, et qu'il a eu lieu conformément aux prescriptions de la loi. — *Cass.*, 7 déc. 1846 (t. 2 1846, p. 755), Lavalette c. Marion. — V. en ce sens *Cass.*, 18 nov. 1840 (t. 2 1840, p. 648), De Bonnemain c. Fajon, et le renvoi.

623. — La mention dans un arrêt de la chambre civile d'une cour royale qu'un conseiller de la chambre correctionnelle a été appelé *pour remplacer ceux de messieurs légalement empêchés*, constate suffisamment qu'il y avait empêchement, non seulement des membres de la chambre civile, mais encore de ceux de la chambre d'accusation. — *Cass.*, 4 janv. 1834, Rœttiers-Duplessis c. commune de Saint-Brisson. — On sait que, suivant l'ordonnance du 24 sept. 1828 (art. 4), les membres de la chambre d'accusation doivent être appelés, de préférence aux membres de la chambre correctionnelle, pour remplacer les membres des autres chambres qui se trouvent empêchés.

624. — A plus forte raison n'est-il pas nécessaire de mentionner les causes de l'empêchement. — *Cass.*, 22 mai 1834, Paulo c. Neyret; 6 juill. 1829,

préfet du Doubs c. comm. de Moulhe; 19 mai 1830, Haitze c. David. — V. cependant *Cass.*, 27 juin 1837 (t. 2 1838, p. 225), P...

625. — ... Surtout en l'absence de réclamation ou d'opposition des parties. L'empêchement du conseiller titulaire est présumé avoir une cause légitime. — *Cass.*, 23 fév. 1830, Auvray et Garcelles c. Angot et Legendre.

626. — L'obligation de mentionner les causes d'absence des conseillers appelés à juger ne s'applique pas non plus aux décisions rendues dans la chambre du conseil par les cours royales prononçant en assemblées générales après la convocation individuelle de tous leurs membres. — *Cass.*, 12 juill. 1843 (t. 2 1843, p. 624), Boetard.

627. — Jugé encore qu'il n'est pas nécessaire, à peine de nullité, que les noms des magistrats absens ou empêchés soient mentionnés dans les arrêts. — *Cass.*, 22 mai 1834, Paulo c. Neyret; 22 déc. 1836, Raby c. Morin.

628. — ... Que cette désignation résulte d'ailleurs suffisamment de la mention nominative des membres présens. — *Cass.*, 13 août 1833, Luzet c. Boulard-Deslandes.

629. — Mais si ce sont des avocats ou des avoués qui sont appelés à compléter le tribunal ou la cour, le jugement doit énoncer tout à la fois l'empêchement du juge titulaire et celui des avocats ou des avoués qui précèdent dans l'ordre légal le dernier appelé. — Boncenne, t. 2, p. 372; Merlin, *Quest.*, v° *Avocat*, § 3. — V. *suprà* nos 575 et suiv.

630. — Il a été jugé, il est vrai, par la chambre des requêtes, que lorsqu'au nombre des magistrats qui ont concouru à un jugement se trouve un homme de loi, et que le jugement constate que ce dernier n'a été appelé qu'en remplacement d'un juge absent, il y a présomption légale de la nécessité de ce remplacement, alors même que l'absence ou l'empêchement des autres juges ou suppléans ne serait pas motivé par le jugement même. — *Cass.*, 12 pluv. an IX, Astier c. Laurent; 22 juin 1826, Lavie.

631. — ... Et que le jugement qui énonce que sur l'abstention d'un juge suppléant, l'avocat le plus ancien, présent à l'audience, a été appelé pour compléter le tribunal, constate suffisamment l'absence des juges en titre et des suppléans, et par suite la nécessité d'appeler un avocat. — *Cass.*, 30 juill. 1828, Lavie. — V. aussi *Agen*, 8 juin 1809, Lasbouyguer c. Pajalo.

632. — Mais ces arrêts sont en opposition avec la jurisprudence constante de la chambre civile de la cour de Cassation et des cours royales.

633. — Ainsi, la cour de Cassation (chambre civile) a constamment décidé que le jugement auquel a participé un avocat doit, à peine de nullité, énoncer l'empêchement des juges, des suppléans et des avocats plus anciens. — *Cass.*, 19 janv. 1825, Martin c. enregistr.; 11 avr. 1826, Frère de Maisons c. Caulincourt; 17 mai 1831, Reytout c. Beyssac; 4 juin 1826, adminis. des douanes c. Maisonnave; 17 juin 1839 (t. 2 1839, p. 385), douanes c. Casalonga; *Colmar*, 22 juin 1826, Heck c. Chartois; *Nîmes*, 17 août 1834, N...; 19 août 1824, Escalier c. Marcourt Artaud; *Riom*, 31 janv. 1828, Rochette et Chambe c. Gauthier-Lespinasse; *Toulouse*, 1 mars 1825, Poqué c. Bessan; *Aix*, 22 nov. 1825, syndics de l'association des vidanges c. Colombat. *Colmar*, 31 mai 1836, N...; *Grenoble*, 27 juin 1825, Clairefont c. Hugon; 26 mai 1825, Pascal c. Bérenger; 10 mars 1825, Meyrsimili; *Cass.*, 4 nov. 1843 (t. 1er 1844, p. 602), Lemeur c. Moulin; 24 nov. 1846 (t. 2 1846, p. 671), Thoureau-Lavignère c. Dubois-Desthennes; 17 juin 1839 (t. 2 1839, p. 385), douanes c. Cassalonga.

634. — ... Et que l'avocat appelé était le plus ancien de ceux présens à l'audience. — *Cass.*, 23 juill. 1841 (t. 2 1841, p. 562), d'Aymard c. Bouche; 7 nov. 1843 (t. 1er 1844, p. 224), Battal c. Rochefort; 8 nov. 1843 (t. 1er 1844, p. 225), comm. de la Bellière c. Poriquet.

635. — Jugé aussi que l'arrêt d'audience solennelle auquel a concouru un avocat est nul s'il n'énonce pas en même temps que tous les magistrats autres que ceux qui ont concouru à l'arrêt (et spécialement ceux composant les chambres correctionnelle et d'accusation) fussent empêchés. — *Cass.*, 4 mai 1846 (t. 1er 1846, p. 714), Demare et Cayron c. Demare.

636. — ... Et que le jugement ou l'arrêt rendu sur les conclusions d'un avocat remplissant les fonctions du ministère public est nul s'il ne constate : 1° l'empêchement des magistrats institués pour remplir ces fonctions et devant se suppléer en cas d'empêchement de l'un d'eux; 2° que l'avocat appelé était le plus ancien de ceux de son ordre présens à l'audience. — *Cass.*, 14 janv. 1845 (t. 1er 1845, p. 311), Carron c. Boissat. — V. conf. arrêt du même jour (t. 1er 1845, p. 94), Dru c. Boissat.

637. — Il ne peut être suppléé à ce défaut de constatation ni par le registre de pointe, ni par les déclarations des avocats plus anciens relatives à leur impossibilité de siéger. — *Cass.*, 4 juin 1828, douanes c. Maisonnave.

638. — ... Ni par aucun certificat. — *Cass.*, 8 nov. 1843 (t. 1er 1844, p. 225), comm. de la Bellière c. Poriquet.

639. — Vainement exciperait-on d'un certificat émané de l'ordre des avocats et constatant que l'avocat appelé pour compléter le tribunal était le plus ancien de ceux qui exerçaient réellement leur profession. — Même arrêt.

640. — Les attestations des présidens ou juges du tribunal seraient également insuffisantes. — *Cass.*, 16 juin 1834, Levraud c. Hérier.

641. — Mais lorsqu'un avocat a assisté comme juge à un premier jugement qui l'a nommé rapporteur, et que les parties ont remis leurs pièces et titres entre ses mains, cette remise opérant exécution de ce jugement, il y a présomption que les mentions voulues s'y trouvent consignées; par conséquent, il n'est pas nécessaire qu'elles soient reproduites dans le jugement rendu sur le rapport. — L. 30 germin. an V, art. 16; décr. 30 mars 1808, art. 9; — *Cass.*, 10 juin 1824, Tostain c. Leteteux.

642. — Jugé d'ailleurs que la nullité provenant de ce qu'un jugement n'énonce pas l'empêchement des juges, et si l'avocat a été appelé suivant l'ordre du tableau, n'est point recevable comme moyen de cassation, si déjà il n'a été proposé devant la cour d'appel. — *Cass.*, 9 mai 1827, Barde c. Françon.

643. — Au reste, le jugement qui constate qu'un avocat appelé à siéger comme juge, ne l'a été qu'à défaut de juges, de juges suppléans et d'avocats plus anciens que lui, justifie suffisamment l'empêchement des personnes qui devaient être appelées avant lui; il n'est pas nécessaire de mentionner la cause de cet empêchement. — *Cass.*, 22 mai 1833, Desportes c. Richier.

644. — Et ces mots : *A défaut de* équivalent à ceux-ci : *En cas d'empêchement*, dont se sert le décret de 1808. — *Cass.*, 7 avr. 1847 (t. 1er 1848, Grangé.

645. — Le principes ci-dessus exposés s'appliquent aux avoués lorsqu'ils sont appelés à compléter un tribunal. Le jugement doit donc, à peine de nullité, constater expressément que l'avoué appelé n'a siégé qu'à défaut de juges, avocats et avoués plus anciens. — *Riom*, 20 août 1825, Bathias c. Mathiron; *Poitiers*, 25 mai 1825, N...; 22 mars 1825, Broussard; *Montpellier*, 22 mars 1824, Bastide c. Lagarrigue; *Colmar*, 3 mars 1825, Sutter c. Schultz; 21 avr. 1825, Schulmeister c. Hertzoc; 21 avr. 1813, N...; *Bordeaux*, 18 août 1841 (t. 1er 1842, p. 164), Gauthier c. Huard; *Cass.*, 12 janv. 1842 (t. 1er 1842, p. 667), d'Esson de Saint-Agnan c. comm. de Ploumoguer; 27 janv. 1841 (t. 1er 1841, p. 408), Prioux c. enregistr.; 27 janv. 1841 (t. 2 1841, p. 423), Desbrosses c. ville de La Rochelle.

Sect. 2e. — *Assistance des juges aux plaidoiries.*

646. — Le premier devoir d'un juge est écrit dans ces mots : *Si judicas, cognosce*, ce qui s'entend non d'une simple notion qu'il peut avoir de l'affaire, par des circonstances qui lui sont personnelles, mais d'une connaissance judiciaire acquise dans les formes que prescrit la loi.

647. — Le juge est obligé de décider *secundum allegata et probata*; il ne doit rien savoir des faits de la cause que par ce qu'il apprend à l'audience, et ne saurait statuer avec impartialité, s'il n'a pas entendu la défense de toutes les parties. — Boncenne, t. 2, p. 380; Boitard, t. 1er, p. 272.

648. — Un jugement est donc nul si, parmi les juges qui prennent part à la délibération et à la prononciation, il en est qui n'avaient pas assisté à toutes les audiences de la cause. — La loi du 20 avr. 1810 et celle des 16 et 24 août 1790 sont formelles à cet égard. — *Cass.*, 9 brum. an VII, Perrier c. Lafarge; 12 niv. an VII, Toobard c. van Leuwe; 18 frim. an VII, Lavalette c. Peeters; 13 vendémiaire an IX, Kuhne c. Bommer; 4 germin. an XIII, Chevalier; 18 août 1806, N...; 3 déc. 1806, Baudouin c. Garnier; 19 juill. 1811, Bailleul; 30 mars 1812, Gossé c. Lecluse; 10 mai 1815, Giraud c. Coste; 26 déc. 1826, Damiens c. Gatte; 16 janv. 1828, Durand c. Dupont; 26 mars 1826, Damiens c. Gatte; 18 juin 1838 (t. 2 1838, p. 118), Constant c. Ducheiroux; 13 mai 1840 (t. 2 1820, p. 267), Ausiaume c. Teston; 20 avr. 1839 (t. 1er 1840, p. 1:4), Vée.

649. — Cette nullité devrait être prononcée, encore bien que la voix du juge absent eût été inutile pour former la majorité, ou que la plaidoirie non entendue par ce juge fût celle de la partie qui a obtenu gain de cause. — Pigeau, *Comment.*, t. 1er, p. 270.

650. — Lorsqu'après les plaidoiries, une affaire est renvoyée sur délibéré après vacations, et que la chambre à laquelle elle avait été originairement distribuée n'est plus, après vacations, composée des mêmes magistrats que ceux qui avaient entendu la plaidoirie, les magistrats qui ont connu de l'affaire doivent se réunir extraordinairement pour prononcer l'arrêt. — Décr. 30 mars 1808 et 6 juill. 1810. — *Amiens*, 18 déc. 1824, Prévost c. Laborde; *Cass.*, 18 août 1818, Raimont et Franchetti c. Caillot; 1er juill. 1818, Dangeville c. comm. de Lompes, Hauteville et Cormoranches.

651. — Cette règle n'est pas applicable aux officiers du ministère public. Il n'est pas nécessaire, à peine de nullité, que le magistrat du parquet qui donne ses conclusions dans une affaire civile ait assisté à toutes les audiences où l'affaire a été plaidée. — *Cass.*, 18 avr. 1836, Delahaie c. Hubert.

652. — Afin de constater la présence des juges, l'art. 56, décr. 30 mars 1808, ordonne au greffier de faire mention, sur la feuille d'audience du jour, des noms des juges et du procureur général impérial ou de son substitut qui auront participé à chaque jugement. — V. *infrà* nos 413 et suiv.

653. — Toutefois il a été jugé que cet article ne dispose pas à peine de nullité, et qu'il permet de rectifier les omissions qui auraient pu être commises; par suite, lors même que les noms des juges ne se trouveraient pas mentionnés sur chaque feuille d'audience, il suffit que le jugement ou l'arrêt qui intervient constate que les mêmes magistrats ont assisté à toutes les audiences pour que le vœu de la loi soit accompli. — *Cass.*, 7 janv. 1840 (t. 3 1844, à sa date), Martin c. Dubrac.

654. — Jugé aussi que la mention finale mise au bas d'un arrêt : fait et prononcé le ...., présens MM...., se réfère non seulement à l'audience où l'arrêt a été prononcé, mais encore aux audiences précédentes où la cause a été portée, et constate suffisamment la présence de tous les magistrats à toute la durée de la discussion. — *Cass.*, 7 mai 1838 (t. 2 1838, p. 323), Bertrand c. comm. d'Oberhoffen.

655. — ... Que l'indication du nom de chacun des magistrats qui ont assisté à l'audience où un arrêt a été prononcé suffit à la validité de cet arrêt; qu'alors il y a présomption que tous ces magistrats ont été présens aux diverses audiences précédentes, remplies par les plaidoiries, sans que la mention expresse de cette assistance soit essentielle. — *Cass.*, 7 mai 1838 (t. 2 1838, p. 267), Migeon c. Bruat.

656. — ... Et qu'un jugement n'est pas nul, en ce qu'il ne fait pas connaître les noms des juges qui ont assisté à l'audience où une enquête a eu lieu, alors qu'on ne rapporte pas la preuve qu'ils ne soient pas les mêmes que ceux qui ont pris part au jugement définitif, et que, d'ailleurs, le fait contraire peut être induit de ce dernier jugement. — *Cass.*, 4 mai 1829, Salaun c. Quemeneur.

657. — Le jugement ne serait même pas nul par cela seul que l'expédition énoncerait la présence d'un juge qui n'a pas assisté aux défenses des parties, s'il était, d'ailleurs, authentiquement prouvé par le plumitif ou la feuille d'audience que ce juge n'a pas concouru au jugement. — *Cass.*, 13 avr. 1808, Crespin c. Leforestier. — V. en ce sens *Paris*, 5 avr. 1808, Bellanger c. de Talleyrand; *Rennes*, 4 mars 1820, Lagrée c. Pocquet.

658. — ... Et si, en outre, le nombre des juges était suffisant. — *Paris*, 5 avr. 1808, Bellanger c. de Talleyrand.

659. — L'énonciation, dans un jugement, que tel juge est absent, s'est abstenu ou déporté, fait foi jusqu'à inscription de faux; et une partie est non-recevable à l'attaquer autrement, alors même qu'elle produirait une déclaration contraire, émanée du magistrat signalé comme absent, ou comme s'étant abstenu. — *Cass.*, 13 nov. 1827, Tillot c. Lejudec.

660. — La mention mise par le greffier, en marge de la minute, que le juge qui n'a pas assisté aux plaidoiries, n'a pris aucune part au jugement, ne fournirait une preuve légale du fait allégué qu'autant qu'elle serait revêtue de la signature du président et du greffier. — C. procéd., art. 138; — *Cass.*, 24 août 1825, Giraudet-Coste c. Gatreau.

661. — Réciproquement le concours d'un magistrat à un jugement doit être réputé certain, lorsqu'il est établi par le jugement lui-même, et cela malgré tous certificats contraires délivrés soit par le greffier, soit par les magistrats qui ont rendu le jugement. — *Cass.*, 14 mai 1828, Lenfant c. Dutriaux.

662. — Dès-lors, si un arrêt constate qu'il a été rendu par un magistrat qui n'avait pas assisté à l'audience où les plaidoiries ont eu lieu, cet arrêt

est nul, nonobstant tous certificats contraires. — Même arrêt.

663. — La règle que les juges qui participent à un jugement doivent avoir entendu les défenses des parties s'applique également au jugement rendu sur délibéré ou rapport.

664. — Ainsi un jugement sur rapport doit être annulé, si les magistrats qui l'ont rendu n'ont pas tous assisté aux plaidoiries qui ont précédé la mise en délibéré. — *Cass.*, 13 prair. an II, Perron c. Dupoirier; 6 brum. an XI, Lemercier c. Ferdinand; 2 janv. 1816, Guilhaumon c. Guarrigueng; 24 avr. 1816, mêmes parties; 24 août 1825, Giraudel-Coste c. Gatreau.

665. — ... Encore bien qu'ils aient entendu le rapport. — *Cass.* (motifs), 24 avr. 1816, Guilhaumon c. Guarrigueng.

666. — De même, bien qu'un conseiller ait assisté à l'audience où un rapport a été ordonné, et même au commencement de celle où le rapport a été fait par le conseiller délégué, il suffit qu'il se soit retiré avant ce rapport et avant les conclusions définitives du ministère public, pour qu'il n'ait pu, sous peine de nullité, prendre part à l'arrêt qui a été rendu aux audiences suivantes. — *Cass.*, 5 mars 1834, Delongchamp c. Papin Ruillier.

667. — Toutefois, comme la défense consiste principalement dans la position des conclusions respectives des parties, la nullité résultant du défaut de présence des magistrats à toutes les audiences où les parties ou l'une d'elles ont été entendues, disparaîtrait, si, depuis, les conclusions avaient été reprises devant eux, et à plus forte raison si les plaidoiries avaient été recommencées.

668. — Cette restriction au principe général qu'enseignent Pigeau (*Comm.*, t. 1er, p. 270), Berriat Saint-Prix (p. 250, note 27), Merlin, *Rép.* (t. 6, p. 606), Favard de Langlade (t. 3, p. 150, n° 3), Boncenne (t. 2, p. 380), Boitard (t. 1er, p. 397), et Chauveau sur Carré (quest. 486 *bis*), a aussi été reconnue et consacrée par de nombreux arrêts.

669. — Ainsi jugé que, pour qu'un juge qui n'a pas assisté aux audiences précédentes ait pu prendre part à l'arrêt définitif, il suffit que les conclusions aient été reprises et les plaidoiries renouvelées en sa présence. — *Cass.*, 25 fév. 1827, Ceccaldi c. Franceschetti; 26 août 1818, de Rohan-Rochefort; 31 mai 1838 (t. 2 1838, p. 360), Rignoux c. Didelot; 25 avr. 1815, Danieux c. Brizard.

670. — En vain dirait-on que les plaidoiries ainsi reprises n'étaient que des répliques. — *Cass.*, 31 mai 1838 (t. 2 1838, p. 360) Rignoux c. Didelot.

671. — ... Qu'un arrêt n'est pas nul par cela que des conseillers n'ont pas assisté à une audience dans laquelle la cause a été renvoyée après lecture des conclusions, lorsque d'ailleurs ils ont assisté aux audiences où la cause a été plaidée et les conclusions reprises. — *Cass*, 29 déc. 1834, Pescheur c. Robbe.

672. — ... Qu'un jugement n'est pas nul, lorsque quelques uns des juges qui y ont concouru, n'ont pas assisté à toutes les audiences de la cause, s'il a été déposé des conclusions motivées lors de celle à laquelle il a été rendu, et si les avocats y ont plaidé tous les moyens des parties. — *Cass.*, 5 fév. 1825, Ribouleau c. Prestat; 25 fév. 1827, Ceccaldi c. Franceschetti.

673. — De même un jugement sur rapport ne serait pas nul, si avant la lecture du rapport les plaidoiries avaient été recommencées devant les juges qui n'avaient pas assisté aux précédentes audiences. — *Cass.*, 27 mess. an VII, Martin c. Oursel-Lemesle.

674. — Ainsi un jugement ne peut être annulé par le motif que l'un des juges qui y ont concouru n'aurait pas assisté à la première audience de la cause, si l'affaire n'a pas été plaidée à cette audience où les avoués se sont bornés à prendre des conclusions et à remettre les pièces sur le bureau pour en être délibéré, et si après le rapport du délibéré, les conclusions ont été prises de nouveau et les moyens des parties plaidés dans les audiences subséquentes où le magistrat absent à la première a assisté. — *Cass.*, 27 fév. 1821, Picquot-Delamarre c. Ridel-Dufournay.

675. — Jugé même que, dans ce cas, il suffit que les conclusions seules soient reprises, et qu'il n'y a pas nullité du jugement rendu par des magistrats appelés en remplacement d'autres magistrats qui avaient ordonné la mise d'une cause en rapport, lorsque les conclusions (même sans plaidoiries) ont été reprises devant eux. — *Cass.*, 25 juin 1840 (t. 2 1840, p. 738), Ivose c. Pagny.

676. — En conséquence, les juges qui n'ont pas assisté au jugement qui ordonne un délibéré, peuvent concourir au jugement définitif, précédé en leur présence de la lecture du rapport, des conclusions prises par les parties et de celles du ministère public. — *Cass.*, 14 mars 1816, Segay c. Reborel; 1er fév. 1820, Carté c. Riquier-Larivière; 11 nov. 1828, Clavaud c. Lacourade.

677. — ... Surtout si les parties n'ont formé aucune opposition à ce mode de procéder. — *Cass.*, 25 juin 1840 (t. 2 1840, p. 738), Ivose c Pagny.

678. — ... Et à plus forte raison si le délibéré a été ordonné sans que les parties aient plaidé et pris des conclusions, et si d'ailleurs un nouveau délibéré a été postérieurement prescrit. — *Cass.*, 7 janv. 1817, Roucayrol c. Cabantous.

679. — Mais il ne suffirait pas que les pièces et mémoires mis sur le bureau eussent été vus et lus par les juges. — *Cass.*, 23 juin 1834, Honorat c. Artigues.

680. — Jugé cependant que l'arrêt qui intervient après une instruction par écrit n'est pas nul, en ce que plusieurs conseillers qui ont concouru à cet arrêt n'avaient pas participé à l'arrêt préparatoire, et que les conclusions n'ont pas été reprises à l'audience, si elles ont été transcrites dans les mémoires produits pendant l'instruction. — *Cass.*, 24 avr. 1833, comm. de Carnay c. sections de Vaudey et Fournet.

681. — Cette décision est fondée sur ce, qu'en matière d'*instruction par écrit*, la loi n'exige pas qu'il soit pris de conclusions avant le rapport de l'affaire, et qu'il suffit que les mémoires produits contiennent les conclusions des parties.

682. — Quoi qu'il en soit, il doit être constaté que les conclusions ont été reprises. Un arrêt est donc nul lorsque quelques uns des conseillers qui l'ont rendu n'ont pas assisté à toutes les audiences, alors que rien ne constate que les conclusions ont été reprises en leur présence. — *Cass.*, 6 juin 1826, de Berwick c. Aubé; 2 août 1842 (t. 2 1842, p. 516), Wattier c. Chaulin; 25 mai 1835, Letang c. Lecomte; 23 juin 1834, Honorat c. Artigues; 16 mai 1821, Sumajenir c. Vigouroux.

683. — Du reste, on n'exige pour cette constatation aucune expression sacramentelle; tous les équipollens sont admis, et par exemple, quand une affaire a été plaidée à deux audiences, et qu'à la dernière où le jugement est prononcé, se trouve un juge qui n'avait point assisté à la première, on peut voir dans ces mots, écrits dans le jugement, *ouï les avocats des parties à une précédente audience et à celle de ce jour*, la preuve que les conclusions ont été reprises à la dernière audience, et qu'ainsi le jugement n'est, sous ce rapport, entaché d'aucune irrégularité. — *Cass.*, 4 juin 1833, de Miomandre c. de Courthille.

684. — De même, l'arrêt auquel a concouru un conseiller qui n'avait pas assisté à toutes les audiences de la cause n'est pas nul, lorqu'il est constaté qu'à la dernière audience, les parties *ont été ouïes et qu'elles ont même choisi leurs conclusions.* — *Cass.*, 15 nov. 1830, Pichery c. comm. de Montfaucon.

685. — De même encore lorsqu'un jugement est attaqué en appel comme ayant été rendu par des juges qui n'ont pas assisté à toutes les audiences, la cour royale ayant le droit d'interpréter souverainement l'énonciation de ce jugement qui porte que *les avoués et les avocats des parties ont été ouïs*, peut, sans violer aucune loi, en déduire la conséquence que c'est devant les juges qui ont rendu le jugement que les défenseurs des parties ont été entendus. — *Cass.*, 2 janv. 1828, Secondi c. Picard.

686. — Nous devons encore signaler une autre limitation au principe posé par l'art. 7 de la loi de 1810.

687. — Il faut sans doute que tous les juges aient assisté à toutes les plaidoiries, ou du moins à toutes les conclusions relatives au point du litige sur lequel ils doivent se prononcer; mais il ne s'en suit pas qu'ils aient dû prendre part à tous les jugemens intervenus sur la même affaire pendant le cours de l'instance. Ce serait outrer l'application d'un principe et souvent exiger l'impossible. — Boncenne, t. 2, p. 380; Boitard, t. 1er, p. 272; Chauveau sur Carré, quest. 486 *bis*.

688. — Et d'abord, en ce qui concerne les jugemens interlocutoires, il est évident que les conclusions que reprennent les avoués, les plaidoiries qui rappellent tous les événemens antérieurs, forment une instruction distincte de ce qui avait été dit ou écrit d'abord pour fixer les questions du procès, et que des juges nouveaux peuvent, en définitive, statuer sur ces questions, sans qu'on puisse leur reprocher de ne pas les connaître légalement. — Mêmes auteurs.

689. — Jugé en ce sens, qu'un juge peut émettre son opinion sur le fond d'une cause, quoiqu'il n'ait point pris part à un jugement interlocutoire rendu dans la même affaire. — *Cass.*, 17 vend. an XII, N...; *Rennes*, 10 nov. 1807, N...; *Cass.*, 18 avr. 1810, Quenin-Reynaud c. Dalbey; 3 juill. 1820, Carrez-Vacherias c. Fauvelle; 9 déc. 1819, Gallois Dumesnil c. contr. indir.

690. — ... Qu'il suffit que l'arrêt définitif auquel a concouru un juge qui n'a pas assisté à un interlocutoire constate qu'à l'audience où il a été rendu, les avocats des parties y ont été entendus dans leurs moyens et exceptions. — *Cass.*, 5 mars 1829, Villa c. André.

691. — ... Ou qu'à la même audience les parties ont repris devant lui leurs conclusions, et qu'il y a eu nouveau rapport et nouvelle lecture de pièces. — *Cass.*, 28 mai 1816, Surugues c. Pinon.

692. — Jugé aussi que, lorsqu'un testament a été attaqué à la fois comme irrégulier et comme étant le produit de la captation et de la suggestion, que les juges ont recueilli à l'audience des renseignemens concernant la régularité de l'acte; que l'arrêt qui a déclaré le testament régulier a ordonné une enquête sur les faits de captation et de suggestion, et que cette enquête a été mise sous les yeux des magistrats qui ont rendu l'arrêt définitif, il n'y a pas ouverture à cassation contre ce dernier arrêt, par le motif qu'on n'y aurait pas appelé tous les juges qui avaient été présens aux audiences antérieures, lors desquelles avaient été entendus les renseignemens relatifs à la régularité du testament. — *Cass.*, 4 mars 1824, Faye.

693. — Mais en serait-il de même de simples préparatoires? Non, du moins en général, et cela par une raison fort simple : c'est que les jugemens préparatoires ne préjugent rien, ne terminent rien, ne coupent pas en deux parties les débats et l'instruction de la cause; ce sont des jugemens qui tendent à régulariser, à diriger, à accélérer la marche de l'affaire, et, par conséquent, de nouveaux juges appelés après le préparatoire seraient en général sans qualité pour statuer sur le fond de la cause, puisque le fond de la cause viendrait presque toujours leur soumettre des questions à l'examen et aux débats desquelles ils n'auraient pas assisté. — Boitard, t. 1er, p. 274. — V. aussi *Cass.*, 26 prair. an X, Wilmont c. Rasquinet.

694. — Jugé dans ce sens que, si le jugement définitif était rendu après un simple préparatoire qui aurait ordonné le renvoi devant un des juges chargé d'entendre les parties, un juge ne pourrait pas assister au second sans avoir assisté au premier. — *Cass.*, 21 avr. 1830, Picapère de Cantobre c. Blanc.

695. — ... A plus forte raison, le juge qui n'aurait pas assisté à une comparution des parties ne pourrait-il pas concourir au jugement définitif. — *Cass.*, 25 janv 1815, Descoutures c. de Laseynie.

696. — ... A moins cependant que les dires de ces parties n'eussent été consignés au procès-verbal de l'audience, et les plaidoiries comme les conclusions recommencées devant le nouveau juge. — Même arrêt.

697. — Ainsi, lorsqu'à une première audience tenue sous la présidence d'un juge remplaçant le président, une comparution de parties a été ordonnée, et que, lors de cette comparution, le tribunal a été présidé par le président lui-même, il n'y a pas lieu à nullité du jugement intervenu, si ce jugement constate que les conclusions ont été reprises par les avocats. — *Cass.*, 20 déc. 1842 (t. 1er 1843, p. 316), Aroux c. Mainot.

698. — Il est d'ailleurs évident qu'il n'est point nécessaire que la chambre qui statue sur l'opposition à un jugement par défaut soit composée de la même manière que lorsqu'elle a rendu ce jugement, puisque devant elle le procès recommence dans toute la réalité du mot. — *Cass.*, 20 mars 1821, Guy c. maire d'Agde; 13 nov. 1828, de Vilaine c. Faye.

699. — ... Dans le cas où, à la suite d'un rapport sur la reddition d'un compte, un arrêt est rendu non sur sa régularité et son exactitude, mais sur la question de savoir si ce compte est bien celui dont la reddition a été ordonnée, il importe peu que les juges desquels émane cet arrêt, aient ou non assisté à l'audience où le rapport a été fait. — *Cass.*, 17 janv. 1839 (t. 2 1839, p. 264), Billon c. Saubeyran.

700. — De même, un arrêt qui apprécie un aveu extrajudiciaire et une enquête ordonnée pour l'exécution d'un précédent arrêt définitif sur le fond n'est pas nul pour n'avoir pas été rendu par les juges qui ont concouru au premier. — *Cass.*, 20 juill. 1829, Pottier c. Bouchon.

701. — Jugé au surplus, que la nullité résultant du défaut de présence des juges à toutes les audiences de la cause, est couverte par l'exécution volontaire de la part d'une des parties; que l'annulation ne peut plus être prononcée que sur la dénonciation du ministère public à la cour de Cassation. — *Bruxelles*, 14 janv. 1818, N...

702. — ... Et qu'un jugement rendu sur délibéré par d'autres juges que ceux qui ont ordonné le délibéré, ne peut être argué de nullité par la partie qui en a appelé sans relever cette nullité dans son acte d'appel et sans faire des réserves à cet égard. — *Orléans*, 22 déc. 1813, N...

Sect. 3e. — *Formation de la décision.*

Art. 1er. — *Mode de délibération. — Calcul des voix.*

703. — Lorsque la discussion est terminée, le président recueille les voix.

704. — La délibération peut avoir lieu soit à l'audience, soit en la chambre du conseil. — C. procéd. civ., art. 116. — Mais dans tous les cas elle doit être secrète. — La constitution de l'an III, art. 208, a abrogé à cet égard la loi du 3 brum., qui obligeait les juges d'opiner en public et à haute voix. — Ce système des délibérations à haute voix est encore suivi en Angleterre.

705. — La délibération doit avoir lieu aussi hors la présence du ministère public. — Décr. 30 mars 1808, art. 88. — Mais un jugement est-il nul par cela seul que le magistrat exerçant le ministère public a été présent à la délibération des juges dans la chambre du conseil? Ou bien doit-on considérer l'art. 88, décr. 30 mars 1808, comme un simple réglement de police intérieure entre les juges et le ministère public? — Cette question paraît avoir été préjugée dans ce dernier sens par arrêt de la cour de Cassation du 27 fév. 1821 (Picquot-Delamarre c. Ridel-Dufournay).

706. — Et il a d'ailleurs été jugé que la présence parmi les juges retirés dans la chambre du conseil, et pendant la discussion de l'affaire en délibération, de celui des membres du ministère public qui a tenu l'audience, ne pourrait faire annuler cette délibération qu'autant qu'elle n'aurait pas été seulement l'effet de l'inattention, surtout si elle n'a donné lieu à aucune opposition ni réclamation. — *Cass.*, 19 janv. 1842 (t. 1er 1842, p. 629), Dalbonze c. Petit et Molié; 27 fév. 1821, Picquot-Delamarre c. Ridel-Dufournay.

707. — Le greffier ne doit pas non plus assister à la délibération. — Chauveau, quest. 488; Bioche, no 133.

708. — Les juges opinent à leur tour en commençant par le dernier reçu. — Décr. 30 mars 1808, art. 35. — Cette manière d'aller aux voix empêche que l'avis des plus jeunes ne soit influencé et même déterminé par celui des plus anciens.

709. — Toutefois, dans les affaires jugées sur rapport, le rapporteur, quel que soit son rang de réception, opine le premier. — *Ibid.*, art. 73. — En effet, ayant pris une connaissance plus particulière de l'affaire, le développement de son avis peut éclairer les autres juges.

710. — Les questions concernant les exceptions, telles que la nullité de l'ajournement ou l'incompétence du tribunal, doivent nécessairement être posées à l'entrée de la délibération, car les juges ne peuvent aborder le fond du procès qu'après avoir reconnu qu'ils en sont légalement saisis ou qu'ils ont le droit d'en connaître. — Boncenne, t. 2, p. 401; Bioche et Goujet, vo *Jugement*, no 90.

711. — Mais, quant au fond, doit-on poser autant de questions qu'il y a de points principaux de fait et de droit? Ou, au contraire, suffit-il de ne mettre aux voix qu'une seule question complexe sur l'objet de la demande?

712. — Le premier système a été consacré par la loi de procédure du canton de Genève (art. 104), qui défend aux juges de passer aux questions de droit avant d'avoir voté séparément sur chacune des questions de fait.

713. — Dans l'exposé des motifs de cette loi, M. Bellot signalait ainsi les dangers qui peuvent résulter de la confusion du fait et du droit dans la collecte des opinions : « On demande la nullité d'un testament. Trois moyens sont employés à l'appui : le défaut de signature du testateur, la qualité d'étranger de l'un des témoins, l'incapacité du testateur tirée de ce qu'il a été mis sous un conseil judiciaire. — Quelles sont les questions élémentaires dans lesquelles se résout ce procès? Les deux questions de fait : *le testateur a-t-il pu signer? un tel témoin est-il étranger?* — les questions de droit : *l'individu à qui l'on a nommé un conseil judiciaire est-il incapable de tester?* — Supposons la cause devant un tribunal de trois juges; supposons encore que le premier juge admette l'affirmative sur la première question, le second sur la seconde et le troisième sur la dernière, en soutenant chacun d'eux la négative sur les deux autres. — Posez la question complexe : *le testament est-il nul?* Soumettez-la aux votes; comptez les suffrages. Le tribunal, à l'unanimité, a prononcé la nullité. — Mais ce résultat est trompeur. Chaque juge a résolu une question différente; chaque moyen n'a qu'un suffrage. Loin d'être d'accord, ce tribunal est partagé par les opinions les plus divergentes; loin d'être unanime, la minorité seule a triomphé. — En voulez-vous la preuve? Posez les questions auxquelles nous avons réduit ci-dessus le procès; faites voter séparément sur chacune d'elles; qu'obtenez-vous? — Chaque question est décidée négativement par deux voix contre une. Les moyens de nullité sont écartés, le testament est déclaré valide. » — V. aussi Toullier, t. 10, p. 192.

714. — Mais, ainsi que le fait observer Boncenne (t. 2, p. 406), ce système confond les *moyens* de l'action avec *les chefs de conclusions* : « Si les trois juges appelés à statuer sur les moyens de nullité sont, chacun à part soi, convaincus que le testament doit être annulé, ce serait une étrange justice que celle qui ferait sortir de cette unanimité une sentence portant que le testament est bon. Chaque moyen de nullité, dit-on, a été rejeté à la majorité de deux voix contre une? Il n'y a eu rien de rejeté que le testament. Opiner par moyens, ce n'est pas juger, c'est discuter des motifs. Divisées sur les moyens ou sur les motifs, toutes les voix se sont réunies, en jugeant, dans la même opinion finale. » Il faut donc distinguer les *moyens* d'avec les *conclusions*. On demande la nullité du testament. Voilà les *conclusions*. — Peu importe maintenant que les juges se soient décidés par des moyens différens : chacun s'est arrêté à celui qu'il a trouvé le plus certain, et le testament a été annulé.

715. — Le même auteur fait encore observer que le résultat du système divisoire pour la collecte des voix pourrait être au contraire de faire triompher celui que tous les juges s'accordaient à condamner. Nous croyons devoir transcrire l'exemple qu'il donne afin de mettre le lecteur à même de bien apprécier les deux systèmes : « Il y a douze jurés : no 1, cinq sont d'avis que le fait est prouvé, mais qu'il n'est pas criminel; — no 2, cinq sont d'avis que le fait est criminel, mais qu'il n'est pas prouvé; — no 3, deux sont d'avis que le fait est prouvé et qu'il est criminel. — Posez d'abord la question sur la preuve du fait : vous trouverez contre l'accusé les cinq juges du no 1, les deux juges du no 3; total 7. — Posez ensuite la question de criminalité, vous trouverez encore contre l'accusé les cinq juges du no 2 et les deux du no 3; total 7. Il est condamné. — Maintenant ne posez que cette question : *est-il coupable?* Vous aurez pour l'accusé les cinq juges du no 1 et les cinq du no 2. Il est acquitté. »

716. — Tout bien considéré, nous pensons donc qu'il importe peu que la délibération soit simultanée ou successive, simple ou double, et que le meilleur mode d'opiner sera toujours celui qui donnera pour résultat l'avis de la majorité sur l'objet du procès. — Boncenne, *ibid.*, p. 413; Bioche et Goujet, no 90.

717. — Les jugemens sont rendus à la pluralité des voix. — C. procéd., art. 116. — *Quod judicum major pars judicaverit, id jus, ratumque esto.*

718. — Cette pluralité est toujours une pluralité absolue. Elle se compose de la moitié des voix et d'une voix en sus pour le moins.

719. — Autrefois, dans les parlemens et les cours souveraines, il ne suffisait pas qu'un avis l'emportât d'une voix : il fallait que l'arrêt passât de deux voix au moins; autrement il y avait partage. — Ord. 1498, art. 76; 1535, art. 85; 1549, art. 1er.

720. — Du reste, il n'est pas nécessaire à peine de nullité, qu'un jugement ou arrêt fasse mention qu'il a été rendu à la pluralité des voix. — *Cass.*, 16 fév. 1830, Gaffori c. le duc de Padoue.

721. — ... Ou que les juges ont délibéré avant sa prononciation. — *Cass.*, 1er mai 1832, ville d'Ajaccio c. Colonna d'Ornano.

722. — Tout jugement est présumé délibéré, bien qu'il ne constate pas explicitement le fait de la délibération. — *Cass.*, 25 nov. 1837 (t. 1er 1838, p. 452), Gaucher.

723. — La preuve que les arrêts incidens ont été légalement délibérés résulte suffisamment de la mention au procès-verbal qu'avant de prononcer ces arrêts, le président a pris à voix basse l'avis des juges. — *Cass.*, 6 déc. 1838 (t. 2 1839, p. 645), Roubaud.

724. — De même il suffit qu'un jugement énonce qu'il a été rendu en présence des juges qui y sont dénommés pour qu'il soit réputé être l'œuvre de la majorité. — *Cass.*, 1er mars 1830, Polidori c. Colombani.

725. — Toutefois cette majorité pourrait n'être qu'une illusion si dans le sein du même tribunal se rencontraient plusieurs membres unis par une parenté assez étroite pour qu'on pût supposer que l'opinion de l'un a été influencée et dictée par l'opinion de l'autre.

726. — C'était en vue de ce danger que l'art. 32 de l'ordonn. d'Orléans (an 1570) avait décidé que : « ne seraient reçus en un même parlement, chambre des comptes ou autres cours souveraines, ni en un même siége, le père et le fils; deux frères, l'oncle et le neveu..... » et avait déclaré « nulles toutes lettres de dispense qui seraient obtenues au contraire pour quelque cause et occasion que ce soit. »

727. — Louis XIV étendit ces dispositions au beau-père et au gendre et aux deux beaux-frères, à peine de nullité des provisions et des réceptions qui seraient faites et de la perte des offices. — Il fit plus, il défendit aux titulaires reçus et servant dans les cours et siéges de contracter alliance au premier degré, et en cas de contravention, l'office du dernier reçu devait être déclaré vacant au profit de l'état. — Édit d'août 1669.

728. — Mais bientôt la puissance des familles parlementaires prévalut sur la sagesse de ces décisions. Il fallut céder et accorder des dispenses.

729. — Pour tout remède, on publia un édit portant que les avis des juges parens ou alliés, aux degrés de père et de fils, d'oncle et de neveu, de frère et de beau-frère, de beau-père et de gendre ne seraient comptés que pour un lorsqu'ils seraient uniformes. — Édit de janv. 1681.

730. — D'après une déclaration du 30 sept. 1728, le terme de *beaux-frères* comprenait les maris des deux sœurs, et celui de *beau-père* devait s'entendre également et du juge dont un autre du même siége avait épousé la fille et de celui qui avait épousé la mère d'un de ses collègues.

731. — Tel était l'état des choses lorsque éclata la révolution. Une loi du 11 nov. 1790 fit revivre les anciennes prohibitions, et étendit même l'incompatibilité des parens et alliés jusqu'au degré de cousin issu de germain inclusivement.

732. — Cette incompatibilité fut restreinte aux cousins germains par la constitution de l'an III; mais sous cette constitution, comme sous la loi de 1790, aucune dispense ne devait être accordée, et par conséquent il n'y avait plus de confusion de voix.

733. — Sous l'empire de ces deux lois, les juges étaient électifs, et si deux parens ou alliés au degré prohibé se trouvaient élus, l'élection du dernier était comme non avenue. Toutefois, dans le cas d'une alliance contractée par un juge avec un autre juge du même tribunal après leur élection, on faisait porter l'exclusion sur celui qui avait contracté l'alliance. — Décr. 29 sept. 1793.

734. — Arriva le consulat, et la loi du 27 vent. an VIII, qui démembra complétement l'ancien édifice judiciaire, restant muette sur la question des incompatibilités, on eut à décider si les anciens principes subsistaient ou s'ils étaient abrogés par le silence des lois nouvelles.

735. — Le conseil d'état, ayant été consulté à cet égard, estima, dans un avis du 23 avr. 1807, que, malgré le silence de la loi de l'an VIII, les anciennes incompatibilités entre juges devaient être considérées comme maintenues; — que ces anciennes prohibitions pourraient cependant être modifiées par des dispenses accordées à la volonté du gouvernement, — et qu'à côté de ces dispenses viendrait se placer comme remède l'ancienne règle de la confusion des voix.

736. — La loi du 20 avr. 1810 vint encore statuer sur cette question. Aux termes de l'art. 63 de cette loi, « les parens et alliés jusqu'au degré d'oncle et de neveu inclusivement ne pourront simultanément être membres d'un même tribunal ou d'une même cour, soit comme juges, soit comme officiers du ministère public ou comme greffiers, sans avoir obtenu une dispense. »

737. — Le même article ajoute qu'il ne sera accordé aucune dispense pour les tribunaux composés de moins de huit juges.

738. — Mais cet article laisse encore de côté une question grave, celle de savoir si, dans le cas de dispenses accordées par le gouvernement, le principe de la confusion des voix doit être appliqué.

739. — A cet égard, la cour de Cassation a décidé que la loi du 20 avr. n'avait point abrogé l'avis du conseil d'état du 23 avr. 1807, en tant qu'il rappelle l'ancienne règle suivant laquelle les voix des parens au degré prohibé qui opinent dans un procès ne comptent que pour une lorsqu'elles sont semblables. — *Cass.*, 26 déc. 1820, Ducayla.

740. — ... Mais que les incompatibilités que suppose cet avis doivent être restreintes aux cas prévus par la loi de 1810; dès-lors que deux juges parens

JUGEMENT (Mat. civ.), ch. 3, sect. 3e.

au degré de cousins germains n'ont pas besoin de dispenses pour siéger simultanément, et que leurs voix doivent être comptées quoique semblables. — *Cass.*, 2 oct. 1824, Dupin.

741. — Nous avons vu aussi (*suprà* nos 604 s.) que, d'après certains arrêts, l'empêchement de parenté n'existe qu'entre les membres permanens des tribunaux, et que si un homme de loi concourt à un jugement avec un juge qui est son parent au degré prohibé, il n'y a pas lieu à la confusion des voix en cas de similitude. — Cette jurisprudence nous paraît toutefois contestable.

742. — Lorsque plusieurs magistrats parens au degré prohibé ont concouru à un jugement, est-il indispensable que le jugement énonce que leurs voix ont été divisées ou qu'elles n'ont été comptées que pour une seule? — D'après la jurisprudence de la cour de Cassation, une distinction est nécessaire.

743. — Si le tribunal était composé d'un nombre de juges supérieur à celui exigé pour la validité du jugement, il y a présomption légale que les voix des magistrats unis par la parenté n'ont été comptées que pour une si elles étaient conformes, et on ne saurait se faire un moyen de nullité de ce que cette circonstance n'est pas constatée par une mention spéciale. — *Cass.*, 29 déc. 1827, Bissette; 29 avr. 1822, Crew c. Brunet; 26 déc. 1820, Ducayla.

744. — Si, au contraire, au nombre des magistrats *nécessaires* pour rendre un arrêt, il s'en trouve deux qui soient parens au degré prohibé, l'arrêt doit être annulé comme rendu par un nombre insuffisant de magistrats, à moins que cet arrêt ne mentionne d'une manière formelle qu'ils ont été d'un avis différent. — *Cass.*, 23 juin 1840 (t. 2 1840, p. 524), comm. de Linthal c. préfet du Haut-Rhin.

745. — Par exemple, lorsqu'un arrêt rendu en audience solennelle ne mentionne que la présence de quatorze juges, dont deux sont alliés au degré prohibé, sans faire connaître que les opinions de ces deux juges ont été différentes, il n'y a pas certitude que les quatorze voix aient pu être utilement comptées, et l'arrêt ainsi rendu doit être cassé. — *Cass.*, 23 juin 1840 (t. 2 1840, p. 249), N...

746. — Jugé même que, lorsqu'un tribunal est composé du nombre de juges rigoureusement exigé pour sa formation et qu'au nombre de ces juges il en est deux qui se trouvent parens au degré prohibé, ce tribunal est illégalement constitué et que les jugemens qu'il rend sont nuls, quelles que puissent être d'ailleurs les chances de la délibération. — *Cass.*, 11 oct. 1822, Rambaud c. Étaix; 31 oct. 1828, contrib. indir. c. Teyssonnier.

747. — La raison de cette différence est que le nombre des magistrats exigé par la loi est un des élémens constitutifs de la légalité de leurs décisions; que ce nombre doit être certain et ne peut demeurer enveloppé dans les chances du secret des délibérations.

748. — On conçoit d'ailleurs qu'il y aurait une grande imprudence à commencer le débat devant un tribunal constitué de telle manière que, la conformité des opinions de deux de ses membres le mettrait dans l'impossibilité de rendre une décision valable.

749. — Quoi qu'il en soit, l'erreur commune sur la parenté de deux juges faisant partie du même tribunal depuis plusieurs années suffirait pour valider les jugemens auxquels ils ont concouru. — *Bourges*, 26 flor. an XI, Laminière c. Leclerc.

750. — Les dangers qui peuvent résulter du principe de la confusion des voix conformes dans le cas où deux juges parens ou alliés au degré prohibé ont participé à un même jugement sont faciles à signaler. — Ainsi je plaide devant une cour composée de neuf conseillers, j'ai cinq voix pour moi; je devrais avoir gagné mon procès. Non; deux des conseillers qui ont voté pour moi étaient parens au degré prohibé : il y a partage. — Autre exemple. Je plaide devant un tribunal composé du nombre de juges rigoureusement exigé pour la validité des jugemens, et j'obtiens gain de cause. Deux des juges étaient parens au degré prohibé, et sans qu'il soit besoin de rechercher si leurs voix ont été conformes ou non, le jugement est cassé : la composition du tribunal était incertaine. — V. les arrêts cités *suprà* no 746.

751. — Voici encore une nouvelle espèce qui, dans l'ancienne jurisprudence, arrêta plusieurs parlemens. — *Primus*, *Secundus* et *Tertius* sont tous trois membres d'une même cour. *Primus* est beau-frère de *Secundus*, qui a épousé sa sœur, et *Secundus* est fils de *Tertius*. — Dans ce cas, les trois voix de *Primus*, *Secundus* et *Tertius* devaient-elles être comptées simplement pour deux, ou même ne devaient-elles être comptées que pour une? Le point de la difficulté est sensible. Sans doute il n'y avait entre *Primus* et *Tertius* aucune parenté ou alliance, d'où il semblait résulter qu'en isolant *Secundus*, allié de l'un et de l'autre, on devait trouver deux voix dans ces trois personnes; mais on ajoutait que la voix de *Primus* se confondait avec celle de *Secundus*, son allié au degré prohibé; que, d'autre part, la voix de *Secundus* se confondait avec celle de *Tertius*, son parent au degré prohibé; qu'en un mot, *Secundus* était le terme commun, le point de rencontre sur lequel allaient s'unir et se confondre les deux voix de *Primus* et de *Tertius*, de manière à se réduire à une. — Nonobstant ces raisons, on avait décidé autrefois que, dans une telle hypothèse, les trois voix devaient compter non pas pour une, mais pour deux. — Boitard, t. 1er, p. 277; Boncenne, p. 393.

752. — En présence de ces dangers et de ces inconvéniens, il est permis de regretter ces prohibitions franches et absolues de nos vieilles ordonnances, que la loi du 11 sept. 1790 avait fait revivre, et qui ne voulaient pas que des parens ou des alliés fussent membres d'un même tribunal. — Mêmes auteurs.

753. — Quand la loi exige la pluralité des *voix* cela ne doit pas s'entendre de la pluralité des *avis*. Celle-ci n'est souvent qu'une pluralité relative et pourrait faire prévaloir l'opinion de la minorité. Ainsi il y a sept juges : trois sont pour un avis, deux pour un autre, et deux pour un autre encore. — L'avis des trois a bien la pluralité; mais si l'on faisait un jugement avec cette pluralité, il serait formé par trois voix contre quatre, c'est-à-dire par la minorité.

754. — Dans le cas où la délibération ne produit qu'une pluralité relative, on distingue : ou deux opinions se sont formées et chacune d'elles est soutenue par le même nombre de juges, alors il y a partage (V. *infrà* nos 766 s.); ou il s'est formé plus de deux opinions et aucune d'elles n'a la pluralité absolue; alors les juges plus faibles en nombre sont tenus de se réunir à l'une des deux opinions qui ont été émises par le plus grand nombre. — C. proc. civ., art. 117. — Telle était aussi la disposition de l'art. 86, ord. de 1535.

755. — Il n'y a pas lieu de distinguer, comme on le faisait en droit romain (ff., *De receptis*, L. 38), si l'avis du plus petit nombre de juges se trouve implicitement compris dans l'une des deux opinions émises par le plus grand nombre. — L'art. 117 est absolu. — Carré et Chauveau, quest. 490, note. — V. cependant *Praticien français*, t. 1er, p. 383.

756. — Toutefois, avant de forcer les juges plus faibles en nombre à adopter l'une des opinions dominantes, la loi veut que les voix soient recueillies une seconde fois.

757. — Il n'y aurait cependant pas nullité du jugement qui ne mentionnerait pas qu'il s'est élevé plus de deux opinions et que les voix ont été recueillies de nouveau. — Chauveau et Carré, quest. 491.

758. — Le second tour de scrutin est nécessaire dans les cours d'appel comme dans les tribunaux de première instance. — Décr. 30 mars 1808, art. 35. — Merlin, *Rép.*, vo *Opinion*, t. 8, p. 710; Chauveau et Carré, quest. 492.

759. — Tous les juges, quelle qu'ait été leur opinion, sont liés par l'avis de la majorité.

760. — Ainsi jugé que le magistrat qui a concouru à un jugement ou à un arrêt ne peut, en y apposant sa signature, exiger qu'il soit fait mention, en marge de la minute ou dans un acte séparé dressé par le greffier, qu'il a été d'une opinion contraire à celle qui a prévalu. — *Cass.*, 27 juin 1822, André.

761. — ...Que le procès-verbal constatant qu'un magistrat n'a consenti à signer la minute d'un arrêt auquel il a concouru qu'après avoir fait consigner dans ce procès-verbal, par le greffier, qu'il a été d'un avis contraire, constitue un acte judiciaire susceptible de cassation. — Même arrêt.

762. — ...Qu'une protestation faite au greffe par le président d'une cour royale contre un arrêt qu'il a refusé de signer, constitue une violation du secret des délibérations judiciaires et une contravention formelle aux art. 234, 369 et 370, C. instr. crim. — *Cass.*, 21 avr. 1827, Russeau.

763. — Mais cette protestation ne peut être annulée par la cour royale, chambres réunies. La cour de Cassation est seule compétente pour en prononcer l'annulation sur la réquisition de son procureur général, en vertu de l'art. 441, C. instr. crim. — Même arrêt.

764. — Jugé encore que l'addition du mot *dissident* faite par un magistrat à la signature qu'il appose au bas d'un arrêt doit être annulée par la cour de Cassation comme énonçant une opinion contraire à la décision de cet arrêt. — *Cass.*, 18 août 1831 (intérêt de la loi), N...

765. — Au surplus, lorsqu'après le prononcé du jugement et au moment de signer, il s'élève des dissidences sur la manière dont il aurait été prononcé, il faut suivre l'avis de la majorité. — Chau. sur Carré, quest. 589 *bis*; Thomine, t. 1er, p. 269.

ART. 2. — *Partage. — Mode de le vider.*

766. — Nous avons vu (*suprà* no 754) qu'il y avait partage lorsque deux opinions s'étant formées, chacune d'elles est soutenue par le même nombre de juges.

767. — Ce n'est pas le seul cas où il peut y avoir partage. Ainsi il y aura encore partage : 1o lorsqu'il n'y a qu'une seule opinion dominante, comme si, par exemple, sur cinq juges, deux sont d'un avis semblable et les trois autres adoptent chacun un avis différent.

768. — En effet, ce n'est pas à une seule opinion dominante que chaque juge dissident est obligé de sacrifier son opinion particulière : un choix lui est imposé, et pour qu'il choisisse il faut que deux opinions dominent, autrement deux voix sur cinq seraient le jugement. — Boncenne, t. 2, p. 376; Boitard, t. 1er, p. 284; Carré et Chauveau, quest. 490 et 493; Demiau-Crouzilhac, p. 101; Pigeau, *Proced.*, t. 1er, p. 558 (édit. Crivelli); *Praticien français*, t. 1er, p. 383; Bioche, vo *Partage de voix*, no 5.

769. — ... 2o Lorsque chacun des juges a son opinion distincte. — Mêmes auteurs. — Dans ce cas, en effet, aucun des juges n'est obligé de céder.

770. — De ce qui précède, il résulte donc qu'il peut y avoir partage, soit que les juges siégent en nombre pair, soit qu'ils siégent en nombre impair.

771. — Cependant la cour d'Aix a jugé qu'il ne peut y avoir de partage dans un tribunal composé de trois juges qui ont chacun une opinion différente sur la même question. — *Aix*, 22 nov. 1825, syndics de l'assoc. des vidanges de Tarascon c. Colombet. — V. aussi Commaille, t. 1er, p. 197; Poncet, t. 1er, p. 191.

772. — Le mot *partage d'opinions*, dit cette cour, est défini généralement l'*égalité des voix*, ce qui donne une idée juste et raisonnable de ce que l'on doit entendre par le mot *partage*; et, d'autre part, si on se pénètre de l'intention du législateur, on se convaincra que toutes les questions d'un procès, bien posées, peuvent et doivent se réduire à deux opinions. — Mais, comme le fait observer M. Chauveau sur Carré (quest. 493), ce motif est réfuté par la loi elle-même qui, dans l'art. 117, suppose la possibilité de plus de deux opinions.

773. — La cour de Toulouse a aussi jugé qu'il ne peut y avoir partage dans le sens légal, quand le tribunal est formé d'un nombre impair, notamment de trois juges. — *Toulouse*, 20 nov. 1835, Peyras c. Soum.

774. — ... Et que, dans ce cas, les juges doivent user de tempéramens pour obtenir une majorité, par exemple, faire céder l'avis des plus jeunes à la pensée des anciens. — Même arrêt. — Autrement, si un partage pouvait exister entre trois juges, celui qui serait appelé à le vider, en donnant sa voix à l'opinion de l'un d'eux, ne formerait pas encore une majorité, et la division pourrait ainsi, en se prolongeant à l'infini, rendre tout jugement impossible.

775. — Mais, comme le fait encore observer M. Chauveau (*ibid.*), l'expédient proposé par la cour de Toulouse, quoique admis dans l'ancienne jurisprudence (V. Rodier, *Quest. sur l'ordonn. de* 1667, p. 220), est en dehors de la loi et ne peut avoir qu'une autorité de raison et de conseil. — V. aussi Bioche, vo *Partage de voix*, no 5. — Quant à l'inconvénient qu'elle signale, cet inconvénient peut se présenter également au cas d'un partage entre deux opinions, et il est d'ailleurs facile d'y remédier, comme nous le verrons (*infrà* no 789) en appelant plus d'un départiteur.

776. — Il faut donc tenir pour certain qu'il y a lieu de prononcer partage d'opinions toutes les fois que le résultat de la délibération ne donne pas aux voix les plus faibles en nombre un choix à faire entre les plus fortes. — Boncenne, t. 2, p. 378; Bioche, *ibid.*, no 5.

777. — Le partage doit être déclaré publiquement. — Chauveau sur Carré, quest. 493 *ter*. — En effet, il faut bien que les parties soient prévenues de l'obstacle qui empêche le jugement de leur cause et de la nécessité où elles seront de recommencer les plaidoiries. — V. aussi Bioche no 10. — *Contrà* Pigeau, *Comment.*, t. 1er, p. 279.

778. — Mais il n'est pas nécessaire d'énoncer et de motiver les diverses opinions qui ont été émises. — Pigeau (*Procéd.*, t. 1er, p. 558 (édit. Crivelli), est d'un avis contraire, parce que, dit-il, le dé-

partiteur qui doit se réunir à l'une ou à l'autre des deux opinions a besoin de les connaître et d'en apprécier les motifs. — Mais, ainsi que le fait observer M. Chauveau (*ibid.*), les plaidoiries et la discussion qui les suivra feront suffisamment connaître au départiteur et les diverses opinions entre lesquelles il doit choisir et les motifs qu'on fait valoir en leur faveur. — V. aussi Bioche, nº 11.

779. — Autrefois aucune règle positive ne traçait le mode à suivre pour vider le partage. On s'en rapportait à des usages. Dans les justices subalternes, on appelait un gradué présent à l'audience. Dans les présidiaux on renvoyait la cause au jugement du présidial le plus voisin. Dans les bailliages des sénéchaussées qui avaient assez de juges pour former deux chambres, le partage déclaré par l'une était vidé par l'autre, ou bien on appelait un avocat. Dans les parlemens, chaque opinion du partage était représentée par des députés qui allaient exposer l'affaire soit à la grand'chambre, soit à l'assemblée des chambres; et, s'il intervenait encore un partage, le procès était renvoyé au parlement voisin où les députés se rendaient, aux frais des parties, afin d'y soutenir les différens avis. Quelquefois on obligeait le dernier reçu des juges à se retirer, et il n'y avait plus de partage. Quelquefois aussi on convenait de s'en rapporter à la décision d'un ancien magistrat qui venait à la délibération et auquel on rendait compte de ce qui s'était passé à l'audience.—Boncenne, t. 2, p. 413.

780. — La loi du 24 août 1790 ne contenait aucune disposition touchant les partages d'opinions. — Mais une loi du 14 prair. an VI posa des principes qui ont été suivis en partie par le Code de procédure.

781. — Cette loi exigeait qu'en cas de partage dans un tribunal de département (telle était l'organisation de l'an III), on appelât, pour vider le partage, trois juges du même tribunal, les premiers dans l'ordre du tableau, et que, la section ainsi augmentée, l'affaire fût de nouveau plaidée, tant en présence des juges partagés d'opinions que de ceux qu'ils se seraient adjoints. — Art. 1er et 2.

782. — Mais cette loi n'était compatible qu'avec l'ordre de choses existant à cette époque (les tribunaux de départemens étaient composés de vingt juges); et lorsque la loi du 27 vent. an VIII vint rétablir l'organisation judiciaire constituée en 1790, et par suite les tribunaux de district, sous le nom de tribunaux d'arrondissement, avec trois ou quatre juges seulement, son exécution devint absolument impossible.

783. — Aussi, un avis du conseil d'état, rendu le 17 germ. an IX, déclara-t-il qu'il fallait réduire à un seul départiteur le nombre fixé par la loi du 14 prair. an VI.

784.—Cependant on continua de suivre le mode de vider le partage par l'appel de trois juges, établi par la loi du 14 prair. an VI, même depuis la réorganisation judiciaire de l'an VIII, à l'égard des tribunaux qui, par le nombre de leurs juges, pouvaient s'y conformer. — *Cass.*, 15 messid. an XI, Van Brœchem c. comp. de Trivières.

785. — L'avis du conseil d'état n'indiquait pas d'ailleurs l'ordre dans lequel le départiteur devait être appelé et ne reproduisait pas non plus l'obligation de recommencer les plaidoiries, imposée par la loi du 14 prair. an VI; au contraire, le conseil regardait comme plus expéditif de prendre le départiteur parmi les juges ou hommes de loi qui auraient assisté aux débats, *parce que ce parti dispenserait de recommencer les plaidoiries et préviendrait des retards et des frais.*

786. — Sous ces divers rapports, le Code de procédure a singulièrement amélioré les dispositions de l'avis du conseil d'état, par les art. 118 et 468.

787. — Aux termes de l'art. 118, en cas de partage dans les tribunaux de première instance, on appelle, pour le vider, un juge; à défaut de juge, un suppléant; à son défaut, un avocat attaché au barreau, et à son défaut, un avoué, *tous appelés selon l'ordre du tableau.* — V. *infrà* nos 815 et s.

788. — Ce mode doit être suivi à l'exclusion de celui tracé par l'art. 468 (V. *infrà* nos 812 et suiv.), C. procéd., alors même que le tribunal aurait à prononcer sur un appel.—Chauveau sur Carré, quest. 1686 *bis*; Bioche, nº 17.

789. — Quoique l'art. 118 prescrive d'appeler un seul juge, il est des cas où il convient d'en appeler deux pour faire cesser le partage; il en est, par exemple, ainsi, quand le tribunal étant composé de trois juges, chacun d'eux a un avis différent. Dans ce cas, en effet, il serait à craindre que l'adjonction d'un seul juge ne pût faire cesser le partage; car si les trois premiers persistaient dans leur opinion, il n'y aurait pas encore de majorité. L'art. 118 ne statue que pour les cas généraux, pour ceux qui se présentent le plus fréquemment, pour ceux où la division n'existe qu'entre deux opinions, seulement. — Chauveau sur Carré, quest. 493; Poncet, t. 1er, p. 192; Pigeau, *Comment.*, t. 1er, p. 282; Favard, t. 3, p. 152, nº 7; Thomine, t. 1er, p. 233; Boncenne, t. 2, p. 419; Bioche, nº 16.— V. aussi *Cass.*, 12 avr. 1810, André c. Desisnard.

790.—Cette faculté doit pourtant être restreinte au cas où l'adjonction de plusieurs juges semble être le seul moyen de parvenir à une conclusion. Hors de là, un seul juge doit être appelé. — Thomine, t. 1er, p. 709; Chauveau sur Carré, *ibid.*; Bioche, *ibid.*

791.—Lorsqu'il y a lieu d'appeler un avocat ou un avoué pour vider le partage, il ne suffit pas, comme au cas où il y a lieu de compléter momentanément un tribunal, d'appeler l'avocat ou l'avoué le plus ancien à l'audience (V. *suprà* nº 575); il faut suivre rigoureusement l'ordre du tableau. — En effet, lorsqu'il y a partage d'opinions, c'est une preuve que la question est grave, et, dès-lors, l'intérêt des parties exige une garantie de plus. Dans cette position on ne doit rien laisser au hasard; s'il ne se trouve à l'audience que de jeunes avocats, de jeunes avoués n'ayant encore que peu d'expérience, il ne faut pas que les parties, que les magistrats eux-mêmes soient tenus de se soumettre à l'avis de ce nouveau juge. — Chauveau sur Carré, quest. 494 *bis*; consult. de M. Lacoste, *ibid.*—*Contrà* Bioche, nº 21.

792. — Il a cependant été jugé d'une manière implicite, qu'en cas de partage d'opinions dans un tribunal, s'il est nécessaire d'appeler un avocat, à défaut d'autres juges et suppléans, c'est l'avocat le plus ancien de ceux présens à l'audience qui doit être appelé, et non pas d'une manière absolue, l'avocat le plus ancien du tableau.— *Cass.*, 22 mai 1832, Livron c. Labasse.

793. — ... Et que lorsqu'un avocat appelé par le tribunal pour vider un partage a commencé à siéger, et qu'on ne s'aperçoit qu'il y avait à l'audience un avocat plus ancien qu'après la retraite de celui-ci, le tribunal peut continuer de procéder, tel qu'il est composé, sans qu'il en résulte une nullité de son jugement, alors surtout que les parties y consentent. —Même arrêt. —Peut-être la cour de Cassation eût-elle décidé autrement s'il n'y avait pas eu acquiescement formel des parties.

794. — Quoi qu'il en soit, il résulte de ces mots de l'art. 118, *un avocat attaché au barreau*, que les individus qui n'auraient que le grade d'avocat sans en remplir le ministère ne pourraient être appelés à vider un partage. — Observ. du tribunat.

795. — De même, on ne saurait appeler en aucun cas les avocats ni les avoués des parties, lors même qu'ils seraient juges suppléans. — Bioche, nº 22.

796. — ... Ni, suivant nous, les avocats et les avoués parens ou alliés d'un des juges au degré prohibé. — Pigeau, *Comment.*, t. 1er, p. 280; Bioche, nº 23. — *Contrà Cass.*, 18 janv. 1808, Debent c. Marchadier. — V. *suprà* (nos 605 et s.) nos observations sur cet arrêt.

797. — Observons encore que, lorsqu'un premier jugement a déclaré qu'il y avait partage, le second jugement auquel a été appelé à concourir un avocat ou un avoué, doit, à peine de nullité, mentionner que l'adjonction a eu lieu pour vider le partage.—*Colmar*, 7 fév. 1845 (t. 2 1845, p. 256), Lang; *Cass.*, 2 avr. 1838 (t. 1er 1840, p. 330), Menassier c. Desvoys, et la note.

798. — En cas de partage dans une cour royale, on appelle pour le vider un ou plusieurs conseillers qui n'ont pas connu de l'affaire et toujours en nombre *impair*. — C. procéd., art. 468.

799. — Cependant, si l'appel d'un nombre pair de juges paraissait le moyen le plus probable de vider le partage, rien ne s'opposerait à ce qu'il fût ainsi procédé. — Chauveau sur Carré, quest. 493; Poncet, t. 1er, p. 192; Pigeau, *Comment.*, t. 1er, p. 282; Favard, t. 3, p. 152, nº 7; Thomine, t. 1er, p. 233; Boncenne, t. 2, p. 419; Bioche, vº *Appel*, nº 622.

800. — Ainsi, en cas de partage d'opinions, si l'un des juges qui ont connu de l'affaire vient à décéder avant l'arrêt qui le vide, on doit appeler des juges en nombre pair pour vider le partage. — V. *infrà* nº 846.

801. — Les conseillers départiteurs doivent être appelés suivant l'ordre du tableau. — C procéd., art. 468.

802. — Les présidens de chambre, quoique inscrits après le premier président en tête de la liste de rang formée en exécution du décret du 6 juill 1810, ne doivent pas être appelés comme départiteurs, de préférence aux simples conseillers. — L'art 468, C. procéd. civ., qui veut que les juges départiteurs soient appelés *dans l'ordre du tableau*, n'établit pas cette préférence, il ne considère que l'ordre d'ancienneté des juges. — *Cass.*, 27 janvier 1841 (t. 2 1843, p. 331), Marion c. Pichat.

803. — Cependant, pour vider le partage déclaré dans une chambre de la cour royale, on peut appeler d'abord les magistrats de cette chambre, qui n'ont pas assisté à l'audience où le partage a eu lieu, quoiqu'ils ne soient pas les plus anciens dans l'ordre du tableau.— *Cass.*, 26 avr. 1837 (t. 1er 1837, p. 304), de Mortarieu c. Amilhau; 2 avr. 1838 (t. 1er 1840, p. 330), Menassier c. Desvoys.

804. — ... Même dans le cas où les juges appelés pour vider le partage, et qui sont membres de la chambre devant laquelle le procès est pendant, n'en faisaient point partie à l'époque où l'arrêt de partage a été prononcé. — *Cass.*, 31 mai 1843 (t. 2 1843, p. 105), Dequeux-Drucut c. Hainguerlot et de Vatry.

805. — Mais un conseiller auditeur qui n'a pas siégé à l'arrêt qui a déclaré partage, ne peut, bien qu'il fasse partie de la chambre partagée, être appelé comme départiteur en concours avec des conseillers titulaires. — *Cass.*, 2 avr. 1838 (t. 1er 1840, p. 330), Menassier c. Desvoys.

806.— Le président d'une cour de justice criminelle ne cesse pas de faire partie de la cour; il peut donc, à son rang, être appelé comme départiteur. — *Pau*, 8 août 1807, Bastiat c. Ducru.

807. — Le premier président d'une cour royale qui, d'après le décret de juill. 1810, est habituellement attaché à la première chambre, peut être appelé pour vider un partage d'opinions survenu dans cette chambre, bien que l'effet de ce concours soit de réduire à la qualité de simple juge le président de chambre qui avait dirigé les premiers débats. — *Cass.*, 17 juill. 1828, Darenne c. Lanoix.

808. — Le décret du 30 mars 1808, qui ne permet d'appeler des juges d'une autre chambre qu'autant qu'il y a nécessité absolue, n'est pas applicable quand il y a lieu de vider un partage. Dès-lors, en cas de partage dans une chambre de cour royale, on peut appeler pour le vider deux membres d'une autre chambre avec un membre de la chambre partagée qui n'avait pas connu de l'affaire, bien que le concours de ce dernier fût suffisant pour vider le partage.—*Cass.*, 6 avr. 1831, Rémon c. Gayral.

809. — Lorsque tous les conseillers composant la cour ont connu de l'affaire, ou que ceux qui n'y ont pas assisté se trouvent empêchés, on appelle trois anciens jurisconsultes. — C. procéd., art. 468.

810. — Ni l'art. 468 du Code de procédure, ni le décret impérial du 14 déc. 1810, portant organisation de l'ordre des avocats, ne s'expliquent sur les avocats auxquels appartient le titre d'*anciens jurisconsultes*. Dans le silence de la loi, nous pensons qu'on peut se déterminer d'après la disposition de l'art. 495, qui porte que la consultation exigée pour la requête civile sera signée par trois avocats exerçant depuis dix ans au moins.—Carré et Chauveau, quest. 1537.

811. — Quoique l'art. 118, C. procéd., n'appelle les avocats que dans le cas où le partage ne peut être vidé par les juges, il a cependant été décidé que lorsqu'un arrêt a ordonné qu'un partage serait vidé par trois juges, et qu'il ne se trouve dans la cour royale qu'un seul juge disponible, cette cour a pu valablement s'adjoindre deux avocats, bien qu'aux termes de la loi le conseiller disponible eût suffi pour vider le partage.— *Cass.*, 19 août 1828, Vivié c. Gay.

812. — Le mode indiqué par les art. 118 et 468, C. procéd., pour vider un partage doit être suivi à peine de nullité; il ne serait au pouvoir ni des parties, en plaidant sans réserve, ni du tribunal ou de la cour, d'autoriser un autre mode de procéder. — *Cass.*, 15 juill. 1829, Limousin c. Bousely.

813. — Ainsi, le partage une fois déclaré, il y a nécessité absolue d'appeler un départiteur; il ne serait pas permis de reprendre l'affaire sous prétexte que la composition de la chambre ayant été changée par le roulement, un nouveau partage ne serait pas à craindre.— Même arrêt.

814. — De même, les juges ne pourraient plus, ainsi qu'il était autrefois usité en certains ressorts, soumettre la question à un autre juge ou au tribunal assemblé. — Carré et Chauveau, quest. 500; Thomine, p. 99. — V. *contrà* Demiau.

815. — Les art. 118 et 468 doivent également être observés à peine de nullité, en ce qu'ils tracent l'ordre à suivre parmi les personnes qui peuvent être appelées comme départiteurs, et le jugement doit constater que cet ordre a été suivi.

816. — Ainsi jugé que les juges appelés pour vider un partage doivent toujours l'être en suivant l'ordre du tableau, à peine de nullité du jugement, à moins que ce jugement n'indique que c'est en raison de l'empêchement des juges plus anciens que le concours des plus jeunes est devenu nécessaire. — *Cass.*, 4 juin 1822, Leblin c. comm. de

Vollenay; même jour, Dotézac c. Poulet; 2 avr. 1838 (t. 2 1838, p. 6), Morizot c. Muteau; 7 nov. 1843 (t. 1er 1844, p. 532), Desommeau c. Le Marié.

817.—Du reste, la loi ne prescrit pas d'énoncer la cause qui peut empêcher les magistrats les plus anciens de siéger. Dès-lors, son vœu est suffisamment rempli quand l'arrêt sur partage indique que les juges placés sur le tableau avant ceux qui ont été appelés pour vider le partage étaient légalement empêchés. — *Cass.*, 4 juill. 1836, Rapin-Rhuillier c. de Longchamp.

818. — ... Et la mention, contenue dans un arrêt après partage, que le premier président et deux présidens de chambre ont été appelés *conformément à la loi*, établit suffisamment que ces magistrats étaient les plus anciens suivant l'ordre du tableau. — *Cass.*, 26 avr. 1842 (t. 2 1842, p. 279), Suffet c. Champon, Reynaud et Suat.

819. — ... Encore bien qu'elle offre une sorte de contradiction avec le registre de pointe tenu au greffe, lequel, en établissant l'absence de plusieurs conseillers, semble indiquer qu'à leur égard l'ordre du tableau n'a pas pu être observé.—*Cass.*, 19 août 1828; Vivié c. Gay.

820. — Lorsqu'un arrêt rendu après partage n'énonce pas la cause qui a empêché l'un des plus anciens conseillers d'y prendre part, il suffit qu'il soit justifié de cet empêchement d'une manière légale devant la cour de Cassation. — *Cass.*, 9 mai 1825, Délelée-Desloges.

821. — En conséquence, l'arrêt qui ne fait pas mention de la cause qui a empêché de siéger un conseiller qui devait être appelé comme départiteur dans l'ordre du tableau, n'est pas pour cela vicié de nullité, si la preuve de l'empêchement de ce conseiller résulte d'actes authentiques émanés du greffe, tels que des extraits du registre authentique tenu pour l'inscription des congés, extraits constatant qu'un congé lui a été accordé et qu'il était absent pour maladie, absence qui était de notoriété au palais. — *Cass.*, 11 avr. 1825, Morin-Desmezeretz c. de Beaumont; 2 avr. 1838 (t. 1er 1840, p. 330), Menassier c. Desvoys.

822. — Mais on ne pourrait pas avoir égard, pour établir cet empêchement, à des certificats émanant soit du président, soit du greffier, soit des magistrats qui devaient être appelés. — *Cass.*, 2 avr. 1838 (t. 2 1838, p. 6), Morizot c. Muteau. —

823. —La nullité résultant de ce que l'ordre prescrit par les art. 118 et 468, C. procéd., n'a pas été suivi, est d'ordre public et peut être proposée, en appel, contre un jugement de première instance, et, en cassation, contre un arrêt de cour royale, quoiqu'elle ne l'ait pas été, soit devant les premiers juges eux-mêmes, soit devant la cour.— *Cass.*, 4 juin 1822, Leblin c. comm. de Vollenay; même jour, Dotezac c. Poulet; — Carré et Chauveau, quest. 494; Delaporte, p. 126; Bioche, nº 33. —V. cependant *Paris*, 3 avr. 1811, Dommangeville c. Berthinot.

824. — Néanmoins, l'irrégularité d'arrêts préparatoires rendus après partage, provenant de la manière dont les juges départiteurs ont été appelés, ne vicie l'arrêt définitif, si, par suite d'empêchement des premiers départiteurs, il a été rendu par d'autres régulièrement appelés, qu'autant qu'on attaque en même temps ces arrêts préparatoires. — *Cass.*, 19 juin 1838.

825. —Les tribunaux doivent renvoyer, pour vider un partage, à une autre audience que celle où il s'est produit. —*Colmar*, 7 fév. 1845 (t. 2 1845, p. 256), Lang; *Cass.*, 12 mars 1834, Léonard c. Naudy; 13 fév. 1837 (t. 1er 1837, p. 317), Perret c. Durand.

826. — Le jugement qui déclare le partage, ordonne en même temps que l'affaire sera de nouveau plaidée. — C. procéd., art. 118.

827. — ... Ou de nouveau rapportée, s'il s'agit d'une instruction par écrit. — Carré et Chauveau, quest. 499.

828. — Déjà, sous la loi du 16-24 août 1790, il avait été décidé que le juge départiteur ne peut statuer sur la simple communication des pièces de la procédure, qu'il faut que les parties et le ministère public soient entendus de nouveau.—*Cass.*, 14 vent. an V, Simon c. Choffey.

829. — L'affaire devrait être plaidée ou rapportée de nouveau, en présence des juges partagés et du départiteur, lors même que celui-ci aurait assisté aux précédentes audiences, parce que, n'ayant pas siégé comme juge, il ne serait pas présumé avoir donné à la discussion toute l'attention nécessaire. — *Paris*, 19 mars 1816, Andelle c. Deculant;—Observat. du tribunat;—Boncenne, t. 2, p. 416.

830. — Jugé néanmoins, que s'il s'agissait d'un juge suppléant siégeant avec le tribunal, il pourrait, le cas de partage survenant, intervenir, s'il y était appelé par l'ordre du tableau, à la délibération, sans nouvelles plaidoiries.—*Toulouse*, 4 juill. 1843;—Bioche, nº 39; Pigeau, *Comm.*, t. 1er, p. 281. —V. *contrà* Carré et Chauveau, art. 118, prélim.

831. — La cause doit se présenter devant le départiteur dans le même état où elle avait d'abord été plaidée; dès-lors, les juges ne peuvent, en déclarant partage d'opinions sur l'un des chefs de la contestation qui leur est soumise, statuer néanmoins dès à présent sur les chefs dont la solution dépend, en fait ou en droit, du point sur lequel le partage est déclaré. La cause doit, dans ce cas, être renvoyée en *son entier* pour être statué sur le tout après l'appel des juges départiteurs. — *Cass.*, 13 fév. 1837, Perret c. Durand.

832. — Ainsi, lorsqu'un enfant naturel invoque deux commencemens de preuve par écrit, résultant, l'un de son acte de naissance, l'autre de la procédure de son adversaire, il y a violation de la loi, si les juges rejettent le moyen tiré de l'acte de naissance, et déclarent partage sur le moyen résultant de la procédure. — *Cass.*, 12 mars 1834, Léonard c. Naudy.

833. — Mais il en serait autrement si le chef sur lequel le partage était déclaré ne devait en rien influer sur la solution des autres.

834. — Par exemple, les juges peuvent, en déclarant partage sur le fond, statuer néanmoins, dès à présent et définitivement, sur les exceptions et moyens préjudiciels. — *Cass.*, 23 nov. 1835, de Magnoncour c. Déjoux; — Chauveau sur Carré, quest. 493 *bis*; Bioche, nº 7.

835. — De même, s'il n'y a eu partage que sur un seul point, il n'y a pas lieu à la cassation du deuxième arrêt, alors surtout que les conclusions prises devant les juges départiteurs n'ont porté que sur ce point. — *Cass.*, 8 mars 1843 (t. 2 1843, p. 118), Knœffer c. Monnet et Ostermann.

836. — Au surplus, la déclaration de partage sans indication de la partie de la cause sur laquelle il porte fait présumer un partage sur toutes les parties.—*Toulouse*, 4 juill. 1843; — Bioche, nº 9.

837. — Du principe que la cause doit se présenter devant le départiteur dans le même état où elle avait d'abord été plaidée, il résulte encore que les parties ne peuvent former de nouvelles demandes, ni faire de nouveaux actes d'instruction entre le jugement de partage et celui qui doit le vider. — *Nîmes*, 22 fév. 1812, Rey c. Burquet; — Pigeau, *Comm.*, t. 1er, p. 281; Chauveau sur Carré, quest. 493 *quater*.

838. — Le juge ou l'homme de loi appelé pour vider un partage a d'ailleurs, relativement à l'affaire qui en est l'objet, les mêmes pouvoirs que les autres juges, tant pour les accessoires et incidens que pour le fond.

839. — Ainsi, les juges appelés pour vider en partage d'opinions sur le fond d'une contestation peuvent juger la récusation proposée incidemment contre l'un des juges dont les opinions étaient partagées. — *Cass.*, 15 (et non 25) messid. an XI, Van Broechem c. comp. de Trivières; — Carré et Chauveau, quest. 498; Merlin, *Quest.*, vº *Tribunal d'appel*, § 5; Pigeau, *Comm.*, t. 1er, p. 281; Favard, t. 3, p. 153, nº 7; Boncenne, t. 2, p. 417.

840. — Mais les juges départiteurs ne sont appelés que pour empêcher un nouveau partage et déterminer le jugement; ils ne jugent pas seuls. Le jugement qui vide le partage doit donc toujours être rendu avec tous les juges entre lesquels le partage s'est formé, à peine de nullité. — *Paris*, 30 juill. 1811, Ballay c. Gillet.

841. — En conséquence, lorsqu'une chambre d'une cour royale a déclaré un partage, elle doit, pour le vider, à part les conseillers départiteurs, se composer des mêmes conseillers qui ont connu de l'affaire, encore bien que, par suite du roulement ces derniers aient passé dans d'autres chambres. — *Caen*, 16 janv. 1843 (t. 2 1843, p. 312), Leveneur c. de La Rouvraye.

842. — ... A moins qu'il ne survienne un empêchement constaté. — *Cass.*, 11 fév. 1825, Eymard c. Caron.

843. — Dès-lors, est sujet à cassation l'arrêt rendu à la suite d'un partage, lorsqu'un des conseillers qui ont concouru à l'arrêt de partage est remplacé, lors de l'arrêt définitif, par un autre magistrat, sans qu'il soit constaté et sans qu'il résulte d'aucun document que ce conseiller était empêché. — Même arrêt.

844. — Du reste, les juges qui ont émis une opinion dans une délibération de partage ne sont aucunement liés par leur avis antérieur; ils peuvent en embrasser un autre après les nouvelles plaidoiries et lors du jugement définitif. — Lett. du grand-juge, 28 mai 1810; — Carré et Chauveau, quest. 496; Pigeau, *Comm.*, t. 1er, p. 282; Lepage, *Quest.*, p. 133; Thomine, t. 1er, p. 234; Boncenne, t. 2, p. 417; Bioche, nº 45.

845. — Dès-lors, en cas de partage d'opinions, si l'un des juges qui ont connu l'affaire vient à décéder avant l'arrêt qui le vide, sa voix ne doit pas être comptée. — *Cass.*, 12 avr. 1810, André c. Désisnard.

846. — Dans ce cas, on doit, pour vider le partage, appeler des juges en nombre pair, afin d'éviter un nouveau partage. — Même arrêt; — Carré et Chauveau, quest. 497; Boncenne, t. 2, p. 419; Bioche, nº 42. —V. *suprà* nº 800.

847. — Dans les colonies, et notamment dans les îles de la Martinique et de la Guadeloupe, l'organisation judiciaire étant réglée par des lois spéciales, les arrêts qui y sont rendus après partage sont valables, quoique les dispositions des art. 118 et 468 n'aient pas été observées. — *Cass.*, 22 août 1842 (t. 3 1844, à sa date). — V. COLONIES, nºs 184 et suiv.

848. — Lorsqu'un partage a lieu dans une des chambres de la cour de Cassation, on procède ainsi qu'il est dit vº COUR DE CASSATION, nºs 131 et suiv.

Sect. 4e. — *Prononciation du jugement.*

849. — Un jugement n'est pas acquis aux parties, par cela seul qu'il a été arrêté entre les juges, il faut de plus qu'il ait été prononcé à l'audience par le président ou par celui des juges qui le remplace.

850. — Le vœu de la loi est que les jugemens soient prononcés *sur-le-champ*, après que la cause a été plaidée ou rapportée, et que le ministère public a été entendu, si la cause est sujette à communication. — C. procéd. civ., art. 116.

851. —...Sauf néanmoins le droit qui appartient au tribunal d'ordonner la réouverture des débats, quand il le juge nécessaire.

852. — ... Par exemple, lorsqu'une des parties demande à produire des pièces récemment découvertes qui sont relatives à des points essentiels du procès, et qui peuvent mettre les juges en état de décider en plus grande connaissance de cause. — *Bruxelles*, 28 juin 1831, Médeur c. Vausueru.

853. — ... Ou lorsque la production d'une pièce nouvelle change la nature de l'affaire. — *Cass.*, 1er juill. 1840 (t. 2 1841, p. 708), Guerrier c. Collongeon.

854.— Mais indépendamment même de ce cas, il peut se présenter diverses hypothèses dans lesquelles la prononciation immédiate du jugement à l'audience serait difficile ou même impossible.

855. — Ainsi, 1º il peut arriver que la cause paraisse demander une discussion un peu longue et que le tribunal sente la nécessité de s'isoler de la présence et du tumulte de l'audience pour délibérer plus à l'aise. Dans ce cas, aux termes même de l'art. 116, C. procéd. civ., il peut se retirer dans la salle du conseil, sauf à rentrer quelque temps après à l'audience pour prononcer son jugement.

856. — Il suffit alors que le président déclare que le tribunal se retire pour délibérer. — Carré et Chauveau, quest. 485.

857. — Il n'est pas nécessaire que le jugement fasse mention que les juges se sont retirés dans la chambre du conseil pour délibérer. — *Cass.*, 25 (et non 23 juin 1833), Joubert c. Caffin et Cardaillat.

858. — La loi du 3 brum. an II permettait aussi aux juges de se retirer dans une salle voisine pour l'examen des pièces; mais elle ajoutait qu'*immédiatement* après cet examen, ils rentreraient à l'audience pour y délibérer en public, y opiner à haute voix et prononcer le jugement. — Art. 10.

859. — ... D'où était née la question de savoir si, sous l'empire de cette loi, un jugement devait, à peine de nullité, être prononcé immédiatement après la délibération dans laquelle il avait été arrêté.—V. pour l'affirmative, *Cass.*, 4 frim. an VIII, Verchain c. Griez; — et pour la négative, *Cass.*, 24 vent. an XI, Aerden c. Douanes. — Cette difficulté ne pourrait plus s'élever depuis le Code. —Merlin, *Rép.*, vº *Délibéré*, p. 413; Carré et Chauveau, quest. 487.

860. — Aujourd'hui il n'est point exigé, à peine de nullité, que le jugement soit prononcé à l'audience même où il a été arrêté. Seulement il doit être prononcé en présence des mêmes juges qui l'ont délibéré en la chambre du conseil, car, c'est à la présence de ceux-ci qu'est attachée la garantie que le jugement est prononcé tel qu'il a été arrêté. — Carré et Chauveau, quest. 487; Boncenne, t. 2, p. 380; Thomine, t. 1er, p. 329.

861. — Il a en conséquence été jugé qu'un jugement rendu sur délibéré est nul, si les juges qui ont assisté à l'audience où il a été prononcé, n'ont pas tous concouru au délibéré. — *Cass.*, 26 vendém. an VIII, Bernard Pieters c. Liéven Gyzelinck.

862. — ... Et que le président d'un tribunal ne

peut prononcer un jugement à la délibération duquel il n'a point pris part. — *Cass.*, 7 therm. an XI, Got c. Prèsès.

863. — Jugé toutefois que par cela que tous les conseillers qui ont assisté aux débats et au délibéré d'une affaire remise ensuite à un autre jour pour prononcer arrêt ne siégent pas au jour de cette prononciation, l'arrêt n'est pas nul si la cour est composée du nombre de conseillers suffisant pour rendre arrêt. — *Cass.*, 31 janv. 1844 (t. 2 1844, p. 629), Hamard c. Bardotte.

864. — Il n'est jamais nécessaire, à peine de nullité, que l'officier du ministère public, qui a donné ses conclusions dans une affaire, soit présent à l'audience où le jugement est prononcé, même lorsqu'il s'agit d'une cause dans laquelle la communication au ministère public était indispensable. — *Cass.*, 29 déc. 1834, Pescheur c. Roffe; 11 juin 1828, Cauvin c. Lamartinière; 25 (et non 23) juin 1833, Joubert c. Cassin; 3 janv. 1838 (t. 1er 1838, p. 58), Bérit c. Bonne; 6 mars et 16 juill. 1844 (t. 2 1844, p. 230), Hubert c. Beldent; même jour, (t. 2 1844, p. 231), marquis de Villette c. comm. de Sarron.

865. — Il suffit, pour la validité du jugement, qu'il soit constaté que le ministère public a été entendu dans ses conclusions à l'audience où les plaidoiries ont eu lieu et ont été closes. — Même arrêt de 1838. — V. aussi *Cass.*, 27 nov. 1840 (t. 1er 1841, p. 379), Gaust; 9 mai 1843 (t. 2 1843, p. 566), Ansiaume c. Teston.

866. — ... 2° Il peut aussi arriver que le tribunal juge que la cause demande non seulement une délibération de quelques instans dans la chambre du conseil, mais un examen long et détaillé qui consommerait en pure perte le temps consacré au service de l'audience. Dans ce cas, il continue l'affaire à l'une des prochaines audiences, puis les juges conviennent entre eux d'une réunion particulière pour discuter les avis.

867. — ... Mais alors le tribunal doit rendre un jugement préparatoire qui déclare ce renvoi. — Boitard, t. 1er, p. 268; Carré et Chauveau, quest. 485; Favard, t. 3, p. 149, n° 1; Thomine, t. 1er, p. 230.

868. — Du reste, en prononçant ce renvoi, les juges ne sont pas tenus d'indiquer, à peine de nullité, le jour auquel ils rendront leur jugement. — *Rennes*, 31 juill. 1809, N...; 31 août 1810, Castagny c. d'Ormigny; *Cass.*, 13 nov. 1834, Laffore c. ville d'Oléron. — Carré et Chauveau, quest. 486.

869. — L'art. 93, C. procéd. civ., qui veut que le tribunal, lorsqu'il prononce un délibéré au rapport d'un juge qu'il nomme, indique le jour auquel le rapport sera fait (V. DÉLIBÉRÉ), ne s'applique plus au cas où il ne prononce qu'un simple délibéré en la chambre du conseil. — *Cass.*, 24 juin 1818, Lallemant c. Basterrèche.

870. — Réciproquement, s'il est permis aux juges de ne pas indiquer le jour où ils videront le délibéré, sans rapport, l'on peut dire que le jugement qui intervient à la suite ne doit pas nécessairement faire mention de celui qui avait ordonné le délibéré. — *Cass*, 14 nov. 1832, Duhamel c. Bayez; — Carré et Chauveau, *ibid*

871. — Ainsi, un arrêt définitif n'est pas nul en ce que, rendu un autre jour que celui où la discussion a été close, il ne mentionne pas expressément qu'il a été précédé d'un arrêt ordonnant le renvoi au jour où il a été effectivement prononcé. — *Cass.*, 7 juin 1832, Dugier c. Lotzbeck.

872. — ... 3° De même encore, si le tribunal juge non seulement qu'il lui est impossible de prendre une décision immédiate, mais qu'il ne suffit même pas, pour l'édifier sur les différens points de la cause, de prendre un délai plus ou moins long, s'il juge nécessaire de faire résumer devant lui par un membre choisi dans son sein, les divers moyens plaidés à l'audience par l'une et par l'autre partie, alors il peut ordonner, non seulement comme dans le cas précédent, un *simple délibéré*, un simple renvoi de la cause, mais un *délibéré sur rapport*; c'est-à-dire, qu'il peut charger l'un des juges, sur le vu des dossiers des parties, respectivement déposés par elles, de résumer l'affaire devant le tribunal et en audience publique, à l'effet de mieux préparer la décision définitive qu'il s'agit de rendre. — C. procéd. civ., art. 93.

873. — A la différence du cas précédent, le jugement doit alors, à peine de nullité, indiquer le jour où le rapport sera fait. En effet, les parties ou leurs défenseurs ayant le droit d'assister au rapport (art 111, C. procéd. civ.), et de signaler au président, dans des notes énonciatives, les omissions ou inexactitudes qu'ils prétendraient y avoir remarquées, il s'ensuit nécessairement qu'ils doivent être prévenus du jour où ce rapport a lieu. — Pigeau, *Comment.*, t. 1er, p. 253 et 262; Thomine, t. 1er, p. 208; Boncenne, t. 2, p. 310; Carré et Chauveau, quest. 487 *ter*. — Mais il n'est pas indispensable que cette indication soit faite précisément par le jugement qui ordonne le délibéré; elle peut l'être par un jugement postérieur, ou par un simple avis émané du président, et, dans tous les cas, on n'est pas admis à proposer son omission, comme moyen de nullité, lorsqu'en fait, on a assisté au rapport. — Mêmes auteurs. — V. DÉLIBÉRÉ, nos 12, 17 et suiv.

874. — ... 4° Enfin, il peut arriver que le tribunal sente l'impossibilité, non seulement de décider l'affaire de suite, ou avec remise, mais même de la décider sur un rapport ordonné aux termes des art. 93 et 94; il peut arriver que l'affaire se présente tellement hérissée de difficultés que les juges sentent le besoin d'avoir recours à un moyen d'instruction tout différent; ils ordonnent alors, non point un délibéré avec ou sans rapport, mais une *instruction par écrit*. — V. ce mot.

875. — *Publicité*. — Tout jugement doit être prononcé en audience publique, à peine de nullité. — LL. 20 avr. 1810, art. 7; 16-24 août 1790, tit. 2, art. 12. — V. cependant *infrà* nos 883 s.

876. — Cette règle s'applique également aux colonies. — *Cass.*, 20 déc. 1825, Aza c. Withe; 12 août 1834, Dain c. directeur de l'intérieur de la Guadeloupe. — V. COLONIES.

877. — La nullité qui résulte du défaut de publicité est radicale : il ne serait pas permis aux juges supérieurs d'avoir égard aux motifs qui ont pu déterminer les juges inférieurs à juger à huis-clos. — Favard, t. 1er, p. 150, n° 4; Thomine, t. 1er, p. 230; Boncenne, t. 2, p. 466; Carré et Chauveau, quest. 487 *bis*. — V. *contrà* Poncet, t. 1er, p. 216.

878. — Du reste, ainsi que nous l'avons vu, v° AUDIENCE, le principe de la publicité ne fait pas obstacle à la faculté qu'ont les tribunaux d'ordonner que les plaidoiries auront lieu à huis-clos, si la discussion publique doit entraîner du scandale ou des inconvéniens graves. — C. procéd. civ., art. 87.

879. — Mais, même dans ce cas, le jugement doit être prononcé en audience publique. En effet l'art. 87, C. procéd. civ., ne parle que des plaidoiries, et la raison qui a fait déroger au principe de la publicité en ce qui regarde les plaidoiries n'existe pas pour la prononciation du jugement, dont l'énoncé ne comporte pas les détails d'une plaidoirie, et dont la rédaction peut être faite en des termes plus décens que ceux qui peuvent échapper dans le cours d'un débat. — Carré et Chauveau, quest. 424; Dufour, *Conférences*, p. 53.

880. — C'est ce qui a été jugé, en matière criminelle, par la cour de Cassation. — *Cass.*, 22 avr. 1820, Laffitte; 18 sept. 1823, Cazanaine; 12 déc. 1823, Pierre Rouland. — Et ces arrêts seraient applicables en matière civile, car il y a parité de motifs.

881. — Il a aussi été jugé que les jugemens ou arrêts pour lesquels il est statué sur des incidens élevés pendant les débats qui ont lieu à huis-clos (et par exemple, l'arrêt qui rejette la demande tendant à faire entendre de nouveaux témoins) doivent, à peine de nullité, être prononcés en audience publique. — *Cass.*, 31 mars 1837 (t. 1er 1837, p. 532), Pellegrin; 28 janv. 1836, Létard. — V. toutefois *Cass.*, 29 avr. 1836, Gréau.

882. — Le principe de la prononciation publique des jugemens reçoit pourtant quelques exceptions.

883. — Ces exceptions sont relatives, 1° aux jugemens d'adoption rendus en premier degré de juridiction. — C. civ., art. 355 et 356; — Thomine, t. 1er, p. 201; Carré et Chauveau, quest. 426. — V. ADOPTION.

884. — ... 2° Aux jugemens de subrogation à une poursuite d'ordre. — C. procéd. civ., art. 779; — Carré et Chauveau, *ibid*. — V. ORDRE.

885. — ... Sans néanmoins qu'un tel jugement puisse être annulé pour avoir été prononcé à l'audience. — *Bourges*, 7 fév. 1827, Martineau c. Paillard.

886. — ... 3° Aux jugemens rendus en matière de discipline des officiers ministériels. — *Cass.*, 3 nov. 1806, Fusibay. — V. DISCIPLINE.

887. — Mais les mesures de discipline à prendre contre les *notaires*, en vertu de l'art. 5, L. 25 vent. an IX, doivent être prononcées en audience publique et non à la chambre du conseil. — *Agen*, 28 fév. 1825, O...; — *Amiens*, 25 sept. 1833, Desbourges; — Bloche et Gouget, v° *Discipline*, n° 206. — V. NOTAIRE.

888. — ... 4° Aux jugemens qui statuent sur les refus d'autorisations maritales. — V. AUTORISATION DE FEMME MARIÉE, nos 489 et suiv.

889. — ... 5° Aux jugemens qui statuent sur les oppositions aux exécutoires de dépens. — *Cass.*, 2 fév. 1826, Martin c. Adeline. — V. FRAIS ET DÉPENS.

890. — Du reste, lorsque le jugement doit être rendu en la chambre du conseil, il faut toujours entendre la défense des parties, à peine de nullité. — *Cass.*, 22 brum. an VII, Auberry c. Henaut; 12 janv. 1792; 12 niv. an VII, Sossy c. Wiard.

891. — Mais hors les cas expressément prévus par la loi, un jugement rendu en la chambre du conseil est radicalement nul. — *Cass.*, 22 brum. an VII, Auberry c. Renaud. — V. aussi *Cass.*, 2 sept. 1808, Levi.

892. — ... A moins toutefois qu'il n'énonce que les portes en étaient ouvertes au public. — *Cass.*, 11 fév. 1835, enregist. c. de Préfort; — Arg., *Cass.*, 19 mai 1813, Bouchet-Desfontaines c. Piel.

893. — Ainsi est nul le jugement qui autorise une prise à partie, s'il a été rendu en séance particulière. — *Cass.*, 28 vent. an X, D'harcourt.

894. — De même, c'est en audience publique que doivent être plaidées et jugées les demandes en réduction d'hypothèque légale. — *Montpellier*, 5 mai 1828, Laporte.

895. — ... Les contestations relatives à la quotité des frais d'expertise réclamés par les experts. — *Nancy*, 1er déc. 1829, maire c. Grotez.

896. — ... Celles relatives au droit que peuvent avoir les avoués de plaider les causes sommaires. — *Amiens*, 24 avr. 1825; sous *Cass.*, 11 déc. 1826, avocats de Laon c. avoués de Laon.

897. — C'est aussi en audience publique que doit être rendu un jugement portant nomination d'un syndic. — *Bordeaux*, 4 août 1824, Rives c. Mendez.

898. — ... Ou un jugement déclaratif de faillite. — *Nancy*, 26 avr. 1827, Germain Thomas c. Laurent. — V. FAILLITE.

899. — De même encore la loi du 5 vent. an VIII (art. 88), en matière de contributions indirectes, se bornant à prescrire la tenue de l'audience en la chambre du conseil, n'est pas exclusive de la publicité de cette audience, et il y a lieu d'annuler un jugement qui, en cette matière, n'aurait pas été prononcé publiquement. — *Cass.*, 13 mars 1836, contrib. ind. c. Joiteau; 2 mai 1827, contrib. ind. c. liquoristes de Lyon. — V. CONTRIBUTIONS INDIRECTES, nos 172 et suiv.

900. — Et la nullité résultant de ce défaut de publicité peut être opposée pour la première fois devant la cour de Cassation. — *Cass.*, 18 janv. 1830, Marchais de la Berge c. contrib. ind.

901. — Observons d'ailleurs que le jugement doit être prononcé publiquement dans son entier et qu'il serait nul si une partie du dispositif (celle, par exemple, établissant la balance d'un compte) n'avait pas été lue à l'audience. — *Cass.*, 5 déc. 1836, Lacrouts c. Balbedar.

902. — De même les motifs du jugement doivent être prononcés en audience publique. — *Cass.*, 25 mai 1830, Suérus c. Lalligaut; 18 avr. 1831, enregistr. c. Gaide-Roger.

903. — Est donc nul l'arrêt dont la prononciation à l'audience publique n'a été précédée ni accompagnée de l'énonciation d'aucun motif. — *Cass.*, 19 août 1830, de Magnoncourt c. de Raucourt.

904. — Spécialement est nul l'arrêt dont le dispositif a été seul prononcé par le président, qui s'est borné à déclarer que c'est par les motifs qui seraient remis au greffe. — *Cass.*, 26 juill. 1831, Calvet c. Pons.

905. — A plus forte raison y aurait-il nullité si le président, après le délibéré, s'était borné à déclarer à l'audience *qu'il y a arrêt*, sans prononcer ni les motifs ni le dispositif de l'arrêt indiqué, comme cela était d'usage autrefois dans certains parlemens, et notamment au parlement de Pau. — *Cass.*, 29 nov. 1831, Brauhauban c. Bonasson.

906. — Toutefois, lorsque le président d'un tribunal s'est borné à prononcer à l'audience le dispositif d'un jugement, il suffit que sur la demande de l'une des parties, tendant à ce qu'il lui soit donné acte de ce que des motifs n'ont pas été prononcés, le président en ait exprimé quelques uns, quoique sans délibération nouvelle, pour que le jugement soit réputé légalement motivé, et qu'il y ait lieu de rejeter l'inscription de faux dirigée contre l'addition de nouveaux motifs lors de la rédaction définitive. — *Cass.*, 29 janv. 1830, Daubous c. Dupont.

907. — Au surplus, lorsqu'un arrêt a été terminé par une mention, *qu'il a été prononcé en audience publique*, cette mention se réfère nécessairement à toutes les parties constitutives de l'arrêt, et dès-lors on ne peut prétendre que les motifs n'ont pas été prononcés publiquement. — *Cass.*, 20 avr. 1842 (t. 2 1842, p. 184), Jourdon c. Baudouin.

908. — Il ne suffit pas qu'un jugement ait été rendu publiquement, il faut encore que la preuve de cette publicité résulte du jugement lui-même,

à peine de nullité. — *Cass.*, 5 mars 1822, enreg. c. Laville; 19 mai 1813, Bouchet Desfontaines c. Piel; *Bruxelles*, 30 oct. 1823, N...; *Grenoble*, 21 déc. 1820, Charsel c. Guichard-Lary; 27 juin 1821, Thirel c. David; —Carré et Chauveau, quest. 487 *bis;* Favard, t. 1er, p. 247; Boncenne, t. 2, p. 426. — V. aussi *Cass.*, 16 fév. 1824, Brecker; 28 janv. 1825, Paul Bayle; 26 juin 1829, Delvincourt.

909. — La nullité résultant du défaut de mention que le jugement a été rendu publiquement ne peut être couverte par des certificats émanés des juges qui ont rendu le jugement. — *Cass.*, 19 mai 1813, Bouchet-Desfontaines c. Piel.

910. — Mais la preuve qu'un jugement ou un arrêt a été rendu publiquement peut résulter de la représentation de la feuille d'audience, quelles que soient du reste les énonciations de l'expédition. — *Liége*, 15 mai 1826, N...

911. — De même l'omission dans la copie signifiée d'un jugement, de la mention qu'il a été prononcé publiquement, n'entraîne pas la nullité de ce jugement, si cette mention se trouve sur la grosse qui est produite. — *Cass.*, 28 mars 1825, Costers c. Douanes.

912. — Suivant Pigeau, au contraire (*Comm.*, t. 1er, p. 276), le défaut de la mention de la publicité n'entraînerait pas la nullité du jugement, s'il n'était prouvé d'ailleurs qu'il a été rendu en secret, la présomption étant, jusqu'à preuve contraire, en faveur de l'observation de la loi. — V. aussi Poncet, t. 1er, p. 216.

913. — Il a été jugé dans ce sens qu'un jugement est valable, nonobstant le défaut de mention relative à la publicité de la prononciation, s'il ne résulte d'ailleurs de ses énonciations aucune preuve qu'il n'a point été réellement prononcé en audience publique. — *Aix*, 21 juin 1808, N...; *Rennes*, 13 août 1831, Fontmolny c. Poupelard.

914. — Mais cette doctrine ne saurait évidemment être admise. Il faut, à peine de nullité, que la preuve de la publicité ressorte du jugement lui-même, ou du moins de la représentation de la feuille d'audience. On ne saurait se contenter de simples présomptions.

915. — Ces règles sont applicables aux colonies. — V. COLONIES, nos 496 et suiv.

916. — Toutefois, il n'y a point pour la mention de publicité de formule sacramentelle; toutes les expressions d'où l'on pourra induire que le jugement a été prononcé en audience publique, satisferont à l'exigence de la loi. — Carré et Chauveau, quest. 487 *bis*.

917. — Ainsi, l'énonciation que le jugement a été rendu *en l'audience* suffit pour établir la présomption légale qu'il l'a été publiquement. — *Cass.*, 23 août 1826, Chaux; 6 janv. 1829, Mabru; 9 nov. 1831, Delpeux c. Villaguet; 27 mai 1818, François c. Lassiége; 27 janv. 1819, Peignard; 1er fév. 1820, Cacté c. Riquier-Larivière; 23 déc. 1828, Lanos; 26 juin 1817, Testu c. enregist.; 18 août 1829, de Chazelles c. enregist.; 14 janv. 1824, Tollet c. Bron; 24 nov. 1836, Révial c. Blondeau; 2 janv. 1839 (t. 1er 1839, p. 350), d'Havrincourt c. Podevin; 2 janv. 1839 (t. 2, 1840, p. 443), d'Havrincourt c. Télard.

918. — ... Surtout s'il est mentionné que le rapport qui l'a précédé a été *fait à bureau ouvert au public*. — *Cass.*, 24 juill. 1822, Lebout c. de Rancé; 12 août 1824, Laplanche c. Vanadoux; 6 janv. 1836, Gaullieuc-Chardy c. Boyer-Fonfrède; 27 juill. 1828, Daufresne c. enregist.

919. — .. Et encore bien que ce rapport, à bureau ouvert au public, ait été fait dans la chambre du conseil. — *Cass.*, 23 juill. 1828, Daufresne c. enregist.; 6 janv. 1836, Gaullieuc-Chardy c. Boyer-Fonfrède.

920. — De même de ce qu'il est énoncé dans un arrêt rendu sur le rapport d'un juge qu'il a été prononcé à la chambre des rapports, il n'en résulte pas qu'il y ait eu absence de publicité. — *Cass.*, 5 juill. 1841 (t. 2 1841, p. 425), de Tourville c. Bénédictines de Valognes.

921. —...Et le jugement du juge de paix qui contient la mention suivante : *prononcé aux parties au lieu ordinaire de nos audiences publiques*, énonce suffisamment qu'il a été rendu publiquement. — *Cass.*, 12 nov. 1834, Roy c. Jacquemard.—Cette décision rentre dans la jurisprudence généralement adoptée. Toutefois, on trouve quelques décisions contraires en matière de jugemens de tribunaux de police. — V. *Cass.*, 13 juin 1840 (t. 1er 1841, p. 727), Millelot et le renvoi. — V. aussi JUGEMENS CRIMINELS et JUSTICE DE PAIX.

922. — De même encore, le jugement qui porte qu'il a été *fait et prononcé en la chambre du conseil, les portes ouvertes*, établit suffisamment qu'il a été satisfait aux conditions de publicité exigées par la loi.— *Cass.*, 11 fév. 1835, enregist. c. de Préfort.

923. — Mais il en serait autrement si le jugement portait simplement qu'il a été fait et prononcé en la chambre du conseil, sans énoncer que *les portes fussent ouvertes*. — *Cass.*, 19 mai 1813, Bouchet-Desfontaines c. Piel.

924. — Jugé encore qu'il est suffisamment justifié que le jugement a été rendu publiquement lorsqu'il mentionne qu'il a été rendu *à l'audience, les avoués ouïs dans leurs conclusions et les avocats dans leurs plaidoiries*. — *Cass.*, 20 déc. 1825, de Verdonnel c. Croisier.

925. — ... Ou lorsqu'il constate que les parties ont comparu par leurs avoués, que les conclusions ont été prises à l'appel de la cause, que les parties ont été entendues à deux précédentes audiences, et que l'arrêt a été prononcé à l'audience après en avoir délibéré dans la chambre du conseil. — *Cass.*, 24 juill. 1828, Daudibon c. Chevrier.

926. — ... Ou quand il exprime au commencement qu'il a été rendu à l'appel de la cause, et à la fin qu'il a été prononcé à l'audience de la chambre civile, tenue et présidée par... etc... — *Cass.*, 20 janv. 1835, Beuriot c. Quevremont et Lindet-Dupont.

927. — Ou lorsqu'il contient cette mention : *donné au palais de justice, séance tenante*. — *Cass.*, 1er fév. 1820, Carité.

928. — ... Ou celle-ci : *fait en jugement public*. — *Cass.*, 15 juill. 1834, Amanlan c. Créon.

929. — ... Ou celle-ci : *ainsi prononcé en séance publique*. — *Cass.*, 22 août 1832, Roblin c. Lecouturier; 28 nov. 1838 (t. 2 1838, p. 553), Perrin c. Pellié.

930. — Enfin il a été décidé que, lorsque sur l'appel, l'appelant s'étant inscrit en faux incident, les juges ont statué d'abord sur l'incident et ultérieurement sur le fond, il suffit que l'arrêt qui a rejeté l'incident soit relaté dans le second à l'égard duquel toutes les formalités prescrites par la loi ont été d'ailleurs observées, pour que la nullité de ces décisions ne puisse être prononcée, sous prétexte que le premier arrêt ne contiendrait pas les formes de publicité exigées par la loi. — *Cass.*, 16 fév. 1830, Pinchon c. Piet.

931. — Mais le jugement portant qu'après les plaidoiries les juges se sont retirés en la chambre du conseil pour délibérer, et qui n'énonce pas qu'ils sont rentrés à l'audience pour y prononcer le résultat de leur délibération, est nul pour défaut de publicité. — *Cass.*, 12 niv. an VII, Sossy c. Wiard.

932. — De même le vœu de la loi n'est pas suffisamment rempli par la mention que la prononciation du jugement a eu lieu au *palais de justice*. — *Bruxelles*, 30 oct. 1823, N... — Cet arrêt est critiqué à tort par M. Chauveau (sur Carré, quest. 487 *bis*) comme décidant le contraire.)

933. — Du reste, peu importe la place que la mention de publicité occupe dans la rédaction du jugement, le jugement est valable dès que cette mention est exprimée.—Carré et Chauveau, quest. 487 *bis;* Favard, t. 3, p. 151; Pigeau, *Comm.*, t. 1er, p. 276.

934. — Ainsi, un jugement n'est pas nul pour défaut de publicité parce que la mention *qu'il a été rendu en audience publique* ne se trouve qu'à la fin et après le mandement de justice. — *Cass.*, 8 nov. 1826, Doublier c. Durand.

935. — De même la mention suivante, insérée après l'intitulé d'un arrêt : « *La cour royale a rendu l'arrêt dont suit la teneur,—Audience du, etc.* », énonce suffisamment que cet arrêt a été rendu publiquement. — *Cass.*, 28 nov. 1838 (t. 2 1838, p. 553), Perrin c. Pellié.

936. — Les arrêts non prononcés publiquement peuvent être également rétractés par voie de requête civile ou annulés par voie de cassation. — *Cass.*, 5 déc. 1836, Lacrouts c. Bathedat. — V. CASSATION, nos 910 et 932, REQUÊTE CIVILE.

Sect. 5e. — *Des motifs.*

ART. 1er. — *Règles générales.*

937. — La nécessité de motiver les jugemens est une règle universelle pour tous les tribunaux, même pour les conseils de préfecture, ainsi que l'a décidé une ordonnance royale du 12 déc. 1818.

938. — « C'est à cette nécessité de motiver les décisions, dit M. Chauveau (sur Carré, quest. 595), qu'il faut attribuer la grande utilité de la jurisprudence actuelle, elle fait des jugemens et arrêts une solution spéciale de chaque question discutée devant les tribunaux; en sorte qu'après quelques années, les recueils de jurisprudence offriront des traités savans et complets sur toutes les parties du droit; les difficultés les plus graves se trouveront éclaircies, et l'interprétation des lois marchera dans une route sûre, parce que des guides nombreux et fidèles l'auront fermement tracée.

On trouve plus d'une fois, dans les recueils, la preuve de cette assertion; on y voit des controverses élevées sur nos lois naissantes, éteintes sans retour par quelques arrêts fortement motivés. »

939. — Aussi tous les auteurs s'accordent-ils à reconnaître la nécessité des motifs et des avantages de cette salutaire prescription. — Berriat Saint-Prix, p. 251, note 34e; Merlin, *Rép.*, t. 17, p. 172; Favard, t. 3, p. 175; Pigeau, t. 1er, p. 540; Boncenne, t. 2, p. 446; Thomine, t. 1er, p. 268.

940. — Toutefois, il faut se garder de confondre *les défauts de motifs* avec *les défauts de prononcer*. Pour défaut de motifs, le pourvoi est toujours reçu devant la cour de Cassation; au contraire, pour défaut de prononcer, c'est la voie de la requête civile seule qui peut être suivie. — Chauveau sur Carré, quest. 595.

941. — En conséquence, il a été jugé que l'omission de la part de la cour d'appel de prononcer explicitement sur des moyens présentés pour la première fois devant elle ne fait pas naître un moyen de cassation, mais seulement une ouverture à requête civile. — *Cass.*, 6 fév. 1833, Champy c. Perrey.

942. — ... Que lorsqu'une partie n'a conclu sur un chef particulier de demande que pour le cas seulement de l'admission de ses conclusions subsidiaires, la cour chargée de statuer ne viole pas la loi quand, après avoir rejeté par des motifs suffisamment développés les conclusions tant principales que subsidaires, elle s'abstient de prononcer sur le chef particulier de demande; et qu'en admettant même qu'on doive statuer spécialement sur un pareil chef de demande, l'omission de prononcer donnerait lieu seulement à requête civile, mais ne donnerait pas ouverture à cassation. — *Cass.*, 16 janv. 1834, Desnoyers c. de Lillers.

943. —...Qu'un arrêt contradictoire, adoptant les motifs d'un premier arrêt par défaut, sans rien statuer sur une demande nouvelle, présente, non pas un défaut de motifs, mais une omission de prononcer qui donne ouverture à la requête civile. — *Cass.*, 22 mars 1836, Messent c. Baillivet et Gouyer.

944. — L'obligation de relater dans les jugemens les raisons qui ont déterminé le tribunal, en un mot les motifs des jugemens, remonte dans le droit français un peu au-delà du Code de procédure.

945. — L'art. 15, tit. 5, L. 24 août 1790, dont l'art. 141, C. procéd., n'est guère que la répétition, exigeait déjà que les jugemens continssent, outre le dispositif, les motifs.

946. — Et l'on jugeait que cette disposition devait être exécutée à peine de nullité. — *Cass.*, 4 flor. an IX, Baur c. Gouguenheim et Isaac.

947. — Le Code a reproduit la même prescription, et la loi du 20 avr. 1810, art. 7, a attaché expressément la peine de nullité du jugement à l'omission des motifs dans la minute et dans l'expédition.

948. — La nullité d'un jugement résultant de ce qu'il ne contient pas de motifs est d'ordre public; elle peut être proposée en tout état de cause et même être suppléée d'office. — *Orléans*, 9 mai 1819, Courtandeau c. Guson.

949. — Cette règle s'applique également dans les colonies où le Code de procédure a été promulgué. Ainsi, notamment à la Martinique, depuis l'enregistrement de l'ordonn. du 22 nov. 1819, les jugemens ont dû être motivés, à peine de nullité. — *Cass.*, 22 fév. 1825, Quertier du Colombier c. Fourn.

950. — Les arrêts de cours d'assises prononçant civilement sur des intérêts civils, en exécution de l'art. 358, C. inst. crim., doivent être aussi motivés conformément à l'art. 7, L. 20 avr. 1810. — *Cass.*, 11 oct. 1817, Rolland c. Gosse.

951. — Mais les jugemens et arrêts résidant entièrement dans leur dispositif, on ne peut exiger qu'il soit donné des motifs des motifs. — *Cass.*, 16 mai 1838, (t. 2 1838, p. 288). comm. de Celles c. Préfet des Vosges.

952. — On n'est recevable à se pourvoir en cassation pour défaut de motifs d'un jugement confirmé sur l'appel qu'en produisant ce jugement, lors surtout que, dans les qualités de la décision confirmative, on n'a pas inséré les motifs concernant la disposition que le demandeur soutient lui être préjudiciable. — *Cass.*, 27 avr. 1840 (t. 2 1840, p. 53), Falque c. Martin.

953. — En principe la nécessité des motifs s'applique à tous les jugemens, quel que soit d'ailleurs leur objet.

954. — Ainsi est nul le jugement qui, sans en énoncer le motif, accorde à un débiteur un délai pour se libérer, et cette nullité peut être pronon-

[illegible]ée d'office à la réquisition du ministère public. — *Bourges*, 31 déc. 1814 et 14 avr. 1812, Joinville c. N....

955. — De même le jugement qui sans donner de motifs déclare valable l'opposition formée à un autre jugement rendu par défaut est nul, et par suite tout ce qui a été fait en vertu de cette sentence non motivée est frappé de nullité. — *Orléans*, 9 déc. 1818, N....

956. — Les jugemens interlocutoires sont aussi soumis à cette règle ; ils doivent être motivés à peine de nullité. — *Orléans*, 5 fév. 1817, Joubert c. Guepin.

957. — Le jugement qui admet une des parties à faire une preuve, doit donc être motivé lorsque l'autre a soutenu que la preuve offerte n'était par recevable. — *Cass.*, 23 nov. 1824, Barrière c. Sirodot.

958. — De même, le jugement qui rejette implicitement une offre de preuve doit être motivé, lorsque le fait dont on offre la preuve a été dénié. — Arg. *Cass.*, 21 juill. 1832, Ricard c. Mignot.

959. — Il en est de même encore de l'arrêt qui retient une cause dont le renvoi était demandé en audience solennelle, comme présentant une question d'état. — *Cass.*, 16 juill. 1832, Despine c. Demidoff.

960. — Les jugemens par défaut eux-mêmes doivent être motivés, car la loi ne distingue pas. — *Colmar*, 6 flor. an XI, comm. de Sainte-Croix et de Dessenhein c. Mérian ; — Thomine, t. 1er, p. 269 ; Chauveau sur Carré, quest. 595.

961. — Cependant lorsqu'il s'agit d'un défaut faute de comparution du demandeur, la mention de son absence est un motif suffisant, si le tribunal n'a à prononcer qu'un relaxe pur et simple ; l'art. 150, C. procéd. n'est pas applicable à ce cas. — Chauveau sur Carré, *ibid.*

962. — Jugé en conséquence qu'un jugement qui statuant par défaut contre le saisi, rejette ses moyens de nullités : *attendu qu'ils sont mal fondés et que le saisi en ne comparaissant pas, le reconnait lui-même implicitement* ne peut être annulé pour défaut de motifs, parce que les juges, n'ayant rien à vérifier, n'étaient pas obligés d'indiquer de motifs sur le fond. — *Bastia*, 16 nov. 1822, Cantini c. C...

963. — Les ordonnances de référé doivent être motivées, à peine de nullité, de même que les jugemens. — *Paris*, 10 frim. an XI, N... — V. RÉFÉRÉ.

964. — Cependant certaines décisions sont affranchies de la nécessité d'indiquer les motifs qui les ont déterminées.

965. — Telles sont : 1° les décisions qui se bornent à prescrire une simple mesure d'ordre ou d'instruction.

966. — Ainsi il n'est pas besoin de motiver un jugement qui se borne à ordonner que la cause sera plaidée tel jour. — *Cass.*, 3 déc. 1827, Bondier-Lange et Mermet c. Ruty.

967. — ... Ou qu'elle sera mise en délibéré. — *Cass.*, 10 avr. 1837 (t. 1er 1838, p. 69), Ségur c. Davenne.

968. — ... Ni le jugement qui sans rien préjuger ordonne l'apport au greffe des livres de l'une des parties pour vérifier la réalité d'un fait par elle articulé. — *Cass.*, 25 janv. 1843 (t. 1er 1843, p. 313), Mangin c. Cavelan.

969. — Il en est en général de même de tous les jugemens préparatoires qui ne préjugent rien, et dont l'existence seule atteste le motif qui les a dictés. — *Cass.*, 3 déc. 1827, Bondier-Lange et Mermet c. Ruty ; *Bourges*, 25 flor. an IX, N... ; *Cass.*, 6 prair. an X, N... ; 15 juin 1841 (t. 2 1843, p. 412), Gosselin-Vasseur c. Gosselin de Vauchelles.

970. — La cour de Cassation a encore appliqué cette exception à la disposition d'un jugement qui imposait le serment supplétoire. — *Cass.*, 3 août 1836 (t. 1er 1837, p. 139), Dangler c. Scholer.

971. — ... Et à un arrêt qui, après avoir posé la question de savoir s'il y avait lieu, avant faire droit, d'ordonner une nouvelle expertise, avait statué sur le fond sans résoudre cette question. — *Cass.*, 3 mai 1830, Cottin c. Leharle.

972. — ... 2° Celles qui donnent acte d'un fait.

973. — ... Par exemple, le jugement qui donne acte d'un serment prêté à l'audience par suite d'une décision antérieure. — *Cass.*, 14 juin 1836, Lafaurie c. Langa.

974. — Toutefois si, en général, un pareil jugement est affranchi de la nécessité de contenir des motifs, il n'en est pas de même quand, au lieu de se borner à donner acte du serment prêté, ce jugement contient des dispositions aggravantes qui peuvent faire grief à l'une des parties. — Même arrêt.

975. — Spécialement, l'arrêt qui, au lieu de se borner à décerner acte du serment prêté par la partie comparante en donnant défaut contre celles qui ne comparaissent pas, prononce en outre que l'une d'elles sera déchue de faire le serment ordonné par la cour, la déboute du bénéfice de l'arrêt précédent et la condamne aux dépens, doit, à peine de nullité, exprimer les motifs qui ont déterminé les juges. — Même arrêt.

976. — ... 3° Les jugements rendus en matière d'adoption. — V. ADOPTION. — V. cependant *Paris*, 2 déc. 1812, N...

977. — Jugé qu'en matière de faillite la répartition des dépens appartient au pouvoir discrétionnaire des juges du fond et qu'ils ne sont pas tenus de motiver spécialement leur décision relativement à ces dépens. — *Cass.*, 12 mai 1841 (t. 2 1841, p. 342), Syndics Deport c. Desmarets. — V. d'ailleurs FRAIS ET DÉPENS.

978. — La loi, comme on vient de le voir, se borne à exiger, en principe, que les jugemens soient motivés. Mais quels doivent être les caractères des motifs ; dans quelles circonstances doit-on décider qu'il y a des motifs suffisans pour valider la décision ? — Elle garde et devait garder le silence sur ces points. C'est en effet aux juges qu'il appartient d'apprécier, d'après l'état de chaque affaire, si le vœu du législateur a été rempli.

979. — Les arrêts rendus en pareille matière sont donc, en général, des arrêts d'espèces plutôt que des arrêts de doctrine, et il n'est guère permis de les invoquer que par analogie. — Cependant on peut tirer de l'ensemble des nombreuses décisions intervenues quelques règles positives.

980. — Ainsi il est constant : 1° qu'il faut des motifs pour chaque chef distinct de jugement statuant sur un chef de demande. — Carré et Chauveau, *ibid.* ; Thomine, *ibid.* ; Boncenne, *ibid.* — V. *infrà* nos 984 et s.

981. — ... 2° Qu'en appel le tribunal peut se contenter de déclarer qu'il adopte les motifs des premiers juges. — Carré et Chauveau, *ibid.* — V. *infrà*, nos 1123 et s.

982. — ... 3° Qu'un jugement qui contient des motifs *erronés* n'est pas nul, si d'ailleurs le dispositif est régulier et conforme à la loi. — Carré et Chauveau, quest. 595. — Boncenne, t. 2, p. 446 ; Favard, v° *Jugement* ; Thomine, t. 1er p. 269 ; Boitard, t. 1er, p. 292. — V. *infrà* nos 1212 et s.

983. — Nous allons analyser dans les articles suivans, les arrêts d'où découlent ces principes.

ART. 2. — *De la nécessité de donner des motifs sur chaque chef de conclusions.*

984. — « Les motifs, dit Boncenne (t. 2, p. 444), doivent se rapporter à chacun des points de fait et de droit qui constituent le litige. Ce n'est pas l'omission des motifs quelconques que la loi frappe de nullité, c'est l'omission *des motifs des jugemens*, c'est-à-dire, de ce qui détermine chacune des dispositions dont ils se composent ; car un jugement se divise en autant de jugemens qu'il contient de dispositions : *tot capita tot sententiæ.* »

985. — Il faut donc des motifs pour chaque chef distinct de jugement statuant sur un chef de demande. — Chauveau sur Carré, quest. 595 ; Thomine, t. 1er, p. 269.

986. — Ainsi une partie a demandé à faire une preuve tant par titres que par témoins ; l'arrêt qui rejette cette demande, quant à la preuve par témoins, par le motif qu'elle n'est point admissible, et, quant à la preuve par titres, sans donner aucun motif spécial de ce rejet, doit être cassé. — *Cass.*, 21 août 1840 (t. 2 1840, p. 271), Surville c. Coquart.

987. — Il en est de même de l'arrêt qui, sur des conclusions de l'intimé tendant à ce que l'appel soit déclaré non-recevable comme tardivement formé, déclare l'appel régulier et valable, sans donner aucun motif à l'appui du rejet de la fin de non-recevoir, et statue au fond. — *Cass.*, 10 août 1835, Dessus c. Muret.

988. — ... Ou de l'arrêt qui, statuant sur le fond, met les parties hors de cour sur le surplus de leurs conclusions, et rejette ainsi implicitement une exception préjudicielle proposée par l'une des parties (spécialement, la demande en nullité de la rectification d'une liste de témoins produite dans une enquête). — *Cass.*, 12 juill. 1819, Ducayla.

989. — ... Ou de celui qui, sans donner de motif, prononce une réduction sur les intérêts ou refuse de les allouer pendant un certain temps. — *Cass.*, 5 mars 1834, Mermet c. Dormier.

990. — De même encore, lorsqu'une partie assignée oppose au demandeur sa qualité de serviteur à gages, et par suite la prescription annale, l'arrêt qui, sans décider la question de savoir s'il y a ou non service à gages, se borne à déclarer que la prescription annale n'est pas admissible, et que la prescription trentenaire peut seule être invoquée, doit être cassé pour défaut de motifs. — *Cass.*, 10 fév. 1836, Boribaud-Lange c. Aubert.

991. — Et lorsque le demandeur a pris des conclusions tendant à la cessation des entreprises pratiquées sur son terrain, à la destruction des travaux qui lui sont préjudiciables, à une allocation immédiate de dommages-intérêts, et, subsidiairement, à une expertise, l'arrêt qui intervient, viole l'art. 7 de la loi du 20 avr. 1810 s'il se borne à lui réserver tous ses droits relativement aux dommages causés à ses propriétés, sans donner aucun motif à l'appui de son refus de prononcer immédiatement sur le litige. — *Cass.*, 23 avr. 1845 (t. 1er 1845, p. 732), Bernard de Tersac c. Cailhas.

992. — Du reste les tribunaux ne sont obligés de donner des motifs spéciaux que sur les points qui ont été l'objet de conclusions expresses. — *Cass.*, 23 août 1836 (t. 1er 1837, p. 398), de Puységur c. comm. de Saffrès.

993. — Ainsi le défaut de motifs sur une question ne peut donner ouverture à cassation lorsque rien ne justifie que cette question a été soumise à la cour qui a rendu l'arrêt attaqué. — *Cass.*, 20 avr. 1841 (t. 1er 1841, p. 644), Perdrizot c. Granger ; — Chauveau, sur Carré, quest. 595 ; Thomine, t. 1er, p. 268, et t. 2, p. 625.

994. — En conséquence, le demandeur en Cassation ne peut tirer un moyen de défaut des motifs d'un arrêt, relativement à des exceptions qu'il prétend avoir proposées, si, des qualités de l'arrêt, par lui acquiescées, et notamment des conclusions des parties y relatées, et des questions y posées, il résulte que ces exceptions n'ont pas été proposées aux juges de la cause. — *Cass.*, 26 juill. 1835 (motifs), Carel c. les domaines.

995. — De même, un jugement ne peut être annulé pour défaut de motifs, lorsque la disposition non motivée se réfère à une fin de non-recevoir dont les conclusions des parties, telles que ce jugement les rapporte, ne font point mention. — *Cass.*, 11 juin 1831, N...

996. — Et en cas de stipulation dans un contrat de vente que le prix convenu sera compensé avec une créance dont l'acquéreur est cessionnaire contre le vendeur, le tribunal peut, tout en annulant la créance comme frauduleuse et simulée, et, par suite, la cession qui sert de compensation au prix, se dispenser de prononcer sur la non-validité de la vente, si le demandeur ni le défendeur n'en avaient fait l'objet de leurs conclusions ; et dès-lors, on ne peut se faire un moyen de cassation de ce que le tribunal a maintenu la vente sans donner de motifs sur ce point. — *Cass.*, 7 mars 1832, Gaillard c. Cassaigne.

997. — Mais si le jugement dont est appel est basé sur la chose jugée, et que l'intimé ait conclu à sa confirmation par les motifs des premiers juges, il est censé présenter en appel tous les moyens qui lui étaient favorables, et la cour ne peut infirmer sur le moyen tiré de la chose jugée sans donner de motifs, sous prétexte que ce moyen n'a pas été présenté. — *Cass.*, 19 mars 1834, de Beauvois c. de Trieffries.

998. — Il n'y aurait pas nullité non plus en ce qu'un arrêt ne donnerait pas de motifs ou ne prononcerait pas explicitement sur des conclusions, alors même qu'elles auraient été notifiées à l'avoué adverse, s'il n'était pas justifié qu'elles eussent été mises sous les yeux des juges. — *Cass.*, 29 avr. 1840 (t. 2 1840, p. 444), Freydier-Lafont c. Grand ; 20 fév. 1839 (t. 2 1839, p. 269), de Cluny c. Doublet de Persan.

999. — Spécialement, une exception ne peut être légalement réputée avoir été proposée, à tel point que son rejet sans motifs donne lieu à cassation, qu'autant qu'elle se trouve mentionnée dans les qualités. — Il ne suffirait pas qu'elle eût été formulée dans une requête signifiée et dans des conclusions déposées au greffe. — *Cass.*, 14 janv. 1840 (t. 1er 1841, p. 516), Caillard c. Pernet-Godin ; 26 janv. 1832, de Cossé Brissac c. Dubarry ; 20 fév. 1839 (t. 2 1839, p. 269), de Cluny c. Doublet de Persan ; 19 avr. 1841 (t. 2 1842, p. 279), Société de la verrerie de Saint-Louis c. préfet de la Moselle ; 26 juill. 1842 (t. 2 1842, p. 270), Hédin c. Godart et Moyat.

1000. — Il n'y a pas lieu non plus d'annuler un arrêt pour défaut de motifs sur un moyen de prescription proposé en première instance et reproduit, soit dans l'exploit d'appel, soit dans une requête signifiée postérieurement, alors que cette exception n'a point été présentée d'une manière précise dans des conclusions formelles. — *Cass.*, 1er déc. 1835, Durozet c. Lauberdière ; 17 janv. 1843 (t. 1er 1843, p. 458), Marchand c. comm. de Bellignac.

1001. — En effet, ce sont les conclusions seules visées par l'arrêt, et non ce qui est dit dans les requêtes signifiées, qui peuvent fixer l'état du litige. — *Cass.*, 20 avr. 1840 (t. 1er 1841, p. 518), Labbé.

1002. — On ne saurait donc reprocher à un arrêt qui statuait sur une demande en séparation de corps d'avoir adopté purement et simplement les motifs des premiers juges sans statuer sur un moyen de réconciliation développé dans une requête signifiée en appel, alors que l'arrêt ne mentionne aucunes conclusions relatives à cette réconciliation. — Même arrêt.

1003. — Ce que nous venons de dire des conclusions formulées dans une requête signifiée, s'applique également aux conclusions prises dans les plaidoiries seulement.

1004. — De pareilles conclusions ne peuvent être considérées comme des points de droit sur lesquels les juges soient tenus de statuer. En conséquence, un arrêt ne peut être annulé pour défaut de motifs, en ce qu'il n'aurait pas décidé si un billet, nul pour défaut de cause, était cependant valable comme libéralité, lorsque ce dernier moyen n'a été soulevé que dans la plaidoirie. — *Cass.*, 4 déc. 1837 (t. 2 1840, p. 431), Pécoud c. Lacorre.

1005. — A plus forte raison, les juges peuvent-ils ne pas donner de motifs au chef de leur jugement par lequel ils rejettent une fin de non-recevoir qui n'était point motivée. — *Cass.*, 10 mars 1829, Verrier c. Oudard et Murel; — Chauveau sur Carré, quest. 595; Thomine, t. 1er, p. 268, et t. 2, p. 625.

1006. — Et n'y a-t-il pas lieu de casser un jugement qui a rejeté, sans donner aucun motif, des moyens de nullité qui n'avaient reçu aucun développement dans les actes de la procédure. — *Cass.*, 31 janv. 1821, Tourailles c. Foucher.

1007. — Spécialement, lorsque des moyens de nullité contre un procès-verbal d'experts n'ont été articulés que d'une manière vague et sans précision, les juges peuvent se borner à une déclaration générale de régularité, sans que l'arrêt qui contient cette déclaration puisse être attaqué pour défaut de motifs. — *Cass.*, 26 mai 1835, Pelletan et Delabarre c. Vigier.

1008. — De même la partie qui, sans récuser un expert proposé par son adversaire, présente de simples observations contre sa nomination, ne peut se plaindre de ce qu'il n'a pas été statué avec motifs sur ses observations. — *Cass.*, 13 avr. 1840 (t. 2 1840, p. 111), Biadelli c. Tomasi.

1009. — De même encore, l'arrêt qui écarte la fin de non-recevoir résultant de ce qu'une commune aurait interjeté appel, avant d'y avoir été préalablement autorisée, est suffisamment motivé, si la permission obtenue par la commune de donner suite à l'appel est énoncée dans la partie narrative de l'arrêt; et si cette fin de non-recevoir a été opposée en termes vagues qui signalaient seulement l'irrégularité de l'arrêt. — *Cass.*, 7 déc. 1819, Chevassus c. comm. de Moyrans.

1010. — Quant aux chefs de conclusions primitivement proposés et qui auraient été abandonnés, il est bien évident que, puisque les tribunaux ne sont pas tenus de prononcer sur ces chefs, il n'est pas besoin non plus qu'ils s'en occupent dans les motifs de leur décision.

1011. — Ainsi, un tribunal n'est pas tenu de motiver le rejet d'un moyen d'incompétence qui a été abandonné. — *Cass.*, 2 fév. 1842 (t. 1er 1842, p. 191), comm. de Lacroix-Saint-Leuffroy c. de Chantemesle.

1012. — De même, la partie qui, après avoir demandé un sursis, s'est ensuite bornée à demander la nullité d'une sentence arbitrale, ne peut plus tard se faire un moyen de cassation de ce que le sursis a été rejeté sans motifs par la cour qui a prononcé la nullité. — *Cass.*, 10 juill. 1839 (t. 2 1839, p. 568), Horliac c. Quesné.

1013. — Et lorsqu'un moyen rejeté en première instance n'a pas été reproduit en appel, l'arrêt intervenu ne peut être attaqué pour défaut de motifs, pour n'avoir point statué sur ce moyen, et l'avoir rejeté implicitement. — *Cass.*, 20 janv. 1835, Beuriot c. Quevremont.

1014. — Il en serait encore de même si un moyen de nullité énoncé dans les conclusions signifiées n'avait pas été développé à l'audience, et que l'avocat de l'intimé se fût refusé à le plaider; la cour peut considérer le moyen comme abandonné, et se dispenser d'en apprécier le mérite. — *Cass.*, 2 juin 1840 (t. 2 1840, p. 139), de Bonnault c. comm. de Thorelle.

1015. — Il faut, au surplus, observer que le défaut de motifs ne vicie les jugemens et arrêts que relativement aux chefs de demande et aux exceptions qu'ils écartent; mais qu'il ne s'applique pas au rejet des divers moyens employés à l'appui de chaque chef de conclusion ou de chaque exception. — *Cass.*, 3 janv. 1838 (t. 1er 1838, p. 58), Bérit c. Bonne et Barrière; — Chauveau et Thomine, *ibid.*

1016. — En effet, l'obligation pour les tribunaux de donner des motifs spéciaux sur tous les points qui ont été l'objet de conclusions n'emporte pas celle de répondre aux divers argumens invoqués par les parties. — *Cass.*, 18 nov. 1840 (t. 2 1840, p. 648), de Bonnemain c. Fajon.

1017. — Ainsi, par exemple, lorsqu'on demande la nullité d'un testament pour cause d'erreur ou d'insuffisance dans l'énonciation de la date, tous les argumens à l'aide desquels on cherche à prouver cette erreur ou cette insuffisance peuvent être écartés par un motif général, explicite, pris de ce que l'existence d'une date réelle et certaine résulte de la combinaison des diverses énonciations du testament. — *Cass.*, 3 janv. 1838 (t. 1er 1838, p. 58), Bérit c. Bonne et Barrière.

1018. — De même, si dans le cours d'une instance, il est prétendu qu'un associé commanditaire est devenu personnellement responsable et solidaire à raison de certains faits de gestion, et notamment comme ayant reçu mandat des autres commanditaires de suivre une opération du gérant, et qu'il n'ait pas été pris de conclusions quant à cette circonstance, les juges, qui n'admettent pas la responsabilité solidaire, sont dispensés de répondre, dans leurs motifs, à l'argumentation puisée dans le mandat. — *Cass.*, 6 mai 1835, faillite Jouffroy c. actionnaires des mines de Jouffroy.

1019. — Jugé aussi que, lorsqu'après avoir ordonné une enquête, une cour d'appel prononce sur le fond en adoptant simplement les motifs des premiers juges, l'arrêt n'est pas nul pour n'avoir pas motivé spécialement le rejet des faits, objet de l'interlocutoire; que l'enquête n'est qu'un moyen à l'appui de la demande, et que la loi n'oblige les tribunaux à motiver leurs décisions que sur les demandes et non sur les moyens invoqués pour les soutenir. — *Cass.*, 27 nov. 1832, Roux c. Breton.

1020. — ... Et que l'arrêt qui homologue (avec motifs) un projet de transaction sur les droits d'un failli, et cela malgré l'opposition d'un créancier de la faillite et du failli lui-même, ne peut être cassé pour défaut de motifs, en ce qu'il ne se serait pas expliqué sur une offre de surenchère faite pas ces opposans; qu'une telle offre constitue non un chef de demande, mais seulement un moyen pour faire rejeter l'homologation de la transaction. — *Cass.*, 13 juill. 1843 (t. 2, 1843, p. 585), Quillou et Ricard c. Moreau.

1021. — Inutile d'ajouter que les juges ne sont pas tenus de donner dans leur décision des motifs sur les réserves que l'une des parties aurait faites de former ultérieusement une demande en restitution de sommes payées par sa femme. — *Cass.*, 18 déc. 1832, Mesner c. Bloch. — Ces réserves, en effet, ainsi que le dit l'arrêt, ne constituent pas une demande *actuelle*. — V. Bioche et Gouget, *Dict. de procéd.*, v° *Jugement*, n° 115.

1022. — Le jugement qui ayant à statuer sur deux demandes ne prononce expressément que sur l'une des deux, et réserve les droits des parties sur l'autre, ne peut donc être annulé pour défaut de motifs sur cette seconde question. — *Cass.*, 22 nov. 1831, Bagnoly.

1023. — Ces règles générales étant posées, nous allons retracer les nombreuses applications que la jurisprudence a faites du principe que le jugement doit contenir des motifs relatifs à chacun des chefs de conclusions.

1024. — ... Lorsque l'une des parties soutient que la prescription qu'on lui oppose n'est pas acquise et qu'elle a été suspendue par des causes que cette partie explique et développe dans des conclusions précises, l'arrêt qui admet la prescription doit être cassé pour défaut de motifs, s'il n'en renferme aucun pour repousser la suspension. — *Cass.*, 22 janv. 1821, Delavillemeneust c. de Creny.

1025. — ... Lorsqu'un jugement de première instance a rejeté la prescription décennale, et admis la preuve de la prescription trentenaire, l'arrêt qui, sur l'appel, rejette l'une et l'autre prescription sans donner de motifs sur le rejet de la prescription trentenaire, doit également être cassé. — *Cass.*, 2 août 1825, Humbert c. Paillette de l'Isle.

1026. — ... Lorsqu'il a été soutenu que l'action hypothécaire, se trouvant jointe à l'action personnelle, la prescription de quarante ans était seule applicable, l'arrêt qui se borne à admettre la prescription de trente ans sans motiver le rejet de celle de quarante ans, doit être annulé comme n'étant pas motivé. — *Cass.*, 16 avr. 1833, Levaillant c. Maureuil.

1027. — ... Quand, sur une action principale, le défendeur oppose deux exceptions, l'une tirée de la forclusion de produire dans un ordre, l'autre de la chose jugée, il y a lieu d'annuler pour défaut de motifs l'arrêt qui, en rejetant ces fins de non-recevoir, se borne à donner des motifs à l'égard de l'une d'elles seulement. — *Cass.*, 19 déc. 1832, Meyjas c. Desplaces.

1028. — ... Si le défendeur auquel on réclame un droit de passage oppose 1° une déchéance de ce droit, à défaut de production de titres; 2° la prescription par le non usage, l'arrêt qui se borne à donner des motifs sur la déchéance, doit être cassé à défaut de motifs sur l'exception de prescription. — *Cass.*, 16 mai 1832, préfet de la Nièvre c. Gestat.

1029. — ... Lorsque le défenseur oppose à une demande tendant à faire fixer à telle époque la dissolution d'une communauté, une exception qui a pour objet de faire fixer cette dissolution à une époque différente, les juges ne peuvent se dispenser de motiver la disposition de leur jugement qui statue sur cette exception. — *Cass.*, 21 nov. 1826, Briansiaux c. Loriole.

1030. — ... Le jugement qui statue au fond sans motiver le rejet d'une exception d'incompétence est nul. — *Cass.*, 4 avr. 1842 (t. 2, 1842, p. 9), comm. de Fourcigny c. Delamarre.

1031. — ... Un arrêt peut être annulé pour défaut de motifs sur une exception préjudicielle tirée du défaut de qualité. — *Cass.*, 13 mars 1820, Auber c. Ruffy; 19 avr. 1831, Hayem Hesse c. Enreg.

1032. — ... Si un huissier, qui s'est fait remplacer par un de ses confrères, dans l'exécution d'une saisie mobilière dont il était chargé, est actionné à la fois, comme ayant participé aux dilapidations commises par la connivence ou la négligence de l'huissier qu'il s'est substitué, l'arrêt qui le décharge, par le motif unique qu'il n'a point participé aux soustractions commises, doit être cassé, comme dénué de motifs sur le chef relatif à la responsabilité de l'huissier, pour s'être substitué son confrère. — *Cass.*, 17 avr. 1821, Jubé c. Grozier.

1033. — Mais lorsqu'un huissier assigné en garantie par suite de nullité d'un protêt a conclu à ce que son adversaire fût déclaré non-recevable et mal fondé, par le double motif que l'acte n'était pas nul, et ensuite que l'adversaire avait négligé un recours qu'il pouvait exercer malgré la prétendue nullité du protêt, le jugement qui condamne cet huissier n'est pas nul pour défaut de motifs, parce que sa décision ne serait motivée que sur la nullité du protêt. — *Cass.*, 6 déc. 1831, Aubert c. Lemoyne.

1034. — ... Quand à une demande en collocation dans un ordre il a été opposé des faits de dol et de fraude qui, s'ils eussent été prouvés, auraient fait rejeter de l'ordre la créance dont la collocation était demandée, et quand ces faits ont été l'objet de conclusions formelles, l'arrêt ne peut, sans donner aucun motif du rejet de ces conclusions, ordonner la collocation de la créance et juger par là implicitement les faits inadmissibles. — *Cass.*, 3 janv. 1825, Lemarrois c. Gallien.

1035. — ... Dans le cas où une partie conclut à la rescision d'un partage pour lésion et pour dol, l'arrêt qui rejette ses conclusions est nul s'il ne contient des motifs que sur la lésion. — *Cass.*, 2 mars 1839 (t. 1er, 1839, p. 318), Roustain c. Bérardier.

1036. — ... Lorsque, sur une demande spéciale en résolution d'un contrat faute d'exécution des conditions, le défendeur oppose reconventionnellement une demande en nullité pour cause de dol et fraude, il doit être préalablement statué sur cette dernière demande qui attaque la substance même de l'acte; et il y a absence de motifs dans l'arrêt qui statue uniquement sur la demande en résolution, en se bornant à mettre les parties hors de cause sur la demande reconventionnelle en nullité. — *Cass.*, 4 janv. 1825, Wiart c. Lecorsonnois.

1037. — ... Lorsque, sur une demande en règlement de compte comprenant plusieurs objets, un arrêt rejette cette demande, sans donner de motifs sur chacun des objets du compte, cet arrêt doit être cassé pour défaut de motifs; on ne saurait prétendre qu'il n'y a là qu'une simple omission de prononcer sur l'un des chefs, donnant lieu à requête civile. — *Cass.*, 20 juin 1827, Roubée c. Laffitte.

1038. — ... Doit être annulé le jugement qui, après s'être proposé la question de savoir si l'action possessoire du demandeur devait être accueillie, soit en raison de la nature des eaux dont il réclame la possession, soit en raison des travaux destinés à leur donner une direction, soit en raison de la destination du père de famille, rejette la demande en se fondant uniquement sur ce que les eaux ne sont pas pluviales. — *Cass.*, 7 déc. 1830, Barrabel c. Josset.

1039. — ... L'arrêt qui annule un jugement de condamnation au paiement d'une amende réclamée par la régie, et des frais de l'instance, doit être cassé pour défaut de motifs, lorsque, se bornant à déclarer que l'amende est prescrite, il ne s'explique pas sur les frais. — *Cass.*, 17 juin 1835, enregistr. c. Pascault Dubuissonnet.

1040. — ... Doit être annulé pour défaut de motifs l'arrêt qui, en réformant un jugement de première instance, basé tout à la fois sur l'interprétation du contrat et sur la chose jugée, ne motive sa décision que relativement à l'interprétation du contrat, sans s'expliquer sur la chose jugée. — *Cass.*, 13 juill. 1835, Sainné c. comp. du Phénix.

1041. — ... Lorsqu'en appel l'appelant a déféré le serment décisoire à l'intimé, l'arrêt qui confirme purement et simplement le jugement de première instance et décide implicitement, par là, qu'il n'y a pas lieu au serment demandé, est nul, comme ne donnant aucun motif sur ce chef. — *Cass.*, 30 juin 1827, Boubée c. Lafitte.

1042. — ... Quand la partie qui a formé une demande en retrait litigieux a en même temps et expressément conclu à ce que son adversaire fût tenu d'affirmer par serment qu'il avait payé une somme de..., l'arrêt qui rejette purement et simplement la demande en retrait litigieux, sans s'expliquer sur le point de savoir s'il considérait ou non le serment comme décisoire, doit être cassé pour défaut de motifs. — *Cass.*, 24 août 1840 (t. 2 1840, p. 271), Bernède c. Serres.

1043. — La nécessité de donner des motifs sur chacun des chefs de conclusions se réfère tout aussi bien aux conclusions subsidiaires qu'aux conclusions principales.

1044. — ... A moins que le jugement ait adopté les conclusions principales, car dans ce cas, les juges n'ont pas à prononcer sur les conclusions subsidiaires. — *Cass.*, 13 mai 1835, Pellegrino c. Bels. — V. *infrà* nos 1364 s.

1045. — Ainsi, il a été jugé que lorsque, sur les conclusions principales tendant à être déclaré dès à présent propriétaire d'un objet litigieux et sur les conclusions subsidiaires tendant à être admis à faire la preuve qui pourrait manquer, un arrêt se borne à déclarer le demandeur non-recevable, attendu qu'il ne prouve pas sa propriété, il y a absence de motifs sur le chef de conclusions subsidiaires, ce qui doit entraîner la nullité de l'arrêt. — *Cass.*, 20 fév. 1843 (t. 2 1843, p. 378), le domaine et salines de l'Est c. Parmentier.

1046. — ... Et que lorsque les conclusions principales tendantes à un rejet d'une demande sont suivies de conclusions subsidiaires à fin de réduction : 1o de la créance elle-même ; 2o des intérêts d'après la date de la demande et l'échelle de dépréciation du papier monnaie, l'arrêt qui rejette les conclusions principales et condamne au paiement de la totalité de la créance réclamée, sans donner de motifs spéciaux sur le rejet des conclusions subsidiaires, doit être cassé pour défaut de motifs ; que ce défaut de motifs ne peut être excusé par la nature commerciale de l'affaire. — *Cass.*, 29 déc. 1835, Forcade c. Chaumont.

1047. — Doit également être annulé l'arrêt qui, sur la demande subsidiaire d'une femme, tendant à être admise à prouver, soit par enquête, soit par serment, la consistance de la fortune de son époux, à l'effet d'obtenir de lui une pension alimentaire plus considérable, se borne à déclarer, en fixant lui-même cette pension, que toute preuve devient frustratoire, sans s'expliquer expressément sur la demande subsidiaire. — *Cass.*, 9 nov. 1830, Montal.

1048. — ... L'arrêt qui, après avoir rejeté les conclusions principales d'une partie relatives à la propriété d'un terrain, rejette implicitement, mais sans donner aucuns motifs, ni explicites, ni implicites, les conclusions subsidiaires prises par cette partie tendantes à ce qu'elle soit admise à prouver une possession trentenaire du bien litigieux. — *Cass.*, 29 janv. 1838 (t. 1er 1838, p. 502), d'Harcourt c. Mercier ; 30 juill. 1833, Gouabaut c. Lesage ; *Cass.*, 5 avr. 1841 (t. 1er 1841, p. 1176), comm. de Velizy c. Detaville.

1049. — De même, quand indépendamment de ses conclusions principales appuyées sur des titres, le demandeur en revendication d'un terrain a pris des conclusions subsidiaires tendant à être admis à prouver une possession suffisante pour prescrire, doit être cassé, comme manquant de motifs, l'arrêt qui, sans s'occuper des conclusions subsidiaires, se contente de repousser les conclusions principales, par la raison que les titres ne peuvent être opposés au défendeur pour constater la possession actuelle, et que, d'un autre côté, il n'est pas démontré que le terrain énoncé dans les titres soit le même que le terrain revendiqué. Vainement on dirait que, dans ce cas, le défaut de motifs constitue une omission de statuer et non une omission de motiver, et que, dès-lors, il y a lieu de se pourvoir par requête civile et non par recours en cassation. — *Cass.*, 22 août 1836, Limosin c. Comperat.

1050. — Mais, comme on l'a dit (*suprà* nos 992 s.), s'il n'est pas établi que les conclusions subsidiaires avaient été posées à l'audience, on ne peut se faire un grief contre le jugement de ce qu'il n'en motive pas le rejet. — *Cass.*, 9 nov. 1842 (t. 2 1843, p. 54), Grim c. enregistr.

1051. — Ainsi, l'arrêt qui rejette les conclusions principales d'une partie et qui omet de statuer sur des conclusions subsidiaires par elle prises, mais non mentionnées dans les qualités, ne peut être attaqué pour défaut de motifs sur ces conclusions. — Elles sont réputées avoir été abandonnées à l'audience, si aucune opposition n'a été formée aux qualités. — *Cass.*, 23 août 1843 (t. 1er 1844, p. 428), Collin c. David.

1052. — Jugé dans le même sens que celui que les qualités d'un arrêt déclarent avoir été remboursé d'une somme qu'il réclamait, n'est pas recevable à se plaindre devant la cour de cassation de ce que l'arrêt n'est pas motivé sur ce point, alors qu'il n'a pas formé opposition aux qualités. — *Cass.*, 27 nov. 1827, Pinette c. Lagarde.

1053. — ... Et qu'on ne peut, devant la cour de Cassation, proposer un moyen fondé sur des conclusions subsidiaires prises en première instance, mais qui n'ont pas été reproduites en cause d'appel. — *Cass.*, 4 déc. 1839 (t. 1er 1840, p. 196), Lemarié c. Cohin ; 9 janv. 1839 (t. 1er 1839, p. 514), Penissat c. Raynaud-Collet.

1054. — Jugé aussi qu'on ne peut attaquer pour défaut de motifs un arrêt qui s'est dispensé de répondre à un moyen subsidiaire qui avait déjà été rejeté par un jugement passé en force de chose jugée. — *Cass.*, 27 fév. 1837 (t. 2 1837, p. 607), habitans de Jupille c. habitans de Villard.

1055. — Au surplus, s'il est vrai de dire que les juges doivent, à peine de nullité, donner des motifs spéciaux sur chacun des chefs du jugement, cette règle doit néanmoins être entendue avec certains tempéramens.

1056. — Ainsi, un jugement est suffisamment motivé, quoiqu'il ne contienne pas le récit des faits, s'il se réfère à un précédent jugement dans lequel ces faits se trouvent relatés. — *Cass.*, 27 juin 1834, Renaud. c. Hauteville.

1057. — Dès-lors, l'arrêt qui prononce la nullité d'une vente comme infectée de dol et de fraude est suffisamment motivé s'il se fonde sur les faits qui ont précédé l'acte de vente et sur la conduite de l'acquéreur, alors que ces faits et cette conduite étaient relatés dans un arrêt rendu par la même cour en police correctionnelle, et produit à l'appui de la demande. — *Cass.*, 15 mars 1836, Durat-Lasalle c. Dufaure.

1058. — Ainsi encore le rejet des conclusions principales emporte celui des conclusions accessoires sans qu'il soit besoin de motiver spécialement ce dernier rejet. — *Cass.*, 4 déc. 1837 (t. 1er 1838, p. 267), Petitaud c. Champeymont ; 19 janv. 1837 (t. 1er 1840, p. 256), Pons c. l'administration des postes ; 26 août 1837 (t. 1er 1837, p. 92), Lhuillier c. Legueu.

1059. — Et les dispositions d'un jugement qui ne sont que les corollaires d'autres dispositions ne doivent pas, comme celles-ci, être motivées à peine de nullité. — *Cass.*, 19 nov. 1818, Valentin c. Fourcaud-Pavant ; 3 mars 1829, Cuzin c. Duc ; — Merlin, *Rép.*, vo *Motifs des jugemens*, no 3 ; Chauveau sur Carré, quest. 595.

1060. — Spécialement, on doit considérer comme accessoires des conclusions par lesquelles un cohéritier qui a intenté à tort une action en partage fondée sur une transaction irrégulière, à défaut d'accomplissement des formalités relatives aux mineurs, demande que le tuteur soit obligé de faire régulariser la transaction ou d'en poursuivre la nullité. — *Cass.*, 4 déc. 1837 (t. 1er 1838, p. 267), Petitaud c. Champeymont.

1061. — Jugé dans le même sens qu'un arrêt est suffisamment motivé, encore qu'il ne donne pas de motifs sur tous les moyens proposés, s'il en donne sur le fait qui a principalement déterminé sa décision. — *Cass.*, 7 mars 1833, Prévost c. Piedfort.

1062. — Et que, lorsqu'une demande en nullité de mariage est fondée sur deux exceptions (incapacité de la femme comme esclave, incapacité comme femme de couleur) qui s'enchaînent, sont inséparables et ne présentent à juger qu'une seule et même question (nullité ou validité du mariage), les tribunaux ne sont pas obligés de donner des motifs sur chaque exception séparément ; il suffit qu'ils en donnent sur l'exception principale dans laquelle l'autre vient se confondre. — *Cass.*, 27

juin 1838 (t. 2 1838, p. 122), Rodrigues c. Beguin.

1063. — Enfin, on peut considérer comme exprès les motifs qui, virtuellement et nécessairement, dérivent de ceux formellement donnés par un arrêt. — *Cass.*, 1er mars 1842 (t. 1er 1842, p. 714), préfet de Seine-et-Oise c. ville de Versailles ; — Chauveau, sur Carré, quest. 595.

1064. — Ainsi, lorsqu'un motif général est applicable à plusieurs chefs de conclusions, les juges ne sont pas tenus de répéter ce motif sur chacun des chefs. — *Cass.*, 26 janv. 1833, Goyer c. Thuillier ; 23 nov. 1835, de Magnoncour c. Dejoux.

1065. — C'est ainsi qu'il a été jugé qu'un arrêt peut ne pas motiver particulièrement le rejet d'un chef de conclusions, si l'ensemble de ses motifs sur tous les autres points s'applique suffisamment à celui qui n'est pas motivé. — *Cass.*, 19 mars 1834, Durand c. Répiton ; 26 déc. 1833, préfet des Vosges c. comm. de la Bresse.

1066. — De même, un arrêt n'est pas nul s'il ne présente pas précisément des motifs particuliers corrélatifs à chacun des points qui y sont décidés, lorsque ces motifs résultent de l'ensemble des considérans qui le précèdent. — *Cass.*, 9 déc. 1824, Couturier.

1067. — Et il n'est pas nécessaire qu'il soit donné des motifs particuliers sur un moyen de défense qui se rattache aux moyens du fond, lorsque les motifs donnés au fond se trouvent contenir une réfutation suffisante de ce moyen. — *Cass.*, 2 juin 1840 (t. 2, 1840, p. 139), de Bonnaut c. comm. de Sainte-Thorette. — V. encore *Cass.*, 7 mai 1838 (t. 2, 1838, p. 275), Coutrot ; 5 mars 1838 (t. 1er, 1838, p. 354), Varennes c. de Neuchèze ; 11 nov. 1839 (t. 2 1839, p. 507), d'Etruchat c. Desfourneaux.

1068. — La jurisprudence offre un grand nombre d'applications de ce principe.

1069. — Ainsi il a été jugé que l'arrêt qui, après avoir prononcé et motivé la nullité de la délibération d'un conseil de famille assemblé pour donner son avis sur une demande en interdiction, se borne à mettre les parties hors de cour, sur l'action principale tendant à faire prononcer l'interdiction, n'est pas nul pour défaut de motifs. — *Cass.*, 24 fév. 1825, Roberjot c. Pollet.

1070. — ... Que le rejet d'un chef spécial de conclusions tendant à la comparution personnelle des parties doit être considéré comme suffisamment motivé lorsque les juges se déclarent édifiés sur l'existence d'un fait qui, par lui-même, rend cette comparution inutile et sans objet. — *Cass.*, 3 déc. 1835, Bertinot c. Hué de Groshois.

1071. — ... Que, dans une action en réintégrande, le jugement qui, sans avoir égard à une demande en sursis formée par le défendeur, statue au fond en appliquant la maxime *Spoliatus ante omnia restituendus*, est suffisamment, quoique implicitement, motivé en ce qui concerne le rejet de la demande en sursis. — *Cass.*, 11 mai 1841 (t. 2 1841, p. 358), Bouis c. Thanaron.

1072. — ... Que l'arrêt qui homologue un rapport d'experts est suffisamment motivé lorsqu'il donne les raisons générales pour lesquelles il adopte le rapport ; qu'il n'est pas nécessaire qu'il s'explique sur tous ou chacun des élémens qui ont servi de base au travail des experts. — *Cass.*, 26 juill. 1838 (t. 2, 1838, p. 398), le domaine c. de Forbin-Janson.

1073. — ... Que l'arrêt qui déclare licite la cause d'une obligation motive suffisamment par là le rejet de la nullité qu'on veut en faire prononcer en se fondant sur les art. 1131, 1133 et 1780, C. civ. — *Cass.*, 21 août 1839 (t. 2, 1839, p. 204), de Feuchères c. Majon.

1074. — ... Que le rejet d'une exception de déchéance tirée de ce qu'un dommage n'a pas été constaté est suffisamment motivé par la disposition interlocutoire qui a ordonné une expertise à l'effet d'apprécier le dommage. — *Cass.*, 30 avr. 1834, préfet de Tarn et Garonne c. Sabathié.

1075. — ... Que l'arrêt qui reconnaît et déclare qu'un acte administratif ne présente aucune ambiguïté et qu'il n'y a pas lieu à en renvoyer l'interprétation à l'autorité administrative, motive par cela même implicitement et nécessairement le rejet de toutes les pièces produites comme base d'interprétation. — *Cass.*, 16 avr. 1838 (t. 1er 1838, p. 529), Chabannes c. Jucquet.

1076. — ... Qu'on doit réputer suffisamment motivé, à raison de la corrélation des deux chefs, le jugement ou l'arrêt qui, après ses motifs développés sur la simulation du prix d'une rente, se borne à dire, sur la fixation du prix réel, que tout démontre qu'il a été de telle somme. — *Cass.*, 1er juillet 1835, Rigaron c. Carouget.

1077. — ... Que l'arrêt qui, pour ordonner la vente judiciaire d'un immeuble commun entre des majeurs et des mineurs, se fonde sur ce qu'il était *impartageable en nature*, constate suffisam-

JUGEMENT (Mat. civ.), ch. 3, sect. 5e.
JUGEMENT (Mat. civ.), ch. 3, sect. 5e.

ment la nécessité de vendre et motive ainsi virtuellement les objections proposées contre la vente. — *Cass.*, 21 avr. 1840 (t. 2, 1840, p. 460), Cailland c. Giboud.

1078. — ... Que les motifs par lesquels un arrêt, sur la demande en partage formée par un individu qui se prétend enfant naturel du défunt, reconnaît à celui-ci la qualité d'enfant naturel, s'appliquent nécessairement à la disposition qui ordonne que le demandeur sera admis au partage; qu'il n'est pas indispensable que cette dernière disposition soit motivée d'une manière spéciale.— *Cass.*, 22 avr. 1840 (t. 2, 1840, p. 461), de Conférand c. Martin.

1079. — .., Que l'arrêt qui, sur une demande à fin d'exercice d'un droit de parcours relatif à plusieurs terrains nominativement spécifiés, accueille le moyen de prescription invoqué d'une manière générale, et à l'égard de tous les terrains, par le défendeur, motive suffisammment le rejet des conclusions du demandeur tendant à faire excepter un des terrains de la prescription pour le cas où elle serait admise pour les autres. — *Cass.*, 31 mai 1837 (t. 2, 1837, p. 357), comm. de Vernois c. Noirot.

1080. — ... Que l'arrêt qui, en se fondant sur les faits et actes demeurés constans, déclare qu'il n'en résulte pas matière à interdiction, motive par cela même le rejet de conclusions à fin de nouveaux interrogatoires et de nouvelles enquêtes. — *Cass.* 5 juill. 1837, (t. 2, 1838, p. 215), veuve Magnol c. Magnol.

1081. — ... Que la disposition d'un arrêt, qui constate et met à la charge d'une partie un préjudice causé, motive suffisamment et implicitement toutes celles qui ont rapport à la réparation de ce préjudice, et spécialement l'adjudication, même à partir d'une époque antérieure à la demande, des intérêts d'une somme principale dont la restitution est ordonnée. — *Cass.*, 21 août 1837 (t. 2 1837, p. 391), Campana c. Podesta.

1082. — ... Que l'arrêt qui déclare *suffisamment justifiée* une qualité contestée motive par cela même le rejet de l'exception tirée du défaut de qualité. — *Cass.*, 22 août 1837 (t. 2 1837, p. 460), d'Esterno c. de Mornay.

1083. — ... Que, lorsqu'un arrêt a posé la question de savoir si deux contrats de vente qui ont fait l'objet d'une expertise sont ou non entachés de la lésion d'outre moitié, on doit considérer comme s'appliquant à ces deux contrats la disposion par laquelle, entérinant le rapport des experts, il décide que *ladite vente* n'est pas infectée du vice de lésion. — *Cass.*, 26 juill. 1841 (t. 2, 1841, p. 232), Villemain et Fessard c. Dufour.

1084. — ... Qu'il y a motifs implicites sur une demande en paiement, lorsqu'un précédent chef de contestation relatif à la question de savoir si ce legs n'a pas été répudié a été expressément motivé dans l'arrêt attaqué. — *Cass.*, 21 avr. 1841 (t. 1er 1841, p. 630), Dancy c. Ernoule.

1085. — ... Qu'il y a suffisance de motifs dans un jugement qui rejette une ou plusienrs exceptions par des motifs qui s'appliquent implicitement à toutes les autres exceptions. — *Cass.*, 23 juill. 1836, Lecouteux c. Bonelle.

1086. — ... Que l'arrêt qui rejette la demande en révocation d'une donation, par le motif qu'elle a été faite entre vifs, se trouve suffisamment motivé quant au rejet de la demande subsidiaire à fin de réduction. — *Cass.*, 29 janv. 1835, Moisson c. Dehommais.

1087. — ... Qu'est implicitement motivée la condamnation au reliquat d'un compte, lorsque cette condamnation était la suite nécessaire des motifs mêmes sur lesquels se trouvait établie l'existence du mandat. — *Cass.*, 5 mars 1834, Proby Bowler c. Goldsmith.

1088. — ... Qu'il n'est pas nécessaire que le rejet de la demande en dommages-intérêts soit motivé, alors que cette demande n'était que la conséquence d'une opération déclarée illicite par l'arrêt. — *Cass.*, 27 nov. 1827, Pinette c. Lagarde.

1089. — ... Que les juges ne sont pas tenus de justifier par des motifs particuliers une allocation d'intérêts, alors que ces intérêts ne sont que l'accessoire obligé et la conséquence naturelle de la condamnation principale, et que, sur ce dernier point, l'arrêt est motivé. — *Cass.*, 22 janv. 1833, Chaponay c. Rimbourg.

1090. — ... Que lorsqu'une demande secondaire ne peut valoir qu'autant que la demande principale est fondée, les motifs exprimés pour le rejet de celle-ci suffisent pour expliquer le rejet de l'autre. — *Cass.*, 14 nov. 1825, comm. d'Aurel c. des Adrets; 25 avr. 1831, de Merlos c. de la Blanche.

1091. — ... Que l'arrêt qui, pour écarter une exception d'incompétence, décide qu'il s'agit *uniquement du fond du droit de propriété d'un terrain*, considère par là virtuellement et nécessairement qu'un arrêté administratif opposé à l'action du demandeur comme ayant contre elle l'autorité de la chose jugée n'a point le caractère d'une décision et ne peut faire obstacle au jugement de la contestation sur le fond par les tribunaux. — *Cass.*, 1er mars 1842 (t. 1er, 1842, p. 714), préfet de Seine-et-Oise c. ville de Versailles.

1092. — ... Que l'exécution du jugement sur le possessoire ne pouvant créer en faveur du défendeur un droit à une indemnité que s'il était reconnu propriétaire sur le pétitoire, il s'ensuit que l'arrêt qui rejette sa demande au pétitoire motive par cela même les conclusions tendant à l'attribution d'une indemnité pour cause de dépossession, et qui ne sont que la conséquence de cette demande. — *Cass.*, 17 janv. 1844 (t. 1er, 1844, p. 271), Renault c. comm. de Champlart et Javal.

1093. — ... Que, lorsqu'il est établi qu'un fermier qui a coupé des arbres dans un taillis à lui loué, n'a pu se méprendre sur l'étendue de ses droits et qu'il a été averti, le tribunal qui le condamne sur ce motif aux peines portées par la loi rejette en fait son exception de bonne foi.—*Cass.*, 10 août 1833, Milhiet c. princes d'Arenberg.

1094.—...Que, lorsque les motifs donnés par un arrêt pour écarter les moyens du fond emportent implicitement le rejet d'une exception qui avait été proposée, cet arrêt ne peut être annulé pour défaut de motifs sur l'exception. — *Cass.*, 28 déc. 1831, Foucauld.

1095.—...Que l'arrêt qui déclare qu'une partie n'est pas créancière de l'autre motive implicitement la demande formée par elle afin d'être renvoyée à compter. — *Cass.*, 29 août 1832, Berlin-Heu c. Merlier.

1096. — ... Qu'il n'est pas besoin de motiver le rejet d'un moyen de forme, lorsqu'il rentre dans les moyens du fond, qui sont écartés par une décision motivée. — *Cass.*, 31 août 1831, notaires de Caen c. Hoguais.

1097. — ... Qu'un arrêt confirmatif qui prononce sur les appels joints de deux jugemens, dont le second n'a d'autre objet que l'exécution du premier, est suffisamment motivé, si ses motifs, qui s'apppliquent explicitement à l'un d'eux, se réfèrent implicitement à l'autre. — *Cass.*, 10 mai 1820, de Joviac c. Roman.

1098. — ... Que l'arrêt qui, en infirmant un jugement interlocutoire, évoque et juge le fond, ne peut être cassé pour défaut de motifs, bien qu'il n'en contienne que sur l'évocation, si l'on peut les appliquer au fond. — *Cass.*, 12 avr. 1830, Marty c. Niocel.

1099. — ... Que déclarer suffisantes des offres de surenchères calculées sur le prix principal, sans comprendre les frais, c'est décider implicitement par là que les frais ne feront pas partie du prix, et que l'arrêt ne peut, dès-lors, être réputé manquer de motifs à cet égard. — *Cass.*, 18 janv. 1834, Guillaume c. Bar.

1100. — ... Que, bien qu'un jugement rendu en appel ne déclare pas adopter les motifs par lesquels les premiers juges ont rejeté une demande principale, et qu'il ne contienne de motifs que sur une demande subsidiaire, il peut être cependant considéré comme suffisamment motivé sur le rejet de cette demande principale, si, par un précédent jugement préparatoire ou interlocutoire, les juges d'appel, en admettant le demandeur à justifier la demande subsidiaire, ont déjà implicitement reconnu le défaut de la demande principale. — *Cass.*, 15 fév. 1832, Danton c. Brunesseaux.

1101. — ... Que lorsqu'une partie a offert la preuve de certains faits à l'appui de sa demande, l'arrêt qui rejette sa demande, sans s'expliquer sur les faits de preuve articulés, ne peut être cassé pour défaut de motifs sur ce point, si les faits reconnus constans par la cour écartaient nécessairement les faits articulés. — *Cass.*, 10 juin 1824, Legrand c. Catonnet et Hublier.

1102. — ... Que l'arrêt qui homologue une expertise comme suffisante pour établir les droits des parties, motive suffisamment le rejet de la demande d'une expertise nouvelle. — *Cass.*, 9 fév. 1832, Nétumières.

1103. — ... Que lorsqu'un arrêt ne contient aucun motif spécial pour le rejet d'une fin de non-recevoir, si néanmoins ceux que la cour a donnés sur le fond justifient suffisamment ce rejet, cet arrêt n'est pas susceptible d'être cassé pour défaut de motifs. — *Cass.*, 22 mai 1822, administrateurs de la caisse Lafarge c. Lafarge et Mitouflat.

1104. — Mais est nul pour défaut de motifs l'arrêt dans lequel une cour royale, qui s'était proposé deux questions bien distinctes à résoudre, n'a donné de motifs que sur la première question, sans que ces motifs puissent recevoir aucune application à la seconde, et lorsqu'il est impossible de supposer, d'après les circonstances de la cause, que la cour royale ait entendu adopter sur cette question les motifs des premiers juges. — *Cass.*, 7 juill. 1824, Lahens c. Autard.

1105. — Il suffit aussi que les motifs donnés sur la demande principale s'appliquent virtuellement à la demande subsidiaire pour que le défaut de motifs sur cette dernière demande n'entraîne pas la nullité du jugement. — *Cass.*, 11 août 1845 (t. 2 1845, p. 305), Planchenault c. Houliot.

1106. — Ainsi un arrêt qui rejette deux demandes formées par la même partie, l'une principale et l'autre subsidiaire, sans motiver le rejet de la seconde demande, ne peut être cassé pour défaut de motifs, lorsque ceux donnés pour le rejet de la demande principale s'appliquent, en fait et en droit, au rejet de la demande subsidiaire. — *Cass.*, 13 août 1827, Armaignac c. Partarieu; 3 février 1829, Séguin c. Richon; 27 déc. 1831, Petit c. Martin; 16 fév. 1832, Rœder c. Cosda; 30 nov. 1831, Lepingleux; 1er juill. 1845 (t. 2 1846, p. 694), comm. de Balginer c. comm. de Leyritz.

1107.— Spécialement quand le demandeur conclut subsidiairement à ce que le serment soit déféré au défendeur, une cour royale peut, en rejetant la demande principale sur le motif qu'elle était totalement dénuée de preuves, se dispenser de motiver le rejet des conclusions subsidiaires. — *Cass.*, 3 fév. 1829, Seguin c. Richon.

1108. — ... — Lorsque, après avoir conclu à être payée avant toutes autres par privilége, une partie demande subsidiairement à ne venir en concurrence qu'avec certains créanciers, l'arrêt qui déclare que l'acte dont le demandeur se prévaut n'a pu le saisir des sommes dues à son débiteur au préjudice des autres créanciers, n'est pas nul pour défaut de motifs, en ce qu'il se borne ensuite à mettre les parties hors de cour sur le surplus de leurs demandes et conclusions. — *Cass.*, 12 déc. 1831, Doré c. Fradin.

1109.—De même l'arrêt qui déclare qu'une commune n'a pu acquérir la propriété par la possession a suffisamment motivé le rejet de conclusions subsidiaires fondées sur une possession plus ou moins étendue à titre de droits d'usage. — *Cass.*, 12 nov. 1838 (t. 2 1838, p. 450), commune de Provenchères c. préfet de la Haute-Marne.

1110. — Jugé encore qu'un arrêt qui décide en fait que le mari demandeur en séparation de corps n'a pu et ne peut offrir la preuve du délit d'adultère imputé à sa femme dans des conclusions subsidiaires, que ses imputations sont calomnieuses et le résultat d'une malheureuse préoccupation qui le domine, motive suffisamment le rejet de ces conclusions. — *Cass.*, 23 nov. 1841 (t. 1er 1842, p. 17), Digue.

1111. — ... Que l'arrêt qui déclare une tierce opposition non recevable n'a pas besoin de motiver spécialement le rejet des conclusions subsidiaires tendantes à faire adjuger aux demandeurs des dommages-intérêts pour le préjudice que leur cause le jugement attaqué, ces conclusions n'étant qu'un moyen de faire écarter sous une autre forme l'autorité de ce jugement. — *Cass.*, 26 mai 1841 (t. 2 1841, p. 375), Heurtaux c. Lebec et Allegret.

1112. — ... Que l'arrêt qui déclare une convention illicite, contraire aux bonnes mœurs et incapable de produire aucun effet, motive suffisamment le rejet des conclusions subsidiaires par lesquelles l'une des parties demandait la restitution des sommes par elle payées en vertu de la convention dont l'annulation est prononcée. — *Cass.*, 17 mai 1841 (t. 2 1841, p. 349), Cochet et Letellier c. Dutacq.

1113. — De même un tribunal n'est pas obligé de donner des motifs explicatifs à l'appui de la disposition de son jugement qui rejette des conclusions subsidiaires par lesquelles une partie demandait à faire preuve d'un fait déjà apprécié dans son caractère et ses effets par une disposition antérieure du jugement, et déclaré non pertinent par ce tribunal. — *Cass.*, 7 août 1839 (t. 2 1839, p. 435), de Villoutreys c. comm. de Busigny.

1114.— Ainsi lorsqu'un arrêt a déclaré que, d'après les circonstances de la cause, une plantation d'arbres faite par une partie sur le terrain litigieux serait insuffisante pour prouver son droit de propriété sur ce terrain, il peut se dispenser de motiver la disposition par laquelle il rejette des conclusions subsidiaires par lesquelles cette partie demandait à faire preuve du fait de plantation. — Même arrêt.

1115. — Quand une demande incidente a pour but la validité simultanée de deux actes à la nullité desquels tend la demande principale, l'arrêt qui, en accueillant avec motifs la demande principale, déclare que la demande incidente doit être rejetée par les motifs qui viennent d'être énoncés, motive suffisamment le rejet de cette demande. — Cass., 4 avr. 1838 (t. 2 1838, p. 234), Holder c. Barberel et Richard.

1116. — Enfin les juges ne sont pas tenus de motiver expressément une condamnation qui n'est que l'accessoire de la condamnation principale.

1117. — Ainsi les dépens étant un accessoire des condamnations principales, il suffit que celles-ci soient motivées pour qu'elles servent de motifs à la disposition relative aux dépens. — *Cass.*, 7 nov. 1827, Coum c. Euzen.

1118. — Il en serait autrement si le curateur d'une succession vacante était condamné personnellement aux dépens d'une instance concernant cette succession; la condamnation aux dépens devrait être motivée à peine de nullité. — *Cass.*, 2 fév. 1831, Diverneresse c. Fargeix.

1119. — Du reste, un arrêt qui condamne aux dépens est suffisamment motivé en disant qu'ils sont accordés par forme de dommages-intérêts. — *Cass.*, 18 fév. 1839 (t. 2 1843, p. 405), Boucher c. Gourdet. — V. au surplus FRAIS ET DÉPENS.

1120. — Par les mêmes raisons, lorsqu'il a été décidé, par un arrêt passé en force de chose jugée, qu'une affaire est commerciale et consiste dans des opérations de commerce, si ces opérations sont du nombre de celles qui entraînent la contrainte par corps, les juges, en statuant sur le fond du procès, peuvent prononcer de plein droit cette contrainte comme accessoire de la demande principale, sans avoir besoin de motiver cette condamnation. — *Cass.*, 21 juin 1825, Ouvrard, Vanlerberghe c. Seguin.

1121. — Et lorsque la contrainte par corps a été prononcée par un tribunal de commerce comme accessoire d'une condamnation principale pour opérations de commerce, et que, sur l'appel, le condamné n'a pris aucunes conclusions pour faire motiver le rejet de la demande formée contre lui sur ce point, il n'est pas fondé à attaquer en cassation, pour défaut de motifs, l'arrêt qui, sans donner de motifs, se borne aussi à prononcer la contrainte par corps comme accessoire de la condamnation principale. — Même arrêt.

1122. — Jugé aussi que la remise des pièces et titres étant de droit de la part de l'avoué payé de ses frais, il en résulte que l'arrêt qui, en condamnant un individu à acquitter le mémoire de son avoué, rejette sans donner aucun motif les conclusions qui tendaient à cette remise, ne viole point l'art. 141, C. procéd. civ., alors surtout qu'on n'a fait qu'homologuer un avis de la chambre des avoués qui exprimait formellement que l'avoué demandeur remettrait les titres et pièces à l'appui. — *Cass.*, 11 fév. 1840 (t. 1er 1840, p. 585), Pavy c. Leblant.

ART. 3. — *Adoption des motifs des premiers juges.*

1123. — Une jurisprudence constante décide qu'un arrêt est suffisamment motivé lorsqu'il déclare *adopter les motifs des premiers juges.* — *Cass.*, 18 oct. 1814, Mazer. — V. d'ailleurs tous les arrêts ci-après rapportés.

1124. — L'énonciation *adoptant les motifs des premiers juges* contenue dans un arrêt s'applique non seulement aux motifs du jugement de première instance qui a statué sur le fond, mais encore à ceux des jugemens antérieurs qui avaient repoussé des fins de non-recevoir reproduites en appel. — *Cass.*, 25 nov. 1840 (t. 1er 1841, p. 215), De Maraise c. Prévost.

1125. — En conséquence, l'arrêt qui, sur l'appel de deux jugemens, dont le deuxième, contradictoirement rendu, maintient les dispositions du premier, rendu par défaut, confirme ces deux jugemens en adoptant leurs motifs, ne se justifie pas moins par les motifs exprimés dans le jugement par défaut que par ceux qui le sont dans le jugement contradictoire. — *Cass.*, 16 oct. 1814, N...; avr. 1824, Tézénas c. Varanchan de Saint-Géniez.

1126. — Jugé également qu'un arrêt est suffisamment motivé lorsqu'il déclare se référer, en y persistant, aux motifs d'un autre arrêt rendu entre des parties ayant absolument le même intérêt. — *Cass.*, 16 mai 1836, Chabert c. Astier et Laborie.

1127. — ... Que le rejet d'un moyen de ratification opposé à l'individu en démence qui demande la nullité d'un acte par lui consenti est suffisamment motivé par l'adoption des motifs du jugement de première instance, qui établissent sa démence et se fondent sur son existence comme moyen d'annulation. — *Cass.*, 6 août 1840 (t. 2 1846, p. 96), Decroix c. Gallet.

1128. — Jugé même qu'un arrêt par lequel la cour confirme, en adoptant les motifs des premiers juges, est suffisamment motivé, lors même qu'ils statue sur l'appel de deux jugemens, l'un provisoire et l'autre définitif, et que les motifs du premier de ces jugemens se trouvent n'être plus fondés quand le second a été rendu; qu'en ce cas, on peut dire que le premier des deux jugemens est confirmé par les motifs du second. — *Cass.*, 9 mars 1834, Lainné c. Delous.

1129. — Boncenne (t. 2, p. 447) qualifie cette doctrine de *tolérante*; M. Chauveau (sur Carré, quest. 495) va plus loin, il la trouve *dangereuse*, parce qu'elle a souvent facilité une expédition trop hâtive des affaires; et il rappelle à ce sujet qu'il a obtenu la cassation d'un arrêt par lequel la cour de Metz, en audience solennelle, avait *adopté les motifs des premiers juges*, tandis que les premiers juges avaient précisément oublié d'en donner.

1130. — Nous nous rangeons volontiers à l'opinion de ces auteurs. L'adoption des motifs des premiers juges est non seulement un véritable abus en jurisprudence, c'est encore une inconséquence. En effet, la cour de Cassation a cassé maints arrêts parce que les motifs n'en avaient pas été prononcés à l'audience; que fait pourtant la cour qui se contente de confirmer *en adoptant les motifs des premiers juges*? Evidemment, elle ne donne aucun motif, et c'est seulement dans les qualités que seront insérés les motifs de son arrêt. — V. cependant Favard, vo *Jugement*, p. 179; Thomine, t. 1er, p. 269.

1131. — Toutefois, comme nous venons de le dire, la jurisprudence est constante sur ce point, et il y aurait folie à un plaideur de fonder un recours en cassation sur ce qu'une cour royale aurait adopté les motifs des premiers juges.

1132. — Mais nous ne saurions admettre avec Favard (vo *Jugement*, p. 179) qu'il suffise, pour motiver un jugement, de s'en référer aux motifs énoncés en détail dans un rapport d'expert ordonné par le tribunal.

1133. — Jugé cependant, conformément à cette opinion, qu'une cour d'appel remplit suffisamment le vœu de la loi qui exige que les arrêts soient motivés, en déclarant, surtout en matière de compte, qu'elle adopte les motifs développés dans un rapport d'expert ou d'arbitre par elle ordonné. — *Cass.*, 19 juin 1816, Larosière c. Bidermann.

1134. — ... Qu'un jugement qui, pour déterminer l'indemnité due par suite d'une expropriation pour cause d'utilité publique, se réfère aux motifs énoncés dans le rapport d'un expert primitivement nommé, est suffisamment motivé, quoique ce rapport n'ait été ni signifié ni régulièrement produit au procès. — *Cass.*, 18 mars 1829, Bullourde c. préfet de la Seine.

1135. — ... Que l'arrêt définitif qui adopte l'avis des experts peut ne pas donner de motifs particuliers, surtout si, lors de cet arrêt, la partie qui originairement a articulé les faits sur lesquels a porté l'expertise n'a présenté que des conclusions générales, *non recevable et mal fondé*. — *Cass.*, 23 avr. 1838 (t. 1er 1838, p. 596), Pollet c. le préfet de l'Oise.

1136. — Jugé, au contraire, et avec raison, selon nous, qu'on doit annuler pour défaut de motifs l'arrêt qui se borne à adopter les motifs développés dans les conclusions de l'une des parties. — *Cass.*, 14 juill. 1823, Pavin c. Lerol. — En effet, si le jugement était ainsi motivé, rien ne ferait connaître ses motifs, ceux des conclusions n'étant pas insérés dans les qualités. — V. conf. Chauveau sur Carré, *ibid.*; Thomine, t. 1er, p. 269.

1137. — ... Que lorsque, dans le cours d'une expertise ordonnée pour arriver à la fixation de dommages-intérêts, d'après une base déterminée, une des parties demande qu'il soit procédé également d'après une nouvelle base qui lui créerait des droits nouveaux, si les experts refusent de déférer à cette demande, et qu'elle soit reproduite devant la cour, les juges ne peuvent, sans en motiver le rejet d'une manière spéciale, se borner à adopter les motifs de l'expertise. — *Cass.*, 10 août 1841 (t. 2 1841, p. 516), Cousin c. la liste civile et les héritiers de Maillé.

1138. — Quand une cour royale adopte les motifs des premiers juges, au moins est-il nécessaire que cette adoption soit textuellement mentionnée dans son arrêt. — Merlin, *Rép.*, t. 17, p. 84; Favard, vo *Jugement*, p. 179; Chauveau sur Carré, quest. 595.

1139. — Ainsi est nul l'arrêt par lequel une cour royale confirme un jugement de première instance, sans déclarer qu'elle en adopte les motifs, et sans en donner d'autres. — *Cass.*, 24 août 1831, Desmont c. Gire.

1140. — ... Ou celui qui, sur un chef de contestation, se borne à décider qu'il confirme, sans déduire de motifs. — *Cass.*, 23 mai 1821, de Fancal c. de Beaufort.

1141. — Néanmoins, jugé qu'un arrêt motivé sur ce que *c'est avec juste raison* que le tribunal de première instance a adopté les bases de bornage proposées par une partie, en écartant celles proposées par l'autre, est censé avoir adopté les motifs des premiers juges, et, en conséquence, ne peut être cassé pour défaut de motifs. — *Cass.*, 25 mai 1830, Juérus c. Lalligant.

1142. — ... Qu'on doit considérer comme suffisamment motivé l'arrêt qui, lorsque l'appelant fait défaut, confirme le jugement de première instance, *attendu que les jugemens portent en eux la présomption de l'équité de leurs dispositions jusqu'à ce que le contraire ait été prouvé*; qu'en un tel cas, l'arrêt doit être réputé adopter les motifs donnés par les premiers juges. — *Cass.*, 15 janv. 1829, Dirand c. Grillot.

1143. — Du reste, l'arrêt qui déclare adopter les motifs des premiers juges est suffisamment motivé, quoique les motifs adoptés ne soient point transcrits dans l'arrêt. — *Cass.*, 19 janv. 1841 (t. 1er 1841, p. 707), Boissonnet c. Viviez; 27 nov. 1837 (t. 2 1837, p. 513), Temporel c. Poncin; *Cass. belge*, 17 juin 1835, comm. de Welleren c. Anthomin.

1144. — Ainsi jugé que lorsque les juges d'appel s'approprient, par leur adoption expresse, *les motifs du jugement de première instance*, ces motifs doivent être considérés comme littéralement relatés dans leur arrêt. — *Cass.*, 6 fév. 1827, Seigle c. Palysol.

1145. — Jugé de même que le jugement qui déclare persister dans les motifs d'un précédent jugement par défaut qu'il maintient est suffisamment motivé, bien que ces motifs ne soient pas transcrits dans le nouveau jugement. — *Cass.*, 27 juin 1834, Renaud c. Hauteville.

1146. — Dans tous les cas, la partie qui a interjeté appel du jugement à elle signifié, et qui, par conséquent, en a une entière connaissance, ne peut se plaindre devant la cour de Cassation de ce que l'expédition de l'arrêt rendu sur son appel ne contient pas les motifs de la décision des premiers juges. — *Cass.*, 20 mai 1840 (t. 2 1840, p. 372), Podesta c. Aimant; Pelneau de Litré; Deladeuille c. Lemaire; Rhodes c. la caisse hypothécaire et Soula.

1147. — Observons d'ailleurs que, lorsqu'une cour royale infirme un jugement, ou qu'elle n'en adopte pas les motifs, elle n'est pas tenue de les réfuter. — *Cass.*, 26 avr. 1830, Pasquier c. Léger.

1148. — ... Et que, lorsqu'une cour royale, après avoir donné elle-même des motifs sur divers chefs de demande, déclare, au surplus, adopter les motifs des premiers juges, cette déclaration, si parmi les motifs du jugement il s'en trouve de contradictoires avec ceux donnés par la cour royale, doit être entendue en ce sens qu'elle n'a adopté que les motifs qui n'étaient pas en contradiction avec ceux qu'elle a donnés. — *Cass.*, 8 mars 1832, Platel c. Levillain.

1149. — N'est pas nul non plus un arrêt qui, en évoquant une affaire, ne dit pas, *expressis verbis*, qu'il infirme le jugement dont est appel, lorsque d'ailleurs il a mis l'appellation et ce dont est appel au néant, et que les questions posées et les motifs confirment la décision prononcée. — *Cass.*, 10 janv. 1831, Laroche c. Marin.

1150. — Au surplus, l'on comprend qu'en vertu du principe posé plus haut (nos 984 et suiv.) que des motifs distincts sont exigés pour chaque chef de conclusions, l'adoption des motifs des premiers juges, dans un arrêt, ne serait pas suffisante, si de nouvelles demandes ou exceptions avaient été formées sur l'appel. Alors, en effet, des motifs particuliers devraient être insérés pour légitimer le rejet de ces conclusions nouvelles. — Chauveau sur Carré, *ibid.*; Favard, vo *Jugement*, p. 176.

1151. — Ainsi, il doit être donné des motifs sur le rejet de chaque exception proposée pour la première fois en appel. La cour ne peut se borner à adopter les motifs des premiers juges en rejetant les nouvelles conclusions comme *mal fondées*, sans autre explication. — *Cass.*, 30 avr. 1827, Fournier c. Cuisinier et Capitan.

1152. — C'est là un point constant en jurisprudence.

1153. — Ainsi il a été jugé que, lorsque sur l'appel, l'appelant propose un moyen qui n'avait pas été présenté en première instance, par exemple, un moyen de prescription basé sur des faits de possession dont il offre la preuve, l'arrêt qui se borne à adopter les motifs des premiers juges, sans donner de motifs exprès sur le rejet du moyen proposé et de la preuve offerte, doit être cassé pour défaut de motifs. — *Cass.*, 30 déc. 1835, comm. de Mailleroncourt c. Delarin.

1154. — ... Que l'arrêt qui se borne à rejeter par un simple hors de cour des chefs de conclusions auxquels ne s'appliquent ni explicitement ni implicitement les motifs, qu'il adopte, du jugement de première instance n'est pas valable. — *Cass.*, 24 déc. 1833, Vasseur c. Mantel; 25 mars 1835, Guiraud c. Basiouih; 9 juin 1818, Savarre c. Lemonnier; 12 août 1823, Demantort c. Valton.

1155. — ... Que, lorsque sur l'appel du jugement qui le déclarait sans droit pour réclamer la mitoyenneté d'un mur, attendu qu'il n'avait pas la propriété du terrain joignant ce mur, l'appelant a demandé expressément, par des conclusions prises subsidiairement, à prouver sa possession plus que trentenaire et à titre de propriétaire de ce même terrain, l'arrêt qui, sans statuer sur ces conclusions nouvelles, se borne à adopter purement et simplement les motifs des premiers juges, doit être cassé pour défaut de motifs. — *Cass.*, 21 mars 1836, Antoine c. Hollard.

1156. — ... Que lorsqu'en première instance un jugement a maintenu, comme constituant un nantissement, un acte sous seing privé qualifié vente, et dont la nullité était demandée pour fraude et défaut de confection en double, si, en appel, la nullité de ce même acte est demandée comme nantissement, en ce qu'il ne serait pas enregistré, l'arrêt qui intervient doit, à peine de nullité, s'expliquer sur le moyen nouvellement proposé; et qu'il ne serait pas suffisamment motivé par l'adoption pure et simple des motifs des premiers juges. — *Cass.*, 28 mars 1838 (t. 2 1838, p. 213), Fresquet c. Mengin.

1157. — ... Que, lorsque sur l'appel d'un jugement qui a annulé une surenchère pour insuffisance de la consignation faite à titre de cautionnement, le surenchérisseur a offert une consignation plus forte, l'arrêt est nul pour défaut de motifs, lorsqu'il confirme en adoptant simplement ceux des premiers juges, sans s'expliquer sur le mérite des nouvelles offres. — *Cass.*, 16 juill. 1838 (t. 1er 1839, p. 270), Gondoin c. Jousse.

1158. — ... Que, lorsqu'il a été pris en appel, au nom de l'appelant, deux espèces de conclusions, les unes principales, tendantes à la réformation du jugement de première instance qui ordonnait la reconstruction d'un mur, les autres subsidiaires, ayant pour objet une nouvelle expertise à l'effet de vérifier si les conditions prescrites par les premiers juges pour cette reconstruction avaient été observées, la cour qui, par un arrêt préparatoire, a admis cette demande d'expertise, ne peut, après que les experts ont fait leur rapport, duquel il résulte que les conditions mises à la reconstruction n'ont pas été observées, confirmer purement et simplement le jugement frappé d'appel, sans donner de nouveaux motifs pour justifier le rejet des conclusions basées sur ledit rapport. — *Cass.*, 26 août 1840 (t. 2 1840, p. 305), Bazile c. Lefèvre.

1159. — ... Que, lorsque sur l'appel du jugement qui a déclaré mal fondée la prétention d'une femme à la propriété par voie d'accession de plusieurs parcelles de terrain annexées par le mari à son immeuble dotal, cette femme, indépendamment de la même prétention qu'elle renouvelle, revendique également la même propriété comme donataire de son mari décédé, l'arrêt qui, sans donner de motifs particuliers sur ce moyen nouveau, se borne à confirmer le jugement de première instance en adoptant les motifs des premiers juges, doit être cassé pour défaut de motifs. — *Cass.*, 14 fév. 1843 (t. 1er 1843, p. 607), Berne c. Brugnert.

1160. — ... Que l'intimé qui conclut à la confirmation du jugement par l'adoption des premiers juges est censé présenter en appel tous les moyens du jugement qui lui étaient favorables; que dès lors, si le jugement est basé sur la chose jugée, et que l'intimé ait conclu à sa confirmation par les motifs des premiers juges, la cour ne peut infirmer sur ce moyen, et l'intimé est recevable à se plaindre devant la cour de Cassation de ce défaut de motifs, sans qu'on puisse répondre que ce moyen n'a pas été présenté devant la cour royale. — *Cass.*, 19 mars 1834, de Beauvois c. de Thieffries.

1161. — ... Que, lorsqu'en première instance une question ainsi posée : *un tel s'est-il rendu caution?* a été résolue affirmativement, si, en appel, la caution prétend pour la première fois que le cautionnement n'était qu'un aval dont les effets seraient éteints par la prescription quinquennale, l'adoption des motifs des premiers juges, relatifs seulement à l'existence du cautionnement, mais non à sa nature spéciale, ne motive pas suffisamment le rejet de l'exception nouvelle; qu'il y a nécessité de donner sur ce point de nouveaux motifs. — *Cass.*, 14 mars 1838 (t. 2 1838, p. 213), Flourens c. Truc.

1162. — ... Que, lorsqu'un jugement rendu par défaut et sans contestation a homologué une sentence arbitrale intervenue entre une partie et le mandataire de l'autre partie, en se fondant sur ce

que cette sentence était conforme au vœu de toutes les parties, si, sur l'appel interjeté par le mandataire, il est prétendu que les arbitres n'avaient mission que pour juger une partie du débat, et que le mandataire était sans qualité pour leur donner un pouvoir plus étendu, l'arrêt qui se borne à adopter les motifs des premiers juges, doit être annulé pour défaut de motifs. — *Cass.*, 22 fév. 1825, Quertier du Colombier c. Fourn.

1163. — Il en est de même de l'arrêt qui se borne à adopter les motifs des premiers juges répondant à un moyen tiré de ce qu'une inscription hypothécaire serait nulle pour *irrégularité*, lorsque, indépendamment de ce moyen, il a été conclu à ce que l'inscription fût déclarée sans effet, comme reposant sur un titre nul ou sans caractère pour conférer hypothèque. — *Cass.*, 25 nov. 1828, Zeisolff c. Knoblock.

1164. — ... Et de celui qui, sur l'appel d'un jugement rendu après une enquête, adopte les motifs des premiers juges, si, sans en ajouter aucun, il rejette les conclusions tendantes à être admis à faire preuve de nouveaux faits articulés devant la cour. — *Cass.*, 27 mars 1838 (t. 2, 1838, p. 177), Malécot.

1165. — ... Ou qui, rejetant des conclusions subsidiaires prises pour la première fois en appel, et tendant à une prestation de serment, se borne à adopter les motifs des premiers juges. — *Cass.*, 10 août 1831, N...

1166. — En un mot, de l'arrêt qui, se bornant à adopter les motifs des premiers juges, ne contient pas de motifs particuliers sur le rejet implicite d'une nouvelle exception ou demande régulièrement proposée en cause d'appel. — *Cass.*, 24 mai 1826, Barbier c. Duranger.

1167. — ... Spécialement sur un moyen de prescription proposé en cause d'appel. — *Cass.*, 28 nov. 1818, de Beauveau c. Lemonnier; 26 mai 1845 (t. 1er, 1845, p. 733), Revillet c. Richard et autres.

1168. — ... Est également nul pour contravention à la loi de 1810 l'arrêt qui ne donne aucun motif pour justifier le renvoi d'instance de certaines parties en cause, non plus que l'autorisation qui leur est accordée de se payer de leurs dépens par privilége sur certains biens. — *Cass.*, 26 mai 1845 (t. 1er, 1845, p. 733), Revillet c. Richard.

1169. — De même, lorsqu'un jugement de première instance, statuant entre les créanciers d'un même débiteur, a condamné les commissaires des créanciers à exécuter vis-à-vis de quelques-uns d'entre eux, en ce qu'il leur avait de favorable, un traité passé avec le débiteur, si, pendant l'instance d'appel, le débiteur tombe en faillite, et que le syndic intervienne devant la cour pour demander la nullité du traité, l'arrêt qui déclare, sans s'arrêter à l'intervention, confirmer la sentence des premiers juges, en se bornant à adopter les motifs de cette sentence, est nul pour défaut de motifs, en ce qu'il ne tient aucun compte de l'état de choses créé depuis le jugement par la déclaration de faillite. — *Cass.*, 8 avr. 1846 (t. 2, 1846, p. 374), Reverchon c. Dime.

1170. — De même encore, lorsqu'une cour royale, en confirmant les dispositions principales d'un jugement de première instance, en infirme et modifie quelques dispositions accessoires, elle doit, à peine de nullité, énoncer les motifs de ces décisions nouvelles.

1171. — Mais si des conclusions nouvelles prises en appel ne sont que la reproduction, sous une autre forme, de celles sur lesquelles il a été statué en première instance, l'arrêt qui déclare adopter les motifs des premiers juges doit être réputé suffisamment motivé quant au rejet de ces conclusions nouvelles, sans qu'il soit nécessaire de donner à cet égard des motifs particuliers. — *Cass.*, 12 fév. 1835, Parquet c. Dupuis. — V. aussi *Cass.*, 17 déc. 1839 (t. 1er, 1840, p. 399), N...

1172. — Ainsi, lorsque les premiers juges n'ont point motivé le rejet d'une fin de non-recevoir, l'arrêt qui a confirmé leur sentence, par les motifs qui y étaient exprimés, ne peut être annulé pour défaut de motifs s'il ne résulte pas de son texte que la fin de non-recevoir ait été reproduite devant la cour royale, et que le défaut de motif de rejet ait alors été opposé. — *Cass.*, 1er fév. 1830, Piol c. syndics Petit.

1173. — Ainsi encore quand, par suite du refus d'une partie qui a demandé un partage en deux qualités distinctes, de partager en l'une de ces qualités, le débat s'est trouvé restreint devant le premier juge à la seconde qualité, s'il arrive que, sur l'appel, il ne soit pas pris des conclusions subsidiaires, quant à la première qualité, le juge n'est pas obligé de donner des motifs touchant cette qualité. — *Cass.*, 20 janv. 1836, Rousset c. Salmon.

1174. — De même, il a été jugé que l'arrêt qui

motive sa décision sur tous les points déférés aux premiers juges n'est pas tenu en outre de statuer avec motifs sur le bien ou le mal fondé d'une demande nouvelle soumise pour la première fois à la cour; et qui n'est pas une défense à l'action principale. — *Cass.*, 29 mai 1843 (t. 2, 1843, p. 498), Schneider c. Linck.

1175. — ... Et que, lorsque le défendeur à une action se borne, sur l'appel du jugement par défaut qui l'a condamné, à opposer des fins de non-recevoir sans contester la demande au fond, le juge d'appel peut, après avoir rejeté ces fins de non-recevoir, confirmer purement et simplement le jugement attaqué, sans être tenu de donner des motifs particuliers sur le fond. — *Cass.*, 17 déc. 1839 (t. 1er, 1840, p. 404), Marlier c. Charlet et Thibault.

1176. — On doit considérer comme constituant une demande nouvelle proscrite par l'art. 464, C. procéd., les conclusions par lesquelles, tout en acquiesçant au jugement qui détermine la largeur d'un passage litigieux, l'appelant met à cet acquiescement des conditions dont il n'a pas été question devant les premiers juges, et qui ont pour but de faire déterminer l'état dans lequel le passage, réduit à cette largeur, sera entretenu. En conséquence l'arrêt qui, ayant égard à l'acquiescement de l'appelant en ce qui concerne la largeur du passage, confirme le jugement en adoptant les motifs des premiers juges, n'est pas tenu de statuer en outre avec motifs sur les conditions de l'acquiescement. — *Cass.*, 29 mai 1843 (t. 2 1843, p. 498), Schneider c. Linck.

1177. — De même, lorsque les plaidoiries sont terminées et que la cause est remise à une autre audience pour prononcer l'arrêt, une partie est non-recevable à déférer le serment décisoire à son adversaire, encore bien qu'aux termes de l'art. 1360, C. civ., ce serment puisse être déféré en tout état de cause; dans ce cas, l'arrêt n'est donc pas nul pour ne pas exprimer formellement les motifs du refus que la cour a fait d'entendre les conclusions tardives. — *Cass.*, 22 déc. 1829, Baratte c. Dorr.

1178. — Observons encore que si les motifs des premiers juges étaient susceptibles de s'appliquer aux nouvelles demandes ou exceptions, il suffirait, pour ces moyens nouveaux, de s'en référer aux motifs des premiers juges.

1179. — Ainsi, il suffit que les motifs d'un jugement de première instance répondent aux nouvelles exceptions proposées en cour d'appel pour que l'arrêt qui se borne à adopter les motifs des premiers juges doive être considéré comme légalement motivé. — *Cass.*, 17 août 1829, Lubbert c. Swan.

1180. — L'arrêt qui adopte les motifs des premiers juges est donc suffisamment motivé, même à l'égard d'un moyen nouveau présenté pour la première fois en appel, si les motifs adoptés s'appliquent à ce nouveau moyen. — *Cass.*, 17 mars 1840 (t. 1er, 1840, p. 546), Barberoux c. créanciers Japin.

1181. — ... Encore bien que la sentence de première instance ne réponde à ce moyen que d'une manière implicite. — *Cass.*, 5 fév. 1838 (t. 1er, 1838, p. 283), Goislard de Villebresme c. Augereau; 8 nov. 1826, Doublier c. Durand; 24 mars 1830, Paul c. Passage; 9 mai 1834, Lainné c. Delcus; 3 juill. 1834, Lesage c. Paringault.

1182. — ... Surtout si, quoique d'une manière implicite, les considérans du jugement du tribunal de première instance s'appliquent forcément et nécessairement au rejet des conclusions nouvelles. — *Cass.*, 31 janv. 1838 (t. 2, 1845, p. 257), Courcenel c. comm. de Peseux; 9 août 1843 (t. 1er, 1844, p. 295), Amat et Drulhon c. cavalier.

1183. — ... Par exemple, lorsque des conclusions subsidiaires prises pour la première fois en appel sont la conséquence des conclusions principales repoussées en première instance et ne peuvent être admises qu'autant que les conclusions principales seraient admises elles-mêmes. — *Cass.*, 13 juin 1838 (t. 2, 1838, p. 317), de Riberolles et Mignot c. comm. d'Arcouzat.

1184. — A plus forte raison, un arrêt serait-il suffisamment motivé, bien qu'il ne donnât point de motif spécial sur un chef de conclusions pris seulement en appel, si les motifs du jugement de première instance avaient répondu d'avance à ces nouvelles conclusions. — *Cass.*, 21 janv. 1836, Maréchal c. Mangot.

1185. — Ainsi, lorsqu'un jugement a déclaré qu'il résultait de l'examen des lieux fait par les juges que des travaux exécutés n'avaient porté aucun préjudice à une partie, l'arrêt qui adopte les motifs des premiers juges motive suffisamment le rejet de conclusions subsidiaires prises seulement en appel et tendant à ce que la cour ordonne une expertise pour constater le préjudice prétendu éprouvé. — *Cass.*, 21 janv. 1836, Maréchal c. Mangot.

1186. — ... Et un arrêt ne peut être cassé pour défaut de motifs par cela seul qu'il rejette, en adoptant purement et simplement les motifs des premiers juges, les conclusions subsidiaires tendant à une nouvelle expertise, posées pour la première fois devant la cour, alors qu'en décidant qu'il était impossible d'arriver maintenant à l'établissement d'un compte demandé, le jugement avait par cela même émis une disposition exclusive de l'idée qu'une expertise nouvelle pût changer l'état de chose attesté par les premiers experts. — *Cass.*, 1er mars 1843 (t. 2, 1843, p. 37), Chapeaurouge c. Urbain.

1187. — Jugé d'ailleurs qu'il suffit, lorsqu'un moyen est proposé sous une condition alternative, que le jugement qui prononce donne les motifs sur l'une de ces alternatives pour qu'il soit réputé motivé; et que par suite, lorsque des offres conditionnelles rejetées en première instance, ont été reproduites en appel sous une condition alternative, il suffit que les motifs des premiers juges soient applicables à l'une de ces alternatives pour qu'en adoptant ces motifs l'arrêt ne soit pas obligé d'en donner d'autres quant à l'alternative nouvelle. — *Cass.*, 2 fév. 1836, Priffort c. Lemoine.

1188. — Par application de ces principes on a jugé que, lorsqu'un cohéritier, condamné à restituer les fruits des biens d'un absent, dont il a eu la jouissance, a pris en appel des conclusions tendant à être dispensé de rendre les fruits antérieurs à la demande, attendu sa bonne foi, l'arrêt qui, sans répondre explicitement à ces conclusions, adopte les motifs des premiers juges, est suffisamment motivé lorsque d'ailleurs il résulte des motifs adoptés qu'il n'y avait pas bonne foi. — *Cass.*, 10 nov. 1824, Carrin c. Giraud.

1189. — ... Que l'arrêt d'une cour royale qui confirme un jugement, en adoptant les motifs des premiers juges, et qui rejette l'intervention d'un tiers, est suffisamment motivé, sur le rejet de cette intervention, si les moyens de l'intervenant se trouvent repoussés par les motifs des premiers juges. — *Cass.*, 17 janv. 1833, comm. de Fourche-Fontaine c. Nonat.

1190. — ... Que, lorsque les premiers juges ont repoussé des conclusions à fin d'expertise, en déclarant qu'il existait au procès des documens suffisans pour statuer sans avoir recours à cette voie d'instruction, l'arrêt qui adopte les motifs du jugement attaqué motive suffisamment le rejet des conclusions supplémentaires prises en appel à fin d'expertise plus étendue. — *Cass.*, 21 août 1837 (t. 2 1837, p. 218), Poujol.

1191. — ... Que lorsque l'état des lieux litigieux se trouve fixé, soit par l'aveu des parties constaté dans le jugement qui a rejeté une réclamation de propriété, soit dans les motifs de ce jugement, s'il est formé pour la première fois en appel, une demande d'expertise à l'effet de faire fixer l'état des mêmes lieux, l'arrêt qui se borne à adopter les motifs des premiers juges contient des motifs suffisans sur le rejet de cette demande d'expertise. — *Cass.*, 17 fév. 1835, Martin c. Poirré.

1192. — ... Que lorsque, sur la demande en nullité d'une adjudication définitive, fondée sur ce que le jugement d'adjudication préparatoire n'aurait pas été signifié à la partie saisie, est intervenu un jugement qui a rejeté la demande en ce que la signification était inutile, si l'appelant de ce jugement saisit en même temps la cour, et par les mêmes motifs, d'un appel portant sur le jugement d'adjudication préparatoire lui-même, l'arrêt qui adopte les motifs des premiers juges est suffisamment motivé sur l'appel du jugement d'adjudication. — *Cass.*, 30 mars 1840 (t. 1er 1840, p. 407), Duteil c. Duru et Bourrat.

1193. — ... Que l'arrêt qui rejette un moyen d'interruption de prescription présenté devant la cour, et résultant de faits qui auraient eu lieu en 1833, est suffisamment motivé si le jugement déclarait que les premiers actes de diligence n'ont eu lieu qu'en 1838; qu'il n'est pas besoin de motifs nouveaux. — *Cass.*, 8 fév. 1843 (t. 1er 1843, p. 297), ville de Bitche c. l'ancienne compagnie d'assurance mutuelle de Nanci.

1194. — ... Que les motifs d'un arrêt rendu par défaut contre l'appelant faute de conclure ont pu être adoptés purement et simplement par l'arrêt contradictoirement rendu sur l'opposition, alors que ces motifs répondaient suffisamment aux conclusions de l'opposant. — *Cass.*, 15 juin 1841 (t. 2 1843, p. 412), Gosselin-Vasseur c. Gosselin de Vauchelles.

1195. — Mais l'arrêt qui, sur l'appel d'un jugement par défaut qui a rejeté la demande par le motif unique que le demandeur faisant défaut ne prouvait pas le fondement de son action, se borne à adopter les motifs des premiers juges, ne motive pas suffisamment le rejet de la même demande, alors qu'en appel le demandeur n'a pas fait défaut. — *Cass.*, 2 déc. 1840 (t. 1er 1841, p. 121), Bessy c. Dugas-Vialis.

1196. — Jugé encore que l'arrêt qui, en adoptant les motifs des premiers juges, repousse une demande en expertise déjà soumise au tribunal de première instance, motive suffisamment le rejet qu'il fait de titres nouveaux produits seulement devant la cour à l'appui de cette demande. — *Cass.*, 8 déc. 1836, Colasson c. Papon Beaurepaire.

1197. — De même est suffisamment motivé le rejet de conclusions subsidiaires posées en appel et tendant à une réduction dans le chiffre des dommages-intérêts alloués en première instance, lorsque l'arrêt, en adoptant les motifs des premiers juges, s'est borné à restreindre le terme de ces dommages-intérêts sans en modifier le montant. — *Cass.*, 30 mai 1843 (t. 2 1843, p. 356), Rome et Horliac c. Petit et Bainville.

1198. — ... Et la disposition d'un arrêt par défaut qui refuse un sursis, par le motif que plusieurs délais ont été accordés et que le demandeur a eu plus de temps qu'il ne lui en fallait pour préparer ses moyens, s'étendant à l'arrêt contradictoire rendu sur opposition, on ne peut prétendre que cet arrêt a omis de statuer sur la demande en sursis, lorsqu'il a adopté tous les motifs de l'arrêt par défaut. — *Cass.*, 13 mars 1834, Legrand c. Mongodin.

1199. — De même encore lorsqu'un jugement, en rejetant un chef de demande relatif à une partie, a, comme conséquence de ce rejet, étendu par les mêmes motifs la décision à ses ayant-cause, l'arrêt qui confirme quant à ces ayant-cause est suffisamment motivé par l'adoption pure et simple des premiers juges, alors même qu'il y aurait infirmation, et, conséquemment, rejet de ces mêmes motifs à l'égard de la partie principale. — *Cass.*, 25 juill. 1837 (t. 2 1837, p. 130), de Joannis c. Rivière.

1200. — ... Et l'adoption pure et simple des motifs du jugement répond suffisamment aux griefs d'appel, alors même que la partie qui, en première instance, s'était bornée à conclure à une vérification d'écritures, a demandé en appel à être admise à une inscription de faux. — *Cass.*, 9 juill. 1839 (t. 2 1839, p. 408), Tuleux c. Jourdain.

1201. — Jugé encore que lorsqu'un jugement du tribunal de première instance a rejeté une demande comme non justifiée ni par aveu, ni par les pièces produites, la cour royale saisie de l'appel, et devant laquelle de nouvelles pièces sont produites par le demandeur, peut, sans donner de motifs particuliers à raison de nouvelles pièces produites par le demandeur, et en se bornant à adopter les motifs des premiers juges, décider que la demande n'est pas prouvée. — *Cass.*, 26 juill. 1838 (t. 2 1838, p. 387), Dangell c. Marguerite Briot.

1202. — ... Que lorsqu'un jugement par défaut a fixé le chiffre d'une pension alimentaire, et que, sur l'appel porté devant la cour royale, il a été pris des conclusions à fin d'élévation de ce chiffre, l'arrêt qui rejette ces conclusions, en adoptant les motifs des premiers juges, ne donne point ouverture à cassation pour défaut de motifs. — *Cass.*, 12 juin 1838 (t. 2 1838, p. 11), Gellas.

1203. — ... Que lorsque sur l'appel d'un jugement qui a prononcé la résiliation d'un bail, il a été demandé par le fermier un sursis pour garnir les lieux de bestiaux et de meubles, l'arrêt qui confirme *en adoptant les motifs des premiers juges*, peut être considéré comme suffisamment motivé, même à l'égard de cette dernière demande. — *Cass.*, 6 fév. 1827, Seigle c. Palysot.

1204. — ... Que dans le cas où, sur l'appel d'un jugement qui a fixé le reliquat d'un compte, le reliquataire offre; pour éteindre sa dette, une créance qui lui appartient, et demande un délai pour opérer le recouvrement de cette créance, l'arrêt qui confirme, en considérant qu'on n'a opposé aucune critique légitime au jugement, et qui adopte les motifs des premiers juges, peut être regardé comme suffisamment motivé, relativement à ces nouvelles conclusions. — *Cass.*, 15 fév. 1827, Loisel c. Azire.

1205. — ... Que lorsqu'un jugement de première instance décide en termes généraux que les héritiers qui attaquent un acte public passé par leur auteur, pour cause de démence, ne sont pas recevables dans leur articulation du fait tendant à établir cette démence, parce que, depuis la date de ces faits, ils ont procédé en justice contradictoirement avec leur auteur, ce qui emportait reconnaissance de sa capacité, l'arrêt confirmatif, qui adopte les motifs des premiers juges, répond suffisamment aux nouveaux faits articulés en appel, lorsqu'ils sont aussi antérieurs à la circonstance relevée par le tribunal. — *Cass.*, 9 juin 1841 (t. 2 1841, p. 346), Desapandré c. Lecesve et Beauval.

1206. — ... Que lorsqu'un vendeur, après avoir soutenu en première instance que des meules par lui vendues étaient encore entre les mains de l'acquéreur, et qu'après avoir vu repousser ses prétentions, il a, en appel, demandé à prouver tant par titres que par témoins que lesdites meules vendues étaient encore entre les mains de l'acheteur, puisque le moulin auquel elles devaient être incorporées n'avaient pas encore été agréé, la cour royale en confirmant la décision des premiers juges peut en adopter les motifs et se dispenser d'en donner de nouveaux. — *Cass.*, 22 nov. 1842 (t. 1er 1843, p. 255), Moras c. Drouillard.

1207. — ... Que n'est pas nul pour défaut de motifs l'arrêt qui, sur l'appel d'un jugement qui rejette la prétention d'un individu à la propriété et à la possession d'un fonds, *adopte les motifs des premiers juges*, quoique l'appelant ait pris 1o des conclusions subsidiaires tendant à être admis à prouver la possession, et 2o des conclusions incidentes tendant à la démolition d'un nouvel œuvre, surtout si, sur ce dernier chef, la cour a déclaré *n'y avoir lieu à statuer sur ces conclusions.* — *Cass.*, 16 mars 1826, Talon c. Combe.

1208. — Un arrêt qui, sans faire mention d'un nouveau moyen, ou plutôt d'une nouvelle manière de considérer un acte, se borne à adopter les motifs des premiers juges, ne peut être annulé pour défaut de motifs. — *Cass.*, 5 juill. 1825, Duréal c. Fortin.

1209. — De même encore, on ne peut attaquer pour défaut de motifs l'arrêt qui, en adoptant les motifs des premiers juges, rejette les conclusions nouvelles, prises en appel, si elles sont fondées sur les mêmes motifs que celles posées en première instance. — *Cass.*, 6 juin 1837 (t. 1er 1837, p. 614), Demolan et Chamberlin c. Brazié.

1210. — Spécialement lorsqu'un jugement a rejeté la demande d'une enquête comme tendant à prouver contre et outre le contenu d'un acte, l'arrêt qui confirme en adoptant les motifs de ce jugement, motive suffisamment le rejet d'une expertise demandée seulement en appel, mais ayant le même but que l'enquête. — *Cass.*, 10 mai 1842 (t. 1er 1843, p. 98), Schmitt c. Mayer.

1211. — Enfin, il n'y a pas ouverture à cassation contre un arrêt qui s'est borné à adopter les motifs et le dispositif d'un jugement, lequel, après avoir posé les bases d'un partage entre cohéritiers, a renvoyé les parties pour continuer les opérations devant un notaire, en ce que ledit arrêt n'aurait point statué sur des conclusions subsidiaires prises seulement en appel et ayant pour objet la dispense de rapport de certains immeubles, le mérite des conclusions étant nécessairement réservé. — *Cass.*, 19 déc. 1832, Faberès c. Blandin.

ART. 4. — *Des motifs erronés.*

1212. — Un jugement qui contient des motifs erronés n'est pas nul, si d'ailleurs le dispositif est conforme à la loi. — *Cass.*, 11 germ. an IX, Bonnot c. Piépée; 17 mars 1824, Belle c. Montabon; *Rennes*, 7 avr. 1821, Clémendot c. Ploezané; *Cass.*, 26 juill. 1838 (t. 2, 1838, p. 398), Domaine c. Forbin-Janson; 12 mars 1838 (t. 2 1844, p. 83), Douanes c. Wallée; 17 juill. 1837 (t. 2 1837, p. 413), Faure-Larivière c. maire de la comm. de la Caze; —Chauveau sur Carré, quest. 595; Boncenne, t. 2, p. 446.

1213. — Toutefois, il ne s'ensuit pas qu'il soit permis de jeter des motifs au hasard : bons ou mauvais, ils doivent présenter une raison appropriée à la difficulté du procès. — *Cass.*, 17 avr. 1822, Wetter c. Vassal. — Mêmes auteurs.

1214. — Et, comme l'observe encore avec raison M. Chauveau (*ibid.*), quoiqu'il soit exact d'admettre que les motifs erronés ne vicient pas un jugement, si le dispositif est conforme à la loi, ce principe serait dérisoire et destructif de la nécessité elle-même des motifs, si l'on devait valider une décision contenant des motifs évidemment insuffisans. — V. *infrà* nos 1233 et suiv.

1215. — D'après ces principes, l'erreur sur un des motifs donnés par un arrêt ne donne pas ouverture à cassation, *si la décision de l'arrêt est d'ailleurs justifiée par ses autres motifs.* — *Cass.*, 24 juill. 1821, Basmaud c. Celliès; 11 nov. 1827, Lepreslre; 29 avr. 1840 (t. 2, 1840, p. 98), Freydier-Lafont c. Grand; *Bordeaux*, 19 août 1840 (t. 2 1840, p. 717), Héritiers de Noailles c. Changeur.

1216. — Spécialement, ne peut être cassé l'arrêt qui, tout en repoussant *en droit* la preuve testimoniale de faits d'usure, rejette aussi cette preuve sur le motif que les faits articulés ne sont ni pertinens ni admissibles. — *Cass.*, 22 mars 1824, Prués Latour c. Menet.

1217. — Il en est de même de l'arrêt qui, après avoir adopté les motifs fondés en droit du jugement de première instance, y ajoute des motifs erronés, et, par exemple, qui, aux motifs d'un jugement qui déclarait une servitude acquise par possession immémoriale, dans un pays où elle s'acquérait ainsi, ajoute que cette servitude reposait sur une possession plus que trentenaire. — *Cass.*, 4 mars 1828, Ugnon c. Jourdan.

1218. — ... Ou du jugement qui déclare une demande non-recevable en se fondant sur un motif erroné, lorsque d'ailleurs les autres exceptions proposées par le défendeur le justifient suffisamment au fond. — *Bordeaux*, 19 août 1840 (t. 2 1840, p. 717), héritiers Noailles c. Changeur.

1219. — Jugé encore que le jugement qui est suffisamment justifié au fond ne peut pas être vicié par l'erreur commise par les juges dans le rejet des fins de non-recevoir qui leur étaient présentées, si elles ne tendaient pas à décliner sa compétence. — *Cass.*, 22 déc. 1827, Beuret et Cadot c. Marcadier.

1220. — ... Que des motifs erronés en droit ne suffisent pas pour donner lieu à cassation, lorsque l'arrêt attaqué est motivé en outre sur une appréciation de faits, dévolue souverainement aux juges du fond. — *Cass.*, 8 août 1837 (t. 2 1837, p. 615), Adelon c. Dervier et Chevalier.

1221. — ... Et qu'un arrêt peut être maintenu par un motif que la cour dont il émane n'a pas admis et que même elle paraît avoir rejeté. — *Cass.*, 28 déc. 1814, Alix c. de Villette.

1222. — Décidé aussi dans le même sens que l'énonciation d'un motif erroné en droit ne donne pas ouverture à la cassation d'un arrêt, si cet arrêt peut se soutenir sans ce motif. — *Cass.*, 8 fév. 1837 (t. 2 1837, p. 104), Petit Dugours c. Chaulier.

1223. — Ainsi, un motif erroné ne peut donner ouverture à cassation lorsqu'il n'est que subsidiaire ou surabondant. — *Cass.*, 9 déc. 1840 (t. 1ᵉʳ 1841, p. 138), Arrighi c. Grimaldi.

1224. — Un motif surérogatoire, et indépendamment de la justesse duquel un arrêt peut se soutenir, ne saurait donc entraîner la nullité de cet arrêt. — *Cass.*, 12 avr. 1843 (t. 1ᵉʳ 1843, p. 587), préfet de la Vienne c. duc de Bordeaux.

1225. — Jugé encore que l'admission hypothétique dans un arrêt d'un motif isolé et sans lequel cet arrêt peut se soutenir, ne peut constituer aucune violation de loi. — *Cass.*, 2 août 1842 (t. 2 1842, p. 609), Bouhart c. Laillet.

1226. — ... Qu'un arrêt ne peut être annulé, sous prétexte qu'il serait fondé sur la copie réformée d'un titre ancien, alors qu'il est fondé en outre et principalement sur d'autres élémens de la cause. — *Cass.*, 6 avr. 1830, Martha c. Simon.

1227. — ... Que l'énonciation, dans les motifs d'un jugement, d'une loi étrangère à la matière ne peut non plus donner ouverture à cassation, lorsque le dispositif ne contient pas de contravention à celle qui doit la régler. — *Cass.*, 14 avr. 1807, Enregistr. c. Harang.

1228. — Il a même été jugé que l'arrêt dont les motifs répondent à toutes les objections et à tous les argumens présentés par les parties est suffisamment motivé, bien qu'il ne s'appuie sur aucune convention ni sur aucun texte de loi. — *Cass.*, 20 juill. 1842 (t. 2 1842, p. 247), concessionnaires des mines de la Grand'Croix c. Guillemain et Charrin.

1229. — Il est d'ailleurs bien évident que l'emploi erroné d'une expression pour une autre dans les motifs d'un jugement ne peut fournir une ouverture à cassation, lorsque cette rédaction défectueuse n'est pas reproduite dans le dispositif qui présente seul la véritable déclaration des juges. — *Cass.*, 23 déc. 1825, vicaire c. Mallendre.

ART. 5. — *Quand un jugement est-il suffisamment motivé?*

1230. — On a vu sous les articles précédens que si la loi impose aux juges l'obligation de motiver tous les chefs de leurs jugemens (V. *suprà* nᵒˢ 984 et s.) elle se contente dans certains cas de motifs généraux qui s'appliquent nécessairement, quoique d'une manière implicite, aux conclusions dont le rejet n'est pas appuyé sur une raison particulière. — V. *suprà* nᵒˢ 1055 et suiv.

1231. — On a vu également que l'erreur ou le peu de justesse des motifs donnés est sans importance pourvu que la décision soit juste et légale elle-même. — V. *suprà* nᵒˢ 1212 suiv.

1232. — Toutefois il ne faudrait pas conclure de là qu'une décision est à l'abri de toute critique du moment qu'elle contient un motif quelconque. Ainsi que nous l'avons dit *suprà* (nᵒ 1213), bons ou mauvais, il faut du moins que les motifs présentent une raison appropriée à la difficulté du procès.

1233. — Par exemple, les motifs seraient évidemment insuffisans si le jugement se bornait à résoudre la question par la question. — *Cass.*, 17 avr. 1822, Wotter c. Vassal.

1234. — On conçoit au surplus que la question de savoir si un jugement est suffisamment motivé est, en général, une question de fait qu'on ne saurait résoudre que par l'appréciation des circonstances particulières à la cause.

1235. On ne peut que poser quelques règles tracées par la jurisprudence, et rapporter, comme exemples, les diverses décisions intervenues.

1236. — Ainsi il faut admettre: 1° que ce n'est pas au peu de solidité des motifs, mais à leur défaut absolu que la loi attache la peine de nullité. — *Cass.*, 29 avr. 1824, de Villers c. de Verac.

1237. — ... 2° Que dans un jugement ou arrêt, la généralité des motifs n'équivaut pas à un défaut de motifs et ne peut donner ouverture à cassation qu'autant qu'elle sert à déguiser quelque violation de la loi. — *Cass.*, 21 janv. 1845 (t. 2 1845, p. 188); d'Astros c. Gauthier, 9 mai 1838 (t. 2 1838, p. 218), préfet des Vosges c. comm. de Remiremont; 28 mai 1838 (t. 2 1838, p. 353), Ferlur c. Gondal de la Gondalie; 6 avr. 1842 (t. 2 1842, p. 39), de Galisset c. comm. d'Istres.

1238. — ... Que, dès-lors, est suffisamment motivé l'arrêt qui écarte la prescription d'une servitude de prise d'eau en disant que « fût-elle justifiée, elle n'offre pas les conditions prescrites par la loi, » alors qu'il résulte des qualités que la prescription ne peut être utilement invoquée, parce que les ouvrages apparens ne reposent pas sur le fonds supérieur. — Même arrêt.

1239. — Il en est de même de l'arrêt qui rejette divers moyens de nullité proposés contre le jugement de première instance, en disant d'une manière générale qu'il résulte de ce jugement que toutes les formalités prescrites par la loi ont été observées. — *Cass.*, 4 juin 1833, de Miomandre c. Courthille.

1240. — Jugé aussi que les juges peuvent puiser dans une longue énumération de faits les motifs généraux de leur décision, et rejeter ainsi une exception formulée par des conclusions spéciales. — *Cass.*, 6 mars 1834, Merlet c. Enreg.

1241. — Mais, dans le cas où les motifs sont généraux, il entre dans le devoir de la cour de cassation d'apprécier, d'après les énonciations des qualités de l'arrêt, le mérite du moyen résolu d'une manière générale. — *Cass.*, 9 mai 1838 (t. 2 1838, p. 218), préfet des Vosges c. comm. de Remiremont et Saint-Nabord.

1242. — Jugé encore que des expressions trop générales dans un arrêt ne suffisent pas pour le faire annuler; que la chose jugée se restreint, dans ce cas, au point contesté, d'après la règle *tantum judicatum, quantum litigatum*. — *Cass.*, 8 nov. 1826, Main c. comm. de Benon.

1243. — ... 3° Le peu d'étendue des motifs n'est point non plus comme l'absence de motifs, une cause de nullité d'un arrêt. — *Cass.*, 26 août 1823, Ducheusin c. Doumesque.

1244. — Ainsi un arrêt doit être réputé suffisamment motivé lorsque ses motifs, quel que soit d'ailleurs leur peu de développement, se rattachent aux questions soumises aux juges. — *Cass.*, 24 juill. 1835, Mas-Saint-Maurice c. Boscary.

1245. — Et lorsque la disposition d'un arrêt est fondée sur l'existence de conditions aléatoires bien connues au procès depuis le commencement de la contestation, il n'y a pas défaut de motifs en ce que la cour s'est contentée d'énoncer ces conditions et ne les a pas expliquées avec développement. — *Cass.*, 24 août 1841 (t. 1ᵉʳ 1842, p. 209), de Boullenois et de Noue c. Bureaux.

1246. — Cependant est nul non seulement l'arrêt qui n'est aucunement motivé, mais encore celui qui s'explique si peu sur les questions que la cause offrait à résoudre, qu'on ne peut apercevoir sur quelle considération de fait ou de droit repose la décision qu'il renferme. — *Cass.*, 11 août 1824, Rouvière c. Gublin; 11 août 1824, Coutte c. Delonchamp.

1247. — ... 4° L'absence de motifs sur le fond ne cesse pas d'être une cause de nullité d'un jugement par cela seul que ce jugement pose les questions à juger. — *Cass.*, 4 déc. 1816, Oudoul c. Albisson.

1248. — Ces principes une fois rappelés, il ne nous reste plus qu'à exposer le tableau de la jurisprudence, c'est à dire, à énumérer les nombreux arrêts dans lesquels la cour de Cassation a jugé tantôt qu'il y avait motifs suffisans, tantôt au contraire qu'il y avait motifs insuffisans.

1249. — Ainsi ont été considérés comme suffisamment motivés :

1250. — ... L'arrêt qui, relativement à la prétention qu'un acte sous seing-privé ne peut être opposé à un créancier inscrit, dit qu'il n'est pas établi qu'il y ait fraude, alors qu'en réalité la prétention était fondée sur l'art. 1167, C. civ., relatif à la fraude au préjudice des créanciers, plutôt que sur l'art. 1328, lequel était invoqué à tort. — *Cass.*, 1ᵉʳ juin 1836, Berthomé c. Carillon.

1251. — ... L'arrêt qui, au sujet d'une demande en prorogation d'enquête à l'effet de prouver que des terrains revendiqués comme vains et vagues, par une commune qui prétend en avoir eu la jouissance avant 1789, étaient, dès avant cette époque, en état de culture, porte qu'il résulte des enquête et contre-enquête que la commune jouissait longtemps avant 1789; que cette jouissance s'était continuée jusqu'au moment des défrichemens; qu'ainsi, la commune était en possession à l'époque de 1793; et, d'autre part, que les terrains défrichés depuis cette époque étaient reconnus avoir été vains et vagues. — *Cass.*, 4 mai 1836, Bourbon-Busset c. comm. de Saint-Hilaire en Lignières.

1252. — ... L'arrêt qui, sur des conclusions tendantes : 1° à faire déclarer un acquéreur responsable envers un créancier d'un paiement fait à son préjudice; 2° à faire prononcer la nullité d'une purge légale, par la raison que les notifications prescrites par la loi n'ont pas eu lieu à qui de droit, se borne à dire que l'acquéreur, n'étant pas personnellement tenu de l'obligation, ne peut être responsable, et que les formalités légales de purge ont été remplies. — *Cass.*, 20 janv. 1836, Forjonnel c. Liste civile.

1253. — ... L'arrêt qui a décidé que, sous la jurisprudence du parlement de Toulouse, l'héritier bénéficiaire pouvait être poursuivi sur ses biens personnels, tant qu'il n'avait pas répudié la succession. — *Cass.*, 13 févr. 1833, Albarel.

1254. — ... L'arrêt qui, pour refuser un sursis réclamé par le défendeur afin de se procurer certaines pièces, s'est fondé sur ce que l'action du demandeur était justifiée par des pièces dont l'effet ne pourrait être détruit par d'autres, et sur ce que d'ailleurs le défendeur ne pouvait imputer qu'à lui-même l'impossibilité où il disait être de représenter les pièces nécessaires à sa défense. — *Cass.*, 26 mars 1828, Chatellier.

1255. — ... L'arrêt qui, dans une contestation ayant pour objet une perte d'eau, se borne à dire qu'il ne s'agit pas d'une perte d'eau, mais de l'exécution du réglement, sans motiver autrement cette assertion. — *Cass.*, 27 août 1828, Charleval c. Pontier.

1256. — ... Le jugement qui, en matière de compte, rejette la demande à fin de compte, sur le fondement qu'il n'est pas suffisamment justifié que, depuis le dernier réglement intervenu entre les parties, le mandataire ait fait de nouveaux recouvremens pour le compte du mandant. — *Cass.*, 10 déc. 1828, Abeille c. héritiers Sollard.

1257. — ... L'arrêt qui annule un arrêté qui refuse d'inscrire un citoyen sur la liste de rectification en se fondant sur ce que ce citoyen justifie de la possession annale de sa patente et d'un cens suffisant. — *Cass.*, 26 juin 1830, préfet de Seine-et-Marne c. Gilquin.

1258. — ... L'arrêt qui annule un contrat passé avec le failli, comme fait en fraude des droits de ses créanciers. — *Cass.*, 26 mai 1829, Roullot c. Morel.

1259. — ... L'arrêt qui annulle un contrat comme frauduleux, par la déclaration pure et simple que la fraude résulte des faits et circonstances de la cause, si d'ailleurs ces faits et circonstances se trouvent détaillés dans les qualités de l'arrêt. — *Cass.*, 8 mars 1825, Vignaud c. Mourier.

1260. — ... L'arrêt qui annule un billet à ordre, en se fondant sur ce qu'il résulte des documens et circonstances de l'affaire que la cause en est illicite, bien qu'il n'indique pas en quoi la cause est illicite, si ce point du procès est déterminé par les conclusions des parties. — *Cass.*, 25 mars 1828, Couture c. Jacquet.

1261. — ... L'arrêt qui décide que, d'après les élémens de la cause, un individu s'est livré habituellement à des actes de commerce. — *Cass.*, 28 mai 1828, G... c. ses syndics.

1262. — ... L'arrêt qui ordonne que d'après les conventions des parties, l'une d'elles ne doit à l'autre que telle somme. — *Cass.*, 14 juill. 1830, Dorlan c. Caillan.

1263. — ... L'arrêt qui rejette la fin de non-recevoir opposée au déclinatoire et tirée de ce qu'il avait été conclu au fond, lorsqu'il énonce dans ses motifs que les parties sont étrangères. — *Cass.*, 2 avr. 1833, de Bloom c. de Bagration.

1264. — ... L'arrêt qui, pour rejeter le déclinatoire proposé par le défendeur actionné en remboursement d'un effet de commerce par le tiers porteur dont il invoque la qualité d'étranger, se fonde sur ce que ce porteur est domicilié en France depuis nombre d'années, et qu'il y exerce ses droits civils, encore que cet arrêt ne mentionne pas dans ses motifs l'autorisation royale constitutive du droit de domicile. — *Cass.* (motifs), 24 avr. 1827, Driver-Cooper c. Dacosta.

1265. — ... Le jugement qui déboute un demandeur de sa demande, sur le motif qu'il ne se présente pas pour la soutenir. — *Cass.*, 29 nov. 1825, Gémond c. Garat.

1266. — ... L'arrêt qui annule un testament olographe, en se fondant sur ce qu'il n'est pas suffisamment établi que cet acte ait été écrit par celui auquel on l'attribue. — *Cass.*, 12 juin 1828, Cauvin c. Lamartinière.

1267. — ... L'arrêt qui déclare simplement que des imputations de dol et de fraude sont *dénuées de fondement*. — *Cass.*, 21 nov. 1826, Baillon c. Declerq Wissocq.

1268. — ... L'arrêt qui, statuant sur la validité d'offres faites par l'une des parties, se borne à prononcer la mise hors de cour sous le mérite desdites offres. — *Cass.*, 20 janv. 1830, Naylies.

1269. — ... Le jugement qui se fonde dans ses motifs sur ce que la signification d'un exploit est tardive, et qui, dans le dispositif, en tire la conséquence que cet exploit est nul et de nul effet, et qu'il n'y a lieu de statuer sur les fins qui y sont prises. — *Cass.*, 21 mai 1834, Villecroze.

1270. — ... L'arrêt qui rejette une fin de non-recevoir fondée sur le défaut de concours du ministère public, en se bornant à déclarer que l'acquiescement du tuteur était postérieur à sa destitution de la tutelle. — *Cass.*, 14 juin 1842 (t. 2 1842, p. 319), d'Arguesse c. Bertaux.

1271. — ... Le jugement qui, après avoir statué sur les moyens principaux des parties, rejette les autres en ces termes : « Sur le surplus, et sans s'arrêter ni avoir égard aux autres moyens et contestations des parties, lesquels sont déclarés non recevables et mal fondés, condamne, etc. » — *Cass.*, 2 fév. 1842 (t. 1er 1842, p. 365), Henneguy et de Villebranche c. Bauduy.

1272. — ... La disposition d'un jugement qui rejette les reproches administrés contre les témoins dans une enquête, en déclarant que ces reproches ne sont fondés ni sur la loi, ni sur la jurisprudence. — *Cass.*, 14 nov. 1832, Mélissent c. comm. d'Ecouis.

1273. — ... La décision qui déclare les reproches fondés en fait et en droit, lorsque rien aux débats n'indique que les juges auraient dû s'expliquer autrement. — *Cass.*, 28 mars 1837 (t. 2 1837, p. 23), comp. du plan d'Aren c. Cappeau.

1274. — ... L'arrêt qui rejette un appel parce qu'il n'est fondé ni en fait ni en droit. — *Cass.* (motifs), 30 juill. 1828, Lavie.

1275. — ... L'arrêt qui, sur les conclusions du mari séparé de corps, tendantes à ce que les enfans, confiés à la mère, lui soient représentés tous les jours à des heures déterminées, et dans la ville de son domicile, autorise néanmoins la femme à résider avec les enfans dans une autre ville par le seul motif que ce changement de résidence ne mettra aucun obstacle à la surveillance du père sur leur entretien et leur éducation. — *Cass.*, 28 févr. 1842 (t. 1er 1842, p. 469), Hébert.

1276. — ... L'arrêt qui admet une séparation de corps, en se fondant sur ce qu'il résulte de l'enquête que l'époux poursuivi s'est permis habituellement des violences, des injures graves, des outrages; qu'il résulte encore de cette enquête qu'il est impossible de rapprocher les deux époux; qu'on y puise, au contraire, la conviction de l'impossibilité de la cohabitation conjugale. — *Cass.*, 20 août 1830, Fondary.

1277. — ... L'arrêt qui, en matière de séparation de corps, après avoir apprécié une *fin de non-recevoir* résultant d'une réconciliation, puis examiné au fond les faits postérieurs à cette réconciliation, pour reconnaître s'ils en détruisent l'effet, déclare la demanderesse purement et simplement *non recevable*, sans la *débouter* de sa demande. — *Cass.*, 7 mars 1838 (t. 1er 1838, p. 350), Titon.

1278. — ... L'arrêt qui, ayant à apprécier une demande fondée sur des faits nombreux, en prononce le rejet en disant : « Sans que *dans l'état* on puisse y avoir égard. » — *Cass.*, 23 août 1843 (t. 2 1843, p. 577), Rougeard c. Dupasquier.

1279. — ... L'arrêt qui, pour écarter la force interruptive de la prescription qu'on veut attribuer à un commandement, déclare que cet acte ne peut avoir effet comme ayant été signifié au parquet du procureur du roi, alors qu'il était constant, d'après les circonstances de la cause, que le débiteur avait un domicile connu. — *Cass.*, 10 janv. 1843 (t. 2 1843, p. 629), Mullot c. Pernelle.

1280. — ... L'arrêt qui, pour déclarer une interruption de prescription, se fonde sur la reconnaissance des droits à prescrire résultant des faits de la cause, lorsque la cour a constaté, en point de fait, des promesses écrites émanées du demandeur en prescription. — *Cass.* (motifs), 21 janv. 1834, Gaulhier c. Chauchat.

1281. — ... L'arrêt qui déclare que la prescription invoquée a été interrompue à plusieurs époques, sans dire en quoi consiste l'interruption. Mais, en ce cas, la cour de Cassation peut examiner si les actes d'interruption dont l'arrêt entend parler, ont le caractère légal d'actes interruptifs de la prescription. — *Cass.*, 13 avr. 1826, comm. de Vandeuvre c. comm. d'Amance.

1282. — ... L'arrêt qui, en excluant divers actes invoqués comme devant servir de base à la prescription, remonte à l'origine de la possession d'une commune usagère, et déclare qu'il n'y a point eu interversion de son titre contradictoirement avec le propriétaire. — *Cass.*, 12 nov. 1838 (t. 2 1838, p. 450), comm. de Provenchères c. préfet de la Haute-Marne.

1283. — ... L'arrêt qui, sur un moyen tiré de la prescription, se borne à dire que la possession *ne réunit pas les caractères voulus par la loi*, sans indiquer autrement les vices de la possession. — *Cass.*, 21 nov. 1826, Baillon c. Declerq Wissocq.

1284. — ... L'arrêt qui, portant qu'on a joui pendant un temps suffisant pour prescrire, indique le temps pendant lequel on a joui. — *Cass.*, 28 nov. 1833, Machard c. Bardet.

1285. — . L'arrêt portant qu'il résulte des enquête et contre-enquête qu'un particulier a la possession immémoriale d'une servitude, lors même que les premiers juges ont déclaré le contraire. — *Cass.*, 1er mars 1831, Delaby c. comm. de Sancigny.

1286. — ... L'arrêt qui, en confirmant une décision du conseil de l'ordre des avocats, considère que les explications données par le prévenu n'ont pas détruit les faits incriminés, et que la preuve de ces faits se trouve même fortifiée par les actes qu'il a produits à l'audience. — *Cass.*, 12 juill. 1843 (t. 2 1843, p. 624), Boetard.

1287. — ... L'arrêt qui, en constatant que l'appelant n'a voulu ni conclure ni plaider, déclare que le jugement attaqué a paru à la cour régulier en la forme et juste au fond. — *Cass.*, 20 juill. 1835, Leguédois c. Levivier.

1288. — ... Le jugement qui fonde le rejet d'une exception sur ce qu'il n'appartient pas aux juges d'en connaître. — *Cass.*, 13 mars 1834, boulangers de Montauban.

1289. — ... L'arrêt qui, dans une contestation sur le droit de porter un nom, et statuant sur l'exception tirée de l'incompétence, se borne à déclarer que les tribunaux sont incompétens pour juger une telle question. — *Cass.*, 18 mars 1834, de la Chataigneraie c. Tourzel.

1290. — ... L'arrêt qui, pour rejeter des moyens de nullité proposés en cour d'appel, se fonde sur ce qu'ils n'ont pas été soumis aux premiers juges. — *Cass.*, 23 avr. 1828 (t. 1er 1838, p. 575), Picard c. de Béthune Charost.

1291. — ... L'arrêt qui rejette une récusation par le motif que le fait allégué ne rentre pas dans les cas de récusation prévus par la loi. — *Cass.*, 10 déc. 1835, Gémond c. Garat.

1292. — ... L'arrêt définitif qui déclare que les faits résultant d'une enquête ordonnée établissent la preuve du fait principal, encore bien qu'il ne mentionne pas que les faits probans sont les mêmes que ceux dont l'arrêt interlocutoire avait ordonné la preuve. — *Cass.*, 22 juin 1837 (t. 1er 1840, p. 507), Robert c. Escoffier.

1293. — ... La disposition d'un jugement qui, en rejetant la demande en compensation d'une créance déclarée non liquide, renvoie à la liquidation, si une liquidation a été préalablement ordonnée. — *Cass.*, 5 janv. 1830, Vanlerberg c. Séguin.

1294. — ... La décision qui, pour rejeter l'offre d'une preuve destinée à établir le sens d'un arrêt du conseil par lequel on justifie une demande, se fonde sur ce que cet arrêt est clair et positif et ne concède pas le droit réclamé. — *Cass.*, 19 avr. 1841 (t. 2 1842, p. 439), société de la verrerie de Saint-Louis c. préfet de la Moselle.

1295. — ... Le jugement qui, pour condamner une partie à détruire un nouvel œuvre, se borne à dire que cette partie s'en reconnaît l'auteur, sans s'expliquer, d'ailleurs, sur l'exception de non responsabilité que celui-ci faisait résulter, sans le justifier, de ce qu'elle n'avait agi que par ordre et pour le compte d'un tiers. — *Cass.*, 15 juill. 1834, Amanien c. Créon.

1296. — ... L'arrêt qui, sur la demande d'un ancien seigneur, en restitution d'un droit de courtage, ou du prix par lui payé pour l'acquisition de ce droit, qu'il prétend n'avoir point été supprimé par les lois de la révolution, rejette sa demande en se fondant sur ce que le droit avait été supprimé sans indemnité. — *Cass.*, 12 janv. 1825, Tauriac c. comm. de Milham.

1297. — ... L'arrêt qui décide qu'un billet souscrit par un négociant au profit d'un autre négociant ne peut produire aucun lien de droit, attendu qu'il n'a aucun caractère légal, qu'il n'est ni un acte de commerce, ni une obligation civile. — *Cass.*, 26 déc. 1827, Gaetan de Souza c. Bidon.

1298. — ... L'arrêt qui annule des billets comme étant le résultant d'un jeu de bourse, quoiqu'il ne précise pas les caractères constitutifs de ce jeu, lorsque les débats n'ont point porté sur ces caractères. — *Cass.*, 30 nov. 1826, Deslongchamp c. Bourdon; 25 mars 1828, Couture c. Jacquet; 28 mai 1828, Me G..., notaire, c. ses syndics.

1299. — ... L'arrêt qui décide que des faits et circonstances de la cause, et notamment des explications données par les parties en personne à l'audience, il résulte que le titre qui se trouve dans les mains du débiteur n'a pas été payé. — *Cass.*, 10 avr. 1833, Leclerc-Losier c. Deguingamp.

1300. — ... Le jugement qui, dans une contestation relative à une taxe de frais, réduit un article en se fondant uniquement sur ce qu'il est exagéré, en admet les uns, rejette les autres. — *Cass.*, 11 nov. 1833, Holder c. Richard.

1301. — ... L'arrêt qui déclare que des faits sont pertinens et qu'en conséquence la preuve en est admissible. — *Cass.*, 25 mai 1830, Chalaneilles c. Merchat; 22 juin 1837 (t. 1er 1840, p. 507), Robert c. Escoffier; 13 déc. 1831, Vallet c. Vernatel.

1302. — ... L'arrêt qui rejette une preuve par témoins lorsqu'il y est simplement énoncé que cette preuve n'est point admissible. — *Cass.*, 18 janv. 1831, Lambert c. Hua.

1303. — ... Ou que les faits articulés sont invraisemblables. — *Cass.*, 21 juin 1827, Dornier c. Vintel.

1304. — ... L'arrêt qui rejette une expertise et la preuve testimoniale offertes, en se fondant sur ce qu'elles sont de toute inutilité et ne pourraient procurer une base solide pour la décision de la contestation. — *Cass.*, 13 fév. 1834, Coquelard c. Lemoine.

1305. — ... L'arrêt qui rejette des pièces que l'on veut faire valoir comme un commencement de preuve par écrit, lorsqu'il porte que ces *pièces ne peuvent être considérées comme un commencement de preuve par écrit*. — *Cass.*, 7 avr. 1830, Sens c. Arnoult.

1306. — Jugé encore que l'arrêt qui dit qu'un testateur avait *capacité réelle et entière* motive suffisamment le rejet de la prétention suivant laquelle il n'aurait pas eu la *capacité morale* de tester. — *Cass.*, 13 déc. 1831, Vallet c. Vernatel.

1307. — ... Qu'il n'y a pas défaut de motifs dans un jugement où les juges, sans déclarer qu'il existe un commencement de preuve par écrit, mais en constatant des faits ou des déclarations qui peuvent être regardés comme ayant ce caractère, admettent des présomptions pour décider qu'un billet de 150 fr. a été payé. — *Cass.*, 7 mars 1831, Debesse c. Brice.

1308. — ... Que l'énonciation, dans un arrêt, que le donateur seul a fait la libéralité, est suffisante pour motiver le rapport entier d'une somme que le donataire prétendrait ne devoir rapporter que pour moitié à la succession du prédécédé, comme ayant été prise par celui-ci sur les revenus de la communauté. — *Cass.*, 7 juill. 1835, Des-Assis c. Chantagru.

1309. — ... Que faire des réserves au profit d'une partie, c'est statuer par des motifs suffisans sur ses conclusions. — *Cass.*, 4 juill. 1833, Rolland-Palle et Cunit c. Palluat.

1310. — ... Que le rejet de la demande en nullité d'un testament public, ainsi qu'en dommages-intérêts fondée sur cette nullité, est suffisamment motivé lorsque, les parties ayant été admises à prouver les moyens de faux qu'elles articulaient contre le testament, l'arrêt porte que les parties *n'ont pas fait la preuve à laquelle elles s'étaient soumises sur leur offre*. — *Cass.*, 15 juin 1841 (t. 2 1843, p. 472), Gosselin-Vasseur c. Gosselin de Vauchelles.

1311. — ... Que l'arrêt qui condamne un avoué aux dépens attendu que c'est dans son intérêt unique, d'après ses conseils, que le procès est soutenu par des prête-noms, motive suffisamment le rejet du moyen tiré de ce qu'il aurait été condamné sans avoir été entendu. — *Cass.*, 22 mai 1832, Millart c. Barré-Deschamps.

1312. — ... Que l'arrêt qui prononce la séparation de corps pour injures adressées par une femme à son mari dans des lettres missives, justifie suffisamment le caractère de ces injures, lorsque, sans reproduire textuellement les expressions prétendues injurieuses, il se borne à déclarer que la femme, dans les lettres adressées à son mari, lui a supposé les desseins les plus pervers, lui a reproché d'avoir encouru le mépris et la haine des gens de bien. — *Cass.*, 9 nov. 1830, Montal.

1313. — ... Que dans l'action en rescision d'une transaction faite sur ses droits paternels et maternels par l'héritier demandeur décédé depuis, un arrêt est suffisamment motivé au fond en disant que cette action, recevable, n'est pas justifiée quant à présent, et qu'il y a lieu d'ordonner, avant faire droit, la liquidation des successions dont il s'agit. — *Cass.*, 16 avr. 1842 (t. 1er 1842, p. 485), Grand de Bellusière c. de Bernadières.

1314. — ... Que le jugement qui déclare qu'une partie n'a agi que d'après le mandat de l'autre, et que celle-ci a connu et ratifié l'exécution de ce mandat, a suffisamment motivé le rejet des allégations d'un concert frauduleux présentées par le mandant. — *Cass.*, 27 juin 1833, Coutot c. Lelousey et Pelletier.

1315. — ... Que refuser de donner acte à une femme divorcée, mais dont le divorce a été annulé, de sa tierce-opposition à un arrêt rendu contre son mari, par la considération qu'elle n'a jamais cessé d'être commune en biens avec ce dernier, c'est motiver suffisamment la disposition relative au rejet de la tierce-opposition. — *Cass.*, 5 janv. 1830, Vanlerbergh c. Séguin.

1316. — ... Que l'arrêt qui admet le recours d'un mineur contre son tuteur, à raison du défaut d'acceptation d'une donation à lui faite, ne peut être cassé pour défaut de motifs, s'il porte seulement *que l'art. 942 C. civ., autorise cette demande.* — *Cass.*, 9 déc. 1829, Louchet c. Obissacq.

1317. — ... Que bien qu'elle se soit proposé principalement la question de savoir si un acte obligatoire contre lequel on prétend prouver le dol et la fraude doit être annulé comme frauduleux, une cour royale a pu le déclarer nul pour défaut de cause, soit comme acte à titre onéreux, soit comme acte à titre gratuit, en se fondant seulement *sur les faits et circonstances de la cause*, et quoique ces faits, reconnus non frauduleux en première instance, ne soient pas explicitement qualifiés frauduleux dans les motifs de l'arrêt. — *Cass.*, 7 janv. 1829, Héon c. Montier-Grandière.

1318. — ... Que l'arrêt qui annule le délaissement d'un immeuble consenti au nom d'un mineur et par suite la revente de cet immeuble, est suffisamment motivé par la déclaration que l'immeuble appartenait exclusivement au mineur. — *Cass.*, 15 déc. 1825, Blanc c. Mathieu.

1319. — ... Que l'arrêt qui fonde une condamnation à des dommages-intérêts sur les fautes et irrégularités préjudiciables commises par le condamné dans sa gestion, est suffisamment motivé, sans qu'il soit nécessaire d'énumérer ces fautes et irrégularités. — *Cass.*, 25 nov. 1831, Brunaud c. Bosquillon.

1320. — ... Que l'arrêt qui rejette une demande en dommages-intérêts formée par le mandant contre le mandataire qui ne s'est pas conformé au mandat est suffisamment motivé, lorsqu'il considère qu'il n'y a eu ni dol ni fraude de la part du mandataire, qui a pu croire sa conduite licite d'après les usages du commerce. — *Cass.*, 6 avr. 1831, Rémon c. Gayral.

1321. — ... Qu'il suffit qu'il soit dit dans un arrêt que des élémens de la procédure il résulte qu'un jugement dont l'existence est méconnue a existé, pour que cet arrêt soit réputé légalement motivé, encore bien qu'il ne précise spécialement, ni dans ses motifs, ni dans son dispositif, les faits desquels il induit cette existence, alors d'ailleurs que ces faits se trouvent retracés dans les qualités de l'arrêt. — *Cass.*, 24 nov. 1829, Dufour c. Villemain.

1322. — ... Que lorsqu'il résulte d'un arrêt qui prononce une séparation de corps que le motif qui a déterminé la cour royale était tiré d'un fait articulé par le demandeur et compris dans l'interlocutoire ordonné, on ne saurait se faire un moyen de cassation contre cet arrêt de ce qu'il n'aurait pas déclaré non recevables d'autres faits relevés dans les enquêtes sans avoir été mentionnés dans le jugement d'appointement. — *Cass.*, 14 janv. 1839 (t. 1er 1839, p. 474), Ridard.

1323. — ... Qu'on ne peut attaquer pour défaut absolu de motifs l'arrêt qui, interprétant une transaction autrement que ne l'a fait le tribunal de première instance, ordonne un mode de paiement différent de celui fixé par les premiers juges et qui par conséquent infirme en ce point le jugement de première instance. — *Cass.*, 20 mai 1835, Roger et Hérard c. comm. de Villejoubert.

1324. — ... Que le chef d'un arrêt qui, après avoir reconnu que les berges d'un canal en sont la dépendance, fixe d'office la largeur de ces berges, est suffisamment motivé, à l'égard de cette fixation, par la déclaration que le canal n'a pu originairement s'exécuter qu'en laissant la distance d'usage entre les bords dudit canal et la propriété des voisins. — *Cass.*, 4 déc. 1838 (t. 1er 1839, p. 30), Baud c. Papillon.

1325. — ... Que lorsqu'en condamnant un instituteur primaire à être privé temporairement, pour cause d'inconduite, de l'exercice de ses fonctions, un arrêt refuse d'ordonner un supplément d'enquête que cet instituteur demandait pour se justifier, il motive suffisamment ce refus en disant que les faits d'inconduite résultent notamment des procès-verbaux dressés par l'autorité administrative, de la correspondance et du propre aveu de l'inculpé. — *Cass.*, 1er déc. 1836, Hubert.

1326. — ... Que l'arrêt qui statue sur une contestation commerciale relative au paiement du prix de marchandises livrées et vendues par un négociant à un autre négociant motive suffisamment le rejet de la réclamation de ces marchandises, qui ne se trouvait appuyée sur aucun titre, lorsqu'il se fonde sur ce qu'il n'était pas suffisamment établi que la partie assignée fût débitrice des sommes dont le demandeur se prétendait créancier, et que celui-ci ne justifiait pas de la validité de sa demande. — *Cass.*, 15 juin 1836, Crémieux c. Vidal.

1327. — ... Que l'arrêt qui, sur l'appel d'un jugement prononçant des condamnations à diverses sommes d'après des estimations faites par des experts, modifie ces estimations et diminue le montant des condamnations, motive suffisamment cette décision en disant que c'est sans avoir égard à l'avis des experts. — *Cass.*, 16 fév. 1836, Monroy c. Bourgeois.

1328. — ... Qu'il y a un motif suffisant dans le chef d'un jugement qui fonde l'allocation d'un des articles d'un compte, sur ce qu'il est juste de le fixer à telle somme déterminée. — *Cass.*, 5 déc. 1825, Coudol c. Mathieu.

1329. — ... Que l'infirmation d'un jugement qui a déclaré l'intervention d'un tiers non-recevable est suffisamment motivée par l'arrêt qui se borne à dire que cet individu avait intérêt et qualité pour intervenir. — *Cass.*, 10 juill. 1827, Delamarre c. Dupont.

1330. — ... Que le rejet de la fin de non-recevoir élevée contre l'appel, et tirée de ce que l'acte d'appel ne contient pas l'énonciation des griefs contre la sentence, est suffisamment motivé par la déclaration qu'il était régulier en la forme. — *Cass.*, 18 nov. 1834, Rémond c. Guillaume.

1331. — ... Que le rejet d'une inscription de faux est suffisamment motivée par cela qu'on dit que les faits articulés à l'appui ne sont ni pertinens, ni vraisemblables, ni admissibles. — *Cass.*, 29 déc. 1830, Molsch c. Hertz.

1332. — ... Qu'il suffit pour rejeter un moyen de nullité, de le déclarer mal fondé. — *Cass.*, 6 avr. 1824, Scaillette c. Barré.

1333. — ... Que lorsqu'un jugement ou arrêt, pour repousser l'exception prise de ce qu'un interrogatoire subi par l'une des parties constituerait un commencement de preuve par écrit, se fonde uniquement sur ce que cet interrogatoire a eu lieu à l'occasion d'un procès criminel où cette partie ne figurait qu'en qualité de témoin, il motive suffisamment le rejet de l'exception. — *Cass.*, 20 mai 1840 (t. 1er 1844, p. 536), Lanlaud c. Vincent.

1334. — ... Que l'arrêt qui rejette une demande en preuve testimoniale, comme tendant à établir des faits contraires à la teneur d'actes notariés, motive suffisamment ce rejet en se bornant à énoncer la teneur de ces actes, et à rapprocher les circonstances de la cause des conclusions des parties. — *Cass.*, 14 fév. 1837 (t. 1er 1837, p. 602), Barthe c. Garivène.

1335. — ... Qu'une sentence arbitrale qui déclare la demande non-recevable sur quelques chefs, et mal fondée sur d'autres, doit être considérée comme suffisamment motivée au fond, lorsque, après l'admission des fins de non-recevoir, les juges énoncent qu'ils ont cru devoir, au fond, examiner chaque point de la contestation; et qu'il en est de même de l'arrêt purement confirmatif de cette sentence. — *Cass.*, 13 janv. 1836, Lafaix-Travailly c. Corsange.

1336. — Au contraire ont été considérés comme manquant de motifs et dès-lors comme devant être annulés :

1337. — ... L'arrêt qui déclare le directeur d'une maison d'arrêt responsable de l'élargissement d'un débiteur, sans exprimer les causes de cette responsabilité contestée par le défendeur, lorsque toutes les parties reconnaissent que ses fonctions

sont indépendantes de celles du greffier qui a laissé opérer l'élargissement. — *Cass.*, 5 nov. 1834, Gaillard c. Sauclières.

1338. — ... L'arrêt qui déclare une demande non-recevable et mal fondée, s'il ne donne aucun motif qui, séparé des fins de non-recevoir, puisse se rattacher au fond du procès. — *Cass.*, 7 mars 1826, Sombret c. de Beauvoir. — V. cep. *Cass.*, 30 juill. 1828 (motifs), Lavie. — V. *suprà* no 1332.

1339. — ... L'arrêt qui, sur une demande en paiement de 9,000 fr., montant de lettres de change, ne condamne le débiteur qu'à payer 2,000 fr., sur le motif qu'il résulte des faits et circonstances que, dans la négociation, il n'a reçu que cette somme, sans expliquer quelle est cette négociation, quels sont ces faits et circonstances, quel est, en droit, le principe de sa décision. — *Cass.*, 11 avr. 1831, Moreau c. Durepaire.

1340. — ... L'arrêt qui, pour repousser la demande en garantie formée par un acquéreur évincé, se fonde uniquement sur ce que l'éviction éprouvée est un fait de force majeure, postérieur au contrat d'acquisition, sans dire en quoi consiste cette force majeure, ni de quel acte elle résulte. — *Cass.*, 18 août 1828, Boucheporn c. Furstenstein.

1341. — ... L'arrêt qui déclare une créance *privilégiée*, sans préciser les causes de préférence. — *Cass.*, 4 mai 1824, Lescouvé c. Lecarpentier.

1342. — ... Le jugement qui, statuant sur le débat relatif à un compte, déclare l'oyant débiteur de la somme réclamée par le rendant en se fondant uniquement sur ce que les articles contestés sont peu nombreux et d'une importance minime. — *Cass.*, 6 déc. 1841 (t. 2 1841, p. 696), Senet c. Lebourg.

1343. — ... L'arrêt d'une cour royale, saisie sur renvoi, qui rejette purement et simplement le moyen tiré de ce qu'une exception ne pourrait plus être remise en question, attendu qu'elle aurait été souverainement jugée tant par la première cour royale que par la cour de Cassation, et se borne à adopter *au fond* les motifs du premier jugement, lequel avait résolu la question contrairement aux décisions qu'on prétend passées en force de chose jugée. — *Cass.*, 6 juill. 1842 (t. 2 1842, p. 459), Charost c. Fussy.

1344. — ... L'arrêt qui maintient un traité, par le motif unique *qu'il a pu être fait valablement*, lorsque la partie qui attaque le traité soutient qu'il a été annulé par l'événement d'une condition résolutoire. — *Cass.*, 17 avr. 1822, Welter c. Vassal.

1345. — ... L'arrêt qui accorde à un négociant un privilége sur des marchandises à lui remises, par le motif unique *qu'elles formaient un gage sur lequel le nanti avait privilége*, lorsqu'on a soutenu que le détenteur des marchandises n'avait de privilége, ni comme commissionnaire, aux termes de l'art. 93, C. comm., en ce que les marchandises n'avaient pas été envoyées d'une autre place, ni comme saisi d'un nantissement, attendu que les formalités prescrites pour le contrat de nantissement, n'avaient pas été observées. — Même arrêt.

1346. — ... L'arrêt qui, sur la question de savoir si une créance est justifiée ou prescrite, se borne à dire qu'elle est justifiée et non prescrite sans exprimer : 1° en quoi consiste la justification ; 2° et pourquoi la prescription n'est pas acquise. — *Cass.*, 21 août 1839 (t. 2 1839, p. 398), Chastenet c. Beaucorps.

1347. — ... L'arrêt contradictoire statuant sur opposition à un arrêt de défaut qui en ordonne l'exécution sans adopter les motifs des premiers juges, et en se bornant à déclarer que les opposans ne justifient pas les moyens par eux employés. — *Cass.*, 14 juin 1836, Plagnol c. Chambon.

1348. — ... L'arrêt qui admet une exception de prescription contre laquelle étaient proposés des moyens d'interruption, s'il se borne à déclarer sans apprécier autrement ces moyens, que la prescription n'a pas été valablement interrompue. — *Cass.*, 30 avr. 1839 (t. 2 1839, p. 398), comm. de Bust c. Hoffmann. — V. cependant *Cass.*, 13 avr. 1826, comm. de Vandeuvre c. comm. d'Amance.

1349. — ... Jugé encore que l'arrêt qui, après avoir reconnu dans ses motifs que la possession, par une partie, *ancienne, continue, et attestée par plusieurs actes*, de maisons, moulins, etc., élevés sur un terrain, peut lui servir de titre de propriété, et après avoir déclaré, en conséquence, *propriété exclusive* de cette partie lesdits maisons, moulins, etc., ajoute la disposition suivante, mais sans la motiver. « Sauf à indemniser, ainsi que de droit, tels et tels, reconnus propriétaires des terrains, de la valeur desdits terrains, » doit être cassé pour défaut de motifs sur la modification apportée par cette disposition au droit exclusif de propriété reconnu et déclaré. — *Cass.*, 16 déc. 1840 (t. 1er 1841, p. 30), habitans de Frasseto et Quascara c. comm. de Frasseto et Quascara.

1350. — ... Qu'un arrêt qui déclare un mandataire responsable d'une créance sur l'état, en se fondant sur ce motif unique que le mandataire n'a pas poursuivi la liquidation en temps utile, n'est pas suffisamment motivé, si le mandataire a prétendu qu'il avait été impossible de poursuivre la liquidation; que l'arrêt aurait dû répondre à cette objection. — *Cass.*, 21 mai 1822, princesse de Rohan c. prince de Latour d'Auvergne.

1351. — ... Que lorsqu'un débiteur actionné en paiement d'une obligation qu'il a souscrite oppose aux ayant-cause de son créancier un acte libératoire dont la teneur ni la signature ne sont méconnues, l'arrêt qui, dans ce cas, condamne le débiteur à payer le montant de l'obligation, par le motif qu'il ne justifie pas de sa libération, est nul pour défaut de motifs et pour contravention aux lois qui ordonnent de maintenir les actes légalement passés entre les parties. — *Cass.*, 18 avr. 1826, Delavigne c. Hellis.

1352. — ... Que lorsque, sur une demande en revendication, le défendeur a pris subsidiairement des conclusions tendant à prouver, tant par titres que par témoins, que depuis plus de trente ans il a joui paisiblement de la propriété litigieuse, l'arrêt qui rejette ces conclusions, en se fondant seulement sur ce que cette possession *n'est nullement justifiée*, doit être annulé par défaut de motifs. — *Cass.*, 30 avr. 1839 (t. 2 1839, p. 448), Dumesnil de Merville c. Baldi-Bartet.

1353. — Pour le cas où l'insuffisance des motifs résulte de ce que ceux donnés ne s'appliquent pas aux différens chefs du jugement, V. *suprà* nos 981 et suiv.

Sect. 6e. — *Dispositif. Sur quoi il doit statuer.*

1354. — Le dispositif est la partie du jugement ou de l'arrêt qui contient ce qui a été ordonné par le juge; c'est la décision proprement dite du tribunal sur les points en litige. — V. DISPOSITIF.

1355. — Le tribunal doit statuer sur toutes les questions que les parties lui ont soumises; et aux termes de l'art. 480, C. procéd. civ., il y a lieu à se pourvoir par requête civile contre tout jugement contradictoire rendu en dernier ressort, ou contre tout jugement par défaut qui n'est plus susceptible d'opposition s'il a omis de prononcer sur l'un des chefs de demande. — V. REQUÊTE CIVILE.

1356. — Décidé que le jugement dont le dispositif omet de statuer sur un des chefs de demande est nul. — *Besançon*, 25 août 1826, Préfet du Doubs c. Besson.

1357. — ... Jugé de même qu'il y a lieu d'annuler un jugement qui statue au fond sans rejeter par un chef exprès une fin de non-recevoir soulevée dans les débats. — *Cass.*, 4 prair. an IX, Serignac c. Delamarre.

1358. — ... Encore bien que les motifs de ce jugement fassent présumer le rejet de cette exception. — *Besançon*, 25 août 1826, Préfet du Doubs c. Besson; — Carré et Chauveau, quest. 594.

1359. — Cependant la cour de Cassation décide que lorsqu'un arrêt, sans prononcer explicitement, dans le dispositif, sur une fin de non-recevoir proposée par le défendeur, et qu'un motif formel de cet arrêt repousse, accueille au fond les conclusions du demandeur, l'exception doit être considérée comme implicitement rejetée. — *Cass.*, 4 mai 1836, Bourbon-Busset c. comm. de Saint-Hilaire-en-Lignières.

1360. — ... Et que dans une demande en dommages-intérêts formée reconventionnellement, si le jugement sur la demande originaire est fondé précisément sur les allégations présentées comme injurieuses par le défendeur, la demande en dommages-intérêts est implicitement rejetée; et qu'il n'y a pas déni de justice, quoiqu'il n'y ait pas été statué formellement. — *Cass.*, 11 mai 1813, Rémy c. Maingonnat.

1361. — Jugé au surplus que lorsqu'il n'est pas constaté par les qualités de l'arrêt attaqué qu'un moyen proposé dans une requête signifiée ait été plaidé devant la cour royale, l'arrêt ne peut encourir la cassation pour avoir omis de statuer sur ce moyen. — *Cass.*, 6 juill. 1840 (t. 2 1840, p. 512), Dessourneaux c. Glandaz.

1362. — D'ailleurs un tribunal n'est pas saisi du fond d'un procès, si nulles conclusions sur ce point n'ont été posées à l'audience, encore bien que ces conclusions aient été prises dans l'exploit introductif d'instance et reproduites dans un acte d'avoué à avoué. — *Bordeaux*, 22 mai 1840 (t. 1er 1843, p. 493), Lotte c. Romand.

1363. — Mais lorsque plusieurs parties ayant le même intérêt ont le même avoué qui déjà a signifié des conclusions, et que l'une constitue ensuite un nouvel avoué en déclarant adhérer aux conclusions notifiées, cette adhésion suffit pour qu'il y ait, à son égard, conclusions valables en son nom, et que la cour puisse faire droit. — *Grenoble*, 9 janv. 1827, Bouvard c. Blanchet.

1364. — Observons aussi que l'adjudication de la demande principale rend inutile et sans objet de prononcer sur la demande subsidiaire. — Carré et Chauveau, quest. 594.

1365. — Jugé dans ce sens que lorsque dans une instance, un individu conclut principalement au débouté de la demande et subsidiairement à une nomination d'experts, l'arrêt qui accueille les conclusions principales peut s'abstenir de s'expliquer sur la demande subsidiaire. — *Cass.*, 9 juill. 1828, Lassus c. Saint-Arroman.

1366. — Jugé même que le tribunal ne peut, après avoir accueilli les conclusions principales prises contre une partie, accueillir d'autres conclusions prises subsidiairement contre une autre partie. — *Cass.*, 13 août 1833, Ribes c. Pac.

1367. — ... Spécialement que la femme qui après avoir intenté une action principale contre les cautions de sa dot, a demandé subsidiairement à être autorisée à continuer des poursuites immobilières contre les tiers détenteurs des biens de son mari affectés à la créance, doit être déclarée non-recevable dans cette demande subsidiaire, si les conclusions principales sont accueillies. — Même arrêt.

1368. — ... Et de même, qu'un tribunal ne doit pas, en ajournant la décision de la demande principale, prononcer le rejet de la demande subsidiaire. — *Nîmes*, 5 déc. 1839 (t. 1er 1840, p. 483), Nouvel.

1369. — Pareillement, lorsque de plusieurs chefs de conclusions ou de plusieurs moyens de nullité proposés, quelques uns ont été abandonnés, les juges ne doivent statuer que sur les autres. — *Cass.*, 2 fév. 1830, Terrasse c. Couderc.

1370. — Ainsi un tribunal ne doit pas s'occuper d'un moyen d'incompétence proposé d'abord, et qui a été abandonné. — *Cass.*, 2 fév. 1842 (t. 1er 1842, p. 191), comm. de la Croix Sainte-Loufroy c. de Chantemesle.

1371. — Et bien qu'il ait été conclu par l'intimé à la nullité de l'acte d'appel, si ce moyen de nullité n'a été ni précité, ni développé, et qu'il résulte des qualités que la discussion n'a porté que sur le fond du procès, l'omission de prononcer sur ce moyen ne donne pas ouverture à cassation. — *Cass.*, 24 mai 1842 (t. 1er 1842, p. 729), comm. de Chalesme c. comm. de Bief-des-Maisons.

1372. — Mais lorsqu'il est constaté par les qualités d'un arrêt que des conclusions ont été prises dans une instance et reprises à la barre, sans que rien n'indique qu'elles aient été abandonnées depuis, ces conclusions sont réputées faire partie du litige, et les juges ont dû y statuer, encore que dans le point de droit aucune question de droit n'ait été posée relativement à l'objet de ces conclusions. — *Cass.*, 16 juill. 1832, Despine c. Demidoff.

1373. — Toutefois lorsque après avoir présenté un moyen lors d'un arrêt interlocutoire, une partie ne l'a pas présenté de nouveau lors de l'arrêt nouveau, la présomption est qu'elle l'a abandonné, et dès-lors, elle ne peut se faire un moyen de cassation de ce que l'arrêt définitif n'a pas statué sur ce moyen. — *Cass.*, 23 nov. 1831, Marconnay c. Boscal de Réals.

1374. — Bien qu'il soit affirmé par l'une des parties que l'adversaire a, dans les conclusions orales prises par lui avant la plaidoirie, demandé la confirmation pure et simple du jugement, si la cour n'a pas conservé le souvenir de la teneur positive de ces conclusions, elle ne peut s'en rapporter qu'à celles qui sont écrites et déposées; si les conclusions déposées contiennent réserve expresse de faire appel incident, elle doit déclarer l'appel incident recevable. — *Bordeaux*, 9 mai 1833, Doche c. Saulnier.

1375. — Les juges doivent statuer définitivement sur le litige intenté devant eux; ils ne pourraient, en rejetant la demande d'une partie, lui réserver ses droits pour former la demande avec de nouveaux titres. — Carré et Chauveau, quest. 594.

1376. — Mais ils peuvent statuer sur la demande principale sans statuer en même temps, et par même jugement sur une demande en dommages-intérêts, lorsque la cause n'est pas en état pour l'appréciation de ces dommages-intérêts. — *Cass.*, 24 déc. 1829, Magnoncourt c. Grezely.

1277. — Spécialement en cas d'éviction, le tribunal peut statuer sur la demande en éviction, sans statuer par le même jugement sur les chefs du recours en garantie qui ne sont pas en état, et par exemple, sans faire droit à la demande soit de dommages-intérêts, soit de la mise en cause des créanciers du garant qui ont touché le prix de l'immeuble objet de l'éviction. — Même arrêt.

1378. — Les juges doivent statuer sur toutes les questions que présente le procès et qui leur ont été soumises par les parties; mais ils ne peuvent statuer que sur ces questions: autrement ils jugeraient *ultrà petita*, et leur jugement serait sujet à *requête civile*. — V. ce mot.

Sect. 7e. — *Rédaction des jugemens.*

ART. 1er. — *Règles générales.*

1379. — Tout jugement doit être rédigé, car un jugement ne peut être exécuté qu'autant qu'il est représenté, et un jugement qui consisterait uniquement dans le souvenir ne pourrait être ni signifié, ni représenté. — Carré et Chauveau, quest. 589; Poncet, t. 1er, p. 221.

1380. — Cependant il a été jugé qu'il suffit qu'il soit constant qu'un jugement a été rendu, quoique de la réponse du greffier sommé d'en délivrer expédition, il résulte qu'il n'en a pas été tenu minute, pour que l'appel contre ce jugement soit recevable. — *Grenoble*, 7 juill. 1827, F...

1381. — Au surplus, on convient qu'il n'est pas nécessaire de rédiger les jugemens de remise de cause, ou ceux qui ordonnent un délibéré simple. — Carré et Chauveau, sur l'art. 138, C. procéd. — Mais il en est autrement quand l'affaire est mise en délibéré avec ou sans rapport.

1382. — Les jugemens doivent être rédigés en langue française, quel que soit d'ailleurs l'idiôme en usage dans le lieu où ils ont été rendus. — Arrêté gouvern. 13 juin 1803, art. 1er.

1383. — Ainsi est nul le jugement rendu en langue italienne par un juge de paix de la Corse. — *Cass.*, 16 fév. 1833, Stroboni.

1384. — Le jugement tel qu'il est prononcé par le juge et transcrit par le greffier sur la feuille d'audience ne comprend pas les divers élémens dont se compose la rédaction.

1385. — Aux termes de l'art. 141, cette rédaction doit contenir les noms des juges, du procureur du roi, s'il a été entendu, ainsi que des avoués, les noms, profession et demeure des parties, leurs conclusions, l'exposition sommaire des points de fait et de droit, les motifs et le dispositif des jugemens.

1386. — La rédaction des jugemens se divise en deux parts: l'une contient les noms des juges, celui du procureur du roi, les motifs et le dispositif. C'est l'œuvre du juge et du greffier, c'est ce qui doit être porté de suite sur la feuille d'audience et déposé au greffe.

1387. — L'autre contient les noms, profession et demeure des parties, les noms de leurs avoués, les conclusions respectives et l'exposition sommaire des points de fait et de droit. C'est l'œuvre des avoués, c'est ce qu'on appelle *les qualités du jugement*.

1388. — La réunion de ces deux parties forme la rédaction complète du jugement; nous verrons *infrà* nos 1529 et suiv. comment on doit procéder pour avoir le jugement tout entier.

1389. — L'omission de l'une des formalités dont se compose le jugement dans son ensemble entraîne-t-elle la nullité du jugement? — Cette question est vivement controversée. Nous l'examinerons sous toutes ses faces *infrà* nos 1552 et suiv.

ART. 2. — *De la minute.*

1390. — On appelle *minute* la feuille d'audience sur laquelle le greffier écrit le prononcé du jugement.

1391. — Les feuilles d'audience sont de papier timbré, de même format, et réunies par année en forme de registre. — Décr. 30 mars 1808, art. 39. — V. FEUILLE D'AUDIENCE.

1392. — Il ne faut pas confondre le plumitif et la minute. — Il serait le plus souvent impossible au greffier d'écrire en entier le jugement à l'audience sur le prononcé du jugement; il se contente de tenir, pour mémoire, note de ses dispositions sur un registre particulier, nommé *plumitif*. Il en transcrit ensuite la rédaction complète sur la feuille d'audience qu'on nomme *minute*. Cette rédaction lui est communiquée par le président qui l'a faite ou approuvée. — Chauveau sur Carré, note sous l'art. 138.

1393. — ... Voilà pourquoi dans le cas de discordance entre le plumitif et la minute d'un jugement, c'est à la minute qu'il faut recourir pour en reconnaître les véritables dispositions. — *Metz*, 16 fév. 1817, Fourcard c. Missel.

1394. — Il ne suffirait donc pas que la feuille d'audience contînt une note succincte du jugement, sauf à y donner les développemens nécessaires lors de la rédaction complète qui se fait sur

JUGEMENT (Mat. civ.), ch. 3, sect. 7e.
JUGEMENT (Mat. civ.), ch. 3, sect. 7e.

les qualités. La minute doit présenter le prononcé complet de chaque jugement, de manière à ne rien laisser à désirer et à rendre toute altération impossible. — Circul. min. just. 26 sept. 1808 ; — Carré et Chauveau, quest. 589.

1395. — Au surplus les jugemens doivent être écrits sur la minute tels qu'ils ont été prononcés à l'audience, et il n'est permis à aucun juge d'en réformer la moindre clause, même du consentement des parties.—La décision rendue est irrévocable, à moins qu'elle ne soit réformée par l'une des voies légales.—V. *infrà* nos 1707 et s., 1746 et s.

1396. — La feuille d'audience porte en tête les jours, mois et an où le jugement a été prononcé.— Souquet, vo *Jugement*, tableau 303, 1re col., no 116.

1397. — Toutefois, suivant Poncet (t. 1er, p. 231), Merlin (*Quest.* 4, § 4), MM. Chauveau (sur Carré, quest. 593 bis), Bioche et Goujet (no 292), l'erreur, l'absence et même la fausseté de la date n'entraîneraient pas la nullité du jugement.

1398. — La cour de Cassation, par arrêt du 18 pluv. an VIII (Boisleau c. Daniel) a jugé, il est vrai, qu'un jugement daté d'un autre jour que celui où il a été rendu devrait être annulé. — Mais cet arrêt a été rendu sous l'empire de l'ord. de 1667 qui exigeait, à peine de nullité, que le jugement fût daté.

1399.—Suivant les auteurs précités, en cas d'omission de la date, l'incertitude qui en naîtra pourra être mise à profit par toutes les parties suivant leur position : le jour où le jugement a été rendu pourra d'ailleurs être prouvé par témoins.—En cas d'erreur, on pourra la rectifier par les circonstances.—En cas de fausseté, on se pourvoira par l'inscription de faux.

1400. — La minute peut être rédigée par un autre que par le greffier, il suffit que ce dernier y ait apposé sa signature. — Poncet, t. 1er, p. 223 ; Carré et Chauveau, quest. 590.

1401. — Elle doit être rédigée de manière à ce qu'on ne puisse connaître l'opinion personnelle de chaque juge.

1402. — Il est inutile qu'elle exprime le nombre des juges suivant l'avis desquels le jugement a été rendu ; car, ainsi que nous l'avons vu (*suprà* nos 759 et suiv.), la décision d'un tribunal appartient à tous ses membres ; elle est censée émaner de tous et de chacun d'eux. — Carré et Chauveau, quest. 491.

1403. — La minute de tout jugement doit contenir les motifs, le dispositif du jugement, le nom des juges qui y ont assisté, et du procureur du roi, s'il a été entendu, et enfin la signature du président et du greffier. — C. procéd. civ., art. 138 et 141.

1404. — *Motifs.* — En ce qui concerne cette énonciation, V. *suprà*, nos 984 et suiv.

1405. — *Dispositif.* — La minute doit contenir le dispositif, c'est-à-dire, la décision proprement dite du tribunal sur les points en contestation. Sans dispositif, en effet, il n'y a pas de jugement.

1406.—Comme nous l'avons vu (*suprà* nos 1354 et suiv.), le dispositif doit statuer sur toutes les questions de fait et de droit que présente le procès, mais seulement sur ces questions.

1407 — Observons aussi que les juges ne peuvent, en général, dans la rédaction de leur jugement, suppléer les moyens de droit principaux, mais seulement les moyens de droit accessoires qui ne sont que la conséquence de ceux qu'on a fait valoir. — Pigeau, t. 1er, p. 571 ; Bioche et Goujet, vo *Jugement*, no 223.

1408. — Ainsi, lorsque le donateur au lieu d'invoquer tout à la fois et l'ingratitude du donataire et l'inexécution des conditions pour faire révoquer la donation, n'emploie que l'un de ces moyens, le juge ne doit pas se fonder sur l'autre. — Mêmes auteurs.

1409. — Au contraire, si l'une des parties soutient qu'un acte est nul pour défaut de forme et qu'elle ne signale qu'une des causes de nullité qui se trouvent dans la forme de cet acte, le juge peut suppléer les autres. — Mêmes auteurs.

1410. — Il importe surtout que le dispositif soit rédigé en termes clairs, et qui ne laissent aucune prise à la mauvaise foi. — Rapport au corps législatif.

1411. — Du reste, quels que soient les contradictions apparentes ou les vices de rédaction d'un arrêt, il n'y a pas lieu à cassation, si la substance de ses dispositions est conforme à la loi. — *Cass.*, 25 août 1831, Livet c. Davaut et Senée.

1412.—... Par exemple, lorsque, par une disposition, un arrêt rejette en masse toutes les conclusions du demandeur, tendant à être admis à prouver certains faits de dol et de fraude et à se pourvoir en inscription de faux, tandis que par une autre disposition l'arrêt confirme un chef du jugement qui lui réserve la voie d'inscription, une pareille contradiction ne doit pas faire annuler l'arrêt, s'il apparaît que ce n'est là qu'un vice de rédaction, et que dans la réalité la cour royale a entendu rejeter l'inscription de faux. — *Cass.*, 29 déc. 1830, Motsch c. Herz.

1413. — *Noms des juges et du procureur du roi.* — La mention du nom des juges qui ont assisté au jugement doit être portée en marge de la feuille d'audience et signée comme le jugement par le président et le greffier.—C. procéd. civ., art. 138.— Sans cela, elle ne ferait pas foi.— V. *infrà* nos 1565 et suiv.

1414. — Cette mention est exigée pour s'assurer si les juges étaient en nombre suffisant, s'ils ont tous assisté à toutes les audiences, s'ils étaient tous compétens, etc. — V. FEUILLE D'AUDIENCE, nos 5 et 6.

1415. — *Signature du président et du greffier.* — La minute doit être signée par le président et par le greffier aussitôt que le jugement est rendu ou au plus tard dans les vingt-quatre heures. — C. procéd. civ., art. 138 ; décr., 30 mars 1808, art. 36.

1416. — Le président ne pourrait, en signant, déclarer qu'il n'a pas été d'avis du prononcé ; une telle protestation, outre qu'elle serait contraire au secret des délibérations, porterait atteinte à la dignité de la magistrature et au respect dû à l'autorité de la chose jugée. — Chauveau sur Carré, quest. 589 bis ; Favard, t. 3, p. 175 ; Pigeau, t. 1er, p. 490 ; Merlin, t. 17, p. 557.

1417. — Cette doctrine a aussi été consacrée par plusieurs arrêts de cassation que nous avons rapportés *suprà* nos 759 et suiv.

1418. — Si par l'effet d'un accident extraordinaire, le président se trouve dans l'impossibilité de signer la feuille d'audience, elle doit l'être dans les vingt-quatre heures suivantes par le plus ancien des juges, ayant assisté à l'audience. — Art. 37 du décr.

1419. — Le plus ancien juge en signant en remplacement du président, doit alors constater qu'un accident extraordinaire a mis celui-ci dans l'impossibilité de le faire, ou qu'il l'a été dans les vingt-quatre heures qui ont suivi immédiatement la prononciation.

1420. — Jugé cependant que le jugement auquel il est constant que trois juges ont concouru, mais qui n'a été signé que par un juge, sans constater pourquoi il ne l'a pas été par le président, n'est pas nul, si les parties en reconnaissent l'existence. — *Toulouse*, 10 avr. 1820, N.... c. N.....

1421. — Mais dans l'espèce, comme le fait observer Merlin, en rapportant cet arrêt (*Rép.*, vo *signature*, § 2, art. 6), il ne pouvait pas y avoir de difficulté, parce qu'en fait les deux parties convenaient que le jugement avait été réellement rendu, et qu'il l'avait été par le nombre de juges voulu par la loi ; or, la signature du président n'étant pas une forme substantielle, mais seulement une forme probante du jugement, elle se trouvait suppléée suffisamment par l'aveu des parties. Si, au contraire, elles n'avaient point été d'accord sur son existence ou sur son contenu, la loi était-elle exécutée ? Non, sans doute : on ne peut séparer la faculté accordée au plus ancien juge de remplacer par sa signature celle du président, des conditions sous lesquelles ce pouvoir lui est confié ; or, ces conditions sont qu'il se soit écoulé plus de vingt-quatre heures depuis la prononciation du jugement à l'audience, et qu'un *événement extraordinaire* mette le président dans l'impossibilité de signer (décr. du 30 mars 1808, art. 37, 38 et 74) ; hors ces deux cas, le plus ancien juge est sans pouvoir pour signer, et s'il le fait néanmoins, il fait un acte radicalement nul.

1422. — De même si le président refusait sa signature parce que le jugement serait contraire à son avis, il y serait suppléé par la signature du plus ancien juge qui ferait mention du refus. — Merlin, *Rép.*, t. 17, p. 556.

1423. — Enfin, si les feuilles d'une ou de plusieurs audiences n'ont pas été signées dans les délais fixés par les art. 36 et 37, il en est référé par le procureur général devant la chambre que tient le premier président. Cette chambre peut, suivant les circonstances et sur les conclusions écrites du procureur général, autoriser un des juges qui ont concouru à ces jugemens, à les signer. — Art. 38 du décr. — V. aussi *Paris*, 4 déc. 1812, N....

1424.—... Et lorsque tous les juges qui ont concouru à un jugement dont la minute n'est pas signée, sont décédés, la cour royale peut, si l'existence et l'authenticité du jugement sont établies, autoriser un juge qui n'y a pas concouru à en signer la minute. — *Paris*, 10 nov. 1838 (t. 2, 1838, p. 629), Brongniart c. Léauté.

1425. — A défaut de signature, le jugement, dit Merlin (*Rép.*, vo *Signature*, t. 17, p. 553), est frappé d'une nullité *de non existence*. — En effet, aux termes de l'art. 139, C. procéd. civ., « les greffiers qui délivreraient expédition d'un jugement avant qu'il fût signé, seraient poursuivis comme faussaires. » — V. aussi Carré et Chauveau, quest. 589 ; Pigeau, t. 1er, p. 556.

1426.—Du reste, il résulte évidemment de ce qui précède, que cette nullité ne peut être invoquée que lorsque la cour, après l'expiration des délais accordés par les art. 36 et 37, décr. 1808, a déclaré ne pouvoir pas, à raison des circonstances, autoriser un des juges qui ont concouru au jugement à le signer.—Merlin, *Rép.*, vo *Signature*, t. 17, p. 558 ; Carré et Chauveau, quest. 589.

1427. — C'est dans ce sens que la cour de Lyon a décidé qu'un jugement non signé par le président n'est pas frappé de nullité radicale. — *Lyon*, 17 juill. 1834, Chagny c. Dépinay.

1428.— Quoi qu'il en soit, une partie ne saurait se prévaloir comme moyen de nullité contre un arrêt définitif, de ce que des arrêts de remise de cause qui l'auraient précédé ne porteraient pas la signature du président et du greffier, alors que ces arrêts ne sont pas attaqués. — *Cass.*, 7 mars 1842 (t. 1er, 1842, p. 723). — Nous avons vu d'ailleurs *suprà* no 381 qu'il n'était point nécessaire que ces arrêts fussent rédigés.

1429. — Avant le code de procédure l'absence de la signature du président sur la minute d'un jugement n'entraînait pas la nullité de ce jugement. — *Bordeaux*, 6 mai 1841 (t. 2, 1841, p. 280), Duranty c. Barbe.

1430. — ... Surtout si l'authenticité de la minute se trouvait établie par des circonstances particulières. — *Paris*, 31 juill. 1828, de Conflans c. Emmery.

1431. — Jugé aussi que la grosse ou expédition d'un semblable jugement contenant la mention expresse qu'il a été signé par le président, fait foi pleine et entière du fait, tant qu'elle n'est pas attaquée par la voie de l'inscription de faux, et que la réalité de ce fait ne serait pas détruite par la circonstance que la minute déposée au greffe ne porterait pas de signature, le jugement ayant pu (suivant l'usage assez répandu à cette époque) avoir été signé sur une feuille volante. — *Bordeaux*, 6 mai 1841 (t. 2 1841, p. 280), Duranty c. Barbe.

1432. — Quant au greffier qui doit donner sa signature, c'est ou le greffier en chef, s'il a tenu l'audience, ou le commis assermenté qui l'a remplacé. — Arg., art. 91, décr., 30 mars 1808 ; — Pigeau, t. 1er, p. 523.—V. FEUILLE D'AUDIENCE, no 8.

1433. — Suivant MM. Carré et Chauveau (quest. 590), il n'y aurait pas de nullité dans le cas où la minute serait signée par un autre greffier que par celui qui a tenu la plume à l'audience. — Mais cette opinion nous paraît difficile à admettre. La cour de Cassation l'a, du reste, formellement condamnée en matière criminelle. — *Cass.*, 28 janv. 1847 (t. 1er 1847, p. 572), Lagognez.

1434.—Nous ne dirons pas non plus avec la cour de Paris (26 avr. 1830, Schneider c. Robert Dumesnil) qu'il suffit pour la régularité du jugement qu'il ait été signé par le président et le rapporteur, parce qu'il est de droit public qu'il n'y a de tribunal légalement composé qu'autant que le greffier en fait partie, et que dès-lors la preuve de sa présence doit résulter soit expressément soit implicitement du jugement. — V. Carré et Chauveau, quest. 590.

1435. — Il en serait autrement si le greffier était empêché. Dans ce cas, il suffirait que le président signât, en rappelant le motif d'empêchement du greffier. — Décr., 30 mars 1808, art. 37.

1436. — Jugé, au surplus, que la minute du jugement ne serait pas nulle pour être signée par un greffier, partie aux qualités. La jurisprudence actuelle n'autorise pas la récusation du greffier, et ne lui prescrit pas de s'abstenir : il est en effet étranger à la décision des juges. — *Rennes*, 3 janv. 1818, Perron c. Léon ;—Carré, t. 1er, p. 706, quest. 591 ; Bioche et Goujet, t. 3, vo *Jugement*, p. 602, no 199 ; Merlin, *Rép.*, vo *Greffier*.

1437. — Les procureurs généraux et les procureurs du roi sont spécialement chargés de veiller à l'exécution des dispositions ci-dessus rappelées. Ils doivent, en conséquence, se faire représenter tous les mois les minutes des jugemens, et, en cas de contravention, en dresser procès-verbal pour être procédé comme de raison. — C. procéd. civ., art. 141 ; ordonn. 5 nov. 1823, art. 1er.

1438. — La minute d'un jugement est un acte authentique, lorsqu'elle réunit les conditions prescrites ; elle fait donc foi des énonciations qu'elle contient.

1439. — Elle ne peut être rectifiée après coup, d'après le seul souvenir des magistrats. — *Cass.*, 6 nov. 1827, Prevost c. Hébert. — V. *infrà* no 1567.

1440. — Mais les énonciations mises en marge de la minute ne font aucune foi, lorsqu'elles n'ont pas été signées par le président et par le greffier.

1441. — Ainsi, la mention mise par le greffier en marge de la minute, que le juge qui n'a pas assisté aux plaidoiries n'a pris aucune part au jugement, ne ferait point preuve de ce fait, si elle n'était revêtue de la signature du président et du greffier. — *Cass.*, 24 août 1825, Giraudet-Coste c. Gatreau.

1442. — Si la minute du jugement se perd, après qu'une grosse ou expédition en a été délivrée, cette expédition ou toute autre copie authentique est considérée comme minute, et en conséquence, tout officier ou dépositaire de cette expédition est tenu de la remettre, sur l'ordre du président, dans le dépôt destiné à la conservation des arrêts. (Arg., C. inst. crim., art. 522.) Il y est contraint même par corps; l'ordre du président lui tient lieu de décharge, et il peut, en effectuant cette remise, se faire délivrer une expédition sans frais. — Pigeau, *Comment.*, t. 1er, p. 335.

1443. — Sont considérées comme authentiques les copies signifiées par l'huissier sur la grosse. Il a caractère pour faire cette signification, et attester que la copie est conforme à l'original qu'il a entre les mains. — Arg., C. civ., art. 1335; — Pigeau, *Comment.*, t. 1er, p. 356.

1444. — On procède de la même manière dans le cas où le jugement a été déclaré exécutoire sur la minute, et où par conséquent il n'y a pas eu de qualités signifiées, si la minute vient à s'égarer.

1445. — Mais lorsque les qualités n'ont jamais été signifiées, on les refait sur la procédure, si elle existe; si elle n'existe plus, on peut appliquer l'art. 524, C. inst. crim., portant que s'il n'existe aucun acte par écrit d'une procédure, l'instruction est recommencée à partir du point où les pièces manquent. — Pigeau, *Comm.*, t. 1er, p. 337.

1446. — S'il ne restait ni minute ni copie authentique du jugement, mais seulement une mention d'enregistrement, on pourrait, par argument de l'art. 1336, C. civ., considérer cette mention comme un commencement de preuve par écrit, et demander à faire entendre comme témoins ceux qui ont rédigé l'expédition, signifié le jugement ou qui ont une connaissance quelconque de son existence. La preuve faite, on ordonnerait que la minute fût rétablie d'après le résultat de l'enquête. — Pigeau, *ibid*; Bioche et Goujet, vo *Jugement*, no 220.

1447. — Jugé dans ce sens, que l'existence d'un jugement peut, à défaut de représentation de la minute ou de l'expédition, être déclarée résulter des faits et circonstances, tels que certificats du receveur de l'enregistrement, où ce jugement est énoncé, et autres actes. — *Cass.*, 24 nov. 1829, Dufour c. de Villemain.

1448. — Jugé aussi que, pour exclure des enfans de la succesion de leur père, sur le fondement qu'avant leur naissance il était mort civilement, par l'effet d'un jugement qui l'avait condamné par contumace à une peine emportant la mort civile, il n'est pas nécessaire de représenter le jugement et le procès-verbal de son exécution; qu'on peut, par des présomptions, par des actes énonciatifs, par des arrêts rendus entre d'autres parties et basés sur le fait de la mort civile, suppléer à la représentation du jugement. — *Cass.*, 26 therm. an XII, Desverneys c. Gleize.

1449. — ...Et qu'il suffit pour qu'un pareil jugement doive obtenir effet entre les parties, qu'il soit déclaré que, des élémens de la cause, il résulte qu'il a été exécuté par toutes les parties; que dès-lors, il ne peut être critiqué, sous le prétexte que rien ne constaterait sa régularité. — *Cass.*, 24 nov. 1829, Dufour c. de Villemain.

ART. 3. — *Des qualités*.

1450. — On appelle ainsi un acte rédigé par l'avoué de la partie qui veut lever une expédition d'un jugement, et signifié aux avoués des autres parties, dans lequel sont mentionnés les noms, professions et demeures des parties, leurs conclusions, et les points de fait et de droit. — C. proc. civ., art. 142. — Dans un sens plus général, on appelle aussi *qualités* la partie de l'expédition qui contient les énonciations sus-indiquées.

1451. — Ce n'est ni au tribunal, ni au greffier qu'appartient la rédaction des qualités, c'est aux parties, à celle qui voudra lever le jugement, dit l'art. 142.

1452. — Jugé par suite qu'il y a nullité du jugement, si les qualités sont l'œuvre du juge et non des avoués, alors surtout que l'on n'y trouve pas les diverses énonciations exigées par l'art. 141, C. procéd. — *Poitiers*, 5 mars 1834, Belot c. Bonnet.

1453. — Ce système de rédaction des qualités par les avoués, sans l'intervention du juge, a été vivement critiqué; il a été combattu, dès son origine, par un grand nombre de tribunaux d'appel, aux observations desquels fut soumis le projet du Code. — Et il est encore aujourd'hui blâmé par la plupart des auteurs. Il paraît en effet contraire aux principes de la logique, qui semble vouloir que le jugement soit avant tout l'ouvrage des juges, et il présente de graves inconvéniens, en ce qu'il peut causer à l'une des parties un préjudice irréparable, et ouvrir après coup contre un jugement des voies de recours et de réformation dont il n'était point passible par lui-même. — Toullier, t. 10, p. 211; Boitard, t. 1er, p. 297; Boncenne, t. 2, p. 438; Carré et Chauveau, sur l'art. 142 prél. — V. cependant Bioche, no 344.

1454. — Le greffier ne peut rédiger ou expédier un jugement que sur les qualités signifiées entre les parties. — Art. 142. C. procéd. civ.

1455. — Cependant cette règle est soumise à quelques exceptions.

1456. — Ainsi, il n'y a pas lieu à signifier les qualités: 1o dans les justices de paix et les tribunaux de commerce, puisque cette signification se fait entre avoués et que devant ces juridictions le ministère des avoués n'est pas obligatoire.

1457. — Devant ces juridictions, le greffier prend dans les pièces, les noms, professions et demeures des parties, leurs conclusions, les points de fait et de droit, et il porte le tout, avec les motifs et le dispositif, sur la feuille d'audience. — Carré et Chauveau, quest. 597; Boncenne, t. 2, p. 434. — V. JUGEMENT COMMERCIAL, JUSTICE DE PAIX.

1458. — ... 2o Dans les instances qui concernent l'administration de l'enregistrement et des domaines et qui s'instruisent sur simples mémoires, comme lorsqu'il s'agit de perceptions ou de revenus des domaines; alors les qualités sont rédigées d'après ces mémoires. — Carré et Chauveau, *ibid.*

1459. — Mais il en est autrement dans les affaires où cette administration est obligée de recourir au ministère des avoués, comme dans les saisies immobilières, ouvertures d'ordres, et généralement dans les questions de propriété; il faut alors se conformer à l'art. 142, C. procéd civ. — Inst. du min. des fin. et de la just. citée par Carré et Chauveau, *ibid.*

1460. — ... 3o Lorsque le jugement est par défaut. — Argument C. procéd., art. 142; tarif, art. 88; — Pigeau, *Comment.*, t. 1, p. 520; Lepage, *Quest.*, p. 144; Thomine, t. 1er, p. 272; Boncenne, t. 2, p. 433; Carré et Chauveau, *ibid.*

1461. — ... Même quand le défaut est contre l'avoué faute de conclure. — *Bruxelles*, 5 mars 1832, V... c. V...; *Cass.*, 22 mai 1816, Faulconnier c. Dewit. — Carré et Chauveau, *ibid.*; Bioche, no 347, — *Contrà*, Delaporte, t. 1er, p. 149.

1462. — On se contente, dans ce cas, de dresser les qualités et de les porter au greffier qui les expédie avec le jugement; si la partie défaillante croit devoir y former opposition, elle le fait implicitement en s'opposant au jugement. — Pigeau, t. 1er, p. 631; Bioche, no 347.

1463. — ... 4o Jugé enfin qu'il n'y a pas lieu de signifier les qualités dans les jugemens qui statuent sur des incidents de saisie immobilière. — *Toulouse*, 7 avr. 1839, Soulérat c. Féraud. — V. SAISIE IMMOBILIÈRE.

1464. — *Droit de dresser les qualités.* Le droit de dresser les qualités n'appartient pas indistinctement, comme parait le dire l'art. 142, à l'une des deux parties indifféremment, au plus diligent des avoués. L'art. 7, décr. 15 fév. 1807 a modifié, sur ce point, la disposition trop générale de l'art. 142.

1465. — En principe, le droit de lever le jugement, et par conséquent de signifier les qualités nécessaires à sa rédaction, appartient à l'avoué dont la partie a obtenu gain de cause: telle est la disposition de l'art. 7 décr. 16 fév. 1807.

1466. — Cependant la partie qui a perdu peut avoir intérêt à obtenir au plus tôt l'expédition du jugement qui la condamne, ne fût-ce que pour en examiner les divers chefs, chercher les voies de recours, dont il peut être susceptible. — Le décret de 1807 l'autorise, en conséquence, à sommer son adversaire de signifier les qualités, et faute par celui-ci d'obtempérer à la sommation dans les trois jours, à faire elle-même les diligences nécessaires pour avoir l'expédition du jugement.

1467. — Le greffier ne doit donc avoir égard aux qualités signifiées par la partie qui a succombé, qu'autant qu'elle justifie avoir mis l'autre partie en demeure de lever le jugement et que cette dernière n'a pas signifié de qualités. — Favard, t. 3, p. 181, no 5. — V. aussi Bioche, no 360.

1468. — Si le jugement prononçait des condamnations en faveur de l'une et de l'autre partie, l'art. 142 serait alors littéralement applicable et le droit de dresser les qualités appartiendrait à l'avoué le plus diligent. — Boncenne, t. 2, p. 480; Bioche et Goujet, no 230.

1469. — *Ce que contiennent les qualités.* — Les qualités, ainsi que nous l'avons dit, contiennent; 1o les noms, professions et demeures des parties. — V. *infrà* nos 1619 et suiv.

1470. — ... Les qualités dans lesquelles les parties agissent, par exemple, si elles sont demanderesses ou défenderesses, appelantes ou intimées. — *Cass.*, 21 brum. an IX, Folie.

1471. — ... Ou si elles agissent comme tuteurs, administrateurs, héritiers bénéficiaires, etc., les condamnations n'étant pas personnelles dans ces différentes circonstances. — Berriat, p. 251.

1472. — Les noms des avoués qui ont occupé pour les parties doivent aussi y être mentionnés. — C. procéd., art. 141.

1473. — ... 2o Les conclusions. Ces conclusions doivent comprendre celles qui ont été prises par les parties, soit dans leurs exploits, soit pendant le cours de l'instance pour modifier, corriger, ou augmenter leurs conclusions originaires.

1474. — Mais les motifs des conclusions ne peuvent être insérés dans les qualités. — Tarif, art. 87. — Cette mesure a pour but d'éviter le trop grand nombre de rôles d'expéditions et par suite de diminuer les frais.

1475. — Du reste, il est suffisamment satisfait aux prescriptions des art. 141 et 142 C. procéd. civ., relatifs à la rédaction des jugemens, lorsque les qualités signifiées à l'avoué portent la mention que les conclusions des parties, signées de leurs avoués, ont été déposées, et qu'elles se trouvent transcrites sur la feuille d'audience et insérées dans l'arrêt; il n'est pas indispensable, sous peine de nullité, que les conclusions figurent comme partie intégrante dans les qualités signifiées. — *Cass.*, 7 mars 1843 (t. 1er 1843, p. 670), de l'Ecluse et d'Aubigny c. de Lacroix de Laval.

1476. — Jugé aussi que celui qui, sommé d'écrire ses conclusions d'appel, a refusé de le faire en se référant à sa plaidoirie et aux conclusions orales qu'il y a prises, ne peut exciper comme moyen de cassation de ce que ces conclusions ne seraient pas relatées dans l'arrêt qui se serait borné à adopter les motifs des premiers juges. — *Cass.*, 20 fév. 1833, Mariette c. Lebourgeois.

1477. — ... 3o *Le point de fait*, c'est à dire, l'énoncé de tous les faits constituant le procès et qui ont amené les parties à soumettre leur différend au tribunal, et *le point de droit*, c'est à dire l'énoncé sommaire de toutes les questions sur lesquelles le tribunal avait à statuer.

1478. — Mais aux termes de l'art. 87 précité du tarif, les moyens des parties ne peuvent pas non plus être rappelés dans les points de fait et de droit.

1479. — Et cette prohibition n'a pas été levée par les art. 33 et 73 décr. 30 mars 1808 qui prescrivent la remise au greffe des conclusions motivées. — *Cass.*, 24 juill. 1840 (t. 2 1840, p. 595), proc. gén. à la cour de Cassation (tribunal de Louhans).

1480. — *Signification des qualités.* — Les qualités sont signifiées à l'avoué de l'adversaire. — C. procéd., art. 142.

1481. La signification doit être faite à chacun des avoués de la cause ayant ou pouvant avoir intérêt à contredire. — Bioche no 388.

1482. — Si un avoué représente plusieurs parties, une seule copie suffit par le mettre en demeure de contester. — Bioche, no 389,

1483. — Les qualités doivent être signifiées à peine de nullité de l'expédition qui serait délivrée. — *Bordeaux*, 9 mai 1829, Pezat-Desarnaud c. Boisset; — Bioche, no 390; Thomine t. 1er, p. 272; Carré et Chauveau, quest. 567 *ter*.

1484. — Jugé aussi que la rédaction d'un jugement ou arrêt n'est complète et obligatoire que lorsque la partie qui veut lever ce jugement ou arrêt a rempli les formalités de rédaction et de signification des qualités; qu'en conséquence, la partie qui produit des expéditions d'arrêt qui lui ont été délivrées sans rédaction ni signification préalable des qualités, et contenant seulement les noms des parties et le dispositif, ne peut les invoquer comme moyen de cassation. — *Cass.*, 2 juin 1832, proc. gén. près de la cour royale de Limoges c. Thévenot.

1485. — ... A plus forte raison y aurait-il nullité de l'expédition délivrée si les qualités avaient été signifiées pour servir à un autre jugement. Il faut, en effet, qu'il y ait harmonie entre les qualités et le dispositif. C'est ce qu'a parfaitement jugé la cour de Rennes, par arrêt du 20 janv. 1812 (Tardiveau c. Péeaudière.)

1486. — Observons toutefois que, quoique la signification des qualités soit nécessaire à la validité d'une expédition, il n'y aurait pas violation de l'art. 142, en ce que cette expédition ne mantionnerait pas que les qualités ont été signifiées. — *Cass.*, 12 fév. 1817, Magrenon c. N... ; 17 mai 1843 (t. 2 1843, p. 497), Delon c. Coumert; — Berriat p. 253.

1487.—L'original de cette signification reste déposée pendant vingt-quatre heures entre les mains des huissiers audienciers.—C. procéd., art. 143.

1488.—Ce délai est accordé pour donner le temps à l'avoué auquel les qualités sont signifiées de former à leur rédaction l'opposition autorisée par l'art. 144.

1489. — *Opposition aux qualités.* — Aux termes de cet article, l'avoué qui veut s'opposer soit aux qualités, soit à l'exposé des points de fait et de droit, doit le déclarer à l'huissier qui est tenu d'en faire mention.

1490. — L'opposition peut encore être faite, parce que la partie qui la forme prétend avoir elle-même le droit de lever le jugement. — Pigeau, t. 1er, p. 627 ; Bioche, no 397.

1491. — Si l'avoué a laissé passer le délai de vingt-quatre heures sans former opposition aux qualités, cette opposition n'en est pas moins recevable par la suite. Le code, en effet, ne prononce aucune déchéance. L'opposition doit seulement alors être faite par acte d'avoué à avoué dénoncé au greffier chargé de l'expédition.—Carré et Chauveau quest. 599; Pigeau, *Comm.*, t. 1er, p. 333; Thomine, t. 1er, p. 252; Bioche, no 398. — V. *contrà*, Delaporte, t. 1er, p. 150, *Annales du notariat*, t. 1er, p. 280.

1492. — De ce que l'art. 144 dit que l'huissier fera mention de l'opposition sur l'original, il ne résulte pas que l'avoué adverse ne puisse écrire lui-même et signer son opposition ; mais suivant Carré et Chauveau, (quest. 600), l'huissier devra toujours, à la suite de la déclaration, mentionner qu'elle a été faite en sa présence. — V. aussi Bioche, no 393 ; Souquet vo *Jugement*, tab. 303, 5e col. no 126.

1493. — Jugé que l'opposition n'est régulière qu'autant qu'elle a lieu sur l'original qui reste vingt-quatre heures entre les mains de l'huissier. Elle est comme non avenue, si elle n'est faite que sur la copie qui est laissée à l'avoué. — *Rennes*, 22 déc. 1824, Meillat c. Autret.

1494. — Toutefois, lorsque l'opposition est formée hors du délai de vingt-quatre heures, et lorsque l'original ne se trouve plus entre les mains de l'huissier, il est de toute évidence que l'opposition ne peut plus être inscrite sur cet original. Alors l'avoué doit la former par acte séparé adressé à son confrère, dans la forme ordinaire des actes de palais.—Carré et Chauveau, quest. 600; Pigeau, *Comm.*, t. 1er p. 333 ; Thomine t. 1er, p. 272.

1495. — Lorsqu'il y a opposition aux qualités d'un jugement, il ne peut être expédié avant qu'il ait été fait droit sur l'opposition. — *Colmar*, 27 nov. 1810, Stocklin c. Dietrich.

1496. — En conséquence, si la partie qui a signifié les qualités a pris la voie de l'appel et fait prononcer l'infirmation du jugement par un arrêt rendu par défaut contre l'autre partie, celle-ci peut, sur son opposition à cet arrêt, demander la nullité de l'expédition, comme ayant été délivrée sur des qualités auxquelles elle s'était rendue opposante. — *Colmar*, 27 nov. 1810, Stocklin c. Dietrich.

1497. —... Mais il n'y a pas lieu dans ce cas à faire un nouveau jugement. — *Rennes*, 22 déc. 1824, Meillat c. Autret.

1498. — Réciproquement, lorsqu'il n'y a pas eu d'opposition aux qualités et que conséquemment l'avoué a laissé lever le jugement, sa partie est non-recevable à nier les faits qui s'y trouvent consignés. — *Rennes*, 13 mars 1810, N... ; — Carré et Chauveau, quest. 604 ; Thomine, t. 1er, p. 271 ; Boncenne, t. 2, p. 437.

1499. — Jugé, par exemple, que la partie qui a été qualifiée héritière pure et simple dans les qualités d'un jugement ne peut, alors qu'elle n'a pas formé opposition, prétendre sur l'appel qu'elle n'est qu'héritière bénéficiaire. — *Limoges*, 30 juin 1825, Roche c. Jacasse.

1500. —...Que la partie qui a plaidé contre une fabrique ne peut lui reprocher un défaut d'autorisation, si le jugement ou l'arrêt mentionne l'autorisation, et s'il n'y a pas eu opposition aux qualités. — *Cass.*, 1er fév. 1825, Senot c. fabrique de Cassagnoles.

1501.—...Que celui qui n'a pas formé opposition aux qualités d'un arrêt qui le qualifie adhérant à l'appel, ne peut ensuite se faire un moyen de cassation de ce qu'à son égard le premier degré de juridiction aurait été franchi.—*Cass.*, 26 juin 1826, préfet de Vaucluse c. commune de Châteauneuf.

1502. — De même on ne peut fonder un pourvoi en cassation sur ce que l'arrêt de la cour royale n'aurait pas statué sur un des chefs de conclusions que l'on prétend avoir prises devant elle, lorsque, soit dans les conclusions rappelées dans l'arrêt, soit dans les questions qui s'y trouvent posées et auxquelles il n'a pas été formé opposition, il n'est fait aucune mention de ce prétendu chef de demande. — *Cass.*, 8 juill. 1828, Bourlier-Dubreuil c. Pierron.

1503. — ...Lorsqu'on n'a pas formé opposition aux qualités d'un arrêt, on ne peut exciper en cassation de ce qu'il n'énonce pas le domicile de l'une des parties. — *Cass.*, 28 nov. 1832, douanes c. Vanderlhuys.

1504.—Il résulte encore du même principe que s'il y a eu opposition aux qualités et que cette opposition ait réussi, la partie n'est plus recevable à contester les qualités sur des chefs qu'elle n'a pas attaqués d'abord ; qu'elle ne peut, par exemple, exciper en cassation de ce qu'elles ne contiennent pas ses conclusions ni celles de son adversaire. — *Bruxelles*, 18 oct. 1831, société du Bien-du-Cœur c. société des Produits.

1505. — Cependant l'analyse exprimée dans les qualités d'un jugement, d'un acte dont la sincérité est déniée, ne peut, à défaut d'opposition sur ce chef, être considérée comme une reconnaissance de la sincérité du contenu en cet acte, alors d'ailleurs que ce contenu a toujours été nié. — *Cass.*, 31 janv. 1843 (t. 2 1843, p. 204), Génissieux.

1506. — L'authenticité des faits et des conclusions consignés dans les qualités ne peut non plus être détruite par un certificat du greffier. — *Toulouse*, 9 fév. 1828, Ambialict c. Blaquierre.

1507. — Spécialement lorsque les qualités établissent que des conclusions sur le fond ont été posées, ce fait ne peut pas être détruit par un certificat du greffier. — Même arrêt.

1508. — *Reglement des qualités.* — Sur un simple acte d'avoué à avoué, les parties sont réglées sur l'opposition par le juge qui a présidé, et, en cas d'empêchement, par le plus ancien suivant l'ordre du tableau. — C. procéd., art. 145 ; Tarif, art. 90.

1509. — Il n'est pas nécessaire de faire indiquer préalablement par le juge le jour du réglement. Il n'est rien alloué au tarif pour un acte de cette nature ; on choisit donc simplement celui qui paraît le plus convenable.—Pigeau, *Comment.*, t. 1er, p. 334 ; Thomine, t. 1er, p. 272.

1510. — Il est statué sur l'opposition aux qualités en la chambre du conseil, à l'heure des référés. — Décr. 30 mars 1808, art. 57 et 63. — Souquet, vo *Jugement*, tabl. 308, 5e col., no 135 ; Bioche, no 401.

1511. — L'avoué qui a occupé dans l'instance et qui, par suite de ce mandat, a formé opposition aux qualités de l'arrêt qui a terminé l'instance, est-il le seul avec lequel le réglement de ces qualités doit être fait, encore qu'il ait été révoqué après l'opposition aux qualités ?

1512. — La cour de Riom (19 août 1826, Danglard c. Caylus) a jugé l'affirmative par les motifs que si l'art. 75, C. procéd., donne aux parties la faculté de révoquer leurs avoués, cet article n'est pas applicable aux cas où, par suite du jugement rendu, il n'y a plus d'instance ; et qu'un jugement définitif étant prononcé, l'opposition aux qualités et le soutènement de l'opposition paraissent attachés singulièrement et de droit aux avoués qui, par leurs cliens respectifs, ont suivi les débats et qui étaient restés leurs avoués lorsque l'arrêt a été rendu.

1513. — La cour de Cassation, appelée à statuer sur le pourvoi dirigé contre cet arrêt, n'a pas jugé explicitement la question de principe, elle s'est bornée à décider que l'arrêt qui juge que les qualités ne pouvaient être réglées qu'avec cet avoué, en se fondant, non seulement sur ce que sa révocation était tardive et intempestive, mais encore sur ce qu'elle ne résultait pas clairement des actes produits, échappe à la censure de la cour de Cassation. — *Cass.*, 24 mai 1830, Danglard c. Caylus.

1514.—Pour nous, nous pensons avec MM. Bioche et Goujet (no 265) que la doctrine de l'arrêt de Riom n'est pas admissible ; car, ainsi que le font remarquer ces auteurs, l'art. 75, C. procéd., n'impose pas d'autres conditions à la révocation, que la constitution d'un autre avoué ; et il suffit qu'il y ait lieu au ministère de l'avoué pour que la partie ait le droit de confier ce ministère à celui qu'elle juge le plus digne de sa confiance.

1515. — La décision qui intervient sur l'opposition aux qualités doit être écrite sur l'original de la signification et non sur une feuille à part, ainsi que l'enseignent les auteurs du commentaire inséré aux *Annales du Notariat*, t. 1er, p. 281. — Pigeau, t. 1er, p. 550 ; Carré et Chauveau, quest. 602 ; Thomine, t. 1er, p. 272 ; Boncenne, t. 2, p. 483 ; — Inst. min. just. et fin. 21 mai 1811.

1516.—Si le magistrat qui doit statuer sur l'opposition approuve les qualités, il met au bas : *Bon à expédier sur les présentes qualités*, et signe. Il en fait autant lorsqu'il se borne à les réformer après avoir indiqué, *sur les qualités*, les changemens qu'il croit convenables et qu'il approuve. Si au contraire il les rejette, il met : *Ne pas expédier sur les présentes qualités.* — Pigeau, *ibid.*

1517. — Si l'opposant ne se présente pas pour faire valoir ses griefs, il est donné défaut et le président délivre le *bon à expédier*.

1518. — Le président du tribunal ne peut, sans déni de justice et excès de pouvoir, refuser de régler les qualités d'un jugement, et par suite empêcher l'une des parties d'en lever l'expédition.— *Cass.*, 17 mars 1835, Mauduit c. Péron.

1519. — Mais lorsqu'en sa présence, l'opposant aux qualités fait à la partie adverse l'offre du montant des condamnations, le président peut se refuser, quant à présent, à autoriser l'expédition du jugement et renvoyer les parties devant qui de droit, pour faire statuer sur la validité des offres. — *Orléans*, 28 déc. 1831, Mauduit c. Péron.

1520. — Il faut remarquer d'ailleurs, que les présidens ne sont pas obligés de rectifier eux-mêmes les qualités auxquelles il est formé opposition, et qu'ils peuvent en charger l'avoué de la partie adverse. — *Cass.*, 23 nov. 1829, Schirmer c. Reibell.

1521. — Les parties sont non-recevables à se pourvoir par opposition ou par appel contre les décisions rendues sur l'opposition aux qualités.— *Agen*, 3 juill. 1830, Carrère c. Birau ; *Orléans*, 28 déc. 1831, Mauduit c. Périn ; *Cass.*, 17 mars 1835, Mauduit c. Peron.—Carré et Chauveau, *Quest.* 603 ; Thomine, t. 1er, p. 272 ; Boncenne, t. 2, p. 437.

1522. — La partie qui aurait à se plaindre de changemens ou additions aux qualités, plaiderait ce moyen en discutant le fond devant les juges supérieurs. — Mêmes auteurs.

1523. — Tout ce que nous venons de dire suppose la présence des avoués ; quelles seraient donc les formalités à suivre avant de remettre les qualités à l'expédition, si l'avoué de l'une des parties avait cessé de postuler depuis le jugement et qu'il n'en eût pas été constitué d'autre à sa place ?

1524. — Pigeau avait prévu cette difficulté. Il faut distinguer, disait-il : si la partie demeure dans le lieu où siége le tribunal, on lui signifie les qualités par un exploit ordinaire, par le ministère d'un huissier audiencier, et l'exploit reste vingt-quatre heures entre les mains de cet huissier ; si la partie demeure hors de ce lieu, la signification se fait également par un exploit ordinaire, mais par le ministère d'un huissier ayant le droit d'exploiter dans le lieu où se fait la signification. La partie qui veut s'opposer doit le faire dans les vingt-quatre heures, en y joignant les délais à raison de la distance, par un avoué qu'elle constitue : comme l'exploit n'est pas remis au bureau des huissiers audienciers du tribunal, l'opposition n'est pas faite entre leurs mains, mais par acte d'avoué ; si elle ne l'est pas, les délais étant expirés, on remet cette signification au greffier avec un certificat constatant que la partie n'a ni constitué avoué ni formé opposition. — Pigeau, *Commentaires* t. 1er, p. 331 et suiv.

1525. — Suivant Boncenne (t. 2, p. 434 et suiv.), cette marche serait illusoire à l'égard de la partie qui, recevant la signification, ignorera le plus souvent ce qu'elle doit faire ; et il en propose une autre qui consisterait à assigner la partie en constitution de nouvel avoué dans les délais ordinaires de l'ajournement, tout en lui notifiant les qualités, ce qui la mettrait tout à la fois en demeure de former son opposition et de régulariser sa position judiciaire. Le nouvel avoué prendrait alors connaissance de la procédure et du jugement, puis dans le cas où il y aurait lieu, il notifierait sa constitution par un simple acte, il formerait son opposition dans les vingt-quatre heures suivantes et irait la soutenir devant le président.—Si la partie ainsi prévenue gardait le silence et ne constituait pas d'avoué, elle serait réputée approuver la rédaction des qualités.

1526. — Le système de M. Chauveau (sur Carré, quest. 597 *bis*) diffère peu de celui de Boncenne. M. Chauveau voudrait que les qualités fussent signifiées à la partie avec sommation d'avoir à déclarer dans la huitaine si elle entend s'opposer à la rédaction proposée, et passé ce délai, si la partie n'avait pas fait opposition, elle ne pourrait plus, après la signification du jugement, revenir contre la rédaction des qualités.

1527. — Enfin M. Thomine (t. 1er, p. 272) propose une procédure toute différente. Suivant lui, il est inutile de signifier les qualités dans le cas qui nous occupe. L'on procède de la même manière que si le jugement était par défaut. Les qualités non signifiées seront remises au greffe, avec déclaration du motif pour lequel la signification n'en a pas été faite. — V. dans ce sens une dissertation de M. Perrin insérée au *Journal des Avoués*, t. 56, p. 87; Bioche, no 415.

1528. — Cette dernière opinion ne nous paraît pas devoir être admise, car elle exposerait une partie qui se trouve, sans qu'il y ait de sa faute ou de sa négligence, dépourvue du protecteur qu'elle s'était choisi, à des surprises dont les conséquences pourraient être funestes. Les partisans de ce système ajoutent, il est vrai, qu'il ne peut y avoir aucun danger pour la partie à qui les qualités n'ont pas été signifiées, parce qu'on ne saurait lui opposer le contenu de ces qualités. Mais nous pensons que c'est là une erreur, et que devant la cour de cassation cette partie argumenterait en vain du défaut de représentation au moment de la rédaction des qualités. La cour ne prendrait en considération que les faits exprimés dans l'arrêt attaqué, et un arrêt ne se compose pas seulement des motifs et du dispositif. D'ailleurs, en supposant que cette objection fût juste, il faudrait donc, ainsi que le fait remarquer M. Chauveau (*ibid.*), qu'au moment où la partie condamnée recevrait la signification du jugement, elle formât opposition à la rédaction de ce jugement; il y aurait ainsi un nouveau procès, car si cette partie parvenait à faire changer la rédaction, il faudrait une nouvelle expédition et une nouvelle signification. — Nous admettons également le reproche adressé au système de Pigeau, et nous pensons qu'il doit aussi être rejeté. — Mais auquel des deux autres donner la préférence? Tous les deux peuvent être suivis indifféremment, car ils tendent au même but; à savoir, éviter les surprises auxquelles pourrait être exposée une partie privée sans sa faute du secours d'un avoué. Or, que ce résultat soit obtenu par la signification des qualités à la partie *avec sommation de constituer avoué dans les délais de l'ajournement*, comme le veut Boncenne, ou avec *sommation d'avoir à déclarer dans le même délai si elle entend former opposition à la rédaction projetée*, comme l'enseigne M. Chauveau, cela importe peu.

ART. 4. — *De l'expédition.*

1529. — On appelle expédition la copie du jugement relevée sur la minute et sur les qualités.

1530. — L'expédition doit donc contenir tout ce que contient la réduction du jugement, c'est-à-dire les noms des juges, du procureur du roi, s'il a été entendu, ainsi que des avoués; les noms, professions et demeures des parties; leurs conclusions, l'exposition sommaire des points de fait et de droit, les motifs et le dispositif du jugement. — Art. 142, C. procéd. civ.

1531. — Du reste, il n'y a pas nullité d'un arrêt par cela seul que ses qualités offrent des différences avec celles qui ont été signifiées, alors que ces différences sont insignifiantes et consistent, par exemple, en ce que les qualités signifiées énonceraient quatre questions, tandis qu'une seule serait mentionnée dans les qualités de l'arrêt, si cette dernière question résume, dans sa plus simple expression, le seul point à juger. — *Cass.*, 30 août 1831, Combe c. Leullier.

1532. — Il y a deux sortes d'expéditions: l'une simple, elle peut être délivrée à tout requérant (V. COPIE DE TITRES ET ACTES, nos 112 et suiv.); l'autre exécutoire (V. GROSSE).

1533. — Le jugement ne peut, en général, être mis à exécution que sur la grosse même. — Boucher d'Argis, vo *Signification*, p. 345; Bioche, no 421.

1534. — ... Et le juge ne peut autoriser la partie à se faire délivrer une seconde grosse du jugement hors la présence de celui que ce titre concerne. — *Paris*, 17 thermid. an XIII, Lussault c. Gravier. — V. GROSSE.

1535. — Toutefois, en cas d'urgence, le tribunal a la faculté d'ordonner l'exécution de sa décision sur la minute. — V. EXÉCUTION PROVISOIRE.

1536. — L'expédition doit relater la date du jour où le jugement a été rendu. — Mais à plus forte raison faut-il appliquer ici ce que nous avons dit *suprà* nos 1396 et suiv.) en cas d'omission de cette formalité.

1537. — Jugé d'ailleurs, que le défaut de date dans la grosse ou la copie signifiée d'un arrêt ne donne pas prise à cassation, lorsqu'il est constaté que la date se trouve sur la minute. — *Cass.*, 14 avr. 1824, Hutteau; *Rouen*, 4 juin 1842 (t. 2 1842, p. 366) Letellier c. Hospice de Gisors.

1538. — ... Et qu'il n'y a pas nullité de l'expédition d'un jugement, en ce que la mention de la date se trouve après la mention de la signature du président et du greffier, lorsqu'il est constant et reconnu, d'ailleurs, que la minute a été régulièrement datée et signée. — *Cass.*, 29 nov. 1831, Bouquet c. Tandières.

1539. — L'expédition est en outre intitulée et terminée au nom du roi, conformément à l'art. 57 de la Charte constitutionnelle. — C. procéd. civ., art. 146. — V. EXÉCUTION DES JUGEMENS ET ACTES, FORMULE EXÉCUTOIRE.

1540. — Mais cette formalité n'est exigée que sur les expéditions exécutoires ou *grosses* des jugemens, et non sur les expéditions simples qui ne peuvent autoriser aucune exécution. — Pigeau, *Comment.*, t. 1er, p. 527; Carré et Chauveau, quest. 606.

1541. — Du reste, l'omission de la formule exécutoire sur la signification d'un arrêt n'emporte pas nécessairement la nullité de cette signification et de ce qui a suivi. En tout cas, cette nullité ne pourrait être invoquée par la partie qui aurait demandé l'exécution de l'arrêt, sans faire aucune réserve expresse. — *Cass.*, 28 nov. 1829, comm. de Fraroz c. comm. d'Arsures.

1542. — L'expédition doit être signée par le greffier; autrement elle n'aurait aucun caractère légal ni authentique. — Pigeau, *Comment.*, t. 1er, p. 632.

1543. — Ainsi jugé que la signification de la copie d'une expédition non signée du greffier ne fait pas courir le délai de l'appel. — *Toulouse*, 11 mai 1837; — Bioche, vo *Appel*, no 339.

1544. — Elle doit aussi mentionner que la minute a été signée par le président et par le greffier; mais le vœu de la loi est suffisamment rempli lorsque l'expédition d'un arrêt contient l'énonciation que la signature du président et celle du greffier ont été apposées sur la minute; et il n'est pas nécessaire que les signatures soient textuellement relatées dans cette expédition. — *Cass.*, 24 mai 1821, Charve.

1545. — Quant à la copie de l'expédition d'un jugement, il a été jugé qu'elle était nulle lorsqu'elle ne mentionnait pas la signature du greffier, quoique l'expédition portât cette signature. — *Besançon*, 25 juill. 1814, N....

1546. — Suivant Pigeau (*Comment.*, t. 1er, p. 527), on ne doit délivrer qu'une seule grosse et on ne doit la délivrer qu'à la partie qui a obtenu gain de cause. En cas de doute sur le point de savoir à laquelle des parties la grosse doit appartenir, le greffier ne doit la remettre qu'à celle qui a intérêt principal, sauf à elle à la remettre ensuite à celle qui a le moindre intérêt à l'exécution.

1547. — Mais nous pensons, au contraire, avec MM. Carré et Chauveau (quest. 606), que toute personne qui a été partie au procès a droit d'en lever une grosse. L'art. 854 C. procéd. nous paraît d'ailleurs autoriser implicitement le greffier à délivrer une expédition exécutoire à chaque partie, en ne lui défendant de délivrer une seconde grosse exécutoire qu'autant qu'elle est réclamée par une partie qui en a déjà obtenu une première. — V. aussi Bioche, no 427; Thominé, t. 1er, p. 278; Favard, t. 3, p. 181, no 7.

1548. — Les grosses et expéditions délivrées par le greffier dépositaire de la minute sont authentiques, et la foi due à l'expédition d'un jugement contenant les motifs de ce jugement ne peut être détruite par un simple extrait de la feuille d'audience, dans laquelle ces motifs ne seraient pas exprimés. — *Cass.*, 17 fév. 1835, Pelleport c. Courtiade.

1549. — On ne peut, en général, délivrer des grosses par extrait: des expéditions ainsi tronquées seraient sans force et manqueraient des conditions nécessaires pour leur validité. — V. GROSSE, no 42.

1550. — Observons, en terminant, qu'il n'est nécessaire de requérir expédition qu'autant qu'on veut exécuter le jugement ou faire courir les délais des recours. — V. EXÉCUTION DES JUGEMENS ET ACTES, APPEL, CASSATION (mat. civ.), REQUÊTE CIVILE, JUGEMENT PAR DÉFAUT.

1551. — Un greffier ne peut copier les jugemens de renvoi en tête des expéditions de jugemens qu'il délivre. — *Rennes*, 28 mai 1819, Laporte c. N.... — S'il le faisait, le coût de l'expédition desdits jugemens resterait à sa charge.

ART. 5. — *Effet de l'omission des formalités prescrites pour la rédaction des jugemens.*

1552. — On a vu dans les sections qui précèdent en quoi consistent les diverses formalités exigées pour la rédaction des jugemens. Mais quelle conséquence peut entraîner l'omission d'une ou de plusieurs de ces formalités? L'inexécution d'une des prescriptions de l'art. 141, C. procéd., suffit-elle pour vicier le jugement et le priver de sa force? C'est là une question que le Code n'a pas résolue, et sur laquelle s'est élevée une vive controverse.

1553. — Sous l'empire de la législation antérieure, la difficulté ne pouvait pas s'agiter. On jugeait constamment, aux termes de l'art. 2, L. 4 germin. an II, que l'art. 15, L. 14 août 1790, d'après lequel la rédaction des jugemens, tant en première instance que sur l'appel, devait contenir quatre parties: 1o les noms et qualités des parties; 2o les questions de fait et de droit qui constituaient le procès; 3o le résultat des faits reconnus ou constatés par l'instruction et les motifs des jugemens; 4o le dispositif, qui était obligatoire à peine de nullité. — *Cass.*, 22 mars 1792, int. de la loi; 30 août 1792, Dumont c. Bureau des correspondances nationales; 9 août 1792, Ricard c. Delorme; 28 déc. 1792, Legrand c. Chauvot; 4 oct. 1793, Rey; même jour, Azevido c. Maillot; 21 niv. an II, Lambert c. Palissier; 23 flor. an II, Prelot; 2 niv. an II, Enregistr. c. Corsange; 28 flor. an II, Lambert; 8 flor. an II, Dauge; 12 brum. an II, N...; 22 vent. an II, Lebel; 28 niv. an II, Thibault; 18 brum. an II, Cocher c. Benoît; 1er niv. an II, Cadenet; 1 brum. an II, Durand; 6 germin. an II, Charpellier; 19 niv. an II, Bonesiard; 4 niv. an II, Foucher; 29 brum. an III, Gravier c. Kanouski; 7 messid. an IV, Hernier Niverveles c. Brière; 13 prair. an IV, Dezo; 7 messid. an V, Molinier c. Auradon; 17 thermid. an V, N...; 13 prair. an V, Min. publ. c. tribunal des Deux-Nèthes; 23 brum. an V, Oblet c. Allart; 7 flor. an VI, Acloque c. Paillard; 22 brum. an VII, Auberry c. Renaut; 14 niv. an VIII, Poupen c. Douanes; 13 vent. an X, Savignel; 22 mai 1816, Fauconnier c. Dewit.

1554. — Mais aujourd'hui l'art. 141, C. procéd., qui reproduit, à peu de chose près, les dispositions de la loi de 1790, n'attache pas, du moins en termes formels, à leur inexécution la peine de nullité, et l'art. 1030 du même Code défend de suppléer cette peine.

1555. — D'un autre côté, l'art. 7, L. 20 avr. 1810, ne déclare le jugement nul que dans quatre cas seulement, savoir: 1o pour défaut de publicité (V. *suprà* nos 506 et suiv., 875 et suiv.); 2o pour défaut de motifs (nos 947 et suiv.); 3o pour défaut de nombre de juges prescrit (nos 411 et suiv.); 4o pour concours de juges qui n'auraient pas assisté à toutes les audiences de la cause (nos 648 et suiv.).

1556. — Enfin, les dispositions de la constitution de l'an III, sur la forme des jugemens, ont cessé de produire effet, en vertu de l'art. 1041, C. procéd. — *Cass.*, 16 fév. 1830, Gaffori c. duc de Padoue.

1557. — De là la question de savoir quelle sera la sanction de l'art. 141, et si la peine de la nullité devra être restreinte au cas de défaut de motifs, le seul qui soit prévu par l'art. 7, L. 20 avr. 1810, ou si, au contraire, elle devra s'étendre à l'omission des autres formalités prescrites par le Code.

1558. — Les uns, se fondant sur ce motif que l'art. 141 ne prononce pas de nullité, rejettent d'une manière absolue la peine de la nullité comme sanction des dispositions qu'il prescrit. — Merlin, *Rép.*, vo *Jugement*; Toullier, t. 10, nos 135 et suiv.; Thomine, t. 1er, p. 267; Hautefeuille, p. 109. — V. dans le même sens *Cass.*, 8 août 1808, Kerkado c. Elchegoyen.

1559. — D'autres, au contraire, prenant pour règle le même article, soutiennent que toutes les formalités qu'il prescrit doivent être considérées comme constitutives du jugement, et que leur omission entraîne nécessairement la nullité du jugement. — Berriat Saint-Prix, p. 252, note 36e; Carré et Chauveau, quest. 594; Demiau, p. 124; Boncenne, t. 2, p. 449; Perrin, *Traité des nullités*, p. 221. — V. aussi *Cass.*, 11 juin 1811, Kuhn c. Lamy; *Rennes*, 21 juin 1816, N....

1560. — Un troisième système consiste à distinguer entre les formalités qui sont l'œuvre des parties, celles que celles exigées pour la rédaction des qualités, et celles qui sont l'œuvre du juge. Pour les premières, on ne pourrait, du moins en général, demander la nullité du jugement; il en est autrement pour les dernières. — Pigeau, *Comment.*, t. 1er, p. 330; Boitard, t. 1er, p. 441; Favard, t. 3, p. 75; Poncet, t. 1er, p. 196. — V. dans ce sens *Lyon*, 22 juill. 1829, Pelosse c. Raymond; *Poitiers*, 5 (et non 25) mai 1825, Dubut c. Delor.

1561. — Enfin, d'après M. Bioche (no 288), la question doit se résoudre par la distinction des formalités substantielles de celles qui ne le sont pas, et il appartient aux tribunaux d'apprécier les faits et d'appliquer ou de rejeter la nullité, suivant la manière dont il a été satisfait aux prescriptions de l'art. 141.

1562. — Nous n'hésitons pas à nous prononcer pour la seconde opinion que nous venons d'indiquer, en admettant toutefois certains tempéramens que nous ferons connaître en analysant la jurisprudence, c'est-à-dire que nous n'exceptons pas de la peine de nullité les omissions qui tomberaient sur toute autre partie du jugement que les motifs et le dispositif.

1563. — Nous sommes peu touché, en effet, de la considération que dans ce cas la nullité provient du fait de la partie et se résume en une inexactitude contraire à la réalité que démontrent les pièces mêmes de la procédure. Nous dirons avec M. Chauveau (sur Carré, quest. 594) que c'est précisément parce que la loi a confié aux plaideurs la rédaction d'une partie du jugement que l'on doit être plus sévère dans l'application de la nullité. Celui qui lui-même a omis la formalité exigée, qui a négligé d'énoncer ce qu'il savait être exact, a manqué à la confiance du législateur, il a méconnu le mandat qui lui avait été délégué, il devait parfaire le jugement, il ne l'a pas fait ; c'est donc sa faute s'il n'y a pas de jugement valable.

1564. — Au surplus, nous allons présenter un tableau précis de la jurisprudence et de la doctrine sur les différentes parties constitutives des jugemens.

1565. — *Noms des juges et du procureur du roi.* — Cette mention étant exigée pour s'assurer si les juges étaient en nombre requis et si chacun d'eux avait qualité pour y figurer, toutes circonstances essentielles dont le jugement lui-même doit fournir la preuve, ainsi que nous l'avons vu *suprà* nos 494 et suiv., 648 et suiv.); il n'y a pas de doute que le jugement qui ne la renfermerait pas serait nul. — Bioche et Goujet, no 207 ; Chauveau sur Carré, quest. 593 *ter* ; Pigeau, *Comment.*, t. 1er, p. 326 ; Thomine, t. 1er, p. 267 ; Boitard, t. 1er, p. 443. — V. *contrà* Poncet, t. 1er, p. 230.

1566. — C'est, du reste, ce qu'a jugé la cour de Cassation par arrêts du 11 juin 1811 (Kuhn c. Lamy) et du 24 nov. 1834 (Enregistr. c. Poinsot. — V. aussi *Agen*, 30 mai 1808, Miegeville.

1567. — Jugé aussi que les feuilles d'audience font foi de l'absence ou de la présence des juges, et ne peuvent être rectifiées après coup, d'après les seuls souvenirs des magistrats ; qu'en conséquence, la nullité résultant de l'omission, sur la feuille d'audience, du nom d'un magistrat qui a cependant participé au jugement, ne peut être réputée couverte par cela que les autres juges auraient, même sur la réquisition du ministère public, et à l'aide de leurs souvenirs, déclaré que ce magistrat était présent à l'audience, et autorisé le greffier à ajouter son nom à la liste des juges présens. — *Cass.*, 6 nov. 1827, Prévost c. Hébert. — V. d'ailleurs *suprà* no 1441.

1568. — Mais l'omission dans un jugement de l'un des noms propres d'un juge n'entraîne pas la nullité du jugement, si d'ailleurs l'identité de ce juge est suffisamment établie par l'énonciation de ses prénoms et de sa qualité. — *Cass.*, 30 sept. 1826. Bissette, Fabien et Volny.

1569. — Au surplus, ni le lieu ni la forme de cette désignation ne sont sacramentels. Ainsi, la signature du président mise au bas d'un arrêt équivaut à la mention du nom de ce magistrat exigée dans la rédaction de l'arrêt par l'art. 141, C. procéd. — *Cass.*, 27 fév. 1827, Carpentier c. Pigny.

1570. — Jugé encore qu'il suffit pour que le vœu de la loi soit rempli qu'un arrêt désigne le premier président au nombre des juges qui l'ont rendu, et que ce magistrat ait signé l'arrêt, bien que cet arrêt n'énonce pas le nom du premier président. — *Cass.*, 8 juin 1829, Vial c. Gaspard.

1571. — ...Et que lorsqu'un arrêt déclaratif de partage a été suivi d'un premier arrêt qui vide le partage, et d'un second qui prononce sur d'autres points du litige, ce dernier arrêt indique suffisamment les noms des magistrats qui l'ont rendu, en énonçant qu'il a été rendu par les mêmes conseillers qui ont concouru à l'arrêt déclaratif du partage. — *Cass.*, 19 août 1828, Vivié c. Gay.

1572. — De même, si la loi exige la mention du nom des juges qui ont concouru au jugement, elle ne va pas jusqu'à exiger la mention que ces juges sont les mêmes qui ont assisté à toutes les plaidoiries et à toutes les audiences de la cause.

1573. — En effet, c'est une maxime constante, dit Pigeau (*Comment.*, t. 1er, p. 326), que toutes les fois que la loi exige une formalité des juges sans les astreindre à l'attester, ils sont présumés l'avoir remplie. — V. aussi Chauveau sur Carré, quest. 593 *ter*.

1574. — Les feuilles d'audience seraient d'ailleurs suffisantes pour constater que les mêmes juges ont constamment siégé. — *Cass.* (motifs), 24 avr. 1834, Lemenu c. Coudre.

1575. — En conséquence, un jugement n'est pas nul en ce qu'il ne fait pas connaître les noms des juges qui ont assisté à l'audience où une enquête a eu lieu, alors qu'on ne rapporte pas la preuve qu'ils ne sont pas les mêmes que ceux qui ont pris part au jugement définitif, et que d'ailleurs le fait contraire peut être induit de ce dernier jugement. — *Cass.*, 4 mai 1829, Salaun c. Quemeneur.

1576. — ...Et il n'est pas nécessaire qu'un jugement ou arrêt rendu sur qualités posées, contienne l'indication des noms des juges qui se trouvaient à l'audience à laquelle les qualités ont été posées. — *Cass.*, 24 avr. 1834, Lemenu c. Coudre.

1577. — V. d'ailleurs à ce sujet les arrêts que nous avons cités *suprà* nos 654 et suiv.

1578. — En tous cas, il n'y a pas lieu d'annuler un jugement par cela seul que l'expédition de ce jugement ne mentionnerait pas la présence du nombre de juges requis pour le rendre, s'il résulte du plumitif de l'audience que dans la réalité un nombre suffisant de juges y a participé. — *Cass.*, 6 avr. 1831, de Naucaze c. Bergounhoux ; 14 juin 1836, Lafaurie c. Langa. — V. *suprà* nos 500 et suiv.

1579. — Mais pour couvrir ce vice, il ne suffirait pas qu'il fût attesté par un certificat du greffier que la mention du nom des juges existe sur la minute. Un tel certificat est inefficace pour établir légalement le fait qu'il atteste. — *Cass.*, 3 déc. 1827, Despagnac c. Enregistr.

1580. — De même, lorsqu'il résulte de l'expédition d'un arrêt que six juges seulement y ont concouru, le contraire ne peut être justifié par un certificat du greffier constatant que c'est par erreur qu'on n'y a pas mentionné la présence du septième. — *Cass.*, 26 mai 1819, Montalion c. Pochon.

1581. — Il a cependant été jugé par la cour de Rennes (23 juin 1820, Germondais c. de Saint-Gilles) qu'un jugement est nul lorsqu'il résulte des conclusions prises par les parties et de leurs déclarations respectives qu'un des juges qui, dans l'expédition, est déclaré y avoir concouru, n'a pas fait partie de ceux qui ont rendu ce jugement, et que c'est par erreur que le nom de ce juge aurait été substitué dans ladite expédition à celui du juge suppléant qui l'a remplacé.

1582. — Si l'omission du nom d'un juge n'existait que sur la copie signifiée, à plus forte raison ne pourrait-elle vicier le jugement. — *Cass.*, 6 avr. 1818, Delalonde c. Saint-Hilaire. — V. aussi *Cass.*, 5 juin 1832, Dufriche.

1583. — La loi exige aussi qu'on désigne le procureur du roi s'il a été entendu, et le jugement serait nul si la minute ne contenait pas cette mention. — Pigeau, *Comment.*, t. 1er, p. 326 et 329 ; Merlin, *Rép.*, t. 6, p. 605 et *Quest.*, t. 4, p. 7 ; Favard, t. 1er, p. 154 ; Thomine, t. 1er, p. 267 ; Boitard, t. 1er, p. 444 ; Carré et Chauveau, quest. 593 *ter*.

1584. — Du reste, le vœu de la loi relativement à la présence du ministère public à un jugement ou arrêt est rempli, lorsque l'arrêt mentionne qu'un conseiller auditeur attaché au parquet y a assisté. — *Cass.*, 1er mars 1830, Polidori c. Colombani.

1585. — Faut-il absolument mentionner le nom de l'officier du parquet qui a porté la parole, ou bien suffit-il de le désigner par son titre, et enfin de dire que le ministère public a été entendu.

1586. — Nous pensons avec M. Chauveau sur Carré (quest. 593 *ter*) que ce dernier mode serait insuffisant, puisqu'il ne ferait pas connaître le magistrat qui aurait rempli ces fonctions, ce qui peut néanmoins être utile pour savoir s'il avait qualité.

1587. — Par la même raison, si l'officier du parquet n'était désigné que par son titre, une distinction deviendrait nécessaire.

1588. — Si ce titre n'appartient pas exclusivement à un seul, comme celui d'avocat général, par exemple, la désignation ne peut pas suffire.

1589. — Si, au contraire, un seul magistrat en est revêtu, si, par exemple, le jugement énonce que le procureur du roi a été entendu dans ses conclusions, la désignation est suffisante.

1590. — Ainsi jugé que la mention que le procureur du roi a été entendu dans ses conclusions, suffit pour la validité du jugement, sans qu'il soit nécessaire qu'il soit désigné par son nom. — *Montpellier*, 20 mai 1829, maire de Saint-Georges c. Testoris ; *Lyon*, 24 janv. 1834, Mathon c. Perroud. — V. aussi *Cass.*, 1er août 1810, Masnier c. Desmoges ; 12 juin 1828, Cauvin c. Lamartinière.

1591. — La cour de Nîmes a pourtant décidé, mais à tort selon nous, qu'il y a nullité du jugement qui ne contient pas le nom du magistrat qui a porté la parole comme ministère public, et qu'il ne suffit pas qu'il soit dit : *le procureur du roi entendu*. — *Nîmes*, 1er août 1827, Giroud c. Sarrasin.

1592. — La nullité résultant du défaut de mention de la personne du ministère public doit d'ailleurs être limitée au cas où il s'agit de causes sujettes à communication. — Pigeau et Chauveau sur Carré, *ibid.*

1593. — Quand la participation du ministère public à l'affaire n'est pas exigée par la loi, il n'y a pas dès-lors nullité du jugement qui omet de mentionner la présence et les conclusions d'un officier du parquet. — *Cass.*, 28 brum. an XIV, Dutrone c. Bruslée ; 25 (et non 23 juin 1833, Joubert c. Caffin et Cardaillac.

1594. — Jugé cependant d'une manière générale qu'un jugement est nul s'il n'énonce pas que le ministère public était présent à l'audience. — *Agen*, 17 fév. 1814, Durand c. N...

1595. — Du reste, dans les causes où la loi exige que le ministère public soit entendu, il ne suffirait pas de la simple mention de sa présence. Il faut encore que mention soit faite qu'il a pris ses conclusions.

1596. — La mention dans un jugement que le ministère public était présent à l'audience ne suffit pas, en effet, pour prouver qu'il a été entendu. — *Limoges*, 30 janv. 1816, N... ; *Cass.*, 16 juill. 1806, Desson c. Pallier ; 20 juill. 1836, Enregistr. c. Douay ; 19 vendém. an VII, Day c. Verdier ; 12 flor. an X, Grimaud c. Davin ; *Turin*, 7 vent. an XI, Cavallero c. N... ; *Cass.*, 8 août 1837 (t. 1er 1840, p. 519), Enregistr. c. Miquel.

1597. — On ne peut suppléer à ce défaut de mention par aucuns certificats ou autres preuves. — *Cass.*, 29 fructid. an III (et non 29 frim. an XIII), Charday ; 16 vendém. an XIII, Mirback c. de Reitz ; 29 frim. an XIII, Chaudagel-Renard c. N... ; *Rennes*, 16 juill. 1835, Préval c. Naudeau.

1598. — Dès-lors, un jugement est nul si dans une cause intéressant des mineurs, il n'est pas constaté que le ministère public a été entendu. — *Cass.*, 11 flor. an IX, Pajot c. Pavat ; *Rennes*, 13 janv. 1820, Peron.

1599. — De même, lorsqu'un arrêt garde le silence sur la communication au ministère public, on doit présumer qu'elle n'a pas eu lieu. — *Cass.*, 25 avr. 1833, Maillé Landry c. Dibarrard. — V. COMMUNICATION AU MINISTÈRE PUBLIC.

1600. — Sur la question de savoir qui peut opposer la nullité résultant du défaut de communication au ministère public, ou de ce que le ministère public n'a pas été entendu dans ses conclusions, V. COMMUNICATION AU MINISTÈRE PUBLIC, nos 164 et suiv.

1601. — V. aussi même mot (nos 176 et suiv.) les arrêts qui ont décidé que le défaut de conclusions du ministère public dans les affaires où il doit être entendu, donne ouverture à la requête civile, mais non à cassation.

1602. — Lorsque le ministère public doit donner des conclusions, il est tenu de le faire verbalement et non par écrit. — *Cass.*, 26 niv. an III, N....

1603. — Il ne suffirait donc pas qu'il eût déposé des conclusions écrites, et qu'à l'audience il se fût borné à dire qu'il y persistait. — *Agen*, 21 janv. 1807, Coste c. Eché ; — Pigeau, *Comment.*, t. 1er, p. 263.

1604. — Jugé, en conséquence, qu'en matière d'enregistrement il ne suffirait pas que les conclusions du ministère public fussent données par écrit en marge du mémoire signifié par la régie. — *Cass.*, 14 avr. 1830, enreg. c. Claudel ; 16 mai 1831, enreg. c. Lalande ; 17 déc. 1833, Lebailly de la Falaise c. enreg.

1605. — ... Ni que le jugement énonçât avoir été rendu sur le vu des conclusions écrites du procureur du roi et en présence de son substitut. — *Cass.*, 6 juin 1837 (t. 1er 1840, p. 520), Guillemin c. enreg.

1606. — Cependant il a été décidé qu'un jugement sur requête, dans une affaire communicable, n'est pas nul parce que le ministère public n'aurait pas donné ses conclusions à l'audience, mais par écrit. — *Agen*, 10 avr. 1813, Boria c. N...

1607. — Du reste, il faut remarquer que lorsque le ministère public a pris la parole dans les causes communicables, le vœu de la loi est rempli, et que toutes les autres circonstances qui pourraient se présenter dans chaque affaire ne sont plus qu'accessoires.

1608. — Ainsi, il a été jugé qu'en matière d'enregistrement, lorsque le juge rapporteur et le ministère public ont été entendus à une première audience, dans leurs rapport et conclusions, il n'est pas nécessaire qu'ils soient entendus de nouveau le jour de la prononciation du jugement. — *Cass.*, 23 avr. 1816, enreg. c. Glénau.

1609. — ... Et qu'on ne peut demander la cassation d'un arrêt définitif portant que le ministère public a été entendu la veille du jour auquel un arrêt précédent avait remis la cause pour entendre ses conclusions. — *Cass.*, 2 janv. 1834, comp. Bissard c. Marcoul.

1610. — Nous avons vu aussi (*suprà* nos 864 et suiv.) que l'assistance d'un organe du ministère public à l'audience où l'arrêt a été prononcé n'est pas prescrite à peine de nullité, même dans les causes communicables, et qu'il suffit, pour la validité de l'arrêt, que le ministère public ait été entendu dans ses conclusions à l'audience où les plaidoiries ont eu lieu et ont été closes.

1611. — Observons d'ailleurs, comme nous l'avons fait plus haut, en ce qui concerne la mention du nom des juges, que si le défaut de mention du nom du procureur du roi n'existe que sur l'expédition, cette erreur ne vicie pas le jugement, parce qu'elle peut être rectifiée au moyen de la minute. — *Cass.*, 6 déc. 1835, Matton c. Perroud; — Carré et Chauveau, quest. 594.

1612. — ... Et même le président pourrait réparer une semblable omission sur la minute de l'arrêt, avant la délivrance de l'expédition, si l'audition du ministère public était constatée sur le plumitif de l'audience. — *Grenoble*, 1er mars 1821, Arnoud c. Legendre.

1613. — Quant au *greffier*, il suffit que sa présence à l'arrêt ou au jugement soit certaine pour qu'il n'y ait, sous ce rapport, aucune violation de la loi. Et cette présence est suffisamment constatée par sa signature sur la minute de l'arrêt. — *Cass.*, 18 déc. 1837 (t. 1er 1838, p. 48), Taté c. Constant; 3 janv. 1838 (t. 1er 1838, p. 58), Bérit c. Bonne et Barrière; 19 août 1834, Maucusson c. Camonin et Parmentier.

1614. — Le contraire ne peut être prouvé que par la voie de l'inscription de faux. — *Cass.*, 19 nov. 1835, Baratchard c. Larraondo.

1615. — Il n'est pas non plus nécessaire, à peine de nullité, que la présence du greffier à la prononciation du jugement soit expressément constatée. Cette présence résulte suffisamment de la mention que l'arrêt a été signé par le président et par le greffier. — *Cass.*, 9 mai 1843 (t. 2 1843, p. 566), Ansiaume c. Teston.

1616. — Toutefois, comme il n'y a de tribunal légalement composé qu'autant que le greffier en fait partie, tout jugement doit, à peine de nullité, renfermer, soit expressément, soit implicitement, la preuve de l'assistance du greffier ou du commis-greffier qui le représente. — *Cass.*, 11 août 1838 (t. 2 1838, p. 435), N...

1617. — *Noms des avoués.* — C'est par un motif d'ordre public que la loi a voulu que les parties fussent assistées d'avoués. Le jugement doit donc contenir la preuve que ce vœu de la loi a été rempli. — Favard, t. 3, p. 175; Boitard, t. 1er, p. 444; Carré et Chauveau, quest. 594.

1618. — Toutefois, pour justifier de l'omission de cette formalité, l'expédition ne suffit pas, il faut rapporter la feuille d'audience. — *Cass.*, 4 janv. 1825, Faulk c. Power.

1619. — *Noms, professions et demeure des parties.* — Il y aurait évidemment nullité si ces indications n'existaient pas; on ne verrait, en effet, ni au profit de qui, ni contre qui le jugement aurait été rendu. — Carré et Chauveau, quest. 594; Pigeau, *Comment.*, t. 1er, p. 330; Favard, t. 3, p. 175.

1620. — Sous la loi du 24 août 1790, il a même été jugé que l'omission du prénom seulement de l'une des parties entraînait la nullité du jugement. — *Turin*, 25 flor. an XII, Curbis c. N...

1621. — Cependant, ainsi que le fait remarquer M. Chauveau (*ibid.*), comme ces indications n'ont pas d'autre but que de rendre certaine la désignation de la partie, il n'est pas nécessaire d'accumuler tous les moyens que la loi indique pour cela, si un ou deux sont suffisans. — V. aussi Boitard, t. 1er, p. 445.

1622. — Jugé, dans ce sens, qu'il suffit que les parties soient désignées de manière à ce qu'il ne puisse exister aucun doute sur leur identité. — *Bruxelles*, 14 mars 1826, société d'Amercœur c. Bastin.

1623. — ... Et qu'il n'est pas nécessaire, à peine de nullité, qu'un jugement mentionne la demeure des parties. — *Bruxelles*, 12 juill. 1819, N... c. N...; *Cass.*, 28 mai 1831, Pontelay-Fontèle c. de Rohan.

1624. — Jugé encore que l'omission dans les qualités d'un arrêt de l'énonciation des professions et demeures de plusieurs des parties n'est point une cause de nullité, alors surtout que l'arrêt indique la profession de quelques-uns des litis-consorts, que l'omission de cette mention ne peut occasionner aucune difficulté, et que ceux qui se plaignent de l'insuffisance de l'énonciation ne se sont pas opposés à la rédaction des qualités signifiées. — *Cass.*, 26 août 1823, Duchemin c. Domnesque.

1625. — ... Il n'est pas indispensable que les noms de toutes les parties figurant dans un jugement soient énoncés en tête des qualités; si le nom de l'une d'elles a été omis au commencement du jugement, il suffit qu'il soit indiqué, avec ceux des autres parties, dans l'exposé des faits; et que, dans le point de droit et le dispositif, les noms

JUGEMENT (Mat. civ.), ch. 3, sect. 7e.

des cointéressés soient suivis des mots : *et consorts.* — *Cass.*, 15 mai 1839 (t. 2 1839, p. 341), Meunier c. enreg.

1626. — Il n'y a pas nullité d'un arrêt en ce que, au lieu d'énoncer d'une manière distincte les noms, profession et domicile de chacune des parties, il se réfère, pour la désignation de plusieurs d'entre elles, au jugement de première instance et à l'exploit d'appel, lesquels contiennent les mêmes énonciations; ce défaut de désignation détaillée ne constitue qu'une irrégularité, qui ne doit pas être assimilée à l'absence totale de la désignation prescrite par l'art. 141, C. civ., et le demandeur en cassation peut d'autant moins l'invoquer, qu'il aurait pu lui-même la faire rectifier en formant opposition aux qualités. — *Cass.*, 16 déc. 1840 (t. 1er 1841, p. 30), hab. de Frasseto et Quascara.

1627. — Jugé même que, lorsque le nom de l'une des parties est omis, la nullité ne peut être réclamée ni par celles qui ont été désignées, ni par celle qui est omise, celle-ci étant censée n'avoir pas été jugée et conservant dès-lors tous ses droits. — *Cass.*, 23 août 1831, Decker c. Lacour.

1628. — ... Et que l'art. 141 ne prononçant pas la nullité des jugemens qui ne sont pas conformes à ses dispositions, un jugement n'est pas nul, quoiqu'il ne contienne pas la mention des noms, professions et demeures de quelques-unes des parties. — *Rennes*, 6 janv. 1818, Dupont-Degavet c. Voras et Veyron.

1629. — *Conclusions.* — Il est nécessaire, à peine de nullité, que la rédaction d'un jugement contienne les conclusions de toutes les parties de la cause. — *Toulouse*, 29 nov. 1811, Esquirol c. Fontas; 24 janv. 1825, Terrisse c. Souquié; *Bruxelles*, 3 mai 1831, Lecomte c. Vandenbegaert. — V. aussi *Rennes*, 8 sept. 1815, Métairie c. Rouxel; 27 janv. 1834, Féges c. Legoff.

1630. — ... Alors même qu'il s'agit d'une matière domaniale. — *Cass.*, 28 nov. 1836 (t. 1er 1837, p. 185), Fanon c. préf. de la Seine.

1631. — ... Ou d'affaires qui intéressent la perception des deniers publics. — *Cass.*, 8 nov. 1825, messag. royales c. contr. indir.

1632. — Cette nullité n'est pas couverte par des défenses au fond signifiées sur appel. — *Toulouse*, 24 janv. 1825, Tenisse c. Souquié.

1633. — Jugé, au contraire, que le défaut de mention ou la mention inexacte des conclusions n'est pas une cause de nullité des jugemens. — *Cass.*, 8 août 1808, Kerkado c. Etchegoyen; *Lyon*, 22 juill. 1829, Pelosse c. Raymond. — V. conf. Pigeau, *Comment.*, t. 1er, p. 330; Favard, t. 3, p. 175.

1634. — En tous cas, il n'est pas nécessaire que les conclusions des parties soient explicitement énoncées; il suffit qu'on les trouve implicitement dans le jugement. — *Toulouse*, 6 fév. 1816, Fazac.

1635. — La disposition de l'art. 141, C. proc. civ, qui veut que les jugemens contiennent les conclusions des parties, est remplie dès que l'ensemble du jugement fait connaître très clairement l'objet du litige et les moyens des parties. — *Cass.*, 8 nov. 1842 (t. 2 1843, p. 52), Burtin c. enregist.; *Bruxelles*, 18 oct. 1831, société du Bien-du-Cœur c. société des Produits.

1636. — Bien que les conclusions des parties et le point de fait ne soient pas présentées séparément suivant l'ordre ordinaire, le jugement ainsi rédigé ne viole pas l'art. 141, C. proc. civ., si dans l'ensemble de ce jugement on retrouve facilement la substance de ces diverses parties. — *Cass.*, 7 fév. 1843 (t. 1er 1843, p. 259), de Boissy c. enregis. — V. aussi *Bourges*, 6 messid. an IX, Morin c. Godin.

1637. — Mais nous pensons que la chambre des requêtes est allée trop loin lorsqu'elle a déclaré suffisantes pour remplir le vœu de l'art. 141, C. proc. civ., des énonciations ainsi conçues : *les parties ayant été entendues dans leurs conclusions.* — *Cass.*, 23 déc. 1835, Moser c. Japy. — Comme le fait observer avec raison M. Chauveau (sur Carré, quest. 594), si les conclusions doivent servir à fixer les points du litige, il est essentiel, non seulement qu'elles aient été prises, mais encore qu'il conste de leur teneur.

1638. — Toutefois, il n'est pas nécessaire, à peine de nullité, qu'un jugement rappelle les conclusions des parties, s'il ne fait qu'ordonner l'exécution d'un précédent jugement auquel il se réfère, et qui contient toutes les énonciations exigées par la loi. — *Cass.*, 18 août 1829, de Chazelles c. enreg.

1639. — Ainsi l'arrêt contient suffisamment les conclusions des parties lorsque, la cause s'étant présentée devant la cour dans les mêmes termes que devant le tribunal, les qualités énoncent que l'appelant a conclu à l'admission des conclusions prises en première instance, et que l'intimé a conclu au démis de l'appel. — *Cass.*, 3 juin 1839 (t. 2 1839, p. 419), Pelissier c. Michel.

1640. — Il est bien certain, d'ailleurs, que celui qui, sommé d'écrire ses conclusions d'appel, a refusé de le faire, en se référant à sa plaidoirie et aux conclusions orales qu'il a prises, ne pourrait exciper comme moyen de cassation de ce que ces conclusions ne seraient pas relatées dans l'arrêt qui se serait borné à adopter les motifs des premiers juges. — *Cass.*, 20 fév. 1833, Mariette c. Lebourgeois.

1641. — Il a été jugé aussi, qu'en matière d'élection municipale (où le ministère des avoués n'est pas forcé) le jugement qui constate que l'une des parties était défendeur aux fins de la demande, et qu'elle a été admise à fournir ses observations, énonce suffisamment les conclusions, encore bien qu'un avoué ait figuré en cause, si, d'ailleurs, c'est seulement comme mandataire de la partie. — *Cass.*, 21 mai 1834, Villecroze.

1642. — *Point de fait et de droit.* — Un jugement est nul s'il ne contient pas l'exposé sommaire des points de fait et de droit sur lesquels il a été rendu. — *Cass.*, 11 juin 1811, Kuhn c. Lamy; *Rennes*, 2 août 1814, N... c. N...; 21 juin 1816, N... c. N.. — *Contrà* Pigeau, *Comment.*, t. 1er, p. 330; Favard, t. 3, p. 175.

1643. — Néanmoins, il a été jugé que cette nullité est couverte par l'exécution, sans réserve, du jugement. — *Poitiers*, 8 juill. 1830, Blondeau c. Dufour et Ducellier. — V. cependant *Bourges*, 18 juill. 1817, Bouillery.

1644. — Ce principe s'applique aux jugemens rendus en matière sommaire. — *Orléans*, 31 août 1814, Cuinier c. Ouvrard.

1645. — ... Et aux affaires où il s'agit d'intérêts domaniaux. — *Rennes*, 29 août 1816, domaine c. Lecornec; *Cass.*, 8 nov. 1825, messag. royal. c. contr. indir.; 1er mars 1831, Gondal c. enregist.; 19 avr. 1831, Hayeur-Hesse c. enreg.; 19 mars 1833, enreg. c. Charpentier.

1646. — Mais la citation *explicite* du point de fait n'est pas requise à peine de nullité. — Boitard, t. 1er, p. 435.

1647. — ... Surtout si l'on trouve virtuellement, dans l'ensemble du jugement, les faits, les conclusions et les points à décider. — *Cass.*, 23 mai 1838 (t. 2 1838, p. 189), Tavernaux c. enreg.; *Liége*, 16 déc. 1812 (motifs), Thils et Goebbels c. Prehl.

1648. — Ainsi, il y a mention suffisante du point de fait dans un arrêt qui s'en réfère à celle rapportée dans le jugement de première instance. — *Cass.*, 12 déc. 1838 (t. 1er 1839, p. 495), Duquesne c. Delattre; 2 mars 1842 (t. 1er 1842, p. 667), Patin; 18 août 1829, de Chazelles c. enregist., 27 juin 1834, Renaud c. Hauteville.

1649. — ... Ou à des jugemens antérieurs rendus entre les mêmes parties, lesquels énumèrent tous les faits de la manière la plus détaillée. — *Cass.*, 7 nov. 1838 (t. 1er 1839, p. 7), Roussel c. Courtois.

1650. — ... Ou aux qualités du jugement dont il prononce la confirmation, alors surtout que les faits ressortent clairement de la relation du dispositif du jugement avec les motifs de l'arrêt et les conclusions prises devant la cour. — *Cass.*, 30 avr. 1828, Virot c. Marguat et Droâne.

1651. — L'exposition sommaire des faits résulte suffisamment aussi de la transcription des exploits d'ajournement dans les qualités du jugement, alors que ces exploits contiennent eux-mêmes l'analyse des faits. — *Cass.*, 17 mars 1829 Rivoire c. Bichot.

1652. — Elle peut être suppléée par les motifs lorsque ceux-ci sont assez étendus et explicites pour bien faire connaître les questions qui se présentaient à juger et les points de fait qui leur avaient donné naissance. — *Cass.*, 23 avr. 1829, Couvé c. Godard; 2 avr. 1839 (t. 1er 1839, p. 461), Gouvelle de Kiaval c. enregistr.; 11 déc. 1833, Bayon c. Salomon.

1653. — Le vœu de la loi est encore rempli lorsque la connaissance des points de fait et de droit résulte du rapprochement des conclusions des parties, relatées dans les qualités, avec les motifs du jugement ou arrêt. — *Cass.*, 10 mai 1842 (t. 2 1842, p. 171), Cret c. Roux-Levrat, Saper et autres.

1654. — En effet, l'accomplissement des formalités prescrites par l'art. 141, C. procéd., n'est pas d'une nécessité tellement sacramentelle que l'omission, dans la rédaction d'un arrêt, de l'exposé sommaire des conclusions des parties, des points de fait et de droit, doive en entraîner la nullité, lorsqu'il conste de l'économie des dispositions de l'arrêt, qu'il fait connaître suffisamment la matière du litige qui divisait les parties, leurs prétentions respectives et les motifs de la décision. — *Cass.*, 9 mai 1834, Chastel c. Veyrier-Dupotiche et Petit.

1655. — Il suffit qu'il ne puisse rester après la

lecture entière d'un jugement aucun doute sur l'objet de la demande et sur les points de droit soumis à la décision du juge.—*Cass. belge*, 17 avr. 1833, Manbourg c. Benevie.

1656. — Enfin, lorsqu'un arrêt a un exposé des faits qui lui est propre et que d'ailleurs, par ses relations au jugement dont est appel et par l'analyse des conclusions respectives des parties, il présente tout ce qui est nécessaire pour mettre à même d'apprécier les questions soumises aux juges, il n'y a pas lieu à cassation de cet arrêt pour rédaction incomplète et absolue des faits de la cause, lors surtout qu'il n'a été formé aucune opposition aux qualités. — *Cass.*, 1er déc. 1824, Levalois c. Bernard.

1657. — Par exemple, encore bien que le point de fait d'un arrêt soit énoncé avec trop de brièveté, si les termes employés font suffisamment connaître la demande, cet arrêt ne peut point être cassé pour défaut d'exposition du point de fait. — *Cass.*, 19 janv. 1826, Carbone c. Lucciana.

1658. — Le point de fait peut, alors même qu'il présente quelque obscurité, être considéré comme suffisamment énoncé. — *Cass.*, 1er mai 1832, ville d'Ajaccio c. Colonna d'Ornano.

1659. — Jugé même, d'une manière plus générale, que la position des questions, soit de fait, soit de droit, n'est pas une formalité substantielle dont l'omission emporte nullité des jugemens. — *Bruxelles*, 28 juin 1820, L... c. Bustangy.

1660. — ... Qu'ainsi l'omission des questions dans la rédaction d'un jugement dont les qualités ont été signifiées par acte d'avoué n'est pas une cause de nullité.—*Poitiers*, 5 mai 1825, Dubut c. Delor.

1661. — ... Que l'arrêt qui rejette une demande en distraction élevée dans une instance de saisie immobilière n'est pas nul, quoique, dans le point de droit, il ne contienne pas de question sur cet incident. — *Cass.*, 1er déc. 1832, Mazoyer-Laboche c. Laurent.

1662.—...Et que la partie qui a levé le jugement et qui conséquemment en a dressé les qualités, ne peut l'attaquer, devant la cour de Cassation, en ce qu'il ne contiendrait ni point de fait ni point de droit.— *Cass.*, 5 nov. 1835, douanes c. Campi; — Favard, t. 3, p. 175.

1663.—Jugé, cependant, que tout jugement doit, à peine de nullité, porter avec lui, et sans qu'il soit besoin de recourir à aucune pièce étrangère, l'indication des demandes des parties, la constatation du fait en litige et la mention des questions de droit sur lesquelles il doit être statué. — *Cass.*, 27 mai 1840 (t. 2 1840, p. 50), Hubert c. enreg.

1664. — ... Et qu'il ne saurait y être suppléé par cette circonstance que les indications prescrites pourraient résulter des motifs mêmes du jugement. — Même arrêt.

1665. — Quoi qu'il en soit, le jugement rendu sur un incident ne doit évidemment pas, sous peine de nullité, contenir les faits relatifs au fond du procès. — *Bruxelles*, 5 mars 1832, V... c. V...

1666. — De ce qui précède, il résulte *à fortiori* que l'ordre adopté dans l'exposition des faits importe peu, et qu'il est indifférent que le point de fait ne soit pas séparé des conclusions. —*Rennes*, 20 déc. 1815, N... c. N...

1667. — Quant à la position des questions de droit résultant de la contestation, elle est abandonnée aux lumières des juges. — *Cass.*, 20 avr. 1825, Durand c. Adam.

1668. — En conséquence, il a été jugé que les questions de droit, dans un arrêt, étaient suffisamment énoncées par la formule suivante : *Il y a lieu de vérifier si le jugement dont est appel est juridique.* — *Cass.*, 30 juill. 1816, Kuhn c. Oberlin.

1669. — ... Ou celle-ci : *Y avait-il lieu de confirmer le jugement de première instance?* — *Cass.*, 5 brum. an XI, Bosset c. Michel.

1670. — ... Ou cette autre : *Il y a lieu de vérifier si le jugement dont est appel est juste et s'il faut ordonner qu'il sera exécuté selon sa forme et teneur.* — *Cass.*, 7 août 1839 (t. 2 1839, p. 301), Thorte c. Marsan; 25 nov. 1839 (t. 1er 1840, p. 20), Defrance c. Marinier.

1671. — Et il a été jugé aussi qu'une cour peut s'en référer sur la position des questions à un arrêt rendu précédemment par elle. — *Cass.*, 8 messid. an XIII, Saint-Martin c. Carignan.

1672. — *Motifs et dispositif.*—L'énoncé des motifs dans les jugemens est formellement prescrit, à peine de nullité, par la loi du 28 avril 1810, art. 7. — V. *suprà* (nos 984 et s.) les nombreuses décisions auxquelles ont donné lieu le défaut ou l'insuffisance des motifs.

1673. — Quant au dispositif, il est clair que sans lui il n'y aurait pas de jugement, et qu'en conséquence il doit, à peine de nullité, y être contenu. — Favard, t. 3, p. 175; Boitard, t. 1er, p. 446; Pigeau, *Comm.*, t. 1er, p. 330; Carré et Chauveau, quest. 594. — V. *suprà* nos 1405 et s.

1674. — Ajoutons, en terminant, que les règles qui précèdent sont ou ne sont pas applicables aux jugemens rendus dans les colonies, suivant que le Code de procédure a été ou non promulgué dans la colonie où le jugement a été rendu. — V. COLONIES.

1675. — Ainsi, elles sont applicables aux arrêts rendus dans l'île de Cayenne ou la Guiane-Française, depuis le 25 janv. 1818, époque à partir de laquelle le Code de procédure est en vigueur dans cette colonie. — *Cass.*, 21 mai 1821, Vernier c. Gualbert-Dupeyron.

1676. — De même, elles sont applicables aux arrêts rendus depuis 1809 par la cour royale de la Guadeloupe. — *Cass.*, 20 déc. 1825, Aza-Wihte.

1677. — Au contraire, avant 1828, un arrêt de la cour royale de la Martinique n'était pas nul parce qu'il n'énonçait ni le nom ni le nombre des juges, et qu'il ne contenait pas l'exposé des points de fait et de droit.—*Cass.*, 13 nov. 1827, N... c. N...

1678. — Mais depuis l'enregistrement de l'ordonnance du 22 nov. 1819, les jugemens rendus dans cette colonie ont dû être motivés, à peine de nullité. — *Cass.*, 22 fév. 1825, Quertier du Colombier c. Fourn. — V. COLONIES, nos 122 et suiv.

CHAPITRE IV. — *Effets des jugemens.*

Sect. 1re.—*Des divers effets produits par les jugemens en général.*

1679. — Le Code de procédure ne renferme aucune disposition relative aux effets des jugemens, mais il résulte des principes de droit commun et de la jurisprudence sur cette matière qu'on peut réduire à huit les effets principaux produits par les jugemens en général.

1680.—Ainsi : 1° le jugement est considéré comme la vérité tant que cette présomption légale n'est pas détruite par les voies de droit. — V. CHOSE JUGÉE.

1681.—... 2° S'il est définitif, il termine la contestation qui, par conséquent, ne peut être reproduite, à moins que la condamnation n'ait pas été déterminée, comme si, par exemple, le jugement condamnait une partie *à payer à l'autre tout ce qu'elle doit avec les intérêts.* Un tel jugement ne passerait pas en force de chose jugée et n'empêcherait pas la partie contre laquelle il aurait été rendu de faire prononcer de nouveau sur la contestation. — Carré et Chauveau, *Prélim. sur l'art.* 116, C. procéd. civ.; Merlin, *Rép.*, v° *Jugement*, § 1er.

1682.—... 3° Il confère une hypothèque sur tous les biens de la partie condamnée. — C. civ., art 2123. — V. HYPOTHÈQUE JUDICIAIRE.

1683.—... 4° Il fait considérer comme non avenue l'interruption de la prescription opérée par la demande. — C. civ., art. 2247. — V. PRESCRIPTION.

1684.—... 5° Il produit l'action que l'on nommait, en droit romain, *actio judicati*, et qui a pour objet l'exécution des dispositions qu'il renferme. — Cette action dure trente ans, encore bien que l'action primitive, autrement dit le droit sur lequel le jugement a été rendu, fût de nature à se prescrire par un moindre laps de temps. — Elle est personnelle, lors même que l'action jugée fût réelle, parce que la contestation forme entre les parties un contrat judiciaire tacite qui produit novation. — V. NOVATION. — Merlin, *Rép.*, v° *Réunion*; Carré et Chauveau, *Prél. sur l'art.* 116, C. procéd. civ.

1685. — Toutefois, cette action en exécution du jugement est subordonnée à plusieurs formalités indispensables pour sa validité. — V. EXÉCUTION DES JUGEMENS ET ACTES.

1686. — ... 6° Le jugement étant déclaratif d'un droit préexistant a un effet rétroactif au jour de la demande.

1687. — Cependant il a été jugé que cette règle souffre exception en matière d'alimens, lorsqu'il n'est pas démontré que la pension alimentaire fût nécessaire au moment où la demande a été introduite.—*Bordeaux*, 14 déc. 1841 (t. 1er 1842, p. 340), Goussal.

1688.—Et il a été jugé d'ailleurs que la condamnation à fournir une inscription de rente sur l'état dans un délai de huitaine ne comprend pas, par un effet rétroactif, et comme une annexe nécessaire de l'inscription, le coupon représentant le semestre lors courant des arrérages de la rente. — *Paris*, 13 mai 1825, de Bussy c. Vandermarcq.

1689.— ... 7° Un jugement étant un acte authentique fait foi jusqu'à inscription de faux des énonciations qu'il contient.

1690. — En conséquence, l'inscription de faux est la seule voie ouverte pour prouver que c'est par erreur ou par tout autre motif que les juges ont attesté dans un jugement l'absence de l'un d'entre eux; la partie ne saurait être admise à prouver simplement le fait qu'elle allègue par témoins. — *Bourges*, 24 juill. 1824, Cendre c. curateur de la succession Buheau.

1691. — Cette énonciation ne pourrait pas non plus être détruite par une déclaration contraire émanée du magistrat signalé comme absent ou comme s'étant abstenu. — *Cass.*, 13 nov. 1827, Tillot c. Lejudec.—V. *suprà* nos 507 s.

1692.— Ainsi encore, lorsqu'un jugement constate qu'une renonciation a été faite à l'audience, *avocats et avoués entendus en leurs conclusions respectives et plaidoieries*, on ne peut, sans prendre la voie de l'inscription de faux ou tout au moins celle du désaveu, attaquer cette énonciation, sous prétexte que la renonciation n'aurait été faite que oralement par l'avocat et sans l'assistance de l'avoué. — *Cass.*, 8 déc. 1829, Pieffort c. Custers.

1693. — De même encore, lorsque les qualités établissent les conclusions sur le fond, ce fait ne peut pas être détruit par un certificat du greffier. *Toulouse*, 9 févr. 1828; Amblaller c. Blaquierre. — V. aussi *suprà* n°

1694...—8° Enfin, le jugement une fois prononcé par le président est irrévocable en ce sens que les juges qui l'ont rendu ne peuvent plus le modifier, même dans le jour; leur décision appartient aux parties. « *Sententiæ latæ effectus est quod per judicem qui eam tulit, revocari vel mutari non possit, ac ne eodem quidem die, quia judex esse desiit.* »—Voët, *ad titul.*, *De re judic.*, n° 27.

1695. — Ce principe est incontestable, quoiqu'il ne repose sur aucun texte; il est, dit Toullier (t. 10, p. 189), naturalisé en France. — V. aussi Carré, *Procéd. civ.*, quest. 604, et *Lois de la compét.*, part. 2e, liv. 1er, ch. 1er, art. 15; Berriat, p. 250, n° 29; *Praticien français*, t. 1er, p. 386.

1696. — C'est donc à tort, selon nous, que Rodier sur l'art. 5, ord. 1667, 2e quest., émet ce principe que le juge peut totalement changer le prononcé de son jugement, s'il reconnaît qu'il s'était trompé, pourvu qu'il le fasse le *même jour et avant de signer le plumitif*, parce que *jusqu'à cette signature on ne peut pas dire qu'il y ait de jugement.*

1697. — En effet le jugement existe dès qu'il a été prononcé; la rédaction et la signature qui ont lieu ensuite ont seulement pour objet de prouver quand et comment il a été rendu. — *Cass.*, 14 juill. 1845 (t. 2 1845, p. 662), Desvouves c. Prémorand; — Carré et Chauveau, *ibid.*, note; Pothier, *Procéd. civ.*, ch. 5, art. 2.

1698. — Toutefois, les juges conservent le droit, lors de la rédaction et de la signature de la minute, de faire au jugement prononcé à l'audience certaines rectifications, si ces rectifications n'ont pour but que de compléter et non de modifier leur décision. — V. *infrà* nos 1711 et s.

1699.— Ils ont aussi le droit d'interpréter le jugement par eux rendu, s'il présente quelque disposition obscure ou ambiguë.— V. *infra* nos 1636 s.

1700. — Observons, d'ailleurs que ce principe que le jugement une fois prononcé à l'audience appartient définitivement aux parties n'est pas applicable aux jugemens provisoires. Ainsi ces jugemens peuvent être rétractés par le tribunal qui les a rendus, s'il se trouve encore saisi de la contestation, lorsque les circonstances qui ont donné lieu à ces jugemens ont cessé d'exister. — *Cass.*, 27 fév. 1812 (et non 1811), Peyslac c. Bellussières.

1701. — Dès-lors, si un arrêt, attendu le péril d'éviction où était l'acquéreur, a soumis le créancier, délégataire des intérêts du prix, à lui fournir une caution préalable, un arrêt postérieur peut (la crainte d'éviction ayant cessé) ordonner l'exécution pure et simple de la délégation, avec dispense de caution, sans violer l'autorité de la chose jugée par le premier arrêt. — *Cass.*, 26 juin 1816, Morlan c. Brust.

1702. — ... Il n'est pas applicable non plus aux jugemens rendus en matière d'adoption, attendu que ces jugemens ne jugent véritablement rien, et ne font que mettre le sceau légal à l'adoption. — *Dijon*, 31 janv. 1824. sous *Cass.*, 22 nov. 1825, Sauder-Lotzbek c. Dugied.

1703. — Par conséquent, la nullité d'une adoption peut être demandée par voie d'action principale au tribunal qui a prononcé l'adoption. — *Cass.*, 22 nov. 1825, Sauder-Lotzbek c. Dugied.

1704. — Mais que faut-il décider à l'égard des jugemens interlocutoires? — V. *infrà* nos 1762 s.

1705. — Observons aussi que les condamnations dites volontaires et prononcées en suite des stipulations contenues dans un acte authentique ont les mêmes effets que les condamnations judiciaires. — *Bruxelles*, 9 août 1806, Krick c. N...

Sect. 2e.—*Rectification des jugemens.*

1706. — Tout jugement légalement prononcé appartient, comme on l'a vu *suprà*, n° 1794, aux partiles, et les juges qui l'ont rendu ne peuvent plus le rectifier ou réviser; ils n'ont, en général, le droit d'y rien ajouter ni d'en rien retrancher.

1707. — Ils ne sauraient, même du consentement des avoués des parties, rectifier, sous prétexte d'erreur, un jugement prononcé à l'audience. — *Cass.*, 15 sept. 1792 (int. de la loi), Formentin c. Bardet.

1708. — ... Ou ajouter aucune disposition, même à l'effet de réparer une omission. — *Agen*, 14 mars 1833, Floirac c. Besse.

1709. — ... Ou bien encore retrancher une disposition quelconque du jugement, sous le prétexte que le plumitif ne renferme pas cette disposition. — *Metz*, 12 fév. 1817, Fourcard c. Misset.

1710. — Jugé par application de ce principe que lorsqu'une partie s'est désistée d'un jugement intervenu sur son opposition à un précédent jugement par défaut, les juges ne peuvent plus réformer la décision contenue en ce premier jugement. — *Cass.*, 27 avr. 1807, Gahours c. Laumonier.

1711. — Mais il ne faudrait pas conclure de là que le juge est dans l'impossibilité, lors de la rédaction par lui faite de la minute du jugement, de réparer l'omission qui serait échappée en prononçant ce jugement, si d'ailleurs il ne s'agit que d'ajouter une disposition explicative, et qui n'est que la conséquence nécessaire de ce qui a été ordonné. — Rodier, sur l'art. 5, tit. 26, ord. 1667; Carré et Chauveau, quest. 604.

1712. — Par exemple, dit Carré (*ibid.*), « si en ordonnant une expertise, le juge a oublié de nommer le commissaire devant lequel les experts prêteraient serment; si en prononçant un jugement par défaut, il a omis de commettre un huissier pour le notifier; dans ces cas et autres pareils, ajouter au jugement ce qui y manque n'est pas le changer ou l'altérer, mais suppléer des dispositions qui sont la suite nécessaire de ce qui a été prononcé entre parties. » — Voet (*Ad tit. de re jud.*) dit aussi : *Post pronunciationem ejus (sententiæ), judex etiam supplere potest,.. reliqua omnia quæ ad consequentiam quidem jam statutorum pertinent, sed priori sententiæ desunt.*

1713. — Et il a été jugé dans ce sens que lorsque, dans le jugement par lequel il ordonne qu'un compte sera rendu, un tribunal a omis de fixer le délai dans lequel ce compte devra être fourni, et de commettre un juge devant lequel il sera présenté, cette omission peut être réparée par un jugement ultérieur. — *Rennes*, 16 juill. 1814, N...; 29 janv. 1813, Bernard; *Cass.*, 11 nov. 1828, Dellette & avoués de Laon.

1714. — ... Que le président d'un tribunal qui, avant l'enregistrement, modifie la rédaction du jugement par lui rendu, sur la réclamation qui lui en est faite, et après avoir consulté ses souvenirs et ceux de ses collègues sur le prononcé à l'audience de ce jugement, non seulement ne commet pas un faux, mais agit ainsi que doit le faire un magistrat scrupuleux et exact dans l'accomplissement de ses devoirs. — *Limoges* 20 avr. 1837 (t. 1er 1837, p. 480), Laurent c. Charreyron.

1715. — A plus forte raison, est-il permis au juge de rectifier les motifs qu'il aurait prononcés à l'audience, d'y ajouter ou retrancher, ces motifs ne constituant pas, à proprement parler, le jugement, qui est dans le dispositif. — Carré et Chauveau, quest. 604.

1716. — Décidé, en conséquence, que ce n'est pas, de la part des juges, contrevenir à la règle en vertu de laquelle les arrêts prononcés sont acquis aux parties, et ne peuvent être changés, que de faire, immédiatement après le prononcé de l'arrêt, publiquement, en présence des parties, et sur leurs observations contradictoires, une addition aux motifs déjà prononcés. — *Cass.*, 19 janv. 1842 (t. 1er 1842, p. 111), Thomas Varenne c. Delaruelle.

1717. — ... Ou de rectifier une énonciation fausse, mais étrangère au fond de l'affaire. — *Riom*, 13 juin 1820, Dossaut.

1718. — Toutefois, ces additions ou rectifications doivent être faites avant la signature de la minute. La minute une fois signée par le président et par le greffier, il n'est plus permis d'y toucher sous prétexte de la rectifier. — Rodier, sur l'art. 8, tit. 26 de l'ord. quest. 2e; Carré et Chauveau, quest. 604.

1719. — Ainsi, lorsqu'un jugement a été transcrit sur les registres, signé du président et du greffier, enregistré et expédié, un tribunal de première instance ne peut pas en corriger les dispositions, sous prétexte qu'il n'aurait pas été transcrit tel qu'il avait été prononcé. — *Montpellier*, 8 janv 1824, Cauquil.

1720. — De même, la cour qui a statué définitivement sur un litige, de quelque nature qu'il soit, ne peut, lorsque son arrêt a été transcrit sur le registre du greffe, et signé du président et du greffier, en modifier, et encore moins en aggraver les dispositions par un nouvel arrêt. — *Cass.*, 8 janv. 1844 (t. 1er 1844, p. 154), avocats de Charleville c. le procureur-général de Metz.

1721. — Spécialement, elle ne peut, après avoir, par un premier arrêt, annulé pour excès de pouvoirs une délibération d'un conseil de discipline, déclarer par un second arrêt prétendu rectificatif que cette annulation a également pour cause la haute inconvenance dont se seraient rendus coupables les signataires de cette délibération. — Même arrêt.

1722. — Cependant, quoique la minute ait été signée, le tribunal pourrait encore ordonner la rectification de son jugement, si, par erreur, le greffier avait fait lui-même dans le dispositif de ce jugement une rectification non signée par le président. — *Metz*, 8 juin 1813, Vitz c. Clément.

1723. — Remarquons d'ailleurs que les changemens ou additions permis après le prononcé du jugement, mais avant la rédaction définitivement arrêtée sur la feuille d'audience, sont ceux qui ne portent aucune atteinte au fond de la décision, et qui n'ajoutent ni ne retranchent rien aux droits que les parties ont acquis par le prononcé. — Carré et Chauveau, *ibid.*

1724. — Les juges peuvent aussi rectifier les erreurs purement matérielles, telles que celles portant sur des noms, des qualités, etc.

1725. — Par exemple, les juges, bien qu'ils ne puissent modifier ou changer leurs jugemens, peuvent, après les avoir rendus, rectifier les erreurs qui se sont glissées, soit dans les qualités, soit dans la mention de la date des actes de la procédure. — *Cass.*, 25 (et non 24) avr. 1825, Hannoye c. Boulanger; 30 juill. 1828, Lavie.

1726. — Par application de ce principe, la cour de Cassation a, le 8 mars 1813 (Delambre c. d'Hericy), rectifié, sur la requête de l'une des parties, une erreur qui s'était glissée dans la rédaction d'un arrêt par elle précédemment rendu, bien qu'il eût déjà été signifié. — Merlin, *Rép.*, vo *Rature*, no 2.

1727. — Jugé également que les erreurs de prénoms glissées dans un jugement peuvent être réparées par un jugement postérieur. — *Rennes*, 29 janv. 1813, Bernard c. N...

1728. — ... Qu'un tribunal peut, sur l'incident élevé devant lui, réparer l'erreur commise dans son jugement, en ce qu'il y serait énoncé qu'un tel juge suppléant avait été remplacé par un tel, avocat le plus ancien du tableau, présent à l'audience. — *Cass.*, 30 juill. 1828, Lavie.

1729. — ... Que, lorsqu'il y a erreur dans l'indication d'un fait dont la preuve est ordonnée, les juges peuvent, même après l'expiration des délais fixés pour l'enquête, rectifier cette erreur et proroger les délais, sans qu'aucune partie puisse s'en plaindre, surtout celle en faveur de qui la prorogation a été prononcée. — *Cass.*, 14 fév. 1827, Vimeux c. Beuvrier.

1730. — ... Que l'omission des motifs ou de formule *adoptant les motifs des premiers juges*, bien que ces motifs ou formule aient été prononcés publiquement à l'audience, peut être réparée par les mêmes magistrats qui ont concouru au jugement. — *Lyon*, 30 août 1831, Fraisse c. Monavon.

1731. — ... Que la fausse qualification donnée à un jugement peut toujours être réparée, soit par les juges eux-mêmes qui l'ont rendu, soit par la cour royale, en cas de refus des premiers juges de réparer leur erreur; et cela nonobstant toute exécution du jugement, l'acquiescement résultant de cette exécution ne pouvant porter, dans ce cas, que sur le dispositif. — *Cass.*, 18 janv. 1830, Aymès.

1732. — Du reste, une erreur matérielle commise dans un acte judiciaire ne peut être réparée par les juges qui ont concouru à cet acte qu'autant qu'ils n'ont pas été dépouillés par un appel du droit de vérifier eux-mêmes l'erreur et de la rectifier. — *Cass.*, 30 juill. 1828, Lavie; *Lyon*, 30 août 1831, Fraisse c. Monavon.

1733. — Ainsi, lorsqu'un jugement frappé d'appel a mentionné par erreur la présence d'un juge qui n'y a pris aucune part, ce n'est pas au tribunal qui l'a rendu, mais bien à la cour royale seule, qu'appartient le droit d'en opérer la rectification. — *Cass.*, 23 janv. 1838 (t. 2 1840, p. 33), Hervier c. Mas.

1734. — Lorsque des erreurs ont été commises dans un premier jugement, les mêmes avoués doivent occuper dans l'instance en rectification, sans nouveaux pouvoirs, si d'ailleurs le jugement rectificatif est provoqué dans l'année. — *Rennes*, 16 juill. 1814, N...; 26 juill. 1816, N...

1735. — Dans les cas où des rectifications sont possibles, elles s'identifient avec le premier jugement, et ne forment avec lui qu'un seul et même jugement. — *Cass.*, 12 mars 1810 (arrêt cité par Carré, quest. 605e).

Sect. 3e. — *Interprétation des jugemens.*

1736. — Si un jugement contient une disposition obscure ou ambiguë pouvant donner lieu à diverses interprétations, c'est aux juges mêmes qui l'ont rendu qu'il faut s'adresser pour qu'ils expliquent le sens qu'ils ont voulu attacher à leur décision. Ce n'est pas là, en effet, rectifier ou modifier, mais bien expliquer le jugement. — Carré et Chauveau, quest. 605; Carré, *L. de la compétence*, t. 1er, p. 85 et suiv.; — *Rennes*, 9 mars 1813, N...; *Besançon*, 7 janv. 1818, N...; *Rennes*, 29 janv. 1814, N...

1737. — Cette règle, qui n'est écrite nulle part, ne peut être contestée (V. cependant *Nîmes*, 24 août 1829, Devèze-Biron c. Baumes). — Elle offre d'ailleurs, dit Carré (*Loi de la compétence*, t. 1er, p. 85 et suiv.), deux avantages, « l'un d'éviter que les parties, se méprenant sur le sens d'un jugement, ne se fourvoient dans l'exécution, l'autre, de prévenir des appels qui ne prendraient leur source que dans l'obscurité de la décision. »

1738. — Ajoutons aussi que nul tribunal ne pourrait aussi bien que celui qui a rendu le jugement interpréter ce que celui-ci peut présenter de vague ou d'équivoque.

1739. — Aussi a-t-il été jugé avec raison que l'interprétation des jugemens et arrêts appartient *essentiellement* aux juges qui les ont rendus. — *Cass.*, 31 déc. 1834, Bérenger et Cuvellier c. de Plinval.

1740. — ... Spécialement, que lorsqu'un individu a été condamné à payer les intérêts du jour de la demande, c'est aux juges qui ont prononcé cette condamnation à fixer, en cas de contestation, le jour de cette demande, et qu'une pareille interprétation ne saurait donner ouverture à cassation. — Même arrêt.

1741. — ... Que, lorsqu'une cour a condamné un individu sans lui attribuer aucune qualité, c'est à elle qu'il appartient de décider, par voie d'interprétation de son arrêt, quelle est la qualité qu'elle a entendu lui donner. — *Paris*, 4 août 1825, Thomas c. Delacourtie.

1742. — Toutefois, la chambre civile d'une cour royale pourrait connaître d'un incident relatif à l'interprétation d'un arrêt rendu en audience solennelle. — *Metz*, 7 janv. 1820, B... c. Briard.

1743. — Jugé aussi que les tribunaux de commerce ont seuls le droit d'interpréter leurs jugemens; que la défense qui leur est faite de connaître de l'exécution de leur jugement ne touche pas à la faculté de les interpréter. — *Caen*, 17 mai 1826, Dujon c. Fallue. — V. COMPÉTENCE COMMERCIALE, nos 734 et suiv.

1744. — ... Et plus généralement que lorsqu'un jugement présente quelque chose d'ambigu, les juges dont il émane ont seuls le droit d'en expliquer le sens, et non ceux saisis de l'exécution. — *Cass.*, 22 juin 1842 (t. 1er 1843, p. 413), Chabert c. de Changy.

1745. — Observons d'ailleurs que, s'il s'agissait d'interpréter un jugement étranger, si, par exemple, il s'élevait la question de savoir si une décision rendue par les tribunaux étrangers renferme un jugement d'annulation de mariage ou au contraire un acte de divorce, il faudrait consulter les usages du pays, et qu'alors une cour royale pourrait interpréter ces décisions d'après ses lumières, sans que son arrêt pût encourir la cassation. — *Cass.*, 13 août 1816, Champeaux-Grammont c. Cardon.

1746. — Au surplus, si les tribunaux peuvent interpréter leurs jugemens lorsqu'ils renferment des décisions vagues et obscures, c'est à la condition expresse qu'ils n'apporteront aucun changement à la chose jugée. — *Rennes*, 29 janv. 1814, N...; *Besançon*, 7 janv. 1818, N...; *Amiens*, 12 janv. 1821, N...; 24 août 1825, Choquet c. Lefebvre; *Rennes*, 18 juill. 1820, Dussault c. Houet; — Carré et Chauveau, quest. 605.

1747. — Un tribunal saisi de la demande en interprétation de l'un de ses jugemens ne peut donc modifier cette décision, sous prétexte de l'interpréter. — *Cass.*, 30 messid. an XI, Christophe c. Lamberty; *Paris*, 13 fév. 1807, Benjamin c. Fraisneau; *Cass.*, 4 déc. 1822, Crespin c. Etienne; 18 déc. 1815, Hemery c. Pouillaude; 10 avr. 1837 (t. 1er 1837, p. 359), préfet de la Marne c. Gaido-Rocher; 1er mars 1842 (t. 1er 1842, p. 635), de Polereski c. Maury.

1748. — Spécialement, un tribunal de commerce qui a renvoyé des parties devant des arbitres ne peut, par un jugement postérieur, ajouter qu'ils jugeront en dernier ressort. — *Paris*, 13 fév. 1807, Benjamin c. Fraisneau.

1749. — De même, lorsqu'un arrêt a décidé que les sommes dont un entrepreneur de travaux restait créancier pour l'ensemble de ces travaux, seraient payées, savoir, à ses cessionnaires dans la proportion des travaux par lui effectués personnellement, et à ses sous-traitans dans la proportion de ceux faits par eux, un autre arrêt ne peut, par voie d'interprétation du premier, attribuer aux sous-traitans seuls la totalité des sommes applicables à tous les travaux, de quelque nature qu'ils soient, et cela par le motif que la dette de l'entrepreneur envers eux serait supérieure à la somme représentant, dans celle due, les travaux par eux effectués. — *Cass.*, 1er mars 1842 (t. 1er 1842, p. 635), de Polereski c. Maury.

1750. — De même encore, les juges n'ont pas le droit de restreindre, par un second arrêt, des intérêts qu'ils avaient accordés par un premier arrêt. — *Cass.*, 18 déc. 1815, Hemery c. Pouillaude.

1751. — Mais lorsqu'en ordonnant que le propriétaire d'objets saisis-revendiqués serait tenu de les recevoir et d'en donner décharge, un tribunal a omis d'indiquer le lieu où la remise devait s'effectuer, le même tribunal peut, par voie d'interprétation et sans violer la chose jugée, déclarer valable le dépôt de ces objets fait entre les mains d'un tiers, après refus par le propriétaire d'obtempérer à la sommation qui lui a été faite d'en prendre livraison au lieu où ils ont été déposés. — *Cass.*, 16 fév. 1826, Monroy c. Bourgeois.

1752. — ... Ainsi encore, lorsqu'un tribunal décide, par interprétation d'un jugement portant condamnation aux dépens de l'instance, que cette condamnation ne doit pas s'entendre de tous les frais qui ont été faits dans l'instance, il n'y a point de violation de la chose jugée. — *Cass.*, 10 juill. 1817, Lefebvre-Sainte-Marie c. Wendel.

1753. — Jugé même qu'un tribunal peut, par voie d'interprétation et sans qu'il y ait violation de la chose jugée, décider qu'il n'a entendu condamner qu'en qualité de *commune en biens* une femme mariée qui figurait aux qualités du jugement conjointement avec son mari; qu'ainsi elle peut toujours, en renonçant à la communauté, se soustraire à cette condamnation. — *Rennes*, 23 fév. 1820, Dubouilly-Dufretay c. Besnier.

1754. — Le *Recueil de la cour de Rennes* accompagne cet arrêt des réflexions suivantes : « Il n'est pas douteux que les magistrats ne soient autorisés à interpréter les dispositions obscures, équivoques ou contradictoires de leurs jugemens. Mais y avait-il lieu, dans l'espèce, d'interpréter comme ont l'a fait la condamnation prononcée contre la dame veuve Besnier ? Cette question présente, en droit, celle de savoir si la femme mariée qui a figuré aux qualités d'un jugement et s'est laissé condamner, conjointement avec son mari, pour une dette de la communauté, peut néanmoins, en renonçant, se soustraire à cette condamnation, quoique passée en force de chose jugée ? Or, la négative semble résulter de l'art. 1494, C. civ., d'après lequel la femme qui s'est obligée, conjointement avec son mari, pour une dette de communauté, demeure tenue envers les créanciers, nonobstant sa renonciation. Décider, en pareil cas, que la femme a simplement été condamnée en qualité de *commune en biens*, c'est réduire *à rien* la condamnation prononcée *personnellement* contre elle; car il suffit, pour que la femme mariée soit tenue comme *commune*, que son mari se soit obligé, sans même qu'elle y ait concouru. Il est censé, en sa qualité de chef de la communauté, avoir contracté, tant pour lui que pour son épouse (V. Pothier, *de la Comm.*, nos 498 et 499, et Delvincourt, *Cours de Code civil*, t. 3, p. 18). Mais c'est alors qu'elle peut, en renonçant, se décharger de l'obligation. »

1755. — Décidé encore qu'une cour royale, après avoir ordonné par un premier arrêt qu'un juif prêterait serment suivant le rite de sa religion, peut prescrire par un second arrêt la forme dans laquelle ce serment sera reçu, si le mode pratiqué par les israélites lui paraît inexécutable; que c'est là interpréter l'arrêt quant à son exécution. — *Pau*, 11 mai 1830, Suarez c. Tauzich.

1756. — Lorsqu'il y a contestation sur le véritable sens d'un jugement, le dispositif doit être interprété par les autres parties du jugement et notamment par les motifs. — *Poitiers*, 7 avr. 1824, Pellerin c. Augier. — V. anal. *Rennes*, 15 fév. 1821, Tranchant des Tulays c. Visdelou de la Villethéart.

1757. — ... Surtout lorsqu'en prenant le dispositif à la lettre, il en résulterait une violation manifeste de la loi, violation que repoussent les motifs du jugement. — *Colmar*, 20 fév. 1824, Tisserand c. Clerc.

1758. — Ainsi lorsqu'un jugement annule la donation faite à la mère d'un enfant adultérin, mais sans exprimer dans son dispositif la cause de l'annulation, on peut chercher dans les motifs de ce jugement la preuve qu'il a annulé la donation comme faite à une personne interposée. — *Poitiers*, 7 avr. 1824, Pellerin c. Augier et Duval.

1759. — De même, bien qu'en règle générale, ce soit du dispositif que dépende le sort d'un arrêt, toutefois, s'il y a entre les motifs et le dispositif une contradiction plus spécieuse que réelle, et résultant d'une locution vicieuse employée dans le dispositif, on doit expliquer cette dernière partie de l'arrêt qui contreviendrait à la loi par les motifs qui y sont conformes. — *Cass.*, 13 fév. 1834, Caquelard c. Lemoine et Delahaye; même jour, Lemoine c. Caquelard.

1760. — Jugé cependant, qu'en cas de contradiction entre l'un des considérans et le dispositif d'un arrêt, c'est le dispositif seul qui fait la loi des parties, et qui a l'autorité de la chose jugée; qu'il n'y a pas lieu, dans ce cas, pour les juges qui ont prononcé, d'interpréter leur décision. — *Bourges*, 23 août 1831, Grillot c. Robin.

1761. — Ajoutons en terminant, que l'interprétation donnée par une cour à son arrêt ne peut avoir d'effet rétroactif quant à l'acquiescement donné par l'une des parties à cet arrêt; qu'ainsi la partie qui a provoqué l'exécution d'un arrêt dont elle a ensuite réclamé l'interprétation ne peut être réputée avoir acquiescé aux dispositions qu'elle a soutenu n'être pas dans l'arrêt, si la cour royale reconnaît et déclare par un arrêt postérieur l'existence de ces dispositions. — *Cass.*, 27 janv. 1829, comm. de Villard c. Cortot.

Sect. 4e. — *Effets des jugemens interlocutoires.*

1762. — Les jugemens interlocutoires produisent, en général, les mêmes effets, et sont soumis aux mêmes règles que les autres jugemens; toutefois il existe entre ces jugemens et les jugemens ordinaires cette différence importante qu'ils ne lient pas le juge appelé à statuer sur le fond de la contestation.

1763. — Il ne faut pas cependant donner à cette règle que l'interlocutoire ne lie pas le juge une portée exagérée.

1764. — Il y a dans tout jugement interlocutoire deux parties distinctes : le dispositif qui juge, qui par conséquent est définitif et par lequel le juge se trouve irrévocablement lié, et la partie qui préjuge ce qui n'est pas encore l'objet de la sentence, et qui ne faisant que le préjuger, n'a pas le caractère d'un véritable jugement et laisse au juge le droit de revenir sur ce qui n'est que la manifestation anticipée d'une opinion.

1765. — Quelques exemples éclairciront ce principe. A-t-on ordonné une enquête sur des faits contestés : il est définitivement jugé que cette enquête aura lieu, et on ne peut empêcher par un jugement postérieur d'y procéder. Mais ce qui n'est que préjugé, c'est la condamnation de la partie qui ne fera pas la preuve des faits qu'elle allègue; car le juge peut abandonner son préjugé, dire que la preuve n'était pas nécessaire et qu'il y a dans le procès d'autres élémens pour donner gain de cause à la partie dont la preuve n'a pas été concluante.

1766. — De même a-t-on déclaré la pertinence de certains faits à prouver : le juge est irrévocablement lié par cette déclaration, mais il ne l'est point par le résultat de la preuve.

1767. — C'est dans ce sens qu'il faut entendre l'explication que nous avons déjà donnée de cette maxime, vo CHOSE JUGÉE, nos 23 et suiv.

1768. — C'est encore dans ce sens qu'il a été jugé que lorsqu'une partie a allégué un fait pour la justification de sa demande, et que la vérification en a été ordonnée, les juges ne sont pas liés par cet interlocutoire, et peuvent ne pas s'arrêter au fait articulé. — *Bruxelles*, 13 août 1811, Défuseiaux c. Depatoul.

1769. — ... Qu'en matière d'action possessoire, le jugement par lequel avant faire droit et sans rien préjuger, le juge de paix ordonne la visite des lieux et une enquête, n'entraîne pas chose jugée sur le caractère de la possession articulée; que le juge de paix reste toujours libre d'apprécier cette possession, et, se fondant sur ce que l'objet litigieux n'est pas susceptible de prescription, de repousser l'action en complainte. — *Cass.*, 25 juill. 1837 (t. 2 1837, p. 96), ville de Grasse c. Théas.

1770. — ... Que le premier arrêt par lequel une preuve a été ordonnée, à l'effet d'établir la nullité d'un acte de procédure, ne met pas obstacle à ce que, ultérieurement et après l'exécution de cet arrêt, la cour ne tenant aucun compte des preuves faites, écarte le moyen de nullité, par le seul motif que, n'ayant pas été proposé en première instance, il se trouve couvert. — *Cass.*, 5 déc. 1825, Chabanier c. Clermont.

1771. — ... Qu'une cour royale qui, sans rejeter des enquêtes faites en vertu de jugemens, ordonne pour se mettre de plus en plus en état de juger en connaissance de cause, la visite des lieux contentieux, n'est pas tellement liée par cette décision qu'elle ne puisse plus, sans violer l'autorité de la chose jugée, fonder sur ces enquêtes son arrêt définitif. — *Cass.*, 23 août 1827, Schneider c. Ortlier.

1772. — ... Que le jugement qui, après avoir déclaré homologuer un rapport d'expert contraire à la prétention de l'une des parties, a cependant ordonné une enquête sur des faits articulés par celle-ci, ne met pas obstacle à ce qu'un second jugement adopte pour motif de sa décision la preuve résultant de l'enquête ordonnée. — *Cass.*, 2 juill. 1838, préfet du Cher c. comm. d'Auxigny.

1773. — ... Que quoique dans un arrêt interlocutoire, les juges aient déclaré des titres insuffisans pour établir le droit réclamé et aient ordonné une enquête pour les compléter, ils peuvent, pour l'arrêt définitif, s'ils annulent l'enquête faite, puiser leurs décisions dans les mêmes titres. — *Toulouse*, 2 janv. 1841 (t. 1er 1841, p. 449), de Galard c. Mouset.

1774. — ... Que l'arrêt qui admet une partie à prouver par témoins qu'elle a joui d'un droit de pacage pendant plus de trente ans, après contradiction, ne fait pas obstacle à ce que l'arrêt définitif décide, après la confection de l'enquête qu'il n'y a jamais eu contradiction. — *Cass.*, 7 nov. 1838 (t. 2 1838, p. 461), section de Lapeyrelle et de Vitrac c. section du Peschez et de Beauvais.

1775. — ... Que lorsqu'au sujet d'une question de propriété, un jugement interlocutoire a admis le défendeur, conformément à ses conclusions, à faire preuve seulement d'une possession suffisante pour prescrire, si de la direction de l'enquête il résulte pour le défendeur un nouveau moyen même étranger aux faits de possession, de justifier ses prétentions, il peut invoquer ce moyen lors du jugement définitif, sans qu'on puisse lui opposer l'autorité de la chose jugée par le jugement interlocutoire. — *Cass.*, 29 nov. 1836, Blanc c. comm. de Farges.

1776. — ... Que bien qu'un jugement interlocutoire eût déclaré que le demandeur en complainte serait tenu de prouver que le trouble occasionné par les travaux pratiqués sur le bord d'un canal avait eu lieu dans l'année, l'action possessoire a pu être accueillie par ce seul motif que le demandeur ayant la possession annale du canal, était présumé, à défaut de preuve contraire, avoir la possession des francs-bords. — *Cass.*, 23 nov. 1841 (t. 1er 1841, p. 306), Gon c. Bernard.

1777. — ... Qu'une cour royale peut, sans excès de pouvoir, interpréter dans un arrêt définitif les mots : *hauteur moyenne des eaux*, employés dans un arrêt interlocutoire. — *Cass.*, 9 juill. 1846 (t. 2 1846, p. 266), Vauchel c. l'État.

1778. — ... Que l'arrêt qui, en ordonnant la levée d'un plan, a dit que, lors de cette opération, une commune présenterait ses titres de propriété, si elle pouvait en avoir, n'a pu mettre obstacle à ce qu'il fût jugé plus tard que la représentation de ces titres était superflue. — *Cass.*, 28 fév. 1837 (t. 1er 1837, p. 449), Leporcq c. comm. de Condelle.

1779. — V. encore, sur l'interprétation dans ce sens de la maxime que l'interlocutoire ne lie pas le juge, *Cass.*, 11 niv. an X, Baron c. Syron; 11 brum. an XII, Deuhalard c. Girard; *Besançon*, 2 mars 1815, N...; *Rennes*, 21 avr. 1816, Pichaud c. N...; 11 déc. 1817, N...; 15 fév. 1819, Dureugnes c. N...; *Nancy*, 28 juill. 1817, Boeck c. Koeller; *Metz*, 15 mai 1819, Domaines c. N...; *Rennes*, 19 fév. 1821, Chevalier c. Callot; 7 avr. 1821, Clémendot c. Ploezané; *Cass.* (motifs), 4 mai 1829, Salaun c. Quemeneur; *Toulouse*, 18 avr. 1832, Lapoux-Ambart c. Pannetier. — V. aussi Favard, t. 3, p. 151; Poncet, t. 1er, p. 101, no 78; Thomine-Desmazures, t. 1er, p. 688; Merlin, *Rép.*, vo *Communaux*, § 4 *bis*, et *Quest.*, vis *Hypothèques*, § 19, *Interlocutoire*, § 5, et *Testament*, § 14; Chauveau sur Carré, quest. 1616.

1780. — Ainsi tout interlocutoire qui, après contestation entre les parties sur l'utilité ou l'admissibilité d'une preuve, ordonne cette preuve, lie irrévocablement le juge, si la partie n'interjette pas appel de cet interlocutoire avant le jugement définitif sur le fond. — *Cass.*, 18 avr. 1832, Hourcat c. Cazabat.

1781. — Jugé même que bien qu'en général l'interlocutoire ne lie pas le juge, cependant un interlocutoire qui décide qu'une servitude est continue et apparente, susceptible conséquemment d'être acquise par la prescription, a, sur la qualification du droit, l'irrévocabilité de la chose jugée. — *Colmar*, 29 nov. 1839 (t. 1er 1840, p. 448), Martin Roess c. veuve Roess et Zehler.

1782. — ... Et que lorsqu'un interlocutoire décide, quoique dans ses motifs, un point de droit sur lequel portait la contestation, par exemple, lorsqu'il a été déclaré que le titre produit au nom de l'une des parties était un titre légitime d'acquisition et que l'on a admis l'autre partie à la preuve d'une possession tendant à le paralyser, à l'anéantir au moyen de la prescription, on ne peut plus, sans méconnaître la chose jugée, revenir sur le premier jugement, d'ailleurs non attaqué, et décider par le jugement définitif que le titre dont s'agit est insuffisant. — *Nîmes*, 10 déc. 1839 (t. 1er 1840, p. 503), comm. de Pérignargues c. comm. de Gajan.

1783. — D'autres arrêts, au contraire, ont décidé que le tribunal qui a rendu l'interlocutoire peut ensuite revenir sur cette décision, la rétracter, et déclarer par exemple qu'une mesure d'instruction qui avait d'abord été ordonnée ne devra pas avoir lieu. — *Cass.*, 25 vent. an XI, Dasson c. Patte; 5 brum. an XI, Bosset c. Michel; 22 niv. an XI, Fauyac c. Bauce.

1784. — ... Par exemple, qu'un jugement qui ordonne un serment supplétif peut être rapporté, tant que le serment n'a pas été prêté, s'il survient des renseignemens qui puissent suppléer au serment ordonné. — *Limoges*, 23 mars 1825, Lausade.

1785. — ... Qu'un jugement interlocutoire ordonnant une restitution de fruits suivant l'état à fournir par le grevé de restitution, n'empêche pas le tribunal d'adopter un autre mode de procéder plus favorable et de décider, notamment, que l'évaluation, au lieu d'être faite par état, se fera par experts. — *Cass.*, 4 janv. 1842 (t. 1er 1842, p. 583), Merie c. Izard.

1786. — Jugé encore, dans ce sens, que dans le Luxembourg les juges pouvaient modifier et même rétracter les jugemens interlocutoires. — *Metz*, 26 fév. 1812, Thomas c. Mary.

1787. — Mais cette doctrine ne nous semble pas admissible, car, ainsi que nous l'avons dit, le dispositif de tout jugement, quel qu'il soit, lie le juge.

1788. — Remarquons d'ailleurs que le tribunal, pour jouir de la liberté de juger sans avoir égard à la mesure d'instruction qu'il avait d'abord ordonnée, n'a pas même besoin de dire dans son jugement interlocutoire qu'il ordonne cette mesure sans nuire ni préjudicier aux droits des parties.

1789. — « Tout juge, dit Duparc-Poullain (*Principes du droit*, t. 9, p. 494), qui ordonne un genre d'instruction, est toujours présumé s'être réservé la liberté de juger entre les parties suivant l'équité, et conséquemment conserver tous leurs droits jusqu'au jugement définitif. Il n'y a souvent qu'une instruction parfaite qui puisse révéler au juge le vrai point de décision; et, si on lui ôtait la liberté de s'écarter du préjugé qu'il a lui-même établi par un interlocutoire, lorsque l'instruction était imparfaite, on le placerait dans la nécessité de commettre une injustice, quelque pures qu'eussent été ses intentions lorsqu'il aurait rendu cet interlocutoire. »

1790. — Du principe que les juges ne peuvent réformer leurs propres jugemens, il résulte qu'ils ne peuvent, après avoir ordonné un préparatoire, juger avant son exécution et sans en être requis. — *Rennes*, 2 mars 1818, N...

1791. — ... Spécialement le tribunal de première instance qui a ordonné une expertise pour vérifier les dégradations qu'un propriétaire prétend avoir été faites par son fermier ne peut plus, avant que les parties aient été mises à même d'exécuter cet interlocutoire, renvoyer purement et simplement le fermier de la demande dirigée contre lui. — *Bordeaux*, 23 juin 1828, Passier de la Gaucherie c. Recassé. — Chauveau sur Carré, quest. 1220 bis.

1792. — Mais si les juges ne peuvent rétracter le jugement interlocutoire qu'ils ont rendu, ils peuvent du moins s'en écarter lorsque l'exécution de cette mesure a été désertée par les parties.

1793. — ... Ainsi, les juges, lorsqu'ils ont ordonné une enquête et que cette enquête n'a pas eu lieu, peuvent, sans violer la chose jugée, et en l'absence de la preuve ordonnée, admettre l'existence des faits articulés dont ils ont acquis la conviction par d'autres moyens. — *Cass.*, 10 mai 1826, Fabre c. Deleuil.

1794. — Et dans le même cas, le tribunal peut baser son jugement sur des présomptions graves, précises et concordantes. — Même arrêt.

1795. — Jugé aussi que lorsqu'après un jugement qui ordonne une enquête, les parties abandonnent la mesure interlocutoire, le tribunal peut, sans violer l'autorité de la chose jugée, statuer d'après les autres erremens du procès. — *Cass.*, 2 juin 1829, Favre c. Delhomme.

1796. — Mais le tribunal pourrait aussi exiger que son interlocutoire fût rempli. — *Rennes*, 5 mai 1817 (*Journal des Avoués*, t. 15, p. 259)

CHAPITRE V. — *Voies ouvertes contre les jugemens.*

1797. — Les voies ouvertes contre les jugemens se divisent en voies de rétractation ou de réformation.

1798. — Les voies de rétractation ont pour objet de mettre le tribunal dans la position de revenir lui-même sur ce qu'il a jugé, de revoir, de refaire son propre jugement. — Poncet, t. 1er, p. 239.

1799. — Les voies de réformation ont pour but d'obtenir la correction, c'est-à-dire l'annulation ou la réformation du jugement et la rectification ou réparation des torts qu'il a causés. — Poncet, *ibid.*

1800. — Il y a une différence essentielle entre ces deux espèces de voies; c'est que la rétractation ne peut appartenir qu'au tribunal même qui a rendu le jugement, tandis qu'au contraire la réformation ne peut appartenir qu'à un tribunal supérieur.

1801. — Les voies soit de rétractation, soit de réformation, se divisent encore en voies ordinaires et voies extraordinaires.

1802. — Il y a deux voies ordinaires seulement, l'une de rétractation, l'autre de réformation; la première est *l'opposition* et la deuxième *l'appel*. — V. ces mots.

1803. — Il y a quatre voies extraordinaires, savoir deux de rétractation qui sont la *tierce-opposition* et la *requête civile* (V. ces mots), et deux de réformation qui sont la *cassation* et la *prise à partie*. — V. ces mots.

V. APPEL, AUTORISATION DE FEMME MARIÉE, COMMUNICATION AU MINISTÈRE PUBLIC, CHOSE JUGÉE, CASSATION (mat. civ.), EXÉCUTION DES JUGEMENS ET ACTES, GARDE NATIONALE, HYPOTHÈQUE JUDICIAIRE, JUGEMENT PAR DÉFAUT ET OPPOSITION, ORDONNANCE, RÉFÉRÉS, REQUÊTE CIVILE, TIERCE-OPPOSITION, etc., etc.

JUGEMENT (Mat. crim.)

Table alphabétique.

Absence, 120. — des parties, 379.
Abstention, 247 s.
Abus de confiance, 212, 288, 306.
Acquiescement, 152.
Acquittement, 55 s., 244 s., 251, 253 s., 353.
Acte d'avoué, 149.
Adjudication des conclusions, 57.
Adultère, 318.
Administration publique, 154, 156.
Affiche à la porte de l'audience, 97.
Aggravation de la peine, 260.
Alignement, 367.
Alternative, 330.
Amende, 36, 221, 278, 351, 373, 413.
Ami, 35.
Appel, 46, 125, 179, 208, 258 s., 294 s., 321 s., 355, 404, 436 s.
Arrestation, 121.
Arrêt, 261. — jugement sur appel, 225 s. — par défaut, 46.
Arrêté municipal, 192, 284, 364 s.
Audience publique, 387 s.
Audition des témoins, 49 s., 58, 68, 229 s.
Augmentation de distance, 113 s.
Authenticité, 428.
Avertissement, 14.
Avocat, 32, 52, 75, 401.
Avoué, 31, 402.
Boulanger, 284.
Calcul de la distance, 118. — des voix, 235.
Caractères du délit, 268 s., 286 s., 314, 319 s., 361 s.
Cassation, 75, 179, 232, 270, 302 s., 369, 438.
Caution, 78 s., 182.
Cautionnement, 79.
Certificat du greffier, 428.
Chambre d'accusation, 2. — du conseil, 4, 19, 378.
Changement de domicile, 90.
Chose jugée, 135.
Circonstances atténuantes, 333.
Circulaire ministérielle, 350.
Citation, 13, 15 s., 164, 214. — à la première audience, 141 s., 158, 163.
Citation, 358. 362. —. incomplète, 360.
Code de pêche fluviale, 106.
Code forestier, 106.
Commis, 99.
Comparution, 22, 25 s., 40 s., 44, 53, 144 s. — en personne, 27, 37 s.
Complicité. 308 s., 318.
Composition du tribunal, 233, 397 s., 401.
Compte-rendu infidèle, 71.
Conclusions, 46, 75, 252, 359, 393 s. — au fond, 42 s., 48.
Condamnation, 45 s., 353 s. — civile, 339.
Confirmation du jugement, 253 s., 258, 294 s., 321 s., 355, 357.
Connaissance du jugement, 120.
Conseil de discipline, 171, 262.
Considérant des jugemens, 290.
Constatation des faits, 299, 315 s., 319 s. — du défaut, 175 s.
Contrainte, 373. — par corps, 107.
Contravention, 364 s.
Contributions indirectes, 154.
Conviction du juge, 329. —
Copie du jugement, 399. — au maire, 97, 100. — aux — voisins, 100. — certifiée, 109.
Corruption de fonctionnaire public, 286.
Cour d'assises, 2. — des pairs, 3.
Courtage clandestin, 287.
Culpabilité, 270.
Date de la signification, 123 s. — des faits, 289.
Décès d'un juge, 425 s.
Déchéance, 120 s., 174 s.
Déclaration de changement de domicile, 92 s.
Défaut, 11 s. — de l'appelant, 228, — sur la citation, 176. — sur l'apposition, 167, 170 s., 174, 177. — de motifs, 280, 282, 285, 294 s., 319 s., 348 s.
Défenseur officieux, 30.
Déficit, 284.
Délai de distance, 117 s., 142 s., 161. — de la citation, 20, 144 s. — de l'opposition, 83 s., 98, 110 s., 437.
Délit de presse, 38, 71, 98. — forestier, 211, 316.
Demeures des parties, 390 s.
Démolition des travaux, 221.
Dénonciation, 15.
Dépens, 311 s., 368.
Déposition des témoins, 406.
Dépôt de matériaux, 307.
Dernier domicile, 92 s.
Désaveu, 52.
Désignation de la personne, 21, 276 s.
Destruction de testament, 308.
Dévastation, 316.
Diffamation, 269, 271 s., 274, 324.
Dispositif, 290, 359, 395.
Diverses espèces de jugemens, 6 s.
Domicile, 90, 95, 99. — élu, 148.
Dommages-intérêts, 151, 282, 313.
Double citation, 22. — qualité, 392.
Doute, 327.
Droit de plaider, 35.
Droits réunis, 86, 338.
Ecrit, 44. — judiciaire, 274 s.
Effets de l'opposition, 64 s.
Election de domicile, 139 s., 150, 163.
Embarras de la voie publique, 307.
Emprisonnement, 37.
Enlèvement de fruits, 232.
Enonciation de la peine, 339 s. — des condamnations, 340. — des faits, 239 s., 268 s., 290. — vague, 326.
Enregistrement, 130.
Erreur dans la citation, 369. — de droit, 335.
Escroquerie, 280, 298, 309 s., 313, 319.
Esprit de retour, 95.
Etendue des motifs, 302 s.
Exception, 37, 43 s., 218, 257, 295.
Excuse, 333.
Exécution, 433 s. — de jugement, 79. — provisoire, 180 s.
Expédition, 430 s.
Expertise, 210 s.
Extrait du jugement, 105.
Failli, 36.
Faits contradictoires, 331. — déniés, 256.
Fausse adresse, 171. — application de la loi, 372 s. — date, 103 s. — qualification, 372 s.
Faux, 432.
Femme, 102. — mariée, 28.
Feuille d'audience, 428.
Fils, 21.
Fin de non-recevoir, 98, 218, 437.
Flagrant délit, 318.
Fonctionnaire public, 271.
Force majeure, 189, 425 s.
Formation de la décision, 235.
Forme de l'opposition, 126 s.
Formule collective, 293.
Fuite, 95.
Garde nationale, 171, 262.
Gendarmes, 314.
Gérant, 99.
Greffier, 351, 373, 413 s., 421 s., 432.
Grief d'appel, 68.
Huis-clos, 379 s.
Huissier, 34, 130 s.
Incohérence des motifs, 337.
Incompétence, 219. — absolue, 72.
Indication de l'heure, 20. — du domicile, 89. — du tribunal, 20.
Inductions, 328.
Injonction, 49.
Injure, 296. — par écrit, 275. verbale, 276.
Inscription de faux, 207.
Insertion de la loi, 341, 343, 346 s.
Instruction. 4, 66. — publique, 381 s.
Insuffisance des motifs, 259.
Intention, 275. — frauduleuse, 282 s., 288, 306, 324.
Intérêts usuraires, 279.
Interrogatoire, 18, 39, 44, 51.
Intervention, 70.
Intitulé des jugemens, 408 s.
Jonction de cause, 219.
Jour de la signification, 111. — férié, 111 s.
Juge, 168, 421 s. — d'instruction, 4. — rapporteur 404. 420.
Jugement, 373. — avant faire droit, 7. 199 s. — contradictoire, 10, 44, 48, 52, 75, 178, 184 s., 248 s. — de défaut-congé, 60, 74. 228. — définitif, 7, 216 s., 248 s. — en dernier ressort, 9, 223. — en premier ressort, 9, 223. — interlocutoire, 8, 200, 294. 209 s., 213 s., 221, 248 s. — par défaut, 10, 19 s., 22 s., 44 s., 53, 104, 248 s., 356. — préparatoire, 8, 200, 202, 205 s., 213, 246. — provisoire, 8. 200, 215, 248 s. — sur l'opposition, 168.
Langue française, 412.
Lecture de la loi, 343, 346 s.
Législation ancienne, 28, 47, 65. 69, 186, 240 s., 266, 352, 370 s., 375, 414, 420.
Lettre-missive, 45.
Lieu public, 269.
Lieu non public, 273.
Maire, 269, 314.
Maison d'arrêt, 317. — de prêt, 285.
Mandat d'amener, 18. — de dépôt, 53.
Mandataire, 25 s., 29, 31, 33 s., 40 s., 160.
Mari, 28, 102.
Maximum, 260, 369.
Matière correctionnelle, 5. — de simple police, 5.
Mention de la publicité, 382 s., 385 s., 389, 396. — des conclusions, 20. — du défaut, 56. — du fait incriminé, 20.
Mère, 21.

Minimum, 260, 297, 363.
Ministère public, 56. 60 s., 80, 108, 125, 148, 151, 153 s.. 359, 385, 400, 425.
Mise hors de cause, 252.
Mode de délibérer, 235.
Montant des sommes prêtées, 278.
Motifs, 263. — de la citation, 165. — des jugemens, 104, 203, 238 s., 247 s., 292 s., 306. 313, 317, 395. — des premiers juges, 295 s. — nuls, 338.
Nombre des copies, 401 s. — des juges, 397 s. — des parties, 51, 390 s.
Nouveaux motifs, 294 s.
Nullité, 89, 93, 122, 149, 155, 171, 187, 218, 258, 263 s., 323, 342, 346 s., 374 s., 399, 415. 418.
Opposition, 52. 62 s., 69, 74 s., 98, 120 s., 124, 139, 141 s., 174, 178 s., 220, 231, 436 s. — à la — barre, 129. — par acte, 127, 132 s., 136 s., 147 s., 157, 164. — par réponse, 127 s.
Ordonnance de chambre, 423.
Parent, 35.
Parquet, 95 s.
Partage des voix, 235, 245.
Partie civile, 40 s., 60, 70, 74, 81 s., 125, 139, 148, 150 s., 163, 174, 198, 317. — intéressée, 16.
Peine, 151, 369.
Personne qui peuvent former opposition, 76.
Plaidoiries, 393.
Plaignant, 177, 392.
Plainte, 291.
Plumitif, 428.
Poids du pain, 284.
Point de fait et de droit, 405 s.
Police correctionnelle, 83 s.
Portes ouvertes, 386.
Poursuite disciplinaire, 131 s.
Pourvoi en cassation, 193.
Pouvoir discrétionnaire, 152, 260.
Procès-verbal de perquisition, 94.
Prononciation du défaut, 23 s.
Publicité, 247, 272, 374 s. — de l'audience, 234.
Première audience, 141 s., 159 s., 175 s.
Prénoms des parties, 51, 390 s.
Prescription, 59, 66, 289.
Présence du greffier, 446 s.
Président, 418 s.
Présomption, 329.
Preuve testimoniale, 212, 214, 256, 325.
Prévenu, 48, 78 s., 151, 392, 437. — du ministère public, 400.
Prise à partie, 413, 438.
Professions des parties, 390.
Projet de sentence, 449.
Prononciation du jugement, 186, 236, 374 s. — d'enquête, 250.
Provision, 180, 184.
Qualification des faits, 270 s., 299.
Qualités, 405 s. — du jugement, 291.
Question de fait, 267 s. — de droit, 267 s. — préjudicielle, 197.
Rapport, 385, 404.
Réassignation, 70.
Rébellion, 314.
Rédaction du jugement, 236.
Réduction de la peine, 297 s., 363.
Refus de constater l'opposition, 131 s. — de prononcer, 196. — de statuer, 168.
Réglement de police, 364 s.
Rejet, 275, 295 s. — implicite, 255 s.
Remise de la cause, 49 s., 70, 169, 190, 202, 206 s., 214, 220, 250, 388.
Remplacement d'un juge, 401.
Renseignement, 332.
Reparations civiles, 36.
Réplique, 44.
Reproches des témoins, 218, 225.
Réquisitoire, 385, 393.
Résidence, 90, 95.
Ressort, 407.
Réunion publique, 273.
Révision, 439.
Séance particulière, 378.
Secret du délibéré, 421 s.
Servante, 89.
Siége du journal, 99.
Signature, 413 s.
Signification du jugement, 87 s, 110, 124, 177, 329. — à domicile, 20, 121, 139. — à personne, 20, 139. — au parquet, 90, 91, 94, 148.
Supplément d'instruction, 258 s.
Surcharge, 123 s.
Sursis, 192 s., 194, 206 s., 221, 254.
Syndic, 30.
Tentative de vol, 201.
Texte de la loi pénale, 104.
Tierce personne, 15 s.
Tolérance, 284.
Travaux confortatifs, 210.
Tribunaux correctionnels, 115, 126 s., 147 s., 180 s., 188, 239, 264 s., 343, 346 s., 414. — de simple police, 84, 83 s., 114, 126 s., 187, 192 s., 236, 258, 263 ss, 341, 413. — maritimes, 3. — militaires, 3. — spéciaux, 3.
Usure, 277 s., 315.
Vérification des minutes, 429.
Visa des pièces, 320.
Voies de recours, 435.
Vol, 201.
Voyage, 120.

JUGEMENT (mat. crim.). — 1. — On appelle *jugemens* ou *arrêts criminels* les sentences rendues en matière criminelle, correctionnelle ou de simple police, c'est-à-dire sur des fautes qualifiées crimes, délits, ou contraventions. — V. CRIMES, DÉLITS ET CONTRAVENTIONS, et COMPÉTENCE (mat. crim.).

2. — On a exposé, sous les mots CHAMBRE DES MISES EN ACCUSATION et COUR D'ASSISES, toutes les règles relatives aux *arrêts* rendus soit sur l'instruction, soit sur le fond en matière de grand criminel par les juridictions ordinaires des cours royales et des cours d'assises.

3. — On a également tracé sous les articles qui les concernent les règles propres aux juridictions exceptionnelles appelées dans certains cas à réprimer des crimes spéciaux ou des délits commis par des prévenus placés dans une position particulière. — V. COUR DES PAIRS, TRIBUNAUX MARITIMES, TRIBUNAUX MILITAIRES, TRIBUNAUX SPÉCIAUX

4. — Enfin on peut consulter pour tout ce qui a rapport à l'instruction devant les tribunaux de première instance, les mots CHAMBRE DU CONSEIL, INSTRUCTION CRIMINELLE, JUGE D'INSTRUCTION.

5. — Le présent article est exclusivement consacré à l'exposition des principes généraux qui régissent les jugemens rendus par les tribunaux de simple police, les tribunaux de police correctionnelle et les cours royales statuant comme juges d'appel des tribunaux de police correctionnelle.

CHAP. Ier. — *Des diverses espèces de jugemens et arrêts* (no 6).

SECT. 1re. — *Des jugemens par défaut* (no 11).

§ 1er. — *Cas dans lesquels il y a lieu à jugemens par défaut* (no 11).

§ 2. — *Nature de l'opposition. — Contre quels jugemens, et à quelles parties cette voie est ouverte* (no 62).

§ 3. — *Délais de l'opposition* (no 83).

§ 4. — *Forme de l'opposition* (no 126).

§ 5. — *Des jugemens par défaut sur l'opposition* (no 167).

SECT. 2e. — *Jugemens contradictoires* (no 185).

SECT. 3e. — *Jugemens avant faire droit et définitifs; jugemens en premier et en dernier ressort* (no 199).

SECT. 4e. — *Des arrêts et des jugemens rendus sur appel* (no 225).

CHAP. II. — *Des conditions, et des formes des jugemens et arrêts* (no 233).

SECT. 1re. — *Observations préliminaires* (no 233).

SECT. 2e. — *Motifs des jugemens et arrêts. — Enonciation de la peine et des condamnations civiles* (no 238).

SECT. 3e. — *Lecture et insertion de la loi pénale* (no 344).

SECT. 4e — *Prononciation des jugemens et arrêts; mention de la publicité de l'audience* (no 374).

SECT. 5e. — *De la minute du jugement* (no 390)

SECT. 6e. — *De l'expédition et de l'exécution du jugement* (no 439).

CHAP. III. — *Voies de recours contre les jugemens et arrêts* (no 444).

—

CHAPITRE Ier. — *Des diverses espèces de jugemens et arrêts.*

6. — En matière criminelle comme en matière civile on distingue plusieurs espèces de jugemens.

7. — Ainsi l'on reconnaît des jugemens d'avant faire droit, et des jugemens définitifs.

8. — Les avant faire droit se subdivisent en jugemens préparatoires, interlocutoires et provisoires.

9. — ... Des jugemens en premier ressort et des jugemens en dernier ressort. — V. APPEL (mat. crim.) COMPÉTENCE.

10. — Mais la division la plus importante est celle des *jugemens par défaut* et des *jugemens contradictoires*.

Sect 1re. — *Des jugemens par défaut.*

§ 1er. — *Cas dans lesquels il y a lieu à jugement par défaut.*

11. — Il y a lieu à jugement par défaut, soit en matière de simple police, soit en matière correctionnelle, lorsque le prévenu ne comparaît pas. — C. inst. crim., 149, 186.

12. — Toutefois pour que la condamnation soit régulièrement prononcée contre le défaillant, plusieurs conditions sont nécessaires.

13. — Ainsi il faut 1° qu'il ait été régulièrement cité.

14. — Par conséquent, le prévenu qui ne comparaît pas sur un simple avertissement ne peut pas être jugé. — *Cass.*, 4 mars 1826, Sulpicy, 8 août 1840, (t. 1er 1841, p. 725), Ricois.

15. — A plus forte raison, n'est-il pas possible qu'au cours d'une instance, une condamnation soit prononcée contre une tierce personne qui n'y figure pas, par exemple, contre le dénonciateur d'un prévenu acquitté. — *Cass.*, 25 fruct. an VII,

Warmezanville; 9 germin., an VII, Hugues c. Bayer.

16. — ... Ou contre des personnes ayant le même intérêt, mais qui n'ont pas été citées. — *Cass.*, 22 thermid. an XII, Paris Labrosse.

17. — ... Ni contre celles dont rien ne constate la citation. — *Cass.*, 7 vendém. an VII, Bousten, 6 niv. an VII, Bouisse, 14 brum. an VIII, Norbert-Met, 14 frim. an VIII, Rychmann.

18. — De même, il ne suffit pas que le prévenu ait été préalablement interrogé, en vertu d'un mandat d'amener. — *Cass.*, 7 vendem. an VII, Bousten.

19. — Un tribunal excéderait donc ses pouvoirs en faisant une injonction à un individu par un arrêté pris en chambre du conseil, sans l'avoir entendu. — *Cass.*, 12 janv. 1792, Durozé; 26 sept. 1793, Longuer.

20. — Il ne suffit pas qu'il y ait eu citation, il est indispensable que la citation donnée soit régulière. — Les principales conditions de validité de l'exploit sont la signification à personne ou à domicile, l'observation des délais, l'indication du tribunal ainsi que des jour et heure de l'audience, la mention du fait incriminé et des conclusions. — V. au surplus EXPLOIT CRIMINEL.

21. — Spécialement, est nulle la citation donnée à une mère pour un de ses fils, lorsqu'on ne désigne pas celui contre qui la poursuite est dirigée. — *Cass.*, 16 prair. an VII, Ouetel.

22. — Cette circonstance qu'une partie a été citée à comparaître le même jour devant le tribunal de simple police, à la requête du ministère public, et devant le tribunal correctionnel, à la requête d'une partie civile ne forme pas obstacle à sa comparution devant le tribunal correctionnel. — *Gand*, 28 mai 1834, Vanl... c. V...

23. — ... 2° Que le défaut soit prononcé à l'audience indiquée par la citation.

24. — La citation étant toujours donnée à jour fixe, le défaut ne saurait être prononcé dans une autre audience que celle indiquée. Mais le tribunal peut, s'il le juge convenable, se borner à donner défaut et renvoyer à un autre jour pour statuer au fond.

25. — ... 3° Que le prévenu ne soit pas représenté par un mandataire, dans les cas où la loi lui accorde la faculté de ne pas comparaître en personne.

26. — Ce droit lui appartient, en principe, dans toutes les affaires de la compétence du tribunal de simple police. — C. civ. crim., art. 152. — Et, en matière correctionnelle, dans les affaires seulement relatives à des délits qui n'entraînent pas la peine d'emprisonnement. — C. inst. crim., art. 185.

27. — Toutefois, même dans les cas ci-dessus prévus, les tribunaux peuvent ordonner la comparution du prévenu en personne. L'art. 185, C. inst. crim., contient une disposition expresse à cet égard pour les tribunaux correctionnels, et il y a évidemment même raison de décider pour les tribunaux de simple police. — Legraverend, t. 2, p. 312; Carnot, *Inst. crim.* art. 182; Bourguignon, *Inst. crim.*, *ibid.*

28. — Jugé que sous le code de brum. an IV, le prévenu ne pouvait pas se faire représenter par sa femme. — *Cass.*, 23 frim. an VII. Jannet.

29. — ... Ni par un fondé de pouvoirs. — *Cass.*, 26 niv. an VII, Faure Vabric.

30. — ... Ni par un défenseur officieux. — *Cass.*, 25 brum. et 28 pluv. an VII, Lapicoterie et Zolla.

31. — Quoique l'art. 185, C. inst. crim., n'accorde expressément au prévenu d'un délit qui n'emporte pas la peine de l'emprisonnement, que le droit de se faire représenter par un avoué, il ne faut pas en conclure qu'il exclue tout autre mandataire. — *Contrà*, Boitard, *Inst. crim.*, no 207.

32. — Un avocat peut se présenter pour le prévenu. — V. AVOCAT, no 372.

33. — ... Ainsi que toute personne capable d'être chargée d'un mandat, pourvu qu'elle justifie d'une procuration spéciale. — Carnot, *Inst. crim.* t. 2, p. 39, no 4.

34. — Devant les tribunaux de simple police, un huissier a même le droit de représenter un prévenu, nonobstant l'art. 18 de la loi du 25 mai 1838, sur les justices de paix, car cet article n'est applicable qu'aux affaires civiles.

35. — Mais le mandataire étranger au barreau n'aurait évidemment le droit de plaider pour le prévenu, qu'autant qu'il y serait autorisé, en sa qualité de parent ou d'ami, par le président. — *Arg.*, art. 295; — Carnot, *Inst. crim.*, *ibid.*

36. — Il a été jugé spécialement que les syndics d'une faillite n'ont pas qualité pour représenter le failli, sans un pouvoir de sa part, sous le rapport des réparations civiles qui seraient la suite d'une amende encourue. — *Cass.*, 6 avr. 1822, Richard-Jacques c. Forêts.

37. — Il importe de remarquer que le fait incriminé entraînât-il peine d'emprisonnement, le prévenu n'est obligé à comparaître en personne que pour le jugement du fond. Son avoué ou son avocat peuvent plaider sans lui les exceptions et les questions préjudicielles. — *Cass.*, 7 mess. an VIII, Bérenger c. Hebert; 12 juin 1829, Guise; même jour, Bohain; 15 oct. 1831, Darnavon c. Carnaud; 29 août 1840, (t. 1er 1841, p. 68), Lapara c. Salesse; — Merlin, *Rép.* vo *Contumace*, § 2, no 6; Carnot, *Inst. crim.*, t. 2, p. 60, no 10, et p. 41, no 2; *Codes annotés* de Sulpicy, art. 185, no 3.

38. — Il en est de même en matière de délit de presse. — V. art. 2, L. 8 avr. 1831 et 25, L. 19 sept. 1834; — *Cass.*, 15 nov. 1831, *suprà*, Darnavon c. Carnaud.

39. — Jugé que ce n'est qu'après avoir été interrogé que le prévenu peut être admis à se faire représenter. — *Grenoble*, 13 nov. 1823, Jonclard. — Le motif de cet arrêt est que l'art. 190, qui prescrit l'interrogatoire du prévenu est postérieur à l'art. 185, mais il est évident que l'art. 185 suppose que le prévenu n'a pas subi d'interrogatoire, puisqu'il permet aux juges d'ordonner sa comparution en personne.

40. — Quant à la partie civile, l'art. 185 ne dit pas qu'elle comparaîtra en personne. Il lui est donc permis de se faire représenter dans toutes les causes.

41. — Cependant, le tribunal ordonnerait valablement sa comparution en personne. — Carnot, t. 2, p. 144, no 6.

42. — Le jugement est par défaut, non seulement lorsque le prévenu ne se présente pas, mais encore lorsque présent à l'audience, il ne propose aucune défense et ne conclut pas au fond. — *Cass.*, 7 déc. 1822, Guise; 8 sept. 1824, Corréard; 12 déc. 1834, Lebon; 23 fév. 1837 (t. 1er 1837, p. 316), Legé.

43. — Il en est de même lorsque sa défense s'est bornée à une exception préjudicielle. Le jugement rendu sur le fond, après le rejet du moyen, est par défaut. — *Cass.*, 13 mars 1835, Mathivet; *Paris*, 18 nov. 1836, Fournier-Verneuil c. Hocmelle.

44. — Mais, si le prévenu n'a pas formellement restreint sa comparution à des conclusions préjudicielles, s'il s'est référé dans son interrogatoire à un écrit publié et notifié, traitant du fond, et s'il a répliqué aux conclusions prises sur le fond par le ministère public, la cause est contradictoirement engagée. — *Cass.*, 29 mai 1830, de Magnoncourt. — Il est néanmoins hors de doute qu'un mémoire publié par le prévenu pour sa défense, serait insuffisant pour faire réputer ce jugement contradictoire si ce dernier ne se présentait ni en personne, ni par un défenseur. — Merlin, *Rép.* vo *Défaut*, § 3; Legraverend, t. 2, chap. 4, p. 411; Carnot, *ibid.* no 3.

45. — *A fortiori*, n'est-il pas possible de rendre un jugement contradictoire sur la simple lecture d'une lettre du prévenu? — *Cass.*, 13 fructid. an VII, Cathelinais.

46. — L'appelant qui a formulé ses griefs d'appel dans un exploit peut encore faire défaut. — *Cass.*, 22 août 1811, Jeanne Manissier; même jour, Leblond.

47. — On jugeait le contraire sous le Code de brumaire, par suite d'une disposition spéciale. — *Cass.*, 15 frim. an XIII, Chesneau-Blanchet; 13 fructid. an XIII, Rass.

48. — Mais si le prévenu a conclu au fond, le jugement est contradictoire, quand bien même il se retirerait de l'audience. — *Cass.*, 8 sept. 1824, Correard.

49. — Par conséquent, lorsqu'à une première audience, le prévenu a été interrogé et que les témoins ont été entendus, et qu'à une deuxième à laquelle la cause a été continuée, il n'a pas comparu, le jugement qui statue sur l'accusation est contradictoire. — *Cass.*, 22 niv. an XII, Charles c. Loupiat; *Toulouse*, 24 janv. 1831, Théré c. Marignac.

50. — Jugé toutefois que, lorsque le tribunal après avoir entendu certains témoins, le prévenu, les avocats des parties, et le ministère public, a remis la cause à jour fixe pour entendre d'autres témoins et continuer l'instruction, le jugement qui intervient au jour indiqué est par défaut, si le prévenu ne se représente pas. — *Cass.*, 14 mai 1835, Boucle.

51. — Les réponses du prévenu au président sur ses nom, prénoms, âge, profession, demeure, et lieu de naissance n'équivalent pas à l'interrogatoire et ne lient pas la cause contradictoirement. — *Cass.*, 8 sept. 1824, Corréard.

52. — Dans une espèce où un prévenu avait été admis à tort à se faire représenter par un avocat, qu'il n'avait d'ailleurs pas désavoué, la cour de Cassation a décidé que le jugement n'était pas susceptible d'opposition. — *Cass.*, 11 août 1827, Ancillon c. Avias.

53. — A part le cas où le prévenu se trouvait sous le coup d'un mandat de dépôt, le Code n'accordait aucun moyen coërcitif pour le forcer à comparaître. — Carnot, *Inst. crim.*, t. 2, p. 39, no 3.

54. — Mais la loi du 9 sept. 1837 a modifié cet état de choses et autorisé le président du tribunal à ordonner, après une sommation faite au prévenu, qu'il soit amené par la force à l'audience. — V. COUR D'ASSISES, DÉLITS DE PRESSE.

55. — Au surplus, quoique le prévenu fasse défaut, il peut être renvoyé des fins de la prévention. — *Cass.*, 23 mars 1832, Baccaglieri.

56. — ... Sans même que le ministère public soit fondé à se plaindre de ce que le jugement n'a pas prononcé défaut contre lui. — Même arrêt.

57. — Les tribunaux criminels prononçant par défaut ne doivent d'ailleurs adjuger que les conclusions qu'ils reconnaissent justes et bien vérifiées. — *Cass.*, 1er déc. 1842 (t. 2 1843, p. 70), Lich.

58. — Ils sont donc tenus de procéder comme si le prévenu était présent à l'audition des témoins.

59. — C'est également un principe certain que la prescription en matière criminelle, correctionnelle ou de simple police, doit être suppléée d'office, comme étant d'ordre public. — *Cass.*, 1er juill. 1837 (t. 1er 1838, p. 554), Picot d'Agard; 22 juill. 1843 (t. 1er 1843, p. 499), Lefeuvre; — De Grattier, *Comment. lois de la presse*, t. 1er p. 530, no 3; Merlin, *Rép.*, vo *Délit forestier* et *Prescription*, p. 74; Mangin, t. 2, no 287; Vazeille, t. 1er, no 337; Legraverend, t. 1er, p. 85; Berriat, p. 74; Duranton, t. 21, no 110; Troplong, *Prescription*, t. 1er, no 94; Chassan, *Délits de la parole*, t. 2, p. 87; Duvergier, t. 1er, no 59; Bourguignon, t. 2, p. 533; Carnot, t. 3, p. 618; Parant, *Lois de la presse*, p. 338; Rauter, t. 2, no 854. — V. ACTION PUBLIQUE, no 293 et suiv., PRESCRIPTION.

60. — Si la partie civile ne comparaît pas devant le tribunal, sur la citation qu'elle a donnée directement au prévenu, celui-ci peut requérir contre elle *défaut congé*, sauf au ministère public à prendre contre lui, dans l'intérêt de la vindicte publique, telles conclusions que de droit. — Bourguignon, *Manuel d'inst. crim.*, t. 1er, p. 242, no 2. — V. d'ailleurs ACTION CIVILE, no 358 et suiv.

61. — Aucun défaut ne peut être prononcé contre le ministère public, car il représente l'action publique qui veille toujours à la conservation des lois sociales. Il n'y a donc pas plus lieu d'acquitter le prévenu dans le cas où le ministère public refuse de conclure que dans celui où il déclare se désister de la poursuite. — *Cass.*, 13 sept. 1811, Jacques Nolet; — Merlin, *Quest.*, vo *Ministère public*, § 5, no 2.

§ 2. — *Nature de l'opposition. — Contre quels jugemens et à quelles parties cette voie est ouverte.*

62. — *Nature de l'opposition.* — Si l'équité exige, en matière civile, que la partie condamnée par défaut puisse renouveler contradictoirement le débat devant les mêmes juges, à plus forte raison, serait-il impossible d'admettre en matière criminelle, qu'un prévenu fût irrévocablement condamné sans avoir été entendu.

63. — C'est un principe incontestable que tout jugement rendu par les tribunaux correctionnels ou les tribunaux de simple police contre un individu qui n'a pas comparu peut être attaqué par lui par la voie de l'opposition.

64. — Non seulement l'opposition empêche l'exécution du jugement contre lequel elle est dirigée, mais elle anéantit complètement la condamnation, qui est considérée comme non avenue. — C. inst. crim., art. 187.

65. — Il en était autrement sous le code de brumaire an IV. — *Cass.*, 30 déc. 1808, Audibert-Caille.

66. — Mais la condamnation seule ou, si l'on veut, le jugement est détruit; la citation donnée au prévenu et les actes d'instruction dont la cause a été l'objet subsistent. — *Bordeaux*, 14 fév. 1839, (t. 2 1839, p. 411), Chèze c. Frappé; *Cass.*, 3 sept. 1831, Rouby.

67. — ... De telle sorte que ces actes empêchent la prescription de s'accomplir. — V. PRESCRIPTION.

68. — Par suite de ce principe, le prévenu qui se voit condamner de nouveau sans que le ministère public ait cité les témoins à charge entendus lors du premier jugement, ne peut se faire de cette omission un grief devant la cour d'appel. — *Bordeaux*, 14 fév. 1839 (t. 2 1839, p 411), Chèze c. Frappé.

69. — *Jugemens susceptibles d'opposition.* — Le code de brumaire était muet sur la question d'opposition. Un avis du conseil d'état du 18 fév. 1806 y suppléa, en disposant que cette voie serait permise contre tous les jugemens non contradictoires. — *Cass.*, 9 frim. an IX, Morand; 17 mars 1808, Robbe; 1er avr. 1808, Piron; 15 avr. 1808, Fanchet; — Bourguignon, *Inst. crim.*, t. 1er, p. 285, no 1.

70. — Cette règle est encore applicable aujourd'hui. En conséquence l'opposition est recevable contre un jugement qui admet l'intervention d'une partie civile, bien qu'il prononce le renvoi de la cause à un autre jour et ordonne un réassigné. — *Cass.*, 16 fév. 1833, Landry c. Beauchène.

71. — ... Contre celui qui statue sur des comptes rendus par les journaux, avec infidélité ou mauvaise foi, des débats judiciaires. — *Cass.*, 6 mars 1823, Catineau. — V. aussi 7 déc. 1822, Guise.

72. — ... Contre celui qui prononce une incompétence *ratione materiæ.* — *Cass.*, 10 nov. 1808, Jean Pillot.

73. — Mais opposition sur opposition ne vaut. Ce principe est admis en matière criminelle comme en matière civile. — Art. 150 et 188, inst. crim. — V. *infrà.*

74. — Si l'opposant parvient à gagner sa cause par défaut, se demande Carnot, (t. 2, p. 46, no 4), la partie adverse sera-t-elle recevable à former opposition au jugement? Oui, car l'art. 150 et 188 ne déclarent non recevable dans son opposition que celui qui en ayant formé une première, s'est laissé condamner une seconde fois par défaut. Cette solution est conforme à ce que nous avons enseigné. V. JUGEMENT PAR DÉFAUT.

75. — Jugé que le jugement dont le dispositif est rédigé dans la forme des jugemens contradictoires, dont le contexte énonce le nom des parties et leurs conclusions sans dire qu'aucune d'elles soit défaillante, est réputé contradictoire. Il ne peut donc être attaqué par la voie de l'opposition, mais par celle de la cassation, s'il est vrai qu'une des parties ait été à tort admise à se faire représenter par un avocat. — *Cass.*, 11 août 1827, Ancillon c. Arras.

76. — *Personnes qui peuvent former opposition.* — Pour attaquer un jugement par voie d'opposition, il faut être partie dans l'instance. Un principe aussi élémentaire s'énonce et ne se prouve pas.

77. — Spécialement, le plaignant qui ne s'est pas porté partie civile n'a pas ce droit. — *Aix*, 16 déc. 1825, Gilbert Boucher c. Tredos.

78. — Mais le prévenu qui a obtenu sa liberté provisoire et qui a été ensuite jugé par défaut, est recevable dans son opposition au chef du jugement qui a condamné sa caution, (non appelée dans l'instance) au paiement de la somme qu'elle s'était engagée à fournir. En ce cas, le prévenu étant seul en cause et la caution n'ayant été ni citée ni mise en demeure, la condamnation doit être en réalité considérée comme prononcée contre lui. — *Cass.*, 13 mai 1837 (t. 1er 1838, p. 374), Bastide.

79. — ... Peu importe que la caution ait exécuté le jugement, en versant le montant du cautionnement. — Même arrêt.

80. — Le ministère public ne fait jamais défaut. Par conséquent, jamais il n'agit par voie d'opposition.

81. — La partie civile a, au contraire, le droit de former opposition au jugement par défaut qui la déboute de sa demande. — *Cass.*, 29 avr. 1817, Jean-Louis Paris c. Chrétien; 26 mars 1824, Carré c. Ligonnet; *Bruxelles*, 26 mars 1832, H...; *Paris*, 29 nov. 1837 (t. 1er 1838, p. 11), Cadeau c. Quoi; 20 nov. 1833, Lavoipière c. Moreau; — Merlin, *Rép.*, vo *Défaut*, § 3, art. 1er; et *Tribunal de police*, sect. 2e, § 3; Carnot, *Inst. crim.*, t. 2, p. 45, no 11; Bourguignon, *Inst. crim.*, t. 1er, p. 244; Sulpicy, art. 187, no 29. — V. aussi *Cass.*, 29 flor. an IX, Marie dit André.

82. — Il est vrai que l'art. 187 ne parle que du prévenu, mais l'opposition est de droit commun. Pour qu'une partie en soit privée, il faut une disposition expresse de la loi. D'ailleurs, l'art. 208, inst. crim., relatif à l'opposition en cause d'appel le suppose ainsi, car il ne parle pas du prévenu, mais de la partie qui l'aura formée. — V. ACTION CIVILE, nos 32 et suiv.

§ 3. — *Délais de l'opposition.*

83. — Le délai de l'opposition varie selon qu'il s'agit d'un jugement de simple police, ou d'un jugement correctionnel.

84. — En matière de simple police, il est de trois jours. — Art. 151, inst. crim.

85. — En matière correctionnelle, il est de cinq jours. — Art. 187.

86. — Jugé qu'en matière de droits réunis, à défaut de disposition spéciale, c'est d'après l'art. 187

et non d'après le Code de procédure que doit être déterminé le délai de l'opposition aux jugemens par défaut. — *Cass.*, 22 nov. 1811, Zacharie. — V. cependant CONTRIBUTIONS INDIRECTES, n° 191.

87. — Le délai court du jour de la signification du jugement faite au prévenu ou à son domicile. — Art. 151 et 187.

88. — Toutefois, pour faire courir les délais d'opposition, il faut que la signification soit régulière. — *Cass.*, 11 août 1842 (t. 1er 1843, p. 498), Lefeuvre.

89. — Ainsi est nulle 1° la signification faite au prévenu demeurant *hors la ville, près telle commune*, bien que contenant mention de la délivrance de la copie à une servante de sa maison. — *Bordeaux*, 23 fév. 1832, Taffard.

90. — ... 2° Celle faite dans une maison que le défaillant a cessé d'habiter, et non à sa personne ni dans la maison qu'il habite. — *Toulouse*, 22 janv. 1824, Blaise Jolly ; *Cass.*, 11 août 1842 (t. 1er 1843, p. 498), Lefeuvre.

91. — Dans l'espèce du dernier arrêt, l'huissier s'était présenté au domicile indiqué, et il lui avait été répondu *non que le prévenu fût absent, mais qu'il avait quitté son domicile, et qu'on ne savait ce qu'il était devenu*. La cour a décidé que c'était le cas de signifier le jugement au parquet.

92. — Jugé, au contraire, que la signification est valablement faite au dernier domicile indiqué dans le jugement, lorsque le prévenu n'a pas fait la déclaration préalable de son changement de domicile. — *Cass.*, 11 juin 1825, Bruno Perce. — V. aussi *Cass.*, 21 mai 1835, Renard.

93. — Cette doctrine est contraire au vœu de la loi. En effet, il est impossible que le prévenu ait connaissance des significations qui sont déposées à un domicile qu'il a quitté et où il n'a aucun représentant.

94. — Dans cette conjoncture, il est prudent de procéder conformément à l'art. 109, C. inst. crim., c'est-à-dire de dresser un procès-verbal de perquisition, avant de déposer la copie au parquet.

95. — N'est pas sans domicile ni résidence connu, bien qu'en fuite à l'époque de la signification du jugement, l'individu qui a conservé l'intention de revenir à son domicile. — *Cass.*, 1er déc. 1842 (t. 1er 1843, p. 497), Gaudry.

96. — A défaut de domicile ou de résidence connus, la signification du jugement est faite au parquet, conformément à l'art. 69, § 8, C. procéd. — *Cass.*, 8 avr. 1826, Joseph Bidy ; 11 août 1842, (t. 1er 1843, p. 498), Lefeuvre.

97. — En ce cas, il y a donc nullité lorsque la signification est remise au maire de la commune, au lieu d'être affichée à la principale porte de l'auditoire et remise au procureur du roi. — *Cass.*, 20 sept. 1844 (t. 2 1845, p. 270), Bianco. — V. EXPLOIT (mat. crim.), nos 154 et suiv.

98. — Lorsque la copie de la signification a été ainsi remise au parquet, les procureurs du roi sont dans l'usage de n'en tirer aucune fin de non-recevoir contre l'opposition, et de ne compter les délais qu'à partir de la connaissance réelle qu'a eue le prévenu du jugement.

99. — En matière de presse, la signification du jugement est valablement faite au siége du journal, en parlant à un commis, quoique le gérant n'y demeure pas. — *Cass.*, 28 août 1834, Laroze ; — Parant, *Lois de la presse*, p. 479 ; de Grattier, *Comment.*, t. 1er, p. 449, n° 3, et t. 2, p. 182, n° 29.

100. — Lorsque l'huissier ne trouve au domicile de la partie ni sa personne, ni aucun de ses parens ou serviteurs, c'est le cas de procéder conformément à l'art. 68, C. procéd., c'est-à-dire de remettre la copie de la signification au maire ou à l'adjoint, sur le refus des voisins de la recevoir et de signer l'original. — *Metz*, 26 janv. 1824, Moïse Cahen.

101. — En thèse générale, la signification doit avoir lieu par autant de copies qu'il y a de parties intéressées. La raison, l'équité le veulent ainsi. — V. EXPLOIT (mat. crim.), nos 136 et suiv.

102. — Par exception, la signification d'un jugement rendu contre un mari et sa femme, a été validée, quoique faite par une seule copie, lorsque d'ailleurs il était constant que tous deux avaient eu connaissance de la condamnation. — *Bourges*, 4 fév. 1825 sous *Cass.*, 7 mai 1825, Peny c. de Varreux.

103. — Il y a encore nullité de la signification : 1° si le jugement est énoncé sous une fausse date. — *Paris*, 4 mai 1829, Caron.

104. — ... 2° Si la copie ne contient ni les motifs du jugement, ni le texte de la loi appliquée. — *Metz*, 26 janv. 1824, Moïse Cahen. — La seule omission des articles de loi ne suffisent pas, selon nous, pour faire déclarer la signification nulle. Quant aux motifs, la difficulté est plus sérieuse, et nous inclinons vers la doctrine de la cour de Metz.

105. — ... 3° S'il n'est donné copie que d'un extrait du jugement. — *Orléans*, 14 fév. 1815, Victoire Menager.

106. — Le Code forestier (art. 209) et la loi du 15 avr. 1829, sur la pêche pluviale (art. 75) ont expressément dérogé à cette jurisprudence pour les matières qu'ils régissent.

107. — Enfin, la loi du 17 avr. 1832 (art. 32) autorise l'exécution de la contrainte par corps, onze jours après un commandement en tête duquel il est donné copie d'un simple extrait du jugement, *dans le cas où il n'a pas été encore signifié*, et sans faire aucune distinction entre les jugemens contradictoires et ceux par défaut.

108. — ... 4° Si elle a lieu à la requête d'un officier du ministère public étranger au tribunal qui a rendu le jugement. — *Cass.*, 30 avr. 1830, Ratte ; — Bourguignon, t. 1er, p. 426. — V. aussi Legraverend, t. 2, p. 322 et 397.

109. — Il n'est pas nécessaire que la copie du jugement donnée en tête de l'exploit soit certifiée. — *Cass.*, 28 août 1834, Laroze.

110. — Le délai de l'opposition court contre le prévenu à l'égard de toutes les parties, bien que la signification n'ait eu lieu qu'à la requête de l'une d'elles, de la partie civile, par exemple. — *Cass.*, 21 sept. 1820, Crawfort ; — Bourguignon, t. 1er, p. 426 ; Legraverend, t. 2, p. 322 et 327.

111. — L'art. 151, en se servant de ces mots *dans les trois* jours, et l'art. 187 *dans les cinq* jours, démontrent surabondamment que le délai d'opposition n'est pas franc : mais le jour de la signification ne compte pas. — Carnot, t. 2, p. 43, n° 3. — Par conséquent, la signification du jugement ayant eu lieu le 1er, l'opposition ne serait plus recevable, en matière de simple police, le 4, et en matière correctionnelle, le 6. — .. Le dernier jour fût-il férié. — *Cass.*, 28 août 1812, Combes ; 20 oct. 1832, Malastrie. — V. JOUR FÉRIÉ.

112. — Au surplus, la loi ne défend pas de signifier un exploit, un jour férié, en matière criminelle. — Parant, *Lois de la presse*, p. 312 ; de Grattier, t. 1er, p. 436, n° 7.

113. — Les délais de l'opposition doivent être augmentés à raison des distances. — Art. 151 et 187.

114. — L'augmentation est d'un jour par trois myriamètres en matière de simple police. — Art. 151, C. inst. crim., et 1033, C. procéd. — V. au surplus DÉLAI, nos 15 et suiv.

115. — ... Et d'un jour par cinq myriamètres en matière correctionnelle. — Art. 187, C. inst. crim., et 1033, C. procéd. — V. DÉLAI *ut suprà*.

116. — Carnot donne pour raison de cette différence que le délai de citation est plus long en matière correctionnelle, mais l'uniformité eût été assurément préférable. — Carnot, t. 2, p. 43, n° 3.

117. — Doit-on tenir compte dans la computation du délai, des portions de moins de trois ou de cinq myriamètres ? Nous penchons pour l'affirmative. Cependant la négative a été jugée par la cour de Paris, le 17 déc. 1842 (t. 1er 1843, p. 377), Emile de Girardin c. Raulet. — V. APPEL (mat. crim.), nos 200 et 201.

118. — En matière correctionnelle, la distance se calcule du domicile de l'opposant au lieu où siége le tribunal, puisque c'est dans ce lieu que l'opposition est notifiée au procureur du roi, et à la partie civile qui y a élu domicile dans la citation. — Carnot, t. 1er, p. 43, n° 1er.

119. — En matière de simple police, au contraire, la distance se calcule d'après l'éloignement du domicile de l'opposant à la résidence de celui auquel l'opposition doit être notifiée. — Carnot, t. 1er, p. 618.

120. — Le délai est fatal. Cependant il est possible de relever le prévenu de la déchéance qu'il a encourue ; par exemple, lorsqu'il est établi que par suite d'un voyage à l'étranger, il s'est trouvé dans l'impossibilité absolue, soit de former opposition dans le délai de la loi, soit même de connaître l'existence du jugement. — *Bordeaux*, 23 fév. 1832, Taffard. — V. APPEL (mat. crim.), nos 199 et suiv.

121. — Mais la partie défaillante alléguerait en vain qu'elle n'a eu connaissance du jugement que par son arrestation, si d'ailleurs le jugement a été signifié à son domicile. — *Cass.*, 16 janv. 1836, Besse.

122. — La surcharge de la date sur la copie d'une notification doit, lorsqu'elle n'est pas approuvée, faire considérer les mots surchargés comme non avenus, et rendre l'exploit nul. — *Cass.*, 28 janv. 1832, Grasset. — V. DATE, nos 32 et suiv.

123. — Mais la date de la signification d'un jugement, écrite en toutes lettres sur la copie produite, doit faire foi de préférence à celle qui n'est énoncée qu'en chiffres, alors surtout que ces chiffres sont surchargés. — *Cass.*, 14 juill. 1832, Tréfouel.

JUGEMENT (Mat. crim.), ch. 1er, sect. 1re.

124. — Il n'y a pas nécessité d'attendre la signification du jugement pour former l'opposition. — *Cass.*, 10 nov. 1808, Jean Pillot ; 9 juill. 1813, Delorme ; — Carnot, *inst. crim.*, t. 1er, p. 618 ; t. 2, p. 44, n° 6.

125. — L'appel interjeté par le ministère public ou par la partie civile avant l'expiration du délai de l'opposition ne prive pas le prévenu défaillant du droit qu'il a de former opposition au jugement. — V. APPEL (mat. civ.), nos 197 et 198.

§ 4. — *Forme de l'opposition.*

126. — La forme de l'opposition varie, selon qu'il s'agit d'un jugement rendu par un tribunal de simple police ou un tribunal de police correctionnelle.

127. — L'art. 151, C. inst. crim., permet, en effet, de déclarer l'opposition aux jugemens de simple police *en réponse au bas de l'acte de signification*, ou par acte notifié ; et l'art. 187 se borne à dire que le prévenu *notifiera* son opposition aux jugemens de police correctionnelle tant au ministère public qu'à la partie civile. D'où il résulte qu'en matière correctionnelle, l'opposition ne doit pas être faite *par déclaration au bas de la signification*.

128. — Cependant, nous ne croyons pas que l'opposition déclarée au bas de la signification du jugement doive être nulle. Le droit criminel se montre très sobre de nullités, et l'opposition est toujours favorable. — Sulpicy, C. inst. crim., art. 187, n° 30.

129. — Il importe, au surplus, de remarquer que la loi n'a réglé la forme de l'opposition, dans l'une comme dans l'autre espèce, que pour le cas où le jugement a été signifié. Tant que la signification n'a pas eu lieu, il est donc permis à la partie condamnée par défaut de se présenter à la barre du tribunal, et d'y déclarer son opposition en présence de son adversaire. — *Cass.*, 23 fév. 1837 (t. 1er 1837, p. 316), Légé.

130. — *En matière de simple police*, la déclaration d'opposition faite au moment de la signification du jugement par défaut doit être consignée sur l'original de l'exploit de signification par l'huissier instrumentaire, lors même, dit Carnot, (t. 1er, p. 618, n° 3), que le prévenu ne ferait pas l'avance du droit d'enregistrement, parce que la loi n'a pas mis cette condition à la faveur qu'elle lui accorde.

131. — Le refus par l'huissier de constater l'opposition serait un acte coupable, et qui motiverait une poursuite disciplinaire

132. — Le prévenu contre lequel le tribunal de simple police a rendu plusieurs jugemens par défaut pour des contraventions de même nature peut former opposition à tous ces jugemens par un seul et même acte. — *Cass.*, 15 janv. 1841 (t. 2 1843, p. 423), Rieux.

133. — Cette règle est applicable même aux tribunaux de police des communes divisées en plusieurs justices de paix, et où le service est fait successivement par chaque juge de paix. — Même arrêt.

134. — Dès-lors, le juge qui tient la première audience après l'expiration des délais, ne peut se dispenser de connaître de l'opposition, parce qu'il n'aurait pas prononcé les jugemens qui en sont frappés, et ne s'en occuper qu'à l'égard des affaires déjà instruites devant lui personnellement. — Même arrêt.

135 — Le juge devant lequel l'opposition se trouve reproduite par suite de renvoi doit statuer sur tous les faits qui n'ont pas encore été jugés définitivement ; mais il ne peut, sans violer la chose jugée, prononcer sur l'opposition à un jugement par défaut qu'une précédente décision a confirmé. — Même arrêt.

136. — L'art. 151 ne dit pas comme l'art. 187 que l'opposition formée par exploit séparé, sera notifiée à la partie publique et à la partie civile. On s'est donc demandé, dans le silence de la loi, si la notification à l'une de ces parties seulement suffirait. — Le Code, dit Carnot (t. 1er, p. 620, n° 10). n'impose pas au prévenu l'obligation d'une double signification. « Il suppose même qu'il suffit d'une simple déclaration à l'un ou à l'autre, puisque l'art. 151 déclare l'opposition valable, lorsqu'elle a été faite par une réponse au bas de l'exploit de signification du jugement. M. Sulpicy (art. 151, n° 6) penche vers cette solution.

137. — Mais n'est-ce pas là décider la question par la question ? Il ne nous est nullement démontré quand il y a partie civile en cause, que la simple déclaration faite au bas de la signification du

jugement vaille opposition à l'encontre et du ministère public, et de la partie civile. Supposons que le jugement ait été signifié par le ministère public. — Le prévenu fait sa déclaration sur l'exploit. Cette opposition emporte *de droit* citation à la première audience d'après l'art. 151. Or, comment la partie civile se présentera-t-elle à cette audience, elle qui n'est pas avertie de l'opposition? — Evidemment, il est indispensable de lui notifier l'opposition. La notification seule la mettra en mesure de se présenter. — Autrement, il faudrait disjoindre les causes, et ne statuer que vis-à-vis du ministère public en réservant les droits de la partie civile, ce qui est impossible parce que cette partie est en cause et qu'elle a intérêt à ce que le prévenu ne soit pas acquitté, parce que le ministère public a lui-même intérêt à l'y maintenir pour obtenir sa condamnation aux dépens.

138. — En résumé, le Code a simplement facilité au prévenu la voie de l'opposition en lui permettant de s'opposer au jugement par une simple déclaration, c'est-à-dire *par une simple parole*; mais l'opposition ainsi formée n'est valable que vis-à-vis de la personne à la requête de laquelle la signification du jugement a été faite, et qui a reçu la déclaration.

139. — Aucun texte n'imposant à la partie civile, en matière de simple police, l'obligation d'élire domicile dans le lieu ou siége le tribunal, comme l'art. 187, c'est à partie ou domicile que la notification de l'opposition doit être faite.

140. — Il est vrai que l'art. 68 exige de la part de la partie civile qui ne demeure pas dans l'arrondissement communal où se fait l'instruction une élection de domicile par acte passé au greffe; mais ce n'est que dans les causes soumises à instruction. — Et c'est précisément parce qu'en matière de simple police, la citation ne contient pas élection de domicile dans le lieu où siége le tribunal, que le délai de l'opposition est augmenté à raison de la distance calculée entre le domicile de l'opposant et celui de la partie adverse.

141. — L'opposition emporte citation à la première audience après l'expiration des délais. — Art. 151.

142. — ... C'est-à-dire à la première audience après *l'expiration du délai qui est de* 24 heures (c'est-à-dire un jour franc) outre un jour par trois myriamètres de distance, conformément à l'art. 146. L'art. 151, dit Carnot (t. 1er, *Inst. crim.*, p. 619, no 9) laisse bien quelques doutes à cet égard en parlant de l'expiration des délais immédiatement après avoir fixé ceux de l'opposition, et sans renvoyer à l'art. 146; mais l'opposition pourrait n'avoir été formée qu'un instant avant l'audience, et ce serait une surprise faite à la partie adverse qui n'aurait pas été prévenue à temps que son affaire devait se juger.

143. — L'augmentation à raison de la distance n'est plus cette fois dans l'intérêt du prévenu, mais dans celui de la partie civile.

144. — Quoique le délai de la citation soit dans l'intérêt non de l'opposant, mais bien de sa partie adverse, celle-ci n'a pas le droit d'anticiper le délai et de se présenter à l'audience le lendemain même de l'opposition pour y requérir défaut contre l'opposant. Ce serait une surprise.

145. — Jugé cependant que dans le cas où l'opposant a été ainsi débouté à l'audience tenue le lendemain même de la notification de son opposition, il est non recevable à prétendre que ce second jugement a été rendu avant l'expiration du délai de l'ajournement, si son allégation n'est pas établie par les pièces du procès; qu'il y a présomption, qu'il s'est écoulé un intervalle de vingt-quatre heures entre l'acte d'opposition et le jugement, et que cette audience est celle pour laquelle l'acte emportait citation de plein droit. — *Cass.*, 31 août 1820, Vernhes c. Larue; 16 fév. 1833, Landry c. Beauchêne.

146. — Il peut arriver que le jour d'audience ne soit pas le même pour la partie civile que pour le procureur du roi. Le prévenu devra se présenter à la première audience, afin qu'il ne soit pas pris défaut contre lui par le ministère public, et sur son observation que la partie civile a été également frappée d'une opposition, la remise sera prononcée afin que les deux causes soient jugées conjointement.

147. — *En matière correctionnelle*, l'opposition doit, comme on l'a vu *suprà* no 127, être formée par exploit. — Art. 187.

148. — En ce qui concerne le procureur du roi, l'exploit est remis au parquet. Quant à la partie civile, il lui est signifié au domicile élu, conformément aux art. 68 et 187, C. inst. crim.

149. — Ainsi, n'est pas valable la notification de l'opposition faite par acte d'avoué à avoué. — *Bourges*, 29 août 1822, Boutet c. Deribère.

150. — A défaut d'élection de domicile, le prévenu n'est pas tenu de notifier son opposition à la partie civile, demeurât-elle dans l'arrondissement. — Carnot, *Inst. crim.*, t. 2, p. 44, no 5; Bourguignon, *Inst. crim.*, t. 1er, p. 286.

151. — Il n'est nécessaire de notifier l'opposition au ministère public et à la partie civile, qu'autant que le prévenu conteste à la fois *la peine et les dommages et intérêts*, cela est de toute évidence.

152. — Le défaut de notification de l'opposition à l'une des parties équivaut à un acquiescement à son égard.

153. — Jugé cependant que lorsqu'un jugement de police correctionnelle rendu par défaut n'a été signifié qu'à la requête du procureur du roi, le prévenu défaillant n'est pas tenu de notifier son opposition à la partie civile, sous peine de nullité, l'art. 187 n'exigeant la double signification au ministère public et à la partie civile que parce qu'il suppose que l'exécution du jugement est poursuivie par les deux parties intéressées. — *Bourges*, 29 août 1822, Boutet c. Déribère. — Mais la cour de Bourges paraît être revenue sur sa doctrine dans l'arrêt du 22 janv. 1825 (Peny c. de Varreux).

154. — Néanmoins la notification au ministère public n'est prescrite par la loi qu'autant que le ministère public est partie principale et poursuivante dans la cause, et non pas dans les affaires spéciales, en matière de contributions indirectes, par exemple. — *Cass.*, 9 oct. 1835, Anglade c. contrib. indirectes.

155. — En tout cas, le prévenu qui a reçu la notification de l'opposition de l'administration n'a pas qualité pour se prévaloir de l'omission de notification au ministère public, qui lui est parfaitement étrangère et ne lui cause aucun préjudice. — Même arrêt.

156. — En matière de délits forestiers, il n'est pas dérogé aux principes. Ainsi, l'opposition doit être notifiée et à l'administration et au ministère public. — *Cass.*, 11 mai 1839 (t. 1er 1839, p. 617), Caire.

157. — L'opposition formée par un seul et même acte contre plusieurs jugemens d'un même tribunal serait régulière. — V. *suprà* nos 132 et s.

158. — L'opposition emporte de droit citation à la première audience. — Art. 188.

159. — La première audience est celle qui suit immédiatement le jour de l'opposition.

160. — ... Et non celle qui suit l'expiration du délai de trois jours accordé, en général, pour les comparutions par l'art. 184. L'art. 187 n'ajoute pas les mots: *après le délai*, comme l'art. 151. — Carnot, t. 2, p. 47, no 2; Bourguignon, *Jurisp.*, t. 1er, p. 427, no 1er; Sulpicy, *Inst. crim.*, art. 188, no 1er. — *Contrà Gand*, 28 mai 1834, Vaul; *Cass.*, 14 juin 1844 (t. 2 1844, p. 407), Genielle.

161. — Il n'y a pas lieu à augmenter le délai de la comparution à raison des distances. — *Cass.*, 19 déc. 1833, Parmentier. — V. cependant les arrêts ci-dessus.

162. — En vain le prévenu se plaindrait-il de la brièveté du délai, on lui répondrait avec avantage qu'il jouit d'un délai de cinq jours *augmenté à raison de la distance de son domicile au lieu où siége le tribunal*, pour notifier son opposition, et qu'il peut s'en ménager le bénéfice, en différant cette notification jusqu'au dernier jour. Ce n'est pas au profit de l'opposant que le délai eût été prorogé s'il eût dû l'être. — L'art. 151 en fournit la preuve.

163. — Quant à la partie civile, elle a élu domicile dans le lieu ou siége le tribunal; c'est comme si elle y était présente. Il ne s'agit plus pour elle de répondre à une demande nouvelle, mais de défendre son œuvre. Cependant, cette exigence de la loi oblige la partie civile à constituer un mandataire, quand elle ne demeure pas dans l'arrondissement. Peut-être eût-il été mieux de répéter ici la disposition de l'art. 151.

164. — Du reste, devant les tribunaux correctionnels comme devant ceux de simple police, il n'est pas nécessaire que l'opposition contienne citation, puisque la citation est de droit. — Carnot, *Inst. crim.*, t. 1er, p. 619, no 8.

165. — Il est également superflu que l'opposition soit motivée. Devant la juridiction civile, le défaut de motifs est, au contraire, une cause de nullité de l'opposition. — Carnot, *eod. loc.*

166. — L'application du principe ci-dessus exposé est souvent difficile dans la pratique et quelque fois même impossible. A Paris notamment, si l'opposition emportait de droit citation à la première audience, les chambres correctionnelles seraient encombrées, et il en résulterait les plus graves inconvéniens. Aussi, la simple déclaration du prévenu qu'il s'oppose au jugement équivaut-elle à opposition, et l'opposant ne se présente à l'audience que sur la citation qui lui est donnée par le ministère public. Ce mode est plus rationnel, plus équitable même. Quand il y a partie civile en cause, le ministère public lui donne également avenir. Lorsque c'est la partie civile qui se rend opposant au jugement, elle prend jour au parquet pour citer son adversaire. Dans beaucoup d'autres tribunaux, on procède de la même manière.

§ 5. — *Du jugement par défaut sur l'opposition.*

167. — Si l'opposant ne comparaît pas à l'audience pour laquelle l'opposition vaut citation, d'après les règles ci-dessus tracées (V. nos 141 s., 158 s.), l'opposition est non avenue, soit en matière de simple police, soit en matière correctionnelle. — C. inst. crim., art. 151 et 188.

168. — Le juge qui tient l'audience ne peut se refuser à statuer sur l'opposition formée à un jugement par défaut, par le motif qu'il n'a pas rendu le jugement attaqué. — *Cass.*, 6 mars 1845 (t. 2 1845, p. 659), Olive.

169. — La non-comparution de l'opposant suffit pour entraîner contre lui la déchéance de son opposition, si cette déchéance est formellement requise par le ministère public. Dans ce cas, le juge ne peut, sous prétexte qu'un tiers, se disant fondé de pouvoir spécial, s'engagerait personnellement à faire comparaître l'opposant ultérieurement, remettre la cause à une audience suivante. — *Cass.*, 10 juin 1843 (t. 2 1843, p. 548), Merlin.

170. — Le tribunal n'entre pas dans l'examen du fond. Il ne lui est même pas permis de se livrer à une instruction quelconque, et par conséquent de rapporter son jugement. — *Cass.*, 31 déc. 1830, Camus; — Carnot, t. 2, p. 48, no 3. — V. cependant *Cass.*, 18 nov. 1824, Romagnac.

171. — Jugé, en matière de garde nationale, qu'encore bien que l'opposition emporte citation à la première audience, si l'opposant a été cité, conformément aux règles suivies par les conseils de discipline, et que la copie ait été remise à une fausse adresse, le nouveau jugement intervenu par défaut sur l'opposition est nul comme rendu contre un prévenu non cité. — *Cass.*, 28 avr. 1827, Barbier.

172. — Comme on le voit, la raison de décider dans l'espèce ci-dessus était *l'usage* des conseils de discipline. Aussi, en tout autre cas, l'opposition emportant de droit citation, la nullité de la citation deviendrait chose indifférente, à moins qu'on ne vît dans le fait de citer le prévenu une renonciation à lui opposer son défaut de comparution.

173. — Ainsi, la déchéance n'a pas lieu de plein droit. Elle doit être demandée. — *Cass.*, 4 juin 1829, cont. indir. c. Leguier; — *contrà* Bourguignon, *Inst. crim.*, t. 1er, no 287, note *a*.

174. — Il en résulte que la partie civile n'est pas fondée à opposer ce moyen au prévenu qui comparaît avec elle à une autre audience, si ellemême n'a pas comparu à la première audience. — Même arrêt; — de Grattier, *Comm. lois de la presse*, t. 1er, p. 453.

175. — De même, pour que la déchéance soit encourue, il est indispensable que le défaut de comparution ait été constaté à la première audience *par un jugement*. — *Cass.*, 29 mai 1835, Georget; — Carnot, *Inst. crim.*, t. 2, p. 48, no 3.

176. — Aussi, tant que le défaut n'a pas été constaté, pensons-nous que l'opposant qui n'a pas comparu à la première audience, a le droit, s'il est encore dans les délais, de renouveler son opposition. — *Contrà* Carnot, t. 2, p. 47, no 1er. — Ce n'est pas le cas d'appliquer la maxime: *opposition sur opposition ne vaut.* Il n'y a pas, à vrai dire, d'opposition, puisque l'opposition est considérée comme non avenue, et que les juges n'en ont pas connu. — Sulpicy, art. 188, no 8.

177. — Mais le défaut, une fois constaté, rien ne saurait relever l'opposant de la déchéance. — Spécialement les prévenus qui ont notifié collectivement leur opposition sont réputés avoir eu connaissance suffisante du jugement et ne peuvent, après avoir été déclarés déchus de leur opposition pour ne s'être pas présentés à la première audience, en former une nouvelle, sous le prétexte que la signification du jugement serait nulle; ils devaient plaider ce moyen à la première audience. — *Cass.*, 7 mai 1825, Peny c. de Varreux.

178. — Le jugement rendu par défaut contre l'opposant n'est pas susceptible d'opposition. Il est réputé contradictoire. — C. inst. crim., art. 150, et 188.

179. — Mais le défaut de comparution sur l'opposition, ne préjudicie en rien au droit qu'a le pré-

venu de se pourvoir par voie d'appel, ou en cassation. — Art. 150 et 183.

180. — Une disposition spéciale aux tribunaux correctionnels leur permet d'accorder, s'il y échet, une provision, et d'ordonner exécution de cette partie de leur jugement, nonobstant appel.

181. — Le législateur a voulu protéger les citoyens lésés d'une façon grave dans leurs intérêts contre la mauvaise foi et les vexations. N'était-il pas à craindre, en effet, que le prévenu ne cherchât à lasser la juste poursuite d'une partie civile par un appel téméraire dont il pourrait même prolonger la solution en faisant défaut devant ses nouveaux juges? — Admise par le droit civil, l'exécution provisoire devait l'être également par le droit criminel; la cause en est même plus favorable en matière criminelle.

182. — Cette faculté est abandonnée au pouvoir discrétionnaire des tribunaux correctionnels; mais on ne doit en user qu'autant que les circonstances le commandent.

183. — L'exécution provisoire peut être prononcée avec ou *sans caution*.

184. — Remarquons que l'autorisation d'allouer une provision n'est pas restreinte au cas où il est intervenu un jugement par défaut. L'art. 208 porte bien que pendant le délai et l'instance d'appel, il demeure sursis à l'exécution de la condamnation, mais il n'y a aucun motif, comme l'enseigne Carnot (t. 2, p. 49, n° 5), d'accorder cette faculté lorsqu'il y a opposition, plutôt que pour le cas où la cause est jugée contradictoirement, car l'affaire n'acquiert pas un degré de gravité de plus; au contraire, quand le jugement est contradictoire, il y a moins de chances d'erreur.

Sect. 2e. — *Jugemens contradictoires.*

185. — Si les parties comparaissent sur la citation originaire ou sur l'opposition formée régulièrement au jugement rendu par défaut, le tribunal de simple police ou le tribunal correctionnel procèdent, en conformité des art. 153 et suiv., 189 et suiv., C. inst. crim., à l'instruction de la cause. — V. TRIBUNAL CORRECTIONNEL, TRIBUNAL DE SIMPLE POLICE.

186. — Le jugement est prononcé de suite ou au plus tard à l'audience qui suit celle où l'instruction a été terminée. Telle est la disposition des art. 153 et 190, C. inst. crim. (*in fine*), empruntés au Code de brumaire.

187. — Sous l'empire de cette législation, il fut jugé que cette disposition avait été prescrite, à peine de nullité, en matière de simple police. — *Cass.*, 17 niv., Longue-Épée; 16 germin., Montaigu; 24 flor., Ségur; 8 thermid. an VII, Lepoupet; 16 thermid. an VII, Robert Eury.

188. — ... Et en matière correctionnelle. — *Cass.*, 19 brum. VIII, N...; 25 brum. an VIII, Douanes c. N...; 16 frim. an VIII, Douanes c. Delahaye; 15 vent. an X, Jean c. Auber; 26 messid. an X, Philibert.

189. — ... A moins qu'il n'y eût impossibilité de prononcer jugement dans l'une de ces deux séances. — *Cass.*, 3 mai 1811, Degrasse c. Thuillier.

190. — Il ne faut voir aujourd'hui dans les art. 153 et 190 qu'une disposition purement réglementaire. — *Cass.*, 3 avr. 1841 (t. 2 1842, p. 284), Petit-Desrochettes. — Les juges manqueraient à leurs devoirs en ne l'observant pas, mais le jugement n'en serait pas moins valable.

191. — Toutefois, la décision de la cause ne peut être renvoyée à un temps indéterminé. — *Cass.*, 31 janv. 1811, Millot c. Gouy.

192. — Jugé qu'un tribunal de simple police ne peut surseoir à statuer sur une contravention à un arrêté de police, sous le prétexte que le prévenu entend se pouvoir, par opposition, envers cet arrêté devant l'autorité compétente. — *Cass.*, 18 avr. 1828, Gaborit.

193. — ... Qu'il ne peut également surseoir jusqu'à ce que la cour de Cassation ait statué sur le pourvoi formé contre un jugement précédemment rendu par lui sur une autre contravention imputée au même individu. — *Cass.*, 16 déc. 1833, Prevot.

194. — ... Ni jusqu'à ce qu'un autre tribunal saisi d'une semblable question ait prononcé. — *Cass.*, 7 juill. 1838 (t. 1er 1839, p. 393), Maurasca.

195. — Ces décisions se justifient facilement. Dans l'espèce de l'arrêt Gaborit, la contravention n'en eût pas moins existé, après la réformation de l'arrêté de police. Dans celle des arrêts Prévot et Maurasca, c'était oublier que le juge ne doit aucun compte de ses convictions.

196. — A plus forte raison un tribunal ne peut-il acquitter, *formâ negandi*, un individu poursuivi avec d'autres, en s'abstenant de prononcer sur

la plainte dirigée contre lui. — *Cass.*, 7 janv. 1830, B...

197. — Ce qui vient d'être dit relativement à la nécessité où se trouvent les tribunaux de ne prononcer aucun sursis, ne s'applique plus au cas où ce prévenu soulève une question préjudicielle, une question de propriété, par exemple; l'art. 182 du Code forestier, contient une disposition formelle à cet égard. — V. FORÊTS.

198. — L'intervention de la partie civile ne peut pas retarder le jugement. — *Cass.*, 28 prair. an VIII, Lapanne.

Sect. 3e. — *Jugemens d'avant faire droit et définitifs, jugemens en premier et en dernier ressort.*

199. — *Jugemens d'avant faire droit.* — On appelle ainsi le jugement qui est rendu avant la décision sur le fond et qui le prépare. — V. JUGEMENT (matière civile).

200. — Les avant faire droit sont préparatoires, interlocutoires ou provisoires.

201. — Cette distinction est importante sous le rapport de l'appel ou du pourvoi en cassation, et des effets de l'exécution relativement à l'acquiescement.

202. — La jurisprudence admet, en effet, que l'art. 451, C. procéd., qui interdit l'appel des jugemens préparatoires, contient un principe général applicable également à la procédure criminelle. — Dès-lors l'appel est non recevable contre un jugement qui, en matière criminelle, ordonne une remise de cause. — *Rouen*, 5 fév. 1846 (t. 1er 1846, p. 662).

203. — Ces jugemens n'étant pas susceptibles d'être attaqués ni par appel ni en cassation, leur exécution, même volontaire, ne peut pas, en définitive, être opposée comme fin de non recevoir. — *Cass.*, 5 brum. an VIII, Douanes c. Lancel-Carré.

204. — Mais l'appel des jugemens interlocutoires, de même que celui des jugemens de compétence, est recevable avant le jugement du fond; en un mot, il en est en matière criminelle à cet égard, comme en matière civile. — V. APPEL (mat. crim.), nos 68 et suiv.

205. — Est réputé *préparatoire* le jugement rendu pour l'instruction de la cause et qui tend à la mettre en état de recevoir un jugement définitif, sans préjuger la décision.

206. — ... Par exemple, le jugement qui ordonne une remise de cause, un sursis. — *Rouen*, 5 fév. 1846 (t. 1er 1846, p. 662), Auger. — V. aussi APPEL (mat. crim.), n° 25.

207. — ... La remise ne fût-elle accordée qu'à la suite de la déclaration du prévenu qu'il entend s'inscrire en faux contre le procès-verbal qui met à sa charge un délit de pêche fluviale. On sait, d'ailleurs, qu'aux termes de l'art. 56, L. 15 avr. 1829, la déclaration de faux doit précéder l'audience indiquée par la citation. — Une remise ne pourrait donc être accordée sur un pareil motif. — *Bordeaux*, 27 nov. 1845 (t. 1er 1846, p. 302), forêts c. Gaudichaux.

208. — Au surplus, lorsque le tribunal prononce, comme dans l'espèce ci-dessus, une remise de cause sans la motiver, il n'est pas permis pour rendre l'appel recevable contre le jugement, de rechercher le motif du renvoi.

209. — Est réputé *interlocutoire* le jugement rendu pour l'instruction de la cause, mais qui préjuge le fond.

210. — ... Par exemple, 1° celui qui ordonne une expertise dans le but de constater si des travaux indûment entrepris sont confortatifs. — *Cass.*, 18 sept. 1835, Gagniard; 6 mars 1835 (t. 2 1845, p. 575), Gorlay.

211. — ... 2° Celui qui, en matière de délit forestier, lorsque la contestation a pour objet de savoir si l'amende sera déterminée, à raison d'une somme fixée par arbre en déficit, ou calculée au pied de tour, ordonne le mesurage des arbres. — *Cass.*, 2 août 1810, Boehmer; 11 niv. an VII, Douanes c. N...

212. — ... 3° Celui qui, sur une plainte en abus de confiance, admet la preuve testimoniale d'un dépôt dénié par le prévenu. — *Cass.*, 26 sept. 1823, Combes c. Bresson; 31 juill. 1812, Bourgeay.

213. — Il n'est pas toujours facile de distinguer le préparatoire de l'interlocutoire. C'est plutôt dans les motifs du jugement et dans le but qu'il se propose, qu'il faut rechercher son véritable caractère que dans la mesure même qu'il prescrit. — V. JUGEMENT (mat. civ.), nos 101 et suiv.

214. — Sous le Code du 3 brum. an IV, le jugement interlocutoire qui ordonnait une preuve, en matière correctionnelle, devait être signifié, et la

partie être citée dans la forme ordinaire, à peine de nullité de ce qui se serait fait hors sa présence. — *Cass.*, 28 pluv. an VIII, Joseph Amadieu. — Il en est autrement sous le Code d'inst. crim. La prononciation du jugement et l'ajournement de l'audience, en présence du prévenu, lui tiennent lieu de signification et de citation.

215. — Le jugement *provisoire* est celui par lequel le tribunal ordonne une mesure d'urgence pour parer aux inconvéniens dont les parties ou les objets litigieux auraient à souffrir avant la solution du procès, telle que la nomination d'un séquestre. — V. JUGEMENT (mat. civ.), nos 275 et suiv.

216. — On nomme *jugement définitif* celui qui statue sur la contestation et la termine. — V. JUGEMENT (mat. civ.), nos 301 et suiv.

217. — Nous employons à dessein ces expressions: *qui statue sur la contestation*, et non celles-ci: *qui statue sur le fond*, parce qu'il n'y a pas de définitif que le jugement rendu sur le fond.

218. — Ainsi, le jugement qui intervient sur une exception, une fin de non-recevoir, un moyen de nullité, sur les reproches en matière d'enquête, etc., est définitif. — V. APPEL (mat. crim.), nos 79 et suiv., JUGEMENT (mat. civ.).

219. — Spécialement, l'arrêt qui, sur une exception d'incompétence, joint l'incident au fond, n'est pas un simple jugement préparatoire, mais bien un jugement définitif. — *Cass.*, 25 juin 1825, Dècle; 8 thermid. an XIII, Saux; — Carnot, *C. inst. crim.*, t. 2, p. 88, n° 1er.

220. — De même, le jugement qui déclare recevable une opposition contre un jugement par défaut, et continue la cause à huitaine pour être statué au fond, est définitif quant au chef qui statue sur la recevabilité de l'opposition. — *Cass.*, 20 sept. 1844 (t. 2 1845, p. 270), Bianco.

221. — Le jugement qui, après avoir condamné le prévenu à l'amende, en punition d'une contravention, surseoit à statuer sur la démolition des travaux indûment exécutés, jusqu'à ce que l'administration supérieure ait décidé si ces travaux sont confortatifs ou non, est définitif et interlocutoire: définitif quant à l'amende, interlocutoire quant au sursis. — *Cass.*, 6 mars 1845 (t. 2 1845, p. 575), Corlay.

222. — Au surplus, la théorie des jugemens préparatoires, interlocutoires et provisoires, ainsi que des jugemens définitifs, étant la même au criminel qu'au civil, nous nous bornons à renvoyer au mot JUGEMENT (mat. civ.)

223. — Enfin, le jugement est en *premier* ou en *dernier ressort*, selon qu'il est ou non susceptible d'appel. — V. APPEL (mat. crim.), nos 15 et suiv., 65 et suiv.

224. — Jugé que la décision d'un tribunal correctionnel qui condamne un individu à une peine de simple police, comme auteur d'une contravention, n'est pas susceptible d'appel de sa part, quoiqu'il prononce des peines correctionnelles contre son coprévenu. — *Cass.*, 4 août 1832, Fages. — V. au surplus APPEL (mat. crim.), nos 69, 73, 74 et 75.

Sect. 4e. — *Des arrêts et des jugemens rendus en appel.*

225. — Il a été traité v° APPEL (mat. crim.), nos 35, 158, 202 et suiv., de la forme et des délais de l'appel, en matière criminelle, et nos 49, 301 et suiv., de la procédure et de l'instruction en appel.

226. — Les décisions qui émanent de cette juridiction sont soumises aux mêmes règles que celles de première instance.

227. — Il y a donc des arrêts et des jugemens par défaut et contradictoires, des arrêts et des jugemens préparatoires, interlocutoires, ou provisoires et définitifs.

228. — La non-comparution du prévenu appelant n'autorise pas le juge d'appel à tenir, sans examen, sa condamnation pour juste, et à la confirmer par une sorte de congé-défaut. — *Cass.*, 4 nov. 1843 (t. 1er 1844, p. 601), Lemeur c. Moulin et Baron.

229. — Il n'est pas nécessaire d'entendre de nouveau les témoins. Cependant, le juge a tout pouvoir discrétionnaire à cet égard.

230. — Mais quand il croit cette mesure indispensable, il ne peut, comme cela arrive fréquemment, ordonner la citation des témoins, aux frais de la partie qui les requiert; c'est nuire aux droits de sa défense. V. FRAIS ET DÉPENS (mat. crim.).

231. — L'opposition est permise contre les arrêts et jugemens par défaut.

232. — Quant au recours en cassation, V. CASSATION (mat. crim.), nos 435 et suiv.

JUGEMENT (Mat. crim.), ch. 2, sect. 2e.
JUGEMENT (Mat. crim.), ch. 2, sect. 2e.

CHAPITRE II. — *Des conditions et des formes des jugemens et des arrêts.*

Sect. 1re. — *Observations préliminaires.*

233. — La première condition de validité d'un jugement est dans la composition légale du tribunal qui l'a rendu. — V., à cet égard, TRIBUNAL CORRECTIONNEL, TRIBUNAL DE SIMPLE POLICE.

234. — Une autre condition non moins essentielle, en matière criminelle, comme en matière civile, c'est la publicité de l'audience. — V. HUIS-CLOS, AUDIENCE. — Nous ne traitons *infrà* nos 374 s. de la mention de cette publicité.

235. — Quant à la formation de la décision, c'est-à-dire au mode de délibérer, au calcul des voix, au partage, V. encore TRIBUNAL CORRECTIONNEL et TRIBUNAL DE SIMPLE POLICE.

236. — Nous ne nous occuperons ici que de ce qui concerne la prononciation et la rédaction des jugemens.

237. — Pour toutes les difficultés relatives aux règles communes aux jugemens criminels et aux jugemens civils, V., au surplus, JUGEMENT (mat. civ.).

Sect. 2e. — *Motifs des jugemens et arrêts. — Énonciation de la peine, et des condamnations civiles.*

238. — *Motifs.* — L'art. 163, C. inst. crim., porte que tout jugement définitif de condamnation rendu par un tribunal de simple police doit être motivé,

239. — L'art. 195, relatif aux tribunaux correctionnels, exige que dans le dispositif de tout jugement de condamnation soient énoncés les faits dont les personnes citées sont jugées coupables ou responsables.

240. — L'obligation de motiver les jugemens criminels n'existait pas sous l'ancienne législation. — Brisson, vo *Jugement*, no 68; Merlin, *Rép.*, vo *Jugement.*

241. — Le juge condamnait invariablement le coupable *pour le cas résultant du procès.* Cette formule fut justement proscrite par la loi des 8 et 9 oct. 1789; enfin l'art. 15, tit. 5, L. organique des 16 et 24 août 1790, enjoignit aux tribunaux d'exprimer et le résultat des faits reconnus ou constatés par l'instruction, et les motifs déterminant leurs décisions. La constitution de l'an III (art. 208) consacra ce grand principe qu'ont adopté les art. 163 et 195, C. inst. crim., et l'art. 7, L. organique, 20 avr. 1810.

242. — Le prévenu, dit Carnot (*Inst. crim.*, t. 1er, p. 692, notes), doit trouver dans le jugement qui prononce sa condamnation la preuve qu'elle n'a pas été le résultat d'un acte arbitraire.

243. — Il est donc de principe que tout jugement doit être motivé. Cependant les art. 163 et 195 ne parlent que des jugemens de condamnation; mais l'art. 7, L. 20 avr. 1810, embrasse tous les autres jugemens dans sa disposition générale.

244. — Spécialement, doit être motivé le jugement d'acquittement. — *Cass.*, 22 mai 1812, Raymond Gelis; 25 messid. an VII, Vrai Bardin.

245. — ... Quand bien même il serait rendu par suite d'un partage de voix. — *Cass.*, 12 sept. 1845 (t. 1er 1846, p. 604), Gorse. — On sait qu'en matière criminelle le partage des voix a pour conséquence l'acquittement du prévenu, c'est-à-dire que les voix favorables à l'acquittement prévalent. Ce sont donc ces voix qui, comme au cas de majorité, doivent servir à motiver le jugement.

246. — La jurisprudence n'a excepté de cette règle que les jugemens de pure instruction. — Carnot, *Inst. crim.*, t. 1er, p. 692, no 1er.

247. — Est considérée comme telle une décision d'abstention; elle n'a même pas besoin d'être prononcée publiquement. — *Cass.*, 8 oct. 1836, Blaye.

248. — Mais les jugemens interlocutoires, provisoires et définitifs, en premier comme en dernier ressort, qu'ils soient rendus par défaut ou contradictoirement, sont soumis à la règle commune.

249. — Doit en conséquence être motivé le jugement qui adopte ou repousse une exception. — *Cass.*, 9 juill. 1836, Darblay; 9 déc. 1841 (t. 1er 1842, p. 731), Planès.

250. — Il en est de même de celui qui rejette les conclusions du ministère public concluant au renvoi de la cause à huitaine, pour la production de nouveaux témoins. — *Cass.*, 4 août et 28 sept. 1837 (t. 1er 1840, p. 106), Mathieu et Francois.

251. — Les juges doivent statuer sur tous les chefs de prévention. Aussi, ne peuvent ils acquitter implicitement un prévenu sur l'un des chefs, sans déduire les motifs de l'acquittement et sans déclarer si le fait constitue un délit ou une contravention. — *Cass.*, 26 mars 1813, Ricci c. Tabrini; 10 mars 1826, Fleury c. Deveaux; 18 mars 1837 (t. 2 1840, p. 41), Déon; 2 août 1839 (t. 1er 1841, p. 158), Leger Haas.

252. — Ce n'est donc pas remplir le vœu de la loi, lorsque le ministère public, par exemple, a pris des conclusions formelles sur plusieurs chefs, que de dire, en statuant seulement sur un seul chef, que le prévenu est mis hors de cause pour le surplus. — *Cass.*, 5 nov. 1829, Hardy.

253. — Lorsque sur l'appel d'un jugement qui a prononcé l'acquittement des prévenus, le ministère public a requis un supplément d'instruction, si le tribunal d'appel se borne à confirmer purement et simplement le jugement de première instance, sa décision est nulle comme ne contenant pas de motifs sur le rejet des conclusions tendant à un avant faire droit. — *Cass.*, 10 fév. 1820, Klerson.

254. — Même solution dans le cas où le prévenu a conclu à un sursis. Le jugement rendu sur le fond ne dispense pas de motiver le rejet de la demande de sursis. — *Cass.*, 4 juin 1836, Laloyaux.

255. — En conséquence, le rejet des conclusions d'une partie, ne résultât-il qu'implicitement de la généralité des termes du jugement, emporte la nullité de la décision pour défaut de motifs. — *Cass.*, 28 déc. 1827, Priston; 29 fév. 1828, Jacques Mouton; 21 janv. 1841, (t. 1er 1842, p. 269), Horliac c. Sain. — V. cependant *Cass.*, 6 fév. 1830, Foret c. Donnet.

256. — Toutefois le jugement qui rejette implicitement une offre de preuve n'a besoin d'être motivé que dans le cas où le fait est dénié. — *Cass.*, 21 juill. 1832, Ricard c. Mignot.

257. — Pareillement, un jugement n'est pas nul par défaut de motifs quand ceux sur les quels le juge s'est appuyé pour rejeter l'une ou plusieurs des exceptions qui lui étaient soumises excluent virtuellement toutes les autres. — *Cass.*, 23 janv. 1836, Lecoulteux c. Bouelle; 13 mars 1834, Boulangers de Mautauban; 6 fév. 1830, Foret c. Donnet; 23 mars 1838 (t. 1er 1840, p. 364), Piedfé c. comm. synd. des eaux de l'Iton.

258. — Au contraire, est nul le jugement qui en déclarant mal fondé un appel de simple police, et en décidant que ce dont est appel sortira un plein et entier effet, et par conséquent, en statuant au fond, ne contient des motifs que sur des difficultés de forme, et n'en donne aucun sur le fond. — *Cass.*, 9 mars 1832, Pierre Beauchaine. — Dans l'espèce, le tribunal n'avait sans doute entendu statuer que sur des difficultés de forme, et cependant, par un vice de rédaction, le dispositif a porté sur le fond qui était resté en dehors du débat. Cet arrêt prouve que les magistrats ne sauraient surveiller avec trop de soin la rédaction des jugemens.

259. — Il y a encore nullité pour défaut de motifs lorsque le tribunal de première instance s'étant borné à déclarer qu'il n'était pas suffisamment établi par l'instruction et les débats que le prévenu se fut rendu coupable d'aucun des délits qui lui étaient imputés, le tribunal saisi, par suite de l'appel, de cette décision, ne fait autre chose, nonobstant les réquisitions du ministère public, qui signalait l'insuffisance des motifs du jugement de première instance, que le confirmer purement et simplement en en adoptant les motifs. — *Cass.*, 17 août 1844 (t. 2 1844, p. 497), Brée.

260. — La latitude attribuée aux juges criminels dans l'application de la disposition pénale est une faculté discrétionnaire dont ils ne doivent aucun compte. — Dès lors, le tribunal d'appel peut substituer le maximum au minimum de la peine, sans être tenu de motiver cette aggravation. — *Cass.*, 15 oct. 1842 (t. 1843, p. 165), Hermann.

261. — Bien que les art. 163 et 195 ne parlent que des jugemens, ils n'en sont pas moins applicables aux arrêts, le mot *jugement* ne présentant pas un sens restrictif; l'art. 211, C. inst. crim., est d'ailleurs formel à cet égard. — *Cass.*, 19 août 1830, de Magnoncourt c. de Raucourt.

262. — Ils sont également applicables aux jugemens rendus par les conseils de discipline, en matière de garde nationale. — *Cass.*, 22 avr. 1831, Tessier; 11 fév. 1832, Laroche; 3 oct. 1833, Corvisart; 2 août 1839 (t. 1er 1841, p. 80), Martin Lecerf. — V GARDE NATIONALE.

263. — Nul doute qu'à défaut de motifs, le jugement rendu en matière de simple police ne soit entaché d'une nullité radicale. Les termes de l'art. 163 sont exprès. — *Cass.*, 15 mars 1828, Domergue; 19 juin 1828, Catherine-Laye.

264. — Il faut en dire autant de l'art. 195, bien qu'il ne répète pas ces mots : *à peine de nullité*, ou du moins, si la nullité ne résultait pas de cet article, elle résulterait incontestablement de l'art. 7, L. 20 avr. 1810. — Merlin, *Rép.*, vo *Injure*, § 2, no 9 *bis*; Sulpicy, art. 195, inst. C. crim., no 38; Carnot, *Inst. crim.*, t. 2, p. 76, no 3; Bourguignon, *Inst. crim.*, p. 437, no 2.

265. — La jurisprudence est presque unanime pour le décider ainsi, comme l'attestent les arrêts nombreux rapportés ci-dessous. Dans le sens contraire, on ne peut citer qu'un arrêt de la cour de cassation du 12 fév. 1817 (Loubret c. Richomme).

266. — Sous le code de brumaire, la jurisprudence s'était prononcée dans le même sens, tant en matière de simple police que de police correctionnelle. — *Cass.*, 15 vendem. an V, Charpentier; 6 brum. an VII, Marchand; 17 niv. an VII, Bailleul; 6 flor. an VII, N...; 28 messid. an VIII, Boullé; 18 niv. an VIII, Noirot; 27 vendém. an IX, Gaillard c. Tisson-Saint-Sauveur. — *Contrà* 28 avr. 1807, Malaspina.

267. — Est-il besoin d'ajouter que toute poursuite donne au tribunal qui en est saisi à juger deux questions distinctes, l'une relative à la vérité des faits incriminés, l'autre à leur qualification légale? question de fait, et question de droit. — *Cass.*, 17 août 1844 (t. 2 1844, p. 497), Brée. — Chauveau et Hélie, *Théorie du Code pénal*, t. 4, p. 191, et 192.

268. — Cependant, il a été jugé que le tribunal qui prononce à la fois sur le droit et sur le fait n'est pas tenu d'exprimer les circonstances élémentaires et constitutives du fait principal sur lequel il base la condamnation. — *Cass.*, 9 janv. 1812, Herbault. — Mais cette proposition est inadmissible. Un jugement n'est régulier qu'autant qu'il exprime les caractères légaux du fait qui lui sert de base. La circonstance qu'il prononce cumulativement sur le fait et sur le droit est complétement indifférente.

269. — En matière de diffamation notamment, le jugement doit énoncer les faits diffamatoires. Ainsi, n'est pas suffisamment motivé le jugement qui condamne un individu comme coupable d'avoir publiquement outragé un maire en lisant dans un lieu public un écrit contenant des énonciations de nature à porter atteinte à l'honneur de ce fonctionnaire, et qui ne fait pas connaître les expressions reprochées au prévenu. — *Cass.*, 11 déc. 1845 (t. 1er 1846, p. 761), Tusson; 27 août 1818, Dragon, Gomiccourt c. Hospice de Corbie, — Carnot, *Inst. crim.*, t. 1er, p. 587, no 17. — V. Cependant *Cass.*, 15 mars 1811, Carle; 11 avr. 1822, Cenac. — V. DIFFAMATION,

270. — Dire, en effet, qu'un individu est coupable, ce n'est pas énoncer le fait, mais seulement la conséquence qu'on en tire. C'est, en d'autres termes, qualifier et non relater le fait. — Or, en confondant le fait avec sa qualification, on enlève à la cour suprême le moyen de vérifier si cette qualification est légale. — *Cass.*, 17 août 1844 (t. 2 1844, p. 497), Brée.

271. — Une telle énonciation ne permettrait pas de reconnaître, par exemple, si les propos tenus contre le plaignant l'ont été à raison des fonctions publiques dont il est revêtu. — *Cass.*, 7 oct. 1825, Pierre Chagnon.

272. — De même, il faut encore énoncer que la diffamation a été rendue publique par l'un des moyens indiqués en la loi du 17 mai 1819. — *Cass.*, 18 juill. 1828, de Magnoncourt c. de Raucourt; — Chassan, *Traité des délits de la parole*, t. 1er, p. 369, et de Grattier, *Comment. Lois de la presse*, t. 1er, p. 202. — V. DIFFAMATION, nos 89 et suiv.

273. — ... Dès-lors, juger que des faits diffamatoires ont été commis publiquement, quoique dans un lieu non public, c'est implicitement décider qu'ils l'ont été dans une réunion publique. — *Cass.*, 26 janv. 1826, Jacquot c. Collet.

274. — Lorsque le fait incriminé est une diffamation à raison d'écrits produits en justice, il faut énoncer que les imputations contenues dans ces écrits étaient étrangères à la cause. — *Cass.*, 28 nov. 1835, de Magnoncourt c. Dejoux. — V. DIFFAMATION, nos 747 et suiv.

275. — Toutefois il est bien évident que dans le cas de rejet d'une demande en suppression d'un mémoire prétendu injurieux envers un tribunal, rejet motivé sur ce que l'auteur n'a pas eu l'intention d'offenser le tribunal, il n'y a pas à s'occuper du point de savoir si les faits sont ou non étrangers à la cause. — *Cass.*, 29 avr. 1826, Castelleyn.

276. — En matière d'injure verbale, le fait et la nature de l'injure doivent être spécifiés dans le jugement. Pour que la condamnation soit valable, il est donc nécessaire que la personne injuriée soit nommée dans le jugement; aussi ne suffirait-il pas de dire que le prévenu a injurié une personne de tel endroit. — *Cass.*, 19 juin 1828, Catherine Laye.

277. — Il a cependant été jugé, en matière d'usure, que le jugement était valable quoique la

personne usurée ne fût pas nommée. — *Cass.*, 2 déc. 1824, Hornus.

278. — Mais la décision qui frappe un individu pour délit d'usure habituelle est nulle si elle n'énonce pas le montant des sommes prêtées. C'est, en effet, le seul moyen de donner une base légale à la fixation de l'amende qui ne peut excéder la moitié des capitaux. — *Cass.*, 11 nov. 1819, Lafresnée c. Leguay; 7 mai 1824, Bonnouvrier; *Contrà* 2 déc. 1824, Hornus. — V. USURE.

279. — Est-il également nécessaire d'énoncer la somme exigée à titre d'intérêts? Non, d'après *Cass.*, 24 déc. 1825, Gosselin c. Troude; 14 juill. 1827, Jacques de Saint-Nicolas. — V. USURE.

280. — Ces principes ont été admis également par de nombreux arrêts, en matière d'escroquerie. —V. ESCROQUERIE, nos 36 et suiv.

281. — ... Et de vol. Il est indispensable d'énoncer les faits caractéristiques de la tentative de vol. — *Bordeaux*, 31 janv. 1833, Bécriaux. — V. VOL.

282.—Il est donc impossible d'adjuger des dommages-intérêts à raison d'un enlèvement de fruits, sans déclarer que l'enlèvement est frauduleux. Dans l'espèce, une question préjudicielle de propriété avait été agitée. — *Cass.*, 9 mai 1828, Esprit Carratier c. de Grave.

283.—A cet égard, il importe de remarquer qu'il a été jugé que déclarer qu'une soustraction constitue le délit prévu par l'art. 479, C. pén., c'est implicitement mais nécessairement déclarer que la soustraction est frauduleuse.—*Cass.*, 20 sept. 1828, Lamboi c. Chemin.

284. — De même, lorsqu'un arrêté admet une tolérance dans le poids du pain, en cas d'une extrême cuisson ou d'un accident qui aurait influé sur le résultat de la fournée, le tribunal ne doit pas se borner à énoncer simplement que le déficit reproché au contrevenant rentre dans les dispositions de l'arrêté. Il faut nécessairement, dans le cas d'acquittement, qu'il énonce en termes explicites que le prévenu est excusable à cause d'une extrême cuisson ou d'un accident qui a influé sur le résultat de la fournée. — *Cass.*, 30 août 1838 (t. 1er 1839, p. 348), Guyot.

285. — Le jugement qui déclare un individu coupable d'avoir tenu une maison de prêt sans autorisation est nul s'il ne déclare pas *que cette maison de prêt était sur gages ou nantissemens.* — *Cass.*, 9 mars 1819, Anne-Marie Chapsal.

286. — Est également nul celui qui déclare un individu coupable d'avoir tenté de corrompre les agens d'une administration publique, sans déclarer le fait substantiel et caractéristique de la criminalité; à savoir que la tentative a eu lieu pour obtenir un acte de leur ministère. — Même arrêt.

287. — Quant au courtage clandestin, la loi n'en ayant pas déterminé les caractères constitutifs, il n'est pas exigé, à peine de nullité, que le jugement de condamnation précise les faits *élémentaires* et caractéristiques du délit, dès l'instant que la condamnation est motivée sur des faits reconnus constans. — *Cass.*, 14 août 1818, Froust c. syndic des courtiers.

288. — Jugé encore qu'en matière d'abus de blanc-seing, la déclaration que le prévenu est coupable d'abus de blanc-seing est régulière, sans qu'il soit nécessaire d'ajouter que cet abus a été commis à l'aide de l'inscription faite frauduleusement au-dessus de la signature, de choses pouvant compromettre la fortune ou la personne du signataire. — *Cass.*, 11 mars 1825, Aaron.

289. — La cour de Cassation a décidé le 12 avril 1834 (Corbie) qu'il n'était pas nécessaire que les faits déclarés constans fussent accompagnés de la citation de leur date, par ce motif que le silence du jugement sur la date n'empêcherait pas le prévenu d'élever l'exception de prescription; mais que les tribunaux criminels doivent d'office déclarer la prescription du fait qui leur est soumis. Aussi n'acceptons-nous cette solution qu'avec hésitation.

290. — Au surplus, il suffit que les faits soient exprimés dans les *considérans* du jugement. Rien n'oblige le tribunal à les répéter dans le dispositif. —*Cass.*, 1er avr. 1831, Carlé; 1er fév. 1828, Lagard c. Bourguignon; —Carnot, t. 1er, p. 153, no 3.

291. — Carnot (t. 1er, p. 587, no 17,) critique avec raison un arrêt de la cour suprême (15 mars 1811, N...) décidant que le jugement peut s'en référer à cet égard à la plainte et aux qualités. C'est le jugement même qui doit constater la nature du délit, sans qu'il soit besoin de recourir à des élémens étrangers pour s'assurer s'il a été fait une juste application de la loi pénale.

292. — Dans le cas où les mêmes motifs s'appliquent à divers chefs d'un jugement, rien n'oblige à les répéter devant chacun d'eux. — *Cass.*, 23 nov. 1835, de Magnoncourt c. Dejoux; 21 mai 1836, Durand-Vaugaron c. Arché.

293. Le jugement qui constate l'existence des faits incriminés avec tous les caractères de criminalité précisés par la loi pénale déclare valablement ces faits par une formule collective qui embrasse à la fois plusieurs prévenus. — *Cass.*, 12 avr. 1834, Corbie.

294. — En appel, il n'est pas nécessaire qu'un arrêt confirmatif contienne de nouveaux motifs, le jugement ou l'arrêt peuvent se référer à ceux des premiers juges. — *Cass.*, 28 avr. 1807, Malaspina; 21 mai 1836, Durand-Vangaron c. Arché.

295. — Le rejet d'une exception est donc suffisamment motivé par les motifs donnés par les premiers juges, et adoptés par les juges supérieurs. — *Cass.*, 5 déc. 1844 (t. 1er 1845, p. 687), Capitain.

296. — De même, lorsque des imputations injurieuses sont énoncées tant dans la demande que dans le jugement attaqué, il n'est pas nécessaire qu'elles soient répétées dans l'arrêt. — *Cass.*, 23 nov. 1835, de Magnoncourt c. Dejoux.

297. — La peine peut même être réduite par les juges d'appel sans que leur décision soit entachée de nullité comme ne contenant pas une déclaration formelle de culpabilité, si le dispositif du jugement de première instance qui la contient a été adopté. — *Cass.*, 19 fév. 1830, Morisseau.

298. — Jugé même que le tribunal d'appel qui, en confirmant un jugement de condamnation pour escroquerie, déclare le prévenu coupable de ce délit et réduit néanmoins la peine, se réfère nécessairement et de plein droit au jugement de première instance, et est par cela seul suffisamment motivé. — *Cass.*, 30 juill. 1831, Loubier.

299.—Jugé aussi que le tribunal d'appel qui n'a pas révoqué en doute les faits spécifiés dans la décision des premiers juges, et s'est borné à les qualifier autrement est présumé les avoir tenus pour constans.—*Cass.*, 2 sept. 1837 (t. 2 1840, p. 83), Thiers.

300. — Les jugemens ne sauraient être motivés avec trop de soin en fait et en droit, même ceux rendus en dernier ressort, car ils n'en sont pas moins sujets à cassation. Le droit naît toujours du fait.

301. — Au surplus, la loi n'a pas déterminé et n'a pu déterminer la forme ni l'étendue des motifs d'un jugement.

302. — Par conséquent, le laconisme des motifs ne donne jamais ouverture à cassation. — *Cass.*, 12 mai 1820, Masson c. Dunepart.

303. — Il suffit que les juges déclarent avoir formé leurs convictions d'après l'instruction. Un grand nombre de jugemens criminels sont, en effets, motivés dans ces termes: *Considérant qu'il résulte des débats de la cause que le prévenu s'est rendu coupable de tel fait, lequel constitue tel délit.* — *Cass.*, 28 oct. 1814, Werlé, 4 oct. 1816, Feignet c. Tonny; 12 mai 1820, Masson c. Dunepart; 2 déc. 1824, Belicard; même jour, Ardin; 11 juin 1825, Rollande.

304. — Très souvent même, il serait surabondant de les motiver en d'autres termes, soit parce que le délit ou la contravention est avoué ou prouvé de la façon la plus évidente, soit parce qu'aucun doute ne peut être élevé à propos de la qualification du fait; mais quand, au contraire, le fait est douteux, la qualification susceptible de controverse, il importe beaucoup de déduire les raisons de la décision.

305. — Au reste, les juges ont toute latitude pour apprécier la moralité du fait incriminé. — *Cass.*, 12 avr. 1834, Corbie; 11 déc. 1834, caisse hypothécaire c. Vincent.

306. — En faisant une saine application des principes ci-dessus, on reconnaîtra 1o que le jugement qui condamne un individu comme coupable d'abus de confiance en détournant des objets saisis confiés à sa garde énonce suffisamment l'intention frauduleuse. — *Cass.*, 18 juill. 1845 (t. 1er 1846, p. 48), Prunier c. Carrère.

307. — ... 2o Qu'il en est de même du jugement qui constate qu'un individu poursuivi pour avoir embarrassé la voie publique par un dépôt de matériaux n'a pu les placer ailleurs; que c'est constater suffisamment la nécessité du dépôt. — *Cass.*, 27 déc. 1828, Lebuhotel.

308. — ... 3o Que déclarer deux individus coupables d'avoir détruit un testament, de complicité, c'est-à-dire par le concert de leurs volontés, c'est exprimer suffisamment que la destruction a été volontaire. — *Cass.*, 23 déc. 1825, Vicaire c. Mallendre.

309. — ... 4o Que la complicité du délit d'escroquerie est suffisamment établie, lorsque dans les motifs du jugement auquel se réfère une décision d'appel, il est dit que le complice connaissait parfaitement la nature des opérations par lesquelles l'auteur principal faisait de nombreuses dupes, et qu'il a par ce moyen préparé et facilité les escroqueries de ce dernier. — *Cass.*, 10 fév. 1831, Paget-Duclaux.

310. — ... 5o Que l'arrêt qui, en adoptant les motifs des premiers juges, a spécifié les manœuvres frauduleuses constituant à l'égard du prévenu principal, le délit d'escroquerie, est suffisamment motivé, en ce qui concerne le complice, s'il le déclare convaincu d'avoir, avec connaissance de cause, aidé et assisté l'auteur principal dans les faits qui ont facilité et consommé l'escroquerie, encore bien que l'arrêt ne spécifie pas chacun des faits auxquels s'applique cette complicité. — *Cass.*, 27 janv. 1842 (t. 1er 1842, p. 760), Laplanche.

311. — ... 6o Que l'arrêt qui, relativement aux dépens, se réfère expressément au jugement de première instance, est considéré comme en adoptant les motifs. — *Cass.*, 11 août 1846 (t. 2 1846, p. 453), Gestat c. Bompain.

312. — D'ailleurs, les dépens étant l'accessoire des condamnations principales, il suffit que celles-ci soient motivées pour qu'elles servent de motifs à la disposition relative aux dépens. — *Cass.*, 26 janv. 1826, Jacquot c. Collet; 7 nov. 1827, Coum c. Euzen; *Cass.*; 3 juill. 1835, Villalbac. — V. JUGEMENT et FRAIS ET DÉPENS (mat. civ.).

313. — Jugé encore que la disposition d'un jugement qui condamne à des dommages-intérêts un individu convaincu d'escroquerie n'est qu'un accessoire de la condamnation principale et repose sur les mêmes motifs. — *Cass.*, 17 août 1821, Dieudonné et Flandin. — Il est toutefois indispensable qu'il ressorte du jugement l'existence d'un préjudice pour celui à qui l'on accorde des dommages-intérêts.

314. — ... 7o Que le jugement qui déclare qu'il y a eu opposition avec force et violence à l'exécution des ordres d'un maire, et que le gendarme qui accompagnait ce fonctionnaire a été repoussé, caractérise suffisamment le délit de rébellion. — *Cass.*, 15 oct. 1824, Voisin; — Chauveau et Hélie, *C. pén.*, t. 4, p. 307.

315. — ... 8o Que l'arrêt qui déclare que les opérations reprochées au prévenu, ne renferment pas des perceptions usuraires en vertu de prêts conventionnels, embrasse dans la généralité de ses expressions tous les faits composant le délit d'habitude d'usure imputé au prévenu sans restriction ni réserve; que c'est donc décider implicitement et même explicitement que le prévenu n'est pas coupable du délit d'habitude d'usure. — *Cass.*, 28 avr. 1826, Casteleyn.

316. — ... 9o Que le tribunal qui déclare des prévenus coupables ou complices de dévastations commises dans une forêt exprime suffisamment les faits dont ils sont reconnus coupables. — *Cass.*, 18 germin. an XI, Forêts c. Rattelier.

317. — ... 10o Que le jugement qui refuse d'ordonner l'extraction de la partie civile d'une maison d'arrêt est suffisamment motivé quand il énonce que l'intérêt légitime de cette partie ne rend pas sa présence nécessaire. — *Cass.*, 11 juill. 1817, de Chaubreuil.

318. — ... 11o Enfin, qu'en matière d'adultère, le jugement est suffisamment motivé s'il énonce qu'un individu s'est rendu complice du délit et que le flagrant délit s'est répété plusieurs fois. — *Cass.*, 13 mai 1813; Lemaigre; 5 juin 1829, Nicolas Legrand.

319. — Au contraire, sont annulables, pour défaut de motifs, 1o le jugement qui relaxe un individu prévenu d'escroquerie, en énonçant seulement que les faits qui lui sont imputés ne présentent pas tous les caractères de ce délit. — *Cass.* 6 juin 1840 (t. 2 1841, p. 652), Goddé; 22 mai 1812, Raymond-Gelis. — V. ESCROQUERIE, nos 34 et suiv.

320. — ... 2o L'arrêt par lequel les juges d'appel en confirmant la décision des premiers juges, se bornent à viser les pièces, sans déclarer les motifs des premiers juges et sans en déduire aucun. — *Cass.*, 23 fruct. an X, Grenier; 13 janv. 1827, Mathurin-Romain; — Carnot, t. 1er, p. 684, no 1er.

321. — ... 3o L'arrêt qui en confirmant un jugement correctionnel se borne à déclarer: *que les premiers juges ont fait une juste application de la loi aux faits par eux reconnus constans.* — *Cass.*, 1er oct. 1840 (t. 2 1840, p. 517), N...

322. — ... 4o Celui qui porte seulement qu'il a été bien jugé par les premiers juges. — *Bruxelles*, 30 juill. 1825, N... — Un arrêt ainsi conçu ne peut être réputé avoir adopté les motifs du jugement attaqué.

323. — ... 5o Le jugement qui prononce la nullité d'un procès-verbal, en énonçant uniquement que les rédacteurs n'ont rempli aucune des formalités édictées par la loi. Il faut nécessairement, en pareil cas, établir ce qu'il y a d'irrégulier dans le procès-verbal. — *Cass.*, 5 avr. 1811, Droits réunis c. Renault.

324. — ... 6o Le jugement qui déclare qu'il n'y a

pas eu intention de nuire, de la part d'un diffamateur, sans énoncer les faits justificatifs et d'où résulte la preuve de cette dérogation à la présomption légale. — *Cass.*, 15 mars 1821, Antoine Augé c. Hondrat.

325. — En matière correctionnelle comme en matière civile, le jugement qui ordonne l'audition des témoins reprochés n'est pas suffisamment motivé, s'il énonce simplement que le tribunal n'a pas égard aux reproches, ou s'il se borne à donner acte de ces reproches, sauf à avoir tel égard que de raison aux dépositions. — *Cass.*, 11 juin 1842 (t. 2 1842, p. 731), Deville c. Debas.

326. — Enfin si les faits relatés au jugement ne présentent pas le caractère d'un délit, cette énonciation vague : *et autres faits* résultant des débats ne présentant qu'une généralité indéfinie, doit être réputé non avenue. — *Cass.*, 29 janv. 1807, Greffon c. Chaulieu. — V. cependant *Cass.*, 25 nov. 1837 (t. 1ᵉʳ 1840, p. 140), Phétu.

327. — Si l'on examine les motifs en eux-mêmes, on trouve qu'il n'est pas permis de baser un jugement sur un simple doute. — *Cass.*, 18 germin. an X, Ruffet; — Carnot, *Inst. crim.*, t. 1ᵉʳ, p. 684.

328. — ... Ni sur de simples inductions, comme dans le cas, par exemple, où un jugement prononcerait des peines contre un boucher, en se fondant sur *ce qu'on peut conclure* que les viandes par lui exposées en vente étaient gâtées. — *Cass.*, 25 fructid. an XIII, Bailleul.

329. — Mais si de l'ensemble des motifs il résulte que la condamnation n'a été que le résultat de la conviction des juges, le prévenu se prévaudrait inutilement de ce que le jugement énoncerait dans un de ses motifs que les juges se sont décidés sur des présomptions graves. — *Cass.*, 16 mai 1817, Lafargue.

330. — Il est possible de motiver une décision sur une alternative, si chacun des termes dont se compose l'alternative justifie l'application de la peine ; sinon, la déclaration ne présenterait aucune certitude légale. — *Cass.*, 1ᵉʳ avr. 1824, Despierre ; 26 mars 1836, Martin ; 17 janv. 1793, Anformat ; 3 vendém. an V, Dupont ; 27 vendém. an VII, Barrière ; 24 brum. an VII, Langnoul ; 13 vendém. an VIII, Bonnet ; 26 vent. an IX, Martin ; 18 germ. an X, Ruffet.

331. — Il y a évidemment nullité du jugement s'il est basé sur des faits contradictoires. — *Cass.*, 9 janv. 1808, Cornu.

332. — ... Ou sur des renseignemens que le ministère public n'a pas été mis à même de contester. — *Cass.*, 14 fév. 1839 (t. 1ᵉʳ 1844, p. 527), Bennynck.

333. — Un acquittement n'est pas suffisamment motivé sur les circonstances atténuantes et les faits justificatifs ou d'excuse. — *Cass.*, 7 oct. 1825, Pierre Chaguon.

334. — *Secùs* lorsque l'acquittement est basé sur la non-conviction du prévenu. — *Cass.*, 24 sept. 1791, Lachaume ; 20 brum. an XI, Laver Dewillich.

335. — Une erreur de pure théorie ne vicie pas la décision quand elle n'a pas influé sur elle. — *Cass.*, 17 juill. 1846 (t. 2 1846, p. 636), Lambert c. Muret.

336. — Peu importerait même que les motifs en droit, fussent en opposition avec l'esprit de la législation, si le dispositif faisait une juste application de la loi. — *Cass.*, 22 déc. 1831, Alexandre ; 17 mars 1824, Belle ; 14 juin 1827, Luxembourg.

337. — L'incohérence des motifs ne serait pas non plus une cause de nullité. — *Cass.*, 2 déc. 1824, Belicard.

338. — Jugé que le tribunal correctionnel qui, en matière de droits réunis, renvoie devant le tribunal civil une question relative au fond du droit, ne doit pas insérer dans son jugement des motifs tendant à établir que le droit n'est pas dû. — *Cass.*, 16 juin 1809, droits réunis c. Gaucher.

339. — *Enonciation de la peine et des condamnations civiles.* — Aux termes de l'art. 155, C. inst. crim., le jugement doit énoncer la peine prononcée et les condamnations civiles.

340. — Il est bien évident que c'est là une des conditions indispensables à la validité du jugement. Nous n'insisterons pas sur cette vérité élémentaire.

Sect. 3ᵉ. — *Lecture et insertion de la loi pénale.*

341. — L'art. 163, C. inst. crim., veut qu'en matière de simple police les termes de la loi appliquée soient insérés dans le jugement.

342. — ... A peine de nullité. — Le Code de brumaire prononçait également la nullité du jugement à défaut de lecture et d'insertion de la loi pénale. — *Cass.*, 21 vendém. an VII, Rouhec ; 4, 6, 22, 26 brum. an VII, Grandjean, Lartigaux, Bernard c. Borsmarni ; 1, 7, 9, 22, 23 frim. an VII, Theillet, Pichon, Roland, Porchaire, Vincent c. Maréchal ; 17, 25, 26 niv. an VII, Bailleul, Coucel, Mercier ; 16 germ. an VII, Galand ; 6 flor. an VII, N. ; 14 prair. an VII, N. ; 16 prair. an VII, Monole ; 25 messid. an VII, Vitet ; 11 frim. an VII, Vergès ; 13 fructid. an VII, Bonnard ; 13, 19 brum. an VIII, Dommengieux, Lecontre ; 22 frim. an VIII, Thérèse Quinquemalle c. Hue ; 11, 18 niv. an VIII, Fenat, Noirot ; 18 vent. an VIII, de Cosler ; 3 germin. an VIII, Burel ; même jour, Cousin ; 7, 15 prair. an VIII, Raillard, Eyrault ; 18 messid. an VIII, Masson ; 6, 8, 27 thermid. an VIII, François Belleau c. Primard, Vareins, Fournier ; 16, 17, 18 vendém. an IX, Dufresne, Pautrat (int. de la loi) ; 6, 7, 26 brum. an IX, Willemain, Vauquet (int. de la loi) ; 8 frim. an IX, Mary ; 19, 27 germin. an IX, Delattu, Tiffon-Saint-Sauveur ; 8 prair. an IX, Protat ; 29 thermid. an IX, Bouchet ; 17 fructid. an IX, Vital Pondio c. Dastonet ; 8 vendém. an X, N. ; 28 brum. an X, Grandin ; 29 frim. an X, Beraud Ressins ; 8, 27 niv. an X, Perrin, Thuron ; 9, 16, 18, 19 pluv. an X, Caprais-Regodit, Langlois, Bacon c. Helouin, Thomas Augenot ; 8 vent. an X, Maillet ; 18, 27 germin. an X, Justine, Collet, N ; 1ᵉʳ, 8 prair. an X, Picot, Leduc ; 16 vendém. an XI, comm. de Mante c. Saint-Etienne ; 13, 14 brum. an XI, Lacour, Deschamps ; 11 frim. an XI, Paccot ; 29 pluv. an XI, Toussaint ; 12, 19 vent. an XI, Huard, Gautrin ; 24 frim. an XII, Perroche ; 14 vent. an XII, Bricotté ; 5 prair. an XII, Philissot ; 18 messid. an XII, Lecerf ; 1ᵉʳ thermid. an XII, Bailly ; 7 niv. an XIII, Boissée ; 12 pluv. an XIII, Moiqueteau ; 14 flor. an XIII, Bonnel ; 6 sept. 1806, Catherine Titeux ; 26 déc. 1806, Montazeau-Laribière c. Hélitas ; 2 juill. 1807, Moineaux ; 23 juill. 1807, Nouilhan et Tourno ; 3 sept. 1807, Crépinel ; 15 oct. 1807, Gagliardone ; 3 juin 1808, N... ; 19 janv. 1809, Carondelet ; 21 avr. 1809, Jean Simon c. Gérard Desviviers ; 3 août 1809, Lhoste ; 11 oct. 1810, Gesenmann ; même jour, Corblin ; 18 oct. 1810, Frédéric Neumann ; 22 août 1812, Elisabeth Cornu ; 8 juill. 1813, Favre ; 14 janv.-25 fév. 1819, Gilles, hospices de Pouilly ; 12 sept. 1822, Legallois.

343. — L'art. 195 porte qu'en matière de police correctionnelle le texte de la loi dont on fera l'application sera lu à l'audience, et il ajoute qu'il sera fait mention de cette lecture dans le jugement, et que le texte de la loi y sera inséré, sous peine de 50 fr. d'amende contre le greffier.

344. — Une première remarque à faire sur l'art. 163 c'est que, bien qu'il ne dise pas, comme l'art. 195, que le texte de la loi sera lu à l'audience, le texte n'en doit pas moins être lu, autrement il serait impossible de l'insérer dans le jugement. On chercherait d'ailleurs en vain pourquoi l'insertion serait nécessaire quand la lecture de la loi ne le serait pas, tandis que l'on comprend parfaitement que le législateur a imposé au juge de paix l'obligation de lire le texte de la loi pénale, afin d'en être bien convaincu et d'en faire une légitime application. Cette lecture n'est pas moins importante, essentielle même, par l'effet qu'elle est destinée à produire sur l'auditoire, car c'est là et dans ses motifs que se trouve la justification, la raison suprême de la condamnation.

345. — En second lieu, il faut remarquer que l'inobservation de cette *double* formalité entraîne la nullité du jugement.

346. — Au contraire, dans le cas de l'art. 195, s'il est vrai que le texte de la loi doive être lu à l'audience, ce n'est pas à peine de nullité. Le défaut d'insertion seule donne lieu à l'amende de 50 francs contre le greffier ; ainsi l'ont décidé deux arrêts de la cour suprême du 23 sept. 1843 (t. 1ᵉʳ 1844, p. 76), Wors ; 26 nov. 1844 (t. 1ᵉʳ 1845, p. 127), Corné de Miramont c. Boudousquié ; c'est aussi l'avis de Merlin (*Rép.*, vᵒ *Peine*, nᵒ 9), et Carnot, t. 2, p. 766, nᵒ 4).

347. — Pourquoi la nullité dans le cas de l'art. 163 et simplement une amende dans celui de l'art. 195 ? Boitard (*C. inst. crim.*, t. 1ᵉʳ, p. 421, nᵒ 180) nous en donne la raison. « Dans les matières de police, dit-il, et précisément parce que la loi n'a pas de garanties bien sûres de la parfaite connaissance des lois dans les juges de police, pour éviter les erreurs que leur ignorance pourrait causer, elle les astreint à insérer dans leurs jugemens le texte précis de la loi appliquée par eux. C'est donc une sanction de plus à l'obligation générale de motiver imposée à tous les juges soit criminels, soit civils. »

348. — Au surplus, de ce que l'art. 195 ne prononce pas la nullité du jugement pour le défaut de lecture à l'audience, ou d'insertion dans le jugement du texte de la loi pénale, ce serait une erreur de conclure que le défaut de citation de loi ne vicierait pas radicalement le jugement rendu par un tribunal de police correctionnelle. En ce cas il y aurait *défaut de motifs*. Autre chose est, en effet, de ne pas donner lecture du texte de la loi, autre chose est de ne pas indiquer l'article qui détermine la peine à appliquer. Dans le premier cas, on sait toujours sur quoi repose la condamnation ; dans l'autre, on ignore tout-à-fait si l'on n'a pas châtié un délit comme une contravention, si on ne lui a pas appliqué une peine moindre ou plus forte que celle autorisée. L'arrêt du 23 sept. 1843, que nous venons de citer (nᵒ 346), a très nettement fait cette distinction.

349. — En d'autres termes, le jugement ne serait pas motivé en droit ; rien ne justifierait l'application de la peine. Une pareille nullité est substantielle, tandis que la transcription de la loi pénale n'est qu'une formalité extérieure et accidentelle. — *Cass.*, 9 mai 1823, Bonneau Létang ; 23 sept. 1843 (t. 1ᵉʳ 1844, p. 76), Wors.

350. — Jugé, cependant, que la seule citation d'une circulaire ministérielle, sans énonciation de la loi pénale à laquelle elle se réfère, n'est pas une cause de nullité de jugement, si d'ailleurs la condamnation est justifiée par les dispositions d'une loi pénale. — *Cass.*, 26 fév. 1818, Combalosier.

351. — En ce qui concerne le greffier, il nous semble encore qu'il n'est passible de l'amende, qu'autant qu'il a été donné réellement lecture à l'audience du texte de la loi, ou que le jugement le constate. *A fortiori*, ne l'est-il pas si l'article de la loi n'a pas même été indiqué par le jugement. Le rôle d'un greffier se borne, en effet, à constater les faits et non à les rectifier. C'est un rôle purement passif.

352. — Le Code de brumaire exigeait, au contraire, à peine de nullité, que le jugement contînt le texte de la loi pénale qui devait être lu à l'audience par le président. — *Cass.*, 18 messid. an VIII, Montial c. Alboy.

353. — Au surplus, les art. 163 et 195 ne sont applicables qu'aux jugemens de condamnation et non à ceux d'acquittement. — *Cass.*, 21 prair. an VIII, Chassegnay ; 19 vent. an IX, Branle ; 1ᵉʳ prair. an X, Picot ; 20 brum. an XI, Laver Delwilt ; 18 mars 1808, Revoto ; 21 sept. 1820, James Crawfurt : — Carnot, t. 1ᵉʳ, p. 695, nᵒ 4.

354. — Ils ne sont pas non plus applicables aux jugemens qui ne contiennent que des condamnations civiles. — *Cass.*, 19 vent. an IX, Schrœrftters c. Brans ; 25 avr. 1816, Deroncy ; 21 sept. 1820, James Crawfort ; 25 mars 1830, Forêts c. Renucci.

355. — Ces principes ont reçu de fréquentes applications. Ainsi, il a été jugé : 1ᵒ que la lecture et la transcription dans les jugemens de police correctionuelle des dispositions pénales n'ayant rien de substantiel, il suffit pour la validité d'un arrêt confirmatif que le texte en soit relaté dans le jugement de première instance. — *Cass.*, 12 mars 1841 (t. 2 1841, p. 397), Rostaing ; 7 mai (*ibid.*, p. 560), Collet ; 12 sept. 1812, Michel Cassaigne ; 14 août 1818, Froust c. syndics des courtiers ; 21 sept. 1820, James Crawfort ; 9 mai 1823, Bonneau Lestang ; 26 mai 1831, Truchy ; 7 nov. 1834, Roux c. Maurandi ; 17 janv. 1835, Buchoz-Hilton ; 21 mai 1836, Durand Vaugarond c. Arché ; 24 juin 1836, J...

356. — ... Ou dans le jugement par défaut, lorsque le tribunal se borne à rejeter l'opposition à ce jugement. — *Cass.*, 12 mai 1835, Cambon ; 21 oct. 1831, Pichery. — Un jugement définitif rendu sur opposition se lie et s'identifie, en effet, avec le jugement par défaut qu'il fait revivre. — *Cass.*, 9 mai 1823, Bonneau Lestang.

357. — Décidé, par analogie, que la lecture du texte de la loi n'est pas nécessaire lors de la prononciation de l'arrêt qui confirme un jugement de première instance et ne le modifie que sous le rapport de la durée de l'emprisonnement ou de la quotité de l'amende et des dommages-intérêts. — *Cass.*, 24 mars 1827, Moléon et Baugé ; 1ᵉʳ mai 1829, Mayer.

358. — ... 2ᵒ Qu'il suffit que la loi ait été citée. — *Cass.*, 9 mai 1823, Bonneau Lestang.

359. — ... 3ᵒ Que le vœu de la loi est rempli lorsque les conclusions du ministère public, contenant la transcription du texte de la loi, sont insérées dans le jugement, et que le dispositif se réfère à cette transcription. — *Cass.*, 21 mars 1834, Gasteloup.

360. — ... 4ᵒ Que ce n'est pas se conformer à l'art. 163 que de citer les premières et les dernières expressions de l'article de loi appliqué ; qu'il faut que le texte soit inséré en entier. — *Cass.*, 27 août 1825, Joseph Nol.

361. — Il n'est pas nécessaire, au surplus, de citer les dispositions des lois qui peuvent servir à caractériser les faits constituant le délit ou la contravention. Il suffit que le jugement contienne la citation et la transcription des articles qui dé-

terminent la peine à appliquer. — *Cass.*, 19 fév. 1831, Prève c. courtiers de Marseille.

362. — Notamment, il n'est pas nécessaire de donner lecture des dispositions de lois relatives à certaines procédures, par exemple des articles qui prescrivent d'adresser les rapports au ministère public. — *Cass.*, 14 mars 1834, Larzillière.

363. — Mais le tribunal qui réduit au-dessous du *minimum* la peine prononcée par la loi rend un jugement nul s'il ne cite pas la loi qui l'autorise à abaisser ainsi la peine. — *Cass.*, 14 janv. 1830, Ithurralde.

364. — Il est bien évident encore que ce n'est pas la disposition qui fixe la qualité des peines, mais celle qui détermine la peine même du délit puni, dont l'insertion et la lecture sont requises. — En conséquence, dans le cas de contravention à un réglement de police municipale, la condamnation ne peut être basée sur les art. 464 et 484, C. pén., qui règlent en général les peines de simple police. — *Cass.*, 11 oct. 1810, Corblin ; 2 juill. 1813, Louis Maire ; 8 vent. an X, Maillet ; 1er prair. an X, Picot ; — Merlin, *Quest.*, vo *Tribunal de simple police*, § 11.

365. — D'un autre côté, on se tromperait si l'on concluait de la doctrine de ces arrêts que la lecture et l'insertion du réglement de police municipale rendraient valable le jugement. — Il est vrai que la condamnation doit être motivée sur une infraction à l'arrêté, mais ce n'est pas l'arrêté qui détermine la peine. — En pareil cas, le jugement n'est régulier qu'au moyen de l'insertion de l'art. 471, no 15, C. pén.

366. — Est donc nul le jugement qui contient seulement le texte du réglement auquel il a été contrevenu. — *Cass.*, 17 janv. 1829, Fleuriel. — Ce jugement serait, au contraire, valable s'il contenait l'art. 471, no 15, bien que le réglement fût simplement cité et non inséré en entier. — *Cass.*, 3 juill. 1835, Villalbac.

367. — Mais la transcription dans le jugement de condamnation de l'arrêté administratif qui oblige les citoyens à prendre l'alignement, n'est pas nécessaire, lorsque le prévenu n'est pas condamné pour contravention à cet arrêté, mais pour ne pas s'être conformé à l'alignement qui lui avait été prescrit. — *Cass.*, 22 mars 1838 (t. 1er 1840, p. 402), Sorel-Lobligeois.

368. — Quant au chef des dépens, il suffit que les art. 162 et 194, C. inst. crim., soient mentionnés et non transcrits, par application de ce principe que c'est une conséquence de la condamnation principale. — *Cass.*, 3 juill. 1835, Villalbac.

369. — Lorsque la peine appliquée n'excède pas le *maximum* de celle dont le délit était réellement passible, aux termes de l'art. 411, C. inst. crim., l'erreur commise dans la citation de la loi pénale ne donne pas ouverture à cassation. — *Cass.*, 29 août 1817, Madière ; 25 janv. 1821, Vincent Chenel ; 4 fév. 1825, Charles-Rouche ; 8 sept. 1826, Amon ; 10 mars 1827, Jean Mulgat ; 18 juill. 1828, de Magnoncourt c. de Rancourt ; 9 juin 1832, Baudenet ; — Carnot, t. 2, p. 78, no 6. — V. CASSATION (mat. crim.)

370. — Il ne saurait donc résulter une nullité de ce que le président a donné lecture d'un article de loi ancienne au lieu de celui de la loi nouvelle, lorsque l'article de la loi nouvelle n'est autre que celui de la loi ancienne. — *Cass.*, 27 mars 1840 (t. 1er 1844, p. 735), Firmin.

371. — Il en était autrement sous le Code de brum. — *Cass.*, 21 vendém. an VII, Rouhier.

372. — Mais la condamnation d'un individu ne peut avoir pour base légale un délit autre que celui dont il est déclaré coupable. — *Cass.*, 11 nov. 1819, Lafresnée c. Leguay. — En pareil cas, l'art. 411 n'est plus applicable, parce qu'il n'y a pas simple erreur dans la citation de la loi pénale, mais fausse qualification du fait, et par suite fausse application de la loi.

373. — En ce qui concerne l'amende édictée par l'art. 195, contre le greffier, pour le cas où il a omis d'insérer le texte de la loi dans la minute du jugement, Carnot (t. 2, p. 78, no 7) enseigne avec raison qu'il n'est pas nécessaire qu'elle soit prononcée par un jugement. C'est la matérialité seule du fait qui établit la contravention du greffier, et cette matérialité, dit-il, qui peut être constatée par un procès-verbal du receveur de l'enregistrement et des domaines, peut donner lieu à des contraintes valables.

Sect. 4e. — *Prononciation des jugemens et arrêts ; mention de la publicité de l'audience.*

374. — La publicité des débats est la plus précieuse garantie que la loi puisse offrir aux accusés. Il ne peut y être dérogé que lorsqu'elle paraît dangereuse pour l'ordre public et les mœurs. — V. AUDIENCE, COUR D'ASSISES, HUIS-CLOS.

375. — Ce grand principe de la publicité a été proclamé par l'assemblée constituante d'abord, et par le Code de brum. ensuite. — L. 16 et 24 août 1790, art. 14 ; C., 3 brum. an V, art. 162 ; — *Cass.*, 24 sept. 1791, Lachaume c. Gavaux ; 27 juill. 1792, Combe.

376. — Les art. 153 et 190, C. inst. crim., veulent aussi que l'instruction des procès soit publique et que le jugement soit prononcé publiquement à peine de nullité.

377. — Enfin, l'art. 55 de la charte du 14 août 1830, porte : « que les débats seront publics en matière criminelle, à moins que cette publicité ne soit dangereuse pour l'ordre et les mœurs, et, dans ce cas, le tribunal le déclare par un jugement. »

378. — Est donc nul, le jugement rendu en la chambre du conseil, ou en séance particulière. — *Cass.*, 12 janv. 1792, Durozé ; 17 messid. an VII, Mismer ; 24 brum. an XIV, Brison ; 13 août 1807, Soulier c. octroi du Saint-Esprit ; 2 sept. 1808, Levi ; 23 nov. 1810, droits réunis c. Ordioni.

379. — ... Ou bien encore, hors la présence des parties et du public. — *Cass.*, 13 août 1807, Soulier c. octroi du Saint-Esprit.

380. — Le huis-clos n'influe même pas sur la publicité du jugement. C'est toujours publiquement que les juges doivent, après le huis-clos, rendre leur sentence. — *Cass.*, 29 avr. 1826, Gréau ; 12 déc. 1823, Boulland. — V. HUIS-CLOS et COUR D'ASSISES.

381. — A part ce cas, il ne suffit pas que le jugement constate qu'il a été rendu publiquement. Il faut qu'il soit constaté que l'instruction et le jugement ont eu lieu avec la publicité voulue. — *Cass.*, 27 août 1825, Nol ; 1er déc. 1827, Hennequin.

382. — A défaut de la mention que l'audience a été publique la présomption légale est qu'elle ne l'a pas été. — *Cass.*, 6 mai 1830, Delon.

383. — Tout jugement qui ne porte pas en lui-même la preuve de cette publicité est donc frappé d'une nullité radicale. — *Cass.*, 20 mars 1829, Astié.

384. — La mention que le jugement a été rendu, soit à l'audience de tel jour, soit en l'auditoire de la justice de paix, ou au lieu ordinaire des audiences, soit par le juge de paix tenant l'audience de simple police, soit audience tenante, dans la salle d'audience du tribunal de simple police, n'est pas suffisante, parce qu'elle ne constate pas la publicité de l'audience. — *Cass.*, 23 et 30 oct. 1823 ; Fouillaux ; 7 déc. 1826, Cardillac ; 1er déc. 1827 ; Médard ; 21 nov. 1828, Auguste Huvelin, 30 mars 1832, Christiani ; 29 mai 1835, Maréchaux, 13 juin 1840 (t. 1er 1841), Millelot.

385. — Jugé encore, que l'arrêt qui ne constate en aucune de ses parties que le rapport ait été fait, ni que le ministère public ait été entendu ; enfin, que l'arrêt ait été prononcé en séance publique, est nul. — *Cass.*, 20 déc. 1820, Azawhite.

386. — *Secùs* de la mention consignée au procès-verbal que les portes de l'audience étaient ouvertes. — *Bruxelles*, 18 fév. 1825, Jacques Cuyvers.

387. — ... Et de la mention suivante : *fait, jugé et prononcé*, ou bien, *fait et prononcé en audience publique*. Cette énonciation s'applique non seulement au prononcé du jugement, mais encore à ce qui s'est fait aux précédentes audiences. — *Cass.*, 23 nov. 1843 (t. 1er 1844, p. 588), Meliande c. Sauveroche ; 28 déc. 1844 (t. 1er 1845, p. 867), Isaac Sée.

388. — Si la cause a subi plusieurs remises, le jugement doit constater la publicité de toutes les audiences, à peine de nullité. — *Cass.*, 26 juin 1829, Delvincourt

389. — Mais la mention de la publicité faite à la fin du jugement, se réfère, à moins de preuve contraire, à toutes les séances qui ont précédé sa prononciation. — *Cass.*, 21 déc. 1843 (t. 1er 1844, p. 518), Sadhi-Ben-Amer. — V., au surplus JUGEMENT (mat. civ.).

Sect. 5e. — *De la minute du jugement.*

390. — La minute du jugement doit contenir 1o les nom, prénoms, demeure et profession de chaque partie.

391. — Toutefois, l'omission du nom d'une partie dans la minute ne rend pas le jugement nul à l'égard des autres. Seulement, il est considéré comme n'ayant pas été rendu avec la partie dont le nom se trouve ainsi omis. — *Cass.*, 11 juill. 1823, Gémond c. Garat.

392. — Lorsqu'un individu figure dans un procès en la double qualité de prévenu et de plaignant, il n'est pas indispensable que les qualités de l'arrêt contiennent deux fois son nom. Il suffit que le jugement le mentionne comme plaignant. — *Cass.*, 11 juill. 1823, *ibid.*

393. — ... 2o Les conclusions du prévenu et celles du ministère public. Cette énonciation se fait très sommairement. — Quant aux plaidoyers, ils n'y doivent pas figurer. — Art. 58, décr. 18 juin 1811.

394. — C'est ici le cas d'observer que le Code d'inst. crim. n'exige pas, comme le Code de brumaire, que les conclusions des parties soient rédigées par écrit, déposées sur le bureau du président, *ou insérées dans le jugement*. Il suffit que le jugement contienne la mention qu'elles ont été prises. — *Cass.*, 21 vendém. an V, Theu ; 26 messid. an VIII, Puvis ; 17 thermid. an XI, Clapier ; 14 août 1823 ; 7 mai 1808, Coulange ; — Merlin, *Quest.*, vo *Appel*, § 13, art. 2, no 6.

395. — ... 3o Les motifs et le dispositif du jugement. — V. *suprà* nos 238 s.

396. — ... 4o La mention de la publicité de l'audience. — V. *suprà* nos 374 s.

397. — ... 5o Le nom des juges et des magistrats qui composaient le tribunal.

398. — Au surplus, l'omission dans un jugement de l'un des noms propres d'un juge, n'en entraînerait pas la nullité, si d'ailleurs l'identité de ce juge était suffisamment établie par l'énonciation de ses prénoms et de sa qualité. — *Cass.*, 30 sept. 1826, Fabien.

399. — Il en est de même de l'omission, dans la copie d'un jugement de condamnation, des noms des juges qui doivent être inscrits dans la minute ; cette omission n'entraîne pas la nullité du jugement. — *Cass.*, 28 avr. 1827, Barbier.

400. — La présence du ministère public à l'audience où une affaire correctionnelle a été jugée, est suffisamment constatée par la mention faite aux qualités du jugement que la cause était entre le prévenu et le procureur du roi. — *Cass.*, 10 fév. 1831, Paget-Duclaux et Desguerinelles.

401. — En toute matière, au criminel comme au civil, le jugement auquel a participé un membre du barreau, doit, à peine de nullité, énoncer que ce membre n'a été appelé qu'à défaut de juges titulaires ou suppléans, et suivant l'ordre du tableau. — Décr. 30 mars 1808, art. 9 ; — *Cass.*, 6 nov. 1843 (t. 1er 1844, p. 601), Lemeur c. Moulin. — V. au surplus JUGEMENT (mat. civ.).

402. — Il en est de même quand c'est un avoué qui est appelé en remplacement. — V. *ibid.*

403. — ... 5o La mention de l'accomplissement de toutes les formalités prescrites pour la validité des jugemens. — V. *ibid.*

404. — Ainsi, il y a nullité lorsque la minute d'un arrêt rendu par la chambre des appels de police correctionnelle ne mentionne pas que le rapport de l'affaire a été fait par un des magistrats qui ont concouru au jugement. — *Cass.*, 10 juill. 1845 (t. 2 1845, p. 722), Bruni et Marix.

405. — Quant à la question de savoir si le jugement doit contenir l'exposition des points de fait et de droit, comme le prescrit l'art. 141, C. proc., en matière civile, il a été jugé par deux arrêts que cette disposition n'était pas applicable aux jugemens criminels. — *Cass.*, 14 mars 1828, Bernadet ; 8 mai 1829, Delvincourt.

406. — On ne doit pas non plus comprendre dans la rédaction des jugemens les dépositions des témoins, leurs nom, profession, âge et demeure. Tous ces détails se trouvent consignés dans les notes sommaires que les greffiers sont tenus de prendre à l'audience, en conformité des art. 155 et 189, C. inst. crim. On peut consulter en ce sens l'instruction générale du 30 sept. 1826, p. 63, no 30. Peut-être est-ce une lacune dans notre législation criminelle.

407. — ... 6o La mention de la qualité en laquelle les juges prononcent ; et s'ils statuent en premier ou en dernier ressort.

408. — Un jugement de simple police contenant la mention qu'il a été rendu, soit par le juge de paix, officier de police judiciaire, soit par le tribunal correctionnel, est nul, selon la cour de Cassation, comme contenant une interversion de l'ordre des juridictions. — *Cass.*, 6 brum. an VII, N... ; 5 niv. an VII, Bouillé ; 27 vendém. an IX, Pancy ; 9 brum. an IX, Diot.

409. — Toutefois, si cette mention n'est qu'une simple erreur de rédaction, il n'en résulte aucune nullité. C'est uniquement dans le cas où il y aurait eu réellement interversion de juridiction que cette peine pourrait être prononcée. Ainsi, la mention que le jugement a été rendu par le tribunal correctionnel est une erreur facile à rectifier par l'examen de la composition du tribunal.

410. — La citation en police municipale et la présence du ministère public au jugement seraient suffisantes pour faire considérer la mention du

tribunal de paix comme une simple erreur de rédaction, et pour faire écarter sa nullité, sur laquelle il n'y aurait pas, du reste, à discuter, si un tribunal de paix avait effectivement connu d'une contravention de police.

411. — Au surplus, il a été décidé que le jugement de simple police rendu par un individu qui s'était qualifié de juge de paix par intérim, sans énoncer le titre ni la qualité en vertu desquels il en a exercé les fonctions, était nul. — *Cass.*, 19 juin 1828, Catti Laye. — La loi ne reconnaît pas, en effet, de juges de paix par intérim, mais il ne faudrait pas confondre le défaut de qualité avec une énonciation erronée.

412. — Il est superflu de remarquer que le jugement doit être rédigé en langue française. Un jugement rendu par un tribunal de simple police de Corse en langue italienne devrait donc, sans aucun doute, être annulé. — *Cass.*, 16 fév. 1833, Stroboni.

413. — En matière de simple police, l'art. 164 veut que la minute du jugement soit signée par le juge qui a tenu l'audience, dans les vingt-quatre heures au plus tard, à peine de 25 fr. d'amende, contre le greffier, et de prise à partie s'il y a lieu, tant contre le greffier que contre le président.

414. — En matière de police correctionnelle, l'art. 196 porte que la minute du jugement sera signée au plus tard dans les vingt-quatre heures, par les juges qui l'auront rendu. — C'est là une innovation, car le Code de brumaire n'exigeait que la signature du président et celle du greffier. — *Cass.*, 22 oct. 1808, Jean Bernard.

415. — Avant d'entrer dans l'examen de ces articles, remarquons qu'ils ne parlent pas de la signature du greffier. — Faut-il en conclure qu'elle ne soit pas utile et nécessaire ? Non, mais simplement que le défaut de signature du greffier n'emporte pas la nullité du jugement. C'est en ce sens qu'a été rendu un arrêt de la cour de Cassation du 8 fév. 1839 (t. 2 1839, p. 457), Messag. de l'Aigle c. messageries générales et royales. — Toutefois, un tribunal n'est légalement constitué qu'autant que le greffier en fait partie, et tout jugement doit, en conséquence, renfermer, à peine de nullité, soit expressément, soit implicitement, la preuve de l'assistance du greffier ou du commis-greffier qui représente ce dernier. — *Cass.*, 11 août 1838 (t. 2 1838, p. 435), Taté c. Constant. — V. JUGEMENT (mat. civ.).

416. — Il s'ensuit donc que le mode le plus ordinaire de constater la présence du greffier, est sa signature. — Même arrêt.

417. — Mais la constatation de la présence du greffier à l'audience peut résulter des documens produits devant la cour de Cassation. — *Cass.*, 8 fév. 1839 (t. 2 1839, p. 457), Messag. de l'Aigle c. Messag. gén. et royales.

418. — Quant à la signature des juges elle constitue une formalité substantielle. Cependant il a été décidé que cette formalité n'était pas prescrite à peine de nullité en matière de simple police. Il est vrai que dans l'art. 164 cette peine paraît remplacée par une amende. — *Cass.*, 29 messid. an VIII, Irlandès c. Verdier. — Mais le jugement qui n'est pas signé n'a pas d'existence légale. Il est nul au même titre qu'un acte sous seing privé. — Ce n'est qu'un projet. — Merlin, *Rép.*, vo *Signature*, § 2, no 5 ; *Quest.*, vo *Signature*, § 5, *in fine* ; Carnot, t. 2, p. 82, no 1er. — Déjà, il faudrait aussi conclure qu'en matière de police correctionnelle, le défaut de signature d'un seul juge ne serait pas une cause de nullité. — Mêmes auteurs. — Carnot pense toutefois que si le jugement n'était pas signé d'un nombre *de juges en majorité*, ce ne serait pas un véritable jugement.

419. — A plus forte raison une pièce qui porte en tête ces mots *projet de sentence* et qui est dénuée de signature et de toute forme extérieure de jugement, ne peut être qualifiée de jugement de condamnation. — *Cass.*, 6 mai 1813, Marie c. Swiers.

420. — Sous l'ordonnance de 1670, la signature de la minute d'un arrêt par le rapporteur n'était pas prescrite, à peine de nullité. — *Cass.*, 30 sept. 1820, Barbier.

421. — Le magistrat qui a concouru à un jugement ne peut, en y apposant sa signature, exiger qu'il soit fait mention, en marge de la minute, ou dans un acte séparé, dressé par le greffier, qu'il a opiné dans un sens contraire à celui qui a prévalu. — *Cass.*, 27 juin 1822, André ; 21 avr. 1827, Russeau ; — Carnot, t. 2, p. 84, no 2.

422. — En effet, le jugement doit être toujours rédigé de façon à ce que le secret de la délibération ne soit violé ni directement ni indirectement et qu'il soit impossible de reconnaître l'opinion personnelle de chaque membre du tribunal. — Favard de Langlade, vo *Jugement*, p. 175 ; Pigeau, t. 1er, p. 490. — V. JUGEMENT (mat. civ.)

423. — Le principe qui veut que les juges gardent le secret sur leurs délibérations reçoit même son application au cas prévu par l'art. 133, C. inst. crim. Dès-lors doit être cassée l'ordonnance d'une chambre du conseil qui révèle la division des opinions et le nom des membres qui ont opiné pour ou contre l'accusation. — *Cass.*, 9 juin 1843 (t. 2 1843, p. 491), Guillot.

424. — Lorsque les juges refusent de signer, le greffier doit constater ce refus par un procès-verbal afin de couvrir sa responsabilité. — Carnot, t. 2, p. 92, no 2.

425. — La force majeure seule fait exception à la disposition qui veut que les jugemens soient signés par tous les juges qui les ont rendus. — *Cass.*, 26 nov. 1825, B....

426. — En pareil cas, la règle à suivre est de faire autoriser, conformément à l'art. 38 du réglement, un autre juge à figurer à la place du magistrat décédé. — *Bordeaux*, 4 juin 1835, int. de la loi.

427. — Il a même été décidé que la force majeure résultant d'une maladie grave dont un juge a été atteint à l'audience et de la mort qui s'en est suivie, est suffisamment constatée par une mention faite en marge de la minute par le président et le greffier, quoique le président n'ait pas été autorisé à cet effet par la chambre de la cour présidée par le premier président, sur les conclusions du procureur général conformément à l'art. 38, décr. 30 mars 1808. — Même arrêt. — Carnot, *Inst. crim.*, t. 2, p. 82, no 2, et 83, no 4.

428. — La minute fait foi pleine et entière. Un certificat du greffier, un extrait du plumitif ne détruiraient pas la foi due aux jugemens rédigés d'après la feuille d'audience. — *Cass.*, 20 avr. 1839 (t. 1er 1840, p. 174), Vée ; — Legraverend, t. 1er, p. 380.

429. — Les procureurs du roi doivent se faire représenter tous les mois les minutes des jugemens, et en cas de contravention, ils en dressent procès-verbal, pour être procédé ainsi qu'il appartiendra. — C. inst. crim., art. 195. — Cette obligation a été réglementée pour toutes les matières par l'ordonnance du 5 nov. 1823.

Sect. 6e. — *De l'expédition et de l'exécution du jugement.*

430. — L'expédition des jugemens est délivrée par le greffier.

431. — Elle se compose de la copie de la minute, à laquelle on ajoute la formule exécutoire.

432. — Les greffiers qui délivreraient expédition d'un jugement avant qu'il ait été signé seraient poursuivis comme faussaires. — C. inst. crim., art. 197.

433. — *Exécution.* — L'exécution est poursuivie à la requête du procureur du roi et de la partie civile, chacun en ce qui le concerne. — C. inst. crim., art. 197 et 165.

434. — Pour les formes à observer relativement à cette exécution, V. EXÉCUTION DES JUGEMENS CRIMINELS.

CHAPITRE III. — *Des voies de recours contre les jugemens et arrêts.*

435. — Les jugemens rendus en matière criminelle, de même que ceux intervenus en matière civile, peuvent être attaqués selon les circonstances par des voies ordinaires ou des voies extraordinaires.

436. — Les voies ordinaires sont, à l'égard des jugemens par défaut, l'opposition et l'appel. — V. *suprà* nos 62 s., et APPEL mat. crim.). — Et, à l'égard des jugemens contradictoires, l'appel seulement. — V. APPEL (mat. civ.).

437. — Jugé que le Code de procédure civile n'est pas applicable en matière criminelle et correctionnelle, et dès-lors, en pareille matière, que le prévenu peut interjeter appel d'un jugement rendu par défaut pendant les délais de l'opposition. — *Limoges*, 22 août 1845 (t. 1er 1846, p. 146), Martinet. — V. APPEL (mat. crim.).

438. — Les voies extraordinaires sont la cassation et la prise à partie. — V. CASSATION (mat. crim.), PRISE A PARTIE.

439. — Il peut aussi, dans certaines circonstances particulières, être procédé à la révision du jugement ayant acquis l'autorité de la chose jugée. — V. RÉVISION DES JUGEMENS.

V. ACTION CIVILE, ACTION PUBLIQUE, AVOUÉ, AVOCAT, APPEL, ALGÉRIE, CASSATION, COMPÉTENCE CRIMINELLE, EXÉCUTION DES JUGEMENS CRIMINELS, FRAIS ET DÉPENS, INSTRUCTION CRIMINELLE, MINISTÈRE PUBLIC, PREUVE TESTIMONIALE, TRIBUNAL DE SIMPLE POLICE, TRIBUNAL CORRECTIONNEL.

JUGEMENT D'ADJUDICATION.

On appelle ainsi la déclaration faite par le juge tenant l'audience des criées que la propriété d'un immeuble mis en vente appartient au dernier enchérisseur, à la charge par lui d'acquitter les charges de son enchère. — V. VENTES JUDICIAIRES, SAISIE IMMOBILIÈRE.

JUGEMENT COMMERCIAL.

Table alphabétique.

Abstention de juges, 65.
Acquêts, 47 s.
Acquiescement, 32, 119.
Agréé, 8.
Ajournement, 55.
Appel, 81, 94, 91, 117, 132 s. — (délai), 61, 134.
Arbitre rapporteur, 41 s.
Assistance aux plaidoiries, 63 s.
Audience, 72 s.
Avoué, 9, 24 s.
Cassation, 64, 143.
Caution *judicatum solvi*, 28.
Comparution de parties, 39.
Compétence, 115, 121 s.
Conclusions, 71, 76.
Contrainte par corps, 95.
Cour royale, 26, 136.
Déclinatoire, 29.
Défaut-congé, 11, 105.
Défense, 110.
Degré de juridiction, 1.
Délai de grâce, 81. — pour comparaître, 70.
Délibération, 66.
Dépens, 84.
Domicile, 137. — élu, 126. — réel, 126.
Dommages-intérêts, 82 s.
Effets, 97.
Election de domicile, 53 s., 102.
Etranger, 28.
Exception, 27. — dilatoire, 33. — péremptoire, 29.
Exécution, 95, 111 s., 121. — provisoire, 94, 106. — volontaire, 64, 119.
Expédition, 92.
Expertise, 41 s.
Exploit, 55.
Faux incident, 35.
Feuille d'audience, 85.
Fruits, 82.
Greffe du tribunal de commerce, 53.
Greffier, 85.
Héritier, 34.
Huissier commis, 99 s.
Incident, 27, 58.
Incompétence à raison de la matière, 32.
Inscription de faux, 35.
Instruction, 27, 52.
Interprétation, 122 s.
Interrogatoire sur faits et articles, 40.
Intervention, 60.
Juge, 16 s., 63 s. — (empêchement), 19. — suppléant, 15, 18 s., 67.
Jugement (rédaction), 74 s. — contradictoire, 2. — définitif, 12. — d'expédient, 13 s. — interlocutoire, 12.
Jugement par défaut, 3, 73, 99 s., 112 s., 138. — par défaut faute de comparaître, 4 s., 125 s. — par défaut faute de conclure, 7 s., 114, 127. — par défaut profit-joint, 10.
Jugement préparatoire, 12. — provisoire, 12.
Légataire, 34.
Mandataire, 77.
Minute, 85.
Motifs, 78.
Notable (commerçant), 22 s., 67.
Nullité, 29.
Opposition à jugement par défaut, 56, 108, 125 s. — sur opposition, 130 s.
Partage d'opinions, 66.
Péremption de jugement par défaut, 113.
Plumitif, 53.
Président, 19.
Preuve testimoniale, 47 s.
Prise à partie, 141.
Procureur du roi, 86.
Qualités contestées, 34. — de jugement, 87 s.
Rapport d'experts, 44.
Rectification, 122.
Récusation, 141. — d'experts, 44.
Renvoi, 30, 58.
Requête civile, 142.
Ressort, 135.
Serment décisoire, 51, — de fonctionnaire, 23.
Signification, 61, 98 s., 104, 137.
Subrogation, 71.
Taxe, 46.
Tierce-opposition, 140.
Tiers, 15, 120.
Titre, 109.
Tribunal de commerce, 15, 37, 115, 121.
Vérification d'écriture, 35.
Veuve, 34.
Voies contre les jugemens, 125 s.

§ 1er. — *Différentes espèces de jugemens commerciaux* (no 1er).
§ 2. — *Constitution de juridiction. — De qui émanent les jugemens commerciaux* (no 15).
§ 3. — *Exceptions et incidens qui peuvent précéder le jugement commercial* (no 27).
§ 4. — *Election de domicile* (no 53).
§ 5. — *Formation et rédaction du jugement commercial* (no 63).
§ 6. — *Signification et exécution du jugement commercial* (no 98).
§ 7. — *Voies ouvertes contre les jugemens commerciaux* (no 124).

§ 1er. — *Différentes espèces de jugemens commerciaux.*

JUGEMENT COMMERCIAL. — 1. — Les jugemens commerciaux ou rendus par les tribunaux de commerce se divisent, comme les jugemens civils, d'après la qualité du juge, en jugemens en premier ou en dernier ressort (C. comm., art. 639 et 646. — V. DEGRÉ DE JURIDICTION), et d'après les circonstances dans lesquelles ils sont rendus, en jugemens contradictoires ou par défaut, avant faire droit, provisoires ou définitifs.

2. — Le jugement commercial contradictoire est celui lors de la prononciation duquel chaque partie a comparu à l'audience, soit par elle-même, soit par un mandataire, et après ses conclusions.

3. — La définition placée en tête du mot JUGEMENT PAR DÉFAUT s'applique aux jugemens par défaut en matière de commerce, en observant toutefois que, devant les tribunaux de commerce, le ministère des avoués n'est pas imposé aux parties, ce qui n'empêche pas que, dans les instances commerciales, il peut intervenir des jugemens par défaut faute de comparaître, et des jugemens par défaut faute de conclure ou de plaider.

4. — Les circonstances qui donnent lieu au jugement par défaut faute de comparaître sont indiquées au mot JUGEMENT PAR DÉFAUT, nos 66 et suiv.

5. — Ainsi qu'il a été dit au mot JUGEMENT PAR DÉFAUT (no 69), le jugement est par défaut, faute de comparaître lorsqu'il n'est pas constaté que l'agréé sur la demande duquel un tribunal de commerce a accordé un délai par jugement, ait eu un pouvoir spécial de la partie, et qu'il l'ait représenté au greffier. — *Rouen*, 1er juill. 1826, Cheron c. Desjardins; *Aix*, 26 janv. 1836, Bonnet c. Piche. — *Contrà Rennes*, 9 mai 1810, Brouillard c. Bourcard.

6. — Les délais après lesquels le défaut faute de comparaître peut être requis sont précisés au mot JUGEMENT PAR DÉFAUT, nos 75 et suiv.

7. — Les caractères des jugemens commerciaux par défaut faute de conclure sont indiqués au mot JUGEMENT PAR DÉFAUT, nos 66 et suiv.

8. — Les jugemens des tribunaux de commerce rendus par défaut, après une remise demandée par la partie défaillante et contradictoirement prononcée, sont des jugemens par défaut *faute de plaider*. — *Paris*, 10 nov. 1825, Collet c. Gobet; 25 fév. 1826, Fouquier c. Boucard; 9 oct. 1828, Cecconi c. Victor Ouvrard.

9. — Lorsque, devant un tribunal de commerce, un avoué se présente sans mandat pour une partie, et y reconnaît une dette en son nom, le jugement qui a condamné cette partie est par défaut et susceptible d'opposition, encore bien qu'il soit qualifié contradictoire. Il n'y a lieu ni d'en interjeter appel, ni d'intenter une action en désaveu contre l'avoué. — *Metz*, 23 août 1822, Boucher-Toutain c. Desroches.

10. — Lorsque plusieurs parties sont assignées et que quelques unes font défaut, le tribunal de commerce a la faculté de prononcer un jugement de défaut-profit-joint, c'est-à-dire de donner défaut contre les non comparantes, en joignant le profit du défaut à la cause pour être statué par un seul jugement. — Les juges de commerce ne sont pas rigoureusement obligés de se conformer à cette prescription, qui, d'ailleurs, en matière civile, est forcée. Dans certains cas, l'urgence et la prompte expédition des affaires ne permettraient pas, sans un grave inconvénient, l'accomplissement de cette prescription en matière commerciale. — Pardessus, *Cours de dr. comm.*, t. 5, p. 102. — V. au reste, pour les détails, JUGEMENT PAR DÉFAUT, nos 127 et suiv.

11. — Il existe encore, en matière commerciale, comme dans la procédure civile, une autre espèce de défaut, c'est celui prononcé contre le demandeur qui ne comparaît pas pour soutenir sa demande. — Dans ce cas, le tribunal renvoie le défendeur de la demande, et le jugement prend alors le nom de *défaut-congé*. — Sur les différentes conclusions que les tribunaux de commerce peuvent avoir à apprécier en prononçant le défaut-congé, V. JUGEMENT PAR DÉFAUT, nos 265 et suiv.

12. — Les jugemens commerciaux peuvent aussi statuer *avant faire droit*, c'est-à-dire qu'ils peuvent être préparatoires, interlocutoires et provisoires. — V. JUGEMENT, nos 83 et suiv. — Ils peuvent terminer le fond de la contestation, et alors ils sont définitifs. — V. JUGEMENT, nos 301 et suiv.

13. — On peut aussi devant les tribunaux de commerce passer des jugemens d'expédient, lesquels, on le conçoit, n'ont pas plus d'efficacité que les jugemens passés d'accord devant les autres juridictions.

14. — Un jugement prononcé par défaut par un tribunal de commerce ne peut pas être considéré comme une condamnation volontaire, de la part de la partie qui n'a pas comparu, si d'ailleurs il n'est pas prouvé par des actes ou par des présomptions graves que la partie poursuivante et la partie condamnée se sont concertées pour faire prononcer la condamnation. — *Caen*, 17 avr. 1826, Blin et Desprès c. Lenfant.

§ 2. — *Constitution de juridiction. — De qui émanent les jugemens commerciaux.*

15. — Les jugemens, dans les tribunaux de commerce, doivent être rendus par trois juges au moins. Aucun suppléant ne peut être appelé que pour compléter ce nombre. — C. comm., art. 626.

16. — Tous les juges titulaires peuvent donc participer à un jugement; mais cela ne se pratique que dans des cas fort rares et pour des affaires d'une importance majeure. — Louis Nouguier, *Des tribunaux de commerce, des commerçans et des actes de commerce*, t. 3, p. 122, no 2.

17. — Toutefois cette réunion intégrale ne saurait avoir lieu légalement lorsque les magistrats composant un tribunal sont répartis en diverses sections ou chambres. — V. JUGEMENT, nos 477 et suiv.

18. — Mais les juges suppléans ne peuvent avoir voix délibérative qu'autant que leur présence est indispensable pour compléter le tribunal. — V. JUGEMENT, nos 447 et suiv.

19. — Le président empêché est remplacé par le juge présent le plus ancien dans l'ordre des nominations et les juges par les juges suppléans. — V. JUGEMENT, no 530.

20. — N'est pas nul le jugement d'un tribunal de commerce rendu par le président et deux juges suppléans qui ont assisté aux plaidoiries, encore bien qu'un juge titulaire qui n'a point pris part au jugement eût été présent aux autres audiences. Il y a présomption légale que ce juge se trouvait empêché. — *Paris*, 16 mars 1846 (t. 1er 1846, p. 724), Taillnault c. Sonnet.

21. — Un jugement rendu par un tribunal de commerce n'est pas nul par cela seul qu'un juge suppléant appelé pour compléter le tribunal n'a pas été appelé dans l'ordre du tableau. L'art. 49, décr. 30 mars 1808 ne s'applique pas aux tribunaux de commerce. — *Cass.*, 18 août 1825, Parlongue c. Viala; — Nouguier, *Des trib. de commerce*, etc., t. 3, p. 123, no 6.

22. — Lorsque par des récusations ou des empêchemens, il ne reste pas dans les tribunaux de commerce nombre suffisant de juges ou de suppleans, le tribunal est complété au moyen de négocians pris sur la liste formée en vertu de l'art. 619, C. comm., et suivant l'ordre dans lequel ils sont portés, si d'ailleurs ils ont les qualités requises par l'art. 620, C. comm. — Décr. 6 août 1809, art. 4; — V. L. 23 vendém. an IV, qui permettait d'appeler en ce cas des négocians ou armateurs. — V. aussi l'ordonn. de Charles IX, du 22 juill. 1566: — Vincens, *Législ. comm.*, t. 1er, p. 73; Nouguier, t. 3, p. 123, no 8.

23. — Les notables commerçans appelés à remplacer des juges de commerce empêchés ne sont pas astreints à prêter serment avant d'exercer les fonctions de juges. — *Poitiers*, 2 déc. 1824, Bindault-Gallio et Toupet c. Rival et Dupré; — Nouguier, t. 3, p. 124.

24. — Le jugement d'un tribunal de commerce auquel un avoué a concouru est nul. — *Bourges*, 26 juill. 1810, Dormier c. Parent.

25. — Dans les arrondissemens où il n'existe pas de tribunal de commerce les tribunaux civils sont appelés à juger les affaires commerciales; mais la constitution de ces tribunaux civils jugeant commercialement est soumise aux règles ordinaires auxquelles ils sont assujétis comme juridiction civile. En conséquence, le jugement rendu avec le concours d'un avoué par un tribunal civil jugeant commercialement est nul s'il n'est pas constaté par ce jugement même que les juges suppléans étaient empêchés et que cet avoué était le plus ancien du tableau. — *Cass.*, 20 déc. 1847 (t. 1er 1848), Mauprevez c. Baronnat.

26. — Les cours royales jugeant commercialement observent les règles qui président à leur composition pour les affaires civiles sommaires.

§ 3. — *Exceptions et incidens qui peuvent précéder le jugement commercial.*

27. — Dans le cours de la procédure qui précède les jugemens commerciaux on peut voir se produire la plupart des exceptions, incidens et moyens de preuves et d'instructions institués pour la procédure civile; cependant il en est que le législateur a dû supprimer, et il en est d'autres pour lesquels il a simplifié les formalités ou dont il a même enlevé la connaissance aux tribunaux de commerce.

28. — Ainsi, les étrangers demandeurs ne peuvent être obligés, en matière de commerce, à fournir caution de payer les frais et dommages-intérêts auxquels ils pourront être condamnés, même lorsque la demande est portée devant un tribunal civil, dans les lieux où il n'y a pas de tribunal de commerce. — C. procéd., art. 423. — V. CAUTION JUDICATUM SOLVI, no 61.

29. — Les exceptions péremptoires, c'est à dire celles d'incompétence et celles de nullité doivent être proposées avant toutes défenses au fond, sauf en ce qui concerne l'incompétence à raison de la matière. — Dans le cas d'incompétence à raison de la matière, le tribunal doit renvoyer les parties, encore que le déclinatoire n'ait pas été proposé. — C. procéd., art. 168 et 424.

30. — Toutefois, est nul un jugement du tribunal de commerce qui, avant toutes conclusions et sur l'appel même de la cause, ordonne le renvoi de la cause devant un autre tribunal. — *Colmar*, 12 janv. 1828, Kœchlin c. Belly.

31. — Le même jugement peut, en rejetant le déclinatoire, statuer sur le fond, mais par deux dispositions distinctes, l'une sur la compétence, l'autre sur le fond; les dispositions sur la compétence peuvent toujours être attaquées par la voie de l'appel. — C. procéd., art. 425. — V. EXCEPTIONS, no 71.

32. — Conséquemment, en matière de commerce, la plaidoirie au fond n'emporte pas acquiescement au chef du jugement qui prononce sur la compétence, alors surtout qu'il s'agit d'une incompétence *ratione materiæ*. — *Poitiers*, 9 fév. 1838 (t. 2 1838, p. 141), Inisant c. Turpault. — V. aussi Carré, *L. de la procéd. civ.*, t. 2, no 1519.

33. — Les exceptions dilatoires sont celles définies par le Code de procéd., art. 174 et suiv. — V. EXCEPTIONS, COMMUNICATION DE PIÈCES, DÉLAI POUR FAIRE INVENTAIRE ET DÉLIBÉRER, GARANTIE.

34. — Lorsque les qualités des veuves et héritiers des justiciables du tribunal de commerce sont contestées, il y a lieu, au préalable, de les renvoyer devant les tribunaux ordinaires pour y être réglées, et ensuite être jugés sur le fond, devant le tribunal de commerce. — C. procéd. civ., art. 426. — Les qualités qui peuvent être contestées sont, par exemple, celles d'héritier pur et simple ou bénéficiaire, de femme commune ou renonçante, de légataire universel ou à titre universel ou particulier. — Carré et Chauveau, no 1525. — V. COMPÉTENCE COMMERCIALE, nos 396 et suiv.

35. — Si une pièce produite est méconnue, déniée ou arguée de faux, et que la partie persiste à s'en servir, le tribunal renverra devant les juges qui doivent en connaître, et il sera sursis au jugement de la demande principale. — Néanmoins, si la pièce n'est relative qu'à un des chefs de la demande, il pourra être passé outre au jugement des autres chefs.

36. — Mais le tribunal doit retenir l'affaire si l'inscription de faux est sans influence sur la question du procès, ou si l'instruction de la cause démontre suffisamment les vices et la nullité de l'acte. — *Cass.*, 19 mars 1817, Regnier c. Michel.

37. — Jugé, dans ce sens, que les tribunaux de commerce ne sont point obligés de s'arrêter devant des allégations de faux ou des dénégations d'écriture, lorsqu'il est évident que ce sont des moyens dilatoires et sans aucune espèce de fondement. — *Rennes*, 26 nov. 1834, Thierrée c. Allard; *Cass.*, 18 août 1806, Titrel c. Noyée.

38. — En conséquence, les tribunaux de commerce devant lesquels une partie déclare s'inscrire en faux contre une pièce produite peuvent apprécier dans quelles circonstances cette déclaration est faite, et ils sont libres de ne pas surseoir au jugement du fond. — *Riom*, 21 nov. 1816, Bellut c. Valicon; — Carré et Chauveau, no 1527. Pigeau; *Comment.*, t. 1er, p. 721; Demiau, p. 308; — V. au surplus FAUX INCIDENT, no 188, et VÉRIFICATION D'ÉCRITURES.

39. — Le tribunal de commerce peut, dans tous les cas, ordonner, même d'office, que les parties seront entendues en personne à l'audience ou dans la chambre du conseil, et, s'il y a empêchement légitime, commettre un des juges ou même un juge de paix, pour les entendre, lequel dressera procès-verbal de leur déclaration. — C. procéd., art. 428. — Sur le mode et le lieu de cette comparution, ainsi que sur les conséquences du refus de comparaître, V. COMPARUTION DES PARTIES.

40. — Un tribunal de commerce peut ordonner un interrogatoire sur faits et articles, mais il ne pourrait point surseoir à faire droit au principal

pendant un ou plusieurs mois. — *Rouen*, 18 mars 1828, Ratel c. Faudier; — Thomine, t. 1er, p. 530; Pardessus, t. 5, p. 92. — Sur les différences qui distinguent l'interrogatoire sur faits et articles de la comparution des parties, V. COMPARUTION DES PARTIES, nos 11 et suiv.

41. — S'il y a lieu à renvoyer les parties devant des arbitres, pour examen de comptes, pièces et registres, il est nommé un ou trois arbitres pour entendre les parties et les concilier, si faire se peut, sinon donner leur avis. S'il y a lieu à visite ou estimation d'ouvrages ou marchandises, il est nommé un ou trois experts. Les arbitres et les experts sont nommés d'office par le tribunal, à moins que les parties n'en conviennent à l'audience. — C. procéd., art. 429. — Vincens, *Législ. comm.*, t. 1er, p. 80, 94 et 95; Pardessus, t. 5, p. 85.

42. — Le tribunal de commerce peut renvoyer les parties devant des *arbitres experts* toutes les fois qu'il s'agit de fixer des débats compliqués. — Cet article n'est point limitatif, et n'est point, dès lors, borné dans son application au cas où il s'agit d'examen de comptes, pièces et registres. — *Toulouse*, 20 août 1841 (t. 2 1841, p. 717), Boulet c. Campistron; — Rodière, *Exposition raisonnée*, etc., t. 2, p. 275; Boncenne, *Théorie de la procédure civile*, t. 2, p. 581; *Revue de législation et de jurisprudence* de Wolowski, *De l'origine de l'arbitre rapporteur*, t. 14, p. 313 à 337.

43. — Le tribunal de commerce, saisi d'une contestation sur la qualité d'une marchandise, n'est pas tenu de la faire vérifier par des experts; il peut l'apprécier lui-même sur l'apport des pièces. — *Rouen*, 23 déc. 1837 (t. 1er 1839, p. 316), Faes c. Bordier; *Rennes*, 23 janv. 1815, préf. de la Loire-Inférieure c. N...

44. — Sur les cas et la forme de la récusation des experts et arbitres rapporteurs, sur leurs devoirs et notamment sur la rédaction et le dépôt de leurs rapports, V. EXPERTISE, nos 534 et suiv. — Néanmoins, lorsque les parties n'ont pas opposé devant la cour royale le moyen tiré du défaut de dépôt, au greffe du tribunal, du rapport des arbitres, elles ne peuvent pour la première fois présenter ce moyen devant la cour de Cassation. — *Cass.*, 7 mai 1833, Goullard c. Jurie.

45. — Jugé que c'est à la partie la plus diligente, c'est-à-dire à celle qui veut obtenir jugement qu'est imposée l'obligation de mettre la cause en état, et de signifier les procès-verbaux d'expertise, soit pour s'en prévaloir, soit pour les combattre, afin de faire cesser l'empêchement qu'apporte à la solution du procès la décision interlocutoire qui a ordonné l'expertise. — *Orléans*, 16 janv. 1837 (t. 1er 1840, p. 480), N...

46. — L'opposition à l'ordonnance du président qui taxe les frais d'un expert doit être jugée en chambre de conseil, et non en audience publique. — *Paris*, 31 janv. 1843 (t. 1er 1843, p. 365), Marcelin c. Gounot.

47. — Si un tribunal de commerce ordonne la preuve par témoins (V. PREUVE TESTIMONIALE), il y est procédé dans les formes prescrites par les art. 407 et suiv., C. procéd. civ. pour les enquêtes sommaires; néanmoins, dans les causes sujettes à appel, les dépositions sont rédigées par écrit par le greffier et signées par les témoins; en cas de refus mention en est faite. — C. procéd., art. 432. — V. ENQUÊTE, nos 1037 et suiv.

48. — Ainsi le tribunal de commerce doit, dans les causes sujettes à l'appel, faire tenir par le greffier note des dépositions reçues à l'audience. — *Rennes*, 27 sept. 1817, Tellier c. Bureau. — C. comm., art. 432. — V. ENQUÊTE, no 1106.

49. — Mais l'art. 432, C. procéd., qui veut que les dépositions faites devant les tribunaux de commerce soient signées par les témoins, dans les causes sujettes à appel, sur le procès-verbal qui en est dressé par le greffier, ne dispose pas à peine de nullité. — Dès-lors, l'omission de cette formalité ne suffit pas pour entraîner l'annulation du procès-verbal. — *Colmar*, 18 janv. 1841 (t. 2 1841, p. 690), Blum c. Nicolet. — V. ENQUÊTE, no 1116.

50. — Jugé du reste avec raison, que dans les juridictions consulaires et dans les affaires qui ne sont pas sujettes à l'appel, il n'est pas nécessaire que les dépositions des témoins soient rédigées à l'audience même où ils sont entendus. — *Cass.*, 18 août 1806, Tetrel c. Noyée; — Carré, *Lois de la procéd.*, t. 1er, p. 626, et t. 2, p. 92; Pigeau, t. 1er, p. 724.

51. — En matière commerciale comme en toute autre, le serment peut être déféré. — Vincens, t. 1er, p. 100. — V. SERMENT.

52. — Les tribunaux de commerce ont au surplus un pouvoir discrétionnaire pour ordonner les mesures d'instruction qui leur paraissent utiles. — Chauveau sur Carré, quest. 1531 *bis*.

§ 4. — *Élection de domicile.*

53. — Si les parties comparaissent, et qu'à la première audience il n'intervienne pas jugement définitif, les parties non domiciliées dans le lieu où siége le tribunal sont tenues d'y faire l'élection d'un domicile. — L'élection de domicile doit être mentionnée sur le plumitif de l'audience. A défaut de cette élection, toute signification, même celle du jugement définitif, est faite valablement au greffe du tribunal. — C. procéd., art. 422.

54. — Le but de cette élection de domicile est d'activer le jugement de la cause en permettant de faire au domicile élu toutes les significations nécessaires à son instruction, sans que le défendeur puisse réclamer les délais de distance que comporte le lieu de son domicile réel. — Nouguier, t. 3, p. 36, no 13.

55. — L'élection de domicile faite dans l'exploit d'ajournement ne suffit pas pour dispenser la partie de faire mentionner son élection de domicile sur le plumitif. — *Bordeaux*, 26 fév. 1830, Loche c. Colombet; conf. *Poitiers*, 28 nov. 1822, Bouquet. — V. DOMICILE, no 418.

56. — L'élection de domicile faite dans un acte contenant opposition à un jugement par défaut rendu par un tribunal de commerce ne peut tenir lieu de l'élection de domicile, qui doit être mentionnée sur le plumitif de l'audience. Dès-lors si la partie ne s'est pas conformée à la disposition de cet article, toute signification lui est faite valablement au greffe. — *Cass.*, 9 fév. 1836, Lecointe c. Caron. — Nouguier, t. 3, p. 37, no 14.

57. — Mais lorsque la comparution du fondé de pouvoirs de la partie domiciliée hors du lieu où siége le tribunal est mentionnée sur le plumitif de l'audience, mais sans élection de domicile, cette élection est suffisamment indiquée par la désignation du mandataire, de manière que toutes significations, jusqu'au jugement définitif, doivent être faites au domicile du mandataire et non au greffe du tribunal. — *Metz*, 17 janv. 1824, Grillet c. N.....

58. — Il y aurait lieu à l'élection de domicile prescrite par l'art. 422 même lorsqu'à la première audience, le tribunal de commerce aurait renvoyé un incident devant le tribunal civil, car le tribunal de commerce n'est pas dessaisi, puisque après cet incident il lui restera à statuer sur le fond de la contestation. — Pardessus, t. 5, p. 54; Carré et Chauveau, quest. 1517.

59. — C'est la remise de l'affaire à une audience ultérieure qui met la partie en demeure de faire cette élection de domicile et d'obéir à la loi. Il n'est pas nécessaire que l'adversaire lui fasse sommation de consigner sur le plumitif son élection de domicile. — Chauveau sur Carré, quest. 1517 *ter*.

60. — Cette élection de domicile ne doit pas profiter aux tiers. Si donc un tiers veut intervenir dans une instance commerciale non jugée à la première audience, ce n'est pas au domicile élu, ainsi qu'il vient d'être dit, mais au domicile réel des parties qu'il devrait signifier son intervention. — *Bruxelles*, 9 mai 1810, syndics V... c. Delopez; — Carré et Chauveau, quest. 1517; Pardessus, t. 5, no 1368; Bioche et Goujet, vo *Tribunal de commerce*, no 206; Nouguier, t. 3, p. 37, no 15.

61. — Lorsqu'un jugement définitif, rendu en matière commerciale, a été signifié au greffe du tribunal, faute par les parties, non domiciliées dans le lieu où siége le tribunal, d'avoir élu un domicile, cette signification ne fait pas courir le délai de l'appel, qui ne part que du jour de la signification à personne ou à domicile. — *Limoges*, 21 nov. 1835, Gauche-du-Tailly c. Papon; — Nouguier, t. 3, p. 37, no 17.

62. — L'élection de domicile faite en vertu de l'art. 422, C. proc., cesse lorsque la contestation est terminée par un jugement définitif. — Chauveau sur Carré, quest. 1517 *bis*.

§ 5. — *Formation et rédaction du jugement commercial.*

63. — Les juges qui concourent au jugement doivent avoir assisté aux plaidoiries (V. JUGEMENT, nos 646 et suiv.), et l'on doit déclarer nul le jugement auquel a concouru un juge qui n'a pas assisté à toutes les plaidoiries. — *Cass.*, 4 germ. an XIII, Chevalier; *Bruxelles*, 14 janv. 1818, N...; *Cass.*, 30 janv. 1828, Kricberg; *Bruxelles*, 15 fév. 1835, Vanmalder; — Nouguier, t. 3, p. 127, no 3.

64. — Mais cette nullité est couverte par l'exécution volontaire de la part d'une des parties, et l'annulation ne peut plus être prononcée que sur la dénonciation du ministère public à la cour de Cassation. — *Bruxelles*, 14 janv. 1818, N... c. N...

65. — Pour les jugemens commerciaux comme en matière civile, le juge qui a assisté aux plaidoiries peut ne pas voter lorsque le tribunal demeure composé du nombre légal de juges. — JUGEMENT, nos 471 et suiv.

66. — Le mode de la délibération, le calcul des votes et le partage d'opinions sont soumis aux règles générales exposées au mot JUGEMENT, nos 702 et suiv.

67. — Seulement, en cas de partage d'opinions, on appelle pour le vider un juge, à son défaut un suppléant, à défaut de suppléant un des notables négocians indiqués *suprà* no 22. L'affaire est de nouveau entendue. — *Argum.*, art. 118, C. proc. civ.; décr. 6 oct. 1809, art. 4; — Nouguier, t. 3, p. 127.

68. — Pour les règles générales, sur la preuve du nombre de juges qui ont concouru à un jugement, V. JUGEMENT, nos 494 et suiv.

69. — Un jugement du tribunal de commerce n'a pas besoin de contenir en lui-même la preuve que le tribunal qui l'a rendu était légalement constitué. — *Poitiers*, 2 déc. 1824, Bindault c. Rival.

70. — C'est au jour fixé par l'assignation pour la comparution que le tribunal de commerce doit prononcer défaut, sauf, pour en adjuger le profit, à remettre la cause à une autre audience. — V. JUGEMENT PAR DÉFAUT, nos 79, 80 et suiv.

71. — Un tribunal de commerce ne peut point, par une ordonnance délibérée sur la simple requête de l'une des parties, et sans y appeler celle qui aurait intérêt à contredire, subroger un tiers au bénéfice d'un précédent jugement de condamnation intervenu par défaut contre la partie défaillante et dans lequel ce tiers n'a point figuré. — *Toulouse*, 12 mai 1829, Marty-Sandin c. Andral.

72. — Sur la publicité ainsi que sur le lieu des audiences, V. JUGEMENT, nos 503 et suiv.; JUGEMENT PAR DÉFAUT, no 92. — Sur la prononciation de la sentence V. JUGEMENT, nos 849 et suiv.

73. — Le tribunal de commerce qui prononce un jugement par défaut faute de comparaître et de conclure, ou même un défaut-congé, ne doit adjuger les conclusions du demandeur qu'autant qu'elles sont justes et bien vérifiées. — V. JUGEMENT PAR DÉFAUT, no 254.

74. — La rédaction du jugement doit contenir les noms des juges et du greffier, les noms, professions et demeures des parties; leurs conclusions, l'exposé sommaire des points de fait et de droit, les motifs et le dispositif du jugement. — C. procéd., art. 141 et 433.

75. — Ces énonciations sont substantielles, l'omission de l'une d'elles, par exemple, des conclusions des parties, entraînerait la nullité du jugement. — *Rennes*, 8 sept. 1815, Métairie c. Rouxel; *Bruxelles*, 27 mai 1818, Vandenkerckoven c. Vermeir; *Rennes*, 27 janv. 1834, Feger c. Legoff; — Carré, *L. de la procéd.*, quest. 596.

76. — Les art. 70 et 72, décr. 20 mars 1808, relatifs au mode de conclure devant les tribunaux civils, étant applicables aux tribunaux de commerce, le jugement commercial qui contient les conclusions du demandeur et du défendeur remplit suffisamment le vœu de la loi. — *Rennes*, 2 juill. 1816, Robert et Fauchet.

77. — Lorsque l'une des parties est représentée par un mandataire, le jugement doit également contenir les nom, profession et domicile de ce mandataire, ainsi que l'énonciation du pouvoir et de son enregistrement.

78. — Sur les motifs des jugemens commerciaux, V. JUGEMENT, nos 87 et suiv.

79. — Sur les objets relativement auxquels doit statuer le dispositif des jugemens commerciaux, V. JUGEMENT, no 1354 et suiv.

80. — En matière de vente commerciale, les juges sont en quelque sorte d'amiables compositeurs, qui ont la faculté de s'écarter de la rigueur des règles du droit commun, pour ne considérer que l'avantage réel des parties. — *Orléans*, 29 août 1817, Trinquart c. Roure.

81. — Les tribunaux de commerce doivent se conformer aux art. 122 et suiv., C. procéd., et, quand ils veulent accorder un délai pour l'exécution des condamnations qu'ils prononcent, ils doivent le faire par le jugement qui statue sur la contestation et énoncer les motifs de ce délai.

82. — Pour les liquidations des dommages-intérêts ou restitutions de fruits, ils doivent observer les art. 128 et 129, C. procéd. — V. FRUITS.

83. — Lorsqu'un tribunal de commerce a condamné une partie en des dommages-intérêts à libeller, il peut connaître des difficultés qui s'élèvent sur la quotité de ces dommages-intérêts. — *Douai*, 20 août 1827, Gilmard c. Petit-Divay.

84. — Enfin, pour la condamnation aux dépens, les juges de commerce doivent observer les art. 130 et 131, C. procéd.

85. — Sur la rédaction des jugemens et la minute qui doit les recueillir, V. JUGEMENT, nos 1379

et suiv. et 1390 et suiv. — Tous les jugemens commerciaux doivent être portés sur la feuille d'audience. — Circ. min. justice 31 oct. 1809; — Nouguier, t. 3, p. 129, n° 4.

86. — Le procureur général et même le procureur du roi ont sur les minutes des jugemens des tribunaux de commerce un droit de surveillance et d'examen qui leur est accordé par l'art. 140, C. procéd., et, dans le cas où la minute d'un jugement commercial n'aurait pas été signée, le procureur général pourra se pourvoir, ainsi qu'il est dit dans l'art. 74, décr. 30 mars 1808. — Nouguier, t. 3, p. 129, n° 5.

87. — On a exposé au mot JUGEMENT (nos 1450 et suiv.) ce qui concerne les qualités des jugemens en général; il est presque superflu d'observer que les dispositions de l'art. 142, C. procéd., sont inapplicables dans les tribunaux de commerce, puisque le ministère des avoués y est interdit. Les qualités des jugemens commerciaux sont donc rédigées par le tribunal de commerce sur la représentation des pièces de la procédure, lorsqu'on veut lever le jugement. — Décis. min. just. 31 oct. 1809. — Selon Carré (*Lois de la procédure*, édit. Chauveau, t. 3, n° CCCLIX) les qualités de ces jugemens sont rédigées par les juges sur l'assignation remise au greffier, et sans que les parties ou leurs mandataires soient tenus de déposer des qualités. — Mais M. Chauveau sur Carré (*ibid.*) est d'avis, ainsi que Thomines Desmasures (t. 1er, p. 655) et Boitard (t. 2, p. 516), que c'est au greffier seul qu'appartient cette rédaction.

88. — Comme cette rédaction des qualités est étrangère aux parties et à leurs mandataires, elle ne peut ni leur profiter ni leur nuire. — Pigeau, *Comment.*, t. 1er, p. 725; Chauveau sur Carré, *loc. cit.*; Nouguier, t. 3, p. 129, n° 3.

89. — Mais les qualités du jugement qui relatent les conclusions annexées au plumitif et signées des parties ou de leurs mandataires font foi contre elles et les lient. — Nouguier, *loc. cit.*

90. — La partie contre laquelle a été rendu un jugement en matière commerciale, peut s'opposer à ce qu'il soit rédigé sur les qualités signifiées par son adversaire. — *Bruxelles*, 14 mai 1831 Siiave, c. Vanherke.

91. — C'est par la voie d'appel et non par la voie de l'opposition que l'on doit attaquer l'ordonnance d'un président du tribunal de commerce, qui autorise la signification de qualités entre parties. — Même arrêt.

92. — Il faut appliquer au jugement commercial ce qui a été dit sur l'expédition du jugement ordinaire et sur ses diverses natures. — V. JUGEMENT, nos 1529 et suiv.

93. — En principe, les juges ne peuvent réparer par une seconde décision l'omission commise dans leur premier jugement.

94. — Spécialement, lorsqu'un tribunal de commerce a rendu un jugement sans ordonner l'exécution provisoire, il ne peut plus l'ordonner par un second jugement; c'est à l'intimé à la faire prononcer par la cour saisie de l'appel. — *Liège*, 29 juin 1807, Serey c. Lemaire.

95. — De même, le tribunal de commerce qui a ordonné l'exécution de l'un de ses jugemens, seulement par les voies ordinaires, ne peut ordonner par un second jugement que la partie condamnée sera contrainte par corps à faire cette exécution. — *Paris*, 28 germ. an XIII, Carcalrison c. Niquille; 32 oct. 1815, Mazel c. Manieux. — V. *contrà*, mais à tort, *Turin*, 22 pluv. an XIII, Fox c. Bellati.

96. — Réciproquement, la contrainte par corps refusée mal à propos, en matière de commerce par le jugement d'un tribunal de première instance, statuant commercialement et passé en force de chose jugée, ne peut être prononcée depuis supplétivement par le même tribunal comme juge civil, sur les poursuites relatives à son exécution. — *Trèves*, 24 mars 1809, Schug c. Hammerschlag.

97. — On trouvera au mot JUGEMENT, nos 1679 et suiv., ce qui regarde les effets du jugement, au mot JUGEMENT PAR DÉFAUT, nos 275 et suiv., les effets du jugement par défaut.

§ 6. — *Signification et exécution du jugement commercial.*

98. — Tout jugement commercial avant d'être exécuté doit être levé et signifié.

99. — Aucun jugement par défaut ne peut être signifié que par un huissier commis à cet effet par le tribunal de commerce. — V. pour les jugemens par défaut, faute de comparaître ou faute de conclure, JUGEMENT PAR DÉFAUT, nos 292, 301 et suiv. — V. sur le droit et le mode de commettre l'huissier, *ibid.*, nos 301 et suiv., 306 et suiv.

100. — Ainsi jugé que les tribunaux de commerce peuvent commettre un huissier pour la signification des jugemens qu'ils rendent par défaut. — *Liège*, 11 sept. 1833, B... c. L... — En commettant dans leurs jugemens rendus par défaut un huissier pour en faire la signification, les tribunaux de commerce ne font pas un acte contraire à l'art. 442, C. procéd. civ. qui leur défend de connaître de l'exécution de leurs jugemens. — Arg. *Rouen*, 20 juill. 1814. Fayel c. Carpentier.

101. — L'omission de la désignation de l'huissier pourrait être suppléée, en faisant commettre un huissier sur requête, par le président du tribunal du domicile du défaillant. — C. procéd., art. 156; C. comm., art. 643; — Pardessus, t. 5, p. 103. — Le tribunal de commerce de la Seine pour éviter aux parties les frais d'une requête et d'une ordonnance est dans l'usage de faire par son jugement la désignation d'un huissier même résidant hors du territoire de la juridiction du tribunal. — V. JUGEMENT PAR DÉFAUT, nos 306 et suiv.

102. — La signification d'un jugement par défaut doit contenir, à peine de nullité, élection de domicile dans la commune où elle se fait, si le demandeur y est domicilié. Le jugement sera exécutoire un jour après la signification et jusqu'à l'opposition. — C. procéd., art. 435. — V. au reste JUGEMENT PAR DÉFAUT, nos 335 et suiv. — Et pour la signification des jugemens par défaut faute de conclure, V. *ibid.*, nos 343 et suiv.

103. — L'élection de domicile prescrite sur le plumitif par l'art. 422, C. procéd., a pour but d'accélérer l'obtention du jugement, tandis que l'élection de domicile exigée par l'art. 435 et qui ne doit pas être confondue avec la précédente a pour objet de faciliter l'opposition au jugement. — Nouguier, t. 3, p. 92, n° 10.

104. — ... Sur le lieu où doit être faite la signification du jugement par défaut, V. DOMICILE, n° 419, JUGEMENT PAR DÉFAUT, n° 329.

105. — Un jugement de défaut congé doit-il être signifié par un huissier commis? — V. JUGEMENT PAR DÉFAUT, n° 272.

106. — Avant le Code de commerce, les tribunaux de commerce jugeant en matières maritimes pouvaient ordonner l'exécution de leurs jugemens par provision. — *Rouen*, 15 prair. an XI. Schroder c. Cholet.

107. — Aujourd'hui les tribunaux de commerce peuvent ordonner l'exécution provisoire de leur jugement nonobstant l'appel, et sans caution, lorsqu'il y a titre non attaqué, ou condamnation précédente dont il n'y aura pas d'appel : dans les autres cas, l'exécution provisoire n'a lieu qu'à la charge de donner caution ou justifier de solvabilité suffisante. — C. procéd., art. 439 et 440.

108. — On peut former opposition à un jugement du tribunal de commerce, quoique portant exécution provisoire nonobstant opposition, et quoiqu'on ait échoué dans une demande présentée à la cour d'appel, à l'effet d'obtenir des défenses à cette exécution. — *Bruxelles*, 7 oct. 1819, Devries c. Louwyk. — V. EXÉCUTION PROVISOIRE n° 213.

109. — Un tribunal de commerce a pu valablement ordonner l'exécution provisoire sans caution de son jugement lorsque la contestation a roulé, non pas sur le titre en lui-même, mais sur la question de savoir quel était le propriétaire du titre. — *Cass.*, 2 fév. 1836, Thierrée c. Allard et Hartmann. — V. EXÉCUTION PROVISOIRE, n° 218.

110. — Il n'y a pas lieu d'accorder de défenses à l'exécution provisoire d'un jugement du tribunal de commerce, bien que le titre lui-même soit contesté. — *Paris*, 6 fév. 1813, Recusson c. Folmer. — V. au reste EXÉCUTION PROVISOIRE, nos 184, 193 et suiv.

111. — Le jugement commercial est-il par défaut, il peut être exécuté un jour après la signification? — C. procéd., art. 435. — V. JUGEMENT PAR DÉFAUT, nos 371 et suiv.

112. — Les actes qui constituent l'exécution des jugemens par défaut sont indiqués v° JUGEMENT PAR DÉFAUT, nos 395 et suiv.

113. — L'art. 643, C. comm., ayant étendu aux jugemens des tribunaux de commerce rendus par défaut faute de comparaître, les dispositions des art. 156, 158, et 159 C. procéd. civ., ces jugemens doivent être exécutés dans les six mois de leur obtention. — V. JUGEMENT PAR DÉFAUT, nos 563 et suiv.

114. — Mais ces dispositions ne s'appliquent pas aux jugemens des tribunaux de commerce rendus par défaut faute de conclure. — V. JUGEMENT PAR DÉFAUT, n° 569.

115. — Les tribunaux de commerce sont compétens pour statuer sur la demande en péremption de leurs jugemens par défaut à raison de l'inexécution dans les six mois. — *Cass.*, 2 fév. 1841 (t. 1er 1841, p. 617), Decaindry c. Roulland;

contrà Dijon, 6 avr. 1819, Grand-Manche c. Louel; *Aix*, 12 mars 1825, Astier c. Sibour.

116. — ... Lors même que la péremption est invoquée comme moyen à l'appui de l'opposition formée contre ce jugement. — *Orléans*, 6 juill. 1841 (t. 2 1841, p. 219), Satis c. Vivet.

117. — Le défaillant ne peut pour la première fois opposer en appel la péremption d'un jugement par défaut. Ce moyen n'est pas une exception d'ordre public. — *Rennes*, 6 janv. 1836, Deflau c. Deniau et Leduc.

118. — Nous avons indiqué v° JUGEMENT PAR DÉFAUT, n° 570, les exceptions que reçoit la règle de la péremption pour inexécution d'un jugement par défaut dans les six mois de sa date. On reconnaîtra facilement celles de ces exceptions qui s'appliquent aux jugemens commerciaux.

119. — La péremption est couverte par l'acquiescement ou par l'exécution. Les causes qui peuvent couvrir la péremption ou constituer l'exécution à l'égard des jugemens par défaut rendus en matière civile, s'appliquent à ceux par défaut rendus en matière de commerce. — V. JUGEMENT PAR DÉFAUT. — V. aussi ACQUIESCEMENT, EXÉCUTION DES JUGEMENS ET ACTES.

120. — Quant à l'exécution des jugemens commerciaux en ce qui regarde les tiers, V. JUGEMENT PAR DÉFAUT, nos 690 et suiv.

121. — Les tribunaux civils peuvent seuls connaître de l'exécution des jugemens commerciaux. — C. procéd., art. 442. — Et cette compétence attribuée aux tribunaux civils relativement à l'exécution des jugemens rendus par les tribunaux de commerce emporte, le droit de connaître des demandes formées sur cette exécution, alors même qu'on les fait résulter d'actes de commerce ou qui émanent de commerçans, si elles se rattachent à cette exécution et n'en sont qu'une dépendance. — *Cass.*, 7 fév. 1844 (t. 1er 1844, p. 553), Dubos c. Thieulin.

122. — On a exposé au mot JUGEMENT, nos 1706 et suiv., ce qui concerne la rectification des jugemens, et aux nos 1736 et suiv. ce qui regarde leur interprétation.

123. — Les tribunaux, en matière de commerce, ont le droit d'interpréter leurs jugemens, pourvu qu'il ne s'agisse que d'une simple interprétation. En vain dirait-on que ces tribunaux ne peuvent connaître de l'exécution de leurs jugemens. — *Caen*, 17 mai 1825, Dujou. — V. *contrà* Vincens, *Législ. commerc.*, t. 1er, p. 119.

§ 7. — *Voies ouvertes contre les jugemens commerciaux.*

124. — On a rappelé au mot JUGEMENT, nos 1797 et suiv., quelles sont les voies ouvertes pour obtenir la réformation des jugemens, lesquelles sont au surplus traitées sous chacun des mots qui les désignent.

125. — Sous le Code de commerce, l'opposition aux jugemens par défaut faute de comparaître est recevable jusqu'à l'exécution du jugement. — C. comm., art. 643; C. procéd., art. 158. — V. au reste JUGEMENT PAR DÉFAUT, nos 891 et 911.

126. — Sur la forme de l'opposition aux jugemens commerciaux par défaut faute de comparaître et sur la signification de cet acte, soit au domicile réel, soit au domicile élu, V. JUGEMENT PAR DÉFAUT, nos 1006 et suiv.

127. — L'opposition à un jugement par défaut faute de conclure n'est plus recevable après la huitaine du jour de la signification (V. JUGEMENT PAR DÉFAUT, n° 945). C'est la conséquence de la distinction faite entre les deux espèces de jugement faute de conclure et faute de comparaître. — Arg., C. procéd., art. 436. — Sur ce que l'on doit entendre par jugement par défaut faute de conclure, V. *suprà* n° 7.

128. — La forme de l'opposition aux jugemens commerciaux faute de conclure est indiquée au mot JUGEMENT PAR DÉFAUT, n° 1074.

129. — Le délai d'opposition à un jugement de défaut congé est de huitaine. — V. JUGEMENT PAR DÉFAUT, n° 271.

130. — Le défaillant qui a formé opposition et qui s'en laisse débouter par un nouveau jugement par défaut n'est plus recevable à y former opposition. — Pardessus, t. 5, p. 105; — Arg., art. 165, C. procéd. civ. — V. JUGEMENT PAR DÉFAUT, n° 1016.

131. — Cette décision ne serait pas applicable au demandeur qui après avoir pris défaut contre le défendeur se laisserait condamner par défaut à son tour sur l'opposition formée par le défaillant au premier jugement.

132. — De ce principe que l'appel est suspensif, il suit que l'appel émis contre la disposition du jugement qui rejette un déclinatoire fait que le dé-

lai pour l'opposition sur le fond ne court que du jour de l'arrêt confirmatif. — *Aix*, 20 mai 1840 (t. 2 1840, p. 273), Salusc c. Isnard.

133. — Néanmoins l'appel du jugement sur la compétence n'empêcherait pas les juges de statuer sur le fond. — C. procéd. art. 425. — V. en ce sens Bioche, *Dict. procéd. trib. de comm.*, nº 219.

134. — Le délai pour interjeter appel des jugemens des tribunaux de commerce est de trois mois, à compter du jour de la signification du jugement, pour ceux qui ont été rendus contradictoirement, et du jour de l'expiration du délai de l'opposition, pour ceux qui ont été rendus par défaut; l'appel peut être interjeté le jour même du jugement. — C. comm., art. 645; — Pardessus, t. 5, p. 210. — V. APPEL, nºs 251 et suiv., et 1185.

135. — L'appel ne sera pas reçu lorsque le principal n'excède pas la somme ou valeur de 1500 francs, encore que le jugement n'énonce pas qu'il est rendu en dernier ressort, et même quand il énoncerait qu'il est rendu à la charge d'appel. — C. comm., art. 639 et 646. — Pardessus. p. 109 et 110.

136. — Les cours royales ne peuvent, en aucun cas, à peine de nullité, et même des dommages-intérêts des parties, s'il y a lieu, accorder des défenses, ni surseoir à l'exécution des jugemens des tribunaux de commerce, quand même ils seraient attaqués pour incompétence; mais elles peuvent, suivant l'exigence des cas, accorder la permission de citer extraordinairement, à jour et à heures fixes, pour plaider sur l'appel. — C. comm., art. 647.

137. — A quelle personne et à quel domicile doit être faite la signification d'un jugement commercial pour faire courir les délais d'appel? — V. APPEL, nºs 916 et suiv.

138. — On peut appeler des jugemens par défaut des tribunaux de commerce, avant l'expiration des délais fixés pour y former opposition. — L'art. 645, C. comm., a dérogé en ce point à l'art. 455, C. procéd. — *Poitiers*, 24 mai 1832, Blehée c. Ranson; *Colmar*, 4 août 1840 (t. 1er 1841, p. 50), Horter c. Baruch-Meyer; *Paris*, 6 fév. 1841 (t. 1er 1841, p. 276), Tavernier c. Gaillard. — Il suffit, dans ce cas, que l'appel soit subordonné au rejet de l'opposition, et qu'il n'ait pas concouru avec elle. — *Rennes*, 6 janv. 1836, Deffau c. Deniau et Leduc. — V. au reste APPEL, nºs 1089 et suiv.

139. — Les appels des jugemens des tribunaux de commerce sont instruits et jugés dans les cours comme appels de jugemens rendus en matière sommaire. La procédure, jusques et y compris l'arrêt définitif, est conforme à celle prescrite pour les causes d'appel en matière civile, au liv. 3 de la 1re part. du Code de procédure civile. — C. comm., art. 648; C. procéd., art. 443 et 463; — Pardessus, t. 5, p. 113. — Au surplus, sur l'instruction de l'appel d'un jugement commercial devant la cour royale, sur les moyens de défense qui peuvent être employés, et sur les attributions des cours royales en cette matière, V. APPEL, COUR ROYALE, DEMANDE NOUVELLE et ÉVOCATION.

140. — Les jugemens des tribunaux de commerce sont susceptibles d'être attaqués par la voie de tierce-opposition. — Pardessus, t. 1er, p. 114; argum. art. 474, C. procéd. civ. — V. TIERCE-OPPOSITION.

141. — Les règles relatives à la récusation, à la prise à partie, établies pour les tribunaux ordinaires, sont applicables aux tribunaux de commerce. — C. procéd., art. 378, 505 et suiv. — V. PRISE A PARTIE. — V. aussi RÉCUSATION.

142. — La voie de la requête civile est-elle ouverte contre les jugemens commerciaux? — V. REQUÊTE CIVILE.

143. — Les jugemens contradictoires ou réputés tels, rendus en dernier ressort, peuvent être attaqués par voie de cassation. — Pardessus, t. 5, p. 109.

JUGEMENT COMMINATOIRE.

1. — En Bretagne, on considérait comme simplement comminatoire, et ne pouvant acquérir l'autorité de la chose jugée qu'après trente ans, tout jugement qui prononçait *dans l'état*, *quant à présent*, *faute d'avoir fourni telle preuve ou telle pièce*; expressions qui supposaient que si la preuve avait été faite ou la pièce fournie, en un mot, que si l'affaire avait été jugée dans d'autres circonstances, la décision eût été différente.

2. — On admettait en conséquence une action *en lief de comminatoire*, dont l'effet était d'obtenir jugement nouveau, en faisant la preuve ou produisant les pièces qui avaient manqué lors de la première décision. — Carré et Chauveau, quest. 1765.

3. — La doctrine des *comminatoires* déjà frappée de réprobation sous l'ancienne législation et considérée comme étant en opposition formelle avec les principes du droit commun, est aujourd'hui proscrite par le Code de procédure, dont l'art. 1041 abroge toutes les lois, coutumes et usages relatifs à la procédure. — Carré et Chauveau, *ibid*; Favard, t. 4, p. 894.

4. — Aussi la cour de Rennes, elle-même, après avoir admis encore cette doctrine dans les arrêts des 22 nov. 1811 (Jourdan c. Provol) et 5 fév. 1812 (N...) est-elle enfin revenue aux véritables principes, en jugeant que le Code actuel ne reconnaît plus de jugemens comminatoires (22 janv. 1821, de Kerouartz c. Clequin) et que, dès-lors, l'ancienne action admise en Bretagne, sous la dénomination de lief de comminatoire ne peut plus l'être aujourd'hui (2 mars 1818, N...).

JUGEMENT COMMUN (Demande en déclaration de).

1. — On appelle ainsi une action dirigée contre un tiers, afin de faire prononcer contre lui les mêmes condamnations que l'on poursuit ou que l'on a obtenues contre une autre personne. — Carré et Chauveau, quest. 1271, note; Bioche, vº *Jugement commun*.

2. — On a le droit d'exercer cette action toutes les fois qu'un tiers aurait droit de former tierce opposition contre un jugement rendu ou à rendre. — Carré et Chauveau, *ibid.*; Bioche, *ibid.*, nº 3.

3. — Le Code ne contient aucune disposition sur la procédure en déclaration de jugement commun; mais tous les auteurs reconnaissent la légalité de cette procédure. — Favard, t. 3, p. 119, nº 2; Berriat-Saint-Prix, t. 1er, p. 323, Thomine-Desmazures, t. 1er, p. 543; Carré et Chauveau, *ibid.*; Bioche, *ibid.*

4. — La demande en déclaration de jugement commun peut avoir lieu par rapport à un jugement à intervenir, ou bien par rapport à un jugement rendu.

5. — Dans le premier cas, elle a pour objet de forcer un tiers à se rendre partie dans une contestation pendante entre deux personnes, de sorte que le jugement à rendre étant prononcé avec ce tiers, celui-ci ne puisse pas ensuite l'attaquer par la voie de la tierce-opposition. C'est dans ce cas seulement que l'action forme un incident, en ce qu'elle produit une *intervention passive ou forcée* de la partie contre laquelle elle est formée. — Carré et Chauveau, *ibid.*

6. — Dans le second cas, la demande en déclaration de jugement commun a pour objet de faire prononcer qu'un jugement rendu entre deux personnes aura effet contre un tiers, de même que si ce tiers y avait été partie! Cette demande est principale, et conséquemment elle doit être sujette au préliminaire de conciliation, à la différence de la première qui en est dispensée comme l'intervention.

7. — Le Code n'ayant rien prescrit sur les formes à suivre pour intenter cette demande, il faut en conclure qu'elle doit être introduite par une assignation à personne ou à domicile, avec copie des titres.

8. — S'il s'agit de forcer le tiers à intervenir, il est nécessaire que le libellé de l'exploit lui fasse connaître l'état de l'instance dans laquelle on entend le rendre partie; si, au contraire, l'action est principale, il faut signifier le jugement que l'on prétend faire rendre commun. — Carré et Chauveau, *ibid.*

9. — Du reste, lorsque cette demande est formée incidemment, elle doit être soutenue, instruite et jugée conformément aux règles de l'intervention volontaire. — Carré et Chauveau, *ibid.* — V. INTERVENTION.

10. — La demande à fin de déclaration de jugement commun peut-elle être portée *de plano* devant la cour d'appel? — V. DEMANDE NOUVELLE, nºs 342 et suiv., INTERVENTION. — V. aussi DEGRÉ DE JURIDICTION, nºs 800 et suiv.

JUGEMENT PAR DÉFAUT ET OPPOSITION.

Table alphabétique.

Abréviation de délai, 969.
Absence, 89, 919 s.
Absens, 6
Acceptation, 613 — du désistement, 761.
A-compte, 617.
Acquiescement, 278, 287, 427 s., 450 s., 456 s., 467, 484, 613, 633 s., 683, 747, 749, 906, 928, 955. — conditionnel, 614. — exprès, 606. — notarié, 603 s. — tardif, 598 s., 604. — tacite, 606, 609 s., 615.
Acte conservatoire, 375 s., 722, 736. — extrajudiciaire, 622, 744, 953, 980. — notarié, 937. — d'appel, 731. — d'avoué, 357, 607 s., d'exécution, 414, 460 s., 470, 483, 533 s., 538, 544, 540 s., 548, 620, 979. — de non comparution, 13, 19.
Action civile, 327 s.
Adjudication du défaut, 75, 80 s., 87, 89, 92 s., 109 s., 112 s., 115. — du profit, 222.
Administrateur provisoire, 463.
Administration publique, 210, 485 s., 530 s., 715.
A domicile, 326, 328 s., 358.
Affaires à bref délai, 54.
Affiches, 464.
Agens provisoires, 840.
Aînés, 89.
Amende, 9 s., 212, 709.
Ancien domicile, 334.
Ancienne législation, 559, 673, 674, 883 s.
Annulation de mariage, 551.
Anticipation des délais, 220, 258 s.
A personne, 326, 328 s., 358.
Appel, 4, 150 s., 153, 230 s., 235 s., 276 s., 289, 626, 699 s., 707, 725 s., 730 s., 758 s., 762 s., 778, 794, 804, 813, 862, 867, 885, 908. — tardif, 237. — de la cause, 92, 197 s., 200 s., 1027 s.
Apposition des placards, 449. — des scellés, 377.
Arbitrage, 141, 546. — forcé, 566, 816. — volontaire, 565 s. — arbitre rapporteur, 72.
Arrêt cassé, 852. — contradictoire, 780. — de cour d'assises, 811. — par défaut, 642, 680, 687, 706, 780, 783, 790, 883 s., 910, 944. — par défaut à tour de rôle, 786 s. — par défaut sur référé, 796 s. — sur saisie immobilière, 874 s.
Arrondissement étranger, 311 s., 314, 316.
Assignation, 582 s., 775. — à bref délai, 77 s., 86. — à divers délais, 82. — en débouté d'opposition, 1025 suiv.
Audience éloignée, 1022.
Audition de nouveaux témoins, 214.
Augmentation des distances, 178, 383 s., 649, 888, 918, 974, 1020.
Autorisation de femme mariée, 148, 548, 576. — de plaider, 202.
Aveu, 171, 296, 405 s., 1045.
Avenir, 180, 197 s., 257, 259, 261, 584, 1000, 1022 s., 1047.
Avoué, 57, 59, 61, 195, 201, 203, 223, 225, 218 s., 844, 639, 657, 660 s., 668, 802, 930, — constitué, 899. — d'appel, 989. — du défaillant, 847. — du demandeur, 1003. — par les deux parties, 903.
Ayant-cause, 714.
Bénéfice de discussion, 733.
Billet, 329, 348 s.
Bref délai, 177.
Caisse des consignations, 686.
Capture, 444.
Cas d'urgence, 969.
Cassation, 220, 234, 274, 460 s., 637, 782, 865, 880, 907.
Cause en état, 999.
Cautionnement, 733.
Certificat, 485 s. — de non appel, 662 s., 665, 668 s., 673, 675, 691 s. — de non opposition, 662 s., 665, 668 s., 673, 675, 687, 691 s. — ni appel, 656.
Cessation de fonctions, 347.
Cession de biens, 162, 529, 624.
Changement de domicile, 316, 330 s., 334, 498.
Chose jugée, 206, 276 s., 290, 754, 779 s., 780.
Citation, 921 s.
Code de brumaire, 1034. — de Genève, 24.
Codébiteur solidaire, 627 s., 631 s.
Colonies, 551.
Commandement, 383, 436 s., 515, 530 s., 534 s., 623, 729, 781.
Commission rogatoire, 144. — de l'huissier, 172, 306 s., 310 s., 314, 318 s.
Commune, 202, 552, 715, 840. — du défaillant, 335.
Communication au ministère public, 109. — des pièces, 204.
Comparution, 144, 518. — en chambre du conseil, 821. — en personne, 56.
Compétence, 640, 642.
Composition du tribunal, 49, 1079 s.
Compromis, 662.
Compte, 72.
Conclusions incidentes, 858. — justes, 103, 222. — nouvelles, 113, 115. — reconventionnelles, 248. — vérifiées, 222. — au fond, 183. — d'assignation, 115. — d'audience, 266. — d'avoué, 223. — de la demande, 94 s.
Condamnation indivisible, 751 s., 756 s. — pécuniaire, 522. — solidaire, 751 s., 756 s. — aux dépens, 522 s.
Conditions du défaut profit-joint, 145 s., 149.
Confection de l'enquête, 541.
Confiscation, 9.
Congé, 263.
Connaissance de l'exécution, 396, 402 s., 408 s., 411 s., 417 s., 447 s., 461, 474 s., 478, 480 s., 487 s., 502, 504, 524, 526, 556, 979. — du jugement, 405 s., 621, 894.
Conseil judiciaire, 342.
Consentement, 220.
Conservateur, 697. — des hypothèques, 598, 683.
Constatation de la déclaration d'opposition, 957 s. — de l'opposition, 761.
Constitution *ad hoc*, 60. — d'avoué, 19 s., 52 s., 58 s., 61, 64, 91, 201, 157 s., 202, 215 s., 262, 270, 466 s., 471 s., 516, 537, 826, 901, 951 s., 963, 965 s., 1008 — de nouvel avoué, 851, 976, 1040.
Continuation de poursuites, 449, 726.
Contrainte de jugement, 119. — par corps, 492 s., 575, 729, 738, 740, 781.
Contribution, 477 s., 483, 798.
Copie, 1002. — au maire, 508 s. — aux parens, 509. — aux proches voisins, 509. — aux serviteurs, 509. — de la requête, 1046. — des ordonnances, 823.
Correspondance, 429 s.
Cour royale, 101, 122, 195, 910.
Créanciers, 912 s. — antérieurs, 596 s. — chirographaires, 603 s. — hypothécaires, 603 s. — postérieurs, 596 s.
Curateur, 342.
Date certaine, 595 s., 634.

du mois, 1002. — de la requête, 1042. — de la signification, 1001 s. — de la signification du jugement, 660.
Débiteur solidaire, 752 s.
Débouté d'opposition, 305, 571, 771 s.
Décès, 343, 347. — de l'avoué, 1040. — de l'avoué demandeur, 975 s. — de la partie, 275. — du débiteur, 533. — du défendeur (décès de la partie), 942. — du demandeur, 943, 1040.
Déchéance, 363. — de l'opposition, 42, 399, 404, 408 s., 411, 439, 481 s., 532, 631 s, 852, 864, 885, 890, 894, 897, 899, 919 s., 929, 979 s., 1018.
Décision du jury, 866.
Déclaration affirmative, 481, 485 s. — de changement de domicile, 334. — de l'huissier, 430, 443, 961. — de jugement commun, 143. — d'opposition, 746, 954 s., 962, 982, 1016 s. — (dernier moment de la faire), 895. — (par acte extrajudiciaire), 951 s. — d'opposition par la partie, 959. — par les proches, 959. — sur procès-verbal, 951, 956 s.
Déclinatoire, 60.
Défaut collectif, 84 s.
Défaut-congé, 8, 15, 26, 28, 30 s., 47, 192, 226 s., 274, 803 s., 845, 853, 1028. — en conciliation, 709. — faute de comparaître, 19, 22, 44, 51 s., 67 s., 142, 269, 299, 302, 567, 578, 883 s., 898, 903, 911, 946, 988, 951 s. — (signification du jugement), 292 s. — faute de conclure, 20, 22, 45, 67 s., 157 s., 193, 194 s., 269, 214, 299, 346 s., 568 s., 644 s., 681, 843, 880, 911, 925 s., 946, 1031 s.
Défaut-profit-joint, 32, 46, 116 s., 133, 145, 155 s., 215 s., 264 s., 274, 394, 570.
Défaut rabattu, 34, 224. — séparé, 85 s. — au fond, 994 s., 998. — contre tous les défendeurs, 51 s.
Défaut de commission d'huissier, 309. — de l'appelant, 102. — d'intérêt, 881, 827, 829. — de l'intimé, 101. de justification, 209. — de l'opposition, 891. — de pouvoir, 69 s., 930, 203 s., 471. — devant la cour de renvoi, 852. — du demandeur, 226 s., 273, 841.
Défendeur, 708 s., 718.
Défense au fond, 297, 844, 905, 1065.
Délai, 185, 252. — franc, 382, 649, 934, 889, 936, 970 s., 1019 — de l'appel, 295, 824, 358, 676 s., 684, 690 s. — de la comparution, 74 s., 77 s., 107 s., 219, 258 s. — de l'enquête, 299. — de l'exécution, 636 s. — de l'opposition, 36, 39 s., 271, 295, 360, 374, 676 s., 684, 688, 690 s., 696, 882, 883 s., 892 s., 910 s., 931 s., 914 s., 925 s. — de réassignation, 176. — de la réitération, 965 s., 970 s. — de suspension, 647. — de trois jours, 914 s., 946, 1017 — de huitaine, 883 s., 912 s., 925 s., 934, 965 s., 970 s. —d Pinnaine
pour signifier, 217 s. — d'un mois, 912 s.
Délégation, 314 s., 616.
Délibération du conseil de famille, 465.
Délibéré, 111.
Délivrance des objets, 553.
Demande nouvelle, 290. — principale, 248, 755. — en garantie, 152, 755. — en partage, 516 s. — en renvoi, 774. — en validité de saisie-arrêt, 1077.
Demandeur, 192, 600 s., 705 s., 712, 759, 827, 853 s. — principal, 1841.
Démission de l'avoué demandeur, 975 s.
Déni de justice, 87, 1078.
Dénonciation de l'appel, 150. — de saisie-arrêt, 469. — de la saisie immobilière, 447 s.
Dépens, 453 s., 766, 769. — compensés, 384.
Dépositaire public, 654 s.
Dépossession, 552.
Dépôt public, 555. — de marchandises, 554. — de la minute, 817. — des pièces, 110 s., 221, 545.
Dernier domicile, 496 s. — ressort, 280, 662, 707, 730, 783 s., 790.
Désaveu, 70 s., 1004.
Désistement, 86, 287 s., 760 s. — du jugement, 290 s.
Dette, 290. — de jeu, 103.
Développement des conclusions, 1054 s.
Dies à quo, 887, 916, 927, 935, 972. — *ad quem*, 934 s., 970 s.
Dispositif du jugement, 353.
Distraction de meubles, 553.
Distribution par contribution, 876.
Divorce, 878.
Domicile, 418, 494. — apparent, 330. — élu, 327 s., 499, 697, 348 s., 533, 985 s., 1007 s. — inconnu, 534. — légal, 495. — réel, 1012.
Dommages-intérêts, 175, 290, 664, 666, 668, 811, 958.
Douanes, 793 s.
Droit ancien, 948.
Durée de la suspension, 723.
Ecrou, 444.
Edit péremptoire, 4 s., 8.
Effet, 581. — de la péremption, 285, 582 s. — de l'opposition, 719 s., 745 s. — du jugement par défaut, 275. — suspensif, 388 s., 638.
Election de domicile, 64, 335 s., 383.
Emprisonnement, 721. — du débiteur, 396.
Enonciation des moyens d'opposition, 952, 991 s., 1048 s., 1054 s., 1068 s.
Enquête, 73, 214, 299, 353, 379, 458, 540 s., 582, 732, 904.
Envoi en possession, 797.
Enregistrement, 657.
Etablissemens publics, 109.
Etat, 63 s., 210 s., 530 s.
Etranger, 386, 478, 535, 577, 602, 974.
Exception, 60, 160 s., 208, 730 s., 773 s., 994 s. — dilatoire, 998.
Excès de pouvoir, 865.
Exécution, 279, 359, 397 s., 648, 928. — du jugement, 362, 364 s., 387, 406 s., 460 s., 619, 627 s., 631 s., 894, 902 s. — *complète et irréparable*, 408 s., 679. — complète, mais réparable, 411 s., 549. — frauduleuse, 897. — impossible, 527 s., 534 s., 574, 625, 679. — provisoire, 115, 368, 374 s., 388 s., 453 s., 646, 672 s., 684 s., 719 s., 735, 738 s. — contre l'état, 531. — contre les tiers, 698. — des actes, 327 s. — par un tiers, 455, 475 s., 482, 653 s., 669 s., 671. — sur minute, 390.
Expédition du jugement, 49, 354. — du jugement par défaut profit-joint, 169.
Expert, 517.
Expertise, 73, 543, 554.
Expiration du délai, 75, 87, 89.
Exploit, 607. — de réitération, 1021.
Failli, 339, 715, 912 s.
Faillite, 527, 609, 624, 912 suiv.
Faits déniés, 732.
Fait double, 612. — du débiteur, 431, 625. — d'un tiers, 432.
Fausse date du jugement, 1001 s.
Femme mariée, 109, 683, 715.
Fin de non recevoir, 160 s., 171, 183, 247, 267 s., 297, 321, 322, 452 s., 588 s., 709, 717, 730 s., 748, 759, 773, 827, 844, 890, 905, 908, 995 s., 1065.
Force de chose jugée, 741.
Forclusion, 48.
Forme de l'acquiescement, 607, 611 s., 616. — de l'opposition, 951 s., 1005, 1031 s., 1074.
Formule, 850. — exécutoire, 319, 352. — sacramentelle, 167 s.
Frais, 123, 639. — frustratoires, 924. — payés, 396. — du défaut, 88, 188.
Garant, 710, 755, 861, 1041.
Garanti, 1031.
Garantie, 152 s.
Gardien, 553. — volontaire, 427 s.
Greffe, 13, 19, 350, 657, 1010.
Greffier, 221, 659 s., 668.
Grief d'appel, 234 s.
Grosse, 990. — (délivrance d'une seconde grosse), 518. (opposition à la délivrance), 518
Héritiers, 714.
Historique, 2 s.
Huissier, 176 s., 500, 958. — audiencier, 92, 356, 1037. — commis, 170 s., 191, 272, 292, 299, 300 s., 304 s., 310, 312 s., 317, 321, 355, 781. — de première instance, 356.
Hypothèque, 281 s.
Imbécile, 403.
Immatricule, 318.
Immeubles séquestrés, 493.
Incident, 213.
Incompétence, 236, 848, 865.
Indication de l'audience, 179 s., 835.
Infirmation, 101.
Inscription, 283 s., 328, 376, 412 s., 522 s., 603 s., 654 s., 727 s. — de faux, 206 s.
Insolvabilité, 86.
Instance d'appel, 171, 258. — d'opposition, 762 s.
Instruction, 213.
Insuffisance du mobilier, 489 s.
Interdiction, 808.
Interdit, 341.
Intérêts, 582. — usuraires, 103.
Interlocutoire, 73, 163, 205, 293, 519, 545, 854.
Intervenant, 710.
Intervention, 999.
Itératif commandement, 438 suiv.
Jour férié, 917, 937, 971, 1044 s. — fixe, 77 s., 83, 180, 182, 184 s., 584. — de l'obtention du jugement, 636. — de la signification, 887, 916, 927, 935 s.
Juge de paix, 172, 252, 314, 564, 915.
Jugement autorisant une preuve, 878. — contradictoire, 62, 69 s., 206 s., 253, 280, 304, 305, 354, 467, 635, 699 s., 752 s., 779, 830, 833, 843, 857, 879, 999. — déclaratif de faillite (affiche du), 913. — (insertion du), 913. — déclaratif de faillite qui fixe l'époque de la cessation de paiemens, 9, 2 s. — — définitif, 791 s. — disciplinaire, 801. — donnant acte du serment, 819. — fixant le jour de la prestation, 820. — interlocutoire, 112, 539, 791, 857. — ordonnant l'arbitrage, 818. — ordonnant un délibéré, 812 s. — parties non appelées, 898. — périmé, 582 s., 593 s., 598, 604, 630, 635, 637, 639 s. — préparatoire, 112, 159 s., 162, 539, 791. — après réassignation, 188, 304, 190 s., 839 s., 844. — (signification), 191. — d'adjudication, 392, 573. — de condamnation, 1077. — de débouté d'opposition, 845 s., 1024. — de défaut-congé, 803 s. — de défaut profit-joint, 159, 166. — d'instruction, 173. — de partage, 1080. — de validité, 480 s. — en dernier ressort, 34, 438, 883 s. — en matière de faillite, 868. — (admission provisoire à la faillite), 872. — (nomination des syndics), 869. — (ordonnance du juge commissaire), 871. — (remplacement du juge commissaire), 869. — (révocation des syndics), 869. — (sauf-conduit), 870. — (secours au failli), 870. — (sursis au concordat), 872. — en matière d'ordre, 875. — en matière de partage, 877. — en nullité de sentence arbitrale, 808. — en premier ressort, 34 s., 37 s. — par défaut, 69 s., 468, 635, 680, 699 s., 752 s., 790, 779, 781, 783, 870, 881. — par défaut-congé, 1058, 825. — qui donne acte de désistement, 862. — qui nomme un tiers arbitre, 859. — qui ordonne une comparution, 823. — qui remet l'adjudication du profit, 824. — sur la déchéance du serment, 822. — sur les exceptions et le fond, 773 s. — sur expropriation, 865. — sur instruction par écrit, 814. — sur l'opposition, 764 s., 777 s. — sur opposition à poursuites, 863. — sur réassignation, 394, 570, 826 s. — sur renvoi de référé, 799. — sur requête, 807 s., 1005. — sur saisie immobilière, 874 s. — sur tierce-opposition, 860.
Juridiction, 293, 463, 464 s.
Justice de paix, 31, 41, 65, 79, 83, 89, 107, 133, 194 s., 249 s., 259, 264, 269, 302, 300 s., 361, 366 s., 371, 374, 652, 695, 847, 914 s., 946, 1074.
Législation ancienne, 2 s., 9, 34, 224, 228, 281 s., 558, 656, 766, 783, 807, 847 s.
Lettre missive, 609.
Levée du jugement, 639.
Liquidation, 824.
Litispendance, 585, 762 s., 774, 1078.
Loi des 16 et 24 août 1790, 787 s.
Lois franques, 9. — romaines, 2 s.
Main-levée, 654 s.
Maintien du jugement, 773, 775.
Maître de ses droits, 340.
Majeur, 717.
Malades, 6.
Maladie, 919 s.
Mandataire, 69 s.
Mari, 148.
Mariage, 410.
Matière commerciale, 254 s., 329, 335 s., 348, 361, 872 s., 422, 454, 563, 569, 690 s., 785, 839, 1006 s., 1074. — indivisible, 861. — indivisible ou solidaire, ou condamnation, 938. — ordinaire, 121, 217, 989 s., 992. — sommaire, 121, 219, 989 s., 292, 1068 s.
Mémoires signifiés, 62 s.
Mention sommaire de l'appel, 658. — de l'opposition, 657 s. — d'opposition et d'appel, 691.
Mesures conservatoires, 164 s., 187, 825. — d'instruction, 112, 187.
Meubles de peu de valeur, 418, 580.
Mineurs, 6, 341, 717, 885. — émancipé, 342.
Ministère public, 101, 109, 210, 231, 900, 901, 1070.
Minute, 817.
Mise au rôle, 199 s. — en cause, 151.
Modifications des conclusions, 1066.
Motifs, 100, 1061 s. — d'être relevé de la déchéance, 919 s. — du jugement, 773 s., 849.
Moyens, 1059 s. — non signifiés, 1064 s. — de formes, 994 s. — d'opposition, 97, 952 s., 991 s., 998, 1048 s.
Mur mitoyen, 618.
Nom de l'huissier, 323. — du juge-commissaire, 353.
Nomination de tuteur, 465.
Non comparution en conciliation, 212.
Nouveau jugement, 583.
Nouvelle assignation, 113.
Nullité, 74, 85 s., 120, 123, 171, 189, 217, 220, 234, 245, 267 s., 270, 297, 293 s., 309, 321 s., 325, 509, 595 s., 697, 731, 782, 802, 834, 988, 1001, 1014, 1021, 1032, 1038, 1048 s. — absolue, 105. — relative, 105 s. — de l'appel, 232 s. — d'assignation, 106. — de la réassignation, 183, 836. — de l'enquête, 542.
Observation des délais, 107.
Obtention du défaut, 13, 16, 19, 221. — du défaut de congé, 257, 261 s., 266.
Officier de l'état civil, 147.
Offres de la dot, 551. — des frais, 457.
Omission du nom d'une partie, 1046.
Opposition, 34 s., 37 s., 70, 97, 186 s., 190, 271, 276 s., 286, 289, 297, 363, 387 s., 402 s., 411, 438 s., 449, 453 s., 473, 481 s., 532, 592, 622 s., 701 s., 707, 785, 787 s., 790, 804, 830, 834, 839 s., 844, 867, 885, 898, 960, 1005, 1073. (déchéance), 399, 404. — fondée, 765. — mal fondée, 771 s., 777 s. — incidente, 966, 1069, 1077. — irrégulière, 720, 725 s., 734, 744, 772. — nulle, 864, 1029, 1071. — prématurée, 904. — principale, 966, 1069, 1077 s. — régulière, 727 s., 764. — tardive, 721, 734, 742, 772, 886, 905 s., 929, 930. — à la barre, 967. — à mariage, 147, 410, 654 s., 678 s., 800, 904. — à jugement, 962. — à partie, 1038. — à poursuites, 962. — à taxe, 456, 747 s. — d'une partie et appel de l'autre, 756. — par exploit, 1033. — par exploit d'ajournement, 984 s., 1006 s. — par requête, 1005. — sur opposition ne vaut, 845 s.
Ordonnance, 319, 323. — nouvelle, 320. — du juge commissaire, 517, 798, 873. — du magistrat directeur du jury, 866. — du président, 307, 538, 797. — de référé, 797. — de 1667, 19, 26, 34, 36, 43, 673, 766, 783 s., 807, 846, 861, 883 s., 1033. — de 1674, 786. — de 1707, 767. — de Villers-Cotterets, 16.
Ordre, 139, 479. — public, 109, 120, 123, 125, 128, 133, 206 s., 233, 452, 588 s., 905 s.
Original, 1002.
Ouverture de l'enquête, 379.
Paiement, 348 s. — des frais, 450 s., 459, 451, 615. — par un tiers, 459, 654 s., 664 s., 685 s.
Pari, 103.
Parlement de Bordeaux, 885. — de Bretagne, 889. — de Paris, 884.
Parquet, 331 s., 534.
Partage d'arbitres, 859.
Partie civile, 811. — décédée, 343. — défaillante, 188. — omise, 189. — au jugement, 340, 708 s., 712.
Péremption, 43, 364 s., 407, 408 s., 438, 446, 473, 488, 557 s., 560 s., 579 s., 644, 743 s., 880. — d'instance, 345, 734. — de jugement, 345.
Péril en la demeure, 369.
Permis de citer les témoins, 540 s.
Permission du juge, 1033 s.
Personne décédée, 90.
Pillage, 810.
Plaidoirie, 92 s.
Plumitif, 337 s.
Point de fait, 100
Pose des qualités, 208, 215 s., 225, 999.
Poursuites, 727 s. — de liquidation, 551.
Pourvoi en cassation, 699, 749, 780, 852.
Pouvoir, 930. — discrétionnaire, 915.
Précédente saisie, 434, 513.
Première instance, 230, 238 s.
Premier ressort, 280, 784.
Préparation, 73.
Prescription, 630, 806.
Président du tribunal, 315.
Présomption, 104, 746. — légale, 402 s., 418.
Prestation de serment, 111, 380 s., 517, 543, 954.

Prêt, 104, 290.
Preuve légale, 104. — de l'exécution, 690 s., 695 s. — de l'opposition, 443. — du paiement des frais, 458.
Privilége de propriétaire, 798.
Procès-verbal contradictoire, 514. — de capture, 446. — de carence, 433, 487 s., 489 s., 494 s., 535. — (copie à l'épouse du débiteur), 505. — (copie à la mère du débiteur), 506. — (déclaration), 507. — (défaut du parlant à), 501. — (défaut du renvoi), 501. — (défaut de signature), 501. — (parlant à), 505. — (signification), 503, 505. — de défaut, 821. — de perquisitions, 533. — de récolement (copie au débiteur), 512 s. — (signification), 512 s. — de saisie, 440 s., 623.
Prochaine audience, 1022 s.
Procureur général, 64. — du roi, 211.
Prodigue, 342, 715.
Production, 324, 483. — à la faillite, 527.
Profit, 64. — du défaut, 80, 94 s., 181 s., 184.
Profit-joint, 127 s., 263.
Prononciation du jugement, 49, 80 s., 166.
Prorogation du pourvoi, 859.
Protestations, 463.
Provision alimentaire, 286.
Publicité, 464, 524.
Pupilles, 6.
Qualification erronée, 299.
Qualités, 354. — erronées, 712. — posées, 207 s. — du jugement, 710, 712, 775.
Question d'état, 233, 277, 452. — d'exécution, 640 s.
Radiation, 384, 412 s., 525 s., 598, 654 s., 674 s. — d'inscription, 328, 682, 685, 904.
Réassignation, 11, 16, 407 s., 174 s., 179, 273, 834, 837. — nulle, 851.
Recherche du débiteur, 498.
Récolement, 434.
Reconnaissance, 1045.
Rectification d'actes de l'état civil, 549.
Rédaction du jugement, 49.
Référé, 140, 165, 693 s., 957, 960.
Réformation du jugement, 666 s.
Refus de conclure, 210. — d'occuper, 57. — de conclure, 201. — de juger, 1078. — d'occuper, 203 s.
Régie des domaines, 795. — des domaines et de l'enregistrement, 61 s. — de l'enregistrement, 134, 578 s., 795.
Régime dotal, 683.
Registre des hypothèques, 524. — d'opposition et d'appel, 657, 691.
Réglement d'opposition, 1001 s. — du 28 juin 1738, 790.
Réitération, 964 s. — de l'opposition, 439 s., 744, 864, 951, 979 s., 984, 1017 s., 1021, 1030. — de l'opposition par requête d'avoué, 1031 s. — par exploit d'ajournement, 1017 s.
Rejet de la demande, 126, 188, 705 s., 718. — de l'opposition, 782. — de l'opposition nulle, 1072. — de l'opposition au fond, 777 s. — en la forme, 781. — de la taxe, 993, 1067.
Remise, 80 s., 89, 110 s., 204, 253. — de l'opposition, 951 s. — de la vente, 429 s. — des objets, 555. — des pièces, 1039.
Remplacement de l'huissier commis, 538. — du juge commissaire, 517.
Renonciation, 906, 907.
Renvoi devant arbitres, 546.
Représentation du jugement, 673 s.
Reprise d'instance, 135 s., 547, 575, 851.
Requête, 307, 921 s. — (signification de la), 1044 s. — civile, 699 s., 786. — d'opposition, 982 s., 1035 s. — (date de la requête), 1043. — (copie de la requête), 1043. — (original de la requête), 1043. — de réitération, 984, 994 s. — de réitération de l'opposition, 965, 1000 suiv.
Réserves, 161, 451, 997. — d'opposition, 519.
Résidence, 418. — momentanée, 497.
Responsabilité, 175, 500, 639, 664, 666 s., 686, 802, 810, 930.
Restitution de la dot, 551.
Rétractement d'arrêt par défaut, 886.
Rôle, 184, 219. — d'exécution, 375 s., 437.
Saisie-arrêt, 137, 378, 672 s., 735 s. — (demande en validité), 466 s. — (demande en validité), 470. — (paiement par le tiers-saisi), 473.
Saisie-brandon, 421 s.
Saisie contradictoire, 426.
Saisie-exécution, 420 s., 927.
Saisie immobilière, 138, 245, 392, 396, 447 s., 573. — de marchandises, 794. — des meubles, 417. — des rentes, 423 s.
Saisissant, 1077.
Sans domicile, 332 s.
Scellés, 435.
Sentences arbitrales, 765, 815.
Séparation de corps, 286. — — de biens, 393, 528, 601.
Séquestration, 10.
Séquestre, 9, 671.
Serment, 385 s., 520 s.
Signature, 611. — des conclusions, 225. — du jugement, 49.
Signification, 173. — par extrait, 351 s. — irrégulière, 320, 322. — nulle, 697. — à avoué, 346 s. 352, 357, 360, 645 s., 648, 987, 1039. — à domicile, 510, 648. — à partie, 346 s., 361, 511, 651, 1038, 1040. — au domicile élu, 1014. — aux syndics, 527. — au domicile réel, 1014. — d'arrêt, 356. — de la requête de réitération, 987 s. — de l'opposition, 985, 1007. — des défenses, 185, 217 s. — des dépens, 20. — du bordereau, 524. — du jugement, 170, 214, 237, 272, 284, 346 s., 370, 389, 533, 464 s., 536 s., 547, 530, 550 s., 837, 887, 914 s., 924. — (opposition prématurée), 923. — (requête de l'un des demandeurs), 932. — du jugement à avoué, 899, 925 s. — de jugement à l'un des défaillans, 931 s. — du jugement de défaut, 174.
Silence du défendeur, 104.
Simple acte, 53 s., 58, 219, 989 s., 1072.
Solidarité, 632.
Sommation, 526, 543, 546. — au saisissant, 513. — de payer ou de laisser, 670.
Soustraction des meubles, 425.
Subrogation, 513.
Subrogé-tuteur, 716.
Sursis, 162, 610.
Suspension du délai, 975 s. — de l'exécution, 367 s., 371, 645 s., 649, 719 s., 723, 739 s., 1016 s., 1073. — de l'exécution ou des poursuites, 960. — des poursuites, 391, 1071.
Syndic, 339, 840.
Tarif, 92.
Taxe des dépens, 747.
Tierce-opposition, 712, 713.
Tiers, 595 s., 711, 861. — arbitre, 859. — détenteur, 599, 670. — saisi, 480 s., 484 s., 654 s.
Titre exécutoire, 777, 781.
Transaction, 206, 929.
Travaux commencés, 618.
Trésor, 485, 530 s.
Tribunal étranger, 814. — de l'opposition, 1075 s.
Tribunaux civils, 55 s., 82, 269, 640. — de commerce, 25, 30, 66 s., 79, 81, 83, 123, 254 s., 259, 265, 269. 301 s., 304, 365, 367, 371, 559, 568, 641, 643, 650, 839, 891, 911, 945, 994 s., 1006 s. — de paix, 25. — de première instance, 122, 195, 642.
Tuteur, 341, 716 s.
Urgence, 5, 368.
Usage, 884.
Usurpation de nom, 550.
Vendeur, 599.
Vente judiciaire, 544, 465. — d'effets de commerce, 419. — des effets de la faillite, 871. — des meubles, 396, 417 s., 513. — (mise à fin de vente), 896. — des meubles saisis, 472.
Vérification de la demande, 94 s., 100 s., 103, 110 s. — des conclusions, 7, 11 s., 17, 19. 23 s., 232 s., 235. — d'écriture, 142, 523 s.
Vices de forme, 865.
Visa du préfet, 531 s.
Visite des lieux, 543.
Voies d'exécution, 415 s.
Voisins, 89.

JUGEMENT PAR DÉFAUT ET OPPOSITION. — 1. — On appelle *jugement par défaut* le jugement qui est rendu contre une partie qui ne comparaît ni en personne ni par un représentant. — L'*opposition* est l'empêchement mis par la partie défaillante à l'exécution du jugement rendu contre elle. — Ce mot désigne encore dans la pratique l'exploit ou l'acte par lequel la partie défaillante met obstacle à l'exécution du jugement et demande une décision contradictoire.

CHAP. Ier. — *Historique* (no 2).

CHAP. II. — *Diverses espèces de jugemens par défaut* (no 44).

SECT. 1re. — *Défaut contre partie, ou faute de comparaître* (no 50).

§ 1er. — *Défaut contre tous les défendeurs* (no 51).

§ 2. — *Défaut-profit-joint* (no 116).

SECT. 2e. — *Défaut contre avoué, ou faute de conclure* (no 193).

§ 1er. — *Défaut contre le défendeur* (no 194).

§ 2. — *Défaut contre le demandeur* (no 226).

CHAP. III. — *Effets des jugemens par défaut* (no 275).

CHAP. IV. — *Signification des jugemens par défaut* (no 292).

SECT. 1re. — *Défaut contre partie, ou faute de comparaître* (no 292).

SECT. 2e. — *Défaut contre avoué, ou faute de conclure* (no 346).

CHAP. V. — *De l'exécution des jugemens par défaut et de la péremption* (no 362).

SECT. 1re. — *Défaut contre partie, ou faute de comparaître* (no 367).

§ 1er. — *Suspension de l'exécution* (no 367).

§ 2. — *Actes qui constituent l'exécution. — De la connaissance de l'exécution* (no 395).

§ 3. — *De la péremption* (no 557).

SECT. 2e. — *Défaut contre avoué, ou faute de conclure* (no 644).

SECT. 3e. — *Règles particulières à l'exécution vis-à-vis des tiers* (no 653).

CHAP. VI. — *De l'opposition* (no 699)

SECT. 1re. — *Principes généraux* (no 699).

SECT. 2e. — *Jugemens susceptibles d'opposition* (no 783).

SECT. 3e. — *Délais de l'opposition* (no 882).

§ 1er. — *Défaut contre partie ou faute de comparaître* (no 883).

§ 2. — *Défaut contre avoué, ou faute de conclure* (no 925).

SECT. 4e. — *Formes de l'opposition* (no 947).

§ 1er. — *Défaut contre partie, ou faute de comparaître* (no 947).

§ 2. — *Défaut contre avoué, ou faute de conclure* (no 1031).

SECT. 5e. — *Tribunal compétent* (no 1075).

CHAPITRE Ier. — *Historique*.

2. — Chez nous, dit Boncenne (t. 3, p. 2 et 3), on peut, à volonté, ne paraître pas ou se montrer à découvert pour s'entendre juger par défaut. Il en était de même en droit romain : *Non defendere videtur, non tantum qui latitat, sed et is qui præsens negat se defendere, aut non vult suscipere actionem.* — L. 52, § *De regulis juris.*

3. — A Rome, les défaillans se retiraient quelquefois derrière les colonnes et les statues du Forum. *Is quoque qui in foro circa columnas aut statuas se occultat videtur latitare.* — L., § 1er, ff., *Quibus ex causis.* — V. Boncenne, *ibid.*, et ses observations sur le mot *statuas.*

4. — Quand le demandeur se présentait seul devant le juge, celui-ci décernait contre l'autre partie une première injonction de comparaître dans un délai de dix jours au moins : *Primum edictum* (L. 68, ff., *De judiciis et ubi quisque*). Cette injonction, notifiée au défaillant, était suivie de deux autres, à des intervalles qui ne pouvaient être moindres que celui du premier édit. — L. 69 et 70, *eodem.* — Si toutes restaient sans effet, on en venait à l'édit péremptoire : *edictum peremptorium*, lequel annonçait qu'après une citation nouvelle, la cause serait définitivement jugée, soit qu'il y eût ou non comparution : *Etiam absente adversâ parte* (L. 71 et 72, *eodem*). Au jour fixé, la sentence était prononcée, et le condamné par défaut n'en pouvait appeler. — L. 73, *eodem.* — Boncenne, t. 13, p. 5.

5. — La loi permettait cependant au juge, suivant la nature et les circonstances du procès, de réduire le nombre des édits et même de se borner à l'édit péremptoire, ce qui s'appelait : *Unum pro omnibus.* — L. 72, *eod.* — Boncenne, *ut suprà.*

6. — Ceux qui étaient absens pour les affaires de la république ou pour se défendre ailleurs dans une cause plus importante, les malades, les mineurs, les pupilles qui n'avaient pas de défenseurs, ne pouvaient être taxés de contumace et soumis à la rigueur de l'édit péremptoire. — L. 53 et 54, ff., *De re judicata.* — Boncenne, *ut suprà*, p. 6.

7. — Le juge, au surplus, donnait gain de cause au défendeur qui ne comparaissait pas, lorsque la demande n'était pas fondée. *Interdum vel absens, si bonam causam habet, vincet.* — L. 73, ff., *De judic. et ubi.*

8. — Lorsque c'était le demandeur qui faisait défaut, le juge se bornait à rayer l'édit péremptoire. *Quod si is qui edictum peremptorium impetravit, absit die cognitionis, is vero adversus quem impetratum est adsit, tunc circumducendum erit edictum peremptorium, neque causa cognoscetur, nec secundum præsentem pronunciabitur.* — L. 73, ff., *De judic.*, § 1er.

9. — Sous l'empire des lois frankes, le défendeur recevait quatre sommations de se présenter, et il encourait une amende de 15 sols, au profit du demandeur, pour chaque défaut sur les trois premières sommations, sans être pour cela dégagé de sa dette. Le quatrième défaut était puni par la séquestration de ses biens ; enfin, l'an expiré, par la confiscation au profit du prince. — Boncenne, *ibid.*, p. 7, et *Introd.*, p. 402, et t. 2, p. 78.

10. — Sous Philippe le Bel, le parlement de Paris fit un réglement sur les défauts et contumaces. L'amende, le séquestre des biens et la confiscation furent abolis.

11. — « Si vous veux monstrer, écrivait Bouteiller, par quants défauts on peut attaindre sa querelle, sachez que suivant le stille de parlement, en action civile, si le défendeur fault au premier jour qui lui est assigné, la partie demanderesse obtient défaut, et commission à l'autre parlement après s'en suivant, pour voir juger le profit d'iceluy défaut et procéder en sa querelle comme de raison sera. Et si à celui second jour, qui sera au second parlement, encore le défendeur défault, le demandeur aura tant attaint sur lui qu'il sera descheu de toutes deffences. Est de rechef, dedans iceluy second jour, sera le défaillant réadjourné à voir juger le profit des deux défauts. Et au tiers adjournement, le demandeur attaindra sa demande, sur la vérification qui faice en sera par la cour, et supposé que le défaillant n'y vint, la cour ne lais-

serait pour ce à faire droict sur les défauts des susdicts. » — *Somme rurale*, t. 5.

12. — La vérification des conclusions de la demande était donc nécessaire. *Nam qui tacet non utique fatetur* (L. 142, ff., *De reg. juris.*). *Qui tacet habetur pro invito et contradicente.* — Wissembach, *Ad regulas juris*, p. 157.

13. — Les défauts se prenaient au greffe, c'est-à-dire qu'on allait y requérir acte de la non comparution du défendeur. — Boncenne, t. 3, p. 8.

14. — Ces actes du greffe étaient expédiés, grossoyés et signifiés à mesure qu'ils se succédaient. — Boncenne, *ut suprà*.

15. — Quant au défaut contre le demandeur, Bouteiller s'exprime ainsi : « Si le demandeur fault, le défendeur aura congé de cour, et c'est le profit du défaut en tel cas, puisque litiscontestée ne seroit la demande, et pourroit le demandeur réintenter une autre fois sa demande par nouvel ajournement; mais après litiscontestation, non, car il serait déchu de sa demande, et n'y pourroit plus retourner. »

16. — L'art. 24 de l'ordonnance de Villers-Cotterets, donnée en 1539 par François Ier, réduisit à deux les défauts et les nouvelles assignations contre le défendeur. En voici la teneur : « En toutes les matières civiles et criminelles, où l'on avait accoutumé user de quatre défauts, suffira d'y en avoir deux, bien et deuement obtenus par ajournement fait à personne ou à domicile, sauf que les juges et officiers pourront en donner un troisième si les dits ajournements n'ont pas été faits à personne, et s'ils voyent que la matière y fut disposée. »

17. — « Auparavant que donner sentences contre les défaillants, contumax et non comparants, portait l'art. 27, le demandeur sera tenu de faire apparoir du contenu en sa demande. »

18. — C'était donc toujours et à peu de chose près le système du droit romain.

19. — L'ordonnance de 1667 réforma cette procédure. Elle se borna à ajouter au-delà de l'ajournement un autre délai pendant lequel le procureur du défendeur devait se présenter au greffe et se constituer. Ce délai, expiré sans présentation, acte du défaut était pris par le demandeur, qui se présentait ensuite à l'audience; les conclusions lui étaient alors adjugées après vérification. Ce défaut s'appelait défaut faute de comparoir. — Art. 5, t. 3, et art. 3, t. 11 de l'ord. — Boncenne, t. 3, p. 10.

20. — Lorsqu'au contraire le procureur de la partie ajournée s'était présenté au greffe, un autre délai égal à celui qu'il avait eu pour se présenter lui était accordé pour la signification de ses défenses. Ce délai passé sans qu'elles eussent été signifiées, le demandeur obtenait jugement. Ce défaut s'appelait défaut faute de défendre. — Art. 5, t. 3, et art. 2, 4, 5, t. 11 de l'ord. de 1667.

21. — Le Code de procédure s'est approprié ces principes, mais en les perfectionnant. Il n'y a plus lieu aujourd'hui à l'insignifiante formalité des présentations et à la levée préalable des défauts au greffe, et, comme le dit Boncenne, le fisc seul y a perdu.

22. — L'art. 149, C. procéd., porte que si le défendeur ne constitue pas avoué au jour indiqué pour l'audience; ou si l'avoué constitué ne se présente pas, il sera donné défaut.

23. — Dans ces deux cas, les conclusions de la demande doivent être vérifiées, d'après l'art. 150.

24. — A Genève, en révisant le Code de procédure, on a supprimé cette disposition comme inexécutable. Mais s'il est souvent difficile d'apprécier sainement le mérite de la demande en l'absence de toute contradiction, il arrive cependant quelquefois que son peu de fondement soit évident pour tous, et, dans ce cas, c'est méconnaître les principes de l'équité et faire violence à la conscience des magistrats que de les contraindre à prononcer une condamnation injuste, par cela seul que le défendeur ne se présente pas.

25. — Devant les tribunaux de commerce et les juges de paix, les règles sont les mêmes. — Art. 434 et 19, C. proc. civ.

26. — L'art. 4 de l'ordonn. de 1667, tit. 14, portait que par le profit du congé, ou défaut obtenu, le demandeur ou le défendeur serait renvoyé absous. Cette expression a donné lieu à divers systèmes qui se sont reproduits sous notre législation. — V. *infrà* nos 239 et s.

27. — On se demandait sous l'ordonnance, comme on se le demande encore aujourd'hui, si le défendeur pouvait, en prenant défaut contre le demandeur, soumettre aux juges l'appréciation du litige.

28. — L'art. 154, C. procéd., se borne à dire que le défendeur qui aura constitué avoué pourra, sans avoir fourni de défenses, suivre l'audience par un seul acte, et prendre défaut contre le demandeur non comparant.

29. — Ces termes sont vagues, et il est à regretter que le législateur n'ait pas nettement exprimé sa pensée.

30. — En matière commerciale, l'art. 434, C. proc., est plus explicite. Il porte que le défendeur sera renvoyé de la demande.

31. — Enfin, l'art. 19, C. proc. civ., relatif aux jugemens par défaut de justice de paix, est muet relativement au défaut-congé.

32. — Une heureuse innovation est celle du défaut profit-joint. Lorsque deux ou plusieurs personnes étant assignées, l'une fait défaut et l'autre comparaît, l'art. 153, C. proc. civ., exige que le profit du défaut soit joint à la cause, et que la partie défaillante soit réassignée. Le jugement qui intervient sur la réassignation est définitif. De cette façon, on évite la contrariété des jugemens.

33. — Autrefois, le jugement qui intervenait en ce cas était par défaut contre les défaillans, et contradictoire avec les présens.

34. — Sous l'ordonn. de 1667, les jugemens rendus par défaut en premier ressort n'étaient pas susceptibles d'opposition. Ils ne pouvaient être réformés par les mêmes juges qu'à l'audience où ils avaient été rendus.

35. — Cela résultait implicitement de l'art. 3, tit. 35 de l'ordonn. de 1677, qui n'autorisait l'opposition que contre les arrêts et jugemens rendus par défaut en dernier ressort.

36. — Le délai de l'opposition était de huitaine à partir de la signification du jugement à procureur, si le défaut était contre procureur, et de celle à domicile, s'il était contre partie. — *Ibid.*

37. — Il faut observer, toutefois, que l'usage de presque tous les juges avait étendu la disposition de l'art. 3 aux sentences susceptibles d'appel, comme le prouvent un acte de notoriété donné au Châtelet de Paris, le 3 octobre 1727, et une lettre du chancelier d'Aguesseau, du 7 juin 1746. — Merlin, *Rép.*, vo *Opposition*, art. 1er, et *Quest.*, p. 17.

38. — Le Code a proclamé le principe de l'opposition dans tous les cas. Il n'y a donc pas à distinguer si le jugement est en premier ou dernier ressort.

39. — Le délai de l'opposition varie seul. Il n'est que de huit jours, lorsque le défaut a été rendu faute de conclusions, sinon l'opposition est recevable jusqu'à l'exécution du jugement.

40. — Cette différence dans l'étendue du délai est rationnelle. Dans le premier cas, la partie défaillante connaît les poursuites dont elle est l'objet, puisqu'elle a reçu l'assignation, et s'est présentée à l'audience, tandis qu'il est incertain dans l'autre cas que l'assignation lui soit parvenue.

41. — En justice de paix, le peu d'importance des causes soumises à cette juridiction, et leur urgence, ont permis au législateur d'abréger le délai de l'opposition. — Il est de trois jours sans distinction.

42. — Cependant, et pour cause grave seulement, il est permis aux juges de paix de relever la partie de la déchéance qu'elle a encourue.

43. — En permettant l'opposition jusqu'à l'exécution du jugement dans le cas où le défaut est contre partie, l'art. 158 a consacré une importante innovation. — Sous l'ordonn. de 1667, le premier président de Lamoignon avait élevé la voix pour signaler les abus des jugemens par défaut. Treilhard, dans son exposé des motifs sur les liv. 1er et 2e de la première partie du *Code de procédure civile*), signala sans ménagement une grande plaie de l'ordre judiciaire. « Il n'est que trop souvent arrivé, disait-il, qu'un huissier prévaricateur a manqué de donner une copie de son exploit à la personne qu'il assignait; c'est ce qu'on appelle en langue vulgaire souffler une copie.... On a dû s'occuper sérieusement du remède à un mal qu'on n'a pu se dissimuler. Je crois pouvoir annoncer que l'abus ou plutôt le délit a été écarté sans retour. Une première précaution consiste à ordonner que ce jugement sera toujours signifié par un huissier commis..., et puis ce jugement devra toujours être exécuté dans les six mois. Puis il sera réputé non avenu. Pourquoi s'empresse-t-on d'obtenir un jugement, si l'on ne veut pas s'en servir? Enfin, l'opposition de la part du défaillant sera recevable jusqu'à l'exécution. »

CHAPITRE II. — *Diverses espèces de jugemens par défaut.*

44. — On distingue plusieurs espèces de jugemens par défaut, savoir : 1o le jugement rendu contre une partie faute d'avoir constitué avoué sur l'assignation, si l'instance est engagée devant un tribunal civil, ou faute de s'être présentée à l'audience indiquée par l'assignation, si l'instance est introduite devant un tribunal de paix ou de commerce. Ce défaut s'appelle indistinctement défaut *contre partie*, défaut *faute de constituer avoué*, ou défaut *faute de comparaître*.

45. — ... 2o Le jugement qui est rendu contre une partie dont l'avoué ne se présente pas à l'audience indiquée par l'avenir, ou n'y conclut pas, ou contre la partie elle-même qui devant les tribunaux de paix ou de commerce ne se présente pas à l'audience à laquelle la cause a été remise contradictoirement pour conclure au fond, ou lorsqu'elle ne conclut pas au fond après avoir succombé dans une exception ou un incident. — Ce défaut s'appelle défaut *contre avoué*, défaut *faute de conclure*, ou défaut *faute de plaider*.

46. — ... 3o Le jugement rendu contre les défaillans dans les causes où plusieurs parties étant assignées quelques-unes d'entre elles seulement comparaissent et les autres ne se présentent pas; ce défaut se nomme défaut *profit-joint*.

47. — ... 4o Le jugement rendu contre le demandeur qui ne se présente pas à l'audience pour soutenir sa demande; ce défaut s'appelle *défaut-congé*.

48. — Enfin, on désigne sous le nom de défaut *faute de produire* ou défaut de *forclusion* les jugemens qui, dans les causes instruites par écrit, sont rendus contre la partie qui ne produit pas dans les délais légaux les pièces et écritures. Ces jugemens ne sont pas susceptibles d'opposition. — V. art. 98, 99, 101, 113, C. proc. civ.; — Carré et Chauveau, quest. 482; Boncenne, t. 2, p. 482; Lepage, p. 129; Favard, t. 3, p. 89; Delaporte, t. 1er, p. 123; — V. INSTRUCTION PAR ÉCRIT.

49. — Toutes les questions relatives à la composition du tribunal, à la prononciation, à la rédaction des jugemens, à leur signature sont traitées vo JUGEMENT (mat. civ.).

Sect. 1re. — *Défaut contre partie, ou faute de comparaître.*

50. — Des règles différentes sont applicables selon que toutes les parties assignées négligent de comparaître (V. *infrà* § 1er), ou que quelques-unes d'elles seulement font défaut. — V. *infrà* § 2.

§ 1er. — *Défaut contre tous les défendeurs.*

51. — L'art. 149, C. procéd. civ., porte que si le défendeur ne constitue pas avoué, il sera donné défaut.

52. — La constitution d'avoué est l'indication de l'avoué qui occupe pour une partie dans une instance civile. — V. CONSTITUTION D'AVOUÉ. — L'avoué reçoit mandat de diriger et d'instruire le procès; il rédige les actes et représente son client.

53. — L'avoué du défendeur se constitue par un simple acte signifié à l'avoué du demandeur. — C. procéd. civ., art. 75.

54. — Dans les affaires à bref délai, l'avoué peut cependant se constituer à l'audience, sauf à réitérer sa constitution dans le jour par un simple acte. — C. procéd. civ., art. 76. — V. CONSTITUTION D'AVOUÉ, nos 6 et suiv.

55. — Devant les tribunaux civils, le ministère de l'avoué est forcé. — V. AVOUÉ, nos 128 et suiv.

56. — Serait donc considérée comme défaillant, la partie qui comparaîtrait en personne ou par un tiers autre qu'un avoué.

57. — Lorsque l'avoué constitué pour le défendeur a déclaré, à l'audience où devait se plaider la cause, qu'il se déportait de son mandat, et qu'il a été donné acte de ce déport, sans aucune contradiction de la part du demandeur, le jugement par défaut que celui-ci obtient ensuite doit être considéré comme rendu contre une partie n'ayant pas d'avoué. — *Liège*, 31 déc. 1823, Libert c. Vanpladius; *Cass.*, 22 niv. an VII, Calvet c. Nochas. — Ord. 1667, tit. 11, art. 3, 4 et 5.

58. — Pareillement, quand la constitution n'est constatée par aucun acte ou jugement, le jugement est par défaut faute de comparaître, bien que constituant la mention ordinaire du nom des avoués des parties. — *Nancy*, 4 déc. 1826, Volff c. Merveley.

59. — L'avoué lui-même qui est assigné pour une affaire personnelle doit se constituer formellement. — Pigeau, *Comm.*, p. 1er, p. 341.

60. — Si l'avoué n'est constitué par un défendeur que pour faire valoir une exception, par exemple, l'incompétence du tribunal, le jugement qui survient au fond est par défaut contre partie, si l'avoué ne se présente pas après le rejet du déclinatoire. — *Cass.*, 18 janv. 1830, Agnès; — Bioche et Goujet, *Jugem. par défaut*; Carré, no 614; Bon-

cenne, t. 3, p. 119. — *Contrà* Chauveau, nº 614 *bis*.

61. — Le ministère de l'avoué n'étant pas exigé dans les causes qui intéressent la régie des domaines et de l'enregistrement, le jugement est par défaut contre partie, tant que l'administration n'a pas signifié ses mémoires ou défenses. Peu importe que le ministère public ait conclu. — *Cass.*, 11 mars 1812, régie des domaines c. Cazals; 24 juill. 1833, préf. de la Meuse c. comm. de Lavigneville.

62. — Mais les jugemens contre la régie deviennent définitifs dès qu'il y a eu des mémoires signifiés, encore bien que la cause soit jugée après la production d'un mémoire auquel l'adversaire aurait intérêt à répondre. — *Cass.*, 13 fév. 1815, enreg. c. Miaume.

63. — Il en est autrement dans les causes de l'État. — *Grenoble*, 29 janv. 1836, préf. de l'Isère c. maire de Saint-Christophe.

64. — Le défaut serait donc contre partie, quand même le préfet aurait élu domicile chez le procureur général. Rien ne peut remplacer la constitution d'avoué. — *Cass.*, 24 juill. 1833, préf. de la Meuse c. de Lavigneville.

65. — L'art. 19, C. procéd. civ. (liv. 1er, *De la justice de paix*), veut également que si, au jour indiqué par la citation, l'une des parties ne comparait pas, la cause soit jugée par défaut.

66. — L'art. 434 répète cette disposition pour les tribunaux de commerce.

67. — Devant les tribunaux de paix ou de commerce, le défaut est toujours, à vrai dire, donné contre partie, puisque les parties doivent comparaître en personne ou par simple mandataire. Mais il importe de remarquer que ce défaut peut être faute de comparaître ou faute de conclure. Ainsi, lorsque par lui-même, ou un mandataire agréé ou simple particulier, le défendeur se présente à l'audience à laquelle la cause est portée devant un tribunal de commerce, il est certain que l'assignation lui est parvenue, et le défaut qui interviendra contre lui à l'audience suivante sera faute de conclure. Il peut même arriver qu'à la première audience, au lieu de solliciter une remise, il soulève une exception ou un incident dans lequel il succombe, et qu'il refuse de conclure au fond. En ce cas, le défaut sera pareillement faute de conclure. — *Orléans*, 5 mars 1813, N...; *Amiens*, 18 déc. 1822, Commun c. Viet; *Toulouse*, 8 mai 1824, Plante c. Vigne; *Metz*, 17 janv. 1824, Grillet; *Rouen*, 26 nov. 1824, Montigny c. Laisné; 26 mai 1843 (t. 1er 1844, p. 205), Anquetil c. Osmont; *Bruxelles*, 26 juill. 1827, société du Flenu c. société du Horiau; *Poitiers*, 28 août 1829, Lange c. Georges; *Lyon*, 9 janv. 1831, Bonnard c. Romeyer; 9 janv. 1832, Romeyer c. Bonnard; *Aix*, 26 janv. 1836, Bonnet c. Piche; 20 mai 1840 (t. 2 1841, p. 273), Salasc c. Isnard; *Bourges*, 27 août 1841 (t. 1er 1842, p. 677), Audebert c. Dumas; *Nîmes*, 13 juill. 1842 (t. 2 1842, p. 72), Ladreyt c. Dufour; *Paris*, 10 nov. 1825, Collet c. Gobel; 25 fév. 1826, Fouquier c. Boucard; 9 oct. 1828, Cecconi c. Ouvrard; 17 août 1836, Sergent; 16 déc. 1837 (t. 1er 1838, p. 73); Pillaut c. Brocard; 29 juin 1839 (t. 2 1839, p. 99), Morand c. Pfeiffer; 16 oct. 1845 (t. 2 1845, p. 743), Gondole c. Blanchereaux; 5 mars 1846 (t. 1er 1846, p. 482), Dareuil c. Elly; 30 juin 1846 (t. 2 1846, p. 512), Pinède c. Chareau et Roy; *Cass.*, 18 janv. 1820, Viollot c. Maillot; 26 déc. 1821, Fumagalli c. Crémieux; 13 nov. 1822, Albert c. Dejean; 5 mai 1824, Hubert c. Liquier; 7 nov. 1827, Philippot c. Puille; 11 déc. 1838 (t. 1er 1839, p. 259), Finet c. Thuet; 1er fév. 1841 (t. 1er 1841, p. 203), Rouzé c. Réant-Devries; — Favard, t. 3, p. 173; Thomine, t. 1er, p. 657; Poncet, t. 1er, p. 340; Chauveau et Carré, quest. 1546; Cadrès, p. 119; Pardessus, nº 1381; Goujet et Merger, vº *Jugement par défaut*, nº 41; Bioche, nº 17. — V. *contrà Paris*, 22 mai 1824, Growen c. Martin; 10 nov. 1825, Collet et Gobet, 16 août 1829, Delabarrière c. Heurtault; 14 juill. 1835, Delarue c. Hua; 25 fév. 1836, Morizot c. Hulin; 24 juin 1844 (t. 2 1844, p. 142), Saint-Jore c. Leboulanger; 1er août 1844 (t. 2 1844, p. 443), Tresneau c. Asselin; — Demiau, p. 314; Carré, quest. 1546. — V. AGRÉÉ, nºs 26 et suiv.

68. — Ainsi décidé à l'égard des jugemens rendus par les tribunaux de commerce, dans l'intervalle de la publication du Code de procédure à celle du Code de commerce. — *Toulouse*, 12 déc. 1808, N...; *Cass.*, 2 août 1815, See c. Emig.

69. — Remarquons que, lorsqu'un agréé ou toute autre personne, fût-ce même un avoué, se présente devant le tribunal de commerce sans être muni d'un pouvoir, le jugement, s'il en est rendu un, ne peut être opposé à la partie que comme un jugement par défaut faute de comparaître, le prétendu mandataire eût-il conclu au fond.

70. — Pour faire tomber un pareil jugement, un désaveu n'est pas nécessaire, il suffit de recourir à l'opposition. — *Metz*, 23 août 1822, Desrochy; — Bourbeau, t. 5, p. 268; Chauveau sur Carré, quest. 1296.

71. — Sur la question de savoir si le désaveu est admis contre l'agréé et dans quel cas il est admis, V. DÉSAVEU, nºs 41 et suiv.

72. — Jugé que la demande en condamnation définitive formée à la suite d'une procédure en compte n'est, en réalité, que le complément de cette procédure. Que dès-lors, le défaut de comparution du défendeur lors du jugement qui condamne au paiement du reliquat, ne peut faire considérer ce jugement comme par défaut faute de comparaître, si d'ailleurs il a jusque-là comparu dans toutes les périodes de la procédure, et notamment, lors des débats du compte, devant les arbitres rapporteurs commis par le tribunal. — *Cass.*, 1er fév. 1841 (t. 1er 1841, p. 203), Rouzé c. Reant-Devries.

73. — Il en est de même dans le cas où des conclusions ayant été prises, le tribunal a ordonné un avant faire droit, tel qu'une expertise, une enquête. — Bioche et Goujet, nº 2, vº *Jugement par défaut*.

74. — Les délais fixés par la loi pour la comparution devant les diverses juridictions doivent être observés, à peine de nullité du jugement qui interviendrait à l'échéance d'un délai trop court. — *Rennes*, 22 sept. 1810, Fortin c. Quedillac.

75. — Par suite, le demandeur ne peut requérir défaut contre le défendeur non comparant qu'à l'expiration du délai indiqué dans l'ajournement. — *Cass.*, 2 vendém. an VII, Tiercelin c. Duval; 14 niv. an VIII, Pompen c. douanes.

76. — Il lui est encore impossible d'obtenir défaut, même après ces délais, si depuis leur expiration, le défendeur a régulièrement constitué avoué.

77. — *A fortiori*, si l'assignation est à bref délai, le défaut ne peut-il être pris avant le jour indiqué. — *Cass.*, 6 messid. an XI, Behirr c. Fontan.

78. — En ce cas, c'est à l'audience déterminée par l'ordonnance abréviative des délais que le défaut doit être pris, et non pas le lendemain, ou tout autre jour qui suit, comme cela est possible quand l'ajournement est donné à huitaine franche. En effet, la partie défenderesse n'est plus tenue de constituer avoué avant l'audience. — *Lyon*, 22 juin 1831, Raffin c. Mellet. — V. *contrà Rennes*, 14 avr. 1813, N...

79. — Devant les tribunaux de paix et de commerce, l'ajournement est toujours à jour fixe. Le défendeur doit se présenter à l'audience indiquée, soit en personne, soit par un mandataire, et le défaut ne peut être prononcé contre lui qu'à cette audience. S'il n'est pas requis ce jour-là, un nouvel ajournement est nécessaire. — *Rennes*, 4 déc. 1834, Ruello c. Leverger.

80. — Toutefois, il suffit que le défaut ait été requis par le demandeur et déclaré par le tribunal. Rien ne s'oppose à ce qu'une remise soit prononcée pour en adjuger le profit. Le jugement est valablement prononcé à une audience ultérieure, quoique dans l'intervalle le défaillant n'ait pas été réassigné. — *Cass.*, 27 nov. 1837 (t. 2 1837, p. 513), Temporel c. Poncin.

81. — Jugé spécialement qu'une partie n'est pas recevable, en matière commerciale, à demander la nullité d'un jugement par défaut pour n'avoir pas été rendu au jour fixé, si par suite de remises contradictoires, le tribunal a fixé un autre jour pour le rendre. — *Paris*, 17 mai 1814, Bels c. N...

82. — Aux termes de l'art. 151, C. proc. civ., lorsque plusieurs parties ont été citées pour le même objet, à différens délais, il n'est pris défaut contre aucune d'elles qu'après le plus long délai.

83. — Mais cet article n'est relatif qu'aux tribunaux civils de première instance; en justice de paix et devant les juges de commerce l'ajournement étant toujours donné à jour fixe, les parties sont toutes assignées pour la même audience.

84. — Toutes les parties appelées et défaillantes sont comprises dans le même défaut, et s'il en est pris contre chacune d'elles séparément, les frais desdits défauts n'entrent pas en taxe et restent à la charge de l'avoué sans qu'il puisse les répéter. — Art. 152.

85. — Le jugement est-il, en outre, nul s'il a été pris défaut isolément contre quelques-uns des défendeurs avant l'expiration des délais accordés aux autres? Non, selon Pigeau (*Comment.*, t. 1er, p. 345) et Thomine (t. 1er, p. 285); mais cette opinion n'est bonne qu'autant que tous les défendeurs font défaut en définitive, car si, après l'adjudication du défaut prononcé contre Pierre, Paul, autre défendeur, constitue avoué dans les délais de son ajournement, il est constant qu'un dommage en résultera pour Pierre; il devra former opposition au jugement surpris contre lui, tandis que si le demandeur ne se fût pas hâté, c'était le cas d'un défaut profit-joint. — Boncenne, t. 3, p. 36; Carré et Chauveau, quest. 621-3º; Bioche et Goujet, nº 21.

86. — Dans le cas même où la demande pourrait se diviser entre les parties assignées, et où l'une d'elles menacerait de devenir insolvable, il n'y aurait pas lieu, le délai de la comparution étant seulement échu à son égard, de prononcer un défaut contre elles. — Boncenne, Chauveau sur Carré; Bioche et Goujet, *ibid.* — V. *contrà*, Pigeau, *Comment.*, t. 1er, p. 344; Carré, *ibid.* — Mais si l'échéance était trop longue, le demandeur aurait le droit de se désister, en la forme de son assignation, et d'agir à bref délai.

87. — Le juge ne peut se refuser à donner défaut dès que les délais d'ajournement sont expirés, à peine de déni de justice. — Poncet, t. 1er, p. 188; Pigeau, t. 1er, p. 561

88. — Le défendeur, de son côté, doit se présenter, ne fût-ce que pour plaider l'incompétence du tribunal. En certains cas, les frais du défaut pourraient être mis à sa charge, gagnât-il en définitive. — V. FRAIS ET DÉPENS.

89. — En justice de paix, cependant, si le juge sait par lui-même, ou par les représentations qui lui seraient faites à l'audience par les proches, voisins ou amis du défendeur que celui-ci n'a pu être instruit de la procédure, il peut, en adjugeant le défaut, fixer pour le délai de l'opposition le temps qui lui paraît convenable. — C. proc. civ., art. 21.

90. — Sous l'ancien droit, était nul le jugement par défaut rendu contre une personne décédée et qui n'avait pas constitué procureur. — *Agen*, 21 août 1813, Morize c. Lavolvene.

91. — Il en est de même aujourd'hui. — *Riom*, 29 août 1814, Bataillon c. Garnier.

92. — Le défaut se prend à l'audience sur l'appel de la cause par l'huissier audiencier, et presque toujours sans qu'il soit besoin de plaider, bien que le tarif (art. 82) alloue un droit aux avoués ou avocats pour cette plaidoirie.

93. — Dans la pratique le tribunal ne demande des explications que lorsque l'affaire est commerciale, lorsque l'on conclut à l'exécution provisoire du jugement à intervenir, que l'on réclame une condamnation solidaire ou des dommages-intérêts lorsqu'il s'agit d'un débouté d'opposition, ou enfin que des circonstances particulières lui paraissent rendre quelques observations nécessaires.

94. — Les conclusions de la demande ne sont, du reste, adjugées qu'autant qu'elles se trouvent justes et bien vérifiées. — C. procéd. civ., art. 150, 434 et 19. — Il en était ainsi sous l'ancienne législation. — *Cass.*, 22 brum. an V, Defailly c. de Cossart; 17 thermid. an V, Bidart; *Paris*, 18 niv. an X, Cotin c. Bompart. — V. pour ce qui concerne les juges de paix, Delzers, t. 1er, p. 109; Carré et Chauveau, nº 89; Thomine, t. 1er, p. 79.

95. — En effet, l'absence du défendeur ne peut jamais être, dit Boncenne (t. 3, p. 13), un motif suffisant pour le condamner, parce que seule elle ne peut donner à son adversaire un droit qu'il n'avait point. Si ce principe ne se trouvait pas déjà sur les tables de nos lois, il faudrait l'y graver : *Litigatoris absentia Dei præsentiâ repleatur*. — L. 13, § 3, C. *De judiciis*.

96. — Les art. 150 et 434, C. procéd. civ., indiquent deux opérations bien distinctes : 1º le tribunal doit constater le défaut; 2º vérifier le mérite des conclusions du demandeur, et si elles sont fondées, les lui adjuger. — C'est là ce qu'on appelle adjuger le profit du défaut. Ces deux opérations ont lieu à l'audience, tandis que sous l'empire des anciennes ordonnances elles se faisaient séparément, la première au greffe et la seconde à l'audience.

97. — Il est donc du devoir des juges d'examiner d'office les moyens d'opposition présentés contre un jugement par défaut, bien que l'opposant fasse de nouveau défaut. — *Cass.*, 17 fév. 1836, Préau c. comte Drouet d'Erlon; 17 janv. 1838 (t. 1er 1838, p. 367), Brun c. Gaussens. — En ce cas, l'opposant ne devient pas demandeur et il est impossible de l'assimiler à l'appelant.

98. — Est nul le jugement qui ne se base que sur la simple allégation d'un défaut de comparution. — *Cass.*, 4 oct. 1793, Azevedo c. Maillat; 17 therm. an V, Bidart; 7 thermid. an V, Molinier c. Amadou; 23 brum. an V, Defailly c. de Cossart; *Paris*, 13 niv. an X Cotin c. Bompart.

99. — En effet, un tel jugement ne porte pas en lui-même la preuve de la vérification de la demande. — *Cass.*, 23 messid. an IX, Patissier c. Treillefort. — V. aussi 4 décembre 1816, Oudoul c. Albisson.

100. — Cependant, la preuve que la vérification a eu lieu peut résulter du point de fait ou des motifs du jugement. — Chauveau sur Carré, quest. 616-4º; Bioche, nº 36. — V. *contrà* Carré, *ibid.*

101. — L'obligation de vérifier les conclusions

est en général imposée à tous les tribunaux. En cour royale, lorsque l'intimé fait défaut, le jugement qui lui donne gain de cause ne peut être annulé qu'après un examen approfondi, et souvent même le ministère public prend la parole.—*Cass.*, 4 déc. 1816, Oudoul c. Albisson; — Boitard, t. 1er, p. 577; Thomine, t. 1er, p. 284; Bioche, no 33.

102. — Mais lorsqu'au contraire, c'est l'appelant lui-même qui ne comparaît pas, la confirmation est de droit, elle peut être prononcée sans vérification préalable. — *Cass.*, 14 août 1832, Bohen c. Peugeot; 31 mars 1845 (t. 2 1846, p. 224), Lemière.

103. — Les conclusions sont justes quand elles sont conformes au droit. — Si elles tendaient au paiement d'intérêts usuraires, d'une dette de jeu ou de pari, la demande ne pourrait être adjugée.

104. — Elles sont vérifiées d'après M. Bioche (no 28) : lorsqu'elles reposent en outre sur une preuve légale. Ainsi, la demande d'un prêt non reconnu qui excéderait 150 fr., et ne serait pas appuyée sur un titre, ne serait pas suffisamment justifiée. Faut-il en tirer la conséquence qu'en pareil cas, les conclusions de la demande doivent être rejetées? Cet auteur est muet sur la question, mais s'il était défendu de voir dans le silence du défendeur, et dans quelques autres circonstances particulières, une présomption en faveur de la demande, ce serait mettre le créancier à la merci du débiteur.—D'ailleurs le demandeur a toujours la faculté, lorsque l'instance est liée contradictoirement, de déférer le serment au défendeur ou de solliciter un interrogoire sur faits et articles.

105. — Les juges doivent soulever d'office les nullités absolues. Mais il en est autrement des nullités relatives; le défendeur peut en effet former opposition au jugement et faire valoir ces nullités. — *Rennes*, 11 juill. 1812, Fouillé c. Guillon; — Favard, t. 2, p. 402.

106. — Cette règle souffre cependant exception à l'égard des nullités relatives à la notification des exploits d'ajournement. — Carré et Chauveau, quest. 616, 3o; Boncenne, t. 3, p. 302; Bioche, no 27.

107. — L'art. 5, C. procéd., dit formellement que dans le cas où les délais n'auront pas été observés, si le défendeur ne comparaît pas, le juge ordonnera sa réassignation et que les frais de la première citation seront à la charge du demandeur.

108. — Boitard enseigne même que le juge de paix peut ordonner la réassignation, non seulement dans les cas prévus par l'art. 5, mais dans tous ceux où l'inobservation des formalités de l'art. 1er peut expliquer la non comparution du défendeur. — *Contrà*, Chauveau, no 89.

109. — S'il y a lieu à communication, le ministère public doit donner des conclusions, malgré le défaut de la partie.

110. — Dans tous les cas les juges peuvent lorsque les conclusions ne sont pas bien vérifiées, ordonner que les pièces soient déposées sur le bureau, pour prononcer le jugement à l'audience suivante. — Art. 150.

111. — De même le délibéré avec rapport peut être ordonné. Il n'y a pas de bonne raison pour refuser un délibéré s'il est nécessaire. — Demiau, p. 89.

112. — Les juges ne sont pas obligés d'adjuger immédiatement les conclusions de la demande. Ils peuvent ordonner une mesure d'instruction; car leur premier devoir est de s'éclairer. — Chauveau sur Carré, quest. 619 note; Bioche, no 34. — V. ENQUÊTE. — V. *contrà* Boncenne, t. 3, p. 29. — V. aussi Boitard, t. 1er, p. 577.

113. — Il ne peut être statué que sur les conclusions prises dans l'exploit introductif d'instance. — Si le demandeur veut ajouter à sa demande, il y a nécessité de signifier un nouvel ajournement comprenant les conclusions nouvelles. — *Rennes*, 22 sept. 1810, Fortin c. Quédillac; — Rodière, art. 4, tit. 5, ord. 1667; Carré et Chauveau, quest. 620; Pigeau, *Comment.*, t. 1er, p. 597; Favard, t. 3, p. 166; Lepage, p. 221.

114. — Il ne peut être accordé au delà de la demande.

115. — Spécialement, un jugement est nul s'il ordonne l'exécution provisoire quand le demandeur n'y a pas conclu. — *Lyon*, 22 juin 1831, Raffin c. Millet. — V. EXÉCUTION PROVISOIRE.

§ 2. — *Défaut profit-joint.*

116. — Si de deux ou plusieurs parties assignées, l'une fait défaut et l'autre comparaît, le profit du défaut sera joint. — Art. 153, C. proc.

117. — Dans ce cas, les juges ne se prononcent pas sur le mérite de la demande, puisque le profit du défaut est joint au reste de la cause. La décision est donc renvoyée à une autre audience dont le jour est, en général, fixé, et auquel on réassigne le défaillant.

118. — Le jugement s'appelle jugement par défaut *profit-joint*.

119. — Cette procédure, en économisant les frais, présente ce double avantage d'éviter la contrariété des décisions judiciaires, et d'assurer un examen plus mûr de la cause, avant l'adjudication du profit du défaut.

120. — L'obligation de joindre le défaut est-elle prescrite à peine de nullité? La cour de Rennes (31 août 1810, de Decombe c. Chiron) a décidé la négative, en se fondant sur ce que l'art. 1030 C. procéd, civ., défend de déclarer nul aucun exploit, ou acte de procédure dont la nullité n'est pas formellement prononcée. Mais cette disposition ne concerne que les actes des officiers ministériels, et les termes de l'art. 153 sont impératifs. Les motifs qui l'ont dicté tiennent tous à l'ordre public. — *Montpellier*, 2 juin 1811, Riche c. Lazert; *Riom*, 25 mai 1822, Baradue c. Vizaveau; *Rouen*, 10 juin 1824, de Vesly c. Leroy; — Carré et Chauveau, quest. 622; Boncenne, t. 3, p. 34; Poncet, t. 1er, p. 94; Thomine, t. 1er p. 289, no 181.

121. — Il y a lieu à défaut profit-joint en matière sommaire comme en matière ordinaire. — *Cass.*, 15 janv. 1821, Rondel c. Gozard, et les arrêts ci-dessus. — Mêmes auteurs.

122. — ... Devant les cours royales comme devant les tribunaux de première instance. — *Toulouse*, 26 janv. 1839 (t. 3 1844, à sa date).

123. — En conséquence, est nul l'arrêt de défaut pur et simple rendu dans l'ignorance de l'intimation de plusieurs parties, et les frais de l'arrêt annulé sont à la charge de la partie par la faute de laquelle cette intimation est restée ignorée. — *Toulouse*, 22 avr. 1844 (t. 1er 1845, p. 616), Rul- c. Laporte.

124. — L'arrêt précité de la cour de Rennes (31 août 1810, Decombe c. Chiron) qui a posé en principe que l'application de l'art. 153 n'était pas prescrite, à peine de nullité, nous paraît donc d'autant plus critiquable qu'il a été rendu dans une espèce où les juges avaient eu connaisssance de l'intimation de plusieurs parties.

125. — Jugé dans ce sens qu'un tribunal ne peut, sans prononcer un jugement de jonction, décider à la seule vue de la demande, qu'elle n'est pas fondée et relaxer les défendeurs. — *Bordeaux*, 28 fév. 1826, Soumagne c. Delage.

126. — Le défaut profit-joint est valablement pris en tout état de cause. — V. *Bordeaux*, 8 juin 1831, de Lajaunie c. Imbert.

127. — Les règles qui précèdent sont-elles applicables en matière commerciale?

128. — Plusieurs arrêts ont décidé l'affirmative. — *Paris*, 15 fév. 1810, Gremoult de Choyon c. N.; *Cass.*, 29 juin 1819, Valet c. Rouré; *Colmar*, 20 juill. 1837 (t. 2 1837, p. 388), Fleurot c. N., et 21 juill. 1842 (t. 1er 1843, Othman c. Vix; *Paris*, 21 juill. 1846 (t. 1er 1846, p. 528), Dubois c. Leullier; — Carré et Chauveau, quest. 621 et 1542; Legros, p. 126; Pigeau, *Comm.*, t. 1er, p. 726; Favard, vo *Jugement*, sect. 1re, § 3, no 12.

129. — La négative est, au contraire, enseignée par un arrêt de la cour de Lyon du 25 fév. 1828 (Serre c. Epilaton), fondé notamment sur ce que l'art. 643, C. procéd. civ., ne comprend pas l'art. 153 dans l'énumération qu'il fait des dispositions de ce Code applicables aux matières commerciales. — V. conf. Bioche, vo *Tribunal de Commerce*, no 108; Merlin, *Rép.*, vis *Consul*, § 3, no 5, et *Défaut*, § 2, no 2; Thomine, no 179, et Boitard, t. 2, p. 412.

130. — Ces deux opinions nous semblent trop absolues. De ce que l'art. 643 ne mentionne pas l'art. 153, il ne faut pas conclure autre chose, sinon que les tribunaux ont en pareil cas un pouvoir discrétionnaire. Ils savent donc, selon l'urgence ou le mérite de la demande, prononcer immédiatement leur jugement, malgré le défaut. — *Aix*, 11 nov. 1824, Fontaine c. Combes; *Angers*, 3 août 1825, Dureau c. Ledauphin; *Cass.*, 26 mai 1829, Courot c. Reveux.

131. — ... Et réciproquement, ils peuvent ordonner la réassignation des parties défaillantes.— Goujet et Merger, *Dict. de droit comm.*, vo *Jugement par défaut*, no 10; Thomine, no 79; Pardessus, t. 5, no 1380. — V. aussi Carré et Chauveau, Favard et Pigeau, *ut suprà*.

132. — Dans l'usage, les tribunaux de commerce ne prononcent pas de défaut profit-joint. On comprend que quand la demande est fondée en titre, sur un billet par exemple, ce mode de procéder soit sans danger, mais dans les autres cas, il en peut être autrement.

133. — En justice de paix, la solution nous paraît devoir être la même. — Conf. Carré et Chauveau, no 86. — V. cependant *contrà* Bioche, vo *Juge de paix*, no 513; Thomine, t. 1er, p. 80; Boitard, t. 2, p. 412; Delzers, t. 1er, p. 109.

134. — Le défaut profit-joint doit être prononcé dans les causes qui concernent l'enregistrement. — *Cass.*, 25 févr. 1846 (t. 1er 1846, p. 257), comp. du chemin de fer de Rouen.

135. — ... Et même dans les causes où les parties sont assignées en reprise d'instance. — *Montpellier*, 20 avr. 1842 (t. 1er 1843, p. 172), de Beausset c. Caisse hypothécaire. — V. aussi *Bordeaux*, 31 juill. 1833, Debrivazac c. Page; — Favard, t. 4, p. 883, no 4; Bioche, vo *Reprise d'instance*, no 98; Bourbeau, t. 1er, p. 238; Rodière, t. 2, p. 239. — V. *contrà* Carré et Chauveau, quest. 1292 et 621 5o; Demiau, p. 263; Thomine, no 398.

136. — Cependant, lorsqu'un arrêt de défaut profit-joint a été obtenu contre une partie sans intérêt dans le procès, bien qu'y ayant figuré en première instance, et que cette partie vient à décéder avant d'avoir constitué avoué, il n'est pas nécessaire de reprendre l'instance avant de passer outre au jugement de la cause. — *Toulouse*, 7 juill. 1841 (t. 2 1841, p. 473), Rodière c. Rodière.

137. — En matière de saisie-arrêt, tous les auteurs admettent le défaut profit-joint. — *Cass.*, 29 déc. 1834, Pescheur c. Robbe. — *Contrà Besançon*, 3 mai 1809, Calf; — Pigeau, t. 2, p. 64; Roger, p. 323, no 537; Chauveau sur Carré, quest., 621-5o, 3. — V. SAISIE-ARRÊT.

138. — Il en est autrement dans le cas de saisie-immobilière. — *Rouen*, 4 juin 1842 (t. 2 1842, p. 366), Letellier c. Camel; *Riom*, 22 sept. 1842 (t. 1er, 1843, p. 701), Pradel c. Constant. — V. *contrà Toulouse*, 15 janv. 1842 (t. 2, 1842, p. 467), Resseguier c. Calvet. — Cette solution ne souffre aucune difficulté, en instance d'appel, bien que l'arrêt de la cour de Toulouse ait été précisément rendu en appel, car l'art. 731, C. procéd. civ. (L. 2 juin 1841), porte expressément que les arrêts par défaut ne sont pas susceptibles d'opposition, d'où la conséquence qu'il ne peut y avoir lieu au défaut profit-joint, cette procédure n'étant prescrite que dans le cas où l'opposition est recevable; mais à l'égard des jugemens de première instance il s'élève au contraire un doute sérieux, l'art. 731 ne parlent que des arrêts par défaut. Nous examinerons *infrà* à la section des jugemens susceptibles d'opposition cette grave question, nous nous bornons quant à présent à constater la jurisprudence des cours de Rouen et de Riom, approuvée par M. Bioche, vo *Saisie-immobilière*, no 717. — V. SAISIE-IMMOBILIÈRE.

139. — En matière d'ordre, il n'y a pas lieu à défaut profit-joint devant les juges de première instance, l'opposition contre les jugemens par défaut n'étant pas recevable. — C. procéd., art. 609 et 763; — Bioche, vo *Ordre*, nos 401 et 482; Chauveau, quest. 2582. — V. cependant *Orléans*, 29 août 1814, N. — V. ORDRE. — *Secùs.* — En appel, V. ORDRE, et *infrà* nos 479 s.

140. — En matière de référé, les ordonnances du juge ne sont pas, en général, susceptibles d'opposition, mais simplement d'appel, par conséquent, le premier juge du référé ne doit pas prononcer de défaut profit-joint; mais cette règle n'est plus applicable en appel. — Bioche, vo *Référé*, no 316. — La cour de Bordeaux (24 juill. 1833, Cavignac c. Lobel Bruck) a jugé que dans aucun cas ce défaut ne devait être prononcé. — V. au surplus RÉFÉRÉ.

141. — En cas d'arbitrage, l'opposition n'étant pas permise contre la sentence rendue par défaut, l'art. 153 n'est pas applicable.

142. — En matière de vérification d'écriture Carré (quest. 801) reproduit une distinction de Lepage (quest., p. 175). « Ou bien, dit-il, deux débiteurs ont souscrit la même obligation, et le tribunal peut alors donner acte à la partie comparante, de la reconnaissance de sa signature, et tenir pour reconnue la signature attribuée au défaillant. Ou bien, plusieurs héritiers ont été assignés en reconnaissance de l'écriture de leur auteur, et dans ce cas le profit du défaut doit être joint. » — V. conf. Bioche, no 22. — M. Chauveau nous semble rejeter avec raison ces distinctions comme arbitraires. — V. quest. 621, 5o no 2.

143. — Il a été spécialement jugé que le défaut profit-joint doit être prononcé, lors même que le défaillant a été simplement assigné en déclaration de jugement commun. — *Bordeaux*, 11 janv. 1833, Lussac c. Lupsol. — *Poitiers*, 10 déc. 1829, Mazauric c. Hemeric.

144. — Mais lorsqu'un arrêt rendu entre trois parties, donne commission rogatoire à une cour de procéder à la réception d'une affirmation, et que deux seulement comparaissent pour assister à la prestation de serment, il n'y a pas lieu à défaut profit-joint contre la partie qui ne comparaît pas; l'affirmation doit être reçue malgré sa non com-

JUGEMENT PAR DÉFAUT, ch. 2, sect. 1re.

parution. — *Poitiers*, 10 janv. 1826, Pavie c. Mousnier et Séguin.

145. — Au surplus, un jugement de défaut profit-joint n'est nécessaire pour la validité du jugement à intervenir sur le fond, qu'autant que tous les défendeurs ne sont pas défaillans. — *Agen*, 26 janv. 1814, Juillu c. Péchambert.

146. — ... Ou que toutes les parties sont assignées pour une même cause et un même intérêt. — *Paris*, 19 avr. 1845 (t. 1er 1848).

147. — Ainsi, en matière d'opposition à mariage, le défaut de l'officier de l'état civil ne doit pas donner lieu à la réassignation prescrite par l'art. 153; parce que, dans ce cas, la partie défaillante n'est pas intéressée à la demande. — *Lyon*, 13 fév. 1828, Outrequin Saint-Léger.

148. — Il en est de même du défaut du mari, quand l'assignation ne lui a été donnée que pour autoriser sa femme; car alors il est sans intérêt. Mais cette solution n'est vraie qu'autant qu'il est absolument sans intérêt. — V. au mot FRAIS ET DÉPENS (en matière civile) les diverses applications de ce principe. — *Limoges*, 31 août 1822, de Navailles c. Syrey; *Bourges*, 19 avr. 1829, Rousset c. Posel; *Bruxelles*, 12 avr. 1832, N. c. d'H; — Bioche, n° 43.

149. — Même solution dans le cas où la demande est exclusivement dirigée contre l'ajourné qui comparaît. — *Bruxelles*, 5 mars 1832, N.

150. — Dans le cas où de deux parties contre lesquelles a été rendu un jugement, l'une seulement en interjette appel, en se bornant à dénoncer son appel à l'autre partie, celle-ci ne peut être réputée intimée; dès-lors, il n'y a pas lieu, si elle ne comparaît pas, à rendre un arrêt de défaut profit-joint. — *Cass.*, 25 août 1842 (t. 1er 1843, p. 142), Loisel c. Hauterre.

151. — Il en est de même lorsque indépendamment de toutes les parties figurant en première instance, l'appelant a intimé des tiers qui ne se présentent pas, et qui sont sans utilité pour l'appel. — *Bordeaux*, 21 juin 1833, Vedrenne c. Laforêt.

152. — Evidemment l'art. 153 n'est applicable qu'au cas où plusieurs parties ont été mises en cause par le même individu.

153. — Si donc l'appelé en garantie fait défaut, l'instruction de la cause principale n'en doit souffrir aucun retard, le recours en garantie eût-il été exercé dans le délai légal. — *Rennes*, 6 juill. 1812, de Lisle c. Gauthier; *Amiens*, 18 juin 1826, Codevelles c. Prévost; *Poitiers*, 20 juin 1835, Guillouner c. Chamin; — Thomine, t. 1er, p. 287; Boncenne, t. 3, p. 38; Carré et Chauveau, quest. 621-6°; Lepage, p. 145; Bioche, n° 47.

154. — Jugé néanmoins que l'art. 153 n'est pas seulement applicable au cas où plusieurs défendeurs ont été appelés simultanément pour répondre à la demande principale : qu'il doit recevoir encore son application lorsqu'au cours de l'instance d'appel, de nouveaux défendeurs sont assignés par l'appelant, bien qu'ils n'aient point été parties au jugement attaqué, s'ils sont assignés comme devant directement concourir à faire repousser la demande, et pour prévenir, par un arrêt commun à tous, les frais d'une instance nouvelle, ainsi que le danger de décisions diverses dans une même cause. — *Bordeaux*, 2 août 1844 (t. 1er 1845, p. 778), Dumarais c. Gentil de Saint-Romain et Négrier-Duvillard.

155. — ... Quand de deux défendeurs un seul constitue avoué, mais ne conclut pas, il y a lieu à joindre le profit du défaut et à statuer par un seul jugement, après réassignation du défendeur. — Boitard, art. 153; Bioche, n° 45.

156. — Si de trois parties assignées, dit M. Bioche (n° 44), l'une constitue avoué et conclut, la seconde constitue avoué sans conclure, et la troisième est défaillante, il ne peut être pris défaut contre l'avoué qui ne conclut pas qu'après l'expiration des délais de réassignation, alors seulement le défaut est donné. Sans quoi, c'est-à-dire si le défaut était pris immédiatement, le jugement devrait contenir deux dispositions bien distinctes : l'une pour adjuger les conclusions de la demande, contre la partie ayant avoué, et l'autre, contre la partie qui n'en a pas pour joindre, à son égard, le profit du défaut au fond. Or, il en adviendrait que la partie ayant avoué en cause serait définitivement condamnée dans le cas où elle négligerait de former opposition au jugement, tandis que l'autre pourrait gagner son procès, de même que le défendeur qui a conclu. En joignant le défaut, on évite donc la contrariété des jugemens, la décision qui intervient sur le fond étant contradictoire. — V. *infrà*.

157. — Mais quand les défendeurs ont tous constitué avoué, le défaut est pur et simple contre ceux d'entre eux qui ne posent pas qualités, et le profit du défaut n'est pas réservé. L'art. 153 est exclusivement applicable au défaut faute de comparaître, il est étranger au défaut faute de conclure. — *Cass.*, 4 juill. 1826, Mille c. Charlemont; 17 août 1831, Becq c. Legueux; 27 mai 1835, Perrier; *Paris*, 11 avr. 1826, Williams c. Nyon; 15 avr. 1846 (t. 2 1846), Deslandes c. Delisle; — Bioche, nos 46, 91; Carré, quest. 629; Pigeau, *Comm.*, t. 1er, p. 345. — V. *contrà Cass.*, 27 avr. 1831, Bacsekens c. N...; — Chauveau, quest. 629.

158. — On est néanmoins forcé de reconnaître que, dans ce cas, on peut arriver à une contrariété de jugemens.

159. — Le jugement de jonction est purement préparatoire. Il ne juge ni ne préjuge aucun des points litigieux. Il laisse intactes les questions de compétence, toutes les exceptions et toutes les défenses, lors même que l'avoué aurait conclu sur le jugement de jonction. C'est uniquement une mesure d'instruction. — Boncenne, t. 3, p. 44; Carré et Chauveau, quest. 623; Demiau, p. 130; Bioche, n° 58.

160. — Ainsi, la partie qui a demandé la jonction du profit d'un défaut peut encore invoquer la nullité de l'assignation introductive d'instance. — *Poitiers*, 10 mai 1814, Lavergne c. Laugier.

161. — Jugé cependant, mais à tort, selon nous, que si des fins de non-recevoir sont couvertes par des conclusions au fond, elles le sont à plus forte raison par un arrêt de défaut profit-joint rendu du consentement de toutes les parties comparantes, et sans qu'elles se soient réservé les moyens de forme qu'elles pouvaient avoir à proposer. — *Besançon*, 15 nov. 1808, N...; *Rennes*, 28 juill. 1811, Achambily c. Thabuis; 22 avr. 1813, N...

162. — D'après le principe ci-dessus, un tribunal ne saurait donc, en joignant le défaut, accorder un sursis au débiteur qui a assigné les créanciers à fin de cession de biens. — *Nîmes*, 10 janv. 1828, Thiers c. Murco.

163. — ... Ni ordonner un interlocutoire. — Thomine, t. 1er, p. 287; Carré et Chauveau, quest. 624; Lepage, p. 147; Bioche, n° 59.

164. — Le jugement est prononcé publiquement; le Code a aboli l'ancien usage d'après lequel les jugemens de défaut profit-joint étaient donnés au greffe.

165. — La formule du défaut profit-joint n'est pas sacramentelle.

166. — Il suffit que la jonction ait eu lieu, sans que le jugement contienne les mots : Joignant le profit du défaut au fond. — *Orléans*, 20 juin 1822, N...; — Carré et Chauveau, quest. 632 *bis*.

167. — Cette doctrine est contredite par un arrêt de la cour royale de Lyon du 15 fév. 1826 (Favier c. Aviel). M. Chauveau le critique à juste titre et fait remarquer que le jugement infirmé par cet arrêt, en *donnant acte de la comparution et défaut contre la partie non comparante, et enfin en ordonnant pour le profit* la réassignation par huissier commis, avait suffisamment accompli les prescriptions de l'art. 153.

168. — Le jugement est levé en la forme ordinaire sur simples qualités déposées au greffe, et qui ne sont pas signifiées aux avoués constitués.

169. — La signification en est faite par un huissier commis. — C. civ., art. 153 et 435.

170. — ... A peine de nullité.

171. — Néanmoins la nullité de la signification faite par un huissier non commis, ne peut être invoquée par la partie qui reconnaît avoir reçu la copie, ou pour la première fois en appel, par la partie qui, à une audience postérieure à l'adjudication du défaut, a pris des conclusions par le ministère d'un avoué. — *Rennes*, 31 août 1840, Decombe c. Chiron.

172. — Demiau (p. 13) et Pigeau (t. 1er, p. 470) pensent que quand la signification du jugement doit être faite hors du ressort, le tribunal ne peut commettre directement l'huissier de l'arrondissement du défaillant. Que cette commission appartiendrait, soit au tribunal, soit au juge de paix de cet arrondissement. Mais c'est là une erreur que la pratique n'a pas adoptée.

173. — On n'est pas obligé de signifier tous les jugemens d'instruction au défaillant contre lequel a été prononcé un défaut profit-joint, et auquel le jugement de défaut profit-joint a été signifié. — *Cass.*, 18 juill. 1833, Boisnard et Marion c. de Moloré.

174. — Les formalités ordinaires des exploits doivent être observées dans l'exploit de réassignation. — V. EXPLOIT.

175. — Le défendeur peut opposer au demandeur toutes les nullités de l'exploit, sauf le recours du demandeur contre l'huissier aux termes de l'art. 71, C. procéd. — *Paris*, 19 août 1807, Julien c. Chollet; — Pigeau, *Commentaires*, t. 1er, p. 346, n° 3.

176. — Le délai des réassignations est le même que celui des ajournemens ordinaires. — *Paris*, 5 juill. 1834, Cousin c. Decauville; *Cass.*, 17 nov. 1840 (t. 1er 1841, p. 119), comp. du charbonnage de Wasmer c. Legrand; — Pigeau, t. 1er, p. 566; Bioche, n° 66. — V. *contrà Toulouse*, 31 janv. 1828, Lafont c. Larivière.

177. — Bien que l'instance ait été introduite à bref délai, la réassignation n'en doit pas moins être donnée dans le délai légal, à moins que le jugement n'en dispense le demandeur, ce qui doit être formellement énoncé. — *Nîmes*, 15 mai 1807, N.; *Poitiers*, 22 juill. 1831, Gilnet c. Hèbre; — Carré et Chauveau, quest. 628; Pigeau, *Comm.*, t. 1er, p. 347; Bioche, n° 68.

178. — On observe l'augmentation des délais à raison des distances. — C. procéd., art. 1032.

179. — L'exploit contient ajournement à comparaître à l'audience indiquée par le jugement. — Art. 153.

180. — Lorsque la cause a été remise au premier jour, il importe d'assigner à un jour fixe, afin de donner avenir aux autres avoués de la cause.

181. — Au jour indiqué, on statue sur le profit du défaut et sur la cause par un seul et même jugement. — C. procéd., art. 153.

182. — On ne pourrait statuer avant le jour fixé, à moins d'un consentement exprès de toutes les parties. — *Cass.*, 5 déc. 1832, Savoye c. Detours; — Bioche, n° 70.

183. — En concluant au fond, la partie se rend non-recevable à invoquer la nullité fondée sur le défaut de réassignation pour l'audience indiquée. — Même arrêt.

184. — Le jugement doit-il être prononcé au jour indiqué, lorsque le défaillant continue à faire défaut? Nous ne le pensons pas. Toute affaire doit subir le rôle. — Art. 67-68-69, décr. 30 mars 1808. — Il suffit donc que la cause soit remise contradictoirement avec le défendeur qui comparaît. — *Cass.*, 13 nov. 1823, de Villaine c. Faye.

185. — Nul doute encore que la partie réassignée qui constitue avoué ne jouisse du délai de quinzaine accordé par l'art. 77 pour la signification des défenses. — Carré et Chauveau, quest. 631; Delaporte, t. 1er, p. 159; Bioche, n° 71. — V. *contrà* Pi- *Comm.*, t. 1er, p. 348.

186. — L'opposition n'est pas permise pour le jugement par défaut profit-joint, car ce jugement est purement de forme.

187. — Sauf dans le cas où le tribunal aurait, contrairement à ce qui a été dit *suprà*, ordonné quelques mesures d'instruction, ou même des mesures conservatoires.

188. — Si les parties réassignées continuent à faire défaut, le jugement qui rejette la demande sur les conclusions des parties ayant avoué leur profite; cependant les frais de réassignation peuvent, suivant les circonstances, être mis à leur charge. — Bioche, n° 72. — V. FRAIS ET DÉPENS (matière civile).

189. — Serait donc nul le jugement qui négligerait de statuer à l'égard du défaillant. — *Montpellier*, 2 juin 1811, Rech c. Lazert.

190. — Aux termes de l'art. 153, le jugement qui intervient sur la réassignation n'est pas susceptible d'opposition.

191. — Le jugement qui statue sur le profit du défaut ne doit pas être signifié par huissier commis. — *Grenoble*, 29 mars 1821, Deister c. Carillan; *Bordeaux*, 30 août 1831, Boulerme c. Raymont-Elie.

192. — Si ce n'est pas la partie réassignée, mais le demandeur lui-même qui fait défaut, après le jugement de jonction, le jugement qui intervient contre lui est par défaut; par conséquent, il est susceptible d'opposition.

Sect. 2e. — *Défaut contre avoué, ou faute de conclure.*

193. — Le défaut faute de conclure peut être prononcé soit contre le défendeur (V. *infrà* § 1er), soit contre le demandeur (V. *infrà* § 2).

§ 1er. — *Défaut contre le défendeur.*

194. — On a déjà vu que devant les tribunaux de commerce et les justices de paix la loi reconnaissait le défaut faute de conclure.

195. — Les règles suivantes sont donc applicables à ces tribunaux, abstraction faite de celles qui dérivent nécessairement de la présence forcée de l'avoué dans les affaires qui s'instruisent devant les tribunaux civils ou les cours royales.

196. — Pour obtenir défaut contre la partie, il suffit, comme on l'a dit plus haut, que les délais de l'ajournement soient expirés. Nulle formalité préalable n'est exigée, mais il en est autrement à l'égard du défaut contre avoué.

197. — En effet, l'avoué, par le fait de sa consti-

tution, devient le *dominus litis*. Il est en quelque sorte substitué à la partie. De là, la nécessité pour le demandeur de s'adresser désormais à l'avoué de la partie adverse, *et vice versâ*. Il est donc tenu, à peine de nullité, de lui signifier un avenir pour l'audience à laquelle la cause sera portée au tribunal. — *Agen*, 23 mai 1836, Grenier c. Bonafous.

198. — Si l'avoué constitué par le défendeur ne se présente pas, dit l'art. 149, C. procéd., il sera donné défaut contre lui.

199. — Que l'avoué soit obligé de comparaître à l'audience où la cause est appelée, cela ne fait pas question. Mais est-il dans l'obligation d'y prendre des conclusions ? — L'affirmative est certaine selon nous : il ne saurait suffire que l'avoué fasse acte de présence pour qu'il n'y ait pas lieu à défaut. L'art. 77, C. procéd., porte que, dans la quinzaine de la constitution, le défendeur fera signifier des conclusions signées de son avoué, faute de quoi, ajoute l'art. 79, le demandeur poursuivra l'audience sur un simple acte. Or, poursuivre l'audience signifie évidemment que défaut pourra être pris contre l'avoué du défendeur. — Cependant l'art. 67, décr. 30 mars 1808, contenant réglement pour la police des cours et tribunaux, dit qu'il sera fait dans l'ordre des causes du rôle particulier de la chambre, et par les soins du président, des affiches d'un certain nombre de causes, que chacune de ces affiches sera exposée dans la salle d'audience et au greffe, huit jours avant que les causes soient appelées. — L'art. 68 veut qu'un certain nombre de causes affichées soit appelé le premier jour d'audience de chaque semaine qui suit celle de l'apposition des affiches ; enfin l'art. 69 veut qu'en cas de non comparution de l'un des avoués de la cause, l'avoué présent soit tenu de requérir défaut. Ainsi, d'après ce dernier réglement, toutes les affaires ordinaires ou sommaires, sauf celles introduites à bref délai ou relatives aux déclinatoires, exceptions et réglemens de procédure ne touchant pas au fond (art. 66), doivent subir le rôle ; et ce n'est que huitaine après l'affiche que le défaut doit être pris contre l'avoué qui ne conclut pas. — Mais, en présence de ces dispositions contradictoires, nous pensons que c'est au texte du Code qu'il faut se conformer.

200. — Le réglement de 1808 est, du reste, diversement appliqué. Dans chaque tribunal il existe un usage particulier. A Paris, notamment, ce n'est qu'après que tous les incidens ont été vidés, et que les conclusions au fond ont été remises au greffier, que la cause subit le rôle, et, quand elle en sort, elle est jugée contradictoirement, même lorsque l'une des parties ne se présente pas. Ce système est assurément raisonnable ; car on ne comprend pas la nécessité de soumettre aux lenteurs du rôle une cause dans laquelle le défendeur est libre encore de faire défaut, mais il est en opposition avec le décret de 1808.

201. — Le défaut est toujours contre avoué dès que le défendeur en a constitué un. Il importerait peu : 1° que l'avoué du défendeur déclarât ne pas avoir reçu d'ordre de son client et refusât de conclure. — *Pau*, 2 oct. 1810, Cayrey c. Capdevieille ; *Lyon*, 2 mars 1811, Pierron c. N... ; 31 déc. 1811, Chasselay c. N... ; *Rouen*, 3 août 1811. Francisci c. Accursi ; *Limoges*, 26 fév. 1812, Mosnier c. Senamand ; *Rennes*, 9 mai 1812. N... ; *Cass.*, 4 mai 1811, Cremer c. Engel ; 17 mai 1830, Faure Lalande c. Yves Faure ; *Limoges*, 29 juill. 1837 ; *Nîmes*, 6 août 1841 ; — Pigeau, *Comment.*, t. 1er, p. 349 ; Boncenne, t. 3, p. 110 ; Favard, t. 3, p. 164 ; Carré et Chauveau, quest. 616 ; Hautefeuille, p. 114. — — V. *contrà Nîmes*, 12 sept. 1808, Trinquelague c. Jolaigne ; *Limoges*, 9 nov. 1808, Bernadit c. Jucquet ; *Nîmes*, 18 nov. 1808, N... ; *Colmar*, 31 déc. 1808, N... ; — Poncet, t. 1er, p. 322 ; Berriat, p. 399, n° 14.

202. — ... 2° Que la cause intéressât une commune qui eût constitué avoué avant d'être autorisée à ester en justice — *Montpellier*, 1er juin 1840 (t. 2 1840, p. 347), Debelloc c. commune de Portetargues. — V. *contrà Bourges*, 7 mars 1835, comm. de Moulins-sur-Yevre, c. comm. d'Osmoy. — Au surplus, — V. COMMUNE, n° 489, AUTORISATION DE PLAIDER, nos 20, 209 et 226.

203. — Dans certains cas, au surplus, l'avoué ne peut exciper du défaut de pouvoir. Il en est, par exemple, ainsi, lorsqu'il s'agit de l'exécution de jugemens rendus dans une cause où il a occupé. — V. AVOUÉ, nos 413 et suiv.

204. — ... Quand, à une première audience, cet officier ministériel a demandé communication des pièces et remise de la cause. — *Bruxelles*, 9 déc. 1836, N...

205. — ... Ou lorsque son client a volontairement consenti à subir un interrogatoire sur faits et articles. — *Cass.*, 25 juill. 1832, Fould c. Ardom.

206. — Il est de principe que le juge est dessaisi par le jugement contradictoire. — Cependant une transaction par laquelle des parties déclaraient tenir pour jugement par défaut un jugement qui avait été rendu, qualités posées, a été validée. — *Cass.*, 19 avr. 1843 (t. 1er 1843, p. 647), Bérard c. Péridier. — Il est à remarquer qu'il y avait eu contestation entre les parties sur le point de savoir si la pose des qualités avait eu lieu, et que la transaction n'était intervenue que la veille d'une inscription de faux. — Il n'a rien moins fallu que ces circonstances pour que la cour de Cassation ait adopté cette solution. — L. 62 et 57, § *De re judicata.* — *Cass.*, 27 avr. 1807, Cahours c. Lalmonnier.

207. — La cause ne reçoit jugement contradictoire qu'autant que les qualités ont été posées. — V. JUGEMENT.

208. — Souvent, à l'appel de la cause, l'avoué du défendeur propose une exception d'incompétence, ou tout autre moyen préjudiciel. Débouté de ce moyen, il doit conclure au fond pour que le jugement à intervenir soit contradictoire.

209 — Il y a encore lieu de prononcer par défaut faute de conclure, lorsque le tribunal ayant mis à la charge d'une partie une justification, l'avoué déclare ne pouvoir exécuter le jugement en l'absence de son client. — Carré et Chauveau, quest. 614.

210. — Lorsque le ministère public, partie dans une instance civile où il représente les intérêts de l'état ou d'une administration, refuse à l'audience de prendre des conclusions, faute de renseignemens, l'arrêt par défaut qui intervient contre lui est réputé rendu *faute de conclure.* — *Bordeaux*, 12 août 1831, Boromé.

211. — Un jugement rendu contre l'Etat est également par défaut, faute de conclure, si l'avoué chargé de la défense de ses intérêts ne s'est pas présenté pour conclure et plaider, encore bien que le procureur du roi ait été entendu. — *Poitiers*, 5 fév. 1829, état et préfet de la Vienne c. Lamy.

212. — La condamnation prononcée contre le défendeur qui ne justifie pas du paiement de l'amende encourue pour non comparution au bureau de paix, est par défaut contre avoué, s'il en a constitué un. — *Paris*, 13 fév. 1834, Roger c. Toussaint.

213. — Pour que le défaut soit valablement et définitivement obtenu sur le fond, il faut que toute instruction ordonnée ait été accomplie, et tout incident vidé. — Delaporte, t. 1er, p. 154.

214. — Ainsi, lorsqu'un jugement a définitivement rejeté les conclusions d'une partie tendant à l'audition de nouveaux témoins dans une enquête, il ne peut être prononcé défaut contre cette partie qu'autant que ce jugement lui a été signifié. — *Rennes*, 19 janv. 1827, Gerard ; *Cass.*, 4 mars 1829, Grimal c. Gasard.

215. — On a vu *suprà*, n° 157, que lorsque tous les défendeurs ont constitué avoué, et que l'un d'eux ne conclut pas, il n'y a pas lieu à prendre un jugement par défaut profit-joint, mais bien par défaut faute de conclure.

216. — ... Et *suprà*, n° 156, qu'un jugement par défaut profit-joint ne pouvait être pris contre la partie qui avait constitué avoué, mais dont l'avoué ne se présentait pas, alors qu'une seconde partie faisait défaut, tandis que l'avoué d'un troisième défendeur se présentait à l'audience.

217. — Dans les affaires ordinaires, le défaut ne peut être donné qu'à l'expiration du délai de quinzaine accordé au défendeur par l'art. 77, C. procéd. civ., pour la signification de ses défenses, à peine de nullité. — *Bordeaux*, 9 juill. 1828, Villereynier c. Venot ; *Paris*, 27 août 1829, Trinquesse c. Tardillier ; — Chauveau sur Carré, quest. 621 ; Pigeau, *Comment.*, t. 1er, p. 214 ; Bioche, n° 93. — V. au surplus ce qui a été dit *suprà* n° 199, à propos de la mise au rôle.

218. — Mais les juges peuvent donner défaut, au jour de l'audience, contre l'avoué qui n'a pas signifié les conclusions trois jours au moins avant de se présenter à l'audience, soit pour plaider, soit pour poser qualités. — *Rennes*, 26 mars 1831, Ducouédic c. Dumoulin.

219. — Les affaires sommaires sont jugées, d'après l'art. 405, à l'audience, après les délais de citation échus, sur un simple acte, et sans autres formalités. Le délai de l'art. 77 ne les concerne donc pas, mais les affaires n'en doivent pas moins subir le rôle. — V. *suprà* n° 199.

220. — Jugé que, lorsque sur la demande de l'avoué de l'une des parties, le jour auquel l'affaire était fixée, le 20, par exemple, est avancé de cinq jours, et que le 15 cet avoué laisse prendre défaut, ses cliens ne peuvent se faire un moyen de cassation de cette anticipation volontaire, sur le motif qu'il y aurait eu violation du droit de défense. — *Cass.*, 20 mars 1828, Delivet c. Morin.

221. — Le défaut contre avoué s'obtient de la même manière que celui contre partie ; cependant, quelquefois le défaut ne s'accorde pas à la première audience pour laquelle avenir a été donné. — Le tribunal remet alors la cause à huitaine, et, pendant ce temps, le greffier prévient l'avoué de la partie défaillante de déposer au greffe les pièces et les renseignemens nécessaires.

222. — Les conclusions doivent être justes et vérifiées conformément à ce qui a été dit *suprà* nos 94 et suiv. — C. procéd. civ., art. 150, 434 et 19.

223. — L'avoué constitué par les deux parties de la cause ne peut prendre défaut pour l'une contre l'autre. — *Metz*, 18 janv. 1807, N... ; *Rennes*, 6 janv. 1815, N... ; — Bioche, v° *Avoué*, n° 207.

224. — L'art. 5, tit. 4, ord. 1667, permettait de rabattre le *défaut à la même* audience à laquelle il venait d'être prononcé. Rabattre le défaut, c'était le lever, le supprimer. Cet usage s'est perpétué dans presque tous les tribunaux. Il est conforme à une bonne administration de la justice, en ce qu'il hâte la décision contradictoire, et épargne des frais. Aussi, M. Chauveau, qui d'abord l'avait critiqué, l'approuve-t-il maintenant. — *Metz*, 13 oct. 1815, B. c. A. ; — *Praticien français*, t. 1er, p. 446 ; Carré et Chauveau, quest. 621 ; Demiau, p. 132 ; Bioche, n° 97. — V. *contrà* Boncenne, t. 3, p. 115 ; Favard, t. 3, p. 166.

225. — Jugé qu'un avoué ne peut signer des conclusions pour son confrère qu'autant que l'adversaire ne s'y oppose point ; mais, en cas d'opposition, il doit être donné défaut. — *Bruxelles*, 6 fév. 1832, W... c. V...

§ 2. — *Défaut contre le demandeur ou défaut-congé.*

226. — En matière civile, le défendeur qui a constitué avoué, dit l'art. 154, C. procéd., peut, sans avoir fourni de défenses, suivre l'audience par un seul acte et prendre défaut contre le demandeur qui ne comparaît pas.

227. — Il est d'autant plus juste d'accorder au défendeur cette faculté de suivre l'audience sans défenses, qu'il ne doit jamais dépendre de celui qui a fait donner l'assignation d'éloigner, suivant son intérêt ou son caprice, le jugement de l'affaire. — Rapp. au corps législatif.

228. — L'art. 4, titre 14, de l'ordonn. de 1667, disposait que le jugement à obtenir contre le demandeur défaillant renverrait le défendeur absous, et que, s'il devait être prononcé contre le défendeur, les conclusions du demandeur ne lui seraient adjugées qu'autant qu'elles seraient trouvées justes et bien vérifiées.

229. — L'art. 154 n'impose pas au tribunal l'obligation de vérifier les conclusions, comme le fait l'art. 150, quand il s'agit d'un défaut contre le défendeur ou son avoué. S'ensuit-il que l'art. 150 ne soit pas applicable en faveur du demandeur ? C'est là une question fort délicate.

230. — On comprend, au surplus, qu'il faille distinguer, avant tout, le cas où le demandeur fait défaut en première instance, et celui où il fait défaut en appel. Devant les juges d'appel, il n'est pas nécessaire de vérifier les moyens de l'intimé qui conclut contre le demandeur défaillant à la confirmation du jugement. — *Cass.*, 7 fév. 1811, Lecœur c. Crunet ; 4 fév. 1819, V... c. Humbert ; 18 avr. 1820, Magon de Saint Ellier c. Emma ; 14 fév. 1828, Mothé Lafond c. Bacqué ; 26 fév. 1828, Sauvaire c. Bourguignon ; 26 avr. 1831, Saint Marc c. Dercourbès, 18 juill. 1831 Goupel c. Donfin ; 14 août 1832, Behin c. Pingeot ; 17 mai 1837 (t. 1er, p. 373), de Moidière c. comm. de Toussieux ; — Carré-Chauveau, quest. 617 ; Bioche, n° 110. — V. APPEL, n° 1694.

231. — Néanmoins, avant d'adjuger le profit des conclusions de l'intimé, les juges ont incontestablement le droit de les examiner, surtout dans le cas où le ministère public requiert cette vérification. — *Metz*, 27 déc. 1811, Séguin c. Tinant.

232. — ... Ou quand l'intimé fait juger une question spéciale, telle que la nullité de l'acte d'appel. — *Cass.*, 20 fév. 1833, Villemandy c. Bonneau-Lalouches ; — Carré-Chauveau, note, quest. 617.

233. — ... Ou lorsqu'il s'agit d'un moyen intéressant l'ordre public, ou d'une matière dans laquelle le consentement des parties ne serait pas suffisant, par exemple, quand il s'agit d'une question d'état, ou d'une séparation de corps. — *Bruxelles*, 1er mai 1811, Lieven c. Lampent ; *Caen*, 15 déc. 1826, Benard ; *Poitiers*, 5 fév. 1833, Rouget c. Collet ; — Chauveau, *ibid.* ; Delaporte, t. 2, p. 418.

234. — Lorsque la cour a examiné le fond et adopté les motifs des premiers juges, le défaillant ne peut devant la cour de Cassation faire valoir les moyens qu'il aurait eu contre le jugement. — *Cass.*, 7 déc. 1840 (t. 1er 1841, p. 322), Lemud c. Lambert ; — Bioche, n° 111.

235. — Jugé que quand une partie, après avoir

tie déboutée en première instance de son opposition à un jugement par défaut, se rend appelante, et que néanmoins elle ne se présente pas pour soutenir son appel, la cour royale n'en doit pas moins examiner les moyens de l'opposition et décider s'ils sont fondés. — *Cass.*, 17 fév. 1836, Préau c. comte Drouet d'Erlon.

236. — Le même principe a été appliqué au cas où l'appel portait sur un moyen d'incompétence. — *Cass.*, 15 déc. 1835, Gauthier c. Husson.

237. — Mais les juges d'appel ne sont pas tenus de suppléer d'office les moyens de nullité que l'appelant aurait pu faire valoir contre la signification du jugement, lorsque l'intimé conclut à ce que l'appel soit déclaré tardif. — *Cass.*, 26 fév. 1828, Salvaire c. Bourguignon; — Bioche, n° 111.

238. — En première instance, la question de savoir s'il y a nécessité de vérifier les conclusions du demandeur se rattache à celle de savoir ce que c'est que le jugement de défaut-congé.

239. — Le jugement de défaut-congé n'est, d'après Boitard (t. 1er, p. 590 et 591), qu'une relaxe, une décision qui tient pour non avenu l'exploit d'ajournement. Boncenne interprète l'art. 154 dans le même sens, et, après avoir cité les commentateurs de l'ordonn. de 1667, et s'être plaint à juste titre de ce que l'on n'ait pas mis dans l'étude de la procédure assez de recherche et d'examen, et qu'on ait dédaigné d'en faire une science, il dit que le défaut-congé ne procure au défendeur que la liberté de s'en aller.

240. — M. Chauveau sur Carré (quest. 617) se prononce pour le système contraire : « Ou le défendeur, dit-il, veut qu'on lui donne simplement la liberté de s'en aller, et il la demande : le silence du demandeur est évidemment un désistement proposé; le défendeur l'accepte, et rien n'est jugé; — ou le défendeur, inquiété dans sa propriété, dans son honneur peut-être, veut que ce litige soit vidé, et alors, il demande justice, et non la liberté de s'en aller. La loi lui permet de *prendre défaut*. Dans ce cas, il rentre dans les termes de l'art. 150, qui dit : La partie qui requiert défaut... Il doit à la justice des raisons de décider. On se récrie, on s'étonne, et on se demande comment il sera permis de faire gagner son procès au demandeur qui ne se présente pas; mais cela se voit fréquemment dans le cas de désistement non accepté. Dans certaines causes, les juges pourront, il est vrai, en l'absence du demandeur, éprouver de l'embarras qui nécessairement devra retomber sur lui, mais dans d'autres aussi, la demande peut être fort claire. — Bioche, n° 107.

241. — Enfin, poursuit cet auteur, l'assignation une fois lancée, le procès se terminera, c'est aux parties à se tenir en garde. Le demandeur saura que s'il ne vient pas soutenir sa demande, elle sera néanmoins jugée, appréciée et rejetée. — V. au surplus Merlin, *Quest. de droit*, v° *Défaut*, § 1er bis; Berriat, p. 257; Thomine, t. 1er, p. 283; Bioche, nos 106, 114.

242. — Tel était l'avis de Rodier, commentateur de l'ordonnance de 1667. — Art. 4, tit. 14.

243. — Dans le premier cas, le juge n'a donc pas à vérifier les conclusions; il y a désistement. Dans l'autre, il en est tout autrement, car le défendeur combat au fond.

244. — Suivant nous, un défaut sans adjudication de conclusions ne se comprend pas. Autrement, le défaut-congé ne serait qu'un rouage inutile ajouté à la procédure. D'ailleurs, il ne serait pas juste qu'une partie fût sous le coup d'attaques incessantes quand la réciprocité n'existe pas à son profit.

245. — Un des graves inconvéniens du système de Boncenne et de Boitard se ferait surtout sentir en matière de saisie immobilière et de nullité de procédure en général. Les nullités pourraient être continuellement reproduites sans être jamais jugées, tant qu'on serait dans les délais. — Chauveau, *ibid.*, note, p. 25.

246. — La jurisprudence est divisée. A l'appui de notre opinion, on invoque les arrêts d'*Orléans*, 30 août 1809, N...; *Nîmes*, 14 nov. 1825, Vincent c. Sangues; *Cass.*, 29 nov. 1825, Gemond; *Besançon*, 31 janv. 1844; *Dijon*, 8 mai 1844. — V. *contrà Turin*, 23 août 1809, Fransoj c. Florio; *Bruxelles*, 26 avr. 1810, Frères c. Jardinet; *Besançon*, 4 déc. 1816, N...; *Cass.* 5 fév. 1832, Blanchard c. Seguin.

247. — Nul doute, au surplus, que le demandeur qui a été purement et simplement renvoyé de la demande ne puisse la reproduire de nouveau, sans que le défendeur soit fondé à lui opposer la maxime : *Non bis in idem.* — *Bruxelles*, 23 fév. 1828, N.

248. — On décide également que les juges ne peuvent statuer, en matière de défaut congé, sur les conclusions reconventionnelles du défendeur. Il doit être renvoyé à se pourvoir par instance principale. — *Rennes*, 22 sept. 1810, Fortier c. Quédillac; — Rodier, *ut suprà*; Demiau, p. 117; Carré, quest. 660; Pigeau, *Comment.*, t. 1er, p. 597; Lepage, p. 221; Favard, t. 3, p. 166. — V. *contrà* Chauveau sur Carré, quest. 660.

249. — En justice de paix, l'art. 19, C. procéd., se borne à dire que si, au jour indiqué par la citation, l'une des parties ne comparaît pas, la cause sera jugée par défaut.

250. — Evidemment, cet article concerne le demandeur de même que le défendeur. — Carré et Chauveau, quest. 89; Delzers, t. 1er, p. 109; Bioche, v° *Juge de paix*, n° 508.

251. — Les distinctions établies ci-dessus à propos du défaut-congé devant les tribunaux de première instance sont applicables à cette juridiction.

252. — Le juge de paix ne peut accorder de délai au demandeur qui fait défaut, comme il en a le pouvoir, quand il s'agit du défendeur. — Art. 5 et 19, C. procéd. — Carou, *Jurid. des juges de paix*, t. 1er, n° 652.

253. — ... Sauf dans le cas où le demandeur a déjà comparu, soit qu'un jugement contradictoire ait ordonné une mesure préparatoire, soit que la cause ait été simplement remise. — Carré et Chauveau, quest. 89; Bioche, vis *Jugement par défaut*, n° 109, et *Juge de paix*, n° 508.

254. — En matière commerciale, l'art. 434, C. procéd., porte que, si le demandeur ne se présente pas, le tribunal donnera défaut et renverra le défendeur de la demande.

255. — Fidèle à son système, Boncenne ne voit là qu'une répétition de l'art. 154, une innocente redite. Selon lui, si l'art. 434 eût été destiné à expliquer, réformer ou modifier un texte antérieur, assurément le législateur n'eût pas manqué de manifester cette intention.

256. — M. Chauveau (quest. 617) combat cette opinion, et démontre qu'une exception a été apportée, en faveur du commerce, au principe de la vérification des conclusions, en cas de défaut du demandeur. L'examen du projet primitif de l'art. 434 ne permet aucun doute à cet égard.

257. — Le défendeur n'est pas obligé d'attendre les délais de l'ajournement pour suivre l'audience contre le demandeur. Cette solution résulte très évidemment des termes de l'art. 154. Il lui suffit de donner avenir.

258. — Spécialement, quand l'assignation sur l'appel a été donnée à un plus long délai que celui de la loi, l'intimé peut anticiper le délai. — *Turin*, 9 janv. 1811, Nigra c. Zoppi; *Toulouse*, 3 juin 1817, Mousicot c. Broc. — V. aussi *Paris*, 14 juin 1817, Henaut c. Varlet.

259. — Il en doit être de même devant la justice de paix et les tribunaux de commerce, mais à la condition que le défendeur ait mis en demeure son adversaire de comparaître à une audience plus rapprochée.

260. — Lorsqu'il n'y a qu'un demandeur et plusieurs défendeurs, chacun de ceux-ci peut, après l'expiration des délais de l'assignation, prendre défaut-congé contre le demandeur. — *Douai*, 12 janv. 1841 (t. 1er 1842, p. 38), Bourgeois c. Bezzeville; *Bordeaux*, 6 mai 1836, Sarlat c. Guercyand.

261. — Il n'est pas nécessaire que le défendeur qui veut prendre défaut-congé contre le demandeur somme les autres défendeurs de comparaître à l'audience. — Carré et Chauveau, quest. 633; Favard, t. 3, p. 168.

262. — ... A moins toutefois qu'il n'ait connaissance de la constitution d'avoué de ses coassignés. — Mêmes auteurs.

263. — Dans le cas où plusieurs demandeurs sont en cause, comme ils ont dû tous constituer le même avoué, il suffit de prendre défaut-congé contre eux tous. Ce n'est pas le cas d'un jugement par défaut-profit-joint.

264. — En justice de paix, si l'un des demandeurs seulement comparaissant, le défendeur se borne à demander son renvoi pur et simple contre les demandeurs défaillans, il doit lui être accordé, la cause tenant avec le demandeur comparant. S'il conclut au contraire à ce que les demandeurs défaillans soient déclarés mal fondés dans leur action, il semble que c'est là le cas de joindre le profit du défaut à la cause liée contradictoirement; sans quoi il y aurait à craindre la contrariété des jugemens.

265. — Nous estimons qu'il en doit être de même en matière commerciale, malgré les termes de l'art. 434, C. procéd.

266. — Le défaut-congé s'obtient de la même manière que tout autre jugement par défaut, sur simples conclusions d'audience.

267. — L'intimé qui a obtenu un arrêt par défaut confirmatif du jugement attaqué, sans exciper de la nullité de l'acte d'appel, est non-recevable à opposer cette nullité lorsque l'appelant a formé opposition à l'arrêt. — *Colmar*, 22 mars 1812, Zipff c. de Westesbolds; 18 nov. 1815, Stéphane c. N...

268. — Il a même été jugé qu'il importe peu que l'intimé ait préalablement proposé la nullité de l'acte d'appel, si l'arrêt par défaut à l'exécution duquel il a plus tard conclu a confirmé le jugement de première instance en adoptant les motifs des premiers juges, parce que cet arrêt auquel il a acquiescé a implicitement rejeté la nullité proposée. — *Paris*, 7 janv. 1833, Aaron Mamby c. Harrisson

269. — Quant à la question de savoir si le jugement de défaut-congé est faute de comparaître, ou faute de conclure, il ne nous paraît pas faire doute que ce jugement ne doive dans tous les cas être réputé *faute de conclure*. Devant les tribunaux civils, l'ajournement contient toujours constitution d'avoué; en matière commerciale ou en justice de paix, s'il n'y a pas lieu à constituer avoué, c'est que les parties ont le droit de se présenter et de conclure elles-mêmes. Enfin, le demandeur ne saurait prétexter cause d'ignorance.

270. — Dans le cas où le demandeur aurait omis de constituer avoué dans l'exploit d'ajournement, il n'y aurait pas lieu à jugement. — L'ajournement étant nul, l'instance ne serait pas même engagée, le défendeur serait dans l'impossibilité d'ailleurs de donner avenir au demandeur.

271. — Il résulte de ces principes : 1° que dans le cas où le jugement est rendu par des tribunaux civils ou de commerce, le délai de l'opposition n'est que de huitaine. En justice de paix, il est de trois jours, dans toutes les hypothèses. — V. *infrà* n° 374.

272. — ... 2° Que ce jugement ne doit pas être signifié par un huissier commis, excepté quand il émane d'un tribunal de commerce ou d'un tribunal de paix.

273. — En cas de réassignation, par suite d'un défaut profit-joint, si le demandeur fait à son tour défaut, le jugement est toujours par défaut-congé, et non pas définitif.

274. — Devant la cour suprême, on ne connaît ni défaut profit-joint, ni défaut faute de conclure. — Tarbé, p. 134 et 209. — V. CASSATION, nos 1785 et 1786.

CHAPITRE III. — *Effets des jugemens par défaut.*

275. — Le jugement par défaut a tous les effets attribués au jugement contradictoire. — *Cass.*, 24 thermid. an XIII, Lemithois c. Lebarrier. — V. JUGEMENT.

276. — Par conséquent, s'il n'est pas attaqué par les voies de droit, il acquiert l'autorité de la chose jugée. — Berriat, t. 1er, p. 259, et Bioche, n° 121.

277. — Il en est ainsi, même en matière de question d'état. — *Cass.*, 15 juill. 1818, Boisle c. Allain. — V. JUGEMENT.

278. — Quant à la question de savoir si l'acquiescement au jugement par défaut le rendrait définitif en pareille matière, V. ACQUIESCEMENT, nos 126 et suiv., et JUGEMENT.

279. — Un jugement par défaut est exécutoire par les mêmes voies qu'un jugement contradictoire. — V. EXÉCUTION DES ACTES ET JUGEMENS.

280. — Toutefois, l'exécution en est soumise à des formalités et à des délais particuliers que ne comporte pas le jugement contradictoire.

281. — L'ordonn. de Moulins, art. 53, décidait que les jugemens emporteraient hypothèque du jour de la condamnation.

282. — Cette rédaction, qui ne distinguait pas les décisions contradictoires des décisions par défaut, avait suscité des difficultés que l'ordonnance de 1667 trancha définitivement.

283. — L'art. 9, tit. 11 de l'ordonn. disposa, en effet, que les jugemens par défaut ne donneraient hypothèque que du jour de leur signification à procureur. — *Riom*, 9 avr. 1807, Nicolas c. Chapon; *Cass.*, 13 fév. 1809, Ricard c. Février; — Ferrières, *Cout. de Paris*, art. 170, § 3, n° 6; Pothier, *Cout. d'Orléans*, t. 20, n° 16.

284. — Sous le Code civil, l'hypothèque judiciaire peut être inscrite avant toute signification du jugement par défaut. L'article du projet qui exigeait ce préliminaire a été supprimé lors de la discussion. — *Riom*, 6 mai 1809, Jouvet c. Aulier; *Cass.*, 13 fév. 1809, Ricard c. Fevrier; *Liége*, 17 nov. 1810, Crassier c. Lebeuf; *Bruxelles*, 13 déc. 1810, Pross c. Van-Der Haegen; *Cass.*, 21 mai 1811, Dervareilles c. Cornu; *Besançon*, 12 août 1811, Pernet c. Aubedelle; *Rouen*, 7 déc. 1812, Buory c. Landasse; *Cass.*, 9 nov. 1820, Dugelay c. Doux, 29 nov. 1824, enreg. c. Leclerc; *Rouen*, 27 mai 1834, enreg. c. Thomas; *Paris*, 23 juill. 1840 (t. 2 1840,

p. 220), Mondor de l'Aigle c. Pelletan; — Delvincourt, t. 3, p. 158, n° 7; Grenier, t. 1er, p. 194; Battur, t. 2, p. 127; Troplong, t. 2, n° 444; Duranton, t. 19, n° 328; Merlin, *Rép.*, v° *Hypothèque*, sect. 2e, § 2, art. 3, n° 2; Bioche, n° 123; Persil, art. 2103, n° 30; Carré et Chauveau, note sous l'art. 155. — V. au surplus HYPOTHÈQUE.

285. — Mais l'inscription tombe évidemment avec le jugement, par exemple lorsque le jugement est périmé. — *Nîmes*, 3 mai 1813, Arnaud c. Pasquier.

286. — Un des principaux effets de tout jugement est de dessaisir le juge. En conséquence, avant l'opposition à un jugement qui rejette une demande en séparation de corps, il ne peut être demandé une provision. — *Rouen*, 25 fév. 1842 (t. 3 1844 à sa date). — Bioche, n° 119.

287. — Le demandeur ne se désiste pas valablement de sa demande tant que le défendeur n'y a pas acquiescé, parce qu'il n'y a contrat que lorsqu'il y a réunion des deux volontés. — Pigeau, *Comment.* t. 1er, p. 342; Chauveau et Carré, quest. 615 *bis*. — V. CONTRAT JUDICIAIRE, nos 20 et suiv.

288. — Mais lorsque le demandeur a obtenu jugement par défaut et qu'il s'aperçoit qu'il a demandé moins qu'il ne lui est dû, il ne peut plus se désister. — Pigeau et Chauveau, *ibid*; Bioche, n° 120.

289. — L'appel ou l'opposition lui permettraient toutefois de changer ses conclusions. — Mêmes auteurs.

290. — Mais, si le désistement du demandeur n'est pas valable, il ne s'ensuit pas que ce dernier soit toujours sans action pour réclamer l'excédant de sa créance. A cet égard, il faut cependant établir une distinction. S'agit-il d'une somme demandée pour réparation d'un dommage? il y a évidemment chose jugée. S'agit-il, au contraire, d'une dette telle que celle résultant d'un prêt? l'action subsiste. — Chauveau et Bioche, *ibid*.

291. — Au surplus, si les formes constitutives du jugement n'ont pas été observées, le désistement est possible. Jusqu'alors, il porte sur la forme et non sur le fond. — *Toulouse*, 13 fév. 1816, Saintgès c. Olivier-Dufaget.

CHAPITRE IV. — *Signification des jugemens par défaut.*

Sect. 1re. — *Défaut contre partie, ou faute de comparaître.*

292. — Tout jugement par défaut contre partie doit être signifié par huissier commis. — C. procéd. civ., art. 156.

293. — Jugé cependant qu'il n'est pas nécessaire, à peine de nullité, de signifier le jugement qui ordonne l'interrogatoire du défendeur à l'interdiction. — *Bourges*, 28 mai 1828, Bertrand; — *contrà* Thomine, n° 1049. — Dans l'usage, la signification a lieu. — V. au surplus INTERDICTION. — V. aussi INTERROGATOIRE SUR FAITS ET ARTICLES.

294. — Le défaut de signification par huissier commis, entraîne la nullité de la signification et des actes de poursuites. — *Agen*, 6 fév. 1810, Soumebère c. Escalup; *Toulouse*, 2 août 1810, Fontan c. Perié; *Nancy*, 23 juill. 1813, Begason c. Lorrain; — Boncenne, t. 3, p. 52; Lepage, p. 48; Carré et Chauveau, quest. 644; Poncet, t. 1er, p. 312. — V. *contrà Bourges*, 4 juill. 1812, Guilloteau c. Dupin; *Riom*, 4 juill. 1819, R. c. Clavière.

295. — En conséquence, la signification faite par un autre que l'huissier commis ne fait pas courir les délais de l'opposition ou de l'appel. — *Cass.*, 2 déc. 1845, (t. 1er 1846, p. 296), Boissin c. Vachette.

296. — Néanmoins la partie défaillante qui reconnaît avoir reçu copie de la signification faite par un huissier non commis ne peut invoquer la nullité. — *Bourges*, 4 juill. 1812, Guillotteau c. Dupin; *Cass.*, 7 déc. 1813, Bertrand Destours; *Riom*, 19 juin 1819, R. c. Clavière; *Toulouse*, 25 janv. 1822, Forgnes c. Mathieu; — Boncenne, t. 3, p. 52; Bioche, v° *Huissier*, nos 156 à 160; Carré, quest 644; Lepage, n° 48. — V. *contrà* Thomine, t. 1er, p. 289; Berriat, p. 258; Favard, t. 3, p. 746; Chauveau, quest. 644.

297. — La nullité doit être invoquée *in limine litis*. Elle serait couverte par une opposition pure et simple et basée sur les moyens du fond. — *Rennes*, 14 août 1813, Depincé c. Guillot.

298. — En tout cas, la nullité peut être réparée par une signification faite conformément à la loi. — *Riom*, 4 juin 1819, R. c. Clavière.

299. — Le jugement qui a été qualifié par défaut contre avoué, alors même qu'il n'y avait pas réellement avoué en cause, reste soumis, quant à

la signification et à ses conséquences, aux formalités prescrites pour les jugemens par défaut contre partie; ainsi, par exemple, les délais de l'ouverture de l'enquête ordonnée par un tel jugement ne courent qu'à partir de la signification par huissier commis. — *Cass.*, 18 janv. 1830, Aymès

300. — Les dispositions de l'art. 156, C. procéd. civ., sont applicables aux tribunaux de paix. — Carré et Chauveau, quest. 93; Bioche, v° *Juge de paix*, n° 520. — V. *contrà* Delzers, t. 1er, p. 511.

301. — Et aux tribunaux de commerce. — Art. 435, C. proc. civ. — *Orléans*, 26 déc. 1810, N...; *Nancy*, 23 juill. 1813, Begallon c. Lorrain; — Goujet et Merger, v° *Jugement par défaut*, n° 15.

302. — Il faut, toutefois, distinguer, suivant Carré (question 642, note), le cas où la partie a comparu devant le tribunal de commerce en personne ou par un fondé de pouvoir. Le jugement ne pouvant alors être réputé rendu par défaut, faute de comparaître, il n'y a pas lieu à commettre un huissier. — Mais M. Chauveau (sous l'art. 435, C. procéd. civ.) combat avec raison cette doctrine en se fondant, avec Thomine (t. 1er, p. 656), sur la promptitude avec laquelle le jugement peut être exécuté en matière commerciale, ce qui rend d'autant plus importantes les précautions destinées à s'assurer d'une signification bien réelle; d'ailleurs, bien que la partie ait une fois comparu, même par un fondé de pouvoir, elle n'a pas conservé de représentant légal.

303. — Les mêmes raisons de décider existent à propos de la signification des sentences des juges de paix.

304. — On a vu (*suprà*) que le second jugement de défaut rendu après une jonction de profit ne devait pas être signifié par un huissier commis. — Cette règle est applicable à tous les jugemens rendus en pareil cas, soit qu'ils émanent d'un juge de paix ou d'un tribunal consulaire. — *Bourges*, 21 fév. 1829, Poiterneau c. Auperni; — Goujet et Merger, *ibid.*, n° 17; E. Cadrès, p. 105.

305. — Même solution en ce qui concerne la signification d'un jugement par défaut qui déboute d'une opposition à un premier jugement, car ce jugement est réputé contradictoire. — *Bourges*, 21 fév. 1829, Poiterneau c. Auperni; *Paris*, 15 fév. 1843 (t. 2 1843, p. 143), de la Tournade c. Tanquerel; — Carré et Chauveau, quest. 641 3°; Thomine, t. 1er, p. 296; Boncenne, t. 3, p. 72; Bioche, n° 127; Reynaud, p. 218 et 219, v° *Jugement contradictoire*. — V. *contrà* Pigeau, t. 1er, p. 353.

306. — Dans la pratique, l'huissier est ordinairement commis par le jugement même.

307. — Sinon, il est commis par ordonnance du président rendu sur requête. — V. TARIF, art. 76.

308. — La commission peut être faite même par un second jugement. — *Rennes*, 16 nov. 1813, Labbi c. N...

309. — N'est donc pas nul un jugement qui ne commet pas un huissier pour la signification. — *Bourges*, 19 avr. 1829, Rousset c. Poul; *Rennes*, 14 avr. 1822, Gourdon c. Dufreslay.

310. — Thomine (t. 1er, p. 288) pense qu'il est convenable que ce ne soit pas celui qui a donné la première assignation qui soit chargé de signifier ce jugement.

311. — Lors même que le jugement doit être signifié hors du ressort, l'huissier peut être commis par le jugement. Cette voie est plus économique. — C. proc civ., art. 156 — Thomine, t. 1er, p. 295; Boitard, t. 1er, p. 603. — V. *contrà* Carré, quest. 626; Demiau, p. 130.

312. — A défaut de commission dans le jugement, il est désigné par le juge du domicile de la partie défaillante. — *Ibid.* — Carré et Chauveau, quest. 643; Hautefeuille, p. 116. — V. au surplus *suprà*, ce qui a été dit relativement à la commission de l'huissier chargé de réassigner dans le cas de défaut profit-joint.

313. — L'art. 156, C. proc. civ., offre, en effet, une alternative. — *Cass.*, 18 juill. 1833, Horprard c. de Moloré.

314. — Ainsi, le pouvoir de commettre un huissier est valablement délégué par un tribunal, soit à un tribunal de première instance, soit à un juge de paix d'un autre ressort. — Même arrêt. — Bioche, v° *Huissier*, n° 152.

315. — Déléguer le juge du domicile du défendeur pour le choix de l'huissier, c'est déléguer le président du tribunal, et non le tribunal. Cette interprétation résulte clairement de l'art. 76 du Tarif. — *Poitiers*, 11 août 1819, Mareschal c. Mailloteau; *Bourges*, 19 avr. 1829, Rousset c. Potel; — Carré et Chauveau, quest. 643, *Pratic. franç.*, t. 1er, p. 446; Lepage, p. 144; Delaporte, p. 131; Bioche, n° 152, v° *Huissier*; Pigeau, *Comment.*, t. 1er, p. 47.

316. — Quand il a été rendu un jugement de

défaut, et qu'un huissier a été commis pour le signifier, il y a lieu à commettre un autre huissier, si le premier déclare que la partie à laquelle la signification doit être faite a changé de domicile et ne se trouve pas dans son arrondissement. — *Rennes*, 5 oct. 1810, N...

317. — Lorsque plusieurs parties ont intérêt à faire signifier un jugement par défaut, l'huissier commis à la requête de l'une d'elles pour en faire la signification, est censé l'être pour toutes. — *Cass.*, 14 juin 1813; Gauthier c. Arnaud.

318. — Le jugement qui commet un huissier pour en faire la signification ne doit nécessairement pas indiquer son immatricule. — *Besançon*, 16 janv. 1811, Perrin c. Pescheur.

319. — L'ordonnance qui commet l'huissier pour la signification ne doit pas être revêtue de la formule exécutoire. — *Besançon*, 13 mars 1813, Bar c. Caignet.

320. — Si l'huissier commis a fait une signification irrégulière, il peut la réitérer sans nouvelle ordonnance. — *Cass.*, 29 nov. 1810, Laplène. — Merlin, *Rép.*, v° *Signification*, n° 12.

321. — Les nullités de la signification sont opposables au demandeur par le défaillant, bien que l'huissier ne soit pas du choix du demandeur. — *Paris*, 19 août 1807, Jullien c. Rollet; — Pigeau, t. 1er, p. 346; Carré et Chauveau, quest. 627; Bioche, v° *Huissier*, n° 155.

322. — Mais la partie condamnée se prévaudrait inutilement d'une première signification, si, postérieurement, le jugement lui avait été régulièrement signifié en tête d'un commandement. — *Cass.*, 9 nov. 1813, Bernard c. Barthe.

323. — L'huissier commis n'est pas tenu de signifier copie de l'ordonnance qui le nomme. La signification est valable, encore que la copie de l'ordonnance ne contienne pas le nom de l'huissier, s'il est constant qu'elle a été faite par l'huissier commis. — *Rennes*, 2 mai 1820, Leguyadier-Desprès c. Archin.

324. — La production dans une liquidation d'un jugement par défaut ne supplée pas la signification nécessaire pour faire courir les délais de l'appel. — *Paris*, 31 juill. 1828, Conflans c. Emmery.

325. — Une signification du jugement par extrait est-elle valable? — V. *infrà* nos 351 et suiv.

326. — La signification du jugement est faite à la personne ou au domicile de la partie condamnée.

327. — En matière civile, cependant, elle peut être faite au domicile élu dans les actes pour leur exécution. — V° DOMICILE, nos 240, 357 et suiv.

328. — Il a été jugé, toutefois, qu'en matière de radiation d'hypothèque, il ne suffit pas que le jugement soit signifié au domicile élu dans l'inscription, et qu'il doit l'être au domicile réel. — *Cass.*, 29 août 1815, Varry c. Régnier. — Décisions des min. de la justice et des fin., 21 juin et 5 juill. 1808; — Carré et Chauveau, quest. 1907; Favard, v° *Exécution des jugemens*, § 11; Berriat, p. 502; Merlin, *Rép.*, v° *Domicile*, p. 201; Grenier, *Hypoth.*, t. 2, p. 449; Persil, art. 2157, n° 9; Bioche, *Inscript. hypoth.*, n° 119. — V. *contrà* Troplong, n° 739 — V. au surplus RADIATION HYPOTHÉCAIRE.

329. — En matière commerciale, c'est toujours au domicile réel que cette signification doit être faite, bien que le domicile d'élection dans un billet soit attributif de juridiction et que l'assignation y soit valablement donnée. — V. DOMICILE, nos 419 et suiv.

330. — Des significations sont valablement faites au dernier domicile connu, lorsqu'il n'y a eu aucun changement apparent de domicile. — *Douai*, 8 juin 1841 (t. 1er 1842, p. 78), Gruson-David c. Dangicourt; *Amiens*, 21 fév. 1828, Leindet c. hospices de Paris.

331. — L'individu qui, bien qu'en fuite à l'époque de la signification d'un jugement par défaut rendu contre lui, n'a cependant point pris un autre domicile, ne doit pas être considéré comme n'ayant pas de domicile connu. Dès-lors, la signification qui lui est faite dans les formes de l'art. 68, C. procéd., est régulière et fait courir les délais de l'opposition. — *Cass.*, 1er déc. 1842 (t. 1er 1843, p. 497), Gaudry.

332. — Ce n'est que dans le cas où le domicile n'est pas connu que la signification est faite au parquet, conformément à l'art. 69, C. procéd. civ.

333. — Mais la signification d'un jugement est régulièrement faite au parquet du procureur du roi lorsque celui auquel on le signifie a, depuis plusieurs années, abandonné son dernier domicile, et qu'il est sans domicile ni résidence connus. — *Paris*, 15 juin 1843 (t. 2 1843, p. 142), de la Ronnade c. Tanquerel.

334. — Jugé enfin que le domicile n'est pas censé acquis avant la déclaration ordonnée par l'art. 104, C. civ., lorsqu'on n'a fait que manifester

l'intention d'en changer, et que, dans ce cas, les significations faites à l'ancien domicile sont valables. — *Paris*, 28 nov. 1811, Dautent c. Périac. — V. au surplus DOMICILE, nos 231 et s., pour tout ce qui est relatif aux questions de changement de domicile.

335. — La signification du jugement, en matière de commerce, contient, à peine de nullité, élection de domicile dans la commune où elle se fait, si le demandeur n'y est pas domicilié. — C. procéd. civ., art. 435.

336. — ... A moins que le jugement ne prononce aucune condamnation contre le défendeur et lui réserve tous ses droits. — *Cass.*, 29 juill. 1819, Valet c. Rouzé; — Goujet et Merger, vo *Jugement par défaut*, no 20; Emile Cadrès, p. 106.

337. — L'élection de domicile à faire dans la signification du jugement est absolument indépendante de celle qui aurait été faite sur le plumitif, conformément à l'art. 422, C. procéd. civ. — Carré et Chauveau, quest. 1544; Delaporte, t. 1er, p. 399.

338. — L'art. 648, C. comm., n'a donc pas abrogé virtuellement cette disposition de l'art. 435. — — *Bruxelles*, 15 mai 1811, Dumortier c. Hockaert; — Carré, *ibid.*; Pardessus, t. 5, p. 79; Thomine, t. 1er, p. 656.

339. — La signification faite au failli ne dispense pas d'en faire une aux syndics. — *Cass.*, 2 déc. 1815.

340. — Pour que la signification soit valable, il faut encore : 1o que celui à la requête duquel le jugement est signifié ait la libre administration de ses biens; 2o qu'il ait été partie au jugement.

341. — Il est évident que le mineur et l'interdit ne peuvent faire de significations valables, l'exercice de leurs actions appartenant à leur tuteur. — V. TUTEUR, INTERDICTION.

342. — Même solution à l'égard des mineurs émancipés, des prodigues que n'assistent pas leurs curateurs ou leurs conseils judiciaires. — V. ÉMANCIPATION, nos 104 et suiv.

343. — La signification faite à la requête d'une partie décédée est nulle. — *Limoges*, 9 fév. 1827, Prévost c. Laroche.

344. — ... De même que celle faite à la requête de l'avoué de la partie. — *Bruxelles*, 12 (et non 14) janv. 1812, Lamberts c. Stractman. — V., au surplus, vo APPEL, nos 851 et suiv., la solution de diverses questions relatives à la signification des jugemens.

345. — La signification d'un jugement par défaut contre partie peut-elle, lorsqu'elle est faite plus de six mois après la date du jugement, constituer un acte valable dans le sens de l'art. 399, C. procéd. civ., et interrompre la péremption de l'instance principale ? La négative a été consacrée par un arrêt de la cour de Grenoble, 17 fév. 1842 (t. 2 1842, p. 506), Faure c. Gautheron. — V. PÉREMPTION D'INSTANCE.

Sect. 2e. — *Défaut contre avoué, ou faute de conclure.*

346. — Le jugement par défaut faute de conclure doit être signifié d'abord à l'avoué du défaillant, puis à la partie, soit à personne ou domicile, soit au domicile élu pour l'exécution de l'acte litigieux. — V. *suprà* nos 326 et 327.

347. — Si, depuis le jugement, l'avoué du défaillant est décédé ou a cessé ses fonctions, la signification doit être faite uniquement à la partie, en mentionnant le décès ou la cessation des fonctions de l'avoué.

348. — En matière commerciale, la signification ne peut être faite au domicile élu pour le paiement. — V *suprà* no 329.

349. — Mais elle serait valablement faite au domicile élu en exécution de l'art. 422, C. procéd. civ.

350. — ... Ou, à défaut de cette élection, au greffe du tribunal qui a rendu le jugement. — — *Cass.*, 13 nov. 1822, Albert c. Dejean; *Bruxelles*, 15 mai 1811, Dumortier c. Hockaert.

351. — Il faut que le jugement soit signifié en entier. — *Orléans*, 14 fév. 1815, Menayer; *Besançon*, 12 fév. 1810, Boutechoux c. Perrin.

352. — Jugé cependant que la copie d'un jugement signifié à avoué est valable, quoiqu'elle ne réfère pas en entier l'intitulé et la formule exécutoire, et n'en relate que les premiers mots suivis d'un *et cætera*. — *Rennes*, 12 déc. 1817, Troguendy c. Banté. — V. *contrà Besançon*, 12 fév. 1810, Boutechoux c. Perrin.

353. — Jugé encore que la signification par extrait d'un jugement ordonnant une enquête, suffit pour faire courir les délais dans lesquels on doit procéder à cette instruction, pourvu que cet extrait contienne le dispositif du jugement, les frais, et le nom du juge-commissaire. — *Bruxelles*, 6 avr. 1831, Gérard c. Lelong. — V. au surplus ENQUÊTE, nos 231 et suiv.

354. — Le jugement contradictoire ne peut être levé sans que *les qualités* aient été préalablement signifiées à avoué et réglées. — V. JUGEMENT. — Il n'en est pas de même en matière de jugement par défaut contre avoué.

355. — La signification du jugement par défaut faute de conclure peut être faite par tout huissier choisi par la partie qui a obtenu le jugement.

356. — Ainsi, un huissier de première instance a le droit de signifier l'arrêt par défaut rendu par une cour royale. — *Bruxelles*, 14 août 1810, Stractman c. Lambrets.

357. — La signification faite à l'avoué du défaillant, dans la forme usitée pour les actes d'avoué à avoué, est valable. — *Metz*, 28 nov. 1822, Hyon c. Sonnet.

358. — Pour faire courir les délais de l'appel, il faut une signification à personne ou à domicile. — *Paris*, 10 août 1811, de Calvesson c. Constand.

359. — ... De même que pour exécuter le jugement. — *Rennes*, 26 avr. 1815, Brancau c. Cusson.

360. — Mais la signification à avoué suffit pour faire courir les délais de l'opposition. — C. procéd., art. 153.

361. — En matière de justice de paix ou de commerce la signification à avoué est remplacée par la signification à la partie. — V. *suprà* nos 326.

CHAPITRE V. — *De l'exécution des jugemens par défaut.*

362. — Le Code de procédure a tracé des règles spéciales pour l'exécution des jugemens par défaut, tant vis-à-vis des parties (V. *infrà* sect. 1re et 2e) qu'à l'égard des tiers (V. *infrà* sect. 3e).

363. — Il importe d'autant plus d'exécuter promptement les jugemens par défaut, que l'exécution emporte le plus souvent pour la partie défaillante déchéance du droit d'opposition.

364. — Aux termes de l'art. 156, C. procéd., les jugemens par défaut contre partie, ou faute de comparaître, rendus par les tribunaux civils, doivent au surplus être exécutés dans les six mois de leur obtention, à peine de péremption, c'est-à-dire d'être réputés non avenus.

365. — Cette disposition est applicable aux jugemens par défaut faute de comparaître rendus par les tribunaux de commerce.

366. — Elle ne l'est pas, au contraire, aux jugemens de justice de paix.

Sect. 1re. — *Jugement par défaut contre partie, ou faute de comparaître.*

§ 1er. — *Suspension de l'exécution.*

367. — Aux termes de l'art. 155, C. procéd., l'exécution des jugemens rendus par défaut contre partie ne peut avoir lieu avant la huitaine de leur signification à personne ou à domicile.

368. — ... A moins qu'en cas d'urgence, l'exécution n'en ait été ordonnée avant l'expiration de ce délai dans les cas prévus par l'art. 155, C. proc. — V. EXÉCUTION PROVISOIRE.

369. — ... Et même, hors de ces cas, si l'urgence est telle qu'il y ait péril en la demeure. — Carré-Chauveau, quest. 640. — V. EXÉCUTION PROVISOIRE, no 11.

370. — Le législateur a voulu que la partie défaillante fût mise en demeure, par la signification du jugement, de l'exécuter ou de s'y opposer.

371. — Toutefois, ces dispositions ne sont applicables qu'aux jugemens rendus par les tribunaux civils. — Elles ne régissent pas les sentences émanées des juges de paix ou des tribunaux de commerce. Le caractère éminemment urgent des contestations soumises à ces juridictions ne permet pas de suspendre l'exécution des décisions rendues même par défaut.

372. — En matière commerciale, les jugemens sont exécutoires un jour après leur signification. — C. procéd., art. 435. — V. EXÉCUTION DES ACTES ET JUGEMENS.

373. — ... C'est-à-dire que le jugement signifié le 1er sera exécutoire dès le 3.

374. — En justice de paix, ils ne sont exécutoires qu'après le délai de l'opposition, qui est de trois jours. L'exécution provisoire ne peut être ordonnée nonobstant opposition, à moins qu'il n'y ait péril en la demeure. — V. EXÉCUTION PROVISOIRE, nos 235 et 236.

375. — A l'égard des jugemens rendus par les tribunaux civils, les actes d'exécution seuls son prohibés pendant la huitaine lorsque le jugement n'est pas exécutoire par provision; les actes conservatoires sont toujours autorisés.

376. — Tels sont : l'inscription d'hypothèque judiciaire. — *Paris*, 23 juill. 1840 (t. 2 1840, p. 220), Mondor de Laigle c. Pelletan. — On a vu (*suprà*) que l'inscription pouvait même avoir lieu avant la signification.

377. — ... L'apposition des scellés sur les biens d'une succession échue au débiteur.

378. — Jugé, au contraire, qu'une saisie-arrêt serait nulle, parce qu'elle n'aurait pas un caractère purement conservatoire et qu'elle constituerait un acte d'exécution. — *Paris*, 23 juill. 1840 (t. 2 1840, p. 220), Mondor de l'Aigle c. Pelletan.

379. — Pareillement, l'enquête ordonnée par un jugement rendu par défaut faute de comparaître, ne peut être commencée qu'après la signification, à peine de nullité. — V. ENQUÊTE, nos 218 et suiv.

380. — Lorsque les conclusions du demandeur n'ont été adjugées qu'à la condition de prêter serment, la prestation de serment ne peut avoir lieu qu'après la huitaine. — *Colmar*, 19 déc. 1835, Onimus c. Dreyfuss.

381. — Mais on peut, dans la huitaine, signifier le jugement qui ordonne qu'une partie prêtera serment, avec sommation de s'y conformer, pourvu que le jour indiqué pour la prestation soit en dehors du délai. — *Grenoble*, 11 fév. 1813, Barbier c. Poncet.

382. — La huitaine est franche. — *Caen*, 6 fév. 1825, Bertaud; — Boncenne, t. 3, p. 47; Thomine, t. 1er, p. 293; Carré et Chauveau, quest. 636; Delaporte, t. 1er, p. 85; Bioche, no 335.

383. — Mais elle n'est pas augmentée à raison des distances; le commandement qui précède l'exécution devant nécessairement contenir élection de domicile sur les lieux, le défendeur a la faculté d'y signifier ses offres et son opposition. — Carré, quest. 637; Chauveau sur Carré, quest. 3440; Pigeau, t. 1er, 471; Thomine, t. 1er, p. 293; Bioche, no 336.

384. — ... Peu importe que le jugement ne soit pas directement exécutoire contre le défaillant, par exemple, qu'il ordonne simplement une radiation, dépens compensés. — Chauveau, *ibid.* — V. *contrà* Carré et Bioche, *ibid.*

385. — Boncenne (t. 3, p, 47) enseigne qu'il faut ajouter un jour par trois myriamètres de distance; autrement, dit-il, le but de la loi serait manqué. — Nous croyons que c'est là une erreur.

386. — L'étranger ne jouit pas non plus de l'augmentation des délais indiqués dans l'art. 73, C. procéd. civ. — Locré, t. 21, p. 583.

387. — Le délai expiré, l'exécution du jugement peut avoir lieu, tant que le défendeur n'y forme pas opposition, encore bien que les délais pour la former ne soient pas expirés. — Tarrible, *Rép.*, vo *Saisie immobilière*, § 5, no 5; Bioche, no 338.

388. — L'opposition n'arrêterait même pas les poursuites, si le jugement avait été rendu exécutoire par provision, nonobstant opposition. — V. *infrà*.

389. — Lorsqu'aux termes de l'art. 155, C. procéd. civ., l'exécution provisoire a été ordonnée avant l'expiration du délai de huitaine, le jugement peut être exécuté immédiatement après sa signification.

390. — ... Et même sur minute, s'il en a ainsi été ordonné, à raison du péril en la demeure. — V. EXÉCUTION PROVISOIRE, art. 123 et 124.

391. — Il existe quelques exceptions au principe que l'exécution des jugemens par défaut non exécutoires par provision est suspendue pendant la huitaine de la signification.

392. — Ainsi, on n'est pas obligé d'attendre cette huitaine pour exécuter un jugement d'adjudication rendu par défaut en matière de saisie immobilière. — *Bordeaux*, 6 avr. 1827, Moureau c. Beysselance.

393. — ... Ni pour exécuter un jugement qui prononce une séparation de biens. — *Amiens*, 19 fév. 1824, Delatte; *Toulouse*, 23 août 1827, Montant c. Garnau. — V. SÉPARATION DE BIENS. — V. *contrà*, *Caen*, 6 mai 1825, Bertaud.

394. — ... Ou enfin, un jugement qui statue par défaut, après la jonction du profit, puisque le jugement est réputé contradictoire. — *Toulouse*, 21 janv. 1838 (t. 3 1844 à sa date), Lafont Caseins c. Larivière.

§ 2. — *Actes qui constituent l'exécution et la connaissance de l'exécution du jugement.*

395. — Il est de la plus grande importance de bien déterminer les actes qui constituent l'exécution d'un jugement par défaut, et qui impliquent de la part du défaillant la connaissance de cette exécution pour décider : 1o quand l'opposition cesse d'être recevable; 2o quand le jugement

n'est plus susceptible de tomber en péremption.

396. — D'après l'art. 159, C. proc. civ., le jugement est réputé exécuté, lorsque les meubles saisis ont été vendus, ou que le condamné a été emprisonné ou recommandé, ou que la saisie d'un ou de plusieurs de ses immeubles lui a été notifiée ; ou que les frais ont été payés ; ou enfin lorsqu'il y a un acte duquel il résulte nécessairement que l'exécution du jugement a été connue de la partie défaillante.

397. — De l'examen de cet article il ressort qu'il n'est pas nécessaire que l'exécution du jugement par défaut soit entièrement achevée pour que le jugement soit réputé exécuté.

398. — En effet, l'entière exécution, c'est le paiement de ce qui est dû aux créanciers. Or, cette exécution réelle n'est pas exigée et ne pouvait pas l'être par la loi ; car souvent elle eût été impossible.

399. — Mais il résulte aussi de cet article qu'un acte quelconque d'exécution ne suffit pas pour entraîner la déchéance du droit d'opposition. En résumé, exiger l'exécution entière, c'eût été trop ; n'exiger qu'un acte d'exécution, c'eût été trop peu.

400. — L'orateur du gouvernement disait que le législateur, en indiquant les actes par lesquels un jugement serait réputé exécuté, avait entendu couper court à toute difficulté ; mais malheureusement il est loin d'avoir atteint le but qu'il se proposait. L'art. 159 a, en effet, été la source des plus vives controverses et d'une foule de décisions incohérentes.

401. — Pour apprécier sainement ces décisions, il convient, avant tout, de rechercher quel a été l'esprit du législateur et de poser quelques principes.

402. — Le droit de former opposition aux jugemens rendus par défaut faute de comparaître est fondé sur la crainte que le défaillant n'ait pas été averti des poursuites ; mais cette crainte cède à la présomption légale résultant des différens actes d'exécution énumérés dans la première partie de l'art. 159. Ainsi quand les meubles du débiteur ont été vendus, quand sa personne a été emprisonnée ou recommandée, quand les frais ont été payés, ou bien enfin quand la saisie de ses immeubles lui a été notifiée, alors on ne s'inquiète plus de savoir s'il a eu ou n'a pas eu connaissance des actes d'exécution, parce que la loi présume qu'il n'a pu les ignorer. — *Cass.*, 23 mars 1825, de Brancas.

403. — La force de cette présomption légale est telle, que la cour de Poitiers (31 août 1842, t. 1er 1843, p. 348, Robain c. Bauré) a rejeté l'opposition d'un individu notoirement imbécile contre un jugement exécuté par la vente de son mobilier, abandonnant ainsi la doctrine qu'elle avait émise lors de l'arrêt interlocutoire rendu le 1er fév. 1842 (t. 1er 1842, p. 749) entre les mêmes parties.

404. — Lorsque, au contraire, aucun des modes d'exécution indiqués par l'art. 159 n'a pu être employé, il faut, pour enlever à la partie le droit de former opposition au jugement, que de l'acte d'exécution, de quelque nature qu'il soit, résulte la preuve qu'elle en a eu connaissance ; mais il ne suffit pas qu'elle ait eu connaissance du jugement, comme l'enseigne à tort Boncenne, t. 3, p. 77.

405. — Il serait donc prouvé par la signature, par l'aveu du défaillant, que le jugement lui a été communiqué, soit par la signification, soit autrement, que cela ne suffirait pas pour rendre l'opposition non-recevable. — *Colmar*, 16 déc. 1812, N..... ; *Limoges*, 11 août 1821, Gaillard c. Dulac ; *Agen*, 17 juin 1831, Laborde c. Dagurais ; *Cass.*, 24 juin 1834, Terhaut c. Surmont ; *Toulouse*, 8 mars 1842 (t. 2 1844, p. 610), Meunier c. Andrieu ; — Chauveau sur Carré, quest. 663, p. 114, § 4.

406. — Boncenne cite à l'appui de sa doctrine un arrêt de la cour de Paris du 29 août 1814 (Souchet c. Leportier). Mais il importe de remarquer qu'entre autres motifs, la cour de Paris s'est fondée sur ce qu'il résultait des faits de la cause que la partie défaillante avait exécuté le jugement.

407. — L'exécution non connue de la partie empêche seulement la péremption du jugement, parce que la péremption est une peine qu'il ne faut pas étendre ; mais elle ne rend pas l'opposition non-recevable.

408. — L'exécution du jugement, est-elle, au contraire *complète et irréparable*, non seulement la péremption du jugement n'est plus possible, mais encore l'opposition n'est plus admissible, et cela quand bien même cette exécution n'aurait pas été portée à la connaissance de la partie défaillante.

409. — La force même des choses veut qu'il en soit ainsi. Il est seulement indispensable que l'exécution soit tout à la fois *complète et irréparable.*

410. — Par exemple, la célébration du mariage est une exécution complète et irréparable du jugement qui prononce main-levée de l'opposition à mariage.

411. — Mais l'exécution tout en étant complète peut être réparable. Alors la voie de l'opposition reste ouverte tant que la partie n'en a pas connaissance.

412. — Par exemple, s'il s'agit d'une inscription hypothécaire ou d'une radiation à opérer sur les registres de l'état civil, l'exécution résultera certainement du fait de l'inscription ou de la radiation ; mais cette exécution ne rendra pas la partie non-recevable dans son opposition, si d'ailleurs elle ne lui a pas été dénoncée.

413. — Cette théorie, professée par MM. Chauveau sur Carré (quest. 663), Boitard (t. 1er, p. 614 et suiv.), Bioche et Goujet (no 178), Pigeau (*Comm.*, t. 1er, p. 365) et Thomine (t. 1er, p. 303), nous paraît offrir une excellente interprétation de l'art. 159.

414. — La partie qui a obtenu le jugement a le droit de l'exécuter par le moyen qui lui paraît le plus convenable. Il suffit donc que le mode d'exécution par elle adopté ait été poussé jusqu'à ses dernières limites, pour que l'exécution soit réputée complète. Elle n'est pas obligée de recourir à des mesures d'une autre nature. — Carré-Chauveau, quest. 663.

415. — Toutefois, selon M. Bioche (no 180), s'il est possible de compléter les formalités de l'un des modes d'exécution indiqués par la loi, c'est celui-là qu'il faut choisir.

416. — Ces explications générales une fois données, nous allons examiner successivement les difficultés spéciales qui se sont élevées sur les divers paragraphes de l'art. 159 et qui se rattachent plus particulièrement à chacun des actes d'exécution énumérés par cet article.

417. — *Saisie et vente des meubles.* — Pour qu'il y ait présomption légale que le défendeur a eu connaissance de l'exécution du jugement, il ne suffit pas que ses meubles aient été saisis ; il est indispensable qu'ils aient été vendus.

418. — Mais lorsque cette double condition existe, la présomption établie par l'art. 159, que l'exécution du jugement a été connue du débiteur, ne peut être détruite par des présomptions arbitraires tirées des faits de la cause ; et, par exemple, de ce que la vente ne comprendrait que quelques effets de peu de valeur et aurait été faite dans un lieu où la partie condamnée ne se trouvait pas et n'aurait jamais eu, à proprement parler, de domicile ni de résidence. — *Cass.*, 30 juill. 1845 (t. 2 1845, p. 376), Terré c. de Gricourt. — Cet arrêt a cassé un arrêt de la cour de Paris du 2 janv. 1840 (t. 1er 1840, p. 161).

419. — C'est donc à tort qu'il a été jugé que la vente d'effets de commerce hors la maison du débiteur saisi n'a pas les mêmes effets que la vente des meubles. — *Orléans*, 5 janv. 1821, Tribert c. Sentier. — V. cependant l'observation critique de M. Chauveau, quest. 663, p. 114.

420. — Ainsi la saisie-exécution pratiquée par l'huissier *au domicile* du débiteur, ne suffit pas pour lui fermer la voie de l'opposition. — *Lyon*, 4 déc. 1810, Julien c. Penu ; *Trèves*, 13 fév. 1811, Ziph c. Dœrler ; *Cass.*, 18 avr. 1811, Charlier c. Carré ; — Pigeau, *Comment.*, t. 1er, p. 173 ; Carré-Chauveau, quest. 663 ; Bioche, no 183.

421. — ... Non plus qu'une saisie brandon. — Carré et Chauveau, quest. 663.

422. — Cette solution a été appliquée en matière commerciale. — *Besançon*, 12 déc. 1812, N.

423. — A propos de la saisie des rentes, un système mixte entre la saisie d'objets mobiliers corporels et la saisie immobilière, a été proposé par Pigeau (*Comment.*, t. 1er, p. 364), et a reçu l'approbation de Carré (quest. 663, p. 94, no 2) ; mais nous ne saurions l'adopter. Une rente étant un meuble, la vente en doit être consommée, pour qu'il y ait exécution dans les termes de l'art. 159. — Chauveau, quest. 663, p. 109, no 1er.

424. — Les juges sont seulement appelés, en pareil cas, à décider, par appréciation des circonstances de la cause, s'il y a eu exécution connue du débiteur.

425. — Ainsi, le jugement peut être réputé exécuté, lorsque les meubles ayant été soustraits après la saisie, il a été dressé procès-verbal de non reproduction. — *Besançon*, 16 fév. 1811, Perrin c. Pescheur.

426. — Il en est de même dans les cas où la saisie a été faite contradictoirement avec le débiteur. — Poncet, t. 1er, p. 378 ; Bioche, no 184 ; Chauveau sur Carré, quest. 663, p. 113, § 3.

427. — ... Par exemple, si le débiteur a fourni un gardien volontaire. — *Limoges*, 27 mars 1816, Dumas c. N. ; *Riom*, 2 juin 1817, Blanc c. Mirande ; *Cass.* 8 mars 1836, de Terrebasse c. Givorel.

428. — Jugé, au contraire, que le fait par la partie saisie de s'être proposée pour gardien n'est pas un acquiescement au jugement. — *Poitiers*, 9 mars 1827, Bion c. Laloux ; *Cass.*, 31 janv. 1828, Fournier c. Mouchonnet.

429. — Il y a encore exécution lorsque c'est le débiteur qui a sollicité la remise de la vente, sollicitation constatée par la correspondance. — *Paris*, 23 juin 1810, Faclet c. Lemaire.

430. — La preuve que le sursis n'a été accordé qu'à la demande du débiteur, peut résulter de la déclaration de l'huissier, pourvu qu'elle soit signée du débiteur. — Thomine, t. 1er, p. 303.

431. — Même solution dans le cas où la vente a été empêchée par la résistance du débiteur. — *Montpellier*, 20 août 1810, Bouvrel c. Doutre.

432. — ... Ou par le fait d'un tiers, à la condition toutefois que le débiteur ait eu connaissance de la tentative de vente. — *Riom*, 20 juin 1817, Blanc c. Mirande.

433. — Un procès-verbal de carence peut-il être assimilé à un procès-verbal de saisie suivi de vente.

434. — Quant à la question de savoir, lorsqu'il existe une précédente saisie, si le procès-verbal de récolement dressé par l'huissier qui se présente pour saisir, équivaut à une complète exécution.

435. — Lorsque l'huissier se présente pour saisir des meubles qui sont sous les scellés, comment le jugement par défaut sera-t-il exécuté ? A cette question, posée par Carré, voici la solution donnée par Chauveau (quest. 663 *bis*). Si le jugement condamne le défunt, ce n'est pas une saisie-exécution qu'il faut faire sur les meubles placés sous le scellé. Les art. 926 et 927 déterminent la forme des oppositions. L'art. 931 prescrit d'appeler les opposans. Les articles suivans règlent le mode de présence à la levée des scellés. L'art. 826, C. civ., ordonne la vente des meubles de la succession pour payer les dettes, en cas d'opposition de créanciers, conformément aux dispositions des art. 945 et suiv., C. procéd. civ. Enfin, en vertu des art. 656 et suiv., C. procéd. civ., les deniers provenant de la vente sont distribués aux créanciers. Comme l'art. 159 n'exige que la vente des meubles ; il est certain que le jugement est réputé exécuté, même avant la distribution par contribution. Si les créanciers qui se sont opposés à la levée des scellés sont les créanciers d'un des cohéritiers, l'art. 826, C. civ., n'est plus applicable ; c'est l'art. 882 qui donne le droit à ces créanciers d'assister au partage des meubles, de les saisir à l'instant même, s'ils sont partagés en nature ; et si, au contraire, ils sont vendus, d'en saisir-arrêter la valeur entre les mains du commissaire-priseur.

436. — Un commandement, même celui qui a été signifié à la personne du débiteur, est inefficace pour rendre l'opposition non-recevable. — *Orléans*, 28 mars 1814, N. ; *Paris*, 14 janv. 1815, Chariette c. Flamand ; *Cass.*, 10 nov. 1817, Darras c. Poullain ; *Bruxelles*, 7 oct. 1819, Dewries c. Lonwick ; *Riom*, 9 juin 1820, Garde c. Chopard ; *Limoges*, 22 juill. 1839 (t. 2 1839, p. 597), Legrot c. Maingasson ; — Carré et Chauveau, quest. 663, p. 112 ; Poncet, t. 1er, p. 378. — V. *contrà Riom*, 12 fév. 1825, Bonafos de la Mothe c. Desalle. — *Bruxelles*, 26 mars 1822, Hugh c. Perrin ; — Delaporte t. 1er, p. 614.

437. — Un commandement n'est pas, en effet, un acte d'exécution. C'est le préliminaire, l'avertissement de l'exécution. Il ne pourrait donc pas même empêcher la péremption. — Carré et Chauveau, quest. 647. — V. *contrà* Lepage, p. 159. — *Limoges*, 11 août 1821, Gaillard c. Dulac. — V. *contrà Toulouse*, 8 avr. 1813, Izard c. Gaulezac ; *Paris*, 14 janv. 1815, Mariette c. Flamand ; *Riom*, 9 juin 1820, Garde c. Chopard.

438. — Cependant, lorsque sur un commandement ou un itératif commandement, il intervient une opposition de la part du défaillant, la péremption n'est plus à craindre, quand bien même l'opposition ne serait pas renouvelée dans la huitaine par requête ; car, il y a là un fait du débiteur, un obstacle légal à l'exécution du jugement. — *Cass.*, 3 déc. 1822, Biaggini c. Pusicani ; *Lyon*, 4 fév. 1825, Desneaux c. Deshouilles ; *Riom*, 12 fév. 1825, Bonafos de la Mothe c. Desalle ; *Poitiers*, 29 avr. 1825, Verger c. Andouin ; *Limoges*, 10 août 1825, Seigne c. Lemarchand ; *Nancy*, 14 fév. 1828, synd. Lazarre c. Claude ; *Toulouse*, 5 fév. 1831, Leygue c. Eyde ; *Poitiers*, 30 déc. 1831, Maurin c. Bardou. — V. *contrà Lyon*, 4 déc. (et non sept.) 1810, Laurent c. Pénu ; *Limoges*, 24 janv. 1816, Gruand c. Sudré ; — Reynaud, no 245 ; Merlin, *Rép.*, vo *Péremption*, § 2, no 16.

439. — Ces arrêts ont été plus loin, ils ont décidé que le jugement était réputé exécuté, à tel point que si l'opposition n'était pas réitérée conformément à la loi, il n'était plus possible au débiteur

d'en former une nouvelle. Nous ne partageons pas cette doctrine.

440. — Nul doute, au contraire, qu'il n'y ait exécution dans le sens de l'art. 159, lorsque l'opposition intervient sur un procès-verbal de saisie, ne dût-elle pas être renouvelée dans la huitaine. — *Paris*, 31 déc. 1811, Amelin c. Durieux; *Riom*, 2 août 1818, Bastide c. Camneil; *Agen*, 25 janv. 1834, Daguran c. Drouillet; *Toulouse*, 7 avr. 1840 (t. 1er 1841, p. 502), Rivals c. Gaillard.

441. — En ce cas il y a, en effet, acte d'exécution et acte connu de la partie défaillante.

442. — On peut donc poser ce principe que toute déclaration d'opposition est interruptive de la péremption.

443. — La preuve de l'opposition résulte même, en pareille circonstance, de la simple déclaration de l'huissier. — *Riom*, 2 août 1818, Bastide c. Camnil.

444. — *Emprisonnement, recommandation.* — Un procès-verbal de capture du débiteur n'équivaut pas en général à l'emprisonnement, qui n'est effectué que par l'écrou, aux termes de l'art. 789, C. procéd. — *Colmar*, 16 déc. 1812, N...; — Carré, quest. 663; Pigeau, *Comm.*, t. 1er, p. 365.

445. — Le procès-verbal de capture suffit, au surplus, dans tous les cas, pour mettre le jugement à l'abri de la péremption

446. — Il constitue, en effet, incontestablement un acte d'exécution. — Boncenne, *ibid.*; Boitard, t. 1er, p. 628.

447. — *Saisie des immeubles.* — En pareil cas, la vente n'est plus exigée comme lorsque l'exécution est poursuivie sur les meubles du débiteur, la dénonciation du procès-verbal de saisie suffit (V. art. 677, L. 2 juin 1841). — Cette différence vient, d'une part, de ce que la procédure de saisie immobilière est très compliquée, et qu'il eût été trop long d'attendre qu'elle fût mise à fin, et, d'autre part, de ce qu'elle comporte une publicité telle que le débiteur ne peut l'ignorer quand le procès-verbal lui a été dénoncé.

448. — Toutefois, si la saisie immobilière est pratiquée sur un étranger, et que la dénonciation lui en soit faite au parquet conformément à l'art. 69, C. procéd., il est juste qu'il ne soit déchu du droit de former opposition au jugement qu'après l'expiration des délais fixés par l'art. 73, C. procéd. En effet, la présomption légale de l'art. 159 est démentie par la réalité. — *Trèves*, 17 fév. 1813, Remach c. de Neddersdorff; — Carré et Chauveau, art. 158, note 4°; Bioche, n° 188; Pigeau, t. 1er, p. 357.

449. — Jugé que l'arrêt qui a ordonné la continuation de poursuites en expropriation forcée, est réputé exécuté par l'apposition des placards et les notifications qui en ont été faites au saisi en vertu de cet arrêt. En conséquence, le saisi est non-recevable à y former opposition. — *Grenoble*, 17 déc. 1827, Ginot c. Gizon.

450. — *Paiement des frais.* — Le paiement des frais par le défendeur renferme évidemment un acquiescement au jugement, puisqu'il constitue une exécution volontaire. — *Paris*, 26 août 1812, Moroy c. Lecou. — V. ACQUIESCEMENT, n° 287.

451. — Mais des réserves faites lors du payement des frais conserveraient à la partie la voie de l'opposition. — V. ACQUIESCEMENT, nos 298 et suiv.

452. — Nul doute encore que le paiement des frais s'appliquant à un jugement qui statue sur une question d'ordre public, une question d'état, par exemple, ne puisse être opposé à la partie qui a payé. — *Rennes*, 2 janv. 1822, Pourhiet c. Le Bozec.

453. — Bien qu'en matière civile l'exécution provisoire ne puisse être prononcée pour les dépens (v° EXÉCUTION PROVISOIRE), il a été jugé qu'une partie avait pu se méprendre sur les conséquences de l'exécution provisoire prononcée contre elle, et que la consignation ou le paiement des dépens avec le principal ne l'avait pas rendue non-recevable à appeler du jugement. Cette solution s'applique évidemment à l'opposition comme à l'appel. — *Bordeaux*, 16 mars 1827, Gardet c. Monribot.

454. — En matière commerciale, au contraire, l'exécution provisoire peut être prononcée pour les dépens; par conséquent, le paiement des frais n'emporte pas déchéance de l'opposition. — V. EXÉCUTION PROVISOIRE, n° 247.

455. — Si le paiement des frais n'a été fait qu'en dehors de la partie condamnée, par exemple, au moyen d'un prélèvement ordonné sur des sommes lui appartenant et déposées à la caisse des consignations, l'opposition est également recevable. — *Cass.*, 7 déc. 1836 (t. 1er 1837, p. 182), Melles c. Rey.

456. — Ne sauraient encore être considérées comme un acquiescement 1° une opposition à la taxe. — V. FRAIS ET DÉPENS (matière civile).

457. — 2° La simple offre de payer les frais. — *Colmar*, 25 nov. 1809, Brunner c. Verges.

458. — Le paiement des frais, invoqué, comme acte d'exécution de la part de la partie condamnée, ne peut être prouvé par témoins. — *Bruxelles*, 7 oct. 1814, Vandame Deronck c. Baker.

459. — Jugé que le créancier porteur d'un jugement par défaut ne peut être forcé à recevoir les frais de la main d'un tiers. Ce paiement pourrait en effet lui ôter le seul moyen qu'il ait d'exécuter ce jugement. — *Paris*, 13 mai 1814, Bouilly de Dore c. Rollin; — Chauveau sur Carré, quest. 664; Bioche, n° 370. — V. cependant Poncet, t. 1er, p. 381.

460. — *Actes non spécifiés par la loi.* — Il importe de remarquer que la question de savoir si certains actes peuvent être réputés *exécution* dans le sens de l'art. 159 est une question de droit et non pas une question de fait exclusivement abandonnée aux juges de première instance et d'appel. — *Cass.*, 20 juin 1812, Simon c. Daubesse; 23 mars 1825, de Brancas; 24 mai 1827, Leblanc de Sérigny c. Loison; 24 juin 1834, Terhault c. Surmont; 7 déc. 1837 (t. 1er 1837, p. 182), Melles c. Rey.

461. — Au contraire, la question de savoir si le défaillant a eu connaissance de l'exécution est une question de fait échappant à la censure de la cour suprême. — *Rennes*, 26 mars 1817, Christien c. Dubodon; *Cass.*, 1er mai 1823, Boisselet c. Vanvilliers; 5 déc. 1838 (t. 1er 1839, p. 133, Boode c. Larrouy.

462. — Comme, d'ailleurs, la solution de cette question est toujours subordonnée aux circonstances particulières de la cause, les décisions que nous allons rapporter ne doivent être admises qu'avec une certaine réserve et comme offrant des analogies avec les différens cas qui peuvent se présenter dans la pratique.

463. — Il a été jugé 1° que les protestations d'un défendeur à une demande en interdiction, sur le procès-verbal de prise de possession de l'administrateur provisoire équivalaient à la connaissance de l'exécution du jugement par défaut qui nommait cet administrateur. — *Cass.*, 10 août 1825, Vigouroux c. Pons.

464. — Quant au jugement qui prononce par défaut une interdiction, la signification qui en est faite par huissier commis et la publicité qui lui est donnée par les affiches ne rendent pas l'opposition non recevable. — *Nancy*, 26 janv. 1844 (t. 2 1844, p. 141), Hussenot c. Neret. — V. d'ailleurs INTERDICTION.

465. — Mais l'exécution et la connaissance de l'exécution résultent abondamment de la nomination du tuteur, de la signification du jugement, de la vente des biens de l'interdit, précédée de l'avis du conseil de famille, et de ce fait que pendant dix ans et sous les yeux de l'interdit, le tuteur a administré ses biens, sans opposition de sa part. — *Cass.*, 24 déc. 1838 (t. 1er 1839, p. 33), Ronjon c. Vidal.

466. — ... 2° Qu'une saisie-arrêt équivaut à une exécution dans le sens de l'art. 159, lorsque, sur la demande en validité, le défendeur constitue avoué. — *Cass.*, 30 juin 1812, Simon c. Daubisse; 22 mai 1827, Leblanc de Serigny c. Loison; — Boncenne, t. 3, p. 82; Carré et Chauveau quest. 663, p. 113; Roger, n° 478; Bioche, n° 201; Reynaud, p. 224; Pigeau, *Comment.*, t. 1er, p. 364.

467. — ... Ou bien, à *fortiori*, lorsque la saisie est validée par un jugement contradictoire. — *Lyon*, 28 fév. 1825, Boissonet c. Gazan.

468. — Un arrêt de la cour de Paris du 15 (et non 24) février 1825 (Hugot c. Robillard) a attribué les mêmes effets à une saisie-arrêt validée par jugement par défaut. — Mais c'est à tort, selon nous : le jugement par défaut qui prononçait sur la validité de la poursuite, n'ayant pas été exécuté, la partie défaillante ne pouvait être réputée avoir connu l'exécution — *Contrà* Boncenne, t. 3, p. 83.

469. — Même solution dans le cas où la saisie-arrêt aurait été simplement dénoncée à la partie défaillante. — *Contrà Nîmes*, 16 (et non 27) août 1809, Vernet. — Boncenne t. 3, p. 83.

470. — En résumé, la saisie-arrêt est bien un acte d'exécution lorsqu'elle est suivie d'une demande en validité (*Metz*, 21 juin 1822, Dhermange c. Plier); mais elle met seulement le jugement par défaut à l'abri de la péremption.

471. — Le jugement ne serait pas non plus exécuté dans le sens de l'art. 159, s'il résultait des circonstances de la cause que l'avoué de la partie défaillante se serait constitué d'office sur la demande en validité de la saisie, et sans que son client ait eu le temps d'autoriser cette constitution. — *Bourges*, 31 déc. 1833, Loison c. Leblanc.

472. — Dans le cas où il n'y a pas eu constitution d'avoué, le jugement par défaut n'est complétement exécuté que lorsqu'il y a eu vente des objets saisis, si la saisie-arrêt frappe des objets corporels. — Pigeau, *Comment.*, t. 1er, p. 364; Carré, quest. 663, p. 96, n° 2; Chauveau, *ibid.*, p. 109.

473. — Si au lieu de porter sur des objets corporels susceptibles de vente, la saisie frappe sur des sommes d'argent, le paiement que fait le tiers-saisi empêche la péremption du jugement, mais ne prive pas la partie saisie du droit de former opposition soit au jugement qui la condamne, soit au jugement qui valide la saisie. — Chauveau, quest. 663, p. 109; *contrà* Pigeau, *ibid.*; Boncenne, t. 3, p. 82.

474. — ... Sauf le cas où il résulte d'un acte quelconque que le débiteur a eu connaissance de l'exécution. — Chauveau, *ibid.*

475. — Les actes d'exécution contre les tiers doivent être dénoncés à la partie défaillante pour qu'ils soient réputés connus d'elle. — *Douai*, 27 mars 1844 (t. 1er 1844, p. 759), Becq c. Decoussy.

476. — Boncenne ne permet plus, au contraire, l'opposition, lorsque l'exécution est complète. — V. t. 3, p. 83 et 84.

477. — Par application des mêmes principes, il faut décider que la clôture du procès-verbal de distribution, en cas de contribution, faite dans les termes de l'art. 665, C. proc. civ., n'enlève pas à la partie qui n'a pas comparu à la contribution le droit de s'opposer au jugement qui la condamne. — Chauveau, *ibid.* — En vain Pigeau allègue-t-il que s'opposer à ce jugement, c'est remettre en question ce que la contribution a décidé. — Pigeau, *ibid.*

478. — Jugé qu'il en est ainsi lorsqu'il est constant que le débiteur retiré et résidant en pays étranger a complètement ignoré la contribution et ses suites. — *Paris*, 2 et 30 janv. 1840 (t. 1er 1840, p. 161), Ste-Aldegonde c. Assire.

479. — Les mêmes solutions doivent être adoptées en matière d'ordre. — Chauveau, quest. 663, p. 109.

480. — Comment exécuter le jugement par défaut qui intervient sur l'instance en validité de la saisie? « Il faut, dit M. Roger (p. 324, n° 539), revenir aux principes généraux de l'art. 159, et s'il est rendu à la fois contre le débiteur et le tiers-saisi, l'exécuter contre les deux, de manière à ce que l'exécution soit connue des deux.

481. — La déclaration affirmative du tiers saisi ne rendrait donc pas la partie saisie non recevable à attaquer ce jugement par opposition. — Roger, *ibid.*; Carré, quest. 663, p. 96, n° 2.

482. — ... De même que le paiement que ferait le tiers saisi. — V. *suprà*. — Les actes d'exécution n'empêcheraient que la péremption du jugement.

483. — La production à la contribution ouverte sur les sommes dues par le tiers saisi serait encore un acte d'exécution, mais n'enlèverait pas à la partie le droit de s'opposer au jugement.

484. — Au surplus, en ce qui concerne le tiers saisi condamné par défaut, il ne peut faire doute que le paiement ne soit définitif et qu'il ne puisse attaquer par la voie de l'opposition le jugement qui l'a condamné par défaut à payer le saisissant.

485. — Lorsque le tiers saisi est l'état, le trésor, une caisse publique quelconque, aux termes de l'art. 569, C. procéd. civ., les fonctionnaires publics dont il est parlé en l'art. 561 ne sont pas assignés en déclaration affirmative, mais ils délivrent un certificat constatant s'il est dû à la partie saisie, et énonçant la somme, si elle est liquide.

486. — Le saisissant, après avoir fait signifier au trésor et au saisi le jugement qui valide sa saisie doit faire notifier à ce dernier le certificat délivré par l'agent du trésor. S'il y a des difficultés d'exécution soulevées par le trésor, le saisissant doit toujours les notifier à son débiteur, pour l'informer, autant que possible, de la marche de la procédure. — Chauveau, *ibid.*

487. — ... 3° Qu'un procès-verbal de carence dressé au lieu d'un procès-verbal de saisie-exécution, lorsqu'il n'existe pas de meubles dans les lieux où l'huissier se présente, ou que l'insuffisance en est telle que les frais seraient frustratoires, équivaut encore à une exécution, si l'existence de cette exécution est connue de la partie défaillante. — *Toulouse*, 16 janv. 1813, Embry c. Gremailh; *Riom*, 16 juillet 1814, Delaroche-Negly c. Valet; *Caen*, 3 août 1815, Lelièvre-Desnoyers c. Fribois; *Montpellier*, 24 juill. 1817, Faure c. N...; *Nancy*, 9 mars 1818, Tricheur c. Labbissière; *Besançon*, 27 janv. 1819, N...; *Riom*, 4 juin 1819, R... c. Glavière; *Bruxelles*, 18 janv. 1820, Bonnier c. Vangurmeeset; *Orléans*, 1er déc. 1820, N...; *Limoges*, 20 juill. 1821, Peyrichoux c. Dupré; *Bruxelles*, 26 janv. 1822, Nertorgs c. Lacoste; *Limoges*, 18 mai 1822, Vincent c. Juge; *Poitiers*, 25 fév. 1823, de Concire c. Paris; 21 mars 1823, de Montalembert c. Labonne; *Aix*, 16 nov. 1824, Andrieux c. Vaux; *Colmar*, 27 nov. 1824, Sée c. Steil; *Caen*, 24 mai 1825, Lefrançois c.

Laurence; *Rouen*, 1er juill. 1826, Cheron c. Desjardins; *Nancy*, 18 oct. 1826, Collombel c. Faivre; *Toulouse*, 28 avr. 1828, Clavet c. Dorgeuil; *Orléans*, 4 juill. 1828, Lendormi c. Moullinet; *Angers*, 11 mars 1830, Allot c. Falconnet; *Paris*, 8 oct. 1830, Murond c. Brossier; *Bordeaux*, 1er déc. 1835, Meullon c. Fournier; *Bourges*, 4 juill. 1840 (t. 2 1841, p. 106), Confoulon c. Macquart; *Douai*, 8 juin 1841 (t. 1er 1842, p. 78), Gruson-David c. Dagnicourt; *Toulouse*, 3 août 1843 (t. 1er 1844, p. 531), Saint-Laurent c. Péchieux; *Douai*, 17 avr. 1844 (t. 1er 1844, p. 761), Potelle c. fabrique de la Villette; 15 juin 1844 (t. 2 1844, p. 260), Gauchier c. Carré de Chelers. *Cass.*, 23 avr. 1816, Augier c. Doche; 1er mai 1823, Boisselet c. Vauviliers; 21 mai 1834, Sautiron c. Audonnet; 9 fév. 1836, Lecointe c. Caron; 7 déc. 1836 (t. 1er 1837, p. 182), Melles c. Rey; 5 déc. 1838 (t. 1er 1839, p. 133), Boode c. Larrouy; 27 mai 1840 (t. 2 1840, p. 582), Beriault c. Heumann.—Conf., Carré et Chauveau, quest. 663, p. 112; Boncenne, t. 3, p. 81; Bioche, nº 205.—V. *contrà*, *Orléans*, 26 août et 4 nov. 1812, N...; *Limoges*, 3 mai 1814, Poitrenaud c. N...

488. — Quant au procès-verbal de carence dont le débiteur n'a pas eu connaissance, il ne constitue un acte d'exécution que dans le sens de l'art. 156, c'est-à-dire qu'il empêche seulement la péremption du jugement.—V. notamment *Toulouse*, 16 janv. 1813, Embry c. Crémailh; *Caen*, 24 mai 1825, Lefrançois c. Laurence; *Paris*, 3 mai 1825, Ouvrard c. Archdéacon; *Orléans*, 6 juill. 1841 (t. 2 1841, p. 219), Satis c. Vivat. — Et les autres arrêts rapportés ci-dessus.

489. — Mais il faut que l'huissier se convainque par lui-même qu'il n'existe aucun meuble au domicile de la partie. La déclaration d'un voisin ne suppléerait pas cette constatation. — *Limoges*; 18 mai 1822, Vincent c. Juge.

490. — Est donc nul le procès-verbal de carence dressé au domicile d'une partie sur la déclaration mensongère du concierge qu'elle n'y demeure pas. — *Cass.*, 7 déc. 1836 (t. 1er 1837, p. 182), Melle c. Rey.

491. — Au surplus, il importerait peu que le débiteur eût des meubles ailleurs que dans son domicile et qu'ils fussent notoirement connus pour être les siens, à moins qu'il ne fût prouvé que c'est sciemment que le créancier a négligé de les saisir. — Poncet, t. 1er, p. 380; Bioche, nº 207.

492. — Un procès-verbal de carence suffit, le créancier eût-il pu choisir une autre voie, celle de la contrainte par corps, notamment. — V. les arrêts déjà cités: *Cass.*, 21 mai 1834, Sautiron c. Audonnet; *Orléans*, 4 juill. 1828, Lendormi c. Mouillinet; *Douai*, 17 avr. 1844 (t. 1er 1843, p. 751), Potelle c. fabrique de la Villette.—V. *contrà Nîmes*, 6 mars 1830, Sentiron c. Audonnet.

493.—*A fortiori*, suffit-il, si les immeubles du débiteur étant placés sous le séquestre national, la saisie en est impraticable. — *Bruxelles*, 26 janv. 1822, Hertogs c. Lacoste.

494. — Il doit être dressé au domicile de la partie. — *Orléans*, 6 juill. 1841 (t. 2 1841, p. 219), Satis c. Vivat.

495. — Mais il suffit d'ailleurs qu'il l'ait été au domicile légal de la partie.—*Poitiers*, 25 fév. 1823, de Concize c. Pain.

496. — ... Ou à son dernier domicile connu. — *Riom*, 16 fév. 1819. Decamp c. Cossonnier; *Angers*, 11 mars 1830, Allot c. Falconnet. — V. cependant *Bourges*, 31 déc. 1823, Loison c. Leblanc.

497. — ... Ou même à une résidence momentanée, alors surtout que le créancier a fait tous ses efforts pour donner au défaillant connaissance du jugement et de son exécution. — *Cass.*, 9 fév. 1836. Lecointe c. Caron.

498. — En cas de changement de domicile, si le nouveau domicile est inconnu, c'est au dernier domicile connu que le procès-verbal doit être dressé, et l'huissier doit le constater expressément, à peine de nullité; il ne saurait se borner à dire qu'il a inutilement fait la recherche du débiteur. — *Rouen*, 20 nov. 1841 (t. 3 1844 à sa date).

499. — Le procès-verbal de carence dressé au lieu indiqué pour le paiement d'une lettre de change n'est pas un acte d'exécution. — *Nancy*, 21 nov. 1831, Raydelet c. Delorcy.—V. au surplus ce qui a été dit, *suprà* nºs 329 et suiv., relativement à la signification des jugemens en matière de commerce.

500. — En pareil cas, l'huissier n'est pas responsable de la péremption encourue, s'il s'est acquitté de la commission à lui donnée. — Même arrêt.

501. — Le défaut de signature du procès-verbal de carence, ou même simplement du renvoi placé en marge et constatant le parlant à... emporte nullité de ce procès-verbal. — *Cass.*, 20 juin 1837 (t. 2 1837, p. 271), Ramondencq c. Gaigneron.

502. — Le procès-verbal, avons-nous dit, doit être connu de la partie défaillante. — *Bordeaux*, 9 juill. 1830, Mirambeau c. Bernard; *Douai*, 17 avr. 1844 (t. 1er 1844, p. 761), Potelle c. fabrique de la Villette.

503. — A cet effet, il faut le signifier à la partie défaillante, à moins qu'il n'ait été fait en sa présence. — *Bordeaux*, 20 mars 1835, Lebègue c. Lestebandois; *Lyon*, 13 août 1828, Chapeau.

504. — Cependant, il appartient aux juges de décider, en l'absence d'une signification, que la partie n'en a pas moins eu connaissance de cet acte d'exécution. — *Orléans*, 16 fév. 1830, Fabre de Parel c. Nabert; *Cass.*, 5 déc. 1838 (t. 1er 1839, p. 133), Eoode c. Larrouy.

505. — Jugé, en ce qui concerne la signification du procès-verbal, qu'il suffit que la copie en ait été remise à l'épouse du débiteur. — *Cass.*, 23 avr. 1816, Augier c. Doche; *Limoges*, 20 juill. 1821, Peyrichoux c. Dupre; *Bruxelles*, 26 janv. 1822, Hertogs c. Lacoste; *Toulouse*, 3 août 1843 (t. 1er 1844, p. 531), Saint-Laurens c. Péchieux.

506. — ... Ou bien à sa mère demeurant avec lui. — *Douai*, 15 juin 1844 (t. 2 1844, p. 260); Gauhier c. Carré de Chelers.

507. — ... Surtout lorsque la femme a déclaré que les meubles de son mari avaient été vendus à la requête d'un autre créancier, et que ceux qui garnissent les lieux n'y sont qu'à titre de location. — *Orléans*, 4 juill. 1828, Lendormi c. Moullinet.

508. — ... Ou même au maire, avant qu'un voisin ait été interpellé de recevoir la copie; et qu'il n'y a pas nullité non plus si ce fonctionnaire a signé l'exploit sans le viser. — *Besançon*, 27 janv. 1819, N... — Quant à la question du visa, V. EXPLOIT.

509. — La copie du procès-verbal doit être, en cas d'absence de la partie saisie, remise, à peine de nullité, au maire ou à l'adjoint; elle ne peut être remise à un parent, serviteur ou voisin. — *Cass.*, 20 juin 1837 (t. 2 1837, p. 270), Ramondencq c. Gaigneron. — V. Carré-Chauveau, quest. 2060; Berriat, p. 532, nº 29.

510. — ... Que l'exploit ait été signifié au domicile du débiteur.—*Toulouse*, 28 avr. 1828, Clavet c. Dorgueil.

511. — Décidé, au contraire, que la copie du procès-verbal doit être remise à la partie elle-même, pour que l'exécution soit connue.—*Rouen*, 14 avr. 1825, d'Heran c. Gouger. — A moins que le procès-verbal n'ait été dressé en sa présence. — *Paris*, 2 et 30 janv. 1840 (t. 1er 1840, p. 161), Saint-Aldegonde c. Assire-Deschamps, et de Gricourt c. Terré.

512. — ... 4º Qu'un procès-verbal de récolement dressé conformément à l'art. 611, C. procéd., est une exécution complète, lorsqu'il en a été laissé copie au débiteur lui-même. — *Cass.*, 23 mars 1825, de Brancas; *Agen*, 17 juin 1831, Laborde c. Daguzan.

513. — Mais observons que dans le cas où l'huissier qui se présente pour saisir est arrêté par une précédente saisie, il doit faire le récolement des objets saisis, et sommation au premier saisissant d'aller en avant, et que faute par ce dernier de procéder à la vente, le second créancier est subrogé à ses droits. — Si donc il arrive que la sommation, demeure sans effet, le second créancier est tenu de procéder à la vente, s'il veut exécuter son jugement, conformément à l'art. 159. La vente étant possible en ce cas, la vente seule enlèvera à la partie défaillante le droit de s'opposer au jugement.

514. — En conséquence, ce ne serait qu'autant que sur la sommation le premier créancier procéderait à la vente, qu'il y aurait lieu à signifier le procès-verbal du récolement des meubles.

515. — *Quid* du commandement signifié au débiteur parlant à sa personne? — V. *infrà* nº 534.

516. — ... 5º Qu'il y a exécution du jugement par défaut lorsque, pour obtenir le paiement de condamnations prononcées, le créancier qui a obtenu ce jugement, forme une demande en partage de la succession à laquelle son débiteur a droit; et que cette exécution est censée connue du débiteur, s'il a constitué avoué sur cette demande. — *Rennes*, 14 janv. 1825, Bédouin c. Briant.

517. — ... 6º Que le jugement qui ordonne un partage est à l'abri de la péremption par le remplacement du juge commissaire et l'obtention dans les six mois de l'ordonnance du nouveau juge commissaire indiquant jour et heure pour la prestation de serment des experts. — *Toulouse*, 10 mars 1831, Abadie c. Dufour; — Chauveau sur Carré, quest. 663, p. 106.

518. — ... 7º Que l'opposition à la délivrance d'une seconde grosse d'un jugement par défaut (dans l'espèce la première était retenue par le débiteur) suppose de la part du défaillant une connaisssance de l'exécution de ce jugement suffisante pour en empêcher la péremption. — *Colmar*, 10 nov. 1833, Munius c. Hemerdinger.

519. — ... 8º Que la comparution du défaillant devant le juge commis pour procéder à son interrogatoire empêche la péremption du jugement, lorsqu'il déclare qu'il comparaît pour former opposition au jugement.—Mais c'est là une opposition que le défaillant doit renouveler dans le délai de l'art. 162, C. procéd. — *Limoges*, 28 avr. 1828, Vergne c. Demay.

520. — ... 9º Que le jugement qui adjuge les conclusions du demandeur, à charge par lui de prêter serment, n'est pas à l'abri de la péremption par le fait de la prestation du serment. — *Colmar*, 19 déc. 1835, Onimus c. Dreyfuss.

521. — Il est, en effet, difficile de voir dans la prestation du serment autre chose que le complément du jugement.

522. — ... 10º Qu'une inscription hypothécaire, dans le cas où le jugement prononce des condamnations pécuniaires, ne fût-ce qu'une condamnation aux frais, n'est pas un acte d'exécution qui puisse préserver le jugement de la péremption. — *Cass.*, 22 juin 1818, Besson c. Salvenon; *Limoges*, 14 fév. 1822, Pauthe c. Werlé; 10 déc. 1824, Valès c. Lacombe; — Chauveau, quest. 663, p. 103, nº 2.

523. — Mais en matière de vérification d'écritures, si le jugement ne prononce pas de condamnation aux dépens, l'inscription est non seulement un acte conservatoire, mais encore un acte d'exécution, puisqu'il est impossible d'exécuter autrement ce jugement. — *Cass.*, 19 déc. 1820, Dugelay c. Doux.

524. — Toutefois, pour que l'opposition à ce jugement soit non-recevable, il faut que la partie ait eu connaissance de cette exécution qui ne résulte pas de la publicité du registre des hypothèques. Le bordereau doit donc être signifié à la partie. — *Riom*, 19 déc. 1829, Deydier c. Lascombe; — Chauveau, *ibid.*

525. — De même, la radiation d'une inscription à laquelle le défendeur n'a été ni présent ni appelé, n'enlève pas à cette partie le droit de s'opposer au jugement. — *Trèves*, 10 août 1810, Naum c. Neckermann.

526. — *Secùs*, si le défendeur a été sommé de se trouver au bureau du conservateur des hypothèques. — *Pau*, 21 janv. 1834, Hubert c. conservateur des hypothèques.

527. — ... 11º La faillite dessaisit le négociant de l'administration de ses biens. La masse des créanciers lui est substituée en la personne des syndics, et toute poursuite individuelle est, en général, suspendue. Il y a donc impossibilité d'exécuter le jugement autrement qu'en le signifiant aux syndics et en produisant à la faillite. — *Rouen*, 21 nov. 1826, Chevereau c. Duvallet; — Chauveau, quest. 663, p. 104.

528. — Par la même raison, la femme qui a obtenu un jugement de séparation contre son mari tombé en faillite exécute le jugement en en remettant dans la quinzaine copie aux syndics, et en produisant à la faillite. — V. la dissertation de Carré rapportée par M. Chauveau, *ibid.*, et SÉPARATION DE BIENS.

529. — Ce qui vient d'être dit pour la faillite s'applique à la cession de biens. — *Cass.*, 2 mai 1821, Colombe c. Guérard.

530. — ... 12º Lorsque le jugement à exécuter est rendu contre une administration publique, le trésor, la régie, une commune, la signification du jugement avec commandement, est la seule voie d'exécution possible.— Chauveau sur Carré, quest. 663, p. 110, § 5; Billequin, *Journal des avoués*, t. 47, p. 397.

531. — Jugé en conséquence, que cette signification est suffisante contre l'état, si les originaux des actes sont revêtus du visa du préfet.—*Colmar*, 27 juin 1838 (t. 2 1838, p. 512), préfet du Bas-Rhin c. Cousin de Puberg.

532. — En pareil cas, l'opposition est-elle encore recevable de la part des administrations? M. Billequin enseigne la négative, mais M. Chauveau combat avec raison, selon nous, cette opinion, en se fondant sur ce que ces actes n'équivalent à exécution que parce que l'exécution est impossible.

533. — ... 13º Jugé qu'une signification faite à un domicile élu, et un procès-verbal de perquisition empêchent la péremption du jugement, si la partie est décédée ou inconnue à ce domicile. — *Paris*, 26 août 1808, Ringard c. Fidière.

534. — Jugé encore que si le défaillant n'a ni domicile ni résidence connus, et qu'on ait été obligé de signifier le jugement au parquet, après une perquisition inutile, un simple commandement suffit pour empêcher la péremption.—*Paris*, 22 juin 1814, Flachat c. Séguin; *Bordeaux*, 21 déc. 1832, Francès c. Pierre-Jean.

535. — ...14° A l'égard des jugemens rendus contre les étrangers une distinction est nécessaire. Si le débiteur possède des immeubles en France, l'exécution en est facile et les principes généraux sont applicables. Si même il a résidé en France, un procès-verbal de carence dressé à son dernier domicile vaut l'exécution. Mais en dehors de ces deux cas l'exécution du jugement devient impossible, la signification du jugement, un commandement suffiront par conséquent pour empêcher la péremption. — Carré et Chauveau, quest. 646.

536. — Mais dans toute autre circonstance, la signification du jugement n'est pas un acte d'exécution. — *Colmar*, 10 janv. 1816, Metler c. Muller ; *Cass.*, 24 juin 1834, Terhault c. Surmont.

537. — ... Cette signification fût-elle faite à l'avoué que la partie défaillante aurait constitué postérieurement au jugement par défaut. — *Limoges*, 2 avr. 1835, Montlouis c. Forets.

538. — Pareillement, l'ordonnance rendue par un président à l'effet de pourvoir à un remplacement pour cause de démission de l'huissier chargé de signifier le jugement ne peut être considérée comme un acte interruptif de la péremption. — *Toulouse*, 8 mars 1842 (t. 1er 1844, p. 610), Meunier c. Andrieu.

539. — ...15° Quant aux jugemens qui ordonnent une mesure d'instruction, ils ne prononcent pas, en général, de condamnation aux dépens qui permette de suivre les voies ordinaires d'exécution. L'observation littérale de l'art. 159 devient donc impossible. — Chauveau, quest. 663, p. 105, n° 3.

540. — Par exemple, en matière d'enquête, le jugement est exécuté lorsque l'ordonnance du juge portant permis de citer les témoins a été obtenue et signifiée au défaillant. — V. ENQUÊTE, n° 218. — Quant aux délais dans lesquels cette ordonnance peut être obtenue, V. *ibid.*, nos 219 et s.

541. — A plus forte raison, l'opposition ne serait-elle plus recevable après l'achèvement de l'enquête.

542. — ... Sauf le cas toutefois où l'enquête serait entachée de nullité.

543. — Le jugement qui prescrit une visite de lieux et une estimation est exécuté par la sommation faite à domicile d'assister au serment des experts. — *Bourges*, 12 août 1812, Rateau c. Pelitier ; *Rennes*, 14 janv. 1822, Gourdon c. Dufrestay.

544. — Celui qui ordonne une vente pardevant notaire est exécuté par la signification des divers actes de la procédure et par la vente, cette vente fût-elle annulée pour vices de forme. — *Colmar*, 2 fév. 1830, Gaudin c. Schmidlin.

545. — L'interrogatoire sur faits et articles qui a été subi en vertu d'un jugement par défaut, et le dépôt fait au greffe d'une pièce arguée de faux, en suite d'un jugement qui l'ordonnait aussi par défaut, sont des actes d'exécution. (Rés. par la cour royale seulement). — *Cass.*, 3 et non 9 août 1836, Delagrange c. Bazon.

546. — Le jugement qui renvoie des parties devant arbitres, sans dépens, est réputé exécuté par l'assignation donnée au défaillant à comparaître devant le tribunal arbitral. — *Nimes*, 10 juin 1809, Lefèvre c. Revol ; — Chauveau, *ut suprà*. — *Contrà Paris*, 7 juin 1814, Hamon c. Lecouteux. — V. du reste ARBITRAGE, nos 373 et s.

547. — Un jugement de reprise d'instance est exécuté par la signification qui en a été faite par huissier commis, et par la suite qui est donnée à l'instance. — *Nimes*, 30 août (et non avr.) 1829, Bonenfant c. Carrère ; — Chauveau, quest. 663e.

548. — ...16° Il a été décidé qu'en matière d'autorisation de femme mariée, le jugement qui accorde l'autorisation n'est pas périmé faute d'exécution dans les six mois. — *Bourges*, 19 avr. 1829, Rousset c. Potel. — Cette décision est basée, observe M. Chauveau (*ibid.*, p. 107 *in fine*) sur ce que c'est après une simple sommation que l'autorisation est accordée, mais il y a certains cas où la signification au mari est d'une haute importance. Il faudrait distinguer notamment le cas où la femme serait demanderesse de celui où elle serait attaquée.

549. — ...17° La rectification opérée sur les registres de l'état civil en exécution d'un jugement par défaut suffit pour empêcher la péremption de ce jugement, mais non pour rendre l'opposition irrecevable. — L'art. 100 du Code civil, en décidant que le jugement de rectification n'est pas opposable aux parties intéressées qui ne l'ont pas requis, ou n'ont pas été mises en cause, permet de l'opposer au contraire aux parties qui y ont été appelées ; la rectification opérée est une exécution complète et la seule possible ; mais comme la partie condamnée n'a pas connaissance de cette exécution, elle a droit de former opposition pendant les trente ans qui suivent le jugement. — Chauveau sur Carré, quest. 663e p. 102, § 1er.

550. — ...18° M. Chauveau (*ibid.*) examine la question de savoir comment s'exécutera le jugement qui fait défense à un individu défaillant de porter le nom de celui qui a obtenu le jugement, et décide que la signification du jugement en empêchera la péremption, mais que la voie de l'opposition restera ouverte au défaillant jusqu'à ce qu'il soit établi qu'il a eu connaissance de la signification, seule voie d'exécution possible. Cette solution est juste ; mais rarement les tribunaux seront appelés à l'appliquer, car un pareil jugement contiendra presque toujours ou une pénalité, ou des dommages et intérêts, ou enfin une condamnation aux frais.

551. — ...19° En cas d'annulation d'un mariage, le mari et la femme vivant dans des maisons séparées, si les dépens ont été compensés, l'exécution du jugement résultera des poursuites faites par l'un des époux pour arriver à la liquidation de la communauté, ou bien, dans le cas de régime dotal, des poursuites faites par la femme pour obtenir la restitution de la dot, ou des offres faites par le mari, de cette même dot, selon que l'un ou l'autre serait demandeur. Enfin, si la liquidation devait se faire dans les colonies, la signification du jugement suffirait encore pour empêcher la péremption ; à l'impossible nul n'étant tenu. — Chauveau, *ibid.*, p. 103.

552. — ...20° La dépossession du défaillant, fût-il une commune, et cette dépossession ne pût-elle avoir lieu qu'à l'égard des habitans, *ut singuli*, rend l'opposition non recevable, lorsqu'elle s'est accomplie publiquement. — *Cass.*, 18 juill. 1839 (t. 2 1839, p. 376), comm. de Montchauvet c. de Savignac.

553. — Jugé encore qu'on doit réputer exécuté et comme tel soustrait à la péremption et à l'opposition, le jugement par défaut qui accueille une demande en distraction sur saisie mobilière, et qui ordonne au gardien de délivrer les objets saisis, lorsqu'il a été signifié au défendeur et au gardien ; que le gardien a restitué la chose revendiquée, et que le saisissant a cessé ses poursuites contre ce gardien. — *Riom*, 8 mai 1821, Fournier c. Rouel.

554. — La cour de Cassation a fait application de ces principes en décidant, le 27 juin 1837 (t. 2 1837, p. 356, Lacroix c. Fabre) : 1° qu'il y a exécution suffisante d'un jugement par défaut, lorsque, conformément à ce jugement, des marchandises ont été déposées dans un magasin pour que la vérification en ait lieu par experts.

555. — ...2° Qu'il y a exécution suffisante d'un jugement qui ordonne la remise à une partie de marchandises existant dans un dépôt public, lorsque cette partie en a pris livraison et offert le prix.

556. — ...3° Que l'opposition à ces deux jugemens n'est plus recevable de la part du défaillant qui reconnaît, dans le premier cas, avoir reçu la signification, et dans le second la copie des offres.

§ 3. — *De la péremption.*

557. — Par le mot *péremption* (du latin *perimere*), on entend la destruction, l'anéantissement du jugement par défaut contre partie, faute d'exécution dans les six mois de sa date.

558. — Sous l'ancienne législation tout jugement par défaut était valable pendant trente ans. Aussi depuis le code, la prescription trentenaire a-t-elle été appliquée à des jugemens qui avaient été rendus avant 1807. — *Bordeaux*, 26 janv. 1811, Fourcaud c. Dussol ; *Turin*, 19 mars 1811, Ponti c. Ravier ; *Cass.*, 2 janv. 1828, Longuet c. Testard ; 17 avr. 1833, Couppé c. Bormot ; — *contrà*, *Bruxelles*, 18 janv. 1821, Rossaert c. Muls ; *Metz*, 21 janv. 1822, d'Hermange c. Plier.

559. — Dans les juridictions consulaires cependant, la péremption était en vigueur. — Ordonn. de Roussillon, janv. 1563, art. 15 ; janv. 1629, art. 91 ; — Ferrières, *Cout. de Paris*, t. 2, p. 312 ; Arnoux de Pommiers, *Cout. du Bourbonnais*, p. 23 ; Fromental, *Décisions de droit*, v° *Péremption*, p. 549 ; de Lamoignon, *Arrêtés*, tit. 30 *Des péremptions* ; Brodeau sur Louet, lettre P, somm. 18, p. 280 ; Domat, *L. civiles*, part. 2, liv. 4, t. 6, n° 7 ; Pothier, *Traité de la procéd.*, chap. 4, sect. 4e, § 2 ; Bourjon, *Droit commun de la France*, t. 2, p. 665.

560. — L'art. 156, C. procéd., contient donc une innovation, et cette innovation est louable. Car donner à un jugement par défaut une durée de trente ans, c'était ouvrir la porte à bien des piéges, à bien des fraudes.

561. — Cependant, Boitard (t. 1er, p. 605) trouve peu d'utilité pour le défaillant dans la péremption spéciale de l'art. 156 ; et quant au demandeur, il le voit sous le coup d'une nécessité qui ne lui permet pas d'épargner des frais et de tempérer la rigueur des poursuites.

562. — Cette disposition a disparu du code de Genève.

563. — Quoi qu'il en soit, la péremption est applicable aux jugemens des tribunaux de commerce comme à ceux des tribunaux civils. — *Paris*, 16 et non 10 mars 1812, Lejeune c. Rouganne ; *Riom*, 16 juin 1818, Demaison c. Malpel ; *Dijon*, 4 juill. 1818, Marillat c. Violot ; *Amiens*, 25 juin 1826, Oger c. Leclercq ; *Rouen*, 1er juill. 1826, Chéron c. Desjardins ; *Nimes*, 24 mars 1830, Sequelin c. Martin ; *Paris*, 1er mars 1832, Brivot c. Sanglé ; *Bastia*, 26 mai 1834, Mattagli c. Marcoturchino ; *Bordeaux*, 16 juill. 1834, Astruc c. Duchon-Doris ; *Paris*, 6 déc. 1838 (t. 2 1838, p. 642), Leroux de Lens c. Bouchard ; *Cass.*, 21 déc. 1836 (t. 1er 1837, p. 130), Astruc c. Duchon-Doris ; — Poncet, t. 1er, p. 340 ; Merlin, v° *Tribunal de comm.* ; Favard, *Rép.*, v° *Péremption*, n° 8 ; Locré, t. 9, p. 7 ; Berriat, p. 359 ; Thomine, n° 441 ; Roger et Garnier, *Annales comm.*, t. 4, p. 180 ; Reynaud, *De la péremption*, n° 18 ; Carré, quest. 642 ; Chauveau sur Carré, quest. 1546. — *Contrà Rouen*, 16 juill. 1817, Doré c. Lettré ; — Pardessus, t. 5, n° 138 ; Pigeau, *Comm.*, t. 1er, p. 650 ; Despréaux, *Compétence comm.*, n° 64.

564. — Mais les jugemens de justice de paix n'y sont pas soumis. — *Orléans*, 14 avr. 1809, N... ; *Cass.*, 13 sept. 1809, pourvoi M. P. ; — Carré sur Chauveau, quest. 86, 93 et 642 ; Pigeau, *Comment.*, t. 1er, p. 39 ; Thomine, t. 1er, p. 81 ; Boncenne, t. 3, p. 73 ; Boitard, t. 2, p. 412 ; Bioche, v° *Juge de paix*, n° 512.

565. — ... Non plus que les sentences arbitrales, en matière d'arbitrage volontaire. — C. procéd., art. 1016.

566. — ... Et même d'arbitrage forcé. — *Paris*, 19 mars 1842 (t. 1er 1842, p. 523), Badin c. Bérard ; — *contrà*, *Bordeaux*, 21 fév. 1839 (t. 1er 1840, p. 240), Perquer c. Barthès ; *Orléans*, 21 fév. 1827, Paignon c. Durage. — V. ARBITRAGE, n° 1060.

567. — Il n'y a que les jugemens par défaut contre partie, ou faute de comparaître, qui soient sujets à la péremption. Cela résulte clairement des termes des art. 156 et 157, C. procéd. civ.

568. — Ces articles sont inapplicables aux jugemens rendus contre avoué. — *Turin*, 1er fév. 1811, Ponté-Lombriusco c. Mo.

569. — ... Ou aux jugemens rendus en matière commerciale, faute de conclure. — *Cass.*, 18 janv. 1820, Viollot c. Chaillot ; 26 déc. 1821, Fumagalli c. Crémieux ; 5 mai 1824, Hubert c. Liquier ; 11 déc. 1838 (t. 1er 1839, p. 259), Finet c. Thuet ; *Paris*, 25 fév. 1825, Mercier-Pigale c. Bezy. — L'arrêt de Nîmes du 24 mars 1830 (Séquelin c. Martin) n'est pas contraire.

570. — Ils ne sauraient non plus régir : 1° des jugemens par défaut réputés contradictoires, tels que ceux rendus après une jonction de défaut. — *Grenoble*, 29 mars 1821, Deister c. Carillan ; *Cass.*, 28 fév. 1825, Castier c. Duchillon ; 18 avr. 1826, Morin c. Lemoine ; *Bourges*, 17 mars 1826, Jourdan-Dumarot c. Denenchèze ; *Agen*, 1er juill. 1830, Tarle c. Parrieux ; *Cass.*, 25 août 1842 (t. 1er 1843, p. 142), Loisel. — Boncenne, t. 3, p. 72 ; Reynaud, p. 218 et 219 ; Thomine, t. 1er, p. 296 ; Chauveau sur Carré, quest. 641-3° ; Bioche, n° 388. — *Contrà* Pigeau, t. 1er, p. 348.

571. — ... Ou ceux qui déboutent d'une opposition à un premier jugement par défaut. — *Bourges*, 19 déc. 1818, Pinet c. de Puirazeau ; *Cass.*, 2 juill. 1812, Berlinbrock c. d'Eichtal ; — mêmes auteurs, *ut suprà*.

572. — Merlin (*Rép.*, v° *Opposition*, p. 230) examine la question de savoir si le jugement rendu contre un défendeur qui n'a pas constitué avoué, mais qui s'est présenté à l'audience sans y conclure ou pouvoir y conclure, est sujet à la péremption, et il se prononce pour la négative qu'embrasse aussi Boncenne, (t. 3, p. 95). — V. Poncet, t. 1er, p. 389. — Mais l'affirmative nous paraît néanmoins devoir être adoptée, un tel jugement étant par défaut faute de comparaître et non faute de conclure. — Chauveau sur Carré, quest. 641 *bis*.

573. — ... 2° Les jugemens qui, bien que par défaut, ne sont pas susceptibles d'opposition, tels qu'un jugement d'adjudication sur saisie immobilière rendu en l'absence de la partie saisie. — *Riom*, 8 août 1825, Lamouroux c. Grenet.

574. — ... 3° Les jugemens par défaut dont l'exécution est impossible. — *Nimes*, 13 avr. 1836, Fernand c. Bourdon. — V. *suprà* nos 539 et suiv., 550 et suiv.

575. — Le jugement rendu en matière de reprise d'instance étant susceptible d'exécution, il est par conséquent sujet à péremption. — *Grenoble*, 12 juill. 1816, Bosson c. Salomon.

576. — ... En matière d'autorisation de femme mariée, il faut distinguer le cas où la femme est demanderesse ou défenderesse — V. *suprà* n° 548.

577. — Le jugement rendu contre un étranger est soumis à la péremption comme tout autre jugement, à moins qu'il ne réside pas en France ; car s'il y réside, l'exécution en est possible, soit

sur les meubles ou les immeubles, soit sur la personne, par l'exercice de la contrainte par corps, soit enfin par un procès-verbal de carence. — *Trèves*, 3 fév. 1813, Glenauth c. Hacke ; — Carré-Chauveau, quest. 646 ; Pigeau, *Comment.*, t. 1er, p. 357 ; Reynaud, p. 229 et 234.

578. — Jugé que la régie des domaines et de l'enregistrement ne peut obtenir sur simple requête et sans assignation préalable, un jugement l'autorisant à contraindre par corps un débiteur ; même lorsque la loi le déclare contraignable par corps, et qu'en tout cas, un semblable jugement étant par défaut faute de comparaître, doit être exécuté dans les six mois. — *Riom*, 23 mars 1814, Domaines c. Leyridon.

579. — En aucun cas, la régie n'est dispensée d'exécuter les jugemens qu'elle obtient. — *Rennes*, 29 août 1816, Domaines c. Lecornec.

580. — La péremption a été appliquée dans toute sa rigueur dans une espèce où le montant des condamnations était si minime (il ne s'agissait que de quelques frais), et le nombre des défendeurs dont il fallait saisir le mobilier si considérable, que le demandeur avait reculé devant la saisie. — *Limoges*, 23 juill. 1838 (t. 1er 1839, p. 236), Guinot c. Leuly.

581. — Plusieurs différences distinguent la péremption des jugemens par défaut faute d'exécution, et la péremption des instances faute de continuation des poursuites. D'abord, l'une s'accomplit par six mois, et l'autre par trois ans. — La première ne porte que sur le jugement, laissant subsister la procédure, citation en conciliation, ajournement, et tous les effets de l'instance, tandis que la seconde éteint l'instance tout entière. — Boncenne, t. 3, p. 55 ; Rauter, p. 256 ; Thomine, t. 1er, p. 298 ; Locré, t. 21, p. 89 ; Carré et Chauveau, quest. 648 et 1414 ; Pigeau, *Comment.*, t. 1er, p. 356 ; Berriat, p. 258 ; Favard, v° *Jugement*, p. 73 ; Merlin, *Rép.*, v° *Péremption*, sect. 2e, § 1er, n° 18 ; Reynaud, p. 260 ; Bioche, n° 356.

582. — La première assignation conserve ses effets, en ce sens qu'elle interrompt la prescription, fait courir les intérêts, et sert de base à une enquête. — Carré, quest. 1414 ; Bioche, n° 357.

583. — En d'autres termes, il est possible de poursuivre un nouveau jugement sur l'exploit introductif d'instance. — *Nîmes*, 5 juill. 1809, Bombernat c. N... ; *Rouen*, 17 nov. 1812, Langlois c. N... ; *Limoges*, 10 mai 1819, Bachelerie c. Bories ; *Paris*, 25 fév. 1826, Dapchier c. Passot ; 1er mars 1832, Brivot c. Sanglé ; *Bourges*, 30 juin 1829, Sauvra c. Mathieu ; *Bordeaux*, 29 fév. 1835, Toulouse c. Tesnières ; *Amiens*, 19 fév. 1840 (t. 2 1841, p. 738), Daru c. Constant. — *Contrà*, *Limoges*, 24 janv. 1816, Gruand c. Sudre.

584. — Suivant Carré (quest. 1414), un avenir doit être signifié au défaillant. Cette nécessité ne nous est pas démontrée, sauf dans les affaires engagées à jour fixe.

585. — De ces principes il résulte que le demandeur ne peut porter son action devant un autre tribunal. — En effet, l'action est toujours pendante. — *Amiens*, 19 fév. 1840 (t. 2 1841, p. 738), Duru c. Constant.

586. — Enfin, la péremption de l'art. 397 n'a pas lieu de plein droit. Un acte de continuation de poursuites suffit pour raviver l'instance, tandis que la péremption du jugement a lieu de plein droit. — Pigeau, *Comment.*, t. 1er, p. 356 ; Boncenne, t. 3, p. 83 ; Carré et Chauveau, quest. 649 ; Perrin, *Traité des nullités*, p. 136 ; Boitard, t. 1er, p. 609.

587. — Le défaillant n'a pas besoin de se pourvoir pour la faire prononcer. Il suffit d'opposer au moment où le demandeur veut mettre à exécution le jugement, *cette prescription acquise*, dit Boncenne (*ibid.*), *dont l'effet a fait tomber le jugement en non chaloir*, comme l'avait fort bien exprimé le vieux langage.

588. — Toutefois, la péremption n'est pas d'ordre public, ni opposable en tout état de cause. — *Nîmes*, 16 juin 1829, Pagot c. Garçon ; *Cass.*, 2 mai 1831, Garçon c. Pagot. — V. *contrà Metz*, 26 mai 1819, Bloch c. Lhemann ; *Bourges*, 7 fév. 1822, Bilel.

589. — Si le débiteur ne l'oppose pas, les juges ne peuvent suppléer ce moyen d'office. — Carré et Chauveau, quest. 665.

590. — Ainsi jugé que la partie condamnée par un jugement par défaut peut renoncer à la péremption établie par l'art. 156, C. procéd. ; et qu'elle est censée y renoncer par l'appel qu'elle interjette de ce jugement. — *Nîmes* (et non *Bourges*), 16 juin 1829, Pagot c. Garçon.

591. — Par conséquent, si la péremption vient à frapper l'instance d'appel, faute de poursuites pendant trois ans, le jugement par défaut acquiert force de chose jugée. — *Nîmes*, 16 juin 1829, Pagot c. Garçon ; *Cass.*, 2 mai 1831, Garçon c. Pagot.

592. — Même solution dans le cas de péremption de l'instance d'opposition. — *Cass.*, 23 oct. 1810, Labasture c. Marcillac ; *Nîmes*, 3 mai 1815, Arnaud c. Pasquier.

593. — La partie défaillante a le droit d'acquiescer au jugement par défaut, fût-il périmé. Un tel acquiescement est valable, à son égard. — *Rennes*, 2 janv. 1823, N... ; *Paris*, 11 janv. 1825, De Vivens c. Royer ; *Toulouse*, 28 janv. 1831, Soulier c. Bonnecarrère.

594. — Par l'acquiescement, le jugement périmé reprend toute sa force. — *Orléans*, 12 déc. 1811, N... ; *Nancy*, 16 fév. 1831, Aubry c. Roard de Clichy ; *Toulouse*, 27 janv. 1845 (t. 1er 1845, p. 619), Lamarque c. Dando ; — Thomine, t. 1er, p. 297 ; Carré, quest. 665 ; Chauveau (sur Carré, quest. 739 *bis*, p. 209, et Boncenne, t. 3, p. 58. — V. cependant *Orléans*, 28 avr. 1831, Gauthier c. Rochechouart. — *Contrà Metz*, 26 mai 1819, Bloch c. Lhemann ; *Limoges*, 2 avr. 1835, Fonds c. Montlouis.

595. — Un tel acquiescement ou même l'acquiescement donné dans les délais, mais n'ayant pas date certaine, est-il opposable aux tiers ? — Selon Carré (quest. 651), la péremption profite seulement au défaillant et non pas aux tiers qui ne peuvent critiquer l'acquiescement. — *Paris*, 7 juin 1834, Gauthier c. Touche de la Pelleterie. — *Contrà Paris*, 7 juill. 1812, Duté c. Lhermite.

596. — La jurisprudence a unanimement condamné cette doctrine, à l'égard des créanciers postérieurs à la date de l'acquiescement, mais antérieurs au jour où l'acquiescement a acquis date certaine. — *Bruxelles*, 7 oct. 1816, Vandame-Deronck c. Baker ; *Cass.*, 10 nov. 1817, Dumas c. Poullain ; *Caen*, 17 mars 1817, Dubourg c. Bonard, et 21 mars 1825, Lerond c. Desmonceaux ; *Grenoble*, 9 juill. 1819, Nartus c. Dupont-Lavillette, et 6 juill. 1820, Jacquillon c. Lambert ; *Bourges*, 7 fév. 1822, Billet c. Nicolas, et 30 juin 1829, Savoie c. Mathieu ; *Cass.*, 2 août 1826, Saunier c. Mathieu ; *Agen*, 20 juill. 1827, Balbie c. Lassus ; — Chauveau, quest. 651 ; Boncenne, t. 3, p. 59 ; Bioche, n° 373 ; Toullier, t. 8, n° 252 ; Favard, v° *Jugement* ; Thomine, t. 1er, p. 297 ; Merlin, v° *Péremption*, §§ 1er et 2, n° 17.

597. — En est-il de même à l'égard des créanciers postérieurs à l'époque où l'acquiescement a obtenu date certaine ? Nous supposons toujours que ce n'est pas dans les six mois qu'il a été soumis à la formalité de l'enregistrement. — La négative est consacrée par deux arrêts de *Limoges* (21 juill. 1821, Dussaillant c. Fortuné), de *Lyon* (4 déc. 1822, Thiollière c. Rigollo), et par MM. Chauveau sur Carré (*ibid.*), et Reynaud (n° 159). — Mais à l'égard des tiers, l'acquiescement doit avoir date certaine, sinon il est réputé non avenu. L'acquiescement tardif ne peut, à plus forte raison, leur être opposé. — *Grenoble*, 22 janv. 1834, Martin c. Vaperot ; *Cass.*, 6 avr. 1840 (t. 2 1840, p. 61), Lamarque c. Dando ; 18 juin 1845 (t. 2 1845, p. 91), Dhauteville c. Dufournel ; *Toulouse*, 27 janv. 1845 (t. 1er 1845, p. 619), Lamarque c. Dando ; — Boncenne, t. 3, p. 59 ; Bioche, n° 374.

598. — Au reste, un conservateur des hypothèques peut opposer la péremption du jugement qui ordonne une radiation d'inscription. — *Pau*, 21 janv. 1834, Hubert c. conserv. des hypothèques ; — Bioche, n° 354.

599. — Le tiers détenteur peut également opposer la péremption du jugement de condamnation rendu contre son vendeur. — *Liége*, 16 juin 1824, Leclercq c. Melin.

600. — Le demandeur peut-il l'opposer ? M. Bioche (n° 355), cite un jugement du tribunal de commerce de *Metz* (20 mars 1844), qui a décidé l'affirmative. Mais ce n'est pas dans l'intérêt du demandeur que la péremption a été introduite, il ne saurait donc s'en prévaloir.

601. — Spécialement, l'époux qui a obtenu sa séparation de corps ne peut l'opposer ; ce serait un moyen indirect de contraindre l'autre époux à réintégrer le domicile conjugal. — V. SÉPARATION DE CORPS.

602. — La péremption profite même à l'étranger. — *Trèves*, 17 fév. 1813, Remack c. de Meddersdorff.

603. — Toutefois, dit M. Bioche (n° 375), « si celui qui a laissé périmer un jugement ne peut invoquer un acquiescement tardif pour le faire revivre contre les tiers, il peut du moins invoquer cet acquiescement comme le titre et l'origine d'un droit nouveau, spécialement à l'égard des créanciers chirographaires. Les arrêts ci-dessus ont tous statué dans des cas où la péremption était invoquée par des créanciers hypothécaires. Il y a plus, l'inscription prise en vertu d'un acquiescement notarié, et portant affectation hypothécaire, primerait les inscriptions hypothécaires. »

604. — Nous ne pouvons souscrire à ces réflexions. Il est bien vrai que la question judiciaire n'a été décidée que vis-à-vis de créanciers ayant acquis hypothèque ; mais ces créanciers ne puisaient pas leur droit dans leur inscription, ils le prenaient dans leur créance. Supposons donc un prix d'immeuble à distribuer. Une seule hypothèque est inscrite. Les autres créanciers produisans sont tous chirographaires. Ne seront-ils pas fondés à demander la nullité de l'inscription si le jugement en vertu duquel elle a été prise n'a pas été exécuté dans les six mois ? Poser cette question, c'est la résoudre. Il faut donc admettre comme un principe absolu que tout créancier est bien fondé à opposer la péremption du jugement, malgré l'acquiescement du débiteur, quand cet acquiescement n'a pas date certaine avant l'expiration des six mois de la date du jugement.

605. — Quant à l'inscription prise en vertu de l'acte notarié d'acquiescement dont parle M. Bioche, nul doute qu'elle ne soit valable vis-à-vis de tout créancier chirographaire, antérieur ou postérieur, même de tout créancier hypothécaire postérieur. Mais ce n'est pas là une dérogation au principe, puisque l'acte contiendrait affectation hypothécaire, et vaudrait par lui-même.

606. — L'acquiescement peut être exprès ou tacite. — V. ACQUIESCEMENT, nos 175 et suiv., 193 et suiv.

607. — Il n'est soumis à aucune forme. Il peut être donné par exploit ou par acte d'avoué. — V. ACQUIESCEMENT, nos 186 et suiv.

608. — ... Même par lettre missive. — *Rennes*, 14 août 1813, Depincé c. Juillot. — V. ACQUIESCEMENT, nos 178 et suiv.

609. — Ainsi, il y a acquiescement lorsque sur la signification du jugement, le défaillant écrit à l'huissier qu'il vient de faire faillite, qu'il désire prendre des arrangemens, et qu'il l'engage à cesser les poursuites. — *Caen*, 24 avr. 1811, N... ; — Reynaud, n° 149.

610. — ... Ou s'il demande et obtient un sursis à l'exécution. — *Poitiers*, 14 juill. 1819, N...

611. — Quand l'acquiescement est signifié par exploit ou acte d'avoué, il n'est pas nécessaire que la partie y appose sa signature, comme s'il s'agissait d'un désistement. — V. ACQUIESCEMENT, nos 186 et 187.

612. — Bien qu'il renferme des conventions hypothécaires, il est valablement fait en un seul original. — *Riom*, 27 janv. 1821, Soulier c. Forestier ; — Solon, *Des nullités*, t. 2, p. 8.

613. — Il n'est pas indispensable qu'il soit accepté de la partie adverse. — V. ACQUIESCEMENT, n° 191.

614. — ... A moins qu'il ne soit conditionnel. En ce cas, il n'est opposable à celui qui l'a donné qu'autant que la condition a été ou acceptée ou accomplie.

615. — Mais si l'on veut induire l'acquiescement, de paiemens faits par le débiteur après le jugement, il faut prouver que c'est en exécution du jugement, et non pas seulement en vertu du titre, et sans nulle considération de ce jugement, que le débiteur a payé. — V. ACQUIESCEMENT, nos 202 et suiv.

616. — Ainsi, les délégations faites par le débiteur à son créancier ne constituent pas des actes d'exécution lorsqu'elles n'énoncent pas le jugement. — *Paris*, 2 et 30 janv. 1840 (t. 1er 1840, p. 161), Sainte-Aldégonde c. Assise-Deschamps.

617. — Est, sans aucun doute, insuffisante pour empêcher la péremption, la mention d'un à-compte reçu sur le montant des condamnations, écrite en marge de la grosse du jugement, de la main du créancier. — *Bourges*, 24 avr. 1830, Bar c. Boignes.

618. — On ne peut pas non plus voir un acquiescement dans le fait, par une partie condamnée à supporter à frais communs la construction d'un mur mitoyen, d'avoir laissé commencer les travaux avant de former son opposition. — *Amiens*, 15 août 1838 (t. 1er 1839, p. 576), Geule c. Piel.

619. — Nous avons énuméré *suprà*, nos 395 et suiv., les modes d'exécution du jugement par défaut.

620. — Nous nous bornerons à rappeler ici le principe qui régit souverainement la matière, à savoir : que *tout acte* d'exécution, de quelque nature qu'il soit, est un acte interruptif de la péremption.

621. — ... Mais que la connaissance que le défaillant peut avoir de l'existence du jugement n'équivaut pas à un acte d'exécution.

622. — Enfin tout obstacle légal à l'exécution interrompt la péremption. Telle est l'opposition formée au jugement par acte extrajudiciaire, quand bien même elle n'est pas renouvelée dans la huitaine par requête.

623. — ... Seulement l'opposition formée sur un commandement n'empêche pas la partie défaillante de s'opposer au jugement, tandis que le jugement est réputé exécuté si l'opposition extrajudiciaire intervient sur un acte d'exécution, par exemple un procès-verbal de saisie.

624. — La faillite, la cession de biens sont encore un obstacle légal à l'exécution. — V. *suprà* nos 527 et suiv.

625. — Peu importe en effet que l'exécution soit impossible par le fait du débiteur lui-même. — *Paris*, 22 juin 1814, Flachat c. Séguin ; *Bordeaux*, 21 déc. 1832, Francès c. Pierre Jean. — ... Pour un fait indépendant de sa volonté, ou par la nature même du jugement. — V. *suprà* nos 539 et s., 550 suiv.

626. — En conséquence, l'appel du demandeur qui succombe sur un chef du jugement par défaut est interruptif de la péremption.

627. — L'exécution contre l'un des codébiteurs solidaires suffit pour empêcher la péremption du jugement vis-à-vis des autres. — *Montpellier*, 20 août 1810, Bourrel c. Dontie; *Riom*, 16 déc. 1817, Garlier c. Rivet; 6 août 1821, Galan c. Bonnefont; *Cass.*, 7 déc. 1825, de Larochefoucault c. Crépy; *Toulouse*, 22 août 1826, Olivier c. Gaillard; 29 janv. 1827, Marié c. Chambert; 8 déc. 1830, Izard c. Samezan; *Paris*, 22 mars 1827, Grangent c. Bony; 14 août 1828, Édouard c. Moreau; *Pau*, 16 août 1837 (t. 2 1838, p. 404), Laporte c. Canègre; *Cass.*, 2 fév. 1841 (t. 1er 1841, p. 617), Decaindry c. Roulland; *Bourges*, 7 juill. 1842 (t. 1er 1844, p. 595), Chevolhon c. Fiot; — Carré-Chauveau, quest. 645; Favard, *Rép.*, vo *Jugem.*, § 1er; Delvincourt, t. 2, p. 713; Boncenne, t. 3, p. 64; Bioche, no 281; Merlin, *Quest.*, vo *Chose jugée*, § 18, nos 2 et 3; Reynaud, no 158.

628. — ... Quand bien même il aurait été pris, séparément, jugement contre les débiteurs. — *Toulouse*, 29 janv. 1827, Marié c. Chambert.

629. — Le système contraire a été néanmoins adopté par un grand nombre d'arrêts. — *Bruxelles*, 12 août 1822, N..... ; *Limoges*, 14 fév. 1822, Pauthe c. Werle; *Paris*, 1er mars 1826, Gilbert c. Delannoy, 2 mars 1829, Brongniart c. Lepas de Folleville; *Nîmes*, 28 nov. 1826, Aumeras c. Flandin; 24 janv. 1828, Favant c. Dumazer-Caby; *Caen*, 14 déc. 1827, Mérille c. Louvel; *Gand*, 4 juill. 1834, Bohægel c. Roelens; *Amiens*, 7 juill. 1836, N..... ; *Paris*, 8 mai 1837 (t. 1er 1837, p. 523), Maignan c. Fauqueux; 3 mars 1838 (t. 1er 1838, p. 478), Cavelun c. Carriat; *Toulouse*, 7 avr. 1840 (t. 1er 1841, p. 502), Rivals c. Gaillard; — Troplong, *Prescription*, t. 2, p. 173; Vazeille, *ibid.*, t. 1er, p. 243; Merlin, *Rép.*, vo *Péremption*, sect. 2e, § 1er, no 12.

630. — La cour de Toulouse, par l'arrêt ci-dessus, a pourtant reconnu qu'un jugement par défaut exécuté par l'un des codébiteurs solidaires et périmé à l'égard des autres, était interruptif de la prescription.

631. — L'exécution du jugement contre l'un des débiteurs solidaires laisse toutefois subsister l'opposition au profit de ceux vis-à-vis desquels le jugement n'a pas été exécuté. — *Cass.*, 2 fév. 1841 (t. 1er 1841, p. 617), Decaindry c. Roulland.

632. — Mais en pareil cas, selon la cour d'Orléans, l'opposant ne peut être admis à discuter que la solidarité. Si en effet l'existence de la solidarité est reconnue, le premier jugement a l'autorité de la chose jugée contre le défaillant. — *Orléans*, 7 juin 1831, Bourdelot c. Baune.

633. — Jugé encore que l'acquiescement de l'un des débiteurs solidaires empêche la péremption du jugement vis-à-vis de ceux qui n'y ont pas acquiescé. — *Poitiers*, 7 janv. 1827, Ribaut c. Minorel; *Bordeaux*, 9 août 1833, Donis c. Maynard; *Cass.*, 14 avr. 1840 (t. 2 1840, p. 76), Galquier c. Bousquet. — V. *contrà Paris*, 14 déc. 1827, Mérille c. Louvel; 2 mai 1829, Brongniart c. Lepas de Folleville; *Agen*, 6 fév. 1830, N..... c. Battut.

634. — Toutefois l'acquiescement doit avoir date certaine pour produire cet effet. — *Caen*, 14 déc. 1827, Merille c. Louvel. — V. *suprà* nos 595 et s. ce qui a été dit relativement aux effets de l'acquiescement sans date ou tardif, vis-à-vis des tiers.

635. — Lorsque le jugement a été rendu par défaut contre l'un des codébiteurs solidaires et contradictoirement avec l'autre, la question ne souffre aucune difficulté; dans le cas où il n'a été exécuté contre aucun des deux, l'art. 156 est applicable, le jugement est périmé. — *Toulouse*, 26 juill. 1844 (t. 1er 1845, p. 317), Alciat c. Airibat.

636. — Le jour d'obtention d'un jugement par défaut ne doit pas être compté dans le délai de six mois. — *Bourges*, 23 nov. 1840 (t. 2 1841, p. 124), Leroy c. Grenouilloux.

637. — L'arrêt qui déclare un jugement périmé faute d'exécution, bien qu'il ne se soit pas écoulé un délai de six mois depuis le jour où il a été rendu, doit être cassé, les juges eussent-ils voulu simplement exprimer, soit que ce jugement avait perdu son effet par suite de la renonciation à son bénéfice par le demandeur, soit qu'il était frappé d'une nullité radicale pour incompétence. — *Cass.*, 8 juin 1836, Rathery c. Couillaux.

638. — La cour de Besançon (17 mars 1815) a décidé : — 1o qu'on a dû comprendre dans le délai de six mois fixé pour la péremption d'un jugement par défaut, le temps (quatre mois) pendant lequel cette ville fut bloquée en 1814, quoique les pièces de la cause fussent *intrà muros*, s'il y a eu moyen d'exécuter le jugement au dehors; — 2o que l'exécution ayant pu être faite après ces quatre mois, la prescription a été acquise en faveur du défaillant. — V. sur cette question *Cass.*, 14 fév. 1815, Bruassé c. Pourrat.

639. — L'officier ministériel qui a requis la levée d'un jugement par défaut frappé de péremption, est responsable des frais qu'elle a occasionnés. — *Metz*, 4 mai 1813, Schandeler.

640. — La question de savoir si un jugement a été exécuté, est du ressort des tribunaux civils, comme toute question d'exécution.

641. — Un tribunal de commerce ne peut donc en connaître, eût-il rendu le jugement. — *Dijon*, 6 avr. 1819, Grandmange c. Louet.

642. — C'est également au tribunal de première instance du lieu de l'exécution qu'il appartient de connaître de l'opposition formée à l'exécution, sur le motif qu'elle est poursuivie en vertu d'un arrêt périmé. — *Grenoble*, 29 déc. 1815, Armand c. N...

643. — Jugé même, que le tribunal qui a rendu comme tribunal commercial un jugement auquel le défaillant a acquiescé, peut comme tribunal civil, annuler ce jugement sur l'opposition formée au commandement et qui est fondée sur ce que l'acquiescement a été déterminé par une cause illicite; que ce tribunal est compétent pour prononcer sur la question civile et commerciale, sans être obligé de rendre deux jugemens. — *Cass.*, 7 avr. 1824, Drouet-Pothier c. Coutlier.

Sect. 2e. — *Défaut contre avoué ou faute de conclure.*

644. — Les jugemens par défaut faute de conclure, en matière civile ou commerciale, ne sont pas sujets à péremption, faute d'exécution dans les six mois. — V. *suprà* nos 567 et suiv.

645. — Mais l'exécution des jugemens rendus par les tribunaux civils de première instance ou d'appel est suspendue pendant la huitaine de la signification à avoué, comme celle du jugement par défaut contre partie. — C. procéd., art. 155.

646. — ... Sauf le cas où l'exécution provisoire a été autorisée avant cette huitaine.

647. — Le délai de huitaine court, non plus du jour de la signification à partie, mais de celui de la signification à avoué. — C. procéd., art 155 et 157.

648. — La signification à avoué ne dispense pas de celle à domicile (C. procéd., art. 147), car la signification à domicile doit toujours précéder l'exécution du jugement, seulement l'exécution d'un jugement peut être commencée vingt-quatre heures après l'assignation à domicile, si la huitaine de la signification à avoué est expirée. — Carré et Chauveau, quest. 638; Demiau, p. 131; Bioche, no 395.

649. — La huitaine pendant laquelle l'exécution est prohibée est franche, mais non sujette à l'augmentation des délais à raison des distances. — V. *suprà* nos 382 et suiv.

650. — On a vu (*suprà* no 372) que les jugemens des tribunaux de commerce étaient exécutoires un jour après leur signification. — C. procéd., art. 435.

651. — Ce délai court du jour de la signification à partie. — Une signification à l'agréé ou au mandataire serait inutile. — Arg. *Toulouse*, 8 mars 1824, Plante c. Vigne.

652. — Quant aux jugemens de justice de paix, ils sont exécutoires après l'expiration du délai de trois jours à partir de la signification. — V. *suprà* no 374.

Sect. 3e. — *Règles particulières à l'exécution, vis-à-vis des tiers.*

653. — Il y a des jugemens dont les dispositions principales doivent être exécutées par des tiers, c'est-à-dire par des personnes qui n'ont pas figuré dans la cause, mais qui, soit à raison de leurs fonctions, soit à raison de certaines circonstances particulières, n'en sont pas moins tenues de concourir à l'exécution des jugemens par défaut.

654. — Tels sont les jugemens qui donnent mainlevée d'une opposition à mariage, ou ordonnent la radiation d'une inscription hypothécaire, ou bien un paiement soit par un dépositaire public, soit par un tiers-saisi, etc.

655. — Il était à craindre qu'une exécution précipitée et irréfléchie, à laquelle se seraient prêtés des tiers, au mépris du droit d'opposition ou d'appel, n'entraînât souvent un dommage irréparable. Le législeur a prescrit certaines mesures pour prévenir ces inconvénieus.

656. — Autrefois, un simple certificat du procureur du demandeur, constatant qu'il n'était survenu à sa connaissance aucune opposition ni aucun appel, était la seule garantie exigée dans l'intérêt du défaillant.

657. — Aujourd'hui, aux termes de l'art. 163, C. procéd., il est tenu dans chaque greffe un registre sur lequel l'avoué de l'opposant doit faire mention sommaire de l'opposition, en énonçant les noms des parties et de leurs avoués, les dates du jugement et de l'opposition. Cette mention se fait sans frais, et il n'est dû de droit d'enregistrement qu'autant qu'il en est requis expédition.

658. — Une disposition semblable est prise relativement à l'appel. L'avoué de l'appelant doit faire mention de l'appel sur le registre prescrit par les art. 163 et 549, C. procéd..

659. — De plus, l'art. 164 dispose formellement qu'aucun jugement par défaut ne sera exécuté à l'égard d'un tiers que sur un certificat du greffier constatant qu'il n'y a aucune opposition portée sur le registre.

660. — Enfin l'art. 548 complète l'ensemble de ces dispositions en disposant qu'aucun jugement ne sera exécutoire par les tiers ou contre eux, même après les délais de l'opposition ou de l'appel, que sur un certificat de l'avoué de la partie poursuivante, contenant la date de la signification du jugement faite au domicile de la partie condamnée, et sur l'attestation du greffier qu'il n'existe ni opposition ni appel.

661. — C'est le greffier de première instance qui délivre ce certificat, car c'est sur son registre que la mention de l'opposition ou de l'appel doit être inscrite par l'avoué de première instance (et non l'avoué d'appel), à qui l'art. 90 du Tarif accorde un droit pour cette mention. — Carré et Chauveau, quest. 1908 ; Thomine, t. 2, p. 47 ; Boitard, t. 3, p. 316 ; Boncenne, t. 3, p. 142 ; Delaporte, t. 2, p. 139 ; *Annales du notar.*, t. 3, p. 509.

662. — Le certificat de non appel serait inutile si le jugement était en dernier ressort. — Merlin, *Rép.*, vo *Appel*, p. 7 ; Toullier, t. 10, no 98.

663. — Le double certificat du greffier et de l'avoué peut être suppléé par la signification faite au tiers par la partie condamnée, soit de son opposition, soit de son appel. — Carré et Chauveau, quest. 1906 3o ; Thomine, t. 2, p. 50 ; Pigeau, *Commentaire*, t. 2, p. 144.

664. — En payant au mépris de cette signification, le tiers s'exposerait à des dommages-intérêts.

665. — Toute exécution forcée faite sans la représentation du double certificat est nulle. — Carré Chauveau, quest. 691 et 1906, note 2e, p. 519 ; Demiau, p. 136 ; Hautefeuille, p. 315 ; Thomine, t. 2, p. 47.

666. — ... C'est-à-dire que le tiers est responsable vis-à-vis de l'appelant ou de l'opposant qui obtient la réformation du jugement.

667. — Mais si, après l'exécution imprudente, le jugement est confirmé, on ne saurait arguer l'exécution de nullité. — *Cass. belge*, 27 juin 1836 (journal de cette cour, t. 1er, 1836, p. 171); — Chauveau sur Carré, quest. 1906, p. 519, note 2e.

668. — Le tiers serait à l'abri de toute responsabilité, si l'avoué ayant négligé de faire inscrire l'opposition ou l'appel, le greffier avait délivré un certificat négatif, mais la partie lésée aurait un recours contre l'avoué négligent. — Carré et Chauveau, quest. 692.

669. — Au surplus, il faut remarquer que les jugemens que la loi déclare ne pouvoir être exécutés contre les tiers que sur le certificat de l'avoué et du greffier, ne sont autres que ceux qui ordonnent quelque chose à faire par les tiers ou à leur charge.

670. — Spécialement, la sommation de payer ou de délaisser signifiée à un tiers détenteur, ne doit pas être accompagnée du certificat. — *Bourges*, 23 mars 1841 (t. 2 1841, p. 676), Guillemet c. Geoffrion. — V. *contrà Colmar*, 7 mars 1835, Pfulmer c. Oppenheim.

671. — Sur le certificat qu'il n'existe aucune opposition ni aucun appel sur ce registre, les séquestres, conservateurs et tous autres sont tenus de satisfaire au jugement. — C. procéd., art. 550.

672. — Il est incontestable cependant que, malgré l'accomplissement de toutes les conditions prévues par l'art. 548, le tiers est fondé à ne par exécuter le jugement, l'exécution provisoire en

eût-elle été ordonnée, s'il existe entre ses mains des oppositions, car il n'est pas juge de leur mérite. — Chauveau sur Carré, quest. 1906 3° ; Thomine, t. 2, p. 50.

673. — Sous l'ord. de 1667, art. 5, tit. 27, les jugemens par défaut étaient immédiatement exécutoires contre les tiers après la délivrance du certificat du procureur dont il a été question ci-dessus, n° 656.

674. — Sous l'empire de la loi du 11 brum. an VII, le jugement qui ordonnait une radiation d'hypothèque était également exécutoire sur la représentation de la grosse. — Lettre du grand-juge, 10 thermid. an XI ; instruction de la régie, 21 fructid. an XI ; — *Paris*, 14 fructid. an XII, Charpentier c. Larcher ; *Bordeaux*, 6 pluv. an XIII, Dalheu c. Lavalette.

675. — En est-il de même sous le Code de procédure ? Trois systèmes se sont produits. Pigeau, l'un des rédacteurs du Code (t. 2, p. 400), et avec lui Carré (quest. 1906), Demiau (p. 377), Coffinières (*Journal des avoués*, t. 12, p. 527), Berriat, (p. 509, n° 11), Thomine (t. 3, p. 48) enseignent que le jugement par défaut est de plein droit exécutoire contre les tiers, sur la représentation du double certificat de non opposition ni appel. — V. *Turin*, 16 juill. 1809, Fassi c. Avite ; *Paris*, 15 fév. 1825, Hayot c. Robillard ; 14 avr. 1829, Gelle c. Poisson.

676. — Le second système refuse l'exécution contre les tiers avant l'expiration du délai de l'opposition, mais la permet durant ceux de l'appel. — Ainsi, le défaut est-il faute de conclure, le tiers ne peut être contraint à exécuter avant la huitaine, à partir de la signification du jugement à l'avoué du défaillant. — Est-il par défaut faute de comparaître, c'est à partir de l'instant où le jugement a été mis à exécution qu'il devient exécutoire contre le tiers. Alors, en effet, le défaillant a connaissance du jugement, c'est précisément par cette raison qu'il en a connaissance, que le jugement contradictoire, mais susceptible d'appel, est exécutoire durant les délais de l'appel contre les tiers. — Boncenne, t. 3, p. 143 ; Toullier, t. 10, n° 99 ; Pothier, *Obligat.*, t. 2, p. 440, n° 3.

677. — Le troisième système ne permet, au contraire, l'exécution contre les tiers qu'après que le jugement a acquis force de chose jugée. Il est fondé principalement sur l'art. 2157, C. civ., et sur ce que l'art. 548, C. procéd., exige que le certificat de l'avoué mentionne la date de la signification du jugement, et enfin sur les observations de la section du tribunat. — Locré, t. 22, p. 265. — Nous l'adoptons complétement. — V. *Paris*, 14 mai 1808, Ringard c. Fidieu ; 26 août 1808, Ringard c. Fidieu ; *Cass.*, 29 août 1815, Varry c. Regnier ; *Pau*, 14 mars 1837 (t. 2 1837, p. 294), Alem c. Baylac ; — Favard, v° *Exécution*, § 2, n° 3 ; Chauveau sur Carré, quest. 1906, Delvincourt, t. 3, n° 2, p. 83 ; Hautefeuille, p. 314 ; *Le Praticien*, t. 4, p. 76 ; *Bibliothèque du Barreau*, part. 1re, t. 3, p. 29 ; Poncet, n° 70 ; Bioche, n° 408 ; Troplong, *Hypoth.*, t. 3, n° 739 ; Garnier, *Hypoth.*, t. 2, n° 526 ; Persil, *Régime hypoth.*, art. 2157, n° 14 ; Boilard, t. 3, p. 317.

678. — Toutefois, observe M. Bioche (*ibid.*), en matière d'opposition à mariage, l'obligation d'attendre les délais de l'opposition paraît peu compatible avec les art. 177 et 178, qui prescrivent aux tribunaux de statuer dans les dix jours.

679. — A cet égard, il faut se rappeler qu'il est des jugemens dont l'exécution complète est la seule voie d'exécution possible. — Tels sont ceux qui, rendus par défaut faute de comparaître, font main-levée, *sans dépens*, d'une opposition à mariage, d'une inscription. En pareil cas, la règle ci-dessus doit subir une exception, la force des choses le veut ainsi. — Chauveau sur Carré, quest. 1906, p. 521.

680. — Evidemment, cette solution ne concerne que l'exécution des jugemens de première instance, car s'il s'agit d'un arrêt par défaut, les mêmes difficultés ne se présentent plus, et les principes généraux reprennent tout leur empire.

681. — Mais cette exception ne peut être étendue au cas où le jugement est rendu par défaut faute de conclure, ce jugement étant à l'abri de la péremption.

682. — En matière de radiation d'inscriptions, nulle difficulté ; l'art. 2157, C. civ., exige que le jugement soit passé en force de chose jugée. — V. toutefois ce qui vient d'être dit ci-dessus.

683. — Jugé même qu'un conservateur peut refuser de radier l'hypothèque constituée au profit d'une femme mariée sous le régime dotal, lorsque la radiation a été ordonnée par un jugement par défaut, auquel la femme a acquiescé, si d'ailleurs le délai de l'appel n'est pas expiré. — *Rouen*, 8 fév. 1842 (t. 1er 1842, p. 608), Varry c. Guenet.

684. — La règle que le jugement ne peut être exécuté contre les tiers pendant les délais de l'opposition ou de l'appel est-elle applicable au cas où le jugement est exécutoire par provision, nonobstant opposition ou appel ? — Oui, selon *Turin*, 15 juill. 1809, Fassi c. Avitte et Brachi ; *Bordeaux*, 21 août 1839 (t. 1er 1841, p. 428), Herigoyen et Barencou c. Desmaries ; — Chauveau sur Carré, quest. 1906 *bis* ; Thomine, t. 2, p. 50. — Non, d'après *Pau*, 14 mars 1837 (t. 2 1837, p. 294), Alem. c. Baylac ; *Cass.*, 25 mai 1841 (t. 2 1841, p. 37), caisse des consignations c. Baylac. — Conf. Poncet, t. 1er, p. 414 ; Bioche, n° 410.

685. — Suivant ces derniers arrêts, l'art. 548, C. procéd. civ., ne serait nullement modifié par l'art. 135. — ... Et il importerait peu qu'il s'agît d'un paiement à faire par un tiers ou d'une radiation d'inscription.

686. — Il a, en conséquence, été décidé que le préposé de la caisse des dépôts et consignations qui a payé en vertu d'un jugement, même exécutoire, nonobstant appel, donnant main-levée d'une saisie, mais malgré un appel interjeté, et de lui connu, peut être contraint à payer une seconde fois, en cas de réformation du jugement, au profit du saisissant. — *Cass.*, 25 mai 1841 (t. 2 1841, p. 37), caisse des consignations c. Baylac.

687. — Les arrêts par défaut ne peuvent également être exécutés que sur le certificat de l'avoué et du greffier qu'ils ne sont pas frappés d'opposition. — Bioche, n° 412.

688. — ... Et lorsque les délais de l'opposition sont expirés comme nous l'avons dit *suprà*, n° 660.

689. — C'est évidemment l'avoué d'appel qui doit faire la déclaration de l'opposition, et mention en est notée sur un registre tenu *ad hoc* par le greffier de la cour. — Art. 163 et 470, C. proc. civ. — Bioche, n° 413.

690. — En matière commerciale, si le jugement est par défaut faute de comparaître, les tiers ont incontestablement le droit d'exiger la preuve de son exécution. Enfin, dans tous les autres cas, ils ne doivent payer qu'après l'expiration des délais de l'opposition ou de l'appel.

691. — Mais ce principe n'a pas de sanction, parce qu'il n'y a ni avoués ni registres destinés à recevoir les mentions d'opposition ou d'appel. Il serait donc impossible d'exiger la production d'un double certificat comme en matière civile. — Bioche, n° 415. — V. *contrà* Favard, v° *Opposition*, n° 51.

692. — A Paris, le greffier délivre cependant, s'il en est requis, un certificat constatant qu'il n'existe, à sa connaissance, ni opposition ni appel.

693. — Pour suppléer au silence de la loi, il est d'usage d'introduire, pour vaincre la résistance du tiers, un référé et d'appeler en cause la partie condamnée.

694. — L'ordonnance de référé dit que le tiers exécutera le jugement. Cependant, tout dépend de la bonne volonté du tiers, l'ordonnance ne donnant pas au créancier de moyens de contrainte contre lui. — V. RÉFÉRÉ.

695. — Quant aux jugemens de justice de paix, les principes sont les mêmes.

696. — Il est vrai que le délai de l'opposition est de trois jours ; mais le juge ayant la faculté de relever la partie de la déchéance encourue, le tiers est toujours en droit d'exiger la preuve de l'exécution du jugement.

697. — Les tiers peuvent opposer au créancier les nullités de la signification et de l'exécution du jugement. Ainsi, un conservateur est fondé à refuser la radiation d'une inscription, si la signification du jugement a été faite au domicile élu. — *Cass.*, 29 août 1815, Varry c. Regnier. — V. *suprà* n° 683.

698. — Pour tout ce qui concerne l'exécution du jugement, soit par défaut, soit contradictoire, contre les tiers, V. au surplus EXÉCUTION DES ACTES ET JUGEMENS, nos 439 et suiv.

CHAPITRE VI. — *De l'opposition.*

Sect. 1re. — *Principes généraux. — Voies de recours contre les jugemens par défaut.*

699. — Les jugemens par défaut sont susceptibles d'être attaqués par les mêmes voies et dans les mêmes circonstances que les jugemens contradictoires.

700. — Ainsi, l'appel, le pourvoi en cassation, la requête civile sont des voies ouvertes contre eux. — V. JUGEMENT.

701. — Il existe, en outre, un recours particulier contre eux, c'est l'opposition.

702. — *Caractère de l'opposition.* — Par l'opposition, la partie défaillante porte de nouveau devant les juges qui ont statué une première fois sans l'entendre, la connaissance du litige, en leur demandant de rapporter leur décision.

703. — L'opposition dérive du droit de défense. Elle est principalement motivée sur ce qu'il est possible que le défaillant n'ait pas été averti des poursuites.

704. — Toutefois, cette voie n'est pas ouverte contre tous les jugemens par défaut, le législateur ayant dû admettre quelques rares exceptions au principe général qu'il a consacré. — V. *infrà* nos 812 et suiv.

705. — *Personnes qui peuvent se pourvoir par opposition.* — La voie de l'opposition n'est pas ouverte à la partie sur les conclusions de laquelle le défaut a été prononcé. Cette règle se justifie elle-même.

706. — Ainsi, l'appelant qui a requis défaut contre l'intimé non comparant, et pour le profit, l'adjudication de ses conclusions, n'est pas fondé à se pourvoir par opposition contre l'arrêt qui a d'office déclaré l'appel non recevable. — *Bruxelles*, 17 mars 1820, Beaudoux c. Delmotte ; — Talandier, *Appel* n° 65.

707. — C'est devant les juges d'appel que le demandeur est tenu de se pourvoir pour obtenir la réformation du jugement qui le déboute de sa demande, pourvu que la cause ne soit pas en dernier ressort. Sinon, le jugement est définitif.

708. — Quant aux défendeurs, leur opposition est recevable, si d'ailleurs le jugement leur est préjudiciable, l'intérêt étant la base des actions.

709. — Jugé que l'opposition n'est pas recevable de la part de celui qui n'a pas comparu en conciliation et n'a pas acquitté l'amende. — *Paris*, 10 août 1809, Lubbest c. Leroy. — V. CONCILIATION, nos 248 et suiv.

710. — On a (vu v° APPEL, n° 504) que toute personne appelée dans l'instance, ou intervenue d'elle-même, avait le droit de se pourvoir par appel, qu'elle ait été ou non comprise dans *les qualités* du jugement : ces observations sont applicables à l'opposition.

711. — Mais celui qui n'a pas été partie dans un jugement n'est évidemment pas recevable à l'attaquer par la voie de l'opposition. — V. APPEL, n° 494. — V. toutefois n° 495.

712. — Cependant, celui qui, sans avoir été partie en une instance, a été néanmoins qualifié demandeur dans un jugement par défaut, et comme tel débouté de sa prétendue demande, peut se pourvoir par opposition ou par tierce-opposition, après les délais de l'opposition, sans s'inscrire en faux contre les qualités du jugement. C'est à celui qui a obtenu le jugement par défaut à justifier que la personne condamnée était réellement partie dans la cause. — *Metz*, 29 juin 1821, Desiegland c. Tiercelet.

713. — La tierce-opposition est seule permise au tiers, quand il a éprouvé un préjudice par suite d'un jugement lors duquel il n'a pas été appelé. — V. TIERCE OPPOSITION et APPEL, nos 495 et suiv.

714. — Quant aux héritiers ou ayant-cause de la partie condamnée, ils ont le droit de s'opposer au jugement. — V. APPEL, nos 597 et suiv. et 606.

715. — Tout ce qui a été dit au mot APPEL, nos 510 et suiv., relativement à la capacité d'appeler du prodigue, de la femme mariée, des communes et administrations publiques, et des faillis, s'applique à l'opposition.

716. — Le tuteur représente seul le pupille. Aussi, le subrogé-tuteur est-il sans qualité pour former opposition au jugement par défaut rendu contre ce dernier. — V. APPEL, nos 546 et suiv. et 936 et suiv.

717. — L'opposition d'un tuteur au nom de ses trois pupilles, lorsque deux sont majeurs depuis le jugement et ont reçu personnellement et à leur domicile la signification du jugement, n'est recevable qu'à l'égard de celui qui est encore mineur. — *Colmar*, 23 avr. 1822, Stainlé c. Dumesnil.

718. — Dans le cas où les conclusions du demandeur ont été rejetées par un jugement en premier ressort, nous venons de dire que c'était devant les juges d'appel qu'il en devait poursuivre la réformation. Or, précisément à cause de cette menace d'appel et du danger qu'il y a pour elle de se présenter devant les juges avec une décision qui lui est favorable, il est vrai, mais qui n'en est pas moins par défaut, la partie défaillante n'a-t-elle pas le droit de former opposition au jugement pour obtenir une décision contradictoire ? Cette difficulté s'est quelquefois agitée dans la pratique, mais sans subir l'épreuve du jugement. Nous pensons que l'opposition serait recevable.

719. — *Effets de l'opposition.* — L'opposition a

pour effets : 1° de suspendre l'exécution du jugement (art. 159, C. proc. civ.), à moins toutefois que le jugement n'ait été déclaré exécutoire nonobstant opposition. — V. EXÉCUTION PROVISOIRE.

720. —... Pourvu, bien entendu, qu'elle soit régulière, car si elle ne l'est pas, la partie qui a obtenu le jugement, peut, à ses risques et périls, en poursuivre l'exécution. — Arg. art. 162, C. proc. civ.; — Boitard, t. 1er, p. 640 ; Boncenne, t. 3, p. 128 ; Bioche, n° 317. — V. aussi *Cass.*, 14 vent. an XII, Vanpoucke c. Carton.

721. — Jugé, en conséquence, que l'exécution d'un arrêt par défaut peut être poursuivie, même par l'emprisonnement du défaillant, si l'opposition que celui-ci a formée est tardive. — *Lyon*, 2 mars 1811, Pierrou c. N.

722. — Il est, du reste, généralement admis que l'opposition n'empêche pas les actes conservatoires. — V. ACTES CONSERVATOIRES, nos 3 et suiv., INSCRIPTION, SAISIE-ARRÊT.

723. — L'exécution du jugement par défaut est suspendue jusqu'au jugement qui déboute l'opposant.

724. — ... 2° De donner à l'opposant, lorsque l'opposition est régulière, le droit de plaider la cause au fond et d'obtenir la rétractation du jugement.

725. — Toutefois, une opposition irrégulière et nulle étant censée n'avoir jamais existé, il en résulte que l'appel peut être interjeté contre un jugement par défaut, sans qu'on l'interjette contre le jugement qui statue sur l'opposition. — V. APPEL. — Chauveau sur Carré, quest. 661.

726. — Les poursuites commencées peuvent également être reprises sur les anciens erremens. — Chauveau, *ibid.*

727. — Mais, quand l'opposition est régulière, on s'est demandé si les parties étaient remises dans l'état où elles étaient avant le jugement, à tel point que ce jugement soit anéanti. — M. Chauveau (*loc. cit.*) n'hésite pas à se prononcer pour l'affirmative et à pousser cette doctrine jusqu'aux plus extrêmes limites, en décidant que le jugement, fût-il maintenu, les inscriptions doivent être renouvelées et les poursuites recommencées.

728. — Cette doctrine est repoussée, à juste titre, par plusieurs arrêts. — *Metz*, 29 nov. 1817, N...; *Rouen*, 27 mai 1834, enreg. c. Thomas; *Rennes*, 5 janv. 1813, Nugent c. Lalleu; *Limoges*, 26 mai 1823, Lornac Cheyroux c. Villeneuve; *Caen*, 14 déc. 1824, Godefroy Dorberg c. Lesauvage; — Carré, quest. 661; Poncet, t. 1er, p. 419; Rauter, *Cours de procéd.*, p. 274.

729. — On a même décidé qu'en pareil cas il n'est pas nécessaire de renouveler le commandement tendant à prise de corps. — *Aix*, 9 nov. 1822, Audiffret c. Laperrière; *Rouen*, 9 janv. 1826, Houzard c. Bulard ; — Coin-Delisle, *Contr. par corps*, p. 47, n° 9.

730. — S'il est vrai, au surplus, que le jugement ne soit pas anéanti, il n'est pas moins vrai que l'opposition rend à chaque partie les droits qu'elle avait avant le défaut. Ainsi donc, l'intimé qui a obtenu un arrêt par défaut déclarant l'appelant mal fondé, peut plaider, lors de l'arrêt définitif, que le jugement dont est appel est en dernier ressort. — *Toulouse*, 18 déc. 1835, Chernel c. Moulet.

731. — D'après l'opinion de la cour de Metz, l'intimé peut faire valoir tous moyens de nullité, par exemple la nullité de l'acte d'appel, bien qu'il ne les ait pas invoqués ni en prenant ni en signifiant l'arrêt par défaut. — *Metz*, 26 mai 1820, Hamen c. Freisch; — *contrà* même cour, 30 janv. 1811, N...

732. — Le jugement ordonne-t-il une preuve par témoins, l'opposition permet à la partie défaillante de dénier les faits et d'en plaider la non-pertinence. — V ENQUÊTE, nos 53, 54 et 189.

733. — Enfin, lorsque le cautionnement n'est pas solidaire, l'opposition permet à la caution d'opposer au créancier le bénéfice de discussion. — V. CAUTIONNEMENT, nos 189 et suiv.

734. — Que faut-il décider dans le cas où la péremption de l'instance en validité de l'opposition est prononcée sur les conclusions de la partie qui a obtenu jugement? On a été jusqu'à juger que la péremption étant prononcée, l'instance tout entière, y compris le jugement par défaut, cessait d'exister, bien que le demandeur principal soutînt que l'opposition était irrégulière ou tardive. M. Chauveau (quest. 661) critique avec énergie cette solution, enseignant qu'il faut avant tout vider la question préjudicielle, c'est-à-dire la question de savoir si l'opposition est irrégulière ou tardive. En cas d'affirmative, ou même si l'opposition n'est plus recevable par suite d'un acquiescement quelconque de la partie du jugement, la péremption, dit cet auteur, ne peut être accueillie; mais il en serait autrement si l'opposition était recevable. C'est là une conséquence de la doctrine de l'anéantissement du jugement par le seul fait de l'opposition régulière. Mais, si l'on admet avec nous que le jugement subsiste, il faut refuser à la péremption dans l'un et l'autre cas un effet que n'a pas l'opposition.

735. — Cette doctrine de l'anéantissement du jugement devient, de l'aveu même de M. Chauveau, fort embarrassante, dans le cas où l'exécution provisoire a été ordonnée. « Nous devons avouer, dit-il, que ce n'est pas du doute pour nous, mais une complète indécision. Dans l'impossibilité de nous rattacher soit à nos principes, soit à une exception, nous dirons comment nous jugerions : la décision du juge nous paraît, dans ce cas, une espèce de saisie-arrêt, ou plutôt de mesure conservatoire qui conserve ses effets, malgré l'opposition, et qui fait remonter les effets du jugement définitif au moment où elle a été permise. Le jugement par défaut en lui-même, quant au fond, n'existera plus, mais cette mesure salutaire aura protégé les intérêts du demandeur jusqu'au dernier moment utile. »

736. — Il est difficile de voir une *espèce de mesure conservatoire* dans la décision qui accorde à une partie l'exécution provisoire du jugement. C'est bien un titre exécutoire qu'elle possède et qu'elle peut mettre à exécution en vendant le mobilier du débiteur, en expropriant les immeubles, en emprisonnant la personne. Au contraire, dans le système que nous avons adopté, cette question si embarrassante pour M. Chauveau n'en est pas une.

737. — Il ne fait aucun doute que l'exécution provisoire ne puisse être requise pour la première fois et accordée par le jugement qui statue sur l'opposition, pourvu que l'opposition soit régulièrement formée. — V. EXÉCUTION PROVISOIRE, nos 22 et suiv.

738. — Pareillement, la partie qui a formé opposition à un jugement déclaré exécutoire par provision, nonobstant opposition ou appel, peut, avant la décision sur le fond, demander au tribunal de première instance saisi de l'opposition, de rétracter la disposition relative à l'exécution provisoire. — *Cass. belge*, 10 juin 1834, de Rosée c. de Cesve.

739. — En effet, l'opposition remet tout en question devant les premiers juges, même l'exécution provisoire. — *Paris*, 7 nov. 1840 (t. 2 1840, p. 656), Lemarié c. Lafont-Lacroix. — Il ne faut pas conclure des deux arrêts ci-dessus que l'opposition provisoire soit arrêtée par le fait de l'opposition, mais simplement que le chef de l'exécution provisoire peut être discuté et rapporté avant le jugement sur le fond.

740. — La décision ci-dessus s'applique à la contrainte par corps. — V. CONTRAINTE PAR CORPS, nos 33 et 34.

741. — De ce principe que l'opposition suspend l'exécution, il résulte qu'elle empêche le jugement d'acquérir la force de chose jugée.

742. — Jugé même qu'il en serait ainsi dans le cas où elle serait tardive. — *Cass.*, 22 fév. 1830, Marie. — Mais cette solution ne peut faire autorité.

743. — ... *Et vice versâ*, elle empêche le jugement de tomber en péremption, faute d'exécution dans les six mois. — V. *suprà*.

744. — Il importe peu que, formée par un acte extrajudiciaire, elle n'ait pas été renouvelée dans le délai légal. — V. *suprà*.

745. — Par le fait de l'opposition, le jugement se trouve paralysé dans son action, à moins que l'opposition ne porte expressément que sur une partie du jugement.

746. — Par conséquent, l'acquiescement au jugement par défaut ne peut plus s'induire de simples présomptions et doit être appuyé sur un acte. — *Cass.*, 28 avr. 1825, Camas c. Jaulas.

747. — Ainsi, lorsque l'opposition à un arrêt par défaut a été légalement introduite, l'opposition à la taxe des dépens n'emporte pas abandon de l'opposition formée envers l'arrêt. — *Nîmes*, 15 nov. 1810, N... c. N...

748. — En thèse générale, l'opposition à la taxe n'est pas une fin de non-recevoir contre l'opposition ou l'appel. — V. FRAIS ET DÉPENS (matière civile).

749. — Mais il y a acquiescement, lorsque au lieu d'attaquer le jugement par défaut par la voie de l'opposition, on s'est pourvu contre lui par celle de la cassation. — *Cass.*, 19 fév. 1823, Lafayette c. comm. d'Ecuelly.

750. — De même que l'appel, l'opposition formée par l'une des parties condamnées ne profite pas aux autres. — V. APPEL, nos 496 et 497.

751. — ... A moins que la condamnation ne soit indivisible ou solidaire. — *Nîmes*, 12 fév. 1807, Duparc c. Montredon; *Limoges*, 20 fév. 1810, Têtu c. Monville; — Carré et Chauveau, quest. 1565; Berriat, p. 397 ; Pigeau, *Comment.*, p. 358 ; Bioche, n° 328. — V. APPEL, nos 1574 et suiv.

752. — Lorsque, de deux débiteurs solidaires, le premier est condamné contradictoirement et le second par défaut, celui-ci est recevable à se pourvoir par opposition. Mais cette opposition ne profite point à l'autre codébiteur. — *Cass.*, 2 juin 1806, d'Herisson c. Sarrans et Corbières.

753. — On décide même que l'opposition n'est utile pour le défaillant qu'autant qu'il constate la solidarité ; autrement, on peut lui opposer l'autorité de la chose jugée résultant du premier jugement, si ce jugement n'est plus susceptible de recours. — V. *suprà* n° 632.

754. — Il y aurait, en pareil cas, violation de la chose jugée, si, sur l'opposition, le jugement était réformé à l'égard de la partie comparante. — *Cass.*, 25 janv. 1831, Mercier c. Coblence.

755. — Mais lorsqu'il a été statué par un seul et même jugement sur une demande principale et une demande en garantie, si le garant n'a été condamné que par défaut, son opposition fait revivre toutes les questions tant principales que subsidiaires, alors même que le jugement qui condamne le garanti serait passé en force de chose jugée à l'égard de celui-ci. — *Cass.*, 12 avr. 1843 (t. 2 1843, p. 450), Cerf Lewy c. Gougenheim. — V. aussi *Cass.*, 11 mai 1830, Cheuzeville c. Ballandras. — V. APPEL. — *Contrà Paris*, 20 nov. 1829, Champion c. Bonnet; *Colmar*, 20 juill. 1840 (t. 2 1840, p. 222), Gougenheim c. Cerf Lewy.

756. — Si de plusieurs parties ayant le même intérêt, l'une s'est pourvue par la voie de l'opposition dans le délai utile, et les autres par la voie de l'appel, les délais de l'opposition étant expirés à leur égard, il faut distinguer si la matière est divisible ou indivisible, solidaire ou non solidaire, pour savoir s'il y a lieu de renvoyer l'opposant devant le juge d'appel, et *vice versâ*.

757. — La matière est-elle divisible, et les parties condamnées non solidaires, chacun doit suivre sur son opposition ou son appel. — *Agen*, 6 juill. 1812, Delcussol c. Bonyssi.

758. — Si la matière est indivisible ou solidaire, la déchéance de l'une des parties à former opposition s'étend à l'autre, et l'appel est la seule voie possible pour toutes. — Chauveau, quest. 1570; Talandier, p. 68, n° 8.

759. — Pareillement, l'appel interjeté par le demandeur débouté de ses conclusions rend impossible l'opposition du défendeur qui n'a pas comparu lors du jugement. — *Limoges*, 1er fév. 1812, N...

760. — *Secùs* si la partie se désiste de son opposition. — Même arrêt.

761. — Mais tout désistement doit être accepté. — V. DÉSISTEMENT, nos 126 et suiv.

762. — Tant que l'instance d'opposition n'est pas vidée, la partie opposante est non-recevable à interjeter appel du jugement. Il y a litispendance. — *Toulouse*, 8 fév. 1844 (t. 1er 1845, p. 734), Labam c. Dupuy ; *Bordeaux*, 1er avr. 1845 (t. 1er 1845, p. 764), Chardavoine c. Berton. — V. APPEL, nos 1036 et suiv.

763. — Jugé cependant qu'en ce cas, l'appel n'est pas nul, et qu'il peut être reçu et jugé lorsque l'appelant déclare se désister de l'opposition et se soumet à en payer les frais. — *Bourges*, 16 nov. 1839 (t. 2 1840, p. 312), Limosin c. Mariola.

764. — *Jugement de l'opposition.* — Lorsque l'opposition est régulière et formée dans les délais, le tribunal reçoit le défaillant opposant au jugement par défaut et statue ensuite sur le fond.

765. — Si l'opposition est fondée, le tribunal décharge l'opposant des condamnations et déboute le demandeur de sa demande.

766. — Sous l'ordonnance de 1667, art. 6, tit. 2, l'opposition n'était recevable, dans les cas où elle était permise, qu'autant que l'opposant avait préalablement acquitté les dépens de son adversaire, lorsqu'il s'agissait d'un défaut faute de comparaître. Mais il en était autrement pour les défauts faute de plaider. — Rodière, p. 73 et 74 ; Jousse, art. 3, tit. 35, ord. ; Merlin, *Questions de droit*, t. 2, p. 605.

767. — Ces principes étaient applicables sous l'ordonnance de 1707, qui réglait la procédure en Lorraine. — *Cass.*, 22 thermid. an X, préfet des Vosges c. commune de Thann.

768. — C'était là ce qu'on appelait la *réfusion* des dépens, mais aujourd'hui il n'en est plus ainsi. — *Cass.*, 21 vendém. an X, Dubarry c. Loyson ; *Rome*, 17 janv. 1811, Di Pietro c. Dercolani ; — Carré et Chauveau, quest. 671 ; Favard, v° *Opposition*, § 1er, Boncenne, t. 3, p. 128 ; Merlin, *Rép.*, t. 8, p. 705. — V. FRAIS ET DÉPENS.

769. — ... C'est-à-dire qu'il est impossible d'exiger de la partie défaillante le paiement préalable des frais du défaut. Mais la jurisprudence est loin

d'être unanime sur la question de savoir si les dépens ne doivent pas être mis, dans tous les cas, à sa charge par le jugement qui statue sur l'opposition.

770. — En matière de dépens, les juges ont un pouvoir discrétionnaire. Tel est le principe. Nous pensons donc qu'ils peuvent condamner l'opposant qui obtient gain de cause aux frais du défaut, mais ce n'est pas là un devoir pour eux, et même une telle condamnation est l'exception et non pas la règle. — V. FRAIS ET DÉPENS (mat. civile).

771. — Si au contraire le défendeur n'est pas jugé fondé dans ses moyens d'opposition, le tribunal ordonne que le premier jugement sortira son plein et entier effet pour être exécuté selon sa forme et teneur.

772. — L'opposition est-elle irrégulière ou tardive, le tribunal déclare purement et simplement l'opposition non-recevable.

773. — Le juge peut statuer immédiatement par le même jugement tant sur les exceptions que sur le fond, et lorsque l'opposant se borne à opposer des fins de non-recevoir, sans contester la demande au fond, le juge peut, après avoir rejeté ses moyens, confirmer purement et simplement le jugement attaqué, sans être tenu de donner des motifs particuliers sur le fond. — *Cass.*, 17 déc. 1839 (t. 1er 1840, p. 404), Marlier c. Charlet.

774. — Jugé même que lorsqu'il a été formé opposition à un jugement par défaut qui rejetait une exception de litispendance et prononçait au fond, le jugement qui déboute de l'opposition peut également statuer à la fois et sur l'exception et sur le fond, sans violer l'art. 172, C. procéd. — *Cass.*, 17 déc. 1839 (t. 1er 1840, p. 397), Valentin c. des Essarts. — V. EXCEPTION.

775. — Dans le cas où un jugement par défaut a accueilli plusieurs chefs de conclusions pris dans l'exploit introductif d'instance, mais omis dans les qualités du jugement, ces chefs de conclusions sont suffisamment repris sur l'opposition, si l'on a conclu au maintien pur et simple du jugement. — *Bordeaux*, 2 juill. 1827, Malartigue c. Lassere.

776. — Au surplus, le premier jugement ne lie aucunement le juge.

777. — Lorsque l'opposition est déclarée mal fondée, le jugement qui déboute la partie est le seul titre exécutoire contre elle. — *Turin*, 1er fév. 1811, Ponte Lombriano c. Mo.

778. — ... C'est-à-dire le seul titre renfermant la force exécutoire, car le premier jugement n'est pas anéanti et forme avec le second un tout indivisible. — *Limoges*, 26 mai 1823, Lornac-Cheyroux. c. Villeneuve; *Cass.*, 9 mai 1823, Bonnean-Lestenz; *Caen*, 14 déc. 1824, Godefroy Dorberg c. Lesauvage.

779. — En conséquence s'il a été rendu, sur l'appel interjeté seulement contre le second jugement, un arrêt infirmatif, le premier jugement se trouve par là même anéanti, soit parce que l'appel a porté virtuellement sur lui, soit parce que le second jugement renfermant seul la force exécutoire, a seul nécessité l'appel. — Dès-lors, on ne peut dire que l'arrêt portant infirmation du jugement contradictoire ait violé l'autorité de la chose jugée acquise au jugement par défaut non attaqué par la voie de l'appel. — *Cass.*, 7 déc. 1841 (t. 1er 1842, p. 101), Delaunoy c. Seillière.

780. — Au contraire, lorsqu'il y a eu un arrêt par défaut et un arrêt confirmatif sur l'opposition, le pourvoi en cassation n'est pas recevable contre l'arrêt par défaut seul, si l'arrêt contradictoire a acquis l'autorité de la chose jugée. — V. CASS., no 81.

781. — Lorsque l'opposition est rejetée non plus au fond, mais en la forme, le premier jugement subsiste. Et l'opposition ne lui a enlevé aucun de ses effets, à tel point qu'un commandement tendant à prise de corps peut être signifié par l'huissier commis à cet effet par le jugement. — *Aix*, 6 déc. 1834, Michel c. Meunier.

782. — L'arrêt qui en confirmant purement et simplement un jugement de première instance, n'a fait que déclarer une partie non-recevable dans son opposition, n'a dû s'occuper aucunement du fond de la contestation. On ne peut donc le critiquer comme renfermant les violations de la loi dont le premier jugement peut être entaché. — *Cass.*, 17 déc. 1834, Gauthier c. de Brivazac.

Sect. 2e. — *Jugemens susceptibles d'opposition.*

783. — L'ordonnance de 1667 n'autorisait l'opposition que contre les arrêts et jugements rendus en dernier ressort. — Art. 3, tit. 35. — *Rennes*, 18 août

1812, Painière c. N...). — Pothier (part. 3e, sect. 30e), nous apprend que l'usage contraire avait prévalu.

784. — Cependant, depuis le Code de procédure, il a été jugé que l'opposition était non recevable contre un jugement définitif et en premier ressort, mais intervenu dans une instance introduite antérieurement. — *Bruxelles*, 8 juin 1807, Brion c. Powis; *Cass.*, 29 juill. 1809, de Livron c. N..., *Paris*, 10 mars 1810, Desguerrais Demauroy c. Pierrecourt. — V. *contra Nîmes*, 17 août 1807, Masnejean c. Cavalier.

785. — Du reste, sous l'empire de l'ordonnance de 1667, la voie de l'opposition était admise contre les jugemens par défaut des tribunaux de commerce. — *Bruxelles*, 17 frim. an X, Van Haute c. Meret.

786. — Aux termes de l'art. 3, de l'ordonnance de 1674, la requête civile était seule admise contre les arrêts par défaut rendus à tour de rôle. — *Cass.*, 11 fruct. an X, Bernier c. N...; 3 pluv. an XII, Valerard c. Clément; — Merlin, *Quest.*, vo *Opposition*, p. 19.

787. — Mais depuis la loi du 16-24 août 1790, les arrêts par défaut étaient susceptibles d'opposition dans tous les tribunaux. — *Cass.*, 3 pluv. an XII, Vallerard c. Clément; 9 fructid. an XIII, Coutellier c. Fabre; 4 mars 1807, Kiski c. Pérard.

788. — On décidait que l'opposition est de droit commun et que nulle dérogation à ce droit ne peut résulter que d'un texte précis. — *Cass.*, 14 niv. an VIII, Poupers c. Douanes.

789. — Jugé néanmoins que les oppositions aux arrêts par défaut rendus à tour de rôle n'étaient pas recevables dans les cours dont les règlemens pour la tenue des audiences avaient reçu la sanction du gouvernement et prohibaient ces oppositions. — *Cass.*, 7 janv. 1807, Dommange c. N...; 29 juill. 1809, de Livron c. N...

790. — Les arrêts ou jugemens en dernier ressort, rendus sous le règlement du 28 juin 1738, qui les déclarait contradictoires, même à l'égard des parties défaillantes, lorsqu'une partie ayant le même intérêt s'était défendue, sont restés à l'abri de l'opposition, même depuis le Code de procéd. — *Cass.*, 15 mai 1821, Duplessier c. Certemont.

791. — Aujourd'hui, tout jugement par défaut, soit préparatoire, soit interlocutoire, soit définitif, est en général sujet à opposition. — Carré-Chauveau, quest. 659.

792. — Cette règle ressort clairement de la généralité des termes des art. 157 et 158 C. procéd. civ.

793. — Notamment, l'opposition est recevable : 1o contre les jugemens rendus en matière de douanes. — *Cass.*, 14 niv. an VIII, Poupers c. douanes; 1er fruct. an VIII, Juilleral c. douanes; 4 vendém. an VIII, Laurent; 23 août 1830, Caire; — Favard, vo *Douanes*, § 1er, no 11, *in fine*; — Carré-Chauveau, *ut suprà*, no 8. — V. DOUANES, nos 1092 et suiv. et 1515 et suiv. et 1148.

794. — Néanmoins le jugement qui déclare valable la saisie de marchandises prohibées sur un inconnu, n'est pas susceptible d'opposition, et ne peut être attaqué que par appel. Telle est la disposition de l'art. 4, L. XI, prair. an VII. — *Besançon*, 10 mai 1826, douanes c. Guillemin. — V. aussi *Cass.*, 3 mars 1809, Geyssenst; — Merin, *Rép.*, vo *Douanes*, § 16, Carré-Chauveau, *ibid.*, no 2.

795. — ... 2o Contre ceux rendus en matière de domaines et d'enregistrement. — *Bourges*, 7 juill. 1807, Delarue c. Robert; *Cass.*, 4 mars 1807, enregistrement c. Portrampart; 17 juill. 1811, enregistrement c. Gros-Lebailly; 11 mars 1812, enregistrement c. Cazals; 8 juin 1812, enregistrement c. Sombret; — instructions de la régie, 5 juin 1837, no 1538; Merlin, *Rép.*, vo *Appel aux jugemens*; Roland et Trouillet, *Diction. de l'engistrement*, vo *Instances relatives à l'enregistrement*, § 3, no 23 et § 5, no 3; Rolland de Villargues, *Rép. du notariat*, vo *Enregistrement*, no 204? Teste-Lebeau, vo *Instance*; Bioche, no 137.

796. — ... 3o Contre les arrêts par défaut rendus sur appel d'ordonnances de référé. — *Bruxelles*, et non *Paris*, 7 août 1807, Bosquet c. Lombarel; *Paris*, 7 janv. 1842; — Carré-Chauveau, quest. 2272; Berriat, p 378, note 1re; Merlin, *Rép.*, vo *Opposition*; Thomine, t. 1er, p. 399; Boitard, t. 3, p. 402; Bioche, vo *Référé*, no 311; Bilhard, *Des référés*, p. 398. — ... Bien que l'ordonnance de référé ne soit pas soumise à ce recours. — Bioche, *ibid.*, no 310; Boitard, t. 3, p. 400.

797. — ... 4o Contre les ordonnances rendues par le président du tribunal, parties non appelées et portant envoi en possession. — *Toulouse*, 10 juill. 1827, Danisac c. commission des hospices; — Thomine, t. 1er, p. 399; Bioche, vo *Envoi en possession*, no 34.

798. — ... 5o Contre l'ordonnance du juge commis-

saire qui statue sur le privilège du propriétaire dans une distribution par voie de contribution. — Bioche, vo *Distribution par voie de contribution*, no 135. — V. DISTRIBUTION PAR CONTRIBUTION, no 121.

799. — ... 6o Contre le jugement rendu par un tribunal saisi par suite du renvoi de l'affaire par le juge du référé, si toutefois ce renvoi a été ordonné au principal, car, s'il a eu lieu en état de référé, le jugement qui intervient est une sentence de référé, susceptible seulement d'appel. — *Paris*, 3 mars 1810, N...; 14 mai 1836, Meslier c. administration des domaines; — Carré-Chauveau, quest. 2773 et 2775; Pigeau, *Comm.*, t. 1er, p. 115; Demiau, p. 490; Favard, t. 4, p. 778; Thomine, t. 2, p. 398; Bioche, vo *Référé*, no 313.

800. — ... 7o Contre le jugement par défaut rendu contre des ascendans, opposans au mariage de leurs enfans. — *Amiens*, 10 mai 1821, Coppin; *Nancy*, 30 juin 1826, Aubry.

801. — ... 8o Contre les décisions judiciaires rendues par défaut en matière disciplinaire. — *Cass.*, 20 fév. 1823, Drault. — Vo AVOCAT, nos 822 et suiv.; DISCIPLINE, nos 141, 309.

802. — 9o Contre les jugemens rendus par défaut contre un avoué dans le cas de l'art. 1031, C. procéd. civ. — Vo AVOUÉ, nos 367, 368, et vo FRAIS FRUSTRATOIRES.

803. — ... 10o Contre les jugemens par défaut-congé, alors même qu'ils se bornent à donner congé au défendeur sans lui adjuger autre chose que les dépens. — *Poitiers*, 6 avr. 1837 (t. 2 1837, p. 420), Mercier c. Chassin; 14 fév. 1837 (t. 2, p. 417), Labrillantais c. Lahogne; — Favard, vo *Jugement*, sect. 1re, § 3, no 9; Pigeau, *Comment.*, t. 1er, p. 350; Thomine, t. 1er, no 183; Carré, *Analyse*, no 515, vo APPEL, no 283.

804. — Dans le système que nous avons combattu, le profit du jugement par défaut-congé consistant à replacer les parties dans l'état où elles étaient avant la demande, il ne serait pas besoin de recourir contre le jugement par la voie de l'opposition ou de l'appel. — V. *suprà* les arrêts cités et Boncenne.

805. — Boncenne (t. 3, p. 113) n'admet l'opposition que pour le cas où la prescription se serait accomplie dans l'intervalle. Au surplus, cet auteur dénie aux juges le droit d'entrer dans l'examen du fond.

806. — L'ordonnance de 1667, art. 3, tit. 35, permettait de se pourvoir par simple requête à fin d'opposition contre les arrêts et jugemens, en dernier ressort, rendus sur requête.

807. — En est-il de même aujourd'hui? — Pour la négative, on dit que le Code de procédure n'a pas reproduit cette disposition de l'ordonnance. En vain objecte-t-on qu'il est d'équité que la voie de l'opposition soit réservée à la partie condamnée par défaut; car, en pareil cas, dit M. Chauveau sur Carré (quest. 378), il n'y a pas de défaut, puisque les seules parties qui devaient figurer au jugement ont été omises. — Il n'y a pas eu de condamné puisqu'il n'y a pas eu de contestation. — C'est là un acte de juridiction gracieuse. — Conf., Favard, vo *Opposition*, p. 40, et Pigeau, *Comment.*, p. 643. — *Contrà*, *Paris*, 19 fév. 1812, Boucher c. de Castellanne. — Merlin, *Rép.*, vo *Opposition*, § 1er, no 1er; Favard, vo *Opposition*; Carré, no 660; Bioche, no 147

808. — Toutefois, on ne peut se dissimuler que ce ne soit une question très délicate. En matière d'interdiction notamment, un grand nombre d'arrêts de cours royales permettent de s'opposer au jugement qui ordonne l'interrogatoire, *et vice versâ*. — V. INTERDICTION. — V. aussi INTERROGATOIRE SUR FAITS ET ARTICLES.

809. — Il a été décidé notamment qu'un jugement rendu, parties non appelées, était assimilé à un jugement par défaut faute de constitution d'avoué et attaquable jusqu'à son exécution. — *Rennes*, 18 sept. 1813, N.

810. — La loi du 10 vendém. an IV ne s'oppose pas à ce qu'une commune déclarée responsable d'un pillage sur l'action du ministère public, forme opposition au jugement qui la condamne. — V. *Bruxelles*, 30 nov. 1836, journal de cette cour, 2e partie, p. 473.

811. — L'opposition est également permise contre l'arrêt d'une cour d'assises qui condamne une partie civile en des dommages-intérêts. — Lorsque cette opposition n'a pu être formée qu'après la clôture de la session, elle est valablement portée devant la cour d'assises de la session suivante. — *Cass.*, 29 (et non 19) avr. 1817, Pans c. Chrétien; 24 juin 1825 (et non 1824), Denoes; — Pigeau, *Commentaire*, t. 1er, p. 358; Carnot, *Instr. crimin.*, t. 2, p. 707, no 6; Carré et Chauveau, quest. 659, no 4.

812. — Au contraire, l'opposition n'est pas rece-

vable : 1° contre les jugemens qui ordonnent un délibéré, car ces jugemens sont simplement préparatoires. — *Cass.*, 12 fév. 1822, Chosson c. Teillard ; — Carré et Chauveau, quest. 439 ; Demiau, p. 89 ; Lepage, p. 127 ; Bioche, vº *Délibéré*, nº 21 ; Pigeau, *Comment.*, t. 1er, p. 251 ; Thomine, t. 1er, p. 208. — V. DÉLIBÉRÉ, nº 30.

813. — Demiau (*ibid.*), permet cependant l'appel contre un tel jugement, dans le cas où il joint des incidens qui, par leur nature, ne devaient pas être réservés, et M. Chauveau approuve cette solution. En pareil cas, nous croyons aussi que l'opposition est permise.

814. — ... 2° Contre le jugement qui intervient après une instruction par écrit, l'une des parties eût-elle négligé de produire ou de défendre dans les délais (art. 113 ; V. aussi 98, 99 et 100, C. procéd. civ.) ; à la condition toutefois que le jugement qui a ordonné cette mesure ait été rendu contradictoirement. — Carré et Chauveau, quest. 482 ; Lepage, p. 120 ; Favard, t. 3, p. 89 ; Delaporte, t. 1er, p. 123 ; Bioche, vº *Instr. par écrit*, nº 30. — V. au surplus INSTRUCTION PAR ÉCRIT.

815. — ... 3° Contre les sentences arbitrales. — C. procéd. civ., art. 1016. — V. ARBITRAGE, nº 1058.

816. — ... Même en cas d'arbitrage forcé. — *Angers*, 22 mai 1829, Lantaigne c. Moreau ; Pardessus, nº 1405 ; de Vatisménil, nº 255 ; Bioche, vº *Arbitrage*, nº 798 ; Goujet et Merger, nº 365. — V. *suprà* nº 577.

817. — ... La minute de la sentence ne fût-elle pas encore déposée au moment de l'opposition. — Carré et Chauveau, quest. 3341 ; Bioche, *ibid.*, nº 526 ; Bellot, t. 1er, p. 128 ; Souquel, *Dictionn. des temps légaux*, 24e tableau, 5e coll., nº 19. — *Contrà*, Delaporte, t. 2, p. 485.

*818. — Mais la défense de former opposition ne concerne ni le jugement qui a ordonné l'arbitrage (Pigeau, *Comment.*, t. 2, p. 728 ; Chauveau sur Carré, *ibid.*), ni le jugement par défaut qui rejette l'action en nullité ouverte par l'art. 1028, C. procéd. civ., contre la sentence elle-même. — *Paris*, 25 mars 1813 et non 1814, Fauvel c. Riobé. — V. ARBITRAGE, nos 70 et suiv., 373 et suiv.

819. — ... 4° Contre le jugement qui constate une prestation de serment. — Ce n'est là, pour ainsi dire, qu'un procès-verbal. — *Nîmes*, 24 août 1829, Devize-Biron c. Baumas.

820. — ... Ou contre celui qui indique pour la prestation du serment un autre jour que celui fixé précédemment. — *Cass.*, 7 fév. 1831, mêmes parties.

821. — Il en est de même du procès-verbal qui se borne à constater le défaut de comparution d'une partie devant la chambre du conseil. — *Cass.*, 4 juill. 1838 (t. 2 1838, p. 65), de Barbeyrac.

822. — *Secùs* si le jugement déclare une partie déchue de la faculté de prêter serment, faute de s'être présentée au jour indiqué pour la prestation. — *Amiens*, 12 août 1826, Torchon de Lihu c. Delagrené.

823. — ... Ou s'il ordonne une comparution de parties. — *Agen*, 2 juin 1808, Darblade c. Lian.

824. — ... 5° Contre le jugement rendu par défaut pour le profit en être adjugé à une autre audience. — *Bruxelles*, 1er juill. 1820, Tarte c. Gocilhect. — L'opposition n'est permise que contre le jugement qui adjuge le profit du défaut. Le premier ne fait pas en effet grief puisqu'il ne prononce aucune condamnation.

825. — Il en est de même du jugement qui joint le défaut, sauf le cas où il ordonne une mesure conservatoire. — V. *suprà*.

826. — Toutefois la défense de former opposition au jugement par défaut profit-joint, ne s'applique qu'au cas où ce jugement a été régulièrement obtenu, car s'il était intervenu contre une partie ayant constitué avoué sur l'assignation, cette partie serait bien fondée à se pourvoir par voie d'opposition pour le faire tomber.

827. — Quant au demandeur, il ne serait pas recevable à plaider la nullité de ce jugement, puisqu'il ne lui cause aucun préjudice. — *Cass.*, 20 avr. 1841 (t. 2 1841, p. 157), Déselages de Livry c. Deslandes.

828. — ... 6° Contre le jugement rendu contre les défendeurs, défaillans ou non, après un premier jugement de jonction de défaut, car ce jugement est toujours réputé contradictoire. — C. procéd. civ., art. 153.

829. — ... Soit qu'il ait été rendu sur un incident ou sur le fond. — *Toulouse*, 15 juin 1825, Pérussé c. Fascueille ; — Chauveau sur Carré, quest. 632.

830. — Une jurisprudence constante décide qu'un pareil jugement est non susceptible d'être attaqué par la voie de l'opposition même de la part du défendeur qui ayant constitué avoué ne conclut pas au fond sur la première assignation. — *Paris*, 8 fév. 1806, Maître-Jean c. Gilbert ; 24 août 1806, Péchinet c. Conquet ; 29 nov. 1814, Lepan c. Durand ; 11 nov. 1828, Villain c. Masson ; 13 nov. 1841 (t. 2 1841, p. 700), Capdeville c. Chollet ; 22 mai 1841, *ibid*, Munont c. Fayare ; *Orléans*, 30 août 1809, N... ; *Riom*, 21 juill. 1812, Goigoux c. Plane ; 17 fév. 1826, Tassy c. Marcombe ; 11 août 1827, Fourris c. Veysseire, et 28 juin 1822, Faye c. Duligondes ; *Rennes*, 29 mai 1812, Chippelle c. Kerpin ; *Rouen*, 8 déc. 1821, Houdron c. Ferras ; *Montpellier*, 6 juill. 1822, Delours ; *Lyon*, 30 déc. 1824, Germain c. Romanet ; *Bordeaux*, 25 janv. 1825, Davense c. Miopens ; 15 fév. 1833, Frezy c. Rigalland ; *Colmar*, 17 mai 1828, Grisey c. Dossey ; *Grenoble*, 5 juin 1830, Broise c. Mermet ; 9 juill. 1844 ; *Limoges*, 21 juin 1838 (t. 2 1839, p. 575), Bouilland c. Dayras ; *Cass.*, 13 nov. 1823, de Villaine c. Faye ; 13 mars 1828, Isère c. Avignon ; 17 déc. 1834, Gauthier de Brivazac ; 16 janv. 1838 (t. 1er 1838, p. 397), Gascoix c. André. — Conf. Boncenne t. 3, p. 42 ; Lepage, p. 146 ; *Praticien*, t. 1er, p. 440 ; Boitard, t. 1er, p. 586 ; Carré et Chauveau, quest. 632 ; Bioche, nº 744 ; Hautefeuille, p. 113 ; Berriat, p. 398, nº 10 ; Poncet, t. 1er, p. 95. — V. aussi *Grenoble*, 8 déc. 1818, N... — *Contrà Besançon*, 21 déc. 1808, Vailland c. Travaillot ; *Toulouse*, 26 avr. 1820, N... ; *Lyon*, 25 janv. 1821, N... ; *Colmar*, 18 juillet 1826, Edighroffer c. Richert ; *Cass.*, 26 mai 1814, Constant ; — Thomine, t. 1er, p. 290 ; Pigeau, *Comment.*, t. 1er, p. 349.

831. — Peu importe que le jugement de jonction n'ait pas été signifié à l'avoué de cette partie. — *Cass.*, 16 janv. 1838 (t. 1er 1838, p. 397), Gascoin c. André.

832. — A plus forte raison en est-il ainsi lorsque jugement lui a été signifié. — *Riom*, 28 juin 1822, Faye c. Duligondis.

833. — ... Ou que dans l'intervalle du jugement de jonction au jugement sur le fond, il est intervenu un jugement contradictoire entre toutes les parties de la cause. — *Montpellier*, 6 juillet 1822, Delours.

834. — Jugé qu'il en est de même, bien que l'exploit de réassignation soit entaché de nullité. — *Metz*, 18 juin 1825, Bergues c. agent du Trésor. — Mais cette solution a été condamnée à juste titre par un arrêt de Riom du 18 mars 1829, Suche c. Debison, et par Carré et Chauveau, quest. 692 *ter*.

835. — Il importe peu également : 1° que le jugement de jonction n'ait pas indiqué le jour où la cause serait de nouveau appelée ; 2° que cette indication ne se trouve que dans l'assignation du jugement faite aux parties défaillantes, et non pas dans celle faite aux comparans. — *Cass.*, 13 nov. 1823, de Villaine c. Faye.

836. — Un arrêt de la cour de Riom admet une exception pour le cas où l'opposition est basée sur la nullité de l'exploit de réassignation. — *Riom*, 18 mars 1829, Fudre c. Debiton. — Chauveau sur Carré, quest. 692 *ter*.

837. — Le même arrêt décide que, *à fortiori*, lorsque le jugement de jonction n'a pas été signifié, et qu'il intervient contre la même partie un second jugement par défaut, cette partie est fondée à former opposition à ce second jugement, eût-il été fait mention du premier dans des conclusions motivées. — *Riom*, 18 mars 1829, Sudre c. Debiton.

838. — Mais les termes de l'art 153, C. procéd. civ., nous paraissent trop absolus pour justifier cette doctrine. Sans doute le jugement rendu dans les hypothèses précédentes est irrégulier et doit être soumis à une révision, mais c'est par appel ou par pourvoi en cassation et non par opposition qu'il faut l'attaquer. — *Metz*, 18 juin 1825, Bergues c. agent du Trésor.

839. — Le principe que l'opposition n'est pas recevable contre le jugement rendu par défaut après qu'un premier défaut profit-joint a été aussi appliqué en matière commerciale par un arrêt de la cour de Paris du 15 fév. 1840, Grimoult de Moyon c. N...

840. — Les effets du jugement qui statue sur le profit du défaut sont opposables à toutes les parties de la cause. En conséquence, des syndics ne peuvent opposer qu'ils n'ont été appelés dans l'instance que depuis le jugement qui a joint le défaut, lorsque d'ailleurs les agens provisoires de la faillite y figuraient avant eux. — *Montpellier*, 6 juill. 1822, Delours. — Favard, vº *Jugement*, p. 169 ; Hautefeuille, p. 173 ; Berriat, p. 398, N...

841. — Mais l'art. 153 n'est pas applicable au cas où c'est le demandeur qui fait défaut. La jurisprudence est unanime sur ce point. — *Metz*, 7 août 1823, Laurent c. Théru ; *Poitiers*, 9 mars 1827, Bion c. Lacoux ; *Cass.*, 25 juill. 1832, Fould c. Ardouin ; 3 août 1840 (t. 2 1840, p. 310), Poussue c. Pierriers ; *Rouen*, 3 août 1842 (t. 2 1842, p. 688), Ledesir c. Laraburc.

842. — M. Chauveau à ce propos (nº 632 *bis*) s'exprime ainsi : « Chacun sait que c'est une innovation. — A-t-elle été bien comprise par le législateur lui-même, a-t-il bien su l'harmoniser avec les autres dispositions du titre des jugemens par défaut ? L'affirmative est fort douteuse. — Ce que l'on peut dire pour justifier l'article et son application impossible, c'est qu'il a voulu qu'après un réassigné la cause fût censée liée contradictoirement pour tous et contre tous. Alors plus d'opposition possible de la part de qui que ce soit, pas de péremption d'un pareil jugement. Mais il aurait dû le dire, parce que le seul motif qu'on lui suppose aurait dû provoquer d'autres dispositions corollaires, et parce que ce motif ne s'applique nullement au demandeur. »

843. — Jugé que lorsqu'une partie fait défaut lors d'un jugement interlocutoire, et que l'autre partie fait également défaut lors du jugement définitif, ce second jugement ne peut réputé contradictoire. — *Poitiers*, 5 fév. 1829, état et préfet de la Vienne c. Lamy.

844. — ... Et que la partie qui, sur l'opposition formée à un jugement rendu par défaut, après un premier jugement par défaut profit-joint, s'est bornée en première instance à conclure et à plaider au fond, n'est pas recevable, en appel, à prétendre que ce jugement est définitif et non susceptible d'opposition. — *Cass.*, 1er juill. 1834, Thomar Anfrye.

845. — ... 7° Contre le jugement qui déboute d'une première opposition, fût-il par défaut congé. — Art. 165 ; — *Paris*, 14 janv. 1843 (t. 1er 1843, p. 537), Duquesnoy c. Danger.

846. — Sous l'ordonnance de 1667, la maxime : « opposition sur opposition ne vaut » était également admise. — *Cass.*, 3 frim. an IX, Ricottier ; 23 germin. an VI, Quetier Bertin.

847. — La loi du 6 oct. 1790 sur les juges de paix (art. 6, t. 3) l'adopte formellement. — *Cass.*, 18 mars 1806, Née-Devaux c. Dapoigny.

848. — Il faut l'appliquer même au cas où une exception d'incompétence proposée pour la première fois dans la requête d'opposition a été rejetée. — *Paris*, 15 avr. 1836, Challer c. Devaux.

849. — Peu importe d'ailleurs que les motifs du second jugement soient autres que ceux du premier. — Chauveau sur Carré, quest. 595e. — V. *contrà* Carré, *ibid.*

850. — Il n'est pas nécessaire que, pour démettre le défaillant de son opposition, le second jugement ait employé l'expression *débouté* qui n'est pas sacramentelle. Dès qu'il succombe dans son opposition, la deuxième opposition n'est plus admissible. — *Orléans*, 20 juin 1822, N...

851. — En est-il de même si le second jugement a été rendu sur une assignation en constitution de nouvel avoué, ou en reprise d'instance ? La cour de Grenoble par arrêt du 24 août 1824 (Medallin c. Thibaut) s'est prononcée pour l'affirmative, que combat justement M. Chauveau, quest. 692e *ter*. — L'assignation en reprise d'instance constitue en effet une demande sur laquelle doit intervenir un jugement spécial.

852. — Dans le cas où, sur un pourvoi, l'arrêt qui a accueilli la première opposition a été cassé, et où la partie défaillante a fait de nouveau défaut devant la cour de renvoi, l'opposition est-elle permise contre ce dernier arrêt de défaut ? La question se réduit à savoir si la procédure devant une cour de renvoi doit être considérée comme une procédure complétement nouvelle. M. Chauveau (quest. 695e *ter*) critique un arrêt d'admission rendu sur le pourvoi dirigé contre un arrêt de la cour de Caen, qui déclarait l'opposition non recevable. La cour suprême aurait donc préjugé la question dans un sens favorable à l'opposant ; mais elle ne fut pas appelée à prononcer définitivement.

853. — Lorsque, sur l'opposition de la partie défaillante, le demandeur fait à son tour défaut, le jugement n'est pas réputé contradictoire. La cour de Gênes du 12 déc. 1811 (Vaccari c. Provera) a seule embrassé l'opinion contraire. — *Metz*, 7 août 1823, Laurent c. Thery ; *Poitiers*, 9 mars 1827, Bion c. Lacoux ; 5 juin 1829, état c. Lamy ; *Cass.*, 25 juill. 1832, Fould c. Ardouin ; *Bastia*, 9 mars 1835, Raffali ; *Cass.*, 3 août 1840 (t. 2 1840, p. 310), Poussin c. Pervieu ; *Toulouse*, 28 juin 1844 (t. 1er 1845, p. 734), Luban c. Dupuy ; — Chauveau sur Carré, quest. 695e *bis* ; Boncenne, t. 3, p. 156 ; Thomine, t. 1er, p. 311 ; Bioche, nº 159 ; Berriat, p. 398 ; Rodière, t. 2, p. 10. — V. *contrà Gênes*, 12 déc. 1811, Vaccari c. Provera.

854. — Le droit d'opposition appartient, en pareil cas, au demandeur, bien qu'après avoir subi un interrogatoire sur faits et articles, il ait refusé

de conclure et de plaider. — *Cass.*, 25 juill. 1832, Fould c. Ardouin.

855.—La maxime « opposition sur opposition ne vaut» doit donc être entendue seulement en ce sens que deux oppositions ne sont pas admissibles de la part de la même partie, ou de deux parties assignées conjointement.

856.— Pour qu'il y ait lieu de l'appliquer, trois choses sont au surplus nécessaires, savoir : 1° un jugement par défaut ; 2° une opposition à ce jugement; 3° un autre jugement par défaut qui déboute de cette opposition. Si ce concours ne se rencontre pas, l'opposition est recevable, encore bien que ce soit la seconde dans la même instance par la même partie. — *Rennes*, 12 juin 1817, Petel c. N...;—Carré, quest. 694e ; Thomine, t. 2, p. 311; Bioche, n° 161. — V. *contrà Lyon*, 17 juill. 1829, Chol c. Joumond ; — Chauveau sur Carré, *ibid.*

857. — Si donc, sur l'opposition d'une partie, il intervient un jugement interlocutoire rendu contradictoirement, puis un jugement par défaut, sur le fond, ce dernier jugement est susceptible d'opposition. — *Cass.*, 3 août 1840 (t. 2 1840, p. 315), Crozand c. Souffrout.

858. —Il en serait de même dans le cas où, sur l'opposition et avant qu'elle fût jugée, des conclusions incidentes auraient été prises par l'adverversaire et lui auraient été adjugées par défaut contre l'opposant. Ce jugement, statuant sur des conclusions nouvelles et différentes, ne serait pas définitif. — Boitard, t. 1er, p. 646; Bioche, n° 162.

859. — Ainsi lorsque, sur l'opposition à un jugement qui nomme un tiers arbitre, le tribunal, au lieu de maintenir cette nomination, a prorogé les pouvoirs des arbitres, l'opposant est recevable à former opposition à un second jugement par défaut qui nomme un tiers arbitre, par suite du partage toujours subsistant des arbitres. — *Paris*, 1er fév. 1827, Donat c. Curat.

860. — On peut également former opposition à un jugement par défaut qui rejette une tierce opposition.—*Agen*, 21 fév. 1810, Guinard c. Grenouilleau; *Paris*, 13 juill. 1826, Chapuis c. Demarcher; 27 juin 1826, mêmes parties. — V. TIERCE OPPOSITION.

861. — Rien n'empêche encore l'opposant qui a mis en cause un tiers, d'attaquer par opposition le premier jugement rendu par défaut contre lui, du moins en ce qui est relatif à cette partie : l'ordonnance de 1667 le permettait formellement, (V. *Cass.*, 26 frim. an VI, D'artus c. Labat). Mais on sait, dit Carré, quest. 690, que l'opposition ne regarde que les deux parties, et qu'il n'y aurait pas même lieu à opposition contre le tiers, si la matière jugée dans l'intérêt de celui-ci était indivisible de celle jugée dans l'intérêt de la partie vis-à-vis de laquelle il y a jugement contradictoire.—Thomine, t. 2, p. 311; Boitard, t. 1er, p. 646.

862. — En cas de désistement de l'opposition, le jugement qui donne acte de ce désistement ne peut être attaqué que par la voie de l'appel. — *Cass.*, 14 juin 1842 (t. 2 1842, p. 319), Darguesse c. Bertaux.

863. — Ce ne serait évidemment que par un abus de mots que l'on voudrait faire considérer une opposition à poursuites comme une première opposition, de nature à rendre non recevable une seconde opposition dans les termes de l'art. 165. — *Cass.*, 10 août 1825, Dumoulin de la Brosse c. Lejeune de la Mothe; *Aix*, 20 nov. 1832, Malamaire.

864.—Enfin, ce principe: « opposition sur opposition ne vaut » n'est pas applicable au cas où la première opposition étant annulée pour vice de forme, l'opposant profite des délais qui lui restent pour la renouveler.—*Cass.*, 7 mai 1825, Penny c. Varreux ; 30 mai 1837 (t. 1er 1837, p. 520), Conseil c. Blin Delbruck (résolu par la cour royale seulement).— La cour de Bourges (4 fév. 1825 sous *Cass.*, 7 mai 1825], Penny), s'est prononcée dans le même sens, en matière correctionnelle.— Carré et Chauveau, quest. 692 *bis*. — *Contrà*, Boncenne, t. 3, p. 155, à la note, et Pigeau, t. 1er, p. 371.

865.—...8° En matière d'expropriation pour cause d'utilité publique, le jugement qui prononce l'expropriation n'est attaquable que par la voie du recours en cassation, et seulement pour incompétence, excès de pouvoir, ou vices de forme.— Art. 20 L. 1841.—V. EXPROPRIATION POUR UTILITÉ PUBLIQUE, nos 423, 982, et suiv.

866. — La voie de l'opposition n'est pas ouverte non plus aux parties contre la décision du jury et l'ordonnance du magistrat directeur. — V. *Ibid.*, nos 816 et suiv.

867. — Quant aux décisions postérieures rendues par les tribunaux entre les parties, il est permis de les attaquer par la voie de l'opposition et de l'appel. — *Toulouse*, 31 août 1837 (t. 2 1837, p. 549), ville de Toulouse c. Cassaing.

868.—...9° En matière de faillite, le jugement déclaratif de la faillite, et celui qui fixe à une date antérieure l'époque de la cessation de paiement, sont susceptibles d'opposition. —C. comm., art. 580. — V. FAILLITE, nos 2712 et suiv.

869. — Ne sont pas au contraire susceptibles d'opposition : 1° les jugemens relatifs à la nomination ou au remplacement du juge commissaire, à la nomination ou à la révocation des syndics. — C. comm., art. 583.— *Ibid.*

870.—...2° Les jugemens qui statuent sur les demandes de sauf-conduit et sur celles de secours pour le failli et sa famille. — *Ibid.*

871.—...3° Les jugemens qui autorisent la vente des effets et marchandises appartenant à la faillite. — *Ibid.*

872.—...4° Les jugemens qui prononcent un sursis au concordat ou admission provisionnelle de créances contestées. —*Ibid.*

873. — ... 5° Enfin, les jugemens par lesquels le tribunal de commerce statue sur les recours formés contre les ordonnances rendues par le juge commissaire dans les limites de ses attributions.—Art. 583. — V. au surplus sur les questions que fait naître cet article v° FAILLITE, nos 2712, et suiv.

874. — ... 10° En matière de saisie immobilière, l'art. 731, C. procéd. civ., prohibe l'opposition aux arrêts par défaut, mais cet article ne parle pas des jugemens par défaut. Par une erreur qui ne peut être considérée que comme une faute d'impression dans l'art. 930 de la loi du 2 juin 1841, dit M. Chauveau (quest. 5433), ne se trouve plus le premier § de l'article, ainsi conçu : « Aucun jugement par défaut en matière de saisie immobilière ne sera susceptible d'opposition. » Cet auteur n'hésite pas à conclure néanmoins que la voie de l'opposition est ouverte contre ces jugemens. — Paignon, t. 1er, p. 225, n° 174 ; Duvergier, L. 1841, p. 268, n° 3.—V. SAISIE IMMOBILIÈRE.— V. *contrà*, Persil, *Comm.*, p. 301, n° 362; Bioche, v° *Saisie immobilière*, n° 716. — V. aussi FOLLE-ENCHÈRE, SURENCHÈRE.

875.—...11° En matière d'ordre, la combinaison des art. 669 et 763, C. procéd. civ., démontre surabondamment que l'opposition n'est pas recevable contre les jugemens par défaut, mais il en est autrement quant aux arrêts par défaut.— V. ORDRE.

876. — Les mêmes principes sont applicables en matière de distribution par contribution. — V. DISTRIBUTION PAR CONTRIBUTION, n° 180.

877.—...12° En matière de partage, le jugement homologatif est susceptible d'appel et non d'opposition.— C. procéd. civ., art. 970, 981 et 982.

878.—...13° Avant l'abolition du divorce, le jugement qui autorisait le conjoint demandeur à faire preuve des faits par lui articulés, n'était pas susceptible d'opposition. — C. civ., art. 249 et 250. — V. DIVORCE.

879. — La loi a déterminé la nature des jugemens, et il n'est permis à personne de la changer. Ainsi, un jugement rendu sur conclusions et défenses respectives, quoique qualifié par défaut, n'en est pas moins contradictoire et non susceptible d'opposition. — *Cass.*, 22 mars 1825, Rabeau c. Gougenot; 23 mars 1819, Weuilley c Balland.

880. — Par la même raison, on peut se faire un moyen de cassation de ce qu'un jugement par défaut contre avoué, a été déclaré périmé faute d'exécution dans les six mois, bien que devant les juges du fond on n'ait pas contesté la qualification de jugement par défaut contre partie qui lui était donnée. — *Cass.*, 26 déc. 1821, Fumagalli c. Crémieux.

881. — Mais une partie ne serait pas recevable à se plaindre de ce qu'un jugement rendu contre elle aurait été à tort qualifié par défaut, puisqu'une telle qualification ne lui est nullement préjudiciable. — *Cass.*, 6 fév. 1826, contr. ind. c. Vian.

Sect. 3e.—*Délais de l'opposition.*

882. — Les délais d'opposition varient selon que le jugement a été rendu faute de comparaître (V. *infrà* n° 893) ou faute de conclure. — V. *infrà* n° 925.

§ 1er. — *Défaut contre partie, ou faute de comparaître.*

883. — L'ordonnance de 1667, en permettant l'opposition contre les arrêts et jugemens en dernier ressort rendus faute de *comparoir* exigeait qu'elle fût formée dans le délai de huitaine à dater de la signification du jugement ou de l'arrêt, à personne ou à procureur.

884. — Cependant un usage contraire avait prévalu dans le ressort du parlement de Paris et de

JUGEMENT PAR DÉFAUT, ch. 6, sect. 3°.

quelques autres cours. Cet usage accordait trente ans à la partie défaillante. — *Paris*, 22 vendém. an XI, Potel-Bodin c. Lecourt et Doniet. — La loi de 1791 prescrivit l'exécution de l'ordonnance, et la cour de Cassation, jusqu'à la promulgation du Code de procédure, l'appliqua dans toute la rigueur de son principe. — *Cass.*, 23 brum. an IV, Servin c. Villens; 25 brum. an XI, Madieu c. Pécoudon ; 6 thermid. an XI, Etienne c. Dupeyset ; 8 frim. an XIII, Monnassel ; 16 mai 1814, Meyer c. Austeli; — Merlin, *Quest.*, v° *Opposition*, § 7.

885. — Les mineurs n'étaient pas relevés de cette déchéance. Si l'opposition formée en leur nom ne l'était qu'après le délai, elle devait être précédée d'un acte d'appel qui pouvait être ultérieurement converti en opposition. — *Cass.*, 19 juin 1832, Chambeyron. — Pothier, *Procéd. civile*, t. 9 (édit. Dupin), 3e partie, 2e sect., § 1er *De l'opposition simple*.

886. — La demande en rétractation d'un arrêt par défaut (sous la jurisprudence du parlement de Bordeaux) était tardive, si elle n'était formée qu'après la huitaine de la signification de cet arrêt. — *Toulouse*, 16 juill. 1832, Sainsère c. Sarrat.

887. — Le jour de la signification du jugement ou de l'arrêt ne comptait pas dans le délai. — *Cass.*, 3 vent. an IV, Noblot; 21 vent. an IX, Seyssel.

888. — Le délai ne pouvait être augmenté en raison des distances. — *Cass.*, 21 niv. an IX, Seyssel.

889. — Dans le ressort du parlement de Bretagne, le délai pour former opposition à un jugement par défaut était franc. — *Rennes*, 5 janv. 1813, Nugent c Laheu.

890. — La fin de non-recevoir résultant de ce que l'opposition n'avait pas été faite dans le délai, ne devait pas être suppléée d'office par le juge. — *Cass.*, 14 messid. an XIII, Fargeot. — Il en est de même aujourd'hui. — V. *infrà* n° 909.

891. — Les oppositions aux jugemens des tribunaux de commerce devaient, à peine de nullité, être formées dans l'intervalle de l'audience où le défaut avait été pris, à l'audience suivante, avec assignation à la partie adverse et offre de plaider sur-le-champ. — *Paris*, 17 prair. an XII, Nicolle c. Digard.

892. — Le Code de procédure a consacré des principes nouveaux. Aux termes de l'art. 158, lorsque le jugement est rendu contre une partie qui n'a pas d'avoué, l'opposition est recevable jusqu'à l'exécution du jugement.

893. — Le législateur moderne est donc plus favorable que le législateur de 1667. C'est qu'il y avait à craindre que par l'effet d'une procédure frauduleuse et clandestine, la partie défaillante n'ignorât l'existence du jugement. — *Paris*, 22 mai 1809, Tassin c. Noizet.

894. — L'exécution seule enlève à la partie le droit de former opposition au jugement. La cassation du jugement est insuffisante pour produire cet effet, fût-elle avouée par la partie défaillante. — *Cass.*, 24 juin 1834, Restrault c. Surmonel.

895. — Mais l'opposition n'est recevable que *jusqu'à l'exécution*. D'où il faut conclure que la déclaration de l'opposition doit être faite avant que l'exécution soit consommée par les actes mentionnés en l'art. 159.

896.—Ainsi, dit Carré, quest. 662 : « Nous estimons qu'encore bien que le jugement ne soit réputé exécuté qu'après la vente des meubles, l'opposition ne serait plus recevable si cette vente avait été faite. »

897. — Néanmoins l'exécution frauduleuse du jugement n'emporterait pas déchéance contre le défaillant. — *Amiens*, 26 mars 1822, Boanchet.

898. — Jugé qu'une décision rendue parties non appelées, est assimilée à un jugement par défaut faute de constitution d'avoué, et qu'elle est attaquable jusqu'à l'exécution. — *Rennes*, 18 sept. 1813, R..... c. N.....

899. — Quand même la signification du jugement aurait été faite à l'avoué constitué par le défaillant depuis le jugement, l'opposition serait recevable jusqu'à l'exécution. — *Caen*, 3 mai 1813, Ridel c. Guérin; *Limoges*, 2 avr. 1835, Mont-Louis c. forêts.

900. — Lorsque l'état est en instance et n'a pas constitué d'avoué, le jugement qui intervient contre lui est par défaut. Il peut donc y former opposition dans les délais ordinaires. L'art. 158 lui est applicable, bien qu'il ait la faculté de se faire représenter par le ministère public. — *Grenoble*, 29 janv. 1836, préfet de l'Isère c. maire de Saint-Christophe; *Bordeaux*, 12 août 1831, Boromé.

901. — Jugé cependant, en sens contraire, que le jugement rendu contre un préfet représentant

l'état n'est susceptible d'opposition que dans la huitaine, s'il a été prononcé en présence du ministère public, et sans que celui-ci ait pris des conclusions. Peu importe qu'il n'y ait pas eu constitution d'avoué. — *Nancy*, 24 nov. 1831, préf. de la Meuse c. de Lavignivilie.

902. — Quant aux difficultés qui peuvent s'élever sur la question de savoir quand le jugement est exécuté, elles ont été traitées *suprà* n°s 595 et s.

903. — L'avoué constitué par deux parties ne pouvant prendre défaut pour l'une contre l'autre, le délai pour former opposition au jugement qui aurait été obtenu dans de telles circonstances, serait le même que si la partie condamnée n'avait pas d'avoué. — *Metz*, 18 déc. 1807, N...

904. — Au surplus, la partie défaillante a souvent intérêt à devancer l'exécution pour l'opposition au jugement, par exemple lorsqu'il s'agit d'un débouté d'opposition à mariage, ou de radiation d'hypothèque, ou d'un jugement ordonnant une enquête; en pareil cas, elle a le droit d'y former immédiatement opposition, même avant l'expiration de la huitaine pendant laquelle l'exécution du jugement est suspendue. — Bioche, n° 176.

905. — La fin de non-recevoir résultant de la validité de l'opposition n'est pas d'ordre public. Elle est donc couverte comme tout autre moyen de forme par la défense au fond. — *Cass.*, 18 niv. an XII, Parthon c. Jaillette; 14 niv. an XIII, Fargeot; *Rennes*, 28 avr. 1814, Henneman c. Leloup; *Grenoble*, 22 avr. 1815, Suget c. Villoz : — Carré et Chauveau, quest. 653 et 739 *bis*, § 4; Bioche, n° 241; Favard, t. 4, p. 42.

906. — ... Ou par la déclaration de l'avoué adverse que son client renonce à opposer la fin de non-recevoir. — *Cass.*, 26 mars 1834, Blondel.

907. — Ne donne donc pas ouverture à cassation l'arrêt qui décide que des circonstances du procès il résulte que les parties ont renoncé à se prévaloir de la tardiveté d'une opposition. — *Cass.*, 11 mai 1830, Meureville c. Ballandras.

908. — Ce moyen ne peut être proposé pour la première fois en appel. — Même arrêt. — *Cass.*, 9 janv. 1827, Chatigny c. Lamiral. — *Contrà Rouen*, 26 nov. 1824, Montigny c. Lainé.

909. — ... Et les juges ne sauraient le suppléer. — Carré sur Chauveau, quest. 739 *bis*; Thomine, t. 1er, p. 679. — V. toutefois APPEL, n°s 1417 et suiv.

910. — Les règles ci-dessus sont toutes applicables aux arrêts des cours royales rendus par défaut contre partie. — Art. 470, C. proc. civ.

911. — Elles s'appliquent aussi depuis le Code de commerce aux jugemens des tribunaux de commerce rendus par défaut contre partie faute de comparaître, mais non pas faute de conclure; car, sous le Code de procédure et avant le Code de commerce, l'opposition à un jugement par défaut rendu par un tribunal de commerce n'était plus revable après la huitaine de la signification de ce jugement. — *Cass.*, 2 août 1815, Sée c. Emig. — Mais depuis le Code de commerce, l'opposition est recevable jusqu'à l'exécution (*Cass.*, 31 mars 1828, Hedny c. Prévost), par exemple, tant que les meubles saisis n'ont pas été vendus. — *Metz*, 8 mai 1824, Peroche.

912. — En matière de faillite, le délai de l'opposition contre le jugement déclaratif de la faillite, et celui qui fixe à une date antérieure l'époque de la cessation des paiemens est de huitaine de la part du failli, et d'un mois de la part de toute personne intéressée. — Art. 580, C. comm.

913. — Il court à partir du jour où les formalités de l'affiche et de l'insertion énoncée dans l'art. 442 ont été accomplies. — *Ibid.* — V. FAILLITE, n°s 2713 et suiv.

914. — En justice de paix, la partie condamnée par défaut peut former opposition dans les trois jours de la signification du jugement. — Art. 20, C. proc. civ.

915. — ... A moins que le juge de paix n'ait fixé un plus long délai, conformément à l'art. 21, C. proc. civ.

916. — Le jour de la signification ne compte pas dans le délai de trois jours. — *Cass.*, 25 nov. 1824, Bernard c. Joly. — Carré et Chauveau, quest. 90; Delzers, t. 1er, p. 110; Bioche, v° *Juge de paix*, n° 535; Levasseur, p. 77; *Praticien français*, t. 1er, p. 168; — *contrà* Thomine, t. 1er, p. 83; Pigeau, *Comment.*, t. 1er, p. 40; Commaille, t. 1er, p. 49.

917. — Mais les jours fériés y sont compris. — *Cass.*, 25 nov. 1824, Bernard c. Joly; — Delzers, *ibid.*; Bioche, *ibid.*, n° 536. — V. toutefois Chauveau sur Carré, quest. 651 *bis*. — V. JOUR FÉRIÉ.

918. — Le délai est augmenté à raison des distances. — Carré et Chauveau, quest. 91; Thomine, t. 1er, p. 83; Pigeau, *Comment.*, t. 1er, p. 40; Bioche, n° 537.

919. — Dans le cas où la prorogation n'a été ni demandée, ni accordée, le défaillant peut être relevé de la rigueur du délai, et admis à l'opposition, en justifiant qu'à raison d'absence ou de maladie grave, il n'a pu être instruit de la procédure. — Art. 21, C. proc. civ.

920. — Tout autre motif plausible est également admissible. L'art. 21 est démonstratif et non limitatif. — Carré et Chauveau, quest. 99; Thomine, t. 1er, p. 84; Delzers, t. 1er, p. 84, et 113; Bioche, *ibid.*, n° 540.

921. — La demande à fin d'être relevé de la déchéance est valablement formée par requête ou par opposition contenant citation, selon MM. Carré et Chauveau, quest. 98; Delaporte, t. 1er, p. 20, et Bioche, n° 541.

922. — Il nous semble, toutefois, qu'il est plus régulier de procéder par voie de citation directe, la partie qui a obtenu le jugement par défaut ayant toujours intérêt à contrôler les motifs d'excuses allégués par l'opposant.

923. — Au surplus, le défaillant n'est pas tenu d'attendre la signification du jugement pour y former opposition. — *Cass.*, 1er août 1808, Liedel c. Reminen; — Carré-Chauveau, n° 94; Bioche, n° 542.

924. — Carré (n° 94) pense que la signification du jugement postérieure à l'opposition serait frustratoire.

§ 2. — *Défaut contre avoué ou faute de conclure.*

925. — Si le jugement est rendu contre une partie ayant avoué, l'opposition n'est recevable que pendant huitaine, à compter du jour de la signification à avoué. — Art. 157, C. procéd. civ. — V. *suprà* n°s 275 et s., ce qui a été dit en matière de défaut-congé. — Le délai de l'opposition contre un jugement par défaut faute de plaider court à compter de la signification faite au greffe du tribunal de commerce, conformément à l'art. 422, C. comm. — *Cass.*, 13 nov. 1822, Albert c. Dejean.

926. — L'opposition est recevable pendant toute la huitaine de la signification, bien qu'il y ait eu saisie-exécution. — *Paris*, 5 oct. 1815, Brugnière du Gard c. Foulon.

927. — Si cependant la partie laissait, à sa connaissance, exécuter complètement le jugement par défaut, elle serait réputée avoir acquiescé à ce jugement, et elle ne serait plus recevable dans son opposition.

928. — Le délai de l'opposition est fatal. En vain exciperait-on, dans le cas d'une opposition tardive, de ce que le jugement par défaut serait intervenu sur une instance éteinte par une transaction. — *Lyon*, 19 déc. 1832, Magnin c. Gillet.

929. — L'avoué qui formerait, après le délai, une opposition sans un pouvoir exprès, engagerait sa responsabilité. Ce serait une procédure frustratoire (art. 1031, C. procéd. civ.); mais la partie qui a obtenu le jugement n'est pas recevable en pareil cas, à soutenir que la huitaine étant expirée, l'avoué n'a pas qualité pour représenter son client. — Bioche, n° 230. — V. aussi DÉSAVEU, n° 147.

930. — Lorsqu'il y a plusieurs parties défaillantes, la signification à l'une d'elles ne fait pas courir le délai à l'égard des autres. — Thomine, t. 1er, p. 300; Bioche, n° 231.

931. — Et *vice versâ*, quand il y a plusieurs demandeurs, la signification à la requête de l'un d'eux ne fait pas courir le délai au profit des autres demandeurs. — Carré et Chauveau, quest. 655 et 1565. — V. APPEL, n°s 855 et suiv.

932. — .. Sauf le cas où la matière est indivisible ou solidaire. — Chauveau sur Carré, *ibid.*

933. — La huitaine n'est pas franche. C'est donc au plus tard le dernier jour de ce délai que l'opposition doit être formée. — V. DÉLAI, n° 28; — *Cass.*, 3 vent. an IV, Noblot; 18 avr. 1811, Marlier c. Carré; *Besançon*, 8 thermid. an XII, N...; *Montpellier*, 28 fév. 1810, Masbon c. Vasilères; *Metz*, 23 août 1814, Marin c. Valette; *Rennes*, 19 juin 1817, N...; *Riom*, 24 mars 1817, Nuguier c. Mathieu; *Bordeaux*, 18 avr. 1828, Martin c. Munier; — Pigeau, *Comment.* t. 1er p. 357 et 646; Carré et Chauveau quest. 652; Thomine, t. 1er, n° 177; Merlin, *Rép.*, v° *Jugement*, § 3, n° 4; Boncenne, t. 3, p. 14; Bioche, n° 232. — *Contrà Nîmes*, 22 déc. 1807, Michel c. Durand; — Delaporte, t. 1er, p. 163; *Ann. du not.*, n° 313.

934. — Mais le jour *à quo*, c'est-à-dire le jour de la signification, est exclu de la huitaine. — V. DÉLAI, n°s 2 et s. — *Cass.*, 3 vent. an IV, Noblot; *Besançon*, 24 août 1808, de Vezin c. N...; *Turin*, 27 avr. 1812, Cornesse c. Defosse; *Paris*, 28 juin 1814, Guerry c. N...; *Toulouse*, 9 janv. 1816, Saintes c. Olivier; *Bordeaux*, 18 avr. 1818, Martin c. Munier; *Paris*, 23 fév. 1844 (t. 1er 1844, p. 506), Declabarre c. Bertrand; — Carré et Chauveau, quest. 652; Pigeau, *Comment.*, t. 1er, p. 544.

935. — Jugé cependant, mais à tort, que dans le délai il faut comprendre et le jour de la signification et celui de l'échéance. — *Cass.*, 5 fév. 1811, Lemonou c. Verger.

936. — Le délai de huitaine ne peut être augmenté, lors même que le dernier jour est férié. — *Bruxelles*, 13 mars 1812, N...; *Rennes*, 19 juin 1817, N...; *Cass.*, 6 juill. 1822, Someiller Tagny c. Thierry; *Nancy*, 18 janv. 1833, Gerardin c. Collignon; — Chauveau sur Carré, quest. 651 *bis*; Bioche, n° 235. — *Contrà Nancy*, 23 juill. 1812, Dalmbert c. Cerfbeer; *Riom*, 6 août 1814, Meindre c. Godart.

937. — Au surplus, la fin de non-recevoir résultant de la tardiveté de l'opposition n'est pas d'ordre public. Elle est couverte par la défense au fond de la partie qui a obtenu la sentence par défaut. — *Cass.*, 18 niv. an XII, Perlhon c. Juillette; 14 messid. an XIII, Fargeot c. Juillette; 26 mars 1834, Mondel c. Salles. — V. conf. Carré et Chauveau, quest. 653. — C'est assez dire que le juge ne peut suppléer d'office ce moyen.

938. — Le délai de l'opposition est suspendu dans deux cas : 1° quand il y a lieu à constitution de nouvel avoué; 2° quand il y a lieu à reprise d'instance.

939. — Dans le premier cas, est-ce l'avoué du demandeur qui a cessé d'occuper? Le délai de l'opposition ne recommencera à courir que du jour de la signification faite à la partie défaillante par le demandeur d'une nouvelle constitution, afin de permettre à celle-ci de pouvoir notifier son opposition.

940. — Au contraire, est-ce l'avoué du défaillant, dit M. Bioche (n° 228)? Ou bien, cet officier ministériel a cessé ses fonctions avant la signification du jugement, et alors cette signification ne pouvant avoir lieu qu'à domicile, et non plus à l'avoué, l'opposition est recevable jusqu'à l'exécution, comme si le défaut était faute de comparaître, car l'art. 157 est impératif, et pour que le délai coure, il faut qu'il y ait eu signification à avoué.

941. — ... Si l'avoué a cessé ses fonctions dans la huitaine de cette signification, le demandeur peut signifier le jugement à la partie, en faisant mention de la cessation. Alors, si le défaillant fait choix d'un avoué, le délai reprend son cours; mais s'il ne le fait pas, l'opposition est recevable jusqu'à l'exécution, car il n'est pas plus certain que la copie de la signification du jugement remise à son avoué lui soit parvenue, et l'ait averti qu'il a été condamné que quand la signification a été faite à la partie n'ayant pas d'avoué par les soins d'un huissier commis.

942. — Dans le deuxième cas, c'est-à-dire lorsque le défendeur décède pendant les délais de l'opposition, la procédure ne reprend son cours qu'à partir de la signification du jugement à l'avoué constitué par les héritiers. S'ils ne constituent pas avoué, l'opposition est recevable jusqu'à l'exécution. — Favard, *ibid.*; Bioche, n° 239.

943. — Le décès du demandeur est sans influence sur le délai.

944. — Les règles ci-dessus sont applicables aux arrêts par défaut rendus contre avoué. — Art. 470, C. procéd. civ.

945. — ... Et aux jugemens rendus par défaut faute de conclure, par les tribunaux de commerce. — Jugé, en effet, que l'opposition à un jugement commercial rendu par défaut contre une partie qui, après avoir comparu, soit en personne, soit par un mandataire, et avoir proposé, par exemple, un déclinatoire, refuse de plaider sur le fond, n'est recevable que pendant huitaine, à partir de la signification. — *Paris*, 10 nov. 1825, Collet c. Gobet; 25 fév. 1826, Fouquier c. Boucard; 9 oct. 1828, Cecconi c. Ouvrard; *Amiens*, 18 déc. 1822, Commun c. Viet; *Cass.*, 5 mai 1825, Hubert c. Liquier; *Rouen*, 26 nov. 1824, Montigny c. Laisné; *Cass.*, 7 nov. 1827, Philipot c. Puille; *Poitiers*, 28 août 1829, Lange et Georges; *Paris*, 11 mars 1836 (argum.), Madier et Boucher; *Bourges*, 27 août 1841 (t. 1er 1842, p. 677), Audebert c. Dumas; *Orléans*, 5 mars 1813, N...; *Cass.*, 13 nov. 1822, Albert c. Dejean; *Metz*, 17 janv. 1824, Gullet; *Lyon*, 9 janv. 1831, Bonnard c. Romeyer; 9 janv. 1832, Romeyer c. Bonnard; *Paris*, 16 déc. 1837 (t. 1er 1838, p. 73), Pillaut c. Brocard; 29 juin 1839 (t. 2 1839, p. 99), Morand c. Pfeiffer; *Aix*, 20 mai 1840 (t. 2 1841, p. 273), Salasc c. Isnard; *Cass.*, 1er fév. 1841 (t. 1er 1841 p. 203), Rouzé c. Reant; *Bourges*, 27 août 1841 (t. 1er 1842, p. 677), Audeber c. Dumas. — L'opinion qui déclarait l'opposition recevable jusqu'à l'exécution, mais qui n'a pas prévalu, a été adoptée par les arrêts suivans. — *Paris*, 22 mai 1824, Growen Martin; 29 juin 1825, Doré c. Delapalme; 26 août 1829, de Labarrière c. Heurtaut; *Lyon*, 30 avr. 1833, Molard c. Cuminal; *Paris*, 14 juill. 1835, Delerue c. Hua; 26 fév. 1836, Morizot c. Hutin.

946 — En ce qui concerne les jugemens de justice de paix, on a vu *suprà* n°s 914 et s., que le délai d'opposition était uniforme, sans distinction du défaut faute de conclure ou faute de comparaître.

Sect. 4e. — *Forme de l'opposition.*

§ 1er. — *Défaut contre partie ou faute de comparaître.*

947. — Sous l'ordonnance de 1667, l'opposition à un jugement ou arrêt par défaut faute de comparaître devait être formée par requête de même que celle aux jugemens par défaut faute de plaider. — Tit. 35, art. 3. — *Pau*, 10 mai 1806, Dolhabaratsc. Hyrigoyen.

948. — Les dispositions du Code de procédure sont inapplicables à un jugement par défaut rendu alors qu'il n'y avait pas d'avoué. — *Toulouse*, 16 juill. 1832, Sainsère c. Sarrat; *Bruxelles*, 8 juin 1807, Brion c. Powis.

949. — Mais l'opposition formée dans une instance d'appel introduite depuis le Code de procédure doit l'être d'après les règles tracées par ce code. — *Liége*, 6 avr. 1808, N.

950. — De même l'opposition à un jugement par défaut, rendu depuis le Code, dans une instance engagée avant sa promulgation doit être faite suivant les formes qu'il a tracées. — *Grenoble*, 5 août 1808, N.; 29 juill., Pouzollat c. Vincent; *Cass.*, 29 juill. 1809, de Livron c. N. — V. *contrà* *Bruxelles*, 8 juin 1807, Brion c. Powis.

951. — Aux termes de l'art. 162, C. procéd. civ., lorsque le jugement a été rendu par une partie n'ayant pas d'avoué, l'opposition peut être formée, soit par acte extrajudiciaire, soit par déclaration sur les commandemens, procès-verbaux de saisie ou d'emprisonnement, ou tout autre acte d'exécution, à la charge par l'opposant de la réitérer, avec constitution d'avoué, par requête dans la huitaine; passé lequel temps elle n'est plus recevable, et l'exécution peut être continuée.

952. — *Par acte extrajudiciaire.* — En ce cas, l'exploit doit, selon M. Bioche (no 253), contenir les moyens d'opposition; mais nous ne voyons pas la nécessité de cette formalité, puisque l'opposition doit être renouvelée par requête, dans la huitaine.

953. — Par acte extrajudiciaire, on entend tous actes ou significations qui ne concernent pas un procès pendant actuellement en justice. — V. ACTE EXTRAJUDICIAIRE.

954. — Lorsqu'un jugement a adjugé les conclusions de la demande, à charge par le demandeur de prêter serment de la sincérité de sa créance, la déclaration faite par la partie défaillante lors de la prestation de serment que son intention est de former opposition au jugement ne doit pas être considérée comme une opposition formée par acte extrajudiciaire, et dès-lors il n'y a lieu de la renouveler. — *Colmar*, 19 fév. 1835, Primus c. Dreyfuss.

955. — Encore moins doit-on considérer une telle déclaration comme un acquiescement. — *Ibid.*

956. — *Par déclaration sur les actes d'exécution.* — On a vu *suprà* que le défaillant ne devait pas laisser consommer l'exécution.

957. — L'huissier est tenu de constater la déclaration d'opposition. S'il s'y refuse, l'opposant doit la faire notifier par acte extrajudiciaire, et pour arrêter l'exécution, se pourvoir par un référé. A défaut de ce moyen, le refus illégal de l'huissier pourrait être constaté par notaire. — Carré, quest. 676; Demiau, p. 134; Bioche, no 254.

958. — Le refus de l'huissier l'expose à des dommages-intérêts. — Mêmes auteurs.

959. — L'huissier n'est-il tenu à recevoir la déclaration d'opposition qu'autant qu'elle émane de la partie même? — Favard (t. 4, p. 48) refuse à toute autre personne que la partie la faculté d'arrêter l'exécution. — Demiau (p. 134) embrasse l'opinion contraire.

960. — Au reste, il doit immédiatement suspendre l'exécution, car il n'est pas juge du mérite de l'opposition. C'est le cas de se pourvoir en référé ou d'attendre que l'opposition soit renouvelée. — Carré et Chauveau, quest. 677.

961. — L'opposition est suffisamment constatée par la déclaration de l'huissier. — V. *suprà* no 956.

962. — Mais il ne suffit pas de s'opposer aux actes d'exécution. Il faut s'opposer au jugement en vertu duquel ils ont lieu. — *Rouen*, 27 mai 1815.

963. — L'opposition ne peut être remplacée par une constitution d'avoué, car le tribunal est dessaisi par le jugement. — *Orléans*, 16 mars 1809, N...; — Hautefeuille, p. 88.

964. — *Réitération de l'opposition par requête.* — La déclaration d'opposition faite par acte extrajudiciaire ou sur un acte d'exécution, n'est, en quelque sorte, qu'un acte conservatoire et préliminaire qui doit nécessairement être renouvelée par requête adressée au tribunal qui a rendu le jugement. — V. *suprà* no 951.

965. — Faute par l'opposant de présenter cette requête avec constitution d'avoué dans la huitaine, le jugement acquiert la force d'un jugement contradictoire, et l'exécution peut être reprise *de plano*. — *Cass.*, 12 nov. 1806, Bouchard c. Lebarrier; *Trèves*, 19 avr. 1809, Wit c. N...; 22 juin 1810, Kuntz c. Wendet; *Riom*, 2 août 1817, Bastide c. Ferrandon; 2 août 1818, Bastide c. Gamneil; *Nîmes*, 11 déc. 1819, Ailhand c. N...; *Cass.*, 10 juill. 1843 (t. 2 1843, p. 585), Chapin c. Soyer.

966. — Toutefois, la réitération de l'opposition n'est pas exigée lorsque l'opposition a été formée par conclusions motivées, sur la production faite, au cours d'une instance, d'un jugement par défaut, et que les juges ont mis sur-le-champ la cause en délibéré. — *Cass.*, 30 mai 1837 (t. 1er 1837, p. 520), Conseil c. Blin Delbruck.

967. — A part ce cas, l'opposition n'est pas valablement formée sur le barreau. — *Rennes*, 10 avr. 1810, Thomas c. N...

968. — Jugé qu'avant le Code de procédure, la partie qui avait obtenu un jugement par défaut, auquel la partie condamnée n'avait fait opposition que par acte extrajudiciaire, pouvait faire ordonner que celle-ci la réitérerait par requête d'avoué. — *Paris*, 30 pluv. an XI, Fould c. Audiscret.

969. — La cour de Paris a décidé qu'en cas d'urgence il peut être ordonné que l'opposition sera réitérée par requête avant la huitaine. — *Paris*, 16 janv. 1807, Perducret c. Ducruy; — Bioche, no 266. — Mais cette solution est justement critiquée par Pigeau (*Comment.*, t. 1er, p. 369) et Chauveau sur Carré (quest. 677 *bis*).

970. — Le délai de huitaine n'est pas franc. L'opposition déclarée le 1er doit être renouvelée le 9 au plus tard. — *Cass.*, 18 avr. 1811, Charlier c. Carré; *Rennes*, 23 nov. 1820, Pregent; *Orléans*, 15 déc. 1830, Mouraux c. Pillé Grenet; — Bioche, no 260; Chauveau sur Carré, quest. 3410. — V. *contrà* Pigeau, *Comment.*, t. 1er, p. 546; Carré, quest. 678; Boncenne, t. 3, p. 1257.

971. — ... Le dernier jour fût-il férié. — *Bruxelles*, 4 mars 1810, Rape c. Vankorkelberg.

972. — Mais le jour *à quo* ne compte pas. — *Rennes*, 17 juin 1822, Spuel c. Canneva; *Toulouse*, 19 juin 1819, Miquier c. Guilabert.

973. — De plus, l'art. 1033, C. procéd., doit recevoir ici son application, c'est-à-dire que le délai pour renouveler l'opposition est susceptible d'augmentation à raison de la distance. Autrement le défaillant serait souvent réduit à l'impossibilité de signifier une requête. — *Rennes*, 16 mars 1809, Brée c. Trésor publ.; *Nîmes*, 9 août 1810, N..; *Trèves*, 17 fév. 1813, Meddersdoff c. Reinach; *Cass.*, 16 mars 1813, Seguin c. de la Montes; *Montpellier*, 8 janv. 1824, Cauquil; — Thomine, t. 1er, p. 301; Carré et Chauveau, quest. 679; Favard, vo *Opposition*, p. 49; Berriat, p. 252; Boncenne, t. 2, p. 128; Bioche, no 262.

974. — M. Bioche (no 263) refuse cette augmentation à l'étranger. « S'il est juste, dit-il, de la lui accorder lorsqu'il est cité devant une juridiction française, ou même dans le cas où il s'agit de porter à sa connaissance l'exécution du jugement mérite-t-il la même faveur lorsqu'il est sous le coup d'une condamnation? Le système contraire porterait une atteinte grave au crédit, ouvrirait la porte à bien des fraudes. Il suffirait à un débiteur de s'éloigner de France pour retarder l'exécution de ses engagemens. Ces raisons sont assurément très graves, mais ne suffisent pas pour faire taire tous les doutes.

975. — Le délai de huitaine est suspendu, en cas de décès, démission ou suspension de l'avoué du demandeur, ou même de décès de l'opposant.

976. — Si l'avoué de la partie qui a obtenu le jugement, dit l'art. 162, est décédé, ou ne peut plus postuler, la partie fera notifier une nouvelle constitution d'avoué au défaillant, lequel sera tenu, dans les délais ci-dessus, de réitérer son opposition par requête.

977. — Tant que le jugement n'a pas été exécuté, avons-nous dit, le défaillant a le droit d'y former opposition. — Par conséquent, il ne sera pas déchu de ce droit, par cela seul qu'il aura omis de réitérer dans la huitaine sa déclaration d'opposition, ou pas même si l'ayant réitérée, l'acte de réitération se trouve irrégulier et nul. — *Cass.*, 18 avr. 1811, Marlier c. Carré; *Colmar*, 10 janv. 1816, Mettler c. Muller; *Turin*, 27 fév. 1809, Duziano c. Botte; *Metz*, 12 fév. 1818, Lévy c. Acbrecht; *Nîmes*, 21 août 1819, Guin; *Bourges*, 15 fév. 1823, Mollat c. Mingnault; 1er fév. 1832, Rochard c. Léger; *Riom*, 4 juill. 1815, Serieys c. Sucq; *Rennes*, 10 janv. 1816, Riou Khallet c. Philippe; — Carré et Chauveau, quest. 682; Berriat, p. 401; Delaporte, t. 1er, p. 166; Bioche, no 264. — V. *contrà* *Trèves*, 19 avr. 1809, Witt c. N...; 14 nov. 1810, Bastien c. Utsch; — Boncenne, t. 2, p. 199.

978. — La déclaration d'opposition faite par acte extrajudiciaire prouve bien, en effet, que la partie défaillante a eu connaissance du jugement, mais puisque ce n'est pas cette connaissance

mais bien uniquement l'exécution du jugement qui seule lui enlève le droit de former opposition, cette déclaration n'est d'aucune importance.

979. — Où l'opposition a été faite sur un acte susceptible d'être qualifié acte d'exécution ou commencement d'exécution, et alors elle ne peut plus être recommencée, si la partie laisse expirer le délai de huitaine sans la réitérer, par ce motif qu'au moment où elle formulait son opposition par un dire ou par un acte extrajudiciaire, l'exécution lui était révélée.

980. — Ou l'opposition a lieu avant toute exécution par acte extrajudiciaire, signification, sommation et dans ce cas, cette opposition non réitérée étant nulle, une autre opposition peut être faite, puisqu'en règle générale la loi permet l'opposition jusqu'à l'exécution.

981. — La partie n'est pas tenue d'attendre qu'un jugement ait déclaré la nullité de sa procédure. Elle peut signifier un désistement à l'adversaire, désistement qui n'a pas besoin d'être accepté par celui-ci, parce qu'il ne porte que sur un acte de procédure.

982. — Il n'est du reste nullement nécessaire que l'opposition à un jugement par défaut contre partie soit faite d'abord par acte extrajudiciaire, puis réitérée par requête. Il suffit qu'elle soit simplement faite par requête. — *Poitiers*, 15 janv. 1822, Garreau c. Martin; — Chauveau sur Carré, quest. 680 *bis*; Bioche no 276.

983. — La partie défaillante n'est pas, en effet, obligée d'attendre l'exécution, et quand elle la devance, une requête signifiée à l'avoué du demandeur est le seul mode de se pourvoir.

984. — La requête de réitération devient inutile, si l'opposition a été faite dans la forme ordinaire des ajournemens, c'est-à dire par avenir, contenant constitution d'avoué et les moyens d'opposition. — *Nîmes*, 13 juin 1810, Martin c. N.; 14 nov. 1807, N. et 11 déc. 1819, Ailhaud c. N.; *Riom*, 9 et non 13 juin 1820, Garde c. Chopard; *Colmar*, 22 avr. 1825, Schnell c. Gyssen Dorffer; *Poitiers*, 8 déc. 1825, Renaud c. Pinçonneau; *Toulouse*, 20 nov. 1829, Marchand c. Parens; *Paris*, 4 mars 1830, Millet c. Courtellemont; 9 mai 1831; Salomet c. Gillet; — Carré-Chauveau, quest. 684 *bis*; Favard, vo *Opposition*, p. 48; Demiau, art. 162; Berriat, p. 450, n. 24; Bioche, no 269; — *contrà* *Bordeaux*, 30 déc. 1829, Dulisseul c. Joyeux; *Pau*, 21 août 1834, Barbe c. Gaudens; — Thomine, t. 1er, p. 307; Boncenne, t. 3, p. 124.

985. — Il a même été jugé que l'ajournement pouvait être signifié au domicile élu dans la signification du jugement. — *Paris*, 4 mars 1830, Millet c. Courtellemont; — *contrà* *Nîmes*, 11 déc. 1819, Aillaud; — Chauveau sur Carré, quest. 684 *bis*. — Nous ne pensons pas que la doctrine de la cour de Paris puisse être suivie. Il en est autrement en matière commerciale. — V. *infrà* no 1007.

986. — L'opposition, quoique réunie avec l'ajournement dans le même exploit, peut être divisée dans ses effets, et valoir pour l'opposition et non pour l'ajournement. — *Cass.*, 12 fév. 1807, Duparc c. Montredon.

987. — La requête de réitération est signifiée à avoué. — Art. 162.

988. — Toutefois, la signification à personne ou à domicile ne serait pas une cause de nullité, comme dans le cas où il s'agit d'un défaut faute de conclure. — *Trèves*, 10 août 1810, Naum c. Neckeram; *Toulouse*, 10 fév. 1821, Senaux; — Carré-Chauveau, quest. 680e; Bioche, no 272.

989. — Dans les causes sommaires, la requête consiste dans un simple acte de conclusions.

990. — Elle est grossoyée dans les affaires ordinaires.

991. — La requête doit-elle contenir les moyens de l'opposant, comme dans le cas de l'art. 161? — Oui, les motifs sont les mêmes... — Carré-Chauveau, quest. 688e; Pigeau, t. 1er, p. 549; *Annales du Notariat*, t. 1er, p. 330; — *contrà* Delaporte, t. 1er, p. 467; Demiau, p. 135; Bioche, no 274.

992. — ... En matière sommaire comme en matière ordinaire. — V. au surplus *infrà* nos 1068 et s.

993. — Les moyens fournis postérieurement à la requête n'entrent pas en taxe. — Art. 162.

994. — On doit, dans la requête, faire connaître toutes les exceptions avant de proposer les moyens du fond. — Carré-Chauveau, quest. 689 et 739 *bis*; Demiau, p. 135. — V. EXCEPTION.

995. — Le défendeur qui a fait défaut sur le fond, après avoir conclu à la nullité de l'assignation, n'est plus recevable à présenter ce moyen sans le reproduire. Il a pris des conclusions au fond, dans sa requête d'opposition. — *Paris*, 3 août 1807, Cholois c. Danières.

996. — Mais des conclusions au fond ne couvrent que les nullités dont l'opposant a pu avoir connaissance.

997. — Il est donc prudent de faire des réserves générales à cet égard.

998. — Tout opposant doit être prêt à se défendre au fond. Tel est le principe. L'opposant peut donc être condamné au fond, bien qu'il n'ait opposé que des exceptions dilatoires. — *Cass.*, 2 vent. an XI, Borchgrave c. Vanstraeten ; — Carré-Chauveau, quest. 674 *bis*.

999. — La cause n'est, au surplus, réputée en état que lorsqu'il y a eu conclusions contradictoires à l'audience, et plaidoiries commencées dans le sens de l'art. 343, C. proc. Une intervention est donc recevable jusque-là. — *Montpellier*, 13 juin 1844 (t. 1er 1845, p. 70), Solignac c. comp. Usquin.

1000. — La loi n'exige pas que la requête contienne avenir pour plaider). Dans la pratique, c'est toujours la partie la plus diligente qui suit l'audience. — *Bruxelles*, 22 août 1807, Heymans c. Helman ; — Carré-Chauveau, quest. 685e ; Bioche, n° 273. — *Contrà* Delaporte, t. 1er, p. 167.

1001. — La fausse date donnée au jugement dans l'acte d'opposition n'est pas une cause de nullité, si d'ailleurs le jugement est clairement désigné : par exemple si la date exacte de la signification en est énoncée. — *Cass.*, 2 avr. 1823, Bellin c. Marie Dronguet. — V. APPEL, nos 1328 s.

1002. — De même, un exploit d'opposition n'est pas nul parce que l'indication du mois a été omise, si cette date se trouve dans l'original, dans la requête en opposition, et dans d'autres pièces de la procédure. — *Cass.*, 7 déc. 1829, Roux.

1003. — L'avoué qui a postulé pour le demandeur est tenu d'occuper sur l'opposition. — *Cass.*, 1er août 1810, Lempereur-Larochelle c. Poncet.

1004. — En conséquence, il n'est pas sujet à désaveu. — Pigeau, *Comment.*, t. 1er, p. 366 ; Carré, et Chauveau, quest. 686.

1005. — Les auteurs qui admettent l'opposition contre les jugemens de juridiction gracieuse, tels que ceux rendus sur requête, enseignent qu'elle doit être formée par simple requête. — Carré, quest. 660 ; Merlin, *Rép.*, t. 8, p. 703.

1006. — En matière commerciale, l'opposition est formée par assignation. — C. proc., art. 435.

1007. — ... Signifiée au domicile élu. — Art. 437.

1008. — Le domicile élu est tantôt celui de l'art. 422, tantôt celui de l'art. 435, C. procéd.

1009. — ... C'est-à-dire qu'il faut distinguer le cas où l'opposition est formée avant la signification du jugement, et celui où elle n'est formée qu'après.

1010. — Dans la première hypothèse, le domicile élu ne peut être évidemment que celui de l'art. 422. L'opposition sera donc signifiée, lorsque le jugement n'est pas intervenu à la première audience, au domicile choisi par le demandeur non-domicilié dans l'arrondissement, sinon au greffe du tribunal ; lorsque le jugement a été rendu à la première audience, au domicile élu dans l'assignation, sinon au domicile réel.

1011. — Dans la seconde hypothèse, l'opposition intervenant sur l'exécution, après la signification du jugement, le domicile élu est celui de l'art. 435, celui indiqué dans la signification du jugement.

1012. — Mais il n'y a lieu à élection de domicile dans l'un et l'autre cas qu'autant que le demandeur n'est pas dans l'arrondissement du tribunal saisi, ou de l'exécution ; s'il y est domicilié, c'est à domicile que la signification de l'opposition doit être faite.

1013. — Il importe d'ailleurs de remarquer que la disposition finale de l'art. 437 a surtout été édictée dans l'intérêt de la partie défaillante. En matière de commerce ; tout jugement étant exécutoire un jour après sa signification, il était juste de rendre facile la voie de l'opposition.

1014. — Par conséquent, la signification de l'opposition au domicile élu n'est pas prescrite à peine de nullité. — Chauveau sur Carré, quest. 1545 *bis* ; Poncet, t. 1er, p. 343 ; Thomine, t. 1er, p. 658 ; Pardessus, n° 1381 ; Goujet et Merger, v° *Jugement par défaut*, n° 58.

1015. — Mais une opposition signifiée au domicile réel exposerait la partie à se voir poursuivre par l'huissier du demandeur ; dans l'ignorance où serait cet officier ministériel de l'existence de l'opposition et si la partie était absente, ou ne déclarait pas son opposition, les poursuites seraient valablement mises à fin, en ce sens, du moins, que l'opposant ne pourrait imputer qu'à lui-même le préjudice qu'il aurait souffert.

1016. — L'opposition faite à l'instant de l'exécution, par déclaration sur le procès-verbal de l'huissier, arrête l'exécution. — Art. 438.

1017. — ... A la charge par l'opposant de la réitérer dans les trois jours, par exploit contenant assignation. — Art. 438.

1018. — Passé ce délai, qui est prescrit à peine de nullité, elle est réputée non avenue, c'est-à-dire que l'exécution peut être reprise. — *Lyon*, 30 nov. 1830, Baisse c. Mosnier ; *Paris*, 24 août 1831, Jacquelier c. Pionnier ; 26 avr. 1843 (t. 1er 1843, p. 689), de Rocheplatte c. Cassem, et Henry c. Leboulanger ; 16 janv. 1844 (t. 1er 1844, p. 180), Fonsèque c. Gibon. — Lorsqu'en vertu d'un jugement par défaut, il a été fait itératif commandement au défaillant, et que la saisie a été arrêtée par une opposition non réitérée dans les trois jours, comme le prescrit l'art. 438, C. procéd., le défaillant n'est pas pour cela déchu de son opposition, et il peut toujours la réitérer tant qu'il n'y a pas eu exécution réelle. — *Rennes*, 6 janv. 1836, Defau c. Deniau et Leduc ; *Metz*, 8 mai 1824, Parocha c. Talon-Hénon.

1019. — Ces trois jours ne sont pas francs. — Favard, v° *Opposition*, n° 50 ; Bioche, n° 282.

1020. — Mais il y a lieu à l'augmentation du délai à raison des distances. — Favard, *ibid.* ; Bioche, *ibid.*

1021. — L'exploit de réitération doit contenir ajournement pour la prochaine audience, à peine de nullité.

1022. — Si l'audience indiquée dans l'exploit est éloignée, il est permis à la partie adverse de donner avenir pour un jour plus prochain.

1023. — Autrement un débiteur de mauvaise foi ne manquerait jamais de citer à un très long délai.

1024. — Quand la partie qui a obtenu le jugement a ainsi anticipé sur les délais de l'ajournement et obtenu sur sa propre assignation un jugement de débouté d'opposition, l'autre partie ne peut plus utilement se présenter à l'audience sur son assignation et prendre défaut. — *Paris*, 14 juin 1814, Hénaut c. Varle ; *Toulouse*, 3 juin 1817, Mouniot c. Broc.

1025. — A cette occasion, nous ferons observer que parfois, dans la pratique, lorsqu'une opposition est déclarée par acte extrajudiciaire ou sur un procès-verbal d'exécution, il arrive que la partie qui a obtenu le jugement assigne immédiatement l'autre en débouté de son opposition. L'usage est tel devant le tribunal de commerce de la Seine, et même cette marche a quelquefois été suivie en matière civile. — Est-elle régulière ? — Il n'est pas possible de l'admettre sans enlever à la partie sa liberté d'action. C'est la contraindre à plaider, car cette précipitation cache souvent un intérêt pour la partie qui assigne, celui d'engager le débat sur des bases nouvelles, en ajoutant à sa demande, ou même, dans le cas où le jugement ne lui a adjugé qu'une partie de ses prétentions, de revenir sur le jugement autrement que par la voie de l'appel quand la cause est en premier ressort.

1026. — En effet, l'assignation une fois lancée dans ces termes, l'acquiescement de la partie défaillante au jugement n'arrêterait pas l'instance. Nous n'hésitons donc pas à condamner cette procédure, d'autant mieux que, faute de réitération de l'opposition, le jugement reprend sa force exécutoire.

1027. — Mais quand la déclaration d'opposition a été réitérée conformément au vœu de la loi, la partie qui a obtenu jugement peut incontestablement assigner l'opposant en débouté de son opposition si celui-ci n'a pas porté la cause au tribunal.

1028. — Rien ne s'oppose, au surplus, à ce que le demandeur fasse appeler lui-même sa cause et ne prenne défaut-congé contre l'opposant sur la représentation de la copie de l'assignation.

1029. — L'opposition formée sur commandement doit être réitérée dans les trois jours par assignation, à peine de nullité. — *Rouen*, 9 avr. 1839 (t. 1er 1839, p. 530), Lefebvre c. Potel. — Elle est non avenue si l'exploit contenant l'assignation dont elle doit être suivie est nul pour défaut d'une formalité essentielle. — Cette déchéance n'est point couverte par un second exploit d'ajournement signifié hors du délai fixé par l'art. 438. — *Bordeaux*, 1er avr. 1845 (t. 1er 1845, p. 764), Chardavoine c. Berton.

1030. — Mais en matière commerciale comme en matière civile, l'opposition déclarée avant l'exécution du jugement et non réitérée dans le délai légal peut être renouvelée tant que le jugement n'est pas exécuté. — *Rennes*, 10 janv. 1816, Riou-Khallet c. Phelippes.

§ 2. — *Défaut contre avoué ou faute de conclure.*

1031. — Lorsque le jugement est rendu contre une partie ayant avoué, l'opposition n'est recevable qu'autant qu'elle est formée par requête d'avoué à avoué. — Art. 160, C. procéd. civ.

1032. — Cette disposition doit être exécutée à peine de nullité. — *Orléans*, 14 nov. 1822, N.....

1033. — Sous l'ordonnance de 1667 (art. 3, t. 34), l'opposition était non-recevable si elle avait été faite par simple exploit signifié à domicile et sans la permission du juge obtenue sur requête. — *Rouen*, 8 frim. an X, Leflé c. Lévêque.

1034. — Sous la loi de brumaire an II (art. 3), on pouvait former opposition sans permission préalable. — *Cass.*, 19 germin. an IV, Millet c. Mercier.

1035. — Aujourd'hui la requête d'opposition ne doit plus être présentée au président du tribunal. — *Dijon*, 18 août 1810, Jame c. Meulein ; *Cass.*, 3 fév. 1835, Martin c. Chautan. — Carré-Chauveau, quest. 668 ; Chauveau, *Tarif*, t. 1er, p. 366, n° 8 ; Thomine, t. 1er, n° 191 ; Boncenne, t. 3, p. 134 ; Bioche, n° 294. — *Contrà Riom*, 3 mai 1816, Frizon c. Lasteyras ; 29 oct. 1821, Eyraud c. Parret ; 30 mai 1829, Monclavel c. Osselat ; 18 mai 1830, Chassaing c. Merlin ; — Berriat, p. 400, n° 17.

1036. — Elle est, à peine de nullité, signée par un avoué. — *Toulouse*, 17 mars 1807, Luppé c. N... ; 2 nov. 1808, Février c. Lebret ; *Montpellier*, 8 janv. 1824, Cauquil ; — Carré et Chauveau, quest. 669 ; Bioche, n° 291 ; Thomine, t. 1er, p. 305.

1037. — Elle est, comme tous les actes d'avoué à avoué, signifiée par un huissier audiencier.

1038. — La signification ne peut en avoir lieu à domicile ou à personne. Toute opposition par exploit est nulle. — *Paris*, 25 mars 1816, Meunier ; — Thomine, t. 1er, p. 305 ; Carré-Chauveau, quest. 669 ; Bioche, n° 288.

1039. — Par conséquent la requête est valablement signifiée à l'avoué de la partie demanderesse, alléguât-il avoir remis les pièces à son client. — *Paris*, 31 déc. 1807, Lempereur c. Poncet ; *Cass.*, 1er août 1810, mêmes parties ; — Pigeau, *Comment.*, t. 1er, p. 366 ; Bioche, n° 289 ; Carré-Chauveau, quest. 686.

1040. — En cas de décès de l'avoué du demandeur, ce dernier doit signifier au défaillant, en la personne de son avoué, une nouvelle constitution. — Chauveau-Carré, quest. 688 *bis* ; Bioche, n° 290.

1041. — L'opposition formée par un garant doit être signifiée au demandeur principal et au demandeur en garantie. — *Rennes*, 21 déc. 1820, Cillart c. Bellingant.

1042. — La date de la requête est celle de sa signification.

1043. — Jugé que l'opposition est nulle si la copie de la requête ne contient pas de date, lors même qu'elle est indiquée dans l'original. — *Cass.*, 21 flor. an X, Mesnage c. Luccotte ; *Bruxelles*, 30 avr. 1807, Prau c. Vanderneschen ; — Carré et Chauveau, quest. 657 ; Bioche, nos 240 et 292. — V. au surplus EXPLOIT.

1044. — ... Ou si la copie énonce qu'elle a été signifiée le dimanche, alors même que l'original indique que la signification a eu lieu le samedi. — *Agen*, 27 avr. 1814, Lapeyre c. Carrière ; — Merlin, *Rép.*, v° *Copie* ; Boncenne, t. 2, p. 101. — V. EXPLOIT.

1045. — La reconnaissance par l'avoué du demandeur que la copie signifiée énonce par erreur que la signification a eu lieu le dimanche, ne peut nuire à son client qui ne lui a pas donné pouvoir spécial de la faire. — Même arrêt.

1046. — Toutefois, lorsque le nom d'une des parties s'est trouvé omis seulement dans la copie, l'opposition n'en est pas moins valable. — *Colmar*, 22 avr. 1822, Steinlé c. Dumeznil.

1047. — La requête ne doit pas contenir avenir. — *Bruxelles*, 22 août 1807, Heymans c. Helman ; — Carré et Chauveau, quest. 670 ; Favard, t. 4, p. 42 ; Bioche, n° 293.

1048. — Mais il est indispensable qu'elle renferme les moyens d'opposition. — Art. 161 ; — Carré et Chauveau, quest. 672.

1049. — Il ne suffit pas de dire que les moyens d'opposition seront développés dans la plaidoirie. — *Toulouse*, 17 mars 1807, Luppé c. N.

1050. — ... Ou bien que le jugement est injuste au fond, et a mal à propos homologué un rapport d'expert inexact et vicieux. — *Toulouse*, 17 déc. 1832, Ducassé c. Roquelaure.

1051. — Lorsqu'un arrêt par défaut se fonde, pour rejeter une demande, sur ce que l'acte d'appel est irrégulier, la requête qui se borne à énoncer que l'acte d'appel était régulier n'est pas suffisamment motivée. — *Toulouse*, 16 juin 1842 (t. 2 1842, p. 371, Fadeuille c. Roby.

1052. — L'opposition n'est pas non plus valablement motivée sur un article de loi énoncé sans autre développement. — *Bruxelles*, 5 fév. 1811, Nicaise c. Legros.

1053. — ... Ou sur une nullité d'acte que l'on n'indique pas. — *Bourges*, 24 août 1808, Rebecqui c. Ducruet ; — Carré et Chauveau, quest. 672 ; Hautefeuille, p. 118 ; Boncenne, t. 3, p. 135 ; Bioche, n° 295. — *Contrà Bruxelles*, 27 janv. 1818, Camvides c. Colson.

1054. — Toutefois, on ne doit pas exiger un développement complet des conclusions, et même si des moyens de défense ont été signifiés avant le jugement, la requête peut s'y référer. Ce qu'il importe avant tout, c'est que les griefs d'opposition soient connus. — Carré et Chauveau, quest.

JUGEMENT D'EXPÉDIENT.

672; Berriat, t. 2, p. 409; Bioche, n° 296; Pigeau, *Comment.*, t. 1er, p. 367.

1055. — Par application de ces principes, il a été décidé qu'il y a motifs suffisans lorsque la requête s'en réfère : 1° aux moyens de l'exploit d'appel. — *Bruxelles*, 7 janv. 1808, Vanvammel c. Berrens.

1056. — ... Alors que cet exploit est lui-même suffisamment motivé : par exemple, s'il dit que les poursuites auraient dû être rejetées à cause de leur irrégularité. — *Toulouse*, 30 juill. 1834, Lesmutres c. Lauzin.

1057. — Il y a, au contraire, nullité, si l'exploit d'appel ne contient ni conclusions motivées, ni grief spécial. — *Toulouse*, 21 fév. 1831, Virazel.

1058. — La requête d'opposition à un arrêt de défaut congé est suffisamment libellée lorsqu'elle se réfère aux moyens de l'assignation. — *Rennes*, 5 juin 1811, Olagnier c. Alain Lannay.

1059. — ... 2° Aux conclusions signifiées en première instance. — *Metz*, 10 août 1808, Berthier c. N.; *Aix*, 5 fév. 1827, Chave c. Soleil.

1060. — Jugé cependant que s'en référer aux moyens de première instance ne suffit pas, lorsque le jugement ne mentionne pas en quoi les motifs du jugement sont erronés, lors surtout que l'acte d'appel ne précise aucun grief. — *Bruxelles*, 27 avr. 1830, Delmotte.

1061. — ... 3° A des moyens plaidés en première instance et insérés au jugement. — *Bourges*, 4 mars 1809, N...; — Pigeau, *Comm.*, t. 1er, p. 367; Berriat, p. 400.

1062. — ... 4° Aux conclusions du ministère public. — *Rennes*, 29 juin 1809, N...

1063. — L'art. 161 n'exige pas, du reste, que la requête d'opposition contienne tous les moyens.

1064. — Ainsi, l'opposant peut proposer à l'audience un moyen qu'il n'a pas spécialement spécifié dans sa requête. — *Lyon*, 25 mai 1816, Chevelu c. Veuillet-Duranel; — Carré et Chauveau, quest. 1690.

1065. — ... A moins qu'il ne s'agisse d'un moyen que la défense au fond aurait couvert.

1066. — Sauf ce cas, une partie a toujours le droit de modifier ses conclusions, de les augmenter ou de les diminuer.

1067. — Seulement, les significations postérieures n'entrent pas en taxe. — Art. 162; — Carré et Chauveau, quest. 672 et 690.

1068. — La requête d'opposition doit-elle contenir les moyens lorsque la cause est sommaire? — Pigeau (t. 1er, p. 375) se prononce pour la négative; mais l'art. 161 ne distingue pas entre les matière sommaires et les matières ordinaires. Il y a plus, les art. 20 et 437, C. proc. civ., exigent que l'opposition soit motivée en justice de paix et devant les tribunaux de commerce. — Carré et Chauveau, quest. 637; Chauveau, *Comm. du tarif*, t. 1er, p. 232, n° 35; Favard, t. 4, p. 42; Thomine, t. 1er, p. 305, n° 192; Bioche, n° 299.

1069. — Au surplus, l'obligation de libeller l'opposition n'est exigée qu'au cas où il s'agit d'une opposition principale, et non d'une opposition incidente formée contre un arrêt qui a admis une inscription de faux. — *Besançon*, 16 janv. 1807, Nicod c. Marguet.

1070. — Les règles ci-dessus concernent le ministère public. — *Bordeaux*, 12 août 1831, Boromé.

1071. — L'opposition qui n'est pas signifiée dans la forme de l'art. 161 est nulle. Elle n'arrête pas l'exécution. — C. proc. civ., art. 161.

1072. — Elle est rejetée sur un simple acte, et sans qu'il soit besoin d'autres instructions. — Art. 161. — Il n'est même pas nécessaire d'attendre le rejet pour exécuter le jugement. — Carré et Chauveau, quest. 674; Boitard, t. 1er, p. 639; Boncenne, t. 3, p. 137; — *contrà* Delaporte, t. 1er, p. 166 et 167. — V. aussi *Cass.*, 22 fév. 1830.

1073. — Mais, en principe, l'opposition est suspensive. — V. *suprà* nos 719 et suiv.

1074. — En matière commerciale ou en matière de justice de paix, la forme de l'opposition est la même que celle indiquée *suprà* nos 947 et suiv.

Sect 5e. — *Tribunal compétent.*

1075. — L'opposition est toujours portée devant le tribunal qui a rendu le jugement.

1076. — Cette exception à la règle qu'un juge ne peut réformer sa propre décision s'explique naturellement par la possibilité pour le juge qui n'entend pas toutes les parties d'être induit en erreur.

1077. — Peu importe que l'opposition soit incidente à une contestation pendante devant un autre tribunal. Par exemple, en vertu d'un jugement par défaut du tribunal de la Seine, une saisie-arrêt est formée, et la demande en validité en est portée devant un autre tribunal. Pour obtenir la nullité de la saisie, il faut faire tomber ce jugement; c'est devant le tribunal de la Seine que l'opposition devra être portée. — Pigeau, *Comm.*, t. 1er, p. 648. — Ainsi encore, un tribunal civil est incompétent pour statuer sur l'opposition formée à un jugement rendu par un tribunal de commerce; bien que l'opposition porte en même temps sur le commandement fait en vertu de ce jugement, le tribunal civil ne peut connaître de cette dernière partie de l'opposition, si elle est motivée sur l'existence d'un appel qui, dès-lors, en attribue la connaissance à la cour. — *Colmar*, 7 déc. 1816, Hirtz c. Schaffer.

1078. — Il y a déni de justice de la part d'un tribunal qui refuse de statuer sur l'opposition à un jugement, sous prétexte qu'une autre instance est en appel, lorsque cette instance est indépendante de celle qui lui est déférée. — *Agen*, 9 janv. 1811, Perier-Cléophas c. Launne.

1079. — Mais il n'est pas nécessaire que les membres de la chambre d'une cour ou d'un tribunal, qui statuent sur une opposition à un arrêt ou jugement par défaut rendu par cette chambre, soient identiquement les mêmes que ceux qui ont prononcé le défaut. — *Cass.*, 13 nov. 1823 (et non 1824), de Villaine c. Faye; — Pigeau, *Comm.*, t. 1er, p. 358.

1080. — Il en est de même lorsqu'un arrêt par défaut a été rendu après un partage d'opinions. La section appelée à statuer sur l'opposition peut être autre qu'elle n'était lorsque l'arrêt a été rendu. — *Cass.*, 21 mars 1821, Guy c. d'Agde.

1081. — C'est une exception fort restreinte au principe posé (n° 1075) que celle mentionnée dans l'arrêt de la cour impériale de Nîmes (7 janv. 1812, aff. N...), qui a décidé qu'après la tenue de la foire de Beaucaire, le tribunal de commerce de Nîmes est compétent pour connaître d'une opposition formée envers un jugement de défaut rendu par le bureau de conservation de cette foire.

JUGEMENT DE DÉLIBÉRÉ.

C'est celui par lequel le tribunal ordonne que les pièces seront mises sur le bureau pour être délibéré de l'affaire au rapport d'un juge nommé par le jugement, avec indication du jour auquel le rapport sera fait. — V. DÉLIBÉRÉ, JUGEMENS.

JUGEMENT D'EXPÉDIENT.

1. — On appelait ainsi autrefois le jugement qui intervenait conformément à l'avis d'un ancien avocat auquel on renvoyait la décision des affaires d'une légère importance. — Ord. 1667, tit. 6, art. 4 et 5. — Carré et Chauveau, quest. 1631.

2. — Mais, ainsi que le fait remarquer Merlin (*Rép.*, v° *Expédient*), cette manière de terminer une contestation a cessé avec les anciens tribunaux dont la suppression a été prononcée par la loi du 8 sept. 1790, et aucune disposition postérieure ne l'a rétablie.

3. — On appelait aussi *jugement d'expédient* celui qui était prononcé du consentement des parties qui, se rendant volontairement justice sur l'objet de leur différend, arrêtaient de concert le dispositif du jugement qui devait le terminer. — Carré et Chauveau, quest. 1631.

4. — Le Code de procédure ne contient absolument rien concernant cette espèce particulière de jugement, qui n'en subsiste pas moins, par cela même qu'aucune disposition ne suppose que le législateur ait entendu la supprimer. — Carré et Chauveau, *ibid.*

5. — Voici les règles que l'ancienne jurisprudence avait consacrées.

6. — ... 1° Les parties ou leurs fondés de pouvoir spécial devaient signer l'accord passé entre elles, autrement le juge ne pouvait lui donner le sceau de son autorité. — Carré et Chauveau, *ibid.*

7. — ... 2° Jusqu'à cette homologation du juge, les parties pouvaient se désister, parce qu'il en est d'une convention particulière comme de toutes celles qui se passent devant un officier public; elles n'obligent que du moment où l'acte a reçu sa perfection. — *Ibid.*

8. — ... 3° Pour parvenir à la réception de l'expédient, les procureurs lisaient verbalement à l'audience l'accord signé des parties, et qu'ils devaient avoir communiqué au ministère public, s'il y était intéressé. — Ord. 15 mars 1673.

9. — ... 4° Le défaut de présence de l'une des parties au jour fixé pour l'audience n'était pas un motif pour rejeter l'expédient, lorsqu'il avait été signé d'elle, et qu'il n'existait aucune preuve de désistement. — Carré et Chauveau, *ibid.*

10. — ... 5° Le juge ne pouvait se refuser à le recevoir qu'autant qu'il s'apercevait qu'une des parties n'avait pas la capacité nécessaire pour souscrire cette espèce d'engagement, c'est-à-dire celle de transiger, ou qu'il reconnaissait dans les conditions quelque chose de contraire à l'ordre public, aux mœurs ou aux intérêts d'un tiers. — *Ibid.*

11. — Cette dernière règle doit encore être suivie, car elle est conforme aux principes qui ne permettent pas aux juges d'admettre des prétentions contraires à l'ordre public et aux mœurs, et de porter préjudice à un tiers qui n'est pas en cause.

12. — Quant aux autres, elles ne semblent devoir être suivies qu'avec les modifications résultant des observations ci-après :

13. — ... 1° Il n'est plus nécessaire aujourd'hui que l'arrangement soit souscrit d'avance par les parties : il suffit de conclusions signifiées et lues à l'audience. Ainsi, les avoués peuvent se borner à insérer, dans un acte de conclusions, les conditions d'arrangement sur lesquelles intervient jugement à l'audience. — V. première et troisième règles. — Carré et Chauveau, *ibid.*, note 1re.

14. — Dans l'usage, on se contente en général de rédiger d'un commun accord le jugement tel qu'il doit être écrit sur la feuille d'audience. L'avoué de la partie poursuivante en donne lecture sous forme de conclusions; les autres avoués de la cause déclarent s'en rapporter à la sagesse du tribunal ou prennent toutes autres conclusions dont la formule générale indique qu'ils ne s'opposent pas à l'expédient. Le tribunal le sanctionne par son approbation, et la rédaction, lue à l'audience, est immédiatement remise au greffier, qui en opère la transcription sur les registres. — *Ibid.*

15. — On voit que, d'après cette forme de procéder, rien ne constate la nature conventionnelle du jugement qui intervient. Aussi, est-il vrai de dire que, dans la pratique, il y a peu de jugemens d'expédient proprement dits, ce nom ne pouvant convenir qu'à ceux qui constatent d'une manière expresse ou tacite le consentement de toutes les parties à chacun des chefs de leur dispositif. — Carré et Chauveau, *ibid.*

16. — A Paris, tous les avoués de la cause signent le projet de jugement, qui est communiqué au ministère public et remis ensuite au tribunal en la chambre du conseil. Si le tribunal l'adopte, le jugement est prononcé à l'audience publique par le président.

17. — ... 2° Si les parties avaient souscrit d'avance un arrangement et que l'acte qui le contint fût d'ailleurs revêtu de toutes les formalités voulues pour la validité des actes sous seing-privé, pourraient-elles encore, comme autrefois, se désister de leur convention jusqu'à ce qu'elle fût homologuée en justice? — V. la deuxième règle. — Nous ne le pensons pas. Ce n'est pas le prononcé du jugement qui oblige les parties, mais bien la convention en vertu de laquelle le jugement est rendu. Et en effet, comme l'a dit l'orateur du gouvernement dans l'exposé des motifs du contrat de vente, « il est de principe que la rédaction d'une convention privée, en contrat public, ne peut être réputée essentielle qu'autant qu'il aurait été déclaré par les parties que jusqu'à cette rédaction leur premier acte demeurerait aux termes d'un simple projet. » — Merlin, *Quest.* et *Rép.*, v° *Contrat judiciaire*; Carré et Chauveau, *ibid.*, note 2e. — V. cependant *Procéd. civile*, t. 1er, p. 461.

18. — Dans ce cas, l'acte, étant parfait par la signature des parties, pourrait être opposé, soit comme acquiescement, soit comme désistement, à celle des parties qui se refuserait à passer l'expédient. Le tribunal aurait donc à prononcer sinon en recevant l'expédient, du moins en statuant sur la contestation par suite du débat judiciaire. — Carré et Chauveau, *ibid.*

19. — Toutefois, s'il apparaissait clairement que les parties eussent réellement entendu subordonner la perfection de leur contrat à l'approbation des juges, elles pourraient, usant d'un droit qu'elles auraient réservé, rétracter leur consentement tant qu'il n'aurait pas été homologué en justice. — Chauveau sur Carré, *ibid.*

20. — ... 3° Enfin puisqu'il suffit de simples conclusions d'avoués, sans acte préalable signé des parties, il s'ensuit qu'il ne peut être, du moins en général, passé d'expédient sur le défaut de l'une d'elles. — V. *suprà* la quatrième règle. — Carré et Chauveau, *ibid.*

21. — Cependant si l'on avait signifié en son nom des conclusions contenant l'expédient, le tribunal statuant sur la contestation pourrait, suivant Carré (*ibid.*), avoir égard à l'acquiescement qu'elles contiendraient et prononcer un jugement par défaut. — Suivant M. Chauveau, au contraire, des conclusions à l'audience sont indispensables.

22. — Nous avons dit (v° APPEL [mat. civ.]) nos 336 et suiv.) que les jugemens d'expédient ne sont pas susceptibles d'être attaqués par la voie de l'appel, du moins toutes les fois que le consente-

ment des parties se trouve constaté d'une manière quelconque.

23. — Il en serait autrement si le consentement lui-même était entaché de dol, de violence ou d'erreur. En effet, si l'appel n'est pas recevable, ce n'est que par suite de la fin de non recevoir résultant de l'acquiescement éventuel. Or, ainsi que nous l'avons dit (vº ACQUIESCEMENT, nºs 8 et suiv.), l'acquiescement cesse de produire son effet toutes les fois qu'il est le fruit de l'erreur, de la fraude ou de la violence. — Carré et Chauveau, quest. 1631.

24. — La requête civile est également ouverte contre les jugemens d'expédient si la matière n'était sujette qu'au dernier ressort; et si l'expédient portait préjudice à un tiers, celui-ci pourrait se pourvoir par la voie de la tierce opposition. — V. implic. *Paris*, 28 nov. 1810, Hervé c. Vincent. — Carré et Chauveau, *ibid.*

25. — Au contraire, suivant Merlin (*Rép.*, vº *Conventions matrimoniales*, 4e édition, t. 3, p. 208), on n'aurait pas besoin de se pourvoir par ces voies contre les jugemens dont il s'agit. On pourrait les attaquer par les mêmes voies que l'on attaquerait la convention sur laquelle ils ont été rendus, c'est-à-dire par une simple demande en nullité. La raison en est, suivant ce magistrat, que les jugemens d'expédient ne sauraient couvrir la nullité des conventions auxquelles ils se réfèrent, parce que n'étant eux-mêmes que des jugemens conventionnels, ils contractent tous les vices de ces conventions.

26. — Mais cette opinion ne saurait être suivie. Le Code de procédure n'admet aucune différence entre les jugemens d'expédient et les autres. Ces jugemens prononcent, statuent sur les contestations d'après le consentement des parties et condamnent celle qui a acquiescé aux conclusions de l'autre. Ils ne forment donc pas, sous le rapport des moyens de les attaquer, une classe à part, et puisqu'un tribunal ne peut, hors le cas de requête civile, réformer soit la décision qu'il a prononcée, soit celle qui a été rendue par un autre tribunal égal en degré de juridiction, on ne peut admettre que les parties puissent former l'action principale en nullité; elles ne peuvent que se pourvoir par les voies que les lois ont ouvertes contre les jugemens. — Carré et Chauveau, *ibid.* — V. cependant, en faveur de l'action en nullité, *Cass.*, 2 niv. an IX, Renard c. Paysant; *Turin*, 29 juill. 1809, Pocchetini c. Rosso.

JUGEMENT DE FORCLUSION.

C'est celui rendu contre une partie qui a négligé de produire, dans une *instruction par écrit*, *un ordre* ou *une distribution par contribution*. V. ces mots.

JUGEMENT D'HOMOLOGATION.

1. — C'est celui qui, sur une requête présentée au tribunal, ordonne l'exécution de quelque acte, à l'égard duquel la loi exige son approbation.

2. — Un pareil jugement est un acte de juridiction volontaire qui peut être révoqué par le tribunal dont il émane, lorsqu'on procède devant lui par la voie contentieuse. — *Cass.*, 3 juin 1834, Loisel c. Bouteillan. — V. ADOPTION, nºs 99, 121, 219; CONSEIL DE FAMILLE, nºs 222 et suiv.; EXPERTISE, nºs 439 et suiv.; FAILLITE, nºs 1865 et suiv.

JUGEMENT DE REMISE.

1. — C'est celui qui prononce le renvoi d'une cause d'une audience à une autre, à laquelle les avoués sont tenus de se présenter sans sommation ni avenir. — *Tarif*, art. 70.

2. — Il ne doit être passé en taxe que trois vacations pour remise de cause. — Boucher d'Argis, vº *Assistance*, p. 58, note 2; Carré, p. 69, Fons, 137, 8; Sudraud-Desisle, nºs 849 et suiv.; Bioche, vº *Jugement*, nº 73. — V. *contrà* Rivoire, p. 387, nº 5; Chauveau, t. 1er, p. 152; Cabissol, p. 137; Vervoort, p. 185.

3. — Les jugemens de remise ne sont pas susceptibles d'appel. — *Metz*, 28 fév. 1831, Bernard c. Moudin.

JUGEMENT SUR REQUÊTE.

1. — C'est la décision que rend un tribunal sur la demande d'une partie sans contradicteur. Tels sont les jugemens d'envoi en possession; ceux qui autorisent l'héritier bénéficiaire à vendre des immeubles dépendans de la succession. — V. ABSENCE. — Tels sont encore ceux concernant la rectification des actes de l'état civil. — V. ACTES DE L'ÉTAT CIVIL.

2. — Le jugement sur requête ne donne lieu à aucun droit de consultation, mise au rôle, appel de cause. — Carré, p. 329. — Ces droits ne sont dus que dans les instances proprement dites, et les demandes introduites par requête ne peuvent être considérées comme telles. — Boucher d'Argis, p. 209; Bioche, vº *Jugement*, nº 70.

JUIFS.

Table alphabétique.

Acquiescement, 25.
Acte de mariage, 51. — notarié, 19 s.
Actes faits par les juifs, 5, 9, 13 s.
Alsace, 7, 10, 51.
Aubergiste, 35.
Aveu extrajudiciaire, 29. — judiciaire, 28.
Avignon, 9.
Billet, 7 s., 17. — à ordre, 17 s.
Boulanger, 38.
Cessionnaire, 41.
Chose jugée, 26.
Commerçant, 32 s.
Communauté, 52 s.
Compromis, 29.
Contrat de mariage, 52.
Conventions matrimoniales, 50 s.
Coutume du domicile, 54 s.
Culte, 2.
Enquête, 63 s.
Exception. 43 s.
Femme commune, 31.
Fin de non-recevoir, 32.
Historique, 1 s., 6.
Incapacités, 6 s., 10.
Juif étranger, 18.
Jugement (sursis), 10 s.
Juré, 72.
Législation, 2.
Lettre de change, 17 s.
Matière civile, 59. — criminelle, 58.
Metz, 52.
Mineur, 16.
Noms et prénoms, 4.
Novation, 41.
Patente, 47 s.
Percepteur des contributions, 39.
Piémont, 67.
Prêt, 16. — à intérêt, 5.
Preuve testimoniale, 46.
Reconnaissance de dette, 29.
Renonciation, 30.
Rétroactivité, 27.
Révision, 48 s.
Sépulture, 3.
Serment, 5, 56 s. — (forme), 65 s. — décisoire, 5, 9 s.
Solidarité, 40.
Sous seing-privé, 19.
Tanneur, 36 s.
Témoin, 58, 63 s.
Tiers porteurs de billets, 42 s.
Usure, 10, 48.

JUIFS. — 1. — Long-temps soumis à une législation exceptionnelle, les juifs ne se distinguent plus aujourd'hui des autres Français que par la différence de religion.

2. — L'exercice du culte israélite ne pouvait, on le comprend, trouver place dans les articles organiques du concordat. Organisé en France par un réglement du 10 déc. 1806 dont un décret du 17 mars 1808 modifié par deux ordonnances postérieures avait ordonné l'exécution, il est aujourd'hui réglementé par l'ordonnance royale du 25 mai-14 juin 1844, laquelle a été délibérée en conseil d'état, sur les observations du consistoire central et des consistoires départementaux. C'est la loi du 8 fév. 1831 qui a mis à la charge du trésor public le traitement des ministres de ce culte. — V. au surplus, pour tout ce qui concerne le culte israélite, le mot CONSISTOIRE ISRAÉLITE.

3. — Un décret du 10 fév. 1806 déclare les art. 22 et 24, tit. 5 du décret sur les sépultures, rendu le 23 prair. an VII, articles qui concernent les fabriques et les consistoires, inapplicables aux personnes qui professent en France la religion juive.

4. — Un autre décret du 20 juill. 1808 prescrivit (art. 1er et 2) soit aux juifs français qui n'avaient pas de nom de famille ou de prénoms fixes (art. 1er), soit aux juifs étrangers qui viendraient habiter en France et seraient dans le même cas (art. 2), d'en adopter dans les trois mois, les premiers de la publication du décret, les derniers de leur entrée en France. Le reste du décret, qui contient en tout sept articles, contient uniquement quelques règles d'exécution. Il ne peut plus guère s'appliquer aujourd'hui aux juifs établis depuis long-temps en France, puisqu'à leur égard il a dû recevoir sa complète exécution; mais il semble toujours en vigueur et pourrait dès-lors être encore invoqué en ce qui concerne les juifs étrangers qui viendraient s'établir en France.

5. — Nous n'avons à nous occuper ici que de quelques dispositions exceptionnelles qui, depuis la révolution de 1789, ont régi temporairement les prêts à intérêts et les actes faits par des juifs, et de la forme du serment qu'ils sont appelés à prêter devant la justice.

§ 1er. — *Actes et prêts faits par les juifs* (nº 6).

§ 2. — *Formes du serment prêté par eux* (nº 56).

—

§ 1er. — *Actes et prêts faits par les juifs.*

6. — Les juifs ont été pendant long-temps soumis aux mesures les plus arbitraires et les plus rigoureuses; considérés par les peuples chrétiens comme condamnés à errer sur la terre, ils avaient été déclarés, dès les premiers temps de la monarchie, incapables de posséder aucun bien-fonds en France; la faculté de faire le commerce, dédaignée alors des personnes de condition noble, leur restait donc seule pour subsister. Mais les richesses que le commerce leur procura et l'abus qu'ils étaient accusés d'en faire en se livrant à l'usure malgré les probibitions religieuses, devinrent bientôt, autant que leurs croyances religieuses elles-mêmes, la cause de nombreuses et incessantes persécutions qui se résumaient le plus souvent et surtout dans la confiscation de leurs biens et leur expulsion du territoire.

7. — Aussi les juifs cachaient-ils le véritable état de leur fortune et recouraient-ils à toutes sortes de moyens pour en conserver la possession. En 1318, par exemple, lorsqu'ils furent chassés par Philippe-le-Long, ils confièrent leurs richesses à des personnes qui restaient en France, et, de la Lombardie où ils s'étaient réfugiés, ils donnèrent aux négocians qui s'y rendaient sur les dépositaires de leurs fortunes des lettres secrètes qui furent acquittées. Ce fait a été, pour quelques auteurs, l'origine de la *lettre de change* (V. ce mot). Plus tard, les juifs se rapprochant de la France, vinrent s'établir notamment dans l'ancienne province d'Alsace. Mais là comme ailleurs le souvenir de leurs fraudes et de leurs trafics n'était pas encore effacé, et, pour en prévenir le retour, le conseil souverain d'Alsace rendit, notamment, le 20 mai 1769, un arrêt de réglement, confirmé par lettres-patentes du 6 nov. 1779, par lequel il ordonna que « à l'avenir tous billets obligatoires, autres que pour le fait de banque et de commerce, qui seraient passés au profit des juifs, et qui ne seraient pas entièrement écrits et signés de la main du débiteur, devraient être rédigés, écrits et signés en présence de deux témoins irréprochables, lesquels signeraient pareillement lesdits billets, à peine de nullité. »

8. — Cet arrêt a eu force de loi relativement à un billet souscrit en 1781, et il a été jugé, en conséquence, que le billet souscrit à cette époque par un apothicaire au profit d'un juif, quoique contenant au-dessus de la signature le *bon pour* la somme due, écrit de la main du souscripteur, était nul pour n'avoir pas été écrit en entier de la main du souscripteur, ou au moins signé par celui-ci en présence de deux témoins, et signé aussi par ces témoins. — *Cass.*, 24 vent. an X, Moyse c. Scheitel.

9. — Dans le comtat d'Avignon, les juifs qui étaient venus s'y fixer devaient, conformément à un réglement du 12 janv. 1651, confirmé en 1670, faire enregistrer les obligations consenties à leur profit dans les trois jours de leur date, à peine de nullité. La nullité résultant du défaut d'enregistrement a pu être opposée, même depuis le code, quoique les juifs fussent privés du recours que leur ouvrait le réglement précité pour se faire relever de la déchéance. — *Nîmes*, 3 déc. 1806, Vidal c. Pelissier.

10. — La révolution de 1789 devait opérer un changement dans l'état des juifs, comme dans celui de tous autres étrangers, et ils furent en effet appelés à jouir des droits civils et politiques par plusieurs décrets successifs, et notamment par celui du 28 janv. 1790 qui déclare *citoyens actifs* ceux connus en France sous le nom de juifs portugais, espagnols et avignonais; par celui du 16 avr. 1790, qui place les juifs sous la sauve garde de la loi; par le décret du 20 juill. 1790, qui prononce la suppression des droits d'habitation, de protection, de tolérance et autres sur les juifs; enfin par celui du 28 sept.-13 nov. 1791, relatif aux créances des juifs de l'Alsace. Néanmoins des plaintes s'étant fait entendre contre ceux qui continuaient de se livrer à l'usure, un décret du 30 mai 1806 ordonna qu'il serait sursis pendant un an à l'exécution des jugemens obtenus par des juifs, contre des cultivateurs non négocians à raison des obligations souscrites par ces derniers, et que, pendant ce temps, on réglerait les rapports des juifs avec le gouvernement et les particuliers.

11. — Le sursis prononcé par ce décret ne s'opposait point à ce que les jugemens qui avaient été rendus fussent signifiés, et la signification qui en était faite était valable, quoique accompagnée dans le même exploit d'un commandement. La nullité de ce commandement ne pouvait entraîner celle de la signification. — *Metz*, 12 fév. 1818, Lévi c. Albrecht.

12. — Le décret de 1806 n'était point applicable aux jugemens rendus postérieurement à sa publication. — *Cass.*, 2 août 1815, Sée c. Enreg.

13. — Un décret du 17 mars 1808, rendu en exécution de celui du 30 mai 1806, est venu régler

provisoirement les droits et les devoirs des juifs. Ce décret était établi pour dix ans, et, à l'expiration de ces dix ans, les conventions des juifs devaient être réglées par le droit commun. Le gouvernement s'était néanmoins réservé le droit de le proroger (art. 18), mais il n'a pas usé de ce droit. Le décret de 1808 n'est donc plus en vigueur depuis long-temps (9 mars 1817), et dès-lors les juifs se trouvent aujourd'hui placés sur la même ligne que les autres citoyens.

14. — Nous nous bornerons à mentionner succinctement ici les décisions qui ont été rendues pour résoudre les difficultés qu'il a soulevées pendant qu'il était en vigueur.

15. — Et d'abord, on avait pensé que, avec la promulgation de la charte de 1814, dont l'art. 1er proclame la liberté de tous les cultes et l'égalité des citoyens devant la loi, la législation exceptionnelle introduite par le décret du 17 mars 1808 avait été abrogée. Mais la cour de Cassation, à laquelle la question fut déférée, décida que le décret n'avait point cessé d'être applicable, alors surtout qu'il s'agissait d'une obligation antérieure à la charte de 1814. — *Cass.*, 23 janv. 1817, Aron et Heymann c. Becker; 25 juin 1817, Mayer Samuel c. Prince.

16. — Aux termes de l'art. 3, décr. 1808, tout engagement pour prêt fait par des juifs à des mineurs sans l'autorisation de leur tuteur, à des femmes sans l'autorisation de leur mari, à des militaires sans l'autorisation de leur capitaine si c'était un soldat ou un sous-officier, du chef de corps si c'est un officier, était nul de plein-droit sans que les porteurs ou cessionnaires pussent s'en prévaloir, et les tribunaux autoriser aucune action ou poursuite. Cet article ne s'appliquait qu'aux engagemens postérieurs à la publication du décret, et non à ceux qui lui étaient antérieurs. — *Cass.*, 7 juin 1810, Schauemberg c. Hertz et Scheuch.

17. — Au contraire, l'art. 4 selon lequel aucune lettre de change, aucun billet à ordre, aucune obligation ou promesse, souscrits par un Français non commerçant au profit d'un juif, ne pouvait être exigé sans que le porteur prouvât que la valeur en avait été fournie entière et sans fraude, s'appliquait au passé comme à l'avenir : l'art. 13 lui appliquait formellement effet rétroactif, et cela fut expressément jugé, même à l'occasion d'une transaction antérieure à sa promulgation. — *Trèves*, 24 avr. 1809, Zand c. Bern Castel.

18. — Il s'appliquait aux juifs étrangers envers lesquels les Français s'étaient obligés en pays étrangers, comme aux juifs français. — *Colmar*, 18 juin 1811; Meyer-Bodenheimer c. Schwendt; *Cass.*, 10 août 1813, mêmes parties.

19. — ... Aux obligations notariées comme aux obligations privées. — *Trèves*, 24 avr. 1809, Zand c. Bern Castel; *Cass.*, 28 fév, 1811, Domidian c. Beckard et Heymann. — V. toutefois *Cass.*, 15 mars 1815, Lévy c. Elminger.

20. — Mais il n'était pas applicable aux obligations notariées, dans lesquelles il était fait mention que le montant de la créance avait été compté, nombré et délivré au débiteur, en présence du notaire et des témoins. — *Colmar*, 10 janv, 1809, Adam c. Macholon Lévy; *Cass.*, 9 juill. 1811, Galliat c. Moïse; 3 nov. 1812, Lévi c. Ulrich; 16 fév. 1813, Weyl c. Antoine; 2 août 1813, Weyl c. Sigwold; 6 sept. 1813, Herschil c. Zuhlmann; *Colmar*, 21 déc. 1813, Vonderscher c. Hirschel; *Cass.*, 24 janv. 1815, Weyl c. Vonderscher; 15 mars 1815, Lévy c. Elminger.

21. — ... A moins que la mention laissât douter si elle s'appliquait à la valeur entière de l'obligation, et qu'en outre la vérité en fût suspectée d'après des faits articulés par le débiteur et non désavoués par le juif créancier. — *Colmar*, 4 mai 1813, Fautsch c. Lévy; *Cass.*, 6 déc. 1815, mêmes parties.

22. — Il n'était pas nécessaire que l'obligation énonçât *littéralement* que la somme avait été présentement comptée et délivrée aux débiteurs *en bonnes espèces sonnantes* et retirée par eux. Peu importait aussi que les témoins en présence desquels l'acte avait été passé n'eussent été désignés qu'à la fin du même acte. — *Cass.*, 6 sept. 1813, Herschel c. Zuhlmann.

23. — Dans le cas où l'énonciation était insuffisante, les juges ne pouvaient d'ailleurs pour cela seul déclarer l'obligation nulle. Ils devaient se borner à ordonner la preuve supplétive prescrite par la loi. — *Cass.*, 24 janv. 1815, Weyl c. Vonderscher.

24. — Le débiteur pouvait, relativement à la sincérité de la mention constatant la numération et la délivrance des sommes prêtées, déférer à son créancier le serment décisoire. — *Colmar*, 21 déc. 1813, Vonderscher c. Hirschel.

25. — Ledit art. 4 n'était pas non plus applicable à des créanciers à l'égard desquels il y avait eu jugement acquiescé avant sa promulgation. — *Colmar*, 10 janv. 1809, Adam c. Macholon-Lévy.

26. — ... Ni lorsqu'il s'agissait de créances résultant de jugemens passés antérieurement, en force de chose jugée. — *Paris*, 10 avr. 1809, Roger de Chalabre c. Azévedo; *Cass.*, 18 juin 1811, Moïse c. Paulus; 19 juin 1811, Laguesse c. Barroin; 4 sept. 1811, Valentin c. Netter; 18 déc. 1811, Loewel c. Quirin; 5 fév. 1812, Lévi c. Ulrich; 9 nov. 1813, Bernard c. Barthe; *Colmar*, 21 déc. 1813, Galliath c. Weyl; *Cass.*, 3 mai 1815, Hirtz c. Meyer.

27. — ... Non plus qu'à des créances résultant de titres confirmés par des jugemens, alors surtout que ces jugemens étaient antérieurs au décret. — *Metz*, 29 mai 1818, Pierret et Kurec c. Gouguenheim.

28. — Il cessait d'être applicable lorsqu'il y avait eu aveu judiciaire de la part du débiteur. — *Cass.*, 3 mai 1815, Hirtz c. Meyer.

29. — ... Ou lorsqu'il avait reconnu la réalité de la dette dans un compromis et dans le cours de l'instance arbitrale qui l'avait suivi. — *Cass.*, 26 juin 1824, Silbermann c. Salomon Katz.

30. — En aucun cas, la renonciation à exciper du bénéfice de l'art. 4, faite dans un acte par le débiteur ne pouvait empêcher l'application de cet article. — *Cass.*, 23 janv. 1817, Aron et Heymann c. Becker.

31. — Il a été décidé que quand des époux communs ayant souscrit pour la communauté une obligation au profit d'un juif, le mari avait depuis renoncé seul au bénéfice du décret du 17 mars 1808, la femme n'avait plus droit d'invoquer ce décret pour forcer le juif à justifier la légitimité de sa créance. — *Trèves*, 1er, août 1810, Hertz c. Heinrich.

32. — Une autre fin de non-recevoir contre l'exception introduite par l'art. 4, décr. 17 mars 1808, en faveur des débiteurs des juifs, se tirait de la qualité de ces débiteurs. Ainsi, il suffisait qu'ils fussent commerçans pour être exclus de la faculté de réclamer la preuve de la réalité de l'obligation. — *Cass.*, 24 janv. 1815, Weyl c. Vonderscher.

33. — ... Sans qu'il fût nécessaire d'examiner si la créance provenait ou non d'un fait de commerce. — *Trèves*, 19 avr. 1809, Schuster c. Meyer.

34. — ... Et sans qu'on dût distinguer à cet égard entre les commerçans en gros et ceux en détail. — *Cass.*, 24 janv. 1815, Weyl c. Vonderscher; 26 juin 1821, Silbermann.

35. — Ainsi, un aubergiste devrait être réputé commerçant dans le sens de l'art. 4, décr. 17 mars 1808, et, dès lors il ne pouvait astreindre le juif son créancier à prouver que la valeur de l'obligation avait été fournie entière et sans fraude. — V. en ce sens, *Trèves*, 19 avr. 1809, Schuster c. Meyer; *Cass.*, 26 juin 1821, Silbermann c. Salomon Katz. — *Contrà Cass.*, 6 déc. 1815, Lévy c. Fautsch.

36. — Il en était de même de celui qui faisait le commerce de tannerie en détail. — *Cass.*, 24 janv. 1815, Weyl c. Vonderscher.

37. — Toutefois, dans le cas où il y aurait eu lieu d'adjuger la preuve de la réalité de l'obligation sous le prétexte que le débiteur n'était pas tanneur en gros, les juges n'auraient pas dû déclarer l'obligation nulle, mais seulement assujétir le créancier juif à prouver qu'il en avait fourni la valeur. — Même arrêt.

38. — Un boulanger n'était pas réputé commerçant dans le sens de l'art. 4, décr. 17 mars 1808. Il pouvait, par conséquent, en invoquer le bénéfice. — *Cass.*, 28 fév. 1811, Domidiau c. Beckard et Haymann.

39. — Mais il en était différemment d'un percepteur des contributions. — *Colmar*, 20 mars 1810, Lévy c. Galmiche.

40. — Si de deux débiteurs solidaires d'un juif, l'un était commerçant et l'autre ne l'était pas, le juif était obligé de faire, à l'égard de tous deux, la preuve prescrite par l'art. 4. — *Colmar*, 25 fév. 1809; Mayer c. Lazare; 19 mars 1811, Hurth c. Hirtz.

41. — La disposition de l'art. 4, décr. 17 mars 1808, pouvait être, à moins de novation, opposée au cessionnaire du juif comme au juif lui-même. — *Colmar*, 8 juin 1810, Knoll c. Biegert.

42. — Ainsi, le débiteur d'une lettre de change souscrite au profit d'un juif, mais passée ensuite à l'ordre d'un individu non juif, pouvait invoquer contre le porteur le décret du 17 mars 1808, sauf à celui-ci à prouver que le débiteur était commerçant à l'époque où il avait souscrit l'obligation. — *Trèves*, 28 avr. 1809, Seiths c. Geist.

43. — Le droit créé par cet article n'était point personnel au débiteur; les créanciers de celui-ci pouvaient l'exercer. — *Colmar*, 22 avr. 1813, Engel c. Bruat. — *Contrà Colmar*, 10 janv, 1809, Adam c. Macholon Lévy.

44. — Le débiteur d'un juif devait opposer expressément l'exception offerte par cette disposition; les juges n'étaient pas obligés de suppléer d'office à son silence sur ce point, et le débiteur négligent n'était plus recevable à se prévaloir de cette exception comme moyen de cassation. — *Cass.*, 7 juin 1810, Schauemberg c. Hirtz et Scheuch.

45. — Du reste, cet article pouvait être invoqué par voie d'action directe comme par voie d'exception. — *Trèves*, 28 avr. 1809, N.. ; *Colmar*, 29 juin 1810, Kohl c. Levy.

46. — Il n'avait point dérogé à l'art. 1341, C. civ.; aussi, le débiteur d'un juif, en vertu d'une lettre de change jugée valable et montant à plus de 150 fr., ne pouvait-il être admis à prouver par témoins les paiemens à-compte qu'il prétendait avoir faits. — *Cass.*, 5 fév. 1812, Levy c. Ulrich.

47. — L'art. 7, décr. de 1808, voulait qu'aucun juif ne pût se livrer au commerce, sans avoir reçu une patente du préfet du département; et l'art. 10 déclarait nul et de nulle valeur tout acte de commerce fait par un juif non patenté. — Jugé, en conséquence, que l'endossement d'une lettre de change étant un acte de commerce devait être réputé nul lorsqu'il était passé par un juif non patenté. — *Cass.*, 21 fév. 1814, Rueff et Bicard c. Eckj

48. — Aux termes de l'art. 12, tous les contrats ou obligations souscrits au profit d'un juif non patenté pour des causes étrangères au commerce, pouvaient être révisés par suite d'une enquête des tribunaux. Le débiteur était admis à prouver qu'il y avait usure ou résultat d'un trafic frauduleux; et, si la preuve était admise, les créances étaient susceptibles, soit d'une réduction arbitrée par le tribunal, soit d'annulation, si l'usure excédait 10 %.

49. — Il a été jugé, par application de cet article, qu'une obligation consentie au profit d'un juif, quelles qu'en fussent la nature et la forme apparente, pouvait être révisée, pourvu qu'elle fût étrangère au commerce, et que, dans ce cas, on pouvait admettre la preuve testimoniale pour établir l'usure et la simulation. — *Colmar*, 22 mars 1811, Haussmam c. Schmitt.

50. — Le décret du 17 mars 1808, en établissant une législation spéciale destinée à régir les obligations, tant antérieures que postérieures, souscrites au profit des juifs, n'avait porté aucune atteinte à ceux de leurs statuts qui réglaient la validité et les effets des conventions matrimoniales arrêtées antérieurement au décret du 27 sept. 1791. Ces conventions ont continué de subsister, nonobstant toutes les lois qui sont survenues depuis. — *Cass.*, 27 août 1835, Blocq c. Berr.

51. — Un des statuts juifs, en vigueur dans l'Alsace, déclarait les actes de mariage des juifs obligatoires par la seule signature de deux témoins, non parens ou alliés, quoiqu'ils ne fussent pas revêtus de la signature des parties. Cependant, nonobstant ce statut, il a été jugé que, de deux contrats de mariage faits sous seing-privé par des juifs avant le Code civil, on devait préférer celui qui était signé des parties à celui qui ne portait que la signature des témoins. — *Colmar*, 11 janv. 1831, Meyer c. Weyl.

52. — A Metz, où quelques juifs vinrent aussi s'établir, un réglement, rédigé en 1743, les avait soumis, à défaut de contrat de mariage, au régime exclusif de la communauté. Ce réglement ne formait qu'une coutume personnelle aux individus de la nation juive. — *Colmar*, 11 mai 1842 (t. 2 1842, p. 302), Abraham Wahl et Stocklin c. Leib Wahl.

53. — En conséquence, les juifs, en devenant citoyens français par l'effet du décret du 27 sept. 1791, ont été placés sous l'empire du droit commun et dégagés de toutes lois particulières, de tous réglemens personnels qui avaient assujéti jusque-là leurs contrats à des formes spéciales. — Même arrêt.

54. — Dès-lors, leur association conjugale, pour les mariages contractés postérieurement à ce décret, mais avant la promulgation du Code civil, s'est trouvée régie par la coutume du domicile des époux à l'époque de la célébration du mariage. — Même arrêt.

55. — Spécialement, un mariage israélite célébré à Issenheim, en 1799, sans contrat, est régi, quant aux biens, non par le réglement de 1743, mais par la coutume de Ferrette, établissant communauté universelle. — En conséquence, c'est d'après cette coutume que les droits des enfans issus du mariage doivent être réglés pour servir de base au compte de tutelle à rendre à leur père. — Même arrêt.

§ 2. — *Forme du serment prêté par les juifs.*

56. — Nos lois, en donnant la formule du ser-

ment, n'ont point entendu changer la nature de cet acte. Le serment tient essentiellement aux croyances religieuses, dont notre constitution a consacré le libre culte. Chaque individu doit donc le prêter d'après les formes particulières à la secte religieuse à laquelle il appartient. — V. en ce sens *Nancy*, 15 juill. 1808 (motifs), Coblentz c. N... ; *Cass.*, 12 juill. 1810 (motifs), Hirtz c. Spinner ; *Turin*, 15 juin 1811, Colombo c. Musso ; *Cass.*, 31 déc. 1812, Hass ; 18 fév. 1813, Dapino ; 1er avr. 1813, Pieters Smient ; *Colmar*, 5 mai 1815, Surkopff c. Meyer-Brunschwig. — V. cependant *infrà* nos 69 et suiv.

57. — D'après ce principe, lorsque les juifs français sont appelés au serment, ils peuvent demander à y être admis suivant le rite prescrit par leur culte. — *Cass.*, 19 mai 1820, Malagutti c. Ratta.

58. — On ne saurait, par conséquent, se faire un moyen de cassation de ce qu'un témoin de religion juive aurait, dans une instance criminelle, devant la cour d'assises par exemple, prêté le serment *more judaïco*. — V. les arrêts de *Cass.* précités des 31 déc. 1812, 18 fév. et 1er avr. 1813.

59. — Dans les affaires civiles, le débiteur qui défère à un juif, son créancier, le serment décisoire, peut lui-même demander que ce serment soit prêté *more judaïco*. — *Colmar*, 21 déc. 1813, Vonderscher c. Hirschel.

60. — Lorsqu'un juif a déféré à son adversaire, également juif, le serment décisoire *more judaïco* qu'une traite en litige n'avait pas pour objet des intérêts usuraires, ce serment doit être prêté dans les termes déférés, et les juges ne peuvent pas n'astreindre celui-ci qu'à affirmer que la somme par lui réclamée lui est bien *légitimement* et *religieusement* due. — *Colmar*, 15 mars 1823, Mannheimer c. Willard.

61. — Le serment qui est déféré d'office par le juge à un juif doit également être prêté d'après le rite judaïque. — *Colmar*, 18 janv. 1828, Mannheimer c. Villard.

62. — Et si le juge n'a pas prescrit ce mode de prestation, l'adversaire du juif peut, comme lorsque c'est lui-même qui le défère, le requérir. — *Colmar*, 17 juin 1822, Weyl c. Picard.

63. — Le juif français, produit comme témoin dans une enquête, peut être astreint à prêter serment suivant le rite judaïque. — *Nancy*, 15 juill. 1808, Coblentz c. N... ; *Cass.*, 12 juill. 1810, Hertz c. Spimer ; *Colmar*, 5 mai 1815, Surkopff c. Meyer-Brunschwig ; *Pau*, 11 mai 1830, Suarez c. Tauzich ; *Colmar*, 12 mai 1841 (t. 1er 1842, p. 353), Fegers c. Speisser.

64. — Jugé même qu'à défaut de prestation de serment dans cette forme il y a nullité de la déposition, et que cette nullité est d'ordre public et doit être prononcée d'office ; mais que le témoin peut être entendu de nouveau. — *Colmar*, 5 mai 1815, Surkopff c. Meyer-Brunschwig.

65. — Toutefois, il n'est pas nécessaire que ce serment soit reçu par le rabbin dans un temple israélite ; il suffit qu'il soit prêté devant le juge commissaire, *more judaïco*, la tête couverte et la main droite posée sur le Pentateuque hébraïque, placé devant le témoin, en prononçant la formule adoptée pour les juifs de l'état de Mayence, la seule qui soit authentiquement reconnue. — *Pau*, 11 mai 1830, Suarez c. Tauzich.

66. — Une cour peut, après avoir ordonné par un premier arrêt qu'un juif prêterait serment suivant le rite de sa religion, prescrire par un second arrêt la forme dans laquelle ce serment sera reçu, si le mode pratiqué par les Israélites lui paraît inexécutable ; elle statue seulement par là sur l'exécution de son premier arrêt. — *Cass.*, 11 mai 1830, Suarez c. Tauzich.

67. — En Piémont, l'usage avait introduit et sanctionné deux manières de prêter serment *more judaïco* : l'une solennelle, sur la Bible et dans la synagogue, lorsque le serment concernait l'intérêt propre du juif qui le prêtait ; l'autre moins solennelle, *tactis scripturis*, à tête couverte et dans les mains du juge, lorsqu'il s'agissait du serment à prêter comme témoin. Ces deux formes étaient également respectées par les juifs. — *Turin*, 15 juin 1811, Colombo c. Musso.

68. — Le procès-verbal de la réception de serment d'un juif appelé en témoignage n'est pas suffisant s'il se borne à dire qu'il a été prêté *more judaïco* ; pour justifier que les formalités ont été observées ; il doit, à peine de nullité, en détailler les solennités. — *Colmar*, 26 juill. 1814, Lang c. Leyser.

69. — Il a été décidé, contrairement à la jurisprudence qui précède et que nous regardons comme la plus conforme aux principes, qu'un juif soumis au serment n'est tenu que de le prêter dans la forme ordinaire, tel que la loi le prescrit pour tous les Français, et qu'il ne peut être contraint de jurer *more judaïco*. — *Nîmes*, 10 janv. 1827, Carcassonne c. Roux ; 7 juin 1827, Vidal c. N... ; *Aix*, 13 août 1829, David Vidal.

70. — ... Alors surtout qu'il offre de jurer selon la loi civile. — *Turin*, 22 fév. 1809 et non 14 déc. 1808, Trèves c. Fertero-Orméa.

71. — Dans tous les cas, lorsque les juifs ont prêté, sans réclamation, le serment en la forme ordinaire, le vœu de la loi est pleinement rempli, et on ne peut se faire de cette prestation de serment un moyen de nullité. — *Cass.*, 19 mai 1826, Malagutti c. Ratta ; — Chauveau sur Carré, *L. de la procéd. civ.*, quest. 1028.

72. — Ainsi, spécialement, une instance criminelle ne peut être déclarée nulle par le motif que deux jurés appartenant au culte israélite ont prêté le serment ordinaire et non pas le serment *more judaïco*, s'il ne s'est élevé aucune réclamation contre ce mode de serment. — *Cass.*, 10 juill. 1828, Gratien-Beusses.

JURANDE.

Ce mot désignait dans l'ancien droit, tantôt la charge de juré d'une communauté de marchands ou artisans, tantôt le temps pendant lequel un juré exerçait cette charge ; quelquefois, enfin il signifiait le corps des jurés. — V. CORPS D'ARTS ET MÉTIERS.

JURATS.

1. — C'était le nom qu'on donnait à Bordeaux dans l'Agénois et dans le Condomois, aux officiers municipaux qu'on nommait ailleurs échevins et consuls.

2. — Les jurats de Bordeaux avaient la justice criminelle concurremment et par prévention avec le lieutenant criminel de cette ville.

3. — Les jurats de Bordeaux devaient, d'après les statuts, être propriétaires et seigneurs d'une maison avant leur élection (Ferron sur Bordeaux, p. 203) ; mais cette règle était tombée en désuétude.

4. — Les juges des seigneurs du Béarn se nommaient aussi jurats ; l'appel des jurats du Béarn était porté au choix des parties aux siéges des sénéchaussées ou au parlement. — Denisart, vo *Jurat*, nos 2, 3 et 4.

JURÉ-COMPTEUR.

V. GARDE-PORT.

JUREMENT.

V. BLASPHÈME.

JURIDICTION.

1. — C'est le pouvoir de celui qui a droit de juger.

2. — A proprement parler, la *juridiction* (du latin *juris dictio, dictio juris*), est l'action de déclarer ce que le droit dispose sur un différend. — Berriat, p. 10.

3. — Toutefois, on appelle aussi *juridiction* le droit de présider à certains actes qui ne supposent pas une contestation.

4. — Pour distinguer cette seconde espèce de juridiction, on la nomme *juridiction gracieuse*, tandis que la juridiction de la première espèce est appelée *juridiction contentieuse*, ou simplement juridiction.

5. — Quelquefois on entend encore par *juridiction* le tribunal où l'on rend la justice. — Merlin, *Rép.*, vo *Juridiction*.

6. — Mais il faut bien se garder de confondre la juridiction avec la compétence. La juridiction est le droit de juger, pris dans un sens abstrait ; la compétence est, pour chaque tribunal, la mesure de ce pouvoir. — V. COMPÉTENCE, nos 2 et suiv.

7. — On dit *faire acte de juridiction* pour dire faire usage du pouvoir juridictionnel. — Merlin, *Rép.*, vo *Juridiction*.

8. — On nomme *degré de juridiction* les différens tribunaux devant lesquels on peut porter successivement la même affaire. — V. APPEL, DEGRÉ DE JURIDICTION.

9. — En ce sens, *ressort* s'emploie comme synonyme de *juridiction*. On dit en effet indifféremment, *juger en premier ressort*, ou *remplir le premier degré de juridiction*.

10. — Cependant le *ressort* désigne plus spécialement le territoire sur lequel un tribunal a le droit d'exercer sa juridiction.

11. — La juridiction est propre ou déléguée.

12. — En France, toute justice émanant du roi, il n'y a de juridiction propre que celle du roi en son conseil d'état.

13. — La juridiction des tribunaux, tant ordinaires que d'exception, est déléguée ; elle s'exerce au nom du roi par les juges qu'il institue. — Charte constit. 48.

14. — La nature des affaires attribuées à chaque tribunal est déterminée par la loi, qui, seule, peut régler l'ordre des juridictions. — V. COMPÉTENCE.

V. COMPÉTENCE, COMPÉTENCE ADMINISTRATIVE, COMPÉTENCE COMMERCIALE, COMPÉTENCE CRIMINELLE, DEGRÉ DE JURIDICTION, ORGANISATION JUDICIAIRE, POUVOIR JUDICIAIRE, TRIBUNAUX et PROROGATION DE JURIDICTION.

JURIDICTION COMMERCIALE.

V. ACTE DE COMMERCE, COMMERÇANT, COMMERCE, COMPÉTENCE, FAILLITE, JUGEMENT COMMERCIAL, TRIBUNAL DE COMMERCE.

JURISCONSULTE.

1. — C'est celui qui est versé dans la science des lois, qui fait profession du droit et de donner conseil. — Merlin, *Rép.*, vo *Jurisconsulte*.

2. — A Rome les jurisconsultes étaient ce que sont chez nous les avocats consultans ; mais il y avait cette différence que la profession d'avocat plaidant et celle de jurisconsulte étaient complètement séparées, que les avocats plaidans ne devenaient pas jurisconsultes ; tandis qu'en France les mêmes hommes cumulent souvent la consultation avec la plaidoirie, et que, en général, ce sont les avocats plaidans qui deviennent avocats consultans lorsqu'ils sont arrivés à un âge plus avancé.

3. — Auguste délivra à un certain nombre de jurisconsultes des lettres ou brevets qui leur conféraient le droit exclusif d'interpréter les lois et de donner des décisions auxquelles les juges étaient obligés de se conformer. Ces jurisconsultes prirent le nom de prudens, *prudentes*.

4. — Caligula menaça de détruire l'ordre des jurisconsultes ; mais ces menaces ne furent pas exécutées, et Adrien confirma les jurisconsultes dans tous leurs priviléges.

5. — Théodose le jeune et Valentinien III, pour ôter l'incertitude qui naissait du grand nombre d'opinions différentes, ordonnèrent que les écrits de Papinien, de Caïus, de Paul, d'Ulpien et de Modestus auraient seuls force de loi, et que lorsque ces jurisconsultes seraient partagés, l'avis de Papinien prévaudrait.

6. — Aujourd'hui la qualification de *jurisconsulte* n'a aucune valeur légale, quoiqu'elle se trouve employée dans l'art. 467 C. civ., aux termes duquel le tuteur ne peut transiger au nom du mineur qu'après y avoir été autorisé par le conseil de famille et *de l'avis de trois jurisconsultes* désignés par le procureur du roi près le tribunal de première instance.

7. — Cet article est nécessairement entendu en ce sens que le procureur de roi doit désigner trois avocats inscrits au tableau de la cour royale ou du tribunal depuis plus de dix ans. — V. TUTELLE.

8. — Qu'est-ce qu'un jurisconsulte ? dit Henrion de Pansey (*Traité de la compétence des juges de paix*, p. 412) : « c'est l'homme rare doué d'une raison forte, d'une sagacité peu commune, d'une ardeur infatigable pour la méditation et l'étude, qui, planant sur la sphère des lois, en éclaire les points obscurs et fait briller d'un nouvel éclat les vérités connues ; qui non seulement aplanit les avenues de la science, mais en recule les bornes, qui indique aux législateurs ce qu'ils ont à faire, et laisse à ceux qui voudraient marcher sur ses traces un fil qui les conduise sûrement dans cette vaste et terrible carrière.

9. — « Que tous les hommes de loi indistinctement continuent de prendre la qualification de jurisconsulte, aucun acte de l'autorité publique ne le leur défend ; mais que chacun se juge, et décide s'il en a le droit. »

JURISPRUDENCE.

1. — Ce mot, d'après son étymologie latine, désigne la science du droit. Justinien, dans ses Institutes, définit la jurisprudence la connaissance des choses divines et humaines, la science du juste et de l'injuste ; d'où il résulte que la science parfaite du droit ne consiste pas dans la seule connaissance des lois, mais se complète par la connaissance des

choses divines et humaines auxquelles les règles de la justice peuvent s'appliquer.

2. — Le langage moderne a donné au mot *jurisprudence* une acception nouvelle, beaucoup plus restreinte. Le mot *jurisprudence* désigne aujourd'hui l'ensemble des décisions judiciaires, dont l'uniformité dans des espèces semblables constitue pour le magistrat, le jurisconsulte et le praticien une autorité qui éclaire et dirige l'interprétation des lois existantes et leur offre plus de sûreté pour la solution des cas dans le détail desquels le législateur n'a pas dû descendre.

3.—La jurisprudence des arrêts produit encore pour l'avenir, par les perfectionnemens de la législation, des effets qui ont été exposés dans l'introduction de notre collection (t. 1er, p. 17), où il nous suffit de renvoyer.

4.—La jurisprudence dans sa dernière acception est donc, à proprement parler, la science des arrêts.

5.—C'est pour lui donner une base certaine que la loi a ordonné la publication officielle de tous les arrêts de Cassation rendus par la cour suprême avec la notice des espèces sur lesquelles ils ont été rendus. — V, au reste, sur le bulletin officiel des arrêts de cassation, la note placée dans l'avant-propos de notre collection d'arrêts (t. 1er, p. 7), et sur les autres recueils d'arrêts, le mot ARRÊTISTE.

6.—Par une conséquence du principe de la division des pouvoirs et de cette règle qui interdit au juge de statuer par voie de disposition générale et réglementaire, l'autorité de la jurisprudence est purement *morale*, elle ne saurait, en général, lier les tribunaux. On en voit la preuve dans cette divergence qui, sur plus d'une question, a éclaté entre la cour de Cassation et plusieurs cours royales.

7.—Mais lorsque dans la même affaire il est intervenu deux arrêts de cassation fondés sur les mêmes motifs, le tribunal de renvoi est tenu, aux termes de l'art. 2, L. 1er avr. 1837, de se conformer à la décision de la cour de Cassation. — *Cass.*, 28 juin 1844 (t. 2 1844, p. 675), Corneille. — V. CASSATION, nos 2000 et suiv.

JURY.

Table alphabétique.

Abstention, 328 s.
Accusé, 206.—détenu, 498 s.
Acte additionnel de 1815, 115.
Adjoint au maire, 285 s.
Adjonction de la cour au jury, 102.
Affiche des listes, 440.
Age, 169, 172 s. — (présomption), 186.
Agent municipal, 278 s.
Anglais, 164.
Annulation du tirage du jury de jugement, 755 s.
Arrêté 5 pluv. an IV, 89.— 7 pluv. an IX, 97.
Assesseur du juge de paix, 269 s.
Audience publique, 422 s.
Autorité administrative, 226 suiv.
Avis conseil d'état 16 juillet 1811, 112.
Avocat, 390, — stagiaire, 391.
Avocat général, 272.
Avoué, 390. — ayant exercé contre l'accusé, 304. — ayant plaidé contre l'accusé, 304.— du plaignant, 308.
Capacité, 169 s.
Chambre du conseil, 347.
Charte de 1814, 114. — de 1830, 133.
Clôture des listes, 412.
Code du 3 brum. an IV, 81. — d'instruction criminelle de 1808, 99.
Commissaire de police, 288 s., 324.— du gouvernement, 846. — du roi, 332.
Composition illégale du jury (doute), 159.
Condamné, 203 s.
Conditions de capacité, 169 s. — d'idonéité, 105.
Conseil de l'accusé, 61, 306; nseil judiciaire, 201 s.
Conseiller, 251. — à la cour des comptes, 258. — de cour royale, 420. — de préfecture, 250. — d'état, 259, 332 s. — général, 338, 385. — honoraire, 257. — municipal, 384.
Consentement de l'accusé, 480, 564.
Constitution de 1791, 55. — de 1793, 74. — an IV, 94. — an VIII, 95.— de 1814, 113.
Consul, 292.
Contrainte par corps, 357.
Contumax, 204.
Correspondant de l'institut, 389. — de sociétés savantes, 395.
Corse, 116 s.
Cour d'assises, 247, 342 s., 761, 788, 904. — royale, 430. — spéciale, 111.
Décret 30 avr. 1790, 53. — 6 juin 1792, 71. — 14 vendém. an III, 79.
Défenseur de l'année, 305 s., 310, 733 s.
Délai (augmentation à raison des distances), 484.
Dénonciateur, 302.
Député, 334.
Désignation insuffisante, 366.
Directeur du jury, 56, 78.
Dispense, 331 s. — légale, 365. — personnelle, 376.
Docteur, 389. — en chirurgie, 393. — en médecine, 389.
Domestique, 208 s.
Domicile réel, 386, 390, 392.
Droit ancien, 6. — anglais, 7 s. — antique, 4. — intermédiaire, 53 s. — romain, 5.
Droits civils, 553. — politiques, 194. — politiques et civils, 169, 187 s.
Durée de la liste de session, 442 s. — des fonctions de juré, 649 s.
Electeur, 66, 216 s., 378 s. — étranger, 380 s.
Emigré, 236 s.
Employé du génie, 337.
Enregistrement, 513 s.
Erreur du jury, 63, 103.
Etranger, 188 s.
Exclusion non justifiée, 161.
Excuse, 331 s. — (appréciation), 341. — (audition des accusés), 349. — (chambre du conseil), 347. — (compétence), 342 s. — (pouvoir du juge), 353. 364 s. — (publicité), 347. — prématurée, 370.
Expert, 296 s.
Failli, 196 s., 213.
Fausse qualité, 221.
Fonctions de juré exercées dans l'année, 373 s. — obligatoires, 67, 326 s.
Fonctionnaire public, 383.
Force majeure, 340 s.
Formalités omises, 84. — substantielles, 153 s. — (constatation), 160.
Formation du jury, 153 s.
Français, 188.
Garde champêtre, 438. — forestier, 290, 438.
Gendarme, 437.
Grâce, 207.
Greffier, 271, 371. — (responsabilité), 556, 820.
Habitant de la commune, 375. — du chef-lieu, 448.
Historique, 3 s.
Huissier, 437. — (responsabilité), 451, 518, 598.
Ignorance de la langue, 242 s., 355 s., 859.
Impossibilité, 341.
Incapacités, 170 s., 236.
Incompatibilités, 246 s., 365. — générales, 249 s. — spéciales, 293 s.
Indemnité de voyage, 165 s.
Infirmités, 170 s.
Inscription sur la liste (présomption), 211 s.
Interdit, 200.
Interprète, 296, 859.
Ivresse, 708.
Jour férié, 470.
Juge, 249, — (cessation de fonctions), 254.—de commerce, 251 s.
Juge de paix, 251, 255. — suppléant, 266 s.
Juge d'instruction, 350.
Juge suppléant, 262 s.
Juré adjoint, 63, 639, 651.
— supplémentaire, 612 s., 633 s. — complémentaire (agens municipaux), 673 s.— (audience publique), 659 s. — (ministère public), 675. — (nombre), 638 — (notification à l'avoué), 672. — (plusieurs affaires), 679. — (présence de l'accusé), 676 s. — (procès-verbal), 667 s. — tirage au sort), 633, 640 s., 653 s.
— d'accusation, 273 s.
— de la ville où se tiennent les assises, 640 s.
— défaillant, 688 s. — (excuse), 700 s. — (impression et affiche de l'arrêt), 691. — (ivresse), 708.— (jugement de condamnation), 696 s.—(modification de peine), 692. — (peines), 690 s. — (refus), 707. — (refus de serment), 705 s. — (responsabilité), 709 s.
— dispensé, 545.
— étranger à la commune, 647.
— non convoqué, 622 s.
— non inscrit, 555.
— remplaçant, 539 s.
— sans droit, 154 s.
— suppléant, 777 s. — (arrêt motivé), 798.— (arrêt spécial), 796 s. — (consentement de l'accusé), 781 s., 791 s. — (consentement du ministère public), 782. — (empêchement), 806 s. — (nullité), 790. — (publicité), 794 s, 802 s.
— supplémentaire, 419, 532 s., 612 s., 628 s.
— volontaire, 106.
Jury d'accusation, 55, 57 s., 74.
— de jugement, 55, 60 s., 65 74, 711 s.— (accusé), 712, 732. — (agens municipaux). 742. — (composition), 724 s. — (cour d'assises), 729 s., 760 s. — (défenseur de l'année), 733 s. — (défenseur de la partie civile), 741. — (incidens), 730 s. — (jurés), 712. — (procureur général), 712. — (tirage), 711 s., 722 s. — (urne), 712.
— spécial, 72, 87, 523. — d'accusation, 726.
Licencié, 389 s. — en droit, 391.
Liste, 107 s., 138, 310. — à notifier, 519 s. — de session, 64. — des sessions ou de quarante jurés, 417 s.—des trente jurés, 546 s.
— dressée par le préfet (première partie), 378 s. — par le préfet (deuxième partie), 380 s.
— du jury de jugement, 69. — extraite, 400 s. — imprimée, 511 s.
— notifiée (âge des jurés), 606 s. — (désignation des jurés), 565 s. — (domicile des jurés), 594, 599 s — (erreur sur l'identité), 568 s.— (noms des jurés), 578 s., 589 s. — (omission de nom), 598. — (préjudice), 568 s. — (prénoms des jurés), 583 s., 593. — (profession des (jurés), 587 s., 595, 597. — (qualité des jurés), 585 s., 594, 596.
— supplémentaire, 396 s.
Loi 16 sept. 1791, 56. — 2 niv. an II, 74.— 19 vendémiaire an III, 80. — 10 germin. an V, 91. — 19 fructid. an V, 92. — 8 frim. an VI, 93. — 9 germinal an VIII, 96.—26 mai 1819, 118. — 25 mars 1822, 119. — 2 mai 1827, 120.— 2 juill. 1828, 127. — 8 oct. 1830, 134. — 4 mars 1831, 136. — 19 avr. 1831, 137.— 28 avr. 1832, 140.—9 sept. 1835, 146.— 13 mai 1849, 149.
Magistrat honoraire, 257. — retraité, 256.
Maire, 280 s.
Maladie, 344, 360.— grave, 340.
Membre de l'institut, 389. — de sociétés savantes, 389, 395.
Militaire en activité, 322, 336.
Ministère public, 845.
Ministre, 249.— d'un culte, 277.
Motifs de jugement, 369.
Notaire, 396 s.
Notification de la liste aux accusés, 453 s. — de la liste aux accusés (anticipation), 475. — (date), 487. — (délai), 468 s. — (désignation des jurés), 565 s. — (noms de l'accusé), 495 s. — (noms omis), 561 s. — (parlant à), 502 s. — (présomption), 462. — (retard), 477.
— de la liste aux jurés, 432 s. — (délai), 434.
Nullité (effets), 162 s.
Officier de police, 282.— de police judiciaire, 287 s., 323. — de santé, 223, 394.— retraité, 383, 386 s.
Ordonnance 29 juin 1814, 116. — 12 nov. 1830, 116.—royale 9 sept. 1835, 149.
Pair de France, 260, 335.
Parenté, 313 s., 320.
Partie civile, 302. — intéressée, 301 s., 312. — poursuivante, 302.
Permanence, 138. — des listes, 407, 413 s.
Plaignant, 302.
Plus imposé, 398 s.
Plusieurs accusés, 463 s., 505.
Préfet, 107 s., 249.
Premier président, 431. — de la cour royale, 420.
Président de chambre, 420. — de la cour d'assises, 110, 345 s., 633 s., 727 s., 769, 788.
Présomption (preuve contraire), 224.
Prévenu correctionnel, 461.
Procédure, 62, 100.
Procès-verbal des débats, 84. — de tirage du jury de jugement, 811 s. — (date), 813.—(foi), 840.—(mention), 821 s. — (réunion au procès-verbal des débats), 841.— (signature), 814 s.
Procureur du roi, 249. — général, 249.
Prodigue, 202.
Professeur, 390.
Prud'homme, 261.
Publicité, 347.
Radiation, 218 s., 310, 361.
Réclamation, 129 s., 138, 411.— (défaut de), 214 s.
Rectification (compétence), 405.
Récusation, 843 s., 853. — (avertissement du président), 887 s., 892 —(commissaire du gouvernement), 846. — (défenseur), 896 s.—(incidens), 904. — (interprète), 859. — (jury d'accusation), 845.— (mandataire), 900. — (ministère public), 845. — (moment où elle doit être faite), 901 s. — (motifs), 886 — (nombre), 844, 847 s., 862 s.— (ordre), 843, 852. — (partie civile), 855.— (plusieurs accusés), 869 s. — (procès-verbal), 905 s —(restriction consentie), 868. — rétractation), 861 s.— (simple prévenu), 854. — à l'audience. 851.
Refus de serment par les jurés, 705 s.
Registre des jurés, 66 s.
Règles constitutives du jury, 153 s.
Remplacement, 425 s.— des jurés, 612 s. — (ordre de), 627.
Renvoi à une autre session, 764.
Résidence réelle, 391
Révision annuelle des listes, 408 s.
Septuagénaire, 332, 339.
Session close, 348.
Silence de l'accusé, 563. — (présomption), 574 s.
Sous-préfet, 249.
Substitut du procureur du roi, 249.
Surcharge, 490 s., 517.
Surdité, 245, 863.
Témoin, 293 s., 551.
Tiers, 138.
Tirage au sort, 422.
— du jury de jugement (incidens), 770 s. — publicité), 744 s. — (urne), 749 s.
— nouveau du jury de jugement, 758.

JURY. — 1. — C'est, en matière criminelle, la réunion d'un certain nombre de citoyens appelés par la loi à statuer sur l'existence du fait qui motive les poursuites et sur la culpabilité de ceux qui sont accusés d'en être les auteurs.—On donne le nom de *juré* à chacun des membres de cette réunion.

2.—En matière civile, l'institution du jury n'est appliquée, toutefois avec des règles et dans des conditions toutes spéciales, qu'aux expropriations pour cause d'utilité publique. C'est le jury qui seul peut fixer souverainement la valeur des terrains expropriés. — V. EXPROPRIATION POUR CAUSE D'UTILITÉ PUBLIQUE.

SECT. 1re. — *Historique et législation* (no 3).

SECT. 2e. — *Conditions de capacité pour être juré* (no 169).

§ 1er. — *Age des jurés* (no 172).

§ 2. — *Jouissance des droits politiques et civils* (no 187).

§ 3. — *Effets, quant à la capacité des jurés de l'inscription sur la liste dressée par le préfet* (no 211).

§ 4. — *Incapacités diverses* (no 236).

SECT. 3e. — *Incompatibilité entre les fonctions de jurés et certaines fonctions ou qualités* (no 246).

§ 1er. — *Incompatibilités générales et absolues* (no 249).

§ 2. — *Incompatibilité spéciale et relative* (no 293).

SECT. 4e. — *Dispenses et excuses* (no 326).

SECT. 5e. — *Liste du jury dressée par le préfet* (no 378).

SECT. 6e. — *Liste de session ou de quarante jurés tirés au sort par le premier président de la cour royale* (no 417).

§ 1er.—*Tirage au sort de la liste de session ou de quarante jurés* (no 417).
§ 2. — *Notification de la liste aux jurés* (no 432).
§ 3. — *Durée de la liste* (no 442).
SECT. 7e. — *Notification aux accusés de la liste du jury* (no 453).
§ 1er.—*Délai dans lequel la notification doit être faite* (no 468).
§ 2. — *Forme de l'exploit de notification* (no 486).
§ 3. — *Liste à notifier* (no 519).
§ 4. — *Désignation des jurés sur la liste notifiée* (no 565).
SECT. 8e. — *Remplacement des jurés manquant* (no 612).
SECT. 9e. — *Jurés défaillans ou qui refusent d'accomplir leurs fonctions*(no 688).
SECT. 10e.—*Formation du jury de jugement* (no 711).
§ 1er.—*Tirage du jury de jugement* (no 711).
§ 2. — *Adjonction de jurés suppléans* (no 777).
§ 3. — *Procès-verbal du tirage du jury* (no 811).
SECT. 11e.—*Récusation des jurés* (no 843).

—

Sect. 1re. — *Historique et législation.*

3. — L'institution du jury n'est pas aussi récente qu'on peut généralement le croire; on la trouve à l'origine de la plupart des sociétés, et c'est seulement lorsque le pouvoir d'un seul s'est substitué à la volonté générale que l'on voit le jugement des citoyens par les citoyens disparaître.

4. — Dans la Grèce libre, et notamment à Sparte et à Athènes, le peuple était appelé à vider toutes les grandes questions judiciaires.

5. — A Rome, le peuple seul pouvait condamner à mort et prononcer contre un citoyen romain la dégradation. Le peuple n'était dépouillé de ce droit que dans le cas où la gravité des circonstances avait nécessité la création d'un dictateur. Le jugement par le peuple fut aboli par les empereurs et passa à leurs délégués. — Aignan, *Hist. du jury*, p. 82, 89 et suiv.

6. — On voit se formuler l'institution du jury d'une manière remarquable dans la Germanie et dans la Gaule.—Taillandier, *Lois spéciales*.—Chez les Germains, l'accusé qui se présentait était jugé dans l'assemblée du peuple. Le plus souvent, les parties étaient appelées à vider leurs différends par la voie des armes. — Aignan, p. 100.

7. — C'est surtout en Angleterre que le jury, tel à peu près que nous le voyons fonctionner parmi nous, est établi depuis un grand nombre d'années et a été régulièrement organisé. Cette organisation ayant servi de point de départ, et en quelques points, de modèle à la nôtre, il est indispensable d'en faire connaître sommairement les principales bases.

8. — Il y a en Angleterre deux jurys : le grand, qui statue sur la mise en accusation; le petit, qui juge le fait imputé à l'accusé. Les grands jurés aussi bien que les petits jurés sont nommés par le shérif.

9. — Le juré absent qui ne présente pas d'excuses valables est condamné à une amende de deux livres sterling au moins, de cinq livres au plus. Mais si l'on présume de la mauvaise volonté de sa part, il peut être appelé et condamné à cette amende pour chaque affaire de la session; ce qui a fait parfois monter la somme à 12,000 fr. de notre monnaie.

10. — Les assises ont lieu deux fois par an dans tous les comtés de l'Angleterre, à l'exception de Londres et du comté de Middlesex où elles se tiennent huit fois.—L'Angleterre proprement dite est divisée en six circuits, outre ceux du pays de Galles. Les assises d'été, *summer assises*, se tiennent dans les mois de juillet et d'août; celles du printemps, *lent assises*, dans les mois de mars et d'avril.

11. — Deux des douze juges d'Angleterre sont commissionnés par le roi pour juger les affaires civiles ou criminelles de chacun de ces circuits; ce sont eux qui fixent le jour de l'ouverture des assises dans chaque ville du circuit. Les avocats sont attachés à un circuit, d'après leur choix, et sans pouvoir, du moins en règle générale, exercer leur ministère dans un autre.

12. — La cour criminelle se compose du juge et des jurés. Le shérif en personne se tient pendant tout le temps des assises à côté du juge.

13. — A l'ouverture des assises, la liste de tous les détenus, appelée *the crown calendar*, est publiée par le gouverneur de la prison, sous sa responsabilité. Tous les prévenus doivent être jugés aux assises, sans renvoi, sauf des cas fort rares; et comme la liste des arrêts rendus est également imprimée à la fin de la session, il est facile de voir si le juge a exécuté sa commission de vider les prisons; s'il y avait manqué, il aurait à rendre compte de sa conduite au parlement.

14. — Pour faire partie du jury, il suffit d'être majeur, d'avoir un revenu en terre de dix livres sterling, en Angleterre, et de six livres seulement dans le pays de Galles.

15. — Tous les ans, vers la fin de septembre, les petits constables dressent la liste de tous les citoyens de leur commune aptes à remplir les fonctions de juré. — Cette liste reste affichée dans la commune pendant vingt jours, durant lesquels toutes réclamations peuvent être adressées au constable. S'il n'y fait droit, il peut être cité devant le juge de paix, et, en cas de mauvaise intention, condamné à une amende de vingt shillings.

16. — Les listes dressées par les petits constables sont renvoyées par eux aux hauts-constables, et par ceux-ci au clerc ou greffier de la justice de paix du comté. Ce dernier compose de toutes ces listes une liste générale, qu'il remet au shérif. Le shérif qui ajouterait un seul nom à cette liste serait passible d'une amende de 20 liv. sterl.

17. — En outre, il est responsable des qualités des jurés qu'il présente, et de leur nombre suffisant pour la tenue des assises. En cas de négligence, il pourrait être condamné à une très forte amende.

18. — Après l'appel des grands jurés, et leur prestation de serment, on procède à celui du petit jury. Ces appels terminés, le juge adresse un discours succinct aux grands jurés, et les envoie ensuite dans leur chambre.

19. — La décision du grand jury doit être formée à une majorité d'au moins deux voix; celle des petits jurés doit être rendue à l'unanimité.

20. — Les grands jurés sont ordinairement au nombre de vingt-trois; ils peuvent n'être que douze; mais dans ce dernier cas il est nécessaire qu'ils soient unanimes. — L'appel des petits jurés se fait ordinairement au nombre de quarante-huit.

21. — Chaque jury est présidé par un de ses membres auquel on donne le nom de *foreman*. Le grand jury se forme sous la présidence de son *foreman*. Le plaignant expose le sujet de sa plainte et fait entendre ses témoins. Les jurés délibèrent sur la gravité des présomptions à la charge de l'accusé. S'ils les trouvent assez fortes pour fonder une accusation, leur *foreman* écrit au bas de l'*indictement* (espèce d'assignation), *true bill* (vrai bill). Sinon il écrit *no bill* (pas de bill). — Dans ce dernier cas, l'affaire est terminée et le prévenu se retire acquitté. Dans le premier, le grand jury rentre dans la salle d'audience apportant le *true bill* que le greffier lit à haute voix, ainsi que l'*indictement* en leur présence. — Les grands jurés retournent ensuite dans leur chambre et procèdent successivement à l'examen de tous les *indictements* qui leur sont présentés. Leurs opérations sont ordinairement terminées dans les trois ou quatre premiers jours de la session.

22. — A mesure que le grand jury apporte ses *true bills*, les prévenus ou prisonniers sont jugés par le petit jury, dans l'ordre qu'il plaît au président de choisir. — Pour la plus prompte expédition des affaires, les témoins dans chaque procès sont cités pour le premier jour des assises, et sont tenus de rester à l'audience jusqu'après la décision du procès pour lequel chacun d'eux est appelé.

23. — De plus, on a soin de faire venir tous les prisonniers que l'on présume pouvoir juger dans la matinée, c'est-à-dire quelquefois dix ou douze, et l'on choisit pour eux tous un seul et même jury, devant lequel on lit sur-le-champ tous les *indictements* relatifs à chaque accusé.

24. — Lorsque le prisonnier paraît à la barre, le greffier, après avoir lu à haute voix l'*indictement*, lui demande s'il veut plaider *guilty ou not guilty*, c'est-à-dire s'il se reconnaît coupable, ou s'il soutient être innocent.

25. — Si le prisonnier plaide *guilty* et y persiste après les représentations du président, du greffier, des avocats, il est reconduit en prison, et condamné sans jugement, sur son seul aveu.

26. — Si le prisonnier plaide *not guilty*, le greffier tire au sort les jurés, ou le plus souvent se contente de prendre les douze premiers noms de la liste.

27. — L'accusé, ainsi que le plaignant, a droit de récuser, pour des motifs déterminés par la loi, soit la liste entière des jurés choisis par le shérif, soit chacun des jurés en particulier. Il ne paraît pas que les grands jurés soient susceptibles d'être récusés.

28. — Les récusations qui portent sur la liste entière des jurés sont jugées par deux arbitres pris parmi les *attorneys* (avoués), ou les *coroners* présens à l'audience, ou même parmi les jurés. — Celles portant sur des jurés en particulier, et faites pour des causes déterminées par la loi, sont jugées par deux des jurés non récusés, et si elles frappent sur les premiers jurés, par des jurés choisis comme nous venons de le dire.

29. — Si la récusation de la liste entière est admise, le juge nomme deux des *coroners* présens pour en composer une nouvelle. Et si celle-ci vient à être également annulée, il en est dressé une par deux citoyens choisis par le juge. Cette dernière liste n'est plus attaquable.

30. — Si le prisonnier est étranger, il a le droit de demander que le jury soit composé moitié d'Anglais, moitié de ses compatriotes, ou d'autres étrangers.

31. — Lorsqu'on a réuni douze jurés non récusés et qu'ils ont prêté serment, l'avocat du plaignant leur présente un exposé succinct des faits et des circonstances de la cause, sans se permettre aucune réflexion sur la moralité du prévenu. Ensuite il produit les témoins à charge et les interroge. Ceux-ci répondent après avoir prêté serment.

32. — Chaque témoin à charge est, après avoir subi l'interrogatoire de l'avocat du plaignant, interrogé par l'avocat du prévenu, et si celui-ci n'a pas d'avocat, par le juge lui-même, dans l'intérêt de la défense.

33. — Sauf ce dernier cas, le juge reste à peu près étranger aux débats.

34. — L'avocat du prévenu fait ensuite entendre, dans les mêmes formes, les témoins à décharge, qui peuvent être à leur tour contre-examinés par les avocats du plaignant.

35. — Là se bornent les débats, et l'on n'entend ni *attorney*, ni avocat de la partie civile, ni avocat du prévenu. Seulement le président fait aux jurés le résumé de l'affaire, qui n'est autre en général que la lecture des notes par lui prises pendant les interrogatoires.

36. — Les jurés sont ainsi abandonnés à leurs propres impressions. Leur décision est ordinairement très prompte : « J'ai vu peu d'exemples, dit M. Cottu (*Administration de la justice crim. en Angleterre*), que les jurés soient entrés dans leur chambre pour délibérer, et quand ils ont cru devoir le faire, ils n'y sont pas restés plus d'une demi-heure. Toujours ils se contentent de se grouper autour de leur *foreman* et au bout de deux ou trois minutes rendent leur verdict. »

37. — Ce verdict est ordinairement conçu en ces termes : *guilty* ou *not guilty*, coupable ou non coupable. — Dans le premier cas, le prisonnier est reconduit en prison; dans le second cas, il est mis immédiatement en liberté. Ce verdict est appelé *general verdict*.

38. — Mais si les jurés ont quelque doute sur le point de droit, ils peuvent laisser la décision au juge en rendant un verdict spécial ou conditionnel. — Après avoir déclaré constans les faits prouvés contre l'accusé, ils ajoutent : « S'il paraît aux juges que ces faits constituent tel crime, le jury déclare l'accusé coupable de ce crime; mais si au contraire ces mêmes faits ne constituent pas, selon l'opinion des juges, tel crime, alors le jury déclare l'accusé non coupable de ce crime. »

39. — Les petits jurés sont obligés de rendre leur verdict à l'unanimité.

40. — Cette obligation a été vivement et justement critiquée par la plupart des criminalistes et même par des légistes anglais. On comprend en effet que l'unanimité exigée par la loi anglaise ne doit pas exister et n'existe pas en réalité dans un grand nombre d'affaires, et que souvent la prétendue unanimité désirée par le jury n'est qu'un mensonge légal.—Une voix cependant s'était élevée dans la chambre des députés lors de la révision de 1831 pour introduire cette règle dans le Code d'instruction criminelle; mais la proposition n'eut pas de suite. — Il est constant que si les Anglais conservent la disposition qui impose au jury l'unanimité des suffrages, c'est grace à leur respect pour leurs institutions qu'ils la conservent, tout en en reconnaissant les vices.

41. — Les condamnations ne se prononcent point à la suite de la déclaration des jurés, sauf en cas de meurtre; mais en général ce n'est qu'à la

fin de la session que toutes les condamnations sont prononcées ensemble.

42. — Lorsque le verdict du jury paraît à la cour contraire à l'évidence, il faut distinguer s'il est pour ou contre le prisonnier.

43. — Dans le premier cas, le juge peut soumettre de nouveau l'affaire à l'examen du jury, et si celui-ci persiste dans sa décision, le juge est obligé d'acquitter l'accusé, à moins qu'il n'y ait fraude ou corruption de la part de quelques-uns des jurés.

44. — Dans le second cas, le juge, après avoir engagé le jury à changer sa décision, est obligé, s'il y persiste, de condamner l'accusé : mais il a le droit de suspendre l'exécution de sa sentence. De retour à Londres, il rend compte de l'affaire aux douze juges réunis, et si les douze juges embrassent son avis, ils en font leur rapport au roi, qui accorde grace entière au condamné.

45. — Il n'est tenu aucun procès-verbal de ce qui se passe à l'audience, et tout y est abandonné à la prudence du juge.

46. — On voit, d'après ce qui précède, que la simplicité de la procédure doit rendre très rares les motifs de cassation. Aussi n'en aperçoit-on que quatre : 1° lorsque *l'indictement* n'est pas dans les termes mêmes de la loi ; 2° lorsque le crime imputé au prisonnier n'est pas un crime prévu par la loi ; 3° lorsque la peine prononcée par le juge n'est pas celle édictée par la loi ; 4° lorsque les débats de l'audience ont été viciés par quelque fait illégal, par exemple, un serment prêté sans les formes prescrites par la loi ou dans d'autres termes.

47. — En Angleterre, le jury connaît non seulement des affaires du grand criminel, mais de celles qui chez nous seraient réservées aux tribunaux de police correctionnelle.

48. — Dans chaque comté, les juges de paix se réunissent tous les trois mois en *general quarter sessions*, pour juger avec l'assistance de grands et de petits jurés choisis et nommés comme pour les grandes assises, toutes les affaires correctionnelles du canton et même les affaires criminelles qui n'offrent pas un certain degré de gravité.

49. — L'institution du jury ne s'applique pas seulement en Angleterre au jugement des affaires criminelles ; elle s'étend aussi à la décision des affaires civiles.

50. — Celles-ci se jugent dans les cours d'assises de chaque comté de la même manière que les affaires criminelles, à l'exception qu'il n'y a pas de grand jury, et qu'elles sont portées immédiatement devant les petits jurés.

51. — Toute demande doit se résoudre en dommages-intérêts. Le jury rend son verdict en ces termes : *for the plaintif*, pour le demandeur, ou *for the defendant*, pour le défendeur. Dans le premier cas, il fixe la quotité des dommages-intérêts.

52. — Les jurés sont choisis, récusés, tirés au sort et assermentés comme en matière criminelle. Leurs décisions sont également rendues à l'unanimité.

53. — L'institution du jury ne pouvait manquer d'être introduite en France par la révolution de 1789. Aussi par un décret du 30 avr. 1790, l'assemblée constituante chargea-t-elle deux de ses comités de lui présenter dans le plus court délai possible un projet de loi qui réglât la procédure par jurés.

54. — De cette époque commence une série de dispositions législatives sur cette matière profondément empreintes de nos vicissitudes politiques.

55. — La constitution du 3 sept. 1791 proclamait en principe la nécessité d'un jury d'accusation et d'un jury de jugement ; accordait à l'accusé le droit de récuser jusqu'à vingt jurés sans motifs. Les jurés déclarant le fait ne pouvaient être au dessous de douze. L'application de la loi était faite par des juges élus à temps par le peuple. — Chap. 5, art. 2 et 9.

56. — Enfin, la procédure par jurés fût réglée par la loi organique du 16 sept. 1791. Selon cette loi, l'acte d'accusation était rédigé par un juge nommé directeur du jury, et chargé d'une partie des fonctions remplies aujourd'hui par le juge d'instruction, le procureur du roi, et le président des assises ; mais ce magistrat, après l'affaire exposée et les témoins entendus, devaient se retirer et ne point prendre part à la délibération des jurés. — Tit. 1er, art. 20. — V. DIRECTEUR DU JURY

57. — Pour former un jury d'accusation il fallait au moins huit jurés, et la majorité des suffrages était nécessaire pour déterminer qu'il n'y avait lieu à accusation. — Tit. 1er, art. 27.

58. — Les jurés étaient présidés dans leur délibération par le plus âgé d'entre eux. — Art. 21.

59. — Si les jurés trouvaient l'accusation admissible, leur chef mettait au bas de l'acte cette formule : *Oui il y a lieu*. Sinon, cette autre : *Non, il n'y a pas lieu*. — Art. 22. — V. aussi décr. de la convent. 3 juin 1793. — Dans le premier cas, l'accusé était renvoyé devant le tribunal criminel, dans le second il était mis de suite en liberté. — Tit. 1er, art. 28 et 29.

60. — Le jury de jugement s'assemblait le 15 de chaque mois. Le nombre de douze était absolument nécessaire pour le former. — Tit. 6, art. 18-23.

61. — Devant le jury d'accusation, le plaignant et le prévenu se présentaient sans conseil ; mais devant le jury de jugement, le prévenu pouvait se faire assister d'un ou de deux amis ; s'il ne choisissait pas de conseil, le président lui en nommait un d'office. — Tit. 6, art. 13.

62. — Du reste, la prestation de serment par les jurés, la lecture de l'acte d'accusation et de toutes les pièces à l'appui, l'audition des témoins, le résumé de l'affaire par le président, le rapport du verdict par le chef des jurés, l'application de la loi par le tribunal, avaient lieu à peu près dans les mêmes formes que de nos jours.

63. — S'il arrivait que le tribunal fût unanimement convaincu que les jurés s'étaient trompés, il ordonnait l'adjonction de trois jurés aux douze premiers, pour donner une déclaration aux quatre cinquièmes des voix. — Tit. 8, art. 27.

64. — Tous les trois mois, le procureur syndic choisissait parmi les électeurs du district trente citoyens et en formait une liste de jurés qui devait être approuvée par le directoire du district. — Tit. 10, art. 1er.

65. — Huitaine avant le jour où le jury devait fonctionner, le directeur du jury tirait au sort en public sur cette liste huit citoyens pour former le tableau du jury d'accusation. — Tit. 10, art. 4. — Les jurés défaillans et non excusés étaient punis de peines graves. — Tit. 10, art. 5 et suiv.

66. — Dans chaque district, tous les citoyens ayant les qualités requises pour être électeurs devaient, avant le 15 décembre de chaque année, se faire inscrire comme jurés sur un registre à ce destiné. — Tit. 11, art. 2.

67. — Seulement, tandis que l'exercice du droit électoral était purement facultatif, les fonctions de jurés étaient obligatoires ; et ceux qui négligeaient de se faire inscrire par le secrétaire-greffier du district s'exposaient à des peines rigoureuses. — Tit. 11, art. 1er et 4.

68. — Dans la dernière quinzaine de décembre, des copies de ce registre étaient adressées par le procureur syndic du district au procureur général du département à chaque municipalité de son arrondissement. — Tit. 11, art. 3.

69. — Sur la copie de ce registre, le procureur général syndic du département choisissait tous les trois mois deux cents noms qui formaient la liste du jury de jugement. Cette liste devait être approuvée par le directoire et imprimée. — Tit. 11, art. 6.

70. — Nul ne pouvait être juré de jugement dans la même affaire où il avait été juré d'accusation. — Tit. 11, art. 8. — Cette disposition démontre que la même personne pouvait faire partie tantôt du jury d'accusation, tantôt du jury de jugement.

71. — Pour former le tableau des douze jurés de jugement, la loi prescrivait la marche suivante : Le 1er de chaque mois, le président du tribunal criminel, en présence du commissaire du roi et de deux officiers municipaux, présentait la liste des deux cents à l'accusateur public, celui-ci avait le droit d'en exclure vingt sans donner de motifs. Le reste des noms était mis dans une urne et l'on en tirait au sort douze noms. La liste ainsi formée, appelée tableau des douze jurés de jugement, était présentée à l'accusé, qui pouvait, dans les vingt-quatre heures, récuser tous les jurés. Les jurés récusés étaient remplacés au sort, et l'accusé pouvait ainsi en récuser jusqu'à vingt, passé lequel nombre il ne pouvait plus récuser, que par des motifs dont le tribunal était juge. — Titre 11, art. 9, 10, 11, et décr. du 6 juin 1792.

72. — Pour juger les crimes de faux, de banqueroute, concussion, malversation de deniers, la loi établissait une procédure particulière et un mode spécial de formation des deux jurys. — Tit. 11.

73. — On voit que cette organisation du jury se rapprochait sous plusieurs rapports de la loi anglaise.

74. — L'acte constitutionnel du 24 juin 1793, tout en admettant, sans modifications apparentes, un jury d'accusation et un jury de jugement (art. 96), altéra profondément cette institution, et l'introduction de nouveaux principes politiques rendit urgente une nouvelle organisation du jury. Ce fut l'objet de la loi du 2 niv. an II.

75. — Cette loi appela aux fonctions de jurés tous les citoyens âgés de vingt-cinq ans (art. 1er) et supprima l'inscription au secrétariat du district et les listes de trente et de deux cents sur lesquelles se tiraient au sort les jurés d'accusation et de jugement. — § 1er, art. 3 et 4.

76. — Tous les trois mois l'agent national de chaque district formait une liste des citoyens remplissant les conditions requises, c'est-à-dire âgés de vingt-cinq ans et domiciliés dans le district, et en nombre proportionné à la population. — Art. 6 et 7.

77. — Cette liste approuvée par le directoire du district, était envoyée au directeur du jury et au président du tribunal criminel du département. — Art. 8.

78. — Sur cette liste, le directeur du jury faisait tirer au sort huit citoyens, qui formaient le jury d'accusation. — § 2, art. 11. — Quant au jury de jugement, il était nommé dans les mêmes formes et sujet à peu près aux mêmes récusations que d'après la loi du 16 sept. 1791. — § 3, art. 21, 22, 23.

79. — La réaction produite par la révolution du 9 therm. devait se faire bientôt sentir sur l'institution du jury, si intimement liée à la loi politique. Le 14 vendem. an III, un décret ordonna aux présidens des tribunaux criminels de poser aux jurés dans toute affaire, une question relative à l'intention criminelle, aux jurés de la résoudre par une déclaration distincte et formelle ; le tout à peine de nullité. — Décr. 14 vendém. an III.

80. — Puis vint la loi du 19 vendém. an III, qui attribua aux administrations départementales la formation des listes des jurés d'accusation et des jurés de jugement, suivant le mode prescrit aux procureurs généraux de départemens par la loi du 16 sept. 1791. — L. 19 vendém. an IV, tit. 3, art. 18.

81. — Enfin parut le code des délits et peines du 3 brum. an IV, qui réglementa d'une manière complète la matière.

82. — Un jury d'accusation composé de huit jurés, un magistrat directeur du jury faisant fonctions de juge d'instruction et dressant l'acte d'accusation, la délibération du grand jury admettant ou rejetant l'accusation dans les mêmes formes que la loi du 3 sept. 1791 (3 brum. an IV, tit. 3, art. 306 et suiv.), un jury de jugement composé de douze jurés et de trois adjoints, à peine de nullité (art. 337), la prestation de serment des jurés (art. 343), la délibération du jury après l'examen, les débats et le résumé du président (art. 372 et suiv.), la constatation de l'opinion de chaque juré au moyen de boules noires ou blanches déposées dans des boites de mêmes couleurs (art. 398), telles furent les principales dispositions de cette loi reproduites, sauf de légères modifications, de la loi organique du 3 sept. 1791.

83. — Jugé sous ce code qu'aucune disposition de loi n'autorisait l'appel des actes des directeurs de jury d'accusation ; et que le tribunal criminel ne pouvait prendre connaissance de ces actes que lorsque la procédure était portée devant lui après une accusation admise par le jury. — *Cass.*, 18 flor. an V, Mallevais.

84. — ... Que l'expression d'une formalité rigoureuse dans le procès-verbal des débats au tribunal criminel, excluait l'observation des autres formalités de même nature ; qu'ainsi l'omission du discours que le directeur du jury devait adresser aux jurés était établie par la seule mention de la prestation de serment des jurés. — *Cass.*, 4 messid. an VII, Casini.

85. — Aux termes de l'art. 386, les déclarations de chaque juré étaient reçues dans la chambre du conseil par l'un des juges commis à cet effet et par le commissaire du pouvoir exécutif.

86. — La décision du jury se formait sur chaque question en faveur de l'accusé par le concours de trois voix, et contre lui par le concours de dix. — Art. 403.

87. — Il était aussi formé des jurys spéciaux pour certains crimes déterminés par la loi. — Tit. 13. — V. JURYS SPÉCIAUX.

88. — Quant à la formation des listes, au tirage des jurys d'accusation et de jugement et au droit de récusation, tant de l'accusateur public que de l'accusé, il y était pourvu par les art. 483 à 505, tit. 10 et 11.

89. — Sous ces lois, une indemnité était allouée aux jurés à raison de leur déplacement. — L. 16 août 1793. — Arrêté du 5 pluv. an IV.

90. — Le 9 vent. an V, le conseil des anciens rejeta une résolution du conseil des cinq-cents, portant quil ne serait plus posé aux jurés de question intentionnelle.

91. — Les peines contre les jurés défaillans étaient beaucoup plus sévères que de nos jours. La loi du 10 germin. an VI les porta jusqu'à l'emprisonnement joint à l'amende. — V. les lois ci-dessus, les art. 494 et 514, L. 3 brum. an IV ; L. 24 vent. an V.

92.—On ne peut regarder que comme transitoires les dispositions sur le jury contenues en la loi du 19 fructid. an V. Les jurés, porte l'art. 33, ne pourront, dans les vingt-quatre heures de leur réunion, voter pour ou contre, qu'à l'unanimité : si, après ce délai, ils déclarent qu'ils n'ont pu s'accorder, ils se réuniront derechef, et la déclaration se fera à la majorité absolue.

93.—La loi du 8 frim. an VI, art. 3, déclara cet article non applicable au jury d'accusation.

94.—La constitution du 3 brum. an IV composait le jury de douze jurés seulement. L'expérience apprit que ce nombre était insuffisant, et, par la loi du 25 brum. an VIII, les tribunaux furent autorisés, lorsque les procès criminels paraissaient de nature à entraîner de longs débats, à ordonner avant le tirage des jurés qu'il serait tiré au sort trois autres jurés suppléans.—Art. 1er.

95.—La constitution du 22 frim. an VIII conserva les jurys d'accusation et de jugement. —Art. 62, tit. 5.— Mais les jurés d'accusation devaient se prendre dans les listes communales et les jurés de jugement dans les listes départementales, dont la formation, ainsi que celle d'une troisième liste dite des éligibles, était réglée par les art. 7, 8 et 9.

96.— Mais, en attendant la formation qui n'arriva jamais, des listes communales et départementales, la loi du 6 germin. an VIII chargea les juges de paix de désigner tous les trois mois, chacun dans son arrondissement, un nombre de citoyens triple de celui désigné par le Code de brumaire an IV. Cette liste, après avoir été réduite aux deux tiers par le sous-préfet, était adressée au préfet qui, en conseil de préfecture, la réduisait à moitié par la voie du sort. C'est sur cette liste que chaque jury était tiré au sort.—Art. 2 et 3.

97. — La nomination des jurys spéciaux était à peu près confiée directement aux juges de paix, aux sous-préfets et aux préfets. — Art. 4 et 5; arr. 7 pluv. an IX.

98. — Il n'intervint jusqu'au Code d'instruction criminelle que des dispositions législatives inspirées par les circonstances et destinées à suspendre les fonctions du jury, soit pour certains crimes (sén. cons. 8 vent. an XII), soit dans certains départemens.—Sén.-cons. 26 vendém., 15 thermid. an XII, 27 sept. 1806, 10 sept. 1808.

99.—Le Code d'instruction criminelle décrété le 17 nov. 1808 apporta de nouvelles modifications à l'organisation du jury, il ne maintint que le jury de jugement; celui d'accusation n'ayant pas été compris dans ses dispositions se trouva dès-lors supprimé.—V. JURY D'ACCUSATION.

100.—Le jury était convoqué, tiré au sort, dirigé dans l'exercice de ses fonctions par le président de la cour d'assises.—Art. 266 et 267.—Le serment des jurés avant la lecture de l'acte d'accusation dressé par le ministère public, l'interrogatoire des témoins à charge et à décharge, les réquisitions du procureur du roi, les plaidoiries des avocats, le résumé du président étaient réglés à peu près comme par les lois antérieures.—Art. 310 et suiv.

101. — Les jurés délibéraient dans leurs chambres sous la présidence de leur chef et sans aucune communication avec des tiers (art. 343). Leur décision se formait à la majorité; en cas d'égalité de voix, l'avis favorable à l'accusé prévalait.—Art. 347.

102.—Si néanmoins l'accusé n'était déclaré coupable du fait principal qu'à la simple majorité, les juges délibéraient entre eux sur le même point; et si l'avis de la minorité était adopté par la majorité des juges, de telle sorte qu'en réunissant les voix, leur nombre excédât celui de la majorité des jurés et de la minorité des juges, l'avis favorable à l'accusé l'emportait.—Art. 351.

103.—Si, hors ce cas, les juges étaient unanimement convaincus que les jurés, tout en observant les formes, s'étaient trompés au fond, la cour déclarait sursis et renvoyait l'affaire à la session suivante. Cette mesure ne pouvait être déclarée que d'office, et seulement dans le cas où l'accusé avait été déclaré coupable.—Art. 352.

104.—Ces deux dispositions, pleines d'humanité, ont pu prêter à la critique comme affaiblissant l'autorité morale du jury, et comme effaçant la délimitation qui existe entre les juges du fait et les juges du droit. Mais le législateur devait sacrifier l'intérêt de l'institution à l'intérêt plus sacré de la justice et de l'humanité.

105. — Les jurés devaient avoir trente ans. Ils étaient pris : 1° parmi les membres des colléges électoraux; 2° parmi les trois cents plus imposés domiciliés dans le département; 3° parmi les fonctionnaires de l'ordre administratif à la nomination de l'empereur ; 4° parmi les docteurs et licenciés de l'une ou de plusieurs des quatre facultés, les membres et correspondans de l'Institut et des autres sociétés savantes reconnus par le gouvernement; 5° parmi les notaires; 6° parmi les banquiers, agens de change, négocians et marchands payant patente de l'une des deux premières classes; 7° parmi les employés des administrations jouissant d'un traitement de 4,000 fr. au moins. — Art. 382.

106. — De plus, quiconque ne se trouvant dans aucune de ces classes désirait faire partie du jury, le demandait au préfet qui pouvait l'admettre avec l'autorisation du ministre. — Art. 386. —Ainsi, le gouvernement pouvait créer des jurés à volonté.

107. — Les listes étaient dressées par les préfets sous leur responsabilité ; elles devaient contenir soixante noms. Adressées aux présidens des assises, elles étaient réduites par eux à trente-six, dans les vingt-quatre heures de la réception, et retournées dans cet état au préfet. — Art. 387.

108. — Sur cette liste, les jurés non dispensés (lesquels devaient être au moins au nombre de trente, art. 395), étaient tirés au sort; l'accusé premièrement et le ministère public pouvaient les récuser au fur et mesure, et sans motifs; mais ce droit de récusation s'arrêtait lorsqu'il ne restait que douze jurés. Le jury était formé dès qu'il était sorti douze noms de jurés non récusés. — Art. 399 et 400.

109. — Cette loi, tout imparfaite qu'elle était, présentait un certain caractère de modération et de liberté. Elle avait cela de remarquable comme toutes les lois de l'empire qu'elle codifiait la matière par des dispositions claires, complètes, bien divisées et liées entre elles.

110. — Mais en conférant au préfet et au président des assises, tous deux nommés par le chef de l'état, le droit de faire et de réduire les listes du jury, alors que la responsabilité de ces hauts fonctionnaires était purement illusoire, elle méconnaissait le principe vital du jury dont tout le mérite réside dans l'indépendance assurée de ses membres.

111. — D'ailleurs, ce même Code conservait les cours spéciales et arrachait au jury pour la conférer à celles-ci la juridiction de crimes assez nombreux, tels que ceux commis par des vagabonds et gens sans aveu, par des condamnés à des peines afflictives et infamantes, les crimes de rébellion armée à la force armée, de contrebande armée, de fausse monnaie, d'assassinats préparés par des troupes armées. — Art. 553 et 554.

112. —Un avis du conseil d'état du 16 juill. 1811 décida que les sénateurs devaient être compris dans les listes des jurés pour le département de la Seine seulement; mais qu'il leur était loisible de s'excuser auprès de la cour, et que celle-ci ne pouvait se dispenser d'admettre l'excuse.

113.—La constitution du 5 avr. 1814 maintenait l'institution des jurés, et supprimait les commissions et les tribunaux extraordinaires.—Art. 17 et 18.

114.—La charte constitutionnelle du 4 juin 1814 présentait les mêmes dispositions; mais elle réservait au chef de l'état le droit de rétablir les juridictions prévotales.— Art. 63 et 64.

115. — L'acte additionnel du 22 avr. 1815 maintenait l'institution des jurés et la publicité des débats, limitait aux délits militaires seuls le ressort des tribunaux militaires, et attribuait aux tribunaux ordinaires les crimes et délits attribués ci-devant à la haute cour impériale, sauf quelques réserves. — Art. 52, 53, 54 et 56.

116. — Une ordonnance du 29 juin 1814 suspendit en Corse l'exercice du jury, qui n'y fut rétabli que par une ordonnance du 2 nov. 1830.

117.— Aussi fut-il jugé que pendant cette suspension, un accusé n'avait pu se faire un moyen de cassation de l'inobservation de la loi du 2 mai 1827. — *Cass.*, 7 fév. 1828, Devichi.

118. — La loi du 26 mai 1819 attribua aux cours d'assises la connaissance de tous les crimes et délits commis par la voie de la presse ou tout autre moyen de publication (art. 13), sauf ceux énoncés en l'art. 14.

119. — Mais la loi du 25 mars 1822 revint sur cette disposition et rendit aux tribunaux correctionnels la juridiction à raison de ces délits.

120. —Enfin parut la loi du 2 mai 1827, destinée à donner au jury une organisation qui lui manquait depuis le directoire, et à mettre cette institution en harmonie avec la constitution politique de l'état.

121. — Cette loi, qui contenait de grandes améliorations, abrogea les art. 382, 386, 387, 388, 391, 392 et 395, C. inst. crim.

122. —Elle appela aux fonctions de jurés : 1° les membres des colléges électoraux (art. 1er), c'est-à-dire, les Français jouissant des droits politiques et civils, âgés de trente ans, et payant 300 fr. de contributions directes (L. 5 fév. 1817, art. 1er); 2° les officiers des armées de terre et de mer ; 3° les docteurs et licenciés des quatres facultés (ces deux catégories sous certaines conditions), les membres correspondans de l'institut; 4° les membres des autres sociétés savantes reconnues par le roi; 5° les notaires, après trois ans d'exercice.

123. — Les listes devaient comprendre au moins huit cents individus par département (art. 2, *in fine*). Mais la plus précieuse garantie conférée par cette loi consistait dans leur publicité et dans le droit de réclamation qui devait s'exercer dans les formes prescrites par la loi électorale du 5 fév. 1817, art. 5 et 6, c'est-à-dire d'abord devant le préfet en conseil de préfecture et en dernier ressort devant la cour royale. — Art. 3, 4 et 5, L. 2 mai 1827.

124. — Après le 30 septembre, sur ces listes générales les préfets formaient, sous leur responsabilité, des listes pour le service du jury de l'année suivante. Ces dernières se composaient du quart des listes générales, sans pouvoir excéder le nombre de trois cents, si ce n'est pour le département de la Seine.

125. — Dix jours au moins avant l'ouverture des assises, le premier président de la cour royale tirait au sort en audience publique sur la liste formée par le préfet trent-six noms qui formaient les jurés pour toute l'année de la session ; plus quatre jurés supplémentaires. — Art. 9.

126. — La principale imperfection de cette loi consistait dans le droit conféré aux préfets de trier les listes définitives, selon leur bon plaisir et sans aucune responsabilité réelle, puisque la loi ne leur imposait aucune condition à observer.

127. — D'ailleurs les précautions et les garanties établies par cette loi, étaient incomplètes; les délais indiqués pour la révision des listes et les réclamations des citoyens étaient insuffisans. La loi du 2 juill. 1828 eut pour but de remédier à ces imperfections.

128. — Cette loi confia la révision en premier ressort des listes au pouvoir municipal et la fit passer par les différens degrés de la hiérarchie administrative de ce pouvoir au sous-préfet, du sous-préfet au préfet. — Art. 4, 5, 6.

129. — Les délais accordés pour les réclamations des ayant-droit furent prolongés : ceux prescrits aux autorités compétentes pour rendre leur décision, furent définis et mieux limités, la publication des listes de rectification fut ordonnée de quinzaine en quinzaine. — Art. 14 et suiv.

130. — Mais les deux garanties les plus précieuses introduites dans cette loi consistaient dans la permanence des listes (art. 1er) et dans le droit accordé à tout individu inscrit de réclamer la radiation de toute personne inscrite indument, ou l'inscription de celles qui n'y seraient point portées quoique remplissant les conditions nécessaires. — Art. 12.

131. —Ainsi le droit de réclamation devint une action publique dans le sens des actions criminelles, en droit romain ; innovation heureuse dans un système politique où la responsabilité des agens du pouvoir était purement nominale.

132. — La révolution de juillet 1830 ne pouvait qu'étendre et fortifier l'institution du jury.

133. — La charte du 14 août 1830 renouvela en son entier la disposition de la charte de 1814, —art. 56 ; —et par son art. 69 stipula l'application du jury aux délits de la presse et aux délits politiques, comme la première des garanties réclamées par l'opinion publique.

134. — La loi du 8 oct. 1830 ne tarda pas à réaliser cette promesse; cependant, par son art. 2, elle excepta de cette attribution de juridiction les cas prévus par la loi du 26 mai 1819, art. 14, c'est-à-dire l'injure et la diffamation verbales contre toutes personnes même contre les fonctionnaires publics, et l'injure et la diffamation écrites ou imprimées contre les particuliers.

135. — L'art. 3 réserva pareillement aux chambres, cours et tribunaux la faculté de connaître des offenses à eux faites, ainsi que la loi du 25 mars 1822, art. 15 et 16, leur en donnait le droit.

136.—La loi du 4 mars 1831 en réduisant à trois le nombre des magistrats tenant les assises qui jusqu'alors et depuis la loi du 6 juill. 1810 avait été de cinq (art. 1er et 2), ordonna par son art. 3 que la décision du jury se formerait à la majorité de plus de sept voix.—L. 4 mars 1831.

137.—La loi électorale du 19 avr. 1831, en abaissant le cens électoral à 200 francs, et en se combinant avec les lois antérieures qui conféraient la qualité de juré à tous les électeurs, établit l'institution du jury sur des bases plus larges. — L. 19 avr. 1831.

138. — Elle refondit les lois antérieures relatives à la confection des listes, conserva les principes de la permanence de ces listes, et de l'inter-

vention des tiers, et perfectionna le mode de publicité et l'exercice du droit de réclamation.

139. — Quant aux jurés non électeurs, elle ordonna qu'il en fût formé une liste par chaque arrondissement électoral, et attribua pareillement le droit d'intervention, relativement à cette liste, à tous les électeurs et jurés de l'arrondissement. — Art. 69.

140. — La loi du 28 avr. 1832, modificative du C. d'inst. crim., porta principalement sur les dispositions relatives au jury.

141.—Le C. d'inst. crim., art. 339, portait : Lorsque l'accusé aura proposé pour excuse un fait admis comme tel par la loi, la question sera ainsi posée : Tel fait est-il constant? La jurisprudence avait établi que la cour pouvait examiner si la question résultait ou non des débats et décider si elle devait être posée. La loi nouvelle imposa au président l'obligation de la poser, à peine de nullité.

142. — Cette loi prescrivit également au président sous peine de nullité : de poser la question de discernement, lorsque l'accusé aurait moins de seize ans ; 2° d'avertir le jury que s'il pense, à la majorité de plus de sept voix, qu'il existe des circonstances atténuantes il doit en faire la déclaration en ces termes : « A la majorité de plus de sept voix, il y a des circonstances atténuantes en faveur de tel accusé. » —Art. 340 et 341. — V. CIRCONSTANCES ATTÉNUANTES.

143. — Conséquemment le chef de jury devait interroger et chaque juré devait répondre sur l'existence des circonstances atténuantes. — Art. 345, *in fine*.

144. — Le nombre de sept voix fut exigé pour la décision du jury défavorable à l'accusé. La déclaration du jury dut constater cette majorité à peine de nullité, sans que le nombre de voix pût être exprimé. — Art. 347.

145. — Enfin, cette loi permit à l'accusé de se faire assister de son conseil dans l'exercice du droit de récusation. — Art. 399.

146. — La loi du 9 sept. 1835 modifia les art. 341, 345, 346, 347 et 352, C. inst. crim. Par les art. 341 et 347, elle en revint à l'ancien système de la majorité des voix. Les jurés dans le cas où leur verdict contre l'accusé était formé à la simple majorité durent en faire la déclaration.

147. — Mais, l'art. 352 en reproduisant la faculté accordée par l'ancien Code d'inst. crim. à la cour ajoutait : Lorsque l'accusé n'aura été déclaré coupable qu'à la simple majorité, il suffira que la majorité des juges soit d'avis de surseoir au jugement pour que le sursis ait lieu.

148. — Le vote des jurés doit avoir lieu au scrutin secret (art. 341, 345 et 346). Le chef du jury dut lire les questions posées comme l'indiquait l'art. 336.—Art. 345.

149. — Conformément à cette loi, le mode du vote fut réglé par une ordonnance du roi du 9 sept. 1835, qui fût convertie en loi le 13 mai 1836.

150. — D'après cette loi, le vote a lieu par bulletins écrits et secrets (art. 2). Il porte successivement sur le fait principal d'abord, s'il y a lieu sur chacune des circonstances aggravantes, sur chacun des faits d'excuse légale, sur la question de discernement, sur celle des circonstances atténuantes. Le chef du jury doit poser cette dernière question toutes les fois que l'accusé est reconnu coupable. — Art. 1er.

151. — Le chef du jury n'exprime le nombre des suffrages qu'autant que la décision affirmative sur le fait principal a été prise à la simple majorité. — Art. 3.

152. — Quant aux circonstances atténuantes, la déclaration du jury n'exprime le résultat du scrutin qu'autant qu'il est affirmatif. — Art. 3 *in fine*.

153.— Les formalités ayant pour objet la constitution légale du jury sont substantielles, et doivent être suivies à peine de nullité de la formation du jury. — *Cass.*, 14 sept. (et non 4) 1829, Suziné ; même jour, Leroy ; même jour, Gilbert.

154. — Ainsi, il y a nullité lorsqu'un individu a fait partie du jury sans avoir été inscrit sur la liste arrêtée par le préfet. — *Cass.*, 26 janv. 1809, Bussette ; 22 fév. 1821, Dehors.

155. — De même lorsqu'un individu qui n'avait aucun droit de remplir les fonctions de juré a néanmoins paru en cette qualité, et a même présidé le jury, la déclaration est nulle ainsi que les débats qui l'ont précédée et l'arrêt qui s'en est suivi. — *Cass.*, 14 niv. an XIII, Pierre Fraisse.

156.—Et lorsque, par l'effet d'une conformité de nom, une personne a rempli pour une autre les fonctions de juré dans une affaire, la déclaration à laquelle elle a concouru sans droit est entachée de nullité. — *Cass.*, 26 therm. an VIII, Lencontre; 2 sept. 1808, Lesain.

157. — Sous le Code du 3 brum. an IV, un jury spécial d'accusation était illégalement constitué lorsque sept seulement des membres qui le composaient avaient été tirés au sort sur la liste des jurés spéciaux et lorsqu'on avait pris le huitième sur la liste du jury ordinaire. — *Cass.*, 29 prair. an X, Martin Gable.

158. — Sous la loi du 6 germ. an VIII, le tirage d'un jury spécial d'accusation devait être fait sur la liste entière envoyée par le préfet, sans que le commissaire du gouvernement eût le droit de modifier cette liste. — *Cass.*, 18 niv. an X, Isaac Mossé.

159.— Quand il y a doute sur le point de savoir si les jurés qui ont statué sur une affaire sont bien ceux que le sort avait désignés, la déclaration doit être annulée. — *Cass.*, 28 fructid. an IX, Lefebvre.

160. — La formation du tableau du jury est nulle lorsqu'il n'est pas constaté légalement qu'un citoyen qui a fait partie de la liste des trente jurés, y ait été appelé conformément à la loi. — *Cass.*, 24 nov. 1832, Lecoutre de Beauvais.

161. — ... Ou lorsqu'un juré faisant partie du tableau du jury de jugement s'est trouvé exclu, sans qu'aucun acte de la cour justifie cette exclusion. — *Cass.*, 6 mars 1807, Josse Sersant.

162. — L'illégalité du jury de jugement entraîne spécialement la nullité de l'ordonnance d'acquittement et de mise en liberté.—*Cass.*, 9 pluv. an VII, Farge.

163.—...Et l'accusé doit être renvoyé, après cassation, à de nouveaux débats. — *Cass.*, 17 brum. an VIII, Jacques Marre.

164. — L'accusé anglais n'a pas le droit de réclamer, à titre de réciprocité de ce qui se pratique en Angleterre, que le jury appelé à se prononcer sur son sort soit composé mi-partie de nationaux et mi-partie d'étrangers. La réciprocité réclamée dans cette affaire ne reposait sur aucune convention existant entre les deux nations ; il aurait fallu d'ailleurs, pour qu'elle pût être accordée, qu'une loi eût réglé le mode de recruter les jurés étrangers. — *Assises de la Seine*, 24 avr. 1816, Michel Bruce.

165.— Aux termes de l'art. 35, décr. 18 juin 1811, portant tarif des frais en matière criminelle, les jurés qui ont été obligés de se transporter à plus de deux kilomètres de leur résidence actuelle, peuvent être remboursés des frais de voyage seulement, si toutefois ils le requièrent. Il ne leur est rien alloué pour toute autre cause que ce soit, à raison de leurs fonctions. — Les mandats qui leur sont délivrés doivent mentionner que la taxe a été requise. — Art. 36.

166.—L'indemnité à laquelle ont droit les jurés est fixée, par l'art. 91, à 2 fr. 50 c. pour chaque myriamètre en allant et en revenant. — Elle est acquittée par le receveur de l'enregistrement comme frais urgens, sur simple taxe et mandat du président de la cour d'assises, mis au bas de leur réquisition ou copie de convocation. — Art. 133, 134.

167. — L'art. 162 décide que l'indemnité accordée aux jurés pour leur déplacement est à la charge de l'état dans tous les cas et sans recours envers les condamnés. — Ces indemnités doivent être portées par les receveurs sur des états particuliers.

168. — Nous avons examiné sous le mot COURS D'ASSISES tout ce qui concerne la formation et la composition des cours avec lesquelles le jury est appelé à fonctionner, les règles à observer devant elles, les formes suivant lesquelles les affaires sont engagées, les débats suivis, les décisions prises, etc. Il nous reste à voir quelles sont les conditions de capacité et d'idonéité exigées des jurés, comment sont formées les diverses listes générales, spéciales et de jugement, de quelle manière l'accusé est mis à même de connaître ceux qui sont appelés à le juger et de les récuser, comment sont formés et composés le tableau du jury et le jury de jugement, etc., etc., jusqu'au moment enfin où le jury, entrant en séance avec la cour d'assises et ayant prêté serment, entre véritablement dans l'exercice de ses fonctions.

Sect. 2e. — *Conditions de capacité pour être juré.*

169. — Pour être juré, il faut avoir trente ans accomplis et jouir des droits politiques et civils. — C. inst. crim., art. 381.

170. — D'autre part, il est certaines infirmités physiques qui ne permettent pas de remplir les fonctions de juré et qui créent des incapacités. — V. *infrà* nos 286 et s.

171. — La loi ayant déterminé les causes qui rendent un citoyen inhabile à remplir les fonctions de juré, il ne peut pas y avoir lieu d'appliquer aux jurés les dispositions du Code de procéd., sur les récusations. —*Cass.*, 8 sept. 1826, Marcadet.

§ 1er. — *Age des jurés.*

172. — L'art. 483, C. 3 brum. an IV, avait fixé à trente années l'âge nécessaire pour être juré. Cette disposition a été reproduite par le Code d'instr. crim. de 1808. Lors de la discussion de la loi du 19 avr. 1831, on avait demandé que cet âge fût fixé à vingt-cinq années. Mais cette proposition ne fut pas admise et l'âge de trente ans fut maintenu.

173.—Jugé, depuis le Code d'instr. crim. comme sous l'empire du Code du 3 brum. an IV, que la déclaration du jury à laquelle a concouru un juré âgé de moins de trente ans est nulle. — *Cass.*, 7 frim. an VII, Jacquot; 16 germin. an VII, Jourdan; 29 germin. an VII, Robert; 8 frim. an VIII, Gobailles; 26 niv. an VIII, Plou; 28 fructid. an IX, Bernard; 8 prair. an IX, Geauffret; 27 vendém. an X, Morin; 16 vent. an X, Morin; 29 messid. an IX, Colpin; 4 flor. an X, Goisset; 16 flor. an X, Kling; 23 flor. an X, N...; 21 messid. an X, Laurac; 9 vendém. an XI, Vaillard; 6 brum. an XI, Mollet; 18 frim. an XI, Bezamath; 9 frim. an XII, Piperel; 3 brum. an XIII, Grubert; 19 prair. an XII, Bertrand; 25 vendém. an XIV, Colin; 25 prair. an XII, Behem; 23 oct. 1806, Carré; 16 avr. 1807, Pinot; 18 juin 1807, Gautier; 23 juill. 1807, Vagner; 24 mars 1808, Rosset; 18 mars 1808, Louton; 27 oct. 1808, Fages; 28 oct. 1808 (Int. loi), Chirmaux; 5 oct. 1809, Schirling; 30 août 1810, Lacalin; 11 avr. 1811, Bossis; 8 août 1811, Lauson; 13 sept. 1811, Magny; 3 mars 1815, Laurent; 23 mars 1815, Auresch; 27 juin 1816, Vachée; 5 fév. 1818, Manchaussée; 12 juill. 1822, Morel; 26 avr. 1822, Garnousset; 19 juill. 1832, Legal; 20 juill. 1832, Leblanc; 27 juin 1833, Roux.

174.—Spécialement, lorsqu'il est établi que l'un des jurés composant le jury avait moins de trente ans, il s'ensuit que le jury n'était plus composé de douze individus ayant le caractère voulu par la loi; et par conséquent sa décision a été nulle et n'a pu procurer aucun effet.—*Cass.*, 27 juin 1816, Vachée.

175. — Lorsqu'il est constaté que l'un des jurés qui ont rendu la déclaration n'était âgé que de vingt-sept ans au moment où il y a concouru, il résulte de ce défaut de qualité qu'il n'y a point de déclaration légale, et que, par une conséquence nécessaire, le président de la cour de justice criminelle n'a pu, sans faire une fausse application de la loi et sans commettre un excès de pouvoir, prononcer l'acquittement de l'accusé. — *Cass.*, 23 juill. 1807, Vagner.

176. — Il faut, pour que la déclaration du jury soit valable, que les douze jurés aient trente ans accomplis lors de la formation du tableau. —*Cass.*, 3 brum. an XIV, Schwartgruber.

177. — L'âge de trente années n'est, en effet, exigé qu'au moment où chaque juré est appelé à en remplir les fonctions.—*Cass.*, 7 août 1845 (t. 1er 1846, p. 29), Moron.

178.—La nullité encourue produirait ses effets, alors même que le juré qui n'avait pas trente ans accomplis à l'époque de l'ouverture des débats, aurait atteint cet âge au jour du jugement.—*Cass.*, 19 prair. an XII, Bertrand.—Carnot, *C. instr. crim.*, t. 3, p. 1re, no 1er; Bourguignon, *Jurispr. crim.*, t. 2, p. 233, no 1er.

179. — Mais le juré qui n'avait pas trente ans accomplis lors de l'inscription de son nom sur la liste peut régulièrement concourir à la formation du tableau du jury, s'il a atteint cet âge au moment où il est désigné par le sort pour faire partie du jury de jugement.— *Cass.*, 8 oct. 1822, Berton. — Persin, *Code du jury*, p. 84.—Legraverend (t. 2, chap. 2, p. 77, note 3e) dit que cette décision lui paraît contraire à la loi, parce que c'est par son inscription sur la liste des jurés que le citoyen qui s'y trouve placé acquiert le titre de juré, sauf sa participation éventuelle à un jury, et parce qu'une liste entièrement nulle dans son origine pourrait cependant, en définitive, fournir les élémens d'un jury régulier si des citoyens non éligibles acquéraient dans l'intervalle les qualités légales. — La première partie de cette argumentation est évidemment inconcluante : en admettant que ce soit l'inscription sur la liste du préfet qui confère le titre de juré, il n'en résulte nullement que le vice dont elle se trouve entachée soit indélébile et ne puisse pas être couvert par la survenance ultérieure des qualités qui manquaient. On serait au contraire fondé à se prévaloir de cette proposition pour soutenir que l'inscription est définitive et ne peut plus être querellée. La seconde partie de l'argumentation de cet auteur ne consiste qu'à résoudre la question par la question. — Merlin, *Rép.*, vo *Juré*, § 1er, no 3.

180. — Lorsque parmi les jurés sur la liste desquels s'est effectué le tirage, il s'en trouve un âgé

JURY, sect. 2e.
JURY, sect. 2e.

de moins de trente ans, il n'y a pas nullité s'il n'a point fait partie du jury de jugement. — *Cass.*, 28 mai 1812, Hayaye ; 29 mai 1812, Guillemet; 12 juin 1812, Brisset.

181. — Mais si le tirage avait été fait sur une liste de trente jurés, l'un d'eux étant incapable d'en remplir les fonctions, cette liste se serait trouvée réduite à vingt-neuf, nombre insuffisant pour l'exercice du droit de récusation et pour la formation d'un jury. La nullité devrait donc, en ce cas, être prononcée, quand même le juré incapable n'aurait pas concouru à la déclaration. — *Cass.*, 9 avr. 1829, Mathieu.

182. — La nullité résultant de ce qu'un juré n'a pas l'âge voulu par la loi ne peut être couverte par le silence de l'accusé ni par le défaut de récusation. — Carnot, *C. inst. crim.*, t. 3, p. 2, no 1er; Bourguignon, *Jurispr. crim.*, t. 2, p. 237, no 1er.

183. — Cependant, M. Morin (*Dict. de droit criminel*, vo *Jury*, p. 454) pense qu'un accusé est valablement acquitté bien que l'un des jurés qui ont rendu la déclaration de non culpabilité n'ait pas trente ans accomplis. Suivant cet auteur « quelque grave que soit l'irrégularité, la raison et la justice ne permettent pas d'annuler l'ordonnance d'acquittement ; d'ailleurs il y aurait une fin de non-recevoir à opposer au pourvoi du ministère public qui doit s'imputer la constitution illégale du jury. »

184. — Nous ne saurions partager cette opinion. La jurisprudence a consacré par un grand nombre d'arrêts le principe que les conditions d'âge et de jouissance des droits politiques et civils sont *indispensables* pour remplir les fonctions de juré ; que ces conditions sont *d'ordre public* ; il en résulte que celui qui ne satisfait pas à cette double condition vicie par sa présence les opérations du jury, or la composition du jury étant entachée d'une nullité radicale, absolue, d'ordre public, peu importe que le résultat soit en faveur de l'accusé ou contre lui ; ce résultat ne trouvant pas la base qui lui est essentielle doit nécessairement disparaître.

185. — Nous ne saurions pas davantage admettre la fin de non-recevoir invoquée par M. Morin, d'abord parce que l'irrégularité ne peut être imputée au ministère public qui n'a pas reçu de la loi la mission soit de rédiger, soit de contrôler la liste du jury, ensuite parce que s'agissant d'une nullité d'ordre public aucune fin de non-recevoir n'est opposable. La question s'est présentée deux fois sous le code du 3 brum. an IV et une fois elle a reçu la solution que nous indiquons. — *Cass.*, 16 vent. an X, Mencez ; 23 oct. 1806, Carré. — V. aussi *suprà* no 175.

186. — Du reste, lorsque trois jurés ont été portés sur la liste notifiée, sans indication de leur âge, il y a présomption légale qu'ils avaient l'âge requis, et l'accusé qui n'allègue le contraire que d'une manière vague ne peut s'en faire un moyen de nullité. — *Cass.*, 18 sept. 1828, Pitra; 12 avr. 1832, Dournac.

§ 2. — *Jouissance des droits politiques et civils.*

187. — Pour être juré il faut jouir des droits politiques et civils. — C. inst. crim. no 381.

188. — Un étranger non naturalisé ne peut donc, à peine de nullité, remplir les fonctions de juré. Ainsi, est nulle la formation du tableau du jury, faite sur une liste de trente jurés dont l'un n'a pas la qualité de Français. — *Cass.*, 28 oct. 1824, Christophe Lang; 11 fév. 1825, Barrage. — Persin, *Code du Jury*, p. 87; Carnot, *C. inst. crim.*, t. 3, p. 16, no 3; Bourguignon, *Manuel du jury*, p. 214.

189. — Est nulle la composition du jury dans laquelle a été compris un individu né en pays étranger de père et mère étrangers, et qui, bien qu'établi et marié depuis longtemps en Belgique, n'a point obtenu de lettres de naturalisation, et n'a fait ni la déclaration prescrite par l'art. 113 de la constitution, ni celle autorisée par l'art. 10, L. 27 sept. 1835. — *Cass. belge*, 1er sept. 1836, Verhulst; même jour, Gérault.

190. — ...Ou lorsque rien ne constate que l'un des jurés qui en font partie, et qui est né en pays étranger, d'un père étranger, ait rempli les formalités prescrites pour acquérir les droits politiques et civils, ou qu'il les ait obtenus de la grâce du roi. — *Cass.*, 29 janv. 1825, Joseph Reix.

191. — L'étranger admis par ordonnance royale à la jouissance des droits civils, mais qui n'a pas acquis par obtention de lettres de naturalisation, la jouissance des droits politiques, n'a pas la capacité nécessaire pour remplir les fonctions de juré. — *Ass. de la Seine*, 1er août 1838 (t. 2 1838, p. 52), Ducimetière-Monod c. Brunton.

192. — Mais un individu né à l'étranger d'un Français, est réputé Français tant qu'il n'est pas justifié que son père avait perdu sa qualité d'une des manières indiquées par l'art. 17, C. civ. Par conséquent, il peut être juré. — *Cass.*, 25 janv. 1838 (t. 1er 1840, p. 175), Val.

193. — L'incapacité absolue de remplir les fonctions de juré, résultant de la qualité d'étranger, ne peut jamais être couverte par la possession d'état, et doit surtout engendrer nullité, lorsque l'étranger a réclamé avant la formation du tableau. — *Cass.*, 28 oct. 1824, Christophe Lang.

194. — Jugé cependant que l'accusé qui n'a élevé aucune réclamation lors de la formation du tableau des douze jurés, ni dans le cours des débats, est non-recevable à proposer contre l'arrêt de condamnation un moyen de nullité tiré de ce que l'un des jurés qui ont prononcé sur son sort ne jouissait pas des droits politiques en France. — *Cass.*, 25 avr 1816, Pierre Olivier. — Nous ne pouvons admettre cette solution : la nullité résultant du défaut de capacité d'un juré est expresse. Le silence de l'accusé ne peut donc élever contre lui une fin de non-recevoir. Un consentement formel de sa part serait insuffisant pour conférer à ce juré une aptitude qu'il n'a pas. — V. dans ce sens Legraverend, t. 2, chap. 2, § 7, p. 81, note 2.

195. — En tous cas, l'inscription du nom d'un juré incapable comme étant étranger non naturalisé français, ne pourrait opérer une nullité, si indépendamment de ce juré, la liste s'est trouvée de plus de trente, et si d'ailleurs il n'a point fait partie du tableau du jury de jugement. — *Cass.*, 9 avr. 1829, Mathieu.

196. — L'art. 5, acte du 22 frim. an VIII (13 déc. 1799), qui suspend dans certains cas, et notamment dans celui de faillite, l'exercice des droits de citoyen français, n'est point contraire à la charte et est toujours en vigueur. — En conséquence, la déclaration d'un jury dont a fait partie un failli non réhabilité est nulle. — *Cass.*, 11 brum. an V, Mauduit ; 6 brum. an VIII, Solhard ; 16 fructid. an VIII, Gbion ; 12 nov. 1841 (t. 1er 1842, p. 589), Henri ; — Bourguignon, *Manuel d'inst. crim.*, art. 381, p. 481, no 4, et *Manuel du jury*, no 158, p. 210 ; Carnot, t. 3, art. 381, no 17, p. 11 ; Merlin, *Répert. de jurisprudence*, vo *Juré*, § 1er, no 6 ; Merger, *Manuel du jury*, p. 210.

197. — C'est la déclaration de faillite et non l'état de faillite qui constitue l'incapacité. Ainsi, la cour d'assises ne pourrait retrancher de la liste du jury un commerçant en se fondant sur le mauvais état de ses affaires.

198. — La déclaration de faillite elle-même ne saurait avoir d'effet rétroactif quant à la capacité du juré. En conséquence, le commerçant dont la faillite a été déclarée après l'accomplissement de ses fonctions de juré, ne peut être considéré comme incapable, alors même que cette déclaration ferait remonter l'état de faillite à une époque antérieure à celle où il a été juré.

199. — Carnot (*C. inst. crim.*, t. 3, p. 13, no 18) pense que l'héritier bénéficiaire d'un failli n'est pas incapable, mais qu'il en serait autrement d'un héritier pur et simple. — Cette distinction est évidemment inadmissible. L'incapacité qui frappe le failli est toute personnelle, et son héritier, appelé à faire partie du jury en son nom propre et non comme successeur du failli, ne peut, dans aucun cas, être frappé de l'incapacité qui pèse sur celui-ci.

200. — L'interdit étant privé de l'exercice des droits de citoyen, ne peut remplir les fonctions de juré. — Const. 22 frim. an VIII, art. 5.

201. — Il en est de même de l'individu placé dans les liens d'un conseil judiciaire. — *Cass.*, 23 juill. 1825, Isidore Froment.

202. — Un arrêtiste soutient que le prodigue pourvu d'un conseil judiciaire jouit de l'exercice de ses droits civils, puisqu'il a seul qualité pour les exercer ; qu'ainsi il n'est pas incapable de remplir les fonctions de juré. On ne peut sans doute point le confondre avec l'interdit ; cependant, comme le fait observer Legraverend (t. 2, chap. 2, p. 78, note 3e), son état annonce un homme dont l'intelligence et peut-être la moralité n'offrent point les garanties suffisantes pour qu'on lui confie le droit de prononcer sur la vie, l'honneur et la fortune de ses concitoyens. Quand la loi exige que le juré jouisse de ses droits civils, elle entend bien évidemment que ce soit dans leur plénitude, et non sous certaines restrictions qui suffisent pour que la condition essentielle de la capacité n'existe plus. — Carnot, sur l'art. 381, *C. inst. crim.*, t. 3, p. 16, no 8 ; Coin-Delisle, *Comment. analyt. sur l'art. 7, C. civ.*, no 21.

203. — Tout individu condamné à une peine afflictive et infamante est incapable de remplir les fonctions de juré. — C. pén., art. 28 et 34. — V. PEINES.

204. — Il en est de même d'un individu en état de contumace. — Const. 22 frim. an VIII; art. 5. — V. CONTUMACE.

205. — ... Ou qui aurait été privé de ceux des droits compris dans les nos 1, 2 et 3, art. 42, C. pén. — V. au surplus DROITS CIVILS, DROITS POLITIQUES. — V. aussi CITOYEN FRANÇAIS.

206. — L'état d'accusation suspend l'exercice des droits de citoyen, et rend l'accusé incapable d'être juré. — *Paris*, 14 mai 1831, Duez. — V. ACCUSATION.

207. — La grace qui n'est qu'une simple remise de peine et qui ne fait pas disparaître la condamnation, laisse subsister l'incapacité qui en résulte. — V. COMMUTATION DE PEINE, GRACE.

208. — L'état de domesticité suspend l'exercice des droits de citoyen, et rend incapables de remplir les fonctions de juré. — Const. 22 frim. an VIII, art. 5 ; — Persin, *Code du jury*, p. 88.

209. — Cette incapacité cesse avec la cause qui la produit. En conséquence, l'individu qui cesse d'être domestique devient immédiatement apte à remplir les fonctions de juré, s'il réunit d'ailleurs les conditions voulues par la loi. — Persin, *ibid.*, p. 89.

210. — L'état de domesticité qui suspend l'exercice des droits civils ne s'étend pas évidemment aux personnes qui, sans être attachées au service de la maison ou du maître, y exercent pourtant un emploi salarié. Ainsi, le secrétaire particulier, le précepteur des enfans, le bibliothécaire, ne sont pas incapables d'être jurés. — Carnot, *C. inst. crim.*, t. 3, p. 9, no 14 ; Morin, *Dict. de droit crim.*, vo *Jury*, p. 454.

§ 3. — *Effet, quant à la capacité des jurés, de l'inscription sur la liste dressée par le préfet.*

211. — L'inscription sur la liste du jury dressée par le préfet a pour résultat de créer, au profit de ceux qui s'y trouvent portés, une présomption de capacité qui les rend habiles à exercer les fonctions de jurés. — *Cass.*, 29 mai 1812, Guillemet ; 22 mai 1812, Jouva ; 18 mars 1813, Vigneux ; 29 avr. 1825, Houeix ; 7 mars 1828, Cauchy ; 10 sept. 1812, Verres ; 26 déc. 1833, Bugnets.

212. — Ainsi jugé que le juré capable au moment où il a été porté sur la liste dressée par le préfet, mais devenu incapable au moment de la formation du tableau des douze, ne vicie pas, par son concours, le jury dont il a fait partie. — *Cass.*, 21 sept. 1827, Jean Cardeau ; 27 sept. 1827, Sallefranque.

213. — ... Qu'un accusé ne peut se faire un moyen de cassation de ce que l'un des jurés qui ont concouru à la déclaration était en état de faillite. — *Cass.*, 17 niv. an X, Conore ; 4 juill. 1811, Sertel ; 22 oct. 1812, Noleau ; 23 oct. 1812, Louchard.

214. — ... Alors surtout que l'accusé n'a élevé aucune réclamation devant le tribunal criminel. — *Cass.*, 17 niv. an X, Conore.

215. — ... Ni lors de la formation du tableau des douze jurés. — *Cass.*, 25 avr. 1816, Olivier.

216. — Mais, depuis la loi du 2 mai 1827, dont la disposition a été reproduite dans l'art. 390, C. d'inst. crim., et d'après laquelle les jurés légalement privés des capacités exigées pour exercer les fonctions de juré, doivent être remplacés, il a été jugé qu'était nulle la formation du tableau du jury dont avait fait partie un individu qui, n'ayant le droit d'être juré qu'en qualité d'électeur, avait été rayé de la liste électorale par un arrêté du préfet confirmé par arrêté de la cour royale. — *Cass.*, 4 nov. 1830, Fronteau. — V. aussi Bourguignon, *Manuel du Jury*, p. 337, no 222 ; Duvergier sur Legraverend, t. 2, p. 78, note.

217. — La cour d'assises devant laquelle un juré justifie avoir été dépouillé de la qualité d'électeur par un arrêté du préfet, peut donc valablement le retrancher de la liste des quarante jurés. — *Cass.*, 26 déc. 1833, Bugnets.

218. — Jugé cependant, qu'encore bien que l'un des trente jurés sur lesquels a été fait le tirage pour la formation du tableau du jury de jugement ait été rayé des listes électorales pour diminution de cens, par arrêté du préfet, la veille de l'ouverture des débats, il n'en résulte aucune nullité, si d'ailleurs ce juré avait l'âge requis et jouissait de ses droits civiques. — *Cass.*, 14 sept. 1832, Bouillot.

219. — Il en est ainsi, en pareil cas, alors surtout que l'arrêté de radiation était ignoré de la cour royale lors du tirage et qu'il n'a été fait aucune réclamation devant la cour d'assises. — *Cass.*, 9 janv. 1829, Thomas Beaumont ; 13 janv. 1831, Barnais ; même jour, Guillemette ; 15 juill. 1830, Mottelay. — V. aussi *Cass.*, 16 juill. 1846 (t. 2 1846, p. 402), Evenot.

220. — En tous cas, l'accusé ne saurait se plain-

dre de ce que la liste notifiée, ne mentionnerait pas la qualité d'électeur qui aurait conféré à des citoyens la capacité d'être juré. — *Cass.*, 7 mars 1828, Cauchy.

221 —...Ni de ce que l'un des jurés ne serait qualifié que de *jurisconsulte*, et n'aurait obtenu aucun degré dans une faculté de droit.— *Cass.*, 10 sept. 1812, Germain Verres. — Merlin, *Rép.*, vo *Juré*, § 1er, no 11.

222. —...Ni de ce que l'un des jurés qui ont rendu la déclaration sur laquelle il a été condamné, n'a pas, dans une administration, le traitement nécessaire pour lui conférer le titre et les fonctions de juré. — *Cass.*, 22 mai 1812, Jouva.

223. — La qualité d'officier de santé n'étant pas exclusive de la capacité d'être juré, il suffit qu'un citoyen ait été inscrit en cette qualité sur la liste du préfet, pour qu'il soit présumé avoir la capacité requise. — *Cass.*, 24 août 1827, Piriou.

224. — Néanmoins, la présomption de capacité qui naît de l'inscription du nom d'un citoyen sur la liste du jury par l'autorité administrative est détruite par la preuve légalement établie de son incapacité *absolue*.—*Cass.*, 28 oct. 1824, Christophe Lang ; 4 nov. 1830, Fronteau.

225.— Mais la seule allégation de l'accusé qu'un juré aurait perdu la qualité d'électeur ne peut faire annuler le jugement auquel il a concouru.— *Cass.*, 26 déc. 1833, Bugnets.

226. — La formation du tableau primitif des jurés est un acte d'administration dont les tribunaux n'ont pas le droit de connaître. — *Cass.*, 2 juill. 1812, Mora; 9 juill. 1812, Franqueville; 9 avr. 1818, Couaix. — Merlin, *Rép.*, vo *Juré*, § 1er, no 11.

227. — Spécialement les tribunaux ne peuvent examiner et juger si les citoyens portés sur les listes du jury dressées par l'autorité administrative jouissent du revenu nécessaire pour remplir les fonctions de jurés.—*Cass.*, 21 avr. 1812, Caussinus.

228. —... Ou s'ils paient les contributions nécessaires pour avoir la qualité d'électeur que leur confère celle de juré.—*Cass.*, 2 août 1833, Cullé; 10 juin 1830, Brision.

229—Il suit de là que lorsqu'un citoyen est porté sur la liste du jury et que son inscription n'a point été attaquée dans les délais de la loi devant l'autorité administrative, on n'est pas recevable à contester sa capacité devant les tribunaux.—*Cass.*, 25 mai 1837 (t. 2 1838, p. 195), Renouf et Quetier.

230. — Cependant, lorsque, par l'effet d'une erreur matérielle, un juré dont le nom avait été rayé de la liste électorale par un arrêté du préfet a été rétabli sur la liste qui a servi d'élément au tirage au sort des quarante jurés, la cour d'assises peut, sans s'immiscer dans la connaissance d'un acte administratif, retrancher ce juré de la liste de session. — *Cass.*, 7 fév. 1834, Fagondo.

231. — En résumé, de la jurisprudence qui précède et de l'état actuel de la législation on peut conclure que toutes les fois qu'il s'agit de savoir si le juré possède les conditions de capacité exigées par l'art. 381, C. inst. crim., c'est-à-dire s'il a trente ans accomplis et s'il jouit des droits politiques et civils, s'agissant alors d'une *capacité nécessaire*, absolue et d'ordre public, la cour d'assises est compétente pour apprécier les difficultés qui lui sont soumises à cet égard, et peut, même d'office, écarter du jury le citoyen qui, bien que porté sur la liste du préfet, ne réunirait pas cette double condition de capacité.

232. — La cour d'assises serait également compétente pour rayer de la liste du jury un juré qui ne se trouverait plus dans un des cas déterminés par l'art. 382, mais à la condition que la perte de cette *capacité accessoire et secondaire* serait établie par des actes ou par des preuves devant lesquelles la présomption résultant de l'inscription sur la liste, devrait nécessairement disparaître. Ainsi, lorsqu'un citoyen porté sur la liste du jury comme électeur a été dépouillé de cette qualité par un arrêté du préfet; lorsque celui qui a figuré sur cette liste comme notaire ou comme avocat a perdu cette qualité, soit par démission, soit par révocation, la radiation de la liste du jury peut être ordonnée par la cour d'assises.

233. — Mais lorsque, sans justifier de la preuve légale de l'incapacité, on conteste au juré qu'on prétend faire écarter de la liste du jury soit son titre d'électeur, soit la qualité qui l'aurait fait porter à un autre titre sur cette liste, la cour d'assises est incompétente pour apprécier le mérite d'une pareille contestation; dans ce cas, la présomption de capacité résultant de l'inscription sur la liste doit prévaloir, et il n'appartient qu'à l'autorité administrative de connaître des difficultés qui peuvent s'élever à cet égard. —V. *Cass.*, 14 sept. 1832, Bouillot.

234. — Dans tous les cas est nulle la déclaration du jury à laquelle a concouru un individu qui n'était pas inscrit sur la liste arrêtée par le préfet. — *Cass.*, 26 janv. 1808, Jacques Bussette. — V. aussi 1er germin., an XII, Barthelemy.

235. —...Spécialement, un individu qui, au lieu de se faire inscrire régulièrement, a voulu s'appliquer l'inscription d'un de ses parens décédés dont il a même négligé de faire rectifier les différences d'âge et de prénoms existant entre eux. — *Cass.*, 31 janv. 1835, Blanche.

§ 4. — *Incapacités diverses.*

236. — L'art. 2 de la loi du 3 brum. an IV portait que tout individu qui avait été placé sur une liste d'émigrés et n'avait pas obtenu sa radiation définitive; les père, fils, petits-fils, frères et beaux-frères, les alliés au même degré, ainsi que les oncles et neveux des individus compris dans la liste des émigrés et non définitivement rayés, étaient exclus jusqu'à la paix générale, des fonctions de juré.

237. — La loi du 3 brum. an IV, abrogée par celle du 9 messidor an V, fut remise en vigueur par la loi du 9 fruct. an V.

238. — En conséquence, il a été jugé, sous l'empire de ces lois, qu'un beau-père d'émigré étant inhabile à remplir les fonctions de juré, la composition du jury dans laquelle il entrait était illégale et nulle. — *Cass.*, 27 germ. an VII, Fourquignon.

239. — Il en était de même de la délibération à laquelle avait concouru comme juré le neveu d'un émigré. — *Cass.*, 11 messid. an VII, Coullet.

240. — ...Ou un oncle d'émigré.—*Cass.*, 21 vendém. an VIII, Antoumari.

241. — Il est sans doute inutile d'ajouter qu'aujourd'hui cette incapacité ne saurait plus en aucune façon être invoquée.

242. — Jugé encore que le défaut de connaissance de langue française rend incapable d'exercer les fonctions de juré. — *Cass.*, 23 vendém. an VIII, Leyssens.

243.—...Qu'en conséquence est nulle la déclaration du jury à laquelle ont concouru quatre jurés qui, n'entendant pas la langue française, ont apporté des notes à l'audience, et n'ont pu ni comprendre les débats ni faire des interpellations, ni donner leur déclaration individuelle, surtout si le ministère public avait requis leur remplacement qui n'a pas été ordonné. — *Cass.*, 11 brum. an VI, Mogling et Maerlens.

244.—...Que celui qui n'entend pas suffisamment la langue française pour comprendre ce qui sera dit dans les débats ne peut, même avec le secours d'un interprète, remplir les fonctions de juré, à peine de nullité. — *Cass.*, 30 oct. 1813, Pacques. — Carnot, *supplém. au C. inst. crim.*, p. 190, no 15. — V. cependant *Cass.*, 2 juill. 1812, Mora.

245.—Enfin, lorsqu'il est établi par le jugement que l'un des jurés était tellement sourd qu'il ne pouvait pas entendre la lecture des pièces du procès, les dépositions orales des témoins, les réponses de l'accusé et des débats, la déclaration du jury est nulle, comme rendue par onze jurés seulement. — *Cass.*, 27 frim. an VII, Jaffrezy. — Les dispositions du Code d'inst. crim., relatives à la question, étant à peu près les mêmes que celles du Code du 3 brum. an IV, cette décision conserve toute sa force; mais il ne faudrait rien moins qu'une preuve authentique, comme celle qui existait dans l'espèce, pour servir de base au jugement d'annulation, et ce n'est point par des visites de médecins, des certificats ou par d'autres de la même nature que l'on pourrait détruire la présomption légale de l'aptitude physique d'un juré.

Sect. 3e. — *Incompatibilité entre les fonctions de juré et certaines fonctions ou qualités.*

246. — Il y a deux espèces d'incompatibilité, l'une générale et absolue, l'autre seulement spéciale et relative à chaque affaire; la première résulte de certaines fonctions ou dignités qui ont été jugées inconciliables avec celles des jurés ; la seconde produite par la position particulière du juré, surtout relativement à l'accusé dans l'affaire qu'il est appelé à juger.

247. — Quelle que soit du reste la cause d'*incompatibilité, absolue ou relative*, c'est à la cour d'assises seule qu'il appartient de résoudre la question de savoir si un juré doit ou non faire partie du jury.

248. — Cependant il a été jugé que le président de la cour d'assises ne commet pas un excès de pouvoir, lorsque sur l'observation qui lui en est faite par un juré, au moment de la formation du jury de jugement, qu'il est cité comme témoin dans affaire en vue de laquelle il va être procédé au tirage du jury, il décide seul, aucune objection n'ayant été faite, que le nom de ce juré ne sera pas placé dans l'urne. — *Cass.*, 19 janv. 1838 (t. 1er 1838, p. 401), Fay-Farget.

§ 1er. — *Incompatibilités générales et absolues.*

249. — Les fonctions de jurés sont incompatibles avec celles de ministre, de préfet, de sous-préfet, de juge, de procureur-général, de procureur du roi et de leurs substituts.— C. inst. crim., art. 383, § 1er.

250. — Cette incompatibilité ne s'étend pas aux fonctions de conseiller de préfecture. — *Cass.*, 24 sept. 1825, Aymard; 10 mars 1827, Jean-Jean. — Carnot, sur l'art. 394, C. inst. crim., t. 3, p. 27, no 2.

251.—Le mot *juges* dont se sert l'art. 383 comprend non seulement les juges des tribunaux de première instance, mais encore les conseillers soit de la cour de Cassation, soit des cours royales, les juges de paix.

252.—L'incompatibilité qui existe entre les fonctions de juré et celles de juge s'applique également aux juges de commerce comme à ceux qui font partie des autres tribunaux.—Legraverend, t. 2, ch. 2, p. 73, note 6e; no 5; Bourguignon, *Jurisp. des Codes crim.*, sur le même article, t. 2, p. 245, no 3, et Deserres, *Manuel des cours d'assises*, t. 1er, p. 114. — La disposition de l'art. 383, C. inst. crim., est générale et absolue. Si les juges de commerce ne sont pas nommés, ils sont du moins institués par le roi. C'est en son nom qu'ils rendent la justice; ils ont donc le caractère de juges dans le sens de l'art. 383.

253. — Ainsi, en excluant des fonctions de juré un juge du tribunal de commerce et en procédant à son remplacement, une cour d'assises ne viole aucune loi. — *Cass.*, 31 janv. 1812, Sauvaigu.

254. — Mais le juge (et spécialement celui d'un tribunal de commerce) qui a cessé ses fonctions avant l'ouverture de la session d'une cour d'assises, peut remplir les fonctions de juré pendant la session.—*Cass.*, 14 sept. 1837 (t. 1er 1840, p. 13), Pic.

255. — Est nulle la déclaration du jury à laquelle a concouru un juge de paix en qualité de juré. — *Cass.*, 25 prair. an XII, Palis.

256.— Les magistrats en retraite n'exerçant aucune fonction judiciaire peuvent incontestablement faire partie du jury.—Bourguignon, *Jurispr. crim.*, t. 2, p. 246, no 3.

257.—Mais il y a incompatibilité entre les fonctions de conseiller honoraire et celles de juré. — *Assises de la Seine*, 17 mars 1834, Pavyot de Saint-Aubin.

258. — Jugé que les fonctions des membres de la cour des comptes ne sont point incompatibles avec celles de jurés. — *Cass.*, 18 mars 1825, Papavoine. — Jugé également que les conseillers référendaires à la cour des comptes n'ont pas le caractère de juges, et qu'ils peuvent être jurés. — *Cass.*, 10 fév. 1831, Jeannet. — Persin, *Code du jury*, p. 81. — Carnot (sur l'art. 394, C. inst. crim., t. 3, p. 26, no 7) s'exprime ainsi : « Les membres de la cour des comptes, étant de véritables juges, rentrent dans l'application de l'art. 384 (ancien). Nous n'en excluons pas même les référendaires, car s'ils ne sont pas juges, s'ils n'ont pas voix délibérative, ils n'en exercent pas moins des fonctions judiciaires et permanentes : ce sont eux qui rapportent tous les comptes. » — Il nous paraît plus sage de s'arrêter au sens littéral de la loi. L'art. 384 dit qu'un juge ne peut être juré. Suivant les idées les plus élémentaires, on doit entendre par juge un magistrat institué par le roi pour rendre la justice, c'est-à-dire pour statuer sur les biens, les droits ou obligations des citoyens. Ce caractère et ces attributions appartiennent-ils aux membres de la cour des comptes? Il suffit pour s'en convaincre de consulter les décrets des 16 et 28 sept. 1807, contenant l'organisation et la compétence de cette cour, et les art. 58 et 59 de la charte, qui maintiennent les cours et tribunaux existans et proclament l'inamovibilité des juges nommés par le roi, à l'exception des juges de paix. La cour des comptes, qui prend rang immédiatement après la cour de Cassation et jouit des mêmes prérogatives, juge les opérations des comptables; elle statue sur les hypothèques qui grèvent leurs biens en cette qualité, et les condamne aux amendes et aux peines prononcées par les lois et réglemens; ses arrêts sont exécutoires et souverains comme ceux des autres cours; elle a droit au même respect et présente les mêmes garanties pour son indépendance. Qu'importe que les arrêts des cours des comptes soient portés devant le conseil d'état? ce n'est point une raison pour l'assimiler à ce corps, si peu en harmonie avec nos institutions, et ravir à ses membres le titre de *juges* pour leur imposer la qualification de *juges administrateurs*.

259. — Suivant nous, les fonctions de conseiller d'état sont également incompatibles avec celles de jurés. — Persin (*Code du jury*, p. 77) pense que l'incompatibilité n'existe pas pour les conseillers en service extraordinaire. — Nous adoptons cette opinion par les motifs qui ont fait décider qu'il n'y avait pas incompatibilité entre les fonctions de juré et celles de juge suppléant. — V. *infrà* nos 262 s.

260. — Il n'y a pas incompatibilité entre les fonctions de pair de France et celles de juré. — *Cass.*, 16 juin 1831, Talleyrand de Périgord; 19 mai 1832, Leduc et Genoude. — Legraverend, t. 2, p. 75-6o, et Carnot, *Inst. crim.*, t. 3, p. 27-3o. — V. *contrà* Bourguignon, *Jurispr. des codes crim.*, sous l'art. 387, C. inst. crim. : « Toutefois pendant la durée des sessions, les pairs pourraient s'excuser et devraient être dispensés. Quant à l'incompatibilité prononcée en faveur des juges, elle ne pourrait s'appliquer qu'à ceux qui en exercent les fonctions permanentes et non aux pairs qui n'en sont investis qu'accidentellement.

261. — Les membres des conseils de prud'hommes, de même que les maires, leurs adjoints et les conseillers de préfecture, ne sont point exclus des fonctions de jurés. — *Cass.*, 24 sept. 1825, Aymard. — Il est évident que la qualité de juge accidentellement exercée par les prud'hommes ne peut les faire exclure des fonctions de juré. — Bioche et Goujet, *Dict. de procéd.*, vo *Prud'homme*, no 17.

262. — Un juge suppléant peut également être juré. — *Cass.*, 9 août 1811, Landois; 27 fév. 1812, Blon; 1er juin 1821, Bobilier; 7 mai 1829, Cléopard-Lallier; 8 janv. 1829, Ledru; 30 mai 1829, Bertrand; 3 déc. 1829, Delattre; 22 janv. 1830, Letellier; 23 août 1833 (intérêt de la loi), Lubille; 14 sept. 1837 (t. 1er 1840, p. 13), Pic; 1er oct. 1846 (t. 1er 1847, p. 25), Lecointe et Bretagne. — Bourguignon, *Jurispr. des codes crim.*, sur l'art. 384, C. inst. crim, t. 2, p. 245, no 3; Carnot, sur le même article, t. 3, p. 24, no 3; Legraverend, t. 2, chap. 2, p. 77, note 2e, et de Serre, *Manuel des cours d'assises*, t. 1er, p. 114; Persin, *Code du jury*, p. 82. — V. circul. min. 25 sept. 1811.

263. — La qualité de juge suppléant ne peut donc autoriser l'exemption d'un juré qu'autant que le service du tribunal auquel il est attaché nécessiterait son concours. — *Cass.*, 1er juin 1821, Bobilier.

264. — Il en est de même des fonctions de juge suppléant au tribunal de commerce. — *Cass.*, 10 mars 1815, Remy; *Assises de la Seine*, 17 fév. 1835, Martignon et Prévost; *Cass.*, 13 avr. 1839 (t. 1er 1839, p. 471), Loison.

265. — ... Et cela lors même qu'un réglement du tribunal de commerce aurait appelé les juges suppléans à remplir les fonctions de juges à tour de rôle comme les juges en titre; sauf pour la cour d'assises le droit d'exempter temporairement ces juges suppléans, conformément à l'art. 397, C. inst. crim., dans le cas où l'exercice des fonctions de juré pourrait entraver le service du tribunal auquel ils seraient attachés. — *Cass.*, 13 avr. 1839 (t. 1er 1839, p. 471), Loison.

266. — Les fonctions de suppléant du juge de paix sont également compatibles avec celles de juré. — *Cass.*, 25 oct. 1811, Delétang; 10 août 1826, Campet; 15 nov. 1837 (t 1er 1838, p. 291), de Lavernade c. Gide.

267. — Ainsi il n'y a pas nullité dans la déclaration du jury à laquelle ont concouru des suppléans de juge de paix et de tribunaux civils. — *Cass.*, 19 janv. 1809, N.....

268. — Il est évident que l'accusé qui ne s'est pas opposé à ce que des suppléans du juge de paix fussent rayés du tableau du jury est non-recevable à se faire de cette élimination un moyen de nullité; il suffit qu'il ait été pourvu au complément de la liste des trente jurés. — *Cass.*, 14 nov. 1811, Gosset et Got. — Carnot, sur l'art. 384, C. inst. crim., t. 3, p. 24, no 4. — Il est difficile de comprendre comment l'accusé est non-recevable pour n'avoir point mis opposition à un remplacement qui se fait ou qui peut se faire hors sa présence. (*Cass.*, 26 frim. an IX, aff. Simonet et la note.) La composition du jury n'est pas une de ces formalités de procédure qu'on est censé avoir abandonnées dès qu'on ne les a pas relevées. Elle intéresse l'ordre public en ce que les infractions à la loi confèrent le caractère de juges à des personnes qui ne devaient pas l'avoir. Le silence de l'accusé est donc insuffisant pour élever contre lui une fin de non-recevoir.

269. — Sous le Code du 3 brum. an IV, les assesseurs du juge de paix étaient investis des fonctions de juges et dès-lors ne pouvaient, à peine de nullité, faire partie d'un jury. — *Cass.*, 18 vent. an VII, Vadé; 22 germin. an VII, Pepin; 27 germ. an VII, Mailly; 29 germin. an VII, Chaslion et Sottiau; 5 flor. an VII, Paillier; 8 prair. an VII, Maillan; 16 prair. an VII, Imbert; même jour, Maurice et Martin Pichon; 23 prair. an VII, Noblet; 27 prair. an VII, Godet et Poussin; 29 prair. an VII, de Moermel; même jour, Brasseur et Mairay; 12 messid. an VII, Marchal; 13 messid. an VII, Decaen; 17 messid. an VII, Marie Rose; même jour, Grandiot et Gourleau; 1er thermid. an VII, Robin; 8 thermid. an VII, Fély; 21 thermid. an VII, Dabat et Loucan; 11 fructid. an VII, Laforêt dit Félix; même jour, Gosselin; 17 fructid. an VII, Kaisser; 7 vendém. an VIII, Mongel; 16 vendém. an VIII, Georges; 12 brum. an VIII, Pichoux et Héral; 18 brum. an VIII, Gauthier; 25 brum. an VIII, Jeudi; 8 frim. an VIII, Gobaille; 14 frim. an VIII, Lattier; 11 vent. an VIII, Sirhop; 1er germ. an VIII, Majourel; 3 germin. an VIII, Burel; 9 germ. an VIII, Cuisinier; 27 germin. an VIII, Mauguet; 6 prair. an VIII, Desavies; 7 messid. an VIII, Challand; 28 fructid. an VIII, Duval; 28 frim. an IX, Demaçon; 6 vent. an IX, Pillaud; 17 vent. an IX, Daré; 18 prair. an IX, Pointel; 6 thermid. an IX, Fontain; 17 fructid. an IX, Mollaret; 8 niv. an X, Falempin; 7 pluv. an X, Maulion; 16 vent. an X, Ménier; 23 fructid. an X, Glisse et Lafontaine.

270. — C'était la loi du 16-24 août 1790, tit. 3, qui avait créé dans chaque justice de paix des assesseurs qui devaient *assister* le juge de paix dans tous les jugemens qui s'y rendaient. Le Code du 3 brum. an IV leur avait conféré le caractère de juges en disposant que le tribunal de police serait *composé* du juge de paix et de deux assesseurs. — La loi du 29 vent. an IX a supprimé cette institution, qui ne réalisait point les espérances qu'on en avait conçues et qui privait le jury du concours d'un grand nombre de citoyens dont les services pouvaient être plus utiles dans des affaires où leur mission se réduit à l'examen d'un simple point de fait. C'est cette même loi qui a établi dans chaque justice de paix deux suppléans.

271. — Les fonctions de greffier du tribunal où siége la cour d'assises ne sont pas incompatibles avec celles de membre du jury faisant partie de la même cour d'assises. — *Cass.*, 28 fév. 1839 (t. 2 1839, p. 239). Lacour.

272. — L'incompatibilité établie par l'art. 383 entre les fonctions des procureur général, procureur du roi et leurs substituts et celles de juré est évidemment applicable aux avocats généraux.

273. — Sous le Code du 3 brum. an IV, nul ne pouvait être juré de jugement dans la même affaire où il avait été juré d'accusation. — Art. 502.

274. — En conséquence il y avait nullité lorsque, dans une affaire, les fonctions de juré d'accusation et celles de juré de jugement avaient été remplies par la même personne. — *Cass.*, 21 pluv. an VII, Lambert-Boulin; 14 germin. an VII, Iserbi; 1er thermid. an VII Hellin; 7 thermid. an VII, Auguet; 8 thermid. an VII, Ristori; 16 fructid. an VIII, Dardelle; 19 pluv. an IX, N...; 28 messid. an IX, Navez et Fayt; 27 niv. an X, Huitz; 19 messid. an X, Fallas et Oudot; 18 germin. an XII, Weymann; 8 messid. an XIII, Triquera; même jour, Delmas; 12 oct. 1809, Boullet.

275. — Mais le Code du 3 brum. an IV n'interdisait point à celui qui avait rempli les fonctions de juré de jugement dans une affaire jugée par contumace de remplir les mêmes fonctions lors du jugement contradictoire. — *Cass.*, 22 thermid. an XIII, Tauzin.

276. — L'acquiescement de l'accusé ne couvrait pas la nullité résultant de ce que la même personne avait rempli dans une affaire les fonctions de juré d'accusation et celles de juré de jugement. — *Cass.*, 21 pluv. an VII, Lambert-Boulin.

277. — « Les fonctions de jurés sont également incompatibles, porte le § 2, de l'art. 383, C. inst. crim., avec celles de ministre d'un culte quelconque. »

278. — D'après l'art. 25 du Code du 3 brum. an IV, les agens municipaux exerçaient les fonctions de police dans les communes dont la population ne s'élevait pas à 5,000 habitans, et par conséquent ne pouvaient être jurés. — *Cass.*, 11 niv. an VII, Bourdeou.

279. — Aussi annulait-on la déclaration du jury à laquelle avait pris part un agent municipal d'une commune dont la population ne s'élevait pas à 5,000 âmes. — *Cass.*, 11 niv. an VII, Bourdeou; 15 pluv. an VII, Benoît; 25 pluv. an VII, Merle; 4 vent. an VII, Mercier; 12 vent. an VII, Grassineau; 7 germin. an VII, Raybaud; 9 germin. an VII, Arnaud; même jour, Berthelet; 23 germin. an VII, Raugeaud; 17 flor. an VII, Barthélemy et Fabre; 1er prair. an VII, Bouchet; 3 prair. an VII, Maillan; 29 prair. an VII, de Moermel; 1er thermid. an VII, Perciau; 8 thermid. an VII, Duny; 15 thermid. an VII, Samuel et Schmitt; 11 fructid. an VII, Marot; 25 fructid. an VII, Lepellier; 7 vendém. an VIII, Ramel; 8 vendém. an VIII, Côme-Vinet; 17 brum. an VIII, Marre; 21 frim. an VIII, Corrextre; 18 niv. an VIII, Lancelot; 17 vent. an VIII, d'Egremont; 19 flor. an VIII, Delubat; 29 flor. an VIII, Pic et Amade; 17 messid. an VIII, Martin; 18 messid. an VIII, Prieur; 19 messid. an VIII, Chambaraud; 19 thermid. an VIII, Touzeau; 26 thermid. an IX, Sonnié dit Laprune; 24 juill. 1806, Goubert.

280. — La loi du 28 pluv. an VIII qui a réorganisé le système municipal a substitué dans ses art. 12 et 13 à l'expression d'agent municipal celle de maire.

281. — Postérieurement à la loi du 28 pluv. an VIII, les maires, sans distinction de la population des communes, étaient officiers de police judiciaire, et cette qualité était incompatible avec celle de juré. — *Cass.*, 28 vendém. an X, Deleaux et Dauchy; 30 avr. 1807, Blondel; 21 juin 1810, Pinard; 13 juin 1811, Ordassier; 16 fructid. an IX, Michel; 9 vent. an X, Reverchon.

282. — Le Code d'instruction criminelle a repoussé l'incompatibilité établie par la législation antérieure entre les fonctions de jurés et celles d'officier de police; en conséquence il a été reconnu que cette dernière qualité ne faisait pas obstacle à l'exercice de la première, et dès lors les maires n'ont plus été incapables à ce titre de remplir les fonctions de jurés.

283. — Une autre espèce d'incompatibilité pouvait leur être opposée à raison des attributions judiciaires que la loi leur avait accordées. — C. inst. crim., art. 166 et suiv. — Mais cette incompatibilité a été également écartée par la jurisprudence.

284. — Ainsi jugé que les attributions judiciaires des maires n'étant que subsidiaires à leurs fonctions administratives, elles ne sont point incompatibles avec celles de jurés. — *Cass.*, 28 mai 1812. Clerval; même jour, Françoise Bonnot; 8 oct. 1812, Heiter; 2 janv. 1813, Bès; 14 sept. 1837 (t. 1er 1840, p. 13), Pic.

285. — Sous le code du 3 brum. an IV, l'adjoint au maire d'une commune dont la population ne s'élevait pas à 5,000 habitans remplissait, en cette qualité, les fonctions de commissaire de police, et il y avait incompatibilité entre ces fonctions et celles de juré de jugement. — *Cass.*, 19 prair. an IX. Cremien, dit Poulet; 8 fruct. an X, Gaillard; 9 fruct. an X, Renouard; 15 fruct. an X, Bionnet; 7 pluv. an XI, Barbarin; 12 fruct. an XIII, Vairon et Boulanger; 9 janv. 1806, Bezard; 27 juill. 1809, Renotte Bernard; 4 messid. an VII, Cassini; — V. aussi *Cass.*, 2 janv. 1813, Bès.

286. — Le Code d'instruction criminelle n'ayant pas admis que les fonctions d'officier de police fussent incompatibles avec celles de juré, les adjoints sont aptes à faire partie du jury.

287. — Sous le Code du 3 brum. an IV, le citoyen qui, par ses fonctions, se trouvait compris parmi les officiers de police judiciaire, ne pouvait pas faire partie d'un jury, à peine de nullité. — *Cass.*, 18 brum. an VIII, Lasalle.

288. — Tels étaient les commissaires de police. — *Cass.*, 16 germin. an VII, Jean Gaud; 4 brum. an VIII, Monsaingeon.

289. — Aujourd'hui et depuis le Code d'instruction criminelle, cette incompatibilité a cessé d'exister. — *Cass.*, 2 mai 1816, Reiller.

290. — Sous le Code du 3 brum. an IV, les gardes forestiers étaient officiers de police judiciaire et ne pouvaient faire partie d'un jury. — *Cass.*, 21 vend. an VIII, Lebarbanchon; 27 frim. an VIII, Girard et Delamarre; 19 vent. an VIII, Chièze.

291. — De même que pour les commissaires de police, adjoints, maires, etc., il en est autrement depuis le Code d'instruction criminelle.

292. — Les consuls sont dispensés de l'obligation d'être jurés, en vertu d'une lettre ministérielle du 7 vend. an XIII.

§ 2. — *Incompatibilités spéciales et relatives.*

293. — Nul ne peut être juré dans la même affaire où il a été témoin. — C. inst. crim., art. 392.

294. — Il suffit qu'un individu ait fait une simple déclaration, soit devant un officier de police judiciaire, soit devant un juge d'instruction, pour qu'il doive être considéré comme témoin dans le sens de cet article. — Carnot, *C. inst. crim.*, t. 3, p. 21, no 3.

295. — Jugé qu'il n'y a pas lieu d'annuler l'arrêt rendu par une cour d'assises lorsque l'un des jurés portés sur la liste était frappé d'incapacité pour avoir été témoin lors de l'instruction, si ce juré a été récusé, et si, d'ailleurs, l'accusé n'a pas épuisé son droit de récusation. — *Cass.*, 30 sept. 1837 (t. 2 1837, p. 47), Raynald.

296. — Celui qui a été interprète ou expert ne peut non plus être juré dans la même affaire. — C. inst. crim., art. 392.

297. — Ainsi jugé que la formation du jury de jugement est nulle, lorsque le tirage a été fait sur une liste de trente jurés où figurait un citoyen qui avait rempli dans l'affaire les fonctions d'expert, ce qui réduisait à vingt-neuf le nombre des jurés capables. — *Cass.*, 6 févr. 1834, Louis Nadeau; 17 août 1837 (t. 2 1839, p. 537), Mémoel.

298.—...Que lorsqu'un médecin qui a été commis dans le cours de l'instruction, pour examiner des blessures, et qui en a dressé un rapport, se trouve faire partie des trente jurés appelés pour la formation du tableau du jury, l'incapacité dont il est frappé par sa qualité d'expert, réduit la liste à vingt-neuf jurés, ce qui opère une nullité. —*Cass.*, 18 juill. 1822, Jean Dupuis; 13 oct. 1826, Glarult; — Bourguignon, *Man. du jury*, p. 287, no 298.

299.—Le consentement de l'accusé ne saurait, même en pareil cas, couvrir la nullité. — *Cass.*, 22 mai 1819, Daniel Heits; — Bourguignon, *Man. du jury*, p. 287.

300. — De même, sont nuls les débats d'une cour d'assises, lorsque l'on a inscrit sur la liste des trente jurés un citoyen qui a figuré comme expert dans l'instruction, soit en examinant certaines matières, soit en visitant la personne de l'accusé. Cette nullité n'est couverte ni par la circonstance que cette personne n'a prêté aucun serment comme expert devant le juge d'instruction, ni par la récusation du ministère public lors du tirage au sort des jurés, ni par le silence de l'accusé.—*Cass.*, 16 avr. 1838 (t. 1er 1840, p. 178), Desmarres.

301. — La même prohibition d'être juré existe pour celui qui, dans la même affaire, a été partie. — C. instr. crim. art. 392.

302. — On ne peut considérer comme *parties* et comme incapables, à ce titre, de remplir les fonctions de jurés que les dénonciateurs, les plaignans et les parties poursuivantes, ou les parties civiles. —*Cass.*, 8 sept. 1826, Marcadet.

303. — Le juré qui, comme avoué, a signé la plainte par suite de laquelle l'accusé comparaît à la cour d'assises, ne peut être considéré comme personne distincte de celle dont il a soutenu les intérêts; il doit, en conséquence, être assimilé *à la partie*, et déclaré, à peine de nullité, incapable de faire partie du jury appelé à juger l'affaire relative à la plainte signée de lui. — *Cass.*, 30 nov. 1837 (t. 1er 1838, p. 626), Daillioux.

304.—Mais il n'y a aucune incompatibilité entre les fonctions de juré et celles d'avocat ou d'avoué, ayant exercé ou occupé dans un procès civil contre l'accusé. — *Cass.*, 2 avr. 1829, Vivier.

305. — Il n'y a pas non plus incompatibilité légale entre les fonctions de jurés et celles de conseil de l'accusé.

306. — Spécialement, le juré qui a connu de l'affaire comme conseil des accusés n'est pas fondé à s'abstenir, et doit être maintenu sur la liste de session, sauf au ministère public à le récuser s'il le juge convenable.—*Assises de la Haute-Vienne*, 5 déc. 1833, Boisneau. — V. aussi *Cass.*, 8 oct. 1818, Causse.

307. — Mais la qualité de défenseur doit créer nécessairement une incompatibilité de fait, lorsque l'avocat de l'accusé appelé comme juré se présente pour le défendre; il est évident qu'il ne peut être en même temps avocat et juge dans la même affaire, et que l'une de ces positions est nécessairement exclusive de l'autre.

308. — C'est dans ce sens qu'il a été jugé qu'il y a incompatibilité entre les fonctions de juré et celles de conseil de l'accusé.— *Cass.*, 28 janv. 1825, Domergue.

309.—... Qu'il y a nullité lorsque le tableau a été formé sur une liste de trente jurés dont faisait partie le défenseur de l'accusé. — *Cass.*, 26 avr. 1832, Boussagol.

310. — ... Que le défenseur de l'accusé devant être considéré comme partie, la cour d'assises ne porte aucune atteinte au droit de récusation réservé à l'accusé, en ordonnant que son défenseur ne sera pas compris dans la liste des jurés sur laquelle il doit être procédé à la formation du tableau. — *Cass.*, 27 juin 1835, Gaudeix et Bouland.

311. — ... Que lorsque le conseil de l'accusé se trouve au nombre des jurés dont la liste est de trente seulement, il y a lieu d'annuler le tirage du jury. — *Cass.*, 20 juin 1839 (t. 2 1839, p. 666), Delport.

312.—Mais on ne peut considérer comme partie dans une accusation de faux en écriture, et comme exclu des fonctions de juré, le porteur d'actions d'une société anonyme, au préjudice de laquelle un ou plusieurs faux ont été commis.— *Cass.*, 8 sept. 1826, Marcadet.

313. — Aucune loi n'établit d'exclusion ni d'incompatibilité entre les jurés. En conséquence, des jurés ne peuvent pas être exclus sous le prétexte de parenté entre eux.— *Cass.*, 9 mai 1816, Alexandre c. Velq; 15 juin 1820, de Montguyon; 19 avr. 1821, Picard; — Deserre, t. 1er, p. 122; Merlin, *Rép.*, vo *Juré*, § 1er, no 7, et *Quest.*, vo *Jury*, § 2.

314. —Deux beaux-frères peuvent donc faire partie du même jury.—*Cass.*, 19 déc. 1811, Bonne; 23 juin 1826, Bolot.

315.— ... Ainsi que deux frères. — *Cass.*, 15 oct. 1840 (t. 2 1843, p. 528), Beauvain.

316. — Il est indifférent que la parenté existe entre les jurés eux-mêmes ou entre ceux-ci et les juges ou les témoins.— *Cass.*, 19 avr. 1821, Picard; 1er févr. 1839 (t. 1er 1840, p. 199), Delavier.

317.— Dès-lors, deux frères peuvent siéger, l'un comme juré, l'autre comme juge à la cour d'assises, dans la même affaire. — *Cass.*, 14 mars 1817, François Brie; 29 mai 1817, Laporte; 10 mars 1827, Jean; 3 août 1827, Reynaud.—Carnot, *C. inst. crim.*, t. 3, p. 24, no 2.

318. — Il en est de même du concours du père et du fils, l'un comme juré, l'autre comme membre de la cour d'assises. — *Cass.*, 26 mai 1826, Marguerite Marron.

319. — La parenté entre les jurés et les membres de la cour d'assises reste indifférente, même lorsque la cour est appelée à délibérer sur le fait principal. — *Cass.*, 15 janv. 1829, veuve Raynal.

320. — La parenté existant entre l'accusé et l'un des jurés n'est pas un motif d'exclusion et ne peut pas donner ouverture à cassation. — *Cass.*, 10 oct. 1817, Osouf.

321. — Lorsque des jurés parens ou alliés entre eux font partie du même jury de jugement, on ne peut pas admettre dans la manière de compter les voix, la règle qui veut que deux voix uniformes soient réduites à une seule, cette règle n'est applicable qu'aux juges. — *Cass.*, 9 mai 1816, Alexandre.

322. — Les militaires en activité de service peuvent faire partie du jury, si d'ailleurs ils réunissent les conditions requises par la loi. — *Cass.*, 3 sept. 1812, Blazy; 25 avr. 1816, Olivier; 9 mars 1838 (t. 1er 1840, p. 149), Dehoff. — Merlin, *Rép.*, vo *Juré*, § 1er, no 10. — V. *infrà* nos 336 s.

323. — Nous avons vu que le titre d'officier de police judiciaire n'était plus, depuis le Code d'instruction criminelle, un motif d'incompatibilité avec les fonctions de juré; l'art. 392 de ce code prévoit cependant un cas où cette règle doit recevoir exception, c'est celui où l'officier de police judiciaire a fait un acte de ses fonctions dans l'affaire soumise au jury; alors évidemment il ne pouvait être admis à en connaître comme juré: c'est en effet ce que décide formellement l'art. 392.

324.—Jugé, spécialement, qu'il y aurait nullité si un commissaire de police avait instrumenté dans l'affaire qui lui est soumise comme juré. — *Cass.*, 7 nov. 1822, L'Hôtellier.

325. — Ainsi, un juré légalement appelé, qui n'a été récusé ni par le ministère public ni par l'accusé, et qui s'est rendu sur la convocation à l'ouverture des débats, ne peut être exclu et remplacé, sous le prétexte qu'il s'est expliqué sur le procès, si ce fait n'est établi ni par son aveu ni par aucune preuve légale. — Il faudrait décider le contraire si le fait était constant.— *Cass.*, 7 août 1806, Bouvard.

Sect. 4e. — *Dispenses et excuses.*

326. — Quoique honorifiques, les fonctions de jurés son obligatoires.

327. — L'individu légalement porté sur la liste du jury n'a donc pas le droit de refuser la qualité de juré. — *Cass.*, 2 août 1833, Cullé.

328. — De même, il n'est en aucun cas autorisé à s'abstenir. — *Cass.*, 8 sept. 1826, Marcadet.

329. — Sous le Code du 3 brum. an IV, un juré de jugement agréé par l'accusé ne pouvait être retranché sur sa simple demande et sans excuse, pour être ensuite placé sur la liste des jurés adjoints et siéger en cette qualité. — *Cass.*, 18 vent. an X, Monime.

330. — Un juré ne peut, pour se dispenser de prendre part au jugement d'une affaire, invoquer des motifs particuliers d'abstention relatifs à cette affaire, et la cour d'assises excède ses pouvoirs en admettant un pareil motif d'exemption. Sauf au ministère public ou à l'accusé à exercer, s'ils le jugent convenable, leur droit de récusation. — *Cass.*, 2 juill. 1846 (t. 1er 1847, p. 187), Blachas.

331. — Cependant la législation a admis certaines dispenses ou excuses.

332. — Ainsi, aux termes de l'art. 383, C. inst. crim., les conseillers d'état chargés d'une partie d'administration, les commissaires du roi près les administrations ou régies, les septuagénaires sont dispensés des fonctions de jurés, s'ils le requièrent.

333.—Un avis du conseil d'état, du 11 juill. 1811, accorde à tous les conseillers d'état indistinctement, le droit de se faire dispenser de l'accomplissement des fonctions de jurés.

334. — Un autre avis du conseil d'état, du 11 juill. 1811, permet aux membres du corps législatif, aujourd'hui aux députés, de se faire exempter pendant la durée de la session.

335. — Il est fait application de cet avis aux pairs de France.

336. — Nous avons vu que les militaires en activité de service n'étaient pas exempts des fonctions de jurés; néanmoins une circulaire ministérielle du 2 septembre 1811 porte qu'ils doivent être dispensés, lorsqu'ils le demandent. — Legraverend, t. 2, p. 71.

337. — Il en est de même des employés du génie qui, par leur service, sont contraints de se déplacer fréquemment. — Circ. min. 18 janv. 1820; — Deserre, *Manuel des cours d'assises*, t. 1er, p. 117.

338. — Les membres des conseils généraux de département doivent être dispensés lors de la réunion du conseil. — Circ. min. 12 nov. 1816.

339. — La preuve qu'un juré septuagénaire n'a été dispensé du service que sur sa demande, résulte suffisamment de la production de son acte de naissance et de son absence au moment du tirage.—*Cass.*, 7 fév. 1834, Fagonde.

340. — L'art. 314, C. 3 brum. an IV, n'admettait comme excuse qu'une maladie grave ou la force majeure.

341. — Le Code d'instruction criminelle a laissé plus de latitude aux juges pour apprécier et admettre les excuses qui leur sont soumises, il dispose que seront exemptés, les jurés qui justifieront qu'ils étaient dans l'impossibilité de se rendre au jour indiqué.—C. inst. crim., art. 397.

342. — La cour prononce sur la validité de l'excuse.—C. inst. crim., art. 397.

343. — Il n'appartient qu'à la cour d'assises de prononcer sur les excuses présentées par les jurés, —*Cass.*, 2 avr. 1829, Vivier; 26 janv. 1833, Lecoutre.

344. — Ainsi, c'est la cour d'assises qui est juge de la question de savoir si un juré doit être, comme juré, autorisé à se retirer, et remplacé par un juré suppléant. — *Cass.*, 10 oct. 1839 (t. 1er 1840, p. 14), Peytel.

345. — Le président commet un excès de pouvoirs en écartant du tableau un juré, sous le titre de récusation qui ne présente en réalité d'autre caractère que celui d'une excuse.— *Cass.*, 17 fév. 1831, Gouebel.

346. — Cependant il a été jugé que le président de la cour d'assises ne commet pas d'excès de pouvoir lorsque, sur l'observation qui lui en est faite par un juré, au moment de la formation du jury de jugement, qu'il est cité comme témoin dans l'affaire en vue de laquelle il est procédé à cette formation, observation qui n'est suivie d'aucun débat, il décide *seul* que le nom de ce juré ne sera pas placé dans l'urne, ou qu'il en sera retiré. — *Cass.*, 19 janv. 1838 (t. 1er 1838, p. 401), Fay-Farget.

347. — La cour d'assises peut valablement statuer en chambre du conseil, et sans publicité, sur les excuses présentées par les jurés. — *Cass.*, 28 sept. 1837 (t. 2 1839, p. 527), Caugnet.

348. — Après la clôture d'une session, les membres qui composaient la cour d'assises sont sans caractère pour juger les excuses présentées par des jurés dans la session. — *Cass.*, 23 mars 1826, Emmanuel Mignot.— Bourguignon, *Man. du jury*, p. 394, no 257, et Legraverend, t. 2, chap. 2, p. 176. — « Toutefois, dit ce dernier auteur, si la session ordinaire pendant laquelle un juré défaillant a été condamné, est suivie d'une assise extraordinaire, l'opposition peut être portée devant la cour qui tient l'assise extraordinaire sans qu'il soit besoin d'attendre les assises ordinaires suivantes, et cette cour peut y statuer avec d'autant plus de raison que c'est elle-même qui a prononcé la condamnation. »

349. — Les cours d'assises ne sont pas tenues d'entendre les accusés sur les excuses proposées par les jurés et moins encore de déférer à l'opposition qu'ils voudraient faire à leur admission. — *Cass.*, 7 déc. 1821, Jean Faulot.

350. — Le juge d'instruction ou un magistrat qui a voté sur la mise en accusation peut concourir à l'arrêt par lequel la cour d'assises statue sur les excuses des jurés et procède à l'appel des jurés nécessaires pour le service général de la session. — *Cass.*, 17 oct. 1833, Négroni; 26 mai 1842 (t. 2 1842, p. 670), Bonnet.

351. — Lorsque les motifs d'excuse ne paraissent pas suffisamment établis, la cour peut ordonner les moyens d'instruction nécessaires pour éclairer sa religion; ainsi dans le cas de maladie elle peut commettre un médecin pour examiner le juré qui se prétend malade.

352. — Lorsqu'un juré soutient avoir été rayé de la liste du jury, la cour d'assises a le droit de le dispenser de remplir ses fonctions de juré pendant le temps qu'elle juge nécessaire pour l'apport de la décision du préfet. — *Cass.*, 9 nov. 1832, Radenac.

353. — Il était impossible au législateur de prévoir et de déterminer tous les cas d'excuse; il s'en est rapporté sur ce point à l'appréciation des magistrats.

354. — Un juré ne peut pas se faire excuser, sous le prétexte qu'il ne sait ni lire ni écrire. — *Assises de la Seine*, 4 janv. 1830, Antoine Massin. — Cette décision a été critiquée par des motifs qui prouvent qu'il y a des inconvéniens et des dangers à comprendre sur la liste un juré complétement illétré. Cependant on rencontre fréquemment des hommes qui, quoique dépourvus de toute instruction, ont néanmoins une sagacité suffisante pour apprécier les faits et résoudre, en connaissance de cause, les questions soumises au jury. Au surplus la loi du 13 mai 1836 en disposant que chaque juré écrirait ou *ferait écrire* son vote, ne permet pas de considérer l'ignorance de l'écriture comme un motif d'incapacité ou d'excuse.

355. — L'ignorance de la langue est un motif légitime d'excuse. — V. *suprà* n° 242.

356. — En conséquence, lorsqu'un juré propose pour excuse son ignorance de la langue française, le tribunal criminel ne peut pas le condamner aux peines portées par la loi contre les jurés défaillans, sans s'arrêter à ce fait d'excuse, dont il doit, au contraire, ordonner la vérification. — *Cass.*, 23 vendém. an VIII, Leyssens; même jour, Langeller.

357. — Le juré qui est sous le coup d'une contrainte par corps peut être excusé. — Carnot, *C. inst. crim.*, t. 3, p. 64, n° 9.

358. — La loi du 13 germin. an V, qui veut que les jurés restent à l'examen et à toute l'instruction des affaires commencées avec eux, quoique dans l'intervalle ils aient été appelés à d'autres fonctions publiques, ne fait aucun obstacle à l'exercice du droit qui appartient aux cours d'assises d'apprécier les excuses proposées par les jurés et de leur permettre de se retirer. — *Cass.*, 7 déc. 1821, Jean Faulot.

359. — La cour d'assises peut décider qu'un juré qui, dans le cours du débat, apprend que sa mère est sur le point de mourir, ne conservera pas le calme et la liberté d'esprit nécessaires pour prendre part à une délibération importante, et dès-lors lui permettre de se retirer. — *Cass.*, 15 avr. 1830, Bataille.

360. — Le juré qui vient d'être récusé par le ministère public a pu être autorisé à se retirer chez lui avant que le tirage du jury de jugement fût terminé, si cette autorisation ne lui a été accordée qu'à raison d'une indisposition qui lui rendait impossible un plus long séjour au Palais de Justice. — *Cass.*, 5 juin 1837 (t. 2 1837, p. 608), Pillot.

361. — La cour d'assises peut ordonner la radiation de la liste du jury d'un notaire qui déclare ne plus exercer les fonctions à raison desquelles seulement il était inscrit, et d'un septuagénaire, bien qu'il fût porté sur ladite liste comme né à une époque de laquelle il résulterait qu'il n'a pas atteint soixante-dix ans, si le contraire est notoire et a été établi à une session précédente. — *Cass.*, 23 sept. 1831, Blanchard.

362. — Jugé que l'excuse accordée à un juge suppléant porté sur la liste des jurés ne peut donner aucune ouverture à cassation. — *Cass.*, 27 déc. 1811, Jean Barrié. — Merlin, *Rép.*, v° *Juré*, § 4, n° 6. — La radiation du nom d'un juré ne peut effectivement donner ouverture à cassation lorsqu'elle est ordonnée à titre d'excuse, parce que la cour d'assises a le pouvoir d'apprécier souverainement les excuses. Mais une incompatibilité que la loi ne reconnaît pas peut-elle être assimilée à une excuse? Nous ne le pensons point.

363. — Le juré excusé pour une séance à cause de sa surdité est autorisé à se considérer comme excusé pour toutes les affaires indiquées à cette séance. Ainsi, sous le Code du 3 brum. an IV, il ne pouvait être condamné comme absent lors de la seconde affaire, sans qu'on lui eût notifié la révocation de son excuse, surtout s'il avait été récusé par le ministère public à cause de sa surdité. — *Cass.*, 16 flor. an XI, Muschen.

364. — De quelque manière que les cours d'assises statuent sur les excuses proposées par les jurés, il ne peut en résulter un moyen valable de cassation. L'art. 397, C. inst. crim., et le sentiment de leur conscience doivent les guider dans les déterminations qu'elles prennent à cet égard. Leur appréciation est souveraine. — *Cass.*, 8 janv. 1813, Arpin; 17 fév. 1826, Arnaud; 31 mars 1836, Arrighi et Rossi; 4 fév. 1819, Mittelbrone.

365. — ... A moins toutefois qu'il ne s'agisse des incompatibilités et dispenses énumérées en l'art. 383, C. inst. crim. — *Cass.*, 31 mars 1836, Arrighi et Rossi.

366. — La cour d'assises peut donc sur le motif que les noms de certains jurés n'ont pas été indiqués avec assez d'exactitude sur la liste arrêtée par le président, décider qu'ils ne font point partie du jury. — *Cass.*, 17 fév. 1826, Etienne Arnaud.

367. — Jugé cependant que la composition du jury est nulle lorsqu'un juré en a été exclu sous le prétexte qu'il n'était pas connu, quoique ce juré existât réellement dans le lieu où il avait été cité. — *Cass.*, 19 août 1808, Chiron.

368. — L'accusé ne peut demander la nullité de l'arrêt de la cour d'assises qui le condamne, par le motif qu'un des jurés, qui ne s'est pas présenté, a été rayé de la liste du jury sans avoir justifié d'une excuse valable. — *Cass.*, 6 oct. 1836 (t. 2 1837, p. 104), Bengué.

369. — Est suffisamment motivé l'arrêt par lequel une cour d'assises, admettant l'excuse d'un juré, exprime que cette excuse est légitime, encore bien qu'il n'en mentionne pas la nature. — *Cass.*, 17 oct. 1833, Négroni.

370. — De ce qu'au nombre des jurés dont les noms ont été notifiés à l'accusé la veille des débats il s'en trouve un que la cour d'assises a excusé avant l'appel des jurés, il n'en résulte pas de nullité pour préjudice au droit de récusation de l'accusé, alors qu'il restait encore dans l'urne trente-un noms de jurés titulaires. — *Cass.*, 22 mars 1839 (t. 2 1843, p. 407), Philipi.

371. — L'arrêt incident qui dans ces circonstances a statué sur cette dispense ne saurait même donner ouverture à cassation pour n'avoir pas été signé par le greffier. — Même arrêt.

372. — Lorsque des jurés se sont présentés sur la citation qui leur a été notifiée, et qu'ils ont été exemptés, ils ne peuvent, quelque illégale que soit le motif de leur exemption, être condamnés à aucune peine à raison du défaut du concours de leur part à la formation du tableau du jury. En conséquence, la cassation de l'arrêt qui les a mal à propos exemptés, ne donne lieu à aucun renvoi. — *Cass.*, 1er juin 1821, Bobilier.

373. — Le juré qui a rempli dans l'année les fonctions de juré ne peut être contraint de les remplir une seconde fois, à moins qu'il ne s'agisse d'assises extraordinaires ou qu'il ne soit appelé pour remplacer des jurés absens. — C. inst. crim., art. 391 et 393.

374. — Cette disposition est applicable aux jurés supplémentaires comme aux jurés titulaires. — *Cass.*, 17 janv. 1833, Delbreil-Descazal. — V. aussi *Cass.*, 25 nov. 1843 (t. 2 1844, p. 74), Raynel.

375. — Sous le Code du 3 brum. an IV, les habitans de la commune où siégeait le tribunal criminel ne pouvaient s'excuser de faire partie du jury sous prétexte qu'ils avaient assisté à d'autres séances de jury dans la même année, et le président ne pouvait, d'office, les retrancher de la liste. — *Cass.*, 18 vent. an X, Monime. — V. aussi *Cass.*, 25 nov. 1843 (t. 2 1844, p. 74), Raynel.

376. — La faculté de se faire dispenser étant personnelle au juré qui y a droit, l'accusé ne peut se faire un moyen de nullité de ce que l'un des jurés supplémentaires aurait fait partie du jury de la précédente session. — *Cass.*, 27 avr. 1827, Joseph Maury.

377. — Sous le Code du 3 brum. an IV, lorsque l'ordonnance du directeur du jury qui rejetait l'excuse présentée par un juré d'accusation n'était pas notifiée à sa personne, mais seulement à son domicile en parlant à sa femme, elle devait être en outre, à peine de nullité, notifiée à l'officier municipal ou à son adjoint. — *Cass.*, 16 flor. an IX, Deslie-Dupont.

Sect. 5°. — *Liste du jury dressée par le préfet.*

378. — Chaque année le préfet de chaque département dresse une liste qui est divisée en deux parties. La première partie comprend toutes les personnes qui remplissent les conditions requises pour faire partie des colléges électoraux du département. — C. inst. crim., art. 382.

379. — Sous le Code du 3 brum. an IV, celui qui n'avait pas les qualités requises pour être électeur ne pouvait pas remplir les fonctions de juré, à peine de nullité. — *Cass.*, 18 flor. an VII, Sénèque.

380. — La seconde partie de la liste du jury comprend les électeurs qui, ayant leur domicile réel dans le département, exercent leurs droits électoraux dans un autre département. — C. inst. crim., art. 382.

381. — Les cours d'assises peuvent, sans donner lieu à la cassation de leurs arrêts, écarter un juré, sur le fondement qu'il ne serait pas domicilié dans le département. — *Cass.*, 9 avr. 1811, Guilhame. — Deserres, *Manuel des cours d'assises*, t. 1er, p. 110.

382. — De même, sous le Code du 3 brum. an IV, un citoyen ne pouvait être juré dans un département qui n'était celui, ni où il avait son domicile, ni où il exerçait ses droits politiques. — *Cass.*, 29 prair. an VII, Brasseur et Mairay.

383. — La seconde partie de la liste du jury comprend, en deuxième lieu, les fonctionnaires publics nommés par le roi et exerçant des fonctions gratuites, et en troisième lieu les officiers des armées de terre et de mer en retraite. — C. inst. crim., art. 382.

384. — Les membres des conseils municipaux, lorsqu'ils étaient nommés par le roi, étaient de véritables fonctionnaires de l'ordre administratif aptes à remplir les fonctions de jurés. — *Cass.*, 29 avr. 1825, Houeix. — La qualité de juré n'est plus attachée à celle de conseiller municipal, et d'ailleurs les conseillers municipaux sont aujourd'hui nommés par les électeurs et non par le roi.

385. — Il en est de même des membres des conseils généraux qui, n'étant plus nommés par le roi, ne sont plus à ce titre capables d'être jurés.

386. — Les officiers de terre et de mer ne sont portés sur la liste générale qu'après qu'il a été justifié qu'ils jouissent d'une pension de retraite de 1200 francs au moins, et qu'ils ont depuis cinq ans un domicile réel dans le département. — C. inst. crim., art. 382.

387. — Lorsqu'un citoyen a été inscrit sur la liste des jurés en qualité d'officier en retraite, il y a présomption légale qu'il jouissait d'une pension de retraite qui le rendait apte à exercer les fonctions de juré tant qu'aucune preuve contraire n'est rapportée. — *Cass.*, 2 avr. 1829, Vivier.

388. — Le citoyen inscrit sur la liste du jury, en qualité d'officier en retraite, est réputé capable, alors même qu'il aurait été rayé de la liste en qualité d'électeur. — D'ailleurs, quoiqu'au moment de la formation du tableau des douze, un citoyen se soit trouvé rayé de la liste définitive du jury, cette circonstance, si elle a été ignorée de la cour d'assises, n'est pas une cause de nullité des débats ni de l'arrêt qui les a suivis. — Même arrêt.

389. — La seconde partie de la liste comprend également les docteurs et licenciés de l'une ou de plusieurs des facultés de droit, des sciences et des lettres, les docteurs en médecine, les membres correspondans de l'Institut, les membres des autres sociétés savantes reconnues par le roi. — C. instr. crim., art. 382.

390. — Les licenciés de l'une des Facultés de droit, des sciences et des lettres qui ne sont pas inscrits sur le tableau des avocats et des avoués près les cours ou tribunaux, ou qui ne sont pas chargés de l'enseignement de quelqu'une des matières appartenant à la Faculté où ils ont pris leur licence, ne sont portés sur la liste générale qu'après qu'il a été justifié qu'ils ont depuis dix ans un domicile réel dans le département. — C. inst. crim., art. 382.

391. — Le licencié en droit qui n'est pas inscrit au tableau des avocats et qui n'a pas dix ans de résidence, ne peut, pour être porté sur la liste du jury, se prévaloir de ce que son nom figure comme stagiaire à la suite du tableau. — *Bastia*, 21 nov. 1836, Cristinacce.

392. — Les dix ans de domicile nécessaires au licencié en droit pour pouvoir être porté sur la liste du jury, peuvent être antérieurs à l'obtention de la licence. — Même arrêt.

393. — L'art. 382 comprend, sous la désignation de docteurs *en médecine*, les docteurs *en chirurgie*. — *Montpellier*, 10 nov. 1841 (t. 1er 1842, p. 215), Pradines c. préfet de l'Aveyron. — D'après les dispositions de la loi du 19 vent. an XI, relative à l'exercice de la médecine, les docteurs en médecine et les docteurs en chirurgie étant soumis, pour obtenir leurs diplômes, à suivre les cours de l'école pendant quatre années, et à subir cinq examens, plus la thèse. Ces examens, pour les uns et les autres, roulent sur les mêmes matières. — Art. 6, 7 et 8 de cette loi.

394. — Les officiers de santé, qui ne peuvent être assimilés aux docteurs en médecine et en chirurgie, ne sont pas aptes, à ce titre, à faire partie de la seconde liste du jury. — Persin, *Code du jury*, p. 67.

395. — La loi admet les *membres* et non les *cor*-

témoins à charge et de celle des jurés, à une épo-

respondans des sociétés savantes, autres que celles de l'Institut. Il y a eu sur ce point une modification à l'ancien art. 382, C. inst. crim., qui admettait *les membres et les correspondans* de toutes les sociétés savantes.

396. — Sont encore compris dans la seconde partie de la liste du jury les notaires après trois ans d'exercice de leurs fonctions. — C. inst. crim., art. 382.

397. — La loi n'exige pas que les trois années d'exercice de la profession de notaire aient eu lieu dans le même département. — *Cass.*, 17 sept. 1829, Camus.

398. — Dans les départemens où les deux parties de la liste ne comprennent pas huit cents individus, ce nombre est complété par une liste supplémentaire formée des individus les plus imposés parmi ceux qui n'ont pas été inscrits sur la première. — C. inst. crim., art. 382.

399. — L'art. 382, C. inst. crim., concernant les personnes qui doivent faire partie de la liste des jurés dressée par le préfet, n'est pas prescrit à peine de nullité. — *Cass.*, 13 janv. 1831, Guillemette; même jour, Bernais.

400. — Les préfets extrayent sous leur responsabilité des listes générales dressées en exécution de l'art. 382 une liste pour le service du jury de l'année suivante. — Cette liste est composée du quart des listes générales sans pouvoir excéder le nombre de trois cents noms, si ce n'est dans le département de la Seine, où elle est composée de quinze cents. — Nul ne doit être porté deux ans de suite sur la liste du jury. — C. inst. crim., art. 387.

401. — Carnot fait remarquer avec raison que l'art. 387, en disposant que la liste du jury est dressée par le préfet *sous sa responsabilité*, a dit une chose vide de sens, puisqu'aucune peine n'est édictée par la loi qui laisse le choix des jurés à la discrétion du préfet.

402. — Ce pouvoir discrétionnaire a été vivement critiqué; cependant la révision de 1832 et les révisions postérieures du Code d'instruction criminelle ont maintenu au préfet le pouvoir qu'il tenait du Code de 1810.

403. — Sous le Code du 3 brum. an IV, un tribunal criminel excédait ses pouvoirs en annulant une liste de jurés spéciaux dressée par le président de l'administration départementale. — *Cass.*, 19 flor. an VIII, Delabat; même jour, Laget. — Il en serait de même aujourd'hui relativement à la liste dressée par le préfet.

404. — Lorsqu'un juré a été porté et conservé sur la liste des jurés par les autorités administratives, la possession d'état qui en résulte pour lui ne permet plus d'attaquer, après leur consommation, les actes auxquels il a concouru. — *Cass.*, 17 niv. an X, Conore; — Carnot, sur l'art. 387, n° 6; Legraverend, *Législ. crim.*, t. 2, p. 60; Merlin, *Rép.*, v° *Juré*.

405. — La rectification des erreurs commises dans l'indication portée sur la liste des jurés de l'âge et du domicile de l'un d'eux peut être ordonnée par la cour d'assises, qui n'empiète nullement en cela sur les droits de l'autorité administrative. — *Cass.*, 25 mai 1837 (t. 2 1838, p. 195), Renouf et Quetier.

406. — Les dispositions des art. 382, 384, 385, 386 et 387 relatives à la rédaction, à l'affiche, à la rectification de la liste du jury et aux réclamations auxquelles cette liste peut donner lieu ont été, soit abrogées, soit modifiées par la loi du 19 avr. 1831, sur les élections, dont les dispositions à cet égard sont seules aujourd'hui en vigueur. — V. ÉLECTIONS LÉGISLATIVES.

407. — Depuis cette loi les listes sont permanentes. — Art. 13.

408. — Elles sont révisées chaque année du 1er au 10 juin, par les maires. — Art. 14.

409. — Elles sont adressées au sous-préfet qui les envoie avec ses observations au préfet du département, lequel procède à la révision générale des listes, à partir du 1er juill. — Art. 16 et 17.

410. — Les listes rectifiées par le préfet sont affichées le 15 août au chef-lieu de chaque canton.

411. — Les art. 23, 24, 25, 26 et 27 indiquent le mode de réclamation contre les inscriptions sur les listes et les formalités à remplir. Les réclamations sont admises jusqu'au 30 sept.

412. — Le 16 oct. le préfet procède à la clôture des listes, qui sont publiées et affichées le 20 du même mois. — Art. 31.

413. — La permanence des listes électorales établit pour celui qui y est porté, la capacité d'être juré pendant toute l'année, quand même son nom ne figurerait plus sur les nouvelles listes arrêtées pour l'année suivante. — *Cass.*, 5 oct. 1833, Héran.

414. — Le citoyen inscrit sur la liste du jury en qualité d'électeur peut valablement remplir les fonctions de juré, l'année suivante, avant le renouvellement des listes générales, encore bien qu'il ne paie pas le cens, s'il n'a été rayé par aucune décision régulière. — *Cass.*, 24 (et non 25 avr. 1834), Conti et Casanova.

415. — Le citoyen âgé de plus de trente ans, jouissant de ses droits civils et politiques, qui a été, dans le cours de la révision des listes électorales (par exemple au 15 oct.), porté par le préfet sur la liste pendant l'année suivante, a pu, à raison du principe de la permanence des listes, être compris par le premier président dans la liste du jury de session formée par la voie du sort, et faire partie du jury de jugement, encore bien que sa radiation de la liste électorale pour défaut de cens ait été prononcée antérieurement par un arrêt de la cour royale, si cet arrêt, attaqué d'ailleurs par la voie de cassation, n'a été invoqué ni devant le premier président, ni devant la cour d'assises. — *Cass.*, 16 juill. 1846 (t. 2 1846, p. 492), Evenot c. Min. publ.

416. — Mais cet arrêt soulève de sérieuses objections. — V. à cet égard la note détaillée dont cet arrêt est accompagnée au t. 2 1846, p. 492 du *Journal du Palais*.

Sect. 6e. — *Liste de session ou des quarante jurés tirés au sort par le premier président de la cour royale.*

§ 1er. — *Tirage au sort de la liste de session ou de quarante jurés.*

417. — L'art. 387, C. instr. crim. 1808, disposait que les préfets devaient former sous leur responsabilité une liste composée de soixante citoyens; que cette liste serait adressée de suite au président de la cour d'assises, qui était tenu de la réduire à trente-six dans les vingt-quatre heures à compter du jour de sa réception, et de la renvoyer dans le même délai au préfet, qui était chargé de la faire parvenir à tous ceux qui devaient la recevoir.

418. — La loi du 2 mai 1827 et l'art. 388 du Code actuel ont apporté de notables modifications à l'ancien art. 387.

419. — Aux termes de cet art. 388, dix jours au moins avant l'ouverture des assises, le premier président de la cour royale tire au sort sur la liste générale transmise par le préfet trente-six noms qui forment la liste des jurés pour toute la durée de la session. Il est en outre tiré quatre jurés supplémentaires.

420. — Quoique l'art. 388 ne parle que du premier président, il n'est pas douteux que ce magistrat ne puisse être valablement suppléé par un président de chambre ou même par un conseiller.

421. — Sous le Code du 3 brum. an IV, il ne pouvait pas être procédé à un tirage au sort des jurés remplaçans en même temps qu'il était procédé à celui des jurés titulaires. C'était seulement au jour indiqué pour l'assemblée que ce tirage pouvait se faire. — *Cass.*, 20 vendém. an XII, Léger.

422. — Le tirage se fait en audience publique de la première chambre de la cour ou de la chambre des vacations. — C. inst. crim., art. 388.

423. — Il n'est pas nécessaire que le procès-verbal de la séance d'une cour d'assises fasse mention que la liste des trente-six jurés formée par la cour royale l'a été en audience publique; il suffit qu'il énonce qu'elle a été formée devant la chambre des vacations ou devant toute autre chambre. — *Cass.*, 16 janv. 1830, Roux.

424. — Lorsque les besoins du service exigent qu'il soit tenu plusieurs sessions de cour d'assises ou que cette session soit composée de plusieurs sections, il doit être formé un tableau particulier pour chacune d'elles.

425. — Si parmi les quarante individus désignés par le sort il s'en trouve un ou plusieurs qui, depuis la formation de la liste arrêtée en exécution de l'art. 387, soient décédés ou aient été légalement privés des capacités exigées pour exercer les fonctions de juré ou aient accepté un emploi incompatible avec ces fonctions, la cour, après avoir entendu le procureur général, procède, séance tenante, à leur remplacement. — Ce remplacement doit avoir lieu dans la forme déterminée par l'art. 388. — C. instr. crim., art. 390.

426. — Le remplacement ne doit avoir lieu qu'autant qu'il est *légalement* établi que le juré dont le nom est sorti de l'urne est incapable; si le défaut de capacité n'est que présumé et doit entraîner la moindre contestation, la cour doit passer outre et maintenir le juré sur la liste. — Persin, *Code du jury*, p. 133.

427. — La nomination à un emploi incompatible avec les fonctions de juré ne suffirait pas pour donner lieu au remplacement; il faut, ainsi que le prescrit l'art. 390, que cet emploi ait été accepté.

428. — L'obligation imposée à la cour royale par l'art. 390, C. instr. crim., de remplacer, lors du tirage, les jurés qui, par décès ou autrement, ont cessé de faire partie de la liste dressée par le préfet, n'existe qu'autant que le fait qui peut donner lieu au remplacement est parvenu directement et officiellement à la connaissance de la cour. — A défaut de cette circonstance, le tirage doit se faire sur la liste telle qu'elle a été dressée. — *Cass.*, 22 janv. 1841 (t. 1er 1842, p. 262), Raynal. — V. aussi *Cass.*, 16 juill. 1846 (t. 2 1846, p. 492), Evenot.

429. — Ainsi, l'omission par la cour royale de procéder, lors du tirage des quarante jurés de la session, au remplacement de deux jurés alors décédés, et qui ont été désignés par le sort pour faire partie de cette liste, ne saurait être une cause de nullité, s'il n'est pas établi qu'elle ait eu connaissance de ce décès. — *Cass.*, 7 fév. 1834, Fagonde.

430. — C'est la cour et non le premier président qui doit ordonner le remplacement.

431. — Cependant, il a été jugé qu'il ne peut résulter aucun moyen de nullité en faveur de l'accusé de ce que, lors du tirage des jurés devant la cour royale, le président aurait écarté, conformément aux conclusions du ministère public, le nom d'un individu sorti par la voie du sort, sur le motif qu'il était de notoriété publique que cet individu était mort, bien que son acte de décès ne fût point représenté, et alors surtout que son décès n'est pas méconnu par l'accusé. — *Cass.*, 21 sept. 1832, Pouzier.

§ 2. — *Notification de la liste aux jurés.*

432. — La liste entière des quarante jurés n'est point envoyée à chacun des citoyens qui la composent; mais le préfet notifie à chacun d'eux l'extrait de la liste qui constate que son nom y est porté. — C. inst. crim., art. 389.

433. — Cependant la notification de la liste entière à chaque juré ne pourrait constituer une nullité. — Carnot, *C. inst. crim.*, t. 3, 37, n° 4.

434. — La notification est faite huit jours au moins avant celui où la liste doit servir. — C. inst. crim., art. 389.

435. — Ce jour est mentionné dans la notification, laquelle contient aussi sommation de se trouver au jour indiqué, sous les peines portées par la loi. — C. inst. crim., art. 389.

436. — A défaut de notification à la personne même du juré, elle est faite à son domicile ainsi qu'à celui du maire ou de l'adjoint du lieu. Celui-ci est tenu d'en donner connaissance au juré pour lequel la notification est faite. — C. inst. crim., art. 389.

437. — La loi n'ayant pas dit par quels agens cette notification serait faite aux jurés, on serait admis à penser qu'elle doit être confiée aux huissiers; mais des raisons d'économie ont fait attribuer aux gendarmes le soin de faire cette notification. — LL. 28 germ. an VI, art. 133; 8 pluv. an XIII, art. 1er; décr. 18 juin 1811, art. 72, circ. minist. 30 juin 1827, N...

438. — Jugé que les gardes champêtres et forestiers sont sans qualité pour faire cette notification. — *Cass.*, 20 mars 1809, N...

439. — Sous le Code du 3 brum. an IV, qui exigeait que les jurés fussent avertis quatre jours d'avance de se rendre au jour fixe, la convocation faite seulement deux jours avant l'examen était nulle et viciait même la déclaration du jury. — *Cass.*, 12 brum. an VIII, Hermery.

440. — Jugé au contraire sous l'empire du Code d'instruction criminelle, que la notification à chaque juré de l'extrait de la liste, avec sommation de se trouver au jour indiqué pour l'ouverture de la session de la Cour d'assises, n'est pas prescrite à peine de nullité; que l'inobservation de cette formalité n'a d'autre effet que de mettre le juré qui ne se présenterait pas à l'abri d'une condamnation à l'amende. — *Cass.*, 25 mai 1837 (t. 2 1838, p. 195), Renouf et Quetier.

441. — Le principe posé par l'arrêt qui précède, semble trop absolu, et il paraît nécessaire de faire une distinction. Il est bien vrai que l'irrégularité de la notification au juré de l'extrait de la liste du jury et même l'absence de cette notification, ne peuvent être invoquées par l'accusé lorsque le juré s'est rendu à son poste et a rempli ses fonctions; mais il en serait tout autrement si, par suite de l'irrégularité qui a été commise, le juré ne s'était pas présenté et n'avait pas concouru aux actes du jury: en effet, par suite de cette irrégularité, la composition du jury aurait été modifiée, altérée, et l'accusé serait bien fondé à en faire un moyen de nullité. Le système que nous soutenons

a été, au surplus, consacré par plusieurs arrêts de Cassation. — V. *infrà*, nos 622 et suiv.

§ 3. — *Durée de la liste.*

442. — La liste du jury ainsi formée n'a pas d'autre durée que celle de la session pour laquelle elle a été faite : après cette session elle perd toute sa valeur et est, selon les termes mêmes de l'art. 391, C. inst. crim., comme non avenue.

443. — Sous le Code du 3 brum. an IV, était illégale et nulle la composition d'un jury dont le tirage avait été fait sur la liste d'un trimestre expiré. — *Cass.*, 18 messid. an VII, Isaac Lion; 2 frim. an VIII, Roquet; 8 frim. an VIII, Bonnes; 12 fructid. an XIII, Lacase.

444. — La nullité devait, dans ce cas, être prononcée, quand bien même à l'époque où le tribunal criminel avait fait usage de cette liste, il n'aurait pas encore reçu celle du trimestre courant. — *Cass.*, 11 niv. an VIII, Privat; — Carnot, *Suppl. à l'inst. crim.*, p. 187.

445. — Il en serait évidemment de même sous le Code d'inst. crim., puisque la liste, d'après sa disposition, est *comme non avenue.*

446. — Hors les cas d'assises extraordinaires, les jurés qui ont satisfait aux réquisitions prescrites par l'art. 389, ne peuvent être placés plus d'une fois, dans la même année, sur la liste formée en exécution de l'art. 387. — Dans le cas d'assises extraordinaires ils ne peuvent être placés sur cette liste plus de deux fois dans la même année. — C. inst. crim., art. 391.

447. — Ces deux dispositions de l'art. 391 ont été modifiées par l'art. 393, qui dispose que lorsqu'il s'agit de compléter la liste des trente on fait un nouveau tirage, et que dans ce cas, les jurés appelés en remplacement ne peuvent invoquer la dispense de l'art. 391.

448. — Jugé, en conséquence, que la disposition suivant laquelle un citoyen ne peut remplir plus d'une fois dans la même année les fonctions de juré, ne s'applique pas aux habitans du chef-lieu judiciaire qui sont appelés à remplacer des jurés absens dans le cas de l'art. 393. — *Cass.*, 18 vent. an X, Monime; 6 nov. 1828, Goujon; 17 janv. 1833, Delbreil-Descazel.

449. — Mais les quatre jurés supplémentaires sont compris dans la disposition du second paragraphe de l'art. 391 et ne peuvent être contraints à faire deux années de suite partie du jury. — *Cass.*, 17 janv. 1833, Debreil-Descazel.

450. — Il suffit que le juré ait été appelé à faire partie du jury et se soit rendu à toutes les séances pour qu'il soit dispensé de faire partie du jury l'année suivante; peu importe qu'il ait été récusé à toutes les audiences et qu'il n'ait jamais siégé. — Carnot, *C. inst. crim.*, t. 3, p. 40, no 1er.

451. — La disposition qui ne permet pas de placer deux fois sur la liste, dans la même année, les citoyens qui ont satisfait aux réquisitions prescrites par l'art. 389, établit un privilège personnel en faveur des jurés, et ne peut pas être invoqué par les accusés. — *Cass.*, 26 sept. 1834, Vigner.

452. — Ne peuvent être considérés comme ayant satisfait aux réquisitions de l'art. 391 ceux qui ont, avant l'ouverture de la session, fait admettre des excuses dont la cour d'assises aura jugé les causes temporaires. — Leurs noms et ceux des jurés condamnés à l'amende pour la première ou la deuxième fois sont, immédiatement après la session, adressés au premier président de la cour royale, qui les reporte sur la liste formée en exécution de l'art. 387, et s'il ne reste plus de tirage à faire pour la même année, ils sont ajoutés à la liste de l'année suivante. — C. inst. crim., art. 391.

Sect. 7e. — *Notification aux accusés de la liste du jury.*

453. — Le Code du 3 brum. an IV n'exigeait pas que la liste du jury fût notifiée aux accusés. L'art. 520 de ce Code prescrivait seulement que cette liste leur fût *présentée.*

454. — Le défaut de communication à l'accusé du tableau des jurés qui devaient prononcer sur le délit à lui imputé était une cause de nullité. — *Cass.*, 13 brum. an VIII, Devaux; 5 niv. an VIII, Madeleine Quesnel.

455. — Cependant, dans l'usage, la notification des noms, prénoms, domicile, profession et âge des jurés était signifiée à l'accusé.

456. — Il avait été jugé sous ce Code que la déclaration faite par un accusé, lors de son interrogatoire, qu'il agrée les jurés portés sur le tableau dont il lui a été fait seulement lecture ne dispensait pas de lui notifier ce tableau. — *Cass.*, 23 pluv. an VIII, Arrivex.

457. — ... Que le défaut de notification privait l'accusé de l'exercice de son droit de récusation et opérait nullité. — *Cass.*, 27 vendém. an VIII, Françoise Coppens et Jean Evraert; 29 vendém. an VIII, Dernois; 25 brum. an VIII, Jeudi; 18 brum. an VIII, Devaux; 26 frim. an IX, Simonet; 5 niv. an VIII, Quesnel; 14 pluv. an VIII, Lancelot. — V. aussi *Cass.*, 19 prair. an IX, Vibert; 27 frim. an X, Pellatre; 9 frim. an X, Dutay; 19 frim. an X, Halton; 24 thermid. an X, Bordeu.

458. — ... Qu'était nul le tableau du jury sur lequel se trouvait porté un juré qui n'avait pas été compris dans la liste notifiée à l'accusé et qui n'avait pas été appelé en remplacement le jour des débats. — *Cass.*, 14 frim. an VIII, Legourit.

459. — L'art. 395, C. inst. crim., exige formellement cette notification à l'accusé.

460. — Il y a donc nullité lorsque la liste des jurés n'a point été notifiée à l'accusé. — *Cass.*, 14 août 1818, Jean Jeandon; 8 janv. 1824, Béranger; 5 déc. 1811, Piéplus; 15 juill. 1825, Douzon; 21 avr. 1831, Souchaud; 11 oct. 1832, Malastrie; 16 juill. 1835, Souron et Tribern.

461. — Lorsqu'un individu prévenu d'un délit correctionnel est renvoyé aux assises à raison de la connexité de ce délit avec un crime dont un autre individu est accusé, la liste du jury doit être notifiée au premier comme au second. — *Cass.*, 4 nov. 1813, Van-Esse; — Legraverend, p. 436.

462. — Jugé que, lorsque l'accusé ne représente pas la copie de la liste des jurés qui lui a été notifiée, la notification est présumée avoir été légalement faite, et l'accusé n'est pas recevable à en demander la nullité. — *Cass.*, 14 août 1817, Jacques Sentis. — Cette proposition n'est exacte qu'en tant que la nullité alléguée ne se trouve pas dans l'original; car si, par exemple, l'original porte la date du jour de la formation du tableau, l'accusé peut s'en prévaloir sans être obligé de produire la copie qui lui a été délivrée.

463. — S'il y a plusieurs accusés, la notification de la liste des jurés doit être faite à chaque accusé, sous peine de nullité. — Mais cette nullité ne profite qu'à l'accusé qui n'a pas reçu la notification. — *Cass.*, 5 déc. 1811, Piéplus; 16 mars 1820, Kerusoret; 23 mars 1820, Begon; 29 juill. 1820, Dufour.

464. — Un accusé est sans qualité comme sans intérêt à exciper de la tardiveté des significations personnelles à ses coaccusés. — *Cass.*, 2 déc. 1846 (t. 1er 1847, p. 729), Béjany et Tesnière c. min. pub.

465. — Jugé cependant, sous le Code du 3 brum. an IV, que, lorsque la liste des jurés n'avait été notifiée qu'à l'un des accusés, il y avait nullité à l'égard de tous. — *Cass.*, 11 vent. an VIII, Bureau et André c. min. pub.

466. — Il suffit que l'exploit de notification à l'accusé de la liste des jurés établisse que c'est bien la liste des trente-six jurés titulaires et des quatre supplémentaires qui a été notifiée, sans qu'il soit besoin que cette liste soit transcrite en tête ou dans le corps de l'exploit de notification. — *Cass.*, 11 janv. 1839 (t. 2 1843, p. 245), Maugard c. min. pub.

467. — Lorsque l'huissier chargé de notifier à l'accusé la liste des jurés a omis de mentionner dans le *parlant à* de son exploit que c'était la copie de cette liste qu'il signifiait, cet accusé ne peut prétendre par là que la liste ne lui a pas été remise, s'il résulte de l'ensemble des énonciations de l'exploit que la notification lui a été faite, et que copie de la liste lui a été laissée. — *Cass.*, 6 oct. 1842 (t. 2 1843, p. 673), Arajols.

§ 1er. — *Délai dans lequel la notification doit être faite.*

468. — Le Code du 3 brum. an IV, art. 504, exigeait que le tableau des jurés fût présenté à l'accusé *vingt-quatre heures* avant l'ouverture des débats.

469. — Ainsi, sous ce Code, l'acte constatant la présentation de ce tableau à l'accusé, devait mentionner l'heure à laquelle avait été faite cette présentation. Cependant il avait été jugé que la mention de l'heure n'était pas exigée à peine de nullité. — *Cass.*, 19 niv. an VIII, Galtier.

470. — Le Code d'instruction criminelle dispose que la notification de la liste du jury doit être faite *la veille* du jour déterminé pour la formation du tableau. — Art. 395.

471. — Il est dès-lors inutile que la notification mentionne l'heure à laquelle elle a été faite. — Carnot, *C. inst. crim.*, t. 3, p. 49, no 5.

472. — La notification est régulièrement faite lors même que la formation du tableau et l'ouverture des débats n'auraient eu lieu qu'à un autre jour de la session, par le prolongement imprévu d'autres affaires. — *Cass.*, 26 déc. 1811, Gerent; 29 janv. 1813, Bros; 20 mars 1812, Bedus; 24 avr. 1818, Bonroux; — Merlin, *Rép.*, vo *Juré*, § 4, no 4; Legraverend, t. 2, chap. 2, p. 164, note 1re, et Deserre, *Manuel des cours d'assises*, t. 1er, p. 104.

473. — Les dispositions qui interdisent de faire des actes de procédure un jour férié, ne sont pas applicables en matière criminelle. Ainsi, la notification de la liste du jury à un accusé qui doit être soumis aux débats le lundi, lui est valablement faite le dimanche. — *Bruxelles*, 13 août 1814, Détrief c. min. pub.

474. — L'art. 395 porte que la notification sera nulle ainsi que tout ce qui aura suivi si elle est faite plus tôt ou plus tard que le jour qui précède la formation du tableau, et la cour de Cassation a eu plusieurs fois occasion de prononcer la nullité de notifications faites en contravention à cette prescription. — *Cass.*, 14 août 1812, Pérol-Bourdin; 9 oct. 1812, Artur; 18 juin 1812, Delher.

475. — Cependant la cour de Cassation considérant que l'anticipation de délai ne peut, dans ce cas, que servir les intérêts de l'accusé sans lui porter aucun préjudice est revenue, malgré les termes formels de l'art. 395, sur sa première jurisprudence et décide aujourd'hui que l'accusé est sans intérêt, et dès-lors non-recevable à se plaindre de ce que la notification de la liste des jurés lui a été faite plus tôt que ne le prescrit la loi. — *Cass.*, 4 janv. 1812, Pain; 12 juill. 1816, N...; 14 août 1817, N...; 16 janv. 1818, Drujon; 7 janv. 1826, Tranchant; 4 juin 1824, Gallonaye; 11 juin 1830, Roulet; 20 juill. 1832, Bailly; 7 oct. 1841 (t. 1er 1842, p. 580), Boldovino; 12 janv. 1833, Perrin; 14 août 1817, Sentis; 11 oct. 1832, N...

476. — ... La notification eût-elle eu lieu quatre jours (*Cass.*, 13 avr. 1837 (t. 1er 1838, p. 321), Farcinel), et même dix jours (22 janv. 1829, Fromont), avant celui de l'ouverture des débats.

477. — Mais il n'en est pas de même quand la notification a été faite plus tard que la veille de la formation du tableau, dans ce cas la nullité doit être prononcée, car on comprend que le droit de récusation, et par suite la défense de l'accusé peut avoir souffert de ce retard.

478. — Ainsi, lorsqu'il est justifié que la liste des jurés n'a été notifiée à l'accusé que le jour auquel le tableau du jury a été formé, l'accusé soumis aux débats et l'arrêt de condamnation rendu, cette notification est nulle, ainsi que tout ce qui l'a suivie. — *Cass.*, 10 juill. 1819, Vigouroux; 5 avr. 1821, Coignet; 2 août 1822, Pouche dit Adolphe; 11 juill. 1822, Descours; 31 juill. 1823, Hullais; 10 déc. 1824, Louvignies; 15 déc. 1826, Roubeau.

479. — La nullité résultant de ce que la notification de la liste des jurés n'a pas été faite en temps utile, n'est pas couverte, lors même qu'il serait légalement constaté que le procureur-général avait donné l'ordre à l'huissier, qui a négligé de la faire dans le temps prescrit. Il n'y aurait pas ouverture à cassation, lors même que l'huissier n'aurait pas été condamné aux frais occasionnés par le renvoi de l'affaire à une autre session. — *Cass.*, 13 mars 1812, N...

480. — Elle ne peut être couverte non plus par le consentement donné par l'accusé à la formation du tableau. — *Cass.*, 11 juill. 1822, Descours.

481. — Mais le ministère public n'est pas recevable à se plaindre du retard de la notification quand le prévenu ne s'en plaint pas. — *Cass.*, 20 juill. 1832, Min. pub.

482. — Le jour auquel les témoins ont été assignés pour comparaître doit être réputé celui fixé pour l'ouverture des débats et la formation du tableau du jury de jugement. En conséquence est valable la notification de la liste des jurés faite aux accusés la veille de ce jour. — *Cass.*, 16 mars 1837 (t. 1er 1838, p. 86), Govrinchat.

483. — La loi n'impose pas au ministère public l'obligation d'indiquer, dans la notification de la liste des jurés, le jour où l'accusé devra être soumis aux débats; il suffit que la liste ait été notifiée la veille du jour indiqué pour la formation du tableau. — *Cass.*, 17 mai 1821, Sabardin. — On ne peut, en effet, baser une nullité sur l'inaccomplissement d'une formalité utile sans doute, mais qui n'est pas expressément exigée par la loi. — Cet arrêt signale une lacune dans le Code d'inst. crim. Les prévenus, en matière de police simple ou correctionnelle, sont avertis du jour de l'audience par une citation qui leur est notifiée avec un délai suffisant pour préparer leur défense (art. 146 et 184). Les accusés n'ont pas un moindre intérêt à connaître d'avance le jour où ils seront soumis aux débats, soit pour appeler leurs témoins, soit pour en notifier la liste en temps utile, soit pour s'assurer de la présence de leur conseil. Cependant la loi n'ordonne de leur faire aucune citation; ils ne sont avertis du jour de l'audience que par la notification de la liste des

que tellement rapprochée de l'ouverture des débats, qu'il ne leur reste qu'un délai insuffisant. Dans la pratique on dresse un rôle que les avocats peuvent consulter; mais ce rôle n'est pas obligatoire et n'a aucun caractère officiel; il subit même souvent des changemens et des modifications. Peut-être le législateur aurait-il dû prescrire une signification qui fît légalement connaître à chaque accusé, plusieurs jours d'avance, l'époque précise de l'ouverture des débats, en ce qui le concerne.

484. — Lorsque la notification de la liste des jurés est faite au domicile du prévenu, le délai doit être augmenté d'un jour par trois myriamètres de distance, à peine de nullité. — *Cass.*, 19 mai 1832, Corentin Carnaud c. min. pub.; 20 juill. 1832, Bailly.

485. — La disposition qui forme aujourd'hui l'art. 395, C. inst. crim., n'a eu pour objet que les affaires de grand criminel dans lesquelles l'accusé est toujours en état d'arrestation. La législation sur la presse, en attribuant au jury la connaissance de certains délits correctionnels, a rendu impraticable la notification de la liste des jurés dans le délai déterminé, lorsque le prévenu, resté libre, n'est pas présent et a un domicile éloigné. Il est de toute évidence que, dans ce cas, une notification faite la veille de l'audience serait complétement illusoire. Pour suppléer à l'insuffisance de la loi et concilier tous les intérêts, la cour de cassation a étendu par analogie, à la notification de la liste des jurés le délai général déterminé par l'art. 184, C. inst. crim. Il serait difficile d'élever des objections contre ce système, à moins de vouloir ravir au prévenu l'exercice de son droit de récusation. Mais il n'y a pas lieu d'emprunter à l'article précité le délai de trois jours qui n'a de rapport qu'aux citations à comparaître en justice. Cet article doit être combiné avec l'art. 395, de manière à n'ajouter aux dispositions de ce dernier article que ce qui est nécessaire pour le rendre exécutable. Ainsi la notification de la liste des jurés devra toujours être faite la veille du jour de l'audience, en ajoutant à ce délai un jour par trois myriamètres de distance entre le domicile du prévenu et le lieu où se tiennent les assises.

§ 2. — *Forme de la notification.*

486. — La notification de la liste des jurés doit être datée. La date est une formalité substantielle dont l'absence vicie l'acte qui en est dépourvu. — *Cass.*, 28 janv. 1832, Raymond Grusset.

487. — La notification de la liste des jurés dont la copie n'énonce aucune date, est nulle, comme n'établissant pas que cette notification ait été faite à l'accusé dans le délai prescrit par la loi. — *Cass.*, 24 oct. 1822, Surlot.

488. — La nullité existe encore bien que l'original de la notification soit régulier, si la copie ne mentionne pas le jour où elle a été faite. — *Cass.*, 5 mars 1836, Devolx.

489. — L'exploit de notification de la liste des jurés fait foi de sa date par lui-même et jusqu'à l'inscription de faux. La formalité de l'enregistrement étant extrinsèque, on ne saurait se faire un moyen de cassation de ce que la mention d'enregistrement porte une date fausse ou erronée. — *Cass.*, 16 juill. 1842 (t. 2 1842, p. 724), Baurain.

490. — La surcharge de la date sur la copie de la notification de la liste des jurés à l'accusé a pour effet, lorsqu'elle n'est pas régulièrement approuvée, de faire considérer les mots surchargés comme non avenus, et de rendre l'exploit nul. — *Cass.*, 28 janv. 1832, Grasset; 21 sept. 1839 (t. 1er 1840, p. 554), Bœglin.

491. — Est nulle la notification de la liste du jury lorsque la date et le nom de l'accusé ont été surchargés sans approbation au moyen de l'application de bandes de papier collées sur des énonciations qu'on a voulu faire disparaître. L'huissier qui a commis ces nullités doit être condamné aux frais de la procédure à recommencer. — *Cass.*, 14 janv. 1847 (t. 1er 1847, p. 572), Guernier.

492. — Est nul l'exploit de notification de la liste du jury qui ne porte qu'une seule date surchargée sans approbation. — *Cass.*, 5 nov. 1846 (t. 1er 1847, p. 480), Lucot.

493. — Jugé que l'accusé ne peut se prévaloir d'une surcharge existant dans l'original de la notification de la liste des jurés, pour prétendre que cette notification ne lui a pas été faite dans le délai de la loi, s'il ne représente pas la copie qu'il a reçue. — *Cass.*, 16 janv. 1818, Drujon.

494. — Lorsque l'original de la notification faite à l'accusé de la liste des jurés présente quelque incertitude sur sa date, à cause d'une surcharge, le doute peut être levé par les énonciations du procès-verbal des débats. — *Cass.*, 14 août 1817, Sentis. — On a pu juger ainsi dans la supposition que la surcharge est postérieure aux débats, mais il faut bien se garder de prendre cette décision pour une règle invariable.

495. — La notification doit en outre contenir les noms et prénoms des accusés.

496. — Cependant l'individu condamné par une cour d'assises ne peut invoquer en cassation l'erreur commise sur son prénom dans la signification à lui faite de la liste des jurés, s'il n'en a pas excipé devant la cour d'assises, et surtout si, dans la prison où il était, aucun autre détenu ne portait son nom. — *Cass.*, 19 oct. 1832, Epinat.

497. — Jugé d'ailleurs que la loi ne prescrit pas l'énonciation des prénoms de l'accusé dans la notification qui lui est faite de la liste des jurés. — *Cass.*, 16 avr. 1818, Guillain.

498. — Lorsque les accusés sont détenus, la notification doit être signifiée à la prison où ils sont retenus.

499. — Aucune disposition du Code d'instruction criminelle ne prescrit aux huissiers de notifier aux accusés détenus la liste des jurés entre deux guichets comme lieu de liberté. — *Cass.*, 1er juill. 1837 (t. 2 1842, p. 637), Tranchant.

500. — Dans les matières de simples délits de la compétence de la cour d'assises, la notification de la liste du jury au prévenu resté en liberté doit être faite, à peine de nullité, à sa personne ou à son domicile, et ne peut pas l'être au greffe de la cour, par application de l'art. 24, L. 26 mai 1819. — *Cass.*, 20 juill. 1832, Bailly. — V. Chassan, *Traité des délits de la parole*, t. 2, p. 329, no 9, et de Grattier, *Comm. sur les lois de la presse*, t. 1er, p. 446, no 7. — L'art. 24, L. 26 mai 1819, contient deux dispositions bien distinctes: la première qui permet de faire au greffe toute signification, à défaut d'une élection de domicile, ne concerne que le plaignant; la seconde concerne le prévenu; mais loin d'autoriser une semblable signification, elle veut que tout exploit lui soit notifié à sa personne lorsqu'il est détenu, et elle garde le silence sur la manière de procéder lorsqu'il est en liberté. Ce silence laisse la question dans les termes du droit commun. La notification de la liste des jurés doit donc lui être faite comme celle de tout autre exploit, à sa personne ou à son domicile, par cela même que la loi n'a pas dérogé à cette règle générale qui tient d'ailleurs à la substance de l'acte.

501. — C'est ainsi qu'il a été jugé que la notification de la liste des jurés, dans le cas où l'accusé n'est pas en état d'arrestation, peut lui être faite à domicile, selon le droit commun; et que cette notification n'est pas en opposition aux art. 395, C. inst. crim. — *Cass.*, 11 oct. 1832, Malastrie.

502. — La notification doit être faite aux accusés parlant à leur personne: chaque accusé doit recevoir une copie distincte et séparée.

503. — Ainsi, elle ne serait pas valable si elle avait été faite aux défenseurs des accusés, et non aux accusés eux-mêmes. — *Cass.*, 26 brum. an VIII, Crosnier. — Cette solution, consacrée par la cour de Cassation sous l'empire du code du 3 brumaire, est toujours parfaitement juridique.

504. — La notification est régulière lorsque l'original mentionne que copie en a été donnée: 1o à...; 2o à...; 3o à... 4o à..., et qu'après chaque chiffre est relaté le nom de chaque accusé. — *Cass.*, 10 déc. 1836 (t. 1er 1838, p. 25), Jeanseon.

505. — L'exploit de notification aux accusés mentionnant qu'il en a été laissé copie en parlant *à leurs personnes*, constate suffisamment que chacun d'eux a reçu sa copie. — *Cass.*, 29 mars 1838 (t. 1er 1840, p. 203), Lourdel et Minet.

506. — ...Alors surtout qu'ils n'ont point allégué devant la cour d'assises avant le tirage au sort, qu'ils n'ont pas respectivement reçu cette notification. Dès-lors, l'inscription en interligne non approuvée sur l'original d'exploit des mots *à chacun séparément* est surabondante, et ne saurait, malgré son irrégularité, entacher l'exploit de nullité. — *Cass.*, 10 janv. 1833, Gellée.

507. — Mais la notification de la liste des jurés, faite à un accusé en parlant à son co-accusé et non à lui-même, est nulle comme ne prouvant pas légalement que la copie ait été reçue par celui à qui elle était destinée. — *Cass.*, 5 déc. 1811, Pieplus; 12 mars 1818, Simon; 16 mars 1820, Kerusoret; 23 mars 1820, Begon; 29 juill. 1825, Dufour. — Merlin, *Rép.*, vo *Juré*, § 4.

508. — Toutefois la nullité, dans ce cas, ne profite qu'à ceux qui n'ont pas reçu de copie. — Mêmes arrêts. — Bourguignon, *Manuel du jury*, p. 378.

509. — La notification est encore nulle lorsqu'elle a été faite en parlant à la personne du concierge de la prison où l'accusé est détenu. — *Cass.*, 13 nov. 1818, Philippart. — Carnot, sur l'art. 394, C. inst. cr., t. 3, p. 50, no 7, et Bourguignon, *Jurisp. des Codes crim.* sur le même article, t. 2, p. 257, no 5, et *Manuel du jury*, p. 379, no 247. — Merlin (*Rép.*, vo *Juré*, § 4) fonde la même opinion sur ce que la prison dans laquelle l'accusé est détenu n'est pas son domicile, et que ce n'est que pour les significations faites à domicile que les concierges, portiers ou autres domestiques sont considérés, à l'égard des habitans des maisons auxquelles ils sont attachés, comme des mandataires chargés de recevoir pour eux les copies d'exploit qui leur sont destinées.

510. — Dans les affaires où il y a un simple arrêt de mise en prévention et non de mise en accusation, la notification de la liste des jurés doit énoncer, à peine de nullité, le nom de la personne à laquelle la copie en a été laissée. — *Cass.*, 10 nov. 1820, Pujos.

511. — La loi n'exige point que la liste des jurés notifiée à l'accusé la veille du jour déterminé pour la formation du tableau soit manuscrite: c'est la signature de l'officier ministériel que la loi charge de cette notification, mise au bas de l'exploit de notification, qui donne à cette liste l'authenticité et la légalisation nécessaires. — *Cass.*, 24 sept. 1834, Oudin.

512. — En conséquence, la liste des jurés peut être signifiée à l'accusé par un acte imprimé, et on ne peut étendre à ce cas la prohibition établie, sous peine de nullité, par l'art. 372, C. inst. crim., en ce qui concerne le procès-verbal des débats. — *Cass.*, 11 juill. 1839 (t. 2, 1840, p. 584), Esparseil.

513. — L'original de la notification doit être enregistré.

514. — Cependant le défaut de mention sur l'original de la date de l'enregistrement n'emporte point nullité et n'empêche pas que cette notification, d'ailleurs incontestée, n'ait été constatée authentiquement par acte d'un officier public qui fait foi jusqu'à inscription de faux. — *Cass.*, 15 déc. 1831, Franquette.

515. — De même, l'accusé qui ne s'est pas plaint au moment de la formation du tableau du jury, ni même après le jugement, d'avoir été privé du temps que la loi lui accordait pour examiner la liste des jurés, et préparer ses récusations, est non-recevable à se faire un moyen de cassation du défaut d'enregistrement de la notification de cette liste. — *Cass.*, 1er fév. 1816, Maisonneuve. — Merlin, *Quest.*, vo *Appel*, § 10, art. 3, no 14.

516. — ...Ou de ce que la date de l'enregistrement est fausse ou erronnée. — *Cass.*, 16 juill. 1842 (t. 2 1842, p. 724), Baurain.

517. — Les surcharges de l'exploit de notification en entraînent la nullité lorsqu'elles ne sont pas régulièrement approuvées et qu'elles portent sur des formalités substantielles. — *Cass.*, 15 oct. 1829, Quinette de la Hogue.

518. — L'huissier qui, pour notifier la liste des jurés, en a fait une copie contenant des inexactitudes si grossières et si nombreuses qu'elles ont nécessité la cassation de l'arrêt de condamnation, a commis une faute très-grave, de nature à déterminer la cour de Cassation à ordonner que les frais de la procédure à recommencer seront à sa charge. — *Cass.*, 26 déc. 1823, Bracq.

§ 3. — *Liste à notifier.*

519. — Sous le Code du 3 br. an IV, la jurisprudence exigeait que la liste de tous les jurés appelés à statuer sur le sort des accusés, même des jurés appelés en remplacement, fût notifiée. — *Cass.*, 21 vend. an VIII, Laporte; 22 vend. an VIII, Perrot; 6 niv. an IX, Castaing; 9 niv. an IX, Périchon; 7 flor. an IX, Maillard; 26 flor. an IX, Renou.

520. — En conséquence, il a été jugé sous ce Code que, lorsqu'à l'ouverture des débats deux jurés avaient été remplacés hors la présence de l'accusé, le président devait l'interpeller à peine de nullité de déclarer s'il les acceptait ou les récusait. — *Cass.*, 8 vend. an X, Boulade.

521. — On jugeait encore que la composition du jury était nulle, et, par suite, la déclaration et le jugement, si le défaut de notification à l'accusé des noms des jurés appelés en remplacement d'autres, avait pu le priver du droit de récusation. — *Cass.*, 2 vend an VIII, Léger; 1er therm. an VII, Guillaume; 15 mess. an VIII, Bonnard; 16 frim. an VIII, Vervaerck; 3 avr. 1806, Vanckum; 7 flor. an IX, Maillard; 28 germ. an VII, Lombard; 5 fruct. an VII, Louvet.

522. — Surtout s'il y avait entre le remplacement et l'ouverture des débats un temps bien suffisant pour faire cette notification. — *Cass.*, 7 flor. an IX, Marc Maillard.

523. — Cette obligation était appliquée à la formation d'un jury spécial comme à la formation d'un jury ordinaire: la loi ne dispensait de cette

notification que les remplacemens faits à l'ouverture des débats. — *Cass.*, 28 pluv. an VIII, Cens; 25 niv. an VII, Prevot.

524. — Lorsque, d'après un exploit de signification, les noms des jurés remplaçans avaient été notifiés à l'accusé le jour du débat, à six heures du matin, et que, d'après le procès-verbal de la séance, le tirage était indiqué n'avoir été fait qu'au commencement du débat, à neuf heures du matin, cette contradiction ne permettait pas de considérer la formalité de la notification comme régulièrement remplie, et opérait nullité. — *Cass.*, 9 mess. an IX, Gaudin.

525. — La déclaration du jury était nulle lorsque l'un des jurés portés sur la liste de remplacement notifiée à l'accusé n'avait pas siégé, tandis qu'un autre juré, quoique réellement désigné par le sort comme remplaçant, mais ne figurant point sur la liste notifiée, avait fait partie du jury. — *Cass.*, 4 déc. 1807, Lecomte; même jour, Fournier.

526. — Depuis le Code d'instruction criminelle, il a été constamment admis que c'est la liste primitive faite en exécution de l'art. 388 C. inst. crim., c'est-à-dire celle formée par le premier président de la cour royale, et comprenant trente-six jurés titulaires et quatre jurés supplémentaires, qui doit être notifiée à l'accusé.

527. — Jugé que la notification de la liste des trente-six jurés titulaires est suffisante. — *Cass.*, 28 janv. 1825, Domergue; 19 mai 1826, Leguen; 20 avr. 1827, Dupré; 14 sept. 1827, Olivier; 21 sept. 1827, Giraudon; 6 nov. 1828, Goujon; 18 mars 1830, Bourgueneuf; 16 nov. 1827, Lefloch.

528. —...Et cela, malgré les changemens survenus depuis. — *Cass.*, 10 janv. 1817, Rey; 16 nov. 1827, Lefloch.

529. — Par exemple, bien que l'un des trente-six jurés fût alors décédé, la liste contenant encore les noms de trente-cinq jurés. — *Cass.*, 27 avr. 1827, Maury.

530. — Il ne peut résulter aucun moyen de nullité de ce que douze des jurés portés sur cette liste en auraient, depuis, été éliminés par excuses ou autrement. — *Cass.*, 4 fév. 1830, Delhay.

531. — En effet, les jurés légalement dispensés n'en ont pas moins fait partie de la liste des trente-six et les jugemens qui déclarent valables leurs excuses, n'infirment point la notification qui a été faite de leurs noms à l'accusé. — *Cass.*, 27 avr. 1827, Maury.

532. — Décidé encore qu'aucune disposition de loi n'ordonne la notification de la liste des jurés supplémentaires. — *Cass.*, 7 déc. 1827, David.

533. — De cette proposition résulte nécessairement la conséquence qu'il ne serait pas *utile* ou au moins *indispensable* de notifier aux accusés la liste des jurés supplémentaires. Or, cette conséquence est inexacte, la notification de la liste des jurés supplémentaires est toujours utile, fréquemment elle deviendra nécessaire, et l'absence de la notification de cette liste peut, dans certains cas, créer au profit des accusés un moyen de nullité. — En effet, si par suite des excuses admises l'un des jurés supplémentaires devient titulaire, il est évident que les accusés peuvent se plaindre, avec raison, de ce que ce juré, devenu titulaire et faisant partie du tirage primitif, ne se trouve pas compris dans la liste notifiée.

534. — La jurisprudence qui admet que les accusés ne sauraient demander la nullité de la notification qui n'indique pas les jurés appelés en remplacement, est fondée sur ce que ces jurés n'étant pas connus avant le moment où leur adjonction au jury est devenue nécessaire, il a été impossible de les signaler aux accusés avant cette adjonction; sur ce que le temps matériel manquerait la plupart du temps pour faire la notification de la liste de ces jurés remplaçans, puisque le remplacement a lieu à l'ouverture ou pendant le cours de la session; enfin sur ce que ce serait se jeter dans de grandes difficultés que d'exiger que toutes les modifications que peut subir la liste des jurés pendant le cours de chaque session fissent l'objet d'une notification spéciale.

535. — Aucun de ces motifs ne s'applique au cas qui nous occupe. En effet, les jurés supplémentaires font partie du tirage des quarante; ils sont connus en même temps que les jurés titulaires; il n'y a aucune difficulté à les comprendre dans la notification, et les accusés ont souvent intérêt à les connaître. Aussi la cour de Cassation n'a-t-elle pas hésité à prononcer la nullité de la notification toutes les fois que les accusés ont pu justifier qu'ils auraient eu intérêt à connaître les jurés supplémentaires omis dans la liste notifiée.

536. — Ainsi elle a décidé qu'il y avait nullité de la notification lorsque les nom, prénoms et demeure d'un juré supplémentaire avaient été laissés en blanc, alors que ce juré avait fait partie du jury de jugement. — *Cass.*, 16 fév. 1832, Martineau.

537. —...Ou si ce juré était nécessaire pour compléter le nombre de trente, et que cette nullité doit être prononcée, bien que la copie de l'acte de notification de la liste ne soit pas représentée, si l'original fait foi de l'omission. — *Cass.*, 31 déc. 1835, Simonet.

538. — Mais lorsque la liste primitive ayant été régulièrement notifiée, une partie des jurés ne se présente pas ou a été excusée, il y a lieu, aux termes de l'art. 393 C. inst. crim., de remplacer à l'instant les absens par des citoyens pris sur la liste supplémentaire (V. *infrà*, nos 612 et suiv. 640 et suiv.). Alors il n'y a pas lieu de notifier à l'accusé une nouvelle liste comprenant les jurés remplaçans.

539. — C'est en ce sens surtout qu'il a été fréquemment jugé que la loi n'exige pas la notification aux accusés des noms des jurés appelés à remplacer les jurés absens ou excusés. — *Cass.*, 10 déc. 1812, Cornu; 7 janv. 1813, Blondel; 19 janv. 1813, Flitzema; 6 mai 1813, Pluine; 28 janv. 1814, Lartizien; 21 sept. 1815, Mestivier; 11 avr. 1817, Verdier; 20 juin 1817, Pastoret; 6 fév. 1818, Escalier; 3 avr. 1818, Lewy; 4 fév. 1819, Mittelbrone; 29 avr. 1819, Leguevel; 12 déc. 1823, Cozette; 23 déc. 1824, Boiron; 4 juin 1824, Gallonaye; 10 juin 1825, Valoteau; 17 fév. 1826, Arnaud; 13 janv. 1827, Roque; 11 oct. 1827, Clément; 24 juillet 1828, Raynal; même jour, Alary; même jour, Gaillard; même jour, Février; 18 mars 1830, Bourgueneuf; 3 juin 1830, Dumont; 13 janv. 1831, Beruais; même jour, Guillemette; 5 avr. 1832, Guiacomoni; même jour, Castellani; 19 avril 1832, Latreille; 14 juin 1832, Vieillard; 21 juin 1832, Gruselle; 21 déc. 1832, Armand et Delaval; 27 juin 1833, Brette; 29 juin 1833, Gerboin; 26 déc. 1833, Bugnets; 6 fév. 1834, Rossi; 16 janv. 1835, Chevrier; 31 mars 1836, Arrighi et Rossi; 13 avr. 1837 (t. 1er 1838, p. 321), Farcinet; 18 juill. 1839 (t. 2 1840, p. 535); Manenti; 19 juillet 1839 (mêmes vol. et page, 3 arrêts); 18 fév. 1841 (t. 1er 1842, p. 481), Andrieu et Terré; 24 fév. 1842 (t. 2 1842, p. 398), Massé-Dupré et Messyrel; 30 janv. 1845 (t. 1er 1846, p. 243), de Santin; — Merlin, *Rép.*, vo *Juré*, § 4; no 3. Bourguignon, *Man. du jury*, p. 361. — *Contrà* Legraverend, t. 2, p. 164, note 1.

540. — Dès lors une irrégularité contenue dans une pareille notification ne saurait vicier la procédure. — *Cass.*, 30 janv. 1845 (t. 1er 1846, p. 243), de Santin.

541. — Il suffit, dans ce cas, que le nom de ces jurés ait été appelé publiquement par la voie du sort en présence de l'accusé, et que celui-ci ait été ainsi mis à même d'exercer son droit de récusation. — *Cass.*, 13 avr. 1837 (t. 1er 1838, p. 321), Farcinet.

542. — Jugé encore que la notification à l'accusé des noms des jurés appelés en remplacement de ceux portés sur la liste des quarante, *bien que désirable*, ne constitue pas une obligation imposée par la loi. — *Cass.*, 20 avril 1837 (t. 1er 1838, p. 317), Léoni; — Merlin, *Rép.*, v. *Juré*, § 4, no 3, Bourguignon, *Man. du jury*, p. 361.

543. — ...Et que le vœu de la loi est rempli, soit que l'on signifie seulement aux accusés la liste primitive des jurés, soit qu'on leur signifie cette liste augmentée des noms des jurés qui ont été tirés au sort sur la liste supplémentaire. — *Cass.*, 9 sept. 1824, Dominique Mourra.

544. — Aussi, l'accusé ne peut-il tirer un moyen de nullité de ce qu'avec la liste des trente-six jurés, on lui aurait notifié les noms de ceux qui ont été excusés, ainsi que des jurés remplaçans. — *Cass.*, 27 avr. 1827, Maury; 26 déc. 1833, Bugnets.

545. — L'accusé est non recevable à se plaindre de ce que la notification qui lui a été faite de la liste des jurés, ne contenait pas les noms de ceux qui, ayant été dispensés ou excusés, ne pouvaient être ni récusés ni admis par lui. — *Cass.*, 23 janv. 1812, Raffier; 18 octobre 1811, Dermenon; 4 janv. 1812, Pain; 21 oct. 1813, Tournie; 28 déc. 1811, Hurard; 17 sept. 1818, Dubreuil; 27 mai 1819, Champion; 6 juill. 1821, Quenoble; 12 avr. 1822, Polge; 25 juin 1824, Aunet-Mornac; 19 mai 1826, Leguen; 21 mai 1829, Carcassès; 21 sept. 1827, Giraudon, 11 oct. 1827, Clément; 22 janv. 1830, Letellier. — Bourguignon, *Man. du jury*, p. 363, no 245; *contrà* Merlin, *Rép.*, vo *Juré*, § 4, no 4, 2o.

546. — L'accusé est même non recevable à se plaindre de ce qu'on lui a signifié la liste complémentaire des trente jurés au lieu de la liste originaire des trente-six. La connaissance de cette liste de trente jurés lui est plus utile, puisqu'elle lui fait connaître à l'avance tous les jurés sur lesquels ses récusations pourront s'exercer lors de la formation du tableau définitif. — *Cass.*, 18 oct. 1811, Dermenon; 28 décembre 1811, Hurard.

547. — Mais il faut que cette liste soit complète; et il y aurait nullité, si, par l'omission du nom d'un juré de la première liste; elle se trouvait réduite à moins de trente jurés. — *Cass.*, 6 juill. 1821, Quenoble; 12 avr. 1822, Polge; 16 janv. 1823, Trinquier; 25 juin 1824, Mornac; 21 septembre 1827, Guiraudon; 24 janv. 1828, Petit.

548. — Ainsi lorsque, par une erreur de copiste, le nom d'un juré a été porté deux fois sur une liste qui, n'étant que de trente jurés, s'est ainsi trouvée réduite à vingt-neuf, la notification est nulle. — *Cass.*, 20 juillet 1827, Martin-Criet.

549. — Il en est de même si l'on a omis de comprendre sur la liste le nom d'un juré qui était porté sur la liste primitive et qui a fait partie du tableau du jury de jugement. — *Cass.*, 6 juill. 1821, Quenoble.

550. —...Ou si l'un des trente jurés se trouve incapable comme ayant figuré au procès en qualité d'officier de police judiciaire. — *Cass.*, 25 août 1826, Pierre Couraud.

551. — ... Ou s'il a été entendu dans l'instruction écrite en qualité de témoin. — *Cass.*, 10 mars 1826, Brun dit Enfer; 24 (et non 25) janvier 1821, Verger, 22 mai 1823, Mazolin; 5 juin 1823, Allier; 11 oct. 1827, Clément; 15 mai 1823, Lelann; 22 mai 1830, Balaguier.

552. — ... Ou s'il ne réunissait pas les qualités requises. — *Cass.*, 18 janv. 1827, Pierre André.

553. — ... Notamment s'il ne jouissait pas légalement des droits civils et politiques. — *Cass.*, 11 fév. 1825, Léonard Barrage.

554. — La notification de la liste ne remplit le vœu de la loi qu'autant qu'elle contient les noms de tous les jurés dont elle est composée; il y a nullité si l'on a omis d'y comprendre un juré qui faisait partie des trente et si on l'a remplacé par le nom d'un juré sans caractère. — *Cass.*, 19 mai 1826, Leguen.

555. — Il y a nullité lorsqu'un des jurés qui ont concouru à la déclaration n'était pas inscrit sur la liste notifiée. — *Cass.*, 6 juill. 1821, Quenoble; 3 janv. 1823, Barrabaud; 26 sept. 1823, Valette; 2 juin 1842 (t. 2 1842, p. 462), Bucheton.

556. — Si cette nullité provient d'une erreur de plume du greffier (lequel aurait, par exemple, répété à tort deux fois le même nom sur le procès-verbal de tirage du jury de jugement), c'est là une faute très grave, qui autorise la cour de Cassation à la condamner aux frais de la procédure à recommencer. — *Cass.*, 2 juin 1842 (t. 1842, p. 462), Bucheton.

557. — Lorsqu'un juré qui avait été remplacé comme absent, lors de l'ouverture de la session, a comparu depuis et s'est fait réintégrer sur la liste, la formation du tableau du jury à laquelle il a concouru, est illégale et nulle, s'il n'a pas été compris sur la liste de trente jurés notifiée à l'accusé. — *Cass.*, 24 oct. 1822, Houziaux; 19 juin 1823, Thibaudot; 20 juin 1823, Perrin.

558. — Il résulte cependant d'un arrêt de la cour de Cassation que lorsqu'au nombre des jurés qui ont concouru pour la formation du tableau, il s'en trouve quelques uns dont les noms n'étaient pas compris sur la liste notifiée à l'accusé, il y a présomption légale qu'ils ont été appelés en remplacement. — *Cass.*, 8 oct. 1818, Cantaloube. — Cette présomption n'est nullement établie par la loi : elle ne tendrait à rien moins qu'à ravir à l'accusé la plus précieuse de toutes les garanties, celle d'être jugé par les hommes que la loi lui donnait pour juges. Les jurés non inscrits sur la liste notifiée pourraient être de simples commissaires choisis sans publicité et autrement que par la voie du sort. La cour de Cassation n'aurait aucun moyen de contrôle, et la loi serait impunément violée. Concluons de là que les jurés étaient, dans l'espèce actuelle, des juges sans qualité et que la procédure aurait dû être annulée. A la vérité, cette décision est antérieure à la loi du 2 mai 1827 et au nouvel art. 393, C. inst. crim.; mais les principes que nous venons d'exposer étaient bien suffisans, et loi du 2 mai 1827 n'a fait que les confirmer.

559. — C'est donc avec plus de raison qu'il a été jugé que la formation du jury est nulle lorsqu'un citoyen s'est trouvé faire partie du tableau sans être porté sur la liste primitive arrêtée et notifiée à l'accusé, et sans avoir été appelé en remplacement d'un juré manquant. — *Cass.*, 22 fév. 1821, Dehors.

560. — C'est en ce sens qu'il a été jugé que le juré dont le nom ne se trouvant pas dans la liste des trente-six jurés ordinaires et des quatre supplémentaires n'a point été signifié à l'accusé ne peut, à peine de nullité, concourir à la formation du tableau du jury, ni devenir légalement l'un des juges de l'accusé. — *Cass.*, 24 sept. 1834, Bris.

561. — L'omission du nom d'un juré sur la liste notifiée à l'accusé est une cause de nullité tant de la formation du tableau du jury que de tout ce qui

JURY, sect. 7e.
JURY, sect. 7e.

s'en est suivi, lors même qu'en ne récusant pas le juré dont le nom a été omis, l'accusé l'aurait accepté pour juge. — *Cass.*, 10 avr. 1819, Jourdan; 11 juill. 1822, Descours.

562. — La nullité résultant de ce que la liste notifiée ne contenait les noms que de vingt-neuf jurés n'est pas couverte par le concours du juré omis à la formation du tableau, ni par la récusation de ce juré par l'accusé. — *Cass.*, 12 avr. 1822, Polge.

563. — Le silence du prévenu ou de l'accusé, lors de la formation du tableau du jury de jugement, n'a pas non plus pour effet de couvrir la nullité résultant du défaut d'une notification régulière de la liste du jury. — *Cass.*, 19 mai 1832, Corentin-Carnaud; 20 juill. 1832, Bailly.

564. — Il en est de même de son consentement formel au concours à la formation du tableau d'un juré dont le nom ne lui avait pas été notifié. — *Cass.*, 19 juin 1823, Thibaudot; 20 juin 1823, Perrin; 10 juill. 1823, Maillot.

§ 4. — *Désignation des jurés sur la liste notifiée.*

565. — Il est constant que la liste des jurés notifiée à l'accusé doit, à peine de nullité, contenir une désignation suffisante des jurés, de manière à ce que l'accusé puisse savoir quels sont ceux qui peuvent devenir ses juges et exercer en conséquence son droit de récusation.

566. — Mais l'application de cette règle n'est pas sans difficultés; on trouve dans les monumens de la jurisprudence de la cour de Cassation de grandes variations sur cette application; et les mêmes faits ont souvent donné lieu à des solutions différentes.

567 — La cour de Cassation n'admet que rarement le moyen de nullité: en général, elle prend pour base de sa décision l'erreur dans laquelle a pu être induit l'accusé sur l'identité des jurés; ou le préjudice qu'a pu lui causer l'inexactitude alléguée: c'est une appréciatian de fait, sans doute, quelquefois même assez délicate, mais on comprend que c'est, dans le silence de la loi, la règle la plus sûre et en même temps la plus équitable et que si, malgré quelques inexactitudes, aucun préjudice n'a été éprouvé, aucune équivoque n'a existé dans l'esprit de l'accusé sur la personne de ses juges, et s'il a pu dès-lors exercer en parfaite connaissance de cause son droit de récusation, il n'y a pas lieu de prononcer une nullité qui n'a plus d'objet.

568. — Ainsi jugé, avec raison, que la notification de la liste des jurés ne doit être annulée pour cause d'omissions ou de désignations inexactes qu'autant que ces omissions ou inexactitudes ont pu préjudicier aux droits de l'accusé et l'empêcher de discerner suffisamment les personnes qui y étaient inscrites. — *Cass.*, 10 juin 1825, Valoteau; 11 juin 1825, Foucaud; — Bourguignon, *Manuel du jury*, p. 374.

569. — ... Spécialement, qu'autant qu'elles ont pu l'induire en erreur sur l'identité des jurés. — *Cass.*, 7 déc. 1827, David; 27 mars 1833, Charbonnel; 26 janvier 1832, Violeau; 15 oct. 1829, Quinette.

570 — Jugé également que l'accusé est sans intérêt à faire un moyen de nullité des inexactitudes commises sur la liste qui lui a été notifiée, dans la désignation de jurés précédemment dispensés et qui n'ont pas concouru à la formation du tableau. — *Cass.*, 10 juin 1825, Valoteau; *Cass.*, 11 juin 1825, Foucaud; 6 nov. 1828, Poujon; 3 mai 1832, Bray.

571. — ... Alors encore qu'avant l'appel du nom du juré inexactement désigné, l'accusé avait épuisé son droit de récusation. — *Cass.*, 9 juillet 1835, Vincentini.

572. — Peut-être cette double solution est-elle trop rigoureuse, et l'accusé eût-il dû être admis à demander la nullité de la notification de la liste du jury, s'il était vrai que par cette notification il n'avait pas été mis à même de connaître ceux qui pouvaient devenir ses juges. La circonstance que le juré, inexactement indiqué, n'aurait pas fait partie du jury, ou que son nom aurait été appelé alors que l'accusé avait épuisé son droit de récusation, peut-elle créer contre le moyen de nullité une fin de non recevoir? Cela paraît douteux. En effet, cette fin de non recevoir ne pourrait exister qu'autant qu'il serait manifeste que l'irrégularité n'a pu causer aucun préjudice à l'accusé. Or, cet accusé ne peut-il pas soutenir avec quelque fondement qu'il a droit et intérêt à reconnaître tous ceux qui peuvent être appelés à statuer sur son sort à l'effet de les accepter ou de les refuser comme juges; que si l'on lui eût fourni les indications nécessaires sur tous ceux qui faisaient partie de la liste, il eût pu exercer autrement qu'il ne l'a fait son droit de récusation, soit en faisant entrer dans la composition du jury de jugement, soit en excluant un ou plusieurs des jurés que la liste notifiée ne lui a pas fait suffisamment connaître?

573. — Jugé par le même motif que l'accusé ne peut se plaindre de ce que, dans la notification de la liste des noms des jurés, un mot qui est lisible a été substitué à un autre mot. — *Cass.*, 10 déc. 1836; (t. 1er 1838, p. 25.), Jeanson.

574. — La cour de Cassation jugeait dans l'origine que l'accusé qui, lors de la formation du tableau, n'a point récusé ceux des jurés dont il prétend que les qualités et domiciles ont été mal indiqués dans la liste à lui notifiée en temps utile, est présumé avoir connu suffisamment leur identité. — *Cass.*, 9 fév. 1816, Simonin; 24 sept. 1819, d'Ambricourt; 17 mai 1821, Labardin; 5 oct. 1821, Gorrichon; 8 juill. 1824, Baud; *Cass.*, 3 mai 1832, Bray.

575. — ... Surtout si, sur l'interpellation du président de la cour d'assises, l'accusé n'avait élevé aucune contestation sur l'identité de ce juré. — *Cass.*, 5 août 1830, Pelletier.

576. — Mais cette jurisprudence mettait l'accusé dans l'alternative de récuser des jurés qu'il aurait agréés s'il les eût connus, ou d'agréer des jurés qu'il eût récusés si les désignations eussent été suffisantes. Il y avait bien évidemment, dans l'un et l'autre cas, atteinte à son droit de récusation. Aussi la cour de Cassation a-t-elle, et avec raison, abandonné la présomption légale qu'elle prétendait tirer du silence de l'accusé, pour admettre le principe que la notification de la liste des jurés ne doit être annulée pour cause d'omissions ou de désignations inexactes, qu'autant que les omissions ou inexactitudes ont pu préjudicier aux droits de l'accusé, et l'empêcher de discerner suffisamment les personnes inscrites sur la liste.

577. — Quelle que soit donc la nature des inexactitudes reprochées à la désignation des jurés, qu'elle porte sur le nom, les prénoms, les qualités, l'âge, le domicile, la profession, etc., la cour de Cassation se décide constamment aujourd'hui en vertu de cette dernière règle.

578. — Ainsi jugé notamment à l'occasion de différences signalées dans le mode d'inscription du nom de certains jurés sur la liste notifiée et la liste des jurés de jugement. — *Cass.*, 14 avr. 1826, Prost; 10 juin 1825, Valoteau; 11 juin 1825, Foucaud; 28 fév. 1833, Leroux; 22 déc. 1831, Boisson; 5 déc. 1839, (t. 2 1840, p. 176), Brallet et Rombach.

579. — ... Ou de différences existant entre le nom d'un juré inscrit sur la liste notifiée et la signature apposée à la déclaration du jury. — *Cass.*, 30 avr. 1835, Lambert et Robert.

580. — ... Ou de fautes d'impression intervenues sur le nom du juré, dans la copie de la liste notifiée. — *Cass.*, 18 mars 1830, Bourgueneuf.

581. — ... Ou de légères différences dans l'orthographe du nom sur la liste signifiée et celle du nom véritable résultant, par exemple, de substitutions, omissions, additions, interversions de lettres, d'accens, etc. — *Cass.*, 6 mai 1824, Gatonnès; 10 mars 1827, Texier; 9 juill. 1835, Vincensini; 24 déc. 1829, Barcel; 5 août 1830, Pelletier; 3 mai 1832, Bray; 28 fév. 1833, Leroux; 12 déc. 1834, Gilbert dit Miran; 8 janv. 1842 (t. 1er 1842, p. 678), Foin; 26 juill. 1832, Camboulas; 13 août 1829, Dumont; 16 oct. 1828, Ledurier; 3 oct. 1822, Berton.

582. — ... Surtout alors qu'aucun juré du même nom ne réside dans la même commune que celui dont on prétend la désignation inexacte, et que, d'ailleurs, l'exactitude a été rectifiée par la cour d'assises le jour même où il a été procédé au tirage du jury. — *Cass.*, 18 avr. 1839 (t. 1er 1840, p. 196), Darbois.

583. — Jugé de même à l'occasion d'erreurs, d'absence ou de différences dans les prénoms des jurés. — *Cass.*, 24 sept. 1819, d'Ambricourt; 13 janv. 1826, Ibert; même jour, Pinault; 18 mars 1826, Dermenon-Aunet; 16 juin 1826, Oberveiller; 20 nov. 1828, Caunter; 15 oct. 1829, Quinette de la Hogue; 20 oct. 1831, Rose; 19 juill. 1832, Benoit; 26 déc. 1833, Bugnets; 1er avr. 1837 (t. 1er 1838, p. 558); Kempert; 12 avr. 1839 (t. 1er 1840, p. 198), Breton; 16 sept. 1841 (t. 1er 1847, p. 153), Burgerey.

584. — La notification doit aussi énoncer la qualité ou la profession de chaque juré. — Cependant l'absence de cette énonciation ne peut créer un moyen de nullité si elle n'a pas empêché l'accusé de reconnaître les jurés. — Bourguignon, *Manuel du jury*, no 377.

585. — Ainsi jugé pour omission, erreur sur la qualité. — *Cass.*, 13 janv. 1826, Ibert; 14 avr. 1826, Prost; 6 avr. 1833, Déluchy; 10 août 1837 (t. 2 1839, p. 556), Goupil.

586. — ... Alors même que le juré tirerait son droit d'être juré de sa qualité, telle, par exemple, que celle d'électeur. — *Cass.*, 7 mars 1828, Cauchy; 20 nov. 1828, Caunter.

587. — Jugé de même à l'occasion d'inexactitudes dans l'énonciation de la profession des jurés. — *Cass.*, 13 août 1829, Dumont; même jour, Trenque; 18 avr. 1839 (t. 1er 1840, p. 198), Darbois.

588. — ... Alors, d'ailleurs, que l'inexactitude sur la profession et le nom du juré a été rectifiée par la cour d'assises le jour même où il a été procédé au tirage du jury. — *Cass.*, 18 avr. 1839 (t. 1er 1840, p. 196), Darbois.

589. — Mais lorsqu'il existe entre le nom véritable d'un juré et celui porté sur la liste notifiée à l'accusé une différence telle, qu'elle a pu induire celui-ci en erreur sur l'individualité du juré, il y a nullité des débats et de ce qui s'en est suivi. — *Cass.*, 27 déc. 1821, Auger; même jour, Maupin; 15 oct. 1829, Quinette de la Hogue; 18 nov. 1841 (t. 1er 1842, p. 521), Jouan; — Bourguignon, *Manuel du jury*, p. 374; Carnot, *C. inst. crim.*, art. 387, no 4.

590. — ... Encore bien que la différence de nom ait été l'objet d'un arrêt de rectification de la cour d'assises, si cet arrêt n'a pas été signifié à l'accusé. — *Cass.*, 18 nov. 1841, (t. 1er 1842, p. 521), Jouan.

591. — Spécialement, il y a nullité lorsqu'un juré dont le nom véritable est *Droniou* a été désigné dans la liste sous le nom de *Drouin*, alors même que ses prénoms et sa profession auraient été indiqués exactement. — Même arrêt.

592. — Jugé également sous le Code du 3 brum. an IV, que la déclaration du jury était nulle lorsque l'un des jurés qui avait concouru se trouvait désigné sous trois prénoms différens, savoir au pied de cette déclaration, dans le procès-verbal du tirage au sort et dans la notification du tableau faite à l'accusé. — *Cass.*, 19 flor. an XIII, Landon et Léonarde-Martin.

593. — ... Et sous l'empire du Code d'inst. crim., que la notification d'une liste de jurés contenant des désignations fausses sur les prénoms et professions de plusieurs d'entre eux, ne peut que tromper l'accusé sur la personne de ces jurés, et doit être annulée comme incomplète. — *Cass.*, 26 déc. 1823, Bracq. — V. aussi *Cass.*, 27 avr. 1837 (t. 1er 1840, p. 52), Aubert; 29 déc. 1837 (t. 1er 1840, p. 142), Rigal.

594. — ... Qu'il y a lieu d'annuler la déclaration du jury et tout ce qui a suivi lorsque la différence de qualité et de domicile donnés à un juré dans la liste notifiée et dans le tirage au sort a pu faire naître dans l'esprit des accusés des doutes sur son identité. — *Cass.*, 21 juin 1833, Millet.

595. — Spécialement, lorsque dans le tableau du jury un des jurés est désigné comme exerçant la profession de notaire dans une résidence, tandis que la liste notifiée comprend une personne des mêmes nom et prénoms, exerçant la même profession dans une autre résidence. — *Cass.*, 7 fév. 1822, Géniteur Guinot.

596. — ... Ou lorsqu'un juré a été inscrit tant sur la liste notifiée que sur celle qui a servi à la composition du tableau du jury, avec la qualité de maire de la commune qu'il habite, qualité qui appartient à son frère et non à lui. — *Cass.*, 25 fév. 1825, Jean Petit; même jour, Mouton; même jour, Harmand; 26 fév. 1825, Berton.

597. — ... Ou lorsque le nom d'un juré est accompagné de la profession de négociant dans la liste notifiée et de la qualité de rentier dans la formation du tableau du jury, s'il est établi qu'il existe dans la même ville deux individus de ce nom, ayant l'un la profession de négociant, et l'autre la qualité de rentier; et si d'ailleurs rien ne justifie que celui qui a siégé soit le même que celui dont le nom a été notifié. — *Cass.*, 7 fév. 1822, Augustin Hurtaux.

598. — L'omission du nom d'un juré sur la liste notifiée à l'accusé est, de la part de l'huissier, une faute grave qui autorise la cour de Cassation à ordonner, en cas d'annulation, que les frais de la procédure à recommencer seront à la charge de l'huissier. — *Cass.*, 25 juin 1824, Mornac; 21 sept. 1827, Guiraudon; 16 fév. 1832, Martineau. — V. aussi *Cass.*, 11 juin 1825, René Foucaud; 10 juin 1825, Valoteau.

599. — Une mention très importante que doit contenir la liste notifiée, car l'omission ou l'erreur à cet égard est de nature à jeter beaucoup d'incertitude sur l'identité des jurés, est celle du domicile de chacun d'eux.

600. — Cependant, de même que pour les nom, prénoms, qualité, profession, l'erreur commise sur le domicile d'un juré ne peut devenir un moyen de nullité qu'autant qu'elle préjudicierait à l'accusé en l'empêchant de reconnaître ce juré. — *Cass.*, 24 sept. 1819, d'Ambricourt; 5 mai 1826, Domet; 18 mars 1826, Dermanon-Annet; 21 août 1828, Bonneau; 10 août 1837 (t. 2 1839, p. 556), Goupil; 8 fév. 1840 (t. 2 1840, p. 537), Marchetti; 1er juill. 1830, Delaroche.

601. — Jugé même que la fausse indication du

domicile d'un juré, sur la liste notifiée à l'accusé, n'est pas une cause de nullité, encore bien qu'il se trouve au domicile indiqué un individu du même nom, mais n'ayant point les mêmes prénoms ni la même profession. — *Cass.*, 30 sept. 1836, Allard.

602. — Jugé qu'il y a suffisante mention, dans l'exploit de notification de la liste du jury, du domicile réel d'un juré, lorsqu'il est dit que ce juré est *du canton et de la commune de...* Cette énonciation ne peut s'appliquer qu'au domicile, la loi n'exigeant pas l'indication du lieu de naissance des jurés. — *Cass.*, 14 déc. 1837 (t. 1er 1840, p. 185), Flambard. — V. également *Cass.*, 29 juin 1833, Gerbain.

603. — Aucune loi n'impose l'obligation de joindre au nom de la commune du domicile d'un juré, dans la liste notifiée, celui de l'arrondissement dont elle fait partie. — *Cass.*, 7 déc. 1827, Lenglet.

604. — Lorsque l'erreur commise sur la liste des trente-six jurés, dans la désignation du domicile de l'un d'eux, a été expressément rectifiée dans l'exploit de notification, il n'en peut pas résulter une cause de nullité. — *Cass.*, 5 mai 1826, Domet.

605. — Jugé, au contraire avec raison, suivant nous, que la notification de la liste du jury est nulle lorsqu'elle contient une fausse indication du domicile de l'un des jurés si l'accusé a pu confondre ce juré avec une autre personne du même nom demeurant réellement au lieu porté sur la liste, et si cette erreur a pu nuire à l'exercice de son droit de récusation. — *Cass.*, 20 janv. 1842 (t. 1er 1842, p. 691), Pasquier. — V. aussi *Cass.*, 10 juin 1825, Valoteau ; 11 juin 1825, René Foucaud.

606. — L'âge des jurés étant une des conditions de leur capacité, et d'ailleurs un moyen de les faire reconnaître, doit être mentionné dans la notification de la liste.

607. — Cependant, le défaut d'indication de l'âge d'un juré sur la liste notifiée ne peut fournir un moyen de nullité lorsque les autres désignations sont suffisantes pour qu'il n'y ait point de doute sur son identité. — *Cass.*, 20 nov. 1828, Caunter ; 5 août 1830, Pelletier ; 13 oct. 1842 (t. 1er 1843, p. 164), Boyer ; 16 nov. 1832, *Gazette d'Orient* ; 12 juill. 1833, Lachassagne ; 15 oct. 1834, Dalbys.

608. — Ainsi jugé notamment à l'égard d'un juré âgé de trente-quatre ans, porté sur la liste notifiée, comme en ayant soixante-quatre. — *Cass.*, 6 nov. 1828, Pierre Goujon.

609. — Il en est ainsi surtout si l'accusé n'a élevé aucune réclamation et n'articule même pas que ce juré fût âgé de moins de trente ans. — *Cass.*, 18 sept. 1828, Pitra.

610. — Jugé, du reste, qu'aucune loi n'exigeant que la liste des jurés notifiée à l'accusé contienne l'âge de chaque juré ; tous ceux qui y sont portés sont présumés avoir l'âge requis. — *Cass.*, 7 déc. 1827, David.

611. — Les mots *âge requis*, joints aux noms de jurés sur la liste notifiée à l'accusé, font suffisamment connaître à ce dernier que ces jurés ont, sous le rapport de l'âge, la capacité voulue par la loi. — *Cass.*, 30 sept. 1831, Bonnard.

Sect. 8e. — *Remplacement des jurés manquans.*

612. — Au jour indiqué pour le jugement de chaque affaire, s'il y a moins de trente jurés présens, le nombre sera complété par les jurés *supplémentaires*, et à leur défaut par des jurés *complémentaires*. — C. inst. crim., art. 393.

613. — On appelle *jurés supplémentaires* ceux qui, d'après le deuxième alinéa de l'art. 388, sont désignés pour porter à quarante la liste des trente-six jurés de la session, tirée au sort par le premier président de la cour royale. Les *jurés complémentaires* sont ceux qui, à défaut des jurés titulaires et supplémentaires, sont tirés au sort par le président de la cour d'assises pour former le jury.

614. — Lorsqu'il y a lieu de remplacer des jurés manquans, pour quelque cause et de quelque nature que ce soit, la loi n'exige pas qu'il ait été préalablement statué sur les motifs de leur non comparution. — *Cass.*, 25 oct. 1821, Jean Destour. — V. aussi *Cass.*, 10 oct. 1817, Gueudet ; 13 janv. 1827, Roque.

615. — Et dès lors les accusés ne peuvent fonder un moyen de cassation sur les arrêts rendus par les cours d'assises, soit en faveur des jurés, soit contre eux. — *Cass.*, 4 fév. 1819, Mittelbrone.

616. — L'art. 393, C. inst. crim., n'ayant rien statué sur la manière de constater les empêchemens qui donnent lieu au remplacement des jurés, c'est aux magistrats qu'il appartient de les apprécier suivant leur conscience. — *Cass.*, 29 janv. 1833, Lecoutre ; 3 sept. 1835, Cazelles et Bougnol.

617. — Le président des assises n'est même pas obligé de faire connaître les causes de l'absence de quelques uns des jurés ; il suffit, pour la validité de la formation du jury, qu'il se trouve trente jurés capables. — *Cass.*, 10 août 1837 (t. 2 1839, p. 556), Goupil ; 26 janv. 1833, Lecoutre de Bauvais.

618. — Lorsque c'est la liste des quarante jurés qui a été notifiée à l'accusé, le président de la cour d'assises qui s'aperçoit postérieurement que deux des noms y contenus s'appliquent au même individu, peut régulièrement compléter le tableau des trente dans lequel doit être tiré le jury de jugement, par les jurés supplémentaires compris dans les quarante. — *Cass.*, 10 janv. 1833, Lair.

619. — Mais lorsqu'après l'ouverture des débats d'une affaire indiquée seule pour la journée, la cour d'assises, s'apercevant d'un vice dans la composition du jury, l'annulle et renvoie à une autre heure du même jour pour la formation d'un nouveau jury, si, à l'heure indiquée, quelques uns des trente jurés qui n'avaient pas été désignés par le sort ne comparaissent pas, la cour ne peut, sans excès de pouvoir, procéder à leur remplacement, conformément à l'art. 393, C. inst. crim. — *Cass.*, 28 août 1835, Weiland.

620. — Lorsque l'affaire étant commencée, l'un des douze jurés vient à se trouver empêché par un événement quelconque de suivre les débats et de continuer de siéger, et qu'il n'a pas été tiré de jurés suppléans, il n'y a pas lieu à faire un nouveau tirage pour le remplacer ; dans ce cas, la cour peut, soit renvoyer l'affaire à la session suivante, soit annuler le tirage du premier jury et ce qui s'en est suivi, et procéder à un nouveau tirage, sur une liste de jurés, pour faire recommencer l'affaire immédiatement. Dans tous les cas ce mode de procéder ne pourrait donner ouverture à cassation, alors que ni l'accusé ni son conseil ne s'y sont opposés. — *Cass.*, 22 nov. 1838 (t. 2 1839, p. 633), Piétri.

621. — Lorsqu'un expert commis par le président ou par la cour d'assises a constaté, après avoir prêté serment, l'*impossibilité* où se trouve un des jurés du jugement d'accomplir sa mission, le remplacement de ce juré par un juré supplémentaire est le résultat régulier et légal de cette vérification. — *Cass.*, 7 mars 1839 (t. 1er 1843, p. 351), Furcy-Goujon.

622. — Il est un cas dans lequel les jurés absens ne peuvent être valablement remplacés. C'est ce qui arrive lorsque ces jurés n'ont pas été régulièrement convoqués ; alors, en effet, le défaut de convocation utile viole l'esprit de l'art. 395 et préjudicie aux droits de l'accusé qu'il prive des jurés que le sort lui avait donnés.

623. — Il a été jugé, en conséquence, qu'un juré désigné par le sort, ne peut être remplacé en cas d'absence qu'après une invitation préalable de se rendre au jour indiqué pour l'assemblée du jury ; qu'à défaut de convocation, son remplacement n'est plus qu'un acte arbitraire et illégal ayant pour effet de priver l'accusé d'un juré qui lui était acquis. — *Cass.*, 16 déc. 1808, Jean Valade. — V. encore *Cass.*, 25 therm. an X, Chabrut ; 24 juill. 1806 (et non 1816), de Forcade.

624. — Carnot (C. inst. crim., t. 3, p. 36, no 2) a soutenu le système contraire et, se fondant sur les termes de l'ancien art. 395 qui disposait que *dans tous les cas* s'il y avait moins de trente jurés etc., il prétendait tirer de ces expressions *dans tous les cas* la conséquence que le remplacement devait avoir lieu alors même que la convocation du jury avait été faite irrégulièrement.

625. — Cette opinion repoussée par la jurisprudence ancienne ne serait plus soutenable aujourd'hui que le législateur a fait disparaître de l'art. 395 les mots *dans tous les cas* qui formaient la seule base du système de Carnot.

626. — Jugé que, lorsque dans les séances antérieures il a été fait des tirages pour remplacer des jurés absens, les jurés de jugement dont les noms ne se trouvent pas sur la liste notifiée sont présumés, de droit, avoir été régulièrement appelés comme jurés remplaçans. — *Cass.*, 14 sept. 1827, Olivier. — Cette prétendue présomption légale ne pourrait pas, ce nous semble, prévaloir sur la preuve résultant de la non inscription de ces jurés sur la liste primitive. Ce serait peut-être le cas d'ordonner l'apport des procès-verbaux de tirage des jurés remplaçans. Le système de la cour de Cassation, si on le prenait d'une manière trop absolue, pourrait avoir pour effet de couvrir la participation d'un ou de plusieurs jurés sans qualité à la déclaration du jury.

627. — Les jurés supplémentaires qui doivent remplacer les titulaires absens, sont, aux termes de l'art. 393, C. instr. crim., appelés dans l'ordre de leur inscription sur la liste de session formée en vertu de l'art. 388 par le premier président de la cour royale.

628. — Les jurés supplémentaires ne peuvent, à peine de nullité, être appelés à remplacer les jurés titulaires qu'autant que trente de ceux-ci ne sont pas présens. — *Cass.*, 7 juin 1832, Dirson ; 30 déc. 1841 (t. 1er 1842, p. 520), Fatoux.

629. — Mais lorsqu'un juré supplémentaire a fait partie du jury de jugement, il y a présomption légale que les jurés qui le précédaient dans l'ordre du tableau étaient légalement dispensés, et les accusés ne peuvent se plaindre ni de ce que la cause de l'empêchement n'a pas été constatée s'ils n'en ont point requis la justification, ni de ce qu'ils n'ont pu récuser ce juré si son nom leur avait été notifié. — *Cass.*, 5 (et non 25) août 1831, Lavrard ; 31 mars 1825, Dousset.

630. — Cette présomption ne peut être détruite que par la preuve contraire ou par des indices suffisans pour engager la cour de Cassation à suspendre son jugement. — *Cass.*, 31 mars 1825, Dousset.

631. — L'ordre dans lequel les jurés supplémentaires doivent être appelés pour compléter la liste de trente, conformément à l'art. 393, C. instr. crim., ne peut être interverti sans motifs légitimes, à peine de nullité. — *Cass.*, 25 avr., 1833, Burg ; 7 janv. 1825, Caby.

632. — Les jurés supplémentaires régulièrement appelés au commencement de la session ont qualité pour concourir à la formation du tableau dans toutes les affaires qui y sont portées, sans qu'il soit besoin de faire un tirage spécial pour chacune d'elles. — *Cass.*, 5 avr. 1832, Castellani ; 5 avr. 1832, Giacomoni ; 18 juill. 1839 (t. 2 1840, p. 535), Manenti.

633. — En cas d'insuffisance des jurés supplémentaires pour remplacer les jurés titulaires absens, le président de la cour d'assises désigne en audience publique et par la voie du sort les jurés qui doivent compléter le nombre de trente. — C. instr. crim., art. 393.

634. — Le droit de compléter la liste générale des quarante jurés, tirée par le premier président de la cour royale, n'appartient point à la cour d'assises, mais au président de cette cour seulement. — *Cass.*, 22 janv. 1841 (t. 1er 1842, p. 262), Raynal.

635. — Le tirage au sort de jurés complémentaires ne pouvant avoir lieu que lorsque la liste signifiée se trouve réduite au-dessous de trente jurés, lorsqu'au jour indiqué pour le jugement d'une affaire, le nombre des jurés titulaires présens s'élève à trente ou au-dessus, la participation au tirage et au jugement d'un juré supplémentaire viole la composition du jury, dont la déclaration ne peut dès lors servir de base à un arrêt de condamnation. — *Cass.*, 30 déc. 1841 (t. 1er 1842, p. 520), Fatoux ; 22 janv. 1841 (t. 1er 1842, p. 262), Raynal ; 29 avr. 1819, Leroy ; 30 avr. 1819, Lemoine ; 31 déc. 1819, Carnet ; 13 janv. 1820, Bardaux, 27 mars 1823, Brisson ; 9 janv. 1824, Liautaud. — Carnot, *Instr. crim.*, art. 395, t. 3, p. 57 ; Merlin, *Rép.*, vo *Juré*, § 4, no 7. — V. cependant *Cass.*, 18 mars 1813, Roux.

636. — Il ne peut résulter aucun moyen de nullité de la présence parmi les jurés de jugement d'un juré dont le nom ne se trouve ni dans la liste signifiée ni parmi les jurés ordinaires ou supplémentaires, lorsqu'il résulte des pièces d'une autre procédure que ce juré a été appelé en conformité de l'art. 393, C. instr. crim., pour compléter le nombre trente voulu par la loi. — *Cass.*, 7 mars 1833, Lelièvre.

637. — Lorsqu'il n'a été notifié à l'accusé qu'une liste de trente jurés, dont l'un est incapable d'en remplir les fonctions, ce juré doit être remplacé par un nouveau tiré, et ne peut pas l'être par l'un des trente-six jurés portés sur la liste primitive, dont le nom n'a pas été notifié à l'accusé. — *Cass.*, 28 janv. 1825, Domergue.

638. — L'art. 393, C. instr. crim., ne limitant pas le nombre des jurés complémentaires que le président de la cour d'assises doit appeler pour compléter la liste, un condamné ne peut se faire un moyen de cassation de ce que, parmi les jurés qui ont prononcé sur son sort, il n'y avait que deux jurés ayant figuré sur la liste primitive. — *Cass.*, 6 fév. 1834, Rossi.

639. — Sous le Code du 3 brum. an IV, lorsque, au jour des débats, il manquait deux jurés et un adjoint, leur remplacement devait s'opérer de telle manière que les deux premiers citoyens désignés par le sort fussent substitués aux deux jurés manquans, et le troisième nom à l'adjoint. Il y avait nullité si, par l'effet d'une interversion, le troisième était mis à la place d'un juré au lieu d'être mis à celle de l'adjoint. — *Cass.*, 27 prair. an VII, Poulet. — Depuis le Code d'instr. crim., il n'y a plus de jurés adjoints.

640. — Les jurés complémentaires doivent être tirés au sort parmi ceux des individus inscrits sur la liste extraite par le préfet de la liste générale en exécution de l'art. 387, C. instr. crim., qui résident dans la ville où se tiennent les assises, et subsidiairement parmi les autres habitans de cette ville qui sont compris dans la liste générale elle-même prescrite par l'art. 382. — C. instr. crim., art. 393.

641. — Déjà sous le Code du 3 brum. an IV, dont l'art. 515 contenait une disposition analogue, le tirage devait être fait à peine de nullité sur la liste partielle des citoyens de la commune : le juré absent ne pouvait être remplacé par un adjoint. — *Cass.*, 27 vendém. an VII, Bonifay; 13 nivose an VII, Olivier; 3 pluv. an VII, Daury; 14 niv. an XIII, Michelvin; 8 germin. an XIII, Fleury; 19 flor. an XIII, Charles. — V. aussi *Cass.*, 29 vendém. an XI, Petit.

642. — La nullité résultant du remplacement effectué par des citoyens d'une autre commune, était d'ordre public et ne pouvait pas être couverte par l'acquiescement de l'accusé. — *Cass.*, 3 pluv. an VII, Daury.

643. — La formation du jury était nulle lorsqu'un juré remplaçant désigné par le sort avait été exclu du tableau, sous le prétexte qu'il n'était pas connu et qu'il était possible qu'on eût voulu désigner un habitant d'une autre commune, quoiqu'il soit constaté que ce juré existait réellement dans la commune. — *Cass.*, 19 août (et non 25) 1808, Chiron.

644. — Il y avait également nullité lorsque, par suite de l'épuisement des autres listes, les jurés appelés en remplacement avaient été pris sur une liste partielle formée par le président et le procureur général. — *Cass.*, 22 frim. an XIV, Vivier.

645. — Mais lorsqu'il s'agissait du remplacement de jurés spéciaux, le tirage devait se faire sur la liste générale des jurés ordinaires et non sur celle des jurés de la commune où siégeait le tribunal, car ce dernier mode n'était applicable qu'au remplacement des jurés ordinaires. — *Cass.*, 7 germin. an IX, N...

646. — Du reste, il y avait nullité lorsque, avant que la liste générale des jurés spéciaux fût épuisée, le tribunal criminel remplaçait par des jurés qui n'étaient pas portés sur cette liste ceux récusés par l'accusé ou excusés par le tribunal. — *Cass.*, 19 niv. an IX, N... — Il n'y a plus de jurés spéciaux; mais le principe subsiste toujours en ce sens que c'est seulement après avoir appelé les quatre jurés supplémentaires qu'il est permis de tirer des jurés au sort pour compléter le nombre de trente. — V. *suprà*, n° 613.

647. — Les prescriptions de l'art. 393, C. d'inst. crim., étant les mêmes que celles du Code de brumaire, la jurisprudence n'a point dû changer et on a toujours jugé que le remplacement des jurés titulaires et supplémentaires était nul lorsqu'il se faisait par des jurés étrangers à la commune. — *Cass.*, 10 déc. 1824, Pécout.

648. — ... Et que le tirage ne peut être fait sur la liste générale dressée en exécution de l'art. 382, C. inst. crim., que subsidiairement, et après avoir épuisé la liste de service dressée pour l'année, conformément à l'art. 387. — *Cass.*, 8 oct. 1835, Boutin.

649. — Nous avons vu que les dispositions de l'art. 391, C. inst. crim., qui fixent le temps pendant lequel durent les obligations des jurés ne sont pas applicables aux remplacemens opérés en vertu de l'art. 393 lorsque la liste des jurés titulaires se trouve réduite, même après l'épuisement de la liste des jurés supplémentaires, à moins de trente. — V. *suprà*, nos 447 et suiv.

650. — Sous le Code du 3 brum. an IV, le remplacement des jurés titulaires et supplémentaires devait après l'épuisement de la liste avoir lieu par la voie du sort, et il y avait nullité lorsque l'observation de cette formalité n'était pas constatée. — *Cass.*, 1er frim. an VIII, Chambart et Rohlin; 26 brum. an VII, Huet; 26 frim. an IX, Simonet; 26 vent. an IX, Vandesbanch; 24 thermid. an X, Pacot; 2 fructid. an X, Bulliard; 29 vendém. an XI, Petit; 5 vent. an XI, Aumont; 7 brum. an XI, Friant; 6 prair. an XI, Marchand; 14 vendém. an XII, Bourgeois; 23 vent. an XIII, Martin et Tholomel; 31 juill. 1807, Rimbert; 19 août 1808, Chiron.

651. — Du reste, les jurés adjoints ne pouvaient jamais être appelés à remplacer les jurés principaux absens ou valablement empêchés. Ce remplacement devait être fait par d'autres citoyens désignés spécialement par le sort. — *Cass.*, 11 niv. an VII, Baron; 13 niv. an VII, Olivier. — La seule attribution des jurés adjoints consistait à se réunir au nombre de trois, aux douze premiers jurés, pour donner une nouvelle déclaration aux quatre cinquièmes des voix, dans le cas où les juges du tribunal criminel étaient unanimement d'avis que le jury, tout en observant les formes, s'était trompé au fond. Le C. inst. crim., art. 352, prononce, dans ce cas, le renvoi de l'affaire à la session suivante, pour être soumise à un nouveau jury.

652. — ... Et les jurés remplaçans ne pouvaient être appelés que dans l'ordre indiqué par le sort. La déclaration était nulle si sur quatre suppléans on avait appelé les second et quatrième au lieu des deux premiers. — *Cass.*, 20 vendém. an XII, Léger.

653. — Nul doute que depuis le Code d'instruction criminelle le tirage au sort ne doive également être observé à peine de nullité. — *Cass.*, 22 nov. 1821, Sarazi; 20 août 1829, Lenoret; 12 mars 1824, Châtel; — Bourguignon, *man. du jury*, p. 403.

654. — Le tirage au sort tenant essentiellement et substantiellement à la formation du jury, cette nullité ne peut être couverte par aucun consentement, soit de l'accusé, soit du ministère public — *Cass.*, 12 mars 1824, Pierre Châtel.

655. — Il n'est d'ailleurs pas nécessaire de distinguer et suivre un ordre quelconque entre les différentes parties de la liste sur laquelle a lieu le tirage. — *Cass.*, 20 sept. 1832, Marsili.

656. — A plus forte raison lorsque la cour d'assises a ordonné que les jurés complémentaires seraient appelés d'après l'ordre du tirage et selon qu'on les trouverait à leur domicile, il n'y a pas nullité à ce que les deuxième et troisième jurés ainsi tirés au sort aient concouru à la formation du jury de jugement s'il est contesté qu'ils ont été les premiers trouvés par l'huissier. — *Cass.*, 14 janv. 1841 (t. 1er 1842, p. 245), Picquier.

657. — Les jurés complémentaires ont pu même être tirés au sort plusieurs jours avant le jugement de l'affaire. — *Cass.*, 2 avr. 1840 (t. 1er 1842, p. 278), Prevost et Saillot; 14 janv. 1841 (t. 1er 1842, p. 245), Picquier.

658. — Il n'est pas absolument nécessaire que le procès-verbal des débats constate que des jurés appelés pour compléter la liste de trente ont été régulièrement tirés au sort si d'autres procès-verbaux réguliers de la même cour d'assises établissent que ces jurés ont été pris dans la forme voulue par la loi. — *Cass.*, 18 sept. 1828, Pitra.

659. — Sous le code du 3 brum. an IV, le tirage au sort pour le remplacement des jurés manquans devait se faire publiquement à peine de nullité. — *Cass.*, 10 thermid. an XI, Bassy.

660. — Ainsi, une cour de justice criminelle ne pouvait remplacer en assemblée particulière les jurés excusés : elle devait, à peine de nullité, procéder à un tirage public. — *Cass.*, 22 frim. an XIV, Joseph Beaufort; même jour, Rouelle; 3 juill. 1806, Norbert Bauten; 7 août 1806, Leroux.

661. — Le tirage au sort fait dans la chambre du conseil, et par conséquent hors la présence du public était donc une cause de nullité. — *Cass.*, 22 janv. 1807, Fournier; 6 nov. 1807, Parent; 22 avr. 1808, Villedieu. — V. aussi *Cass.*, 30 juin 1809, Mondelet et Marquis; 3 juill. 1806, Norbert Bauten.

662. — Et le procès-verbal devait énoncer, lorsque le tirage avait été fait au prétoire, que les portes en étaient ouvertes. — *Cass.*, 18 juin 1807, Joignet.

663. — Le Code d'instruction criminelle de 1808, art. 393, voulait aussi que le tirage fût fait publiquement, mais la jurisprudence n'attachait pas la peine de nullité à l'infraction de cette prescription. — *Cass.*, 20 juin 1816, Dominé; 19 août 1811, Stelins; 22 juin 1815, Allaume; 2 oct. 1811, N...; 3 sept. 1812, Billet.

664. — La cour de Cassation avait même jugé que lorsqu'il n'existait rien au procès-verbal qui autorisait à croire que le tirage au sort des jurés complémentaires n'avait pas été fait publiquement la présomption de droit était que la loi avait été exécutée. — *Cass.*, 9 sept. 1824, Mourra. — Mais la cour suprême a depuis complètement abandonné le système admis par cet arrêt, elle a en effet constamment jugé que les formalités omises dans le procès-verbal sont présumées n'avoir pas été accomplies. — V. COUR D'ASSISES.

665. — Depuis la loi du 2 mai 1827, le tirage au sort des jurés complémentaires doit avoir lieu en audience publique, à peine de nullité. — C. inst. crim., art. 393.

666. — Jugé en conséquence que le tirage en audience publique des jurés appelés en remplacement pour compléter la liste de trente, est une formalité substantielle dont l'omission entraîne la nullité de tout ce qui a suivi. — *Cass.*, 13 janv. 1831, Rey; 24 juill. 1828, Raynal, Alary, Gaillard, Février (4 arrêts); — Carnot, *C. inst. crim.*, t. 3, p. 55, n° 8.

667. — La nullité est même encourue si le procès-verbal de tirage au sort ne constate pas que cette opération a eu lieu publiquement. — *Cass.*, 2 août 1832, Labrouche; 21 sept. 1837 (t. 1er 1840, p. 97), Klein-Thilich; 12 oct. 1837 (t. 1er 1840, p. 97), Reines.

668. — Lorsque le procès-verbal constate en premier lieu l'opération du tirage au sort des jurés appelés pour compléter les trente, et postérieurement seulement la mention de l'ordre donné par le président d'ouvrir les portes au public, il résulte de cette teneur du procès-verbal que le tirage au sort n'a pas eu lieu publiquement. — *Cass.*, 21 sept. 1837 (t. 1er 1840, p. 97), Klein-Thilich; 12 oct. 1837 (t. 1er 1840, p. 97), Reines.

669. — Mais le procès-verbal qui constate que les jurés appelés à compléter la liste des trente ont été tirés au sort de la manière prescrite par l'art. 12, § 2 et 3, L. 2 mai 1827, contient une preuve suffisante que cet appel a eu lieu en audience publique. — *Cass.*, 10 fév. 1832, Pierre Fanjaux.

670. — Il a même été jugé que le tirage est réputé avoir eu la publicité requise, lorsque le procès-verbal des débats constate qu'il a été fait conformément à la loi. — *Cass.*, 18 sept. 1828, Guibert.

671. — Mais c'est à tort, suivant nous, que la cour de Cassation a décidé que la présence des membres de la cour d'assises, du ministère public et du greffier dans la salle d'audience suffit pour constituer la publicité exigée par la loi pour le tirage au sort des jurés supplémentaires pris sur le tableau annuel pour compléter le nombre de trente, et qu'il n'est pas nécessaire, à peine de nullité, que ce tirage soit fait en présence du public. — *Cass.*, 17 août 1827, Evesque. — La cour suprême est généralement trop facile sur les preuves de la publicité de l'audience.

672. — Aucune disposition de loi n'exige que notification soit faite à l'accusé des procès-verbaux constatant que la désignation des jurés appelés en remplacement a eu lieu par la voie du sort et en audience publique. — *Cass.*, 26 déc. 1833, Bugnets.

673. — Sous le Code du 3 brum. an IV, le remplacement des jurés excusés avant le jour fixé pour la mise en jugement était nul s'il avait été fait hors la présence de deux officiers municipaux. — *Cass.*, 25 vendém. an XIV, Martellon; 22 frim. an XIV, Beaufort; 7 août 1806, Leroux; 3 juill. 1806, Norbert Bauten.

674. — La présence des officiers municipaux était exigée à peine de nullité pour garantir aux accusés l'exactitude et l'impartialité de cette opération. — *Cass.*, 20 juin 1806, Jean Louet; 1er juin 1810, Tardy.

675. — Le Code d'instruction criminelle n'ayant pas exigé la présence du ministère public, lors du tirage des jurés appelés en remplacement, il en résulte que son absence, lors de ce tirage, ne pourrait créer un moyen de nullité.

676. — Sous le Code du 3 brum. an IV, il devait être donné connaissance à l'accusé des remplacemens opérés dans la composition du jury à peine de nullité. — *Cass.*, 28 thermid. an VII, Villain et Lépine; 23 prair. an VIII, Arrivez; 8 prair. an VIII, Philipon; 27 messid. an VIII, Couvert; 26 frim. an IX, Simonet; 9 prair. an IX, Giovanetti.

677. — Et lorsqu'à l'ouverture des débats, des jurés avaient été remplacés hors la présence de l'accusé, le président devait l'interpeller, à peine de nullité, de déclarer s'il les acceptait ou s'il les récusait. — *Cass.*, 8 vendém. an X, Boulade.

678. — Aucune disposition du Code d'instruction criminelle n'exige la présence des accusés lors du tirage au sort des jurés nécessaires pour compléter le nombre de trente. — *Cass.*, 14 juin 1832, Veillard.

679. — La loi n'exige pas que le remplacement des jurés absens ou empêchés, et le complément de la liste au nombre de trente, aient lieu pour chaque affaire en particulier. — *Cass.*, 27 avr. 1820, Cazaux dit Tamenet.

680. — Les jurés appelés par la voie du sort pour compléter la liste des trente en remplacement de ceux qui ont été excusés, peuvent donc légalement faire partie du jury pendant tout le cours de la session. — *Cass.*, 20 avr. 1827, Dupré; 18 sept. 1828, Guibert; même jour, Pitra; 24 juill. 1828, Raynal; même jour, Alary; même jour, Gaillard; même jour, Février; 4 fév. 1830, Delhay; 21 déc. 1832, Armand et Delaval; 20 avr. 1837 (t. 1er 1838, p. 317), Léoni; 17 oct. 1833, Négroni. — V. aussi *Cass.*, 13 sept. 1827, Raynaud.

681. — Lorsqu'ils figurent dans les affaires qui suivent celle pour laquelle ils ont été appelés, et que le procès-verbal garde le silence à cet égard, il y a présomption légale de la nécessité toujours subsistante de leur maintien. — *Cass.*, 20 avr. 1837 (t. 1er 1838, p. 317), Léoni.

682. — Le juré remplacé comme absent, qui se présente avant le tirage au sort, pour la forma-

tion du tableau des douze, exclut, par sa comparution, le juré appelé à sa place, et a le droit de concourir à la formation du tableau. — *Cass.*, 27 avr. 1820, Cazaux dit Tamenet; 12 nov. 1829, Beauvillain; — Carnot, *C. inst. crim.*, t. 3, p. 57, nº 3.

683. — Et si postérieurement un autre juré vient à faire défaut, il doit être remplacé par un nouveau tirage, et le président de la cour d'assises excéderait ses pouvoirs en appelant à son lieu et place le juré suppléant qui avait été désigné par le sort pour remplacer un premier juré absent. — *Cass.*, 12 nov. 1829, Théophile Beauvillain.

684. — Sous le Code du 3 brum. an IV, des jurés absens remplacés une première fois pouvaient l'être une seconde, et le jour du débat. — *Cass.*, 29 vendém. an X, Durand.

685. — Les jurés remplacés par suite d'une condamnation pour cause d'absence ne peuvent être rétablis sur la liste et admis à faire le service pendant le cours de la session, qu'en vertu d'un arrêt qui révoque la condamnation prononcée contre eux. — *Cass.*, 7 janv. 1825, Caby. — Bourguignon, *Man. du jury*, p. 405, nº 264.

686. — Mais s'ils n'ont été excusés que momentanément et pour le temps nécessaire à l'expédition de leurs affaires, ils peuvent venir reprendre leurs fonctions sans y être formellement autorisés par un arrêt de la cour d'assises. — *Cass.*, 7 janv. 1825, Caby. — Bourguignon, *Man. du jury*, p. 405, nº 264.

687. — Jugé sous le Code du 3 brum. an IV, que le juré dont l'excuse avait été admise et qui avait été remplacé, ne faisait plus partie de la liste et ne pouvait plus remplir ses fonctions, sans égard à ce remplacement. — *Cass.*, 23 prair. an VIII, Arrivex. — L'excuse cependant ne nous paraît pas avoir d'autre effet que de dispenser le juré qui l'a fait admettre, de s'acquitter de ses devoirs; mais ne le dépouille pas de son caractère, et nous ne voyons point sur quoi l'on pourrait se fonder pour le repousser, si avant l'expiration de la session il venait remplir ses fonctions; ce ne serait sans doute pas sur l'art. 399, C. inst. crim., qui dispose, par simple mesure d'ordre, qu'on ne soumettra pas à l'appel les jurés excusés; nous avons vu que, dans ce cas, le remplaçant ne pourrait pas continuer à siéger, et ce changement survenu dans le personnel du jury devrait être régulièrement constaté.

Sect. 9e. — *Jurés défaillans ou qui refusent d'accomplir leurs fonctions.*

688. — Le Code du 3 brum. an IV, art. 514, prononçait une peine de 50 francs contre le juré défaillant et le privait dès le premier défaut du droit de vote et d'éligibilité pendant deux ans; il ordonnait en outre l'impression et l'affiche du jugement dans toute l'étendue du département.

689. — La résistance que certains individus apportaient à l'accomplissement du devoir de jurés nécessita une pénalité plus rigoureuse encore, et la loi du 10 germin. an V ajouta aux peines prononcées par le Code du 3 brum. an IV celle de l'emprisonnement pendant vingt jours.

690. — Le Code d'instruction criminelle a justement tempéré la rigueur de cette pénalité. Son article 396 est ainsi conçu : « Tout juré qui ne se sera pas rendu à son poste sur la citation qui lui aura été notifiée, sera condamné par la cour d'assises à une amende, laquelle sera pour la première fois de 500 francs, pour la deuxième de 1,000 francs et pour la troisième de 1,500 francs. Cette dernière fois, il sera de plus déclaré incapable d'exercer à l'avenir les fonctions de juré. L'arrêt sera imprimé et affiché à ses frais. »

691. — C'est seulement lors du troisième manquement que la cour d'assises peut ordonner l'impression et l'affiche de son arrêt. — Carnot, *C. inst. crim.*, t. 3, p. 60, nº 5.

692. — Les peines portées par l'art. 396 contre le juré défaillant, ne peuvent être modérées par la cour d'assises. — Carnot, *C. inst. crim.*, t. 3, p. 60, nº 4.

693. — Le juré défaillant ne peut être condamné qu'autant qu'il a été cité régulièrement. — Carnot, *C. inst. crim.*, art. 389, nº 4.

694. — Un juré défaillant ne peut donc pas être condamné aux peines portées par la loi, lorsque la sommation qui lui a été faite n'a été notifiée ni à sa personne ni à son domicile. — *Cass.*, 23 vend. an VIII, Mertens.

695. — Il en est de même si le juré n'a pas été cité dans les délais de la loi. — Carnot, *C. inst. crim.*, t. 3, p. 37, nº 6; Bourguignon, *Manuel d'inst. crim.*, t. 1er, p. 490.

696. — Les jugemens rendus contre les jurés défaillans doivent être prononcés publiquement à l'audience. — Bourguignon, *Jurispr. crim.*, t. 2, p. 266, nº 1er.

697. — Les arrêts rendus par défaut contre les jurés sont susceptibles d'opposition dans les cinq jours de la signification, conformément à l'art. 187, C. inst. crim. — Carnot, *C. inst. crim.*, t. 3, p. 234.

698. — Ainsi le juré qui a été condamné à l'amende pour ne s'être pas rendu à son poste, peut se faire ultérieurement décharger de cette condamnation et a qualité pour faire le service pendant le reste de la session après avoir été rétabli sur la liste du jury. — *Cass.*, 8 avr. 1830, Boudon.

699. — Sous la loi du 10 germin. an V, le directeur du jury qui avait prononcé une condamnation contre un juré d'accusation défaillant, ne pouvait pas se déclarer incompétent pour statuer sur son opposition; c'était à lui seul qu'il appartenait d'en connaître. — *Cass.*, 8 prair. an XI, Lumbeck. — Merlin, *Rép.*, vº *Directeur du jury*.

700. — Sous le Code du 3 brum. an IV, le juré qui avait présenté son excuse plus de deux jours avant la formation du tableau du jury d'accusation, ne pouvait pas être condamné comme défaillant si le directeur du jury n'avait pas prononcé dans les vingt-quatre heures sur le mérite de cette excuse. — *Cass.*, 4 niv. an VIII, Vandeputte.

701. — Nous avons vu que la loi (art. 397) exceptait des mesures répressives contenues en l'art. 396 les jurés qui auraient justifié qu'ils étaient dans l'impossibilité de se rendre au jour indiqué.

702. — L'art. 398 ajoute que les excuses alléguées par les jurés sont jugées par la cour, et, si elles sont reconnues valables, aucune peine ne peut être appliquée.

703. — L'individu légalement porté sur la liste du jury n'a pas le droit de refuser la qualité de juré. — *Cass.*, 2 août 1833, Alexandre Culié. — Quoique honorifiques, les fonctions de juré doivent en effet être considérées comme une charge publique qu'on est obligé de remplir quand on réunit les conditions légales.

704. — Mais les peines portées par l'art. 396 sont, aux termes de l'art. 398, applicables à tout juré qui, même s'étant rendu à son poste, se retire avant l'expiration de ses fonctions sans une excuse valable.

705. — On doit en conséquence condamner à l'amende de 500 fr. le juré qui refuse de prêter serment.

706. — Dès que la loi du 19 brum. an VIII qui remplaçait le directoire par un consulat, fut connue officiellement, un juré ne put pas être condamné comme défaillant pour avoir refusé de prêter le serment civique prescrit par la loi du 12 thermid. an VII, si, du reste, il jurait attachement et fidélité à la république et haine à la royauté. — *Cass.*, 14 pluv. an VIII, Grisard; 23 pluv. an VIII, Georgery.

707. — Il y a lieu également à l'application de l'amende lorqu'un juré, après le vote, refuse de reprendre sa place à l'audience et d'assister à la lecture de la déclaration, ainsi que cela est arrivé dans une espèce qui a donné lieu à un arrêt de cassation du 2 nov. 1821, Petit-Jean.

708. — Il en est de même du juré qui, par suite de l'état d'ivresse où il s'est mis volontairement, se trouve dans l'impossibilité d'occuper sa place au banc des jurés, et de remplir ses obligations. — *Assises de la Seine-Inférieure*, 22 nov. 1822, Varin. — La présence purement physique d'un juré ne satisfait évidemment pas à ce que la loi exige de lui; il faut, en outre, qu'il puisse prononcer sainement sur les débats dont il va être témoin; quand il s'en trouve empêché par un fait involontaire, la cour admet son excuse et le dispense de siéger; mais lorsque après s'être enivré, il vient remplir un ministère dont il n'est plus en état de sentir l'importance, son incapacité volontaire équivaut à un refus d'obtempérer utilement à la citation qu'il a reçue.

709. — Dans ce cas, le juré doit être condamné aux frais occasionnés par le renvoi de l'affaire à une session prochaine, sans préjudice des dommages-intérêts de l'accusé. — *Assises de la Seine-Inférieure*, 22 nov. 1822, Varin. — V. cependant *Bruxelles*, 29 oct. 1835, Osy.

710. — L'arrêt de la cour de Bruxelles est fondé sur ce que la condamnation aux frais est une peine que la loi n'a pas édictée contre les jurés défaillans ou qui n'accomplissent pas complètement leurs fonctions. C'est là, suivant nous, une erreur. La condamnation aux frais ne peut être considérée comme une peine, mais comme la réparation du préjudice causé, et doit, suivant nous, être prononcée en vertu du principe général de l'art. 1382, C. civ, qui dispose que tout fait qui porte préjudice à autrui oblige celui par la faute duquel il est arrivé à le réparer.

Sect. 10e. — *Formation du jury de jugement.*

§ 1er. — *Tirage du jury de jugement.*

711. — Après qu'il a été statué par la cour d'assises sur les absences, les excuses et les dispenses des jurés, et que la liste, si elle s'était trouvée réduite à moins de trente, a été complétée ainsi que nous l'avons vu précédemment, il est procédé à la formation d'un jury de jugement pour chacune des affaires qui sont à juger.

712. — Pour chaque affaire, l'appel des jurés non excusés et non dispensés et l'appel des jurés complémentaires, s'il y en a, est fait avant l'ouverture de l'audience, en leur présence, et en présence du procureur général. — Le nom de chaque juré répondant est placé dans une urne. — C. inst. crim., art. 399.

713. — C'est sur les noms ainsi déposés dans l'urne, au nombre de trente au moins, à peine de nullité, qu'a lieu la formation, par la voie du sort, du tableau du jury de jugement.

714. — En conséquence, il y a nullité lorsque le tableau du jury de jugement a été formé sur une liste de trente jurés dont faisait partie le défenseur de l'accusé. — *Cass.*, 26 avr. 1832, Boussagol; 20 juin 1839 (t. 2 1839, p. 666), Delport.

715. — Le tableau du jury de jugement est nul, lorsqu'il a été formé sur une liste de trente jurés, parmi lesquels il s'en trouve un qui a été entendu comme témoin dans l'instruction, ce qui réduit le nombre des jurés à vingt-neuf et rend la liste incomplète. — *Cass.*, 25 janv. 1821, Vergès; 19 juill. 1821, Gossillon; 2 nov. 1821, Harmand; 14 mai 1825, Fouragnan.

716. — La nullité résultant de ce que la formation du tableau du jury a été faite sur une liste de moins de trente jurés, est radicale et ne peut pas être couverte par l'acquiescement des parties. — *Cass.*, 5 avr. 1821, Bonnet; 19 avr. 1821, Laroque; 22 nov. 1821, Sarazi.

717. — Mais l'incapacité d'un juré n'est pas une cause de nullité, lorsque le tirage a été fait sur une liste de plus de trente, et que le juré incapable n'a pas fait partie du jury de jugement. — *Cass.*, 18 mars 1825, Papavoine; V. aussi 9 avr. 1829, Mathieu.

718. — Ainsi, lorsque le tableau du jury de jugement a été formé sur une liste de trente-trois jurés, il ne peut résulter une nullité de ce que l'un d'eux aurait été entendu comme témoin dans l'instruction, si le ministère public a déclaré au moment où son nom a été mis dans l'urne qu'il avait l'intention de le récuser, et si d'ailleurs ce juré n'a pas été désigné par le sort. — *Cass.*, 23 fév. 1821, Bouclet.

719. — L'accusé en présence duquel il a été donné lecture du nom des trente jurés sans qu'il ait fait d'observation, ne peut se faire un moyen de nullité de l'erreur dans laquelle il prétend avoir été induit, quant à l'exercice de son droit de récusation, relativement à deux jurés dont les noms étaient à peu près identiques. — *Cass.*, 27 nov. 1845, (t. 1er 1846, p. 565), Hirsch.

720. — La disposition qui prescrit la formation du tableau du jury avant l'ouverture de l'audience, n'est pas substantielle et son inobservation n'emporte pas nullité. — *Cass.*, 10 janv. 1833, Guerre.

721. — Lorsque plusieurs affaires sont indiquées pour le même jour, il est d'usage qu'on procède dès le matin au tirage au sort des jurys pour toutes les affaires successivement, afin de laisser aux jurés qui n'ont pas été désignés par le sort le libre emploi de leur temps. Ce mode a été critiqué; mais la jurisprudence a reconnu qu'il n'était pas contraire à la loi. — *Cass.*, 13 avr. 1837 (t. 1er 1838, p. 321), Farcinet; 28 juin 1838 (t. 1er 1840, p. 312), Couvreux.

722. — Sous le Code du 3 brum. an IV, le tableau du jury d'accusation était nul si le tirage des jurés n'avait pas été fait au jour déterminé par la loi. — *Cass.*, 6 brum. an VII, Vidal.

723. — Sous ce Code, il y avait encore nullité si le tirage du jury d'accusation et sa convocation avaient eu lieu un jour autre que le décadi. — *Cass.*, 26 fruct. an VII, Hugard.

724. — Le nombre de douze jurés étant nécessaire pour former un jury (C. inst. crim., 394), le président de la cour d'assises tire de l'urne les noms des jurés qui y sont enfermés, jusqu'à ce que douze noms de jurés non récusés en soient sortis : à ce moment seulement le jury de jugement est formé. — C. inst. crim., 399.

725. — D'après la loi du 20 sept.-10 oct. 1791, le

jury de jugement ne devait être composé que de sept jurés. En conséquence, la déclaration donnée par dix jurés était nulle. — *Cass.*, 9 frim. an VIII, Bertrand.

726. — Sous le Code du 3 brum. an IV, la formation d'un jury spécial d'accusation était nulle lorsque le tirage avait été fait soit par le commissaire du gouvernement seul, soit par son substitut, ou par le greffier du directeur du jury, tandis que c'était au directeur du jury à le faire en présence de ce substitut. — *Cass.*, 26 pluv. an X, Maury; 6 pluv. an X (int. loi), Watours.

727. — Le juge légalement appelé à présider les assises a qualité, comme le président lui-même, pour procéder au tirage au sort des jurés, et au remplacement de ceux qui ne répondent pas à l'appel. — *Cass.*, 27 avr. 1820, Cazaux, dit Tamenet, et autres.

728. — C'est au magistrat qui doit, en remplacement du président titulaire empêché, présider les débats d'une affaire, qu'il appartient de procéder au tirage du jury pour cette affaire, alors même que le président titulaire, présent au tirage, y aurait procédé pour une première affaire dont il devait diriger les débats. — *Cass.*, 13 avr. 1837 (t. 1er 1838, p. 321), Farcinet.

729. — Jugé qu'aucune loi n'exigeait que la cour d'assises assiste à la formation du tableau des douze jurés; il suffit que cette opération soit faite par le président. — *Cass.*, 29 mai 1817, Lapolte; 10 oct. 1817; Gueudet; 27 avr. 1820, Cazaux, dit Tamenet; 16 juin 1826, Oberviller; 24 (et non 23) sept. 1829, Daugé; 2 sept. 1830, Chappuis; 12 sept. 1833, Mallebranck; 25 mai 1837 (t. 2 1838, p. 195), Renouf et Quetier; 12 déc. 1840 (t. 2 1842, p. 622), Laforge. — Bourguignon, *Man. du jury*, p. 398, no 202, Merlin, *Rép.*, vo *Juré*, § 4, no 4. — *Contrà* Carnot, t. 3, p. 66, no 1er; Legraverend, t. 2, p. 168.

730. — Mais la présence de la cour est-elle nécessaire lorsqu'il s'élève, à l'occasion du tirage du jury, un incident contentieux? — Deux arrêts de Cassation des 26 janv. 1837 (t. 2 1840, p. 100), Rapp. et 25 mai 1837 (t. 2 1838, p. 195), Renouf, se sont prononcés pour l'affirmative; mais il paraîtrait résulter d'un autre arrêt de la même cour du 20 janv. 1839 (t. 2 1839, p. 666) [Delport], que la présence de la cour n'est pas indispensable à la solution des incidens qui surviennent lors du tirage.

731. — Nous ne saurions admettre ce dernier système; car, suivant nous, tout incident, de quelque nature qu'il soit, ne peut être jugé que par la cour d'assises. C'est au surplus ce qui a été décidé formellement par la cour de Cassation, 25 juin 1840 (t. 2 1842, p. 679), Maubant.

732. — Est nulle la formation du tableau du jury de jugement, lorsque l'appel des jurés a été fait en l'absence de l'accusé. — *Cass.*, 14 sept. 1829, Suzini. — Carnot, *C. inst. crim.*, t. 3, p. 67, no 1er. — L'appel des jurés fait essentiellement partie de la formation du tableau. L'accusé qui n'y aurait pas assisté serait dans l'impossibilité d'arrêter l'ordre dans lequel il entend exercer ses récusations; sa présence est donc une formalité indispensable et substantielle.

733. — Avant la révision d'avr. 1832, on contestait au défenseur le droit d'être présent au tirage du jury.

734. — La cour de Cassation décidait même que le président de la cour d'assises ou la cour d'assises elle-même ne violait pas les droits de la défense en refusant d'admettre les défenseurs au tirage du jury, même malgré la demande de l'accusé. — *Cass.*, 4 juin 1812, N...; 1er oct. 1812, Poulait; 17 août 1815, Borel; 31 janv. 1817, Pignier; 29 mai 1817, Laporte; 30 avr. 1819, Benoît; 31 mai 1827, Rivière.

735. — D'un autre côté, on admettait également que le ministère public ne pouvait pas tirer un moyen de nullité de ce que, malgré son opposition formelle, le conseil de l'accusé avait été présent à la formation du tableau du jury. — *Cass.*, 29 avr. 1813, Gehanne. — Merlin, *Rép.*, vo *Juré*, § 4, et Legraverend, t. 2, chap. 2, p. 169, note 3e.

736. — Mais la loi d'avr. 1832, en accordant par l'art. 399 au conseil de l'accusé le droit de faire des récusations, l'autorise par conséquent à assister au tirage du jury.

737. — Cependant l'assistance du défenseur de l'accusé à la formation du tableau du jury de jugement est purement facultative et non prescrite, à peine de nullité. — *Cass.*, 21 fév. 1833, Regey. — Merlin, *Rép.*, vo *Juré*, § 4, no 4; Bourguignon, *Man. du jury*, p. 399.

738. — Il suffit donc que le tirage ait eu lieu en présence de l'accusé et du ministère public. — *Cass.*, 16 févr. 1837 (t. 1er 1837, p. 144), Audibert.

739. — En conséquence, l'accusé ne peut se faire un moyen de nullité de ce qu'il n'aurait pas été assisté de son défenseur. — *Cass.*, 11 avr. 1817, Verdier; 29 mai 1817, Laporte.

740. — ... Et, dès-lors, la mention de la présence du défenseur de l'accusé lors du tirage et de la récusation des jurés n'est point non plus obligatoire. — *Cass.*, 15 janv. 1835, Bourgeat.

741. — Quant au défenseur de la partie civile, il n'y a aucun motif de l'admettre au tirage au sort des jurés. Cependant il a été jugé que sa présence ne saurait donner ouverture à cassation. — *Cass.*, 30 mai 1839 (t. 2 1843, p. 298), Nougué et Garos.

742. — Sous le Code du 3 brum. an IV, deux officiers municipaux devaient, à peine de nullité, assister à la présentation faite par le président du tribunal criminel à l'accusateur public, de la liste générale des jurés et au tirage au sort, tant des douze jurés de jugement que des trois adjoints. — *Cass.*, 26 prair. an IX, Jallud, dit Chicolet; 19 messid. an IX, Magnin; 17 messid. an IX, Billiemaz; 9 fruct. an IX, Ferraud et Emery; 1er juin 1810, Tardy; 25 vendém. an XIV, Martellon; 22 frim. an XIV, Beaufort; 20 juin 1806, Louet; 3 juill. 1806, Beauton; 7 août 1806, Leroux.

743. — Cette formalité n'a pas été reproduite par le Code inst. crim.; la présence de l'accusé au tirage ainsi que celle du ministère public offrent une garantie suffisante.

744. — Sous le Code du 3 brum. an IV (art. 492) le tirage du jury tant d'accusation que de jugement devait être fait publiquement à peine de nullité. — *Cass.*, 26 fruct. an XIII, Boulais; 16 brum. an XIV, Bordier; 28 mai 1807, Billard; 9 juill. 1807, Coulé; 16 juill. 1807, Latte; 21 août 1807, Fabre; 28 août 1807, Piault, Melot; 3 déc. 1807, Lamé; 18 oct. 1810, Petit.

745. — L'art. 399, C. inst. crim., qui veut que le tirage du jury ait lieu *avant l'ouverture de l'audience*, exprime assez clairement que la présence du public n'est pas nécessaire. — *Cass.*, 10 oct. 1817, Gueudet. — Carnot, *C. inst. crim.*, t. 3, p. 67, no 2; Bourguignon, *Jurispr. crim.*, t. 2, p. 268, no 1er, et Legraverend, t. 2, p. 168.

746. — C'est donc en la chambre du conseil et non en audience publique qu'il doit être procédé à la formation du tableau des douze jurés. — *Cass.*, 15 janv. 1829, Raynal.

747. — La disposition qui veut que le tirage au sort des jurés nécessaires pour compléter la liste de trente soit fait en audience publique, ne déroge point à celle qui porte que la formation du tableau des douze doit avoir lieu en la chambre du conseil. — *Cass.*, 15 janv. 1829, Gingibre.

748. — Cependant il ne peut résulter une nullité de ce que le tirage au sort du jury de jugement aurait été fait en audience publique au lieu de l'être en la chambre du conseil. — *Cass.*, 2 août 1833, Culié; 8 oct. 1834, Roussillac; 3 déc. 1836 (t. 1er 1838, p. 37), Demiannay, Thureil; 13 avr. 1837 (t. 1er 1838, p. 321), Farcinet.

749. — Les dispositions du § 2, art. 399, C. inst. crim., qui prescrivent de déposer dans une urne le nom de chaque juré répondant à l'appel, sont substantielles. En conséquence, la formation du tableau est nulle, lorsque, au lieu de déposer dans l'urne le nom de chaque juré présent, on y a déposé des numéros correspondant à un numéro d'ordre sous lequel chaque juré a été porté sur la liste de session. — *Cass.*, 4 juin 1829, Balland; même jour, Muro; 18 juin 1829, M...; 2 juill. 1829, Lachaux; 14 (et non 4) sept. 1829, Suzini Leroy, Gilbert; 11 oct. 1832, Rogron; même jour, Balutaud.

750. — L'erreur qui s'est glissée, lors du tirage du jury de jugement, dans le prénom d'un juré, ne peut être une cause de nullité lorsqu'elle n'a pu induire l'accusé en erreur sur l'exercice de son droit de récusation et lui faire confondre ce juré avec un autre du même nom. — *Cass.*, 4 avr. 1833, Anneton.

751. — Les noms des jurés doivent être extraits de l'urne *successivement*.

752. — Cependant il a été jugé que l'accusé ne peut se faire un moyen de nullité de ce que, au lieu de tirer de l'urne les noms des jurés successivement, le président de la cour d'assises les a tirés tous d'un seul coup. — *Cass.*, 20 juin 1817, Dumouchel.

753. — Il est constant que le mode de tirage employé dans l'espèce qui a donné lieu à l'arrêt de 1817 est irrégulière, contraire à la disposition de l'art. 399, et peut, dans certains cas, créer un moyen de nullité. La cour de Cassation a donc peut-être été trop loin en décidant sans restriction que la violation de l'art. 399, relativement au mode du tirage du jury, ne peut produire de moyen de nullité.

754. — En effet, si le président des assises n'a tiré simultanément que douze noms ou un moins grand nombre, il n'y aura sans doute pas nullité, parce que ce mode de tirage n'aura aucune influence sur la composition du jury et ne pourra porter préjudice à l'accusé, auquel il n'importe pas que ces douze noms soient sortis successivement ou simultanément de l'urne, le résultat étant le même dans l'une et l'autre hypothèse. Mais s'il en a tiré un plus grand nombre, il peut se faire que ceux qu'il choisit et qu'il désigne ensuite successivement, n'aient pas fait partie du jury, si la loi eût été observée, et qu'ainsi la composition du jury se trouve modifiée. — Dans ce cas, nous n'hésitons pas à penser qu'il y aurait nullité. — Carnot, *C. inst. crim.*, art. 399, t. 3, p. 67, no 3.

755. — Lorsque le président des assises reconnaît qu'il existe dans la composition du jury un vice qui peut en entraîner la nullité, il annule le tirage qui a été fait et procède à un nouveau.

756. — Ainsi jugé que le président de la cour d'assises peut recommencer le tirage du jury lorsqu'il s'aperçoit qu'il a omis de faire connaître à l'accusé son droit de récusation, et ce dernier ne peut se plaindre de cette mesure, dès lors qu'elle n'a excité aucune réclamation de sa part ou de celle de son conseil. — *Cass.*, 19 fév. 1841 (t. 1er 1842, p. 270), Regnier.

757. — La cour de Cassation a même admis qu'il n'y avait pas nullité lorsque l'irrégularité qui avait motivé l'annulation du tirage du jury ne devait pas engendrer un moyen de nullité.

758. — ... Qu'il peut être procédé à un nouveau tirage, alors que sur trente-et-un noms placés dans l'urne, il s'en trouve un qui appartient à un juré qui ne se présente pas. — *Cass.*, 6 mars 1828, Texandier.

759. — C'est le président et non la cour d'assises qui doit prononcer l'annulation du tirage du jury lorsqu'il ne s'élève aucun incident à cet égard.

760. — Cependant aucune disposition de loi n'interdisant à la cour d'assises d'assister à la formation du jury, la question de savoir s'il convient d'annuler le tirage du jury déjà commencé, et de recommencer ce tirage, peut être décidée par elle au lieu de l'être par le président seul, surtout si l'accusé ne s'est pas opposé à cette annulation. — *Cass.*, 12 déc. 1840 (t. 2 1842, p. 622), Marie Capelle (veuve Lafarge).

761. — Lorsque la cour d'assises est informée, après le tirage au sort du jury, que l'un des jurés qui doivent siéger est incapable à raison de ce qu'il a déjà connu de l'affaire comme magistrat, elle doit annuler le tirage et procéder à la formation d'un nouveau jury. — *Cass.*, 8 sept. 1837 (t. 2 1837, p. 586), Laurent c. Charreyron.

762. — Le droit, pour la cour d'assises, une fois que le tirage du jury est commencé, d'annuler ce tirage pour une cause personnelle à l'un des jurés portés sur le tableau, et antérieure à la formation de la liste, n'existe qu'autant que l'on découvre dans la personne de ce juré une cause d'incapacité légale de nature à vicier à l'avance la suite des opérations. Mais, dans une poursuite de banqueroute frauduleuse, on ne peut considérer comme une cause d'incapacité légale de la part d'un juré l'intérêt qu'en sa qualité de créancier de la partie civile il pourrait avoir à la condamnation, et sa déclaration qu'il a une opinion arrêtée sur le fond de la poursuite, ces circonstances ne suffisant pas pour le rendre partie au procès, suivant le vœu de l'art. 392, C. inst. crim., mais étant seulement de nature à donner lieu à une récusation péremptoire et non motivée, laquelle laisse subsister le tirage. — *Cass.*, 16 oct. 1846 (t. 2 1846, p. 626), Savignac c. min. pub.

763. — La cour d'assises ne peut, après le tirage du jury, renvoyer l'affaire à *un autre jour de la même session*, alors que l'accusé s'oppose à ce renvoi. — *Cass.*, 7 nov. 1839 (t. 2 1841, p. 453), Casabianca.

764. — Si par quelque événement, l'examen des accusés sur les délits ou sur quelques uns des délits compris dans l'acte ou dans les actes d'accusation est renvoyé à la session suivante, il sera fait une autre liste; il sera procédé à de nouvelles récusations et à la formation d'un nouveau tableau de douze jurés, d'après les règles prescrites ci-dessus, à peine de nullité. — C. inst. crim., 406.

765. — Mais lorsque, faute par les témoins de s'être présentés devant la cour d'assises, à l'audience indiquée, la cause a été remise à un autre jour de la même session, puis, que les témoins s'étant présentés à la fin de l'audience, il a été procédé immédiatement au jugement, il n'est pas nécessaire de procéder à la formation d'un nouveau tableau du jury. C'est seulement lorsque l'affaire a été renvoyée à la session suivante qu'un nouveau tirage est nécessaire. — *Cass.*, 29 août 1811, Rousseau. — Carnot (sur l'art. 342, C. inst. crim., t. 2, p. 475, no 5).

766. — La formation du tableau du jury et les débats qui l'ont suivie sont indivisibles, en telle sorte que les débats ne peuvent être annulés sans que le tableau du jury le soit également. En conséquence, lorsque la cour d'assises a annulé les débats et ordonné qu'ils recommenceront à un jour fixé, à partir de la lecture de l'acte d'accusation, il est nécessaire, à peine de nullité, de procéder, au jour indiqué, à une nouvelle formation du tableau du jury. — *Cass.*, 6 août 1835, Dehors.

767. — Cependant, il est nécessaire de procéder à un nouveau tirage, alors même que les débats ont été renvoyés à un autre jour de la même session. — *Cass.*, 15 juin 1827, Macmanne.

768. — La jurisprudence de la cour de cassation a été et est encore incertaine sur la question de savoir s'il doit être statué par le président seul ou par la cour d'assises sur les incidens qui surviennent lors de la formation du jury.

769. — Nous avons vu que le tirage du jury était fait par le président en l'absence des membres de la cour.

770. — La cour de cassation a conclu de là que le président seul devait statuer sur les incidens auxquels peut donner lieu le tirage du jury.

771. — Elle a jugé notamment que c'est au président seul et non à la cour d'assises qu'il appartient de prononcer une nullité proposée avant l'ouverture des débats, sur la formation du tableau du jury. — *Cass.*, 1er déc. 1820, Delayre; 6 mars 1828, Texandier.

772. — Puis elle a décidé que le président avait pu procéder seul au tirage du jury *lorsqu'il ne s'était élevé aucun incident contentieux*. — *Cass.*, 26 janv. 1837 (t. 2 1840, p. 106), Rupp; 25 mai 1837 (t. 2 1838, p. 195), Renouf. — De ces derniers arrêts il résultait évidemment que les incidens survenant lors du tirage du jury, devaient être jugés par la cour d'assises et non par le président seul.

773. — Et en effet, la question a été tranchée en ce sens, d'une manière formelle, par un arrêt qui a décidé qu'il n'appartient pas au président de statuer seul sur un incident survenu lors du tirage du jury et relatif aux récusations. — *Cass.*, 3 sept. 1836 (t. 1er 1838, p. 37), Demianay.

774. — Cependant, en 1839, la cour de Cassation a paru faire un retour vers sa première jurisprudence, en décidant que le président seul pouvait statuer sur les incidens qui s'élèvent lors du tirage du jury. — *Cass.*, 30 juin 1839 (t. 2 1839, p. 666), Delport.

775. — Puis enfin elle a jugé qu'il appartient à la cour d'assises et non au président de statuer sur les contestations auxquelles donne lieu la composition du tableau du jury de jugement. — *Cass.*, 25 juin 1840 (t. 2 1842, p. 679), Maubant.

776. — En présence de ces variations, nous n'hésitons pas à embrasser cette dernière opinion; nous pensons donc que toutes les fois qu'un incident contentieux quelconque vient à s'élever, la cour d'assises doit être appelée à statuer. — V. COUR D'ASSISES.

§ 2. — *Adjonction de jurés suppléans.*

777. — On appelle jurés *suppléans* ceux qui sont destinés à remplacer les jurés portés au tableau des douze, dans le cas où ceux-ci se trouveraient par un motif quelconque dans l'impossibilité de remplir leurs fonctions.

778. — La loi du 25 brum. an VIII autorisait, dans le cas de longs débats, le tribunal criminel à adjoindre au jury trois jurés suppléans. — Mais le Code d'inst. crim. de 1808 n'ayant pas reproduit cette disposition, la cour de Cassation, se fondant sur ce que la loi de brumaire se trouvait abrogée dans la disposition relative à cette adjonction par disposition des art. 395 et 399, décida d'abord que les cours d'assises ne pouvaient adjoindre de nouveaux jurés aux douze qui devaient former le tableau. — *Cass.*, 31 janv. 1812 (intér. de la loi), Guilmot; 1er juill. 1814, Jacquemin.

779. — Merlin (*Rép.*, vo *Juré*, § 4, no 8) critique cette solution, qui fut abandonnée par la cour de Cassation elle-même. — Elle décida, en effet, qu'il pouvait être adjoint au jury un ou plusieurs jurés suppléans, mais avec le consentement formel du ministère public et de l'accusé. — *Cass.*, 30 août 1816, Coutaud; 23 déc. 1819, Truphemy; 27 juill. 1820, Caron; 7 déc. 1821, Faulet; 8 janv. 1824, Lecouffre. — V. aussi Deserres, *Manuel des cours d'assises*, t. 1er, p. 242.

780. — Jugé encore qu'il ne suffisait pas que l'accusé et le ministère public eussent donné leur consentement à la formation d'un tableau de jurés adjoints, ni que ces jurés fussent pris parmi les citoyens qui tenaient de la loi le droit de devenir jurés; qu'il fallait, à peine de nullité, qu'ils eussent été personnellement agréés par les prévenus. — Lorsque aucune interpellation n'avait été faite au prévenu de déclarer s'il agréait les jurés adjoints, rien ne pouvait établir qu'il y eût de sa part acceptation implicite, lors même qu'il n'aurait pas réclamé. — *Cass.*, 15 sept. 1820, Remi Bidauld.

781. — Mais l'accusé qui avait consenti à ce que des jurés suppléans fussent adjoints aux douze désignés par le sort ne pouvait tirer de cette adjonction un moyen de nullité. — *Cass.*, 11 avr. 1817, Verdier. — V. aussi *Cass.*, 7 déc. 1821, Fanlot.

782. — La cour de Cassation ne se borna pas à exiger le consentement formel du ministère public et de l'accusé; elle exigea d'autres conditions pour la validité de cette opération.

783. — Ainsi elle a décidé qu'il ne pouvait être adjoint au jury un ou plusieurs jurés supplémentaires que sous la condition qu'il n'en résulterait aucune restriction au droit de récusation soit de l'accusé, soit du ministère public; que le tirage se ferait sur les noms restés dans l'urne après la formation du tableau; que l'accusé et le ministère public donneraient leur consentement à ce tirage, et qu'enfin les jurés désignés par le sort seraient par eux individuellement agréés. — Spécialement, encore bien que l'accusé et le ministère public eussent consenti à l'adjonction d'un juré supplémentaire et que sa désignation eût été faite régulièrement, il y avait nullité si ce juré était appelé à remplacer l'un des douze jurés titulaires empêché sans avoir été agréé comme tel tant par le ministère public que par l'accusé. — Le consentement tacite de l'accusé qui n'avait été ni averti ni interpellé d'agréer le juré supplémentaire ne pouvait couvrir cette nullité. — *Cass.*, 22 oct. 1819, Henri Gay.

784. — L'adjonction de deux jurés supplémentaires était régulière lorsque l'accusé et le ministère public y avaient donné leur consentement formel, avaient exercé pleinement leur droit de récusation, tant pour la formation du tableau que pour le tirage des deux jurés supplémentaires, et lorsque enfin un juré titulaire n'ayant pu continuer à siéger, ils avaient consenti à son remplacement par le premier juré supplémentaire. — *Cass.*, 27 juill. 1820, Caron.

785. — Sous le Code du 3 brum. an IV, lorsqu'un juré était appelé pour en remplacer un autre qui ne se présentait pas au jour du débat, il devait en être donné connaissance à l'accusé, à peine de nullité. — *Cass.*, 6 niv. an IX, Castaing dit Boulon; même jour, Fourcade.

786. — La loi du 2 mai 1827, par son art. 13, a formellement consacré le droit pour les cours d'assises d'adjoindre au jury un ou deux jurés suppléans.

787. — L'art. 394, C. inst. crim., révisé en 1832, est ainsi conçu : « Lorsqu'un procès criminel paraîtra de nature à entraîner de longs débats, la cour d'assises pourra ordonner avant le tirage de la liste des jurés, qu'indépendamment de douze jurés, il en sera tiré au sort un ou deux autres qui assisteront aux débats. »

788. — C'est à la cour d'assises et non au président qu'il appartient d'ordonner l'adjonction et le tirage au sort d'un ou de plusieurs jurés suppléans. — *Cass.*, 30 oct. 1828, Godineau; 5 mai 1832, Michallet; 10 mai 1832, Vignault; 28 juin 1832, Albaret; 13 juill. 1832, Grosse; 25 juill. 1833, Berger, 13 sept. 1834, Laurent.

789. — Par conséquent il y a excès de pouvoir viciant la composition du jury de la part du président de la cour d'assises qui, déférant à la demande du procureur général et du consentement de l'accusé, a procédé seul et sans que la cour l'ait ordonné au tirage d'un treizième juré. — *Cass.*, 20 sept. 1832, Mérit.

790. — L'adjonction illégale d'un juré suppléant opère une nullité qui doit être prononcée, encore bien que le juré n'ait pas participé à la délibération du jury. — *Cass.*, 28 juin 1832, Albaret; 25 juill. 1833, Berger; 13 sept. 1834, Laurent. — V. aussi *Cass.*, 10 juin 1831, Landais; 5 mai 1832, Michallet; 10 juin 1831, Landais.

791. — La loi n'exige pas, à peine de nullité, le consentement de l'accusé pour le tirage au sort d'un juré supplémentaire. — *Cass.*, 2 avr. 1829, Vivier; 30 mai 1829, Bertrand.

792. — En conséquence, il n'y a pas lieu d'interpeller l'accusé ou son conseil de déclarer s'ils consentent à l'adjonction des jurés supplémentaires. — *Cass.*, 26 juill. 1834, Gervais.

793. — Les cours d'assises ne sont même point tenues d'entendre, sur l'adjonction de jurés suppléans, les accusés qui sont toujours à temps de présenter leurs réclamations lors du tirage du jury de jugement. — *Cass.*, 26 déc. 1835, Lacenaire; 30 juin 1838 (t. 2 1838, p. 418), Hubert; 8 oct. 1840 (t. 1er 1841, p. 273), Eliçabide.

794. — Le tirage au sort des jurés adjoints n'a pas besoin d'être public. — *Cass.*, 30 mai 1839 (t. 2 1843, p. 298), Nougué et Garos.

795. — Bien plus, l'arrêt par lequel une cour d'assises ordonne l'adjonction de deux jurés suppléans est valable quoique rendu hors de la présence de l'accusé. — *Cass.*, 28 juin 1832, Gaboriaud; 19 sept. 1839 (t. 1er 1841, p. 729), Prayer; 21 août 1840 (t. 1er 1841, p. 731), Royer et Grimauld.

796. — L'appel d'un juré suppléant est valablement opéré par une décision de la cour d'assises consignée sur le procès-verbal. Il n'est pas nécessaire qu'il soit constaté par un arrêt rédigé séparément. — *Cass.*, 27 juin 1833, Lecoq.

797. — Le vœu de la loi est rempli lorsque le procès-verbal constate que la cour a rendu un arrêt qui ordonne l'adjonction de deux jurés suppléans. — *Cass.*, 3 juin 1831, Bès.

798. — L'arrêt est suffisamment motivé lorsqu'il base l'adjonction sur ce que le procès est de nature à entraîner de longs débats. — *Cass.*, 26 juill. 1834, Gervais.

799. — Mais il y a ouverture à cassation lorsque, sur la demande du procureur général, tendant à une adjonction de jurés et de juges suppléans, la cour d'assises, en rejetant l'adjonction des jurés, a omis de statuer sur celle des juges. — *Cass.*, 27 fév. 1812 (int. de la loi), Guilmot.

800. — Cet arrêt est un simple arrêt d'instruction qui fait partie du procès-verbal des débats, et pour la validité duquel la loi n'exige pas la signature de tous les juges qui l'ont rendu. — *Cass.*, 29 mars 1832, François Thiault.

801. — La cour d'assises, après avoir ordonné l'adjonction d'un juré suppléant aux jurés titulaires, peut, même après le tirage du jury, rapporter cette décision, et ordonner que le juré qualifié à tort de suppléant complétera les douze jurés, dont *onze seulement* ont été mis, par erreur, sur la liste du jury. — *Cass.*, 21 août 1840 (t. 1er 1841, p. 731), Royer.

802. — Il n'est pas exigé, à peine de nullité, que l'arrêt d'une cour d'assises qui ordonne le tirage d'un ou de plusieurs jurés supplémentaires soit prononcé publiquement. — *Cass.*, 10 juin 1830, Routet; 3 janv. 1833, Martin; 26 janv. 1833, Peigné; 13 août 1835, Lancery.

803. — Nous pensons qu'il est plus régulier que cet arrêt soit rendu en audience publique; tel est au surplus l'usage adopté dans un grand nombre de cours d'assises et notamment à Paris. Jugé, en tous cas, qu'il peut, sans qu'il en résulte de nullité, être rendu soit dans la chambre de conseil, soit en audience publique. — *Cass.*, 16 juill. 1829, Bellan.

804. — Dans le cas où l'un ou deux des douze jurés sont empêchés de suivre les débats jusqu'à la déclaration définitive du jury, il sont remplacés par les jurés suppléans. Le remplacement se fait suivant l'ordre dans lequel les jurés suppléans ont été appelés par le sort. — C. inst. crim., art. 394.

805. — Le juré dont le nom est sorti de l'urne le huitième, et qui n'a pas été récusé, doit faire partie du jury; il ne peut, à peine de nullité, être remplacé par un autre juré dont le nom n'est sorti de l'urne que le treizième. — *Cass.*, 14 sept. 1821, Brocard.

806. — La loi n'a rien statué sur la manière de constater les empêchemens qui donnent lieu au remplacement des jurés par les suppléans. C'est aux magistrats qu'il appartient d'en faire l'appréciation suivant leur conscience. — *Cass.*, 3 sept. 1835, Cazelles.

807. — Il est évident que l'accusé ne peut se faire un moyen de nullité de ce que la cour d'assises n'a exempté un des jurés et ordonné son remplacement par le premier des deux jurés suppléans qu'après avoir déjà entendu un grand nombre de témoins. — *Cass.*, 26 août 1830, Gilbert.

808. — Du reste, les deux jurés suppléans adjoints aux douze jurés titulaires sont présumés, de droit, n'avoir pas pris part à la délibération, lorsque le procès-verbal des débats n'énonce pas que l'un des jurés titulaires ait été empêché de concourir à la déclaration. — *Cass.*, 30 sept. 1836, Allard.

809. — Lorsque les jurés n'ont pas fait partie du jury de jugement et n'ont pris aucune part à la délibération, l'accusé ne peut se faire un moyen de nullité de ce qu'ils ont communiqué avec les jurés titulaires pendant les débats. — *Cass.*, 29 mars 1832, Thiault.

810. — Cette communication est même inévitable pendant qu'ils siégent tous ensemble. Les jurés suppléans doivent jouir des mêmes prérogatives que les jurés titulaires, puisqu'ils peuven

être appelés à les remplacer pour éviter de recommencer le débat.

§ 3. — *Procès-verbal de tirage du jury de jugement.*

811. — L'art. 372, C. inst. crim., qui défend de faire imprimer à l'avance le procès-verbal des séances de la cour d'assises, ne s'applique point au procès-verbal qui constate le tirage au sort des jurés. Dès-lors, il ne peut résulter aucune nullité de ce que la formule de ce dernier procès-verbal aurait été imprimée. — *Cass.*, 10 oct. 1831, Amidey; 6 juill. 1832, Rivot; 5 fév. 1835, Déjean et Gourdon; 10 oct. 1832, Amidey; 26 janv. 1837 (t. 2 1840, p. 400), Rupp; 13 juill. 1837 (t. 2 1839, p. 313), Piet; 10 août 1837 (t. 2 1839, p. 556), Goupil; 29 mars 1838 (t. 2 1838, p. 497), Guérillon et Chassang; 16 janv. 1840 (t. 2 1843, p. 599), Barthélemy; 27 nov. 1845 (t. 1er 1846, p. 565), Hirsch; 2 janv. 1841 (t. 1er 1844, p. 346).

812. — Lorsque le procès-verbal de la formation du tableau du jury et celui des débats ont été réunis, il ne peut résulter une nullité de ce que le premier aurait été écrit à l'avance. — *Cass.*, 24 déc. 1840 (t. 2 1841, p. 130), Bussière.

813. — Le procès-verbal de la formation du jury doit être daté, à peine de nullité. — *Cass.*, 13 fructid. an XIII, Esclapon. — La loi n'a pas exprimé la nécessité que ce procès-verbal fût daté; mais l'importance des formalités qu'il a pour objet de constater rend la date substantielle. Ainsi la loi veut, à peine de nullité, que la liste des jurés soit notifiée à l'accusé la veille du jour déterminé pour la formation du tableau (V. art. 395). La date est indispensable dans le procès-verbal pour justifier que le tableau n'a pas été formé le jour même de la notification de la liste. L'opinion contraire priverait l'accusé d'une importante garantie et permettrait de violer impunément la loi.

814. — Il doit également, à peine de nullité, être signé par le président de la cour d'assises et par le greffier.

815. — En conséquence, il est nul s'il a été signé seulement par le président de la cour d'assises, et non par le greffier dont il mentionne la présence. — *Cass.*, 11 juin 1835, Corvoisier.

816. — Lorsqu'un procès-verbal spécial et distinct de celui des débats de la cour d'assises constate le tirage au sort du jury dans la chambre du conseil, lorsque chacun de ces actes a un intitulé qui lui est propre, que celui du tirage au sort est terminé par cette formule : *Et a le président signé avec le greffier*, il y a nullité lorsque ce procès-verbal ne porte pas la signature du greffier. Peu importe qu'à la suite et sur la même feuille se trouve le procès-verbal des débats portant la signature du greffier. — *Cass.*, 24 sept. 1840 (t. 1er 1841, p. 91), Bertrand.

817. — L'accusé ne peut se faire un moyen de nullité de ce que le procès-verbal de la formation du tableau du jury a été signé par un commis-greffier et la déclaration du jury par le greffier en chef, s'il est certain que chacun de ces deux fonctionnaires a tenu la plume lors de l'opération dont il a signé le procès-verbal. — *Cass.*, 5 janv. 1832, Lecomte.

818. — Mais il y a nullité lorsque le procès-verbal constate l'assistance d'un commis-greffier autre que celui qui l'a signé. — *Cass.*, 28 janv. 1847 (t. 1er 1847, p. 572), Lagognez.

819. — ... Ou que ce tirage a été fait par un magistrat autre que celui qui a signé le procès-verbal. — *Cass.*, 27 mars 1845 (t. 1er 1846, p. 160), Aubert.

820. — Le greffier doit dans ce cas être condamné aux frais de la procédure à recommencer. — Même arrêt.

821. — Le procès-verbal doit énoncer que le tirage du jury aura lieu sur une liste de jurés dont le nombre ne peut être inférieur à trente.

822. — Mais la loi n'exige pas, à peine de nullité, qu'il y soit fait mention que les trente jurés, parmi lesquels on en a tiré douze, faisaient tous ou non partie de la liste des trente-six. — *Cass.*, 29 mars 1832, Thiault.

823. — Lorsque le procès-verbal de la formation du jury de jugement constate que le tirage a eu lieu sur trente jurés présens non excusés ni dispensés, il implique, sans qu'il soit besoin d'une déclaration expresse, que les jurés qui n'ont pas pris part au tirage étaient excusés ou dispensés. — *Cass.*, 25 nov. 1837 (t. 1er 1840, p. 141), Mayé.

824. — Le procès-verbal du tirage doit mentionner les récusations qui ont été faites.

825. — Il doit contenir les noms, prénoms, professions et domiciles des douze jurés formant le jury de jugement et des jurés suppléans qui ont pu être adjoints.

826. — Cependant il n'y a pas nullité lorsqu'il ne les mentionne pas; ces indications se trouvent sur la liste notifiée à l'accusé, qui, ainsi, a été mis à même d'exercer son droit de récusation. — *Cass.*, 1er fév. 1839 (t. 1er 1840, p. 199), Delavier.

827. — Jugé, sous le Code du 3 brum. an IV, que lorsque le prénom d'un juré n'est pas rapporté dans le procès-verbal de tirage au sort, de la même manière que dans le procès-verbal de la séance, et qu'il existe dans la commune deux individus du même nom qui ont, l'un le prénom indiqué dans le premier procès-verbal, l'autre celui consigné dans le second, il en résulte une incertitude qui opère nullité. — *Cass.*, 28 frim. an XIV, Morel.

828. — Jugé aussi qu'il y a nullité lorsque le procès-verbal des débats constate le concours de certains jurés dont les noms ne sont pas les mêmes que ceux mentionnés dans le procès-verbal de tirage au sort du jury de jugement. — *Cass.*, 8 sept. 1831, Gage.

829. — Bien que le procès-verbal de la séance énonçât la comparution de douze jurés et de trois adjoints, il y avait nullité si les trois adjoints se trouvaient omis dans la nomenclature des noms des comparans. — *Cass.*, 1er messid. an XIII, Jacquot.

830. — Il y avait également nullité si le tableau des jurés de jugement présenté à l'accusé, ne contenait les noms que de onze jurés, et si le procès-verbal des débats ne faisait pareillement mention que de quatorze, tant jurés qu'adjoints. — *Cass.*, 5 flor. an VII, Rebuffel.

831. — ... Ou lorsque le même individu qui avait été désigné comme juré au premier tirage, était sorti en remplacement au second et avait conséquemment figuré dans l'assemblée pour deux personnes. — *Cass.*, 4 déc. 1807, Aubert.

832. — Lorsqu'il est constaté par le procès-verbal de la formation du jury que, sur la liste des trente il a été tiré au sort seulement dix-neuf jurés, et que sur ce nombre il en a été récusé huit, le tableau du jury est incomplet et la nullité doit être prononcée, encore bien que le procès-verbal de la séance désigne douze jurés au nombre desquels figure un citoyen dont le nom n'est point compris dans les dix-neuf jurés tirés au sort. — *Cass.*, 23 mars 1815, Buretey-Bavoillot.

833. — Lorsque le procès-verbal de la formation du tableau du jury déclare que le jury a été composé des jurés dont les noms suivent, avec désignation de prénoms, domicile et profession, que ces noms sont écrits par ordre de numéros jusqu'à onze inclusivement, et que le numéro 12 est resté en blanc, le jury est réputé n'avoir été composé que de onze jurés, s'il n'y a aucune autre énonciation qui établisse qu'ils étaient réellement au nombre de douze, et encore bien qu'il soit dit que la déclaration a été rendue à la majorité simple, parce qu'il est possible qu'elle ait été de six contre cinq. — *Cass.*, 31 oct. 1822, Dautecourt. — Carnot, *C. instr. crim.*, art. 393, t. 3, p. 43, no 1er; Bourguignon, *Jurispr. crim.*, t. 2, p. 250, no 2.

834. — Mais quoique les noms de onze jurés seulement se trouvent consignés au procès-verbal des débats, il n'y a point nullité lorsqu'il est également constaté par d'autres pièces de l'instruction que douze jurés ont réellement concouru à la délibération, et que l'omission du nom du douzième juré est le résultat d'une erreur manifeste. — *Cass.*, 15 déc. 1808, N...

835. — Il y a nullité des débats et de l'arrêt de condamnation d'une cour d'assises, lorsque le nom du même juré étant mentionné deux fois dans le procès-verbal de tirage du jury de jugement et dans le procès-verbal des débats, il en résulte que la présence de onze jurés seulement est constatée. — *Cass.*, 30 juill. 1831, Pascal; 23 août 1832, Lisoire.

836. — De même, lorsqu'un nom qui ne figure qu'une fois sur la liste du jury notifiée à l'accusé se trouve porté deux fois sur la liste des douze jurés de jugement, l'erreur, quelle qu'en soit la cause, opère une nullité. — *Cass.*, 17 août 1832, Arbogast; 2 juin 1842 (t. 2 1842, p. 462), Bucheton.

837. — Lorsqu'il résulte du procès-verbal que les noms de treize jurés non récusés ont été tirés de l'urne, la composition du jury est illégale et nulle, encore bien que pour réduire le nombre à douze on ait retranché un nom, s'il est incertain sur lequel des treize a porté le retranchement. — *Cass.*, 27 avr. 1815, Couralin.

838. — Mais le tableau du jury a été légalement composé, quoique le président ait tiré par erreur treize noms de l'urne, si le treizième juré n'a pris aucune part aux débats et s'est retiré sur l'invitation du président. — *Cass.*, 7 janv. 1830, Ney.

839. — Lorsque le procès-verbal du tirage constate que les noms des quatorze jurés non récusés sont sortis de l'urne, la formation du tableau est nulle, quoiqu'il soit établi que douze jurés seulement ont siégé, si le procès-verbal de la séance mentionne comme ayant rempli les fonctions de chef du jury, un juré dont le nom correspond à un numéro retranché du nombre des quatorze jurés désignés par le sort. — *Cass.*, 17 juill. 1828, Rony.

840. — Le procès-verbal, régulier dans sa forme, fait foi jusqu'à inscription de faux. — *Cass.*, 3 juin 1831, Bès.

841. — Le procès-verbal de la formation du jury et celui des débats devant la cour d'assises peuvent être réunis en un seul contexte. — *Cass.*, 13 août 1835, Lancery.

842. — Mais il n'y a pas nullité parce que le procès-verbal de la formation du jury de jugement n'a pas été rédigé séparément du procès-verbal des débats. Il suffit, pour la régularité de la procédure, que le procès-verbal qui a été dressé de ce tirage, et qui fait corps avec le procès-verbal des débats, constate que les formalités prescrites par la loi ont été régulièrement accomplies, et soit certifié par le président des assises et par le greffier, concurremment avec la partie de ce procès-verbal relative aux débats. — *Cass.*, 26 fév. 1846 (t. 2 1846, p. 702), Doléance.

Sect. 11e. — *Récusation des jurés.*

843. — Sous le Code du 3 brum. an IV le ministère public exerçait le premier son droit de récusation, l'art. 503 de ce code lui accordait la faculté d'exclure de la liste un juré sur dix. Le tableau du jury ainsi formé était présenté à l'accusé qui pouvait récuser, dans les vingt-quatre heures et sans donner de motifs, tous les jurés composant le tableau. Cette récusation s'appelait péremptoire, les jurés éliminés de la liste étaient remplacés par la voie du sort. — Art. 504.

844. — Sous le code du 3 brum. an IV, le ministère public ne pouvait récuser qu'un juré sur dix, sans donner de motifs, et il y avait nullité lorsqu'il avait exercé un plus grand nombre de récusations. — *Cass.*, 6 flor. an XIII, Dourdon.

845. — Le ministère public ne pouvait exercer ce droit que sur la liste du jury de jugement et nullement sur celle du jury d'accusation. — *Cass.*, 24 mars 1808, Louis Rosset.

846. — Il en était de même du commissaire du gouvernement. — *Cass.*, 28 vent. an X, Herbester.

847. — Quand l'accusé avait exercé vingt récusations, celles qu'il proposait devaient être fondées sur des causes dont la cour de justice criminelle jugeait la validité. — Art. 505.

848. — Il n'y avait lieu à former une nouvelle liste de jurés spéciaux et un nouveau tableau que dans le cas où l'accusé avait récusé une première liste entière. Ainsi on ne pouvait, à peine de nullité, présenter une seconde liste à l'accusé sans qu'il eût exercé aucune récusation sur la première. — *Cass.*, 19 flor. an VIII, Antoine Delubat.

849. — L'accusé qui, sur la notification du premier tableau, n'avait point épuisé son droit de récusations non motivées, avait le droit d'en faire usage au moment même de l'ouverture des débats, et à l'égard des citoyens qui, par le tirage au sort fait publiquement à l'audience, se trouvaient remplacer les jurés manquans. — *Cass.*, 26 juin 1807, Ernest Brèche.

850. — L'accusé était encore recevable, après le remplacement de vingt jurés récusés sans donner de motifs, à proposer contre les jurés qu'il avait acceptés des récusations motivées sur des faits postérieurs à leur acceptation. — *Cass.*, 26 niv. an VII, Lacroix.

851. — Lorsque les noms des jurés tirés en remplacement, n'avaient pas été notifiés à l'accusé, il restait libre de les récuser à l'audience et il ne pouvait pas être privé de ce droit de récusation, à peine de nullité. — *Cass.*, 9 vendém. an VIII, Jean Remy.

852. — Le Code d'instruction criminelle a posé d'autres règles en matière de récusation : aux termes de l'art. 399, c'est l'accusé d'abord ou son conseil qui récuse tels jurés qu'il juge à propos à mesure que leurs noms sortent de l'urne, le ministère public n'exerce plus son droit de récusation qu'ensuite. Le jury de jugement est formé dès le moment où il est sorti de l'urne douze noms de jurés non récusés.

853. — Du reste, le droit de récusation est accordé sauf les limitations prononcées par la loi à tout individu traduit devant la cour d'assises.

854. — Et cela sans distinction de ceux qui sont accusés de crimes ou de simples délits. — *Cass.*, 3 déc. 1836 (t. 1er 1838, p. 37), François Demiannay.

855. — Le fait qu'un accusé se serait porté partie civile contre son coaccusé ne le prive pas du droit de récusation. — Même arrêt.

856. — Il y a nullité lorsque l'accusé n'a pas eu la faculté que la loi lui accorde de récuser des jurés. — *Cass.*, 6 niv. an VIII, Guiraudent et Joyeux.

857. — En effet le refus du tribunal criminel de faire droit à la récusation d'un juré par l'accusé dont le droit n'est point encore épuisé, lui donne pour juré un individu qui ne peut connaître de l'affaire et produit une nullité. — *Cass.*, 8 flor. an XI, Requin.

858. — Le président de la cour d'assises ne peut, à peine de nullité, maintenir sur le tableau du jury de jugement, un juré récusé par le conseil de l'accusé, sous le prétexte que cette récusation aurait été concertée pour dispenser ce jury de l'accomplissement de ses devoirs. Il suffit que le fait du maintien d'un juré, valablement récusé sur la liste du jury, paraisse suffisamment établi par les documens fournis, pour que ce fait puisse servir de base à un arrêt de cassation, sans qu'il soit besoin d'admettre l'inscription de faux. — *Cass.*, 6 fév. 1834, Drouin-Lambert.

859.—L'accusé qui n'entend pas la langue française doit être pourvu d'un interprète, à peine de nullité, mais même pour la formation du tableau du jury, afin qu'il puisse exercer son droit de récusation. — *Cass.*, 30 nov. 1827, François Robin.

860.—La déclaration du jury à laquelle ont concouru des jurés légalement récusés est nulle. — *Cass.*, 29 vent. an IX, Emenier.

861. — Du reste, la récusation d'un juré une fois déclarée par l'accusé, ne peut pas être postérieurement rétractée, sous prétexte d'erreur. — *Cass.*, 31 juill. 1829, Garand.

862. — « L'accusé et le procureur-général peuvent exercer un égal nombre de récusations; et cependant si les jurés sont en nombre impair, les accusés peuvent exercer une récusation de plus que le procureur-général. » — C. inst. crim. art. 401.

863. — La faculté de récuser est inhérente à l'institution du jury, de telle sorte que si l'une des parties a été mise par quelque fait que ce soit, dans l'impuissance d'user de son droit, la composition du jury est illégale. — Ainsi, lors même que l'accusé n'aurait pas exercé toutes les récusations qui lui appartenaient, et n'aurait élevé aucune réclamation, il y aurait nullité si le ministère public avait excédé le nombre de celles qui lui compétaient. — *Cass.*, 24 déc. 1813, Paté. — Carnot (sur l'art. 401, C. inst. crim., t. 3, p. 73, nº 3); Legraverend, t. 2, chap. 2, p. 170; Bourguignon, *Man. du jury*, p. 417, et Deserre, *Man. des cours d'assises*, t. 1er, p. 251; *Contrà*, 22 oct. 1812, Vignan.

864. — Par le même motif, l'accusé qui a exercé neuf récusations sur trente jurés présens ne peut pas être admis à en exercer d'autres; ce serait priver le procureur général de l'exercice du droit qui lui appartient. — *Cass.*, 29 nov. 1811, Macque. — Legraverend, t. 2, chap. 2, p. 170, et Carnot, sur l'art. 399, C. inst. crim., t. 3, p. 68, nº 4.

865. — Ainsi, en refusant à l'accusé la faculté d'exercer plus de neuf récusations sur trente jurés, une cour d'assises ne porte aucune atteinte à son droit et ne fait que maintenir celui du ministère public. — *Cass.*, 27 déc. 1811, Barrié.

866. — Lorsque la cour d'assises ordonne qu'il sera tiré au sort un ou deux jurés suppléans, le nombre des récusations à exercer par l'accusé et par le ministère public se trouve réduit en proportion; de sorte que si le nombre total des jurés n'est que de trente, et qu'on adjoigne aux douze jurés deux suppléans, l'accusé et le ministère public ne peuvent exercer que huit récusations chacun. — *Cass.*, 10 août 1827, Dauba; 3 avr. 1828, Nicoleau; 22 janv. 1830, Letellier; 15 avr. 1830, Bataille; 29 mars 1832, Thiault; 26 avr. 1832, Croizié. — Legraverend, t. 2, p. 67, note 1re; Carnot, t. 3, p. 73.

867. — En conséquence, l'accusé ne peut se faire un moyen de nullité, de ce que le président l'aurait averti de cette réduction avant le tirage au sort, surtout s'il n'a été fait aucune récusation.— *Cass.*, 10 août 1827, Dauba.

868. — Un accusé ne peut valablement consentir, avant le tirage des jurés, à ce que le nombre des récusations qu'il a le droit d'exercer soit restreint. — Néanmoins, lorsque l'accusé qui avait déclaré consentir à ce que le nombre de ses récusations fût réduit à huit, a eu la liberté de faire la neuvième, parce que de son côté le ministère public n'a pas exercé toutes les siennes, il ne peut résulter une nullité, soit de ce que le président aurait averti l'accusé et le ministère public de restreindre leur droit pour qu'il restât un nombre suffisant de jurés supplémentaires, soit de ce que l'accusé y aurait consenti. — *Cass.*, 17 avr. 1823, Grosourdy.

869. — « S'il y a plusieurs accusés, ils peuvent se concerter pour exercer leurs récusations; ils peuvent les exercer séparément. — Dans l'un et l'autre cas, ils ne peuvent excéder le nombre de récusations déterminé pour un seul accusé par l'art. 401. » — C. inst. crim., art. 402.

870. — Le président de la cour d'assises n'est point obligé, sous peine de nullité, d'avertir les accusés de se concerter pour exercer leurs récusations. — Lorsque les accusés n'ont point fait connaître au président leur désaccord, il y a présomption légale qu'ils se sont concertés à cet effet. — *Cass.*, 3 mai 1834, Duponey.

871.—L'énonciation au procès-verbal de tirage, que chaque récusation a été faite par les accusés, constate suffisamment qu'ils se sont concertés pour les faire.— *Cass.*, 27 nov. 1834, révoltés de la Grand'Anse (Martinique).

872.— Si les accusés ne se concertent pas pour récuser, le sort règle entre eux le rang dans lequel ils feront les récusations. Dans ce cas, les jurés récusés par un seul et dans cet ordre, le sont pour tous, jusqu'à ce que le nombre des récusations soit épuisé. » — C. instr. crim., art. 403.

873. — Dans l'hypothèse prévue par cet article, le président de la cour d'assises ne peut, au lieu de faire régler par le sort l'ordre dans lequel chacun d'eux usera individuellement de son droit, décider que le premier désigné par le sort fera seul les récusations pour tous les autres. — Le consentement des accusés ne peut couvrir les vices d'un semblable mode de procéder. — *Cass.*, 2 fév. 1833, Lecoz.

874.— C'est l'accusé dont le nom est sorti le premier de l'urne qui doit être interpellé de proposer sa récusation contre chaque juré. S'il ne le récuse pas, ses coaccusés ont le droit de le faire, de sorte que le juré n'est porté sur le tableau que lorsqu'il n'a été récusé par aucun accusé ni par le procureur général. — *Cass.*, 14 nov. 1811, N...; — Bourguignon, *Manuel d'instr. crim.*, t. 1er, p. 500, nº 1er.

875. — Bourguignon cite plusieurs exemples, que nous croyons utile de reproduire, pour mieux faire comprendre comment doit être appliqué l'art. 403.

876.—« Lorsqu'il y a trente-six jurés présens, dit-il, et quatre accusés qui ne se sont pas concertés pour leurs récusations, on règle par le sort l'ordre dans lequel ils seront interpellés, on leur annonce que leurs récusations ne peuvent excéder le nombre de douze, et que chacun d'eux n'en peut exercer plus de trois si les autres n'y consentent. »—Bourguignon, *Manuel d'instr. crim.*, t. 2, p. 284.

877. — Lorsque le premier nom est sorti, les quatre accusés sont interpellés dans l'ordre où le sort les a placés; s'il n'est récusé par personne, ce nom est inscrit le premier sur le tableau. — Bourguignon, *ibid.*

878.— On procède de même sur le deuxième et sur chacun des autres noms. Mais lorsque l'un des accusés a épuisé les récusations auxquelles il a droit, il n'est plus interpellé sur les autres noms, — Bourguignon, *ibid.*

879. — Il peut arriver que chacun des accusés n'ait pas un nombre égal de récusations à exercer: le sort, en ce cas, décide celui ou ceux qui auront à récuser le plus grand nombre, à moins qu'ils ne s'accordent sur ce point. — Bourguignon, *ibid.*

880. — Si le nombre des accusés excède celui des récusations, et s'ils ne se sont pas concertés, il est évident que chaque accusé ne peut pas exercer plus d'une récusation, car ce serait priver ses coaccusés d'un droit qui leur appartient comme à lui. — Bourguignon, *Manuel du jury*, p. 502, nº 4.

881. — Dans ce cas, à mesure que les noms des jurés sortent de l'urne, tous les accusés sont successivement interpellés, en suivant l'ordre désigné par le sort. Lorsqu'un accusé a exercé son droit, il ne doit plus être interpellé. Aussitôt que le nombre des récusations accordé par la loi se trouve rempli, le droit de tous les accusés, même de ceux qui n'ont pas encore exercé de récusations, se trouve épuisé. — Bourguignon, *Manuel d'inst. crim.*, t. 1er, p. 502, nº 4; *Jurispr. crim.*, t. 2, p. 285.

882. — Les accusés peuvent se concerter pour exercer une partie des récusations, sauf à exercer le surplus, suivant le rang fixé par le sort. — C. inst. crim., art. 404. »

883.—Bourguignon (*Jurispr. crim.*, t. 1er, p. 503, et t. 2, p. 285) dit qu'il est évident que l'accusé qui ne veut pas exercer de récusation peut céder son droit à un de ses coaccusés.— Telle n'est pas notre opinion, et il suffit de consulter les art. 399 et suiv. pour se convaincre que le droit de récusation est essentiellement personnel et qu'il ne peut être transmis. — Nous pensons donc que l'accusé qui ne veut exercer aucune récusation n'a pas de droit à transmettre.

884. — Nul doute pour nous que le président ne doive tenir aucun compte de la récusation faite par un accusé dont le droit à cet égard est épuisé et qui déclarerait agir au lieu et place de son coaccusé qui, renonçant pour lui-même à l'exercice de son droit de récusation, le lui aurait transmis.

885. — Cependant, nous admettons volontiers que cet accusé peut faire exercer ce droit par un mandataire, par son coaccusé lui-même; mais alors celui-ci agira dans cette circonstance non pas pour lui, mais au nom et pour le compte de celui auquel la récusation appartient.

886. — « L'accusé, son conseil, ni le procureur général ne peuvent exposer leurs motifs de récusation. » — C. inst. crim., art. 399.

887.—Le président doit, avant le tirage du jury, avertir les accusés qu'ils ont le droit de récuser des jurés conformément aux dispositions des art. 401, 402, 403 et 404, C. inst. crim.

888.— Cependant cet avertissement, qui n'a pas été formellement prescrit par la loi, n'est pas exigé à peine de nullité, et son omission ne saurait, dès-lors, vicier la procédure.

889.— C'est donc à tort, suivant nous, qu'il a été jugé que lorsqu'après le tirage au sort des jurés on s'apercevait que le président avait omis d'avertir l'accusé de son droit de récusation, la cour d'assises pouvait annuler le tableau du jury et ordonner un nouveau tirage après que l'avertissement avait été donné. — *Cass.*, 19 fév. 1841 (t. 1er 1842, p. 270), Regner. — En effet, cette formalité n'étant pas indispensable, le jury avait été régulièrement formé malgré l'omission de l'avertissement, et il n'était pas au pouvoir de la cour d'annuler le tirage du jury, alors même que l'accusé aurait consenti à cette annulation.

890. — Lorsque après le commencement du tirage du jury et l'avertissement donné à l'accusé qu'il peut exercer neuf récusations, la cour a restreint ce nombre à huit, par suite de l'adjonction de deux jurés suppléans, et qu'avant la fin du tirage, la cour a rapporté son arrêt, en ce qui touche l'adjonction de ces deux jurés et la restriction du droit de récusation, il ne résulte de ces décisions aucune nullité. — *Cass.*, 22 mai 1834, Guitard.

891.—Un avertissement erroné donné aux accusés par le président de la cour d'assises sur le mode de récusation à suivre dans une hypothèse qui ne s'est pas réalisée, ne peut pas être une cause de nullité.—*Cass.*, 7 fév. 1834, Fagonde.

892. — Ainsi, il ne peut résulter aucune nullité de ce que le président de la cour d'assises, en avertissant les deux accusés du droit qu'ils avaient de récuser neuf jurés, aurait fait entre eux, pour le cas où ils ne se concerteraient pas, la division du nombre de récusations, au lieu d'en déférer au sort, si les accusés s'étant concertés, le cas prévu par le président ne s'est pas présenté et l'erreur par lui commise ne leur a pas préjudicié. — *Cass.*, 5 (et non 25) août 1831, Lavrard et Trognac.

893. — La déclaration, faite par le président de la cour d'assises, qu'un accusé n'aurait pas de récusation à faire, comme n'étant sorti que le neuvième par la voie du sort, lorsqu'il n'y avait que huit jurés à récuser, n'emporte pas nullité lorsque, par le fait, cet accusé a pu exercer son droit de récusation.—*Cass.*, 3 déc. 1836 (t. 1er 1838, p. 37), François Demiannay.

894.—Mais il y aurait nullité s'il était constant en fait que l'avertissement erroné du président a pu mettre obstacle à l'exercice du droit de récusation.

895. — L'art. 399 du Code d'instruction criminelle de 1808 n'accordait qu'au procureur général et à l'accusé le droit d'exercer des récusations.

896. — En conséquence, le droit de récusation accordé à l'accusé ne pouvait pas être exercé par son défenseur, qui ne devait même pas assister à la formation du tableau du jury. — *Cass.*, 1er déc. 1820, Delayre et Tissot; 23 déc. 1830, Terrier; 4 fév. 1831, Perrin; *Assises de l'Hérault*, 20 mai 1831, Verdier et Estor.

897.—Et l'accusé qui avait réclamé l'assistance d'un conseil dans l'exercice de son droit de récusation ne pouvait se faire un moyen de nullité de ce que le président avait seul, et sans consulter la cour d'assises, écarté sa demande.—*Cass.*, 30 avr. 1819, Philippe Benoit.

898.—Mais le défenseur pouvait être présent au tirage du jury pour instruire son client de l'étendue et de la mesure de ses droits relativement au droit de récusation considéré seulement en sa forme.—*Assises de l'Hérault*, 20 mai 1831, Verdier et Eslor.

899. — Le nouvel art. 399 donne formellement au défenseur de l'accusé la faculté d'exercer le droit de récusation.

900. — Le prévenu qui a accepté le mandataire de son coprévenu en concourant avec lui aux récusations des jurés, est non-recevable à se plaindre de ce que ce mandataire n'aurait pas été porteur d'un pouvoir spécial. — *Cass.*, 19 déc. 1835, Sarrans.

901. — C'est au moment où son nom sort de l'urne et est prononcé par le président, que la récusation doit être faite. — C. inst. crim., art. 399.

902. — La récusation d'un juré ne peut, en conséquence, être admise après le tirage de plusieurs noms.—*Cass.*, 12 juill. 1833, Lachassagne ; 1er sept. 1836 (t. 1er 1837, p. 556), Paillère.

903. — Encore moins après l'ouverture des débats, à moins que le juré récusé ne se trouve dans un état d'incapacité légale.—*Cass.*, 30 mars 1832, N... ; — Carnot, *C. inst. crim.*, t. 3, p. 72, nº 7; Bourguignon, *Jurispr. crim.*, t. 2, p. 283, nº 2 ; Legraverend, t. 2, p. 174.—Dans ce cas, en effet, la nullité pourrait être proposée après l'arrêt de condamnation. N'est-il pas mieux de recommencer la procédure, s'il en est temps encore ?

904. — Du reste, c'est aux cours d'assises, et non au président, qu'il appartient de statuer sur les difficultés qui s'élèvent à l'occasion de l'exercice du droit de récusation. — *Cass.*, 3 déc. 1836 (t. 1er 1838, p. 37), François Demiannay.

905. — Le procès-verbal du tirage du jury doit énoncer les récusations qui ont eu lieu, la manière dont les récusations ont été faites et les incidens qui ont pu survenir à ce sujet.

906. — Cependant il a été jugé qu'il n'est point nécessaire, à peine de nullité, que le procès-verbal contenant le tableau du jury fasse mention expresse des récusations exercées tant par le ministère public que par les accusés, lorsque le procès-verbal des débats énonce lui-même que ce tableau a été formé par l'événement du tirage et des récusations exercées. — *Cass.*, 3 sept. 1812, Billet.

907. — De même il n'est pas nécessaire que le procès-verbal des débats énonce dans quel ordre il a été procédé aux récusations entre les accusés et le procureur général.— *Cass.*, 31 mars 1836, Arrighi et Rossi.

908. — Lorsqu'il est évidemment établi par le procès-verbal du tirage au sort, que si un juré n'a pas fait partie du tableau, c'est qu'il a été récusé par le ministère public, l'accusé ne peut proposer pour ouverture à cassation une simple inexactitude d'écriture tendant à faire croire que ce juré n'a pas été récusé, mais d'où il ne résulte aucun doute raisonnable.—*Cass.*, 22 janv. 1819, Vergé.

909. — L'examen de l'accusé commence immédiatement après la formation du tableau.—C. inst. crim., art. 405. — V. COUR D'ASSISES.

JURY D'ACCUSATION.

1. — Réunion de jurés appelés à décider si une accusation devait être admise.

2. — Le jury d'accusation institué par la disposition 1re de l'art. 9, de la constitution de 1791, se composait de huit citoyens réunissant les conditions requises pour être électeurs. — L. 16 sept. 1791, tit. X, art. 2 et 4 ; C. 3 brum. an IV, tit. X art. 483.

3. — Le quinzième et dernier jour de chaque mois le directeur du jury tirait publiquement au sort, en présence du magistrat de sûreté partie poursuivante, et sur la liste partielle envoyée par le préfet, les huit citoyens qui devaient former le tableau du jury d'accusation appelé à statuer sur les affaires de la quinzaine suivante.

4. — Lorsqu'il y avait lieu d'assembler le jury d'accusation, ceux qui devaient le composer étaient avertis quinze jours d'avance de se rendre au jour fixé, sous peine de dix jours d'emprisonnement et 25 francs d'amende, avec impression et affiche du jugement dans toutes les communes de l'arrondissement. —C., 3 brum. an IV, tit. XI, art. 494; L. 12 germ. an V.

5. — Lorsque les citoyens désignés pour faire partie du jury d'accusation prévoyaient pour l'un des jours d'assemblée du jury quelque obstacle qui pourrait les empêcher de s'y rendre, ils en donnaient connaissance au directeur du jury, la valeur de cette excuse était jugée par le directeur de jury dans les vingt-quatre heures et avant la formation du tableau du jury, le commissaire du pouvoir exécutif préalablement entendu. — C. 3 brum. an IV, art. 496.

6. — Lorsque l'excuse était jugée suffisante, le nom de celui qui l'avait présenté, était retiré pour cette fois de la liste; quand, au contraire, elle était jugée non valable, son nom était soumis au sort comme les autres.—L. 16 sept. 1791, tit. X, art. 6, 7 et 8 ; C. 3 brum. an IV, tit. XI et 497. — Dans ce dernier cas, si le tirage le comprenait dans le tableau, on devait lui signifier que son excuse était rejetée, qu'il était sur le tableau et qu'il eût à se rendre au jour fixé pour la réunion des jurés; à défaut par lui de s'y rendre il était condamné aux peines que nous avons indiquées plus haut.

7. — Lorsque l'ordonnance du directeur du jury qui rejetait l'excuse présentée par un juré d'accusation, n'était pas notifiée à sa personne, mais seulement à son domicile en parlant à sa femme, elle devait être en outre, à peine de nullité, notifiée à l'officier municipal ou à son adjoint. — *Cass.*, 16 flor. an IX, Deslic-Dupont.

8. — Le défaut de notification à l'accusé, des procès-verbaux du tirage au sort pour la formation du jury d'accusation, emportait nullité.—Art. 320. — *Cass.*, 19 frim. an X, Hallon.

9. — Les jurés d'accusation étant assemblés au jour indiqué, le directeur du jury en présence du magistrat de sûreté, leur faisait prêter serment de s'expliquer avec loyauté sur l'accusation. — L. 16 sept. 1791, tit. 1er, art. 18 ; C. 3 brum. an IV, art. 236. — Ni les prévenus ni les témoins ne paraissaient devant eux.

10. — Le directeur du jury exposait ensuite aux jurés l'objet de l'accusation, il leur expliquait les fonctions qu'ils avaient à remplir. — L. 16, sept. 1791 (t. 1er art. 19); C. 3 brum. an IV, art. 237.

11. — Sous l'empire de la loi de 1791 et du Code du 3 brum. an IV, le directeur du jury donnait lecture de l'acte d'accusation qu'il avait dressé et des pièces y relatives. Les témoins étaient ensuite entendus de vive voix ainsi que la partie plaignante ou dénonciatrice. — L. 16 sept. 1791, t. 1er, art. 20 ; C. 3 brum. an IV, art. 238. — Puis, toutes les pièces, à l'exception des déclarations écrites des témoins et des interrogatoires des prévenus, étaient remises aux jurés. — L. 3 brum. an IV, art. 238.

12. — La remise aux jurés d'accusation des déclarations écrites des témoins entraînait nullité.— *Cass.*, 3 vendém. an VII, Asso, dit Sabalon ; 6 fructid. an VII, Monnaz; 27 prair. an VIII, Marès· 27 germin. an VII, Fourquignon ; 28 germin. an VII, Blisson ; 16 vendém. an VIII, Georges ; 17 messid. an VII, Dieux ; 25 niv. an VIII, Noyelle ; 24 messid. an VII, Judde ; même jour, Muse, Leloup et Goubert ; 28 thermid. an VII, Villain ; 17 vent. an VIII. Bernard ; 19 niv. an VIII, Grosset ; 17 brum. an VIII, Maille ; 6 brum. an VIII, Pielle.

13. — Sous ce Code, le directeur du jury ne pouvait donner lecture aux jurés d'accusation de la plainte formée par une personne entendue ensuite comme témoin. — *Cass.*, 26 flor. an VII, Vilmin et Mangin ; 14 thermid. an VII, Doyère.

14. — Il en était de même de la remise d'un jugement civil annexé à l'acte d'accusation et contenant des déclarations écrites de témoins.—*Cass.*, 24 vent. an VII, Maufroy dit Blondin.

15. — On avait cependant jugé que l'interdiction de lire aux jurés d'accusation les déclarations des témoins et de les leur remettre, ne s'entendait que des originaux des déclarations ; et qu'aucune loi ne défendait de les insérer dans l'acte d'accusation, quoiqu'il dût leur être lu et remis. — *Cass.*, 25 vendém. an VII, Bonifay.

16. — Il y avait également nullité lorsque les interrogatoires des accusés avaient été mis sous les yeux des jurés d'accusation. — *Cass.*, 22 thermidor an VII, Demois ; 8 frim. an VIII, Bonner ; 3 pluv. an VIII, Montaille et Verron ; 26 flor. an IX, Renou.

17. — Cependant, lorsque des procès-verbaux constatant le corps du délit avaient été annexés à l'acte d'accusation, la cour de justice criminelle ne pouvait les distraire de cet acte et se dispenser de les remettre au jury de jugement, sous le prétexte qu'ils renfermaient des déclarations de témoins et des interrogatoires d'accusés. — *Cass*, 11 prair. an XIII, Jean Robin.

18. — La loi du 7 pluv. an IX, art. 20 et 21, a créé un système contraire à la loi du 16 sept. 1791 et au Code du 3 brum. an IV, en disposant que toutes les pièces, y compris les déclarations des témoins et les interrogatoires des accusés, devaient être lues aux jurés devant lesquels d'ailleurs les témoins ne seraient pas appelés.

19. — On jugeait donc, sous cette loi, qu'il y avait nullité lorsque le directeur du jury n'avait pas donné lecture de toutes les charges et dépositions existantes contre lui. — *Cass.*, 2 thermid. an XI, Chagron. — V. aussi *Cass.*, 25 frim. an XI, Matty ; 8 oct. 1807, Billard ; 8 vendém. an XI, Begon.

20. — ... Ou quand on n'avait remis aux jurés, pour servir à leur délibération, ni les déclarations des témoins ni les interrogatoires du prévenu, mais seulement l'acte d'accusation. — *Cass.*, 27 brum. an XI, Jean Maure ; 23 flor. an XI, Anne dit Magloire ; 16 brum. an XIV, Bourdier ; 8 oct. 1807, Billard.

21. — De même le directeur du jury ne pouvait, à peine de nullité, voiler une partie des pièces qu'il remettait aux jurés d'accusation et dont il leur avait été donné lecture. — *Cass.*, 12 fructid. an XIII, Painvain.

22. — La remise devait être faite alors même que les témoins entendus auraient été parens de l'accusé, et quel que fût le degré de parenté entre eux ; il n'y avait de prohibition à cet égard que pour le jury de jugement. — *Cass.*, 11 août 1808, Petit ; 15 juin 1809, Gervaise et Graffeteau ; 8 flor. an XI, Blanchet.

23. — On pouvait donc mettre sous les yeux du jury d'accusation les déclarations de la femme de l'accusé. — *Cass.*, 24 niv. an XI (intérêt de la loi), Forel.

24. — Le directeur du jury devait donner lecture aux jurés d'accusation non seulement des premières informations, mais encore des informations supplémentaires dans lesquelles de nouveaux témoins avaient été entendus. — *Cass.*, 11 déc. 1807, Ponson.

25. — Le procès-verbal d'audition des témoins signé, non par le directeur du jury qui les avait entendus, mais par son successeur, était nul et ne pouvait servir de base à une déclaration du jury d'accusation, à peine de nullité. — *Cass.*, 19 déc. 1806, Vandenebaelle.

26. — Les jurés délibéraient entre eux en l'absence du directeur du jury.— Lorsque la majorité des jurés pensait que l'accusation devait être admise, leur chef mettait au bas de l'acte : *La déclaration du jury est : oui, il y a lieu.* Si au contraire la majorité des jurés ou quatre d'entre eux refusaient d'admettre l'accusation, le chef du jury écrivait : *La déclaration du jury est : non, il n'y a pas lieu.* — C. 3 brum. an IV, art. 243.—Il fallait donc une majorité de cinq voix, pour que le prévenu pût être mis en état d'accusation.

27. — Jugé que la formule de déclaration prescrite aux jurés d'accusation pouvait être suppléée par équipollent. — *Cass.*, 6 pluv. an X, Sicare.

28. — La mention que *le commissaire du pouvoir exécutif avait été oui*, ne pouvait pas remplacer les conclusions par écrit que ce commissaire devait prendre avant l'ordonnance de renvoi devant le jury d'accusation. — *Cass.*, 8 vend. an VIII, Vinet.

29. — Dans tous les cas, la déclaration des jurés est datée et signée par leur chef qui la remet en leur présence au directeur du jury.

30. — Lorsque plusieurs prévenus étaient compris dans le même acte d'accusation, les jurés pouvaient diviser leur déclaration, admettre l'accusation pour les uns et la rejeter à l'égard des autres. — C. 3 brum. an IV, art. 252.

31. — Lorsqu'il y avait débat sur un acte d'accusation comprenant plusieurs délits, les jurés devaient prononcer sur tous les chefs. Le tribunal criminel ne pouvait pas en disjoindre un et renvoyer devant un autre directeur du jury pour faire dresser un nouvel acte d'accusation, sous le prétexte que ce délit avait été commis dans un autre arrondissement. — *Cass.*, 15 frim. an VII, Beaudouin.

32. — Le prévenu à l'égard duquel le jury avait déclaré n'y avoir lieu à accusation était mis sur-le-champ en liberté et ne pouvait être poursuivi de nouveau pour le même fait qu'autant qu'il survenait de nouvelles charges.

33. — Jugé que le tribunal criminel avait le droit de décider s'il était survenu des charges nouvelles. — *Cass.*, 17 vent. an XII, Gselt; — Merlin, *Rép.*, vº *Révision de procès*, § 3, art. 2. — Ce jugement a, suivant nous, empiété sur les attributions du jury, seul investi de l'appréciation des charges nouvelles, comme comprise dans la question de savoir s'il y avait lieu à accusation. Le droit de vérifier la régularité de la procédure était un motif d'autant plus futile qu'il pouvait recevoir la même application dans les cas ordinaires. Aujourd'hui, la chambre du conseil de première instance, et la chambre des mises en accusation, ou celle-ci seulement, selon que la déclaration de *non lieu* émane de l'une ou de l'autre, sont seules juges de l'appréciation des charges nouvelles.

34. — La déclaration du jury portant qu'il n'y avait lieu à accusation embrassait indéfiniment le fait dans tous ses rapports avec la pénalité. En conséquence, le même fait ne pouvait plus être l'objet d'aucune poursuite, même correctionnelle ou de simple police, à moins de charges nouvelles. — C. 3 brum. an IV, art. 255; C. inst. crim.,

art. 246. — Si donc la partie lésée voulait réclamer des dommages-intérêts, l'action civile ne pouvant plus concourir avec l'action publique, éteinte par la déclaration négative du jury, les tribunaux, soit criminels, soit correctionnels, étaient incompétens pour en connaître, et la demande rentrait dans la juridiction ordinaire des tribunaux civils, — *Cass.*, 21 therm. an VII, Cordey c. Foucault; 5 fév. 1808 (int. de la loi), Valette.

35. — Lorsque, après une déclaration négative du jury d'accusation, une cour de justice criminelle décidait qu'il n'était point survenu de charges nouvelles, elle ne pouvait connaître de la régularité ou de l'irrégularité de la première déclaration du jury. — *Cass.*, 8 déc. 1808, Coqui.

36. — Si le jury avait déclaré y avoir lieu à accusation, le directeur du jury rendait sur-le-champ une ordonnance de prise de corps, en vertu de laquelle l'accusé était transféré de la maison d'arrêt à la maison de justice; puis il paraissait devant le jury de jugement.

37. — Un tribunal criminel ne pouvait être saisi que par une déclaration affirmative du jury d'accusation. — *Cass.*, 22 fruct. an X, Petel.

38. — Du reste, sous la même loi, un prévenu ne pouvait, à peine de nullité, être traduit devant le jury d'accusation sans que le directeur du jury eût entendu les témoins. — *Cass.*, 2 therm. an XI, Chagron.

39. — Mais lorsque le magistrat de sûreté n'avait point critiqué l'ordonnance de renvoi rendue par le directeur du jury, la cour de justice criminelle ne pouvait annuler cette ordonnance, sous le prétexte que tous les témoins indiqués n'avaient pas été entendus, sauf à elle à les faire entendre dans la forme qui lui était tracée par l'art. 317 dudit Code. — *Cass.*, 8 août 1809, N...

40. — Le jury d'accusation présentait de sérieux inconvéniens; rarement il comprenait la nature et le but spécial de ses fonctions, et cherchait presque toujours, pour asseoir sa décision, des preuves à des crimes, lorsqu'il devait se borner à des indices; il *jugeait* donc ainsi le plus souvent les prévenus, au lieu de les renvoyer pour être jugés.

41. — Aussi le jury d'accusation a-t-il été supprimé par le Code d'instruction criminelle; les fonctions attribuées depuis lors aux magistrats eux-mêmes se trouvent réparties entre la chambre du conseil et une des chambres de la cour royale, qui tire de cette attribution le nom de chambre des mises en accusation.

V. CHAMBRE DU CONSEIL, CHAMBRE DES MISES EN ACCUSATION; COUR D'ASSISES, JURY. — V. aussi ACCUSATION; ACTE D'ACCUSATION, DIRECTEUR DU JURY et ACTION PUBLIQUE.

JURY D'EXPROPRIATION.

V. EXPROPRIATION POUR UTILITÉ PUBLIQUE.

JURYS SPÉCIAUX.

1. — Outre le jury ordinaire de jugement, il existait autrefois un grand nombre de jurys spéciaux, dont la formation et la composition variaient suivant le but de leur institution.

2. — Ainsi le décr. du 16 sept. 1791, tit. 12, donnait des règles sur la composition et la formation des jurys spéciaux pour la poursuite et le jugement des faux, banqueroutes frauduleuses, concussions, péculats, vol de commis ou d'associés en matière de finance, commerce ou banque. — Et celui du 25 fév. 1792 établit des jurys spéciaux d'accusation pour les crimes de fabrication et de distribution de faux assignats et de fausses monnaies.

3. — Un jury spécial chargé du jugement des Français accusés d'avoir accepté des fonctions dans des parties du territoire occupées par l'ennemi ou les rebelles, fut créé par la loi du 26 frim. an II, art. 21 et suiv., et par celle du 4 messid. au III. Les meurtres et assassinats commis depuis le 1er sept. 1791 devaient aussi être portés devant un jury spécial qui prononçait à la simple majorité.

4. — Étaient aussi soumis à des jurés spéciaux les crimes relatifs à l'exercice des cultes. — Décr. 7 vend. an IV, art. 29. — Enfin, le Code du 3 brum. an IV, art. 516 et suiv., avait soumis certaines affaires à des jurys spéciaux d'accusation et de justice.

5. — Ces divers jurys spéciaux n'existent plus aujourd'hui. Les jurys d'accusation ont été supprimés par le Code d'instruction criminelle du 27 nov. 1808. — Quant aux jurys de jugement, ils ont été abolis par la charte du 4 juin 1814, art. 63. — Cet article, en supprimant toutes commissions et tribunaux extraordinaires, permettait toutefois de rétablir les cours prévôtales, auxquelles elle ne donnait pas ce caractère. Ce rétablissement fut effectué par la loi du 20 déc. 1815, art. 1er. Mais la charte de 1830, dans les art. 50 et 54, les a définitivement supprimées.

6. — Aujourd'hui on ne peut donner le nom de jurés spéciaux qu'aux personnes chargées de certaines vérifications dans des matières particulières, et qui le plus souvent demandent une aptitude spéciale.

7. — C'est ainsi qu'un jury spécial, connu aussi sous le nom de *jury d'examen*, se trouve établi en matière de douanes pour vérifier la nationalité de certaines marchandises. La compétence de ce jury spécial, créé par la loi sur les douanes du 28 avr. 1816, art. 63, a été étendue par la loi du 27 juill. 1822. Enfin l'ordonnance des 5-23 janv. 1835 est venue régulariser la composition de ce jury. — V. pour tout ce qui concerne ce jury spécial v° DOUANES, nos 221 et suiv.

8. — On donne aussi le nom de jury spécial, en matière d'expropriation pour utilité publique, au jury chargé de régler les indemnités. — V. EXPROPRIATION POUR UTILITÉ PUBLIQUE, nos 556 et suiv. — V. aussi JURY.

JUSTICE.

1. — Ce mot a diverses acceptions. Dans son sens propre, c'est le sentiment du juste, la tendance à rendre à chacun ce qui lui appartient, la conformité de nos actions et de notre volonté avec la loi. « *Justitia*, dit Justinien (Instit., lib. 1, tit. 1) *est constans et perpetua volontas suum cuique tribuendi.* » — Il est donc alors synonyme de *droit, raison, équité*.

2. — Il désigne également la juridiction ou le droit de juger, c'est-à-dire le pouvoir de faire droit à chacun, d'appliquer la loi aux cas particuliers; c'est en ce sens que l'art. 48 de la charte porte : « Toute justice émane du roi, etc. » — La *justice*, dans cette acception, se distingue en *civile, criminelle, commerciale, administrative, militaire*, etc., selon que la loi qu'il s'agit d'appliquer a trait à des faits *civils, criminels, commerciaux, administratifs, militaires*, etc. — V. au surplus JURIDICTION, ORGANISATION JUDICIAIRE, JUGES.

3. — On donne encore le nom de *justice*, soit aux tribunaux chargés de rendre, d'administrer la justice, soit aux magistrats revêtus de fonctions judiciaires, soit même à certains fonctionnaires ou officiers ayant mission d'exécuter les jugemens ou de contraindre à l'acquittement d'une obligation. C'est ainsi que l'on dit : *avoir recours à la justice, une descente de justice, des officiers de justice*, etc., etc.

4. — Autrefois, enfin, le mot *justice* signifiait l'ensemble des redevances qui s'étaient attribuées les seigneurs justiciers; c'était même, selon M. Championnière (*de la Propriété des eaux courantes*, n° 65, p. 119), avec cette dernière signification qu'il s'était définitivement établi dans la langue féodale. — V. au surplus JUSTICE SEIGNEURIALE, nos 2 et suiv.

5. — Sous le régime féodal, la justice (juridiction) était rendue par les seigneurs dans leurs domaines; il n'y avait alors de justices royales que celles qui étaient exercées par les officiers du roi dans les terres de son domaine. — On distinguait alors la haute, la moyenne et la basse justice. — Peu à peu, les rois s'emparant des droits de justice possédés par chaque seigneur, finirent par imposer leur suprématie, et enfin par devenir les seuls justiciers du royaume. La justice fut alors administrée, jusqu'à la révolution, par les parlemens, les bailliages, les sénéchaussées, les présidiaux et autres juridictions inférieures. — V. au surplus JUSTICE SEIGNEURIALE.

6. — La justice aujourd'hui est un attribut du pouvoir exécutif et appartient dès lors au roi. « Toute justice, porte la charte, émane du roi; elle s'administre en son nom par des juges qu'il nomme et qu'il institue. » — V. JURIDICTION, ORGANISATION JUDICIAIRE, JUGES, ROI, JUSTICE SEIGNEURIALE.

JUSTICE BASSE.

V. JUSTICE SEIGNEURIALE, nos 131 et suiv.

JUSTICE HAUTE.

V. JUSTICE SEIGNEURIALE, nos 122 et s., 128 et s.

JUSTICE MILITAIRE.

V. DÉLITS MILITAIRES, COMPÉTENCE MILITAIRE, TRIBUNAUX MILITAIRES, TRIBUNAUX MARITIMES.

JUSTICE MOYENNE.

V. JUSTICE SEIGNEURIALE, nos 133 et suiv.

JUSTICE DE PAIX. — JUGE DE PAIX.

Table alphabétique.

Abandon de navire, 797.
Abréviation de délai, 878 s.
Absence, 48, 56, 103, 158 s., 178. — de titres, 601.
Absent, 781, 1067.
Accident, 325.
A-compte, 293.
Acquiescement, 751 s.
Acquisition de droits litigieux, 149.
Acquit à caution, 648 s.
Acte de notoriété, 784. — de partage, 607. — sous seing-privé, 899.
Action, 968. — administrative, 252. — civile, 391, 488 s., 650 s., 725. — commerciale, 225. — criminelle, 391, 488 s. — de la régie, 248. — des greffiers, 251. — disciplinaire, 88, 192 s., 845 s., 889. — en garantie, 367 s., 375. — en réintégrande, 591 s. — mixte, 257, 271, — mixte immobilière, 260, 265, 268, 273. — mixte mobilière, 260, 283. — mobilière, 258. — personnelle, 255, 258, 261, 273. — personnelle immobilière, 266 s., 275. — personnelle mobilière, 246 s., 263, 269 s., 274, 276 s., 711. — pétitoire, 412 s., 597 s. — possessoire, 223, 381, 384 s., 412 s., 591 s., 737, 1058, 1060. — publique, 489. — réelle, 256, 271. — immobilière, 264.
Adjoint, 123, 140.
Administrateur, 770.
Adoption, 783.
Affiche du jugement, 502, 658, 945.
Affirmation des procès-verbaux, 109 s.
Age, 54, 120 s., 124. — (dispense d'), 121.
Agence d'affaires, 132.
Agent forestier, 128, 800 s., 808 s.
Aliéné, 826.
Alimens, 633 s. — (réduction des), 642.
Allégation vague, 410 s.
Allié en ligne directe, 86, 909.
Améliorations, 374 s., 430 s.
Amende, 670 s., 891 s., 906, 912, 945.
Amiable compositeur, 776.
Amovibilité, 123 s.
Appel, 743, 753 s., 985 s., 996, 1042, 1058 s. — (délai de l'), 1065 s. — (formes de l'), 1070. — (point de départ du délai de l'), 1070.
Apprenti, 436 s., 442, 462 s., 717.
Arbitrage, 775.
Arbre, 392 s.
Archevêque, 821.
Argent comptant, 822.
Arrérages, 245, 303 s. — de rente foncière, 274.
Arrestation, 790.
Artisan, 437.
Artiste, 439.
Ascendant, 633 s.
Assemblée constituante, 38 s.
Assesseur, 44, 49, 56.
Assistance du greffier, 76.
Atre, 614 s.
Attributions des juges de paix, 196 s.
Aubergiste, 309 s., 575 s., 715 s.
Audience, 93 s., 96 s.
Auditeur du Châtelet, 20.
Avarie, 326 s. — d'effets, 309 s., 318 s.
Avertissement, 828 s.
Avocat, 131, 140, 903 s.
Avoué, 127, 140 s., 660 s., 902.
Bagages, 321.
Bail, 553 s. — à cheptel, 528 s., 1061 s. — à convenant ou domaine congéable, 531. — à vie, 529. — administratif, 526.
Bailli, 27 s.
Baliveaux, 356.
Ballots (ouverture des), 815.
Banc d'église, 527.
Bateau à vapeur, 323.
Batelier, 318 s., 520 s.
Batteur en grange, 437.
Belle-fille, 634.
Bibliothécaire, 450 s.
Blessures, 566.
Bois communaux, 677.
Bornage, 592 s., 713, 1060.
Brevet d'invention, 683.
Briquetier, 440, 472.
Budget départemental, 118.
Bulletin des lois, 189 s.
Bureaux de nourrices, 484 s.
Bureaux de paix, 50, 55.
Cailloux, 624.
Canaux des usines, 399 s. — d'irrigation, 399 s.
Capacité de compromettre, 770.
Capitaine de navire, 795.
Caractère, 769.
Carrossiers, 575 s., 715 s. — et autres ouvriers, 329 s.
Caution, 801, 1039 s.
Cédule, 882 s.
Cens électoral, 133.
Centenier, 14.
Champ, 428.
Chapelain, 450 s.
Charpentier, 437.
Chasse, 526.
Chef-lieu de canton, 96 s.
Chemin de fer, 440. — vicinal, 618, 674 s.
Cheminée, 614 s.
Chimiste, 439.
Choses incorporelles, 526.
Chose jugée, 1058.
Circonscription territoriale, 595 s., 978.
Citation, 833 s., 841 s., 855 s., 943. — (enregistrement de la), 881. — (formalités de la), 856 s. — (nullité de la), 868, 889.
Clauses accessoires, 538 s. — ménagères, 538 s.
Clerc d'huissier, 87, 908 s.
Coche, 323.
Colon partiaire, 449, 532 s.
Commis, 474 s. — assermenté, 78.
Commission d'huissier, 90 s. — rogatoire, 108 s., 186, 792.
Commune, 117, 995.
Comparution des parties, 896 s. — en personne, 916 s. — sur citation, 896

s., 901 s. — volontaire, 896 s., 959.
Compensation, 701 s., 705 s.
Compétence, 200 s., 327. — (matière civile), 46 s., 58 s. — absolue, 208 s.. 734 s. — civile, 202 s., 191. — criminelle, 202 s., 491. — d'attributions, 207, 230 s. — de dernier ressort, 211 s. — de premier ressort, 211 s. — extrajudiciaire, 201 s., 205, 777 s. — judiciaire, 201 s., 206 s. — relative, 208 s., 734 s. — territoriale, 207, 215. 571, 710 s., 978.
Complainte, 384 s., 591 s.
Composition du tribunal, 49, 56. 103, 111, 1018 s.
Compromis, 765, 897 s.
Comptable public, 128.
Compulsoire, 813.
Conducteur d'ouvrage, 488.
Concession de bancs d'église, 279.
Conciliation, 1011. — (préliminaire de), 50 s., 685 s., 778 s., 847.
Conclusions, 290, 440 s., 635, 765, 919, 1052. — additionnelles, 291, 867. — rectificatives, 292, 294, 595 s.
Conditions d'admission, 120
Conducteur de locomotive, 440. — des eaux, 620 s.
Congé, 159, 177, 324 s., 557 s. — respectif, 560.
Connexité, 690.
Conseil de discipline, 147. — de famille, 48, 781, 940, 954. — de révision, 824. — d'état, 680. — général, 118. — judiciaire, 781.
Conseiller à la cour de Cassation, 126. — à la cour royale, 126. — d'arrondissement, 136. — de département, 136. — de préfecture, 125. — municipal, 136.
Consentement judiciaire, 900.
Contenance, 598 s.
Contestation du droit à l'indemnité, 332 s.
Contrainte, 653 s., 526, 809. — par corps, 790.
Contravention, 60.
Contrefaçon, 818 s. — de marques, 672 s.
Contribution foncière, 532 s., 543, 557.
Corps municipal, 60.
Costume, 160 s.
Coups, 506.
Cours d'eau, 400 s.
Crimes, 517. — des juges de paix, 194 s. — des suppléans, 194 s.
Curage, 713. — des canaux, 376 s., 396 s. — des fossés, 376 s., 396 s.
Curatelle, 48.
Curateur, 781.
Cure, 820.
Curé, 434.
Date certaine, 558, 567.
Débiteur forain, 575 s.
Débordement, 342.
Décès, 979. — du juge de paix, 174.
Déchéance, 1049 s.
Déclaration affirmative, 788.
Défense. 218 s. — au fond, 287, 750, 992 s. — de représenter, 84 s.
Défenseur de cité, 8. — officieux, 660 s.
Dégradation, 712. — de la chose jugée, 849 s.
Délai, 563 s., 762, 1043 s. — de distance, 874 s., 1046. — de la citation, 871. — pour juger, 956 s.
Délégation d'un juge de paix voisin, 112 s.
Délibéré, 960.
Délits, 517, 651. — d'audience, 946. — des juges de paix, 194 s. — des suppléans, 194 s.
Demande en compensation, 684 s. — en garantie, 641 s., 942 s. — en validité de saisie-arrêt, 280. — indéterminée, 295. — nouvelle, 595 s., 701 s. — principale, 667 s., 685 s., 698 s. — reconventionnelle, 374 s., 666 s., 684 s., 692, 701 s.
Demandes réunies, 231 s.
Démission, 74, 134, 157 s., 173 s. — des fonctions incompatibles, 134.
Dénonciation de nouvel œuvre, 591 s.
Denrées, 532 s.
Dépendances, 428.
Dépens, 700, 904, 918 s. — (liquidation des), 1035.
Dépenses d'auberge, 715 s. — d'hôtellerie, 309 s.
Dépositaire, 670 s.
Dépôt de titres, 660 s., 670 s. — nécessaire, 316 s. — sur le bureau, 956. — volontaire. 661 s.
Dernier ressort, 246 s., 291 s., 309 s., 318 s., 329 s., 349 s., 376 s., 404 s., 416, 436 s., 477 s., 487 s., 524 s., 573, 593 s., 633 s., 654 s., 665, 668, 676 s.. 685 s., 695 s., 738, 845 s., 906, 951 s., 965, 1055 s., 1063 s.
Descendant, 633 s.
Descente sur les lieux, 929 s.
Désistement, 489.
Desservant, 434.
Diffamation par écrit, 493. — verbale, 487 s., 494 s.
Dimanche, 95.
Directeur, 457.
Disjonction, 685, 698 s.
Dispense de réparations. 426 s.
Dispositions générales et réglementaires, 415 s., 832.
Distance, 602 s., 614 s.
Dol, 982 s.
Domaine de l'état, 526.
Domestique, 436 s., 450 s., 694.
Domicile, 726 s., 834, 841.
Dommage aux champs, 376 s., 624, 694, 712 s. — aux champs, fruits et récoltes, 347. — immédiat, 388 s. — médiat, 388 s.
Dommages-intérêts, 565 s., 570, 616 s., 669, 684 s., 697, 845 s., 889, 966.
Douanes, 648 s., 805.
Droit à l'indemnité contesté, 350 s. — de passe, 649, 657. — de réprimande, 191.
Droits réunis, 805.
Ecclésiastique, 129.
Echantillons, 321.
Echenillage, 807.
Eclairage, 538, 692.
Ecluse, 386, 389 s.
Ecoulement des eaux, 384 s.
Ecriture, 918.
Effets, 321 s. — du voyageur, 575 s.
Effet suspensif, 979, 985 s.
Elagage, 392 s, 609 s.. 713, 1060. — des arbres ou haies, 376 s.
Elections, 57. — communales, 137. — des juges de paix, 42 s.
Elévation des eaux, 409.
Elève, 456.
Eligibilité des juges de paix, 42 s., 54.
Emancipation, 48, 783.
Empêchement des suppléans, 112 s. — du juge de paix, 112 s. — légitime, 56, 103, 769.
Emploi à gages, 132.
Employé des douanes, 128. — des messageries, 128. — des postes, 128.
Emprisonnement, 947 s., 953.
Emprunt à la grosse, 796.
Enfant adoptif, 643. — adultérin, 645. — légitime, 643. — incestueux, 645. — naturel, 644.
Engagement à l'année, 442. — au jour, 442. — au mois, 442. — écrit, 459. — verbal, 459.
Engrais, 352 s.
Enlèvement des meubles, 562, 569. — des obstacles, 343.
Enquête, 100, 186, 921 s. — (prorogation d'), 773. — de *commodo*, 793.
Enregistrement, 809, 812, 913.
Entrepreneur, 472. — de messageries, 819 s.
Entretien, 639.
Epaves, 815 s.
Epoux, 646.
Etable, 614 s.
Etat des lieux, 430 s.
Etat des personnes, 48.
Etudiant, 314.
Evaluation de la demande, 296 s., 302 s., 404 s. — du prix du bail, 532 s., 549 s.
Evêché, 819.
Evêque, 18, 821.
Exception, 287, 305, 307, 556 s., 600, 701 s., 768, 779, 931.
Excès, 487 s. — de pouvoir, 226 s., 500, 655 s., 832, 955, 996, 1076 s.
Exécution des jugemens, 1040 s. — provisoire, 948 s., 1038 s., 1068.
Exécutoire, 806, 811.
Expédition, 1034.
Expert, 782, 812.
Expertise, 551, 553, 559, 674 s., 750, 774, 794, 823, 925 s.
Expiration de bail, 559, 566 s.
Expropriation, 674 s.
Expulsion des lieux, 524 s., 566 s.
Facteur, 457.
Faillite, 799.
Fait de l'homme, 376 s. — des animaux, 376 s., 390. — du propriétaire, 341 s.
Femme, 86, 909. — mariée, 781.
Féodalité, 26 s.
Fermage, 554 s., 714. — (défaut de paiement), 524 s., 561, 566. — (prix du), 570.
Ferme, 427.
Fermier, 331 s., 349 s., 562.
Feuille d'audience, 1026.
Fileuse, 437.
Fin de non recevoir, 992 s.
Fixation du taux de la compétence, 288 s.
Fonctions des juges de paix, 3 s. — gratuites, 64 s.
Fondé de pouvoir, 661 s., 766, 771, 902, 905 s., 1024.
Force majeure, 342.
Forêt, 393, 397, 612, 677, 800 s.
Formes, 776. — (dispense de), 772 s.
Fossé, 428.
Fosses d'aisances, 614 s.
Four, 614 s.
Fournaise. 620 s.
Fourneau, 614 s.
Fraction de créance, 303.
Frais de conservation, 666 s. — de justice, 118. — de route, 318 s.
Franchise des lettres, 183 s.
Fraude, 982 s.
Fruits et récoltes, 376 s., 624, 712 s.
Fumier, 352 s.
Gages du concierge, 538.
Garde champêtre, 109 s., 806. — forestier, 109 s.
Garde des sceaux, 195.
Garde nationale, 146 s., 824.
Gendre, 634.
Gens à l'année, 436 s. — au mois, 436 s. — de service à gages, 436 s., 450 s. — de travail, 224, 436 s.
Gérant, 789.
Gestion d'affaires, 663 s.
Greffier, 75 s., 78, 127, 141, 172, 191, 765, 811, 849, 851, 1026.
Haie, 392 s., 428.
Hardes, 321.
Héritier du maître, 460.
Historique, 7 s.
Honoraires, 904.
Huis-clos, 97 s.
Huissier, 79 s., 127, 141, 192 s., 570, 811, 833 s., 844, 886 s., 906 s., 909 s., 1051, 1071. — (incapacité), 895. — audiencier, 80 s., 886 s., 892. — commis, 1037.
Humidité, 620 s.
Hypothèque, 272, 787. — judiciaire, 763. — légale, 781.
Impenses, 374 s., 430 s.
Impression du jugement, 502.
Inamovibilité, 57.
Incendie, 342, 369 s.
Incompatibilités, 125 s., 136, 138 s.
Incompétence, 226 s., 406 s., 409, 424 s., 444, 553, 569, 576 s., 595 s., 600, 768, 988 s., 1057, 1076 s. — absolue, 286 s., 340 s.
Indemnité de transport, 179. — de voyage, 67, 170 s.
Injure, 487 s., 650 s. — non publique, 494. — par écrit, 493 s. — publique, 494. — verbale, 494.
Inondation, 369 s., 386, 409.
Inscription, 787. — de faux, 932 s., 977.
Installation, 153 s.
Instituteur, 140, 450 s.
Instruction primaire, 825.
Instrumens d'exploitation, 429.
Insulte, 947 s., 954.
Intendant, 450 s.
Interdiction temporaire, 845.
Interdit. 781.
Intérêts, 245.
Interprétation de bail, 424 s.
Interrogatoire sur faits et articles. 941.
Invasion, 342.
Inventaire, 785, 910.
Irrévérence, 947 s., 954.
Irrigation, 376 s.
Jet à la mer, 798.
Jour férié, 95, 1045.
Journalier, 437.
Juge de commerce, 126.
Juge de paix, 119 s., 146 s., 769, 850. — (faute du), 966.
Juge de première instance, 126. — pédané, 13. — suppléant, 143 s.
Jugement, 756 s., 772 s., 889. — (formalités), 1003 s. — contradictoire, 962, 975, 999, 1053. — définitif, 964, 999. — interlocutoire, 111, 964, 970 s., 974 s., 999. — par défaut, 859, 869 s., 901 s., 975, 999 s., 1037. — (faute de conclure), 1002. — défaut profit-joint, 1001. — préparatoiire, 111, 971, 999. — provisoire, 972, 999.
Juridiction, 197 s. — d'exception, 216 s. — extraordinaire, 216 s.
Jury de révision, 148.
Justice de paix, 1 s.
Laboureur, 449.
Langue française, 1025.
Législation anglaise, 30 s. — française, 15 s. — franche, 14. — romaine, 8 s.
Lieux contentieux, 101.
Litige, 760 s., 899, 1011.
Livret, 469.
Locataire, 331 s., 349 s., 368 s., 562. — en garni, 309 s., 314.
Location, 355. — à plusieurs, 552. — de bancs d'église, 278 s. — de meubles, 357, 525. — d'immeubles, 525. — verbale, 558.
Logement, 639. — en garni, 311 s.
Logeur, 309 s.
Louage de services, 470. — d'industrie. 446 s., 470, 472.
Loueur de chevaux ou de voitures, 323.
Loyer, 554 s., 714. — (défaut de paiement), 524 s., 561, 566. — (prix du), 570. — portable, 535. — quérable, 535.
Maçon, 437.
Magasin de sel, 614 s.
Main-levée, 801.
Maire, 125, 140, 995.
Maison, 427. — du juge de paix, 99.
Maître, 436 s., 442, 474 s., 694, 717.
Maladie, 56, 103.
Malle-poste, 323.
Manœuvres, 437 s.
Manufacture, 427, 429.
Marc le franc, 552.
Marchandises, 321.
Marché à forfait, 443 s. — de fournitures, 473 s. — voisin, 533 s.
Marguillier, 820.
Mariage, 682.
Marne, 624.
Matière civile, 85, 106 s., 693, 848. — commerciale, 253, 327, 464, 476, 551, 693, 704, 736, 912. — criminelle, 85, 106 s., 725, 848. — personnelle, 743 s.
Mécanicien, 471.
Menues dépenses, 118.
Menuisier, 437.
Mercuriales, 297 s., 532 s.
Messageries, 323.
Meurtre, 516.
Mineur, 48, 781.
Ministère public, 126.
Minute, 1026.
Mise en cause, 346.
Mobilier (achat du), 117. — (entretien du), 117.
Moissonneur, 437.
Monnaie étrangère, 300.
Motifs, 1004 s. — d'empêchement, 105.
Mur mitoyen, 614 s., 627 s.
Mutation, 787.
Navigable et flottable, 401.
Navigation, 659.
Négligence, 981 s.
Négoce, 132.
Nombre des justices de paix, 69.
Nomination, 57, 119 s. — du greffier, 77 s.
Non jouissance, 331 s., 341 s., 712. — paiement du loyer, 362.
Notaire, 130, 139, 142, 309 s., 660 s.
Nourrice, 477 s.
Nourriture, 639.
Obligation sans cause, 283.
Octroi, 652 s., 805.
Officier de police judiciaire, 63.
Opposition, 574 s., 581, 653 s., 1042. — (délai), 1043. — (formes), 1051. — (prorogation du délai de l'), 1047 s.
Ordonnance d'*exequatur*, 756 s.
Ordre public, 991.
Organisation des justices de paix, 70 s.
Ouverture des portes, 789.
Ouvrier, 224, 436 s., 462 s., 470, 694, 717.
Ouvrière en linge, 437.
Paiement à la tâche, 445 s. — des droits, 251. — des frais, 249. — d'honoraires, 250.
Paille, 352 s.
Parent en ligne directe, 86, 909.
Patente, 133, 678, 811.
Pêche, 526. — fluviale, 804.
Peine, 491.
Pension, 180 s.
Pensionnaire, 456.
Percepteur, 141.
Péremption, 973 s., 1040 s.
Péremption (effets de la), 968 s. — (renonciation à la), 991. — d'instance, 964 s.
Permis de citer, 831, 833 s., 866.
Perte de la chose louée, 349 s. — d'effets, 309 s., 318 s.. 326 s.
Pierre, 624.
Piqueur, 438.
Place de spectacle, 527.
Plantations au bord des routes, 395. — d'arbres, 592 s., 602 s., 713, 1060. — de haies, 592 s., 602 s., 713, 1060.
Police (nullité), 692. — de l'audience, 945 s. — judiciaire, 827.
Portes et fenêtres, 557.
Possession annale, 691 s., 604 s.
Postulation, 817.
Pourvoi en cassation, 743, 1042, 1075 s.
Pouvoir, 766. — (forme du), 911 s. — (nécessité du), 915 s. — royal, 57, 77, 119 s.
Préfet, 125.
Premier ressort, 246 s., 291 s., 329 s., 318 s., 349 s., 376 s., 404 s., 416, 436 s., 477 s., 487 s., 524 s., 572, 593 s., 633 s., 654 s., 665, 668, 676 s., 685 s., 665 s., 1053, 1055 s.
Prérogatives, 182 s.
Presbytère, 434.
Préséance, 182.
Présomption légale, 105.
Presse, 494.
Prestation en nature, 532 s., 638.
Prêt d'argent, 461.
Prétoire, 99 s. — (chauffage du), 118. — (éclairage du), 118. — entretien du), 117. — (loyer du), 117.
Principal locataire, 435.
Prise à partie, 949 s., 1042, 1082.
Prise d'eau, 408.
Prises maritimes, 679.
Privation du traitement, 175.
Privilége, 271.
Prix de loyer indéterminé, 553.
Procès-verbal, 765, 772 s., 787, 795, 897, 899, 924, 949. — (affirmation du), 803 s.
Professeur, 439.
Profession libérale, 439.
Prononciation du jugement, 962 s.
Propriétaire, 331 s., 349 s., 575 s. — d'animaux, 390.
Prorogation de juridiction, 218, 730 s., 1011. — de

juridiction (étendue de la), 732. — de juridiction (expresse), 745. — (tacite), 745.
Prud'homme, 436 s., 465, 672, 721. — assesseur, 41.
Publicité, 97 s., 1012 s.
Puits, 614 s.
Pupille, 86, 909.
Qualité de citoyen, 122, 124. — d'héritier, 308.
Question de possession, 413. — de propriété, 281 s., 406 s., 410 s., 592 s., 605 s., 609 s., 615 s., 626 s. — de servitude, 394, 403, 406 s., 410 s. — d'état, 736. — préjudicielle, 305, 978.
Réassignation, 871.
Receveur d'enregistrement, 128.
Recherche des délits, 800 s.
Reconnaissance d'écriture, 301.
Récusation, 997.
Redevance féodale, 283.
Réduction des justices de paix, 68.
Référé, 581.
Registres, 810. — de l'état civil, 822.
Réglement administratif, 297 s., 614 s.
Réglement d'eau, 409.
Relâche forcée, 797.
Reliquat de créance, 304 s.
Remise de cause, 957 s., 994.
Remplacement du juge de paix, 103 s., 111.
Renvoi, 406 s., 414 s., 685 s., 692, 698 s., 983 s.
Réparation de voitures, 329 s. — des dégradations, 360 s. — locative, 416, 694.
Réparation d'honneur, 500.
Répertoire, 810.
Reprise d'instance, 980,
Requête civile, 1042, 1082.
Réservoir, 620 s.
Résidence, 155, 726 s.
Résiliation des baux, 361, 524 s., 561. — (virtuelle), 563 s.
Responsabilité des aubergistes, 817.
Restitution de meubles, 460. — d'un billet, 460.
Retard dans le voyage, 318 s.
Retenue sur le traitement, 181.
Retraite, 104.
Revendication, 569 s., 582. — d'immeubles, 736.
Révocation, 134. — de l'huissier, 82.
Rixe, 503.
Sables 624.
Saisie-arrêt, 576.
Saisie-exécution, 570, 789.
Saisie-gagerie, 524 s., 598 s., 573, 789. — (permission de), 574, 580.
Scellés, 48, 660, 791, 799, 816, 821, 910.
Secrétaire, 450 s.
Semaine, 94.
Sénéchal, 29 s.
Sentence arbitrale, 756 s.
Séquestre, 801.
Serment, 78, 83, 150 s., 774, 782, 806, 808 s., 812. — du propriétaire, 553.
Service de l'audience, 80 s., 89 s.
Service divin, 95.
Servitude, 407, 602 s., 605 s., 609 s., 626 s.
Signature, 765, 884, 900, 1026 s.
Signification du jugement, 1036 s., 1070.
Sourd et muet, 781.
Sous-locataire, 344 s., 363 s., 435, 547.
Substitution, 781.
Suppléant, 56, 72, 103 s., 106 s., 111, 124 s., 138 s., 146 s., 174 s., 176 s., 769, 1023 s.
Sursis, 281 s., 305, 411, 413 s., 489, 563 s., 938 s., 963 s.
Surveillance des juges de paix, 195. — des suppléans, 195.
Suspension, 88.
Tacite reconduction, 558 s.
Tailleur de pierres, 437.
Tailleur d'habits, 437.
Taillis, 383.
Tarif des places, 323.
Taux de la compétence, 231 s., 246 s., 284, 302 s., 309 s., 318 s., 329 s., 349 s., 376 s., 416, 436 s., 477 s., 487 s., 524 s., 593 s., 633 s., 664, 684 s., 688 s.
Terrain, 624.
Terrassier, 437.
Testament, 786.
Tierce-opposition, 1042, 1082.
Tiers, 346, 569, 574 s., 582. — saisi, 788.
Titre contesté, 305, 598 s.
Traitement, 64 s., 162 s., 176 s.
Transport d'effets, 319 s., 326 s. — de marchandises, 794. — de voyageurs, 319 s.
Travaux, 269. — de voisinage, 616 s., 712. — manuels, 450 s.
Tribunal de district, 51 s. — de simple police, 4, 61 s., 491.
Trouble à l'audience, 945, 955.
Tutelle, 48. — officieuse, 783.
Tuteur, 770, 611.
Tuyaux, 620 s.
Urgence, 78, 834, 843, 866, 878 s.
Usage, 558, 614 s. — des lieux, 323.
Usine, 427, 429.
Usufruitier, 348, 433.
Usurpation, 342.
Vacances, 92.
Vacations, 66 s., 163.
Vaine pâture, 277.
Valeurs, 822.
Validité d'offres réelles, 276.
Vendangeur, 437.
Vente de bestiaux, 802. — d'arbres, 355. — d'un fonds, 271.
Verger, 428.
Vérification d'écritures, 932 s., 977, 1058.
Vice rédhibitoire, 823.
Vigneron, 449.
Violation de lettre, 468.
Violence, 505 s.
Voies de fait, 325, 487 s., 504 s.
Voiture, 575 s.
Voiturier, 318 s., 330 s., 463, 649.
Voyageur, 309 s., 313 s., 318 s., 329 s.

JUSTICE DE PAIX. — JUGE DE PAIX. — 1. — Les justices de paix sont des tribunaux établis dans chaque chef-lieu de canton pour juger sommairement, sans ministère d'avoué, et avec peu de frais, des contestations d'une minime importance et qui, à raison de leur nature spéciale, peuvent être mieux apaisées par le juge de la localité.

2. — Les juges de paix sont les magistrats qui composent ces tribunaux.

3. — Leurs fonctions consistent, au civil, à juger les affaires de la compétence des justices de paix; à concilier les parties, s'il est possible, sur toutes les affaires civiles non dispensées du préliminaire de conciliation; à présider à certaines opérations ou même à remplir certains actes de juridiction purement gracieuse; — enfin, au criminel, à juger certaines contraventions dont la connaissance leur est attribuée soit par le Code d'instruction criminelle, soit par des lois spéciales, et à remplir dans quelques circonstances les fonctions d'officier de police judiciaire.

4. — Lorsque le juge de paix statue en matière criminelle, son tribunal cesse d'être désigné sous la qualification de *justice de paix* et prend le nom de *tribunal de simple police*.

5. — Cet article est exclusivement consacré à l'exposition des règles qui régissent la justice de paix.

6. — Tout ce qui concerne l'organisation et la compétence des tribunaux de police et la manière de procéder devant eux, est traité sous le mot TRIBUNAUX DE SIMPLE POLICE.

CHAP. 1er. — *Historique* (n° 7).
CHAP. II. — *Organisation des justices de paix* (n° 70).
CHAP. III. — *Nomination, droits, prérogatives et devoirs des juges de paix et de leurs suppléans* (n° 119).
CAHP. IV. — *Attributions des juges de paix* (n° 196).
CHAP. V. — *Compétence judiciaire* (n° 206).
SECT. 1re. — *Nature de la compétence judiciaire des juges de paix; divers aspects sous lesquels elle peut être considérée* (n° 206).
SECT. 2e. — *Compétence d'attributions* (n° 230).
ART. 1er. — *Diverses catégories d'affaires attribuées aux juges de paix. — Effet de la réunion de plusieurs demandes* (n° 230).
ART. 2. — *Actions dont le juge de paix connaît en dernier ressort jusqu'à 100 francs et en premier ressort seulement, quand elles n'excèdent pas 200 francs. — Actions purement personnelles et mobilières* (n° 246).
ART. 3. — *Actions dont le juge de paix connaît en dernier ressort jusqu'à 100 francs et en premier ressort jusqu'à 1500 francs* (n° 309).
§ 1er. — *Contestations entre les hôteliers, aubergistes ou logeurs et les voyageurs ou locataires en garni pour dépenses d'hôtellerie, perte ou avarie d'effets* (n° 309).
§ 2. — *Contestations entre les voyageurs et les voituriers ou bateliers pour retard, frais de route et perte ou avaries d'effets accompagnant les voyageurs* (n° 318).
§ 3. — *Contestations entre les voyageurs et les carrossiers, ou autres ouvriers pour fournitures, salaires et réparations faites aux voitures de voyage* (n° 329).
§ 4. — *Actions en indemnité de la part du locataire ou fermier contre le propriétaire pour non jouissance, du fait du propriétaire* (n° 331).
§ 5. — *Actions des propriétaires contre les locataires ou fermiers pour dégradations et pertes* (n° 349).
ART. 4. — *Actions dont le juge de paix connaît en dernier ressort jusqu'à 100 francs et en premier ressort à quelque valeur que la demande s'élève* (n° 376).
§ 1er. — *Actions pour dommages aux champs, fruits et récoltes. — Elagage des arbres ou haies. — Curage des fossés ou canaux* (n° 376).
§ 2. — *Actions pour réparations locatives* (n° 416).
§ 3. — *Actions relatives au salaire des gens de travail, aux gages des domestiques et aux engagemens des maîtres et de leurs ouvriers ou apprentis* (n° 436).
§ 4. — *Actions relatives au paiement des nourrices* (n° 477).
§ 5. — *Actions civiles pour diffamation verbale et pour injures, pour excès et voies de fait* (n° 487).
§ 6. — *Actions en paiement de loyers ou fermages, congé, résiliation de baux, expulsion des lieux, en validité de saisies gageries relatives à des locations n'excédant pas 400 francs à Paris et 200 francs partout ailleurs* (n° 524).
ART. 5. — *Actions dont le juge paix connaît quelle qu'en soit la valeur, mais en premier ressort seulement* (n° 591).
§ 1er. — *Actions possessoires* (n° 591).
§ 2. — *Actions en bornage, plantation d'arbres ou de haies* (n° 592).
§ 3. — *Actions relatives aux constructions ou travaux pouvant nuire aux propriétés mitoyennes, contiguës* (n° 614).
ART. 6. — *Demandes dont le juge de paix ne connaît qu'à charge d'appel et pour lesquelles il n'est compétent qu'à la condition qu'elles n'excèdent pas 150 francs par an. — Pension alimentaire réclamée par des ascendans contre leurs descendans ou par des descendans contre leurs ascendans* (n° 633).
ART. 7. — *Contestations attribuées au juge de paix par des lois spéciales* (n° 647).
ART. 8. — *Demandes reconventionnelles ou en compensation* (n° 684).
SECT. 3e. — *Compétence territoriale* (n° 710).
SECT. 4e. — *Prorogation de juridiction* (n° 730).
CHAP. VI. — *Compétence extrajudiciaire* (n° 777).
CHAP. VII. — *Procédure* (n° 828).
ART. 1er. — *Avertissemens* (n° 828).
ART. 2. — *Citation* (n° 855).
ART. 3. — *Comparution des parties. — Instruction. — Police de l'audience. — Jugemens d'avant faire droit. — Péremption. — Récusation* (n° 896).
ART. 4. — *Jugemens* (n° 999).
§ 1er. — *Diverses espèces de jugemens. — Leurs formalités* (n° 999).
§ 2. — *Signification et exécution des jugemens* (n° 1036).
§ 3. — *Voies contre les jugemens* (n° 1041).

—

CHAPITRE 1er. — *Historique.*

7. — L'institution des juges de paix est d'origine moderne et toute française.

8. — En remontant au droit romain, on trouve bien les villes de l'empire divisées en deux classes, villes municipales, villes préfectorales, ces dernières élisant un officier appelé *defensor civitatis*, chargé de régir les biens communaux, de rédiger les actes de naissance et de décès, de maintenir la tranquillité publique, de punir les fautes légères, constater les délits et en poursuivre la répression devant les préfets, de juger en matière civile jusqu'à concurrence de 50 sous romains d'abord et ensuite, leur juridiction ayant été étendue, jusqu'à 300 sous, enfin de surveiller le recouvrement des impôts. — Henrion de Pansey, *Comp.*, chap. 1er, § 2; Augier, *Encyclop. des juges de paix*, t. 4, p. 27 et 28. — V. aussi nov. 15, *In præfat.*, *Cod.*, liv. 1, tit. 55, L. 4; § 5, Inst. *de attil. tut.*, *leg.* 30, *Cod. De epis. aud.*; *Cod.*, liv. 1, tit. 55, *De defens. civit.*, L. 10, ff., *De accusat. et inscript.*; L. 1, *Cod.*, *ibid.*, et nov. 15, cap. *in fine.* — Le sou d'or (*solidus aureus*) aurait valu, d'après un travail récent, 24 francs 88 c. de notre monnaie, ce qui donnait 1,000 francs dans le premier cas et 6,000 francs dans le second. — Balbi, *Abrégé de géographie* (1838), t. 2, p. 1206.

9. — Les fonctionnaires-magistrats, dont la création date de l'an 365, étaient élus, par les curiales et par tout le peuple de la cité, pour cinq années d'abord, puis plus tard pour deux. — Laferrière, *Revue de législ. et de jurisprud.*, t. 1er, p. 368; L. 4,

Cod. *De defens. civil.*, nov. 15, cap. 1, § 1. — Choisis parmi les plus nobles de la ville, ils ne pouvaient refuser cette charge. — L. 2, Cod., *De defens. civil.*, nov. 15, cap. 1. — L'appel de leurs jugemens était porté devant les juges supérieurs de la province.

10. — Par ses attributions, le défenseur de la cité se rapproche beaucoup, il est vrai, de nos juges de paix ; mais on ne le rencontrait pas dans toutes les villes de l'empire ni dans les campagnes. — V. au surplus L. 3, Cod., *De defens. civil.*.

11. — A Rome et dans les provinces, une autre institution non moins remarquable était celle des juges pédanés (*pedanei judices*). L'origine de ce nom a divisé les interprètes. Selon Corvinus (*Calvini lexicon*, v° *Pedanei*), ils étaient ainsi désignés parce que, comme assesseurs ordinaires du préteur, ils siégeaient au-dessous de lui. Denis Godefroy pense au contraire que c'était parce qu'ils jugeaient comme au pied-levé, sans s'asseoir (*corpus juris civ.*, t. 2, p. 121, *ad notam*).

12. — Quoi qu'il en soit, Justinien, dans une constitution de 593 (nov. 82), réorganisa cette magistrature. Ces juges siégeaient du matin au soir, et leur compétence ne comprenait que les causes les moins importantes (*negotia humiliora*), c'est-à-dire celles qui n'excédaient pas 300 sous d'or. Tantôt les causes leur étaient directement renvoyées par les tribunaux supérieurs, tantôt ils en étaient saisis directement.

13. — Les juges pédanés recevaient de chaque plaideur au début du procès deux sous d'or, et autant après le jugement, lorsque l'affaire excédait 100 sous d'or, car dans les autres affaires le gain du procès, dit Justinien, serait ruineux pour le pauvre : « *Pro maximâ parte victoria sic pauperem fraudat.* » En compensation, le préfet du prétoire leur versait annuellement 2 livres d'or.

14. — On pourrait encore, comme le dit Boncenne (t. 1er, p. 282), trouver quelque comparaison à faire entre la juridiction des centeniers chez les Francs et celle de nos juges de paix.

15. — On sait qu'au moyen âge, les comtés se divisaient en vicairies, les vicairies en centaines et les centaines en dizaines. A la tête de chaque centaine, le roi Clotaire plaça un des lieutenans du comté appelé *tungin*, ou *centenier* ou *centgraff*. C'était un juge militaire.

16. — Pendant la paix, il décidait seul des causes minimes ; son principal soin était la poursuite des brigands et des voleurs. La guerre déclarée, il marchait à l'ennemi avec le comte. — L. salique, t. 46, § 1er ; L. des Allemands, t. 36, § 8 ; L. des Lombards, liv. 2, t. 42, § 3 ; tit. 52, § 8 et 22 ; Ducange, *gloss.*, v° *Centenarius*.

17. — Comme nos juges de paix, il ne prononçait ni sur la liberté, ni sur la vie des individus, ni sur la propriété des choses immobilières et des serfs.

18. — Renouvelant un décret de Constantin, Louis le Débonnaire ordonna : « qu'en tout état de causes, il fût libre à l'une des parties de soumettre le différent au jugement de l'évêque arbitre forcé ; et que cette loi fut observée par *tous les sujets tant clers que laïcs*. — Laferrière, *Histoire du Droit français*, t. 1er, p. 221 et 253.

19. — Cette institution se maintint plusieurs siècles. Saint-Hilaire, évêque d'Arles, au Ve siècle, consacrait les premières heures du jour à rendre ainsi la justice. — Guizot, *Hist. civil. franc.*, 3e leçon ; *Revue de législ.* t. 9, p. 224.

20. — Une ordonnance de Philippe le Bel, datée de 1313, nous apprend encore qu'il y avait au Châtelet de Paris des auditeurs connaissant sommairement et sans appel des causes qui ne s'élevaient pas au dessus de 60 sols, mais il leur était interdit de connaître de causes *d'héritage*, *ni ce que touche état, ni condition de personne*. — Isambert, *Lois anciennes*, t. 3, p. 37.

21. — Cette juridiction fut étendue par la suite et améliorée par deux édits l'un de 1548, l'autre de 1572, et par une ordonnance de 1629, connue sous le nom de code Michaud. — Isambert, t. 12, p. 875 ; t. 14, p. 255 ; t. 16, p. 264.

22. — Cependant, elle n'existait plus en 1683, lorsque, le 6 juillet de cette année, Louis XIV la rétablit, en lui donnant une forme nouvelle. — Néron, Ord. royaux t. 2, p. 185.

23. — Des lettres patentes du 1er sept. 1785 élevèrent la compétence des auditeurs au Châtelet à 50 livres tournois. — Isambert, t. 28, p. 84.

24. — Deux ans après, Louis XIV décida qu'il n'y aurait plus qu'un seul auditeur, et les choses restèrent ainsi jusqu'à la révolution.

25. — La suppression du Châtelet prononcée par la loi du 7 sept. 1790, entraîna celle du *juge auditeur*. — V. au surplus AUDITEUR AU CHATELET.

26. — La province resta longtemps livrée aux abus de la justice féodale, et notamment *des basses justices*, de ces *justices sous l'orme* que Loyseau a si bien nommées *des mangeries de village, par ce que les frais y sont plus grands qu'aux amples justices des villes et que la justice y est longue, et de grand coust.* — V. *De l'Abus des justices de village*, p. 10.

27. — Deux édits, l'un du mois de mars 1749, l'autre du mois d'avril 1769, autorisèrent les officiers des bailliages d'Orléans et de Tours à juger en dernier ressort, au nombre de trois, dans une audience particulière et sans ministère de procureur, toutes les causes purement personnelles qui ne dérivaient pas des contrats passés sous scel royal, et qui n'excédaient pas la somme de 40 livres. — Henrion de Pansey, *Compétence*, p. 18 ; Guyot, *Rép.*, v° *Bailli*, 5e partie, p. 85.

28. — On ne pensa que plus tard à rendre à d'autres ressorts l'institution des auditeurs au Châtelet.

29. — Un autre édit de sept. 1769, enregistré le 4 du même mois, appliqua cette mesure à tous les bailliages et à toutes les sénéchaussées du royaume.

30. — En Angleterre il existe des juges de paix depuis le règne d'Edouard 1er. Mais ces magistrats n'ont de commun avec les nôtres que le nom que le législateur de 1790 a emprunté, dit M. Meyer, dans son traité des institutions judiciaires, *par égard pour la constitution anglaise*.

31. — Leur origine fut politique. Elle fut une conséquence des conquêtes du pouvoir royal sur les barons. Le souverain les choisit parmi les citoyens jouissant d'un revenu de 100 liv. sterling (2,500 fr.) net de charges, impôts déduits, et faisant partie d'une commission appelée *commission de la paix du roi*.

32. — Le juge de paix anglais prête trois sermens, parmi lesquels celui de rendre justice au pauvre comme au riche, et de n'être jamais le conseil de celui qu'il doit juger. Ses fonctions ne sont pas bornées à un seul canton ; elles s'étendent à tout le comté.

33. — Il est principalement chargé de maintenir la paix publique, ou, suivant l'expression anglaise, *la paix du roi*. A cet effet, il peut exiger d'un individu dont on a quelque violence à redouter, caution qu'il *gardera la paix*. Sous ce rapport, il ressemble beaucoup aux officiers de paix créés en France par la loi du 21 sept. 1791.

34. — Seul, il fait les premières instructions, prononce sur les affaires de police peu importantes, exige caution des individus, enfin il remplit certaines fonctions administratives.

35. — Réuni à un ou plusieurs de ses collègues, sa juridiction acquiert de l'importance. Il prononce en petite session (*private session*, au nombre de deux), à charge d'appel aux *general quarters sessions*, sur les différends des maîtres avec leurs apprentis, des maîtres avec leurs domestiques, des pauvres avec leurs administrateurs, des communes entre elles, relativement aux pauvres, sur les alimens dus aux enfans naturels, et sur quelques autres matières qui leur sont déférées pas des statuts particuliers.

36. — En session d'assises (les juges de paix du comté réunis), il connaît de l'appel des jugemens rendus dans les *private sessions*. Assisté du grand et du petit jury, il prononce sur toutes les affaires correctionnelles du comté, et même sur les affaires criminelles qui n'offrent pas une certaine gravité. — Meyer, t. 2, chap. 8, p. 112 ; Henrion de Pansey, p. 5 ; Carré, *Traité des lois des organisations judiciaires*, t. 6, p. 4 ; Augier, t. 4, p. 30 ; Coltu, *De l'administration de la justice en Angleterre*.

37. — Le nombre des juges de paix d'Outre-Manche est illimité. Les statuts exigent qu'ils jouissent de la meilleure réputation, et possèdent un revenu de 100 liv. sterl. (2,500 f.) net d'impôts ; mais les juges des corporations, les fils aînés des pairs, ou de ceux qui ont les qualités requises pour être chefs du comté, les officiers de la table du tapis vert, les principaux officiers de marine, les sous-secrétaires d'état, les chefs des colléges, les maires de Cambridge et d'Oxford, peuvent tous, par état, agir comme juges de paix, sans justifier d'aucune condition. — Blackstone, *Commentaire sur les lois anglaises*, trad. par Chompré, t. 2, p. 27.

38. — En 1790, lorsque l'assemblée constituante décréta la réorganisation de l'ordre judiciaire, tous les bons esprits étaient d'accord sur la nécessité de prévenir des procès ruineux, sources toujours vives de division et de procès nouveaux.

39. — De là, l'idée d'établir des juges *rapprochés des parties*, vivant au milieu d'elles, comme elles, instruits de leurs habitudes, de leurs mœurs, de leurs besoins et de leurs intérêts ; tantôt conseils, tantôt juges, conciliateurs toujours, et libres ou à peu près des entraves des formes judiciaires.

40. — « Représentez-vous, disait un des orateurs de l'assemblée constituante, un magistrat qui ne pense, qui n'existe que pour ses concitoyens ; les mineurs, les absens, les interdits sont l'objet de ses sollicitudes. C'est un père au milieu de ses enfans : il dit un mot et les injustices se réparent, les divisions s'éteignent, les plaintes cessent ; ses soins constans assurent le bonheur de tous : voilà le juge de paix. »

41. — La loi des 16-24 août 1790, tit. 3, art. 1er, à laquelle il n'a pas été dérogé sur ce point, porte qu'il y aurait un juge de paix dans chaque canton, et des prud'hommes assesseurs du juge de paix.

42. — Voici les dispositions principales de cette loi. Le juge de paix ne pouvait être choisi que parmi les citoyens éligibles aux administrations de département et de district, et âgés de trente ans accomplis, sans autres conditions d'éligibilité. — Art. 3.

43. — Il était élu, au scrutin individuel et à la pluralité des suffrages, par les citoyens actifs réunis en assemblées primaires. — Art. 4.

44. — Les mêmes électeurs choisissaient également, parmi les citoyens actifs de chaque municipalité, au scrutin de liste, et à la pluralité relative, quatre notables destinés à faire les fonctions d'assesseurs.

45. — Le juge de paix et ses assesseurs n'étaient institués que pour deux ans, mais ils pouvaient être continués par réélection. — Art. 7.

46. — Aux termes de l'art 9 de la même loi, le juge de paix, assisté de deux assesseurs, connaissait avec eux de toutes les causes purement personnelles et mobilières, sans appel jusqu'à la valeur de 50 liv., et à charge d'appel jusqu'à la valeur de 100 liv.

47. — Il connaissait sans appel jusqu'à la valeur de 50 liv., et à charge d'appel à quelque valeur que la demande pût monter : 1° des actions pour dommages faits, soit par les hommes, soit par les animaux, aux champs, fruits et récoltes ; 2° des déplacemens de bornes, des usurpations de terres, arbres, haies, fossés et autres clôtures, commis dans l'année ; des entreprises sur les cours d'eaux servant à l'arrosement des prés, commis pareillement dans l'année, et de toutes autres actions possessoires ; 3° des réparations locatives des maisons et fermes ; 4° des indemnités prétendues par le fermier ou locataire pour non jouissance, lorsque le droit à l'indemnité n'était pas contesté, et des dégradations alléguées par le propriétaire ; 5° du paiement des salaires des gens de travail, des gages des domestiques et de l'exécution des engagemens respectifs des maîtres et de leurs domestiques, ou gens de travail ; 6° des actions pour injures verbales, rixes et voies de fait, pour lesquelles les parties ne s'étaient pas pourvues par la voie criminelle.

48. — L'art. 11 portait encore : « Lorsqu'il y aura lieu à l'apposition des scellés, elle sera faite par le juge de paix, qui procédera aussi à leur reconnaissance et levée, mais sans qu'il puisse connaître des contestations qui pourront s'élever à l'occasion de cette reconnaissance. Il recevra les délibérations de famille pour les nominations des tuteurs, des curateurs aux absens et aux enfans à naître, et pour l'émancipation et la curatelle des mineurs, et toutes celles auxquelles la personne, l'état ou les affaires des mineurs et des absens pourront donner lieu, pendant la tutelle ou curatelle, à charge de renvoyer devant les juges de district la connaissance de tout ce qui deviendra contentieux, dans le cours ou par suite des délibérations ci-dessus. Il pourra recevoir, dans tous les cas, le serment des tuteurs et des curateurs. »

49. — D'après l'art. 1er, tit. X, dans toutes les matières qui excédaient sa compétence, le juge de paix avec ses assesseurs formait un tribunal de paix et de conciliation.

50. — Si les parties étaient domiciliées dans les ressorts de différens juges de paix, l'essai de conciliation avait lieu dans un autre bureau, composé en chaque ville où il y avait un tribunal de district de six membres choisis par le conseil général de la commune. — Art. 4 et 5.

51. — Aucune demande principale n'était reçue devant le tribunal de district, si le demandeur ne justifiait que la partie adverse avait été inutilement appelée en conciliation. — Art. 2 et 5.

52. — L'appel même des jugemens des tribunaux de district était soumis au préliminaire de conciliation. — Art. 7.

53. — Telle fut la première organisation des justices de paix en France. Les bases municipales sur lesquelles elle reposait ont été conservées jusqu'à nos jours et subsistent encore. Toutefois, certains changemens successifs ont été apportés à cette admirable institution.

54. — Ainsi, la loi du 16 sept. 1792 réduisit d'abord l'âge d'éligibilité du juge de paix à vingt-

cinq ans; mais l'art. 209, constit. an III, le rétablit à trente ans.

55. — Les bureaux de paix créés dans les chefs-lieux de district furent supprimés par les art. 3 et 10, L. 26 vent. an IV. Le demandeur eut la faculté de citer en conciliation ses adversaires devant le juge de paix du domicile de l'un d'eux. Enfin, le préliminaire de conciliation ne fut plus exigé en appel.

56. — La loi du 9 vent. an IX (20 mars 1801) remplaça les assesseurs par des suppléans, appelés à siéger en cas de *maladie*, *absence* ou autre *empêchement légitime* du juge de paix. Désormais, le juge de paix remplit seul ses fonctions.

57. — Enfin, élus d'abord pour deux ans par les justiciables, puis pour dix ans par le chef du gouvernement, sur la présentation de deux candidats par les assemblées de canton, les juges de paix sont nommés aujourd'hui par le roi. — Art. 61 de la charte.

58. — En dernier lieu, la loi du 25 mai 1838 a étendu leur compétence en matière civile.

59. — En matière criminelle, leurs fonctions étaient nulles primitivement.

60. — Les contraventions de simple police étaient déférées, par la loi des 16-24 août 1790, aux corps municipaux.

61. — Ce fut le Code du 3 brum. an IV qui établit, dans l'arrondissement de chaque administration municipale, un tribunal de police, composé du juge de paix et de ses deux assesseurs (art. 151). Par suite de la suppression des assesseurs, le tribunal de police ne se compose plus que du juge de paix.

62. — Aujourd'hui il y a un tribunal de simple police par chaque canton. Il est le même que celui de la justice de paix en matière civile. — V. TRIBUNAUX DE SIMPLE POLICE.

63. — En dernier lieu, le juge de paix est officier de police judiciaire (art. 9, inst. crim.), c'est-à-dire qu'il est chargé de la recherche des crimes, des délits et des contraventions. — Art. 8.

64. — Contrairement au principe proclamé par la loi organique, que la justice serait rendue gratuitement, un décret du 3 nov. 1790 décida qu'à Paris, « chacun des juges de paix aurait, outre un traitement fixe, le produit du tarif modéré qui serait fait pour ses vacations à l'apposition, à la reconnaissance et à la levée des scellés. — Art. 1er.

65. — Un second décret du 6 mars 1791 étendit cette règle à tous les juges de paix. — Art. 8.

66. — Les vacations furent ensuite déterminées par le tarif du 16 fév. 1807.

67. — Ce système de rémunération contre lequel s'élevaient de toutes parts des réclamations fondées, a été proscrit par la loi du 21 juin 1845, qui a fixé avec l'ordonnnance du 2 nov. 1846, rendue par suite de la loi des finances du 3 juill. 1846, leurs traitemens, suivant les localités, ne leur réservant que des allocations pour indemnité de transport.

68. — Un nombre considérable de juges de paix avait été établi par la loi des 16-24 août 1790. Celle du 8 pluv. an IX les réduisit à 3000 au moins et 3600 au plus, en fixant la population moyenne d'un arrondissement de juge de paix à 10000 âmes au moins et 15000 âmes au plus, et son étendue territoriale moyenne à 250 kilomètres carrés, sans qu'elle pût être au dessous de 125, ni au dessus de 375.

69. — Aujourd'hui, leur nombre est de 2,847. Des arrêtés particuliers ont fixé dans chaque département le nombre des justices de paix, le chef-lieu du canton, et les communes en dépendant. — V. à cet égard *collect. des lois* par Duvergier (table), v° *Juge de paix*.

CHAPITRE II. — *Organisation des justices de paix.*

70. — Il existe une justice de paix par canton. — L. 24 août 1790, tit. 3, art. 1er.

71. — Il n'y a qu'un seul juge par justice de paix. — *Ibid.*

72. — Chaque juge de paix a deux suppléans, un premier et un second. — L. 24 août 1790, tit. 3, art. 3.

73. — Pour tout ce qui est relatif à la nomination, aux conditions d'aptitude, aux devoirs et aux prérogatives des juges de paix et de leurs suppléans, V. *infrà*, nos 119 et suiv.

74. — Le juge de paix ou le suppléant qui donne sa démission doit continuer à exercer ses fonctions jusqu'à ce qu'il soit remplacé. — Décr. 8 niv. an XI, art. 4.

75. — Un greffier est attaché à chaque justice de paix. — V. GREFFIER DE JUSTICE DE PAIX.

76. — En thèse générale, le juge n'agit valablement qu'assisté de son greffier. — V GREFFIER et GREFFIER DE JUSTICE DE PAIX. — *Cass.*, 25 fév. 1819, hospices de Pouilly; 13 avr. 1837 (t. 1er 1838, p. 327), Nicolle. — Legraverend, t. 2, p. 326. — *Contrà Cass.*, 9 brum. an VI (int. de la loi).

77. — Autrefois, c'était le juge de paix qui nommait le greffier (art. 4, D. 6 mars 1791). Maintenant, la nomination en appartient au roi. — V. GREFFIER DE JUSTICE DE PAIX.

78. — En cas d'urgence seulement, c'est-à-dire quand le greffier, et son commis assermenté, s'il en a un, se trouvent empêchés, comme il est impossible que le cours de la justice soit arrêté, le juge de paix a le droit de commettre un citoyen pour les remplacer provisoirement sans serment préalablement prêté. — V. *ibid.*

79. — Parmi les huissiers d'un même arrondissement, les uns sont attachés à un canton, les autres à un autre. — V. HUISSIER.

80. — Tous les huissiers d'un même canton sont tenus de faire le service des audiences, et d'assister le juge de paix, toutes les fois qu'ils en sont requis. Par conséquent, il n'y a pas, en justice de paix, d'huissier audiencier en titre. — L. 25 mai 1838, art. 16.

81. — Toutefois, le juge de paix a le droit de choisir parmi les huissiers du canton un ou deux audienciers, pour le temps qu'il lui convient. — *Ibid* et L. 28 flor. an X, art. 5 et 6; décr. 14 juin 1813.

82. — Le droit de révocation lui appartient, sans qu'aucune loi l'oblige à rendre compte de ses motifs. — Circul. min. de la just. 14 prair. an V.

83. — L'huissier n'est pas tenu à une prestation de serment en entrant en fonctions d'audiencier.

84. — Dans les causes portées devant la justice de paix, aucun huissier ne peut ni assister une partie comme conseil, ni la représenter comme procureur fondé. — Art. 18, *ibid.* — V. HUISSIER.

— ... A peine d'une amende de 50 francs, que le juge de paix prononce sans appel (*ibid*).

85. — Un clerc d'huissier lui-même doit être repoussé, parce que ce serait un moyen d'éluder la loi. — V. HUISSIER.

86. — Cette prohibition n'est applicable qu'aux instances civiles et non en simple police. — V. JUGEMENS CRIMINELS.

87. — Même, en matière civile, un huissier se présenterait valablement pour lui-même ou pour sa femme, ses parens ou alliés, en ligne directe, et son pupille. — *Ibid.* et art. 86 C. procéd. civ.

88. — L'art. 19 de la loi de 1838 autorise le juge, en cas d'infraction à l'art. 16, à interdire aux contrevenans de citer devant lui, pendant un délai de quinze jours à trois mois, sans appel, et sans préjudice de l'action disciplinaire des tribunaux et des dommages et intérêts des parties.

89. — En cas d'empêchement des huissiers du canton, ils sont valablement remplacés, aux termes de l'art. 28 du décret du 14 juin 1813, par les huissiers du canton voisin.

90. — Dans le cas exceptionnel où il n'y aurait pas d'huissier résidant dans le canton d'une justice de paix, l'art. 7, L. 28 flor. an X, donnerait au juge de paix le droit d'en nommer un ou plusieurs provisoires, lesquels néanmoins n'entreraient en fonctions qu'après que le tribunal de première instance, s'étant fait rendre compte de leurs mœurs et de leur capacité, aurait confirmé leur nomination. Ces huissiers doivent prêter serment comme les autres. — Carou, t. 1er, p. 13, nos 24 et 26. — V. HUISSIER AUDIENCIER.

91. — Jugé, avant la loi nouvelle, que lorsque, dans une matière de la compétence du juge de paix, l'huissier de la justice de paix du domicile de la partie qui devait être assignée était empêché, c'était au juge de paix du domicile de cette partie et non au juge de paix qui doit connaître de l'action qu'il appartenait de commettre un autre huissier. — *Bruxelles*, 9 juill. 1831, Erasme c. Delimot.

92. — La justice de paix n'a pas de vacances. — V. VACANCES.

93. — Il doit y avoir au moins deux audiences par semaine. — C. procéd. civ., art. 8.

94. — Elles sont indifféremment tenues tous les jours de la semaine. — *Ibid.*

95. — ... Même ceux de dimanches et fêtes, le matin et l'après-midi, mais non pendant l'heure du service divin. — V. JOURS FÉRIÉS, n° 54.

96. — L'audience ne peut être tenue qu'au chef-lieu. — L. 29 vent. an IX; Circ. min., 30 août 1844 et 23 avr. 1822. — Carré et Chauveau, *Proc. civ.*, n° 37.

97. — L'audience est essentiellement publique; cependant le huis-clos peut être ordonné si les débats doivent être scandaleux, mais à la charge par le juge de paix d'en donner avis et d'en rendre compte au procureur du roi. — C. proc. civ., art. 87. — Carré, quest. 41 *bis*.

98. — Hors le cas prévu par l'art. 87, C. proc., le jugement rendu à huis-clos doit être déclaré nul, car il y aurait violation, non d'une formalité de procédure, mais d'un principe constitutionnel, et excès de pouvoir. — Carré, quest. 41 *ter*.

99. — Au surplus, l'audience peut être tenue chez le juge de paix, pourvu que les portes soient ouvertes. — C. proc. civ., art. 8. — Quant à la mention de la publicité, V. *infrà* n° 1012 et v° JUGEMENT.

100. — Jugé que le juge de paix procède valablement chez lui à une enquête, lors même qu'il tient ordinairement ses séances dans un autre lieu. — *Paris*, 16 pluv. an XI, Goutlard c. Leriche.

101. — L'audience est encore valablement tenue sur les lieux contentieux, aux termes de l'art. 42, C. proc. civ. — V. DESCENTE DE LIEUX.

102. — Le juge de paix juge seul, sans être assisté de ses suppléans, comme autrefois il l'était de ses assesseurs.

103. — Seulement, en cas d'absence, maladie ou empêchement, il est remplacé par le premier suppléant, ou par le second, à défaut du premier. — L. 29 vent. an IX, art. 4.

104. — De même, lorsque la place de juge de paix vient à vaquer, par retraite du titulaire, c'est d'abord le premier suppléant qui est appelé à occuper le siége.

105. — Il y a toujours présomption que l'empêchement du juge est légitime, sauf la preuve contraire. En conséquence, les actes faits par un suppléant sont valables, quoique n'indiquant pas la cause légale de l'empêchement. — *Metz*, 1er déc. 1817, Genou; *Cass.*, 6 avr. 1819, Lefèvre c. Moulier-Duparc; *Bourges*, 17 juill. 1823, Forels c. Sartin.

106. — Les suppléans remplacent le juge de paix dans toutes les causes, notamment dans celles de simple police. — *Cass.*, 17 juill. 1809, Bootz.

107. — ... Et cela, même dans les communes où il y a plusieurs juges de paix. — *Cass.*, 2 frim. an XIV, Hemard c. Picard.

108. — C'est une question de savoir si les suppléans ont qualité pour remplacer le juge de paix auquel a été donné une commission rogatoire, mais il nous semble que la délégation est bien moins adressée à la personne du juge qu'au tribunal même, ce qui implique la compétence des suppléans. — Conf. *Poitiers*, 10 juin 1831, Cuisinier c. de Nexon. — V. ENQUÊTE, nos 133, 162 et suiv.; COMMISSION ROGATOIRE, nos 44, 71, 94 et suiv.

109. — Les suppléans peuvent recevoir les affirmations des procès-verbaux des gardes champêtres et forestiers pour les délits commis dans le territoire de la commune où ils résident, lorsqu'elle n'est pas celle de la résidence du juge de paix. — L. 28 flor. an X, art. 11.

110. — Jugé même qu'ils ont ce pouvoir dans la commune habitée par le juge de paix, si celui-ci est empêché. — *Cass.*, 25 oct. 1824, Forels c. Bastien; — *Contrà* Mangin, *Tr. des procès-verbaux*, p. 226, n° 111. — V. au surplus v° PROCÈS VERBAL.

111. — En rendant un jugement préparatoire ou interlocutoire le suppléant a consommé son ministère. Le juge de paix peut donc et même doit reprendre les erremens de l'affaire, et rendre le jugement définitif. — *Cass.*, 19 nov. 1813, Valentin c. Fourcaud Pavant.

112. — Si le juge de paix et ses suppléans sont empêchés, le tribunal de l'arrondissement renvoie les parties devant le juge de paix le plus voisin dans l'arrondissement. — L. 16 vendem. an XII, art. 1er.

113. — ... Et non devant celui d'un autre canton, même plus proche, situé hors de cet arrondissement. — *Bourges*, 19 mars 1806, (Règlement de juges).

114. — Ce renvoi est ordonné à la demande spéciale de la partie la plus diligente, sur simple requête, et après les conclusions du ministère public, parties présentes ou dûment appelées. — L. 16 vent. an XII, art. 2. — ... Et non d'office.

115. — La délégation est nulle si elle est faite par voie de disposition générale et réglementaire.

116. — Ainsi, il y a excès de pouvoir dans le fait de déléguer un juge pendant un temps déterminé, et pour toutes les affaires nées ou à naître. Chaque affaire donne lieu à un renvoi particulier. — *Cass.*, 1er oct. 1830 (int. de la loi); 25 mai 1831 (règlement de juges).

117. — Ce sont les communes chefs-lieux de cantons qui pourvoient aux frais de loyer ou de réparation du local des justices de paix, ainsi qu'à ceux d'achat et d'entretien de son mobilier. — L. 18 juill. 1837, art. 30, n° 10.

118. — Quant aux frais de chauffage, d'éclairage, et au salaire de l'homme de service chargé de l'entretien du prétoire, il fut question dans la loi de 1837 de les mettre à la charge des communes. Mais la loi du 10 mai 1838, sur les attributions

JUSTICE DE PAIX, ch. 3.
JUSTICE DE PAIX, ch. 3.

des conseils généraux (art. 12, n° 8) a mis à la charge des départemens les *menues dépenses* des justices de paix, ce qui comprend nécessairement les dépenses dont il vient d'être question, et celles d'impressions, fournitures de papier, plumes, encre.

CHAPITRE III. — *Nomination, droits, prérogatives et devoirs des juges de paix et de leurs suppléans.*

119. — *Nomination.* — Les juges de paix sont nommés par le roi. — Art. 52 de la charte.

120. — *Conditions d'admission.* — Les conditions exigées pour pouvoir être nommé sont : 1° l'âge de trente ans. — Const. 5 fruct. an III, art. 209.

121. — Aucune dispense d'âge ne peut être accordée. — Carré, *Lois de l'org. jud.*, t. 1er, p. 113; Carou, *Jurid. des Juges de paix*, t. 1er, p. 7, note 1re. — V. *contrà* Augier, *Encyclop. des juges de paix*, p. 38. — En Algérie, les juges de paix peuvent être nommés à vingt-cinq ans, mais ils doivent être licenciés en droit. — Ord. 26 sept.-8 oct. 1842, art. 23.

122. — ... 2° La qualité de citoyen français. — L. 16-24 août 1790, t. 3, art. 3.

123. — Ces magistrats sont amovibles, bien que nommés à vie. — Art. 52, Charte constitutionnelle.

124. — Les suppléans des juges de paix sont également nommés par le roi, amovibles, et soumis aux mêmes conditions d'aptitude.

125. — *Incompatibilités.* — Les fonctions de juge de paix sont incompatibles avec celles : 1° de maire ou adjoint, de préfet, de sous-préfet, de conseiller de préfecture. — L. 6-27 mars 1791, art. 1er; 24 vendém. an III, art. 1er; décr. 16 juin 1808; 21 mars 1831, art. 6.

126. — ... 2° De juge de première instance et de commerce, de conseiller à la cour royale ou à la cour de Cassation et du ministère public. — L. précitée de 1791 et de l'an III.

127. — ... 3° De greffier, d'avoué, et d'huissier. — *Ibid.*

128. — ... 4° De membre des administrations forestières, de receveur de l'enregistrement, d'employé des douanes, postes et messageries, de comptable public. — L. 24 vendém. an III, art. 2.

129. — ... 5° D'ecclésiastique. — L. 11 sept. 1790, art. 1er. — V. cependant Levasseur, *Manuel des justices de paix*, p. 41.

130. — ... 6° De notaire. — L. 24 vendém. an III, art. 2; 25 vent. XI, art. 7.

131. — ... 7° D'avocat. — Ord. 20 nov. 1822, art. 42.

132. — Il est, en outre, convenable que les juges de paix s'abstiennent de tout ce qui est défendu aux avocats, par exemple, de tout emploi à gages, agence d'affaires, ou négoce quelconque. — Arg. ord. 20 nov. 1822.

133. — Il a été jugé qu'un juge de paix ne peut comprendre dans la formation de son cens électoral le montant d'une patente qui lui a été délivrée comme négociant. — *Cass.*, 22 fév. 1843 (t. 1er 1843, p. 632), Barrot c. Simon. — Cet arrêt ne préjuge en rien, remarquons-le, la question de savoir si les juges de paix peuvent ou non se livrer au négoce. Dans l'espèce actuelle, le seul point à examiner était de savoir si le citoyen porté sur les listes payait ou non le cens électoral.

134. — Sous peine de révocation, celui qui vient d'être nommé à un siége de justice de paix, est obligé, dans les dix jours de la notification de sa nomination, de renoncer à ses emplois ou fonctions, s'ils sont incompatibles avec ses nouvelles attributions. — L. 24 vent. an III, tit. 4, art. 3.

135. — Toutefois, cette disposition n'est pas suivie à la rigueur. La prise de possession des fonctions judiciaires est réputée emporter démission de l'emploi. — Carré, *Organ. jud.*, art. 22.

136. — Il n'y a pas incompatibilité entre les fonctions du juge de paix et celles de membre des conseils municipaux, des conseils d'arrondissement et des conseils généraux de département. — L. 21 mars 1831, art. 11, 15 et 16.

137. — Le juge de paix fait partie, de droit, des assemblées des électeurs communaux. — L. 21 mars 1831, art. 11.

138. — Quant aux suppléans, ils ne sont pas soumis aux mêmes incapacités que le juge de paix, leurs fonctions n'étant pas habituelles ni rétribuées.

139. — Il n'y a donc pas incompatibilité entre leurs fonctions et celles des notaires. — Lettre min. 22 janv. 1827.

140. — ... D'avocats, avoués, instituteurs même salariés, de maire ou adjoints. — L. 21 mars 1831, art. 7.

141. — Toutefois, ils ne peuvent être ni huissier, ni greffier près du tribunal auquel ils sont attachés, ni même percepteur des contributions. — L. 27 mars 1791, art. 8.

142. — Dans quelques arrondissemens, il est interdit aux notaires par leurs chambres, de solliciter la suppléance. Cette prohibition a un but louable, celui d'empêcher le détournement de la clientèle des confrères.

143. — Il faut encore admettre qu'il y a incompatibilité entre les fonctions de suppléant de juge de paix et celles de juge suppléant d'un tribunal de première instance. Il est en effet de principe qu'un même individu ne saurait appartenir à deux juridictions de degrés différens.

144. — Il a cependant été jugé que c'est seulement lorsque les suppléans sont appelés aux fonctions de juges que la loi les oblige à opter. — *Cass.*, 2 frim. an XIV, Hemard c. Picard.

145. — Mais cette solution est condamnée, en fait, par un usage contraire.

146. — Les juges de paix et leurs suppléans ne font pas partie de la garde nationale. — L. 22 mars 1831, art. 11 et 23.

147. — On a même annulé des jugemens d'un conseil de discipline où siégeait un suppléant de juge de paix comme président ou comme rapporteur. — V. GARDE NATIONALE.

148. — Mais le jury de révision de la garde nationale est présidé par le juge de paix du canton. C'est ce dernier qui tire au sort les jurés en audience publique. — L. 27 juin 1833, art. 10.

149. — La disposition de l'art. 1597, qui interdit aux magistrats d'acquérir des droits litigieux, s'applique aux juges de paix comme aux juges des autres tribunaux. Cela est incontestable. « Lors de la promulgation du Code, dit M. Duvergier (*Vente*, t. 1er, conf. Toullier, t. 16, n° 196), tous les magistrats portaient le titre de *juges* : aujourd'hui même, cette expression peut s'employer pour désigner en général les fonctionnaires de l'ordre judiciaire ; ainsi, nul doute que les conseillers de cours, comme les juges de première instance et de commerce, et les juges de paix, ne soient compris dans la disposition de l'art. 1597. » — V. conf. *Lyon*, 10 juill. 1839 (t. 2 1846, p. 126), Berthet c. Pouzols. — Nous pensons qu'il en doit être de même à l'égard des suppléans.

150. — Avant d'entrer en fonctions, le juge et ses suppléans prêtent serment à l'une des audiences du tribunal de première instance de leur arrondissement, à peine d'une amende de 16 fr. à 150 fr. (C. pén., art. 196) et de la nullité de leurs actes et jugemens. — L. 28 vent. an IX, art. 8; décr. 24 messidor an XII, art. 2; L. 31 août 1830, art. 1er.

151. — Le tribunal, en donnant acte du serment, ordonne la transcription de l'ordonnance royale de nomination sur le registre du greffe à ce destiné, pour qu'on y ait recours au besoin.

152. — Un extrait de la minute constatant la prestation du serment, est remise sans frais au magistrat, et lui tient lieu de provision. — Carré, *Organis. judic.*, art. 32.

153. — L'installation du juge de paix a lieu par la lecture de l'extrait ci-dessus, faite par le greffier à une audience tenue par un suppléant. Le greffier donne procès-verbal de l'installation.

154. — Quand il s'agit de l'installation du suppléant, c'est le juge de paix qui tient l'audience.

155. — Le juge de paix et ses suppléans sont tenus de résider dans l'une des communes du canton. — L. 2 sept. 1790, art. 3; 28 flor. an X, art. 8.

156. — ... Mais non pas dans le chef-lieu du canton. — *Ibid.*

157. — En conséquence, tout juge de paix ou suppléant qui, après sa nomination, ne réside pas dans le canton, doit être mis en demeure par le procureur du roi de l'arrondissement d'y fixer son domicile dans le mois de l'avertissement. — L. 28 flor. an X, art. 8. — Passé ce délai, la non-résidence est dénoncée au procureur général, et le juge peut être remplacé comme démissionnaire.

158. — *Absence.* — L'absence non autorisée équivaut encore à démission. — Art. 9, *ibid.*

159. — Quand l'absence ne doit durer qu'un mois, c'est le procureur du roi de l'arrondissement qui est chargé de délivrer le congé. Au delà de ce temps, c'est le ministre de la justice. Pour obtenir congé, il faut justifier d'un certificat du premier ou du second suppléant constatant que le service public ne souffrira pas de l'absence. Et *vice versâ*, pour les suppléans. — L. 28 flor. an X, art. 9 et 10, et 20 avr. 1810, art. 48.

160. — *Costume.* — Le costume des juges de paix et de leurs suppléans est le même que celui des juges des tribunaux de première instance. — Arr. 2 niv. an XI, art. 7. — En Algérie, les juges de paix portent également ce costume. — Ord. 6 sept.-8 oct. 1842, art. 25. — V. JUGE.

161. — Il est de rigueur toutes les fois que le juge de paix ou ses suppléans sont dans l'exercice de leurs fonctions, et particulièrement, lorsqu'ils tiennent l'audience. — Arr. 2 niv. an. XI, art. 1er et 7; circ. min. 7 juin 1826.

162. — *Traitement.* — Dans l'origine, le traitement des juges de paix était, dans les cantons et dans les villes au-dessous de 20,000 ames, de 600 livres. — Dans les villes de 20,000 ames jusqu'à 60,000, de 900 livres. — Dans les villes au-dessus de 60,000 ames de 1200 livres. — Art. 1er, décr. 2 sept. 1790.

163. — Nous avons dit (*suprà* n°s 67) que les vacations allouées aux juges de paix, en sus de leur traitement, avaient été supprimées par la loi du 21 juin 1845.

164. — Dans les villes où siégent les tribunaux de première instance, le traitement actuel des juges de paix est le même que celui des juges de ces tribunaux. — A Paris, il leur est en outre alloué une somme de 1500 fr., à titre d'indemnité, pour un sécretaire. — Art. 2, L. 21 juin 1845; L. des fin., 3 juill. 1846; ord. 2 nov. 1846.

165. — Le traitement des juges de paix de Paris est donc de 7,000 fr.; celui des juges de paix de Bordeaux, Lyon, Marseille et Rouen de 4,000 fr.; celui des juges de paix de Lille, Nantes et Toulouse de 3,000 fr.; celui des juges de paix d'Amiens, Angers, Caen, Montpellier, Nancy, Nîmes, Orléans, Reims, Rennes, Strasbourg et Versailles de 2,500 fr.; enfin, de 2,100 fr. dans les villes où siégent les tribunaux de cinquième classe; et de 1,800 fr. dans les villes où siégent les tribunaux de sixième classe.

166. — Dans les cantons de Sceaux et de Saint-Denis (banlieue de Paris) le traitement est de 3,600 fr. — L. 21 juin 1845, art. 2; ord. 2 nov. 1846, art. 8.

167. — Dans les villes de 20,000 ames et au-dessus, et à Mézières, chef-lieu de département, il est de 2,100 fr. (*ibid.*)

168. — Dans les chefs-lieux d'arrondissement, où ne siége pas de tribunal de première instance, et dans les villes ou communes de 3,000 ames ou au-dessus, il est de 1800 fr. (*ibid.*)

169. — Dans les autres communes du royaume, il est de 1440 fr. (*ibid.*)

170. — Une indemnité de transport est due au juge, quand il se déplace à plus de cinq kilomètres du chef-lieu de canton (art. 1er, 21 juin 1845). Elle est de 5 fr., en cas de transport à plus de cinq kilomètres du chef-lieu du canton; de 6 fr., en cas de transport à plus d'un myriamètre.

171. — Si les opérations durent plus d'un jour, l'indemnité est fixée, suivant la distance, à 5 ou 6 fr. par jour. — Ord. 6 déc. 1845.

172. — L'action en paiement de cette indemnité est de la compétence du tribunal civil. Mais il est plus convenable, dit M. Carou (n°s 99 et 100), et tel est l'usage, que le greffier rembourse le juge de paix, et exerce ensuite son recours contre la partie. — V. conf. Bioche, v° *Juge de paix*, n° 33.

173. — Le traitement des juges démissionnaires ou admis à la retraite, court jusqu'au jour de l'installation de leur successeur, s'ils continuent leurs fonctions jusqu'à ce moment, ou s'ils ne cessent de les remplir que pour cause d'infirmités graves. — Décr. 30 janv. 1811, art. 28.

174. — Dans le cas contraire, ou lorsqu'une place est vacante par la mort du titulaire, la partie du traitement qui doit être distribuée en droit d'assistance, est payée au suppléant qui remplit la place par intérim, comme elle l'aurait été au titulaire. Le surplus reste au trésor public, comme fonds de vacance de place. — *Ibid.*, art. 28.

175. — Il en est de même dans le cas où le juge a encouru la peine de la privation de son traitement. — Art. 28, 29 et 30.

176. — Aucun traitement n'est alloué au suppléant.

177. — D'après l'art. 11, L. 6-7 mars 1791, le juge qui était plus de huit jours consécutifs sans remplir ses fonctions, devait remettre à l'assesseur qui l'avait remplacé la portion correspondante de son traitement, mais aujourd'hui le juge, absent en vertu d'un congé, n'en touche pas moins son traitement, sans même que le suppléant ait droit à une indemnité. — Instr. min. 16 nov. 1822, art. 10.

178. — Ce n'est que dans le cas où l'absence n'est pas autorisée, que la moitié de la part proportionnelle du traitement appartient au suppléant. — L. 20 avr. 1810, art. 48.

179. — Hors cette circonstance, le suppléant ne reçoit aucune somme comme rémunération de ses services. Seulement, l'indemnité de transport lui est due comme au juge de paix, et dans les mêmes circonstances.

180. — *Pension.* — Les juges de paix ont droit à une pension de retraite après trente ans de services effectifs, dont au moins dix ans dans l'ordre

judiciaire. — Ord. 23 sept. 1824. — V. PENSIONS CIVILES ET MILITAIRES.

181. — Aussi est-il fait sur leur traitement une retenue annuelle de 5 0/0. — La retenue du premier mois de leur traitement, lors de leur nomination, et celle opérée pendant le premier mois de toutes les augmentations de traitement obtenues, soit dans les mêmes fonctions, soit par suite de promotion à une place supérieure, leur sont encore imposées pour la caisse de retraite. — Ord. 21 fév. 1832, art. 1er.

182. — *Prérogatives.* — Dans les cérémonies publiques, les juges de paix se rendent chez la personne qui doit occuper le premier rang et marchent après les membres des tribunaux de première instance, le corps municipal, les officiers d'état-major de la place et les chambres du tribunal de commerce, et avant les commissaires de police. Ils n'ont pas droit à une escorte. — Décr. 24 messid. an XI, art. 7.

183. — Le juge de paix ou ses suppléans à son défaut (à charge par eux d'énoncer qu'ils remplacent le juge de paix), jouissent de la franchise des lettres pour les besoins du service avec le ministre de la justice, le procureur général, le procureur du roi et les juges d'instruction. — Ord. 17 mai 1841, 14 déc. 1825, art. 9.

184. — La correspondance ne peut avoir lieu que sous bandes, n'excédant pas le tiers de la surface des lettres ou paquets, et portant sur l'adresse la signature du magistrat, écrite de sa main au-dessous de la désignation de ses fonctions. — Art. 25, *ibid.*

185. — Lorsque c'est un suppléant qui correspond, il énonce sur le paquet qu'il remplit par intérim les fonctions auxquelles le contre-seing est attribué. — Ord. 14 déc. 1825, art. 9.

186. — Les dépositions de témoins entendus en vertu d'une commission rogatoire doivent seules être transmises closes et cachetées au juge d'instruction (art. 85, C. instr. crim.). — En ce cas, on énonce dans le contre-seing la nécessité de clore. — Circul. min. just. 22 mai 1834.

187. — La correspondance est encore autorisée de juge de paix à juge de paix et avec les maires dans tout le ressort de la cour royale. — Décr. min. des fin. 7 août 1834.

188. — Les lettres ainsi expédiées en franchise sont remises au directeur du bureau de poste. Jetées dans la boîte, elles seraient taxées. — Ord. 17 nov. 1844, art. 28.

189. — Le *Bulletin des lois* est expédié gratuitement au juge de paix. — L. 12 vendém. an IV, art. 4.

190. — Cet exemplaire reste au greffe à perpétuelle demeure (*ibid.*, art. 7; décr. 30 mars 1808, art. 93). — Les frais de reliure sont à la charge du département. — L. 10 mai 1838, art. 12.

191. — Le droit de réprimander le greffier appartient au juge de paix. — V. GREFFIER DE PAIX.

192. — Mais les juges de paix n'ont aucun pouvoir disciplinaire sur les huissiers du canton, si ce n'est dans le cas de l'art. 19, L. 25 mai 1838.

193. — Il a été jugé effectivement que les juges de paix ne sont investis de l'exercice d'aucun pouvoir disciplinaire sur les huissiers attachés à leur tribunal; qu'ils n'ont sur ces officiers ministériels d'autres droits que ceux que détermine l'art. 19 L. 25 mai 1838 (celui de leur défendre de citer devant eux pendant un délai de quinze jours à trois mois), et seulement pour les cas d'infraction que cette loi fixe *limitativement*; qu'ainsi, ils ne peuvent prononcer aucune peine contre un huissier pour contravention aux dispositions du tarif. — *Cass.*, 18 janv. 1841 (t. 1er 1841, p. 334), G...

194. — Les crimes et délits des juges de paix et des suppléans sont poursuivis conformément aux art. 479, 483 et suiv. C. instr. crim., c'est-à-dire devant les cours royales. — Seuls, les délits de presse continuent à être de la compétence des cours d'assises. — V. FONCTIONNAIRES PUBLICS.

195. — *Surveillance.* — Les juges de paix et leurs suppléans sont soumis à la surveillance du ministre de la justice et des tribunaux de première instance de leur arrondissement.

CHAPITRE IV. — *Attributions du juge de paix.*

196. — Le juge de paix est institué pour juger, concilier ou assister à certaines opérations.

197. — Le pouvoir qu'il tient à cet effet de la loi s'appelle *juridiction.*

198. — On a fait remarquer avec raison que ce mot *juridiction* (du latin *jus dicere*), ne devrait s'entendre que d'une contestation à terminer par un jugement. En un mot, la juridiction proprement dite est le pouvoir de juger.

199. — Cependant l'usage a consacré ce terme dans une acception plus étendue, et l'on distingue la *juridiction contentieuse* et la *juridiction non contentieuse* ou *gracieuse*, c'est-à-dire celle qui a rapport aux procès et celle qui s'exerce en dehors des procès.

200. — La *compétence*, du latin *competere*, exprime le droit qu'un juge a de connaître de telle ou telle matière, de telle ou telle cause. C'est donc, comme le dit Boncenne, la mesure de la juridiction.

201. — La compétence est ou *judiciaire* ou *extra-judiciaire*, selon qu'elle a rapport aux matières contentieuses ou non contentieuses.

202. — ... *Civile* ou *criminelle*, selon qu'elle a rapport aux matières civiles ou criminelles.

203. — En matière civile, la compétence judiciaire du juge de paix est déterminée principalement par la loi du 25 mai 1838. Nous en traiterons *infrà* nos 206 et s.

204. — En matière criminelle, elle est déterminée par les art. 137, 138 et suiv., C. inst. crim., et 471 et suiv., C. pén. — Il sera traité vo TRIBUNAUX DE SIMPLE POLICE de tout ce qui est relatif au jugement des contraventions de simple police. — V. au surplus CRIMES, DÉLITS ET CONTRAVENTIONS et les mots spéciaux, notamment AFFICHES, ANIMAUX, DANS DE VENDANGES ET AUTRES, BOISSONS FALSIFIÉES, BRUITS ET TAPAGES, CHEMINS RURAUX, COMESTIBLES ET DENRÉES CORROMPUS ET GATÉS, CONTRIBUTIONS INDIRECTES, DÉGRADATIONS ET DOMMAGES, DESTRUCTION, DIFFAMATION ET INSULTE, DISTRIBUTION D'ÉCRITS, DIVAGATION, DOUANES, ÉCHENILLAGE, GLANAGE, HOTELIERS, IMPRIMERIE, JEUX, JET D'IMMONDICES, MARAUDAGE, POIDS ET MESURES, POUVOIR MUNICIPAL, VOIRIE, etc.

205. — Quant à la compétence extrajudiciaire ou juridiction gracieuse du juge de paix, elle s'étend à un grand nombre d'autres que nous énumérerons *infrà* nos 777 et suiv.

CHAPITRE V. — *Compétence judiciaire.*

Sect. 1re. — *Nature de la compétence judiciaire du juge de paix; divers aspects sous lesquels elle peut être considérée.*

206. — La compétence des tribunaux de paix, comme celle des autres juridictions en général, se présente à l'esprit sous plusieurs faces.

207. — Ainsi l'on distingue la *compétence d'attribution*, c'est-à-dire celle en vertu de laquelle les tribunaux de paix sont investis de la connaissance de certaines affaires à l'exclusion des autres juridictions, et la *compétence territoriale* d'après laquelle tel juge de paix est appelé à l'exclusion des autres juges de paix à statuer sur un différent déterminé.

208. — La compétence d'attribution se nomme aussi compétence *absolue* et la compétence territoriale compétence *relative*.

209. — La compétence absolue repose sur des motifs d'ordre public; la compétence relative, sur des motifs d'ordre privé.

210. — De là cette conséquence que la violation des règles de la compétence absolue, en d'autres termes l'incompétence absolue n'est pas couverte par le silence ou l'acquiescement des parties, fût-il exprès; qu'il est permis de l'opposer en tout état de cause même après la pose des conclusions au fond, et que le juge doit la déclarer d'office. — Au contraire, l'incompétence relative est couverte par le silence ou l'acquiescement de la partie qui a intérêt à décliner le tribunal saisi, du défendeur par conséquent. Ce n'est plus qu'une simple exception qui lui est personnelle et proposable seulement *in limine litis.* — V. INCOMPÉTENCE.

211. — On divise encore la compétence en compétence de *premier ressort* et compétence de *dernier ressort.*

212. Le législateur s'attache, en général, pour déterminer la compétence *d'attribution*, à la nature du litige, et à son importance pour fixer la compétence de *premier ou de dernier ressort.*

213. — Toutefois, cette règle souffre exception pour la justice de paix, et l'importance du litige a, dans certains cas, une influence décisive sur la compétence d'attribution.

214. — Ainsi, par exemple, les demandes purement personnelles et mobilières sont de la compétence des tribunaux de paix, en premier ressort, si elles n'excèdent pas deux cents francs, mais au-delà de cette somme elles doivent être portées devant les tribunaux de première instance.

215. — La compétence territoriale se détermine principalement par le domicile des parties ou par la situation de l'objet litigieux.

216. — La juridiction des juges de paix est extraordinaire et d'exception, la qualification de tribunaux ordinaires étant réservée dans la pratique aux tribunaux de première instance et aux cours royales. Aussi, ne sont-ils compétens que pour juger les affaires qu'un texte précis leur attribue, et dans les limites de cette attribution.

217. — Une autre conséquence découle aussi de ce principe, c'est que les parties ne peuvent proroger la juridiction du juge de paix qu'autant qu'il s'agit d'affaires dans lesquelles ils sont compétens jusqu'à concurrence d'une certaine somme, et jamais, lorsqu'ils n'ont pas en eux-mêmes le principe de la juridiction. — V. PROROGATION DE JURIDICTION.

218. — Mais le juge de paix qui a en lui le germe de la juridiction ne peut se déclarer incompétent d'office lorsque les parties s'accordent pour lui soumettre leur contestation. A moins, cependant, que ces parties ne soient étrangères, car la justice n'est due par les juges français qu'aux régnicoles. Cette règle, applicable à tous les tribunaux (V. COMPÉTENCE, nos 70 à 74), est encore plus impérieuse pour les juges de paix : l'art. 7, C. procéd. porte, en effet : « Les parties pourront toujours se présenter volontairement devant un juge de paix; *auquel cas il jugera leur différend* soit en dernier ressort, si les lois ou les parties l'y autorisent, soit à la charge d'appel, encore qu'il ne soit le juge naturel des parties ni à raison du domicile du défendeur, ni à raison de la situation de l'objet litigieux. » — Boncenne, (t. 3, p. 354; Carou, no 48. — *Contrà*, Augier, *Encycl. des juges de paix.*

219. — Enfin, la demande qui comprend à la fois et des chefs du ressort de la justice de paix et d'autres, du ressort des tribunaux ordinaires, appartient à ces tribunaux lorsqu'ils dérivent du même titre, ou sont tellement connexes qu'il est impossible de les disjoindre. — *Paris*, 8 août 1807, Delaroche c. Henrion; *Cass.*, 5 pluv. an XII; — Carré, *Compétence*, t. 2, p. 295; Pigeau, *Comm.*, (t. 1er, p. 8.

220. — C'est encore un incontestable principe que les tribunaux de paix ne connaissent pas des exécutions de leurs jugemens. L'article du projet qui exprimait cette idée, a été rejeté comme une surabondance. — Curasson, *Comp.*, (t. 2, p. 575 et suiv.; Henrion de Pansey, *Comp.*, ch. 5; Boncenne, t. 1er, p. 97; Carou, t. 1er, no 637; Levasseur, *Manuel des juges de paix*, p. 2, 18, 172 et 175; — V. EXÉCUTION DES ACTES ET JUGEMENS, nos 620 et suiv.

221. — On s'est demandé si, de même que les juges de paix ne peuvent connaître des matières attribuées aux tribunaux de première instance, de même les tribunaux de première instance ne peuvent connaître des matières attribuées aux juges de paix. D'un côté, l'on dit que ces tribunaux ont plénitude de juridiction, de l'autre, on répond que les tribunaux civils et la justice de paix forment deux juridictions différentes avec des attributions distinctes, et que dès-lors l'incompétence est absolue. — V. conf. Henrion de Pansey; Boncenne, t. 1er, p. 330; Foucher, nos 22 à 25; Carou, t. 1er, p. 29, no 40; Merlin, *Rép.*, vo *Incompétence*, no 1er.

222. — La jurisprudence a consacré cette doctrine en décidant : 1o que l'incompétence d'un tribunal civil saisi d'une demande en paiement de loyers du ressort de la justice de paix, devait être déclarée d'office. — *Rouen*, 9 août 1839 (t. 1er 1839, p. 573), Pécuchet c. Tranchard.

223. — ... 2o Que l'incompétence des tribunaux civils, en matière d'action possessoire, est opposable pour la première fois devant la cour de Cassation. — *Cass.*, 16 mars 1841 (t. 1er 1841, p. 469), Mulot c. de Toustain. — V. encore les arrêts cités vo ACTION POSSESSOIRE, nos 510 et suiv.

224. — Même solution, en matière de salaires d'ouvriers et de gens de travail. — *Paris*, 16 août 1833, Delaloue-Dupin c. Sollet. — V. *contrà Orléans*, 14 mars 1840 (t. 1er 1840, p. 457), Martin Gallais c. Gribet-Picard.

225. — Toutefois, la jurisprudence paraît s'accorder à décider que les tribunaux civils peuvent valablement prononcer sur une contestation commerciale si le renvoi devant les tribunaux consulaires n'est pas demandé par les parties. — V. COMPÉTENCE COMMERCIALE, nos 632 et suiv.

226. — La violation des règles de l'incompétence peut aboutir soit à une incompétence pure et simple, soit à un *excès de pouvoir.*

227. — Il y a incompétence, dit M. Benech (*Justice de paix*, p. 416), toutes les fois que, mal à propos, le juge retient la connaissance d'un différent dont il ne pouvait connaître.

228. — Il y a excès de pouvoir toutes les fois que par des dispositions impératives, prohibitives ou réglementaires, le juge, fût-il d'ailleurs compétent,

dépasse les limites de son mandat. — V. sur ces questions COMPÉTENCE, nos 92 et suiv.

229. — Lorsque les dispositions d'un jugement sont équivoques, elles doivent être entendues dans le sens que comporte le litige et le devoir de juger. — *Spécialement*, lorsqu'un juge de paix a ordonné, par suite d'une action possessoire, de rétablir un fossé dans son ancien état, on doit, à moins d'expressions contraires bien précises, supposer qu'il s'est renfermé dans sa juridiction. — *Cass.*, 14 fév. 1814, Choiseul-Praslin c. Marjot.

Sect. 2e. — *Compétence d'attributions.*

ART. 1er. — *Diverses catégories d'affaires attribuées au juge de paix. — Effet de la réunion de plusieurs demandes.*

230. — Les affaires dont la connaissance est attribuée aux juges de paix peuvent se diviser en cinq classes principales, savoir : 1o les actions dont les juges connaissent en dernier ressort jusqu'à 100 francs, et en premier ressort seulement, quand elles n'excèdent pas 200 francs ; 2o les actions dont le juge de paix connaît en dernier ressort jusqu'à 100 francs et en premier ressort jusqu'à 1500 francs; 3o les actions dont le juge de paix connaît en dernier ressort jusqu'à 100 francs et en premier ressort à quelque valeur que la demande puisse monter ; 4o les actions dont le juge de paix connaît quelle qu'en soit la valeur, mais en premier ressort seulement ; 5o les demandes dont le juge de paix ne connaît jamais qu'à la charge d'appel, et sur lesquelles il ne peut prononcer, même en premier ressort, qu'autant qu'elles n'excèdent pas un certain chiffre : telles sont les demandes de pensions alimentaires formées par des ascendans contre leurs descendans ou des descendans contre leurs ascendans. — Nous traiterons de ces diverses espèces d'actions dans cinq articles distincts. Nous consacrerons ensuite un article à l'examen de diverses natures de contestation attribuées aux juges de paix par quelques lois spéciales. Enfin, nous exposerons dans un dernier article les règles relatives aux demandes reconventionnelles ou en compensation.

231. — Lorsque plusieurs demandes formées par la même partie sont réunies dans une même instance, le juge de paix ne prononce qu'en premier ressort si leur valeur totale s'élève au-dessus de 100 fr., lors même que quelques-unes de ces demandes seraient inférieures à cette somme. Il est incompétent sur le tout, si les demandes excèdent par leur réunion les limites de sa juridiction. — L. 25 mai 1838, art. 9.

232. — Déjà, sous l'ancienne législation, Henrion de Pansey (ch. 13) s'était prononcé dans ce sens.

233. — Le projet du gouvernement était que, « quelle que fût la valeur à laquelle plusieurs demandes réunies et provenant de causes différentes pussent s'élever, le juge de paix en connût lorsque chacune d'elles n'excéderait pas 150 fr. » Mais il fut repoussé par la chambre des députés.

234. — Voici les motifs donnés par M. Renouard à l'appui de la nouvelle disposition devenue le texte de la loi : « A ne juger la question que par les principes généraux du droit, il paraîtrait logique de décider que chaque chef de demande constitue une demande distincte... Nonobstant, votre commission a pensé avec la précédente commission de 1833 et avec le projet de loi, que *la solution la plus restrictive* de la compétence, celle qui ne forme qu'un seul tout des chefs de demande réunis, doit être préférée. »

235. — ... « Décider autrement, ce serait autoriser *une extension démesurée de la compétence*. Ce serait s'exposer à ce que le juge de paix, cédant trop facilement à un désir de justice transactionnelle, sacrifiât quelquefois à des considérations de fait la stricte application du droit. *On soumettrait au juge de paix des questions souvent difficiles sur la divisibilité des demandes et l'on ferait naître des procès préjudiciels sur la question de savoir si ces demandes proviennent ou non de causes différentes.* »

236 — « Votre commission, en adoptant ce dernier avis, a été principalement dirigée par le désir qui l'a dominée dans tout l'examen de cette loi, *de n'apporter à la compétence actuelle des juges de paix qu'une extension modérée et par la crainte de voir éluder les dispositions contenues dans l'art.* 1er. » — *Moniteur*, 30 mars 1837.

237. — Du reste, rien ne force le demandeur qui a plusieurs réclamations à exercer contre le même individu à les former par le même exploit. Vainement on argumenterait par analogie de l'art. 1346, C. civ. ; cet article prévoit en effet un cas tout différent. — Bioche, vo *Juge de paix*, no 84.

238. — Nulle difficulté quant à l'application de l'art. 9, lorsque le taux de la compétence est le

même pour l'une des demandes que pour l'autre. Supposons, par exemple, une demande en payement d'un billet de 150 fr. jointe à une demande en payement du prix d'un cheval vendu 100 fr. Isolées, ce sont bien là deux actions du ressort de la justice de paix, quant au taux de la compétence, puisque chacune d'elles est inférieure à 200 fr. ; mais réunies, leur chiffre excède 200. Le juge de paix n'en connaîtra donc pas, parce qu'en matière personnelle, il n'est compétent que jusqu'à concurrence de 200 fr.

239. — Dans le cas contraire, c'est-à-dire, si les demandes réunies ne sont pas de même nature, et que le taux de la compétence soit régi par des dispositions différentes, un doute sérieux s'élève. Prenons un exemple : un fermier demande à son propriétaire une somme de 1,000 fr. pour non jouissance; le droit n'est pas contesté. Le juge de paix est compétent pour en connaître, aux termes de l'art. 4 ; mais il joint à sa demande une autre, tendant au paiement d'une somme de 100 fr. qu'il lui a prêtée. Le juge est encore compétent pour en connaître, aux termes de l'art. 1er. Mais connaîtra-t-il du tout ? Oui, si le taux de la compétence est réglé par l'art. 4 ; non, s'il est réglé par l'art. 1er. Or, on ne trouve dans la discussion de la loi aucun élément de décision. Nous résolvons ainsi la difficulté : Les deux demandes réunies excèdent-elles le taux de la compétence la plus considérable, le juge de paix est incompétent. N'excèdent-elles pas ce chiffre, il est compétent. Ainsi, dans l'espèce proposée, le juge de paix sera valablement saisi parce que l'art. 4 lui accorde compétence jusqu'à concurrence de 1500 fr. et que le chiffre des deux demandes ne dépasse pas cette somme. — Conf. Curasson, t. 2, p. 542, no 2.

240 — Mais, pour qu'il en soit ainsi, il est indispensable que chaque chef, pris individuellement, soit du ressort de la justice de paix. La solution serait donc tout autre si, dans l'espèce ci-dessus, le prêt était de 300 fr. au lieu d'être de 100 fr.

241. — L'art. 9 n'est applicable qu'aux demandes formées par une même partie, et non au cas où plusieurs parties, ayant d'ailleurs un intérêt distinct, se réunissent pour former leur demande par un seul et même exploit. — Curasson, t. 2, p. 544, no 3.

242. — En effet, il est généralement admis que plusieurs personnes, ayant un titre particulier ou un intérêt différent, peuvent se réunir pour former, par le même exploit, chacune la demande d'une somme de 200 fr. ou au-dessous. — Henrion de Pansey, chap. 14; Curasson, t. 1, p. 234, no 13-2o.

243. — Quand plusieurs demandeurs se réunissent pour agir contre un seul défendeur, voici la règle à suivre : l'intérêt des demandeurs est-il distinct, il ne faut pas cumuler la valeur des demandes. Est-il commun, il ne faut pas encore la cumuler, si la dette n'est ni solidaire ni indivisible ; enfin si l'intérêt des demandeurs est commun, et que la dette soit solidaire ou indivisible, il faut cumuler la valeur des demandes. — V. DEGRÉS DE JURIDICTION, nos 258 et suiv.

244. — Jugé que c'est devant le tribunal civil et non devant la justice de paix que doit être portée la demande d'une somme supérieure à 500 fr. intentée contre plusieurs héritiers, la part de chacun d'eux fût-elle inférieure au taux du dernier ressort. — *Paris*, 17 juin 1828, Soulabère c. d'Abaddie. — V. conf. Carou, t. 1er p. 133, no 135.

245. — On doit comprendre pour déterminer la compétence du juge de paix ainsi que le premier ou le dernier ressort, les intérêts et arrérages échus avant la demande et joints au capital ; mais non pas ceux qui ont couru depuis l'instance. — V. à cet égard DEGRÉS DE JURIDICTION, no 323 et suiv.

ART. 2. — *Actions dont le juge de paix connaît en dernier ressort jusqu'à 100 fr., et, en premier ressort seulement, quand elles n'excèdent pas 200 fr. — Actions purement personnelles et mobilières.*

246. — Les juges de paix connaissent de toutes actions purement personnelles et mobilières, en dernier ressort, jusqu'à la valeur de 100 fr., et, à charge d'appel, jusqu'à la valeur de 200 fr. — Art. 1er, L. 25 mai 1838.

247. — Leur juridiction pour ces actions est plénière, c'est-à-dire que toute action personnelle et mobilière n'ayant pas pour objet une valeur supérieure à 200 fr. est nécessairement de leur compétence, à moins d'une exception expresse.

248. — Ces exceptions sont du reste peu nombreuses : elles concernent notamment les actions relatives aux droits que la régie a charge de percevoir et qui sont du ressort des tribunaux d'arrondissement. — L. 22 frim. an VII, art. 64. — V. ENREGISTREMENT.

249. — Et celles relatives au paiement des frais dus aux officiers ministériels. — V. AVOUÉ, COMMISSAIRE-PRISEUR, HUISSIER, NOTAIRE, FRAIS ET DÉPENS, nos 540 et suiv.

250. — Quant à l'action d'un avocat en paiement de ses honoraires, elle est du ressort de la justice de paix quand elle n'excède pas le taux de 200 fr. — *Cass.*, 6 av. 1830, Lefèvre c. Pierrot.

251. — *Quid* des frais dus aux greffiers de justice de paix ? — V. GREFFIERS DE JUGE DE PAIX.

252. — Il est superflu de faire remarquer que, dans aucun cas, la compétence des juges de paix ne saurait s'étendre aux matières réservées à l'administration. — V. COMPÉTENCE ADMINISTRATIVE, CONSEIL DE PRÉFECTURE, CONSEIL D'ÉTAT.

253. — ... Ni aux contestations commerciales. Lors de la discussion de la loi du 25 mai 1838, un amendement avait été proposé dans le but de leur donner la connaissance de cette sorte d'affaires, dans les lieux où le tribunal civil remplirait les fonctions de tribunal de commerce ; mais, comme l'objecta M. Portalis, c'eût été établir deux degrés de juridiction pour les affaires commerciales. De plus, par une singulière anomalie, les juges de paix eussent été compétens pour des affaires, dans les arrondissemens où il n'existe pas de tribunaux de commerce proprement dits, et ne l'eussent pas été dans les autres arrondissemens. Or, si l'attribution était utile, elle devait être générale.

254. — Pour savoir quelles contestations doivent être réputées commerciales, V. ACTE DE COMMERCE, COMPÉTENCE COMMERCIALE.

255. — On sait que l'action *personnelle* est celle que nous dirigeons contre une personne déterminée que nous prétendons être obligée envers nous par un contrat, un quasi-contrat, un délit, un quasi-délit ; c'est une question de créance. — V. ACTION (droit français), nos 81, 95 et suiv.

256. — L'action est *réelle*, lorsque nous prétendons qu'une chose corporelle, mobilière ou immobilière, est nôtre, ou qu'un droit absolu nous compète, par exemple, un droit d'usage, d'usufruit, de servitude. C'est donc une question de propriété ou de démembrement de propriété. — V. ACTION (droit français), no 127.

257. — Quant à l'action *mixte*, elle est à la fois personnelle et réelle, c'est-à-dire qu'elle tient non seulement à la revendication d'une propriété (mobilière ou immobilière) ou d'un droit réel (mobilier ou immobilier), mais encore au paiement de quelques prestations personnelles, comme restitutions de fruits, dommages-intérêts. — V. *ib.* nos 150 et suiv.

258. — En général, les actions personnelles sont mobilières. Cependant il en est d'immobilières. — V. *ib.*, nos 236 et suiv.

259. — De même, une action réelle peut être mobilière aussi bien qu'immobilière. — V. *ib.*

260. — On reconnaît également l'action mixte et mobilière, et l'action mixte et immobilière. — V. *ibid.*

261. — L'art. 3, titre 3 de la loi des 16 et 24 août 1790, attribuait aux juges de paix la connaissance des actions personnelles et mobilières. Il semblait donc exiger la réunion de ces deux qualités, *de personnelle et mobilière*, en sorte qu'une action *mobilière* mais *réelle* n'eût pas été de leur compétence. Toutefois l'avis contraire avait prévalu. — V. notamment Carré, *Justice de paix*, t. 2, p. 143 s.

262. — En présence des termes de la loi nouvelle, il n'est plus permis de s'arrêter à cette difficulté. Il est donc certain qu'une action réelle mobilière peut être portée devant le juge de paix ; *à fortiori*, les actions mixtes et mobilières sont-elles soumises à cette juridiction. — Duvergier, *Collect. des lois.* (t. 38, p. 345); Levasseur, *Manuel des justices de paix*, p. 45.

263. — Posons un exemple de ces diverses actions : Paul réclame à Pierre 100 francs qu'il lui a prêtés. Action personnelle mobilière, car Pierre est obligé en vertu d'un contrat. — Paul a perdu un cheval et le réclame à Pierre, qui l'a acheté d'un tiers qu'il croyait propriétaire de l'animal. Action réelle mobilière, car le cheval est revendiqué en vertu du droit de propriété. — Maintenant, Pierre à qui le cheval a été vendu avait connaissance de son origine : Paul pourra non seulement revendiquer le cheval, mais encore il sera fondé à réclamer des dommages et intérêts, parce qu'il y a quasi-délit de la part de l'acquéreur. Action mixte et mobilière.

264. — Mais là se borne la compétence du juge de paix. — Il ne connaît donc pas de l'action réelle immobilière, par exemple de la demande en revendication d'un immeuble formée contre un tiers détenteur.

265. — ... Ni de l'action mixte immobilière, par exemple, de la demande en partage d'immeubles indivis, avec soulte.]

266. — ...Ni même des actions personnelles immobilières, par exemple, de la demande tendant à la délivrance de deux hectares de terre labourable à prendre, dans une plus forte pièce, sans autre désignation. Une telle vente ne transfère pas, en effet, la propriété de la chose vendue.

267. — Jugé spécialement que la loi du 25 mai 1838, en étendant la compétence des juges de paix, quant à la valeur des objets qui peuvent leur être soumis, n'y a rien changé quant à la nature de ces objets, et qu'elle ne leur a pas attribué la connaissance des questions auxquelles donne lieu l'action hypothécaire. — *Cass.*, 22 janv. 1840 (t. 1er 1840, p. 323), Fabrique de Cornanel c. Laffont.

268. — En résumé, le juge de paix n'est compétent qu'autant que l'action a pour cause l'obligation personnelle du défendeur, ou la revendication d'une chose que la loi classe parmi les meubles, ou encore l'une et l'autre ; mais il cesse d'avoir juridiction dès que l'action porte sur un immeuble ou un droit immobilier, fût-elle même personnelle ou mixte.

269. — L'action personnelle mobilière peut se rattacher à un immeuble, sans que néanmoins le juge cesse d'être compétent ; telle est l'action d'un maçon réclamant le prix de son salaire ou de ses avances pour la façon d'un mur ou de toute autre construction.

270. — La solution serait la même, si l'action était intentée par le propriétaire lui-même de l'immeuble contre l'ouvrier. En pareil cas, il ne s'agit que de l'exécution d'un marché.

271. — Curasson (t. 1er, p. 227) cite encore avec raison comme exemples, la demande en paiement d'une somme de 200 fr., formant la totalité ou le reliquat du prix de la vente d'un fonds, mais il en serait autrement si la discussion portait sur le privilége résultant de ce contrat, vis-à-vis d'un autre créancier du vendeur. — Ce serait alors une action réelle ou mixte.

272. — De même, peu importe qu'une créance de 200 fr. ou au-dessus soit garantie par une hypothèque ; le juge est compétent si l'on se borne à ne porter devant lui que l'action en paiement et non l'action hypothécaire. — Curasson, *ibid.*

273. — Mais l'action personnelle de sa nature, qui est dirigée entre un héritier, perd ce caractère et devient mixte-immobilière, et par conséquent est hors des attributions de la justice de paix, lorsque cet héritier est détenteur des biens hypothéqués à la créance du demandeur et qu'il est assigné en cette qualité comme en celle d'héritier. — *Cass.*, 24 août 1826, Laprade c. Delsol.

274. — L'action en paiement des arrérages d'une rente foncière est personnelle et mobilière. — *Cass.*, 13 oct. 1813, Vandeck c. Rottering ; *Paris*, 18 janv. 1823, Dumas de Polart c. hospices de Lille.

275. — Mais si le défendeur dénie l'existence de la rente foncière, l'action devenant mixte-immobilière n'est plus de la compétence du juge de paix. — *Cass.*, 8 déc. 1829, Fab. de Boussors c. Daynez ; 22 janv. 1840 (t. 1er 1840, p. 323), Fab. de Cornanel c. Laffon.

276. — La question s'est élevée de savoir si une demande en validité d'offres réelles était du ressort de la justice de paix. C'est là, évidemment, une simple action personnelle et mobilière ; cependant, il faut distinguer les offres faites en vertu d'une condamnation prononcée par le juge de paix, de celles qui ont lieu avant toute demande. Des premières, le juge de paix n'en peut connaître, parce que ce serait connaître de l'exécution de son jugement. Les secondes sont, au contraire, de sa compétence, qu'elles soient formées par voie principale ou incidente. — Curasson, t. 1er, p. 581, no 15 ; V. Augier, vo *Offres*, no 2 ; Chauveau, *Journal des Avoués*, t. 1er, p. 400. — V. *contrà* Carou, t. 1er, p. 60, no 75. — V. EXÉCUTION DES JUGEMENS ET ACTES.

277. — L'action en dommages-intérêts intentée par les habitans d'une commune pour exercice illégal du droit de vaine pâture, est purement mobilière, et par suite rentre dans la compétence du juge de paix. — *Cass.*, 8 mai 1838 (t. 2 1838, p. 295), Daniel c. Delacour.

278. — Est encore personnelle mobilière l'action en paiement d'une location de bancs d'église.

279. — Quant à la demande tendant à la reconnaissance d'une concession de bancs dans une église, soit à vie, soit à perpétuité, c'est là, non pas une action personnelle, mais bien une action mixte et mobilière. Elle est, en effet, mélangée de réalité, car il y a revendication d'un droit absolu de jouissance, et de personnalité, car la fabrique est tenue de faire jouir le concessionnaire. Cette action serait donc de la compétence du juge de paix si elle n'était indéterminée.

280. — *Quid* d'une demande en validité de saisie-arrêt ? Le juge de paix est incompétent pour en connaître. Dans son exposé des motifs de la loi de 1838, le garde des sceaux s'est formellement prononcé dans ce sens : « La saisie-arrêt, disait-il, à la différence de la saisie-gagerie, met toujours en cause une troisième partie, outre le saisissant et le débiteur. La suite de cette procédure nécessite une distribution entre plusieurs intéressés lorsqu'il survient des oppositions. — Statuer sur ces oppositions, prononcer sur la déclaration du tiers saisi, contre lequel est formée une demande véritablement indéterminée, ce seraient là des attributions qui entraîneraient ce magistrat hors des limites ordinaires de sa compétence, et qui l'appelleraient à décider des questions d'une solution trop difficile. » — Curasson, t. 2, p. 397, no 66 ; Carou, t. 1er, p. 61, no 75.

281. — Si de la défense à une action personnelle ressort une question de propriété, la compétence du juge de paix cesse aussitôt. Que l'on suppose, par exemple, une instance en dommages-intérêts engagée à raison de l'enlèvement d'une récolte, et le défendeur alléguant qu'il est propriétaire du fonds de terre, le juge devra renvoyer les parties devant le tribunal civil pour vider la question préjudicielle et surseoir à statuer jusqu'à la décision de ce tribunal.

282. — Mais ce n'est évidemment qu'autant que la question de propriété s'élève à l'occasion d'un immeuble qu'il y a lieu à surseoir, puisque l'action réelle mobilière est de la compétence des juges de paix.

283. — Jugé dans ce sens que le juge de paix saisi de l'action en paiement d'un billet, reste compétent pour en connaître, alors même que le défendeur prétend que l'obligation est *sans cause*, comme ayant pour objet le rachat d'une redevance féodale. — *Cass.*, 2 fév. 1814, Teutsch c. Metzger.

284. — Il nous reste maintenant à parler du taux de la compétence des juges de paix. La loi de 1790 l'avait fixé à 50 fr. en dernier ressort et 100 fr. en premier ressort ; mais la richesse sociale et les besoins de la vie s'augmentent chaque jour. Aussi, l'assemblée constituante avait-elle pris soin d'ajouter que ce taux pourrait être élevé. — V. art. 9, t. 3, L. 16 et 24 août 1790.

285. — En 1835, un premier projet de loi proposa de porter le chiffre de la compétence des juges de paix à 300 fr. en premier ressort et 150 fr. en dernier ressort ; mais des limites plus étroites furent définitivement adoptées par la loi de 1838. — Art. 2.

286. — L'incompétence du juge de paix à raison du taux de la demande est d'ordre public, c'est-à-dire absolue. — *Riom*, 21 juill. 1824, Chabert c. Chandier ; *Cass.*, 22 juin 1808, Légion-d'Honneur c. Paquet ; 20 mai 1829, Soyez c. Henoux.

287. — Un arrêt de la cour de Cassation a pourtant jugé que, en pareil cas, l'incompétence est couverte par la défense au fond. — *Cass.*, 12 mars 1829, Marriet c. Scellier.

288. — C'est la quotité de la somme demandée, et non la quotité de la somme adjugée qui détermine la compétence en premier ou en dernier ressort. Ainsi, la demande en paiement d'une somme de 150 fr. est jugée à charge d'appel, quand bien même la somme allouée est inférieure à 100 fr. — V. DEGRÉS DE JURIDICTION, nos 148 et suiv.

289. — Par la même raison, la demande en paiement d'une somme supérieure à 200 fr. n'étant pas, en thèse générale, du ressort de la justice de paix, le jugement par lequel le défendeur aurait été condamné seulement à payer une somme inférieure à 200 fr., n'en serait pas moins incompétemment rendu. — V. à cet égard Henrion de Pansey, p. 96 ; Carou, t. 1er, p. 87, no 103 ; Levasseur, p. 104, no 74 ; Victor Augier, vo *Compétence*, § 1er, no 4 ; Bioche, vo *Juge de paix*, no 80.

290. — La quotité demandée résulte des conclusions prises soit dans la citation, ou l'avertissement, soit au cours de l'instance, car la compétence n'est pas invariablement déterminée par les conclusions de la citation. Chaque partie a la faculté d'augmenter ou de modifier ses prétentions. — V. DEGRÉS DE JURIDICTION, nos 165 et suiv.

291. — Par conséquent, une demande originairement inférieure à 100 fr., par exemple, sera jugée en premier ressort, si des conclusions additionnelles en portent le chiffre à plus de 100 fr. — *Cass.*, 2 germ. an IX, enreg. c. Giquel.

292. — Et réciproquement, la demande originairement supérieure au taux du dernier ressort, sera jugée en dernier ressort si des conclusions rectificatives en réduisent le chiffre à moins de 100 fr. — V. DEGRÉS DE JURIDICTION, *ibid.*

293. — Ainsi donc, si le demandeur en paiement d'une somme de 300 fr. reconnaît avoir reçu 150 fr., ou si le défendeur reconnaît devoir 150 fr. et ne conteste que le surplus, ni l'un ni l'autre ne seront fondés à décliner la compétence du juge de paix. Il en est de même, *à fortiori*, quant au dernier ressort. — Carré, *Justice de paix*, t. 2, p. 137 ; Poncet, *Des jugemens*, t. 1er, p. 18 ; Carou, t. 1er, p. 89, no 104 ; Curasson, t. 1er, p. 233, no 12 *bis*.

294. — Mais pour cela il faut que les deux parties comparaissent ou que le demandeur ait eu le soin de signifier ses conclusions rectificatives à son adversaire. En vain argumenterait-on de ce que le défendeur est sans intérêt à se plaindre de ce que la demande ait été réduite en son absence ; car le juge n'étant pas compétent, rien ne l'obligeait à se présenter, ou bien il devait compter sur la voie de l'appel. — *Cass.*, 6 juill. 1814, Raulin c. Saudez. — Conf. Carré, *Justice de paix*, t. 2, p. 134 ; Curasson, *ibid.* — *Contrà* Carou, t. 1er, p. 93, no 108.

295. — La demande dont l'objet est indéterminée appartient exclusivement aux tribunaux de première instance. — Delzers, t. 1er, p. 79 ; Bioche, vo *Juge de paix*, no 94 ; Levasseur, p. 105, no 76 ; Curasson, t. 1er, p. 260, no 29. — V. DEGRÉS DE JURIDICTION, nos 583 et suiv.

296. — ...Quelque minime que fût la valeur d'un objet mobilier revendiqué, et dont le demandeur ne donnerait pas l'évaluation, le juge de paix serait donc radicalement incompétent pour statuer sur la revendication.

297. — ...A moins cependant qu'il ne s'agît de choses dont la valeur serait légalement fixée en vertu de mesures administratives ou de police. — Carou, t. 1er, p. 95 ; Henrion de Pansey, p. 124 ; Carré, *Compétence*, t. 2, p. 288 ; Victor Augier, vo *Compétence*, § 2, art. 1er, no 3. — V. DEGRÉS DE JURIDICTION, nos 587 et suiv.

298. — Curasson (t. 1er, p. 262, no 31) combat, toutefois, cette dernière solution, en thèse générale, et ne l'admet exceptionnellement que dans le cas où il s'agit de livraisons de pain ou de viandes faites ou à faire par un boulanger ou un boucher, parce que, dit-il, le règlement que l'autorité municipale fait de ces denrées, conformément à l'art. 30, L. 22 juill. 1791 fixe d'une manière certaine la valeur de la chose, tandis qu'il peut s'élever sur l'appréciation à vue des mercuriales un débat sur lequel le juge de paix n'est pas appelé à statuer préjudiciellement pour savoir s'il est compétent. — L'art. 3, L. 25 mai 1838 nous paraît fournir un puissant argument contre la doctrine de cet auteur.

299. — Au surplus, ajoute-t-il, quand la citation ne détermine pas la valeur de la demande, il est facile d'en faire convenir le demandeur à l'audience, et il n'y a plus incompétence dès l'instant qu'il réduit ses prétentions au taux de la juridiction du juge de paix.

300. — Nul doute encore que réclamer une somme en monnaie étrangère, non réduite en monnaie française, ce n'est pas former une demande indéterminée, puisque des cours arrêtés par des officiers publics déterminent les rapports de cette monnaie avec la nôtre. Il ne s'agit donc que de consulter la cote officielle pour savoir si la demande excède ou non le taux de la compétence du juge de paix.

301. — Mais une demande en reconnaissance d'écriture est une demande indéterminée. Le juge de paix ne peut donc pas en connaître, bien qu'il s'agisse d'une obligation inférieure à 200 fr., et que, après l'exigibilité stipulée, il soit compétent pour statuer sur la demande en paiement de la somme promise. Ce point a été formellement reconnu lors de la discussion de la loi de 1838 à la chambre des députés. — V. *Moniteur*, 15 avr. 1837. — Bioche, no 78. — Il n'est cependant pas à l'abri de toute critique. — V. Curasson, t. 1, p. 94.

302. — Une fois la valeur déterminée par la demande, le juge de paix est irrévocablement saisi, si l'évaluation n'excède pas le taux de sa compétence ; le défendeur n'est donc pas fondé à prétendre que l'objet litigieux a une valeur supérieure afin de porter le débat devant la juridiction supérieure. — Curasson, t. 1er, p. 261, no 30 ; Henrion de Pansey, p. 125 ; Benech, *Justice de paix*, p. 46 et 47. — *Contrà* Carré, t. 2, p. 228.

303. — S'il est vrai que ce soit la valeur de la demande qui fixe le taux de la compétence, il faut en conclure que les juges de paix sont compétens pour connaître d'une demande qui n'excède pas 200 fr., quand bien même cette somme fait partie d'une autre plus considérable, par exemple de la demande d'un terme d'obligation ou d'arrérages échus.

304. — Même solution, si la somme demandée est le reliquat d'une autre plus considérable. — V. Curasson, t. 1, p. 228, no 11 ; Carou, t. 1, p. 88, no 103.

—Vict. Augier, vo *Compétence*, sect. 2, art. 1, no 6; Carré, *Comp.*; t. 2, p. 28.

305. — Mais si le défendeur sur la demande en paiement des arrérages ou du reliquat nie la dette, ou conteste le titre, ou enfin s'il soulève une difficulté d'interprétation, est-ce le cas d'appliquer la maxime romaine : le juge de l'action l'est aussi de l'exception ? Il faut, à cet égard, distinguer si l'exception excède ou non les bornes de la compétence du juge de paix. Toutes les fois, dit Curasson (*ibid.*) qu'il ne s'agit de décider la question incidente que relativement à la demande, sans qu'il puisse en sortir d'autre conséquence ou résultat, le juge de paix est compétent, mais il en est autrement si la question incidente devient la principale question du procès, et si du jugement à intervenir peut résulter l'exception de chose jugée relativement à d'autres demandes qui pourraient être formées dans la suite entre les mêmes parties.

306. — Supposons, par exemple, un débiteur se refusant au paiement d'un terme d'arrérages, par le motif qu'une clause particulière lui accorde précisément un délai pour ce terme et pour ce terme seul. Le juge connaîtra de l'exception et interprétera la clause, parce qu'elle n'a trait qu'à ce terme, et que le jugement à intervenir n'influera pas, par conséquent, sur l'exigibilité des autres termes à échoir. Mais si le débiteur base sa défense, non plus sur une clause particulière à ce terme, mais bien sur une clause générale et réglant l'époque d'exigibilité de tous les arrérages, alors le juge de paix cessera d'être compétent, parce qu'interpréter la clause pour le terme litigieux, ce serait l'interpréter pour les autres termes. — *Cass.*, 17 août 1836, Goupil de Préfeln c. Foucasse de Noirville.

307. — Il est vrai que la cour suprême, dans un arrêt du 11 avril 1836 (Milliot c. Bolle), paraît avoir admis comme principe qu'en justice de paix le juge de l'action était aussi celui de l'exception; mais en fait, l'exception n'avait trait qu'à la demande, sans qu'il pût jamais en être question dans une autre difficulté entre les mêmes parties.

308. — Si l'exception porte sur la qualité d'héritier, le juge de paix devient incompétent. Toutefois, il faut qu'à l'appui de la défense qu'il oppose pour n'être pas tenu comme héritier, le défendeur produise autre chose qu'une simple allégation. — V. COMPÉTENCE, no 405.

ART. 3. — *Actions dont le juge de paix connaît en dernier ressort jusqu'à 100 fr., et en premier ressort jusqu'à 1500 fr.*

§ 1er.—*Contestations entre les hôteliers, aubergistes ou logeurs, et les voyageurs ou locataires en garni pour dépenses d'hôtellerie et pertes ou avaries d'effets.*

309. — Le juge de paix prononce sans appel jusqu'à la valeur de 100 fr., et à charge d'appel jusqu'au taux de la compétence des tribunaux de première instance (1500 fr.), sur les contestations entre les hôteliers, aubergistes ou logeurs, et les voyageurs ou locataires en garni, pour dépenses d'hôtellerie, et perte ou avarie d'effets déposés dans l'auberge ou l'hôtel. — Art. 2, § 1, L. 25 mai 1838.— Ces dénominations comprennent tous ceux qui font métier de loger des voyageurs.

310. — Le projet du gouvernement ne mentionnait que les aubergistes et hôteliers. Les mots : *logeurs et locataires en garni* furent ajoutés par la commission (*Moniteur*, 30 mars 1837). Mais il ne faut pas en conclure qu'ils s'appliquent à tous ceux qui louent des appartemens meublés, car cette compétence n'a été « établie qu'au sujet des contestations que des rapports passagers créent entre les voyageurs, d'une part, et les hôteliers, aubergistes, maîtres d'hôtel garni, de l'autre. » Cette explication donnée par le garde-des-sceaux prouve qu'il y a une distinction à faire entre le logeur de profession et l'individu qui loue en garni quelques chambres de sa maison ou de son appartement, sans en faire état.

311. — Or, comme l'enseigne Curasson (t. 2, p. 273, no 3), c'est dans les lois de la matière et dans la jurisprudence qu'il faut chercher la véritable signification des mots *logeurs en garni*. Ainsi l'on ne pourrait considérer comme un dépôt nécessaire l'apport des effets d'un particulier dans une chambre garnie que lui loue le propriétaire, car le propriétaire n'a pas la garde de ces objets. C'est le locataire qui tient la clef de sa chambre ; souvent même ce dernier n'a rien de commun avec les domestiques de la maison. — *Nîmes*, 18 mai 1825, Valette c. Contestin. — Conf. Giraudeau, *Comm.*, p. 67.—Cependant M. Foucher (p. 73 et 74, no 72) pense qu'il importe peu que le logeur loue habituellement ou accidentellement.

312. — M. Carou (t. 1, no 150, p. 148) reconnaît bien qu'il y a une différence à faire entre le logeur de profession et le propriétaire qui loue sa chambre ou son appartement à un étudiant, par exemple, ou à un officier de la garnison; mais, selon lui, cette distinction n'a trait qu'au fond du droit, c'est-à-dire à la responsabilité, en cas de perte ou d'avarie, des effets du locataire, dont l'un est tenu comme d'un dépôt nécessaire, tandis que l'autre n'est soumis qu'au droit ordinaire ; de sorte que, dans cet ordre d'idées, la juridiction du juge de paix serait valablement saisie, le prix du loyer n'étant à ses yeux qu'une dépense.— Nous lui opposerons sa propre déclaration : « *Cela est en opposition avec les termes de la loi et la pensée même du législateur* ; mais cela ne nous paraît pas une objection péremptoire, parce que la loi, dans le premier moment, ne devait pas comprendre les locations en garni, ni dans les hôtels, ni ailleurs... Mais il reste à savoir maintenant si virtuellement, et lorsqu'on songe que la même loi s'occupe des locations en garni dans les hôtels garnis et des baux à loyer ordinaire dans les maisons, on peut laisser dans le droit commun, et en dehors de la nouvelle loi, les locations en garni. »—Nous répondrons que les baux d'appartement garni que loue un propriétaire rentrent dans un autre ordre de compétence, celui qu'a fixé l'art. 3 de la loi nouvelle.

313. — Dans le sens de la loi, les voyageurs sont les personnes non résidentes dans la commune, qui se présentent dans une auberge pour y loger ou coucher.

314. — Les locataires en garni sont les voyageurs qui ne font que passer ou séjourner dans la commune, et qui s'adressent à un logeur. On donne encore cette qualité à la personne qui réside chez un logeur, comme un étudiant.

315. — M. Marc Deffaux (*Comm.*, p. 62 et 63) paraît disposé à refuser le nom de voyageur à la personne qui quitte le matin sa maison pour se rendre à peu de distance, par exemple au marché voisin, et rentre le soir. M. Foucher (no 76) a raison de repousser cette doctrine.

316. — C'est une question débattue que celle de savoir si le dépôt des effets apportés dans les établissemens des cafetiers-restaurateurs ou baigneurs publics est un dépôt nécessaire.—V. DÉPOT, nos 266 et suiv.—Mais il n'est pas douteux que la loi n'a pas attribué pour ce cas une juridiction extraordinaire aux juges de paix; ils ne sont donc compétens qu'autant que la demande n'excède la somme ou valeur de 200 fr.

317.—Pour les questions que soulève la responsabilité légale des aubergistes et logeurs, V. DÉPOT), pour ce qui concerne leurs devoirs vis-à-vis de la police, V. HOTELIER et COMMISSAIRE DE POLICE.

§ 2. — *Contestations entre les voyageurs et les voituriers ou bateliers pour retards, frais de route, et perte ou avarie d'effets accompagnant le voyageur.*

318.—Le juge de paix prononce sans appel jusqu'à la valeur de 100 fr. et à charge d'appel jusqu'au taux de la compétence en dernier ressort (1,500 fr.) des tribunaux de première instance, sur les contestations entre les voyageurs et les voituriers ou bateliers, pour retards, frais de route et perte ou avarie d'effets accompagnant les voyageurs. — L. 25 mai 1838 art. 2.

319. — Les voituriers sont non seulement les personnes qui conduisent les voitures, mais encore les entrepreneurs mêmes de ces voitures; en un mot, tous ceux qui se chargent du transport des personnes et des choses, moyennant un certain prix. — Foucher, p. 76, no 77.

320. — Les bateliers sont non seulement les personnes qui conduisent les bateaux, mais encore les entrepreneurs eux-mêmes.

321. — Par le mot *effets* il faut entendre tout ce qui accompagne le voyageur, c'est-à-dire non seulement ses hardes, ses bagages, mais encore ses marchandises, ses échantillons : on voyage ou l'on fait voyager pour le placement de marchandises ou de produits industriels.

322. — Il a également été jugé, sous la loi de 1790, et par application de l'art. 1952, C. civ., dont la loi nouvelle reproduit les termes, que le mot *effets* comprenait l'argent comptant ou les valeurs portés dans l'auberge par le voyageur. — *Paris*, 7 mai 1838 (t. 1er 1838, p. 639).

323. — L'action du batelier ou du voiturier ne peut soulever de grandes difficultés, car le prix des places est réglé dans les messageries, les malles-postes, les bateaux à vapeur ou les paquebots, les coches, par un tarif. Quant aux loueurs de chevaux et de voitures à la journée, leur prix de location est bien connu. Il ne pourrait y avoir difficulté que pour la conduite entreprise par un individu qui n'en ferait pas sa profession. Ce serait alors le cas de s'en rapporter à l'usage.

324.—Au contraire, l'action du voyageur contre le voiturier ou le batelier offre un certain champ à la controverse. — V. VOITURES PUBLIQUES et TRANSPORTS (entrepreneur de).

325. — La demande en dommages-intérêts pour accidens et pour voies de fait est-elle attribuée à la justice de paix ? Il est remarquable que l'art. 2 ne parle que *du retard*, *de la perte* ou *des avaries*. Aucun des orateurs dans la discussion de la loi n'a fait même allusion à l'action résultant de l'accident ou de la voie de fait. Le juge de paix n'en doit donc connaître que dans les termes de sa compétence générale, c'est-à-dire jusqu'à 200 fr., aux termes de l'art. 1er, L. 25 mai 1838. — Curasson, t. 1er, p. 271, no 23; Benech, p. 71 ; — *contrà* Carou, t. 1er, p. 162, no 169.

326. — Un point essentiel dont on doit se pénétrer, c'est que la compétence du juge de paix ne s'étend qu'aux demandes basées sur le retard, la perte ou les avaries des *effets accompagnant le voyageur*. En vain, M. Giraudeau prétend-il que si le voyageur fait transporter ses effets dans une diligence ou patache, avec lesquels il voyage, pour ainsi dire, *de conserve*, l'art. 2 devra recevoir son application. Cette solution ne serait admissible que dans le cas où les effets seraient confiés à l'entreprise même qui transporte le voyageur. Souvent aussi il arrive que les effets du voyageur ne peuvent être chargés sur la voiture qui l'emporte, et qu'on les place dans un fourgon. En ce cas, le juge de paix sera encore compétent pour connaître de la contestation à laquelle donne lieu le transport. — Curasson, t. 1er, p. 294 et 295, no 25; Foucher, p. 76, no 77; Carou, t. 1er, p. 146, no 148.

327. — Jugé, en conséquence, que la contestation entre un voyageur et un batelier ou voiturier, relative à une perte d'effets qui *accompagnaient le premier*, doit être portée devant le juge de paix, et non devant le tribunal de commerce. — L. 6 juin 1838, art. 2.—*Paris*, 13 fév. 1844 (t. 1er 1844, p. 365), Lelièvre c. Levrier et Pereire.

328. — Toutefois, lorsque les effets n'accompagnent pas le voyageur, le juge de paix peut connaître de la contestation, dans les termes de l'art. 1er, L. 1838.

§ 3. — *Contestations entre les voyageurs et les carrossiers ou autres ouvriers, pour fournitures, salaires et réparations faites aux voitures de voyage.*

329. — Aux termes du § 3, art. 3, L. 25 mai 1838, le juge de paix prononce, sans appel, jusqu'à la valeur de 100 fr., et à charge d'appel, jusqu'au taux de la compétence en dernier ressort des tribunaux de première instance (1,500 fr.), sur les contestations entre les voyageurs et les carrossiers ou autres ouvriers, pour fournitures, salaires et réparations faites aux voitures de voyage.

330. — M. Foucher (p. 79, no 79) remarque avec raison qu'il faut entendre par l'expression *voyageurs*, même les voituriers. En effet, pour les ouvriers, ils sont de véritables voyageurs; leur position est identique, et par conséquent il y a la même raison de décider.

§ 4.—*Actions en indemnité du locataire ou fermier contre le propriétaire pour non jouissance du fait du propriétaire.*

331. — L'art. 4, L. 25 mai 1838 porte : « Les juges de paix connaissent sans appel jusqu'à la valeur de 100 fr., et à charge d'appel jusqu'au taux de la compétence en dernier ressort des tribunaux de première instance (1,500 fr.) des indemnités réclamées par le locataire ou fermier pour non jouissance provenant du fait du propriétaire, lorsque le droit à une indemnité n'est pas contesté.

332. — Ce n'est donc qu'autant que le droit à l'indemnité n'est pas contesté que le juge est appelé à en connaître. Toutefois, on tomberait dans une grave erreur si l'on croyait qu'il suffit au propriétaire de se borner à dire au fermier : *Je conteste votre droit*, pour échapper à la juridiction du juge de paix. Il faut qu'il oppose une fin de non-recevoir à la prétention du fermier, par exemple, qu'il argumente des clauses du bail pour soutenir que, quand bien même il y aurait trouble, il n'en serait pas responsable. Alors, comme le dit Henrion de Pansey, « le procès présente à juger une question d'interprétation d'acte, problème dont la solution exige le rapprochement des différentes clauses du bail, et l'application des lois sur les interprétations des conventions ; et c'est ce que la loi n'a pas voulu soumettre aux juges de

paix. — Henrion de Pansey, *Compét. des juges de paix*, ch. 29, p. 337; Carré, *Comp.*, t. 2, p. 380; Carou, p. 236, no 248; Curasson, t. 1er, p. 420, no 10; Foucher, p. 168, no 159; Giraudeau, *Comm.*, p. 74.

333. — Ainsi, lorsqu'un fermier sortant actionne son successeur devant le juge de paix comme ayant fait des labours avant d'avoir droit d'entrer en jouissance, le propriétaire appelé en cause par celui-ci peut décliner la compétence du juge de paix en contestant le droit à l'indemnité réclamée par le demandeur. — *Cass.*, 21 juin 1837 (t. 2 1837, p. 123), Levillain c. de Saint-Cloud.

334. — A plus forte raison le déclinatoire serait-il recevable, si le propriétaire soutenait qu'il n'a consenti aucun bail, que le bail ne comprend pas les objets que le locataire ou le fermier prétend en faire partie, ou enfin qu'il est nul. — Curasson, t. 1er, p. 421.

335. — Jugé, en conséquence, que le juge de paix n'est pas compétent pour connaître d'une action en dommages-intérêts intentée par un fermier à raison d'un trouble apporté par voie de fait à sa jouissance, lorsque la qualité de fermier est contestée au demandeur, tant par le défendeur que par le propriétaire mis en cause par ce dernier. — *Cass.*, 10 mars 1829, Verrier c. Oudard et Muret. — V. aussi *Cass.*, 5 pluv. an IX, Labastand c. Langlois.

336. — *Quid* dans le cas où le propriétaire prétendrait avoir rempli toutes ses obligations? M. Curasson voit dans cette défense une contestation de droit à l'indemnité qui ne pourrait être résolue que par l'interprétation du bail, soit que le bail soit constaté par écrit ou avoué, soit qu'il soit régi par les principes du droit commun. Cette doctrine est trop générale. En pareil cas, le juge de paix devra préalablement interroger les parties pour savoir si elles sont d'accord sur les clauses du bail; mais il ne suffira pas de dire que toutes les obligations ont été remplies pour qu'à l'instant même la juridiction du juge de paix soit dessaisie. Ce serait trop commode, parce qu'il est très possible que, dans l'esprit même du propriétaire, il n'y ait là qu'une question de fait. Est-ce à l'abri des clauses du bail qu'il se réfugie, l'incompétence est manifeste! N'est-ce qu'un mode d'exprimer qu'il a exécuté telle ou telle condition du bail, alors le droit du fermier est reconnu. Mais il reste à savoir si l'exécution a été telle qu'elle est prétendue. C'est ce que M. Curasson semble au surplus reconnaître, car il ajoute : « Le seul cas, à ce qu'il nous semble, où l'exception déclinatoire doive être rejetée, c'est quand le droit à l'indemnité repose sur un fait qui n'est pas contestable ou qui n'a besoin que d'une vérification matérielle.

337. — Par application de ces principes, on décidera, par exemple, que lorsqu'un fermier sortant actionne son successeur devant le juge de paix comme ayant fait des labours avant son entrée en jouissance, le propriétaire appelé en cause par celui qui oppose au demandeur que le nouveau *fermier n'a fait que se conformer à l'usage des lieux*, conteste le droit à l'indemnité. — *Cass.*, 21 juin 1837 (t. 2 1837, p. 123), Levillain.

338. — Quoi qu'il en soit, l'attribution extraordinaire de l'art. 4 ne dérogeant pas aux principes de la compétence générale et ordinaire, la contestation *du droit* ne motiverait pas le renvoi de la cause devant les tribunaux de première instance, bien que fondée sur le bail, si la demande en indemnité ne s'élevait pas à 200 francs, d'une part, et de l'autre, si la décision n'entraînait pas la chose jugée pour d'autres affaires; en un mot, si l'exception se bornait au litige. — Curasson, t. 1er, p. 423, no 10 *bis*.

339. — Lorsque le propriétaire allègue qu'il n'y a pas eu privation de jouissance ou que le préjudice a été nul, ou qu'il l'a réparé, ou enfin que la réclamation est exagérée, le juge de paix n'en doit pas moins statuer. — Mêmes auteurs.

340. — L'incompétence du juge de paix, lorsque le droit à l'indemnité est contesté dans les termes ci-dessus, *est absolue*, et par conséquent opposable en tout état de cause. — *Cass.*, 21 juin 1837 (t. 1er 1837, p. 123), Levillain. — Cependant Henrion de Pansey (chap. 29, p. 335), Carré (*Just. de paix*, t. 2, p. 519), Berriat (t. 1er, p. 51) enseignent le contraire, en se fondant sur ce que cette exception n'a été établie qu'en faveur du propriétaire qui, dès-lors, doit être libre d'y renoncer. M. Benech a adopté aussi la même solution, mais par un autre motif. Si, dit-il, le demandeur a proposé d'abord ses moyens au fond, il est non-recevable à contester le droit à une indemnité, c'est-à-dire qu'il applique par extension les art. 168 et 169, et non pas l'art. 170, C. procéd. civ. — Ces moyens n'ont rien de satisfaisant à nos yeux, car la juridiction concentrée en un genre d'affaires n'est pas susceptible de prorogation. — V. conf. Favard de Langlade, *Rép.*, vo *Justice de paix*, § 16, no 2; Carou, t. 1er, p. 238, no 24; Curasson, t. 1er, p. 424, no 12; — *Encyclop. des juges de paix*, sect. 1re, no 18.

341. — Une autre condition de la compétence, c'est que la non-jouissance soit imputable au propriétaire, soit de *son fait*. La loi de 1790 parlait des *indemnités prétendues pour non jouissance*, sans en préciser la cause, comme le fait la loi nouvelle. Mais il ne suffit pas encore au propriétaire, pour repousser l'action, de dire que ce n'est pas *son fait*; en ce cas, le juge examine de quel côté est la vérité, et se déclare compétent selon le résultat.

342. — Si la privation de jouissance a pour cause une usurpation, une invasion, un débordement de rivière, une intempérie de saison, un incendie, ou toute autre cause étrangère au propriétaire, elle doit entrer dans la classe ordinaire des actions et la compétence du juge de paix est réglée par l'art. 1er.

343. — En statuant sur les dommages-intérêts, le juge de paix pourrait-il, en outre, faire cesser les obstacles qui s'opposent à la jouissance du fermier, et ordonner les réparations indispensables? M. Curasson a le premier posé cette question. « On pourrait dire qu'ici la compétence se borne au règlement des indemnités. Cependant cette compétence serait à peu près illusoire si le juge de paix était sans autorité pour prévenir le retour de ces mêmes inconvéniens pendant la durée du bail. Souvent, par exemple, la fumée rend les habitations incommodes... Dans ces cas, à quoi se réduirait la juridiction du juge de paix, s'il ne pouvait faire cesser l'incommodité... Il est, à ce qu'il nous semble, un moyen bien simple d'éviter toute difficulté sur ce point : c'est de conclure à une somme de dommages-intérêts suffisans pour indemniser le fermier ou le locataire du dommage passé et de celui à venir. » Nous approuvons cette solution, en y ajoutant, toutefois, que le juge de paix, en fixant le chiffre de l'indemnité, pourra distinguer celui qu'il alloue pour le préjudice passé de celui qu'il alloue pour le préjudice à venir, et dire que le propriétaire ne sera pas tenu de payer la dernière somme, s'il préfère exécuter les travaux nécessaires pour mettre les lieux en bon état.

344. — La loi n'a parlé que du locataire, mais le sous-locataire porterait valablement son action devant le juge de paix, le locataire étant vis-à-vis de lui un véritable propriétaire. — Carré, *Justice de paix*, t. 2, p. 518; Carou, t. 1er, p. 241, no 252; Foucher, no 161; Curasson, t. 1er, p. 425, no 13.

345. — Assigné en vertu du sous-bail, le locataire principal aurait incontestablement un recours contre le propriétaire si le trouble provenait du fait de celui-ci. En ce cas, le juge de paix prononcerait tant sur la demande principale que sur celle en garantie.

346. — S'il advenait qu'à son tour le propriétaire appelât un tiers en cause, sans doute le juge serait toujours compétent pour statuer sur la demande principale et celle en garantie du locataire principal contre le propriétaire; mais à l'égard de la demande de celui-ci contre le tiers, le serait-il? Oui, lorsque le litige ne s'élève pas au-dessus de 200 francs; au-delà, son incompétence est manifeste, l'art. 4 n'attribuant au juge de paix qu'une compétence exceptionnelle dont l'exercice est spécialement limité entre le locataire et le propriétaire.

347. — Toutefois, ajoute M. Curasson (t. 1er, p. 426), si le dommage portait sur les champs, fruits ou récoltes, le juge serait compétent vis-à-vis du tiers, aux termes de l'art. 5. En ce cas, en effet, la loi s'est prononcée de la manière la plus formelle.

348. — Quant à l'usufruitier privé de sa jouissance, c'est devant les tribunaux ordinaires qu'il doit porter sa demande en indemnité. — Curasson, t. 1er, p. 425, no 13.

§ 5. — *Actions du propriétaire contre le fermier ou locataire pour dégradations et pertes.*

349. — La loi de 1790 avait placé dans le même article et soumis au même taux de compétence les indemnités réclamées par les locataires ou fermiers pour non jouissance, les dégradations et pertes dans les cas prévus par les art. 1732 et 1735, C. civ., et les réparations locatives des maisons et fermes. Cette base fut adoptée dans le projet primitif de la loi nouvelle, mais la chambre des députés et la chambre des pairs l'amendèrent successivement. En définitive, on a attribué aux juges de paix jusqu'à concurrence seulement du dernier ressort des tribunaux de première instance : 1o le jugement des indemnités réclamées par le fermier, ainsi qu'on vient de le voir; 2o celui des dégradations et pertes alléguées par le propriétaire, sauf le cas d'inondation et d'incendie, cas dans lequel le taux de la compétence se trouve encore réduit, mais on a maintenu la loi de 1790 en ce qui concerne les réparations locatives dont les juges de paix connaissent à quelque taux que la demande puisse monter aux termes de l'art. 5.

350. — Le fermier peut-il, en prétendant qu'il a agi dans les limites de son droit, soustraire au juge de paix la connaissance de l'action en indemnité formée contre lui pour dégradations ou pertes, de même que le propriétaire est recevable à demander son renvoi devant les tribunaux ordinaires, en alléguant que, d'après les clauses du bail, il n'est pas responsable du trouble dont se plaint son locataire? Sous la loi de 1790, cette question, d'après les auteurs de l'*Encyclopédie des juges de paix* (vo *Bail*, no 7), devait être résolue par l'affirmative. Cependant, un arrêt s'est prononcé dans le sens contraire. — *Cass.*, 1er vent. an VI, Robert c. Mottet. — Et il ne nous semble pas que la cour se soit déjugée le 17 mai 1820 (Duhamel), en décidant que le fermier qui s'est laissé condamner à des dommages-intérêts n'est pas recevable, sur l'appel du jugement définitif, à exciper de l'incompétence du juge, parce que l'exception tirée du fond du droit ne constituant pas une incompétence matérielle devait être opposée *in limine litis*, car cet arrêt n'a pas abordé la question principale. Il a statué sur une fin de non-recevoir, et disons de suite, contrairement à la doctrine de cet arrêt, qu'en supposant l'incompétence, elle eût été *ratione materiæ*. — (V. en ce sens Chauveau, no 101; Lepage, quest. 5, p. 59. — *Contrà* Merlin, *Rép.*, vo *Juge de Paix*, § 16, no 2; Carré, *Compét.*, p. 385, édit. in-4o, no 444). — Mais pour en revenir à l'espèce qui nous occupe, sous la loi nouvelle, tous les doutes doivent s'évanouir devant la rédaction de notre article; car les deux dispositions sont parfaitement distinctes. — Curasson, t. 1er, p. 426, no 15. — *Contrà* Carou, t. 1er, p. 254 et 255, no 269.

351. — Nous n'examinerons pas quelles sont les différentes causes qui peuvent motiver l'action du propriétaire. Nous dirons seulement, avec M. Curasson (t. 1er, p. 451, no 17), en renvoyant au mot BAIL, qu'il y a dégradation lorsque le locataire endommage des murs et croisées, change la destination des lieux, détruit ou détériore les arbres d'un jardin, laisse les espaliers sans être taillés, brise les balustrades, etc. Quant aux baux à ferme, il y aura dégradation toutes les fois que le fermier ne fumera pas les terres convenablement, qu'il détournera les fumiers et engrais, qu'il épuisera le sol par des cultures nuisibles et condamnées par l'expérience, qu'il changera un pré ou une vigne en une terre labourable, etc.

352. — Ainsi il a été jugé que le défaut de fumage, et le divertissement, par le fermier, des foins, pailles et engrais, au préjudice du propriétaire, constituent des dégradations dont la connaissance appartient au juge de paix. — *Cass.*, 29 mars 1820, Sébilleau c. Deschamps.

353. — A propos de cet arrêt, M. Carou (t. 1er, p. 245, 246 et 247, no 257) fait les réflexions suivantes : s'il s'agit, dit-il, des pailles réputées immeubles, d'après l'art. 524, C. civ., ces pailles font, par fiction, partie de la chose louée, c'est-à-dire de l'immeuble auquel elles sont attachées. Les en séparer, c'est enlever quelque chose de l'immeuble et en diminuer la valeur. Là donc on peut voir une sorte de détérioration; mais en serait-il de même des foins qui ne sont pas réputés immeubles par destination? C'est une récolte, comme le dit M. Toullier (t. 3, p. 40). Si cependant ils étaient communs au propriétaire et au fermier et destinés à la nourriture de leurs bestiaux, on devrait les considérer comme immeubles par destination, de même que les pailles, dans le cas dont nous venons de parler.

354. — Mais il faudrait nécessairement décider autrement si les foins et les pailles enlevés appartenaient exclusivement au propriétaire, et n'étaient en aucune façon destinés à l'exploitation, car il deviendrait impossible d'y voir une dégradation de la chose louée. L'action du propriétaire serait une action pure et simple en dommages-intérêts, telle qu'il l'aurait contre un étranger, et dont l'art. 1er de la loi nouvelle déterminerait le taux.

355. — La cour suprême a encore assimilé la vente des herbes d'un pré à une location, et, comme conséquence, elle a dû admettre l'action du propriétaire en réparation du dommage causé par les bestiaux de l'acquéreur, comme étant du ressort de la justice de paix. — *Cass.*, 21 pluv. an X, Duhamel c. Latin.

356. — Elle a également jugé qu'on doit assimiler à une dégradation la coupe d'un plus grand

nombre de baliveaux que celui déterminé par le bail d'un bien, ou l'étronçonnage de plusieurs arbres. — *Cass.*, 21 juill. 1830, Painfan c. Osmond.

357. — Au surplus, il faut bien se garder de croire que la disposition dont nous nous occupons ne s'applique qu'à la location des choses immobilières. Un arrêt a justement décidé que le juge de paix était compétemment saisi de la connaissance d'une action en indemnité pour vente d'un cheval loué. — *Limoges*, 19 juill. 1842 (t. 1er 1843, p. 417), Lafond Saint-Cyr c. Malherbe. — Conf. Troplong, *Traité des échanges et du louage*, t. 2, no 247.

358. — De même, peu importerait que les dégradations eussent été commises après l'expiration du bail, lorsque le fermier a indûment continué sa jouissance. Cette continuation sera naturellement considérée comme une suite du bail. — Curasson, t. 1er, p. 439, no 24 ; Carou, t. 1er, p. 249, no 261. — M. Benech (p. 99) invoque, dans le système opposé, un arrêt de la cour de Cassation du 15 juin 1819 (Vincent c. hospice de Belley). — Mais on remarquera que cet arrêt a plutôt statué sur une question d'exécution de jugement que sur la question qui nous occupe.

359. — Il est enfin hors de doute que l'action du propriétaire ne soit valablement intentée, *même avant* la fin du bail.

360. — Le juge de paix peut-il ordonner la réparation des dégradations ? — V. *supra* no 343, une question identique.

361. — Si le propriétaire, tout en réclamant des dommages-intérêts pour les dégradations et les pertes, concluait à la résolution du bail, ce serait le tribunal de première instance qui seul aurait compétence pour en connaître, la loi n'autorisant les juges de paix à prononcer sur de pareilles demandes qu'autant qu'elles sont basées sur le non paiement du loyer ou fermage.

362. — S'il se fondait, au contraire, non plus sur ces dégradations, mais sur le non paiement des loyers, pour poursuivre la résolution du bail, la thèse contraire serait seule vraie, pourvu que le prix du bail rentrât dans le taux de la compétence énoncée dans l'art. 3.

363. — Lorsqu'il y a sous-location, le propriétaire conserve le droit d'agir contre le locataire ou fermier principal, quand bien même il aurait donné son consentement à la rétrocession du bail, car il n'en résulte pas novation. — *Cass.*, 28 août 1833, Fillion c. Thiroux. — Curasson, t. 1er, p. 435, no 21.

364. — Quant au recours du principal locataire ou fermier contre le sous-locataire ou fermier, M. Carré (*Comp.*, t. 2, p. 382) et M. Victor Augier (*Encycl. des juges de paix*, vo *Bail*, § 2, no 5) pensent qu'il ne peut s'exercer par voie directe, parce que l'intérêt n'existe qu'autant que le propriétaire se plaint. MM. Curasson (t. 1er, p. 435, no 21) Benech (p. 103) et M. Carou lui-même (t. 1er, p. 250, 251 et 252, no 263) combattent ce système, qui repose sur des principes trop rigoureux. S'il est vrai que le tort soit fait au propriétaire, et non au principal locataire ou fermier, ce dernier n'en est pas moins civilement responsable. Il est obligé de tenir les lieux en bon état. Il semble donc qu'à la fin du bail il soit fondé à exiger ou la mise en état de la chose louée, ou une indemnité pécuniaire ; et nous ne voyons pas pourquoi il serait tenu d'attendre l'expiration du bail. Seulement, le sous-locataire pourrait objecter, dans le cas où une indemnité pécuniaire lui serait réclamée, qu'il est exposé à payer deux fois, et l'on devrait alors ordonner la consignation des fonds. Le principal locataire ou fermier aurait encore la ressource de dénoncer à son bailleur la résistance qu'on lui oppose, et de solliciter son intervention.

365. — Au surplus, il n'y a difficulté que si les dégradations commises sont principalement nuisibles au propriétaire ; mais si elles devaient diminuer la jouissance du sous-locataire ou fermier, et le priver des fruits qu'il se serait réservés, ou qu'il devait naturellement tirer de la chose, alors une action directe et personnelle lui serait ouverte, action tout-à-fait indépendante de celle du propriétaire.

366. — Dans ces deux hypothèses, l'action du principal locataire ou fermier est toujours du ressort de la justice de paix. — V. conf. mêmes auteurs, et Foucher, no 165 ; Rodière, t. 1er, p. 55.

367. — Nous n'hésitons pas non plus à admettre que la connaissance de l'action en garantie du locataire ou fermier principal assigné à la requête du propriétaire appartient au juge de la demande originaire et principale. — Carou, t. 1er, no 266, p. 253 ; Carré, *ut supra*.

368. — Mais, si l'action récursoire était dirigée par le locataire contre un tiers, les règles ordinaires de la compétence reprendraient leur empire. Le juge de paix n'aurait donc juridiction qu'à la condition que la demande ne s'élèverait pas à plus de 200 francs, sauf toutefois le cas où il s'agirait de dommages aux champs, fruits et récoltes, l'art. 5 lui attribuant alors une compétence illimitée. — Curasson, t. 1er, p. 436, no 436 ; Carou, t. 1er, p. 261, 262 et 263, no 279.

369. — La règle posée dans le § 2, de l'art. 4, L. 25 mai 1838, ne souffre qu'une seule exception ; c'est quand les dégradations et pertes ont pour cause ou un incendie ou une inondation. Alors le juge de paix n'est plus compétent que dans les limites de l'art. 1er.

370. — Selon M. Curasson (t. 1er, p. 437), il était assez inutile de mentionner cette exception, du moins en ce qu'elle concerne l'inondation, puisqu'il y a là un cas de force majeure dont la responsabilité ne pèse jamais sur le fermier ou locataire. Cependant, quelquefois l'inondation sera le fait même de celui-ci, soit parce qu'il aura barré les eaux d'un ruisseau, sans en faciliter l'écoulement, soit parcequ'il aura négligé de lever pendant la crue des eaux d'une usine, les passes et la porte marinière.

371. — Seulement, ajoute cet auteur, l'art. 4 n'est-il pas en contradiction avec l'art. 5, qui attribue aux juges de paix, à quelque valeur que la demande puisse s'élever, la connaissance des actions pour dommages aux champs, fruits et récoltes ; et s'il est généralement admis que la compétence illimitée de l'art. 5 s'étende aussi bien au dommage médiatement causé qu'à celui qui l'a été directement, pourquoi, lorsque les dégradations causées par les eaux proviennent du fait du fermier, la compétence serait-elle restreinte au taux de 1,500 francs ? Nous répondrons que les deux espèces sont loin d'être identiques. Dans l'une, il s'agit des dégradations de la chose louée, de la chose que détient le fermier ou le locataire, en vertu d'une convention qu'il est souvent indispensable d'apprécier. Dans l'autre, le locataire ou fermier n'a aucun droit sur la chose. Le fait ne présente à juger qu'une question d'indemnité.

372. — Aussi, dans ces termes, regarderons-nous le dommage causé par le fermier à la chose du propriétaire, exclusivement celle du propriétaire, comme rentrant dans les prévisions de l'art. 5, et non de l'art. 4.

373. — Cette explication une fois admise, si l'on demandait pourquoi, au moins, le législateur n'a-t-il pas maintenu le taux de la compétence de l'art. 5, on trouverait la raison de cette différence dans l'importance des pertes occasionnées par le fléau de l'inondation et de l'incendie, et les difficultés qu'offre l'instruction de ces sortes de cause.

374. — Il peut arriver que le preneur oppose à la réclamation dont il est l'objet qu'il lui est dû des impenses ou améliorations. Quant au fond du droit, nous avons traité les diverses questions qui s'y rattachent vo BAIL, nos 1018 et suiv. Ce n'est donc que de la compétence que nous devons en ce moment nous préoccuper. Or, les art. 7 et 8 de la loi nouvelle tracent la règle à suivre en pareil cas. Ou la demande reconventionnelle n'excédera pas 200 francs, et il statuera sur ces deux demandes ; ou ce taux sera dépassé, et le juge aura le choix de renvoyer le tout devant les juges compétens, ou de prononcer sur la première demande, en délaissant le locataire ou fermier à se pourvoir devant les juges compétens.

375. — On vient de voir que le propriétaire pouvait exercer devant la justice de paix son action contre le principal locataire et le sous-locataire ou fermier ; mais il en serait autrement si l'instance était dirigée contre l'usufruitier. — *Cass.*, 10 janv. 1808, Vinelle c. Bongourd.

ART. 4. — *Actions dont le juge de paix connaît en dernier ressort jusqu'à 100 fr., et en premier ressort à quelque valeur que la demande s'élève.*

§ 1er. — *Actions pour dommages aux champs, fruits et récoltes. — Elagage des arbres ou haies. — Curage des fossés ou canaux.*

376. — Le § 1er de l'art. 5, L. 25 mai 1838, porte que le juge de paix connaîtra, sans appel, jusqu'à la valeur de 100 fr., et à charge d'appel, à quelque valeur que la demande puisse s'élever, des actions pour dommages faits aux champs, fruits et récoltes, soit par l'homme, soit par les animaux, et de celles relatives à l'élagage des arbres ou haies, et au curage soit des fossés, soit des canaux servant à l'irrigation des propriétés ou au mouvement des usines, lorsque les droits de propriété ou de servitude ne sont pas contestés.

377. — La première disposition de ce paragraphe, celle relative aux dommages aux champs, fruits et récoltes, est la reproduction du no 1er, art. 10, L. 1790.

378. — Celle relative à l'élagage des arbres ou haies, au curage des fossés et des canaux y a été ajoutée. « La loi de 1790, disait le garde des sceaux devant la chambre des pairs (*Moniteur*, 9 mai 1837), en s'expliquant sur les dommages faits aux champs, fruits et récoltes, se taisait sur les actions relatives à l'élagage des arbres ou haies, au curage des fossés servant à l'irrigation des propriétés, ou au roulement des usines. Pour de telles causes, combien n'est-il pas regrettable de voir s'introduire devant les tribunaux d'arrondissement des procès qu'élève souvent l'amour-propre plus qu'un véritable intérêt, et qui plus tard n'entretiennent la mésintelligence entre voisins qu'à raison des frais que chaque plaideur s'efforce de rejeter sur son voisin. »

379. — Cette attribution est donc d'origine moderne. Cependant, quelques auteurs admettaient, sous l'ancienne loi, que l'action en élagage rentrait dans la compétence accordée aux juges de paix, relativement aux dommages aux champs, fruits et récoltes. — *Cass.*, 29 déc. 1830, Dumoncel c. Bras. — V. ÉLAGAGE, nos 15 et suiv.

380. — Henrion de Pansey attribuait cette action aux juges de paix ; mais par un autre motif, il la regardait comme *possessoire* (chap. 25, § 4). C'était là une erreur, car l'action possessoire n'est admissible que pour les droits prescriptibles, et le droit d'élagage ne saurait être prescrit. — V. SERVITUDE.

381. — Il a été décidée, dans ce sens, que l'action en réparation du dommage aux champs, fruits et récoltes, diffère de l'action possessoire en ce qu'elle n'a pas besoin d'être intentée dans l'année. — *Cass.*, 29 déc. 1830, Dumoncel c. Bras ; — Carré, *Comp.*, t. 6, p. 59 ; *Just. de paix*, t. 2, no 1315 ; Foucher, *Just. de paix*, p. 209, no 198. — V. DOMMAGE AUX CHAMPS, FRUITS ET RÉCOLTES, no 52.

382. — Aujourd'hui, cette question ne peut plus se représenter, puisqu'elle a été tranchée par le législateur.

383. — L'expression de *dommages aux champs, fruits et récoltes*, est générique. Ainsi, l'action en dommages pour préjudice occasionné par des dégâts faits dans des taillis est de la compétence du juge de paix. — *Toulouse*, 31 juill. 1818, Fauron c. Lespinasse. — V. DOMMAGES AUX CHAMPS, etc., nos 20 et suiv.

384. — On a vu (vo ACTIONS POSSESSOIRES) que les fonds inférieurs étant assujettis envers les fonds supérieurs à recevoir les eaux en découlant naturellement, *sans que la main de l'homme y ait contribué*, les propriétaires de ces fonds ne devaient rien faire, soit pour diminuer, soit pour aggraver cette servitude légale (V. aussi SERVITUDE), et que chacun d'eux avait le droit de se pourvoir par *voie de complainte* pour réprimer une pareille entreprise.

385. — C'est là une première voie ouverte par la loi. — Mais elle ne peut pas toujours être employée, parce que souvent les travaux ont disparu, et que le propriétaire qui les avait indûment élevés les a fait disparaître.

386. — En ce cas, le voisin dont les champs ont été endommagés se pourvoira à fin de réparation du dommage par voie principale, et non plus accessoirement à l'action en complainte, bien que l'orage et la pluie soient la cause immédiate du dommage. — Curasson, *ibid.*

387. — Pour les diverses espèces de dommages dont la réparation peut être poursuivie devant le juge de paix, V. au surplus DOMMAGES AUX CHAMPS, FRUITS ET RÉCOLTES.

388. — Il n'est pas nécessaire d'ailleurs que le dommage causé résulte immédiatement du fait de l'homme. La portée de l'art. 5 est générale et comprend tous les dommages émanant même indirectement de l'homme, de sa négligence ou imprudence, ou de travaux vicieux faits par lui. — *Cass.*, 23 mai 1831, Villemain c. Breillot. — V. DOMMAGES AUX CHAMPS, etc.

389. — *Spécialement*, le dommage causé à des récoltes par une inondation produite par suite de la fermeture d'une écluse, au moment d'une pluie abondante, engendre une action qui doit être portée devant le juge de paix, s'il n'y a pas d'ailleurs contestation sur le droit de faire jouer l'écluse. — *Cass.*, 18 nov. 1817, Delorme c. Vignat.

390. — La loi parle également du dégât commis par les animaux. C'est l'application de l'art. 1385, C. civ., aux termes duquel le propriétaire d'un animal ou celui qui s'en sert pendant qu'il est à son usage est responsable du dommage que l'animal a causé, soit que l'animal fût sous sa garde, soit qu'il fût égaré ou échappé. — V. ANIMAUX, nos 28 et suiv., RESPONSABILITÉ.

391. — Dans certains cas, le dommage causé aux champs, fruits ou récoltes, constitue un délit ; la partie lésée peut alors se pourvoir à son choix par

l'action civile ou par l'action criminelle. — V. DÉLIT RURAL, ACTION CIVILE.

392. — En matière d'élagage, la loi accorde compétence aux juges de paix, soit qu'il s'agisse d'arbres, soit qu'il s'agisse de haies.

393. — La compétence ne cesserait que s'il s'agissait de l'élagage d'une forêt dont les arbres avaient déjà plus de trente ans lors de la publication du Code forestier, parce qu'alors il s'élèverait une question de servitude. En effet, l'art. 150, C. forestier, porte : « Les propriétaires riverains des bois et forêts ne peuvent se prévaloir de l'art. 672, C. civ., pour l'élagage des lisières desdits bois et forêts, si les arbres de lisière ont plus de trente ans. — V. ÉLAGAGE, nos 9 et suiv., et FORÊT.

394. — Mais, pour qu'il en soit ainsi, il est indispensable que le défendeur oppose à la demande en élagage le bénéfice de l'art. 150 précité, en un mot, qu'il élève la *question de servitude*.

395. — De même, le juge de paix est incompétent pour connaître de l'élagage des arbres plantés au bord des routes. — V. ÉLAGAGE, nos 24, 25 et suiv.

396. — Quant au curage des fossés et des canaux, il faut remarquer que l'art. 5, L. 25 mai 1838, n'est applicable qu'aux fossés particuliers, et nullement à ceux des routes royales ou départementales, ou des communes. — V. CANAUX, CURAGE, FOSSÉS.

397. — L'art. 14, C. forestier, porte que lorsque la délimitation sera effectuée par des fossés de clôture, ils seront exécutés aux fais de la partie requérante, et pris en entier sur son terrain. Le curage de ces fossés fût-il réclamé par ou contre le domaine ou une commune, ce sera toujours indistinctement devant la justice de paix que la demande devra être portée.

398. — L'art. 71 du même code permet encore de pratiquer à frais communs entre les usagers et l'administration, lorsque celle-ci le requiert, des fossés pour empêcher que les bestiaux ne s'introduisent dans les bois. Les juges de paix connaîtront des questions de curage élevées à propos de ces fossés. — V. FORÊT.

399. — Quant au curage des canaux servant à l'irrigation des propriétés ou au roulement des usines, la disposition de la loi nouvelle est applicable aux canaux naturels comme aux canaux artificiels.

400. — Cependant, ce ne sera que fort rarement que le tribunal de la justice de paix sera saisi de ces questions à l'égard des cours d'eau naturels, par cela qu'ils sont tous placés, navigables, flottables ou non, sous le régime administratif. — V. CANAUX, COURS D'EAU, CURAGE.

401. — En cas d'urgence seulement, si le cours d'un ruisseau ou d'une rivière navigable ou flottable se trouve encombré, non par le fait de la nature, mais par suite de la négligence ou de l'imprudence d'un riverain supérieur ou inférieur, les parties intéressées se pourvoieront valablement devant cette juridiction pour obtenir l'enlèvement des obstacles qui gênent la circulation des eaux.

402. — Il a été jugé que le trouble apporté à la jouissance d'un propriétaire, non par le curage d'une rivière, mais cependant par des travaux exécutés dans son lit, était de la compétence du juge de paix. — *Cass.*, 8 nov. 1836, Lefèvre et Seillière c. Lefèvre Soyez.

403. — Mais, dès qu'il y a contestation sur le fond du droit, le juge de paix devient incompétent, parce qu'il serait obligé de décider préalablement une question de servitude.

404. — Ce n'est que jusqu'à concurrence de 100 fr. que le juge de paix statue en dernier ressort. Rien n'est plus évident. Cependant M. Giraudeau (p. 75 et 76) se demande s'il peut statuer en dernier ressort, toutes les fois que les dommages réclamés n'excèdent pas 100 fr., *quelle que soit la valeur de la possession réclamée*. « Il a été décidé, dit-il, que la demande (il s'agissait d'une action possessoire, mais le principe est le même en ce qui concerne les actions pour dommages faits aux champs, fruits et récoltes), dans laquelle on ne réclame que 50 fr. (aujourd'hui, 100 fr.) de dommages-intérêts, ne peut être jugée en dernier ressort, lorsque la *valeur de la possession réclamée*, jointe aux dommages-intérêts, excède 50 fr., ou lorsque cette valeur est indéterminée. » — Non : le principe n'est pas le même. Aucune analogie n'existe entre les deux actions. L'une est personnelle et mobilière, l'autre est immobilière. Dans cette dernière, le principal du litige est la possession ; les dommages-intérêts ne sont que l'accessoire. Dans l'autre, au contraire, ils forment le principal. Aussi, n'est-il pas nécessaire de se pourvoir en réparation de dommages dans l'année où il a été commis, comme lorsqu'il s'agit de l'action possessoire, sauf le cas où l'action résulte d'un délit ou d'une contravention que la loi déclare prescrite par un an ou même par une période moins longue. D'ailleurs, le texte est formel. — Curasson, t. 1er, p. 448, 449 et 450, no 2.

405. — Quant à la demande en élagage ou en curage, elle tend parfois à deux fins, l'élagage ou le curage, et en outre à la réparation du préjudice souffert. En ce cas, le juge de paix statuera-t-il en dernier ressort, si le chiffre des dommages-intérêts ne s'élève pas à 100 fr.? Le doute vient de ce que l'on pourrait considérer l'obligation d'élaguer ou de curer comme étant d'une valeur indéterminée; mais ce serait une méprise. Les dommages-intérêts servent seuls à déterminer le taux du premier ou du dernier ressort, parce que l'obligation d'élaguer est reconnue, car si elle ne l'est pas, si le titre ou la propriété est contesté, la connaissance du litige cesse d'appartenir à la justice de paix. Donc, la loi n'a eu en vue, comme en matière de dommages aux champs, fruits et récoltes, que le chiffre de l'indemnité ; sans quoi on arriverait à cette conséquence inadmissible que la demande bornée au curage et à l'élagage serait d'une valeur plus considérable, ainsi que le remarque M. Curasson (t. 1er, p. 450, no 2 *bis*), que si l'on ajoutait à cette demande des conclusions en dommages-intérêts.

406. — Il n'est pas moins évident qu'il faut appliquer non seulement aux actions tendant au curage ou à l'élagage des fossés, canaux, arbres ou haies, mais encore à celles en réparation du dommage causé aux champs, fruits et récoltes, le principe que la compétence du juge de paix cesse lorsque les droits de propriété ou de servitude sont contestés.

407. — Ainsi l'on jugeait sous l'ancienne législation qu'une demande en réparation de dommage fait aux champs, dont la connaissance est attribuée aux juges de paix rentre dans les attributions des tribunaux de première instance, quand elle est jointe à une action *négatoire* de servitude que le défendeur ne conteste pas, sans toutefois y acquiescer formellement. — *Cass.*, 20 juin 1820, Rollier c. Fourvigne.

408. — C'est donc à bon droit qu'il a été décidé que l'action civile en dommages-intérêts contre le propriétaire d'un fonds supérieur pour fait de prise d'eau en temps prohibé n'était pas de la compétence du juge de paix, lorsque le défendeur opposait qu'il tenait le droit de prise d'eau des anciens propriétaires. — *Cass.*, 8 avr. 1829, Petit c. de Courcy.

409. — ... Et que lorsqu'une demande tendant à obtenir des dommages-intérêts pour des ravages causés dans les champs par la trop grande élévation des eaux de retenue d'un moulin, a en même temps pour objet de faire ordonner qu'à l'avenir les eaux seront tenues à une moindre élévation, ce second chef de demande est inséparable du premier, de sorte que le tout excède la compétence de la justice de paix. — *Bourges*, 7 mai 1831, Hérisson et Varirat c. Louzon.

410. — Toutefois la prétention du défendeur doit être nettement formulée. Ainsi, un juge de paix a pu connaître en premier ressort d'une demande en paiement d'une somme moindre de 100 fr. pour dommages causés sur un fonds de terre, quoique le défendeur excipât d'un droit commun autorisant le fait duquel le dommage a pu résulter, sans toutefois prendre des conclusions formelles tendant à être maintenu dans ce droit. — *Cass.*, 15 janv. 1811, Henry c. Lèbre.

411. — De même le juge de paix saisi d'une action en dommages-intérêts pour dommages aux champs reste compétent pour prononcer, encore bien que le défendeur allègue être propriétaire du terrain sur lequel le dommage a été causé, si cette allégation est vague et n'est pas appuyée d'ailleurs d'une exception formelle d'incompétence. — Dans ce cas, même si le défendeur n'a pas demandé de sursis, le juge de paix ne doit pas surseoir à statuer jusqu'à ce qu'il soit fait droit sur la question de propriété. — *Cass.*, 20 mai 1840 (t. 2 1840, p. 440), Adnot c. Adnot et Mathieu. — V. *infrà* no 415.

412. — ... Jugé encore que le juge de paix doit statuer en dernier ressort sur une demande au dessous de 50 fr., formée pour dommages causés à un héritage, pour l'irrigation d'un pré voisin, lorsque le propriétaire de ce pré n'ayant pas pris la demande formée contre lui comme un trouble dans sa possession d'an et jour, n'a intenté ni action possessoire ni action pétitoire, et s'est borné à alléguer qu'il avait usé de son droit. — *Cass.*, 15 déc. 1824, Mirabel c. Guiraud.

413. — Si le défendeur se borne à élever la question de pssession, le juge de paix connaîtra toujours de la cause, mais il devra d'abord vider cette question ; cela est de toute évidence, puisque la loi lui attribue, sans exception, la décision des actions possessoires. Rien ne s'oppose, au surplus, à ce qu'elle soit incidemment vidée. — Carou, t. 1er, p. 299, no 319.

414. — De ce que le juge de paix n'a pas compétence pour juger la question préjudicielle de propriété, suit-il qu'il soit dessaisi du litige par l'exception? Nullement, à notre avis, car la question de la propriété et celle des dommages-intérêts sont indépendantes l'une de l'autre. — C'est la demande qui fixe la compétence. Le système contraire prête à la mauvaise foi, en ce que le défendeur peut effrayer le demandeur par la perspective des lenteurs d'un procès devant les juges ordinaires et l'énormité des frais. — Conf. Carou, t. 1er, p. 296 et suiv., no 317; Benech, p. 176; Masson, p. 111. — *Contrà* Curasson, t. 1er, p. 455 et suiv., no 6.

415. — En conséquence, jugé que lorsqu'un juge de paix est saisi d'une demande en réparation du dommage causé aux champs, si le défendeur allègue être propriétaire du terrain sur lequel ce dommage a été causé, le juge doit même d'office *renvoyer devant qui de droit la question de propriété et surseoir à statuer jusqu'après résolution.* — *Cass.*, 22 juin 1842 (t. 2 1842, p. 369), Lacoume c. Pindat. — V. cependant *suprà* no 411.

§ 2. — *Actions pour réparations locatives.*

416. — L'art. 5, § 2, L. 25 mai 1838, porte que le juge de paix connaîtra sans appel jusqu'à la valeur de 100 fr., et à charge d'appel, à quelque valeur que la demande puisse s'élever, des réparations locatives des maisons ou fermes, mises par la loi à la charge du locataire.

417. — Cette disposition est reproduite du § 3, art. 10 de l'ancienne loi, sauf l'addition de ces mots : *Mises par la loi à la charge du locataire.*

418. — Dans le projet primitif, il avait été question des *réparations mises par le bail* à la charge du locataire. Plusieurs cours critiquèrent cette extension donnée à la compétence des juges de paix, et le garde des sceaux se rendit à leurs raisons.

419. — Il est donc bien constant que la compétence des juges de paix ne s'applique qu'aux réparations locatives dont il est nommément question dans l'art. 1754, C. civ., ou que l'usage a consacrées.

420. — Déjà, sous l'ancienne législation, il était admis que la disposition qui attribuait aux juges de paix la connaissance des réparations locatives des maisons et des fermes, ne s'appliquait pas aux réparations de tout genre dont le locataire ou le fermier serait expressément chargé par son bail. — *Cass.*, 13 juill. 1807, Thevenin c. Lianthey.

421. — ... Ni aux indemnités dues pour dégradations survenues après l'expiration du bail et provenant de l'inexécution de jugemens qui condamnaient le locataire à faire certaines réparations. — *Cass.*, 15 juin 1819, Vincens c. hospices de Belley.

422. — Un principe non moins certain, c'est que dès-lors qu'il est reconnu par le juge de paix que les réparations demandées rentrent dans la catégorie de celles prévues par l'art. 1754, ou autorisées par l'usage, *aucune exception* ne peut le dessaisir ; la compétence est absolue.

423. — S'il ne s'agissait que de simples réparations locatives, mais qu'elles fussent demandées en vertu du bail, le propriétaire ayant, par excès de précaution, stipulé que ces réparations seraient à la charge de son locataire, nul doute *que la convention n'étant pas déniée*, le juge de paix ne fût compétent *malgré* la stipulation.

424. — Mais si les parties ne se montraient pas d'accord sur l'interprétation de la convention, il en serait autrement, parce qu'il ne s'agirait plus d'un simple examen de lieux, mais de l'appréciation d'un titre. — Curasson, t. 1er, p. 510 et 511, no 1er ; Carou, t. 1er, p. 305, no 324.

425. — Si la demande portait tout à la fois et sur des réparations locatives et sur des réparations d'autre nature, elle serait du ressort des tribunaux ordinaires. Le juge de paix devrait proclamer son incompétence, sans même retenir le chef des réparations locatives. Autrement, il multiplierait les frais. — *Encyclopédie des juges de paix*, vo *Bail*, no 52 ; Carou, t. 1er, p. 306, no 325 ; Curasson, t. 1er, p. 510, no 1er.

426. — Supposons maintenant que le bail dispense le fermier ou le locataire des réparations locatives, et que le propriétaire les lui réclame néanmoins, le juge de paix devra-t-il retenir la cause bien que le fermier invoque le bail pour repousser la demande? — M. Carou (t. 1er, p. 306, no 326) répond que c'est une exception dont il ne peut connaître, puisqu'il s'agirait de l'appréciation d'un titre qui, par sa nature, échappe à sa

JUSTICE DE PAIX, ch. 5, sect. 2e.

compétence. — Le principe est vrai. Mais si la somme réclamée ne se montait pas à 200 fr., l'art. 1er de la loi ne reprendrait-il pas tout son empire? Cela nous paraît évident, en présence de l'art. 3 qui permet aux juges de connaître même des demandes en paiement de loyers ou fermages, lorsque le prix du bail n'excède pas à Paris 400 f., en province 200 fr., et surtout en présence de l'art. 1er. N'est-ce pas là une action personnelle et mobilière? Il est vrai qu'il s'agit d'apprécier un titre; mais en thèse générale, ce n'est pas la valeur de l'obligation, c'est la valeur de la demande qui fixe la compétence. Aussi admet-on (V. *suprà*) que le juge de paix est compétent pour connaître de la demande d'un terme d'obligations ou d'ouvrages échus n'excédant pas 200 fr., toutes les fois que le défendeur n'élève pas une exception qui engage l'avenir. Or, c'est à la fin du bail que la demande en réparation est formée, et tout se trouve donc terminé par la seule demande.

427. — En parlant des *maisons et fermes*, l'intention du législateur n'a pas été de ne désigner que les bâtimens destinés à l'habitation ou à l'exploitation d'un bien rural. Cette expression comprend aussi bien les manufactures, les usines et les autres établissemens. — Carré, t. 2, no 1675; Curasson, t. 1er, p. 511, no 2; Carou, t. 1er, p. 307, no 327; Rodière, t. 1er, p. 68; *Encyclop. des juges de paix*, vo *Bail*, no 37.

428. — Ainsi, elle s'applique aux réparations à faire aux champs et vergers dépendant d'une ferme, par exemple, à l'entretien des haies et terres en bon état de culture, au curage des fossés, etc. — Carou, no 327; Rodière, t. 1er, p. 68.

429. — Une difficulté se présente quand il s'agit d'un usinier ou d'un manufacturier. Non seulement le locataire est tenu des réparations locatives proprement dites, c'est-à-dire de celles qui ont rapport à la maison, mais il est en outre obligé d'entretenir en bon état les instrumens et autres choses servant à l'exploitation de l'usine ou de la manufacture. — V. BAIL.

430. — Souvent il arrive que l'usinier ou le manufacturier a fait des impenses ou améliorations. Par exemple, il remplace un objet détérioré par un objet neuf et solide. De là une plus-value donnée à l'immeuble dont le propriétaire lui doit compte, à fin de bail, s'il a été dressé un état des lieux; sans quoi il est censé avoir tenu les lieux en bon état, sauf à lui de prouver le contraire. — On voit que dans cet état de choses il faut, pour arriver à régler les droits de chacun, comparer les choses au moment de l'entrée en jouissance et au moment de la sortie. La plus-value ou le déficit constitue le preneur débiteur ou créancier du propriétaire, et *vice versâ*. — Ce travail est-il de la compétence du juge de paix? L'affirmative résulte de ce qu'il ne s'agit que de réparations locatives mises par la loi à la charge du locataire. — Curasson, t. 1er, p. 525 et suiv., nos 8, 9, 10, 11 et 12; Carou, t. 1er, p. 308 et 309.

431. — La même solution doit être adoptée à l'égard des locations ordinaires quand il a été dressé un état de lieux.

432. — « De même que le juge de paix, dit Carré (t. 2, p. 377), est compétent pour connaître des réparations locatives, il doit l'être également pour prononcer sur les états de lieux dressés ou à dresser, pour constater lui-même ces états par jugement, lorsque les parties ne sont pas d'accord, soit sur les choses qui peuvent être décrites, soit sur la manière d'opérer. Par exemple, si le propriétaire se refusant à un devis, le preneur en faisait dresser un et assignait le bailleur devant le juge de paix pour l'accepter ou le contester, et réciproquement, lorsque le fermier donnant le même refus, le propriétaire le citait pour voir dire qu'il serait dressé procès-verbal. » — V. Carou, t. 1er, p. 309 et 310, no 329; *Encyclop. des juges de paix*, vo *Bail*, no 46.

433. — L'usufruitier ne peut être actionné devant la justice de paix pour les réparations dont il est tenu; la loi ne parle que des locataires. — Carré, *Justice de paix*, t. 2, p. 499; Bioche et Goujet, vo *Juge de paix*, no 75; Carou, t. 1er, p. 310, no 330; Curasson, t. 1er, p. 511, no 2.

434. — Mais c'est devant cette juridiction que doit être portée l'action en réparations locatives des maisons presbytériales intentées contre les curés et desservans. L'art. 6, décr. 6 nov. 1813, déclare bien que les bénéficiers ecclésiastiques exercent les droits d'usufruitiers et en supportent les charges; mais l'art. 24 porte que les curés *sont tenus des réparations locatives*, les autres étant à la charge de la commune. — *Encyclop. des juges de paix*, vo *Bail*, no 38; Curasson, t. 1er, p. 511, no 2; Carou, t. 1er, p. 309, no 321.

435. — Le principal locataire est autorisé par la loi, à moins de convention contraire, à sous-louer

JUSTICE DE PAIX, ch. 5, sect. 2e.

ou céder son droit au bail. S'il a usé de cette faculté, son droit à l'égard du sous-locataire est le même que celui du propriétaire vis-à-vis de lui; en un mot le sous-locataire est tenu des réparations locatives comme le principal locataire. C'est aussi devant la justice de paix que l'action doit être portée.

§ 3. — *Actions relatives au salaire des gens de travail, aux gages des domestiques et aux engagemens des maîtres et de leurs ouvriers ou apprentis.*

436. — Le juge de paix, porte l'art. 5, L. 25 mai 1838, § 3, connaît sans appel jusqu'à la valeur de 100 francs, et à charge d'appel à quelque valeur que la demande puisse s'élever, des contestations relatives aux engagemens respectifs des gens de travail, au jour, au mois et à l'année, et de ceux qui les emploient, des maîtres et des domestiques ou gens de service à gages, des maîtres et de leurs ouvriers ou apprentis, sans toutefois qu'il soit dérogé aux lois et réglemens relatifs à la juridiction des prud'hommes.

437. — Ces mots *gens de travail au jour, au mois ou à l'année* sont généraux. Ils comprennent non seulement les manœuvres ou journaliers, comme les moissonneurs, les vendangeurs, les faucheurs, les batteurs en grange, les terrassiers, mais les ouvriers, tels que les maçons, les charpentiers, les serruriers, les menuisiers, les tailleurs de pierre, et les artisans, comme les fileuses, les ouvrières en linge, les tailleurs d'habits, etc.

438. — Il en est de même, selon Curasson (t. 1er, p. 537 et 538, no 2), d'un piqueur, ou conducteur d'ouvrages, chargé de surveiller les autres ouvriers, s'il est payé à tant par jour, par mois ou par année.

439. — Toutes ces personnes exercent un état manuel; mais celles qui sont livrées à une profession libérale, comme les professeurs, les artistes, les architectes, les chimistes, etc., toutes celles enfin dont le travail est le fruit de l'intelligence ne sont pas au nombre des justiciables des tribunaux de paix, seraient-ils payés au jour, au mois, à l'année.

440. — Mais un conducteur de locomotives sur un chemin de fer doit être rangé dans la classe des ouvriers, quelle que soit d'ailleurs la quotité de ses gages. — *Paris*, 6 janv. 1841 (t. 1er 1841, p. 251), chemin de fer de Saint-Germain c. Bolu.

441. — Sous l'empire de la loi du 24 août 1798, un arrêt a décidé qu'il fallait considérer comme homme de peine ou de travail, et non comme facteur, commis ou serviteur, dans le sens de l'art. 634, C. comm., un ouvrier briquetier loué à l'année par un commerçant, et que, en conséquence, l'action dirigée par cet ouvrier contre le commerçant en paiement de son salaire était de la compétence non du tribunal de commerce, mais du juge de paix. — *Toulouse*, 6 mars 1838 (t. 2 1838, p. 319), Vaysse c. Sudre. — Cette solution ne nous paraît pas conforme à l'esprit de la loi. Un ouvrier briquetier, pour être loué à l'année, n'en est pas moins ouvrier. Mais aujourd'hui la question serait oiseuse, puisque la loi a précisément attribué au juge de paix la connaissance des actions de l'ouvrier contre son maître.

442. — La condition du paiement au jour, au mois ou à l'année est indispensable pour motiver la compétence des juges de paix à l'égard des ouvriers et des artisans, sauf le cas où le débat porte entre un *maître* et son ouvrier ou apprenti. — Carré, *Comp.*, t. 2, p. 387; Pothier, *Des obligations*, no 827; Carou, t. 1er, p. 318, no 338; Curasson, t. 1er, p. 538; Foucher, p. 225, no 217.

443. — Ainsi quand il y a marché *à forfait* entre les individus dont nous avons énuméré la liste et le particulier ou le chef de famille qui les paie, le juge de paix n'est compétent pour connaître de leurs contestations que dans les termes de l'art. 1er, c'est-à-dire jusqu'à 200 francs en premier ressort et 100 francs sans appel. — *Encyclop. des juges de paix*, vo *Marché à forfait*; Carou et Curasson, *ut suprà*; Giraudeau, p. 77.

444. — Le juge de paix doit en pareil cas se déclarer d'office incompétent. — *Cass.*, 28 nov. 1821, Séguier c. Favier.

445. — Il faut nécessairement en dire autant si le paiement a lieu non plus à la journée, au mois ou à l'année, mais à la tâche.

446. — Dans les campagnes, on fait souvent un labour, ou la façon d'une vigne de cette manière, c'est-à-dire à raison de tant par hectare ou demi-hectare. De même l'ouvrier est souvent payé à tant par mètre; alors le contrat n'est plus un louage de service, mais un louage d'industrie.

447. — L'action en paiement d'un tel travail, convenu à raison de tant par chaque ouvrage, doit, si la somme demandée excède 100 fr., être

JUSTICE DE PAIX, ch. 5, sect. 2e.

portée devant le juge civil, et non devant le juge de paix. — *Bordeaux*, 24 nov. 1829, Fellion c. Musset.

448. — Jugé, d'après ces principes, que le juge de paix est incompétent pour connaître de contestations relatives à des engagemens pris par des gens de travail pour des travaux déterminés et d'une somme illimitée, bien que le prix en soit réglé d'après le nombre de journées employées. — *Orléans*, 14 mai 1844 (t. 1er 1844, p. 772), Leleu et Fouger c. Belouet.

449. — Quant au colon partiaire, par exemple, le laboureur ou le vigneron qui cultive un champ ou une vigne à moitié ou au tiers des fruits, le juge de paix ne connaît des difficultés survenues entre lui et le propriétaire que lorsque le prix du bail n'excède pas 200 fr., et l'on parvient à fixer ce prix en multipliant cinq fois le principal de la contribution foncière.

450. — La qualification de *domestiques ou de gens de service à gages* ne convient, d'après le dictionnaire de l'Académie, qu'aux personnes à gages employées dans une maison à des travaux manuels, et non à un bibliothécaire, à un secrétaire, un chapelain, un intendant, un instituteur, ayant dans l'intérieur de la maison des fonctions d'une nature spéciale, et que le chef de famille n'aurait pas le droit d'employer à des travaux étrangers. — Henrion de Pansey l'appliquait, au contraire, à tous les individus faisant partie d'une maison, c'est-à-dire qu'un professeur, un bibliothécaire eussent été, d'après la loi de 1790, considérés comme *domestiques*. — V. aussi Carré, *Just. de paix*, t. 2, p. 524.

451. — Cependant cette dernière opinion n'était pas généralement admise, car il avait été jugé que la loi du 24 août 1790, en attribuant aux juges de paix la connaissance des actions ayant pour objet le paiement du salaire des gens de travail, n'avait *compris* sous ces mots: *gens de travail*, que les journaliers donnant personnellement leur travail, les ouvriers qui sont momentanément aux gages du maître, et non des fermiers travaillant ou faisant travailler pour leur propriétaire. — *Bourges*, 4 avr. 1823, Bonami c. N...

452. — ...Et que le juge de paix n'était pas compétent pour connaître de la demande d'un secrétaire en paiement de ses appointemens. — *Bourges*, 30 mai 1829, Alix c. Quinault.

453. — Sous la loi nouvelle, quelques auteurs ont adopté la théorie de MM. Henrion de Pansey et Carré. Ce sont MM. Curasson (t. 1er, p. 541 et s., no 5) et Carou (t. 1er, p. 319, no 340). — L'opinion contraire compte au nombre de ses partisans MM. Benech (p. 191), Augier (vo *Domestiques*), Giraudeau (p. 77), Foucher (no 218, p. 224), Bioche et Goujet (vo *Juge de paix*, no 98).

454. — Les raisons développées par Curasson sont pressantes. Il invoque tour à tour la loi du 22 déc. 1789 (art. 3, no 5), celles du 20 av. 1790 (art. 7), 27 août et 2 sept. 1792, la constitution de l'an III (art. 13), et celle de l'an VIII (art. 5) pour établir que le législateur, tout en accordant les droits politiques aux intendans, secrétaires, bibliothécaires, instituteurs, etc., les rangeait néanmoins dans la catégorie des domestiques. Il argumente encore de l'art. 2101, C. civ. qui place au nombre des créances privilégiées sur les meubles les *salaires des gens de service pour l'année échue, et ce qui est dû sur l'année courante*; or, personne, ajoute-t-il, n'a refusé à ces personnes le bénéfice du privilége de l'art. 2101. Enfin l'art. 386, C. pén., « relatif au vol commis par un *domestique ou un* » *homme de service à gages*, » lui fournit encore un moyen puissant. La jurisprudence, il est vrai, en applique les dispositions tantôt à un commis, tantôt à un clerc, tantôt au secrétaire d'un sous-préfet ou au caissier d'un percepteur.

455. — Nous n'en pensons pas moins que cette interprétation est fautive. C'est dans le *sens usuel* que la loi de 1838 a employé le mot *domestique*, en y ajoutant celui de gens de service à gages. L'idée de *service* rappelle évidemment ce service *habituel*, manuel, que réprouvait l'assemblée constituante, et la loi du 22 déc. 1789. — Que l'art. 2101, C. civ., et l'art. 386, C. pén., aient employé une expression générale, cela se comprend; aucun motif ne portant le législateur à établir une distinction. C'est moins à cette expression qu'à l'intention de la loi que l'on s'attache pour les interpréter en ce sens; mais, dans l'espèce de l'art. 5 de la loi nouvelle, il y avait au contraire une raison de restreindre cette signification à sa portée banale; on n'a voulu soumettre aux juges de paix que des questions simples et de peu d'importance; car il est toujours facile de déterminer la nature des services d'un valet de chambre, leur étendue, leur importance, tandis qu'on ne peut en dire autant à l'égard d'un professeur: ce professeur sera souvent un illustre savant; il rendra des services, et ne sera pas *au service* du chef de famille. — Enfin la réunion du *salaire des gens de travail et des gages des domestiques* exclut toute idée de leur assimiler, au point de vue de la compétence, les personnes dont il s'agit. Les juges de paix de Paris avaient ainsi interprété le projet de loi; car ils avaient positivement demandé un amendement dans le sens de l'extension de leur juridiction; mais cette demande n'a pas été accueillie.

456. — Les élèves et pensionnaires ou commensaux d'une maison, moyennant paiement, ne sauraient être considérés comme gens de service à gages; les contestations qui s'élèvent entre eux et les maîtres de la maison où ils sont reçus ne sont donc pas de la compétence du juge de paix. — Carré, *Just. de paix*, t. 2, p. 392.

457. — Il en est autrement du directeur ou facteur d'un établissement pour compte d'autrui. — *Rouen*, 10 juill. 1843 (t. 1er 1844, p. 115), Fournier c. Demiannay.

458. — Mais la connaissance de toutes les contestations élevées à propos de l'engagement du maître et du serviteur, appartient exclusivement aux juges de paix.

459. — Il importerait peu que l'engagement eût été contracté verbalement ou par écrit, que le prix en eût été réglé par un billet, pourvu que la cause fût exprimée; autrement il faudrait considérer ce texte comme une obligation ordinaire dont le juge de paix ne connaîtrait que jusqu'à concurrence de 200 fr.

460. — Toutefois les juges de paix n'ont compétence que pour connaître de ces actions. Il a été jugé qu'ils ne pourraient statuer sur l'action d'un domestique contre les héritiers de ses maîtres en restitution des meubles qu'il aurait apportés chez eux-ci, et qu'ils ne pourraient non plus connaître de la demande de ce domestique en restitution d'un billet à lui souscrit par son maître décédé, et mis sous les scellés avec les papiers de ce dernier. — *Cass.*, 22 frim. an IX, Arnoudet c. Perrin. — Benech, p. 201; Foucher, no 219; Carré, *Comp.*, t. 2, p. 391, no 448, et *Just. de paix*, t. 2, p. 583.

461. — Au contraire, la demande en paiement de gages ou salaires formée par un domestique contre son maître, peut être jugée par les tribunaux civils lorsqu'elle est jointe à une autre de leur compétence par une réclamation pour prêt d'argent. — *Bordeaux*, 13 juin 1833, Marlet c. Besson.

462. — L'ancienne loi n'attribuait aux juges de paix que la connaissance des contestations élevées à propos de *l'exécution des engagemens respectifs des maîtres ou de leurs domestiques ou gens de travail*, expression qui ne comprenait ni les ouvriers ni les apprentis. — *Cass.*, 22 déc. 1835, Ducourneau c. Tessier.

463. — On jugeait en conséquence que les voituriers employés par les maîtres de forge à l'exploitation des mines *n'étaient* pas des *gens de travail pouvant* actionner en paiement de leurs salaires devant le juge de paix. — *Bourges*, 5 thermid. an XII, Borget c. Thibault. — Henrion de Pansey, chap. 30, no 7.

464. — La cour de Paris considérait ces contestations comme étant du ressort des tribunaux de commerce, à l'exclusion des juges de paix. — *Paris*, 2 juill. 1831, Lescuyer c. Lanchel. — Mais la cour de Cassation condamnait cette doctrine. — *Cass.*, 12 déc. 1836, Garrigon c. Revès.

465. — La loi de 1838 a tranché toute difficulté sur ce point en attribuant compétence aux juges de paix pour les contestations entre les maîtres et leurs *ouvriers* ou *apprentis*. Mais la compétence qu'elle accorde aux juges de paix n'est pas absolue, car elle n'a pas dérogé aux lois et réglemens relatifs à la juridiction des prud'hommes. — V. PRUD'HOMMES.

466. — Mais à défaut de prud'hommes, les tribunaux de commerce ne peuvent pas connaître des contestations entre maître et ouvriers. Par exemple, un maître de forges et son forgeron sont, à défaut de conseil de prud'hommes, justiciables des juges de paix et non de ces tribunaux. — *Bourges*, 5 janv. 1842 (t. 2 1842, p. 743), Bondeux c. Mongeins; *Limoges*, 8 juill. 1842 (t. 1844, p. 497), Bemical c. Saule; *Paris*, 6 janv. 1841 (t. 1er 1841, p. 251), chemin de fer de Saint-Germain c. Bolu.

467. — Au surplus, si les juges de paix doivent connaître de toutes les difficultés élevées entre maîtres et ouvriers (Carou, t. 1er, p. 328, no 345; Curasson, no 17), ce n'est qu'autant que ces difficultés sont relatives aux engagemens réciproques des ouvriers envers leur maître.

468. — Ainsi, un juge de paix ne saurait connaître d'une demande en dommages-intérêts formée par un ouvrier contre son maître pour la violation d'une lettre. — *Douai*, 15 oct. 1842 (t. 2 1844, p. 250), Chapuis c. Lyndeberg.

469. — Pour les difficultés qui peuvent s'élever relativement à la remise des livrets aux ouvriers et aux mentions à y insérer par les maîtres, V. LIVRET.

470. — L'ouvrier dans le sens de la loi est celui qui loue ses services et non celui qui se borne à louer son industrie.

471. — Spécialement, le mécanicien qui a dirigé la confection d'un appareil, et qui avait à cet effet des ouvriers sous ses ordres, a fait un louage d'industrie plutôt qu'un louage de service, de sorte que la loi du 25 mai 1838 ne lui est pas applicable. — *Douai*, 3 avr. 1841 (t. 1er 1842, p. 135), Deslions de Noircarmes c. Vambelle.

472. — Il en est de même de l'ouvrier *tuilier* employé à la fabrication des tuiles et briques, alors que, par suite de son engagement, il doit être considéré plutôt comme un entrepreneur que comme un simple ouvrier. — *Paris*, 6 mars 1843 (t. 1er 1844, p. 694), Billion c. Chevalier-Brilliat.

473. — Nul doute encore que le juge de paix ne soit pas compétent pour connaître de l'engagement, pris par un marchand, vis-à-vis d'un ouvrier, de faire faire par celui-ci une certaine espèce de fournitures jusqu'à concurrence des besoins de son commerce, même de prendre toutes celles qu'il ferait en plus, à quelque nombre qu'elles pussent s'élever. — *Orléans*, 25 fév. 1845 (t. 1er 1845, p. 712), Gibon c. Thuillier.

474. — On avait proposé d'attribuer aux juges de paix la connaissance des contestations entre les maîtres et leurs commis, de même que la connaissance des difficultés entre les maîtres et leurs ouvriers; mais cette proposition a été avec raison repoussée : ces contestations ont, en effet, le plus souvent une grande importance et elles se compliquent d'ailleurs de demandes en reddition de compte ou partage de bénéfices et d'autres élémens qui doivent les faire porter devant les tribunaux de commerce ou devant les tribunaux de première instance.

475. — Nous rappellerons du reste à cet égard ce que nous avons dit vo COMPÉTENCE COMMERCIALE, nos 65 et suiv., à savoir que le commis pourrait saisir les juges consulaires de ses actions à raison des gages et salaires qui lui sont dus, mais qu'il a aussi le choix de les porter devant les tribunaux ordinaires (V. no 79), parce qu'en s'engageant et en louant ses services, il ne fait pas acte de commerce, tandis que par rapport au négociant, l'engagement du commis est au contraire un acte de nature commerciale; qu'il n'est lui-même justiciable des tribunaux consulaires qu'à raison de ses faits de gestion et administration, soit que l'action soit dirigée contre lui par un tiers, soit qu'elle le soit par le maître lui-même.

476. — La compétence du juge de paix ne peut s'exercer en pareille matière que dans la proportion de l'art. 1er (V. le discours du garde des sceaux), c'est-à-dire à la condition que la cause ne soit pas commerciale, et que la valeur du litige ne dépasse pas 200 fr.

§ 4. — *Actions relatives au paiement des nourrices.*

477. — Les juges de paix connaissent sans appel, jusqu'à la valeur de 100 fr. et à charge d'appel, à quelque valeur que la demande puisse s'élever, des contestations relatives au paiement des nourrices, sauf ce qui est prescrit par les lois et réglemens d'administration publique, à l'égard des bureaux de nourrices de la ville de Paris et de toutes les autres villes. — L. 25 mai 1838, art. 5, § 4.

478. — Cette attribution est d'origine moderne, et bien que les juges de paix aient rarement occasion de prononcer, en cette matière, pour un litige d'une valeur supérieure à 200 fr., cependant, il importait d'étendre leur compétence, ces causes étant d'ailleurs urgentes.

479. — Mais il faut bien remarquer que les juges de paix ne sont appelés à connaître que des *demandes en paiement des gages des nourrices*. — Les autres difficultés auxquelles peut donner lieu le contrat ne les concernent que si la valeur du litige est inférieure à 200 fr. En vain même prétendrait-on faire entrer les nourrices, quand elles demeurent dans la maison même de la personne qui les emploie, dans la catégorie des domestiques ou gens de services dont il a été question dans le paragraphe précédent. Cette opinion est inadmissible en présence des termes et de l'esprit de la loi.

480. — On doit appliquer ces principes quand il s'agit, par exemple, « d'une demande en dommages-intérêts pour défaut de soins ou pour cessation de l'allaitement sans motif légitime, ou pour avoir quitté la maison sans en prévenir le maître au moins huit jours à l'avance. — V. NOURRICE.

481. — Mais le paiement des nourrices comprend non-seulement le prix des gages, mais encore celui des fournitures de sucre, de savon que l'on est dans l'usage de faire.

482. — De même, les avances faites par la nourrice, soit pour les vêtemens de l'enfant confié à ses soins, soit pour les médicamens, les honoraires du médecin, en cas de maladie, doivent être réclamés devant la justice de paix. — Carou, no 364.

483. — La disposition précédente n'est, du reste, applicable qu'aux nourrices particulières choisies directement par les parens. — Les nourrices attachées aux administrations des villes sont soumises à des règles particulières. — V. NOURRICES.

484. — Enfin, il existe dans certaines villes, et notamment à Paris, des administrations qui se chargent de trouver des nourrices aux parens. Ces administrations, appelées *bureaux de nourrices*, font partie de l'administration générale des hospices de la ville et sont placées sous la surveillance du préfet. — V. NOURRICES.

485. — Les parens traitent avec les administrations, les administrations avec les nourrices. Le recouvrement du salaire dû s'opère administrativement, c'est-à-dire qu'une contrainte est décernée par le préfet contre les parens.

486. — Quant à l'action des nourrices contre l'administration même, elle est absolument la même que celle des nourrices particulières.

§ 5. — *Actions civiles pour diffamation verbale et injures, — pour rixes et voies de fait.*

487. — Les juges de paix connaissent sans appel, jusqu'à la valeur de 100 fr. et à charge d'appel, à quelque valeur que la demande puisse monter, des actions civiles pour diffamation verbale et pour injures publiques ou non publiques, verbales ou par écrit, autrement que par la voie de la presse; des mêmes actions pour rixes et voies de fait. Le tout lorsque les parties ne se sont pas pourvues par la voie criminelle. — L. 25 mai 1838, art. 5, § 5.

488. — La partie lésée par un délit a, en effet, deux voies ouvertes devant elle : la voie civile, la voie criminelle; mais elle ne peut les suivre toutes deux en même temps; elle a seulement la faculté d'abandonner celle qu'elle avait primitivement choisie pour prendre l'autre. — La maxime *Electâ unâ viâ, non datur recursus ad alteram* n'est applicable que lorsque le désistement emporte manifestement renonciation à l'action. — V. ACTION CIVILE, nos 361 et suiv., et DÉSISTEMENT.

489. — Ainsi, tant que le tribunal de police n'a pas statué sur la plainte au fond, la partie a le droit d'abandonner cette voie de poursuite et de se pourvoir par action civile devant le juge de paix, toujours compétent pour en connaître, sauf à surseoir au jugement, s'il y a lieu, jusqu'à ce qu'il ait été statué sur l'action publique. — *Cass.*, 21 nov. 1825, Sennequier c. Cabasson. — Carou, t. 1er, p. 353, no 372; Curasson, t. 1er, p. 592 et 593.

490. — Les réserves du § 3 de la loi nouvelle ne s'appliquent qu'au cas où le juge de paix se trouve saisi de la connaissance de l'une de ces actions pendant que la cause est engagée devant le tribunal criminel. — V. au surplus DIFFAMATION, INJURE, nos 441 et suiv.

491. — Bien que le juge de paix soit en même temps juge de simple police, il ne peut, s'il est saisi comme tribunal civil, prononcer une peine contre le défendeur. — *Cass.*, 1er avr. 1813, Landrin.

492. — La loi de 1790 se bornait à attribuer aux juges de paix la connaissance des *injures verbales, rixes et voies de fait*, ce qui comprenait bien toutes les injures publiques ou non, depuis la diffamation jusqu'à l'injure simple; mais l'injure *par écrit* restait soumise aux règles ordinaires de la compétence.

493. — La nouvelle loi leur a permis de connaître des injures *par écrit*; quant à la diffamation par écrit, les choses ont été maintenues dans le même état, c'est-à-dire, que les juges de paix n'en connaissent pas. — V. DIFFAMATION, INJURES.

494. — Ils connaissent donc des actions civiles pour *diffamation verbale*. — ... Des actions civiles pour injures publiques ou non publiques, verbales ou par écrit, mais autrement que par la voie de la presse. — ... Et cela quel que soit le taux de la demande. — Mais ils ne sont compétens pour statuer sur les actions pour diffamation *par la voie de la presse*, et pour injures *par la voie de la presse*, que lors que le chiffre des dommages-intérêts ré-

clamés ne s'élève pas à plus de 200 fr. — Carou, t. 1er, p. 365 et 366, no 392. — V. DIFFAMATION, no 451 et suiv.

495. — Une difficulté a été soulevée. La diffamation c'est l'allégation ou l'imputation *d'un fait* portant atteinte à l'honneur ou à la considération. Une des conditions constitutives de la criminalité, c'est la publicité de l'allégation ou de l'imputation. Sans ce caractère, il n'y a pas *diffamation*. —M. Benech (p. 216) prétend, en conséquence, que la diffamation verbale, dont la connaissance est dévolue aux juges de paix, doit être *publique*.

496. — Curasson soutient « que le raisonnement serait juste s'il s'agissait d'appliquer les peines correctionnelles que la loi inflige dans le cas seulement où les expressions diffamatoires ont été proférées dans *des lieux ou des réunions publiques*, mais que pour ce qui concerne la loi actuelle, cette circonstance est indifférente. Diffamer, c'est, d'après le vocabulaire français, *décrier, déshonorer, perdre de réputation*. Peu importe donc que l'injure n'ait pas été proférée dans une réunion ou dans un lieu public : il y a diffamation, dès l'instant qu'on impute à une personne devant une ou plusieurs autres un fait déshonorant. »

497. — Mais cette difficulté n'intéresse que faiblement la compétence du juge de paix, car pour être non publique, la diffamation n'en est pas moins punie comme injure lorsqu'elle a le caractère d'injure. Or, la loi lui a attribué compétence relativement *aux injures*. — V. DIFFAMATION, INJURES.

498. — Un décret du 19 pluv. an II avait décidé que, sous la loi de 1790, le taux de la compétence devait se déterminer dans ces sortes d'affaires, non par la somme demandée, mais par celle allouée; cependant la cour suprême n'en considérait pas moins la loi comme entière et non abrogée par ce décret. — *Cass.*, oct. 1813, Calulle c. Vlieghe.

499. — *A fortiori*, le taux du premier ou du dernier ressort résulte-t-il seulement de la citation, sous la nouvelle législation.

500. — Il a été jugé : 1o qu'un juge de paix commettait un excès de pouvoir, en condamnant l'auteur d'une diffamation à faire réparation à son adversaire en déclarant publiquement qu'il le tient pour homme d'honneur. — *Cass.*, 28 mars 1812, Nobluyden; — Carré, t. 2. p. 397, *Justice de Paix*; Henrion de Pansey, p. 159, vo DIFFAMATION, nos 216 et suiv.

501. — ... 2o Qu'il ne pouvait interdire à la partie condamnée pour injures d'approcher du domicile de la personne injuriée, ni la signaler comme suspecte, et inviter le commissaire de police ainsi que les bons citoyens à la surveiller. — *Cass.*, 17 fév. 1807, Muzy c. Legrand.

502. — Mais il pourrait, sur la demande de la partie lésée, ordonner l'impression et l'affiche de son jugement (*Cass.*, 25 mars 1813), Brion, car cette affiche n'a aucun caractère pénal.

503. — Une *rixe* est une querelle, un débat arrivé entre plusieurs personnes et suivi d'excès et de violences. — V. RIXE.

504. — La *voie de fait*, dans le sens le plus étendu, embrasse, dit Merlin (*Rép.*, vo *Voie de fait*), toutes les actions qui blessent une personne dans son corps, dans ses biens, dans son honneur; qui sont accompagnées de mauvais traitemens, de distraction, de dégradation, de détérioration, de spoliation, de trouble à la possession, à la liberté, à la sûreté individuelle; enfin, tout ce que la jurisprudence comprend sous le nom d'injures réelles. — Carré, *Justice de Paix*, t. 2, no 1745; *Compét.*, p. 290 et 291, art. 317.

505. — Mais, poursuit-il, il ne faut pas confondre la *violence* avec la *voie de fait*. Toute violence est voie de fait, mais toute voie de fait n'est pas violence. La simple voie de fait *sans violence* est la *voie de fait proprement dite*. Nous ajouterons pour mieux faire comprendre cette distinction que la voie de fait n'occasionne pas de douleurs physiques, qu'elle gêne seulement la volonté, la liberté de l'individu, en ce qu'elle l'oblige soit à souffrir, soit à faire ce qui ne lui convient pas. — V. VOIES DE FAIT.

506. — La loi punit la *voie de fait légère*, la voie de fait proprement dite, de peines de simple police, elle punit également de ces peines *la rixe* ou la querelle avec violence mais sans coups ni blessures, tandis que les *voies de faits graves*, c'est-à-dire les coups et les blessures, sont déférées à la police correctionnelle, et même au jury lorsque la mort s'en est suivie ou lorsqu'il y a eu incapacité de travail pendant plus de vingt jours. — V. BLESSURES ET COUPS, RIXES, VOIES DE FAIT.

507. — Il faut avoir égard à ces distinctions pour déterminer la compétence du juge de paix, même en matière civile. On doit penser en effet qu'en attribuant aux juges de paix la connaissance des actions pour rixes et voies de fait, le législateur de 1838 n'a entendu leur déférer que les actions pour rixes sans coups ni blessures et pour voies de fait légères.

508. — ...En d'autres termes, qu'il a établi leur compétence comme juge civil sur les mêmes bases que leur compétence comme juges de simple police. — Curasson.

509. — Jugé en conséquence, que le juge de paix n'est compétent pour connaître au civil d'une action pour voies de fait qu'autant que la répression lui en serait dévolue comme juge de police. — *Nancy*, 6 août 1842 (t. 2 1843, p. 264), Viviat c. Obtel; 4 avr. 1840 (t. 2 1846, p. 403), Persoz c. *Limoges*, 26 août 1845 (t. 2 1846, p. 403), Grain-Delorge c. Certoux.

510. — ... Et que si un tribunal de première instance est souverain pour connaître sur l'appel d'un jugement du juge de paix, d'une action en dommages-intérêts à raison d'une diffamation verbale, d'injures publiques ou non publiques, verbales ou écrites, commises autrement que par la voie de la presse, d'une rixe ou de voies de fait, c'est devant le tribunal de première instance que doit être portée directement l'action en dommages-intérêts que forme un individu qui se plaint d'avoir été à tort traduit devant la justice criminelle, d'avoir été par suite d'une dénonciation privé de sa liberté pendant six semaines, enfin d'avoir été frappé jusqu'à effusion de sang. — *Cass.*, 25 janv. 1842 (t. 1er 1844, p. 287), Burnel c. Lans.

511. — Cette opinion n'est pas sans contradicteurs. M. Benech, le premier, a enseigné que le juge de paix serait compétent pour connaître des dommages-intérêts demandés par action civile, pour voies de fait *accompagnées de coups et blessures*, bien que ces violences, si elles étaient dénoncées à la justice répressive par voie de plainte, *dussent être portées devant les tribunaux correctionnels*. Mais, ajoute-t-il, si la mort s'en était suivie, ou si l'incapacité de travail avait duré plus de vingt jours, et plus généralement toutes les fois que les violences réuniront les conditions caractéristiques d'un crime, et non d'un simple délit, nous ne saurions penser qu'il ait été dans l'esprit de la loi de soumettre des causes aussi graves à la décision d'un juge unique; ce serait donner au mot *voies de fait* une extension abusive, et dénaturer leur acception depuis long-temps reçue. L'affectation du législateur de placer sur la même ligne les rixes qui n'offrent pas en général beaucoup de gravité, nous a paru décisive.

512. — Cette interprétation ne nous paraît nullement satisfaisante; elle s'arrête à moitié chemin, comme si elle reculait devant l'énormité des conséquences. Cependant il faut opter, prendre le mot *voies de fait* dans son sens légal, comme nous l'avons fait, ou dans le sens général. Or, si l'on choisit le dernier parti, la compétence du juge de paix devra s'étendre même au cas où le fait sera réputé crime, puisque ce terme, *voies de fait*, comprend *toutes les violences*.

513. — M. Carou enseigne une autre doctrine. « S'il s'agit de coups et blessures portés ou faites dans une rixe, dit-il, l'action civile à laquelle peuvent donner lieu ces coups et blessures, quelque graves qu'ils soient et à quelque somme que la demande s'élève, peut être portée par la personne maltraitée devant le juge de paix.

514. — ... « S'il s'agit de coups ou blessures portés en dehors d'une rixe, par guet-apens ou autrement, il n'y a lieu qu'à une action personnelle ordinaire qui est soumise aux principes ordinaires propres à cette action.

515. — ... « S'il ne s'agit que de voies de fait ou violences légères qui n'ont occasionné aucune blessure, mais qui néanmoins constituent une atteinte à la liberté, un trouble à l'ordre public, et qu'il en soit résulté un préjudice appréciable pour la personne offensée, l'action civile afin d'en obtenir la réparation devrait aussi être portée devant le juge de paix, à quelque somme que la demande pût s'élever.

516. — Dans ce système, la réparation civile d'un meurtre serait du ressort de la justice de paix, à la seule condition que le meurtre fût la suite d'une rixe. Est-ce possible? Il y aurait eu de simples coups, mais ils n'auraient pas été donnés à la suite d'une rixe, et ce même juge serait incompétent pour connaître de l'action civile, mais il connaîtrait du meurtre à la condition d'une rixe! Ce seul rapprochement condamne l'opinion de cet estimable auteur. Mais d'ailleurs il repose sur une confusion. — Quand la mort résulte de la rixe, ce n'est pas la rixe que la vindicte publique poursuit, c'est le meurtre. — Et si le législateur de 1838 avait eu en vue la rixe sanglante, la rixe essentielle, il lui aurait donné sa qualification naturelle, légale. Il l'aurait appelée *meurtre*.

517. — M. V. Foucher (no 236) est bien plus radical, mais plus rationnel. Il donne au juge de paix compétence pour connaître de l'action civile pour rixes et voies de fait, que ces actes constituent des crimes ou délits, ou que les voies de fait soient si légères qu'elles échappent à l'action pénale, et telle paraît être aussi l'opinion de Carré (*Comp.*, t. 2, p. 395).

518. — Quoi qu'il en soit, on remarquera que la loi parle de l'*action civile*. De là cette conclusion que toutes les fois que la voie de fait ne donnera pas lieu à poursuite au criminel, l'art. 5 ne sera pas applicable.

519. — Nous nous séparerons sur ce point de Curasson. Il enseigne en effet (t. 1er, p. 643, no 43) qu'on ne doit pas distinguer, par rapport à la compétence civile du juge de paix, les voies de fait exercées sur les personnes des voies de fait exercées sur les choses, et qui ne sont pas répréhensibles.

520. — Cependant, poursuit-il, parmi les voies de fait de ce dernier genre, il en est que la loi a rangées parmi les délits. Telles sont les destructions, dégradations et dommages prévus par les art. 434 et suiv., C. pén. Si la compétence civile du juge de paix pouvait s'étendre aux actions résultant des voies de fait de cette nature, il faudrait aller jusqu'à dire que le juge de paix peut connaître de la demande en réparation du crime d'incendie. En ce qui concerne les choses, sa compétence doit donc être restreinte aux voies de fait, non susceptibles de l'action publique, ou qui ne seraient punissables que des peines de simple police.

521. — Nous reconnaissons sans difficulté que si la voie de fait réelle constitue un délit ou un crime, le juge de paix sera incompétent, et nous en avons donné les raisons *suprà* nos 506 et suiv. Mais si l'action civile a pour objet la réparation d'une voie de fait *réelle*, punie de peines de simple police, comme, par exemple, le jet d'une pierre sur une maison, le juge de paix doit en connaître.

522. — Une seule exception à cette règle est justifiée jusqu'à l'évidence, c'est quand le dommage a été causé aux champs, fruits et récoltes. Alors peu importe que ce soit le résultat d'un crime ou d'un délit, l'art. 5 ayant attribué compétence aux juges de paix pour les actions civiles qui en résultent, sans distinguer s'il y a crime, délit, ou simplement contravention. — V. *suprà* nos 376 et suiv.

523. — D'un autre côté, soutenir que toutes les fois qu'il y aura voie de fait exercée sur une chose, encore bien qu'elle ne soit pas répréhensible au criminel, le juge de paix statuera sur les dommages-intérêts réclamés, fussent-ils supérieurs à 200 fr., qu'il statuera, en un mot, dans les termes de l'art. 5, c'est oublier que le législateur n'a parlé que des actions *civiles*, c'est-à-dire de celles qui ont pour but d'obtenir la réparation d'un fait puni par la loi criminelle.

§ 6. — *Actions en paiement de loyers ou fermages, congé, résiliation de baux, expulsion de lieux, et en validité de saisie-gagerie relative à des locations n'excédant pas 400 fr. à Paris et 200 fr. partout ailleurs.*

524. — Les juges de paix connaissent, sans appel, jusqu'à la valeur de 100 fr., et à charge d'appel à quelque valeur que la demande puisse s'élever, des actions en paiement de loyers, des demandes en validité de congé, en résiliation de bail fondées sur le défaut de paiement des loyers ou fermages; des demandes en expulsion de lieux, en validité de saisie-gagerie; pourvu que les locations verbales ou par écrit n'excèdent pas 400 fr. à Paris, ou 200 fr. partout ailleurs.

525. — On peut donner à loyer des meubles ou des immeubles. Les juges de paix sont donc appelés à connaître de l'action en paiement d'une location mobilière comme d'une location immobilière. — Curasson, t. 1er, p. 335, no 8 *bis*.

526. — De même, il est possible que le bail ait pour objet des choses incorporelles, tel un bail de pêche ou de chasse. Quand le droit abandonné en jouissance appartient à des particuliers, le juge de paix est compétent pour prononcer sur l'action en paiement du loyer, dans les limites de l'art. 3. — On sait que le paiement des baux de fermiers de l'état se poursuit par voie de contrainte (V. DOMAINE DE L'ÉTAT). — Quant aux baux administratifs, c'est aux tribunaux qu'il appartient de statuer sur leur exécution et sur l'appréciation de leurs clauses en cas de difficultés; par conséquent, les juges de paix peuvent en connaître dans les limites de leur compétence, tels sont

les baux des biens des hospices, des fabriques.

327. — Ils connaîtraient encore de l'action en paiement de la location d'un banc d'église ou de celle d'une place de spectacle.

328. — Mais ils sont incompétens pour statuer sur les difficultés relatives à un bail à cheptel; cela ressort évidemment de ce que leur juridiction est limitée aux locations inférieures à une somme déterminée. Cela a d'ailleurs été formellement reconnu lors de la discussion de la loi à la chambre des députés. « Les baux à cheptel, disait M. Amilhau, rapporteur, ne sont pas compris dans nos dispositions; leurs conditions sont trop variables, et l'introduction de races d'un grand prix pourrait donner lieu à de sérieuses difficultés, soit pour la valeur, soit pour l'interprétation des conventions. »

329. — Le bail à vie est-il du ressort de la justice de paix? Aujourd'hui qu'il est généralement admis, contrairement à ce qui était décidé sous l'ancienne législation, que ce bail ne confère pas de droits immobiliers et n'est qu'un bail à longues années, il faut se prononcer pour l'affirmative, à moins qu'il n'apparaisse que l'intention des parties ait été de constituer un usufruit. Au surplus, en cas de difficulté sur ce point, c'est aux tribunaux ordinaires à décider la question. — V. BAIL A VIE.

330. — Le bail emphytéotique dont la légalité est aujourd'hui incontestable, comprenant une aliénation temporaire du domaine utile, relève exclusivement des tribunaux ordinaires. — V. EMPHYTÉOSE.

331. — Il faut en dire autant du bail *à convenant ou domaine congéable*. — V. BAIL A CONVENANT.

332. — *Évaluation du prix du bail.* — Si le prix du bail consiste en denrées ou prestations en nature, appréciables d'après les mercuriales, l'évaluation est faite sur celle du jour de l'échéance, lorsqu'il s'agit du paiement des fermages. Sinon, ou bien encore s'il s'agit de baux à colons partiaires, le juge de paix détermine la compétence, en prenant pour base du revient de la propriété le principal de la propriété foncière de l'année courante, multiplié par cinq. — L. 25 mai 1828, art. 5.

333. — S'il n'y a pas de marché dans une commune on prend les mercuriales du marché le plus voisin, par analogie avec ce que décide l'art. 129, C. proc. civ.

334. — Souvent il arrive qu'il n'existe pas de mercuriales arrêtées au jour précis de l'échéance, les mercuriales ne se constatant dans les localités qu'aux jours de foires ou de marchés. C'est alors le cas de prendre la mercuriale la plus rapprochée de l'échéance, en remontant au delà. — Carou, t. 1er, p. 174, no 171; Deffaux, art. 3.

335. — Si le prix du bail est portable et non quérable, ce sont les mercuriales du lieu où doit se faire la livraison qu'il faut consulter. S'il n'existe pas de mercuriales dans la commune, on prend celle du marché le plus voisin. — Carou, t. 1er, p. 174.

336. — Quand il y a lieu, pour fixer le prix du bail, de recourir aux mercuriales du mois qui a précédé la demande, il est juste de calculer en prenant pour base la moyenne du mois (Giraudeau, p. 72). Et par mois on entend non pas les trente jours qui ont précédé la demande, mais bien le mois réel tel que le désigne le calendrier. Par exemple : Paul réclame ses fermages vers le milieu de janvier 1845; ils devaient lui être payés dans le courant de décembre 1844, il calculera la moyenne du mois de décembre 1844. — Carou, t. 1er, p. 174.

337. — Lorsque le prix du bail ne peut être évalué que d'après la contribution foncière, le demandeur se fait délivrer par le percepteur un extrait de ses registres. On procède sur cette pièce à l'évaluation, sauf aux parties à en discuter le mérite.

338. — Constatons que soit que le prix du bail consiste en argent, soit qu'il consiste en denrées ou prestations appréciables par les mercuriales ou par les contributions foncières, c'est le prix *principal* du bail qui détermine la compétence. La loi emploie précisément cette expression quand le prix consiste en prestation ou en denrées, et la raison veut qu'il en soit de même quand le prix est en numéraire. Or, on sait que dans la plupart des baux, en sus du prix, des charges accessoires sont imposées au locataire. A Paris, ces charges s'appliquent notamment aux frais de l'éclairage, aux gages du concierge. Dans les provinces, pour les biens ruraux, on stipule ce que l'on appelle des clauses *ménagées*; ce sont des transports, des redevances en volaille, en poisson, en fruits, toutes clauses consacrées par l'usage et variant suivant les localités. — Evidemment, ces charges n'entrent pas dans la composition du prix. On en dira autant des impôts, ou des conditions du bail. — Carou, t. 1er, p. 173, no 168; Foucher, p. 134, no 136; Rodière, t. 1er, p. 76.

339. — Curasson (t. 1er, p. 323) partage cette doctrine; mais il pense « que l'on ne doit avoir égard pour fixer le prix principal qu'à la partie soit en argent, soit en denrées, soit en prestations quelconques qui prédomine dans le canon. Si donc ajoute-t-il, il s'agit d'un canon payable en argent et en denrées, et que la partie en argent soit la plus considérable, alors cette partie formant le prix principal, il n'est pas besoin de recourir aux mercuriales. Pour adopter le système qu'on nous oppose, il faudrait que la loi eût dit que, dans le cas où le prix du bail consisterait, en tout ou en partie, en denrées ou prestations appréciables, les denrées étant évaluées d'après les mercuriales, leur valeur sera jointe à la somme en argent, pour déterminer la compétence. La loi ne parle que du prix principal qui consisterait en denrées. Quand le prix du bail consiste partie en argent et partie en denrées non appréciables, le concours des deux choses d'appréciation, l'argent et la contribution foncière, est de toute impossibilité. La contribution foncière est la seule base à suivre, elle ne peut l'être en partie, elle exclut donc toutes les autres. »

340. — M. Marc-Deffaux (*Comm.*, p. 72) repousse d'une manière absolue ce système, et même celui que nous venons d'émettre à propos des clauses *d'usage*. La disposition principale de l'art. 3, dit-il, la première dont les deux autres sont le complément, parle de 400 fr. et de 200 fr., sans dire que ces sommes ne comprendront que le prix principal, et qu'il ne sera pas question de faisances; d'où il suit que ces mêmes sommes doivent se composer de tout ce qui est payé au propriétaire et qui forme le prix du bail. Enfin s'il pouvait rester quelques doutes, la troisième partie de l'article les lèverait entièrement, puisqu'elle veut qu'on prenne pour déterminer la compétence la valeur locative intégrale de la propriété. — V. Foucher, p. 134 et 135, no 136; Rodière, t. 1er, p. 76. »

341. — Quant à nous, nous croyons qu'il est impossible de poser en règle générale que le prix principal ne saurait se composer tout à la fois d'argent et de redevances. Si, en effet, les redevances stipulées étaient d'une valeur égale au fermage en argent, ce serait évidemment, à nos yeux, violer la loi que de n'avoir égard qu'à la somme d'argent stipulée, pour déterminer la compétence du juge de paix.

342. — C'est aux magistrats d'apprécier d'après les circonstances particulières à chaque espèce et d'après les usages locaux, quand une redevance doit être considérée comme un simple accessoire du bail, ou, au contraire, comme un élément du prix principal. — Carou, t. 1er, p. 173, nos 168 et 172.

343. — Dans ce dernier cas, c'est-à-dire si le prix principal du bail se compose d'argent et de denrées ou de prestations appréciables d'après les mercuriales, on joint au prix en argent le montant, l'évaluation des redevances, pour déterminer le prix principal. Si les denrées ou les prestations ne sont pas appréciables d'après les mercuriales, on évalue le revenu par la contribution foncière de l'année courante multipliée cinq fois. — Marc-Deffaux et Carou, *ut suprà*.

344. — La loi ne parle que du prix annuel. Si le paiement devait avoir lieu autrement que par année, en réunissant le prix total à payer pendant la durée du bail, et en le divisant en autant de parties que le bail doit avoir d'années, on parviendrait aisément à fixer sa compétence. Supposons donc avec M. Benech (p. 153) un bail fait ailleurs qu'à Paris pour trois années, moyennant 250 fr. payables d'avance et 250 fr. payables à l'expiration de la location; le juge de paix sera valablement saisi, puisqu'en divisant la somme de 500 fr. en trois années, le prix annuel n'excède pas 200 fr.

345. — Dans le cas, au contraire, où le bail serait fait pour moins d'une année, la compétence du juge ne s'établirait que sur le prix entier. On y ajouterait donc à tort le prorata qui serait dû dans la supposition que le bail durât un an. — Benech, *eod.*

346. — Au surplus, la compétence extraordinaire qu'attribue au juge de paix l'art. 3 de la loi, ne déroge nullement à la compétence ordinaire établie par l'art. 1er, en matière purement personnelle; ainsi, quand bien même le canon du bail s'élèverait au-dessus de 400 fr. à Paris et de 200 f. dans les provinces, le juge de paix serait régulièrement saisi d'une demande en paiement de 260 f. pour reliquat de loyer. — Curasson, t. 1er, p. 358. — V. *contrà* Carou, t. 1er, p. 180.) — Mais il ne saurait, en pareille circonstance, connaître d'une demande en validité de saisie-gagerie. — Il serait également incompétent pour statuer si, le bail n'étant pas expiré, sa décision pouvait avoir de l'influence sur les difficultés ultérieures qui s'élèveraient entre les mêmes parties. — Curasson, t. 1er, p. 358, no 23.

347. — Souvent il arrive que le propriétaire qui a loué à un locataire, moyennant un prix excédant le taux de la compétence du juge de paix, 1,000 francs, par exemple, réclame directement à un sous-locataire le montant de son loyer au lieu et place du locataire. Supposons que la sous-location ne s'élève qu'à 200 francs; sera-ce le prix du bail principal ou celui de la sous-location qui déterminera la compétence du juge de paix? En vain, l'on dirait qu'il ne s'agit pas du bail principal et que la sous-location est le seul titre qui constitue débiteur le sous-locataire, car si le propriétaire actionne ce dernier, c'est pour avoir paiement des loyers qui lui sont dus en vertu du bail principal. Il réclame donc, en définitive, par une évolution de procédure, sa créance contre le principal locataire; et cela est si vrai, qu'il est forcé, pour parvenir à son but, de mettre en cause celui-ci; autrement, le sous-locataire lui objectera victorieusement que rien n'établit qu'il lui soit dû comme il le prétend. — V. *contrà* Curasson, t. 1er, p. 357, no 23.

348. — Toutefois, si le propriétaire était muni d'un titre exécutoire, soit de la grosse du bail authentique, soit d'un jugement qui condamnât le principal locataire, rien ne s'opposerait plus à la compétence du juge de paix, puisque le litige ne porterait que sur la sous-location.

349. — C'est le juge lui-même qui détermine sa propre compétence, lorsque les prestations ne sont pas appréciables d'après les mercuriales. La loi le déclare en termes explicites. Nous avons déjà dit que la première commission de la chambre des députés avait proposé d'imposer à la partie demanderesse l'obligation d'évaluer les prestations, sauf au juge à statuer sur le débat qui s'éleverait à ce sujet; mais la cour suprême objecta, avec juste raison, que ce serait doubler la contestation et lui donner un nouvel aliment. On doit en conclure que le juge doit statuer sur sa compétence en statuant sur le fond. Autrement, il tomberait dans l'abus signalé par la cour suprême et condamné par le législateur.

350. — Au surplus, cette appréciation n'est pas souveraine. L'appel est, *dans tous les cas*, ouvert aux parties, quelle que soit la somme allouée, serait-elle inférieure à 100 francs, les jugemens qui statuent sur la compétence n'étant jamais rendus qu'en premier ressort.

351. — Dans le cas où les mercuriales n'offriraient pas au juge les renseignemens qu'il y cherche, devrait-il ordonner une expertise? Oui, d'après M. Augier. — *Supplém. Encyclop. des juges de paix*, vo *Mercuriales.* — Cet auteur raisonne par argument de l'art. 129, C. proc civ. — M. Carou (t. 1er, p. 179 et 189, no 173) se prononce, au contraire, pour l'incompétence. Cette dernière opinion est peut-être trop absolue. Il nous semble qu'il y a des circonstances où il est tellement évident que le prix du bail n'excède pas le taux de la compétence du juge, que celui-ci ne doit pas hésiter à se saisir de la contestation. Ce n'est qu'autant qu'un doute sérieux s'élève, qu'il lui est permis de renvoyer les parties devant les tribunaux ordinaires; mais dans chacune de ces hypothèses l'expertise ne peut être ordonnée, la loi voulant que le juge prononce à la fois et sur sa compétence et sur le fond.

352. — Il est encore possible que les parties diverses d'un même immeuble soient louées à plusieurs personnes, et que la contestation ne s'élève qu'entre le bailleur et l'un des locataires fractionnaires. Alors il serait difficile, impossible même de déterminer la compétence en prenant les contributions pour bases, si l'on s'en tenait au texte de la loi. Mais nous croyons que le juge pourra faire son évaluation dans la proportion du loyer de l'objet litigieux au loyer de l'immeuble entier. Supposons que la contenance totale de l'immeuble soit de trois hectares loués par tiers. Le juge prendra le tiers de la contribution foncière. C'est aussi l'avis de M. Foucher (p. 139, no 143). — V. *contrà* Carou, t. 1er, no 176, p. 180). — Cet auteur prétend que c'est au demandeur à justifier que sa demande n'excède pas le taux de la compétence. Cela est vrai jusqu'à un certain point; mais le demandeur a rempli sa tâche quand il produit le bail d'une part, de l'autre l'extrait des contributions. C'est alors au juge à apprécier. Nous pensons même avec Curasson (t. 1er, p. 326) que la négligence du demandeur ne saurait lui être opposée, car la compétence est un fait légal que le juge est chargé de vérifier, et qui ne dépend pas des parties.

JUSTICE DE PAIX, ch. 5, sect. 2e.

JUSTICE DE PAIX, ch. 5, sect. 2e.

553. — Si le prix du bail n'est pas déterminé, on sait que le propriétaire est cru sur son serment, si mieux n'aime le locataire ou le fermier en demander l'estimation par des experts. Dans cette hypothèse, le juge pourra-t-il connaître de l'action en paiement? Non, ce n'est pas la même chose que lorsqu'il s'agit d'évaluer en argent le loyer ou le fermage; alors, il y a un *quantùm*, une base invariable; mais ici, c'est le prix, c'est la redevance, c'est la prestation qui se trouvent inconnus. C'est le taux réel, et non plus la valeur relative qu'il faut déterminer, et jusque-là la valeur de la demande est indéterminée. — Carou, t. 1er, p. 182, no 182.

554. — *Paiement des loyers ou fermages.* — Nous n'avons que fort peu de chose à dire, sur les demandes de cette nature, après la discussion à laquelle nous venons de nous livrer pour déterminer la compétence. On comprend, en effet, que c'est principalement sur le chiffre ou l'évaluation du prix du bail que le débat s'engagera; cependant des paiemens peuvent être contestés. Le prix, quoique rentrant dans la compétence du juge, le peut être encore. Le bail lui-même peut être dénié. De là, des incidens d'une nature fort délicate. On en trouvera la solution vo BAIL.

555. — Nous nous sommes également expliqués sur le paiement des contributions foncières et de l'impôt des portes et fenêtres.

556. — Juge de l'action, il est constant que le juge de paix le sera de toutes les exceptions qu'opposerait le locataire ou le fermier à la demande en paiement. Qu'il allègue une dérogation aux conventions premières, peu importe, car en pareille matière la loi n'a enlevé à cette juridiction que la connaissance des demandes en résiliation de baux fondées sur une autre cause que le non-paiement des loyers ou fermages. On ne devra donc pas rechercher si, l'exception jugée, l'avenir sera ou non engagé. En ce cas, le juge a pleine et entière juridiction.

557. — *Congés.* — Les principes qui régissent cette matière ont encore été exposés (vo BAIL), non seulement par rapport aux baux à loyer, mais par rapport aux baux à ferme.

558. — On devra donc recourir à cette source pour savoir dans quels cas le bail finit de plein droit, ou bien dans quels cas la signification du congé est nécessaire, comment s'opère la tacite reconduction, quels sont les droits du nouveau propriétaire lorsque la location est verbale ou sans date certaine, enfin quelle est l'influence de l'usage en cette matière, soit pour fixer l'époque à laquelle doit être donné le congé, soit pour fixer le délai accordé au preneur pour vider les lieux.

559. — Les termes dont la loi s'est servie sont absolus. La justice de paix est compétente pour connaître des demandes en congé. C'est assez dire qu'elle en connaîtra, quelle que soit la défense du preneur. Elle tranchera donc la question de savoir si le congé a été régulièrement signifié en temps et lieu, celle de savoir si le bail est expiré, ou s'il ne s'en est pas formé un nouveau par tacite reconduction. — V. conf. Curasson, t. 1er, no 40, p. 373; Carou, t. 1er, p. 189, no 188; Deffaux, art. 3.

560. — Il importerait même peu qu'un acte portant congé respectif fût intervenu entre les deux parties; dans le cas où l'une d'elles se refuserait à l'exécuter, c'est devant cette juridiction que devrait être porté le litige. — V. conf. Carou, *eod.*

561. — *Résiliation de baux.* — Ici, des restrictions ont été apportées à la compétence du juge de paix. Ce n'est que lorsque la demande de la résiliation est motivée sur le défaut de paiement de loyers qu'il a juridiction.

562. — Faut-il regarder l'enlèvement que fait le locataire ou le fermier des meubles et objets garnissant la chose louée comme équivalant au défaut de paiement des loyers ou fermages? — Oui, selon M. Augier (*Supplém.*, vo *Bail*), parce que dans ce cas on découvre non seulement l'intention de ne pas payer les termes à échoir, mais encore la presque certitude que les poursuites du propriétaire seront inefficaces. — Mais M. Foucher (p. 129, no 131) repousse à juste titre cette solution. En effet, il faudrait que le juge de paix appréciât le caractère de l'enlèvement, caractère variable, et parfois difficile à déterminer. Or, c'est sur un fait simple en lui-même, comme le disait le garde des sceaux, que le juge doit se prononcer, et non pas sur une éventualité. Les conséquences, d'ailleurs, en seraient trop graves.

563. — L'art. 1184, C. civ., portant que la résolution du contrat n'est pas encourue de plein droit, mais qu'elle doit être prononcée en justice, et, enfin, que le juge a le pouvoir d'accorder un délai au défendeur, on stipule souvent qu'à défaut de paiement d'un ou plusieurs termes, le bail sera virtuellement résolu, après ou même sans une mise en demeure préable. En ce cas, le juge de paix serait-il compétent, si le locataire fait des offres et soutient que la clause est comminatoire, pour statuer sur la résiliation du bail? — M. Giraudeau (p. 83) soutient la négative par ce motif qu'il ne s'agirait plus, en ce cas, d'une simple question de fait, mais de l'interprétation d'une convention; et cependant il ajoute qu'il ne suffirait pas au preneur d'alléguer qu'il existe telle ou telle convention sur laquelle il fonderait sa prétention, car ce serait mettre le propriétaire à la discrétion du locataire. Mais quelle sera la ligne de démarcation? A ce système, que recommanderaient les paroles du garde des sceaux citées (*suprà* no 562), on objectera avec raison que si la résiliation ne peut être prononcée en justice de paix que pour défaut de paiement, le paiement, pour être valable, doit être effectué en temps utile, *à échéance.* La demande du propriétaire repose donc bien effectivement sur le défaut de paiement, et le juge de l'action l'est aussi des exceptions. D'ailleurs, la loi n'a pas distingué; elle n'a fait aucune réserve. — Curasson, t. 1er, p. 382, no 50 *bis*; Carou, t. 1er, p. 192, no 194.

564. — Du reste, dans tous les cas où il n'y a pas stipulation contraire, le juge de paix, comme les autres juges, doit accorder au preneur un délai pour s'acquitter, et ne prononcer la résiliation qu'à défaut de paiement, à l'expiration du terme. « Nous demeurons, d'ailleurs, dans les termes du droit commun, disait M. Amilhau dans son rapport. Notre disposition n'impose au juge de paix aucune obligation de prononcer la résiliation dans le cas où il croit devoir adopter un autre tempérament. »

565. — Aux termes de l'art. 1760, « en cas de résiliation par la faute du locataire, celui-ci est tenu de payer le prix du bail pendant le temps nécessaire à la relocation, sans préjudice des dommages et intérêts qui ont pu résulter de l'abus. » Il serait exorbitant, dit M. Carou (t. 1er, p. 192, no 192) qu'après avoir fait prononcer la résiliation, le propriétaire dût recourir à un autre tribunal pour obtenir les dommages qui lui seraient dus; il pourra donc réclamer la résiliation avec des dommages-intérêts, s'il y a lieu, devant la justice de paix. Cette solution doit être suivie. En effet, ou l'indemnité réclamée a pour base le préjudice résultant de la non relocation, et le préjudice naît de la résiliation même, — c'est l'accessoire du principal, — ou elle a pour base l'abus de jouissance, la dégradation, en un mot, qu'a subie la chose louée; et l'art. 4 (no 2) attribue juridiction au juge de paix.

566. — *Expulsion de lieux.* — Le juge de paix connaît des demandes en expulsion de lieux, quels qu'en soient les motifs, soit que le bail ait été résolu pour défaut de paiement des loyers, soit qu'il soit expiré. — Curasson, t. 1er, p. 385, no 51; Carou, t. 1er, p. 195, no 197.

567. — M. Rodière (t. 1er, p. 73) pense que le juge de paix est aussi compétent pour statuer sur l'expulsion demandée par un acquéreur contre un locataire dont le bail revêtu de la signature de l'ancien propriétaire n'a pas acquis date certaine. Nous ne le pensons pas, car la question à résoudre est celle de savoir s'il y a un bail valable, et nulle part le législateur n'a attribué la connaissance de cette question au juge de paix. Au surplus, le preneur serait fondé à réclamer des dommages-intérêts contre le bailleur, et sa demande serait du ressort de la justice de paix.

568. — *Saisie-gagerie.* — On sait que la saisie-gagerie est une mesure conservatoire dont toute la portée est de mettre sous la main de la justice les meubles et effets mobiliers du locataire ou fermier. La saisie opérée, il faut en demander la validité, c'est-à-dire la convertir en saisie-exécution, ce qui suppose que le propriétaire n'est pas armé d'un titre exécutoire; autrement, il mettrait la saisie à fin par la vente.

569. — Peu importe que les meubles et effets mobiliers soient déplacés. Le propriétaire a sur eux un droit de suite; seulement, s'ils se trouvent en la possession d'un tiers, il faut agir par voie de revendication. — V. SAISIE-REVENDICATION.

570. — Ce n'est pas l'importance du mobilier saisi, c'est le taux du bail qui détermine la compétence. Seulement, quand la saisie porte sur des valeurs considérables, le juge de paix doit ordonner que la vente n'ait lieu que jusqu'à concurrence de la dette; l'huissier qui adjugerait tous les objets s'exposerait même à des dommages-intérêts, en supposant que le jugement eût omis de le déclarer.

571. — C'est le juge de paix du lieu de la saisie-gagerie qui est appelé à connaître de la demande en validité. Ce principe est incontestable. — Carré et Chauveau, *Procéd.*, p. 2811; Thomine, t. 2, p. 387, no 391; — *contrà* Pigeau, *Comm.*, t. 2, p. 518; Demiau, p. 499. — Selon ces auteurs, ce serait le tribunal du domicile du saisi.

572. — Le jugement, quand il s'agit de congé, de résiliation de baux, d'expulsion de lieux, est en premier ressort toujours, parce que la demande est indéterminée, en ce sens qu'elle frappe sur la jouissance de la chose louée ou affermée.

573. — *Secùs*, quand il ne s'agit que d'une demande en validité de saisie-gagerie, si la somme réclamée pour loyers n'excède pas le taux du dernier ressort.

574. — L'art. 10, L. 1838, porte : « Dans le cas où la saisie-gagerie ne peut avoir lieu qu'en vertu de permission de justice, cette permission sera accordée par le juge de paix du lieu où la saisie devra être faite, toutes les fois que les causes rentreront dans sa compétence. S'il y a opposition de la part des tiers, pour des causes et pour des sommes qui, réunies, excéderaient cette compétence, le jugement en sera déféré aux tribunaux de première instance. »

575. — Cet article ne s'applique-t-il qu'à la saisie-gagerie pratiquée au nom du propriétaire? Le juge de paix sera-t-il incompétent s'il s'agit d'une saisie pratiquée par un aubergiste ou un carrossier, par exemple, sur les effets ou la voiture d'un voyageur? — L'affirmative est enseignée par MM. Carou (t. 1er, p. 317, no 223) et Giraudeau, p. 95 (V. Foucher, p. 392, no 398); la négative, par Curasson (t. 2, p. 549, no 2).

576. — L'avis de Curasson, quoique fondé sur des considérations puissantes, ne nous paraît pas devoir être suivi. Ce n'est pas malheureusement dans les discussions qu'il faut aller chercher la solution de cette difficulté, car elles ne fournissent aucun élément à cet effet. On en est réduit dès-lors à se demander ce que l'on entend vulgairement par saisie-gagerie, afin de savoir ce que la loi nouvelle entend de son côté par ce mot. N'est-ce pas la saisie du propriétaire sur le locataire débiteur du loyer? Quant à l'art. 822, C. proc. civ., il ne parle que de la *saisie-arrêt* du créancier sur les meubles ou effets du débiteur forain. Il est donc à croire que c'est à la signification que nous venons d'indiquer que s'est arrêtée la pensée législative, et en effet, dans les discussions, tous les exemples cités supposent une saisie-gagerie de la part du propriétaire, jamais d'un hôtelier.

577. — On remarquera ensuite que cet art. 10 est relégué après des articles où il est question des demandes reconventionnelles et des demandes réunies au point du *taux* de la compétence du juge de paix, c'est-à-dire que c'est à d'autres articles qu'il faut recourir pour savoir si, par rapport à ces demandes, le principe de la compétence existe. Si l'art. 10 devait être expliqué dans le sens de Curasson, s'il contenait une attribution nouvelle de juridiction, on conviendra qu'il eût été peu logique de ne pas s'en expliquer soit dans l'art. 2, soit dans l'art. 3.

578. — Au contraire, on comprend que, d'une part, ne s'agissant que de dire que le juge de paix pourrait autoriser la saisie-gagerie, une disposition était nécessaire, et que c'est à tort que l'on voit un hors-d'œuvre dans l'art. 10, et de l'autre que, comme on venait de parler des demandes reconventionnelles et des demandes réunies, relativement au taux de la compétence, on ait été amené à prévoir le cas où des tiers interviendraient sur l'instance en validité de saisie, afin de régler aussi le taux de la compétence et la compétence elle-même.

579. — Ainsi, l'art. 10 n'a pas introduit un droit nouveau; il ne règle que deux cas : 1o celui où le propriétaire a intérêt à faire immédiatement procéder à la saisie-gagerie, sans attendre que vingt-quatre heures soient expirées après le commandement exigé par l'art. 819, C. proc. civ.; 2o celui où des tiers interviennent.

580. — Notons que l'art. 819, C. proc. civ., voulait que ce fût le président du tribunal qui accordât la dispense du délai; et cela se conçoit, puisque les tribunaux ordinaires connaissaient seuls des demandes en validité de saisie-gagerie. Aujourd'hui, ce doit être le juge de paix dans les causes de son ressort, et toute saisie-gagerie pratiquée en vertu de l'ordonnance d'un président, là où la loi fait mention du juge de paix nous paraîtrait irrégulière, nulle même.

581. — Toute opposition à la saisie-gagerie pratiquée en vertu d'une ordonnance du juge de paix ou de la loi, devrait être portée, en état de référé, devant le juge de paix, dès-lors qu'il serait compétent pour statuer au fond. — Carou, *Code*, no 217; Giraudeau, p. 96.

582. — Le projet déférait l'opposition des tiers aux tribunaux ordinaires. — La commission pensa que cette disposition pourrait rendre souvent illusoire l'attribution des saisies-gageries aux juges de paix. La moindre revendication pour l'objet de la moindre valeur l'eût rendu incompétent.

583. — « Ce n'est pas, ajoutait-elle, que la connaissance des oppositions puisse être indéfiniment laissée au juge de paix. Il ne s'agit plus, en effet, entre l'opposant et le saisissant, d'une question de loyer, il s'agit tantôt de *propriété*, tantôt de *privilège* : l'opposition peut se rattacher à des créances considérables, à des appréciations de titres, à de graves questions de droit.

584. — Il se peut aussi que les opposans soient nombreux : c'est contre eux tous que le propriétaire est obligé de lutter, *c'est la réunion de ces oppositions qui, par rapport à lui, constitue la quotité du litige*. Afin de se conformer à ces principes et de ne pas porter devant des tribunaux de première instance des débats trop peu importans, la commission propose de laisser cette juridiction au juge de paix, *si la réunion des oppositions formées n'excède pas sa compétence, en faisant un tout de leurs sommes et de leurs causes.* »

585. — C'est dans ces explications que se trouve le meilleur commentaire de la loi; elles sont claires. Aussi, n'insisterons-nous pas sur ce sujet.

586. — Cependant, M. Benech, induit en erreur par la rédaction vicieuse de l'art. 10 : *s'il y a opposition de la part des tiers, pour des causes et pour des sommes qui réunies excéderont* CETTE compétence, pense que le juge de paix sera compétent pour connaître des oppositions, si les sommes réunies que réclament les opposants, n'excèdent pas 400 fr. à Paris et 200 fr. dans les provinces. Telle est, dit-il, la compétence établie pour les saisies gageries en matière de baux, et c'est cette compétence qui, d'après la loi, doit également régir les oppositions. — V. p. 142.

587. — Mais c'est là évidemment une erreur, le législateur n'a pu avoir en vue que la compétence dont il a posé le principe dans l'art. 1er de la loi nouvelle, c'est-à-dire que le juge de paix n'aura juridiction vis-à-vis des tiers que jusqu'à concurrence de 200 fr. en réunissant toutes leurs sommes; et, en effet, la compétence extraordinaire établie dans l'art. 3, ne l'a été que dans l'intérêt du bailleur vis-à-vis du preneur. — Curasson, t. 2, p. 553, no 6; Carou, t. 1er, p. 212, 213, no 219; Bioche, vo *Juge de paix*, no 64.

588. — On interprétera donc cet article comme si, au lieu de ces mots : *cette compétence*, il y avait ceux-ci : *sa compétence*.

589. — Mais que signifient les mots : *s'il y a opposition de la part des tiers ?* qu'est-ce que cette opposition ? car évidemment il ne s'agit pas de l'opposition qu'un créancier du saisi formerait à la distribution des deniers, dans les termes de l'art. 609, C. procéd., civ., mais de la demande en revendication d'un objet mis par suite de la saisie, sous la main de justice. — V. DISTRIBUTION PAR CONTRIBUTION.

590. — On voit que rarement les juges de paix seront appelés à statuer sur de pareilles réclamations, et dans tous les cas, comme il s'agirait presque toujours d'un objet d'une valeur indéterminée, ce serait aux tribunaux ordinaires qu'il appartiendrait d'en connaître, à moins que le tiers n'eût évalué l'objet revendiqué à une somme inférieure à 200 fr.

ART. 5. — *Actions dont le juge de paix connait, quelle qu'en soit la valeur, mais en premier ressort seulement.*

§ 1er. — *Actions possessoires.*

591. — Les juges connaissent à charge d'appel, des entreprises dans l'année sur les cours d'eau servant à l'irrigation des propriétés et au mouvement des usines, sans préjudice des attributions de l'autorité administrative dans les cas déterminés par les lois et réglemens; des dénonciations de nouvel œuvre, complaintes, actions en réintégrande et autres actions possessoires fondées sur des faits également commis dans l'année. — L. 25 mai 1838, art. 6. — V. ACTIONS POSSESSOIRES, COURS D'EAU.

§ 2. — *Actions en bornage, plantations d'arbres ou de haies.*

592. — Aux termes de l'art. 6. L. 25 mai 1838, les juges de paix connaissent à la charge d'appel, des actions en bornage et de celles relatives à la distance prescrite par la loi, les réglemens particuliers et l'usage des lieux, pour les plantations d'arbres ou de haies, lorsque la propriété ou les titres qui l'établissent ne sont pas contestés.

593. — L'art. 10, no 2 L. 16 août 1790, accordait compétence au juge de paix *sans appel* jusqu'à 50 livres et à charge d'appel, à quelque valeur que la somme pût monter, pour connaître des déplacemens de bornes, des usurpations de terres, arbres, haies, fossés et autres clôtures commises dans l'année.

594. — La loi nouvelle a donc restreint la compétence des juges de paix en ce qu'elle ne leur a attribué qu'en premier ressort seulement, quelque minime que soit la valeur du litige, la connaissance des affaires dont il s'agit; mais elle l'a étendue notablement en ce sens qu'elle leur a déféré le jugement non seulement des actions *en déplacement de bornes*, mais encore *des actions en bornage*, pourvu que les titres de propriété ne soient pas contestés. — V. BORNAGE, nos 34 et suiv., 90 et suiv.

595. — Jugé que lorsqu'un domaine au sujet duquel une action possessoire a été intentée est situé sur le territoire de deux cantons différens, le juge de paix de l'un de ces cantons est compétent pour connaître de cette action, au moins quant à la partie du domaine qui se trouve placée sur son territoire. — En conséquence c'est à tort que le tribunal saisi de l'appel d'un jugement par lequel le juge de paix s'est déclaré compétent pour connaître de l'action en ce qui touche la totalité du domaine, déclarerait au contraire son incompétence d'une manière absolue, alors surtout que l'intimé a déclaré subsidiairement devant les juges d'appel, restreindre les effets de sa demande primitive à la portion du domaine situé sur le territoire du juge de paix saisi. Cette demande, ainsi réduite, étant nécessairement comprise dans les termes de la demande principale, ne peut être réputée constituer une demande nouvelle non susceptible d'être présentée pour la première fois en appel. — *Cass.*, 6 mai 1846 (t. 2 1846, p. 27), Lafargue c. Domaine de l'état.

596. — On peut, dans le cas ci-dessus posé, se demander 1o si la compétence *se divise naturellement* et nécessairement entre les juges de paix sur le territoire desquels se trouve situé le domaine; 2o ou bien si, s'agissant d'une action *indivisible*, cette action peut être portée *indifféremment* devant l'un ou l'autre des juges de paix ; 3o ou bien encore si le seul juge compétent est celui du territoire sur lequel se trouve la partie la plus importante des biens litigieux. Or; l'arrêt que nous recueillons, en se bornant à reconnaître que la compétence du juge de paix était incontestable pour la portion de biens située dans son territoire, semble bien repousser le dernier de ces systèmes, mais il ne prononce pas d'une manière bien nette entre les deux premiers. Cependant, le principe que le juge n'a de pouvoir que sur son territoire, et qu'au-delà il n'est qu'un simple particulier, est tellement d'ordre public, qu'il nous semble impossible de ne pas admettre que la compétence doit se diviser forcément. Comment opérer une descente sur les lieux s'ils sont situés dans l'arrondissement ou le canton voisins ? Or, tout démontre que le but de la loi a été de faciliter l'accès des lieux litigieux, en conférant à cette juridiction la connaissance des actions en bornage ?

597. — La cour suprême vient encore de consacrer la doctrine déjà émise par nous (vo BORNAGE, nos 93 et suiv.) à savoir que le but de la loi nouvelle a uniquement été de changer la compétence en matière de bornage, mais non de changer la nature de cette action qui est toute pétitoire.

598. — Elle a, en effet, décidé que la difficulté soulevée par une partie, en matière de bornage, relativement à la contenance de son immeuble, n'est pas une contestation sur les titres ou sur la propriété, et que le juge de paix reste compétent pour en connaître. — Ce magistrat ne peut être dessaisi de la connaissance du bornage par la condition qu'y met l'une des parties qu'il aura lieu conformément à sa possession actuelle d'une contenance plus étendue que celle énoncée par son titre, si cette partie ne prouve pas qu'elle a prescrit ce surplus de terrain, et s'il lui a été accordé la contenance que lui attribuait ce titre. — *Cass.*, 19 nov. 1845 (t. 2 1846, p. 68), Lesueur c. Dobrenelle.

599. — Les tribunaux civils de première instance ne pouvant connaître de l'action en délimitation que dans le cas où les limites des propriétés contiguës sont incertaines et où l'application des titres est contestée, dès-lors le juge de paix est compétent pour connaître de l'action en bornage d'un terrain exproprié pour cause d'utilité publique lorsque le plan, levé et déposé, aux termes des art. 4 et 5, L. 7 juill. 1833, détermine avec précision la ligne séparative des terrains litigieux. — *Besançon*, 31 août 1844 (t. 2 1845, p. 319), Bourgon, Vaissier et Bécoulet c. ville de Besançon.

600. — Mais il suffit que dans le cours d'une action en bornage il s'élève une contestation sur le titre et la propriété pour que le juge de paix cesse d'être compétent, alors même que cette contestation aurait été présentée sans développemens et après un premier jugement ordonnant une visite des lieux. — On dirait en vain que l'absence de développemens a pu faire considérer une telle contestation comme *vague* (alors d'ailleurs qu'elle a été soulevée en termes exprès et qu'il en a été donné acte), ou bien encore qu'elle aurait dû être proposée *in limine litis* (une telle exception étant d'ordre public comme portant sur la juridiction même du tribunal de paix). — L. 25 mai 1838, art. 6, no 2; — *Cass.*, 12 avr. 1843 (t. 1er 1843, p. 721), Dumet c. Noël. — V. au surplus BORNAGE, nos 101 et suiv.

601. — Et même, le juge de paix est incompétent pour connaître d'une action en bornage, lorsqu'en l'absence de titres les parties contestent l'étendue respective de leurs héritages limitrophes. — L. 25 mai 1838, art. 6, § 2; — *Cass.*, 1er fév. 1842 (t. 1er 1838, p. 345), Olivier c. Truc.

602. — On sait qu'aux termes de l'art. 671. C. civ., il n'est permis de planter des arbres de haute tige qu'à la distance prescrite par les réglemens particuliers, ou les usages reconnus, et à défaut de ceux-ci à la distance de deux mètres de la ligne séparative de deux héritages. — L'art. 672 ajoute comme complément de cette disposition que le voisin peut exiger que les arbres et les haies plantés à une moindre distance soient arrachés. — V. ARBRE, HAIE, SERVITUDE.

603. — Déjà sous l'ancienne législation, les actions de cette nature étaient considérées comme de la compétence des juges de paix quand elles étaient intentées dans l'année. — Carré, no 1436.

604. — La loi nouvelle a été au-delà. Elle a attribué aux juges de paix la connaissance de ces actions quand bien même les plantations remonteraient à plus d'un an. — Foucher, p. 299, no 285.

605. — Est-ce à dire que la compétence persistera si la propriété ou les titres qui l'établissent sont contestés, si, par exemple, le défendeur allègue qu'il y a plus de trente ans que les arbres ou la haie sont plantés ? Non, évidemment, le droit que n'aurait pas le juge de paix en matière de simple bornage, il ne l'a pas non plus en cette matière.

606. — Quel est le sens de cette restriction ? Le juge de paix n'est-il incompétent qu'autant que la contestation des titres invoqués devant lui porte sur le droit de propriété même des parties, ou sur l'étendue de ces droits; ou bien la cause doit-elle lui échapper lorsque les parties, sans contester leurs droits réciproques de propriété, élèvent des discussions sur l'appréciation et l'application des titres ? — Il semblerait au premier coup d'œil, d'après la lettre de la loi, qu'il faut, pour que le juge de paix soit compétent, qu'il ne s'élève aucune contestation sur les titres qui établissent la propriété. La désignation spéciale de l'objet des titres, l'établissement de la propriété paraît d'abord circonscrire aux seules questions de propriété, les matières dont la connaissance est enlevée au juge de paix; mais un examen plus attentif soit du texte de la loi, soit de son esprit, conduit à une interprétation contraire. En effet, le texte parle bien d'une contestation élevée sur les titres qui établissent la propriété, mais il ne précise pas l'*objet* de cette contestation ; il ne la concentre pas nécessairement sur la *propriété* même. L'esprit de la loi s'accorde d'ailleurs avec cette interprétation : le législateur a voulu que la compétence du juge de paix fût formée de matières simples, dont la décision n'exigât le plus souvent qu'une vérification matérielle des lieux, qu'une application facile des titres; c'est bien là la mission donnée au juge de paix en matière de bornage : ce doit être aussi celle qui lui est dévolue en matière de distance des plantations d'arbres et de haies. La constatation matérielle d'un fait, l'application de la disposition de la loi ou d'un usage constant, pouvaient être, sans inconvéniens, réservées exclusivement au juge de paix; mais s'il faut que ce juge sorte de ces attributions, si le litige se complique, s'il a pour objet non plus l'application admise par toutes les parties, mais une application difficultueuse, une application qui se rapproche entièrement de l'interprétation d'un titre se référant à ce droit si important de la propriété immobilière, il doit suffire que ce titre soit contesté, quand même ce ne serait pas directement au chef relatif à la propriété, pour que le juge de paix cesse d'être compétent. — Vaudoré (*Droit civil des juges de paix*, vo *Plantations*, no 83, t. 3, p. 267) enseigne que le juge de paix est incompétent : 1o si le planteur argumente d'un acte ou de la prescription (Masson *Commentaire sur la loi du 25 mai* 1838, no 255; Ca-

rou, *Juridiction civ. des juges de paix*, t. 1er, n° 509)], ou de la destination de père de famille pour maintenir sa plantation telle qu'elle est; 2° si l'application des titres ou la ligne divisoire sont méconnues. C'est aussi l'opinion que professe Curasson (*Compétence des juges de paix*, t. 2 p. 483, n° 10), suivant lequel la cause doit être renvoyée devant la justice ordinaire, si pour établir la propriété on produit un titre dont la validité et l'application au terrain seraient contestés.—Mais toutefois nous pensons avec M. Bioche (v° *Juge de paix*, n° 117), que ces contestations sur les titres doivent être sérieuses, et que, si elles ne paraissent être soulevées que pour entraîner des frais et des lenteurs, le juge de paix peut passer outre immédiatement.

607.—Jugé spécialement que le juge de paix est incompétent pour connaître de l'action relative à la distance d'une plantation d'arbres lorsque, pour maintenir sa plantation en deçà de la distance légale, le défendeur excipe d'un acte de partage passé avec le demandeur.—*Cass.*, 20 juill. 1847 (t. 2 1847, p. 129), Amiot.

608. — Toutefois, Curasson pense que l'exception doit être maintenue au cas où la contestation aurait pour objet la propriété du sol sur lequel sont plantés les arbres ou la haie, sans observer la distance, et qu'elle ne saurait s'appliquer à la servitude négative qu'impose l'art. 671 à l'un des fonds riverains pour l'avantage de l'autre. — Curasson, t. 2, p. 489, n° 14.

609.—Cet auteur se fonde principalement sur ce que la loi ne parle que de la contestation sur la propriété et les titres qui l'établissent. Et il fait remarquer que l'art. 5 de la loi nouvelle, en parlant de l'élagage, a eu le soin de dire que le juge de paix ne serait compétent que dans le cas où les droits de propriété *ou de servitude* ne seraient pas contestés.

610.—Cette argumentation semble plus spécieuse que solide. Il faut sonder, non le texte, mais l'esprit de la loi. Or, la loi n'a pas entendu attribuer au juge de paix la connaissance ni d'une question de propriété, ni d'une question de servitude, qui touche si particulièrement à la propriété.

611. —Par la même raison, nous n'admettrions pas que le juge de paix pût statuer sur l'exception de la partie qui prétendrait qu'ayant prescrit le droit d'avoir un arbre ou une haie à telle distance, elle serait libre de les remplacer à son gré.

612. — Les arbres bordant les forêts, sont régis par les dispositions du droit commun. — V. FORÊTS.

613.—Quant aux arbres bordant les chemins vicinaux, de même qu'aux haies, ou le préfet a pris un arrêté pour déterminer la distance des plantations, et la contravention à cet arrêté est du ressort des tribunaux de simple police, ou il n'en a pas pris et a laissé les plantations dans le droit commun. Mais le juge de paix n'en peut connaître, parce que ce ne sont plus les art. 671 et 672, C. civ., qui régissent la matière, mais d'autres principes. — V. CHEMINS VICINAUX. — Conf. Curasson, t. 2, p. 474 et suiv., n° 7.

§ 3. — *Actions relatives aux constructions et travaux pouvant nuire aux propriétés contiguës.*

614. — Aux termes de l'art. 674 C. civ., celui qui fait creuser un puits ou une fosse d'aisance près d'un mur mitoyen ou non, celui qui veut y construire cheminée ou âtre, forge, four ou fourneau, y adosser une étable, ou établir contre ce mur un magasin de sel ou substances corrosives, est obligé à laisser la distance prescrite par les réglemens et usages particuliers sur ces objets, ou à faire les ouvrages prescrits par les mêmes réglemens et usages pour éviter de nuire aux voisins.—V. SERVITUDE.

615. — Les actions relatives à ces travaux sont de la compétence du juge de paix, mais en premier ressort seulement, et à la condition toutefois que la propriété ou la mitoyenneté du mur ne soient pas contestées. — L. 25 mai 1838, art. 6.

616. — Substitué aux juges ordinaires, le tribunal de paix ne doit statuer que sur l'action qui serait portée devant lui, de la part d'un voisin qui se plaindrait que les constructions et travaux exigés par la loi n'ayant pas été faits, il en éprouve un préjudice réel, ou peut en ressentir un dommage dans la suite. Alors, ajoute Curasson (t. 2, p. 500, n° 7), le juge de paix vérifiera l'objet, et si les travaux n'ont pas été exécutés, il en ordonnera la confection, et statuera, s'il y a lieu, sur les dommages-intérêts.

617. — Pour cela, le juge, continue cet auteur, doit se conformer à ce que prescrit la coutume, le réglement ou l'usage des lieux; en l'absence de tout usage ou réglement, cas qui doit être infiniment rare, ce serait à lui à prescrire les ouvrages nécessaires pour garantir le voisin de tout préjudice.

618. — Nous inclinons également vers l'opinion qui accorde aux juges de paix la connaissance de la demande tendant à obtenir la réparation du dommage causé à une propriété par un puits, une fosse d'aisance, etc., malgré l'exécution des travaux et constructions prescrits par la loi, soit que le dommage résulte de la nature des constructions ou de celle du terrain, ou de toute autre circonstance, les termes de la loi n'étant, à nos yeux, qu'énonciatifs.—Curasson, t. 2, p. 501, n° 7; Carou, t. 1er, p. 474 et 475, n° 529; Masson, p. 263, n° 260. — V. *contrà* Foucher, p. 313 et 314, n° 34.

619. — ... — Et cela quand bien même les travaux et constructions auraient été exécutés en conformité d'un réglement. —Mêmes auteurs.

620. — Il est bien certain que l'art. 674, C. civ., n'est pas limitatif, ainsi que l'a justement enseigné M. Pardessus (*Traité des servitudes*), t. 1er, p. 446, n° 190. — Par exemple, la loi ne parle pas des tuyaux d'une fournaise, mais comme le passage habituel de la flamme peut brûler le mur, on doit prendre les mêmes précautions que pour la fournaise elle-même. Les termes de la loi ne sont relatifs qu'aux puits : elle ne dit rien des canaux destinés à la conduite des eaux ou de leurs réservoirs; cependant l'humidité qu'ils occasionnent et la possibilité des infiltrations doivent astreindre à de semblables précautions.

621. — Ce principe est incontestable, mais s'ensuit il que la connaissance de ces actions que ne désigne pas spécialement l'art. 674, appartienne aussi comme les autres au juge de paix? Non, disent MM. Carou, t. 1er, p. 470, n° 527, et Benech, p. 285.

622. — Curasson (t. 2, p. 502 et 503, n° 8) admet des équipollens. « Ainsi, par exemple, quoique cet article ne parle que des puits, on doit comprendre dans cette acception les citernes et tous autres réservoirs ou conduites d'eau. Sous le nom de forge, four ou fourneau, sont aussi nécessairement compris les tuyaux d'une fournaise dont parle M. Pardessus. » Les terres jectisses destinées à la culture, telles que les cendres sulphureuses, peuvent encore être hardiment assimilées aux sels et aux matières corrosives.

623. — Dans ces termes, nous ne trouvons aucune objection à faire contre le système de Curasson, mais la solution serait tout autre, et cet auteur le reconnaît, s'il s'agissait des travaux dont il est question dans l'art. 622.

624. — Si le litige avait trait à l'espace que doit laisser le propriétaire quand il fait creuser un fossé sur sa terre, ou celui que l'on doit encore laisser quand on tire du sable, de la marne, du caillou, des pierres, etc., le juge de paix ne serait plus compétent aux termes de notre article; il ne pourrait être saisi qu'en exécution de l'art. 5, c'est-à dire à la condition qu'il y eût dommage aux champs, fruits et récoltes. Si le dommage était causé à un corps de bâtiment, l'action serait du ressort des tribunaux ordinaires. — Curasson (*eod.*).

625. — L'étendue de la compétence du juge de paix est la même que celle relative au bornage ou à la plantation des arbres ou des haies dont nous venons de rendre compte.

626.—Aussi devra-t-on appliquer ici les observations qui ont été faites (*suprà* nos 605 et suiv.) sur le cas où s'élève une question de propriété ou de servitude. Cette exception dessaisirait le juge.

627.—Toutefois, une observation est nécessaire. M. Benech (p. 285 et 286) a critiqué cette restriction dans les termes suivans : « Elle se comprend très bien pour les cas prévus par les §§ 1er de l'art. 5, et 2 de l'art. 6, mais on ne saurait l'expliquer apposée aux actions mentionnées dans l'art. 674, C. civ. En effet, cet article lui-même, en se servant de ces mots : *celui qui fait creuser un puits ou une fosse d'aisance près d'un mur mitoyen ou non*, nous apprend, par cela même, de la manière la plus positive, que la question de propriété ou de mitoyenneté du mur est tout-à-fait indifférente en cette matière; qu'une distance ou des travaux préservatifs sont nécessaires, soit que le mur appartienne exclusivement à l'un ou à l'autre des deux voisins, soit qu'il s'agisse d'un mur mitoyen entre eux, et la raison de la loi est palpable. Comment donc les nouveaux législateurs ont-ils fait dépendre la compétence du juge de paix d'une condition négative qui, en se réalisant, ne peut exercer aucune influence sur le sort du litige? »

628.—En résumé, d'après cette doctrine, l'art. 674, C. civ., serait applicable même au cas où le constructeur serait propriétaire exclusif du mur auquel il entendrait adosser une fosse, un puits, etc. Cette interprétation, que partage aussi M. Rogron (art. 674, C. civ.), est fautive. Quand le propriétaire d'un mur adosse des constructions à ce même mur, il agit dans les limites de son droit. — Le voisin n'est fondé à se plaindre qu'autant qu'il en éprouve un préjudice. A défaut de préjudice, il est évidemment non recevable à réclamer l'exécution des travaux dont parle l'art. 674. En effet, un propriétaire dispose de sa chose comme bon lui semble. Sa seule obligation est de ne pas nuire à ses voisins.

629. — Quand le législateur a dit : *mur mitoyen ou non*, il a voulu exprimer la pensée que le droit à la mitoyenneté d'un mur ne donnait pas celui d'adosser contre ce mur des ouvrages nuisibles, sans prendre certaines précautions, *pour éviter de nuire au voisin*.

630.—Dans cet ordre d'idées, il était nécessaire de restreindre la compétence du juge de paix au cas où la propriété ou la mitoyenneté ne seraient pas contestées. Telle est l'explication logique et seule possible de l'art. 674 et de notre article. — Conf. Curasson, t. 2, p. 503 et suiv., n° 9; Carou, p. 466 et suiv., n° 525.

631.—Dans le cas où il serait intervenu entre les parties une convention, un traité relativement à la construction d'une fosse, d'un puits, etc., comme s'il s'agissait de prononcer sur *une servitude*, le juge de paix devrait se déclarer incompétent d'office. —Carou, t. 1er, p. 468 et suiv., n° 256; Benech, p. 285; — *contrà* Curasson, t. 2, p. 505 et 506, n° 10.

632. — Il en devrait être de même si le défendeur alléguait avoir prescrit le droit de maintenir l'état des lieux tel quel.—Carou, *ubi suprà*;—*contrà* Curasson. — Cette thèse nous paraît difficile à admettre, au fond, mais la question n'est pas de savoir si la prétention est mal fondée ou non, il s'agit uniquement de décider si le juge de paix a le pouvoir de la trancher.

ART. 6.—*Actions dont le juge de paix ne connaît jamais qu'à charge d'appel et pour lesquelles il n'est compétent qu'autant qu'elles n'excèdent pas 150 fr. par an; pensions alimentaires réclamées par des ascendans contre leurs descendans, ou par des descendans contre leurs ascendans.*

633.— Le § 4 de l'art. 6 de la nouvelle loi porte que les juges de paix connaîtront, à charge d'appel, des demandes en pensions alimentaires n'excédant pas 150 fr. par an, et seulement lorsqu'elles seront formées en vertu des art. 205, 206 et 207, C. civ.

634.—Il ne s'agit donc que des alimens que les père et mère et autres ascendans ont le droit d'exiger de leurs enfans, petits-enfans, gendres et belles-filles dans les termes énoncés en ces articles, *et vice versâ*.—V. à cet égard ALIMENS.

635.—Cette disposition donne lieu à peu de difficultés. Il est superflu de faire remarquer que c'est par le chiffre demandé et non par celui alloué que se détermine la compétence : c'est là un principe élémentaire que nous avons eu souvent l'occasion de développer.

636.—Si plusieurs coobligés sont mis en cause, c'est toujours le total de la demande, et non la somme partiellement réclamée à chacun d'eux qui sert de base à la compétence.

637. — Curasson pense qu'il en devrait être autrement si, au lieu d'assigner en même temps tous ceux auxquels la loi impose l'obligation de fournir des alimens, le père n'en assigne qu'un ou deux auxquels il réclame moins de 150 fr. — V. t. 2, p. 513 et 514, n° 10. — Cette solution nous paraît d'autant plus juste que le père a pu s'entendre à l'amiable avec ses autres enfans.

638.— La demande d'alimens peut tendre non pas à une prestation en argent, mais à une prestation en nature. En ce cas, on en fixera le taux ainsi que nous l'avons dit *suprà* nos 532 et suiv.

639.— Au contraire, la demande qui tendrait à être nourri, logé et entretenu dans un ménage serait indéterminée, et échapperait à la justice de paix; mais le demandeur pourrait conclure à ce qu'il lui fût servi une pension alimentaire de 150 fr., si mieux n'aimait le défendeur le recevoir chez lui.

640. — Aucune raison ne s'oppose à ce que le juge, saisi d'une demande en paiement d'une somme à titre d'alimens, ne donne acte au défendeur de l'offre qu'il fait de recevoir le demandeur, et ne convertisse ainsi la prestation en argent en une prestation en nature, sauf à se conformer aux dispositions de l'art. 210, C. civ. — V. ALIMENS.—Conf. Curasson, t. 2, *ubi suprà* Carou; t. 1er, p. 231, 232, n° 240; Foucher, n° 327.

641. — Si une condamnation est prononcée contre un enfant, il pourra se pourvoir contre

ses frères pour les faire contribuer à la pension qu'il est tenue de servir.—Cette action récursoire doit-elle être portée devant le juge de paix, bien qu'alors l'instance ne se trouve plus engagée entre un ascendant et ses descendans? — L'affirmative ne nous paraît pas douteuse, par la raison que la nature de la contestation est toujours la même, que l'enfant demandeur est aux lieu et place de son ascendant. — Carou, t. 1er, p. 232, nº 242.

642.—Il ne peut faire doute encore que l'action en cessation ou en réduction de la pension alimentaire, dans les termes de l'art. 209, C. civ., est de la compétence du juge de paix, si la pension allouée n'excède pas 150 fr. — Carou, t. 1er, p. 232, nº 241; Bioche, nº 243.

643.— Quant à la question de savoir si les demandes des pères et mères contre leurs enfans adoptifs est de la compétence de la justice de paix, elle est facile à résoudre. La juridiction attribuée aux juges de paix a pour base les art. 205, 206 et 207, C. civ., qui ne s'occupent que des enfans légitimes, et cela se comprend : le titre de créance n'est pas sujet à discussion, il résulte de la paternité, de la filiation, du mariage, tandis qu'il n'en est pas de même à l'égard de l'adoption. — Conf. Curasson, *Cod.*, nº 11; Masson, vº 220. — *Contrà* Giraudeau, vº 89. — V. ADOPTION.

644.—Il en est nécessairement de même quand il s'agit de filiation naturelle.— Conf. Curasson.— *Contrà* Giraudeau, Masson, *eod.* — V. ENFANT NATUREL.

645. — ... Ou de filiation adultérine ou incestueuse. — V. ENFANT ADULTÉRIN, INCESTUEUX.

646. — ... Ou enfin des alimens qu'un époux doit à son conjoint. — V. MARIAGE.

ART. 7. — *Contestations attribuées aux juges de paix par des lois spéciales.*

647. — La compétence attribuée aux juges de paix dans les matières que nous allons énumérer, résulte de dispositions particulières auxquelles la loi nouvelle n'a pas entendu déroger. Nous les énoncerons très sommairement, en renvoyant aux mots spéciaux sous lesquels sont traitées toutes les difficultés que chacune de ces matières soulève.

648.—*Douanes.*—D'après la loi du 4 germ. an XI, les contraventions aux lois et réglemens en matière de douanes ont été attribuées à la justice de paix (tit. 6, art. 12 et 13). De plus, la loi du 14 fruct. an XII abandonna encore à cette juridiction la connaissance en premier ressort du refus de payer les droits, du non rapport des acquits à caution, et de toutes autres affaires de douanes. — Maintenu par la loi du 9 flor. an VII (tit. 4, art. 6, 13 et 14), cet état de choses subsiste encore. — V. DOUANES, nºs 984 et suiv.

649.— Jugé spécialement que le juge de paix devant qui les fermiers d'une barrière ont porté une demande en paiement d'un droit de passe contre un voiturier, peut juger la demande en restitution des marchandises saisies sur celui-ci, et réclamées par ses maîtres. — *Cass.*, 6 frim. an XIV, t. 5, p. 54, N.....

650. —... Que l'amende de 500 fr., prononcée par l'art. 14, tit. 13, de la loi des 6-22 août 1791, contre toute personne qui trouble ou injurie les préposés de la douane dans l'exercice de leurs fonctions, est de la juridiction du juge de paix lorsque l'administration agit seule et par la voie civile. — *Cass.*, 10 janv. 1840 (t. 1er 1840, p. 750), Douanes c. Prévot. — Cette jurisprudence est la conséquence du principe que les amendes prononcées en faveur de la régie n'ont pas le caractère de peines, mais doivent être considérées comme des réparations civiles.

651. — Si le fait incriminé constitue un délit, le juge de paix devient incompétent, et la poursuite doit avoir lieu devant les tribunaux correctionnels. — L. 28 avr. 1816, art. 41, et 21 avr. 1808, art. 37. — V. DOUANES, *ibid.*

652.—*Octroi.*— Il est de principe qu'en matière d'octroi, le juge de paix connaît de toute action relative à la perception des droits, quelle que soit la nature de la contestation élevée à cet égard, tandis que la connaissance des contraventions est attribuée, soit au tribunal de police simple, soit à celui de police correctionnelle.— L. 2 vend. an VIII, art. 1er et 2. — V. au surplus OCTROI.

653.—Jugé en conséquence, qu'il appartient aux juges de paix de statuer sur les oppositions aux contraintes et exécutions parées en matière d'impositions communales, sans distinction entre celles fondées sur des moyens qui mettent en question le droit en lui-même et celles qui ne tendent qu'à contester la quotité ou tout autre caractère du

droit. —*Bruxelles*, 23 nov. 1833, Grisari c. la Régence.

654. — Lorsque l'opposant à une contrainte de 18 fr. conclut, en outre, au remboursement d'une somme de 257 fr., le juge de paix doit prononcer seulement en premier ressort, encore qu'il statue, par deux jugemens distincts, sur la contrainte et sur le remboursement demandé. — *Cass.*, 27 avr. 1825, Reiss c. Bommer.

655. — Sous les lois des 16-24 août 1790, 3 niv. an VI et 14 brum. an VII, un juge de paix excédait ses pouvoirs : 1º en condamnant un percepteur de la taxe d'entretien des routes à faire des restitutions à un individu qui ne réclamait rien.—*Cass.*, 14 pluv. an X, Mazade.

656. — ...2º En déclarant exempt de la taxe, moyennant un certificat du maire, les citoyens de diverses communes. — Même arrêt.

657. — ... 3º En se permettant de décider si le droit de passe pour l'entretien des routes était dû, et jusqu'à quelle quotité, tandis que l'autorité administrative était seule compétente pour statuer sur les contestations de cette nature. —*Ibid.*

658. — ... 4º En ordonnant l'affiche de son jugement à un bureau de la perception de la taxe d'entretien des routes. — *Ibid.*

659. — Le juge de paix serait en outre incompétent *ratione materiæ*, pour statuer sur une contestation relative à des droits de navigation intérieure.—*Cass.*, 3 août 1835, Contrib. indir. c. Dussault.

660.—*Dépôt de titres.*—L'art. 1er, décr. 6-8 pluv. an II, porte que les citoyens dont les titres, sentences ou procédures confiés aux notaires publics, ci-devant avoués, défenseurs officieux, huissiers, fondés de pouvoirs, agens d'affaires et autres détenteurs, se trouvent sous les scellés, pourront requérir le juge de paix qui les aura apposés de les lever de suite, pour leur remettre les pièces qu'ils réclament, en constatant cette remise par le procès-verbal. — V. SCELLÉS.

661.—M. Carou (t. 1er, p. 413, nº 451) estime que cet art. 1er est applicable au dépositaire volontaire; cette interprétation paraît en effet résulter de ces mots de la loi : *fondés de pouvoir*; un fondé de pouvoir est évidemment un dépositaire volontaire, il ne s'agit donc pas uniquement des officiers ministériels dans ce décret.

662.—Mais il faut en restreindre la portée à sa véritable limite; le dépôt dont s'est occupé le législateur est celui des titres, des papiers, des procédures, des contrats de rentes, et non celui de sommes d'argent, d'objets mobiliers etc., qu'une partie pourrait confier à un autre.

663. — En un mot, c'est un dépôt à raison d'une gestion d'affaires, bien que la qualité de dépositaire soit indifférente.

664. — On remarque que la loi n'a pas déterminé l'importance du litige, d'où la conséquence que le juge de paix est compétent, quelque élevée que soit la somme réclamée.

665. — Seulement, le jugement sera en premier ressort au delà de 100 francs, et comme rarement il sera possible d'évaluer le chiffre de la demande, l'appel aux juges supérieurs sera pour ainsi dire de droit commun.

666. — M. Carou demande ce qu'il faut décider si l'héritier du dépositaire exige qu'il soit tenu compte des dépenses faites pour la conservation de la chose, cas auquel l'art. 1948, C. civ., lui donne le droit de retenir le dépôt jusqu'à son entier remboursement.—Mais comment comprendre que ce dépôt puisse donner lieu à des frais de conservation? Cet auteur veut-il parler des frais de renouvellement d'une inscription, d'un commandement destiné à interrompre une prescription, d'une assignation afin d'un titre nouvel, alors nous pensons que juge de l'action, le juge le sera aussi de l'exception, quelle que soit la valeur de la dépense, mais ce cas se présente fort rarement, on en conviendra, et au surplus il faudrait bien se garder de confondre avec de pareils frais, c'est-à-dire considérer comme frais de conservation, ceux qui seraient exposés au cours d'un procès dont le titre réclamé serait la pièce principale. L'avoué, l'huissier qui en réclamerait le montant formerait alors une demande reconventionnelle dans toute la force du mot, et ne se défendrait plus par voie d'exception, de sorte que le juge ne serait apte pour apprécier la question soulevée incidemment qu'autant que la loi lui attribuerait compétence en cette matière. Or, il est de principe que que les demandes en paiement de frais doivent être portées devant le tribunal de l'officier ministériel qui les a faits. — V. FRAIS ET DÉPENS, AVOUÉS, HUISSIER, GREFFIER. — V. cependant NOTAIRE.

667. — Au surplus, de ce que le juge de paix connaîtra de l'exception à quelque chiffre que se

montent les dépenses, on ne doit pas conclure qu'il connaîtrait de ces mêmes dépenses, si elles faisaient l'objet d'une demande principale. Ce serait tomber dans une grave erreur.

668. — Pour savoir quand le jugement sera en premier ou en dernier ressort, lorsque le dépositaire réclame ses dépenses, on se reportera à l'art. 8 de la loi nouvelle.—V. *infrà* nºs 695 et suiv.

669. — Quant aux dommages-intérêts auxquels a droit la partie, si le juge de paix n'obtempère pas à sa réclamation, dans le cas où la pièce lui appartenant a été placée sous le scellé, V. SCELLÉS.

670 — L'art. 5 ajoute : tous détenteurs ou dépositaires de titres, papiers ou contrats de rente réclamés, qui ne se trouvent pas sous les scellés, seront tenus à la première réquisition du propriétaire ou fondé de pouvoir; en cas de retard ils seront condamnés dans les vingt-quatre heures, sur simple citation par le juge de paix, ensemble aux dommages-intérêts que ce retard ou ce refus aurait occasionnés, et à une amende qui ne pourra excéder le quart de leur imposition mobilière. — Cet article est-il encore applicable?

671.— Oui, selon M. Carou, (*eod.*), mais le contraire nous paraît constant. Le décret de l'an II a été rendu dans des circonstances d'un caractère tout particulier. L'ordre des avocats, la corporation des avoués avaient été abolis, mais aujourd'hui que les choses sont rétablies dans leur ancien état, on s'expliquerait difficilement que le décret eût encore force de loi, surtout en présence des principes généraux de compétence contenus dans l'art. 1er, L. 25 mai 1838.

672. — *Contrefaçon de marques.* — La contrefaçon des marques adoptées par les fabricans de quincaillerie et de coutellerie, constitue un délit du ressort des tribunaux correctionnels (Déc. du 5 sept. 1810, art. 1er). Mais le propriétaire a une action civile contre le contrefacteur, action que le décret du 8 août 1810 (art. 1er) attribue aux prud'hommes et qui ne relève des juges de paix qu'autant qu'il n'y a pas de conseil de prud'hommes. — Décr. 5 sept. 1810, art. 8. — CONTREFAÇON, MARQUES DE FABRIQUE, PRUD'HOMMES, PROPRIÉTÉ INDUSTRIELLE.

673. — En cette matière, la compétence du juge de paix est absolument la même que celle des prud'hommes, c'est-à-dire qu'elle s'étend à toutes les affaires, n'importe la valeur du litige, et que le jugement est en premier ressort au dessus de 100 francs. — V PRUD'HOMMES.

674.—*Indemnités à raison de l'élargissement des chemins vicinaux.* — La loi du 21 mai 1836 sur les chemins vicinaux, porte que lorsque par suite de la reconnaissance et de la fixation par le préfet de la largeur d'un chemin vicinal, un propriétaire riverain se trouve exproprié, c'est le juge de paix du canton qui règle à l'amiable et sur le rapport d'experts le montant de l'indemnité.—V. CHEMINS VICINAUX, nºs 217 et suiv.

675.—Constatons seulement que lorsque le juge de paix règle, sur rapport d'experts, en vertu de l'art. 15 de la loi du 21 mai 1836, l'indemnité due aux propriétaires expropriés pour élargissement de chemins vicinaux, il statue comme juge, et dès lors sa décision est susceptible d'appel. — *Cass.*, 18 août 1845 (t. 2 1845, p. 284), D'asie c. comm. de Criquelot. — V. au surplus CHEMINS VICINAUX.

676. — De pareils jugemens ne peuvent donc être frappés directement d'un pourvoi en cassation; ils sont en outre soumis aux formalités ordinaires des pourvois en matière civile, ce qui exclut la citation directe devant la chambre civile de la cour. — *Cass.*, 10 déc. 1845 (t. 2 1845, p. 779), Sabatier c. préfet du Lot.

677. — *Forêts et bois communaux.* — Le décret du 8 pluv. an II attribuait aux juges de paix la connaissance des contestations auxquelles donnaient lieu les estimations du prix des baux des bois et forêts dont les communes rentraient en possession, en vertu des décrets des 28 août 1792 et 10 juin 1793. L'objet de ce décret n'existe plus aujourd'hui. — V. COMMUNES, FORÊTS.

678. — *Patentes.* — D'après la loi du 6 fructid. an IV, les individus exerçant sans patente une profession qui y était soumise, devaient être poursuivis devant le juge de paix qui statuait toujours en premier ressort. Mais cette disposition spéciale a été abrogée par la loi du 1er brum. an VII. — V. PATENTE.

679. — *Prises maritimes*, — Dans l'origine, les juges de paix avaient été aussi chargés de l'instruction en matière de prises maritimes, et de plus ils connaissaient, après la vente, des contestations qui en pouvaient résulter. Quant aux contestations sur les prises, elles étaient du ressort des tribunaux de commerce. — L. 14 fév. 1793, art. 1er et 4; décr. 1er oct. 1793, art. 38, 43 et 45.

— V. aussi décr. 3 brum. an IV. — V. PRISE MARITIME.

680. — Il est incontestable aujourd'hui que c'est au conseil d'état qu'est attribué le jugement des prises. — V. CONSEIL D'ÉTAT, PRISE MARITIME.

681. — Mais le juge de paix a-t-il cessé d'être compétent pour statuer sur les contestations provenant de la vente des prises? Carré (*Justice de paix*, t. 3, p. 80) soutient l'affirmative. Toutefois, la question souffre difficulté. — V. PRISE MARITIME.

682. — *Opposition aux mariages.* — L'art. 7, tit. 4, décr. 20 et 25 sept. 1792, voulait que la validité des oppositions à mariage fût déférée aux juges de paix. L'art. 177, C. civ., a abrogé cette disposition. — V. MARIAGE.

683. — *Brevets d'invention.* — C'était encore le juge de paix qui devait connaître des contraventions aux brevets d'invention, d'après l'art. 10, L. 14 et 25 mai 1791, mais l'art. 20 de la loi nouvelle a déféré ces causes, soit aux tribunaux civils ordinaires, soit aux tribunaux correctionnels. — V. BREVET D'INVENTION.

ART. 8. — *Demandes reconventionnelles ou en compensation.*

684. — L'art. 7 de la loi nouvelle porte : Les juges de paix connaissent de toutes les demandes reconventionnelles ou en compensation qui, par leur nature ou leur valeur, sont dans les limites de leur compétence, alors même que dans les cas prévus par l'art. 1er, ces demandes réunies à la demande principale, s'élèveraient au-dessus de 200 fr. Ils connaissent, en outre, à quelques sommes qu'elles puissent monter, des demandes reconventionnelles en dommages-intérêts fondées exclusivement sur la demande principale elle-même.

685. — L'art. 8 ajoute : Lorsque chacune des demandes principales, reconventionnelles ou en compensation, sera dans les limites de la compétence du juge de paix en dernier ressort, il prononcera sans qu'il y ait lieu à appel. — Si l'une des demandes n'est susceptible d'être jugée qu'à la charge d'appel, il ne prononcera sur toutes qu'en premier ressort. — Si la demande reconventionnelle ou en compensation excède les limites de sa compétence, il pourra, soit retenir le jugement de la demande principale, soit renvoyer sur le tout les parties à se pourvoir devant le tribunal de première instance, sans préliminaire de conciliation.

686. — Ainsi, l'art. 7 fixe le taux de la compétence des juges de paix, quand à une demande principale viennent se joindre, soit une demande reconventionnelle, soit une demande en compensation.

687. — L'art. 8 est consacré à déterminer le taux du premier ou du dernier ressort en pareille matière.

688. — *Taux de la compétence.* — M. Amilhau, rapporteur de la commission de la chambre des députés, exposait dans les termes suivans les motifs de l'art. 7. — « Deux choses sont à examiner dans toute action reconventionnelle, *sa nature et son but, si, par sa nature, elle est hors des attributions du juge de paix, ou si, par son but, elle excède le taux de sa juridiction, le magistrat doit se déclarer incompétent.* — Nous avons reconnu en principe avec le projet que l'intérêt des plaideurs est que la demande en reconvention soit portée devant le juge qui doit connaître de l'action principale ; *c'est une sorte de compte que les parties règlent devant lui ; il importe que chacun des articles qui le composent ne fasse pas l'objet d'un procès séparé, et que l'apurement et la balance aient lieu par une même opération.* — Le projet décide une question de haute importance, c'est que pour fixer les limites de la compétence on ne réunira pas désormais le montant de la demande principale et celui de la demande en reconvention. Il examine chacune des actions ou exceptions d'une manière isolée, exclusive ; il suffit que, *prises abstractivement*, elles soient de la compétence du juge de paix pour qu'il puisse en connaître. — Nous n'avons pas exigé, pour *admettre la demande en reconvention*, qu'elle provînt de la même cause que la demande principale. Toute demande *dont le but tend à anéantir l'action principale, n'importe l'origine, est admise sous la seule condition qu'elle sera dans les limites de la compétence.* — Nous avons conservé le principe de l'ancienne législation qui ne veut pas que les demandes reconventionnelles en dommages-intérêts, fondées exclusivement sur la demande principale, prorogent la compétence. Il est utile d'empêcher les parties d'éluder, selon leurs caprices, une loi d'ordre public, en privant les tribunaux inférieurs de la ju-

JUSTICE DE PAIX, ch. 5, sect. 2e.

ridiction qui leur a été attribuée dans l'intérêt des plaideurs. *Il faut donc distinguer dans les demandes reconventionnelles en dommages-intérêts celles dont la base est antérieure à la demande originaire, de celles qui s'appuient sur le préjudice causé par la même demande.* » — *Moniteur*, 3 avr. 1835.

689. — Les règles ci-dessus s'appliquent uniquement aux demandes reconventionnelles et en compensation. Or, la demande reconventionnelle que la cour de Cassation appelait *une contre-prétention*, est toute demande incidemment formée en défense à l'action principale. — V. RECONVENTION, DEGRÉ DE JURIDICTION.

690. — Il n'est pas nécessaire que cette demande soit connexe à la demande principale, mais encore faut-il qu'elle doive influer sur celle-ci. Supposons, comme le remarque fort bien Curasson (t. 1er, p. 528, n° 2), que sur une demande en complainte, le défendeur soutienne que le demandeur l'a aussi troublé dans la possession d'un autre immeuble, en quoi cette prétention aura-t-elle trait à la cause ? Ce serait donc le cas de statuer par jugemens distincts si pareille demande était formée. — V. conf. Benech, p. 325 ; Carou, t. 1er, p. 496 et suiv., n° 563 ; Curasson, t. 1er, p. 526, n° 2.

691. — Au contraire, il y aura reconvention toutes les fois qu'une partie sera citée en paiement d'une somme, et qu'elle conclura à ce que son adversaire soit condamné à lui payer aussi une somme qu'il lui doit d'un autre côté.

692. — Jugé conformément à ces principes que lorsque, comme exception à une demande formée devant le juge de paix, le défendeur oppose la nullité de la convention en vertu de laquelle il est assigné, et qui excède la compétence de ce juge, ce n'est pas là former une demande reconventionnelle, et que le juge de paix doit se dessaisir de la cause. Tel est le cas où un individu assigné en paiement d'un abonnement d'éclairage au gaz, oppose la nullité de la police. — *Cass.*, 16 août 1843 (I. 2 1843, p. 739), Compagnie de l'éclairage par le gaz de Lyon c. Pauche.

693. — Du reste, pour que le juge de paix puisse connaître de l'action reconventionnelle, il faut qu'il ait compétence par rapport à la matière et par rapport au chiffre de la demande. Ainsi la reconvention a-t-elle pour cause une dette commerciale, il n'en connaîtra pas, quand bien même le chiffre ne s'en élèverait qu'à 200 francs. — La cause en est-elle civile, il ne pourra statuer si la valeur du litige excède 200 francs.

694. — S'il s'agit de dommages aux champs, de réparations locatives, de contestations entre un maître et ses domestiques, c'est l'art. 5 la loi de 1838 qu'il faudra consulter pour déterminer le chiffre de la compétence, et ainsi de suite. Si nous faisons cette observation, c'est que la loi disant que les juges de paix connaîtront des demandes reconventionnelles, *alors même que réunies à la demande principale, elles s'élèveraient au dessus de 200 francs*, il serait à craindre que l'on ne crût d'abord que toutes les fois que la demande reconventionnelle dépassera ce chiffre, elle sortira des limites de sa compétence. Comme le dit M. Benech, p. 327, n° 1er, on a voulu sans doute par là citer l'exemple le plus fréquent que l'on a puisé dans l'art. 1er de la loi ; mais, en définitive, on n'a aucunement dérogé aux règles ordinaires de la compétence. — V. conf. Carou, t. 1er p. 504, n° 570 ; Foucher, n° 354 ; Curasson, *ut suprà*.

695. — *Taux du premier ou du dernier ressort.* — Si les deux demandes sont dans les limites du dernier ressort, elles sont l'une et l'autre jugées en dernier ressort.

696. — Si l'une d'elles dépasse le taux du dernier ressort, peu importe que l'autre y soit inférieure toutes deux ne sont jugées qu'en premier ressort, parce que le jugement ne peut être scindé.

697. — Mais ceci ne s'applique pas à la demande reconventionnelle en dommages-intérêts fondée sur la demande principale. Cette demande suit le sort de l'autre, c'est-à-dire qu'elle est jugée en dernier ressort, si l'autre l'est également, quand bien même les dommages-intérêts réclamés seraient supérieurs au taux du dernier ressort. — Benech, p. 337 ; Curasson, t. 1er, p. 538, n° 10 ; Carou, t. 1er, n° 567 ; — *Contrà* Duvergier, *collect. des lois*, art. 7, L. 25 mai 1838.

698. — Dans le cas où la demande reconventionnelle dépasse la compétence du juge de paix, soit à raison de sa nature, soit à raison de sa valeur, le juge de paix a un pouvoir discrétionnaire : ou il retient la cause principale, ou il la renvoie avec la demande reconventionnelle devant les juges supérieurs.

699. — Il y aurait, disait M. Renouard devant la chambre des députés, des inconvéniens manifestes à une disjonction forcée qui, laissant au juge

JUSTICE DE PAIX, ch. 5, sect. 2e.

de paix la demande principale dont il est saisi, obligerait de ne porter au tribunal de première instance que la demande reconventionnelle. Ce serait multiplier les procès, les lenteurs et les frais, sans y être conduit par aucune nécessité, et sans profit pour personne. Il a paru à votre commission que le projet donnait la meilleure solution de cette difficulté, en autorisant la disjonction facultative. Le juge de paix saisi compétemment de la demande principale, appréciera les motifs de la demande reconventionnelle formée par le défendeur. *Si cette demande ne lui paraît ni sérieuse, ni sincère, s'il croit que, fondée ou non, elle a surtout pour but de gagner du temps, s'il soupçonne un défendeur riche de chercher à fatiguer par des frais un demandeur pauvre, alors il opérera la disjonction des causes.* Il laissera suivre son cours à la demande reconventionnelle qu'il lui est impossible de juger, puisqu'elle est hors de sa juridiction ; mais il retiendra le jugement de l'action principale. Que si, au contraire, il croit préférable de ne pas séparer les causes, il renverra les parties à se pourvoir sur le tout devant le tribunal de première instance.

700. — En cas de renvoi devant le tribunal de première instance de la demande principale et de la demande reconventionnelle, les dépens doivent naturellement être réservés, c'est alors le tribunal de première intance qui statue sur ce chef. — Carou, t. 1er, p. 504, n° 569.

701. — Quand la somme due au défendeur par le demandeur est liquide, exigible, incontestable, la compensation est virtuelle, légale. Elle s'opère de plein droit. Alors le défendeur l'oppose au demandeur, non plus au moyen de conclusions reconventionnelles, ou, si l'on veut, par voie d'action, mais *par voie d'exception*. Si la demande en compensation était en ce cas une action, elle devrait toujours subir les deux degrés de juridiction. Or, l'art. 434, C. procéd., permet de l'opposer en appel, bien qu'il défende de former devant cette juridiction *aucune nouvelle demande*.

702. — De là, cette conséquence qu'en parlant de demandes reconventionnelles ou en compensation, le législateur n'a aucunement confondu la compensation exercée par voie d'action et celle qui n'est qu'une exception opposé à la demande, une défense, un moyen ressortant de la cause. Donc les règles de la compétence dont il est ici question, ne s'appliquent qu'à la demande en compensation *par voie d'action*.

703. — Supposons, par exemple, une demande en paiement de 1,000 francs pour fermages ou loyers. Le défendeur oppose pour exception *un billet* de plus de 200 francs. Le juge appréciera l'exception si la signature est reconnue, et que le titre ne fasse l'objet d'aucune contestation, et il le faut bien, puisque la compensation est légale.

704. — Nous irons même jusqu'à dire, avec l'autorité de Curasson (*ut suprà*, n° 9) que dans ce cas l'exception devrait être admise, quand même la compensation serait fondée sur un effet commercial.

705. — M. Carou reconnaît que la *compensation éteint les dettes de la même manière que le paiement lui-même ou une transaction qui l'annulle pour lui en substituer une nouvelle ou l'éteindre entièrement*, mais il pense que le juge de paix n'est appelé à en connaître que dans les limites de l'art. 1er, quand il s'agit d'une dette purement personnelle. Tout en reconnaissant que ce système est fâcheux, il en trouve le remède dans l'art. 8 qui permet en pareil cas au juge de se dessaisir même de la demande principale. — V. t. 1er, p. 514 et 515, nos 586 et 587.

706. — A nos yeux le principe que la compensation s'opère par la force des choses entre deux dettes également liquides et exigibles, est dominant, et nous ne nous expliquons pas comment une partie *seule créancière de l'autre*, pourrait jamais être tenue de se laisser condamner et faire des frais jusqu'à ce qu'un commandement lui donne l'occasion de se prévaloir de sa créance.

707. — On jugeait, sous l'empire de l'ancienne législation, 1° qu'une demande reconventionnelle en bornage, incidente à une demande principale en dommages-intérêts, pour dommages causés aux champs, n'empêchait pas celle-ci d'être de la compétence du juge de paix, alors d'ailleurs que les deux demandes n'étaient pas tellement connexes qu'elles eussent dû être jugées simultanément. — *Bourges*, 27 mars 1829, Hubert c. Bernard.

708. — ...2° Que lorsque, sur une demande qui n'excédait pas la compétence du juge de paix en dernier ressort, le défendeur formait une demande reconventionnelle fondée sur un titre dont l'appréciation excédait les bornes de la compétence du juge de paix, ce magistrat devait se déclarer *incompétent* ou du moins s'abstenir de prononcer

en dernier ressort.—*Cass.*, 4 fév. 1824, Billard c. fabrique d'Annoville-Tournoville.

709.—...3° Que lorsque, sur une demande de la compétence en dernier ressort du juge de paix, il était formé une demande reconventionnelle *de même nature*, excédant le taux du dernier ressort, l'une et l'autre demandes formaient ensemble un litige unique, qui ne pouvait être divisé, et sur lequel il devait être statué simultanément; qu'en conséquence, bien que le juge de paix se déclarât incompétent sur la demande reconventionnelle, et se bornât à statuer sur celle principale, son jugement était toujours susceptible d'appel. — *Cass.*, 11 nov. 1829, Propriétaires du pré des Graviers c. Grandgirard.

Sect. 3e. — *Compétence territoriale.*

710. — La juridiction du juge de paix semblerait devoir être déterminée d'après la nature des différentes actions. C'est ainsi que l'a réglé pour les tribunaux ordinaires, l'art. 59 du C. procéd. civ., lequel veut qu'en matière personnelle, le défendeur soit cité devant le tribunal de son domicile; en matière réelle, devant celui de la situation des biens, et en matière mixte devant le juge de la situation ou celui du domicile du défendeur. Mais cette règle n'est pas applicable aux actions dont la connaissance est attribuée aux juges de paix. — Curasson, t. 1er, p. 6.

711. En matière purement personnelle ou mobilière (c'est-à-dire personnelle mobilière, réelle mobilière, ou mixte et mobilière) l'art. 2 applique, il est vrai, la règle: *Actor sequitur forum rei.* En conséquence, le juge compétent est celui du domicile du défendeur, ou de l'un des défendeurs s'il y en a plusieurs.

712. — Mais cette règle souffre quelques exceptions. L'art. 3 attribue, en effet, au juge de la situation de l'immeuble litigieux la connaissance de l'action pour dommages aux champs, fruits et récoltes, les diverses actions ayant pour objet les réparations locatives, les indemnités prétendues par le fermier, et les dégradations alléguées par les propriétaires, bien que ce soit là des actions personnelles, et non réelles, exception justifiée, d'ailleurs, puisque le résultat de la demande dépend toujours de la visite des lieux, et que cette visite ne peut être faite que par le juge de la situation.

713. — Il en est de même des demandes en bornage, de celles relatives à l'élagage des arbres ou haies, au curage des canaux et fossés, aux plantations faites hors la distance prescrite par la loi, aux constructions et travaux qu'exigent les règles du voisinage. — Curasson, *ibid.*

714. — Mais il en est autrement des actions en paiement des loyers ou fermages. Aucun motif ne commanderait cette dérogation aux principes ordinaires de la compétence territoriale. — Curasson, (t. 1er, p. [illegible]); Marc-Deffaux, comm. p. 74. — *Contrà*, Foucher, p. 139, nos 144 et 145; Giraudeau, p. 72.

715. — On avait proposé à la chambre des députés d'attribuer juridiction au juge de paix du domicile de l'aubergiste ou du carrossier pour les demandes relatives aux dépenses d'hôtellerie ou aux réparations faites aux voitures en voyage, et au juge de paix du lieu où soit la perte soit l'avarie des marchandises transportées seraient constatés, pour les actions en indemnité contre les voituriers; mais ces propositions ne furent pas accueillies.

716. — M. Renouard, notamment en ce qui concerne les dépenses d'hôtellerie, attribue juridiction au juge de paix du lieu où la dépense a été faite. « La minorité de votre commission l'aurait désiré. Elle a fait valoir avec force l'utilité d'une décision prompte, et de la connaissance des usages locaux. La majorité a objecté à cette proposition qu'elle ferait courir le risque de mettre souvent les voyageurs à la discrétion des hôteliers et des aubergistes; que surtout, quelle que pût être la célérité du jugement, ce serait exposer les voyageurs à des retards qui pourraient quelquefois leur être fort préjudiciables; qu'il ne faut pas s'écarter de la règle du droit qui oblige d'assigner tout défendeur à son domicile: que la législation actuelle ne présente, dans l'usage, aucun inconvénient; que la demande en remise d'effets, s'ils sont retenus par l'aubergiste, sera portée au juge du domicile de l'aubergiste; que s'il s'agit d'une demande formée par celui-ci, en paiement de dépenses, il continuera comme par le passé à porter son action au juge du domicile du débiteur.—Une considération, en quelque sorte préjudicielle, a terminé ce débat. C'est qu'il s'agit d'une loi qui détermine la compétence *à raison* de la matière, et non d'une loi destinée à entrer dans de nouveaux règlemens de juridiction. »

717. — Devant quel juge de paix les actions des ouvriers et des apprentis contre leurs maîtres et réciproquement de ceux-ci contre leurs ouvriers et apprentis doivent-elles être portées? — L'art. 21 de la loi du 22 germin. an XI exige à nos yeux, comme à ceux de Curasson (t. 1er, p. 579, no 22), que ce soit devant le juge de la situation de la manufacture ou de l'atelier. — M. Foucher, tout en approuvant en partie cette doctrine, se borne à tirer argument de cette disposition législative qu'il regarde toutefois comme n'ayant prévu que le cas où les contestations seraient portées devant l'autorité administrative. — V. p. 229, 230, no 225; Carou, t. 1er, p. 341, no 36.

718. — *Le législateur aurait manqué son but s'il eût voulu obliger le maître à assigner son ouvrier ou son homme de travail* (souvent d'une contrée éloignée ou sans domicile fixe, ou n'ayant que celui de son origine) devant le juge de son domicile, afin de faire reconnaître ses justes droits, car il eût consacré un déni de justice dans la plupart des cas, par l'impossibilité où il aurait mis le maître de se faire rendre justice. — *Contrà* Carou, t. 1er, p. 329 et 347; Carré, *Comp.*, t. 2, p. 386.

719. — La loi du 22 germin. an XI concerne les manufactures, fabriques et ateliers. — La police fait l'objet du titre 2e. — Le titre 3e est consacré *aux obligations entre les ouvriers et ceux qui les emploient*, et la 5e *juridiction*.

720. — Il importe donc peu que ce soit l'ouvrier qui actionne le maître. Ce sera toujours le juge de paix de la manufacture ou de l'atelier qu'il faudra saisir. — Eût-il cessé d'exploiter son établissement, ce serait encore devant le même juge de paix qu'il devrait être cité.—V. *contrà* Foucher.

721. — La pensée du législateur, de ne jamais déplacer le litige, se révèle encore dans l'art. 11 du déc. du 11 juill. 1809, dans l'art. 4 de celui du 12 juill. 1811, lesquels contiennent une disposition semblable à propos de la juridiction des prud'hommes,

722.—Toutefois ces principes semblent contestables, en matière d'apprentissage, lorsque le contrat a été signé par le père ou le tuteur du mineur, *comme obligés* et non pas seulement comme représentans du mineur: on pourrait dire que la loi du 22 germin, an XI, n'est applicable qu'aux seuls engagements des maîtres et ouvriers et qu'il faut dès-lors assigner ces individus devant le juge de leur domicile. — V. conf. Curasson, t. 1er, p. 580, no 23. — V. cependant Carou, t. 1er, p. 342, no 361.

723. — Jugé en conséquence que c'est devant le juge du domicile du tuteur de l'apprenti et non devant celui du domicile du maître que doit être portée l'action intentée par le maître pour inexécution du traité d'apprentissage consenti par ce tuteur, tant *en son nom personnel* qu'au nom du mineur. — *Cass.*, 22 déc. 1835, Ducorneau c. Tessier.

724. — Mais s'il n'y a aucune obligation personnelle de leur part, peu importe évidemment que le mineur n'ait d'autre domicile que celui de son tuteur. Seul, le mineur est engagé, et cet engagement rentre dans les termes de la loi précitée. — Curasson, *eod.*

725. — Quand il s'agit d'une contravention, l'action publique est portée devant le juge de paix dans le canton duquel a été commise la contravention aux termes de l'art. 139, c. inst, crim. En est-il de même de l'action de la partie lésée, poursuivie civilement? Non, car ce n'est qu'une action purement personnelle. — V. conf. Carré, *Comp.*, t. 2, p. 295, no 151; Carou, t. 1er, p. 356, no 378.

726. — En matière purement personnelle ou mobilière, l'art. 2, L. 25 mai 1838, porte que la citation sera donnée devant le juge du domicile sinon de la résidence.

727. — Le domicile est au lieu où un individu a son principal établissement. La résidence est l'habitation momentanée dans un lieu quelconque.

728. — Dans le doute sur le domicile, selon Demiau, p. 15, « il y a moins d'inconvénient à assigner devant le juge de la résidence, parce que l'art. 2 permet de le faire lorsqu'il n'y a pas de domicile. » Or c'est comme s'il n'y en avait pas, du moins à l'égard du demandeur, lorsque le domicile du défendeur lui est inconnu. — V. conf. Carré-Chauveau, quest. 7; Pigeau, *Comment.*, t. 1er, p. 161; Lepage, p. 64. — V. *contrà* Favard, t. 1er, p. 490.

729. — Dans le cas d'élection spéciale de domicile, le juge compétent est celui du domicile élu. — Arg. art. 59, C. procéd. civ., et 111, C. comm.; — Carré-Chauveau, nos 270 et suiv. — V. DOMICILE, nos 287 et suiv.

Sect. 4e. — *Prorogation de juridiction.*

730. — Nous avons indiqué dans les sections précédentes les limites de la compétence légale

du juge de paix; mais ces limites peuvent dans certains cas être étendues par les parties.

731. — Ainsi l'art. 11, L. 26 oct. 1790, permettait aux parties de se présenter devant le juge de paix, bien qu'il ne fût leur juge naturel ni à raison du domicile ni à raison de la situation de l'objet litigieux, et de se soumettre à sa décision d'un commun accord.

732. — L'art. 7, C. procéd. civ., a ajouté encore à cette faculté. Il porte que les parties peuvent toujours se présenter volontairement devant un juge de paix, auquel cas il jugera leur différend, *soit en dernier ressort si les lois ou les parties l'y autorisent*, soit à la charge de l'appel, encore bien qu'il ne fût le juge naturel des parties ni à raison du domicile du défendeur ni à raison de la situation de l'objet litigieux.

733. — Au droit de se faire juger par un juge incompétent à raison du domicile ou de la situation, le législateur joint donc celui de renoncer à la voie dispendieuse et lente d'un appel. Le juge de paix incompétent non à raison de l'objet, de la matière, mais à raison du chiffre de la somme, peut même, selon nous, accepter le compromis que consentent les parties. — V. *infrà* no 741.

734. — En examinant attentivement l'art. 7, on remarque d'abord qu'il ne déroge aucunement aux règles de la compétence *ratione materiæ*. Ce point est constant parmi les commentateurs.

735. — Le mot *prorogation* implique nécessairement l'idée d'un principe de juridiction préexistant.

736. — Ainsi la prorogation serait nulle si elle portait sur une action en revendication d'immeubles, sur une question d'état ou sur une contestation de nature commerciale. — Henrion de Pansey, *Tr. de l'aut. judic.* p. 188; Berriat, p. 37, no 3; Levasseur, p. 37; Delaporte, t. 1er, p. 10; Demiau, p. 17; Thomine, t. 1er, p. 62; Carré et Chauveau, quest. 26, p. 29.

737. — La seule proregation possible en matière réelle consisterait dans la faculté de saisir de la connaissance d'une action possessoire un juge de paix autre que celui de la situation de l'immeuble.

738. — ... Ou bien encore dans celle de renoncer au recours contre la sentence du juge.

739. — Mais si le juge de paix possède en lui-même le principe de la compétence, en d'autres termes s'il n'est incompétent que *propter quantitatem*, comme il le serait en matière personnelle dans le cas où la demande s'élèverait à plus de 200 francs, pourquoi le consentement des parties ne suffirait-il pas à lever l'obstacle? pourquoi la prorogation de juridiction ne serait-elle pas valable? — L'affirmative est enseignée par MM. Henrion de Pansey, p. 44; Merlin, *Rép.*, vo *Prorogation de juridiction*, p. 264, et vo *Hypothèque*, p. 834; Boncenne, t. 1er, p. 94; Favard, t. 3, p. 195, no 4; Pigeau, *Comment.*, t. 1er, p. 17 et 18; Thomine, t. 1er, p. 61; Levasseur, p. 43; Bioche, vo *Juge de paix*, no 84; Curasson, t. 1er, p. 72 et 74. — V. *contrà* Boitard, t. 2, p. 394; Carou, t. 1er, p. 36; Foucher, no 59.

740. — « Il faut, dit Henrion de Pansey, distinguer entre la compétence du juge de paix *usque ad certam summam* et la compétence limitée à un genre déterminé d'affaires, *certum genus causarum*. Lorsqu'un juge est circonscrit dans un certain genre d'affaires, toutes les autres lui sont étrangères. Les lui soumettre, ce ne serait pas seulement proroger sa juridiction, l'étendre en un mot, ce serait lui en créer une et la lui conférer. Au contraire, lorsque le tribunal a le droit de connaître *usque ad certam summam*, et que l'on porte devant lui une demande à fin de paiement d'une somme triple ou quadruple, déjà investi du droit de juger, il a par le titre de son office le germe, le principe, l'autorité qui lui est nécessaire pour statuer sur le tout. Pour le rendre habile à prononcer légalement, il n'est donc pas nécessaire, comme dans le cas où il s'agit de proroger *de re ad rem*, de lui conférer une juridiction nouvelle; il suffit de développer un germe préexistant. »

741. — Dans ces termes, il a été jugé que la loi autorisait la prorogation de juridiction d'un juge de paix lorsque les parties lui demandaient jugement, même sur un objet qui ne sortait de sa compétence que par la valeur de cet objet. — *Cass.*, 10 janv. 1809, Moreand c. Lefevre. — V. cependant *Riom*, 21 juill. 1824, Chabert c. Chandier.

742. — ... Et que le juge de paix devant qui deux parties sont en tentative de conciliation peut, si elles y consentent, juger leur différend à quelque taux qu'il puisse s'élever, et bien qu'elles ne soient pas ses justiciables. — *Orléans*, 2 juin 1818, N...

743. — Ainsi, en matière purement personnelle, non seulement il est possible de renoncer à l'appel, au pourvoi en cassation, ou bien encore de porter le litige devant un juge autre que celui du do-

micile du défendeur, mais même, le taux de la compétence est valablement prorogé.

744. — ... Et quand nous parlons des matières personnelles, nous avons en vue non seulement celles dont s'occupe l'art. 1er de la loi nouvelle, mais toutes les autres, telles que celles des art. 2 et 4.

745. — Ce principe, posé reste une difficulté. L'art. 7 parle d'une déclaration expresse. Le silence des parties n'équivaudrait-il pas à cette déclaration ? La négative nous parait constante, elle est professée par M. Benech, p. 346 ; Curasson, t. 1er, p. 44 et 45 ; Carré, quest. 27, dont la doctrine a reçu la sanction de plusieurs arrêts. — *Cass.*, 22 juin 1808, Légion d'honneur c. Pasquet ; 20 mai 1829, Soyer c. Hemas.

746. — Il ne saurait en être en pareille circonstance comme dans le cas où des consentemens judiciaires sont donnés par les parties dans le cours d'une instance dont le juge de paix est régulièrement saisi. — Dans ce dernier cas en effet c'est de la loi même que le juge tient le droit de constater les dires des parties, tandis que dans l'autre c'est des parties mêmes qu'il reçoit celui de les juger. — *Cass.*, 27 mars 1832, Roche c. Sève.

747. — Concluons donc qu'à défaut de prorogation expresse, la juridiction du juge de paix n'est pas prorogée, de sorte que ce magistrat se trouve dans l'obligation de proclamer d'office son incompétence, et que s'il ne le fait pas, son jugement doit être infirmé en appel. Cette doctrine, nous l'avons enseignée *suprà* (nos 739 et suiv.) et si l'on allègue qu'il est inexplicable que dans un cas, le silence des parties soit inefficace parce que l'incompétence serait à *raison de la matière*, tandis que dans l'autre le consentement écrit suffirait, nous répondrons que c'est le vœu de la loi.

748. — Au surplus il est à regretter que la loi nouvelle ne se soit pas expliquée sur cette délicate question, mais il est à remarquer qu'elle n'a aucunement touché à l'art. 7, C. procéd. civ.

749. — M. Chauveau sur Carré (*ibid.*) soutient la thèse contraire. — V. à l'appui *Paris*, 5 août 1809, Viennot c. Lamothe ; *Cass.*, 12 mars 1829, Marrier c. Scellier.

750. — Il a été jugé avant le Code que la prorogation a lieu lorsque, renvoyées devant un juge de paix par jugement d'un tribunal, les parties plaident au fond et opèrent une expertise devant lui ; qu'elles ne peuvent plus, ensuite, décliner sa compétence ni attaquer par voie de réglement de juges la décision par laquelle il rejette leur déclinatoire. — *Cass.*, 3 frim. an IX, Delimmingh c. Aguesseens.

751. — On comprend néanmoins que le jugement rendu par un juge de paix sur un intérêt qui excède les limites de sa compétence et sans une prorogation formelle de juridiction, puisse être validé par l'acquiescement de la partie condamnée, et que l'inscription prise en vertu de ce jugement soit valable. — *Toulouse*, 24 fév. 1821, Andrau c. Avignon. — V. ACQUIESCEMENT.

752. — Toutefois, si l'acquiescement était intervenu à propos d'un jugement rendu sur une matière dont le juge ne saurait connaître à raison de son objet même, il serait sans force, en ce sens que, tant que la partie se trouverait dans les délais pour se pourvoir, elle serait recevable à le faire, malgré son acquiescement. — V. ACQUIESCEMENT.

753. — En prorogeant la juridiction du juge de paix *extrà quantitatem*, on proroge nécessairement aussi celle du tribunal civil, pour le cas où la sentence serait frappée d'appel. — Carré et Chauveau, *ut suprà* ; Thomine, t. 1er, p. 62.

754. — D'où la conséquence que l'appel de la sentence est dérobé au tribunal d'arrondissement dont relève la justice de paix. — *Praticien*, t. 1er, p. 136 ; mêmes auteurs.

755. — Enfin, du moment que l'on admet qu'il est possible de proroger la juridiction du juge de paix dans des causes dont la valeur excède sa compétence en premier ressort, il faut admettre que, dans les mêmes causes, les parties ont le droit de renoncer à l'appel.

756. — La sentence rendue par un juge de paix, en vertu d'un compromis, a par elle-même toute la force d'un jugement ordinaire. Il est impossible de l'assimiler à la décision d'un tribunal arbitral et de l'assujettir à la formalité d'une ordonnance d'*exequatur*. — *Rouen*, 18 janv. 1806, Mascarel c. Finant.

757. — ... Sauf le cas où les parties, dans le compromis, ne lui auraient déféré leurs débats qu'à titre d'arbitre ; alors la sentence ne deviendrait exécutoire qu'autant qu'elle serait revêtue de l'*exequatur*. — *Colmar*, 21 déc. 1813, Galliath c. Wielh.

758. — Jugé conformément à ces principes que la décision par laquelle le juge de paix, statuant comme juge prorogé, aux termes de l'art. 7 C. procéd. civ., a condamné un individu à payer à un autre une certaine somme, en lui accordant des délais (lesquels d'ailleurs n'étaient pas contestés), conserve tous les effets d'un jugement, alors qu'étant ainsi qualifiée, elle en a toutes les formes constitutives ; que dès lors elle peut servir de base à une poursuite de saisie immobilière tant qu'elle n'a pas été invalidée par un tribunal régulièrement et complètement saisi de l'un des recours que la loi autorise à former contre les jugemens ; que, en l'absence de tout recours de ce genre, le caractère et l'authenticité d'une pareille décision ne peuvent (par exemple, sur le motif que le juge de paix aurait été chargé non de vider un différend, mais de constater une convention arrêtée à l'avance entre les parties) être mis en doute incidemment à une instance de pure exécution. — *Cass.*, 13 nov. 1843 (t. 2 1843, p. 794), Triand c. Pougnier.

759. — Dans l'espèce, il paraissait constant que l'acte émané du juge de paix, et auquel on contestait le caractère de jugement, réunissait toutes les formes constitutives des décisions judiciaires ; c'est donc à bon droit que l'on a pensé qu'un pareil acte ne pouvait être attaqué que par les voies de recours ouvertes pour un tel cas par la loi elle-même. Mais il faut bien se garder, abusant des termes et de la portée de cet arrêt, de le présenter comme décidant en principe que les juges de paix peuvent impunément, par usurpation des fonctions de notaires, recevoir les conventions des parties ; car il ne juge qu'une chose, à savoir qu'un acte qui porte avec lui tous les caractères et les formes d'une décision judiciaire, ne peut être attaqué, quant à son caractère et à son authenticité, incidemment à une instance de pure exécution.

760. — Ainsi l'on a décidé avec raison que la prorogation de juridiction consentie par les parties ne suffit pas pour autoriser le juge de paix à accorder, en forme de jugement, un titre à la partie qui le réclame ; qu'il faut encore qu'il y ait litige sérieux sur ce qui fait l'objet de la prorogation, et que de plus le jugement énonce les points litigieux, les conclusions et moyens présentés de part et d'autre. — *Paris*, 19 août 1841 (t. 2 1841, p. 524), Philibert c. Lebarrey.

761. — En l'absence de ces élémens, le prétendu jugement, *même rendu en dernier ressort*, est nul comme dépourvu du caractère essentiel de tout jugement, celui d'une décision sur un litige réel. — Même arrêt. — V. *contrà Poitiers*, 31 janv. 1843 (t. 1er 1843, p. 242), Opten c. Moreau.

762. — Il y a litige quelquefois, bien que la dette soit reconnue, si le débiteur demande un délai que le demandeur ne consent pas à lui accorder. — V. *Cass.*, 13 nov. 1843 (t. 2 1843, p. 794), Triand c. Pougnier ; *Colmar*, 6 fév. 1828, Wolff.

763. — ... Et du moment qu'il y a condamnation prononcée, la sentence emporte hypothèque judiciaire au profit du créancier sans qu'on puisse rechercher si c'est par suite d'un accord que la condamnation est intervenue. — *Toulouse*, 30 avr. 1842 (t. 2 1844, p. 327), Prat-Dumoral c. Ruffié.

764. — Le juge de paix dont la juridiction est prorogée par les parties est-il tenu de déférer à leur réquisition ? — En matière ordinaire, de puissantes considérations peuvent être invoquées pour la négative. Cependant, nous pensons que les juges ne peuvent se refuser à statuer sur le différend qui leur est soumis, à moins que les plaideurs ne soient étrangers. — V. COMPÉTENCE, no 73 ; PROROGATION DE JURIDICTION. — Au surplus, l'art. 7 C. civ. nous paraît trancher provisoirement la difficulté pour le cas spécial qui nous occupe. Il porte en effet que le juge de paix *jugera le différend*. Or, cette expression est d'autant plus significative que l'art. 11 C. civ., L. 26 oct. 1790, disait que le juge de paix *pourrait juger le différend*. — V. conf. Boitard, t. 2, p. 96 ; Carou, t. 1er, p. 42 ; Boncennes, t. 3, p. 254 et 255 ; *Praticien*, t. 1er, p. 147, Carou, no 48. — V. *Contrà* Pigeau, *Comm.*, t. 1er, p. 17 ; Thomine, t. 1er, p. 62 ; Curasson, t. 1er, p. 47, no 24.

765. — Dans le cas de prorogation, il faut que le juge de paix et son greffier reçoivent sur-le-champ et par écrit les déclarations des parties, en dressent procès-verbal, en insérant la date du jour, les noms, professions des parties, leur domicile, l'énonciation de la demande et ses moyens. Cette déclaration ainsi constatée couvre l'incompétence du juge de paix. — Art. 7.

766. — Le pouvoir donné par les parties à un juge de paix de prononcer en dernier ressort, sur un différend dont l'objet excède sa compétence, n'est valable qu'autant qu'il énonce d'une manière claire et précise le point litigieux. — *Colmar*, 13 août 1828, Silber c. Lehmann.

767. — Au surplus, cette condition est suffisamment remplie par la triple circonstance 1o que les parties déclarent en tête du procès-verbal qu'elles demandent jugement en dernier ressort sur une réclamation que le demandeur *a l'intention de former ci-après* ; 2o qu'elles signent cette déclaration ; 3o et qu'immédiatement sur le même procès-verbal elles prennent des conclusions qui expliquent le point à juger. — *Cass.*, 2 août 1831, Lhemann c. Silber.

768. — En vain, l'une des parties essayerait-elle de décliner la juridiction qu'elle a consenti à proroger, en opposant une exception d'incompétence ; le juge de paix devrait retenir la cause, à moins que l'incompétence n'existât *à raison de la matière*. — Carré et Chauveau, quest. 28.

769. — C'est au juge de paix que les parties sont tenues de s'adresser, c'est devant lui qu'elles doivent se présenter ; un suppléant n'aurait de caractère pour les juger qu'en cas d'empêchement ou de récusation du juge de paix. — Carré et Chauveau, quest. 29 ; Lepage, *Quest.*, p. 71.

770. — Pour que le compromis soit valable, il faut qu'il émane de personnes *capables*. Et par conséquent, des tuteurs, des administrateurs ne peuvent utilement compromettre. — V. COMPROMIS.

771. — Un mandataire ne peut consentir la prorogation qu'autant que sa procuration est spéciale à cet effet. — V. Carré et Chauveau, quest. 31.

772. — Il ne faut pas confondre avec la prorogation de juridiction permise par l'art. 7, la convention faite par les parties, à l'audience, de dispenser le juge de paix de l'accomplissement d'une formalité, il n'est pas nécessaire dans ce cas qu'il soit dressé un procès-verbal. Le jugement donne simplement acte de la convention. — Carré et Chauveau, quest. 32 ; Merlin, *Rép.*, vo [*Signature*, § 2, no 3 ; Berriat, p. 39 ; Pigeau, *Comm.*, t. 1er, p. 98.

773. — Spécialement, il a été jugé que les parties auxquelles un juge de paix avait donné acte de leur consentement à la prorogation d'une enquête, ne pouvaient rétracter plus tard ce consentement, sous prétexte qu'elles ne l'auraient pas signé. — *Cass.*, 3 oct. 1808, Morel de Than c. Carbonel. — V. aussi *Cass.*, 27 mars 1832, Roche c. Sève.

774. — Très souvent, un expert se trouve ainsi dispensé du serment, et l'on constate cette dispense en ces termes : nommons un tel expert, dispensé du serment du consentement des parties.

775. — Lorsque des parties qui s'étaient présentées volontairement devant un juge de paix pour qu'il jugeât leurs contestations consentent, par sa médiation, à nommer des arbitres, on ne peut considérer comme un procès-verbal de conciliation l'acte par lequel ce magistrat constate le compromis ; et, en conséquence, cette convention des parties, insérée dans le procès-verbal, a force d'obligation privée, aux termes de l'art. 54 C. procéd. — *Bordeaux*, 5 fév. 1830, Guérin c. Bigot.

776. — Le juge de paix dont la juridiction est prorogée, est tenu d'observer toutes les formalités de procédure ordinaire, et de juger selon la loi, et non comme amiable compositeur.

CHAPITRE VI. — *Compétence extrajudiciaire.*

777. — La compétence extra-judiciaire des juges de paix embrasse de nombreux objets.

778. — La plus importante est la conciliation des parties dans les affaires de la compétence des tribunaux civils de première instance. — V. CONCILIATION.

779. — La tentative de conciliation doit, à moins d'un commun accord des parties, avoir lieu devant le juge du domicile du défendeur. — V. CONCILIATION, nos 203, 204. — Mais le défendeur qui déduit ses moyens devant un juge autre que celui de son domicile, se rend non-recevable à opposer plus tard l'incompétence de ce magistrat. — *Pau*, 6 juill. 1837 (t. 2 1840, p. 321), Duclos c. Casaubon. — V. *ibid.*, nos 218 et suiv.

780. — Au surplus, le juge de paix saisi par une citation en conciliation ne peut juger la contestation qui lui est soumise, quand bien même elle serait de sa compétence. Sa juridiction gracieuse est complètement distincte de sa juridiction contentieuse. — *Cass.*, 21 messid. an V, Michel c. Dumesnil.

781. — Le juge de paix est en outre chargé : 1o *Par le Code civil*, de convoquer et de présider le conseil de famille des mineurs, des absens, des interdits, des sourds, dans les cas prévus par les art. 142, 160, 175, 318, 393, 396, 406, 417, 420, 431, 480, 505, 511, 936 et 2141, C. civ. Il convoque et

préside encore les conseils de famille pour la nomination des curateurs aux substitutions, pour la réduction de l'hypothèque générale des femmes mariées, dans le cas des art. 1055, 1056 et 2144. C. civ. — V. au surplus, CONSEIL DE FAMILLE, ABSENCE, INTERDICTION, SOURD ET MUET, TUTELLE, CONSEIL JUDICIAIRE, HYPOTHÈQUE, ÉMANCIPATION, SUBSTITUTION, AUTORISATION DE FEMME MARIÉE.

782. — ... De recevoir le serment de l'expert qui estime les meubles appartenant à l'enfant mineur, et que les père et mère préfèrent conserver en nature, conformément à l'art. 453, C. civ. — V. USUFRUIT LÉGAL.

783. — ... De dresser les actes d'émancipation, d'adoption, de tutelle officieuse, conformément aux art. 353, 363, 477, 478. — V. ÉMANCIPATION, ADOPTION, TUTELLE OFFICIEUSE.

784. — ... De délivrer des actes de notoriété dans le cas des art. 70, 71, 155. — V. ACTES DE NOTORIÉTÉ, MARIAGE, ABSENCE.

785. — ... D'assister à l'inventaire du mobilier de l'absent. (Art. 126, C. civ.) — V. ABSENCE.

786. — ... De rédiger les testamens dans un lieu avec lequel toute communication serait interceptée, à cause de la peste ou autre maladie contagieuse. (Art. 985, 986, C. civ.) — V. TESTAMENT.

787. — ... De dresser procès-verbal de refus ou retardement de la transcription des actes de mutation, de l'inscription des droits hypothécaires, de la délivrance des certificats requis au bureau des hypothèques. (Art. 2199, C. civ.) — V. HYPOTHÈQUE.

788. — ... 2° *Par le Code de procédure civile*, de recevoir les déclarations de tiers saisis domiciliés dans son ressort et hors la ville où siége le tribunal. (Art. 571, C. procéd. civ.) — V. SAISIE-ARRÊT.

789. — ... D'assister à l'ouverture des portes en matière de saisie-exécution ; d'apposer, s'il en est requis, le scellé sur les papiers trouvés dans les pièces ou meubles ainsi ouverts ; de nommer un gérant à l'exploitation, en cas de saisie d'animaux ou d'ustensiles destinés à la culture. (Art. 587, C. procéd. civ.) — V. SAISIE-EXÉCUTION, SAISIE-GAGERIE.

790. — ... D'ordonner l'arrestation d'un débiteur contraignable par corps, lorsqu'il est trouvé dans une maison quelconque, et d'assister à l'arrestation. (Art. 781, C. procéd. civ.) — V. CONTRAINTE PAR CORPS.

791. — ... D'apposer et de lever les scellés après décès ou dans les autres cas où il y a lieu à apposition de scellés. — Art. 907, C. procéd. civ — V. ABSENCE, INVENTAIRE, SCELLÉS, SÉPARATION DE BIENS, SUCCESSION.

792. — En outre il arrive souvent qu'une commission rogatoire est délivrée au juge de paix à l'effet de procéder à une enquête, à un interrogatoire sur faits et articles, de recevoir la prestation d'un serment soit d'experts, soit de parties, etc. — Art. 255, 305, 326 et 1035 C. procéd. civ. — V. COMMISSION ROGATOIRE, ENQUÊTE, EXPERTISE, INTERROGATOIRE SUR FAITS ET ARTICLES, SERMENT.

793. — Les enquêtes de *commodo et incommodo* sont aussi du ressort de la justice de paix. — V. ENQUÊTE DE COMMODO, ÉTABLISSEMENS INSALUBRES, EXPROPRIATION, TRAVAUX PUBLICS.

794. — ... 3° En *matière commerciale*, le juge de paix, à défaut du président du tribunal, nomme les experts qui vérifient et constatent l'état des objets transportés en cas de refus ou de contestation pour la réception des colis. — Art. 106, C. comm. — V. COMMISSIONNAIRE DE TRANSPORT, VOITURIER.

795. — Il peut, aux termes d'une ordonnance du 1er nov. 1826, recevoir, dans les lieux où il n'y a pas de tribunal de commerce, les procès-verbaux dressés par les capitaines de navire, en conformité de l'art. 225, C. comm., à charge par lui d'envoyer ces pièces dans les vingt-quatre heures au président du tribunal de commerce le plus voisin. — V. CAPITAINE DE NAVIRE.

796. — C'est encore lui qui, à défaut de tribunal de commerce, autorise le capitaine de navire à emprunter la somme nécessaire pour le radoub ou l'achat des futailles dans le cas de l'art. 234, C. comm. — V. CAPITAINE DE NAVIRE, PRÊT A LA GROSSE AVENTURE.

797. — En cas d'abandon du navire ou de relâche forcée, le juge de paix reçoit le rapport des capitaines dans les lieux où il n'y a pas de tribunal de commerce, conformément aux art. 242, 243 et 245, C. comm. — V. CAPITAINE DE NAVIRE.

798. — Il nomme, en vertu de l'art. 414, C. comm., les experts chargés d'estimer l'état des pertes et dommages éprouvés par le navire par suite de jet à la mer. — V. AVARIES et JET A LA MER, nos 46 et suiv.

799. — En matière de faillite, il procède à l'apposition et à la levée des scellés et assiste à l'inventaire, qu'il signe à chaque vacation. — Art. 457, 458, 479, 480 et 481. — V. FAILLITE.

800. — ... 4° *Le Code forestier* charge le juge de paix d'assister à l'introduction, dans l'intérieur des maisons et enclos, des gardes champêtres et forestiers en recherche d'un délit. — V. FORÊTS.

801. — ... De donner main-levée provisoire des objets saisis, à la charge du paiement des frais de séquestre, et moyennant une bonne et solvable caution et de statuer sur la solvabilité de la caution, en cas de contestation. — C. forest., art. 168. — V. FORÊTS.

802. — ... D'ordonner la vente des bestiaux saisis, s'ils ne sont pas réclamés dans les cinq jours qui suivent le séquestre. — Art. 169. — V. FORÊTS.

803. — ... De recevoir l'affirmation des procès-verbaux dressés par les gardes forestiers. — Art. 165. — V. FORÊTS.

804. — L'art. 44 de la loi du 15 avr. 1829, sur la pêche fluviale, répète cette dernière disposition. — V. PÊCHE FLUVIALE.

805. — Il en est de même pour les procès-verbaux dressés par les préposés des douanes, des droits réunis et des octrois, c'est encore le juge de paix qui en reçoit l'affirmation. — L. 9 flor. an VII ; 27 frim. an VIII, art. 8 ; décr. 1er germin. an XIII, art. 25. — V. DOUANES, OCTROI, CONTRIBUTIONS INDIRECTES.

806. — Des lois spéciales confèrent encore au juge de paix un grand nombre d'autres attributions. Ainsi aux termes des art. 5 et 6, L. 6 oct. 1791, sect. 1re, tit. 1er, de l'art. 11 ; L. 28 flor. an XI, et de l'art. 165, C. forest., il a mission de recevoir le serment des gardes champêtres et l'affirmation de leurs procès-verbaux. — V. GARDE CHAMPÊTRE.

807. — Il décerne exécutoire pour les frais d'échenillage des arbres auquel l'autorité municipale fait procéder aux frais des propriétaires. — Art. 6 et 7. L. 6 vent. an IV. — V. ÉCHENILLAGE.

808. — Les employés des diverses administrations que la loi assujétit au serment, et qui ne résident pas dans le lieu où siège le tribunal de première instance, sont autorisés à le prêter devant le juge de paix (L. 16 therm. an IV), à l'exception toutefois des agens de l'administration forestière qui, d'après l'art. 5 du code forestier, ne peuvent prêter serment que devant le tribunal de leur résidence.

809. — Les contraintes décernées pour paiement des droits d'enregistrement, des droits réunis et des octrois sont visées et rendues exécutoires par le juge de paix (L. 22 frim. an VII, art. 4 ; déc. 1er germ. an XIII, art. 43 et 44 ; 15 nov. 1810 et 26 sept. 1811). Ce visa n'emporte pas hypothèque, et l'opposition aux contraintes est portée devant le tribunal de l'arrondissement. — V. ENREGISTREMENT, OCTROI, CONTRAINTE ADMINISTRATIVE, CONTRIBUTIONS INDIRECTES.

810. — Le juge de paix cote et paraphe les répertoires des préposés et receveurs des douanes, les portatifs et autres journaux des droits réunis ; ceux des débitans de boissons, pour recevoir les exercices des employés ; ceux des directeurs de messageries. — V. DOUANES, CONTRIBUTIONS INDIRECTES, BOISSONS, VOITURES PUBLIQUES.

811. — Quand des officiers publics ont fait pour leurs parties l'avance des droits d'enregistrement, un exécutoire leur en est délivré par le juge de paix sur leur réquisition, sauf au tribunal de l'arrondissement à statuer sur l'opposition. — L. 22 frim. an VII, art. 30 et 67. — V. ENREGISTREMENT.

812. — Il reçoit le serment des experts, dans les causes relatives à l'enregistrement, devant quelque tribunal que la demande soit portée ; le tiers expert est nommé par lui, dans le cas où la régie a demandé une expertise, pour l'évaluation des immeubles transmis à titre onéreux ou gratuit. — L. 22 frim. an VII, art. 18, et 15 nov. 1809. — V. ENREGISTREMENT.

813. — Une ordonnance du juge de paix est nécessaire pour que les receveurs de l'enregistrement délivrent à d'autres qu'aux parties intéressées un extrait de leurs registres. — L. 22 frim. an VII, art. 58. — V. ENREGISTREMENT.

814. — Tout individu qui expose en vente des marchandises doit justifier de sa patente à la première réquisition du juge de paix. — V. PATENTE.

815. — L'art. 3, décr. 13 août 1810, charge le juge de paix de procéder, en présence des préposés de l'enregistrement et des entrepreneurs de messageries et de roulage, à l'ouverture et à l'inventaire des ballots, malles, caisses et paquets qui doivent être vendus aux enchères, n'ayant pas été réclamés dans les six mois. — V. TRANSPORTS (ENTREPRENEURS DE).

816. — Lorsque les scellés ont été apposés sur des objets appartenant à des tiers, et réclamés par ceux-ci, le juge de paix peut, s'il en est requis par toutes les parties, c'est-à-dire si la propriété n'est pas contestée, en ordonner la remise et enlever les scellés. — L. 6 pluv. an II, et art. 939, C. procéd. civ. — V. SCELLÉS.

817. — Il assiste aux perquisitions faites au domicile des individus prévenus de postulation. — Décr. 19 juill. 1810, art. 6. — V. AVOUÉ, n° 224.

818. — Dans les endroits où il n'y a pas de commissaire de police, le juge de paix saisit, à la requête des auteurs ou compositeurs, de leurs héritiers ou représentans, les contrefaçons de leurs ouvrages. — L. 19 juill. 1793, art. 3, et 25 prair. an III. — V. PROPRIÉTÉ LITTÉRAIRE.

819. — Il dresse encore procès-verbal de la prise de possession par le nouveau titulaire des biens meubles et immeubles dépendant d'un évêché. — Décr. 6 nov. 1813, art. 46. — V. EVÊQUE, ÉVÊCHÉ.

820. — C'était également lui qui dressait le procès-verbal de la prise de possession des biens dépendant d'une cure, aux termes de ce décret ; mais ce soin regarde aujourd'hui le bureau des marguilliers. — V. CURE, n° 126.

821. — A la mort d'un archevêque ou d'un évêque, le juge de paix doit faire d'office, aussitôt qu'il en a connaissance, l'apposition des scellés dans le palais ou autres maisons qu'il occupait. — Décr. 6 nov. 1813, art. 3.

822. — Les procureurs du roi peuvent, lorsqu'ils le jugent nécessaire, se transporter sur les lieux, et vérifier les registres de l'état civil de l'année courante ; ils peuvent aussi déléguer le juge de paix du canton dans lequel est située la commune dont les registres doivent être vérifiés. — Ordonn. du roi du 26 nov. 1823, art. 5.

823. — La nomination des experts chargés de rechercher les vices redhibitoires, conformément à la loi du 20 mai 1838, appartient exclusivement aux juges de paix. — V. VICES RÉDHIBITOIRES.

824. — Le juge de paix est le président de droit du comité de révision de la garde nationale. — V. GARDE NATIONALE.

825. — De même, le plus ancien juge de paix de chaque arrondissement est appelé à faire partie du comité chargé de surveiller et d'encourager l'instruction primaire. — L. 28 juin 1833, art. 10. — V. INSTRUCTION PRIMAIRE.

826. — L'art. 4, L. 30 juin 1838, lui a encore confié la mission de visiter les établissemens publics ou privés consacrés aux aliénés. — V. ALIÉNÉS.

827. — Quant aux fonctions de juge de paix comme officier de police judiciaire, V. INSTRUCTION CRIMINELLE et OFFICIER DE POLICE JUDICIAIRE.

CHAPITRE VII. — *Procédure.*

ART. 1er. — *Avertissement.*

828. — La justice de paix est une juridiction toute paternelle. D'après ce principe, il ne devait y avoir que *peu, sinon point de formes à observer* pour obtenir une décision du juge.

829. — En tout cas, le caractère du juge de paix étant surtout celui du conciliateur, il doit, même dans les affaires de sa compétence, chercher à amener un arrangement entre les parties plutôt que de les juger.

830. — Dans ce but l'usage s'était introduit, sous l'empire de l'ancienne législation, d'appeler par lettres les parties pour tenter une conciliation entre elles avant toute citation par huissier.

831. — A Paris, l'huissier de la justice de paix ne citait même, lorsque la convocation avait été sans résultat, que sur un *permis* du juge.

832. — Il avait cependant été décidé par la cour de Cassation que le juge de paix commettait un excès de pouvoir en défendant à ses huissiers, par voie de disposition générale et réglementaire, de donner aucunes citations sans qu'elles lui eussent au préalable été communiquées. — *Cass.*, 7 juill. 1817 (int. de la loi), Clot.

833. — La loi du 25 mai 1838 a consacré d'une manière formelle l'usage préexistant. « Le juge de paix, porte l'art. 17, pourra interdire aux huissiers de sa résidence de donner aucune citation en justice sans qu'au préalable il n'ait appelé *sans frais* les parties devant lui.

834. — Toutefois, ce principe comporte naturellement deux exceptions : la première est quand il y a péril en la demeure, la seconde quand le défendeur est domicilié hors du canton ou des cantons de la même ville. — Art. 17.

835. — Lors de la rédaction de la loi, deux systèmes se trouvaient en présence : l'un voulait que l'avertissement fût obligatoire, l'autre facultatif.

836. — Devant la cour des pairs M. de Gasparin disait : « Votre commission a cru qu'en rendant les invitations obligatoires, on courait le risque de les dénaturer, qu'on compromettrait leur effi-

cacité du moment où elles cesseraient d'être un acte spontané et paternel du juge, et d'être la preuve de l'intérêt qu'il porte à ses concitoyens, et qu'elles deviendraient l'obligation légale du greffier. Dès lors, elles ne seraient plus qu'une première citation sans frais que l'on négligerait en attendant la citation sérieuse, et peut-être verrait-on bientôt chez les juges animés d'un véritable esprit de conciliation de nouvelles lettres facultatives précéder le premier avertissement obligatoire, et l'on n'aurait ainsi obtenu qu'un accroissement de délais. »

837. — Ces observations prévalurent, et le rapporteur de la chambre des députés exprima le même langage. « Nous avons l'honneur, disait-il, de proposer à la chambre une disposition qui, *impérative à l'égard des huissiers*, laisse au juge de paix toute liberté pour, dans les cas où il jugera convenable de le faire, *avertir dans la forme et selon le mode qu'il croira devoir employer*. Ces magistrats n'oublieront pas que la conciliation est le plus grand bienfait de leur institution. »

838. — Ainsi, l'esprit de la loi est bien manifeste relativement à l'avertissement. Le juge de paix a une liberté absolue. Les huissiers sont tenus de prendre ses ordres, et sa décision est leur loi.

839. — Mais comment fera-t-il connaître sa volonté? Est-ce par voie de réglement? est-ce par une décision spéciale sur chaque affaire? — M. Benech (p. 425) se prononce pour ce dernier moyen, mais il ne nous paraît pas praticable. On ne saurait exiger que l'huissier se transporte chez le juge de paix chaque fois qu'il sera chargé d'une cause. — Curasson, t. 2, p. 367, nº 120.

840. — La défense peut être faite non-seulement aux huissiers de la résidence du juge de paix, mais encore à tous les huissiers du canton, bien que la rédaction de l'art. 17 donnerait à penser le contraire. — Benech, *eod.*; Curasson, *eod.*, p. 638, nº 14.

841. — Nous avons dit que la citation était de droit dans deux cas: dans le premier, c'est-à-dire lorsque le défendeur demeure hors du canton ou des cantons de la même ville, il eût été trop rigoureux d'exiger un déplacement qui eût pu n'amener aucun résultat. Cette exception ne comporte aucune difficulté.

842. — Il semble qu'on aurait pu, sans inconvénient, l'étendre au demandeur domicilié hors du canton de la justice de paix. — Rarement il comparaîtra en personne. Il enverra son pouvoir, et dès-lors le préliminaire n'aura que bien peu d'intérêt. Beaucoup de juges de paix l'ont compris ainsi.

843. — En cas d'urgence, si l'huissier a le temps de recourir au juge de paix, il fera toujours bien de le consulter. Sinon, sa justification sera dans les faits. Par exemple, supposons qu'une prescription soit à la veille d'être accomplie, comme une simple lettre du juge de paix ne l'interromprait pas, il faudra bien signifier une citation. — Circul. du garde des sceaux, 6 juin 1838.

844. — Dans les autres circonstances, si l'huissier citait sans avertissement préalable, le juge de paix est armé du droit de le punir d'une interdiction temporaire du droit de citer devant lui; mais la citation ne serait pas nulle, car aucune disposition de la loi n'en prononce la nullité.

845. — L'interdiction temporaire de l'huissier varie de quinze jours à trois mois. Le jugement qui la prononce est rendu sans appel et sans préjudice de l'action disciplinaire des tribunaux ordinaires et des dommages-intérêts des parties, c'est-à-dire du demandeur et du défendeur. Tout dépend à cet égard des circonstances. — V. HUISSIER.

846. — Cette pénalité n'a rien d'obligatoire. La loi se sert du mot: *pourra*. Et d'ailleurs, le bon sens indique que l'huissier a pu agir de bonne foi, dans la croyance qu'il aurait été satisfait aux prescriptions de la loi. Ici, l'intention est dominante.

847. — *Dans toutes les causes*, dit l'art. 17. — Que doit-on entendre par ces expressions? Évidemment il ne s'agit là que des causes litigieuses, des causes sur lesquelles le juge de paix est appelé à statuer. La formalité de l'avertissement préalable ne s'appliquera donc pas *au préliminaire de conciliation*. — Foucher, p. 475, nº 477; Curasson, t. 2, p. 639, nº 15. — V. *contrà* Moreau (de Vaucluse), p. 153; Benech, *ut suprà*. — V. CONCILIATION, nº 224.

848. — Il nous paraît encore évident que l'art. 17 n'a trait qu'aux matières civiles et non à celles de simple police, la loi de 1838 ne s'occupant que des premières. Ainsi, toute partie plaignante pourra citer directement, quand il s'agira d'une contravention. Dans l'usage, cependant, on suit devant un grand nombre de tribunaux de paix la règle tracée par cet article; mais c'est là un hommage volontairement rendu à la pensée du législateur. — V. TRIBUNAUX DE SIMPLE POLICE.

849. — Le projet chargeait d'abord le greffier de faire parvenir la lettre d'avis moyennant une rétribution de 25 cent. Aujourd'hui, c'est *sans frais* que l'avertissement doit être donné. — Art. 17.

850. — C'est le juge de paix et non le greffier qui doit le donner. Cela résulte du silence de la loi.

851. — Cependant, on voit chaque jour le greffier de la justice de paix se charger de ce soin et exiger une rétribution plus ou moins forte qu'il élève quelquefois à 50 cent. C'est un abus qu'il importe de détruire. — Benech, *eod.*; Curasson, t. 2, p. 640, nº 16.

852. — Quant aux frais de port de la lettre d'avis, c'est la partie requérante qui est tenue de les acquitter. Ils n'entrent pas dans les dépens.

853. — L'avertissement n'a de force obligatoire que comme contrainte morale. Nous n'avons donc jamais compris que la partie qui avait dû être citée faute de n'avoir pas comparu sur l'avertissement, fût, malgré le gain de son procès, condamnée à supporter le coût de la citation.

854. — Les juges de paix doivent tenir la main à ce que l'avertissement contienne l'exposé des conclusions de la partie. Pourquoi le défendeur se présenterait-il s'il ignore ce qu'on lui réclame? Comment pourrait-il y défendre?

ART. 2. — *Citation*.

855. — Lorsque la convocation amiable est restée sans effet, soit parce que le défendeur n'a pas jugé à propos de comparaître, soit parce qu'il n'a pas consenti à signer le compromis, le juge de paix autorise la citation.

856. — La *citation* est l'acte introductif d'instance, en justice de paix, comme l'*ajournement* devant les tribunaux ordinaires. Ce mot a été emprunté au style des anciennes officialités, et correspond *au jus vocatio des Romains*. Selon la remarque de Thomine Desmazures (t. 1er, p. 48), cette dénomination s'applique aux assignations qui ne comportent qu'un court délai.

857. — Aux termes de l'art. 1er, C. procéd., la citation contient sept formalités intrinsèques: 1º *la date du jour* où elle est signifiée; 2º les noms, profession du demandeur; 3º la désignation de l'huissier; 4º les noms et demeure du défendeur; 5º l'exposé sommaire de sa demande et son objet; 6º l'indication du juge de paix; 7º enfin, l'indication du lieu, du jour et de l'heure; et deux formalités extrinsèques: 1º l'enregistrement dans les quatre jours de la date; 2º la mention du coût de l'acte.

858. — L'art. 61, C. procéd. civ., exige les mêmes conditions pour la validité de l'ajournement. Nous nous sommes expliqués à cet égard vº EXPLOIT. C'est là que l'on devra se reporter pour trouver la solution des difficultés que soulève l'art. 1er.

859. — Toutefois, nous ferons remarquer ici qu'après avoir parlé de la mention du nom du défendeur, cet article ne parle pas de celle de ses prénoms. Est-ce à dire que cette énonciation ne soit pas utile? Non! Elle est au contraire indispensable dans le cas où plusieurs personnes porteraient le même nom, comme cela arrive fréquemment dans les familles. Une omission pourrait occasionner quelque erreur, et le jugement par défaut qui interviendrait pourrait être annulé, même après l'expiration du délai de l'opposition. — V. EXPLOIT.

860. — Il n'est pas nécessaire que le juge de paix soit *nommé*; il suffit de le désigner par sa qualité, avec indication du canton où il exerce sa juridiction. — Carré et Chauveau, quest. 2e *bis*.

861. — Au contraire, il nous paraît indispensable d'indiquer l'heure de l'audience. La loi l'exige, et ce n'est pas sans motif. Le défendeur doit, en effet, être instruit du moment où il devra comparaître. — Carré et Chauveau, quest. 3e. — V. *contrà* Delaporte, t. 1er, p. 8.

862. — L'indication du jour de l'audience est encore une formalité essentielle. Citer une partie à comparaître dans le délai de la loi, ce ne serait pas lui indiquer l'audience. Il en est autrement devant les tribunaux ordinaires, parce que l'ajournement n'emporte pas obligation pour le défendeur de paraître à une audience déterminée, mais seulement de constituer avoué dans un délai légal. — V. EXPLOIT.

863. — Est-il nécessaire de mentionner la personne qui a reçu la copie de la citation? Oui, puisque c'est le seul moyen de constater que le défendeur a été mis en demeure de se présenter. — Carré et Chauveau, quest. 4e, p. 46, nº 76.

864. — S'il ne se trouve personne au domicile de la partie, la copie est laissée, d'après le vœu de l'art. 4, C. procéd. civ., au maire ou adjoint de la commune, qui vise l'original sans frais. — V. EXPLOIT.

865. — L'huissier n'est donc pas tenu d'offrir la copie aux voisins avant de la porter au maire, comme dans le cas de l'art. 68, C. procéd. civ. — V. EXPLOIT.

866. — La citation à bref délai donnée en vertu d'une autorisation du juge de paix ne doit pas mentionner, à peine de nullité, l'ordonnance contenant cette autorisation, alors qu'elle énonce que le juge se transportera sur les lieux contentieux à l'heure indiquée au défendeur. — *Cass.*, 4 fév. 1829, Barbet c. Gombert.

867. — Le juge de paix statuant en matière civile, quoique la citation qui l'a saisi n'articule qu'un seul fait d'usurpation, est compétent pour connaître d'un autre fait de la même nature qui lui est déféré par des conclusions subsidiaires; il peut valablement statuer sur ce fait nouveau. — *Cass.*, 21 avr. 1834, Blasque c. Rogemont.

868. — L'omission de quelqu'une des formalités intrinsèques opère-t-elle nullité? Il faut, pour décider cette question, se rappeler que le législateur s'est toujours montré sobre de nullités en justice de paix. L'art. 1er notamment n'en prononce aucune. Ce sera donc l'intérêt de la partie défenderesse que l'on devra consulter avant tout. Comparaît-elle? Si elle n'établit pas qu'elle aurait à souffrir un préjudice si la citation irrégulière n'était pas remplacée par une citation régulière, nous ne voyons aucune raison d'ordonner un réassigné. *Nullité sans griefs n'opère!* Que si, au contraire, le besoin de la défense commande un réassigné, ce sera pour le juge de paix un devoir de l'ordonner. — Carré et Chauveau, quest. 5e; Biret, t. 1er, p. 83; Thomine, t. 1er, p. 49. — V. *contrà* Pigeau, *Comm.*, t. 1er, p. 3; Boitard, t. 2, p. 368 et suiv. — Ces derniers auteurs penchent pour l'annulation de la citation.

869. — Il peut arriver aussi que la partie fasse défaut sur la citation irrégulière. Alors le juge de paix, avant d'en adjuger le profit, devra examiner la procédure et relever d'*office* les nullités de la citation lorsqu'elles intéressent la défense. — Chauveau, quest. 5e *bis*. — V. *contrà* Carré. — Nous avons développé cette thèse vº JUGEMENT PAR DÉFAUT.

870. — Supposons que la citation n'indique pas le jour de la comparution, ou bien le tribunal, comment serait-il possible que le juge de paix passât outre et condamnât le défaillant? Mais ce ne sera qu'autant que la nullité aura le caractère de gravité dont nous donnons ici un exemple, que le juge sera en droit de la suppléer.

871. — Cette question ne peut, au surplus, se présenter si les délais de la citation n'ont pas été observés; car l'art. 5, C. procéd., porte que dans ce cas, si les délais n'ont pas été observés, le juge ordonnera que la partie défaillante sera réassignée aux frais du demandeur. — Carré et Chauveau, quest. 18; Pigeau, *Comm.*, t. 1er, p. 14 et 15.

872. — Quels sont ces délais? La loi veut que le défendeur ait au moins un jour entre la citation et sa comparution, quand il est domicilié dans la distance de trois myriamètres. — Art. 5, C. procéd. civ.

873. — Ce délai de comparution est franc. — C. procéd., art. 4, 5 et 52. — *Rennes*, 14 juill. 1813, N... — V. EXPLOIT.

874. — Si le défendeur est domicilié au-delà de trois myriamètres, il est ajouté un jour par trois myriamètres. — V. EXPLOIT.

875. — S'il existait une fraction, comme un ou deux myriamètres en sus de la distance légale, le délai devrait-il être augmenté d'un jour? Pour l'affirmative, on dit que l'intérêt de la défense exige que le cité soit en mesure de se présenter, et que souvent, dans les campagnes, les communications sont difficiles. — Lepage, *Quest. de droit*, p. 50; Carré et Chauveau, quest. 21; Thomine, t. 1er, p. 57; Pardessus, t. 2, p. 513. — Cependant, l'opinion contraire nous paraît plus juridique. — Favard, t. 1er, p. 145 et 495; Dumoulin, *Bibl. du barreau*, 1810, 1re part., p. 215; *Praticien*, t. 1er, p. 130. — V. EXPLOIT, nº 408.

876. — Peu importerait que la copie eût été remise au défendeur, parlant à sa personne, dans le lieu même où siége la justice de paix. Il n'en a pas moins droit aux délais à raison des distances. — Carré et Chauveau, quest. 19; Levasseur, p. 49.

877. — On calcule la distance du lieu du domicile du défendeur à celui de l'audience ordinaire, ou du terrain contentieux, si c'est sur le terrain que les parties sont citées. — Carré et Chauveau, quest. 20; Levasseur, p. 48, nº 82.

878. — Dans les cas d'urgence, les délais peuvent être abrégés. Dès-lors que le juge de paix a reconnu ce caractère à l'affaire, il a le droit d'autoriser la citation à jour et à heure fixes. — V. ABRÉVIATION DE DÉLAI.

879. — Il pourrait également, dans les mêmes

cas, autoriser la notification d'une citation, même à heure indue, et un jour férié. — Art. 1037.

880. — Néanmoins, on est toujours tenu d'observer les délais de distance pour la comparution. — V. ABRÉVIATION DE DÉLAI.

881. — Le jugement est valablement rendu avant l'enregistrement de la citation. Mais cet exploit n'en doit pas moins être enregistré dans les quatre jours de sa date. — Décis. min. fin. 13 juin 1809; — Carré et Chauveau, quest. 25.

882. — On appelle cédule l'ordonnance que rend le juge de paix, à l'effet d'abréger les délais. — V. CÉDULE.

883. — C'est le juge de paix appelé à connaître du litige qui seul a qualité pour la délivrer, et non celui du canton où la citation sera délivrée. — Carré et Chauveau, quest. 22; Lepage, p. 70.

884. — La loi ne disant pas que la cédule sera écrite de la main du juge, il suffit qu'elle soit revêtue de sa signature. — Carré et Chauveau, quest. 23; Guichard, p. 136, nº 8.

885. — Il a été jugé, et à bon droit, qu'en vertu d'une cédule délivrée par le juge de paix contre un individu présumé vivant, on a pu régulièrement citer les héritiers de celui-ci, sans qu'il fût besoin d'obtenir contre eux une nouvelle cédule. — *Paris*, 27 août 1807, Moreton c. Delacoste. — V. conf. Carré et Chauveau, quest. 24.

886. — Sous l'empire de la loi de 1790, les citations et autres exploits relatifs à la juridiction des juges de paix devaient être signifiés par les seuls huissiers audienciers de ces tribunaux. — L. 27 mars 1792; 29 flor. an IV, art. 27; déc. 13 juin 1813, art. 28; L. 28 flor. an X, art. 5, C. procéd. civ., art. 4.

887. — Depuis la loi nouvelle, tous les huissiers d'un même canton ont le droit d'instrumenter. — Art. 16. — V. HUISSIER.

888. — Dans les villes où il y a plusieurs justices de paix, les huissiers exploitent concurremment dans le ressort de la juridiction assignée à leur résidence. — Art. 16. — V. HUISSIER.

889. — La citation donnée par un huissier d'un canton autre que celui de la justice de paix n'est pas nulle; l'huissier qui l'a signifiée est seulement passible de peines disciplinaires et de dommages-intérêts selon les circonstances. — Chauveau sur Carré, quest. 9; Pigeau, *Comm.*, t. 1er, p. 11; Thomine, t. 1er, p. 54 et 55; Benech, p. 441; Foucher, p. 462, nº 466. — *Contrà* Carré, quest. 9; Merlin, *Quest.*, vº *Huissier de justice de paix*, § 2; *Rép.*, vº *Huissier*, § 8; Delaporte, t. 1er, p. 16.

890. — Un membre de la chambre des députés disait à cet égard : Il est entendu que lorsqu'un huissier n'appartenant pas à un canton, aura donné une assignation, *cette assignation sera valable*, mais que le juge de paix aura toujours le droit de condamner l'huissier à l'amende.

891. — Déjà, il avait été jugé qu'il n'y avait pas nullité, si la citation *était* notifiée par un autre huissier que celui de la justice de paix du domicile du défendeur, non commis par le juge, sauf la condamnation à 5 fr. d'amende contre l'huissier. — *Cass.*, 23 mai 1817, Bazinerie.

892. — En cas d'empêchement des huissiers du canton, ceux du canton voisin sont tenus de faire le service des audiences et d'assister le juge de paix toutes les fois qu'ils en sont requis. — Art. 16.

893. — Ce sont alors ces huissiers qui délivrent les citations.

894. — Si l'huissier de la justice de paix de la partie qui doit être assignée devant une autre justice de paix, est empêché, c'est au juge de paix du domicile de cette partie et non à celui qui connaîtra de l'action, qu'il appartient de commettre un autre huissier. — *Bruxelles*, 9 juill. 1831, Erasme c. Delimot.

895. — Quant à l'incapacité des huissiers d'instrumenter pour leurs proches parens, V. HUISSIER.

ART. 3. — *Comparution des parties. — Instruction. — Police de l'audience. — Jugemens d'avant faire droit. — Péremption. — Récusation.*

896. — *Comparution des parties.* — Les parties comparaissent, soit sur la citation donnée à la requête du demandeur (V. *suprà* nºs 856 s.), soit volontairement sans ajournement préalable.

897. — *Comparution volontaire.* — Dans ce dernier cas elles doivent désigner d'une manière précise l'objet du litige dans une déclaration signée d'elles ou portant qu'elles ne savent ou ne peuvent signer. Le greffier dresse alors un procès-verbal de leurs dires et comparution.

898. — La comparution volontaire a valablement lieu devant un juge de paix autre que celui auquel la loi attribuerait la connaissance du litige à défaut du consentement réciproque des parties. — V. *suprà* nºs 730 et suiv.

899. — Jugé que, lorsque les parties comparaissent devant le juge de paix, non en vertu d'une citation en conciliation, mais après l'avoir régulièrement saisi d'une contestation de sa compétence, ce magistrat ne peut, au lieu de statuer, constater par écrit les conventions amiables, et, spécialement, la vente, par le prétendant-droit à une servitude de passage, de l'immeuble pour lequel le passage était réclamé; qu'un pareil acte, non revêtu de la signature des parties qui ont déclaré ne savoir signer, ne vaut ni comme jugement, ni comme procès-verbal de conciliation, ni comme acte sous seing-privé. — *Bourges*, 21 fév. 1842 (t. 1er 1844, p. 189), Gonnin c. Pinon.

900. — Au contraire, les consentemens judiciaires donnés dans le cours d'une instance dont le juge de paix est saisi dans les formes ordinaires, sont valablement constatés par le juge, sans procès-verbal signé des parties; il n'en est pas de ce cas comme de celui où les parties se présentent volontairement devant le juge de paix, pour demander jugement. — C. procéd., art. 7; — *Cass.*, 27 mars 1832, Roche c. Sève.

901. — *Comparution sur citation.* — Lorsqu'une citation régulière a été signifiée, les parties sont tenues de comparaître sous peine de voir donner défaut contre elles.

902. — Elles ont, du reste, le droit de comparaître en personne ou par mandataire. Non seulement le ministère des avoués n'est pas obligatoire, mais encore la loi ne le reconnaît pas. Une partie est, sans doute, fondée à faire présenter sa défense par un avoué, mais alors l'avoué n'a d'autre caractère que celui de simple mandataire.

903. — Un avocat peut également prêter à un plaideur l'appui de sa parole. — Trib. de Château-Chinon, 25 mai 1832, comm. de Savigny c. comm. de Saint-Germain. — Mais les réglemens particuliers de sa profession lui interdisant de se charger d'un mandat, il doit être assisté, soit de la partie, soit de son fondé de procuration.

904. — Dans tous les cas, les honoraires dus au mandataire ou à l'avoué restent à la charge de celui qui l'emploie. Ils ne peuvent, sous aucun prétexte, être compris dans les dépens auxquels est condamnée la partie qui succombe. — V. DÉFENSE, nºs 99 et suiv.

905. — Les parties sont, en général, libres de choisir qui bon leur semble pour les représenter.

906. — Toutefois, l'art. 18, L. 25 mai 1838, porte qu'aucun huissier ne pourra ni assister comme conseil, ni représenter les parties en qualité de procureur fondé, à peine d'une amende de 25 à 50 fr. qui sera prononcée sans appel par le juge de paix. — V. DÉFENSE, nºs 112 et suiv.

907. — L'art. 18 comprend, dans sa généralité, non seulement l'huissier ayant cité la partie défenderesse, ou ayant instrumenté pour elle, mais encore tous les huissiers du canton et ceux des cantons voisins. — V. *contrà* Masson, p. 294.

908. — Un pouvoir serait-il valablement donné à un clerc d'huissier? — Si le clerc n'est pas attaché à l'étude d'un huissier du canton, l'affirmation nous semble certaine. Mais, dans le cas contraire, cet individu doit être repoussé comme personne interposée. L'esprit de la loi sainement entendu commande cette solution, sans quoi l'art. 18 serait inefficace.

909. — Une seule exception est admise à l'interdiction qui frappe les huissiers. C'est lorsque l'huissier se trouve dans l'un des cas prévus par l'art. 86, C. procéd., c'est-à-dire lorsqu'il se présente pour sa femme et ses parens, ou alliés en ligne directe. — Art. 18.

910. — L'incapacité cesse dans les matières de juridiction purement gracieuse, telles que les assemblées de famille, les levées de scellés, les inventaires. — V. HUISSIER.

911. — Le pouvoir du mandataire est sous seing-privé ou authentique.

912. — Sous seing-privé, il ne peut être donné, à peine d'amende, sur la copie de la citation, comme cela a lieu dans les matières commerciales.

913. — Enfin, il est indispensable de le soumettre préalablement à la formalité de l'enregistrement. Le droit est de 2 fr. 20 c., décime compris.

914. — Ce pouvoir doit être spécial, c'est-à-dire afin de plaider. — Carré et Chauveau, quest. 43; Delaporte, t. 1er, p. 32; Biret, t. 1er, p. 91.

915. — Tous les mandataires sont astreints à représenter un pouvoir, l'avoué lui-même.

916. — Au surplus, la faculté accordée aux parties de charger un mandataire du soin de les représenter, n'empêche nullement le juge de paix d'ordonner leur comparution en personne, s'il reconnaît que cette mesure soit utile à la découverte de la vérité. — Carré et Chauveau, quest. 44 *bis*. — Thomine, t. 1er, p. 64.

917. — En cas de refus de satisfaire à la décision du juge de paix, celui-ci interpréterait la résistance de la partie comme il le jugerait convenable, mais le jugement n'en serait pas moins contradictoire. — Carré et Chauveau, quest. 44 *ter*. — V. COMPARUTION DE PARTIES.

918. — *Instruction.* — L'instruction en justice de paix est simple et rapide. Aucune écriture ne doit être signifiée (art. 9, C. procéd. civ.); du moins elle ne passerait pas en taxe. — Carré et Chauveau, quest. 45; Thomine, t. 1er, p. 65.

919. — Mais la prohibition de signifier aucune défense n'empêche pas une partie de remettre au juge de paix des conclusions écrites, qui fixent plus spécialement son attention que des paroles prononcées à l'audience.

920. — *Avant faire droit.* — Le juge de paix peut, comme tous les juges en général, prescrire, avant faire droit, les mesures d'instruction autorisées par la loi, et qu'il croit de nature à amener la découverte de la vérité.

921. — *Enquête.* — Ainsi, il a le droit d'ordonner la preuve par témoins, pourvu qu'elle ne tende pas à prouver contre et outre le contenu aux actes, et qu'il ne s'agisse pas de plus de 150 fr. — V. ENQUÊTE.

922. — Au delà de 150 fr., un commencement de preuve par écrit est nécessaire pour l'admission de la preuve testimoniale. — V. ENQUÊTE.

923. — Quant à la forme dans laquelle il doit être procédé à l'enquête, V. ENQUÊTE.

924. — Jugé que le procès-verbal d'audition de témoins dont parle l'art. 39, C. procéd. civ., dans les affaires jugées en premier ressort par les juges de paix, n'est pas exigé à peine de nullité, en ce sens qu'il suffit, sur l'appel, de faire entendre les mêmes témoins, sauf à mettre à la charge du greffier contrevenant les frais de la seconde enquête. Dans le cas où il n'aurait pas été dressé de procès-verbal de la déposition des témoins, il n'est pas indispensable, aux termes de l'art. 34, que le tribunal d'appel ordonne une enquête avant de pouvoir maintenir ou infirmer le jugement attaqué, si les autres élémens de la cause sont de nature à éclairer sa conviction. — *Cass.*, 27 avr. 1840 (t. 2 1840, p. 53), Falque c. Martin.

925. — *Expertise.* — Le juge de paix peut également ordonner une expertise toutes les fois qu'il le juge convenable, et qu'il croit que l'examen auquel il pourrait se livrer en personne ne suffirait pas à la décision du litige. — EXPERTISE.

926. — Quant à la manière de procéder aux expertises en justice de paix, V. EXPERTISE.

927. — Un des premiers principes qui domine la matière, c'est que les parties doivent être présentes ou avoir été appelées.

928. — Toutefois, il a été jugé qu'un juge de paix avait pu baser sa sentence sur une expertise faite hors sa présence et celle des parties, si cette expertise avait été précédée d'une visite de lieux contradictoire. — *Cass.*, 20 juill., 1837, (t. 2, 1837, p. 383, Guérin c. Berrier.

929. — *Descente sur les lieux.* — Le juge de paix peut encore, s'il l'estime nécessaire, se transporter sur les lieux contentieux.

930. — Souvent cette procédure peut remplacer avec avantage et économie la procédure d'expertise. — V. DESCENTE SUR LES LIEUX.

931. — Jugé que le juge de paix devant lequel un déclinatoire est proposé, relativement à une action en complainte possessoire, peut, avant de statuer sur l'exception, et sans violer l'art. 172, C. procéd., ordonner préalablement une vérification des lieux, qui le mettra à même de s'éclairer sur la compétence. — *Cass.*, 7 janv. 1829, Vignon c. Boucherie.

932. — *Vérification d'écriture, inscription de faux.* — Mais le juge de paix est incompétent pour connaître d'une demande en inscription de faux ou en vérification d'écriture.

933. — Si l'une des parties déclare vouloir *s'inscrire en faux*, dénier l'écriture, ou ne pas la reconnaître, il doit lui en donner acte, parapher la pièce et renvoyer la cause devant les juges ordinaires. — V. FAUX INCIDENT, VÉRIFICATION D'ÉCRITURE.

934. — Pendant la durée de l'instance sur l'incident, la cause n'est que suspendue devant le juge de paix qui prononce aussitôt que le tribunal de première instance a rendu sa décision. Ces expressions de l'art. 14 du C. procéd. civ., *la cause sera renvoyée devant les juges qui doivent en connaître*, ne s'appliquent qu'à l'incident. En matière d'arbitrage et devant les tribunaux de commerce, il en est de même. — (Art. 1015 et 427, C. procéd. civ.); Carré et Chauveau, quest. 55; Pigeau, *Comm.* t. 1er, p. 29. — *Contrà*, Lepage, p. 74; Thomine t. 1er, p. 70; Boitard, t. 2, p. 399. — V. FAUX INCIDENT.

935. — Au surplus, le renvoi n'a lieu qu'autant que la pièce arguée de faux aurait une influence directe sur la décision du fond. Il en serait de même d'une vérification d'écriture, *frustrà probatur, quod probatum non relevat*. — Carré et Chauveau, quest. 56; Thomine, t. 1er, p. 69.

936. — La déclaration d'inscription de faux peut se faire de vive voix à l'audience, si les parties sont présentes; elle est portée sur la feuille d'audience, signée par la partie et le tout est relaté dans le jugement de renvoi. Elle doit être précédée d'une sommation soit à l'audience soit par acte extrajudiciaire, de déclarer si l'on entend se servir de la pièce arguée de faux. — Art. 215. — Pigeau, t. 1er, p. 26; Carré et Chauveau, quest. 56 *bis*. — V. FAUX INCIDENT.

937. — Si le porteur de la pièce arguée de faux, ou dont la vérification est demandée, se refusait à la livrer, il suffirait de le sommer de la remettre à un jour indiqué et, à défaut de remise, de l'assigner pour voir dire que son refus équivaudrait à une déclaration formelle de ne pas se servir de la pièce. Alors, le juge de paix prononcera au fonds comme si la pièce n'existait pas. — Carré et Chauveau, quest. 56 *ter*; Pigeau, *Commentaires*, t. 1er, p. 27.

938. — De ce que l'art. 4, C. proc. civ. ordonne le renvoi pour dénégation ou méconnaissance d'écriture, il ne s'ensuit pas que l'on ne puisse citer devant le juge de paix en reconnaissance d'écriture, pourvu que ce soit dans une cause de sa compétence. — Carré et Chauveau, quest. 56 *quater*; Pigeau, *Comm.*, t. 1er, p. 28.

939. — En ce cas, le délai pour comparaître sur la citation en reconnaissance d'écriture n'est pas de trois jours, mais de vingt-quatre heures, c'est-à-dire qu'on applique non plus l'art. 193, C. proc. civ. mais bien l'art. 5.

940. — Du reste la demande en reconnaissance n'est recevable qu'autant qu'elle est introduite accessoirement à la demande en exécution du titre, après l'échéance de l'obligation. Il résulte de la discussion de la loi de 1838 que la demande formée avant l'échéance devrait être écartée. Si en effet les parties sont d'accord, elles n'ont qu'à se présenter devant un notaire pour donner l'authenticité au titre. Si elles ne sont pas d'accord, il y a lieu à vérification d'écritures et le juge de paix devient incompétent. — V. *Monit.* 15 avr. 1837.

941. — *Interrogatoire sur faits et articles.* — Le juge de paix peut-il prescrire un interrogatoire sur faits et articles? Cette mesure sera le plus souvent remplacée avantageusement par la comparution des parties en personne. Cependant si un éloignement, une maladie, un empêchement légitime quelconque mettait une des parties dans l'impossibilité de comparaître, il semble que rien ne s'opposerait à ce que le juge ordonnât son interrogatoire. — Carré, quest. 44 *ter*. — V. au surplus INTERROGATOIRE SUR FAITS ET ARTICLES.

942. — *Mise en cause des garans.* — Si au jour de la première comparution le défendeur demande à mettre garant en cause, le juge de paix est tenu à lui donner délai suffisant. — Art. 32, C. proc. civ. — V. GARANTIE.

943. — La citation donnée au garant est libellée sans qu'il soit besoin de lui notifier le jugement qui ordonne sa mise en cause. — *Eod.*

944. — Si la mise en cause n'a pas été demandée à la première audience, ou bien si la citation n'a pas été délivrée dans le délai imparti, on procède sans délai au jugement de l'action principale, sauf à statuer séparément sur l'action récursoire. — Art. 33, C. proc. civ.

945. — *Police de l'audience.* — Les parties sont tenues de s'expliquer avec modération devant le juge et de garder en tout le respect qui est dû à la justice. Si elles y manquaient, le juge les y rappellera d'abord par un avertissement; en cas de récidive, elles pourront être condamnées à une amende qui n'excédera pas la somme de 10 fr. avec affiches du jugement dont le nombre n'excèdera pas celui des communes du canton. — Art. 10, C. proc. civ.

946. — Si les infractions sont d'une nature plus grave, il faut appliquer suivant les cas les art. 504, 505, 506, C. inst. crim. — V. DÉLIT D'AUDIENCE.

947 — Dans le cas d'insulte ou d'irrévérence grave envers le magistrat, il en dressera procès-verbal et pourra condamner à un emprisonnement de trois jours au plus. — Art. 11.

948. — Le magistrat a toujours la police de son audience, c'est un principe élémentaire. La loi a dû l'armer d'un pouvoir assez étendu, mais il ne suffisait pas de lui confier la répression du scandale ou du délit, il importait surtout que la répression fût promptement exécutée. L'art. 12, C. proc. civ., a donc déclaré que les jugemens,

en pareil cas, seraient exécutoires par provision. — V. EXÉCUTION PROVISOIRE.

949. — Ces articles donnent lieu à peu de difficultés. On remarquera, avant tout, que la loi exige qu'il soit dressé procès-verbal dans le cas d'insulte ou d'irrévérence grave envers le juge, et cela afin d'éviter un abus de pouvoir. En négligeant de remplir cette formalité, il s'expose à une prise à partie. — Thomine, t. 1er, p. 68; Carré et Chauveau, quest. 48. — V. PRISE A PARTIE.

950. — Il en doit même être ainsi dans le cas de l'art. 10. — Mêmes auteurs. — V. PRISE A PARTIE.

951. — Indépendamment de la voie de la prise à partie, la loi en ouvre encore une autre, celle de l'appel. Il est vrai que lors des discussions du C. civ., M. Treilhard ayant demandé s'il y aurait appel de l'ordonnance qui aurait prononcé l'emprisonnement, M. de Cambacérès répondit que cette mesure était inutile, puisqu'en cas de vexation ou d'abus de pouvoir, la partie avait la voie de la prise à partie. — Locré, t. 21, p. 80. — Mais l'art. 12, C. procéd. civ., conduit à la décision ci-dessus. — Mêmes auteurs.

952. — Si le condamné interjette appel, cet appel doit être porté au tribunal correctionnel de l'arrondissement, et doit être interjeté dans les dix jours de la notification du jugement à personne ou domicile. — C. inst. crim., art. 174; — *Dictionn. des arrêts modernes*, v° *Peine*; — Carré, quest. 50 *bis*.

953. — On a demandé si depuis la promulgation du Code pénal la peine de l'emprisonnement était encore applicable. L'affirmative est constante, les art. 222 et 223, C. pén., ne punissant que les outrages faits aux juges par paroles tendant à inculper leur honneur ou leur délicatesse, ou par gestes ou par menaces. — Carré et Chauveau, quest. 49.

954. — Enfin, le respect doit entourer le magistrat dans toutes ses opérations. Aussi, nous croyons que l'art. 11 serait applicable même à des faits qui se passeraient ailleurs qu'à l'audience, par exemple, au sein d'un conseil de famille. — Chauveau sur Carré, quest. 50.

955. — Sous le Code du 3 brum. an IV, lorsqu'un plaideur troublait l'audience de la justice de paix, en tenant des propos injurieux et scandaleux contre des personnes absentes et étrangères à la cause, et persistait malgré un avertissement réitéré, le juge de paix devait lui enjoindre de se retirer, et en cas de refus le faire déposer dans la maison d'arrêt pour vingt-quatre heures; mais il excédait ses pouvoirs, soit en sévissant avant de lui avoir fait une injonction de se retirer, soit en prononçant une amende qui n'était point dans la loi. — *Cass.*, 24 brum. an XIV, Leclerq.

956. — *Délai dans lequel doit être rendu le jugement.* — L'art. 13 C. procéd. civ. porte que la cause sera jugée sur-le-champ ou à la première audience, et que le juge, s'il le croit nécessaire, se fera remettre les pièces.

957. — Lorsque toutes les causes ne peuvent être jugées à la même audience, le juge de paix fait appeler celles qui ne peuvent être discutées, et en ordonne successivement le renvoi à la première audience. Il doit constater la présence des parties, et l'avertissement qu'il leur donne de se présenter à jour fixe. — Thomine Desmasures, t. 1er, p. 69; Carré et Chauveau, quest. 51.

958. — Malgré les termes de l'art. 13, des remises peuvent être accordées; un délibéré peut être ordonné, car la loi n'a pu vouloir gêner la conscience du juge. Seulement, si la cause est en état lors de la première comparution, le jugement sera rendu séance tenante. Voilà le vœu de l'art. 13. — Carré et Chauveau, quest. 52.

959. — ... Peu importe que les parties comparaissent volontairement, afin d'éviter des retards. Tout dépend sur ce point de la conviction du juge. — Carré et Chauveau, quest. 53.

960. — Quand le juge ordonne un délibéré, ou bien en d'autres termes, quand il demande le dépôt des pièces, il est tenu d'indiquer le jour où sera rendu le jugement. Cependant, aucune nullité ne résulterait de l'omission de cette formalité. — Carré et Chauveau, quest. 54.

961. — Sous la loi du 18 oct. 1790, l'examen des pièces devait avoir lieu séance tenante, mais le Code de procédure n'a pas maintenu cette prescription qui était contraire dans certains cas à la bonne administration de la justice.

962. — Le défaut de l'une des parties lors de la prononciation du jugement après la remise, n'empêcherait pas ce jugement d'être contradictoire. Rien n'est plus évident que cette proposition. — Biret, t. 1er, p. 91; Chauveau sur Carré, quest. 54 *bis*.

963. — Il a été décidé notamment qu'un juge de paix peut, sans incompétence ni excès de pouvoir,

statuer sur le fond sans citation nouvelle donnée au défendeur, après l'expiration d'un sursis prononcé contradictoirement entre les parties. — *Cass.*, 20 juill. 1837 (t. 2 1837, p. 383), Guérin c. Berrier.

964. — *Péremption.* — S'il a été rendu un jugement interlocutoire, la loi veut que la cause soit jugée au plus tard définitivement dans le délai de quatre mois du jour du jugement interlocutoire. — Art. 15.

965. — Après ce délai, l'instance est périmée de droit. Le jugement qui serait rendu sur le fond serait sujet à appel, même dans les matières dont le juge de paix connaît en dernier ressort, et annulé sur la demande de la partie intéressée. — Art. 15.

966. — Si l'instance est périmée par la faute du juge, il est passible de dommages-intérêts. — Art. 15.

967. — Cette péremption diffère de la péremption en matière ordinaire ou commerciale, en ce qu'elle est acquise *de plano*, sans demande, par le fait de l'expiration du délai des quatre mois. — V. PÉREMPTION.

968. — Sous l'empire de la loi du 26 oct. 1790, l'action se trouvait éteinte en même temps que la procédure. Aujourd'hui, d'autres principes ont prévalu; l'action subsiste et peut devenir l'objet d'une nouvelle instance si la prescription n'est pas encourue. — Carré et Chauveau, quest. 67; Pigeau, *Comment.*, t. 1er, p. 32; Thomine, t. 1er, p. 93; Levasseur, p. 54 et 55, n° 97; Demiau, p. 22; Biret, t. 2, p. 96; *Praticien*, t. 1er, p. 16; Boitard, t. 2, p. 403.

969. — On comprend alors que sous cette législation, la question de savoir si l'action incompétemment portée devant un juge de paix était périmée faute de jugement dans les quatre mois, avait un intérêt qu'elle n'a plus aujourd'hui. Au surplus, la négative était adoptée. — *Cass.*, 24 frim. an IX, Landry c. Puvis.

970. — Si le juge n'avait pas prononcé d'interlocutoire, la péremption serait-elle acquise? L'art. 7, tit. 7, L. 26 oct. 1790, ne distinguait pas; la péremption était de droit dans ce cas comme dans celui où un jugement interlocutoire avait été rendu. — *Cass.*, 13 flor. an X, Robertson et Clisorius. — Mais la loi actuelle ne parle que de l'hypothèse où il a été rendu un interlocutoire. L'art. 13, C. proc. civ., oblige le juge à prononcer sur-le-champ ou à la première audience; rarement il adviendra qu'il y ait lieu à péremption avant un interlocutoire, comme le remarque Carré (quest. 58), et c'est là probablement ce qui a déterminé le législateur à atténuer la portée de la loi de 1790. — Carré et Chauveau, quest. 58; Lepage, p. 75; Levasseur, p. 54, n° 97; Biret, v° *Péremption*, t. 2, p. 96; Pigeau, *Comment.*, t. 1er, p. 30; Merlin, *Rép.*, t. 17, p. 349; Curasson, t. 1er, p. 198, n° 4; Boitard, t. 2, p. 403. — V. *contrà Praticien*, t. 1er, p. 159.

971. — Il faudrait en dire autant d'un jugement préparatoire. — *Cass.*, 12 fév. 1822, Chosson c. Teillard; 31 août 1813, de la Briffe c. Dergère; Lepage, p. 76; Merlin, *Rép.*, t. 17, p. 350; Reynaud, *Tr. de la Péremp.*, n° 231; Thomine, t. 1er, p. 12; Carré et Chauveau, quest. 64.

972. — ... Ou d'un jugement provisoire, car la loi ne parle que d'un interlocutoire. — *Cass.*, 31 août 1813, Dergère; — Mêmes auteurs.

973. — Selon Pigeau, Carré, Curasson (*ut supra*), l'instance, quand aucun jugement interlocutoire n'a été rendu, persiste pendant trente ans. — MM. Boitard et Chauveau lui appliquent au contraire les art. 397 et suiv., C. proc. civ., c'est-à-dire la péremption ordinaire de trois ans. — V. à cet égard PÉREMPTION.

974 — Quoi qu'il en soit, la péremption ne court à partir du jugement interlocutoire qu'autant qu'il a été rendu sur le fond et non sur un incident. — *Cass.*, 31 août 1813, Dergère. — Carré et Chauveau, quest. 59; Curasson, t. 1er, p. 198, n° 4.

975. — En le supposant rendu sur le fond, n'y a-t-il pas une distinction à établir entre le jugement par défaut et le jugement contradictoire? Il semblerait juste, dit Carré (quest. 61 bis), de ne faire courir le délai, lorsque le jugement est par défaut, que du jour de la signification qui en serait faite, mais la rigueur du texte s'explique par cette considération que le demandeur doit s'imputer à tort de s'être laissé juger par défaut sur sa propre citation. — Pigeau, t. 1er, p. 31; Thomine, t. 1er, p. 72.

976. — Si plusieurs interlocutoires ont été rendus, le délai de la péremption court, non pas du dernier d'entre eux, mais bien du premier. — La raison en est que ce n'est pas la discontinuation de poursuites, comme dans le cas de l'art. 397, mais bien le défaut de jugement définitif, qui motive la péremption. — *Cass. belge*, 17 avr. 1833, Maubourg c. Benevie; — Carré et Chauveau, quest. 63; Thomine, t. 1er, p. 72; Curasson, t. 1er, p. 199, n° 5. — V. *contrà* Delporte, t. 1er, p. 15.

977. — Toutefois, l'art. 15 n'est applicable qu'aux jugemens interlocutoires qui s'exécutent devant la justice de paix. — S'il s'agit d'une inscription en faux ou d'une vérification d'écriture renvoyée devant le tribunal civil, la péremption ne peut plus être invoquée, faute de jugement définitif, dans les quatre mois, car le juge de paix n'est pas maître de hâter la décision avant laquelle il ne peut lui-même statuer.

978. — Il a été jugé par application du même principe que le délai de la péremption n'avait pas couru tant que la question de savoir si le terrain litigieux était situé dans le ressort du juge de paix n'avait pas été décidée par l'autorité compétente. — *Cass.*, 31 août 1813, de Labriffe c. Dorgère.

979. — Le décès d'une partie suspend le cours de la péremption. Cela est de toute évidence.

980. — Mais quand ce délai reprend-il son cours? Ce sera à partir de la reprise d'instance, ou bien, s'il n'y a pas reprise d'instance, de l'expiration des six mois qui suivent le décès, comme s'il s'agissait de la péremption ordinaire. — Art. 397, C. procéd. civ. — Carré et Chauveau, quest. 64; Thomine, t. 1er, p. 73.

981. — Sous la loi de 1790, la péremption d'instance devant les tribunaux de paix n'avait lieu qu'autant que les parties avaient négligé de mettre la cause en état dans le délai de quatre mois. — *Cass.*, 20 août 1806, Coste c. Sarret; 13 brum. an X, Paillard c. Petit.

982. — ... D'où la conséquence que les délais de la péremption pouvaient être étendus par le juge de paix, quand l'instruction avait été retardée par par le dol ou la fraude de la partie demanderesse en péremption. — *Cass.*, 4 fév. 1807, Roccaserra.

983. — Jugé cependant en sens contraire que les retards apportés par la partie qui invoque la péremption ne permettaient pas au juge de paix de prolonger le délai de quatre mois. — *Cass.*, 16 germ. an XI, Jouanne c. Lecœur.

984. — Aujourd'hui, il serait peut-être trop rigoureux de décider que les délais de la péremption ne peuvent jamais être prolongés par le fait d'une partie; mais ce n'est qu'avec la plus extrême réserve que les juges devront les étendre. Il faudra que les faits aient une telle énergie qu'il y aurait iniquité à prononcer la péremption. — Carré et Chauveau, p. 85; Thomine, t. 1er, p. 73; Pigeau, *Comment.*, t. 1er, p. 32.

985. — L'appel du jugement interlocutoire est encore interruptif de la péremption. — Carré et Chauveau, quest. 65 *bis*; Thomine, t. 1er, p. 73. — Pigeau est de cet avis; mais il fait une distinction entre le cas où c'est le défendeur qui a interjeté l'appel, et celui où c'est le demandeur lui-même; distinction peu fondée, car il doit importer peu que ce soit le demandeur, puisqu'il ne fait qu'exercer son droit; or, l'exercice d'un droit n'est jamais réputé *faute*.

986. — Ainsi jugé que l'art 15 ne s'applique pas au cas où il a été interjeté appel du jugement interlocutoire. — *Cass.*, 11 juin 1804, Fleuriel c. comm. de Falaise.

987. — Dans cette hypothèse, la péremption, interrompue par l'appel, ne court pas à partir de la prononciation du jugement intervenu en appel, mais seulement à partir de sa signification. — Même arrêt.

988. — Après le délai de quatre mois, le juge de paix pourrait-il se déclarer incompétent? Oui, d'après un arrêt de la cour de Cassation, du 24 frim. an IX, Landry c. Puviel. — C'est aussi l'opinion de MM. Carré et Chauveau, quest. 66; Martainville, *Tr. de la comp.*, p. 75.

989. — Nous n'admettons pas cette doctrine, qui tend à fausser la loi. L'instance est de droit éteinte. Elle n'est plus. Il n'y a donc plus matière à jugement. Voilà ce que porte l'art. 15. Pourquoi donc un jugement? — Parce que, dit-on, l'art. 15, en prononçant la peine de la péremption, suppose nécessairement une instance de la nature de celles qui sont de la compétence d'un tribunal de paix. Soit. Mais, en fait, devant le juge, c'est la question à résoudre. Supposer le droit de déclarer l'incompétence, n'est-ce pas supposer nécessairement celui de déclarer la compétence? Supposons que le déclinatoire soit admis, le demandeur n'a-t-il pas la ressource de se pourvoir par appel? La décision ne peut-elle pas être infirmée? Voilà donc la compétence proclamée après bien des frais, et tout cela pour se retrouver en face de l'art. 15, qui défend d'aller plus loin.

990. — Un autre inconvénient de ce système, c'est qu'il porte atteinte à l'action du demandeur; c'est qu'il lui enlève le droit de la représenter devant le même juge.

991. — La péremption touche-t-elle tellement à l'ordre public que les parties ne soient pas capables d'y renoncer? La négative a prévalu. Elle résulte de ces termes de l'art. 15: *sur la réquisition de la partie intéressée*; cette rédaction indique suffisamment que le juge ne doit pas suppléer d'office ce moyen, quand la partie continue à se défendre et à accepter le débat; la renonciation n'a même pas besoin, dans ces termes, d'être expresse, et constatée par un acte signé de la partie. Elle est valable, quoique tacite. — Pigeau, *Comment.*, t. 1er, p. 31; Carré et Chauveau, quest. 68; Boitard, t. 2, p. 403; Dumoulin, *Dict. du barreau*, 1810, 1re part., p. 224; — *contrà* Thomine, p. 41, édit. in-f°; Curasson, t. 1er, p. 200, n° 6; — M. Lepage (*Quest.*, p. 75) pense qu'un compromis est indispensable.

992. — En conséquence, il a été jugé: 1° que lorsque après les quatre mois écoulés depuis le jugement interlocutoire rendu par le juge de paix, une partie prend des conclusions sans exciper de la péremption acquise, elle est censée avoir renoncé au bénéfice de cette péremption, et elle ne peut plus s'en prévaloir. — *Cass.*, 22 mars 1837 (t. 1er 1837, p. 371), Dhavrincourt c. Télart; 7 janv. 1835, comm. de Lainsecq c. Lecarruyer.

993. — ... Que la péremption à un jugement de juge de paix ordonnant une mesure préparatoire ne peut être invoquée par la partie qui a continué de procéder devant ce magistrat. — *Cass. belge*, 17 avr. 1833, Manbourg c. Benevie.

994. — Mais il ne dépendrait pas des parties de renoncer d'avance à la péremption, en s'accordant mutuellement des délais. — *Cass.*, 16 germ. an XI, Jouanne c. Lecœur.

995. — Du reste, la règle fixée par l'art. 15, C. procéd., pour la péremption des instances liées devant les justices de paix est, comme celles qui régissent les péremptions des instances ordinaires, soumise à des principes distincts de ceux qui régissent la prescription, à l'effet de se libérer ou d'acquérir, de sorte que la renonciation à la péremption ne peut être considérée comme un acte d'aliénation. Un maire a donc pu, sans autorisation préalable, consentir à ne pas opposer ce moyen. — *Cass.*, 7 janv. 1835, comm. de Lainsecq c. Lecarruyer.

996. — Si le juge de paix avait prononcé en dernier ressort dans le délai de quatre mois en précipitant outre mesure sa décision, afin d'éviter la péremption, quelle serait la voie à prendre? — L'appel, répond M. Chauveau (quest. 69), et cet auteur se fonde sur l'art. 14 de la nouvelle loi. — Mais l'art 14 ne permet l'appel des jugemens qualifiés en dernier ressort que s'ils ont été mal qualifiés ou s'ils ont statué sur une question de compétence. Il y aurait là plutôt un *excès de pouvoir* qu'il appartiendrait à la cour de Cassation d'apprécier. — Art. 15.

997. — *Récusation.* — Les juges de paix peuvent, comme tous les juges, être récusés par les parties quand des circonstances graves peuvent faire suspecter leur impartialité. Mais le peu d'importance des affaires qui leur sont en général soumises a fait restreindre à leur égard les causes de récusation.

998. — Ainsi ils ne sont récusables que dans les cas suivans: — 1° quand ils sont parens ou alliés d'une des parties jusqu'au degré de cousin-germain inclusivement; — 2° s'ils ont intérêt personnel à la contestation; — 3° si dans l'année qui a précédé la récusation, il y a eu procès criminel entre eux et l'une des parties ou son conjoint, ou ses parens et alliés en ligne directe; — 4° s'il y a procès civil existant entre eux et l'une des parties ou son conjoint; — 5° s'ils ont donné un avis écrit dans l'affaire. — C. procéd., art. 44. — V. RÉCUSATION.

ART. 4. — *Jugemens.*

§ 1er. — *Diverses espèces de jugemens. — Leurs formalités.*

999. — En justice de paix comme devant les autres juridictions, la loi reconnaît des jugemens contradictoires et par défaut, des jugemens définitifs, préparatoires, interlocutoires et provisoires. — V. JUGEMENT, JUGEMENT PAR DÉFAUT.

1000. — Si au jour indiqué par la citation, l'une des parties ne comparaît pas, porte l'art. 19, C. procéd., la cause sera jugée par défaut, sauf la réassignation dans le cas où les délais n'auront point été observés.

1001. — Il n'y a pas lieu d'appliquer la disposition de l'art. 153, C. procéd., d'après laquelle si de deux ou plusieurs personnes assignées devant un tribunal de première instance, une seulement comparaît, on doit joindre le profit et signifier le jugement de jonction avec réassignation à la partie défaillante. — Thomine, t. 1er, p. 80; Boitard, t. 2, p. 412. — V. *contrà* Carré, n° 86. — V. JUGEMENT PAR DÉFAUT.

1002. — Mais on distingue, comme devant les tribunaux civils, les jugemens par défaut en défaut faute de comparaître et défaut faute de conclure. — V. JUGEMENT PAR DÉFAUT. — Toutefois cette distinction n'a aucune importance relativement aux délais de l'opposition.

1003. — Les formalités nécessaires à la validité des jugemens rendus par les juges de paix ne sont indiquées dans aucune disposition spéciale. Il faut donc se reporter à l'art. 141, C. procéd., aux termes duquel les jugemens doivent contenir le nom du juge, les noms, professions et demeures des parties, leurs prétentions respectives, les motifs et le dispositif du jugement. — V. JUGEMENT.

1004. — Sous la loi du 24 août 1790, les décisions des juges de paix ne devaient pas à peine de nullité contenir les quatre parties distinctes comme les jugemens des tribunaux. — *Cass.*, 9 vent. an V, Gonthieu c. directeurs des coches de la Saône.

1005. — Jugé cependant que le jugement rendu par un juge de paix était nul s'il ne contenait pas de motifs. — *Cass.*, 1er messid. an VII (intérêt de la loi).

1006. — Que déciderait-on maintenant? — Il nous paraît impossible de ne pas prononcer la nullité d'un jugement qui ne serait pas motivé, car tout jugement doit porter en lui-même sa justification. — V. JUGEMENT. — Boitard, t. 2, p. 409; Chauveau sur Carré, art. 18, n° 16.

1007. — On comprend cependant que les dispositions d'un jugement qui ne sont que les corollaires d'autres dispositions ne doivent pas, comme celles-ci, être motivées à peine de nullité. — *Cass.*, 19 nov. 1818, Valentin c. Foucaud-Savart.

1008. — Quant aux autres conditions dont parle l'art 141, la question de savoir si elles sont prescrites à peine de nullité est controversée. Elle a divisé les auteurs et la jurisprudence. Toutefois l'opinion dominante est celle de la nullité, sauf certains tempéramens de raison et d'équité. — V. JUGEMENT.

1009. — Boitard (*ut suprà*) a nettement résumé la difficulté en disant: « La loi laisse libre la forme et la rédaction des jugemens des juges de paix, pourvu que cela n'enlève pas à la sentence du juge l'aspect d'un jugement. Il doit donc contenir tout ce qui est essentiel pour lui donner ce caractère. »

1010. — Spécialement, le jugement qui porte « Siégeant M. ....., juge de paix *par intérim* en la cause, » est nul comme ne contenant pas énonciation suffisante du titre ni de la qualité en vertu desquels ce juge a exercé ses fonctions. — *Cass.*, 19 juin 1828, Laye. — V. JUGEMENT.

1011. — La prorogation de juridiction consentie par les parties ne suffit pas pour autoriser le juge de paix à accorder, en forme de jugement, un titre à la partie qui le réclame; il faut encore qu'il y ait litige réel et sérieux sur ce qui fait l'objet de la prorogation, et que, de plus, le jugement énonce les points litigieux, les conclusions et moyens présentés de part et d'autre. — En l'absence de ces élémens, le prétendu jugement, même rendu en dernier ressort, est nul comme dépourvu du caractère essentiel de tout jugement, celui d'une décision sur un litige réel. — *Paris*, 19 août 1841, Philibert c. Lebarbey.

1012. — La mention de la publicité de l'audience est encore un des caractères essentiels, car elle seule constate qu'il a été satisfait au vœu de la loi. — V. JUGEMENT.

1013. — Il faut que cette mention soit claire et précise. Par conséquent, celle que le jugement a été prononcé *en audience tenue en l'auditoire de la justice de paix*, ne constate pas la publicité, et il y a lieu d'annuler le jugement. — *Cass.*, 29 mai 1835, Marechoux.

1014. — ... Tandis que celle-ci: *prononcé au lieu ordinaire de ses audiences publiques* remplit le but de la loi. — *Cass.*, 12 nov. 1834, Roi c. Jacquemard. — V. JUGEMENT.

1015. — Cependant, il a été jugé que le juge de paix qui tient audience en sa demeure n'est pas obligé d'énoncer qu'il l'a tenue *les portes ouvertes*. — *Paris*, 16 pluv. an XI, Gouttard c. Leriche.

1016. — La présomption légale est que le juge s'est conformé à la loi. — *Poitiers*, 31 janv. 1843 (t. 2 1843, p. 241), Opterre c. Moreau.

1017. — L'exactitude de cette solution peut, ce nous semble, être contestée. Les jugemens doivent porter avec eux la preuve de leur régularité. — V. JUGEMENT. — Or, dans l'espèce on n'allègue pas, il est vrai, que les portes du juge de paix n'avaient pas été ouvertes; mais cette allégation était-elle nécessaire, quand le jugement se bornait à énoncer qu'il avait été prononcé dans la demeure du juge, sans exprimer que c'était à l'audience, et quand surtout il était justifié que le juge avait, hors de sa maison, un prétoire dans lequel il rendait habituellement la justice?

1018. — Il y aurait encore un vice radical dans la composition irrégulière du tribunal. — V. JUGEMENT.

1019. — Par exemple, le jugement rendu par un juge de paix, en matière civile, est nul comme émanant d'un tribunal illégalement composé, s'il est rendu en présence du maire faisant fonctions du ministère public, alors même que celui-ci se serait borné à s'en rapporter à la justice. — *Cass.*, 1er juin 1836, Boucile c. Rose.

1020. — Mais il n'y aurait pas nullité du jugement par cela seul que le maire aurait été présent à l'audience, s'il n'y avait ni conclu, ni parlé, sa présence, purement passive, ne pouvant être considérée comme équivalant au concours du ministère public. — *Cass.*, 12 av. 1836, Bouelle c. Duchesne.

1021. — Toute nullité en cette matière est d'ordre public; par conséquent la nullité résultant de ce que le suppléant aurait, en l'absence du juge de paix, rempli un mandat auquel il n'était pas associé, ne saurait être couverte par l'acquiescement des parties. — *Nîmes*, 28 avr. 1828, Lauzun c. Gideon.

1022. — Mais un juge de paix peut rendre le jugement définitif dans une instance où son suppléant a déjà prononcé un jugement préparatoire. — *Cass.*, 19 nov. 1818, Valentin c. Fourcaud-Pavant.

1023. — Nous nous sommes expliqués *suprà* sur l'ordre dans lequel les suppléans étaient appelés à remplacer le juge de paix.

1024. — Si l'une des parties a comparu par un fondé de procuration, le jugement doit énoncer les noms, qualités et demeure du mandataire, ainsi que le pouvoir qui l'a constitué. Autrement, l'exécution de ce jugement pourrait donner lieu à de nouveaux débats.

1025. — Jugé que les jugemens des juges de de paix dans l'île de Corse doivent être écrits en langue française sous peine de nullité. — *Cass.*, 16 fév. 1833, Stroboni; arrêtés des 24 prair. an XI et 19 vent. an XIII.

1026. — La minute du jugement est portée sur la feuille d'audience par le greffier, et signée par le juge qui a tenu l'audience et le greffier. — C. proc. civ., art. 18.

1027. — *Par le juge qui a tenu l'audience.* — Ainsi le suppléant a seul droit de signer le jugement qu'il a rendu et non le juge de paix. — Carré et Chauveau, quest. 83; Delaporte, t. 1er, p. 17.

1028. — Si le juge se trouve dans l'impossibilité de signer la minute, que doit faire le greffier? Devant les tribunaux ordinaires, l'art. 37 du réglement du 30 mars 1808 a prévu le cas. C'est le plus ancien juge qui doit signer au lieu et place du président empêché; mais en justice de paix il est impossible de recourir au plus ancien suppléant, puisqu'il n'a pas rendu le jugement.

1029. — M. de Fontan (*Journal spécial*, t. 1er, p. 243) a émis l'avis que le greffier signât la minute en mentionnant l'impossibilité où se trouverait le juge d'y joindre sa signature.

1030. — Merlin a proposé un autre moyen auquel nous nous rattachons. « S'agit-il d'un jugement de tribunal de paix ou de police, dit-il, il semble que la partie en faveur de laquelle le jugement a été rendu pourrait s'adresser au tribunal de première instance qui, après avoir entendu la partie adverse, le juge de paix si cela était possible et son greffier, et avoir vérifié la feuille d'audience, ordonnerait, s'il y avait lieu, que le jugement serait expédié sur la signature qu'y apposerait soit le suppléant du juge de paix, soit le juge de paix du canton le plus voisin. » — *Rép.*, vo *Signature.* — V. conf. Carré et Chauveau, quest. 85 *ter.*

1031. — Nous pensons aussi, avec Carré (*cod.*), que le jugement qui a autorisé le suppléant ou le juge de paix voisin à signer, doit être relaté dans l'expédition, et ne deviendra exécutoire qu'après cette formalité, car c'est le jugement du tribunal civil qui aura donné force légale au jugement irrégulier.

1032. — Au surplus, aucun article de loi ne détermine le délai dans lequel les jugemens de juge de paix doivent être signés. — L'art. 138, C. proc. civ., n'est applicable qu'aux jugemens des tribunaux ordinaires.

1033. — ... D'où la conséquence que le juge pourra toujours apposer sa signature sur la minute tant qu'elle restera déposée au greffe. — Carré et Chauveau; Merlin, *ut suprà.*

1034. — Au reste, une expédition ne peut être délivrée qu'autant que la minute a été signée ou qu'il a été pourvu au défaut de signature du juge, à peine de faux. — V. GREFFIER.

1035. — Pour les questions relatives à la liquidation des frais que doivent contenir les jugemens de juges de paix, V. FRAIS ET DÉPENS.

§ 2. — *Signification et exécution des jugemens.*

1036. — Le jugement doit en général être signifié, par acte d'huissier, à la partie condamnée, avant de pouvoir être mis à exécution. — V. EXÉCUTION DES JUGEMENS ET ACTES.

1037. — Si le jugement est par défaut, il est nécessaire que la signification soit faite par un huissier commis par le juge de paix qui l'a rendu. L'art. 20, C. proc., attribuait dans ce cas, d'une manière générale, la signification à l'huissier de la justice de paix et n'exigeait une commission spéciale que pour les autres huissiers. Mais aujourd'hui qu'il n'y a plus un huissier spécial à chaque justice de paix, la désignation particulière devient obligatoire dans tous les cas, comme pour les jugemens de première instance. — Bioche, no 520.

1038. — Dans les cas d'urgence, le juge de paix peut autoriser l'exécution provisoire sur minute et avant la signification. — V. EXÉCUTION PROVISOIRE, nos 234 et suiv.

1039. — Il a également le droit d'ordonner l'exécution provisoire, nonobstant appel sans caution, lorsqu'il s'agit de pension alimentaire ou lorsque la somme n'excède pas 300 fr., et avec caution au-dessus de cette somme. L'exécution provisoire doit être ordonnée quand il y a titre authentique, promesse reconnue ou condamnation précédente dont il n'y a pas eu appel. — V. EXÉCUTION PROVISOIRE, no 233.

1040. — Les jugemens par défaut ne se périment pas faute d'exécution dans les six mois, comme ceux des autres tribunaux. — *Orléans*, 14 avr. 1809, N.; *Cass.*, 13 sept. 1809; 18 juin 1820. — Chauveau sur Carré, nos 93, 642; Boitard, t. 2, p. 412; Boncenne, t. 3, p. 78. — V. JUGEMENT PAR DÉFAUT.

§ 3. — *Voies contre les jugemens.*

1041. — Deux espèces de voies de recours sont ouvertes, selon les circonstances, contre les jugemens rendus par les juges de paix, les unes ordinaires, les autres extraordinaires.

1042. — Les *voies ordinaires* sont l'opposition pour les jugemens par défaut et l'appel pour les jugemens, soit par défaut, soit contradictoires. Les *voies extraordinaires* sont la cassation, la requête civile, la tierce-opposition et la prise à partie. — V. CASSATION, PRISE A PARTIE, REQUÊTE CIVILE et TIERCE-OPPOSITION.

1043. — *Opposition.* — Le délai de l'opposition est de trois jours, à partir de la signification du jugement faite par huissier commis, aux termes de l'art. 20, C. procéd. civ. — V. JUGEMENT PAR DÉFAUT.

1044. — Ce délai n'est pas franc. Ainsi, l'opposition à un jugement signifié le 1er doit être faite, au plus tard, le 4, et non le 5, l'art. 1033 n'étant pas applicable. — Carré et Chauveau, quest. 90; Levasseur, p. 77; Dumoulin, *Bibl. du barreau*, 1801, 1re part., p. 229; — *contrà* Commaille, t. 1er, p. 49; Pigeau, *Comm.*, t. 1er, p. 40; Thomine, t. 1er, p. 83.

1045. — ... Peu importe que le dernier jour soit férié. — *Cass.*, 25 nov. 1824, Bernard c. Joly; 26 mai 1830, fabr. de Saint-Vasnon de Condé c. Lacroix.

1046. — Mais le délai est augmenté d'un jour par trois myriamètres de distance entre le domicile du défaillant et celui de l'autre partie. — Art. 1033, C. proc. civ. — Carré et Chauveau, quest. 91; Pigeau, *Comm.*, t. 1er, p. 40; Thomine, t. 1er, p. 83.

1047. — On a vu que le juge de paix devait ordonner la réassignation du défendeur dans le cas où la citation ne lui aurait pas accordé les délais nécessaires pour sa comparution. — L'art. 21, C. proc. civ., porte, en outre, que si le juge de paix sait par lui-même ou par les représentations qui lui sont faites à l'audience, par les proches voisins ou amis du défendeur, que celui-ci n'a pu être instruit de la procédure, il peut, en adjugeant le profit du défaut, fixer, pour le délai de l'opposition, le temps qui lui paraît convenable.

1048. — Ce droit de proroger le délai de la comparution est absolu, et aucun texte de loi n'astreint le juge à motiver la prorogation.

1049. — Il lui est même permis de relever la partie défaillante de la rigueur du délai de l'opposition après l'expiration de ce délai. — Carré, no 99; Thomine, t. 1er, p. 84.

1050. — Jugé, en conséquence, qu'une sentence de juge de paix qui a relevé le défendeur défaillant de la rigueur du délai de l'opposition, sous la condition qu'il prouvera qu'à raison de maladie grave il n'a pu être instruit de la procédure, ne peut être annulé pour excès de pouvoir, sous prétexte que le juge de paix, en adjugeant le défaut, n'avait pas prorogé le délai de l'opposition, bien qu'il eût connaissance de la maladie du défaillant, ou par le motif qu'un procureur fondé du défaillant, en vertu d'une procuration générale antérieure au jugement par défaut, aurait interjeté appel de ce jugement. — *Cass.*, 2 janv. 1828, Lemoine c. Gaillard.

1051. — L'opposition à un jugement par défaut rendu par un juge de paix ne doit pas, à peine de nullité, être notifiée par l'huissier de ce magistrat. Elle peut l'être par l'huissier d'une autre justice de paix. — *Cass.*, 6 juill. 1814, Raulin c. Saudez.

1052. — Elle doit contenir sommairement les moyens de la partie et assignation au prochain jour d'audience, en observant toutefois les délais prescrits pour les citations. — C. procéd., art. 20. — V. JUGEMENT PAR DÉFAUT.

1053. — La partie opposante qui laisserait prononcer une seconde fois défaut contre elle ne serait plus admise à former une nouvelle opposition. — C. procéd., art. 22. — Il ne lui resterait que la ressource de l'appel si le jugement était en premier ressort.

1054. — *Appel.* — Il y a lieu à appel : 1o de tout jugement rendu contradictoirement et en premier ressort; 2o des jugemens rendus en premier ressort par défaut et dont les délais d'opposition sont expirés. — *Cass.*, 7 nov. 1820 (int. de la loi), Mariaux. — V. conf. Pigeau, t. 1er, p. 42; Berriat, p. 412; no 29; Favard, t. 1er, p. 68. — V. *contrà Cass.*, 6 frim. an II, Trubert c. Guillot; 9 vent. an V. Gouthieu c. direct. des coches de la Saône.

1055. — N'est pas recevable l'appel des jugemens mal à propos qualifiés en premier ressort, ou qui, étant en dernier ressort, n'auraient pas été qualifiés. — L. 25 mai 1838, art. 14. — V. APPEL, DEGRÉS DE JURIDICTION.

1056. — Sont au contraire susceptibles d'appel les jugemens qualifiés en dernier ressort s'ils ont statué, soit sur des questions de compétence, soit sur des matières dont le juge ne pouvait connaître qu'en premier ressort. — L. 24 mai 1838, art. 14.

1057. — Avant la loi du 25 mai 1838, il avait déjà été décidé que, bien que rendus en dernier ressort, les jugemens des juges de paix étaient susceptibles d'appel pour incompétence *ratione materiæ.* — *Cass.*, 10 fév. 1812, Vellen et Vandhommer c. Hugel; 22 juin 1812, Guillebert c. Jourdan; 16 juin 1810, Paradis c. Perroux.

1058. — Jugé que lorsque devant une justice de paix il s'agit d'une action possessoire, et qu'indûment une partie déclare vouloir s'inscrire en faux contre un bail, si le juge de paix ne se déclare point incompétent ainsi qu'il devrait le faire (C. procéd., art. 14), et si les parties laissent acquérir à son jugement force de chose jugée en faisant statuer par voie d'appel par le tribunal de première instance sur la vérification d'écriture ordonnée par le juge de paix, la décision émanée de ce tribunal devient souveraine et en dernier ressort. — *Orléans*, 16 août 1820, Lenoir c. Lerat.

1059. — Sous l'empire des lois antérieures, on jugeait aussi : 1o que le juge de paix ne pouvait statuer en dernier ressort sur le trouble qu'une partie fait éprouver à une autre dans l'exercice d'un droit réel de valeur indéterminée, encore qu'il ne fût demandé que 6 francs de dommages-intérêts à raison du trouble. — *Cass.*, 24 messid. an XI, Brun c. Chataignier; 16 juin 1810, Paradis c. Perroux.

1060. — Il en est nécessairement de même aujourd'hui, et spécialement les jugemens rendus en matière d'actions possessoires, de bornage, de plantations de haies, d'élagage, sont toujours susceptibles d'appel. — V. APPEL, ACTIONS POSSESSOIRES.

1061. — ... 2o Que la loi du 15 germin. an III, qui attribuait aux juges de paix la connaissance des contestations relatives aux baux à cheptel, n'avait pas pour effet d'investir ces juges de paix du droit de prononcer en cette matière souverainement et en dernier ressort. — *Cass.*, 15 messid. an IV, Lafleur c. Mossac.

1062. — Nous avons dit, *suprà* no 528, que cette sorte d'affaires n'appartenait plus aux juges de paix.

1063. — ... 3o Qu'on ne pouvait appeler de la sentence d'un juge de paix rendue en dernier ressort, sous prétexte que l'affaire n'était pas suffisamment instruite lors du jugement, et qu'elle ne pouvait être mise en état qu'après la péremption d'instance encourue. — Cette solution conserve toute sa force aujourd'hui. — *Cass.*, 6 avr. 1807, Rouvroy c. Leclerc et Peters.

1064. — 4o Qu'un juge de paix ne pouvait connaître d'une demande en déguerpissement, formée en vertu d'un titre exécutoire, et prononcer en dernier ressort sur les dommages-intérêts résultant de l'inexécution du titre en vertu duquel elle est formée, quoiqu'ils n'excédassent pas 50 fr. — *Cass.*, 4 mai 1808, Saubiac c. Lavergne.

1065. — Le délai de l'appel, qui d'abord était de trois mois (art. 16 C. procéd. civ.), a été réduit à trente jours par l'art. 26, L. 25 mai 1838, pour les personnes domiciliées dans le canton. Les autres jouissent en outre de l'augmentation à raison des distances calculée conformément aux art. 73 et 1033, C. procéd. civ. — V. APPEL.

1066. — Par ces mots « *trente jours* », il faut entendre un délai préfix, et non celui d'un mois, ce qui le ferait varier de vingt-huit à trente-et-un jours.

1067. — Les personnes absentes du territoire européen du royaume pour service de terre ou de mer, ou employées dans des négociations extérieures pour le service de l'Etat, ont pour interjeter appel, outre le délai de trente jours, celui d'une année. — C. procéd. civ., art. 446 (*Moniteur* du 25 avr. 1838).

1068. — Quand il n'y a lieu à exécution provisoire, l'appel ne peut être interjeté avant les trois jours de la prononciation du jugement (art. 13 C. procéd. civ.). — V. APPEL.

1069. — Toutefois, cette disposition doit être entendue en ce sens, qu'il est possible d'interjeter appel, avant la signification du jugement, pourvu que le délai de trois jours ait été observé. — *Cass.*, 17 mars 1806, Douanes c. Massiglia. — Carré et Chauveau, quest. 94. — V. au surplus APPEL.

1070. — C'est la signification du jugement qui fait courir le délai des trente jours. — Art. 16.

1071. — Pour être valable, elle doit être faite par un des huissiers de la justice de paix. Mais il n'est plus nécessaire qu'elle le soit par huissier audiencier, ou par un huissier-commis, comme le voulait l'art. 16. — Cette solution résulte surabondamment de l'art. 16, L. 25 mai 1838. — V. conf. Chauveau et Carré, quest. 70.

1072. — L'acte d'appel doit contenir les mêmes formalités que pour l'appel des jugemens des tribunaux de première instance. — V. APPEL.

1073. — Jugé par application de ce principe que, même avant le Code de procédure, comme aujourd'hui, l'appel d'un jugement de justice de paix devait contenir assignation, à peine de nullité. — *Cass.*, 6 sept. 1814, Dademar c. Pavageau.

1074. — L'appel de la sentence du juge de paix devant lequel on s'est pourvu pour obtenir une réparation civile du préjudice causé par une contravention de police doit, à peine de nullité, être porté devant le tribunal civil, encore bien que le juge de paix ait fondé sa décision sur une disposition du Code pénal. — *Cass.*, 24 fév. 1837 (t. 2 1837, p. 151), Fargeon.

1075. — *Cassation.* — Le pourvoi en cassation était interdit dans l'origine contre les sentences des juges de paix. — Décr. 1er et 27 nov. 1790, art. 4. — Bientôt la loi du 27 vent. an VIII admit ce recours contre les jugemens de justice de paix en dernier ressort pour deux causes, l'incompétence et l'excès de pouvoir. L'appel n'était pas permis pour cause d'incompétence. Ce fut l'art. 545, C. proc. civ., qui l'autorisa, encore bien que le jugement eût été qualifié en dernier ressort.

1076. — Il a été en conséquence jugé que les jugemens en dernier ressort du juge de paix ne sont susceptibles du pourvoi en cassation que pour incompétence ou excès de pouvoir; et que si le jugement émané d'un juge de paix est à tort qualifié en dernier ressort, il peut être attaqué par la voie de l'appel comme les jugemens des tribunaux ordinaires. — *Cass.*, 5 fév. 1810, Lamboley et Sage c. Villemain.

1077. — La loi nouvelle a déclaré (art. 15) que les jugemens rendus par les juges de paix ne pourront être attaqués que pour excès de pouvoir.

1078. — En effet, dès que l'appel était autorisé à l'égard de tous les jugemens sans distinction, pour cause d'incompétence, il devenait inutile d'ouvrir la voie de la cassation pour cette même cause.

1079. — L'excès de pouvoir, qui seul dans l'état actuel de la législation ouvre le recours en cassation, ne peut s'entendre que de l'infraction, par suite de laquelle le juge de paix, sortant du cercle de ses attributions, troublerait par sa décision illégale l'ordre des juridictions, ou porterait atteinte aux principes d'ordre public. — *Cass.*, 7 août 1843 (t. 2 1843, p. 506), Esnault c. Bouillier.

1080. — Spécialement, il y a excès de pouvoir dans le fait de condamner un huissier à une peine disciplinaire, les juges de paix n'étant investis d'aucun pouvoir disciplinaire sur les officiers ministériels. — *Cass.*, 18 janv. 1841 (t. 1er 1841, p. 334), G... — V. au surplus CASSATION, nos 150 et suiv.

1081. — Il est, du reste, bien évident que les termes de l'art. 15 ne nuisent aucunement aux dispositions des art. 80 et 88, L. du 27 vent. an VIII, relatifs aux pourvois dans l'intérêt de la loi; puisque ce recours n'appartient qu'à la partie publique, et que le principe seul de la chose jugée étant dénoncé à la censure de la cour, ce principe peut succomber sans qu'il en résulte aucun changement vis à vis des parties. — Foucher, p. 440, no 453.

1082. — Pour tout ce qui concerne la *tierce-opposition*, la *requête civile*, et la *prise à partie*, V. ces mots.

JUSTICE SEIGNEURIALE.

Table alphabétique.

Abolition, 206 s.
Advocati, 52.
Alleu, 65 s., 75, 157.
Amende, 27. — immobilière, 90. — mobilière, 90.
Appel, 126, 172 s., 200.
Auditoire de la justice, 196.
Avoué, 52.
Bailli, 162 s., 165, 167 s.
Bailliage, 166.
Banalité, 65.
Caractères du droit de justice, 15 s., 32 s.
Carcan, 138.
Cas prévôtaux, 201. — royaux, 172, 176 s., 179.
Cens, 65, 75 s.
Clercs, 189.
Compétence *ratione loci*, 185 s.
Comte, 41.
Corvée, 55 s.
Déclaration, 62 s. — féodale, 34. — justicière, 34.
Déni de justice, 174 s.
Directe, 71, 76 s.
Diverses espèces de juridictions, 122 s. — justices, 136.
Droit de faire exécuter les jugemens, 82, 87 s. — de fief, 19 s., 32 s. — de juger, 2 s., 79 s., 82 s., 85 s., 96 s., 190 s. — de juridiction, 187. — de justice, 2 s., 19 s., 58 s. — de police, 137. — justicier, 37.
Duc, 41.
Echelle, 141 s.
Estrayères, 90.
Fief, 75 s.
Fourches, 138, 143.
Freda, 89, 91.
Garde générale. 72 s.
Garenne, 65.
Gibet, 138.
Greffe, 196.
Greffier, 198.
Haute justice, 126
Hiérarchie judiciaire, 38 s.
Historique, 5 s.
Hommes de fief, 117.
Hommes sages, 163 s.
Immunités, 110.
Judices, 39 s.
Juridiction criminelle, 81.
Justice basse, 123 s., 127, 131 s., 145, 150 s., 188. — censière, 152. — censuelle. 152. — féodale, 112 s., 119 s., 167, 169. — foncière, 146 s., 150 s. — haute, 123 s., 127 s., 188. — justicière, 116, 118 s., 167, 171 s. — — moyenne, 123 s., 127, 133 s., 143 s., 188. — privée, 107 s. — publique, 107 s. — royale, 153 s., 158 s., 167, 172, 187 s., 202 s. — seigneuriale, 112 s., 200, 202 s.
Justicier, 41, 59 s., 85 s. — privé, 46 s. — public, 42. — sédentaire, 42.
Maire, 52, 110 s.
Manant, 54.
Manoir, 64.
Militaire, 157.
Missi dominici, 42 s.
Nature des juridictions seigneuriales, 100 s.
Noble de race, 157.
Officier de justice, 189 s., 197 s. — justicier, 35.
Origine des juridictions seigneuriales, 99 s.
Pairie, 115.
Parlement, 126, 170.
Péage, 65.
Percepteur des amendes, 92.
Piliers, 139.
Pilori, 138, 141 s.
Prévention, 181 s.
Prévôt, 52, 162 s.
Prison, 144.
Procureur fiscal, 198.
Propriétaire du sol, 59 s.
Puissance royale, 67 s., 78.
Rachimbourgs, 83.
Recouvrement des condamnations, 87 s.
Redevance, 65.
Ressort, 200.
Saisie féodale, 36. — justicière, 36.
Scabini, 84.
Seigneur suzerain, 126.
Sénéchal, 152 s.
Sénéchaussée, 166.
Séniorat, 110 s.
Siége de justice, 199.
Signes de juridiction, 138 s.
Vicaire, 54.
Vidame, 52.
Viguier, 41, 52.
Vol, 130.
Voyer, 41.

JUSTICE SEIGNEURIALE. — **1.** — Prise dans son acception la plus ordinaire, la *justice seigneuriale* est le droit de juridiction patrimoniale qui, sous l'ancienne monarchie, appartenait aux seigneurs dans leur terre. Mais, dans le régime seigneurial, on nommait aussi *justice* la part d'impôt que les Romains prélevaient anciennement sur les provinces barbares, et que, depuis la conquête, les seigneurs s'étaient attribuée.

CHAP. 1er. — *Origine de la justice seigneuriale* (no 2).
CHAP. 2. — *Des droits de justice* (no 15)
SECT. 1re. — *Caractère des droits de justice* (no 15).
SECT. 2e. — *Des droits de justice relativement aux personnes* (no 38).
§ 1er. — *Des hiérarchies justicières* (no 38).
§ 2. — *Des obligations personnelles auxquelles soumettait la puissance justicière* (no 55).
SECT. 3e. — *Des droits de justice à l'égard du sol* (no 58).
CHAP. 3. — *Du droit de juger* (no 79).
SECT. 1re. — *De la séparation du droit de juger et du droit de faire exécuter les jugemens. — Perception des amendes et confiscations* (no 79).
SECT. 2e. — *De la nature des juridictions seigneuriales* (no 96).
SECT. 3e. — *Division des juridictions seigneuriales; — hautes, moyennes et basses justices* (no 122).
SECT. 4e. — *Conquêtes de la royauté sur les juridictions seigneuriales* (no 153).

—

CHAP. Ier. — *Origine de la justice seigneuriale.*

2. — La justice seigneuriale ne consistait pas uniquement dans le droit de juger, dit avec raison M. Championnière (no 50). Loin de là, ce droit ne lui appartenait pas originairement, et vers ses derniers temps il lui avait été presque entièrement enlevé.

3. — C'est pour n'avoir pas assez compris ce fait, pour n'avoir pas envisagé les justices seigneuriales avec toutes leurs conditions d'existence et ne les avoir considérées que sous le point de vue du droit de juger, que la plupart des écrivains modernes ne se sont point fait une idée exacte des institutions seigneuriales.

4. — Ces institutions formaient un régime puissant. Une multitude de droits, indépendans de celui de juger, affectant plus ou moins le sol et la personne du possesseur, en faisaient un élément de richesse et un bien véritablement patrimonial.

5. — Pour bien en connaître la nature, il faut remonter à leur origine et à leur formation, c'est-à-dire aux institutions romaines. Cette opinion, contestée par bien des feudistes, nous paraît la seule fondée ; c'était, du reste, celle de Cujas, et le temps seul l'a empêché de l'établir. *Servi*, dit-il (Cod. tit. de agric.), *et census, et alia innumera prædiorum hominumque onera, e jure romano originem sumpsisse, intereà testor dùm me ad consuetudinum nostrarum jus eâdem viâ explicandum paro quâ reipublicæ romanæ vetus primum, deindè novum jus aperui et disposui.*

6. — Après la conquête des Gaules par les Romains, et durant les cinq siècles environ que dura l'asservissement des Gaulois par les Romains, le territoire était divisé en deux portions : l'une était plus particulièrement appropriée au peuple romain sous le nom de terres fiscales ; l'autre était laissée à la propriété privée, qui était cultivée par des *possessores* sous le nom de *agri* ou de *prædia*. Les produits de la terre se trouvaient divisés en deux parts, l'une dévolue au trésor public, et nommée *tributum* ou *census*, l'autre appartenant au possesseur, et nommée *reditus*. — Championnière, *De la propriété des eaux courantes*, no 52.

7. — Les redevances imposées au produit de la culture étaient exigées du possesseur, ou le plus souvent du cultivateur connu sous le nom général de colon, par de nombreux officiers publics appelés *comites*, *vicarii*, *exactores*, *procuratores*, et désignés sous la dénomination générique de *judices*. Leur pouvoir s'appelait *judiciaria potestas*, et l'ensemble des redevances dont la perception leur était confiée, pour en rendre compte au trésor, s'appela plus tard *justitiæ*.

8. — La nature de ces redevances était diverse, et souvent ne permettait guère que le *judex* en rendît un compte bien exact. Tels étaient un grand nombre de services corporels, de fournitures, de travaux d'entretien, de réparation, de transports, etc., etc., qui auraient dû être employés pour le service public, mais qui étaient exploités au profit du *judex*, et étaient pour lui une source de déplorables abus. — Championnière, no 53.

9. — Les justices seigneuriales, formées sous l'oppression romaine, se maintinrent en présence de l'invasion germanique. « Avant l'avènement des rois de race germaine, dit M. Championnière (no 54), l'administration romaine était depuis longtemps livrée aux mains des Barbares. L'Italie n'était plus seule à fournir les exacteurs des provinces; la plupart d'entre eux étaient possesseurs dans les lieux même qu'ils exploitaient; pour ceux-ci, l'action fiscale était bien plus profitable et les abus bien plus faciles. Aussi, lorsque le pouvoir suprême tomba aux mains des rois francs, ce fut à peine si les populations s'en aperçurent. Les excès des gouverneurs étaient portés aux dernières limites de la tyrannie. Les supplices les plus atroces étaient devenus les moyens légaux et accoutumés de leurs perceptions. L'esclavage et la fuite chez les barbares étaient les dernières ressources auxquelles les possesseurs s'efforçaient d'avoir recours, et les lois, non moins que les préposés du fisc, employaient toute leur puissance pour y mettre obstacle. »

10. — La part fiscale, le bien du vaincu sous la domination romaine fut l'objet principal de l'ambition des chefs germains. Après la conquête, ils se partagèrent surtout les charges de comtes, d'exacteurs, et en général de toutes les fonctions de *judices*. C'est qu'en effet ces fonctions étaient les plus sûrs moyens de richesse, les fonctionnaires n'étant obligés de rendre compte au fisc royal que de la *pars regia*, c'est-à dire des deux tiers des redevances qu'ils percevaient.

11. — Cette *pars regia* elle-même ne tarda pas à disparaître. D'une part, les abus des comtes, d'abord contenus à cause de l'amovibilité de leur charge, ne connurent plus de limites lorsque, par suite de l'affaiblissement du pouvoir royal, ils arrivèrent à l'inamovibilité, et, avec sa disparition, à l'hérédité. D'un autre côté, la création devenue plus fréquente des immunités fut une cause puissante de cette extinction de la portion royale.

12. — Enfin une nouvelle cause d'abolition du droit fiscal fut la multiplication des *honores* et la conversion des produits fiscaux en biens de cette nature. Les *honorati*, c'est-à-dire les personnes pourvues d'une certaine délégation des revenus fiscaux, percevaient tout le cens de leur *honor* et n'en rendait rien *ad partem regiam*. Or, les *judices* s'efforcèrent constamment de transformer leurs fonctions en *honneurs*. « Dès lors, dit M. Championnière (nº 56), l'autorité royale dépouillée, non seulement des revenus de la part fiscale, mais encore du pouvoir d'en disposer, se trouva réduite aux seuls produits dont elle s'était réservé la perception directe. Ce ne fut plus qu'une puissance de même nature que celle des comtes inférieurs, et pour dominer plus tard sur cette dernière, elle dut exploiter d'autres causes et d'autres événemens. »

13. — La part royale passa donc dans le domaine privé, mais elle n'en continua pas moins d'être distincte de la part du propriétaire. L'appropriation particulière du *census*, loin d'opérer sa confusion avec le *reditus*, l'en sépara plus profondément.

14. — C'est précisément ce *census*, cet impôt romain, cette part de la conquête romaine recueillie par les comtes barbares et tombée dans le domaine privé, qui a donné naissance à ce système de droits et de produits, que, dans le régime seigneurial, on nommait la *justice*.

CHAPITRE II. — *Des droits de justice.*

Sect. 1re. — *Caractères généraux des droits de justice.*

15. — Tout le système seigneurial se trouve dominé par deux maximes célèbres : « *Les justices sont patrimoniales* » et « *fief et justice n'ont rien de commun.* »

16. — De Laurière, sur Loysel, explique ainsi la première (liv. 2, tit. 2, règle 42) : « La justice est patrimoniale, c'est-à-dire que les seigneurs ont le domaine et la propriété de leurs justices; d'où il résulte qu'elles peuvent être vendues et qu'elles sont héréditaires comme les autres biens. » — V. Coquille, *sur la cout. du Nivernais*, chap. 1er; Bacquet, *des Droits de justice*, chap. 8, nº 8, et la règle XLIV de ce titre; l'Hommeau, liv. 2. nº 2.

17. — Dans cette maxime, il ne faut pas se méprendre sur la portée du mot *justice* et lui donner le sens bien différent qu'il reçoit aujourd'hui. Il a ici la signification de : Ensemble des redevances ou usurpations des *judices*. Dans les actes des deux premières races, la justice seigneuriale n'a pas cessé de consister dans ces droits.

18. — La seconde maxime présente plus d'importance encore, et son intelligence est indispensable pour connaître la nature des institutions seigneuriales. Nous avons donné (vº *Féodalité*, nºs 45 et suiv.) l'explication de cette maxime. Nous avons dit que le *fief* et la *justice* ne sont pas deux élémens d'une même institution, mais deux choses complètement étrangères l'une à l'autre, n'ayant ni même nature, ni mêmes limites, ni mêmes effets; en un mot, comme le dit si énergiquement la règle de Loysel n'ayant rien de commun.

19. — Tous les droits seigneuriaux, dit M. Championnière, nº 101, sont droits de justice ou droits de fief; tous les droits de justice ont le même caractère et subissent les mêmes règles. Il en est de même des droits de fief; mais le système qui régit les uns est profondément différent de celui qui régit les autres.

20. — Joannes Faber ne confond jamais le seigneur justicier qu'il nomme *justiciarius* et le seigneur féodal qu'il désigne sous le nom de *Dominus directus*.

21. — Si malgré la différence qui existait entre les droits de justice et les droits de fief, on les a souvent confondus, cela tient en grande partie à la ressemblance que les droits de fief ont offerte dès l'origine avec les droits de justice; la plupart ne consistaient qu'en une même redevance partagée entre le *senior* et le justicier; par exemple le *census* de la justice et le *reditus* du propriétaire n'étaient l'un et l'autre qu'une portion des mêmes fruits. Souvent même, les stipulations bénéficiaires avaient pour objet les redevances dont jouissait le comte.

22. — « Le justicier de son côté, ajoute Championnière, s'efforça constamment d'élargir la part fiscale et de l'assimiler à la part du possesseur; à l'imitation l'un de l'autre, les deux seigneurs multiplièrent les obligations de leurs subordonnés. Si, hors de la constitution justicière, la plupart des devoirs étaient le résultat de la convention et la condition du fermage, du colonage, de la recommandation ou du bénéfice, un grand nombre fut le fruit de l'abus de la puissance et de l'impossibilité où le vassal fut de résister aux exigences de son seigneur. Il y eut donc dans certains droits de justice et de fief similitude d'origine et d'objets; le débiteur les confondit et n'était guère intéressé à les distinguer. — Championnière, nº 102.

23. — Il est vrai que certains droits de justice tels qu'ils étaient constitués dans le principe ne pouvaient se confondre avec le droit de fief, mais en passant de la jouissance publique à la possession privée les droits de justice furent nécessairement altérés.

24. — L'affranchissement des communes fit subir aux droits de justice une altération plus profonde encore. Dans les transactions qui eurent lieu aux onzième, douzième et treizième siècle, le seigneur ne reconnut à ses sujets une existence sociale et politique que moyennant des redevances en argent ou en denrées, en rentes fixes, qui en remplaçant presque partout les déprédations justicières firent disparaître la forme de l'impôt romain et qui, en rattachant leurs droits à une cause légitime, leur donnèrent le caractère féodal. — Championnière, nºs 104 et 105.

25. — Ces interversions dans les droits seigneuriaux se multiplièrent surtout au quatorzième siècle, époque où les agens royaux s'acharnaient contre les droits de justice justicière. Au quinzième siècle ce travail continua à s'opérer

26. — L'intérêt qu'y avaient les seigneurs justiciers ne s'arrêta devant aucun moyen; la falsification des titres fut-elle même employée. « Les seigneurs justiciers, dit Hévin (*consultation* 10e), faisaient ces interversions par des aliénations et par des dénombremens défectueux et infidèles » Ce sont ces altérations de titres que prohibe l'ordonnance de 1579, laquelle, par son art. 284, ordonne d'informer contre ceux qui, « de leur propre autorité, ont osté et soubstrait les lettres, titres et autres enseignemens de leurs sujets. »

27. — Pour ajouter à la confusion, tous les justiciers possesseurs en même temps de droits féodaux s'empressèrent de faire reconnaître leurs droits de justice dans les aveux relatifs aux fiefs. Aussi, dans les actes appartenant au régime féodal, il fut bientôt difficile de distinguer l'origine et la formation des obligations et des redevances.

28. — D'un autre côté, le seigneur féodal possédait un domaine, le seigneur justicier un château. La ressemblance de ces possessions fut une cause active de confusion dans leurs droits et la nature de leurs possessions.

29. — Enfin, au seizième siècle, l'introduction du principe que le justicier avait été dans l'origine propriétaire de toutes les terres de sa justice tendit de plus en plus à confondre le fief et la justice. — V. *infrà*, nºs 70 et s.

30. — Cette similitude apparente des droits de justice et des droits de fief explique comment les feudistes du dix-huitième siècle ont regardé les droits de justice si peu importans à cette époque comme dérivant du fief, comme ayant la même origine, la même nature que lui.

31. — Néanmoins jusqu'au jour solennel qui les frappa de mort d'un seul coup, il y eut un seigneur justicier et un seigneur féodal, des droits de justice et des droits de fiefs. Des règles diverses continuèrent de constater la séparation radicale de ces deux institutions. — Championnière, nº 106.

32. — Le caractère distinctif des droits de justice, c'est que leur perception et leur usage, au lieu d'être fondés sur des principes de logique et de convention, furent bizarres et presque toujours dénués de base et de titre légitime. Jamais on ne voit la justice prendre naissance et s'établir, jamais les droits qui la constituent ne paraissent frapper pour la première fois des hommes qui n'y avaient pas encore été assujétis. On rencontre des divisions, mais non des créations de droits de justice. De la domination romaine aux lois de 1789, pas un droit nouveau ne s'élève qui ne doive son existence à la violence et ne soit tenu pour indû; en un mot, à quelque époque que l'on remonte, un droit de justice n'est reconnu pour légitime qu'autant qu'il est fondé sur la coutume ou sur une possession immémoriale; il semble que pour être juste, il doive cacher son origine dans la nuit de l'oubli et la soustraire à la mémoire des hommes. — Championnière, nº 107.

33. — Les droits de justice se distinguaient aussi des droits de fiefs par certaines formalités auxquelles était assujétie leur exécution et qui avaient pour but de constater l'existence des droits et d'éviter la péremption. Tandis que, à l'égard du seigneur féodal, le vassal faisant la foi et l'hommage déclarait tenir la terre du seigneur et n'en avoir que le domaine utile, le seigneur justicier recevait la simple déclaration que les possessions de son sujet se trouvaient dans l'étendue de sa juridiction.

34. — D'un autre côté, à la différence de la déclaration féodale qui était exigible à toutes les mutations de vassal, la déclaration justicière n'était due au seigneur qu'une fois dans sa vie.

35. — Enfin les officiers chargés de percevoir les redevances justicières n'exerçaient point des fonctions gratuites, ils recevaient un salaire du justicier à l'exploitation des droits duquel ils étaient préposés.

36. — Ajoutons que c'était par la voie de saisie exercée sur les fruits non récoltés et employée comme moyen d'avoir paiement, qu'à l'imitation des exacteurs romains, les *judices* des deux premières races contraignaient les débiteurs de redevances fiscales, et que les justiciers des temps féodaux se faisaient payer de leurs droits de justice. La saisie justicière différait donc essentiellement de la saisie féodale qui était la résolution du contrat de fief. — La forme de cette saisie justicière est, du reste une nouvelle preuve du lien qui rattache la justice seigneuriale à la législation romaine; car si le *judex* romain manifestait sa saisie par l'apposition d'un drapeau sur le champ du redevable, *velum regium sive imperatoris*, le justicier des temps féodaux faisait usage du *brandeum* que Ducange définit ainsi : *Velum seu brandeum quod prædiis obsignatis apponitur.*

37. — Quoi qu'il en soit du caractère des redevances justicières, le nombre en était très grand. Nous en avons donné la nomenclature vº FÉODALITÉ, nºs 59 et suiv.

Sect. 2e. — *Des droits de justice relativement aux personnes.*

§ 1er. — *Des hiérarchies justicières.*

38. — Le seigneur justicier, dont le droit et l'existence ont été supprimés en 1790, remonte, par une généalogie non interrompue et très facile à suivre, jusqu'au *judex* des Codes de Théodose et de Justinien. Sous l'administration romaine le recouvrement de l'impôt se faisait par l'exercice d'employés nommés *inspectores*, *censitores*, *descriptores*, *peræquatores*, dont la mission était de faire droit aux réclamations et de déterminer la quotité de la perception. En même temps ils étaient chargés d'une partie de l'administration civile et militaire; la surveillance et l'exécution de la justice entraient également dans leurs attributions, la considération principale demeurait l'exploitation du tribut; souvent ils le prenaient à ferme, et dans ce cas, ils le percevaient pour leur compte.

39. — Ces administrateurs recevaient une part d'émolumens en nature d'impôts; c'était particulièrement les comtes, *comites*, les centeniers, *centenarii*, les dizainiers, *decenarii*; leurs employés prenaient le titre d'*advocati*. Ils étaient tous compris sous la dénomination générique de *judices*. « *Judices*, dit Cujas (sur la loi 11, tit. 16, liv. 10, du

Code de Justinien), *id est præsides quorum munus est tributorum exactioni incumbere.* »

40. — Cette dénomination des *judices* bien appliquée, du reste, puisqu'à l'égard de l'impôt ils faisaient droit aux réclamations et remplissaient, par conséquent, les fonctions de juge, *jus dicebant*, fut conservée sous les deux premières races. Mais il y eut alors des *judices* de deux espèces, publics et privés.

41. — Les premiers étaient, comme les justiciers romains, chargés du recouvrement de l'impôt. Aussi conservèrent-ils beaucoup de leurs dénominations; c'étaient toujours les *comites*, les *duces*, les *patricii*, les *vicarii*, les *centenarii*, les *tribuni*. Plus tard, dans les temps féodaux, du mot *justitia*, objet de l'action de ces fonctionnaires, on les appela *justiciarii*, et dans les ouvrages écrits en français *justiciers*. Les *duces* devinrent les *ducs*, les *comites* les *comtes*, les *vicarii* les *viguiers* ou *voyers*, les *centenarii* disparurent.

42. — Il existait deux classes de justiciers publics : les *judices* sédentaires et les *missi dominici*. Ces derniers avaient mission de surveiller l'administration des *judices* sédentaires et de recevoir d'eux la part revenant au roi.

43. — Mais au lieu de garantir l'exactitude et la régularité des perceptions, le plus souvent ils ruinaient le justiciable qu'ils étaient chargés de protéger.

44. — Plus ils étaient élevés en dignité, plus leur suite était nombreuse, et par conséquent plus les fournitures étaient considérables. Le *missus* parcourait les provinces, le plus souvent accompagné de militaires, *juniores* ou *ministri*, à l'aide desquels il pillait impunément les localités qu'il traversait. Les chefs de provinces et les comtes eux-mêmes eurent leur *missi* comme les rois. Les moines eux-mêmes avaient les leurs.

45. — Ces *missi dominici* disparurent bientôt, il est vrai, de la hiérarchie justicière. A l'avènement des rois de la troisième race, les seigneurs refusèrent de les recevoir. Mais ils se transformèrent en ces chevaliers errans que les historiens nous montrent exerçant sur les populations d'incroyables exactions, et dont les traces ne furent supprimées que grâce aux efforts de la police royale.

46. — Outre les *judices publici* existaient les *judices privati* qui portaient des noms spéciaux différens de ceux des premiers. Ils s'appelaient *vice-domini*, *præpositi*, *majores*, *villici*, *villicarii*.

47. — Pour avoir l'intelligence des fonctions qu'exerçaient ces *judices*, il faut savoir que cette règle générale de la législation romaine, d'après laquelle tout délégataire de l'impôt non revêtu de la fonction même de *judex* ne pouvait l'exiger directement du contribuable désigné pour le fournir était passée dans les lois coutumières. Elles interdisaient au délégataire ou au possesseur du cens de l'exiger lui-même du censitaire.

48. — C'était par l'office d'un *judex publicus « qui justitiam percipiebat et qui dabat illam »* porte un capitulaire de 615 (Baluze, t. 1er, p. 22), que les délégataires et les *honorati* étaient desservis.

49. — Il était donc important pour les concessionnaires d'obtenir pour eux la nomination de *judices* qu'ils tiendraient sous leur dépendance. Aussi ce fut le but des efforts constans de ceux dont l'honor était assez considérable pour occuper plusieurs *agentes*.

50. — Le pouvoir en vertu duquel les hommes soumis aux redevances pouvaient être contraints par des agens particuliers, *judices privati*, consistait dans le *bannus* ou moyen d'exécution de toutes les obligations justicières. Ce pouvoir était généralement conféré par le roi. Quelquefois cependant le droit de choisir le *judex* était attribué à l'*honoratus*.

51. — Cette désignation devait être éclairée : *Ut omnes bonos et idoneos vice-dominos et advocatos habeant et judices* » porte un capitulaire de 814, (Baluze, t. 1er, p. 520, no 58). — Les *judices privati* demeuraient sous la surveillance des *missi-dominici*, et tant que le pouvoir royal domina ils furent contenus ; mais leur tendance fut toujours de se dégager de la dépendance royale et des visites des *missi*, et lorsque l'autorité centrale se fut écroulée devant l'ambition et la puissance de ses propres *judices*, les immunistes et les honorati furent spoliés par leurs agens.

52. — Ainsi les *judices privati* sont devenus, comme les *judices publici*, des justiciers seigneuriaux, et la plupart des noms qui servaient à les désigner se sont conservés dans la hiérarchie féodale. Les *advocati* sont devenus des *avoués*, les *præpositi* des *prévôts*, les *vice-domini* des *vidames*, les *majores* des *maires*, les *villicarii* se sont plus tard confondus avec les *viguiers*.

53. — Après nous être occupés des *judices* et des *justiciers*, il serait à propos de dire quelques mots

des hommes soumis à leur puissance *in potestate*, mais ces développemens ont trouvé leur place au mot FÉODALITÉ, nos 81 et suiv.

54. — Nous rappellerons seulement que ce qui constituait cette sujétion, ce n'était point la possession, comme cela avait lieu pour le vasselage, mais le domicile. Quiconque demeurait dans le district de la justice tant qu'il y était *couchant et levant* était sous la puissance du justicier. Aussi les désignait-on sous le nom de *vilains*, *hommes de poosie*, *manants*; expressions, remarque M. Championnière (no 130), relatives à leurs rapports avec le *judex* ou justicier exerçant sur eux la *judiciaria potestas*, à raison du territoire, de la *villa* qu'ils habitaient et dans le cadastre duquel ils étaient *censiti*, plus tard censitaires ou censuels.

§ 2. — *Des obligations personnelles auxquelles soumettait la puissance justicière.*

55. — L'origine de ces obligations personnelles remonte au droit romain. Ce sont les travaux publics imposés aux contribuables romains qui les ont engendrées ; elles furent bientôt reconnues par les coutumes au profit des seigneurs justiciers et on les désignait sous le nom général de corvées. — V. CORVÉE.

56. — La preuve de cette origine se puise dans les noms particuliers que l'on donnait à ces obligations. Ils se rapprochent en général plus ou moins de ceux que portaient les diverses branches du service public romain, ainsi les *angaria* (obligat. de transport), les *veredi*, *agminales*, *equi vel mulæ*, les *mansiones* et l'*hospitalura* se retrouvent dans la nomenclature des droits de justice sous la dénomination de *charrois*, *palefrois* ou *chevaux de service*, et *droit de past et de gîte*.

57. — Pour l'énumération et l'explication de ces obligations, V. Championnière, *De la propriété des eaux courantes*, nos 142 et suiv. — V. aussi CORVÉE, nos 3 et suiv.

Sect. 3e. — *Des droits de justice à l'égard du sol.*

58. — Il serait difficile de définir d'une manière précise la nature du droit de justice à l'égard de la terre et son rapport avec la propriété.

59. — Une grande maxime domine cette matière, c'est que *le justicier n'est pas propriétaire du sol*. « *Per se considerata*, dit Dumoulin (tit. 1er, gl. 5, no 44) *jurisdictio nihil habet commune aut cum feudo, aut cum castro, aut cum domanio.* — Dargentré écrit dans le même sens, (*cout. de Bretagne*, art. 265, cap. 10, no 22) : *Dependent ista a domanio non à jurisdictione cum quâ nihil habet commune domanium nisi ex cohærentia.* — D'après la coutume d'Auvergne : « Le seigneur justicier n'est fondé à cause de sa justice de soi dire seigneur féodal des choses situées en icelle » ce que les feudistes du treizième siècle en parlant des seigneurs justiciers, expriment sans cesse en disant : *Eodem errore quo se dicunt domini terrarum.*

60. — Les droits de justice se trouvant ainsi n'avoir rien de commun avec la proprié, téavec le fonds *nisi cohærentia*, ne pouvaient, à son égard, constituer un droit réel. Ce ne fut point sur les hommes. mais sur les terres, que s'établit la domination du comte ou du vicaire. La possession n'était considérée que pour déterminer la quotité de l'impôt. Le comte pour l'exercice de ses droits dans toute l'étendue du *pagus*, le vicaire, et le centenier dans l'étendue des villæ ou des centaines soumises à leur autorité, avaient seulement à s'occuper de la limitation de la terre, mais leur puissance n'avait aucun lien direct avec elle.

61. — Ce qui le prouve jusqu'à la dernière évidence, c'est que souvent la justice était partagée entre divers seigneurs quoique la propriété du fonds ne le fût pas. « L'un d'eux, dit M. Championnière (no 156) l'exerçait pendant un temps de l'année, l'autre pendant un autre; l'un l'exerçait sur les chemins, l'autre sur les terres cultivées; l'un avait les cens, les marchés, les péages; l'autre les past, les tailles, les corvées, un troisième un droit particulier. C'est ainsi que la haute justice, la moyenne, la basse, celle des officiers particuliers, des baillis, des sergens, des châtelains, s'exerçaient toutes à la fois et en même temps sur un même territoire et à la charge du même homme. Ainsi, tel colon ou homme de poosie devait au seigneur haut justicier un cens, au moyen les épaves, au bas le past et le cheval de service, au sergent une poule, au châtelain des corvées, et en outre au seigneur féodal les lods et ventes ou d'autres obligations de fief. Dans le même *pagus*, le même comté, la même *villa*, ou sur le même fief, l'un avait la justice de tels hommes, de telle famille, l'autre, de telle classe d'habitans. »

62. — L'usage des *déclarations* et le mode em-

ployé pour les faire sont une nouvelle preuve de ce fait.

63. — Pour conserver ses droits, le haut justicier pouvait obliger le possesseur de terres féodales situées sur le territoire de sa justice de lui en faire la déclaration. — Pithou, sur l'art. 51 de la cout. de Troyes, et Guyot, *Traité des fiefs*, t. 4, p. 433. — Mais le territoire justicier n'avait pas, comme le territoire féodal, des limites précises ; il n'était pas désigné par tenans et aboutissans. Aussi cette déclaration ne comprenait pas le détail des terres ; il ne contenait que l'énoncé des droits de la justice et prenait le nom de *déclaration sèche*.

64. — Dans le territoire de sa justice, *pagus*, *villa*, *comitatus*, *vicaria* et plus tard *comté*, *voirie* ou *vicairie*, *vicomté* et plus généralement *justice* ou *district*, le justicier devait être propriétaire d'un manoir. C'était même une condition de nomination aux fonctions justicières. « *Ut si quid mali*, porte l'édit précité de 615 (*suprà* no 48) *de quibuslibet conditionibus perpetraverit, de suis propriis rebus exindè quod male abstulerit juxtà legis ordinem debeat restituere.* » — Baluze, t. 1er, p. 23, no 12. — Et ailleurs : « *Ut episcopi et abbates advocatos habeant : et ipsi habeant in illo comitatu propriam hæreditatem.* » — Ann. 813, no 14; Baluze, t. 1er, p. 509. — C'est de ce manoir où il avait ordinairement un château-fort qu'il sortait pour exercer ses brigandages qu'il appelait ses droits de justice ; c'est là qu'il se refugiait lorsque ses odieuses exactions avaient exaspéré ses sujets.

65. — La justice justicière dominait toutes les terres du royaume. Les possessions allodiales, il est vrai, étaient affranchies du cens et des autres redevances justicières, mais les justiciers conservaient sur les terres de cette nature enclavées dans leur territoire les garennes, les banalités, les péages, les droits de toute espèce autres que les redevances ayant le caractère de cens. Ils s'efforçaient de multiplier ces exactions comme pour remplacer les redevances qu'ils ne pouvaient exiger et faisaient ainsi à l'alleutier une position insupportable, lui laissant pour dernière ressource l'assujétissement féodal qu'il redoutait parce qu'il emportait l'abandon du domaine direct de ses possessions et son engagement dans la vassalité, ou sa soumission à la puissance justicière elle-même aux plus dures conditions. Cette dernière alternative fut le plus généralement suivie; aussi l'on vit bientôt les petits alleux disparaître et la puissance justicière profiter de la succession des petites propriétés allodiales.

66. — Les grands alleux purent seuls se maintenir, et lorsque, par suite de leur agrandissement, la royauté de la deuxième race eut fait place aux comtes de Paris, ceux-ci par deux moyens également redoutables entre des mains habiles, la guerre et le droit tendirent constamment à la propriété universelle du royaume.

67. — Les envahissemens de la puissance royale sur les possessions seigneuriales s'étendirent successivement tant sous le rapport de la justice que sous celui des fiefs. La maxime des législes était *omnia sunt regis*, maxime qui se décomposait en ces deux principes : « *Toute justice émane du roi* » et « *le roi est le souverain fieffeux du royaume.* » Ces deux principes étaient l'un et l'autre inexacts, mais ils furent tous les deux habilement exploités par les législes.

68. — L'inexactitude du premier est évidente. Le roi, il est vrai, comme le fait observer avec raison M. Championnière, était justicier dans toutes ses possessions; c'était à ce titre que Hugues Capet tenait le comté de Paris; ce fut également comme justiciers que ses successeurs acquirent et possédèrent les provinces qui successivement tombèrent sous leur domination et constituèrent le royaume. C'est toujours comme duc, comte, châtelain ou justicier d'un ordre quelconque que le roi ordonne ou transige, mais il n'était pas également exact de dire que toutes les justices de son royaume étaient tenues de lui en fief ou arrière-fief. Entre le comte et ses vicaires il existait sans doute un lien de supériorité qu'il serait difficile aujourd'hui de déterminer, mais cette supériorité ne consistait ni dans la sujétion féodale, ni dans ce que plus tard on a appelé le ressort ou l'appel. Le vicaire était souverain à l'égard de ses sujets et les frappait d'exactions sans recours; c'était à lui, comme à tout autre justicier, que s'appliquait le principe : « Entre toi et ton vilain il n'y a de juge fors Dieu. » — Championnière, no 174.

69. — On conçoit, d'après cela, qu'il y eut pour les législes royaux le plus grand intérêt à ranger les justices dans la hiérarchie féodale et à supposer que partout où le roi dominait, les justiciers tenaient de lui la justice en fief; car, comme l'ap-

pel était de droit dans la hiérarchie féodale ou dans la justice lorsqu'elle était concédée féodalement, c'était un moyen d'arriver à cette conclusion de Beaumanoir « *Et por ce pot on venir, on se cort, par voie de défaute de droit ou de faus jugement, quand cil qui de li tiennent n'en font ce qu'ils doivent,* » c'est-à-dire au droit de ressort ou d'appel.

70. — Quoi qu'il en soit, la souveraineté de la justice s'établit rapidement. « Toute laie juridiction du roïaume est tenue du roi en fief ou arrière-fief » dit Beaumanoir (cap. 11, n° 12). — Et, grâce à cet axiome féodal, le domaine royal ne tarda pas à s'emparer des rivières navigables, des trésors, des mines et fortunes d'or, des monnaies, péages et marchés, des successions d'aubains et déshérences. Le droit de juger lui-même (V. *infrà* nos 152 et suiv.) fut confisqué, ou du moins réduit à une vaine théorie au profit de la royauté qui, pour triompher dans cette lutte, n'omit aucun moyen de conquête. Elle créa des juges royaux tout dévoués à sa cause (*infrà* nos 162 et suiv.), et gagna les légistes. Loyseau inventa pour elle le système de l'usurpation des justices seigneuriales, dont le nom seul eut dû faire rougir les usurpateurs de la troisième race qui l'invoquaient. — V. FÉODALITÉ, nos 91 et suiv.

71. — L'établissement du second principe ne paraissait pas moins difficile. Il s'agissait de rattacher à la directe du roi toutes les possessions féodales. C'était supposer une époque où le roi avait été propriétaire *cum pleno dominio* de toutes les terres inféodées, ce qui est une assertion chimérique. Pour l'établir les légistes royaux posèrent en principe vague et général, et qui paraissait sans danger, que le roi était propriétaire pour le bien commun, *non specialiter sed in universo*. Ainsi, ils supposèrent d'abord que le roi est *généraument* propriétaire de toutes les églises. « Voies est, dit Beaumanoir, que li roi *généralment* a la garde des églises du roïaume, mais *espécialment* çascuns baron l'a en se baronnie. » — Cap. 46, n° 1er.

72. — Cette domination générale, tout en paraissant respecter les droits particuliers, planait sur l'ensemble des institutions sociales et savait profiter de toutes les circonstances pour s'appliquer *specialiter* et pour gagner du terrain. Bientôt ce ne fut plus seulement des églises que le roi eut la garde générale, mais de tout son royaume. « *Licet rex christianissimus non sit fundatus de jure communi in dominio rerum in regno suo sitarum, est tamen fundatus in universo.* » — Joannis Salnson, sur la coutume de Tours, titre *Des basses justices*, art. 3. — V. aussi Boëcius, sur la cout. de Bourges, tit. 1er, § 9; Rebuffe, *in feud. dal.*, et Beaumanoir, le plus explicite de tous : « Li rois, dit-il, est sovrains par desor tous, et a, de son droit, le général garde de son roïaume. » — Cap. 34, n° 41.

73. — Dumoulin lui-même adopta cette doctrine : « *Quandò commune bonum, et reipublicæ necessitas hoc exposcit, tunc ad hanc duntaxat finem* OMNIA SUNT REGIS. » — § 1, gl. 2, n° 66.

74. — Nous avons dit (v° FÉODALITÉ, nos 95 et suiv.) quels fruits porta cette maxime. L'intérêt qu'avait le domaine à faire considérer toutes les terres comme féodales, fit prévaloir la règle « nulle terre sans seigneur » que les seigneurs, malgré tous leurs efforts, n'avaient pu encore établir que partiellement.

75. — Cette règle, admise dans quelques pays seulement à l'égard du seigneur féodal (v° FÉODALITÉ, n° 97), était généralement vraie partout quand il s'agissait d'un seigneur justicier. Elle avait pour conséquence que les droits de justice étaient partout exigibles. Il fallait cependant y faire plusieurs exceptions. D'abord l'allodialité (V. *suprà* n° 65) consistait seulement dans l'affranchissement du cens, puis l'immunité du sol ne s'étendait pas à la personne, et les possesseurs d'alleux n'étaient pas moins astreints à toutes les redevances personnelles. — Guérard, *Polyptique d'Irminon*, t. 1er, p. 478. — « D'un autre côté, dit M. Championnière (n° 180), le propriétaire noble, militaire, honoré, ou appartenant à une classe quelconque des immunes, ayant cette qualité à raison de sa personne, affranchissait de toute prestation justicière les terres qu'il possédait, quelle que fût leur nature. Il en résulta que tout domaine féodal se trouva affranchi du cens justicier, et l'exemption s'étendit aux fiefs, arrière-fiefs et censives; aux premiers, par la double raison que le propriétaire de la directe et le possesseur du domaine utile étaient également et nécessairement militaires, au moins dans l'origine, et long-temps encore après que l'immunité se fut incorporée à la terre avec la noblesse elle-même : aux censives, parce que le censitaire n'était qu'un possesseur, et que le véritable propriétaire était le seigneur affranchissant sa terre à raison de sa directe, dans quelque main que fût le domaine utile. Ainsi, no-

ble ou roturière, toute terre engagée dans les liens du fief n'eut rien à payer au justicier; tout service toute prestation ou redevance imposée au possesseur fut féodale et appartint au seigneur du fief. »

76. — Au seizième siècle, le sens de la maxime, « nulle terre sans seigneur » fut changé. A cette époque, les justiciers tendaient à convertir tous leurs droits en droits de fiefs. Leur principal but en agissant ainsi était de rattacher au paiement d'un cens quelconque la présomption de la directe et de supposer ainsi la qualité féodale à toutes les possessions censuelles indistinctement. Tel fut aussi le sens que reçut la maxime, et dès-lors, suivant M. Championnière : « Les justiciers devinrent seigneurs féodaux de toutes les terres sur lesquelles auparavant ils n'avaient que des droits de district. Ils acquirent la propriété du sol. Tous leurs droits utiles en reçurent un caractère de fief moins contestable et leurs rentes interverties, dont jusqu'alors l'apparence féodale était démentie par le défaut de fief réel, eurent une base sur laquelle on put au besoin les asseoir. Une fois reconnus seigneurs féodaux et propriétaires de la directe, les justiciers s'empressèrent d'exiger des cens des possesseurs de leur territoire. » — Championnière, n° 190.

77. — Le nouveau sens de la maxime profita au justicier. Devenu féodal, il combattit ceux dont il était devenu l'égal et l'habitude de le voir propriétaire d'une portion de son territoire accrédita le principe que le justicier avait été, dans l'origine, propriétaire de toutes les terres de sa justice. D'un autre côté, la supposition d'une directe sur des terres considérées comme ayant été de tout temps la propriété de leurs possesseurs, qualifiés même de propriétaires par des coutumes, amoindrit la puissance qu'on attribuait à ce droit. — Championnière, n° 191.

78. — Mais ce fut surtout au profit du domaine royal que tourna la maxime « nulle terre sans seigneur. Content d'abord des droits de franc-fief et d'amortissement, il ne tarda pas à attribuer immédiatement à sa directe universelle toutes les terres dont les seigneurs n'avaient pas pris possession à titre de fief. « Sont tous héritages ne relevant d'autres seigneurs, censés relever de nous « porte l'art. 383, ordonnance de janvier 1629. Pour se soustraire à cet article, le possesseur d'alleu devait *produire le titre justificatif* de son franc alleu, et à défaut ses terres étaient réduites à l'état de fief. Les agens royaux s'attachèrent ainsi à faire disparaître successivement toutes les terres allodiales, et ce travail fut si rapide et si complet, que le *Dictionnaire des domaines* définit le franc-alleu : espèce de *tenure* dont l'origine est inconnue et qui n'existe vraisemblablement pas en France. « Tel fut le sort de l'allodialité, remarque Championnière (n° 192), une fois qu'elle eut pour adversaire le domaine royal; la liberté résista deux siècles à l'ambition brutale et violente des seigneurs justiciers; en moins d'un siècle elle succomba devant l'esprit envahisseur des agens du fief.

CHAPITRE III. — *Du droit de juger.*

Sect. 1re. — *De la séparation du droit de juger et du droit de faire exécuter les jugemens. — Perception des amendes et confiscation.*

79. — Nous avons jusqu'ici envisagé les justices seigneuriales dans leur origine et leur nature primitive, sans considération de l'autorité judiciaire. Long-temps, en effet, la justice seigneuriale a existé sans être une juridiction, et elle était déjà sur son déclin quand elle prit ce caractère.

80. — Au dix-huitième siècle, il est vrai, le mot *justice* n'exprimait plus dans les idées générales que le pouvoir judiciaire. C'est ce qui a conduit la plupart des publicistes à ne considérer dans les justices seigneuriales que le droit de juger. Mais ce n'est point à cette époque qu'il faut étudier les justices seigneuriales pour en avoir une idée exacte. Or, s'il existe un principe fondamental et incontestable dans l'histoire de ces institutions, c'est assurément celui qui exclut le pouvoir justicier du droit de juger.

81. — A Rome déjà et à Constantinople, ce principe dominait la juridiction criminelle. Elle était exercée au sixième siècle par un *præfectus urbis* et dans les provinces par des *rectores* ou *præsides*, mais ces magistrats étaient plutôt présidens de leur juridiction que juges véritables. Ils étaient assistés d'assesseurs qui formaient des tribunaux et jugeaient en leur nom et sous leur autorité. — F. Hélie, *Traité de l'instruction criminelle*, p. 179.

82. — L'exclusion du justicier du pouvoir judiciaire devint plus absolu encore sous la première

race. « Telle était l'organisation des comtes, dit M. F. Hélie (p. 201) : ces hommes de guerre, chefs militaires de leurs comtés, présidaient les juges et ne jugeaient pas, provoquaient le jugement et n'y prenaient aucune part; leur action se bornait à ordonner l'instruction à surveiller la sentence et à faire exécuter. Les juges étaient les hommes libres de chaque canton. Cette distinction du droit de justice et du droit de juger, de la puissance exécutive et de la puissance judiciaire forme la base de toutes les juridictions de cette époque. Nous la retrouvons dans les tribunaux des vicaires et des centeniers, dans les justices patrimoniales et dans le tribunal même du roi. »

83. — Au commencement de la deuxième race l'obligation de participer aux plaids était regardée comme une charge onéreuse. Les justices se trouvèrent souvent dépourvues de juges. Au défaut des hommes libres nommés *Rachimbourgs* ou *boni homines*, Charlemagne désigna des scabins chargés de les éclairer dans leurs décisions et de les remplacer au besoin.

84. — Les scabins siégeaient concurremment avec les *boni homines* dont le concours fut désormais volontaire, tandis que le concours des scabins était nécessaire. — V. au surplus sur l'origine et les fonctions des échevins ou *scabini*, Savigny, *Geschichte des röm anisches Rechts im Mittelalter*, t. 1er, ch. 4, art. 2, p. 195-239.

85. — Le même mode fut suivi dans la suite sous le régime coutumier, un principe fondamental, ajoute M. F. Hélie (p. 299), dominait l'organisation des justices. En général les juges des seigneurs dirigeaient l'action de la justice, mais ne s'immisçaient pas dans les jugemens; ils présidaient les plaids, ils surveillaient les débats, ils décidaient même les différens incidens que soulevait l'audience, mais s'abstenaient de juger le fond; ce jugement n'appartenait qu'aux hommes de la seigneurie, aux pairs de l'accusé.

86. — Ce principe fut pendant plusieurs siècles l'une des bases des justices féodales. Toutes les coutumes s'accordent sur ce point qui se trouve également attesté par tous les écrivains. Suivant Beaumanoir (cap. 47, n° 16), « la coutume du Beauvoisis est telle que les seigneurs ne jugent pas en leurs cours, mais que ce sont les hommes qui jugent. » Bouteiller nous dit aussi « qu'il convient que les seigneurs fassent juger par d'autres que par eux, c'est à savoir par leurs hommes féodaux à leur semonce et conjure. »

87. — Mais si le justicier, comte, vicaire ou viguier n'a jamais rendu la justice, il n'en participait pas moins à son action. Investi du rôle que remplissent aujourd'hui les préposés de l'administration des domaines, il était chargé du recouvrement des condamnations pécuniaires, il faisait exécuter les jugemens prononcés par d'autres que lui; or, on sait qu'à cette époque toute peine consistait dans le *fredum*, l'argent soit de l'offensé, soit du fisc.

88. — Cette exécution des condamnations pécuniaires était l'un des élémens les plus considérables des profits des justiciers. Dans toute condamnation, en effet, ils recevaient une portion déterminée qui s'appelait *fredum*, et, soit en matière civile, soit en matière criminelle, les amendes furent toujours excessivement multipliées. Cette portion était en général du tiers. « *Judex verò partem suam accipiat de causâ quam judicavit. De tribus solidis tremissem accipiat, de sex solidis duos tremisses accipiat, de novem solidis unum solidium accipiat.* — Bajur, c. 16; Baluz. t. 1er, p. 106.

89. — « Les *freda*, dit Robertson, étaient une branche de revenu considérable, et par la suite les seigneurs les regardèrent tellement comme leur dû, qu'ils ne permettaient pas de transiger sur une affaire litigieuse, pour ne pas perdre leurs droits. « — Robertson, *Hist. of Charles V* (introd.), sect. 1re, § 2.

90. — Les justiciers exerçaient du reste ces droits tant sur les amendes mobilières qu'immobilières, c'est-à-dire tant sur les amendes proprement dites que sur les confiscations lesquelles ne sont que des amendes « *mulctæ quas emendas vulgus appellat et confiscationes* » dit Pontanus (sur *Blois*, t. 2, art. 5, p. 73), et qui se trouvaient comprises sous la dénomination coutumière *d'estrayères*.

91. — C'est à tort que quelques auteurs ont voulu rattacher la perception des *freda* au droit de juger en considérant le bénéfice des choses confisquées comme le salaire du jugement. Le justicier, nous l'avons vu (*suprà* nos 80 et suiv.), n'a jamais régulièrement rendu la justice, preuve incontestable que les droits dont il jouissait n'étaient pas corrélatifs à la charge de juger.

92. — Une autre preuve de cette erreur, c'est que les profits de la condamnation appartenaient au justicier du territoire, revenaient non à celui

dans le plaid duquel le jugement avait été prononcé, mais à celui dans la justice duquel se trouvait le condamné. C'est ce qu'exprime le grand coutumier en ces termes : « Chacun haut justicier en la sienne. » Et la coutume de Vitry : « Tous les meubles où qu'ils soient assis et les immeubles assis sous sa haute justice, et le pardessus desdits immeubles, appartiennent au seigneur, ou seigneurs, en la justice desquels ils sont assis, chacun en son regard. » (Art. 17.) — En outre les seigneurs justiciers n'ont jamais pris part aux jugemens les plus féconds en matière de confiscation, les condamnations pour hérésie ou pour désobéissance aux préceptes de l'église, puisque les tribunaux ecclésiastiques seuls étaient compétens en ces matières, et cependant les biens du condamné ont toujours appartenu au seigneur dans la justice duquel ils étaient situés. Réciproquement, les tribunaux ecclésiastiques avaient le droit de saisir les biens du condamné situés dans le territoire de leur justice encore qu'ils ne fussent pas compétens pour prononcer sur la condamnation. — Championnière, n° 223. — V. aussi Hauteserre, *De ducibus*, cap. 10, pour les temps anciens, et pour les modernes, Jacquet, *Des justices seigneuriales*, liv. 1er, ch. 7.

93. — Ce n'est donc que par une fausse intelligence des conditions originaires de la justice seigneuriale que les feudistes de l'école de Henrion de Pansey ont pu envisager les amendes comme un fruit de justice ; et cependant « telle était la force et la puissance de ces règles, dit M. Championnière, que, même après que la justice royale se fut assise près des tribunaux des seigneurs et eut envahi la plupart de leurs attributions, les confiscations prononcées par les juges royaux restèrent encore aux justiciers seigneuriaux, sauf en quelques cas et quelques coutumes, en vertu d'ordonnances expresses et manifestement contraires au droit préexistant. » — Championnière, n° 223. — V. aussi à cet égard Jacquet, *Des justices seigneuriales*, liv. 1er, ch. 7.

94. — Henrion de Pansey, raisonnant avec Montesquieu dans l'hypothèse contraire à tous les principes de droit seigneurial qu'originairement et naturellement le fief et la justice ne sont qu'une même institution, tombe dans une autre erreur. Il rattache le principe de la confiscation à un droit primitif de propriété appartenant au seigneur justicier. — M. Championnière (nos 217-222) réfute victorieusement cette inexactitude en démontrant qu'elle n'a pu trouver sa source que dans la négation de la maxime : « Fief et justice n'ont rien de commun, » et dans la confusion de la commise avec la confiscation.

95. — Le droit de percevoir les *freda* ne se distinguait sous aucun rapport des autres redevances et exactions justicières et avait absolument le même caractère. C'était un droit de justice qui se confondait avec tous ceux que le justicier percevait à un titre quelconque, tenant de près ou de loin au pouvoir judiciaire. Ainsi dans les concessions d'immunité, l'exclusion du *judex publicus* à l'égard des *freda* est la même qu'à l'égard de toute autre perception tributaire : « *Ut nullus judex publicus, quolibet modo judiciariâ accinctus potestate, in curtis ipsius monasterii.. .. nec ad causas audiendum, nec fidejussores tollendum, nec* FREDA *exigendum, nec mansiones faciendum, nec rotaticum infrà urbes vel in mercatis extorquendum, nec ullas paratas aut quaslibet redhibitiones exactare præsumat.* » — Charte de Childebert, citée par Bignon ; note sur Marculfe ; Baluze, t. 2, p. 878.

Sect. 2e. — *De la nature des juridictions seigneuriales.*

96. — On a vu plus haut que, dans l'origine les justiciers avaient bien le droit de recouvrer les condamnations pécuniaires prononcées par les juges compétens, mais qu'ils ne participaient pas eux-mêmes au jugement.

97. — Plus tard ils s'immiscèrent pourtant dans l'exercice de l'action judiciaire par une sorte de droit d'accroissement ou par suite de l'abandon de la véritable autorité judiciaire. Mais bientôt l'ancienne séparation se renouvela, et dès le quatorzième siècle les seigneurs justiciers avaient cédé le pouvoir judiciaire à l'autorité royale pour ne retenir que le produit des condamnations, comme par le passé.

98. — Toutefois il convient de rechercher quelle était la nature des juridictions seigneuriales, et comment le droit de juger s'attacha aux seigneuries depuis le onzième jusqu'au quatorzième siècle.

99. — Quelques publicistes, entre autres Montesquieu (*Esprit des lois*, liv. 30, ch. 20) et M. Lehuérou (*Hist. des instit. carloving.*, p. 219 et suiv.), ont trouvé dans la famille la source de ce droit, qu'ils ont confondu avec la puissance paternelle ou dominicale ; mais ce système a été généralement repoussé. — V. sur ce point une fort remarquable dissertation d'un docte et laborieux esprit, M. Pardessus (*Loi salique*. p. 587).

100. — Chez les Germains, il est vrai, cette puissance était fortement constituée : « *Suam quisque sedem suos penates regit,* » nous dit Tacite (*German.*, 7). Mais entre elle et la juridiction seigneuriale il existe des différences radicales. La puissance exercée par le père de famille sur sa femme, ses enfans, ses domestiques, ou par le maître sur ses esclaves, fermiers ou colons n'est point une véritable juridiction ; c'est une autorité privée et qui ne comporte aucune uniformité dans son exercice. La juridiction féodale au contraire est publique et soumise à des lois fixes, à des droits respectifs. La première n'a rien de contractuel ; la seconde est exercée en vertu d'une délégation de celui qui la subit ou d'un pouvoir supérieur.

101. — D'un autre côté, le pouvoir du père ou du maître est un pouvoir tout économique. « *Potestas œconomica*, remarque d'Argentré (sur l'art. 50 de l'*Ancienne coutume de Bretagne*), *ad jurisdictionem aut publici juris potestatem nil attinuit.* » Il consiste surtout à infliger des coups. « *Verberare servum*, nous dit Tacite (*German.*, 25), *ac vinculis et operè coercere rarum. Occidere solent, non disciplinâ et severitate, sed impetu et irâ, ut inimicum, nisi quod impune.* » Et Beaumanoir : « En plusieurs cas puent li hommes estre excusés de gises que ils font à leurs fames ; ne s'en doit la justice entremettre, car il loist bien à l'homme à battre sa fame, sans mort et sans messang. » La justice seigneuriale, au contraire, est une vraie juridiction, l'exercice de véritables actes judiciaires.

102. — Ces deux puissances pouvaient donc exister simultanément même dans une seule main, mais ne se confondaient point. — V. pour de plus grands détails à cet égard, Pontanus, dans son *Comment. sur la cout. de Blois*, t. 1er, p. 38 ; Balde, Barthole, Accurse, Immola, Lucas de Pennâ. — V. aussi Dumoulin sur la *Coutume de Paris*, tit. 1er, § 3, gl. 3, nos 7 et suiv.

103. — D'autres font découler la juridiction seigneuriale de la propriété. « Il nous a paru, dit M. Giraud, que les justices seigneuriales du moyen âge n'avaient pas d'autre origine que le droit de propriété lui-même. — Compte-rendu, à l'académie des sciences morales et politiques, de l'ouvrage de M. Lehuérou, intitulé : *Histoire des institutions mérovingiennes*, dans la séance du 28 oct. 1843, *Revue de législation*, de Wolowski, t. 18, p. 502. — Mais pour que le droit de juger fût la conséquence de la propriété, il faudrait que partout où se trouverait la propriété, se trouvât aussi la justice. Or, c'est ce qui est loin d'exister. Ainsi, le possesseur d'un alleu était un véritable propriétaire, et pourtant il n'avait aucune justice en sa terre, à moins qu'il ne la concédât, soit en fief, soit en censive, auquel cas il acquérait la justice féodale. Mais toute autre concession, à titre précaire, n'engendrait aucun profit, aucune justice. — C'est ainsi que, d'après l'art. 43 de la *Coutume de Bretagne* : « Le seigneur n'avait aucune justice sur son metaïer... s'il n'avait autre seigneurie ou juridiction. » — D'autre part, et cette raison nous paraît péremptoire, Dargentré nous apprend dans son *Aitiologie*, que le seigneur n'avait pas la justice dans son domaine : « *Nec enim dominus potest juridictionem exercere super* DOMANIO SUO, c'est-à-dire sur les terres dont ils s'est réservé la jouissance immédiate.

104. — Quelques-uns vont chercher le droit de justice seigneuriale dans l'association séniorale. Mais les développemens qui suivent nous feront voir qu'il est impossible d'assigner cette origine à la justice justicière.

105. — Le plus grand nombre croient en trouver l'origine dans des usages et des idées germaniques. Tels sont M. de Boulainvilliers, *Histoire de l'ancien gouvernement de France*, t. 1er, p. 21 et suiv. ; Montesquieu, *Esprit des lois*, liv. 30, ch. 10 ; Labbé de Mably, *Observations sur l'histoire de France*, liv. 1er et 2e ; et mademoiselle de la Lézardière, *Théorie des lois politiques*, liv. 8, concl. — Ces auteurs sont plus près de la vérité. Le principe germanique, en effet, a été d'une grande influence sur nos institutions nationales, mais ce système donne à la tradition germanique une puissance trop exclusive, néglige beaucoup trop l'élément romain et ne fait pas la distinction, sans laquelle il n'y a que confusion dans cette matière, des justices justicières et des justices féodales.

106. — Quand les peuples germains s'établirent dans les Gaules, les institutions romaines y étaient en vigueur. Mais le principe de la justice romaine était tout différent de celui de la justice germaine.

JUSTICE SEIGNEURIALE, ch. 3, sect. 2e.

107. — A Rome, la justice était de droit public. Elle était réclamée par l'individu et poursuivie contre lui ; l'offensé s'adressait directement à l'offenseur ; le magistrat saisissait les malfaiteurs et les traduisait au tribunal sans préalable et sans intermédiaire. Il y avait plusieurs compétences, plusieurs districts territoriaux, plusieurs classes de juges, mais une seule justice, la justice sociale, imposée à tous, nécessaire et inévitable pour tous. — Championnière, n° 225.

108. — Au contraire, le caractère dominant de toutes les juridictions appartenant à l'organisation des peuples barbares et par conséquent aux peuplades germaniques, c'est que chacun a le droit de se faire justice à soi-même, que la justice est un droit personnel s'exerçant par confédération. C'est la famille, la corporation qui poursuit l'évaluation du droit de vengeance acquis à l'offensé. C'est elle qui reçoit la réparation. Elle a seule ce droit et ce devoir. « La famille germaine, dit M. Championnière (n° 225), les arhimanies, les marches, les communes, les associations féodales, et plus tard les corporations, jurandes, universités, eurent toutes droit à la justice commune, *ut universi ;* quant à leurs membres, *ut singuli*, ils furent entre eux justiciables de la juridiction privée de leur association. »

109. — De ces deux justices, fondées sur des principes différens, mis en présence, conservés partiellement, mais modifiés l'un par l'autre, naquirent les justices seigneuriales, dans lesquelles se retrouvent deux institutions distinctes. Ainsi, la juridiction romaine demeura dans la main du comte avec son caractère de droit individuel et nécessaire, modifié cependant par le principe germain en ce que le jugement ne fut pas rendu par le *judex* chargé seulement de son exécution. Quant à la justice germaine, elle s'étendit à mesure que les confédérations, se multipliant et se séparant plus énergiquement du pouvoir central, eurent une existence propre et une personnalité morale et reconnue. Elle se maintint avec son caractère distinctif de droit conventionnel, et en cela elle différa radicalement de la justice du comte qui appartenait et s'appliquait au justiciable à raison de son domicile et de sa condition personnelle. Le justiciable n'y eut droit et n'y fut soumis qu'en sa qualité de membre de la confédération, et cette qualité, purement contractuelle, imprima sa nature à tous ses effets. En d'autres termes, nul ne fut justiciable d'une juridiction familière que parce qu'il faisait partie de la famille, et son association à la famille, libre et volontaire, ne résultait que de son consentement. — Championnière, n° 226.

110. — Parmi les confédérations qui, sous les deux premières races, formèrent une justice familière, les plus remarquables sont celles des immunités, celles du moins qui étaient constituées en association, des établissemens ecclésiastiques, des communes, et surtout celle du séniorat, la plus considérable de toutes.

111. — Dans le séniorat, la justice applicable à tous les vassaux d'un même seigneur était rendue par les vassaux eux-mêmes sous les noms de *pares* ou *pairs*. « *Volumus*, porte un capitulaire de 869 (Baluze, t. 2, p. 215) *atque jubemus ut vassali episcoporum, abbatum et abbatissarum atque comitum et vassorum nostrorum, tam* LEGEM ET JUSTITIAM APUD SENIORES SUOS HABEANT, *sicut eorum antecessores apud illorum seniores tempore antecessorum habuerunt.* Cette juridiction du seigneur, chef du séniorat, fut évidemment la même que celle du seigneur chef de fief. La justice féodale fut donc la justice familière du fief, et, comme toutes les juridictions de la famille, dut l'existence au principe général qui attribuait à toutes les confédérations le pouvoir judiciaire sur leurs membres. Comme elles, par conséquent, elle se distinguait et s'exerçait indépendamment de la juridiction justicière, laquelle appartenait à tous les hommes qui n'étaient engagés dans les liens d'aucune association privée.

112. — C'est donc à tort que la plupart des feudistes ont confondu la justice justicière et la justice féodale, et leur ont supposé la même origine, en faisant dériver la première de la deuxième. Ces deux juridictions se distinguent en effet complétement l'une de l'autre, l'une est d'origine romaine, l'autre d'origine germanique. La première est la justice publique, la seconde celle des associations ; celle-ci a pour justiciable l'homme de fief, celle-là l'homme de pooste.

113. — Le système contraire se trouve du reste en opposition avec la plupart des règles coutumières. Ainsi le propriétaire d'alleu était libre de tout engagement féodal ; comment expliquer, dans ce système, que le seigneur justicier eût sur lui tous les droits de justice, à l'exception du cens, comme nous l'avons vu *suprà* (n° 65) ;

comment, après avoir constitué son alleu en fief et formé ainsi autour de lui l'association féodale, ce propriétaire n'avait-il ni la justice justicière dans aucun de ses élémens, c'est-à-dire ni la haute ni la basse justice, et ne cessait-il pas d'être sous la justice et juridiction du seigneur? *C'était cependant l'usage dans toute la France*, suivant le témoignage d'Hévin (*Quest. féod.*, p. 227), Enfin, comme le fait avec raison remarquer M. Championnière (nº 234), le seigneur n'avait pas dans son domaine la justice féodale, parce que les hommes qui s'y trouvaient ou qui l'exploitaient ne lui tenaient pas par le lien du fief, nul n'était féodal de son domaine. Cependant, il pouvait y posséder la haute justice, et, dans ce cas, il en exerçait tous les avantages. Il jugeait, condamnait et faisait pendre ses sujets demeurant sur son domaine comme ceux qui demeuraient dans les fiefs tenus de lui où il s'était réservé la haute justice; mais il ne pouvait exercer sur eux aucun acte de justice féodale, parce qu'ils ne tenaient rien de lui en fief et qu'ils n'étaient pas, eux, hommes féodaux. » — V. sur ce point Hévin, *Quest. féod.*, p. 93 et suiv.

114. — Ajoutons que ces deux juridictions s'exerçaient d'une manière différente. La première était rendue selon la loi vilaine par les hommes notables, la deuxième par les pairs des plaideurs. C'est, en effet, une erreur commune à la plupart des légistes du dix-huitième siècle d'avoir étendu la justice des pairs à toutes les juridictions seigneuriales. Le jugement par pairs ne fut en usage que dans les institutions constituées sur le principe de la féodalité. Il n'y avait en effet de véritables pairs que dans le fief ou l'association. « *Et est advertendum* (dit Jacques de Saint-Georges, cité par Ducange, vº *Par quod isti pares curiæ qui habent cognoscere de causâ feudali, debent esse illius qualitatis, cujus sunt vassalli litigantes. Et ideo, si vassalus litigans cum domino ut comes vel baro, certè pares curiæ, qui habent cognoscere de causâ feudali, debent esse comites vel barones.* » Suivant Beaumanoir (cap. 1, nº 13) : « Il y a aucuns lieux, où li bailli fait li jugemens; et autres lieux, là où li hommes du fief au seigneur les font. » Et Loysel (*Instit.*, t. 1er, p. 138) établit cette maxime : « Pairs sont compagnons tenans fiefs d'un même seigneur. »

115. — La pairie consistait dans la possession du fief. Tout autre possesseur censitaire ou simple homme de pooste n'était pas jugé par ses pairs, parce qu'il n'en avait point. L'homme de pooste était jugé suivant la loi vilaine, qui était celle de la justice justicière suivant le témoignage de Desfontaines cité par Delaurière (*Préface des ordonnances*, p. 13). « Et se gentilhomme de lingnage... est *coukant et levant* en ton vilenage, avec tes autres vilains, encore dut-il avoir avantage pour sa franchise naturelle, neke dent il soufferra la loy où il est accompagniez. »

116. — La justice justicière était rendue sous la direction du comte, du viguier, par ses juges, qui portèrent successivement les noms de rachimbourgs, scabins, *boni homines*, hommes sages. Ce ne fut que par abus de pouvoir et parce qu'il manquait souvent de jugeurs que le seigneur justicier prit l'habitude de juger lui-même.

117. — Ce qui a pu faire confondre la justice justicière et la justice féodale, c'est l'intervention des hommes de fief dans la justice justicière. Les hommes de pooste n'abandonnaient qu'à regret leur travail pour assister aux plaids. Souvent il manquait de jugeurs; aussi les comtes, pour s'assurer les moyens d'en réunir un nombre suffisant, stipulèrent de tous ceux à qui ils concédèrent des bénéfices l'obligation de les assister dans l'exercice de la justice, et firent juger par les hommes de fief qui lui devaient la justice les causes qui se rattachaient à son autorité justicière. — Championnière, nº 240.

118. — D'un autre côté, quand le justicier se trouvait trop pauvre, il pouvait porter les affaires trop coûteuses à juger directement devant la cour suzeraine. De là, on a conclu que plusieurs seigneurs justiciers étaient dépourvus de justice. Mais la conclusion est erronée, car la pauvreté du justicier ne le dépouillait pas de sa justice, et ne lui enlevait pas le principe de sa juridiction. C'est ce qu'explique de la manière la plus explicite l'art. 135 de l'ancienne coutume de Bretagne. « Et ce est octroié en faveur des petits gentilshommes qui ne la pourraient tenir (la cour de bataille) sans être endommagiés de plus que leur état ne pourrait soutenir; et pourtant ne perdront-ils pas leurs droits, qu'ils ne puissent avoir ferme et estable droit et toute autre justice au point de paravant. »

119. — Mais ces deux juridictions avaient du reste leur compétence, leurs justiciables et leur territoire distinct. « Le seigneur à la fois féodal et justicier, dit M. Championnière (nº 250) pouvait confondre ses cours, les tenir au même lieu, faire juger par les mêmes hommes, dans l'oubli des règles propres à chacune de ses justices; mais il ne pouvait se tromper dans l'objet de ses décisions, dans le caractère de ses justiciables et dans l'effet de ses condamnations. Les hommes de pooste ne pouvaient être à ses yeux des vassaux, ni leurs terres des fiefs, ni leurs coutumes des devoirs féodaux. La confusion ne s'est établie dans ces objets qu'alors que les institutions étaient elles-mêmes dénaturées; alors qu'il n'y avait plus de fiefs véritables, ni de vassaux réels, ni de vrais devoirs féodaux; et encore ce n'est point par erreur que certains droits de justice sont devenus des droits de fiefs, c'est par l'effet d'une intention formelle et persistante, à laquelle d'ailleurs la nature des choses a presque toujours efficacement résisté par le maintien des règles primitives et leur inscription dans quelque texte conservateur. — Mais là où les justices féodales et justicières se trouvaient dans des mains différentes, aucun envahissement ne pouvait s'opérer de l'une sur l'autre; jamais le justicier n'a pu prétendre juger féodalement, à moins de se constituer seigneur de fief; il a pu usurper les droits de son rival, mais non les attacher aux siens et en faire un élément de sa juridiction. »

120. — Les élémens de ces deux juridictions étaient, on le voit, trop différents pour qu'ils aient pu se combattre et se détruire entièrement. Aussi, est-ce à tort que des auteurs modernes ont soutenu que la justice des comtes, des vicaires, des centeniers s'est éteinte au dixième siècle et a péri avec la royauté de la seconde race, absorbée par la justice féodale plus grande, plus générale et d'ailleurs appartenant au fief, la seule puissance de cette époque. — Championnière, nº 247.

121. — Bien loin, au contraire, d'envahir la puissance justicière, la justice féodale s'est vue réduite à agir par elle et à emprunter son secours. « C'est un ancien droit, dit Delalande, sur l'art 103, cout. d'Orléans, qu'ont les seigneurs de censive de pouvoir saisir l'héritage dépendant de leur directe... Cette prérogative allait autrefois jusque là qu'il était permis au seigneur d'exploiter par lui-même ou par ses domestiques ou serviteurs... Mais depuis on a jugé à propos d'y employer le ministère de justice, pour éviter aux querelles et procès... C'est pourquoi il est besoin aujourd'hui que la saisie soit faite par un sergent royal ou par un sergent de la justice ordinaire.

Sect. 3e. — *Division des juridictions seigneuriales. — Hautes, moyennes et basses justices.*

122. — Il est difficile de donner des règles précises et uniformes sur l'organisation et la division des justices seigneuriales. Il y avait peu d'harmonie à cet égard dans les diverses coutumes. — Loyseau affirme qu'à l'époque même où il écrivait : « La confusion des justices en France n'était guère moindre que celles des langues lors de la tour de Babel » (*De l'abus des justices de village*), « et les rédacteurs des coutumes, dit-il dans son *Traité des off.*, p. 53, n'osèrent y toucher, aimant mieux laisser les choses en l'obscurité première que de renouveler de vieilles disputes. »

123. — La division la plus généralement donnée, et que mentionnent la plupart des coutumes à partir du treizième siècle, est celle qui les distingue en haute justice, moyenne justice et basse justice.

124. — Avant le treizième siècle, les hautes et basses justices étaient seules connues. « Ce n'est, dit Brussel (*Usage des fiefs*, p. 300), que dans le quatorzième siècle que l'on a commencé à parler de moyennes justices; car dans les siècles précédens on n'avait connu que deux sortes de justices, la haute et la basse. » — Ce fait est également attesté par Laurière : « Il n'y avait, dit-il, que deux degrés de justice, la haute et la basse, et la basse se nommait voirie; mais depuis les degrés de justice ont été divisés en haute, moyenne et basse. » — Henrion de Pansey (*Dissertations féodales*, vº *Justices seigneuriales*) se range à la même opinion.

125. — Suivant M. Bonnier (*Elém. d'organ. judiciaire et de procéd. civ.*, nº 13), la moyenne justice n'était autre chose que l'extension de la basse; car jamais le moyen justicier ne connaissait de l'appel de décisions rendues par le bas justicier, et c'était exclusivement à la haute justice que ressortissaient les appels de l'une et de l'autre juridiction inférieure.

126. — Quant aux appels des hautes justices, ils se portaient au parlement, s'il s'agissait d'affaires criminelles, et au juge du seigneur suzerain, dans les affaires civiles, quand les seigneurs hauts justiciers relevaient d'un tel seigneur ayant droit de ressort.

127. — Cette division des justices a été puisée originairement dans la hiérarchie justicière, telle qu'elle était constituée au huitième et au neuvième siècles. Si dans les diplômes de cette époque, on ne voit pas la justice nettement distinguée en haute et basse justice, comme dans les écrits du treizième siècle, au moins est-il facile d'y apercevoir le germe de cette division. Suivant un capitulaire de 812 (art. 4), les centeniers ne pouvaient juger dans leurs plaids, *neque ad mortem, neque ad libertatem suam amittendam, aut ad res reddendas vel mancipia.* Toutes les affaires de cette importance devaient être portées aux plaids du comte ou de l'envoyé du roi : *sed ista aut in præsentia comitis vel missorum nostrorum judicentur.* — Henrion de Pansey, *Dissertations féodales*, vº *Justices seigneuriales*.

128. — Les cas appartenant à la haute justice ou à la justice supérieure sont encore plus clairement désignés dans le diplôme donné par Louis-le-Débonnaire aux Espagnols réfugiés dans ses états. Par cette charte, ce prince partage les affaires qui pourront naître entre ses nouveaux sujets en deux classes, qu'il appelle *majores causas, minores causas.* Il attribue la connaissance des premières au comte seul, *ad comitis sui mallum*, et il en fait l'énumération en ces termes : *Homicidia, raptus, incendia, deprædationes, membrorum amputationes, furta, latrocinia, alienarum rerum invasiones et undecumque à vicino suo aut criminaliter, aut civiliter fuerit accusatus.* — Henrion de Pansey, *Dissertations féodales*, vº *Justices seigneuriales.* — Remarquons que, dans ce texte, le vol est un cas de la justice supérieure, et que dans les monumens du treizième siècle, nous le verrons appartenir à la basse justice.

129. — La compétence réservée aux comtes est précisément celle qui, dans les temps féodaux, a constitué la haute justice. Elle comprenait celle des basses et moyennes justices. Le haut-justicier pouvait de plus, dans quelques coutumes (V. *infrà* nº 136), donner poids et mesures (Melun, art. 12; Sens, art. 3; Auxerre, art. 4; Ponthieu, art. 84), désigner des tuteurs et curateurs (V. Bar, art. 45; Blois, art. 20; Nevers, tit. 1er, art. 14, la *Jurisprudence* de Guy pape, avec les notes de Chorier, p. 188, art. 16), émanciper les mineurs, apposer les scellés et faire les inventaires. — V. l'auteur du *Grand coutumier*, liv. 4, tit. de *Haute justice.* — C'est surtout en matière criminelle que cette compétence était étendue. Beaumanoir la définit en ces termes : « On doit savoir que toz cas de crième, quel il soient, dont en pot et doit perdre vie, qui en est atains et condampnés, apartient à haute justice, excepté le larron. Mais tuit autre vilain cas le sunt; si comme murdres, trahisons, omicides et efforcemens de femes, essilleurs de biens, par fu ou par esterper les par nuit; et tuit le cas qui quieent en gage de bataille, et fox mounier, et tuit li consentant et li porcachant : tout tel cas sunt cas de haute justice. » (Cap. 58, nº 2). — Toutes les coutumes s'accordent sur ce point. En général donc, la poursuite et la connaissance de tous les crimes était réservée aux hautes justices. C'est pour cela que, suivant les auteurs de l'*Encyclopédie méthodique*, vº *Haute justice*, même en 1789, quelques coutumes nomment ces justices *plaids de l'épée*, parce que les crimes capitaux étaient punis par l'épée.

130. — Toutefois, ne se trouvaient pas de la compétence des hautes justices les cas de vol, lors même que le voleur devait être puni de mort. Cette exception est indiquée par Beaumanoir (*Cout. de Beauvoisis*, cap. 58, nº 2), « car tout soit ce que lerres pot lor larrecin perdent le vie, nepourquant larrecins n'est pas de haute justice. »

131. — Les objets de la juridiction de la basse justice étaient fort diversement déterminés par les coutumes, mais ils se bornaient en général aux choses de peu de valeur, *minores causas*, aux actes administratifs, aux contraventions de voirie et aux solennités de transmission mobilière. Les délits de peu d'importance, voies de faits légères et les injures étaient aussi de leur compétence. Les coutumes de Melun et de Valois (chap. 3, art. 20, et tit. 1er, art. 5) lui déféraient tous les délits qui n'étaient passibles que d'une amende inférieure à 7 sols et 6 deniers; la coutume de Lorraine (chap. 8, art. 1er) tous ceux dont l'amende n'excédait pas 40 sols; les coutumes de Bourbonnais (art. 4), de Sens (t. 2, art. 18), d'Auxerre (tit. 1er, art. 17), d'Artois (tit. 1er, art. 1er), de Nivernais (chap. 1er, art. 13), tous ceux dont l'amende n'excédait pas 60 sols. La coutume de Senlis (tit. 6, art. 120) lui attribuait, en outre, la connaissance des rixes et batteries sans *sang ni poing garni*, et des injures. La coutume de Nor-

mandie (chap. 1er, art. 37) lui permettait même de punir, dans les vingt-quatre heures, s'il pouvait trouver *assistans pour faire le jugement, les cas criminels* avoués par les prévenus.

132. — Suivant Jean Desmares (décisions 296 et 297), « Cas de basse-justice sont mettre bournes entre sires et censiers, ou autres héritages, condamner jusques à 60 sols d'amende, faire arrest, forages et rouages avoir de vins vendus en taverne. » — Salvaing, de l'*Usage des fiefs*, chap. 57.

133. — La juridiction des moyennes justices était moins limitée; suivant M. Bonnier, les moyens justiciers pouvaient statuer sur toutes les causes civiles, mais en premier ressort seulement (no 18). En matière criminelle ils connaissaient, en premier lieu de tous les délits qui étaient du ressort de la basse justice. Ils connaissaient de plus, en général, des rixes et des coups même avec effusion de sang, et des faits de vol. « Cas de moyenne justice, dit Jean Desmares (décisions 296 et 297) sont connaître de bâture jusques au sang, de coups orbes (qui ne font pas de plaie) sans argent prendre, et sans guet apensé, avoir sep à viaulx, gressillions, pour garder et detenir malfaiteurs. » — Salvaing *De l'usage des fiefs*, chap. 57.

134. — La moyenne justice était du reste, encore plus variée que la basse. « Son juge, dit Jacquet, en parlant du moyen-justicier, connaît dans quelques coutumes du simple homicide sans guet-apens et des cas qui en dépendent; dans d'autres, il connaît du crime de larcin jusqu'à la mort inclusivement; dans d'autres il a la punition du sang jusqu'à 75 sols d'amende envers la justice, et du larron jusqu'à la mort; dans d'autres il connaît, en ses assises qu'il peut tenir quatre fois l'an, du simple fort. » — Jacquet, *Des justices des seigneurs*, liv. 2, chap. 3, no 21.

135. — Dans certaines coutumes (V. *suprà* no 129) le moyen justicier avait le droit de donner poids et mesures (Meaux, art. 209, à la fin; Touraine, art. 40; Troyes, art. 123, à la fin; Chaumont, art. 99, à la fin; Bourgogne-Comté, art. 55. — V. aussi Briton, en ses *Institutes du droit anglais* (chap. 30); désigner les tuteurs et curateurs (Senlis, art. 112; Tours, art. 51), de faire les inventaires et les partages (Senlis, art. 112; Bourbonnais, art. 3; Auxerre, art. 16; Sens, art. 15; Nevers, tit. 1er, art. 14). « Donner poids et mesures, tuteurs et curateurs, faire inventaire et partage, sont exploits de moyenne justice, » dit Loysel, en ses *Institutes coutumières*, t. 1er, p. 278, édit. Laboulaye.

136. — Il y avait ainsi trois genres de justices seigneuriales, mais les espèces variaient à l'infini : la sous-inféodation des domaines et des justices qui avait été poussée très loin avait singulièrement fractionné le droit de justice, comme la souveraineté. « Nous voyons aujourd'hui, dit Loyseau (*Discours de l'abus des justices de village*), qu'il n'y a presque si petit gentilhomme qui ne prétende avoir en propriété la justice de son village ou hameau; tel même qui n'a ni village, ni hameau, mais un moulin ou une basse-cour près sa maison veut avoir justice sur son meunier, sur son fermier; tel encore qui n'a ni basse-cour, mais le seul enclos de sa maison, veut avoir justice sur sa femme et sur son valet; tel finalement qui n'a point de maison, prétend avoir justice en l'air sur les oiseaux du ciel, disant en avoir eu autrefois. » Et dans le chapitre *Des petites seigneuries et simples justices*, in princ., en parlant de l'immense variété des conditions de chaque justice seigneuriale : « C'est ici le nœud gordien, plus aisé à couper qu'à dénouer. Je le dis après l'avoir essayé : qu'on lise toutes les coutumes qui ont traité des justices, on n'y trouvera que diversité et confusion; qu'on étudie tous les auteurs anciens et modernes qui en ont écrit on n'y trouvera qu'absurdité et répugnance. Qu'on y rêve à part soi tant qu'on voudra, il sera bien habile qui parmi ces grandes variétés et des temps et des lieux, et parmi tant d'absurdités pourra choisir une résolution assurée et équitable.. »

137. — Indépendamment du droit de juridiction, les justices avaient aussi un droit de police : « Toutes les justices, dit M. F. Hélie avaient deux attributions distinctes : un droit de police et un droit de justice. Le droit de police consistait dans le pouvoir de faire des premières informations et de saisir les délinquans; le droit de juridiction dans le pouvoir de les juger. » — *Traité de l'instruction criminelle*, p. 312.

138. — Le degré des justices s'annonçait par des signes extérieurs. Ces signes étaient : le gibet, les fourches, le pilori, l'échelle et le carcan. « *Erectio furcarum est signum meri imperii, ac per illum denotatur et probatur jurisdictio.* — Chasseneuz, *in consuet. Burg.* — « Il y a, dit Loyseau, des marques et signes visibles de la possession publique des justices, à savoir : le pilori soit tournant, soit... » Henrion de Pansey, p. 578); — et suivant Bacquet (*Des just.*, ch. 9, no 12), « les fourches sont non seulement des signes et marques du droit de justice, mais de possession et exercice d'icelle.

139. — Pour distinguer les droits hiérarchiques, chaque degré fut marqué par un nombre déterminé de piliers : le bas justicier n'en eut qu'un; le haut justicier simple en eut deux; le châtelain en eut trois; les barons, comtes ou vicomtes en eurent quatre; le signe distinctif de la dignité alla jusqu'à six, nombre déterminé par la coutume de Tours pour la qualité de comte; chaque coutume eut, sur cette matière, des règles diverses. Le mode, la forme des potences firent aussi partie des preuves démonstratives du pouvoir justicier; suivant la coutume de Lodunois, les piliers de la haute justice avaient des liens « par dedans et par dehors, » la coutume de Tours accordait au baron les liens par dedans et par dehors, sans fest par dessus. » — Championnière no 318.

140. — « Pilori, échelle, carquant et peintures de champions combattans en l'audience, dit Loysel (*Inst. coutumières*, t. 1er, p. 279, maxime 47, édit. Laboulaye), sont marques de haute justice. » — « Nota, dit l'auteur du *Grand Coutumier* (liv. 4, tit. de haute justice) que pillory et eschelle sont signes de haute justice et ne les peuvent avoir fors les haults justiciers, et croy qu'il n'y a point de différence entre l'un et l'autre, et qui a eschelle puet faire pillory. « Et au liv. 4, chap. 5, du même titre. » Les chanoines de Saint-Mary ont en leur auditoire deux champions combattans, pour signifiance qu'ils ont haute justice en leur cloître. » Cet usage venait de ce que « tuit li cas qui quient en gages de bataille, étaient cas de haute justice. » — Beaumanoir, chap. 58, no 2.

141. — D'après le témoignage de Billon, sur les art. 2 et 3 de la coutume d'Ancre, l'échelle était le signe dont se servaient ordinairement les seigneurs justiciers ecclésiastiques au lieu du pilori ou du carcan.

142. — La peine de l'échelle consistait à placer le coupable au haut d'une échelle dans un lieu public (Beaumanoir, p. 16), ce qui s'appelait *eschaller*; il y restait ordinairement une heure et était fouetté en descendant (ordon. 1268-1269, art. 2 et 3). Les bonnes villes devaient toutes en avoir une (*Confess. de la reine Marguerite*, p. 306). Joinville raconte que saint Louis étant à Césarée, fit mettre à l'échelle un orfèvre qui avait blasphémé. « Il y était en braie et en chemise, les boiaus et la fressure d'un porc entour le col, et si grant foison, que elles li avenaient jusques au nez. — Est., liv. 1er, c. 35.

143. — Le seigneur moyen justicier pouvait également dans certaines coutumes avoir des fourches patibulaires, mais à deux piliers seulement. De plus, suivant l'auteur du *Grand coutumier*, liv. 4, tit. de *haute justice*, « La différence entre les fourches d'ung hault-justicier et moyen justicier est telle, car des fourches d'un hault-justicier, les liens sont par dehors et patés par embas, mais des fourches d'un moyen-justicier, les liens sont par dedans et non patés. »

144. — « Le seigneur moyen-justicier, dit Jacquet, peut, dans quelques coutumes, avoir des fourches patibulaires à deux piliers, peut avoir ceps, fers et anneaux de fer et une prison pour garder les malfaiteurs et les punir jusqu'au supplice de la mort exclusivement; mais, dans d'autres, il ne peut user de fers, ceps, grillons, grues et autres instruments; et dans d'autres au contraire il peut avoir prison fermée, ceps et anneaux, et détenir les délinquans pendant vingt-quatre heures, ou les punir s'il y a lieu. » — Jacquet, *Des justices des seigneurs*, liv. 2, ch. 3, no 21.

145. — Les basses-justices n'avaient en général ni fourches, ni pilori.

146. — Outre les trois espèces de justice dont nous venons de parler et qui étaient des démembremens de la juridiction justicière, les coutumes mentionnent aussi la justice foncière qui est une juridiction féodale et suppose toujours le fief.

147. — Le seigneur féodal eut toujours sur ses vassaux le droit de les contraindre directement à l'exécution de leurs obligations féodales. Presque toutes les coutumes reconnaissent ce droit, expressément ou virtuellement. Là même où les seigneurs féodaux ont cessé de l'exercer, il est certain qu'ils l'avaient originairement possédé. Ce fut en conséquence de ce droit que tout seigneur féodal put saisir sa chose aux mains du vassal et la lui retirera faute d'accomplissement de ses engagemens; c'était précisément en cette faculté que consistait la justice foncière.

148. — C'est de la justice foncière que parle Dumoulin lorsqu'il dit : « *Feuda prærogatam habent dignitatem et auctoritatem, propter jura et commoda dominicalia, quæ perpetuò secum trahunt et jurisdictionem contentiosam.* » — Dumoulin, *Préface du tit. des fiefs*, no 1er

149. — « Le seigneur féodal, dit l'art. 52 de la coutume de Poitou, n'eût-il que juridiction foncière, peut demander et avoir foi et hommage, devoir ou redevance pour raison des choses qui sont en son fief, supposé que paravant lui ne les siens ne les avaient eus. » Et suivant Loyseau, (*Des seigneuries*, ch. 10, no 43), « tous les anciens praticiens estimaient que toute seigneurie féodale, c'est-à-dire tout fief ayant vassaux ou censive, emportait de sa propre nature droit de justice sur les vassaux et censiers qui en dépendaient, du moins pour le recouvrement de ses droits de seigneurie. »

150. — De nombreux textes de coutumes et plusieurs commentateurs ont considéré la justice foncière et la basse-justice comme une seule et même chose. La raison de cette confusion se trouve dans l'usage assez généralement répandu d'attacher à la concession d'un domaine en fief une portion de la justice justicière. Cet usage avait lui-même sa source dans le droit romain, et la novelle 80, cap. 2, fait mention de propriétaires constitués par l'empereur juges de leurs colons : *agricolarum domini, qui à nobis sunt judices* STATUTI. Il se perpétua et se développa dans les habitudes du contrat féodal, et, dans certaines localités, cette règle fut si générale que les coutumes consacrèrent en principe que tout possesseur de fief avait en même temps la basse-justice de son territoire. — V. l'analyse et le relevé de ces coutumes dans Jacquet (*Traité des justices seigneuriales*, liv. 2, ch. 1er).

151. — Mais il n'en fut pas ainsi dans toutes les coutumes, et les feudistes exacts se sont bien gardés de confondre la basse justice et la justice foncière. « Les coutumes, pour la plupart, dit Boucheul, établissent de deux espèces de basse justice : L'une foncière ou domanière, comme Masuyer la nomme; l'autre, basse justice proprement, où les différents des vassaux de peu d'importance sont vidés.... La justice simplement foncière ou domaniale est inséparablement attachée au fief pour le payement et conservation des droits qui en dépendent; quiconque a fief est fondé d'avoir cette basse justice ou juridiction, comme apanage de fief, dans toute l'étendue d'icelui, mais au regard de l'autre basse justice personnelle, la maxime ordinaire que *fief et justice n'ont rien de commun* est véritable, et, *quelque droit de fief que l'on ait, si l'on n'est pas en possession de cette basse justice, c'est-à-dire en exercice* d'icelle, on ne la peut prétendre sous prétexte de cet article... — Boucheul, sur l'art. 17 *de la coutume de Poitou*, nos 1 et 3.

152. — On trouve aussi mentionnée dans certaines coutumes la justice censuelle ou censière distincte à la fois de la justice haute, moyenne, basse et foncière; de même que la justice foncière s'exerçait à raison du cens féodal la justice censuelle s'exerçait à raison du cens justicier. Mais la confusion entre ces deux justices ne tarda pas à s'opérer, lorsque le cens justicier et le cens féodal ne furent plus dans les idées qu'une seule et même chose. Il n'y eut plus qu'un cens, partant plus qu'une justice.

Sect. 4e. — *Conquêtes de la royauté sur les juridictions seigneuriales.*

153. — Si, comme nous l'avons vu (*suprà* no 120) la justice féodale et la justice justicière n'ont pu, à cause de la diversité de leurs élémens, se combattre par leurs luttes et leurs attaques réciproques, elles ont succombé l'une et l'autre devant un ennemi commun, la justice royale.

154. — Du treizième au dix-huitième siècle la royauté n'a cessé de conquérir sur les juridictions seigneuriales; mais c'est surtout du treizième au seizième siècle que s'est développée l'influence royale sur les institutions judiciaires.

155. — Nous avons vu (*suprà* nos 67 et s.) les progrès de la monarchie relativement à l'usurpation de la propriété territoriale, cette usurpation s'étayer sur des idées de généralité et deux maximes s'établir : Toute justice émane du roi, et, le roi est souverain fieffeux de son royaume. Ce furent ces mêmes idées, ces mêmes maximes qui favorisèrent la royauté dans sa lutte contre les seigneurs au sujet du pouvoir judiciaire.

156. — Bien des raisons d'ailleurs appelaient cette domination générale de la royauté dans le principe du pouvoir judiciaire. La justice en effet soit féodale soit justicière n'était qu'un pouvoir judiciaire très-incomplet. S'il existait des juges et des tribunaux; si la compétence de cha-

cun d'eux se trouvait délimitée, les jugemens une fois rendus demeuraient inexécutés, faute de moyen d'exécution, ou, ce qui était un défaut plus grand encore, n'étaient exécutés que contre les faibles et non pour eux. C'est que l'anarchie du moyen-âge excluait toute idée de centralisation et que souvent les justiciables étaient aussi puissans que les juges. Louis-le-Gros fut le bien-venu en se constituant l'exécuteur des décisions rendues contre les puissans.

157. — Une autre cause d'agrandisement de la justice royale se trouvait en germe dans l'organisation des justices seigneuriales. D'après les classifications établies dans les juridictions justicières, féodales, ecclésiastiques et des communes, il n'existait pas de tribunaux pour tous les citoyens, ainsi les nobles de race, les possesseurs d'alleux nobles, les militaires libres du lien féodal, les justiciers de tout rang, les suzerains échappaient à toutes les juridictions. De là, l'intervention du roi comme juge de ceux qui n'en avaient pas, et réparateur des injures pour lesquelles il n'existait pas de tribunal.

158. — Enfin les abus des seigneurs avaient dans bien des endroits irrité les populations. Pour défendre leurs droits contre la royauté, les seigneurs usèrent souvent de violences qui, bien entendu, portèrent sur les populations innocentes et qui ne firent que mieux assurer le succès de la couronne « elles lui donnaient, dit Boitard (t. 1er, no 7, p. 8), de puissans auxiliaires : la raison, l'humanité, l'affection des peuples; elles accoutumèrent ceux-ci à voir, dans l'intervention de ce pouvoir nouveau, un refuge, un remède contre l'oppression des tyrannies locales et à saluer dans le changement de leurs maîtres l'aurore de leur délivrance. »

159. — Ces besoins pour les peuples d'une autorité centrale et protectrice furent habilement exploités par les légistes du treizième au seizième siècle. Il semble qu'ils ne soient animés que d'une seule pensée, celle de faire une guerre incessante aux justices seigneuriales et ecclésiastiques, au profit de la royauté.

160. — Jusqu'au moment où se termina la lutte, les anciens principes demeurèrent le fondement des institutions. Le domaine public n'était point encore distinct du domaine du roi. Maître, comme tout autre seigneur, de possessions de deux espèces, de justices et de seigneuries, en directe ou en alleux, le roi avait des juridictions justicières et des juridictions féodales. Ce ne fut que plus tard que prit naissance, la domination royale dont le caractère était si différent de ceux du fief et de la justice justicière, et qu'avec elle les justices seigneuriales du roi se transformèrent en justices royales.

161. — Dans l'origine, les justices royales ne différaient donc pas de ces justices seigneuriales auxquelles elles ont fait une guerre si acharnée. Le roi avait ses justiciables comme les barons avaient les leurs. Un acte de Louis-le-Gros de l'an 1134 les désigne en ces termes : *Qui de justitiâ nostrâ sunt.* — Lettres de Louis-le-Gros, an 1134, C. L. I, 6, et II, 438.

162. — A la tête de ces justices le roi plaçait des juges qui portaient le nom de prévôts ou de baillis, suivant qu'ils étaient placés dans les justices justicières, *in potestatibus*, ou dans les terres propres du roi, *terræ propriis nominibus distinctæ.* Dans les premières étaient les prévôts; dans les deuxièmes, les baillis (gardiens), ou sénéchaux. Cette dernière expression était principalement usitée dans les provinces du midi, soumises au droit écrit et dans lesquelles cette dénomination était ancienne; les termes de bailli et de sénéchal, de même que ceux de bailliage et de sénéchaussée, étaient du reste parfaitement synonymes.

163. — Bien que ces deux juridictions s'exerçassent sur des terres différentes et indépendamment l'une de l'autre, il existait certains rapports entre les officiers qui y étaient préposés. Ainsi c'était aux baillis qu'était confié le soin d'établir dans chaque prévôté quatre hommes sages et prudens qui concouraient avec le prévôt pour l'examen des affaires (Testament de Philippe-Auguste à son départ pour la Terre-Sainte, an 1190, art. 1er (collect. Louv., liv. 18; hist., XVII, 30). — C'était à eux aussi qu'était confiée la surveillance des prévôts, qu'ils pouvaient destituer lorsqu'ils se rendaient coupables d'homicide, de meurtre, de rapt, de trahison. — *Ibid.*, art. 4.

164. — Ce pouvoir de haute surveillance des baillis paraît dériver de leurs fonctions primitives. Dans le principe, en effet, ils n'étaient pas spécialement attachés à la justice. « Les baillis et sénéchaux, dit Pasquier (*Recherches de la France*, liv. 4, ch. 18), étoient, au commencement, comme simples commissaires que le roy envoyait par les provinces pour s'informer des déportements des prévôts, vicomtes et viguiers, et en faire leur rapport au parlement et conseil du roy. » Et au liv. 2, ch. 14 : « Au commencement, les baillis n'étoient pas juges que prestassent resséance ordinaire sur les lieux, ains alloient par certains entrejets de temps faire leurs revues. »

165. — Ce caractère général des premiers baillis ne s'étendit pas néanmoins au-delà du treizième siècle. Saint Louis, dans deux ordonnances de déc. 1254 et 1256 (Coll. Louv., t. 1er, p. 65 et 77), imposa aux baillis le serment de distribuer la justice, *jus reddere*, suivant les coutumes et usages de chaque province (art. 2); mais leurs fonctions conservèrent un peu de leur ancienne instabilité. Ils ne faisaient que traverser les provinces qu'ils administraient. Leurs fonctions étaient en général limitées à trois ans; mais pour répondre aux plaintes que leur gestion avait pu soulever, ils devaient demeurer dans leur résidence cinquante jours après l'expiration de leurs fonctions. « *Omnes balivos nostros majorés et minores, finito officio, remanere volumus per quinquagenta dies, ut de se conquerentibus coràm illis, respondeant, quibus hoc committetur.* » — Ord. précitées, art. 31.

166. — L'institution des bailliages prit rapidement de l'extension. « L'origine des bailliages, dit Boitard, paraît remonter à Philippe-Auguste; il institua d'abord quatre bailliages entre lesquels il partagea la juridiction de son domaine privé; mais plus tard, à mesure que l'autorité royale gagna du terrain, le nombre des baillis s'augmenta, et soit sous ce nom, soit sous celui de sénéchaux, ils finirent par s'établir dans tout le royaume. » Boitard, *Leçons sur le Code de procéd. civile*, t. 1er, no 12.

167. — Les baillis exerçaient à la fois la justice justicière et la justice féodale. Cette double juridiction appartenait en effet au roi dans ses terres propres. De plus ils exerçaient la justice royale, c'est-à-dire cette justice qui tendait à comprendre dans sa compétence tous les sujets du royaume grands et petits, quelle que fût leur race et leur position. Ainsi, dans le serment imposé par saint Louis aux baillis et sénéchaux par l'ordonnance de 1254 précitée, on lit, art. 2 : « *Jurabunt ergò quòd quandiù commissam sibi tenebunt ballivam, tàm majoribus quàm mediocribus, tàm minoribus quàm advenis, tàm indigenis quàm subditis, sine personarum et nationum acceptione, jus reddent.* »

168. — Ce fut contre cette justice royale exercée par les baillis, s'appliquant à tous sans exception de rang, de puissance, d'origine ou de qualité, et en cela si distincte des juridictions seigneuriales, que vinrent échouer les efforts des seigneurs tant féodaux que justiciers. « Ces justices seigneuriales, dit Boitard, descendirent peu à peu de la position souveraine qu'elles avaient long-temps usurpée jusqu'au degré le plus bas de l'échelle judiciaire. » — *Leçons sur le Code de proc. civile*, t. 1er, no 7.

169. — Pour les justices féodales, ce résultat ne se fit pas long-temps attendre. D'une part, l'abolition des guerres privées, en faisant disparaître les contestations relatives aux obligations féodales, avait ruiné l'institution du fief comme établissement militaire. Dès lors les cours féodales n'eurent plus d'autre objet que les lods et ventes, les censives, les aveux et dénombremens, en un mot les objets de la justice foncière, dernier débris de la puissance féodale qui s'absorba bientôt dans la justice justicière.

170. — D'un autre côté, au-dessus des baillis et des prévôts dominaient les parlemens qui réunissaient les diverses juridictions et formaient le centre de toutes les justices royales. Or, le parlement, comme le fait avec raison remarquer M. Championnière (no 255), était cour féodale; c'était la cour suzeraine de tous les fiefs dont la suzeraineté appartenait au roi. Le jugement de toutes les questions féodales était donc de sa compétence, soit directement, quand il s'agissait des différends entre les barons immédiats, soit par voie de ressort, lorsqu'il y avait appel de vassaux subalternes. Cette juridiction devait naturellement absorber toutes les justices féodales inférieures. Ces justices durent donc promptement périr... On peut tenir pour certain qu'au seizième siècle il n'en restait rien, et que tout ce qui pouvait encore appartenir à la compétence du fief et à la justice familière du sénorial avait disparu ou s'était absorbé, soit dans la justice royale exercée par les baillis ou par les parlemens, soit dans la justice justicière en ce qui concernait les exécutions de devoirs fonciers. »

171. — « La justice justicière, ajoute M. Championnière (no 256), fit une plus longue et plus énergique résistance, rien ne s'éteignit ou ne cessa dans les objets de sa compétence; l'établissement des communes lui enleva bien dès l'abord quelques justiciables, mais ces établissemens n'occupaient qu'une assez faible place dans l'étendue du territoire justicier, et d'ailleurs n'eurent lieu, dans l'origine, que dans les cités. Le seigneur justicier resta donc en possession de ses vilains et conserva longtemps sur eux sa juridiction, comme il conservait ses droits utiles de toutes espèces... L'affranchissement des mains-mortes ne les enlevait pas à son tribunal; peut-être le seigneur avait-il plus de profit dans l'application des lois justicières que dans celles du servage. D'un autre côté, ni les baillis ni les prévôts n'avaient droit de s'immiscer à son exercice, son territoire leur était fermé en vertu du principe que chaque justicier était souverain dans sa justice. Il était donc nécessaire d'altérer les règles admises pour faire pénétrer la juridiction royale dans le pouvoir justicier. »

172. — Toutes ces entreprises, tous ces empiètemens successifs sur les justices seigneuriales n'éclatèrent pas immédiatement. Ils furent le résultat lent et successif des tendances générales et surtout des efforts des agens de la royauté; les armes qui servirent à ces agens furent des principes qu'ils se créaient eux-mêmes « c'est par la règle de la prévention, dit M. F. Hélie (p. 416), c'est en formulant les cas royaux, c'est surtout par l'institution des appels qu'ils envahissent successivement les limites de la compétence seigneuriale. »

173. — L'appel fut l'instrument le plus puissant de l'extension des juridictions royales. Le principe que toutes les justices du royaume étaient tenues du roi en fief, si habilement accrédité par les agens de la royauté (V. *suprà* nos 71 et s.), avait obligé tous les justiciers de reconnaître que leur justice était inféodée et que le roi était suzerain. Cette règle eut pour résultat immédiat la constitution du ressort ou l'appel pour défaut de droit, voie usitée dans la hiérarchie féodale, qui n'existait pas dans la hiérarchie justicière, mais à laquelle les seigneurs justiciers opposèrent une faible résistance. La supposition d'une inféodation de leur justice les mettait, il est vrai, sous la protection royale, mais elle leur donnait un appui contre les usurpations des cours ecclésiastiques à laquelle ils ne pouvaient résister.

174. — C'est à Philippe-Auguste que l'histoire attribue l'honneur du premier pas dans la lutte des rois de la troisième race contre la féodalité. « Il trouva dans le mal, dit Boitard (t. 1er, no 7), le principe et la racine du remède, il établit le recours en cas de déni de justice, de la cour du vassal à la cour du seigneur suzerain, et par là il se trouva lui-même, en qualité de suzerain de tous les grands barons de son royaume investi du droit d'intervenir là où ces barons avaient refusé de juger. »

175. — « Saint-Louis, ajoute Boitard (*ibid.*), alla beaucoup plus loin. L'usage des combats judiciaires ou des jugemens de Dieu était incompatible avec toute idée de recours ou d'appel; en appuyant de son autorité et surtout de son exemple l'abolition de ces pratiques barbares, saint-Louis favorisa l'introduction des appels, et conféra ou prépara ainsi à la cour du roi une autorité bien plus directe, bien plus immédiate, un droit de révision bien plus actif sur les jugemens des cours seigneuriales. C'était là un immense progrès vers l'unité, aussi ce progrès ne fut-il pas l'œuvre d'un jour ni même d'un seul règne. »

176. — Les cas royaux furent pour la royauté un second moyen de domination. — V. CAS ROYAUX. — Ces cas royaux, dit M. Bonnier, étaient tellement élastiques qu'on pouvait y faire rentrer tout ce que l'on voulait, et c'est bien volontairement qu'on ne les a jamais limités et spécifiés clairement, pas plus qu'on ne l'a fait *pour les libertés de l'église gallicane.* — Bonnier, *Elémens d'organisation judiciaire et de procédure civile*, no 38.

177. — Cette prétention des agens royaux de connaître de tous les cas qui leur semblaient *toucher le droit royal* tendait d'une manière si directe à anéantir les juridictions seigneuriales que les seigneurs élevèrent contre elle toutes leurs résistances, et que toutes les fois qu'ils reprenaient quelque puissance, que la royauté semblait s'affaiblir, les baillis étaient réprimandés et leurs entreprises réprimés. — F. Hélie, p. 493.

178. — Malgré cette protection apparente et factice de la part de l'autorité qui tendait à anéantir les justiciers, ceux-ci perdaient tous les jours du terrain, et la marche de la royauté fut si rapide que lorsque les barons de Champagne, alarmés de ses empiètemens, vinrent supplier Louis X de préciser nettement et une fois pour toutes ce qu'il fallait entendre par les cas royaux, le prince leur répondit par une définition dont la merveilleuse élasticité dut peu contribuer à les rassurer : *C'est à*

savoir que la royale majesté est étendue ès cas qui, de droit ou ancienne coutume, peuvent et doivent appartenir à souverain prince et à nul autre. » Avec cette définition, dit Boitard (t. 1er, no 12), les cas royaux pouvaient embrasser la juridiction tout entière. »

179. — Souvent les parlemens prirent en pitié les justices seigneuriales, et Loyseau s'associe à ce sentiment de compassion quand il écrit: « Or, comme entre tous les animaux, les grands mangent les petits, aussi non seulement entre les hommes, mais encore entre ceux de justice, cette même injustice s'exerce de tout temps; car les officiers royaux étant supérieurs des subalternes, et d'ailleurs se fortifiant de l'autorité et intérêt du roi, intentent journellement tant de nouvelles sortes d'entreprises, que si les parlemens, *qui sont établis principalement pour tenir en devoir les juges des provinces*, n'eussent quelquefois pris leur protection, il y a longtemps que les seigneurs eussent été frustrés de leurs justices. » — *Des seigneuries*, ch. 12.

180. — Mais il arriva un moment où les parlemens eux-mêmes furent impuissans. Quand le roi eut acquis la plénitude du pouvoir législatif, il suffisait d'une simple manifestation de sa volonté pour abaisser les juridictions seigneuriales, en leur assignant des limites plus étroites. — Bonnier, *Elémens de l'organisation judiciaire et de la procédure civile*, no 38.

181. — La *prévention*, c'est-à-dire la faculté attribuée à un juge de connaître d'une affaire dont la connaissance appartenait à un autre, lorsque celui-ci négligeait de poursuivre et d'informer, fut également un fécond élément d'agrandissement pour la juridiction royale.

182. — Ce droit, qui puise son origine dans le droit canonique, commença à être en usage au quatorzième siècle : « *Concedimus*, porte une charte de Philippe V, de juill. 1319, art. 23, *quod de criminibus commissis infrà juridictionem ipsorum nobilium, officiales nostri se nullatenùs intromittant nisi in casibus ressorti, aut negligentiæ vel aliis ad nostram spectantibus superioritatem.* » Les juges royaux pouvaient donc instruire à raison des crimes commis dans la juridiction des seigneurs, si ceux-ci négligeaient de le faire.

183. — Ce principe, une fois admis, fut adroitement appliqué par les agens royaux. Dès qu'ils apprenaient que quelque crime avait été commis sur les terres des seigneurs et qu'ils acquéraient la certitude qu'aucune information n'était commencée, ils s'empressaient d'informer et de décréter eux-mêmes. Cette priorité qui leur attribuait la compétence qu'ils n'avaient pas, n'était, il est vrai, que conditionnelle en principe et ne devait s'exercer que sauf restitution en cas de réclamation de la part des seigneurs justiciers; mais cette règle s'effaça en grande partie. Plusieurs coutumes leur accordèrent en toute matière la prévention sur les justiciers sans renvoi même sur la demande de ceux-ci. — Coutume de Ponthieu, art. 183; Montereau, art. 6; Noyon, art. 39; Ribemont, art. 1er; — Henrion de Pansey, vo *Justice*, § 8. — La règle générale était, en matière civile, que toute demande en renvoi d'une cause portée devant le juge royal devait être formée avant la contestation en cause, *sed non post*, dit Dumoulin, coutume du Maine, sur l'art. 75.

184. — En matière criminelle, le principe de la prévention sans renvoi s'étendit plus promptement encore. — L'ordonnance de nov. 1554, en donnant par ses art. 4, 5 et 6 aux lieutenans criminels la connaissance par prévention et concurrence des crimes et délits commis sur les terres des seigneurs, détermina un délai fort court après lequel le seigneur ne pouvait plus demander un renvoi. Dans bien des coutumes le renvoi n'était plus en usage, et en 1670, lors de la rédaction des coutumes, on proposa de supprimer partout la revendication du seigneur. Ce ne fut qu'avec peine que les partisans du renvoi, entre autres MM. Talon et Lamoignon, purent obtenir que ce droit subsistât dans les coutumes où il était en usage. Encore l'art. 9, tit. 1er de l'ordonnance ne laissa-t-il aux juges des seigneurs, pour commencer l'information, que vingt-quatre heures après le crime commis. — V. le procès-verbal de l'ordonn., disc. de l'art. 9.

185. — Les juges royaux fondèrent encore dans l'intérêt de leur pouvoir le principe de la compétence *ratione loci*. Ce principe tendait à accorder au juge du lieu, c'est-à-dire au juge royal, le droit de punir le coupable saisi sur son territoire, malgré la réclamation du juge du domicile, c'est-à-dire le seigneur qui, invoquant le lieu qui rattachait le vassal à la seigneurie, prétend le suivre hors de son territoire et avoir seul le droit de le juger. — D'excellentes raisons, du reste, venaient à l'appui de la prétention des agens royaux. C'est en effet dans le lieu de la perpétration du crime, et non à celui du domicile de l'accusé, que se trouvent et qu'il eût été facile de réunir les preuves. D'un autre côté, l'indulgence que l'accusé pourrait trouver chez des juges de la chatellenie, où il était coutrant et levant, n'était-elle pas de nature à compromettre les intérêts de la justice? A ces raisons on opposait une loi de Philippe-le-Bel ainsi conçue : « *Quod in causâ civili vel criminali nulla fiat persona remissis per gentes nostras entrà loca et castra basularium nostrarum ube delictum commissum.* » Cette loi, il est vrai, avait été suivie d'ordonnances émanées de Louis X et Philippe V, qui suffisaient pour la rapporter; mais ces ordonnances, arrachées au pouvoir royal à titre de concessions, ne devaient pas faire loi aux yeux des agens de la royauté.

186. — Grâce à leurs efforts l'ord. du 15 avr. 1453 déclara (art. 19) que les crimes devaient être punis là où ils avaient été commis, et cette disposition, un instant modifiée par l'ordonnance de Roussillon, de janv. 1563, art. 19, rétablie par celle de Moulin, de fév. 1566, art. 35, fut reproduite par l'art. 1er, ord. 1670. Le juge du lieu avait donc vaincu le juge du domicile, avait brisé le lien qui attachait les hommes à la justice de leur seigneur, et « nonobstant que le prisonnier ne soit surpris en flagrant délit » (ordonnance de Moulins, fév. 1566, art. 35 précité), avait seul le droit d'informer contre le délinquant.

187. — Ce fut par ces usurpations successives que la justice tout entière se transforma. Au seizième siècle, la juridiction seigneuriale ne présentait plus que des ruines.

188. — La lutte du principe seigneurial et du principe monarchique avait donc duré trois siècles. Durant cette révolution du droit, la justice royale, tout occupée d'accroître sa compétence au préjudice de celle des justices seigneuriales, avait toujours respecté leur division primitive. La division en hautes, moyennes et basses justices, et les limites respectives de ces trois degrés de juridiction avaient subsisté, et, même après le quinzième siècle elles n'éprouvèrent aucune modification. Mais leur organisation et leur compétence furent l'objet de quelques dispositions qui ruinèrent totalement en droit les juridictions justicières.

189. — Ainsi, dès le règne de Philippe IV, sous prétexte de l'intérêt de tous à la responsabilité des juges, une ordonnance de 1287 vint défendre à tous les justiciers du royaume de choisir leurs officiers de justice parmi les clercs qui ne pouvaient être poursuivis que devant la juridiction ecclésiastique. — Ord. 1287, Coll. Louv., t. 1er, p. 316.

190. — Le roi ne se borna pas à intervenir dans le choix des officiers, il chercha à éloigner les seigneurs eux-mêmes de l'exercice de la justice, et bientôt ce fut un principe général que le justicier ne pouvait juger en personne.

191. — Au quatorzième siècle, le seigneur devait juger par bailli ou lieutenant; « Chacun selon son tenement, dit Bouteiller, a juridiction et peut et doit faire loi des cas advenus en sa terre si avant que sa juridiction le comprend; mais *il convient qu'ils facent juger par autres que par eux.* » — Bouteiller, *Somme rurale*, tit. 3, § 8.

192. — Par arrêt du 28 juin 1516, le parlement de Dijon transforma ce droit commun en obligation, en enjoignant « à tous les seigneurs ayant justice de commettre et députer juges et officiers ordinaires pour vaquer à l'exercice de leurs justices. » — Au temps de Loyseau, c'était une règle générale.

193. — Des ordonnances postérieures allèrent encore plus loin. Telle fut celle d'Orléans de janvier 1560, qui assujétissait « tous officiers des hauts justiciers à être examinés, avant qu'être reçus, par l'un des lieutenans ou plus ancien conseiller du siége, après sommaire information de leurs bonnes vie et mœurs. » — Ord. d'Orléans, art. 55.

194. — La même ordonnance « enjoint à tous hauts justiciers de salarier leurs officiers de gages honnêtes, de faire administrer la justice en lieu certain et d'avoir prisons sures, lesquelles, d'autant qu'elles ne doivent servir qu'à la garde des prisonniers, le roi défend être plus basses que le rez de-chaussée. » — *Ibid.*

195. — L'ordonnance de janvier 1629 défendait « à tous seigneurs hauts justiciers faire érection nouvelle d'officiers en leurs terres outre et par dessus le nombre ancien. » — Art. 122.

196. — L'arrêt des grands jours de Clermont du 10 déc. 1665 enjoint aux seigneurs « de fournir un auditoire certain pour rendre la justice et dans icelui un lieu sûr pour servir au dépot du greffe, dans lequel toutes les minutes, expéditions et registres, tant de l'audience que des procès civils et criminels, demeureront, à peine de privation de la justice. » — Cette disposition n'était pas partout observée au huitième siècle, et la raison qu'en donne M. Garran de Coulon, c'est que la puissance des seigneurs n'était pas assez redoutable pour qu'il en résultât de grands inconvéniens. » — *Encyclopédie méthodique*, vo *Justice seigneuriale*.

197. — L'édit du mois de mars 1693 portait : « Nous avons par le présent édit, perpétuel et irrévocable, dit et ordonné..... que tous les particuliers qui seront ci-après pourvus par les seigneurs, tant ecclésiastiques que séculiers, dans l'étendue de notre royaume, pour exercer les offices de judicature de leurs justices, soient tenus, avant d'en faire aucune fonction, de se faire recevoir par les officiers de nos cours ou juridictions royales, à leur choix, dans l'étendue desquelles lesdites justices seigneuriales sont situées..... nonobstant tous édits et *autres choses* à ce contraires, auxquels nous dérogeons. « — Henrion de Pansey, *Dissertations féodales*, vo *Justice*, § 29.

198. — Enfin l'ordonnance de mai 1788 ajoutait : « Voulons qu'ils aient, dans le chef-lieu de leur justice, un juge gradué, un procureur fiscal, un greffier et un geolier y résidens et domiciliés, reçus au présidial ou grand bailliage, après information de vie et mœurs et examen de leur capacité. » Si ces conditions n'étaient pas remplies, l'exercice de la justice était interrompu, et la connaissance des procès était dévolue au juge supérieur.

199. — Les seigneurs hauts justiciers ne pouvaient établir qu'un seul siége, qu'ils devaient placer au chef-lieu de leur justice. L'art. 50 de l'ordonnance d'Orléans défend *la multiplication des degrés de juridiction, qui est l'une des causes de la longueur des procès*. L'art. 24 de l'ordonnance de Roussillon de janvier 1563 veut en conséquence qu'il n'y ait *qu'un degré de juridiction en première instance dans chaque ville ou bourg*, et que les seigneurs qui ont justice en leurs terres soient tenus d'opter dans le délai d'un mois. L'ordonnance de janvier 1629 réitère l'injonction de réduire les justices des seigneurs à un seul degré, ce qui prouve que les premiers édits n'avaient pas été complétement exécutés. — F. Hélie, *Traité de l'instruct. criminelle*, t. 1er, p. 589 et 590.

200. — Relativement à leur compétence, les justices seigneuriales éprouvèrent encore de nouvelles restrictions. Grâce aux efforts des légistes et à la jurisprudence du parlement de Paris, le droit de ressort leur fut enlevé, malgré deux déclarations du roi, des 24 fév. 1536 et 16 janv. 1555, qui établirent que les seigneurs *ayant justice l'exerceraient entre toutes personnes nobles et plèbes, et de toutes causes et matières civiles et criminelles dont la cognoissance leur a de tout temps appartenu.*

201. — D'autre part, à côté des cas royaux s'établirent bientôt les cas prévôtaux. — Ord. 1670, tit. 1er, art. 12. — V. CAS PRÉVOTAUX.

202. — De telle sorte qu'au commencement du dix-huitième siècle, les justices seigneuriales avaient, en réalité, cessé d'exister, ou du moins leur caractère avait complétement changé.

203. — La patrimonialité des justices n'était plus qu'un vain mot en ce qui concernait le droit de juger et tous les élémens du pouvoir judiciaire laissés aux justices seigneuriales. Le seigneur ne possédait pas ce droit, mais seulement un profit qui s'y rattachait, de même qu'aujourd'hui les offices vénaux sont pour la veuve ou pour les héritiers du titulaire une valeur appréciable et une sorte de propriété qui ne comprend aucun élément du pouvoir public. Depuis long-temps, la disposition même de ce profit avait reçu de graves restrictions; les démembremens et les inféodations ou créations de justices subalternes étaient, malgré le texte des coutumes, absolument interdits aux justiciers supérieurs. La possession même des hautes justices, malgré la résistance et les efforts de Dumoulin, n'était plus qu'une jouissance précaire, révocable au caprice du roi ou de ses agens, et à laquelle le nom même de propriété était refusé. — Championnière, no 261.

204. — Lapoix-Fréminville, en parlant des hautes justices, disait : « Le seigneur n'y est point *propriétaire* incontestable; il n'en a que l'usufruit, qui ne consiste qu'au privilége qu'il a d'en user pour lui-même, *si vrai qu'il est libre au souverain d'ôter au seigneur cette justice et de la réunir à sa justice supérieure, ainsi que bon lui semble*; c'est ce qui a été fait pour les justices de nombre de seigneuries qui étaient dans l'enceinte de Paris, par écrit du mois de fév. 1674, *et ce qui arrive chaque fois que l'intérêt des peuples semble l'exiger*, et pour lors le seigneur ne peut *ni la réclamer, ni se*

plaindre. — *Pratique des droits seigneuriaux*, 1754, t. 4, p. 619.

205. — Il est donc vrai de dire, avec M. Bonnier, que « les juridictions seigneuriales avaient déjà perdu depuis long-temps toute originalité et toute indépendance lorsqu'elles reçurent le coup mortel dans la fameuse nuit du 24 août 1789 (Bonnier, *Elém. d'organ. judiciaire et de procéd. civile*, n° 14), et que, dans les derniers temps de notre

monarchie, les justices des seigneurs n'existaient plus que sous le bon plaisir du roi. » — *Ibid.*, n° 38.

206. — Leur suppression fut expressément prononcée en ces termes par les arrêtés dont se compose le décret du 11 août, promulgué comme loi, les 21 sept., 3 nov. et suiv. : « *Toutes les justices seigneuriales* sont supprimées sans aucune indemnité. » — Art. 4 de la loi.

207. — Néanmoins, et d'après la même loi, les officiers de ces justices durent continuer leurs fonctions jusqu'à l'installation des juges de paix, auxquels passèrent les affaires d'intérêt modique dont connaissaient les basses justices, et ensuite jusqu'à celles des tribunaux de district, dans les attributions desquels se trouvèrent placées toutes celles qui étaient de la compétence des hautes justices.

FIN DU HUITIÈME VOLUME.

www.ingramcontent.com/pod-product-compliance
Lightning Source LLC
Chambersburg PA
CBHW031345210326
41599CB00019B/2654